SHOGAKUKAN
DICCIONARIO
ESPAÑOL-JAPONÉS

西和
中辞典
【第2版】

【監修】
高垣敏博

【編集委員】
大森洋子　落合佐枝　宮本正美
上野勝広　木村琢也　長谷川信弥

内田兆史　菊田和佳子　斎藤華子
中本　香　西村君代　廣康好美
松本健二

小学館

DICCIONARIO SHOGAKUKAN ESPAÑOL-JAPONÉS
SEGUNDA EDICIÓN

小学館　西和中辞典〈第2版〉

© Shogakukan 2007 〈segunda edición〉

© Shogakukan 1990 〈primera edición〉

●

© LAROUSSE, Paris 2004
DICCIONARIO MODERNO español-inglés/
english-spanish

© Librairie LAROUSSE 1976

●

Printed in Japan

まえがき

　スペイン語はスペインだけではなく、南北アメリカをはじめとする23の国や地域で、今や4億近い人々によって広く話されている国際語です。21世紀に入り、政治や経済、社会の要請もあり、その必要性はますます強く意識されるようになってきました。文学、文化、歴史、美術、音楽、建築、芸能、スポーツなど、さまざまな分野でスペイン語の需要は高く、わが国でも大学を含め、外国語学習におけるスペイン語の重要性は確実なものとなりました。

　これに伴い、スペイン語辞書も多様化し、学習者のニーズに合ったものが選べる時代になりました。本辞典の前身である『小学館　西和中辞典』(初版、1990年刊)では、その「まえがき」で、「初心者に対して十分な配慮をしたうえで、なおかつ、実務の世界でスペイン語を駆使する人たちの要望に応えうるような、時代に即した内容の辞書を作る」と謳い、6万7000語もの見出し語が採録されることにより、画期的な中型辞書として、今日まで多くの読者に活用されてきました。しかしながら、この初版からすでに十数年の歳月が経過し、私たちを取り巻く社会も予想をはるかに超える急激な進展を見せています。国際化と情報化によって、多くの新たな用語や概念が生み出され、すでに私たちの日常の言語生活の一部になっているものが少なくありません。またその波がスペイン語圏の文化にも及んでいることは言うまでもありません。

　そこで、『小学館　西和中辞典』〈第2版〉では、このような時代に十分対応できるよう、必要とされる見出し語を大幅に増補し、記述を現代化することによって、中型辞典としては最も充実した本格的スペイン語辞典を目指し、初版を全面的に改訂しました。読者の皆様が今手にされている本書は、持ち歩くことができるサイズの中に、可能な限りの最新化された情報を盛り込んだ、信頼できるスペイン語辞典となっているものと自負しています。

　このような、『小学館　西和中辞典』〈第2版〉を編纂するにあたり、柱として立てた主な方針は次のような点です。
(1)初版の見出し語をさらに大幅に増やし、ほぼ8万語にする。これは類書の見出し語数をはるかに上回る、最大の規模になります。文学書や専門的文献、実務的文書など、さまざまなジャンルのスペイン語がこれ一冊で読めるようにする。
(2)2色刷りの見やすい構成にする。見出し語を重要度別に4ランクに分類し、このうち7000語は色見出しとする。これにより、重要度を参照しながら、学習効果を上げることができる。
(3)時代に即応した新語をＩＴ関連の語彙などにも配慮しながら、最新のものまで含めて約1万語立項する。さらに既存の語にも新語義をできる限り追加する。
(4)広いスペイン語圏で用いられるスペイン語には、地域的な語彙バリエーションが存在します。同じ事物を表すのにも、国によって異なる単語が用いられたり、同じ単語が違う意味を表したりします。そこで、スペインで用いられるスペイン語の他にも、広大なラテンアメリカや、スペイン語系住民が急速に増加しつつあるアメリカ合衆国で使われているスペ

イン語も、できるだけ取り込むことにする。この第2版には新たな項目を加え、約1万2 000語の中南米語や米国のスペイン語を採用し、新しい語義も追加する。
(5)発音記号を一新し、音節の区切りも明示する。さらに、スペイン式発音とともに中南米式発音も併記し、両者が見比べられるようにする。
(6)学習辞典としても十分活用できるよう次の工夫をする。
 (a)動詞には、動詞と目的語の関係、従属文がとる叙法（直説法・接続法）の明示など、文型情報を表示する。また、さまざまな構文パターンを積極的に示し、スペイン語の作文にも役立つようにする。
 (b)基本的な形容詞について位置情報を示す。形容詞が修飾する名詞との前後関係や、形容詞が組むつなぎ動詞の ser ないしは estar を明示する。
 (c)成句や用例をスペースの許すかぎり豊富に盛り込む。
(7)図版に加えて新たに写真を入れ、500点程度にする。語義説明ではわかりにくい事物でも、写真を見ることによりイメージすることができる。また、単語が実際に使用されている状況が目に見える写真は学習の動機付けにつながる。
(8)類書には見られない語源欄をさらに充実させる。

　本辞典の改訂は2004年春に企画し、数年で初版に全面的に手を加えるというものでした。意欲的にいくつもの編集方針を立てたために、その一つひとつを達成するのに多くの困難を抱えながらも、何とか完成することができました。初版の重厚な建築物がすでに私たちの目の前にあり、それをリフォームするという作業であったため、貴重な遺産を受け継ぐことができたことは幸いでした。しかしながら、この間、編集委員や執筆者の忍耐強く献身的な協力体制が不可欠であったことは強調しておかねばなりません。また、小学館外国語編集部の皆さんの剛柔両面からの後押しや励ましも忘れるわけにはいきません。全員が一丸となり、ひたすらよりよい辞書を作りたいという情熱を共有していたことが原動力になったのだと、今、感慨をもって振り返ることができます。ここに改めて謝意を表したいと思います。最後に、本改訂版の編纂をお奨めくださり、温かいご支援をいただきました初版編者代表の桑名一博先生にも心から感謝申し上げます。
　このように時間に追われての作業には、必ずや見落としや誤りなどが数多く残っているに違いありません。今後、少しずつ改善していくつもりですので、どうか読者の皆様のご指摘やご叱正をお聞かせください。

2007年1月

高垣　敏博

〈初版〉まえがき

最近、着実に増加しつつあるスペイン語の学習者が容易に使いこなせるように、初心者に対して十分な配慮をしたうえで、なおかつ、実務のスペイン語を駆使する人たちの要望にも応えうるような、時代に即した内容の辞書を作りたい、というのがこの辞書を編纂(へんさん)したわれわれの願いである。

ふりかえして見れば、スペイン語とポルトガル語は、日本人が接した最初のヨーロッパ語であり、フランシスコ・ザビエルが日本にキリスト教とスペイン語をもたらしてから、すでに四世紀半も前、1549年のことである。その後、不幸にも長い鎖国の時代があったとはいえ、明治以降は移民や貿易を通して、スペイン語を使う中南米諸国とわが国とはつねに一貫した密接な関係を保ってきた。にもかかわらず今日まで、わが国におけるスペイン語とスペイン語圏の文化に関する研究は、残念ながらそれほど進んでいるとは言いがたい。南蛮人と呼ばれた当時のポルトガル人やスペイン人が、『日葡(にっぽ)辞書』(1603-04)やロドリゲス『日本大文典』(1604-08)を代表とするような優れた辞書や語学書を17世紀に何冊も刊行しているのに比べ、日本人によるスペイン語やポルトガル語の研究が始まったのはようやく20世紀になってからであり、その歩みも遅々とした感があった。話をスペイン語に限ると、この言葉の最初の辞書らしいものとしては1927年に出た村岡式『西和辞典』があるが、本格的な辞書と呼べる高橋正武編の『西和辞典』が刊行されたのは、ようやく1958年になってからである。そして、その後30年の歳月が経過しているにもかかわらず、この辞書と肩を並べうるような西和辞書はほとんど出ていないというのが現状である。

一方、20世紀後半に入ってから目につく文化的な現象の一つに、各国における活発な辞書刊行の流れをあげることが出来るだろう。以前はそれほど辞書の出版に熱心ではなかったと思われていた国々から、それぞれに特徴を持った優れた辞書があいついで刊行されるようになったのである。これはもちろん、辞書編纂法の著しい進展と、変化の激しい現代という時代の要請によるものである。スペイン語圏の国々もその例外ではない。従来はスペイン王立アカデミーの "Diccionario de la Lengua Española" とラルース社の "Pequeño Larousse Ilustrado"、それに "Vox Diccionario General Ilustrado de la Lengua Española" が代表していたスペイン語の辞書の世界に、María Moliner "Diccionario de Uso del Español" (2 vols. Gredos, 1967) を皮切りにして、"Diccionario Planeta de la Lengua Española Usual" (Planeta, 1982)や "Gran Diccionario de la Lengua Española" (SGEL, 1985) といった、それまでのものには見られない特色を持った辞書がつぎつぎに出版されるようになったのである。

われわれに西和辞典編纂の話がもたらされたのは、上述のような情況の中にして関係者の誰しもが、新しい西和辞書を早急に欲しいと考えていた矢先のことであった。辞書編纂の経験をほとんど持たないわれわれが、無謀を覚悟でこの話を引き受けたのは、時代の必要に応じうる辞書を一日も早く持ちたいという気持ちからにほかならない。とは言え、その気持ちがこのような形で実を結ぶまでには、さまざまな紆余(うよ)曲折があった。

この辞書の実質的な編纂作業が開始されたのは1982年の春であるが、当初われわれが目指したのは、4万5000語程度の語彙を収めた辞書を短い期間で作ることであった。そのためいろいろと検討した結果、同じ位の語彙を収録し、文例が豊富で現代語に重点を置いているラルース社の "Diccionario Moderno español-inglés english-spanish" に範を求めることにした。ラルース社はフランスの出版社とはいえ、スペイン語の辞書の編纂に関しては、"Pequeño Larousse Ilustrado" が1912年に刊行されて以来、長らくスペイン語辞書の代名詞的な存在になっていたほどの実績と経験を有する出版社である。前述の "Diccionario Moderno" を原典として全面的に利用することに、同社の協力を得られたことは、われわれにとっておおいなる幸せであった。

しかし、翌年になって実際に集まった原稿を前にすると、原典の特色である豊富な例文を十分に生かすには、当初に考えていたような規模では不可能であることが分かった。それに、これはいまさら断るまでもないことだが、英語国民を対象とした対訳辞書としてはいかに優れたものであっても、それをそのまま翻訳しただけでは日本語を母語とするわれわれの用に供さないのは明らかである。そこでわれわれはラルース社の辞書を底本としながらも、この際、収録語数7万語程度の、学習者だけではなく実務の世界でスペイン語を使う人たちの要望にも応えうるような、新しい構想にもとづく辞書を作ることに編集の方針を変更した。われわれは編集委員を補充して討議を重ね、望ましい辞書の望ましい姿を求めてさまざまな模索を続けた結果、原典の語義立てを組み替えたり例文を整理することで含め、根本から出直すことにした。この編集方針の変更によって生み出された本辞典の特色は、次のようになるだろう。

1. 現代の生活に関係のある専門用語、新語、新語義、俗語、略語、固有名詞を出来るだけ取り入れる形で一般見出し語の追加を計った。
2. 中南米で使われる単語や語義を積極的に取り入れたほか、米国のヒスパニックと呼ばれる人たちの間で使われている語義にも留意した。
3. 分綴・分節点を明示し、原則としてIPAにもとづく発音記号をつけた。
4. 現代の語義を重視した語義配列にし、原典の例文のほかに、インフォーマントの協力をえて多数の例文を加え、語義を有機的に理解できるようにした。
5. 日常生活で使用頻度が高いと思われる語は、基本的な意味を太字で示して初学者の注意を喚起するようにした。また、基本語を中心にした約4500語に語源を付したほか、スペイン語から近隣諸語に転用されるようになった語について解説を加えた。
6. 文法・語法上の説明や文化的背景の解説だけでなく、類語欄や関連用語の解説を加えたり、挿し絵の挿入や専門用語集の併録によって、言葉の奥行きのある理解が持てるように配慮した。

われわれが曲がりなりにも一冊の辞書を完成させるまでには当然のことながら、多くの方々のご協力とご支援を得た。執筆者はもとより、原稿を綿密にチェックして数多くの情報を提供された編集協力の方がた、また、予定をはるかに超えて7年余にわたって、日夜われわれの仕事を支えてくれた綜合社西和辞典編集部の諸氏、ならびに小学館に、深く感謝の意を表する次第である。なお、この辞書をよりよい辞典に育てていくため、今後いっそう努力を続けていくつもりであるが、そのためにも利用者の方々からのご教示、ご叱正(しっせい)を仰ぐ次第である。

最後になったが、この辞書の編纂を最初に企図して奔走された、綜合社副社長故兼一祐氏の霊前に辞書の完成を報告できることに、ひとしおの感慨を覚えることを記しておきたい。

1989年10月

桑名一博

〈第2版〉

監　　修　高垣　敏博（東京外国語大学教授）
編集委員　大森　洋子　　落合　佐枝　　宮本　正美
　　　　　　上野　勝広　　木村　琢也　　長谷川信弥
　　　　　　内田　兆史　　菊田和佳子　　斎藤　華子　　中本　香　　西村　君代
　　　　　　廣康　好美　　松本　健二

執筆・校閲
愛場百合子　糸魚川美樹　上田　早苗　上野　勝広　内田　兆史　大森　洋子
落合　佐枝　柿原　武史　菊田和佳子　木越　　勉　木村　琢也　久野　量一
斎藤　華子　鈴木恵美子　高垣　敏博　高松　英樹　土井　裕文　中本　　香
西村　君代　二宮　　哲　長谷川信弥　平田　和重　廣康　好美　松本　健二
宮本　正美　村上　陽子　森本　祐子　柳原　孝敦　結城健太郎

スペイン語校閲
Víctor Calderón de la Barca

発　　音
木村　琢也
泉水　浩隆　　高澤美由紀　　豊丸　敦子　　森本　栄晴　　柳田　玲奈
結城健太郎　　臼井　　新　　久野　　悠

語　　源　長谷川信弥

中南米語資料提供・執筆協力　　上田　博人

インフォーマント
Francisco José Barrera Rodríguez
Santiago Rodríguez de Lima

校正
臼井　　新　　吉野　有紀　　小野寺あき　　丸山　共恵

編集協力
臼井　　新　　柳下とも代　　嶋田　美樹　　山中　裕介　　金子健太郎　　大城　愛実
指山亜希子　　大政　朋之　　勝俣　　妃　　中田　枝里　　草場　舞子

制　　作　西手　成人
資　　材　苅谷　直子
制作企画　岩重　正文
販　　売　永井　真士
宣　　伝　下河原哲夫
編　　集　三谷　博也　　油谷由紀子

装　　丁　有限会社　バンブー・アイランド
地図作成　表現研究所
図　　版　*Pequeño Larousse Ilustrado*／有限会社　グラフィック
写真提供　新明　林　　高垣　敏博　　結城健太郎　　西村　君代

〈初版〉

編集委員　桑名　一博　　東京外国語大学教授
　　　　　　秦　　隆昌　　香川大学名誉教授
　　　　　　鼓　　　直　　法政大学教授
　　　　　　出口　厚実　　大阪外国語大学教授
　　　　　　橘川　慶二　　元神奈川大学助教授
　　　　　　山口　羔正　　放送大学助教授

監修協力　青木　康征　　内田　吉彦　　布施　　温　　堀内　研二　　堀田　英夫
　　　　　　井上　義一　　有吉　俊二

執　筆
有吉　俊二　　安藤　哲行　　石崎　優子　　乾　英一郎　　井上　義一　　岩根　圀和
大垣貴志郎　　岡村　　一　　荻原　　寛　　橘川　慶二　　木原　太源　　佐藤　徳潤
志賀　一郎　　篠原　愛人　　菅　　愛子　　杉浦　　勉　　高橋　節子　　竹村　文彦
出口　厚実　　樋口　正義　　福井　千春　　布施　　温　　堀内　研二　　本田　誠二
三好準之助　　山藤　昭子　　山藤　孝夫　　山口　忠志　　吉田　彩子

発　音　秦　　隆昌　　堀田　英夫　　佐々木克実
語　源　秦　　隆昌　　三好準之助
語　誌　堀内　克明

専門語校閲
宗教・聖書　　倉田　　清　　　　　　郵便・電信・コンピュータ・テレビ・
歴史　　　　　青木　康征　　　　　　ラジオ　　　　宮本　誠士
紋章　　　　　森　　　護　　　　　　海事・船舶　　茂在　寅男　　笠間　正明
地理　　　　　西川大二郎　　　　　　軍事　　　　　藤牧　新平
政治・法律　　黒田　清彦　　　　　　料理・食品　　木戸　星哲
経済　　　　　石井　陽一　　　　　　商業・金融　　大木吉太郎
教育　　　　　皆川　卓三　　　　　　美術　　　　　大高保二郎
物理・化学・天文・航空　的川　泰宣　　写真・闘牛　　佐伯　泰英
特許　　　　　藤田　黎明　　　　　　音楽　　　　　浜田　滋郎
植物・農業　　横井　政人　　　　　　演劇・映画　　乾　英一郎　　佐伯　泰英
動物・魚類　　中野　達司　　　　　　言語学　　　　橘川　慶二
医学　　　　　安藤岡一男　　　　　　カタルーニャ語　田澤　耕　　Jordi Pages
建築　　　　　岡村多佳夫　　　　　　文法　　　　　出口　厚実
自動車　　　　舘内　　端　　　　　　文学　　　　　桑名　一博　　鼓　　　直

インフォーマント
Amadeo Illera　　Antonio Ruiz Tinoco　　Manuela Almaraz
Liliana Edith Hosoda　　Virginia Meza

編集協力
佐々木克実　　大久保哲也　　幡　真由美　　柳沼孝一郎　　大森　洋子　　高柳　治子
人見　礼子　　高橋　早代　　横山和加子　　上田　早苗　　吉川恵美子　　柏木　典子
本間　芳江　　竹下　淳子　　浅香　武和　　岸　　大介
黒田　利明　　天野　　亮　　酒井由宇子　　萩平　由季　　西岡　弘子　　須藤由利子

編　集　株式会社　綜合社

装丁　マブチデザインオフィス
図版　"*Pequeño Larousse Ilustrado*" / 有限会社　グラフィック
地図　株式会社　表現研究所

この辞典の使い方

見出し語．原則として全ての見出し語に分綴点を表示（発音解説p.2114）

重要語約7000語を色見出しで表示．そのうち最重要語約2000語を大見出しとし，＊を3つ付けた．重要語＊2つ，＊1つはそれぞれ約2500語．

色見出しの基本語義は太字で示した

a+人が「〈人〉に」に対応することを示した

〈 〉内に主語・目的語になりうる語を示した

品詞（略語表p.(10)）

形容詞の項目で，主語・被修飾語となりうる名詞を〈 〉内に示した

再帰動詞は「~・se」で示した

不規則な形の現在分詞，過去分詞を明示した

主要な形容詞にser，estarを用いるかどうかを示した（凡例5-9-1）

動詞の活用形であることを示す

熟語・成句は項目の末尾に太字の斜字体で示した

全人称にわたって変化することを示した

dar pena+**不定詞** または dar pena que+**接続法**となることを表す

---

a·bril [a.ƀríl] 男 **1 4月《略 abr.》. el cinco de ~ 4月5日. En ~, aguas mil.《諺》4月は雨の月. **2**《話》(1)《複数で》〈若い人に対して〉歳. muchacha de quince ~*es*《話》うら若き15の乙女. (2) 青春. ~ de la vida 人生の春. estar hecho un ~ 若く見える. …

発音（発音解説p.2098）

語義番号（凡例5-2）

a·brir [a.ƀrír] 73 他 [過分 は abierto] **1 開く，開ける《↔cerrar》. ~ una ventana 窓を開ける. ~ un cajón 引き出しを開ける. ~ una carta 手紙を開封する. ~ archivos《ＩＴ》…
  5〈道などを〉切り開く；〈場所から〉…
  6《**a** +人〈人〉に》〈欲求などを〉引き起こす. El ejercicio físico *te abre* el apetito. 君，運動すれば食欲が出るよ《►te が a+人に相当》. …
  ── 自 **1** 開く，広がる. Esta ventana no *abre* … **3**（ゲームなどで）最初に賭(か)け金を賭ける. **4**《空が》明るくなる；《3人称単数・無主語で》晴れる. **5**〈花が〉開く，咲く.

(↔　)の形で反義語を示した．同義語は（＝　）

〖　〗は専門用語（略語p.(10)）

►で文法・意味・用法などの補足的説明を付した

天候・自然現象などの単人称動詞の語義であることを示した

a·bo·rre·ga·do, da [a.ƀo.r̄e.ɣá.ðo, -.ða] 形
  1〈空が〉綿雲に覆われた，〈雲が〉羊毛のようにふわふわの.
  2〈人が〉おとなしい，自主性のない.

co·no·cer [ko.no.θér / -.sér] 34 他 **1（知識・体験として，人に聞いて）…
  ──**~·se** 再 **1**（自分自身を）知る，知っている. *Me conozco* mejor que nadie. 私は自分を誰よりもよく知っている. **2**《複数主語を伴って》（互いに）知っている，知り合いである，知り合う.

不規則活用の動詞には巻末の動詞変化表番号を示した

再帰動詞の相互用法の語義であることを示した

de·cir [de.θír; ðe.- / -.sír] 51 他 [現分 は diciendo, 過分 は dicho] **1 言う；…
  ──**~·se** 再 **1** 自分に言う，独り言を言う.
  2《3人称で》言われる；〈人が〉言う. …

再帰動詞の受身・無人称用法の語義であることを示した

cu·rio·so, sa [ku.rjó.so, -.sa] 形 **1《多くは名詞+》〈ser +〉好奇心の強い. Mi hermano *es* ~ por naturaleza.…
  2《+名詞 / 名詞+》〈ser +〉好奇心をそそる，珍しい. anécdota *curiosa* おもしろいエピソード.
  3《estar +》《**por**+不定詞 / **de**+名詞 …を》したがる；知りたがる. …

主要な形容詞に関して，形容詞と名詞の位置関係を示した（凡例5-9-1）

gus·to [gús.to; gús.-] 男 **1 味覚（＝sentido del ~）. …
  ── 固 → gustar.
  a gusto (1) 気楽に，くつろいで. Estoy *a* ~ en casa. 私はわが家にいるとくつろげる. (2) …
  al gusto 好みに合わせて，好きなように.
  ***coger*le [*tomar*le] *el gusto a*...**〈人が〉…を気に入る.

形容詞・名詞と結びつく前置詞をそれぞれ対応する語義と共に示した

pe·na [pé.na] 女 **1 罰；〖法〗刑罰；天罰. condenar a+人 una ~ de diez años de …
  dar pena 〖+不定詞 / *que*+接続法〗…とは残念な［つらい］ことだ. …

全人称にわたって変化することを示した

「…」で目的語などを示し、〈 〉内にとりうる語を示した

重要構文にはパターンを示した（凡例 5-8-1）

スピーチレベル（略語表 p.(10)）

スペイン国内およびスペインの一部地域で特徴的に話されるスペイン語を表す

米国内のスペイン語話者が用いるスペイン語を表す

／ 以下はラテンアメリカの発音を示す（発音解説 p.2115）

類語欄で類語のニュアンスの差異を解説した

関連欄で関連語句を示した

gustar などの動詞は、原則として常に間接目的人称代名詞と共に用いられることを示した。le は a+人 に対応する。このタイプの動詞には、apetecer, doler, encantar, gustar, parecer などがある。感情・感覚をもつ人間が間接目的人称代名詞で表され、感情の対象や感覚の原因となるものが主語になる。主語は動詞の後ろに来る傾向がある

外来語の言語名を表記（略語表 p.(10)）

アクセントのある a-, ha- で始まる女性名詞の定冠詞は el, 不定冠詞は un または una をとることを示した

ラテンアメリカで特徴的に話されるスペイン語を表す

語源、語構成を示し語の理解を助けるようにした

語源欄の 関連 でスペイン語および他言語の関連語を示し関連性の理解を助けるようにした

---

ma·no [má.no] 女 **1** (人の) 手. la ～ derecha [izquierda] 右[左]手. …
 tener... en SU(S) *mano(s)* (1) …が〈人の〉手中にある. …
 traer... a la mano 〈猟犬が〉獲物をくわえてくる.

gus·tar [gus.tár; gus.-] 自 **1** 《*gustarle* (a+人) 〈人〉は》…が好きである,…が気に入る,…にひかれる. *Me gusta* mucho el café. 私はコーヒーが大好きだ. *A mi hijo no le gusta* nada el pescado. 私の息子は魚が大嫌いです. *¿Oye, te gusto?* — *Sí, me gustas* muchísimo. ねえ, 私のこと好き. —うん, 大好きだよ. ▶ 主語は動詞の後ろに来る傾向がある.
 2 《*gustarle* (a+人) +不定詞 〈人〉は…するのが／*gustarle* (a+人) que+接続法 〈人〉は…であることが》好きである, …を好む. *A mi padre le gusta levantarse* temprano. 私の父は早起きが好きだ.
 3 《過去未来形で》《願望・婉曲》《*gustarle* (a+人) +不定詞 〈人〉は》(できれば)…したい；《*gustarle* (a+人) que+接続法 〈人〉は》…

e-mail [i.méil ∥ í.meil] 英 男 《複 ～s, ～》［IT］Eメール, 電子メール.

a·la [á.la] 女 [el ～, un [una] ～] **1** (鳥類の) 翼, (昆虫の) 羽. extender las *alas* 翼を広

liar [ljár] 81 他 **1** (縄・ひもなどで) くくる…
 3 《スペイン》《話》(困難・窮地に) 巻き込む, 陥れる. *No me líes* en este asunto. この件に私を巻き込まないでくれ. **4** 《スペイン》《話》…

a·zul [a.θúl / -.súl] 形 **1** 《多くは名詞＋》《ser＋／estar＋》青い, 青色の. …
 — 男 **1** 青, ブルー; (空・海の) 青さ. ～ *oscuro* ダークブルーのジャケット. **2** 《ラ米》《話》(1) (銀行・企業の) ガードマン, 警備員. (2) 藍(あい). (3) 《アルゼンチン》《メキシコ》《俗》(制服の色から) 警官.

a·zú·car [a.θú.kar / -.súl-.] 男 (または単数で 女) 砂糖；糖(類). …
 [← アラビア *as-sukkar* (起源はインドにあるとされている；サンスクリット *śarkarā*)；関連 ［ポルトガル］*açúcar.* ［仏］*sucre.* ［伊］*zucchero.* ［英］*sugar* (← ［古仏］← ［古伊］← ［中古］← ［アラビア］← 西アジア ← インド). ［独］*Zucker.* ［日］サッカリン］

al·fa·be·to [al.fa.βé.to] 男 **1** アルファベット, 字母 (= *abecedario*). …

 類語 *abecé* は主にヨーロッパの文字について用いられる. *alfabeto* は一般的な呼称で, インド・ヨーロッパ語以外の字体についても用いられる (→ *alfabeto árabe* アラビア語の字母). 日本語の仮名に対しては *silabario* が用いられる.

fies·ta [fjés.ta] 女 **1** パーティー, 宴会；集い, 会. *Damos una ～ para inaugurar la casa.* 私たちは新築祝いのパーティーを開いた.
 2 (国や地方の行政機関が定める) 祝日, 休日, 公休日；《宗》(カトリック教会が指定する) …

 関連 祝祭日：el día de Año Nuevo 元日. Circuncisión キリスト割礼の祝日 (1月1日). la Epifanía / (día de los) Reyes Magos 主の御公現の祝日 (1月6日). Candelaria 聖母マリアの潔めの祝日 (2月2日). (día de) San José 聖ヨゼフの祝日 (3月19日). Anunciación

凡　例

1　見出し語

1-1　一般語，固有名詞，外来語，略語，接頭辞，接尾辞，造語要素，複合語などを収録し，アルファベット順に配列した．

1-2　原則として全ての見出し語に分綴点を表示した（「発音解説」p.2114）．

1-3　重要語は色見出しとし，見出し語の頭に1～3個の＊をつけて重要度を示した．特に最重要語は大見出しとした．それらの語の代表的語義を太字で示した．

＊＊＊a·bri·go [a.brí.go] 男　**1 コート**，オーバ…

2　発音

改訂にあたり，発音記号を一新した．→「発音解説」（p.2098）

3　動詞の変化

3-1　不規則動詞は，見出し語の後に「動詞変化表」（p.2116）に収められている変化表番号で示した．

＊a·bri·gar [a.bri.gár] 103 他…

3-2　欠如動詞，単人称動詞は語義の後に▶を用いて，変化する人称，数，時制などを示した．

4　品詞

4-1　見出し語の品詞は，発音記号の後に，それぞれ略語で示した（「略語表」p.(10)）．

4-2　同じ綴りの見出し語で品詞が2つ以上ある場合は，━で区分した．

4-3　再帰動詞

4-3-1　項目中の再帰動詞は以下のように示した．

a·bo·rra·jar [a.bo.r̄a.xár] 他…
━ ～**·se** 再

4-3-2　項目が再帰動詞であるものは動詞の原型＋seで示した．

a·bo·rras·car·se [a.bo.r̄as.kár.se] 102 再

4-3-3　重要な再帰動詞は色版で示した．

＊a·gran·dar [a.gran.dár] 他　**1 大きくする**…
━ ～**·se** 再 **大きくなる**．…

5　語義

5-1　配列は原則として使用頻度順とした．

5-2　多義語については，**1**，**2**，**3** の数字で示し，必要に応じて (1), (2), (3) で示した．また，一部の重要語では，**1** **2** **3** …の色版で示した．

5-3　1つの語義中で訳語が並ぶ場合，同種の訳語は (,), 大きな区分は (;) で示した．

5-4　スピーチレベル．→略語表 (p.(10))．

5-5　専門用語にはラベルを付した（略語表 p.(10)）．

5-6　ラテンアメリカ（《ラ米》）の地域と国の関係は p.(10)を参照．

5-7　見出し語で，他に同義語がある場合は，見出し語の後に参照符合（→）で示した．
á·bri·go [á.bri.go] 男 → ábrego.

5-8　動詞

5-8-1　基本的な動詞には文型を示した．

＊＊＊ad·ver·tir [ad.ber.tír] 27 他　**1**〈危険・不利益を〉**警告する**；《que＋直説法〈不利な事実〉であると》指摘する；《que＋接続法 …するように》忠告する．…

5-8-1-1　結びつく前置詞を対応する語義と共に（ ）に示した．

＊＊a·cu·sar [a.ku.sár] 他　**1**《de...〈罪・失敗〉について》**責める**，非難する．…
2《de... …のかどで》《ante... …に》**告発する**．…

5-8-1-2　他の動詞句，形容詞句，副詞句，節と結びつくときは《＋不定詞》，《＋形容詞・副詞およびその相当語句》，《que＋接続法》などの形で示した．

5-8-1-3　常に間接目的人称代名詞を伴って用いられるとき，《不定詞＋le (a＋人)》の形で示した．

＊a·gra·dar [a.gra.dár] 自 《**agradar**le (a＋人)〈人〉に》**気に入る，喜び[満足]を与える**．

5-8-2　動詞の目的語になりうるもの，主語になりうるものを〈 〉内に示した．

a·gos·tar [a.gos.tár] 他　**1**〈暑さが〉〈植物を〉**枯らす**．**2**〈夏草を〉**鋤(+)き込む**．**3**〈夢・希望などを〉**しぼませる**；〈元気・活気を〉**失わせる**．

5-9　形容詞

5-9-1　頻度の高い＊3つの見出し語を中心に，形容詞の位置とserと形容詞，estar＋形容詞の選択情報を付けた．主に独自に構築したコーパスを中心にその頻度数（パーセント）を求めた．

＊＊＊a·gra·da·ble [a.gra.đá.ble] 形 《＋名詞 / 名詞＋》《ser＋ / estar＋》…

5-9-1-1　形容詞の位置情報

《＋名詞》ほぼ形容詞が名詞に前置する：99％以上前置．

《多くは＋名詞》多くの場合，形容詞が名詞に前置する：99％から90％以上前置．

《多くは＋名詞 / 名詞＋》形容詞が名詞に前置する方が多い：90％から70％以上前置．

《＋名詞 / 名詞＋》形容詞が名詞に後置する方が多い：70％から10％以上前置．

《多くは名詞＋》多くの場合，形容詞が名詞に後置する：10％から1％以上前置．

《名詞＋》形容詞が名詞にほぼ後置する：1％以

下前置.
5-9-1-2 **ser**＋形容詞, **estar**＋形容詞の選択情報.
《**ser**＋ / **estar**＋》 ser, estar共に可.
《**ser**＋》 serのみ可.
《**estar**＋》 estarのみ可.
5-9-2 主語・被修飾語になりうる名詞の種類を〈 〉内に示した.
a·gos·ta·do, da [a.gos.tá.ðo, -.ða] 形 **1** 〈植物などが〉しおれた, 枯れた. **2** 〈人が〉とても弱った, 消耗した.

6 用例・熟語・成句

6-1 用例中, 形が見出し語と異なる不規則な変化形の場合と短い語以外は, 当該語は ～ で示した.
*__a·gra·de·ci·mien·to__ [a.gra.ðe.θi.mjén.to / -.si.-] 男 感謝. como [en] ～ 感謝して. …

6-2 用例中, 見出し語が3文字以内の綴りの場合, 語全体をイタリック体で示した.

6-3 形容詞や名詞で男性形と女性形のある見出し語の用例：男性形を用いる場合は ～ で, 女性形を用いる場合は全書してイタリック体（斜体）で示した.
****a·bier·to, ta** [a.ßjér.to, -.ta] 形 **1** … 開いた. dormir con las ventanas *abiertas* 窓を開けたまま眠る. tapar una botella *abierta* 開いた瓶に栓をする. un mercado ～ *a* todo el mundo 世界に開かれた市場.

6-4 熟語・成句は各項目の末尾に太字の斜体字で示した. 重要な熟語・成句は色版で示した.
¡*aire*! 出て行け, 向こうへ行け.
al aire むき出しで；空に. con las piernas *al* ～ 素足で.
al aire libre 戸外で.
cambiar [*mudar*] *de aires* 環境を変える, 転地療養する.
dar aire a... 〈財産を〉食いつぶす；浪費する.
darse aires 気取る, 威張る *Se da* ～*s de lista*. 彼女は利口ぶっている.
Ejército del Aire 空軍省.

6-5 成句中の諺の訳語は直訳を示し（ ）に意訳を示した. ただし日本語の諺に該当するにふさわしいものはその諺を先に示し（ ）に ← を入れて直訳を示した.
No digas de esta agua no beberé.《諺》この水は飲まないとは決して言うな（決して断定的にものごとを言ってはいけない）.
Agua pasada no mueve el molino.《諺》覆水盆に返らず（←過ぎた水は水車を動かさない）.

7 複数形

7-1 見出し語が複数の場合：《複数形》.
a·bo·ga·de·ras [a.ßo.ga.ðe.ras] 女《複数形》《ラ米》《話》へ理屈, 詭弁(ｷﾍﾞﾝ).

7-2 見出し語が単数形, 複数形とも同型の場合：《単複同形》.
a·fé·re·sis [a.fé.re.sis] 女《単複同形》【言】語頭音消失.

7-3 見出し語が複数になるとある語義になるもの：《複数で》.
***ac·ce·so·rio, ria** [ak.θe.só.rjo, -.rja / -.se.-] 形 …
— 男 **1**《主に複数で》付属品, アクセサリー. **2**《複数で》【演】小道具. — 女《主に複数で》別館, 付属の建物.

7-4 注意を要する複数形は品詞の次に [ ] の中に示した. 複数の複数形がある場合は左から頻度の高い順に示した.
a·gu·tí [a.gu.tí] 男 [複 ～es, ～s]【動】アグーチ, オオテンジクネズミ.

8 語源：項目の末尾に [ ] を用いてしるした.

***al·go·dón** [al.go.ðón] 男 **1**【植】綿, …
[← 〔古スペイン〕*algotón* ─〔アラビア〕〔方言〕*al-qoṭon*（古典語は *quṭn*）；[関連][仏]*coton*. [英]*cotton*]

9 全人称にわたって変化する語：スモールキャピタルで示した.

9-1 全人称にわたって変化する代名詞.
a SU *aire* 自分流で. ir *a* SU ～ わが道を行く.

9-2 主節の主語に従って変化する動詞.
estar que ARDER 熱くなっている, 大いに沸いて [荒れて]いる. El mercado de la bolsa *está que arde*. 株式市場は大荒れである.

10 記号

( )　省略可能な部分, 語義の補足説明
[ ]　置き換え可能語句（原則として直前の1語と置き換え可能）, 形態上の変化形の表示
〔 〕　外来語の言語名, 文型表示
《 》　文型
《 》　スピーチレベルなど
〈 〉　＋人, ＋ものに対応する語を〈人〉〈もの〉などと表示
＝　同義語
↔　反義語
♦　語義, 用例の歴史的・文化的背景の説明など
▶　補足的説明や留意事項の表示
→　参照
⇁　例

略語表

男	男性名詞	〔韓・朝〕	韓国・朝鮮語	〔日〕	日本語
女	女性名詞	〔ギ〕	ギリシア語	〔仏〕	フランス語
冠	冠詞	《接尾》	接尾辞	《婉曲》	
代名	代名詞	過分	過去分詞	《侮辱》	
形	形容詞	現分	現在分詞	《軽蔑》	
副	副詞	活	動詞の活用形	《あいさつ》	
自	自動詞	《話》	(話し言葉, 口語)	《親愛》	
他	他動詞	《文章語》		《依頼》	
再	再帰動詞	《俗》	(俗語)	《比喩的》	
助動	助動詞	《隠》	(隠語)	《集合的》	
前	前置詞	《卑》	(卑語)	《ラ米》	ラテンアメリカで特徴的に話されるスペイン語
接続	接続詞	《格式》	(格式語)		
間投	間投詞	《丁寧》		《スペイン》	スペイン国内およびスペインの一部地域で特徴的に話されるスペイン語
固名	固有名詞	《脅し》			
《接頭》	接頭辞	《強調》			
〔伊〕	イタリア語			〔ラ〕	ラテン語
〔古伊〕	古イタリア語	〔後ギ〕	後期ギリシア語	〔俗ラ〕	俗ラテン語
〔英〕	英語	〔中ギ〕	中世ギリシア語	〔古ラ〕	古ラテン語
〔古英〕	古英語	〔近ギ〕	近代ギリシア語	〔中ラ〕	中世ラテン語
〔中英〕	中英語	〔中〕	中国語	〔近ラ〕	近代ラテン語
		〔独〕	ドイツ語		

専門用語

〖医〗	医学	〖経〗	経済	〖狩〗	狩猟	〖馬〗	馬具・馬術
〖印〗	印刷	〖言〗	言語	〖商〗	商業	〖美〗	美術
〖映〗	映画	〖建〗	建築	〖神〗	神学	〖法〗	法律
〖演〗	演劇	〖光〗	光学	〖数〗	数学	〖紋〗	紋章
〖化〗	化学	〖鉱〗	鉱物	〖生化〗	生化学	〖冶〗	冶金
〖海〗	海洋	〖古生〗	古生物	〖政〗	政治	〖薬〗	薬学
〖カト〗	カトリック	〖昆〗	昆虫	〖畜〗	畜産	〖遊〗	遊戯
〖機〗	機械	〖IT〗	情報技術	〖哲〗	哲学	〖史〗	歴史
〖技〗	技術	〖車〗	自動車	〖電〗	電気	〖料〗	料理
〖ギ神〗	ギリシア神話	〖写〗	写真	〖動〗	動物	〖ロ神〗	ローマ神話
〖軍〗	軍事	〖宗〗	宗教	〖農〗	農業	〖論〗	論理

ラテンアメリカ (《ラ米》) の国名と地域名

国名:アルゼンチン, ウルグアイ, エクアドル, エルサルバドル, キューバ, グアテマラ, コスタリカ, コロンビア, チリ, ドミニカ共和国 (►(ドミニ)と略して表記), ニカラグア, パナマ, パラグアイ, プエルトリコ, ベネズエラ, ペルー, ボリビア, ホンジュラス, メキシコ

(*米)は米国内のスペイン語話者が用いるスペイン語を表す.

以下の国名を2つ以上含む場合はアンデス, カリブ, 中米, ラプラタの地域名で表記した.
アンデス:エクアドル, ペルー, ボリビア
カリブ:キューバ, ドミニカ共和国, プエルトリコ
中米:エルサルバドル, グアテマラ, コスタリカ, ニカラグア, パナマ, ホンジュラス
ラプラタ:アルゼンチン, ウルグアイ, パラグアイ

****a·ho·rrar** [a.o.r̄ár] 他 … ━ ~se 再 …
2 《ラ米》 **(1)** (アルゼン)(*米)(コスタ)
〖畜〗〈牛・馬が〉流産する. **(2)** (ラプラタ)〈収穫が〉不作に終わる. …

Aa

音価は常に「ア」であり,英語のように ai をエイと読んだり au をオーと読んだりすることはない.日本語の「ア」の要領でよいが,口をさらに大きく開くようにするとなおよい.

A, a [á] 囡〖複 ～es, ～s〗 **1** スペイン語字母の第1字;aの名称. **2**〖音楽〗ラ la.

a por a y be por be 細かく, 詳細に, 一つずつ.

★★★a [a] 前 [a＋定冠詞 el は縮約されて al となる] ➡al.

1〘方向・到達点〙(↔de)

1 …へ, …に. Mañana llegaremos *a* Cádiz. 明日私たちはカディスに着くだろう. El avión ha caído *al* mar. 飛行機が海に落ちた. Mamá salió *a* la calle a hacer la compra. ママは買い物に町へ出た.

2〘終結点〙…まで(► de... a... の形で用いられることが多い. この語義では hasta に近い意味). Los gastos subieron *a* diez mil euros. 経費は1万ユーロにまで膨らんだ. De la catedral *a* mi casa hay más de un kilómetro. 大聖堂から私の家まで1キロ以上あります.

2〘場所・位置〙

1 …で, …のところに. *a* la derecha 右に. *a* la izquierda 左に. *al* lado de... …の横に. *al* sol 日向に. *a* la sombra 日陰に. *a* la salida 出口で. *a* la entrada 入り口で. estar *al* volante 運転している. Están todos sentados *a* la mesa. みんな食卓についている. La universidad queda *al* norte de Madrid. その大学はマドリードの北にあります.

2〘距離〙…だけ離れたところに. Viven *a* quince minutos de la estación. 彼らは駅から15分のところに住んでいる. *A* los cinco kilómetros se me acabó la gasolina. 5キロ行ったところで私の車はガソリンが切れてしまった.

3〘時点〙

1 …で, …のときに. *a* medianoche 夜半に. *a* mediodía 正午に. *al* día siguiente 翌日. *al* mismo tiempo 同時に. *a* estas horas 今ごろ. Mi madre se casó *a* los dieciocho años. 母は18歳のときに結婚した. ¿*A* cuántos estamos hoy? 今日は何日ですか. Hemos quedado *a* las seis en Callao. 我々は6時にカヤオで待ち合わせた.

2〘終点〙…まで(► de... a... の形で用いられることが多い. この語義では hasta に近い意味). Trabajamos de lunes *a* viernes. 当店は月曜日から金曜日まで営業します. Entrenan de cuatro *a* siete. 彼らは4時から7時まで練習する.

3〘時間的隔たり〙…経って, …したのち;…前に. Ella se cansó ya *a* los cinco minutos. 彼女は5分もすれば疲れてしまった. *A* unos días del viaje todavía no tengo nada preparado. 旅行まで数日なのにまだ何も用意ができていない.

4〘手段・方法〙

1 〘道具〙…で, …によって. documentos escritos *a* máquina タイプで書かれた書類. ir *a* pie 歩いて行く. cuadro *al* óleo 油絵. lavar *a* mano 手で洗う. Este jersey está hecho *a* mano. このセーターは手製です. El músico interpretó una sonata *al* violonchelo. その音楽家はチェロでソナタを演奏した.

2〘原動力〙…によって. olla *a* presión 圧力鍋(益). cocina *a* gas ガスコンロ.

3〘スポ〙〖遊〗…を (する), …で (遊ぶ). jugar *al* fútbol [*a* las cartas] サッカー[トランプ]をする.

5〘様態〙

1〘様式・流儀〙…風(に), …流に. Mi hija siempre quiere vestirse *a* la última moda. 娘はいつも最新流行の服を着たがります. calamares *a* la romana イカのローマン風フライ[リング揚げ].

2〘味覚・嗅覚・聴覚〙…の味[におい, 音]がする. ► a の後の名詞は無冠詞. ⇒El agua sabe *a* limón. この水はレモンの味がする.

3〘準拠〙…で. *a* base de... …に基づいて.

4〘模様・図柄〙…模様の, …柄の. *a* cuadros チェック模様の.

6〘数値・割合〙

1〘数量・値段〙…で. En la autopista todos van *a* ciento sesenta por hora. 高速道路ではどの車も時速160キロで走っている. La gasolina está *a* más de un euro por litro. ガソリンはリットルあたり1ユーロを超えている. Lo compré *a* buen precio. 私はそれをいい値段で買った.

2〘割合〙…ごとに, …につき. Mi hijo me escribe una vez *al* mes. 息子は月に1度便りをくれます.

3 〘＋数量を表す名詞複数形〙…単位で. *a* docenas ダース単位で, 何十も. *a* miles たくさん, 何千も.

7〘対象〙

1〘比較対象〙…より, …と(比べて). inferior[superior] *a*... …より劣った[優れた]. distinto *a*... …と異なる.

2〘比較・類似〙…より;…と同じく;…に対して. Prefiero el té *al* café. 私はコーヒーより紅茶の方が好きです. Pedro se parece mucho *a* su padre. ペドロは父親にとても似ている. Ganaron por tres *a* uno. 彼らは3対1で勝った.

3〘行為の対象〙…に対して(の). miedo *a* los perros 犬に対する恐怖. el derecho *a* la privacidad プライバシーの権利. el respeto *a* los ancianos 老人への敬意.

4〘目的〙…のため(に). *a* beneficio de... …の(利益の)ために. *a* favor de... …に味方して.

5〘＋不定詞〙…の点で, …に関して. *A tonto* no hay quien le gane. ばかさかげんにおいて彼の右に出る者はいない.

8〘＋不定詞〙

1〘目的〙…するために (► 主として ir, venir, correr, salir, volver などの移動動詞とともに用いられ para の意味をつくる). Vengo *a hablar* con el director. 部長とお話しするために参りました. Salieron *a saludar*me. 彼らは私にあいさつしようと出てきた. ► 不定詞の意味上の主語と主節の主語が異なる場合には a que＋接続法を用いる. ⇒Vengo *a* que me dejes los apuntes. 君のノートを貸してもらおうとやって来たんだ.

2〘条件〙もし…ならば. *A juzgar* por su acento,

a

es de Cataluña. 訛(な)から判断すると, 彼[彼女]はカタルーニャ出身だ. *a ser posible* もし可能だとすれば. *a decir verdad* 実を言うと. ► 主に成句として用いられる.

3《命令・勧誘》…しよう,…するんだ. ¡Chicos, *a comer*! 子供たち, 食事だよ. ¡*A dormir*, que ya es tarde! 遅いからもう寝るんだよ.

4《名詞＋》…すべき. *problema a resolver* 解決すべき問題.

5《動詞＋》《行為の始動》…することに(なる). *acostumbrarse a* …に慣れる. Los dos hombres empezaron *a* discutir. ふたりの男は口論し始めた.

9《＋目的語》

1《直接目的語》…を. (1)《特定の人・動物》Quisiera ver *al director*. 私は部長にお会いしたいのですが. Voy a pasear *al perro*. 私は犬を散歩させます. Echamos mucho de menos *a nuestros amigos*. 私たちは友人たちに会えなくて寂しいです. ► 人間を表す不定語に も をつける. → ¿Buscas *a alguien*? 誰かを捜しているの.

(2)《人格化された事物》No teme *a la muerte*. 彼[彼女]は死を恐れない. Los soldados defienden *a la nación*. 兵士たちは国を守っています. La moto alcanzó *al coche*. オートバイが車に追いついた.

2《間接目的語》…に,…のために. Escribo *a mis padres* cada dos meses. 私は2か月ごとに両親に便りをします. Regalé juguetes *a los niños*. 私は子供たちにおもちゃをプレゼントした.

(2)《奪取を表す動詞と共に》…から. Le compré un coche *a mi vecino*. 私は隣人から車を買った. *A mi hija le robaron la cartera*. 娘は財布を盗まれた.

(3)《間接目的人称代名詞と重複して》…にとって. *A mi madre* no le gusta mucho el café. 母はあまりコーヒーが好きではありません.

***al*＋不定詞** …するとき,…したとき,…すると (→ al). *Al salir* de casa se encontró con una vecina. 家を出るときに彼[彼女]は隣人に出会った. Me salvaste la vida *al llevarme* a urgencias. 君が僕を救急病院へ連れて行ってくれたので命拾いをしたよ.

¡*a que…*! / ¿*a que…*? (相手に向かって)ほらすごいでしょう. *A que* no sabes quién vino? 誰が来たのかおまえは知らないだろうな. ¿*A que sí* [*no*]? きっとそうじゃない[でしょう].

¿*a qué…*? 《非難を表して》…とはどういうことですか.

[←[ラ] *ad*] [関連] [仏] *à*. [英] *at*

a (略) **1** *año* 年. **2** *área* アール：面積の単位. **3**《演》*acto* 幕. **4** *arroba* アローバ：重さ,体積の単位.

A (略) **1**《電》*amperio* アンペア. **2** *Alteza* 殿下. **3** *autopista* 高速道路. **4** *aprobado* 合格.

Å (略) **1**《物理》*ángstrom* オングストローム.

(a) (略) *alias* 別名.

@ (略) *arroba* アローバ：重さの単位；〘ＩＴ〙アットマーク.

a-¹ (接頭)「非…, 無…」の意. → *anormal*, *apolítico*. ► 母音の前では an-. → *analfabeto*.

a-² (接頭) 名詞, 形容詞について動詞形を派生する. → *acortar*, *amontonar*；接尾辞 -ado と共に形容詞を派生する. → *anaranjado*, *aterciopelado*.
[←[ギ]]

AA. (略) **1** *Aerolíneas Argentinas* アルゼンチン航空. **2**《複数形》*Altezas* 殿下.
—[男] [女]《複数形》*autores* 作家.

a/a. (略) *a la atención de…*《手紙・書類》…宛.

AA. EE. (略) *Ministerio de Asuntos Exteriores*(スペイン) 外務省.

A·a·rón [a.(a.)rón] [固名]《聖》アロン：モーセ Moisés の兄でヘブライ人最初の大祭司.

ab- (接頭)「分離, 離脱」の意. → *ab*dicar, *ab*uso. ► t の前では abs-. → *abs*traer. [←[ラ]]

a·ba·bá [a.ba.bá] [男]《植》ヒナゲシ.

a·ba·bol [a.ba.ból] [男]《植》ヒナゲシ, ヒナゲシの花.

a·ba·cá [a.ba.ká] [男]《植》マニラアサ；マニラ麻の布[繊維]. [←[タガログ語] *abaká*]

a·ba·ce·rí·a [a.ba.θe.rí.a / -.se.-] [女]《まれ》食料品店, 乾物屋.

a·ba·ce·ro, ra [a.ba.θé.ro, -.ra / -.sé.-] [男] [女]《まれ》食料品店主[店員], 乾物商(人).

a·ba·cial [a.ba.θjál / -.sjál] [形] 《大》修道院長の；《大》修道院の.

á·ba·co [á.ba.ko] [男] **1** そろばん, 計算盤；(ビリヤードの) 点数盤. **2** 《建》(円柱頂板の) 頂教, アバクス. **3**《鉱》(特に金の) 鉱石を洗う箱.

a·ba·co·ra·do, da [a.ba.ko.rá.ðo, -.ða] [形]《ラ米》《プエルトリコ》《話》とても忙しい；追いつめられた.

ábaco
(アバクス)

a·ba·co·rar [a.ba.ko.rár] [他]《ラ米》《プエルトリコ》《エキアドル》《ベネズエラ》(1)(話) 責めたてる, 追い詰める；悩ます, しつこく迫る. (2)《商》買い占める.

a·bad [a.báð] [男]《カト》(1) 《大》修道院長. (2)《まれ》(特定の地方で) 教区の主任司祭. [←[ラ] *abbatem*]

a·ba·de·jo [a.ba.ðé.xo] [男] **1**《魚》スケトウダラ. **2**《鳥》キクイタダキの類. **3**《昆》(1) ツチハンミョウ. (2) セイヨウミドリゲンセイ.

a·ba·den·go, ga [a.ba.ðéŋ.go, -.ga] [形] 修道院(長)の又に属する. *tierras abadengas* 修道院領.
—[男] 《大》修道院長の職[権威, 管区, 資産]

a·ba·de·sa [a.ba.ðé.sa] [女] **1**《カト》女子修道院長. **2**《ラ米》《チリ》《プエルトリコ》《話》(売春宿の) 女将(な).

a·ba·dí·a [a.ba.ðí.a] [女] (1) 《大》修道院長の職[管区]. (2) 《大》修道院；聖堂. → *convento* [類語]. **3**《スペイン》《まれ》(特定の地方で) 司祭館.

a·ba·dia·do [a.ba.ðjá.ðo] / **a·ba·dia·to** [a.ba.ðjá.to] [男] → *abadía*.

ab a·e·ter·no [a.ba.e.tér.no] [ラ]《大》ずっと昔から, 太古から [= *de mucho tiempo atrás*].

a·ba·ja·de·ro [a.ba.xa.ðé.ro] [男] 斜面, 勾配(ばい).

a·ba·jar [a.ba.xár] [他]《古》→ *bajar*.

a·ba·je·ño, ña [a.ba.xé.ɲo, -.ɲa] [形]《ラ米》(1) 海岸[沿岸]地方の, 低地[谷間]の. (2)《メキシコ》南部地域の. —[男] [女]《ラ米》(1) 低地[沿岸地方] の住民[出身者]. (2)《メキシコ》南部地域の住民[出身者].

a·ba·je·ra [a.ba.xé.ra] [女]《ラ米》《プエルトリコ》《馬》鞍下(シャッ), 腹帯.

a·ba·je·ro, ra [a.ba.xé.ro, -.ra] [形]《ラ米》下の.

a·ba·ji·no, na [a.ba.xí.no, -.na] [形]《ラ米》(1) 低地の. (2)《チリ》北部(地方)の.
—[男] [女]《ラ米》《チリ》北部(地方)の住民[出身者].

※※**a·ba·jo** [a.bá.xo] [副] **1**《場所・方向》下に[で, へ], 下方に；階下に[で] (↔ *arriba*) Mi despacho está ～. 私の事務所は下にあります. No mires ～. 下を見てはいけない. *hacia* ～ 下の方へ. *los vecinos de* ～ 階下の人たち. ► *debajo* 類語.

2《無冠詞名詞＋》…を下って, 低い方へ；《身体部分の名詞＋》…を下に向けて. *río* [*aguas*] ～ 川を下って. *cuesta* ～ 坂を下って. *escaleras* ～ 階段を降りて. *boca* ～ うつぶせに. *estirarse panza* ～ 腹ばい

A

になる.
3 (階級などが) 下層部に. los de ～ 下層 (階級) の人々.
4 《時に **más＋**》さらに前方に；(文章の) もっと先で, 後のページで. cinco casas *más* ～ 5軒先に. Citaremos unos ejemplos *más* ～. あとでいくつかの例を挙げることにする.
5 《ラ米》(チリ)(ペルー)北部海岸に.
— 間投 《時に **con...** 》…をやっつけろ. ¡*A*～ la dictadura! 打倒独裁. ¡*A*～ *con* el tirano! 圧政者打倒.
abajo de... …の下に. ～ *del* agua 水面下に.
aquí abajo この下に；この世に. Vivimos *aquí* ～. 私たちはこの下の階に住んでいます.
el abajo firmante 署名者；《＋名前》私こと….
por abajo 下の方に；下を通って. entrar *por* ～ 下から入る.

a·ba·lan·zar [a.ƀa.lan.θár / -.sár] 97 他 **1** 投げつける. **2** 《まれ》〈天秤(てんびん)などを〉釣り合わせる.
— ～·se 再 **1** 《**a...** / **hacia...** / **sobre...** …に》突進する；襲いかかる, 飛びつく. *～se hacia* las lanchas de salvamento 救命ボートに殺到する.
2 《ラ米》(ラプラタ) 〈馬が〉竿(さお)立ちになる.

a·ba·lar [a.ƀa.lár] 他 揺り動かす；移す.

a·ba·laus·tra·do, da [a.ƀa.laus.trá.đo, -.đa] 形 手すり子[バラスター]のついた.

a·ba·laus·trar [a.ƀa.laus.trár] 他 〖建〗…に手すり子 [バラスター] (手すりや欄干を支える小柱) を取り付ける.

a·bal·do·na·da·men·te [a.ƀal.do.ná.đa.mén.te] 副 大胆に, 向こう見ずに.

a·bal·do·nar [a.ƀal.do.nár] 他 《古語》 **1** 辱める, 侮辱する. **2** 捨てる；引き渡す.

a·ba·le·ar[1] [a.ƀa.le.ár] 他 〈穀物から〉くま手でわらを取り除く.

a·ba·le·ar[2] [a.ƀa.le.ár] 他 《ラ米》銃で撃つ；射殺する.

a·ba·le·o [a.ƀa.lé.o] 男 **1** わらを取り除くこと.
2 くま手, ほうき. **3** 《ラ米》(コロンビア)射撃.

a·ba·li·za·mien·to [a.ƀa.li.θa.mjén.to / -.sa.-] 男 〖海〗〖航空〗航路標識[ビーコン]の設置.

a·ba·li·zar [a.ƀa.li.θár / -.sár] 97 他 〖海〗〖航空〗…に航路標識[ビーコン]を設置する.

a·ba·llar[1] [a.ƀa.ʝár ‖ -.ʎár] 他 《古語》 **1** 動かす. **2** 〈家畜を〉誘導する, 移動させる. **3** 耕す. **4** 倒す, 崩す.

a·ba·llar[2] [a.ƀa.ʝár ‖ -.ʎár] 他 〖美〗色調をぼかす.

a·ba·lles·tar [a.ƀa.ʝes.tár ‖ -.ʎes.-] 他 〖海〗〈綱・索を〉引き締める, ぴんと張る.

a·ba·lón [a.ƀa.lón] 男 《ラ米》〖貝〗アワビ.

a·ba·lo·rio [a.ƀa.ló.rjo] 男 ビーズ；(ビーズで作った) 安価で派手なアクセサリー.

a·bal·se·rar [a.ƀal.se.rár] 他 《ラ米》(ホンジュラス)山積みにする.

a·ba·luar·tar [a.ƀa.lwar.tár] 他 堡塁[防塁]で強化[補強]する.

a·ba·nar [a.ƀa.nár] 他 → abanicar.

a·ban·de·ra·do, da [a.ƀan.de.rá.đo, -.đa] 男 女 **1** (行進などの) 旗手, 旗持ち. **2** 《比喩的》(主義・思想などの) 旗手.

a·ban·de·ra·mien·to [a.ƀan.de.ra.mjén.to] 男 **1** 〖海〗船籍登記. **2** (思想・運動などの) 先頭に立つこと.

a·ban·de·rar [a.ƀan.de.rár] 他 **1** 〖海〗船籍登記をする；船籍証明書を交付する. *Abanderaron* ese barco bajo pabellón panameño. その船はパナマ船籍として登記された. **2** 〈主義・主張を〉唱える, 旗手となる. **3** 《ラ米》(アルゼンチン)(チリ) 〈団体の〉政策綱領を定める；分裂させる.

a·ban·de·ri·zar [a.ƀan.de.ri.θár / -.sár] 97 他 分裂させる.

***a·ban·do·na·do, da** [a.ƀan.do.ná.đo, -.đa] 形 **1 捨てられた**；《**de...** …に》見捨てられた. niño ～ 捨て子. edificio ～ 廃屋. tener un jardín muy ～ 庭をほったらかしにする. **2** だらしがない. Mi padre es muy ～. うちの父はとてもだらしがない. **3** 《ラ米》(ペルー)《話》身持ちの悪い, 道楽者の.

a·ban·do·na·mien·to [a.ƀan.do.na.mjén.to] 男 → abandono.

*****a·ban·do·nar** [a.ƀan.do.nár] 他 **1 放棄する, 見捨てる.** ～ a la familia 家族を捨てる. ～ el hábito de fumar 喫煙をやめる. ～ la carrera de medicina 医学部をやめる. ～ un partido 試合を棄権する. ～ una idea 考えを放棄する. La *abandonó* la suerte. 彼女は運に見放された. ～ un programa 〖ＩＴ〗プログラムを終了する.

> 類語「放棄する」の意味では ***abandonar***, ***dejar***, ***desistir***, ***renunciar*** がほとんど同義で使われるが, dejar, desistir には「中止する」, renunciar には「本意に反してやめる, あきらめる」のニュアンスが加わる. ⇒ *Dejó* la carrera. 彼[彼女]は学業をやめた. *Desistió* del proyecto. 彼[彼女]は計画を中止した. *Renunció* al viaje. 彼[彼女]は旅行を断念した.

2 放置する, ほったらかしにする. ～ sus deberes 自分の義務を怠る. ～ el cuidado de un jardín 庭をほったらかしにする.
3 〈場所を〉離れる, 後にする. ～ el pueblo para trabajar en la ciudad 都会に働きに出るために郷里を離れる. ～ un barco 離船する.
4 《**a...** …に》委ねる, 任せる. ～ la decisión *a* la suerte 決定を成り行きに任せる.
5 〈体の部位を〉もたせかける. ～ la cabeza en el respaldo いすの背に頭をもたせかける.
— 自 あきらめる；〖スポ〗棄権する. El atleta *abandonó* en el kilómetro 15. その選手は15キロ地点でリタイアした.
— ～·se 再 **1** 《**a...** …に》身を委ねる；体を投げ出す. *～se a* la desesperación 自暴自棄になる. *～se a* la tristeza 悲しみに沈む. *～se a* la bebida 酒におぼれる. *～se a* la tentación 誘惑に負ける. *～se* en manos de la suerte 運を天に任せる. *～se* en el sofá ソファーに座り込む.
2 身なりに気を使わなくなる, 投げやりになる.
3 あきらめる, 努力をやめる.
[←〔仏〕*abandonner*；関連〔英〕*abandon*]

a·ban·do·nis·mo [a.ƀan.do.nís.mo] 男 敗北主義.

a·ban·do·nis·ta [a.ƀan.do.nís.ta] 形 敗北主義の. política ～ 敗北主義的政策.
— 男 女 敗北主義者.

***a·ban·do·no** [a.ƀan.dó.no] 男 **1 放棄**, 放置；断念, 見放すこと. ～ de la carrera 学業の断念.
2 (場所を) 去ること. **3** 投げやり；怠慢. ～ de sus deberes 義務を怠ること. **4** 〖スポ〗棄権, 試合放棄. ganar por ～ 不戦勝する.
— 活 → abandonar.
con abandono 無頓着(むとんちゃく)に, 投げやりに.

a·ba·ni·car [a.ƀa.ni.kár] 102 他 **1** あおぐ, 風を送

る. **2**〖闘牛〗ムレータ muleta を振ってけしかける.
— 自《ラ米》《ﾁﾘ》《スポ》(野球で)空振りする.
— **~・se** 再 (自分を)あおぐ.
abanicar el aire 《ラ米》《*ﾒﾋ*》《俗》(野球で)空振りする.

a・ba・ni・ca・zo [a.ba.ni.ká.θo / -.so] 男 扇子で打つこと;扇子であおぐこと.

a・ba・ni・co [a.ba.ní.ko] 男 **1** 扇子,扇;扇状のもの. **poner los naipes en ~** トランプを扇のように広げる. **el pavo real** クジャクの開いた尾羽. **~ aluvial** 扇状地. **~ eléctrico** 《ラ米》扇風機,ベンチレーター. **2** 範囲,幅. **amplio ~ de productos** 幅広い品揃え. **3**《俗》サーベル. **4**〖海〗クレーン,デリック. **5**《ラ米》(1)《ﾁﾘ》(鉄道の分岐点の)標識,方向指示機. (2)《*ﾒﾋ*》《俗》(野球で)空振りの多い選手. (3)《話》簡単に破れる約束. (4)《ﾁﾘ》《ｱﾙｾﾞ》扇風機;ベンチレーター.
[abano+縮小辞;abanar(←《ポルトガル》*abanar* 「あおぐ;ふるいにかける」)より派生;〖関連〗《英》*fan*]

a・ba・ni・llo [a.ba.ní.jo‖-.ʎo] 男 ひだ襟,ラフ;《古語》扇子.

a・ba・ni・que・o [a.ba.ni.ké.o] 男 **1** 扇子であおぐこと. **2** 大げさな手振り.

a・ba・ni・que・rí・a [a.ba.ni.ke.rí.a] 女《まれ》扇子店[工場].

a・ba・ni・que・ro, ra [a.ba.ni.ké.ro, -.ra] 男 女 扇子職人;扇子商人.

a・ba・no [a.bá.no] 男 **1** 天井扇. **2** 扇子.

a・ban・tar [a.ban.tár] 自 吹きこぼれる.

a・ban・to [a.bán.to] 形 **1** まぬけな,鈍い. **2** 落ち着きのない. **3**〖闘牛〗〈牛が〉臆病な.
— 男〖鳥〗ハゲワシ,エジプトハゲワシ.

a・ba・ra・jar [a.ba.ra.xár] 他《ラ米》《ｱﾙｾﾞ》(1)〈飛んできたものを〉宙でとらえ[つかむ];〈刀剣や棒の攻撃を〉空中で止める. (2)《話》〈他人の話を〉最後まで聞く前に理解する.
— 《ラ米》《ﾊﾟﾗｸﾞ》《話》つかみ合いのけんかをする.

a・ba・ra・ta・mien・to [a.ba.ra.ta.mjén.to] 男 値下げ,値下がり. **~ de los costos** コストダウン.

a・ba・ra・tar [a.ba.ra.tár] 他 値下げする,…のコストを下げる (↔encarecer). **~ las frutas** 果物を値引きする. — **~・se** 再 安くなる,値下がりする.

a・bar・be・char [a.bar.be.tʃár] 他 → barbechar.

a・bar・ca [a.bár.ka] 女《スペイン》(革・ゴム製の)サンダル.
quedarle **(a + 人) *como una abarca*** (服などが)〈人〉に大きすぎる.

a・bar・ca・ble [a.bar.ká.ble] 形 包含できる,抱え込める.

a・bar・ca・dor, do・ra [a.bar.ka.ðór, -.ðó.ra] 形 包括的な.
— 男 女《ラ米》《ﾒﾋ》買い占める人;独占販売者.

a・bar・ca・du・ra [a.bar.ka.ðú.ra] 女 → abarcamiento.

a・bar・ca・mien・to [a.bar.ka.mjén.to] 男 包括,包含;抱きかかえること.

***a・bar・car** [a.bar.kár] 他 102 回 **1** 含む,中に収める,〈範囲が〉…に及ぶ. **Esta serie *abarca* todos los géneros.** このシリーズはすべてのジャンルをカバーしている. **El período de pago *abarca* desde el 1 hasta el 15 de noviembre.** 支払い期間は11月1日から15日までです.
2 (両腕で)抱える;(片手で)つかむ;抱え込む. **Entre los cuatro no pudimos ~ el árbol.** 4人で

abarca

手を伸ばしても私たちはその木を囲むことはできなかった. **Una persona no puede ~ todo el trabajo.** ひとりですべての仕事を抱え込むことはできない.
3 見渡す,視界に収める. **Desde la torre *abarcamos* toda la ciudad.** 塔の上から町全体を見渡すことができる.
4〖狩〗〈獲物を〉追い込む. **5**《ラ米》(1) 独占する (=acaparar). (2)《ﾒﾋ》〈鶏が〉卵を抱く.
— **~・se** 再 含まれる;見渡される. **Desde el balcón se *abarca* toda la zona.** バルコニーから地区全体が見渡せる.
Quien [El que] mucho abarca, poco aprieta.《諺》二兎(ﾄ)を追うものは一兎をも得ず.
[←《俗》*abbrāchicāre* 「抱く」([ラ]*brāchium* 「腕」より派生);〖関連〗《英》*embrace*]

a・ba・ri・to・na・do, da [a.ba.ri.to.ná.ðo, -.ða] 形〖音楽〗バリトン(音域)の.

a・bar・lo・ar [a.bar.lo.ár] 他〖海〗〈船を〉横付けにする,舷側につける.

abarque(-) / abarqué(-) 活 → abarcar.

a・bar・que・ro, ra [a.bar.ké.ro, -.ra] 男 女 サンダル abarca 職人,サンダル商人.

a・bar・qui・lla・do, da [a.bar.ki.já.ðo, -.ða‖-.ʎá.-] 形 反り返った,曲がった,丸まった.

a・bar・qui・lla・mien・to [a.bar.ki.ja.mjén.to‖-.ʎá.-] 男 反り,曲がり,丸まること.

a・bar・qui・llar [a.bar.ki.jár‖-.ʎár] 他 反らせる,曲げる,丸める. — **~・se** 再 反る,曲がる,丸まる. **Las fotos se *abarquillaron* por la humedad.** 写真が湿気で反り返ってしまった.

a・ba・rra・ga・na・mien・to [a.ba.ra.ga.na.mjén.to] 男 同棲(ﾄﾞｳｾｲ),事実婚.

a・ba・rra・ga・nar・se [a.ba.ra.ga.nár.se] 再《まれ》同棲(ﾄﾞｳｾｲ)する,公的な手続きをせずに一緒に暮らす.

a・ba・rra・ja・do, da [a.ba.ra.xá.ðo, -.ða] 形《ラ米》(ﾍﾟﾙｰ)(ｺﾛﾝ) (1) 図太い,厚かましい. (2) けんかっ早い. (3) ふしだらな.

a・ba・rra・jar [a.ba.ra.xár] 他《話》投げつける.
— **~・se** 再《ラ米》(1)(ﾍﾟﾙｰ)(ｺﾛﾝ) 堕落する,ぐれる. (2) (ｺﾞﾙ)つまずく,転ぶ.

a・ba・rran・ca・de・ro [a.ba.raŋ.ka.ðé.ro] 男 **1** ぬかるみ,泥沼. **2** 苦境,窮地.

a・ba・rran・ca・do, da [a.ba.raŋ.ká.ðo, -.ða] 形 峡谷のある;断崖のある.

a・ba・rran・ca・mien・to [a.ba.raŋ.ka.mjén.to] 男 **1** (地表の)溝[雨裂];(地表に)溝ができること.
2 進退きわまること.

a・ba・rran・car [a.ba.raŋ.kár] 102 他 **1** (地表に)溝[雨裂]を作る. **2** 崖(ｶﾞｹ)から落とす. **3** 溝にはめる. — **~・se** 再 **1**〖海〗座礁する. **2** 崖から落ちる. **3** 溝で身動きできなくなる;(ぬかるみで)動きが取れなくなる. **4** 行き詰まる.

a・ba・rrar [a.ba.rár] 他《古語》**1** 投げつける.
2 (棒で)たたく.

a・ba・rrer [a.ba.rér] 他 → barrer.

a・ba・rris・co [a.ba.rís.ko] 副 → barrisco.

a・ba・rro・ca・do, da [a.ba.ro.ká.ðo, -.ða] 形 バロックの特徴のある,装飾過多の.

a・ba・rro・ca・mien・to [a.ba.ro.ka.mjén.to] 男《まれ》バロック様式の傾向,過剰装飾の傾向.

a・ba・rro・ta・do, da [a.ba.ro.tá.ðo, -.ða] 形 ぎっしり詰まった,すし詰めの.

a・ba・rro・ta・mien・to [a.ba.ro.ta.mjén.to] 男 (人が)すし詰めになること;(ものや情報が)供給過剰になること.

a·ba·rro·tar¹ [a.βa.ro.tár] 他 **1** 〈人などが〉〈場所を〉いっぱいにする；《de... …を》詰め込む. Los aficionados *abarrotaron* el estadio. ファンがスタジアムを埋めた. ~ la maleta *de* ropa スーツケースに服を詰め込む. ２《ラ米》《ビジ》〈ビジ〉買い占める, 独占する.
— ~·se 再 **1** いっぱいになる. ２《ラ米》(1)（市場が）供給過剰になる, あり余る.（2）（供給過剰で）値が下がる（= abaratarse）.

a·ba·rro·tar² [a.βa.ro.tár] 他 〈板などを〉添え木で補強する.

a·ba·rro·te [a.βa.ró.te] 男 **1**（船の積み荷を固定する）詰め物. ２《ラ米》(1)（複数で）《ビジ》《ビジ》食料品, 雑貨.（2）《ビジ》《ビジ》食料品店.

a·ba·rro·te·rí·a [a.βa.ro.te.rí.a] 女 《ラ米》《ビジ》《ビジ》食料雑貨店.

a·bar·se [a.βár.se] 再 よける, どく. ▶ 不定詞または命令形のみに用いられる.

a·ba·sí [a.βa.sí] 形 [複 ~es]《史》アッバース王朝 (750-1258)の.
— 男 女 アッバース王家の人；アッバース王朝の住民.

a·ba·si·da [a.βa.sí.ða] 形 男 女 →abasí.

A·ba·si·das [a.βa.sí.ðas] 固名《複数形》《史》アッバース王朝 (750-1258)：バグダッドに首都を置いたイスラムの王朝.

a·bas·tan·za [a.βas.tán.θa / -.sa] 女《まれ》豊富, 多量. — 副《まれ》十分に.

a·bas·tar [a.βas.tár] 他 《まれ》供給する, 補給する (= abastecer). — ~·se 再 《まれ》満足する.

a·bas·tar·dar [a.βas.tar.ðár] 自 → bastardear.

a·bas·te·ce·dor, do·ra [a.βas.te.θe.ðór, -.ðó.ra / -.se.-] 形 供給する, 補給する. — 男 **1** 供給者, 補給者. ２《ラ米》食肉業者, 肉の卸売業者.

*__a·bas·te·cer__ [a.βas.te.θér / -.sér] ³⁴ 他 《de... / con... （食料など）を》…に**供給する**，《de... / con... 必要なもの》を充たす. ~ un ejército *de* víveres 軍隊に食料を補給する.
— ~·se 再 《de... …を》調達する, 入手[購入]する.

a·bas·te·ci·do, da [a.βas.te.θí.ðo, -.ða / -.sí.-] 形 **1** 供給を受けた, 補給された. un ejército bien ~ 十分に補給を受けた軍隊. **2**《ラ米》（品数の）多い. una tienda bien *abastecida* 品数の多い店.

*__a·bas·te·ci·mien·to__ [a.βas.te.θi.mjén.to / -.si.-] 男（食料などの）**供給**, 補給, 調達. ~ de agua 給水.

a·bas·te·ro [a.βas.té.ro] 男 《ラ米》(1) 食品業者. (2)《ビジ》食肉業者.

a·bas·tio·nar [a.βas.tjo.nár] 他 〈陣地などを〉堡塁[防塁]で強化[補強]する.

a·bas·to [a.βás.to] 男 **1**《主に複数で》生活必需品. **2**（食料などの）供給[補給]. **3** 多量, 多数, 豊富. **4**（刺繍などの）背景の模様. **5**《ラ米》(1) 食肉[食料]市場；（ビジ）食肉雑貨店. (2)《ビジ》食料店.
dar abasto a [*para*]... 〈必要性などに〉十分応じられる. No *dan* ~ *para* atender a todos los pacientes en el hospital. その病院では患者全員に対応しきれない.

a·ba·ta·na·do, da [a.βa.ta.ná.ðo, -.ða] 形 〈毛織物が〉目の詰まった, 縮絨（しゅくじゅう）した.

a·ba·ta·nar [a.βa.ta.nár] 他 **1**〈毛織物を〉打つ, 縮絨（しゅくじゅう）する. **2** 殴る, 痛めつける.

a·ba·ta·tar [a.βa.ta.tár] 他《ラ米》《話》**1** 動揺させる；怖がらせる, 脅す；恥じ入らせる.
— ~·se 再 《ラ米》《ビジ》おじけづく；動揺する.

a·ba·te [a.βá.te] 男 **1** 外国人（特にフランス・イタリア人）の聖職者；フランス[イタリア]帰りの聖職者. **2**《カト》下位の聖職者；(18世紀の) 軽薄な宮廷司祭.

a·ba·tí [a.βa.tí] 男《ラ米》(1)（ガ）トウモロコシ（の芯）. (2)（ガ）トウモロコシの酒.

a·ba·ti·ble [a.βa.tí.βle] 形 〈いす・テーブルなどが〉跳ね上げ式[折り畳み式]の.

a·ba·ti·da [a.βa.tí.ða] 女《軍》逆茂木（さかもぎ）.

a·ba·ti·da·men·te [a.βa.tí.ða.mén.te] 副 落胆して, 意気消沈して, 元気なく.

a·ba·ti·de·ro [a.βa.ti.ðé.ro] 男 排水溝.

a·ba·ti·do, da [a.βa.tí.ðo, -.ða] 形 **1** 意気消沈した, 憔悴（しょうすい）した. Estaba muy ~ por la muerte de su madre. 彼は母の死に打ちひしがれていた.
2 倒れた, 傾いた；落ちた. párpados ~s 垂れ下がったまぶた. **3** 卑しい, 見下げられた. **4**《商》価値の下がった；〈食品・果物が〉傷んだ.

a·ba·ti·mien·to [a.βa.ti.mjén.to] 男 **1** 意気消沈, 落胆；衰弱, 憔悴（しょうすい）. **2** 倒すこと. **3** 侮辱, 屈辱. **4**《海》風圧偏位, リーウェイ (= ~ del rumbo). **5** 方向によって航路からそれること.

*__a·ba·tir__ [a.βa.tír] 他 **1** 倒す, 壊す. ~ un edificio 建物を取り壊す. ~ el gobierno 政権を打倒する. ~ el respaldo 背もたれを倒す.
2 降ろす, 下げる. ~ banderas [velas] 旗[帆]を降ろす. **3** 撃ち落とす, 撃ち殺す. ~ un ciervo 鹿を射止める. **4** 落胆させる, 打ちのめす. **5**〈慢心・誇りを〉くじく.
— 自《海》航路からそれる.
— ~·se 再 **1**《sobre... …に》舞い降りる；襲いかかる. El águila *se abatió sobre* su presa. ワシは獲物の上にさっと舞い降りた. **2**《a... / ante... …に》屈する. **3** 落胆する, やつれる.

a·ba·ya·do, da [a.βa.já.ðo, -.ða] 形《植》漿果（しょうか）状の, 液果状の.

a·ba·yun·car·se [a.βa.juŋ.kár.se] 102 再《ラ米》（ビジ）地方[田舎]の習慣に染まる.

a·ba·zón [a.βa.θón / -.són] 男（リスなどの）頬袋.

ab·be·vi·llen·se [aβ.βe.βi.jén.se ‖ -.ʝén.-] 形《史》アブヴィル文化の, アブヴィル文化期の. — 男 アブヴィル文化（期）：前期旧石器時代の石器文化.

ab·de·ri·ta·no, na [aβ.ðe.ri.tá.no, -.na] 形《史》（トラキアの古代都市）アブデラ Abdera の；（スペインの古代都市）アブデラの；（現在の）アドラ Adra の. — 男 女 アブデラ[アドラ]の住民[出身者].

Ab·de·rra·mán [aβ.ðe.ra.mán] 固名 ~ I el Justo アブド・アッラフマン１世正義王（在位756-788）：スペインのイスラム王国（後ウマイヤ朝）の創始者. [← (アラビア) '*Abd al-Rahmān*]

ab·di·ca·ción [aβ.ði.ka.θjón / -.sjón] 女 **1** 退位；《en... …への》譲位. **2**（権力・権利の）放棄；放棄証書.

ab·di·car [aβ.ði.kár] 102 他 **1**〈王位・官職などを〉退く；《en... …に》譲る. *Abdicó* el trono *en* su hijo. 彼[彼女]は王位を息子に譲った. **2**〈権利・主義などを〉放棄する. — 自《de... （主義など）を》捨てる.

ab·di·ca·ti·vo, va [aβ.ði.ka.tí.βo, -.βa] 形（王位・権利などの）放棄の；退位[譲位]に関する.

*__ab·do·men__ [aβ.ðó.men] 男 [複 abdómenes]《解剖》**腹**, 腹部.

ab·do·mi·nal [aβ.ðo.mi.nál] 形 腹の, 腹部の. músculos ~es 腹筋. — 《複数で》腹筋（運動）.

ab·duc·ción [aβ.ðuk.θjón / -.sjón] 女 **1** 誘拐. **2**《解剖》外転（運動）(↔ aducción).
3《論》蓋然（がいぜん）的三段論法, アパゴーゲー.

ab·du·cir [aβ.ðu.θír / -.sír] 37 他 **1** 誘拐し, 連れ去る. **2**《解剖》外転させる.

ab·duc·tor, to·ra [aḇ.ðuk.tór, -.tó.ra] 形《解剖》外転の. ━ 男《解剖》外転筋 (= músculo ~).

a·be·cé [a.ḇe.θé / -.sé] 男 **1** アルファベット. → alfabeto [類語]. **2** 基礎 (知識), 初歩, いろは.

a·be·ce·da·rio [a.ḇe.θe.ða.rjo / -.se.-] 男 **1** アルファベット, 字母 (表). **2** 読み書き練習帳. **3** 記号, 符号. ~ telegráfico 電信符号.

a·be·ce·rra·do, da [a.ḇe.θe.řá.ðo, -.ða / -.se.-] 形 子牛 becerro のような.

a·be·dul [a.ḇe.ðúl] 男《植》カバノキ.

a·be·du·lar [a.ḇe.ðu.lár] 男 カバノキ林.

*__a·be·ja__ [a.ḇé.xa] 女 **1**《昆》(1) ミツバチ. miel de ~ はちみつ. ~ reina [maesa, maestra] 女王バチ. ~ obrera [neutra] 働きバチ. (2) ~ albañila ドロバチ. ~ carpintera ダイクバチ, クマバチ. **2**《比喩的》働き者.
[←〔ラ〕apiculam (apicula の対格 ; apis「蜂」+縮小辞)][関連] apicultura. [ポルトガル] abelha. [仏] abeille. [伊] ape]

a·be·jar [a.ḇe.xár] 男 養蜂(ようほう)場 (= colmenar).

a·be·ja·rrón [a.ḇe.xa.řón] 男《昆》マルハナバチ.

a·be·ja·ru·co [a.ḇe.xa.rú.ko] 男 **1**《鳥》ハチクイ. **2**《まれ》うわさ好きな人.

a·be·je·o [a.ḇe.xé.o] 男 → abejorreo.

a·be·je·ro, ra [a.ḇe.xé.ro, -.ra] 形 養蜂(ようほう)家の (= colmenero). ━ 男 **1**《鳥》ハチクイ. **2**《ラ米》(メキシコ)ミツバチの大群. ━ 女 **1** 養蜂(ようほう)場 (= colmenar). **2**《植》メリッサ, レモンバーム.

a·be·jo·ne·ar [a.ḇe.xo.ne.ár] 自《ラ米》(アルゼンチン)(ウルグアイ)ブンブンと音を立てる ; ささやく.

a·be·jo·rre·o [a.ḇe.xo.řé.o] 男 **1** ミツバチなどの羽音, ブンブンいう音 ;《ミツバチの羽音に似た》ざわめき.

a·be·jo·rro [a.ḇe.xó.řo] 男 **1**《昆》(1) マルハナバチ. (2) コフキコガネ. **2** 煩わしい人, うるさい人.

a·be·ju·no, na [a.ḇe.xú.no, -.na] 形 ミツバチの.

A·bel [a.ḇél] 固名《聖》アベル : アダム Adán とエバ Eva の第二子. 兄カイン Caín に殺された.

a·be·lla·ca·do, da [a.ḇe.ja.ká.ðo, -.ða / -.ʎa.-] 形 下劣な, 卑劣な.

a·be·lla·car [a.ḇe.ja.kár / -.ʎa.-] 102 他 品位を落とす, 卑しくする. ━ ~·**se** 再 卑しくなる, 堕落する.

a·be·llo·ta [a.ḇe.jó.ta / -.ʎó.-] 女 → bellota.

a·be·llo·ta·do, da [a.ḇe.jo.tá.ðo, -.ða / -.ʎo.-] 形 どんぐり形の.

a·bel·mos·co [a.ḇel.mós.ko] 男《植》トロロアオイモドキ (= algalia).

a·be·mo·lar [a.ḇe.mo.lár] 他 **1**〈声を〉和らげる. **2**《音楽》半音下げる, フラット記号をつける.

a·ben·ce·rra·je [a.ḇen.θe.řá.xe / -.se.-] 男 固 アベンセラーヘ家の人. los ~s アベンセラーヘ一族 (15世紀の Granada 王国の氏族). Cegríes [Zegríes] y ∧-s セグリー家とアベンセラーヘ家, 仇敵 (きゅうてき)関係.

a·be·nuz [a.ḇe.núθ / -.nús] 男《植》コクタン.

a·be·ren·je·na·do, da [a.ḇe.reŋ.xe.ná.ðo, -.ða] 形 **1** 紫色の, ナス色の. **2** ナス形の.

a·be·rra·ción [a.ḇe.řa.θjón / -.sjón] 女 **1** 逸脱, 異常 ; 非常識. ~ mental 精神異常. **2**《生物》奇形, 異常. ~ cromosómica 染色体異常. **3**《天文》光行差 ;《光》収差.

a·be·rran·te [a.ḇe.řán.te] 形 常軌を逸した.

a·be·rrar [a.ḇe.řár] 11 自《格式》《まれ》道から外れる ; 常軌を逸する.

a·ber·tal [a.ḇer.tál] 形 **1**〈旱魃(かんばつ)で〉〈土地が〉ひび割れする, 亀裂(きれつ)の入る. **2**〈畑・農場が〉囲い〔柵(さく)〕のない.

*__a·ber·tu·ra__ [a.ḇer.tú.ra] 女 **1** 開くこと, 開けること. ~ de un testamento《法》遺言状の開封. **2** 割れ目, 亀裂(きれつ) ;《建物などの》開口部. **3**《服飾》ベンツ, スリット. chaqueta con ~s laterales サイドベンツ入りの上着. **4** 開けた谷, 山あい ; 入り江. **5** 率直さ. ~ de espíritu 度量の広さ. **6**《光》〈レンズの〉有効口径 ;〈カメラの〉絞り. **7**《音声》口の開き.

a·ber·tza·le [a.ḇer.tʃá.le / -.tsá.-] 形 バスク愛国主義の. ━ 男 女 バスク愛国主義者.

a·ber·tza·lis·mo [a.ḇer.tʃa.lís.mo / -.tsa.-] 男 バスク愛国主義.

a·ber·za·le [a.ḇer.θá.le / -.sá.-] 形 → abertzale.

a·be·sa·na [a.ḇe.sá.na] 女 → besana.

a·bes·tiar·se [a.ḇes.tjár.se] 82 再 獣のようになる.

a·bés·to·la [a.ḇés.to.la] 女《鋤(すき)の》土落とし棒.

a·be·su·ga·do, da [a.ḇe.su.ɣá.ðo, -.ða] 形《マダイ besugo のように》〈目が〉飛び出た.

a·be·tal [a.ḇe.tál] / **a·be·tar** [a.ḇe.tár] 男 モミ林.

a·be·ta·li·po·pro·tei·ne·mia [a.ḇe.ta.li.po.pro.tei.né.mja] 女《医》無βリポたんぱく血症.

a·be·te [a.ḇé.te] 男 → abeto.

a·be·to [a.ḇé.to] 男《植》モミ. ~ albar [blanco] ヨーロッパモミ. ~ falso [rojo] トウヒ, エゾマツ.

a·be·tu·na·do, da [a.ḇe.tu.ná.ðo, -.ða] 形 タールのような, タール質の ;〈人が〉褐色の肌の.

a·be·tu·nar [a.ḇe.tu.nár] 他 タール〔靴墨〕を塗る.

a·bey [a.ḇéi] 男《植》ジャカランダ (属の木).

a·biar [a.ḇjár] 男《植》《キク科》カミツレの一種.

a·bi·char [a.ḇi.tʃár] 他《ラ米》(メキシコ)〈虫などが〉〈動物の傷を〉化膿(かのう)させる. ━ ~·**se** 再《ラ米》(メキシコ)〈果物などが〉腐ってウジがわく ; 化膿する.

a·bier·ta [a.ḇjér.ta] 形 → abierto.

*__a·bier·ta·men·te__ [a.ḇjér.ta.mén.te] 副 率直に, 隠さずに. ser ~ conservador 公然たる保守派である. decir ~ 率直に言う.

a·bier·ta·zo, za [a.ḇjer.tá.θo, -.θa / -.so, -.sa] 形《ラ米》(チリ)《話》気前のいい, 物惜しみしない.

*__a·bier·to, ta__ [a.ḇjér.to, -.ta] [abrir の過分] 形 **1**《名詞 +》《estar +》〈…が〉〔…へ〕開いた (↔cerrado). dormir con las ventanas abiertas 窓を開けたまま眠る. tapar una botella abierta 開いた瓶に栓をする. un mercado ~ a todo el mundo 世界に開かれた市場. La puerta estaba abierta de par en par. 扉は大きく開いていた.
2《名詞 +》《estar +》開店〔開館〕している, 営業〔執務〕中の. El restaurante está ~ de nueve a doce por la noche. そのレストランは夜9時から12時まで開いている.
3《強意》《多くは+名詞》明白な, はっきりした. estar en abierta contradicción con... …にはっきり矛盾している.
4《名詞 +》《ser +／ estar +》寛大な, 親切な ;〈性格が〉率直な, オープンな. un jefe ~ y comprensivo 度量の大きい理解のある上司. expresar de forma abierta ざっくばらんに表現する.
5《名詞 +》《estar +》公開の ; 公然の. una carta abierta 公開状. un secreto ~ 公然の秘密. Los cursos están ~s al público en general. その講座は一般に公開されている.
6 障害物のない. salir a campo ~ 広々とした野原に出る. salir a mar ~ 外海へ出る.
7《+名詞》《estar +》結末のわからない, 未決定の. La novela presenta un final ~. その小説には

ablegado

っきりした結末がない. dejar *abierta* la posibilidad de... …の可能性の余地を残す.
8 《都市が》非武装の. bombardear la ciudad *abierta* 無防備都市を爆撃する. **9**《音声》《母音が》開母音の；開音節の. vocal *abierta* 開母音. sílaba *abierta* 開音節. **10**《海》無甲板の.
— 男 **1**《スポ》オープン (=open). los cuartos de final del *A*~ de Australia 全豪オープン準々決勝. **2**《ラ米》《ｺﾛﾝ》開墾地, 開拓地.
a cielo abierto 露天掘りの；野天で.
a tumba abierta（自転車競走などで）猛スピードで.
en abierto《スペイン》《ＴＶ》スクランブル化せずに.
régimen abierto（囚人に与えられる半日から数日の）出所.
tener los ojos abiertos 注意する.

a·bie·tá·ce·o, a [a.bje.tá.θe.o, -.a / -.se.-] 形 《植》モミ属の. — 女 モミ属の植物；《複数で》モミ属.

a·bi·ga·rra·do, da [a.bi.ɡa.r̄á.đo, -.đa] 形 **1** 雑色の；配色の悪い. decoración *abigarrada* 色のごてごてした装飾. **2** 多種多様な, 寄せ集めの.

a·bi·ga·rra·mien·to [a.bi.ɡa.r̄a.mjén.to] 男 **1** 雑色. **2** 混在, 寄せ集め.

a·bi·ga·rrar [a.bi.ɡa.r̄ár] 他 ごちゃごちゃした色にする. — ~·**se** 再《雑多な人・ものが》集まる.

a·bi·ɡe·a·to [a.bi.xe.á.to] 男《ラ米》家畜泥棒（行為）.

a·bi·ɡe·o [a.bi.xé.o] 男《ラ米》家畜泥棒（する人）.

ab i·ni·tio [a.bi.ní.θjo / -.sjo // -.tjo]〚ラ〛最初から (= desde el principio).

ab in·tes·ta·to [a.bin.tes.tá.to]〚ラ〛遺言なしに, 遺言せずに (= sin testamento).

ab·in·tes·ta·to [a.bin.tes.tá.to] 男《法》無遺言相続.

a·bio·ce·no [a.bjo.θé.no / -.sé.-] 男 非生物的要素.

a·bio·gé·ne·sis [a.bjo.xé.ne.sis] 女《単複同形》《生物》自然［偶然］発生（説）.

a·bio·ta [a.bjó.ta] 女（地質・水・気象など）非生物的要素の総体.

a·bió·ti·co, ca [a.bjó.ti.ko, -.ka] 形《生物》生命のない, 非生物的な, 無生物の.

a·bi·pón, po·na [a.bi.pón, -.pó.na] 形（アルゼンチンの Paraná 川流域に住んでいた）アビポン人の. — 男 女 アビポン人.

a·bi·rri·tar [a.bi.r̄i.tár] 他《医》炎症を緩和する, 除去する.

a·bi·sa·grar [a.bi.sa.ɡrár] 他 **1**〈ドアなどに〉蝶番[ちょう]を取り付ける. **2**《ラ米》《靴》を磨く.

a·bi·sal [a.bi.sál] 形 **1** 深海の；深淵[しんえん]の. pez ~ 深海魚.

a·bi·se·lar [a.bi.se.lár] 他 = biselar.

A·bi·si·nia [a.bi.sí.nja] 固名 アビシニア：エチオピアの旧称.

a·bi·si·nio, nia [a.bi.sí.njo, -.nja] 形 アビシニアの, エチオピアの. — 男 女 アビシニア人；アビシニアの人. — 男 エチオピア語 (= etíope)；アビシニアの言語.

a·bis·ma·do, da [a.bis.má.đo, -.đa] 形 集中した, 没頭した.

a·bis·mal¹ [a.bis.mál] 形 **1** 深海の；深淵[しんえん]の. **2** 底知れない；〈差異・対立などが〉非常に大きな. ~ distancia 非常に大きな隔たり.

a·bis·mal² [a.bis.mál] 男 矢じりの止め釘[くぎ].

a·bis·mar [a.bis.már] 他 **1**《en...》…に沈める.
2 圧倒する, 当惑させる.
3《ラ米》《ｸﾁﾘ》《ﾎﾞﾘｳﾞｨｱ》《話》驚かせる, 怖がらせる.
— ~·**se** 再 **1**《まれ》《en...》…に沈む；ふける, 没頭する. ~·*se en* el dolor 悲嘆に暮れる. **2**《ラ米》(1) 驚く, 驚嘆する. (2)《ﾒﾎｼｺ》だめになる.

a·bis·má·ti·co, ca [a.bis.má.ti.ko, -.ka] 形 → abismal.

***a·bis·mo** [a.bís.mo] 男 **1** 深淵[しんえん], 深み. el ~ del mar 深海. **2** 測り知れないもの, 極み. un ~ de dolor 底知れぬ苦悩. **3** 深い断絶, 大きな隔たり；対立. Hay un ~ entre tus ideas y las mías. 君と私の考えには埋めがたい断絶がある. **4** 地獄 (= infierno). **5**《紋》紋章盾の中心（部）.
al borde del abismo ぎりぎりの状態で.
［← ［俗 ラ］*abyssimus ← ［ラ］*abyssus* ← ［ギ］*ábyssos*「底なしの」(*a*-「…なしの」+ *byssós*「(海の)深み, 底」；[関連] abismar.［英］*abyss*）］

a·bi·so·pe·lá·gi·co, ca [a.bi.so.pe.lá.xi.ko, -.ka] 形（海）深海（水）層の：水深4000メートルから7000メートルの層.

a·bi·ta·que [a.bi.tá.ke] 男 角材, 木材.

a·bi·tar [a.bi.tár] 他《海》〈錨索[びょうさく]を〉係柱[ビット]に巻き付ける.

a·biz·co·cha·do, da [a.biθ.ko.tʃá.đo, -.đa / -.bis.-] 形 スポンジケーキ状[風]の.

ab·ju·ra·ción [ađ.xu.ra.θjón / -.sjón] 女 （主義・信仰などの）放棄（の誓い), 棄教.

ab·ju·rar [ađ.xu.rár] 自 《*de...*〈主義・信仰など〉を》公式に放棄［撤回］する. ~ *de* su fe 信仰を捨てる. — 他〈信仰・主義・主張を〉放棄する.

a·bla·ción [a.bla.θjón / -.sjón] 女 **1**《格式》《医》切除, 除去. **2**《地質》（氷河の）消耗 (= ~ glaciar)；（浸食・風化による）削磨 (= ~ continental).

ab·lac·ta·ción [a.blak.ta.θjón / -.sjón] 女 離乳, 乳離れ.

a·blan·da·bre·vas [a.blan.da.bré.bas] 男 女《単複同形》《話》役立たず, 意気地なし.

a·blan·da·dor, do·ra [a.blan.da.đór, -.đó.ra] 形 **1** 柔らかくする. **2** なだめる, 和ませる.

a·blan·da·du·ra [a.blan.da.đú.ra] 女 → ablandamiento.

a·blan·da·hí·gos [a.blan.da.í.ɡos] 男 女 → ablandabrevas.

a·blan·da·mien·to [a.blan.da.mjén.to] 男 柔かくする［なる］こと, 軟化. ~ del agua 軟水化. ~ de la tensión 緊張緩和.

a·blan·dar [a.blan.dár] 他 **1** 柔らかくする. ~ la cera 蠟[ろう]を柔らかくする. **2** 静める, 和らげる, 軟化させる, 和ませる. ~ las condiciones 条件を緩める. Su actitud *ablandó* a sus padres. 彼[彼女]の態度が両親を軟化させた. **3**《話》殴る. **4**《医》便通をつける, 下痢させる；化膿[かのう]させる. **5**《ラ米》《ﾌﾟｴﾙﾄﾘｺ》《車》を慣らし運転する.
— 自（寒さなどが）和らぐ.
— ~·**se** 再 柔らかくなる；和らぐ, 緩む；弱まる.

a·blan·da·ti·vo, va [a.blan.da.tí.bo, -.ba] 形 柔らかくする；《薬》軟堅作用をもつ.

a·blan·de [a.blán.de] 男《ラ米》《ﾒﾎｼｺ》《ｸﾞｱﾃ》《車》慣らし運転.

a·blan·de·cer [a.blan.de.θér / -.sér]〚34〛他 → ablandar.

a·bla·ti·vo [a.bla.tí.bo] 男《文法》奪格 (= caso ~). ~ absoluto（ラテン語の）絶対奪格.

-able《接尾》→ -ble.

a·ble·ɡa·do [a.ble.ɡá.đo] 男《カト》（新任枢機卿

ablentar

(धर्म)への教皇特使.
a·blen·tar [a.blen.tár] 他《農》〈穀物を〉風にさらす, (箕(み)などで)振り分ける (=aventar).
a·blu·ción [a.blu.θjón / -.sjón] 女 **1**《格式》(主に複数で)体を洗うこと. **2**《宗》みそぎ, 沐浴(もくよく);《カト》(ミサのときの)聖杯・手指の)洗净;《複数で》(洗净用の)水とぶどう酒.
a·blu·sa·do, da [a.blu.sá.ðo, -.ða] 形《服飾》ブラウス風の, たっぷり[ゆったり]した.
a·blu·sar [a.blu.sár] 他《まれ》《服飾》ブラウジングする, ウエストのところにひだを寄せてゆったり着る.
ab·ne·ga·ción [aβ.ne.ga.θjón / -.sjón] 女 献身, 自己犠牲, 自己放棄. con ～ 献身的に.
ab·ne·ga·do, da [aβ.ne.gá.ðo, -.ða] 形 献身的な, 自己犠牲的な. servicio ～ 献身的奉仕.
ab·ne·gar·se [aβ.ne.gár.se] 9 再《格式》自分を犠牲にする, 私欲を捨てる, 献身する.
a·bo·ba·do, da [a.βo.βá.ðo, -.ða] 形 ばかな, ばかみたいな;呆然(ぼうぜん)とした.
a·bo·ba·mien·to [a.βo.βa.mjén.to] 男 **1** 頭が働かないこと, ばかになること. **2** 呆然(ぼうぜん)自失;魅了, とりこになること.
a·bo·bar [a.βo.βár] 他 **1** ばかにする;ぼけさせる. **2** 呆然(ぼうぜん)とさせる, 魅了する.
—**～·se** 再 **1** ばかになる, ぼける;魅了される.
a·bo·ca·do, da [a.βo.ká.ðo, -.ða] 形 **1**《a... に》向かっている, 瀕(ひん)している. estar ～ *a* la ruina 破滅に向かう運命である.
2〈ワインが〉やや甘口で口当たりのよい.
a·bo·ca·mien·to [a.βo.ka.mjén.to] 男 流れ込む[注ぎ込む]こと;接合.
a·bo·ca·na·do, da [a.βo.ka.ná.ðo, -.ða] 形《ラ米》(メキ)〈馬が〉野生の;〈人が〉自由気ままな.
a·bo·ca·nar·se [a.βo.ka.nár.se] 再《ラ米》(メキ)〈馬が〉竿(さお)立ちになって暴れる.
a·bo·car [a.βo.kár] 102 他 **1** (瓶などの口から口へ)注ぎ込む, 移す. **2** 近づける. **3** 口にくわえる.
—自 **1**〈船が〉港[海峡]に入る. **2**《a... …に》到達[接近]する. ～ *a* una solución 解決に至る.
—**～·se** 再 **1**《a... …に》近づく;向かう. **2**《ラ米》(1)(ラプラ)(会合などで)集まる;《con... …と》会う. (2) 没頭する. (3)(ラプラ)気晴らしをする.
a·bo·car·da·do, da [a.βo.kar.ðá.ðo, -.ða] 形〈筒・穴の先が〉らっぱ状の, 口の広がった.
a·bo·car·dar [a.βo.kar.ðár] 他〈筒・穴の〉口を大きく広げる.
a·bo·car·do [a.βo.kár.ðo] 男 ドリル, 穿孔(せんこう)機.
a·bo·ce·la·do, da [a.βo.θe.lá.ðo, -.ða / -.se.-] 形《建》トーラス[大玉縁]形の.
a·bo·ce·ta·do, da [a.βo.θe.tá.ðo, -.ða / -.se.-] 形 下絵の, スケッチ風の;〈彫刻が〉粗彫りの.
a·bo·ce·tar [a.βo.θe.tár / -.se.-] 他《まれ》下絵を描く, スケッチする.
a·bo·chor·na·do, da [a.βo.tʃor.ná.ðo, -.ða] 形 赤面した, 恥じている, 恥ずかしい.
a·bo·chor·nan·te [a.βo.tʃor.nán.te] 形 赤面するような, 恥ずかしい.
a·bo·chor·nar [a.βo.tʃor.nár] 他 **1**《暑さ・熱さが》息苦しくさせる, のぼせさせる. El calor nos *abochorna*. 我々は暑くて息が詰まりそうだ. **2** 恥じ入らせる, 赤面させる. Siempre intentas ～me delante de todos. いつだってみんなの前で私に恥をかかせようとするよね.
—**～·se** 再 **1**《de... / por... …で》恥じ入る, 赤面する. **2**《農》〈植物が〉暑さでしおれる, 干からびる.

a·bo·ci·na·do, da [a.βo.θi.ná.ðo, -.ða / -.si.-] 形 **1** らっぱ状の, 漏斗形の. **2**《建》〈アーチが〉隅切りをした. **3**〈馬が〉首を垂れた.
a·bo·ci·nar [a.βo.θi.nár / -.si.-] 他《まれ》(筒の)口をらっぱ形に広げる. —自《話》うつぶせに倒れる. —**～·se** 再 **1**〈馬が〉首を垂らして歩く. **2**《話》うつぶせに倒れる. **3**《ラ米》(メキ)〈車輪の穀(こしき)の〉穴が〉広がる.
a·bo·fe·te·ar [a.βo.fe.te.ár] 他 **1** 平手打ちを食らわせる. **2** 侮辱する, 傷つける.
a·bo·ga·cí·a [a.βo.ga.θí.a / -.sí.-] 女 **1** 弁護士業. **2**《集合的》弁護士.
a·bo·ga·da [a.βo.gá.ða] 女 → abogado.
a·bo·ga·de·ras [a.βo.ga.ðé.ras] 女《複数形》《ラ米》《話》へ理屈, 詭弁(きべん).
a·bo·ga·de·te [a.βo.ga.ðé.te] 男 → abogadillo.
a·bo·ga·dil [a.βo.ga.ðíl] 形《軽蔑》弁護士の, 弁護士然とした.
a·bo·ga·di·llo, lla [a.βo.ga.ðí.jo, -.ja ‖ -.ʎo, -.ʎa] 男 女《軽蔑》へぼ弁護士.

＊**a·bo·ga·do, da** [a.βo.gá.ðo, -.ða] 男 女
1 弁護士, 弁護人;法学士 (法学部の卒業生). ejercer de ～ 弁護士業を営む. ～ consultor 顧問弁護士. ～ criminalista 刑事弁護士. ～ defensor 被告弁護人. ～ del Estado (国の利益保全を主たる目的とする)国政弁護人. ～ de oficio 国選弁護人. ～ fiscal 検察官. pasante de ～ 弁護士実習生, 司法修習生.
2 調停者, 仲裁人. **3** 守護聖人.
abogado del diablo (1)《話》(真実を確かめるために)あえて異を唱える[けちをつける]人. (2)《カト》列聖調査審問検事 (= promotor de la fe).
abogado de secano 《まれ》へぼ弁護士.
[← [ラ] *advocātum* (*advocātus* の対格; *advocāre* 「法律顧問として招く」より派生). [関連] abogacía. [英] *advocate*]
a·bo·gáng·ster [a.βo.gáns.ter] 男《ラ米》(メキ)《話》悪徳弁護士.
a·bo·gar [a.βo.gár] 103 自《por... / en favor de...》(…を)弁護する, 擁護する;《法》(…の)弁護に立つ. ～ *por* la libertad de expresión 表現の自由を擁護する.
a·bo·he·ta·do, da [a.βo.e.tá.ðo, -.ða] 形 → abuhado.
a·bo·len·go [a.βo.léŋ.go] 男 **1** 先祖, (特に名門の)血統, 家系. **2**《法》世襲財産.
a·bo·li·ción [a.βo.li.θjón / -.sjón] 女 (法・習慣などの)廃止, 撤廃.
a·bo·li·cio·nis·mo [a.βo.li.θjo.nís.mo / -.sjo.-] 男 **1** 廃止論, 撤廃論. **2**《史》奴隷制度廃止論.
a·bo·li·cio·nis·ta [a.βo.li.θjo.nís.ta / -.sjo.-] 形 廃止論者の, 撤廃論の;《史》奴隷制度廃止論(者)の.
—男 女 廃止論者;《史》奴隷制度廃止論者.
a·bo·li·llar [a.βo.li.jár ‖ -.ʎár] 自《ラ米》(メキ)(ラプラ) (メキ)米国人[外国人]のようになる. —**～·se** 再《ラ米》(メキ)米国人[外国人]のようになる.
a·bo·lir [a.βo.lír] 80 他〈法・習慣などを〉廃止する, 撤廃する. *Abolieron* la esclavitud. 奴隷制度が廃止された. ※ 活用は原則として 80 だが, 現在では規則的に活用する例も見られる.
a·bo·lla·do, da [a.βo.já.ðo, -.ða ‖ -.ʎá.-] 形 **1** へこんだ. coche ～ へこんだ車. **2** 意気消沈した. **3**《ラ米》(1)《話》文無しの, 無一文の. (2)(ラプラ)疲れ残る, 〈商品が〉傷がれ, 売りものにならない.
—男 (金属・紙などの)打ち出し[浮き出し]模様.

a·bo·lla·du·ra [a.bo.ja.ðú.ra ‖ -.ʎa.-]. 女 **1** 凹部, へこみ. **2** 浮き出し(模様), 圧印加工.
a·bo·llar [a.bo.jár ‖ -.ʎár] 他 **1** 〈金属面などを〉へこませる. **2** 飾り模様を打ち出す. **3** 《ラ米》《ざ》《俗》殴る. —— ~·se 再 へこむ, くぼむ.
a·bo·llón [a.bo.jón ‖ -.ʎón] 男 〈鍋(な)・車・缶などの表面の〉へこみ.
a·bo·llo·nar [a.bo.jo.nár ‖ -.ʎo.-] 他 …に打ち出し模様を作る, 浮き彫りにする.
a·bol·sa·do, da [a.βol.sá.ðo, -.ða] 形 だぶだぶの, ぶかぶかの;膨らんだ.
a·bol·sar [a.βol.sár] 他 《まれ》〈衣服などを〉たるませる;袋状にする.
—— ~·se 再 〈衣服・壁紙などが〉たるむ, 膨らむ.
a·bom·ba·do, da [a.βom.bá.ðo, -.ða] 形 **1** 凸状の, 凸面の (↔cóncavo). cristal ~ 凸面ガラス. **2** 《ラ米》(1) 《タテ》《話》ぼうっとした, ばかな. (2) ほろ酔いの, 酔っ払った. (3) 腐りかけた, すえた.
a·bom·ba·mien·to [a.βom.ba.mjén.to] 男 凸状にする[なる]こと;たわみ, 反りかえり.
a·bom·bar [a.βom.bár] 他 **1** たわませる, 凸状[凸面]にする. **2** 《話》ぼうっとさせる.
—— ~·se 再 **1** たわむ, 凸状[凸面]になる. **2** 《ラ米》(1) 《タテ》《チリ》《話》酒に酔う. (2) 《ラプ》腐る.
a·bo·mi·na·ble [a.βo.mi.ná.βle] 形 忌まわしい; 嫌な;恐ろしい. crimen ~ 忌まわしい犯罪.
a·bo·mi·na·ción [a.βo.mi.na.θjón / -.sjón] 女 嫌悪;嫌悪すべき[忌まわしい]もの[こと].
a·bo·mi·nar [a.βo.mi.nár] 他 嫌悪する, 忌み嫌う. *Abomino* la injusticia. 私は不正を憎んでいる.
—— 自 《de...》…を》嫌悪する, 忌み嫌う. ~ *de* su suerte 自らの運命をのろう.
a·bo·na·ble [a.βo.ná.βle] 形 **1** 支払い可能な;支払うべき. **2** 《農》土地改良のできる.
a·bo·na·do, da [a.βo.ná.ðo, -.ða] 形 **1** 支払い済みの, 納入済みの;《a...》…に》申し込んだ. ~ en cuenta 貸方勘定に記入された. ~ *a* un club deportivo スポーツクラブに加入している. **2** 信用できる, 保証のある. **3** 準備ができている. ~ para... …の下地ができている. terreno ~ 下地, 素地. **4** 《農》肥料を施した. **5** 《ラ米》《タテ》〈生徒が〉ひいきされた.
—— 男 女 〈電気・ガス・水道・電話の〉加入者;定期購読者, 通し券[回数券]購入者, 定期会員.
—— 男 《農》施肥.
a·bo·na·dor, do·ra [a.βo.na.ðór, -.ðó.ra] 男 女 保証人, 引受人. —— 男 〈樽(な)大工などの〉らせん錐(ね).
—— 男 《農》施肥機.
a·bo·nan·zar [a.βo.nan.θár / -.sár] 97 自 《3人称単数・無主語で》《海》〈嵐が〉収まる, 天候が回復する;《混話などが》落ち着く.
***a·bo·nar** [a.βo.nár] 他 **1** 支払う, 払い込む. ~ la cuota 会費を払い込む. ~ sus deudas 借金の支払いをする. ~ en [a la] cuenta de +人《人》の貸方勘定に記入する, 口座に振り込む.
2 《a...》…に》申し込む. Sus padres la *han abonado a* una revista musical. 彼女の両親は彼女のために音楽雑誌の購読を申し込んだ.
3 保証人になる;保証する.
4 《農》肥料を施す. **5** 改良する, 改善する.
—— 自 → abonanzar.
—— ~·se 再 《a...》…に》申し込む, 《…に》加入[参加]する;《…の》定期購読を買う;《〈演劇・スポーツなどの〉通し券を買う. *Nos hemos abonado a* todos los partidos de la temporada. 私たちは全試合の通し券[シーズン入場券]を買った.

abonar el terreno 下地[基盤]を作る.
[← 《仏》*abonner*]
a·bo·na·ré [a.βo.na.ré] 男 《商》約束手形, 借用証書 (= pagaré).
a·bon·do [a.βón.do] 副 《詩》豊富に, たくさん.
***a·bo·no** [a.βó.no] 男 **1** 支払い, 払い込み. la cuota de ~ mensual 月々の支払い額.
2 (新聞・雑誌などの) **定期購読** (の申し込み);(演劇・スポーツなどの) **定期券**, 回数券, シーズン入場券;(乗り物などの) **定期券**, 回数券. ~ de diez entradas 10回入場券. tomar un ~ a una revista 雑誌の定期購読を申し込む.
3 保証金, 内金. **4** 貸方記入. **5** 《農》肥料, 堆肥(な);施肥. ~s nitrogenados 窒素肥料. ~ en verde 緑肥. ~ mineral [orgánico] 無機[有機]肥料. **6** 《ラ米》《タテ》月賦.
en abono de... …を保証して.
a·bo·qui·lla·do, da [a.βo.ki.já.ðo, -.ðo ‖ -.ʎá.-] 形 **1** 吸い口のついた. **2** らっぱ形の, 口の広がった. **3** 《建》面取りをした.
a·bo·qui·llar [a.βo.ki.jár ‖ -.ʎár] 他 **1** 吸い口をつける. **2** らっぱ形にする[広げる]. **3** 《建》面取りをする.
a·bor·da·ble [a.βor.ðá.βle] 形 **1** 〈値段が〉手ごろな, 適当な. precio ~ 手ごろな値段. **2** 〈事柄が〉取り扱い可能な, 手に負える. **3** 〈人が〉気さくな, 付き合いやすい. **4** 〈場所が〉接近[到着]しうる.
a·bor·da·je [a.βor.ðá.xe] 男 **1** 《海》接舷(ぜん), 船を横付けすること. saltar [entrar, pasar] al ~ 〈敵船などに〉どっと乗り移る. **2** 接近, 取り組み. **3** 《ラ米》搭乗, 乗船.

puerta de abordaje (搭乗ゲート:メキシコ)

***a·bor·dar** [a.βor.ðár] 他 **1** 〈事業・仕事に〉**取り組む**, とりかかる;〈問題などを〉持ち出す. ~ un nuevo tema 新しいテーマに取り組む. **2** 〈人に〉近寄る, 話しかける. **3** 《海》〈船舶が〉〈他の船に〉(ぴったり)寄る, 〈他の船に〉乗り込む;〈船を〉襲う. Dos activistas ecologistas *abordaron* el barco. 2人の環境保護活動家がその船に乗り込んだ. **4** 《ラ米》〈乗り物に〉乗る, 乗り込む. ~ un avión 飛行機に乗る.
—— 自 《海》《a...》…に》船を横づけにする, 入港する;乗り込む. ~ *al* muelle 桟橋に船をつける.
a·bo·ri·gen [a.βo.rí.xen] 形 《複 aborígenes》土着の.
—— 男 女 《主に複数で》土着民, 先住民.
aborígenes de Australia オーストラリア先住民, アボリジニー.
a·bor·lo·na·do, da [a.βor.lo.ná.ðo, -.ða] 形 《ラ米》《タテ》《コロブ》《ア》〈布地に〉縞(ま)の, 織りむらのある.
a·bo·rra·cha·do, da [a.βo.ra.tʃá.ðo, -.ða] 形 真紅の.
a·bo·rra·jar [a.βo.ra.xár] 他 《ラ米》〈揚げ物に〉衣をつける. —— ~·se 再 《穀物が》早枯れする.
a·bo·rras·car·se [a.βo.ras.kár.se] 102 再 **1** 《3人称単数・無主語で》天候が荒れ模様になる, 暴風雨になる. **2** 《会議などが》荒れる.
a·bo·rre·ce·dor, do·ra [a.βo.re.θe.ðór, -.ðó.ra / -.se.-] 形 憎しみを抱く, 嫌悪する.
—— 男 女 憎悪する人, 反感を抱く人.

a·bo·rre·cer [a.ƀo.r̃e.θér / -.sér] 34 他 **1** 嫌悪する，忌み嫌う，憎む．*Aborrezco a los terroristas.* 私はテロリストを憎む． **2**〈動物が〉〈ひな・子を〉捨てる． **3**〈話〉厭がらせる；〈恋人などを〉捨てる． **4** いらいらさせる，うんざりさせる．
— ~·**se** 再 いらいらする，うんざりする．
a·bo·rre·ci·ble [a.ƀo.r̃e.θí.ƀle / -.sí.-] 形 嫌悪すべき，忌まわしい，憎むべき．
a·bo·rre·ci·do, da [a.ƀo.r̃e.θí.ðo, -.ða / -.sí.-] 形 **1** 忌み嫌われた． **2** 倦怠の．
a·bo·rre·ci·mien·to [a.ƀo.r̃e.θi.mjén.to / -.si.-] 男 **1** 嫌悪，憎悪，反感． **2** 倦怠(けんたい)，退屈．
a·bo·rre·ga·do, da [a.ƀo.r̃e.ɣá.ðo, -.ða] 形 **1**〈空が〉綿雲に覆われた，〈雲が〉羊毛のようにふわわの． **2**〈人が〉おとなしい，自主性のない．
a·bo·rre·ga·mien·to [a.ƀo.r̃e.ɣa.mjén.to] 男 (集団内で) 自分の意見を失い他人に合わせること，付和雷同すること．
a·bo·rre·gar [a.ƀo.r̃e.ɣár] 103 他《ラ米》《シク》(穀物の束を) 積み重ねる，一か所に集めて置く． — ~·**se** 再 **1**〈空が〉綿雲で覆われる． **2** 人の言うなりになる，自主性を失う． **3**《ラ米》(1)《シク》小心になる，おじける． (2)《シク》《話》ばかになる，乱暴になる．
aborrezc- 活 → aborrecer.
a·bor·tar [a.ƀor.tár] 自 **1**【医】流産する；堕胎する，中絶する．
 2（計画などが）破綻(はたん)する，失敗する．*La conspiración abortó.* 陰謀は失敗に終わった．
 3〈植物が〉発育不全になる．
 4〈病気の〉進行が止まる．
— 他 **1**【医】流産する；中絶する．
 2〈作業などを〉中断[中止] する．
 3〈不格好・不完全なものを〉作り出す．
a·bor·te·ro, ra [a.ƀor.té.ro, -.ra] 男 女《軽蔑》堕胎(だたい) [中絶] 手術を行う人．
a·bor·tis·mo [a.ƀor.tís.mo] 男 妊娠中絶権支持主義．
a·bor·tis·ta [a.ƀor.tís.ta] 形 妊娠中絶の．
— 男 女 妊娠中絶権支持者．
a·bor·ti·vo, va [a.ƀor.tí.ƀo, -.ƀa] 形【医】流産の；堕胎の． — 男【医】堕胎薬．
a·bor·to [a.ƀór.to] 男 **1**【医】流産，堕胎，中絶；流産[堕胎] した胎児．*hacerse un* ~ 妊娠中絶する．~ *habitual* 習慣性流産．~ *natural* 自然流産．*delito de* ~《法》堕胎罪． **2** 失敗 (作)． **3**《軽蔑》出来損ない；醜い人［もの］．
a·bor·tón [a.ƀor.tón] 男 **1**【獣医】(四足動物の) 早産の子． **2** (早産の) 子羊の皮．
a·bo·ru·jar [a.ƀo.ru.xár] 他【料】だま[粒々] を作る．— ~·**se** 再 **1**【料】だま[粒々] ができる． **2** (マントなどで) しっかり身を包む．
a·bo·ta(r)·ga·do, da [a.ƀo.ta(r).ɣá.ðo, -.ða] 形〈体(の一部)が〉膨れた，腫(は)れぼったい．
a·bo·ta(r)·ga·mien·to [a.ƀo.ta(r).ɣa.mjén.to] 男 (腫れること)，むくみ． **2** ぼけること．
a·bo·ta(r)·gar·se [a.ƀo.ta(r).ɣár.se] 103 再 **1**〈体(の一部)が〉腫(は)れる，むくむ． **2** 頭がぼける，鈍くなる．
a·bo·ti·na·do, da [a.ƀo.ti.ná.ðo, -.ða] 形 **1**〈靴が〉くるぶし丈の．*zapatos* ~*s* アンクルブーツ． **2**〈ズボンが〉すそしぼりの．
a·bo·to·na·dor [a.ƀo.to.na.ðór] 男 ボタン掛け (器)．
a·bo·to·na·du·ra [a.ƀo.to.na.ðú.ra] 女《集合的》(一着の衣服の) ボタン (ひと揃い)．

a·bo·to·nar [a.ƀo.to.nár] 他 **1** …のボタンを掛ける． **2**《ラ米》《シク》〈水路を〉ふさぐ，せき止める．
— 自〈植物が〉芽を出す．
— ~·**se** 再 自分のボタンを掛ける．
a·bo·ve·da·do, da [a.ƀo.ƀe.ðá.ðo, -.ða] 形【建】丸天井の，ドーム状の．
a·bo·ve·dar [a.ƀo.ƀe.ðár] 他【建】丸天井にする，ドーム状にする．
a·bo·yar[1] [a.ƀo.ʝár] 他 **1**【海】…に浮標[ブイ] を設置する． **2** 自 浮かぶ，漂う．
a·bo·yar[2] [a.ƀo.ʝár] 他〈土地を〉耕作牛つきで貸す．
abr.《略》*abril* 4月．
a·bra [á.ƀra] 女 **el** ~, **un** [**una**] ~ **1**《海》(小さな) 入り江． **2** 谷間． **3** (地震による地面の) 割れ目，亀裂(きれつ)． **4**《ラ米》(1)《ボリ》《チリ》《シク》《シク》(森の中の) 開けた所，《シク》扉，窓の開閉部分．
a·bra·ca·da·bra [a.ƀra.ka.ðá.ƀra] 男 アブラカダブラ：病魔を追い払うためなどに使われる逆三角形に書かれた呪文．
a·bra·ca·da·bran·te [a.ƀra.ka.ða.ƀrán.te] 形《話》奇妙な，途方もない，突飛な．
abrace(-) / abracé(-) 活 → abrazar.
a·bra·de·ra [a.ƀra.ðé.ra] 女《ラ米》《シク》《俗》下痢．
A·bra·ham [a.ƀra.ám] 固名《聖》アブラハム：古代ヘブライ民族の始祖．ノア *Noé* の大洪水後の最初の族長．
A·bra·hán [a.ƀra.án] 固名 アブラアン：男子の洗礼名．[← [ヘブライ] *Abrhāhām*；関連 [仏] [英] [独] *Abraham*．[伊] *Abramo*]
a·bra·sa·dor, do·ra [a.ƀra.sa.ðór, -.ðó.ra] 形 燃えるような，熱い．*sol* ~ 焼けつくような太陽．
a·bra·sa·mien·to [a.ƀra.sa.mjén.to] 男 (炎で) 焼き尽くすこと，《比喩的に》焼けつくような思い．
a·bra·san·te [a.ƀra.sán.te] 形 → abrasador.
a·bra·sar [a.ƀra.sár] 他 **1**〈熱・光・酸などが〉焼く，焦がす．*El sol abrasa.* 太陽がじりじりと照りつけている．*morir abrasado* 焼死する． **2**〈舌・胃などを〉焼く，やけどさせる，ひりひりさせる．*Me abrasa la sed.* のどがからからだ． **3**《比喩的》胸を痛めさせる，じりじりさせる；恥をかかせる．*El odio me abrasa.* 憎悪で身を焼かれるような思いだ． **4** (暑さ・霜などが)〈植物を〉枯らす． **5**〈財産などを〉浪費する．
— ~·**se** 再 **1** 焦げる，焼ける．*El guisado se abrasó.* 煮込み料理が焦げついてしまった． **2**《**de…** / **en…** ~》〈身を〉…に焦がす；〈感情が〉高ぶる．~*se de* [*en*] *amor* 恋に身を焦がす．~*se de calor* 暑さにうだる． **3** (暑さ・霜などで)〈植物が〉枯れる．
a·bra·si·la·do, da [a.ƀra.si.lá.ðo, -.ða] 形 濃い赤の，真紅の．
a·bra·sí·me·tro [a.ƀra.sí.me.tro] 男 耐摩耗測定器．
a·bra·sión [a.ƀra.sjón] 女 **1**【医】すりむくこと；すり傷，(皮膚の) 剝離(はくり)． **2**【地質】浸食作用． **3** 磨耗，研磨．
a·bra·si·vo, va [a.ƀra.sí.ƀo, -.ƀa] 形 研磨の．*polvo* ~ 磨き粉．— 男 研磨剤，磨き粉．
a·bra·xas [a.ƀrák.sas] 男《単複同形》アブラクサス．
♦グノーシス派が使った呪文(じゅもん)で，そのギリシア文字を数字に置き換えると1年の日数を表す365になる．
— 男 (または男)《単複同形》アブラクサスの言葉が記された護符．
a·bra·za·de·ra [a.ƀra.θa.ðé.ra / -.sa.-] 女 (ホースなどの) 留め金，(環状の) 締め具．
a·bra·za·dor, do·ra [a.ƀra.θa.ðór, -.ðó.ra / -

sa.-] 形 抱きつく，〈日射しが〉まとわりつく，〈葉が〉巻きつく．

a·bra·za·mien·to [a.bra.θa.mjén.to / -.sa.-] 男 抱きしめること，抱擁．

a·bra·zar [a.bra.θár / -.sár] 97 他 **1 〈人を〉（特に愛情を持って）**抱きしめる**，〈人に〉**抱きつく**；〈腕で〉抱える，抱く．Al despedirse, ella *abrazó* a su hijo. 彼女は別れ際に息子を抱きしめた．**2** 囲む．~... con paréntesis …を括弧で囲む．**3** 含む，包含する．**4** 〈思想などを〉抱く，…にすがる；〈宗教などの〉信者になる．A los veinte años *abrazó* el progresismo. 彼[彼女]は20歳で革新主義を信奉した．**5** 〈任務などを〉引き受ける．Él va a ~ este proyecto de buena gana. 彼は喜んでこの計画を引き受けてくれるだろう．
— **~se** 再 **1** 《**a...** / **con...**》…に抱きつく．La niña *se abrazó a* su madre. 女の子はお母さんに抱きついた．**2** 《複数主語で》〈人が〉抱き合う．[a.+ brazo + 動詞語尾〈関連〉英 *embrace*]

***a·bra·zo** [a.brá.θo / -.so] 男 **1** 抱擁(ほうよう)，抱きかかえること．dar un ~ a... …を抱く．fundirse en un ~ 《複数主語で》〈人が〉抱きしめあう．~ de(l) oso 固い抱擁；《比喩的》強い影響．**2** 《手紙》《あいさつ》《**un**＋》《友達・家族どうしで》愛をこめて，敬具．Adiós, *un* ~. 《愛情をこめて》さようなら．Dale *un* ~ de mi parte. 彼[彼女]によろしくね．*Un* (fuerte) ~. 敬具．▶ 複数でも使われる．
— 活 → abrazar.

a·bre·bo·ca [a.bre.bó.ka] 男 **1** 《話》食前酒と軽いつまみ．**2** 《ラ米》《ヌﾞ》食前酒（＝aperitivo）．
— 男 女 《ラ米》《ｺﾞﾙﾋﾞ》ぼんやりした人，まぬけ．

a·bre·bo·te·llas [a.bre.bo.té.jas ‖ -.ʎas] 男 《単複同形》栓抜き（＝abridor）．

a·bre·car·tas [a.bre.kár.tas] 男 《単複同形》ペーパーナイフ．

a·bre·co·ches [a.bre.kó.tʃes] 男 《単複同形》（ホテルなどの入り口にいる車専用の）ドアマン．

a·bre·fá·cil [a.bre.fá.θil / -.sil] 形 （缶などが）（器具を使わずに）簡単に開けられる．
— 男 簡単に開けられるもの[缶・封筒]．

á·bre·go [á.bre.go] 男 南風；南西風．

a·bre·la·tas [a.bre.lá.tas] 男 《単複同形》缶切り．

¡a·bre·nun·cio! [a.bre.nún.θjo / -.sjo] 間投 《話》《拒否》いやだ！；結構です．

a·bre·pu·ño [a.bre.pú.no] 男 《植》(1) ヒレアザミ．(2) 《複数で》イトキツネノボタン．

abrev. 《略》*abrev*iación, *abrev*iatura 略語．

a·bre·va·de·ro [a.bre.ba.ðé.ro] 男 **1** （動物の）水飲み場．**2** 《ラ米》《ﾒﾋｺ》《ｺﾞﾙﾋﾞ》浸水した鉱坑．

a·bre·va·dor, do·ra [a.bre.ba.ðór, -.ðó.ra] 形 水を与える．— 男 《家畜用》の水飲み場．

a·bre·va·mien·to [a.bre.ba.mjén.to] 男 家畜に水をやること．

a·bre·var [a.bre.bár] 他 **1** 〈家畜に〉水を飲ませる，水をやる．**2** （なめすために）〈皮〉に水につける．**3** …にひどい飲み物を出す．— 自 〈家畜が〉水を飲む．

a·bre·via·ción [a.bre.bja.θjón / -.sjón] 女 **1** 短縮，省略；略語．**2** 要約，概要．

a·bre·via·da·men·te [a.bre.bja.ða.mén.te] 副 かいつまんで，簡略化して．

a·bre·via·do, da [a.bre.bjá.ðo, -.ða] 形 要約された，簡略化された；簡潔な．una explicación *abreviada* 概略的な説明．

a·bre·via·dor, do·ra [a.bre.bja.ðór, -.ðó.ra] 形 要約する；短縮する．
— 男 女 要約者．— 男 《ｶﾄ》教皇庁書記官．

a·bre·via·du·rí·a [a.bre.bja.ðu.rí.a] 女 《ｶﾄ》教皇庁書記職．

a·bre·via·mien·to [a.bre.bja.mjén.to] 男 → abreviación.

***a·bre·viar** [a.bre.bjár] 82 他 **1** 短縮する，縮める．~ la estancia 滞在期間を短くする．**2** 要約する，簡約する．~ un trabajo 論文を要約する．**3** 略語にする．— 自 急ぐ．[a.＋ラ]*abreviāre*]

a·bre·via·tu·ra [a.bre.bja.tú.ra] 女 **1** 省略形，略語，略語表記．cuadro de ~s 略語表．**2** 短縮，要約．
en abreviatura 要約して；略語で；急いで．

a·bri·bo·ca [a.bri.bó.ka] 男 女 《ラ米》《ｸﾞｱﾗﾆ》《話》《軽蔑》だまされやすい人，まぬけ．

a·bri·bo·nar·se [a.bri.bo.nár.se] 再 やくざ者[ごろつき]になる．

a·bri·de·ro, ra [a.bri.ðé.ro, -.ra] 形 《果物が》実離れのよい．— 男 《実離れのよい》桃の一種．

a·bri·dor, do·ra [a.bri.ðór, -.ðó.ra] 形 開ける，開かせる；《食欲などを》引き起こす．
— 男 **1** 缶切り；栓抜き．**2** （ピアス穴のふさがりを防ぐための）ファーストピアス．**3** 《桃など》実離れのよい果物．**4** 接ぎ木用ナイフ．

a·bri·ga·da [a.bri.gá.ða] 女 **1** 風よけの場所；船の避難所．**2** 《ラ米》《ﾒﾋｺ》《話》隠れ場所．

a·bri·ga·de·ro [a.bri.ga.ðé.ro] 男 **1** → abrigada. **2** 《ラ米》《ﾒﾋｺ》《ｸﾞｱﾗﾆ》（悪人などの）隠れ家，巣．

a·bri·ga·do, da [a.bri.gá.ðo, -.ða] 形 **1** 《**de...**》（風などから）守られた．lugar ~ *del* viento 風の来ない場所．**2** 着込んだ．**3** 〈衣服・場所などが〉暖かい．

a·bri·ga·dor, do·ra [a.bri.ga.ðór, -.ðó.ra] 形 保護性[能力]の高い．

a·bri·ga·ño [a.bri.gá.no] 男 風よけの場所．

***a·bri·gar** [a.bri.gár] 78 他 **1** 《**de...**》（風・寒さ・危険なもの）から）**保護する**，**守る**；**着込ませる**．~ *del* viento 風から守る．*Abriga* bien al niño, que hace mucho frío. とても寒いからその子にしっかり着込ませなさい．**2** 〈期待・疑いなどを〉抱く，持つ．~ una esperanza 期待を抱く．**3** 《海》〈船を〉避難させる．**4** 《馬》〈乗り手が〉足で扶助する．
— 自 〈衣服が〉暖かい．Este jersey *abriga* mucho. このセーターはとても暖かい．
— **~se** 再 **1** 着込む．~*se* con mantas de lana 毛布をかぶる．**2** 《**de...**》…から》避難する，身を守る．~*se de* la lluvia 雨から身を守る．**3** 《ラ米》《ﾒﾋｺ》（自分が）温まる，暖かくなる．
[← [ラ] *aprīcāre*]

****a·bri·go** [a.brí.go] 男 **1** コート，オーバー．un ~ de piel(es) 毛皮のコート．Ponte el ~, que hace mucho frío. コートを着なさい，とても寒いから．**2** 防寒．prendas[ropa] de ~ 防寒服．**3** 保護，庇護(ひご)．El ~ de mis padres me deja vivir cómodamente. 両親に守られて私は楽に生きられる．**4** 避難所，シェルター（＝refugio）；（船が退避できる）入り江，避難港．~ antiatómico 核シェルター．**5** 雨風をしのげる場所．En el campo no había ~ para cobijarnos. 野原には身を守る避難所がなかった．
al abrigo de... 〈寒暑・風雨など〉を避けて；…に[から]守られて．sentarse en un lugar *al* ~ *del* viento 風を避けてある場所に座る．
de abrigo (1) 恐るべき，ひどい；最高の．un ton-

ábrigo

to *de* 〜 ひどいばか. (2)《話》要注意の, 危険な.
[←[ラ]*apricus* 形「日光で暖められた」;[関連]abrigar]

á·bri·go [á.bri.ɡo] 男 → ábrigo.

abrigue(-) / abrigué(-) 活 → abrigar.

a·bril [a.bɾíl] 男 **1** 4月《略 abr.》. el cinco de 〜 4月5日. En 〜, aguas mil.《諺》4月は雨の月. **2**《話》(1)《複数で》(若い人に対して)歳. muchacha de quince 〜*es*《話》うら若き15の乙女. (2) 〜 de la vida 人生の春. estar hecho un 〜 若く見える.
[←[ラ]*Aprilis*(*aperire*「開く」より派生);ローマ古暦の第2月で,「花開く月」の意味. [関連][ポルトガル]*abril*. [仏]*avril*. [伊]*aprile*. [英][独]*April*]

a·bri·le·ño, ña [a.bɾi.lé.ɲo, -.ɲa] 形 4月の;春のような. una mañana *abrileña* 春のような朝.

a·bri·llan·ta·do, da [a.bɾi.ʝan.tá.ðo, -.ða ‖ -.ʎan.-] 形《ラ米》《飲》砂糖をまぶした, 砂糖漬けの.

a·bri·llan·ta·dor, do·ra [a.bɾi.ʝan.ta.ðór, -.ðo.ɾa ‖ -.ʎan.-] 形 つや出しの.
━ 男 つや出し剤, 磨き粉.

a·bri·llan·ta·mien·to [a.bɾi.ʝan.ta.mjén.to ‖ -.ʎan.-] 男《床などの表面の》つやを出すこと.

a·bri·llan·tar [a.bɾi.ʝan.tár ‖ -.ʎan.-] 他 **1** 磨く, つや出しする. **2**《宝石を》カットする. **3** 価値を高める.

a·brir [a.bɾíɾ] 73 他《過分》は abierto] **1** 開く, 開ける (↔*cerrar*). 〜 una ventana 窓を開ける. 〜 un cajón 引き出しを開ける. 〜 una carta 手紙を開封する. 〜 archivos《IT》ファイルを開く. 〜 el gas ガスの栓を開ける. 〜 una botella 瓶を開ける. *Abrid* el libro por la página 10. 君たち, 本の10ページを開きなさい. Me *abrió* su corazón y me lo confesó todo. 彼[彼女]は私に心を開いてすべてを打ち明けてくれた.
2 広げる. 〜 el paraguas 傘を広げる[さす]. 〜 las alas 翼を広げる. 〜 el mapa 地図を広げる.
3 開業する;《行事・行動などを》始める, 開始する. 〜 una negociación 交渉を開始する. 〜 fuego 戦端を開く. Van a 〜 un supermercado cerca de mi casa este otoño. この秋に私の家の近くにスーパーが開店する.
4 切開する, 切り裂く;《穴などを》開ける. 〜 una sandía por la mitad スイカを半分に割る. 〜 un ojal en la chaqueta 上着にボタン穴を開ける. La explosión *abrió* una brecha en la tierra. 爆発で地面に亀裂ができた.
5《道などを》切り開く;《場所から》《障害物などを》取り除く. 〜 paso [camino] 道を切り開く. ▶再帰代名詞を用いて強調することがある. ➡ 再 **2**.
6《a+人〈人〉に》《欲求などを》引き起こす. El ejercicio físico *le abre* el apetito. 君, 運動すれば食欲が出るよ. (▶ te a+人〈人〉に相当). **7**《銀行に》《口座を》開く, 開設する. 〜 una cuenta 口座を開く. **8**《行列などの》先頭を行く. ¿Quién *abre* la manifestación? デモの先頭は誰だい. **9**《括弧などの始まりの記号を》付ける. 〜 comillas 引用符をつける, 引用を始める.
━ 自 **1** 開く, 広がる. Esta ventana no *abre* bien. この窓はうまく開かない. Los bancos *abren* a las ocho y media. 銀行は8時半に開く.
2《ドア・窓などを》開ける. *Abre*, que hace calor. 窓を開けて, 暑いから. *Abra*, policía. 警察だ, 開けなさい. **3**《ゲームなどで》最初に賭(ⁿ)け金を賭ける. **4**《空が》明るくなる;《3人数単数・無主語で》晴れる.

5《花が》開く, 咲く.
━ 〜·se 再 **1** 開く;広がる. 〜*se* una herida 傷口が開く. Con el viento *se ha abierto* la puerta. 風でドアが開いた. **2** 切り拓く, 開拓する. 〜*se* paso en la vida 生活を何とか切り盛りする. **3**《con+人 / a+人〈人〉に》心を開く;寛大になる. *Conmigo se abre* raras veces. 彼[彼女]は私にはめったに心を開かない. **4**《花が》開く, 咲く. **5**《カーブで》大回りする. **6**《a...の方に》向いている, 面している. una casa con la terraza que *se abre* a la plaza 広場に面したテラスのある家. **7**《話》立ち去る;帰る. ¡*Ábrete*! 出て行け. **8**《話》《手首などを》くじく, 捻挫(ざ)する. **9** 晴れる. **10**《ラ米》(1)《(ツ)》《話》見捨てる. (2)《話》逃げ出す, 逃走する. (3)《(ツ)》《(ホ)》脇によける. (4) 手を引く;やめる.
¡*Ábrase!*《ラ米》《(ツ)》《話》いいかげんにしなさい.
abrirse de piernas《ラ米》《(ツ)》《話》知らないふりをする.
[←[ラ]*aperire*. [関連]abertura, aperitivo. [英]*aperture*]

a·bro·cha·dor [a.bɾo.tʃa.ðór] 男 **1**《靴の》ボタン掛け(器). **2**《(ツ)》《(ラミ)》ホッチキス.

a·bro·cha·do·ra [a.bɾo.tʃa.ðó.ɾa] 女 → abrochador **2**.

a·bro·cha·du·ra [a.bɾo.tʃa.ðú.ɾa] 女 締め具[留め具]で留めること, ボタン[フック]を掛けること.

a·bro·char [a.bɾo.tʃár] 他 **1** 締め具[留め具]で留める, 《衣服の》ボタン[フック]を掛ける. **2**《靴の》ひもを結ぶ. **3**《ラ米》(1)《ホッチキスで》留める. (2)《(ツ)》《(ラミ)》捕まえる, 引っつかむ. (3)《(ラチ)》しかる.
━ 〜·se 再 **1**《ベルトなどを》締める, 《衣服の》ボタンを掛ける. *Abróchese* su cinturón de seguridad, por favor.《飛行機で》安全ベルトをお締めください. 〜*se* el abrigo コートのボタンを掛ける.
2《ラ米》(1)《(ツ)》《(ラミ)》取っ組み合う, 《互いに》つかみかかる. (2)《(ツァ)》《(ラミ)》セックスをする. (3)《(ラミ)》性的に虐待する.

a·bro·ga·ción [a.bɾo.ɡa.θjón / -.sjón] 女《法》《法律などの》廃止, 撤廃.

a·bro·gar [a.bɾo.ɡáɾ] 103 他《法》《法律などを》廃止する, 撤廃する.

a·bro·ga·to·rio [a.bɾo.ɡa.tó.rjo] 形 廃止・撤廃のための, 廃止・撤廃を目的とする.

a·bro·jal [a.bɾo.xál] 男 ハマビシの茂った土地.

a·bro·jín [a.bɾo.xín] 男《貝》アクキガイ, ホネガイ.
◆ある種のものから古代紫の染料が採れる.

a·bro·jo [a.bɾó.xo] 男 **1**《植》ハマビシ. **2**《苦行僧の用いる鞭(ℓℓ)の先についた》銀などの金具. **3**《軍》鉄びし. **4**《複数で》《海》岩礁.

a·bro·ma [a.bɾó.ma] 男《植》熱帯産アオギリ科の植物.

a·bro·mar·se [a.bɾo.máɾ.se] 再《海》船底がフナクイムシでいっぱいになる.

a·bron·car [a.bɾoŋ.káɾ] 102 他 **1** しかりつける, 怒鳴りつける. **2** 野次る, 不満を表明する. **3**《話》恥をかかせる, 恥ずかしい思いをさせる. ━ 〜·se 再《話》**1** 恥じる. **2** 腹を立てる, 気を悪くする.

a·bro·que·la·do, da [a.bɾo.ke.lá.ðo, -.ða] 形 盾形の.

a·bro·que·lar·se [a.bɾo.ke.láɾ.se] 再 **1** 盾で身を守る. **2**《en... / con... / de... …を》盾に取る, 口実にする.

a·bró·ta·no [a.bɾó.ta.no] 男《植》キダチヨモギ, サザンウッド. 〜 hembra ワタスギギク, コットンラベンダー.

a·bro·to·ñar [a.βro.to.nár] 自 新芽が吹く.

a·bru·ma·ción [a.βru.ma.θjón / -.sjón] 女 耐えがたいこと，うんざりすること.

a·bru·ma·do, da [a.βru.má.ðo, -.ða] 形 圧倒された，うんざりした，(重圧などに)あえいだ. **~ por la responsabilidad** 責任に圧倒されて.

*__a·bru·ma·dor, do·ra__ [a.βru.ma.ðór, -.ðó.ra] 形 圧倒する；圧倒的な. **mayoría** *abrumadora* 圧倒的多数. **tarea** *abrumadora* 非常に困難な仕事.

a·bru·ma·do·ra·men·te [a.βru.ma.ðó.ra.mén.te] 副 圧倒的に.

a·bru·man·te [a.βru.mán.te] 形 → abrumador.

*__a·bru·mar__ [a.βru.már] 他 **1** 圧倒する；負担になる. **El cargo me** *abruma*. その任務に私は押しつぶされそうだ. **2 (con...** …で**)** 当惑させる，悩ます. **~ con preguntas** 質問攻めにする.
— **~·se** 再 **1**《3人称単数・無主語で》霧[もや]に包まれる. **2 (con...** …に**)** 圧倒される；当惑する.

a·brup·tio pla·cen·tae [a.βrúp.θjo pla.θén.ta.e / -.sjo -.sén.- // -.tjo -] 男《医》胎盤早期剥離(はく).

a·brup·to, ta [a.βrúp.to, -.ta] 形 **1** 険しい，傾斜の急な. **terreno ~** 険しい土地. **2** 不意の；無愛想な. **cambio ~** 急変. **tono ~** つっけんどんな口調.

a·bru·ta·do, da [a.βru.tá.ðo, -.ða] 形 粗野な，粗暴な，がさつな.

ABS [a.βe.é.se]〔英〕男〔略〕**1**《車》*a*nti-lock *b*raking *s*ystem アンチロック式ブレーキ.
2《化》*a*crylonitrile-*b*utadiene-*s*tyrene：硬質ゴムの材料.

Ab·sa·lón [aβ.sa.lón] 固名《聖》アブサロム：ダビテ David の第3子，父に反逆して Joab に殺された.

abs·ce·so [aβs.θé.so / -.sé.-] 男《医》膿瘍(のう).

abs·ci·sa [aβs.θí.sa / -.sí.-] 女《数》横坐標, X座標 (↔ ordenada). **eje de ~***s*（座標の）横軸, X軸.

abs·ci·sión [aβs.θi.sjón / -.si.-] 女《格式》《医》切断，切除.

ab·sen·ta [aβ.sén.ta] 女 アブサン (= ajenjo)：ニガヨモギやアニスを原料とする酒.

ab·sen·ti·na [aβ.sen.tí.na] 女《化》アブシンチン：ニガヨモギの苦みの素.

ab·sen·tis·mo [aβ.sen.tís.mo] 男 **1**（無断・常習の）欠勤. **índice [tasa] de ~** 欠勤率. **2** 地主の不在, 不在地主制.

ab·sen·tis·ta [aβ.sen.tís.ta] 形 **1**〈地主が〉不在の；不在地主制の, 欠勤の多い.
— 男女 **1** 不在地主. **2** 欠勤者.

áb·si·da [áβ.si.ða] 女 → ábside.

áb·si·dal [áβ.si.ðál] 形《建》後陣[アプス]の.

áb·si·de [áβ.si.ðe] 男 **1**（時に女）《建》後陣，アプス：教会の祭壇後方に張り出した半円形の奥室. **2**《天文》（長円軌道の）長軸端, 軌道極点.

ab·si·dio·la [aβ.si.ðjó.la] 女《建》小後陣：ábside の周囲に配置される半円形の祭室.

ábside (アプス)

ab·si·dio·lo [aβ.si.ðjó.lo] 男 → absidiola.

ab·sin·tio [aβ.sín.tjo] 男《植》ニガヨモギ.

áb·sit [áβ.sit]〔ラ〕そんなことが起こりませんように (= Que esté lejos de nosotros).

ab·so·lu·ción [aβ.so.lu.θjón / -.sjón] 女 **1**《法》無罪宣告, 無罪放免.
2《カト》（告解後の）罪の許し, 赦免，赦禱(しゃ)(式).

~ general 総赦免. **~ sacramental** 告解の秘蹟.

ab·so·lu·ta [aβ.so.lú.ta] 女《軍》除隊許可(証).
— 形 → absoluto.

ab·so·lu·ta·men·te [aβ.so.lú.ta.mén.te] 副 絶対（的）に；全く, 完全に (▶ しばしば強調的に使う). **Esto es ~ imposible. これは絶対不可能だ. **No me dijo ~ nada**. 彼[彼女]は私に全く何も言わなかった. ▶ 問いに対する答えとして単独で用いる. ⇒ **¿No puedes aceptar esta propuesta? — *A*~ (no)**. この提案を受け入れられないか. — 絶対だめだよ.

ab·so·lu·tis·mo [aβ.so.lu.tís.mo] 男 絶対主義(体制), 専制主義(体制).

ab·so·lu·tis·ta [aβ.so.lu.tís.ta] 形 絶対主義(者)の, 専制主義(者)の.
— 男女 絶対主義者, 専制主義者.

ab·so·lu·ti·za·ción [aβ.so.lu.ti.θa.θjón / -.sa.sjón] 女 絶対化, 絶対的価値の付与.

ab·so·lu·ti·zar [aβ.so.lu.ti.θár / -.sár] 97 他 絶対化する, 絶対的価値を付与する.

ab·so·lu·to, ta [aβ.so.lú.to, -.ta] 形 **1《+ 名詞 / 名詞 +》《ser +》完全な；《発言を強調して》全くの. **Tengo** *absoluta* **confianza en mi equipo**. 私は自分のチームを100パーセント信頼している. **silencio ~** 完全な沈黙, 全くの静寂. **El paciente debe guardar reposo ~**. 患者は絶対安静にしていなければならない. **una mentira** *absoluta* まっかなうそ.
2《名詞+》（他との関係によらない）絶対的な, 無条件の (↔ relativo). **ganar por mayoría** *absoluta* **en las elecciones** 選挙に絶対多数で勝つ.
3《名詞+》専制的な, 独裁的な. **poder ~** 絶対権力. **monarquía** *absoluta* 絶対君主制.
4《名詞+》《文法》絶対的, 独立した. **superlativo ~** 絶対最上級. **5**《名詞+》《数》《物理》絶対の. **temperatura** *absoluta* 絶対温度. **cero ~** 絶対零度 (−273.15℃). **valor ~** 絶対値. **6**《名詞+》《化》純粋な. **alcohol ~** 無水アルコール.
— 男 **el** *A***~ / lo** *A***~** 神.
en absoluto / 《ラ米》(5か国)**en lo absoluto** 全く, 絶対に, 決して (▶ 意味的に否定の文脈で用いられ, 否定を強める). **No he hecho nada en ~**. 私は絶対に何もしていない. **¿Deberíamos hablar una vez más? — En ~**. もう一度お話しする必要があるでしょうか. — 全然.
[← 〔ラ〕*absolūtum* (*absolvere* 「仕上げる」の完了分詞 *absolūtus* の対格)；関連 absolución, absolutismo. 〔英〕*absolute*]

ab·sol·vi·to·rio, ria [aβ.so.lu.to.rjo, -.rja] 形《法》無罪の. **veredicto ~** 無罪の判決.

ab·sol·ve·de·ras [aβ.sol.βe.ðé.ras] 女《複数形》《話》（告解者に対する司祭の）過度の寛大さ. **tener buenas [bravas] ~** あまりにも寛容である.

*__ab·sol·ver__ [aβ.sol.βér] 23 他〔過分〕は absuelto]
1…に無罪の宣告をする, 無罪とする, …の罪を許す；**(de...** 義務など**)** から**)** 解放する.
2《カト》〈告解者に〉**(de...**〈罪〉の**)** 許しを与える, 赦免する.
3《法》〈被告などを〉**(de...**〈罪〉から**)** 放免する, 無罪を宣告する. **4**〈疑問・問題を〉解く, 解決する.

ab·sor·ben·cia [aβ.sor.βén.θja / -.sja] 女 吸収, 吸収性, 吸収力.

ab·sor·ben·te [aβ.sor.βén.te] 形 **1** 吸収力のある. **papel ~** 吸い取り紙. **2** 心を奪う；時間[手間]のかかる. **3** 独占したがる, 専横な. — 男 吸収剤.

ab·sor·be·o·lo·res [aðsor.ðe.o.ló.res] 形《性数不変》悪臭を吸収する. un ambientador ～ 消臭剤. ―男《単複同形》消臭剤.

＊ab·sor·ber [aðsor.ðér] 他 **1** 吸収する, 吸い取る, 吸い込む；引き寄せる. La esponja *absorbe* el agua. スポンジは水を吸収する. **2**〈人の〉注意を奪う, 夢中にさせる. A mi hijo lo *absorbe* el baloncesto. うちの息子はバスケットボールに夢中だ. **3**〈時間・資源などを〉消費する, 使い果たす. **4**〈企業・組織などを〉吸収する, 合併する. [←〔ラ〕*absorbēre*「飲み込む」] 関連 absorción. 〔英〕*absorb*]

ab·sor·bi·ble [aðsor.ðí.ßle] 形 吸収されやすい, 吸収される.

ab·sor·ció·me·tro [aðsor.θjó.me.tro / -.sjó.-] 男 吸収計.

ab·sor·ción [aðsor.θjón / -.sjón] 女 **1** 吸収, 吸着, 吸い込み. **2** 熱中, 没頭. con ～ 夢中で, 没頭して. **3**〈企業などの〉吸収合併.

ab·sor·to, ta [aðsór.to, -.ta] 形 **1** (**en...** …に) 熱中した, 夢中になった, 没頭した. ～ *en* su trabajo 仕事に没頭して. **2** (**ante...** …に) 呆然(ぼうぜん)とした, 驚嘆した. Me quedé ～ *ante* un paisaje tan bonito. 私はあんなにきれいな風景に目を見張った.

abs·te·mio, mia [aðs.té.mjo, -.mja] 形 酒を飲まない；禁酒の.
―男女 酒を飲まない人；酒を断っている人.

abs·ten·ción [aðs.ten.θjón / -.sjón] 女 **1**(投票の) 棄権. ～ técnica 意思によらない投票の棄権. **2** 慎むこと. ～ *de* alcohol y de tabaco 禁酒禁煙.

abs·ten·cio·nis·mo [aðs.ten.θjo.nís.mo / -.sjo.-] 男 (投票に対する) 棄権(主義)；不介入(の態度).

abs·ten·cio·nis·ta [aðs.ten.θjo.nís.ta / -.sjo.-] 形 棄権主義(者)の；不介入主義(者)の.
―男女 棄権主義者；不介入主義者.

abstendr- 活 →abstenerse.

abs·te·ner·se [aðs.te.nér.se] 43 再 **1** (**de...** …を) 断つ, 控える, 慎む. ～ *de* intervenir 介入を控える. ～ *del* vino 禁酒する. ～ *de* votar 棄権する. En la duda *abstente*. 疑わしいことはするな, 疑わしいときは沈黙を守れ. **2** 棄権する.

absteng- 活 →abstenerse.

abs·ter·gen·te [aðs.ter.xén.te] 形 〔医〕洗浄用の.

abs·ter·ger [aðs.ter.xér] 100 他 〔医〕〈傷・組織などを〉洗浄する.

abstien- 活 →abstenerse.

abs·ti·nen·cia [aðs.ti.nén.θja ‖ -.sja] 女 **1** (飲食などを) 慎むこと；節制, 禁欲. practicar la ～ *del* vino 禁酒する. **2** 〔カト〕(定められた日に肉食を断つ) 小斎.

abs·ti·nen·cial [aðs.ti.nen.θjál / -.sjál] 形 節制の, 禁欲の.

abs·ti·nen·te [aðs.ti.nén.te] 形 禁欲的な, 節制した；飲食を断った.
―男女 禁欲[節制]中の人, 精進している人.

＊abs·trac·ción [aðs.trak.θjón / -.sjón] 女 **1** 抽象(作用), 抽象化；〔哲〕捨象. **2** 精神集中, 専念；放心.
hacer abstracción de... …を考慮に入れない.

abs·trac·cio·nis·ta [aðs.trak.θjo.nís.ta / -.sjo.-] 形 抽象主義の.

＊abs·trac·to, ta [aðs.trák.to, -.ta] 形 **1** 抽象的な (↔concreto). ideas *abstractas* 抽象観念. nombre ～ 〔文法〕抽象名詞. número ～ 〔数〕無名数. **2** 〔美〕抽象(派)の, アブストラクトの. arte ～ 抽象芸術. pintor ～ 抽象画家. **3** 〈学問が〉観念的[理論的]な；難解な. ciencia *abstracta* 理論科学.
en abstracto (1) 概括的に. (2) 抽象的に.
[←〔ラ〕*abstractum* (*abstractus* の対格)；関連 〔英〕*abstract*]

abs·tra·er [aðs.tra.ér] 58 他 **1** 抽象する；捨象する. **2** 抜き出す, 分離する.
―自 (**de...** …を) 考慮に入れない, 無視する.
―～*se* 再 **1** (**de...** …を) 気にしない, 意に介さない. ～*se del* ruido 物音を気にしないで熱中する. **2** (**en...** …に) 専念する, 精神を集中する.

abs·tra·í·do, da [aðs.tra.í.ðo, -.ða] 形 **1** (**en... / por...** …に) 熱中した, 没頭した. estar ～ *en* los recuerdos 思い出にふけっている. **2** 上の空の, 放心した.

abstraig- 活 →abstraer.

abstraj- 活 →abstraer.

abs·tru·so, sa [aðs.trú.so, -.sa] 形 《格式》〈思想・観念などが〉難解な, 深遠な.

abstuv- 活 →abstenerse.

ab·suel·to, ta [aðs.swél.to, -.ta] [absolverの過分] 形 **1** 〔カト〕赦免された, 赦罪を宣告された. ～ *de todo pecado* すべての罪を許された. **2** 〔法〕無罪放免になった, 無罪が宣告された. salir ～ 無罪放免になる.

ab·sur·da [aðs.súr.ða] 形 →absurdo.

ab·sur·dez [aðs.sur.ðéθ / -.ðés] 女 《話》不条理, ばかげたこと；不条理な言動, ばかげた言動.

ab·sur·di·dad [aðs.sur.ði.ðáð] 女 ばかげたこと, 不合理, 不条理.

＊＊ab·sur·do, da [aðs.súr.ðo, -.ða] 形 (＋名詞／名詞＋) (**ser**＋) ばかげた, 非常識な；不条理な；(＋不定詞 ／ **que** ＋接続法 …することは) ばかげている. un error ～ とんでもないミス. esta *absurda* guerra この愚かな戦争. decir cosas *absurdas* ばかなことを言う. el colmo de lo ～ 非常識の極み. caer en lo ～ ばかげた結果になる. ¿Estás bromeando? ―¡No seas ～! からかっているのかい. ―ばか言うな.
―男 ばかげたこと, 非常識；不条理. Eso es un ～ (completo). それは(全く)ばかげている. Camus es conocido por su filosofía del ～. カミュはその不条理哲学で知られている.
reducción al absurdo 〔数〕背理法.
[←〔ラ〕*absurdum* (*absurdus* の対格)；関連 absurdidad, sordo. 〔英〕*absurd*]

a·bu·bi·lla [a.ßu.ßí.ja ‖ -.ʎa] 女 〔鳥〕ヤツガシラ.

a·bu·che·ar [a.ßu.tʃe.ár] 他 野次る, (口笛・足踏みなどで) 不満を表す. Los actores fueron *abucheados*. 俳優たちはさんざんに野次られた.

a·bu·che·o [a.ßu.tʃé.o] 男 野次, (不満の) 口笛, 足踏み. Salió bajo un ～. 彼[彼女]は野次を浴びながら退場した.

a·bue·la [a.ßwé.la] 女 →abuelo.
[←《俗ラ》*aviola*(〔ラ〕*avia*「祖母」＋縮小辞) 関連 abuelo]

a·bue·las·tro, tra [a.ßwe.lás.tro, -.tra] 男 女 継父母の父[母]；祖父母の再婚した相手.

a·bue·li·to, ta [a.ßwe.lí.to, -.ta] 男 女 **1**《親愛》おじいちゃん, おばあちゃん. **2**《ラ米》(＊₂)《俗》友達.
―女《ラ米》(1)(ⁿ₁)揺りかご. (2)(ⁿ)(幼児用の) ボンネット(帽). [abuelo＋縮小辞]

a·bue·lo, la [a.ƀwé.lo, -.la] 男女 **1** 祖父，祖母. ~ paterno [materno] 父方[母方]の祖父. tío ~ 大おじ. tía *abuela* 大おば. Mi *abuela* vive sola. 私の祖母はひとり暮らしをしている. Vas a ser ~, ¿verdad? 君はおじいさんになるんだね.
2 〖話〗老人, 高齢者. Aquí vienen a pasear muchos ~s. ここには多くのお年寄りが散歩に来る. **3** 〖祖父母への呼びかけ〗おじいさん, おばあさん.
── 〖男〗〖複数で〗祖父母. Hoy veo a mis ~s. 今日私は祖父母に会う. **2** 祖先, 先祖. Heredamos las tradiciones de nuestros ~s. 我々は祖先からの伝統を受け継いでいる. **3** 襟足の(後れ)毛.
cuéntaselo a tu [la] abuela / que se lo cuente a su [la] abuela 《話》そんなこと誰が信じるものか, うそつけ.
¡Éramos pocos y parió la abuela! 《話》もうこれだけでたくさんだ, もう多すぎる.
no tener [necesitar] abuela 《皮肉をこめて》あまりに自画自賛する, 自慢しすぎる.

a·bu·ha·do, da [a.ƀwá.ðo, -.ða] 形 〖医〗腫(は)れた, 膨れた.

a·bu·har·di·lla·do, da [a.ƀwar.ði.ʝá.ðo, -.ða ‖ -.ʝá.-] 形 屋根裏部屋のついた; 屋根裏部屋のような.

a·bu·ja [a.ƀú.xa] 女 〈ラ米〉(*)〖俗〗注射器, 麻薬の注射; 大麻タバコ. [← *aguja*]

a·bu·ja·zo [a.ƀu.xá.θo / -.so] 男 〈ラ米〉〖俗〗薬物の注射.

a·bu·je [a.ƀú.xe] 男 〈ラ米〉〖動〗ツツガムシ.

a·bu·la·ga [a.ƀu.lá.ga] 女 → *aulaga*.

a·bu·len·se [a.ƀu.lén.se] 形 (スペインの)アビラ Ávilaの. ── 男女 アビラの住民[出身者].

a·bu·lia [a.ƀú.lja] 女 〖医〗意志喪失, 無気力; 無気志(症).

a·bú·li·co, ca [a.ƀú.li.ko, -.ka] 形 意志喪失の, 無気力の, 意欲のない. estado ~ 無気力な状態.

a·bu·llo·nar [a.ƀu.ʝo.nár] 他 〖服飾〗〈服〉をひだなどをつけて装飾する.

a·bu·lón [a.ƀu.lón] 男 〖貝〗アワビ.

a·bul·ta·do, da [a.ƀul.tá.ðo, -.ða] 形 **1** かさばった; 厚い, 大きい. Este paquete es muy ~. この小包はずいぶんかさばっている. **2** 膨れた, 腫(は)れた. **3** 誇張された, 大げさな, とんでもない.

a·bul·ta·mien·to [a.ƀul.ta.mjén.to] 男 **1** 腫(は)れ, ふくらみ; 増え, 膨張. **2** 誇張.

*a·bul·tar** [a.ƀul.tár] 他 **1** かさばらせる, 膨らませる. **2** 腫(は)れ上がらせる. **3** 誇張する. ~ una historia 話に尾ひれをつける.
── 自 かさばる, 場所を取る. Este ropero *abulta* mucho. このたんすはずいぶん場所を取る.
── ~·**se** 再 膨らむ; 腫れ上がる.

a·bun·da·mien·to [a.ƀun.da.mjén.to] 男 豊富, 多量.
a mayor abundamiento その上, さらに.

*a·bun·dan·cia** [a.ƀun.dán.θja / -.sja] 女 **1** 豊富, 多量. ~ de datos 豊富な資料. comer [beber] en ~ 大食いする[大酒を飲む]. ganar dinero en ~ 大金を稼ぐ. En este bosque hay ~ de animales salvajes. この森には野生動物がたくさんいる. **2** 好景気; 富裕, 豊か. vivir en una época de ~ 景気のいい時代に暮らす.
cuerno de la abundancia 〖ギ神〗豊饒(ほうじょう)の角.
→ *cornucopia*.
De la abundancia del corazón habla la boca. 〖聖〗心にあふれていることがあれば, 口から自然と出てくるものだ〈マタイ12：34〉.
nadar [vivir] en la abundancia 金があり余って暮らす, 裕福に暮らす.

*a·bun·dan·te** [a.ƀun.dán.te] 形 **1** 豊富な, 多量[多数]の; あり余るほどの. Anoche cayeron ~s lluvias. 昨夜大雨が降った. Este país posee ~s recursos naturales. この国は豊富な天然資源を擁する. **2** (*en...*) (…に)富んだ; (…を)多く産出する. Este parque es ~ *en* plantas tropicales. この公園は熱帯植物が多い.
[← 〖ラ〗*abundantem* (*abundāns* の対格)] 〖関連〗abundar, abundancia. 〖英〗*abundant*]

*a·bun·dar** [a.ƀun.dár] 自 **1** 多い, たくさんある[いる]; (*en...* …に) 富む. En este libro *abundan* las anécdotas divertidas. この本には楽しいエピソードがたくさん出ている.
2 (*en...* 〈意見など〉を) 支持する, 共有する. *Abundan en* la misma idea. 彼らは同じ考えを持っている.
3 (*en...* …を) 詳細に扱う, 繰り返し述べる. *Abundaremos en* este tema en el siguiente apartado. この問題については次章で詳しく扱う.
Lo que abunda no daña. 《諺》多いに越したことはない.

a·bun·do·so, sa [a.ƀun.dó.so, -.sa] 形 **1** 豊富な (= *abundante*). **2** 肥沃(ひよく)な.

a·bu·ño·la·do, da [a.ƀu.ɲo.lá.ðo, -.ða] / **a·bu·ñue·la·do, da** [a.ƀu.ɲwe.lá.ðo, -.ða] 形 ブニュエロ *buñuelo* の形をした.

a·bu·ño·lar [a.ƀu.ɲo.lár] 15 〖料〗ブニュエロ *buñuelo* 状に揚げる.

a·bu·ñue·lar [a.ƀu.ɲwe.lár] 他 → *abuñolar*.

¡a·bur! [a.ƀúr] 間投 《話》さよなら, バイバイ.

a·bur·gue·sa·mien·to [a.ƀur.ge.sa.mjén.to] 男 ブルジョア的になること, ブルジョア化.

a·bur·gue·sar [a.ƀur.ge.sár] 他 ブルジョア化させる. ── ~·**se** 再 ブルジョアになる, ブルジョア化する.

a·bu·rra·do, da [a.ƀu.řá.ðo, -.ða] 形 粗野な, がさつな.

a·bu·rrar·se [a.ƀu.řár.se] 再 愚かになる; 粗野な態度をとる.

a·bu·rri·ción [a.ƀu.ři.θjón / -.sjón] 女 〈ラ米〉(1) 〈コロンビア〉憎しみ. (2) 〈コロンビア〉〈エクアドル〉〈メキシコ〉退屈.

*a·bu·rri·do, da** [a.ƀu.ří.ðo, -.ða] 形 **1** (*ser +*) 退屈な, うんざりする, つまらない. Es una película *aburrida*. それは退屈な映画だ.
2 (*estar +*) 退屈した; (*de...* …に)うんざりした. Los niños *están* ~s. 子供たちは退屈している.
── 男女 退屈な人.
quedar aburrido 〈ラ米〉〈エクアドル〉《話》後悔する.

a·bu·rri·dón, do·na [a.ƀu.ří.ðón, -.ðó.na] 〈ラ米〉〈エクアドル〉《話》かなり退屈な.

a·bu·rri·do·ra [a.ƀu.ří.ðó.ra] 女 〈ラ米〉しかることと, 叱責(しっせき)すること.

*a·bu·rri·mien·to** [a.ƀu.ři.mjén.to] 男 退屈, 倦怠(けんたい); 退屈なもの[人]. cara de ~ 退屈そうな顔. Esta conferencia es un ~. この講演はじつに退屈だ.

a·bu·rrir [a.ƀu.řír] 他 退屈させる, うんざりさせる. A mí me *aburren* las novelas policiacas. 私には推理小説は退屈だ. Ese profesor nos *aburre* con su eterno tema. その先生はいつも同じテーマで私たちをうんざりさせる.
── ~·**se** 再 (*de... / con...* …に) 退屈する, うんざ

abusado

りする, 飽きる. *Me aburro de* hacer lo mismo todos los días. 私は毎日同じことをするのにうんざりだ. La gente *se aburrió con* sus novelas. 人々は彼[彼女]の小説に飽きてしまった.
[←〔古スペイン〕「憎む, 嫌がる」←〔ラ〕*abhorrēre*; 関連 aborrecer. 〔スペイン〕〔英〕*horror, horrible*〕

a·bu·sa·do, da [a.bu.sá.ðo, -.ða] 《ラ米》《話》(1)（ｼﾞｮｳｼﾞ）秀でた, 頭のよい；抜け目のない. (2)（ｶﾝﾄﾞｳ）(Ponte) 〜! 危ない, 気をつけろ.
—男 《ラ米》（ｼﾞｮｳｼﾞ）弱い者いじめをする人, 抜けないやつ；金持ち；けちん坊.

a·bu·sa·dor, do·ra [a.bu.sa.ðór, -.ðó.ra] 形 《ラ米》《話》自分勝手な, 自分に利することばかりする (=abusón).— 男女 自分勝手な人.

*a·bu·sar** [a.bu.sár] 自 **(de...)**
1（…を）**乱用する**；（（善意・弱みなど）に）つけ込む；（（信頼）を）裏切る. 〜 *de la paciencia de* +人〈人〉の我慢強さにつけ込む. 〜 *de un empleado* 使用人を酷使する. 〜 *del tiempo* 時間を無駄にする. El ministro *abusó de* su autoridad. 大臣は職権を乱用した.
2 （…の）度を過ごす. 〜 *de la bebida* 酒を飲みすぎる. **3** （…に）性的に暴行[虐待]する.
— 〜·se 再 《ラ米》(ﾒｷｼｺ)警戒する.

a·bu·sión [a.bu.sjón] 女 **1** 〜 abuso. **2** 不条理, 不合理. **3** 迷信. **4** 《修辞》(語の)濫喩(ﾗﾝﾕ), 転用.

a·bu·sio·ne·ro, ra [a.bu.sjo.né.ro, -.ra] 形 迷信深い, 縁起を担ぐ.

a·bu·si·vo, va [a.bu.sí.βo, -.βa] 形 不当な, 法外な；権力を笠に着た；度を越した. *precio* 〜 法外な値段.

*a·bu·so** [a.bú.so] 男 **1 乱用**, 悪用. Es un 〜 *cobrar tanto dinero*. そんな金額を要求するとは法外だ. 〜 *de medicamentos* 薬の乱用. 〜 *de autoridad* 職権乱用. 〜 *de confianza* 背任, 背信. **2** 性的虐待, 性暴力. 〜 *deshonesto* 《法》性的暴行.
[←〔ラ〕*abūsum* (*abūsus* の対格). 関連 abusar. 〔英〕*abuse*〕

a·bu·són, so·na [a.bu.són, -.só.na] 形 **1** 《話》立場や権力を乱用する；弱い者いじめをする.
2 《ラ米》(ﾒｷｼｺ)意地悪の, 口汚い.
—男女 立場や権力を乱用する人.

ab·yec·ción [aβ.ʝek.θjón / -.sjón] 女 **1** 下劣(行為), 卑劣(行為). **2** 悲惨, 惨めな状態.

ab·yec·to, ta [aβ.ʝék.to, -.ta] 形 **1** 卑しい, 卑劣[下劣]な. *traición abyecta* 卑劣な裏切り. **2** 悲惨な.

a/c (略) **1** (手紙) *al* cuidado *de*... 気付.
2 (商) *a* cuenta [cargo] *de*... の負担で.

a. C. (略) *antes de* Cristo 紀元前, B C (↔d. C.).

Ac 《化》actinio アクチニウム.

*a·cá** [a.ká] 副 (指示) **1** (場所・方向) **こちら へ**；こちらに (↔allá). Ven *acá*. こっちへ来いよ. Entremos por *acá*. ここから入ろう.

類語 *acá* は漠然と「こちら」を指し, *aquí* ははっきり定まった「ここ」を指す. *acá* は *aquí* と異なり程度を表す副詞を伴うことがある. 〜 *muy acá* すぐ近くに. *más acá de la puerta* 門のこちら側に. *no tan acá* それほど近くではなくて.

2 (時間) **(de... *acá* / desde... *acá*)** (…から) 今まで, (…) 以来. *desde entonces* [*de cuando*] *acá* その時以来. ¿*De cuándo acá*? いつからですか.
3 《ラ米》ここに (=aquí)；これ, この人.
acá y allá [*acullá*] あちらこちら.
de acá para allá あちらから, こちらから

と. *moverse de* 〜 *para allá* あちこち動き回る.
el más acá (あの世に対して)この世.
[←〔俗〕*eccum hāc*「ここに(ある)」]

*a·ca·ba·do, da** [a.ka.βá.ðo, -.ða] 形 **1 完成した**, 完全な, 完璧(ﾊﾝｼﾞｮｳ)な. *trabajo* [*producto*] 〜 完成品. **2** 熟練した, 熟達した. *historiador* 〜 歴史の大家. **3** がたがきた, 使いものにならなくなった. Ese *jugador ya está* 〜. その選手はもう終わっている. **4** 老いた；やつれた, 衰弱した. **5** 《ラ米》(ﾒｷｼｺ)《話》病気の；病人の.
—男 仕上げ, 仕上がり. 〜 *de un coche* 自動車の仕上げ. *dar el* 〜 *a*... を仕上げる.

a·ca·ba·lar [a.ka.βa.lár] 他 完全にする, 完成する, 仕上げる.

a·ca·ba·lla·de·ro [a.ka.βa.ja.ðé.ro || -.ʎa.-] 男 (馬・ロバの)種付け場；交尾期.

a·ca·ba·lla·do, da [a.ka.βa.ja.ðo, -.ða || -.ʎá-.] 形 馬の頭のような. *cara acaballada* 馬面.

a·ca·ba·llar [a.ka.βa.jár || -.ʎár] 他 (馬・ロバが)(雌と)交尾する.

a·ca·ba·lle·rar [a.ka.βa.je.rár || -.ʎe.-] 他 紳士として扱う.

a·ca·ba·llo·nar [a.ka.βa.jo.nár || -.ʎo.-] 他 《農》畝を作る.

a·ca·ba·mien·to [a.ka.βa.mjén.to] 男 **1** 完了, 完成, 完遂 《技》仕上げ. **2** 終わり, 終了. **3** 死.

a·ca·ba·ñar [a.ka.βa.ɲár] 自 (羊飼いが)小屋を作る.

*a·ca·bar** [a.ka.βár] 他 **1 終える, 終わらせる** (=terminar). Cuando *acabes* los deberes, puedes salir. 宿題が終わったら外出していいよ.
2 使い切る；平らげる. *Acaba* la carne, que te traigo el postre. 肉を食べてしまいなさい, デザートを持ってきてあげるから. ▶ 再帰代名詞を用いて強調することがある. →再 ▶
3 完成させる, 仕上げる. *Acabó* esta obra un día antes de ingresar en el hospital. 彼[彼女]はこの作品を入院する前日に完成させたんだ.
—自 **1 終わる**. Cuando *acabe* el programa, vamos de compras. 番組が終わったら買い物に行きましょう.
2 **(de+不定詞)** (…)し終わる；(…)したばかりである. No hay nadie que *haya acabado de leer* el libro. その本を読み終わった人は誰もいない. ¿Dónde está mi hijo? — *Acaba de salir por esa puerta*. 私の息子はどこ？ — ちょうどそのドアから出ていったところだよ. ▶「…したばかり」の意味では, 動詞 acabar は現在形, 線過去形に用いられる.
3 《+形容詞・副詞 / +現在分詞》(結局) …ということになる, **(por+不定詞 …する)** ことになる. Ante su reproche siempre *acabas llorando*. 君はいつも責められると泣いてしまうんだから. Yo siempre *acabo por aceptar* tu propuesta. 私はいつも君の提案を受け入れることになるんだ.
4 **(en...)** **(…に)** 終わる；(最後に) (…で)終わる. *las palabras que acaban en "z"* z で終わる語. La espada *acaba en* punta. その剣は先がとがっている. **5** **(con...** …**)** 終わらせる, 始末する, 消し去る；壊す；殺す. Estás *acabando con* mi paciencia. おまえには堪忍袋の緒が切れそうだ. **6** (婉曲) 死ぬ；(関係などに) 消滅する. Nosotros ya *hemos acabado*. 私たち(の関係)はもう終わりました. **7** 《ラ米》(1) (ﾒｷｼｺ) (人の) 悪口を言う. (2) (ｱﾙｾﾞﾝﾁﾝ)(ｳﾙｸﾞｱｲ)《俗》射精する, オーガスムに達する.

acampada

— ~·se 再 1 終わる；なくなる. ¿Cuándo *se acabará* el plazo de inscripción? 登録期間はいつ終了ですか. 2 平らげる. ¡*Acábate*lo todo! 全部きれいにかたづけちゃってね.
¡*Acabáramos!* (1)《納得したことを示して》あ，そういうことか. (2)《話》やったぞ，ついに終わった，ようやくわかった.
de nunca acabar〈話が〉尽きない，際限なく続く；〈議論などが〉堂々巡りの.
no acabar de+不定詞 なかなか…できない.
Se acabó lo que se daba. / San se acabó.《話》《話・議論の終了を示して》これでおしまい.
[a- + cabo「終わり」+動詞語尾，関連 英 *achieve*]

a·ca·be [a.ká.be] 男《ラ米》(ミミシ)終わり，消滅.
— 圃 ➡ acabar.

a·ca·bil·dar [a.ka.bil.dár] 他 〈人の〉意見をまとめ上げる.

a·ca·bo·se [a.ka.bó.se] 男 1《話》(不幸や災害などの)極み，ひどい状態，極限状態. 2《ラ米》(ミミシ)《話》暴動，争乱，とんでもないこと.

a·ca·cha·da, da [a.ka.tʃá.ðo, -.ða] 形《ラ米》(ネ)《話》売れない店の店主.

a·ca·che·tar [a.ka.tʃe.tár] 他《闘牛》短剣でとどめを刺す.

a·ca·che·te·ar [a.ka.tʃe.te.ár] 他 (何度も) 平手打ちを食らわす.

a·ca·cia [a.ká.θja / -.sja] 女《植》アカシア. ~ *blanca* / *falsa* ~ ニセアカシア.

a·ca·cio [a.ká.θjo / -.sjo] 男《ラ米》(ネ)《植》アカシアの木.

a·ca·có·yotl [a.ka.kó.jotl] 男《ラ米》(ネ)《植》ハトムギ；ジュズダマ.

falsa acacia（ニセアカシア）

a·ca·de·mia [a.ka.ðé.mja] 女 1 (学術・芸術等の) アカデミー，学士院，芸術院；学会. *A*~ *de Ciencias*《Historia》科学[歴史]アカデミー. *Real A*~ *Española* スペイン王立アカデミー(◆正統カスティーリャ語の制定と護持を目的に1713年設立). 2 アカデミー[学士院]会館. 3 専門[各種]学校，学院；塾. ~ *de baile* 舞踊[バレエ]学校. ~ *de idiomas* 外国語学校. ~ *militar* [*naval*] 陸軍[海軍]士官学校. 4《美》ヌードの習作. 5《史》(Platón の) アカデメイア(◆プラトンPlatón の創立した学園)；プラトン学派.
[—[ラ]*academīam* (*academía* の対格) —[ギ]*akadēmeía*「(プラトンの) 学園」；関連 *académico*. [英] *academy*]

a·ca·dé·mi·ca·men·te [a.ka.ðé.mi.ka.mén.te] 副 1《時に軽蔑》学問的に，学術的に. 2 学術的立場から見て.

a·ca·de·mi·cis·mo [a.ka.ðe.mi.θís.mo / -.sís.-] 男 (学問・芸術における) 伝統主義，形式主義，アカデミズム.

*a·ca·dé·mi·co, ca [a.ka.ðé.mi.ko, -.ka] 形
1 学問的な；アカデミックな. *desde el punto de vista* ~ 学問的な見地から. *investigación académica* 学術的な研究.
2 アカデミーの，学士院の；学会の. *Esta palabra no aparece en el diccionario* ~. この語は(スペイン王立)アカデミーの辞書に載っていない.
3 学校教育の；(まれ) 大学の. *curso* ~ 学年度. *expediente* ~ 成績証明書. *título* [*grado*] ~ 学

位. 4〈芸術作品・作家などが〉伝統主義的な，格式を重んじる. *pintura académica* 伝統主義的な絵画. 5《史》(Platón の) アカデメイアの，プラトン学派の.
— 男 女 アカデミー会員，学士院[芸術院]会員. *La han elegido académica de la lengua.* 彼女は言語アカデミー会員に選出された.

a·ca·dio, dia [a.ká.ðjo, -.ðja] 形 (紀元前に栄えた古代メソポタミア地方の) アッカドの. — 男 女 アッカドの住民[出身者]. — 男 アッカド語：アッシリアやバビロニアで話されていたセム語族の言語.

a·ca·e·ce·de·ro, ra [a.ka.e.θe.ðé.ro, -.ra / -.se.-] 形 起こりうる，ありうる.

*a·ca·e·cer [a.ka.e.θér / -.sér] 34 自〈ことが〉起こる，生じる. *A medianoche acaeció la explosión*. 深夜に爆発は起こった.
— 圃 ➡ acaecimiento.

a·ca·e·ci·mien·to [a.ka.e.θi.mjén.to / -.si.-] 男 出来事，事件 (が起こること).

a·ca·fres·na [a.ka.frés.na] 女《植》ナナカマド.

a·ca·hual [a.ka.(g)wál] 男《ラ米》(ミジ)《話》《植》ヒマワリの一種；(背の高い) 雑草.

a·cáis [a.káis] 男《隠》目 (= *ojos*).

a·ca·jú [a.ka.xú] 男《ラ米》《植》カシューノキ；カシューナッツ.

a·cal [a.kál] 男《ラ米》(ミジ)(古代の) カヌー；舟.

a·ca·la·bro·tar [a.ka.la.bro.tár] 他《海》(3本ずつロープをより合わせて)〈綱〉を作る.

a·ca·lam·brar [a.ka.lam.brár] 他 けいれんさせる.
— ~·se 再 けいれんを起こす，〈足などが〉つる.

a·cal·cu·lia [a.kal.kú.lja] 女《医》失算.

a·ca·le·fo [a.ka.lé.fo] 男《動》ハチ[真正]クラゲ(類).

a·ca·lia [a.ká.lja] 女《植》ビロードアオイ，マーシュマロウ.

a·ca·llar [a.ka.jár ‖ -.ʎár] 他 1 黙らせる，なだめる. *El orador no consiguió* ~ *a la multitud*. 演説者は群衆を静かにさせることができなかった. 2〈怒り・苦痛などを〉和らげる，静める〈空腹を〉紛らす.
— ~·se 再 静かになる；治まる.

a·ca·lo·ra·da·men·te [a.ka.lo.rá.ða.mén.te] 副 熱っぽく，激しく；熱心に. *discutir* ~ 激論を戦わす. *defender* ~ 熱心に擁護する.

a·ca·lo·ra·do, da [a.ka.lo.rá.ðo, -.ða] 形 1 興奮した，ほてった. ~ *por la disputa* 議論に興奮して. 2 熱っぽい，激しい. *discusión acalorada* 白熱した議論. 3 熱心な.

a·ca·lo·ra·mien·to [a.ka.lo.ra.mjén.to] 男 1 熱く[暑く]なること；熱気. 2 熱心，熱意；興奮，白熱. *con mucho* ~.

a·ca·lo·rar [a.ka.lo.rár] 他 1 熱く[暑く]する；上気させる. *El correr me acalora.* 走ると体がぽかぽかする. 2 興奮させる；熱心にさせる，熱らせる. ~ *a las masas* 群衆を熱狂させる. — ~·se 再 1 熱く[暑く]なる；上気する；熱心に語る. 2《con… / por…》…に熱中する；興奮する.

a·ca·lo·ro [a.ka.ló.ro] 男 ➡ acaloramiento.

a·ca·mar [a.ka.már] 他 〈風雨が〉〈穀物などを〉なぎ倒す.

a·ca·mas·tro·nar·se [a.ka.mas.tro.nár.se] 再《ラ米》(ミジ)《話》ずるく立ち回る；知らないふりをする.

a·ca·ma·ya [a.ka.má.ja] 女《ラ米》《動》クルマエビの一種.

a·ca·me·llo·nar [a.ka.me.jo.nár ‖ -.ʎo.-] 他《ラ米》(ミジ)(ミジ)《農》…に畝(ミネ)を作る.

a·cam·pa·da [a.kam.pá.ða] 女 キャンプ，野営；キャ

acampam(i)ento

ンプ場. ir de ～ キャンプに行く.

a·cam·pa·m(i)en·to [a.kam.pa.m(j)én.to] 男 野営, 露営, キャンプ.

a·cam·pa·na·do, da [a.kam.pa.ná.ðo, -.ða] 形 **1** 鐘の形をした. **2** 《服飾》〈衣類が〉すそ広がった. falda *acampanada* フレアスカート.

a·cam·pa·nar [a.kam.pa.nár] 他 **1** 鐘の形にする. **2** 《服飾》〈衣類を〉すそ広がりにする.

a·cam·pan·te [a.kam.pán.te] 男 女 《ラ米》キャンプをする人 (=campista).

a·cam·par [a.kam.pár] 他 野営させる. ～ tropas en el valle 部隊を谷間で野営させる.
— ～·se 再 自 《軍》キャンプ[野営]する.

a·cam·po [a.kám.po] 男 牧草地.

ACAN [a.kán] 女 《略》*Agencia Centroamericana de Noticias* 中米通信.

á·ca·na [á.ka.na] 女 《植》アカテツ科の高木.

a·ca·na·la·do, da [a.ka.na.lá.ðo, -.ða] 形 **1** 溝のある, 溝を流れる. **2** 畝(2)のある; 《建》《土木》縦溝のある. calcetines ～s 畝織りの靴下.

a·ca·na·la·dor [a.ka.na.la.ðór] 男 《技》溝切りかんな.

a·ca·na·la·du·ra [a.ka.na.la.ðú.ra] 女 溝; 《建》(柱などの)縦溝.

a·ca·na·lar [a.ka.na.lár] 他 …に溝を作る, 溝を刻む; 《建》縦溝をつける.

a·ca·na·lla·do, da [a.ka.na.ʝá.ðo, -.ða ‖ -.ʎá.-] 形 やくざ(風)の; 卑しい, 評判の悪い.

a·ca·na·llar [a.ka.na.ʝár ‖ -.ʎár] 他 下品にする.
— ～·se 再 堕落する, 柄が悪くなる.

a·ca·ne·la·do, da [a.ka.ne.lá.ðo, -.ða] 形 シナモン色の, 黄褐色の; シナモンの風味のする.

a·ca·ni·lla·do, da [a.ka.ni.ʝá.ðo, -.ða ‖ -.ʎá.-] 形 織りむらのある.

a·can·tá·ce·o, a [a.kan.tá.θe.o, -.a / -.se.-] 形 《植》キツネノマゴ科の. — 女 キツネノマゴ科の植物; 《複数で》キツネノマゴ科.

a·can·ti·la·do, da [a.kan.ti.lá.ðo, -.ða] 形 **1** 〈海岸が〉切り立った. **2** 〈海底が〉棚を作っている, 段丘状の. — 男 **1** 断崖(愨), 絶壁. los ～s del Cantábrico (スペインの) カンタブリア海に面した崖(?). **2** 急斜面.

a·can·ti·lar [a.kan.ti.lár] 他 《海》(1) 〈船を〉暗礁[浅瀬]に乗り上げさせる. (2) 〈海底を〉削って段丘状にする.

a·can·tio [a.kán.tjo] 男 《植》ヒレアザミ.

a·can·to [a.kán.to] 男 《植》アカンサス, キツネノマゴ.

a·can·to·na·mien·to [a.kan.to.na.mjén.to] 男 《軍》宿営; 野営地; 野営部隊.

a·can·to·nar [a.kan.to.nár] 他 《軍》〈部隊を〉宿営[野営]させる.
— ～·se 再 〈部隊が〉宿営[野営]する.

a·can·top·te·ri·gio, gia [a.kan.toṕ.te.rí.xjo, -.xja] 形 《魚》棘鰭(ᵗᵒᵏᵘ)類の. — 男 《複数で》(キンメダイなどの)棘鰭類.

a·ca·pa·ra·dor, do·ra [a.ka.pa.ra.ðór, -.ðó.ra] 形 独り占め[独占]する. instintos ～es 独占本能.
— 男 女 **1** 独占者. **2** 買い占めする商人.

a·ca·pa·ra·mien·to [a.ka.pa.ra.mjén.to] 男 (商品などの)大量の蓄え, 買い占め; 独占, 独占的使用.

a·ca·pa·rar [a.ka.pa.rár] 他 **1** 独り占めにする, 独占する; 買い占める. ～ el poder 権力を独占する. **2** 〈注意・関心を〉集める; 〈時間・精力などを〉奪う.

a·ca·pi·te [a.ka.pi.te] 男 《ラ米》段落, パラグラフ. punto ～ ピリオドを打って行を変えること.

a·ca·po·na·do, da [a.ka.po.ná.ðo, -.ða] 形 去勢された(ような, 《男性》の高い声. voz *acaponada* 男性の高い声.

A·ca·pul·co [a.ka.púl.ko] 固名 アカプルコ (= ～ de Juárez): メキシコ太平洋岸の保養地.

a·ca·ra·co·la·do, da [a.ka.ra.ko.lá.ðo, -.ða] 形 渦巻き形の, らせん形の.

a·ca·ra·ja·do, da [a.ka.ra.xá.ðo, -.ða] 形 《ラ米》(ᶜᵉⁿ) 〈話〉呆(?)けた, ばかになった.

a·ca·ra·me·la·do, da [a.ka.ra.me.lá.ðo, -.ða] 形 **1** カラメルのかかった; カラメル色の. **2** 《軽蔑》いやに優しい, 甘ったるい. voz *acaramelada* 猫なで声. **3** いちゃついた.

a·ca·ra·me·lar [a.ka.ra.me.lár] 他 カラメルをかける. — ～·se 再 優しくなる; 軽く触れる. 《複数主語で》〈恋人同士が〉いちゃつく.

a·ca·ra·pi [a.ka.rá.pi] 男 女 《ラ米》(ᴾˡᵃᵗ) 〈話〉おしゃれな人.

a·car·de·na·lar [a.kar.ðe.na.lár] 他 青黒いあざをつくる. — ～·se 再 あざになる, 青黒くなる.

a·ca·re·ar [a.ka.re.ár] 他 **1** 対決させる, 対面させる. **2** 立ち向かう, 直面する.

a·ca·ri·cia·dor, do·ra [a.ka.ri.θja.ðór, -.ðó.ra / -.sja.-] / **a·ca·ri·cian·te** [a.ka.ri.θján.te / -.sján.-] 形 愛撫(ᴬ゙)する(ような), 肌ざわりのよい.

*a·ca·ri·ciar** [a.ka.ri.θjár / -.sjár] 82 他 **1** 愛撫(ᴬ゙)する, 優しくなでる; 軽く触れる. La brisa primaveral *acarició* su rostro. 春風が彼[彼女]の顔を心地よくなでた. **2** 〈考え・思いを〉抱く, 温める. ～ grandes ambiciones 大きな野心を抱く. [a- + caricia「愛撫」+動詞語尾]

a·ca·ri·ci·da [a.ka.ri.θí.ða / -.sí.-] 形 (ダニなどを殺すための)殺虫剤の. — 男 殺虫剤.

a·cá·ri·do, da [a.ká.ri.ðo, -.ða] 形 《動》コナダニ科の. — 男 《動》《複数で》コナダニ科.

a·ca·ri·ñar [a.ka.ri.ɲár] 他 《ラ米》優しく触る, なでる (=acariciar).

á·ca·ro [á.ka.ro] 男 《動》ダニ, (特に)コナダニ.

a·ca·rra·lar [a.ka.r̄a.lár] 他 〈布の〉〈糸を〉ほつれさせる, 伝線させる. — ～·se 再 〈布の糸が〉縮む, ほつれる. **2** 〈ブドウの実が〉遅霜で傷む.

a·ca·rrar·se [a.ka.r̄ár.se] 再 〈家畜が〉夏の日差しを避ける.

a·ca·rre·a·dor, do·ra [a.ka.r̄e.a.ðór, -.ðó.ra] 形 運ぶ, 運搬する. — 男 運搬人.

a·ca·rre·a·mien·to [a.ka.r̄e.a.mjén.to] 男 → acarreo.

a·ca·rre·ar [a.ka.r̄e.ár] 他 **1** 運ぶ, 運搬する; 〈収穫物を〉脱穀場へ運ぶ. **2** 〈害などを〉引き起こす, もたらす. Sus palabras me *acarrearon* muchos disgustos. 彼[彼女]の言葉に私はとても不快な思いをした. **3** 《ラ米》(ᴹᵉˣ)車に乗せる.
— 自 《ラ米》(1) (ᶜᵉⁿ) 〈話〉うわさ話をする; (ᴹᵉˣ)うわさを広める. (2) 政治集会をする.

a·ca·rre·o [a.ka.r̄é.o] 男 **1** 運搬; 運送費[料]. **2** 《地質》堆積(ᵗᵃⁱ). tierras de ～ 沖積土[層]. *de acarreo* 寄せ集めの. materiales *de* ～ 寄せ集めの材料.

a·ca·rre·to [a.ka.r̄é.to] 男 《ラ米》(ᶜᵒˡ)(ᴳᵘᵃᵗ)(ᴹᵉˣ) → acarreo.

a·ca·rro·ñar·se [a.ka.r̄o.ɲár.se] 再 《ラ米》(ᶜᵒˡ)

a·car·to·na·do, da [a.kar.to.ná.ðo, -.ða] 形 **1** 厚紙のように固くなった. **2** 《年老いて》しなびた,しわだらけの. cara acartonada しわだらけの顔. **3** 《ラ米》《話》やせた, やせ細った.

a·car·to·nar [a.kar.to.nár] 他 《厚紙のように》こわばらせる, 堅くする.
— ~·se 再 **1** 堅くなる, こわばる. **2** 《人が》《年老いて》やせる, やせ細る；しわだらけになる.

a·ca·sa·ma·ta·do, da [a.ka.sa.ma.tá.ðo, -.ða] 形 トーチカ状の, 耐爆掩蔽(エン)設備を備えた.

a·ca·se·rar·se [a.ka.se.rár.se] 再 《ラ米》(1) 《チ》《グ》《場所に》気に入る；《話》なじみ客になる. (2) 《エス》《グ》家に閉じこもりがちになる；《動物が》住み着く.

a·ca·so [a.ká.so] 副 **1 《主に+接続法》もしかすると, あるいは(…かもしれない). A~ nieve mañana. ひょっとすると明日は雪になるのではないか. ▶ 確信の強いときは直説法の動詞と共に用いられる. ⇒A~ será la mejor manera. おそらくそれが最上の方法でしょう. ▶ 単独で疑問文の返答となる. ¿Habrá llegado? —A~. 彼[彼女]は着いただろうか. —おそらくね. **2** 《疑問文で》《+直説法》《意外性・驚き》もしかして；《反語的に》…だとでもいうのか. ¿A~ te engaño? 私が君をだますとでもいうのか.
— 男 偶然, 運. El ~ hizo que encontraran el tesoro. 偶然彼らは宝を見つけた.
al acaso 成り行きにまかせて.
por si acaso (1) 万一のために. Llévate el paraguas *por si* ~. 念のためにかさを持っていきなさい. (2)《+直説法・接続法》…かもしれないから. Te lo digo *por si* ~ lo *necesitas*. 君がそれを必要としているかもしれないからそう言っているんだ.
si acaso… (1)《+直説法・接続法》ひょっとして…ならば. *Si* ~ *la conoces*, preséntamela. もし万一彼女と知り合いたら紹介してくれ. (2)《主に否定文・疑問文の後で》もしそうだとしても, いずれにしても(せいぜい…である). (3) 最終的には, 最悪の場合.
[a 「…に」+ caso「偶然」]

a·cas·ta·ña·do, da [a.kas.ta.pá.ðo, -.ða] 形 栗(ク゚リ)色がかった.

a·ca·ta·ble [a.ka.tá.ble] 形 尊敬[尊重]すべき；守るに値する.

a·ca·ta·da·men·te [a.ka.tá.ða.mén.te] 副 敬意をもって, うやうやしく.

a·ca·ta·mien·to [a.ka.ta.mjén.to] 男 **1** 遵守(シ゚ュン). ~ de las leyes 法の遵守. **2** 尊敬, 尊重.

a·ca·tar [a.ka.tár] 他 **1** 守る, 遵守する. ~ la ley 法を守る. **2** 敬う, 敬意を表して従う, 尊ぶ. **3** 《ラ米》(1)《ペ》《ほラス》《グ》わかる, 理解する, 気づく. (2)《ホ》思い浮かぶ.

a·ca·ta·rrar·se [a.ka.ta.rrár.se] 再 **1** 風邪をひく. **2** 《ラ米》《話》軽く酔う.

a·ca·tes [a.ká.tes] 男《まれ》《単複同形》非常に忠実な人.

a·ca·to [a.ká.to] 男 → acatamiento.

a·ca·tó·li·co, ca [a.ka.tó.li.ko, -.ka] 形 カトリックを信仰しない[受け入れない].
— 男 女 カトリックを信仰しない人.

a·cau·da·la·do, da [a.kau.ða.lá.ðo, -.ða] 形 裕福な, 金持ちの (= rico).

a·cau·da·lar [a.kau.ða.lár] 他 《金などを》蓄積する, 蓄える；《大量に》かき集める. ~ una fortuna — 財産を築く.

a·cau·di·lla·dor, do·ra [a.kau.ði.ʝa.ðór, -. ðó.ra ‖ -.ʝa.-] 形《まれ》指揮する, 統率する.
— 男 女 指導者, 指揮官, 統率者.

a·cau·di·lla·mien·to [a.kau.ði.ʝa.mjén.to ‖ -. ʎa.-] 男 指揮, 統率.

a·cau·di·llar [a.kau.ði.ʝár ‖ -.ʎár] 他 指揮する, 統率する；先頭に立つ.

a·cau·le [a.káu.le] 形《植》茎のない[見えない].

*ac·ce·der [ak.θe.ðér / -.se.-] 自《a…》 **1** 《…に》応じる, 同意する；譲歩する. Parece imposible que los directores *accedan a* nuestras peticiones. 部長たちが私たちの要求に応じることはありえないと思われる.
2 《場所に》行く；入る；《IT》アクセスする. Para ~ *a* las instalaciones de este establecimiento, tienes que presentar el carné. この建物の施設に入るには会員証を提示しなくてはいけない.
3 《職位などに》就く, 就任する；なる, 達する. ~ *a* un puesto de responsabilidad 責任あるポストに就く.
[← [ラ] *accēdere* 「近づく；賛同する」；関連 accesión, accesible. [英] *accede*]

ac·ce·si·bi·li·dad [ak.θe.si.bi.li.ðáð / -.se.-] 女 近づきやすさ, 親しみやすさ.

ac·ce·si·ble [ak.θe.sí.ble / -.se.-] 形 **1** 《場所が》接近[入場]できる；《ものが》入手[利用]できる. **2** 近づきやすい, 親しみやすい. jefe muy ~ 親近感の持てる上司. **3** 《para…》理解可能な.

ac·ce·sión [ak.θe.sjón / -.se.-] 女 **1** 同意. **2** 《法》従物の取得；取得従物. **3** 付属物. **4** 《医》《間欠熱の》発作. **5** 交尾；性交.

ac·cé·sit [ak.θé.si(t) / -.se.-] 男《複 ~, ~s》(コンクール・コンテストの)選外佳作, 次点；次席.

*ac·ce·so [ak.θé.so / -.sé.-] 男 **1** 《a… …への》接近, 近づくこと, 入ること. Tenemos libre ~ *al* museo. 我々は自由に美術館に入ることができる. ~ prohibido 立ち入り禁止. ~ gratuito 入場無料. Es un profesor de difícil ~. 彼は近寄り難い先生だ. **2** 《a… …への》通路, 入り口. el ~ principal *a* [de] la biblioteca 図書館の正面玄関. Esta puerta da ~ *a* las habitaciones individuales. このドアから個室に行けます. **3** 《de… …の》突発, 発作. ~ *de* tos 咳(セ゚キ)の発作. en un ~ *de* celos 嫉妬(シ゚ット)に狂って. **4** 《a… …への》《IT》アクセス. tiempo de ~ アクセスタイム. tener ~ *a* Internet インターネットにアクセスできる.
acceso carnal 《文章語》性交.

ac·ce·so·ria·men·te [ak.θe.só.rja.mén.te / -. se.-] 副 付加的に.

*ac·ce·so·rio, ria [ak.θe.só.rjo, -.rja / -.se.-] 形 付属の, 付帯的な, 副次的な；必要ではない. gastos ~s 付帯支出. puerta *accesoria* 通用口.
— 男 **1**《主に複数で》付属品, アクセサリー. ~s de automóvil カーアクセサリー. ~s de tocador 洗面化粧道具. ~s de vestir 服飾品. **2**《複数で》《演》小道具. — 女《主に複数で》別館, 付属の建物.

ac·ci·den·ta·do, da [ak.θi.ðen.tá.ðo, -.ða / -.si.-] 形 **1** 多難な, 波乱に富んだ. vida *accidentada* 波乱の生涯. **2** 《地面が》凸凹[起伏]のある, 平らでない. **3** 事故に遭った；発作を起こした. coche ~ 事故車. **4** 《ラ米》《ほラス》故障した.
— 男 女 事故の被害者.

*ac·ci·den·tal [ak.θi.ðen.tál / -.si.-] 形 **1** 偶然の, 思いがけない, 不慮の. muerte ~ 不慮の死. Voy a Roma en un viaje ~. 思いがけなくローマ

に旅立つことになった. **2** 付随的な, 非本質的な. **3** 臨時の, 代理の. director ～ 社長代行.
— 男【音楽】臨時記号(♯・♭・♮など).

ac·ci·den·ta·li·dad [ak.θi.ðen.ta.li.ðáð / -.sí.-] 囡 **1** 非本質性. **2** 偶然性, 偶発性.

ac·ci·den·tal·men·te [ak.θi.ðen.tál.mén.te / -.si.-] 副 偶然に, たまたま, 偶発的に.

*__ac·ci·den·tar__ [ak.θi.ðen.tár / -.si.-] 他 事故に遭わせる, けがを負わせる; …に起伏を与える.
— ～·**se** 再 **1** 事故に遭う, 事故に巻き込まれる, けがをする. **2** 発作を起こす; 気絶する.

ac·ci·den·te [ak.θi.ðén.te / -.si.-] 男 **1** 事故, 災害, 不慮[偶然]のでき事. sufrir un ～ 事故に遭う. ～ de tráfico 交通事故. ～ laboral [en el trabajo] 労働災害. sin ～s 何事もなく. **2** 付随[非本質]的な事柄. **3** 【医】偶発症候; 発作; 気絶, 失神. **4** (土地の)起伏, 凹凸(= ～ geográfico). **5** 【哲】偶有性; 偶然. **6** 【音楽】臨時記号(♯・♭・♮など). **7** 【文法】屈折, 語尾変化(= ～ gramatical).
por accidente 偶然に, 思いがけず.
[← [ラ] *accidentem* (*accidere* 「起こる」の現在分詞)の対格); 関連 accidental. [英] *accident*]

ac·ción [ak.θjón / -.sjón] 囡 **1** 行い, 行動; 活動; 行動力. ～ directa 直接行動. campo de ～ 活動分野, 行動範囲. hombre de ～ 行動的な人. radio de ～ 行動半径. mala [buena] ～ 悪事, 悪巧み[善行]. película [drama] de ～ アクション映画[ドラマ]. unir la ～ a la palabra 言行を一致させる. ⇒ *acto* 類語.
2 作用, 働き. ～ de la droga 麻薬の作用. ～ erosiva del agua 水の浸食作用.
3 (俳優・話し手などの)身振り, 演技. ¡Qué ～ tan afectada! 何てきざな演技だろう. **4** 【軍】戦闘, 交戦. **5** (物語などの)筋, 展開, ストーリー. La ～ de esta obra de teatro transcurre en la Sevilla del siglo XV. この劇作品の話は15世紀のセビリアで展開する. **6** 【商】(主に複数)**株式**, 株; 株券. ～ cotizada en bolsa 上場株. **7** 【法】訴訟. ～ civil [penal] 民事[刑事]訴訟. ejercitar una ～ contra… …に対して訴訟を起こす. **8** (実験的な)短時間の舞台公演. **9** (消費者向けの)販売促進活動.
— 間投 【映】スタート, 開始. ¡Luces! ¡Cámaras! ¡A～! 照明オーケー, カメラオーケー, スタート.
acción de oro 【商】黄金株, 拒否権つき株式.
Día de Acción de Gracias (米国の)感謝祭.
en acción de gracias (神への)感謝のしるしに.
entrar en acción 行動[作動, 作戦]を開始する.
poner en acción … …を行動[作動]させる.
[← [ラ] *actiōnem* (*āctiō* (*agere* 「進める; 行う」より派生)の対格); 関連 acto. [英] *action*]

ac·cio·na·ble [ak.θjo.ná.ble / -.sjo.-] 形 作動させることが可能な.

ac·cio·na·mien·to [ak.θjo.na.mjén.to / -.sjo.-] 男 (機械などの)始動, 作動.

*__ac·cio·nar__ [ak.θjo.nár / -.sjo.-] 他 (機械などを)動かす, 作動させる. **2** 《ラ米》(caxion)【法】〈訴訟を〉起こす. — 自 身ぶり手ぶりを交えて話す.

ac·cio·na·ria·do [ak.θjo.na.rjá.ðo / -.sjo.-] 男 (集合的)株主.

ac·cio·na·rial [ak.θjo.na.rjál / -.sjo.-] 形 株式の.

ac·cio·na·rio, ria [ak.θjo.ná.rjo, -.rja / -.sjo.-] 形 株式の. — 男 囡 株主.

*__ac·cio·nis·ta__ [ak.θjo.nís.ta / -.sjo.-] 男 囡 【商】株主. junta general de ～s 株主総会.

ac·ci·sa [ak.θí.sa / -.sí.-] 囡 (特定の品目に課される)特別税.

ac·ci·ta·no, na [ak.θi.tá.no, -.na / -.si.-] 形 (古代スペインの)アッキ Acci (現 Granada 県グアディクス Guadix)の. — 男 囡 グアディクスの住民[出身者].

ace [éis] 【英】男 【スポ】(テニス)サービスエース.

a·ce·bal [a.θe.bál / -.se.-] 男 → acebeda.

a·ce·be·da [a.θe.bé.ða / -.se.-] 囡 セイヨウヒイラギの林.

a·ce·bi·ño [a.θe.bí.ɲo / -.se.-] 男 【植】セイヨウヒイラギのうち特に背の高い品種: カナリア諸島に多い.

a·ce·bo [a.θe.bo / -.se.-] 男 【植】セイヨウヒイラギ.

a·ce·bo·lla·do, da [a.θe.bo.já.ðo, -.ða / -.se.-] 形 (木材が)目回りの入った.

a·ce·bo·lla·du·ra [a.θe.bo.ja.ðú.ra / -.se.-] 囡 目回り: 年輪に沿って弧状に生じる木材の割れ.

a·ce·bra·do, da [a.θe.brá.ðo, -.ða / -.se.-] 形 (馬が)縞(しま)のある, 縞模様の.

a·ce·bu·chal [a.θe.bu.tʃál / -.se.-] 男 野生オリーブの林.

a·ce·bu·che [a.θe.bú.tʃe / -.se.-] 男 野生オリーブの木.

a·ce·bu·chi·na [a.θe.bu.tʃí.na / -.se.-] 囡 野生オリーブの実.

a·ce·cha·de·ra [a.θe.tʃa.ðé.ra / -.se.-] 囡 **1** → acechadero. **2** 待ち伏せ.

a·ce·cha·de·ro [a.θe.tʃa.ðé.ro / -.se.-] 男 【狩】(獲物を待ち伏せる)隠れ場.

a·ce·cha·dor, do·ra [a.θe.tʃa.ðór, -.ðó.ra / -.se.-] 形 見張る, 待ち伏せる.
— 男 囡 見張る人, 待ち伏せる人.

a·ce·chan·te [a.θe.tʃán.te / -.se.-] 形 男 囡 → acechador.

a·ce·chan·za [a.θe.tʃán.θa / -.se.-sa] 囡 → acecho.

a·ce·char [a.θe.tʃár / -.se.-] 他 **1** 見張る; 待ち伏せる. **2** 〈危険などが〉おびやかす. [← [ラ] *assectāri*]

a·ce·cho [a.θe.tʃo / -.se.-] 男 待ち伏せ, 見張り. *al* [*en*] *acecho* 待ち伏せて. estar *al* [*en*] ～ de… …を見張っている.

a·ce·ci·nar [a.θe.θi.nár / -.se.si.-] 他 〈肉を〉燻製(くんせい)にする.
— ～·**se** 再 (年を取って)しなびる, やせ細る.

a·ce·dar [a.θe.ðár / -.se.-] 他 **1** 酸っぱくする. **2** 胸焼けさせる. **3** 不愉快にさせる. — ～·**se** 再 **1** (葉が)黄ばむ, しおれる. **2** 酸っぱくなる.

a·ce·de·ra [a.θe.ðé.ra / -.se.-] 囡 【植】スイバ, スカンポ.

a·ce·de·ra·que [a.θe.ðe.rá.ke / -.se.-] 男 【植】ニッケイ.

a·ce·de·ri·lla [a.θe.ðe.rí.ja ‖ -.ʎa / -.se.-] 囡 【植】ヒメスイバ; コミヤマカタバミ.

a·ce·de·rón [a.θe.ðe.rón / -.se.-] 男 【植】(大きな葉を持つ)スイバ.

a·ce·dí·a¹ [a.θe.ðí.a / -.se.-] 囡 **1** 酸っぱさ, 酸味. **2** 胸やけ; 胃腸過多. **3** 無愛想, ぶっきらぼう. **4** (植物の)黄色化してしおれた状態.

a·ce·dí·a² [a.θe.ðí.a / -.se.-] 囡 【魚】ツノガレイの一種.

a·ce·do, da [a.θé.ðo, -.ða / -.sé.-] 形 **1** 酸っぱい

acedera
(スイバ)

(= ácido). **2** 無愛想な, とげとげしい.

a·ce·fa·lí·a [a.θe.fa.lí.a / -.se.-] 囡 頭部のないこと, 無頭.

a·ce·fa·lis·mo [a.θe.fa.lís.mo / -.se.-] 男 → acefalía.

a·cé·fa·lo, la [a.θé.fa.lo, -.la / -.sé.-] 形 **1** 無頭の. **2** 指導者[指揮官]のいない. **3**《軟体動物の》無頭類の.

a·cei·ta·da [a.θei.tá.ða / -.sei.-] 囡 **1** 粉を油でこねて作ったパイ. **2**(こぼれた・余分な)油の量. **3**《ラ米》(1) 潤滑油. (2)(与)《話》賄賂(ろ).

a·cei·ta·do [a.θei.tá.ðo / -.sei.-] 男 油を塗る[さす]こと.

a·cei·tar [a.θei.tár / -.sei.-] 他 **1** 油を塗る[さす]. **2**《料》油を加える. ~ la ensalada サラダに油を加える. **3**《ラ米》(1)(チ)(ラブ)潤滑油(グリース)を塗る, 買収する. (2)(チ)《話》(人から)賄賂(ろ)を取る,(人に)袖の下を強いる.

a·cei·ta·zo [a.θei.tá.θo / -.sei.-.so] 男 → aceitón.

‡a·cei·te [a.θéi.te / -.séi.-] 男 **1**(食用・薬用の)油, オイル. ~ de colza 菜種油. ~ esencial(植物などから抽出した)精油, エッセンス. ~ de hígado de bacalao 肝油. ~ de ricino ひまし油. ~ vegetal 植物油. poner ~ a calentar en una sartén フライパンに油を入れて熱する.
2 オリーブ油(=~ de oliva). ~ virgen バージンオイル.
3(燃料・機械・絵画用の)オイル;石油. ~ bruto 原油. ~ de motor エンジン・オイル. ~ lubricante 潤滑油. ~ pesado 重油. ~ secante 乾性油.
aceite de vitriolo 濃硫酸.
echar aceite al fuego 火に油を注ぐ.
perder aceite《軽蔑》《男性が》同性愛者である.
[←[アラビア]*az-zayt*「オリーブ油」;中世では「油」は *olio*(←[ラ]*oleum*)であったが, 発音が *ojo*「目」(←[ラ]*oculum*)と同じになったため, 同音衝突を避けてアラビア起源の語が採用された. [関連] aceitoso, aceituna. [ポルトガル]*azeite*]

a·cei·te·ra [a.θei.té.ra / -.sei.-] 囡 **1** 油つぼ;油差し. **2**(複数で)食卓用の調味料立て.

a·cei·te·rí·a [a.θei.te.rí.a / -.sei.-] 囡 油屋, 油(販売)店.

a·cei·te·ro, ra [a.θei.té.ro, -.ra / -.sei.-] 形 油の. producción *aceitera* 油の生産.
— 男囡 油商人, 油売り.

a·cei·tón [a.θei.tón / -.sei.-] 男 どろどろの油, 濁った油, 油のおり.

a·cei·to·so, sa [a.θei.tó.so, -.sa / -.sei.-] 形 油性の, 油っぽい, 脂ぎった, ベたべたした. lo ~ 脂っこさ.

*a·cei·tu·na [a.θei.tú.na / -.sei.-] 囡 オリーブ(の実). ~ rellena 詰め物入りのオリーブ, スタッフドオリーブ. ~ gordal 大粒のオリーブ. ~ picudilla 尖形(てん)のオリーブ. ▶「オリーブの木」は olivo.
llegar a las aceitunas(会合や行事が)終了してから[終了間際に]着く.
[←[アラビア]*az-zaytūna*;[関連] aceite]

a·cei·tu·na·do, da [a.θei.tu.ná.ðo, -.ða / -.sei.-] 形 オリーブ色の, 黄緑色の;(顔が)黄ばんだ.
— 囡 オリーブの収穫(期).

a·cei·tu·ne·ro, ra [a.θei.tu.né.ro, -.ra / -.sei.-] 男囡 オリーブ売り;オリーブを摘む人.
— 男 オリーブの貯蔵庫.

a·cei·tu·nil [a.θei.tu.níl / -.sei.-] 形 オリーブ色の, 黄緑色の.

a·cei·tu·no, na [a.θei.tú.no, -.na / -.sei.-] 形《ラ米》オリーブ色の. — 男《植》オリーブ(の木). ~ silvestre 野生オリーブ.

a·ce·le·ra·ción [a.θe.le.ra.θjón / -.se.-.sjón] 囡 **1** 加速;促進. **2**《機》加速度. poder de ~《車》加速力.

a·ce·le·ra·da·men·te [a.θe.le.rá.ða.mén.te / -.se.-] 副 速く, 急いで.

*a·ce·le·ra·do, da [a.θe.le.rá.ðo, -.ða / -.se.-] 形 **1** 速い;急ぎの. con paso ~ 急いで, 足早に. **2**《人が》あせっている, 落ち着きを失った. **3**《物理》加速された. movimiento ~ 加速運動. — 囡 加速. — 男《映》クイックモーション, こま落とし.

a·ce·le·ra·dor, do·ra [a.θe.le.ra.ðór, -.ðó.ra / -.se.-] 形 加速する, 速める, 促進する.
— 男(自動車などの)加速装置, アクセル(ペダル).

a·ce·le·ra·mien·to [a.θe.le.ra.mjén.to / -.se.-] 男 **1** 加速, 促進. **2** 急ぎ.

a·ce·le·ran·te [a.θe.le.rán.te / -.se.-] 形 加速する. — 男(化学反応)促進剤.

*a·ce·le·rar [a.θe.le.rár / -.se.-] 他 **1** 速める, 急がせる;(車を)加速する. ~ el paso 歩調を速める. ~ un trabajo 仕事の進みを速くする. ~ un coche 車のスピードを速める. **2**(…の時期を)早める, 早くする. ~ una salida 出発を早める.
— 自 急ぐ;アクセルを踏む. No *aceleres* bruscamente. 急にアクセルを踏まないようにしなさい.
— **~·se** 再 速くなる;早まる, あわてる. *Se le aceleró* el pulso. 彼[彼女]の脈拍は速くなった. *Me aceleré* al firmar el documento. 私は早まって書類にサインしてしまった.
[←[ラ]*accelerāre*;[関連] acelerador. [英]*accelerate*. [日]アクセル]

a·ce·le·ró·me·tro [a.θe.le.ró.me.tro / -.se.-] 男 加速度計.

a·ce·le·rón [a.θe.le.rón / -.se.-] 男《話》《車》急な加速, アクセルを強く踏み込むこと. dar *acelerones* al motor エンジンをふかす.

a·cel·ga [a.θél.ga / -.sél.-] 囡《植》フダンソウ:小松菜に似た緑葉野菜.
cara de acelga《話》青白い[陰気な]顔;仏頂面.

a·cé·mi·la [a.θé.mi.la / -.sé.-] 囡 **1**《動》ラバ. **2**《話》まぬけ, とんま;粗野[下品な]人.

a·ce·mi·le·rí·a [a.θe.mi.le.rí.a / -.se.-] 囡 ラバ *acémila* を置いておく場所.

a·ce·mi·le·ro [a.θe.mi.lé.ro / -.se.-] 男 ラバ追い, ラバ使い, ラバ飼育係.

a·ce·mi·ta [a.θe.mí.ta / -.se.-] 囡 ふすまパン.

a·ce·mi·te [a.θe.mí.te / -.se.-] 男 小麦粉の混じったふすま.

a·cen·dra·do, da [a.θen.drá.ðo, -.ða / -.sen.-] 形 純粋な, 汚れのない. amor ~ 純愛.

a·cen·dra·mien·to [a.θen.dra.mjén.to / -.sen.-] 男《格式》純潔, 浄化.

acelga(フダンソウ)

acendrar

a·cen·drar [a.θen.drár / -.sen.-] 他 **1** 精錬する. **2** 純化する, 浄化する；洗練する.
— ~·se 再〈人の価値・感性が〉洗練される,〈感情・美徳が〉磨かれる.

a·cen·suar [a.θen.swár / -.sen.-] 84 他 …に税金をかける.

a·cen·to [a.θén.to / -.sén.-] 男 **1**《音声》アクセント, 強勢. El ~ de esta palabra cae en la última [penúltima] sílaba. この語のアクセントは最終 [終わりから2番目の] 音節にある. ~ tónico [de altura] ピッチ[高低]アクセント. ~ de intensidad 強弱アクセント. **2** アクセント符号（´）. ~ ortográfico 正書法上のアクセント符号. ~ agudo [grave, circunflejo] 揚音符（´）[抑音符（`）, 曲折音符（ˆ）]. **3** 訛(なま)り；口調, 抑揚. Hablan con ~ andaluz. 彼らはアンダルシア訛りで話す. **4**（話などの）強調, 力点. **5**《音楽》アクセント. **6**《文学》詩（歌), 詩語. [←〔ラ〕*accentum* (*accentus* の対格); 関連 *acentuar*, *acentuación*. 〔英〕*accent*]

a·cen·tua·ción [a.θen.twa.θjón / -.sen.-.sjón] 女 **1**《音声》アクセントを置くこと. **2** 強調. **3** 強まること, 目立つこと.

a·cen·tua·da·men·te [a.θen.twá.ða.mén.te / -.sen.-] 副 際立って, 明確に. tendencia ~ conservadora 著しく保守的な傾向.

a·cen·tua·do, da [a.θen.twá.ðo, -.ða / -.sen.-] 形 **1** アクセント符号のついた, アクセントのある. letra *acentuada* アクセント符号のついている文字.
2 際立った, 強調された, 明確な.

a·cen·tual [a.θen.twál / -.sen.-] 形《音声》アクセントのある, 強勢の.

a·cen·tual·men·te [a.θen.twál.mén.te / -.sen.-] 副（言葉の）アクセントについては.

*__a·cen·tuar__ [a.θen.twár / -.sen.-] 84 他 **1** …にアクセントを置く, アクセント符号をつける. ~ bien una palabra 単語の正しい位置にアクセント符号を打つ [アクセントを置いて発音する]. *Acentuó* la última sílaba al pronunciar la palabra. 彼[彼女]はその単語を発音するとき, 最後の音節にアクセントを置いた. **2** 強調する, 際立たせる；強くする. la importancia de un proyecto 計画の重要性を力説する. El vestido sencillo *acentuaba* la belleza de la mujer. 簡素な服がその女性の美しさを際立たせていた. — ~·se 再 目立つ, 強まる. Con el cambio de clima *se acentúa* el dolor. 季節の変わり目には痛みが増す.

a·ce·ña [a.θé.ɲa / -.sé.-] 女 **1** 粉ひき水車.
2（灌漑(かんがい)用の）水揚げ車.

a·ce·ñe·ro [a.θe.ɲé.ro / -.se.-] 男 水車番, 粉ひき.

-á·ceo, a（接尾）「…の性質を持った, …に似た」の意を表す形容詞語尾. ⇒ arenáceo, crustáceo.

a·ce·par [a.θe.pár / -.se.-] 自 根を張る, 根づく.

a·cep·ción [a.θep.θjón / -.sep.sjón] 女 **1**《言》（語・句の）意味, 語義. **2** ひいき, 偏愛.

a·ce·pi·lla·do, da [a.θe.pi.ʎá.ðo, -.ða || -.ʎá.- / -.sá.-] 形《ラ米》(口語)《軽蔑》白人と黒人の混血の.

a·ce·pi·lla·do·ra [a.θe.pi.ja.ðó.ra || -.ʎa.- / -.se.-] 女《機》平削り盤, プレーナー.

a·ce·pi·llar [a.θe.pi.jár || -.ʎár / -.se.-] 他 → cepillar.

a·cep·ta·bi·li·dad [a.θep.ta.bi.li.ðáð / -.sep.-] 女 受容性；《言》容認可能性.

***a·cep·ta·ble** [a.θep.tá.ble / -.sep.-] 形 受け入れられる, 受諾しうる；まずまずの. una proposición ~ 受け入れられる提案.

a·cep·ta·ble·men·te [a.θep.tá.ble.mén.te / -.sep.-] 副 充分に, 受容できる程度に, かなりよく.

***a·cep·ta·ción** [a.θep.ta.θjón / -.sep.-.sjón] 女 **1** 受け入れること；承諾. **2** 好評, 大当たり. Esa película tuvo buena ~. その映画は大ヒットした.

***a·cep·ta·do, da** [a.θep.tá.ðo, -.ða / -.sep.-] 形 **1** 受け入れられた；受理された；承諾された. El euro es la única moneda *aceptada* en estas tiendas. ユーロはこれらの店で唯一受け入れられる通貨である. **2**《商》〈手形が〉引き受けられた.

a·cep·ta·dor, do·ra [a.θep.ta.ðór, -.ðó.ra / -.sep.-] / **a·cep·tan·te** [a.θep.tán.te / -.sep.-] 形 受け入れる, 引き受ける. — 男 女《商》手形引受人.

****a·cep·tar** [a.θep.tár / -.sep.-] 他 **1**〈贈り物・提案・仕事などを〉受け入れる, 引き受ける；〈人を〉迎え入れる. ~ las condiciones 条件をのむ. *Aceptaron* nuestra invitación. 彼らは私たちの招待に応じた. Lo *aceptamos* como violinista. 私たちは彼をバイオリニストとして迎え入れた.
2 容認する；(+ 不定詞 …することを) 承諾する. *Acepto* que tengo muchos defectos. 私に欠点が多いということは認めます. Te invito si *aceptas* venir conmigo. 君が一緒に来てもいいというのなら, おごってあげよう.
3 甘受する, 耐える. *Aceptó* las reprensiones valientemente. 彼[彼女]はいさぎよく叱責(しっせき)を受けた. **4**《商》〈手形を〉引き受ける, 受け付ける. ~ una letra de cambio 為替手形を引き受ける.
[←〔ラ〕*acceptāre*; 関連 *aceptación*.〔英〕*accept*]

a·cep·tor, to·ra [a.θep.tór, -.tó.ra / -.sep.-] 男 女《商》手形引受人.
— 男《物理》《化》受容体, アセプター.

a·ce·quia [a.θé.kja / -.sé.-] 女 **1** 灌漑(かんがい)用水路. **2**《ラ米》小川（= arroyo）.
[←〔アラビア〕*as-sāqiya*]

a·ce·quión [a.θe.kjón / -.se.-] 男《ラ米》小川.

***a·ce·ra** [a.θé.ra / -.sé.-] 女 **1** 歩道.
2（街路・広場の）家並み；片側. en la ~ derecha 右側に. **3**《建》（壁の）仕上げ面；壁面仕上げ用）装飾用石材 [タイル].
ser de la acera de enfrente / ser de otra acera（話・婉曲）ホモセクシュアルである.
[←〔古スペイン〕*facera*「家並み」←「（建物の）正面」（〔ラ〕*faciēs*「外観；顔」の関連語）]

a·ce·rá·ce·as [a.θe.rá.θe.as / -.sé.-.se.-] 女（複数形）《植》カエデ科の植物.

a·ce·ra·do, da [a.θe.rá.ðo, -.ða / -.sé.-] 形 **1**《格式》鋼鉄製の；鋼のような；青みがかった 鋼色の. **2** 頑丈な, 強靭(きょうじん)な. **3** よく切れる. **4**《格式》しんらつな, 痛烈な. una crítica *acerada* 手厳しい批評. **5**《植》〈葉が〉針形の. **6**《冶》冷し焼き入れ.

a·ce·rar¹ [a.θe.rár / -.se.-] 他 **1**《まれ》鋼を張る, 鋼をかぶせる；鋼鉄に変える. ~ el hierro 鉄を鋼にする. **2**（精神的に）鍛える. **3**（言葉の調子などを）鋭くする, しんらつにする.

a·ce·rar² [a.θe.rár / -.se.-] 他 …に歩道をつける.

a·cer·bi·dad [a.θer.bi.ðáð / -.ser.-] 女 **1** 舌触りの悪さ；苦さ. **2** しんらつさ；厳しさ.

a·cer·bo, ba [a.θér.bo, -.ba / -.sér.-] 形 **1**《格式》渋い, 酸っぱい. **2**《格式》しんらつな, 厳しい. con un tono ~ 手厳しい口調で. **3** 激しい, 強い. ~ dolor 深い悲しみ.

****a·cer·ca** [a.θér.ka / -.sér.-] 副 *acerca de...* …について（の）, …に関して（の）.

dar una conferencia ~ de la diplomacia española スペイン外交について講演する. Ha escrito un libro ~ de Cervantes. 彼[彼女]はセルバンテスに関する本を書いた. ━ 国 ⇒acercar.
[←[ラ]ad「…へ」+[ラ]circa「…のうえ」]

a·cer·ca·mien·to [a.θer.ka.mjén.to / -.ser.-] 男
1 接近. **2** 近似. **3** 和解；調停, 友好関係 (の樹立).

a·cer·car [a.θer.kár / -.ser.-] 102 他 **1**《a... …に》近づける, 引き寄せる. ~ una silla a la ventana いすを窓に近づける. Esto nos acercará a la solución del problema. これで私たちは問題を解決できそうだ. ¿Qué te acercó al mundo del teatro? どうして君は演劇の世界に引きつけられたの. **2**《話》《a+人〈人〉に》手渡す (=alcanzar). Acércame el diccionario. 辞書とってくれない (▶ me が a +人に相当). **3**《話》《a... 〈場所〉に》連れて行く, 送っていく. Te acerco a casa. 家まで送っていくよ.
━ ~.se 再 **1**《a... …に》近づく, 接近する. Me acerqué a un policía y le pregunté la hora. 私は警官に近づいて時間をたずねた.
2《…の時期が》近づく, まもなく…である. Se acercan las vacaciones de verano. もうすぐ夏休みだ. **3**《話》《a... …に》立ち寄る, 行く. Luego me acerco a tu casa a devolver el libro. あとで本を返しに君の家へ行くよ. **4**《a... …に》《考えなどが》寄っている, 近い. Mi punto de vista se acerca mucho al tuyo. 私の観点は君のに非常に近い. **5**《ラ米》《a...》《…に》会う, 《…と》交渉する.
[←[ラ]a- + cerca「近く」+動詞語尾]

á·ce·re [a.θe.re / -.se.-] 男 《植》カエデ, モミジ.
a·ce·re·rí·a [a.θe.re.rí.a / -.se.-] / **a·ce·rí·a** [a.θe.rí.a / -.se.-] 女 製鋼所.
a·ce·rí·co [a.θe.rí.ko / -.se.-] / **a·ce·ri·llo** [a.θe.rí.jo ‖ -.ʎo / -.se.-] 男 **1** 針山. **2** 《まくらの上に重ねて用いる》小さなクッション.
a·ce·ri·no, na [a.θe.rí.no, -.na / -.se.-] 形 《文章語》鋼鉄のような, 強靭(きょうじん)な.
a·ce·ris·ta [a.θe.rís.ta / -.se.-] 共 製鋼職人.

*a·ce·ro [a.θé.ro / -.se.-] 男 **1** 鋼鉄, 鋼(はがね), 鉄. Esta sartén es de ~ inoxidable. このフライパンはステンレス製だ. ~ especial 特殊鋼. ~ fundido 鋳鋼. ~ rápido 高速度鋼. **2**《文章語》剣, 刀, 刀剣(類). cruzar el ~ 剣を交える;《比喩的》論争する. **3**《複数で》勇気, 勇敢さ. **4**《複数で》《古語》食欲. **5**《ラ米》《俗》フライパン.
de acero 鉄のような, 硬い.
[←[後ラ] aciarium ([ラ] aciēs「尖端, 刃」より派生)]

a·ce·ro·la [a.θe.ró.la / -.se.-] 女 《植》(1) アザロールの果実. (2) アセロラ：バルバドスザクラの実.
a·ce·ro·lo [a.θe.ró.lo / -.se.-] 男 《植》(1) アザロール：サンザシ属の低木. (2) バルバドスザクラ：熱帯アメリカ産キントラノオ科の低木.
a·cé·rri·mo, ma [a.θé.r̄i.mo, -.ma / -.sé.-] 形 [acre の絶対最上級] **1**《味が》強烈な, 非常に苦い. **2** 断固とした, 頑固な；融通のきかない. un ~ partidario 熱烈な支持者.
a·ce·rro·jar [a.θe.r̄o.xár / -.se.-] 他 …にかんぬき[差し錠]を掛ける, ロックする.
a·cer·ta·da·men·te [a.θer.tá.ða.mén.te / -. ser.-] 副 うまく, 的確に, 適切に.
a·cer·ta·do, da [a.θer.tá.ðo, -.ða / -.ser.-] 形 《ser+ / estar+》的を射た, 的確な, 巧みな；《+不

定詞 / que+ 接続法 …するのが》妥当である, 適切である. decisión acertada 賢明な決定[決断]. una idea muy acertada 名案, 妙案. un color ~ ぴったりの色. No sería muy ~ que fueses a verla ahora. 君がいま彼女に会いに行くのはあまり適切なことではないだろう.

a·cer·tan·te [a.θer.tán.te / -.ser.-] 形《くじ・賭博(とばく)で》当たりの. quiniela ~《公認競技賭博の》当たり券. ━ 共 正解者, (くじの)当選者.

*a·cer·tar [a.θer.tár / -.ser.-] 8 他 **1** 的中させる, 言い当てる. A ver si aciertas mi edad. 君は私の年を当てられるかな. **2**《的などに》当てる, 命中させる. ~ el [al] blanco 的に当てる. **3** 探し当てる, うまく見つける. No pudimos ~ la calle. 私たちはめざす通りを見つけられなかった.
━ 自 **1**《en...》《的などに》命中する. La flecha acertó en la diana. 矢は的の中心に当たった. **2**《con... …を》うまく見つける, 探し当てる；言い当てる. ~ con la salida 出口[解決法]にたどり着く. ¡Enhorabuena, has acertado! おめでとう, 正解です. **3** 正しい選択をする, 的を射た行動をする. ~ con un [en el] regalo 上手にプレゼントを選ぶ. Acerté con [en] mi decisión de quedarme en casa. 家に残ると決めてよかった. Has acertado en decírselo a ella. 君が彼女にそう言ったのは正解だった. Acertaron al vender la casa. 家を売ったのはいい判断だった. **4**《a+不定詞》うまく《…》する；偶然《…》する. No acerté a comprender la razón. 私には理由がよくわからなかった. Un día acertó a pasar por allí un anciano. ある日そこをひとりの老人が通りかかった. **5**《農》《作物などが》よく育つ.
[[ラ] ad「…へ」+[ラ] certus「確かな」+動詞語尾]
[関連] acierto. [英] ascertain]

a·cer·ti·jo [a.θer.tí.xo / -.ser.-] 男 なぞなぞ；なぞめいた言葉, 難解な言葉.

a·ce·rue·lo [a.θe.rwé.lo / -.se.-] 男 **1** 針山. **2** 小型の鞍(くら).

a·cer·vo [a.θér.bo / -.sér.-] 男 **1** 共有財産. el ~ familiar 家族の共有財産. **2**《比喩的》財産, 遺産. el ~ cultural 文化遺産. **3**《まれ》《細かい粒状のもの・細々したものの》山積み；大量.

a·ces·cen·cia [a.θes.θén.θja / -.ses.sén.sja] 女 酸味を帯びること.

a·ces·cen·te [a.θes.θén.te / -.ses.sén.-] 形 酸っぱくなりかけた.

a·ce·tá·bu·lo [a.θe.tá.bu.lo / -.se.-] 男《解剖》寛骨臼(かんこつきゅう)：大腿(だいたい)骨の上部が入る座骨の凹部.

a·ce·tal·de·hí·do [a.θe.tal.de.í.ðo / -.se.-] 男 《化》アセトアルデヒド [= aldehído acético].

a·ce·ta·to [a.θe.tá.to / -.se.-] 男 **1**《化》酢酸塩, 酢酸エステル. **2** 《繊維の》アセテート.

a·ce·ta·zo·la·mi·da [a.θe.ta.θo.la.mí.ða / -.se. -.so.-] 女《薬》アセタゾルアミド：利尿剤.

a·cé·ti·co, ca [a.θé.ti.ko, -.ka / -.se.-] 形《化》酢の, 酢酸の. ácido ~ 酢酸.

a·ce·ti·fi·car [a.θe.ti.fi.kár / -.se.-] 102 他《化》酢化させる, 酢酸にする.

a·ce·til·co·li·na [a.θe.til.ko.lí.na / -.se.-] 女《生化》アセチルコリン：神経伝達物質の一つ.

a·ce·ti·le·no [a.θe.ti.lé.no / -.se.-] 男《化》アセチレン.

a·ce·ti·lo [a.θe.tí.lo / -.se.-] 男《化》アセチル基.

a·ce·til·sa·li·cí·li·co, ca [a.θe.til.sa.li.θí.li. ko, -.ka / -.se. -.sí.-] 形《化》アセチルサリチルの. el ácido ~ アセチルサリチル酸.

a·ce·tí·me·tro [a.θe.tí.me.tro / -.se.-] 男 《化》酢酸比重計.

a·ce·tín [a.θe.tín / -.se.-] 男 《植》メギ.

a·ce·to·na [a.θe.to.na / -.se.-] 女 1 《化》アセトン. 2 《話》《医》アセトン症.

a·ce·to·ne·mia [a.θe.to.né.mja / -.se.-] 女 《医》アセトン症.

a·ce·to·nu·ria [a.θe.to.nú.rja / -.se.-] 女 《医》アセトン尿(症).

a·ce·to·sa [a.θe.tó.sa / -.se.-] 女 《植》スイバ, スカンポ.

a·ce·to·si·lla [a.θe.to.sí.ʝa ‖ -.ʎa / -.se.-] 女 《植》ヒメスイバ.

a·ce·to·so, sa [a.θe.tó.so, -.sa / -.se.-] 形 酢の, 酢っぱい.

a·ce·tre [a.θé.tre / -.sé.-] 男 1 《カト》聖水桶. 2 《まれ》水くみ用のバケツ, 手桶.

a·ce·tri·nar [a.θe.tri.nár / -.se.-] 他 黄ばんだ色にする, 淡黄色にする.

a·ce·zar [a.θe.θár / -.se.sár] 自 あえぐ, 息を切らす, せわしく息をする.

a·cha·ba·ca·nar [a.tʃa.ba.ka.nár] 他 下品にする, 俗悪にする. —— ~·se 下品になる, 俗悪になる.

a·cha·ca·ble [a.tʃa.ká.ble] 形 …のせい[罪]に帰しうる.

* **a·cha·car** [a.tʃa.kár] 102 他 (a...)(…の)せいにする, (…に)負わせる. ~ una falta *a* los demás 失敗を他人のせいにする. [←［アラビア］《話》*atshákkā* 「非難する」←［アラビア］*shákā* 「不平を言う」; 関連 achaque]

a·cha·chay [a.tʃa.tʃái] 間投 《ラ米》《話》(1) (エクア)(コロン)(ペルー)《同意》よし, (アンデス)《話》ああ寒い.

a·cha·co·sa·men·te [a.tʃa.kó.sa.mén.te] 副 弱々しく, 病弱に; かろうじて. andar ~ やっと歩く.

a·cha·co·so, sa [a.tʃa.kó.so, -.sa] 形 1 (特に年齢のせいで)慢性的に体調が優れない, 病弱な, 虚弱な. 2 欠陥[傷]のある, 不完全な.

a·cha·fla·nar [a.tʃa.fla.nár] 他 〈木材などの〉角を落とす, 面取りをする.

a·cha·lay [a.tʃa.lái] 間投 《ラ米》《話》(1) (アンデス)(エクア)《期待はずれ》たったそれだけ？ (2) (アンデス)すばらしい.

a·cham·pa·na·do, da [a.tʃam.pa.ná.ðo, -.ða] / **a·cham·pa·ña·do, da** [a.tʃam.pa.ɲá.ðo, -.ða] 形 シャンパン風の, シャンパンに似た. sidra *achampanada* シャンパン風りんご酒.

a·cham·par·se [a.tʃam.pár.se] 再 《ラ米》(チリ)(1) 根を張る, 定住する. (2) 自分のものにする.

a·chan·cha·do, da [a.tʃan.tʃá.ðo, -.ða] 形 《ラ米》(アンデス)《話》気楽な生活の.

a·chan·char·se [a.tʃan.tʃár.se] 再 《ラ米》(1) (コーノ・スル)《話》やたらと太る. (2) (コーノ・スル)(プエルト)(エルサル)《話》無精(者)になる, なまける, のらくら暮らす, ひ弱になる. (3) (アンデス)《話》〈車が〉調子が悪くなる. (4) (キューバ)《話》閉じ込もる.

a·chan·ta·do, da [a.tʃan.tá.ðo, -.ða] 形 《ラ米》(コーノ・スル)(アンデス)(プエルト)(エルサル)《話》気乗りがしない, やる気がない, 怠惰な.

a·chan·tar [a.tʃan.tár] 他 1 《話》脅す; (脅して)静かにさせる, 〈意見などを〉引っ込めさせる. ¡*Achanta* la mui [muy]! 黙れ. 2 《ラ米》(コーノ・スル)(アンデス)《話》〈人の〉鼻をへし折る. —— 自 (アンデス)(チリ)《話》眠る. —— ~·se 再 1 《話》おじける, びくつく. 2 《話》身を隠す, 潜伏する. 3 《ラ米》(1) (メキシコ)いやいや…する. (2) (コーノ・スル)《話》居残る. (3) (アンデス)面目を失う.

a·cha·pa·rra·do, da [a.tʃa.pa.r̄á.ðo, -.ða] 形 1 〈木が〉低くてこんもりと茂った. 2 ずんぐりした, 背が低くて太った. 3 つぶれた, 平べったい.

a·cha·pa·rrar·se [a.tʃa.pa.r̄ár.se] 再 1 こんもりと茂る. 2 ずんぐり太る.

a·cha·pi·nar·se [a.tʃa.pi.nár.se] 再 《ラ米》(グアテ)(外国人が)グアテマラ人らしくなる. → chapín.

a·cha·que [a.tʃá.ke] 男 1 (主に老人の)持病, (慢性的な)病気; 体調不良. ~s de la vejez 老人病. → enfermedad [類語]. 2 《まれ》口実, 言い訳. con el ~ de... …の口実で. 3 事(柄), 問題. en ~ de... …の件については. 4 悪習, 欠点. 5 《古語》月経; 妊娠. 6 《古語》(ゆすりが目的の)言いがかり, けち.

achaque(-) / achaqué(-) 活 → achacar.

a·cha·quien·to, ta [a.tʃa.kjén.to, -.ta] 形 病身の, 病気がちな.

a·cha·rar [a.tʃa.rár] 他 まごつかせる, 困惑させる, どぎまぎさせる.

a·cha·res [a.tʃá.res] 男 《複数形》《話》《まれ》嫉妬(と゚ぅ), ねたみ. dar ~ a +人 〈人〉を嫉妬させる.

a·cha·ro·la·do, da [a.tʃa.ro.lá.ðo, -.ða] 形 エナメルをかけたような.

a·cha·ro·lar [a.tʃa.ro.lár] 他 〈革などに〉エナメル加工をする, ワニスを塗る.

a·cha·ta·mien·to [a.tʃa.ta.mjén.to] 男 1 平らにする[なる]こと, 平板化. 2 《ラ米》(プエルト)道徳心[知性]の低下, 喪失.

a·cha·tar [a.tʃa.tár] 他 平らにする, ぺちゃんこにする. —— ~·se 再 1 平らになる, ぺちゃんこになる. 2 《ラ米》(プエルト)おじける, 意気消沈する.

a·cha·ta·rrar [a.tʃa.ta.r̄ár] 他 (特に自動車を)ぽんこつにする, スクラップにする.

a·che·len·se [a.tʃe.lén.se] 形 《考古》(旧石器時代の)アシュール期の. —— 男 アシュール期.

a·chi·ca·do, da [a.tʃi.ká.ðo, -.ða] 形 1 子供っぽい, 幼稚な. 2 〈人が〉小さくなった, おじけづいた.

a·chi·ca·dor, do·ra [a.tʃi.ka.ðór, -.ðó.ra] 形 小さくする; おじけづかせる. —— 男 《海》あか汲(く゚)み.

a·chi·ca·du·ra [a.tʃi.ka.ðú.ra] 女 1 小さくする[なる]こと, 縮小. 2 《海》(船の)あか[ビルジ]のかい出し; (鉱坑の)排水. 3 屈辱; 劣等感.

a·chi·ca·mien·to [a.tʃi.ka.mjén.to] 男 → achicadura.

a·chi·car [a.tʃi.kár] 102 他 1 小さくする, 縮小する. ~ SUS pretensiones 要求を引き下げる. 2 〈衣服の〉丈を詰める. 3 おびえさせる, 萎縮させる. 4 〈たまった水を〉くみ出す. 5 《ラ米》(1) (コスタリカ)(プエルト)〈人に〉屈辱を与える. (2) (グアテ)(コロン)縛り上げる, (コーノ・スル)(俗)殺す, ばらす. (4) (アンデス)短くする. —— ~·se 再 1 小さくなる, 縮む. 2 おびえる, おじけづく; 萎縮する, 控えめになる. 3 《ラ米》(コーノ・スル)(俗)小便をする.

a·chi·cha·rra·de·ro [a.tʃi.tʃa.r̄a.ðé.ro] 男 《話》焦熱地獄, やたらと暑い[熱い]場所.

a·chi·cha·rra·do, da [a.tʃi.tʃa.r̄á.ðo, -.ða] 形 《ラ米》(コスタリカ)《話》やけどをした.

a·chi·cha·rra·mien·to [a.tʃi.tʃa.r̄a.mjén.to] 男 焦げること, やけどすること.

a·chi·cha·rran·te [a.tʃi.tʃa.r̄án.te] 形 〈暑さなどが〉焼けつくような.

a·chi·cha·rrar [a.tʃi.tʃa.r̄ár] 他 1 焦がす, あぶる, カリカリに揚げる; やけどさせる. El sol nos *achicharraba*. 太陽が我々にじりじりと照りつけていた. 2 悩ます, いらいらさせる. Le *achicharraron* a

preguntas. 彼は質問攻めにされた. **3**《弾丸で》蜂(ﾊﾁ)の巣にする. **4**《ラ米》《ｷ》《ﾆｶ》つぶす.
— ~・se 再 **1**《料理が》焦げる. **2** 日焼けする. **3**《ラ米》《ｸﾞｱ》《悪い意味で》目立つ.

a・chi・cha・rre [a.tʃi.tʃá.r̃e] 男《話》厳しい暑さ, 息が詰まるような暑さ.

a・chi・cha・rro・nar [a.tʃi.tʃa.r̃o.nár] 他《ラ米》(**1**) → achicharrar. (**2**)《ｷ》縮める.
— ~・se 再《ラ米》《ｸﾞｱ》しぼむ, しわがよる.

a・chi・chi・guar [a.tʃi.tʃi.gwár] 86 《ラ米》《ﾎﾝｼﾞｭ》《子供を》甘やかす.

a・chi・chi・nar [a.tʃi.tʃi.nár] 《ラ米》《ｸﾞｱ》《話》(**1**) 焦がす, 燃やす, 焼く. (**2**)《借金などを》徴収する. (**3**) 殺す, 命を奪う.

a・chi・chin・cle [a.tʃi.tʃíŋ.kle] / **a・chi・chin・que** [a.tʃi.tʃíŋ.ke] 男《ラ米》《ｸﾞｱ》《話》子分, おべっか使い.

a・chi・co・pa・lar・se [a.tʃi.ko.pa.lár.se] 再《ラ米》おじけづく, ひるむ; さみしがる, がっかりする.

a・chi・co・ria [a.tʃi.kó.rja] 女《植》チコリ, キクニガナ (= endibia).
2 チコリ根エキス飲料, チコリコーヒー.

a・chi・guar・se [a.tʃi.gwár.se] 86 再《ラ米》《ｸﾞｱ》《ｷ》〈ものが〉反る, 反り返る;〈人が〉太って腹を出す.

a・chi・me・ro, ra [a.tʃi.mé.ro, -.ra] 男 女《ラ米》《ﾍﾟﾙ》《話》《軽蔑》安物売り, 行商人.

a・chi・mes [a.tʃí.mes] 男《複数形》《ラ米》《ﾍﾟﾙ》〈行商用の〉安物雑貨.

a・chín [a.tʃín] 男《ラ米》《ﾍﾟﾙ》行商人; 安物雑貨.

a・chi・na・do, da [a.tʃi.ná.ðo, -.ða] 形 **1** 中国人風の, 東洋人風の;〈目が〉つり上がった, 切れ長の.
2《ラ米》《ｱﾙｾﾞ》(**1**) 先住民の顔つきをした. (**2**)《話》俗っぽい, 卑しい.

a・chi・nar [a.tʃi.nár] 他《話》〈目を〉つり上げる[細める].
— ~・se 再《ラ米》《話》俗っぽくなる, 卑しくなる.

a・chin・cho・rrar・se [a.tʃiŋ.tʃo.r̃ár.se] 再《ラ米》《ﾍﾞﾈｽﾞ》ハンモックで寝る, 怠ける.

a・chi・ne・la・do, da [a.tʃi.ne.lá.ðo, -.ða] 形 スリッパの形をした.

a・chi・ne・rí・a [a.tʃi.ne.rí.a] 女《ラ米》《ﾍﾟﾙ》安物を売る店.

a・chin・ga・ta・do, da [a.tʃiŋ.ga.tá.ðo, -.ða] 形《ラ米》《話》攻撃的に振る舞う, 挑発的に振る舞う.

a・chio・te [a.tʃjó.te] 男 **1**《植》ベニノキ.
2 ビクシン:ベニノキの実から採れる黄赤色の染料.

a・chi・pi・la・do, da [a.tʃi.pi.lá.ðo, -.ða] 形《ラ米》《話》とても甘やかされた.

a・chi・que [a.tʃí.ke] 男 (主に船内に) たまった水のくみ出し.

a・chi・qui・lla・do, da [a.tʃi.ki.já.ðo, -.ða || -.ʎá.-] 形 子供っぽい.

a・chi・qui・tar [a.tʃi.ki.tár] 他《ラ米》《ﾒｷｼ》《ﾎﾝｼﾞｭ》《ﾆｶ》《ｸﾞｱ》《話》小さくする.
— ~・se 再《ラ米》《ﾒｷｼ》《ﾎﾝｼﾞｭ》《ｸﾞｱ》《話》(**1**) おじけづく, 意気消沈する. (**2**) 小さくなる.

a・chi・ra [a.tʃí.ra] 女《ラ米》《植》カンナ.

a・chis [á.tʃis] 間投《ラ米》《話》《驚嘆・感嘆・奇異・不快》おや, なんだって.

a・chís [a.tʃís] 間投《くしゃみの音》はくしょん.

a・chis・pa・do, da [a.tʃis.pá.ðo, -.ða] 形 ほろ酔いの.

a・chis・par [a.tʃis.pár] 他《酒に》酔わせる.
— ~・se 再 酔う, ほろ酔いになる.

a・cho・car [a.tʃo.kár] 102 自《ﾀﾞﾘ》(頭を打って)

気絶する.

a・cho・char・se [a.tʃo.tʃár.se] 再《話》ぼけ出す, もうろくし始める.

a・cho・co・la・ta・do, da [a.tʃo.ko.la.tá.ðo, -.ða] 形 チョコレート色の;《チョコレート味の.

a・cho・la・do, da [a.tʃo.lá.ðo, -.ða] 形《ラ米》(**1**)《ﾒｷｼ》《話》メスティーソ mestizo の (肌をした). (**2**)《ｷ》《話》恥ずかしい.

a・cho・lar [a.tʃo.lár] 他《ラ米》《ﾒｷｼ》《ｷ》《話》〈人に〉恥ずかしい思いをさせる, 当惑させる; びくつかせる.
— ~・se 再《ラ米》(**1**)《話》恥ずかしくなる, 当惑する. (**2**)《ｸﾞｱ》《話》怖がる, おじけづく. (**3**)《ｷ》メスティーソ mestizo の習慣を持つ. (**4**)《ｷ》《ﾍﾞﾈ》《話》威張る, 空威張りをする.

a・cho・ra・do, da [a.tʃo.rá.ðo, -.ða] 形《ラ米》《ﾍﾟﾙ》《俗》危険な, 挑戦的な, 不快にさせる.

a・cho・te [a.tʃó.te] 男《植》→ achiote.

a・chu・bas・car・se [a.tʃu.bas.kár.se] 102 再《3人称単数・無主語で》にわかに曇る, 雨模様になる.

a・chu・cha・do, da [a.tʃu.tʃá.ðo, -.ða] 形 **1**《話》込み入った, ややこしい, 難しい. **2**《話》〈金に〉困った,〈生活が〉苦しい. **3**《ラ米》《ｺﾞ》《話》熱病にかかった;寒さに震えている; 怖がる.

a・chu・char [a.tʃu.tʃár] 他 **1**《話》押す, 押しつける;押しつぶす. **2** けしかける;せっつく. **3**《スペイン》強く抱きしめる, やさしくなでる;いちゃつく. **4** 重荷を載せる.
— 自《ｺﾞ》〈寒さ・発熱で〉震える.
— ~・se 再 **1**《話》押す, 押し合う. **2**《寒さ・発熱で》震える. (**2**)《ｺﾞ》怖がる.

a・chu・cha・rrar [a.tʃu.tʃa.r̃ár] 他《ラ米》《ｺﾛﾝ》《ｷ》《ﾎﾝｼﾞｭ》《ﾆｶ》押しつぶす, たたきつぶす. — ~・se 再《ラ米》《ｸﾞｱ》《話》萎縮(ｲｼｭｸ)する, おじけづく.

a・chu・chón [a.tʃu.tʃón] 男 **1**《話》押し, 突き. dar un ~ 押し, 一突き食らわせる. **2** 押しつぶすこと;《複数で》押し合い. **3** 突然の体調不良, 軽い病気. tener un ~《話》気分が悪くなる. **4**《スペイン》《話》ぎゅっと抱きしめること.

a・chu・cu・ta・do, da [a.tʃu.ku.tá.ðo, -.ða] 形《ラ米》(**1**)《話》がっかりした, 意気消沈した;萎(ｼｵ)れた. (**2**) 赤面した, どぎまぎした; びくびくした.

a・chu・cu・tar [a.tʃu.ku.tár] 他《ラ米》《ﾍﾟﾙ》枯れる.
— ~・se 再《ラ米》《ﾒｷｼ》《ｺﾛﾝ》《ｴｸｱﾄﾞ》《話》(**1**) 怖がる, おじけづく. (**2**) がっかりする;恥ずかしがる, 当惑する.

a・chu・cu・yar [a.tʃu.ku.jár] 他《ラ米》(**1**)《ﾆｶ》《ｴｸｱﾄﾞ》怖がらせる, 恥ずかしがらせる. (**2**) 悲しませる.
— ~・se 再 → achucutarse.

a・chu・la・do, da [a.tʃu.la.ðo, -.ða] / **a・chu・la・pa・do, da** [a.tʃu.la.pá.ðo, -.ða] 形《スペイン》**1**《話》下品な; ずうずうしい. **2** 粋な. **3** 生意気な, 気どった. **4** マドリードの下町出身者の (ような).

a・chu・la・par・se [a.tʃu.la.pár.se] 再 マドリードの下町出身者のように振る舞う. → chulapo.

a・chu・lar・se [a.tʃu.lár.se] 再 生意気な振る舞いをする, 横柄な振る舞いをする. → chulo.

a・chu・mar [a.tʃu.már] 他《ラ米》《ﾁﾘ》《話》〈人に〉恥ずかしい思いをさせる.
— ~・se 再《ラ米》《ｺﾞ》《話》酔っ払う.

a・chún [a.tʃún] 男《ラ米》《ﾍﾟﾙ》行商人.

a・chun・char [a.tʃun.tʃár] 他《ラ米》《ﾒｷｼ》《ｷ》《話》恥ずかしがらせる, 赤面させる; 怖がらせる. — ~・se 再《ラ米》《ﾒｷｼ》《ｷ》《話》恥ずかしくなる; 怖がる.

a・chun・tar [a.tʃun.tár] 自《ラ米》《ｷ》《ﾍﾞﾈ》《話》(偶

achupalla

a·chu·pa·lla [a.tʃu.pá.ja ‖ -.ʎa] 囡《ラ米》(ᵗᵉⁿ)【植】パイナップル.

a·chu·ra [a.tʃú.ra] 囡《ラ米》(1)(ᵃʳᵍ)(ᵘʳᵘ)(牛などの)臓物.(2)(ᵃʳᵍ)鉱脈の中心部.

a·chu·rar [a.tʃu.rár] 他《ラ米》(ᵃʳᵍ)(ᵃʳᵍ)(1)(動物から)臓物を取り出す.(2)刺し殺す,傷つける.
— 自《ラ米》(ᵃʳᵍ)分け前にあずかる.

a·chu·rrus·car [a.tʃu.r̃us.kár] 102 他《ラ米》(ᵃʳᵍ)圧縮する,締めつける.
— ~·se 再《ラ米》(ᵐᵉˣ)(ᵃʳᵍ)(ʰᵒⁿᵈ)縮まる,縮む.

a·cia·go, ga [a.θjá.go, -.ga / -.sjá.-] 形 縁起の悪い,不吉な；不運な. Aquél fue un día ~ para mí. あの日は僕にとってついていない日だった.

a·cial [a.θjál / -.sjál] 男 1 〈蹄鉄(ᵗᵉⁱ)を打つときに馬を押さえるための〉鼻[耳, 口]挟み.
2《ラ米》(ᵉᶜᵘᵃ)(ᶜʰⁱˡ)鞭(ᵐᵘᶜʰⁱ).

a·cia·no [a.θjá.no / -.sjá.-] 男【植】ヤグルマギク.

a·cia·nos [a.θjá.nos / -.sjá.-] 男《単複同形》【植】ナベナ.

a·cí·bar [a.θí.bar / -.sí.-] 男
1【植】アロエ, ロカイ；アロエの汁液(健胃剤,緩下剤). amargo como el ~ 恐ろしく苦い.
2《格式》つらさ；辛苦.

a·ci·ba·ra·do, da [a.θi.ba.rá.ðo, -.ða / -.si.-] 形《詩》つらい,苦しい,みじめな.

aciano
(ヤグルマギク)

a·ci·ba·rar [a.θi.ba.rár / -.si.-] 他 1 苦くする.
2 苦しめる. ~le (a+人) la vida 〈人〉の人生を悲惨なものにする.

a·ci·ca·la·do, da [a.θi.ka.lá.ðo, -.ða / -.si.-] 形
1 着飾った；飾りたてた. Siempre va muy ~. 彼はいつもめかし込んでいる. 2 〈髪などを〉きちんと整えた. 3 〈武器が〉磨かれた.
— 男 → acicalamiento.

a·ci·ca·la·du·ra [a.θi.ka.la.ðú.ra / -.si.-] 囡 → acicalamiento.

a·ci·ca·la·mien·to [a.θi.ka.la.mjén.to / -.si.-] 男 1 飾りたて,おめかし；整髪. 2〈武器の〉研磨.

a·ci·ca·lar [a.θi.ka.lár / -.si.-] 他 1 飾りたてる,着飾らせる. 2 〈髪を〉整える,手入れする. 3〈武器を〉研ぐ,磨く. 4 〈精神を〉研ぎ澄ます. 5【建】〈壁の〉化粧塗りをする. — ~·se 再 1 着飾る,めかし込む. La novia tardó una hora en ~se para la boda. 花嫁は1時間かけて結婚式のために着飾った.
2 〈髪を〉念入りに整える.

a·ci·ca·te [a.θi.ká.te / -.si.-] 男 1 刺激,励み. Los obstáculos les sirvieron de ~ para el amor. 障害が彼らの愛を激しくした.
2 《まれ》(先のとがった)拍車.

a·ci·ca·te·ar [a.θi.ka.te.ár / -.si.-] 他 刺激する,励ます.

a·cí·cli·co, ca [a.θí.kli.ko, -.ka / -.sí.-] 形《格式》周期的でない.

a·cí·cu·la [a.θí.ku.la / -.sí.-] 囡 針葉樹の葉.

a·ci·cu·lar [a.θi.ku.lár / -.si.-] 形 1【植】針状の. hoja ~ 針葉. 2【鉱】針状構造の.

a·cid [a.θíð / -.síð / á.sɪd] 【英】形【音楽】アシッドハウスの. — 男 アシッドハウス：電子音を多用した,単調で速いビートの音楽ジャンル (= ~ house).

a·ci·dar·se [a.θi.ðár.se / -.si.-] 再《ラ米》(ᵃʳᵍ)酸っぱくなる.

a·ci·dez [a.θi.ðéθ / -.si.ðés] 囡 1 酸っぱさ,酸味.
2【医】胸焼け, 胃酸過多症. 3【化】酸性(度).

a·ci·di·a [a.θí.ðja / -.sí.-] 囡《詩》怠惰,無精.

a·ci·di·fi·ca·ción [a.θi.ði.fi.ka.θjón / -.si.-.sjón] 囡 酸性化, 酸敗.

a·ci·di·fi·car [a.θi.ði.fi.kár / -.si.-] 102 他 酸っぱくする；酸性にする.
— ~·se 再 酸っぱくなる；気難しくなる.

a·ci·dí·me·tro [a.θi.ði.me.tro / -.si.-] 男【化】酸定量器.

á·ci·do, da [a.θi.ðo, -.ða / -.si.-] 形 1 酸っぱい,酸味のある. fruta *ácida* 酸っぱい果物.
2 しんらつな,手厳しい. en un tono ~ とげのある言い方で. 3 気難しい,無愛想な. carácter ~ 気難しい性格. 4《音楽》アシッドハウスの (= acid).
5【化】酸の,酸性の. 6《ラ米》(ᵐᵉˣ)(ᵃʳᵍ)(ᵘʳᵘ)《話》うんざりする,無礼な.
— 男 1【化】酸. ~ sulfúrico 硫酸. ~ clorhídrico 塩酸. ~ nítrico 硝酸. ~ desoxirribonucleico デオキシリボ核酸. ~ ribonucleico リボ核酸. ~ acético 酢酸. ~ graso 脂肪酸.
2《ラ米》(ᵐᵉˣ)《俗》幻覚剤, LSD, 覚醒(ᵏᵃⁿ)剤.
[←[ラ] *acidum* (*acidus*) の対格). 関連 acidez, acedo, acedía. [英] *acid*]

a·ci·dó·fi·lo, la [a.θi.ðó.fi.lo, -.la / -.si.-] 形【生物】好酸性の.

a·ci·do·sis [a.θi.ðó.sis / -.si.-] 囡【医】酸性症, アシドーシス. ~ metabólica 代謝性アシドーシス.

a·ci·du·la·do, da [a.θi.ðu.lá.ðo, -.ða / -.si.-] 形 酸を添加した,酸味を帯びた.

a·ci·du·lan·te [a.θi.ðu.lán.te / -.si.-] 形 酸味を加える.
— 男 (食品などに加える)酸っぱくさせる物質,酸味料.

a·ci·du·lar [a.θi.ðu.lár / -.si.-] 他 酸を加える,酸っぱくする.

a·cí·du·lo, la [a.θí.ðu.lo, -.la / -.sí.-] 形 やや酸味のある.

a·cien·tí·fi·co, ca [a.θjen.tí.fi.ko, -.ka / -.sjen.-] 形 非科学的な,科学的知識の欠けた.

a·cier·to [a.θjér.to / -.sjér.-] 男 1 的中,当たり. alcanzar un alto porcentaje de ~s 高い的中率に達する. 2 成功；上手な選択,適切な判断；名案. El título de este libro fue un ~. この本のタイトルは見事な選択だった. 3 巧みさ,手腕のよさ. Respondió con ~ a todas las preguntas del profesor. 彼[彼女]は先生の全ての質問に正答した.
— 自 → acertar.

á·ci·gos [a.θi.gos / -.si.-] 形《性数不変》【解剖】対をなさない, 不対性の.
— 囡《単複同形》不対部分, 単一器官.

a·ci·guar·tar [a.θi.gwa.tár / -.si.-] 他 見張る, 偵察する.
— ~·se 再《ラ米》(1)(ᶜᵒˡ)悲しむ. (2)(ᵈᵒᵐ)(ᵖᵘᵉʳ)(ᵛᵉⁿ)《話》頭がぼける,ぼうっとする；魚にあたる.

a·ci·je [a.θí.xe / -.sí.-] 男【化】硫酸塩；硫酸鉄[亜鉛, 銅].

a·cim·bo·ga [a.θim.bó.ga / -.sim.-] 囡【植】シトロン(の実), マルブッシュカン(の実).

á·ci·mo [á.θi.mo / -.si.-] 形 パン種を入れていない (= ázimo). pan ~ イーストを入れずに焼いたパン.

a·ci·mut [a.θi.mút / -.si.-] 男【天文】方位角. ~ magnético (地磁気の) 方位角. → 次ページに図.

a·ci·mu·tal [a.θi.mu.tál / -.si.-] 形 方位角の.

a·ci·ne·sia [a.θi.né.sja / -.si.-] 囡【医】無運動, 運動停止；無動症.

a·ci·nos [a.θí.nos / -.sí.-] 男《複数形》【医】腺房.

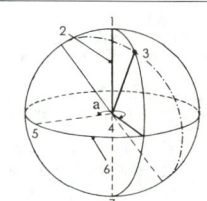

acimut (方位角)
a 方位角. **1** cenit 天頂. **2** vertical del lugar 局所鉛直線. **3** estrella 天体. **4** observador 観測者. **5** punto de referencia terrestre 地表基準点. **6** plano del horizonte 地平面. **7** nadir 天底.

a·ción [a.θjón / -.sjón] 囡《馬》鞍革.

a·cio·ne·ra [a.θjo.né.ra / -.sjo.-] 囡《ラ米》(ｷｭﾛｿ)《馬》金属または革製の鞍革のつり具[輪].

a·ci·pa·do, da [a.θi.pá.ðo, -.ða / -.si.-] 形 織り目の詰んだ.

a·ci·prés [a.θi.prés / -.si.-] 男《植》イトスギ.

a·ci·ra·te [a.θi.rá.te / -.si.-] 男 **1**（畑・土地の境界線となる）細長い丘；畑の畝. **2** 遊歩道.

a·ci·ta·ra [a.θi.tá.ra / -.si.-] 囡 **1** 橋の欄干.
2（れんが1個の幅と同じ厚さの）壁.

a·ci·trón [a.θi.trón / -.si.-] 男 シトロン（の皮）の砂糖漬け.

a·ci·vi·lar [a.θi.βi.lár / -.si.-] 他《古語》卑しくする, 価値を下げる.

a·cla·ma·ción [a.kla.ma.θjón / -.sjón] 囡 歓呼の声, 拍手かっさい. por ~（投票せずに）満場一致で.

a·cla·mar [a.kla.már] 他 **1** かっさいする, 歓呼を上げる. ~ al rey 国王に歓呼の声を上げる.
2〈地位などを〉満場一致で認める, 任命する.

a·cla·mí·de·o, a [a.kla.mí.ðe.o, -.a] 形《植》花被（がくと花冠）のない.

*__a·cla·ra·ción__ [a.kla.ra.θjón / -.sjón] 囡 **1** 説明, 解説；明らか[明白]にすること. Al día siguiente, el autor publicó una ~ a su artículo. 翌日, 筆者は自分の書いた記事に関しての釈明を発表した.
2 注記, 注釈. una ~ al margen 欄外の注.

a·cla·ra·do [a.kla.ra.ðo] 男 明白化, ゆすぎ, リンス.

*__a·cla·rar__ [a.kla.rár] 他 **1** 明らかにする, 明瞭にする. ~ la situación 状況をはっきりさせる. Debes ~ tus ideas. 君は自分の考えをはっきり説明すべきだ. Te aclaro que no quise hacerte daño. はっきり言っておくが, 君を傷つけるつもりはなかったんだ. ~ la voz（せき払いをして）声の通るようにする.
2〈…の色調を〉明るくする. ~ el tono 色合いを明るいものにする. ~ el pelo 髪を明るい色に染める.
3〈…の濃度を〉薄くする, 薄める. ~ una salsa con leche ソースを牛乳でのばす.
4〈…のあきを〉広くする, 間引く. ~ un pinar 松林の間伐をする. **5** ゆすぐ, すすぐ（＝enjuagar）. enjabonar y ~ los platos 皿を洗剤で洗ってゆすぐ. ~ la ropa en la lavadora 洗濯機で服をすすぐ.
6《海》解く. ~ cabos 綱を解く.
──自 **1**〈空などが〉明るくなる, 晴れる；（3人称単数・無主語で）夜が明ける, 空が白む. antes de ~ el día 夜が明ける前に. **2**《ラ米》澄む.
──**~·se** 再 **1** 明確になる, はっきりする. Se aclaró el misterio. なぞは解けた.
2〈空〉明るくなる, 晴れる. Se aclaró el cielo y pudimos ver el sol. 空が明るくなって太陽が見えた. **3**〈…の色調が〉明るくなる；〈液体などが〉澄む. Con esta crema se aclara el color de la piel. このクリームをつけるとくすみが取れる. **4**《話》《**con**... …を》理解する. Aún no *me aclaro* bien *con* este sistema. 私はこのシステムがまだよくわからない. Hablando *nos aclararemos* mejor. 話をすれば僕たちはもっと理解しあえるだろう. **5**（自分の態度・意見を）明確にする. *Aclárate* de una vez. ¿Estás de acuerdo o no? はっきりしてよ. 賛成なの, 反対なの. **6**《ラ米》(ｷｭﾛｿ)《話》(**a**＋人《人》が)一文無しになる.
[← [ラ] *acclarāre*]

a·cla·ra·to·rio, ria [a.kla.ra.tó.rjo, -.rja] 形 説明的な, 解説的な；解明する. nota *aclaratoria* 注解.

a·cla·ve·la·do, da [a.kla.βe.lá.ðo, -.ða] 形 カーネーションのような.

a·cle [á.kle] 男《植》フィリピン産のネムノキ属の木.

a·cli·ma·ble [a.kli.ma.ƀle] 形《**a**...》〈新しい風土・環境に〉順応できる, 適応性のある, 慣れ[なじみ]やすい.

a·cli·ma·ta·ción [a.kli.ma.ta.θjón / -.sjón] 囡 順応, 適応, 順化.

a·cli·ma·tar [a.kli.ma.tár] 他《**a**...》〈新しい風土・環境に〉順応[適応]させる, なじませる, 慣れさせる.
──**~·se** 再 順応[適応]する, なじむ, 慣れる.

a·clo·car [a.klo.kár] ⇒ enclocar.

ac·mé [ak.mé] 囡 **1**《医》（病気の）峠.
2 絶頂期, ピーク.

ac·né [ak.né] 囡《医》にきび, 吹き出物.

ac·nei·co, ca [ak.néi.ko, -.ka] 形 にきびの, にきびのある.

ACNUR [ak.núr] 男（または囡）《略》*Alto Comisionado de las Naciones Unidas para los Refugiados* 国連難民高等弁務官事務所［英 UNHCR］.

-aco, ca（接尾）**1**「軽蔑(ﾍﾞﾂ)」の意を表す名詞語尾. ⇒ libr*aco*, pajarr*aco*. **2**「…に関する」の意を表す形容詞語尾. ⇒ card*íaco*, polic*íaco*. **3**「…の場所の, …の人」の意を表す名詞・形容詞語尾. ⇒ austr*íaco*, pol*aco*.

a·co·bar·da·mien·to [a.ko.βar.ða.mjén.to] 男 おじけづくこと；恐怖心；恐阻. el ~ ante la enfermedad 病気に対する恐れ.

a·co·bar·dar [a.ko.βar.ðár] 他 **1** おじけづかせる, ひるませる；恐がらせる. El incendio *acobardó* a las mujeres. 女たちは火事におびえた.
2 自信[希望]を失わせる, 意気をくじく.
──**~·se** 再 おじけづく, 腰病(ﾋｷﾞｮｳ)になる；落胆する. *~se por todo* むやみに怖がる.

a·co·bi·jar [a.ko.βi.xár] 他《農》〈若木を〉土で覆う；土寄せする.

a·co·bra·do, da [a.ko.βrá.ðo, -.ða] 形 銅色の, 赤褐色の.

a·co·car·se [a.ko.kár.se] 再 [102]〈果物などが〉ウジがわく, 腐る.

a·co·cham·brar [a.ko.tʃam.brár] 他《ラ米》(ｷｭﾛｿ) 汚す, あかだらけにする.

a·co·char·se [a.ko.tʃár.se] 再 かがむ, しゃがむ.

a·co·chi·nar [a.ko.tʃi.nár] 他《スペイン》(**1**)《話》（身動きできないようにして）殺す. (**2**) 恐がらせる. (**3**)《遊》（チェッカーで）相手の駒を動けなくする.
──**~·se** 再 **1**《スペイン》ひるむ. **2** 不潔になる.

a·co·cil [a.ko.θíl / -.síl] 男《ラ米》(ｷｭﾛｿ)《動》（淡水産の）エビ.

a·co·co·te [a.ko.kó.te] 男《ラ米》(ｷｭﾛｿ)（リュウゼツランの汁液を抽出するのに用いる）ひょうたん.

a·co·da·do, da [a.ko.ðá.ðo, -.ða] 形 **1** ひじ状

acodadura

[L字]に曲がった. un tubo ～ L字形継ぎ手. **2** ひじをついた. ～ en la mesa テーブルにひじをついて. **3** 〖農〗取り木した.

a·co·da·du·ra [a.ko.ða.ðú.ra] 囡 **1** ひじをつくこと. **2** 〖農〗取り木(法). **3** (弓状の)屈曲.

a·co·da·lar [a.ko.ða.lár] 他 〖建〗横木で支える.

a·co·dar [a.ko.ðár] 他 **1** (L字に)折り曲げる. **2** 〖農〗取り木する. **3** 〖建〗横木で支える. **4** ひじをつく. ━~·se 再 (en... …に)ひじをつく.

a·co·de·rar [a.ko.ðe.rár] 他 〖海〗係留する, 錨泊(びょうはく)させる.

a·co·di·llar [a.ko.ði.jár || -.ʎár] 他 **1** (L字に)折り曲げる. **2** 〖遊〗(トランプの勝負で)とどめを刺す. **3** (うマに)馬のひざの上あたりに拍車を入れる.

a·co·do [a.kó.ðo] 男 **1** 〖農〗取り木. **2** 〖建〗(扉・窓枠の)刳形(くりがた).

*__a·co·ge·dor, do·ra__ [a.ko.xe.ðór, -.ðó.ra] 形 **1** 歓迎[歓待]する, もてなし上手な; 温かい, 友好的な. un ambiente ～ 温かい雰囲気. **2** (場所が)居心地のよい, 快適な. un saloncito muy ～ とても居心地のよい居間.

✱✱a·co·ger [a.ko.xér] 100 他 **1** 迎える, 迎え入れる. Me *acogieron* como a un miembro de la familia. 私は家族の一員のように迎えられた. **2** 受け入れる, 認める. El proyecto fue *acogido* con mucho entusiasmo. その計画は熱心に支持された. **3** 保護する, 守る. El gobierno ha *acogido* a todos los refugiados políticos. 政府は亡命者をすべて保護した. **4** (建物などが)収容する; 開催場所となる; (都市などが)主催する. El estadio puede ～ a 50.000 personas. スタジアムは5万人を収容できる.
━~·se 再 **1** 《a... …に》身を寄せる, 避難する. *Se acogieron a* una choza. 彼らは小屋に隠れた. **2** 《a...》(法律など)にすがる, 訴える; (…を)言い訳にする. No *te acojas a* una excusa absurda. ばかげた言い訳をするな.

*__a·co·gi·do, da__ [a.ko.xí.ðo, -.ða] 形 歓迎された, 受け入れられた; 保護を受けた. ～ a la ley 法によって保護された. bien ～ 温かく迎えられた.
━男 囡 (施設の)被収容者.
━囡 **1** 歓迎, 歓待; 評判. una *acogida* calurosa 熱烈な歓迎. buena *acogida* del libro 本の売れ行きのよさ. **2** 保護, 引き受け; 収容施設, 避難所. **3** 受け入れ, 承認. La proposición tuvo una *acogida* favorable. その提案は好意的に受け入れられた.

a·co·gi·mien·to [a.ko.xi.mjén.to] 男 **1** 歓迎, もてなし; 受け入れ. **2** 保護; 収容施設.

a·co·go·llar [a.ko.go.jár || -.ʎár] 他 〖農〗(むしろなどで)雨・寒さなどから)保護する.
━(·se) 自 再 (キャベツなどが)結球する.

a·co·go·tar [a.ko.go.tár] 他 **1** 首筋を殴って[切って]殺す. **2** 首根っ子を押さえる; 力ずくで[精神的に]服従させる.
━自 〘ラ米〙(ジホク)〘話〙大声で叫ぶ[呼ぶ].

acoj- 活 → acoger.

a·co·ji·na·mien·to [a.ko.xi.na.mjén.to] 男 (ピストン運動の)緩和, (蒸気クッションの)緩衝作用.

a·co·ji·nar [a.ko.xi.nár] 他 **1** (綿などの)詰め物をする, キルティングをする. **2** 〖技〗(ピストンなどの動きを)蒸気クッションで押さえる.

a·co·jo [a.kó.xo] 活 → acoger.

a·co·jo·na·do, da [a.ko.xo.ná.ðo, -.ða] 形 〘スペイン〙〘俗〙おじけづいた, しり込みした.
━男 〘スペイン〙〘俗〙意気地なし, 腰抜け.

a·co·jo·na·mien·to [a.ko.xo.na.mjén.to] 男 〘俗〙おじけづくこと.

a·co·jo·nan·te [a.ko.xo.nán.te] 形 〘スペイン〙〘俗〙とてつもない, すごい; すばらしい. una exposición ～ すばらしい展覧会.

a·co·jo·nar [a.ko.xo.nár] 他 〘スペイン〙〘俗〙**1** おじけづかせる, ひるませる. **2** 強烈な印象を与える; びっくりさせる. ━~·se 再 〘スペイン〙〘俗〙**1** おじけづく. **2** 驚嘆する.

a·co·jo·ne [a.ko.xó.ne] / **a·co·jo·no** [a.ko.xó.no] 男 〘スペイン〙〘俗〙おびえ, おじけづくこと.

a·co·la·da [a.ko.lá.ða] 囡 騎士叙任式:抱擁したあと剣で肩を軽く打つ.

a·co·lar [a.ko.lár] 他 **1** (結婚などによって)〈両家の紋章を〉組み合わせる. **2** 〈図形を〉並べる.

a·col·cha·do, da [a.kol.tʃá.ðo, -.ða] 形 **1** 詰め物[クッション]をした. pared *acolchada* (防音・安全などのため)クッションを張った壁. **2** キルティングにした. bata *acolchada* キルト地のガウン.
━男 **1** 詰め物をすること, キルティング, クッション, パッド. **2** 〘ラ米〙(アルゼ)(ウルグ)羽毛入りの布団.

a·col·char [a.kol.tʃár] 他 **1** 詰め物[クッション]を入れる. **2** キルティングにする. ～ la puerta para la insonorización 防音のためドアにキルティング加工を施す. **3** (音などを)和らげる, 押さえる. La nieve *acolcha* el ruido. 雪が物音を消す.

a·col·cho·nar [a.kol.tʃo.nár] 他 〘ラ米〙 → acolchar.

a·co·li·ta·do [a.ko.li.tá.ðo] 男 〖カト〗侍祭の地位[身分].

a·co·li·tar [a.ko.li.tár] 他 〈ミサの〉侍者を務める.
━自 (1) 〘ラ米〙侍者を務める. (2) 〘話〙食べ物を分け合う. (3) (メキ)(エクデ)補助する, 助ける; そそのかす.

a·co·li·taz·go [a.ko.li.táθ.go / -.tás.-] 男 侍祭の職務.

a·có·li·to [a.kó.li.to] 男 **1** 〖カト〗(1) 侍祭:下級叙階の最高位の聖職者. (2) (司祭の)侍者 (= monaguillo). **2** 腰ぎんちゃく, 手下.

a·co·lla·dor [a.ko.ja.ðór || -.ʎa.-] 男 〖海〗ラニヤード, 締め綱; 細いひも.

a·co·lla·du·ra [a.ko.ja.ðú.ra || -.ʎa.-] 囡 〖農〗土寄せ.

a·co·llar [a.ko.jár || -.ʎár] 15 他 **1** 〖農〗土寄せする. **2** 〖海〗(1) コーキングする. (2) (締め綱で)固く締める.

a·co·lla·ra·do, da [a.ko.ja.rá.ðo, -.ða || -.ʎa.-] 形 **1** (鳥・獣が)(首の周りに)毛色の違う輪のある, 色輪のある. **2** (動物が)首輪をつけた.

a·co·lla·ra·mien·to [a.ko.ja.ra.mjén.to || -.ʎa.-] 男 (まれ)(動物などを2頭以上)つなげること.

a·co·lla·rar [a.ko.ja.rár || -.ʎa.-] 他 **1** (動物に)首輪をつける, (馬に)結喉(ゆいのど)革をつける; (首輪などで)つなぐ. **2** 〘ラ米〙(アルゼ)(ウルグ)〘話〙しっかりと捕まえる. ━~·se 再 〘ラ米〙(アルゼ)(ウルグ)〘俗〙同棲(どうせい)する, 一緒になる.

a·co·mi·lla·do, da [a.kol.mi.já.ðo, -.ða || -.ʎá.-] 形 〈歯が〉牙(きば)のような.

a·co·me·di·do, da [a.ko.me.ðí.ðo, -.ða] 形 〘ラ米〙世話好きな, 親切な.

a·co·me·dir·se [a.ko.me.ðír.se] 1 再 〘ラ米〙(メキ)(エクデ)助けを買って出る, 進んで仕事をする.

a·co·me·te·dor, do·ra [a.ko.me.te.ðór, -.ðó.ra] 形 **1** 積極的な, 意欲的な. un delantero ～ 果

敢なフォワード. **2** 攻撃的な.

＊a‧co‧me‧ter [a.ko.me.tér] 他 **1** 襲いかかる, 攻撃する. ~ al enemigo 敵を攻撃する. ~ por los cuatro costados 四方八方から襲いかかる. ~ con dinero 買収を試みる.
2 企てる, 着手する. ~ una reforma 改革に取り組む. El joven autor *acometió* su primera novela. その若き作家は長編第一作の執筆に取りかかった.
3 〈感情などが〉不意に襲う. Me *acometieron* ganas de llorar. 私は泣きたい衝動に駆られた.
4 〈坑道・水道管などを〉つなぐ, 接続する.

a‧co‧me‧ti‧da [a.ko.me.tí.ða] 女 **1** 攻撃, 襲撃.
2 〔導管の〕結合(部), 連結(部) ; 支管 ; 引込線. la ~ eléctrica 電気の引込線.

a‧co‧me‧ti‧mien‧to [a.ko.me.ti.mjén.to] 男 **1** 攻撃, 襲撃. **2** 企て ; 着手. **3** 支管, 引込線.

a‧co‧me‧ti‧vi‧dad [a.ko.me.ti.ßi.ðáð] 女 **1** 積極性, 進取性. **2** 〔まれ〕攻撃性.

a‧co‧mo‧da‧ble [a.ko.mo.ðá.ßle] 形 → acomodaticio.

a‧co‧mo‧da‧ción [a.ko.mo.ða.θjón / -.sjón] 女 **1** 適応. **2** 順応 ; (特に目の)調節機能. **3** 配置, 収納 ; 収容. **4** (住宅を)快適に整えること. **5** 調停, 和解. **6** 《音声》同化(作用).

a‧co‧mo‧da‧di‧zo, za [a.ko.mo.ða.ðí.θo, -.θa / -.so, -.sa] 形 順応性のある.

a‧co‧mo‧da‧do, da [a.ko.mo.ðá.ðo, -.ða] 形 **1** 裕福な. Nació en una familia *acomodada*. 彼[彼女]は裕福な家庭に生まれた. **2** 快適な, 整備された. un piso bien ~ 設備のよいマンション. **3** 〈料金が〉並の, まあまあの. un precio ~ 手頃な値段.
4 適した, 合った. **5** 〔ラ米〕(*)〔俗〕日和見主義の.

a‧co‧mo‧da‧dor, do‧ra [a.ko.mo.ða.ðór, -.ðó.ra] 男 女 (劇場などの)案内係.

a‧co‧mo‧da‧mien‧to [a.ko.mo.ða.mjén.to] 男 **1** 好都合, 便宜 ; 妥当. **2** 取り決め, 和解. **3** 整備, 準備 ; 設備. **4** 調整, 調節.

＊a‧co‧mo‧dar [a.ko.mo.ðár] 他 **1** 〈**en...**〉《〈適所〉に》置く, 据える, 収める ; 《〈席〉に》着かせる ; 落ち着かせる, くつろがせる. ~ los libros recién llegados *en* las estanterías 新着の図書を本棚に並べる. ~ a tres personas *en* la misma habitación 3人を同じ部屋に泊める.
2 〈**a... / con...** …に〉合わせる, 調節する ; 適合〔適応〕させる. ~ un traje viejo 古着を仕立て直す. ~ una norma *a* un caso あるケースに規則を当てはめる. **3** 和解させる, 調停する. **4** 〔まれ〕〈**de...** …の職に〉就かせる, 斡旋〔する〕. **5** 〈必要なものを〉与える, 持たせる ; 整える. **6** 〔ラ米〕(ジメ)(ラプ)(コネを使って)…に仕事を世話する.
──自 〈**a＋人**〈人〉にとって〉都合がよい, 適している, ぴったり合う. Haga usted como *le acomode*. ご都合のよろしいようになさってください (▶ le が a＋人に相当).

── ~**se** 再 **1** 〈**a... / con...** 〈…に〉順応する, 適応する ; (…で)満足する ; (…に)協調する. ~*se a* una norma 規則に従う. **2** 〈**en...** 〈場所〉に〉落ち着く ; 座席に着く ; くつろぐ ; 泊まる. *Nos acomodamos en* la quinta fila. 私たちは5列目に座った. **3** 〈**de...** …としての〉職を得る. ~*se de* minero 鉱山労働者として働くことになる. **4** 〔ラ米〕(シマ)(チ)コネで職を得る, うまい仕事にありつく. **(2)** 〔話〕金持ちと結婚する. **(3)** 〔話〕着飾る, めかし込む. **(4)** 〔話〕不正を働く, うまくやる.

a‧co‧mo‧da‧ti‧cio, cia [a.ko.mo.ða.tí.θjo, -.

θja / -.sjo, -.sja] 形 **1** 順応性のある, 融通の利く ; 妥協〔協調〕的な. **2** 万能の. **3** 親切な, 愛想のよい.

a‧co‧mo‧do [a.ko.mó.ðo] 男 **1** 住む場所, 落ち着き先 ; 泊まる場所. hallar ~ 住む所を見つける. **2** 職, 働き口 ; 所帯, 家族. Tienes que buscar otro ~. 君は別の仕事を探すべきだ. **3** 合意 ; 妥協. **4** 好都合. Hágalo según su ~ y gusto. あなたのいいようにおやりなさい. **5** 配置 ; 適応 ; 調整. **6** 〔ラ米〕(1) (メキ)(ド)身支度, 化粧. (2) 役得. (3) 〔話〕賄賂(ワィ), そでの下 ; 八百長, 裏取引. (4) (ラブ)〔話〕コネによる就職.

＊a‧com‧pa‧ña‧do, da [a.kom.pa.ɲá.ðo, -.ða] 形 **1** 〈**de... / por...**〉《…を》伴った, 《…に》付き添われた ; 〈**a...** …の〉伴奏で. Más vale estar solo que mal ~. 〔諺〕変な仲間といるよりはひとりの方がまし.
2 補佐の, 助手の. **3** 〔話〕人通り〔人出〕の多い. **4** 〔ラ米〕(*)酔った. ── 女 補佐, 助手.

a‧com‧pa‧ña‧dor, do‧ra [a.kom.pa.ɲa.ðór, -.ðó.ra] 男 女 同伴する, 同行する.
── 男 女 同伴者, 同行者, 付添人.

a‧com‧pa‧ña‧mien‧to [a.kom.pa.ɲa.mjén.to] 男 **1** 同伴(すること) ; 〔集合的〕お供, 随行団. la llegada del embajador y su ~ 大使とその随員たちの到着.

> [類語] *acompañamiento* は広義の「随行」を指す. 高位の人などの「随員」には *comitiva*, 宗教的・儀式的色彩を伴う場合は *séquito*, *cortejo*, 王室や大貴族などの「随従」には *corte* を用いる. *escolta*「護衛」は元来, 軍隊用語である.

2 〔演〕〔集合的〕エキストラ. **3** 《音楽》伴奏(部). **4** 付随して起こること ; 付随物. la guerra y su ~ de horrores 戦争とそれに伴う惨禍. **5** 〔料〕付け合わせ. **6** 〔ラ米〕(結婚・洗礼・葬儀などの)行列, 参列者.
sin acompañamiento 誰も連れずに ; 無伴奏で.

a‧com‧pa‧ñan‧ta [a.kom.pa.ɲán.ta] 女 〔まれ〕付き添いの女性.

＊a‧com‧pa‧ñan‧te [a.kom.pa.ɲán.te] 形 同伴する, 同行する. ── 男 女 **1** 同伴者, 付添人. **2** 愛人. **3** 〔音楽〕伴奏者. **4** 〔複数で〕随行団. el rey y sus ~s 国王とその随員たち.

＊＊a‧com‧pa‧ñar [a.kom.pa.ɲár] 他 **1** 〈人と〉一緒に行く〔いる〕 ; 〈人に〉付き添う. Te *acompaño* a la estación. 駅まで送っていく. ¿Quieres que al niño hasta que se duerma? 子供が寝つくまでそばにいてくれない. Me *acompañó* a buscar la llave. 彼〔彼女〕は私が鍵を探すのに付き合ってくれた.
2 …に付随する, 備わる ; 伴う. La suerte no nos *acompañó* en el partido. 試合で幸運の女神は私たちにほほえまなかった. A la foto la *acompañaba* una nota. 写真にはメモが添えられていた.
3 〈**con... / de...** …を〉…に添える, 組み合わせる. ~ el plato *con* [*de*] un tinto 料理に赤ワインを添える. Les solicitamos la carta *con* [*de*] un curriculum vitae. 手紙に履歴書を同封してくださるようお願いします.
4 〈**en...** 〈感情など〉を〉〈人と〉共有する, 分かち合う. Le *acompañamos en* el sentimiento por la muerte de su esposa. 奥様のご逝去を悼み, 謹んでお悔やみ申し上げます. **5** 〈**con...** 〈楽器など〉で〉…の伴奏をする. Ella toca el violín, y su hermano la *acompaña con* el piano. 彼女はバイオリンを弾き, 兄〔弟〕はピアノで伴奏する.

acompasado

—自 1 《a...》《...と》共にある，《...に》添えてある. Al poder siempre *acompaña* la soledad. 権力には常に孤独が付きまとう.
2 (話し) 相手[友達]になる.
—~·se 再 1 《de...》《...に》伴われる，《...が》付随している. Es muy peligroso cuando este síntoma *se acompaña de* un dolor fuerte. この症状が激しきを伴うときは大変危険です.
2 《con... / a...》(楽器など)で)自分で伴奏をつける.
3 協議する, 合議する.
[← *a-* ← [古スペイン]*compaña* 「パンを共にする人」+動詞語尾]

a·com·pa·sa·do, da [a.kom.pa.sá.ðo, -.ða] 形 1 周期的な；リズミカルな. el ruido ~ de las olas 寄せては返す波の音. paso ~ 規則正しい歩調.
2 ゆっくりした, ゆったりした.

a·com·pa·sar [a.kom.pa.sár] 他 1 《a... ...に》〈調子などを〉合わせる.
2 《con... ...と》...のバランスをとる.

a·com·ple·ja·do, da [a.kom.ple.xá.ðo, -.ða] 形 劣等感を持った. Está ~ por [con] su estatura. 彼は自分の背丈にコンプレックスを抱いている.
—男 女 劣等感を持った人.

a·com·ple·jar [a.kom.ple.xár] 他 劣等感[コンプレックス]を抱かせる. Me *acomplejas* con todos tus éxitos. 君は何をやってもうまくいってそのコンプレックスを感じるよ. —~·se 再 《por... ...に》劣等感を抱く, コンプレックスを持つ.

A·con·ca·gua [a.koŋ.ká.gwa] 固名 Cerro ~ アコンカグア山：アルゼンチン西部の Andes 山中の山. アメリカ大陸の最高峰. 6960 m.

a·con·ca·güi·no, na [a.koŋ.ka.gwí.no, -.na] 形 (チリの)アコンカグア(県)の. —男 女 アコンカグアの住民[出身者].

a·con·cha·ba·mien·to [a.kon.tʃa.ba.mjén.to] 男 共謀, 陰謀 (= conchabamiento).

a·con·cha·bar·se [a.kon.tʃa.bár.se] 再 (話) (悪事のために)結託する, 共謀する (= conchabarse).

a·con·char [a.kon.tʃár] 他 1 〈人を〉かくまう.
2 〖海〗〈船を〉座礁させる. 3 (ラ米) (1) (ケ゚) (話) きつく叱る, 脅す, 脅しでやめさせる. (2) (テ゚) 〈水が〉澄ませる.
—~·se 再 1 〖海〗 (1) 〈船が〉座礁する. (2) 〈2隻の船が〉接触する.
2 〖闘牛〗〈牛が〉(攻撃を避けて)柵(ポ)に体を寄せる.
3 (ラ米) (ケ゚) (おりが沈殿して) 〈水が〉澄む.

a·con·di·cio·na·do, da [a.kon.di.θjo.ná.ðo, -.sjo.-] 形 整備された, 条件の整った. hotel con aire ~ 冷暖房完備のホテル. un hospital bien ~ 設備の整った病院. bien [mal] ~ いい[悪い]状態の；質のよい[悪い].

a·con·di·cio·na·dor [a.kon.di.θjo.na.ðór / -.sjo.-] 男 エアコン, 冷暖房装置 (= ~ de aire)；コンディショナー, ヘアーコンディショナー (= ~ de pelo).

a·con·di·cio·na·mien·to [a.kon.di.θjo.na.mjén.to / -.sjo.-] 男 1 整備, 準備；設備. ~ de un palacio en museo 王宮を博物館にする改装.
2 エアコンディショニング (= ~ de aire).

a·con·di·cio·nar [a.kon.di.θjo.nár / -.sjo.-] 他 1 整備する, 準備する, 条件を整える.
2 〈空気を〉調節する, 〈場所の〉空気を調節する, 空調を整備する.

a·con·fe·sio·nal [a.koɱ.fe.sjo.nál] 形 無宗教の, どの宗教にも属していない. Estado ~ 世俗国家.

a·con·fe·sio·na·li·dad [a.koɱ.fe.sjo.na.li.ðáð] 女 無宗教性.

a·con·go·jar [a.koŋ.go.xár] 他 悲しませる, 苦しめる.
—~·se 再 《con... / por... ...に》嘆き悲しむ, 苦悩する.

a·co·ni·ti·na [a.ko.ni.tí.na] 女 〖化〗アコニチン：トリカブトの根から採る猛毒.

a·có·ni·to [a.kó.ni.to] 男 〖植〗トリカブト.

a·con·se·ja·ble [a.kon.se.xá.ble] 形 勧めることのできる；妥当な, 賢明な. poco ~ あまり得策でない.

a·con·se·ja·do, da [a.kon.se.xá.ðo, -.ða] 形 1 助言を受けた；思慮深い, 賢明な. bien ~ 分別のある, 賢明な. mal ~ 浅はかな, 無分別な.

a·con·se·ja·dor, do·ra [a.kon.se.xa.ðór, -.ðó.ra] 形 忠告の, 助言の. —男 女 助言者, 相談役.

***a·con·se·jar** [a.kon.se.xár] 他 忠告する, 勧告する；《+不定詞 / que+接続法 ...するように》助言する. Te *aconsejo que leas* más. 君はもっと本を読んだほうがいい. El médico me *aconsejó no fumar* [*que no fumara*] tanto. 私は医者にそんなにタバコを吸わないように忠告された. La experiencia *aconseja* prudencia. 経験によれば慎重に行動したほうがいい.
—~·se 再 《con... / de... ...に》助言を求める, 相談する. ~*se con* un abogado 弁護士に相談する.

a·con·so·nan·tar [a.kon.so.nan.tár] 他 〖詩〗子音韻を踏ませる, 押韻させる.
—自 子音韻を踏む, 押韻する.

a·cons·ti·tu·cio·nal [a.kons.ti.tu.θjo.nál / -.sjo.-] 形 違憲の, 憲法違反の.

a·con·te·ce·de·ro, ra [a.kon.te.θe.ðé.ro, -.ra / -.se.-] 形 起こりうる, ありうる.

***a·con·te·cer** [a.kon.te.θér, -.sér] 34 自 〖文章語〗...が起こる (=acaecer). Todo esto *aconteció* después de la guerra. これら全てのことが戦後に起こった. —男 〖文章語〗事件, 出来事.
[← [古スペイン]*contecer* ← (俗ラ)*contigere ← [ラ]*contingere*：関連 acontecimiento]

***a·con·te·ci·mien·to** [a.kon.te.θi.mjén.to / -.si.-] 男 事件；出来事. un ~ muy importante 非常に重要な事件.
adelantarse [*anticiparse*] *a los acontecimientos* (事に)先んずる；あわてて行う, 早まったことをする.

acontezc- 活 → acontecer.

a·co·pai·ba·do, da [a.ko.pai.βá.ðo, -.ða] 形 《ラ米》《ケ゚》(話) ばかな, 愚かな.

a·co·pia·mien·to [a.ko.pja.mjén.to] 男 → acopio.

a·co·piar [a.ko.pjár] 82 他 1 〈穀物・食料などを〉蓄える, 備蓄する.
2 かき集める, 集積する. ~ datos 資料を集める.

a·co·pie [a.kó.pje] 男 《ラ米》 → acopio.

a·co·pio [a.kó.pjo] 男 1 蓄え, 備蓄. Hicieron ~ de trigo para las malas cosechas. 不作に備えて彼らは小麦を蓄えた. 2 集めること, 集積.

a·co·pla·do, da [a.ko.plá.ðo, -.ða] 形 1 ぴったり合った, 調和した. un matrimonio bien ~ おしどり夫婦. 2 調整された. un horario mal ~ 接続の悪い運行. —男 《ラ米》 (1) (ケ゚) (ブ゚) (バスなどの)トレーラー. (2) (ブ゚) 招かれざる客.

acónito
(トリカブト)

a·co·pla·dor, do·ra [a.ko.pla.ðór, -.ðó.ra] 形 結合の, 連結用の. ― 男 結合具, 連結具.

a·co·pla·du·ra [a.ko.pla.ðú.ra] 女 → acoplamiento.

a·co·pla·mien·to [a.ko.pla.mjén.to] 男 **1** 結合, 接合, 連結;〖電〗接続. ~ de naves espaciales 宇宙船のドッキング. ~ en serie〖電〗直列(つなぎ). **2**〖機〗継手, カップリング;(歯車の)かみ合わせ. ~ universal 自在[万能]継手. manguito de ~ スリーブ継手. **3** 組み立て;(チームの)編成. **4** 交尾.

a·co·plar [a.ko.plár] 他 **1**《a...》に》ぴったり合わせる, はめる. Ya *he acoplado* las piezas del estante y falta atornillarlas para terminar. 棚のパーツは組み立てたので, 後はねじを締めれば完成だ.
2《2つのものを》合わせる, 調和させる, 《a...》に》連結させる, つなぐ;〖電〗接続する. ~ otro vagón *al* tren 列車にもう一車両を連結する. ~ los horarios de los 2 países 2国のスケジュールを調整する.
3《a...》に》応用する. 転用する;適合させる. ~ un motor de coche *a* una lancha 車のエンジンをモーターボートに転用する. **4**《まれ》仕事を世話する.
5《牛馬を》くびきにつなぐ. **6**《動物が》交尾する. **7**《ラ米》《話》《ジャト》《牛》《車両を》牽引車につなぐ.
― 自《ネッ》《ジャ》《ネャ》《話》《...と》一緒になる.
― ~·se 再 **1**《a...》《...に》ぴったり合う,《...と》相性がいい. Los zapatos nuevos *se acoplan a* los pies. 新しい靴が足にぴったり合う. **2**《a...》《状況》に》なじむ;調和する;《集団》に》加わる. **3**〖音響〗ハウリングを起こす. **4**《動物が》交尾する.

a·co·qui·na·mien·to [a.ko.ki.na.mjén.to] 男《話》おじけ;落胆.

a·co·qui·nar [a.ko.ki.nár] 他《話》おびえさせる.
― ~·se 再 **1**《話》びくつく, おじけづく.
2 がっかりする, 落胆する.

a·co·ra·za·do, da [a.ko.ra.θá.ðo, -.ða / -.sá.-] 形 **1** 装甲した (= blindado). buque ~ 装甲艦. división *acorazada*〖軍〗機甲師団. cámara *acorazada* 貴重品保管室, 金庫(室). **2** 動じない, 無表情の. persona *acorazada* contra el dolor 痛みに動じない人. ― 男〖海〗戦艦.

a·co·ra·za·mien·to [a.ko.ra.θa.mjén.to / -.sa.-] 男 装甲.

a·co·ra·zar [a.ko.ra.θár / -.sár] 97 他 装甲する.
― ~·se 再《contra...》...から》身を守る;動揺しない.~*se contra* las malas lenguas 世間のうわさにも動じない.

a·co·ra·zo·na·do, da [a.ko.ra.θo.ná.ðo, -.ða / -.so.-] 形 ハート形の.

a·cor·cha·do, da [a.kor.tʃá.ðo, -.ða] 形 **1** コルクのような. **2** すかすかの. **3** しびれた, まひした, 鈍感になった. boca *acorchada*(過度の喫煙や飲酒で)荒れた口.

a·cor·cha·mien·to [a.kor.tʃa.mjén.to] 男 **1** コルク状《すかすか》になること. **2** しびれ.

a·cor·char [a.kor.tʃár] 他 コルクで覆う.
― ~·se 再 **1**(木材・果物などが)ぱさぱさ[かさかさ]になる.
2 鈍感になる;しびれる. *Se me acorcharon* las piernas. 足がしびれてしまった. **3** 心が乾く.

a·cor·da·do, da [a.kor.ðá.ðo, -.ða] 形 **1** 分別のある, 賢明な. **2** 同意された. lo ~ 取り決め;〖法〗合意. **3** 調和のとれた.
― 女 **1**〖法〗(上級裁判所の)通達, 命令.
2 照合文書. **3** 街道取締官[所]《◆18世紀メキシコで聴訴院 Audiencia の合意で設立された自警団》;その牢獄(ろう).

****a·cor·dar** [a.kor.ðár] 15 他 **1**《主に複数主語で》(合意の上で)**決定する**, 取り決める;**合意する**;《+不定詞 / que + 直説法・接続法 ...すること》に》合意する. Todos los miembros *acordaron* la suspensión provisional del proyecto. 会員全員の合意で計画を当面中止することとなった. *Acordamos posponer* la conferencia. 私たちは講演を延期することにした.
2《+不定詞 ...することを》**決心する**. *Acordé seguir* trabajando aquí. 私はここで働き続けることにした. **3**(意見などを》調整する;(楽器・声の》調子を合わせる, 調律する;《色などを》調和させる. **4**《ラ米》(サパ)(ジャ》(賞を)与える, 授与する.
― 自《con...》...と》合う, 調和する.
― ~·se 再 **1**《de...》...を》**覚えている**, **思い出す**(= recordar);《de +不定詞 / de que + 直説法 ...することを》**覚えている**, **思い出す**. si mal no *me acuerdo* 私の記憶に間違いがなければ. ¿*Os acordáis* de mí? 君たち私のこと覚えているかい. Ahora que *me acuerdo*. ああ, そうだったね. *Acuérdate de echar* la carta al buzón. 忘れずに手紙を投函してくれよ. Ya no *me acordaba de que tenía* compromiso con el señor. その人と約束していたことなどもう覚えていなかった.
2(意見などが)一致する.
¡*Te vas a acordar* ! / ¡*Ya te acordarás*! 《話》覚えてろよ.
[「決定する」←《俗ラ》*accordare([ラ]*cor*「心, 気持ち」より派生);〖関連〗*acorde*. 〖英〗*accord*]

***a·cor·de** [a.kór.ðe] 形 **1** 一致した, 同意見の. Las diversas informaciones están ~s. 種々の情報が一致している.
2《a... / con...》...と》合った, 調和した. construir un edificio ~ *con* las tendencias actuales 現在の流行にマッチした建物を建設する.
3 同一の, 同じ. sentimientos ~s 同一の感情.
4〖美〗色調の合った;〖音楽〗調子の合った.
― 男 **1**〖音楽〗和音, コード, ~ perfecto 完全和音. **2** 節(ℓ), メロディー, 旋律.
a los acordes de... ...の旋律に合わせて.

a·cor·de·la·do, da [a.kor.ðe.lá.ðo, -.ða] 形《ひもで測ったように》まっすぐな.

a·cor·de·lar [a.kor.ðe.lár] 他《土地などを》ひもで測る;(ひもで)境界線を引く.

a·cor·de·men·te [a.kór.ðe.mén.te] 副 満場一致で, 全員異議なく.

a·cor·de·ón [a.kor.ðe.ón] 男〖音楽〗アコーディオン. plisado de ~〖服飾〗アコーディオン・プリーツ.

a·cor·de·o·nis·ta [a.kor.ðe.o.nís.ta] 男 女 アコーディオン奏者.

a·cor·do·na·do, da [a.kor.ðo.ná.ðo, -.ða] 形 **1** ひも状の. **2** 非常線を張られた, 包囲された. **3**(硬貨が)縁にぎざぎざのついた. **4**《ラ米》《サパ》《話》(動物が)やせて筋肉質の.

a·cor·do·na·mien·to [a.kor.ðo.na.mjén.to] 男 **1** ひもを結ぶこと. **2** 非常線, 交通遮断線, 包囲;縄張り. **3**(硬貨の縁に)ぎざぎざをつけること.

a·cor·do·nar [a.kor.ðo.nár] 他 **1** ...のひもを締める, 結ぶ. **2**(衣服などに)玉縁を飾る, ひも飾りをする. **3**(硬貨の縁に)ぎざぎざをつける. **4** 非常線を張る, 包囲する. La policía *acordona* la universidad. 警察が大学を包囲している. **5**《ラ米》《サパ》《プ米》(種まきのために)整地する.

a·cor·nar [a.kor.nár] ⑮ 他 角で突く.
a·cor·ne·ar [a.kor.ne.ár] 他 → acornar.
á·co·ro [á.ko.ro] 男 《植》ショウブ.
a·co·rra·la·do, da [a.ko.r̄a.lá.ðo, -.ða] 形 追い詰められた，窮地に立たされた.
a·co·rra·la·mien·to [a.ko.r̄a.la.mjén.to] 男 **1** 囲いに入れること，閉じ込めること. **2** 窮地に立たせる[立つ]こと；おびえさせること.
a·co·rra·lar [a.ko.r̄a.lár] 他 **1** 逃げ場をなくす，囲いに追い込む. **2** 追い詰める；窮地に立たせる. El fiscal *acorraló* al acusado con una prueba contundente. 検事は決定的な証拠で被告を窮地に追い詰めた. **3** 動揺させる，おびえさせる.
a·co·rrer [a.ko.r̄ér] 他 助ける；駆けつける.
— ~·se 避難する.
a·cor·ta·mien·to [a.kor.ta.mjén.to] 男 **1** 短縮；減少，削減. ~ de una falda スカートのすそ上げ. **2** 要約.
a·cor·tar [a.kor.tár] 他 **1** 短くする (↔alargar). *Acortaré* los pantalones unos dos centímetros. ズボンを2センチぐらいすそ上げしよう. **2** 減じる，縮める. ~ las raciones 配給を削減する. **3** 縮約する，要約する，はしょる. ~ (el camino) 近道する. **4** 《ラ米》語気を和らげる.
— ~·se **1** 短くなる. Después del verano se van *acortando* los días. 夏が終わると日が短くなっていきます. **2** 〈馬が〉身を縮める，すくむ.
a·co·sa·dor, do·ra [a.ko.sa.ðór, -.ðó.ra] 形 追いかける，追及する；矢継ぎ早の.
— 男 女 追っ手，追跡者.
a·co·sa·mien·to [a.ko.sa.mjén.to] 男 追跡，追撃，追及.
*****a·co·sar** [a.ko.sár] 他 **1** 追い回す，追跡する. *acosado* por los perros 犬たちに追い付かれて. **2** 追い詰める，窮地に立たせる. ~ a un deudor 債務者を責めたてる. **3** 悩ます，苦しめる. ~ con [a] preguntas 質問攻めにする. **4** 〈馬を〉かきたてる.
a·co·se [a.kó.se] 男《ラ米》追跡，追及 (=acoso).
a·co·si·jar [a.ko.si.xár] 他《ラ米》《ジタ》《話》しつこく追い回す，悩ます.
a·co·so [a.kó.so] 男 **1** 執拗(ねう)な追跡[追及]. **2** 悩ますこと. ~ sexual セクシャルハラスメント. **3** 《狩》追い詰めて捕らえること.
a·cos·ta·do, da [a.kos.tá.ðo, -.ða] 形 横たわった. — 女 《ラ米》《タ》昼寝.
*****a·cos·tar** [a.kos.tár] ⑮ (→他 の **2** と自 の **1** では規則活用) 他 **1** 寝かせる，横にする；寝かしつける. *Acosté* al enfermo en la cama. 私は病人をベッドに寝かせた. Ya son las diez. Tengo que ~ a los niños. もう10時だ. 子供たちを寝かさなければ. **2**《海》《**a**... …に》〈船を〉寄せる，横付けする.
— 自 **1**《海》《…に》〈船が〉接岸する. **2** 傾く.
— ~·se **1** 寝る，横になる；就寝する (↔levantarse). *Me acuesto* generalmente a las once. 私はふつう11時に寝る. **2**《話》《**con**... …と》性的関係を持つ. Nunca *me he acostado* con él. 私は彼と関係を持ったことは一度もない. ❖ 複数主語で用いることもある. **3**《太陽が》沈む；〈風が〉収まる. **4** 傾く，倒れる. **5**《ラ米》《プェルト》《ジタ》出産する.

*****a·cos·tum·bra·do, da** [a.kos.tum.brá.ðo, -.ða] 形 **1**《**a**...…に》慣れた. Estoy ~ a hacer ejercicio todos los días. 私は毎日運動をする習慣をつけている. **2** 習慣的な，いつもの.

*****a·cos·tum·brar** [a.kos.tum.brár] 他《**a**...》《人などに》《…の》習慣をつける，〈人などを〉《…に》なじませる；《**a**+不定詞》〈人などに〉《…する》習慣をつける. ~ a los alumnos *al* nuevo ambiente 生徒たちを新しい環境に慣らす. ~ a los niños *a lavarse* los dientes después de comer 子供たちが食後に歯を磨くようにしつける.
— 自《**a**+不定詞》《…する》習慣がある，よく《…》する. Los domingos por la tarde *acostumbra a estar* en casa. 彼[彼女]は日曜の午後は家にいることが多い. En verano se *acostumbra a tomar* café con hielo. 夏はアイスコーヒーがよく飲まれる. ❖ 特に《ラ米》で前置詞 a を用いないこともある. → *Acostumbramos levantarnos* muy tarde los domingos. 日曜日は遅く起きる習慣である.
— ~·se 再《**a**+不定詞 …する》習慣がつく；《**a**... …に》慣れる，順応する. *Se ha acostumbrado a tomar* té en el desayuno. 彼[彼女]は朝食にお茶を飲むのが習慣になった.
a·co·ta·ción [a.ko.ta.θjón / -.sjón] 女 **1** 境界画定，区画；境界標. **2**《地理》標高表示. **3** 傍注，注釈. **4**《演》ト書き.
a·co·ta·do, da [a.ko.tá.ðo, -.ða] 形 **1** 禁猟区の. **2** 注釈の（ついた）.
a·co·ta·mien·to [a.ko.ta.mjén.to] 男 **1** 境界画定，区画線引き；境界標. **2**《ラ米》《ジタ》《話》《車》路肩.
a·co·tar¹ [a.ko.tár] 他 **1**（特定の用途のために）〈土地の〉境界を定める；立ち入り禁止にする. **2** 範囲を定める，制限する. **3**〈地図に〉距離・標高などを書き込む. **4**〈文書の〉余白に注を入れる.
— ~·se 再（管轄外に）逃げ込む；身を寄せる.
a·co·tar² [a.ko.tár] 他〈木の〉枝を払う.
a·co·te·jar [a.ko.te.xár] 他《ラ米》《デルト》《タ》《ヨロンビ》整理する，整える.
— ~·se 再《ラ米》《デルト》《タ》合意する.
a·co·ti·le·dón, do·na [a.ko.ti.le.ðón, -.ðó.na] 形《植》無子葉の. — 男《複数で》無子葉植物.
a·co·ti·le·dó·ne·o, a [a.ko.ti.le.ðó.ne.o, -.a] 形 → acotiledón. — 女《複数で》無子葉植物.
a·co·ti·llo [a.ko.tí.jo || -.ʎo] 男（鍛冶(だ)の）大ハンマー.
a·cra·cia [a.krá.θja / -.sja] 女 **1** 無政府主義，アナキズム (=anarquismo). **2** 無政府状態；無秩序.
á·cra·ta [á.kra.ta] 形 無政府主義の，アナキズムの. — 男 女 無政府主義者，アナキスト (=anarquista).
a·crá·ti·co, ca [a.krá.ti.ko, -.ka] 形 無政府状態の.
a·cre¹ [á.kre] 男 エーカー：面積の単位. 4046.9平方メートル.
a·cre² [á.kre] 形 **1** 鼻につんとくる，舌を刺すような. **2** しんらつな，手厳しい. Sus palabras —s me hicieron mucho daño. 彼[彼女]の（ら）のしんらつな言葉は私の心をひどく傷つけた. **3** 無愛想な.
a·cre·cen·cia [a.kre.θén.θja / -.sén.sja] 女 **1** 増加，増大. **2**《法》相続《受贈》分の増加；付加財産.
a·cre·cen·ta·dor, do·ra [a.kre.θen.ta.ðór, -.ðó.ra / -.sen.-] 形 増大する，増加する，増える.
a·cre·cen·ta·mien·to [a.kre.θen.ta.mjén.to / -.sen.-] 男 増加，増大.
*****a·cre·cen·tar** [a.kre.θen.tár / -.sen.-] ⑧ 他 増やす，増大させる. *Acrecentó* rápidamente la herencia. 彼[彼女]は受け継いだ財産を急速に増やし

a·cre·cer [a.kre.θér / -.sér] 34 他 → acrecentar. —自《法》〈相続分などが〉増える. derecho de ～ （財産の）相続［受贈］分の増加についての権利.

a·cre·ci·mien·to [a.kre.θi.mjén.to / -.si.-] 男 《法》相続［受贈］分の増加；付加財産.

a·cre·ción [a.kre.θjón / -.sjón] 囡 《生物》《地質》（付加・付着による）増大.

a·cre·di·ta·ción [a.kre.ði.ta.θjón / -.sjón] 囡 **1**〈職権・権限などを保証する〉証明書, 信用状, 身分証明書（=credencial）. **2** 信用, 評判.

a·cre·di·ta·da·men·te [a.kre.ði.tá.ða.mén.te] 副 証明され, 権威をもって；《＋形容詞 …であることが》証明された.

a·cre·di·ta·do, da [a.kre.ði.tá.ðo, -.ða] 形 **1** 信用のある, 評判のよい. **2**〈外交官が〉信任状を与えられた；（特別に）派遣された. **3**《商》貸方記入のある.

****a·cre·di·tar** [a.kre.ði.tár] 他 **1**（信用に足るものとして）証明する, 保証する. ～ una firma サインが本物であることを証明する. Su teoría le *acredita* de genio. その理論は彼が天才であることを物語っている. **2**〈自国の外交使節に〉信任状を与える；〈他国の外交使節を〉接受する. El gobierno la *ha acreditado* embajadora en España. 政府は彼女をスペイン大使に任命した. **3** 評判［名声］を与える. un producto que *acredita* al fabricante メーカーの信頼を高める製品. **4**《商》貸方勘定に記入する.
— ～**·se** 再 **1** 信任状を提出する.
2 評判になる, 名声を得る. Esta tienda *se acreditará* en poco. この店はまもなく評判になるだろう.

a·cre·di·ta·ti·vo, va [a.kre.ði.ta.tí.βo, -.βa] 形 証明する, 保証の.

****a·cre·e·dor, do·ra** [a.kre.(e.)ðór, -.ðó.ra] 形 **1**（**a...** / **de...** …に）値する, ふさわしい. una persona *acreedora* de nuestra confianza 我々の信頼に値する人物. **2** 債権者の. — 囡 債権者, 借金取り. ～ hipotecario 抵当権［債権］者.

a·cre·en·cia [a.kre.én.θja / -.sja] 囡《ラ米》(銀行) (1) 貸し, 貸方残高. (2) 負債.

a·cre·men·te [á.kre.mén.te] 副《まれ》しんらつに, とげとげしく.

a·cres·cen·te [a.kres.θén.te / -.sén.-] 形《植》開花後にも増大する, 花被が受精後も生長する.

a·cri·ba·du·ra [a.kri.βa.ðú.ra] 囡 **1** ふるいにかけること. **2**（複数で）ふるいかす.

a·cri·bar [a.kri.βár] 他 **1** ふるいにかける（= cribar）. **2** 穴［傷］だらけにする（= acribillar）.

a·cri·bi·llar [a.kri.βi.jár ‖ -.ʎár] 他 **1** 穴［傷］だらけにする. Los mosquitos me *acribillaron* de picaduras. 私は蚊(ｶ)に体中刺された. **2** 困らせる, 責めたてる. Los reporteros me *acribillaron* a preguntas. 私はレポーターたちの質問攻めに遭った.

a·cri·dio [a.krí.ðjo] 男《ラ米》(ﾌﾞﾗｼﾞﾙ)(ﾁﾘ)《昆》バッタ, イナゴ.

a·cri·lán [a.kri.lán] 男 テーブルクロスやじゅうたんに使われる丈夫な合成繊維.

a·crí·li·co, ca [a.krí.li.ko, -.ka] 形《化》アクリル酸の, アクリルの.

a·cri·mi·nar [a.kri.mi.nár] 他 **1** 告発［告訴］する, 罪を着せる. **2** 非難する；〈過ちを〉大げさに言う.

a·cri·mo·nia [a.kri.mó.nja] 囡 → acritud.

a·cri·mo·nio·so, sa [a.kri.mo.njó.so, -.sa] 形 **1**〈味・においが〉刺すような. **2** しんらつな.

a·crio·lla·do, da [a.krjo.já.ðo, -.ða ‖ -.ʎá.-] 形 **1** クリオーリョ criollo の, クリオーリョの特徴を持った. **2**《ラ米》現地の習慣に適応した.

a·crio·llar·se [a.krjo.jár.se ‖ -.ʎár.-] 再《ラ米》現地の習慣に適応する；現地化する.

a·cri·so·la·do, da [a.kri.so.lá.ðo, -.ða] 形 **1** 精錬された. **2**《格式》確かな, 真実の.

a·cri·so·lar [a.kri.so.lár] 他 **1**《冶》（るつぼで）〈金属を〉純化する. **2** 精製する, 純化する, 清める. **3**〈価値を〉証明する；〈美徳などを〉磨く, 試す.
— ～**·se** 再（美徳などが）磨かれる；試される.

a·cris·ta·la·do, da [a.kris.ta.lá.ðo, -.ða] 形 ガラスの（はまった）, （大きな）ガラス張りの.

a·cris·ta·la·mien·to [a.kris.ta.la.mjén.to] 男 大きなガラス；〈窓・扉などに〉ガラスを設置すること.

a·cris·ta·lar [a.kris.ta.lár] 他〈窓・扉などに〉ガラスを設置する, ガラスをはめる.

a·cris·tia·nar [a.kris.tja.nár] 他 キリスト教徒にする；洗礼を施す.

a·cri·tud [a.kri.túð] 囡 **1**（性格・態度・言葉の）きつさ, 激しさ, とげとげしさ. hablar con mucha ～ しんらつな言葉で話す. **2**（味・においの）きつさ.

acro-《接頭》「先端, 頂点, 高い」の意を表す造語要素. ⇒*acróbata, acrofobia, acrópolis*. [←〔ギ〕]

a·cro·ba·cia [a.kro.βá.θja / -.sja] 囡 **1** アクロバット；《主に複数で》曲芸, 軽業. ～**s** aéreas アクロバット飛行. **2**《主に複数で》どっちつかずの［巧みな］身の処し方, 綱渡り.

a·cró·ba·ta [a.kró.βa.ta] 男 曲 曲芸師, 軽業師.

a·cro·bá·ti·co, ca [a.kro.βá.ti.ko, -.ka] 形 アクロバットの, 曲芸［軽業］的な.

a·cro·ba·tis·mo [a.kro.βa.tís.mo] 男 曲芸［軽業］を演じること；アクロバットをする仕事.

a·cro·ce·fa·lia [a.kro.θe.fá.lja / -.se.-] 囡《医》塔状頭, 尖頭(ｾﾝﾄｳ)症.

a·cro·cé·fa·lo, la [a.kro.θé.fa.lo, -.la / -.sé.-] 形《医》塔状頭の.

a·cro·fo·bia [a.kro.fó.βja] 囡《医》高所恐怖症.

a·cro·má·ti·co, ca [a.kro.má.ti.ko, -.ka] 形 **1**《光》無色の, 色消し（収色性）の. lente *acromática* アクロマチックレンズ.
2 色彩の欠けた. visión *acromática* 色覚障害.

a·cro·ma·tis·mo [a.kro.ma.tís.mo] 男《光》色消し性, 収色性；無色.

a·cro·ma·ti·zar [a.kro.ma.ti.θár / -.sár] 97 他《光》〈レンズを〉色消しにする.

a·cro·ma·top·sia [a.kro.ma.tóp.sja] 囡《医》(先天的）色覚障害（= daltonismo）.

a·cro·me·ga·lia [a.kro.me.gá.lja] 囡《医》末端肥大症, 先端巨大症.

a·cro·mio [a.kró.mjo] / **a·cro·mion** [a.kró.mjon]《解剖》肩峰(ｹﾝﾎﾟｳ).

a·cró·ni·co, ca [a.kró.ni.ko, -.ka] 形 **1**《詩》→ ácrono. **2**《天文》日没時に現れる.

a·cro·ni·mia [a.kro.ní.mja] 囡《言》(組織の名称などを）頭字語化すること. ⇒ FARC（= *Fuerzas Armadas Revolucionarias de Colombia*）.

a·cró·ni·mo [a.kró.ni.mo] 男 頭字語；略号. ⇒ RENFE（= *Red Nacional de Ferrocarriles Españoles*）.

á·cro·no, na [á.kro.no, -.na] 形《詩》非時間的な, 時間のない, 時間外の（= intemporal）.

a·cró·po·lis [a.kró.po.lis] 囡《単複同形》アクロポリス；古代ギリシアの神殿のある要塞(ﾖｳｻｲ). A～ アテネのアクロポリス.

a‧crós‧ti‧co, ca [a.krós.ti.ko, -.ka] 形 【文学】折り句形式の. ― 男 折り句：詩の各行の冒頭の文字だけを拾うと意味を持つ一種の遊戯詩.

a‧cros‧to‧lio [a.kros.tó.ljo] 男 (昔の船の)首, 水切り；船首飾り.

a‧cro‧te‧ra [a.kro.té.ra] 女 【建】アクロテリオン, (切妻屋根の頂上や両端の)彫像台；切妻装飾.

*__ac‧ta__ [ák.ta] 女 〖el ～, un [una] ～〗 **1** 議事録；《複数で》(学会などの) **会議録**, 公式報告書. levantar ― 議事録を作成する. ～s taquigráficas [literales] 速記議事録. **2** 公式文書, 証書；当選証書. ～ de acusación 起訴状. ～ de bautismo 洗礼証明書. ～ de nacimiento 出生証明書. ～ de matrimonio 結婚証明書. ～ notarial 公正証書. ～ de diputado [senador] 議員当選証書. **3** 《複数で》〖聖〗(新約の)使徒言行録. ～s 使徒行録；法令, 法律. *tomar acta de...*《ラ米》《うやうやしく》…を心に留める.

ac‧tan‧te [ak.tán.te] 男 【文学】(物語における)行為者；行為項.

ac‧te‧a [ak.té.a] 女 【植】ソクズ, クサニワトコ.

ac‧ti‧nia [ak.tí.nja] 女 【動】イソギンチャク.

ac‧tí‧ni‧co, ca [ak.tí.ni.ko, -.ka] 形 【物理】【化】化学線の, 化学線作用のある.

ac‧tí‧ni‧do, da [ak.tí.ni.ðo, -.ða] 形 【化】アクチノイド系［アクチニド系］の.
― 男 【化】《複数で》アクチノイド［アクチニド］.

ac‧ti‧nio [ak.tí.njo] 男 【化】アクチニウム (記号 Ac).

ac‧ti‧nis‧mo [ak.ti.nís.mo] 男 (電磁線照射による)化学線作用.

ac‧ti‧nó‧me‧tro [ak.ti.nó.me.tro] 男 光量計；日射計.

ac‧ti‧no‧mor‧fo, fa [ak.ti.no.mór.fo, -.fa] 形 【生物】放射相称をなす.

*** ac‧ti‧tud** [ak.ti.túð] 女 **1 態度**, 物腰. adoptar una ～ agresiva けんか腰の［反抗的な］態度を取る. con una ～ arrogante 大きな態度で. tomar una ～ firme 強硬な態度を取る.
2 姿勢, 身構え. permanecer en ～ pensativa 考え込むような姿勢のままでいる.
〖類語〗モデルなどが意図的にとる姿勢は *pose*, 体の部位をどのような位置に置くかは *postura*, 行動する際の特定の様式は *actitud*.
en actitud de... …の様子で；…するつもりで.
[← 〖伊〗 *attitudine*].

ac‧ti‧tu‧di‧nal [ak.ti.tu.ði.nál] 形 態度の.

ac‧ti‧va [ak.tí.ba] 形 → activo.

ac‧ti‧va‧ción [ak.ti.ba.θjón / -.sjón] 女 **1** 促進, 活発［活性］化. **2** 作動, 起動.

ac‧ti‧va‧dor [ak.ti.ba.ðór] 男 【化】活性化剤.

ac‧ti‧va‧men‧te [ak.tí.ba.mén.te] 副 **1** 活発に, 盛んに, 積極果敢に. **2** 能動的に.

*__ac‧ti‧var__ [ak.ti.bár] 他 **1 促進する**, 早める. ～ el trabajo 仕事のスピードを上げる. ～ la circulación de la sangre 血行を促進する.
2 活発にする, 活気づける, 盛んにする. ～ el mercado 市場を活気づける. ～ el fuego 火を強める［あおる］. ～ la imaginación 想像力をかき立てる. **3** 【化】活性化する. carbón *activado* 活性炭.
4 【物理】…に放射能を与える. **5** 【機】稼働させる.

** ac‧ti‧vi‧dad** [ak.ti.bi.ðáð] 女 **1 活動**, 働き. ～es económicas [culturales] 経済[文化]活動. desplegar una gran ～ en... …で大活躍する.
2 活動能力. perder [recuperar] la ～ del brazo derecho 右腕が利かなくなる［動くようになる］.
3 活気, 活発, 活力；活況. Siempre hay mucha ～ en aquel mercado. あの市場はいつも活気がある. La Bolsa va cobrando ～. 株式市場は活況を呈してくる.
4 仕事；《主に複数で》(個人・団体の)事業. ～ profesional 職業. dedicarse a ～es benéficas 慈善事業に従事する. **5** (学科目の)作業課題, 練習. **6** 【物理】活性活動度, 活量；放射能の壊変速度.
en actividad 活動中の. volcán *en* ～ 活火山.

ac‧ti‧vis‧mo [ak.ti.βís.mo] 男 **1** 行動［実践］主義. **2**【哲】活動主義.

ac‧ti‧vis‧ta [ak.ti.βís.ta] 形 活動家の.
― 男 女 (組合・政党などの)活動家, 運動家.

*__ac‧ti‧vo, va__ [ak.tí.βo, -.βa] 形 **1** (多くは名詞＋)〖ser＋/ estar＋〗**活動的な**, 行動的な；積極的な (↔pasivo). una persona muy *activa* 行動力にあふれた人.
2 《名詞＋》活動中の, 現役の. el 30 por ciento de la población *activa* 労働人口の30パーセント.
3 《名詞＋》〖ser＋〗即効性のある, 効き目の早い. medicamento ～ 効き目の早い［強力な］薬. **4** 【化】活性の. vitamina *activa* 活性ビタミン. **5**【文法】能動(態)の. voz [oración] *activa* 能動態［文］. **6** 【地質】〈火山が〉活動中の. volcán ～ 活火山.
― 男 【商】資産 (▶「負債」は pasivo). ～ circulante [fijo] 流動［固定］資産.
en activo 現職の. un policía *en* ～ 現職の警官.
por activa y [o] por pasiva 《話》あらゆる手を尽くして, なんとかして.
[← 〖ラ〗 *āctīvum* (*āctīvus* の対格)；〖関連〗 actividad, acción. 〖英〗 *active*]

*__ac‧to__ [ák.to] 男 **1 行為**, 行い, 行動. A las personas se las conoce por sus ～s. 行いを見ればその人がわかる. ～ de violencia [terrorismo] 暴力［テロ］行為. ～ jurídico 法的行為. ～ reflejo 反射的行為. ～ sexual [carnal] 性行為.
〖類語〗*acto* が特定化された行為を指すことが多いのに対し, *acción* は行動一般を表す. また *actuación* は何らかの役割を果たすための行動を指す.
2 儀式, 行事. asistir al ～ de inauguración [clausura] 開会［閉会］式に出席する. salón de ～s 講堂；会館. **3** 【演】幕. comedia en dos ～s 二幕の芝居. **4** 【法】法令, 条例, 法的措置. **5** 【哲】活動, 作用. **6** (かつてスペインの大学で行われた)試験. **7**《複数で》〖カト〗公会議〖議事〗録. **8**【史】(ローマ時代の)距離の単位：約36メートル.
acto de conciliación 【法】調停.
acto de contrición 〖カト〗悔恨の祈り.
acto fallido 【心】忘却, 言い誤り；紛失.
Actos de los Apóstoles 〖聖〗使徒言行録.
acto seguido [continuo] 直後に, ただちに.
en acto de servicio 勤務中に.
en el acto 即座に；その場で. morir *en el* ～ 即死する.
hacer acto de presencia (儀礼的に)ちょっと顔を出す, 顔(臨席)する.
[← 〖ラ〗 *āctum* (*āctus* の対格)「(家畜の)駆りたて；行動」；〖関連〗 acción, activo, actuar, actual. 〖英〗 *act*]

ac‧tor, to‧ra [ak.tór, -.tó.ra] 形 【法】原告側の. parte *actora* 原告側. ― 男 女 【法】原告, 告訴人.

*__ac‧tor, triz__ [ak.tór, -.tríθ / -.trís] 男 女 《複数 actrices》**1 俳優**, 役者；女優

primer ~ 主演男優. **primera** *actriz* 主演女優. **~ secundario / ~ de reparto** わき役, 助演俳優. **~** [*actriz*] **de cine** 映画俳優［女優］. **~** [*actriz*] **de teatro** 舞台俳優［女優］.
2《比喩的》演技［駆け引き］上手な人, 役者. Es un ~ consumado. 彼は大した役者だ.
［←［ラ］*āctor* ; actriz←［ラ］*āctrix*］［関連］acto, acción. ［英］*actor, actress*］

ac·to·ral [akto.rál] 形 俳優の, 役者の.
ac·triz [ak.tríθ / -.trís] 女 女優. → actor.
actú- 活 → actuar.

ac·tua·ción [ak.twa.θjón / -.sjón] 女 **1** 演技, 演奏;公演. Me impresionó tu ~ en el teatro. 芝居での君の演技には感動を受けたよ.
2 行動, 振る舞い;作用. La rápida ~ de la policía evitó una confusión. 警察の早い対応が混乱を防いだ. ~ de los fármacos en el cuerpo 医薬品が体に及ぼす働き. → acto ［類語］. **3**《法》法の手続き, 訴訟. Se inició una ~ judicial contra el ex presidente. 元大統領に対する訴訟が始まった.
4［言］言語運用（＝ lingüística）, 言語能力と言語運用. **5**《ラ米》役, 役割.
actuación pericial 鑑定, 査定. **~** *pericial médica* 医学鑑定.

ac·tual [ak.twál] 形 **1**（多くは＋名詞／名詞＋）現在の, 現代の, 現行の. el ~ presidente del gobierno 現首相. en las ~s circunstancias 現状では. la España ~ 今日のスペイン. 16,8 euros al cambio ~ 今のレートで16.8ユーロ（**al ~** cambio は不可）.
2 今話題の, 流行の. un problema muy ~ 今非常に話題になっている問題. **3**《哲》現実の. el ser ~ 現実の存在. **4**《ラ米》《ぽ》本当の, 実際の.
—— 男 今月. los días 29 y 30 del ~ 今月29日と30日（に）.
［←［後ラ］*āctuālem*（*āctuālis* の対格）;［関連］acto. ［英］*actual*］

ac·tua·li·dad [ak.twa.li.ðáð] 女 **1** 現在, 今 今日では, 現在は. comentar la ~ política 政治の現状を解説する. desde 1960 hasta la ~ 1960年から現在まで. **2** 時事, 現代性;話題性 ~ いくつかの時事問題. perder ~ 話題性を失う, 時代遅れになる. **3**《主に複数で》ニュース. leer una revista de ~*es* ニュース雑誌を読む.

ac·tua·li·za·ción [ak.twa.li.θa.θjón / -.sa.sjón] 女 **1** 現代化;現状に合わせること;（賃金などの）改定. **2**《哲》具現化. **3**［言］現前化. **3**［IT］アップデート, バージョンアップ.

ac·tua·li·za·do, da [ak.twa.li.θá.ðo, -.ða / -.sá.-] 形 **1** 現状［現代］に適した, 現代的な;新しい. el sistema ~ 改定されたシステム. **2**［IT］更新された, アップデート［バージョンアップ］した.

ac·tua·li·za·dor, do·ra [ak.twa.li.θa.ðór, -.ðó.ra / -.sa.-] 形 **1** 現代化する, 今風にする.
2［言］現前化する.

ac·tua·li·zar [ak.twa.li.θár / -.sár] 97 他 **1** 現代化する, 現代風にする;**現状に合わせる**. ~ un texto テキストを現代に合わせて改める.
2 話題性［現代性］を持たせる,〈データなどを〉更新する. **3**［IT］更新［バージョンアップ］する. **4**《哲》具現化する. **5**［言］現前化する.

ac·tual·men·te [ak.twál.mén.te] 副 **1** 現在, 今, 目下. *A*~, estoy soltero. 現在のところ, 私は独身です. **2**《ラ米》《ぽ》本当に, 確かに.

ac·tuan·te [ak.twán.te] 形 作用する, 働く.
—— 男 女 **1** 演技者, 演奏者.
2 論文審査を受ける人;受験者, 志願者.

ac·tuar [ak.twár] 84 自 **1 行動する**, 振る舞う. ~ en favor de la paz 平和のために働く. ~ en contra de la violencia 暴力に対する反対行動を取る.
2（**como...** / **de...** …として）**役割を果たす**;作用する, 機能する. ~ *como* [*de*] *mediador* 仲介者としての役割を果たす.
3 演技する, 演奏する, 出演する;（**como...** / **de...** …の）役を演ずる. ~ *como* [*de*] *protagonista* *en una película* 映画で主役を演じる. ~ *en el Festival de Música* 音楽祭で演奏する.
4〈**en.**〉〈採用試験の審査など〉を受ける.
5《法》《**en.**》〈法的な手続き〉を〉執行する. Este juez *actuó* en el caso de los desaparecidos. この裁判官が行方不明者事件を担当した.

ac·tua·ria·do [ak.twa.rjá.ðo] 男 **1**（裁判所の）書記の職［地位］. **2** 保険計理士の.

ac·tua·rial [ak.twa.rjál] 形 保険計理士の.

ac·tua·rio [ak.twá.rjo] 男 **1**《法》裁判所書記;判事つき事務官, 司法秘書官. **2**（まれ）保険計理士（＝ ~ de seguros）.

a·cua·che [a.kwá.tʃe] / **a·cua·chi** [a.kwá.tʃi] 男《ラ米》《俗》仲間, 相棒, 悪友.

a·cua·cul·tu·ra [a.kwa.kul.tú.ra] 女《ラ米》→ acuicultura.

a·cua·dri·llar [a.kwa.ðri.jár ‖ -.ʎár] 他 **1** 隊に引き入れる;〈隊を〉率いる.
2《ラ米》《ぽ》〈ひとりを〉大勢で襲う.

a·cua·for·tis·ta [a.kwa.for.tís.ta] 男 女 エッチング制作者.［←［伊］*acquafortista*］

a·cua·pla·no [a.kwa.plá.no] 男 アクアプレーン（モーターボートで引く波乗り板）;水上スキー.

a·cua·re·la [a.kwa.ré.la] 女《美》水彩画（法）;《主に複数で》水彩絵の具.［←［伊］*acquarella*］

a·cua·re·lis·ta [a.kwa.re.lís.ta] 男 女 水彩画家.

a·cua·re·lís·ti·co, ca [a.kwa.re.lís.ti.ko, -.ka] 形 水彩画（法）の.

a·cua·rio [a.kwá.rjo] 形《性数不変》みずがめ座生まれの. mujeres ~ みずがめ座の女性たち.
—— 男 **1** 水槽;水族館.
2（1）［A-］《星座》みずがめ座（＝ el Aguador）. （2）《占星》宝瓶（㍿）宮: 黄道十二宮の第11宮.
—— 男 女《単複同形》みずがめ座生まれの人. Soy acuario. 私はみずがめ座です.

a·cuar·te·la·do, da [a.kwar.te.lá.ðo, -.ða] 形《紋》十字に 4 分割された.

a·cuar·te·la·mien·to [a.kwar.te.la.mjén.to] 男《軍》宿営;宿営地.

a·cuar·te·lar [a.kwar.te.lár] 他 **1**《軍》宿営させる. **2** 〈土地を〉4つに区画する. **3**《海》〈帆を〉いっぱいに張る. —— **~se** 《軍》帰営する.

a·cuar·ti·llar [a.kwar.ti.jár ‖ -.ʎár] 自〈馬が〉足首をかがめて歩く.

a·cuá·ti·co, ca [a.kwá.ti.ko, -.ka] / **a·cuá·til** [a.kwá.til] 形 **水生の;水中の**, 水の, 水上の. ave *acuática* 水鳥. esquí ~ 水上スキー.

a·cua·tin·ta [a.kwa.tín.ta] 女《美》アクアチント: 腐食銅版の技法の一種.

a·cua·ti·za·je [a.kwa.ti.θá.xe / -.sá.-] 男《航空》（水上飛行機の）着水.

a·cua·ti·zar [a.kwa.ti.θár / -.sár] 97 自 〈水上飛行機が〉着水する (= amarar).

a·cu·cha·mar·se [a.ku.tʃa.már.se] 再 《ラ米》(ﾌﾟﾗｯｸｽ)《話》気が沈む,落ち込む.

a·cu·cha·ra·do, da [a.ku.tʃa.rá.ðo, -.ða] 形 スプーン形の.

a·cu·chi·lla·do, da [a.ku.tʃi.ʎá.ðo, -.ða || -.ʎá.-] 形 **1** (ナイフで)切られた,刺された. **2** 〈衣服が〉スリット[スラッシュ]の入った. mangas *acuchilladas* スラッシュの入るそで. ━ 男 (木の)面仕上げ.

a·cu·chi·lla·dor, do·ra [a.ku.tʃi.ʎa.ðór, -.ðó.ra || -.ʎa.-] 形 **1** けんか早い人. **2** 刺客;剣士. ━ 男 (木の)床面仕上げ職人.

a·cu·chi·lla·mien·to [a.ku.tʃi.ʎa.mjén.to || -.ʎa.-] 男.

a·cu·chi·llar [a.ku.tʃi.ʎár | -.ʎár] 他 **1** (ナイフで)切りつける,刺す;切り[刺し]殺す. **2** 〈衣服に〉スリット[スラッシュ]を入れる. **3** 風を切って進む. **4** 〈木製家具・床の〉表面を仕上げる. **5** 〈苗床の苗を〉間引く. ━ ~·**se** 再 《複数主語で》ナイフで渡り合う.

a·cu·chu·car [a.ku.tʃu.kár] / **a·cu·chu·char** [a.ku.tʃu.tʃár] 102 他 《ラ米》(ｷｭｰﾊﾞ)つぶす,砕く,だめにする.

a·cu·cia [a.kú.θja / -.sja] 女 《詩》熱心;熱望.

a·cu·cia·dor, do·ra [a.ku.θja.ðór, -.ðó.ra / -.sja.-] 形 緊急の;切実な.

a·cu·cia·mien·to [a.ku.θja.mjén.to / -.sja.-] 男 **1** せきたてる[駆りたてる]こと. **2** 切望,熱望;熱意.

a·cu·cian·te [a.ku.θján.te / -.sján.-] 形 緊急の.

a·cu·ciar [a.ku.θjár / -sjár] 82 他 **1** せきたてる;駆りたてる,促す;〈…は〉〈人にとって〉緊急を要することである. estar *acuciado* por la necesidad 必要に迫られている. No me *acucia* marcharme. 急いで帰る必要はない. **2** 悩ませる,悩ませる. ━ a + 人 con preguntas〈人〉を質問攻めにする. **3** 熱望する.

a·cu·cio·so, sa [a.ku.θjó.so, -.sa / -.sjó.-] 形 **1** 緊急の,切実な. **2** 熱心な.

a·cu·cli·llar·se [a.ku.kli.ʎár.se || -.ʎár.-] 再 しゃがみ込む,うずくまる.

a·cu·dien·te [a.ku.ðjén.te] 男 女 《ラ米》(ｺﾛﾝﾋﾞｱ)保護者,後見人 (= tutor).

★★★a·cu·dir [a.ku.ðír] 自 **1** 〈**a...**〉〈…のもとに〉駆けつける,〈求めに応じて〉行く;〈…に〉応じる. ~ a un hospital 病院へ駆けつける. ~ a una cita 約束の場所へ行く. ~ a un examen 試験を受ける. ~ a una llamada de auxilio 救助の要請に応じる. ~ en ayuda [socorro] de los accidentados 事故に遭った人の救助に駆けつける. **2** 〈**a...** …〉にしばしば行く,通う. Cada vez que le faltaba de la clase *acudían* a la cafetería. 授業の後,彼らはその喫茶店を訪れたものだった. **3** 〈**a... / con...**〉〈…に〉頼る,〈手段《に》訴える. ~ a la violencia 暴力に訴える. ~ a la memoria 記憶に頼る. No tengo a quien ~. 私には誰も頼るべき人がいない. Cada vez que le faltaba dinero *acudía* a su abuela. 彼[彼女]はお金がなくなるたびに祖母に泣きついていた. *Acudieron* con una propuesta nueva. 彼らは新しい提案を出した. **4** 〈**a...** 〈心など〉に〉浮かぶ,現れる. A mi mente *acudieron* los recuerdos de aquellos días. 私の心にあのころの思い出がよぎった. **5** 〈**con...** 〈収穫など〉を〉生み出す. **6** 〈馬が〉言うことをきく.

[←《古スペイン》recudir 「もとのところへ戻る」]

a·cue·duc·to [a.kwe.ðúk.to] 男 **1** 水路,水道;水道橋. el ~ romano de Segovia セゴビアにあるローマ時代の水道橋. **2** 《ラ米》(ｱﾙｾﾞﾝﾁﾝ)水道網.

acueducto (水道橋:スペイン・セゴビア)

á·cue·o, a [á.kwe.o, -.a] 形 《格式》水の,水性の. humor ~ 〖解剖〗(眼球の)水様液.

a·cuer·da·do, da [a.kwer.ðá.ðo, -.ða] 形 まっすぐな;一直線の.

★★a·cuer·do [a.kwér.ðo] 男 **1** 合意,取り決め;協定. llegar a un ~ 合意に至る. ~ tácito 暗黙の了解. ~ marco 基本合意. ~ de paz 平和協定. A~ General sobre Aranceles Aduaneros y Comercio 関税及び貿易に関する一般協定〔英 GATT〕. **2** 調和,一致. Está todo en perfecto ~, y es impecable. すべてが完全に調和していて,非の打ち所がない. **3** 決断,決意. Hemos tomado el ~ de hacer frente a esta situación problemática. 我々はこの難局に立ち向かっていく覚悟だ. **4** 《ラ米》(1)(ｱﾙｾﾞﾝﾁﾝ)(ｺﾛﾝﾋﾞｱ)(ﾒｷｼｺ)審議会. (2) 閣僚会議. (3) (ｱﾙｾﾞﾝﾁﾝ)上院による任命の承認. ━ 自 ▶ acordar.

de acuerdo 《承認を示して》了解,オーケー. Te llamaré esta noche. — *De* ~. 今晩君に電話するよ. —わかりました.
de acuerdo con [a]... …に従って.
estar de acuerdo con ... …に賛成である.
estar en SU *acuerdo* 分別がある,判断できる.
ponerse de acuerdo (*con...*) (…と)合意する.
volverse en SU *acuerdo* 正気に戻る.

a·cuí·co·la [a.kwí.ko.la] 形 **1** 水産業の. **2** 〈動植物が〉水生の,水中に棲む. ━ 男 女 水生植物,水生動物.

a·cui·cul·ti·vo [a.kwi.kul.tí.ßo] 男 水産養殖,水栽培.

a·cui·cul·tor, to·ra [a.kwi.kul.tór, -.tó.ra] 男 女 水産養殖家.

a·cui·cul·tu·ra [a.kwi.kul.tú.ra] 女 (動植物の)水産養殖(法),水産耕法.

a·cui·dad [a.kwi.ðáđ] 女 《格式》鋭さ.

a·cuí·fe·ro, ra [a.kwí.fe.ro, -.ra] 形 水を含んだ;水を浸透させる;水の. capa *acuífera* 帯水層.

a·cuil·mar·se [a.kwil.már.se] 再 《ラ米》(ﾒｷｼｺ)(ｸﾞｱﾃﾏﾗ)ひどく悲しむ;がっかりする.

a·cui·ta·da·men·te [a.kwi.tá.ða.mén.te] 副 悲嘆に暮れて.

a·cui·tar [a.kwi.tár] 他 《格式》悲しませる;苦しめる. ━ ~·**se** 再 《格式》〈**por...**〉〈…で〉悲嘆に暮れる.

á·cu·la [á.ku.la] 女 〖植〗セリ科の植物.

a·cu·la·do, da [a.ku.lá.ðo, -.ða] 形 〖紋〗馬が後脚で立ち上がった姿の.

a·cu·lar [a.ku.lár] 他 〈**a... / contra...**〉**1** 〈馬・

車を)《(…の方に)》後退させる，バックさせる．**2**《話》《(…へと)》追い詰める．— **~se** 再《海》〈船が〉(後進の際に)浅瀬に乗り上げる，浅瀬をこする．

a·cu·le·bri·na·do, da [a.ku.le.ḃri.ná.ðo, -.ða] 形 (カルバリン砲のように)砲身の長い．

a·cu·llá [a.ku.ʝá ‖ -.ʎá] 副《まれ》あちらに[へ]．acá y ~ あちこちに．

a·cu·lli·car [a.ku.ʝi.kár ‖ -.ʎi.-] 自《ラ米》(ミン)コカの葉をかむ．

a·cu·lli·co [a.ku.ʝí.ko ‖ -.ʎí.-] 男《ラ米》(ミン)(ミン)(ミン)コカの葉をかむこと；コカ玉：コカの葉を丸めたもの．

a·cul·tu·ra·ción [a.kul.tu.ra.θjón / -.sjón] 女 異文化への同化，異文化の受容，(文化人類学で言う)文化変容．

a·cul·tu·ral [a.kul.tu.rál] 形 非文化的な，文化と無縁な．

a·cu·men [a.kú.men] 男《古語》《詩》鋭さ；知性，才覚．

a·cu·mi·na·do, da [a.ku.mi.ná.ðo, -.ða] 形 先がとがった．

a·cu·mu·char [a.ku.mu.tʃár] 他《ラ米》(ミン)積む，蓄積する．

a·cu·mu·la·ble [a.ku.mu.lá.ḃle] 形 蓄積できる．

*__a·cu·mu·la·ción__ [a.ku.mu.la.θjón / -.sjón] 女 **1** 蓄積，累積；集積．~ de capital 資本の蓄積．una ~ de arena 砂山．
2(罪の)転嫁．**3**《法》(1) 訴訟原因の併合；当事者の併合．(2) 争点の承認[決定]．

a·cu·mu·la·dor, do·ra [a.ku.mu.la.ðór, -.ðó.ra] 形 蓄積する，累積の．— 男 蓄積するもの；《機》[IT]アキュムレータ；《電》蓄電池，バッテリー．

a·cu·mu·la·mien·to [a.ku.mu.la.mjén.to] 男 →acumulación．

*__a·cu·mu·lar__ [a.ku.mu.lár] 他 **1** 蓄積する；積み上げる；《**a...** …に》加える．~ riqueza 富を蓄積する．~ experiencias 経験を積む．~ puntos ポイントをためる．~ recuerdos 思い出を刻む．~ éxitos 成功を重ねる．~ evidencias 証拠を集める．~ intereses a la cuenta 口座に利子を算入する．
2《a+人》に》(罪などを)帰する，転嫁する．
3《法》(訴訟などを)併合する．
— **~se** 再 たまる，集まる．*Se me acumula* el trabajo. 私には仕事がたまっている．Aquí *se acumulan* cartas de todo el mundo. ここには世界中からの手紙が集まる．
[← (ラ) *accumulāre* (*ad + ccumulāre*「積み上げる」)．[関連] acumulación．[英] *accumulate*]．

a·cu·mu·la·ti·va·men·te [a.ku.mu.la.tí.ḃa.mén.te] 副 累積的に．

a·cu·mu·la·ti·vo, va [a.ku.mu.la.tí.ḃo, -.ḃa] 形 **1** 累積する，累積的な．**2**《法》累加[累積]する．

a·cú·mu·lo [a.kú.mu.lo] 男 蓄積．

a·cu·nar [a.ku.nár] 他 (揺りかごに入れて・抱いて)あやす．

a·cu·ña·ción [a.ku.ɲa.θjón / -.sjón] 女 **1**(貨幣・メダルなどの)鋳造．**2** 単語の新造；新語の普及．

a·cu·ña·dor, do·ra [a.ku.ɲa.ðór, -.ðó.ra] 形 貨幣[メダル]鋳造の．— 男 女 貨幣[メダル]鋳造職人．

a·cu·ñar [a.ku.ɲár] 他 **1**《貨幣・メダルなどを》鋳造する；(金属に)刻印する．**2**《新語を》造り出す；定着[普及]させる．**3** …にくさびを打ち込む．

a·cuo·si·dad [a.kwo.si.ðáð] 女 水気の多いこと；水性．

a·cuo·so, sa [a.kwó.so, -.sa] 形 水の(ような)水気の多い．fruta *acuosa* 水気の多い果物．la mirada *acuosa* うるんだ視線．humor ~ 《解剖》(眼球の)水様液．

a·cu·to·bu·lar [a.kwo.tu.ḃu.lár] 形《機》水管の．caldera ~ 水管ボイラー．

a·cu·pre·sión [a.ku.pre.sjón] 女《医》指圧，指圧療法．

a·cu·pun·tor, to·ra [a.ku.pun.tór, -.tó.ra] 男 女 鍼医(シン)，鍼師(シン)．

a·cu·pun·tu·ra [a.ku.pun.tú.ra] 女《医》鍼(シン)療法．

a·cu·pun·tu·ris·ta [a.ku.pun.tu.rís.ta] 男 女 → acupuntor．

a·cu·re [a.kú.re] 男《動》テンジクネズミ(の一種)．

a·cu·rru·car·se [a.ku.ru.kár.se] 再 **1**(身を隠すため・寒さをしのぐため手足を縮めて)丸くうずくまる，しゃがみ込む．*Se acurrucó* en el sillón. 彼[彼女]はひじ掛けいすの上で丸くなった．

a·cu·rru·llar [a.ku.ru.ʝár ‖ -.ʎár] 他《海》《帆を》降ろす．

*__a·cu·sa·ción__ [a.ku.sa.θjón / -.sjón] 女 **1** 非難，罪を着せること．una ~ contra... …に対する非難．
2《法》告発，告訴；起訴(状)；検察側[当局]．acta de ~ 起訴状．cargo de ~ (起訴状の)訴因．
3 容疑．la ~ del secuestro del niño 幼児誘拐の容疑．

a·cu·sa·da·men·te [a.ku.sá.ða.mén.te] 副 目立って，著しく．

*__a·cu·sa·do, da__ [a.ku.sá.ðo, -.ða] 形 **1** 告発された，容疑を受けた．**2** 際立った；明らかな，明確な．— 男 女 被告(人)，容疑者．

a·cu·sa·dor, do·ra [a.ku.sa.ðór, -.ðó.ra] 形 非難する，責める．— 男 女 告発者，告訴人；非難者．~ público 検察官．

__a·cu·sar__ [a.ku.sár] 他 **1**《**de...**〈罪・失敗〉について》責める，非難する．Lo *acusaron de* haber mentido. 彼はうそをついたといって非難された．
2《**de...** …のかどで》《**ante...** …に》告発する，訴える；犯人として特定する．Me *acusaron ante* el comité *de* ser responsable del caso. 私はその件の責任者として委員会に訴えられた．Todas las pruebas lo *acusan*. すべての証拠は彼が犯人であることを示している．
3 示す，表す．~ cansancio 疲れを見せる．El equipo *acusó* su falta de rodaje. チームは調整不足を露呈した．El termómetro *acusa* cuarenta grados. 温度計は40度を指している．
4《遊》(トランプ)《上がり札を》見せる，《手札を》開けて点数を宣言する．
— **~se** 再 **1**《**de...**〈罪・失敗〉を》白状する；告解される．Mi padre siempre *se acusa de* mala memoria. 私の父はいつも物覚えが悪いと自認している．El jugador *se acusó de* dopaje. その選手はドーピングを告白した．
2 明らかになる，見て取れる．*Se acusan* las bajas cifras. 数値の低下が見られる．*Se acusó* la falta de experiencia. 経験不足が露呈した．

acusar el golpe 痛手[衝撃]をあらわにする，動揺する．

acusar recibo de... …を受領したことを通知する[述べる]．Les pedimos el favor de ~ *recibo de* este mensaje. このメッセージを受け取ったらその旨を通知してくださるようお願いします．

[←(ラ) *accūsāre* (*causa*「訴訟」より派生)；[関連]

acusativo

acusación, acusativo. [英]*accuse*]

a·cu·sa·ti·vo, va [a.ku.sa.tí.ƀo, -.ƀa] 形《文法》対格の. ― 男《文法》対格 (= caso ～).

a·cu·sa·to·rio, ria [a.ku.sa.tó.rjo, -.rja] 形 告発の, 非難の, 弾劾の. discurso ～ 弾劾演説.

a·cu·se [a.kú.se] 男 **1** 受取[受領] (証明書). ～ de recibo 受領書. **2**（トランプなどの）上がり札.

a·cu·sa·da [a.ku.sá.ta] 形 男 女《ラ米》(ミッミニーチ)→ acusica.

a·cu·se·tas [a.ku.sé.tas] 形 男 女《性数不変》《ラ米》(ﾒﾀｼ)(ﾀﾍﾞ)→ acusica.

a·cu·se·te, ta [a.ku.sé.te, -.ta] 形 男 女《ラ米》(ﾒﾀｼ)(ﾀﾍﾞ)(ﾍﾟﾙｰ)→ acusica.

a·cu·si·ca [a.ku.sí.ka] / **a·cu·són, so·na** [a.ku.són, -.só.na] 形《話》すぐに告げ口をする, 言いつける. ― 男 女 告げ口屋.

*a·cús·ti·co, ca** [a.kús.ti.ko, -.ka] 形 聴覚の, 耳の; 音響(学)上の. fonética *acústica* 音響音声学. guitarra *acústica* アコースティック・ギター. trompetilla *acústica* らっぱ形補聴器. ― 女 音響(学).

a·cu·tán·gu·lo, la [a.ku.táŋ.gu.lo, -.la] 形《数》鋭角の (↔obtusángulo). triángulo ～ 鋭角三角形.

a·cu·tí [a.ku.tí] 男［複 ～es, ～s］《ラ米》(ﾘｵﾌﾟ)(ﾒﾀｼ)(ﾁﾘ)《動》→ agutí.

ad.《略》《音楽》*ad*agio アダージョ, 緩やかに.

ad-《接頭》「近接, 方向, 付加, 傾向」などの意, または単なる強意. → *ad*junto, *ad*mirar. ▶ 異形の a- も. → *a*traer. [←［ラ］]

AD [a.ðé]《略》*A*cción *D*emócrata 民主行動党：ベネズエラの政党.

-ada《接尾》「動作, 行為, 大量, 内容物, 打撃, 期間, 集合」などの意を表す女性名詞語尾. → baj*ada*, cuchar*ada*, man*ada*, pedr*ada*.

a·da·ci·lla [a.ða.θí.ja ‖ -.ʎa / -.sí.-] 女《植》ヒメモロコシ.

a·da·fi·na [a.ða.fí.na] 女《料》アダフィーナ：ユダヤ起源の鍋(ﾅﾍﾞ)料理の一種.

a·da·gial [a.ða.xjál] 形 金言の, 格言的な.

a·da·gio[1] [a.ðá.xjo] 男 金言, 格言, 諺. → aforismo [類語]

a·da·gio[2] [a.ðá.jo ‖ -.dʒo]《伊》男《音楽》アダージョ, 緩徐調；アダージョの曲［楽章］, 緩徐曲. ― 形《音楽》緩やかな. ― 副《音楽》緩やかに, ゆっくりと.

a·da·guar [a.ða.gwár] 86 自〈家畜が〉水を飲む.

a·da·la [a.ðá.la] 女《海》(船の)排水口.

a·da·lid [a.ða.líð] 男 **1** (中世の)隊長, 首領. **2** (党・活動の)指導者, リーダー. ～ de la democracia 民主主義の闘士.

a·da·ma·do, da [a.ða.má.ðo, -.ða] 形 **1**（男性が）女みたいな, 柔弱な. **2**（女性が）上品な, 優雅な；奥様ぶった, 気取った.

a·da·man·ti·no, na [a.ða.man.tí.no, -.na] 形《文章語》ダイヤモンドのような, 非常に硬い.

a·da·már·se [a.ða.már.se] 再《男性が》女性的な体つき[顔つき]になる, 細身になる.

a·da·mas·ca·do, da [a.ða.mas.ká.ðo, -.ða] 形 ダマスク織りに似た, 緞子(ﾄﾞﾝｽ)風の.

a·da·mas·car [a.ða.mas.kár] 102 他〈布に〉ダマスク風の模様を織り出す.

a·da·mi·co, ca [a.ðá.mi.ko, -.ka] 形 → adánico.

a·da·mis·mo [a.ða.mís.mo] 男 アダム派, アダム主義：2世紀に裸で会合などをし, 一夫多妻を唱えた運動. 15世紀ボヘミアで復活した.

a·da·mi·ta [a.ða.mí.ta] 形 アダム派の, アダム主義の. ― 男 女 アダム派 adamismo の人.

a·dam·si·ta [a.ðam.sí.ta] 女《化》アダムサイト：吐き気, くしゃみを誘発する化学兵器として用いられる.

a·dán [a.ðán] 男《話》《軽蔑》無精者,（身なりの）だらしない人；怠け者. ir hecho un ～ ぼろをまとう, 汚らしい身なりをしている.

A·dán [a.ðán] 固名《聖》アダム：神が最初に造った人間. manzana [nuez] de ～《解剖》のどぼとけ. *ir en el traje de Adán* 裸でいる.
[←［ヘブライ］*Ādām*；[関連]［ポルトガル］*Adão*. ［仏]*Adam*. ［独]*Adam*. ［伊]*Adamo*]

a·dá·ni·co, ca [a.ðá.ni.ko, -.ka] 形 (聖書の)アダムの, アダムのような；楽園の.

a·dap·ta·bi·li·dad [a.ðap.ta.ƀi.li.ðáð] 女（a... ……の）適応性, 順応性；翻案が可能であること. ～ *a* la realidad 現実への適応[順応]性.

a·dap·ta·ble [a.ðap.tá.ble] 形（a... ……に）適応［応用］できる, 順応性のある；融通の利く；翻案できる.

*a·dap·ta·ción** [a.ðap.ta.θjón / -.sjón] 女 **1**（a... ……の）適合, 適応, 順応. ～ *a* las circunstancias 環境への適応. **2** 改作, 翻案, 脚色；編曲. la ～ de una novela al teatro 小説の戯曲化. **3** 設置, 取り付け. **4** 改良, 改変.

a·dap·ta·dor, do·ra [a.ðap.ta.ðór, -.ðó.ra] 形 適応する[させる]；翻案する. ― 男 **1** アダプター. **2** 編曲家；脚色する人.

*a·dap·tar** [a.ðap.tár] 他（a... ……に）**1** 合わせる, 適合させる. ～ la teoría *a* la realidad 理論を現実に合わせる. Tuvimos grandes dificultades para ～ nuestra forma de vida *a* un entorno tan distinto. 私たちはあまりに違う環境に生活様式を合わせるのにひどく苦労した.
2 改変する, 改造する；（a... ……に）調整して取り付ける. *Hemos adaptado* una banqueta para utilizarla como mesita. スツールをひざテーブルとして使えるように改造した. ～ un silenciador *a* la pistola ピストルにサイレンサーを取り付ける.
3〈作品などを〉（a... / para... ……用に）脚色[翻案]する, アレンジする. Él mismo quiere ～ la obra *al* cine. 彼自身が作品を映画用に脚色したがっている.
― ～**·se** 再（a... ……に）**1** 合う, はまる. Este conector no *se adapta* bien *a* mi ordenador. このコネクターは私のコンピュータにうまく合わない.
2 適応する, 順応する. Dentro de poco *te adaptarás a*l nuevo trabajo. 君もじきに新しい仕事に慣れるさ.
[←［ラ］*adaptāre*「当てはめる, 目的に合わせる」(*aptus*「目的にかなった」より派生)；[関連]［英］*adapt*. ［日］アダプター―]

a·da·ra·ja [a.ða.rá.xa] 女《建》待ち歯：れんが, 石などの端を1段おきに突出させて積み残したもの.

a·dar·ce [a.ðár.θe / -.se] 男（海水が乾いてできる）塩の膜, 塩垢(ｱｶ).

a·dar·ga [a.ðár.ga] 女（革製でだ円形・ハート形の）盾.

a·dar·gar [a.ðar.gár] 103 他〈盾で〉防御する；守る.

a·dar·me [a.ðár.me] 男 **1**《古語》ドラム：スペイン・メキシコ・アルゼンチンの重量の単位. 約1.7～1.8グラム (= 3 tomines). **2**《まれ》微量, わずか. por ～s わずかずつ, けちけちと. No me importa ni un ～. 私はちっとも構わない.

a·dar·var[1] [a.ðar.ƀár] 他 びっくりさせる. ― ～**·se** 再 びっくりする.

a·dar·var² [a.ðar.bár] 他 《古語》要塞(ようさい)で固める；防御する.

a·dar·ve [a.ðár.be] 男 **1** 塁壁：城壁の上部の通路；城壁. **2** 防衛.

a·da·tar [a.ða.tár] 他 → datar.

a·da·za [a.ðá.θa / -.sa] 女《植》モロコシ.

ad·den·da [a(ð).ðén.da] [ラ] 《集合的》追加, 補遺, 付録. ~ et corrigenda 補遺並びに訂正.

A. de C. 《略》(1) antes de Cristo 紀元前 (= a. C., a. de J. C.). (2) año de Cristo 西暦, 紀元.

a·de·ce·nar [a.ðe.θe.nár / -.se.-] 他 10ずつに分ける.

a·de·cen·ta·mien·to [a.ðe.θen.ta.mjén.to / -.sen.-] 男 整頓(せいとん), 身じたく.

a·de·cen·tar [a.ðe.θen.tár / -.sen.-] 他 **1** 〈人の〉身だしなみを「格好」を整える. **2** かたづける, 整頓(せいとん)する. ~ una ciudad 町を美化する. — ~·se 再 身だしなみを整える.

a·de·cua·ción [a.ðe.kwa.θjón / -.sjón] 女 適合, 適応；適切, 適当.

a·de·cua·da·men·te [a.ðe.kwá.ða.mén.te] 副 ふさわしく, 相応に；十分に.

*__**a·de·cua·do, da**__ [a.ðe.kwá.ðo, -.ða] 形 **1** (**para... / a...** …に) **適切な, ふさわしい**；妥当な. vehículo ~ para este tipo de terreno この地形に合った乗り物. **2** (**para...** …に) 十分な, (**para** + 不定詞 …するのに) 十分な；相応の. el hombre ~ para el puesto その職にふさわしい人物. una cantidad adecuada 十分な量.

*__**a·de·cuar**__ [a.ðe.kwár] 87 他 (**a...** …に) **適合させる**, 適応させる, 当てはめる；釣り合わせる. ~ los aparatos al nuevo uso 新しい使い道に機器を合わせる. — ~·se 再 (**a...** …に) 適応する.
[←[ラ] adaequāre「等しくする」(aequus「等しい」より派生)][関連] adecuado, igual. [英] adequate]

a·de·fa·gia [a.ðe.fá.xja] 女 大食, 異常な食欲；《医》多食症.

a·de·fe·ra [a.ðe.fé.ra] 女 (腰壁・舗床用の) 四角い小型化粧タイル.

a·de·fe·sie·ro, ra [a.ðe.fe.sjé.ro, -.ra] 形 《ラ米》(メキシコ)《話》ばかな, 愚かな.

a·de·fe·sio [a.ðe.fé.sjo] 男 《話》 **1** 変な格好の人[もの]. estar hecho un ~ 突飛な格好をしている. **2** けばけばしい衣装.

a·de·fe·sio·so, sa [a.ðe.fe.sjó.so, -.sa] 形 《ラ米》 → adefesiero.

a·de·fi·na [a.ðe.fí.na] 女 → adafina.

a·de·ha·la [a.ðe.á.la] 女 **1** チップ, 心付け (= propina). **2** (俸給以外の) 支給金, ボーナス.

a·de·he·sa·mien·to [a.ðe.(e.)sa.mjén.to] 男 牧草地にすること.

a·de·he·sar [a.ðe.(e.)sár] 他 牧草地にする.

a. de J.C. 《略》antes de Jesucristo (西暦) 紀元前.

a·de·la [a.ðé.la] 女 《ラ米》(プ米)《植》ヒヨドリジョウゴ.

a·de·lai·da [a.ðe.lái.ða] 女 《ラ米》(シリ)《植》フクシア.

*__**a·de·lan·ta·do, da**__ [a.ðe.lan.tá.ðo, -.ða] 形

1 (**estar** +) (時間・時期が通常よりも) **進んだ**, 早まった. Tengo el reloj diez minutos ~. 私の時計は10分進んでいる. La siembra está adelantada este año. 今年は種まきの時期が早い. El trabajo está bastante ~. 作業はかなりはかどっている.

2 (**estar** +)〈人が〉**成長が早い**, 早熟な, 〈知的に〉優れている (= precoz). Estas niñas *están* muy *adelantadas* para su edad. この女の子たちは年齢の割には非常にませている.

3 (**ser** +)〈他と比較して〉**進歩している**；進歩的な, 前衛的な. técnicas *adelantadas* 発達した技術.

4〈支払いが〉前払いの. pago ~ 前払い.

— 男 **1** 先駆者, 先発者.

2《史》アデランタード：レコンキスタ reconquista や新大陸の征服の過程で任命された前線総督.

llevar [*tener*] *... adelantado* …をすでに利点として持つ.

por adelantado あらかじめ, 前もって. pagar *por* ~ 前払いする.

a·de·lan·ta·mien·to [a.ðe.lan.ta.mjén.to] 男 **1** 前進；進歩；改良 (= adelanto). **2** (乗り物で) 追い越し. **3**《史》太守 [総督] の地位 [職, 管区].

*__**a·de·lan·tar**__ [a.ðe.lan.tár] 他 **1 前進させる**, 前に動かす；〈時計の〉針を進める. *Adelanta* un poco el televisor para que pueda sacar los cables. コードが引き出せるようにテレビを前に動かして. Voy a quedarme en la oficina para ~ el trabajo. 会社に残って仕事を進めておくよ. ~ la pelota《スポ》ボールを前方へ進める.

2 …に先んずる；追い抜く；…より前にいる. Nos *adelantó* la ambulancia a toda velocidad. 救急車が猛スピードで私たちを追い抜いていった.

3〈時期などを〉早める. ~ la fecha 日付けを前倒しする. A causa del trabajo *hemos adelantado* el viaje. 仕事の都合で旅行を早めた. **4** (**con...** …で)〈利を〉得る. No *adelantarías* nada *con* reprocharte tu actitud. 君が自分自身の行いを責めたところでどうなるものでもないでしょう. ▶ 否定文・疑問文で用いられることが多い. **5**〈ニュースなどを〉前もって教える. Les *adelantamos* el tema del que trataremos hoy. 今日取り上げるテーマを前もってお伝えしておきます. **6** 前払いする. Le pedí que me *adelantara* cien euros. 100ユーロ前払いしてくれるように彼[彼女]に頼みました.

— 自 **1** 前進する；上達する, 発展する. Mi hija *ha adelantado* mucho en italiano. 私の娘はイタリア語がずいぶん上達した. Hoy la tecnología *adelanta* una barbaridad. 現在技術の進歩はすさまじい勢いだ. **2** 追い抜く, 先んじる. Prohibido ~. 《掲示》追い越し禁止. **3**〈時計が〉進む (↔atrasar).

— ~·se 再 **1** 前進する, 進む；(**a...** …に) 先んじる. ~*se* un paso un paso 一歩前へ出る. ~*se a* la pregunta たずねられる前に述べる. *Adelántate* tú mientras yo termino de cerrar todo. 私が戸締まりをしている間, 君は先に行っていて.

2〈時計が〉進む (↔atrasarse). Este reloj *se adelanta* dos minutos al día. この時計は一日に2分進む. **3**〈時期が〉早まる. Este año el frío *se ha adelantado*. 今年は寒くなるのが早かった. **4**〈建物の一部などが〉突き出る.

*__**a·de·lan·te**__ [a.ðe.lán.te] 副 **前(方)に**；〈時間が〉先で (↔atrás). mirar hacia ~ 前方を見る. dar un paso ~ 一歩進む. Llévalo ~. それを前に持って行きなさい. Pienso seguir ~ con mis estudios. 私は研究を続けていくつもりだ. Camino ~, encontrará una gasolinera. もっと先に行くとガソリンスタンドがありますよ. ▶ 会話では delante が多用される.

— 間 → adelantar.

¡adelante! (1)《ドアのノックに対して》どうぞ (お入りください). (2)《促して》さあ (どうぞ). A~ con

la idea. さあ、考えを言いなさい. (3)《号令》前進. (4)《ラ米》(ミスミ)《話》いいぞ、その調子.
de adelante《ラ米》前の. los asientos *de* ~ 前の席. la parte *de* ~ 前部.
de... en adelante (1) …から先. *de ahora* [*hoy, aquí*] *en* ~ 今[今日、ここ]から先. (2) …以上. *de cien euros en* ~ 100ユーロ以上.
en adelante これから(先)、今後.
ir adelante うまくいく、成功する(=*salir* ~).
más adelante 先の方で、後で[に]. Te lo explicaré *más* ~. もっと後で君にそれを説明してあげよう. Véase *más* ~, el capítulo segundo. (論文などで)後述、第2章参照.
[a+delante]

*a・de・lan・to [a.ðe.lán.to] 男 **1** 前進、進行、進捗(はちょく). el ~ *de las obras* 工事の進捗[進展]. **2** (時間が)進むこと；(予定などの)繰り上げ. llegar con un ~ *de media hora* 30分早く着く. El reloj tiene un ~ *de cinco minutos*. この時計は5分進んでいる. **3** 進歩、発展；《主に複数形で》最新機器. los ~s *de la ciencia* 科学の進歩. **4** リード、先行. tener un ~ *en su trabajo* 仕事で一歩先んじる. Este ciclista lleva cinco minutos de ~ *sobre los otros*. この自転車競技の選手は他の選手たちを5分リードしている. **5** 前払い(金)、前渡し. pedir un ~ 前金を要求する.
— 活 → adelantar.

a・del・fa [a.ðél.fa] 囡《植》キョウチクトウ.
a・del・fal [a.ðel.fál] 男 キョウチクトウの林.
a・del・fi・lla [a.ðel.fí.ʎa ‖ -.ʎa] 囡《植》ジンチョウゲ.
adelgace(-) / adelgacé(-) 活 → adelgazar.
a・del・ga・za・dor, do・ra [a.ðel.ga.θa.ðór, -.ðó.ra / -.sa.-] 形 やせる(ための)；細く[薄く]する.
a・del・ga・za・mien・to [a.ðel.ga.θa.mjén.to / -.sa.-] 男 **1** やせること、瘦身(セラレルム). *cura* (*régimen*) *de* ~ 体重低減[食餌(じ)]療法. **2** 薄くすること、細くすること. **3** 先をとがらせること.
a・del・ga・zan・te [a.ðel.ga.θán.te / -.sán.-] 形 ダイエットの、やせるための.
— 男 (または 囡) ダイエット剤.

*a・del・ga・zar [a.ðel.ga.θár / -.sár] 97 他 **1** 細くする、薄くする；とがらせる. ~ *la masa con un rodillo* パン生地を麵棒で薄くのばす. **2** やせさせる；細く[ほっそりと]する. Ese vestido la *adelgaza* mucho. その服を着ると彼女はとてもスマートに見える. **3** 切り詰める；(量目を)けちる. **4** (削るなどして)先をとがらせる. **5** 浄化する；精製する. **6** (声を)細くする、甲高くする.
— 自 やせる、細くなる；減量する. *He adelgazado tres kilos*. 私は3キロやせた.
— ~・se 再 やせる、細くなる.

ADELPHA [a.ðél.fa] 囡《略》*Asociación para la Defensa Ecológica y del Patrimonio Histórico-Artístico* (スペイン)環境および歴史芸術遺産保護委員会.
a・de・ma [a.ðé.ma] 囡 → ademe.

*a・de・mán [a.ðe.mán] 男 **1** 仕草；態度、様子、表情、顔つき. *con un* ~ *amenazador* 脅すような仕草で. → gesto 類語. **2**《複数で》行儀、作法、礼儀(=*modales*). Tiene *ademanes muy groseros*. 彼は非常に不作法な男だ.
en ademán de... …のしるしに、…するかのように. *en* ~ *de respeto* 尊敬のしるしとして.
hacer ademán de (1)《+不定詞》…しそうな様子を見せる. *Hizo* ~ *de marcharse*. 彼[彼女]は立ち去る素振りを見せた. (2) (*que* +接続法) …するように合図する. *Me hizo* ~ *de que me callase*. 彼[彼女]は私に黙るようにと合図した.
[←《古スペイン》「偽り」；語源不明の語]
a・de・mar [a.ðe.már] 他 支柱[坑木]で支える、つっかい棒をする.

****a・de・más** [a.ðe.más] 副 そのうえ、さらに. *Ese joven es inteligente, y* ~, *guapo*. その若者は頭がよくて、そのうえハンサムだ. *Hace mucho frío, y* ~, *está nevando*. とても寒いし、そのうえ雪が降っている.
además de esto [*eso*] これに[それに]加えて、おまけに.
además de (*que*)... …に加えて、…(である)他に. *A* ~ *de tener* [*de que tiene*] *mucho talento, es trabajador*. 彼は豊かな才能があるうえ、努力家だ.
a・de・me [a.ðé.me] 男《鉱》坑木、支柱.
ADENA [a.ðé.na] 囡《略》*Asociación para la Defensa de la Naturaleza* (スペイン)自然保護協会.
a・den・da [a.ðén.da] 囡 → addenda.
a・de・ni・na [a.ðe.ní.na] 囡《生化》アデニン.
a・de・ni・tis [a.ðe.ní.tis] 囡《単複同形》《医》腺炎(えん).
a・de・no・car・ci・no・ma [a.ðe.no.kar.θi.nó.ma / -.si.-] 男《医》腺(せん)がん.
a・de・noi・de [a.ðe.nói.ðe] 囡《主に複数で》《医》アデノイド.
a・de・noi・de・o, a [a.ðe.noi.ðé.o, -.a] 形《医》アデノイドの、腺様(せんよう)の. *vegetación adenoidea* アデノイド、腺様増殖症.
a・de・no・lo・gí・a [a.ðe.no.lo.xí.a] 囡《医》腺学(せんがく)、腺論.
a・de・no・ma [a.ðe.nó.ma] 男《医》腺腫(せんしゅ).
a・de・no・me・ga・lia [a.ðe.no.me.gá.lja] 囡《医》リンパ節肥大.
a・de・no・pa・tí・a [a.ðe.no.pa.tí.a] 囡《医》腺(せん)病.
a・de・no・vi・rus [a.ðe.no.bí.rus] 男《単複同形》《生物》アデノウイルス.
a・den・sar [a.ðen.sár] 他 濃縮する、凝縮する.
— ~・se 再 濃密[濃厚]になる.
a・den・te・llar [a.ðen.te.jár ‖ -.ʎár] 他 **1** かむ、歯をたてる. **2**《建》《土木》(壁・塀に)待ち歯を残す.

*a・den・trar・se [a.ðen.trár.se] 再 (*en...*) (…に)深く入り込む；《…を》掘り下げる. ~ *en un bosque* 森の奥深く入り込む. ~ *en un asunto* ある問題を徹底的に調べる. ~ *en sí mismo* 考え込む、瞑想(めいそう)にふける.

****a・den・tro** [a.ðén.tro] 副 **1**《方向・場所》中へ[に、で]；奥へ(↔*afuera*). *ir* ~ 中へ入る. *mirar hacia* ~ 中をのぞきこむ. *Pase* ~, *por favor*. どうぞ中へ. *La novela me llegó muy* ~. この小説は私の心の奥まで響いた.
2《無冠詞名詞+》…の奥へ[に]、内部へ[に]. *mar* [*aguas*] ~ 沖へ. *monte* ~ 山奥へ. *portal* ~ 玄関の中へ. *Los daños se extienden hasta veinte kilómetros tierra* ~. 被害は海岸から内陸20キロまで広がっている.
— 男 **1**《複数で》内心、心の奥底. *hablar para sus* ~s 独り言をいう. *Para* [*En*] *sus* ~s *no pensaba hacerlo*. 心の中ではそれをしようとは思っていなかった. **2**《ラ米》(ミスミ)家の中[内部].

──**間投** **1** お入りください；入れ. **2** 《ラ米》《ｸﾞｧﾃ》《話》《かけ声》(歌い始めなどで)さあっ、それーっ.

a‧dep‧to, ta [a.ðép.to, -.ta] 形 **1** 《ser＋》《**a...** / **de...**》(…に)賛成している、(…に)賛成している. *ser ~ a una teoría* ある理論の支持者である. **2** 《**a...** …を》信奉している、尊敬している. **3** 《**a...** …に》属している、加盟している. ──男 女 **1** 支持者、後援者. *~ del gobierno* 政府支持者. **2** 信奉者、信者；弟子. **3** 会員、加盟者.

a‧de‧re‧za‧mien‧to [a.ðe.re.θa.mjén.to / -.sa.-] 男 → aderezo.

a‧de‧re‧zar [a.ðe.re.θár / -.sár] 97 他 **1** 《料》調味する、味を整える. *Voy a ~ la ensalada con aceite, vinagre y sal.* サラダを油、酢、塩で味つけしよう. **2** 準備する、整える；《布地に》糊(%)付け加工をする. **3** 《**con...** …で》装飾する；《飾りを》つけ加える；おもしろくする. *Aderezó su discurso con unos chistes.* 彼[彼女]は冗談を交えてスピーチが退屈にならないようにした.
──~‧se 再 **1** 準備する、支度を整える. **2** 着飾る.

a‧de‧re‧zo [a.ðe.ré.θo / -.so] 男 **1** 《料》調味；調味料、ドレッシング. **2** 身繕い、化粧；装飾；装身具類. **3** 《布の》仕上げ(加工). **4** 装飾用馬具一式.

a‧des‧tra‧do, da [a.ðes.trá.ðo, -.ða] 形 《紋》右側に別の紋章[図柄]がある.

a‧des‧trar(‧se) [a.ðes.trár(.se)] 8 他 再 → adiestrar(se).

a‧deu‧da‧do, da [a.ðeu.ðá.ðo, -.ða] 形 借りている、借金をしている.

a‧deu‧dar¹ [a.ðeu.ðár] 他 **1** 〈お金を〉借りている、借金している. *Él me adeuda un millón de yenes.* 彼は私に100万円の借金がある. **2** 《商》《**en...** 〈借方〉に》…を記入する. **3** 《税関などで》課税される.
──~‧se 再 借金をする.

a‧deu‧dar² [a.ðeu.ðár] 自 縁戚(桟)になる.

a‧deu‧do [a.ðéu.ðo] 男 **1** 借金. *tener un ~* 借金を抱える. **2** 《商》借方、借方記入. **3** 関税.

a‧de‧ve‧ras [a.ðe.ßé.ras] *de adeveras* 《ラ米》真に、本当に(= de veras).

ad‧he‧ren‧cia [að.e.rén.θja / -.sja] 女 **1** 粘着(性), 付着；付着物. **2** 執着、固執；支持. **3** 結びつき、縁故. **4** 《車》走行安定性. *tener buena ~* 《車の》走行安定性が良い. **5** 《医》癒着(症).

ad‧he‧ren‧te [að.e.rén.te] 形 **1** 粘着する、付着[粘着]性の；くっついた. **2** 安定性の高い.
──男 女 《ラ米》《ｸﾞｧﾃ》随伴者、支持者、信奉者.
──男 **1** 接着剤. **2** 付着物；付属物. **3** 《主に複数で》必要な道具[手立て].

*ad‧he‧rir [a.ðe.rír] 27 他 《**a...** …に》貼(は)る、くっつける. *~ un sello a un sobre* 封筒に切手を貼る. ──自 付着する、くっつく. *Este parche no adhiere.* この貼り薬は付きが悪い.
──~‧se 再 《**a...**》 **1** 《…に》貼りつく、くっつく. **2** 《〈学説・政党など〉を》信奉する、支持する；《…に》加入する、参加する. *No se adhiere a ningún partido.* 彼[彼女]はいかなる政党にも加入していない.
[←[ラ] *adhaerēre*] [関連] adhesión, adhesivo. [英] *adhere*

*ad‧he‧sión [a.ðe.sjón] 女 **1** 粘着(性・力), 付着；《物理》付着(力). **2** 〈学説などへの〉支持、賛同. *Espero poder contar con su ~*. あなたのご支持が得られるものと期待しております.
3 〈団体・組織などへの〉加入、参加.

ad‧he‧si‧vi‧dad [að.e.si.ßi.ðáð] 女 粘着性、付着性.

ad‧he‧si‧vo, va [a.ðe.sí.ßo, -.ßa] 形 粘着性の、くっつく. *plástico ~* ビニールテープ. *cinta adhesiva* 粘着テープ. ──男 接着剤；粘着性物質.

ad‧hier- / **ad‧hir-** 動 → adherir.

ad hoc / **ad‧hoc** [a.ðók, -.ðók // ad.xók] 《ラ》特にこのために[の]、特別に[の]；その場だけの[で].

ad hó‧mi‧nem / **ad‧hó‧mi‧nem** [a.ðó.mi.nem, -.ðó.- // ad.xó.-] 《ラ》《議論よりも》論敵個人に対しての(= contra el hombre). *argumento ~* 対人論証.

a‧dia‧bá‧ti‧co, ca [a.ðja.ßá.ti.ko, -.ka] 形 《物理》断熱(性)の.

a‧dia‧fo‧re‧sis [a.ðja.fo.ré.sis] 女 《単複同形》《医》無汗症.

a‧dia‧man‧ta‧do, da [a.ðja.man.tá.ðo, -.ða] 形 ダイヤモンドのような、ダイヤモンドのように硬い.

a‧dian‧to [a.ðján.to] 男 《植》アジアンタム：シダ植物.

a‧diar [a.ðjár] 81 他 《時間・日付などを》決める、指定する.

a‧dic‧ción [a.ðik.θjón / -.sjón] 女 《**a...** 〈アルコール・麻薬など〉への》耽溺(貉), 中毒. *tener ~ a las compras* 買い物依存症である.

*a‧di‧ción [a.ði.θjón / -.sjón] 女 **1** 追加、添加. *hacer adiciones a un texto* 原文に補足する. **2** 添加物；付録；付け足し(たもの). **3** 《数》加法、足し算. **4** 《ラ米》《ｸﾞｧﾃ》(レストランの)勘定書、伝票.

*a‧di‧cio‧nal [a.ði.θjo.nál / -.sjo.-] 形 追加の、補足的な. *una cláusula ~* 付帯条項.

a‧di‧cio‧nal‧men‧te [a.ði.θjo.nál.mén.te / -.sjo.-] 副 ほかに、そのうえ；《**a...** …に》付け加えると.

a‧di‧cio‧nar [a.ði.θjo.nár / -.sjo.-] 他 **1** 付け足す、付加する. **2** 《数》足す、合計する.

a‧dic‧ti‧vo, va [a.ðik.tí.ßo, -.ßa] 形 中毒になる、病みつきになる、習慣性の.

a‧dic‧to, ta [a.ðík.to, -.ta] 形 《ser＋》 **1** 《**a...** …に》ふけった、中毒の. *Mi novio es ~ a los juegos electrónicos.* 私の恋人は電子ゲームにはまっている. **2** 《**a...** …に》傾倒した、与(§)した. *Es muy ~ a esta religión.* 彼はこの宗教の熱心な信者である. **3** 献身的な、忠実な. *un amigo ~* 忠実な友人.
──男 女 **1** 《麻薬などの》常習者、中毒者.
2 追随者、支持者.

a‧dies‧tra‧do, da [a.ðjes.trá.ðo, -.ða] 形 **1** 訓練された、教育を受けた；熟練した.
2 《紋》《盾を持つ人の側から見て》右側の.

a‧dies‧tra‧dor, do‧ra [a.ðjes.tra.ðór, -.ðó.ra] 形 訓練する、調教する. ──男 女 訓練する人、調教師.

a‧dies‧tra‧mien‧to [a.ðjes.tra.mjén.to] 男 訓練；しつけ；調教. *~ de las tropas* 軍隊の教練.

a‧dies‧trar [a.ðjes.trár] 他 **1** 《**en...** …に》教え込む、訓練する；教育する.
2 《動物などを》調教する、しつける.
──~‧se 再 《**en...** …を》鍛える、訓練する. *~se en el uso de la espada* 剣術の腕を磨く.

a‧die‧tar [a.ðje.tár] 他 《食餌(㎏)療法をさせる、ダイエットをさせる. ──~‧se 再 食餌療法をする.

a‧di‧fés [a.ði.fés] 副 《ラ米》《ﾒｷｼｺ》わざと、故意に.
──《ラ米》《ﾒｷｼｺ》骨の折れる.

a‧di‧na‧mia [a.ði.ná.mja] 女 《医》無力(症).

adianto
(アジアンタム)

a·di·ne·ra·do, da [a.ði.ne.rá.ðo, -.ða] 形 金持ちの, 裕福な (= rico). ― 男 女 金持ち.
a·di·ne·rar·se [a.ði.ne.rár.se] 再《話》金持ちになる, 財産を作る.
a·din·te·la·do, da [a.ðin.te.lá.ðo, -.ða] 形 【建】(開口部の上部が) 弧形ではなく水平の. arco ~ フラットアーチ.
¡a·dió! [a.ðjó] 間投《ラ米》(*日)まさか.

a·diós [a.ðjós] 間投 **1《あいさつ》さようなら, ごきげんよう;《出かける人が》行ってきます;《出かける人に》行ってらっしゃい;《外ですれちがいながら》やあ. ¡*A*~, hasta mañana [la semana que viene]! さようなら, また明日 [来週]. **2**《驚き・落胆》おや, あら. ¡*A*~! Se apagó la luz. あれ, 明かりが消えたぞ. ¡*A*~! Me he equivocado otra vez. あら, また失敗したよ. **3**《ラ米》(ﾁﾘ) (ﾍﾟﾙｰ)《話》(信じられないことを示す) まさか.
― 男 別れ (の言葉, あいさつ), 別離. un ~ definitivo 決定的な別離. Llegó la hora del ~. お別れの時間が来た. decir ~ 別れを告げる.
¡*Adiós mi dinero!*《何かなくしたり失敗して》しまった, ああいけない.
decir adiós a... …をあきらめる, 断念する.
[¡A Dios seas!「神のご加護のあらんことを」の省略形] 関連《仏》《英》*adieu*

¡a·dio·si·to! [a.ðjo.sí.to] 間投《ラ米》《話》《あいさつ》《親しい人の間で》さようなら, ご機嫌よう, じゃあね, バイバイ.
a·di·po·si·dad [a.ði.po.si.ðáð] 女 《医》脂肪蓄積, 肥満 (症).
a·di·po·sis [a.ði.pó.sis] 女《単複同形》《医》肥満, 脂肪 (過多) 症.
a·di·po·so, sa [a.ði.pó.so, -.sa] 形 **1**《解剖》脂肪 (質) の. **2** 肥満した, 太りすぎの.
a·dip·sia [a.ðíp.sja] 女 《医》渇感欠如.
a·dir [a.ðír] 他《法》相続する. ― 不定詞, 過去分詞, 現在分詞のみ.
la herencia 遺産を相続する.
a·di·ta·men·to [a.ði.ta.mén.to] 男 **1** 付加物, 追加, 付け足し (= añadidura). **2**《文法》状況補語.
a·di·ti·vo, va [a.ði.tí.ßo, -.ßa] 形 **1** 添加する, 付け加えられる. **2**《数》加法の. ― 男 添加物.
a·di·va [a.ðí.ßa] 女 **1** → adive. **2**《主に複数で》【獣医】顎下腺 (ｶﾞｯｶｾﾝ).
a·di·ve, va [a.ðí.ße, -.ßa] 男 女 《動》ジャッカル.
a·di·vi·na·ble [a.ði.ßi.ná.ßle] 形 予見 [予知] できる, 推測できる, 言い当てられる.
a·di·vi·na·ción [a.ði.ßi.na.θjón / -.sjón] 女 **1** 占い; 予見, 予言. **2** 察知, 推測. ~ *del pensamiento* 読心術. **3** なぞ解き.
a·di·vi·na·dor, do·ra [a.ði.ßi.na.ðór, -.ðó.ra] 形 占いの, 占いをする. ― 男 女 占い師, 易者.
a·di·vi·na·ja [a.ði.ßi.ná.xa] 女 《話》なぞ, 判じ物 (= acertijo).
a·di·vi·na·mien·to [a.ði.ßi.na.mjén.to] 男 → adivinación.
a·di·vi·nan·za [a.ði.ßi.nán.θa / -.sa] 女 なぞなぞ, なぞかけ, クイズ; パズル.
*a·di·vi·nar [a.ði.ßi.nár] 他 **1** 言い当てる, (直感で) 推測する, 占う, 予言する. ~ *el futuro* 未来を占う. *el arte de* ~ 占い術. ~ *el pensamiento a* 考えていることを察知する. ~ *un acertijo* なぞを解く. *Adivina quién te llamó.* 誰が電話してきたか, 当ててごらん. *Adivina*, adivinador [adivinanza]. なぞなぞなあに (▶ なぞなぞの初めの言葉).

類語 *adivinar* は占いや当てずっぽうで当てる場合に用いられる. *intuir* は感覚的に見破ったり, 本能的に当てたりする場合に用いる. *profetizar* は時に宗教的な予言を与えることで, *pronosticar* は天気予報や医者の見立てなど科学的な根拠や, 論理的な推測にのっとった予測をする場合に用いられる. また賭 (ｶｹ) け事にも用いられる. 広い意味での「予知, 予告」には *predecir* が用いられる.

2 かすかに見る, 〈…の姿を〉認める. *Adiviné su figura en la penumbra.* 私は闇の中に彼 [彼女] (ら) の姿を認めた.
― ~*se* 再《3人称で》見て取れる, 察知される. A lo lejos *se adivinaba* el mar. 遠くに海が見えていた.
adivina quién te dio《遊》目隠しした鬼が, ぶった人を当てる遊び; そのかけ声「ぶったの誰だ」.
dejar adivinar... …を察知させる; ほのめかす. Su camisa *dejaba* ~ sus músculos. 彼 [彼女] のシャツ姿は筋肉質の体を予想させた.
[divino「占い師」(← [ラ] *dīvīnus*「神の (お告げの)」) より派生, 関連 adivinanza, adivinación, adivino, dios. 《英》*divine*]
a·di·vi·na·to·rio, ria [a.ði.ßi.na.tó.rjo, -.rja] 形 占いの, 予言の; 推測の.
a·di·vi·no, na [a.ði.ßí.no, -.na] 男 女 占い師, 予言者.
ad·je·ti·va·ción [að.xe.ti.ßa.θjón / -.sjón] 女 形容;《文法》形容詞化, 形容詞の用法.
ad·je·ti·val [að.xe.ti.ßál] 形 形容詞的の, 形容詞的な.
ad·je·ti·val·men·te [að.xe.ti.ßál.mén.te] 副 形容詞的に, 形容詞として.
ad·je·ti·var [að.xe.ti.ßár] 他 **1**《*de*... …と》形容する, 評する. **2**《文法》〈名詞などを〉形容詞化する, 形容詞的に用いる. ― ~*se* 再《文法》〈名詞などが〉形容詞の働きをする.
*ad·je·ti·vo, va [að.xe.tí.ßo, -.ßa] 形 **1**《文法》形容詞の, 形容詞的な. *expresión adjetiva* 形容詞的表現. **2**《まれ》付随的な, 従属的な.
― 男 形容詞. ~ *calificativo* 品質形容詞. ~ *demostrativo* 指示形容詞. ~ *determinativo* 限定形容詞 (指示・所有・数・不定・疑問の各形容詞). ~ *indefinido* 不定形容詞. ~ *interrogativo* 疑問形容詞. ~ *numeral* 数形容詞. ~ *posesivo* 所有形容詞.
*ad·ju·di·ca·ción [að.xu.ði.ka.θjón / -.sjón] 女 **1** (財産の帰属などについての) 判定;(審査をしたうえでの) 授与. **2** 競売, 入札; 落札.
ad·ju·di·ca·dor, do·ra [að.xu.ði.ka.ðór, -.ðó.ra] 形 競売を行う; 審査する, 判定する.
― 男 女 競売人; 審査員, 判定人.
*ad·ju·di·car [að.xu.ði.kár] 他[⑫] 他 (*a*+人〈人〉に) **1**〈賞などを〉与える, 授与する. *Le adjudicaron el primer premio.* 彼 [彼女] に 1 等賞が授与された (▶ le は a+人に相当). **2**〈ものの〉帰属を判定する, 認める. ~ *la responsabilidad a la empresa* 責任を会社に帰する. **3**《商》〈ものを〉落札させる, 競り落とす. *¡Adjudicado!* 落札. ― ~*se* 再 …を手に入れる, 我が物にする;〈賞などを〉獲得する.
[← [ラ] *adjūdicāre*, 関連 adjudicación, juzgar. 《英》*judge*]
ad·ju·di·ca·ta·rio, ria [að.xu.ði.ka.tá.rjo, -.rja] 男 女 受賞者; 判定を受ける人; 落札者; 権利所有者.
adjudique(-) / adjudiqué(-) 活 → ad-

ad·jun·ción [að.xun.θjón / -.sjón] 囡 **1**《法》付加的取得：主物の所有者が従物を有償取得すること. **2** 追加, 付加. **3**《修辞》くびき語法 (= zeugma).

ad·jun·tar [að.xun.tár] 他 **1** 同封する, 添付する. Le *adjunto* un sobre con sello.《手紙》切手を貼(¹²)った返信用封筒を同封いたします. **2** 付加する, 添える. **3**〈人を〉付ける, 同行させる. Le van a ～ un auxiliar. 彼[彼女]は助手を付けてもらえるだろう.

ad·jun·tí·a [að.xun.tí.a] 囡 専任講師の地位[職].

***ad·jun·to, ta** [að.xún.to, -.ta] 形 **1**(a...に)付いた, 隣接した. **2** 添付の, 同封の. documento ～ 添付書類. **3** 補佐の, 補助の. profesor ～ 准教員, 助教授. — 男囡 **1** 助手, アシスタント. **2**《まれ》専任講師. — 男《文法》付加詞. — 副《商業文・公用文で》同封して, 添付して. A～ le envío un catálogo. 同封にてカタログをお送りいたします.

ad·ju·rar [að.xu.rár] 他《悪魔を》祓(はら)う.

ad·ju·tor, to·ra [að.xu.tór, -.tó.ra] 形《古語》補助の, 補佐の. — 男囡 助力者, 助手.

ad·lá·te·re [að.lá.te.re] 男囡《軽蔑》側近；取り巻き (= a latere).

ad lí·bi·tum [að.lí.bi.tum] [ラ] 任意に, 思うままに, アドリブで (con libertad).

ad·mi·ni·cu·lar [að.mi.ni.ku.lár] 他 (特に法律関係で)傍証する, 裏づける.

ad·mi·ní·cu·lo [að.mi.ní.ku.lo] 男 **1** 小物, 付属品. La patilla de las gafas tenía un ～ para mejorar la audición. めがねのつるには補聴用の小さな器具がついていた. **2**《主に複数で》救急用品. **3** 予備.

*****ad·mi·nis·tra·ción** [að.mi.nis.tra.θjón / -.sjón] 囡 **1** 管理[運営] (部門)；経営. ～ de bienes 財産の管理. ～ de empresas 企業経営. consejo de ～ 重役[理事, 役員]会. **2** 行政, 統治. ～ autonómica 自治体行政. ～ de justicia 司法行政. ～ municipal 市政. ～ pública 行政. ～ local [regional] 地方行政. **3** 行政機関, 官公庁. ～ central 中央官庁. ～ de correos 郵政[郵便]局. **4**(薬の)投与. ～ de medicamentos 投薬. **5**(特に米国の)政府, 政権. la A～ Carter カーター政権. **6** 供与, 供給. **7** 管理事務所. **8** 宝くじ販売所 (=～ de loterías). **9**《カト》秘跡を授ける行為.

ad·mi·nis·tra·do, da [að.mi.nis.trá.ðo, -.ða] 形 管理された, 統治[行政]下の. — 男囡 被管理者, 被治者.

***ad·mi·nis·tra·dor, do·ra** [að.mi.nis.tra.ðór, -.ðó.ra] 形 管理する, 統治する. — 男囡 **1** 行政官. ～ de aduanas 税関長. **2** 管理者；経営者, 理事. ～ de correos 郵便局長. **3** 管財人, 家計を切り回す人. Es buena *administradora*. 彼女は家事の切り回しを管理する.

***ad·mi·nis·trar** [að.mi.nis.trár] 他 **1** 管理する, 運営する；治める. ～ una empresa 会社を経営する. ～ el sueldo 給料を管理する. ～ la comida entre todos 食べ物を全員で分け合う. ～ justicia 法を執行する, 不正を裁く. *Administra* bien tu tiempo. 時間をむだに使いなさい. **2**《カト》〈秘跡(が)〉〈秘跡(を)〉を与える. ～ el sacramento del bautismo 洗礼を授ける. **3**《薬剤などを》投与する, 服用させる. El médico le *administró* una dosis de antibióticos. 医者は彼[彼女]に抗生剤を与えた. **4**《話》(パンチなどを)食らわせる. — ～·**se** 再 **1** 自己管理する, やりくりする. Paco *se administra* bien con su poco sueldo. パコは少ない給料でよくやりくりしている. **2**《薬剤などを》服用する. [← [ラ] *administrāre*；関連 administración, administrar；[英] *administer*]

ad·mi·nis·tra·ti·vis·ta [að.mi.nis.tra.ti.βís.ta] 形 経営[管理]に関する法務の専門家, 弁護士.

***ad·mi·nis·tra·ti·vo, va** [að.mi.nis.tra.tí.βo, -.βa] 形 **1** 管理 (上) の, 経営 (上) の. ocupar un cargo ～ 管理職に就く. capacidad *administrativa* 経営手腕. **2** 行政 (上) の. derecho ～ 行政法. órgano [poder] ～ 行政機関[権]. reforma *administrativa* 行政改革. medida(s) *administrativa(s)* 行政処分. — 男囡 **1** 行政官, 事務官. **2** 管理者.

ad·mi·ra·bi·lí·si·mo, ma [að.mi.ra.βi.lí.si.mo, -.ma] 形 [admirable の絶対最上級] この上なく見事な.

***ad·mi·ra·ble** [að.mi.rá.βle] 形 [絶対最上級 admirabilísimo] 賞賛に値する, 感嘆[驚嘆]すべき, 見事な. Su actuación ha sido realmente ～. 彼[彼女]の演技は本当に感嘆すべきものだった. Lleva un vestido de una belleza ～. 彼女はうっとりするほどきれいなドレスを着ている. → magnífico 類語

***ad·mi·ra·ción** [að.mi.ra.θjón / -.sjón] 囡 **1** 感嘆, 感心, 賞賛. sentir [tener] ～ por... …に感心する. Esta obra maestra causa ～. この傑作は賞賛の気持ちを起こさせる. Serás tu ～ de todos tus amigos. 君は友達みなの賞賛の的になるだろう. **2**(奇異などに対する)驚き. Su llegada puntual me llenó de ～. 彼[彼女]が定刻に到着したのには全く驚いた. no salir de su ～ 驚きからさめない. **3**《文法》感嘆符 (¡, !) (=signos de ～, exclamación).

ad·mi·ra·do, da [að.mi.rá.ðo, -.ða] 形 **1** 感心した, 感嘆した. **2** 驚いた；不思議に思った.

***ad·mi·ra·dor, do·ra** [að.mi.ra.ðór, -.ðó.ra] 形 感服した, 感嘆した；賛美する, 崇拝する. — 男囡 賛美者, 崇拝者；ファン.

****ad·mi·rar** [að.mi.rár] 他 **1** …に感嘆する, 感心する；尊敬する. Te *admiro* por tu valentía. 僕は君の勇気に脱帽だ. *Admiro* tu paciencia. 君の忍耐力には感心する. **2** 驚かせる, 奇異に思わせる. Me *admira* tu atrevimiento. 君の大胆さにはあきれる. Me *admira* que haya tanta gente que quiera trabajar los domingos. 日曜日に働こうという人がこんなにくさんいるなんてびっくりだ (▶ que 以下が主語, 節内の動詞は接続法). **3** 鑑賞する, 見て楽しむ. — ～·**se** 再 **1**《de... …に》驚く；《de+不定詞 / (de) que+接続法 …であることに》驚く, 感嘆する. Todos se *admiran* de tu devoción al trabajo. 皆, 君の仕事に対する献身ぶりに感心しているよ. Me *admiro de ver* tanta normalidad en esta emergencia. この緊急事態にものごとがいつもどおりであるのを見て驚いている. **2**《複数主語で》尊敬しあう. Nos *admiramos* mutuamente. 私たちはお互いに尊敬しあっている. *ser de admirar* 賞賛に値する. *Es de admirar* su energía. 彼[彼女](ら)の活力は賞賛に値する. [← [ラ] *admīrārī*「驚き見る, 驚嘆する」；関連 admiración, mirar. [英] *admire*]

ad·mi·ra·ti·va·men·te [ađ.mi.ra.tí.ba.mén.te] 副 見事に，すばらしく．

ad·mi·ra·ti·vo, va [ađ.mi.ra.tí.βo, -.βa] 形 **1** 感嘆した，感服した．con una mirada *admirativa* 感嘆の目で．**2** 驚いた，驚嘆した．

ad·mi·si·bi·li·dad [ađ.mi.si.βi.li.đáđ] 女 容認できること，許容性．

ad·mi·si·ble [ađ.mi.sí.βle] 形 容認できる，受け入れられる．

****ad·mi·sión** [ađ.mi.sjón] 女 **1**（入場・入会などの）許可；合格，採用．examen de 〜 入学試験．Reservado el derecho de 〜.《掲示》(他の客の迷惑になる場合は）来店[入場]をお断りすることがあります．**2** 容認，是認．**3**《機》吸気，吸入．**4**《法》予審．

ad·mi·tan·cia [ađ.mi.tán.θja / -.sja] 女《電》アドミタンス：交流回路の流れやすさを示す量．

ad·mi·ti·da·men·te [ađ.mi.tí.đa.mén.te] 副 確かに；…は認めるところだが．

*******ad·mi·tir** [ađ.mi.tír] 他 **1** 受け入れる；〈人に〉入場[加入]を許可する；収容する．Muchos restaurantes no *admiten* perros. レストランの多くは犬を連れて入ることができない．Nos *admitieron* en el equipo. 私たちはそのチームに入ることができた．

2《como... / por...》…として》容認する；《que＋直説法〈…という事実〉を》認める；《que＋接続法〈…という可能性〉を》許容する．Lo *admitimos como* nuestro líder. 私たちは彼をリーダーとして認めた．No podemos 〜 sus argumentos. 私たちは彼彼女(ら）の言い分を認めることはできない．*Admito que estaba* equivocado. 私が間違っていたことは認める．*Admito que haya* otras posibilidades. 他の可能性があることは認める．

3…の余地を残す，許す．Esta cuestión no *admite* discusión. この問題には議論の余地がない．

— 〜·se 再《3人称で》容認される；入ることができる．No *se admiten* menores de 18 años. 18歳未満入場禁止．

[— ［ラ］ *admittere*；関連 admisión, admisible．[英] *admit*]

admón.（略）*administración* 部，局，(郵便の）集配局．

ad·mo·ni·ción [ađ.mo.ni.θjón / -.sjón] 女《格式》説諭，訓戒；非難，叱責(♪)．

ad·mo·ni·tor [ađ.mo.ni.tór] 男 **1** 説諭者，訓戒者．**2**《カト》教戒司祭．

ad·mo·ni·to·rio, ria [ađ.mo.ni.tó.rjo, -.rja] 形 説諭的な，警告的な．

ADN [a.đe.é.ne] 男《略》**1** *Acción Democrática Nacionalista* 国民民主行動党：ボリビアの政党．**2** *ácido desoxirribonucleico* デオキシリボ核酸[英 DNA]．

ad·na·to, ta [ađ.ná.to, -.ta] 形《生物》着生の，合生の．

-ado《接尾》「…の職，地位，任期，期間，集団，行為」の意を表す男性名詞語尾．➡ novici*ado*, obisp*ado*, pap*ado*, profesor*ado*.

-ado, da《接尾》**1** -ar 動詞の過去分詞語尾．➡ cans*ado*, cas*ado*, ocup*ado*, pint*ado*.

2 名詞に付いて「…を持った，…の集まった，…に似た，…がかった」などの意を表す形容詞語尾．➡ arbol*ado*, azafran*ado*, barb*ado*, perl*ado*.

a·do·ba·do, da [a.đo.βá.đo, -.đa] 形 **1**《料》漬け汁に漬けた，マリネした．carne *adobada* a la brasa 味つけ肉の炭火焼き．**2**《ラ米》(ﾀﾞ)《話》酔っ払っ

た．— 男《料》漬け汁[マリネ液]に漬けた肉[魚]．

a·do·ba·dor, do·ra [a.đo.βa.đór, -.đó.ra] 形 **1** 漬け汁に漬ける．**2** 皮なめしの．— 男 女 **1**（肉などを）漬け汁[マリネ液]に漬ける人．**2** 皮なめし職人．

a·do·ba·du·ra [a.đo.βa.đú.ra] 女 **1**《料》漬け汁[マリネ液]に漬けること；味[風味]をつけること．**2** なめし加工．

a·do·ba·mien·to [a.đo.βa.mjén.to] 男 → adobadura.

a·do·bar [a.đo.βár] 他 **1**《料》〈肉・魚などを〉漬け汁[マリネ液]に漬ける．**2**〈皮を〉なめす（= curtir）．**3**〈釘(ﾞ)・蹄鉄(ﾞ)〉を打つ．**4** 歪曲(ﾞ)する．

a·do·be [a.đo.βe] 男 **1**《料》日干しれんが．**2**《古語》(罪人の）足枷(ﾞ)．**3**《ラ米》(ﾀﾞ)大足．*hacer adobes con la cabeza*《まれ》《話》死ぬ．

[— ［アラビア］ *aṭ-ṭūba*「れんが」]

a·do·be·ra [a.đo.βé.ra] 女 **1** 日干しれんがの型；日干しれんが工場．**2**《ラ米》(1)(ﾞ)(ﾞ)日干しれんが形のチーズ（の型）．(2)(ﾞ)大足．

a·do·be·rí·a [a.đo.βe.rí.a] 女 **1** 日干しれんが工場．**2** 皮なめし工場．

a·do·bo [a.đo.βo] 男 **1**《料》(1) 漬け汁，マリネ液．(2) 漬け汁に漬けた肉[魚]；マリネ．carne [pescado] en 〜 漬け汁に漬けた肉[魚]．**2** 皮なめし（液）．**3**（織物などの）仕上げ（剤）．**3**《まれ》化粧品；化粧．

a·do·ce·na·do, da [a.đo.θe.ná.đo, -.đa / -.se.-] 形 平凡な，ありふれた．un escritor 〜 三文文士．

a·do·ce·nar [a.đo.θe.nár / -.se.-] 他 **1** ダースずつに分ける．**— 〜·se** 再〈人が〉平凡になる；いつまでも芽が出ない．

a·doc·tri·na·dor, do·ra [a.đok.tri.na.đór, -.đó.ra] 形 教える，吹き込む，教授する．

a·doc·tri·na·mien·to [a.đok.tri.na.mjén.to] 男（思想などの）教化？；指導．

a·doc·tri·nar [a.đok.tri.nár] 他 **1**《en...〈思想など〉を》〈人に〉植えつける，教え[吹き]込む．**2**（軽蔑）《en...〈作法など〉を》〈人に〉しつける，教える．

*****a·do·le·cer** [a.đo.le.θér / -.sér] 34 自《de...》**1**（…の）病気になる，(…を）患う．〜 de reúma リューマチを患う．**2**《〈欠点・悪習など〉を》持っている；《〈不足・欠乏など〉に》苦しむ．

— 〜·se 再 同情する．

*****a·do·les·cen·cia** [a.đo.les.θén.θja / -.sén.sja] 女 思春期，青年期．en [durante] la 〜 思春期に．

*****a·do·les·cen·te** [a.đo.les.θén.te / -.sén.-] 形 青年期の，青春の．— 男 女 青年，若者．

A·dol·fo [a.đól.fo] 固名 アドルフォ：男子の洗礼名．[— ［ラ］ *Adolphus*（「古高地ドイツ」*adal*「貴族」の」＋ *wolfa*「狼」）；関連［ポルトガル］*Adolfo*.［仏］*Adolphe*.［英］*Adolph*.［独］*Adolf*]

a·do·lo·ri·do, da [a.đo.lo.rí.đo, -.đa] 形《ラ米》痛い，病んだ（= dolorido）．

A·do·nay [a.đo.nái] / **A·do·na·í** [a.đo.na.í] 男 アドナイ，我が主：ヘブライ語で神の尊称．

*****a·don·de** [a.đon.đe] 副《関係》**1**（方向》(場所を表す名詞（句）・副詞句を先行詞として》…する所へ．Está lejos de aquí el *pueblo* 〜 nos dirigimos. 私たちが向かっている町はここから遠い．José vive solo en *Madrid*, 〜 irá su familia el próximo mes. ホセはマドリードで独り暮らしをしているが，彼の家族も来月そこに行くことになっている．➡ 先行詞を含む用法では a donde がよく用いられる．➡ Vamos a donde decías. 君がよく言っていた所へ私たちは行きます．**2**（場所》《まれ》…する所に．**3**（前置詞的に）…の家[所]へ．Voy 〜 Victoria. 私はビクト

a·dón·de [a.ðón.de] 副《疑問》どこへ. ¿A ～ va usted? どちらへいらっしゃいますか. ¿A ～ se dirigirá él a estas horas? 彼はこんな時間にどこに行こうというんだろう. ▶ しばしば a dónde と２語で書かれる.

a·don·de·quie·ra [a.ðon.de.kjé.ra] 副 **1** どこへでも；《que+接続法》どこへ…しようとも. ～ que vayamos 私たちがどこへ行こうとも. **2**《まれ》《que+接続法》どこで…しようとも. ▶ この用法では dondequiera の方が一般的.

a·dó·ni·co [a.ðó.ni.ko] 形《男性形のみ》《詩》アドニス（詩格）の.
― 男《詩》アドニス詩格：古代ギリシア・ローマ詩では長短短格と長短格からなる詩行；スペイン詩では第１・第４音節にアクセントのある５音節からなる詩行.

a·do·nis [a.ðó.nis] 名《単複同形》**1** 美少年, 美男子. **2**《植》フクジュソウ.

A·do·nis [a.ðó.nis] 固名《ギ神》アドニス：女神 Afrodita に愛された美少年.

a·do·ni·zar·se [a.ðo.ni.θár.se / -.sár.-] 97 再《男性が》おしゃれをする, めかし込む.

***a·dop·ción** [a.ðop.θjón / -.sjón] 女 **1** 養子縁組. **2** 採用；選択. ～ de textos 教科書の採用. de adopción 帰化した. país de ～ 帰化した国, 第二の祖国.

a·dop·cio·nis·mo [a.ðop.θjo.nís.mo / -.sjo.-] 男《神》養子論：イエスが神の養子であるという説.

a·dop·cio·nis·ta [a.ðop.θjo.nís.ta / -.sjo.-] 形《神》養子論の.

a·dop·ta·do, da [a.ðop.tá.ðo, -.ða] 形《ラ 米》(ﾎﾞ)養子（関係）の. ― 男 女《ラ米》(ﾎﾞ)養子, 養女.

***a·dop·tar** [a.ðop.tár] 他 **1**《考え・方法・立場・形状を》採用する；取得する. ～ una costumbre 習慣を身につける. ～ la nacionalidad japonesa 日本国籍を取得する. ～ un proyecto de ley 法案を可決する. **2**《como / por》…として》受け入れる；養子にする（= prohijar）. Lo adoptaron como (su) hijo. 彼は息子として迎え入れられた. [← [ラ] adoptāre.（関連）[英] adopt].

a·dop·ti·vo, va [a.ðop.tí.βo, -.βa] 形 **1** 養子関係の. hijo ～ 養子. madre adoptiva 養母. **2**《自分のものとして》選んだ. patria adoptiva 帰化した国.

a·do·quín [a.ðo.kín] 男 **1** 敷石, 舗石. **2**《話》《軽蔑》とんま, まぬけ. Eres un ～. No entiendes nada. おまえばかだ, 何もわかっちゃいない. [← [アラビア]《話》ad-dukkīn「石のベンチ」（[アラビア] では dukkān）.（関連）adoquinar].

a·do·qui·na·do, da [a.ðo.ki.ná.ðo, -.ða] 形《敷石で》舗装された. ― 男 (舗石による) 舗装 (道路).

a·do·qui·na·dor [a.ðo.ki.na.ðór] 男 舗石工, 舗装工.

a·do·qui·nar [a.ðo.ki.nár] 他《敷石で》舗装する.

a·dor [a.ðór] 男 灌漑 (かんがい) の順番 [時刻].

a·do·ra·ble [a.ðo.rá.βle] 形 崇拝すべき, 尊敬に値する；感じのよい；かわいい.

a·do·ra·ción [a.ðo.ra.θjón / -.sjón] 女 **1** 崇拝, 礼拝. ～ de los Reyes Magos（イエス生誕のときの）東方の三博士の礼拝. **2** 熱愛, 心酔.

a·do·ra·dor, do·ra [a.ðo.ra.ðór, -.ðó.ra] 形 **1** 崇拝する, 尊敬する. **2** 賛美する, 熱愛する. ― 男 女 **1** 崇拝者. **2** 賛美者, 熱愛者, 求愛者.

***a·do·rar** [a.ðo.rár] 他 **1** 崇拝する, 信仰の対象とする；拝む. Adoran a Dios como el único. 彼らは神を唯一神としてあがめている. **2** 深く愛する；…が大好きである. ～ la patria 祖国を愛する. Mis padres me adoran. 私は両親に深く愛されている.
― 自 **1** 礼拝する. ～ de rodillas ひざまずいて拝む. **2**《en... …を》敬慕する, 熱愛する.
[← [ラ] adōrāre (ad- + ōrāre 「祈願する；述べる」)；（関連）adoración, adorable.［英］adore]

a·do·ra·to·rio [a.ðo.ra.tó.rjo] 男 **1** 移動式の祭壇背後の飾り壁. **2**（先住民の）神殿.

a·do·ra·triz [a.ðo.ra.tríθ / -.trís] 女《複 adoratrices》アドラトリス修道女.

a·dor·me·ce·dor, do·ra [a.ðor.me.θe.ðór, -.ðó.ra / -.se.-] 形 **1** 眠気を催させる. **2** (痛み・不安を) 鎮める, 和らげる.

a·dor·me·cer [a.ðor.me.θér / -.sér] 34 他 **1** 眠気を催させる. **2**（痛み・不安を》鎮める, 和らげる；まひさせる. ～ los dolores 苦痛を和らげる.
― ~·se 再 **1** 寝入る, 眠る；うとうとする. **2** まひする, しびれる. **3**（力が）弱まる,（動きが）鈍る.

a·dor·me·ci·do, da [a.ðor.me.θí.ðo, -.ða / -.sí.-] 形 **1** 眠った, うとうとした.
2 まひした, しびれた；（苦痛などが）和らいだ.

a·dor·me·ci·mien·to [a.ðor.me.θi.mjén.to / -.si.-] 男 **1** 眠気, 睡魔；まどろみ.
2 まひ, しびれ；鎮静.

a·dor·mi·de·ra [a.ðor.mi.ðé.ra] 女《植》ケシ（の実）.

a·dor·mi·lar·se [a.ðor.mi.lár.se] 再 うとうとする, まどろむ.

a·dor·mir [a.ðor.mír] 28 他 → adormecer.

a·dor·mi·tar·se [a.ðor.mi.tár.se] 再 → adormilarse.

a·dor·na·dor, do·ra [a.ðor.na.ðór, -.ðó.ra] 形 飾る, 飾りつけの. ― 男 女 装飾家 [業者].

a·dor·na·mien·to [a.ðor.na.mjén.to] 男 装飾, 飾りつけ.

***a·dor·nar** [a.ðor.nár] 他 **1**《con... / de... …で》飾る, 装飾する；美しく見せる. ～ las calles con luces de colores 色とりどりのイルミネーションで通りに飾り付けをする. ～ el plato con perejil 料理にパセリを添える. Adornó su discurso con frases en latín. 彼[彼女]は演説にラテン語の文をちりばめた.
　類語 対象が人や物の場合には一般に adornar, ataviar, engalanar を用いるが, ataviar は祭などで飾り付けをしたり, 外出の際に着飾るなど, 「一時的に飾る」ことを意味する. 特に部屋に家具や美術品を「設置する」意味では decorar を用いる.
2 粉飾する, 美化する. Sospechan que el gobierno adornó su informe. 政府が報告書に手を入れたのではないかという疑いがもたれている.
3《美点が》…に備わる. Mostró todas las cualidades artísticas que le adornan. 彼は与えられたすべての芸術的才能を開花させた.
― 自 飾りになる, 見栄えがする.
― ~·se 再《con... / de... …で》身を飾る；飾られる. La señora se adornaba con un collar de perlas. その婦人は真珠のネックレスを身に着けていた.
[← [ラ] adōrnāre 「整備する」(ad- + ōrnāre 「装備する」)；（関連）adorno.［英］adorn]

a·dor·nis·ta [a.ðor.nís.ta] 男 女 (室内) 装飾家；装飾業者.

***a·dor·no** [a.ðór.no] 男 **1** 飾り, 装飾 (品) (= orna-

adosado

mento). cinta de ～ 飾りリボン. ～s navideños クリスマスの飾り物. **2**《闘牛》アドルノ, 見得: 闘牛士がパセ pase を決める際のカパ capa さばき. **3**《複数で》【植】ホウセンカ.

de adorno お飾りの, 何もしない. Es un presidente *de* ～. 彼はお飾りの会長だ.

a.do.sa.do, da [a.ðo.sá.ðo, -.ða] 形〈住居が〉隣と接続した. chalé ～ テラスハウス.
── 男 隣と棟続きの住宅.

a.do.sa.mien.to [a.ðo.sa.mjén.to] 男 ぴったり寄せること; 立て掛けること.

a.do.sar [a.ðo.sár] 他 **1**(**a...** …に) ぴったり寄せる, ぴったりくっつけて [背中合わせにして] 置く; 立て掛ける. ～ una silla *a* la pared いすを壁にぴったりつける. casa *adosada* 隣の世帯と壁でつながっている家, テラスハウス. columna *adosada*【建】付け柱. leones *adosados*【紋】背中合わせのライオン. **2**《ラ米》(1) 取り付ける. (2)《信》同封する, 添付する.

a.do.ve.la.do, da [a.ðo.ße.lá.ðo, -.ða] 形【建】〈アーチに〉迫石の付いた.

ad pé.dem lít.te.rae [að.pé.ðem lí.te.re // -.rae] [ラ] 文字どおりに (= al pie de la letra).

adquier- 屈 → adquirir.

ad.qui.ren.te [að.ki.rén.te] 形男女 → adquisidor.

ad.qui.ri.ble [að.ki.rí.ßle] 形 獲得 [取得] 可能な, 手に入れやすい.

*****ad.qui.ri.do, da** [að.ki.rí.ðo, -.ða] 形 **1** 獲得 [取得] した; 身についた, 習得した. conocimiento ～ 習得した知識. velocidad *adquirida* 到達速度. **2** 後天的な, 後天性の (↔ innato).

ad.qui.ri.dor, do.ra [að.ki.ri.ðór, -.ðó.ra] 形 男 女 → adquisidor.

*****ad·qui·rir** [að.ki.rír] 30 他 **1** 獲得する, 手に入れる; 購入する. ～ fama mundial 世界的名声を手にする. ～ una casa en las afueras de Madrid マドリード郊外に家を買う. **2**〈習慣などが〉身につく. ～ el hábito de fumar 喫煙の習慣がつく. **3**〈病気などに〉かかる. Corren riesgo de ～ enfermedades infecciosas. 彼らは感染症にかかる危険を抱えている.

[← [ラ] *ac[d]quirere* (ad- + quaerere「探し求める」)][関連] adquisición, *acquire*]

***ad.qui.si.ción** [að.ki.si.θjón / -.sjón] 女 **1** 獲得, 取得; 購入. ～ de la nacionalidad 国籍の取得. ～ de una técnica 技術の習得. ～ de una vivienda 住居の購入.
2 取得物, 購入物;《話》掘り出し物. las últimas *adquisiciones* del Museo del Prado プラド美術館の最近の購入品. El nuevo delantero será una excelente ～ para el equipo. 今度のフォワードはチームにとって貴重な選手になるだろう.
3 併合;【経】吸収合併. ～ territorial 領土の併合. fusión y ～ 合併と吸収合併.

ad.qui.si.dor, do.ra [að.ki.si.ðór, -.ðó.ra] 形 獲得する, 購入する. ── 男 女 取得者, 購入者.

ad.qui.si.ti.va.men.te [að.ki.si.tí.ßa.mén.te] 副 獲得能力については, 購買力については.

ad.qui.si.ti.vo, va [að.ki.si.tí.ßo, -.ßa] 形 **1** 取得の; 取得できる. prescripción *adquisitiva*【法】取得時効. **2** 買う力のある. poder ～ 購買力 (= poder de compra).

ad.qui.si.vi.dad [að.ki.si.ßi.ðáð] 女 獲得本能.

a.dra [á.ðra] 女 **1** 順番. **2**（町村の区分で）字(あざ).

a.dra.gan.te [a.ðra.gán.te] 形 トラガカントゴムの. goma ～ トラガカントゴム (= tragacanto).

a.dra.gan.to [a.ðra.gán.to] 男 → tragacanto.

a.dral [a.ðrál] 男 (荷台の) 側板.

a.dre.de [a.ðré.ðe] 副 **1**《軽蔑》故意に, わざと, 意図的に (= de propósito).
2 わざわざ. Él vino ～ para darme las gracias. 彼は私にお礼を言うためわざわざやって来た.

a.dre.de.men.te [a.ðré.ðe.mén.te] 副 わざと, 意図して.

a.dre.nal [a.ðre.nál] 形【解剖】副腎(ふくじん)の. la glándula ～ 副腎腺(せん).

a.dre.na.li.na [a.ðre.na.lí.na] 女 **1**【生化】アドレナリン. **2** 【話】 ストレス, 興奮.

a.dre.na.lí.ni.co, ca [a.ðre.na.lí.ni.ko, -.ka] 形 **1** アドレナリンの.
2 《話》アドレナリンの分泌を活性化する.

a.dre.na.lí.ti.co, ca [a.ðre.na.lí.ti.ko, -.ka] 形《ラ米》(信)《話》派手な, 目立つ.

a.drián [a.ðrján] 男 **1** カササギの巣.
2 (足の親指のつけ根にできる) 腱膜瘤(けんまくりゅう).

A.drián [a.ðrján] 固名 アドリアン: 男子の洗礼名.

A.dria.no [a.ðrjá.no] 固名 **1** ハドリアヌス Publio Elio ～: スペインの Itálica (セビーリャ近郊にあった古代都市) 生まれのローマ皇帝 (在位117-138). 五賢帝のひとり. **2** アドリアーノ: 男子の洗礼名.
[← [ラ] *Adriānus*（「Adria 出身の人」が原義)][関連] [ポルトガル] [伊] *Adriano*. [仏] *Adrien*. [英] *Adrian*. [独] *Hadrian*]

A.driá.ti.co [a.ðrjá.ti.ko] 固名 アドリア海 (= Mar ～): 地中海の一海域.

a.driá.ti.co, ca [a.ðrjá.ti.ko, -.ka] 形 アドリア海の.

a.dri.za.mien.to [a.ðri.θa.mjén.to / -.sa.-] 男【海】(傾いた船体・マストなどの) 復原.

a.dri.zar [a.ðri.θár / -.sár] 97 他 (傾いた船体・マストなどを) 起こす.

a.dro.lla [a.ðro.ja ‖ -.ʎa] 女 ごまかし, 詐欺.

a.dro.lle.ro, ra [a.ðro.jé.ro, -.ra ‖ -.ʎé.-] 男 女 (売買で) ごまかしをする人 [商人].

ads.cri.bir [aðs.kri.ßír] 75 他[過分] は adscrito] (**a...**) **1** (…に) 割り当てる, 指定する. **2**《職務に》任命する, 配置する. Le *adscribieron al* servicio de ventas. 彼は販売部門に配属された. ── ～se 再 (**a...**〈団体・政党など〉に) 加わる, 参加する.

ads.crip.ción [aðs.krip.θjón / -.sjón] 女 **1** 割り当て, 指定. **2** 任命, 指名; 配属, 編入.

ads.crip.to, ta [aðs.kríp.to, -.ta] 形 → adscrito.

ads.cri.to, ta [aðs.krí.to, -.ta] [adscribir の 過分] 形 **1** 割り当てられた, 指定された.
2 任命された, 配属された.

ADSL [á.ðe.(e.)se.é.le] [英]《略》[I T] *a*symmetric(al) *d*igital *s*ubscriber *l*ine [*loop*] A D S L, 非対称デジタル加入者線: 高い周波数帯を使う高速データ通信.

ad.sor.ben.te [að.sor.ßén.te] 形【化】吸着性の.
── 男【化】吸着剤, 吸着媒.

ad.sor.ber [að.sor.ßér] 他【化】〈木炭などが〉〈気体・液体中の物質を〉吸着する.

ad.sor.ción [að.sor.θjón / -.sjón] 女【化】吸着 (作用).

ads.tra.to [aðs.trá.to] 男【言】傍層言語: 影響を与える隣接言語.

***a.dua.na** [a.ðwá.na] 女 **1** 税関; 税関事務所. agente [oficial] de ～s 税関職員. derechos de

~関税. pasar por la ~ 通関する. **2** 関税. sin ~ 無関税で. **3**〖遊〗すごろくの一種. [← [アラビア] *ad-dīwāna* ;〖関連〗aduanero]

a·dua·nal [a.ðwa.nál]〖形〗《ラ米》税関の.

a·dua·nar [a.ðwa.nár]〖他〗通関手続きをする.

*a·dua·ne·ro, ra [a.ðwa.né.ro, -.ra]〖形〗税関の. tarifa *aduanera* 関税率. ―〖男〗〖女〗税関の職員.

a·duar [a.ðwár]〖男〗(遊牧民の) テント村, 集落 ; (先住民の)(小さな)村落.

a·dú·car [a.ðú.kar]〖男〗**1** (絹の)玉糸, 太織り. **2** (サナギが入った)玉繭.

a·duc·ción [a.ðuk.θjón / -.sjón]〖女〗〖解剖〗内転(作用) (↔ abducción).

a·du·cir [a.ðu.θír / -.sír] 37〖他〗〈論拠・論証などを〉申し立てる, 提示する.

a·duc·tor [a.ðuk.tór]〖形〗〖解剖〗内転の. ―〖男〗〖解剖〗内転筋.

a·due·ñar·se [a.ðwe.ɲár.se]〖再〗《*de...*》 **1** (…を)自分のものにする, 奪う. *Se adueñó de mi coche.* 彼[彼女]は私の車を独り占めした. **2** (…の)心を奪う, 支配する.

a·du·fe [a.ðú.fe]〖男〗**1** (モーロ人 moro の)タンバリン. **2**《話》まぬけ, 薄のろ.

a·du·ja [a.ðú.xa]〖女〗〖海〗(コイル状に巻かれたロープの)1 周分.

a·du·jar [a.ðu.xár]〖他〗〖海〗〈綱などを〉ぐるぐる巻く, 巻きつける. ― **~·se**〖再〗(体を)丸くする, かがむ.

a·du·la [a.ðú.la]〖女〗**1** (村の共同牧草地に放される)家畜. **2** 灌漑(漑)の順番 (= ador).

a·du·la·ción [a.ðu.la.θjón / -.sjón]〖女〗へつらい, お世辞.

a·du·la·dor, do·ra [a.ðu.la.ðór, -.ðó.ra]〖形〗お世辞を言う, へつらいの. ―〖男〗〖女〗おべっか使い, ごますり.

a·du·lar [a.ðu.lár]〖他〗お世辞を言う, へつらう ; 喜ばせる (= halagar).

a·du·la·to·rio, ria [a.ðu.la.tó.rjo, -.rja]〖形〗お世辞の, へつらいの.

a·du·le·ro [a.ðu.lé.ro]〖男〗→ dulero.

a·du·le·te [a.ðu.lé.te]〖形〗《ラ米》→ adulón.

a·du·lón, lo·na [a.ðu.lón, -.ló.na]〖形〗《話》おもねった, へつらった. ―〖男〗〖女〗ごますり, おべっか使い.

a·du·lo·ne·rí·a [a.ðu.lo.ne.rí.a]〖女〗→ adulación.

a·dul·te·ra·ción [a.ðul.te.ra.θjón / -.sjón]〖女〗**1** 混ぜ物(をすること), 不純化 ; 偽造. **2** 歪曲(歪), 改ざん.

a·dul·te·ra·do, da [a.ðul.te.rá.ðo, -.ða]〖形〗混ぜ物をした, 品質の落ちた.

a·dul·te·ra·dor, do·ra [a.ðul.te.ra.ðór, -.ðó.ra]〖形〗混ぜ物をする, 品質を落とす. ―〖男〗〖女〗混ぜ物をする人, 粗悪品製造者 ; 偽造者.

a·dul·te·rar [a.ðul.te.rár]〖他〗**1** 〈…の〉品質を落とす ; 偽造する. ~ *la leche con agua* 牛乳を水で薄める. **2** 歪曲(歪)する, ゆがめる. ~ *la verdad* 真実を歪曲する. ―〖自〗《古語》姦通(姦)する. ― **~·se**〖再〗変質する, 変化する.

a·dul·te·ri·no, na [a.ðul.te.rí.no, -.na]〖形〗不倫の, 不貞の. *hijo* ~ 不義の子.

a·dul·te·rio [a.ðul.té.rjo]〖男〗姦通(姦), 不倫.

a·dúl·te·ro, ra [a.ðúl.te.ro, -.ra]〖形〗**1** 不倫の, 不義の. **2** 姦通(姦)の. ―〖男〗〖女〗姦通(姦)者.

a·dul·tez [a.ðul.téθ / -.tés]〖女〗成熟(度) ; 成人期.

a·dul·to, ta [a.ðúl.to, -.ta]〖形〗**1** 成人した, 大人の. **2** 成体の, 成虫の. **3** 円熟した. ―〖男〗〖女〗**1** 大人, 成人. **2** 成体, 成虫.

[← [ラ] *adultum* (*adolescere* 「成長する」の完了分詞 *adultus* の対格) ;〖関連〗〖英〗*adult*]

a·dul·zar [a.ðul.θár / -.sár] 97〖他〗**1**〖冶〗〈金属を〉軟化させる. **2** 甘くする.

a·dul·zo·rar [a.ðul.θo.rár / -.so.-]〖他〗**1** 甘くする ; 柔らかくする ; 和らげる. ― **~·se**〖再〗甘くなる ; 和らぐ.

a·dum·bra·ción [a.ðum.bra.θjón / -.sjón]〖女〗〖美〗(絵画などの)陰影部.

a·du·nar [a.ðu.nár]〖他〗一緒にする, 統一する. ― **~·se**〖再〗一緒になる, 合併する.

a·dun·co, ca [a.ðúŋ.ko, -.ka]〖形〗湾曲した.

a·du·nia [a.ðú.nja]〖副〗たっぷりと, 豊富に.

a·dus·tez [a.ðus.téθ / -.tés]〖女〗厳しさ, 厳格さ ; そっけなさ.

a·dus·to, ta [a.ðús.to, -.ta]〖形〗**1** 冷淡な, 厳しい, いかめしい. *rostro* ~ 険しい表情. **2** そっけない, 地味な. **3** 焼けつくような, 酷暑の.

ad·ve·ne·di·zo, za [að.βe.ne.ðí.θo, -.θa / -.so, -.sa]〖形〗**1** 成り上がりの. **2** よそから来た. ―〖男〗〖女〗成り上がり者 ; よそ者.

ad·ve·ni·de·ro, ra [að.βe.ni.ðé.ro, -.ra]〖形〗→ venidero.

ad·ve·ni·mien·to [að.βe.ni.mjén.to]〖男〗**1** 到来, 出現. el Santo A~ キリストの降臨. **2** (まれ)(君主・教皇の)即位. *esperar* (*como*) *el* [*al*] *santo advenimiento* 首を長くして待つ ; 何もしないで傍観している.

ad·ve·nir [að.βe.nír] 45〖自〗**1** 〈時期・事件が〉到来する, 出現する. **2** 〈君主・教皇が〉即位する.

ad·ven·ti·cio, cia [að.βen.tí.θjo, -.θja / -.sjo, -.sja]〖形〗**1** (まれ)偶然の, 不慮の. **2** 〖植〗〖動〗不定の, 偶生の. *raíces adventicias* 不定根.

ad·ven·tis·mo [að.βen.tís.mo]〖男〗〖宗〗(キリストの)再臨説.

ad·ven·tis·ta [að.βen.tís.ta]〖形〗〖宗〗キリスト再臨派の. ―〖男〗〖女〗キリスト再臨派信者, キリスト再臨派論者.

ad·ve·ra·do, da [að.βe.rá.ðo, -.ða]〖形〗〈書類・署名などが〉証明された, 認証された.

ad·ve·rar [að.βe.rár]〖他〗(本物であることを)認める, 証明する (= garantizar).

ad·ver·bial [að.βer.βjál]〖形〗〖文法〗副詞の, 副詞的な. *locución* [*modo*] ~ 副詞句.

ad·ver·bia·li·za·ción [að.βer.βja.li.θa.θjón / -.sa.sjón]〖女〗〖文法〗副詞化, 副詞的価値の付与.

ad·ver·bia·li·zar [að.βer.βja.li.θár / -.sár] 97〖他〗〖文法〗副詞として用いる, 副詞化する.

***ad·ver·bio** [að.βér.βjo]〖男〗〖文法〗**副詞**. ~ de lugar 場所の副詞. ~ de tiempo 時の副詞. ~ de modo 様態[方法]の副詞.

***ad·ver·sa·rio, ria** [að.βer.sá.rjo, -.rja]〖形〗敵対している, 反対の, 敵の. el equipo ~ 相手チーム. ―〖男〗〖女〗敵, ライバル ; 反対者. *derribar al* ~ 敵を打倒する.

ad·ver·sa·ti·vo, va [að.βer.sa.tí.βo, -.βa]〖形〗〖文法〗逆接の, 反意の. *conjunciones adversativas* 逆接の接続詞 : pero, empero, sino など.

ad·ver·si·dad [að.βer.si.ðáð]〖女〗**1** 逆境, 不運 ; 災難. *Sufrió muchas ~es.* 彼[彼女]は多くの災難に出会った. **2** 厳しさ, 過酷さ. *Se conoce a los amigos en la adversidad.* 《諺》まさかのときの友こそ真の友 (←人は逆境のときに友を知る).

ad·ver·so, sa [að.βér.so, -.sa]〖形〗**1** 反対する, 敵

ad·ver·ten·cia [aď.ber.tén.θja / -.sja] 囡 **1** 注意, 警告; 通告. A pesar de las repetidas ~s se negaron a dispersarse. 再三の警告にもかかわらず彼ら[彼女ら]は解散するのを拒んだ.
2 注意書き, メモ. **3** 序文, はしがき. **4** 注意力.
advertencia conminatoria 〖法〗(裁判所などへの)召喚(状), 出頭命令(書).

ad·ver·ti·do, da [aď.ber.tí.ðo, -.ða] 形
1 《estar+》気づいた; 心得た. *Estaba* ~ *del peligro.* 彼はその危険に気づいていた.
2 《ser+》経験豊富な, 有能な.

ad·ver·ti·dor, do·ra [aď.ber.ti.ðór, -.ðó.ra] 形 警告する, 注意する. aparato ~ 警報器.

ad·ver·ti·mien·to [aď.ber.ti.mjén.to] 男 警告, 注意; 通告 (= advertencia).

ad·ver·tir [aď.ber.tír] 27 他 **1** 《危険・不利益を》**警告する**; 《que+直説法〈不利な事実〉であると》指摘する; 《que+接続法 …するように》忠告する. Un cartel *advertía* el peligro. 看板が危険を知らせていた. Te *advierto que tenemos poco tiempo.* あらかじめ言っておくけど, あまり時間がないんだ. Ya te *advertí que no salieras con ella.* 彼女とつきあわないよう忠告したじゃないか.
2 〈人に〉《de...》《危険・不利益》を》知らせる, 《…について》注意を喚起する. Me *advirtieron del* riesgo que corría. 彼らは私がどんなに危ない橋を渡っているかを教えてくれた. Este libro nos *advierte de* que tendremos poca energía. この本はエネルギーが不足するだろうと私たちに警告を発している.
3 …に気づく, 認める. Entonces *advertí* que había algo extraño en el ambiente. そのとき私は雰囲気がどこか変なのに気づいた.
—自 《de...〈危険・不利益〉を》知らせる, 指摘する. Un informe ya *advertía* del posible ataque. ある報告書ですでに襲撃の危険性があることが指摘されていた.
—·se 再 《3人称で》感知される, 認められる. *Se advertía* que estaba llorando. 彼[彼女]が泣いているのがわかった.
[←〔ラ〕 *advertere* (*ad* 「の方に」 + *vertere* 「向ける」); 関連 advertencia. 〔英〕*advertise*]

ad·vien·to [aď.bjén.to] 男 〖主にA-〗〖カト〗待降節; クリスマス前の4週間. el cuarto domingo de ~ 待降節の4番目の日曜日.

adviert- / advirt- 活 →advertir.

ad·vo·ca·ción [aď.bo.ka.θjón / -.sjón] 囡 〖カト〗(教会・礼拝堂などに冠される)守護聖人[聖母](の名). iglesia bajo la ~ de San Juan 聖ヨハネを守護聖人とする教会. poner bajo la ~ de la Virgen 聖母にささげる.

ad·ya·cen·cia [aď.ja.θén.θja / -.sén.sja] 囡 近いこと, 近接.

ad·ya·cen·te [aď.ja.θén.te / -.sén.-] 形 隣接した, 近接した. ángulos ~s 〖数〗隣接角.
—男 〖文法〗付加語.

ad·yu·van·te [aď.ju.bán.te] 形 助ける, 補助的な.

AEB [a.e.bé] 囡 《略》*Asociación Española de la Banca (Privada)* スペイン銀行協会.

a·e·cha·du·ras [a.e.tʃa.ðú.ras] 囡 《複数形》→ ahechaduras.

a·e·da [a.é.ða] / **a·e·do** [a.é.ðo] 男 (古代ギリシャの)吟遊詩人, 叙事詩人.

AEE [a.e.é] 囡 《略》*Agencia Europea del Espacio* 欧州宇宙機関.

a·e·ra·ción [a.e.ra.θjón / -.sjón] 囡 **1** 風通し, 通風(状態), 換気(装置). **2** 〖医〗大気療法.

a·é·re·o, a [a.é.re.o, -.a] 形 **1** 空気の, 大気の; 空中の. contaminación *aérea* 大気汚染. espacio ~ 空域; 領空. ferrocarril ~ 高架鉄道. explosión *aérea* 空中爆発. **2** 航空(機)の. base *aérea* 空軍基地. compañía *aérea* 航空会社. línea *aérea* (定期)航空会社. fotografía *aérea* 航空写真. (por) correo ~ / vía *aérea* 航空便(で). fuerzas *aéreas* 空軍. puente ~ シャトル便. servicio [transporte] ~ 航空サービス[運輸]. medios ~s 航空メディア. ▶「航空貨物」は aerocargo. **3** 軽い, 薄い, (実質が乏しく)ふんわりした. Lleva un velo ~. 彼女は薄いベールをしている. **4** 〖生物〗大気と接触して生きる. raíz *aérea* 気根.
[←〔ラ〕 *āerius* (*āerius* の対格= *āēr* 「空気」より派生); 関連 〔英〕 *air*]

a·e·rí·fe·ro, ra [a.e.rí.fe.ro, -.ra] 形 空気を運ぶ, 空気を通す; 空気の通る管.

a·e·ri·for·me [a.e.ri.fór.me] 形 空気のような, 気体性の, 気体状の. fluidos ~s 流体.

aero- 「空気, 空中, 飛行機」の意を表す造語要素. ときに aer-, aeri-. →aéreo, aeronauta. [←〔ギ〕]

a·e·ro·bic [a.e.ro.bík] / **a·e·ró·bic** [a.e.ró.bik] 男 〖スポ〗エアロビクス.

a·e·ró·bi·co, ca [a.e.ró.bi.ko, -.ka] 形 〖生物〗好気性の, 好気性細菌の; 酸素を消費する.

a·e·ro·bio, bia [a.e.ró.bjo, -.bja] 形 〖生物〗好気性の, 好気性の. respiración *aerobia* 好気性の呼吸.
—男 〖生物〗好気性生物, 好気性細菌.

a·e·ro·bús [a.e.ro.bús] 男 **1** 〖航空〗エアバス: 1970−80年代に開発された大型旅客機. **2** エアバス社.

a·e·ro·club [a.e.ro.klúb] 男 飛行クラブ; 民間パイロット養成所.

a·e·ro·des·li·za·dor [a.e.ro.ðes.li.θa.ðór / -.sa.-] 男 ホバークラフト (= hovercraft).

a·e·ro·des·li·zan·te [a.e.ro.ðes.li.θán.te / -.sán.-] 形 ホバークラフトの, エアクッション式乗り物の.

a·e·ro·di·ná·mi·co, ca [a.e.ro.ði.ná.mi.ko, -.ka] 形 **1** 〖物理〗空気力学の; 航空力学の. túnel ~ 風洞. freno ~ エアブレーキ, 空気制動機. **2** 流線型の. la forma *aerodinámica* de un avión 飛行機の流線型. —形 流線型. —男 〖話〗流線型. —男 〖物理〗空気力学, 航空力学.

a·e·ro·di·no [a.e.ro.ðí.no] 男 〖航空〗重航空機: 空気より重く, 揚力を利用して飛行する航空機.

a·e·ró·dro·mo [a.e.ró.ðro.mo] 男 飛行場. ▶ 飛行機の発着に必要な滑走路や設備をいう. 空港全体は aeropuerto.

a·e·ro·es·pa·cial [a.e.ro.es.pa.θjál / -.sjál] 形 航空宇宙の. industria ~ 航空宇宙産業.

a·e·ro·fa·gia [a.e.ro.fá.xja] 囡 〖医〗空気嚥下(えんげ)症.

a·e·ró·fa·no, na [a.e.ró.fa.no, -.na] 形 透明な.

a·e·ró·fa·ro [a.e.ró.fa.ro] 男 航空標識(灯), 滑走路灯, 誘導灯.

a·e·ro·fo·bia [a.e.ro.fó.bja] 囡 〖医〗嫌気症.

a·e·ro·fo·bo, ba [a.e.ro.fo.bo, -.ba] 形 嫌気症の, 嫌気症を患う.

a·e·ró·fo·ro, ra [a.e.ró.fo.ro, -.ra] 形 → aerífero.

a·e·ro·fo·to·gra·fí·a [a.e.ro.fo.to.gra.fí.a] 囡

空中写真, 航空写真(技術).

a·e·ro·fre·no [a.e.ro.fré.no] 男 (航空機の胴体などについた)空気抵抗増大[揚力減少]装置, スポイラー.

a·e·ro·gel [a.e.ro.xél] 男《化》エーロゲル.

a·e·ro·ge·ne·ra·dor [a.e.ro.xe.ne.ra.đór] 男 風力発電機.

a·e·ró·ge·no,na [a.e.ró.xe.no, -.na] 形 空中で広まる[伝播する].

a·e·ro·gra·fí·a [a.e.ro.gra.fí.a] 女 (絵画などで)エアブラシを用いる技法, その技法を用いた芸術作品.

a·e·ró·gra·fo [a.e.ró.gra.fo] 男 エアブラシ;塗装用噴霧器.

a·e·ro·gra·ma [a.e.ro.grá.ma] 男 航空書簡.

a·e·ro·lí·ne·a [a.e.ro.lí.ne.a] 女《主に複数で》航空会社.

a·e·ro·li·to [a.e.ro.lí.to] 男《天文》隕石(かせき).

a·e·ro·lo·gí·a [a.e.ro.lo.xí.a] 女 高層気象学.

a·e·ro·ló·gi·co, ca [a.e.ro.ló.xi.ko, -.ka] 形 高層気象学の.

a·e·ro·man·cia [a.e.ro.mán.θja / -.sja] / **a·e·ro·man·cí·a** [a.e.ro.man.θí.a / -.sí.-] 女 風占い.

a·e·ro·ma·rí·ti·mo, ma [a.e.ro.ma.rí.ti.mo, -.ma] 形 洋上飛行の;海空の.

a·e·ro·me·trí·a [a.e.ro.me.trí.a] 女《物理》気体測定.

a·e·ró·me·tro [a.e.ró.me.tro] 男《物理》(気体の重量・密度を測定する)気量計.

a·e·ro·mo·de·lis·mo [a.e.ro.mo.đe.lís.mo] 男 模型飛行機製作;模型飛行機操縦.

a·e·ro·mo·de·lis·ta [a.e.ro.mo.đe.lís.ta] 形 模型飛行機製作[操縦]の. —— 男女 模型飛行機製作[操縦]者, 模型飛行機を趣味とする人.

a·e·ro·mo·de·lo [a.e.ro.mo.đé.lo] 男 模型飛行機.

a·e·ro·mo·tor [a.e.ro.mo.tór] 男 空気圧モーター, 風力モーター.

a·e·ro·mo·zo, za [a.e.ro.mó.θo, -.θa / -.so, -.sa] 男女《ラ米》客室乗務員(= azafato).

a·e·ro·na·to, ta [a.e.ro.ná.to, -.ta] 形 飛行機の中で生まれた. —— 男女 飛行機の中で生まれた人.

a·e·ro·nau·ta [a.e.ro.náu.ta] 男女《航空》(航空機・飛行船などの)飛行士, 操縦士, 乗員.

a·e·ro·náu·ti·co, ca [a.e.ro.náu.ti.ko, -.ka] 形《航空》航空の, 航空学[術]の. —— 女 1《航空》航空学[術], 飛行術. 2《ラ米》(マジ)空軍.

a·e·ro·na·val [a.e.ro.na.βál] 形《軍》海空の, 海空軍の;洋上飛行の. batalla ~ 海空戦.

a·e·ro·na·ve [a.e.ro.ná.βe] 女《航空》航空機;飛行船. ~ espacial 宇宙船.

a·e·ro·na·ve·ga·ción [a.e.ro.na.βe.ga.θjón / -.sjón] 女 航空, (空中の)航法.

a·e·ro·pa·r·que [a.e.ro.pár.ke] 男《ラ米》(プエブ)小飛行場.

a·e·ro·pi·ra·ta [a.e.ro.pi.rá.ta] 男女 航空機乗っ取り犯, ハイジャック犯.

a·e·ro·pla·no [a.e.ro.plá.no] 男《航空》飛行機, 重航空機(= avión).

a·e·ro·por·tua·rio,ria [a.e.ro.por.twá.rjo, -.rja] 形 空港の.

a·e·ro·pos·tal [a.e.ro.pos.tál] 形 航空(郵)便の, エアメールの.

****a·e·ro·puer·to** [a.e.ro.pwér.to] 男 **空港**, 飛行場. Al ~, por favor. 《タクシーで》空港までお願いします. [［ギ］aér「大

気」+［スペイン］puerto;［関連］［ポルトガル］［伊］aeroporto.［仏］aéroport.［英］airport］

a·e·ro·sol [a.e.ro.sól] 男 1《化》エーロゾル, 煙霧質. 2 エアゾール(剤);噴霧器, スプレー.

a·e·ro·sol·te·ra·pia [a.e.ro.sol.te.rá.pja] 女 エアゾール(剤)を用いた治療法.

a·e·ros·ta·ción [a.e.ros.ta.θjón / -.sjón] 女 気球[飛行船]操縦(術);気球[飛行船]での飛行.

a·e·ros·tá·ti·co, ca [a.e.ros.tá.ti.ko, -.ka] 形《物理》空気静力学の;気球[飛行船]操縦術の, 軽航空機用の. globo ~ 気球. —— 女 空気静力学.

a·e·rós·ta·to [a.e.rós.ta.to] / **a·e·ros·ta·to** [a.e.ros.tá.to] 男 気球, 飛行船.

a·e·ros·te·ro [a.e.ros.té.ro] 男 1 飛行士, 操縦士, 乗員(= aeronauta). 2 気球兵.

a·e·ro·ta·xi [a.e.ro.tá𝑘.si] 男 チャーター便, エアタクシー.

a·e·ro·tec·nia [a.e.ro.té𝑘.nja] 女 空気利用の科学技術;航空学[術].

a·e·ro·téc·ni·co, ca [a.e.ro.té𝑘.ni.ko, -.ka] 形 空気利用技術の;航空学[術]の. —— 女 → aerotecnia.

a·e·ro·te·ra·pia [a.e.ro.te.rá.pja] 女《医》大気療法.

a·e·ro·ter·mo·di·ná·mi·ca [a.e.ro.ter.mo.đi.ná.mi.ka] 女《物理》空気熱力学.

a·e·ro·te·rres·tre [a.e.ro.te.řés.tre] 形《軍》空陸の, 空陸軍の.

a·e·ro·trans·por·ta·do, da [a.e.ro.trans.por.tá.đo, -.đa] 形 空輸の, 空輸された. tropas *aerotransportadas* 空挺(ぐう)部隊.

a·e·ro·trans·por·tar [a.e.ro.trans.por.tár] 他 空輸する, 空路で運ぶ.

a·e·ro·trans·por·te [a.e.ro.trans.pór.te] 男 空輸.

a·e·ro·trén [a.e.ro.trén] 男《鉄道》エアロトレイン:プロペラ推進の高速列車.

a·e·ro·tur·bi·na [a.e.ro.tur.bí.na] 女《機》エアタービン.

a·e·ro·ví·a [a.e.ro.βí.a] 女 航空路.

a·fa·bi·li·dad [a.fa.βi.li.đáđ] 女 愛想のよさ;優しさ, 親切;相手に興味をもつさま. con ~ 愛想よく.

a·fa·bi·lí·si·mo, ma [a.fa.βi.lí.si.mo, -.ma] 形 ［afableの最上級］非常に愛想のよい, たいへん親切な, とても丁寧な.

***a·fa·ble** [a.fá.ble] 形 **愛想のよい**;優しい, 親切な;丁寧な. ~ con [para, para con] todos 誰にも優しい[気さくな]. → amable ［類語］.

a·fa·bu·la·ción [a.fa.βu.la.θjón / -.sjón] 女 (寓話(ぐう)の)教訓, 寓意.

á·fa·ca [á.fa.ka] / **a·fa·ca** [a.fá.ka] 女《植》ソラマメ(属の植物).

a·fa·ce·ta·do, da [a.fa.θe.tá.đo, -.đa / -.se.-] 形〈宝石などが〉カットされた, 切り子(面)に刻まれた.

a·fa·ma·do, da [a.fa.má.đo, -.đa] 形 有名な, 名高い;評判の. de ~ renombre 広く名を知られた.

a·fa·mar [a.fa.már] 他 (よいことで)有名にする, 名声を得る.

—— ~·se 再 有名[評判]になる, 名声を得る.

****a·fán** [a.fán] 男 1 **熱心**, 熱意(= empeño). trabajar con ~ 夢中になって働く. ~ de superación 向上心. poner mucho ~ en ....に意欲的に取り組む.
2 熱望, 切望. ~ de lucro 金銭欲. Su ~ por consumir le lleva a comprar cosas inútiles.

afanadamente

彼の消費欲が無駄なものを買わせる． **3** 《主に複数で》労苦, 苦労 (= penalidad). Han pasado tantos *afanes* de la vida. 彼らはさんざん人生の苦労をなめてきた．

a·fa·na·da·men·te [a.fa.ná.ða.mén.te] 副 **1** 熱心に, 熱狂的に. **2** 苦労して, 苦心して.

a·fa·na·do, da [a.fa.ná.ðo, -.ða] 形 (estar+) 《en...》《…に》熱中した; 《…を》熱望した. Él *estaba* ~ *en* la cocina. 彼は料理に没頭していた．

a·fa·na·dor, do·ra [a.fa.na.ðór, -.ðó.ra] 形 熱心な, 熱狂的な. ― 男 女 **1** 熱心な人, 熱狂な人. **2** (ラ米)(メシ)(話) 清掃員; 雑役夫. (2) 泥棒.

a·fa·nar [a.fa.nár] 他 **1** (話) 盗む, くすねる. **2** (ラ米)(1) (ニャ)(俗)《人に》言い寄る, 口説く. (2) (ペル)稼ぐ, もうける. (3) (アル)急がせる, 急(セ)かす. ― 自 働く, 骨を折る. Voy a ~ en la oficina. 私は仕事場で精を出して働くつもりだ．― ~·se 再 **1** 《por... / en...》《…のために》精を出す, 励む. *Se afanaba por* [*en*] conseguir un buen puesto. 彼[彼女]はいいポストに就こうと必死だった. **2** (ラ米)(アル)(話) 怒る, 憤慨する.

a·fa·níp·te·ros [a.fa.níp.te.ros] 男 《複数形》隠翅(ピッ)目の昆虫, ノミ目.

a·fa·ni·ta [a.fa.ní.ta] 女 [鉱] 角閃(ネシ)岩.

a·fa·no [a.fá.no] 男 (ラ米)(アル)(俗) 盗み.

a·fa·no·sa·men·te [a.fa.nó.sa.mén.te] 副 **1** 熱心に, 熱烈に. **2** 苦労して, 苦心して.

a·fa·no·so, sa [a.fa.nó.so, -.sa] 形 **1** 骨の折れる, 面倒な. **2** 熱心な, 勤勉な, 懸命の.

a·fan·tas·ma·do, da [a.fan.tas.má.ðo, -.ða] 形 (話) うぬぼれた; 気取った, 見えっ張りな.

a·fa·quia [a.fá.kja] 女 [医] 無水晶体.

a·fa·ro·la·do, da [a.fa.ro.lá.ðo, -.ða] 形 **1** ちょうちん形の, 街灯のような. **2** (アル)興奮した. ― 男 [闘牛] パセ・アファロラド (= pase ~):闘牛士がカパ capa を頭上に振りかざして牛の攻撃をかわす動作.

a·fa·ro·lar·se [a.fa.ro.lár.se] 再 (ラ米)(1) (メ)酔っ払う. (2) (カリ)(コスタ)(ホ)(話) 興奮する, いらだつ; 怒る, 激高する.

a·fa·sia [a.fá.sja] 女 [医] 失語(症).

a·fá·si·co, ca [a.fá.si.ko, -.ka] 形 [医] 失語症の. ― 男 女 失語症の患者.

a·fe·a·dor, do·ra [a.fe.a.ðór, -.ðó.ra] 形 **1** 醜くする, 台無しにする. **2** 非難がましい, 責めるような.

a·fe·a·mien·to [a.fe.a.mjén.to] 男 **1** 醜くなる[する]こと, 台無しにすること. **2** 非難, とがめ.

a·fe·ar [a.fe.ár] 他 **1** 醜くする, 損なう. Los postes *afean* mucho el paisaje. 電柱があたりの景観を台無しにしている. **2** 非難する, とがめる. ~ a+人 su conducta 《人の》行為を非難する. ― ~·se 再 醜くなる, 損なわれる.

a·fe·ble·cer·se [a.fe.ble.θér.se / -.sér.-] 34 再 やせ細る, 病み衰える.

a·fec·ción [a.fek.θjón / -.sjón] 女 **1** [医] 病気, 疾患, 病. ~ cardíaca 心臓疾患. ~ hepática 肝臓障害. → enfermedad [類語]. **2** 傾倒, 愛着. **3** 内面的な変化.

a·fec·cio·nar·se [a.fek.θjo.nár.se / -.sjo.-] 再 《por...》《…に》愛着を持つ, 《…を》好きになる.

a·fec·ta [a.fék.ta] → afecto.

a·fec·ta·ble [a.fek.tá.ble] 形 感じやすい, 影響を受けやすい.

a·fec·ta·ción [a.fek.ta.θjón / -.sjón] 女 見せかけ, 装い; 気取り, きざ, 過剰に注意すること.

a·fec·ta·do, da [a.fek.tá.ðo, -.ða] 形 **1** わざとらしい, 気取った. No me gusta el tono ~ de sus palabras. 私は彼[彼女]の気取った口の利き方が嫌いだ. **2** 偽りの, 作った. ignorancia *afectada* 知らん顔[ふり]. **3** 損害[被害]を受けた. finca *afectada* por la inundación 洪水で被害を受けた農場. **4** (estar+) 影響された, 影響を受けた; 動転した. **5** (estar+) 病気にかかった. *estar* ~ del corazón 心臓を患っている.

a·fec·tar [a.fek.tár] 他 **1 〈災難・有害物などが〉…に影響を及ぼす; …に被害を与える. La recesión *afecta* a todos los países del mundo. 不況は世界中の国々に影響を及ぼしている. El frío *afectó* su salud. 彼[彼女] (ら)は寒さで体調を崩した. **2** 動揺させる, 落ち込ませる. Le *afectó* mucho la muerte de su madre. 彼は母親の死によってひどく落ち込んだ. **3** …を装う, …のふりをする; 〈声・態度を〉わざとらしく作る. ~ la tranquilidad 平静を装う. ~ la voz 作り声を出す. **4** 〈形を〉とる, 呈する. El monumento *afecta* la forma de un prisma triangular. 記念碑は三角柱の形をしている. **5** 《a... …に》割り当てる. **6** 《まれ》熱望する. **7** 《まれ》併合する, 加える. **8** 《ラ米》(1) 《a... …に》〈資金を〉当てる, 取っておく. (2) (アル)(チリ)傷つける. ― 自 《a... …に》影響を及ぼす, 関連する. El accidente *afectó* a seis vehículos. 事故は6台の車両を巻き込んだ. **2** 《a... …に》《de... …を》を付け加える, 適用する. ― ~·se 再 **1** 《por... / con... …によって》影響を受ける, 損なわれる; 動揺する. Ella *se afectó* mucho *por* el suceso. 彼女はその事件でひどく落ち込んだ. **2** (ラ米)(1) 病気にかかる. (2) (*ニカ)結核になる.

a·fec·tí·si·ma·men·te [a.fek.tí.si.ma.mén.te] 副 《まれ》《手紙の最後に》敬具, 敬白.

a·fec·tí·si·mo, ma [a.fek.tí.si.mo, -.ma] 形 [afecto の絶対最上級] 《手紙》親愛なる (略 afmo., afma.). *A* ~ amigo. 親愛なる友(へ), 拝啓. Suyo ~. / Su ~ servidor. 《手紙》敬具, 敬白.

a·fec·ti·va·men·te [a.fek.tí.ba.mén.te] 副 感情で, 感情的に, 情緒的に; 感情[情緒]的な面については.

a·fec·ti·vi·dad [a.fek.ti.bi.ðáð] 女 感情, 情緒; 優しさ; 感受性, 感じやすさ.

a·fec·ti·vo, va [a.fek.tí.bo, -.ba] 形 **1** 感情の, 情緒的な, 愛情の. la vida *afectiva* 感情生活. **2** 敏感な, 傷つきやすい. **3** 心優しい, 愛情の深い.

a·fec·to, ta [a.fék.to, -.ta] 形 **1 (ser+) 《a... …に》《…の》好きな; 《…を》支持する (= adepto, adicto). La maestra *es* muy *afecta a* los niños. 先生はたいへん子供好きである. *Son* ~ *a* la revolución. 彼らは革命支持者だ. **2** (estar+) 《a... …に》配属された, 所属の. *Está* ~ *al* departamento de ventas. 彼は営業部の配属だ. **3** 《a... …に対して》支払い義務を負った. importaciones *afectas al* IVA 付加価値税を払わねばならない輸入品. **4** (estar+) 《de... …に》患った. 《…に》侵された (= afectado). *estar* ~ *de* bronquitis [pulmonía] 気管支炎[肺炎]を患っている. ― 男 **1** 《a... / por... …に対する》愛情; 親愛の情; 愛着. ganar el ~ de+人 《人》の愛情を勝ち取る. Sentimos mucho ~ por el entrenador. 私たちはそのコーチに大いに親しみを感じている. Le tiene ~ a ese bolso. 彼女はそのハンドバッグに

愛着がある. **2** 感情, 情緒.
── 活 → afectar.
[← [ラ] *affectum* (*afficere* の完了分詞 *affectus* の対格); [関連] afección, afectuoso. [英] *affect, affection*]

a･fec･tuo･si･dad [a.fek.two.si.ðáð] 囡 親愛の情, 優しさ; 愛情.

*****a･fec･tuo･so, sa** [a.fek.twó.so, -.sa] 囮 愛情のこもった, 優しい. con una sonrisa *afectuosa* にこやかに. → amable [類語].

a･fei･ta･da [a.fei.tá.ða] 囡《ラ米》ひげそり (= afeitado).

a･fei･ta･da･men･te [a.fei.tá.ða.mén.te] 副 装飾的に.

a･fei･ta･do, da [a.fei.tá.ðo, -.ða] 囮 **1**（ひげ・体毛などの）そった;〈植木などが〉刈り込まれた. Con la cara *afeitada* apenas te reconozco. ひげをそったのでとても君とは思えない. **2**《闘牛》角の先端を削った. ── 男 **1** そること; ひげ〔顔〕そり. **2**《闘牛》角の先端を削ること.

a･fei･ta･do･ra [a.fei.ta.ðó.ra] 囡 **1** シェーバー, 電気かみそり (= ~ eléctrica《ラ米》). **2**《ラ米》安全かみそり.

*****a･fei･tar** [a.fei.tár] 他 **1**〈…の毛を〉そる;〈人の〉ひげをそる. ~ la cabeza 頭の毛をそり落とす. ~ la cara 顔そりをする. ~ la barba あごのひげをそる. máquina de ~ 電気かみそり. El barbero me *afeitó* con navaja. 理髪師にかみそりでひげをそってもらった. **2**《闘牛》（安全のために）〈牛の〉角の先を切り落とす. **3**〈人に〉化粧する, 美しく整える. **4**〈植木などを〉刈り込む;〈馬の〉たてがみを刈り込む. **5**《話》〈車・凶器などが〉かすめる.
── ~･se 再 ひげをそる. Me *afeito* todas las mañanas. 私は毎朝ひげをそる.
[← [古スペイン]「美しくする」← [ラ] *affectāre*「…しようと努める」(→ afectar); [関連] afeite]

a･fei･te [a.féi.te] 男 **1**《古語》《主に複数で》化粧; 化粧品. ▶ 現代語では cosmético. **2** おしゃれ; 装飾品.

a･fe･lio [a.fé.ljo] 男《天文》遠日点: 惑星や彗星(ホシ)が軌道上で太陽から最も隔たる点 (↔ perihelio).

a･fel･pa･do, da [a.fel.pá.ðo, -.ða] 囮 ビロード状の; 滑らかで柔らかい.

a･fel･par [a.fel.pár] 他 **1**（まれ）《服飾》ビロード状にする, ビロードで覆う. **2**《海》〈帆を〉補強する.

a･fe･mi･na･ción [a.fe.mi.na.θjón / -.sjón] 囡（男性の）めめしさ; 女性的になること.

a･fe･mi･na･do, da [a.fe.mi.ná.ðo, -.ða] 囮 女性のような, 柔弱な. ── 男 めめしい男, 女性的な男性.

a･fe･mi･na･mien･to [a.fe.mi.na.mjén.to] 男（男性の）めめしさ, 女っぽさ.

a･fe･mi･nar [a.fe.mi.nár] 他〈男性を〉女性的にする, めめしくする.
── ~･se 再 女性的な一面を見せる, めめしくなる.

a･fer [a.fér] 男 → affaire.

a･fe･ren･te [a.fe.rén.te] 囮《解剖》〔血管が〕輸入〔導入〕の;〔神経が〕求心性の.

a･fé･re･sis [a.fé.re.sis] 囡《単複同形》《言》語頭音消失. ▶ 単語の先頭部の音が消失すること. → bodega「酒倉」(← [ラ] *apothēca*). bus「バス」(← autobús). la「その: 定冠詞女性単数形」(← illam).

a･fe･rra･do, da [a.fe.řá.ðo, -.ða] 囮 **1** 頑固な, 強情な. seguir ~ a …に執着〔固執〕する. **2** 定着した, 根を下ろした. una idea bien *aferrada* 十分に定着した考え.

a･fe･rra･dor, do･ra [a.fe.řa.ðór, -.ðó.ra] 囮 握り締める, しがみつく.

a･fe･rra･mien･to [a.fe.řa.mjén.to] 男 **1** つかむこと, つかんでいること. **2** 強情, 頑固さ; 固執. **3**《海》係留, 錨泊(びょう).

a･fe･rrar [a.fe.řár] 他 **1**（力を入れて）つかむ, 握る (= agarrar). *Aferró* el volante con fuerza. 彼〔彼女〕はハンドルを握る手に力を入れた. **2**《海》係留する, 錨泊(びょう)させる.
── 自 **1** つかむ. **2** 固執する.
── ~･se 再 **1**（a... / en... …に）しがみつく. Se *aferró* al pasamano para no caerse. 彼〔彼女〕は倒れまいとして手すりにしがみついた. **2**（a... …に）執着する, 固執する. ~*se a* una idea 一つの考えに固執する. **3**（a... …に）すがる, 救いを求める.

a･fe･rru･za･do, da [a.fe.řu.θá.ðo, -.ða / -.sá.-] 囮 不機嫌な, しかめっ面の (= ceñudo).

a･fer･vo･rar [a.fer.bo.rár] 他 → afervorizar.

a･fer･vo･ri･zar [a.fer.bo.ri.θár / -.sár] 97 他 元気〔勇気〕づける; 熱中〔熱狂〕させる.

a･fes･to･na･do, da [a.fes.to.ná.ðo, -.ða] 囮 花綱 festón で飾られた;《建》懸花装飾を施した.

af･fai･re [a.fér]《仏》男 **1**（主に違法な）事例, 問題; 事件. **2** 情事.

affmo., affma.（略）→ afmo.

af･ga･ni [af.gá.ni] 男 アフガニ: アフガニスタンの通貨単位.

Af･ga･nis･tán [af.ga.nis.tán] 固名 アフガニスタン（イスラム共和国）: 首都 Kabul.

af･ga･no, na [af.gá.no, -.na] 囮 アフガニスタンの, アフガニスタン人の. ── 男 囡 アフガニスタン人.
── 男 **1** アフガン語, パシュトー語: イラン語派の一つ.
2《動》アフガンハウンド: アフガニスタン産の犬で毛の長いのが特徴.

AFI [a.e.fe.í] 囡（略）*A*nalistas *F*inancieros *I*nternacionales 国際金融アナリスト.
── 男（略）*A*lfabeto *F*onético *I*nternacional 国際音標文字 [英 IPA].

a･fian･za･dor, do･ra [a.fjan.θa.ðór, -.ðó.ra / -.sa.-] 囮 保証する, 請け合う.

a･fian･za･mien･to [a.fjan.θa.mjén.to / -.sa.-] 男 **1** 保証, 請け合い. **2** 保釈金, 担保. **3** 補強, 強化. **4**（健康の）増進, 回復. **5** 確立, 定着.

a･fian･zar [a.fjan.θár / -.sár] 97 他 **1** 強化する, 強固にする; 確実なものにする. ~ las patas de una silla con travesaños 横木でいすの脚を補強する. Tienes que ~ tu salud. 君は体を丈夫にしなければならない. Su éxito le *ha afianzado* en su puesto. 成功が彼の地位を確実なものにした.
2 保証する, 請け合う. **3** つかむ, 握る; 支える.
── ~･se 再 **1** つかむ, 握る; しがみつく. **2** 固執〔執着〕する. **3** 立場を確立する. ~*se en* un puesto 地位を揺るぎないものにする. **4** 安定する, 定着する (= establecerse). **5** (en...)（…の正しさを）確信する, 納得する;（…に）自信を持つ.

a･fia･tar･se [a.fja.tár.se] 再《ラ米》《話》(1)（ララアフ）(チリ)（グループとして仕事の）知識・技能を完璧なものとする. (2)（ララアフ）（グループで働く人たちが）団結する.

a･fi･bri･no･ge･ne･mia [a.fi.bri.no.xe.né.mja] 囡《医》無フィブリノーゲン血症.

a･fi･che [a.fi.tʃe] 男《ラ米》（ララアフ）(コツ)(ララアフ)(チリ)ポスター, びら (= cartel). [← [仏] *affiche*]

*****a･fi･ción** [a.fi.θjón / -.sjón] 囡 **1**《por... / a... / hacia... …への》愛好, 愛着; 愛情. En este país hay gran ~ *a* la música. この国では音楽が

aficionado 52

大変愛されている．El niño le cogió [tomó] ～ a la lectura. その子は読書が好きになった． **2** 趣味(＝hobby). por ～ 趣味で．¿Cuál es su ～ preferida? 君の趣味は何ですか．Es pintor de ～. 彼はアマチュアの画家である．**3**《集合的》《闘牛・スポーツなどの》ファン，愛好家．La ～ demostró su descontento. サポーターは不満をあらわにした．**4** 熱心さ，熱中(＝afán). [←[ラ] *affectiōnem* (*affectiō* の対格) (→afección); 関連 aficionar, aficionado.

***a·fi·cio·na·do, da** [a.fi.θjo.ná.ðo, -.ða / -.sjo.-] 形 **1** (**a...**)(…の)好きな，(…に)熱中する．～ a la carpintería 大工仕事の好きな．→ gustar 類語．**2** 素人の，アマチュアの．un ciclista ～ アマチュアの自転車競技選手．— 男 女 **1**《スポーツ・映画などの》愛好家，《ラ米》《複数で》《サッカーなどの》熱狂的ファン，サポーター．**2** アマチュア《選手》(＝amateur). partido de ～s アマチュアの試合．

***a·fi·cio·nar** [a.fi.θjo.nár / -.sjo.-] 他 (**a...** …を)好きにさせる，愛好させる．Este libro le *aficionó* a la lectura. この本を読んで彼は読書が好きになった．— ～**se** 再 (**a...**)(…が)好きになる，(…が)癖になる．Desde joven *se aficionó* a la literatura. 彼[彼女]は若いころから文学を好むようになった．

a·fi·dá·vit [a.fi.ðá.βit] 男《単複同形》《法》《外国人の納税》宣誓供述書． [←[後ラ] *affidāvit*「彼が保証した」]

á·fi·do [á.fi.ðo] 男《昆》アリマキ，アブラムシ．

a·fie·bra·do, da [a.fje.βrá.ðo, -.ða] 形《医》熱のある，熱っぽい．

a·fie·brar·se [a.fje.βrár.se] 再《まれ》熱が出る，発熱する．

a·fie·lar [a.fje.lár] 他《秤(はかり)の》釣り合いを取る，釣り合わせる．

a·fi·ja·ción [a.fi.xa.θjón / -.sjón] 女《文法》接辞添加．

a·fi·jo, ja [a.fí.xo, -.xa] 形《文法》接辞の，接辞付きをする．— 男《文法》接辞．▶ 接頭辞 prefijo, 接中辞 infijo, 接尾辞 sufijo がある．

a·fi·la·de·ra [a.fi.la.ðé.ra] 形《女性形のみ》砥石(といし)の．piedra ～ 砥石．— 女《回転》砥石．

a·fi·la·do, da [a.fi.la.ðo, -.ða] 形 **1** 鋭利な；とがった．cuchillo ～よく切れるナイフ．voz *afilada* 鋭い[甲高い]声．**2** やせた，やせこけた；ほっそりした．cara *afilada* ほおのこけた顔．**3** しんらつな．lengua *afilada* 毒舌．**4**《ラ米》《ザ》傷ついた．
— 男 研ぐこと，とがらせること．
tener las uñas afiladas 手癖が悪い．

a·fi·la·dor [a.fi.la.ðór] 男《ラ米》《ザラ》《俗》プレイボーイ，女たらし．

a·fi·la·dor, do·ra [a.fi.la.ðór, -.ðó.ra] 形 刃をつける，研ぐ(ための)．
— 男 女 研ぎ師[屋]．— 男《技》研磨機，グラインダー；研ぐ[削る]道具；《かみそりの》革砥(ど).

a·fi·la·do·ra [a.fi.la.ðó.ra] 女《ラ米》《話》浮気女，男好きの女．

a·fi·la·du·ra [a.fi.la.ðú.ra] 女 研ぐこと，研磨．

a·fi·la·lá·pi·ces [a.fi.la.lá.pi.θes / -.ses] 男《単複同形》鉛筆削り(＝sacapuntas).

a·fi·la·mien·to [a.fi.la.mjén.to] 男 **1** やせこけること，ほっそりすること．**2** 研ぐこと，研磨．

***a·fi·lar** [a.fi.lár] 他 **1** 研ぐ，刃をつける；とがらせる．～ un cuchillo en una piedra ナイフを石で研ぐ．piedra de ～ 砥石．**2**《声を》甲高くする．**3**《ラ米》(1)《ザラ》《俗》…に言い寄る，口説く，こびる，へつらう．(2)《ザラ》準備する．(3)《ザ》《俗》傷つける．(4)《ザラ》《俗》…とセックスする．— 自《ラ米》(1)《ザ》《俗》セックスする．(2)《ザワ》《ザラ》仕事の準備をする．
— ～**se** 再 **1** やせこける，やつれる；とがる．**2**《ラ米》あらかじめ準備をする．

a·fi·lia·ción [a.fi.lja.θjón / -.sjón] 女 (**a...** …への)加入，加盟，入会．

a·fi·lia·do, da [a.fi.ljá.ðo, -.ða] 形 **1** 加入した，加盟した，会員の．los países ～s 加盟国．**2** 子会社の，系列の．— 男 女 (**a...** …の)会員，加入者．

***a·fi·liar** [a.fi.ljár] 82 他 加入させる，加担させる，会員にする．— ～**se** 再 (**a...**)(…に)加入する，加担する，(…の)会員になる．Quiero *afiliarme* a un partido político. 私はある政党に入党したい．

a·fi·li·gra·na·do, da [a.fi.li.ɣra.ná.ðo, -.ða] 形 **1** 金[銀]線細工の，金[銀]線細工を施した．**2** 上品な；きゃしゃな，繊細な．

a·fi·li·gra·nar [a.fi.li.ɣra.nár] 他《まれ》**1** 金[銀]線細工を施す．**2** 洗練させる，磨き上げる(＝pulir). **3** 整える，飾りたてる．

á·fi·lo, la [á.fi.lo, -.la] 形《植》葉のない．

a·fi·lón [a.fi.lón] 男 革砥(かわと)；《肉屋の》鋼砥(はがねと).

a·fi·lo·rar [a.fi.lo.rár] 他《ラ米》《ザ》飾りたてる，めかし込む．

a·fi·lo·so·fa·do, da [a.fi.lo.so.fá.ðo, -.ða] 形 哲学者ぶりの，賢人ぶった．

***a·fín** [a.fín] 形 **1** 隣接の，隣り合った．campos *afines* 隣接する分野．**2** 類似の，同類の．Son *afines* por su actitud ante la vida. 生き方という点で彼[彼女]らはよく似ている．**3** 関連する，関係のある．palabras *afines* 関連語．la economía y los problemas *afines* 経済学とそれに関連する諸問題．
— 男 女 親類，姻戚(いんせき).
[← [ラ] *affīnem* (*affīnis* の対格) ; *ad*「の近くに」＋*fīnis*「境界，限界」)]

a·fi·na·ción [a.fi.na.θjón / -.sjón] 女 **1** 精錬，精製；仕上げ．**2** 洗練，あか抜けること．**3**《音楽》(1) 調律，チューニング．**2** イントナチオン：調子や和声にあった一定の音高の音を出す法．

a·fi·na·dor, do·ra [a.fi.na.ðór, -.ðó.ra] 形 調律する．— 男 女《音楽》調律師．— 男 調律用具，(調音用)チューナー，チューニングハンマー．

a·fi·na·du·ra [a.fi.na.ðú.ra] 女 → afinación.

a·fi·na·mien·to [a.fi.na.mjén.to] 男 → afinación.

a·fi·nar [a.fi.nár] 他 **1** 精錬する，精製する．～ el oro 金を精錬する．**2** 洗練する，磨く．Su estancia en la ciudad lo *ha afinado* mucho. 彼は都会に出てから大いに洗練された．**3**《音楽》(1) 調律する，調子を合わせる．～ un piano ピアノを調律する．(2) 正しい音程で歌う[演奏する]．**4** 仕上げる，完成させる(＝acabar). **5** 鋭くする，正確にする；《鉛筆などを》削る．～ la puntería 照準[目標]を定める．
— 自 **1** 的を射ている，正確である．
2《音楽》調子を外さずに歌う[演奏する]．
— ～**se** 再 **1** 薄くなる；細くなる，やせる．
2 洗練される，磨かれる．

a·fin·ca·do [a.fiŋ.ká.ðo] 男《ラ米》《ザラ》農場主．

a·fin·car [a.fiŋ.kár] 他《定着》させる．
— 自 不動産を買う，資産を手に入れる．
— ～**se** 再 (**en...** …に)定住[定着]する．

a·fi·ne [a.fí.ne] 形 → afín.

***a·fi·ni·dad** [a.fi.ni.ðáð] 女 **1** 類似，相似；類縁

a.fir.no [a.fír.no] 男《金属などの》精錬.

a.fir.ma.ción [a.fir.ma.θjón / -.sjón] 女 **1** 断言, 言明. ~ de la paz 平和宣言. hacer una ~ atrevida 大胆な発言をする. **2** 肯定. contestar con una ~ rotunda はっきりとした肯定の返事をする. **3** 安定化, 確立. ~ del idioma materno 母語の確立.

a.fir.ma.da.men.te [a.fir.má.ða.mén.te] 副 確固と, 間違いなく.

a.fir.ma.do [a.fir.má.ðo] 男 路面, (道路の)舗装部分;《ラ米》(ﾆｶ)石[砕石]の舗装.

a.fir.man.te [a.fir.mán.te] 形 **1** 肯定する, 主張する. **2** 固定の.

a.fir.mar [a.fir.már] 他 **1** 肯定する(↔negar). ~ una opinión 意見を肯定する. **2**《+不定詞 / que +直説法 …であることを》断言する, 主張する. El ministro *afirmó* la necesidad de establecer nuevas leyes. 大臣は新法の制定の必要性を主張した. El político *afirmó ser* partidario de la reforma. その政治家は改革推進派であると宣言した. *Afirmo que es* verdad. それは確かに本当のことだ. **3** 固定させる, 補強する. ~ un cuadro contra la pared 額を壁に固定する. **4**《ラ米》(ﾒ)(ﾆｶ)〈パンチなどを〉食らわす.
— 自 **1** 肯定する. ~ con la cabeza うなずく.
— ~.se 再 **1**《en... …で》体を固定させ, 安定させる. ~ *se en* los pies 足を踏みしめる.
2《en...》《…に》固執する. La reclamación no *se afirma en* la realidad. その要求は現実を踏まえていない.
[←[ラ]*affirmāre*]

a.fir.ma.ti.vo, va [a.fir.ma.tí.βo, -.βa] 形 賛成の, 肯定的な;断定的な. Nos quedamos contentos con su respuesta *afirmativa*. 我々は彼[彼女](ら)の賛意を得て満足した.
— 女 **1** 肯定, 賛成;肯定的意見. contestar con la *afirmativa* 承諾の返事をする. **2**《哲》肯定命題. *en caso afirmativo* もしそうなら;賛成の場合.

a.fis.tu.lar.se [a.fis.tu.lár.se] / **a.fis.to.lar.se** [a.fis.to.lár.se] 再《医》瘻孔(ｶｳ)になる.

a.fla.men.ca.do, da [a.fla.meŋ.ká.ðo, -.ða] 形 フラメンコ風の, フラメンコに似た.

a.fla.tar.se [a.fla.tár.se] 再《ラ米》(ﾒ+)(ﾆｶ)悲しくなる, ゆううつになる.

a.fla.to [a.flá.to] 男 **1** そよぎ, 風.
2《詩の》インスピレーション.

a.flau.ta.do, da [a.flau.tá.ðo, -.ða] 形 笛の音のような;甲高い.

a.flau.tar [a.flau.tár] 他〈声・音を〉甲高くする.

a.fle.cha.do, da [a.fle.tʃá.ðo, -.ða] 形 矢の形の.

a.flic.ción [a.flik.θjón / -.sjón] 女 苦痛;悲しみ, 苦悩. Esta noticia me ha causado profunda ~. この知らせに僕はとても悲しんだ.

a.flic.ti.vo, va [a.flik.tí.βo, -.βa] 形 **1** 痛ましい, 悲惨な. situación *aflictiva* 悲しくつらい状況. **2**《法》体の自由を奪う. pena *aflictiva* 体刑.

a.flic.to, ta [a.flík.to, -.ta] 形 → afligido.

a.fli.gen.te [a.fli.xén.te] 形 苦痛を与える, 悲痛な.

a.fli.gi.da.men.te [a.fli.xí.ða.mén.te] 副 嘆き悲しんで, 悲嘆に暮れて. llorar ~ さめざめと泣く.

a.fli.gi.do, da [a.fli.xí.ðo, -.ða] 形 **1**《con...》《…に》苦しんだ, 悩んだ, 悲嘆に暮れた. **2**《de...》《…で》患っている,《…に》苦しんでいる. ~ *de* sordera 耳の不自由な. **3**《人に》死なれた, 先立たれた.
— 男 女 **1** 苦しむ人, 悲しむ人. los ~s 受難者;罹病(ｶｳ)者. **2** 遺族.

a.fli.gi.mien.to [a.fli.xi.mjén.to] 男 → aflicción.

a.fli.gir [a.fli.xír] 101 他 **1** 悲しませる;《精神的に》苦しめる, 悩ます (= entristecer). la desgracia que nos *aflige* 我々をさいなむ不幸. **2**《肉体的に》苦痛を与える. **3**《ラ米》(ﾆｶ)打つ, たたく.
— ~.se 再《de... / con... / por...》《…で》嘆き悲しむ,《…に》苦しむ. Toda la familia *se afligía* mucho *con* sus desgracias. 家族の全員が彼[彼女]の不幸に大いに心を痛めていた.

aflij- 活 → afligir.

a.flo.ja.mien.to [a.flo.xa.mjén.to] 男 **1**《ひもなどが》緩むこと,《ひもなどを》緩めること. **2**《規律などの》緩み, たるみ;緩和. **3**《あらしの》弱まり.

a.flo.jar [a.flo.xár] 他 **1** 緩める, 緩くする. ~ el freno ブレーキを緩める. ~ un nudo 結び目[ナット]を緩める. **2** 緩和する, 和らげる. ~ la severidad 手心を加える. ~ pretensiones 望みを低くする. ~ el paso 歩調を緩める;減速する. **3**《話》しぶしぶ渡す[支払う]. ~ dinero 金をしぶしぶ出す. **4**《ラ米》(ﾆｶ)(ﾎ)《話》譲る, へりくだる.
— 自 **1** 和らぐ, 弱まる. El calor *ha aflojado*. 暑さが和らいだ. ~ la fiebre 熱が下がる.
2 緩む, たるむ. **3** 怠ける;だれる;〈興味・信仰心などが〉薄れる. fe que *afloja* 揺らぐ信仰心. Era uno de los alumnos que *aflojaban* en el estudio. 彼はいっこうに勉強に身が入らない生徒のひとりだった.
4 譲歩する, 歩み寄る. Si *aflojáis* algo, llegaremos a un acuerdo. 君たちが少し譲れば, 我々は合意に達するはずだ.
— ~.se 再 **1**〈ひもなどが〉緩む;〈身につけているものを〉緩める. ~ *se* el cinturón ベルトを緩める.
2〈興味・信仰心などが〉薄れる;怠惰になる;〈会話が〉だれる. **3**〈暑さ・あらしなどが〉和らぐ;〈緊張・症状が〉緩和する.

aflojar la bolsa [*la mosca*]《俗》金を与える[出す].

aflojar el estómago [*la panza*]《ラ米》(ﾆｶ)《俗》下痢をする.

a.flo.ra.mien.to [a.flo.ra.mjén.to] 男《鉱脈などの》露出, 露頭.

a.flo.rar [a.flo.rár] 自 **1**〈鉱物・岩層が〉露出する.
2〈地下水が〉湧(ｗ)き出る, 湧出(ｳﾞっ)する. **3**《問題などが》表面化する;〈性格などが〉現れる. En algunos sitios de la obra *afloran* un pensamiento original. 作品のそこここに独創的な考えが散見される.
— 他 **1**〈利益を〉得る. **2** ふるう, ふるいにかける.

a.fluen.cia [a.flwén.θja / -.sja] 女 **1**《人・ものが》たくさん入ってくること[量]. ~ de espectadores 引きも切らぬ観客. **2** 流入, 合流. la ~ de refugiados al país 国への難民の殺到. **3** 流暢(ﾁｮｳ), 雄弁.

a.fluen.te [a.flwén.te] 形 **1**《川が》流入する,〈道が〉合流する. **2** 能弁な. — 男 支流. El Segre es ~ del Ebro. セグレ川はエブロ川の支流である.

a.fluir [a.flwír] 42 自 **1** 流入する. La sangre *afluye* al cerebro. 血液が脳に行きわたる. **2** 押し寄せる, 殺到する. Los turistas *afluyen* a Madrid. 旅行者がどっとマドリードに押し寄せる. **3** 合流する;注ぐ. ~ al mar 海に注ぐ. **4**《道》が通じる.

a.flu.jo [a.flú.xo] 男 **1**《液体の》流れ, 流量;大量

aflús

流入. **2** 【医】過多. ~ **de sangre** 充血.

a‧flús [a.flús] 形 《ラ米》《話》一文無しの.
— 男 → flux.

a‧flu‧xio‧nar‧se [a.fluk.sjo.nár.se] 再 《ラ米》(1) (ᵗ⁺)充血する, 腫(は)れる. (2) (ᴹᵉˣ)(ᴾᵗᴿ)風邪をひく.

afmo., afma. 《略》 *afectísimo, afectísima* 尊敬する, 親愛なる.

a‧foe‧te‧ar [a.fo.e.te.ár] 他 《ラ米》(ᴾᵗᴿ)(ᴬʳᵍ)(ᶜʰ)鞭(むち)で打つ.

a‧fo‧fa‧do, da [a.fo.fá.ðo, -.ða] 形 ぶよぶよの, かさかさの.

a‧fo‧far‧se [a.fo.fár.se] 再 〈筋肉・果物などが〉ぶよぶよになる, すかすかになる.

a‧fo‧llar [a.fo.jár ‖ -.ʎár] 15 他 《まれ》 **1** ふいごで吹く. **2** ひだをつける. **3** 《古語》だめにする. — **~‧se** 再 〈しっくいの壁などに〉気泡ができる.

a‧fon‧dar [a.fon.dár] 他 《古語》沈める. — **~‧se** 再 沈む.

a‧fo‧ní‧a [a.fo.ní.a] 女 【医】失声症.

a‧fó‧ni‧co, ca [a.fó.ni.ko, -.ka] / **á‧fo‧no, na** [á.fo.no, -.na] 形 **1** 【医】失声症の. **2** 声がかれた, 声の出ない. **volverse** ~ 声が出なくなる, 声をからす. **3** 無声の; 黙字の.

a‧fo‧ra‧do, da [a.fo.rá.ðo, -.ða] 形 特権を与えられた. → fuero.

a‧fo‧ra‧dor, do‧ra [a.fo.ra.ðór, -.ðó.ra] 男 女 検査係, 点検工. — 男 測定器, 計量器.

a‧fo‧ra‧mien‧to [a.fo.ra.mjén.to] 男 **1** (容積・排水量の)測定, 計測. **2** 評価, (税関の)税額査定. **3** 特権, 免除特権.

a‧fo‧rar [a.fo.rár] 他 **1** (流量を)測定する, (容器などの)容積を計測する. ~ **un barco** 船のトン数を計る. ~ **una corriente de agua** 川の流水量を測定する. **2** (税関で)査定する; 〈商品・在庫品の〉値段を評価する. **3** 〈都市に〉特権を与える. ▶ この語義では contar 15 のように活用. **4** 借地料を払う. **5** 《ラ米》(ᴾᵗᴿ)〈空港で〉〈荷物を〉預ける; 受け取る.
— 自 〈客席から見えないように〉舞台のそでなどを隠す.

a‧fo‧ris‧ma [a.fo.rís.ma] 女 【獣医】(馬などの)動脈瘤(りゅう).

a‧fo‧ris‧mo [a.fo.rís.mo] 男 金言, 警句, 箴言(しんげん).
類語 *aforismo* は「学芸に関する教え」を指す. *adagio* は「道義徳目を述べた人生訓」, *agudeza* は「寸鉄人を刺すような警句」, *apotegma* は「古典作品などの中の名言」, *máxima* は「実践を目的とした教え」, *pensamientos* は「教訓一般」を指す. *sentencia* は「教条的・倫理的な教え」や「偉人などの名言, 格言」である. *proverbio, refrán* は人生や生活一般に対する「諺」.

a‧fo‧rís‧ti‧co, ca [a.fo.rís.ti.ko, -.ka] 形 金言の, 警句の, 格言の. — 女 格言研究.

a‧fo‧ro [a.fó.ro] 男 **1** 測定, 計測; 測定値. **el** ~ **de un barco** 船の計測. **2** 査定(価格), 評価(額). **3** 流水量. **el** ~ **de un río** 川の流水量. **4** 収容力. **Este teatro tiene un** ~ **de dos mil personas.** この劇場は2000人収容できる.

a‧fo‧rrar [a.fo.r̄ár] 他 **1** 裏 (con... / de... / en...) (…で)裏打ちする, (…の)裏をつける; (…で)カバーをする. **2** 《海》〈太綱に〉細綱を巻く. **3** 《ラ米》《話》お仕着せをする, 意らしめる. — **~‧se** 再 **1** 《話》着込む. **2** (たくさん)飲み食いする.

a‧fo‧rro [a.fó.r̄o] 男 **1** 裏打ち, カバー. **2** 《海》(太綱に巻く)補強用の細綱; 太綱に細綱を巻くこと.

a for‧tio‧ri [a.for.tjó.ri] 〔ラ〕 いっそう有力な理由で (= con mayor motivo); なおさら.

*a‧for‧tu‧na‧da‧men‧te** [a.for.tu.ná.ða.mén.te] 副 幸いにも, 運よく. **A~ tuve éxito en el concurso de oratoria.** 幸いにも私は弁論大会で成功した.

*a‧for‧tu‧na‧do, da** [a.for.tu.ná.ðo, -.ða] 形 **1** (+名詞 / 名詞+) (ser+/ estar+) 運のよい, 幸運な; 幸運をもたらす. **una persona** *afortunada* 幸運な人. **una coincidencia** *afortunada* 偶然の一致. **número** ~ ラッキーナンバー, 当選番号. **2** (+名詞 / 名詞+) (幸運の結果として) 幸せな, 幸福な. **una vida** *afortunada* 幸福な人生. **3 (en...)** 《(…に)恵まれた, (…の)豊かな. **Desgraciado en el juego,** ~ **en amores.** 《諺》勝負事がだめなら恋愛ではうまくいくさ (▶ ゲームなどで負けた人への慰め). **4** (+名詞 / 名詞+) 的確な判断. **expresión poco** *afortunada* しっくりこない表現. **5** 《まれ》《海》あらしの, 時化(しけ)模様の.
— 男 女 幸運な[運のよい]人. **los** ~**s de la lotería** 宝くじの当選者.

a‧fo‧sar‧se [a.fo.sár.se] 再 【軍】塹壕(ざんごう)を掘る, 穴を掘って防衛する.

a‧fos‧car‧se [a.fos.kár.se] 102 再 《海》霧が出る.

a‧frai‧la‧do, da [a.frai.lá.ðo, -.ða] 形 **1** 印刷のかすれた. **2** 《農》刈り込まれた, 剪定(せんてい)された.

a‧frai‧lar [a.frai.lár] 他 《農》 **1** 刈り込む, 剪定(せんてい)する. **2** 《スペイン》(脱穀後に)風に当てる.

a‧fran‧ce‧sa‧do, da [a.fran.θe.sá.ðo, -.ða / -.se.-] 形 **1** フランスびいき [支持] の (= francófilo). **2** 《話》フランスかぶれの, 気取った. **3** 【史】親仏派の. — 男 女 **1** フランスびいき. **2** 【史】親仏派: スペイン独立戦争(1808-14)当時の Napoleón 支持者.

a‧fran‧ce‧sa‧mien‧to [a.fran.θe.sa.mjén.to / -.se.-] 男 フランスかぶれ, フランス化.

a‧fran‧ce‧sar [a.fran.θe.sár / -.se.-] 他 フランス風にする, フランス化する. — **~‧se** 再 **1** フランス風になる, フランスにかぶれる. **2** 親仏派になる.

a‧fre‧cho [a.fré.tʃo] 男 麩(ふすま), ぬか.

a‧fre‧ni‧llar [a.fre.ni.jár ‖ -.ʎár] 他 《海》〈船を〉係留する, つなぐ, くくりつける.

a‧fren‧ta [a.frén.ta] 女 **1** 侮辱, 無礼な言動. **aguantar una** ~ 辱めに耐える. **hacer** ~ **a+人** 〈人を〉辱める. **2** 不名誉; 恥(になること). **Es la** ~ **de la familia.** 彼[彼女]は一家の面汚しだ.

a‧fren‧ta‧dor, do‧ra [a.fren.ta.ðór, -.ðó.ra] 形 **1** 侮辱的な, 無礼な. **2** 気に障る, 不快な. — 男 女 侮辱する人, 無礼な人.

a‧fren‧tar [a.fren.tár] 他 **1** 辱める, 侮辱する. **2** 不快にさせる, 感情を害する (= ofender). **Nos** *afrentaron* **a todos sus palabras injustas.** 彼[彼女]の不当な発言は我々みんなを不愉快にした.
— **~‧se** 再 **(de... / por...)** 《(…を)恥じる, (…に)困惑する. ~**se de [por]** **su pobreza** 自分の貧しさを恥ずかしく思う.

a‧fren‧to‧so, sa [a.fren.tó.so, -.sa] 形 **1** 無礼な, 屈辱的な. **2** 不快な. **3** 恥さらしの, 不名誉な (= deshonroso). **una acción** *afrentosa* 恥ずべき行為. **4** 《ラ米》(ᶜᵒˡ)《話》嫌な, 嫌われる者の.

a‧fre‧ta‧do, da [a.fre.tá.ðo, -.ða] 形 縁[房]飾りふうの; ひも状の.

a‧fre‧tar [a.fre.tár] 他 《海》(船体から)〈特にフナクイムシなどの貝類を〉こすり落とす.

*Á‧fri‧ca** [á.fri.ka] 固名 **アフリカ**. ~ **del Norte** 北アフリカ.

[←〔ラ〕África(元々は大陸北部のカルタゴを指した)]

a·fri·ca·do, da [a.fri.ká.ðo, -.ða] 形 〖音声〗破擦音の. ― 女 破擦音：閉鎖音に摩擦音が後続し、一つとなされる音. ⇀ch [t∫].

a·fri·cá·ner [a.fri.ká.ner] / **a·fri·ca·ner** [a.fri.ka.nér] 形 男 女 → afrikáner.

a·fri·ca·ni·dad [a.fri.ka.ni.ðáð] 女 アフリカ(人)性.

a·fri·ca·nis·mo [a.fri.ka.nís.mo] 男 **1** アフリカ文化の影響. **2** アフリカからの借用語. **3** アフリカ趣味[志向]；アフリカ学；アフリカ主義.

a·fri·ca·nis·ta [a.fri.ka.nís.ta] 形 アフリカ学の. ― 共 アフリカ学者；アフリカ主義者. ― 男 (20世紀北アフリカにあった)軍部隊.

a·fri·ca·ni·za·ción [a.fri.ka.ni.θa.θjón / -.sa.sjón] 女 アフリカ化. ◆この言葉をよく用いたスペインの思想家 Unamuno (1864-1936) は、ヨーロッパ=理性、アフリカ=熱情と考えており、スペインの西欧化に反対し、熱情を根底に置いた国づくりを唱えた.

a·fri·ca·ni·zar [a.fri.ka.ni.θár / -.sár] 97 他 アフリカ化する.

***a·fri·ca·no, na** [a.fri.ká.no, -.na] 形 **アフリカ**の, アフリカ人[大陸]の. ― 男 女 アフリカ人. ― 男 **1** → afrikaans. **2** 《ラ米》《キ米》《料》卵黄・砂糖・シナモンなどを使った菓子.

á·fri·co, ca [á.fri.ko, -.ka] 男 南風. ― 形 《古》アフリカの (= africano).

a·fri·jo·lar [a.fri.xo.lár] 他 《ラ米》(**1**) (コス)射殺する；〈人に〉銃弾でけがをさせる. (**2**) (エクアドル)食らわす, 投げつける；うんざりさせる, 押しつける.

a·fri·ka·ans / a·fri·ká·ans [a.fri.ká.(.a)ns] 男 アフリカーンス語：オランダ語の変化した南アフリカ共和国の言語. 英語と並んで公用語として用いられる.

a·fri·ká·ner / a·fri·ka·ner [a.fri.ká.ner] 形 アフリカーナ(人)の；南アフリカ共和国のオランダ系白人. ― 男 女 アフリカ人, ボーア人 (= bóer).

a·fro [á.fro] 形 《主に性数不変》 **1** アフリカ系黒人(風)の. **2** アフロヘアの. peinado ~ アフロヘアスタイル.

a·fro·a·me·ri·ca·no, na [a.fro.a.me.ri.ká.no, -.na] 形 アフリカ系アメリカ(人)の, アメリカ黒人の. ― 男 女 アフリカ系アメリカ人.

a·fro·a·siá·ti·co, ca [a.fro.a.sjá.ti.ko, -.ka] 形 アジア・アフリカの. países ~s AA 諸国.

a·fro·cu·ba·no, na [a.fro.ku.bá.no, -.na] 形 アフリカ系キューバ(人)の. ― 男 女 アフリカ系キューバ人.

a·fro·di·sia·co, ca [a.fro.ði.sjá.ko, -.ka] / **a·fro·di·sí·a·co, ca** [a.fro.ði.sí.a.ko, -.ka] 形 催淫(とういん)作用のある, 性欲を起こさせる. ― 男 媚薬(びやく), 催淫剤.

a·fro·dí·ti·co, ca [a.fro.ðí.ti.ka] 形 隠花植物の.

A·fro·di·ta [a.fro.ðí.ta] 女 〖ギ神〗アフロディテ：愛と美の女神. ローマ神話の Venus に当たる.

A·fro·ne·gris·mo [a.fro.ne.grís.mo] 男 《ラ米》アフリカ語起源の(スペイン語の)単語.

a·fro·ni·tro [a.fro.ní.tro] 男 硝石の泡.

a·fron·ta·mien·to [a.fron.ta.mjén.to] 男 《まれ》 **1** 直面；取り組み. **2** 対立, 対決.

***a·fron·tar** [a.fron.tár] 他 **1 直面する**；立ち向かう. ~ al enemigo 敵に立ち向かう. Tienes que ~ las consecuencias de tu error. 君は自分の犯した誤りの結果を直視すべきだ. **2 対決させる**, 突き合わせる. **3** 向かい合わせにする. leones *afronta-*

-dos 〖紋〗向かい合ったライオン. **4** 《ラ米》(プエルトリコ)〈金を〉即座に渡す.

a·fru·ta·do, da [a.fru.tá.ðo, -.ða] 形 果物の香りのする, 果物の味のする.

af·ta [áf.ta] 女 [el ~, un [una] ~] 〖医〗アフタ性口内炎：口内炎で粘膜に生じる白い斑点.

af·ter·hours [af.te.rá.(g)wers] [英] 〈ディスコなどが〉午前中開いている. ― 女 午前中開いているディスコ.

af·ter·sha·ve [af.ter.ʃéiβ] [英] 男 アフターシェーブローション.

af·ter·sun [af.ter.sán] [英] 男 日焼けした後につけるモイスチャークリーム.

af·to·so, sa [af.tó.so, -.sa] 形 〖医〗アフタ性口内炎にかかっている；アフタの. fiebre *aftosa* 〖獣医〗口蹄(こうてい)病.

*🌟**a·fue·ra** [a.fwé.ra] 副 **1** 《方向》 **外へ[に]** (↔adentro). Es mejor que salgáis ~. 君たちは外へ出てくれた方がいい. Esa silla hay que ponerla más ~. そのいすはもっと端に[離して]置かなければいけない. **2** 《位置》《主に ラ米》外で, 外側に[で]. de puerta ~ 外側に, 戸外に. por ~ 外に, 外側へ. ― 女 《複数で》 **1 郊外**. Viven en las ~s de Madrid. 彼らはマドリード郊外に住んでいる. **2** (城郭の周囲の)平地. ― 間投 出て行け；どけ. ¡A~! ¿No te das cuenta de que estorbas? どいてくれ, 邪魔だってことがわからないのか.

afuera de... 《ラ米》…の外に.

a·fue·re·ño, ña [a.fwe.ré.no, -.na] 形 《ラ米》よその, 見知らぬ (= forastero).

a·fue·ri·no, na [a.fwe.rí.no, -.na] 形 《ラ米》(チリ) → afuereño.

a·fue·te·ar [a.fwe.te.ár] 他 《ラ米》鞭(むち)で打つ, 激しくたたく.

a·fu·fa [a.fú.fa] 女 《話》高飛び, 逃亡. tomar las ~s 高飛びする.

a·fu·far(·se) [a.fu.fár(.se)] 自 再 《話》高飛びする, 逃げる (= huir). *afufar* las 《話》ずらかる；雲隠れする.

a·fu·fón [a.fu.fón] 男 《話》 → afufa.

a·fu·si·lar [a.fu.si.lár] 他 《話》射殺する, 銃殺刑にする (= fusilar).

a·fu·sión [a.fu.sjón] 女 〖医〗灌水(かんすい)療法.

a·fus·te [a.fús.te] 男 〖軍〗砲架.

a·fu·trar·se [a.fu.trár.se] 再 《ラ米》(キ) 《話》着飾る, めかし込む.

Ag 〖化〗argentum ラ 銀 (= plata).

a·gá [a.gá] 男 《複 agaes》トルコ軍の士官.

a·ga·ba·cha·do, da [a.ga.ba.tʃá.ðo, -.ða] 形 《ラ米》(キ米) 《軽蔑》米国人[人]化した.

a·ga·ba·char [a.ga.ba.tʃár] 他 《話》フランス風にする. ― ~*se* 再 フランス風になる. ◆元々は gabacho「ピレネー山麓(さんろく)のフランス人」の言葉や習慣をまねるという意味の, 軽蔑的な意味合いを持つ.

a·ga·cha·da [a.ga.tʃá.ða] 女 《話》 **1** たくらみ, ごまかし. **2** 身をかがめること. **3** 《ラ米》(リオデラプラタ)言い訳, 言い逃れ.

a·ga·cha·di·za [a.ga.tʃa.ðí.θa / -.sa] 女 〖鳥〗タシギ.

a·ga·cha·do, da [a.ga.tʃá.ðo, -.ða] 形 **1** かがんだ. **2** 《ラ米》《話》(**1**) (キ米)ずるい, 悪賢い. (**2**) (メキシコ)(チリ)卑しい, 汚らわしい. ― 男 女 《ラ米》(メキシコ)(チリ)卑しい人, 汚らわしい人.

agachaparse

—男《ラ米》《俗》妻を寝とられた夫.
a·ga·cha·par·se [a.ga.tʃa.pár.se] 再《ラ米》《話》横領する, 自分のものにする.

*****a·ga·char** [a.ga.tʃár] 他〈身を〉**かがめる**, 〈頭を〉低くする. ～ la cabeza 頭を下げる; うなだれる.
—～·se 再 **1** かがむ, うずくまる. *Agáchate para que te pueda peinar.* 髪をとかしてあげるから頭を低くしなさい.
2《ラ米》(1)《コロン》《チリ》(**con**...…を)横領する, 懐に入れる. (2)《話》屈服する, 譲歩する.

a·ga·che [a.gá.tʃe] 男《ラ米》《コロン》《話》うそ, でたらめ.
andar de agache《ラ米》《コロン》《話》逃げ回る.

a·ga·chón [a.ga.tʃón] 男《ラ米》《俗》《話》→ agachado.

a·ga·cho·na [a.ga.tʃó.na] 女《鳥》アガチョナ: タシギ属の水鳥.

a·ga·lac·tia [a.ga.lák.tja] 女《医》(産後の)無乳(症).

a·gal·ba·na·do, da [a.gal.ba.ná.ðo, -.ða] 形 怠惰な, ほったらかしの.

a·ga·le·rar [a.ga.le.rár] 他《海》(雨水を流すために)〈テント・日よけを〉傾ける.

a·ga·lla [a.gá.ja ‖ -.ʎa] 女 **1**《植》虫こぶ, 癭瘤(えいりゅう). ～ de roble 没食子(ぼっしょくし). **2**《解剖》扁桃腺(へんとうせん).《複数で》《医》咽喉(いんこう)炎, 扁桃腺炎(= angina). **3**（魚の）鰓(えら), (鳥の)側頭部. **4**《複数で》《話》勇気, 気力. **5**《ラ米》《コロン》貪欲, 貪欲(どんよく); 勇力. tener ～s 欲が深い, けちである; ずるい, ずうずうしい. (2)《チリ》《話》勇者, 恐れを知らない人. (3)《コロン》略奪. (4)《チリ》鉤(かぎ)棒.

a·ga·lla·do, da [a.ga.já.ðo, -.ða ‖ -.ʎá.-] 形 **1**〈布地を〉(虫こぶからとった)タンニンで染めた. **2**《ラ米》《俗》りりしい, 雄々しい. (2)《うるグ》《話》勇敢な, 勇ましい.

a·ga·llar·se [a.ga.jár.se ‖ -.ʎár.-] 再《ラ米》《コロン》《話》勇気を持つ, 勇敢に振る舞う.

a·ga·lle·ga·do, da [a.ga.je.ɣá.ðo, -.ða ‖ -.ʎe.-] 形 **1** 話し方や行動が)ガリシア Galicia人のような. **2**《ラ米》スペイン訛(なまり)の, スペイン人みたいな.

a·ga·llón [a.ga.jón ‖ -.ʎón] 男 **1** 首飾り用の銀の玉; (ロザリオの)大きな玉. **2**《建》(卵形の)丸ひだ装飾, 反りひだ装飾. **3**《ラ米》(1)《コロン》虫こぶ. (2)《メキシコ》《複数で》扁桃腺(へんとうせん)炎; おたふく風邪.

a·ga·llu·do, da [a.ga.jú.ðo, -.ða ‖ -.ʎú.-] 形《ラ米》《話》(1)《チリ》《コロン》《ベネズエラ》けちな, しみったれの. (2)《チリ》《うるグ》《パラグ》《ペルー》大胆な, 度胸のある.

a·gá·lo·co [a.gá.lo.ko] 男《植》ジンコウ, アロエ.

A·ga·me(m)·nón [a.ga.me(m).nón] 固名《ギ神》アガメムノン: ミュケナイの王. トロヤ戦争のギリシア軍の総大将として出陣, 帰国後妻クリュタイムネストラ Clitemestra とその愛人アイギストス Egisto に謀殺された.

a·ga·mí [a.ga.mí] 男《ラ米》《鳥》ラッパチョウ.

a·gam·ma·glo·bu·li·ne·mia [a.gam.ma.ɣlo.bu.li.né.mja] 女《医》無ガンマグロブリン血症.

á·ga·mo, ma [á.ɣa.mo, -.ma] 形《生物》無性の, 無配偶子生殖の.

a·ga·mu·za·do, da [a.ga.mu.θá.ðo, -.ða ‖ -.sá.-] 形 シャモア色の, 淡黄褐色の.

a·ga·mu·zar [a.ga.mu.θár / -.sár] 97 他〈生皮を〉セーム[シャモア]革に仕立てる; セーム[シャモア]革で磨く.

a·gan·gre·nar·se [a.ɣaŋ.ɡre.nár.se] 再《医》壊疽(えそ)になる, 脱疽が生じる.

á·ga·pe [á.ga.pe] 男 **1** 愛餐(あいさん): 初期キリスト教徒の最後の晩餐をしのぶ共同食事. **2** 宴会, 宴.

a·ga·por·nis [a.ga.pór.nis] 形《性数不変》《鳥》インコの. —男(または女)《単複同形》《鳥》インコ.

a·gar-a·gar / a·ga·ra·gar [a.ga.ra.ɣár] 男《植》テングサ; 寒天.

a·gar·ban·za·do, da [a.gar.ban.θá.ðo, -.ða ‖ -.sá.-] 形 **1** (ヒヨコマメ garbanzo のように)茶色っぽい淡灰色の. **2**《まれ》《軽蔑》通俗的で古くさい.

a·gar·bi·llar [a.gar.bi.jár ‖ -.ʎár] 他《農》〈穂などを〉束ねる.

a·ga·re·no, na [a.ga.ré.no, -.na] 形 イスラム教の. —男, 女 イスラム教徒, (特に中世の)イスラム教徒.

a·gá·ri·co [a.gá.ri.ko] 男《菌類》ハラタケ, アガリクス.

agárico mineral《鉱》葉状(ようじょう)石, ロックミルク: キノコ状の方解石の一種.

a·ga·rra·da [a.ga.r̄á.ða] 女 **1**《話》取っ組み合い(のけんか). **2** 激しい口論, 言い争い. tener una ～ 取っ組み合いのけんかをする. **2**《スポ》タックル.

a·ga·rra·de·ra [a.ga.r̄a.ðé.ra] 女《ラ米》(1) 取っ手, 柄. (2)《複数で》《話》手づる, コネ. tener buenas ～s 有力なコネがある.

a·ga·rra·de·ro [a.ga.r̄a.ðé.ro] 男 **1** 取っ手, 柄; フック (= mango¹). **2**《話》口実, 言い訳. **3**《複数で》コネ.

a·ga·rra·do, da [a.ga.r̄á.ðo, -.ða] 形 **1** つかまった, しがみついた. ～s del brazo 腕を組み合って. *baile* ～ チークダンス. *estar siempre* ～ *a las faldas de su madre* 乳離れができていない.
2《話》けちな (= avaro). *ser más* ～ *que un chotis / ser más* ～ *que el pasamanos de una escalera*《話》ひどい締まり屋である.
3 いい手づる[コネ]を持った. *estar* [*ir*] ～ 有力な縁故がある.
—男, 女《話》けちな人. **2** 言い争い, けんか.
tener agarrado《ラ米》（*メキシコ*）拘留する.

a·ga·rra·dor, do·ra [a.ga.r̄a.ðór, -.ðó.ra] 形《ラ米》《話》〈酒の〉度が強い. —男 柄, 鍋(なべ)つかみ.

a·ga·rra·far [a.ga.r̄a.fár] 他 つかみみかかる. —～·se 再 取っ組み合いのけんかをする.

******a·ga·rrar** [a.ga.r̄ár] 他 **1** つかむ; 〈**de**... / **por**...〉(体などの部位を)(強く)つかむ, 握り締める; 《ラ米》手に取る (= coger). *el volante* ハンドルを握る. *Lo agarré de la mano y lo llevé a la salida.* 私は彼の手をつかんで出口まで連れて行った.
2《話》捕まえる, 手に入れる; 〈病気などに〉かかる. ～ *un taxi* タクシーをつかまえる. ～ *un buen trabajo* いい職を手に入れる. ～ *un resfriado* 風邪をひく. ～ *una borrachera* 酔っぱらう. ～ *un vicio* 悪癖が身につく. *Le agarré cariño al perro.* 私はその犬が好きになった. (Me) *agarré una gripe.* 私はインフルエンザにかかった. (▶ 時に再帰代名詞を伴う).
3《話》襲う, 不意打ちする;〈**a**+人〈人〉が〉〈+現在分詞 …しているところを〉見つける. *A veces me agarra un dolor de cabeza.* 私はときどき頭痛に

襲われる. Lo *agarraron fumando* marihuana. 彼はマリファナを吸っているところを見つかった (▶ a + 人は現在分詞の意味上の主語).

— 自 **1** 〔植物が〕根付く;〔望んだ場所に〕くっつく. Esta pintura *agarra* muy bien en la pared. このペンキは壁にうまくのる. **2** 《ラ米》進む, 向かう. Cada uno *agarró* para su lado. それぞれが自分の行きたい方向へ向かった.

— ~.se 再 **1** 《a... / de...》…に》しがみつく, つかまる;からみつく, 張り付く. *Agárrate* a mí, que te caes. 私につかまって, 落っこちるよ. *Se me agarró* el arroz de la paella. 私はパエリャのご飯を焦げつかせてしまった. La imagen *se me agarra* y no me suelta. その映像が頭に残って離れない.
2 《a...》《…に》すがる, 《…を》理由にする. ~se *a* la lógica 理屈に頼る. *Se agarra a* cualquier pretexto para justificarse. 彼[彼女]は自分を正当化するためにはどんな口実でも使う.
3 〔話〕《複数主語で》〔取っ組み合いの〕けんかをする. ~se del pelo 髪を引っ張り合う. *Se agarraron* en público. 彼らは公衆の面前でつかみ合った.
4 《ラ米》いじめる, 〈人に〉意地悪する. (**2**) 《俗》戦う, 争う, 撃ち合う.

agarrar y... 突然…する, なんと[驚いたことに] …する. El chico *agarró y* se fue sin decir nada. 青年は何も言わずにぷいと行ってしまった.

¡Agárrate! 驚くなよ, よく聞けよ. *¡Agárrate!, te traigo una sorpresa tremenda*. よく聞けよ, すごいニュースがあるんだ.

no haber [tener] por dónde agarrarlo (**1**) 全くいいところがない. (**2**) 非の打ちどころがない.
[a- + garra「かぎ爪」+動詞語尾].

a.ga.rre [a.gá.r̃e] 男 **1** 手づる, コネ. **2** 捕まること. **3** 取っ手, 柄;ハンドル. **4** 〖車〗ロードホールディング. — 活 →agarrar.

a.ga.rre.te [a.ga.r̃é.te] 形 《ラ米》《俗》《話》けちな, しみったれ.

a.ga.rro [a.gá.r̃o] 男 つかむこと, 握り締め;手の中. — 活 →agarrar.

a.ga.rro.char [a.ga.r̃o.tʃár] 他 **1** 〖闘牛〗〈ピカドール picador が〉〈牛に〉槍(ひ)garrocha を刺す.
2 〖海〗帆桁(ほげた)を転錨(てんびょう)索で回す.

a.ga.rrón [a.ga.r̃ón] 男 《話》 **1** つかんで引っ張ること. **2** わしづかみ;ひったくり. **3** 《ラ米》 (**1**) つかみ合いのけんか, 乱闘;口論. (**2**) 《俗》殴り合い.

a.ga.rro.so, sa [a.ga.r̃ó.so, -.sa] 形 《ラ米》 (**1**) 《俗》〔刃などが〕鋭い. (**2**) 《口米》《話》〔味が〕渋い, ぴりっとした, 苦い.

a.ga.rro.ta.do, da [a.ga.r̃o.tá.đo, -.đa] 形
1 きつく縛られた;がんじがらめした.
2 〔筋肉などが〕固くなった;しびれた, けいれんしている. **3** 〖機〗〔エンジンなどが〕焼き付いた, 動かなくなった. **4** 絞首刑に処せられた.

a.ga.rro.ta.mien.to [a.ga.r̃o.ta.mjén.to] 男
1 縛り, 締め上げ. **2** 束縛, 締めつけ, がんじがらめ. **3** 〔筋肉などの〕硬化;しびれ, けいれん. **4** 〖機〗〔エンジンなどの〕焼き付き. **5** 絞首刑の執行.

a.ga.rro.tar [a.ga.r̃o.tár] 他 **1** しっかり縛る;束縛する, 締めつける. Me quité la corbata, pues me *agarrotaba* el cuello. 首が締めつけられるので, 私はネクタイを取った. **2** 〈筋肉などを〉こわばらせる;しびれさせる. El agua fría *agarrota* los músculos. 冷水で筋肉がこわばった. **3** 〖機械・部品など〉動かなくする. **4** 絞首刑に処す.

— ~.se 再 **1** 〔筋肉などが〕こわばる;しびれる.
2 〖機〗〔エンジンなどが〕焼き付きを起こす;〔部品などが固まって〕動かなくなる. *Se agarrotó* el volante y no pude girar en la curva. ハンドルが利かなくなり, 私はカーブを曲がり損ねた.

a.ga.sa.ja.do, da [a.ga.sa.xá.đo, -.đa] 形 歓迎された, 手厚くもてなされた. He sido muy ~ durante mi estancia en Toledo. 私はトレドにいる間, 心からのもてなしを受けた.
— 男 女 来賓, 賓客.

a.ga.sa.ja.dor, do.ra [a.ga.sa.xa.đór, -.đó.ra] 形 《まれ》歓迎する;心を込めた, 温かい.
— 男 女 もてなす人, 接待者[係].

a.ga.sa.jar [a.ga.sa.xár] 他 歓迎する;手厚くもてなす. ~ a sus convidados 客を心から迎える.

a.ga.sa.jo [a.ga.sá.xo] 男 **1** 手厚いもてなし, 歓待;接待. **2** 贈り物, プレゼント.

á.ga.ta [á.ga.ta] 女 [el ~, un [una] ~] **1** 〖鉱〗瑪瑙(めのう). **2** 《ラ米》《俗》《複数で》《遊》ビー玉(遊び).

a.ga.tas [a.gá.tas] 副 《ラ米》《俗》やっと, どうにかこうにか, かろうじて.

a.ga.te.a.dor [a.ga.te.a.đór] 男 〖鳥〗キバシリの一種.

a.ga.ti.zar.se [a.ga.ti.θár.se / -.sár.-] 97 再 〔絵画などが〕(年月を経て)つやつやかに光る.

a.gau.cha.do, da [a.gau.tʃá.đo, -.đa] 形 《ラ米》《俗》《話》ガウチョ gaucho のような, ガウチョをまねた.

a.gau.char.se [a.gau.tʃár.se] 再 《ラ米》《俗》《話》ガウチョ gaucho のようになる.

a.ga.van.za [a.ga.βán.θa / -.sa] 女 〖植〗野バラの実.

a.ga.van.zo [a.ga.βán.θo / -.so] 男 〖植〗野バラ.

a.ga.ve [a.gá.βe] 女 (または男) 〖植〗アガベ, リュウゼツラン [= pita, maguey).

a.ga.vi.lla.dor, do.ra [a.ga.βi.ja.đór, -.đó.ra ‖ -.ʎa.-] 男 女 〔穀物を〕束ねる人.
— 女 〖農〗コンバイン, バインダー.

a.ga.vi.llar [a.ga.βi.jár ‖ -.ʎár] 他 **1** 〈穀物を〉束ねる, 束にする. ~ la mies 実った穂を束ねる.
2 〈人を〉集める, 一団にまとめる.
— ~.se 再 〈人が〉集まる, 一団になる.

a.ga.za.par [a.ga.θa.pár / -.sa.-] 他 〈人を〉捕まえる. — ~.se 再 〔うずくまって〕隠れる. ~se detrás de la puerta ドアの後ろに身を隠す.

*****a.gen.cia** [a.xén.θja / -.sja] 女 **1** 代理[取次]店;斡旋(あっせん)[仲介]業者. ~ de viajes [turismo] 旅行代理店. ~ de colocación [colocaciones] 職業紹介所. ~ de noticias [prensa] / ~ informativa 通信社. ~ de transportes 運送会社. ~ funeraria 葬儀屋. ~ mayorista 卸代理店.
2 通信社. A~ EFE [Efe] EFE通信社 (スペインの通信社). **3** 支社, 出張所. **4** 代理業務. **5** 公的機関[機構], …庁, …局. A~ Europea del Espacio ヨーロッパ宇宙機構. A~ Nacional de Seguridad 国家安全保障局. **6** 《まれ》勤勉. **7** 《ラ米》《俗》質屋.

agencia de viajes
（旅行代理店）

a·gen·ciar [a.xen.θjár / -.sjár] 83 他 **1** 世話する, 提供する;働きかける. Te voy a ~ una colocación muy buena. 君にとてもいい就職先を世話しよう. **2**《話》まんまとせしめる,巻き上げる.
— **~·se** 再 **1**《para+不定詞》工夫して…する. Yo *me agenciaré para tener* contacto con él. なんとかして彼と連絡を取ってみるよ. *agenciárselas* なんとかやってみる, どうにかやりとげる. **2** うまく手に入れる. *Se ha agenciado* un piso magnífico. 彼[彼女]はすばらしいマンションを手に入れた.

a·gen·cie·ro [a.xen.θjé.ro / -.sjé.-] 男《ラ米》(1) (ﾘｵ)(ﾁﾘ)引っ越し業者. (2) (ｱﾙｾﾞﾝ)質屋の主人. (3) (ﾊﾟﾗｸﾞｱｲ)代理人, 代理業者;宝くじなどの販売店主[店員].

a·gen·cio·so, sa [a.xen.θjó.so, -.sa / -.sjó.-] 形 勤勉な, まめな.

***a·gen·da** [a.xén.da] 女 **1** (日付入りの) **手帳**, 予定表. ~ de entrevistas ビジネス手帳.
2 仕事などの予定, 日程. Tengo una ~ muy apretada esta tarde. 今日の午後は仕事でぎっしり詰まっている.

a·ge·ne·sia [a.xe.né.sja] 女 《医》(1) 不妊;陰萎 (ｲﾝｲ). (2) 発育不全.

***a·gen·te** [a.xén.te] 男 女 **1 代理[仲介]業者**, ディーラー. ~ de aduanas 通関業者. ~ comercial 販売代理人. ~ de bolsa [cambio] 株式ディーラー. ~ inmobiliario 不動産仲介業者. ~ de publicidad / ~ publicitario 広告業者. ~ de negocios 業務代行業者. ~ de transportes 運送業者.
2 (公務の) 係官;警官, 刑事 (= ~ de policía). ~ ejecutivo 代執行人. ~ fiscal 税務官.
3 スパイ, 諜報 (ﾁｮｳﾎｳ)員. ~ doble 二重スパイ. ~ provocador 秘密工作員. ~ secreto 秘密情報員.
— 男 **1** 要因, 作用物;薬剤. ~ químico 化学薬剤. **2**《文法》行為者, 動作主.
— 形 **1** 作用する, 要因の. **2**《文法》行為者の. complemento ~ 動作主補語.
[←《ラ》*agentem* (*agēns* の対格;*agere*「動かす」の現在分詞);[関連] agencia. [英]*agent*]

a·ge·ra·sia [a.xe.rá.sja] 女 老人が元気で丈夫なこと, 矍鑠 (ｶｸｼｬｸ).

a·gé·ra·to [a.xé.ra.to] 男 《植》カッコウアザミ.

a·ger·ma·na·do, da [a.xer.ma.ná.ðo, -.ða] 形 **1** ドイツ《ゲルマン》式の, ドイツ化した, ドイツかぶれの. **2** 同業組合連合に加わった.

a·ger·ma·nar·se [a.xer.ma.nár.se] 再 同業組合連合に加わる.

a·ges·tar·se [a.xes.tár.se] 再 ある顔つきをする.

a·ges·tión [a.xes.tjón] 女 追加, 添加;実物.

ag·gior·na·men·to [a.jor.na.mén.to // a.dʒor.-] 《伊》男 《カト》(教理などの) 現代化;時代に適応すること.

a·gi·bí·li·bus [a.xi.bí.li.bus] 男 《単複同形》《話》処世術;処世術にたけた人.

a·gi·ble [a.xí.ble] 形 実行可能な, 実行しやすい.

a·gi·gan·ta·do, da [a.xi.ɣan.tá.ðo, -.ða] 形 巨大な, 巨人のような;並外れた.
a pasos agigantados 目覚ましく, 長足に.

a·gi·gan·tar [a.xi.ɣan.tár] 他 巨大化する, 大げさにする. — **~·se** 再 巨大になる, 誇張される.

***á·gil** [á.xil] 形 **1** 軽快な, すばしっこい;機動性のある. Está todavía muy ~ a pesar de su edad. 年を取っても彼[彼女]の敏捷 (ﾋﾞﾝｼｮｳ)さは少しも衰えていない. **2** (感覚・頭脳が) 鋭い, 鋭敏な. Es muy ~ de pensamiento. 彼[彼女]は頭の回転が実に速い. **3** (文体などの) 軽妙な, 洒脱 (ｼｬﾀﾞﾂ)な.
[←《ラ》*agilem* (*agilis* の対格;*agere*「動かす;行動する」より派生);[関連] agilitar. [英]*agile*]

a·gi·li·bus [a.xí.li.bus] 男 《話》 → agibílibus.

***a·gi·li·dad** [a.xi.li.ðáð] 女 **1** 軽快さ, すばしっこさ;機動性. Para dar este salto, hace falta mucha ~. ジャンプするには, よほど身軽でないとこのジャンプは無理だ. **2** 鋭敏さ, 才覚. tener mucha ~ en … …にたけている. **3** (文体の) 軽妙さ, 洒脱 (ｼｬﾀﾞﾂ). **4**《神》瞬時に遠隔の地に行ける力.

a·gi·li·po·llar [a.xi.li.po.jár || -.ʎár] 他 《卑》愚かにする, 頭を悪くする. — **~·se** 再 頭が悪くなる.

a·gi·li·tar [a.xi.li.tár] 他 **1** 敏捷 (ﾋﾞﾝｼｮｳ)にする, 軽快にする. El ejercicio *agilita* el cuerpo. 運動は体の動きを軽くする. **2** 力添えする, 容易にする. Me prometió ~ los trámites. 彼[彼女]は手続きを早めてくれると約束した. **3**《ラ米》活発にする, 活気づける. — **~·se** 再 敏捷になる, ウォームアップする.

a·gi·li·za·ción [a.xi.li.θa.θjón / -.sa.sjón] 女 機敏にすること, 軽快になること;迅速化.

a·gi·li·zar [a.xi.li.θár / -.sár] 97 他 → agilitar.

á·gil·men·te [á.xil.mén.te] 副 軽快に, すばしこく;機敏に.

a·gi·nar(·se) [a.xi.nár(.se)] 自 再 《話》(用事で) 動き回る, 駆けずり回る.

a·gio [á.xjo] 男 《商》為替差益, プレミアム;投機 (売買), 思惑買い.

a·gio·ta·dor [a.xjo.ta.ðór] 男 → agiotista.

a·gio·ta·je [a.xjo.tá.xe] 男 《商》投機売買;(株式などの) 不正売買;打歩 (ｳﾁﾌﾞ).

a·gio·tar [a.xjo.tár] 自 《商》投機をする;相場をはる.

a·gio·tis·ta [a.xjo.tís.ta] 男 女 《商》仕手, 相場師, 投機家;両替商.

a·gi·ta·ble [a.xi.tá.ble] 形 揺らしてもいい;動揺しやすい.

a·gi·ta·ción [a.xi.ta.θjón / -.sjón] 女 **1** 攪拌 (ｶｸﾊﾝ), 揺れ. ~ de bandera 旗のはためき. La tempestad produjo una fuerte ~ en el mar. あらしで海は激しく荒れ狂った.
2 ひしめき, 喧噪 (ｹﾝｿｳ). No podía dormir por la ~ que reinaba en la casa. 家の中がざわざわしていて私は眠れなかった. **3** 不安, 胸騒ぎ. sembrar la ~ en el ánimo de+人 〈人〉に不安を起こさせる. **4** 騒乱;扇動, アジテーション.

a·gi·ta·do, da [a.xi.tá.ðo, -.ða] 形 (*estar+*)
1 よく振った, かき混ぜた. **2** 騒ぎ立つ, 荒れ狂う;波立った. trigales ~s por un vendaval 強い風になびき伏す小麦畑. **3**《呼吸・脈拍が》速い, 不安な, 動揺した;興奮した. época *agitada* 動乱の時代. ~ あわただしい, 目が回るような. vida *agitada* 波乱の多い生涯. **5** 扇動された, けしかけられた.

a·gi·ta·dor, do·ra [a.xi.tá.ðór, -.ðó.ra] 形 攪拌 (ｶｸﾊﾝ)用の;揺り動かす;扇動する. — 男 女 扇動者. — 男 **1**《化》攪拌棒. **2**《機》攪拌機, ミキサー. ▶ 料理用の「ミキサー」は batidora.

a·gi·ta·na·do, da [a.xi.ta.ná.ðo, -.ða] 形 ロマ[ジプシー]のような, ロマ[ジプシー]風の.

a·gi·ta·nar [a.xi.ta.nár] 他 ロマ[ジプシー]の特徴を与える.

***a·gi·tar** [a.xi.tár] 他 **1** 振る, 揺らす;かき回す. ~ una bandera blanca 白旗を振る. ~ las aguas de la organización 組織に一石を投じる. *Agite* bien el envase antes de abrirlo. 開ける前に容器をよく振ってください. El grupo procura-

ba ~ los temores del pueblo. 一派は人々の恐れをあおろうとしていた.
2 動転させる, 不安にさせる. La noticia del nuevo ataque nos *agitó* mucho. 新たな襲撃のニュースを聞いて私たちはひどく動揺した. **3** 扇動する, 〈集団を〉動揺させる. ~ al público 民衆を扇動する.
— ~·se 再 **1** 揺れる, 揺れ動く; 体を動かす. *Se agitan* las hojas al viento. 風で葉が揺れる. El chico herido *se agitó* por el dolor. 傷ついた少年は痛みでもがいた. Al verte *se me agita* el corazón. 君を見ると心臓が高鳴る. **2** 動揺する, そわそわする; 騒然となる. El público *se agitó* de descontento. 観客は不満の声でざわついた.
[←-〔ラ〕agitāre; 関連〔英〕agitate. 〔日〕アジる]

*a·glo·me·ra·ción [a.glo.me.ra.θjón / -.sjón] 囡 塊(になること); 群衆; 集積. ~ de tráfico 交通渋滞.

a·glo·me·ra·do, da [a.glo.me.rá.ðo, -.ða] 形 **1** 塊になった, 寄り集まった. 囲 **1** 寄せ集め; 集積. **2** 練炭. **3** ブロック; 合板.

a·glo·me·ran·te [a.glo.me.rán.te] 形 〔技〕結合材の. 囲 〔技〕結合材.

a·glo·me·rar [a.glo.me.rár] 他 寄せ集める, 塊にする. — ~·se 再 集まる, 塊になる; 群がる. Los curiosos *se aglomeran* en la plazoleta. 狭い広場に野次馬たちが群がっている.

a·glu·ti·na·ción [a.glu.ti.na.θjón / -.sjón] 囡 **1** 接着, 接合; 膠着(ﾁｬｸ). **2** 〔医〕癒着;〈細菌・血球の〉凝集. **3** 結集, 連結. El nuevo líder logró la ~ de todos los grupos. 新しい指導者はすべてのグループの一本化に成功した. **4** 〔言〕膠着.

a·glu·ti·na·dor, do·ra [a.glu.ti.na.ðór, -.ðó.ra] 形 →aglutinante.

a·glu·ti·nan·te [a.glu.ti.nán.te] 形 接着させる, 癒着させる; 膠着(ﾁｬｸ)性の. lengua ~ 〔言〕膠着言語. — 囲 接着剤; 接合材.

a·glu·ti·nar [a.glu.ti.nár] 他 **1** 接着する, 一体化させる, 結集させる. ~ voluntades 意志を結集せる. **2** 〔医〕癒着させる;〔言〕膠着(ﾁｬｸ)させる. — ~·se 再 接着する, 一体化する, 結束する.

a·glu·ti·na·ti·vo, va [a.glu.ti.na.tí.βo, -.βa] 形 接着力のある, 接合性の.

ag·na·ción [aɡ.na.θjón / -.sjón] 囡 〔法〕父方〔男系〕の親戚(ｾｷ)関係.

ag·na·do, da [aɡ.ná.ðo, -.ða] 囲 囡 〔法〕父方の親族, 男系親族.

ag·na·ti·cio, cia [aɡ.na.tí.θjo, -.θja / -.sjo, -.sja] 形 〔法〕男系親族の;〈男系の, 父方の.

ag·ni·ción [aɡ.ni.θjón / -.sjón] 囡 〔文学〕〈登場人物の〉素姓割れ, 正体判明.

ag·no·sia [aɡ.nó.sja] 囡 〔医〕失認(症), 認知不能.

ag·nos·ti·cis·mo [aɡ.nos.ti.θís.mo / -.sís.-] 囲 〔哲〕不可知論.

ag·nós·ti·co, ca [aɡ.nós.ti.ko, -.ka] 形 〔哲〕不可知論の. — 囲 囡 不可知論者.

ag·nus [áɡ.nus] 囲 / ag·nus·dé·i [aɡ.nus.ðéi] 囲 〔カト〕(1) 神の小羊: キリストのこと. (2) 神羔誦(ｶｳﾉｳ), アニュス・デイ: ミサ中, 聖体拝領前にこの言葉で始まる祈り. (3) 神の小羊の像: キリストの象徴. (4) 神の小羊の像を押印した蠟(ﾛｳ)製のメダル〔盤〕.

ago. (略) *agosto* 8月.

a·go·bia·do, da [a.go.βjá.ðo, -.ða] 形 **1** 疲れきった, 疲弊した. **2** あえいでいる, 苦しんでいる. ~ de deudas 借金の重荷にあえぐ. **3** 前かがみになった, 猫背の. ~ por los años 寄る年波で腰が曲がった.

a·go·bia·dor, do·ra [a.go.βja.ðór, -.ðó.ra] 形 →agobiante.

a·go·bian·te [a.go.βján.te] 形 **1** 疲れさせる, 苦労の多い. una tarea ~ 骨の折れる仕事.
2 息が詰まる, 耐えがたい.

*a·go·biar [a.go.βjár] 82 他 **1** 疲れさせる, うんざりさせる; 気落ちさせる. Lo *agobian* las penas. 彼は悲しみに打ちひしがれている. Me *agobias* con tus preguntas. 君の質問攻めにはお手上げだ. **2** 息苦しくさせる, 苦しめる. Me *agobia* el calor. 暑さで息が詰まる. **3** 前かがみにさせる; 重荷を負わせる.
— ~·se 再 **1** (por... / con...…に) 疲れ果てる, 苦しむ; あえぐ. Me *agobio con* tantos deberes. たくさんの宿題に私は気がめいる. **2** 前かがみになる.

a·go·bio [a.ɡó.βjo] 囲 **1** 疲労困憊(ﾊｲ); 憔悴(ｽｲ). Los niños traviesos son un ~. いたずらっ子たちが頭痛の種だ. **2** 重荷, 重圧. Ya no puedo soportar el ~ de tanta responsabilidad. 私はもはやこの重責には耐えられない.

a·go·gía [a.go.xí.a] 囡 〔鉱〕排水溝, 排水渠(ｷｮ).

a·gol·pa·mien·to [a.gol.pa.mjén.to] 囲 **1** 群集, 殺到. **2** 集中, 集中発生; 突発.

a·gol·par [a.gol.pár] 他 寄せ集める, 集中させる.
— ~·se 再 **1** 押し寄せる, 殺到する. La gente *se agolpó* en el lugar del accidente. 人々はわっと事故現場に群がった.
2 一時に起こる, 突発する; 集中する. *Se me agolpaban* las ideas y no podía decidirme. いろんな考えが頭に浮かんで容易に決心がつかなかった.

a·go·nal [a.go.nál] 形 **1** 競技の, 試合の, コンクールの. **2** 〈古代ローマの神〉アゴニウス Agonio にささげる.

a·go·ní·a [a.go.ní.a] 囡 **1** 今わの際の苦しみ, 断末魔; 終焉(ｴﾝ). La ~ del imperio favoreció las invasiones bárbaras. 帝国の終焉は異族の侵入を助けた. **2** 苦悶(ﾓﾝ), 苦悩, 苦痛. La separación de su hija constituía para él una ~. 娘と別れるのが彼にはつらかった. **3** 臨終の人にささげて鳴る鐘.
— 囲 囡 〈複数で〉〔話〕 **1** 気の弱い〔悲観的な〕人, 小心者. **2** けちな人, 欲張り. ▶ 一人の場合も複数形を用いる.

a·gó·ni·co, ca [a.ɡó.ni.ko, -.ka] 形 臨終の; 瀕死(ﾋﾝｼ)の; 末期の. lecho ~ 臨終の床.

a·go·nio·so, sa [a.go.njó.so, -.sa] 形 むやみに心配する; 不安にさせる.
— 囲 囡 むやみに心配する人; 不安にさせる人.

a·go·nis·ta [a.go.nís.ta] 形 作用薬〔物質〕の.
— 囲 囡 〔文章語〕闘技者; 闘う人.
— 囲 作用薬〔物質〕.

a·go·ni·zan·te [a.go.ni.θán.te / -.sán.-] 形 **1** 瀕死(ﾋﾝｼ)の, 臨終の; 消えかかっている. un pajarito ~ 死にかけている小鳥. **2** 〔宗〕臨終の儀を司(ﾂｶｻﾄﾞ)る.
— 囲 囡 臨終の人, 瀕死(ﾋﾝｼ)の人. **2** 〔宗〕臨終の儀を司る聖職者.

a·go·ni·zar [a.go.ni.θár / -.sár] 97 自 **1** 死に瀕(ﾋﾝ)している, 今わの際にいる. **2** 消えかかる. **3** (por...) (…で) 死ぬほど苦しむ; (…を) 強く望む.
— 他 **1** 〔宗〕臨終の儀を司(ﾂｶｻﾄﾞ)る.
2 しつこくせがむ; 悩ます.

a·go·ni·zos [a.go.ní.θos / -.sos] 囲 〈複数形〉〔ラ米〕(ﾀﾞｸ)(ｶﾀ)厄介, 悩み, 不幸.

a·go·ra [a.ɡó.ra] 副 〔ラ米〕〔古語〕→ahora.

á·go·ra [á.go.ra] 囡 [el ~, un [una] ~] 〔史〕(古代ギリシアの) 市民広場; 市民集会.

a·go·ra·fo·bia [a.go.ra.fó.βja] 囡 〔医〕広場〔臨

agorar

場]恐怖症.

a.go‧rar [a.go.rár] 18 他 〈不吉なことを〉予言する；予想する.

a.go‧re‧ro, ra [a.go.ré.ro, -.ra] 形 不吉な，縁起の悪い．ave *agorera* 不吉な鳥．—男 女 不吉な予言をする人；不吉なことばかり言う人.

a.gor‧go‧jar‧se [a.gor.go.xár.se] 再〈種子などに〉ゾウムシ *gorgojo* などの小さな虫が育つ.

a.gos‧ta‧de‧ro [a.gos.ta.ðé.ro] 男 夏期の放牧場；夏の放牧期.

a.gos‧ta‧do, da [a.gos.ta.ðo, -.ða] 形 **1** 〈植物などが〉しおれた，枯れた．**2** 〈人が〉とても弱った，消耗した．—男 ブドウ園[畑]の耕作.

a.gos‧ta‧mien‧to [a.gos.ta.mjén.to] 男 夏枯れ；しぼませる[しぼむ]こと.

a.gos‧tar [a.gos.tár] 他 **1**〈暑さが〉〈植物を〉枯らす．El sol *agosta* las flores. 強い日差しで花が枯れる．**2**〈夏草を〉鋤(すき)で起こす．**3**〈夢・希望などを〉しぼませる；〈元気・活気を〉失わせる.
— 自〈家畜が〉乾期を放牧地で過ごす.
— ~ se 再 枯れる，しおれる；しぼむ.

a.gos‧te‧ño, ña [a.gos.té.no, -.na] 形 8月に特有の．el calor ~ 8月の猛暑.

a.gos‧te‧ro, ra [a.gos.té.ro, -.ra] 形〈収穫後の畑で〉〈家畜が〉草を食(は)む.
— 男 女〈収穫期の〉農業季節労働者.

a.gos‧tí‧a [a.gos.tí.a] 女 収穫期の季節労働（の期間）.

a.gos‧ti‧zo, za [a.gos.tí.θo, -.θa / -.so, -.sa] 形 **1** 8月の．**2**〈動物が〉8月生まれの；ひ弱な．**3**〈植物が〉夏枯れしがちな.

a.gos‧to [a.gós.to] 男 **1 8月《略 ago.》. el cinco de ~ 8月5日．En ~ y en enero no tomes el sol sin sombrero.《諺》8月と1月は帽子なしで日に当たるな．Lluvias [Agua] en ~, miel y mosto.《諺》8月の雨は蜂蜜(みつ)とぶどう果汁をもたらす．**2** 収穫期；収穫物.
hacer su *agosto* チャンスを生かして大いにもうける.
[← [ラ] *Augustus*「（ローマの初代皇帝）アウグストゥスの月」；彼を記念して，それまで *Sextilis*「（ローマ古暦の）第6月」と呼ばれていたこの月を改名した；[関連][ポルトガル][伊] *agosto*. [仏] *août*. [英][独] *August*]

a.gos‧ta‧ble [a.go.tá.ble] 形 尽きうる，枯渇しうる.

*a.go‧ta‧do, da [a.go.tá.ðo, -.ða] 形 **1** 空(から)になった；売り切れた．edición *agotada* 絶版.
2 疲れ果てた，疲れきった．Él vino ~. 彼はへとへとになってやって来た.

a.go‧ta‧dor, do‧ra [a.go.ta.ðór, -.ðó.ra] 形 疲れさせる，へとへとにさせる.

*a.go‧ta‧mien‧to [a.go.ta.mjén.to] 男 **1** 枯渇；品切れ．~ de los fondos 資金の枯渇．**2** 疲労困憊(ぱい)，消耗.

*a.go‧tar [a.go.tár] 他 **1** 空(から)にする；使い果たす．~ una botella ひと瓶空にする．~ las existencias 在庫を一掃する．~ todos los medios posibles すべての可能な手段をやり尽くす．~ una investigación 徹底的に調査する．~ el mandato 任期を満了する．El plazo está abierto hasta ~ plazas. 空きがなくなるまで申し込みを受け付けます．**2** 消耗させる，疲労困憊(ぱい)させる.
— ~ se 再 **1** 空になる；尽きる．~se una edición 絶版になる．~se un plazo 期限が切れる．Se *ha agotado* la gasolina. ガソリンがなくなりました．Se me *ha agotado* la paciencia. 私の我慢ももう限界

だ．**2** 消耗する，疲労困憊する．*Nos agotamos de tanto esperar.* 私たちはすっかり待ちくたびれた.
[← [俗ラ] *eguttare*]

a.gra‧ce‧jo [a.gra.θé.xo / -.sé.-] 男 **1**【植】メギ類．**2** 熟していないブドウ.

a.gra‧ce‧ño, ña [a.gra.θé.no, -.na / -.sé.-] 形〈ブドウが〉酸っぱい.

a.gra‧cia‧do, da [a.gra.θjá.ðo, -.ða / -.sjá.-] 形 **1** 愛らしい，かわいい；優雅な．un rostro ~ 愛らしい顔．**2** つきに恵まれた；当たりの，当選した．el billete ~ 当たりくじ．estar ~ por la suerte ついている．salir ~ con el primer premio 1等に当たる．—男 女 **1** 魅力[愛嬌]のある人．**2** 当選者.

a.gra‧ciar [a.gra.θjár / -.sjár] 他 **1** 愛らしくする，魅力的にする．Esa minifalda la *agracia* más. そのミニスカートをはくと彼女はますますかわいらしくなる．**2**〈**con**...〉〈…を〉授与する，《《恩恵・賞など》を》与える．~ a +人 *con* un premio 〈人〉に賞を授与する.

a.gra‧ci‧llo [a.gra.θí.jo || -.ló / -.sí.-] 男 → *agracejo* 1.

a.gra‧da‧bi.lí‧si‧mo, ma [a.gra.ða.bi.lí.si.mo, -.ma] 形 [*agradable* の絶対最上級] たいへん楽しい，とても愉快な.

**a.gra‧da‧ble [a.gra.ðá.ble] 形 《(+名詞／名詞+)》《(ser+／estar+)》

1 快い；愉快な．《(+不定詞／**que**+接続法…するのは)》Esta pintura *es* ~ a la vista. この絵は見て心地よい．un plato de sabor ~ おいしい料理．unir lo útil con lo ~ 趣味と実益を兼ねる．Ha sido una fiesta muy ~. とても楽しいパーティーだった．No *es* ~ *que* me *llamen* a esta hora. こんな時間に電話してくるなんて不愉快だ．**2**〈人が〉感じのいい，親切な．un [una] joven muy ~ とても好感の持てる若者．Es difícil *ser* ~ con [a] todos. 誰にでもいい顔をするというわけにはいかない.

*a.gra‧dar [a.gra.ðár] 自 《**agradar**le (**a**+人)》〈人〉に気に入る，喜び[満足]を与える．*A* mi marido *le agradó* la idea de comprar un coche. 夫は車を買うという考えが気に入った．*Me agrada mucho conversar con usted.* あなたとお話しするのはとても楽しいです．*Nos agradaría que* vinieran con nosotros. 私たちと一緒に来ていただけたらうれしいです（▶ que 以下が主語，節内の動詞は接続法）．Le invitamos a comer, si le *agrada*. よろしかったら食事にご招待します．Esta tendencia *agradó* al mercado de valores. この傾向は証券市場に歓迎された．▶ 主語は動詞の後ろにくる傾向がある.
— 他〈人に〉喜び[満足]を与える．Ofrecemos varios modelos para ~ los gustos de todos los clientes. すべてのお客様のお好みに合うようにいろいろ品ぞろえをしております.
— ~ se 再 **1**《文章語》《**de**...》…を》喜ぶ，気に入る．Si usted agrada a Dios, Dios *se agradará de* usted. もしあなたが神を喜ばせたら，神はあなたに満足されるでしょう.
2《複数主語で》〈互いに〉気に入る，引かれあう.
[← [古スペイン] *gradar*; *grado* (← [後ラ] *gratum*「喜び，感謝」) より派生；[関連] agradecer. [英] *gratify*]

a.gra‧de‧cer [a.gra.ðe.θér / -.sér] 34 他 **1《**a**+人〈人〉に》…を感謝する；歓迎する．Gracias por ayudarme.*Te* lo *agradezco* sinceramente. 助けてくれてありがとう.

心から感謝します. *Le agradezco* de antemano su respuesta. お返事に前もって感謝いたします. *Agradeceremos* cualquier sugerencia. どんな提案でもありがたくちょうだいします. *Les agradecería* hablar [que hablaran] más bajo. もっと小さい声で話していただけると助かります (▶ 1 人称未来形, 過去未来形を用いて依頼を表す). Las plantas *agradecen* el agua tibia cuando hace mucho frío. 植物は寒いときにはぬるま湯を与えると生き生きする.
 2(**con...** …で)…に応える, 報いる. El público *agradecido con* sus aplausos la extraordinaria interpretación. 観客はすばらしい演奏に拍手で応えた. Di un caramelo a una niña y me lo *agradeció con* una sonrisa. 私が飴(ぁ)をやると少女はにっこり笑ってそれに応えた.
 ―~·se (《3人称》《もの》が)歓迎される. Siempre *se agradece* una copa de vino. 一杯の酒はいつだってうれしいものだ.
 ¡Se agradece! ありがとう, 感謝します.
 ser de agradecer ありがたいこと[もの]である. *Es de ~ que tenga un precio razonable.* 手ごろな値段なのがありがたい.

***a·gra·de·ci·do, da** [a.gra.ðe.θí.ðo, -.ða / -.sí.-] 形 **1**(**a...** / **por...** …を)**感謝している**, 《**a...**…に》恩義を感じている. Estoy ~ *por* la invitación. お招きいただき感謝しております. *Le quedo muy* ~. 本当にありがとうございます. ¡*Muy* ~! どうもありがとう. 好意に応える.

***a·gra·de·ci·mien·to** [a.gra.ðe.θi.mjén.to / -.si.-] 男 感謝. *como* [*en*] ~ 感謝で. *una carta de* ~ 礼状. *en señal* [*prueba*] *de* ~ 感謝のしるしとして.

agradezc- 活 → agradecer.

***a·gra·do** [a.grá.ðo] 男 **1** 喜び, 楽しみ; **好み**. *Esta habitación no es de mi* ~. この部屋は私の好みではない. **2** 愛想のよさ, 優しさ, 親切. *tratar con* ~ *a los ancianos* お年寄りに優しく接する. *con agrado* 喜んで, 快く.

a·gra·fia [a.grá.fja] 女 《医》失書症, 書字不能(症).

á·gra·fo, fa [á.gra.fo, -.fa] 形 《医》文字を書けない, 失書症の; 文字をもたない. *la cultura ágrafa* 無文字文化.

a·gra·ma·de·ra [a.gra.ma.ðé.ra] 女 麻などの茎から繊維を採る道具.

a·gra·ma·do [a.gra.má.ðo] 男 麻などの繊維を採ること.

a·gra·ma·dor, do·ra [a.gra.ma.ðór, -.ðó.ra] 形 麻を梳(す)くための. **―** 男 → agramadera.

a·gra·mar [a.gra.már] 他 麻[亜麻]の茎から繊維を採る.

a·gra·ma·ti·cal [a.gra.ma.ti.kál] 形 《文法》非文法的な, 文法規則に違反する.

a·gra·ma·ti·ca·li·dad [a.gra.ma.ti.ka.li.ðáð] 女 《文法》非文法性.

a·gra·mi·lar [a.gra.mi.lár] 他 **1**〈れんが・タイルを〉均等にする. **2** れんが模様の外装をする.

a·gra·mi·za [a.gra.mí.θa / -.sa] 女 麻の繊維を採った後のくず.

a·gran·da·mien·to [a.gran.da.mjén.to] 男 増大, 拡大; 誇張.

***a·gran·dar** [a.gran.dár] 他 **1** 大きくする, 拡大[拡張]する. ~ *una casa* 増築する.
 2 大きく見せる, 誇張する.
 ―~·se 再 大きくなる. *Su fama se agranda*

de día en día. 彼[彼女]の名声は日増しに高まりつつある.

a·gra·nu·ja·do, da [a.gra.nu.xá.ðo, -.ða] 形 **1** にきびのできた. **2** 悪党の, やくざな.

a·gra·nu·lo·ci·to·sis [a.gra.nu.lo.θi.tó.sis / -.si.-] 女《単複同形》《医》無顆粒球症.

***a·gra·rio, ria** [a.grá.rjo, -.rja] 形 農地の; 農業の. *ley agraria* 農地法. *reforma agraria* 農地改革.

a·gra·ris·mo [a.gra.rís.mo] 男 土地均分論; 農地改革運動.

a·gra·va·mien·to [a.gra.ßa.mjén.to] 男 **1** 悪化, 深刻化. **2**(税率・罰則の)強化.

a·gra·van·te [a.gra.ßán.te] 形 **1** 悪化させる, 深刻にする. **2**《法》加重の. *circunstancia* ~ 加重状況. **―** 男 (または女)悪化させるもの, 悪化の要因. *con el* ~ *de que...* …という悪条件も重なって.
 ― 女《法》加重事由. *robo con* ~ 加重窃盗.

***a·gra·var** [a.gra.ßár] 他 **悪化させる**, 深刻にする;〈税などを〉重くする. ~ *la situación* 事態を悪化させる. **―~·se** 再 悪化する, 深刻になる.

a·gra·va·to·rio, ria [a.gra.ßa.tó.rjo, -.rja] 形 悪化させる, 深刻化させる.

a·gra·via·dor, do·ra [a.gra.ßja.ðór, -.ðó.ra] / **a·gra·vian·te** [a.gra.ßján.te] 形 侮辱的な.

a·gra·viar [a.gra.ßjár] 82 他 **1** 侮辱する; 感情を傷つける. ~ *de palabra a* + 人〈人〉をののしる. **2**《法》控訴する.
 ―~·se 再 (**por...** …で)感情を害する, かっとなる.

a·gra·vio [a.grá.ßjo] 男 **1** 侮辱, 無礼. *deshacer* ~*s* 屈辱を晴らす. **2** 損害, 不利益. **3**《法》不正義, 不当. ~ *comparativo* 不公平.

a·gra·vión, vio·na [a.gra.ßjón, -.ßjó.na] 形 《ラ米》《話》短気な, 怒りっぽい, 気難しい.

a·gra·vio·so, sa [a.gra.ßjó.so, -.sa] 形 侮辱的な.

a·graz [a.gráθ / -.grás] [複 agraces] 形 **1**〈ブドウが〉未熟な. **2** 不快な. **―** 男 **1** 未熟なブドウ; その酸っぱい果汁. **2** 不快. **3**《植》メギ. *en agraz* 未熟な, 機の熟していない.

a·gra·zar [a.gra.θár / -.sár] 97 他 不愉快にさせる. **―** 自 酸っぱい味がする.

a·gra·zón [a.gra.θón / -.són] 男 **1**(未熟な)ブドウの房; 野ブドウ. **2**《植》セイヨウスグリ. **3** 不快, いらだち.

a·gre·dir [a.gre.ðír] 他 襲う, 攻撃する. ~ *de palabra* ののしる.

a·gre·ga·ción [a.gre.ga.θjón / -.sjón] 女 **1** 付加, 添加; 集合. **2** 准教員職; (昔の)准教授の職.

a·gre·ga·do, da [a.gre.gá.ðo, -.ða] 形 准教授[准教員]の. **―** 男 女 **1**(大使館の)担当官. ~ *comercial* 商務官. ~ *naval* 海軍武官. **2** 准教授, 准教員(= *profesor* ~). **3** 補佐. **―** 男 **1** 集合体, 集塊. **2** 付加物. **3**《ラ米》(**1**)(デ゚ル)(住み込みの)日雇い労働者. (**2**)(ア゙゚)(カ゚゚)居候(い゚゚゚). (**3**) 新加入者. (**4**)(ア゙゚)(デ゚゚゚)分益小作人.

a·gre·ga·du·rí·a [a.gre.ga.ðu.rí.a] 女 (大使館の官吏の)補佐の職[地位]; その事務所. ~ *cultural* 文化担当職.

****a·gre·gar** [a.gre.gár] 103 他 **1**《**a...** …に》**加える**, 足す; (*que* + 直説法 …で)**言い足す**. ~ *un miembro nuevo al grupo* グループに新しいメンバーを加える. *Agrégale un poco de sal.* そこに塩を少々加えてください. *Después agregó que podría tardar más tiempo.* その後彼[彼

a·gre·mán [a.gre.mán] 男 【建】階段の手すりの(ひも状の)装飾. [←〖仏〗*agrément*]

女]はもっと時間がかかるかもしれないと言い足した. **2**《a... …に》Lo *agregaron al* comité ejecutivo. 彼は実行委員会に加えられた. **— ~·se** 再《a... …に》加わる, 加入する.

a·gre·mia·ción [a.gre.mja.θjón / -.sjón] 女 同業組合[ギルド]の結成[加入].

a·gre·miar [a.gre.mjár] 82 他 同業組合[ギルド]に加入させる. **— ~·se** 再 同業組合[ギルド]を結成する[に加入する].

*__a·gre·sión__ [a.gre.sjón] 女 **1** 攻撃, 襲撃. **2** 侵略, 侵犯;侵害. pacto no ~ 不可侵条約.

a·gre·si·vi·dad [a.gre.si.bi.ðáð] 女 **1** 攻撃性, 侵略性;闘争性. **2** 積極性.

*__a·gre·si·vo, va__ [a.gre.sí.ßo, -.ßa] 形 **1** 攻撃的な;侵略的な. tono ~ けんか腰の口調. **2** 積極果敢な. **3** 害をもたらす.

a·gre·sor, so·ra [a.gre.sór, -.só.ra] 形 攻撃する, 侵略する. el ejército ~ 侵入軍.
— 男 女 攻撃者;侵略者.

a·gres·te [a.grés.te] 形 **1** 田舎の, ひなびた. **2** 険しい, 荒れた. **3** 野生の. **4** 粗野な, 無骨な.

a·gria·do, da [a.grjá.ðo, -.ða] 形 **1** 酸っぱい. vino ~ 酸っぱくなったワイン. **2** 気難しい, ひねくれた;不機嫌な.

a·gria·men·te [á.grja.mén.te] 副 とげとげしく;苦々しく.

a·griar [a.grjár] 83 他 **1** 酸っぱくする. **2** 気難しくさせる. **3** いらだたせる, 怒らす. **— ~·se** 再 **1** 酸っぱくなる, 酸敗する. El vino *se ha agriado*. ワインが酸っぱくなった. **2** (性格が)とっつきにくくなる, 気難しくなる;不機嫌になる.

a·griaz [a.grjáθ / -.grjás] 男 複 agriaces 【植】センダン.

*__a·grí·co·la__ [a.grí.ko.la] 形 農業の, 農耕の;農業に従事する. maquinaria ~ 農業機械. productos ~s 農産物. política ~ 農業人口[政策, 地域]. [←〖ラ〗*agricola*(*agri* 「耕地」(*ager* の属格) + *-cola* 「住民」)]

*__a·gri·cul·tor, to·ra__ [a.gri.kul.tór, -.tó.ra] 男 女 農民.

**__a·gri·cul·tu·ra__ [a.gri.kul.tú.ra] 女 農業, 農耕;農芸;農学. Mis padres se dedican a la ~. 私の両親は農業に従事している. ~ orgánica 有機農業. ~ intensiva [extensiva] 集約[粗放]農業. Ministerio de A~, Pesca y Alimentación (スペイン)農業漁業食糧省. ~ biológica[ecológica] (環境に配慮した)エコ農業. [←〖ラ〗*agricultūra*; *agrī* 「耕地」(*ager* の属格) + *cultūra* 「耕作;養育」(→ cultura); 関連 〖英〗*agriculture*]

a·gri·cul·tu·ral [a.gri.kul.tu.rál] 形 《ラ米》= agrícola.

a·gri·dul·ce [a.gri.ðúl.θe / -.se] 形 甘酸っぱい. cerdo ~ 【料】酢豚. un recuerdo ~ 甘酸っぱい思い出. salsa ~ 甘酢ソース.

a·grie·ra [a.grjé.ra] 女 《ラ米》(時に複数で)胸やけ, 胃酸過多.

a·grie·ta·mien·to [a.grje.ta.mjén.to] 男 亀裂の発生, ひびが生じること.

a·grie·tar [a.grje.tár] 他 亀裂(ﾚﾂ)を生じさせる, ひびを入れる.
— ~·se 再 亀裂が生じる, ひびが入る. Las manos *se me han agrietado* por el frío. 寒さで手にあかぎれができてしまった.

a·gri·fo·lio [a.gri.fó.ljo] 男 【植】セイヨウヒイラギ.

a·gri·lla [a.grí.ja ‖ -.ʎa] 女 【植】スイバ, スカンポ.

a·gri·men·sor, so·ra [a.gri.men.sór, -.só.ra] 男 女 土地測量技師.

a·gri·men·su·ra [a.gri.men.sú.ra] 女 土地測量.

a·gri·mo·nia [a.gri.mó.nja] / **a·gri·mo·ña** [a.gri.mó.ɲa] 女 【植】キンミズヒキ.

a·grin·ga·do, da [a.griŋ.gá.ðo, -.ða] 形 《ラ米》《話》(1) (俗称)アメリカ人風の, アメリカ人の真似をした. (2) 米国[ヤンキー]かぶれの.

a·grin·gar·se [a.griŋ.gár.se] 103 再 《ラ米》《話》ヤンキー gringo ぶる, 米国流になる.

a·grin·go·lar [a.griŋ.go.lár] 他 《ラ米》(*ᴸᴬ)米国人[白人]化させる. **— ~·se** 再 《ラ米》(*ᴸᴬ)米国人[白人]化する, 米国人のまねをする.

*__a·grio, gria__ [á.grjo, -.grja] 形 **1** 酸っぱい, 酸味のある. Esta naranja está *agria*. このオレンジは酸っぱい. frutas *agrias* 柑橘(ｶﾝｷﾂ)類の果物. volverse ~ 酸っぱくなる. **2** とげとげしい, 不機嫌な. actitud *agria* とげとげしい態度. carácter ~ 気難しい性格. **3** 厳しい, しんらつな;険しい. crítica *agria* しんらつな批評. camino ~ 凸凹道. **4** けばけばしい. **5** 〈金属が〉もろい.
— 男 酸っぱい果汁;〈複数で〉柑橘類.
[←〖古スペイン〗*agro*←〖ラ〗*ācer* 「鋭い」; *agrio*←*agro* の変化は agriar←《俗ラ》**acriare*)の影響による. 関連 agriar, acrimonia]

a·grior [a.grjór] 男 《ラ米》(ﾌﾞﾗｼﾞﾙ)胸やけ, 胃酸過多.

se·gri·pal·ma [a.gri.pál.ma] 女 【植】マザーワート:シソ科メハジキ属の草.

a·gri·par·se [a.gri.pár.se] 再 《ラ米》風邪にかかる.

a·gri·sa·do, da [a.gri.sá.ðo, -.ða] 形 灰色がかった, くすんだ白の.

a·gri·sar [a.gri.sár] 他 灰色にする.

a·griu·ra [a.grjú.ra] 女 《ラ米》酸っぱさ, 酸味.

a·gro [á.gro] 男 《詩》農地. los problemas del ~ 農地問題.

agro- 「土壌, 農業」の意を表す造語要素. ときに agr-, agri-. → *agricultura*, *agrónomo*. [←〖ラ〗]

a·gro·a·li·men·ta·ción [a.gro.a.li.men.ta.θjón / -.sjón] 女 農産食品[食糧]の生産[流通].

a·gro·a·li·men·ta·rio, ria [a.gro.a.li.men.tá.rjo, -.rja] 形 農産食品[食糧]の.

a·gro·am·bien·tal [a.gro.am.bjen.tál] 形 農業環境の.

a·gro·che·que [a.gro.tʃé.ke] 男 (田舎旅の)宿泊クーポン券.

a·gro·e·co·lo·gí·a [a.gro.e.ko.lo.xí.a] 女 農業生態学.

a·gro·fo·res·tal [a.gro.fo.res.tál] 形 農業および林業の.

a·gro·ge·né·ti·ca [a.gro.xe.né.ti.ka] 女 農業遺伝学.

a·gro·in·dus·trial [a.groin.dus.trjál] 形 **1** 農産物加工の. **2** 農業に関する産業の. **3** 農業および工業の.

a·gro·lo·gí·a [a.gro.lo.xí.a] 女 応用土壌学.

a·gro·mo·ne·ta·rio [a.gro.mo.ne.tá.rjo] 男 農業によってもたらされた財源.

a·gró·ni·co, ca [a.gró.ni.ko, -.ka] 形 農業に用いるコンピュータシステムの.
— 男 女 農業に用いるコンピュータシステムの専門家.

a·gro·no·mí·a [a.gro.no.mí.a] 囡 農学, 作物学, 耕種学.

a·gro·nó·mi·co, ca [a.gro.nó.mi.ko, -.ka] 形 農学の, 作物[耕種]学の. ingeniero ～ 農業技師.

a·gró·no·mo, ma [a.gró.no.mo, -.ma] 形 農学の, 農業の. ingeniero ～ 農業技師.
— 男 囡 農学者.

***a·gro·pe·cua·rio, ria** [a.gro.pe.kwá.rjo, -.rja] 形 **農牧の**, 農業と牧畜の. productos ～s 農畜産物.

a·gro·pop [a.gro.póp] 男 農村風景を歌ったスペインのポップミュージック.

a·gro·quí·mi·co, ca [a.gro.kí.mi.ko, -.ka] 形 農芸化学の. — 男 農業などに用いられる化学薬品.
— 囡 農業化学, 農芸化学.

a·gró·ti·ca [a.gró.ti.ka] 囡 農業に用いられる情報技術一般.

a·gro·tu·ris·mo [a.gro.tu.rís.mo] 男 農村をめぐる観光旅行.

a·gru·mar [a.gru.már] 他 凝固させる, 塊にする.

a·gru·pa·ble [a.gru.pá.ble] 形 グループ[集団]にできる.

***a·gru·pa·ción** [a.gru.pa.θjón / -.sjón] 囡 **1** グループ化, 組み分け.
2 集団; 団体, 組織. ～ coral 合唱団.

a·gru·pa·mien·to [a.gru.pa.mjén.to] 男 グループ化; 集団.

***a·gru·par** [a.gru.pár] 他 グループ化する; 集める, まとめる. ～ los libros por temas テーマ別に本をまとめる.
— ～**.se** 再 グループを作る; 集まる, まとまる.

a·gru·ra [a.grú.ra] 囡 **1** 酸っぱさ, 酸味.
2 柑橘類(の木).

***a·gua** [á.gwa] 囡 [el ～, un [una] ～] **1 水, 液体**; 溶液. ～ caliente 湯. ～ dura [gorda] /《ラ米》～ gruesa 硬水. ～ blanda 軟水. ～ potable 飲料水. ～ dulce 淡水. ～ mineral ミネラルウォーター. ～ corriente 流水, 水道水. ～ de grifo 水道水. ～ de seltz (セルツァー) 炭酸水. ～ de colonia オーデコロン. ～ de cepas《話》ワイン. ～s bautismales 洗礼用の水. ～ bendita 聖水. ～s residuales [negras] 汚水, 汚水. ～ oxigenada オキシドール, 過酸化水素水. ～ fuerte (版画に用いる) 硝酸水溶液;《美》エッチング. ～ de piringa《ラ米》《チリ》味気ないソフトドリンク. ～ regia《化》王水 (濃硝酸1と濃塩酸3の割合の混合液). ～ de remedio《ラ米》《チリ》薬草茶.
2 雨, 雨水. caer ～ 雨が降る. ～ nieve みぞれ.
3 (時に複数で) (体からの) 分泌液, 体液. ～ menores 小便. ～s mayores 大便. **4** (複数で) (川・海の) 水; 潮; 水域. ～ abajo [arriba] 川を下って[さかのぼって], 下流[上流]に. ～s jurisdiccionales [territoriales] 領海. ～s internacionales 公海. ～s llenas 高潮. **5** (複数で) 鉱泉. ～s termales 温泉. tomar las ～s 湯治に行く. **6**《建》(屋根の) 斜面. un tejado de [a] dos ～s 切妻型の屋根. cubrir ～s 屋根をつける. **7** (宝石・布・木の) 光沢(度). **8**《海》航跡. seguir las ～s 航跡を追う. **9**《ラ米》《ペル》《話》お金, 銭.
¡Agua!《ラ米》《メキ》《話》警察だ!
Agua pasada no mueve el molino.《諺》覆水盆に返らず (←過ぎた水は水車を動かさない).
¡Aguas!《ラ米》《メキ》『警告・注意喚起』気をつけろ.
¡Agua va! 気をつけろ, 頭上注意.
al agua patos(水に飛び込む人に向かって) さあ, 飛び込め.
bailer el agua a + 人 〈人〉にこびへつらう.
como agua al cuello 非常に困難な状況にある.
como agua de mayo 都合よく, タイミングよく.
como (el) agua ふんだんに, 湯水のように (たくさん).
dar un agua a... 〈服などを〉さっと洗う.
de primera agua《ラ米》《チリ》〈情報が〉直接的な, 自分で調べた.
echar el agua al molino《ラ米》《チリ》《話》はっきりと言う, 叱る.
entre dos aguas 決心がつかないで. nadar *entre dos* ～s 日和見する.
estar con el agua al cuello 窮地に立たされている.
hacer agua (**1**) 〈船が〉浸水する. (**2**) 〈事業などが〉破綻する.
hacer agua la canoa《ラ米》《チリ》《俗》同性愛者である.
hacerse agua だめになる.
irse el agua 〈ものごとが〉姿を消す, だめになる.
llevar el agua a su molino《話》自分の都合よいようにする.
más claro que el agua / tan claro como el agua 非常に明確な, 火を見るより明らかな.
mover el agua a + 人《ラ米》《チリ》《話》〈人〉に言い寄る, 口説く.
No digas de esta agua no beberé.《諺》この水は飲まないとは決して言うな (決して断定的にものごとを言ってはいけない).
poner agua en cedazo《ラ米》《チリ》《話》信頼できない人に秘密を漏らす.
ponerse el agua《ラ米》《コラ》雨が降り出しそうだ.
quedar(se) [convertirse] en agua de borrajas 〈ものごとが〉水泡に帰す.
romper aguas《医》破水する.
ser agua pasada 過ぎ去りし祭りである. Ya todo es ～ *pasada.* それはすべて終わったことだ.
sin decir agua va 出し抜けに, なんの前触れもなく.
volver las aguas a su cauce 〈ものごとが〉元の鞘に収まる.
[← 〚ラ〛 *aquam* (aqua の対格); 関連 acueducto, acuario.〚ポルトガル〛*água.*〚仏〛*eau.*〚伊〛*acqua.*〚英〛*aqualung, aquarium*]

a·gua·ben·di·te·ra [a.gwa.ben.di.té.ra] 囡 聖水盤.

a·gua·cal [a.gwa.kál] 男 (白壁用の) 水しっくい.

a·gua·ca·te [a.gwa.ká.te] 男 **1**《植》アボカド (の木, 実). **2**《ラ米》(**1**)《中米》《キュ》《俗》愚か者, まぬけ, 薄のろ. (**2**)《ラ米》《俗》警官, 巡査, お巡り. (**3**)《ラ米》食用にならない実をつける木. (**4**) 男 囡《ラ米》《話》元気のない人, やる気のない人. [← 〚ナワトル〛*āuacātl* (実の形の類似から. もとは「睾丸(こうがん)」の意)]

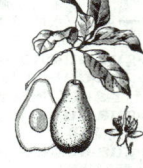

aguacate
(アボカド)

a·gua·ca·te·ro [a.gwa.ka.té.ro] 男《中米》《キュ》《植》アボカドの木.

***a·gua·ce·ro** [a.gwa.θé.ro / -.sé.-] 男 **1** にわか雨, 驟雨(しゅうう), どしゃ降り (= chaparrón). Cayó un ～. にわか雨が降った.

aguacha

2《ラ米》《話》《昆》ホタルの一種.
a·gua·cha [a.gwá.tʃa] 囡 **1** よどんで腐った水. **2**《ラ米》《俗》霧雨.
a·gua·cha·cha [a.gwa.tʃá.tʃa] 囡《ラ米》《チㇼ》《話》まずい酒[飲み物].
a·gua·cha·da [a.gwa.tʃá.ða] 囡《ラ米》《アンデス》《話》まずい飲み物.
a·gua·char [a.gwa.tʃár] 他 **1** 水浸しにする. **2**《ラ米》(1)《話》〈人が〉好きになる.(2)《話》〈人に〉お世辞を言う.(3)〈動物を〉飼いならす, 馴れさせる. **━ ～se** 再 **1** 水浸しになる. **2**《ラ米》(1)《チㇼ》〈場所に〉なじむ, 愛着を持つ.(2)《ラプラタ》〈馬が〉太りすぎる. **━** 男 水たまり.
a·gua·chen·to, ta [a.gwa.tʃén.to, -.ta] 形《ラ米》《チㇼ》水浸しの;〈食べ物が〉水分の多い, 水っぽい.
a·gua·chi·na·do, da [a.gwa.tʃi.ná.ðo, -.ða] 形《ラ米》《話》→ aguachento.
a·gua·chi·nar [a.gwa.tʃi.nár] 他 〈料理などに〉水を加えすぎる, 水を加えすぎてだめにする.
━ ～se 再《ラ米》《アンデス》《話》洪水になる.
a·gua·chir·le [a.gwa.tʃír.le] 囡〈水っぽくて〉まずい飲み物[スープ];安酒.
a·gua·cho·so, sa [a.gwa.tʃó.so, -.sa] 形《ラ米》(1)《エクアドル》《チㇼ》《アンデス》→ aguachento.(2)《アンデス》水を含んだ;味気ない.
a·gua·ci·be·ra [a.gwa.θi.βé.ra / -.si.-] 囡《農》灌漑(かんがい)用水.
a·gua·cil [a.gwa.θíl / -.síl] 男《ラ米》《ラプラタ》《昆》トンボ.
a·gua·da [a.gwá.ða] 囡 **1**《美》水彩画;水彩絵の具;グワッシュ. **2**《海》飲料水の補給. hacer ～ 飲料水を積み込む. **3** 水飲み場. **4**(鉱山の)出水, 浸水. **5**《ラ米》《アンデス》沼, 湖.
a·gua·de·ras [a.gwa.ðé.ras] 囡《まれ》《複数形》(水がめ・壺(つぼ)を運ぶための)荷鞍(にぐら).
a·gua·de·ro [a.gwa.ðé.ro] 男 (家畜・動物の)水飲み場.
a·gua·di·lla [a.gwa.ðí.ja || -.ʎa] 囡《話》→ ahogadilla.
a·gua·do, da [a.gwá.ðo, -.ða] 形 **1** 水っぽい, 薄い. vino ～ 水で割ったワイン. **2** 水を加えたので, 台無しになった. **3**《ラ米》(1)《チㇼ》《ペルー》《ラプラタ》《エクアドル》《話》弱々しい, 病弱な;衰弱した.(2)《チㇼ》《話》〈果物が〉水っぽい, みずみずしい.(3)《チㇼ》《話》優柔不断な.
━ 男 **1**(ワインを)水で割ること. **2**《ラ米》(1)《集合》《複数で》《話》メキシコ市の人.(2)《チㇼ》《話》殴打, 殴りつけ.
a·gua·dor, do·ra [a.gwa.ðór, -.ðó.ra] 男 囡 **1** 水の運び屋, 水売り. **2**《隠》(不法行為の)見張り役. **3**《ラ米》《メキシコ》政治の動向に目ざとい人.
━ 男 **1**(水車の)水受け板.
2 [A-]《星座》みずがめ座(= Acuario).
a·gua·du·cho [a.gwa.ðú.tʃo] 男 飲み物の屋台.
a·gua·dul·ce [a.gwa.ðúl.θe / -.se] 男《ラ米》《ラプラタ》水と蜂蜜(はちみつ)で作る飲み物.
a·gua·du·ra [a.gwa.ðú.ra] 囡《獣医》漿液(しょうえき)性蹄皮(ていひ)炎.
a·gua·fies·tas [a.gwa.fjés.tas] 男 囡《単複同形》《話》〈軽蔑〉興をそぐ人, 楽しみに水を差す人.
a·gua·fuer·te [a.gwa.fwér.te] 男 (または 囡)《美》エッチング, 腐食銅版術;エッチング(版)画. grabar al ～ エッチングする.
a·gua·fuer·tis·ta [a.gwa.fwer.tís.ta] 男 囡《美》エッチング作家[画家].
a·gua·gua·do, da [a.gwa.gwá.ðo, -.ða] 形《ラ米》《チㇼ》《話》子供っぽい.
a·guai·ta·da [a.gwai.tá.ða] 囡《ラ米》《チㇼ》《話》 *dar una aguaitada a...*《ラ米》《チㇼ》《アンデス》《話》…に目を通す.
a·guai·tar [a.gwai.tár] 他《ラ米》(1)《メキシコ》《チㇼ》見る, のぞく.(2)《ラ米》《コロンビア》《ラプラタ》待ち伏せする;うかがう.(3)《アンデス》《ラプラタ》待つ.
a·guai·te [a.gwái.te] 男《ラ米》《チㇼ》待ち伏せ;待つこと.
a·gua·je [a.gwá.xe] 男 **1**《海》(1)海流, 潮流;高潮.(2)航跡.(3)飲料水の補給;貯蔵飲料水.
2(野生動物の)水飲み場. **3**《ラ米》《植》オオミテングヤシ.(2)《メキシコ》《ラプラタ》にわか雨, どしゃ降り.(3)《ラプラタ》《エクアドル》《話》ほら吹き, 空威張りする人.(4)《メキシコ》の, 騙(だま)し.(5)《ペルー》《話》叱りつけ, 叱責(しっせき), 非難.(6)《ラ米》《話》騒ぎ.
a·gua·ji·rar·se [a.gwa.xi.rár.se] 再《ラ米》(1)《カリブ》田舎風の生活に慣れる.(2)《ラ米》田舎者じみる;無愛想になる.
a·gua·lo·tal [a.gwa.lo.tál] 男《ラ米》《中米》沼.
a·gua·ma·la [a.gwa.má.la] 囡《動》クラゲ.
a·gua·ma·nil [a.gwa.ma.níl] 男 **1**(洗面用の)水差し. **2** 洗面器台;洗面器台.
a·gua·ma·nos [a.gwa.má.nos] 男《単複同形》
1 → aguamanil. **2** 手洗い用の水.
a·gua·mar [a.gwa.már] 男《動》クラゲ.
a·gua·ma·ri·na [a.gwa.ma.rí.na] 囡《鉱》藍玉(らんぎょく), アクアマリン.
a·gua·mar·se [a.gwa.már.se] 再《ラ米》《ラプラタ》《話》怖がる, 怖じ気づく.
a·gua·miel [a.gwa.mjél] 囡 **1** 蜂蜜(はちみつ)を入れた水;砂糖水. **2**《ラ米》《植》(発酵させてプルケ酒 pulque を作る)リュウゼツランの汁.
━ 男《ラ米》《メキシコ》サトウキビの焼酎.
a·gua·nie·ve [a.gwa.njé.be] 囡 みぞれ.
a·gua·nie·ves [a.gwa.njé.bes] 囡《単複同形》《鳥》ハクセキレイ.
a·gua·no·si·dad [a.gwa.no.si.ðáð] 囡 水っぽさ.
a·gua·no·so, sa [a.gwa.nó.so, -.sa] 形 **1** 水のしみ込んだ, じめじめした. terreno ～ じめじめした土地. **2** 水っぽい, 味のない. **3**《ラ米》(1)《チㇼ》《ラプラタ》(果物などが)味気ない.(2)《ラ米》《話》おもしろみのない, つまらない.
a·guan·ta·ble [a.gwan.tá.βle] 形 耐えられる, 我慢できる.
a·guan·ta·de·ras [a.gwan.ta.ðé.ras] 囡《複数形》《話》忍耐(力), 我慢(強さ). tener ～ 辛抱強い.
*__a·guan·tar__ [a.gwan.tár] 他 **1** 支える, 押さえる;(重さに)耐える. Este suelo no podrá ～ el peso del piano. この床はピアノの重さに耐えられないだろう.

2 耐え忍ぶ, 我慢する;〈欲求などを〉こらえる. ～ el dolor 痛みに耐える. ～ la risa 笑いをこらえる. Tuve que ～ las ganas de criticarlo. 私は彼を批判したい気持ちを抑えなくてはならなかった.

3〈時間を〉持ちこたえる. Ella sola no *aguanta* mucho tiempo allí. 彼女ひとりではあそこに長い間いることはできない. **4**《スポ》〈ボールを〉持ったままにしておく;《闘牛》〈突進してくる牛を〉たじろがず仕留める. **5**《アンデス》《話》待つ.

━ 自 我慢する, 辛抱する;持ちこたえる. No *aguanto* más. もう我慢できない. Este abrigo *aguantará* hasta el año que viene. このコートは来年までは持つだろう.

━ ～se 再 **1** 《con...》〈…を〉じっと耐える, 〈…で〉我慢する. Tenemos que ～*nos con* la poca

comida que queda. 私たちは残っているわずかな食料で耐えなくてはいけない.
2 (欲求などを)こらえる, 抑える. No quería ir a la fiesta, pero tuve que 〜me. パーティーには行きたくなかったのだが, 仕方なかった.
aguantar el tirón (苦境に)動じない.
no aguantar un pelo《話》堪忍袋の緒が切れる. Ya estamos que *no aguantamos un pelo*. 私たちもう我慢ならないよ.
[← 〔伊〕*agguantare* 「握り締める」(*guanto* 「籠手(こて)」より派生)][関連] guante]

a·guan·te [a.gwán.te] 男 **1** 忍耐(力), 我慢(強さ). tener mucho 〜 とても辛抱強い. **2** 耐久力, 強度. **3** 《ラ米》《ラプラ》《話》協力, 連帯.

a·guan·tón, to·na [a.gwan.tón, -.tó.na] 形《ラ米》《ラプラ》我慢強い.

a·gua·pa·ne·la [a.gwa.pa.né.la] 女《ラ米》《コロン》《ェクア》水・レモン・パネラ panela で作る飲み物.

a·gua·pié [a.gwa.pjé] 男 水っぽいワイン.

a·gua·pi·rin·ga [a.gwa.pi.ríŋ.ga] 女《ラ米》《アルゼ》味気ないソフトドリンク.

a·guar [a.gwár] 86 他 **1** 水で薄める, 水を加える. 〜 el vino ワインを水で薄める.
2 台無しにする, 興をそぐ, 水を差す. 〜 la fiesta 楽しみに水を差す. La discusión le *aguó* la noche. 口論で彼[彼女]にはせっかくの夜を台無しにされた. **3** 《ラ米》《中米》《カリ》《家畜に)水をやる.
━ 〜se 再 **1** 水浸しになる. **2** 台無しになる. Se *aguó* la fiesta. パーティーは白けてしまった.

a·gua·rá [a.gwa.rá] 男《ラ米》《パラ》《ラプラ》【動】アカギツネの一種.

a·gua·rai·bá [a.gwa.rai.bá] 男《ラ米》《ラプラ》【植】テレビンノキ.

a·gua·ra·pa·do, da [a.gwa.ra.pá.ðo, -.ða] 形《ラ米》《コロン》《ェクア》《話》(1) グアラポ guarapo 色の, 薄茶色の. (2) 酔った.

****a·guar·dar** [a.gwar.ðár] 他 **1** 待つ, 待ち受ける (=esperar). Los niños *aguardan* con impaciencia el regreso de su madre. 子供たちはお母さんの帰りを今か今かと待っています. A él le *aguardaba* un día pésimo. 彼には最悪の日が待っていた.
2 待つ, 期待する; 予感する. Los lectores *aguardan* impacientemente la segunda entrega del libro. 読者は2回目の配本をわくわくして待っている. **3** 〈日にちを〉猶予する. Te *aguardaré* unos días más. あと何日間か待ってあげよ.
━ 自 《a... ...を〉待つ; 《a+不定詞 / a que+接続法 ...するのを》待つ. No podemos 〜 a mañana. 明日が待てないよ. *Aguardemos* a que termine la reunión. 会合が終わるのを待ちましょう.
━ 〜se 再 (じっと)待つ. No te apures, que yo *me aguardo*. 君, あわてるなよ, 待ってるから.
[a- + guardar 「見張る」]

a·guar·den·te·ro, ra [a.gwar.ðen.té.ro, -.ra] 形 蒸留酒の, 蒸留酒入りの.
━ 男 女 蒸留酒職人[販売人].

a·guar·den·to·so, sa [a.gwar.ðen.tó.so, -.sa] 形 蒸留酒入りの, 蒸留酒のような. olor 〜 酒臭いにおい. voz *aguardentosa* (酔っ払いのような)しゃがれ声.

****a·guar·dien·te** [a.gwar.ðjén.te] 男 蒸留酒, 焼酎(しょうちゅう). 〜 de caña ラム酒. 〜 de ciruela 梅酒. 〜 de enebro (ネズの実で香りをつけた)ジン.
[関連] 蒸留酒: (1) anís de Chinchón (スペイン Madrid 近くの)チンチョン産の蒸留酒. (2) 中南米の地酒: chachacaste(中米) 焼酎. chicha トウモロコシ酒. chincolito(中) 焼酎の水割り. chinchibí(グア) ショウガ味のトウモロコシ酒. chinguirito(エルサ) 焼酎. guachacai 焼酎, 火酒. guarapo サトウキビ酒. guaro / huaro(中米) サトウキビ焼酎. mescal / mezcal メスカル酒. miche(ベネズ) 焼酎. pisco ピスコ酒. pulque(グア) リュウゼツラン酒, プルケ. ron ラム(酒). tafia(タイ)(ベネ)(ラプラ) サトウキビ焼酎. tequila(メキ)テキーラ.
[agua+ardiente]

a·guar·dien·to·so, sa [a.gwar.ðjen.tó.so, -.sa] 形 →aguardentoso.

a·guar·do [a.gwár.ðo] 男 待ち伏せ(場所).

a·gua·ri·bay [a.gwa.ri.bái] 男《ラ米》《ラプラ》【植】テレビンノキ: テレビン油を取るウルシ科の木.

a·gua·rrás [a.gwa.rás] 男 テルペンチン, テレビン油, 松やに, ニス: しみ抜きに使う.

a·gua·sa·do, da [a.gwa.sá.ðo, -.ða] 形《ラ米》《ラプラ》《話》おどおどしている, 小心な.

a·gua·sar·se [a.gwa.sár.se] 再《ラ米》《ラプラ》田舎者になる; 粗野になる.

a·gua·te [a.gwá.te] 男《ラ米》《中米》(サボテンの)細かいとげ; (サトウキビなどの)軟毛.

a·gua·te·ro, ra [a.gwa.té.ro, -.ra] 男 女《ラ米》《ラプラ》水の運び屋; 水売り.

a·gua·tin·ta [a.gwa.tín.ta] 女 アクアティント: 腐食銅版画の技法の一種; その版画.

a·gua·to·cho [a.gwa.tó.tʃo] 男 揚水機, 揚水用ポンプ.

a·gua·to·so, sa [a.gwa.tó.so, -.sa] 形《ラ米》《中米》ひりひりする, とげだらけの.

a·gua·tur·ma [a.gwa.túr.ma] 女 【植】キクイモ.

a·gua·ver·de [a.gwa.ßér.ðe] 女 【動】クラゲ.

a·gua·vien·tos [a.gwa.ßjén.tos] 男 《単複同形》 【植】 サルビア, ヒゴロモソウ, フロミス・ヘルパベンティー: シソ科の植物.

a·gua·vi·lla [a.gwa.ßí.ʝa ‖ -.ʎa] 女 【植】 ウワウルシ, クマコケモモ.

a·gua·vi·va [a.gwa.ßí.ßa] 女《ラ米》《ラプラ》【動】クラゲ.

a·gua·yo [a.gwá.jo] 男《ラ米》《ボリ》(女性が背負い袋に用いる)多色の織物.

a·gua·za [a.gwá.θa / -.sa] 女 (汚れた)液体.

a·gua·zal [a.gwa.θál / -.sál] 男 **1** 水たまり.
2 《ラ米》《*エルサ》どしゃ降り.

a·gua·zo·so, sa [a.gwa.θó.so, -.sa / -.só.-] 形 →aguanoso.

a·gu·da [a.gú.ða] 形 →agudo.

****a·gu·de·za** [a.gu.ðé.θa / -.sa] 女 **1** (刃先・先端の)鋭さ, 鋭利. **2** 頭脳の冴(さ)え, 明敏, 俊敏. **3** (感覚の)鋭さ, 鋭利; (痛みなどの)激しさ. **4** 機知に富んだ言葉, ウィット. Tiene mucha 〜. 彼[彼女]はとてもウィットに富んでいる. →aforismo [類語].

a·gu·di·za·ción [a.gu.ði.θa.θjón / -.sa.sjón] 女 (痛み・病気の)悪化.

a·gu·di·zar [a.gu.ði.θár / -.sár] 97 他 **1** 鋭くする. **2** 悪化させる, 深刻化させる. Esas medidas no harán más que 〜 la crisis. そのような措置では危機を深めるだけだろう. ━ 〜se 再 さらに悪くなる, 深刻化する. El conflicto político *se ha agudizado*. 政治的抗争はますます激化している.

******a·gu·do, da** [a.gú.ðo, -.ða] 形 **1** (+名詞 / 名詞+)(ser+)〈刃先・先端が〉鋭い, とがった. ángulo 〜 鋭角. Este cuchillo tie-

agüe

ne la hoja muy *aguda*. このナイフは刃がとても鋭い. **2** 鋭敏な, 敏感な. olfato ~ 鋭敏な嗅覚. vista *aguda* (遠くまで見える) よい視力.
3 〈+名詞／名詞＋〉**(ser＋／estar＋)** 機知に富んだ; しんらつな. dicho ~ 当意即妙の言葉. ser de ingenio ウィットに富んでいる. un comentarista ~ しんらつな評論家.
4 〈痛みが〉激しい; 〈においなどが〉きつい, 刺激的な. dolor ~ 激痛. **5** 〈病気が〉急性の (↔crónico). pulmonía *aguda* 急性肺炎. **6** 〈状況がひどく〉深刻な. *aguda* crisis 重大な危機. **7** 《音楽》高音域[部] の (↔ grave); 〈音・声が〉甲高い. **8** 《文法》最終音節にアクセントのある. **9** 《詩》(詩行が) 最終音節にアクセントのある語で終わる.
— 男 **1** (複数で)《音楽》高音域[部].
2 (音響機器の) 高音域調整つまみ.
3 《文法》鋭アクセント記号, 揚音符 (´).
[←[ラ] *acūtum* (*acūtus* の対格); 関連 agudeza, acuidad, acutángulo. [英] *acute*]

a·güe [á.gwe] 男《ラ米》(複数で) ビー玉 (遊び).

Á·gue·da [á.ǥe.ða] 固名 アゲダ: 女子の洗礼名. [←[ラ] *Agatha*←[ギ] *agathē* 「立派な (女の人)」; 関連 [ポルトガル]*Ágata*. [仏]*Agathe*. [伊]*Agata*. [英][独]*Agatha*]

a·güei·tar [a.gwei.tár] 他《ラ米》(ﾒｷｼ)(ｸﾞｱﾃﾏ)(ﾍﾞﾈｽﾞ)→ aguaitar.

a·güe·lo, la [a.gwé.lo, -.la] 男 女《話》→ abuelo.

a·güe·rí·a [a.gwe.ří.a] 女《ラ米》→ agüero.

a·güe·ris·ta [a.gwe.řís.ta] 形《ラ米》(ｱﾙｾﾞﾝ) 迷信深い.

a·güe·ro [a.gwé.ro] 男 前兆, 前触れ, 縁起. de buen [mal] ~ 吉兆の[不吉な]. *ser pájaro de mal agüero* 縁起が悪い; 縁起でもないことを言う.

a·gue·rri·do, da [a.ge.ří.ðo, -.ða] 形 **1** 百戦錬磨の; 勇敢な. ▶ 通常軍人に対して形容する語.
2《ラ米》(ﾒｷｼ) 頑固な; 容赦しない.

a·gue·rrir [a.ge.řír] 80 他 (新兵を) 鍛える, 仕込む.

a·güe·va·do, da [a.gwe.bá.ðo, -.ða] 形《ラ米》(ﾒｷｼ) 怒った, 不機嫌な.

a·güe·va·són [a.gwe.ba.són] 男《ラ米》(ﾒｷｼ)《俗》怒り; ばかなこと; 退屈.

a·gui·ja·da [a.gi.xá.ða] 女 **1** (家畜を追い立てる) 突き棒. **2** (鋤で) 先の土を落とす棒.

a·gui·jar [a.gi.xár] 他 **1** (家畜を) 突き棒で[声で] 追い立てる. **2** 駆り立てる, 鼓舞する. **3** 急がせる, せかす. — 自 急いで行く.

a·gui·jón [a.gi.xón] 男 **1** 突き棒の先.
2 (昆虫の) 針, 毒針. ~ de escorpión サソリの毒針. **3** (植物の) とげ. **4** 刺激, 衝動. El aumento de sueldo es un ~ para los trabajadores. 賃上げは労働者の刺激策となる.

a·gui·jo·na·zo [a.gi.xo.ná.θo / -.so] 男 **1** 針で刺すこと; 刺し傷. **2** しんらつな物言い, 手厳しい嘲(ｱｻｹﾞ)り.

a·gui·jo·ne·ar [a.gi.xo.ne.ár] 他 **1** (家畜を) 突き棒で追い立てる. **2** 駆り立てる, 刺激する. ~ la curiosidad de 〈人〉の好奇心をそそる. Me *aguijoneaba* el deseo de decirle algo. 僕は彼[彼女] に一言言いたくてうずうずしていた. **3** (昆虫などが) (針で) 刺す.

*__á·gui·la__ [á.gi.la] 女 [el ~, un [una] ~] **1**《鳥》ワシ. ~ barbuda ヒゲワシ. ~ pescadora オオワシ. ~ real イヌワシ. ~ imperial カタジロワシ. ~ ratonera ノスリ. tener vista de ~ とてもいい視力である.
2 鷲(ﾜｼ) の図柄の軍旗 [紋章]. el ~ negra de Prusia プロイセンの黒鷲章. ~ agrifada グリフィン: 胴体は獅子(ｼｼ)で頭と翼は鷲の怪物. ~ bicéfala 双頭の鷲.
3 敏腕家, 切れ者. ser un ~ para los negocios 商売のやり手である. **4** [Á-]《星座》わし座. **5** (裏面が鷲模様の) イーグル金貨: カルロス 5 世金貨, メキシコ金貨, 旧 10 ドル金貨など. **6**《魚》トビエイ (= ~ marina, ~ de mar). **7**《ラ米》(ﾒｷｼ)《話》(1) 詐欺師, ぺてん師. (2) 凧(ﾀｺ).
— 形《ラ米》(*ﾒｷｼ*) 注意深い, 用心した. andar ~ 用心[警戒] している. ponerse ~ 用心[警戒]する. ¡A~(s)! 気をつけろ.
[←[ラ] *aquilam* (*aquila* の対格); 関連 [ポルトガル] *águia*, [仏] *aigle*. [伊] *aquila*. [英] *eagle*]

Á·gui·la [a.gi.la] 女《商標》el ~ アギラ: スペインの大手ビールブランド, またはそのビール.

a·gui·le·ña [a.gi.lé.na] 女《植》(セイヨウ)オダマキ.

a·gui·le·ño, ña [a.gi.lé.no, -.na] 形 **1** ワシの (ような). **2** わし[かぎ]鼻の. **3** 〈顔立ちが〉とがった, 鋭い.

a·gui·le·ra [a.gi.lé.ra] 女 ワシの巣.

a·gui·li·llo, lla [a.gi.lí.jo, -.la ‖ -.ʎo, -.ʎa] 形《ラ米》駿足(ｼｭﾝｿｸ)の.
— 男《ラ米》駿馬(ｼｭﾝﾒ) (= caballo ~).

a·güi·lla [a.gwí.ja ‖ -.ʎa]《話》液体; 汚れた液体.

a·gui·lón [a.gi.lón] 男 **1**《機》(クレーンの) ジブ, 腕. **2**《紋》くちばしと鉤爪(ｶｷﾞﾂﾒ) のないワシ, アレリオン. **3**《土木》角形の土管. **4**《建》妻, 切り妻. **5**《ラ米》(ﾒｷｼ) 大きな馬.

a·gui·lu·cho [a.gi.lú.tʃo] 男《ラ米》《鳥》タカ, ハヤブサの類.

a·gui·nal·do [a.gi.nál.do] 男 **1** クリスマスの贈り物 [チップ]. dar el ~ al cartero 郵便配達人にクリスマスのチップをあげる. **2**《ラ米》(1) クリスマスごろに咲く野生植物. (2) (ｸﾞｱﾃﾏ) クリスマスキャロル. (3) (ｷｭｰﾊﾞ) (ｸﾞｱﾃﾏ) クリスマス時のボーナス.
[←[古スペイン] *aguilando*]

a·güis·ta [a.gwís.ta] 男 女 (鉱泉) 湯治客.

a·güi·ta [a.gwí.ta] 女 **1** ハーブティー, 煎(ｾﾝ)じ薬. (2)《話》お金, 銭. (3) (複数で)《遊》ビー玉 (遊び). (4) (ﾁﾘ) 茶. (5) (ﾒｷｼ) 霧雨; 迷惑.

a·güi·ta·do, da [a.gwi.tá.ðo, -.ða] 形《ラ米》(ﾒｷｼ) 悲しんだ; がっかりした; うんざりした, いらいらした. — 男 女《ラ米》《話》不幸な人.

a·güi·tar·se [a.gwi.tár.se] 再《ラ米》(ｾﾝﾄﾗﾙ)《話》がっかりする, 悲しむ.

a·güi·te [a.gwí.te] 男《ラ米》(ｾﾝﾄﾗﾙ)《話》悲しみ; 恥; 面倒.

*__a·gu·ja__ [a.gú.xa] 女 **1** 針. pasar el hilo por el ojo de la ~ / enhebrar la ~ 針に糸を通す. ~ colchonera 布団針. ~ de gancho かぎ針. ~ de hacer punto / ~ de media 編み棒. ~ mechera / ~ de mechar (風味付けのためにベーコン・豚の脂肪などを肉に差し込む) 刺し針[針].
2 注射針. ~ hipodérmica 皮下注射用の針.
3 (計器類の) 指針; 磁針 (= ~ magnética). ~ de marear [de bitácora] 羅針(盤). ~s del reloj 時計の針. **4** レコード針; エッチング用の針. **5**

【建】尖塔(訳);（橋梁(訳)の）針梁(訳). **6**【植】針状葉. **7**【魚】サヨリ. **8**【料】(肉などを詰めた)細長いパイ. **9**【鉄道】ポイント, 転轍(訳)機. entrar en ～s ポイントに近づく. **10**《主に複数で》あばら. carne de ～s あばら肉, リブ, カルビ. **11**(発酵により生じた)ワインの泡. **12**【機】(針弁の)ニードル；(銃の)撃針；(銃口の)掃除具. **13**【農】接ぎ枝[穂]；《養蜂(訳)の》巣枝を支える》横棒. **14**【印】印刷時に紙面に生じるしわ. **15**【獣医】(馬の)のど・首などの病気. **16**《ラ米》《1》《柵の》杭(訳).（2）《俗》個人的なことを根掘り葉掘り聞く人.

buscar [*encontrar*] *una aguja en un pajar* わら小屋で落とした針を探す：不可能なことを試みる.
conocer [*saber manejar*] *la aguja de marear* 自分のことは自分でやれる, 何をどうすべきかを知っている.
[← 〔俗〕 *acucula* (〔ラ〕 *acus*「針」＋縮小辞)；〔関連〕 *agujero*]

a·gu·je·rar [a.gu.xe.rár] 他 ➡ agujerear.
a·gu·je·re·a·do, da [a.gu.xe.re.á.ðo, -.ða] 形 **1** 穴のあいた. **2** 《ラ米》(*國*)《1》《スポ》《野球》球をエラー［トンネル］した. （2）《俗》処女ではない.
a·gu·je·re·ar [a.gu.xe.ár] 他 穴をあける, 貫通する. ～ *una pared* 壁に穴をあける.
— ～*se* 再 穴があく.

***a·gu·je·ro** [a.gu.xé.ro] 男 **1** 穴, 孔；破れ目. *Tira ya ese pantalón, que está lleno de ～s*. そのズボンは穴だらけだから捨てなさいよ.
2 (特に企業・団体などの)(正当化できない)欠損, 損失, 赤字. *Con el dinero que nos darán por el coche podremos tapar algunos ～s*. 車を売ってもらえるお金で私たちは赤字のいくらかを穴埋めできるだろう. **3**《話》自宅；自室. **4** 針刺し；針入れ, 針箱. **5**《ラ米》(訳)《卑》女性器.
agujero negro (1)【天文】ブラックホール.（2）経済的大損失の原因.（3）重大欠陥, 大過失.

a·gu·je·ta [a.gu.xé.ta] 女 **1**《ラ米》【鳥】アメリカオオハシシギ. **2**《複数で》(慣れない運動後の)筋肉痛, 凝り. *estar lleno de ～s en las piernas*. 私は足が筋肉痛だ. *Tengo ～s en las piernas*. 私は足が筋肉痛だ. **3**《ラ米》（1）(訳)(靴屋の)大針.（2）ひも通し.（3）(訳)(靴などの)ひも.
a·gu·je·te·ro [a.gu.xe.té.ro] 男《ラ米》（1）針のケース.（2）(訳)針山.
a·gu·jón [a.gu.xón] 男 太針；(頭髪・帽子の)留めピン. [aguja＋増大辞]
a·gu·ju·e·la [a.gu.xwé.la] 女 細針；小型の銛(訳). [aguja＋縮小辞]
a·guo·si·dad [a.gwo.si.ðáð] 女 体液.
a·guo·so, sa [a.gwó.so, -.sa] 形 ➡ acuoso.
¡a·gur! [a.gúr]〔バスク〕間投《話》さよなら, それじゃまた (= ¡abur!).
a·gu·sa·na·do, da [a.gu.sa.ná.ðo, -.ða] 形 ウジのわいた；虫の食った.
a·gu·sa·na·mien·to [a.gu.sa.na.mjén.to] 男 ウジ *gusano* の発生.
a·gu·sa·nar·se [a.gu.sa.nár.se] 再 ウジがわく；虫に食われる.
A·gus·tín [a.gus.tín] 固名 **1** San ～ 聖アウグスティヌス (354-430)：初期キリスト教の教父・哲学者. 作品 *Confesiones*『告白』. **2** アグスティン：男子の洗礼名.
[←〔ラ〕*Augustīnus*；*Augustus* (←*augustus*「崇高な(人)」＋縮小辞〔関連〕〔ポルトガル〕*Agostinho*.〔仏〕〔英〕〔独〕*Augustīnus*.〔伊〕*Agostino*]

a·gus·ti·nia·nis·mo [a.gus.ti.nja.nís.mo] 男 聖アウグスティヌスの神学(教義).
a·gus·ti·nia·no, na [a.gus.ti.njá.no, -.na] 形 聖アウグスティヌスの；アウグスティヌス派の.
a·gus·ti·nis·mo [a.gus.ti.nís.mo] 男 ➡ agustinianismo.
a·gus·ti·no, na [a.gus.tí.no, -.na] 形 アウグスティノ会修道士[修道女]の.
— 男 女 アウグスティノ会修道士[修道女].

a·gu·tí [a.gu.tí] 男《複 ～es, ～s》【動】アグーチ, オオテンジクネズミ.
a·gu·za·de·ro, ra [a.gu.θa.ðé.ro, -.ra / -.sa.-] 形 鋭利である, 研磨用の. *piedra aguzadera* 砥石(訳). — 男 (イノシシの)牙研ぎ場. — 女 荒砥石.
a·gu·za·do, da [a.gu.θá.ðo, -.ða / -.sá.-] 形 **1** 鋭い, 鋭利な, とがった. **2**〈目を〉凝らした,〈耳を〉そばだてた；鋭敏な. **3**《ラ米》(訳)《卑》➡ abusado.
a·gu·za·dor, do·ra [a.gu.θa.ðór, -.ðó.ra / -.sa.-] 形 鋭利にする, 研ぐ. — 男 女 研ぎ師.
— 女 砥石(訳), 研ぎもの.
a·gu·za·du·ra [a.gu.θa.ðú.ra / -.sa.-] 女 ➡ aguzamiento.
a·gu·za·mien·to [a.gu.θa.mjén.to / -.sa.-] 男 鋭利にすること, 研磨；鋭敏にすること.
a·gu·za·nie·ves [a.gu.θa.njé.βes / -.sa.-] 女《単複同形》【鳥】ハクセキレイ.
a·gu·zar [a.gu.θár / -.sár] 他 **1** 鋭利にする, とがらせる, 研ぐ (= afilar). ～ *un cuchillo* ナイフを研ぐ. **2** 刺激する, かり立てる. **3**〈知覚・感覚を〉鋭敏にする, 研ぎ澄ます. ～ *el ingenio* 知性を磨く. ～ *la vista* 目を凝らす. ～ *el oído* 耳をそばだてる.
— ～*se* 再〈知覚・感覚が〉鋭敏になる.

aguzanieves
（ハクセキレイ）

¡ah! [á]間投 **1**《驚き・感嘆・悲哀・苦痛など》ああ, ほう, まあ, おや；痛い. *¡Ah, qué lástima!* ああ, なんて残念だ. *¡Ah!, ¿sí? No sabía nada de eso.* えっ, そんなことは全然知らなかった. *¡Ah, qué ganas tenía de verte!* ああ, どんなに君に会いたかったことか.
2《納得・了解》ああ. *¡Ah, está bien!* ああ, いいよ.
3《想起》あっ. *¡Ah, ya me acuerdo!* あっ, もう思い出した.
Ah 《略》【電】*a*mperio-*h*ora アンペア時.

a·he·cha·du·ra [a.e.tʃa.ðú.ra] 女《主に複数で》ふるいかす, もみ殻.
a·he·char [a.e.tʃár] 他〈穀物を〉ふるいにかける.
a·he·le·ar [a.e.le.ár] 他 苦くする；つらい思いをさせる, 苦汁をなめさせる.
a·hem·bra·do, da [a.em.brá.ðo, -.ða] 形 女性のような, 柔弱な.
a·he·rro·ja·mien·to [a.e.r̄o.xa.mjén.to] 男 抑圧, 圧迫, 支配.
a·he·rro·jar [a.e.r̄o.xár] 他 **1**〈囚人に〉鉄かせをはめる, 鎖でつなぐ. **2** 圧迫する, 抑圧する.
a·he·rrum·brar·se [a.e.r̄um.brár.se] 再 **1** さびつく (= oxidarse). **2** 鉄さびの色になる.
a·her·vo·rar·se [a.er.βo.rár.se] 再〈小麦などの穀物が〉発酵熱を持つ.

*a·hí [a.í] 副《指示》**1**《場所》そこに[で, へ]；あそこに[へ] (▶ 話し手から少し離れた場所, または聞き手に近い場所を示す) (↔aquí, allí). *¿Lo pones ahí?* そこに置いてくれるかい. *Ahí aba-*

ahidalgado

jo hay una cesta. そこの下の方にかごがある. Fuimos hasta *ahí*. 私たちはそこまで行った. Desde *ahí* no se veía nada. そこからは何も見えなかった. **2** その点に[で], そのことで [▶ 直前の発言や話し手と聞き手の了解事項を指す]. *Ahí* está el problema. 問題はその点にある. De *ahí* se deduce su culpa. その点から彼[彼ら]に責任があることがわかる.
3 《時間》そのとき; あのとき. de *ahí* en adelante そのとき以来. Desde *ahí* sigo trabajando en esa oficina. それ以来, 私はその事務所で働き続けている. **4** 《手紙で本状に同封 [別送] することを示す》 *Ahí* le envío [mando] la hoja de solicitud. 申請書を同封いたします.
¡Ahí es nada! 《話》驚いたなあ, まさか, そんなはずじゃ.
Ahí está. 《話》そのとおりだよ.
Ahí me las den todas. 《話》私にはなんの関係もない, 私はそんなこと少しも気にしていない.
ahí mismo / 《ラ米》*ahí no más* ちょうどそこで[に], すぐそこに.
Ahí nos vemos. 《ラ米》《話》じゃあまた.
¿De ahí? 《話の続きを催促して》それで, それから; 《皮肉》だからどうしたんだ.
de ahí +名詞 / *de ahí que* +接続法 したがって…, それゆえに…. Y *de ahí* tanto retraso. それでこんなに遅れたわけだ. De pronto empezó a llover torrencialmente, *de ahí que* volviéramos apresuradamente. 急に激しく降り始めたので, 私たちはあわてて戻った.
o por ahí 大体, およそ. Te costará veinte euros *o por ahí*. 20ユーロかそこらすると思うよ.
por ahí その辺に.
Por ahí, por ahí. / Por ahí va la cosa. 《話》だいたいそんなところだ.
Vete por ahí. 《話》ばかいえ, いい加減にしろ.
Y ahí queda eso. それで一件落着だ.
[a- + 〔古スペイン〕*hi*「そこに」(《ラ》*ibi*「そこに」+ 〔ラ〕*hīc*「ここに」)]

a·hi·dal·ga·do, da [ai.ðal.ɣá.ðo, -.ða] 形 気品のある, 高潔な.

a·hi·ja·do, da [ai.xá.ðo, -.ða] 男 女 **1** 代子, 名付け子. ▶「代父」は padrino,「代母」は madrina. **2** 養子.

a·hi·jar [ai.xár] 88 他 **1** 養子にする. **2** 〈家畜が〉〈自分の子でないものを〉育てる. **3** (a... …の)せいにする.
— 自 **1** 〈動物が〉子を産む. **2** 〈植物が〉芽を出す.

a·hi·ju·ma [ai.xú.ma] 女 《ラ米》《方》《俗》《侮辱》こん畜生.

¡a·hi·ju·na! [ai.xú.na] 間投 《ラ米》《方》《タマ》《まれ》《俗》あれっ; 畜生, くそっ; おっ, すごい.

a·hi·la·do, da [ai.lá.ðo, -.ða] 形 **1** 〈風が〉穏やかな, そよ吹く. **2** 〈声が〉か細い, 弱々しい.

a·hi·la·mien·to [ai.la.mjén.to] 男 ひょろひょろにやせる[伸びる]こと.

a·hi·lar [ai.lár] 88 自 一列で進む.
— ~·se 再 **1** ひょろひょろにやせる; 〈樹木が〉ひょろひょろ伸びる. **2** (空腹で)ふらふらになる.

ahínc- 図 →ahincar.

a·hin·ca·do, da [aiŋ.ká.ðo, -.ða] 形 **1** 執拗(よう)な, 粘り強い; 熱心な. **2** 効果的な.

a·hin·car [aiŋ.kár] 91 他 せきたてる, しつこくせがむ. — ~·se 再 急ぐ, あわてる.

a·hín·co [a.íŋ.ko] 男 熱心, 懸命; 執拗(よう)さ. con ~ 一生懸命に; しつこく.

a·his·tó·ri·co, ca [ais.tó.ri.ko, -.ka] 形 非歴史的な.

a·hi·tar [ai.tár] 88 他 **1** 消化不良を起こさせる. **2** 〈杭(くい)・石で〉境界を示す. ~ un terreno 土地を区画する. — 自 消化不良を起こす; 暴食する.
— ~·se 再 **1** (de... …を)飽食する, たらふく食べる. **2** 消化不良になる.

a·hi·to, ta [a.í.to, -.ta] 形 (estar+) (de...) **1** (…で)満腹の, 胃がもたれた. quedarse ~ 満腹になる. **2** (…で)いっぱいの. **3** (…に)飽き飽きした, んざりした. A~s de la ciudad, se fueron a vivir al campo. 彼らは都会の暮らしにうんざりして, 田舎へ去って行った.
— 男 消化不良, 胃のもたれ; 食傷.

a·ho·ci·car [a.o.θi.kár / -.si.-] 102 他 膨(ふく)れっ面にする, 言い負かす, 非を認めさせる.
— 自 言い負かされる, 非を認める.

a·ho·ga·de·ro, ra [a.o.ga.ðé.ro, -.ra] 形 息苦しい, 窒息しそうな.
— 男 **1** 〈馬の〉のど革. **2** 〈絞首刑の〉ロープ. **3** 息が詰まりそうな場所. **4** 〈蚕の繭の〉ゆで鍋(なべ).

a·ho·ga·di·lla [a.o.ga.ðí.ʎa ‖ -.ʝa] 女 (ふざけて)他人の頭を水に突っ込むこと.

a·ho·ga·di·zo, za [a.o.ga.ðí.θo, -.θa / -.so, -.sa] 形 **1** 息が詰まりやすい. **2** 〈果物が〉渋くて食べられない. **3** 〈木材が〉水に沈む.

*a·ho·ga·do, da [a.o.gá.ðo, -.ða] 形 **1** 窒息した; 溺死(できし)した. En ese naufragio hubo diez personas *ahogadas*. その船の遭難では10人が溺死した.
2 息の詰まりそうな; 狭苦しい. respiración *ahogada* 苦しげな呼吸.
3 首を絞められた. **4** 〈感情が〉抑えられた; 〈声が〉押し殺した. **5** (estar+)(de... …で)疲れきった, 困窮した. ~ de deudas 借金で首が回らない. *estar* [*verse*] ~ 苦境にある. **6** 《ラ米》《ᐅ》《俗》泥酔した.
— 男 女 溺死者; 窒息による死者.
— 男 《ラ米》《ᐅ》〈蒸し焼き料理の〉ソース.

a·ho·ga·mien·to [a.o.ga.mjén.to] 男 **1** 息が詰まること, 窒息(死), 溺死(できし). **2** 苦悩, 困惑.

*a·ho·gar [a.o.ɣár] 103 他 **1** 窒息死させる; 溺死(できし)させる (=asfixiar).
2 苦しくさせる; 〈比喩的に〉苦しめる. El cuello del jersey me *está* ahogando. セーターの首が苦しい. Los impuestos *ahogan* las pequeñas empresas. 税金が小企業を苦しめている.
3 〈水をやりすぎて〉〈植物を〉枯らす.
4 〈空気を遮断して〉〈火を〉消す. **5** 〈エンジンなどに〉燃料を入れすぎる. **6** 鎮める, 抑える; 〈感情を〉紛らす. ~ las penas en alcohol アルコールで憂さを紛らす. Las voces de la gente *ahogan* las palabras de la policía. 人々の声が警察官の声をかき消している. **7** 〖チェス〗スティルメイトする.
— ~·se 再 **1** 窒息死する. Por poco *me ahogo* en el río. もうちょっとで川でおぼれ死ぬところだった. **2** 息苦しくなる; 〈比喩的に〉苦しむ. Subió las escaleras *ahogándose*. 彼[彼女]は息を切らして階段を上がった. **3** 〈植物が〉〈水分・水を多すぎて〉枯れる; 〈火が〉消える. **4** 〈エンジンが〉燃料過多になる.
[← 〔古スペイン〕*afogar* ← 〔ラ〕*offōcāre* ← *faucēs* 「のど」より派生)]

a·ho·ga·vie·jas [a.o.ga.βjé.xas] 女 《単複同形》

〖植〗セリ科の植物.
a·ho·go [a.ó.go] 男 **1** 呼吸困難, 窒息. perecer por ~ 窒息死[溺死(ﾃﾞｷｼ)]する. Me dio un ~. 私は息ができなくなった.
　2 苦悩, 悲嘆; 困窮. pasar un ~ 生活が苦しい.
ahogue(-) / ahogué(-) 活 → ahogar.
a·ho·guí·o [a.o.gí.o] 男 呼吸困難; 息苦しさ.
a·ho·jar [a.o.xár] 自 〈家畜が〉木の葉を食べる.
a·hon·da·mien·to [a.on.da.mjén.to] 男 **1** 深くすること, 掘り下げ. **2** 徹底的な調査, 探求.
a·hon·dar [a.on.dár] 他 **1** 〈穴などを〉深くする, 掘り下げる. ~ un pozo 井戸を深くする. **2** 深く入れる, 埋め込む. **3** 徹底的に調べる, 探求する.
　── 自 **1** 深くなる; 深く入る.
　2 《en... …を》徹底的に調べる, 探求する. ~ en una cuestión ある問題を掘り下げて検討する.
　── ~·se 再 深く入る.
a·hon·de [a.ón.de] 男 **1** 深くする[掘り下げる]こと. **2** 《ラ米》初期の新大陸で鉱山権獲得に必要とされた掘削量: 3か月間に約6メートル (7 varas).

****a·ho·ra** [a.ó.ra] 副 **1** 今, 現在, 目下. A~ tengo mucha prisa. 私は今, とても急いでいる. Nadie lo ha dicho hasta ~. 今までそのことを言った人はいなかった.
　2 今すぐ(に), ただちに (▶ 現時点に近い未来を表す). A~ voy. 今すぐ行きます.
　3 今しがた, たった今 (▶ 現時点に近い過去を表す). Lo he sabido ~. 私は今それを知ったところだ.
　4 こんにち, このごろ (= hoy día). A~ ese vestido está pasado de moda. 今はもうそのドレスは流行おくれだ. **5** さて, では. ¿Qué hacemos ~? さてどうしよう. **6** 《物語で過去時制の動詞を伴って》今や, 今度は. Me había perdido todos los bienes y ~ estaba a dos velas. 私は全財産を失い, 今や無一文だった.
　¡Ahora! 《間投詞的に》それ見たことか；《掛け声》今だ.
　ahora..., ahora... 《+直説法》あるときは…またあるときは…；《+接続法》…にせよ, …にせよ. A~ *jugaban* al fútbol, ~ *jugaban* al escondite. 彼らはサッカーをしたり隠れん坊をしたりしていた.
　ahora bien (1) さて, ところで. A~ *bien*, esto no es todo. ところで, 話は終わったわけではないのだが. (2) だが, しかし. A mí no me gusta; ~ *bien*, si tú lo dices... 僕は嫌だが, だが君がそう言うのなら…. (3) 《驚き・非難》おやまあ, おいおい. A~ *bien*, ¿qué te crees? おい, 何様だと思っているんだ.
　ahora mismo 今すぐ；たった今. Lo haré ~ *mismo*. 今すぐやります.
　ahora o nunca やるなら今しかない, 今が絶好のチャンスだ.
　ahora que + 直説法 (1) 今や…だから；今…したのだが. A~ *que me acuerdo*, tengo que ir al mercado. そういえば市場に行かなければいけないんだ. A~ *que funciona* la nueva línea, vamos con ella. もう新線が動いているのだから, それで行こう. (2) ただし, だだし. Me nombraron jefe; ~ *que no tengo* tantas fuerzas. 私は長に任じられた. ただし大して力があるわけではない.
　ahora sí que... 今度こそ….
　de ahora 今の, 現在の. moda *de* ~ 今の流行.
　de [desde] ahora en adelante 今後 (は).
　Hasta ahora. 《あいさつ》じゃあまた；また後ほど.
　por ahora 今のところ, さしあたっては.

　[← 〖古スペイン〗*agora* ← 〖ラ〗*hāc hōrā*「この時に」]
a·hor·ca [a.ór.ka] 女 《ラ米》(ｺﾛﾝ)(ﾕｶﾀﾝ) 誕生日などの贈り物.
a·hor·ca·do, da [a.or.ká.ðo, -.ða] 形 絞殺刑にされた；首をくくった. ── 男 女 絞首刑にされた人；絞首刑囚. ── 男 編み上げ靴.
a·hor·ca·du·ra [a.or.ka.ðú.ra] 女 → ahorcamiento.
a·hor·ca·jar·se [a.or.ka.xár.se] 再 《en... …に》またがる. ~*se en* los hombros 肩車に乗る.
a·hor·ca·mien·to [a.or.ka.mjén.to] 男 絞殺, 絞首刑；首つり.
***a·hor·car** [a.or.kár] 102 他 **1** 絞殺する；絞首刑にする. **2** 〈聖職・学業などを〉放棄する. ~ los hábitos 還俗(ﾍﾞﾝｿﾞｸ)する. ── ~·se 再 **1** 首をつって死ぬ. **2** 《ラ米》(ﾒｷｼｺ) 結婚する.
　[horca 「絞首台」(← 〖ラ〗*furca*「農作業用の二股(ﾏﾀ)フォーク」)より派生]
***a·ho·ri·ta** [a.o.rí.ta] 副 《ラ米》《話》今すぐ, ちょうど今. ~ mismo 今すぐに. [ahora + 縮小辞]
a·ho·ri·ti·ca [a.o.ri.tí.ka] 副 《ラ米》(ﾚﾝﾌﾟ)(ﾒｷｼｺ)(ﾎﾟﾃﾙ)《話》ちょうど今.
a·ho·ri·ti·ta [a.o.ri.tí.ta] 副 《ラ米》(ﾒｷｼｺ) 《話》ちょうど今.
a·hor·mar [a.or.már] 他 **1** 型に合わせる, 型に入れる. **2** 良識に従わせる. **3** 〖闘牛〗(とどめを刺すために)〈牛を〉前足をそろえた格好にさせる.
a·hor·na·gar·se [a.or.na.gár.se] 103 再 〈植物が〉夏枯れを起こす.
a·hor·nar [a.or.nár] 他 → hornear.
　── ~·se 再 〈パンが〉外側だけ焼ける, 生焼けになる.
a·hor·qui·lla·do, da [a.or.ki.ʝá.ðo, -.ða ‖ -.ʎá.-] 形 二股(ﾏﾀ)になった, U字形の.
a·hor·qui·llar [a.or.ki.ʝár ‖ -.ʎár] 他 **1** (股木(ﾏﾀｷﾞ)で)〈枝を〉支える, 固定する. **2** 二股にする.
a·ho·rra·do, da [a.o.r̄á.ðo, -.ða] 形 **1** 節約する, つましい. **2** 〈奴隷が〉解放された, 自由な.
a·ho·rra·dor, do·ra [a.o.r̄a.ðór, -.ðó.ra] 形 節約[倹約]する, つましい. ── 男 女 節約家；貯蓄家.
a·ho·rra·mien·to [a.o.r̄a.mjén.to] 男 貯蓄, 倹約, 節約.
a·ho·rran·te [a.o.r̄án.te] 形 《ラ米》(ﾁﾘ) お金を貯める.

****a·ho·rrar** [a.o.r̄ár] 他 **1** 貯金する, 蓄える. *Ahorro* una cantidad determinada cada mes. 私は毎月定額を貯金している.
　2 節約する；《a+人 〈人〉から》〈労力・不快などを〉省く. ~ recursos naturales 資源を節約する. ~ tiempo 時間を節約する. ~ saliva 話す労力を節約する. No *ahorró* elogios para el jugador. 彼[彼女]はその選手への賛辞を惜しまなかった. Este medicamento *te ahorrará* dolores de cabeza. この薬で頭痛が予防できます (▶ te が a + 人に相当).
　▶ 時に再帰代名詞を伴って用いられる. → 再 **1**.
　3 《まれ》〈奴隷などを〉解放する.
　4 《ラ米》(ﾒｷｼｺ) 《話》〈仕事を〉避ける[拒む].
　── 自 貯金する, 倹約する.
　── ~·se 再 **1** (うまく) 節約する；〈労力・不快などを〉免れる. El año pasado *se ahorró* el 20 por ciento de la luz. 去年彼[彼女]は電気代を20パーセント安く上げた. Prefiero ~*me* el disgusto de discutir con él. 私は彼と言い争うような不快な思いはしたくない.
　2 《ラ米》(1) (ｸﾞｱﾃ)(ﾒｷｼｺ)(ﾎﾟﾃﾙ) 〖畜〗〈牛・馬が〉流産する. (2) (ﾆｶﾗ) 〈収穫が〉不作に終わる. (3) (ﾍﾟﾙｰ) 仕事

a·ho·rra·ti·vo, va [a.o.r̄a.tí.βo, -.βa] 形 節約する，つましい；倹約家の.

a·ho·rris·ta [a.o.r̄ís.ta] 男 女 《ラ米》(ﾁﾘ)(ｱﾙｾﾞﾝ)銀行口座に貯蓄している人.

*a·ho·rro [a.ó.r̄o] 男 **1** 節約, 倹約. Hay que fomentar el ～. 節約を奨励せねばならない. **2** 貯蓄, 貯金. tener algunos ～s 貯金がいくらかある. caja postal de ～s 郵便貯金局. ― 活 → ahorrar.

a·hoy [a.ói] 副 《ラ米》《話》今日.

a·hua·sar·se [a.(g)wa.sár.se] 再 → aguasarse.

a·hua·te [a.(g)wá.te] 男 《ラ米》サトウキビやトウモロコシの綿毛.

a·huau·tle [a.(g)wáut.le ∥ -.(g)wáu.tle] 男 【料】アウアウトレ：ハエの一種の卵を使ったメキシコ料理.

a·hu·char¹ [au.tʃár] 95 他 貯金箱に入れる；こっそり貯める.

a·hu·char² [au.tʃár] 95 他 《ラ米》(ｺﾛﾝﾋﾞ)(ﾌﾟｴﾙ)そそのかす, けしかける.

a·hue·ca·do, da [a.(g)we.ká.ðo, -.ða] 形 **1**〈声が〉太い；重々しい. **2** 空洞の, えぐれた. **3**〈服が〉ゆったり[たっぷり]した. ― ふっくらさせること.

a·hue·ca·dor [a.(g)we.ka.ðór] 男 (のみのような)木材をえぐるための道具.

a·hue·ca·mien·to [a.(g)we.ka.mjén.to] 男 **1** 空洞にすること, くりぬき. **2**(土を)ほぐすこと. ～ del suelo 土の鋤(ｽｷ)返し. **3**(羊毛を)ふっくらさせること. **4**(声が)太い[重々しい]こと. **5** 虚栄, うぬぼれ.

a·hue·car [a.(g)we.kár] 102 他 **1** くぼみをつくる, 空洞にする, くりぬく, えぐる. ～ un tronco de árbol 木の幹をくりぬく. **2** ふっくらさせる, 膨らみ[ゆとり]を持たせる. **3**(声を)太くする, 重々しくする. ― 自《話》立ち去る, 出て行く. ¡Ahueca! 出て行け, 消えうせろ. ― ～·se 再 **1** 空洞になる. **2** ふっくらする；気取る, いばる. **3**(話)うぬぼれる, 気取る.

a·hue·he·tle [a.(g)we.ét.le ∥ -.é.tle] / **a·hue·hue·te** [a.(g)we.(g)wé.te] / **a·hue·hue·tle** [a.(g)we.(g)wét.le ∥ -.(g)wé.tle] 男 《ラ米》(ﾒﾋｺ)《話》【植】ラクウショウ, メキシコサイプレス. [← [ナワトル] ahuehuetl]

a·hue·sa·do, da [a.(g)we.sá.ðo, -.ða] 形 骨のような色の, 黄ばんだ.

a·hue·sar·se [a.(g)we.sár.se] 再《ラ米》(1)(ｺﾛﾝﾋﾞ)やせる, (2)(ﾁﾘ)売れ残る.

a·hue·va·do, da [a.(g)we.βá.ðo, -.ða] 形 **1** 卵形の. **2**《ラ米》(ｾﾝﾄﾗﾙ)(ｺﾛﾝﾋﾞ)(ﾁﾘ)(ｺﾞﾔ)《俗》意気地のない.

a·hue·var [a.(g)we.βár] 他 **1** 卵形にする. **2**《ラ米》(ｾﾝﾄﾗﾙ)(ﾁｪﾛ)(ﾊﾟﾗｸﾞ)(ｺﾞﾔ)《俗》ほうっとさせる, 怖じけさせる. ― ～·se 再 **1** 卵形になる. **2**(まれ)中断する. **3**《ラ米》(ｾﾝﾄﾗﾙ)(ｺﾛﾝﾋﾞ)(ﾁﾘ)《話》ほうっとする, 怖じけづく. (2)(ﾒｷｼｺ)嫌になる, うんざりする.

a·hue·vo·na·do, da [a.(g)we.βo.ná.ðo, -.ða] 形 ばかな, 愚かな.

a·hui·zo·te [a.(g)wi.θó.te / -.só.-] 男 《ラ米》(ﾒｷｼｺ)(1)《話》はた迷惑な人, 他人を困らせる人. (2) 呪(ﾉﾛ)い, 魔術.

a·hu·la·do, da [au.lá.ðo, -.ða] 形 《ラ米》〈布地が〉ゴムで防水加工した. ― 男 《ラ米》(1) ゴム引き布. (2) オーバーシューズ.

ahúm- 活 → ahumar.

a·hu·ma·do, da [au.má.ðo, -.ða] 形 **1** 煙でいっぱいの, 煙った. **2** いぶした, 燻製(ｸﾝｾｲ)の. salmón ～ スモークサーモン. arenque ～ 燻製ニシン. **3**〈透明なものが〉黒ずんだ, くすんだ. cuarzo ～ 煙水晶. gafas *ahumadas* スモークグレーの(遮光)メガネ. **4**《話》ほろ酔いの, 酔っ払った. ― 男 燻製にすること；(複数で)燻製(の食品). el ～ de la carne 肉の燻製.

a·hu·mar [au.már] 95 他 **1** 燻製(ｸﾝｾｲ)にする. ～ la carne 肉を燻製にする. **2** 煙で燻す；いぶす, いぶし出す. ～ las abejas ミツバチをいぶし出す. ― ～·se 再 **1** いぶしたような味がする. **2** 煙で充満する. **3** 黒くすすける. **4**《話》酔っ払う(= emborracharse).

a·hu·sa·do, da [au.sá.ðo, -.ða] 形 紡錘形の；先細の.

a·hu·sar [au.sár] 95 他 紡錘形にする. ― ～·se 再 紡錘形になる, 先細になる.

a·hu·ya·ma [au.ʃá.ma] 女 → auyama.

a·hu·yen·ta·dor, do·ra [au.jen.ta.ðór, -.ðó.ra] 形 追い払う. ― 男 (小動物・虫などを)追い払う機器, 撃退器.

*a·hu·yen·tar [au.jen.tár] 他 **1** 追い払う；寄せつけない, 近づかせない. El perro *ahuyentó* al ladrón. 犬は泥棒を追い払った. **2** 払いのける, 消し去る. ～ malos pensamientos 悪い考えを払いのける. ― ～·se 再 近づかなくなる, 寄りつかなくなる.

AIDS [éiθ / éis ∥ éidz] (略) 《英》 → SIDA.

AIF [a.i.é.fe] (略) *A*sociación *I*nternacional de *F*omento 国際開発協会：第2世界銀行[英 IDA].

ai·ja·da [ai.xá.ða] 女 → aguijada.

¡ai·ju·na! [ai.xú.na] 間投《ラ米》(ｱﾙｾﾞﾝ) → ¡ahijuna!

ai·ki·do [ai.kí.ðo] 男 合気道.

ai·ki·do·ka [ai.ki.ðó.ka] 男 女 合気道家.

ai·lan·to [ai.lán.to] 男 【植】ニワウルシ, シンジュ (= árbol del cielo, zumaque falso).

a·i·llo [a.í.jo ∥ -.ʎo] 男 《ラ米》(ｴｸｱ)(1)(ケチュア人内の)血族, 氏族. (2) 農耕共同体内の血縁集団.

ai·ma·ra [ai.má.ra] / **ai·ma·rá** [ai.ma.rá] 形 アイマラの. ― 男 女 アイマラ人：ペルーとボリビアにまたがる Titicaca 湖周辺に居住する先住民. Tiahuanaco 文明の担い手の子孫と考えられている. 15世紀にインカ人に征服された. ― 男 アイマラ語.

ain·da·máis [ain.da.máis] 副《ポルトガル》さらに, おまけに (= además).

ain·dia·do, da [ain.djá.ðo, -.ða] 形《ラ米》(ﾁﾘ)《話》《軽蔑》先住民のような.

ai·ra·do, da [ai.rá.ðo, -.ða] 形 怒った, 激怒した, かっとなった. con gesto ～ 怒った顔つきで. Salió ～. 彼はかんかんになって出て行った.

ai·ra·mien·to [ai.ra.mjén.to] 男 怒り, 激怒.

ai·ram·po [ai.rám.po] 男 【植】ウチワサボテン属の一種：ペルーやアルゼンチン北部に自生しアイスクリームなどの赤色の着色料となる.

ai·rar [ai.rár] 88 他 怒らせる, 激昂させる. ― ～·se 再 怒る, 激昂する.

air·bag [áir.baɡ ∥ ér.-] 《英》 男 【車】エアバッグ.

air·bus [áir.bus ∥ ér.-] 《英》 男 → aerobús.

ai·re [ái.re] 男 **1 空気, 大気. ～ puro 新鮮な空気. ～ comprimido 圧縮空気. ～ líquido 液体空気. ～ acondicionado / acondicionador de ～ 空調, エアコン.
2 風 (= viento). ～ del mar 海風. dar a... ...に風を送る. Hoy hace mucho ～. 今日はとても

風がある. **3** 外見, 風貌;（その場の）空気, 雰囲気. una chaqueta de 〜 deportivo スポーツ風のジャケット. Tenía un 〜 distraído. 彼[彼女]は心ここにあらずという感じだった.
4《a... / con...》 …との》類似, 相似. darse [tener] un 〜 a [con]... …に感じが似ている.
5 態度, そぶり；気品；《複数で》えらそうな態度. actuar con mucho 〜 毅然として振る舞う. Se marchó con 〜 enojado. 彼[彼女]は怒った様相で立ち去った. **6** 歌, メロディー；リズム. 〜 popular 民謡. 〜 lento [rápido] スロー[アップ]テンポ. **7**《話》発作, まひ. darle 〜 (a＋人)《3人称単数で》〈人〉がまひを起こす. **8** 空気嚥下（ぇん）症 (＝aerofagia). **9**《ラ米》（汿）首のねじれ［痛み］.
¡aire! 出て行け, 向こうへ行け.
al aire むき出しで；空に. con las piernas *al* 〜 素足で.
al aire libre 戸外で.
a su *aire* 自分流で. ir a su 〜 わが道を行く.
cambiar [*mudar*] *de aires* 環境を変える, 転地療養する.
dar aire a... 〈財産を〉食いつぶす；浪費する.
darse aires 気取る, 威張る *Se da* 〜*s de* lista. 彼女は利口ぶっている.
Ejército del Aire 空軍省.
en el aire (1) 宙に浮いた. (2)〈うわさなどが〉広まった, 知られている. La noticia ya está *en el* 〜. その知らせはもう広まっている. (3)〈人が〉迷って；…がまだ固まっていない. La conclusión todavía está [queda] *en el* 〜. 結論はまだ出ていない. (4) 放送中の[で].
en tanto que el aire《ラ米》(汿)《話》すぐに, 瞬間に.
estar de buen [*mal*] *aire / tener buen* [*mal*] *aire* 上機嫌[不機嫌]である.
estar lleno de aire 〈人が〉中身のない, 浅はかな.
tomar el aire（新鮮な空気を吸うために）散歩に出る；外気に触れる.
vivir [*mantenerse*] *del aire* (1) 非常に少食である. (2) 食うや食わずの生活をする.
[← 古スペイン] *áere* ← [ラ] *āēr* ← [ギ] *aḗr*［関連］aéreo, aeropuerto.［ポルトガル］ar.［仏］［英］air.［伊］*aria*]

ai·re·a·ción [ai.re.a.θjón / -.sjón] 囡 換気, 通気, 通風.
ai·re·a·do, da [ai.re.á.ðo, -.ða] 形 換気された, 風通しのよい.
ai·re·a·mien·to [ai.re.a.mjén.to] 男 公表すること, 暴露すること, 漏らすこと.
ai·re·ar [ai.re.ár] 他 **1** 風に当てる；風を通す, 換気する. 〜 la ropa 衣類を風に当てる. Abre la ventana para 〜 la habitación. 窓を開けて部屋を換気しなさい. **2** 公表する, あからさまにする. Esa revista *ha aireado* el escándalo de esa cantante. その雑誌はその歌手のスキャンダルを暴露した.
—〜·**se** 再 外気に当たる, 外の空気を吸う.
ai·re·o [ai.ré.o] 男 空気[風]に当てること.
ai·rón[1] [ai.rón] 男 **1**《鳥》アオサギ. **2**（鳥の）冠毛. **3**（かぶと・帽子の）羽飾り.
andar al airón《ラ米》（汿）馬で疾走する.
ai·rón[2] [ai.rón] 男 pozo 〜 深井戸, 底なし井戸.
ai·ro·si·dad [ai.ro.si.ðáð] 囡 優雅さ, 上品さ, さっそうとした態度.
ai·ro·so, sa [ai.ró.so, -.sa] 形 **1** 優美な, さっそう

とした；〈樹木が〉すらりとした. **2** 見事な, 成功した. una respuesta *airosa* 当意即妙の返答. quedar [salir] 〜 de... …に見事成功する. **3** 風通しのよい, 風の吹く.
Air·tel [er.tél] 固名 エアテル：インドに通信網を持つ大手の携帯電話サービスプロバイダ Bharti の子会社. — 男《商標》エアテル（の携帯電話）. Tengo un *A*〜. 私は（エアテルの）携帯を持っている.
ais·con [áis.kon] 男《ラ米》(*亞*)コーンに載せたアイスクリーム.
ais·crim [ais.krím]《ラ米》(*亞*)アイスクリーム.
ais·la·cio·nis·mo [ais.la.θjo.nís.mo / -.sjo.-] 男《政》孤立主義；不干渉主義.
ais·la·cio·nis·ta [ais.la.θjo.nís.ta / -.sjo.-] 形 孤立主義(者)の. — 男囡 孤立主義者.
ais·la·do, da* [ais.lá.ðo, -.ða] 形 **1 孤立した, 孤独な；特異な. vivir 〜 孤独な暮らしをする. con inodoro 〜 トイレが別の. pabellón 〜 隔離病棟. **2**《建》〈柱が〉壁から離れた. **3**《電》絶縁の.
ais·la·dor [ais.la.ðór] 男《電》絶縁体, 絶縁器具, 碍子（が）.
ais·la·mien·to* [ais.la.mjén.to] 男 **1 孤立, 隠棲（な）；隔離；鎖国. vivir en el 〜 ひっそりと暮らす, 隠遁（な）生活を送る. **2**《電》《技》絶縁（体）. 〜 de sonido 防音（材）. 〜 térmico 断熱.
ais·lan·te [ais.lán.te] 形 絶縁の；孤立の. cinta 〜 絶縁テープ.
— 男 **1** 絶縁体, 断熱材, 防音材. **2** 断熱マット.
ais·lar* [ais.lár] 88 他 **1《de... …から》孤立させる, 引き離す. 〜 a un paciente con virus ウイルス感染患者を隔離する. 〜 una célula celular 〜 un país *del* resto del mundo ある国を世界の他の国々から孤立させる. **2**《電》《技》絶縁する；断熱する, 防音する. 〜 una sala 部屋を防音隔離する. **3**《化》〈成分を〉抽出する, 分離する.
— 〜·**se** 再 孤立する, 引きこもる；隔離[分離]される. 〜 *se en* la habitación 部屋にこもる.
aiz·co·la·ri [aiθ.ko.lá.ri / ais.-] 男（スペイン Vasco 地方の）制限時間内で樹木を切り倒すスポーツ競技の選手.
¡a·já! [a.xá] 間投 **1**《話》《同意・是認》そうだ, いいぞ；《驚き》おや, まあ. ¡*Ajá*, ya sé quién es el autor del crimen! なるほど, 誰が犯人かわかったぞ.
2《ラ米》《話》《非難・脅かし》こら；わっ, ああっ.
a·ja·da [a.xá.ða] 囡 ニンニクソース：塩, パン, ニンニク, 水を混ぜてすりつぶしたもの.
a·ja·do, da [a.xá.ðo, -.ða] 形 **1** しわくちゃな, よれよれの, 擦り切れた. **2** しおれた, しなびた；老けた. flores *ajadas* しおれた花.
¡a·ja·já! [a.xa.xá] 間投 → ¡ajá!
a·ja·mo·nar·se [a.xa.mo.nár.se] 再《話》《女性が》中年太りになる.
a·jar [a.xár] 他 **1** よれよれにする, しわくちゃにする, 傷める. 〜 un vestido 服をよれよれにする.
2 しおれさせる；老けさせる.
— 〜·**se** 再 **1** よれよれになる, 傷む.
2 しおれる；老ける.
a·ja·ra·ca [a.xa.rá.ka] 囡《建》（アラブ・ムデハル様式の）花模様と線刻を組み合わせた装飾. → mudéjar.
a·ja·ra·fe [a.xa.rá.fe] 男 **1**《地理》高原, 台地.
2《建》平屋根, 屋上テラス.
a·jar·di·na·do, da [a.xar.ði.ná.ðo, -.ða] 形 造園された.
a·jar·di·na·mien·to [a.xar.ði.na.mjén.to] 男 （土地を）庭園にすること, 庭園を造ること.

a·jar·di·nar [a.xar.ði.nár] 他 庭園にする，庭園をつける．

a·jas·pa·jas [a.xas.pá.xas] 女《複数形》取るに足りないもの[こと]．

a·je¹ [á.xe] 男《主に複数で》持病．

a·je² [á.xe] 男 《ラ米》(1) 【植】ヤマノイモの一種．(2)【昆】コチニールカイガラムシ[エンジムシ]の一種．

-aje (接尾) **1**「集合，総称」の意を表す男性名詞語尾．→ herr*aje*, rop*aje*, vend*aje*.
2 動詞に付いて「…すること」などの意を表す名詞語尾．→ aprendiz*aje*, pas*aje*, pill*aje*. **3**「場所」の意を表す名詞語尾．→ hosped*aje*, pais*aje*.

a·je·be [a.xé.be] 男【化】明礬 (ばん).

a·je·dre·a [a.xe.ðré.a] 女【植】ウインターサボリー：ヨーロッパ産シソ科の植物.

a·je·dre·cis·ta [a.xe.ðre.θís.ta / -sís.-] 男女 チェスの競技者，チェス愛好家.

a·je·dre·cís·ti·co, ca [a.xe.ðre.θís.ti.ko, -.ka / -.sís.-] 形 チェスの，チェスに関する.

***a·je·drez** [a.xe.ðréθ / -.ðrés] 男《複 ajedreces》
1 チェス；チェス用具 (一式). jugar al 〜 チェスをする. partida de 〜 チェスの対局.
2【海】(木製の) 防禦格子：船べりや後甲板において敵の乗船を阻んだ格子.
[← 〔ア〕*ash-shiṭranŷ*← 〔サンスクリット〕*catur-aṅga*「インドの4軍団 (歩兵，騎兵，象，戦車) のチェスゲーム」(*catur-* は cuatro と同源)]

ajedrez (チェス)
ゲーム開始時の駒の位置
rey キング. reina/dama クイーン. alfil ビショップ. caballo ナイト. torre ルーク. peón ポーン.

a·je·dre·za·do, da [a.xe.ðre.θá.ðo, -.ða / -.sá.-] 形 市松模様の，チェック柄の. escudo 〜 市松模様の紋章.

a·je·na [a.xé.na] 形 → ajeno.

a·je·na·be [a.xe.ná.be] / **a·je·na·bo** [a.xe.ná.ßo] 男【植】カラシ.

a·jen·gi·bre [a.xeŋ.xí.bre] 男【植】ショウガ (= jengibre).

a·jen·jo [a.xéŋ.xo] 男 **1**【植】ニガヨモギ：苦みと芳香がありアブサン酒の原料となる．**2** アブサン (酒).

*****a·je·no, na** [a.xé.no, -.na] 形 (名詞+) **1** 他人の，よその. asuntos 〜s 他人の問題. los bienes 〜s / el bien 〜 / lo 〜 他人の財産. jugar en campo 〜 アウェーで (遠征) 試合をする. vivir a costa *ajena* 居候をする.
2《名詞+》《ser +》《a... …に》無関係の，無縁の. 〜 *a* su especialidad 専門外の. por razones *ajenas* a nuestra voluntad 当方に不可抗力の. Es 〜 *a* este crimen. 彼はこの犯行に関わっていない.
3《名詞+》《ser +》《a... / de... …と》相容れない，矛盾した；異なった. 〜 *de* su estado 分不相応な. 〜 *de* su carácter 性格に合わない.
4《ser +》《estar +》《a... / de...》(…を) 知らない，(…に) 気づいていない. Veía la tele completamente 〜 *a* lo que ocurría ahí. 彼はそこで何が起こっているか全く気づかずにテレビを見ていた.
5《estar +》《de...》(…に) とらわれない，(…の) ない. 〜 *de* prejuicios 先入観のない. *estar* 〜 *de* sí 私心がない.
[← 〔ラ〕*aliēnum (aliēnus* の対格；alius「他の」より派生) 〔関連〕enajenar, alienar, otro. 〔英〕*alien*]

PROHIBIDO EL PASO A TODA PERSONA AJENA A ESTA OBRA
「この工事に関係のない者の入場を禁じる」

a·je·nuz [a.xe.núθ / -.nús] 男【植】ブラッククミン，ニゲラ・サティバ：キンポウゲ科の植物.

a·je·re·za·do, da [a.xe.re.θá.ðo, -.ða / -.sá.-] 形 シェリー酒 jerez に似た．── 男 シェリー酒に似た飲み物.

a·je·ro, ra [a.xé.ro, -.ra] 男女 ニンニクの販売人 [行商人].

a·je·te [a.xé.te] 男 (まだ球根のできていない) 若いニンニク；ニンニクソース. [ajo+縮小辞]

a·je·trea·do, da [a.xe.tre.á.ðo, -.ða] 形 多忙な.

a·je·trear·se [a.xe.tre.ár.se] 再 忙しく働く，せわしく動き回る；疲れ果てる. Mi madre *se ajetrea* en la cocina preparando la cena. 私の母は夕食の支度で台所の中を動き回っている.

a·je·treo [a.xe.tré.o] 男 **1** あわただしさ，多忙. ¡Qué 〜! No paré ni un momento. あぁ忙しい，息つく暇もなかった. **2** にぎわい，雑踏. Hay mucho 〜 en la calle. 通りは人の往来が激しい.

a·jí [a.xí] 男《複 〜s, 〜es, ajises》《ラ米》(1) チリ (トウガラシ)；チリソース (= chile). (2)《ラ米》青ピーマン. ── 形《ラ米》(1)《話》嫌な，面倒な. (2) 刺激的な.
ponerse como un ají《ラ米》《話》(恥ずかしさなどで) 顔を赤くする；かんかんになって怒る.
ser más bravo que el ají《ラ米》《話》ひどくたちが悪い，性悪である.

a·ji·a·cei·te [a.xja.θéi.te / -.séi.-] 男【料】ニンニクソース.

a·jia·co [a.xjá.ko] 男《ラ米》(1)《ラ米》《クバ》《チリ》《エクア》アヒアコ：ジャガイモ・トウモロコシなどが入った煮込み料理. (2)《話》口論，口げんか.

a·ji·ba·rar·se [a.xi.ba.rár.se] 再《ラ米》《プエル》《話》怖がる，おじづく.

a·ji·go·lo·nes [a.xi.go.ló.nes] 男《ラ米》(メキ)《プエル》《複数形》《話》困難，困窮，苦悩.

a·ji·lar [a.xi.lár] 自《ラ米》(1)《グァ》《プエル》《プエル》向かう，赴く；立ち去る. (2)《話》速足で進む.

a·ji·li·mo·je [a.xi.li.mó.xe] / **a·ji·li·mó·ji·li** [a.xi.li.mó.xi.li] 男 **1**【料】(辛い) ニンニクソース.
2《話》乱雑，ごたまぜ.
3《複数で》《話》付け足し，添え物. con todos sus 〜s《話》その他いっさいがっさい込みで.

a·ji·llo [a.xí.ʝo‖-.ʎo] 男【料】(揚げた) ニンニクソース. gambas al 〜 エビのニンニクソース煮.

a·ji·mez [a.xi.méθ / -.més] 男《複 ajimeces》【建】(中央に柱のある) 二連アーチ窓.

a·ji·pue·rro [a.xi.pwé.ro] 男【植】野生のポロネ

a·ji·se·co, ca [a.xi.sé.ko, -.ka] 形 《ラ米》《ニワトリ》〈雄シャモが〉羽毛が赤い；赤紫色の.
— 男 《ラ米》《ニワトリ》辛味の少ない赤トウガラシ.

a·ji·ses [a.xí.ses] 男 《複数形》《ラ米》《話》→ají.

a·ji·to [a.xí.to] 男 《隠》LSDの一服.

***a·jo** [á.xo] 男 1 《植》ニンニク. cabeza de *ajo* ニンニクの一玉. diente de *ajo* ニンニクの一片. ristra de *ajos* 数珠つなぎのニンニク. *ajo* cañete [castañete] 赤皮ニンニク. *ajo* chalote エシャロット. *ajo* porro [puerro] ポロネギ.
2《料》ニンニクソース. *ajo* blanco つぶしたニンニクにパン・酢・油などを加えたソース. **3**《話》陰謀, たくらみ. estar [andar, meterse] en el *ajo* 内情に通じている, 関係している. **4**《話》悪態, 下品な言葉. soltar *ajos* 悪態をつく. **5**《隠》幻覚剤の(一回分の)服用量.
ajo y agua 《話》しようがない, 仕方がない.
pelar el ajo 《ラ米》《ラブプ》《俗》死ぬ, くたばる.
Quien [*El que*] *se pica, ajos come.*《諺》体がうずうずするのはニンニクを食べた人 (うわさが気になるのも身に覚えがあるから).
tieso como un ajo 得意満面の, 思い上がった.
[←《ラ》*álium*]

ajo (ニンニク)

¡a·jo! [á.xo] / **¡a·jó!** [a.xó] 間投《幼児のあごをなでてあやしながら》よしよし.

-ajo, -aja 《接尾》「軽蔑」の意を表す名詞・形容詞語尾. *cascajo*, *latinajo*, *pingajo*.

a·jo·a·cei·te [a.xo.a.θéi.te / -.séi.-] 男 → ajiaceite.

a·jo·a·rrie·ro [a.xo.a.ŕjé.ro] 男 《料》タラ・卵・ニンニクを使った煮込み料理.

a·jo·bar [a.xo.bár] 他 背負う, 担ぐ.

a·jo·bi·lla [a.xo.bí.ja | -.ʎa] 女 《貝》ナミノコザクラ；二枚貝の一種.

a·jo·char [a.xo.tʃár] 他 《ラ米》《隠》(1) 《コロン》《ベネズ》けしかける. (2) 《ベネズ》執拗に頼む.

a·jo·fai·na [a.xo.fái.na] 女 洗面器.

a·jo·lín [a.xo.lín] 男 《昆》シデムシ, ナガカメムシの類.

a·jo·lo·te [a.xo.ló.te] 男 《動》アホロートル, メキシコサンショウウオ, ウーパールーパー：メキシコに多く生息. *feo como un ajolote* 《ラ米》《メシコ》太っちょで色黒の, 醜い, 不細工な.
[←《ナワトル》*axolotl*]

a·jo·ma·te [a.xo.má.te] 男 《植》(ネダシグサ属) 糸状藻類.

a·jon·je [a.xóŋ.xe] 男 鳥もち.

a·jon·je·ar [a.xoŋ.xe.ár] 他 《ラ米》《コロン》《俗》愛撫(あいぶ)する；いやらしく触る.

a·jon·jo·lí [a.xoŋ.xo.lí] [複 ~es, ~s] 男 1 《植》ゴマ.
2《料》(ニンニクなどで味をつけた) タラの煮込み料理.

a·jo·ra·do, da [a.xo.rá.ðo, -.ða] 形 《ラ米》《グアテ》《話》(1) 急いでいる. (2) 忙しい.

a·jor·ca [a.xór.ka] 女 ブレスレット；アンクレット.

a·jor·na·lar [a.xor.na.lár] 他 日雇いで雇う.

a·jo·tar [a.xo.tár] 他 《ラ米》(1) 《プ米》けしかける, そのかす. (2) 《エス》さげすむ；拒絶する.
— ~·**se** 再 《ラ米》《プ米》〈男が〉女っぽくなる.

a·jo·te [a.xó.te] 男 《植》ニガクサ.

a·jo·to [a.xó.to] 男 《ラ米》《プ米》軽蔑；拒絶.

a·jú·a [a.xú.a] 間投 《ラ米》《喜びを表して》やった.

a·juar [a.xwár] 男 《集合的》 1 嫁入り道具.
2 家財道具, 衣類, 食器「什器」など.

a·jua·rar [a.xwa.rár] 他 〈家などに〉家具を備える.

a·ju·char [a.xu.tʃár] 他 《ラ米》《プ米》(チリ)》→ ajochar.

a·ju·día·do, da [a.xu.ðjá.ðo, -.ða] 形 ユダヤ人らしい, ユダヤ人のような.

a·ju·gla·ra·do, da [a.xu.gla.rá.ðo, -.ða] 形 旅芸人の, 大道芸人的な.

a·jui·cia·do, da [a.xwi.θjá.ðo, -.ðja.-] 形 分別のある, 賢明な.

a·jui·ciar [a.xwi.θjár / -.sjár] 82 他 1 〈人を〉正気に戻す. 2 判断する.

a·ju·ma·do, da [a.xu.má.ðo, -.ða] 形 《話》酔っ払った.

a·ju·mar [a.xu.már] 他 《ラ米》《プ米》《話》酔わせる.
— ~·**se** 《ラ米》《プ米》《話》酔っ払う.

a·jun·tar [a.xun.tár] 他 《幼児語》仲間に入れる. *Ya no te ajunto.* もうおまえなんて友だちじゃない！
— ~·**se** 再 1 《幼児語》《con... ...と》友達になる.
2《con... ...と》同棲(どうせい)する.

a·jus·ta·ble [a.xus.tá.ble] 形 調節できる, 調整可能な.

a·jus·ta·do, da [a.xus.tá.ðo, -.ða] 形 1 適合した, ぴったり合った. bien [mal] ~ ぴったりの[うまく合わない]. un vestido muy ~ 体にぴったりした服. resultados ~s 思いどおりの結果. 2 適切な, 適正な. una solución *ajustada* 妥当な解決策.

a·jus·ta·dor, do·ra [a.xus.ta.ðór, -.ðó.ra] 形 調整[調節]する. — 男 1 コルセット. 2 《ラ米》《キバ》《服飾》ブラジャー.

a·jus·ta·mien·to [a.xus.ta.mjén.to] 男 → ajuste.

***a·jus·tar** [a.xus.tár] 他 1 《a... ...に》適合させる, 合わせる；はめ込む. ~ un tornillo ねじを締める. ~ el tapón ふたをきっちり閉める. ~ la oferta *a* la demanda 供給を需要に合わせる.
2 調節する, 調整する. ~ el volumen 音量を調節する. ~ la intensidad de la luz 電気の明るさを調整する. ~ el reloj 時計を合わせる.
3〈価格・条件などを〉取り決める, 取り結ぶ；...の契約をまとめる. ~ el precio 価格を(調整のうえで)決定する. ~ la paz 和平を調印する. ~ un tratado 条約を結ぶ. *Hemos ajustado* el alquiler en 500 euros. 私たちは賃貸料を500ユーロにすることで折り合った. **4** 清算する. ~ las deudas 借金を清算する.
5《印》〈ページなどを〉組む, 割り付ける (=compaginar). **6**《ラ米》《チリ》〈年を〉とる. ~ cincuenta años 50歳になる. (2) 《グアテ》《話》《a+人〈人〉に》打撃を食らわす.
— 自 1 《a... ...に》ぴったり合う, 適合する. Este casco no *ajusta* bien *a* la cabeza. このヘルメットは頭に合わない.

— ~·**se** 再 1 《a... ...に》適合する, 沿う；従う. ~*se a* la ley 法律に従う. ~*se al* ambiente 環境に適応する. El proyecto no *se ajusta a* la realidad. その計画は現実にそぐわない. *Ajústese a* las siguientes instrucciones. 次の指示に従ってください. 2 〈着衣などを〉締める；〈身なりなどを〉整える. ~*se* la corbata ネクタイを直す. ~*se* el cinturón ベルトをきっちり締める；財布のひもを締める.

《con... …と》《en... …で》合意に達する, 一致する. *Me ajusté con* él *en* que le iba a pagar tres mil euros. 3000ユーロ払うことで彼と折り合った.

a·jus·te [a.xús.te] 男 **1** 調整, 調節；適合. ~ de traje 《服飾》仮縫い. *tornillo de* ~ 調節ねじ. ~ de plantilla 人員整理. ~ económico 経済的不均衡の調整措置. **2** 合意；調停. llegar a un ~ 合意に達する. ~ *de la paz* 和平交渉［会談］. **3**(価格の)取り決め；雇用(契約). ~ *de precios* (主に値下げの)価格調整. **4**《商》(勘定の)清算, 決済. **5**《印》組版. **6**《ラ米》(メキシコ)チップ, 心付け.
ajuste de cuentas 借りを返すこと, 報復.

a·jus·ti·cia·do, da [a.xus.ti.θjá.ðo, -.ða / -.sjá.-] 男 女 処刑された人.

a·jus·ti·cia·mien·to [a.xus.ti.θja.mjén.to / -.sja.-] 男 死刑執行, 処刑.

a·jus·ti·ciar [a.xus.ti.θjár / -.sjár] 82 他 〈人に〉死刑を執行する, 処刑する (= ejecutar).

**al [al] 《前置詞 a と定冠詞 el との縮約形》(→a)
1 …へ, …に；…を；…から. *Voy al cine.* 私は映画に行く. *El tren llega al mediodía.* 列車は正午に着く. *Te presento al señor Pérez.* 君にペレスさんを紹介します. ▶ 固有名詞の el を a と縮約しないことがある. ⇌ *Voy a El Escorial.* 私はエル・エスコリアルへ行きます. **2**(+不定詞) …するとき, …したとき；…すると. *Al doblar* la esquina lo encontrará a la derecha. 角を曲がると, それは右に見えます.

-al(接尾) **1**「…の, …の性質の, …に関する」などの意を表す形容詞語尾. ⇌form*al*, liber*al*, post*al*.
2「大量, 植えられる場所」の意を表す男性名詞語尾. ⇌arroz*al*, diner*al*, maiz*al*.

Al 《化》aluminio アルミニウム.

a·la [á.la] 女 [el ~, un [una] ~] **1(鳥類の)翼,(昆虫の) 羽. *extender las alas* 翼を広げる. *ser como alas de mosca* 透けるように薄い. **2**(飛行機の)翼. *ala delta* ハンググライダー；デルタ翼. **3**(帽子の)縁, つば. *sombrero de ala ancha* つば広帽子. **4**(建物の)翼部, 両脇に張り出した部分；ひさし. **5**(政党の)翼(*¥*), 派. ~ *derecha* [*izquierda*] 右[左]翼. **6** 小翼, 鼻翼. **7**《スポ》ウイング. **8**《軍》側面部隊, 翼. **9**(複数で)活力；(軽蔑的に)大胆, 豪胆. *Le faltan alas para hacer algo grande.* 彼[彼女]は何か大きなことをする活力に欠ける. **10**(折りたたみ式テーブルの)そで板. **11**(城・要塞(ξ)の)翼壁. **12**(プロペラ, 風車などの)羽根. **13**(解剖)(肝臓などの)葉(ξ). **14**(植)(花の)翼弁,(果実の)翼果. **15**《海》スタンスル, 補助帆. **16**《ラ米》(キューバ)(話)腕.
ahuecar el ala 《話》立ち去る, 退散する.
caérsele (a+人) *las alas* (*del corazón*) 〈人〉が意気消沈[落胆]する.
cortar alas a+人 〈人〉のやる気をそぐ.
dar alas a+人 〈人〉を勇気づける, 励ます.
del ala (金額を強調して) …もの. *cien mil euros del ala* 10万ユーロの金額.
estar tocado del ala 《話》頭がおかしい.
[← 《ラ》*ālam* (*āla* の対格)] 《関連》alado, alear, aleta]

¡a·la! [á.la] / **¡a·lá!** [a.lá] 間投 → ¡hala!

A·lá [a.lá] 固名 イスラム教の唯一の神.
[← 《アラビア》*Allāh* (定冠詞 *al-+Ilāh*「神」)]

a·la·ba·do, da [a.la.βá.ðo, -.ða] 形 **1** たたえられた, 賞賛された. **2**《ラ米》(メキシコ)《話》大胆な, 度胸のある.
— 男 **1**《宗》(*A*~ *sea* で始まる)聖歌, 賛歌.
2《ラ米》**(1)**(メキシコ)(昔の夜警が)夜明けを告げる歌. *al* ~ *de* 暁「夜明け」に. **(2)**(アルゼンチン)(農場労働者が仕事の初めと終わりに歌う)敬虔(ξ)な哀歌.

a·la·ba·dor, do·ra [a.la.βa.ðór, -.ðó.ra] 形 賛美の, 追従の；賛別の. — 男 女 賛美者；追従者.

a·la·ban·ce·ro, ra [a.la.βan.θé.ro, -.ra / -.sé.-]
— 男 女 へつらう人, おべっかばかり言う人, こびる人.

a·la·ban·cio·so, sa [a.la.βan.θjó.so, -.sa / -.sjó.-] 形 自慢する, うぬぼれた.

*a·la·ban·za [a.la.βán.θa / -.sa] 女 賞賛, 賛美；賛辞. *en* ~ *de*… …をほめたたえて. *ser digno de* ~ 賞賛に値する.

*a·la·bar [a.la.βár] 他 賞賛する, ほめたたえる. ~ *el esfuerzo* 努力をたたえる. *Los críticos alabaron su actuación en la última película.* 批評家たちは彼[彼女]の最新の映画での演技を絶賛した. *Todos la alabaron por su decisión.* 皆が彼女の決断をほめたたえた.
— 自《ラ米》**(1)**(メキシコ)〈昔の夜警が〉夜明けを告げる歌を歌う. **(2)**(アルゼンチン)(農場労働者が)(仕事の初めと終わりに)祈りの歌を歌う.
— ~·se 再《*de*… …を》自慢する, 誇らしく思う. *Se alaba de saberlo todo.* 彼[彼女]はすべてを知っているつもりでいる. *Me alabo de lo que soy.* 私は自分自身を誇らしく思う.
[← 《後ラ》*alapārī*「自慢する, うぬぼれる」；《関連》alabanza.《英》*laud*]

a·la·bar·da [a.la.βár.ða] 女 **1** 矛槍(ほこ). **2** 軍曹の階級.

a·la·bar·de·ro [a.la.βar.ðé.ro] 男 **1**《史》矛槍(ほこ)兵；スペイン国王の衛兵. **2**《話》《劇場に雇われて拍手する)さくら.

a·la·bas·tri·no, na [a.la.βas.trí.no, -.na] 形 雪花石膏(ξ)の(ような)；〈肌が〉白く滑らかな. — 女 (寺院の窓などに用いる)半透明石膏の薄板.

a·la·bas·tri·ta [a.la.βas.trí.ta] 女 半透明石膏(ξ).

a·la·bas·tro [a.la.βás.tro] 男 雪花石膏(ξ), アラバスター.

á·la·be [á.la.βe] 男 **1**(水車・タービンなどの)羽根；(歯車の)歯. **2** 垂れ下がった枝.

alabardero
(国王の衛兵)

a·la·be·a·do, da [a.la.βe.á.ðo, -.ða] 形 反った, 湾曲した.

a·la·be·ar [a.la.βe.ár] 他 反らせる, 湾曲させる.
— ~·se 再 反る, ゆがむ.

a·la·be·o [a.la.βé.o] 男 **1** 反り, ゆがみ.
2 機体の傾き.

a·la·ca·mu·ne·rí·a [a.la.ka.mu.ne.rí.a] 女 《ラ米》(ボリビア)スキャンダル；うわさ話.

a·la·ce·na [a.la.θé.na / -.sé.-] 女 作り付けの(食器)戸棚.

a·la·ciar·se [a.la.θjár.se / -.sjár.-] 82 再《ラ米》〈髪などが〉まっすぐ垂れる.

a·la·co, ca [a.lá.ko, -.ka] 形 《ラ米》(メキシコ)《話》がらくたの；役に立たない.

a·la·crán [a.la.krán] 男 **1**《動》サソリ (= escorpión). **2** S形の鉤(ξ), 鐶(ξ). **3**《馬》馬銜(ξ)の金具. **4**《ラ米》(メキシコ)陰口「ゴシップ」屋.
alacrán cebollero 《昆》ケラ.

a·la·cra·na·do, da [a.la.kra.ná.ðo, -.ða] 形《ラ

米)(＊)怒った；ブロンドの；《俗》女らしい.

a·la·cra·nar [a.la.kra.nár] 他 《ラ米》(₍₇₅₎)《話》中傷する，〈人の〉悪口を言う.

a·la·cra·ne·ar [a.la.kra.ne.ár] 自 《ラ米》(₍₇₅₎)《話》陰口をたたく.

a·la·cra·ne·o [a.la.kra.né.o] 男 《ラ米》(₍₇₅₎)悪口，陰口.

a·la·cra·ne·ra [a.la.kra.né.ra] 女 《植》ツリシャクジョウ：〈実の形がサソリの尾に似た〉マメ科の植物.

a·la·cri·dad [a.la.kri.ðáð] 女 快活，活発，敏速. con ～ いそいそと，てきぱきと，うきうきして.

ALADI [a.lá.ði] 《略》*Asociación Latinoamericana de Integración* ラテンアメリカ統合連合.

a·la·dier·na [a.la.ðjér.na] 女 →aladierno.

a·la·dier·no [a.la.ðjér.no] 男《植》〈地中海地方産の〉クロウメモドキ科の植物.

A·la·di·no [a.la.ðí.no] 固名 アラディン：～ *y la lámpara maravillosa*『アラジンと魔法のランプ』の主人公.

a·la·do, da [a.lá.ðo, -.ða] 形 **1** 翼［羽］のある. hormiga *alada* 羽アリ. **2** 素早い，軽快な.

a·la·dro·que [a.la.ðró.ke] 男《魚》アンチョビー，カタクチイワシ（= boquerón）.

a·la·fre [a.lá.fre] 形 《ラ米》(₅₇₅)《話》卑しい，汚らわしい. ― 男《ラ米》(₅₇₅)(ヲ)卑劣漢.

a·la·gar [a.la.gár] 103 他 水浸しにする，水たまりだらけにする.

a·la·gar·ta·do, da [a.la.gar.tá.ðo, -.ða] 形《ラ米》(1)(ヲ₊)けちな. (2)(ヲ₈)ひとり占めする. ― 女《俗》《ラ米》(1)(ヲ₊)けち. (2)(ヲ₈)ひとり占めする人.

a·la·gar·tar·se [a.la.gar.tár.se] 再 《ラ米》(1)(ヲ₈)〈馬が〉脚を広げて背を低くする. (2)(ヲ₊)《話》ずる賢く立ち回る.

a·la·jú [a.la.xú] 男《複 ～es》アーモンド・クルミ・蜂蜜(ヲ₈)などの入った菓子.

a·la·lá [a.la.lá] 男 スペイン北部地方の民謡.

ALALC [a.lal*k*] 《略》*Asociación Latinoamericana de Libre Comercio* ラテンアメリカ自由貿易連合［英 LAFTA］.

a·la·lia [a.lá.lja] 女《医》失声症，失語症.

a·la·li·món [a.la.li.món] 男《遊》〈花いちもんめに似た〉子供の遊び.

á·la·lo, la [á.la.lo, -.la] 形《医》失語症の.

a·la·mar [a.la.már] 男《服飾》飾りボタン；飾り房，フリンジ.

a·lam·bi·ca·do, da [a.lam.bi.ká.ðo, -.ða] 形 **1** 緻密(ミッ)な，よく吟味した；鋭い. una teoría *alambicada* 緻密な理論. **2**〈文体などが〉凝った. **3** 最低限の，微々たる.

a·lam·bi·ca·mien·to [a.lam.bi.ka.mjén.to] 男〈文体などの〉凝りすぎ，難解さ.

a·lam·bi·car [a.lam.bi.kár] 102 他 **1** 蒸留器にかける，蒸留する. **2** 詳細に検討する，吟味する. **3**〈文体などを〉（過度に）凝る，磨く. **4** 最小限にする；〈値段を〉最低に抑える.

a·lam·bi·que [a.lam.bí.ke] 男 蒸留器.

a·lam·bi·que·rí·a [a.lam.bi.ke.rí.a] 女《ラ米》(ヲ₈)蒸留酒の醸造所.

a·lam·bi·que·ro [a.lam.bi.ké.ro] 男《ラ米》(ヲ₈)醸造主.

a·lam·bra·do, da [a.lam.brá.ðo, -.ða] 形 鉄条網［金網］で囲まれた. ― 男 **1** 鉄条網［金網］で囲むこと. **2** →女. **3** 金網の覆い. ― 女 鉄条網，有刺鉄線；金網のフェンス.

a·lam·brar [a.lam.brár] 他 金網を張る，金網で囲む；鉄線を巡らす.

a·lam·bre [a.lám.bre] 男 **1** 針金，ワイヤー. ～ de espino 有刺鉄線. red de ～ 金網. **2**《集合的》〈家畜の〉鈴，ベル. ― [古スペイン] *aramne* ―〔後ラ〕*aerāmen*〔ラ〕*aes*「青銅」より派生］〔関連 alambrar. [英] *iron*「鉄」]

a·lam·bre·ra [a.lam.bré.ra] 女 **1** 金網；金網の覆い. **2** 炉格子. **3** 蝿帳(ハュ₈).

a·lam·bris·ta [a.lam.brís.ta] 形 綱渡りをする. ― 男 綱渡り芸人. **2**《ラ米》(＊)(ヲ₊)メキシコから米国への不法入国者.

a·lam·bri·to [a.lam.brí.to] 男《ラ米》(1)(₁₉)(ヲ₈)のっぽ，やせた人. (2)(＊)宮内庁妊婦.

a·la·me·da [a.la.mé.ða] 女 **1** ポプラ並木；並木路. **2** ポプラ林.

á·la·mo [á.la.mo] 男《植》ポプラ. ～ blanco ギンドロ. ～ negro セイヨウハコヤナギ，ポプラ. ～ temblón アスペン，ヨーロッパヤマナラシ. ［語源不詳］*Alānus*（ケルト語起源）；〔ラ〕*alnus*「ハンノキ」，〔ラ〕*ulmus*「ニレ」などに関連づける説がある］

a·lam·par·se [a.lam.pár.se] 再《por… …を》熱望［切望］する.

a·lan·ce·ar [a.lan.θe.ár / -.se.-] 他 槍(ᵡ)で突く.

A·la·no [a.lá.no] 固名 アラノ：男子の洗礼名. ［←[中ラ] *Alānus*（ケルト語起源）；〔関連〕〔ポルトガル〕*Alano*. 〔仏〕*Alain*. 〔英〕*Alan*. 〔独〕*Alane*］

a·la·no, na [a.lá.no, -.na] 形 **1**《史》アラン人の. **2**《動》スパニッシュマスチフ（犬）の. ― 男 **1**《史》アラン人：5世紀初頭，イベリア半島に侵入したゲルマン民族の一つ. **2**《動》スパニッシュマスチフ犬.

a·lan·te [a.lán.te]《話》→adelante.

a·lan·toi·des [a.lan.tói.ðes] 形（または 女）《単複同形》《解剖》尿嚢(ᵌ₅ᵌ)，尿膜.

a·lar [a.lár] 男 **1** 軒，ひさし. **2** 歩道. **3**《狩》

a·la·ra·co, ca [a.la.rá.ko, -.ka] 形《ラ米》(ʰ)《話》

A·lar·cón [a.lar.kón] 固名 アラルコン Pedro Antonio de ～（1833-91）：スペインの小説家・政治家. 作品 *El sombrero de tres picos*『三角帽子』.

a·lar·de [a.lár.ðe] 男 **1** 見せつけ，誇示，見え. hacer ～ de… …を見せびらかす，自慢する. **2**《軍》(1) 閲兵，観閲；軍事パレード. (2) 兵員名簿. **3**《法》(1)（裁判官による）囚人の視察. (2)（半月ごとの）係属中の訴訟の見直し. (3)（4か月ごとの）裁判記録報告書. **4**《ラ米》(₅₇₅)(ヲ₈)空威張り，自慢.

a·lar·de·ar [a.lar.ðe.ár] 自《de… …を》見せびらかす，ひけらかす，自慢する. ～ de sus conocimientos 知識をひけらかす.

a·lar·de·o [a.lar.ðé.o] 男 誇示，自慢.

a·lar·ga·de·ra [a.lar.ga.ðé.ra] 女 継ぎ足す［延長する］もの，継ぎ脚；（フラスコと凝縮装置とを結ぶ）管.

a·lar·ga·do, da [a.lar.gá.ðo, -.ða] 形 長く伸ばした［伸びた］，細長い.

a·lar·ga·dor, do·ra [a.lar.ga.ðór, -.ðó.ra] 形 伸ばす，長くする，延長用の. ― 男 延長ケーブル.

a·lár·ga·ma [a.lár.ga.ma] 女《植》→alharma.

a·lar·ga·mien·to [a.lar.ga.mjén.to] 男 長くすること，伸び，延長.

a·lar·gar [a.lar.gár] 103 他 **1** 長くする；延長する. ― una vestido 服の丈を長くする. ～ la carretera hasta el aeropuerto 空港まで高速道路を延長する. ～ el plazo de suscripción 申し込み期間を延長する. ～ el pago 支払いを延期する. ～ una lista リストの項目を増やす.

alargue(-)

2 〈体の部位を〉伸ばす；〈**a**+人〈人〉に〉渡す, 差し出す. *Alargó el brazo y tomó el papel.* 彼[彼女]は腕を伸ばして書類を取った. ~ **la mano**(施しを求めて)手を差し出す. *Alárgame ese libro.* その本を取ってくれ (▶ **me** が **a**+人に相当).
3 増やす；〈知覚・感覚など〉鋭敏にする, 研ぎ澄ます. ~ **el oído** 耳を澄ませる. ~ **el paso** 足並みを早める. ~ **la vista** 目を凝らす. ~ **la producción de coches** 車の生産量を増やす.

—~·se 再 **1** 長くなる, 延びる；延々と続く. *La entrevista se alargó por espacio de tres horas.* インタビューは3時間にわたって続いた.
2 《**en...** …に》だらだら時間をかける, 長々と《…》する. *~se en* **un tema** 一つのテーマについて延々と論じる. **3** 〘話〙《**a...** / **hasta...** …まで》出向く, 足をのばす. **4** 〘海〙〈風が〉追い風になる.

alargue(-) / alargué(-) 活 → alargar.

A·la·ri·co [a.la.rí.ko] 固名 アラリコ：男子の洗礼名.

a·la·ri·do [a.la.rí.ðo] 男 叫び声, 悲鳴, 怒号.

a·la·ri·faz·go [a.la.ri.fáθ.go / -.fás.-] 男 建築技師の職.

a·la·ri·fe [a.la.rí.fe] 男 **1** 建築技師. **2** 〘古語〙 → albañil. **3** 〘ラ米〙〘ジパング〙〘話〙利口な人, 悪賢い人. **4** 〘ラ米〙〘ジパング〙尻軽[好色]な女.

‡**a·lar·ma** [a.lár.ma] 女 **1** 警報；警報装置, 警報器. **dar la ~** 警報を発する. **dar la voz de ~** 警報[警鐘]を鳴らす. ~ **aérea** 空襲警報. ~ **del despertador** 目覚まし時計のアラーム. **2** 警戒, 非常時, 緊急時. **señal de ~** 警戒, 警戒の合図. **con creciente ~** 警戒が高まる中で. **el estado de ~** 非常警戒体制. **3** 不安, おびえ. **falsa ~** 杞憂(ゆう). **vivir en ~** おびえながら暮らす. **4** 〘軍〙非常召集. [； **¡Al arma!**「武器を取れ」の名詞化.] 関連 **alarmar**. [英] *alarm*.

a·lar·ma·do, da [a.lar.má.ðo, -.ða] 形 おびえた, 不安になった.

‡**a·lar·man·te** [a.lar.mán.te] 形 警戒すべき, 危険な[憂慮すべき]状態の. **situación ~** 危険な状況.

‡**a·lar·mar** [a.lar.már] 他 警戒させる, 不安[危機感]を覚えさせる, おびえさせる. *Me alarmó la gravedad de la situación.* 私は事態の重大さに危機感を覚えた.

—~·se 再 **1** 警戒する. **2** 驚く, おびえる, 不安になる. **no** *~se* **por nada** 何事にも動じない.

a·lar·me·ga [a.lár.me.ga] 女 → alharma.

a·lar·mis·mo [a.lar.mís.mo] 男 **1** 人騒がせなニュースを報道する傾向, 不安をあおる風潮. **2** 不安.

a·lar·mis·ta [a.lar.mís.ta] 形 人騒がせな；心配性の. —男 女 人騒がせな人；心配性の人.

a·las·te [a.lás.te] 形 〘ラ米〙〘ジパング〙べとべとした.

a lá·te·re [a.lá.te.re] 〘ラ米〙 → adlátere.

a·la·ter·no [a.la.tér.no] 男 〘植〙クロウメモドキ.

a·la·uí [a.la.(g)wí] 形 〘複 **~s, ~es**〙アラウイ朝の, アラウイ朝に関する.

a·la·ui·ta [a.la.(g)wí.ta] 形 → alauí.

Á·la·va [á.la.βa] 固名 アラバ：スペイン北部の県；県都 Vitoria.
[← ? 〔バスク〕*araiiar*「山間の地方」]

a·la·van·co [a.la.βáŋ.ko] 男 〘鳥〙ノガモ.

a·la·ven·se [a.la.βén.se] / **a·la·vés, ve·sa** [a.la.βés, -.βé.sa] 形 〘スペイン〙アラバの.

—男 女 アラバの住民[出身者].

a·la·ve·sis·ta [a.la.βe.sís.ta] 形 〘アラバのサッカーチーム〙デポルティボ・アラベス **Deportivo Alavés** の. —男 女 デポルティボ・アラベスの選手[サポーター].

a·la·zán, za·na [a.la.θán, -.θá.na / -.sán, -.sá.-] / **a·la·za·no, na** [a.la.θá.no, -.na / -.sá.-] 形 —男 女 栗毛馬. ~ **dorado** 黄褐色の馬. ~ **tostado** 濃褐色の馬.

a·la·zo [a.lá.θo / -.so] 男 〈鳥などの〉翼による打撃.

a·la·zor [a.la.θór / -.sór] 男 〘植〙ベニバナ.

‡**al·ba** [ál.βa] 女〔el ~, un [una] ~〕
1 夜明け, あけぼの；曙光(しょこう). **al rayar el ~** 夜明けに, 暁に. **levantarse al ~** 早起きする. **quebrar [rayar, romper] el ~** 空が白み始める. **misa del ~** 早朝ミサ.
2 〘カト〙アルバ：司祭がミサのときに着用する白麻の長衣. **3** 〘軍〙明け番.
¡Al alba! 〘ラ米〙(*塁) やめろ；危ない, 気をつけろ.
ponerse al alba 〘ラ米〙(*塁) 用心する, 警戒する.
ser al alba 〘ラ米〙(*塁) 抜けめない, 用心深い.
[〔ラ〕*albus*「白い」の女性形から作られた名詞；関連 **albor**, **albúmina**, **álbum**]

alba
(アルバ)

Al·ba [ál.βa] 固名 **1 la Casa de ~** アルバ家：スペインの名門公爵家.
2 El III duque de ~ 第3代アルバ公, **Fernando Álvarez de Toledo** (1507-82)：スペインの将軍, 政治家. カルロス1世〔皇帝カール5世〕, フェリペ2世の治世にプロテスタント勢力の打倒のために尽力.

al·ba·ca [al.βá.ka] 女 → albahaca.

al·ba·ce·a [al.βa.θé.a / -.sé.-] 男 女 遺言執行人.

al·ba·ce·az·go [al.βa.θe.áθ.go / -.se.ás.-] 男 遺言執行人の職務.

Al·ba·ce·te [al.βa.θé.te / -.sé.-] 固名 アルバセテ：スペイン南東部の市；県都.

al·ba·ce·ten·se [al.βa.θe.tén.se / -.se.-] / **al·ba·ce·te·ño, ña** [al.βa.θe.té.ɲo, -.ɲa / -.se.-] 形 アルバセテの. —男 女 アルバセテの住民[出身者].

al·ba·co·ra¹ [al.βa.kó.ra] 女 早生(わせ)のイチジク.
[← 〔アラビア〕*al-bācūra* (*bacûr*「早熟の, 早生の」より派生)]

al·ba·co·ra² [al.βa.kó.ra] 女 〘魚〙ビンナガ.

al·ba·da [al.βá.ða] 女 朝の歌, 夜明けの調べ.

al·ba·ha·ca [al.βa.á.ka] 女 〘植〙バジル, バジリコ.

al·ba·ha·qui·lla [al.βa.(a.)kí.ja ‖ -.ʎa] ~ **de río** 〘植〙ヒカゲミズ.

al·bal [al.βál] 男 〘商標〙(食品などを包装する)アルミホイル.

al·ba·lá [al.βa.lá] 男 (または 女) 〔複 **albalaes**〕〘古語〙(王の)勅許状, 勅書.

al·ba·ne·ga [al.βa.né.ga] 女 **1** 〘古語〙ヘアネット. **2** (ウサギなどの)捕獲用の網袋. **3** 〘建〙スパンドレル, 三角小間(こま)：2つのアーチに挟まれた部分.

al·ba·nés, ne·sa [al.βa.nés, -.né.sa] 形 アルバニアの, アルバニア人[語]の. —男 女 アルバニア人. —男 アルバニア語.

Al·ba·nia [al.βá.nja] 固名 アルバニア(共和国)：首都 **Tirana**.

al·ba·no, na [al.βá.no, -.na] 形 男 女 → albanés.

al·ba·no·ko·so·var [al.βa.no.ko.so.βár] 形 (セルビアの)コソボに住む[コソボ生まれの]アルバニア人の. —男 女 コソボに住む[コソボ生まれの]アルバニア人.

al·ba·ñal [al.ba.nál] / **al·ba·ñar** [al.ba.ɲár] 男 **1** 下水道, 下水溝. **2** 不潔な[汚い]場所.

*__al·ba·ñil__ [al.ba.ɲíl] 男 左官, タイル職人, れんが[石]積み職人. [← [アラビア]〖方言〗 *al-banni* (*banā*『建てる』より派生)]

al·ba·ñi·la [al.ba.ɲí.la] 形 〖女性形のみ〗 abeja ~ 〖昆〗ハキリバチ.

al·ba·ñi·le·rí·a [al.ba.ɲi.le.rí.a] 女 左官職; 左官工事, れんが[石]などの組積工事〖技術〗. pared de ~ れんが造りの内壁.

al·bar [al.bár] 形 白い. ▶ 動物名・植物名に使う. conejo ~ 白ウサギ. ― 男 乾いた白っぽい土地.

al·ba·rán [al.ba.rán] 男 **1** (商品の)受領証. **2** 貸家札.

al·ba·ra·za·do, da [al.ba.ra.θá.ðo, -.ða / -.sá.-] 形 **1** 黒・赤のまだら色の. **2** 〖医〗ハンセン病の; ヘルペスの. **3** 〖ラ米〗〖俗〗中国人と混血児との間の(子の).

al·bar·ca [al.bár.ka] 女 (紐で結ぶ)簡易サンダル.

al·bar·da [al.bár.ða] 女 (馬の)荷鞍(にぐら); 〖ラ米〗鞍.
albarda sobre albarda 〘話〙くどくどと繰り返して.

al·bar·da·do, da [al.bar.ðá.ðo, -.ða] 形 **1** 〖動〗背中の毛色だけが(他の部分と)違う. **2** 〖料〗衣をつけた.

al·bar·dar [al.bar.ðár] 他 荷鞍(にぐら)をつける.

al·bar·de·ar [al.bar.ðe.ár] 他 〖ラ米〗 (1) (*中米)〖俗〗(慣らすために馬に)鞍(くら)をつける. (2) (*中)うるさがらせる, うんざりさせる.

al·bar·de·la [al.bar.ðé.la] 女 → albardilla **1**.

al·bar·de·rí·a [al.bar.ðe.rí.a] 女 荷鞍(にぐら)商; 鞍屋町.

al·bar·de·ro [al.bar.ðé.ro] 男 荷鞍(にぐら)職人.

al·bar·di·lla [al.bar.ðí.ʝa ‖ -.ʎa] 女 **1** (若駒(わかごま)の)調教用の鞍(くら). **2** (塀の)笠石(かさいし). **3** 肩当て; なべつかみ. **4** (羊の背の)密生して盛り上がった毛. **5** (畑の)あぜ; わだち, 鋤の刃についた土. **6** 〖料〗 (1) (肉を焼くとき上に乗せる)ベーコン. (2) (揚げ物などの)衣. **7** 〖遊〗(トランプ)いかさま.

al·bar·dín [al.bar.ðín] 男 〖植〗リグゼウムスパルトゥム: 地中海地方産のイネ科の植物.

al·bar·dón [al.bar.ðón] 男 **1** 前後が高く突き出した鞍(くら). **2** 〖ラ米〗〖ラ〗(水辺の)小高い土地, 丘. (2) (ラ米方)(塀の)笠石(かさいし).

al·ba·re·que [al.ba.ré.ke] 女 イワシ漁用の網.

al·ba·ri·co·que [al.ba.ri.kó.ke] 男 〖植〗アンズ(の実, 木). mermelada de ~ アンズのジャム. [← [アラビア] *al-birqūq*]

al·ba·ri·co·que·ro [al.ba.ri.ko.ké.ro] 男 〖植〗アンズの木.

al·ba·ri·llo[1] [al.ba.rí.ʝo ‖ -.ʎo] 男 **1** 〖植〗白アンズ(の実, 木). **2** 〖ラ米〗(方)カモミール茶.

al·ba·ri·llo[2] [al.ba.rí.ʝo ‖ -.ʎo] 男 ギターの速弾き.

al·ba·ri·ño [al.ba.rí.ɲo] 形 〖男性形のみ〗 Galicia産白ワインの. ― 男 スペインGalicia産のアルコール度の弱い酸味のある白ワイン.

al·ba·ri·zo, za [al.ba.rí.θo, -.θa / -.so, -.sa] 形 〖土地の〗乾いて白っぽい.
― 男 ふきん. ― 女 **1** 白い土壌. **2** 塩水湖.

al·ba·rra·da[1] [al.ba.řá.ða] 女 **1** (モルタルなしで空積みした)石の壁, 石垣で囲んだ傾斜地. **2** (畑の周囲の)土塀. **3** 防御壁.

al·ba·rra·da[2] [al.ba.řá.ða] 女 素焼きの冷水つぼ (= alcarraza).

al·ba·rra·na [al.ba.řá.na] 女 **1** 〖植〗カイソウ

(海葱) (= cebolla ~): 地中海沿岸原産.
2 (城壁などの)側防塔.

al·ba·rra·ni·lla [al.ba.řa.ní.ʝa ‖ -.ʎa] 女 〖植〗カイソウ.

al·ba·tros [al.bá.tros] 男 〖単複同形〗 **1** 〖鳥〗アホウドリ. **2** 〖ゴルフの〗アルバトロス. [← [英] *albatross* ← [スペイン] alcatraz 「シロカツオドリ」]

al·ba·yal·da·do, da [al.ba.ʝal.dá.ðo, -.ða] 形 白鉛を塗った.

al·ba·yal·de [al.ba.ʝál.de] 男 **1** 白鉛(鉱). **2** 〖ラ米〗〖俗〗(*中米)おしろい.

al·ba·za·no, na [al.ba.θá.no, -.na / -.sá.-] 形 〖馬が〗濃い栗毛(くりげ)の, 鹿毛の.

al·ba·zo [al.bá.θo / -.so] 男 〖ラ米〗 (1) (南アメリカ)〖軍〗夜明けの奇襲, 払暁(ふつぎょう)戦. (2) (アンデス方)(中米)朝の歌, 夜明けの音楽. (3) (アンデス方)早起き. (4) (アンデス方)早朝の訪問. (5) (中米)早朝のセレナード.

al·be·a·dor, do·ra [al.be.a.ðór, -.ðó.ra] 男 女 〖ラ米〗(アンデス方)早起きする人.

al·be·ar [al.be.ár] 自 **1** 白くなる. **2** 〖ラ米〗(アンデス方)早起きする.

al·be·do [al.bé.ðo] 男 〖物理〗〖天文〗アルベド: 反射能.

al·be·drí·o [al.be.ðrí.o] 男 **1** 意志. libre ~ 自由意志. **2** 気まぐれ, むら気.
a [según] su albedrío 自分の思うままに.

al·béi·tar [al.béi.tar] 男 獣医 (= veterinario).

Al·bé·niz [al.bé.niθ / -.nis] 固名 Isaac ~ イサーク・アルベニス(1860-1909): 近代スペインを代表する音楽家. 作品 *Iberia*『スペイン組曲』.

*__al·ber·ca__ [al.bér.ka] 女 **1** 貯水槽.
2 〖ラ米〗(メキシコ)(水泳)プール.
en alberca 屋根のない.

al·ber·chi·gal [al.ber.tʃi.gál] 男 モモ[アンズ](の一種の) albérchigo 園[畑].

al·bér·chi·go [al.bér.tʃi.go] 男 〖植〗モモの一種; アンズの一種.

al·ber·chi·gue·ro [al.ber.tʃi.gé.ro] 男 albérchigo の木.

*__al·ber·gar__ [al.ber.gár] [103] 他 **1** 収容する; 泊める (= alojar). Este hotel puede ~ hasta quinientas personas. このホテルは500人まで収容できる. La familia me *albergó* en la mejor habitación de la casa. 家族は私を家で一番よい部屋に泊めてくれた. **2** 含む, (内部に)持つ. Este edificio *alberga* la biblioteca municipal. この建物には市立図書館が入っている. **3** (感情・考えなどを)抱く, 感じる. ~ cierta inquietud ある不安を感じる.
― (·se) 自再 **1** 泊まる. *Nos albergamos* en una pequeña aldea. 我々は片田舎に宿を取った.
2 避難する (= refugiarse).

*__al·ber·gue__ [al.bér.ge] 男 **1** 宿; 宿泊. ~ juvenil [de juventud] ユースホステル. ~ de montaña 山小屋, ロッジ. dar ~ a +人〈人〉を泊める. **2** 避難所, 隠れ場. **3** (貧しい人を泊める)慈善施設. **4** 庇護, 保護.

al·ber·guis·ta [al.ber.gís.ta] 共 ユースホステル利用の, ― 男 女 ユースホステル利用者.

al·be·ro, ra [al.bé.ro, -.ra] 形 〖古語〗白い.
― 男 **1** 白く乾いた土地. **2** (闘牛場の)砂場; (公園用の)土. **3** ふきん.

Al·ber·ti [al.bér.ti] 固名 アルベルティ Rafael ~

Alberto

(1902-99)：スペインの詩人．作品 *Cal y canto*『石灰と石塊』．

Al・ber・to [al.bér.to] 固名 アルベルト：男子の洗礼名．[←〖古高地ドイツ〗*Adalbert*, *Adalberaht*（「輝くばかりに高貴な（人）」が原義）；関連〖ポルトガル〗〖伊〗*Alberto*．〖仏〗〖英〗〖独〗*Albert*］

al・bi・ce・les・te [al.bi.θe.lés.te / -.se.-] 形 白と青のシャツのスポーツチームの．——男 白と青のシャツのスポーツチームの選手[サポーター]．

al・bi・gen・se [al.bi.xén.se] 形 （フランス南部の町）アルビ Albí の．——男 アルビの住民[出身者]．
La cruzada contra los albigenses 〖史〗アルビジョア派に対して教皇の命により組織された十字軍(1209-29)．
Los albigenses 〖史〗アルビジョア派，カタリ派：12-13世紀に北イタリアや南フランスで広く活躍したキリスト教の異端．

al・bi・llo, lla [al.bí.ʝo, -.ʝa ǁ -.ʎo, -.ʎa] 形 *uva albilla* (小粒で甘味の強い)白ブドウ．*vino* 〜 白ブドウのワイン．——男 白ブドウ；白ブドウのワイン．

al・bi・na [al.bí.na] 女 潟(かた)（潟が蒸発してできた）塩．

al・bi・nis・mo [al.bi.nís.mo] 男 1 〖医〗白色皮(ひ)症．2 〖生物〗白化現象．

al・bi・no, na [al.bí.no, -.na] 形 1 〖医〗白皮症の；色素の欠けた，〈植物が〉白変した．
2 《ラ米》(カリブ)(黒人の血をひく者と白人との)混血の．——男 女 1 色素欠乏症の人[動物，植物]．
2 《ラ米》(カリブ)(黒人の血をひく者と白人との)混血の人．[*albo*（←〖ラ〗*albus*）+縮小辞]

Al・bión [al.bjón] 固名 女 アルビオン：グレートブリテン島 la Gran Bretaña の古称．

al・bi・ta [al.bí.ta] 女 〖鉱〗曹長石．

al・bi・ta・na [al.bi.tá.na] 女 1 〖植〗（植木の）囲い．
2 〖海〗(1) 副船首材．(2) 船尾材の補強骨材．

al・bi・vio・le・ta [al.bi.βjo.lé.ta] 形 （サッカークラブ）レアル・バリャドリードReal Valladolidの．——男 レアル・バリャドリードの選手[サポーター]．

al・bo, ba [ál.bo, -.ba] 形 〖格式〗白い．*nieves albas* 白雪．

al・bo・hol [al.bo.ól] 男 〖植〗(1) セイヨウヒルガオ：ヒルガオ科の植物．(2) ヨーロピアンフランケニア．

***al・bón・di・ga** [al.bón.di.ga] 女 1 〖料〗肉だんご，ミートボール．2 《ラ米》(メキシコ)〖話〗(1) すのろ，でぶ．(2) おんぼろ．[←〖アラビア〗*al-bunduqa*「球」]

al・bon・di・gui・lla [al.bon.di.gí.ʝa ǁ -.ʎa] 女
1 → *albóndiga*．2 〖幼児語〗丸めた鼻くそ．

al・bo・que・rón [al.bo.ke.rón] 男 〖植〗マルコルミア・アフリカーナ：アブラナ科の植物．

al・bor [al.bór] 男 1 あけぼの，曙光(しょこう)（= *alba*）．*al* 〜 夜明けに．2 〖主に複数で〗始め，初期段階（= *inicio*）．〈↔ *final, ocaso*〉 *los* 〜*es de la Edad Media* 中世初頭に．3 白さ，純白．
albor(*es*) *de la vida* 幼年期，青春期．

al・bo・ra・da [al.bo.rá.ða] 女 1 夜明け（= *alba*）．
2 〖音楽〗朝の歌，夜明けの音楽．3 〖軍〗(1) 起床らっぱ（= *diana*）．(2) 払暁(ふつぎょう)戦，朝駆け．

al・bo・re・á [al.bo.re.á] 女 → *alboreada*．

al・bo・re・a・da [al.bo.re.á.ða] 女 アンダルシア Andalucía のロマ[ジプシー]の民謡．

al・bo・re・ar [al.bo.re.ár] 自 1 〖3人称単数・無主語で〗夜が明ける（= *amanecer*）．*Ya alborea*. もう夜明けだ．2 兆す，兆しが見える．

al・bo・re・o [al.bo.ré.o] 男 夜明けの光，曙光(しょこう)．

al・bor・no [al.bór.no] 男 （材木の芯(しん)部[赤身]に対する）白太(しらた)，辺材．

al・bor・noz [al.bor.nóθ / -.nós] 男 [複 *albornoces*] 1 〖服飾〗バスローブ．2 バーヌース：モーロ人 *moro* の用いるフード付きマント．3 （昔の）粗い毛織物．

al・bo・ro・ní・a [al.bo.ro.ní.a] 女 〖料〗ナス・トマト・カボチャ・ピーマンの炒(いた)め物．

al・bo・ro・que [al.bo.ró.ke] 男 接待；リベート，お礼．

al・bo・ro・ta・di・zo, za [al.bo.ro.ta.ðí.θo, -.ða / -.so, -.sa] 形 興奮しやすい，かっとなりやすい．

al・bo・ro・ta・do, da [al.bo.ro.tá.ðo, -.ða] 形
1 (*estar* +) 興奮した；騒々しい．*Los ánimos están* 〜*s*. 人々は気がたっている．2 あわただしい，忙しい．*Hoy ha sido un día* 〜. 今日はとても忙しい1日だった．3 せっかちな，あわてた．4 (*estar* +) 〈髪などが〉乱れた．
andar alborotado con... 《ラ米》(メキシコ)...に惚(ほ)れている，...に夢中になっている．

al・bo・ro・ta・dor, do・ra [al.bo.ro.ta.ðór, -.ðó.ra] 形 1 騒々しい，騒ぐのが好きな．*alumnos* 〜*es* 騒々しい生徒たち．2 扇動的な，不穏な．——男 女 騒動［もめごと］を起こす人；危険分子．

al・bo・ro・tar [al.bo.ro.tár] 自 大騒ぎをする，騒ぎ回る．*El no deja de* 〜. 彼は全くじっとしていない．¡*No alborotéis* más, *niños*! さあ，みんな静かにしなさい．
——他 1 混乱させる，動転させる．*La muerte de su padre la ha alborotado mucho*. 父親の死は彼女をひどく動揺させた．2 興奮させる；扇動する．〜 *el barrio* その地区の人々を煽(あお)る．3 乱す；だめにする．*El viento alborota el pelo*. 風で髪がくしゃくしゃである．*Lo has alborotado todo*. おまえのおかげで何もかもめちゃめちゃに．
——〜・*se* 再 1 混乱する，動揺する．2 興奮する，かっとなる．*No te alborotes por tan poca cosa*. そんなつまらないことでかっとするなよ．3 乱れる；〈海が〉荒れる．4 《ラ米》(1) (メキシコ)〖俗〗〈女性が〉淫乱(いんらん)になる．(2) (カリブ)(コロンビア)〈馬が〉桿(かん)立ちになる．
alborotar el gallinero [*cotarro, palomar*] 〖話〗騒動を起こす．

al・bo・ro・te・ro, ra [al.bo.ro.té.ro, -.ra] 形 《ラ米》〖話〗(1) 手に負えない，反抗的な．(2) 騒がしい，騒々しい．

al・bo・ro・tis・ta [al.bo.ro.tís.ta] 形 《ラ米》→ *alborotero*．

al・bo・ro・to [al.bo.ró.to] 男 1 騒動，混乱．*armar un* 〜 騒動を起こす．2 騒々しさ，怒号．*Hubo tal* 〜 *que la gente salió a ver lo que ocurría*. 大きな音がしたので人々は何事が起きたのかと外へ出てみた．3 《ラ米》(カリブ)(メキシコ)〖複数で〗ポップコーン．

al・bo・ro・to・so, sa [al.bo.ro.tó.so, -.sa] 形 《ラ米》騒ぎ立てる，扇動的な（= *alborotador*）．*ideas alborotosas* 不穏な思想．——男 女 《ラ米》(カリブ)(コロンビア)〖話〗騒ぎを起こす者，扇動者．

al・bo・ro・za・do, da [al.bo.ro.θá.ðo, -.ða / -.sá.-] 形 大喜びの，狂喜した；陽気な．

al・bo・ro・za・dor, do・ra [al.bo.ro.θa.ðór, -.ðó.ra / -.sa.-] 形 喜ばせる，笑わせて元気づける．

al・bo・ro・zar [al.bo.ro.θár / -.sár] 97 他 笑わせる；大喜びさせる．*Los payasos alborozan a los niños*. ピエロは子供たちを大笑いさせる．

albornoz (バーヌース)

—~.se 再 《con... …で》大喜びする, 歓声を上げて喜ぶ.
al·bo·ro·zo [al.ßo.ró.θo / -.so] 男 狂喜, 歓喜; 歓声.
al·bo·tín [al.ßo.tín] 男 【植】テレビンノキ.
al·bri·cias [al.ßrí.θjas / -.sjas] 女《複数形》**1** 祝儀, 内祝い(の品); お祝いを述べる言葉. dar ~ お祝いを述べる. **2**《ラ米》(銃の)【冶】(鋳型の)空気穴.
¡Albricias! めでたい, よかった.
al·bu·fe·ra [al.ßu.fé.ra] 女 **1** 潟と. **2** [A-] アルブフェラ: スペイン Valencia の南部に広がる潟湖(諺).
al·bu·go [al.ßú.ɣo] 男 【医】角膜の白斑(蒈); 爪(3)の白斑.
al·bu·he·ra [al.ßwé.ra] 女 潟; 池.
*****ál·bum** [ál.ßum] 男 《複 ~es, ~s》**1** アルバム. ~ de fotografías (写真)アルバム. ~ de recortes スクラップブック. pegar... en el ~ …をアルバムに貼(は)る. **2**【音楽】アルバム. [← [ラ] *album*「公示用の白板(*albus*「白い」より派生); 「アルバム」の意味は19世紀中期以降; 関連 [英] *album*]
al·bu·men [al.ßú.men] 男 [複 albúmenes] **1** 胚乳(胚). **2** 卵白.
al·bú·mi·na [al.ßú.mi.na] 女 【生化】アルブミン: 水溶性たん白質の一種.
al·bu·mi·na·do, da [al.ßu.mi.ná.ðo, -.ða] 形 【生化】アルブミン加工[処理]の; アルブミンを含む.
al·bu·mi·noi·de [al.ßu.mi.nói.ðe] 男 【生化】アルブミノイド, 類大白質, 硬たん白質.
al·bu·mi·noi·de·o, a [al.ßu.mi.noi.ðé.o, -.a] 形 【生化】アルブミノイドの性質を有する.
al·bu·mi·no·so, sa [al.ßu.mi.nó.so, -.sa] 形 【生化】アルブミンを含む, アルブミン質の.
al·bu·mi·nu·ria [al.ßu.mi.nú.rja] 女 【医】たん白尿(症).
al·bur¹ [al.ßúr] 男 【魚】ボラ(科の総称).
al·bur² [al.ßúr] 男 **1**【遊】(トランプ)(ゲーム monte で)親が引く最初の2枚のカード. **2** 賭(か)け, 運命の目. los ~*es* de la vida 人生の賭け. al ~ 成り行き任せに. jugar [correr] un [el] ~ 一か八かやってみせる, 危険を冒す. **3**《ラ米》(1)(メキ)《話》うそ, でたらめ. (2)(メキ)別の意味をこめた言葉.

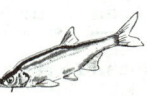

albur¹ (ボラ)

estar al albur de... …にかかっている, …次第である.
al·bu·ra [al.ßú.ra] 女 **1** 純白, 白さ. **2** 卵白. **3** (材木の芯(ん)部[赤身]に対する)白太(ホ), 辺材. doble ~ 年輪の幅が広くなっている材木の欠陥.
al·bu·re·ar [al.ßu.re.ár] 他《ラ米》(メキ)騒がす, 混乱させる. — 自 《ラ米》(1)(メキ)《話》もうける, 金持ちになる. (2)(メキ)《話》私腹を肥やす. (3)(メキ)別の意味をこめて言う.
al·bur·no [al.ßúr.no] 男 **1**【魚】コイ(科の総称). **2** 材木の欠陥. →albura **3**.
al·ca [ál.ka] 女 [el ~, un [una] ~]【鳥】オオハシウミガラス.
al·ca·ba·la [al.ka.ßá.la] 女 **1**【史】売り上げ税. **2**《ラ米》(コロ)(ベネ)交番, 検問所.
al·ca·ba·le·ro [al.ka.ßa.lé.ro] 男 【史】(売り上げ税の)収税吏, 徴税吏.
al·ca·cel [al.ka.θél / -.sél] / **al·ca·cer** [al.ka.θér / -.sér] 男 【植】青麦(畑).
al·ca·cho·fa [al.ka.tʃó.fa] 女 **1**【植】アーティチョーク, (食用になる)チョウセンアザミ(の花托(蒈)). **2**(じょうろ・シャワーなどの)散水口, (吸引ポンプの管の先の)濾過(%)器. **3** 小型のパン. [← [古スペイン] (*al*)*carchofa* ← [方言] *al-kharshūfah*]

alcachofa
(アーティチョーク)

al·ca·cho·fe·ra [al.ka.tʃo.fé.ra] 女 【植】チョウセンアザミ.
al·ca·cí [al.ka.θí / -.sí] / **al·ca·cil** [al.ka.θíl / -.síl] 男 【植】(野生の)チョウセンアザミ, カルドン.
al·ca·hue·te, ta [al.ka.(ɣ)wé.te, -.ta] 男 女 **1** 売春幹旋(蒈)人, ぽん引き, 売春宿の主人. **2**《話》うわさ好きの人, 中傷家. **3**《話》悪事の隠し立てをする人.
— 男 **1**【演】(短時間の)幕間(訂)に降ろす幕. **2**《ラ米》(1)(メキ)《話》おべっか使い, ごますり. (メキ)《俗》密告者.
al·ca·hue·te·ar [al.ka.(ɣ)we.te.ár] 自 **1** 売春を幹旋(蒈)する. **2** 人の陰口を言いふらす (= chismorrear). **3**《ラ米》(メキ)密告する.
al·ca·hue·te·rí·a [al.ka.(ɣ)we.te.rí.a] 女 **1** 売春の幹旋(蒈)人, 不道徳な関係の取り持ち. **2**《話》かくまうこと, 隠し立て. **3**《話》口車, そそのかし.
al·cai·ce·rí·a [al.kai.θe.rí.a / -.se.-] 女 《史》(スペイン・モーロ人の) moro の) 絹問屋街; 市場.
al·cai·co, ca [al.kái.ko, -.ka] 形 【詩】アルカイオス句格の, アルカイオス風の. ▶ アルカイオス Alceo はギリシアの詩人. — 男 アルカイオス句格の詩形.
al·cai·de [al.kái.ðe] 男 **1**【史】城塞(諺)主. **2** 刑務所長. [← [アラビア] *al-qā'id*「隊長, 市長」]
al·cai·de·sa [al.kai.ðé.sa] 女 **1**【史】城塞(諺)主の妻. **2** 女性の刑務所長; 刑務所長の妻.
al·cai·dí·a [al.kai.ðí.a] 女 城塞(諺)主[刑務所長]の職; その執務所; 城塞主の管轄地.
Al·ca·lá [al.ka.lá] 固名 ~ de Henares アルカラ・デ・エナーレス: スペイン Madrid 県の古い大学都市. ♦大学と旧市街は1998年に世界遺産に登録. [← [アラビア] *al-qal'at*「城」]

Alcalá de Henares
(アルカラ・デ・エナーレス)

al·ca·la·í·no, na [al.ka.la.í.no, -.na] 形 アルカラの. ▶ Alcalá de Henares, Alcalá de los Gazules, Alcalá la Real など Alcalá という名がつく町の形容詞形. 中でも特に Alcalá de Henares を指す. — 男 女 アルカラの住民[出身者].
Al·ca·lá Za·mo·ra [al.ka.lá θa.mó.ra / - sa.-] 固名 アルカラ・サモラ Niceto ~ (1877-1949): スペインの政治家. 第二共和制政府の初代大統領(1931.12-1936.4).

alcaldable 80

al·cal·da·ble [al.kal.dá.ble] 男 女 (政党に推薦された)市長候補.

al·cal·da·da [al.kal.dá.ða] 女 職権乱用；専横，横暴.

＊＊al·cal·de [al.kál.de] 男 **1** 市長，町長，村長. el ~ de Madrid マドリード市長. ~ de barrio 区長. teniente de ~ (市・町・村の)助役. ~ de monterilla 田舎の村長. **2**【史】(中世・近代スペインの)判事，判官. **3** 6[3]人でするトランプゲームの一種. **4**《ラ米》(俗) ぽん引き, 売春斡旋(あっせん)人.
tener el padre alcalde 強い後ろ盾がついている.
[← 〔アラビア〕*al-qāḍī*(「審判, 判定者」)；中世では一時期, ラテン語系の *juez* と同じ意味で使われていた]

al·cal·de·sa [al.kal.dé.sa] 女 女性の市[町, 村]長；市[町, 村]長夫人. → alcalde.

al·cal·dí·a [al.kal.dí.a] 女 **1** 市[町, 村]長の職[権限], 管轄地. desempeñar la ~ 市長の職を担う. **2** 市役所，町[村]役場(= ayuntamiento).

al·ca·les·cen·cia [al.ka.les.θén.θja / -.sén.sja] 女【化】アルカリ性(になること).

al·ca·les·cen·te [al.ka.les.θén.te / -.sén.-] 形【化】アルカリ性の.

ál·ca·li [ál.ka.li] 男【化】アルカリ, 塩基性物質. ~ volátil アンモニア. [← 〔中ラ〕*alcali*←〔アラビア〕《話》*al-qalī*(「ソーダ灰」)

al·ca·li·me·trí·a [al.ka.li.me.trí.a] 女【化】アルカリ定量(法), アルカリ滴定.

al·ca·lí·me·tro [al.ka.lí.me.tro] 男【物理】【化】アルカリメーター.

al·ca·li·ni·dad [al.ka.li.ni.ðáð] 女【化】アルカリ性, アルカリ度(↔acidez).

al·ca·li·ni·za·ción [al.ka.li.ni.θa.θjón / -.sa.sjón] 女【化】アルカリ化.

al·ca·li·ni·zar [al.ka.li.ni.θár / -.sár] 97 他【化】アルカリ化する, アルカリ性にする.

al·ca·li·no, na [al.ka.lí.no, -.na] 形【化】アルカリ性の, アルカリを含有する.

al·ca·li·no·té·rre·o, a [al.ka.li.no.té.re.o, -.a] 形【化】アルカリ土類の. ― 男【化】アルカリ土類.

al·ca·li·zar [al.ka.li.θár / -.sár] 97 他【化】アルカリ性にする, アルカリ化する.

al·ca·loi·de [al.ka.lói.ðe] 男【化】【薬】アルカロイド, 植物塩基.

al·ca·loi·de·o, a [al.ka.loi.ðé.o, -.a] 形【化】アルカロイドの.

al·ca·lo·sis [al.ka.ló.sis] 女《単複同形》【医】アルカローシス：血液中にアルカリが異常に多い状態.

al·ca·mo·ní·as [al.ka.mo.ní.as] 女《複数形》**1** (粒状の)スパイス, 薬味. **2**《古語》《話》陰口, うわさ.

al·ca·na [al.ká.na] 女【植】セイヨウイボタ.

＊al·can·ce [al.kán.θe / -.se] 男 **1** (de... 《活動や効力など》の)届く距離[範囲], 射程；展望. ~ de un arma de fuego 火器の射程距離. ~ de una emisora de radio ラジオの受信可能地域. misil de largo ~ 長距離ミサイル. un proyecto de mucho ~ 遠大な計画. Póngalo fuera del ~ de los niños. 子供の手の届かない所に置いてください. **2** 重要性, 影響力. noticia de mucho ~ 非常に重大なニュース. **3**《主に複数で》知性, 才能. persona de pocos [cortos] ~s たいした能力のない人物. ser corto de ~s 頭がよくない. ► 主に否定的ニュアンスを持つ語とともに用いられる. **4**(車・列車などの)追突. **5**(前便に追いつくための)特別速達郵便. **6**(新聞で締め切り直前の)最新ニュース(= noticia [información] de ~). **7**【印】(植字工に渡される)分割原稿. **8**【獣医】→ alcanzadura. **9** 欠損, 不足額, 赤字. **10**【軍】(兵士への)支給残金. **11**【スポ】(ボクシング・フェンシング)リーチ. **12**《ラ米》(ぞく)《複数で》中傷.
― 活 → alcanzar.
al alcance de... …の(手の)届く所に；…に達成[理解]可能な. estar [tener] *al* ~ *de* la mano 手の届く所にある[持っている]. *al* ~ *de* la vista [*de* la voz / *del* oído] 見える[声の届く, 聞こえる]所に. Conseguir ese puesto no está *a mi* ~. その地位を手に入れることは私には不可能だ(► al ~ de… が a mi ~ に相当).
andar [ir] a [en] los alcances de +人〈人〉を追跡[尾行]する；〈人〉に今にも追いつきそうである.
dar alcance a +人〈人〉に追いつく, 〈人〉を捕える.
estar fuera del alcance de +人〈人〉の手が届かない, 高価すぎる；理解が及ばない. Aquel piso de lujo *está fuera de nuestro* ~. あの高級マンションは私たちには手が出ない(► nuestro が de+人に相当).

alcance(-) / alcancé(-) 活 → alcanzar.

al·can·cí·a [al.kan.θí.a / -.sí.-] 女 **1** 貯金箱(= hucha). **2**《ラ米》(教会の)献金箱.

al·can·da·ra [al.kan.da.ra] 女 **1**(猛禽(きん)の)止まり木. **2** 洋服掛け, ハンガー.

al·can·dí·a [al.kan.dí.a] / **al·can·di·ga** [al.kan.dí.ga] 女【植】アズキモロコシ.

al·can·for [al.kaɱ.fór] 男 **1** 樟脳(しょうのう). bolas [bolitas] de ~ 樟脳の玉：衣類の防虫剤. **2**【植】→ alcanforero. **3**《ラ米》(ぞく)(チュ)(ぼう)ぽん引き, 売春斡旋(あっせん)人.

al·can·fo·ra·do, da [al.kaɱ.fo.rá.ðo, -.ða] 形 (アルコールなど)樟脳(しょうのう)の入った[を混ぜた].

al·can·fo·rar [al.kaɱ.fo.rár] 他 樟脳(しょうのう)を入れる. ― ~·se 再《ラ米》(ぞく)(チュ)(ぼう)消える, なくなる.

al·can·fo·re·ro [al.kaɱ.fo.ré.ro] 男【植】クスノキ.

Al·cán·ta·ra [al.kán.ta.ra] 女《固名》アルカンタラ：スペイン Cáceres 県の町. ♦地名は町を流れる Tajo 川にかかるローマ橋(106年)に由来. アルカンタラ騎士団 Orden de ~ の本部が置かれた(1215年以降).

al·can·ta·ri·lla [al.kan.ta.rí.ʝa ‖ -.ʎa] 女 **1** 下水道；排水溝. boca de ~ 下水口. rata de ~ ドブネズミ. **2**《ラ米》(ぞく)(チュ)(ぼう)共同水道, (給水用)水槽. [〔古スペイン〕*alcántara* 「橋」(← 〔アラビア〕*al-qanṭara*) + 縮小辞]

al·can·ta·ri·lla·do [al.kan.ta.ri.ʝá.ðo ‖ -.ʎá.-] 男 下水設備, 下水施設.

al·can·ta·ri·llar [al.kan.ta.ri.ʝár ‖ -.ʎár] 他 (市・町)に下水設備を設ける.

al·can·za·ble [al.kan.θá.ble / -.sá.-] 形 簡単に手の届く, 到達[入手]しやすい.

＊al·can·za·do, da [al.kan.θá.ðo, -.ða / -.sá.-] 形 **1** 到達した. el nivel ~ 到達した水準. **2** 困窮した；借金を抱えた；《de... 》…の)乏しい. ir ~ 金に困っている. salir [quedar] ~ 借財を負う.

al·can·za·du·ra [al.kan.θa.ðú.ra / -.sa.-] 女【獣医】(馬の脚と脚がぶつかり合ってできた)打撲, 傷.

＊＊al·can·zar [al.kan.θár / -.sár] 97 他 **1** …に達する, 届く. ~ la meta ゴールする. La asociación *alcanzó* los 4.000 socios. その団体は会員が4000人に達した.
2 追いつく；〈会合・乗り物などに〉間に合う. To-

davía puedes ~ la primera clase. 君はまだ1時間目の授業に間に合うよ. Casi le *alcanzas* en inteligencia. 知性の点では君はほとんど彼に劣っていない. **3**〈目的物を〉手に入れる, 獲得する. ~ su sueño 自分の夢をかなえる. ~ la fama 名声を得る. **4**〈時代などを〉生き延びる,〈時代に〉達する. Mis padres *alcanzaron* a Franco. 私の両親はフランコの時代に生きていた. **5**〈弾丸などが〉達する, 当たる；衝撃[影響]を与える. Le *alcanzó* uno de los disparos. 弾丸の一発が彼に当たった. La epidemia *alcanzó* toda la ciudad. 伝染病が町全体を襲った. **6**〈仕事などが〉〈人に〉のしかかる. A él le ha *alcanzado* valorar los resultados. 彼が結果を判断することになった. **7**〈意味などを〉理解する. **8**《主にラ米》渡す(= pasar). *Alcánza*me la sal. 私に塩をとってください.

━ 圁 **1**（**a...** に）達する, 到達する, 手が届く. hasta donde *alcanza* la vista 見えるところまで. **2**（**a+不定詞** …する）ようになる, に至る. *Alcanzaron a entender*lo después de muchas explicaciones. 彼らはたくさん説明を聞いてそれを理解できるようになった. No *alcanzo a comprender* lo que quieres decir. 君の言いたいことが理解できない（▶ alcanzar a いずれも「理解する」の意味になる. → 他 **7**）. **3**（**para...** に）十分である, 用を足す. No sé si la comida *alcanza para* todos. 食料がみんなに十分かどうかはわからない.

━ **~.se** 圉（**alcanzárse**le（**a+人**））(1)《《人》が》理解する；知っている. a lo que *se me alcanza* 私の理解では. (2)《《人に》思い浮かぶ. ¿Qué *se te alcanza a* ti?（君は）何を思いついたの.
[←［古スペイン］alcalçar（← acalçar）踵(^{かかと})を接する, すぐ後に続く；［ラ］calx, -cis「かかと」より派生］［関連］alcance

al·ca·pa·rra [al.ka.pá.ra] 囡 **1**【植】フウチョウボク. **2**《主に複数で》ケイパー, ケッパー：フウチョウボクのつぼみの酢漬け. 薬味や料理に用いる.
al·ca·pa·rre·ra [al.ka.pa.ré.ra] 囡【植】フウチョウボク.
al·ca·pa·rrón [al.ka.pa.rón] 男 フウチョウボクの実, ケイパー, ケッパー.
al·ca·pu·rri·a [al.ka.pu.rí.a] 囡《ラ米》《プエルトリコ》バナナ・ユカイモで肉・カニなどを包んだ揚げ物.
al·ca·ra·ván [al.ka.ra.bán] 男【鳥】イシチドリ.
al·ca·ra·ve·a [al.ka.ra.bé.a] 囡【植】**1** ヒメウイキョウ, カルム. **2** ヒメウイキョウの種子, キャラウェーシーズ：香辛料・薬用になる. [←［アラビア］［方言］*al-karawia*]
al·car·ce·ña [al.kar.θé.ɲa / -.sé.-] 囡【植】マメ科エルブム.
al·car·cho·fa [al.kar.tʃó.fa] 囡 → alcachofa.
al·ca·rra·za [al.ka.rá.θa / -.sa] 囡 素焼きの水壺(^{つぼ}). ◆壁からにじみ出る水の気化熱によって中の水が冷却される.
al·ca·rre·ño, ña [al.ka.ré.ɲo, -.ɲa] 形《スペイン中部の》ラ・アルカリア La Alcarria 地方の.
━ 男 ラ・アルカリア地方の住民[出身者].
al·ca·rria [al.ká.rja] 囡《平坦で草の少ない》高原, 台地.
al·car·taz [al.kar.táθ / -.tás] 男《複 alcartaces》→ alcatraz[1].

al·ca·ti·fa [al.ka.tí.fa] 囡 **1**《上質の》じゅうたん. **2**《舗装などの》基層.
al·ca·tra [al.ka.trá θ / -.trás] 男《複 alcatraces》**1**【植】アルム：サトイモ科アルム属の総称. **2**《菓子などを入れる》三角袋（= cucurucho）；《ラ米》(*)紙袋.
al·ca·traz² [al.ka.tráθ / -.trás] 男《複 alcatraces》【鳥】シロカツオドリ. ~ oscuro カツオドリ. [←［アラビア］*al-ghaṭṭās*「白い尾の海鳥」]
al·cau·cí [al.kau.θí / -.sí] 男【植】アーティチョーク, チョウセンアザミ（= alcachofa）.
al·cau·cil [al.kau.θíl / -.síl] 男 **1** → alcaucí. **2**《ラ米》《プエルトリコ》《俗》売春斡旋(^{あっせん})人, ぽん引き.
al·cau·dón [al.kau.ðón] 男【鳥】モズ.
al·ca·ya·ta [al.ka.já.ta] 囡 鉤釘(^{かぎくぎ}).
al·ca·yo·ta [al.ka.jó.ta] 囡《ラ米》【植】カボチャの一種：ジャムなどにする.
al·ca·za·ba [al.ka.θá.ba / -.sá.-] 囡《城壁で囲まれた町の中の》砦(^{とりで}), 城塞(^{じょうさい}).
al·cá·zar [al.ká.θar / -.sar] 男 **1**《アラビア風の》王宮；アルカサル（王城）. el A~ de Segovia セゴビア城. → palacio. **2** 城塞(^{じょうさい}), 要塞. **3**【海】船尾甲板, 後甲板. [←［［アラビア］*al-qaṣr*「砦, 城」←［ラ］*castrum* [関連] castillo. [英] *castle*]

alcázar（アルカサル：セビーリャ）

al·ca·zuz [al.ka.θúθ / -.sús] 男【植】カンゾウ.
al·ce¹ [ál.θe / -.se] 男【動】ヘラジカ.
al·ce² [ál.θe / -.se] 男 **1**《遊》《トランプ》カットしたカード. **2**《印》丁合いを取ること. **3**《ラ米》(1)《プエルトリコ》休息, 息抜き；チャンス, 機会. (2)(^{ケツサ})《サトウキビの》取り入れ.
alce(-) / **alcé(-)** 活 → alzar.
al·ce·do [al.θé.ðo / -.sé.-] 男 カエデの林.
Al·ces·tes [al.θés.tes / -.sés.-] 固名 **1**【ギ神】アルケスティス：夫アドメトス Admeto の身代わりとなって死ぬが Hércules によって黄泉(^{よみ})の国から救われる. **2**【文学】『アルケスティス』：エウリピデス作の悲劇.
al·ción [al.θjón / -.sjón] 男 **1**【鳥】カワセミ（= martín pescador）. **2**【動】ウミトサカ類.
al·cis·ta [al.θís.ta / -.sís.-] 形《相場・物価が》上昇する, 強含みの. tendencia ~ 値上がり傾向. mercado ~ 高相場.

— 男 〖商〗(株・商品の)値上がり追求型の投資家.

Alc·me·na [alk.mé.na] 固名 〖ギ神〗アルクメネ:アムピトリュオン Anfitrión の妻;夫の姿をした Zeus と交わり Hércules を産んだ.

*al·co·ba [al.kó.ba] 女 寝室 (= dormitorio). ~ matrimonial 夫婦の寝室. secretos de ~ 夫婦の秘め事.
　[←〖アラビア〗al-qubbah 「控えの小部屋」]

al·co·bi·lla [al.ko.bí.ja ‖ -.ʎa] 女 **1** 小寝室. **2** 天秤(ばかり)箱. [alcoba +縮小辞]

al·co·hol [al.ko.ól] 男 **1 アルコール, 酒精. ~ absoluto 無水アルコール. ~ desnaturalizado 変性アルコール. ~ de quemar 燃料用アルコール. ~ etílico [metílico] エチル[メチル]アルコール. ~ neutro 中性スピリッツ. los grados de ~ アルコール度数. **2** アルコール飲料, (蒸留酒などの)酒類. Es malo para la salud abusar del ~. アルコールを飲みすぎるのは健康に悪い. **3** 〖鉱〗方鉛鉱. **4** (化粧用の)コール墨. ♦アラビアの女性がアイシャドーとして使うアンチモンの粉末.
　[←〖古スペイン〗「(アイシャドー用の)アンチモンの粉末」←〖アラビア〗al-kohol (古典語は kuhl);「アルコール, 酒精」の意味で用いられるのは18世紀以降]

al·co·ho·lar [al.ko.(o.)lár] 他 **1** アルコールに変える. **2** 〖古語〗(まゆ・まぶたに)コール墨を使って化粧する. **3** (目を)アルコールで洗浄する. **4** 〖海〗タールを塗る.

al·co·ho·la·to [al.ko.(o.)lá.to] 男 **1** 〖化〗アルコラート:アルコールとアルカリ金属の化合物.
2 〖薬〗アルコール薬剤.

al·co·ho·le·mia [al.ko.(o.)lé.mja] 女 血中アルコール含量.

al·co·ho·le·ro, ra [al.ko.(o.)lé.ro, -.ra] 形 アルコール製造の. ― 男 蒸留所;蒸留酒製造工場. **2** アルコールの容器.

*al·co·hó·li·co, ca [al.ko.ó.li.ko, -.ka] 形 **1** アルコールの, アルコール含有の. intoxicación alcohólica アルコール中毒. **2** アルコール中毒にかかった.
― 男 女 アルコール中毒者. A~s Anónimos アルコール中毒者更生会.

al·co·ho·lí·me·tro [al.ko.(o.)lí.me.tro] 男 **1** アルコール(比重)計. **2** 酒気検査器.

al·co·ho·lis·mo [al.ko.(o.)lís.mo] 男 アルコール中毒(症) (= dipsomanía). ~ agudo [crónico] 急性[慢性]アルコール中毒.

al·co·ho·lis·ta [al.ko.(o.)lís.ta] 男 女 《ラ米》(方言) アルコール中毒者.

al·co·ho·li·za·ción [al.ko.(o.)li.θa.θjón / -.sa.sjón] 女 **1** 〖化〗アルコール飽和, アルコール化.
2 アルコール中毒になること.

al·co·ho·li·za·do, da [al.ko.(o.)li.θá.ðo, -.ða / -.sá.-] 形 (estar+) Está ~. 彼はアルコール中毒にかかっている. **2** 《ラ米》(方言) 泥酔した. ― 男 女 アルコール中毒者.

al·co·ho·li·zar [al.ko.(o.)li.θár / -.sár] 97 他 **1** 〖化〗アルコール化する;(液体に)アルコールを加える.
2 アルコール中毒にする. ― ~·se 再 **1** アルコール中毒になる. **2** 《ラ米》(方言) 深酒をする.

al·co·hó·me·tro [al.ko.ó.me.tro] 男 酒気検査器.

al·cor [al.kór] 男 〖文章語〗丘, 小さな山.

Al·co·rán [al.ko.rán] 男 コーラン:イスラム教の聖典 (= Corán).

al·cor·no·cal [al.kor.no.kál] 男 コルクガシの林.

al·cor·no·que [al.kor.no.ke] 男 **1** 〖植〗コルクガシ. **2** 〖軽蔑〗ばか, とんま (= pedazo de ~).

al·cor·no·que·ño, ña [al.kor.no.ké.ɲo, -.ɲa] 形 コルク(ガシ)の, コルク製の.

al·cor·que [al.kór.ke] 男 **1** コルク底のサンダル. **2** (雨水などがたまるように)木の根元に掘られたくぼみ.

al·cor·za [al.kór.θa / -.sa] 女 **1** (洋菓子の)砂糖衣, アイシング;砂糖の衣をまぶした菓子[ケーキ].
2 《ラ米》(方言) 感じやすい人, 涙もろい人.

al·cor·zar [al.kor.θár / -.sár] 97 他 **1** 砂糖の衣をまぶす. **2** 飾る, 飾り立てる.

al·co·tán [al.ko.tán] 男 〖鳥〗チゴハヤブサ.

al·co·ta·na [al.ko.tá.na] 女 つるはし;ピッケル.

al·cu·bi·lla [al.ku.bí.ja ‖ -.ʎa] 女 タンク, 貯水槽.

al·cu·ce·ro, ra [al.ku.θe.ro, -.ra / -.sé.-] 形 《話》甘党の, 菓子好きの.
― 男 女 油入れ alcuza の製造[販売]人.

al·cur·nia [al.kúr.nja] 女 家系;名門. familia de ~ 古い家柄, 旧家.

al·cu·za [al.kú.θa / -.sa] 女 **1** (台所で使う小出し用の)油入れ (= aceitera). **2** 《ラ米》(集)《複数で》(食卓用の酢と油の)調味料入れスタンド.

al·cuz·cuz [al.kuθ.kúθ / -.kus.kús] 男 〖料〗クスクス:粗びき小麦を蒸した粒状のもの. 北アフリカの料理で, 肉・野菜・果物を添えて食べる (= cuscús).

al·da·ba [al.dá.ba] 女 **1** (ドア)ノッカー (▶ ライオンの頭の形をしていることが多く玄関ドアについている).
2 かんぬき, 掛け金. **3** (馬をつなぐ壁の)環. **4** 《複数で》《話》コネ, 引き. agarrarse a buenas ~s コネに頼る. tener buenas ~s うまい手づるがある.

al·da·ba·da [al.da.bá.ða] 女 →aldabonazo.

al·da·ba·zo [al.da.bá.θo / -.so] 男 → aldabonazo.

al·da·be·ar [al.da.be.ár] 自 ドアノッカーで(何回も)コンコンとノックする, ノッカーで扉をたたく.

al·da·be·o [al.da.bé.o] 男 ドアノッカーでコンコンとノックすること, ノッカーで扉をたたくこと.

al·da·bi·lla [al.da.bí.ja ‖ -.ʎa] 女 (扉・トランクなどの)止め金, 掛け金.

al·da·bón [al.da.bón] 男 **1** 大型のノッカー. **2** 大型の取っ手. [aldaba +の増大辞]

al·da·bo·na·zo [al.da.bo.ná.θo / -.so] 男 **1** ドアノッカーで扉をたたくこと[音]. dar ~s en la puerta 戸口でノックする, ドアをノッカーでたたく. **2** 急な知らせ;警告. dar el primer ~ en la conciencia sobre... ...について良心に最初の警鐘を鳴らす.

*al·de·a [al.dé.a] 女 (独自の行政組織を持たない小さな)村, 村落. vivir en una pequeña ~ agrícola 小さな農村に暮らす. ~ global 地球村.
　[←〖アラビア〗ad-ḍayʕah]

al·de·a·nie·go, ga [al.de.a.njé.ɣo, -.ɣa] 形 → aldeano.

al·de·a·nis·mo [al.de.a.nís.mo] 男 《軽蔑》
1 (地方の人の)頑固さ, 偏狭.
2 田舎言葉[訛(なま)り]. **3** 粗野, 無教養.

al·de·a·no, na [al.de.á.no, -.na] 形 **1** 村の;田舎(風)の. fiesta aldeana 村祭り. **2** 田舎者の, 粗野な. ― 男 女 **1** 村人. **2** 田舎者, 粗野な人.

Al·de·ba·rán [al.de.ba.rán] 男 〖天文〗アルデバラン:おうし座の赤い1等星.

al·de·hí·do [al.de.í.ðo] 男 〖化〗アルデヒド. ~ acético アセトアルデヒド.

al·de·hue·la [al.de.(ɣ)wé.la] 女 小村. [aldea +縮小辞]

al·de·o·rrio [al.de.ó.rjo] / **al·de·o·rro** [al.de.ó.ro] 男 《軽蔑》寒村, 貧村.

al·de·rre·dor [al.de.r̃e.ðór] 副 周りに, 周囲に (= alrededor).

al·di·no, na [al.dí.no, -.na] 形《印》アルドゥス[アルダイン]版の. ♦イタリアの出版業者 Aldo Manucio (1450-1515) が作った活字やその本.

al·di·za [al.dí.θa / -.sa] 女《植》ヤグルマソウ, ヤグルマギク (= aciano).

al·do·he·xo·sa [al.do.ek.só.sa] 女《化》アルドヘキソース; 炭素原子6個をもつアルドース.

al·do·pen·to·sa [al.do.pen.tó.sa] 女《化》アルドペントース; 炭素原子5個をもつアルドース.

al·dor·ta [al.dór.ta] 女《鳥》ゴイサギ.

al·dos·te·ro·nis·mo [al.dos.te.ro.nís.mo] 男《医》アルドステロン症.

¡a·le! [á.le] 間投 さあさあ, さあ, それ (= ¡hala!).

a·le·a·ción [a.le.a.θjón / -.sjón] 女 合金にすること; 合金. ~ de aluminio アルミ合金. ~ ligera 軽合金.

a·le·a iac·ta est [á.lé.a xák.ta és(t) // á.le.a ják.ta ést] [ラ] 賽は投げられた (= La suerte está echada). ♦カエサル César が前49年 Rubicón 川を渡り戦場に赴く際に発した, 重大な決断を表す言葉.

a·le·ar[1] [a.le.ár] 自 **1** 羽ばたく.
2 健康[活力, 元気]を取り戻す.

a·le·ar[2] [a.le.ár] 他 合金にする. ~ el cobre con el oro 銅に金を混ぜる.

a·le·a·to·rio, ria [a.le.a.tó.rjo, -.rja] 形 運次第の, 偶然に支配される, 不確実な. contrato ~ 射幸契約. número ~ 《数》乱数. acceso ~ 《IT》ランダムアクセス.

a·le·brar·se [a.le.brár.se] [8] 再 **1** (隠れるために)地面に伏せる. **2** おじけづく, ひるむ. **3** 《ラ米》(1)動揺する, 不安になる. (2) 元気になる; あか抜ける.

a·le·bres·tar·se [a.le.bres.tár.se] / **a·le·bro·nar·se** [a.le.bro.nár.se] 再 → alebrarse.

a·lec·cio·na·dor, do·ra [a.lek.θjo.na.ðór, -.ðó.ra / -.sjo.-] 形 教訓的な, 啓発的な; 戒めの. historia *aleccionadora* ためになる話. castigo ~ 見しめの懲罰.

a·lec·cio·na·mien·to [a.lek.θjo.na.mjén.to / -.sjo.-] 男 教えること, しつけ; 訓練.

a·lec·cio·nar [a.lek.θjo.nár / -.sjo.-] 他 **1**《**en...** / **sobre...** …について》教える, しつける; 訓練する (= instruir). La he aleccionado *sobre* cómo manejar el ordenador. 私は彼女にそのコンピュータの使い方を教えた.
2 説教する; 戒める (= escarmentar).

a·le·ce [a.lé.θe / -.se] 男 **1**《魚》→ aleche.
2《料》鯛肝煮.

a·le·cha·do, da [a.le.tʃá.ðo, -.ða] 形《ラ米》ミルクの(ような); ミルクを加えた.

a·le·che [a.lé.tʃe] 男《魚》カタクチイワシ, アンチョビー.

a·le·chu·ga·do, da [a.le.tʃu.gá.ðo, -.ða] 形《服飾》ひだ[フリル]のある. cuello ~ ひだ襟.

a·le·da·ño, ña [a.le.ðá.ɲo, -.ɲa] 形 隣接した. región *aledaña* del [al] Ebro エブロ川流域の地方. — 男《複数で》近郊, 周辺部; 付近.

á·lef [á.lef] 男 (または女) アレフ: ヘブライ語アルファベットの第1字.

a·le·fa·to [a.le.fá.to] 男 **1** ヘブライ語の子音列.
2 → alifato.

a·le·ga·ción [a.le.ga.θjón / -.sjón] 女 **1** 主張, 申し立て, 陳述(書). *alegaciones* a favor [en contra] de... …に有利な[不利な]主張.
2《ラ米》議論, 言い争い.

a·le·ga·dor, do·ra [a.le.ga.ðór, -.ðó.ra] 形《ラ米》議論好きな.

a·le·ga·mar [a.le.ga.már] 他〈畑に〉沃土(を)[堆肥(を)]を入れる. — ~·se 再 泥[沃土]で覆われる.

a·le·ga·nar·se [a.le.ga.nár.se] 再 → alegamarse.

*__a·le·gar__ [a.le.gár] 103 他 **1** (証拠などを)提示する; (理由・根拠などをあげて)主張する. ~ razones 根拠を掲げる. Para disculparse de no haber venido *alegó* que había estado enfermo. 来なかった弁解に病気のせいだと彼は言い訳した.
2《法》(弁護のために)〈法律などを〉引き合いに出す, 引用する. **3**《ラ米》議論する, …に反論する.
— 自《ラ米》議論する, 言い争う.

a·le·ga·to [a.le.gá.to] 男 **1**《法》陳述(書), 申し立て, 弁論. el ~ del abogado defensor 被告弁護人の陳述. **2** (賛成・反対の) 論拠, 主張. formular ~s a favor [en contra] de... …に賛成[反対]の主張をする. **3**《ラ米》議論, 言い争い.

a·le·ga·to·rio, ria [a.le.ga.tó.rjo, -.rja] 形 申し立ての, 陳述の, 主張のための.

a·le·go·rí·a [a.le.go.rí.a] 女 **1** 寓意(ぐうい), 寓喩(ぐうゆ), アレゴリー. **2** 寓話, 寓意詩, 寓意画[像].

a·le·gó·ri·co, ca [a.le.gó.ri.ko, -.ka] 形 寓意(ぐうい)的な, 寓意を含んだ.

a·le·go·ris·mo [a.le.go.rís.mo] 男 寓意(ぐうい)を用いること.

a·le·go·ri·za·ción [a.le.go.ri.θa.θjón / -.sa.sjón] 女 寓意(ぐうい)的に解釈すること, 寓意的意味を付与すること.

a·le·go·ri·zar [a.le.go.ri.θár / -.sár] 97 他 たとえ話をする, 寓喩(ぐうゆ)を用いる; 寓意的に解釈する.

__a·le·grar__ [a.le.grár] 他 **1 喜ばせる, 楽しませる. El triunfo *alegró* a todos. その勝利は皆を喜ばせた. Me *alegra* oírte. 君の声を聞いてうれしいよ. Me *alegra* mucho *que* todo te *vaya* bien. 君が順調で本当にうれしい (► que 以下が主語, 節内の動詞は接続法).
2 〈場所・ものを〉華やかにする, 明るくする. El sofá rosado *alegraba* la habitación. ピンクのソファーが部屋に彩りを与えていた. Prepararon un espectáculo para ~ la fiesta. パーティーを盛り上げるために出し物が準備された. **3**《まれ》〈火などを〉かきたてる. **4**《闘牛》〈牛を〉興奮させる. **5**《海》(1)〈ロープを〉緩める. (2)〈船を〉軽くする.

— ~·se 再 **1** (1)《**de**+不定詞 / (**de**) **que**+接続法 …することを》喜ぶ, うれしく思う. Mis padres *se alegraron* mucho *de* verme. 両親は私の顔を見てとても喜んだ. Me *alegro de que* estés bien. 君が元気でうれしい. (2)《**de...** / **por...** / **con...** …で》喜ぶ. Nos *alegramos con* la noticia. 私たちはそのニュースを聞いて喜んだ.
2 陽気になる; 〈話〉酔って上機嫌になる. *Alégrate* y sonríe. 元気を出して笑って. *Se alegra* con un poco de vino. 彼[彼女]は少しのワインで酔っ払う.

*__a·le·gre__ [a.lé.gre] 形 **1** (＋名詞 / 名詞＋)《**ser**＋ / **estar**＋》陽気な, 快活な, 楽しい (↔triste). jóvenes ~s 陽気な若者たち. la ~ noticia うれしい知らせ. música ~ 明るい音楽. La ciudad *estaba* muy ~. 町はとてもにぎやかだった.
2《**estar**＋》《**con...** / **de...** / **por...** …を》〈人が〉喜んで, うれしい, 楽しい (↔triste). Ella no *está*

alegremente

muy ～ con la noticia. 彼女はその知らせをあまり喜んでいない. *Me siento* ～ *escuchando esa canción*. その歌を聞いていると私は楽しい. *Bailaron* ～*s*. 彼らは楽しそうに踊った. **3** 《+名詞/名詞+》《*ser*+》《場所・色合いが》明るい. *faldas de colores* ～*s* 鮮やかな色のスカート. **4** 《話》《*estar*+》《人が》ほろ酔いの. *Nos pusimos un poco* ～*s con el vino*. 僕たちはワインで少しいい心持ちになった. **5** ふしだらな. *mujeres* ～*s* 売春婦たち. **6** 軽率な, いいかげんな.
── 自 → alegrar.
alegre de cascos 軽率な, 浮かついた.
alegre de corazón 《人が》気楽な, 楽天的な.
de vida alegre 《話》《性的に》だらしない. *chicas de vida* ～ 《婉曲》売春婦たち.
más alegre que unas castañuelas [*pascuas, Pascuas*] / *alegre como unas castañuelas* [*pascuas, Pascuas*] 大喜びで.
[← 《俗》 *alecris *alicer の対格) ← 〔ラ〕 *alacer*「活気のある」; 関連 〔伊〕 *allegro*]

***a·le·gre·men·te** [a.lé.ɡre.mén.te] 副 **1** 陽気に; 楽しく. *pasar los días* ～ 楽しく日々を過ごす. **2** 軽率に, よく考えずに. *Hablan* ～ *de un tema tan delicado*. 彼らはそれほどまでにデリケートな話題を軽々しく話している.

a·le·gre·to [a.le.ɡré.to] 副 〖音楽〗アレグレットで, やや軽快に. ── 男 アレグレット (の曲・楽章).
[← 〔伊〕 *allegretto*]

****a·le·grí·a** [a.le.ɡrí.a] 女 **1** 喜び; うれしさ. *saltar de* ～ うれしさに小躍りする. *trabajar con* ～ 生き生きと働く. ¡*Qué* ～ *que hayas venido!* 君が来てくれるなんて本当にうれしいよ. **2** 陽気さ, にぎやかさ. *La despertó la* ～ *de la mañana*. 朝のにぎやかな音がしてきて彼女は目が覚めた. **3** 軽々しさ, 軽率. ～ *inversora* 無謀な投資; 投資の明るい動き. *con* ～ *y desparpajo* 屈託なく無遠慮に. **4** 〖植〗 (1) ゴマ (= ajonjolí). (2) アフリカホウセンカ (= ～ *del hogar*). **5** 《複数で》〖音楽〗アレグリーアス: 明るく活発なリズムを持つフラメンコの一つの形式の一種.

a·le·gro [a.lé.ɡro] 副 〖音楽〗アレグロで, 軽快に. ── 男 アレグロ (の曲・楽章). ── 自 → alegrar.
[← 〔伊〕 *allegro*]

a·le·grón, gro·na [a.le.ɡrón, -.ɡró.na] 形 《ラ米》《話》(1) ほろ酔い気分の. (2) 浮気な, ほれっぽい. ── 男 《ラ米》《話》 ぼや浮気者. ── 男 《話》 思いがけない大きな喜び. **2** 明るく燃え上がった炎. ── 女 《ラ米》 《ḍespect》 《軽蔑》売春婦, 娼婦 (ʲóbʲ).
dar a + 人 *un alegrón* 《人》を大喜びさせる.
llevar(se) un alegrón 《人》が (思いがけないことで) 大喜びする.

A·leix·an·dre [a.leik.sán.dre] 固名 アレイクサンドレ Vicente ～ (1898-1984): スペインの詩人, ノーベル文学賞 (1977). 作品 *Historia del corazón*『心の歴史』.

a·le·ja·do, da [a.le.xá.ðo, -.ða] 形 **1** 《*de*... から》遠い, 遠く離れた (= lejano). *un pueblo* ～ *de todo* ひどく辺鄙 (ʰ˜) な村. **2** 《*de*...》 《…と》縁を切った. ～ *de los intereses del mundo* 俗事から離れた. *Está* ～ *de la política*. 彼は政治から遠ざかっている.

a·le·ja·mien·to [a.le.xa.mjén.to] 男 離れていること; 疎遠.

A·le·jan·drí·a [a.le.xan.drí.a] 固名 アレクサンドリア: エジプト北部の港湾都市. *el faro de* ～ アレクサンドリアの灯台 (◆世界七不思議の一つ).

a·le·jan·dri·no, na [a.le.xan.drí.no, -.na] 形 **1** 《エジプトの》アレクサンドリアの. **2** アレクサンドリア学派の. **3** 〖文〗 アレクサンドル詩句の. ── 男 女 アレクサンドリアの住民 [出身者].
── 男 〖詩〗 アレクサンドル詩句. ◆スペイン語のアレクサンドル詩句は二つの半行に分けられた14音節からなる.
── 女 アレクサンドル詩句による連.

a·le·jan·dri·ta [a.le.xan.drí.ta] 女 〖鉱〗アレキサンドライト.

A·le·jan·dro [a.le.xán.dro] 固名 **1** ～ Magno アレクサンドロス大王, アレクサンダー大王: マケドニアの王 (在位前336-323). **2** アレハンドロ: 男子の洗礼名. [← 〔ラ〕*Alexander* ← 〔ギ〕 *Aléxandros* (「人間の守護者」が原義); 関連 〔ポルトガル〕 〔仏〕 *Alexandre*. 〔伊〕 *Alessandro*, 〔英〕 〔独〕 *Alexander*]

***a·le·jar** [a.le.xár] 他 《*de...* …から》 **1** 遠ざける, 引き離す. ～ *una silla de la ventana* いすを窓から離す. ～ *al niño de las malas compañías* 子供を悪い仲間から引き離す. **2** 追いやる, 追い払う. ～ *una idea de la mente* 頭からある考えを払いのける. *Este olor aleja a los mosquitos*. このにおいは蚊 (ʰ) を寄せ付けない.
── ～*·se* 再 《*de...* …から》 遠ざかる, 離れる. ～*se de la casa* 家から離れる. ～*se del buen camino* 正しい道から外れる. *Se fue alejando de mi lado*. 彼[彼女]は私のそばから離れていった.
[a- + lejos + 動詞語尾]

a·le·jur [a.le.xúr] 男 → alajú.

a·le·la·do, da [a.le.lá.ðo, -.ða] 形 《*ser*+ / *estar*+》 ぼんやりした, まのぬけた.

a·le·la·mien·to [a.le.la.mjén.to] 男 呆然 (ざ) 鈍感; 無気力.

a·le·lar [a.le.lár] 他 ぼうっとさせる (= abobar).
── ～*·se* 再 ぼうっとする, きょとんとする.

a·le·lí [a.le.lí] 男 → alhelí.

a·lé·li·co, ca [a.lé.li.ko, -.ka] 形 対立遺伝子の.

a·le·lo [a.lé.lo] 男 対立遺伝子.

a·le·lo·mor·fo, fa [a.le.lo.mór.fo, -.fa] 形 《遺伝子》の.

a·le·lu·ya [a.le.lú.ja] 間投 **1** ハレルヤ. ◆ヘブライ語で「感激もて主を賛美せよ」の意. 主に復活祭の時に教会で唱される歓喜の声. **2** めでたい; ありがたい.
── 男 (または女) **1** ハレルヤ聖歌, アレルヤ踊 (ʰɪ).
2 《ラ米》 (ˡápo) (軽蔑) プロテスタント.
── 女 **1** (aleluya の文字の入った一綴 (ʰ) りの宗教画: 聖土曜日に教会の中で行列に向かって投げられる. **2** 押韻した 2 行連句 (= pareado). **3** 喜び, 歓喜. *estar de* ～, *estar en* ～ *pura*. 喜んでいる. *cara de* ～ 喜顔. **4** (復活祭に修道女が配る) aleluya の文字が書かれたミルクケーキ. **5** 《話》《複数で》下手な詩. **6** 《話》 やせすぎの人. **7** 〖植〗 コミヤマカタバミ. **8** 《ラ米》 (1) いい加減な言い訳 [口実]. (2) (ʰá) ハイビスカス; (薬味・薬用に用いる) アオイ科の植物. (3) (ʰɔ) 甘やかされた子; 後生大事にされた子.

a·le·ma [a.lé.ma] 女 **1** 灌漑 (ʰᵍ) 用水の分け前. **2** 《ラ米》 (ʰɪˢ) 《複数で》川岸にある水浴場.

***a·le·mán, ma·na** [a.le.mán, -.má.na] 形 《複 alemanes》《名詞+》《*ser*+》ドイツの; ドイツ人[語]の (→ Alemania). *el gobierno* ～ ドイツ政府. *la Federación Alemana de Tenis* ドイツテニス連盟.
── 男 女 ドイツ人. ── 男 ドイツ語.
pastor alemán シェパード犬.

a·le·ma·nes·co, ca [a.le.ma.nés.ko, -.ka] 形 →

alemanisco.

A・le・ma・nia [a.le.má.nja] 固名 ドイツ. República Federal de ～ ドイツ連邦共和国：首都 Berlín.《略 RFA》◆1990年，ドイツ民主共和国 República Democrática de ～《略 RDA》(旧東ドイツ)が旧西ドイツに編入され統一.
[←[後ラ] *Alemannia*; *Alemanni*（ゲルマンの一部族）+ *-ia*「地域, 国」]

a・le・má・ni・co, ca [a.le.má.ni.ko, -.ka] 形 ドイツ(人, 語)の. —男 高地ドイツ語, 高ドイツ語.

a・le・mán・is・co, ca [a.le.ma.nís.ko, -.ka] 形 ドイツ(人, 語)の.

a・len・dro・na・to [a.len.dro.ná.to] 男 骨粗鬆(ミッ)症の治療薬.

a・len・ta・da [a.len.tá.ða] 女 ひと息. de [en] una ～ ひと息で, 一気に.

a・len・ta・do, da [a.len.tá.ðo, -.ða] 形 **1** 励まされた, 勇気[元気]づけられた. *A*～ *por los éxitos de su tío, decidió hacerse futbolista profesional*. おじの成功に勇気づけられて彼はプロのサッカー選手になる決心をした. **2** 勇敢な, 勇気のある. **3**《ラ米》(1)《チラ》《話》手拍子を打つ, 拍子を取る. (2)《ラプ》丈夫な, 健康な; 回復した, 元気になった. (3)《ラプ》《話》大食らいの, たくさん食べる.

a・len・ta・dor, do・ra [a.len.ta.ðór, -.ðó.ra] 形 元気づける; 見通しの明るい. *noticia alentadora* 朗報.

a・len・tar [a.len.tár] 8 他 **1** 励ます, 元気づける; (**a** +不定詞 / **a que** +接続法…するように)〈人を〉励ます. *Sus palabras me alentaron a seguir adelante en mi trabajo*. 彼[彼女]（ら）の言葉によって私は仕事を続けていく勇気が出た. **2**〈感情などを〉持ち続ける. *Ana alienta la ilusión de visitar Japón*. アナは日本を訪れたいとずっと願っている. **3**《ラ米》《チラ》《ラプ》拍手(かっさい)する.
—自 **1** 呼吸する; 生きている (= respirar). *sin* ～ じっと息をつめて, 黙って, 文句を言わずに. **2**〈感情が〉息づく, 燃える. *En su pecho alienta el amor a la patria*. 彼[彼女]の胸は祖国愛に燃えている. **3**《ラ米》(1)《ラプ》《チラ》拍手(かっさい)する. (2)《チラ》《ラプ》《ラプ》病気が治る, 回復する.
—～**se** 再 **1** 元気[活気]づく.
2《ラ米》(1)《チラ》《ラプ》(ᴺᵃ) 回復する, 健康を取り戻す. (2)《ラプ》(ᴺᵃ) 出産する.
[←［俗ラ］ *alēnitāre ←［ラ］*anhēlāre*「あえぐ」]

a・le・o・na・do, da [a.le.o.ná.ðo, -.ða] 形 **1** 黄褐色の, ライオンの毛の色をした.
2《ラ米》(ᴺᵃ) 騒ぎを起こす, 扇動的な.

a・le・o・nar [a.le.o.nár] 他《ラ米》(ᴺᵃ)《話》励ます, 元気づける.

a・le・pan・ta・do, da [a.le.pan.tá.ðo, -.ða] 形《ラ米》《チラ》《話》思いにふけった, 夢中になった.

a・le・pa・te [a.le.pá.te] 男《ラ米》(ᴺᵃ)《昆》シラミ.

aleph [á.lef] 男 →álef.

a・ler・ce [a.lér.θe] 男 **1**《植》カラマツ. ～ *africano* サンダラックノキ. ～ *europeo* オウシュウカラマツ.

a・ler・gé・ni・co, ca [a.ler.xé.ni.ko, -.ka] 形 アレルギーを誘発する.

a・ler・ge・no, na [a.ler.xé.no, -.na] / **a・lér・ge・no, na** [a.lér.xe.no, -.na] 形 アレルギーを誘発する, アレルゲンの.
—男 アレルゲン；アレルギー抗原.

a・ler・gia [a.lér.xja] 女 **1**《医》アレルギー. ～ *al polen* 花粉アレルギー. ～ *a fármacos* 薬物アレルギー. ～ *alimentaria* 食事性アレルギー. ～ *nasal* 鼻アレルギー. *tener* ～ *a...* …にアレルギーがある. *A mi hijo le dan* ～ *las gambas*. 私の息子はエビにアレルギーがある. **2** 反感, 毛嫌い. *tener* ～ *a* +人〈人〉を毛嫌いする.

a・lér・gi・co, ca [a.lér.xi.ko, -.ka] 形 アレルギー(性)の, アレルギー体質の；大嫌いな. *Ella es alérgica al polen*. 彼女は花粉アレルギーだ. *Carlos es* ～ *a las adulaciones*. カルロスはお世辞が大嫌いだ.
—男女 アレルギー体質の人.

a・ler・gió・lo・go, ga [a.ler.xjó.lo.go, -.ga] 男女 → alergólogo.

a・ler・gis・ta [a.ler.xís.ta] 男女 → alergólogo.

a・ler・gó・ge・no, na [a.ler.gó.xe.no, -.na] 形 → alergénico.

a・ler・go・lo・gí・a [a.ler.go.lo.xí.a] 女《医》アレルギー学.

a・ler・gó・lo・go, ga [a.ler.gó.lo.go, -.ga] 男女 アレルギー専門医.

a・le・ro [a.lé.ro] 男 **1**《建》軒, ひさし. **2**《車》泥よけ, フェンダー. **3**《スポ》ウイング.
estar en el alero 不確実である；〈人が〉(職や地位について)不安定である.

a・le・rón [a.le.rón] 男 **1**《航空》補助翼, エルロン；フラップ. **2**《車》リアウイング. **3**《話》わきの下.

a・ler・ta [a.lér.ta] 副 警戒して, 用心して.
—形《時に性数不変》油断のない, 用心[注意]深い. *estar* (*con ojo*) ～ 油断なく見張っている. *escuchar con* (*el*) *oído* ～ 耳をすまして聞く. *ponerse* ～ 警戒する, 用心する.
—女 (または副)(警戒)警報；《軍》待機(命令). *estar en* ～ 警戒している. ～ *aérea* 空襲警報；(戦闘機の)空中待機. *en estado de* ～ 警戒態勢を取って. —間投 注意[警戒]せよ. *¡A*～, *no te asomes por la ventana!* 危ない, 窓から身を乗り出すな.
alerta roja 緊急[非常]事態. *declarar la* ～ *roja* 非常事態を宣言する.
dar la alerta sobre... …について警報を出す.
[←［伊］*all'erta*「坂の上に立って, 見張りをして」(*all'* 'a la' + *erta*「坂」) 関連［英］*alert*]

a・ler・tar [a.ler.tár] 他 (**de...** / **sobre...** …の)危険をしらせる, 警告する (= avisar). —自 警戒する.

a・ler・to, ta [a.lér.to, -.ta] 形《まれ》→ alerta.

a・le・ta [a.lé.ta] 女 **1** (魚・海獣などの)ひれ, ひれ足；(潜水用の)足ひれ. *ponerse las* ～*s* こけらふく.
2 小鼻, 鼻翼. **3**《車》フェンダー, ウイング. **4**《航空》～ *de aterrizaje* 着陸フラップ. ～ *de dirección* 垂直安定板. **5**《軍》(ミサイルなどの)翼根, 翼. **6**《技》(1) (冷却器などの)ひれ, リブ. ～ *de refrigeración* 冷却用リブ. (2) (タービンなどの)羽根.

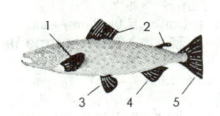

aleta (ひれ)
1 ～ *pectoral* 胸びれ.
2 ～ *dorsal* 背びれ.
3 ～ *ventral* 腹びれ.
4 ～ *anal* 臀びれ.
5 ～ *caudal* 尾びれ.

a・le・tar・ga・do, da [a.le.tar.gá.ðo, -.ða] 形 **1** 昏睡(ᴺᵃ)(状態)の；冬眠(状態)の.
2 居眠りした, まどろんだ.

a・le・tar・ga・mien・to [a.le.tar.ga.mjén.to] 男 **1** 昏睡(ᴺᵃ)；冬眠. **2** 居眠り, まどろみ.

a・le・tar・gar [a.le.tar.gár] 103 他 **1** 眠くさせる；

aletazo

無気力にする. No quiero tomar estas pastillas porque me *aletargan*. 眠くなるので私はこの錠剤を飲みたくない. **2** 昏睡(※)状態にさせる;冬眠させる.
— **~·se** 再 眠くなる;冬眠する.

a·le·ta·zo [a.le.tá.θo / -.so] 男《ラ米》(1)《⁺ₓ》《俗》盗み, 詐取. (2)《ﾒﾆｼ》《ᵈ》《話》平手打ち, びんた.

a·le·te·ar [a.le.te.ár] 自 **1**〈鳥が〉羽ばたきする;〈魚が〉ひれを動かす;〈人が〉腕をばたつかせる.
2 はためく;ちらちら見える.
3 健康[活力, 元気]を取り戻す.

a·le·te·o [a.le.té.o] 男 **1** 羽ばたき(の音);はためき. **2** 動悸(ᵂ). ~ **auricular** 心房粗動.

a·le·to [a.lé.to] 男《鳥》オナガハブサ.

a·leu·dar [a.leu.ðár] 他 〈パン種で〉膨らませる, 発酵させる. — **~·se** 再 〈パンが〉膨らむ.

a·leu·tia·no, na [a.leu.tjá.no, -.na] 形 アリューシャン列島の.
— 男 女 アリューシャン列島の住民[出身者].

a·le·ve [a.lé.βe] 形 →alevoso.

a·le·vín [a.le.βín] 男 **1** (放流・養殖用の)稚魚.
2 新入り, 初心者.
— 形《スポ》中学年の, benjamín より上で infantil より下の年齢層の. ► benjamín が「低学年」, alevín が「中学年」, infantil が「高学年」に相当.
— 男 女《スポ》中学年で benjamín より上で infantil より下の年齢層[の]選手.

a·le·vo·sa [a.le.βó.sa] 女《獣医》がま腫(ᴴ): 家畜の舌下にできる腫物(ᴷᴸ).

a·le·vo·sí·a [a.le.βo.sí.a] 女 **1**《法》(犯罪の)計画性. **2** 裏切り, 背信.
con premeditación y alevosía《法》予謀と計画性をもって; 《話》ひそかに計画[準備]されて.

a·le·vo·so, sa [a.le.βó.so, -.sa] 形《犯罪が》計画的な;裏切りの. — 男 女 計画的犯罪者; 裏切り者.

a·le·xia [a.lék.sja] 女《医》失読(症), 読書不能(症).

a·le·xi·fár·ma·co [a.lek.si.fár.ma.ko] 男《医》解毒剤 (= antídoto).

a·le·xi·ti·mia [a.lek.si.ti.mja] 女《医》失感情症.

a·le·ya [a.lé.ja] 女 コーランの節[文章].

a·le·zo [a.lé.θo / -.so] 男《医》出産直後の産婦のいる腹帯.

al·fa¹ [ál.fa] 女 [el ~, un [una] ~] アルファ (A, α): ギリシャ語アルファベットの第1字. **rayo ~**《物理》アルファ線.
alfa y omega 初めと終わり; 《宗》(万物の初めと終わりとしての)キリスト.

al·fa² [ál.fa] 女 [el ~, un [una] ~]《ラ米》《植》アルファルファ, ムラサキウマゴヤシ.

al·fá·be·ga [al.fá.βe.ga] 女《植》メボウキ, バジル.

al·fa·bé·ti·co, ca [al.fa.βé.ti.ko, -.ka] 形 アルファベット(順)の. **por orden ~** アルファベット順に.

al·fa·be·ti·za·ción [al.fa.βe.ti.θa.θjón / -.sa. sjón] 女 **1** (非識字者の)読み書き教育. **campaña de ~** 識字運動. **2** アルファベット順(にすること).

al·fa·be·ti·zar [al.fa.βe.ti.θár / -.sár] 97 他
1 読み書きを教える. **2** アルファベット順に並べる.

****al·fa·be·to** [al.fa.βé.to] 男 **1** アルファベット, 字母 (= abecedario). ~ **español** スペイン語アルファベット. ~ **griego** ギリシャ語アルファベット.

類語 **abecé** は主にヨーロッパの文字について用いられる. **alfabeto** は一般的な用語で, インド・ヨーロッパ語以外の字母についても用いられる (→ *al-fabeto árabe* アラビア語の字母). 日本語の仮名に対しては **silabario** が用いられる.

2 記号体系. ~ **de los sordomudos** 指話文字. ~ **fonético** 発音記号, 音声字母. ~ **Braille** 点字. ~ **Morse** モールス(電信)符号.
[← 《後ラ》*alphabētum* ← 《ギ》*Alphábētos* (ギリシャ字母「アルファ」+「ベータ」)]

al·fa·gua·ra [al.fa.gwá.ra] 女 豊かな泉.

al·fa·je·me [al.fa.xé.me] 男《古語》→barbero.

al·fa·jí·a [al.fa.xí.a] 女 →alfarjía.

al·fa·jor [al.fa.xór] 男 **1** アーモンド・クルミ・はちみつ入りの菓子. **2**《ラ米》《⁺ₓ》《古語》《⁺ₓ》ジャムなどを挟んだトルティージャ **tortilla** (の菓子).
(2)《ﾒﾆｼ》タピオカの菓子.

al·fal·fa [al.fál.fa] 女《植》アルファルファ, ムラサキウマゴヤシ. [←《アラビア》*al-faṣfaṣa*]

al·fal·fal [al.fal.fál] 男 アルファルファの野原.

al·fal·far [al.fal.fár] 男 → alfalfal.
— 他《ラ米》《⁺ₓ》《ᵃᵇ》…にアルファルファの種をまく.

alfalfa
(アルファルファ)

al·fan·do·que [al.fan.dó.ke] 男《ラ米》(1)《ᵈ》《ᵃᵇ》サトウキビの糖蜜にアニス・牛乳などを混ぜ, 葉に包んだ菓子. (2)《ᵈ》ヌガー. (3)《ᵈ》《⁺ₓ》マラカス.

al·fa·ne·que [al.fa.né.ke] 男《鳥》チョウゲンボウ;ノスリ.

al·fan·je [al.fáŋ.xe] 男 **1** 三日月刀, 新月刀.
2《魚》メカジキ (= pez espada).

al·fa·nu·mé·ri·co, ca [al.fa.nu.mé.ri.ko, -.ka] 形《IT》文字数字式の.

al·fa·nú·me·ro [al.fa.nú.me.ro] 男《IT》文字と数字;文字と数字の両用.

al·fa·ñi·que [al.fa.ɲí.ke] 男《ラ米》(1)《⁺ₓ》《古語》《ᵈ》(ᵃᵇ) →alfeñique.

al·fa·que [al.fá.ke] 男《主に複数で》(河口の)砂州.

al·fa·quí [al.fa.kí] 男 ウラマー:イスラム教の法博士.

al·far [al.fár] 男 **1** 陶器工場, 窯元 (= alfarería). **2** 粘土, 陶土.

al·fa·raz [al.fa.ráθ / -.rás] 男 [複 **alfaraces**]《古語》(アラビアの軽騎兵用の)馬.

al·far·da [al.fár.ða] 女《史》キリスト教国でイスラム教徒やユダヤ教徒が納めた貢租の一種.

al·far·di·lla [al.far.ðí.ja ‖ -.ʎa] 女 金[銀]モール.

al·fa·re·rí·a [al.fa.re.rí.a] 女 陶芸;陶器工場, 窯元;陶器店.

al·fa·re·ro, ra [al.fa.ré.ro, -.ra] 男 女 陶工.

al·far·je [al.fár.xe] 男《建》(幾何学模様の)寄せ木造りの天井.

al·far·jí·a [al.far.xí.a] 女 **1** 窓枠[戸枠]用の角材 (通常14×10cm). **2** 屋根材.

al·fa·ya·te, ta [al.fa.já.te, -.ta] 男 女《古語》仕立て屋.

al·féi·zar [al.féi.θar / -.sar] 男《建》窓台, 窓敷居;(窓・扉を取り付けるための)壁の切り込み.

al·fe·ñi·car·se [al.fe.ɲi.kár.se] 102 再《話》
1 やせる, スリムになる. **2** 上品ぶる, 気取る.

al·fe·ñi·que [al.fe.ɲí.ke] 男 **1** (砂糖を煮固めて作った) 棒状の飴(ᵃ)菓子. **2** 《話》きゃしゃな人, 体力のない人. **3**《話》気取り. **4**《ラ米》《⁺ₓ》パネラ **panela** で作る菓子.

al·fe·re·cí·a [al.fe.re.θí.a / -.sí.-] 女 **1**《医》てん

al·fé·rez [al.fé.reθ / -.res] 男 [複 alféreces]
1〖軍〗(1) 少尉. ～ de fragata 海軍少尉. ～ de navío 海軍中尉. (2) 旗手. **2**〖ラ米〗(1) 祭りを取り仕切る有力者；祭りの行列の旗手. (2)〘ホ*〙信頼できる人物. (3)〘ホ¹〙先住民の村の官職名.

al·fe·rraz [al.fe.řáθ / -.řás] 男 [複 alferraces]〖鳥〗(タカ狩り用の) タカ, ハヤブサ.

al·fi·coz [al.fi.kóθ / -.kós] 男〖植〗キュウリ.

al·fil [al.fíl] 男〖遊〗(チェス) ビショップ.

*__al·fi·ler__ [al.fi.lér] 男 **1** ピン；留め針, 飾りピン (= broche). sujetar con un ～ ピンで留める. ～ de corbata ネクタイピン. ～ de seguridad / ～ de gancho〘ラ米〙/ ～ de nodriza〘ｺﾛﾝ〙/ ～ de criandera〘ﾍﾞﾈ〙安全ピン.
2〖植〗オランダフウロ.
estar de veinticinco alfileres《話》めかし込んでいる, 着飾っている.
no caberle (a+人) un alfiler de gusto《ラ米》(人)がうれしさのあまり有頂天になる.
no caber (ni) un alfiler《話》満員である, 立錐〘ﾂｲ〙の余地もない.
para alfileres《話》心づけに, チップとして；(妻子らへの) 小遣い銭に.
prendido [pegado] con alfileres《話》不安定な；中途半端な, 不確かな.
[←〔古スペイン〕*alfilel* ←〔アラビア〕*al-jilāl*]

al·fi·le·ra·zo [al.fi.le.řá.θo / -.so] 男 **1** 針のひと刺し. **2** 皮肉, 嫌み. Siempre me está tirando ～*s*. 彼[彼女]はいつも私にちくちくと皮肉を言う.

al·fi·le·ri·llo [al.fi.le.rí.ʎo / -.ʎo] 男〘ラ米〙(1)〘ﾒｷｼ〙〖植〗オランダフウロ. (2)〘ｱﾙｾﾞ〙とげの長いサボテンの一種. (3) (タバコの葉につく) 寄生虫.

al·fi·le·te·ro [al.fi.le.té.ro] 男 針を入れる (筒状の) ケース；針山.

al·fiz [al.fíθ / -.fís] 男 [複 alfices] アルフィス：イスラム建築の装飾要素, アーチや門に用いられる.

al·fo·lí [al.fo.lí] 男 **1** 穀倉. **2** 塩の貯蔵庫.

*__al·fom·bra__¹ [al.fóm.bra] 女 **1** じゅうたん；敷物. ～ de baño バスマット. ～ persa ペルシアじゅうたん. **2** (草花などの) 一面の広がり. ～ de flores 一面の花. **3**〘ラ米〙モケット織り.
[←〔アラビア〕*al-khumra*]

al·fom·bra² [al.fóm.bra] 女 → alfombrilla².

al·fom·bra·do, da [al.fom.brá.ðo, -.ða] 形 じゅうたんの敷いてある. salón ～ じゅうたんを敷いた客間. — 男 じゅうたん, 敷物類；じゅうたんを敷くこと.

al·fom·brar [al.fom.brár] 他 **1**〈床に〉じゅうたんを敷く.
2 (con... (草花など)を)敷きつめる, 一面を覆う.

al·fom·bri·lla¹ [al.fom.brí.ja ‖ -.ʎa] 女 **1** マット；玄関マット. ～ de baño バスマット. **2**〖IT〗マウスパッド. **3**〘ラ米〙〘ﾒｷｼ〙〖植〗クマツヅラ.
[alfombra + 縮小辞]

al·fom·bri·lla² [al.fom.brí.ja ‖ -.ʎa] 女 **1**〖医〗風疹〘ｼﾝ〙, 三日ばしか.
2〘ラ米〙〘ｺﾛﾝ〙〘ﾎ*〙発疹〘ｼﾝ〙；天然痘〘ﾄｳ〙.

al·fom·bris·ta [al.fom.brís.ta] 男 女 じゅうたん商人；じゅうたん貼り業者.

al·fón·ci·go [al.fón.θi.go / -.si.-] 男〖植〗ピスタチオ (の木・実) (= pistacho).

al·fon·do·que [al.fon.dó.ke] 男〘ラ米〙〘ｺﾛﾝ〙〘ﾍﾞﾈ〙砂糖菓子の一種.

al·fon·sí [al.fon.sí] 形 [複 ～es] **1** アルフォンソ10世賢王の. **2** → alfonsino. ◆alfonsí は特にアルフォンソ10世賢王に関して用いられる.

al·fon·si·go [al.fón.si.go / -.si.-] 男 → alfóncigo.

al·fon·si·no, na [al.fon.sí.no, -.na] 形 アルフォンソ王(派)の, アルフォンソという名の王に関する. Tablas Alfonsinas [Alfonsíes] アルフォンソ10世の命により編纂〘ｻﾝ〙された天文学の書. — 女 アルフォンソ王の支持者. — 男 アルフォンソ10世時代の硬貨.

al·fon·sis·mo [al.fon.sís.mo] 男〖史〗アルフォンソ王擁護 (運動)：特に Alfonso 12世 (在位1875-85) の擁立を図った王政復古運動.

Al·fon·so [al.fón.so] 固名 **1** ～ Ⅵ el Bravo アルフォンソ6世豪胆王：León 王 (在位1065-1109), Castilla 王 (在位1072-1109). **2** ～ Ⅹ el Sabio アルフォンソ10世賢王：Castilla 王 (在位1252-84). ◆スペイン法の基礎となる *Las Siete Partidas*『七部法典』などを編纂〘ｻﾝ〙. **3** ～ ⅩⅢ アルフォンソ13世：スペイン王 (在位1886-1931)；共和制の成立後イタリアへ亡命. **4** アルフォンソ：男子の洗礼名.
[←〔古高地ドイツ〕*Adalfuns*「高潔さを備えた (人)」が原義][関連][ポルトガル]*Afonso*. [仏][英]*Alphonse*. [伊]*Alfonso*. [独]*Alfons*]

al·for·fón [al.for.fón] 男〖植〗ソバ (の実).

al·for·ja [al.for.xa] 女《主に複数で》**1** 鞍〘ｸﾗ〙袋；振り分けの背負い袋. **2** (旅行・道中用の) 糧食. **3**《話》だぶだぶの服.
pasarse a la otra alforja〘ラ米〙〘ｺﾛﾝ〙〘ﾎ*〙《話》度がすぎる.
¡Qué... ni qué alforja!《話》…がなんだってんだ.
¡Qué dinero ni qué ～ ! 金がなんだっていうんだ.
sacar los pies de las alforjas《話》急に大胆な行動をとる.
[←〔アラビア〕*al-jury*]

alforfón (ソバ)

al·for·jón [al.for.xón] 男 → alforfón.

al·for·ju·do, da [al.for.xú.ðo, -.ða] 形〘ラ米〙〘ﾒｷｼ〙鞍〘ｸﾗ〙袋のような.

al·for·za [al.fór.θa / -.sa] 女 **1**〖服飾〗縫いひだ, あげ. **2** 傷跡 (= cicatriz).

al·for·zar [al.for.θár / -.sár] 97 他〈服に〉縫いひだを取る, あげをする.

al·foz [al.fóθ / -.fós] 男 [複 alfoces]〖史〗同一の司法権が及ぶ村々・地域.

Al·fre·do [al.fré.ðo] 固名 アルフレド：男子の洗礼名. [関連][仏][英][独]*Alfred*. [伊]*Alfredo*.

*__al·ga__ [ál.ga] 女 [el ～, un [una] ～] **1**〖植〗海藻, 藻；海苔〘ﾉﾘ〙. **2**《複数で》藻類.

al·gai·da [al.gái.ða] 女 **1** 灌木〘ｶﾝ〙の茂み.
2 砂丘 (= duna).

al·ga·lia¹ [al.gá.lja] 女 **1** (香料の) じゃこう. gato de ～〖動〗ジャコウネコ. **2**〖植〗トロロアオイモドキ.

al·ga·lia² [al.gá.lja] 女〖医〗導尿管, カテーテル.

al·ga·ra¹ [al.gá.ra] 女 (騎馬隊による敵地への) 襲撃；騎馬隊襲撃隊.

al·ga·ra² [al.gá.ra] 女 (タマネギなどの) 薄皮.

al·ga·ra·bí·a¹ [al.ga.ra.bí.a] 女 **1** 騒ぎ声；喧騒〘ｹﾝ〙. Los niños armaban una ～ tremenda. 子供たちは騒がしいものすごい騒ぎだった.
2《話》(言葉・文字など) 全く意味のわからないもの, ちんぷんかんぷん. hablar en ～ 訳のわからないことを話す.
3 アラビア語. ◆レコンキスタ Reconquista 時代 (71

algarabía

1-1492)にキリスト教徒がアラビア語につけた名称.

al·ga·ra·bí·a² [al.ga.ra.bí.a] 囡 〖植〗コゴメグサの一種.

al·ga·ra·bia·do, da [al.ga.ra.bjá.ðo, -.ða] 形 アラビア語を話す. ━ 男囡 アラビア語話者.

al·ga·ra·da [al.ga.rá.ða] 男 **1** 暴動, 大騒ぎ. **2** 〖史〗(騎馬隊による敵地への)襲撃;騎馬襲撃隊. **3**〈ラ米〉(ララ)ざわめき.

al·ga·re·ro, ra [al.ga.ré.ro, -.ra] 形 騒々しい;おしゃべりな. ━ 男 (中世の)騎馬兵.

al·ga·rro·ba [al.ga.r̃ó.ba] 囡 〖植〗(1) カラスノエンドウ. (2) イナゴマメの実.
[← [アラビア] al-jarrūbah]

al·ga·rro·bal [al.ga.r̃o.bál] 男 **1** カラスノエンドウのはえた野原. **2** イナゴマメ畑.

al·ga·rro·be·ra [al.ga.r̃o.bé.ra] 囡 〖植〗イナゴマメの木.

al·ga·rro·be·ro [al.ga.r̃o.bé.ro] 男 → algarrobera.

al·ga·rro·bi·lla [al.ga.r̃o.bí.ja ‖ -.ʎa] 囡 〖植〗カラスノエンドウ.

al·ga·rro·bi·llo [al.ga.r̃o.bí.jo ‖ -.ʎo] 男〈ラ米〉(ララ)〖植〗イナゴマメの実.

al·ga·rro·bo [al.ga.r̃ó.bo] 男 〖植〗イナゴマメ(の木). ~ loco ホザキノフサフジ.

al·ga·va·ro [al.ga.bá.ro] 男 〖昆〗ヨーロッパミヤマカミキリ.

al·ga·za·ra [al.ga.θá.ra / -.sá.-] 囡 **1** 歓声, 大騒ぎ. **2** 〖史〗(特にモール人の戦闘のときの)鬨(とき)の声.

al·ga·zul [al.ga.θúl / -.súl] 男 〖植〗メセンブリアンテマム;メセン科の一種.

*__ál·ge·bra__ [ál.xe.bra] 囡 [el ~, un [una] ~] **1** 〖数〗代数学. **2** 〖古語〗〖医〗接骨.

al·ge·brai·co, ca [al.xe.bráj.ko, -.ka] / **al·gé·bri·co, ca** [al.xé.bri.ko, -.ka] 形 代数学の, 代数的な. expresión *algebraica* 代数式.

al·ge·bris·ta [al.xe.brís.ta] 共 **1** 代数学者. **2** 〖古語〗〖医〗接骨医.

Al·ge·ci·ras [al.xe.θí.ras / -.sí.-] 固名 アルヘシラス:スペイン南部の港湾都市.

al·ge·ci·re·ño, ña [al.xe.θi.ré.ɲo, -.ɲa / -.si.-] 形 アルヘシラスの. ━ 男囡 アルヘシラスの住民[出身者].

al·gi·dez [al.xi.déθ / -.dés] 囡 〖医〗寒け, 悪寒.

ál·gi·do, da [ál.xi.ðo, -.ða] 形 **1** とても寒い;〖医〗悪寒の伴う. fiebre *álgida* 悪寒を伴う悪熱. **2** 決定的な, 重大な;山場の, 頂点の. período ~ 重大な時期. punto ~ 絶頂. Nos encontramos en el momento ~ de la campaña electoral. いまや選挙戦がたけなわである.

***__al·go__** [ál.ɣo] 代名 《不定》《性数不変》(↔nada) **1** 何か, あること, あるもの. Ha ocurrido ~ imprevisto. 予想外のことが起こった. Está preocupada por ~. 彼女は何か心配している. ¿Quieres comer ~? 何か食べたいの. ¿Tienes ~ que decirme? 何か私に言うことがあるの. **2** 多少, 若干, いくらか. Entiende ~ de japonés. 彼[彼女]は日本語が少しわかる. ¿No has bebido vino? — A~. ワインは飲まなかったの. 少しは飲んだよ. Falta ~ para un kilo. 1キロに少し足りない. **3** 重要人物, 重要なもの. creerse ~ 自分をひとかどの人物だとうぬぼれる. Llegó a ser ~. 彼[彼女]はひとかどの人物になった. Estamos ~ nerviosos. 僕たちは少々緊張している. ¿Estás ~ mejor? 少しは元気になったの. Toco ~ el violín. 私はバイオリンを少々弾きます.
━ 男 (un+) **1** 何か;少し. Tiene *un* ~ de su abuelo. 彼[彼女]にはどこか祖父に似たところがある. **2** 財産. **3**〈ラ米〉(ララ)軽食. Tomé *un* ~ antes de salir. 出かける前に簡単に食べた.

algo así そのようなもの, それくらい. Se llama Paquirri o ~ *así*. 彼はパキーリとか何とか呼ばれている. Tardaremos tres horas o ~ *así*. 私たちは3時間ほどかかるでしょう.

algo así como... …くらい, …のようなもの. Mi hijo mide ~ *así como* uno ochenta. 息子の身長は180センチ程度あります. Me contaron ~ *así como* lo que tú me has dicho. 私はいま君が言ったようなことを聞いた.

algo de... 少量の…, 少しの…. ¿Me prestas ~ *de* dinero? お金をちょっと貸してもらえる. Tiene ~ *de* tonta. 彼女にはちょっとばかなところがある.

Algo es algo. / Más vale algo que nada. (なくても)ないよりはまし. Me han pagado sólo diez euros, pero ~ *es* ~. 10ユーロしか払ってもらえなかったが, ないよりはましだ.

irle a dar (a+人) *algo* 〖話〗〈人〉の頭がおかしくなる, 調子が突然狂う. *Me va a dar* ~ si sigo escuchando esa música. その音楽を聴き続けると僕は頭がおかしくなる.

por algo 何らかの理由があって. Si no la han dejado viajar, *por* ~ será. 彼女が旅行させてもらえなかったのはそれなりの理由があるのだろう.
[← 〖古スペイン〗*alico*← 〖ラ〗*aliquod* 「ある…, 何か…」(不定形容詞中性形)]

*__al·go·dón__ [al.ɣo.ðón] 男 **1** 〖植〗綿, 綿花, 綿糸. ~ en rama 原綿, 生綿. aceite de ~ 綿実油. **2** 木綿, 綿布;綿糸. camisa de ~ 木綿のシャツ. **3** 脱脂綿(=~ hidrófilo [absorbente]);〘複数で〙(綿の)耳栓. **4** 綿あめ(=~ dulce). **5**〈ラ米〉(*ェ*)〖植〗ヒロハハコヤナギ.

algodón (綿)

algodón pólvora 綿火薬.

entre algodones (育て方などが)大事に, 過保護に. Se crió *entre algodones* y recibió una esmerada educación. 彼[彼女]は大切に育てられ, 丹念な教育を受けた.
[← 〖古スペイン〗*algotón*← 〖アラビア〗〘方言〙*al-qoṭon* (古典語は *quṭn*);〘関連〙〖仏〗*coton*. 〖英〗*cotton*]

al·go·do·nal [al.ɣo.ðo.nál] 男 綿畑.

al·go·do·nar [al.ɣo.ðo.nár] 他 綿を詰める. ━ 男 → algodonal.

al·go·don·ci·llo [al.ɣo.ðon.θí.jo ‖ -.ʎo / -.sí.-] 男 **1** 〖植〗トウワタ. **2**〈ラ米〉(ララ)〖医〗クループ;ジフテリア.

al·go·do·ne·ro, ra [al.ɣo.ðo.né.ro, -.ra] 形 綿の. industria *algodonera* 綿紡績工業. ━ 男囡 **1** 綿の栽培者;綿花商人. **2**〈ラ米〉(*ェ*)〘俗〙居候. ━ 男 〖植〗ワタノキ.

al·go·do·no·so, sa [al.ɣo.ðo.nó.so, -.sa] 形 綿のような;綿毛[産毛]のある. nubes *algodonosas* 綿雲. ━ 囡 〖植〗キク科ハハコグサに近縁の植物.

al·gon·qui·no, na [al.ɣoŋ.kí.no, -.na] 形 アルゴンキンの, アルゴンキン人〖語〗の. ━ 男囡 アルゴン

キン人：主にカナダのオタワ地方に住む先住民.
——男 アルゴンキン語.

al·go·rín [al.go.rín] 男 (搾油所の)オリーブの実の貯蔵場.

al·go·rit·mia [al.go.rít.mja] 女 アルゴリズム学.

al·go·rít·mi·ca·men·te [al.go.rít.mi.ka.mén.te] 副 アルゴリズム(の手法)で.

al·go·rít·mi·co, ca [al.go.rít.mi.ko, -.ka] 形 アルゴリズムの.

al·go·rit·mo [al.go.rít.mo] 男 **1**《数》アルゴリズム：問題解決のための段階的手順. **2**(算術・代数的)計算法.

al·go·so, sa [al.gó.so, -.sa] 形 藻[海藻]の多い, 藻のついた.

al·go·te·ra·pia [al.go.te.rá.pja] 女 海藻を用いた治療法.

al·go·tro, tra [al.gó.tro, -.tra] 代名 [algún otro の縮約形]《ラ米》(まれに《スペイン》)誰かほかの人.

al·gua·cil [al.gwa.θíl / -.síl] 男 **1** 警官；警吏, 捕吏. **2**(市役所・村役場の下級)職員, 執達吏, 執行官. ► **1**, **2**の女性形は alguacilesa, alguacila. **3**《闘牛》→ alguacilillo. **4**《古語》知事, 市長. **5**《動》ハエトリグモ(= ~ de moscas). **6**《ラ米》《ジャ》《昆》トンボ.
[←〔アラビア〕*al-wazīr*「イスラム教国の高官」]

al·gua·ci·la [al.gwa.θí.la / -.sí.-] 女 → alguacilesa.

al·gua·ci·laz·go [al.gwa.θi.láθ.go / -.si.lás.-] 男 alguacil の職[身分].

al·gua·ci·le·sa [al.gwa.θi.lé.sa / -.si.-] 女 [alguacil の女性形] **1** 女性警官；女性警吏. **2**(市役所・町役場の下級)の女性職員.

al·gua·ci·les·co, ca [al.gwa.θi.lés.ko, -.ka / -.si.-] 形 警官[捕吏]の, 警吏[捕吏]のような.

al·gua·ci·li·llo [al.gwa.θi.lí.ʝo || -.λo / -.si.-] 男《闘牛》(入場行進の際の)騎馬先導役.

****al·guien** [ál.gjen] 代名《不定》《性数不変》(↔nadie) **1** 誰か, ある人. A~ llama a la puerta. 誰かが戸口で呼んでいる. ¿Hay ~ que sepa español? スペイン語ができる人は誰かいますか. ► 目的語になる場合は a をつける. → ¿Esperáis a ~? 君たちは誰かを待っているの. ►「何人かのうちの誰か」という場合は, alguno de... を用いる (→ alguno). ►「誰か他の人」という場合は algún otro, alguna otra persona を用いる.
2《話》ひとかどの人物, 重要人物. creerse ~ 自分がひとかどの人物だとうぬぼれる.
[←？〔ラ〕*aliquem* (*aliquis*「誰か」の対格)；古形 *alguién* は17世紀まで用いられた]

al·gui·to [al.gí.to] 副《ラ米》algo + 縮小辞.

***al·gún** [al.gún] 形《+男性単数名詞および語頭の a-, ha-にアクセントのある女性単数名詞》alguno の語尾消失形.
algún que otro わずかの, いくらかの.

****al·gu·no, na** [al.gú.no, -.na] 形《不定》[男性単数名詞および語頭の a-, ha- にアクセントのある女性名詞の前では algún となる] (↔ninguno) **1**《+名詞》なんらかの, いずれかの. *algún* día いつか. en *algún* lugar どこかで, あるところで. ¿Por aquí hay *alguna* clínica? このあたりに病院がありますか. ¿Has estado *alguna* vez en París? 君は今までにパリに行ったことある.
2《+名詞》いくらかの, 多少の；かなりの, 相当な. ¿Tienes *algún* dinero? いくらかお金もってるかい.
He leído *algunas* obras de ese autor. 私はその作家の本を何冊か読んだ. Es un asunto de *alguna* importancia. それはかなり重要な案件です.
3《否定で》《名詞＋》全く…ない, なんら…ない(=ninguno +名詞). sin valor ~ 何の価値もない. En la calle no había persona *alguna*. 通りには誰もいなかった. No hay duda *alguna* de que es de verdad. それが本物だということはなんら疑いがない.
—— 代名《不定》**1**(何人かのうち)誰か, 誰かひとり；(いくつかのうち)どれか, どれか一つ. A~ de ellos te lo contará. 彼らのうち誰かが君にそれを話してくれるだろう. Yo quiero viajar al norte, pero ~ prefiere ir al sur. 僕は北へ旅行したいが, 南へ行きたい者もいる. ► *alguno* が主語として用いられ, 後に de nosotros, de vosotros などが続く《含意される》場合に, 動詞は de 以下の代名詞に一致することがある. → *alguno* podéis... 君たちのうちの誰かが…できる.
2《複数で》何人か, 数人；数個, 若干. *Algunas* de vosotras ya habéis visto la película. ►ver-dad? 君たちのうち何人かはもうその映画を見たでしょう. *algún* (*alguno*) *que otro* / *alguna que otra* ほんの少しの, ひとつかふたつの. He leído *algún que otro* libro. 私は1, 2冊本を読みました.
hacer alguna (*de las* SUYAS)(いつもやる)よくないことをしでかす. Pepito *ha hecho* otra vez *alguna de las suyas*. ペピートはまたいつもの悪さをしでかした.
[←〔俗〕*alicūnus(〔ラ〕*aliquis*「ある…」+〔ラ〕*ūnus*「一つ, ひとり」)]

***al·ha·ja** [a.lá.xa] 女 **1**《主に複数で》(宝石・貴金属を使った)装身具, 宝石(=joya).
2 逸品, 至宝. La catedral es una verdadera ~ del arte gótico. そのカテドラルはまさにゴチック芸術の至宝である. **3** 優秀な人；愛らしい人. Nuestra secretaria es una ~. 私たちの秘書はとても有能だ. **4**《話》《皮肉》腹黒いやつ, 役立たず. ¡Buena ~! よくたいしたやつだ.
[←〔アラビア〕*al-hāyah*]

al·ha·ja·do, da [a.la.xá.ðo, -.ða] 形《ラ米》《ジャ》金持ちの, 裕福な.

al·ha·jar [a.la.xár] 他 **1** (人を)宝石で飾る. ~ a una chica de un de su hijo 息子の子に宝石を付けさせる. **2** (家)に必要な家具をすべて備える.
—— ~**·se** 再 宝石を身に付ける.

al·ha·je·ra [a.la.xé.ra] 女《ラ米》《ジャ》《ラ》《話》宝石箱[入れ].

al·ha·je·ro [a.la.xé.ro] 男《ラ米》《ジャ》《ラ》→alhajera.

Al·ham·bra [a.lám.bra] 固名 la ~ アルハンブラ宮殿：スペインの Granada にある中世イスラム建築. ♦1984年世界遺産に登録.
[←〔アラビア〕*al-ḥamrā'* ← *al-qal'atu-l-ḥamrā'u*「赤い城」；赤れんがの砦を形容]

al·há·me·ga [a.lá.me.ga] 女《植》→alharma.

al·han·dal [a.lan.dál] 男《植》コロシントウリの実.

la Alhambra
(アルハンブラ宮殿)

alharaca

al·ha·ra·ca [a.la.rá.ka] 囡《主に複数で》大げさな騒ぎ, 大仰な身振り.

al·har·ma [a.lár.ma] 囡《植》南ヨーロッパ原産のミカン科の多年草.

al·he·lí [a.le.lí] 男《複 ~es》《植》ストック, アラセイトウ. ~ de jardín 八重咲きストック. ~ de Mahón ヒメアラセイトウ. ~ amarillo ニオイアラセイトウ, ケイランソウ.

al·he·ña [a.lé.ɲa] 囡 **1** 《植》(1) セイヨウイボタ, ネズミモチ. (2) サジオモダカ. **2** セイヨウイボタの染料. **3** うどんこ病, 葉錆(さび).
estar [*quedar*] *hecho* [*molido como*] *una alheña* くたくたに疲れている.
[← 《アラビア》*al-ḥinnā'*]

al·he·ñar [a.le.ɲár] 他 (セイヨウイボタの染料で)染める.
—**~·se** 再 **1** うどんこ病にかかる. **2** 〈穀物が〉腐る.

alheña (セイヨウイボタ)

al·hó·ci·go [a.ló.θi.go / -.si.-] 男《植》ピスタチオ.

al·hol·va [a.lól.ba] 囡《植》コロハ, フェヌグリーク: マメ科. 種は薬用, 香辛料に利用される.

al·hón·di·ga [a.lón.di.ga] 囡 公設穀物取引所[市場]; 穀倉.

al·hon·di·ga·je [a.lon.di.gá.xe] 男《ラ米》(🈶)倉敷料, 倉庫保管料.

al·hu·ce·ma [a.lu.θé.ma / -.sé.-] 囡《植》ラベンダー.

a·lia·bier·to, ta [a.lja.βjér.to, -.ta] 形 翼を広げた.

a·lia·cán [a.lja.kán] 男《医》黄疸(おうだん).

a·lia·ce·o, a [a.lja.θé.o, -.a / -.se.-] 形 ニンニクの, ニンニクのにおい[味]のする.

*****a·lia·do, da** [a.ljá.ðo, -.ða] 形 同盟[連合]した, 提携した. —男 同盟者; 同盟国. Los A~s (第一次・第二次大戦の)連合国 (► 枢軸国は Los países del Eje).

a·lia·dó·fi·lo, la [a.lja.ðó.fi.lo, -.la] 形 (第一次・第二次世界大戦で)連合国側に味方する, 連合国側を支持する.

a·lia·ga [a.ljá.ga] 囡《植》ハリエニシダ.

a·lian·cis·ta [a.ljan.θís.ta / -.sís.-] 形 同盟・連合に与している, 同盟・連合を支持する. —男 囡 同盟・連合参加派[者], 同盟・連合支持派[者].

‡**a·lian·za** [a.ljá̄n.θa / -.sa] 囡 **1** 同盟. formar [establecer] una ~ con... …と同盟を結ぶ. romper la ~ con... …との同盟を破棄する. pacto de ~ 同盟条約. La Santa A~ 神聖同盟. A~ Popular (スペインの右翼政党)国民同盟.
2 協定, 協約 (= pacto). **3** 結婚指輪 (= anillo de boda). → anillo 類語. **4** (ものの)結びつき, 結合. ~ *entre amor y sabiduría* 愛と知の結合. **5** 《文章語》姻戚(いんせき)関係. ~ *matrimonial* 結婚.
el Arca de la alianza《聖》(Moisés の十戒を刻んだ石板が納められていたという)契約の箱.
[aliar (← 《仏》*allier* ← 《ラ》*alligāre*) より派生; 関連 ligar. 《英》*alliance*]

‡**a·liar** [a.ljár] 81 他《con... …と / a... …に》結合させる; 連携させる. ~ *la renovación a la tradición* 伝統に革新を取り入れる. Este tratado *alía a los dos países*. この条約によって2国間に同盟関係が結ばれる.
—**~·se** 再《con... …と / a... …に》結合す

る;連携する. El campeón *se alió con* la fortuna para defender su título. チャンピオンは幸運の助けを借りてタイトルを守った.

a·lia·ria [a.ljá.rja] 囡《植》ガーリックマスタード: アブラナ科の植物.

*****a·lias** [á.ljas] 副 またの名を, 通称では. Antonio López, ~ el Pirata アントニオ・ロペス, またの名を「海賊」. → apodo 類語.
—男《単複同形》 **1** 別名, 通称, あだ名. **2** 《IT》エイリアス: コンピュータ装置のための便宜上の仮想ファイル. *crear* ~ エイリアスを作る.

a·li·bi [a.lí.bi] / **á·li·bi** [á.li.bi] 男《法》アリバイ, 現場不在証明 (= coartada).

a·li·ble [a.lí.ble] 形《文章語》滋養になる, 栄養のある.

a·li·ca·í·do, da [a.li.ka.í.ðo, -.ða] 形 (estar+)
1 翼をだらりと垂れた.
2 体が弱った, 衰弱した. El enfermo anda ~. 患者はちょっと弱っている. **3** 元気のない, しょんぼりした. Desde que ha recibido la noticia *está* muy ~. 知らせを受けて以来, 彼はひどく落ち込んでいる.

a·li·cán·ta·ra [a.li.kán.ta.ra] 囡 → alicante .

a·li·can·te [a.li.kán.te] 男《動》ツノクサリヘビの一種.

A·li·can·te [a.li.kán.te] 固名 アリカンテ: スペイン南東部の県; 県都(地中海に臨む港湾都市). ► バレンシアでは Alacant. [←《ラ》*Lucentum*]

a·li·can·ti·no, na [a.li.kan.tí.no, -.na] 形 アリカンテの. —男 囡 アリカンテの住民[出身者].

a·li·ca·ta·do, da [a.li.ka.tá.ðo, -.ða] 形 化粧タイルを貼(は)った. —男 化粧タイル貼り.

a·li·ca·tar [a.li.ka.tár] 他 化粧タイルを貼(は)る.

a·li·ca·te [a.li.ká.te] 男 **1** 《時に複数で》ペンチ; やっとこ. ~s *universales* 万能ペンチ. ~s de *uñas* 爪(つめ)切り. **2** 《ラ米》(🈶)(話)親友.

A·li·cia [a.lí.θja / -.sja] 固名 アリシア: 女子の洗礼名. ~ *en el país de las maravillas*『不思議の国のアリス』(ルイス・キャロル作の小説).

a·li·cien·te [a.li.θjén.te / -.sjén.-] 男 **1** (土地などのもつ)魅力. Este viaje no tiene ~ para mí. この旅行には興味がない.
2 励みになるもの, 刺激. El premio le sirvió de ~ para trabajar con más entusiasmo. 受賞が刺激となって彼[彼女]はより熱心に仕事をした.

a·li·co·rar·se [a.li.ko.rár.se] 再《ラ米》(ᴄᴏʟ⁺)酔っ払う.

a·li·cor·tar [a.li.kor.tár] 他 (鳥の)羽を切る; (翼を傷つけて)飛べないようにする.

a·li·cre·jo [a.li.kré.xo] 男《ラ米》(᛫ᴍᴇx)(1) 老いたやせ馬, 駄馬. (2) 醜い人; 気持ちの悪い生き物.

a·li·cuan·ta [a.li.kwán.ta] 形《数》(約数として)割り切れない, 整除できない. Cuatro es parte ~ de trece. 4は13の非整除数[非約数]である.

a·li·cuo·ta [a.lí.kwo.ta] 形 **1** 《数》(約数として)割り切れる, 整除できる. parte ~ 整除数, 約数. Tres es parte ~ respecto de seis. 3は6の整除数[約数]である.
2 等分した. en partes ~s 均等に.

a·li·cur·co, ca [a.li.kúr.ko, -.ka] 形《ラ米》(🈶)抜けめのない, ずる賢い.

a·li·da·da [a.li.ðá.ða] 囡 アリダード: 平板測量用の方向視準器.

a·lie·na·ble [a.lje.ná.ble] 形 譲渡できる, 手放せる.

a·lie·na·ción [a.lje.na.θjón / -.sjón] 囡 **1**【医】精神異常 (= ~ mental). **2**【心】疎外感. **3** (財産・権利などの)譲渡.

a·lie·na·do, da [a.lje.ná.ðo, -.ða] 厖 精神錯乱の；疎外された. —— 囲【医】精神異常者.

a·lie·nan·te [a.lje.nán.te] 厖 精神錯乱を誘発する.

a·lie·nar [a.lje.nár] 他 **1** 発狂させる (= enajenar). **2** 疎外する, 自主性[人間性]を奪う. **3** (財産・権利などを)譲渡する.
—— **~·se** 围 発狂する；疎外感を味わう.

a·lie·ní·ge·na [a.lje.ní.xe.na] 厖 地球外の.
—— 囲囡 地球外生物.

a·lie·nis·ta [a.lje.nís.ta] 厖【医】精神科の.
—— 囲囡【医】精神科医.

*__a·lien·to__ [a.ljén.to] 囲 **1** 呼気, 息. Siempre tiene mal ~. 彼[彼女]はいつも息が臭い. exhalar mal ~ 臭い息を吐く.
2 呼吸. aguantar [contener] el ~ 息を凝らす, 息を飲む. dejar... sin ~ …を息切れさせる. estar sin ~ 息を切らしている. perder el ~ 息切れする. recuperar el ~ ひと息つく. **3** 元気, 活力, 気力. cobrar [tomar] ~ 元気を回復する. dar [infundir] ~ 元気づける, 鼓舞する. **4** (芸術における)ひらめき, 霊感, インスピレーション. una obra de gran ~ すばらしく感動的な作品. **5** 嗅覚(蟇). **6**《ラ米》(*)(齾)《話》米国に不法入国した外国人.
—— 围 ➔ alentar.
de un aliento ひと息に, 一気に.

a·li·fa·fe [a.li.fá.fe] 囲 **1**《話》軽い病気, 持病. Mi abuelo tiene muchos ~s. 祖父にはいろいろやや軽い持病がある. **2**【獣医】球腱軟腫(齾): 馬の球節の滑液膜の腫瘍(賃).

a·li·fá·ti·co, ca [a.li.fá.ti.ko, -.ka] 厖【化】環状配列をもたない有機化合物の, 脂肪族の.

a·li·fa·to [a.li.fá.to] 囲 アラビア語の(伝統的な)子音列.

a·li·ga·ción [a.li.ga.θjón / -.sjón] 囡 **1** 結合, 絆(蟇). **2**【数】混合法.

a·li·gá·tor [a.li.gá.tor] 囲【動】アリゲーター, アメリカワニ.

a·li·ge·ra·mien·to [a.li.xe.ra.mjén.to] 囲 軽減, 緩和, 縮小.

*__a·li·ge·rar__ [a.li.xe.rár] 他 **1** 軽くする；(*de...* …を》取り除く. ~ la carga del coche 車の積荷を減らす. ~ *de* peso la mochila リュックを軽くする. ~ un programa 計画を縮小する. ~ los trámites 手続きを簡素化する.
2 (苦痛などを)緩和する. La morfina *aligera* el dolor. モルヒネは苦痛を和らげる. **3** 速める, 急がせる (= abreviar). ~ el paso 足を速める.
—— 国 急ぐ. *Aligera*, que no tenemos mucho tiempo. ぐずぐずするな, あまり時間がないんだから.
—— **~·se** 围 **1** 軽くなる, 和らぐ.
2 (*de...* …を)(自分から)取り去る. ~ *de* ropa 軽装にする.

a·li·ge·ro, ra [a.li.xe.ro, -.ra] 厖【詩】翼のある；素早い, 迅速な. Mercurio = 翼を持つメルクリウス.

a·li·gus·tre [a.li.gús.tre] 囲【植】イボタノキ.

a·li·ja·dor, do·ra [a.li.xa.ðór, -.ðó.ra] 厖 **1** 港湾労働者. **2** 密輸業者.
—— 囲【海】はしけ (= barcaza).

a·li·jar¹ [a.li.xár] 囲 村の共有地, 共有牧草地；未開墾地.

a·li·jar² [a.li.xár] 他 **1** 〈積荷を〉軽くする；降ろす.
2 〈密輸品を〉陸揚げする. **3** 〈綿を〉繰る.

a·li·ja·rar [a.li.xa.rár] 他 (土地を開墾するために)区分する, 割り振る.

a·li·jo [a.lí.xo] 囲 **1** 積荷の軽減；荷揚げ.
2 密輸；《集合的》密輸品.

a·li·la·ya [a.li.lá.ja] 囲囡《ラ米》(齾)《話》ずるい人, 狡猾(蟇)な人, 策略家.
—— 囡《ラ米》《話》(1) (蟇)(齾)いい加減な言い訳[口実]. (2) (齾)(齾)たくらみ, だまし.

a·li·ma·ña [a.li.má.ɲa] 囡 **1** (家畜などを荒らす)害獣. **2** 悪人, ひどいやつ.

a·li·ma·ñe·ro [a.li.ma.ɲé.ro] 囲 害獣のハンター.

*__a·li·men·ta·ción__ [a.li.men.ta.θjón / -.sjón] 囡
1 食事, 栄養[食物]補給；食べ物. ~ equilibrada 栄養のバランスがとれた食事. la higiene de la ~ 食品衛生. tienda de ~ 食料品店.
2 食餌(齾)療法, ダイエット (= régimen). seguir una ~ vegetariana 野菜食の生活をする.
3 (燃料などの)供給, 補給. fuente de ~ 動力源. tubo de ~【機】供給管, 送り管.
4 (感情などの)助長. ~ del odio 憎しみの助長.
5【IT】送り, 送り込み, フィード.

a·li·men·ta·dor, do·ra [a.li.men.ta.ðór, -.ðó.ra] 厖 (食物・原料などを)供給[補給]する.
—— 囲【機】供給機[装置], フィーダー.

*__a·li·men·tar__ [a.li.men.tár] 他 **1** …に食べ物を与える；養う, 育てる. ~ a un bebé con la leche materna 赤ん坊を母乳で育てる. ~ la población mundial 世界人口を養う. ~ vacas 乳牛を飼う.
2 《*de...* / *con...*》〈エネルギー・燃料など〉を）…に供給する；〈機械類を〉作動させる. ~ un vehículo *con* gasolina 車にガソリンを入れる. ~ un ordenador *con* [*de*] datos コンピュータにデータを入力する.
3 促進する, 助長する；〈感情などを〉かきたてる. ~ la ira 怒りを募らせる. ~ una idea 考えを温める. ~ la confusión 混乱を招く.
—— 国 栄養がある. Este zumo es sabroso y *alimenta*. このジュースはおいしくて栄養がある.
—— **~·se** 围 《*de...* / *con...*》（〈食べ物〉で）育つ, 栄養をとる. *~se de* peces 魚を主食とする. Mis hijos *se alimentan* bien. 私の子供たちはきちんと栄養を取っている. **2** 《〈エネルギー・燃料など〉で》作動する. Este motor *se alimenta de* baterías. このエンジンは電池で動く.

a·li·men·ta·rio, ria [a.li.men.tá.rjo, -.rja] 厖 食品の, 食糧の.

*__a·li·men·ti·cio, cia__ [a.li.men.tí.θjo, -.θja / -.sjo, -.sja] 厖 食料の；栄養のある. conservas *alimenticias* 保存食料. productos ~*s* 食料品. bolo ~ (1回で飲み込む)食べ物. valor ~ 栄養価.

a·li·men·tis·ta [a.li.men.tís.ta] 囲囡 被扶養者.

*__a·li·men·to__ [a.li.mén.to] 囲 **1** 食糧, 食料；《複数で》食品 (▶ 食材は ingrediente). ~ natural 自然食品. ~s elaborado 加工食品. ~s congelados 冷凍食品. ~ balanceado《ラ米》配合飼料, えさ. comprar los ~s de la semana 1週間分の食料を買う. El maíz es el ~ básico de este país. トウモロコシはこの国の主要な食べ物である.
2 栄養. Estos granos son de mucho ~. これらの穀物は栄養価が高い. ~ para la actividad, la energía で考えるもの. La lectura es el ~ del alma. 読書は心の糧である. **4**《複数で》【法】扶養料, 養育費.
[← 〔ラ〕*alimentum* (*alere*「養育する, 飼育する」より派生)]

á·li·mo [á.li.mo] 男 【植】ハマアカザ属の植物.
a·li·mo·che [a.li.mó.tʃe] 男 【鳥】エジプトハゲワシ (= abanto).
a·li·món [a.li.món] *al alimón* 〖話〗一緒に, ふたりで. torear *al* ~ 〖闘牛〗(ふたりの闘牛士が1枚のカポテ capote で)一緒に牛をあしらう. Lo han hecho *al* ~. 彼らは一緒にそれをした.
a·li·mo·nar·se [a.li.mo.nár.se] 再 〈常緑樹の〉葉が病気で黄ばむ.
a·lin·da·do, da [a.lin.dá.ðo, -.ða] 形 〖古語〗 **1** めかし込んだ, おしゃれな. **2** きざな, 気取った.
a·lin·da·mien·to [a.lin.da.mjén.to] 男 境界の画定, 線引き.
a·lin·dar¹ [a.lin.dár] 他 …の境界を画する. ~ dos fincas 2つの地所の境界線を決める. ━ 自 〖古語〗《**con**... …と》境を接している. Tu campo *alinda* con el mío. 君の畑は私のと隣接している.
a·lin·dar² [a.lin.dár] 他 飾りたてる, 美しくする.
a·lin·de·rar [a.lin.de.rár] 他 〖ラ米〗…に境界(線)を引く〖決める〗; 境界標〖石〗を立てる.
a·li·ne·a·ción [a.li.ne.a.θjón / -.sjón] 女 **1** 整列; 一直線に並ぶこと. en una ~ perfecta 一列〖一直線〗になって. **2** 〖スポ〗出場選手〖の決定〗, ラインアップ. El jugador tuvo que quedarse fuera de la ~ por estar lesionado. その選手はけがのためラインアップから外れなければならなかった. **3** 連合, 提携, 結束. política de no ~ 非同盟政策. **4** 〖電気〗アライメント, 調整.
a·li·ne·a·do, da [a.li.ne.á.ðo, -.ða] 形 **1** 《**estar**+》整列した; 一直線に並んだ. **2** 《**estar**+》連合した; 《**con**... …を》支持する. países no ~s 非同盟諸国. No *estamos* ~s con la posición del Gobierno. 私たちは政府の姿勢に同調していない. **3** 〖ラ米〗(ᴹᴱˣ)着飾った, 優雅な; 堅気の, まっとうな.
a·li·ne·a·mien·to [a.li.ne.a.mjén.to] 男 **1** 整列; 連合. **2** 〖考古〗立石〖メンヒル〗の列.
a·li·ne·ar [a.li.ne.ár] 他 **1** 一直線に並べる, 整列させる. La profesora nos *alineó* por orden de estatura. 先生は私たちを身長順に整列させた. **2** 〖スポ〗〈人を〉出場選手に決める. Sin duda el entrenador *alineará* al futbolista internacional. 間違いなく監督はその世界的サッカー選手を出場させるだろう. **3** 連合させる, 参加させる.
━ ~**se** 再 **1** 1列に並ぶ, 整列する. *Se alinearon* contra la pared. 彼らは壁を背にして1列に並んだ. **2** 《**en**... …に》参加する; 《**con**... …と》〖政治・思想的に〗連合する. ~ *se con* la oposición 野党陣営に加わる. **3** 〖ラ米〗(ᴹᴱˣ)着飾る; 堅気になる, まともになる.
a·li·ña·do, da [a.li.ɲá.ðo, -.ða] 形 〖ラ米〗〖話〗(1) (ᶜʰ)きちんとした身なりの. (2) (ᴬᴿᴳ)上品な.
a·li·ña·dor, do·ra [a.li.ɲa.ðór, -.ðó.ra] 形 **1** 装飾の, 装飾的な. **2** 〖料〗味つけの. ━ 男 女 **1** 味つけする人. **2** 〖ラ米〗(ᶜʰ)整骨医.
a·li·ñar [a.li.ɲár] 他 **1** 〖料〗(塩・油・香辛料などで)味つけする (= condimentar). ~ la ensalada con aceite, vinagre y sal サラダを油・酢・塩で味つけする. **2** 飾る; 着飾らせる. ~ *el* discurso con unas anécdotas 演説に逸話をいくつか織り交ぜる. **3** 〖闘牛〗〈牛を〉素早く殺すように構える.
4 〖ラ米〗(1) (ᴬᴿᴳ)〖話〗〈人から〉賄賂(ᵂᴬ)を取る, 〈人に〉そでの下を強いる. (2) (ᶜʰ)整骨する, 接骨する. (3) (ᴬᴿᴳ)仲直りする. (4) (ᴹᴱˣ)→ alinear.
a·li·ño [a.lí.ɲo] 男 **1** 〖料〗味つけ, 調味(料).
2 身じたく, 身だしなみ (↔ desaliño). cuidar su ~ 身だしなみに気をつかう.
faena de aliño 素早く牛を殺す闘牛技.
a·lio·li [a.ljó.li] 男 〖料〗アリオリ: つぶしたニンニクと油のソース (= ajiaceite, ajoaceite).
a·lio·nar [a.ljo.nár] 他 〖ラ米〗扇動する.
a·lio·nín [a.ljo.nín] 男 〖鳥〗アオガラ; エナガ.
a·li·pa·ta [a.li.pá.ta] 男 【植】(フィリピン産の)トウダイグサ.
a·lí·pe·de [a.lí.pe.ðe] / **a·lí·pe·do, da** [a.lí.pe.ðo, -.ða] 形 **1** 〖文章語〗足の速い, 翼のある. **2** 〖動〗(コウモリなど)翼手目の. ━ 男 〖動〗翼手目の動物.
a·lí·pe·go [a.li.pé.go] 男 〖ラ米〗(1) (ᵖᴱ)景品, おまけ. (2) (ᵖᴱ)〖話〗押しかけ客.
a·li·que·bra·do, da [a.li.ke.βrá.ðo, -.ða] 形 **1** 翼の傷ついた.
2 〖話〗元気をなくした, 意気消沈した; 弱った.
a·li·que·brar [a.li.ke.βrár] 8 他 翼を傷つける.
a·li·rón [a.li.rón] 間投 〖スポーツなどで勝利したときの歓び〗やったぞ, ばんざい.
cantar 〖*entonar*〗 *el alirón* 勝利を祝う.
a·li·rro·jo, ja [a.li.ró.xo, -.xa] 形 翼の赤い.
a·li·sa·do [a.li.sá.ðo] 男 滑らかに〖平らに〗すること, 磨き.
a·li·sa·dor, do·ra [a.li.sa.ðór, -.ðó.ra] 形 滑らかにする, 磨く. ━ 男 **1** ローラー: ろうそくの表面を滑らかにするための木べら. **2** 〖ラ米〗(ᵖᴿ)櫛(ᵂᴬ)めぐし, 目の細かいくし.
a·li·sa·du·ra [a.li.sa.ðú.ra] 女 **1** 平らにすること; 地ならし, 磨き. **2** 〖複数で〗削りかす.
a·li·sal [a.li.sál] 男 → alisar¹.
a·li·sa·mien·to [a.li.sa.mjén.to] 男 滑らかにすること, 平らにすること.
a·li·sar¹ [a.li.sár] 男 ハンノキの林.
a·li·sar² [a.li.sár] 他 **1** 平らにする; ならす; 磨く. ~ la falda スカートのしわをのばす. **2** 〈髪を〉とかす. ━ ~**se** 再 **1** 平らになる, つるつるになる. **2** 〈髪を〉軽くとかす. ~*se* el pelo 髪にくしを入れる.
a·lis·ca·fo [a.lis.ká.fo] / **a·lís·ca·fo** [a.lís.ka.fo] 男 〖ラ米〗(ᴬᴿᴳ)2つのスクリューがついた高速の船.
a·li·se·da [a.li.sé.ða] 女 → alisar¹.
a·li·sios [a.lí.sjos] 男 〖複数形〗〖気象〗貿易風 (= vientos ~). ~ boreales [australes] 北[南]半球の貿易風.
a·lis·ma [a.lís.ma] 女 【植】サジオモダカ.
a·li·so [a.lí.so] 男 【植】ハンノキ: カバノキ属の植物.
a·lis·ta·do, da [a.lis.tá.ðo, -.ða] 形 **1** 名簿〖リスト〗に載っている. **2** 徴兵名簿に載っている. ~ en el ejército 軍隊に入った. **3** 縞(ˢʰ)模様の.
a·lis·ta·dor, do·ra [a.lis.ta.ðór, -.ðó.ra] 男 徴兵担当官; 登録係.
a·lis·ta·mien·to [a.lis.ta.mjén.to] 男 〖軍〗(1) 兵籍編入, 徴兵. (2) 応召, 入隊. ~ voluntario 志願入隊. (3) 〖集合的で〗年間補充兵.
a·lis·tar [a.lis.tár] 他 **1** 名簿〖リスト〗に載せる, 登録する **2** 徴兵名簿に載せる; 〈兵を〉徴募する. **3** 〖ラ米〗(ᶜᴮ)準備する, 用意する. (2) (ᶜᴮ)着飾らせる. ━ 自 〖ᶜᴮ〗着飾る. ━ ~**se** 再 **1** (自分の名前を)名簿に載せる; 申し込む. **2** 志願して入隊する (趣旨に賛同して)支持する. ~*se* en la marina 海軍に志願する. **3** 〖ラ米〗準備をする, 身支度する.
a·li·te·ra·ción [a.li.te.ra.θjón / -.sjón] 女 〖修辞〗頭韻(法): 同じ音〖音節〗で始まる語を繰り返して用いること. ▷ *los claros clarines*
a·li·te·ra·do, da [a.li.te.rá.ðo, -.ða] 形 〖修辞〗頭韻(法)の, 頭韻を踏んだ.

a·li·tier·no [a.li.tjér.no] 男 《植》クロウメモドキ.
a·li·tran·ca [a.li.tráŋ.ka] 女 《ラ米》(ｷﾞ)(ｺﾞﾆｱ)ブレーキ, 制動装置.
a·li·via·de·ro [a.li.bja.ðé.ro] 男 《土木》(ダム・運河の)放水路, 余水吐し.
a·li·via·dor, do·ra [a.li.bja.ðór, -.ðó.ra] 形 慰める, (負担・苦痛・心痛を)軽くする. ━ 男 挽臼(ｳｽ)の調節レバー.
a·li·via·do, da [a.li.bja.ná.ðo, -.ða] 形 《ラ米》(*ﾑ)《俗》麻薬でいい気分になった.
a·li·via·nar [a.li.bja.nár] 他 《ラ米》 → aliviar.
*****a·li·viar** [a.li.bjár] 82 他 **1** (負担・荷などを)**軽くする**. ~ la carga del armario 戸棚の中身を減らす. Esta máquina nos *aliviará* de trabajo. この機械があれば私たちの仕事は楽になるだろう.
2 (a+人 〈人〉の)〈苦痛などを〉和らげる; 〈人を〉慰める. Esta medicina *le aliviará* el dolor. この薬で痛みは和らぐでしょう (► le が a+人に相当). Me *alivia* saber que tú y yo tenemos mucho en común. 私たちに多くの共通点があることを知って私はほっとする. **3** 〈動きなどを〉速める, 急ぐ. **4** 〈人を〉手伝う. **5** 《話》くすねる, 盗む (= afanar). ~le la cartera (a+人) 〈人〉の財布を盗む. **6** 《ラ米》(*ﾑ)更生させる, 助ける.
━ **·se** 再 **1** 軽くなる, 楽になる. **2** (病人などが)快方に向かう. ¡Que *se alivie*! 早くよくなってほしい. **3** 《俗》排便する. **4** 《ラ米》(*ﾑ)更生する, 堅気になる.
[← [ラ] *alleviāre* ([ラ] *levis* 「軽い」より派生); 関連 [英] *alleviate*]
*****a·li·vio** [a.lí.bjo] 男 **1** (苦痛・病状などの) 緩和, 快方. Con esta inyección sentirá pronto un ~. この注射でじきに楽になりますよ.
2 気が軽くなること, 安堵(ﾄﾞ); 慰め. ¡Qué ~ saber que yo no soy la única que sufre este problema! この問題に直面しているのが自分だけではないと知ってどれだけほっとしたことか.
3 喪をゆるめること. de luto (正式の喪ほど厳しくない)半喪の服. vestirse de ~ 半喪の服を着る. *de alivio* 《話》ひどい, ものすごくやっかいな. un catarro de ~ ひどい風邪.
a·li·zar [a.li.θár / -.sár] 男 《建》タイルの腰羽目; 腰羽目用タイル.
a·li·za·ri·na [a.li.θa.rí.na / -.sa.-] 女 《化》アリザリン.
al·ja·ba [al.xá.ba] 女 **1** 矢筒, 箙(ｴﾋﾞﾗ) (= carcaj). **2** 《ラ米》(ｱﾙｾﾞﾝ)《植》フクシア.
al·já·fa·na [al.xá.fa.na] 女 → aljofaina.
al·ja·ma¹ [al.xá.ma] 女 **1** 《史》モーロ人 moro [ユダヤ人]の集会所, モーロ人[ユダヤ人]地区. **2** 《史》シナゴーグ: ユダヤ教の礼拝堂 (= sinagoga).
al·ja·ma² [al.xá.ma] 女 モスク: イスラム教寺院 (= mezquita).
al·ja·mí·a [al.xa.mí.a] 女 《史》(1) スペイン語: 中世, モーロ人 moro がスペイン語などの外国語を呼んだ語. (2) アラビア文字で表記されたスペイン語.
al·ja·mia·do, da [al.xa.mjá.ðo, -.ða] 形 《史》(1) アラビア文字で表記されたスペイン語による. (2) (イスラム支配下のイベリア半島で)スペイン語を話す.
al·ja·ra·fe [al.xa.rá.fe] 男 → ajarafe.
al·jez [al.xéθ / -.xés] 男 石膏(ｺｳ).
al·ji·be [al.xí.be] 男 **1** 貯水槽[池] (= cisterna). **2** タンカー: 給水船. **3** 《ラ米》(ｱﾙｾﾞﾝ)泉, 井戸. (2) (ｺﾛ)地下牢(ﾛｳ).
al·jo·fai·na [al.xo.fái.na] 女 洗面器.

al·jó·far [al.xó.far] 男 **1** 小粒で不ぞろいな真珠, くず真珠. **2** 《文章語》露の玉, 涙, 真珠に似たもの.
al·jo·fa·rar [al.xo.fa.rár] 他 くず真珠をちりばめる.
al·jo·fi·fa [al.xo.fí.fa] 女 床ぞうきん, モップ.
al·jo·fi·far [al.xo.fi.fár] 他 (床を)ぞうきんがける, モップでふく.
al·jon·je [al.xóŋ.xe] 男 → ajonje.
al·jon·jo·lí [al.xoŋ.xo.lí] 男 → ajonjolí.
al·jor [al.xór] 男 → aljez.
al·ker·mes [al.kér.mes] 男 → alquermes.
*****a·llá** [a.já ‖ -.śá] 副 《指示》 **1** (場所・方向)あちらへ[に]; 向こうへ[に] (► 話し手から遠い漠然とした場所や方向を指示し, しばしば方向性を持つ) (↔acá). ~ abajo あの下のほうに[で]. ~ lejos あの遠いところで. ~ por Chile はるかチリで. Vamos ~. さあ, 行こう; あっちへ行こう. Han venido desde ~. 彼らはあちらのほうからやって来た. de Barcelona para ~ バルセロナから先は. ► allí と異なり程度を表す副詞を伴うことがある. → unos metros *más* ~ 数メートル向こうに.
2 (時間)昔, あのころ. ~ en esos tiempos あのころは. ~ por los años cuarenta ころは昔40年代に. Esto ocurrió ~ a principios del siglo pasado. このできごとは前世紀の初めのころに起こった.
3 (+主語人称代名詞/+不定代名詞)《話》…の勝手だ, …の問題だ. (+接続法) …させればいいことだ. ~ *tú* [*vosotros*] 君[君たち]次第だ. ~ *cada uno* [*cual*] それぞれの問題だ, 各々が決めればいいことだ. *A*~ *se las componga*. 彼[彼女]の責任でなんとかさせればよいことだ.
allá arriba あの高いところに; 天国に.
Allá se va. / *Allá se van los dos.* どっちもどっちだ, 似たり寄ったりだ.
Allá voy. 今行きますから.
el más allá あの世, 彼岸, 死後.
estar más para allá que para acá (…の心身が)がたっている.
hacerse (*para*) *allá* 離れる, どく. *Hazte para* ~. あっちへ行ってくれ.
más allá de… …より(以上), …を越えて. estar *más* ~ *de* toda duda 疑問の余地のない. No sabe contar *más* ~ *de* diez. 彼[彼女]は10以上の数字を数えることができない. *Más* ~ *de* la frontera hay más peligros. 国境の向こう側にはもっと危険が待っている.
no ser [*estar, encontrarse, andar*] *muy allá* (…の状態・質が)あまりよくない.
y [*ni*] *lo de más allá* 《列挙の最後に》そしてその他のもの.
[← [ラ] *illāc* 「あそこに」]
a·lla·ci·to [a.ja.θí.to ‖ -.śa.- / -.sí.-] 副 《ラ米》 allá+縮小辞.
a·lla·na·dor, do·ra [a.ja.na.ðór, -.ðó.ra ‖ -.śa.-] 形 平らにする, ならす. ━ 男 女 家宅侵入者, 押し込み強盗. ━ 男 地ならし機.
a·lla·na·mien·to [a.ja.na.mjén.to ‖ -.śa.-] 男 **1** 平らにすること, ならすこと.
2 除去, 克服. el ~ de las dificultades 障害の除去. **3** 《法》(1) 仲裁付託合意. (2) ~ de morada 住居侵入罪. **4** 《ラ米》家宅捜索.
*****a·lla·nar** [a.ja.nár ‖ -.śa.-] 他 **1** 平らにする (= aplanar). ~ el suelo 地ならしをする.
2 取り除く; 克服する. Ha conseguido ~ todos los obstáculos. 彼[彼女]はすべての障害を克服する

allegadero

ことができた. **3** 侵入する, 押し入る;〈官憲が〉立ち入る, 踏み込む. **4** なだめる, 鎮圧する.
　― ~.se 再 **1** 平らになる. **2**〈建物が〉倒壊する. **3**《a... ...に》服従する, 譲る;妥協する. **4** 分け隔てなく付き合う.

a‧lle‧ga‧de‧ro, ra [a.je.ɣa.ðé.ro, -.ra ‖ -.ɣe.-] 形 → allegador. ― 女 くま手, レーキ.

a‧lle‧ga‧do, da [a.je.ɣá.ðo, -.ða ‖ -.ɣe.-] 形 **1**（時間的・距離的に）近い;親しい. la gente *allegada* al Presidente 大統領側近の人々. **2** 支持する, 味方の. **3** 親戚(奴)の, 姻戚関係のある. **4**《ラ米》居候の. ― 男 《複数で》側近(の人々), 随員. los ~s al rey 国王の側近. por los ~s del Primer Ministro 首相の側近筋によれば.

a‧lle‧ga‧dor, do‧ra [a.je.ɣa.ðór, -.ðó.ra ‖ -.ɣe.-] 形 寄せ集める. ― 男 女 集める人. ― 男 **1** くま手, レーキ. **2** 火かき棒.

a‧lle‧ga‧mien‧to [a.je.ɣa.mjén.to ‖ -.ɣe.-] 男 **1** 集めること, 収集. **2** 接近. **3**《古語》血縁［姻戚（奴）］関係. **4**《古語》同調, 賛同.

a‧lle‧gar [a.je.ɣár ‖ -.ɣe.-] 103 他 **1** 集める, 寄せ集める. ~ fondos 資金を調達する. **2**《a... ...に》近づける. **3**《農》〈刈り取った麦を〉集めて積み上げる. **4** 加える. ― 自 到着する.
　― ~.se 再 **1**《a... ...に》近づく, 接近する. **2**《a... ...に》賛同する. Él *se allega a* todo lo que dicen. 彼は言われることすべてに賛同する.

al‧le‧gret‧to [a.le.ɣré.to]《伊》副 → alegreto.

al‧le‧gro [a.lé.ɣro]《伊》副 → alegro.

a‧llen‧de [a.jén.de ‖ -.ʝén.-]《文章語》...の向こうに, かなたに(↔aquende). ~ los mares 海のかなたに, 海外に. ― 副 向こうに;その上に(= además). ~ de eso その上さらに.

A‧llen‧de [a.jén.de ‖ -.ʝén.-] 固名 アジェンデ. (1) Salvador ~ (1908-73). チリの政治家・大統領(1970-73). (2) Isabel ~ (1942-) チリの小説家. Salvador の姪(¿). 作品 *La casa de los espíritus*『精霊たちの家』.

a‧llí [a.jí ‖ -.ʝí] 副《指示》1**《場所》あそこに［で, へ］;そこに［へ］(▶話し手から遠く離れている場所を示す)(↔aquí, ahí). He dejado la maleta ~ abajo. 私はスーツケースをあそこの下のほうに置いた. Tengo una casita cerca del mar y voy ~ todos los fines de semana. 私は海の近くに小さな家を持っていて毎週末そこへ行く(▶聞き手が同じ体験を共有している場合は「そこ」と訳される). Aquí jugaban al fútbol, ~ al tenis. ここかしこでサッカーをしたり, テニスをしたりしていた. El autobús viene por ~. バスはあのあたりから来る. Desde ~ se ve muy bien la montaña. あそこから山はよく見える.

2《時間》あのとき;そのとき. desde ~ hasta el fin de la guerra あれから戦争が終わるまで. Hasta ~ no hubo ningún problema. そのときまではなんの問題もなかった.

allí donde... ...するところはどこでも. Voy ~ *donde* me ordenes. 君の命じるところ, どこへでも行くよ.

名詞 + *hasta allí (de...)*《話》あれほど(の...な), すごい.... Ha conseguido sacar la *foto hasta ~ de* fantástica. 彼［彼女］はあれほどのすばらしい写真を撮ることができた.

para allí (y) para allá ここかしこをめぐるしく, あちらこちらを. Estoy trabajando estos días *para ~ y para allá*. ここのところ私はとても忙しくしている.
［← ⤴ ［ラ］*illĭc*「そこに」］

a‧lli‧ci‧to [a.ji.θí.to ‖ -.ɕi.- / -.sí.-] 副《ラ米》allí + 縮小辞.

a‧llo‧zo [a.jó.θo ‖ -.ɕó.- / -.so] 男《植》（特に野生の）ハタンキョウ, アーモンド（の木）.

a‧llu‧del [a.ju.ðél ‖ -.ʝu.-] 男 → aludel.

al‧ma [ál.ma] 女 [el ~, un [una] ~] **1（肉体に対し）魂, 霊魂;精神, 心. Esos tíos no tienen ~. あいつらには心がないんだ.

> 類語 *ánima* は古語では *alma*「魂」と同義であったが, 現在では煉獄(¿)にいる「死者の霊」ánimas del purgatorio をもっぱら意味する. *espíritu* は物質的なものに対しての「精神」を示し, 法律や考え方などの底を流れる基本理念をも指す. *mente* は知力の源としての「精神, 頭」を意味する. *corazón* は感情の源としての「心」を意味する.

2 核心, 真髄;推進力（となる人）. Son el ~ del proyecto. 彼らは計画の中心人物だ.
3 熱情, 気迫. poner toda el ~ en... 寝食を忘れて...に励む. **4**《否定で》人;（数詞 +）...人. No había ni un ~ (viviente) en la calle. 街には誰一人いなかった. un pueblo de 2.000 ~s 2000人の集落. **5** 中心部, コア. ~ de cañón（銃）の内部. **6**《機》磁心, コア;《音楽》（弦楽器の）魂柱;《建築》（梁の）支柱;《植》髄. **7**《ラ米》(¿)死体, 遺体.

alma de Dios 善人.

alma en pena (1) 煉獄(¿)の霊魂. Parece un ~ *en pena* desde que se le murió su mujer. 妻に死別してから彼はまるで魂を抜かれたみたいだ. (2) 孤独で途方に暮れた人.

¡alma mía! / ¡mi alma!（呼びかけ）（愛する人に対して）ねえおまえ, あなた.

arrancarle el alma (*a* + 人) (1)〈人〉を殺す. (2)〈人〉を打ちのめす.

arrancársele el alma (*a* + 人) *con...*〈人〉が...に打ちのめされる.

caérsele el alma a los pies (*a* + 人)〈人〉ががっくりする.

clavársele en el alma (*a* + 人) *...*〈人〉が...を身にしみて感じる. Tus palabras de rechazo *se me clavaron en el ~*. 君の拒絶の言葉は私の胸に突き刺さった.

como alma que lleva el diablo《話》一目散に, 猛スピードで. Al oír su voz él salió *como ~ que lleva el diablo*. 彼［彼女］（ら）の声が聞こえると彼はあっという間に出て行った.

con el alma / con toda (SU) *alma* 心から.

con el alma partida 胸の張り裂ける思いで, 悲嘆に暮れて.

dar [entregar] el alma a Dios 息を引き取る.

名詞 + *de* SU *alma* 大好きな..., 心から愛する....

en el alma 心より, 深く. Le agradezco *en el ~* que haya asistido a la reunión. 会合に参加してくださったことを心より感謝いたします.

írsele (*a* + 人) *el alma detrás de...*〈人〉が...をすごく欲しがる.

írsele el alma (*a* + 人)〈人〉がへとへとである.

llevar a + 人 *en el alma*《話》〈人〉を愛する.

llegarle al alma (*a* + 人) */ tocarle en el alma* (*a* + 人)〈人〉の心を打つ, 心の琴線に触れる.

no poder con el [SU] *alma* へとへとである, ぐったりしている.

no tener alma 〈人が〉思いやりがない.
partir*le el alma* (*a*+人) 〈人〉につらい[悲しい]思いをさせる
tener el [SU] ***alma en*** SU ***armario*** 〈人が〉感じやすい;毅然としている.
[←〔ラ〕*animam* (*anima* の対格); 関連 ánimo, animal, animar, unánime, magnánimo. 〔ポルトガル〕*alma*. 〔仏〕*âme*. 〔伊〕*anima*. 〔英〕*anima, animal, animation*]

***al·ma·cén** [al.ma.θén / -.sén] 男 **1** 倉庫, 保管所. ~ **de depósito** (税関の) 保税倉庫. ~ **de primeras materias** 資材倉庫. **2** 卸問屋, 卸売店. abrir un ~ **de ropa** 衣料品の卸問屋を開く. **3** 〖印〗 文選ケース. **4** 《ラ米》《ﾁﾘ》《ｷ》《ｳﾙ》食料雑貨店.
grandes almacenes デパート, 百貨店. Me gusta hacer compras en estos *grandes almacenes*. 私はこのデパートで買い物をするのが好きだ. → mercado 類語.
[←〔アラビア〕*al-majzan*]

al·ma·ce·na·je [al.ma.θe.ná.xe / -.se.-] 男 **1** 倉庫料, 保管料. **2** 保管, 入庫. servicio de ~ y distribución 保管流通業務.

al·ma·ce·na·mien·to [al.ma.θe.na.mjén.to / -.se.-] 男 **1** 保管, 入庫 (= almacenaje). **2** 在庫, ストック. **3** 〖IT〗記憶 (= unidad de ~) 記憶装置.

***al·ma·ce·nar** [al.ma.θe.nár / -.se.-] 他 **1** 倉庫に入れる, 保管する, 貯蔵する.
2 収集する, 蓄える. ¿Por qué *almacenas* tantas porquerías? どうしてこんながらくたを集めているの. **3** 〖IT〗保存する.

al·ma·ce·ne·ro, ra [al.ma.θe.né.ro, -.ra / -.se.-] 男女 **1** 倉庫管理人.
2 《ラ米》《ﾁﾘ》《ｷ》《ｳﾙ》商店主, 食料品店主 [店員].

al·ma·ce·nis·ta [al.ma.θe.nís.ta / -.se.-] 男女 **1** 倉庫の所有者; 倉庫業者; 倉庫係. **2** 卸売業者; ワインの蔵元. **3** 《ラ米》食料品卸売り商.

al·má·ci·ga¹ [al.má.θi.ga / -.si.-] 女 マスチック, 乳香: 主にワニス用の芳香性の樹脂 (= mástique).

al·má·ci·ga² [al.má.θi.ga / -.si.-] 女 苗床.

al·má·ci·go¹ [al.má.θi.go / -.si.-] 男 〖植〗乳香樹: 地中海地方産ウルシ科の常緑低木.

al·má·ci·go² [al.má.θi.go / -.si.-] 男 苗床.

al·ma·da·na [al.má.ða.na] 女 →almádena.

Al·ma·dén [al.ma.ðén] 固名 アルマデン: スペイン中南部の水銀鉱床の中心地. 植民時代, Zacatecas (メキシコ) や Potosí (ペルー) の銀山へ水銀を供給した.

al·má·de·na [al.má.ðe.na] 女 石割り用大ハンマー.

al·ma·dí·a [al.ma.ðí.a] 女 いかだ; カヌー.

al·ma·diar·se [al.ma.ðjár.se] 81 再 (船などに) 酔う.

al·má·di·na [al.má.ði.na] 女 →almádena.

al·ma·dra·ba [al.ma.ðrá.ba] 女 マグロ漁; マグロ漁場, マグロ処理場; マグロ網.

al·ma·dra·be·ro, ra [al.ma.ðra.bé.ro, -.ra] 形 マグロ漁 [漁場, 網] の. —— 男 マグロ漁師.

al·ma·dra·que [al.ma.ðrá.ke] 男 クッション; まくら.

al·ma·dre·ña [al.ma.ðré.ɲa] 女 (泥道用の) 木靴.

al·má·ga·na [al.má.ga.na] 女 《ラ米》《ﾒｷｼｺ》 (1) →almádena. (2) 怠け者, のろま.

al·ma·ges·to [al.ma.xés.to] 男 **1** [A-] アルマゲスト: 2世紀のギリシアの天文学書.
2 (中世の) 占星術書, 錬金術書.

al·ma·gra [al.má.gra] 女 →almagre.

al·ma·gra·du·ra [al.ma.gra.ðú.ra] 女 代赭 (たいしゃ) による着色.

al·ma·gral [al.ma.grál] 男 代赭 (たいしゃ) の豊富な土地.

al·ma·grar [al.ma.grár] 他 **1** 代赭 (たいしゃ) で着色する. **2** 烙印 (らくいん) を押す. **3** 傷つける; 中傷する.

al·ma·gre [al.má.gre] 男 **1** 代赭 (たいしゃ): 赤鉄鉱, 赤褐色の顔料. **2** しるし.

al·ma·gre·ro, ra [al.ma.gré.ro, -.ra] 形 代赭 (たいしゃ) を豊富に含んだ.

al·mai·zal [al.mai.θál / -.sál] 男 (モーロ人が用いる) ベール; (司祭がミサで用いる) 肩衣 (かたぎぬ).

al·ma·jal [al.ma.xál] 男 →almarjal.

al·ma·ja·ne·que [al.ma.xa.né.ke] 男 破城槌 (ついじ) (城壁を壊すために使われていた槌); 投石器, 石弓.

al·ma·ja·ra [al.ma.xá.ra] 女 (堆肥 (たいひ) を施した) 畑, 苗床.

al·ma·jo [al.má.xo] 男 〖植〗オカヒジキ (属の植物).

al·ma má·ter [ál.ma má.ter] 〔ラ〕 [el ~, un [una] ~] 推進力となる人 [もの]; 母校; 母国 (= madre nutricia).

***al·ma·na·que** [al.ma.ná.ke] 男 **1** (天体の運行・年中行事などが記載された) **暦**; カレンダー (= calendario). ~ **de taco** 日めくりカレンダー.
2 年鑑; 名鑑.
echar [*sacar*] *vendiendo almanaques a*... 《ラ米》《ﾒｷｼｺ》《ﾋﾟﾙ》 (話) …をつれなく追い出す.
[←〔中ラ〕*almanach*← 〔アラビア〕*al-manâh*; 関連 〔英〕*almanac*]

al·man·di·na [al.man.dí.na] 女 〖鉱〗貴ざくろ石, 鉄礬 (てつばん) ざくろ石 (= granate ~).

al·ma·ra·da [al.ma.rá.ða] 女 (断面が三角形の) 短剣; (サンダル用の) 大針; (溶融した硫黄の) 攪拌 (かくはん) 棒.

al·ma·re·a·do, da [al.ma.re.á.ðo, -.ða] 形 《ラ米》《ﾗﾌﾟ》 (話) 酔った.

al·mar·ga [al.már.ga] 女 〖地質〗泥灰土層.

al·ma·riar·se [al.ma.rjár.se] 再 《ラ米》《ﾒｷｼｺ》《ｸﾞｱﾃ》吐き気がする, 酔う.

al·mar·jal [al.mar.xál] 男 **1** オカヒジキの群生地.
2 沼地, 低湿地, 沼沢.

al·mar·jo [al.már.xo] 男 **1** 〖植〗オカヒジキ (属の植物). **2** →barrilla.

al·ma·ro [al.má.ro] 男 〖植〗ニガクサ属の一種.

al·ma·rra·ja [al.ma.řá.xa] 女 (ガラス製の) じょうろ.

al·már·ta·ga [al.már.ta.ga] 女 (馬などの) 面懸 (おもがい).

al·mas·te [al.más.te] 男 マスチック, 乳香.

al·más·ti·ga [al.más.ti.ga] 女 →almaste.

al·ma·tri·che [al.ma.trí.tʃe] 男 灌漑 (かんがい) 用水路.

al·ma·za·ra [al.ma.θá.ra / -.sá.-] 女 搾油工場; 搾油機.

al·ma·za·rrón [al.ma.θa.řón / -.sa.-] 男 →almagre.

al·me·ci·na [al.me.θí.na / -.sí.-] 女 エノキの実 (= almeza): サクランボに似て食用.

al·me·ja [al.mé.xa] 女 (アサリ・ハマグリなどの) 二枚貝. ~*s a la marinera* アサリのワイン蒸し.

al·me·jar [al.me.xár] 男 (アサリ・ハマグリなどの) 養殖場.

al·me·na [al.mé.na] 女 銃眼つき胸壁.

al·me·na·do, da [al.me.ná.ðo, -.ða] 形 **1** 銃眼つき胸壁のある, 女墙 (じょしょう) のある.

almena
(銃眼つき胸壁)

al·me·na·je [al.me.ná.xe] 男《集合的》銃眼つき胸壁, 女墻(じょう).

al·me·nar¹ [al.me.nár] 他 銃眼を設ける.

al·me·nar² [al.me.nár] 男 かがりの鉄製の支柱.

al·me·na·ra [al.me.ná.ra] 女 **1** のろし；かがり火. **2** かがりの鉄製の支柱. **3** 枝つき燭台(しょく), 多灯型燭台.

*__al·men·dra__ [al.mén.dra] 女 **1** アーモンド（の果実), 扁桃(ﾍﾝ). ～ dulce (食用の) 甘扁桃, スイート・アーモンド. ～ amarga 苦扁桃(ﾆｶﾞﾍﾝ), ビター・アーモンド. ～s tostadas 炒(ｲ)りアーモンド. ～s garapiñadas プラリーヌ (アーモンドに糖衣をかけた菓子). **2** アーモンド形のダイヤモンド；シャンデリアにつるすカットグラス. **3**〖建〗アーモンド形の玉縁. **4**《主に複数で》《話》弾丸. **5** ナッツ, 木の実. [◀[俗ﾗ] *amindula*◀[ﾗ] *amygdala*◀[ｷﾞ] *amugdálē*〖関連〗[英] *almond*]

al·men·dra·do, da [al.men.drá.ðo, -.ða] 形 アーモンドの形をした；アーモンドを用いた.
— 男 (または女) アーモンドクッキー.
— 女 アーモンドミルクに砂糖を加えた飲み物.

al·men·dral [al.men.drál] 男 アーモンド園；アーモンドの木.

al·men·dre·ra [al.men.dré.ra] 女 →*almendro*.

al·men·dre·ro [al.men.dré.ro] 男 **1**→*almendro*. **2** アーモンドの実を入れる容器.

al·men·dri·lla [al.men.drí.ja ‖ -.ʎa] 女 **1** (アーモンド大の) 小石, (舗装用の) 砂利. **2** (アーモンド形の) やすり；イヤリング.

al·men·dri·llo [al.men.drí.jo ‖ -.ʎo] 男《ラ米》《ｸﾞﾘｰﾝ》《ﾆｶ》〖植〗(アーモンドの木) アーモンドに似た木.

al·men·dro [al.mén.dro] 男 〖植〗アーモンドの木.

al·men·drón [al.men.drón] 男 〖植〗(ジャマイカ原産の) フトモモ科の木(の実).

al·men·dru·co [al.men.drú.ko] 男 未熟のアーモンド, グリーンアーモンド.

al·me·ni·lla [al.me.ní.ja ‖ -.ʎa] 女 (服・ハンカチなどの) レースの縁取り, スカラップ.

Al·me·rí·a [al.me.rí.a] 固名 アルメリア：スペイン南部の県；県都 (地中海に臨む港湾都市).

al·me·rien·se [al.me.rjén.se] 形 アルメリアの.
— 男女 アルメリアの住民[出身者].

al·me·te [al.mé.te] 男 **1** かぶと (= *casco*). **2**《古語》かぶとをかぶった兵士.

al·mez [al.méθ / -.més] 男[複 *almeces*]〖植〗エノキ類, ハックベリー.

al·me·za [al.mé.θa / -.sa] 女 エノキの実.

al·miar [al.mjár] 男〖農〗(中央に棒を立てた) 干し草[わら]の山；稲むら.

al·mí·bar [al.mí.bar] 男 **1** シロップ；シロップ漬けの果物. melocotones en ～ シロップ漬けの桃. **2**《度を越した》 甘やかし, 甘言. estar hecho un ～《話》べたべた優しくする.

al·mi·ba·ra·do, da [al.mi.ba.rá.ðo, -.ða] 形
1 シロップをかけた, 甘ったるい.
2《話》(態度・話し方が) ひどく優しい.

al·mi·ba·rar [al.mi.ba.rár] 他 **1** シロップ漬けにする. **2**《言動を》わざと甘ったるくする. ～ sus palabras 猫なで声で話す.

al·mi·can·ta·rat [al.mi.kan.ta.rát] 男 〖天文〗等高度圏.

al·mi·dón [al.mi.ðón] 男 糊(のり). dar ～ a una camisa ワイシャツを糊づけする.

al·mi·do·na·do, da [al.mi.ðo.ná.ðo, -.ða] 形 **1** 糊(のり)の利いた. un cuello ～ 糊の利いたカラー. **2**《話》うんとめかし込んだ. **3**《ラ米》《ｸﾞﾘｰﾝ》《話》《軽度》くそまじめな. — 男 糊づけ.

al·mi·do·nar [al.mi.ðo.nár] 他 (洗濯物などに) 糊(のり)をつける.

al·mi·do·ne·rí·a [al.mi.ðo.ne.rí.a] 女 糊(のり)工場.

al·mi·lla [al.mí.ja ‖ -.ʎa] 女 **1** (下着用の) チョッキ；胴着, ボディスーツ. **2** (木材の) ほぞ. **3** 豚の胸肉.

al·mim·bar [al.mim.bár] 男 (イスラム教寺院の) 説教壇.

al·mi·nar [al.mi.nár] 男 ミナレット (= *minarete*)：祈りの時刻を知らせるイスラム教寺院の高塔. [◀[ｱﾗﾋﾞｱ] *al-manâr*「灯台」]

al·mi·ran·ta [al.mi.rán.ta] 女 **1** 旗艦.
2 提督夫人.

al·mi·ran·taz·go [al.mi.ran.táθ.go / -.tás.-] 男 **1** 提督[海軍大将]の地位[職務]；提督[海軍大将]権限区域. **2** 海軍上級裁判所. **3**〖史〗(スペイン海軍へ支払われた) 入港税.

*__al·mi·ran·te__ [al.mi.rán.te] 男 **1** 提督, (艦隊の)司令官. **2** 海軍大将.

al·mi·rez [al.mi.réθ / -.rés] 男 [複 *almireces*] (料理用の) 金属製乳鉢.

al·miz·ca·te [al.miθ.ká.te / -.mis.-] 男 (2軒の家の間の) 中庭, 裏庭.

al·miz·cla·do, da [al.miθ.klá.ðo, -.ða / -.mis.-] 形 じゃこうの香る.

al·miz·cle [al.míθ.kle / -.mís.-] 男 (香料の) じゃこう.

al·miz·cle·ña [al.miθ.klé.ɲa / -.mis.-] 女 〖植〗ムスカリ.

al·miz·cle·ño, ña [al.miθ.klé.ɲo, -.ɲa / -.mis.-] 形 じゃこうの (香りがする).

al·miz·cle·ro, ra [al.miθ.klé.ro, -.ra / -.mis.-] 形 じゃこうの (香りがする). lirón ～〖動〗ヤマネ. — 男 〖動〗ジャコウジカ. ～〖動〗デスマン (= *ratón* ～)：モグラ科の水生食虫類.

al·mo·ca·dén [al.mo.ka.ðén] 男 **1**《古語》(スペイン領モロッコの) 歩兵隊長, 騎馬小隊長[伍長].
2 (モロッコで) 都市の地区長；農村の部族組長；〖軍〗軍曹.

al·mo·ca·fre [al.mo.ká.fre] 男 スパッド：除草や移植に用いる鍬(くわ)形の農具.

al·mo·cá·ra·be [al.mo.ká.ra.ße] / **al·mo·car·be** [al.mo.kár.ße] 男《主に複数で》→*mocarabe*.

al·mo·ce·la [al.mo.θé.la / -.sé.-] 女 (昔の) ずきん, フード.

al·mo·cra·te [al.mo.krá.te] 男 →*almohatre*.

al·mo·crí [al.mo.krí] 男 コーランの読誦(とくしょう)者.

al·mo·dí [al.mo.ðí] 男 →*almudí*.

al·mo·dón [al.mo.ðón] 男 (湿らせた小麦から作る) 小麦粉.

Al·mo·dó·var [al.mo.ðó.ßar] 固名 アルモドバル Pedro ～(1951-)：スペインの映画監督. 1998年,

almuérdago

Todo sobre mi madre『オール・アバウト・マイ・マザー』でアカデミー賞外国語映画賞を受賞, *La mala educación*『バッド・エデュケーション』(2004), *Volver* (2006).

al·mo·dro·te [al.mo.ðró.te] 男 **1**【料】チーズ・ニンニク・オリーブ油をベースとしたソース. **2**《話》ごたまぜ, 寄せ集め.

al·mó·far [al.mó.far] 男 (かぶとの下に着用した)鎖かたびらのずきん.

al·mo·fí·a [al.mo.fí.a] 女 金だらい.

al·mo·frej [al.mo.fréx] 男 (旅行用)夜具入れ, 夜袋.

al·mo·frés [al.mo.frés] / **al·mo·frez** [al.mo.fréθ / -.frés] 男《複 almofreses / almofreces》《ラ米》→almofrej.

al·mo·gá·var [al.mo.gá.bar] 男 (中世の)遊撃隊;略奪者.

al·mo·ha·da [al.mo.á.ða] 女 **1** まくら; まくらカバー. **2** クッション, 座布団. **3**【建】浮き上げ装飾;積彫石, 切り出し野面.
consultar [*pensar*](...) *con la almohada* (話)(...について)ひと晩じっくり考える, 熟考する. Voy a *consultar*lo *con la* ~ antes de decidir. 決める前にゆっくり考えてみるつもりだ.
[←《アラビア》《方言》*al-mujhadda* ([アラビア]*jhadda* 「頬」より派生;「頬を置くところ」が原義)]

al·mo·ha·da·do, da [al.mo.a.ðá.ðo, -.ða] 形【建】浮き上げ装飾をした(= almohadillado).

al·mo·ha·da·zo [al.mo.a.ðá.θo / -.so] 男 まくらで殴ること.

al·mo·ha·de [al.mo.á.ðe] 形 ムワッヒド[アルモアデ]朝の. ― 男女 ムワッヒド朝の人.

Al·mo·ha·des [al.mo.á.ðes] 固名 ムワッヒド[アルモアデ]朝 (al-Muwaḥḥid): 1130年に北アフリカに興ったイスラム王朝. 1147年にはイベリア半島南部の Almorávides を倒し, 支配圏を拡大. 1269年マリーン朝に滅ぼされる.

al·mo·ha·di·lla [al.mo.a.ðí.ja ‖ -.ʎa] 女 **1** (平たい)クッション, 座布団. **2** 針山, ピンクッション;スタンプ台, 朱肉. **3**【機】【技】パッド, クッション; (馬の)鞍敷. **4**【IT】# ; シャープ記号. **5** (動物の)肉趾. **6**【建】(1) 浮き上げ装飾;積彫石, 切り出し野面 (後で彫刻などを施せるように突き出して積まれた石壁). (2) (イオニア式柱頭の)渦巻き装飾の側面. **7**《ラ米》(ア)イロンの取っ手. [almohada + 縮小辞]

almohadilla (浮き上げ装飾)

al·mo·ha·di·lla·do, da [al.mo.a.ði.já.ðo, -.ða ‖ -.ʎá.-] 形 **1** (クッションのように)詰め物をした. **2**【建】浮き上げ装飾をした. ― 男 **1**【建】浮き上げ装飾. **2** 詰め物, 詰め物をすること. **3**【海】(フレームと装甲板の間に敷く砲撃に対する)緩衝用材.

al·mo·ha·di·llar [al.mo.a.ði.jár ‖ -.ʎár] 他 **1**【建】浮き上げ装飾をする. **2** (クッションのように)詰め物をする.

al·mo·ha·di·lla·zo [al.mo.a.ði.já.θo ‖ -.ʎá.- / -.so] 男 座布団投げ: サッカースタジアムなどで, 座席に敷くクッションを投げつけること.

al·mo·ha·di·lle·ro, ra [al.mo.a.ði.jé.ro, -.ra ‖ -.ʎé.-] 男女《ラ米》(スタジアムの)クッション貸し屋.

al·mo·ha·dón [al.mo.a.ðón] 男 **1** (大型の)クッション;枕カバー. *almohadones* de pluma 羽毛クッション. **2**【宗】(祈りをする際の)ひざ当て布団.

3【建】(アーチの)迫(ᵻ)り台.

al·mo·ha·tre [al.mo.á.tre] 男【化】碔砂(ᵻ).

al·mo·ha·za [al.mo.á.θa / -.sa] 女 (鉄歯の)馬ぐし.

al·mo·ha·zar [al.mo.a.θár / -.sár] 97 他 **1** 馬ぐしでこする, 馬ぐしをかける. **2** 磨く, こする.

al·mo·ja·ri·faz·go [al.mo.xa.ri.fáθ.go / -.fás.-] 男【史】輸出入関税;輸出入税関吏の職務[権限].

al·mo·ja·ri·fe [al.mo.xa.rí.fe] 男【史】王国収税吏;税関吏.

al·mo·ja·ya [al.mo.xá.ja] 女【建】(足場の)腕木.

al·mo·na [al.mó.na] 女 **1** ニシンの漁場. **2** 《スペイン》石けん工場[店].

al·món·di·ga [al.món.di.ga] 女 →albóndiga.

al·mo·ne·da [al.mo.né.ða] 女 **1** 競売. **2** 中古品の安売り;リサイクルショップ.

al·mo·ne·de·ar [al.mo.ne.ðe.ár] 他 **1** 競売にする;競売に出す. **2** ⟨中古品を⟩(安値で)売る.

al·mo·ra·bú [al.mo.ra.bú] 男 →almoradux.

al·mo·ra·dux [al.mo.ra.ðúks] 男【植】マヨラナ, ハナハッカ.

al·mo·rá·vi·de [al.mo.rá.bi.ðe] 形 ムラービト朝[アルモラビデ朝]の. ― 男女 ムラービト朝の人.

Al·mo·rá·vi·des [al.mo.rá.bi.ðes] 固名 ムラービト[アルモラビデ]朝 (al-Murābit): 北アフリカ, スペインを統治したイスラム・スペインの王朝 (1055-93) の一つ. Almohades と戦って滅亡.

almorc- 活 →almorzar.

al·mo·re·jo [al.mo.ré.xo] 男【植】エノコログサ属の一種.

al·mo·rí [al.mo.rí] 男【料】ケーキの生地.

al·mo·ro·ní·a [al.mo.ro.ní.a] 女 →alboronía.

al·mo·rra·nas [al.mo.řá.nas] 女《複数形》【医】痔(ᵻ).

al·mo·rrón [al.mo.řón] 男 →caballón.

al·mor·ta [al.mór.ta] 女【植】レンリソウ属の一種.

al·mor·za·da [al.mor.θá.ða / -.sá.-] 女 両手一杯の分量.

al·mor·za·do, da [al.mor.θá.ðo, -.ða / -.sá.-] 形 昼食を済ませた. Viene ~. 彼はもう昼食を済ませて来ている.

al·mor·zar [al.mor.θár / -.sár] 20 自 **1** 昼食をとる. ~ con un buen tinto 上等の赤ワインを飲みながら昼食をとる. **2** (午前中に)軽食をとる;(遅い)朝食をとる. ― 他 ...を昼食[軽食]に食べる. ~ un bocadillo ボカディーリョを昼食[軽食]に食べる.

al·mo·ta·cén [al.mo.ta.θén / -.sén] 男 度量衡器検査官;市場監察官, 商品価格検査官.

al·mo·zá·ra·be [al.mo.θá.ra.be / -.sá.-] 形 男女 →mozárabe.

al·mud [al.múð] 男 アルムド: 容積の単位. ◆国, 地方によって異なるが, Castilla では4.7リットル.

al·mu·dí(n) [al.mu.ðí(n)] 男 穀物取引所.

al·mue·cín [al.mwe.θín / -.sín] 男 →almuédano.

al·mué·da·no [al.mwé.ða.no] 男 (イスラム教寺院の)祈禱(ᵻ)時報係: モスクの高塔から1日に5回, 定刻に声高く合図の言葉を唱えて信徒を招集する人.

almuerce(-) 活 →almorzar.

al·muer·ce·rí·a [al.mwer.θe.rí.a / -.se.-] 女《ラ米》軽食スタンド, 食べ物屋.

al·muer·ce·ro, ra [al.mwer.θé.ro, -.ra / -.sé.-] 男女《ラ米》軽食スタンドを営む人, そこで働く人.

al·muér·da·go [al.mwér.ða.go] 男【植】ヤドリギの一種.

almuerz- 圉 → almorzar.

al·muer·za [al.mwér.θa / -.sa] 囡 両手一杯の分量.

*__al·muer·zo__ [al.mwér.θo / -.so] 男 **1** 昼食；昼食会. tomar un ～ ligero 軽い昼食をとる. ～ de negocios ビジネスランチ, (商談などを兼ねた)昼食会. ～ escolar 学校給食. En el precio no está incluido el ～. 価格に昼食は含まれていません.
2 (午前中の)軽食；(遅い)朝食. ～ de media mañana 午前中の間食.
── 圉 → almorzar.
[← 〔俗ラ〕*admordium (〔ラ〕admordēre「かじる」より派生); 〔関連〕almorzar, morder]

al·mu·nia [al.mú.nja] 囡 果樹園, 農場, 牧場.

al·na·do, da [al.ná.ðo, -.ða] 男 囡 まま子, 実子でない子.

*__¡a·ló!__ [á.lo] / **¡a·lló!** [a.ló] 間投 《ラ米》《電話》もしもし.

alo- 「異なった, 他の」の意を表す造語要素. → alófono, alotropía. [← 〔ギ〕]

a·lo·ba·da·do, da [a.lo.ßa.ðá.ðo, -.ða] 形 (家畜が)オオカミにかまれた；《獣医》皮脂嚢腫(のうしゅ)にかかった.

a·lo·bu·na·do, da [a.lo.ßu.ná.ðo, -.ða] 形 オオカミに似た.

a·lo·ca·do, da [a.lo.ká.ðo, -.ða] 形 軽率な；錯乱したような；非常にせわしい. un gesto ～ 変な身ぶり. una decisión alocada 常軌を逸した決断.
── 男 囡 無鉄砲な人, 軽率な人, 気が短い人.

a·lo·car [a.lo.kár] 囮 他 気を狂わせる；夢中にさせる. ── ～·se 再 **1** 発狂する. **2** 気が動転する, 興奮する. No hay que ～se por tan poca cosa. こんなささいなことでうろたえることはない.

a·lóc·to·no, na [a.lók.to.no, -.na] 形 外来の, 他の場所で生まれた.

a·lo·cu·ción [a.lo.ku.θjón / -.sjón] 囡 訓示, 演説.

a·lo·dial [a.lo.ðjál] 形 《史》(土地が)(領主への地代を免除された)私有の, 自由地の.

a·lo·dio [a.ló.ðjo] 男 《史》(領主への地代を免除された)私有地, 自由地.

á·lo·e [á.lo.e] / **a·lo·e** [a.ló.e] 男 **1** 《植》アロエ. **2** 《医》アロエ：植物の汁で, 健胃緩下剤.

a·ló·fo·no [a.ló.fo.no] 男 《音声》異音.

a·ló·ge·no, na [a.ló.xe.no, -.na] 形 他の土地出身の, 土着でない. ── 男 囡 移住民.

a·lo·ja [a.ló.xa] 囡 **1** 蜂蜜(はちみつ)酒；水・香料で作る飲み物. **2** 《ラ米》(1) (竹)(ボ)(チ)チチャ酒 chicha に似たイナガマメの発酵酒. (2) (ボ)果物やトウモロコシの発酵酒. ── 間投 《ラ米》(*副)こんにちは；さようなら.

a·lo·ja·do, da [a.lo.xá.ðo, -.ða] 形 泊まっている.
── 男 民家に宿泊している兵士.
── 男 囡 泊まり客.

*__a·lo·ja·mien·to__ [a.lo.xa.mjén.to] 男 **1** 宿泊先；宿, 宿泊施設. buscar ～ 宿を探す. dar ～ a +人(人)～に宿を提供する, (人)を泊める. **2** 《軍》(1) 民家での宿営；宿舎に提供した民家. (2) 野営地.

*__a·lo·jar__ [a.lo.xár] 他 **1** 泊める；住宅を提供する. Este nuevo edificio *alojará* a doscientas familias. この新しい建物には200家族が住むことになっている. **2** 《軍》(兵)を(民家などに)分宿させる. **3** 収納する. Es imposible ～ tantos libros aquí. こんなにたくさんの本, ここには入りきらないよ.
── ～·se 再 **1** 泊まる. ～se en un hotel ホテルに泊まる. **2** (弾丸などが)中に残る, とどまる. La bala *se le alojó* en el brazo. 弾丸は彼(彼女)の腕に入ったままだった. **3** 《軍》駐留する, (民家に)分宿する.
[← 〔カタルーニャ〕*allotjar ; llotja*「部屋」(← 〔古仏〕*loge*「小屋」より派生; 〔関連〕alojamiento, lonja「市場」, 〔英〕*lodge*]

a·lo·je·rí·a [a.lo.xe.rí.a] 囡 蜂蜜(はちみつ)飲料製造(販売)所.

a·lo·je·ro, ra [a.lo.xé.ro, -.ra] 男 囡 蜂蜜(はちみつ)飲料製造(販売)者.
── 男 (劇場の中にある)蜂蜜(はちみつ)飲料の売店.

a·lo·ma·do, da [a.lo.má.ðo, -.ða] 形 **1** 弓なりに曲がった；(馬・ラバが)背の丸い.
2 畝と畝の間を広めに耕やした.

a·lo·mar [a.lo.már] 他 **1** 《農》畝と畝の間を広めに耕す.
2 (馬などを)背を弓なりにして前脚で踏んばらせる.

a·lo·mor·fo [a.lo.mór.fo] 男 《言》異形態素.

a·lón [a.lón] 男 (羽を抜かれた)翼；手羽先.

a·lón, lo·na [a.lón, -.ló.na] 形 《ラ米》翼の大きい；(帽子が)つばの広い.

a·lon·dra [a.lón.dra] 囡 《鳥》ヒバリ.

a·lon·gar [a.loŋ.gár] 17 他 **1** 長くする, 延ばす (= alargar). **2** 遠ざける.
── ～·se 再 **1** 長くなる, 延びる. **2** 遠ざかる.

A·lon·so [a.lón.so] 固名 アロンソ. (1) Dámaso ～ (1898–1990)：スペインの文献学者, 詩人. 作品 *Hijos de ira*『怒りの子ら』. (2) 男子の洗礼名；姓.

a·ló·pa·ta [a.ló.pa.ta] 形 逆症療法医の.
── 男 囡 逆症療法医.

a·lo·pa·tí·a [a.lo.pa.tí.a] 囡 《医》逆症療法 (↔ homeopatía).

a·lo·pá·ti·co, ca [a.lo.pá.ti.ko, -.ka] 形 《医》逆症療法の.

a·lo·pe·cia [a.lo.pé.θja / -.sja] 囡 《医》脱毛症. ～ circunscrita (areata) 円形脱毛症.

a·lo·pé·ci·co, ca [a.lo.pé.θi.ko, -.ka / -.si.-] 形 《医》脱毛症の, 禿頭(とくとう)症の.

a·lo·pe·cu·ro [a.lo.pe.kú.ro] 男 《植》オオスズメノテッポウ.

a·lo·pia·do, da [a.lo.pjá.ðo, -.ða] 形 アヘンを含んだ.

a·lo·pu·ri·nol [a.lo.pu.ri.nól] 男 《薬》アロプリノール：血中尿酸値の低下促進薬.

a·lo·que [a.ló.ke] 形 **1** 淡紅色の. **2** (赤ワインが)明るい色の. 明るい色の赤ワイン, 赤と白を混ぜたワイン. → vino.

a·lo·sa [a.ló.sa] 囡 《魚》メンハーデン：ニシン科の食用魚.

a·los·na [a.lós.na] 囡 《植》ニガヨモギ.

a·lo·tar [a.lo.tár] 他 《海》(漁網を)しまう, 畳む.

a·lo·tro·pí·a [a.lo.tro.pí.a] 囡 《化》同素体, 同質異形.

a·lo·tró·pi·co, ca [a.lo.tró.pi.ko, -.ka] 形 《化》同素体の, 同質異形の.

al·pa·ca[1] [al.pá.ka] 囡 **1** 《動》アルパカ：チリ, ペルー, ボリビアの Andes 山岳地帯で飼われているラクダ科の家畜. → camélidos. (織物の)アルパカ. un traje de ～ アルパカのスーツ. [アイマラ語起源]

al·pa·ca[2] [al.pá.ka] 囡 銀器, 洋白：銅・亜鉛・ニッケルの合金.

al·pa·ma·to [al.pa.má.to] 男 《ラ米》(ア)(ウ)《植》アルパマト：葉は薬用, マテ茶の代用品に

alpaca[1]
(アルパカ)

al·par·ga·ta [al.par.gá.ta] 囡 アルパルガータ：スペインの履き物. 底は麻, ジュートなどを編んだもので, 甲にはズックやひもなどで作られている.

al·par·ga·ta·zo [al.par.ga.tá.θo / -.so] 男 アルパルガータ alpargata でたたくこと.

al·par·ga·te [al.par.gá.te] 男 → alpargata.

al·par·ga·te·rí·a [al.par.ga.te.rí.a] 囡 アルパルガータ alpargata 工場[販売店].

al·par·ga·te·ro, ra [al.par.ga.té.ro, -.ra] 男囡 アルパルガータ alpargata 職人.

al·par·ga·ti·lla [al.par.ga.tí.ja ‖ -.ʎa] 男囡《話》狡猾(認)な人, (人に取り入る)ずる賢い人.

al·par·ga·tón, to·na [al.par.ga.tón, -.tó.na] 男囡《ラ米》《ジア》《話》貧乏人, 下層民.

al·par·ga·tu·do, da [al.par.ga.tú.ðo, -.ða] 形《ラ米》《ジア》《話》貧しい, 貧乏な.

al·pe·chín [al.pe.tʃín] 男 (山積みした) オリーブの実の灰汁(⒜).

al·pe·chi·ne·ra [al.pe.tʃi.né.ra] 囡 オリーブの灰汁(⒜)をためる甕(⒠)[穴].

al·pen·de [al.pén.de] 男 **1** 差し掛け屋根[小屋]. **2** (鉱山・工事現場などの)資材置き場.

al·pen·dre [al.pén.dre] 男 → alpende.

al·pen·stock [al.pe.nes.tók ‖ al.pens.tok] [独] 男《複~, ~s》アルペンストック：先端に金具のついた登山杖(꼬).

Al·pes [ál.pes] 固名 los ~ アルプス山脈.
[← [ラ]*Alpēs*；「高い山並」が原義. ケルト起源か]

al·pes·tre [al.pés.tre] 形 **1** アルプスの.
2 雪の多い；山岳地帯の.
3 〈植物などが〉高山性の. plantas ~*s* 高山植物.

al·pi·nis·mo [al.pi.nís.mo] 男 アルプス登山；(一般に)登山 (= montañismo).

al·pi·nis·ta [al.pi.nís.ta] 形 登山の.
— 男囡 登山家, アルピニスト (= montañero).

al·pi·no, na [al.pí.no, -.na] 形 **1** アルプス(山脈)の；アルプス型山地の. cordillera *alpina* アルプス山脈. **2** 高山の. flora *alpina* 高山植物相. **3** 登山の. deportes ~*s* 山岳スポーツ. **4**《地理》アルプス造山活動の.
esquí alpino《スポ》アルペンスキー.

al·pis·te [al.pís.te] 男 **1**《植》クサヨシの一種；その種子. **2**《話》アルコール類.
dejar a+人 *alpiste*《話》(期待を抱かせたあと)〈人〉を失望させる.
quedarse alpiste《話》がっかりする.

al·pis·te·la [al.pis.té.la] 囡 → alpistera.

al·pis·te·la·do, da [al.pis.te.lá.ðo, -.ða] 形《話》酔っ払った, へべれけの.

al·pis·te·lar·se [al.pis.te.lár.se] 再《話》酔っ払う, 飲んだくれる.

al·pis·te·ra [al.pis.té.ra] 囡 小麦粉・卵・ゴマで作った小さなケーキ.

al·pu·ja·rre·ño, ña [al.pu.xa.ré.ɲo, -.ɲa] 形 (スペイン Andalucía 南部の) アルプハラス Alpujarras (山岳地帯)の.
— 男囡 アルプハラスの住民[出身者].

al·que·quen·je [al.ke.kéŋ.xe] 男《植》ホオズキ(の実).

alquequenje
(ホオズキ)

al·que·rí·a [al.ke.rí.a] 囡 (建物つきの)小農場；農事小屋；農業集落.

al·quer·mes [al.kér.mes] 男《単複同形》ケルメスで作った甘いアルコール飲料.

al·quez [al.kéθ / -.kés] 男《複 alqueces》アルケス：酒を量る体積の単位. 193.56リットル (= 12 cántaras).

al·qui·bla [al.kí.bla] 囡 キブラ (礼拝の方角)：メッカのカーバ神殿の方向.

al·qui·cel [al.ki.θél / -.sél] / **al·qui·cer** [al.ki.θér / -.sér] 男 アラビア式ケープ；(家具・クッションなどの)カバー.

al·qui·fol [al.ki.fól] 男 呉須(⒠)(陶磁器の顔料).

al·qui·la·ble [al.ki.lá.ble] 形 賃貸用の.

al·qui·la·di·zo, za [al.ki.la.ðí.θo, -.θa / -.so, -.sa] 形 **1** 賃貸用の, 貸し切りの. **2**《軽蔑》賃金で雇われた. — 男囡《軽蔑》賃金で雇われた人.

al·qui·la·do, da [al.ki.lá.ðo, -.ða] 男囡《ラ米》(ᴠ̌ᴇʟᴀ)雑用をする奉公人.

al·qui·la·dor, do·ra [al.ki.la.ðór, -.ðó.ra] 男囡 **1** 賃貸しする人, (賃貸物件の)所有者.
2 賃借りする人.

al·qui·la·mien·to [al.ki.la.mjén.to] 男 → alquiler 1.

*al·qui·lar
[al.ki.lár] 他 **1** 賃貸しする, かし出す. ~ un piso a una empresa ある企業にマンションを貸す. Les *alquilamos* un local por 500 euros mensuales. あなた方に1か月500ユーロで店舗を貸します.

alquilar
Se alquila ático.
「ペントハウス貸します.」

《類語》*alquilar* は住宅やものの賃貸に用い, *arrendar* は土地や事業などを貸し付ける場合. ものや金をただで貸す場合は *dejar, prestar* を用いる.

2 賃借りする, 借りる. ~ un coche レンタカーを借りる. ~ una casa por meses 月ぎめで家を借りる. ~ un avión 飛行機をチャーターする. ~ una película ビデオを借りる.

3 雇う. ~ un entrenador コーチを雇う.

— ~**·se** 再 **1**《3人称で》賃貸しされる. *Se alquila*.(掲示)テナント[契約者]募集. *Se alquiló como obrero.* 彼は作業員として雇われた.
para [de] alquilar balcones 見る価値のある.

*al·qui·ler
男 **1** 賃貸, 賃貸借. coche de ~ レンタカー. contrato de ~ 賃貸契約. servicio de ~ リース業. piso de ~ amueblado [vacío] 家具付き[家具なし]賃貸マンション. tener un coche en ~ 車を1台借りている. tomar en ~ un garaje 車庫を借りる.

oficinas disponibles en alquiler
(賃貸オフィス)

2 賃貸料；(時に複数で)家賃. alto [bajo] ~ 高い[安い]賃貸料. pagar el ~ de un apartamento アパートの家賃を払う.
[←[古スペイン] *alquilé*←[アラビア]《話》*al-kire*；

alquilón

古典語では al-kirā', [関連] alquilar]

al·qui·lón, lo·na [al.ki.lón, -.ló.na] 形《軽蔑》賃貸の, レンタルの, 雇われの. ——男女《軽蔑》借り手；借家人；小作人.

al·qui·mia [al.kí.mja] 女 錬金術：中世ヨーロッパで発達した, 卑金属を黄金に変える方法や不老長寿の秘石・秘薬を見つけることを目的とした秘術.
[←[中ラ] alchimia ←[アラビア] al-kimiyâ' ←[後ギ] khēmía「エジプト人が行った物質変換, 錬金の術」(Khēmía「エジプト」より派生；原義は「黒い国」); [関連] química. [英] alchemy]

al·quí·mi·co, ca [al.kí.mi.ko, -.ka] 形 錬金術の.

al·qui·mis·ta [al.ki.mís.ta] 男女 錬金術師.

al·qui·nal [al.ki.nál] 男《女性用》ベール, ずきん.

al·qui·ta·ra [al.ki.tá.ra] 女《特に酒類の》蒸留器.

al·qui·ta·rar [al.ki.ta.rár] 他 蒸留する.
estilo alquitarado 凝りすぎた文体.

al·qui·ti·ra [al.ki.tí.ra] 女〖植〗トラガカントゴム.

al·qui·trán [al.ki.trán] 男 タール. ~ mineral / ~ de hulla コールタール.
[←[アラビア] al-qiṭrân; [関連] alquitranar]

al·qui·tra·na·do, da [al.ki.tra.ná.do, -.da] 形 タールを塗った. ——男 1〖海〗ターポリン：タールなどを塗った防水シート. 2 タールを塗ること. ~ de las carreteras 道路のタール舗装. 3 (道路舗装用の)コールタールピッチ；ターマック.

al·qui·tra·na·dor, do·ra [al.ki.tra.na.ðór, -.ðó.ra] 形 タールを塗る. ——男 1 タールを塗る作業員. ——女 タール吹き付け機.

al·qui·tra·nar [al.ki.tra.nár] 他 タールを塗る. *máquina de ~* タール吹き付け機.

al·re·de·dor** [al.ře.ðe.ðór] 副 周囲に, 周りに. Miró ~ pero no vio nada extraño. 彼[彼女]は周囲を見回したが, 何も奇妙なものは見なかった.
——男 (複数形) 近郊, 周辺 (=afueras). Vivo en los ~es de Madrid. 私はマドリード近郊在住です. 2 周囲. mirar a su ~ (自分の)周囲を見回す. *alrededor de...* (1) …の周囲に［を, で］. Hay muchos edificios ~ de la plaza. 広場の周りに多くのビルがある. (2) 約…, およそ…. ~ de mil euros 約1000ユーロ. Llegaron ~ de las once y media. 彼らは11時半ごろ着いた.
[←[古スペイン] alderredor ; al + derredor「周囲に」 (de + redor「周囲」)]

al·re·dor [al.ře.ðór] 副 → alrededor.

al·ro·ta [al.řó.ta] 女 麻くず.

Al·sa·cia [al.sá.θja / -.sja] 固名 アルザス：フランス北東部の地方.

al·sa·cia·no, na [al.sa.θjá.no, -.na / -.sjá.-] 形 アルザスの. ——男女 アルザスの住民[出身者].

ál·si·ne [ál.si.ne] 女 [el ~, un [una] ~]〖植〗ツメクサ.

al·ta [ál.ta] 女 [el ~, un [una] ~] 1 (医師による)退院許可, 治癒宣言. Ya tengo el ~ del hospital. 私にはもう退院許可が出ているんだ.
2 (団体・組織への)加入, 入会；登録証.
3〖軍〗入隊(手続き)；原隊復帰.
4 (税務当局への)営業届, 所得申告.
——男 → alto.
dar de alta a+人 / dar el alta a+人 (1)〈人〉の退院許可を出す, 治癒宣言をする. (2)〖軍〗〈人〉の入隊の登録をする；現役に復帰させる. (3)(団体などに)〈人〉を入れる；加入させる. (4)《ラ米》《*主*》

〈人〉を首にする.
darse de alta en... …に加入[入会]する.
ser [causar] alta en...《主にスペイン》…に入隊する, 〈ある〉の一員になる；現役に復帰する.

al·ta·ba·que [al.ta.bá.ke] 男 編みかご.

al·tai·co, ca [al.tái.ko, -.ka] 形 1 アルタイ山脈 *los montes Altai* の. 2 アルタイ語族の.
——男〖言〗アルタイ語族：トルコ語, モンゴル語など.

Al·ta·ir [al.ta.ír] 固名〖天文〗アルタイル, 牽牛(ः)星：わし座の α 星で, 七夕の「ひこ星」.
[←[アラビア] alṭayru「鳥」]

al·ta·mar [al.ta.már] 男 (または女) 遠洋, 外洋 (=alta mar). *en ~* 外洋で.

al·ta·men·te [ál.ta.mén.te] 副 高度に, 大いに. ~ *peligroso* 非常に危険な. *país ~ industrializado* 工業化がかなり進んだ国.

Al·ta·mi·ra [al.ta.mí.ra] 固名 Cueva de ~ アルタミラの洞窟(ः).◆スペイン Santander 県にある, 旧石器時代の壁画(1879年発見)で有名な洞窟. 1985年世界遺産に登録される.

al·ta·ne·rí·a [al.ta.ne.rí.a] 女 1 高さ；上空. 2 (鳥の)高空飛行；タカ狩り. 3 尊大, 横柄. *hablar con ~* 人を見下すような話し方をする.

al·ta·ne·ro, ra [al.ta.né.ro, -.ra] 形 1 尊大な, 横柄な. 2 (鳥の)高空を飛ぶ.

***al·tar** [al.tár] 男 1 祭壇；供物台. ~ *mayor* 中央祭壇. ~ *lateral* 脇祭壇. *mesa de ~* 祭台, 供物台. *sacramento de ~*〖カト〗祭壇の秘跡(聖体のこと). 2〖カト〗司祭職；聖職. *consagrarse al ~* 司祭になる. 3 [A-]〖星座〗さいだん座 (=Ara). 4〖鉱〗(炉の)火棚(ः).
elevar a+人 a los altares〖カト〗〈人〉を列聖する.
llevar [conducir] a+人 al altar《話》〈人〉と結婚する, 〈人〉を結婚に導く.
poner... en un altar《話》…をほめる, 祭り上げる.
[←[ラ] altāre (一般に複数形 altāria の形で使用); [関連] alto「高い」.[英] altar]

al·ta·ri·cón, co·na [al.ta.ri.kón, -.kó.na] 形《話》巨漢の.

al·ta·rrei·na [al.ta.řéi.na] 女〖植〗セイヨウノコギリソウ.

al·ta·ve·ra·pa·cen·se [al.ta.be.ra.pa.θén.se / -.sén.-] 形 (グアテマラの)アルタ・ベラパス Alta Verapaz の. ——男女 アルタ・ベラパスの住民[出身者].

***al·ta·voz** [al.ta.bóθ / -.bós] 男［複 altavoces］スピーカー, 拡声器 (=altoparlante). ~ *potente* 出力の大きいスピーカー. ~ *de agudos* ツィーター(高音用). ~ *de graves* ウーファー(低音用). *por los altavoces* 放送で, スピーカーで.

al·te·a [al.té.a] 女〖植〗アオイ科の植物.

al·te·ar [al.te.ár] 自《ラ米》(ㇳ)〈木の上の〉道を見張る. ——他 1《スペイン》《塀などを》高くする. 2《ラ米》(ㇳ)停止させる, 〈人に〉停止命令を出す.
——*~·se* 再《地面が》隆起する.

al·te·ra·bi·li·dad [al.te.ra.bi.li.ðáð] 女 1 変わりやすさ, 変質可能性. 2 (感情が)高ぶりやすいこと.

al·te·ra·ble [al.te.rá.ble] 形 1 変化する, 変わりやすい. 2 (感情が)動揺しやすい, 激しやすい.

***al·te·ra·ción** [al.te.ra.θjón / -.sjón] 女 1 変更, 改変 (= modificación)；置換. ~ *del horario* 時間表[割]の変更.
2 変化, 変質；腐敗；異変, 変調. ~ *del pulso* 脈拍の不整. ~ *estructural* 構造上の変化.
3 (秩序などの)乱れ；騒動, 混乱. ~ *del orden*

al·te·ra·di·zo, za [al.te.ra.ðí.θo, -.θa / -.so, -.sa] 形 情緒不安定な，動揺しやすい．

al·te·ra·do, da [al.te.rá.ðo, -.ða] 形 **1** 変化した，変質した．**2** 〈秩序などが〉乱れた，混乱した．**3** 〈顔つきなどが〉取り乱した，取り乱した，興奮した．**4** 〈体の〉具合[調子]が悪い．

al·te·ra·dor, do·ra [al.te.ra.ðór, -.ðó.ra] / **al·te·ran·te** [al.te.rán.te] 形 **1** 変化[変質]させる．**2** かき乱す，動揺させる．

*__al·te·rar__ [al.te.rár] 他 **1** 〈内容や構成の一部を〉変える，変更する．~ un proyecto 計画を変更する．~ la verdad 真実をゆがめる．~ la relación de fuerzas 力関係を変える．Esa experiencia la _alteró_ la vida. その経験が彼[彼女]の人生を変えてしまった．
2 〈秩序などを〉乱す，混乱させる．~ el orden público 公共秩序を乱す．~ la paz 平和を乱す．
3 動揺させる，怒らせる．La respuesta la _alteró_. その返事に彼女は顔色を変えた．
4 劣化させる，傷める．~ la salud 健康を害する．~ los alimentos 食物を腐らせる．
— ~·se 再 **1** 変わる，変質する；乱れる．~_se_ el equilibrio 均衡が崩れる．
2 動揺する；怒る．Se _alteró_ al oírlo. 彼[彼女]はそれを聞いて顔色を変えた．No _te alteres_ por nimiedades. つまらないことで怒るな．
[←[ラ] _alterāre_ (_alter_ 「他の」より派生)；関連[英] _alter_]

al·ter·ca·ción [al.ter.ka.θjón / -.sjón] 囡 言い争い，口論；論争．

al·ter·ca·do [al.ter.ká.ðo] 男 → altercación.

al·ter·ca·dor, do·ra [al.ter.ka.ðór, -.ðó.ra] 形 口論[論争]好きな．

al·ter·can·te [al.ter.kán.te] 形 言い争う，口論する；論争する．

al·ter·car [al.ter.kár] 102 自 言い争う，口論する，論争する．

ál·ter e·go [ál.ter é.go] [ラ] **1** 〖哲〗他我，第二の自我 (= otro yo)．**2** 代役；右腕，無二の親友．

al·te·ri·dad [al.te.ri.ðáð] 囡 〖哲〗他性 (↔identidad).

al·ter·na·ción [al.ter.na.θjón / -.sjón] 囡 交互，交替；順ぐり；１つおき；交錯．

al·ter·na·da·men·te [al.ter.ná.ða.mén.te] 副 交互に，代わる代わる，交替で．

al·ter·na·do, da [al.ter.ná.ðo, -.ða] 形 交互になった，代わる代わるの，交錯した．

al·ter·na·dor [al.ter.na.ðór] 男 〖電〗同期発電機，交流発電機．~ inductor 誘導子型同期発電機．

al·ter·na·do·ra [al.ter.na.ðó.ra] 囡 《ラ米》《ｺﾞﾙﾌ》ホステス．

al·ter·nan·cia [al.ter.nán.θja / -.sja] 囡 交互，交替；輪番；交錯．~ de generaciones 〖生物〗世代交代，世代交番．

al·ter·nan·te [al.ter.nán.te] 形 交互になる，交替する．

*__al·ter·nar__ [al.ter.nár] 他 **1** (**con…** …と) 交互にする，交互に配置する．~ el estudio _con_ el descanso 勉強の合間に休憩を挟む．~ trabajos 作業を順に変える．
2 〖農〗輪作する．**3** 〖数〗逆数にする．
— 自 **1** (**con…** …と) 交互に起こる[現れる]．
2 (**en…** …に) 交替[輪番制]で従事する．~ _en_ un trabajo 交替で作業に従事する．
3 (**con**+人 〈有力者・著名人〉と) 付き合う．Los amigos _con_ los que él _alterna_ no son tan importantes como él cree. 彼が付き合っている友人たちは彼が考えているほど重要人物ではない．
4 〈ホステスが〉〈バーなどで〉接客する．**5** (**con…** …と) 張り合う，競う．**6** 〖電〗交流になる．
— ~·se 再 〈複数主語で〉**1** 〈２人以上の人が〉交替で従事する．Nos _alternamos_ en el volante. 我々は交替でハンドルをとる．
2 〈２つ以上のことが〉交互に起こる[現れる]．
[←[ラ] _alternāre_ (_alternus_ 「相対する」より派生)；関連[英] _alternate_]

al·ter·na·ti·va·men·te [al.ter.na.tí.ba.mén.te] 副 交互に，交替で．

*__al·ter·na·ti·vo, va__ [al.ter.na.tí.ßo, -.ßa] 形 **1** 代わりの，代わりに選択できる．Si el patrocinador no acepta este proyecto tenemos preparado otro ~. スポンサーがこのプロジェクトを認めない場合は代案が用意してある．
2 交互の；往復する．movimiento ~ del péndulo 振り子の往復運動．huelga _alternativa_ 波状ストライキ．**3** 〖電〗交流の．
— 囡 **1** 二者択一，選択の余地；代案，代わり，別の選択肢．no dejar una _alternativa_ 選択の余地を与えない．No hay otra _alternativa_. これしか道はない．Si Juan no puede hacerlo, la única _alternativa_ será que lo haga Pedro. フアンにできないなら，ペドロにしてもらうしかない．
2 交互，交替；〈吉凶・苦楽などの〉循環；《複数で》栄枯盛衰．_alternativa_ de cosechas 〖農〗輪作．_alternativas_ de la vida 人生の浮き沈み．
3 交替勤務，交替制．**4** 正闘牛士への昇進式〖進級〗．
♦ 先輩闘牛士が novillero に muleta と剣を授ける．

al·ter·ne [al.tér.ne] 男 《話》〈バーやキャバレーなどの〉接客(業)，相手を務めること；付き合い．chica de ~ ホステス，コンパニオン．

al·ter·no, na [al.tér.no, -.na] 形 **1** 交互の，１つおきの．en días [meses] ~s １日［１月]おきに．clases _alternas_ 隔日授業．ángulos ~s 〖数〗錯角．**2** 〖電〗交流の；〖植〗互生の．corriente _alterna_ 交流．hojas _alternas_ 互生葉．

al·te·ro [al.té.ro] 男 《ラ米》《ｺﾞﾙﾌ》山積み．

al·te·rón [al.te.rón] 男 《ラ米》《ｺﾞﾙﾌ》→ altero.

*__al·te·za__ [al.té.θa / -.sa] 囡 **1** [A-] 殿下：王子・王女に与えられる称号．Su _A_~ Real 殿下．**2** 高さ (= altura)．**3** 〈思想・精神の〉崇高さ，高潔さ．

al·ti·ba·jo [al.ti.bá.xo] 男 **1** 《複数で》〈地面の〉起伏．**2** 《複数で》急激な変動；浮き沈み．**3** 〈剣で〉上から下へ切りかかること．

al·ti·lla·no [al.ti.já.no ‖ -.ʎá.-] 男 《ラ米》高原，台地．

al·ti·lla·nu·ra [al.ti.ja.nú.ra ‖ -.ʎa.-] 囡 《ラ米》→ altillano.

al·ti·llo [al.tí.jo ‖ -.ʎo-] 男 **1** 丘，小山．**2** 中２階．**3** 袋戸棚，天袋．**4** 《ラ米》屋根裏部屋．

al·ti·lo·cuen·cia [al.ti.lo.kwén.θja / -.sja] 囡 大言壮語，大げさな話し方 (= grandilocuencia).

al·ti·lo·cuen·te [al.ti.lo.kwén.te] / **al·tí·lo·cuo, cua** [al.tí.lo.kwo, -.kwa] 形 大げさな，仰々しい．

al·ti·me·trí·a [al.ti.me.trí.a] 囡 高度測定(法)．

al·tí·me·tro [al.tí.me.tro] 男 高度測定器；〈飛行機の〉高度計．

al·ti·nal [al.ti.nál] 男 《ラ米》《ｺﾞﾙﾌ》柱．

al·ti·pam·pa [al.ti.pám.pa] 囡《ラ米》(ｱﾙｾﾞﾝ)(ﾁﾘ)高原, 台地(=altiplanicie).

al·ti·pla·ni·cie [al.ti.pla.ní.θje / -.sje] 囡 高原, 台地.

al·ti·pla·no [al.ti.plá.no] 男 →altiplanicie.

Al·ti·pla·no [al.ti.plá.no] 固名 El ～ アルティプラノ: ボリビアを中心にチリ, アルゼンチンへ延びる Andes 山脈の高原地帯.

al·ti·ro [al.tí.ro] 副《ラ米》(ﾁﾘ)《話》ただちに.

***al·tí·si·mo, ma** [al.tí.si.mo, -.ma] 形 [alto の絶対最上級] 非常に高い. una torre altísima とても高い塔. un hombre ～ すごく背の高い男. el Altisimo《全能・至高の》神.

al·ti·so·nan·cia [al.ti.so.nán.θja / -.sja] 囡 大げさな[もったいぶった]話し方.

al·ti·so·nan·te [al.ti.so.nán.te] / **al·tí·so·no, na** [al.tí.so.no, -.na] 形 1 仰々しい, もったいぶった. 2 世に聞こえた, 名だたる;《文章語》雷鳴とどろく; 響きわたる. Júpiter ～ 天高くとどろく雷神ユピテル[ジュピター].

***al·ti·tud** [al.ti.túđ] 囡 1 高度. El avión vuela a 10.000 metros de ～. 飛行機は高度1万メートルを飛行する. 2 [地質] 海抜, 標高. la ～ de 400 metros sobre el nivel del mar 標高400m.

al·ti·var·se [al.ti.bár.se] 再 高慢になる, 横柄になる.

al·ti·ve·cer·se [al.ti.be.θér.se / -.sér.-] 34 再 → altivarse.

al·ti·vez [al.ti.béθ / -.bés] 囡《複 altiveces》高慢, 尊大.

al·ti·ve·za [al.ti.bé.θa / -.sa] 囡 →altivez.

al·ti·vo, va [al.tí.bo, -.ba] 形 1 高慢な, 尊大な. 2 高い, そびえ立つ.

al·to [al.to] 男 停止, 停車;〖軍〗(行進の) 停止, 休憩. dar el ～ a +人〈人〉に停止を命じる. hacer (un) ～ 立ち止まる, 中断する, 一休みする. un ～ el fuego 戦闘中止. ― 間《号令とし》 ¡A～ (ahí)! 止まれ, 動くな. ¡A～ el fuego! 撃ち方やめ. [←[独]halt「止まれ」;[関連] [英]halt]

*****al·to, ta** [ál.to, -.ta] 形 1 (+名詞 / 名詞+)《ser+ / estar+》(高さ・位置が) 高い, 背の高い (↔bajo). edificio ～ 高いビル. pisos ～ s 上層階. desde lo ～ del árbol 木のてっぺんから (▶ lo alto は「高いところ」, altura は「高さ」の意味). alta montaña 高い山. Estás muy ～ para tu edad. 君, 年の割に背が高い.
2《多くは+名詞》《ser+ / estar+》(数値・程度・値段の) 高い (↔bajo). ～ índice de paro 高い失業率. alta velocidad 高速. alta temperatura 高温. fiebre alta 高熱. alta calidad 高品質. alta tecnología 先端技術, ハイテク. ～ riesgo ハイリスク. un ～ nivel de vida 高い生活水準. empresa de alta reputación 評判の高い企業. ～ precio 高価格. temporada alta 値段の高い時期. televisor de alta definición ハイビジョンテレビ. sacar notas altas en el examen 試験で好成績を取る. tener la tensión alta 高血圧である. línea de alta tensión 高圧線.
3 (+名詞)〈人が〉(身分・地位の) 高い (↔bajo). ～ ejecutivo トップエグゼクティブ. ～ funcionario 高級官僚. ～ cargo de Interior 内務省高官.
4《多くは+名詞》高の, 高等の;高級な (↔bajo). ～ mando 経営幹部;〖軍〗最高司令部[指揮権]. Cámara Alta 上院. alta costura オートクチュール. alta sociedad 上流社会. clase alta 上流階級.

el A～ Comisionado de Naciones Unidas para los Refugiados (=ACNUR) 国連難民高等弁務官.
5《多くは+名詞》崇高な (↔bajo). ～s ideales 高い理想. tener alta idea de sus méritos 自分を買いかぶっている.
6《+名詞》《ser+ / estar+》高地の;(川の) 上流の;《海などが》(陸から) 遠い;《水・潮位・波の》高い, 荒れた (↔bajo). tierra alta 高地. el ～ Perú 高地ペルー. el curso ～ del río 川の上流. el ～ Tajo タホ川上流. alta mar 遠洋, 外洋. marea alta 高潮. La mar está alta. 海が荒れている.
7《+名詞》《ser+ / estar+》〈声・音・楽器が〉アルトの, 中音部の;高音の;大きい (↔bajo). saxofón [saxófono] ～ 〖音楽〗アルトサックス. tono ～ 高いトーン. en voz alta 大きい声で.
8《多くは+名詞》〈時代が〉初期の;〈時刻が〉遅い. alta Edad Media 中世前期. a altas horas de la noche 夜更けに.
9 (名詞+)《estar+》 持ち上げた (↔bajo). andar con la cabeza alta 胸を張って歩く, 堂々と歩く.
10 重大な. alta traición (国家などに対する) 大逆罪, 反逆罪. 11〈彫りが〉深い (↔bajo). ～ relieve 高[深]浮き彫り (=altorrelieve).
― 男 女 アルト歌手 (=contralto).
― 男 1 高さ, 高度. muro de diez metros de ～ 10メートルの高さの壁. Mide 1,60 metros de ～. 彼[彼女]の身長は1メートル60センチです.
2 高いところ[場所];《主に複数で》(アパートの) 上層階. vivir en los ～s de un edificio 建物の上層階に住む. 3〖音〗アルト;ビオラ. 4《ラ米》(ｱﾙｾﾞﾝ)(ﾁﾘ)《複数で》(建物の)二階. 《ラ米》山積み, 多量. un ～ de cosas que hacer 山のような仕事.
― 女 →alta.
― 副 1 高く. llegar ～ en la carrera profesional 出世する. lanzar ～ 高く投げる.
2《声・音の》大きく. gritar ～ 大声で叫ぶ. Pon la música un poco más ～. 音楽をもう少し大きくしてください.

en alto 高く. con las manos en ～ 両手を上に挙げて.
los altos y bajos 栄枯盛衰, 浮沈.
pasar... por alto (1)〈ものごとを〉無視する. (2) 見過ごす, 黙認する.
pasársele (a+人) **por alto** 〈人〉に気づかれない. se me pasó por ～. それは忘れてた.
por (todo) lo alto 盛大に, 豪華に (▶ todo を付けることが多い). celebrar por todo lo ～ 盛大に祝う.
[←[ラ]altum (altus の対格);[関連] altura, exaltar. [伊]alto「アルト」. [英]altitude]

al·to·a·ra·go·nés, ne·sa [al.to.a.ra.go.nés, -.né.sa] 形 (スペインの)アルトアラゴン el Alto Aragón の.
― 男 女 アルトアラゴンの住民[出身者].

al·to·par·lan·te [al.to.par.lán.te] 男 スピーカー, 拡声器 (=altavoz).

al·to·rre·lie·ve [al.to.r̃e.ljé.be] / **al·to·re·lie·ve** [ál.to.r̃e.ljé.be] 男〖美〗高(肉)浮き彫り.

al·to·za·ne·ro [al.to.θa.né.ro / -.sa.-] 男《ラ米》(ｺﾛﾝ)(荷物運びの)人, ポーター.

al·to·za·no [al.to.θá.no / -.sá.-] 男 1 丘, 高台. 2《ラ米》(ｺﾛﾝ)(ﾍﾞﾈｽﾞ)(教会の)前廊;玄関前のテラス.

al·tra·muz [al.tra.múθ / -.mús] 男《複 altramuces》〖植〗ルピナス;ルピナスの繊維.

al·tru·is·mo [al.trwís.mo] 男 利他主義, 愛他の行為 (↔egoísmo, exclusivismo).

al·tru·is·ta [al.trwís.ta] 形 利他[愛他]的な.
— 共 利他[愛他]主義者 (↔egoísta, exclusivista).

*****al·tu·ra** [al.tú.ra] 女 **1** 背丈;高度;(図形で)高さ;《音楽》ピッチ, 音の調子. ganar [tomar] ~ 上昇する. perder ~ 下降する. Ella, con la ~ que tiene, puede entrar en el equipo de baloncesto. 彼女はあんなに背が高いのでバスケットボールのチームに入れる.
2 頂上;高いところ. Los precios han alcanzado ~s inconcebibles. 物価が高騰した.
3 レベル, 質;重要性. un ensayista de gran ~ moral 道徳観念が非常に高い随筆家. Este artículo no está a la ~ de los anteriores. この論文は前のほどの水準にはない.
4《複数で》空, 天上. **5**《複数で》経営陣.
a esta altura del partido《ラ米》《話》こんなに遅くては(間に合わない), 後の祭りで.
a estas alturas この時機には;この期(ご)に及んで.
a la altura de... …の高度[緯度]のところに.
de altura 非常に重要な.
dejar a la altura del betún a+人 (人)の気分を害する.
estar a la altura de... …と同レベルである.
*no llegar*le *a la altura de los zapatos* (a+人)(人)(人)に及ばない. Como futbolista, Pedro *no le llega a la* ~ *de los zapatos*. サッカー選手として, ペドロは彼にはとうてい及ばない.
quedar(*se*) *a la altura del betún*《話》面目を失う, 印象を悪くする.

al·tu·ra·do, da [al.tu.rá.ðo, -.ða] 形《ラ米》《ごく》《話》威厳のある, 落ち着いた.

a·lú·a [a.lú.a] 女《ラ米》《ラ米》《昆》ホタル.

a·lua·to [a.lwá.to] 男《動》ホエザル.

a·lu·bia [a.lú.bja] 女《植》インゲンマメ.

a·lu·ciar [a.lu.θjár / -.sjár] 他 光らせる, 磨く.
— ~·se 再 着飾る, めかし込む.

a·lu·ci·na·ción [a.lu.θi.na.θjón / -.si.-.sjón] 女 眩惑(ぴ), 幻覚;魅了, 陶酔.

a·lu·ci·na·do, da [a.lu.θi.ná.ðo, -.ða / -.si.-] 形 **1** 放心した, 気を失った. **2** 夢想する. **3** 驚いた.
— 共 夢想家.

a·lu·ci·na·dor, do·ra [a.lu.θi.na.ðór, -.ðó.ra / -.si.-] 形 **1** 幻覚を生じさせる. **2** 魅了する, 陶酔させる.

a·lu·ci·na·mien·to [a.lu.θi.na.mjén.to / -.si.-] 男 →alucinación.

a·lu·ci·nan·te [a.lu.θi.nán.te / -.si.-] 形 **1** 驚くべき, 印象的な. Es ~ lo que me han contado de ti. 君のことについて聞いたことは本当に印象的だ.
2 眩惑(ぴ)する, 幻覚を抱かせる.

a·lu·ci·nar [a.lu.θi.nár / -.si.-] 他 **1** 幻覚を生じさせる, 錯覚させる;混乱させる. Es claro que *alucina* con la fiebre y dice tonterías. 熱のうわされて意味のないことを言っていることは間違いない.
2 魅惑する. Esta obra me *alucina*. この作品は魅惑的だ. **3** 驚嘆させる.
— 自 **1** 幻覚を起こす, 目がくらむ.
2 (con... …に)驚嘆する.
— ~·se 再 陶酔する, 錯覚する.

a·lu·ci·ne [a.lu.θí.ne / -.sí.-] 男《話》驚き(の種), 驚愕(ぎょう)(の元). de ~《話》驚くべき, 印象深い. ser un ~ 驚きである.

a·lu·ci·nó·ge·no, na [a.lu.θi.nó.xe.no, -.na / -.si.-] 形 幻覚を誘発する[生じさせる].
— 男 幻覚剤. →LSD, mezcalina.

a·lu·cón [a.lu.kón] 男《鳥》フクロウの一種.

a·lud [a.lúð] 男 雪崩(ᵃば);(石・土砂・泥などが)崩れ落ちること;《比喩的》急激に押し寄せるもの. ~ de fondo 全層雪崩. ~ polvoriento 表層雪崩. ~ de barro y piedra 土石流.

a·lu·da [a.lú.ða] 女《昆》羽アリ.

a·lu·del [a.lu.ðél] 男 蒸留器;(水銀抽出用の土器の)蒸留管.

a·lu·di·do, da [a.lu.ðí.ðo, -.ða] 形 当該の;前述の. la persona *aludida* 当の人物.
darse por aludido 自分のことを言われていると思う.
no darse por aludido (自分のことをそれとなく言われているのに)空とぼける.

***a·lu·dir** [a.lu.ðír] 自 (**a...**) **1** (…に)(暗に)**言及する**, 《…を》ほのめかす. *Aludió* a su jefe sin nombrarlo. 彼[彼女]は名前を出さずに上司の話をした. **2** (…の話題に)触れる, 《…を》簡単に説明する. ~ al accidente 事故について触れる. ~ a algunos asuntos antes de entrar en el tema 本件に入る前にいくつかの件について触れておく.
— 他 それとなく述べる, 示唆する.

a·lu·do, da [a.lú.ðo, -.ða] 形 巨大な翼のある, 〈帽子が〉つばの大きな. — 女《昆》羽アリ.

a·lue·go [a.lwé.go] 副《ラ米》→luego.

a·lu·ja·do, da [a.lu.xá.ðo, -.ða] 形《ラ米》《ごく》《話》(革製品などが)磨かれた, つやのある.

a·lu·jar [a.lu.xár] 他《ラ米》《ごく》《話》光らせる, 磨く.

a·lum·bra·do, da [a.lum.brá.ðo, -.ða] 形 **1** 灯をともした, 照らされた. Antes la calle estaba *alumbrada* con gas. 昔この通りにはガス灯がともっていた. **2**《話》ほろ酔い気分の. **3** 明礬(みょう)につけた[を含んだ]. **4**《ラ米》《ごく》(1)《話》頭が悪い. (2)《話》麻薬で錯乱した.
— 男 女 照明派の信者 (= iluminado). ♦16世紀スペインのキリスト教異端派. — 男《集合的》(街・建物などの)照明. ~ público de gas 街頭のガス灯.

a·lum·bra·mien·to [a.lum.bra.mjén.to] 男 **1** 照明. ~ de la sala 広間の照明. **2** 分娩(光);《医》後産. **3** (文学作品などの)創造. ~ de una gran obra 偉大な作品の創造. **4** 解明, 説明.

a·lum·bran·te [a.lum.brán.te] 形 **1** 照らす, 照明する. **2** 啓発[啓蒙(ぴ)]する.
— 男 女《劇場の》照明係.

***a·lum·brar**[1] [a.lum.brár] 他 **1 照らす**, 照明する. El sol nos *alumbra*. 太陽は私たちに光を与えてくれる. No veo nada. *Alúmbra*me con la linterna. 何も見えない. 懐中電灯で照らしてくれ.
2 啓発する, 啓蒙(ぴ)する;明らかにする. ~ un problema complicado 込み入った問題をはっきりさせる. Sus consejos me *alumbraron*. 彼[彼女]の助言に目を開かれた. **3**〈目の不自由な人の〉視力を回復させる. **4** 出産する. *Alumbró* dos hijos. 彼女は2児をもうけた. **5**《話》〈人を〉殴る. **6**〈水脈・鉱脈を〉発見する. **7**《農》根元の盛り土を取り除く. **8**《ラ米》〈卵を〉光に透かして調べる.
— 自 **1** 光を出す[放つ], 輝く, 光る. La lámpara no *alumbra* bien. この電球はあまり明るくない.
2 照らす, 光を当てる. *Alumbra* aquí para que vea bien. よく見えるように, ここに光を当てておくれ.
3 出産する.

a·lumbrar

—~se 再《話》ほろ酔い気分になる.
a·lum·brar² [a.lum.brár] 他 明礬(みょうばん)液につける.
a·lum·bre [a.lúm.bre] 男《化》明礬(みょうばん).
a·lum·bro·so, sa [a.lum.bró.so, -.sa] 形 明礬(みょうばん)の(入った).
a·lú·mi·na [a.lú.mi.na] 女《化》アルミナ, 酸化アルミニウム.
a·lu·mi·nar [a.lu.mi.nár] 他《化》アルミナ[酸化アルミニウム]で(電解)処理する.
*__a·lu·mi·nio__ [a.lu.mí.njo] 男 **アルミニウム**(記号 Al). papel de ~ アルミホイル.
a·lu·mi·no·sis [a.lu.mi.nó.sis] 女《単複同形》アルミナセメントの変質, 劣化.
a·lu·mi·no·so, sa [a.lu.mi.nó.so, -.sa] 形 アルミナを含む, アルミナ(質)の.
a·lu·mi·no·ter·mia [a.lu.mi.no.tér.mja] 女《冶》アルミニウム・テルミット法:金属酸化物の還元法.
a·lum·na·do [a.lum.ná.ðo] 男 **1**《集合的》生徒, 学生. **2**(寄宿制の)学校;《集合的》寮生. **3**《ラ米》学校.

a·lum·no, na [a.lúm.no, -.na] 男 女 **1 生徒;学生. ~ modelo 模範生. ~ externo [interno] 通学生[寄宿生]. ~ universitario 大学生. antiguo ~ 卒業生, 同窓生; 昔の教え子 [類語] = *estudiante*
2(師匠から見た)弟子, 教え子. Platón es el ~ más ilustre de Sócrates. プラトンはソクラテスの最も有名な弟子である.
[←[ラ] *alumnum* (*alumnus* の対格)「養子;教え子」;[関連][英] *alumnus*]

a·lu·na·do, da [a.lu.ná.ðo, -.ða] 形 気まぐれな; 気がふれた(= *lunático*).
a·lu·na·ra·do, da [a.lu.na.rá.ðo, -.ða] 形
  1〈動物・布・紙などが〉丸い斑点のある模様の.
  2 水玉模様の.
a·lu·nar·se [a.lu.nár.se] 再 **1**〈食物が〉腐敗する. **2**〈傷口が〉化膿する. **3**《ラ米》(1)(ヌ♗)〈馬に〉鞍(くら)擦(ず)れができる. (2)(ｶﾌ゙ﾟ)《話》正気を失う, 頭がおかしくなる.
a·lu·ni·ce·ro, ra [a.lu.ni.θé.ro, -.ra / -.sé.-] 形 ショーウインドー荒らしの. ► ショーウインドーに車を突入させて破壊し, 盗みを働く方法を *alunizaje* ということから. ~ 男 ショーウインドー荒らし.
a·lu·ni·ta [a.lu.ní.ta] 女《化》明礬(みょうばん)石.
a·lu·ni·za·je [a.lu.ni.θá.xe / -.sá.-] 男 **1** 月面着陸. **2** ショーウインドー荒らし.
a·lu·ni·zar [a.lu.ni.θár / -.sár] 97 自 月面に着陸する.

*__a·lu·sión__ [a.lu.sjón] 女 **〈a... への〉(暗示的な)言及,** ほのめかし;《修辞》引喩(いんゆ). La película está llena de *alusiones* políticas *a* la guerra. その映画は戦争をあてこすった政治的な揶揄(やゆ)に満ちている. ~ personal 個人的な中傷. *alusiones* de la Biblia 聖書からの引喩. hacer ~ *a*... …に言及する, …に触れる.
en alusión a... (暗に)…を指して, …に関して.
a·lu·si·vo, va [a.lu.sí.βo, -.βa] 形 暗示的な;〈*a*...〉〈…に〉言及する.
a·lus·trar [a.lus.trár] 他 → *lustrar*.
a·lu·vial [a.lu.βjál] 形 **1** 沖積層[土]の. llanura ~ 沖積平野.
a·lu·vión [a.lu.βjón] 男 **1** 洪水, 氾濫(はんらん)(= *inundación*). ►「大洪水」は *diluvio*. **2**(もの・人・情報などの)多量, 氾濫. ~ de información 情報の氾濫. ~ de improperios《話》非難の嵐. **3**《地質》完新世, 沖積世. terrenos de ~ 沖積層.

al·ve·a·rio [al.βe.á.rjo] 男《解剖》外耳道.
ál·ve·o [ál.βe.o] 男 河床.
al·ve·o·la·do, da [al.βe.o.lá.ðo, -.ða] 形 胞状の, ハチの巣状の.
al·ve·o·lar [al.βe.o.lár] 形 **1**《解剖》胞状の, 肺胞の;《音声》歯茎音の. **2**《音声》歯茎音. ~ 男《音声》歯茎音として発音される文字.
al·ve·o·li·tis [al.βe.o.lí.tis] 女《医》肺胞炎.
al·ve·o·lo [al.βe.ó.lo] / **al·vé·o·lo** [al.βé.o.lo] 男 **1**《解剖》胞, 胞状窩; 歯槽. ~(*s*) pulmonar(*es*) 肺胞. **2**(ハチの巣の)巣室;ハチの巣状のもの.
al·ver·ja [al.βér.xa] 女 (ラ米)(ｺﾛﾝﾋﾞｱ)(ｴｸｱﾄﾞﾙ)(ﾍﾟﾙｰ)(ﾎﾞﾘﾋﾞｱ)(ﾊﾟﾗｸﾞｱｲ)《植》エンドウ, エンドウ豆.
por las puras alverjas《ラ米》(ｺﾛﾝﾋﾞｱ)《話》理由もなく.
al·ver·ji·lla [al.βer.xí.ja ‖ -.ʎa-.] 女《ラ米》《植》スイートピー(= guisante de olor).
al·ver·ji·ta [al.βer.xí.ta] 女《ラ米》→ *alverjilla*.
al·vi·no, na [al.βí.no, -.na] 形 腸の, 下腹部の.

*__al·za__ [ál.θa / -.sa] 女 [el ~, un [una] ~] **1**(温度・価格などの)**上昇,** 高騰(= *subida*). el ~ de los precios 物価の上昇. **2**(銃砲の)照門, 照準器. **3**(印)(仮取り用の)紙. **4**(上下に開閉する)水門の扉. **5**(靴の)入れ皮. ~ 男 → *alzar*.
en alza (1)《商》〈価格が〉上昇中の. (2)《話》〈評判などが〉高い. (3)《ラ米》立場〔影響力〕を得ている, 実力のある. un joven escritor *en* ~ 新進気鋭の作家.
jugar al alza《商》(商品・株の取引で)値上げを見越して投機に走る.

al·za·co·la [al.θa.kó.la / -.sa.-] 女(ｴｸｱﾄﾞﾙ)《俗》卑賤な人.
al·za·cris·ta·les [al.θa.kris.tá.les / -.sa.-] 男《単複同形》《まれ》《車》パワーウインドー(= ~ eléctrico).
al·za·cue·llo [al.θa.kwé.ʝo ‖ -.ʎo / -.sa.-] 男 **1**(聖職者の正装用の)襟飾り. **2**《宗》ローマンカラー.

alzacuello (襟飾り)

al·za·da [al.θá.ða / -.sá.-] 女 **1**(馬の)体高. caballo de mucha [poca] ~ 体高の高い[低い]馬. **2**《法》控訴, 上告. → *apelación*.
al·za·di·zo, za [al.θa.ðí.θo, -.θa / -.sa.-so, -.sa] 形 上げやすい, 持ち上げやすい.
al·za·do, da [al.θá.ðo, -.ða / -.sá.-] 形 **1** 高くした, 持ち上げた. con la mano *alzada* 拳を振り上げて. **2** 反乱を起こした, 蜂起(ほうき)した. **3**〈価格が〉請負〔契約〕により定められた. a tanto ~ 請負で(働く), 一括して(支払う). precio a tanto ~ 取り決め価格, 請負価格. **4** 計画倒産をした. **5**《紋》〈図形が〉盾の下部にある. **6**《ラ米》(1)(ｷｭｰﾊﾞ)《話》愛想のない. (2)(ｺﾛﾝﾋﾞｱ)《話》酒に酔った. (3)(ﾁﾘ)(ｱﾙｾﾞﾝﾁﾝ)《話》〈動物が〉野生化した;発情した. (4)(ｱﾙｾﾞﾝﾁﾝ)(ｳﾙｸﾞｱｲ)(ﾊﾟﾗｸﾞｱｲ)(ﾁﾘ)《話》傲慢(ごうまん)な, 横柄な, 反抗的な.
~ 男 **1**《建》立面図. **2**《印》丁合い:折り丁を順番に集める作業. máquina de ~ 丁合い機.
~ 男《ラ米》(ｷｭｰﾊﾞ)一匹狼(おおかみ).
al·za·dor, do·ra [al.θa.ðór, -.ðó.ra / -.sa.-] 男 女《印》丁合い工.
al·za·du·ra [al.θa.ðú.ra / -.sa.-] 女 高く上げること.
al·za·fue·lle [al.θa.fwé.je ‖ -.ʎe / -.sa.-] 男 女《ラ米》(ｱﾙｾﾞﾝﾁﾝ)《複数で》《話》おべっか使い, ごますり.
al·za·mien·to [al.θa.mjén.to / -.sa.-] 男 **1** 高く

上げる［上がる］こと，上昇；〈価格の〉高騰．**2**〈競売の〉せり上げ．**3** 反乱，蜂起(ᵏ̇ᵘ) (= sublevación)．**4**【印】折りて，折り本．**5**【商】計画倒産．～ de bienes〖計画倒産のための〗資産の隠匿．
al·za·pa·ño [al.θa.pá.ɲo / -.sa.-] 男 カーテンベルト；カーテンベルトの止め具［留め飾り］．
al·za·pié [al.θa.pjé / -.sa.-] 男 **1**〈狩猟用の〉わな．**2**〖複数〗足のせ台．
al·za·pri·ma [al.θa.prí.ma / -.sa.-] 女 **1** てこ (= palanca)．**2**〖てこの支点に置く〗くさび．**3**【音楽】〈弦楽器の弦を支える〉駒(ɾ̇ᵃ)．**4**〖ラ米〗〈重量物運搬用の〉台車．
al·za·pri·mar [al.θa.pri.már / -.sa.-] 他 **1** てこで持ち上げる．**2** 駆り立てる，活気を与える．
al·za·puer·tas [al.θa.pwér.tas / -.sa.-] 男〖単複同形〗〖軽蔑〗端役．
al·zar [al.θár / -.sár] 97 他 **1 高くする，〈持ち〉上げる (= levantar)；〈…の量・質〉を上げる．～ la cabeza 頭を上げる．～ a un niño de la cama ベッドから子供を抱き上げる．～ los ojos al cielo 空を見上げる．～ una copa グラスを持ち上げる．～ el telón 幕を上げる．～ el nivel de la vida 生活のレベルを上げる．～ los precios 値段を上げる．～ la voz 声を張り上げる．
2 立てる，起こす．～ una silla いすを起こす．
3 建てる；創設する．～ un templo 寺を建立する．～ una campaña キャンペーンを張る．
4 取り去る；かたづける．～ un campamento キャンプをたたむ．～ el embargo 差し押さえ［封鎖］を解除する．**5** 蜂起(ᵏ̇ᵘ)させる，…に反乱を起こさせる．**6**【狩】〈獲物を〉追い立てる，狩り出す．**7**【遊】〈トランプカードを〉切る：カードの一部を取って順序を入れ替えること．**8**【農】(1) …に鋤(ᵏ̇)を入れる．～ la tierra 土地を〈収穫後初めて〉耕す．(2) 収穫する．～ la cosecha 作物を取り入れる．**9**【印】…の丁合いをとる．**10**〖ラ米〗〖うるぐ〗〖話〗盗む，勝手に持って行く．
─ 自 **1**【カト】(ミサで) 聖体［聖杯］を高くささげる．**2**【遊】トランプカードを切る．
─ ~·se 再 **1** 上がる，起きる；〈身に着けたものを〉〖持ち〗上げる．Se alza el humo de la chimenea. 煙突から煙が上がっている．Se alzaron las voces que reclamaban la paz. 平和を求める声が上がった．~·se el cuello del abrigo コートの襟を立てる．**2** (contra... / a...) 〈…に対して〉蜂起(ᵏ̇ᵘ)する，反乱を起こす．**3**〈高さのあるものが〉立つ，そびえる．En el centro de la plaza se alzaba una estatua. 広場の中心には像が立っていた．**4** (con... …を) 持ち去る，さらう；勝ち逃げする．~·se con la victoria 勝利をとる．**5**【法】計画倒産する．**6**【法】上訴［控訴，上告，抗告］する．**7**〖ラ米〗(1) 〈動物が〉野生化する，逃げる．(2) 〖コノ〗〖話〗酔う，酔っ払う．
alzarse de hombros 肩をすくめる．
[←〖俗〗*altiāre〖ラ〗*altus*「高い」より派生］
alz·hei·mer [al.θéi.mer / -.séi.- // -.θái.-, -.sái.-] 男【医】アルツハイマー病．
al·zo [ál.θo / -.so] 男〖ラ米〗(1) 〖ᴐ̇ᵘ〗〖ᴄ̇ᵃ〗〈闘鶏の〉勝ち試合．(2) 〖ᴐ̇ᵘ〗〖俗〗盗み，窃盗．
Am【化】americio アメリシウム．
AM [á.é.me]〖英〗〖略〗amplitude *m*odulation (振幅変調による) エーエム (放送)，AM．
A. M., a. m.〖略〗*a*nte *m*eridiem〖ラ〗午前の (= antes del mediodía)．
a·ma [á.ma] 女 [el ~, un [una] ~] → amo.
a·má [a.má] 女〖ラ米〗〖話〗母親．
***a·ma·bi·li·dad** [a.ma.bi.li.ðáð] 女 **1** 親切，好

意．Tenga la ～ de enviármelo a cobro revertido. 大変申し訳ありませんが着払いでお送りくださいませんか．Le estoy agradecido por su ～. あなたのご厚情に感謝しております．**2** 優しさ，〈性格・行為の〉感じのよさ．Nos recibió con una gran ～. 彼［彼女］は私たちをとても愛想よく迎えてくれた．
a·ma·bi·lí·si·mo, ma [a.ma.bi.lí.si.mo, -.ma] 形 [amable の絶対最上級] とても親切な；とても愛想のよい，とても優しい．
****a·ma·ble** [a.má.ble] 形《＋名詞 / 名詞＋》《ser＋ / estar＋》**1** 親切な，優しい．Es usted muy ～. ご親切にありがとうございます．～ (para) con todos 皆にとても親切な［愛想よい］．Ha sido tan ～ de prestarme cien euros. 彼［彼女］は親切にも100ユーロ貸してくれた．¿Sería tan ～ de pasarme la sal? 塩をこちらへ回していただけますか．**2** 愛すべき．
類語 同じ優しさでも，*amable* は「親切な」，*afable* は「気さくな」，*afectuoso* は「情愛の深い」，*simpático* は「親しみやすい」の違いがある．
[←〖ラ〗*amābilem* (*amābilis* の対格；*amāre*「愛するより派生)；[関連] amabilidad. [英] *amiable*]
a·ma·ca·nar·se [a.ma.ka.nár.se] 再 〖ラ米〗 (*ᴍ) つかんで放さない；てこでも動かない．
a·ma·ca·yo [a.ma.ká.jo] 男〖ラ米〗【植】イチハツ．
a·ma·cha·da [a.ma.tʃá.ða] 女〖ラ米〗〖ᴄ̇ᵃ〗〖話〗男勝りの女性，男のような女．
a·ma·cha·do, da [a.ma.tʃá.ðo, -.ða] 形〖ラ米〗 (*ᴍ) 頑固な．
a·ma·cham·brar·se [a.ma.tʃam.brár.se] 再 〖ラ米〗〖ᴄ̇ᵃ〗= amachinarse.
a·ma·char·se [a.ma.tʃár.se] 再 〖ラ米〗〖ᴐ̇ᵘ〗〖話〗頑固である，頑固になる，言うことを聞かない．
a·ma·che·tar [a.ma.tʃe.tár] / **a·ma·che·te·ar** [a.ma.tʃe.te.ár] 他 山刀 machete で切る［伐採する］．
a·ma·chi·nar [a.ma.tʃi.nár] 自〖ラ米〗〖ᴄ̇ᵃ〗〖話〗同棲(ᵗ̇ᵃ)する．─ ~·se 再〖ラ米〗 (1)〖ᴐ̇ᵘ〗〖話〗我を張る．(2)〖ᴐ̇ᵘ〗〖話〗気落ちする，悲しむ．(3) (*ᴍ)〖ᴐ̇ᵘ〗〖話〗同棲(ᵗ̇ᵃ)する．
amachinarse con...〖ラ米〗(*ᴍ)…を持ち逃げする．
a·ma·cho [a.má.tʃo] 形〖ラ米〗〖ᴄ̇ᵃ〗(*ᴍ)〖ᴄ̇ᵃ〗傑出した，秀でた；力強い，活力にあふれた．
a·ma·ci·zar [a.ma.θi.θár / -.si.sár] 97 他〖ラ米〗(*ᴍ)しっかりつかむ．─ 自〖ラ米〗(*ᴍ)強くなる．
─ ~·se 再〖ラ米〗(*ᴍ) (1) ふんばる．(2) (con＋人)〈人〉とセックスする；〈人〉をものにする．
a·ma·da·ma·do, da [a.ma.ða.má.ðo, -.ða] 形 女っぽい，めめしい．
A·ma·de·o [a.ma.ðé.o] 固名 **1** ～ I アマデオ1世 (1845-90)：イサベル2世を退位させた Prim 将軍らが擁立したサヴォイア家出身の国王 (在位1870-73)．父親はイタリアを統一し初代君主となったビットリオ・エマヌエレ2世．**2** アマデオ：男子の洗礼名．
[関連]〖ポルトガル〗〖英〗〖独〗*Amadeus*.〖仏〗*Amédée*.〖伊〗*Amedeo*.
A·ma·dís de Gau·la [a.ma.ðís ðe ɣáu.la] 固名 アマディス・デ・ガウラ：スペインの作家 Garci Rodríguez de Montalvo による騎士道小説 (1508)，およびその主人公の名．
***a·ma·do, da** [a.má.ðo, -.ða] 形 愛された；最愛の，いとしい；親愛なる．► 主に教会の用語や文語として使われる．→ querido.
─ 男 女 愛する人，恋人．
a·ma·dor, do·ra [a.ma.ðór, -.ðó.ra] 形 愛する，

amadrigarse 106

恋する. ― 男 女 愛する人, 恋をしている人.

a·ma·dri·gar·se [a.ma.ðri.gár.se] 103 再 1 〈動物が〉巣[穴]に入る. 2 隠遁する.

a·ma·dri·na·mien·to [a.ma.ðri.na.mjén.to] 男 1 代母 madrina になること, 名付け親になること. 2 〈女性による〉保護, 後援;〈女性の〉保護者, 後援者. 3 〈馬を〉2頭立てにすること.

a·ma·dri·nar [a.ma.ðri.nár] 他 1 代母になる, 名付け親になる. 2 〈女性が〉〈人の〉保護者[後援者]になる. 3 〈馬を〉2頭立てにする.

a·ma·es·tra·do, da [a.ma.es.trá.ðo, -.ða] 形 〈動物が〉訓練を受けた, 調教された;芸をする.

a·ma·es·tra·dor, do·ra [a.ma.es.tra.ðór, -.ðó.ra] 形 〈動物を〉訓練する, 芸を仕込む. ― 男 女 調教師.

a·ma·es·tra·mien·to [a.ma.es.tra.mjén.to] 男 (主に動物の)訓練, 調教.

a·ma·es·trar [a.ma.es.trár] 他 〈動物を〉訓練する, 調教する. ► 人に使うのは嘲笑的.

a·ma·gar [a.ma.gár] 103 自 1 (主に悪いことについて)…の気配がする, …が起こりそうである. *Amaga una tempestad.* あらしが来そうだ. *Amaga llover* [lluvia, con llover]. 雨が降りそうだ.
2 〈病気の〉兆し[徴候]が現れる.
― 他 1 …の兆しを見せる, 素振りを見せる;〈**con...**と〉脅す. *Me está amagando con despedirme.* 彼[彼女]は今にも私を解雇するぞと言わんばかりだ. 2 〈病気が〉〈人に〉兆候を見せる. De vez en cuando le *amaga* un mareo. ときどき彼はめまいに襲われる. 3 殴ろうとする;〖スポ〗フェイントをかける.
4 〖軍〗陽動する.
― ~·**se** 再 1 《話》隠れる (= esconderse).
2 《ラ米》(ミラミミ)脅しあう.

amagar y no dar 〖遊〗ぶつまねをするが実際に相手に当たると負けになる遊び.

a·ma·go [a.má.go] 男 1 兆し, 徴候, 気配;素振り;企て. ~ de sonrisa かすかな笑い. Hizo un ~ de sacar su pistola. 彼[彼女]はピストルを取り出す素振りをした. Siempre hace ~ de saludar pero nunca dice nada. いつもちょっと会釈するが決して何も言わない. 2 〖スポ〗フェイント (= finta).
3 〖軍〗陽動, 牽制(ばじ).

a·mai·nar [a.mai.nár] 他 1 〖海〗〈帆を〉降ろす. 2 (まれ)鎮める. ― 自 〈暴力・怒りなどの強い感情が〉静まる, 弱まる;緩和される;〈**en...**感情・要求などを〉抑える. ~ *en* sus pretensiones 要求を緩和する. *Amaina el temporal.* あらしが収まる.

a·mai·ne [a.mái.ne] 男 1 〖海〗〈帆を〉降ろすこと.
2 〈風・怒りなどが〉弱まること, 鎮静(化).

a·mai·ti·nar [a.mai.ti.nár] 他 ひそかに見張る, こっそり探る.

a·mai·za·do, da [a.mai.θá.ðo, -.ða / -.sá.-] 形 《ラ米》(ミラミミ)金持ちの, 裕福な.

a·ma·ja·dar [a.ma.xa.ðár] 他 〈家畜〉牧舎[囲い]に入れる. ― 自 〈家畜が〉牧舎[囲い]に入る.

¡a·ma·la·ya! [a.ma.lá.ja] 間投 《ラ米》(1)〈呪いの言葉〉(悪いことが)起こりますように. (2) …でありますように (= ¡ojalá!).

a·ma·la·yar [a.ma.la.jár] 他 《ラ米》熱望する.

a·mal·ga·ma [a.mal.gá.ma] 女 1 〈雑多なもの・異質なものの〉混合物, 結合物.
2 〖化〗アマルガム:水銀と他の金属との合金.

a·mal·ga·ma·ción [a.mal.ga.ma.θjón / -.sjón] 女 1 〖冶〗アマルガム法:貴金属抽出法の一種.
2 〈雑多なものの〉混合, 結合.

a·mal·ga·mar [a.mal.ga.már] 他 1 〖化〗アマルガムにする. 2 〈雑多なもの・異質なものを〉結合する.

a·mal·ga·mien·to [a.mal.ga.mjén.to] 男 → amalgamación.

a·ma·llar·se [a.ma.jár.se ‖ -.ʎár.-] 再 《ラ米》《話》借金を払わない.

á·ma·lo, -la [a.ma.lo, -.la] 形 〈ゴート人の名門〉アマロ家の. ― 男 女 アマロ家の人.

A·mal·te·a [a.mal.té.a] 固名 〖ギ神〗アマルテイア:Zeus に乳を与えたヤギ, またはヤギの乳で Zeus を養育したニンフ.

a·ma·man·ta·dor, do·ra [a.ma.man.ta.ðór, -.ðó.ra] 形 乳を与える.

a·ma·man·ta·mien·to [a.ma.man.ta.mjén.to] 男 授乳.

a·ma·man·tar [a.ma.man.tár] 他 授乳する.

a·mán [a.mán] 男 〈モーロ人 moro が降伏に際して請うた〉恩赦.

a·ma·nal [a.ma.nál] 男 《ラ米》(ミネミ)用水池, ため池 (= estanque).

a·man·cay [a.maŋ.kái] 男 《ラ米》(ミネミ)(ミネ)(ミ)〖植〗キズイセン.

a·man·ce·ba·mien·to [a.man.θe.ba.mjén.to / -.se.-] 男 同棲(なんない), 内縁関係.

a·man·ce·bar·se [a.man.θe.bár.se / -.se.-] 再 同棲(なんない)する, 内縁関係を持つ.

**a·ma·ne·cer [a.ma.ne.θér / -.sér] 34 自 〈夜が明ける (↔anochecer). *Amanece* tarde en invierno. 冬は夜が明けるのが遅い. Empieza a ~ en este país. この国では夜明けが訪れようとしている.
2 〈+形容詞・副詞句〉〈ある場所・状態〉で〉夜明けを迎える. *Amanecieron muertos.* 彼らは朝冷たくなっていた (► 形容詞は主語に性数一致する). *Ayer amanecí con mucha fiebre.* きのうの朝起きるとひどい熱だった. *Amanecimos en Madrid* tras un largo viaje. 私たちは長旅のあと目覚めるとマドリードだった. El domingo *amaneció* radiante. 日曜日は朝から快晴だった.
3 (一般的に)出現する, 生まれる. Cada día *amanece* un nuevo rumor. 毎日新たなうわさが広まる.
4 《ラ米》夜明かしをする. *Amanecí* hablando con María. 私は夜通しマリアとしゃべっていた.
― ~·**se** 再 《ラ米》夜明かしをする.
― 男 夜明け;始まり. al ~ 明け方に.
[← (俗ラ) *admānescere ← [ラ] *māne*「朝」より派生) 〖関連〗mañana]

a·ma·ne·ci·da [a.ma.ne.θí.ða / -.sí.-] 女 明け方.

a·ma·ne·ra·do, da [a.ma.ne.rá.ðo, -.ða] 形 1 気取った, わざとらしい. una persona *amanerada* 気取った人物. 2 〈男性が〉女っぽい. 3 〈作品・文体などが〉型にはまった, マンネリの. 4 《ラ米》いんぎんすぎる, いんぎん無礼な.

a·ma·ne·ra·mien·to [a.ma.ne.ra.mjén.to] 男 1 気取り, わざとらしさ. 2 マンネリズム. 3 〈男性の〉女っぽいしぐさ.

a·ma·ne·rar·se [a.ma.ne.rár.se] 再 1 気取る, 気取った態度をとる. 2 〈男性が〉女っぽいしぐさをする. 3 〈芸術家・作家などが〉マンネリに陥る.

amanezc- 活 → amanecer.

a·ma·ne·z·ca [a.ma.néθ.ka / -.nés.-] 女 《ラ米》(ミネミ)(ミネ)明け方, 夜明け;朝食 (代).

a·ma·nez·que·ra [a.ma.neθ.ké.ra / -.nes.-] 女 《ラ米》(ミネミ)(ミネ)(ミネミ)暁, 夜明け.

a·man·ga·luar [a.maŋ.ga.lwár] 他 《ラ米》(ミラミ)

a·ma·ni·ta [a.ma.ní.ta] 囡《菌類》テングタケ.

a·ma·no·jar [a.ma.no.xár] 他 束ねる.

a·man·sa [a.mán.sa] 囡《ラ米》(汽)飼い慣らすこと；調教.

a·man·sa·dor, do·ra [a.man.sa.ðór, -.ðó.ra] 男女 (汽)(ﾒｷｼ)(ｸﾞｱﾃ)(ﾎﾝ)調教師.

a·man·sa·do·ra [a.man.sa.ðó.ra] 囡《ラ米》(汽)(ｸﾞｱﾃ)(官庁などの)待合室；辛抱強く待つこと.

a·man·sa·mien·to [a.man.sa.mjén.to] 男 **1** 飼い慣らすこと；調教. **2** 鎮静；和むこと, 穏やかなこと.

a·man·sar [a.man.sár] 他 **1**〈動物を〉慣らす. **2**〈怒りなどの強い感情を〉抑えさせる, 静める；〈性格を〉和らげる. ― ~·se 再 **1** 落ち着く, 穏やかになる. **2**〈動物が〉慣れる.

a·man·se [a.mán.se] 男《ラ米》(ﾒｷｼ)(ｺﾛﾝ)(ﾍﾞﾈ) → amansa.

*__a·man·te__ [a.mán.te] 形《de... …を》愛する, 愛好する. un hombre ~ de la gloria 名誉欲の強い男. Somos ~s de la música. 私たちは音楽が大好きだ. Es ~ de la buena mesa. 彼[彼女]は美食家だ. ― 男女 **1** 愛人, 情夫, 情婦；《文章語》恋人. Su marido tiene una ~. 彼女の夫には愛人がいる. **2** 愛好家. gran ~ de la naturaleza 自然を深く愛する人.

a·man·ti·llo [a.man.tí.jo | -.ʎo] 男《海》《帆桁(けた)の》つり綱, トップリグリフト.

a·ma·nuen·se [a.ma.nwén.se] 男女 (口述筆記や他人の作品の清書をする)書記.

a·man·za·nar [a.man.θa.nár / -.sa.-] 他《ラ米》(ﾁﾘ)(土地を)街区(ブロック)割りにする.

a·ma·ña·do, da [a.ma.ɲá.ðo, -.ða] 形 **1** 巧妙な, 器用な. **2** でっち上げの；〈選挙などが〉不正に工作された, 仕組まれた.

a·ma·ña·dor, do·ra [a.ma.ɲa.ðór, -.ðó.ra] 形《ラ米》(ﾒｷｼ)(ｸﾞｱﾃ)(ﾎﾟﾘ)(ｺﾛﾝ)(ｶﾘﾌﾞ)(土地・風土などが)なじみやすい, 心地よい.

a·ma·ñar [a.ma.ɲár] 他 **1** 巧妙に仕組む, 不正に工作[操作]する. ~ precios es un delito. 価格操作は犯罪だ. **2** 改竄(ざん)する, 偽造する (= falsificar). ~ los datos データを改竄する.

― ~·se 《ラ米》(1) (ﾒｷｼ)(ｸﾞｱﾃ)(ﾍﾞﾈ)(ﾎﾟﾘ)(土地・人などに)慣れる. (2) (ｱﾙｾﾞ)(動物に)悪い癖がつく. (3) (ﾍﾞﾈ)(ｺﾛﾝ)《話》好きになる, 気に入る. (4) (ｸﾞｱﾃ)打開策を講ずる.

amañar bien con +人〈人〉と折り合いがよい.

amañárselas 策を弄(ろう)する, うまくやる.

a·ma·ño [a.má.ɲo] 男 **1** 才覚, 手腕, 抜けめなさ (= maña). **2** 策略, からくり；《複数で》《ラ米》(ｸﾞｱﾃ)陰険なやりくち. **3**《複数で》道具(類), 工具(類).

a·ma·pa [a.má.pa] 囡《植》モモイロノウゼン.

a·ma·po·la [a.ma.pó.la] 囡《植》ヒナゲシ, ケシ. *ponerse rojo como una* ~ (ヒナゲシの花のように)赤くなる；ほおを染める.

amapola (ヒナゲシ)

a·ma·pu·char [a.ma.pu.tʃár] 自《ラ米》(ﾎﾟﾘ)《話》真実を隠す.

***a·mar** [a.már] 他 **1** 愛する, 大切に思う. ~ a los hijos 子供を愛する. ~ a los animales 動物をかわいがる. ~ a la patria 祖国を愛する (▶ 直接目的語によっては, 人を表していなくても前置詞のaを伴うことがある). Te *amo* con todo mi corazón. 心から君を愛している. Mis padres se *aman* mucho. 私の両親は深く愛し合っている.

> 類語 *amar* は崇高な愛の表現に多く, あまり日常的に用いられることはない. その代わりに *querer*, *tener cariño* が用いられる.

2〈強く〉好む. ~ el dinero お金に執着する.
3 …と愛を交わす. La *amé* toda la noche. 私は彼女を一晩中愛した.
[←[ラ] *amāre*;[関連] amable, amante, amigo, amistad, amor]

a·má·ra·co [a.má.ra.ko] 男《植》マヨラナ：シソ科の植物.

a·ma·ra·je [a.ma.rá.xe] 男 (水上飛行機・宇宙船の)着水；(飛行機の水面への)不時着.

a·ma·ran·tá·ce·as [a.ma.ran.tá.θe.as / -.se.-] 囡《複数形》ヒユ科の植物.

a·ma·ran·ti·na [a.ma.ran.tí.na] 囡《植》センニチコウ, センニチソウ.

a·ma·ran·to [a.ma.rán.to] 男 **1**《植》アマランサス, ハゲイトウ. ♦栗(くり)に似た種子はたんぱく質に富み, inca 帝国の食生活の基盤をなしたと言われる. **2** (伝説上の)不死の花, 常花.

a·ma·rar [a.ma.rár] 自 (水上飛行機・宇宙船が)着水する；(水面へ)不時着する.

a·mar·chan·tar·se [a.mar.tʃan.tár.se] 再《ラ米》顧客になる, なじみになる.

a·mar·fi·la·do, da [a.mar.fi.lá.ðo, -.ða] 形 象牙のような.

a·mar·ga·do, da [a.mar.gá.ðo, -.ða] 形 **1** 気持ちのすさんだ, 恨みを抱いた, いじけた. **2** 《estar+》幻滅した, 失望した. ~ por su fracaso 失敗に暗澹(たん)とした気分になって. Él me dejó muy ~. 彼のおかげで僕はすっかり落ち込んでしまった.
― 男 苦悩した人, 落ち込んだ人.

a·mar·ga·le·ja [a.mar.ga.lé.xa] 囡《植》リンボクの実.

*__a·mar·gar__ [a.mar.gár] 他 **1** ひどく悲しませる, つらい思いをさせる；失望させる. Los reveses de la fortuna le *han amargado*. 度重なる不幸に彼は打ちひしがれた. **2** 台なしにする. No nos *amargues* la cena con esa actitud tan pesimista. そんな悲観的な態度で夕食を台なしにするなよ. **3** 苦くする. A nadie le *amarga* un dulce. 《諺》甘いものを苦いと思う者はない (自分の得になるものはどうのこうのと言わずに受け入れるほうがよい).
― 自 苦い味がする. Esta fruta *amarga* mucho. この果物はとても苦い.
― ~·se 再 **1** 暗澹(たん)とした思いを抱く, 落ち込む. **2** 苦くなる.

*__a·mar·go, ga__ [a.már.go, -.ga] 形 **1**《+名詞/名詞+》《ser+ / estar+》苦い, 渋い. té ~ 渋いお茶. almendra *amarga* ビターアーモンド, 苦扁桃(へんとう). **2**《多くは+名詞/名詞+》《比喩的》苦い, つらい, 悲痛な；(その結果)不快な. recuerdo ~ 苦い思い出. *amargas* experiencias つらい経験. **3**《+名詞/名詞+》《性格・言動などが》無愛想な, とげとげしい. **4** 悲しんでいる, 苦しんでいる. **5**《ラ米》《話》(1) (ｸﾞｱﾃ)臆病(おくびょう)な, 気の弱い. (2) (ﾆｶ)怒った, 不機嫌な.
― 男《ラ米》(1) (ｸﾞｱﾃ)砂糖の入っていないマテ茶. (2) (ｸﾞｱﾃ)砂糖を入れない飲み物.
[←[古スペイン] *amaro*←[ラ] *amārus* ; -g- の挿入

は amargar(←《俗ラ》*amaricāre)の影響]

a·mar·gón [a.mar.ɣón] 男 **1**《植》タンポポ. **2**《ラ米》(ᵛᵉⁿ)《話》著しい不快感,大きな不安.

a·mar·gor [a.mar.ɣór] 男 **1** 苦み. el ～ de la medicina その薬の苦み. **2** 苦しさ,不快.

a·mar·gue·ra [a.mar.ɣé.ra] 女《植》ミシマサイコ属の一種.

*a·mar·gu·ra [a.mar.ɣú.ra] 女 **1** 苦しみ,不快,悲嘆,沈痛. Sus fracasos lo han llenado de ～. 失敗は彼を暗澹(ᵃⁿ)たる気持ちにさせた. ¡Qué ～! なんともあもたかしい,なんとも惜しいことだ. traer [llevar] a+人 por la calle de la amargura〈人〉をつらい目に遭わせる.

a·ma·ri·ca·do, da [a.ma.ri.ká.ðo, -.ða] / **a·ma·ri·co·na·do, da** [a.ma.ri.ko.ná.ðo, -.ða] 形《俗》ゲイのような.

a·ma·ri·co·nar [a.ma.ri.ko.nár] 他《俗》《軽蔑》→ afeminar.

a·ma·ri·li·dá·ce·a [a.ma.ri.li.ðá.θe.a / -.se.-] 女 ヒガンバナ科の植物;《複数で》ヒガンバナ科.

a·ma·ri·lis [a.ma.rí.lis] 女《単複同形》《植》アマリリス.

a·ma·ri·lla [a.ma.rí.ʝa ‖ -.ʎa] 形 → amarillo.

a·ma·ri·llar [a.ma.ri.ʝár / -.ʎár] / **a·ma·ri·lle·ar** [a.ma.ri.ʝe.ár / -.ʎe.-] 自 **1** 黄色になる,黄ばむ. En otoño las hojas amarillean. 秋には葉が黄色くなる. **2** 血の気がなくなる(= palidecer).

a·ma·ri·lle·cer [a.ma.ri.ʝe.θér ‖ -.ʎe.- / -.sér] 34 自 → amarillar.

a·ma·ri·lle·jo, ja [a.ma.ri.ʝé.xo, -.xa ‖ -.ʎé.-] 形 → amarillento.

*a·ma·ri·llen·to, ta [a.ma.ri.ʝén.to, -.ta ‖ -.ʎén.-] 形 黄色っぽい,黄色がかった. La camisa se puso amarillenta por el sol. 太陽でワイシャツが黄色っぽくなってしまった.

a·ma·ri·lle·o [a.ma.ri.ʝé.o ‖ -.ʎé.-] 男 黄色になる[する]こと;血の気のうせること.

a·ma·ri·llez [a.ma.ri.ʝéθ ‖ -.ʎéθ / -.ʝés] 女 **1** 黄色っぽさ. **2**(肌・顔の)青白さ,血の気のなさ.

a·ma·ri·llis·mo [a.ma.ri.ʝís.mo ‖ -.ʎís.-] 男 センセーショナリズム,煽動(ᵈᵒ)主義.

a·ma·ri·llis·ta [a.ma.ri.ʝís.ta ‖ -.ʎís.-] 形 センセーショナリズムの,俗情に訴える.

***a·ma·ri·llo, lla** [a.ma.rí.ʝo, -.ʝa ‖ -.ʎo, -.ʎa] 形

1《多くは名詞+》《ser+ / estar+》黄色い. mostrar tarjeta amarilla(サッカーで)イエローカードを出す. páginas amarillas 職業別電話帳,イエローページ. flores amarillas 黄色い花. la raza amarilla 黄色人種. **2**《estar+》〈人が〉(病気などで)黄色っぽい,青白い,青ざめた. Estás amarilla. ¿Qué te pasa? 顔色が悪いけど,どうしたの.
3《estar+》〈汚れが〉古くなっていて〉黄ばんだ. tener los dientes ～s por el tabaco o el café タバコやコーヒーで歯が黄色くなっている.
4《名詞+》〈新聞・雑誌などが〉扇情的な. prensa amarilla 大衆紙.

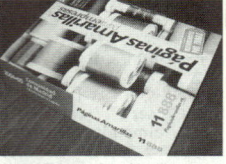

páginas amarillas
(職業別電話帳)

— 男 女 黄色人種. el derecho de los indios o de los ～s 先住民や黄色人種の権利.
— 男 **1** 黄色. **2**《ラ米》(1) 金髪. (2) (ᶜᵒˡ)《植》タマリンドノキの一種. (3) (ᵈʳ)熟したバナナ. (4) (ᵛᵉⁿ)油で揚げたバナナ.

el Mar Amarillo 黄海.
el Río Amarillo (= el (río) Huang He).
fiebre amarilla《医》黄熱病.
sindicato amarillo 御用組合.

[←《後ラ》amarellus「(黄疸(ᵈᵃⁿ)などで)顔が)黄色っぽい」《ラ》amārus「苦い」+縮小辞);胆汁の苦みと黄色い色素の連想からか]

a·ma·ri·llo·so, sa [a.ma.ri.ʝó.so, -.sa ‖ -.ʎó.-] 形《ラ米》→ amarillento.

a·ma·ri·po·sa·do, da [a.ma.ri.po.sá.ðo, -.ða] 形《植》〈花冠が〉蝶形の.

a·ma·ri·za·je [a.ma.ri.θá.xe / -.sá.-] 男 → amerizaje.

a·ma·ri·zar [a.ma.ri.θár / -.sár] 97 自 → amerizar.

a·ma·ro [a.má.ro] 男《植》サルビアの一種.

a·ma·ro·mar [a.ma.ro.már] 他 綱で縛る,舫(ᵐᵒʸ)う.

a·ma·rra [a.má.ra] 女 **1**《海》船を碇(ᵏᵃ)などに結ぶ綱,舫(ᵐᵒʸ)い綱. **2**(馬具の)胸懸(ᵐᵘⁿ). **3**《複数で》《話》縁故,コネ. **4**《ラ米》ひも,綱;結わえつけ.
soltar las amarras 庇護(ᵇᵉ)[依存]から脱する.

a·ma·rra·co [a.ma.řá.ko] 男(トランプ遊びのムスmusで)5得点,5得点に値するカード.

a·ma·rra·de·ra [a.ma.řa.ðé.ra] 女《ラ米》(1) (ᵈᵉʳ)縛り,結わえつけ. (2) (ᶜᵘᵇ)ロープ,綱,ひも.

a·ma·rra·de·ro [a.ma.řa.ðé.ro] 男《海》係船柱,船を陸につないでおくための柱;係船場,バース.

a·ma·rra·di·jo [a.ma.řa.ðí.xo] 男《ラ米》(ᵖʳ)へたな結び目.

a·ma·rra·do, da [a.ma.řá.ðo, -.ða] 形 **1** 縛られた,束縛された;〈船が〉係留された. Los padres tienen a la hija muy amarrada. 両親は娘をなかなか手放そうとしない. **2**《話》試験の準備が完璧(ᵉᵏⁱ)な,猛勉強してある. Lo lleva bien ～. 彼[彼女]はそのことを十分勉強してある. **3**《ラ米》(1) (ᵐᵉˣ)《話》のろまな,ぐずぐずした,のらくらした. (2)《話》早い,汚らわしい. (3) (ᵖʳ)結婚した.
jugar muy amarrado (ポーカーで)危ない勝負をする.

a·ma·rra·du·ra [a.ma.řa.ðú.ra] 女 **1**《海》係留,係船. **2** 縛ること,縛った物.

a·ma·rra·je [a.ma.řá.xe] 男《海》停泊料.

a·ma·rrar [a.ma.řár] 他 **1**(綱・ひもなどで)結ぶ,縛る;(まとめて)縛る,束ねる(= atar). ～ un paquete 小包にひもをかける. Los bandidos le amarraron a un árbol. 山賊が彼を木に縛りつけた.
2《海》〈船を〉つなぐ,舫(ᵐᵒʸ)う,係留する;錨泊(ʰᵃ)する.
3 束縛する,厳しく規制する.
4《遊》(トランプ)カードをあらかじめ仕組む,いかさまに切る. **5**《ラ米》(試験に備えて)猛勉強する. **6**《ラ米》(ᵖʳ)結婚させる.
— 自 **1** 船が停泊[投錨]する. **2**《話》猛勉強する.
—～·se **1**(靴ひもなどを)結ぶ. **2**《ラ米》(1) (ᵈʳ)(ᵃʳᵍ)(ᶜᵘᵇ)(ᵘʳᵘ)結婚する;婚約する. (2) (ᶜᵒˡ)《話》行動の準備をする. (3) (ᵖʳ)《話》酔う,酔っ払う.
amarrar la tripa《ラ米》(ᵖʳ)耐乏生活をする,節約する.
amarrar los pantalones《ラ米》(ᵖʳ)断固として行動する.
amarrársela(s)《ラ米》(ᶜʰⁱ)(ᵐᵉˣ)(ᵖʳ)(ᵇᵒˡ)(ᵃʳᵍ)(ᵛᵉⁿ)

a·ma·rre [a.má.ře] 男 **1** 《海》係留; 係船具. **2** 縛ること, 結ぶこと.

a·ma·rre·te, ta [a.ma.ře.te, -.ta] 形 《ラ米》卑しい, けちな.
— 男 女 《ラ米》(1) けち, 欲張り. (2) 《話》卑しい人; 汚らわしい人.

a·ma·rro [a.má.řo] 男 **1** 《海》係留, 係船具. **2** 結び[縛り]つけること; 束縛, 拘束. **3** 《ラ米》(ｽﾞｵ)(ｵﾝﾄﾞ)一束, 一箱.

a·ma·rro·car [a.ma.řo.kár] 102 他 《ラ米》(ｵﾝﾄﾞ)けちけちためる, けちる.

a·ma·rrón, rro·na [a.ma.řón, -.řó.na] 形 用心深い. — 男 女 《ラ米》用心深い人.

a·ma·rro·na·do, da [a.ma.řo.ná.ðo, -.ða] 形 茶色のような, 茶色っぽい.

a·ma·rro·so, sa [a.ma.řó.so, -.sa] 形 《ラ米》(1) (ﾘｵﾌﾟ)(ﾁﾘ)《果物などが》苦い, 渋い. (2) (ｴﾙｻﾙﾊﾞﾙ)とがった, 鋭利な.
— 男 《ラ米》(ｴﾙｻﾙﾊﾞﾙ)すっぱい果物.

a·mar·te·la·do, da [a.mar.te.lá.ðo, -.ða] 形 恋い焦がれた, たいそう睦(む)まじい; 《軽蔑》いちゃいちゃした.

a·mar·te·la·mien·to [a.mar.te.la.mjén.to] 男 べたぼれ; (男女の)仲睦(む)まじさ.

a·mar·te·lar [a.mar.te.lár] 他 **1** 嫉妬(しっと)させる. **2** 恋心を抱かせる.
— ~·se 再 〈男女が〉寄り添う, いちゃつく. Apagadas las luces, la pareja *se amarteló* hasta el final de la película. 明かりが消えると, そのカップルは映画が終わるまでぴったりと寄り添っていた.

a·mar·ti·llar [a.mar.ti.jár || -.ʎár] 他 **1** 槌(つち)で打つ (= martillar). **2** 〈銃の〉撃鉄を起こす. **3** 〈商取引などを〉確認する, 念押しする.

a·ma·sa·ble [a.ma.sá.ble] 形 練ることができる, こねることが可能な.

a·ma·sa·de·ra [a.ma.sa.ðé.ra] 女 (パン生地をこねる)桶(おけ).

a·ma·sa·de·ro [a.ma.sa.ðé.ro] 男 (パン生地をこねる)場所.

a·ma·sa·di·to, ta [a.ma.sa.ðí.to, -.ta] 形 《ラ米》(ﾎﾞﾘ)《話》太った.
— 男 女 《ラ米》(ﾎﾞﾘ)《話》太った人.

a·ma·sa·do, da [a.ma.sá.ðo, -.ða] 形 《ラ米》(ﾒｷｼｺ) (1) 〈果肉が〉ぷよぷよした. (2) ぷくぷくに太った.

a·ma·sa·dor, do·ra [a.ma.sa.ðór, -.ðó.ra] 形 **1** こねる, 混ぜる. **2** マッサージの. — 男 女 **1** こねる人; 左官の下職人. **2** マッサージ師.
— 女 《機》こね機.

a·ma·sa·du·ra [a.ma.sa.ðú.ra] 女 → amasamiento.

a·ma·sa·mien·to [a.ma.sa.mjén.to] 男 **1** こねる[練る]こと. **2** 《医》マッサージ (= masaje).

a·ma·san·de·rí·a [a.ma.san.de.rí.a] 女 《ラ米》(ﾘｵﾌﾟ)(ﾁﾘ)(ﾒｷｼｺ)(小さな)パン屋.

a·ma·san·de·ro, ra [a.ma.san.dé.ro, -.ra] 男 女 《ラ米》(ﾘｵﾌﾟ)(ﾁﾘ)パン職人, パン屋.

a·ma·sar [a.ma.sár] 他 **1** こねる, 練る. **2** マッサージする. **3** ため込む. ~ una fortuna 一財産を築く. **4** 《話》〈よからぬことを〉たくらむ (= tramar).

a·ma·sia·to [a.ma.sjá.to] 男 《ラ米》(ｸﾞｱ)(ﾒｷｼｺ)《俗》内縁関係, 同棲(せい).

a·ma·si·jo [a.ma.sí.xo] 男 **1** こねる[練る]こと. **2** (パン生地などの)塊, こねたもの. **3** (固まる前の)モルタル, しっくい (= argamasa). **4** 《話》ごたまぜ, 寄せ集め. Este libro es un ~ de tópicos. この本は月並みな話題の寄せ集めだ. **5** 《話》たくらみ. ¿Qué ~ traéis entre manos? 君たちは何をたくらんでいるのだ. **6** 《ラ米》(ﾎﾞﾘﾋﾞｱ)(小麦粉の)パン.
amasijo de palos 《ラ米》(ﾎﾞﾘﾋﾞｱ)めった打ち.

a·ma·sio, sia [a.má.sjo, -.sja] 男 女 《ラ米》(ﾒｷｼｺ)愛人, 内縁関係の人.

a·ma·te [a.má.te] 男 《ラ米》(ｸﾞｱ)(ﾒｷｼｺ)《植》イチジクの一種.

a·ma·te·ris·mo [a.ma.te.rís.mo] 男 **1** アマチュアでいること, アマチュアとして愛好すること, 道楽. **2** 《軽蔑》素人くささ, 未熟さ.

a·ma·teur [a.ma.tér] [仏] 形 アマチュアの, 素人の. radio ~ アマチュア無線.
— 男 女 アマチュア, 素人 (↔profesional).

a·ma·teu·ris·mo [a.ma.teu.rís.mo] 男 → amaterismo.

a·ma·tis·ta [a.ma.tís.ta] 女 《鉱》アメジスト, 紫水晶.

a·ma·ti·vi·dad [a.ma.ti.βi.ðáð] 女 性的本能, 性欲.

a·ma·ti·vo, va [a.ma.tí.βo, -.βa] 形 ほれっぽい.

a·ma·to·rio, ria [a.ma.tó.rjo, -.rja] 形 恋愛の; 性愛の. cartas *amatorias* 恋文.

a·mau·ro·sis [a.mau.ró.sis] 女 《単複同形》《医》黒内障.

a·mau·ta [a.máu.ta] 男 《ラ米》(1) (ﾍﾟﾙｰ)(村の)長老. (2) (ﾍﾟﾙｰ)賢者; 長老.

a·ma·xo·fo·bia [a.maḵ.so.fó.βja] 女 乗り物恐怖症.

A·ma·ya [a.má.ja] 固名 アマヤ Carmen ~ (1913–63): スペインのフラメンコ舞踊家.

a·ma·yo·ra·do, da [a.ma.jo.rá.ðo, -.ða] 形 《ラ米》(ﾒｷｼｺ)ませた, 大人ぶった.

a·ma·za·co·ta·do, da [a.ma.θa.ko.tá.ðo, -.ða / -.sa.-] 形 **1** 《estar+》ぎゅうぎゅう詰めの (= compacto). Viajamos ~s en un autobús. 私たちはぎゅうぎゅう詰めのバスで旅をした. **2** ごてごてした, くどい; (情報などを)詰め込みすぎの. autor con un estilo ~ くどい文体の作家. una fachada *amazacotada* 装飾過剰な正面壁. **3** 〈食べ物などが〉こってりした, 胃にもたれる.

a·ma·za·co·tar [a.ma.θa.ko.tár / -.sa.-] 他 固くしすぎる, ぎゅうぎゅう詰めにする.

a·ma·zo·na [a.ma.θó.na / -.só.-] 女 **1** (ギリシャ神話の)女戦士; 男勝りの女, 女傑. **2** 女性騎手と, 婦人乗馬服; 横乗り.
montar en [a la] amazona (女性が馬などに)横乗りする.

A·ma·zo·nas[1] [a.ma.θó.nas / -.só.-] 固名 el ~ アマゾン川: 南米の大西洋に注ぐ大河. ♦スペイン人が流域の女人族と戦ったという架空の話から命名された.

A·ma·zo·nas[2] [a.ma.θó.nas / -.só.-] 固名 《ギ神》 las ~ アマゾン族. ♦黒海沿岸に住んでいたと伝えられる勇猛な女人族. [Amazona「アマゾン族の1人」(←[ラ]*Amāzōn*←[ギ]*Amázōn*の複数形)

a·ma·zó·ni·co, ca [a.ma.θó.ni.ko, -.ka / -.só.-] 形 **1** アマゾン族の; 男勝りの, 好戦的な. **2** アマゾン川の, アマゾン地方の.

am·ba·ges [am.bá.xes] 男 《複数形》遠回しな言い方, 持って回った話. andarse con ~ 遠回しに言う. hablar sin ~ 歯に衣(きぬ)着せずに言う.

ám·bar [ám.bar] 男 琥珀(こはく); 琥珀色. ~ gris

ambareado

[pardillo] 竜涎香(りゅうぜんこう).
ámbar negro 〖鉱〗黒玉.
am·ba·re·a·do, da [am.ba.re.á.ðo, -.ða] 形 《ラ米》(きゃく)(髪の)くり色の.
am·ba·ri·no, na [am.ba.rí.no, -.na] 形 琥珀(こはく)の(ような), 琥珀色の.
am·bas [ám.bas] 形 → ambos.
Am·be·res [am.bé.res] 固名 アントワープ, アントウェルペン：ベルギー北部の港湾都市.
am·be·ri·no, na [am.be.rí.no, -.na] 形 アントワープの. —— 男 女 アントワープの住民[出身者].
am·bi·cia [am.bí.θja / -.sja] 女 《ラ米》 → ambición.
***am·bi·ción** [am.bi.θjón / -.sjón] 女 大志, 野心. dominado por la ~ de poder 権力欲に憑(つ)かれた. Le devora la ~. 彼は野心の塊だ. Su ~ es ser bailarina. 彼女の夢はバレリーナになることだ.
[←［ラ］*ambitiōnem* (*ambitiō* の対格；*ambīre*「囲む」；得ようと努める」より派生)；[英] *ambition*]
am·bi·cio·nar [am.bi.θjo.nár / -.sjo.-] 他 大望を抱く, 野心を抱く, 切望する. ~+不定詞 / ~ que +接続法 …することに野心を抱く. *Ambiciona* el poder. 彼[彼女]は権力に野心を抱いている. *Ambiciona* que su hijo se haga profesor de inglés. 彼[彼女]は息子が英語の先生になることを強く願っている.
***am·bi·cio·so, sa** [am.bi.θjó.so, -.sa / -.sjó.-] 形 **1** 大志を抱いた, 野心的な；貪欲(どんよく)な. un proyecto demasiado ~ あまりにも欲張りすぎた計画. Deberías ser un poco más ~, si no, no conseguirás nada. 君はもっと野心的にならなければ何も達成できないよ. **2** (**de...** を…) 熱望する. Está ~ *de* cariño. 彼は愛情に飢えている.
—— 男 女 野心家, 出世主義者.
am·bi·dex·tro, tra [am.bi.ðé(k)s.tro, -.tra] 形 両手が利く. —— 男 女 両手利き(の人).
am·bi·dies·tro, tra [am.bi.ðjés.tro, -.tra] 形 男 女 → ambidextro.
am·bien·ta·ción [am.bjen.ta.θjón / -.sjón] 女 **1** 雰囲気作り, ムード, 情趣. **2** (文学・美術などの)背景描写, (映画・演劇の)舞台装置. **3** 〖ラジオ〗〖TV〗音響効果. ruido de ~ 効果音.
am·bien·ta·dor, do·ra [am.bjen.ta.ðór, -.ðó.ra] 形 芳香の；消臭の. —— 男 (映画・テレビ番組などの)雰囲気作りをする人；舞台設定・時代考証を担当する人. —— 男 芳香[消臭]剤.
***am·bien·tal** [am.bjen.tál] 形 **周囲の, 環境の**；**大気の**. música ~ バックグラウンドミュージック. Las circunstancias ~*es* son importantes para nuestra formación. 周りの環境が我々の人格形成に重要な意味を持つ.
am·bien·ta·lis·mo [am.bjen.ta.lís.mo] 男 **1** → ecologismo. **2** 生態学.
am·bien·ta·lis·ta [am.bjen.ta.lís.ta] 形 **1** → ecologista. **2** 生態学の.
—— 男 女 **1** → ecologista. **2** 生態学者.
am·bien·tar [am.bjen.tár] 他 **1** …の雰囲気を盛り上げる. un cuadro bien *ambientado* 雰囲気がよく出ている絵. *Ambientemos* la reunión con una música tranquila de fondo. 静かな音楽を流して会合の雰囲気を作りましょう.
2 (劇などの時代・場面を)設定する. La obra está *ambientada* en una cárcel. 作品の場は牢獄(ろうごく)に設定されている. **3** 適応[順応]させる, 方向づける.
—— ~·**se** 再 適応する, 順応する. *Se ambienta* rápidamente en todos los países. 彼[彼女]はどこの国に行ってもすぐに順応する.

*****am·bien·te** [am.bjén.te] 形 周囲の, 周辺の. temperatura ~ 室温, 常温. medio ~ (生活)環境.
—— 男 **1** (自然・社会的) **環境**；大気, 空気. ~ familiar 家庭環境. contaminación del ~ 環境汚染. cambiar de ~ 生活環境を変える.
2 (よい・好意的な) **雰囲気**, ムード；活気. dar ~ a... …を盛り上げる. ~ rural 田園情緒. un ~ optimista 楽観的なムード. No hay ~ para divertirse. 楽しむ雰囲気ではない. Es una fiesta con mucho ~. とても盛況なパーティーだ.
3 (複数で) グループ, 仲間；階層. Es una persona muy conocida en los ~*s* intelectuales. 彼[彼女]は知識人の間で名の通った人物だ. **4** 〖美〗遠近法, 透視図(法). **5** 同性愛者の集まり. **6** 《ラ米》(1) (チリ)(ラブラ)(ペルー)部屋, 一室, 一間. (2) (ラプラ)(チリ)(ペルー)部屋.
[←［ラ］*ambientem* (*ambiēns* の対格；*ambīre*「囲むの現在分詞)；関連 ámbito, ambición]
am·bi·gú [am.bi.ɣú] 男 [複 ~s] **1** (主に夜の)軽食. **2** 軽食堂, ビュッフェ.
***am·bi·güe·dad** [am.bi.ɣwe.ðáð] 女 あいまいさ, 不明確さ；両義性. con ~ あいまいに
***am·bi·guo, gua** [am.bí.ɣwo, -.ɣwa] 形 **1** あいまいな, 不明確な, どっちつかずの；両義にとれる. una contestación *ambigua* どちらとも取れる返事.
2 (話)男らしさに欠ける, めめしい. Su modo de mover las manos es un poco ~. 彼の手の動かし方はちょっと女っぽい.
3 〖文法〗(名詞が) (arte, mar のような)男性名詞にも女性名詞にも用いられる.
am·bi·la·do, da [am.bi.lá.ðo, -.ða] 形 《ラ米》(コロンビア)(話)ぼかんとした, ぼっとした, 上の空の.

*****ám·bi·to** [ám.bi.to] 男 **1** 境界内, 区域. en el ~ territorial de... …の領域[管轄]内で. Se ha hecho popular en todo el ~ nacional. 彼[彼女]は全国的に人気者になった.
2 (比喩的) **範囲, 領域**；分野. realizar un estudio en el ~ laboral 労働界で調査を実施する. Se exigen cambios en todos los ~*s*. すべての領域で変化が要求されている.
3 (宮殿の)音域. **4** グループ.
[←［ラ］*ambitum* (*ambitus* の対格) (*ambīre*「囲む」より派生)；関連 ambiente]
am·bi·va·len·cia [am.bi.ba.lén.θja / -.sja] 女 両面性, 両義性；〖心〗アンビバレンス.
am·bi·va·len·te [am.bi.ba.lén.te] 形 両面性を持つ, 両義的な.
am·bla·du·ra [am.bla.ðú.ra] 女 〖馬〗側対歩：前後の同じ側の脚を同時に動かす馬などの速歩法.
am·blar [am.blár] 自 〖馬〗側対歩で歩く.
am·blio·pe [am.bljó.pe] 形 〖医〗弱視の.
am·blio·pí·a [am.bljo.pí.a] 女 〖医〗弱視. ~ de color 色弱.
am·bo [ám.bo] 男 《ラ米》(チリ)(ラプラ)〖服飾〗(1) スーツ, 背広. (2) 男性用の上下色違いのツーピース.
am·bón [am.bón] 男 (初期キリスト教会などで中央祭壇の両側にあった)説教壇, 朗読台.

*****am·bos, bas** [ám.bos, -.bas] 形 (複数形) (+ 名詞) 両方の, 両者の (▶ 無冠詞で用いる). *ambas* partes 双方. en ~ casos いずれの場合も. a ~ lados del Atlántico 大西洋の両岸で. los jóvenes de ~ sexos 男女の若者たち.
—— 代名 (複数形) 両方, 両者 (▶ 無冠詞で用いる).

la hija de ～ 2人の娘. ▶ 口語では los dos, las dos を用いる. ambos dos, ambas dos は重複表現. ⇒A～ dos se quedan en su tierra. 両者2人は故郷に残る.

▶ ambos は, (1) 人称代名詞と並列不可. ⇒ nosotros dos 私たち2人. (2) 2つ[2人] 1組と認識されるもの[人]について用いる. そうでない場合は los [las] dos. ⇒Las dos palabras son sinónimas. 2つの言葉は同意語だ.

ambos a dos 《文章語》2人 (の), 2つ (の). *A～ a dos* tuvieron esa idea genial. 両人はそのすばらしい考えを思いついた.

[←［ラ］*ambōs, -ās* (*ambō, -ae* の複数対格); 関連 entrambos]

am·bro·sí·a [am.bro.sí.a] 安 **1** 《ギ神》アンブロシア, 神食(り):不老不死にされるという神々の食べ物. → néctar. **2** 非常に美味な食べ物, 珍味. **3** 《植》キク科ブタクサ属, アンブロジア.

am·bro·sia·no, na [am.bro.sjá.no, -.na] 形 《カト》聖アンブロシウス式の. rito [canto] ～ アンブロシウス式典礼[聖歌].

Am·bro·sio [am.bró.sjo] 固名 **1** San ～ 聖アンブロシウス (339?-397):ミラノの主教, ラテン教会最初の 4 人の教会博士のひとり. **2** アンブロシオ:男子の洗礼名. [←［ラ］*Ambrosius*←［ギ］*ambrósios* 「不死の(男)」; 関連 ［ポルトガル］［伊］*Ambrosio*. ［仏］*Ambroise*. ［英］*Ambrose*. ［独］*Ambrosius*]

am·bu·cia [am.bú.θja / -.sja] 安 《ラ米》《ホ》《俗》がつがえしていること, 異常な食欲.

am·bu·cien·to, ta [am.bu.θjén.to, -.ta / -.sjén.-] 形 《ラ米》《ホ》《話》飢えた, 空腹の.
—男 《ラ米》《ホ》《話》飢えた人, 空腹の人.

am·bu·la·cral [am.bu.la.král] 形 《動》(棘皮(ホムラ)動物の)歩帯の.

am·bu·la·cro [am.bu.lá.kro] 男 《動》(棘皮(ホムラ)動)物の歩帯.

*****am·bu·lan·cia** [am.bu.láŋ.θja / -.sja] 安 **1** 救急車;傷病者輸送機[船]. llamar a una ～ 救急車を呼ぶ. **2** 野戦[移動]病院;衛生班.

ambulancia de correos 《鉄道》郵便車.

[hospital ambulante 「移動式病院」の意味で作られた ambulante (←［ラ］*ambulāns*) の名詞形; 関連 ［英］*ambulance*]

am·bu·lan·cie·ro, ra [am.bu.lan.θjé.ro, -.ra / -.sjé.-] 男女 **1** 救急車運転手, 救急隊員. **2** 野戦病院看護師.

am·bu·lan·ta·je [am.bu.lan.tá.xe] 男 《ラ米》行商.

*****am·bu·lan·te** [am.bu.lán.te] 形 移動する, 巡回する, 歩き回る. circo ～ 移動サーカス. biblioteca ～ 移動図書館. trovador ～ 吟遊詩人. vendedor ～ 行商人;呼び売り.
—男 (列車の)郵便車勤務員(= ～ de correos).
—男 《ラ米》**1** 非定住者, 浮浪者. **2** 行商人, 屋台の商人;路上の物売り.

am·bu·la·to·rio, ria [am.bu.la.tó.rjo, -.rja] 形 **1** 歩行の. **2** 〈患者が〉(入院の必要がなく)通院できる, 外来の. tratamiento ～ 通院治療.
—男 外来専門の病院.

ambulancia (救急車)

a·me·ba [a.mé.ba] 安 《動》アメーバ.

a·me·bia·sis [a.me.bjá.sis] 安 《単複同形》《医》アメーバ症.

a·me·char [a.me.tʃár] 他 **1** 〈ランプなどに〉芯(k)を入れる.
2 (肉に)(ベーコンなどを)詰める(= mechar).

a·me·dran·tar [a.me.ðran.tár] 他 → amedrentar.

a·me·dren·ta·dor, do·ra [a.me.ðren.ta.ðór, -.ðó.ra / -.sa.-] 形 震え上がらせるような. un monstruo ～ 恐ろしい怪物.

a·me·dren·tar [a.me.ðren.tár] 他 怖がらせる, 脅かす (= asustar). Los gritos *amedrentaron* a los vecinos. その叫び声を聞いて近所の人々は震え上がった. — ～·se 再 怖がる, びくびくする.

a·me·jo·rar [a.me.xo.rár] 他 《ラ米》→ mejorar.

a·mel·co·char [a.mel.ko.tʃár] 他 《ラ米》粘りを与える, 飴(ぁ)状にする. — ～·se 再 《ラ米》**(1)** (話)気取る, おつに澄ます. **(2)** (ミミ)《話》恋する.

a·mel·ga [a.mél.ga] 安 (畑の) 畝.

a·mel·ga·do, da [a.mel.gá.ðo, -.ða] 形 (麦が)発芽にむらのある.

a·mel·gar [a.mel.gár] 103 他 〈畑に〉溝を作る, 畝を立てる.

a·me·llar·se [a.me.jár.se ǁ -.ʎár.-] 再 《ラ米》《ホ》(話) (ゲーム・勝負で)勝ち逃げする;けちくさいことをする.

a·me·lo [a.mé.lo] 男 《植》ユウゼンギク.

a·me·lo·co·to·na·do, da [a.me.lo.ko.to.ná.ðo, -.ða] 形 モモのような[に似た].

a·me·lo·na·do, da [a.me.lo.ná.ðo, -.ða] 形 メロンの形をした.

a·mem·bri·lla·do, da [a.mem.bri.ʝá.ðo, -.ða ǁ -.ʎá.-] 形 マルメロ membrillo のような.

a·mén¹ [a.mén] 間投 アーメン (= así sea) :祈りの最後に唱える語. Líbranos del mal, ～. 我らを悪より救いたまえ, アーメン. —男 アーメン(の言葉).
decir amén a todo 《話》何にでも同意する.
en un (decir) amén 《話》瞬時に, あっと言う間に. [←［ヘブライ］*āmēn*「確かに」; 関連 *amén*²]

a·mén² [a.mén] ***amén de...*** 《話》**(1)** …のほかに (= además de). **(2)** …以外に (= excepto).

*****a·me·na·za** [a.me.ná.θa / -.sa] 安 **1** 脅し(の言動), 脅迫, 威嚇(ぃ). En esta oficina hubo una ～ de bomba. このオフィスで爆弾の脅迫があった. **2** 脅威. ～ de guerra 戦争の脅威. ～ de aborto 切迫流産. **3** (病) 兆し, 凶兆. Hay ～ de huelga general para mañana. 明日はストがありそうだ.
—動 → amenazar.

[←［古スペイン］*menaza*←［俗ラ］*minacia* (［ラ］*minae*「脅し」より派生]

a·me·na·za·dor, do·ra [a.me.na.θa.ðór, -.ðó.ra / -.sa.-] / **a·me·na·zan·te** [a.me.na.θán.te / -.sán.-] 形 脅迫的な, 威嚇的な, 威嚇的な. mirada *amenazadora* 脅すような目つき. tiempo ～ 険悪な空模様. carta *amenazadora* 脅迫状.

*****a·me·na·zar** [a.me.na.θár / -.sár] 97 他 **1** (***con...*** / ***de...***) 《…をもって》脅す, 《…と言って》脅迫する. Lo *amenazaron* con quitarle el trabajo. 彼に首にすると言って脅された. Fueron *amenazados* de muerte. 彼らは殺すと言って脅迫された.

2 脅(ぉ)かす, 危うくする. ～ la posición [estabilidad] 地位[安定性]を脅かす. El calentamiento

amenguar 112

de la tierra *amenaza* la agricultura. 地球の温暖化によって農業は危険にさらされている．
3 …の前兆を示す；…の恐れがある，…が差し迫っている．*Amenaza* tormenta [lluvia]. あらしが来そうだ[雨が降りそうだ]（► 天候表現では3人称単数・無主語で用いられる）．
— 自 **(con...)**《(…の)》恐れがある，《(…)》しそうである．La casa *amenaza con* caerse. その家は倒れそうだ．

a·men·guar [a.meŋ.gwár] 86 他 **1** 減らす，小さくする．**2** …の名誉を傷つける，体面を汚す．
— 自 減少する，小さくなる．

a·me·ni·dad [a.me.ni.ðáð] 女 心地よさ，快適さ；楽しさ．

a·me·ni·zar [a.me.ni.θár / -.sár] 97 他 楽しくする，活気づける；心地よくする，快適にする．～ un discurso con anécdotas 逸話を交え演説に興を添える．

***a·me·no, na** [a.mé.no, -.na] 形 〈場所が〉落ち着いた，**快適な**，楽しい．conversación *amena* 楽しい会話．La tarde del domingo se nos hizo *amena* gracias a tu compañía. あなたがいてくれたおかげで日曜の午後を楽しく過ごしました．**2** 〈人・ものが〉**魅力のある**；おもしろい．Es un hombre muy ～ hablando. 彼は話がとても魅力的だ．
[← [ラ] amoenum (amoenus の対格；amāre「愛する」より派生) [関連] amenidad. [英] amenity]

a·me·no·rre·a [a.me.no.ré.a] 女 [医] 無月経．

a·men·tá·ce·o, a [a.men.tá.θe.o, -.a / -.se.-] / **a·men·tí·fe·ro, ra** [a.men.tí.fe.ro, -.ra] 形 [植] 尾状花序の．

a·men·to [a.mén.to] 男 [植] (ネコヤナギ・ハシバミなどの) 尾状花序．

a·me·os [a.mé.os] 男 [単複同形] [植] セリ科エゾウウフウ属の草．

a·me·ren·ga·do, da [a.me.reŋ.gá.ðo, -.ða] 形 **1** (菓子の) メレンゲのような．crema *amerengada* メレンゲ状のクリーム．**2** [話] 親切すぎる，へつらう，お世辞の；甘く感傷的な．

***A·mé·ri·ca** [a.mé.ri.ka] 固名 アメリカ（► スペイン語ではしばしば中南米，ラテンアメリカの意味で使われる）．～ Latina ラテンアメリカ．las ～s 南北両アメリカ．

hacer las Américas《ラ米》《古》〈外国人・移住者が〉一財産を作る，金持ちになる．

[関連] Hispanoamérica イスパノ[スペイン系]アメリカ．Iberoamérica イベロアメリカ．Latinoamérica ラテンアメリカ．

[南アメリカ大陸の沿岸を航海したイタリア人 Amerigo Vespucci (1451-1512) にちなんで，ドイツ人地理学者マルチン・ヴァルトゼーミュラーが『世界地誌概説』(1507年) の中で命名]

A·mé·ri·ca Cen·tral [a.mé.ri.ka θen.trál // -sen.-] 固名 中央アメリカ，中米（= Centroamérica）．

A·mé·ri·ca del Nor·te [a.mé.ri.ka ðel nór.te] 固名 北アメリカ，北米（= Norteamérica）．◆メキシコ南部 Tehuantepec 地峡から北，ラテンアメリカとの対比では米国・メキシコ国境を流れる el río Grande del Norte 以北を言う．またメキシコを含めて言う場合もある．

A·mé·ri·ca del Sur [a.mé.ri.ka ðel súr] 固名 南アメリカ，南米（= Sudamérica, Suramérica）．◆ベネズエラ，コロンビア，エクアドル，ペルー，チリ，ボリビア，パラグアイ，アルゼンチン，ウルグアイ，ブラジル，ガイアナ，スリナムとフランス領ギアナからなる．

***A·mé·ri·ca La·ti·na** [a.mé.ri.ka la.tí.na] 固名 ラテンアメリカ，中南米．◆米国以北のアングロ・アメリカに対しラテン系の言語，文化を持つメキシコ以南のアメリカ大陸およびカリブ海域をさす．

a·me·ri·ca·na [a.me.ri.ká.na] 女 [服飾] (男性用) 上着，ブレザー．una ～ cruzada ダブルのジャケット．

a·me·ri·ca·na·da [a.me.ri.ka.ná.ða] 女 [軽蔑] **1** アメリカ合衆国で制作されるつまらない映画．**2** いかにもアメリカ人的な振る舞い．

a·me·ri·ca·nis·mo [a.me.ri.ka.nís.mo] 男 **1** ラテンアメリカ特有のスペイン語法 [表現・語義・単語]；(スペイン語における) アメリカ先住民語からの借用語 [語法]．**2** アメリカ気質 [精神]；アメリカびいき，親米主義；アメリカ研究．

a·me·ri·ca·nis·ta [a.me.ri.ka.nís.ta] 男 女 **1** アメリカ研究家；アメリカ研究者．**2**《ラ米》《タ》《ﾒｷｼｺ》《ﾊｲﾁ》親米主義者；アメリカ研究者．

a·me·ri·ca·ni·za·ción [a.me.ri.ka.ni.θa.θjón / -.sa.sjón] 女 アメリカ [米国] 化．

a·me·ri·ca·ni·zar [a.me.ri.ka.ni.θár / -.sár] 97 他 アメリカ [米国] 化する，アメリカナイズする．estilo *americanizado* アメリカナイズされたスタイル．
— ～se 再 アメリカ [米国] 化する，アメリカ [米国] 風になる．

***a·me·ri·ca·no, na** [a.me.ri.ká.no, -.na] 形 《名詞＋》《ser＋》**1** アメリカの；ラテンアメリカの．países del continente ～ アメリカ大陸の国々．**2** **米国 [アメリカ合衆国] の** (= estadounidense, norteamericano)．fútbol ～ アメリカンフットボール．realizar el sueño ～ アメリカンドリームを実現する．► 英語の American の影響を受け，特にスペインで浸透した語義．
— 男 女 **1** (ラテン) アメリカ人．**2** 米国人．

a·me·ri·cio [a.me.rí.θjo / -.sjo] 男 [化] アメリシウム：超ウラン元素 (記号 Am)．

a·me·rin·dio, dia [a.me.rín.djo, -.dja] 形 アメリカ先住民の．lenguas *amerindias* 北米先住民 [中南米先住民] 諸語．— 男 女 (北米大陸の先住民を含む) アメリカ先住民．◆インディオ indio はもともとインド人の意味だったが，コロンブス Colón 以後アメリカ先住民も指すようになった．そこで混同を避けるためにこの語が用いられるようになった．

a·me·ri·ta·do, da [a.me.ri.tá.ðo, -.ða] 形《ラ米》(1)《ｽﾍﾟｲﾝ》《ﾒｷｼｺ》功労「功績」のある；称賛すべき．el ～ general... 手柄のある将軍…．(2)《ｽﾍﾟｲﾝ》《ｸﾞｱﾃﾏﾗ》前記の．

a·me·ri·tar [a.me.ri.tár] 他 《ラ米》《ﾁﾘ》《ﾒｷｼｺ》《ｳﾞｪﾈｽﾞ》《ｸﾞｱﾃﾏﾗ》〈賞賛などを〉受けるに足る [値する]．Este niño *amerita* un castigo. この子には罰を与えるべきだ．
— 自 《ラ米》(1)《ｺﾞ》《ｺﾛﾝ》善行を積む．(2)《ﾒｷｼｺ》《ｸﾞｱﾃﾏﾗ》《ｳﾞｪﾈｽﾞ》《ｸﾞｱﾃﾏﾗ》値する．

a·me·ri·za·je [a.me.ri.θá.xe / -.sá.-] 男 (水上飛行機・宇宙船などの) 着水 (= amaraje)．～ de astronave 宇宙船の着水．～ de emergencia 緊急着水．

a·me·ri·zar [a.me.ri.θár / -.sár] 97 自 着水する．

a·mes·ti·za·do, da [a.mes.ti.θá.ðo, -.ða / -.sá.-] 形 (白人と先住民との) 混血児 [メスティーソ mestizo] 風の．— 男 女 メスティーソのような人．

a·me·tis·ta [a.me.tís.ta] 女 → amatista．

a·me·tra·lla·dor, do·ra [a.me.tra.ja.ðór, -.ðó.ra / -.ʎa.-] 形 fusil ～ 自動装塡(てん)小銃．
— 男 女 [軍] 機関銃の射手．
— 女 機関銃，マシンガン．*ametralladora* pesada [ligera] 重 [軽] 機関銃．

a·me·tra·lla·mien·to [a.me.tra.ja.mjén.to

‖ -.ʎa.-] 男 機関銃による攻撃.
a·me·tra·llar [a.me.tra.jár ‖ -.ʎár.] 他 **1** 機関銃で撃つ；弾の雨を浴びせる. **2** 〈質問やカメラのフラッシュなどを〉集中的に浴びせる.
a·mé·tro·pe [a.mé.tro.pe] 形 《医》(近視・遠視・乱視など) 非正視患者の. ─ 男 女 非正視患者.
a·me·tro·pí·a [a.me.tro.pí.a] 女 《医》非正視, 眼屈折異常.
a·mia [á.mja] 女 《魚》ボウフィン：サメの一種.
a·mian·to [a.mján.to] 男 《鉱》アミアンタス, 石綿の繊劣種.
a·mi·ba [a.mí.ba] 女 → ameba.
a·mi·bia·sis [a.mi.bjá.sis] 女 《単複同形》 → amebiasis.
a·mi·cí·si·mo, ma [a.mi.θí.si.mo, -.ma / -.sí.-] 形 [amigo の絶対最上級] 《文章語》とても親しい, 刎頸(ふんけい)の.
a·mi·da [a.mí.ða] 女 《化》アミド.
a·mi·ga [a.mí.ɡa] 女 → amigo.
a·mi·ga·bi·li·dad [a.mi.ɡa.bi.li.ðáð] 女 **1** 親しみ (やすさ)；友好. **2** 〖IT〗〈コンピュータプログラムなどの〉使い勝手のよさ.
a·mi·ga·ble [a.mi.ɡá.ble] 形 **1** 親しげな；打ち解けた；友好的な. en tono ～ 親しげな口調で. en ～ compañía 気のおけない仲間内で. contrato ～ 友好協定. Su relación no pasa de ser ～. 彼らの関係は友達以上のものではない. **2** 〖IT〗〈コンピュータプログラムなど〉素人にもわかりやすい. un sistema sencillo y ～ 簡単で使いやすいシステム.
amigable componedor 〖法〗調停者, 仲裁者.
a·mi·ga·cho, cha [a.mi.ɡá.tʃo, -.tʃa] 男 女 《軽蔑》遊び仲間, 悪友.
a·mi·gar·se [a.mi.ɡár.se] 103 再 **1** 友情で結ばれる. **2** 《話》同棲(どうせい)する (= amancebarse).
a·mi·ga·zo, za [a.mi.ɡá.θo, -.θa / -.so, -.sa] 男 女 《ラ米》連れ, 仲間. ¿Cómo te va, ～? おい兄弟, 元気かい. [amigo + 増大辞]
a·míg·da·la [a.míɡ.ða.la] 女 《解剖》扁桃(へんとう) (腺(せん)). hipertrofia de ～ 扁桃肥大.
a·mig·da·lá·ce·o, a [a.miɡ.ða.lá.θe.o, -.a / -.se.-] 形 アーモンドの, バラ科ハタンキョウ属の.
─ 女 《複数で》《植》バラ科ハタンキョウ属の植物.
a·mig·da·li·na [a.miɡ.ða.lí.na] 女 《化》アミグダリン.
a·mig·da·li·tis [a.miɡ.ða.lí.tis] 女 《単複同形》《医》扁桃(へんとう)炎.
a·mig·da·loi·de [a.miɡ.ða.lói.ðe] 形 アーモンド形の.
＊＊a·mi·go, ga [a.mí.ɡo, -.ɡa] 男 女 **1** 友だち, 友, 友人. ～ de la casa 家族一同の友人. ～ de siempre / ～ de toda la vida 生涯の友. gran ～ / ～ íntimo 親友. un amigo diputado 友人の代議士. hacerse ～ de... …と親しくなる. Voy a consultarlo con mi mejor ～. 私の一番の親友にそれを相談してみよう. Los dos se han hecho ～s. そのふたりは友人になった. En el peligro se conoce al ～. 《諺》まさかのときの友こそ真の友 (← 危険の中で人は友を知る).
2 〖間投詞的に〗¡A～! やあ, 君. ¡A～, qué alegre vienes hoy! やあ, 今日はばかにうれしそうじゃないか. ¡Pero no es lo mismo, ～! でも君, それとことは違うよ.
3 恋人, ボーイフレンド, ガールフレンド；《話》《時に軽蔑》愛人. **4** 味方 (↔ enemigo). **5** 《鉱》(坑道昇降用の巻き上げ機のロープを結わえた)横木.

─ 形 〖名詞＋〗〖ser ＋〗 **1** 親しい, 仲のいい；好意 [友好] 的な. Somos muy ～s. 私たちはとても仲がいい. una voz amiga 親しげな声. países ～s de Japón 日本の友好国. Es muy amiga mía. 彼女は私の大の親友だ. Se lo he pedido a un diputado ～. 私はそれを親しい [味方の] 代議士に依頼した.
2 《de... …》に好む, 愛す. Soy ～ de la música clásica. 私はクラシック音楽の愛好家だ. Es más ～ de salir que de quedarse en casa. 家でじっとしているよりも外出する方が彼の性に合っている. **3** 心地よい.
amigo de lo ajeno 泥棒, 盗賊.
cara de pocos amigos 無愛想な [感じの悪い] 顔. poner [tener] *cara de pocos* ～s 無愛想な顔をする [している].
falso amigo (自国語の意味と違う) 似て非なる外国語. ► たとえば英語の carpet 「カーペット」とスペイン語の carpeta 「フォルダー」は全く意味が異なる.
Querido amigo / Querida amiga 〖手紙〗拝啓. [← 〔ラ〕 *amīcum* (*amicus* の対格；*amāre* 「愛する」より派生), 関連 amistad. 〔ポルトガル〕 *amigo*. 〔仏〕 *ami*. 〔伊〕 *amico*]
a·mi·go·te, ta [a.mi.ɡó.te, -.ta] 男 女 《話》友達, 仲間；悪友. [amigo ＋ 増大辞]
a·mi·gue·ro, ra [a.mi.ɡé.ro, -.ra] 形 《ラ米》人付き合いのよい, 人なつっこい.
a·mi·gue·te [a.mi.ɡé.te] 男 《話》(1) 知り合い程度の友人. (2) 真の友人.
a·mi·guis·mo [a.mi.ɡís.mo] 男 《軽蔑》コネを利用して職を得ること；縁者びいき, 友人・知人の登用が目立つこと.
a·mi·gui·to, ta [a.mi.ɡí.to, -.ta] 男 女 amigo ＋ 縮小辞.
a·mi·lá·ce·o, a [a.mi.lá.θe.o, -.a / -.se.-] 形 《化》でんぷん質の.
a·mi·la·na·mien·to [a.mi.la.na.mjén.to] 男 意気阻喪, 落胆；おびえ.
a·mi·la·nar [a.mi.la.nár] 他 気力を失わせる, 落胆させる；おびえさせる. ─ ～se 再 気力を失う, 落胆する, おびえる, 縮み上がる.
a·mi·la·sa [a.mi.lá.sa] 女 《生物》アミラーゼ.
a·mi·le·no [a.mi.lé.no] 男 《化》アミレン.
a·mí·li·co, ca [a.mí.li.ko, -.ka] 形 《化》アミルの, ペンチル基の. alcohol ～ アミルアルコール.
a·mi·lla·ra·mien·to [a.mi.ja.ra.mjén.to ‖ -.ʎa.-] 男 土地台帳 (の作成)；(土地台帳による) 課税, 査定.
a·mi·lla·rar [a.mi.ja.rár ‖ -.ʎa.-] 他 土地台帳を作成する.
a·mi·lo [a.mí.lo] 男 《化》アミル基, ペンチル基.
a·mi·loi·de [a.mi.lói.ðe] 形 類でんぷん質の.
a·mi·loi·do·sis [a.mi.loi.ðó.sis] 女 《単複同形》《医》アミロイド症.
a·mi·lo·sis [a.mi.ló.sis] 女 《単複同形》《医》類でんぷん症.
a·mi·na [a.mí.na] 女 《化》アミン.
a·mi·na·do, da [a.mi.ná.ðo, -.ða] 形 《化》アミンの, アミノ基を含む.
a·mi·no [a.mí.no] 男 《化》アミノ基.
a·mi·no·á·ci·do [a.mi.no.á.θi.ðo / -.sí.-] 男 《化》アミノ酸.
a·mi·no·ra·ción [a.mi.no.ra.θjón / -.sjón] 女 減少, 低下, 削減. una ～ de los intercambios comerciales 貿易の減少. la ～ de los precios 価格引き下げ. ～ de la velocidad 減速.

a·mi·no·rar [a.mi.no.rár] 他 減らす, 削減する, 低下させる. ～ el paso 歩調を緩める. ～ la pena 減刑する. ～ la velocidad 速度を落とす.

a·mios·te·nia [a.mjos.té.nja] 女《医》筋無力症.

a·mio·tro·fia [a.mjo.tró.fja] 女《医》筋萎縮症.

a·mi·rí [a.mi.rí] 形 (アンダルシアのウマイヤ朝の宰相)アル・マンスール Almanzor(940-1002) の子孫の. ― 男 女 アル・マンスールの子孫[一族].

a·mish [á.miʃ // -.miʃ] [英] 形 アマン派の, アーミッシュの: スイスのアマンが創始したキリスト教プロテスタントのメノー派の一派.

*__a·mis·tad__ [a.mis.táđ] 女 **1** 友情, 親交, 友好(関係)(↔enemistad). firmar un tratado de ～ 友好条約を締結する. hacer [trabar] ～ con... …と親しくなる. Lo hago por ～. 私は友情からそうするのです.
2《主に複数で》友だち, 友人. Tienen ～es poco recomendables. 彼らはあまり好ましくない仲間と付き合っている. **3** って. Tiene buenas ～es en el ministerio. 彼[彼女]は省内にいい友人がいる. *romper la(s) amistad(es)* 絶交する.
[← 〔俗ラ〕 *amīcitātem* (*amīcitās* の対格) ← 〔ラ〕 *amīcitia* (*amīcus* より派生)]

a·mis·tar [a.mis.tár] 他《ラ米》親しくさせる; 仲直りさせる.
― ～·**se** 再 (con... …と) **1** 親しくなる; 仲直りする. **2**《ラ米》(ビジ)(ブブ)友達になる, 友情を結ぶ.

*__a·mis·to·so, sa__ [a.mis.tó.so, -.sa] 形 **1** 好意的な, 友好的な. un consejo ～ 親身な助言.
2《スポ》交流の, 親善の. un partido ～ 親善試合.

a·mi·to [a.mí.to] 男《カト》肩衣(鎧), アミクトゥス: 司祭の祭服の下衣の一種.

a·mi·to·sis [a.mi.tó.sis] 女《単複同形》《生物》(核の)無糸分裂.

am·mo·ni·tes [am.mo.ní.tes] 男《単複同形》→ amonites.

am·ne·sia [am.né.sja] 女《医》健忘症; 記憶喪失.

am·né·si·co, ca [am.né.si.ko, -.ka] 形 記憶喪失の; 健忘症の. ― 男 女 記憶喪失者; 健忘症の人.

am·ní·co·la [am.ní.ko.la] 男《動》川沿いに生息する動物.

am·nio·cen·te·sis [am.njo.θen.té.sis / -.sen.-] 女《単複同形》《医》羊水穿刺(ﾞ)

am·nios [ám.njos] 男《単複同形》《解剖》羊膜.

am·nios·co·pia [am.njos.kó.pja] 女《医》羊水検査.

am·nios·co·pio [am.njos.kó.pjo] 男《医》羊水鏡.

am·nió·ti·co, ca [am.njó.ti.ko, -.ka] 形《解剖》羊膜の. el líquido ～ 羊水.

am·nis·tí·a [am.nis.tí.a] 女 恩赦, 特赦, 大赦. la *A*～ *Internacional* アムネスティ・インターナショナル.

am·nis·tia·do, da [am.nis.tjá.đo, -.đa] 形 恩赦を受けた. ― 男 女 恩赦を受けた人.

am·nis·tiar [am.nis.tjár] 81 他 恩赦を与える.

*__a·mo, ma__ [á.mo, -.ma] 男 女 **1** 所有者, 持ち主. ～ del terreno 地主. ～ del perro 犬の飼い主.
2(奉公人・使用人の立場から見た)主人, 家長.
3 影響力のある人; 主(ﾈ)的な人; 誰もが認める名人. ～ del ajedrez チェスのマスター.
― 女 [el ～, un [una] ～] **1** 主婦(= ～ de casa). **2** 家政婦; 女中頭(= ～ de gobierno [de llaves]). **3** 乳母 = ～ de leche [de cría]).
ama de brazos《ラ米》子守女, 乳母; ばあや.
ama de leche [*cría*] 乳母.
ama seca(乳母のように母乳を与えない)養育係.
amo [*ama*] *de casa*(専業)主夫[婦].
amo [*ama*] *de llaves* 家政婦(男性は執事にあたる).
hacerse el amo de... …を取り仕切る; わが物にする.
Nuestro Amo《ラ米》(ﾞ)(ﾞ)聖餐(ﾞ)のパン.
ser el amo (*del cotarro*)《話》ボスである, 采配(ﾞ)を振るう.
[←〔中ラ〕 *amma*「乳母」; 男性名詞 *amo* は *ama* からの造語]

a·mo·bla·mien·to [a.mo.bla.mjén.to] 男《ラ米》家具.

a·mo·blar [a.mo.blár] 15 他 → amueblar.

a·mo·di·ta [a.mo.đí.ta] 女《動》(毒蛇の)クサリヘビ.

a·mo·do·rra·do, da [a.mo.đo.r̄á.đo, -.đa] 形 うとうとした, 眠気に襲われた.

a·mo·do·rra·mien·to [a.mo.đo.r̄a.mjén.to] 男 うとうとすること, まどろむこと, 眠気.

a·mo·do·rrar [a.mo.đo.r̄ár] 他 うとうとさせる, 眠気を起こさせる.
― ～·**se** 再 眠気に襲われる, うとうとする.

a·mo·hi·na·mien·to [a.moi.na.mjén.to] 男 怒り, 不快; ゆううつ.

a·mo·hi·nar [a.moi.nár] 88 他 いらいらさせる, 怒らせる.
― ～·**se** 再 いらいらする, 不満そうな様子をする.

a·mo·ho·sa·do, da [a.mo.(o.)sá.đo, -.đa] 形《ラ米》→ amojosado.

a·mo·ja·ma·do, da [a.mo.xa.má.đo, -.đa] 形 (年老いて)やせこけた.

a·mo·ja·ma·mien·to [a.mo.xa.ma.mjén.to] 男 ぜい肉がなくほっそりしていること, やせ細っていること.

a·mo·ja·mar [a.mo.xa.már] 他〈マグロを〉塩漬けにして干す. ― ～·**se** 再 (年老いて)やせこける.

a·mo·jo·na·mien·to [a.mo.xo.na.mjén.to] 男 境界石を立てること, 境界決定;《集合的》境界石[標].

a·mo·jo·nar [a.mo.xo.nár] 他 (境界石を置いて)境界を定める. ～ un campo 畑地の境界を定める.

a·mo·jo·sa·do, da [a.mo.xo.sá.đo, -.đa] 形《ラ米》(ﾞ)(ﾞ)さびた, 錆びついた.

a·mo·jo·sar·se [a.mo.xo.sár.se] 再《ラ米》かびが生える(=enmohecerse).

a·mo·la·de·ra [a.mo.la.đé.ra] 形 砥石(ﾞ)用の.
― 女 **1** 砥石(= piedra ～).
2《ラ米》(ﾞ)(ﾞ)煩わしいこと, 面倒.

a·mo·la·do, da [a.mo.lá.đo, -.đa] 形 **1** 研いだ.
2《話》うんざりした, いらいらした.
3《ラ米》《話》(1)《軽蔑》うるさい, 煩わしい; よこしまな. (2)腹を立てた;(感情を)損ねた;(身を)持ち崩した. (3)(ﾞ)無一文になった, 破産した.
― 男 研ぐこと, 研磨.

a·mo·la·dón, do·na [a.mo.la.đón, -.đó.na]《ラ米》(ﾞ)病気である, 苦しんでいる; 金がない.

a·mo·la·dor [a.mo.la.đór] 男 **1** 研ぎ師.
2《話》うんざりさせる人.

a·mo·la·du·ra [a.mo.la.đú.ra] 女 **1** 研ぐこと, 研磨. **2**《複数で》砥糞(ﾞ): 砥石にたまるあか.

a·mo·lar [a.mo.lár] 15 他 **1** 研ぐ. **2**《話》困らせる, 悩ませる, いらいらさせる. **3**《ラ米》(ﾞ)《話》盗む; 騙(ﾞ)す. ― ～·**se** 再 **1**《話》こらえる, 我慢する(= aguantar). **2**《ラ米》(1)(ﾞ)(ﾞ)(機嫌を)損ねる, 憤慨する. (2)(ﾞ)零落する.

a·mol·da·mien·to [a.mol.da.mjén.to] 男 **1** 型に合わせること；鋳造. **2** 順応.

a·mol·dar [a.mol.dár] 他 (**a...**) **1** (〈型〉に)合わせる，鋳(ぃ)る；ぴったりにはめる. ~ el cinturón *a la forma de la cadera* ベルトを腰回りに合わせる［合わせて切る］. **2** (…に)適応させる，順応させる.
— **~·se** 再 (**a...** に)適応する，順応する. *~se a la nueva empresa* 新しい会社に適応する.

a·mo·le [a.mó.le] 男 《ラ米》《話》《植》セッケンボク：根を石けん代わりにする.

a·mo·llar [a.mo.jár ‖ -.ʎár] 自 妥協する，譲歩する.

a·mo·mo [a.mó.mo] 男 《植》ビャクズク：インド産のショウガ科の植物.

A·món [a.món] 固名 アモン，アメン：古代エジプトの大気[生命]の神.

a·mo·nal [a.mo.nál] 男 《化》アンモナール：強力爆薬の一種.

a·mo·nar·se [a.mo.nár.se] 再 《話》酔っ払う.

a·mon·don·ga·do, da [a.mon.doŋ.gá.ðo, -.ða] 形 《話》〈人が〉太った.

a·mo·ne·da·do, da [a.mo.ne.ðá.ðo, -.ða] 形 《ラ米》《チリ》《話》金持ちの，裕福な.

a·mo·ne·dar [a.mo.ne.ðár] 他〈硬貨を〉鋳造する.

a·mo·nes·ta·ción [a.mo.nes.ta.θjón, -.sjón] 女 **1** たしなめること，訓論. **2** 《カト》結婚公告. *correr las amonestaciones* 結婚公告をする.

a·mo·nes·ta·dor, do·ra [a.mo.nes.ta.ðór, -.ðó.ra] / **a·mo·nes·tan·te** [a.mo.nes.tán.te] 形 たしなめる，訓論の. — 男女 教え諭す人，訓論者.

a·mo·nes·ta·mien·to [a.mo.nes.ta.mjén.to] 男 → amonestación.

a·mo·nes·tar [a.mo.nes.tár] 他 **1** たしなめる，訓論する. **2**〈の結婚予告[公告]をする.
— **~·se** 再 結婚公告をしてもらう.

a·mon·ga·do, da [a.moŋ.gá.ðo, -.ða] 形 《ラ米》《チリ》悲しい.

a·mo·nia·ca·do, da [a.mo.nja.ká.ðo, -.ða] 形 アンモニアを含む.

a·mo·nia·cal [a.mo.nja.kál] 形 アンモニアの.

a·mo·nia·co, ca [a.mo.njá.ko, -.ka] / **a·mo·ní·a·co, ca** [a.mo.ní.a.ko, -.ka] 形 アンモニウム基を含む. *sal amoniaca* 塩化アンモニウム.
— 男 《化》(**1**) アンモニア. (**2**) アンモニアゴム.

a·mó·ni·co, ca [a.mó.ni.ko, -.ka] 形 《化》アンモニウム(基)の.

a·mo·nio [a.mó.njo] 男 《化》アンモニウム(基).

a·mo·ni·ta [a.mo.ní.ta] 女 《古生》アンモナイト.

a·mo·ni·tes [a.mo.ní.tes] 男 《単複同形》《古生》アンモナイト.

a·mon·ti·lla·do, da [a.mon.ti.já.ðo, -.ða ‖ -.ʎá.-] 形
— 男 アモンティリャード：スペイン Montilla 産の琥珀(こ)色をした強い香りのシェリー.

a·mon·to·na·do, da [a.mon.to.ná.ðo, -.ða] 形 積み上げられた，〈人・声などが〉雑然と重なり合った.

a·mon·to·na·dor, do·ra [a.mon.to.na.ðór, -.ðó.ra] 男 積み込み機，ローダー.

a·mon·to·na·mien·to [a.mon.to.na.mjén.to] 男 **1** 山積み(の状態)；堆積(たいせき)，累積. **2** 収集(行為). **3**〈人が〉群ること，蜂集(ほうしゅう)する.

***a·mon·to·nar** [a.mon.to.nár] 他 **1** 山積みにする，積み上げる. **2** 寄せ集める，収集する. ~ *conocimientos* 知識を蓄える. *Amontonó datos [pruebas].* 彼[彼女]は資料[証拠]をかき集めた. **3** 《ラ米》

《メヒ》《話》侮辱する，辱める.
— **~·se** 再 **1** 積み重なる；寄り集まる；群がる. *Las pruebas contra él se amontonaban.* 彼に不利な証拠が集められていた. **2** 《複数の事件が》短期に集中して起こる. **3** 《話》同棲(どうせい)する (= amancebarse). **4** 《ラ米》《チリ》集団で襲う.

****a·mor** [a.mór] 男 **1** (**a... / por... / hacia...** への)愛，愛情；愛着. ~ *fraternal* 兄弟愛，家族愛. ~ *materno* / ~ *de madre* 母性愛. ~ *de un padre a su hijo* 父親の息子に対する愛. ~ *al prójimo* 隣人愛. ~ *a* [*por*] *la música* 音楽への愛着. ~ *al dinero* お金への執着. *Siento un profundo ~ por mi pueblo.* 私はふるさとに深い愛情を感じている. *Mi madre cuida su jardín con ~.* 母は丹念に庭の手入れをしている.
2 恋，恋愛；《複数で》情事，(男女間の)交際. *declarar ~* 愛を告白する. ~ *platónico* プラトニックラブ. ~ *homosexual* 同性愛. ~ *correspondido* 相思相愛. *carta de ~* ラブレター. ~ *desgraciado* 実らなかった恋. ~ *interesado* 欲得ずくの愛. ~ *libre* 自由恋愛. ~ *pasajero* かりそめの恋，一時の恋. *Es muy afortunado en ~es.* 彼は大変もてる. *Tiene ~es con un hombre casado.* 彼女は既婚者と関係を持っている.
3 愛する人[もの]. *Su gran ~ fue el cine.* 彼[彼女] (ら)が深く愛したのは映画だった. *Eres mi ~.* 君[あなた]は僕[私]の大切な人です.
4 〈愛する人への呼びかけ〉あなた，君. *¿Qué te pasa, mi ~?* あなた，どうしたの. *Gracias, ~ mío.* ありがとう，あなた.
al amor de... …の近くで[に]. *al ~ de la lumbre / al ~ del fuego* 炉辺(ろへん)で.
Amor con amor se paga.《諺》(**1**) 情けは人のためならず《= 愛は愛によって報われる》. (**2**) 《皮肉として》目には目を，歯には歯を.
amor de hombre《植》ツユクサ，トラカン.
amor de hortelano《植》ヤエムグラ(属の植物).
amor propio 自尊心；自負心.
de [con] mil amores とても喜んで.
en amor y compaña 仲よく.
hacer el amor (**1**) 《con... / a...* …と》セックスをする (▶ 露骨な印象を与えない表現として用いられる). *¡Hagamos el ~, no la guerra!* 戦争ではなく愛を(交わそう)(▶ 1960-70年代の反戦標語). (**2**) 《a + 人(女性)に》言い寄る.
por amor al arte《話》無償で，損得抜きで.
por (el) amor de Dios《話》頼むから，お願いだから (▶ 熱心な依頼・抗議などで用いられる).
requerir de amores a + 人（男性が）〈女性〉に言い寄る，〈女性〉をくどく.
tratar amores con...《古語》…と契りを結ぶ.
［← [ラ] *amōrem* (*amor* の対格); *amāre*「愛する」より派生］ 関連 *amoroso, enamorar*. ［英］*amorous*］

a·mo·ral [a.mo.rál] 形 道徳観念のない. → inmoral. — 男女 道徳観念のない人.

a·mo·ra·li·dad [a.mo.ra.li.ðáð] 女 無［超］道徳性.

a·mo·ra·lis·mo [a.mo.ra.lís.mo] 男 《哲》無道徳主義.

a·mo·ra·ta·do, da [a.mo.ra.tá.ðo, -.ða] 形 (寒さ・打撲などで)紫色になった. *un rostro ~ de golpes* 殴られてあざのできた顔. *ojo ~* (殴られてできた)目の周りのあざ. *Tengo los labios ~s de frío.* 僕の唇は寒さで紫色になっている.

a·mo·ra·tar [a.mo.ra.tár] 他 紫色にする；青あざをつける. ― ~·se 再 紫色になる；青あざになる.

a·mor·ci·lla·do, da [a.mor.θi.ʝá.ðo, -.ða‖-.ʎá.- / -.si.-] 形 モルシーリャ morcilla のような.

a·mor·ci·llo [a.mor.θí.ʝo / -.ʎo / -.sí.-] 男 キューピッド(の絵・彫像)；キューピー(人形). [amor + 縮小辞]

a·mor·da·za·mien·to [a.mor.ða.θa.mjén.to / -.sa.-] 男 **1** さるぐつわ[口輪]をはめること. **2** 箝口(かんこう)令, 言論統制.

a·mor·da·zar [a.mor.ða.θár / -.sár] 97 他 **1** さるぐつわ[口輪]をはめる. **2** 〈言論をなどを〉抑圧する. ~ (a) la prensa 報道を規制する.

a·mo·re·cer [a.mo.re.θér / -.sér] 34 他 種付け用の羊と掛け合わせる.

a·mor·fis·mo [a.mor.fís.mo] 男 無定形；【化】非結晶.

a·mor·fo, fa [a.mór.fo, -.fa] 形 **1** 無定形の；非結晶の. **2** 〈人が〉特徴[個性]のない, 精彩を欠く.

a·mo·ri·co·nes [a.mo.ri.kó.nes] 男 《複数形》《話》愛撫(あいぶ).

a·mo·rí·o [a.mo.rí.o] 男 《話》恋愛ざた, 情事.

a·mo·ris·ca·do, da [a.mo.ris.ká.ðo, -.ða] 形 モーロ人 moro の, モーロ風の；【建】モーロ式の.

a·mor·mí·o [a.mor.mí.o] 男 【植】ヒガンバナ科の一種.

a·mo·ro·cha·do, da [a.mo.ro.tʃá.ðo, -.ða] 形 《ラ米》(1)《ごぞう》《話》一緒の, 組になった. (2)《ごぞう》《話》仲よしの. (3) 肌が浅黒い. ― 男 女 《ラ米》(1)《ごぞう》《話》友人, 仲よし. (2) 肌が浅黒い人.

*****a·mo·ro·so, sa** [a.mo.ró.so, -.sa] 形 **1** 《多くは+名詞 / 名詞+》恋の, 愛の, 恋愛の. cartas *amorosas* ラブレター, 恋文. tener relaciones *amorosas* con... …と恋愛関係にある. **2** 《con... …に》愛情深い, 優しい (= cariñoso). un padre ~ *con* sus hijos 子供たちに優しい父親. con mirada *amorosa* 優しい眼差しで. **3** 《天候が》穏やかな, 温和な. **4** 〈土地が〉耕作しやすい.

a·mo·rrar(·se) [a.mo.rár(.se)] 自再 (前かがみになって)顔を近づける；押し黙って[怒って]下を向く.

a·mor·ta·ja·dor, do·ra [a.mor.ta.xa.ðór, -.ðó.ra] 男 女 経かたびら[屍衣]を織る職人.

a·mor·ta·ja·mien·to [a.mor.ta.xa.mjén.to] 男 経かたびら[屍衣]を着せること.

a·mor·ta·jar [a.mor.ta.xár] 他 経かたびら[屍衣(し)]を着せる.

a·mor·te·cer [a.mor.te.θér / -.sér] 34 他 → amortiguar. ― ~·se 再 失神する, 気絶する.

a·mor·te·ci·mien·to [a.mor.te.θi.mjén.to / -.si.-] 男 《まれ》弱まること, 力を失うこと, 和らぐこと.

a·mor·ti·gua·ción [a.mor.ti.gwa.θjón / -.sjón] 女 緩和, 吸収, 軽減.

a·mor·ti·gua·do, da [a.mor.ti.gwá.ðo, -.ða] 形 和らいだ, 弱まった. colores ~s 柔らかな色調.

a·mor·ti·gua·dor, do·ra [a.mor.ti.gwa.ðór, -.ðó.ra] 形 〈音・光・衝撃などを〉吸収する, 弱める. ― 男 緩衝器[装置], ダンパー；《複数で》サスペンション.

a·mor·ti·gua·mien·to [a.mor.ti.gwa.mjén.to] 男 → amortiguación.

a·mor·ti·guar [a.mor.ti.gwár] 86 他 **1** 弱める, 和らげる；緩和する, 軽減する. ~ una discusión 議論のトーンを落とす. ~ el fuego 火を弱くする. Los corchos sirven para ~ el golpe. コルクはショックを和らげるのに役立つ. ― ~·se 再 **1** 弱まる, 和らぐ. **2** 《ラ米》(アルヘン)(ウルクァ)(1) 枯れる. (2) ゆううつになる；気力が抜ける, なえる.

a·mor·ti·za·ble [a.mor.ti.θá.ble / -.sá.-] 形 【商】買い戻しできる, 償却される. deuda ~ 償還公債.

*****a·mor·ti·za·ción** [a.mor.ti.θa.θjón / -.sa.sjón] 女 **1**【商】〈借金などの〉完済, 償却. **2**【商】減価償却；元本[資本]回収；減債基金, 償却積立金 (= fondo de ~). ~ de una deuda 負債の償却.

a·mor·ti·zar [a.mor.ti.θár / -.sár] 97 他 **1**【商】完済する. ~ una deuda 負債を完済する. **2** 償却する；減価償却する；元本を回収する. **3**【法】〈不動産を〉永代寄付する. **4** 〈企業内の職階を〉廃止する, 人事を凍結する.

a·mo·sal [a.mo.sál] 男 アモサール：爆薬の一種.

a·mos·ca·mien·to [a.mos.ka.mjén.to] 男 怒り, 立腹.

a·mos·car·se [a.mos.kár.se] 102 再 **1**《話》腹を立てる. **2**《ラ米》(メキシコ)(中央アメリカ)《話》赤面する, どぎまぎする.

a·mos·ta·cha·do, da [a.mos.ta.tʃá.ðo, -.ða] 形 口ひげの濃い.

a·mos·ta·zar [a.mos.ta.θár / -.sár] 97 他 **1**《話》怒らせる. **2**《ラ米》(メキシコ)(ホンデュ)《話》〈人に〉恥ずかしい思いをさせる. ― ~·se 再 《話》**1** 腹を立てる, 怒る (= enfadarse). **2**《ラ米》(メキシコ)(ピプェ)(ホンデュ)(コスタ)《話》恥じる, 顔を赤らめる.

a·mo·ti·na·do, da [a.mo.ti.ná.ðo, -.ða] 形 暴動を起こした. ― 男 暴徒, 反乱者.

a·mo·ti·na·dor, do·ra [a.mo.ti.na.ðór, -.ðó.ra] 形 暴動[反逆]を企てる；暴動[反乱]をあおる. ― 男 女 反乱者, 暴動の扇動者.

a·mo·ti·na·mien·to [a.mo.ti.na.mjén.to] 男 暴動, 反乱.

a·mo·ti·nar [a.mo.ti.nár] 他 **1** 反乱に駆り立てる. Su discurso por televisión *amotinó* a la clase obrera. 彼[彼女]のテレビ演説が労働者階級の暴動を引き起こした. **2** 混乱させる, 動揺させる, 取り乱させる. ― ~·se 再 **1** 反乱を起こす, 暴動を起こす. **2** 動揺する, 取り乱す.

a·mo·ver [a.mo.ßér] 22 他 **1**《de... …の任》を》解く. *Lo amovieron* de la dirección de la empresa. 彼は会社役員の職を解かれた. **2** 流産させる, 中絶する, 堕胎する.

a·mo·vi·ble [a.mo.ßí.ble] 形 **1** 移動可能な. piezas ~s 取り外し可能な部品. **2** 転任[免職]できる；臨時(雇い)の. por personal ~. 臨時雇員.

a·mo·vi·li·dad [a.mo.ßi.li.ðáð] 女 **1**(部品などが)移動可能なこと. **2** 転任[免職]可能なこと.

a·mo·xi·ci·li·na [a.moks.si.θi.lí.na / -.si.-] 女【薬】アモキシシリン.

AMPA [ám.pa] 女《略》Asociación de Madres y Padres de Alumnos(スペインの)保護者会. → APA.

am·pa·la·go·so, sa [am.pa.la.gó.so, -.sa] 形 《ラ米》(メキ)《話》甘ったるい.

am·pa·la·gua [am.pa.lá.gwa] 女《ラ米》ボアboa の一種：アルゼンチン北東部に生息する巨大ヘビ.

am·pa·ra·dor, do·ra [am.pa.ra.ðór, -.ðó.ra] 形《保護する；防御の；援助の. ― 男 女 保護者, 擁護者.

*****am·pa·rar** [am.pa.rár] 他 保護する；かばう；かくまう (= proteger) (↔abandonar). Esta ley *ampara* nuestros derechos. この法律は我々の権利を守ってくれる. ¡Dios le *ampare*! 神のご加護がありますように.
― ~·se 再 **1**《de... / contra... …から》避難す

る, 身を守る. ~*se* de la lluvia 雨宿りする. **2** 《en... …に》保護[庇護(ఁ)]を求める, すがる, 頼る. ~*se en* la ley 法を盾に取る. **3** 《ラ米》の採掘権を得る.

*am·pa·ro [am.pá.ro] 男 **1** 保護, 擁護(੩̃). solicitar el ~ de la policía 警察による保護を願い出る. Puedo contar con su ~. 私は彼[彼女]の援助を当てにできる.
2 避難; 避難所, 隠れ場. ponerse al ~ de la lluvia 雨宿りする. **3**《ラ米》(ᵌᵏ) 採掘許可の政令.
al amparo de... …の保護[庇護]のもとに.
no tener... *ni* (*para*) *un amparo* 少しの…も持たない. *No tenía* dinero *ni para un* ~. 彼[彼女]は一銭も持っていなかった.

am·pa·yar [am.pa.jár] 他《ラ米》(ᶜʰ)《話》見つける, 不意打ちを食らわせる.
am·pá·yer [am.pá.jer] 男《ラ米》→ampáyer.
am·pá·yer [am.pá.jer] 男《ラ米》アンパイア, レフェリー, 審判. [←《英》*umpire*]
¡am·pe! [ám.pe] 間投《ラ米》(ᵌᵏ) どうか, ぜひ.
am·pe·lí·de·a [am.pe.lí.ðe.a] 女【植】ブドウ科の植物;《複数で》ブドウ科.
am·pe·li·ta [am.pe.lí.ta] 女【鉱】アンペライト: 耐火物質として使用.
am·pe·lo·gra·fí·a [am.pe.lo.gra.fí.a] 女 ブドウ研究[栽培法].
am·pe·ló·gra·fo, fa [am.pe.ló.gra.fo, -.fa] 男女 ブドウ研究家[栽培専門家].
am·pe·ra·je [am.pe.rá.xe] 男【電】アンペア数.
am·pe·re [am.pé.re] 男 →amperio.
am·pe·rí·me·tro [am.pe.rí.me.tro] 男 電流計.
am·pe·rio [am.pé.rjo] 男【電】アンペア (略 A). ~ *hora* アンペア時. ~ *vuelta* アンペア回数.
am·pi·ci·li·na [am.pi.θi.lí.na / -.si.-] 女【薬】アンピシリン.
am·plia [ám.plja] 形 →amplio.
am·plia·ble [am.pljá.ble] 形 拡大[拡張]可能な.

*am·plia·ción [am.plja.θjón / -.sjón] 女 **1** 拡大, 拡張. la ~ de una calle 街路の拡幅. la ~ del negocio 事業の拡大. ~ de capital《商》増資. **2** 延長, 延期. la ~ del plazo (de un acuerdo) (契約)期限の延長.
3《写》引き伸ばし. **4** 詳述, (学問的知識の)深化.

am·plia·do, da [am.pljá.ðo, -.ða] 形 **1** 拡大[拡張]した; 広範な. **2** 長期間の. un programa ~ de asistencia técnica 長期の技術援助計画.
am·plia·dor, do·ra [am.pljá.ðor, -.ðó.ra] 形 拡大の[する], 延長の. —— 女《写》引き伸ばし機.
*am·plia·men·te [am.plja.mén.te] 副 **1** 長々と, 時間をかけて. examinar ~ el asunto その件について時間をかけて検討する.
2 広い範囲で, 大幅に. **3** まんべんなく.

*am·pliar [am.pljár] 81 他 **1** 拡大する, 拡張する, 増やす. ~ una carretera 幹線道路を拡張する. ~ los poderes del gerente 支配人の権限を強化する. ~ el número de accionistas 株主の数を増やす. **2** (期間を)延長する. ~ un acuerdo 契約期限を延長する. **3** 詳述する,(学問的知識を) ~ SU argumento 論旨を展開する. **4**《写》引き伸ばす.

am·plia·ti·vo, va [am.plja.tí.βo, -.βa] 形 拡大の, 拡張の.
am·pli·fi·ca·ción [am.pli.fi.ka.θjón / -.sjón] 女 **1** 拡大. **2**【電】増幅. la ~ del sonido 音響増幅. **3**【修辞】敷衍(ふ). **4**《ラ米》《写》引き伸ばし.

am·pli·fi·ca·dor, do·ra [am.pli.fi.ka.ðór, -.ðó.ra] 形 **1** 拡大する;増幅する. **2** 敷衍(ふ)する.
—— 男【電】増幅器, アンプ (= ~ de sonido).
am·pli·fi·car [am.pli.fi.kár] 82 他 **1**(機器を用いて)拡大する;【電】増幅する. ~ un sonido 音を増幅する. El microscopio *amplifica* los pequeños cuerpos. 顕微鏡は小さな物体を拡大する. **2**【修辞】敷衍(ふ)する, 展開する. **3**《ラ米》《写》引き伸ばす.
am·pli·fi·ca·ti·vo, va [am.pli.fi.ka.tí.βo, -.βa] 形 拡張[増幅]用の.

am·plio, plia [ám.pljo, -.plja] 形 [絶対最上級] amplísimo 《多くは+名詞/名詞+》(ser+) **1 広い, 広々とした (=extenso). *amplia* avenida 広小路. habitación *amplia* 広い部屋. ~ salón con capacidad para 200 personas 200人収容の大広間.
2《多くは+名詞》広範な, 多方面にわたる; 豊かな. conceder [otorgar] ~*s* poderes a... …に広範な権限を与える. tener un ~ conocimiento de... …に関する該博な知識を持つ. en el sentido ~ de la palabra 言葉の広い意味で. ofrecer una *amplia* gama de productos 広範な製品を提供する. con una sonrisa *amplia* 満面の笑みを浮かべて. *amplia* victoria [mayoría] 圧倒的勝利[大多数].
3〈服が〉ゆったりした (=holgado). una camisa [falda] *amplia* ゆったりとしたシャツ[スカート]. **4** 寛大な. tener la mente *amplia* 寛大な精神を持つ. [←《古スペイン》*amplo*←《ラ》*amplus*「広い」(ancho も同語源)]【関連】ampliar.《英》*ample*. [日]アンプ

am·plí·si·mo, ma [am.plí.si.mo, -.ma] 形 [amplio の絶対最上級] きわめて広大な, 非常に広範囲の.
*am·pli·tud [am.pli.túð] 女 **1**(幅・面積の)広さ, 大きさ. la ~ de las calles 通りの広さ. **2** 空間, スペース. Quitamos la mesa para dar más ~. 私たちはもっと広くするためにテーブルをどかした. **3**《比喩的》広さ, 規模, 程度. ~ de miras [horizontes] 視野の広さ. vencer con ~ 楽勝する. crear un proyecto de gran ~ 大規模な計画を立てる. Es sorprendente su ~ de conocimientos legales. 彼[彼女]の法律の知識の広さは驚嘆すべきだ. **4**【物理】振幅. **5**【天文】出没方位角.

am·po [ám.po] 男 (雪の)白さ. más blanco que el ~ de la nieve 雪よりも白い.
am·po·lla [am.pó.ja ‖ -.ʎa] 女 **1** まめ, 水膨れ. Tengo ~s en las manos. 私は手にまめができた.
2 (湯が沸くときなどの)水泡;(塗装・陶器面などの) ぶつぶつ, 膨れ. **3** (注射液などの)アンプル;(首の細い)ガラス瓶;【カト】(ミサ用の)小祭瓶.
levantar ampollas entre [*en*]... …の間に物議を醸(か)す.
am·po·llar [am.po.jár ‖ -.ʎár] 他〈皮膚に〉まめ[水膨れ]を作る, …にぶつぶつを作る.
—— ~·se 再 まめ[水膨れ]ができる;(塗装面などに)ぶつぶつができる. Se me *ampollaron* las manos. 私は手に水膨れができた.
am·po·lle·ta [am.po.jé.ta ‖ -.ʎé.-] 女 **1** (砂時計の)ガラスの (部), (温度計などの)球部.
2《ラ米》(ᶜʰ) 電球 (= bombilla).
am·pón, po·na [am.pón, -.pó.na] 形 **1**〈服などが〉だぶだぶの, (不格好に)大きい.
2 でぶの, ずんぐりした.
am·pu·lo·si·dad [am.pu.lo.si.ðáð] 女 大言壮語, 誇張. hablar con ~ 大げさに話す.
am·pu·lo·so, sa [am.pu.ló.so, -.sa] 形 大げさな,

誇張した，美辞麗句を連ねた，仰々しい. tener un nombre muy ～ 仰々しい名前を持つ.

am·pur·da·nés, ne·sa [am.pur.ða.nés, -.né.sa] 形 (スペイン Cataluña 地方の)アンプルダン Ampurdán の. ━男女 アンプルダンの住民[出身者].

am·pu·ta·ción [am.pu.ta.θjón / -.sjón] 女 **1** 切断. ～ de un miembro 手[足]の切断. **2** (文言の)削除. **3** (信用貸しの)期日短縮.

am·pu·tar [am.pu.tár] 他 **1** (手術などで)切断する. **2** (文言を)削除する.

Ams·ter·dam [ams.ter.ðám] 固名 アムステルダム：オランダ王国の首都.
[←〔オランダ〕*Amsterdam*←〔中オランダ〕*Amstelredam*（原義は「Amstel 川のダム（付近の町）」）]

a·mu·cha·mien·to [a.mu.tʃa.mjén.to] 男 《ラ米》《話》一か所に人がどっと群がること.

a·mu·char [a.mu.tʃár] 他 《ラ米》《チ》《ボア》《ラプ》《…を増やす，数を増やす，増大させる. ━～·se 再 《ラ米》《ラプ》《ボア》増える，混雑する.

a·mue·bla·do, da [a.mwe.blá.ðo, -.ða] 形 家具つきの. piso ～ 家具つきマンション.
━男 《ラ米》《亮春宿，娼家》.
tener la cabeza bien amueblada 《話》とても頭がよい.

a·mue·blar [a.mwe.blár] 他 家具を備えつける. *Amueblaron el piso con [de] lo imprescindible.* 彼らは最低限必要な家具をマンションに備えつけた.

a·mue·lar [a.mwe.lár] 他〔脱穀した麦を〕積み上げる，山積みする.

a·muer·mar [a.mwer.már] 他《話》うんざりさせる，げんなりさせる；眠くさせる. ━～·se 再《話》うんざりする，げんなりする；眠くなる.

a·mu·gro·nar [a.mu.gro.nár] 他 【農】〈ブドウを〉取り木する.
━～·se 再 〈ジャガイモなどが〉芽を出す.

a·mui·nar [a.mwi.nár] 他《ラ米》《プ》《メ》《カ》怒らせる，いらだたせる，不快にする.

a·mu·je·ra·do, da [a.mu.xe.rá.ðo, -.ða] 形 めめしい (= afeminado).

a·mu·lar [a.mu.lár] 自 子を産めない.
━～·se 再 **1**〈雌馬が〉子を産めなくなる. **2**《ラ米》《ジ》頑固になる，強情を張る；売り物にならなくなる.

a·mu·la·ta·do, da [a.mu.la.tá.ðo, -.ða] 形〔白人と黒人との混血児〕ムラート mulato のような.

a·mu·le·to [a.mu.lé.to] 男 お守り，護符，魔よけ.

a·mu·ni·cio·nar [a.mu.ni.θjo.nár / -.sjo.-] 他《まれ》〔弾薬など〕軍需品を供給する.

a·mu·ñe·ca·do, da [a.mu.ɲe.ká.ðo, -.ða] 形 人形のような，かわいらしい. rostro ～ 人形のような顔.

a·mu·ñu·ñar [a.mu.ɲu.ɲár] 他《ラ米》《ラプラタ》押す，押し込む.

a·mu·ra [a.mú.ra] 女 【海】(1) 船首(側面). (2) 大横帆の風上側下隅(きみ)，〔索〕. cambiar de ～ 進路を変える.

a·mu·ra·lla·do, da [a.mu.ra.já.ðo, -.ða || -.ʎá.-] 形 城壁にとり囲まれた. ciudad *amurallada* 要塞都市.

a·mu·ra·llar [a.mu.ra.jár || -.ʎár] 他 壁で囲む；城壁を巡らす.

a·mu·rar [a.mu.rár] 他 **1** 【海】〈帆を〉たぐり込む；ホールインする. **2**《ラ米》《ラプ》《俗》牢(る)に入れる，質に入れる；見捨てる，だます.

a·mur·car [a.mur.kár] 他 ʞ《牛が》角で突く.

a·mu·rrar·se [a.mu.řár.se] 再《ラ米》(1)《チ》《話》気乗りがしない様子を示す. (2)《ラプラタ》悲しむ，悲しくなる. (3)《コア》《ラプ》《ボア》ふさぎ込む.

a·mu·rriar·se [a.mu.řjár.se] 82 再 ふさぎ込む，ゆううつになる.

a·mu·rru·ga·do, da [a.mu.řu.gá.ðo, -.ða]《ラ米》《ラプラタ》悲しい.

a·mu·rru·ñar·se [a.mu.řu.ɲár.se] 再《ラ米》《ラプラタ》背を丸める，体を縮める；抱き合う.

a·mus·co, ca [a.mús.ko, -.ka] 形 褐色の.

a·mus·gar [a.mus.gár] 103 他 **1**〈牛・馬が〉(怒ったときなどに)〈耳を〉後ろに倒す. **2**〈目を〉細める，凝らす. ━自 **1**〈牛・馬が〉耳を後ろに倒す. **2**《ラ米》(チ)屈服する，譲る；縮こまる.
━～·se 再《ラ米》《ラプラタ》恥じる.

a·mus·tiar [a.mus.tjár] 82 他 しおれさせる，しなびさせる. ━～·se 再 しおれる，しなびる.

an- (接頭)（母音の前に来るときの）a- の異形. ⇒ *analfabeto, anémico*. [←〔ギ〕]

-án, ana (接尾)「国民，民族」の意を表す名詞・形容詞語尾. ⇒ *alemán, capitana*.

a·na[1] [á.na] 女 〔古語〕アナ：長さの単位. 約 1 メートル.

a·na[2] [á.na] 副 〔古語〕【薬】それぞれ等量に.

Ana [á.na] 固名 **1** 【聖】Santa ～ 聖女アンナ：聖母マリアの母. **2** アナ：女子の洗礼名.
[←〔後ラ〕*Anna*←〔後ギ〕*Ánna*←〔ヘブライ〕*Hannāh*「優雅」，〔関連〕〔ポルトガル〕*Ana*. 〔仏〕〔独〕*Anne*. 〔伊〕〔英〕〔独〕*Anna*〔英〕*Ann*〕

ana- (接頭)「上方に，さかのぼって；逆に，反対に；再び；…に従って」の意. ⇒ *anacronismo, análisis, anatomía*. ▶ 母音の前では an-. ⇒ *anión*.

a·na·bap·tis·mo [a.na.ßap.tís.mo] 男 【宗】アナバプティズム，再洗礼派（の教義）：幼児洗礼を無効とし，自覚的な信仰告白後に洗礼を行うことを主張する.

a·na·bap·tis·ta [a.na.ßap.tís.ta] 形 【宗】再洗礼派の. ━男女 再洗礼派の人，アナバプティスト.

a·ná·ba·sis [a.ná.ßa.sis] 女〔単複同形〕【医】病状悪化，病勢亢進(こう).

a·na·bó·li·co, ca [a.na.ßó.li.ko, -.ka] 形 【生物】同化(作用)の.

a·na·bo·lis·mo [a.na.ßo.lís.mo] 男 【生物】同化 (作用) (↔catabolismo).

a·na·bo·li·zan·te [a.na.ßo.li.θán.te / -.sán.-] 形 同化促進の. sustancia ～ 同化物質.
━男 【薬】同化物質.

a·na·ca·ra·do, da [a.na.ka.rá.ðo, -.ða] 形 真珠層のような光沢の，真珠色の，らでんで飾った.

a·na·car·do [a.na.kár.ðo] 男 【植】カシューノキ，カシューナッツ.

a·na·co [a.ná.ko] 男《ラ米》(1)《ラプ》《俗》ほろ，ぼろ切れ. (2)《エク》【服飾】先住民の腰衣〔スカート〕.

a·na·co·lu·to [a.na.ko.lú.to] 男 【文法】破格構文.

a·na·con·da [a.na.kón.da] 女 【動】アナコンダ：南米産の大蛇.

a·na·co·ra [a.na.kó.ra] 女 角笛.

a·na·co·re·ta [a.na.ko.ré.ta] 男女 【宗】隠者，仙人，世捨て人.

A·na·cre·on·te [a.na.kre.ón.te] 固名 アナクレオン (前570?-480?)：ギリシアの叙情詩人.

a·na·cre·ón·ti·co, ca [a.na.kre.ón.ti.ko, -.ka] 形 アナクレオンの，アナクレオン (詩) 風の.
━女 アナクレオン体の詩.

a·na·cre·on·tis·mo [a.na.kre.on.tís.mo] 男 アナクレオン体[詩風].

a·na·cró·ni·co, ca [a.na.kró.ni.ko, -.ka] 形 時

代錯誤の, 時代遅れの.

a·na·cro·nis·mo [a.na.kro.nís.mo] 男 時代錯誤, アナクロニズム；時代遅れのもの.

a·na·cru·sis [a.na.krú.sis] 女《単複同形》《詩》行首余剰音：詩行の始まりの字余り音節.

a·na·cuá [a.na.kwá] 男《ラ米》(グワ)悪魔.

á·na·de [á.na.ðe] 男《鳥》カモ, アヒル. ～ real マガモ. ▶女 の場合el ～, un [una] ～.

a·na·de·ar [a.na.ðe.ár] 自 (カモのように) よたよた[よちよち]歩く.

a·na·de·o [a.na.ðé.o] 男 よたよた[よちよち]歩き.

ánade (カモ)

a·na·di·no, na [a.na.ðí.no, -.na] 男 女 若いカモ[アヒル].

a·na·di·plo·sis [a.na.ði.pló.sis] 女《単複同形》《修辞》(前文の末尾の語句を反復使用する) 前辞反復.

a·na·dón, do·na [a.na.ðón, -.ðó.na] 男 女 カモ[アヒル] のひな.

a·ná·dro·mo, ma [a.ná.ðro.mo, -.ma] 形《魚》(産卵のために) 川を遡上(はう)する, 遡河性の.

a·na·e·ró·bi·co, ca [a.na.e.ró.bi.ko, -.ka] 形 無気性の.

a·na·e·ro·bio, bia [a.na.e.ró.βjo, -.βja] 形《生物》《菌などの》嫌気性の. — 男 嫌気性生物.

a·na·fa·la·ya [a.na.fa.lá.ja / -.lá.ʝa] / **a·na·fa·ya** [a.na.fá.ja] 女 絹[綿] 織物の一種.

a·na·fa·se [a.na.fá.se] 女《生物》(有糸分裂) 後期.

a·na·fe [a.ná.fe] 男《携帯用》こんろ.

a·na·fi·lác·ti·co, ca [a.na.fi.lák.ti.ko, -.ka] 形《医》アナフィラキシーの, 過敏性の/

a·na·fi·la·xia [a.na.fi.lák.sja] / **a·na·fi·la·xis** [a.na.fi.lák.sis] 女《医》アナフィラキシー, 過敏症. ～ local 局所性アナフィラキシー. ▶anafilaxisは最頻出形.

a·ná·fo·ra [a.ná.fo.ra] 女 **1**《修辞》行頭[首句]反復：文や節の始まりに同じ語句を反復すること. → Mi brazo que con respeto... Mi brazo que tantas veces... **2**《言》前方照応：先行語句の代用として代名詞などを用いること. **3**《宗》アナフォラ：東方[ギリシア] 典礼のミサの第2部.

a·na·fó·ri·co, ca [a.na.fó.ri.ko, -.ka] 形 **1**《修辞》行頭反復の. **2**《言》前方照応の.

a·na·fre[1] [a.ná.fre] 男 → anafe.

a·na·fre[2] [a.ná.fre] 男《ラ米》(プエルトリコ)《俗》《軽蔑》売春婦, 娼婦(はう).

a·na·fro·di·sia [a.na.fro.ðí.sja] 女《医》冷感症, 無性欲症.

a·na·fro·di·sí·a·co, ca [a.na.fro.ði.sí.a.ko, -.ka] / **a·na·fro·di·sia·co, ca** [a.na.fro.ði.sjá.ko, -.ka] 形 性欲を抑える. — 男 性欲抑制剤.

a·ná·gli·fo [a.ná.gli.fo] 男 **1**《美》アナグリフ, 浅浮き彫りの装飾品. **2**《写》立体写真.

a·nag·nó·ri·sis [a.nag.nó.ri.sis] 女《単複同形》(ギリシア劇中の人物の) 正体判明, 認知.

a·na·go·ge [a.na.go.xe] 男 → anagogía.

a·na·go·gí·a [a.na.go.xí.a] 女 **1**《聖書語句の》神秘的[象徴的] 解釈. **2**《宗教的》法悦.

a·na·gra·ma [a.na.grá.ma] 男 アナグラム, 語句転綴(てつ)；転綴語句. → animal から綴(3)りの順序を換えて lámina を作る類.

a·na·gra·má·ti·co, ca [a.na.gra.má.ti.ko, -.ka] 形 アナグラムの, 語句転綴(てつ)の.

A·ná·huac [a.ná.(g)waκ] 固名 アナワク (高原)：メキシコ中部の高原. 狭義ではメキシコ盆地を指す. ◆ナワトル語で「湿った所」の意. Teotihuacán (前3 - 後7世紀), Tula (10-12世紀), Tenochtitlán (14-16世紀) などの古代文明の都市があった.

a·nal [a.nál] 形《解剖》肛門(診)(部)の.

a·na·lec·tas [a.na.lék.tas] 女《複数形》選集, 詞華集, 語録.

a·na·lep·sis [a.na.lép.sis] 女《単複同形》《文学》アナレプシス：物語の進行中に過去の出来事を差し挟む技法. ▶ 映画のフラッシュバックのような物語法.

a·na·lép·ti·co, ca [a.na.lép.ti.ko, -.ka] 形 体力回復のための；強壮にする. — 男《薬》強壮剤.

a·na·les [a.ná.les] 男《複数形》**1** 年譜, 年代記；年報. **2** (研究機関の) 定期刊行誌. **3**《比喩的》歴史.

an·al·fa·be·tis·mo [a.nal.fa.be.tís.mo] 男 文字の読み書きができないこと；無学.

*__an·al·fa·be·to, ta__ [a.nal.fa.be.to, -.ta] 形 **1** 非識字の, 読み書きのできない **2**《軽蔑》無学の.
— 男 女 **1** 非識字者. **2**《軽蔑》無学の人.

an·al·ge·sia [a.nal.xé.sja] 女《医》無痛覚(症).

an·al·gé·si·co, ca [a.nal.xé.si.ko, -.ka] 形《医》無痛覚の；《薬》鎮痛の. — 男 鎮痛剤.

analicé(-) / analicé(-) → analizar.

*__a·ná·li·sis__ [a.ná.li.sis] 女《単複同形》**1** 分析, 分解 (↔síntesis). ～ de mercados 市場分析. hacer un ～ del contenido 内容の分析をする. ～ gramatical de una oración 文の文法的分析. ～ cualitativo [cuantitativo]《化》定性[定量] 分析.
2《医》(血液などの) 検査, 成分分析；検査結果. ～ clínico 臨床検査. recoger unos ～ 検査結果をもらう. someterse a un ～ de sangre 血液検査を受ける. Me hice un ～ de orina. 私は尿検査をした. Se ha detectado un ～ positivo. 陽性の検査結果が出た. **3**《数》解析.
[←〔ギ〕 *análysis* 「ばらばらにすること」；関連 analizar, analítico. 〔英〕 *analysis*]

*__a·na·lis·ta__ [a.na.lís.ta] 男 女 **1** 分析家, 分析科学者, アナリスト. ～ financiero 金融アナリスト. ～ informático 情報分析の専門家.
2 年代記作者. **3** 精神分析医 (= psicoanalista).

a·na·lí·ti·co, ca [a.na.lí.ti.ko, -.ka] 形 分析的の, 分析的な；解析の (↔sintético). geometría *analítica* 解析幾何学. química *analítica* 分析化学. lengua *analítica* 分析的言語 (屈折的言語に対して統語関係を示すのに前置詞, 冠詞などの語を用いる言語). Utilizaron un método ～ y crítico. 彼らは分析的かつ批判的方法を用いた.
— 女 **1**《医》検査. **2**《論》分析学.

a·na·li·za·ble [a.na.li.θá.ble / -.sá.-] 形 分析[分解] 可能な.

a·na·li·za·dor, do·ra [a.na.li.θa.ðór, -.ðó.ra / -.sa.-] 形 **1** 分析 [分解] する. **2** 分析好きな.
— 男 女 分析好きな人.
— 男 分析装置；《光》検光子, アナライザー.

*__a·na·li·zar__ [a.na.li.θár / -.sár] 97 他 分析する, 分解する (↔sintetizar)；詳しく検討する. ～ un problema 問題を分析する. ～ un texto literario 文学テキストを分析する. ～ un gen 遺伝子を分析する. ～ una propuesta 提案を検討する. ～ la sangre 血液を調べる. ～ una sustancia química 化学物質を分解する. Este reportaje *analiza* en detalle la crisis económica. このレポートは経済危機を詳しく分析している.

*a·na·lo·gí·a [a.na.lo.xí.a] 囡 **1** 類似, 相似. establecer una 〜 entre dos cosas 両者の類似点を明らかにする. **2**【論】【言】アナロジー, 類推. por 〜 con... …から類推して. **3**【言】形態論, 語形論. ▶ 現代言語学では morfología という.

a·na·ló·gi·ca·men·te [a.na.ló.xi.ka.mén.te] 副 類推によって, 類推に基づいて; 同様に.

a·na·ló·gi·co, ca [a.na.ló.xi.ko, -.ka] 形 **1** 《a... …と》そっくりの. **2**【論】【言】アナロジーに基づく. **3** アナログの. reloj 〜 アナログ時計.

a·na·lo·gis·mo [a.na.lo.xís.mo] 男 【論】類推論法, 類比推理.

*a·ná·lo·go, ga [a.ná.lo.go, -.ga] 形 《a... …に, …と》類似した, 相似した. Este tema es 〜 al de ayer. このテーマは昨日のそれと同じである.
[← [ラ] *analogus*← [ギ] *análogos*; 関連 analogía. [英] *analogous, analogy*]

a·na·mi·ta [a.na.mí.ta] 形 (インドシナ半島東岸の旧王国) アンナン Anam の.
—男 囡 アンナン人, ベトナム人. —男 アンナン語, ベトナム語.

a·nam·ne·sia [a.nam.né.sja] 囡 【医】既往症, 既往歴.

a·nam·ne·sis [a.nam.né.sis] 囡 【単複同形】→ anamnesia.

a·na·mor·fo·sis [a.na.mor.fó.sis] 囡 【単複同形】歪像(ねぞう)(画法).

a·na·mú [a.na.mú] 男 《ラ米》(呪術師 santero が使う草.

a·na·ná [a.na.ná] 男 → ananás.

a·na·nás [a.na.nás] 男 【単複同形】【植】パイナップル (= piña).

a·na·pe·lo [a.na.pé.lo] 男 【植】トリカブト.

a·na·pés·ti·co, ca [a.na.pés.ti.ko, -.ka] 形 【詩】(ギリシア・ラテン詩で) 短短長格の, (近代語詩で) 弱弱強格の.

ananás (パイナップル)

a·na·pes·to [a.na.pés.to] 男 【詩】(ギリシア・ラテン詩で) 短短長格の, (近代語詩で) 弱弱強格.

a·na·pla·sia [a.na.plá.sja] 囡 (細胞の) 退形成.

ANAPO [a.ná.po] 囡 《略》*Alianza Nacional Popular* (コロンビアの) 全国人民同盟.

a·nap·ti·xis [a.nap.tík.sis] 囡 【単複同形】【音声】母音の語中添加: 2個の子音間に弱い母音が挟まる現象. →*crónica* が *corónica* となる.

a·na·quel [a.na.kél] 男 棚板, 棚.

a·na·que·le·rí·a [a.na.ke.le.rí.a] 囡 (集合) 棚.

*a·na·ran·ja·do, da [a.na.raŋ.xá.ðo, -.ða] 形 オレンジ色の, 橙(だい)色の.
—男 (スペクトルの) オレンジ色, 橙色.

a·nar·co, ca [a.nár.ko, -.ka] 形 男 囡 → anarquista.

a·nar·coi·de [a.nar.kói.ðe] 形 男 囡 《話》《軽蔑》→ anarquista.

a·nar·co·sin·di·ca·lis·mo [a.nar.ko.sin.di.ka.lís.mo] 男 アナルコサンジカリズム, 革命的組合主義.

a·nar·co·sin·di·ca·lis·ta [a.nar.ko.sin.di.ka.lís.ta] 形 アナルコサンジカリズムの, 革命的組合主義の. —囡 アナルコサンジカリズムの信奉者, 革命的組合主義者.

a·nar·quí·a [a.nar.kí.a] 囡 **1** 無政府状態. **2**《話》無秩序, 混乱状態. El cuarto se halla en completa 〜. 部屋の中は乱雑を極めている.

a·nár·qui·co, ca [a.nár.ki.ko, -.ka] 形 **1** 無政府状態の, 無統制の. **2** 無秩序な, 混乱した. —男 囡 気ままな生活を送る人.

a·nar·quis·mo [a.nar.kís.mo] 男 無政府主義, アナーキズム.

a·nar·quis·ta [a.nar.kís.ta] 形 無政府主義(者)の, アナーキズムの, アナーキストの. —男 囡 無政府主義者, アナーキスト.

a·nar·qui·zan·te [a.nar.ki.θán.te / -.sán.-] 形 無政府主義的傾向の, 無政府主義の.

a·nar·qui·zar [a.nar.ki.θár / -.sár] 97 他 混乱状態に陥れる.

a·na·sar·ca [a.na.sár.ka] 囡 【医】全身浮腫(ぼ).

a·nas·ta·sia [a.nas.tá.sja] 囡

A·nas·ta·sia [a.nas.tá.sja] 固名 アナスタシア: 女子の洗礼名.
Doña Anastasia 《話》(出版物・演劇などの) 検閲. ◆大鋏(ばさみ)を持った醜い老婆の絵によって象徴される.

A·nas·ta·sio [a.nas.tá.sjo] 固名 アナスタシオ: 男子の洗礼名. [← [ラ] *Anastasius* ← [ギ] *Anastásios* (*anástasis* "復活" より派生); 関連 [ポルトガル] *Anastácio*. [仏] *Anastase*. [伊] *Anastasio*. [英] [独] *Anastasius*]

a·nas·tig·má·ti·co, ca [a.nas.tig.má.ti.ko, -.ka] 形 【光】収差を補正した. objetivo [lente] 〜 アナスティグマート, 収差補正レンズ.

a·nas·to·mo·sar·se [a.nas.to.mo.sár.se] 再 【解剖】【生物】吻合(ごう)する.

a·nas·to·mo·sis [a.nas.to.mó.sis] 囡 【単複同形】 **1**【解剖】【生物】吻合(ごう), 連絡. **2**【医】吻合術.

a·nás·tro·fe [a.nás.tro.fe] 囡 【修辞】倒置法.

a·na·ta [a.ná.ta] 囡 【古語】年収. media 〜 年収に応じた税.

a·na·te·ma [a.na.té.ma] 男 (または囡) **1**【カト】アナテマ, 異端排序, 破門. **2** のろい (の言葉); 冒瀆(ぼう), 悪態; 非難. lanzar [fulminar] un 〜 contra... …を罵倒(ぼう)する.

a·na·te·ma·ti·za·ción [a.na.te.ma.ti.θa.θjón / -.sa.sjón] 囡 **1**【カト】破門 (の宣告). **2** のろい, 呪詛(ゆ); 罵倒(ばう), 糾弾.

a·na·te·ma·ti·zar [a.na.te.ma.ti.θár / -.sár] 97 他 **1**【カト】破門する. **2** のろう; 罵倒(ばう)する; 糾弾する.

a·na·te·mi·zar [a.na.te.mi.θár / -.sár] 97 他 → anatematizar.

a·na·ti·fe [a.na.tí.fe] 男 【貝】エボシガイ.

A·na·to·lia [a.na.tó.lja] 固名 アナトリア: トルコの大部分を占める半島地域. 小アジアの別称.
[← [中ラ] *Anatolia* ([ギ] *anatolé* "東")]

*a·na·to·mí·a [a.na.to.mí.a] 囡 **1** 解剖学. 〜 comparada 比較解剖学. 〜 descriptiva 記述解剖学. 〜 humana 人体解剖学. 〜 patológica 病理解剖学. 〜 topográfica 局所解剖学. **2** 解剖. hacer la 〜 de un cadáver 遺体を解剖する. **3** (人体・動物の) 解剖体; 解剖模型. **4**《話》(人の) 体つき. tener una buena 〜 いい体をしている.

a·na·tó·mi·co, ca [a.na.tó.mi.ko, -.ka] 形 **1** 解剖の, 解剖学的な. **2** (解剖学的) 構造上の; 人体工学上の. diseño 〜 人体工学によるデザイン.

a·na·to·mis·ta [a.na.to.mís.ta] 男 囡 解剖学者.

a·na·to·mi·zar [a.na.to.mi.θár / -.sár] 97 他 **1** 解剖する. **2**《比喩的》解剖する, 詳細に調査[研究]する. **3**《美》(筋骨を)克明に描写する.

a·na·to·xi·na [a.na.tok.sí.na] 囡《薬》アナトキシン, 類毒素.

a·ná·tro·po, pa [a.ná.tro.po, -.pa] 形《植》(胚珠(ﾊｲｼﾞｭ))倒生の.

an·ca [áŋ.ka] 囡 [el ～, un [una] ～] **1** (馬などの) 尻(ｼﾘ), 臀部(ﾃﾞﾝﾌﾞ); 腿(ﾓﾓ). ～s de rana 【料】カエルの足. **2**《複数で》《話》(人の) 尻.
montar a ancas 馬に相乗りする.
llevar en anca(s) ...《ラ米》(1) …を後ろに乗せて行く. (2) …を(結果として)もたらす.

an·ces·tral [an.θes.trál / -.ses.-] 形 先祖伝来の, 大昔から伝わる.

an·ces·tro [an.θés.tro / -.sés.-] 男《主に複数で》先祖.

an·cha [áɲ.tʃa] 形 →ancho.

an·char [aɲ.tʃár] 他 広げる, 広くする.
— ～(·se) 自 再 広がる, 広くなる.

an·che·ta [aɲ.tʃé.ta] 囡 **1** (スペイン統治時代に船員が小銭稼ぎのため中南米へ持ち込んだ)商品.
2 (行商の)わずかな商品.
3《ラ米》《話》(1) (ﾜﾘ)(ｳﾏﾂ)うまい話, もうけ話. (2) (ﾊﾞｶ)くだらないこと, ばかげたこと. (3) (ｼﾞｮｸ)ジョーク, 冗談. (4) (ﾎｳﾋﾞ)ほうび; 贈り物. (5) (ﾓｳｹ)もうけ物, 得. (6) (ｺｼｮｳ)(ｼｮｳﾃﾝ)小さな商店. (7) (ﾗﾃﾞﾝ)食品をつめた(ｶｺﾞ). (8)《複数で》大胆さ, 厚かましさ.

an·che·te·ro, ra [aɲ.tʃe.té.ro, -.ra] 男 囡《ラ米》がらくた売り.

***an·cho, cha [áɲ.tʃo, -.tʃa]形 **1**(＋名詞 / 名詞＋)(ser ＋ / estar ＋) 幅広い, 幅のある(↔estrecho). una carretera *ancha* 道幅の広い道路. una botella de boca *ancha* 広口ビン. banda *ancha*【IT】ブロードバンド. *Es ～ de hombros*. 彼は肩幅が広い.
2(estar＋ / quedar＋ / venir など)(a＋人(人)に) ゆったりした; 大きすぎる, 広すぎる; 空き[スペース]のある;《人》には荷が重過ぎる, …の手に余る. Este abrigo [pantalón] me *está* ～. このコート[ズボン]は私にはぶかぶかだ(▶ me が a＋人に相当). Fuimos muy ～s en el tren. 私たちは列車に楽に座って行けた. **3**(estar＋) **1** 思い上がった, うぬぼれた. ponerse ～ 得意がる, 鼻にかける.
— 男 **1** 幅. Esta calle tiene ocho metros de ～. この通りは幅が8メートルある.
2 布地の(規格)幅. Una falda plegada necesita tres ～s. プリーツスカートは3幅分の布地が必要だ. **3**(鉄道の)軌間, ゲージ.
a lo ancho (de...) 横方向に, (…の)幅いっぱいに. *pasear a lo ～ del* jardín 庭園中を散歩して回る.
a sus anchas (1) 思う存分, 気ままに. *estirarse a sus anchas* 思いっきり体を伸ばす. (2) くつろいだ. *Póngase a sus anchas*. どうぞおくつろぎください.
quedarse tan ancho 平然としている.
[＜《ラ》*amplum* (*amplus* の対格); amplio も同語源;【関連】anchura, ensanchar, amplio.【英】*ample*]

*an·cho·a** [aɲ.tʃó.a] 囡 アンチョビー: カタクチイワシに似た小魚を塩漬けにしたあと油漬けにしたもの. ♦ 生の魚を指すこともある. ♦ boquerón【類語】

an·cho·e·ta [aɲ.tʃo.é.ta] 囡 →anchoveta.

an·cho·re·na [aɲ.tʃo.ré.na] 男 囡《ラ米》(ｱﾙｾﾞﾝ)《話》金持ち.

an·chor·man [áɲ.kor.man] [英] 男 【TV】《ラ

ジオ》アンカーマン.

an·cho·va [aɲ.tʃó.ba] 囡 →anchoa.

an·cho·ve·ta [aɲ.tʃo.bé.ta] 囡《ラ米》(ﾍﾟﾙｰ)(ﾍﾟﾙ)【魚】(太平洋岸産の)カタクチイワシ.

an·chu·ra [aɲ.tʃú.ra] 囡 **1** 横幅. la ～ de un río 川幅. ▶ たて幅は largura または longitud.
2 サイズ, 寸法; 内径, 太さ, ～ de pecho 胸囲. la ～ de una falda スカートのウエストサイズ. **3**《軽蔑》厚かましさ, 気まま. **4**《印》行の長さの調整.

an·chu·ro·so, sa [aɲ.tʃu.ró.so, -.sa] 形 広大な, だだっ広い. un campo ～ 広々とした野原.

-ancia〔接尾〕→-ncia.

an·cia·na [an.θjá.na / -.sjá.-] 囡 →anciano.

an·cia·ni·dad [an.θja.ni.dád / -.sja.-] 囡 老年, 老齢.

**an·cia·no, na [an.θjá.no, -.na / -.sjá.-]形 (＋名詞 / 名詞＋) (ser＋)
〈人が〉年老いた, 高齢の. Su *anciana* madre vive sola. 彼[彼女]の母親は独りで暮らしている.
— 男 囡 老人, お年寄り, 高齢者. residencia [asilo] de ～s 老人ホーム. Se ocupan de la atención a los ～s. 彼らは老人介護に従事する. → viejo. — 男 **1**《史》(ユダヤの最高評議会)サンヘドリンの構成員. **2** (中世騎士団の)最古参者; 長老.
[＜《俗ラ》*anteanus (《ラ》ante「以前に」);【関連】【英】*ancient*]

an·ci·la [an.θí.la / -.sí.-] 囡 女奴隷; 使用人, 女中.

an·ci·lar [an.θi.lár / -.si.-] 形 女奴隷の; 下働きの女の.

an·cla [áŋ.kla] 囡 [el ～, un [una] ～] **1**《海》錨(ｲｶﾘ), アンカー. echar ～s 錨を降ろす; 停泊する. levar ～s 錨を上げる; 出帆する.
2《建》留め金; かすがい.
ancla de salvación [de la esperanza] 頼みの綱, 最後のよりどころ.
[＜《ラ》*ancoram* (*ancora* の対格).【関連】【英】*anchor*]

an·cla·de·ro [aŋ.kla.ðé.ro] 男《海》錨地(ﾃｲﾊｸﾁ), 停泊地.

an·cla·je [aŋ.klá.xe] 男 **1**《海》投錨(ﾄｳﾋﾞｮｳ); 投錨地. **2** 停泊料. **3** (建設用機材の)固定.

an·clar [aŋ.klár] 他 《建設用機材を》地面にしっかりと固定する. — 自 **1**《海》投錨(ｲｶﾘ)する, 停泊する.
2《en... …に》こだわる. **3**《ラ米》(ﾒｷ)到着する.

an·clo·te [aŋ.kló.te] 男 **1**《海》小型の錨(ｲｶﾘ).
2《ラ米》《話》(小型の)樽(ﾀﾙ).

an·co·lí·a [aŋ.ko.lí.a] 囡《植》オダマキ.

an·cón [aŋ.kón] 男 **1** 入り江, 小さな湾.
2《建》(蛇腹を支える)持ち送り.
3《ラ米》(1)(ﾒｷ)(ﾁﾘ)隅, 片隅. (2)(ﾒｷ)谷あい, 狭間(ﾊｻﾞﾏ). (3)(ﾁﾘ)平底の貨物用ボート.

an·co·na·da [aŋ.ko.ná.ða] 囡 入り江, 小さな湾.

án·co·ra [áŋ.ko.ra] 囡 [el ～, un [una] ～]
1《詩》錨(ｲｶﾘ)(＝ancla). **2** (時計の)アンクル.
áncora de salvación 頼みの綱.

an·co·ra·je [aŋ.ko.rá.xe] 男《古語》→anclaje.

an·co·rar [aŋ.ko.rár] 自《海》投錨(ｲｶﾘ)する, 停泊する.

an·cor·ca [aŋ.kór.ka] 囡 (顔料の)オークル, 黄土.

an·cu·sa [aŋ.kú.sa] 囡《植》ウシノシタ; アルカンナ.

an·cu·vi·ña [aŋ.ku.bí.ɲa] 囡《ラ米》(ﾁﾘ)先住民の墓.

an·da [án.da] 囡《ラ米》(ﾎﾝ)(ﾍﾟﾙ)担架.

an·da·da [an.dá.ða] 囡 **1** (まれ)旅, 冒険.
2《複数で》《狩》獲物の足跡.

3 《ラ米》(1)《ホス》旅, 遠出. (2)《フラス》牧草地.
volver a las andadas 昔の悪習に戻る, 昔の悪い癖が出る.

an·da·de·ras [an.da.ðé.ras] 囡《複数形》幼児用歩行器.
poner andaderas a... …を援助する, 気にかける.

an·da·de·ro, ra [an.da.ðé.ro, -.ra] 形《道など》通行しやすい.

an·da·do, da [an.dá.ðo, -.ða] 形 **1** 歩いた, 踏破した. *llevar* ~*s tres kilómetros* 3キロ歩いている. **2** 人通りの多い, にぎやかな, 活気のある. *calle andada* にぎやかな通り. **3** 着古した, 擦り切れた.
— 男《ラ米》歩き方.

an·da·dor, do·ra [an.da.ðór, -.ðó.ra] 形 **1** 健脚な; 歩くのが速い. **2** 外出好きの. **3**《ラ米》《馬が》走りのしっかりした, 軽快な走りの.
— 男 1 健脚家. **2** 外出好きな人.
— 男 **1** (幼児の) 歩行器. **2** (庭園内の) 遊歩道, (畑の中の) 小道, 畦道. **3**《複数で》赤ん坊の歩行練習時に付ける転倒防止用の (革) ひも.

an·da·du·ra [an.da.ðú.ra] 囡 **1** 歩行. **2** 歩み, 進展, 発展. *larga* ~ *de sus estudios* 彼[彼女]の長い研究の道のり.

án·da·le [án.da.le] → *andar* の成句.

an·da·lón, lo·na [an.da.lón, -.ló.na] 形《ラ米》(1)《ﾒｷｼｺ》放浪する (2)《ｱﾙｾﾞﾝﾁﾝ》《ﾎﾞﾘﾋﾞｱ》《馬が》脚の早い.

an·da·lu·ces [an.da.lú.θes. / -.ses] 形 男《複数形》→ *andaluz*.

*an·da·lu·cí·a [an.da.lu.θí.a / -.sí.-] 固 囡 アンダルシア: スペイン南部の地方; 自治州. ◆8世紀から15世紀末のGranada王国滅亡までイスラム支配下にあり, 今もその影響が色濃く残っている. [←《古スペイン》 *Andalusía*「アンダルシア地方; イベリア半島」←《アラビア》'*Andalus* ←《ラ》*Vandalus*「バンダル人(の)」]

an·da·lu·cis·mo [an.da.lu.θís.mo / -.sís.-] 男
 1 アンダルシア特有のスペイン語法[表現・語彙・単語].
 2 (政治的・趣味的な) アンダルシアびいき.

an·da·lu·cis·ta [an.da.lu.θís.ta / -.sís.-] 形 アンダルシアびいきの, アンダルシア主義の.
— 男 囡 アンダルシアびいきの人, アンダルシア主義者.

an·da·lu·sí [an.da.lu.sí]《複 ~*es*, ~*s*》形 イスラム・スペインの, イスラム時代のスペインの.

*an·da·luz, lu·za [an.da.lúθ, -.lú.θa / -.lús, -.sa] 《複 *andaluces*》[名詞] と [ser] と (スペインの) アンダルシアの. *el pueblo* ~ アンダルシアの人々. *Hablaba con acento* ~. 彼[彼女]はアンダルシアなまりで話していた. *Un perro* ~ *de Buñuel* ブニュエルの『アンダルシアの犬』.
— 男 囡 アンダルシアの住民[出身者].
— 男 (スペイン語の) アンダルシア方言. ▼語尾のsを軽くhの音で発音するのが特徴で, 日本語の促音のように聞こえることがある. これを *Se come(n) la(s) ese(s)*.「sを食べてしまう」と言う.

an·da·lu·za·da [an.da.lu.θá.ða / -.sá.-] 囡《話》大げさな話. *decir* ~*s* 大げさに言う.

an·da·lu·zar·se [an.da.lu.θár.se / -.sár.-] 97 ⦿ アンダルシア風になる.

an·da·mia·da [an.da.mjá.ða] 囡 → *andamiaje*.

an·da·mia·je [an.da.mja.xe] 男 **1**《集合的》足場, 足場組み. **2** (理論・思想の) 土台, 基盤.

an·da·miar [an.da.mjár] 83 ⦿ 足場を組む.

an·da·mio [an.dá.mjo] 男 **1** (建築現場などの) 足場, 足場組み. ~*s suspendidos* [*colgantes*] つり足場. **2** 仮設ステージ[観覧席]. **3**《話》履き物.

an·da·na [an.dá.na] 囡 **1** 列, 並び; 層. **2** (戦艦の) 砲列. **3** 蚕棚.
llamarse andana《話》約束を破る, 知らないふりをする.

an·da·na·da [an.da.ná.ða] 囡 **1**《海》舷側砲の一斉砲撃. *soltar una* ~ 片舷斉射する. **2**《比喩的》雨 (あられ). *una* ~ *de injurias* 罵言(ﾊﾞｸﾞﾝ)雑言. **3**《闘牛》(ひさし付きの) 最上部席. **4** 層, 列.
por andanadas《ラ米》《話》たくさん.

an·dan·cia [an.dán.θja / -.sja] 囡《ラ米》(1) → *andancio*. (2) さすらい, 放浪. (3)《ﾎﾟﾙﾄﾘｺ》《俗》よい結果, 幸運.

an·dan·cio [an.dán.θjo / -.sjo] 男 軽い疫病, 流行病.

¡an·dan·di·to! [an.dan.dí.to] /
¡an·dan·do! [an.dán.do] 間投《話》さあ, さあ行くぞ, さて始めよう.

an·dan·te [an.dán.te] 形 動く, 移動する; 遍歴の. *caballero* ~ 遍歴の騎士. — 男 **1**《音楽》アンダンテ (の楽章). **2**《ラ米》《ｷｭｰﾊﾞ》《ﾎｽ》《動》ウマ.
— 副 アンダンテ (のテンポ) で, 歩くような速さで.

an·dan·ti·no [an.dan.tí.no] 《伊》男《音楽》アンダンティーノ (の調子・曲). — 副 アンダンティーノ (のテンポ) で; アンダンティーノよりも少し速く.

an·dan·za [an.dán.θa / -.sa] 囡 **1**《複数で》(さまざまな場所を訪れる) 旅, 放浪. **2** 旅の出来事, 冒険. *A su regreso de América me contó todas sus* ~*s*. アメリカから戻ると彼[彼女]は私にその体験を残らず私に話してくれた. **3** 運, 幸運.

an·dar [an.dár] 68 直 **1** 歩く; 移動する. ~ *a gatas* 四つんばいで歩く. ~ *de puntillas* つま先で歩く. ~ *de un sitio a otro* 歩き回る. *Vamos andando, ¿no?* 歩いて行きましょうよ.
 2 (機械などが) 作動する, 動く. *El motor empezó a* ~ *otra vez*. エンジンは再び動き始めた.
 3 (時間が) 過ぎる. *Andando el tiempo lo olvidará todo*. 時間が経てば彼[彼女]はすべてを忘れるでしょう.
 4 (+形容詞句・副詞句 …の) 状態である; (**en…** / **por…** …に) いる, ある. *¿Cómo andas en tus estudios?* 勉強はどんな具合ですか.
 5 (+現在分詞) …し (回っ) ている (► 進行中のことを表す). *Ella siempre anda echando broncas por todas partes*. 彼女は行く先々で問題を起こしている.
 6 (**por…**) (値が) (…くらい) である, (年齢が) (…くらい) である; (**en…**) (年齢が) (…になるところ) である. *El televisor que quieres comprar andará por 2.000 euros*. 君が買いたがっているテレビは2000ユーロくらいだろう. *Mi profesora andará por los cincuenta*. 私の先生は50歳くらいだ.
 7 (**con…** …を持って) 振る舞う, 行動する. *No andes con rodeos*. 回りくどい言い方はやめてよ. ▶ 再帰形で強調を表すこともある. → 1.
 8 (**en…**) (…を) 扱う; いじくる; (…に) 首を突っ込む. *En eso andamos*. そのことを問題にしているのだよ. *No andes en mi bolsa*. 私のかばんの中をさぐらないで. **9** (**a…** …を) 絶えずやり, 延々とする. ~ *a gritos* 叫びまわる. *Se ha criado en un barrio donde andan a tiros por cualquier cosa*. 彼[彼女]はどんなことでもすぐけんかが始まるような町で育った. **10** (**con**+人 (人) と) 付き合っている. *Dime con quién andas, te diré quién eres*.《諺》類は友を呼ぶ (← 付き合っている人がわかればどんな人か判断できる).

—⑩《距離・道のりを》歩く. Ya *hemos andado* 10 kilómetros. もう私たちは10キロ歩きました.

—**~se** 再 **1**《**con...** …をもって》振る舞う, 行動する. *Ándate con* cuidado. 君, 注意して行動しなさいね. No *te andes con* remilgos. もったいをつけるのはやめなさい. **2** 歩き回る. *Nos anduvimos todos los barrios de la ciudad*. 町のすべての地区を歩き回った. **3**〈自分の体の一部を〉いじくる. **4**《まれ》(**a+不定詞** …することに) とりかかる. *~se a preparar* la comida 昼食の支度にとりかかる.

—男《主に複数で》動き;歩調, 歩きぶり;(時間の)経過.

¡Anda!《話》(1)《驚き・不可解・落胆》おやおや, おやまあ;ああ. *¡Anda*, qué coincidencia! あら, 偶然の一致ね. (2)《促して・懇願して》さあ, ほら. *¡Anda*, déjame en paz! ねえお願い, 私をほっといて.

¡Ándale! / ¡Ándele!《ラ米》(誘)《話》《励ますとき・せかすときなど》さあ元気出して, 頑張って, それ急げ;《相づち》そうだ, そのとおり.

anda que no+直説法《話》…でないなんてとんでもない. *Anda que no está* fría. すごく冷たいよ.

andar a lo SUYO《話》自分のことにかまける.

andar a una 一致団結する.

andar de florcita《ラ米》(汚)《話》遊び歩く, ふらつく.

andar derecho [**a derechas**] 道理にかなった行動をする.

andarle **por** [**en**] **la cabeza** (**a+人**)〈人〉の頭から離れない,〈人〉に〈考えなどが〉気にかかる. La idea *me anda por la cabeza* desde hace un rato. さっきから私はその考えが気にかかっています.

a poco andar《ラ米》(行)《話》やがて;しばらくしたら.

Todo se andará. どうにかなるさ.

[[ラ]*ambulāre* から へ;関連[スペイン][伊]*andante*]

an·da·rie·go, ga [an.da.rjé.go, -.ga] 形 歩くのが好きな;旅好きの, 放浪の. la vida *andariega* 旅から旅の暮らし. —男女 **1** 健脚家;旅行好き, 放浪する人. **2**《ラ米》姦通(答)者.

an·da·rín, ri·na [an.da.rín, -.rí.na] 形 健脚な, 足まめな. —男女 足まめな人, 健脚家.

an·da·ri·na [an.da.rí.na] 女〖鳥〗ツバメ.

an·da·ri·vel [an.da.ri.ɓél] 男 **1**(川の両岸に張った引き綱をたぐる)渡し船, ケーブルフェリー;渡しかご. **2**(ケーブル)〖海〗手すり綱. **3**(車)(1)(ミサテ)車線.(2)(手すりのついた)板橋(3)(5ヺ)ごてごてした装身具.

an·da·rrí·os [an.da.ří.os] 男《単複同形》〖鳥〗(1) ハクセキレイ.(2) クサシギ.(3) タカブシギ.

an·das [án.das] 女《複数形》**1**(病人用の)担架. **2**(聖像・棺・人などを運ぶ)輿(こ).

llevar en andas とても大事に扱う.

¡Án·de·le! [án.de.le] → **andar** の成句.

an·dén [an.dén] 男 **1** プラットホーム, ホーム. En el ~ esperaban el tren para Córdoba. 彼らはプラットホームでコルドバ行きの列車を待っていた. → 右段に図. **2** 路肩;(高速道路の)路側帯. **3** 埠頭(ここ). **4**(橋の)歩行者用通路. **5**《ラ米》(1)(コᢧ)("ᡎ)(車道横の)歩道.(2)(ɔɔ)(クᨅ)段々畑.

an·dé·ro [an.dé.ro] 男 担架[輿(こ)]の担ぎ手.

An·des [án.des] 固名 los ~ アンデス山脈:南米大陸の西縁を南北に走る大山脈. [[アイマラ] *anta*「銅色」を起源とする説がある]

an·de·si·ta [an.de.sí.ta] 女〖鉱〗安山岩.

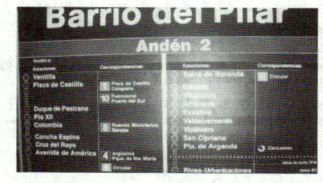

andén(プラットホーム:マドリードの地下鉄)

an·di·nis·mo [an.di.nís.mo] 男《ラ米》アンデス登山. *hacer* ~ 登山をする.

an·di·nis·ta [an.di.nís.ta] 男女(アンデス山脈の)登山家.

an·di·no, na [an.dí.no, -.na] 形 アンデスの. zona *andina* アンデス(山岳)地帯. Ayacucho es una ciudad *andina*. アヤクチョはアンデス山間部の都市だ. —男女 アンデスの住民.

án·di·to [án.di.to] 男 **1** 建物の外側を取り囲む回廊, バルコニー. **2** 歩道.

-ando(接尾)**-ar** 動詞の現在分詞語尾. → and*ando*, confirm*ando*.

an·do·ba [an.dó.ɓa] / **an·dó·bal** [an.dó.ɓal] 男女《軽蔑》知らない人, やつ. ese ~ そいつ.

an·do·li·na [an.do.lí.na] 女 → **andorina**.

an·dón, do·na [an.dón, -.dó.na] 形《ラ米》〈馬が〉脚が早い. —男女《ラ米》(ミミネ)(ミネス)《話》健脚の人. —男《ラ米》(ミミネス)〖馬〗アンブル, 側対歩.

an·do·ne·ar [an.do.ne.ár] 自《ラ米》(ミミネ)〈馬が〉側対歩で歩く.

an·dor·ga [an.dór.ga] 女《話》腹.

an·do·ri·na [an.do.rí.na] 女〖鳥〗ツバメ.

An·do·rra [an.dó.řa] 固名 アンドラ:ピレネー山中にある公国. フランス大統領とスペインのウルヘル Urgel 司教が共同元首を務める. 1993年に独立国家として承認される. 正称は Principat d'~. 首都 ~ la Vella. [バスク語?]

an·do·rra·no, na [an.do.řá.no, -.na] 形 アンドラの. —男女 アンドラの住民[出身者].

an·do·rre·ar [an.do.ře.ár] 自《話》ほっつき歩く.

an·dra·jo [an.drá.xo] 男 **1**《主に複数で》《軽蔑》ぼろ切れ, ぼろ服. ir vestido con ~s / estar en ~s ぼろを着ている. **2** ぼろ同然のもの, くず同然の人.

an·dra·jo·so, sa [an.dra.xó.so, -.sa] 形 ぼろをまとった. —男女 ぼろをまとった人;無一文の人.

An·drés [an.drés] 固名 **1** San ~ 聖アンデレ:キリストの十二使徒のひとり. **2** アンデレ:男子の洗礼名. [←[ラ] *Andreas*←[ギ] *Andréās*(*andreíos*「男らしい」より派生?)関連[ポルトガル][仏] *André*. [伊] *Andrea*. [英] *Andrew*. [独] *Andreas*]

andro- / -andro「人, 男, 雄」の意を表す造語要素. 母音の前では andr-. → *andró*gino, *andro*ide, di*andro*. [←[ギ]]

an·dro·cén·tri·co, ca [an.dro.θén.tri.ko, -.ka / -.sén.-] 形 男性中心の.

an·dro·cen·tris·mo [an.dro.θen.trís.mo / -.sen.-] 男 男性中心主義.

an·dro·ce·o [an.dro.θé.o / -.sé.-] 男〖植〗《集合的》雄しべ, 雄蕊(ミミ)群.

an·dro·cra·cia [an.dro.krá.θja / -.sja] 女 男性支配, 男性優位.

an·dro·fo·bia [an.dro.fó.ɓja] 女 男性恐怖症.

an·dró·fo·bo, ba [an.dró.fo.ɓo, -.ɓa] 形 男性恐

怖(症)の. ― 男 女 男性恐怖症の人, 男嫌いの人.
an·dró·ge·no [an.dró.xe.no] 男 [生化] アンドロゲン, 雄性ホルモン物質.
an·dro·gi·nia [an.dro.xí.nja] 女 男女両性具有(性), 性別の不明瞭(性).
an·dró·gi·no, na [an.dró.xi.no, -.na] 形 [植] 雌雄同株[両花序]の;[生物] 雌雄同体の. ― 男 雌雄同株[両花序];雌雄同体;男女両性具有者.
an·droi·de [an.drói.ðe] 男 アンドロイド(人間の形をしたロボット), 人造人間.
an·dro·la·trí·a [an.dro.la.trí.a] 女 人間崇拝.
an·dro·lo·gí·a [an.dro.lo.xí.a] 女 [医] 男性病学.
an·dro·ló·gi·co, ca [an.dro.ló.xi.ko, -.ka] 形 [医] 男性病学の.
an·dró·lo·go, ga [an.dro.lo.go, -.ga] 形 男性病学者の. ― 男 女 男性病学者.
An·dró·ma·ca [an.dró.ma.ka] 固名 [ギ神] アンドロマケ:トロイの英雄 Héctor の妻.
An·dró·me·da [an.dró.me.ða] 固名 **1** [ギ神] アンドロメダ:エチオピア王 Cefeo と Casiopea の娘. 海獣の生贄(なり)になるところを Perseo に救われ妻となる. **2** [星座] アンドロメダ座.
an·dró·mi·na [an.dró.mi.na] 女 [話] ほら話, うそ.
an·dro·pau·sia [an.dro.páu.sja] 女 男性更年期.
an·du·la·rio [an.du.lá.rjo] 男 長く引きずったスカート[服].
an·du·llo [an.dú.jo ‖ -.ʎo.] 男 **1** 巻いたタバコの葉, タバコの葉の束;《ラ米》(ネシ)噛(ガ)みタバコ. **2** [海] (船の)防舷(ダン)材.
an·du·rrial [an.du.rjál] 男 **1** 《主に複数で》[話] 僻地(な). ¿Qué haces por estos ~es? こんな人気(比)のない所で何をしているんだい. **2** 《ラ米》(ジン)沼地, ぬかるみ(のある道).
anduv- 活 →andar.
a·ne·a [a.né.a] 女 [植] ガマ, ヒメガマ. silla de ~ ガマの葉を編んで座部にしたいす.
a·ne·ar [a.ne.ár] 他 (長さの単位の) ana で測る.
a·ne·blar [a.ne.blár] 8 他 **1** を霧が覆う;曇らせる. ― **~·se** 再 霧がかかる;曇る, 暗くなる.
***a·néc·do·ta** [a.nék.do.ta] 女 **1** 逸話, 挿話, 秘談. **2** 余分なつけ足し, 二次的副産物. [← [ギ] *anékdota* 「未発表のもの[話]」;[関連] anecdotario. [英] *anecdote*]
a·nec·do·ta·rio [a.nek.đo.tá.rjo] 男 逸話集.
a·nec·dó·ti·co, ca [a.nek.đó.ti.ko, -.ka] 形 **1** 逸話的な;逸話の多い. **2** 二次的な, 取るに足りない.
a·nec·do·tis·ta [a.nek.đo.tís.ta] 男 女 逸話の収集家;逸話の好きな人.
a·ne·ga [a.né.ga] 女 《ラ米》(ジぐ) →fanega.
a·ne·ga·ble [a.ne.gá.ble] 形 浸水しやすい, よく水をかぶる.
a·ne·ga·ción [a.ne.ga.θjón / -.sjón] 女 浸水, 洪水;水浸し.
a·ne·ga·di·zo, za [a.ne.ga.ðí.θo, -.θa / -.so, -.sa] 形 洪水の起きやすい;浸水しやすい. terreno ~ よく洪水に見舞われる土地.
a·ne·ga·mien·to [a.ne.ga.mjén.to] 男 浸水, 冠水;洪水.
a·ne·gar [a.ne.gár] 他 **1** 水浸しにする. ~ en sangre 血まみれにする. Las lluvias *anegaron* toda la ciudad. 雨のせいで町中が水につかった. **2** 溺死(ネシ)させる. **3** 《比喩》(**de...** …で) 覆いつくす, いっぱいにする;うんざりさせる.

― **~·se** 再 **1** 浸水する, 冠水する. **2** 溺死する. **3** 《**de...** …で》あふれる, いっぱいになる. ~*se de lágrimas* 泣きじゃくる. **4** [海] 浸水沈没する.
a·ne·jar [a.ne.xár] 他 **1** 〔領土などを〕併合する. **2** 添付する, 付加する.
a·ne·jín [a.ne.xín] / **a·ne·jir** [a.ne.xír] 男 韻文形式で歌われる諺.
a·ne·jo, ja [a.né.xo, -.xa] 形 〔**a...** に〕付随した, 付属の. edificio ~ *a la fábrica* 工場に付属した建物. *escuela aneja* 付属学校. ― 男 **1** 別館. **2** 附属書類, (雑誌の)別冊. *llevar anejo...* …を付帯条件として伴う;…が付き物である.
a·né·li·do, da [a.né.li.ðo, -.ða] 形 [動] 環形動物の. ― 男 《複数で》(ミミズなどの)環形動物.
a·ne·mia [a.né.mja] 女 [医] 貧血(症). ~ *aplástica* 再生不良性貧血. ~ *hemolítica* 溶血性貧血. ~ *megaloblástica* 巨赤芽球性貧血. ~ *perniciosa* 悪性貧血. ~ *renal* 腎性貧血.
a·né·mi·co, ca [a.né.mi.ko, -.ka] 形 貧血(症)の. ― 男 女 貧血症患者, 貧血がちな人.
anemo- 「風」の意を表す造語要素. 母音の前では anem-. ⇒ *anemómetro*, *anemone*. [← [ギ]]
a·ne·mó·fi·lo, la [a.ne.mó.fi.lo, -.la] 形 [植] 風媒の.
a·ne·mo·gra·fí·a [a.ne.mo.gra.fí.a] 女 [気象] 風学.
a·ne·mó·gra·fo [a.ne.mó.gra.fo] 男 [気象] 自記風速計.
a·ne·mo·me·trí·a [a.ne.mo.me.trí.a] 女 [気象] 測風学;風力測定.
a·ne·mó·me·tro [a.ne.mó.me.tro] 男 [気象] 風速計.
a·né·mo·na [a.né.mo.na] / **a·ne·mo·ne** [a.ne.mó.ne] 女 [植] アネモネ:キンポウゲ科. *anémona de mar* [動] イソギンチャク.
a·ne·mos·co·pio [a.ne.mos.kó.pjo] 男 [気象] 風向計.
a·nen·ce·fa·lia [a.nen.θe.fá.lja / -.se.-] 女 [医] 無脳症.
-áneo, a [接尾] 「…の性質を持った, …に関する」の意を表す形容詞語尾. ⇒ *instantáneo*, *subterráneo*.
an·e·pi·grá·fi·co, ca [a.ne.pi.grá.fi.ko, -.ka] 形 〈メダル・硬貨が〉無銘の;無碑銘の;表題のない.
a·ner·gia [a.nér.xja] 女 [医] アネルギー:特定の抗原に対する免疫力の低下.
a·ne·roi·de [a.ne.rói.đe] 形 〈気圧計が〉アネロイド式の.
a·nes·te·sia [a.nes.té.sja] 女 [医] 麻酔(法). ~ *general* 全身麻酔. ~ *local* 局部麻酔.
a·nes·te·siar [a.nes.te.sjár] 82 他 [医] 麻酔をかける.
a·nes·té·si·co, ca [a.nes.té.si.ko, -.ka] 形 [医] 麻酔の. ― 男 麻酔剤[薬].
a·nes·te·sio·lo·gí·a [a.nes.te.sjo.lo.xí.a] 女 麻酔(医)学.
a·nes·te·sió·lo·go, ga [a.nes.te.sjó.lo.go, -.ga] 男 女 麻酔学者, 麻酔医.
a·nes·te·sis·ta [a.nes.te.sís.ta] 男 女 麻酔(専門)医.
a·neu·ris·ma [a.neu.rís.ma] 男 [医] 動脈瘤(ジ").

~ aórtico 大動脈瘤. ~ ventricular 心室瘤.
a·ne·xar [a.neｋ.sár] 他 → anejar.
a·ne·xi·da·des [a.neｋ.si.ðá.ðes] 囡《複数形》《法》従物：所有者がある物(主物)を所有するために必要とする付属物.
a·ne·xión [a.neｋ.sjón] 囡 併合；付加, 添付.
a·ne·xio·na·mien·to [a.neｋ.sjo.na.mjén.to] 男《ラ米》(ｼﾞｭﾃﾞ)(ﾊﾟﾗ) → anexión.
a·ne·xio·nar [a.neｋ.sjo.nár] 他〈領土などを〉併合する.
a·ne·xio·nis·mo [a.neｋ.sjo.nís.mo] 男(領土の)併合主義[論].
a·ne·xio·nis·ta [a.neｋ.sjo.nís.ta] 形(領土の)併合主義の. ― 男囡 (領土の)併合主義[論]者.
a·ne·xi·tis [a.neｋ.sí.tis] 囡《単複同形》《医》子宮炎.
a·ne·xo, xa [a.néｋ.so, -.sa] 形 男 → anejo.
an·fe·si·be·na [am.fe.si.ßé.na] 囡 → anfisbena.
an·fe·ta [am.fé.ta] 囡《略》《隠》→ anfetamina.
an·fe·ta·mi·na [am.fe.ta.mí.na] 囡《薬》アンフェタミン：覚醒剤. 中枢神経を刺激する.
anfi- 「両側に, 周囲に」「二重の」の意を表す造語要素. → *anfi*bología, *anfi*teatro. [←(ギ)]
an·fi·bio, bia [am.fí.ßjo, -.ßja] 形 1 《動》水陸両生の, 両生類の. 2 水陸両用の. ― 男 1 《複数で》《動》両生類. 2 水陸両用車, 水陸両用飛行機.
an·fí·bol [am.fí.ßol] 男《鉱》角閃(ｶｸｾﾝ)石.
an·fi·bo·li·ta [am.fi.ßo.lí.ta] 囡《鉱》角閃(ｶｸｾﾝ)岩.
an·fi·bo·lo·gí·a [am.fi.ßo.lo.xí.a] 囡《修辞》両義性, 多義性；(文意などの)曖昧(ｱｲﾏｲ)さ.
an·fi·bo·ló·gi·co, ca [am.fi.ßo.ló.xi.ko, -.ka] 形 両義的な, 多義的な；曖昧(ｱｲﾏｲ)な.
an·fí·bra·co [am.fí.ßra.ko] 男《詩》(古典詩の)短長短格.
an·fic·tión [am.fiｋ.tjón] 男《史》(古代ギリシアの)アンフィクティオニア会議の代議員.
an·fic·tio·ní·a [am.fiｋ.tjo.ní.a] 囡《史》(1)(古代ギリシアの)アンフィクティオニア, 隣保同盟. ◆信仰を中心に結んだ, 相互防衛と親善のための都市国家の同盟. (2) アンフィクティオニア会議.
an·fí·ma·cro [am.fí.ma.kro] 男《詩》(古典詩の)長短長格.
an·fión [am.fjón] 男 アヘン(阿片).
an·fio·xo [am.fjóｋ.so] 男《動》ナメクジウオ.
an·fi·prós·ti·lo [am.fi.prós.ti.lo] 男《建》前後柱廊式, アンフィプロスタイル.
an·fis·be·na [am.fis.ßé.na] 囡 1 《動》アシナシトカゲ. 2《ギ神》アムピスバイナ：両頭の蛇.
an·fis·cio, cia [am.fís.θjo, -.θja / -.sjo, -.sja] 形 熱帯の. ― 男囡 熱帯の住民.
an·fi·si·be·na [am.fi.si.ßé.na] 囡 → anfisbena.
an·fi·te·a·tro [am.fi.te.á.tro] 男 1 (古代ローマの)円形劇場[闘技場]. 2 (大学などの半円形の)階段教室. ~ anatómico 階段解剖室. 3《演》階段桟敷；三階席. 4《地理》すり鉢形の地形.
An·fi·trión [am.fi.trjón] 固名《ギ神》アムピトリュオン：彼の妻 Alcmena が夫に化けた Zeus と交わって Heracles を産んだことで知られる.
an·fi·trión, trio·na [am.fi.trjón, -.trjó.na] 男 囡(客の)主人役, 接待役. el país ~ de los Juegos Olímpicos オリンピックの開催国.
An·fi·tri·te [am.fi.trí.te] 固名《ギ神》アムピトリテ：Poseidón の妻で海の女神.
án·fo·ra [ám.fo.ra] 囡 [el ~, un [una] ~] 1 アンフォラ：古代ギリシア・ローマの両手つきの大型つぼ. 2 アンフォラ：古代ギリシア・ローマの体積の単位. ギリシアでは 19.7 リットル, ローマでは 26.26 リットル. 3《複数で》《カト》(司教が聖木曜日に祝別する)聖油つぼ. 4《ラ米》(ﾒﾋ)(ﾊﾟﾅｼﾞ)投票箱.
an·fó·te·ro, ra [am.fó.te.ro, -.ra] 形《化》両性の：酸としても塩基としても性質の.
an·frac·tuo·si·dad [am.frak.two.si.ðáð] 囡《主に複数で》1 (地面などの)凸凹, 起伏. las ~es de una montaña の起伏. 2 つづら折り, 曲折. las ~es de la carretera ハイウエーの連続カーブ. 3《解剖》大脳表面のひだ, 脳回.
an·frac·tuo·so, sa [am.frak.twó.so, -.sa] 形 1 (地面などが)凸凹の, 起伏の多い. 2 曲折した, 曲がりくねった.
an·ga [áŋ.ga] 囡 *por angas o por mangas*《ラ米》(ﾒﾋ)(ｺﾞﾙ)(ﾌﾟｴﾙ)とにもかくにも, 何はともあれ.
an·ga·ria [aŋ.gá.rja] 囡 1《史》夫役(ﾌﾞﾔｸ), (王・領主に)車馬を提供する義務. 2《海》(非常徴用のための)出港延期, 停船.
an·ga·ri·llas [aŋ.ga.rí.jas ‖ -.ʎas] 囡《複数形》1 (病人用の)担架. 2 (聖像を運ぶ)輿(ｺｼ). 3 (石などを運ぶ)手押し車. 4 薬味スタンド[台], (一対の)酢と油を入れておく容器 (= vinagreras).
an·ga·ri·llo, lla [aŋ.ga.rí.jo, -.ja ‖ -.ʎo, -.ʎa] 形《ラ米》(ﾍﾞﾈｽﾞ)《話》やせた, やせ細った.
án·ga·ro [áŋ.ga.ro] 男 合図の火, のろし.
an·ga·rrio, rria [aŋ.gá.rjo, -.rja] 形《ラ米》(ﾍﾞﾈｽﾞ)(ｺﾛﾝﾋﾞ)《話》やせた, やせ細った. ― 男囡《ラ米》(1)(ﾍﾞﾈｽﾞ)(ｺﾛﾝﾋﾞ)《話》やせた人, やせ細った人. (2)(ﾍﾞﾈｽﾞ)《軽蔑》老人；老いた動物.
an·ga·zo [aŋ.gá.θo / -.so] 男 (貝などを採るための)くま手, レーキ.

****án·gel** [áŋ.xel] 男 1 天使. ~ custodio [de la guarda] 守護天使. ~ caído [de las tinieblas, malo, rebelde] (地獄に落とされた)堕天使, 悪魔. No te dejes convencer por ese ~ malo. あのたちの悪い男にだまされるんじゃないよ. ▶比喩的にも使う. 2 魅力, 好感. tener ~ 魅力ある, かわいい, 愛らしい. no tener ~ ~く魅力がない. No es guapa, pero tiene ~. 彼女は美人ではないが魅力的な人だ. 3 天使のように美しい[善良な, 純朴な]人. Es un ~. 彼[彼女]は天使のような人だ.
― 固名 [Á-] アンヘル：男子の洗礼名.
ángel bueno [de luz] 後見人, 庇護(ﾋｺﾞ)者.
ángel patudo 腹黒い人, 陰険な人.
bueno como un ángel 〈子供などが〉行儀がいい, おとなしい.
como los ángeles すばらしく上手に. cantar *como los ~es* すばらしく上手に歌う.
Ha pasado un ángel. 天使のお通りだ. ▶会話中に沈黙が生じたときに言う.
salto de ángel スワンダイブ, 前飛び伸び型飛込み.
[←〔後ラ〕*angelus*←〔ギ〕*ángelos*「使者」；関連 angélico, evangelio. 〔英〕*angel*]
Án·ge·la[1] [áŋ.xe.la] 固名 囡 アンヘラ：女子の洗礼名.
Án·ge·la[2] [áŋ.xe.la] 間投 *¡Ángela María!*《驚き・抗議》おや, まあ, いやだ.
an·ge·lar [aŋ.xe.lár] 自《ラ米》(ｺﾛﾝﾋﾞ)《話》ため息をつく.
Án·ge·les [áŋ.xe.les] 固名 Los ~ ロサンゼルス：米国西部の太平洋に臨む港湾都市. ◆1771年に建設されたフランシスコ会のミッション Nuestra Señora la Reina de los ~ に由来する.

angélica

an·gé·li·ca [aŋ.xé.li.ka] 女 〖植〗アンゼリカ.

an·gé·li·cal [aŋ.xe.li.kál] 形 天使のような, あどけない. mirada ～ 愛くるしいまなざし.

an·gé·li·co, ca [aŋ.xé.li.ko, -.ka] 形 天使の；天使のような. la salutación *angélica* 〖カト〗天使祝詞, アベマリア. ── 男 小天使, 無邪気な子供.

an·ge·li·to, ta [aŋ.xe.lí.to, -.ta] 男 女 《ラ米》 (1) (ダダ)《話》ナイーブな人, 騙されやすい人. (2) 死んだ子供.
¡Angelito! 《ラ米》(ダダ)(ダ)(ダ)《話》《間投詞的に》関係ないとでも言うのか.
［ángel＋縮小辞］

an·ge·li·zar·se [aŋ.xe.li.θár.se / -.sár.-] 97 再 (精神的に) 純粋になる, 気高くなる.

an·ge·lón [aŋ.xe.lón] 男 *angelon de retablo* 肥満した人. ［ángel＋増大辞］

an·ge·lo·te [aŋ.xe.ló.te] 男 1 (宗教画などの) 天使;《話》まるまる太ったかわいい子供. 2 《話》純朴な人, 好人物. 3 〖魚〗カスザメ科の魚. 4 〖植〗クローバーの一種. ［ángel＋増大辞］

án·ge·lus [áŋ.xe.lus] 男 《単複同形》〖カト〗 (1) (朝・昼・晩の) アンジェラス, お告げの祈り. ◆Angelus Domini の語で始まるキリスト受胎の秘義に対する感謝の祈り. (2) アンジェラスの鐘, お告げの鐘.
── 男 《単複同形》アンジュー地方の人.

an·gi·na [aŋ.xí.na] 女 1 〖医〗アンギナ；《主に複数で》(急性) 扁桃(ﾍﾝﾄｳ)炎. ～ de pecho 狭心症. ～ cardíaca 狭心症. ～ de decúbito 安静狭心症. ～ inestable 不安定狭心症. ～ variante 異型狭心症. 2 《ラ米》(ダダ)(ダ)(ダ)〖解剖〗扁桃腺(ｾﾝ).

an·gi·no·so, sa [aŋ.xi.nó.so, -.sa] 形 〖医〗アンギナ(性)の, 扁桃(ﾍﾝﾄｳ)炎にかかった.

an·gio·gé·ne·sis [aŋ.xjo.xé.ne.sis] 女 《単複同形》血管形成.

an·gio·gra·fí·a [aŋ.xjo.gra.fí.a] 女 〖医〗血管造影(法).

an·gio·gra·ma [aŋ.xjo.grá.ma] 男 血管造影 (撮影) 図.

an·gio·lo·gí·a [aŋ.xjo.lo.xí.a] 女 〖医〗脈管学.

an·gio·lo·go, ga [aŋ.xjó.lo.go, -.ga] 男 女 脈管学者.

an·gio·ma [aŋ.xjó.ma] 男 〖医〗血管腫(ﾕ).

an·gio·neu·ro·sis [aŋ.xjo.neu.ró.sis] 女 《単複同形》〖医〗血管神経症.

an·gios·per·mas [aŋ.xjos.pér.mas] 女 《複数形》〖植〗被子植物.

an·gios·per·mo, ma [aŋ.xjos.pér.mo, -.ma] 形 〖植〗被子植物の, 被子を持つ.

an·gle·si·ta [aŋ.gle.sí.ta] 女 〖鉱〗硫酸鉛鉱.

an·gli·ca·nis·mo [aŋ.gli.ka.nís.mo] 男 〖宗〗英国国教会主義 (の教義).

an·gli·ca·ni·zar [aŋ.gli.ka.ni.θár / -.sár] 97 他 英国化する, (表現・語法などを) 英語風にする.

an·gli·ca·no, na [aŋ.gli.ká.no, -.na] 形 〖宗〗英国国教会の. La Iglesia *Anglicana* 英国国教会.
── 男 女 〖宗〗英国国教会の教徒［信者］.

an·gli·cis·mo [aŋ.gli.θís.mo / -.sís.-] 男 英語的語法［表現］, (他言語に移入された) 英語の語句. ⇒ barman, best seller, gol, mitin, nilón, póquer, suéter, sexy, yate.

an·gli·cis·ta [aŋ.gli.θís.ta / -.sís.-] 形 英語的語法による.

an·glo, gla [áŋ.glo, -.gla] 形 アングル (人) の；英国系の. ── 男 女 アングル (系) 人；《ラ米》(*ﾒｷ)英語を話すヨーロッパ系白人. los ～s《集合的》アングル人.

an·glo·a·me·ri·ca·no, na [aŋ.glo.a.me.ri.ká.no, -.na] 形 1 英国系米国人の；米国人の. 2 英米 (人) の. ── 男 女 英国系米国人；米国人.

an·glo·á·ra·be [aŋ.glo.á.ra.be] 形 アングロアラブ種の. ── 男 アングロアラブ種の馬：サラブレッド種とアラブ種の交配種.

an·glo·ca·na·dien·se [aŋ.glo.ka.na.djén.se] 形 英国系カナダの, 英語圏カナダの.
── 男 女 英国系カナダ人, 英語を使用するカナダ人.

an·glo·fi·lia [aŋ.glo.fí.lja] 女 英国びいき.

an·gló·fi·lo, la [aŋ.gló.fi.lo, -.la] 形 英国びいきの, 親英の. ── 男 女 英国びいきの人, 親英家.

an·glo·fo·bia [aŋ.glo.fó.bja] 女 英国(人)嫌い.

an·gló·fo·bo, ba [aŋ.gló.fo.bo, -.ba] 形 英国(人)嫌いの. ── 男 女 英国嫌いの人.

an·gló·fo·no, na [aŋ.gló.fo.no, -.na] 形 英語圏の. ── 男 女 英語圏の人, 英語使用者.

an·glo·ha·blan·te [aŋ.glo.a.blán.te] 形 →angloparlante.

an·glo·ma·ní·a [aŋ.glo.ma.ní.a] 女 英国心酔, 英国かぶれ.

an·glo·ma·no, na [aŋ.gló.ma.no, -.na] 形 英国心酔(者)の. ── 男 女 英国心酔者, 英国かぶれの人.

an·glo·nor·man·do, da [aŋ.glo.nor.mán.do, -.da] 形 1 (ノルマン人がイングランドを征服した) アングロノルマン時代の；移住ノルマン人の. 2 アングロノルマン種[馬]の；移住ノルマン人.
── 男 アングロノルマン語：英国に定着したノルマン人が用いていたフランス語方言. ノルマンフランス[アングロフランス]語ともいう.

an·glo·par·lan·te [aŋ.glo.par.lán.te] 形 〈人が〉英語を母語とする；〈地域などが〉英語を話す, 英語を公用語とする. ── 男 女 英語話者.

an·glo·sa·jón, jo·na [aŋ.glo.sa.xón, -.xó.na] 形 アングロサクソン (民族, 系, 語) の；英国系の.
── 男 女 アングロサクソン人；英国人.
── 男 1 《複数で》《集合的》アングロサクソン人.
2 アングロサクソン語, 古英語.

an·go·la [aŋ.gó.la] 女 《ラ米》(ダダ)すっぱくなった牛乳.

An·go·la [aŋ.gó.la] 固名 アンゴラ：アフリカ南西部の共和国. 首都 Luanda.
［←［ポルトガル］*Angola*←［キンブンドゥ］*Ngola*］

an·go·la·no, na [aŋ.go.lá.no, -.na] / **an·go·le·ño, ña** [aŋ.go.lé.ɲo, -.ɲa] / **an·go·lés, le·sa** [aŋ.go.lés, -. lé.sa] 形 (アフリカの) アンゴラの. ── 男 女 アンゴラ人.

an·go·lo, la [aŋ.gó.lo, -.la] 形 《ラ米》(ダダ)《話》黒人の. ── 男 女 黒人.

an·go·ra [aŋ.gó.ra] 固名 [A-] 〖史〗アンゴラ：トルコの首都 Ankara の旧称. ── 形 《性数不変》アンゴラ (種) の. ── 男 アンゴラ (種). gato [cabra] de ～ アンゴラネコ[ヤギ].

an·go·ri·na [aŋ.go.rí.na] 女 アンゴラ (ウサギの毛) のイミテーション.

an·go·rra [aŋ.gó.r̄a] 女 (作業用の) エプロン.

an·gos·tar [aŋ.gos.tár] 他 狭くする, 細くする.
── ～**se** 再 狭くなる. Allí el camino *se angosta*. あそこで道が狭くなる.

*an·gos·to, ta** [aŋ.gós.to, -.ta] 形 狭い；狭苦しい, 窮屈な (=estrecho). pasillo ～ 狭い通路.

an·gos·tu·ra [aŋ.gos.tú.ra] 女 1 狭さ, 窮屈さ (=estrechez). 2 〖地理〗狭長な地形；川幅の狭まった場所. 3 〖比喩〗(経済的)困窮. 4 〖植〗アンゴス

チュラ(の樹皮);アンゴスチュラ・ビター.◆アンゴスチュラは南米産のミカン科の木で,樹皮が解熱強壮剤.

an·gra [áŋ.gra] 囡 [el ~, un [una] ~] 〖海〗入り江, 浦, 小湾.

an·gre·la·do, da [aŋ.gre.lá.ðo, -.ða] 囮 〖紋〗波形の, ぎざぎざの.

ángs·trom [áns.trom] / **angs·tro·mio** [ans.tró.mjo] 男 〖物理〗オングストローム:長さの単位(記号 Å, A). 100億分の1メートル.

an·gua·ri·na [aŋ.gwa.rí.na] 囡 (中世農民の)そでなし外套.

an·gui·la [aŋ.gí.la] 囡 **1** 〖魚〗ウナギ. ~ de mar アナゴ. **2** 《複数で》〖海〗船架, 進水台.
anguila de cabo(ガレー船で奴隷に使用した)鞭(ぎ).

an·gui·la·zo [aŋ.gi.lá.θo / -.so] 男 鞭(を)打ち.

an·gui·lla [aŋ.gí.ja ‖ -.ʎa] 囡 《ラ米》(プ) 〖魚〗ウナギ.

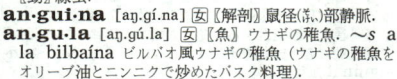

anguarina
(そでなし外套)

an·gui·lu·la [aŋ.gi.lú.la] 囡 〖動〗線虫.

an·gui·na [aŋ.gí.na] 囡 〖解剖〗鼠径(ミニ)部静脈.

an·gu·la [aŋ.gú.la] 囡 〖魚〗ウナギの稚魚. ~s a la bilbaína ビルバオ風ウナギの稚魚(ウナギの稚魚をオリーブ油とニンニクで炒めたバスク料理).

an·gu·la·do, da [aŋ.gu.lá.ðo, -.ða] 囮 角張った.

an·gu·lar [aŋ.gu.lár] 囮 **1** 角のある, とがった. **2** ある角度を持つ. objetivo gran ~ 〖写〗広角レンズ. **3** 角にある. piedra ~ 隅石, 礎石.
—男 建築用〗アングル, 山形鋼, L形鋼.

an·gu·le·ma [aŋ.gu.lé.ma] 囡 **1** (粗い)麻布, バーラップ. **2** 《複数で》《話》お追従, お世辞.

án·gu·lo [áŋ.gu.lo] 男 **1 角(を), 角度(を̌ど). ~ recto 直角に(曲がった). estar en ~ (交わって)角を作っている, 斜めに交差している. formar ~ con... と角度を成す, 交差する. formar un ~ de 10°[diez grados] 10度の角度を成す. ~ acimutal 方位角. ~ agudo 鋭角. ~ complementario 余角. ~ cóncavo [convexo] 180度を越える[未満の]角. ~ curvilíneo 曲線角. ~ de incidencia 投射角. ~ de mira 〖軍〗照準角, 射角. ~ llano [plano] 平角. ~ obtuso 鈍角. ~ de reflexión 反射角. ~ de refracción 屈折角. ~ diedro 二面角. ~ suplementario 補角. ~ de tiro 〖軍〗(大砲の)仰角. ~ entrante 凹角. ~ esférico 球面角. ~ externo 外角. ~ facial 〖解剖〗顔面角. ~ horario 〖天文〗時角. ~ interno 内角. ~ mixtilíneo 直線と曲線の成す角. ~ oblicuo 斜角. ~ óptico 〖光〗視角, 光軸角. ~ poliedro [sólido] 立体角. ~ saliente 凸角. ~ triedro 三面角. ~ visual 視角. ~ adyacentes 隣接角. ~s alternos externos [internos] 外[内]錯角. ~s consecutivos 連続角. ~s correspondientes 同位角. ~s opuestos por el vértice 対頂角.
2 隅(=rincón). en un ~ del salón 広間の隅に. ~ del ojo 目頭, 目尻(ぶ).
3 (建物の壁が外側で接してできる)角(を)(=esquina). **4** 視角, 見地. ~ contrario 反対の視角. desde este [otro] ~ この[他の]見地から. **5** アングル, 山形[L字]鋼(=angular).
ángulo muerto 死角.
[←〖ラ〗*angulum* (*angulus* の対格); 関連 angular, triángulo. 〖英〗*angle*. 〖日〗(カメラ)アングル]

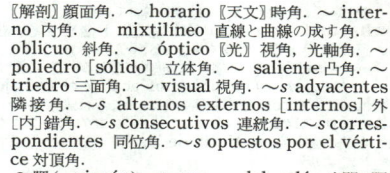

an·gu·lo·si·dad [aŋ.gu.lo.si.ðáð] 囡 角(を)のあること; 角の部分.

an·gu·lo·so, sa [aŋ.gu.ló.so, -.sa] 囮 **1** 角張った, 角のとがった. cara *angulosa* 骨張った顔.
2 曲がりくねった, 屈曲した.

an·gu·rria [aŋ.gú.rja] 囡 **1** 〖医〗排尿困難; 《話》尿の出の悪いこと. **2** 《ラ米》《話》(1) (ズラ)(プラ)空腹. comer con ~ がつがつ食う. (2) (プラ)悩み. (3) (プラ)(プラ)強い願望, 野心. (4) (プラ)(プラ)欲深さ.

an·gu·rrien·to, ta [aŋ.gu.řjen.to, -.ta] /
an·gu·rrio·so, sa [aŋ.gu.řjó.so, -.sa] 囮 《ラ米》《話》腹を空かした; けちな, 欲深い.

*an·gus·tia [aŋ.gús.tja] 囡 **1** 苦悩, 苦悶, 苦痛. con cara de ~ 苦悶の顔つきで. dar un grito de ~ 苦痛の叫びをあげる. luchar con las ~s de la muerte 臨終の苦しみと戦う. Me da ~ verlo tan enfermo. そんな重病の彼を見るのはつらい.
2 (危険などへの)不安, 心配; 〖医〗〖哲〗不安. Sigue esperando con ~ noticias de su hija. 彼[彼女]は不安にさいなまれながら娘の知らせを待ち続けている. neurosis de ~ 〖医〗不安神経症. ~ vital [existencial] 〖哲〗実存的不安.
3 (腹部・胸部の)圧迫感. Sintió (una) ~ en el pecho. 彼[彼女]は胸が息苦しくなった.
4 吐き気(=náuseas).
[←〖ラ〗*angustia* (*angustus*「狭い」より派生); 関連 angustioso. 〖英〗*anger, angry*]

an·gus·tia·do, da [aŋ.gus.tjá.ðo, -.ða] 囮 悩んでいる, 不安をかかえた. estar ~ con... …について

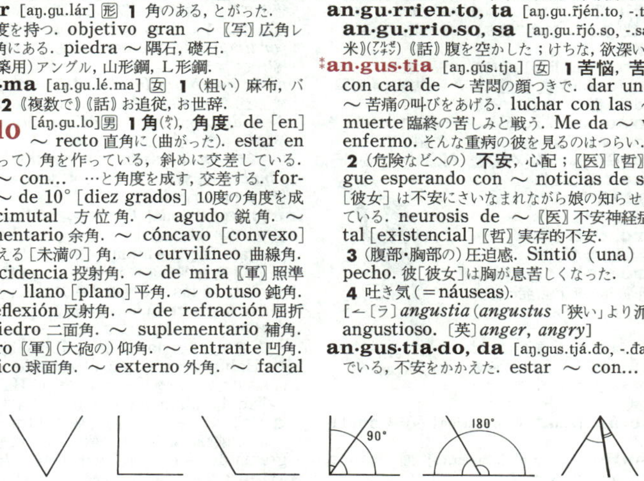

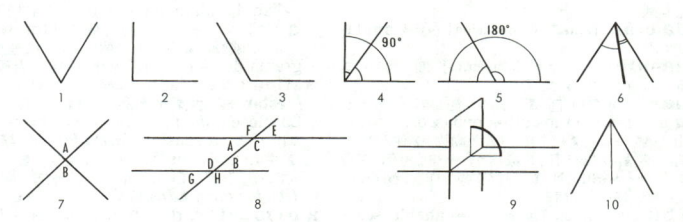

ángulo (角度)
1 ~ agudo 鋭角. **2** ~ recto 直角. **3** ~ obtuso 鈍角. **4** ~s complementarios 余角. **5** ~s suplementarios 補角. **6** ~s adyacentes 隣接角. **7** A・B ~s opuestos por el vértice 対頂角. **8** A・B, C・D ~s alternos internos 内錯角. F・H, G・E ~s alternos externos 外錯角. E・B, C・H, F・D, A・G ~s correspondientes 同位角. **9** ~ diedro 二面角. **10** ~ bisectriz 二等分線.

angustiar

苦しい思いを抱えている，悲嘆に暮れている．

an·gus·tiar [aŋ.gus.tjár] 82 他 **1** 悩ませる，悲嘆に暮れさせる．**2** 気をもませる，いらいらさせる．
— ~**se** 再 **1** 苦悩する，悲嘆に暮れる．**2** 心配する，焦る．*Me angustiaba por acabar el trabajo cuanto antes.* 仕事を早く終えたくて私は焦っていた．

An·gus·tias [aŋ.gús.tjas] 固名 アングスティアス：女子の洗礼名．▶ *María de las* ~「悲しみの聖母マリア」より

***an·gus·tio·so, sa** [aŋ.gus.tjó.so, -.sa] 形 苦しい，つらい，不安な．*una situación angustiosa* 苦境．*con voz angustiosa* 苦しげな声で．*Es esperar el resultado de los exámenes.* 試験の結果を待つのはつらいものだ．

an·gus·tu·ra [aŋ.gus.tú.ra] 女 【植】アングスチュラ．→ angostura.

an·há [a.ná] 間投 (ラ米)(幼児)(話)《同意・非難・からかい》そう，そのとおり；そうだそうだ．

an·he·la·ción [a.ne.la.θjón / -.sjón] 女 **1** あえぎ．**2** 熱望，切望，渇望．

an·he·lan·te [a.ne.lán.te] 形 熱望[切望]している．*estar* ~ *por* +不定詞 しきりに…したがっている．

***an·he·lar** [a.ne.lár] 自 **1** 《*por...* を》熱望する，希求する．*Anhelan por la libertad.* 彼らは自由を切望している．**2** (まれ) あえぐ．
— 他 **1** 熱望[切望]する，あこがれる；《+不定詞》することを》強く望む．*Anhelo su regreso.* ぜひとも《彼女に》戻ってきてほしい．*Anhela vivir en el campo.* 彼[彼女]は田舎の暮らしにあこがれている．**2** (まれ) (息を) 吐く．

an·he·li·to [a.ne.lí.to] 男 呼吸，荒い息づかい．

***an·he·lo** [a.né.lo] 男 **熱望**，切望；《複数で》野望．*con* ~ *de...* 強く…を望みつつ．

an·he·lo·so, sa [a.ne.ló.so, -.sa] 形 **1** 息苦しそうな，あえいでいる．**2** 《*por...* を》熱望している．

an·hí·dri·do [a.ní.ðri.ðo] 男 【化】無水物．~ *carbónico* 二酸化炭素．

an·hi·dri·ta [a.ni.ðrí.ta] 女 【鉱】硬石膏(こう).

an·hi·dro, dra [a.ní.ðro, -.ðra] 形 【化】無水の．

an·hi·dro·sis [a.ni.ðró.sis] 女 《単複同形》【医】無汗症，発汗減少．

a·ní [a.ní] 男 【鳥】オオハシカッコウ．

A·ní·bal [a.ní.ßal] 固名 ハンニバル (前247-183)：カルタゴの将軍．アルプスを越えてローマに迫ったが失敗し自殺した．

a·ni·da·ción [a.ni.ða.θjón / -.sjón] 女 → anidamiento.

a·ni·da·mien·to [a.ni.ða.mjén.to] 男 (鳥が) 巣を作ること，巣に住むこと．

a·ni·dar [a.ni.ðár] 自 **1** 〈鳥が〉巣を作る[かける]．*El águila anida en los altos peñascos.* ワシは高い岩山に巣を作る．**2** (まれ) 〈人・動物が〉住み着く．**3** 〈暗い感情が〉心に宿る，巣食う．— 他 〈暗い感情を〉抱く．— ~**se** 再 **1** 〈鳥が〉巣を作る[かける]．**2** 〈暗い感情が〉心に宿る．

a·nie·blar·se [a.nje.ßlár.se] 再 → aneblarse.

a·nie·go [a.njé.go] 男 **1** 洪水．**2** 溺死(でき).

a·ni·li·na [a.ni.lí.na] 女 【化】アニリン．

a·ni·lla [a.ní.ja ‖ -.ʎa] 女 **1** 輪，リング；(リング状の) 留め金, (缶飲料の) プルトップ．~ *de caucho* 輪ゴム．*cuaderno de* ~*s* ルーズリーフのノート．**2** 《複数で》【スポ】つり輪 (競技)．**3** (鳥の) 脚環．

a·ni·lla·do, da [a.ni.já.ðo, -.ða ‖ -.ʎá.-] 形 **1** 【動】環形動物の．**2** (鳥の) 脚環をはめた．**3** 環状の，輪になった．**4** 巻き毛の．**5** 【紋】(牛などの) 環輪をつけた．— 男 **1** 【動】(ミミズ・ヒルなどの) 環形動物．**2** 輪を付けること；(鳥に) 脚環をはめること．

a·ni·lla·mien·to [a.ni.ja.mjén.to ‖ -.ʎa.-] 男 輪を付けること；(鳥に) 脚環をつけること．

a·ni·llar [a.ni.jár ‖ -.ʎár] 他 **1** …に輪をつける，…を輪で留める．〈鳥に〉脚環をはめる．~ *las hojas sueltas* ばらばらの紙をリングで留める．**2** 輪にする．

*****a·ni·llo** [a.ní.jo ‖ -.ʎo] 男 **1** 指輪．~ *de boda* 結婚指輪．~ *de compromiso* [*pedida, prometida*] 婚約指輪．~ *del Pescador* 教皇認印付きの指輪．~ *pastoral* 高位聖職者の指輪．

> 類語 *anillo* は貴金属の細工をほどこした指輪や印章のものなど，広く一般的な意味で「指輪」を指す．*sortija* はふつう「宝石のはめ込んである指輪」を指す．*alianza* は「結婚指輪」．

2 輪，環状のもの；(ヘビの) とぐろ．~*s de Saturno* 土星の輪．~*s de humo* (タバコの) 煙の環．**3** 【動】(ミミズ・ヒルなど環形動物の) 環節，体環．**4** 【建】(円柱を取り巻く) 輪状平線(きょう), 環縁(まる)．**5** 【建】円形土台．**6** 【植】(樹木の) 年輪．**7** 【闘牛】闘技場．**8** 《複数で》足かせ．**9** 【医】輪．~ *inguinal* 鼠径(そけい)輪．

caérsele los anillos (*a*+人) *por* +不定詞 《主に否定文で》…するのは《人》に体裁が悪い[《人》の沽券(こけん)に関わる》．*A mi jefe no se le caen los* ~*s por limpiar la oficina.* 私の上司は平気でオフィスの掃除をする．

venir como anillo al dedo おあつらえ向きである，ぴったり合う．*Este diccionario me viene como* ~ *al dedo para aprender español.* この辞書は私がスペイン語を学ぶのにうってつけだ．

[← [ラ] *ānellum* (*ănellus* の対格)「小さな指輪」(*ānulus*「指輪」の縮小辞)] 関連 anular, ano. [英] *annular*, *anus*]

á·ni·ma [á.ni.ma] 女 [*el* ~, *un* [*una*] ~] **1** 魂，霊魂，(特に) 煉獄(れんごく) にいる魂 (= ~ *bendita* [*del purgatorio*]). → alma 類語．
2 【軍】砲腔(ほうこう), 銃腔；内腔．**3** 《複数で》晩鐘；晩鐘の時刻．*a las* ~*s* 晩鐘の鳴る時刻に，夕暮時に．

***a·ni·ma·ción** [a.ni.ma.θjón / -.sjón] 女 **1** 活気 (づけること)；元気, 活発さ．*dar* ~ *a...* …を活気づける，盛り上げる．*la* ~ *del público* 聴衆の盛り上がり．*Había gran* ~ *en el estadio.* 競技場には活気にあふれていた．**2** にぎわい，雑踏．*Había mucha* ~ *en la alameda.* 並木道はとてもにぎわっていた．**3** 【映】アニメーション，動画製作．*film de* ~ アニメーション映画．**4** (公的機関による) 推進事業．*programa de* ~ *cultural* 文化推進事業計画．

***a·ni·ma·do, da** [a.ni.má.ðo, -.ða] 形 **1** 《*ser* + / *estar* +》**活気がある**；《*ser* +》楽しい，陽気な．*La clase está muy animada.* クラスには活気があふれている．*discusión animada* 活発な議論．**2** 生命のある．*los seres* ~*s* 生物．**3** (人で) にぎわっている，混雑している．**4** (ラ米) 快方に向かっている．*dibujos animados* 動画，アニメ(ーション)．

a·ni·ma·dor, do·ra [a.ni.ma.ðór, -.ðó.ra] 形 勇気[元気] づける．*noticia animadora* 励みになる知らせ；吉報．
— 男 女 **1** (ナイトクラブなどの) 芸人，エンターテイナー；司会者[役]．**2** 応援団長，リーダー．**3** アニメーター, アニメ制作者．**4** (ラ米)世話役, 進行役．

a·ni·mad·ver·sión [a.ni.mađ.ber.sjón] 囡 敵意, 憎悪; 非難. tener ~ hacia +人〈人〉に敵意[反感]を抱く.

a·ni·mal [a.ni.mál]男 **1 動物, 鳥獣虫魚. ~es domésticos 家畜. observar ~es salvajes 野性動物を観察する. Sociedad Protectora de A~s 動物愛護協会. El ser humano es un ~ de costumbres. 人類は習慣の動物である.
2 がさつな人, 乱暴な人; まぬけ. ¡No seas ~! ばかなことを言わないで[しないで]. Sois unos ~es. おまえたちは乱暴なやつだ.
3 並外れた体力[知力]を持った人.
— 形《名詞(+)》《ser+》 **1** 動物(性)の, 動物的な. la Ley de Protección A~ 動物愛護法. el consumo de grasas ~es 動物性脂肪の摂取. el instinto ~ 動物的本能.
2《話》理性を欠いた, 乱暴な; ばかな, 無知な. ¡Qué ~ eres! 乱暴なやつだ, とんでもないやつだ.
animal de bellota(s) 豚;《軽蔑》愚か者, 乱暴者. ¡No digas barbaridades! ¡Eres un ~ de bellota! ばかなこと言わないで. あなたって下品ね.
animal de sangre caliente 恒温動物, 定温動物, 温血動物.
animal de sangre fría 変温動物, 冷血動物.
animal político 政治に夢中になる人. "El hombre es por naturaleza un ~ *político*", decía Aristóteles. 「人間は生まれながらにして政治的動物である」とアリストテレスは言った.
pedazo de animal (1)《間投詞的に》ばか野郎. ¡Imbécil, *pedazo de* ~! 大ばか野郎. (2)《ほめ言葉》すごい.
[← [ラ] animal(anima「魂」より派生; 関連 animismo, ánima, animación. [ポルトガル] [仏] [英] animal. [伊] animale. [英] animation.

a·ni·ma·la·da [a.ni.ma.lá.đa] 囡 **1**《話》愚行. decir ~s 不謹慎な言葉を吐く.
2《話》大金. gastar una ~ 大枚をはたく.
3《ラ米》《ﾌﾟｴﾙﾄ》《ｺﾛ》動物[家畜]の群れ.

a·ni·ma·la·je [a.ni.ma.lá.xe] 男《ラ米》《ｺﾛﾝﾋﾞｱ》《ﾁﾘ》動物[家畜]の群れ.

a·ni·mál·cu·lo [a.ni.mál.ku.lo] 男《動》(繊毛虫類などの)極小動物.

a·ni·ma·le·jo [a.ni.ma.lé.xo] 男 **1**《親愛》小さな[かわいらしい]生き物.
2《軽蔑》虫けら.
[animal + 縮小辞]

a·ni·ma·li·dad [a.ni.ma.li.đáđ] 囡 動物性, 獣性.
a·ni·ma·lis·mo [a.ni.ma.lís.mo] 男 → animalidad.
a·ni·ma·lis·ta [a.ni.ma.lís.ta] 形 絵画・彫刻などが)動物描写の.
— 男 囡 動物画家[彫刻家].
a·ni·ma·li·za·ción [a.ni.ma.li.θa.θjón / -.sa.sjón] 囡 動物化, 獣化.
a·ni·ma·li·zar [a.ni.ma.li.θár / -.sár] 97 他《行動などを》動物的にする. — **~·se** 再 野獣化する, 野蛮になる (= embrutecerse).
a·ni·ma·lu·cho [a.ni.ma.lú.tʃo] 男《軽蔑》気味の悪い動物, 虫けら.

a·ni·mar [a.ni.már]他 **1 励ます, 元気づける. Tus consejos siempre me *animan* mucho. 君のアドバイスを聞くといつも私は元気になります.
2《a +不定詞 / a que+接続法…するように》促す, けしかける. No hay ninguna razón concreta que lo *haya animado* a dimitir. 彼を辞任する気にさせた具体的な理由は何もない. Mis padres me *animaron a que siguiera* mis estudios. 両親は私が学業を続けるように促してくれた.
3 活気づける, 刺激を与える; 彩りを添える. Vamos a poner música para ~ la fiesta. パーティーが楽しくなるように音楽をかけましょう.
4《神が》命を与える;《物語・人物などを》動画[アニメ]化する;《作品を》生きているようにする. En esta película los personajes están *animado*s por ordenador. この映画の登場人物はコンピュータでアニメ化されている.
— **~·se** 再 **1**《a+不定詞》《…する》気になる, 思い切って《…》する. Vamos al cine esta noche. ¿Tú no *te animas*? 今晩私たちは映画に行きます. 君もどうですか. Nadie *se animaba* a hacer preguntas. 誰も思いきって質問しようとはしなかった.
2 元気になる, 活気づく. Venga, ¡*anímate*! さあ, 元気を出して. Después de una hora la reunión fue *animándose*. 1時間を過ぎると会合は盛り上がっていった.

a·ní·mi·ca·men·te [a.ní.mi.ka.mén.te] 副 精神(状態)については.
a·ní·mi·co, ca [a.ní.mi.ko, -.ka] 形 精神の; 霊魂の, 心霊的な. estado ~ 精神状態.
a·ni·mis·mo [a.ni.mís.mo] 男 アニミズム: あらゆる物質に霊魂があるとする信仰.
a·ni·mis·ta [a.ni.mís.ta] 形 アニミズムの.
— 男 囡 アニミズムの信奉者.
a·ni·mi·ta [a.ni.mí.ta] 囡《ラ米》《ﾁﾘ》(道路脇の)祠(ほこら): 交通事故の犠牲者を悼み道路脇に供え物を置く.

á·ni·mo [á.ni.mo]男 **1 精神, 気持ち. estado de ~ 精神状態. presencia de ~ 落ち着き. **2 意気**, 気力. grandeza de ~ 勇気. con mucho(s) ~(s) 張り切って. perder el ~ 気力を失う. No tengo ~(s) ni para comer. 食事する気にもならない. A pesar de su edad, tiene mucho ~. 彼[彼女]は年の割りに元気だ. **3** 意思, 意図. sin ~ de lucro 欲得を抜きにして. sin ~ de ofender 怒らせるつもりはないのだが. No estaba en mi ~ criticarte. 私は君を批判するつもりはなかった. ▶ 否定の文脈で用いられることが多い.
¡ánimo!《間投詞的に》がんばれ.
dar ánimos a+人《人》に声援を送る.
hacerse el [al] ánimo de+不定詞 (新しい事態に)慣れて《…》する気になる.
[← [ラ] animum (*animus* の対格; *anima*「魂」(← ánima) より派生); 関連 animoso, animar, animación, animal. [英] animation. [日] アニメ]

a·ni·mo·si·dad [a.ni.mo.si.đáđ] 囡 **1**《contra... …への》憎しみ, 敵意.
2《まれ》勇気; 活気.

*a·ni·mo·so, sa [a.ni.mó.so, -.sa] 形 **元気のよい**; 勇気のある, 毅然とした. ~ en la lucha 戦いにおいて勇猛な.

a·ni·ña·do, da [a.ni.ɲá.đo, -.đa] 形 子供のような; 子供っぽい, 幼稚な. una cara *aniñada* あどけない顔. comportamiento ~ 大人げない振る舞い.

a·ni·ñar·se [a.ni.ɲár.se] 再 子供っぽくなる.

a·nión [a.njón]男《物理》陰イオン, アニオン (↔catión).

a·ni·qui·la·ción [a.ni.ki.la.bjón / -.sjón] 囡 **1** 絶滅, 消滅, **2** (敵に対する)圧倒, 圧倒的勝利. **3**

落胆, 気落ち.

a·ni·qui·la·dor, do·ra [a.ni.ki.la.ðór, -.ðó.ra] 形 壊滅的な.

a·ni·qui·la·mien·to [a.ni.ki.la.mjén.to] 男 → aniquilación.

***a·ni·qui·lar** [a.ni.ki.lár] 他 **1** 全滅[消滅]させる. El ejército enemigo fue *aniquilado*. 敵軍は壊滅した. La contaminación *aniquiló* varios seres vivos del río. 汚染は様々な川の生物を絶滅させた. **2** 〈人の健康などを〉害する. Este trabajo *aniquilará* tu salud. この仕事で君には健康を損ねるだろう. **3** 〈敵を〉圧倒する, 打ち負かす.
━ ·se 再 **1** 消滅する, 全滅[絶滅]する. **2** 〈健康状態が〉悪化する; 衰弱する. **3** 打ち負かされる.

a·nís [a.nís] 男 **1**【植】アニス, アニスの実. **2** アニス酒; アニス油[エッセンス]; アニス菓子. **3** 《ラ米》(㌻)精力.
estar hecho un anís《ラ米》(㌻)めかし込んでいる, しゃれたなりをしている.
[←〔カタルーニャ〕*anís* ←〔ラ〕*anīsum* ←〔ギ〕*ánison*; 関連〔英〕anise]

a·ni·sa·do, da [a.ni.sá.ðo, -.ða] 形 アニスで香りをつけた. ━ 男 アニス酒.

a·ni·sa·kis [a.ni.sá.kis] 男《単複同形》アニサキス: 線虫. 幼虫はサバなどに寄生する.

a·ni·sar [a.ni.sár] 他 アニスで香りをつける, アニス(酒・エッセンス)を加える. ━ 男 アニス畑.

a·ni·se·ros [a.ni.sé.ros] 男《複数同形》《ラ米》(㍍)
entregar los aniseros《俗》死ぬ, くたばる.
vaciar los aniseros a +人《俗》〈人〉を殺す.

a·ni·se·te [a.ni.sé.te] 男 アニス酒.
[←〔仏〕*anisette*]

a·ni·so·ci·to·sis [a.ni.so.θi.tó.sis / -.si.-] 女《単複同形》赤血球(大小)不同(症).

a·ni·so·co·ria [a.ni.so.kó.rja] 女【医】瞳孔不同.

a·ni·so·don·te [a.ni.so.ðón.te] 形【動】〈歯の高さが異なる〉異形歯の.

a·ni·só·fi·lo, la [a.ni.só.fi.lo, -.la] 形【植】〈異なった大きさの葉を持つ〉不等葉性の.

a·ni·só·me·ro, ra [a.ni.só.me.ro, -.ra] 形【生物】不等数の器官[部分]を持つ.

a·ni·so·pé·ta·lo, la [a.ni.so.pé.ta.lo, -.la] 形【植】不等花弁の.

a·ni·so·si·lá·bi·co, ca [a.ni.so.si.lá.bi.ko, -.ka] 形〈韻文・詩などが〉音節の数がそろっていない.

a·ni·so·si·la·bis·mo [a.ni.so.si.la.bís.mo] 男 音節の数をそろえないこと.

a·ni·so·tro·pí·a [a.ni.so.tro.pí.a] 女【物理】〈置かれた方向で物性の異なる〉異方性.

a·ni·só·tro·po, pa [a.ni.só.tro.po, -.pa] 形【物理】異方性の.

A·ni·ta [a.ní.ta] 固名 アニータ: Ana の愛称.

a·ni·to [a.ní.to] 〔タガログ〕男 フィリピン先住民が家庭に祭る偶像.

a·ni·ve·lar [a.ni.ße.lár] 他《ラ米》(㌻㌦)→ nivelar.

***a·ni·ver·sa·rio, ria** [a.ni.ßer.sá.rjo, -.rja] 形 記念日の.
━ 男 記念日, 記念祭; 年回忌. primer [tercer] ~ de... …から1[3]周年. ~ de boda 結婚記念日. el final de la guerra 終戦1周年記念日. Hoy es el décimo ~ de su padre. 今日は彼[彼女]の父親の10回忌だ.

¡an·já! [aŋ.xá] 間投《ラ米》(㌳)(㍍)(㌶)(㌻)《話》《同意・非難・からかい》そう, そのとおり; そうだそうだ.

An·ka·ra [aŋ.ká.ra] 固名 アンカラ: トルコの首都.

a·no [á.no] 男 肛門(㋟), 尻(㋡)の穴.

-a·no, na 〔接尾〕**1**「…の性質の, …に属する, …の生まれの」の意を表す形容詞, および「…の人[もの]」の意の名詞語尾. ⇒ bogot*ano*, darwini*ano*, venezol*ano*. ▶ -iano, na となる場合もある. ⇒ galdosi*ano*. **2**「職業」を表す名詞語尾. ⇒ ciruj*ano*, escrib*ano*.

a·no·bio [a.nó.ßjo] 男【昆】キクイムシ.

***a·no·che** [a.nó.tʃe] 副 昨夜, 昨晩. ~ cenaron fuera. 彼らは昨夜外で夕食を取った. antes de ~ 一昨晩(= anteanoche). [a + noche]

a·no·che·ce·dor, do·ra [a.no.tʃe.θe.ðór, -.ðó.ra / -.se.-] 形 宵っ張りの. ━ 男女 宵っ張り(の人).

***a·no·che·cer** [a.no.tʃe.θér / -.sér] 34 自 **1**《3人称単数・無主語》夜になる, 日が暮れる. Ahora *anochece* a las seis. 近ごろは6時になると日が暮れる. Antes que *anochezca*, llegaremos al hotel. 夜までにはホテルに着くだろう. *Antes que anochezca*『夜になる前に』(Arenas の回想録). **2**〈人が〉日暮れに…に居る[着く]. *Anochecí* en Salamanca. 私はサラマンカで夜を迎えた.
━ 男 夕暮れ, たそがれ, 日没(時). al ~ 日暮れに. antes de ~ 暗くならないうちに.

a·no·che·ci·da [a.no.tʃe.θí.ða / -.sí.-] 女 夕暮れ, 夕方. de ~ 夕暮れどきに.

a·no·che·ci·do [a.no.tʃe.θí.ðo / -.sí.-] 副 夜になって, 暗くなって, 日が暮れてから.

anochezc- 活 → anochecer.

a·nó·di·co, ca [a.nó.ði.ko, -.ka] 形【電】陽極の (↔ catódico).

a·no·di·nar [a.no.ði.nár] 他【医】鎮痛剤を投与する.

a·no·di·nia [a.no.ðí.nja] 女【医】無痛.

a·no·di·no, na [a.no.ðí.no, -.na] 形 **1**【医】鎮痛(剤)の. **2** 内容のない, つまらない.
━ 男 鎮痛剤[薬].

á·no·do [á.no.ðo] 男【電】陽極 (↔ cátodo).

a·no·don·te [a.no.ðón.te] 男【貝】ドブガイ属.

a·no·don·tia [a.no.ðón.tja] 女【医】無歯(症).

a·no·fe·les [a.no.fé.les] 形《性数不変》ハマダラカの, アノフェレスカの. ━ 男【昆】ハマダラカ, アノフェレスカ: マラリアを媒介するアノフェレス属の蚊の総称.

a·no·ma·lí·a [a.no.ma.lí.a] 女 **1** 変則, 異常, 例外. **2**【生物】異形, 変態;【気象】偏差. **3**【天文】近点離角. **4**【言】変則.

a·no·ma·lís·ti·co, ca [a.no.ma.lís.ti.ko, -.ka] 形 変則の, 異常の.

a·nó·ma·lo, lo [a.nó.ma.lo, -.la] 形 変則的な, 異常な; 異例の (= anormal).

a·nón [a.nón] 男 → anona **1**.

a·no·na [a.nó.na] 女 **1**【植】バンレイシ(の木, 実): 熱帯アメリカ原産. ~ de México トゲバンレイシ. ~ de Perú チリモヤの木.
2《ラ米》(㍍)ばかなこと; 臆病(㋙ょう).
━ 形《ラ米》(㍍)《話》ばかな, 愚かな.

a·no·na·da·ción [a.no.na.ða.θjón / -.sjón] 女 **1** 消滅, 絶滅. **2** 啞然(㋐㋜)(とさせること).

a·no·na·da·mien·to [a.no.na.ða.mjén.to] 男 → anonadación.

a·no·na·dar [a.no.na.ðár] 他 **1** 消滅[絶滅]させる, 破壊する. **2** 圧倒する, 打ち負かす. **3** 驚愕(きょう)させる, 愕然(㋕㋛)とさせる. Me *anonadó* esa noticia. その知らせに私はがっくりした.
━ ·se 再 **1** 消滅[絶滅]する. **2** 圧倒される, 打

ちのめされる. **3** 呆然(ぼう)となる, 啞然(あぜん)とする.

a‧no‧ni‧ma‧to [a.no.ni.má.to] 男 匿名(性);無記名, 作者不明[不詳]. conservar [guardar] el ~ 名を伏せておく.

a‧no‧ni‧mia [a.no.ní.mja] 女 匿名(性), 作者不詳であること.

*__a‧nó‧ni‧mo, ma__ [a.nó.ni.mo, -.ma] 形 **1** 匿名の, 署名のない; 作者不明[不詳]の. carta anónima 匿名の手紙. una obra maestra de un pintor ~ 無名画家の傑作. **2** 無名の, 有名でない.
— 男 **1** 匿名(性);作者不詳. **2** 無名の人物;匿名の手紙[電話, 文書];作者不詳の作品.
[←[ラ]anōnymus←[ギ]anōnymos (an-「無」+ónoma「名前」+ 語尾). 関連 nombre, sinónimo. [英]anonymous]

a‧no‧rak [a.no.rák] 男 アノラック, ヤッケ, パーカ.

a‧no‧re‧xia [a.no.rék.sja] 女 **1** 食欲不振, 無食欲. **2**〖医〗拒食症, 摂食障害.

a‧no‧ré‧xi‧co, ca [a.no.rék.si.ko, -.ka] 形 食欲不振の, 拒食症の. — 男 女 食欲不振[拒食症]の人.

*__a‧nor‧mal__ [a.nor.mál] 形 **1** 異常な, 並外れた, 常軌を逸した (↔normal). una situación ~ 異常事態. Nada ~ se vio en su cara. 彼[彼女]の顔に少しも変わった様子はなかった. **2**〖医〗(発育)不全の;精神薄弱者. — 男 女 異常者;精神薄弱者.

a‧nor‧ma‧li‧dad [a.nor.ma.li.ðáð] 女 **1** 異常, 変則, 異例. **2** 精神障害.

a‧nos‧mia [a.nós.mja] 女〖医〗無嗅覚(むきゅうかく)(症).

a‧no‧ta‧ción [a.no.ta.θjón / -.sjón] 女 **1** 書き留めること;書き込み, 所見. **2** 注釈, 注解, 注. **3** 登録, 登記. **4**〖スポ〗得点.

a‧no‧ta‧dor, do‧ra [a.no.ta.ðór, -.ðó.ra] 形 **1** メモを取る, 記録する. **2** 注釈[注解]をつける. — 男 女 **1** メモを取る人, 記録する人. **2** 注釈者, 注解者. **3**〖映〗スクリプター, スクリプトガール.
— 男《ラ米》〖スポ〗スコアカード, 得点表.

*__a‧no‧tar__ [a.no.tár] 81 他 **1** 書き留める, 書き込む. ~ el número de teléfono 電話番号をメモする. ~ la fecha en la agenda メモ帳に日付を書き込む. **2 (en...** …に)登録する, 〖商〗記帳する. ~ el nombre en una lista リストに名前を載せる. La anotamos como primogénito en el registro civil. 私たちは彼女を長男として戸籍に入れた.
3 …に注釈をつける, 書き込みを入れる. ~ un texto clásico con numerosos comentarios 古典文書に豊富な注釈をつける. **2**〖スポ〗(得点を)上げる (=marcar). ~ dos goles 2 ゴールを決める.
— 自〖スポ〗得点を上げる.
—~‧se 再 **1**〈勝利を〉収める,〈敗北を〉喫する. El equipo argentino se anotó una nueva victoria. アルゼンチンのチームが再び勝利を得た.
2 自分の名前を登録する. ~se en un curso 講座に登録する.

a‧no‧ve‧la‧do, da [a.no.βe.lá.ðo, -.ða] 形 小説の, 小説的な, 小説の特徴を備えた.

a‧no‧vu‧la‧ción [a.no.βu.la.θjón / -.sjón] 女 無排卵.

a‧no‧vu‧la‧to‧rio, ria [a.no.βu.la.tó.rjo, -.rja] 形 無排卵(性)の;排卵停止の, 排卵を抑制する.
— 男 排卵抑制剤.

a‧no‧xia [a.nók.sja] 女〖医〗酸素欠乏症, 無酸素症.

an‧que‧ta [aŋ.ké.ta] 女〖古語〗estar de media ~《話》浅く腰掛けている.

an‧qui‧lo‧sa‧mien‧to [aŋ.ki.lo.sa.mjén.to] 男 **1**〖医〗(関節の)強直. **2** 鈍化, 硬直化. el ~ de la economía 経済の停滞状態.

an‧qui‧lo‧sar [aŋ.ki.lo.sár] 他〈関節を〉強直させる. **—~‧se** 再 **1**〈関節が〉強直する. **2** 鈍化する,〈発展・進歩が〉止まる, まひする. Se va anquilosando la economía. 経済が鈍化しつつある.

an‧qui‧lo‧sau‧rio [aŋ.ki.lo.sáu.rjo] 男〖古生〗アンキロサウルス.

an‧qui‧lo‧sis [aŋ.ki.ló.sis] 女《単複同形》〖医〗(関節の)強直(症).

an‧qui‧los‧to‧ma [aŋ.ki.los.tó.ma] 男〖動〗鉤虫(こうちゅう), 十二指腸虫.

an‧qui‧los‧to‧mia‧sis [aŋ.ki.los.to.mjá.sis] 女《単複同形》〖医〗鉤虫(こうちゅう)症, 十二指腸虫症.

ANR [a.e.ne.é.r̃e] 略 Asociación Nacional Republicana 国民共和協会:パラグアイの政党.

an‧sa [án.sa] 女 hansa.

án‧sar [án.sar] 男〖鳥〗ガチョウ;ガン.

an‧sa‧ri‧no, na [an.sa.rí.no, -.na] 形 ガチョウの, ガンの. — 男 ガチョウ[ガン]のひな.

an‧sa‧rón [an.sa.rón] 男 → ansarino.

an‧se‧á‧ti‧co, ca [an.se.á.ti.ko, -.ka] 形 → hanseático.

An‧sel‧mo [an.sél.mo] 固名 アンセルモ:男子の洗礼名. [←[ラ]Anselmus(ゲルマン語源);関連[ポルトガル][伊]Anselmo. [仏]Anselme. [英][独]Anselm]

an‧sí [an.sí] 副《俗》この[その]ように, こう[そう]いうふうに (=así).

*__an‧sia__ [án.sja] 女 [el, un [una] ~] **1**《主に複数で》強い欲求, 切望. saciar [satisfacer] el ~ de libertad [poder, riquezas] 自由への希求[権勢欲, 金銭欲]を満たす. esperar [devorar] con ~ 待ちわびる[がつがつ食べる]. Tiene ~s de hacer un buen trabajo. 彼[彼女]はひたすらよい仕事をしたがっている.
2 心配, 不安;《複数で》苦悶 (=ansiedad). luchar con las ~s de la muerte 断末魔の苦しみと戦う. **3** 憔悴(しょうすい). **4**《複数で》吐き気, むかつき (=náuseas). tener ~s 吐き気がする, 気分が悪い.
[←[後ラ]anxia←[ラ]anxius「不安な」より派生; 関連 ansioso, ansiedad. [英]anxiety]

*__an‧siar__ [an.sjár] 81 他 熱望する, 切望する, 渇望する. ~ la tranquilidad 平穏を切に願う. ~+不定詞 …することを切に望む. el día tan ansiado 待ちに待った日.

*__an‧sie‧dad__ [an.sje.ðáð] 女 **1** 心配, 焦燥, 切望. **2**〖心〗不安.

an‧si‧na [an.sí.na] 副《ラ米》(ぞんざい)(ぞくご) → así.

an‧sio‧lí‧ti‧co, ca [an.sjo.lí.ti.ko, -.ka] 形 不安を抑える, 抗不安の. — 男 抗不安剤.

an‧sio‧sa‧men‧te [an.sjó.sa.mén.te] 副 **1** 切に, 切望して. **2** 心配して, 不安に駆られて.

an‧sio‧si‧dad [an.sjo.si.ðáð] 女〖古語〗→ ansia.

*__an‧sio‧so, sa__ [an.sjó.so, -.sa] 形 **1 (estar +) (de... por...** ···を) 熱望する, 切に求める. ~ de gloria 栄光を渇望した. Estamos ~s por saber dónde está. 私たちは彼[彼女]の居所をぜひ知りたい.
2 (ser +) 欲の深い, 強欲な. **3 (estar +)** 心配な, 気がかりな Estoy ~ porque sigo llamándole y nunca contesta. 彼は私に電話し続けているが全く応答がないので心配している. **4**《ラ米》(ぞくご)吐き気がする, むかむかする.

an‧ta¹ [án.ta] 女 **1**〖考古〗メンヒル:有史以前の巨石の遺物 (=menhir). **2**〖建〗壁端柱, アンタ.

an·ta² [án.ta] 囡【動】(1) ヘラジカ (= alce). (2)《ラ米》バク.

an·ta·gó·ni·co, ca [an.ta.ɣó.ni.ko, -.ka] 形 敵対[対立]する, 相反する.

an·ta·go·nis·mo [an.ta.ɣo.nís.mo] 男 **1** 敵対(関係), 対立, 相反. **2**【物理】拮抗(きっこう)作用. **3**【解剖】拮抗筋.

an·ta·go·nis·ta [an.ta.ɣo.nís.ta] 形 **1** 敵対[対立]する, 拮抗(きっこう)する. intereses ~s 対立する利害. músculo ~【解剖】拮抗筋. **2**【演】敵(かたき)役の. ── 共 **1** 敵対者, 反対者. **2**【演】敵役.

an·ta·go·ni·zar [an.ta.ɣo.ni.θár / -.sár] 他 97 対抗する, 敵対する. ── 自 敵対行動する.

an·ta·ña·zo [an.ta.ɲá.θo / -.so] 副 ずっと前に.

*__an·ta·ño__ [an.tá.ɲo] 副 **1** 昔. un libro de ~ 古書. **2**《古語》昨年.

an·ta·ñón, ño·na [an.ta.ɲón, -.ɲó.na] 形 非常に古い (= muy viejo).

an·ta·ño·so, sa [an.ta.ɲó.so, -.sa] 形《ラ米》(ぞく) → antañón.

an·ta·ra [an.tá.ra] 囡《ラ米》笛.

an·tar·ca [an.tár.ka] 副《ラ米》(ちりペルー)(ぞく) de antarca あおむけに.

an·tár·tic·o, ca [an.tárk.ti.ko, -.ka] / **an·tár·ti·co, ca** [an.tár.ti.ko, -.ka] 形 南極の, 南極地方の(↔ártico). polo ~ 南極. círculo polar antártico 南極圏. ── 共 南極[圏].

An·tár·ti·da [an.tár.ti.ða] 囡 la ~ 南極大陸.

an·te¹ [án.te] 男 **1**【動】(1) ヘラジカ. (2) 水牛 (= búfalo).《ラ米》(かぞく) バク. バックスキン, シャモア革；スエード. un abrigo de ~ スエードのコート. **3** 淡黄色, 黄褐色.

an·te² [án.te] 男 **1**《ラ米》(ぞく) ワイン・蜂蜜(はちみつ)・ニッケイ・フルーツを混ぜた冷たい飲み物. (2)（ラ米）ココナッツ・アーモンド入りのケーキ. (3)（ラ米）穀類から作った菓子.

__an·te__³ [án.te] 前 (↔tras) **1**【文章語】《位置関係》…の前に, …の前面に. Él la esperaba ─ la puerta sin moverse. 彼は扉の前で身動きせず彼女を待っていた. ▶時間的には「…より前に antes de... (↔después de...). ⇒ Tenemos que presentar el trabajo *antes de*l viernes. 私たちはレポートを金曜日までに提出しなければならない.

> [類語] *ante, frente a* はともに「直面して」の意味があるが ante は文語的用法. *delante de* や *enfrente de* は物理的に対面しているという意味なので比喩的意味には持たない.「その問題に直面して我々は何もできなかった」は No pudimos hacer nada *ante* el [frente al] problema. とは言えるが, *delante de*l problema や *enfrente de*l problema は言えない.

2《状況》…に直面して. A~ el ataque de los enemigos, tuvimos que cambiar de estrategia. 敵の攻撃を受け, わが軍は戦略を変えざるをえなかった.

ante todo 何よりもまず.

[←ラ] *ante*；関連 anterior, antes. [英] *ante-, and, end*]

ante-〔接頭〕「前の, …に先立つ, …の前にある」の意. → *ante*cámara, *ante*penúltimo. [←ラ]

-ante〔接尾〕→ -nte.

an·te·al·tar [an.te.al.tár] 男 (教会堂の) 内陣.

an·te·a·no·che [an.te.a.nó.tʃe] 副 一昨晩, おとといの夜.

an·te·an·te·a·no·che [an.te.an.te.a.nó.tʃe] 副《まれ》一昨々夜[晩], さきおとといの夜.

an·te·an·te·a·yer [an.te.an.te.a.jér] 副《まれ》一昨々日, さきおととい.

an·te·an·tier [an.te.an.tjér] 副《俗》→ anteanteayer.

*__an·te·a·yer__ [an.te.a.jér] 副 **一昨日**, おととい. Vi a Paco ~. 一昨日[2日前]パコに会った.

an·te·bra·zo [an.te.bɾá.θo / -.so] 男 前腕, 前膊(はく)；(馬などの) 前脚の上半部.

an·te·bu·rro [an.te.bú.ro] 男《ラ米》【動】バク.

an·te·ca·ma [an.te.ká.ma] 囡 (ベッドの足元に敷く) 敷物.

an·te·cá·ma·ra [an.te.ká.ma.ɾa] 囡 (主室に通ずる) 次の間, 控えの間.

an·te·ca·pi·lla [an.te.ka.pí.ja ‖ -.ʎa] 囡 礼拝堂の前室.

an·te·ce·den·cia [an.te.θe.ðén.θja / -.se.-.sja] 囡 **1** 先行(すること). **2**《集合的》先祖. **3** 優位, 優先.

*__an·te·ce·den·te__ [an.te.θe.ðén.te / -.se.-] 男 **1**《主に複数で》いきさつ, 前例, 先行する事情. los ~s del accidente 事故の背景. **2**《複数で》前歴, 素性；既往症. tener malos ~s 前歴がよくない, 素性が怪しい. ~s penales【法】前科. ¿Cuáles son sus ~s? 彼[彼女]の経歴はどんなですか. **3**【文法】先行詞. **4**【数】(比例式の) 前項；【論】【音楽】主唱, 先行句. ── 形 先行する, 以前の, 前にある[起きている]. *estar en antecedentes* いきさつを知っている. *poner* A+人 *en antecedentes*〔人〕に事情を説明する [知らせる].

[←ラ] *antecedentem* (*antecēdēns* の対格)；関連 ante, anteceder, antecesor. [英] *antecedent*]

an·te·ce·der [an.te.θe.ðér / -.se.-] 他 (時間・順序)《通常 a...》(…に) 先行する, 先立つ, (…の) 前に起こる. En esta frase el adjetivo *antecede* al sustantivo. この句では形容詞が名詞に先行する.

an·te·ce·sor, so·ra [an.te.θe.sór, -.só.ra / -.se.-] 共 **1** 前任者, 先輩. Ha sido mi ~ en este despacho. 彼はこの職場で私の前任者だった. **2**《主に複数で》祖先, 先祖.

an·te·co·ci·na [an.te.ko.θí.na / -.sí.-] 囡 配膳(ぜん)室, パントリー.

an·te·co·ro [an.te.kó.ro] 男 (教会堂の) 聖歌隊席手前の空間.

an·te·cris·to [an.te.krís.to] 男 → anticristo.

an·te·da·ta [an.te.ðá.ta] 囡【法】前日付. poner ~ 実際より早い日付をつける.

an·te·da·tar [an.te.ða.tár] 他 (実際より) 早い日付をつける, 前日付にする.

an·te·dí·a [an.te.ðí.a] 副 前もって.

an·te·di·cho, cha [an.te.ðí.tʃo, -.tʃa] 形 前述の, 上記の.

an·te·di·lu·via·no, na [an.te.ði.lu.bjá.no, -.na] 形 **1** ノアの洪水 el Diluvio 以前の. **2**《話》大昔の, 古臭い.

an·te·fi·ja [an.te.fí.xa] 囡【建】アンテフィックス：ギリシア・ローマ建築で屋根瓦(かわら)の接ぎ目を隠す軒飾り.

an·te·fir·ma [an.te.fíɾ.ma] 囡 **1** 手紙の結辞：敬具 atentamente, sinceramente (suyo) など. **2** (署名の) 肩書き, 役職名.

an·te·fo·so [an.te.fó.so] 男【建】【築城】外堀.

an·te·gue·rra [an.te.ɣé.ra] 囡 戦前の (= preguе-

an·te·i·gle·sia [an.tei.glé.sja] 女 (教会堂の) 入り口広間, 柱廊玄関.

an·te·is·lá·mi·co, ca [an.teis.lá.mi.ko, -.ka] 形 イスラム教以前の.

an·te·jue·la [an.te.xwé.la] 女 《ラ米》(ﾗﾝﾃ)(⁺ﾒ)《服飾》(装飾の) スパンコール.

an·te·la·ción [an.te.la.θjón / -.sjón] 女 (ある事柄に) 先立つ時間, 事前. con ～ 前もって, 事前に. con cinco días de ～ 5日前に. con la debida ～ しかるべき余裕をもって[時間内に, 期間内に].

an·te·li·na [an.te.lí.na] 女 (人造の) バックスキン.

an·te·lle·var [an.te.je.bár | -.ʎe.-] 他 《ラ米》(ﾗﾝﾃ) (車で) はねる, ひき倒す (= atropellar).

an·te·lle·vón [an.te.je.bón ‖ -.ʎe.-] 男 《ラ米》(ﾗﾝﾃ) (車で) はねること, ひき倒すこと.

*__an·te·ma·no__ [an.te.má.no] *de antemano* 前もって, あらかじめ. preparar... *de* ～ 事前に準備しておく. Sabíamos *de* ～ que él iba a vencer en el concurso. 彼がコンクールで優勝することはあらかじめわかっていた.

an·te·me·ri·dia·no, na [an.te.me.ri.ðjá.no, -.na] 形 午前(中)の.

an·te me·rí·diem [an.te.me.rí.ðjem] 〔ラ〕午前 (= antes del mediodía) [略 a.m.].

an·te·mu·ral [an.te.mu.rál] 男 **1** 自然の要害. **2** (精神的な) 防護壁, 砦(とりで).

*__an·te·na__ [an.té.na] 女 **1** 《通信》アンテナ, 空中線. ～ emisora [receptora] 送信用[受信用]アンテナ. ～ interior 室内アンテナ. ～ parabólica パラボラアンテナ. ～ colectiva (テレビの) 共同アンテナ. **2** 《動》(昆虫などの) 触角. **3** 《話》《皮肉》他人の話を聞こうとする耳. estar con las ～s puestas 聞き耳を立てている. **4** 《海》大三角帆の帆桁(ほげた).
en antena (テレビ・ラジオで) 放送中の.

an·te·na·ci·do, da [an.te.na.θí.ðo, -.ða / -.sí.-] 形 早産の.

an·te·na·do, da [an.te.ná.ðo, -.ða] 男 女 → entenado.

an·te·nis·ta [an.te.nís.ta] 男 女 アンテナ技師.

an·te·no·che [an.te.nó.tʃe] 副 **1** 《ラ米》一昨夜 (= anteanoche). **2** 日暮れ前に.

an·te·nom·bre [an.te.nóm.bre] 男 (洗礼名の前につける) 敬称. ► san, don, señor, fray など.

an·te·nup·cial [an.te.nuⁿ.θjál / -.sjál] 形 婚(礼)前の.

an·te·o·je·ra [an.te.o.xé.ra] 女 **1** (複数で) (馬の) 目隠し(革), 遮眼帯. **2** 《話》先入観, 偏見. juzgar con ～s 色めがねで判断する. **3** めがね[望遠鏡]のケース.

an·te·o·je·rí·a [an.te.o.xe.rí.a] 女 (めがね用の) レンズ製造・加工.

an·te·o·je·ro [an.te.o.xé.ro] 男 めがね屋[職人]; 望遠鏡[双眼鏡]職人[業者].

*__an·te·o·jo__ [an.te.ó.xo] 男 **1** 望遠鏡 (= telescopio, ～ de larga vista).
2 《ラ米》オペラグラス, 双眼鏡 (= gemelos).
3 (複数で) めがね. **4** (昔の) 鼻めがね (= quevedos). **5** (複数で) (馬の) 目隠し, 遮眼帯.
serpiente de anteojo 《動》コブラ.

an·te·pa·gar [an.te.pa.gár] 103 他 《古語》先[前]払いする, 前金で払う.

an·te·pal·co [an.te.pál.ko] 男 《劇場の》ボックス席に入る控えの間.

*__an·te·pa·sa·do, da__ [an.te.pa.sá.ðo, -.ða] 形 以前の, (その) 前の, 先の. Le vi la semana *antepasada*. 先々週私は彼に会った. ━ 男 先祖, 祖先. Sus ～s pertenecían a la aristocracia. 彼[彼女] の先祖は貴族階級に属していた.

an·te·pe·cho [an.te.pé.tʃo] 男 **1** 手すり, 欄干; 出窓. **2** 《築城》胸墙(壁). **3** 《馬》胸懸(むながい).

an·te·pe·núl·ti·mo, ma [an.te.pe.núl.ti.mo, -.ma] 形 終わりから3番目の.

an·te·po·ner [an.te.po.nér] 41 他 〔過分〕は antepuesto] **1** 《a... …の》前に置く (↔posponer). **2** 《a... …よりも》優先させる.
━ ～**se** 《a... …に》優先する, 先行する.

an·te·por·ta·da [an.te.por.tá.ða] 女 (本の) 前扉, 小扉.

an·te·po·si·ción [an.te.po.si.θjón / -.sjón] 女 **1** 前置 ↔ posposición). **2** 優先.

an·te·pro·yec·to [an.te.pro.jék.to] 男 草案; 設計原案, 青写真.

an·te·puer·to [an.te.pwér.to] 男 《海》外港.

an·te·pues·to, ta [an.te.pwés.to, -.ta] [anteponer の 過分] 形 **1** 前置の. **2** 優先させた.

An·te·que·ra [an.te.ké.ra] 固名 アンテケラ:スペイン南部, Málaga 県にある都市.
que salga el sol por Antequera 何が起ころうとも.

an·te·que·ra·no, na [an.te.ke.rá.no, -.na] 形 アンテケラの. ━ 男 女 アンテケラの住民[出身者].

an·te·ri·dio [an.te.rí.ðjo] 男 《植》(シダ・コケなどの) 造精器, 蔵精器.

*__an·te·rior__ [an.te.rjór] 形 **1** 《+名詞 / 名詞+》《ser+》《a... …より, …の》(時間的・空間的に) 前の; 《de... …の》前部の (↔posterior). el ～ gobierno 前政府. el ejercicio ～ 前会計年度. respecto al año ～ 前年比. algunos ～es *a* mí 私より前の数人. Esa palabra no es ～ *al* siglo XX. その言葉は20世紀より前のものではない. la parte ～ *del* cuello 首の前部.
2 《文法》前の, 完了した. futuro ～ 未来完了.
3 《音声》前舌の. vocal ～ 前舌母音.
el recto anterior 大腿直筋.
[← 〔ラ〕*anteriōrem* (*anterior* の対格; *ante* 「前の」の比較級形容詞); 〔関連〕anterioridad. 〔英〕*anterior*]

*__an·te·rio·ri·dad__ [an.te.rjo.ri.ðáð] 女 (時間・順位などの) 前, 先 (であること); 優先. con ～ 先に; 前もって. con ～ *a...* …に先立って, …より前に[優先的に].

an·te·rior·men·te [an.te.rjór.mén.te] 副 先に, 以前に, 先立って.
véase anteriormente 上記参照のこと.

an·te·ro·zoi·de [an.te.ro.θói.ðe / -.sói.-] 男 《植》雄性配偶子.

*__an·tes__ [án.tes] 副 **1** 前に, 以前に;《期間を表す名詞+》(過去か未来の時点から見て) …前に (↔después). mucho [poco] ～ ずっと以前に[ほんの少し前に]. Quiero terminar ～ el trabajo. その前に仕事を片付けたい. Nos habíamos conocido *tres años* ～. 私たちはその3年前から知り合いだった.
2 《形容詞的》前の (= anterior). el día ～ 前日に. la noche ～ 前夜に.
3 かつては, 昔は. *A*～ todo era distinto. 昔はすべてが違っていた. **4** 少し前に (= hace un rato). Le llamé ～ pero no estaba. ちょっと前に彼に電

話したがいなかった．**5**《位置・順序が》前に，先に；《+que …より》早く，先に．Llegaron ～ (*que vosotros*). 彼らは(君たちより)先に到着した．
—［接続］むしろ，それよりも．*A*～ *morir que rendirse al enemigo.* 敵に屈服するくらいならむしろ死を選べ．
antes bien / *antes al [por el] contrario* むしろ，それどころか．
antes de+名詞・不定詞 (1)《時間》…(する)より前に．～ *del* sábado [de 2001] 土曜日[2001年]より前に．～ *de amanecer* 夜明け前に．*A*～ *de entrar dejen salir.* 降りる人が降りてからお乗りください．～ *de terminadas las obras* 工事が終わる前に．(2)《順序・位置》…の前に；…の手前に[の]. el nombre que viene ～ *del* mío (名簿で)私の前に載っている名前．la última calle ～ *de* los semáforos 信号の1つ手前の通り．
antes de anoche 一昨夜 (= anteanoche).
antes de Cristo [Jesucristo] 紀元前（略 a.C., a.J.c., a.de C., a.de.JC.).
antes de nada 何よりも先に．*A*～ *de nada* lávate las manos. 真っ先に手を洗いなさい．
antes (de) que+接続法 …するより前に，…しないうちに．*A*～ *de que te cases,* mira lo que haces. (諺) 結婚する前に自分のすることをよく見よ (よく考えてから事を行え).
antes no 《ラ米》(*⁺*)(³³)あわや，すんでのところで．
antes que... よりむしろ．
antes que nada (1) 第一の，何より大切な．Para él el dinero es ～ *que nada.* 彼にとって金が何よりも大切だ．(2) → *antes de nada.*
cuanto antes / *lo antes posible* できるだけ早く．
de antes 昔の，以前の．Es un suceso *de* ～. それは昔の事件だ．
[←［古スペイン］*ante*←［ラ］*ante* (-s は他の副詞からの類推)／［関連］*avanzar, anciano, antiguo.* ［英］*and, end, ancient, antique*]

an·te·sa·la [an.te.sá.la] 女 **1** (医院・法律事務所などの)待合室 (= sala de espera). **2** 前ぶれ，前段．
hacer antesala (診察の順番を)待つ，待たされる．

an·te·sa·la·zo [an.te.sa.lá.θo / -.so] 男《ラ米》(⁺)(³³)(会議などで)長時間待たされること．

an·tes·ta·tu·ra [an.tes.ta.tú.ra] 女《古語》急ごしらえのバリケード［塹壕(³³)］.

an·te·tem·plo [an.te.tém.plo] 男 (寺院の)前廊．

an·te·tí·tu·lo [an.te.tí.tu.lo] 男 (記事の見出しに先行する)小見出し，副題．

an·te·vís·pe·ra [an.te.bís.pe.ra] 女 2日前，前々日．

anti- 《接頭》「反…, 非…, 排…, 対…」などの意．— *antinatural, antí*doto. [←［ギ］]

an·ti·a·bor·tis·mo [an.tja.bor.tís.mo] 男 中絶反対主義．

an·ti·a·bor·tis·ta [an.tja.bor.tís.ta] 形 中絶反対の．— 男 女 中絶反対論者．

an·ti·a·bor·to [an.tja.bór.to] 形《性数不変》中絶反対の；流産防止の．*leyes* ～ 反中絶法．

an·ti·a·ca·de·mi·cis·ta [an.tja.ka.ðe.mi.θís.ta / -.sís.-] 形 反学問的な，反理論的な．

an·ti·á·ci·do, da [an.tjá.θi.ðo, -.ða / -.si.-] 形 制酸性の． — 男 制酸剤．

an·ti·ac·né [an.tjak.né] 形《性数不変》にきび予防［治療］の．

an·ti·ad·he·ren·te [an.tja.ðe.rén.te] 形《フライパンなどが)くっつきにくい，こびりつきにくい．

an·ti·a·é·re·o, a [an.tja.é.re.o, -.a] 形 対空の，防空の．*defensa antiaérea* 対空防衛．*refugio* ～ 防空壕(⁵).*cañón* ～ 高射砲 (= cañón).

an·ti·a·fro·di·sia·co, ca [an.tja.fro.ði.sjá.ko, -.ka] / **an·ti·a·fro·di·sí·a·co, ca** [an.tja.fro.ði.sí.a.ko, -.ka] 形 性欲を抑制する．
— 男 性欲抑制剤．

an·ti·al·co·hó·li·co, ca [an.tjal.ko.ó.li.ko, -.ka] 形 禁酒の，飲酒反対の．
— 男 女 禁酒家，禁酒主義者．

an·ti·al·co·ho·lis·mo [an.tjal.ko.(o.)lís.mo] 男 禁酒論 (主義・運動)，(過度の)飲酒反対．

an·ti·a·lér·gi·co, ca [an.tja.lér.xi.ko, -.ka] 形 抗アレルギー(性)の．— 男 抗アレルギー剤．

an·ti·al·gas [an.tjál.gas]《性数不変》形 藻・苔(³³)の繁殖防止のための．— 男《単複同形》(プールなどに用いる)藻・苔などの繁殖防止剤．

an·ti·ál·gi·co, ca [an.tjál.xi.ko, -.ka] 形《医》無痛覚(症)の．— 男《薬》鎮痛剤．

an·ti·a·me·ri·ca·nis·mo [an.tja.me.ri.ka.nís.mo] 男 反米主義．

an·ti·a·me·ri·ca·no, na [an.tja.me.ri.ká.no, -.na] 形 反[排]米(主義・思想)の．

an·ti·an·dró·ge·no [an.tjan.dró.xe.no] 男 抗男性ホルモン物質．

an·ti·a·part·heid [an.tja.par.téid ⁄⁄ -.par(t).xéit] 形《性数不変》反アパルトヘイトの，人種隔離政策に反対の．

an·ti·a·rru·gas [an.tja.řú.gas] 形《性数不変》(皮膚や服の)しわ防止の．
— 男 女《単複同形》(皮膚の)しわ防止薬．

an·ti·ar·trí·ti·co, ca [an.tjar.trí.ti.ko, -.ka] 形《医》関節炎に効く，抗関節炎の．— 男 抗関節炎薬．

an·ti·as·má·ti·co, ca [an.tjas.má.ti.ko, -.ka] 形《医》喘息(⁵)を抑える．— 男 抗喘息薬．

an·ti·a·tó·mi·co, ca [an.tja.tó.mi.ko, -.ka] 形 **1** 放射能(災害)を防ぐ，核汚染から守る．*refugio* ～ 核シェルター．
2 核兵器に反対する．*manifestación antiatómica* 核兵器反対デモ．→ antinuclear.

an·ti·ba·by [an.ti.béi.bi]《英》形 避妊の．
— 男 避妊薬．

an·ti·bac·te·ria·no, na [an.ti.bak̃.te.rjá.no, -.na] 形 抗菌(性)の．— 男 抗菌物質．

an·ti·ba·las [an.ti.bá.las] 形《性数不変》防弾の．*chaleco* ～ 防弾チョッキ．

an·ti·be·li·cis·ta [an.ti.be.li.θís.ta / -.sís.-] 形 反戦主義の，反戦論の．
— 男 女 反戦主義者，反戦論者．

an·ti·bio·gra·ma [an.ti.bjo.grá.ma] 男《薬》抗菌剤感受性試験(検査)：微生物が抗生物質に対して示す反応の検査．

an·ti·bio·sis [an.ti.bjó.sis] 女《単複同形》《生化》抗生作用．

an·ti·bio·te·ra·pia [an.ti.bjo.te.rá.pja] 女《医》抗生物質療法．

an·ti·bió·ti·co, ca [an.ti.bjó.ti.ko, -.ka] 形《薬》抗生(作用)の，抗生物質の．
— 男《薬》抗生物質．

an·ti·blo·que·o [an.ti.blo.ké.o] 形《性数不変》《車》アンチロックブレーキ(システム)の：急ブレーキ時にタイヤのロックを防ぐ装置．*frenos* ～ アンチロックブレーキ．
— 男 アンチロックシステム．*el* ～ *de frenos* アンチ

ロックブレーキシステム〔英 ABS〕.

an·ti·bri·llo(s) [an.ti.brí.jo(s) ‖ -.ʎo(s)] 形《性数不変》(化粧などの)てかり防止の. toallitas ~(s) 脂取り紙.

an·ti·ca·den·cia [an.ti.ka.ðén.θja / -.sja] 囡 【音声】上昇調.

an·ti·can·ce·rí·ge·no, na [an.ti.kan.θe.rí.xe.no, -.na / -.se.-] 形 抗がんの. ― 男 抗がん剤.

an·ti·can·ce·ro·so, sa [an.ti.kan.θe.ró.so, -.sa / -.se.-] 形 制がん(性)の, 抗がん(性)の. medicina *anticancerosa* 抗がん剤.

an·ti·ca·nó·ni·co, ca [an.ti.ka.nó.ni.ko, -.ka] 形 反教会派の, 反教権派の.

an·ti·ca·pi·ta·lis·ta [an.ti.ka.pi.ta.lís.ta] 形 反資本主義の.

an·ti·ca·rro [an.ti.ká.r̃o] 形《性数不変》対戦車砲の. una granada ~ 対戦車榴弾.

an·ti·cas·pa [an.ti.kás.pa] 形《性数不変》ふけ防止の.

an·ti·cas·tris·ta [an.ti.kas.trís.ta] 形 反カストロ Fidel Castro(主義)の.

an·ti·ca·ta·rral [an.ti.ka.ta.r̃ál] 形 風邪予防の. ― 男 風邪薬.

an·ti·cá·to·do [an.ti.ká.to.ðo] 男 【物理】(X線管の)対陰極.

an·ti·ca·tó·li·co, ca [an.ti.ka.tó.li.ko, -.ka] 形 反カトリックの.

an·ti·ce·lu·lí·ti·co, ca [an.ti.θe.lu.lí.ti.ko, -.ka / -.se.-] 形 【医】抗蜂巣(ほうそう)炎〔フレグモーネ〕の.

an·ti·ci·clón [an.ti.θi.klón / -.si.-] 男 【気象】高気圧(圏).

an·ti·ci·cló·ni·co, ca [an.ti.θi.kló.ni.ko, -.ka / -.si.-] 形 【気象】高気圧性の.

*****an·ti·ci·pa·ción** [an.ti.θi.pa.θjón / -.si.-.sjón] 囡 1 (予定・期日などを)早める[早まる]こと, 繰り上げ;先んずること. 2 【商】前払い, 前渡し, 前貸し. 3 【修辞】予弁法(= prolepsis).
con anticipación 前もって, 先に;早めに. pagar *con* ~ 前金で支払う. *con* cinco minutos de ~ 5分早く.

an·ti·ci·pa·do, da [an.ti.θi.pá.ðo, -.ða / -.si.-] 形 (期限)前の, 予定より早い. elecciones *anticipadas* (任期満了的)解散総選挙. jubilación *anticipada* 早期退職. pago ~ 前払い. Damos [Con] las gracias *anticipadas*. 《手紙》前もってお礼を申し上げます, まずはお願いまで.
por anticipado 前もって, あらかじめ. pagar *por* ~ 前金で支払う.

an·ti·ci·pan·te [an.ti.θi.pán.te / -.si.-] 形 前の, 先んずる.

*****an·ti·ci·par** [an.ti.θi.pár / -.si.-] 他 1 (予定・時期を)早める, 繰り上げる. ~ el viaje 旅行(の予定)を早める. ~ la fecha de los exámenes 試験日を繰り上げる. *Anticipamos* las gracias. 《手紙》前もってお礼を申し上げますが, まずはお願いまで.
2 前払いをする, 前金を払う. ~ el alquiler 家賃を前払いする. 3 前告する;予知する.
― **~se** 再 1 早くなる;早産で生まれる. *Se ha anticipado* la primavera. 春が早く来た.
2 《*a*...に》先んずる, 先を越す. *~se a* un rival ライバルに先手を取る. *~se a* la carta en que anunciaba su llegada. 到着を知らせる手紙よりも彼[彼女]の方が早く着いた. 3 《*a*+不定詞》前もって[先に]…する. *Me anticipé a pagar*. 私は前払いをした.

an·ti·ci·pa·to·rio, ria [an.ti.θi.pa.tó.rjo, -.rja / -.si.-] 形 先行する, 先行する可能性のある.

an·ti·ci·po [an.ti.θí.po / -.sí.-] 男 1 前払い金; 【法】手付金, 証拠金. el ~ de un abogado 弁護士依頼料. 2 先駆け, 兆し. Esto es sólo un ~ de lo que te podría pasar. これは君の身に起こるかも知れないことのほんの前触れにすぎない.
con anticipo (予定より)先に.

an·ti·cle·ri·cal [an.ti.kle.ri.kál] 形 教権反対の;反聖職者の.
― 男囡 反教権主義者, 反聖職(者至上)主義者.

an·ti·cle·ri·ca·lis·mo [an.ti.kle.ri.ka.lís.mo] 男 教権反対主義;反聖職者至上主義.

an·ti·clí·max [an.ti.klí.maks] 男 《単複同形》【修辞】漸降法, 急落法, アンチクライマックス.

an·ti·cli·nal [an.ti.kli.nál] 形 【地質】背斜の, 背斜褶曲(しゅうきょく)の. ― 男 1 背斜, 背斜褶曲(↔sinclinal). 2 《ラ米》分水界.

an·ti·co·a·gu·lan·te [an.ti.ko.a.gu.lán.te] 形 【医】抗凝血[凝固]性の. ― 男 抗凝血[凝固]剤.

an·ti·co·li·nér·gi·co, ca [an.ti.ko.li.nér.xi.ko, -.ka] 形 抗コリン作用性の.
― 男 抗コリン作用薬.

an·ti·co·lo·nia·lis·mo [an.ti.ko.lo.nja.lís.mo] 男 反植民地主義.

an·ti·co·lo·nia·lis·ta [an.ti.ko.lo.nja.lís.ta] 形 反植民地主義の. ― 男囡 反植民地主義者.

an·ti·co·mu·nis·ta [an.ti.ko.mu.nís.ta] 形 反共(産)主義の. ― 男囡 反共(産)主義者.

an·ti·con·cep·ción [an.ti.kon.θep.θjón / -.sep.sjón] 囡 避妊(法). →contracepción, contraconcepción.

an·ti·con·cep·cio·nal [an.ti.kon.θep.θjo.nál / -.sep.sjo.-] / **an·ti·con·cep·ti·vo, va** [an.ti.kon.θep.tí.ɓo, -.ɓa / -.sep.-] 形 避妊の. píldora *anticonceptiva* ピル, 経口避妊薬.
― 男 避妊具[薬].

an·ti·con·ge·lan·te [an.ti.koŋ.xe.lán.te] 形 凍結防止の. ― 男 【車】凍結防止剤, 不凍液.

an·ti·cons·ti·tu·cio·nal [an.ti.kons.ti.tu.θjo.nál / -.sjo.-] 形 憲法違反の, 違憲の.

an·ti·cons·ti·tu·cio·na·li·dad [an.ti.kons.ti.tu.θjo.na.li.ðáð / -.sjo.-] 囡 憲法違反, 違憲.

an·ti·con·ven·cio·nal [an.ti.kom.ben.θjo.nál / -.sjo.-] 形 反因襲的な.

an·ti·co·rro·si·vo, va [an.ti.ko.r̃o.sí.ɓo, -.ɓa] 形 耐食性の, 防錆(せい)の.

an·ti·cre·sis [an.ti.kré.sis] 囡 《単複同形》【法】収益権付き契約, 不動産担保契約.

an·ti·cre·sis·ta [an.ti.kre.sís.ta] 男囡 【法】(収益権付き契約的)債権者.

an·ti·cris·tia·no, na [an.ti.kris.tjá.no, -.na] 形 反キリスト教的な, キリスト教の精神に反する.

an·ti·cris·to [an.ti.krís.to] 男 1 【カト】反キリスト, キリストの敵(= antecristo):キリストの再来前に現れて教会を迫害する者〔勢力〕.
2 (誇張的に)世の中に害を及ぼす人.

*****an·ti·cua·do, da** [an.ti.kwá.ðo, -.ða] 形 《ser + / estar +》 1 時代[流行]遅れの, 古臭い;廃れた. Este modelo se ha quedado ~. この型はもはや流行遅れになった. 2 古いものを愛好する;古い考え方の. [← [後ラ] *antiquātum* (*antiquātus* の対格); 関連 antiguo. [英] *antique*]

an·ti·cuar [an.ti.kwár] 84 他 時代[流行]遅れにする, すたれさせる.

—~.se 再 時代[流行]遅れになる，すたれる.

an.ti.cua.rio, ria [an.ti.kwá.rjo, -.rja] 男 女
1 骨董(ほね)商. **2** 古物[骨董]収集[愛好]家；古物研究家. —男 骨董品店.

an.ti.cu.cho [an.ti.kú.tʃo] 男《ラ米》(ﾎﾝﾎﾟ)(ﾍﾟﾙｰ)
(1)（香辛料を利かせた）牛の肝臓[心臓]の串(くし)焼き.
(2)《複数で》アンティクチョ：鉄串に刺した肉と野菜の串焼き.

an.ti.cuer.po [an.ti.kwér.po] 男《医》《生物》抗体, 免疫体.

an.ti.cul.tu.ra [an.ti.kul.tú.ra] 女 反文化, 反文化の態度.

an.ti.de.mo.crá.ti.co, ca [an.ti.ðe.mo.krá.ti.ko, -.ka] 形 反民主主義の；非民主的な.

an.ti.de.por.ti.vo, va [an.ti.ðe.por.tí.βo, -.βa] 形 スポーツマンシップに反する, スポーツマンらしくない.

an.ti.de.pre.si.vo, va [an.ti.ðe.pre.sí.βo, -.βa] 形 抗うつ剤の.

an.ti.des.li.zan.te [an.ti.ðes.li.θán.te / -.sán.-] 形〈タイヤなどが〉ノンスリップの, 滑り止め(加工)の. —男 ノンスリップ・タイヤ；滑り止め用具.

an.ti.de.to.nan.te [an.ti.ðe.to.nán.te] 形 制[耐]爆性の, アンチノック性の. —男（内燃機関の）アンチノック剤, 制爆剤.

an.ti.dia.bé.ti.co, ca [an.ti.dja.βé.ti.ko, -.ka] 形 抗糖尿病の. —男 抗糖尿病薬.

an.ti.dis.tur.bios [an.ti.ðis.túr.βjos] 形《性数不変》暴動鎮圧にあたる, 暴動対策の. policía ~ 機動隊. —男《単複同形》(暴動鎮圧にあたる)機動隊.

an.ti.do.pa.je [an.ti.ðo.pá.xe] 男《スポ》興奮剤使用防止の, ドーピング防止の.

an.ti.dop.ing [an.ti.ðó.pin]《英》形 → antidopaje.

an.ti.do.ral [an.ti.ðo.rál] 形《法》報奨の, 報いるべき.

an.ti.do.to [an.tí.ðo.to] 男 **1** 解毒剤. **2** 防止策, 予防策. ¿Cuál es el mejor ~ contra la gripe? 何がインフルエンザの一番いい対策ですか.

an.ti.dro.ga [an.ti.ðró.ga] 形《性数不変》麻薬取引[使用]に反対の.

an.ti.e.co.nó.mi.co, ca [an.tje.ko.nó.mi.ko, -.ka] 形 不経済な, 採算がとれない.

an.ti.e.dad [an.tje.ðáð] 形《性数不変》(皮膚の)老化防止の.

an.ti.e.mé.ti.co, ca [an.tje.mé.ti.ko, -.ka] 形《医》制吐作用の, 吐き気を止める. —男 制吐剤.

an.tier [an.tjér] 副《話》一昨日, おととい (= anteayer).

an.ti.es.cor.bú.ti.co, ca [an.tjes.kor.βú.ti.ko, -.ka] 形《医》抗壊血病性の. —男 抗壊血病剤.

an.ti.es.pas.mó.di.co, ca [an.tjes.pas.mó.ði.ko, -.ka] 形《医》けいれん止めの. —男 鎮痙(けい)剤.

an.ti.es.tá.ti.co, ca [an.tjes.tá.ti.ko, -.ka] 形 静電気防止の. —男 静電気防止加工.

an.ti.es.té.ti.co, ca [an.tjes.té.ti.ko, -.ka] 形 見苦しい, 醜悪な.

an.ti.es.trés [an.tjes.trés] 形《性数不変》ストレス予防[治療]の.

an.ti.fas.cis.mo [an.ti.fas.θís.mo / -.sís.-] 男 反ファシズム.

an.ti.fas.cis.ta [an.ti.fas.θís.ta / -.sís.-] 形 反ファシズムの. —男 女 ファシズム反対者, 反ファシスト.

an.ti.faz [an.ti.fáθ / -.fás] 男《複 antifaces】
1（仮装舞踏会用の）（半）仮面, 覆面. **2** アイマスク.

an.ti.fe.bril [an.ti.fe.βríl] 形 解熱の, 解熱作用のある. —男 解熱剤 (= antipirético).

an.ti.fe.mi.nis.ta [an.ti.fe.mi.nís.ta] 形 反男女同権[女性解放]主義の. —男 女 反男女同権[女性解放]主義論者.

an.ti.flo.gís.ti.co, ca [an.ti.flo.xís.ti.ko, -.ka] 形 炎症止めの. —男 消炎剤.

an.tí.fo.na [an.tí.fo.na] 女《カト》交唱聖歌：交互に詩編や賛美歌を歌うこと.

an.ti.fo.nal [an.ti.fo.nál] / **an.ti.fo.na.rio** [an.ti.fo.ná.rjo] 形《カト》交唱聖歌集の. —男 交唱聖歌集：聖務日課の全歌詞を含む典礼書.

an.ti.fo.ne.ro, ra [an.ti.fo.né.ro, -.ra] 男 女 交唱聖歌手.

an.tí.fra.sis [an.tí.fra.sis] 女《単複同形》反語：語句を通常と違う意味に使うこと. —¡Muy bonito!《皮肉・非難》結構なことだ.

an.ti.fric.ción [an.ti.frikθjón / -.sjón] 形 減摩(用)の. —女（または男）減摩材, 減摩メタル.

an.ti.frís [an.ti.frís] 男《ラ米》不凍液. [←《英》*antifreeze*]

an.ti.fún.gi.co, ca [an.ti.fúŋ.xi.ko, -.ka] 形 抗菌の, 抗菌作用の.

an.ti.gás [an.ti.gás]《性数不変》防毒[ガス]用の. careta [máscara] ~ ガス[防毒]マスク.

an.tí.ge.no [an.tí.xe.no] 男《医》《生物》抗原.

an.ti.glo.bal [an.ti.glo.βál] 形 反グローバリズムの.

an.ti.glo.ba.li.za.ción [an.ti.glo.βa.li.θa.θjón / -.sa.sjón] 女 反グローバリゼーション.

An.tí.go.na [an.tí.go.na] 固名《ギ神》アンティゴネ：テーベ王 Edipo の娘. 禁を破って兄ポリュネイケス Polinice を埋葬したため地下墓地に生き埋めにされ縊死(いし)した. ◆Sófocles の悲劇で知られる.

an.ti.go.teo [an.ti.go.té.o] 形《性数不変》しずく垂れ防止の.

an.ti.gra.sa [an.ti.grá.sa] 形 脂落とし用の.

an.ti.gri.pal [an.ti.gri.pál] 形 風邪予防の. —男 風邪薬.

an.ti.gua [an.tí.gwa] 形 → antiguo.

an.ti.gua.lla [an.ti.gwá.ja ‖ -.ʎa] 女《軽蔑》**1** 時代[流行]遅れのもの；骨董(こっとう)品. Su coche es una ~, やつの自動車は時代遅れの代物だ. **2** 因習. **3** 昔話；旧聞.

an.ti.gua.men.te [an.tí.gwa.mén.te] 副 かつては, 昔は.

an.ti.guar [an.ti.gwár] 86 他《古語》→ anticuar. —自（職場で）古参となる. —~.se 再 **1** → anticuarse. **2**（職場で）古参となる.

An.ti.gua y Bar.bu.da [an.tí.gwa i βar.βú.ða] 固名 アンティグア・バーブーダ；首都 Saint John's.

an.ti.gu.ber.na.men.tal [an.ti.gu.βer.na.men.tál] 形 反政府的な, 反政府的の.

*__an.ti.güe.dad__ [an.ti.gwe.ðáð] 女 **1** 古さ, 年代；古色. Es impresionante la ~ de esta casa. この家の古さは印象的だ.
2 古代；[A-]（特にギリシア・ローマの）古典時代. de toda A~» 大昔から. la A~ clásica ギリシア・ローマ時代. **3** 勤続年数, 年功, 古参. ascenso por ~ 年功による昇進. Tiene quince años de ~ en esta compañía. 彼[彼女]はこの会社に勤続15年になる. **4**《複数で》骨董(こっとう)品, 古美術品；古代の遺物[遺跡, 記念碑]. tienda de ~es 骨董品店, 古美術

品店. las ~*es* de Roma ローマ時代の遺物.
tener mucha antigüedad たいへん古参である；年代物である.

**an·ti·guo, gua [an.tí.gwo, -.gwa]形 絶対最上級 antiquísimo〕
1《+名詞／名詞＋》《ser＋／estar＋》**古い**, 古代の；古くからいる[ある]. una *antigua* fábrica 古い工場. la *antigua* casa その古い家［以前の家］. la historia *antigua* 古代史. la *antigua* Grecia 古代ギリシャ. un ~ amigo mío 私の古くからの友達. El edificio *es* muy ~. その建物はとても古い.
2《+名詞》**元の**, 以前の, かつての. la *antigua* fábrica de tabaco 元のタバコ工場. la *antigua* Yugoslavia 旧ユーゴスラビア. su ~ jefe 彼[彼女]の元上司. la *antigua* colonia española スペインのかつての植民地. el ~ presidente de México 元メキシコ大統領. el ~ régimen 旧体制. tus ~*s* compañeros de clase 君の元同級生.
3 時代遅れの(→ anticuado). esa *antigua* idea その古くさい考え. Son más ~*s* que nosotros. 彼らは私たちよりも考えが古い.
— 男《複数で》古代人. Los ~*s* creían que el mundo estaba apoyado en una tortuga gigante. 古代の人々は世界が巨大な亀に支えられていると思ってた.
— 男 女 **1** 古くさい人, 時代遅れの人.
2 古参の人；先輩.
a la antigua (*usanza*) ／ ***a lo antiguo*** 昔風に［の］.
de (*muy*) ***antiguo*** 昔から（の）.
desde (*muy*) ***antiguo*** ずっと以前から.
〔←[ラ] *antiquum*（*antīquus* の対格；*ante* 'antes' より派生）；関連 anciano.〔英 *ancient, antique*〕
an·ti·hel·mín·ti·co, ca [an.tjel.mín.ti.ko, -.ka]形《医》駆虫の. — 男《医》駆虫薬, 虫下し.
an·ti·he·mo·rrá·gi·co, ca [an.tje.mo.řá.xi.ko, -.ka]形 凝固[凝血]作用のある, 凝固[凝血]作用を促進する.
an·ti·hé·ro·e [an.tjé.ro.e]男（小説や映画などで）アンチヒーロー, 反英雄, ヒーローらしくない主人公.
an·ti·hiá·ti·co, ca [an.ti.já.ti.ko, -.ka]形 母音分立 hiato を避ける. → golpear [gol-pe-ar]が(俗語で) golpiar [gol-piar]になるなど.
an·ti·hi·gié·ni·co, ca [an.ti.(i.)xjé.ni.ko, -.ka]形 不衛生な, 非衛生的な.
an·ti·his·ta·mí·ni·co, ca [an.ti(.i)s.ta.mí.ni.ko, -.ka]形《医》抗ヒスタミン性の.
— 男 抗ヒスタミン剤.
an·ti·his·té·ri·co, ca [an.ti(.i)s.té.ri.ko, -.ka]形 ヒステリーに効く. — 男《医》ヒステリー治療剤.
an·ti·im·pe·ria·lis·mo [an.ti(.i)m.pe.rja.lís.mo]男 反帝国主義.
an·ti·im·pe·ria·lis·ta [an.ti(.i)m.pe.rja.lís.ta]形 反帝国主義の. — 男 女 反帝国主義者.
an·ti·in·cen·dios [an.ti(.i)n.θén.djos / -.sén.-]《性数不変》防火の, 消火の, 消防の. sistema ~ 防火[消火]システム.
an·ti·in·fla·cio·nis·ta [an.ti(.i)m.fla.θjo.nís.ta / -.sjo.-]形 反インフレの.
an·ti·in·fla·ma·to·rio, ria [an.ti(.i)m.fla.ma.tó.rjo, -.rja]形 炎症を抑える. — 男 消炎剤.
an·ti·ju·rí·di·co, ca [an.ti.xu.rí.ði.ko, -.ka]形 法に反する, 法に背いた.
an·ti·le·gal [an.ti.le.gál]形 法律違反の, 違法な.
an·ti·lla·no, na [an.ti.já.no, -.na ‖ -.ʝá.-]形 アンティリャス諸島の, アンティリャスの.
— 男 女 アンティル諸島の住民[出身者].

An·ti·llas [an.tí.jas ‖ -.ʎas]固名 アンティル諸島, アンティリャス：カリブ海の諸島群. ~ Mayores 大アンティル諸島. ~ Menores 小アンティル諸島.〔中世末期, ヨーロッパの西にある大洋 mar Océano に実在すると信じられた島名（単数）が起源〕
an·ti·lo·ga·rit·mo [an.ti.lo.ga.řít.mo]男《数》真数.
an·ti·lo·gí·a [an.ti.lo.xí.a]女（自己）矛盾.
an·ti·ló·gi·co, ca [an.ti.ló.xi.ko, -.ka]形 矛盾した, 非論理的な.
an·tí·lo·pe [an.tí.lo.pe]男《動》レイヨウ, アンテロープ.
an·ti·ma·ca·sar [an.ti.ma.ka.sár]男 いすの背カバー.
an·ti·mag·né·ti·co, ca [an.ti.mag.né.ti.ko, -.ka]形 耐[抗]磁性の.
an·ti·ma·te·ria [an.ti.ma.té.rja]女《物理》反物質.
an·ti·mi·có·ti·co, ca [an.ti.mi.kó.ti.ko, -.ka]形 抗真菌の. — 男 抗真菌薬.
an·ti·mi·li·ta·ris·mo [an.ti.mi.li.ta.řís.mo]男 反軍国主義.
an·ti·mi·li·ta·ris·ta [an.ti.mi.li.ta.řís.ta]形 反軍国主義の. — 男 女 反軍国主義者.
an·ti·mi·sil [an.ti.mi.síl]形 対ミサイルの, ミサイル迎撃の. — 男 ミサイル迎撃ミサイル.
an·ti·mi·si·les [an.ti.mi.sí.les]形《単複同形》ミサイル迎撃の (= antimisil). escudo ~ ミサイル防御シールド. misiles ~ [antimisil]迎撃ミサイル.
an·ti·mo·nár·qui·co, ca [an.ti.mo.nár.ki.ko, -.ka]形 反君主制の, 王政反対の.
an·ti·mo·nio [an.ti.mó.njo]男《化》アンチモン, アンチモニー（記号 Sb）.
an·ti·mo·no·po·lis·ta [an.ti.mo.no.po.lís.ta]形 独占禁止の. ley ~ 独占禁止法.
an·ti·mo·ral [an.ti.mo.rál]形 反道徳的な.
an·ti·na·cio·nal [an.ti.na.θjo.nál / -.sjo.-]形 反国家的な.
an·ti·na·cio·na·lis·mo [an.ti.na.θjo.na.lís.mo / -.sjo.-]男 反国家主義.
an·ti·na·tu·ra [an.ti.na.tú.ra]形《性数不変》自然法[自然の摂理]に反する；反道徳的な.
an·ti·na·tu·ral [an.ti.na.tu.rál]形 反自然的な；自然の摂理に反する (= contranatural).
an·ti·na·zi [an.ti.ná.θi / -.si]形 反ナチの.
an·ti·neu·rál·gi·co, ca [an.ti.neu.rál.xi.ko, -.ka]形《医》抗神経痛性の, 神経痛治療の.
— 男 抗神経痛薬.
an·ti·nie·bla [an.ti.njé.bla]形《単複同形》濃霧対策の. faro ~（自動車の）フォグライト. sirena ~ 霧笛.
an·ti·no·mia [an.ti.nó.mja]女 **1**（2つの法律・原理などの間の）矛盾. **2**《哲》二律背反.
an·ti·nó·mi·co, ca [an.ti.nó.mi.ko, -.ka]形 矛盾する；《哲》二律背反の.
an·ti·nu·cle·ar [an.ti.nu.kle.ár]形 **1** 核エネルギー使用［核兵器］反対の, 反核の. manifestación ~ 反核デモ. → antiatómico.
2 核（攻撃）から身を守る. refugio ~ 核シェルター.
an·tí·o·pe [an.tí.o.pe]女《昆》キベリタテハ：チョウの一種.
an·ti·o·xi·dan·te [an.tjok.si.ðán.te]形 さび止めの, 酸化防止の. — 男 酸化防止剤；抗酸化化粧品.

an・ti・pa・lú・di・co, ca [an.ti.pa.lú.ði.ko, -.ka] 形 抗マラリア性の. ― 男 抗マラリア薬.

an・ti・pa・pa [an.ti.pá.pa] 男 《正統のローマ教皇に対する》対立教皇, 僭称の教皇.

an・ti・pa・ra [an.ti.pá.ra] 女 **1** 衝立(ﾂｲﾀﾃ), 屏風(ﾋﾞｮｳﾌﾞ). **2** 《主に複数で》《兵士などの》すね当て, ゲートル.

an・ti・pa・ra・si・ta・rio, ria [an.ti.pa.ra.si.tá.rjo, -.rja] **1** 《医》寄生虫を駆除[防止]する. **2** →antiparásito. ― 男 寄生虫駆除剤.

an・ti・pa・rá・si・to, ta [an.ti.pa.rá.si.to, -.ta] 形 雑音防止の. ― 男 雑音防止装置.

an・ti・pa・rras [an.ti.pá.r̃as] 女 《複数形》《話》めがね.

an・ti・par・tí・cu・la [an.ti.par.tí.ku.la] 女 《物理》反粒子.

an・ti・pas・to [an.ti.pás.to] 男 《ラ米》(ｱﾙｾﾞﾝ)前菜, オードブル.

***an・ti・pa・tí・a** [an.ti.pa.tí.a] 女 反感, 嫌悪(↔simpatía); 不快感. tener [coger, sentir] 〜 a [hacia, por]... …に反感を抱く. Los niños han cogido 〜 al nuevo profesor. 子供たちは新任の先生に反感を抱いた.

***an・ti・pá・ti・co, ca** [an.ti.pá.ti.ko, -.ka] 形 《ser +/ estar+》感じの悪い, 嫌な, 反感を抱かせる(↔simpático). Es un chico muy 〜. あいつはとても嫌なやつだ. Su hermana me cae *antipática*. 僕はどうも彼[彼女]の妹[姉]が好きになれない. ― 男 女 感じの悪い人.

an・ti・pa・ti・zar [an.ti.pa.ti.θár / -.sár] 97 自 《ラ米》《con...》《…に》反感を持つ; 《…と》反りが合わない.

an・ti・pa・trio・ta [an.ti.pa.trjó.ta] 男 女 愛国心のない人, 非国民.

an・ti・pa・trió・ti・co, ca [an.ti.pa.trjó.ti.ko, -.ka] 形 愛国心のない; 反愛国的な, 非国民の.

an・ti・pe・da・gó・gi・co, ca [an.ti.pe.ða.gó.xi.ko, -.ka] 形 反教育的な, 反教育学的な; 教育効果の上がらない.

an・ti・pe・ris・tál・ti・co, ca [an.ti.pe.ris.tál.ti.ko, -.ka] 形 《医》逆蠕動(ｾﾞﾝﾄﾞｳ)の.

an・ti・pe・rís・ta・sis [an.ti.pe.rís.ta.sis] 女 《単複同形》性質相反, 相互反動.

an・ti・per・so・na [an.ti.per.só.na] 形 《性数不変》《軍》対人(用)の. mina 〜 対人地雷.

an・ti・per・so・nal [an.ti.per.so.nál] 形 《軍》対人(用)の (=antipersona).

an・ti・pes・pi・ran・te [an.ti.pes.pi.rán.te] 男 《ラ米》(ｱﾙｾﾞﾝ)デオドラント, 脱臭剤.

an・ti・pi・ra・te・rí・a [an.ti.pi.ra.te.rí.a] 女 海賊版防止.

an・ti・pi・ré・ti・co, ca [an.ti.pi.ré.ti.ko, -.ka] 形 解熱(性)の. ― 男 解熱剤.

an・ti・pi・ri・na [an.ti.pi.rí.na] 女 アンチピリン: 鎮痛・解熱剤.

an・ti・po・da [an.tí.po.ða] 形 **1** 対蹠(ﾀｲｼｮ)地の, 地球の反対側の. **2** 《話》正反対の. ― 男 《主に複数で》対蹠地の住民. ― 男 《または女》**1** 対蹠地. Japón es 〜 de Argentina. 日本はアルゼンチンのちょうど裏側になる. **2** 《主に複数で》《話》《の事物》. Esto son los 〜s de lo que te pedí. これは君に頼んだものと全く反対のものだ. *en los* [*las*] *antípodas* 正反対に.

an・ti・po・é・ti・co, ca [an.ti.po.é.ti.ko, -.ka] 形 **1** 詩的でない, 詩情のない. **2** 詩の規則に反する. **3** 現実的な.

an・ti・po・len [an.ti.pó.len] 形 《フィルターなどが》花粉を遮断する.

an・ti・po・li・lla [an.ti.po.lí.ja‖-.ʎa] 形 《性数不変》殺虫の. ― 男 殺虫剤.

an・ti・po・lio [an.ti.pó.ljo] 形 《性数不変》小児まひ予防の, 抗ポリオの. ― 女 小児まひ予防薬[ワクチン].

an・ti・pro・tón [an.ti.pro.tón] 男 《物理》反陽子.

an・ti・psi・có・ti・co, ca [an.ti.si.kó.ti.ko, -.ka] 形 抗精神病性の.

an・ti・pú・tri・do, da [an.ti.pú.tri.ðo, -.ða] 形 防腐の. ― 男 防腐剤.

an・ti・qui・si・mo, ma [an.ti.kí.si.mo, -.ma] 形 [antiguoの絶対最上級] 非常に古い, 大昔の.

an・ti・quis・mo [an.ti.kís.mo] 男 → arcaísmo.

an・ti・quis・ta [an.ti.kís.ta] 形 《ラ米》(ﾁﾘ)古物収集[研究]の, 骨董(ｺｯﾄｳ)趣味の. ― 男 《ラ米》(ﾁﾘ)古物収集[研究]家, 古物愛好家.

an・ti・rrá・bi・co, ca [an.ti.r̃á.βi.ko, -.ka] 形 《医》狂犬病予防[治療]の. vacuna *antirrábica* 狂犬病予防ワクチン.

an・ti・rra・cis・ta [an.ti.r̃a.θís.ta / -.sís.-] 形 人種差別反対主義の. ― 男 女 人種差別反対主義者.

an・ti・rra・dar [an.ti.r̃a.ðár, -.r̃á.ðar] 形 レーダー妨害用[対レーダー]の. ― 男 レーダー妨害装置.

an・ti・rre・flec・tor, to・ra [an.ti.r̃e.flek.tór, -.tó.ra] 形 《光の》反射防止の.

an・ti・rre・gla・men・ta・rio, ria [an.ti.r̃e.gla.men.tá.rjo, -.rja] 形 法規に反する, 規則違反の; 《スポ》反則の.

an・ti・rre・li・gio・so, sa [an.ti.r̃e.li.xjó.so, -.sa] 形 反宗教的な.

an・ti・rre・tro・vi・ral [an.ti.r̃e.tro.βi.rál] 形 抗レトロウイルスの. ― 男 抗レトロウイルス薬.

an・ti・rreu・má・ti・co, ca [an.ti.r̃eu.má.ti.ko, -.ka] 形 抗リウマチの. ― 男 抗リウマチ薬.

an・ti・rre・vo・lu・cio・na・rio, ria [an.ti.r̃e.βo.lu.θjo.ná.rjo, -.rja / -.sjo.-] 形 革命に反対の, 反革命(主義)の. ― 男 女 反革命主義者.

an・ti・rro・bo [an.ti.r̃ó.βo] 形 《性数不変》盗難防止(用)の. alarma 〜 盗難防止アラーム. ― 男 《自動車などの》盗難防止装置; 《建物などの》盗難警報器.

an・tis・cio [an.tís.θjo / -.sjo] 形 反影の; 同一子午線上で赤道に対し南北等距離の地点に住む. ― 男 《主に複数で》反影人.

an・ti・se・mi・ta [an.ti.se.mí.ta] 形 反ユダヤ主義の. ― 男 女 反ユダヤ主義者.

an・ti・se・mí・ti・co, ca [an.ti.se.mí.ti.ko, -.ka] 形 反ユダヤ主義の.

an・ti・se・mi・tis・mo [an.ti.se.mi.tís.mo] 男 反ユダヤ主義, ユダヤ人排斥運動.

an・ti・sep・sia [an.ti.sép.sja] 女 防腐(法); 消毒(法).

an・ti・sép・ti・co, ca [an.ti.sép.ti.ko, -.ka] 形 防腐の; 消毒の, 殺菌用の. ― 男 防腐剤; 消毒薬.

an・ti・si・da [an.ti.sí.ða] 形 《性数不変》エイズ撲滅の.

an・ti・sio・nis・ta [an.ti.sjo.nís.ta] 形 反シオニストの, 反ユダヤ民族主義者の. ― 男 女 反シオニスト, 反ユダヤ民族主義者.

an・ti・si・quia・trí・a [an.ti.si.kja.trí.a] 女 反精神医学(論).

an・ti・sís・mi・co, ca [an.ti.sís.mi.ko, -.ka] 形 耐震の.

an·ti·so·cial [an.ti.so.θjál / -.sjál] 形 **1** 反社会的な,社会秩序を乱す. **2** 非社交的な,社会性のない. —— 男 女 反社会的な人.

an·ti·so·lar [an.ti.so.lár] 形 太陽光線によるダメージ防止の.

an·tis·tro·fa [an.tis.tró.fa] 女 **1** 〖詩〗アンティストロペ:古代ギリシアの詩,歌謡で第1連 *estrofa* の後に続く同じ詩型の第2連. **2** 〖修辞〗逆反覆:前の語句の順序を逆にして反覆すること. → *el amo del criado*, *y el criado del amo*.

an·ti·sub·ma·ri·no, na [an.ti.suð.ma.rí.no, -.na] 形 〖軍〗対潜水艦の. *misil* ~ 対潜ミサイル.

an·ti·su·do·ral [an.ti.su.ðo.rál] 形 発汗を防ぐ. —— 男 制汗剤.

an·ti·ta·ba·co [an.ti.ta.bá.ko] 形 《性数不変》喫煙反対の.

an·ti·ta·li·bán [an.ti.ta.li.bán] 形 [複 ~, *antitalibanes*] 反タリバンの.

an·ti·tan·que [an.ti.táŋ.ke] 形 《性数不変》〖軍〗対戦車用の.

an·ti·tér·mi·co, ca [an.ti.tér.mi.ko, -.ka] 形 解熱の. —— 男 解熱剤.

an·ti·te·rro·ris·mo [an.ti.te.r̃o.rís.mo] 男 反テロリズム,テロ防止(策).

an·ti·te·rro·ris·ta [an.ti.te.r̃o.rís.ta] 形 テロリズムに反対する,反テロの,テロと闘う. —— 男 女 反テロ主義者.

an·tí·te·sis [an.tí.te.sis] 女 《単複同形》 **1** 正反対(のもの・人);対照. **2** 〖修辞〗対照法,対句(法). → *Del poco dormir y del mucho leer se le secó el cerebro*. 睡眠不足と本の読み過ぎから頭が干からびてしまった(*el Quijote*). **3** 〖哲〗(ヘーゲル弁証法の)反定立,アンチテーゼ.

an·ti·te·tá·ni·co, ca [an.ti.te.tá.ni.ko, -.ka] 形 〖医〗破傷風予防[治療]の. —— 女 破傷風ワクチン.

an·ti·té·ti·co, ca [an.ti.té.ti.ko, -.ka] 形 **1** 正反対の,対照的な. **2** 〖修辞〗対照[対句]法の;〖哲〗アンチテーゼの.

an·ti·tó·xi·co, ca [an.ti.tók.si.ko, -.ka] 形 抗毒性の,抗毒素を含む.

an·ti·to·xi·na [an.ti.tok.sí.na] 女 〖医〗抗毒素;抗毒薬.

an·ti·trans·pi·ran·te [an.ti.trans.pi.rán.te] 形 発汗を抑える,制汗の.

an·ti·tri·ni·ta·rio, ria [an.ti.tri.ni.tá.rjo, -.rja] 形 三位一体否定(論)の. —— 男 女 三位一体否定(論)者.

an·ti·tu·ber·cu·lo·so, sa [an.ti.tu.ber.ku.ló.so, -.sa] 形 〖医〗結核治療[予防]の. *sanatorio* ~ 結核の療養所.

an·ti·tu·mo·ral [an.ti.tu.mo.rál] 形 抗腫瘍(ﾕ ゥ)性の.

an·ti·tu·sí·ge·no, na [an.ti.tu.sí.xe.no, -.na] 形 咳(せき)を抑える,咳止めの. —— 男 鎮咳(ﾁﾝﾞ)薬.

an·ti·ul·ce·ro·so, sa [an.tjul.θe.ró.so, -.sa / -.se.-] 潰瘍(ﾖぅ)治療(用)の.

an·ti·va·ho [an.ti.bá.o] 形 《性数不変》くもり止めの.

an·ti·va·rió·li·co, ca [an.ti.ba.rjó.li.ko, -.ka] 形 天然痘(ﾄぅ)治療[予防]の. —— 男 女 天然痘治療[予防]薬.

an·ti·ve·né·re·o, a [an.ti.be.né.re.o, -.a] 形 〖医〗性病治療[予防]の.

an·ti·vio·la·do·res [an.ti.bjo.la.ðó.res] 形 《性数不変》(婦女)暴行犯防止(用)の.

an·ti·vio·len·cia [an.ti.bjo.lén.θja / -.sja] 女 反暴力,暴力対策.

an·ti·vi·ral [an.ti.bi.rál] / **an·ti·ví·ri·co, ca** [an.ti.bí.ri.ko, -.ka] 形 抗ウイルス性の. —— 男 抗ウイルス性物質.

an·ti·vi·rus [an.ti.bí.rus] 形 《性数不変》〖IT〗コンピュータウイルスの,コンピュータウイルスの侵入を防ぐ. —— 男 《単数同形》コンピュータウイルス駆除プログラム.

An·tlia [án.tlja] 固名 〖星座〗ポンプ座 (= *Máquina neumática*).

anto- 「花」の意の造語要素. 母音の前では *ant-*. → *antología*. [◂ギ]

an·to·cia·ni·na [an.to.θja.ní.na / -.sja.-] 女 〖生化〗アントシアニン,花青素.

An·to·fa·gas·ta [an.to.fa.gás.ta] 固名 アントファガスタ:チリ北部の州;州都.

an·tó·fa·go, ga [an.tó.fa.go, -.ga] 形 〖動〗花を食う,食花性の.

an·to·ja·di·zo, za [an.to.xa.ðí.θo, -.θa / -.so, -.sa] 形 気まぐれな,移り気な (= *caprichoso*).

an·to·ja·do, da [an.to.xá.ðo, -.ða] 形 (*de...* を)切望する,あこがれる.

an·to·jar·se [an.to.xár.se] 再 **1** (*antojársele* + (*a* + 人)(人)が)(ふっと・急に)…したくなる;欲しくなる (▶ 文法上の主語は動詞の後ろに来る傾向が強い). *No hace más que lo que se le antoja*. 彼[彼女]は自分のしたいことしかしない. *Se le antojó un pastel*. 彼[彼女]はケーキが欲しくなった. **2** 《*antojársele* (*a* + 人) *que* + 直説法》〈人〉には…であるような)予感がする,気がする. *Se me antoja que va a llover*. 雨が降りそうな気がする.

an·to·je·ra [an.to.xé.ra] 女 (馬の)遮眼帯.

an·to·ji·tos [an.to.xí.tos] 男 《複数形》〖ラ米〗(メ ｷ)《話》つまみ,前菜;郷土料理,ごちそう.

***an·to·jo** [an.tó.xo] 男 **1** 気まぐれ,移り気 (= *capricho*). *tener el* ~ *de* + 不定詞 気まぐれに…する. *seguir sus* ~*s* (自分の)思いどおりにする. **2** (妊婦の)気まぐれな嗜好(ｺう). *Los* ~*s son un síntoma del embarazo*. 気まぐれな嗜好は懐妊の兆候である. *tener* ~*s* 〖ラ米〗(ﾒｷ)妊娠している. **3** 《単数または複数で》生まれつきのあざ. ◆妊婦の食べたかったものの形が,生まれた子供の肌にあざとして現れるという俗信から.
a su antojo 勝手に,好きなように. *manejar a* + 人 *a su* ~ 〈人〉を思うままに操る. *vivir a su* ~ (自分の)好きなように生きる.
no morirse de antojo 〖ラ米〗(ｽ ｽ)《話》気が進まない.

an·to·lo·gí·a [an.to.lo.xí.a] 女 選集,詞華集,アンソロジー. ~ *de las novelas contemporáneas latinoamericanas* 現代ラテンアメリカ小説選集.
de antología すばらしい,すごい. *Pepe marcó un gol de* ~. ペペはものすごいゴールを決めた.

an·to·ló·gi·co, ca [an.to.ló.xi.ko, -.ka] 形 **1** 選集の,アンソロジーの. *obras antológicas de Lorca* ロルカ選集. **2** すばらしい,すごい. *hacer un partido* ~ ものすごい試合をする.

an·tó·lo·go, ga [an.tó.lo.go, -.ga] 男 女 アンソロジー編纂(ｻﾝ)者.

An·to·nia [an.tó.nja] 固名 アントニア:女子の洗礼名. 関連 〖仏〗*Antoinette*.

an·to·nia·no, na [an.to.njá.no, -.na] 形 聖アントニウス会の. —— 男 **1** 聖アントニウス会の修道士. **2** 《複数で》聖アントニウス会.

an·to·ni·mia [an.to.ní.mja] 女 《言》反意(性), 反義(性).

an·tó·ni·mo, ma [an.tó.ni.mo, -.ma] 形 《言》反意[反意](語)の.
— 男 反義[反意]語 (↔sinónimo).

An·to·ni·no [an.to.ní.no] 固名 **1** ～ Pío アントニウス・ピウス, アントニヌス・ピウス：ローマ皇帝 (在位 138-161)で, 五賢帝のひとり.
2 アントニノ：男子の洗礼名.

An·to·nio [an.tó.njo] 固名 **1** Marco ～ アントニウス (前82?－前30)：古代ローマの将軍. **2** San ～ Abad 聖大アントニウス (251?-356)：エジプトの隠修士で, 畜類の保護聖人. **3** San ～ de Padua パドバの聖アントニウス (1195-1231)：フランシスコ会修道士. イタリアのパドバで死亡. **4** アントニオ：男子の洗礼名. 愛称 Toño, Toñete, Toni. [←〔ラ〕*Antōnius*.〔関連〕〔ポルトガル〕*Antônio*.〔仏〕*Antoine*.〔伊〕*Antonio*.〔英〕*Anthony*.〔独〕*Antonius*]

an·to·no·ma·sia [an.to.no.má.sja] 女 《修辞》換称, 代称：普通名詞, 形容詞などを固有名詞の代わりに用いること, またその反対の意味で特徴で固有名詞を用いること. → Sócrates「ソクラテス」の代わりに el Filósofo「哲人」を用いたり, un hombre cruel「残酷な人」の代わりに un Nerón「ネロのような人」を用いるなど.
por antonomasia 言わずと知れた, まさに；とりわけ.

an·to·no·más·ti·co, ca [an.to.no.más.ti.ko, -.ka] 形 《修辞》換称法の.

an·tor·cha [an.tór.tʃa] 女 **1** たいまつ, トーチ. la ～ olímpica オリンピックの聖火. **2** 導きの光, 光明；手本. la ～ de la fe 信仰の光.
pasar [entregar] la antorcha (a +人) 〈〈人〉〉に〉仕事を引き渡す.
recoger la antorcha 仕事を引き継ぐ.

an·to·zo·o [an.to.θó.o / -.só.-] 形 腔腸(ちょう)動物門花虫綱(サンゴ・イソギンチャクなど)の.
— 男 《複数で》《動》腔腸動物門花虫綱.

an·tra·ce·no [an.tra.θé.no / -.sé.-] 男 《化》アントラセン：染料等のアントラキノンやアリザリンの原料.

an·tra·ci·ta [an.tra.θí.ta / -.sí.-] 女 無煙炭.

an·tra·co·sis [an.tra.kó.sis] 女 《単複同形》《医》炭粉症.

án·trax [án.traks] 男 《単複同形》《医》**1** 炭疽(そ)(症), 脾(ひ)脱疽. **2** 癰(よう), 疔(ちょう).

an·tro [án.tro] 男 **1** いかがわしい[汚くて不衛生な]場所, 巣窟. ～ de corrupción [perdición]〔賭博(と)場など〕悪徳の巣窟. No me gusta trabajar en ese ～. あんなひどい所で働くのは嫌だ. **2** 見すぼらしい住居[部屋]. **3** 《文章語》洞穴, 洞窟(どう).

antropo- / **-antropo, pa** 「人, 人類」の意を表す造語要素. ＝母音の前では antrop-. ＝ *antropo*logía, *antrop*onimia, mis*ántropo*. [←〔ギ〕]

an·tro·po·cén·tri·co, ca [an.tro.po.θén.tri.ko, -.ka / -.sén.-] 形 人間中心的な.

an·tro·po·cen·tris·mo [an.tro.po.θen.trís.mo / -.sen.-] 男 《哲》(宇宙における)人間中心主義.

an·tro·po·fa·gia [an.tro.po.fá.xja] 女 人肉を食うこと, 食人(の風習).

an·tro·pó·fa·go, ga [an.tro.po.fa.go, -.ga] 形 食人の. — 男 食人種.

an·tro·po·gra·fí·a [an.tro.po.ɣra.fí.a] 女 《人類》記述的人類学.

an·tro·po·grá·fi·co, ca [an.tro.po.ɣrá.fi.ko, -.ka] 形 記述的人類学の.

an·tro·poi·de [an.tro.pói.ðe] 形 人類似た, 類人猿の. — 男 類人猿.

***an·tro·po·lo·gí·a** [an.tro.po.lo.xí.a] 女 人類学；人間学. ～ cultural 文化人類学. ～ lingüística 言語人類学.

an·tro·po·ló·gi·co, ca [an.tro.po.ló.xi.ko, -.ka] 形 人類学(上)の.

an·tro·pó·lo·go, ga [an.tro.po.lo.ɣo, -.ɣa] 男 女 人類学者.

an·tro·pó·me·tra [an.tro.pó.me.tra] 男 女 人体測定法[学]の専門家.

an·tro·po·me·trí·a [an.tro.po.me.trí.a] 女 人体測定(法).

an·tro·po·mé·tri·co, ca [an.tro.po.mé.tri.ko, -.ka] 形 人体測定(法)の.

an·tro·po·mór·fi·co, ca [an.tro.po.mór.fi.ko, -.ka] 形 擬人観の, 神人同形論の.

an·tro·po·mor·fis·mo [an.tro.po.mor.fís.mo] 男 神人同形説, 擬人観.

an·tro·po·mor·fi·ta [an.tro.po.mor.fí.ta] 形 神人同形論者の. — 男 女 神人同形論者.

an·tro·po·mor·fo, fa [an.tro.po.mór.fo, -.fa] 形 人間に似ている；人間の姿[形]をした.
— 男 《複数で》類人猿.

an·tro·po·ni·mia [an.tro.po.ní.mja] 女 《言》人名研究, 人名学.

an·tro·pó·ni·mo [an.tro.pó.ni.mo] 男 人名.

an·tro·po·pi·te·co [an.tro.po.pi.té.ko] 男 猿人.

an·tro·po·zoi·co, ca [an.tro.po.θói.ko, -.ka / -.sói.-] 形 《地質》人類出現期の.

an·true·jo [an.trwé.xo] 男 《まれ》《文章語》カーニバル, 謝肉祭 (= carnaval).

an·tuer·pien·se [an.twer.pjén.se] / **an·tuer·pi·no, na** [an.twer.pí.no, -.na] 形 (ベルギー北部の)アントワープの (= amberino).
— 男 女 アントワープの住民[出身者].

an·tu·via·da [an.tu.bjá.ða] 女 不意の殴打[げんこつ].

an·tu·vión [an.tu.bjón] 男 **1** いきなり殴ること, 不意打ち. **2** 相手よりも先に殴る人.

***a·nual** [a.nwál] 形 **1 1** 年ごとの, 年1回の. concierto ～ de caridad 毎年恒例のチャリティーコンサート. planta ～ 一年生植物. **2 1** 年(間)の. informe ～ 年次報告. Gana veinte mil euros ～*es*. 彼[彼女]は2万ユーロの年収がある.
▶「2年ごとの」は bienal,「3年ごとの」は trienal.
— 男 《植》一年生植物.
[←〔ラ〕*annuālem* (*annuālis* の対格；*annus*「年」より派生)]

a·nua·li·dad [a.nwa.li.ðáð] 女 **1** 年賦(金)；年間の支払い[受け取り]額. devolver el préstamo en ～*es* de tres mil euros 年3000ユーロずつ借金を返済する. **2** 年1回制；例年の行事. **3** 年金.

a·nua·li·zar [a.nwa.li.θár / -.sár] 97 他 (税率などを)年率に換算する.

a·nua·rio [a.nwá.rjo] 男 **1** 年鑑, 年報. **2** 年刊誌. ～ telefónico 電話帳.

a·nu·ba·do, da [a.nu.bá.ðo, -.ða] 形 → anubarrado.

a·nu·ba·rra·do, da [a.nu.ba.řá.ðo, -.ða] 形 **1** 曇った, 雲で覆われた (= nublado). cielo ～ 曇天. **2** (絵画の)雲をかたどった.

a·nu·blar [a.nu.blár] 他 → nublar.
— ～·se 再 **1** → nublarse.
2 《植物が》しおれる, 枯れる.

a·nu·blo [a.nú.blo] 男 → añublo.
a·nu·da·du·ra [a.nu.ða.ðú.ra] 女 結ぶこと；結び目.
a·nu·da·mien·to [a.nu.ða.mjén.to] 男 → anudadura.
***a·nu·dar** [a.nu.ðár] 他 **1** 結ぶ；結び合わせる. ~ una cuerda ひもを結ぶ.
2〈友好関係・付き合いなどを〉始める，交わす. ~ una alianza militar 軍事同盟を結ぶ. *Anudamos nuestra amistad en Barcelona.* 我々はバルセロナで親交を結んだ. **3**〈中断した話などを〉再び続ける.
— **~·se** 再 **1**〈自分の〉…を結ぶ. *~se la corbata* [*los cordones de los zapatos*] ネクタイ[靴のひも]を締める.
2（固く）結びつく，結び合わされる；絡みつく. *La hiedra se anudó al muro.* ツタが壁に絡みついた.
3 発育[成長]が止まる. **4**（声・言葉が）詰まる.
a·nuen·cia [a.nwén.θja / -.sja] 女 承諾, 同意.
a·nuen·te [a.nwén.te] 形 承諾の, 同意する.
a·nu·la·ble [a.nu.lá.ßle] 形 **1**（契約などが）解約できる, 取り消[撤回]できる.
2（法律などが）廃止される, 破棄されうる.
a·nu·la·ción [a.nu.la.θjón / -.sjón] 女 **1** 取り消し, 撤回, 解約. reclamar la ~ del contrato 契約解消を求める. **2**〖法〗破棄, 無効（宣言）.
a·nu·la·dor, do·ra [a.nu.la.ðór, -.ðó.ra] 形 廃止する, 取り消す. — 男 女 取り消す人, 解約者.
a·nu·lar[1] [a.nu.lár] 形 輪の形をした；〈異性を〉示す. forma ~ 輪の形. eclipse ~〖天文〗金環食.
— 男 薬指（= dedo ~）.
***a·nu·lar**[2] [a.nu.lár] 他 **1** 取り消す；〖法〗無効にする. ~ un contrato 契約を破棄する. ~ un encargo 注文を取り消す. ~ la reserva 予約をキャンセルする. ~ un testamento 遺言状を無効にする. ~ el matrimonio 結婚を解消する. ~ una sentencia / ~ un fallo 判決を無効にする.
2〈人を〉無力にする，〈人の〉価値[権威]を失わせる. *Una fatiga inmensa me anuló totalmente.* 私はひどい疲れですっかり気力を失った.
3〖数〗消去する, 約する.
— **~·se** 再 **1** 自分をおとしめる；存在価値を失う；無気力になる. **2** 無効になる. *Se anularon los votos.* その投票は無効になった. **3**（複数主語で）相殺する. *Los dos componentes se anulan entre sí.* その2つの成分は効果を相殺する.
a·nu·la·ti·vo, va [a.nu.la.tí.ßo, -.ßa] 形 無効にする力のある.
a·nun·cia·ción [a.nun.θja.θjón / -.sja.sjón] 女 告知, 予告.
A·nun·cia·ción [a.nun.θja.θjón / -.sja.sjón] 女 la ~〖カト〗（1）受胎告知，（聖母マリアへの）お告げ.（2）（聖母マリア）お告げの祝日：3月25日.
a·nun·cia·dor, do·ra [a.nun.θja.ðór, -.ðó.ra / -.sja.-] 形 **1** 知らせる. **2** 宣伝する；広告の. empresa *anunciadora* 広告代理店.
— 男 女 **1**（新聞の）広告主；告知者. **2** 司会者. **3**〖米〗(ﾗ)アナウンサー.
a·nun·cian·te [a.nun.θján.te / -.sján.-] 形 広告の. — 男 女 広告主, スポンサー.
***a·nun·ciar** [a.nun.θjár / -.sjár] 82 他 **1** 知らせる，予告する. ~ una noticia 知らせを伝える. ~ un peligro 危険を知らせる. *El reloj anunciaba la hora de salir.* 時計は出かける時間を示していた. *Su esposa le anunció que esperaban un bebé.* 妻は彼に赤ちゃんができた[妊娠した]ことを伝えた.
2 発表する, 公示する. ~ un casamiento 結婚を発表する. *El gobierno anunció el comienzo de la guerra.* 政府は戦争の開始を布告した.
3 宣伝する, 広告する. ~ nuevos productos 新製品を宣伝する. ~ una película por la tele テレビで映画の宣伝をする. **4** 予告する, …の到来を告げる；〈客などの〉到着[名前]を告げる. *El cielo anuncia lluvia.* 雨になりそうな空模様だ. *Esta ave anuncia* la primavera. この鳥は春の訪れを告げる.
— **~·se** 再 **1** 発表[掲示, 広告]される. *Se anuncia una exposición de arte moderno para el domingo.* 日曜日に現代美術の展覧会があるという知らせが出ている. **2** …の兆しがある；((+形容詞 …に))なりそうである. *Se anuncia una tormenta.* あらしになりそうだ. *La cosecha se anuncia buena.* 豊作になりそうだ(► 形容詞は主語に性数一致する). **3** 自分の来訪を告げる.
[← (ラ) *annūntiāre* (*nūntius*「使者」より派生)]
関連 anunciación. [英] *announce*]
***a·nun·cio** [a.nún.θjo / -.sjo] 男 **1** 通知, 公示. hacer un ~ oficial 公式に発表する. **2** 広告；掲示；広告板；〖IT〗バナー. lanzar un ~ en la prensa 新聞に広告を出す. Prohibido fijar ~s.〈掲示〉張り紙禁止.~ electoral 選挙ビラ. ~ de televisión コマーシャル. ~s por palabras（新聞などの）案内広告, 三行広告. ~s clasificados（主題・求人などに分類された）広告記事. tablón [tablero, tablilla] de ~s 掲示板. hombre ~ サンドイッチマン.
3 前兆, 兆し. *Aquella nube era un ~ de lluvia.* あの雲が雨の前兆だった.
— 活 → anunciar.
a·nuo, nua [á.nwo, -.nwa] 形 → anual.
a·nu·ria [a.nú.rja] 女〖医〗無尿症, 尿閉症.
a·nu·ro, ra [a.nú.ro, -.ra] 形〖動〗無尾目の.
— 男（カエルなど）無尾目の(動物).
an·ver·so [am.bér.so] 男 **1**（貨幣の）表（↔ reverso）. **2**〖印〗表[右]ページ；（紙の）表.
-anza（接尾）「状態, 性質, 行為」を表す女性名詞語尾. ← confianza, enseñanza.
an·zue·lo [an.θwé.lo / -.swé.-] 男 **1** 釣り針.
2（比喩的）餌である；（異性を引きつけるための）手管. *tragar* [*morder*, *picar*] *el anzuelo* わなにはまる.
a·ña·da [a.ɲá.ða] 女 **1**（特にブドウの）年間収穫量.
2（特に農業に関しての）1年, 1年間. una ~ de lluvias 多雨の1年.
3〖農〗1年ごとに耕作と休耕を繰り返す田畑.
a·ña·di·do, da [a.ɲa.ðí.ðo, -.ða] 形 付け加えられた, 追加された. valor ~ 付加価値.
— 男 **1** 加えること, 加えたもの；付け足し. llevar un ~ en la manga そでに継ぎ足しがある.
2 ヘアピース, 入れ毛. **3**（文書への）加筆. hacer un ~ a un texto 原文に加筆する.
a·ña·di·du·ra [a.ɲa.ði.ðú.ra] 女《まれ》追加；おまけ.
por añadidura その上, おまけに. *Es inteligente y, por ~, guapo.* 彼は頭がよく, おまけにハンサムだ.
***a·ña·dir** [a.ɲa.ðír] 他 **1**((*a*... …に))加える, 足す. ~ un poco de sal a la salsa ソースに少しの塩を加える. ~ tela *a* un vestido 服の丈を伸ばす. ~ un interés *a* la suma 合計に利子を組み入れる. ~ puntos en el tejido 編み物の目を増やす. *Cuando estén blandas las patatas,*

añafea

se (les) añaden los tomates. ジャガイモが柔らかくなったらトマトを入れます。　**2** 《a... …に》付け足す, 言い足す. Sólo quiero ～ una cosa a lo ya dicho. すでに言ったことにもう一つ補足したいだけです.
[←〔古スペイン〕*eñadir*←〔俗ラ〕*innadere（〔ラ〕*in-*「…に」+〔ラ〕*addere*「加える」）;〔関連〕〔英〕*add*]

a·ña·fe·a [a.ɲa.fé.a] 囡 〔質の悪い〕包装紙（= papel de ～）.

a·ña·fil [a.ɲa.fíl] 男 （まっすぐで長い管の）モーロ式らっぱ.

a·ña·ga·za [a.ɲa.gá.θa / -.sa] 囡 **1** 策略, わな. **2** 《まれ》おとり〔用の鳥〕. detener a... con una ～ おとり捜査で…を逮捕する.

a·ñal [a.ɲál] 形 **1** 〈羊・牛などが〉生後1年の. **2** → anual.　——男 **1** 生後1年の子羊［子ヤギ, 子牛］. **2 1** 周忌にささげられる供物.

a·ña·le·jo [a.ɲa.lé.xo] 男 〖カト〗教会暦, （1年間の）教式規程書, 聖務案内.

a·ñan·gá [a.ɲaŋ.gá] 男 〔ラ米〕（グラ）悪魔.

a·ñan·go, ga [a.ɲáŋ.go, -.ga] 形 〔ラ米〕（キチア）〔話〕病弱な, ひ弱な.

¡a·ña·ñay! [a.ɲa.ɲái] 間投 〔ラ米〕（キ）〔話〕よし, いいぞ, うまいぞ.

a·ña·ñu·ca [a.ɲa.ɲú.ka] 囡 〔ラ米〕（キ）〖植〗（チリのアタカマ砂漠などに自生する）アニャニュカ：ユリのような花で赤, 白, 黄色など多彩.

a·ñas·car [a.ɲas.kár] 他 〖古語〗 **1** 紛糾させる, ややこしくする. **2** 少しずつ集める, こつこつためる.

a·ñaz [a.ɲáθ / -.ɲás] 男 複 añaces 〔ラ米〕（キ）〖動〗スカンク.

a·ñe·jar·se [a.ɲe.xár.se] 再 〈ワインなどが〉熟成する.

a·ñe·jo, ja [a.ɲé.xo, -.xa] 形 **1** 熟成した, 芳醇（ほうじゅん）な. vino ～ 年代物のワイン. **2** （塩漬け・燻製（くんせい）などが）保存処理を施した. **3** 〔話〕古臭い, 新鮮味のない；昔からある. vicio ～ 旧弊.

a·ñi·cos [a.ɲí.kos] 男〔複数形〕破片, かけら.
estar hecho añicos 粉々になっている；くたくたに疲れ切っている.
hacerse añicos 粉々に砕ける.

a·ñil [a.ɲíl] 男 **1** 藍色, インディゴブルー. **2** （染料の）インディゴ [= índigo]. **3** 〖植〗マメ科コマツナギ；アイ〔藍〕. ——形 藍色の.

a·ñi·no, na [a.ɲí.no, -.na] 形 → añal.　——男 **1** → añal 1. **2** 《複数で》（生後1年以下の）子羊の毛皮［毛］.

a·ñi·ña·do, da [a.ɲi.ɲá.ðo, -.ða] 形 〔ラ米〕（キ）弱い・幼い.

***a·ño [á.ɲo] 男 **1** 年, 1年. el año pasado 昨年. el año que viene 来年. todos los años 毎年. dentro de un año 1年後. hace unos años 何年か前に. durante muchos años 長年の間. Mañana hará un año que vivo aquí. ここに住んで明日で1年になります.　**2** 暦年. año astronómico [sidéreo] 恒星年. año lunar 太陰年. año bisiesto [intercalar] うるう年. año eclesiástico [litúrgico] 教会暦. año santo / año de jubileo / año jubilar 〖カト〗聖年. año de gracia 〖文章語〗キリスト紀元. año(s) luz 光年.　**3** 年度. año académico [escolar] 学業暦. año fiscal 会計年〔度〕. año legislativo 議会年度.　**4** 年, 年齢；《複数で》誕生日. cumplir [hacer] años 年をとる. celebrar los años 誕生日を祝う. Tengo 40 años. 私は40歳だ. ¿Cuántos años me echas? ねえ, 私は何歳だと思う. Ella tendrá 30 años recién cumplidos. 彼女は30歳になったばかりだろう. A los dieciséis años empecé a vivir solo. 16歳のときに私は一人暮らしを始めた. Creía que podría hacerlo todo yo solo, pero los años no perdonan a nadie. すべて私ひとりでできると思っていたけど, 年には逆らえないね.　**5** 学年. Estoy en primer año de Empresariales. 私は経営学科の1年生です. **6** 《複数で》年代. los años noventa 90年代. en los años que corren 〔話〕現在. por los años de... …年のころ.
a años luz de... …とかけ離れた, …のはるかかなたに.
Año de nieves, año de bienes. 〖諺〗雪が降る年は収穫が期待できる. ♦Castilla などの水がふんだんにない地方で用いられる.
Año Nuevo 新年. el día de Año Nuevo 元日.
Año Viejo 大みそか (= Nochevieja).
año y vez 休耕と耕作を繰り返す農法.
del año del caldo 〔ラ米〕（グラ）〔話〕とても古い.
el año de la nana [pera] / *el año de maricastaña* 〔話〕ずっと前, はるか昔（に）；時代遅れ（の）.
en sus años mozos …の若いときに.
entrado [*metido*] *en años* 〔人が〕年を重ねた.
estar de buen año 〔話〕〈人が〉太って健康的な.
no pasar los años por [*para*]+人 〈人〉が年をとらない, 若いままでいる.
perder año 〔話〕落第する.
quitarse años 〈人が〉年を若く言う；若く見える.
ser del año de la polca 〈人・ものが〉時代遅れである.
[←〔ラ〕*annum* (*annus* の対格);〔関連〕anual, anuario, aniversario.〔ポルトガル〕*ano*.〔仏〕*an, année*.〔伊〕*anno*.〔英〕*annual*]

a·ño·jal [a.ɲo.xál] 男 〖農〗 **1** 枚の田畑；耕作と休耕を繰り返す田畑.

a·ño·jo, ja [a.ɲó.xo, -.xa] 男 囡 （子牛・子羊などの）1年子：満1歳から満2歳までのもの.　——**1** 年子の〔子牛・子羊などの〕食肉.

a·ño·ñar [a.ɲo.ɲár] 他 〔ラ米〕（キューバ）〔話〕甘やかす.

a·ño·ran·za [a.ɲo.rán.θa / -.sa] 囡 郷愁, 懐かしさ；哀惜. tener [sentir] ～ de [por] su país 祖国を懐かしむ.

*a·ño·rar [a.ɲo.rár] 他 懐かしむ；惜しむ, 悼む. ～ los tiempos pasados 昔を懐かしむ. Añoro a mi novio. 私は恋人がここにいなくて寂しい.　——自 懐かしく思う, 郷愁に駆られる.

a·ño·so, sa [a.ɲó.so, -.sa] 形 〈樹木などが〉年数を経た, 高齢の. árboles ～s 老木.

a·ñu·blar [a.ɲu.blár] 他 → nublar.

a·ñu·blo [a.ɲú.blo] 男 〖農〗胴枯れ病；さび病.

a·ñu·dar [a.ɲu.ðár] 他 → anudar.

a·ñus·gar·se [a.ɲus.gár.se] 再 〔まれ〕《con... …が》のどに詰まる.

a·o·ja·da [a.o.xá.ða] 囡 〔ラ米〕（アルゼ）天窓, 採光窓.

a·o·ja·dor, do·ra [a.o.xa.ðór, -.ðó.ra] 形 目でのろいをかける能力のある, 悪魔の目を持った.　——男 目で呪術（じゅじゅつ）師, 目でのろいをかける人, 悪魔の目の持ち主.

a·o·ja·du·ra [a.o.xa.ðú.ra] 囡 → aojo.

a·o·ja·mien·to [a.o.xa.mjén.to] 男 → aojo.

a·o·jar [a.o.xár] 他 目でのろいをかける；だめにする, 失敗させる.

a·o·jo [a.ó.xo] 男 目でのろいをかけること, 呪視（じゅし）.

a·ó·ni·des [a.ó.ni.ðes] 囡《複数形》《ギ神》ムーサ[ミューズ]の女神たち.

a·o·ris·to [a.o.rís.to] 男《文法》(古典ギリシア語動詞の)不定過去, アオリスト.

a·or·ta [a.ór.ta] 囡《解剖》大動脈. ～ abdominal 腹大動脈.

a·ór·ti·co, ca [a.ór.ti.ko, -.ka] 形《解剖》大動脈の.

a·or·ti·tis [a.or.tí.tis] 囡《単複同形》《医》大動脈炎.

a·o·va·do, da [a.o.bá.ðo, -.ða] 形 卵形の, 長円形の.

a·o·var [a.o.bár] 自〈鳥などが〉産卵する, 卵を産む.

a·o·vi·llar·se [a.o.bi.jár.se ‖ -.ʎár.-] 再 丸くなる, 縮こまる (= ovillarse).

AP [a.pé]《略》**1** *Alianza Popular* 国民同盟党: スペインの右翼政党. **2** *Acción Popular* 人民行動党: ペルーの政党, 中道右派.

¡a·pa! [á.pa] 間投《ラ米》《俗》〈奇異感・不可思議な思いから〉おや, あれ.

a·pá [a.pá] 男《話》お父さん (= papá).

APA [á.pa] 囡《略》*Asociación de Padres de Alumnos* (スペインの) 保護者会〔英 PTA〕.

a·pa·bu·lla·mien·to [a.pa.bu.ja.mjén.to ‖ -.ʎa.-] 男 圧倒すること, 呆然(ぼうぜん)とさせること; 意気消沈.

a·pa·bu·llan·te [a.pa.bu.ján.te ‖ -.ʎán.-] 形《話》圧倒的な, ぎゃふんと言わせるほどの.

a·pa·bu·llar [a.pa.bu.jár ‖ -.ʎár.-] 他《話》圧倒する, うろたえさせる; 沈黙させる.
— ～·se 再 圧倒される, ぎゃふんとする, うろたえる.

a·pa·bu·llo [a.pa.bú.jo ‖ -.ʎo] 男 → apabullamiento.

a·pa·cen·ta·de·ro [a.pa.θen.ta.ðé.ro / -.sen.-] 男 牧草地, 放牧地.

a·pa·cen·ta·dor, do·ra [a.pa.θen.ta.ðór, -.ðó.ra / -.sen.-] 男囡 羊飼い, 牧羊者, 牧人.

a·pa·cen·ta·mien·to [a.pa.θen.ta.mjén.to / -.sen.-] 男 **1** 放牧. **2** 牧草.

a·pa·cen·tar [a.pa.θen.tár / -.sen.-] 8 他 **1** 放牧する, 牧草を食べさせる. **2**〈精神的に〉育む. **3**〈欲望・情熱を〉あおる, かき立てる.
— ～·se 再 **1** 草を食(は)む. **2** 《**con…** / **de…**》〈…〉を糧とする,《…で》満たされる.

a·pa·char [a.pa.tʃár] 他《ラ米》(1) (プ米)《話》押しつぶす. (2) (アンデ)《話》盗む.

a·pa·che [a.pá.tʃe] 形 (北米先住民の) アパッチの.
— 男囡 **1** アパッチ人. **2** (大都市の) ならず者, 無頼漢. — 男 アパッチ語: 北米先住民語の一つ.

a·pa·che·ta [a.pa.tʃé.ta] 囡《ラ米》(1) (アンデ)(ボリ)(ペルー)(inca の大地母神 Pachamama を祭る)石の祭壇, (石を積み上げた)祠(ほこら); 積み重ね, 山積. (2) (アンデ) 政治的利益団体, 圧力団体; 大金, 不正取得財産. hacer la ～ 一財産をなす. (3) (グアテ)泥棒の住処(すみか).

a·pa·chu·rra·do, da [a.pa.tʃu.rá.ðo, -.ða] 形《ラ米》《話》小さな, 背の低い; 成長しない.

a·pa·chu·rrar [a.pa.tʃu.rár] 他 押しつぶす, ぺちゃんこにする. ～ (la) oreja《ラ米》(*米)《俗》眠る.

a·pa·ci·bi·li·dad [a.pa.θi.bi.li.ðáð / -.si.-] 囡 穏やかさ; 平穏; のどかさ.

a·pa·ci·bi·lí·si·mo, ma [a.pa.θi.bi.lí.si.mo, -.ma / -.si.-] 形 [apacible の絶対最上級]この上なく穏やかな.

*****a·pa·ci·ble** [a.pa.θí.ble / -.sí.-] 形《**ser**＋ / **estar**＋》**1** (性格などが) 穏やかな, 温和な. Este niño *es* ～. この子はおとなしい. **2**〈天候などが〉平穏な. Hoy hace un día ～. 今日はうららかな日だ.

a·pa·ci·gua·dor, do·ra [a.pa.θi.gwa.ðór, -.ðó.ra / -.si.-] 形 なだめる, 和らげる.
— 男 調停者(役).

a·pa·ci·gua·mien·to [a.pa.θi.gwa.mjén.to / -.si.-] 男 **1** なだめること. **2** 鎮静; 平穏.

a·pa·ci·guar [a.pa.θi.gwár / -.si.-] 86 他 **1** なだめる, 落ち着かせる. **2**〈苦痛を〉和らげる, いやす.
— ～·se 再 **1** 落ち着く.
2〈苦痛などが〉和らぐ; 静まる.

a·pa·dri·na·do [a.pa.ðri.ná.ðo] 男 (有力者から)庇護(ひご)を受けている人, 後援されている人.

a·pa·dri·na·dor, do·ra [a.pa.ðri.na.ðór, -.ðó.ra] 形 後援する, 庇護(ひご)する.
— 男 **1** 後援者, スポンサー, パトロン.
2 (決闘の) 介添え人.

a·pa·dri·na·mien·to [a.pa.ðri.na.mjén.to] 男 **1** (洗礼での)代父[名付け親]の役; 結婚式での介添人の役. **2** 後援.

a·pa·dri·nar [a.pa.ðri.nár] 他 **1** 代父[名付け親] padrino となる; 結婚式で介添人になる. ～ a un niño en un bautizo 洗礼で男の子の名付け親になる. **2** 後援者になる. ～ a un escritor joven 若い作家を後援する. **3**《馬》(調教するために)伴走する.
— ～·se 再 庇護(ひご)を受ける.

a·pa·ga·ble [a.pa.gá.ble] 形 消すことのできる.

a·pa·ga·di·zo, za [a.pa.ga.ðí.θo, -.ða / -.so, -.sa] 形 燃えにくい, 消えそうな.

a·pa·ga·do, da [a.pa.gá.ðo, -.ða] 形 **1** (**estar**＋)〈火・明かりが〉消えた, 電source切った. luz *apagada* 消えた明かり. volcán ～ 死火山. cal *apagada* 消石灰. El fuego *está* ～. 火事は消えた. **2** 活気のない, 意気消沈した. Hoy estás muy ～. 今日君は沈みこんでいる. **3**〈色などが〉くすんだ, ほんやりした;〈音が〉鈍い. color ～ さえない色. voz *apagada* 弱々しい声.
— 男《IT》シャットダウン.

a·pa·ga·dor, do·ra [a.pa.ga.ðór, -.ðó.ra]男《火・物音などを》消す(ための).
— 男 **1** (火・物音などを) 消す道具;《ラ米》(メキ)(電気の) スイッチ. **2** (帽子型の) ろうそく消し. **3**《音楽》(ピアノの) ダンパー, 止音器.
— 囡《ラ米》(*米)消防自動車.

a·pa·ga·fue·gos [a.pa.ga.fwé.gos] 男《単複同形》火消しの.
— 男 囡 火消し役, (問題などを) 解決する人.

apagador
(ろうそく消し)

a·pa·ga·mien·to [a.pa.ga.mjén.to] 男 **1** 消す[消える]こと. **2** 意気消沈.

*****a·pa·gar** [a.pa.gár] 103 他 **1** 消す, 消火する (↔encender). ～ un incendio 火事を消し止める. ～ una vela ろうそくの火を吹き消す.
2〈…のスイッチを〉切る. ～ la luz 電気を消す. ～ la música 音楽を止める. ～ el sonido 無音にする. →次ページに図.
3〈感情などを〉鎮める;〈欲望などを〉抑える. ～ el dolor 苦痛を和らげる. ～ la ira 怒りを鎮める. ～ la sed 渇きをいやす.
4〈…の強度・調子を〉弱める, 鈍くする. Este detergente *apaga* los colores. この洗剤は色落ちする.
5《海》〈帆から〉風を抜く. **6**《ラ米》(メキシ)(ニカラ)発砲する.

apagavelas

—~se 再 **1** 〈光・火などが〉消える;〈…の電源が〉切れる. ~se un televisor テレビが切れる. ~se un volcán 火山が活動を停止する. **2** 〈感情・欲望・色・音などが〉弱まる, 鎮まる. ~se un fervor 熱狂が収まる. *Se le apagó* la voz al decirlo. そう言ったとき, 彼[彼女]の声は消え入りそうになった. **3** 息を引き取る.
apagar a + 人 *los ojos*《ラ米》《*米》〈人〉を殴って目の周りにあざをつける.
apaga y vámonos《話》話にならない; もう終わりにしよう.
[←〔古スペイン〕*pagar*「静める」←〔ラ〕*pācāre* (*pāx*「平和」より派生); 関連〔英〕*pay*]

apagar apaga la luz「電気を消して」

a·pa·ga·ve·las [a.pa.ga.βé.las] 男《単複同形》(帽子型の)ろうそく消し (= matacandelas).

a·pa·gón [a.pa.ɣón] 男 停電.

a·pa·gón, go·na [a.pa.ɣón, -.ɣó.na] 形《ラ米》(1) 《ニカ》《プエ》《タバコ・木炭などが》消えやすい, 火つきが悪い. (2)《浮》《馬が》〈レースで〉ばてやすい.

a·pa·go·so, sa [a.pa.ɣó.so, -.sa] 形《ラ米》火つきの悪い, 燃えにくい, 消えやすい.

apague(-) / apagué(-) 園 → apagar.

a·pai·ne·la·do, da [a.pai.ne.lá.ðo, -.ða] 形《建》三心アーチの.

a·pai·sa·do, da [a.pai.sá.ðo, -.ða] 形 (**ser+ / estar+**) 横長の. formato ~ 横長の判型.

a·pai·sar [a.pai.sár] 他 横長に置く.

a·pa·ja·ra·do, da [a.pa.xa.rá.ðo, -.ða] 形《ラ米》《ホン》《ジジャ》まぬけな, ぼやっとした.

a·pa·jua·ta·do, da [a.pa.xwa.tá.ðo, -.ða] 形《ラ米》《ホン》《グァテ》寝過ぎて目が腫れている.
— 男女《ラ米》《ホン》《グァテ》寝過ぎて目が腫れている人.

a·pa·la·brar [a.pa.la.βrár] 他 口約束する. ~ una compra con alguien 誰かと買い物に行く約束をする.

a·pa·la·bre·ar [a.pa.la.βre.ár] **/ a·pa·la·briar** [a.pa.la.βrjár] 82 他《ラ米》→ apalabrar.

a·pa·lan·ca·mien·to [a.pa.laŋ.ka.mjén.to] 男 てこで持ち上げる[こじ開ける, 動かす]こと.

a·pa·lan·car [a.pa.laŋ.kár] 102 他 **1** てこで持ち上げる[こじ開ける, 動かす]. **2**《ラ米》隠す.
— ~se 再 〈ある場所に〉居座る.

a·pal·cua·char [a.pal.kwa.tʃár] 他《ラ米》《話》殴る, ぶつ.

¡á·pa·le! [á.pa.le] 間投《ラ米》《グァテ》(1)《驚き》おや, まあ, (2) おい, 止まれ.

a·pa·le·a·da [a.pa.le.á.ða] 女《ラ米》《ラブラタ》《グァテ》(もみ殻・ごみなどを)あおり飛ばすこと; 脱穀.

a·pa·le·a·mien·to [a.pa.le.a.mjén.to] 男 **1** (棒で)たたく[殴る]こと; はたくこと.
2 穀物をふるい分けること; (殻竿などを用いた)脱穀.

a·pa·le·ar [a.pa.le.ár] 他 **1** (棒で)たたく[殴る]; はたく; たたき落とす. ~ la alfombra じゅうたんをはたく. ~ el nogal クルミの木をたたいて実を落とす. **2** 〈穀物を〉あおり分ける; (殻竿などで)脱穀する.
apalear dinero [*oro*, *plata*] 金がうなるほどある, 大金を手にする.

a·pa·le·o [a.pa.lé.o] 男 → apaleamiento.

a·pa·li·zar [a.pa.li.θár / -.sár] 97 他《話》殴打する, ぶつ.

a·pa·llar [a.pa.jár ‖ -.ʎár] 他《ラ米》《グァ》収穫する.

a·pam·par·se [a.pam.pár.se] 再《ラ米》《ラブラタ》《話》呆然とする, 当惑する.

a·pa·na·do, da [a.pa.na.ðo, -.ða] 形 ハチの巣状の.

a·pa·nar [a.pa.nár] 他《ラ米》(1)《チ》〈肉などを〉パン粉で包む. (2)《コル》大勢で攻撃する, (何人かで寄ってたかって) 殴る.

a·pan·cle [a.páŋ.kle] 男《メ》《グァテ》用水路, 掘り割り.

a·pan·co·ra [a.paŋ.kó.ra] 女《動》(チリ産の) イバラガニの一種.

a·pan·dar [a.pan.dár] 他《話》ねこばばする; くすねる; ひったくる.

a·pan·di·llar [a.pan.di.jár ‖ -.ʎár] 他 一味にする, 徒党に組み入れる. — ~se 再 徒党を組む. ladrones *apandillados* 泥棒の一味.

a·pan·do [a.pán.do] 男《ラ米》《メ》《隠》懲罰房.

a·pan·dor·gar·se [a.pan.dor.gár.se] 103 再《ラ米》《コル》《話》怠ける, ぶらぶらする.

a·pa·ni·guar·se [a.pa.ni.gwár.se] **/ a·pa·nia·guar·se** [a.pa.nja.gwár.se] 86《ラ米》《エクア》《ペル》《ウルグ》《エネズ》徒党を組む, 共謀する, 談合する.

a·pa·no·ja·do, da [a.pa.no.xá.ðo, -.ða] 形《植》円錐花序の, 花房状の.

a·pan·ta·lla·do, da [a.pan.ta.já.ðo, -.ða ‖ -.ʎá.-] 形《ラ米》《グァテ》《話》呆然とした, ぼんやりした.

a·pan·ta·llar [a.pan.ta.jár ‖ -.ʎár] 他《ラ米》《グァテ》驚かす, 怖がらせる. — 自《ラ米》《グァテ》《話》いばる; 見せびらかす; (*米)これ見よがしに振る舞う.

a·pan·ta·nar [a.pan.ta.nár] 他〈土地を〉水浸しにする.

a·pan·tle [a.pán.tle] 男《ラ米》《メ》灌漑用水路.

a·pan·tu·fla·do, da [a.pan.tu.flá.ðo, -.ða] 形〈履き物が〉スリッパ形の.

a·pa·ña·do, da [a.pa.ɲá.ðo, -.ða] 形 **1**《話》上手な, うまい. Es muy ~ para toda clase de cosas. 彼はどんなことでもとても手際よくやってのける. Es muy *apañada* con los problemas domésticos. 彼女は家庭の問題処理が非常にうまい.
2《話》〈衣服などが〉おあつらえ向きの, ぴったりの, 格好の. Este abrigo es muy ~ para protegerse del frío. このオーバーは寒さから身を守るのにうってつけだ. **3** 着飾った, めかし込んだ.
estar [*ir*] *apañado*《話》(1) 困ったことになっている. *Estoy* ~ con este ordenador; no funciona nunca. このパソコンが全然動かなくて困っている. (2) 間違っている, 見当違いをしている.

a·pa·ña·mien·to [a.pa.ɲa.mjén.to] 男 → apaño.

a·pa·ñar [a.pa.ɲár] 他 **1** (うまく)整える, 準備する. ~ la mesa [habitación] a toda prisa 大急ぎで食卓の準備をする[部屋を整理する].
2《話》繕う; (一時しのぎの) 修理をする. ~ unos pantalones ズボンの繕いをする. ~ la máquina とりあえず機械を直しておく.
3 偽造する (= amañar). ~ un pasaporte パスポートを偽造する. **4** 身なりを整えてやる; 着飾らせる. **5**《話》くるむ, 包み込む. **6** (不当に) 手に入れる, くすねる. ~ todo lo que hay en la caja fuerte 金庫の中のものを全て持ち去る.
7《ラ米》(1)《メ》《ラブラタ》〈犯人などを〉かばう[隠す]. (2)《チ》《グァテ》《話》手に入れる. (3)《グァテ》逮捕する.

aparecer

—他《con...を》不当に手に入れる, 盗む.
—~・se 再《話》 1 やりくりする, 何とかやっていく; 身繕いをする. *Me apaño bastante bien solo.* 私はひとりでかなり上手に身を処している.
2 《con...が》気に入っている. *Se apaña bien con esa moto.* 彼[彼女]はそのバイクがお気に入りだ. *Parece que no te apañas aquí.* 君はここがなじまない様子だ.
apañar aire《ラ米》(*)(人から)逃げる.
apañárselas なんとかやっていく, 切り抜けていく, 《para +不定詞 …を》うまくやっていく. *Se las apaña para seguir* estudiando Medicina. 彼[彼女]はなんとかがんばって医学の勉強を続けている. *Ya te [le...] apañaré.*《話》〈子供などに対し脅して〉(やつを)とっちめてやる.

a・pa・ño [a.pá.ɲo] 男 1 手づかみ; 盗み. 2 修繕, 繕い. 3 身支度, おめかし. 4 一時しのぎの策, その場逃れ. *La suspensión de pagos será un ~.* 支払い停止は一時しのぎにすぎないだろう. 5《話》手腕, こつ; 悪知恵. 6《話》情事; 愛人.
No tiene apaño.《話》それはどうしようもない.
ser de mucho [*gran*] *apaño*《話》とても重宝だ.

a・pa・ñus・car [a.pa.ɲus.kár] 102 他 1 ぎゅうぎゅう押す. 2《話》くすねる. [apañarの軽蔑語]
a・pa・pa・char [a.pa.pa.tʃár] 他《ラ米》(ミセネ)(チカ)優しくなでる; 抱きしめる.
a・pa・pa・che [a.pa.pá.tʃe] 男《ラ米》(チカ)《話》愛撫(ぶ).
a・pa・pa・cho [a.pa.pá.tʃo] 男《ラ米》愛撫(ぶ).
a・pa・pa・ga・ya・do, da [a.pa.pa.ga.já.ðo, -ða] 形 〈鼻が〉オウムに似た.

a・pa・ra・dor [a.pa.ra.ðór] 男 1 食器戸棚, サイドボード. *poner la vajilla en el ~* 食器戸棚にその食器を入れる. 2 仕事場. 3 革靴の縫製職人. 4 (祭壇わきの)卓. 5《ラ米》(1) ショーウインドー, ショーケース (= escaparate). (2) (Ἀγ) もてなし用の飲み物;〈客の〉もてなし. (3) (*)国 芝刈り機の草受け.
[← [ラ] *apparator*「装備するもの」]

aparador (食器戸棚: 特に下部を指す)

a・pa・ra・do・ris・ta [a.pa.ra.ðo.rís.ta] 男 女《ラ米》ショーウインドー[ケース]の装飾係.

a・pa・rar [a.pa.rár] 他 1 準備する, 用意する. 2 (手を伸ばして)取る,〈受けるために手などを〉広げる. 3〈靴〉を縫い合わせる. 4〈果物の〉皮をむく,〈板の合わせ目に〉かんなをかける;〈草〉を取る. 5〈近くのものを〉取って手渡す. 6《ラ米》(*)国 買う.

a・pa・ra・so・la・do, da [a.pa.ra.so.lá.ðo, -ða] 形 【植】散形花序をつける, セリ科の.
—女 セリ科の植物.

a・pa・ra・tar・se [a.pa.ra.tár.se] 再 1 支度する; めかす. 2 雲行きが怪しくなる.

a・pa・ra・to [a.pa.rá.to] 男 1 器具, 装置, 機械をオン[オフ]にする. *Este ~ no funciona.* この器具は故障している. → *máquina* [類語].
2《話》電話機. *Ahora se pone al ~.* 彼[彼女]は今電話に出ます. *¿Quién está al [en el] ~?*《電話》どなたですか. *Al ~.*《電話》(電話をとった第三者から受話器を受けとって) はい, 私ですが.
3《解剖》(身体の)器官; ~ circulatorio 循環器. ~ digestivo 消化器. ~ genital [reproductor] 生殖器. ~ respiratorio 呼吸器. ~ urinario 泌尿器. 4【医】(医療用器・矯正用の)器具, 補助具; 矯正器. ~ ortopédico (ギプスなどの)人工補整具.
5 (体操の)器械. *gimnasia con ~s* 器械体操. 6 華麗, 華美; 仰々しさ. *celebrar una fiesta con gran ~* 豪勢なパーティーを催す. *¡Cuánto ~ para tan poca cosa!* これしきのことに大げさな. 7 【政】組織, 機構, 執行部. ~ del Estado 国家機構. ~ del partido 政党組織. 8 兆し, 兆候; 症状. 9 飛行機 (= avión). 10《ラ米》(1) (チカ)(俗) 尻(り). (2) (ユヤ)(チカ)幽霊, お化け.
aparato crítico《文章語》考証資料.
aparato escénico【演】上演.
[← [ラ] *apparātum* (*apparātus* の対格; *apparāre* 「用意する」の完了分詞より派生)] [関連] [英] *apparatus*]

a・pa・ra・to・si・dad [a.pa.ra.to.si.ðáð] 女 派手さ, 仰々しさ.
a・pa・ra・to・so, sa [a.pa.ra.tó.so, -.sa] 形 派手な, 人目を引く, 仰々しい. *accidente ~* 見るも無残な事故. *un traje ~* 派手なドレス.
a・par・ca [a.pár.ka] 男 女《略》《話》→ aparcacoches.
a・par・ca・co・ches [a.par.ka.kó.tʃes] 男 女《単複同形》駐車係.
a・par・ca・men・to [a.par.ka.mén.to] 男《ラ米》(*)国 (チカ)駐車, パーキング.
***a・par・ca・mien・to** [a.par.ka.mjén.to] 男 1 駐車場, パーキング (= estacionamiento, parking). ~ disuasorio (ジャンクションに近い)パーキングエリア. 2 駐車.
***a・par・car** [a.par.kár] 102 他 1 駐車する. ~ el coche 車を止めておく. 2《軍》〈車両・資材などを〉集積[集結]する. 3〈問題などを〉先延ばしする, 後に回す. —自 駐車する. ~ en batería 斜めに並列駐車する. *Prohibido ~.* 駐車禁止.
[a- + parque +動詞語尾] [関連]《ラ米》*parquear* (← [英] *park*). [英] *parking*]

a・par・ce・rí・a [a.par.θe.rí.a / -.se.-] 女 1【農】分益農法; 分益小作契約. 2《ラ米》(アルゼン)(ウルグ)仲間意識.
a・par・ce・ro, ra [a.par.θé.ro, -.ra / -.se.-] 男 女 1【農】分益小作人. 2 共同経営者, 共同所有者. 3《ラ米》(アルゼン)《話》仲間, 友達; お得意, 常連.
a・pa・re・a・mien・to [a.pa.re.a.mjén.to] 男 1 交配, 交尾. 2 対[ペア]にすること.
a・pa・re・ar [a.pa.re.ár] 他 1 交配させる. 2 対[ペア]にする. —~・se 再 1 交尾する. 2 組[ペア]になる; そろう, 合う.
****a・pa・re・cer** [a.pa.re.θér / -.sér] 34 自 1 現れる, 出現する; 姿を見せる. ~ *una nueva tendencia* 新しい傾向が現れる. ~ *en la escena* 舞台に登場する, デビューする. *De entre las tinieblas apareció una figura.* 暗闇から人影が現れた. *Últimamente esta actriz aparece mucho en la tele.* 最近この女優はよくテレビに出ている. *Gracias por ~.* 来てくれてありがとう.
2 (探し物が)出てくる, 見つかる. *¿Ha aparecido*

tu perro? 君の犬, 見つかった.
3《作品・製品などが》世に出る;《新聞・リストなどに》載る. ~ en (la) primera plana 第一面に載る. Mi nombre no *aparece* en la lista. 私の名前がリストにないのですが.
4《+形容詞・副詞句…に》見える. El lago *aparece iluminado* por la luna. 湖は月の光で輝いて見える. ▶形容詞は主語に性数一致する.
━ **~se** 再 姿を現す. Entonces *se me apareció* un ángel. そのとき私の目の前に天使が現れた. ¡*Ya apareció aquello!* とうとうわかったぞ[見つけたぞ].
[← 〔後ラ〕*appārēscere「見え始める」← 〔ラ〕*appārēre「現れる」] [関連] aparente, apariencia, desaparecer. [英] appear]

a·pa·re·ci·do [a.pa.re.θí.ðo / -.sí.-] 男 幽霊, 亡霊.

a·pa·re·ja·do, da [a.pa.re.xá.ðo, -.ða] 形 **1** 適切な, ふさわしい. **2** 不可分の;必然的な. *ir aparejado con...* …と緊密な関係にある. *llevar [traer] aparejado...* …を必然的に伴う. La no asistencia a clase *trae aparejado* la expulsión. 授業に出席しなければ結果は退学だ.

a·pa·re·ja·dor, do·ra [a.pa.re.xa.ðór, -.ðó.ra] 男女 [建] 建築施工士, 建築士.

a·pa·re·jar [a.pa.re.xár] 他 **1** 準備する, 用意する. **2**《馬に》馬具を付ける. **3** [海]《船を》艤装(ぎそう)する. **4** 着飾らせる. **5** [美] 下塗りをする;《箔(はく)押しの下地を》作る. **6** 対[ペア]にする.
━ **~se** 再 **1** 準備を整える.
━ 自《動物が》交尾する.

a·pa·re·jo [a.pa.ré.xo] 男 **1** 準備, 用意. **2**《複数で》道具;器材, 装備. *~s de pescar* 釣り道具. **3** [海]《索具・帆装品などの》艤装(ぎそう)品. **4** 馬具. **5** [機] 滑車装置, 滑車起重機. **6** [建] れんが積み, 石組み. **7** [美] 下塗り;《複数で》下塗り材. **8** [服飾] 小物, アクセサリー. **9**《ラ米》(1)《"*米*》《話》[馬] 鞍(くら). (2)《ごろ》[馬] 女性用の鞍(くら).

a·pa·ren·ta·dor, do·ra [a.pa.ren.ta.ðór, -.ðó.ra] 形 上辺を取り繕う, 見えっ張り.
━ 男女 上辺だけの人, 見えっ張り.

*****a·pa·ren·tar** [a.pa.ren.tár] 他 **1**…を装う, …に見せかける, …のふりをする. ~ no saberlo それを知らないふりをする. ~ alegría [indiferencia] 楽しそうなふりをする[無関心を装う]. *Aparentó* desvanecerse. 彼[彼女]は今にも気を失いそうなふりをした. **2**《…の外見・年齢に》見える. ~ *más de treinta años* 30歳以上に見える. Su tía no *aparenta* la edad que se tiene. 彼[彼女]のおばはその年齢には見えない.
━ 自 見栄を張る.

*****a·pa·ren·te** [a.pa.rén.te] 形 **1** 見せかけの, 外見上の, 上辺の. Tu valor es sólo ~. 君の勇気は見せかけだけだ. Me ha engañado su éxito ~. 私は彼[彼女]の成功にだまされた.
2 目に見える, 明白な. Faltó a clase sin motivo ~. 彼[彼女]ははっきりした理由なく授業を休んだ.
3《話》見栄のする, 格好のいい. un vestido muy ~ 非常に見栄えのする衣装. una chica muy ~ とても目立つ女の子. **4** 適当な, ふさわしい, 格好の.

*****a·pa·ren·te·men·te** [a.pa.ren.te.mén.te]《ラ米》**1** 外見上(は), 一見したところ. A~, esta teoría es perfecta, pero, en realidad, no lo es. 一見その理論は完璧だが実はそうでない. **2**《話》見栄えよく.

aparezc- 活 → aparecer.

*****a·pa·ri·ción** [a.pa.ri.θjón / -.sjón] 女 **1** 出現, 登場;刊行. ~ *de un nuevo virus* 新しいウイルスの出現. *libros de próxima* ~ 近刊本. El arroz hizo su ~ en Japón aproximadamente hace tres mil años. 米がおよそ3千年前に日本に伝来した.
2 幻, 幽霊. Se paró como si viera una ~. 彼[彼女]は幽霊でも見たかのように立ち止まった.

*****a·pa·rien·cia** [a.pa.rjén.θja / -.sja] 女 **1** 見せかけのもの. Su bondad es pura ~. 彼[彼女]の親切は единственный 見せかけに過ぎない.
2 外見, 外観;体裁. ~ *falsa* 見せかけ. *una persona de* ~ *normal* 普通の外見をした人. *fiarse de las* ~s 外見を信じる. *Las* ~s *engañan.*《諺》外見はだます（見かけは当てにならない）.
3《複数で》徴候, 気配. *a juzgar por las* ~s 状況から判断して. *Según todas las* ~s *ganará las elecciones.* どう見ても彼[彼女]が選挙に勝つだろう.
4 ありそうなこと. Eso tiene ~ *de ser verdad sin serlo.* それは実際は本当ではないものの本当に見える. **5**《複数で》[演]《昔の劇場の》書き割り. *cubrir [guardar, salvar] las apariencias* 体面を保つ, 体裁を繕う.
de apariencia 外見だけの;高価に見える.
en apariencia 見たところ, 外見は.

a·pa·rien·cial [a.pa.rjen.θjál / -.sjál] 形 外見の, 外観の, 見かけの.

a·pa·rien·ciar [a.pa.rjen.θjár / -.sjár] 82 他 自 → aparentar.

aparque(-) / aparqué(-) 活 → aparcar.

a·pa·rra·do, da [a.pa.řá.ðo, -.ða] 形 枝が横に張った;《体型などが》ずんぐりした.

a·pa·rra·gar·se [a.pa.řa.ɣár.se] 103 再《ラ米》(1)《中》うずくまる. (2)《コラ》《話》かがむ, しゃがむ. (3) こんもり茂る;ずんぐり太る. (4)《"*米*》《話》ゆったりと腰掛ける.

a·pa·rrar [a.pa.řár] 他《枝を》横にはわせる.

a·pa·rro·quia·do, da [a.pa.řo.kjá.ðo, -.ða] 形 **1** 教区に属する. **2** 顧客の多い.

a·pa·rro·quiar [a.pa.řo.kjár] 82 他 **1**《人を》《教区に》配属する. **2**《まれ》[商] 顧客にする.
━ **~se** 再 **1**《人が》《教区に》配属される. **2** 顧客になる.

a·par·ta·de·ro [a.par.ta.ðé.ro] 男 **1**《鉄道の》待避線, 《道路・橋梁(きょうりょう)の》待避所. **2** [闘牛]《出番の牛を仕切っておく》囲い場.

a·par·ta·di·jo [a.par.ta.ðí.xo] 男《軽蔑》《主に複数で》あまりにも細分化したもの, 小片. *hacer* ~s 小さく[細かく]分ける.

*****a·par·ta·do, da** [a.par.tá.ðo, -.ða] 形 **1**《estar +》《de... …から》離れた, 遠くの;孤立した. *vivir* ~ ひっそりと暮らす. Se mudó a un barrio ~. 彼[彼女]は遠方の町へ引っ越して行った.
2 隔離した;非常に平穏な. *mantenerse* ~ 人付き合いを避ける, 引きこもる.
━ 男 **1** 私書箱 (~ *postal,* ~ *de correos*);私書箱番号. **2**《文章の》段落, 節, 項. **3** 別室, 離れ. **4** [鉱] 金の精錬;《金・銀の》純度の検定;《ラ米》《は》選鉱, 選鉱所. **5** 牛を囲い場に入れること, 牛分け. **6**《ラ米》《"*米*》髪の分け目.

a·par·ta·dor, do·ra [a.par.ta.ðór, -.ðó.ra] 形 分ける, 分ける人.
━ 男女《家畜などの》選別係.
━ 男 **1** 選別機, 分離機. **2**《ラ米》《ぷし》《牛を追う》突き棒.

a·par·ta·ho·tel [a.par.ta.o.tél] 男 → aparto-

apartamento [a.par.ta.mén.to] 男 (一般に piso よりも部屋数の少ない) アパート.

apartamiento [a.par.ta.mjén.to] 男 **1** 離すこと, 分離. **2** 僻地(へき). **3** 〖法〗訴訟[請求]の取り下げ. **4** 《ラ米》アパート.

apartar [a.par.tár] 他 **1** 《**de...** …から》離す, 遠ざける；どける. ~ una silla *de* la mesa テーブルからいすを引く. ~ la sartén *del* fuego フライパンを火からおろす. ~ las moscas *de* la comida 食べ物からハエを追い払う. ~ a los jóvenes *del* tabaco 若者に喫煙させないようにする. ~ a los curiosos 野次馬を追い払う. ~ las cortinas カーテンを開ける. ~ a los dos luchadores ふたりのレスラーを引き離す.
2 取り分ける；取っておく. ~ un poco de paella para comerla después 後で食べるためにパエリャを取り分ける. ~ el oro de la arena 金を砂から選別する. **3** 《視線・注意などを》そらす, 外す. Me contestó sin ~ la vista [mirada]. 彼[彼女]は目をそらさずに私に答えた. ~ la atención de... …から注意をそらす. **4** 《ラ米》《鉱》(1) 《精》(銀鉱石から) 〈金を〉分離する, 抽出する. (2) 〈家畜を〉選別する.
— ~**se** 再 **1** 《**de...** …から》離れる, 遠ざかる；どく. ~*se del* ruido 騒音から離れる. ~*se de* los peligros 危険を避ける. ~*se del* camino de Dios 神の道から外れる. *Me aparté del* mundo del teatro. 私は演劇界から遠ざかった. *Apártate*, que voy a pasar. ちょっとどいて, 通るから.
2 〖法〗訴訟を取り下げる.

aparte [a.pár.te] 副 **1** 別にして, 離して, 離れて；《名詞+ …》はさておき. hacer párrafo ~ 段落を改める. mantenerse ~ 離れたままでいる. bromas ~ 冗談はさておき. Guarda esta caja ~. この箱を別にしてしまっておきなさい. Me habló ~. 彼[彼女]は私にだけ話した. Trataremos ~ ese tema. その問題は別途取り上げましょう.
2 他に, さらに, A~ recibe ayuda del exterior. そのうえ彼[彼女]は外部からも援助を受けている.
3 〖演〗傍白.
— 形 《性数不変》 **1** 《名詞+》別の；離れた. Eso es capítulo ~. それはまた別の話だ. Es un caso ~. 彼[彼女]は変わり者[別格]だ. conversación ~ 内緒話. tirada ~ 〖印〗抜き刷り.
2 特別な, 特異な.
— 男 **1** 〖演〗傍白. en un ~ 傍白で；内緒で.
2 段落. punto y ~ ピリオドを打って改行.
3 《ラ米》〖農〗(家畜の)区分け, より分け.
— 他 ➡apartar.
aparte de... (1) …を別にして. A~ *del* estilo la obra no vale nada. 文体は別としてその作品は何の価値もない. (2) …の他に. A~ *del* estilo, el tema de esta obra vale mucho. この作品は文体ばかりでなく, テーマもすばらしい.
dejando aparte... …を別にすれば, 考慮に入れず[入れなければ].
eso [esto] aparte それ[これ]は別として, それ[これ]とは別に.
tener aparte a +人 〈人〉をのけ者にする.
[← 《俗》]*adparte「そばに」*

apartheid [a.par.téiđ //-.par(t).xéit] 〘英〙 男 アパルトヘイト：南アフリカ共和国が1948 – 91年にとっていた有色人種差別政策.

aparthotel [a.par.to.tél] 〘英〙 男 ➡ apartotel.

apartido [a.par.tí.đo] 副 《ラ米》(キリシ)等しく, 公平に.

apartijo [a.par.tí.xo] 男 ➡ apartadijo.

apartosuite [a.par.to.swít] 女 アパートタイプの高級ホテル.

apartotel [a.par.to.tél] 男 アパートタイプのホテル. 長期滞在者に貸し, ホテルサービスも提供する. ➡ hotel 〘類語〙.

aparvadera [a.par.ba.đé.ra] 女 くま手.

aparvadero [a.par.ba.đé.ro] 男 ➡ aparvadera.

aparvar [a.par.bár] 他 〈穀物を〉脱穀場に集める [積み上げる].

apasionado, da [a.pa.sjo.ná.đo, -.đa] 形 **1** 《*estar* +》《**de...** / **por...** / **con...** …に》熱中した, 夢中になった. *estar* ~ *por* ese videojuego そのテレビゲームにはまっている. Mi amigo *estaba* ~ *por* una chica. 私の友人はある女の子に熱を上げていた. **2** 情熱的な, 熱心な. amor ~情熱的な恋. un defensor ~ *de*... …の熱心な擁護者. una discusión *apasionada* 火花を散らすような議論. **3** 《まれ》偏った, 不公平な. un juicio muy ~ 偏見に満ちた判断.
— 男 女 **1** 熱心[熱狂的]な人. **2** 熱烈なファン；愛好家(= aficionado). Es un ~ de las corridas de toros. 彼は闘牛の熱烈なファンだ.

apasionamiento [a.pa.sjo.na.mjén.to] 男 情熱, 熱中；興奮. Sigue trabajando con gran ~. 彼[彼女]は大変熱心に働き続けている.

apasionante [a.pa.sjo.nán.te] 形 **1** 熱中させる, 夢中にさせる. El fútbol es un deporte ~. サッカーはわくわくするスポーツだ.
2 とてもおもしろい[興味深い]. Es una novela tan ~ que la leí de un tirón. あまりにもおもしろい小説だったので私は一気に読んでしまった.

apasionar [a.pa.sjo.nár] 他 **1** 熱中させる；興奮させる. A mi padre le *apasiona* el fútbol. 私の父はサッカーに熱狂している. Me *apasiona* la crema catalana. 私は(カタルーニャ風)クリームブリュレに目がない. El patriotismo *apasiona* a las multitudes. 祖国愛は民衆をあおり立てる.
2 苦しめる, 悲しませる.
— ~**se** 再 《**por... con... / en...** …に》 **1** 熱中する, 夢中になる. *Me apasiono con* las novelas de este escritor. 私はこの作家の小説が大好きだ.
2 興奮する. Los participantes en el debate *se apasionaron con* el tema. 討論では参加者はその話題になると興奮した.

apastar[1] [a.pas.tár] 他 ➡ apacentar.

apastar[2] [a.pas.tár] 他 **1** こねる, 練る (= amasar). **2** 〈木材を〉パルプにする.

apaste [a.pás.te] 男 《ラ米》(メキシ)(キリシ)洗面器, たらい.

apatán [a.pa.tán] 男 アパタン：フィリピンの容量単位. 約 94 ミリリットル.

apatía [a.pa.tí.a] 女 無関心；無気力. ~ política 政治離れ. La ~ del gerente arruinó a la empresa. 重役の無気力が会社を破産に追い込んだ.

apático, ca [a.pá.ti.ko, -.ka] 形 《*ser* + / *estar* +》《**a... / en...** …に対して》無関心の；無気力な. con actitud *apática* 無関心な態度で. Hoy me siento muy ~ y no tengo ganas de trabajar. 今日はとてもかったるくて働きたくない.

apatita [a.pa.tí.ta] 女 〖鉱〗リン灰石.

apátrida [a.pá.tri.đa] 形 **1** 無国籍の；祖国のない. **2** 《ラ米》(キリシ)非愛国的な. — 男 女 **1** 無国籍

apatronado

者. **2** 《ラ米》《俗》非愛国者, 非愛国的な人.

a.pa.tro.na.do, da [a.pa.tro.ná.ðo, -.ða] 形 《ラ米》《俗》雇用主の利益を優先する.

a.pa.tro.nar.se [a.pa.tro.nár.se] 再 《ラ米》《俗》(ざル)主人に仕える; 情婦になる.

a.pa.tus.car [a.pa.tus.kár] 102 他 《話》やっつけで仕事をする, いい加減にやる.

a.pa.tus.co [a.pa.tús.ko] 男 **1** 《話》安っぽい服装品. **2** 《話》道具. **3** 《話》嫌な男, だらしない男. **4** 《ラ米》だまし, 見せかけ.

apdo. / aptdo. 男 《略》→ apartado (de correos).

a.pe.a.de.ro [a.pe.a.ðé.ro] 男 **1** 乗馬台. **2** (道絡)休息所. **3** (乗降場だけの)停車場; 駅.

a.pe.a.dor [a.pe.a.ðór] 男 測量技師.

a.pe.ar [a.pe.ár] 他 **1** (**de...**) ((車・馬)から)降ろす, 手を貸して降ろす; ((高い所・役職など)から)降ろす. *Apeó a una anciana del autobús.* 彼[彼女]は老女に手を貸して下から降ろした. **2** (**de...**) ⟨意見・主張など⟩を)断念させる. *No pude ~lo de su idea.* 私は彼の考えを変えさせることができなかった. **3** (スポーツ競技会などで) (参加者を)振り落とす. **4** ⟨木を⟩切り倒す. **5** 克服する. ~ *obstáculos* 障害を乗り越える. **6** ⟨馬の)両足を縛る. **7** ⟨車に⟩輪留めをする. **8** 《建》⟨工事現場などに⟩支柱を施す. **9** ⟨土地を⟩測量する, 境界線を引く. **10** 《ラ米》(1) 《話》とがめる. (2) (ざり)《俗》殺す.

— **~.se** 再 **1** (**de...** ⟨車・馬⟩から)降りる. *~se de un autobús* バスを降りる. **2** 《話》(**de...** ⟨意見・主張など⟩を)断念する, あきらめる. *No quiere ~se de su error.* 彼[彼女]は過ちを認めようとしない. **3** 《ラ米》(1) (ざり) (**de...**) …から免れる; ⟨…を⟩捨てる, 取り去る. (2) 泊まる.

apear por las orejas 《話》見当違いなことを言う.
no apeársela 《ラ米》《話》いつも飲んだくれている.
[←[俗ラ] *appedāre←[ラ] *pedāre* 「足⟨支え⟩をつける」(*pēs, pedis* 'pie' より派生)]

a.pe.char [a.pe.tʃár] 自 → apechugar.

a.pe.chu.gar [a.pe.tʃu.ɡár] 103 自 **1** 《話》(**con...** ⟨不快なこと⟩を)引き受ける; 甘受する, 我慢する. ~ *con las consecuencias de...* …の結果を甘受する. *Siempre tengo que ~ con todo el trabajo.* いつも私が仕事を全部引き受けなければならない. **2** 胸を押しつける, 胸をぶつける. **3** 《ラ米》(ざり)(キ゚) 《話》行動力がある; すべての責任をとる.

— 他 《ラ米》(1) (ざ) ⟨相手を⟩激しく揺さぶる. (2) (キ゚)(ざり)乱暴に取り上げる.

— **~.se** 再 《ラ米》(ざリ) 《話》耐える, がまんする.

a.pe.da.zar [a.pe.ða.θár / -.sár] 97 他 **1** ⟨衣服の⟩ほころびを繕う. **2** 引きちぎる, 粉々にする.

a.pe.dre.a.do, da [a.pe.ðre.á.ðo, -.ða] 形 **1** 石を投げつけられた; 石打ちの刑に処せられた. *San Esteban murió ~.* 聖ステファノは石打ちの刑で殺された. **2** 《古語》雑色の, まだらの.

a.pe.dre.a.mien.to [a.pe.ðre.a.mjén.to] 男 **1** 投石. **2** 石打ちの刑.

a.pe.dre.ar [a.pe.ðre.ár] 他 **1** 石を投げる, 投石する. **2** 石打ちの刑にする.

— 自 ⟨3人称単数・無主語で⟩雹(ひょう)が降る.

— **~.se** 再 雹害を受ける.

a.pe.dre.o [a.pe.ðré.o] 男 → apedreamiento.

a.pe.ga.do, da [a.pe.ɡá.ðo, -.ða] 形 (**a...** …に)執着した, 執心の; 愛着を抱いた. *Está muy ~ a las costumbres.* 彼はしきたりにとてもうるさい.

a.pe.gar.se [a.pe.ɡár.se] 103 再 **1** (**a...** …に)愛着を抱く; 執着する. *Esta chica difícilmente se apega a nadie.* この女の子はなかなか人になつかない. *Cada día me apego más a esta casa.* 日ごとに私はこの家に愛着を覚える. **2** 《ラ米》(ホ)(ゴミ)近づく.

a.pe.go [a.pé.ɡo] 男 (**a...** / **por...**…への) **1** 愛着; 執着. *sentir ~ por...* …に愛着を覚える. *Tengo mucho ~ a este vestido.* 私はこの服にとても愛着がある. **2** 興味, 関心. *El chico demuestra poco ~ a los estudios.* その子は勉強にほとんど興味を示さない.

a.pe.gua.lar [a.pe.ɡwa.lár] 他 《ラ米》(ざリ)(キ゚) ⟨馬に⟩腹帯をつける; 鞍帯(くらおび)を結わえる.

apegue(-) / apegué(-) 動 → apegarse.

a.pe.la.ble [a.pe.lá.ble] 形 《法》上訴できる.

a.pe.la.ción [a.pe.la.θjón / -.sjón] 女 **1** 《法》上訴, 控訴, 上告. *presentar una ~ contra una sentencia* 判決を不服として上訴する. *juicio sin ~* 確定判決. *recurso de ~* 控訴. *tribunal de ~* 上訴裁判所. **2** 呼びかけ, 訴え. *Hizo una ~ a nuestra conciencia.* 彼[彼女]は我々の良心に訴えかけた. **3** 《医》立会い診察, 対診. *médico de ~* 立会医, 相談医.

sin apelación 手の打ちようのない.

a.pe.la.do, da [a.pe.lá.ðo, -.ða] 形 《法》被上訴人の. — 男 女 被上訴人.

a.pe.lam.brar [a.pe.lam.brár] 他 ⟨皮革を⟩ (石灰液に浸して)脱毛する.

*****a.pe.lar**[1] [a.pe.lár] 自 **1** (**a...** …に)訴える, 頼る. ~ *a la violencia* 暴力に訴える. ~ *a los padres por falta de dinero* 両親にお金をねだる. ~ *a la lógica* 理屈に訴える. *Apelo a* su buena voluntad para que me responda. ご好意に頼ってお返事をお待ちしています.

2 《法》(**ante...** / **contra...** …に対して)控訴[上告]する. ~ *de una sentencia ante el Tribunal Supremo* 判決を不服として最高裁に上告する.

— 他 **1** …にあだ名をつける. *Alfonso X, apelado El Sabio* 賢王と呼ばれたアルフォンソ10世. **2** …に対し上訴する. ~ *un fallo* 判決を不服として上訴する.

— **~.se** 再 (**a...** …に)頼る, すがる.

[←[ラ] *appellāre* 「呼びかける」(→[英] *appeal*)]

a.pe.lar[2] [a.pe.lár] 他 ⟨複数の馬などの⟩毛並み[毛色]がそろう.

a.pe.la.ti.vo, va [a.pe.la.tí.βo, -.βa] 形 **1** 通称の; 呼び名の. **2** ⟨それ⟩《文法》呼称の.

— 男 **1** 通称, 呼び名. **2** ⟨それ⟩《文法》呼称. ~ *cariñoso* 親しみを込めた呼び名 (▶ 恋人や夫婦間での *amor mío, cariño* など). **3** 《ラ米》(ホ)(ラ米) 名字, 姓(てい).

a.pel.dar [a.pel.dár] 他 **~las** 《話》あわてて逃げ出す.

a.pel.de [a.pél.de] 男 《話》 **1** 遁走(とんそう), 逃走. **2** (フランシスコ会修道院の)暁の鐘.

a.pe.llar [a.pe.ʝár ‖ -.ʎár] 他 ⟨皮を⟩(もんで)なめす.

*****a.pe.lli.dar** [a.pe.ji.ðár ‖ -.ʎi.-] 他 **1** あだ名をつける, あだ名で呼ぶ; 姓[名字]で呼ぶ. *A Juan Martín Díaz le apellidan el Empecinado.* 人はファン・マルティン・ディアスを「頑固おやじ」と呼ぶ (◆ *Juan Martín Díaz* はスペイン独立戦争 (1808–1814) における英雄).

2 《比喩的》(**de...** …と)評して言う, 見なす. *Lo apellidan de bruto.* 彼は乱暴者と言われる.

3 ⟨兵を⟩召集する. **4** (地位などに)推薦(サいせん)する.

— **~.se** 再 姓は…である; …というあだ名で呼ばれ

a‧pe‧lli‧do [a.pe.ʝí.đo ‖ -.ʝí.-] 男 **1** 姓, 名字. ~ de soltera 旧姓. ► スペインの氏名は「個人名 nombre」+「第一姓 primer ~ (~ paterno 父方の姓)」+「第二姓 segundo ~ (~ materno 母方の姓)」. 既婚女性の場合は, さらに「de+ 夫の姓」を加える. Luisa Gutiérrez Fernández という女性が Martínez という男性と結婚すれば, Luisa Gutiérrez (Fernández) de Martínez となる. **2** 渾名, あだ名 (=apodo). Le han dado un ~ muy feo. 彼[彼女]はひどいあだ名をつけられた. **3**《古語》召集 (兵団). **4**《古語》叫び声, 喚声(%). [apellidar (← [ラ] *appellitāre* (通称で) …と呼ぶ) より派生, 「姓」の意味は15世紀以後, 関連 apelar¹. [英] *appeal*]

a‧pel‧ma‧za‧do, da [a.pel.ma.θá.đo, -.đa / -.sá.-] 形 **1**〈文体・作品などが〉生硬な; 退屈な. **2** 固まった, 塊になった. almohada *apelmazada* 平べったくなったクッション.

a‧pel‧ma‧za‧mien‧to [a.pel.ma.θa.mjén.to / -.sa.-] 男 固く圧縮されていること, 密になること; べたつくこと.

a‧pel‧ma‧zar [a.pel.ma.θár / -.sár] 97 他 固くする, 密にする; べたつかせる.
— ~‧se 再 固くなる, 密になる; べとつく.

a‧pe‧lo‧to‧nar [a.pe.lo.to.nár] 他 塊[玉] 状にする, 丸める.
— ~‧se 再 **1** 塊[玉] になる, 丸まる.
2 一か所に固まる, 群がる. Los niños *se apelotonan* en torno al profesor. 子供たちが先生の周りにわっと集まる.

a‧pe‧nar [a.pe.nár] 他 **1** 悲しませる, つらい思いをさせる. Su conducta *ha apenado* mucho a su madre. 彼[彼女]の行状は母親を深く悲しませた.
2《ラ米》恥ずかしがらせる.
— ~‧se 再 **1** (**por…** / **con…** …に)悲しむ, 嘆く. ~*se por* la muerte de… …の死を悼む.
2《ラ米》恥じ入る, 赤面する; はにかむ, おどおどする.

***a‧pe‧nas** [a.pé.nas] 副 **1**《否定》ほとんど…ない (► 動詞の前に来る場合は no は不要. 動詞の後ろに来る場合は no と共に用いる). *A*~ ve la televisión. 彼[彼女]はほとんどテレビを見ない.
2 かろうじて, やっと;《+数量》せいぜい. hace ~ *unos* minutos ほんの2・3分前に. *A*~ he conseguido 50 puntos en el examen final. 私はかろうじて最終試験で50点とった.
— 接続 …するとすぐに, …するやいなや (=tan pronto como, en cuanto, no bien). *A*~ llegó a la oficina se puso a trabajar. 彼[彼女]はオフィスに着くやいなや働き始めた.
apenas… cuando… …するとすぐに[するや否や]…. *A*~ había empezado a llover, *cuando* relampagueó. 雨が降り出してすぐ稲妻が光った.
apenas si ほとんど…ない, かろうじて. *A*~ *si* me tenía de pie. 私は立っているのがやっとだった.
[a+penas「骨折り, 苦労」]

a‧pen‧car [a.peŋ.kár] 102 自《話》(**con…** 〈厄介なこと〉を)引き受ける. ~ *con* las consecuencias 結果を甘受する. *Apenca con* el trabajo más pesado. 彼[彼女]は最も嫌な仕事を進んで引き受ける.

a‧pen‧de‧ja‧do, da [a.pen.de.xá.đo, -.đa] 形《ラ米》《話》(**1**)《ラ語》ばかな, 愚かな. (**2**)《ラ語》呆(淫)けた, ぼけた.

a‧pen‧de‧jar‧se [a.pen.de.xár.se] 再《ラ米》(タリ) (苯)(ラ雅)《俗》腑(キ)抜けになる, おじけづく.

a‧pén‧di‧ce [a.pén.di.θe / -.se] 男 **1** 補遺, 付録; 添付物. **2**《解剖》付属器官, 突起; 虫垂 (= ~ cecal [vermicular, vermiforme]). ~ *xifoides* 剣状突起. **3** 取り巻き, 腰ぎんちゃく.

a‧pen‧di‧ci‧tis [a.pen.di.θí.tis / -.sí.-] 女《単複同形》《医》虫垂炎, 盲腸炎.

a‧pen‧di‧cu‧lar [a.pen.di.ku.lár] 形《解剖》虫垂の; 付属の.

a‧pen‧sio‧na‧do, da [a.pen.sjo.ná.đo, -.đa] 形《ラ米》(**1**)《ラ羅》(苯)(ラ雅)悲しい, つらい. (**2**)《ラ雅》悲嘆にくれている. (**3**)《ラ弁》不安な, 落ち着かない.

a‧pe‧ñus‧car [a.pe.ɲus.kár] 102 他 ぎっしり詰める; 積み重ねる.
— ~‧se 再 ぎっしり詰まる; 積み重なる; 混み合う.

a‧pe‧o [a.pé.o] 男 **1** 測量, 線引き; 地籍台帳. **2** 伐採. **3**《建》支え, 支柱, 足場.

a‧pe‧o‧nar [a.pe.o.nár] 自〈鳥が〉地面を走る.

a‧pep‧sia [a.pép.sja] 女《医》消化不良.

a‧pe‧rar [a.pe.rár] 他 **1**《農機具を》製作する, 用意する; 修理する. **2** (**de…** …を) 装備させる. **3**《ラ米》《苯》(ラ雅)馬具をつける.
— ~‧se 再《ラ米》(**de…** …を) 準備する, 備える.

a‧per‧char [a.per.tʃár] 他《ラ米》(ララ)《弁》《話》積み重ねる, 山積みにする.

a‧per‧ci‧bi‧mien‧to [a.per.θi.βi.mjén.to / -.si.-] 男 **1** 警告. **2** 用意, 準備. **3**《法》召喚(状), 出廷[出頭]命令.

a‧per‧ci‧bir [a.per.θi.βír / -.si.-] 他 **1** 準備する, 用意する. **2** (**de…** …を)支給する. ~ *de* ropa 衣類を与える. **3** (**de…** …*por…*) 警告する, 注意を促す; (**con…** …だと)脅かす, 戒める. Nos *apercibieron de* la presencia de lobos en el bosque. 私たちは森にオオカミがいると警告された. **4** 気づく, 認める. **5**《法》(召喚に応じない場合)制裁を通告する.
— ~‧se 再 **1** 準備する, 用意する. ~*se para un viaje* 旅行の支度をする. **2** (**de…** …を)整える, 装備する. **3** (**de…** …に)気づく.

a‧per‧co‧llar [a.per.ko.ʝár ‖ -.ʎár] 15 他 **1** 首根っこを押さえる, 首をつかむ. **2**《話》うなじの部分を殴って殺す. **3**《話》かすめ取る.

a‧pe‧re‧á [a.pe.re.á] 男《ラ米》(ララ)《動》テンジクネズミ属の一種.

a‧per‧ga‧mi‧na‧do, da [a.per.ga.mi.ná.đo, -.đa] 形 **1** 羊皮紙のような. papel ~ パーチメント[硫酸]紙. **2**〈皮膚などが〉かさかさになった, しなびた.

a‧per‧ga‧mi‧nar‧se [a.per.ga.mi.nár.se] 再《話》〈皮膚が〉かさかさになる, しわだらけになる.

a‧pe‧rió‧di‧co, ca [a.pe.rjó.đi.ko, -.ka] 形 非周期的な, 不規則な.

*a‧pe‧ri‧tal [a.pe.ri.tál] 男《ラ米》(ララ)《弁》食前酒.

*a‧pe‧ri‧ti‧vo, va [a.pe.ri.tí.βo, -.βa] 形 食欲増進の. — 男 **1** 食前酒, アペリチフ. ►「食後酒」は digestivo. **2** 前菜, 食欲を増進させるつまみ. **3**《医》食欲促進剤.

a‧per‧nar [a.per.nár] 8 他〈猟犬が〉獲物の脚にかみつく.

a‧pe‧ro [a.pé.ro] 男 **1**《主に複数で》農機具; 道具, 用具. **2** 農耕用家畜. **3** 家畜囲い. **4**《ラ米》(**1**)《ラ夸》《馬》鞍(¢). (**2**) 馬具.

a‧pe‧rre‧a‧do, da [a.pe.r̄e.á.đo, -.đa] 形 (**estar** +) **1** 大忙しの.
2《ラ米》(ダイ)《苯》悲惨な, 苦労の多い.

a‧pe‧rre‧a‧dor, do‧ra [a.pe.r̄e.a.đór, -.đó.ra] 形 うんざりする, 厄介な.

a·pe·rre·ar [a.pe.r̃e.ár] 他 **1** 犬をけしかける. **2** 《話》こき使う；へとへとにさせる；うんざりさせる. ― **～·se** 再 《話》 **1** へとへとになるまで働く, うんざりする. **2** 《en...》 意地を張る. ¿Por qué *te aperreas en* ir tan lejos? どうしてそんなに遠くまで行くって意地を張るんだ.

a·pe·rre·o [a.pe.r̃é.o] 男 《話》 **1** 不快, 迷惑, 面倒. ¡Qué ～ tener que ir a trabajar! 働きにいかなければならないなんてうんざりだ. **2** 疲労困憊(こんぱい). **3** 怒り, かんしゃく.

a·per·so·gar [a.per.so.ɣár] 103 他 **1** 《動物の》首をつなぐ. **2** 《ラ米》《方》 《タマネギなどを》数珠つなぎにする.

a·per·so·na·do, da [a.per.so.ná.ðo, -.ða] 形 《bien [mal] を伴い》風采(ふうさい)のいい[あがらない], 身なりのいい[悪い].

a·per·so·na·mien·to [a.per.so.na.mjén.to] 男 【法】 出頭, 出廷.

a·per·so·nar·se [a.per.so.nár.se] 再 **1** 姿を現す. **2** 【法】 出頭する, 出廷する.

‡**a·per·tu·ra** [a.per.tú.ra] 女 **1** 開くこと；開設. ～ de un testamento 遺言状の開封. ～ de crédito [una cuenta bancaria] 信用状[銀行口座]の開設. **2 開始** (↔ clausura). ～ de la pesca 漁の解禁. ～ del centro comercial ショッピングセンターの開業. ～ del curso 開講. ～ del congreso / ～ de la sesión de congreso 開会. **3** 《心の》広さ, 寛容. ～ mental 心の広さ. **4** 《外交・経済政策などにおける》開放主義. **5** 《チェス》序盤の手. **6** 《引用符などの始まりの》句読記号を打つこと. **7** 開口部.
medio de apertura 《スポ》《ラグビー》スタンドオフハーフ.

a·per·tu·rar [a.per.tu.rár] 他 《銀行口座を》開く.

a·per·tu·ris·mo [a.per.tu.rís.mo] 男 門戸開放主義, その思想.

a·per·tu·ris·ta [a.per.tu.rís.ta] 形 門戸開放主義(者)の. ― 女 門戸開放主義者.

a·pe·sa·dum·brar [a.pe.sa.ðum.brár] 他 悲しませる, 苦しめる. ― **～·se** 再 《con... / de... / por...》 《…のことで》悲嘆に暮れる, 心を痛める. *～se con* [*de, por*] *una noticia* 知らせを聞いて悲しむ.

a·pe·sa·rar [a.pe.sa.rár] 他 → apesadumbrar. ― **～·se** 再 **1** → apesadumbrarse. **2** 《ラ米》《方》後悔する.

a·pes·co·llar [a.pes.ko.ʎár | -.ʎár] 15 他 《ラ米》《方》《話》《人の》首根っこをつかまえる.

a·pes·gar [a.pes.ɣár] 103 他 重荷を負わせる, 苦しめる. ― **～·se** 再 重くなる, 重荷となる.

a·pes·ta·do, da [a.pes.tá.ðo, -.ða] 形 **1** 嫌なにおいの, 悪臭のある. **2** ペストにかかった, 伝染病に感染した. **3** 《de...》《…で》横行した, はびこった.
― 男 女 ペスト患者, 伝染病患者. *hospital para ～s* 隔離病院.
estar apestado de...《話》…でいっぱいである.

a·pes·tar [a.pes.tár] 他 **1** ペスト[伝染病]に感染させる. **2** 《話》うるさがらせる, 閉口させる. *Me apesta con sus quejas.* 私は彼[彼女]の不平にうんざりしている. **3** 《話》悪臭で満たす. *Apestas el cuarto con esa pipa.* 君のそのパイプのおかげで部屋がすごいにおいだ. **4** 《話》《de...》《…で》あふれさせる. **5** 腐敗させる, 堕落させる.
― 自 **1** におう, 悪臭を放つ. ～ *a ajo* ニンニクのくさいにおいがする. **2** 《de...》《…で》あふれる. **3** 不信の念を抱かせる.

― **～·se** 再 **1** ペスト[伝染病]に感染する. **2** 《ラ米》 (1) 《作物が》病害に冒される. (2) 《砕》《俗》風邪をひく.

a·pes·ti·llar [a.pes.ti.jár || -.ʎár] 他 《ラ米》 (1) 《ラ米》《話》しっかり押さえる, つかむ；しかる. (2) 《ラ米》窮地に追い込む. (3) 《ラ米》持ち込む, はやらせる.

a·pes·to·so, sa [a.pes.tó.so, -.sa] 形 **1** におい[悪臭]を放つ. *un olor* ～ 悪臭. *bolas apestosas* 悪臭弾. **2** うるさい, 迷惑な.

a·pé·ta·lo, la [a.pé.ta.lo, -.la] 形 【植】 無花弁の.

a·pe·te·ce·dor, do·ra [a.pe.te.θe.ðór, -.ðó.ra / -.se.-] 形 **1** 心をそそる, 魅力的な. *Lo que me propones es muy ～.* 君の提案はとても魅力的だ. **2** 望ましい.

‡**a·pe·te·cer** [a.pe.te.θér / -.sér] 34 自 (**apetecer·le** 《a +人》) 《人の》気持ちをそそる, 《人に》欲しい気持ちを起こさせる；《《人》が》《+不定詞…したい / *que*+接続法 …してほしい》と思う (▶ 主語は動詞の後ろに来る傾向がある. 《スペイン》で多用される). *¿Le apetece un café?* コーヒーを召し上がりますか. *Si te apetece, escríbeme.* もしよかったら私に手紙を書いてください. *Ahora no me apetece comer nada.* 今は何も食べたくない. *¿No te apetece que descansemos un rato?* ちょっと休みたいと思わない. *Una buena música siempre apetece.* いい音楽はいつでも聴きたいものだ.
― 他 欲しがる, 望む, 求める. *Lo único que apetecen es el dinero.* 彼らが欲しいのはお金だけだ.

a·pe·te·ci·ble [a.pe.te.θí.ble / -.sí.-] 形 気持ち[食欲]をそそる；魅力的な.

a·pe·te·ci·do, da [a.pe.te.θí.ðo, -.ða / -.sí.-] 形 期待された, 待望の.

a·pe·ten·cia [a.pe.tén.θja / -.sja] 女 **1** 《本能的》欲求；渇望. ～ *de riquezas* 富へのあこがれ. **2** 食欲.

a·pe·ti·te [a.pe.tí.te] 男 **1** 《食欲をそそる》ソース, 調味料. **2** 刺激.

a·pe·ti·ti·vo, va [a.pe.ti.tí.βo, -.βa] 形 **1** 食欲をそそる. **2** 欲求の.

‡**a·pe·ti·to** [a.pe.tí.to] 男 **1 食欲**. *tener ～* 食欲がある. *abrir [dar, despertar] el ～* 食欲をかきたてる. *comer con mucho ～* もりもり食べる. *perder el ～* 食欲を失う. **2** 《本能的》欲求, 欲望. ～ *de lucro* 利潤追求欲. ～ *sexual* 性欲. *No piensa nada más que en satisfacer sus ～s.* 彼[彼女]は自分の欲求を満たすことしか考えていない.
¡Buen apetito! どうぞゆっくり（召し上がれ）. → provecho.
［← 《ラ》*appetītum* (*appetītus* の対格；*appetere* 「欲しがる」の完了分詞より派生)；関連 apetecer, pedir.［ポルトガル］*apetite*.［仏］*appétit*.［伊］*appetito*.［英］*appetite*］

a·pe·ti·to·so, sa [a.pe.ti.tó.so, -.sa] 形 **1** 食欲をそそる, うまそうな；おいしい. *Este pastel parece muy ～.* このケーキはとてもおいしそうだ. **2** 《話》心をそそる, 好ましい. *Es una mujer apetitosa.* 彼女は魅力的な女性だ. **3** 美食の.

a·pex [a.péks] 女 《単複同形》正規割引航空運賃.

á·pex [á.peks] 男 **1** 【天文】太陽向点. **2** 器官の先端.

a·pe·zo·na·do, da [a.pe.θo.ná.ðo, -.ða / -.so.-] 形 乳頭状の, 乳首形の.

a·pe·zu·ñar [a.pe.θu.ɲár / -.su.-] 自 《動物が》 《難路で》脚を踏んばる.

a·pi [á.pi] 男 《ラ米》《方》《砕》トウモロコシで作る飲み物.

API [a.pe.í]《略》男 *Agente de la Propiedad Inmobiliaria* 不動産ディーラー. ━《英》男（または女）*American Petroleum Institute* 米国石油協会、またはそれが制定した流体比重表示法.

A·pia [á.pja]固名 *Vía* ━ アッピア街道：古代ローマの国道。イタリアの Roma から Brindisi に至る.[←〔ラ〕*Via Appia*「（ローマの監察官）*Appius Claudius Caecus* の建設した街道」]

a·pia·dar [a.pja.ðár]他 哀れみを感じさせる. Su desgracia *apiada* a sus amigos. 彼[彼女]の不幸が友達に哀れみの念を起こさせる.
━ ~·se 再（**de...** …を）哀れむ、気の毒に思う.

a·pia·nar [a.pja.nár]他〈音・声を〉小さくする.
━ ~·se 再 小さくなる.

a·pia·rio [a.pjá.rjo]男《まれ》養蜂場、養蜂舎.

a·pi·cal [a.pi.kál]形 1 先端の、頂点の. 2《音声》舌尖(ぜっせん)（音）の. ━ 女 舌尖音.

a·pi·ca·rar·se [a.pi.ka.rár.se]再 悪の道に走る、ごろつき仲間になる.

á·pi·ce [á.pi.θe / -.se]男 1 頂上、頂点、先端. 2 舌先. 3 絶頂、極致（= apogeo）. 4（アクセント acento、波形符 tilde などの）綴(つづ)り字記号. 5《主に否定文で》微少、微塵(みじん). No ha cedido ni un ~. 彼[彼女]は一歩も譲らなかった.
estar en los ápices de...《話》…をよく心得ている、知り抜いている.
[←〔ラ〕*apicem* (*apex*「先端」の対格)；関連〔英〕*apex*]

a·pi·cec·to·mí·a [a.pi.θek.to.mí.a / -.sek-]女（歯の）根尖切除.

a·pi·co·al·ve·o·lar [a.pi.ko.al.βe.o.lár]形《音声》舌先を歯茎に触れて調音する. ━ 女 舌先歯茎音.

a·pí·co·la [a.pí.ko.la]形《男女同形》養蜂(ようほう)の.

a·pí·cu·lo [a.pí.ku.lo]男《植》鋭尖(えいせん)形の葉の尖端.

a·pi·cul·tor, to·ra [a.pi.kul.tór, -.tó.ra]男 女 養蜂(ようほう)家.

a·pi·cul·tu·ra [a.pi.kul.tú.ra]女 養蜂(ようほう)（業）.

a·pi·la·ble [a.pi.lá.βle]形〈いすなどが〉積み重ねができるタイプの、積み重ね可能な.

a·pi·la·do, da [a.pi.lá.ðo, -.ða]形 山積みの.

a·pi·la·dor, do·ra [a.pi.la.ðór, -.ðó.ra]形 積み上げる. ━ 男 女 積み上げ人.

a·pi·la·mien·to [a.pi.la.mjén.to]男 積み重ね、山積み.

a·pi·lar [a.pi.lár]他 積み重ねる、山積みにする
━ ~·se 再 積み重なる、山積みになる.

a·pil·guar·se [a.pil.gwár.se]再《ラ米》(中)〈植物が〉芽を出す.

a·pi·lo·na·do, da [a.pi.lo.ná.ðo, -.ða]形《ラ米》(1)(ゴキブリ) 山積みの. (2)(ゴキブリ)《話》人だかりの、人が集まった.

a·pi·lo·nar [a.pi.lo.nár]他《ラ米》(ゴキブリ)積み上げる、山積みにする.

a·pim·plar·se [a.pim.plár.se]再《話》酔っ払う；ほろ酔い気分になる.

a·pim·po·llar·se [a.pim.po.jár.se || -.ʎár.-]再 新芽を出す.

a·pin·to·ne·ar·se [a.pin.to.ne.ár.se]再《ラ米》(アルゼ)《話》酒を飲んで陽気になる.

a·pi·ña·do, da [a.pi.ɲá.ðo, -.ða]形 1 ぎっしり詰まった、ぎゅうぎゅう詰めの.
2 松かさ状の、円錐(えんすい)形の.

a·pi·ña·du·ra [a.pi.ɲa.ðú.ra]女 → apiñamiento.

a·pi·ña·mien·to [a.pi.ɲa.mjén.to]男 詰め込み；混雑、密集.

a·pi·ñar [a.pi.ɲár]他 詰め込む.
━ ~·se 再 ぎっしり詰まる、群がる. La gente *se apiñaba* ante los escaparates. ショーウインドーの前は黒山の人だかりだった.

a·pi·ño·na·do, da [a.pi.ɲo.ná.ðo, -.ða]形《ラ米》〈肌が〉褐色がかった.

a·pio [á.pjo]男《植》セロリ.

a·pio·jar·se [a.pjo.xár.se]再 1《話》〈植物が〉アブラムシにびっしり覆われる.
2《ラ米》(メキシコ)やせる、やつれる.

a·pio·lar [a.pjo.lár]他 1〈動物の脚を〉縛る；〈獲物を〉つるす. 2《話》捕まえる. 3《話》殺す.

a·pi·par·se [a.pi.pár.se]再《話》たらふく食う、浴びるほど飲む.

a·pi·po·rrar·se [a.pi.po.r̄ár.se]再 → apiparse.

a·pir [a.pír]男 → apiri.

a·pi·ré·ti·co, ca [a.pi.ré.ti.ko, -.ka]形《医》無熱の、発熱間欠期の.

a·pi·re·xia [a.pi.rék.sja]女《医》無熱、発熱間欠期.

a·pi·ri [a.pí.ri]男《ラ米》鉱石運搬人.

a·pi·ru·lar·se [a.pi.ru.lár.se]再《ラ米》(中)《話》めかし込む、着飾る.

A·pis [á.pis]固名 アピス：古代エジプト、特に Menfis で崇められた聖牛.

a·pi·so·na·do [a.pi.so.ná.ðo]男 → apisonamiento.

a·pi·so·na·do·ra [a.pi.so.na.ðó.ra]女 1 ロードローラー、地ならし機. 2《話》負け知らずの人.

a·pi·so·na·mien·to [a.pi.so.na.mjén.to]男（ローラーによる）地ならし、地固め.

a·pi·so·nar [a.pi.so.nár]他（ローラーで）地ならし[地固め]する.

a·pi·ti·guar·se [a.pi.ti.gwár.se]再《ラ米》(中)《話》着飾る、めかし込む.

a·pi·to·na·do, da [a.pi.to.ná.ðo, -.ða]形 怒りっぽい、気難しい.

a·pi·to·nar [a.pi.to.nár]自 1〈角が〉生え始める；〈動物が〉角を生やす. 2〈木が〉芽を吹く. ━ 他〈殻を〉破る. ━ ~·se 再《話》腹を立てる.

a·pi·to·xi·na [a.pi.tok.sí.na]女 ハチが分泌する毒.

a·pi·tu·tar·se [a.pi.tu.tár.se]再《ラ米》(中)《話》仕事がうまくいく、よい地位につく.

a·pi·za·rra·do, da [a.pi.θa.r̄á.ðo, -.ða / -.sa.-]形 石板[スレート]色の、濃い青灰色[ブルーブラック]の.

a·pla·ca·ble [a.pla.ká.βle]形 なだめやすい.

a·pla·ca·mien·to [a.pla.ka.mjén.to]男 なだめること、緩和、鎮静.

a·pla·car [a.pla.kár]図他 なだめる、和らげる. ~ el hambre 空腹をいやす. *Aplacó* su dolor de cabeza con dos aspirinas. 彼[彼女]はアスピリンを2錠飲んで頭痛を鎮めた.
━ ~·se 再 静まる、和らぐ、衰える. La tempestad *se aplacó*. あらしが収まった.

aplace(-) / aplacé [a.pláθe(.se)] → aplazar.

a·pla·cer(·se) [a.pla.θér(.se) / -.sér(.-)]34 自 再 喜ぶ、気に入る. ▶ 直説法現在および線過去3人称のみに活用.

a·pla·ce·ra·do, da [a.pla.θe.rá.ðo, -.ða / -.se.-]形〈海岸が〉遠浅の.

a·pla·na·ca·lles [a.pla.na.ká.jes || -.ʎes]男《単

a·pla·na·de·ra [a.pla.na.ðé.ra.] 囡〖機〗たこ,突き棒,ランマー:土の締め固めに用いる機械.

a·pla·na·do, da [a.plá.na.ðo, -.ða] 形 平らな,平坦な(=plano, liso).

a·pla·na·dor, do·ra [a.pla.na.ðór, -.ðó.ra] 形 **1** 平らにする. **2** 驚かす. **3** 落胆させる.
— 男 **1** 平らにする人[道具].
2 《ラ米》→ aplanacalles.
— 囡 《ラ米》地ならし機, ロードローラー.

a·pla·na·mien·to [a.pla.na.mjén.to] 男 **1** 平らにすること. el ~ del suelo 地ならし.
2 崩壊, 倒壊. **3** 気落ち, がっかりすること.

a·pla·nar [a.pla.nár] 他 **1** 平らにする, ならす;《まれ》押しつぶす(=allanar). **2**《話》ひどく驚かす, 狼狽(ろうばい)させる. **3**《話》落胆させる;参らせる. Estaba *aplanado* por el calor. 彼は暑さでぐったりしていた. **4**《ラ米》(1) ~ las calles 街をぶらつく. (2)《ダ》アイロンをかける. (3)(*中米) 圧迫する.
— ~·se 再 **1** 〈建物が〉崩壊する, 倒壊する.
2 落胆する.

a·plan·char [a.plan.tʃár] 他 アイロンをかける(=planchar). — 自《ラ米》《方》〈女性が〉壁の花になる, ダンスの相手がいない.

a·plan·che [a.plán.tʃe] 男《ラ米》《カ》《話》気落ち;ゆううつ.

a·pla·né·ti·co, ca [a.pla.né.ti.ko, -.ka] 形〖光〗無収差の, 画面収差を除去する.

a·plan·ti·llar [a.plan.ti.jár || -.ʎár] 他〈石・木材を〉(原型に合わせて)刻む, 削る.

a·pla·sia [a.plá.sja] 囡〖医〗形成不全(症), 無形成(症).

a·plas·ta·do, da [a.plas.tá.ðo, -.ða] 形《ラ米》《話》やる気[気力, 元気]がない.

a·plas·ta·mien·to [a.plas.ta.mjén.to] 男 **1** (押し)つぶすこと. **2** 鎮圧, 制圧. **3** 論破, やり込めること. **4** 呆然(ぼうぜん), 唖然(あぜん).

a·plas·tan·te [a.plas.tán.te] 形 圧倒的な. un triunfo ~ 圧倒的勝利. Ganamos la elección por mayoría ~. 圧倒的多数で我々はその選挙に勝った.

***a·plas·tar** [a.plas.tár] 他 **1** (押し)つぶす. ~ un sombrero 帽子をぺしゃんこにする. ~ un huevo 卵をつぶす. **2** 打ちのめす;言い負かす, やり込める. ~ al ejército enemigo 敵軍を壊滅させる.
3《ラ米》(1)《アル》(馬などを)へたばらせる. (2)(*中米)《人の》鼻を折る.
— ~·se 再 **1** つぶれる, ぺしゃんこになる. El coche *se aplastó* contra el árbol. 車は木に激突して大破した. **2** (contra...) ~ へばりつく, 伏せる. ~ *se contra* el suelo 地面にはいつくばる. **3**《ラ米》(1)《アル》《話》くじける, ひるむ;へたばる. (2)《ダ》座る. (3)(*中米)《ダ》長居する;口を挟む, 割り込む.

a·pla·ta·na·do, da [a.pla.ta.ná.ðo, -.ða] 形《ラ米》《カリブ》《話》怠け者の, 怠惰な.

a·pla·ta·na·mien·to [a.pla.ta.na.mjén.to] 男 やる気の減退, 活力減退.

a·pla·ta·nar [a.pla.ta.nár] 他《話》やる気をなくさせる. — ~·se 再 **1**《話》やる気をなくす. Uno *se aplatana* con este clima. この陽気では誰でもやる気をなくすよ. **2**《ラ米》《ダ》土地の暮らしになじむ.

a·pla·tar·se [a.pla.tár.se] 再《ラ米》(1)《チ》しゃがむ. (2)《コス》《話》金持ちになる.

***a·plau·dir** [a.plau.ðír] 他 **1** …に拍手かっさいする. El público se puso en pie para ~ al pianista. ピアニストに拍手を送るために聴衆は立ち上がった. **2** 賞賛する;…に賛意を表す. Todos *aplaudieron* el valor del periodista. 皆そのジャーナリストの勇気にかっさいを送った. *Aplaudo* que luches por los débiles. 君が弱者のために戦っていることに敬意を表する. — 自 拍手かっさいする. ~ a rabiar 熱狂的に拍手する.
[←《ラ》*applaudere*(*ad*-「…に, へ」+*plaudere*「拍手する」);【関連】《英》*applaud*]

***a·plau·so** [a.pláu.so] 男 **1** (時に複数で) 拍手, かっさい. salva de ~s あらしのような拍手. ¡A~! 拍手をお願いします. ¡Un ~ para...! …に拍手をお願いします.
2 称賛, 賛同. Su obra merece el mayor ~. 彼[彼女]の作品は実にすばらしい.
aplauso cerrado 会場一杯の盛大な拍手.

a·pla·za·do, da [a.pla.θá.ðo, -.ða /-.sá.-] 形《ラ米》不合格の, 落第した. — 男 囡《ラ米》不合格者.

a·pla·za·mien·to [a.pla.θa.mjén.to /-.sa.-] 男 **1** 延期, 繰り延べ. Se ha solicitado el ~ de la reunión. 会議の延期が要請された.
2 (会議などの) 召集;日取りの決定.

***a·pla·zar** [a.pla.θár /-.sár] 97 他 **1** 延期する, 繰り延べる(=demorar, retrasar). ~ un pago 支払いを延期する. Han *aplazado* el concierto hasta la semana próxima. コンサートは来週まで延期された. **2** (会議などを) 召集する;日取りを決める. **3**《ラ米》〈生徒を〉不合格にする, 落第させる.

a·pla·zo [a.plá.θo /-.so] 男《ラ米》不合格.

a·ple·be·yar [a.ple.be.ʝár] 他 品位を下げる, 低俗にする. — ~·se 再 下品[低俗]になる, 俗悪になる.

a·pli·ca·bi·li·dad [a.pli.ka.βi.li.ðáð] 囡 適応性.

***a·pli·ca·ble** [a.pli.ká.βle] 形 (**a...** …に) 適用できる[すべき], 応用できる[すべき].

****a·pli·ca·ción** [a.pli.ka.θjón /-.sjón] 囡 **1** 適用, 施行, 実施. Esta tecnología tiene muchas *aplicaciones* en la industria. この技術は産業にいろいろと生かされる.
2 努力, 勤勉(きんべん). Ahora mis alumnos estudian con ~. 今私の生徒たちは一生懸命勉強している. **3** (薬などの) 塗付. Me recomendaron la ~ de compresas frías. 私は冷湿布をするように指示された. **4** (主に複数で) (はめ込まれた) 装飾;(生地にはめ込まれた) レース, 刺繍(ししゅう) (=aplique). una puerta con hermosas *aplicaciones* de nácar y márfil 螺鈿(らでん)と象牙の美しい装飾がはめ込まれた扉.
5〖IT〗アプリケーション(ソフト). cerrar la ~ アプリケーションを終了する. **6**〖数〗関数. **7**《ラ米》(*中米) (1) 応募. (2) 申請(書), 申し込み(書).

***a·pli·ca·do, da** [a.pli.ká.ðo, -.ða] 形 **1** 勤勉な. un alumno ~ 勉強家の学生. un trabajador muy ~ 勤勉な労働者.
2 応用の. ciencias *aplicadas* 応用科学. lingüística *aplicada* 応用言語学.

****a·pli·car** [a.pli.kár] 102 他 (**a...** …に) **1** 付ける, 施す, 実施する. Para acabar tienes que ~ una capa de barniz. 仕上げに二スをひと塗りしなくてはなりません. *Aplica* el oído *a* la pared, y tal vez puedes oír algo. 壁に耳をつけてごらん. ひょっとして何か聞こえるかもしれません.
2 適用する, 応用する. No sabemos si se puede ~ esta regla *a* su caso. この規則がその例に適用できるかはわかりません.
3 (名前を) つける, 使う. Al recién nacido le

aplicaron el nombre de su padre. 彼らは生まれた子に父親の名前をつけた。**4**《ラ米》(*ᴴ)応募する。

— ~·se 再 **1**（自分の体に）〈軟膏(ﾅﾝ)などを〉つける，施す，施してもらう；〈自分自身に〉当てはめる。*Se debe ~ quimioterapia.* 彼[彼女]は化学療法をやってみるべきだ。*Aplícate esta crema dos veces al día.* 1日に2回このクリームをつけなさい。*si me aplico esta lección a mí mismo…* この教訓を私自身に当てはめてみると…．

2《**a…** …に》〈理論などが〉適用される，応用される，利用される。*Esta ley se aplica a todo el público.* この規則は皆に適用される。**3**《**a…** / **en…** …に》精を出す，一生懸命になる。*Si no quieres suspender, aplícate más en el estudio.* 落第したくないなら，もっと学業に力を入れなさい。

[←〚ラ〛*applicāre*「そばに置く，近づける」；関連 plegar。〚英〛*apply*。〚日〛アップリケ]

a·pli·que [a.plí.ke] 男 **1** 壁掛け照明器具。**2**《演》(取り付け式の)装飾；小道具。**3**《服飾》アップリケ。

aplique(-) / apliqué 直 → aplicar.

a·plo·ma·do, da [a.plo.má.ðo, -.ða] 形 **1** 鉛のような，鉛色の（= plomizo）。**2** 垂直の。*un muro bien ~* 垂直に切り立った城壁。**3** 沈着な，落ち着いた。**4**《闘牛》〈牛が〉(疲れて)動きの止まった。

a·plo·mar [a.plo.már] 他 **1**《建》(垂直かどうか)錘鉛(ｽｲ)を当てて見る。**2** 重くする，重りを付ける。

— 自 垂直である。

— ~·se 再 **1** 冷静になる，自信を持つ。**2** 倒れる，崩れ落ちる。**3**《ラ米》《話》(1)(*ᴴ)(ﾅﾝ)ぐずる。(2)(ﾅﾝ)照れる。

a·plo·mo [a.pló.mo] 男 **1** 垂直(性)。**2** 沈着，冷静。*perder el ~* あわてる。*Me lo dijo con el mayor ~.* 彼[彼女]は自信たっぷりな口調で私にそう言った。**3** 鈍重，ずうずうしさ。**4**《複数で》馬の脚つき。

ap·ne·a [ap.né.a]女《医》無呼吸，窒息。*~ del sueño* 睡眠時無呼吸。

ap.º, ap.ª《略》*apostólico, apostólica* 使徒の；ローマ教皇(庁)の。

a·po·ca·do, da [a.po.ká.ðo, -.ða] 形 内気な，気弱な，臆病(ﾋﾞｮｳ)な。*Es una joven apocada que se azora por todo.* 何かというとおびえる気弱な娘だ。

a·po·ca·lip·sis [a.po.ka.líp.sis] 男《単複同形》**1** [A-]《聖》(新約の)ヨハネの黙示録《略 Ap》。**2** 啓示，天啓。**3** この世の終わり，破局；大惨事。

a·po·ca·líp·ti·co, ca [a.po.ka.líp.ti.ko, -.ka] 形 **1** 天啓の，黙示録の，終末論的な。**2** 身の毛もだつ。*escena apocalíptica* 恐るべき惨状。**3** 難解な。

a·po·ca·mien·to [a.po.ka.mjén.to] 男 内気，気弱さ，臆病(ﾋﾞｮｳ)。

a·po·car [a.po.kár] 102 他 **1** おじけづかせる。**2** 小さくする，少なくする。

— ~·se 再 おじけづく，臆(ｵｸ)する；卑下する。

a·po·chon·gar·se [a.po.tʃoŋ.gár.se] 103 再《ラ米》(ﾁﾁ)《話》怖がる，びくつく；しょげる。

a·po·ci·ná·ce·as [a.po.θi.ná.θe.as / -.si.-.se.-] 女《複数形》《植》キョウチクトウ科。

a·po·co·par [a.po.ko.pár] 他《言》語尾(音)を消失させる。**— ~·se** 再 語尾(音)が消失する。

a·pó·co·pe [a.pó.ko.pe] / **a·pó·co·pa** [a.pó.ko.pa] 女《言》語尾(音)消失。

a·pó·cri·fo, fa [a.pó.kri.fo, -.fa] 形 **1** 聖書外典の。**2** 典拠の疑わしい；偽作の。*un testamento ~* 偽の遺言状。*un Picasso ~* ピカソの贋作(ｶﾞﾝｻｸ)。**3**《書かれた時代》が疑わしい文書。

a·po·cri·sia·rio [a.po.kri.sjá.rjo] 男 (ビザンツィン帝国の)皇帝の勅令書伝達官；教皇の使節。

a·po·dar [a.po.ðár] 他〈人に〉(…という) あだ名をつける。*A aquel intrépido boxeador lo apodaron el Ciclón.* あの向こう見ずなボクサーは「旋風」というあだ名を与えられた。

— ~·se 再 …というあだ名を持つ。

a·po·de·ra·do, da [a.po.ðe.rá.ðo, -.ða] 形 **1** 委任を受けた；代理[代行]の。**2** …の膚(ﾄﾘｺ)となった，…にとりつかれた。

— 男 女 委任された人；《法》代理人；《スポ》マネージャー，エージェント；《IT》プロキシ。

a·po·de·ra·mien·to [a.po.ðe.ra.mjén.to] 男 **1** 権限[権能]の付与，委任；委任状。**2** 占有，占拠。

a·po·de·rar [a.po.ðe.rár] 他 …に権限を与える，権利を委託する。*~ a un abogado para hacer el trámite* 手続きを弁護士に委託する。

— ~·se 再 **1**《**de…** …を》自分のものにする，奪い取る。*~se del poder* 権力を手にする。*~se del botín* 戦利品を一人占めする。*Los militares se apoderaron de la ciudad.* 軍part は町を掌握した。**2**《**de**+人 〈人に〉》〈感情・病気などが〉とりつく。*La desesperación se apoderó de él.* 彼は絶望感に襲われた。

a·po·díc·ti·co, ca [a.po.ðík.ti.ko, -.ka] 形 **1**《論》〈命題などが〉必然的な，定言的な。**2**《文章語》明白な，疑う余地のない。

a·po·do [a.pó.ðo] 男 あだ名，ニックネーム（= mote）。 類語 *apodo* はその人の特徴にちなんで付けられる「あだ名，ニックネーム」を意味する。⇒ *Cada uno tiene su apodo.* ひとりひとりあだ名がある。*alias* は常に本名と並べて用いられ，「またの名を」を意味する。⇒ *Miguel de Cervantes Saavedra, alias el manco de Lepanto.* ミゲル・デ・セルバンテス・サアベドラ，またの名をレパントの片腕男。*seudónimo* は「通称，別名，ペンネーム，仮名」を指す。*sobrenombre* は El Católico カトリック王（= Fernando de Aragón アラゴン王フェルナンド）のように「通り名」を指す。

á·po·do, da [á.po.ðo, -.ða] 形《動》無脚の；無足類の。**—** 男《動》無脚目，無足目；無足類。

a·pó·do·sis [a.pó.ðo.sis] 女《単複同形》《文法》(条件文の)帰結節（↔ prótasis）。

a·pó·fi·ge [a.pó.fi.xe] 女《建》(柱身の上端・下端の)開き，湾曲部。

a·pó·fi·sis [a.pó.fi.sis] 女《単複同形》《解剖》(骨)突起；(菌類の)隆起。

a·po·fo·ní·a [a.po.fo.ní.a] 女《言》母音交替。

a·po·ge·o [a.po.xé.o] 男 **1**《天文》遠地点（↔ perigeo）。**2** 頂点，絶頂。*el ~ de la gloria* 栄光の頂点。*Este artista está ahora en todo su ~.* この芸術家は今いちばん脂がのっている。

a·pó·gra·fo [a.pó.gra.fo] 男 写し，写本。

a·po·li·lla·do, da [a.po.li.já.ðo, -.ða ‖ -.ʎá.-] 形 **1**〈衣類・本などが〉虫に食われた，虫食いの。**2**《話》古臭い，時代遅れの。*Sus ideas están ya apolilladas.*〈彼(女)の〉思想はすでに時代遅れだ。

a·po·li·lla·du·ra [a.po.li.ja.ðú.ra ‖ -.ʎa.-] 女 (衣類・本などの)虫食い穴。

a·po·li·lla·mien·to [a.po.li.ja.mjén.to ‖ -.ʎa.-] 男〈衣類・本・木の〉虫食い。

a·po·li·llar [a.po.li.jár ‖ -.ʎár] 他〈虫が〉食う，穴を開ける。**—** 自《ラ米》(ﾁﾁ)《話》眠る。

apolillo

— ~·se 再 1 〈衣服・本などが〉虫に食われる. 2 時代遅れになる.

a·po·li·llo [a.po.lí.jo ‖ -.ʝo] 男 《ラ米》(ミミジ) 《話》眠気.

a·po·li·nar [a.po.li.nár] 形 →apolíneo.

a·po·lí·ne·o, a [a.po.lí.ne.o, -.a] 形 1 《文章語》【ギ神】【ロ神】アポロンの. 2 均整の取れた, 美男子の.

a·po·lis·ma·do, da [a.po.lis.má.ðo, -.ða] 形 《ラ米》《話》(1) (ミミジ)(ミミ)しけた. (2) (テジ)ばかな, 愚かな. (3) (ミミジ)怠け者の, 怠惰な. (4) (タジ)(エミジ)(ヰ)弱々しい, ひ弱な.

a·po·lis·mar [a.po.lis.már] 他 《ラ米》《俗》たたきのめす, 痛めつける. — 自 《ラ米》(ミミジ)怠ける, ぶらぶらする. — ~·se 再 《ラ米》(タジ)(エミジ)(ヰ*)弱る, ぐったりする; 弱気になる.

a·po·li·ti·cis·mo [a.po.li.ti.θís.mo / -.sís.-] 男 政治に関心のないこと, ノンポリ.

a·po·lí·ti·co, ca [a.po.lí.ti.ko, -.ka] 形 非政治的な, 政治的関心のない, ノンポリの.

a·po·li·tis·mo [a.po.li.tís.mo] 男 非政治性, 政治的関心の欠如.

a·po·liz·ma·do, da [a.po.liθ.má.ðo, -.ða / -.lis.-] 形 《ラ米》《話》成長が遅い.

a·po·lo [a.pó.lo] 男 (アポロンのような)美男子.

A·po·lo [a.pó.lo] 固名 【ギ神】【ロ神】アポロン, アポロ: 太陽神. Zeus と Leto の息子で詩・音楽・予言などの神. [←[ラ]*Apollō*←[ギ]*Apóllōn*]

a·po·lo·gé·ti·co, ca [a.po.lo.xé.ti.ko, -.ka] 形 1 【神】護教の. 2 弁明の, 弁護の. — 女 【神】(キリスト教)護教論, 弁証論.

a·po·lo·gí·a [a.po.lo.xí.a] 女 1 擁護, 弁護; 賞賛. hacer la ~ de... ...を弁護[賞賛]する. 2 《ラ米》謝罪, 詫(ゎ)び.

a·po·ló·gi·co, ca [a.po.ló.xi.ko, -.ka] 形 寓話(ぐぅゎ)の, 教訓譚(たん)の.

a·po·lo·gis·ta [a.po.lo.xís.ta] 男 女 擁護者, 弁護者; 賞賛者.

a·po·lo·gi·zar [a.po.lo.xi.θár / -.sár] 97 他 擁護する, 弁護する; 賞賛する.

a·pó·lo·go, ga [a.pó.lo.go, -.ga] 形 寓話(ぐぅゎ)の. — 男 【文学】(教訓的な)寓話(=fábula).

a·pol·tro·na·do, da [a.pol.tro.ná.ðo, -.ða] 形 無精な, 怠惰な.

a·pol·tro·na·mien·to [a.pol.tro.na.mjén.to] 男 (仕事などに対する)無気力, 怠惰になること.

a·pol·tro·nar·se [a.pol.tro.nár.se] 再 1 無精になる, 怠ける. 2 深々と腰を下ろす.

a·pol·vi·llar·se [a.pol.ßi.jár.se ‖ -.ʝár.-] 再 《ラ米》(ミ)【農】〈穀物が〉黒穂病にかかる.

a·po·ma·zar [a.po.ma.θár / -.sár] 97 他 軽石でこする.

a·po·neu·ro·sis [a.po.neu.ró.sis] 女 《単複同形》【解剖】腱(ゖん), 腱膜.

a·po·neu·ró·ti·co, ca [a.po.neu.ró.ti.ko, -.ka] 形 【解剖】腱膜の.

a·po·ple·jí·a [a.po.ple.xí.a] 女 【医】卒中, 出血, 溢血(ぃっけっ). ~ cerebral 脳卒中. ataque de ~ 卒中の発作.

a·po·plé·ji·co, ca [a.po.plé.xi.ko, -.ka] / **a·po·plé·ti·co, ca** [a.po.plé.ti.ko, -.ka] 形 卒中の, 卒中体質の. — 男 女 卒中患者.

a·pop·to·sis [a.pop.tó.sis] 女 《単複同形》【生物】アポトーシス, プログラムされた細胞死.

a·po·qui·nar [a.po.ki.nár] 他 《話》しぶしぶ金を払う.

a·por·ca [a.pór.ka] 女 《ラ米》(ミ) →aporcadura.

a·por·ca·du·ra [a.por.ka.ðú.ra] 女 【農】覆土, 土寄せ.

a·por·car [a.por.kár] 102 他 【農】〈作物の根元に〉土をかぶせる, 土寄せする.

a·po·rí·a [a.po.rí.a] 女 【哲】アポリア, 論理的難点.

a·po·ris·ma [a.po.rís.ma] 男 【医】皮下溢血(ぃっけっ), 内出血.

a·po·ris·mar·se [a.po.ris.már.se] 再 皮下溢血(ぃっけっ)を起こす, 内出血する.

a·po·ro·fo·bia [a.po.ro.fó.ßja] 女 貧乏人嫌い.

a·po·rrar [a.po.r̃ár] 自 《話》言葉に詰まる. — ~·se 再 《話》しつこくする, うるさくする.

a·po·rre·a·do, da [a.po.r̃e.á.ðo, -.ða] 形 1 殴られた, たたかれた. 2 貧しい, 惨めな. llevar una vida *aporreada* 惨めな生活を送る. 3 ならず者の. — 男 《ラ米》(ミミ)(ホピ)たたいた肉をトマトソースなどで煮込んだ料理.

a·po·rre·a·du·ra [a.po.r̃e.a.ðú.ra] 女 殴打.

a·po·rre·a·mien·to [a.po.r̃e.a.mjén.to] 男 →aporreo.

a·po·rre·ar [a.po.r̃e.ár] 他 1 〈棍棒(こんぼう)で〉殴る, 激しくたたく. Me *aporrearon* con brutalidad. 彼らは私を手荒に打ち据えた. 2 〈楽器を〉でたらめに弾く. ~ el piano ピアノをめちゃくちゃに弾く. 3 苦しめる. Un chirrido desagradable le *aporreaba* los oídos. 軋(きし)む不快な音が彼[彼女]の耳を悩ませた. 4 〈ハエを〉追いはらう. 5 《ラ米》(議論に)徹底的にたたく, やり込める. — ~·se 再 1 殴り合う. 2 体に鞭(むち)打って働く.

a·po·rre·o [a.po.r̃é.o] 男 1 めった打ち, 激しくたたくこと. 2 不快, 迷惑. 3 酷使.

a·po·rri·llar·se [a.po.r̃i.jár.se ‖ -.ʝár.-] 再 〈関節が〉腫(は)れる.

***a·por·ta·ción** [a.por.ta.θjón / -.sjón] 女 1 《a... ...への》寄与, 貢献. Ha sido muy grande su ~ *al* bienestar social. 彼[彼女]の社会福祉への貢献は甚大であった. 2 《a... ...への》出資(金), 拠出(金). ~ de fondos 出資. 3 (夫婦の)持参金. 4 提示, 提出.

***a·por·tar**¹ [a.por.tár] 他 1 《a... ...に》寄与する, 提供する, もたらす. ~ nuevas ideas 新しいアイディアを出す. ~ una satisfacción 満足をもたらす. ~ detalles 詳細を明らかにする. Este alimento *aporta* muchas vitaminas. この食品はたくさんのビタミンを含んでいる. El trabajo *aportará* mucho *al* desarrollo del país. その研究は国の発展に大いに貢献するだろう. Busco empleo de secretaria. *Aporto* experiencia. 秘書の仕事求む. 経験あり. 2 拠出する 《(費用を)分担する; (財産を)持参する. ~ una cantidad de dinero para comprar un regalo プレゼントを買うためにお金を出し合う. ~ una dote al casarse 結婚に際して持参金を持ってくる.

a·por·tar² [a.por.tár] 自 1 寄る; たどりつく. 2 【海】入港する. ~ en Cádiz カディスに入港する. — ~·se 再 《ラ米》近づく, 着く; 現れる.

*****a·por·te** [a.pór.te] 男 1 寄与, 貢献. 2 出資額; 寄付(金); 持参金. 3 【地理】堆積.

a·por·ti·llar [a.por.ti.jár ‖ -.ʝár] 他 1 〈壁などに〉穴をあける, 〈壁などを〉突き破る. 2 壊す. 3 《ラ米》(ミ)〈他人の努力を〉台なしにする, だめにする. — ~·se 再 穴があく, 崩れ落ちる.

a·po·sar [a.po.sár] 他 《ラ米》(ホピ)水たまりになる.

a·po·sen·ta·dor, do·ra [a.po.sen.ta.ðór, -.ðó-

ra] 形 宿railさせる. partida *aposentadora*〖軍〗宿営班. ― 男 女 宿営の主人.
― 男〖軍〗宿営担当将校.
a.po.sen.ta.mien.to [a.po.sen.ta.mjén.to] 男 宿泊;宿舎.
a.po.sen.tar [a.po.sen.tár] 他 宿泊させる;宿営させる. ― **~.se** 再 **1** 宿泊する. *~se* en un hotel ホテルに泊まる. **2**《話》座る, くつろぐ.
a.po.sen.to [a.po.sén.to] 男 **1** 部屋.
2 宿泊. tomar ~ en una fonda 宿屋に泊まる. **3**（昔の）桟敷(さじき)席. **4**《ラ米》(ダ)主霊室.
a.po.se.sio.nar.se [a.po.se.sjo.nár.se] 再 (**de...** …を）手中に収める, 自分のものにする.
a.po.si.ción [a.po.si.θjón / -.sjón] 女〖文法〗同格, 同格関係. en ~ 同格で[の].
a.po.si.ti.vo, va [a.po.si.tí.bo, -.ba] 形〖文法〗同格の, 同格関係の.
a.pó.si.to [a.pó.si.to] 男〖医〗傷の手当;治療薬,（包帯・ガーゼ・脱脂綿などの）手当用品. poner un ~ 傷の手当をする.
apóst.《略》*apóstol* 使徒.
a.pos.ta [a.pós.ta] 副 わざと, 故意に. Lo hizo ~ para molestarme. 彼[彼女]は僕を困らせるためにわざとそれをやったんだ.
a.pos.ta.de.ro [a.pos.ta.ðé.ro] 男 **1**〖軍〗駐屯地. **2**〖海〗軍港, 海軍補給所;海軍司令部.
a.pos.tan.te [a.pos.tán.te] / **a.pos.ta.dor, do.ra** [a.pos.ta.ðór, -.ðó.ra] 形 賭(か)けをする.
― 男 女 賭けをする人.
*__a.pos.tar__ [a.pos.tár] 15 他 **1**（**a...** …に）賭(か)ける. ~ seis euros *a* un caballo ある馬に6ユーロ賭ける. **2** 配置する, 配備する. ~ a un centinela 歩哨(しょう)を立てる. ▶この意味では規則活用.
― 自 **1**（**en...** **a...** …に）賭ける. ~ en las carreras de caballos 競馬で賭けをする. *Apuesto a* que no lo haces. 賭けてもいいけど, 君はそんなことしないよ. **2** 競う, 張り合う. **3**（**por...** …を）信頼して任せる, 当てにする.
― **~.se** 再 **1**（**a...** …に）賭ける. *Me apuesto* la cabeza *a* que no les cuesta de hacerlo. この首を賭けてもいい, 絶対に彼[彼女]にはそんなことはできないよ. *Me he apostado* diez euros con él. 僕は彼と10ユーロ賭けをした. ¿Qué *te apuestas a* que se rompe? もし本当に壊れたら, どうする.
2 競う, 張り合う. *Se* las *apuesta* con cualquiera a beber. 彼[彼女]は相手かまわず飲み比べをする. ▶しばしば代名詞 las と共に用いる.
3 位置につく, 持ち場につく. El cazador *se apostó* detrás de unos arbustos. 猟師は茂みの奥に陣取った. ▶この意味では規則活用.
a.pos.ta.sí.a [a.pos.ta.sí.a] 女 背教, 棄教;背信（行為）.
a.pós.ta.ta [a.pós.ta.ta] 形 変節した.
― 男 女 背教者;脱党者;転向者, 変節者. Juliano el *A*~ 背教者ユリアヌス（331-363, ローマ皇帝）.
a.pos.ta.tar [a.pos.ta.tár] 自 **1**（**de...** …の信仰を）捨てる, 背教者となる. ~ *del* cristianismo キリスト教を捨てる. **2** 脱党する;変節する, 寝返る.
a.pos.te.ma [a.pos.té.ma] 女〖医〗膿瘍(のうよう).
a.pos.te.mar [a.pos.te.már] 他〖医〗膿瘍(のうよう)をつくる, 化膿させる. ― **~.se** 再〖医〗膿瘍ができる.
a.pos.te.rio.ri [a.pos.te.rjó.ri] [ラ] 副 帰納的に;後天的に, 経験に基づいて (↔ a priori).
a.pos.ti.lla [a.pos.tí.ja | -.ʎa] 女 注, 注記.
a.pos.ti.llar [a.pos.ti.jár | -.ʎár] 他 …に注をつける (= anotar). ― **~.se** 再 かさぶたが生じる. La herida *se ha apostillado*. 傷にかさぶたができた.

*__a.pós.tol__ [a.pós.tol] 男 **1**〖聖〗**使　徒**《略 apóst.》. el *A*~ / el *A*~ de las gentes 聖パウロ. los Hechos de los *A*~es 使徒言行録.
　関連 キリスト教の十二使徒：Simón, llamado Pedro ペテロと呼ばれたシモン, Andrés アンドレ, Jacobo [Santiago] (el Mayor)（大）ヤコブ, Juan ヨハネ, Bartolomé バルトロマイ, Felipe フィリポ, Tomás トマス, Mateo マタイ, Jacobo [Santiago] (el Menor)（小）ヤコブ, Simón el Zelote 熱心党のシモン, Judas, llamado Tadeo タダイと呼ばれたユダ, Judas Iscariote イスカリオテのユダ. 後に Judas Iscariote に代わって Matías マチアが加わる.
2（キリスト教の）布教者, 伝道者.
3（主義・思想などの）主唱者, 唱導者;旗手. ~ de la paz 平和の使徒.
[← (後) *apostolus* ←〖ギ〗*apóstolos*「使者」; 関連 [英] *apostle*]
a.pos.to.la.do [a.pos.to.lá.ðo] 男〖宗〗**1** 使徒の職務;布教, 伝道;布教期間. **2** 十二使徒（の絵）. **3**（主義・思想などの）宣伝, 普及（運動）. **4**（使徒のような献身を必要とする）聖職.
a.pos.tó.li.ca.men.te [a.pos.tó.li.ka.mén.te] 副 **1** 使徒のように, 献身的に. **2**《話》貧しく, つつましく.
a.pos.tó.li.co, ca [a.pos.tó.li.ko, -.ka] 形 **1** 使徒の. **2** ローマ教皇の. nuncio ~ ローマ教皇大使. **3**〖史〗使徒派の. ― 男 女 使徒派の人. ― 男《複数で》使徒派：19世紀のスペインの王党派の一派.
a.pos.tro.far [a.pos.tro.fár] 他 **1**〖修辞〗頓呼(とんこ)法を用いる. **2** ののしる, 叱責(しっせき)する.
a.pós.tro.fe [a.pós.tro.fe] 男（または 女）**1**〖修辞〗頓呼(とんこ)法：詩・文・演説の途中で感極まって, その場にいない人・ものに対して呼びかける表現法. ― ¡Oh cruel destino el que me persigue! おお, 私をさいなむ残酷な運命よ. **2** ののしり, 叱責(しっせき).
a.pós.tro.fo [a.pós.tro.fo] 男 省略記号, アポストロフィ('). ▶古来, 特に詩で用いられ, 文字の省略を表す. 今日では俗語に用いる. ― d'aquel (= de aquel), l'aspereza (= la aspereza), qu'es (= que es).
a.pos.tu.ra [a.pos.tú.ra] 女 上品な[気品のある]態度, 物腰. Su ~ atrajo todas las miradas. 彼[彼女]の気品ある態度は皆の視線を集めた.
a.po.te.ca [a.po.té.ka] 女《古語》→ botica.
a.po.teg.ma [a.po.téɣ.ma] 男 警句, 格言. → aforismo 類語.
a.po.te.ma [a.po.té.ma] 女〖数〗辺心距離：正多角形の中心から辺までの距離.
a.po.te.ó.si.co, ca [a.po.te.ó.si.ko, -.ka] 形《ser + / estar +》熱狂的な;驚くべき. un triunfo ~ 目覚ましい勝利.
a.po.te.o.sis [a.po.te.ó.sis] 女《単複同形》**1**（英雄などの）神格化, 賛美, 崇拝. **2** フィナーレ, 大団円. ~ final〖演〗グランド・フィナーレ.
a.po.tin.car.se [a.po.tiŋ.kár.se] 102 再《ラ米》(チ)《俗》しゃがむ.
a.po.tre.rar [a.po.tre.rár] 他《ラ米》(**1**)(コス)〖農〗〈家畜を〉牧場に入れる. (**2**)(ベス)(チ)〈土地の一部を〉牧場にする.
a.po.ya.bra.zos [a.po.ja.brá.θos / -.sos] 男《単複同形》アームレスト (= reposabrazos).
a.po.ya.ca.be.zas [a.po.ja.ka.βé.θas / -.sas] 男

apoyador

《単複同形》ヘッドレスト (= reposacabezas).

a・po・ya・dor, do・ra [a.po.ja.ðór, -.ðó.ra] 男女 支援者.

a・po・ya・mu・ñe・cas [a.po.ja.mu.ɲé.kas] 男《単複同形》リストレスト (= reposamuñecas).

***a・po・yar** [a.po.jár] 他 1 《en... / sobre....》 (…に) もたせかける, (…で) 支える; 立てかける. No *apoyes* los codos *en* la mesa. テーブルにひじをつかないでください.
2 《en... / sobre...》…に〈理論などの〉基礎を置く; 《con...?》…に依拠する. ¿*En* qué *apoyas* tus conclusiones? 君は何に基づいてそういう結論を出しているんだい.
3 援護する, 支持する. ~ al candidato 候補者を支援する. Hay suficientes datos concretos que *apoyan* mi teoría. 私の理論を裏付ける具体的なデータが十分あります.
— ~・se 再 1 《en... / sobre...》 (…に) 寄りかかる, (…で) 支えられる. ~*se en* la pared 壁に寄りかかる. Ella *se apoyó en* mi hombro para llorar. 彼女は私の肩にもたれかかって泣いた. Esta estatua *se apoya en* cimientos muy sólidos. この像はとても頑丈な土台で支えられている.
2 《en... …に》〈理論などに〉基づく. Esta hipótesis *se apoya en* muchos hechos. この仮説はたくさんの事実に基づいている.
3 《con... …に》頼る, 依存する. Su argumento *se apoya con* citas de diferentes obras. 彼[彼女] (ら) の論拠はさまざまな作品の引用に依拠している. 4《複数主語で》支えあう. Los dos *se apoyaron* mutuamente para realizar su sueño. 2人は自分たちの夢を実現するために支えあった.
[←《伊》*appoggiare*—《俗ラ》*appodiāre] 関連 apoyo, pie. 《英》*pedal*]

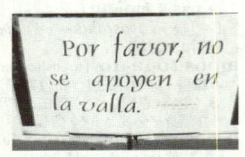

apoyar Por favor, ...
「柵にもたれないでください.」

a・po・ya・tu・ra [a.po.ja.tú.ra] 女 1 支え (= apoyo). 2《音楽》アッポジャトゥーラ, 前打音.
[←《伊》*appoggiatura*]

***a・po・yo** [a.pó.jo] 男 1 支え;《比喩的》支えになるもの; 支持 (者). ~ espiritual 精神的支え. en ~ de... …を支持して. punto de ~ 支点. tropas de ~ 援軍, 予備軍. Tu presencia me sirve mucho de ~. 君がいるだけで私には大きな支えだ. Yo siempre tengo mucho ~ de la familia y de los amigos. 私はいつも家族や友人に支えられている.
2 (理論・意見などの) 裏付け, 論拠.
3《ラ米》(*墨*) (牛乳などの) 最後のひと搾り.
— ~ apoyar.

a・po・zar・se [a.po.θár.se / -.sár.-] 97 再《ラ米》(1) (*智*) (*秘*) 水たまりになる. (2) (*智*) 《話》立ち止まる.

APRA [á.pra] 女《略》*A*lianza *P*opular *R*evolucionaria *A*mericana アプラ党: ペルーの政党.

*a・pre・cia・ble** [a.pre.θjá.ble / -.sjá.-] 形 1 識別できる; 目立った. una diferencia ~ かなりの相違. ~ al oído 聞き取れるほどの.
2 価値のある, 評価できる. una persona ~ 立派な人物. su ~ carta 貴信.

*a・pre・cia・ción** [a.pre.θja.θjón / -.sja.sjón] 女
1 評価, 正しい認識.
2 価格の設定, 査定. 3 識別, 感知.
apreciación de la moneda《経》貨幣価値の上昇.

a・pre・cia・do, da [a.pre.θjá.ðo, -.ða / -.sjá.-] 形 高く評価されている; 好かれている.

a・pre・cia・dor, do・ra [a.pre.θja.ðór, -.ðó.ra / -.sja.-] 形 真価を認める. — 男女 真価がわかる人.

***a・pre・ciar** [a.pre.θjár / -.sjár] 83 他 1 評価する, …の価値を認める;〈人に〉尊敬[親愛]の念を持つ. ~ la cultura japonesa 日本文化を高く評価する. ~ la vida 命[人生]を大事にする. *Apreciamos* su amabilidad. ご親切に感謝します. Es *apreciado* como líder. 彼は指導者として尊敬されています. Todos te *apreciamos* mucho. 皆あなたのことを大切に思っています.
2 査定する, …に値をつける. ~ una casa en su justo valor 家に適正な評価額をつける.
3 感知する, 気づく. ~ una diferencia 違いを識別する. ~ un cambio en el tono 口調が変わったのに気づく. Desde allí podemos ~ una iglesia. あそこから教会を見ることができる. Esta balanza *aprecia* hasta miligramos. この秤はミリグラムまで測ることができる. 4 鑑賞する, 賞味する. ~ un vino ワインを味わう. ~ un espectáculo ショーを楽しむ. ~ una obra de arte 美術品を鑑賞する. 5《経》〈貨幣などの〉価値を上げる (↔*depreciar*). ~ el euro ユーロの価値を上げる.
— ~・se 再 1《3人称》認められる, 感知される. *Se le aprecio* una enfermedad cardíaca. 彼[彼女]は心臓病にかかっていることがわかった. En la foto *se aprecian* varias estrellas de cine. 写真には何人かの映画スターの姿が見える. 2《経》〈貨幣などの〉価値が上がる. El valor de la acción *se apreció* un 5 por ciento. 株価は5パーセント上昇した.
[←《後》*appretiāre*「値をつける」]

a・pre・cia・ti・vo, va [a.pre.θja.tí.βo, -.βa / -.sja.-] 形 1 評価の, 査定の. 2 鑑賞力のある, 理解のある. 3 敬意を表する, 感謝の念を込めた.

*a・pre・cio** [a.pré.θjo / -.sjo] 男 評価, 査定; 尊敬. tener un ~ especial por +人〈人〉を特に評価する. Es una persona de mi mayor ~. その方は私が最も尊敬する人です. — 活 apreciar.
no hacer aprecio de...《ラ米》(*墨*)(*西*)(*ア*)…を意に介さない, 気に留めない.

a・pre・hen・der [a.pre(.e)n.dér] 他 1 逮捕する; 押収する. *Aprehendieron* un kilo de heroína en la aduana. 税関で1キロのヘロインが押収された. 2 知覚する, 理解する.

a・pre・hen・si・ble [a.pre(.e)n.sí.ble] 形 理解できる, 把握できる.

a・pre・hen・sión [a.pre(.e)n.sjón] 女 1 逮捕, 押収. ~ de un ladrón 泥棒の逮捕. 2 理解, 知覚.

a・pre・hen・si・vo, va [a.pre(.e)n.sí.βo, -.βa] 形 理解する; 頭の切れる.

a・pre・mia・da・men・te [a.pre.mjá.ða.mén.te] 副 せきたてるように.

a・pre・mia・dor, do・ra [a.pre.mja.ðór, -.ðó.ra] 形 → apremiante.

a・pre・mian・te [a.pre.mján.te] 形 急を要する, 緊急の. trabajo ~ 急ぎの仕事.

a・pre・miar [a.pre.mjár] 82 他 1 促す, せきたてる. *Aprémia*lo para que termine. 早く仕上げる

よう彼に催促しなさい. **2** 強制する, 義務づける. **3** 圧迫する, 締めつける.
――自 急を要する. *Apremia* dar salida a la mercancía. 商品を急いで売りさばく必要がある. *Apremia* tomar una solución. 早急に解決策を取る必要がある. El tiempo *apremia*. 時間が押している.

a‧pre‧mio [a.pré.mjo] 男 **1** 急ぎ, 緊急. **2** 催促, 督促(状). **3** 《法》強制執行; (滞納税の)強制徴収. El ~ es del 5 %[cinco por ciento]. 延滞金の料率は 5 パーセントである. **4** 逼迫(ﾋｯﾊﾟｸ), 不足. por ~ de tiempo 時間がなくて.
por [en] vía de apremio 《法》強制による.

‡a‧pren‧der [a.pren.dér] 他 **1** 学ぶ, 習得する, 習う. ~ español スペイン語を学ぶ. ~ un truco 手品を覚える. ~ un oficio 仕事を覚える. ¿Con quién *aprendes* piano? 誰にピアノを教わっているの.

> 類語 *estudiar* が知識の追求という到達点のない主体的行為に言及するのに対し, *aprender* は教育や訓練によって一定レベルの知識や技術の獲得を目指す行為を表す.

2 覚える, 暗記する. ~ un número de teléfono 電話番号を覚える. ~ el camino 道順を覚える. ~ una canción al pie de la letra 一字一句歌詞を覚える. ▶ 再帰代名詞を用いて強調することがある. → 再. **3** 《古語》捕らえる, つかまえる.
――自 《a+不定詞 …することを》学ぶ, 習得する. ~ *a nadar* 泳ぎを身につける. ~ sobre las leyes 法について学ぶ. Estoy *aprendiendo* a conducir. 今, 車の運転を習っています. Toma, para que *aprendas*. さあ, これで少しは懲りなさい.
――**~‧se** 再 覚えこむ, 暗記する. *Me aprendí* el papel. 私はせりふを覚えこんだ.
aprender(se)... de memoria …を暗記する.
Nadie aprende en cabeza ajena. 《諺》他人の経験からは何も覚えられない.

[←《ラ》*apprehendere*「しっかり握る」; 関連 aprensión, aprendizaje. [英]*apprehend*]

a‧pren‧diz, di‧za [a.pren.díθ, -.díθa / -.dís, -.dísa] 男 女 《複 *aprendices, aprendizas*》**1** 見習い, 徒弟. **2** 入門者; 研修生; 学習者. ~ de conductor 自動車運転教習生.
ser aprendiz de todo y oficial de nada 気ばかり多くて何一つものにならない, 器用貧乏である.

‡a‧pren‧di‧za‧je [a.pren.di.θá.xe / -.sá.-] 男 **1** 習得, 学習. ~ de una lengua 語学の習得. **2** 修業, 見習い (期間).

a‧pren‧sar [a.pren.sár] 他 **1** プレスする, 圧縮[圧搾]する, 絞る. **2** 苦しめる, 抑圧する.

a‧pren‧sión [a.pren.sjón] 女 **1** 恐れ, 不安;《主に複数で》妄想. Aunque está sano, tiene la ~ de que se va a morir. 彼はどこも悪くないのに必ず死ぬと恐れている. **2** 気配り, 配慮. **3** 逮捕; 押収.

a‧pren‧si‧vo, va [a.pren.sí.βo, -.βa] 形 **1** 心配性の, 神経質な. Es tan ~ que nunca va a ver a los enfermos. 彼はとても怖がりだから絶対に病人の見舞いには行かない. **2** 懸念する, 危惧(ｷｸﾞ)する. Está ~ con su tos. 彼は咳(ｾｷ)を心配している.

a‧pre‧sa‧dor, do‧ra [a.pre.sa.ðór, -.ðó.ra] 形 捕獲する, 拿捕(ﾀﾎ)する; 逮捕する. ――男 女 捕獲者.

a‧pre‧sa‧mien‧to [a.pre.sa.mjén.to] 男 捕獲, 拿捕(ﾀﾎ); 逮捕.

a‧pre‧sar [a.pre.sár] 他 **1** 《獲物を》(牙(ｷﾊﾞ)や鉤爪(ｶｷﾞﾂﾒ)で)捕まえる. El lobo *apresó* el cordero. オオカミは子羊を捕らえた. **2** 逮捕する; 《海》拿捕(ﾀﾎ)する. ~ un barco enemigo 敵船を拿捕する. **3** 監禁する, 投獄する (= aprisionar).

a‧pres‧ta‧dor, do‧ra [a.pres.ta.ðór, -.ðó.ra] 男 女 (織物の)糊(ﾉﾘ)付け加工をする人.

a‧pres‧tar [a.pres.tár] 他 **1** 準備する, 用意する (= preparar). *Aprestamos* la mesa para el banquete. 私たちは宴会に備えてテーブルを用意した. **2** (織物に)糊(ﾉﾘ)付け加工をする. ――**~‧se** 再 支度する. ~*se* para [a] salir 出掛ける準備をする.
aprestar el oído 耳を澄ます.
aprestar la atención 注意を向ける.

a‧pres‧to [a.prés.to] 男 **1** 用意, 準備. **2** 糊(ﾉﾘ)付け, 糊.

‡a‧pre‧su‧ra‧do, da [a.pre.su.rá.ðo, -.ða] 形 急いでいる; あわただしい; 性急な. un viaje ~ 急ぎ旅. conclusión *apresurada* 早まった結論.

a‧pre‧su‧ra‧mien‧to [a.pre.su.ra.mjén.to] 男 急ぐこと, あわてること; 性急.

‡a‧pre‧su‧rar [a.pre.su.rár] 他 **1** 《…の》(速度・進行を)速める;《…の》(時期を)早くする. ~ el paso 足を速める. ~ la construcción 建設を急がせる. **2** 《a+不定詞 / a que+接続法 …するように》《人を》急がせる, せかす. Lo *apresuré* a salir de ahí. 私はそこから出るように彼をせきたてた.
――**~‧se** 再 急ぐ;《a... / en...》急いで[あわてて]《…》する. La gente *se apresuró* por la puerta. 人々はドアに殺到した. El niño *se apresuró* a contestar. 子供は急いで答えた. No *te apresures en* sacar conclusiones. あわてて結論を出してはいけない.

a‧pre‧ta‧da‧men‧te [a.pre.tá.ða.mén.te] 副 **1** やっと, かろうじて. llegar muy ~ al final del mes どうにか月末までやりくりする. Con su sueldo vive muy ~. 彼[彼女]の給料では生活するのがやっとだ. **2** きつく, 固く.

a‧pre‧ta‧de‧ra [a.pre.ta.ðé.ra] 女 **1** (トランクなどの)バンド, ひも. **2** 《複数で》催促, 督促.

a‧pre‧ta‧do, da [a.pre.tá.ðo, -.ða] 形 **1** 《estar +》固く締まった, きつい. El tornillo *está* muy ~. ネジはしっかり締まっている. **2** ぎっしり詰まった, 密な. Tengo una agenda muy *apretada*. 私の手帳は予定がぎっしりだ. **3** ぎりぎりの, 僅差(ｷﾝｻ)の. victoria *apretada* 辛勝. **4** 困難な, 危険にさらされた. *apretada* situación 厳しい状況. **5** 金[時間]に窮した. **6** 《ラ米》(1)(ﾋﾝﾊﾟﾝ)性格のきつい. (2)《話》けちな, しみったれた.
――男《俗》(昔の)胴着.

a‧pre‧ta‧dor, do‧ra [a.pre.ta.ðór, -.ðó.ra] 形 締めつける.
――男 **1** コルセット (= corsé). **2** そでなしの胴着, ジャーキン. **3** (歩行器の)固定帯. **4** ヘアバンド. **5** 締め具, かすがい, 万力. **6** 《ラ米》(*)(ﾌﾞﾗ)ブラジャー.

a‧pre‧ta‧mien‧to [a.pre.ta.mjén.to] 男 **1** 抱き[握り]締めること, 押しつけ; (ねじ・ベルトなどの)締めつけ. **2** 窮地. **3** 強欲, 貪欲(ﾄﾞﾝﾖｸ).

a‧pre‧ta‧pa‧pel [a.pre.ta.pa.pél] 男《ラ米》(ﾌﾞﾝﾁﾝ) 文鎮, 紙押さえ.

a‧pre‧ta‧pa‧pe‧les [a.pre.ta.pa.pé.les] 男《単複同形》《ラ米》(ﾀﾞｲｸﾞ) 文鎮, 紙押さえ.

‡a‧pre‧tar [a.pre.tár] 8 他 **1** 強く押す, 押しつける; 押し込む. ~ un botón [una tecla] ボタン[キー]を押す. ~ el acelerador アクセルを踏む. Si no *aprietas* más la ropa, no se cierra la maleta. もっと衣類を押し込まないとスーツケースが閉まらないよ.

apretarropa

2 握り締める；抱き締める；力を込める．~ la mano 手を握る．~ el puño con fuerza こぶしをぎゅっと握り締める．~ el niño contra el pecho 自分の胸に子供を抱きしめる．~ los ojos 目を閉じる．~ los dientes 歯を食いしばる．

3 〈結び目などを〉締める；締めつける（↔aflojar）. ~ una cuerda ロープをしっかり張る；《比喩的》締めつけを厳しくする. Este pantalón me *aprieta*. このズボンはきつい．

4 〈人に〉圧力をかける；厳しくする；叱る. Este profesor *aprieta* mucho a los estudiantes. この先生は学生にとても厳しい．Vámonos; nos *aprieta* el tiempo. 時間が迫っているのでもう出かけます．*Apreté* a mi padre para que me comprara una moto. 私は父にバイクを買ってくれるようにせがんだ．**5** 速める，強める．~ el paso 歩調を速める．~ el ritmo ペースを上げる．

—［自］**1** 〈自然現象・状況など〉(の程度)が強まる．El calor *aprieta*. 暑さが厳しさを増している．*Apretaba* el dolor. 痛みが強くなっていた．Cuando la necesidad *aprieta*, se aprende mucho. 必要に迫られると人は多くを学ぶ．**2** がんばる，急ぐ．Tienes que ~ más en el estudio. 君はもっと努力して勉強しないといけないよ．¡*Aprieta*! 急げ．

—**~se**［再］**1** 押し合う；詰める．La gente *se apretaba* en el mercado. 市場では人がごった返していた．~se para hacer sitio 場所を空けるために詰め合わせる．**2** 〈体の部位を〉押さえつける；〈身に着けるものを〉体に締める．~se los ojos con las manos 両手で目を押さえる．~se el cinturón ベルトを締める；財布のひもを締める．

apretar a correr 走り出す．
apretar las clavijas [los tornillos, las tuercas] a＋人《話》〈人〉に締め付けを厳しくする，〈人〉の尻をたたく．
Cada uno sabe bien donde le aprieta el zapato.《諺》靴がどこに当たっているかは自分にわかっているものだ（自分の弱点は自分が一番よくわかっている）．
[← (後ラ) *appectorāre* 「胸に押しつける」((ラ) *pectus* 「胸」より派生); 関連 *aprieto*]

a·pre·ta·rro·pa [a.pre.ta.r̄ó.pa]［男］《ラ米》《ﾁﾘ》洗濯挟み.

a·pre·tón [a.pre.tón]［男］**1** 締めつけ；握り［抱き］締めること. **2**《話》押し合いへし合い. Odio los *apretones* en los transportes públicos. 僕はすし詰めの乗り物は嫌いだ. **3**《話》(突然の) 痛み. **4**《話》頑張り；全力疾走. **5**《美》(画面にアクセントを付けるための) 濃い色のタッチ.
apretón de manos 握手. Me dio un ~ *de manos*. 彼[彼女]は私と握手した；彼[彼女]と私は仲直りした. Reciba un ~ *de manos*.《手紙》ご多幸を祈ります．

a·pre·tu·ja·mien·to [a.pre.tu.xa.mjén.to]《話》**1** ぎゅうぎゅう押すこと，(紙などを)くしゃくしゃに握りつぶすこと. **2** ぎゅうぎゅう詰め.

a·pre·tu·jar [a.pre.tu.xár]［他］《話》ぎゅうぎゅう押す. —**~se**［再］《話》押し合いへし合いする.

a·pre·tu·jón [a.pre.tu.xón]［男］《話》**1** 押し合いへし合い. **2** 抱き［握り］締めること.

a·pre·tu·ra [a.pre.tú.ra]［女］**1**《複数で》ぎゅうぎゅう詰め, すし詰め, 満員. No me gustan las ~*s* del autobús. 僕はバスに乗ったときのあのぎゅうぎゅう詰めが嫌いだ. **2**《複数で》困窮, 窮乏. ~*s* económicas 金銭的な不自由. **3** 窮地, 苦境.

a·prie·ta·pa·pe·les [a.prje.ta.pa.pé.les]［男］《単複同形》《ラ米》《ﾁﾘ》文鎮, 紙押さえ.

a·prie·to [a.prjé.to]［男］**1** 窮地, 苦境. estar [hallarse, verse] en un ~ / pasar un ~ 苦しい立場にある. poner en un ~ 苦境に立たせる. salir del ~ 窮地を脱する. **2** 押し合いへし合い.

aprieto [a.prjé.to]［活］→apretar.

a prio·ri [a.prjó.ri]〔ラ〕演繹(えき)的に, 先験[先天]的に (= antes) (↔a posteriori).

a·prio·ri [a.prjó.ri] 先験的原理, 演繹的推論法.

a·prio·ris·mo [a.prjo.rís.mo]［男］ 先験[先天]主義；演繹(えき)的推論.

a·prio·rís·ti·co, ca [a.prjo.rís.ti.ko, -.ka]［形］ 先験[先天]主義による；演繹(えき)的推論法による.

a·pri·sa [a.prí.sa]［副］急いで, 速く. Se fue muy ~. 彼[彼女]は大急ぎで行ってしまった. Siempre contesta ~ y sin titubear. 彼[彼女]はいつも即座にためらうことなく答える. ¡*A*~! さあ, 早く.

a·pris·car [a.pris.kár]［102］［他］〈家畜を〉囲いに入れる. —**~se**［再］囲いに入る.

a·pris·co [a.prís.ko]［男］家畜の囲い場.

a·pri·sio·na·mien·to [a.pri.sjo.na.mjén.to]［男］ 身動きがとれないこと；拘束すること.

a·pri·sio·nar [a.pri.sjo.nár]［他］**1** 投獄する, 収監する；拘束する.
2 束縛する；抱き締める. Me *aprisionó* en sus brazos. 彼[彼女]は私を腕の中に抱き締めた. La carrocería le *apresionó* una pierna. 彼[彼女]は車体に片足を挟まれた. Estoy *aprisionado* en el engranaje administrativo. 私は管理組織の歯車の中でがんじがらめになっている．

a·pro·ar [a.pro.ár]［自］《海》(hacia... …に) 船首を向ける, 進路を取る.

a·pro·ba·ción [a.pro.ba.θjón / -.sjón]［女］**1** 承認, 認可, 許可. dar SU ~ 承認する.
2 合格, 及第. **3** (議案などの) 賛成, 可決.

a·pro·ba·do, da [a.pro.bá.đo, -.đa]［形］**1** 承認された, 認可された；可決された. ~ por la comisión 委員会が認可した.
2 合格した, 適格と認定された. salir ~ 合格する. **3** 「品質・性能が」承認された, 定評のある.
—［男］ 及第点, (成績の) 可. Tuvo tres ~*s*. 彼[彼女]は可が3つあった. no ~ 不可.

a·pro·ba·dor, do·ra [a.pro.ba.đór, -.đó.ra]［形］ 承認する, 認可する.

a·pro·bar [a.pro.bár]［15］［他］**1** 承認する；…に同意する. ~ una ley 法案を通過させる. ~ un préstamo 貸し付けを認める. ~ una resolución por unanimidad [mayoría] 満場一致で[賛成多数で]決議案を承認する. No puedo ~ tu comportamiento. 君の態度は許せない.
2 〈試験・学科などに〉合格する. ~ un examen 試験に受かる. He *aprobado* matemáticas con sobresaliente. 私は優の成績で数学の単位をとった. ~ el examen de ingreso en un colegio 高校の入試に合格する.
3 〈人を〉合格させる. Como sigas así, no te van a ~ al final del curso. そんな態度を続けていたら学期末に合格させてもらえないよ.
—［自］ 合格する（↔suspender). ~ en español スペイン語の試験に通る. He *aprobado* por los pelos. 私はぎりぎりのところで合格した.
[← (ラ) *approbāre* 「是認する」]

a·pro·ba·ti·vo, va [a.pro.ba.tí.bo, -.ba] /
a·pro·ba·to·rio, ria [a.pro.ba.tó.rjo, -.rja]
［形］ 承認の, 同意の, 賛成の.

a·pro·ches [a.pró.tʃes] 男《複数形》**1**〖軍〗(塹壕などによる敵陣への)接近作業[手段]. **2**《ラ米》(ﾁﾘ)近郊；近隣；進入路.

a·pron·ta·do, da [a.pron.tá.ðo, -.ða] 形《ラ米》(ﾌﾟｴﾙﾄ)《話》おせっかいな.

a·pron·tar [a.pron.tár] 他 **1**（急いで）準備する；〈金を〉出す. **2**《ラ米》(1)（ﾁﾘ）前払いする. (2)（ｱﾙｾﾞﾝ）姿を見せる. **― ~·se** 再《ラ米》(ｱﾙｾﾞﾝ)(ﾁﾘ)準備する.

a·pron·te [a.prón.te] 男《ラ米》(ｱﾙｾﾞﾝ)(ﾁﾘ) (1)〖スポ〗（競馬の）試走. (2)《複数で》準備，支度. irse en los ~s 本番前に力を使い果たす.

a·pro·pia·ción [a.pro.pja.θjón / -.sjón] 女 **1** 占有；私物化. ~ ilícita 横領. **2** 適合，適応；適用. **3**〖人類〗領有，流用.

‡**a·pro·pia·do, da** [a.pro.pjá.ðo, -.ða] 形《**para...** …に》**適切な**, ふさわしい. La película no es *apropiada para* los niños. その映画は子供向きではない.

‡**a·pro·piar** [a.pro.pjár] 82 他 **1**《**a...** …に》**適合させる**；当てはめる. ~ las leyes *a* las costumbres 法律を慣習に合わせる. **2**《ラ米》割り当てる，与える. **― ~·se** 再《**de...** …を》自分のものにする，着服する；剽窃(ﾋﾖｳｾﾂ)する. Siempre *se apropia de* lo que no le pertenece. 彼[彼女]はいつも他人のものを私物化している.

a·pro·pin·cuar·se [a.pro.piŋ.kwár.se] 85 再《**a...** …に》近づく.

a·pro·pó·si·to [a.pro.pó.si.to] 男〖演〗寸劇，コント，スキット.

a·pro·ve·cha·ble [a.pro.βe.tʃá.βle] 形 利用でき る，使える，役立つ. Tu vestido es aún ~. 君の服はまだ着られるよ.

a·pro·ve·cha·do, da [a.pro.βe.tʃá.ðo, -.ða] 形 **1** 無駄をしない，物持ちがいい，やりくり上手な. ama de casa muy *aprovechada* とてもやりくり上手な主婦. **2** 勉強[仕事]熱心な，勤勉な. **3** 利用された，活用された. casa bien *aprovechada* 機能的な住居. dinero [tiempo] bien ~ 有意義に使われた金[時間]. **4**《話》抜けめがない. Es un tipo ~. 彼ははがめついやつだ. **5**《ラ米》(ﾒｷ)攻撃的な.
― 男 女 がめつい人，抜けめのない人，要領のいい人.

a·pro·ve·cha·dor, do·ra [a.pro.βe.tʃa.ðór, -.ðó.ra] 形 無駄をしない，やりくり上手な.

‡**a·pro·ve·cha·mien·to** [a.pro.βe.tʃa.mjén.to] 男 **1** 利用；開発. ~ de recursos humanos 人材の活用. ~ forestal 森林開発. **2**（学習などの）成果；上達. **3**《複数で》資源. ~s hidráulicos 水力資源. *aprovechamiento de aguas*〖法〗水利権.

‡‡**a·pro·ve·char** [a.pro.βe.tʃár] 他〈機会などを〉（効率的に）**利用する**，活用する. ~ el tiempo libre 空き時間を活用する. ~ la oportunidad チャンスを生かす. ~ las experiencias 経験を生かす. ~ los conocimientos al máximo 知識を最大限に活用する. *Aprovechamos* que había parado la lluvia para salir un rato. 雨がやんだのを見て私たちはちょっと出かけた.
― 自 **1** 役立つ，有用である. Estas medicinas no *aprovechan* para nada. この薬は何の役にも立たない. **2** 機会を利用する. ¡*Aprovechen* ya! ¡Quedan pocos! すぐにお買い上げを. 残りわずか. **3** 進歩する，上達する. *Ha aprovechado* mucho en los estudios. 彼[彼女]はとても勉強が伸びた.
― ~·se 再 **1**《**de...**》(…を)（不当に）利用する，

（…に）つけ入る. ~*se de* la inocencia 無知につけ入る. Me robó los datos *aprovechándose de* mi ausencia. 彼[彼女]は私の不在を利用してデータを盗んだ. **2**《話》《**de...**〈人〉に》性的に無礼な行為を働く. ¡*Que aproveche!* どうぞゆっくり召し上がれ（▶ 食事中の人に向けたあいさつ）. [a- + provecho「利益」+「動詞語尾」]

a·pro·ve·chón, cho·na [a.pro.βe.tʃón, -.tʃó.na] 形《話》抜けめない，要領のいい.
― 男 女《話》抜けめない人，要領のいい人.

a·pro·vi·sio·na·mien·to [a.pro.βi.sjo.na.mjén.to] 男 **1** 補給，調達. **2** 糧食，兵糧.

a·pro·vi·sio·nar [a.pro.βi.sjo.nár] 他《**de...** …を》供給[補給]する（= abastecer）.
― ~·se 再《**de...** …を》調達する.

‡**a·pro·xi·ma·ción** [a.prok.si.ma.θjón / -.sjón] 女 **1** 接近；歩み寄り（= acercamiento）. **2**〖数〗近似値；概算. cálculo con ~ 概算. con una ~ de uno por ciento 誤差率 1 パーセントで. Sólo es una ~. 一応の目安にすぎない. **3**（宝くじの）前後賞.

‡**a·pro·xi·ma·da·men·te** [a.prok.si.má.ða.mén.te] 副 およそ，約. De aquí al aeropuerto se tarda ~ una hora. ここから空港まで約 1 時間かかる.

‡**a·pro·xi·ma·do, da** [a.prok.si.má.ðo, -.ða] 形 **1 おおよその**，近似の. cálculo ~ 概算. valor ~ 近似値. **2** よく似た，ほぼ同じ.

‡‡**a·pro·xi·mar** [a.prok.si.már] 他《**a...** …に》**近づける**，近寄せる（= acercar）. ~ una silla *a* la ventana いすを窓のそばに寄せる. ~ su postura *a* la de los otros 他人の立場に歩み寄る.
― ~·se 再 **1**《**a...** …に》**近づく**，近寄る. Me *aproximé a*l cuadro para verlo mejor. 私はもっとよく見るためにその絵に近づいた. *Nos aproximamos a* la solución del problema. 私たちはもうすぐ問題を解決できそうだ. **2**〈時期・日時が〉近づく. *Se aproxima* el invierno. 冬が近づいている. *Se aproxima* la fecha límite. 締め切りの日が迫っている. **3**《**a...**〈数値〉に》近づく，ほとんど達する. Él *se aproximaba a* los 40 años al casarse. 彼は結婚したとき40歳に近かった. **4**《**a...**》…に》類似する，近似する. ¡Ni *se le aproxima*! それには似ても似つかない.
[← 《後》*approximare*「近づく」]

a·pro·xi·ma·ti·vo, va [a.prok.si.ma.tí.βo, -.βa] 形 概算の，だいたいの（= aproximado）.

aprueb- 語 → aprobar.

ap·sa·ra [ap.sá.ra] 女〖神話〗アプサラス：インド神話に登場する天女，水の妖精(ﾖｳｾｲ).

áp·si·de [áp.si.ðe] 男〖天文〗軌道極点.

aptdo. / Aptdo. 男《略》→ apartado (de correos).

áp·te·rix [áp.te.riks] 男〖鳥〗キーウィ.

áp·te·ro, ra [áp.te.ro, -.ra] 形 **1**〖鳥〗〖昆〗無翼の，羽のない. **2**〖建〗（神殿の）側面に柱廊のない.

ápterix（キーウィ）

‡**ap·ti·tud** [ap.ti.túð] 女《**para...** …の》**1 適性**，適格性. prueba de ~ *para* el acceso a la universidad 大学入学資格適性検査.

aptitudinal

2 能力, 素質. ~*es* físicas y mentales 体力および精神力. Tiene ~*es para* la pintura [música]. 彼[彼女]には絵[音楽]の才能がある.
ap·ti·tu·di·nal [ap.ti.tu.ði.nál] 形 適性の, 才能の.
Apto. 男《略》→apartamento.
*****ap·to, ta** [áp.to, -.ta] 形 **(para...)**《…に》適した, 向いている;《…の》能力がある. ~ *para* ocupar este cargo この任務に就くのにふさわしい. ~ *para* el servicio 徴兵検査に合格した. película no *apta para* menores 未成年者には不向きな映画. [←[ラ]*aptum* (*aptus* の対格)「適合した」; 関連 adaptar. [英] *apt*]
a·pu [á.pu] 男《ラ米》(ごぷ)《村落共同体の》守護霊.
a·pu·cha [a.pú.tʃa] 間投《ラ米》(ぢゕ)《話》えっ, まさか.
a·pu·chun·gar [a.pu.tʃuŋ.gár] 103 他《ラ米》(ぢゕ)《話》抱きしめる, 抱擁する.
a·pud [á.pud, a.-] [ラ] 前 …の作品の中に[で].
a·puer·ca·do, da [a.pwer.ká.ðo, -.ða] 形《ラ米》(ぢゕ)《話》みすぼらしい, 哀れな.
a·pues·ta [a.pwés.ta] 女 **1** 賭(ゕ)け事, ギャンブル. hacer una ~ 賭ける. **2** 賭け金, 賭けたもの. **3**《比喩的》**(por...)**〈危険をはらんだものごと・人物〉に対する〉賭け, 支援.
[puesta「置かれたもの, 賭け金」(←[ラ] *posita*; (*pōnere*「置く」の完了分詞女性形)より派生. 関連 apostar, apostura]
apuesta(-) 活 →apostar.
a·pues·to [a.pwés.to] 活 →apostar.
a·pues·to, ta [a.pwés.to, -.ta] 形 粋(ぃき)な, あでやかな;ハンサムな.
a·pul·ga·rar [a.pul.ɡa.rár] 他 親指で押す.
— ~·se 再〈衣類などが〉かびで覆われる.
a·pu·na·mien·to [a.pu.na.mjén.to] 男 高山病.
a·pu·nar·se [a.pu.nár.se] 再《ラ米》(ぢゕ)(ぢゕ)(ゥゖ)高山病にかかる.
a·pun·ta·ción [a.pun.ta.θjón / -.sjón] 女 **1**《銃砲の》照準合わせ, ねらい. **2** 書き込み, メモ.
a·pun·ta·do, da [a.pun.tá.ðo, -.ða] 形 **1** 先のとがった. arco ~ 尖頭アーチ. sombrero ~ とんがり帽子. **2**《ラ米》(ぢ)《話》ほろ酔い気分の.
a·pun·ta·dor, do·ra [a.pun.ta.ðór, -.ðó.ra] 形 **1** 照準を合わせる, ねらう. **2** メモをする, メモを取る.
— 男 女 **1** 照準手. **2**《演》プロンプター:観客から見えない所で小声で役者に台詞を教える人. concha del ~《舞台上の》プロンプター席.
no quedar ni el apuntador《話》《演》《映》登場人物がひとり残らず死んでしまう.
a·pun·ta·la·mien·to [a.pun.ta.la.mjén.to] 男 支え, 補強.
a·pun·ta·lar [a.pun.ta.lár] 他 **1** 支える, 補強する;つっかい棒をする. **2** 支える, 助ける.
a·pun·ta·mien·to [a.pun.ta.mjén.to] 男 **1** 照準合わせ, ねらい. **2** 書き込み, メモ, ノート. **3**《法》公判調書.
******a·pun·tar** [a.pun.tár] 他 **1** 書き留める;〈名前・数値などを〉書き入れる. ~ un recado 伝言をメモする. ~ lo que dice el profesor 先生の話をメモに取る. ~ al hijo a clases de dibujo 絵画教室に子供を登録する. ~ un tanto a favor de un equipo あるチームの側に点数を入れる. ~ 5 euros al color rojo (ルーレットの)赤色に5ユーロ置く. *Apúnte*lo en mi cuenta. 私の勘定につけておいてください. *Apúnta*me para el partido del domingo. 日曜日の試合には僕も入れてくれ.
2 (指し)示す;指摘する. ~ con el dedo 指で指し示す. ~ una posibilidad 可能性を指摘する. ~ los rasgos generales de un plan 計画の概要を示す.
3 (**hacia... / a...**)《…に》向ける,《…の》狙いを定める;〈人に〉狙いをつける. ~ la pistola *al* blanco ピストルで的を狙う. ~ la mirada *hacia* el horizonte 地平線に視線を向ける. ~ *a*+人 con un dedo acusador〈人〉を非難して指さす. ~ **4** (**a**+人〈人〉に)〈せりふなどを〉思い出させる, こっそり教える. ~ *a* un actor el papel (プロンプターとして)俳優にせりふをつける. ~ la solución del problema 問題の答えを教える. **5** 仮綴(と)じする, 仮留めする;繕う. ~ una tranca a la puerta 入り口に横木を渡す. **6**〈…の先〉を尖らせる. ~ un lápiz 鉛筆を削る.
— 自 **1** (**a... / hacia...**〈…を〉狙う, 目指す. ~ *a* un puesto 地位を狙う. ~ alto 高望みをする. ¡Preparen, *apunten*, fuego!《軍》構え, 狙え, 撃て. El equipo *apunta a* ser el campeón de la liga. そのチームはリーグ優勝を狙っている.
2 (**a... / hacia...**)《…の方を》向く;《ラ米》(ぢ)《話》〈人が〉《…の方へ》進む. La flecha *apuntaba al* norte. 矢は北を向いていた.
3 現れ始める. ~ el día [sol] 日が昇る. ~ el alba 夜が明ける. ~ la barba ひげが生え始める.
— ~·se 再 **1** (**en... / a... / para...** …に)《自分の名前を》登録する;申し込む;参加する. ~*se a* un curso 講座に登録する. ~*se para* un partido 試合に申し込む. Estamos planeando una fiesta. ¿*Te apuntas*? パーティーを計画してるんだけど, 君も来るかい. **2**《話》〈勝利などを〉自分のものにする;〈点数を〉獲得する. ~*se* un éxito 成功を収める. El gobierno *se apuntó* un tanto con este acuerdo de paz. 政府はこの平和条約で点を稼いだ. **3**〈ワインが〉酸っぱくなり始める. **4** 酔っ払う. **5**《ラ米》(ぢ)《農》〈作物が〉芽を出す.
apuntar y no dar 空約束をする, 拍子抜けさせる.
[a + punta「先端」+動詞語尾]
*****a·pun·te** [a.pún.te] 男 **1** メモ;書き込み,《複数で》(学生の)**講義ノート**. tomar ~*s* ノートを取る. **2**《美》スケッチ, 素描. sacar ~*s* スケッチをする. **3**《演》プロンプター;プロンプター用台本. **4** 賭(ゕ)けをする人;賭け金. **5**《商》記帳, 記入. **6**《ラ米》(ぢゕ)《商店の》つけ売り[帳].
— 自 →apuntar.
llevar el apunte a+人《ラ米》(ぢ)〈人〉の忠告に耳を貸す;〈男〉の口説きに乗る.
a·pun·ti·llar [a.pun.ti.jár ‖ -.ʎár] 他《闘牛》短剣でとどめを刺す;《話》《比喩的》にとどめを刺す.
a·pu·ña·la·mien·to [a.pu.ɲa.la.mjén.to] 男《短刀などで》突き刺すこと, 刺傷すること.
a·pu·ña·lar [a.pu.ɲa.lár] 他 短刀で刺す. Lo *apuñaló* por la espalda. 彼[彼女]は相手の背中を短刀で突き刺した.
a·pu·ña·le·ar [a.pu.ɲa.le.ár] 他《ラ米》→apuñalar. — ~·se 再《ラ米》(ぢ)賭(ゕ)けで勝った金をとっておく.
a·pu·ñar [a.pu.ɲár] 他 **1** 握る, つかむ. **2** げんこつで殴る (= apuñear). **3**《ラ米》(ぢゕ)〈粉を〉こねる. — 自 こぶしを握る.
a·pu·ñe(·te)·ar [a.pu.ɲe(.te).ár] 他 げんこつで殴る.
a·pu·ra·ca·bos [a.pu.ra.ká.bos] 男《単複同形》

ろうそく立て.
a·pu·ra·ción [a.pu.ra.θjón / -.sjón] 囡 → apuramiento.
a·pu·ra·da·men·te [a.pu.rá.ða.mén.te] 副 かろうじて；困窮して.
a·pu·ra·do, da [a.pu.rá.ðo, -.ða] 形 **1**《**ser** + / **estar** +》困っている；手詰まりの；追い詰められた．estar en una situación *apurada* 窮地に立っている．verse 〜 進退窮まる．**2**《estar +》〈金が必要なものがなくて〉苦労している．*estar* 〜 de dinero 金に困っている．**3** 急いでいる（= apresurado）．hacer a la *apurada*《ラ米》そそくさと事を済ませる.
a·pu·ra·dor, do·ra [a.pu.ra.ðór, -.ðó.ra] 形 手間のかかる，厄介な；疲れさせる.
━ 男 囡 手間のかかる人，厄介な人；疲れさせる人.
a·pu·ra·mien·to [a.pu.ra.mjén.to] 男 **1** 困窮；手詰まり．**2** 解明．**3** 浄化.
***a·pu·rar** [a.pu.rár] 他 **1** 空にする；（使い）果たす，徹底的に行う．〜 un vaso コップの中身を飲み干す．〜 todos los medios あらゆる手段を尽くす．〜 su esfuerzo 努力を尽くす．〜 la vida al máximo 人生を満喫する．〜 hasta las heces 最後の一滴まで味わう．〜 la verdad 真実を究明する．〜 el afeitado ひげをきれいに剃(*)りこむ．Su actitud me *apuró* la paciencia. 彼［彼女］(ら)の態度は私に我慢の限界を超えさせた.
2 急がせる；〈人を〉せかす．〜 el trabajo 仕事を急がせる．No me *apures*, llegamos a tiempo. 時間に合うからせかさないでくれ．**3** 責め立てる；困らせる；怒らせる．Lo *apuran* las presiones. 彼はプレッシャーに苦しんでいる．Me *apura* tener que decirle esto. これを申し上げるのは心苦しいのですが.
4《まれ》純化する．〜 el oro 金を精製する.
━ 自 限界を超えている；差し迫っている．*Apuraba* el tiempo. 時間が差し迫っていた．Nos *apura* tomar decisiones. 私たちは急いで決断しなくてはならない.
━ 〜·**se** 再 **1**《**por**... ...で》悩む，苦しむ；困る．No *te apures por* mi hijo. 息子のことは心配しないで．*Nos apuramos por* hacerlo bien. 私たちは何とかそれをうまくやろうとした.
2《ラ米》急ぐ．*Apúrate*, que ya se va el tren. 電車が出るから急いで.
apurar el paso 歩みを速める.
si me apura [*apuras*] どうしてもというのなら，さらに言えば．*Si me apuras*, tenemos otra opción. どうしてもというなら，ほかの選択肢もある.
A·pu·rí·mac [a.pu.rí.mak] 固名 **1** アプリマク：ペルー南部の州；県都 Abancay. **2** el 〜 アプリマク川：アンデス山脈を流れるペルーの川.
***a·pu·ro** [a.pú.ro] 男 **1** 窮地，苦境；手詰まり．estar en un 〜 窮地にいる．sacar a 〜 de un 〜〈人〉を窮地から救う．salir de 〜 苦境から抜け出す.
2《主に複数で》困窮，窮乏．estar en 〜*s* / tener 〜*s* de dinero 金に困っている．**3** 恥ずかしさ，きまり悪さ（= corte¹）．Me da 〜 hacer eso. そうするのは心苦しい．**4**《ラ米》急ぐこと.
a·pu·rón, ro·na [a.pu.rón, -.ró.na] 形《ラ米》(ｶ)(ｺﾞ)(ﾁ)《話》せっかちな，催促がましい．━ 男《ラ米》(ｺﾞ)(ﾁ)《話》大急ぎ，大あわて；窮地，手詰まり.
a·pu·rru·ña·do, da [a.pu.ru.ŋá.ðo, -.ða] 形《ラ米》(ﾍﾞ)(ﾌﾟ)満員の，ぎゅうぎゅうの.
a·pu·rru·ñar [a.pu.ru.ŋár] 他《ラ米》《話》(**1**) いじくり回す；台無しにする．(**2**) (ﾍﾞ)押す，押し込む.
A·pus [á.pus] 固名 《星座》ふうちょう座（= Ave del paraíso).
a·qua·gym [a.kwa.jím] 男 プールで行う運動，水中運動.
a·qua·plan·ing [a.kwa.plá.nin // -.pléi.-] **1** ハイドロプレーン現象.
2 水上を滑るスポーツ，アクアプレーン.
a·qua·rium [a.kwá.rjum] 男 → acuario.
a·que·ja·do, da [a.ke.xá.ðo, -.ða] 形《**de**... / **por**... ...を》患っている，病んでいる，苦しんでいる．La economía se encuentra *aquejada de* falta de mano de obra. 経済界は労働力不足に悩んでいる.
a·que·jar [a.ke.xár] 他 苦しめる，困らせる，悩ます．Lo *aqueja* una grave enfermedad. 彼は重病に苦しんでいる.

****a·quel, a·que·lla** [a.kél, a.ké.ja // -.ʎa] 形《指示》《複 aquellos, aquellas》**1** あの，ああいう；その（▶話し手から遠く離れた場所にあるもの・人を示す）（↔este, ese). 〜 edificio あのビル．*aquellas* montañas あれらの山々．¿Ve 〜 semáforo? あの信号が見えますか．No quiero acordarme de 〜 accidente. あの事故のことは思い出したくない．〜 時間的な遠さを表す．━ 〜 día あの日［その日］（▶聞き手が共有しない体験は「その」と訳される）．(en) 〜 entonces [tiempo] あの当時，あのとき．〜 定冠詞を伴って名詞に後置されると強調，または軽蔑的ニュアンスを持つことがある．━ la mujer *aquella* ああいう女.
2《+関係代名詞の先行詞》(…する) その（人・もの）．*aquellos coches* que se producen en el país 国内で生産されている車.
3《後者 este に対して》前者の．Nos presentaron a dos chicos, un rubio y un moreno, 〜 primero parecía más joven. 私たちはふたりの青年を紹介された．ひとりは金髪でもうひとりは黒っぽい髪をしていたが，金髪のほうが若く見えた.
━ 男 **1**《話》(名状しがたい) 独特な魅力；女性の性的な魅力．No es guapa, pero tiene un 〜. 彼女は美人ではないが，魅力がある.
2《話》《**de**+名詞》例の…，…とかいうあれ．el 〜 *del* cubismo キュービズムとかいうもの.
━ 代名 → aquél.
[［俗ラ］*eccum* 「ここに(ある)」 +［ラ］*ille*「それ」(*eccum* + [ラ] *illa* → aquella; *eccum* +［ラ］*illud* → aquello)]

****a·quél, a·qué·lla** [a.kél, a.ké.ja // -.ʎa] 代名《指示》
[複 aquéllos, aquéllas]▶指示形容詞と混同するおそれのないときにはアクセント符号をつけないことがある.
1《話し手から遠いもの・人を指して》あれ，あの人；それ，その人（↔éste, ése）．Esta maleta es menos pesada que *aquélla*. このスーツケースはあれほど重くはない．Mis alumnos son *aquéllos*. 私の生徒はあの子たちです.
2《関係代名詞の先行詞として》(…する) 人，もの（▶アクセント符号はしばしば省略される）．todo 〜 que quiera participar 参加を希望するすべての人．*aquéllos* de quienes te hablé 私が君に話した人たち．▶ de+ 人称代名詞を伴って人称代名詞で表される人の一部分を示すことがある．━ *Aquéllos de ustedes* que no vengan mañana no podrán tener el resultado de los exámenes. あなた方の中で明日来ない人は試験結果を受け取れません．**3**《後者 éste に対して》前者．Tengo una bici y una moto; ésta es negra, *aquélla*, azul. 私は自転車とバ

aquelarre

イクを持っているが, 自転車は青でバイクは黒である.

a.que.la.rre [a.ke.lá.r̃e] 男 **1** 魔女［魔法使い］の集会. **2**《深夜の》騒音, 大騒ぎ.
　［←［バスク］*akelarre*］

a.qué.lla [a.ké.ja ‖ -.ʎa] 形 → aquel.
a.qué.lla [a.ké.ja ‖ -.ʎa] 代名 → aquél.
a.qué.llas [a.ké.jas ‖ -.ʎas] 形 → aquel.
a.qué.llas [a.ké.jas ‖ -.ʎas] 代名 → aquél.

**a.que.llo [a.ké.jo ‖ -.ʎo] 代名《指示》《中性》あれ, あのこと;《話し手から遠く離れている漠然としたもの, 話し手と聞き手が共通に知っている事柄やもの, または話し手がぼかして言おうとする事柄やものを表す》(↔esto, eso). ~ que me dijiste 君が私に言ったあのこと. ~ de tu colega 君の同僚の件. ¿Qué es ~ que se ve allí? あそこに見えるあれは何だい. ¡A~ fue para morirse de risa! あんなに愉快なことはなかった. Asistí por ~ de no quedar mal. 私は悪い印象を与えないようにというだけの理由で出席した. A~ está muy lejos de aquí. あそこはここからとても遠い.

a.qué.llos [a.ké.jos ‖ -.ʎos] 形 → aquel.
a.qué.llos [a.ké.jos ‖ -.ʎos] 代名 → aquél.

a.que.mé.ni.da [a.ke.mé.ni.ða] / **a.que.mé.ni.de** [a.ke.mé.ni.ðe] 形 アケメネス朝の.
　― 男女《史》アケメネス朝の住民.

a.quen.de [a.kén.de] 前《文章語》…のこちら側に. ~ los Pirineos ピレネー山脈のこちら側に (↔allende).

a.que.nio [a.ké.njo] 男《植》痩果(そうか).

a.que.o, a [a.ké.o, -.a] 形《古代ギリシアの》アカイヤ Acaya の, 《古代》ギリシアの.
　― 男女 アカイヤ人, 《古代》ギリシア人.

a.que.ren.cia.do, da [a.ke.ren.θjá.ðo, -.ða ‖ -.sjá.-] 形《なつ》恋している, 愛着がわいた.

a.que.ren.ciar.se [a.ke.ren.θjár.se ‖ -.sjár.-] 82 再《a...に》《動物などが》居つく, 住み着く.

a.que.ri.dar.se [a.ke.ri.ðár.se] 再《ラ米》《俗語》《話》同棲(どうせい)する, 愛人関係にある.

a.qué.se, sa, so [a.ké.se, -.sa, -.so] 形《指示》《文章語》→ ese, esa, eso.

a.qués.te, ta, to [a.kés.te, -.ta, -.to] 形《指示》《文章語》→ este, esta, esto.

á.que.ta [á.ke.ta] 女《昆》セミ (= cigarra).

a.quí [a.kí] 副《指示》1**《場所》ここに［で, へ］(► 話し手にもっとも近い場所を示す) (↔ahí, allí). ~ cerca この近くに. ~ dentro この中に. A~ tienes lo que has buscado. 君が探していたものはここにあるよ. Ven ~. ここにおいで.
　2《時間》今, この時; その時. Hasta ~ no ha pasado nada. 今まで何も起こっていない. A~ viene lo mejor del caso. さあこれからがいちばんいいところだ.
　3《出席の返事》はい. **4**《話》《人を指して》こちら;《俗》《人を指して》この人, こいつ. A~, Jorge, un amigo mío. こちらが私の友達のホルヘです.
　Aquí tiene [está]. 《ものを手渡して》どうぞ. *A~ tiene [está] su llave.* どうぞ, あなたの部屋の鍵(かぎ)です.
　aquí y allá [allí] あちこち［そこかしこ］に［で］.
　de aquí +名詞 / *de aquí que* +接続法 こんな［そんな］わけで…. *De ~ los males que venimos padeciendo.* こんなわけで私たちを悩まし続ける不幸が始まったのです. *Es muy tímido, de ~ que no le guste ir a la escuela.* 彼はとても内気だから学校に行きたがらない.

　de aquí a... 今から…したら;…後まで. *de ~ a una semana* 今から1週間したら; 1週間後まで.
　de aquí en adelante 今後［これから］は.
　de aquí para allá [allí] あっちこっちへ, 行ったり来たりして.
　¡Largo de aquí! 《話》ここから出て行け.
　por aquí (1) このあたりに. *Vive por ~.* 彼［彼女］はこのあたりに住んでいる. (2) ここを通って, こちらへ［に］. *Por ~, por favor.* どうぞこちらへ. *La autopista va a pasar por ~.* 高速道路はここを通る予定だ.
　［［俗ラ］*eccum*「ここに(ある)」+［ラ］*hīc*「ここに」］

a.quies.cen.cia [a.kjes.θén.θja / -.sén.sja] 女 承諾, 同意.

a.quies.cen.te [a.kjes.θén.te / -.sén.-] 形 承諾する, 同意する.

a.quie.ta.dor, do.ra [a.kje.ta.ðór, -.ðó.ra] 形 **1** 落ち着かせる, なだめる. **2** 和らげる, 鎮静する.

a.quie.ta.mien.to [a.kje.ta.mjén.to] 男 鎮静化, 平静化.

a.quie.tar [a.kje.tár] 他 **1** 落ち着かせる, なだめる. ~ a un caballo 馬を静める.
　2《苦痛などを》和らげる, 楽にする.
　― ~.se 再 **1** 落ち着く, 静まる.
　2《苦痛が》和らぐ.

a.qui.fo.liá.ce.a [a.ki.fo.ljá.θe.a / -.se.-] 女《植》モチノキ科の植物;《複数で》モチノキ科.

a.qui.fo.lio [a.ki.fó.ljo] 男《植》セイヨウヒイラギ: クリスマスの飾りに用いられる.

a.qui.la.ta.do, da [a.ki.la.tá.ðo, -.ða] 形 吟味された, 評価された.

a.qui.la.ta.mien.to [a.ki.la.ta.mjén.to] 男 **1**《冶》試金. **2** 調査, 検証, 評価.

a.qui.la.tar [a.ki.la.tár] 他 **1**《貴金属の》カラット数を調べる; 試金する;《真珠を》品評する. **2** 調査する, 吟味[評価]する. **3** (精神的に) 純化する, 磨き上げる. **― ~.se** 再《ラ米》《話》よくなる.

a.qui.le.a [a.ki.lé.a] 女《植》ノコギリソウ.

A.qui.les [a.kí.les] 固名《ギ神》アキレウス, アキレス: ギリシアの英雄でトロヤの Héctor を倒したが, 唯一の弱点のかかとを射られて死んだとされる. *talón de ~* アキレスのかかと; 弱点. *tendón de ~* アキレス腱(けん); 弱点. ［←［ラ］*Achillēs*←［ギ］*Akhilleús*］

a.qui.lia [a.kí.lja] 女 欠乏症. ~ *gástrica* 胃液欠乏症.

a.qui.li.no, na [a.ki.lí.no, -.na] 形《文章語》鷲(わし)の(ような) (= aguileño). *nariz aquilina* 鷲鼻.

a.qui.lla.do, da [a.ki.já.ðo, -.ða ‖ -.ʎá.-] 形 竜骨［キール］の形をした;《海》キールの長い.

a.qui.lón [a.ki.lón] 男 **1**《文章語》北風, 朔風(さくふう). **2**《紋》北風の図形.

A.quis.grán [a.kis.grán] 固名 アーヘン: ドイツ北西部の都市. 1748年, オーストリア継承戦争の講和条約がこの地で締結された. この和約により, スペインはパルマなどを獲得した.
　［←［ラ］*Aquisgranum*; *aquis-* は *aqua*(→agua) より; この町が湯治場であったことによる命名］

a.qui.si.to [a.ki.sí.to] 形《ラ米》→ aquí.

a.quis.tar [a.kis.tár] 他 手に入れる, 獲得する.

A.qui.ta.nia [a.ki.tá.nja] 固名 **1** アクィタニア: 古代ローマのガリア 4 属州の一つ.
　2 アキテーヌ: フランス南西部の地方.

ar [ár] 間投《軍》《命令などで》直ちに, さあ.

-ar《接尾》**1** 動詞語尾. → *charlar*, *ensuciar*. **2** 形容詞語尾. → *familiar*, *solar*. **3**「場所, 生息地」

の意を表す男性名詞語尾. → pinar, tejar.
Ar 〖化〗argón アルゴン.
A.R. 《略》**1** Alteza Real 殿下. **2** anno regni〔ラ〕治世第…年:año del reinado).
a.ra [á.ra] 囡〖el ～, un [una] ～〗**1** 祭壇 (= altar). **2**〖カト〗(祭壇の) 聖石. **3** [A-]〖星座〗さいだん座. ━男〖ラ米〗〖鳥〗コンゴウインコ.
en aras de… ……のために, ……に免じて.
*****á.ra.be** [á.ra.be] 形 《名詞＋》《ser＋》**1** アラブの, アラブ人の, (サウジ) アラビア (人) の; アラビアの. la lengua ～ アラビア語. **2** イスラム教の (= islámico, musulmán).
━男囡 **1** アラブ人; (サウジ) アラビア人. los ～s y los musulmanes アラブ人とイスラム教徒. **2** イスラム教徒 (= islámico, musulmán). **3**〖ラ米〗(俗)行商人.
━男 アラビア語. hablar ～ アラビア語を話す.
[←〔ラ〕*Arabem* (*Arabs* の対格) ←〔ギ〕*Áraps*←〔ア〕*'Arab* (原義は「砂漠の人」か)]
a.ra.bes.co, ca [a.ra.bés.ko, -.ka] 形 アラビア風の; アラベスクの.
━男〖建〗アラビア風装飾様式, アラベスク.
Á.ra.bes U.ni.dos [á.ra.bes u.ní.ðos] 固名 *Emiratos* ～ アラブ首長国連邦: 首都 Abu Dhabi.
a.ra.bia [a.rá.bja] 囡〖ラ米〗(キラア)(ダジ)縞()模様の綿布.
A.ra.bia [a.rá.bja] 固名 アラビア (半島).
A.ra.bia Sau.dí [a.rá.bja sau.ðí] / **A.ra.bia Sau.di.ta** [a.rá.bja sau.ðí.ta] 固名 *Reino de* ～ サウジアラビア王国: 首都 Riad, Riyadh.
a.rá.bi.co, ca [a.rá.bi.ko, -.ka] 形 → arábigo.
Golfo Arábico アラビア [ペルシア] 湾.
a.rá.bi.go, ga [a.rá.bi.go, -.ga] 形 アラビアの. *número* ～ アラビア数字 (0,1,2,3,4,…9).
━男〖まれ〗アラビア語.
a.ra.bis.mo [a.ra.bís.mo] 男 アラビア語的表現, アラビア語源の語: = alcalde, azúcar, cifra, Guadalquivir, hasta, ojalá などがある.
a.ra.bis.ta [a.ra.bís.ta] 男囡 アラビア学者, アラビア語〖文学〗研究家.
a.ra.bi.za.ción [a.ra.ƀi.θa.θjón / -.sa.sjón] 囡 アラブ化, アラビア化. ♦アラブ諸国において社会・文化全般に見られる民族主義的変革.
a.ra.bi.zar [a.ra.ƀi.θár / -.sár] 97 他 アラブ [アラビア] 風にする, アラビア様式に変える.
━．**se** 男 アラブ [アラビア] 風になる.
a.ra.ble [a.rá.ble] 形 〈土地が〉耕作に適した.
a.rá.ce.as [a.rá.θe.as / -.se.-] 囡〖複数形〗〖植〗(テンナンショウ・タロイモなどの) サトイモ科植物.
a.rác.ni.do, da [a.rák.ni.ðo, -.ða] 形〖動〗クモ形類 [綱] の. ━男 (クモ・サソリ・ダニなど) クモ形綱の節足動物;〖複数で〗クモ形綱.
a.rac.noi.de.o, a [a.rak.noi.ðé.o, -.a] 形 **1** クモの巣状の. **2**〖解剖〗くも膜の.
a.rac.noi.des [a.rak.nói.ðes] 形 (単複同形)〖解剖〗くも膜. → hemorragia.
a.ra.da [a.rá.ða] 囡 **1** 耕すこと; 農作業. **2** 耕地; 1 日に耕作できるだけの土地.
a.ra.do [a.rá.ðo] 男 **1**〖農〗犂 (), プラウ. ～ *bisurco* 二筋の畝を作る犂. **2** 耕作. **3**〖ラ米〗(コロ)(パラ)耕作地, 畑;〖古ラ米〗*aradro* ←〔ラ〕*arātrum*(*arāre*「鋤 () く」より派生)]
a.ra.do, da [a.rá.ðo, -.ða] 形〖ラ米〗(キラア)〖話〗ばかな, 愚かな.
a.ra.dor, do.ra [a.ra.ðór, -.ðó.ra] 形 耕す.
━男 農夫.
━男〖動〗疥癬 ()虫, ヒゼンダニ.
a.ra.du.ra [a.ra.ðú.ra] 囡 鋤 () き起こし, 鋤き返し.
*****A.ra.gón** [a.ra.góŋ] 固名 **1** アラゴン: スペイン北東部の地方; 自治州. → autónomo.
2〖史〗*Corona de* ～ アラゴン連合王国. ♦アラゴン王国の王女とカタルーニャ伯との結婚 (1137年), およびマリョルカ島とバレンシア王国の征服 (それぞれ1230年と1238年) によって成立した同君連合. 13世紀末より地中海・イタリアへ勢力の拡大を図る. 1469年 Fernando 王子が Castilla 王女 Isabel と結婚. 近代スペインの礎を築く.
*****a.ra.go.nés, ne.sa** [a.ra.go.nés, -.né.sa] 形 (スペインの) アラゴンの;〖史〗アラゴン王国の. ━男囡 **アラゴンの住民 [出身者]**. *testarudo* [*terco*] *como un* ～ 石頭の, ひどく頑固な (アラゴン人は一般に頑固だと言われるため). ━男 (スペイン語の) アラゴン方言. ━男 大粒の赤ブドウ.
a.ra.go.ne.sis.mo [a.ra.go.ne.sís.mo] 男 **1** アラゴン特有のスペイン語法の語句 [表現・語義・単語]; アラゴン主義. **2** アラゴンびいき. **3** アラゴン人気質.
a.ra.go.ni.to [a.ra.go.ní.to] 男〖鉱〗あられ石, アラゴナイト. ♦発見地スペインの Aragón にちなむ. 方解石と同一化学組成を持つ.
a.ra.gua.to, ta [a.ra.gwá.to, -.ta] 形《ラ米》(ベネ)(コロ)黄褐色の, 暗黄色の.
━男〖動〗ホエザル: 熱帯アメリカ産のオマキザル科.
a.ra.gui.rá [a.ra.gi.rá] / **a.ra.güi.rá** [a.ra.gwi.rá] 男〖鳥〗ベニイタダキ.
a.ra.lia [a.rá.lja] 囡〖植〗アラリア: ウコギ科の低木. ～ *del Japón* ヤツデ.
a.ra.liá.ce.a [a.ra.ljá.θe.a / -.se.-] 囡〖植〗ウコギ科の植物;〖複数で〗ウコギ科.
a.ram.bel [a.ram.bél] 男 **1** (バルコニーなどを飾る) 掛け布. **2** (服などからぶら下がった) ぼろ.
a.ra.me.o, a [a.ra.mé.o, -.a] 形 アラムの, アラム人 [語] の.
━男囡 アラム人: 前14世紀初頭からメソポタミア北部からシリアにかけて住んでいた西セム系の遊牧民族.
━男 アラム語: 北西セム語派に属する言語.
jurar en arameo〖婉曲〗悪態をつく, ののしる.
a.ra.mi.da [a.ra.mí.ða] 囡 アラミド: 合成繊維の一種.
a.ra.na [a.rá.na] 囡 うそ, 詐欺, 策略.
a.ra.ná [a.ra.ná] 男〖ラ米〗(ボリ)麦わら帽子.
a.ran.cel [a.ran.θél / -.sél] 男 **1**〖経〗関税 (率); 公定運賃 (表). ～ *protector* 保護関税.
2《ラ米》(メキシ)(治療費とは別に支払う) 謝礼; (大学への) 入学記録金.
a.ran.ce.la.rio, ria [a.ran.θe.lá.rjo, -.rja / -.se.-] 形〖経〗関税の. *barreras arancelarias* 関税障壁. *derechos* ～*s* 関税.
a.rán.da.no [a.rán.da.no] 男〖植〗ブルーベリー (の実).
a.ran.de.la [a.ran.dé.la] 囡 **1** 座金, ワッシャー; リング状のもの. ～ *plana* 平座金. ～ *de presión* ロックワッシャー. **2** 燭台 (), 蠟 () 受け皿. **3** (刀の) つば. **4**〖服飾〗ひだ襟, ラフ;〖ラ米〗フリル, ひだ. **5** (水を入れて木に取りつける漏斗形の) アリ落とし. **6**〖海〗砲口, ハッチ. **7**〖ラ米〗(ベネ)お茶用のパンやクラッカー.
a.ran.di.llo [a.ran.dí.ʎo ‖ -.ʝo.-] 男〖鳥〗ヨシキリの一種.
a.ra.nés, ne.sa [a.ra.nés, -.né.sa] 形 (スペインの Lérida 県の) アラン Arán 渓谷の. ━男囡 アラン渓

谷の住民[出身者]. ― 圐 アラン渓谷の方言.
a・ran・go・rri [a.ran.gó.ri] 男 《魚》アランゴリ: ビスケー湾産のカサゴ科の魚.
A・ran・juez [a.ran.xwéθ / -.xwés] 固名 アランフエス: スペイン中央部 Madrid 県の町. ◆18世紀に建造された王宮も含めたこの町の文化的景観が2001年世界遺産に登録された. [←［古スペイン］*Arançuex* (［バスク］*aranz*「サンザシ」に関連するか)]
***a・ra・ña** [a.rá.ɲa] 女 **1** 《動》クモ. red [tela] de ~ クモの巣. ~ de mar クモガニ. **2** シャンデリア, かすみ網, 鳥網. **4** 《話》要領のいい人, 抜けめのない人. **5** 売春婦. **6** 《海》(扇形の)つり索(§). [→《ラ米》クロタネソウ.
a・ra・ña・du・ra [a.ra.ɲa.dú.ra] 女 引っかき傷.
a・ra・ñan・do [a.ra.ɲán.do] 副 《ラ米》(ãã)かろうじて, やっとのことで.
***a・ra・ñar** [a.ra.ɲár] 他 **1** (爪(ã)などで)引っかく;〈表面に〉(引っかき)傷をつける. El gato me *ha arañado*. 私は猫に引っかかれた. El niño *arañó* la pared con su regla. その子は定規で壁に傷をつけた. **2** 〈金などを〉かき集める. ― 自 《ラ米》(*ᴹ*) 盗む, 失敬する. ― ~**se** 〈自分の体を〉引っかく.
a・ra・ña・zo [a.ra.ɲá.θo / -.so] 男 **1** 引っかき傷, みず腫(²ƒ)れ. **2** 引っかくこと.
a・ra・ñe・ro [a.ra.ɲé.ro] 男 《鳥》ムシクイ: スズメ目ウグイス科.
a・ra・ñil [a.ra.ɲíl] 形 クモの.
a・ra・ño [a.ra.ɲo] 男 → arañazo.
a・ra・ñón [a.ra.ɲón] 男 《ラ米》(ãã)(ãã)(ãã) → arañazo.
a・ra・ñue・la [a.ra.ɲwé.la] 女 **1** 《動》(1) 小グモ. (2)(クモの巣状のものを作る害虫の)幼虫. **2** 《植》クロタネソウ: キンポウゲ科. [araña + 縮小辞]
a・ra・ñue・lo [a.ra.ɲwé.lo] 男 **1** 《動》(1)(クモの巣状のものを作る害虫の)幼虫. (2)ダニ. **2** かすみ網.
a・ra・pai・ma [a.ra.pái.ma] 男 《魚》アラパイマ: ブラジル産の巨大な淡水魚.
a・rá・pa・ra [a.rá.pa.ra] 女 《昆》(中南米に生息する)スズメバチ.
a・rar¹ [a.rár] 男 《植》トショウ, ネズの類 (= enebro): 杜松油はジン ginebra の香りづけに用いられる.
***a・rar**² [a.rár] 他 **1** 犂(ƒ)で耕す. *Aramos*, dijo la mosca al buey. 《諺》かけ声ばかりで何もやらない. **2** (表面に)溝をつける[生じさせる]. rostro *arado* por el sufrimiento 苦悩のしわが刻まれた顔.
arar con los bueyes que se tiene 今あるもの[手段]で満足しそれを活用する.
arar en el mar 無駄骨を折る.
a・rar・te・ko [a.rar.té.ko] [バスク] 男 バスク自治州のオンブズマン.
a・ra・ti・cú [a.ra.ti.kú] 男 《植》バンレイシ.
A・rau・ca [a.ráu.ka] 固名 **1** el ~ アラウカ川: コロンビアに源を発し, ベネズエラを東流して Orinoco 川に注ぐ. **2** アラウカ: コロンビア北東部の州; 県都.
a・rau・ca・no, na [a.rau.ká.no, -.na] 形 アラウカノ[アラウコ]の.
― 男女 **1** アラウカノ[アラウコ]人. *La Araucana*『アラウカーナ』(スペイン人とアラウカノ人との戦いを描いたスペインの詩人 Ercilla の三部作の叙事詩. 1569, 78, 89年). ~ チリ中南部 Araucania の先住民. ◆*inca* などの異民族の支配を拒み, スペイン人にも19世紀まで抵抗を続けた. **2** アラウカノ[アラウコ]語.
a・rau・ca・ria [a.rau.ká.rja] 女 《植》アローカリア,

ナンヨウスギ類.
a・ra・vi・co [a.ra.βí.ko] 男 《ラ米》(ãã)(昔の先住民の)吟唱詩人.
a・ra・wak [a.ra.(g)wák] 男 アラワク語: 南米先住民諸語の一つ.
ar・bi・tra・ble [ar.bi.trá.ble] 形 調停可能な, 仲裁できる, 裁量しだいの.
ar・bi・tra・je [ar.bi.trá.xe] 男 **1** 《法》仲裁, 調停 (= mediación); 仲裁裁判. **2** 《スポ》審判員の判定. **3** 《商》鞘(ã)取り売買: 相場の価格差を利用して利益を得ること.
ar・bi・tral [ar.bi.trál] 形 **1** 《法》仲裁(者)の, 調停の. sentencia ~ 裁定書. **2** 《スポ》審判員の.
***ar・bi・trar** [ar.bi.trár] 他 **1** 《法》仲裁する; 調停をする (= mediar). ~ un conflicto 紛争を調停する. **2** 《スポ》審判をする. ~ un partido de fútbol サッカーの試合の審判をする. **3** (手段を)考える, 見つける. El gobierno *arbitrará* medidas para el paro. 政府は失業対策を検討するだろう. **4** 寄付を集める.
― 自 **1** 《法》(**en...** / **entre...** …において)仲裁役を務める; 調停を行う. **2** 《スポ》審判をする.
― ~**se** 再 知恵を働かせ, やりくりする. *arbitrárselas* どうにかやっていく (= arreglárselas).
ar・bi・tra・rie・dad [ar.bi.tra.rje.ðáð] 女 **1** 独断, 専横; 横暴; 気まぐれ. La sanción que me impusieron fue una ~. 彼らが私に課した処罰は不当なものであった. **2** 《言》恣意(ã)性. la ~ del signo lingüístico 言語記号の恣意性.
***ar・bi・tra・rio, ria** [ar.bi.trá.rjo, -.rja] 形 **1** 勝手な, 独断的な; 自由裁量の, 任意の. decisión *arbitraria* 不当な決断; 独断. detención *arbitraria* 不当逮捕, 不当な拘留. **2** 《言》恣意(ã)的な.
ar・bi・trio [ar.bí.trjo] 男 **1** (自由)意志, 裁量. seguir el ~ de sus padres 親の意向に従う. libre ~ 自由裁量. **2** 《法》裁定, 審判. **3** 手段, 方法. **4** 《複数で》税金. **5** 気まま, 恣意(ã).
al arbitrio de... …に従って, …に依存して. *dejar ... al* ~ *de*+人 …を〈人〉の裁量に任せる. Está todo sometido *al* ~ *del* jefe. すべては上司の裁量に任されている.
ar・bi・tris・mo [ar.bi.trís.mo] 男 ばかげた(政治的)発案.
ar・bi・tris・ta [ar.bi.trís.ta] 男 (机上の空論を国家に)献策する人, 夢想的な政治家.
***ár・bi・tro, tra** [ár.bi.tro, -.tra] 男女 **1** 《スポ》審判員, アンパイア, レフェリー. ~ principal [auxiliar] 主[副]審. cuarto ~ (サッカーの)第四審判. **2** 調停者, 仲裁者 (= mediador). actuar como ~ 仲裁する. **3** 影響力のある人; 自分の意志で行動する人. el ~ de la moda 流行の支配者. *Petronio, árbitro de la elegancia* 趣味の判定者ペトロニウス. ◆ローマ皇帝 Nerón の寵臣(ãã)で, 洗練された生活態度・美的趣味で知られた作家.
[←[ラ]*arbitrium* (*arbiter* の対称) [関連] arbitrar, arbitraje, arbitrario. [英]*arbitrator, arbitrary*]
****ár・bol** [ár.bol] 男 **1** 木, 樹木. plantar un ~ 木を植える. subir(se) a un ~ 木に登る. fiesta del ~ 植樹祭. ~ frutal 果樹. ~ enano 盆栽. ~ de Navidad クリスマスツリー. ~ grande [alto] 高木, 喬木(ãã)(↔ arbusto). ~ de la cruz キリスト磔刑(ãã)の十字架. →次ページに図.
2 (*de...* …の)木. ~ *de Judas* [*del amor*] ハナ

ズオウ. ~ *de* Júpiter サルスベリ. ~ *de* la cera (シロ)ヤマモモ. ~ *de* la nuez moscada ニクズク. ~ *de* las anémonas ロウバイ ~ *de* las tulipas ユリノキ. ~ *de* los cafres デイゴ類. ~ *de* los elefantes キゲリア, ソーセージノキ. ~ *del* diablo (トウダイグサ科の)サブリエ. ~ *del* pan パンノキ. ~ *del* Paraíso ナツメグミ, グミ類. ~ *del* sebo ナンキンハゼ. ~ *del* viajero オオギバショウ, ラベナラ.
3〖海〗帆柱, マスト(=palo). ~ mayor メインマスト. **4**〖機〗軸, シャフト. ~ motor ドライブシャフト. ~ de transmisión プロペラシャフト. ~ de levas (車の)カムシャフト. ~ de hélice (船の)プロペラ軸. ~ respiratorio 〖解剖〗呼吸樹(気管·気管支など). ~ genealógico 家系図;〖生物〗〖言〗系統樹. **6**〖建〗(らせん階段の)親柱. **7**〖印〗活字のボディー. **8**(シャツの)胴部. **9**(時計屋の使う)たがね.
árbol de la ciencia〖聖〗善悪の知識の木〈創世記 2:17〉.
árbol de la vida (1)〖聖〗生命の木〈創世記 2:17〉. ♦イブ Eva がアダム Adán を誘惑して禁断の知恵の木の実を食べさせてエデンの園を追われなかったら, 人間に永遠の生を与えたはずの木 (→ pecado). (2)〖植〗マツ科クロベ属の針葉樹. (3)〖解剖〗小脳活樹.
Del árbol caído todos hacen leña.〈諺〉倒れた木は薪にされる(人間落ち目になると寄ってたかって食い物にされる).
Los árboles no dejan ver el bosque.〈諺〉木を見て森を見ず.
Por el fruto se conoce el árbol.〈諺〉成る実で木の値打ちはその木の仕事でわかる.
Quien a buen árbol se arrima, buena sombra le cobija.〈諺〉寄らば大樹の陰(←よい木に近づく者をよい木陰が守る).

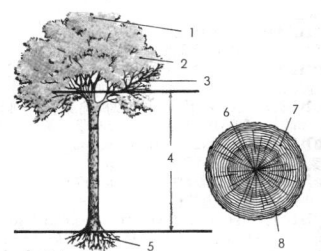

árbol (木)
1 copa del ~ 樹冠. 2 hojas 葉. 3 rama 枝. 4 tronco 幹. 5 raíz rastrera 細根, ひげ根. 6 corazón 芯(しん). 7 albura 白太. 8 corteza 樹皮.

[← 〔古スペイン〕 *árbor* ← 〔ラ〕 *arborem* (*arbor*「樹木」の対格); 〔関連〕 arboleda, arbusto, arbolar. 〔ポルトガル〕*árvore*. 〔仏〕arbre. 〔伊〕albero. 〔英〕*arbor*「樹木」]

ar·bo·la·do, da [ar.bo.lá.ðo, -.ða] 形 **1**《estar+》樹木の茂った. región *arbolada* 森林地帯. **2** 高波の立った. mar *arbolada* (6メートル以上の)高波が立った海. ― 男 **1**〖海〗樹木, 木立.

ar·bo·la·du·ra [ar.bo.la.ðú.ra] 女〖海〗帆柱, 帆桁(ばた)(の総称);索具装置.

ar·bo·lar [ar.bo.lár] 他 **1**〖海〗〈船に〉マストを立てる. **2** 高く掲揚する. ~ bandera española スペイン国旗を掲揚する. **3** 振り上げる, 振り回す. El policía *arbolaba* la porra para dispersar a la gente. 警官は群衆を追い散らすために警棒を振り回した. **4** 植樹する. **5** 高波を生じさせる.
― ~·se 再 **1**〈馬が〉竿(さお)立ちになる.
2〈波が〉逆巻く.

ar·bo·la·rio, ria [ar.bo.lá.rjo, -.rja] 男 女《ラ米》〈話〉**1** お節介な人, でしゃばりな人.
2 大げさなことを言う人.

ar·bo·le·cer [ar.bo.le.θér / -.sér] 34 自 → arborecer.

ar·bo·le·da [ar.bo.lé.ða] 女 木立, 雑木林;植林〖造林〗地.

ar·bo·re·cer [ar.bo.re.θér / -.sér] 34 自 成木になる.

ar·bó·re·o, a [ar.bó.re.o, -.a] 形 **1** 樹木の, 森林の. vegetación *arbórea* 高木林地(帯). estrato ~, arbustivo y herbáceo 樹木, 灌木(かんぼく), 草本層.
2〖動〗樹上性の. **3** 樹木状の, 樹枝状の. diagrama ~〖言〗文などの樹形図.

ar·bo·res·cen·cia [ar.bo.res.θén.θja / -.sén.sja] 女〖植〗樹木状, 樹枝状.

ar·bo·res·cen·te [ar.bo.res.θén.te / -.sén.-] 形 樹木状の, 樹枝状の.

ar·bo·ri·ci·da [ar.bo.ri.θí.ða / -.sí.-] 形 森林破壊の. ― 男 森林破壊者.

ar·bo·ri·ci·dio [ar.bo.ri.θí.ðjo / -.sí.-] 男 森林破壊(の罪).

ar·bo·rí·co·la [ar.bo.rí.ko.la] 形〖動〗樹上生活の. mamífero ~ 樹上性哺乳類.

ar·bo·ri·cul·tor, ra [ar.bo.ri.kul.tór] 男 女 種芸家, 樹木栽培業者.

ar·bo·ri·cul·tu·ra [ar.bo.ri.kul.tú.ra] 女 種芸;植林, 樹木栽培.

ar·bo·ri·for·me [ar.bo.ri.fór.me] 形 樹木の形をした, 樹木状の(=arborescente).

ar·bo·ri·za·ción [ar.bo.ri.θa.θjón / -.sa.sjón] 女(結晶·神経細胞などの)樹枝状, 樹状分枝.

ar·bo·ri·zar [ar.bo.ri.θár / -.sár] 97 他 樹木を植える, 植林する.

ar·bo·tan·te [ar.bo.tán.te] 男 **1**〖建〗(ゴシック建築の)飛び梁(はり), 飛梁(ひりょう). **2**(カヌーなどの)舷外(げんがい)浮材;ステー, 維持索.

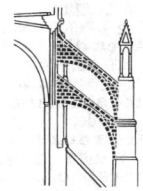

arbotante (飛び梁)

ar·bus·ti·vo, va [ar.bus.tí.βo, -.βa] 形〖植〗低木の, 灌木(かんぼく)状の.

ar·bus·to [ar.βús.to] 男 灌木(かんぼく), 低木.
[← 〔ラ〕 *arbustum*「果樹園」(〔古ラ〕*arbōs*「木」より派生);〔関連〕árbol]

ar·ca [ár.ka] 女[el ~, un [una] ~] **1**(平らなふたを持つ)大箱, 長持, 櫃(ひつ). ~ de la alianza [del testamento]〖聖〗契約の箱(→ alianza). Tengo un ~ debajo de la cama para guardar ropa. 私はベッドの下に衣類ケースを置いている.
2 金庫(= ~ fuerte).
3〈複数で〉金庫室;公庫;財源. ~s públicas 国庫. **4** タンク, 貯蔵所. ~ de agua 貯水槽, 給水塔.
5〖技〗(強化ガラスの)焼き入れ窯. **6**〖解剖〗胸郭, 胸郭内の器官(特に肺). ~ del cuerpo (人間の)胴体. **7**〖農〗囲い, 檻(おり), 小屋. **8**《ラ米》(こし)(えり)わきの下.

arca cerrada 口の堅い人.
Arca de Noé [**del diluvio**] (1)【聖】ノアの箱舟. (2)【貝】フネガイ.
[←〘ラ〙*arcam* (*arca* の対格 ; *arcēre* 「囲い防ぐ, 守る」より派生) 【関連】*arqueta*]

-arca *archi-* と同語源の造語要素で「長, 頭」の意を表す名詞語尾. → mon*arca*, patri*arca*.

ar·ca·bu·ce·ar [ar.ka.βu.θe.ár / -.se.-] 他 火縄銃で撃つ[銃殺する].

ar·ca·bu·ce·rí·a [ar.ka.βu.θe.rí.a / -.se.-] 女 火縄銃製造工場[店] ; 火縄銃(の総称) ; 火縄銃隊 ; (火縄銃の)発砲.

ar·ca·bu·ce·ro [ar.ka.βu.θé.ro / -.sé.-] 男 火縄銃兵 ; 火縄銃製造者.

ar·ca·buz [ar.ka.βúθ / -.βús] 男 [複 *arcabuces*] 火縄銃 ; 火縄銃兵.

ar·ca·bu·za·zo [ar.ka.βu.θá.θo / -.sá.so] 男 火縄銃の発砲 ; 火縄銃による負傷.

ar·ca·cil [ar.ka.θíl / -.síl] 男 → *alcací*.

arcabucero (火縄銃兵)

ar·ca·da¹ [ar.ká.ða] 女 **1**【建】アーケード, 拱廊(きょうろう). En Japón hay muchas calles comerciales con ~s. 日本にはアーケード商店街が多くある. **2**【土木】(橋の)径間. puente de una sola ~ 単スパン橋.

ar·ca·da² [ar.ká.ða] 女 [複数で] むかつき, 吐き気. Durante el embarazo cualquier olor te puede provocar ~s. 妊娠中はどんな臭いにも吐き気を催すことがある.

ár·ca·de [ár.ka.ðe] 形 **1** アルカディアの. **2** 牧歌的な, 理想郷の, 純朴な. — 男 **1** アルカディア人. **2** 牧歌的理想郷に住む人, 純朴な人.

Ar·ca·dia [ar.ká.ðja] 固名 アルカディア : ギリシア南部の山岳地方. — 桃源郷.
[←〘ラ〙*Arcadia* ←〘ギ〙*Arkadía*]

ar·ca·dio, dia [ar.ká.ðjo, -.ðja] 形 女 → *árcade*.

ar·ca·duz [ar.ka.ðúθ / -.ðús] 男 [複 *arcaduces*] **1** 水道管. **2** (揚水機の)バケット. **3** 手づる, 手段.

***ar·cai·co, ca** [ar.kái.ko, -.ka] 形 **1** 擬古的な, 古風な ; 旧式の. expresión *arcaica* 古風な表現. **2**【美】アルカイックの. escultura griega del período ~ アルカイック期のギリシャ彫刻. **3**【地質】始生代の. era *arcaica* 始生代.

ar·ca·ís·mo [ar.ka.ís.mo] 男 **1** 古めかしさ, 古風. **2**【言】古語, 古語趣味. **3** 擬古主義, アルカイズム.

ar·ca·ís·ta [ar.ka.ís.ta] 男 女 古風な語法[単語]の使用者 ; 擬古主義者.

ar·cai·zan·te [ar.kai.θán.te / -.sán.-] 形 擬古的な, 懐古趣味の. — 男 女 擬古文作家 ; 懐古主義者.

ar·cai·zar [ar.kai.θár / -.sár] 89 他 (表現などを)古風にする. — 自 古風な表現を使う.

ar·cán·gel [ar.káŋ.xel] 男【宗】大天使.
♦ Gabriel, Miguel, Rafael が有名だが, スペインでは el *A*~ は Gabriel を指す.

ar·can·gé·li·co, ca [ar.kaŋ.xé.li.ko, -.ka] 形 大天使の.

ar·ca·no, na [ar.ká.no, -.na] 形 不可思議な, なぞの, 隠された. — 男 神秘, 秘密. los ~s del universo 宇宙の神秘.

ar·car [ar.kár] 102 他 → *arquear*¹.

ar·ce [ár.θe / -.se] 男【植】カエデ.

ar·ce·dia·na·to [ar.θe.ðja.ná.to / -.se.-] 男【カト】大助祭[助祭長]の職[権能].

ar·ce·dia·no [ar.θe.ðjá.no / -.se.-] 男【カト】大助祭, 助祭長.

ar·ce·do [ar.θé.ðo / -.sé.-] 男 カエデの林.

ar·cén [ar.θén / -.sén] 男 **1** 路肩, (高速道路の)非常駐車帯. **2** (歩道の)縁石.

ar·che·ro [ar.tʃé.ro] 男 (Carlos 1 世がスペインに連れてきたブルゴーニュ家の)近衛兵.

archi-（接頭）**1**「主たる, 上位の, 大…」の意. ときに arc-, arci-, arqui-, arz-. → *arc*ángel, *archi*duque, *arci*preste, *arz*obispo. **2**（話）形容詞に付けて「極度な, 極端な, 甚だしい」などの意. → *archi*millonario.

ar·chi·co·fra·de [ar.tʃi.ko.frá.ðe] 男 女【カト】大兄弟会 *archicofradía* の信徒.

ar·chi·co·fra·dí·a [ar.tʃi.ko.fra.ðí.a] 女【カト】大兄弟会.

ar·chi·co·no·ci·do, da [ar.tʃi.ko.no.θí.ðo, -.ða / -.sí.-] 形 とてもよく知られた, ご存じの.

ar·chi·diá·co·no [ar.tʃi.ðjá.ko.no] 男【カト】司祭座聖堂助祭 ; 大助祭, 助祭長.

ar·chi·dio·ce·sa·no, na [ar.tʃi.ðjo.θe.sá.no, -.na / -.se.-] 形 大司教区の ; 大主教管区の ; 大監督の.

ar·chi·dió·ce·sis [ar.tʃi.ðjó.θe.sis / -.se.-] 女 [単複同形]【カト】大司教区 ;【宗】(ギリシア正教)大主教区 ; (プロテスタント)大監督区.

ar·chi·du·ca·do [ar.tʃi.ðu.ká.ðo] 男 **1** 大公領, 大公国. **2** 大公の位.

ar·chi·du·cal [ar.tʃi.ðu.kál] 形 大公の, 大公領の.

ar·chi·du·que [ar.tʃi.ðú.ke] 男 大公.

ar·chi·du·que·sa [ar.tʃi.ðu.ké.sa] 女 大公妃 ; 女大公.

ar·chi·fa·mo·so, sa [ar.tʃi.fa.mó.so, -.sa] 形（話）とても有名な, 世間に知らぬ者のない.

ar·chi·fo·ne·ma [ar.tʃi.fo.né.ma] 男【言】(中和可能な対立をつくる2音素の)原音素.

ar·chi·la·úd [ar.tʃi.la.úð] 男【音楽】テオルボ : バロック時代に使われたリュート属の楽器.

ar·chi·le·xe·ma [ar.tʃi.lek.sé.ma] 男【言】原語彙素 (すべての語に共通する語彙素).

ar·chi·man·dri·ta [ar.tʃi.man.drí.ta] 男【宗】(ギリシア正教)修道院長.

ar·chi·mi·llo·na·rio, ria [ar.tʃi.mi.ʝo.ná.rjo, -.rja ‖ -.ʎo.-] 男 女 億万長者, 大富豪 (= *multimillonario*).

ar·chi·pám·pa·no [ar.tʃi.pám.pa.no] 男（話）《皮肉》お偉方, お歴々. Juan se cree el ~ (de las Indias [de todas las Rusias]). フアンは自分が大層な大物だと思っている.

*ar·chi·pié·la·go [ar.tʃi.pjé.la.go] 男 **1** 群島, 列島. el ~ japonés 日本列島. el ~ de las Filipinas フィリピン諸島.
2 [A-] 多島海 (エーゲ海 Mar Egeo を指す).

ar·chi·sa·bi·do, da [ar.tʃi.sa.βí.ðo, -.ða] 形（話）一般に知られた, 周知の. Eso es una cosa *archisabida*. それは周知の事柄だ.

ar·chi·va·do, da [ar.tʃi.βá.ðo, -.ða] 形《ラ米》時代遅れの, 廃れた.

ar·chi·va·dor, do·ra [ar.tʃi.βa.ðór, -.ðó.ra] 形 書類保管用の. — 男 女 (書類の)保管係.
— 男 ファイル ; キャビネット.

ar·chi·var [ar.tʃi.bár] 他 **1**〈書類を〉**整理する**，ファイルする．*He archivado* los documentos por órden cronológico. 私は書類を日付順に整理した．**2 保管する**，しまい込む．El asunto está *archivado* y ya nadie se acuerda de él. その件はすでに処理済でもうそれを思い出す人はいない．**3 記憶する**．Aquel profesor *archiva* todo en su cabeza. あの先生はどんなことでもちゃんと記憶している．**4 棚上げする**，握りつぶす；終わったことにする．*Han archivado* los mayores problemas. 彼らは最重要問題を棚上げにした．**5**《ラ米》(1) 使うのをやめる．(2)《ア》《タ》投獄する．

ar·chi·ve·ro, ra [ar.tʃi.bé.ro, -.ra] / **ar·chi·vis·ta** [ar.tʃi.bís.ta] 女 文書係；古文書保管係．

ar·chi·vís·ti·co, ca [ar.tʃi.bís.ti.ko, -.ka] 形 記録(文書)の；古文書保管の；文書保管の．sistema ～ 文書保管システム．— 女 文書保管技術．

*__ar·chi·vo__ [ar.tʃí.bo] 男 **1**《集合的》**記録(文書)**，資料，保管書類．Buscaré su dirección en su ～ personal. 個人ファイルで彼[彼女]の住所を調べてみよう．

2《時に複数で》**記録(文書)保管所**，資料室；古文書館．los ～s de la biblioteca municipal 市立図書館公文書資料室．A～ Nacional 国立古[公]文書館．

3 書類保管キャビネット．**4**〖IT〗ファイル；アーカイブ．～ adjunto 添付ファイル．～ comprimido 圧縮ファイル．borrar el ～ ファイルを削除する．**5**《ラ米》(1)《タ》《俗》刑務所．(2)《ラプ》事務所．

[←[後ラ] *archīvum*←[ギ] *arkheîon*「庁舎」が原義)．関連 archivero. [英] *archives*]

ar·chi·vo·lo·gí·a [ar.tʃi.bo.lo.xí.a] 女 古文書学．

ar·chi·vo·ló·gi·co, ca [ar.tʃi.bo.ló.xi.ko, -.ka] 形 古文書学の．

ar·chi·vol·ta [ar.tʃi.ból.ta] 女〖建〗アーキボルト，飾り迫縁．

*__ar·ci·lla__ [ar.θí.ja‖-.ʎa/-.sí.-] 女 **1** 粘土．～ cocida テラコッタ．～ figulina 陶土．**2** 材料，材質．

ar·ci·llar [ar.θi.jár‖-.ʎár/-.sí.-] 他〖農〗〈畑に〉粘土質の土を入れる．

ar·ci·llo·so, sa [ar.θi.jó.so, -.sa‖-.ʎó-/-.sí.-] 形 粘土質の，陶土質の．terreno ～ 粘土質の土地．

ar·ción [ar.θjón/-.sjón] 女〖建〗網目模様．

ar·ci·pres·tal [ar.θi.pres.tál/-.si.-] 形〖カト〗首席司祭の，司祭長の．

ar·ci·pres·taz·go [ar.θi.pres.táθ.go/-.si.-tás.-] 男〖カト〗首席司祭[司祭長]の職務[管轄区]．

ar·ci·pres·te [ar.θi.prés.te/-.si.-] 男〖カト〗首席司祭，司祭長．◆一都市中で最も長老[最先任]の司祭．司教の不在または空位時の代理を務めた．

Ar·ci·pres·te [ar.θi.prés.te/-.si.-] 固名

1 ～ de Hita イータの首席司祭：本名 Juan Ruiz (1283?-1350?)，スペインの詩人・聖職者．

2 ～ de Talavera タラベラの首席司祭：本名 Alfonso Martínez de Toledo (1398?-1470?)，スペインの作家・聖職者．

__ar·co__ [ár.ko] 男 **1 弓**．tirar con ～ 弓を射る．tiro con [de] ～ アーチェリー．**2**〖建〗**アーチ**．～ abocinado 段差アーチ．～ adintelado

フラットアーチ．～ apuntado [ojival] 尖頭(梵)アーチ．～ cegado [ciego] 擬アーチ．～ conopial 葱花(殳)アーチ．～ crucero 交差アーチ．～ de herradura [morisco, arábigo] 馬蹄(涅)形アーチ．～ de medio punto 半円アーチ．～ eléctrico [voltaico] 〖電〗電気アーク．～ fajón [perpiaño] 横断アーチ．～ formero 壁付きアーチ．～ peraltado 高半円アーチ．～ rebajado 低半円アーチ，擬似三心アーチ．～ toral 補強アーチ．

arco de triunfo (凱旋門)

3〈弦楽器の〉弓．**4**〖数〗弧．～ de un círculo 円弧．**5**〖物〗弓(形)．**6** ～《俗》(**por** + 不定詞 [voltaico]〖電〗電気アーク．**7**《ラ米》(サッカーなどの)ゴール．

arco de triunfo / arco triunfal 凱旋(梵)門．
arco iris 虹(⻁)．
pasar(se)... por el arco del triunfo …を無視する．

[←[ラ] *arcum* (*arcus* の対格)；関連 arquear, enarcar, arcada. [英] *arc, arch, arcade*]

ar·cón [ar.kón] 男 大櫃(ぐ)，大箱．[arca + 増大辞]

ar·con·ta·do [ar.kon.tá.ðo] 男〖史〗アルコンの職務[身分]；アルコンによる政治体制．

ar·con·te [ar.kón.te] 男〖史〗アルコン：9名からなる古代アテネの高級執政官．

ar·co·sa [ar.kó.sa] 女〖鉱〗アルコース，堆積(梵)岩．

ar·da [ár.ða] 女 → ardilla.

ARDE 女《略》*A*lianza *R*evolucionaria *D*emocrática (ニカラグアの) 民主革命同盟．

ár·de·a [ár.ðe.a] 女〖鳥〗アオサギ．

ar·de·dor, do·ra [ar.ðe.ðór, -.ðó.ra] 形《ラ米》火のつきやすい，燃えやすい．

ar·den·tí·a [ar.ðen.tí.a] 女 **1** 猛暑，炎熱 (= ardor)．**2** 波間の燐光(じ)，青光り．**3**〖医〗胸焼け．sentir ～(s) 胸焼けがする．

ar·den·tí·si·mo, ma [ar.ðen.tí.si.mo, -.ma] 形 ardiente の不規則な形容詞最上級．

*__ar·der__ [ar.ðér] 自 **1 燃える**，燃焼する．～ el combustible 燃料が燃える．～ el sol 太陽が照りつける．～ sin llama くすぶる．Esta madera *arde* bien. この木材はよく燃える．*Han ardido* más de 500 hectáreas. 500ヘクタール以上が焼けた．

2(**de...** / **en...** …で) / (**por** + 不定詞 …したくて) 感情が高ぶる，激する．～ de rabia 激怒する．～ *en* celos 嫉妬(ど)に狂う．*Ardo por saber* el resultado. 私は結果が知りたくてたまらない．Él *ardía en* deseos de contarles el secreto. 彼は彼らに秘密を教えたくてうずうずした．

3〈a+人 〈人〉の〉〈体の部位が〉熱くなる，ひりひりする；〈食べ物などが〉焼けつくような感覚を与える．*Me arde* la boca. 口の中がひりひりする（► me が a+人に相当）．Tengo la cara *ardiendo* por la fiebre. 私は熱で顔がほてっている．Cuidado, la sopa *arde*. スープが熱い[辛い]から気をつけて．

4 沸き立つ，騒然となる．La ciudad *arde* en fiestas. 町はお祭りで沸き立っている．*Arde* la polémica por la dimisión del ministro. 大臣の辞任で議論が沸騰している．

5〖詩〗きらめく，輝く．～ las estrellas 星が瞬く．

ardid 168

—他《まれ》燃やす, 焼く.
—~・se 再 1 燃え上がる;《まれ》燃やされる.
2《まれ》《農》〈穀類などが〉発酵する, 腐る.
estar que ARDER 熱くなっている, 大いに沸いて[荒れて]いる. *El mercado de la bolsa está que arde.* 株式市場は大荒れである.
ir que ARDER 十分である, 十分たりる. *Con 10 euros vas que ardes.* 10ユーロで君には十分だ.
[←〔ラ〕*ārdēre*;〔関連〕ardiente. 〔スペイン〕〔英〕ardor, ashes〕

ar・did [ar.ðíð] 男 策略, 計略. *valerse de ~es* 策略を用いる.

ar・di・do, da [ar.ðí.ðo, -.ða] 形 1《古語》大胆な, 勇敢な. 2《ラ米》(1) 不機嫌な, 怒った. (2)《ラ米》〈穀物などが〉腐った, 傷んだ.

*ar・dien・te [ar.ðjén.te] 形 1 燃えている. *fuego ~* 燃える火. 2 焼けつくような, 熱い. *boca ~*《医》口内乾燥症. *fiebre ~* 高熱. 3 熱烈な;情熱的な,〈特に欲が〉激しい. ~ *partidario* 熱烈な支持者. *deseo ~* 激しい欲情. 4 燃えるような赤の, 真紅の.

ar・di・lla [ar.ðí.ja ‖ -.ʎa] 女《動》リス. ~ *de África* アフリカリス. ~ *rayada* シマリス. ~ *terrestre* ジリス. ~ *voladora* モモンガ.
2《ラ米》(1) 小売り上手な人. (2)《ラ米》小賢(ざか)しいやつ.

ar・di・lo・so, sa [ar.ði.ló.so, -.sa] 形《ラ米》《話》(1)《ラ米》《話》ずるい, 狡猾(こうかつ)な. (2)《中米》口の軽い;陰口をたたく.

ar・di・mien・to [ar.ði.mjén.to] 男 1 燃焼. 2 情. 3《文章語》勇気.

ar・di・ta [ar.ðí.ta] 女《ラ米》《コロンビア》《エクアドル》《ベネズエラ》《動》リス (=ardilla).

ar・di・te [ar.ðí.te] 男 1《古語》アルディテ硬貨:非常に小額のスペインの古銭. 2《話》つまらないもの, 価値のないもの. *No vale un ~.* 一文の値打ちもない. *Me importa un ~.* 私はちっとも構わない.

*ar・dor [ar.ðór] 男 1 熱情, 激しさ. *en el ~ de la batalla* 戦いの真っ最中に. *Espera con ~ la llamada de su novio.* 彼女は彼氏からの電話を今か今かと待っている.
2 焼ける感覚. ~ *de estómago* 胸焼け. *Sintió ~ en las mejillas de vergüenza.* 彼[彼女]は恥ずかしくてほおが熱くなった. 3 酷暑. *el ~ del sol* 灼熱(しゃくねつ)の太陽. 4 輝き, 光輝.

ar・do・ro・so, sa [ar.ðo.ró.so, -.sa] 形 1 熱い, 暑い. *la frente ardorosa* 熱で焼けるような額. 2《ラ米》激しい, 情熱的な. *discusión ardorosa* 激しい議論.

ar・dui・dad [ar.ðwi.ðáð] 女 困難, 難儀.

ar・duo, dua [ár.ðwo, -.ðwa] 形 困難な, 骨の折れる. *un trabajo ~* たいへんな仕事.

****á・rea** [á.re.a] 女 [el ~, un [una] ~] 1 地域, 区域;地帯, 圏. ~ *metropolitana* [*urbana*] 大都市圏, 首都圏. ~ *rural* 農村地帯. ~ *militar* 軍事地域. ~ *lingüística* 言語圏. ~ *gustativa* 味覚帯. ~ *olfatoria* 嗅覚帯. = zona.
2 範囲, 領域;分野. *el ~ de Medicina* 医学の分野. 3《建》敷地, 土地面積. *El ~ vale doscientos metros cuadrados.* 敷地は200平方メートルである. 4《スポ》エリア. ~ *de castigo* ペナルティーエリア. ~ *defensiva* ディフェンスゾーン. 5《数》面積. *el ~ de un triángulo* 三角形の面積. 6《数》アール (100平方メートル). 7《IT》記憶(領)域.
área de servicio (高速道路の) サービスエリア.
área protegida (環境などの) 保護区域.
[←〔ラ〕*āream*〈*ārea*「空地」の対格;(→ *era*「脱穀場」);〔関連〕〔英〕*area*]

a・re・ca [a.ré.ka] 女《植》ビンロウジュ(の実).

***a・re・na** [a.ré.na] 女 1 砂. ~*s movedizas* 流砂. *reloj de ~* 砂時計. *un puñado de ~* ひと握りの砂. *playa de ~* 砂浜.
2 (古代ローマの) 闘技場;《比喩的》闘い[論争]の場.
3《闘牛》アレナ, 闘技場. *Sangre y ~*『血と砂』(Blasco Ibáñez の小説).
4《複数で》(腎臓(じんぞう)・膀胱(ぼうこう)などの) 結石, 砂石.
edificar sobre arena 砂上に楼閣を築く.
estar en la arena 対決[対敵]する.
sembrar en arena 無駄骨を折る.
[←〔ラ〕*arēna*. 〔関連〕(en) arenar. 〔英〕*arena*]

ARENA [a.ré.na]《略》*Alianza Republicana Nacional* 国民共和同盟:エルサルバドルの政党.

a・re・ná・ce・o, a [a.re.ná.θe.o, -.a / -.se.-] 形 砂のような, 砂質の.

a・re・na・ción [a.re.na.θjón / -.sjón] 女《医》砂浴[熱砂]療法.

a・re・nal [a.re.nál] 男 1 広大な砂原;砂地.
2 流砂(床).

a・re・nar [a.re.nár] 他 1 砂をまく, 砂で覆う.
2 砂で磨く.

A・re・nas [a.ré.nas] 固名 アレナス Reinaldo ~ (1943–90):キューバの小説家. 作品 *El mundo alucinante*『めくるめく世界』.

a・re・ne・ro, ra [a.re.né.ro, -.ra] 男 女 1 磨き砂売り[商人]. 2《闘牛》闘技場整備員.
—男 (機関車の) 砂箱.

a・ren・ga [a.réŋ.ga] 女 1 (人を奮い立たせるための) 熱弁, 大演説. *dirigir [pronunciar, echar] una ~* 熱弁を振るう. ~ *política* 政治的な大演説.
2《ラ米》《中米》口論, 言い争い.

a・ren・gar [a.reŋ.gár] 自 他〈人に〉大演説をする, 熱弁を振るう, 檄(げき)を飛ばす.

a・ren・gue・ar [a.reŋ.ge.ár] 自《ラ米》《中米》口論する, 言い争う.

a・re・ní・co・la [a.re.ní.ko.la] 形 砂地に生息する.
—女《動》タマシギゴカイの一種 (= ~ *marina*).

a・re・ni・lla [a.re.ní.ja ‖ -.ʎa] 女 1 細かい砂. 2《医》結石, 結砂. *tener ~ en el riñón* 腎臓(じんぞう)に結石がある. 3《複数で》(弾薬用) 硝石の粉末. 4 (インクを乾かすための) 砂. [arena + 縮小辞]

a・re・nis・co, ca [a.re.nís.ko, -.ka] 形 1 砂の混じった, 砂質の. 2 砂まじりの陶器の.
—女《鉱》砂岩 (= *roca* [*piedra*] *arenisca*).

a・re・no・so, sa [a.re.nó.so, -.sa] 形 砂の, 砂質の, 砂状の. *playa arenosa* 砂浜.

a・ren・que [a.réŋ.ke] 男《魚》ニシン. ~ *ahumado* 燻製(くんせい)ニシン.
—男 女《ラ米》《メキシコ》《話》やせた人, やせ細った人.
seco como un arenque《話》からからに干からびた.

a・re・o・la [a.re.ó.la] / **a・ré・o・la** [a.ré.o.la] 女
1《医》(皮膚(ひふ)の) 紅輪, 傷口や炎症の周りの赤い輪.
2《解剖》乳輪 (= ~ *mamaria*).
3《生物》小孔, 網目隙(げき).

a・re・o・lar [a.re.o.lár] 形 紅輪の;乳輪の.

a・re・o・me・trí・a [a.re.o.me.trí.a] 女 液体比重測定(法).

a・re・ó・me・tro [a.re.ó.me.tro] 男《物理》液体比重計, 浮き秤(ばかり).

a・re・o・pa・gi・ta [a.re.o.pa.xí.ta] 男《史》(古代アテネの) アレオパゴス会議員.

a・re・ó・pa・go [a.re.ó.pa.go] 男 1《史》アレオパゴ

argolla

ス会議：アテネの Acrópolis 西方の丘アレオパゴスで開かれた政治・裁判会議. **2** 裁定会議.

a·re·pa [a.ré.pa] 囡《ラ米》(1) トウモロコシで作ったパン. (2)《[エクア]》食物. ganar la ~《話》食い扶持(き)を稼ぐ. (3)《[ラプラ]》(*[メ]*)揚げたトルティージャ tortilla.

a·re·pe·ro, ra [a.re.pé.ro, -.ra] 形《ラ米》《[メキシ]》無骨な, 不作法な. ― 男囡《ラ米》《[ラプラ]》《俗》レスビアン.

a·re·qui·pa [a.re.kí.pa] 囡《ラ米》《[ペル]》《[チリ]》ライスプディング (= arroz con leche); コンデンスミルクと砂糖を煮つめた菓子 (= dulce de leche).

A·re·qui·pa [a.re.kí.pa] 固名 アレキパ：ペルー南部の都市；県都. ♦inca の都市の跡に1540年, スペイン人征服者 Pizarro が建設. 歴史地区は世界遺産.

a·res [á.res] 男 *ares y mares* 非常にたくさんの.

A·res [á.res] 固名《ギ神》アレス：戦の神. ローマ神話の Marte に当たる.

a·res·tín [a.res.tín] 男 **1**《植》エリンギウム：セリ科. **2**《獣医》馬足蹄気(*[ぞう]*)の潰瘍(*[よう]*).

a·re·te [a.ré.te] 男《ラ米》《[ペル]》《[メ]》《複数で》イヤリング.

a·ré·va·co, ca [a.ré.ba.ko, -.ka] 形 (ローマ時代以前, 現 Soria, Segovia 県に居住した) アレバコ人の. ― 男囡 アレバコ人.

ar·fa·da [ar.fa.ða] 囡 縦揺れ, ピッチング.

ar·far [ar.fár] 自 縦揺れする, ピッチングする.

ar·ga·di·jo [ar.ga.ðí.xo] / **ar·ga·di·llo** [ar.ga.ðí.ʎo || -.ʝo] 男 **1** 糸巻き器. **2** (人形の) 骨組み. **3**《話》お節介屋.

ar·ga·do [ar.gá.ðo] 男 いたずら, 悪ふざけ.

ar·ga·lia [ar.gá.lja] 囡《医》導尿管.

ar·ga·lle·ra [ar.ga.ʎé.ra || -.ʝé.-] 囡 樽(*[たる]*)のふた用の穴を丸くするためのカーブしたのこぎりの一種.

ar·ga·man·del [ar.ga.man.dél] 男 ぼろ布.

ar·ga·man·di·jo [ar.ga.man.dí.xo] 男《話》こまごまとした道具[用具]一式. dueño [señor] del ~ 親方, 責任者.

ar·ga·ma·sa [ar.ga.má.sa] 囡《建》モルタル.

ar·ga·ma·sar [ar.ga.ma.sár] 他 目地にモルタルを塗る；モルタルを詰める. ― 自 モルタルを作る.

ar·ga·ma·són [ar.ga.ma.són] 男 モルタルのかけら[塊].

ar·gán [ar.gán] 男《植》シデロキシロン：モロッコ産のアカテツ科の木.

ár·ga·na [ár.ga.na] 囡 [el ~, un [una] ~] **1** 起重機. **2**《複数で》(左右にかごを付けた運搬用の) 荷鞍(*[ぐら]*).

ar·ga·ne·o [ar.ga.né.o] 男《海》錨環(*[びょうかん]*).

ár·ga·no [ár.ga.no] 男 →árgana.

ar·ga·yo [ar.gá.jo] 男 ドミニコ会士の外套(*[がいとう]*).

ar·gel [ar.xél] 形《ラ米》(1)《[ラプラ]》面白味のない. (2)《[ラプラ]》不吉な. ― 男囡《ラ米》《[ラプラ]》色の.

Ar·gel [ar.xél] 固名 アルジェ：アルジェリアの首都. [←[仏]*Alger*←[アラビア]*Al-Jazā'ir*; *al-*(定冠詞)＋*jazīrah*「島」の複数形 (現在の細長い半島部は以前小島群であった)]

ar·ge·la·do, da [ar.xe.lá.ðo, -.ða] 形《ラ米》《[ラプラ]》不機嫌な, 怒った.

Ar·ge·lia [ar.xé.lja] 固名 アルジェリア (民主人民共和国)：首都 Argel.

ar·ge·li·no, na [ar.xe.lí.no, -.na] 形 アルジェリアの, アルジェリア人の. ― 男囡 アルジェリア人.

ar·ge·mo·ne [ar.xe.mó.ne] 囡《植》アザミゲシ.

ar·gén [ar.xén] 男《紋》銀色, 銀白 (色).

ar·gen·ta·do, da [ar.xen.tá.ðo, -.ða] 形 **1** 銀めっきした. **2** 銀 (白) 色の. la luz *argentada* de la luna 青白い月の光. **3** 銀鈴を振るような. voz *argentada* 玉を転がすような声.

ar·gen·tar [ar.xen.tár] 他《文章語》銀めっきする, 銀色にする (= platear).

ar·gén·te·o, a [ar.xén.te.o, -.a] 形 **1**《文章語》銀の, 銀のような. **2**《紋》銀 (白) 色の.

ar·gen·te·rí·a [ar.xen.te.rí.a] 囡 **1** 銀糸[金糸]の縫い取り [刺繍(*[しゅう]*)]. **2** 銀製品 [銀細工] 店；銀製品 [銀細工] 製造 (= platería). **3** 美しいが内容に乏しい表現.

ar·gen·te·ro [ar.xen.té.ro] 男 銀細工師.

ar·gen·tí·fe·ro, ra [ar.xen.tí.fe.ro, -.ra] 形 銀を含む. minería *argentífera* 銀鉱脈.

ar·gen·ti·na [ar.xen.tí.na] 囡《植》ヘビイチゴの類.

Ar·gen·ti·na [ar.xen.tí.na] 固名 **アルゼンチン：南米大陸南東部大西洋岸の共和国／面積：276.7万km²／人口：約3800万／首都：Buenos Aires／言語：スペイン語 (公用語)／通貨：peso (1 ＄ =100 centavos)／住民：スペイン系・イタリア系 (97%), 先住民, メスティーソ, アラブ／宗教：カトリック (90%). 守護聖人ールハン Luján の聖母.
♦1516年スペイン人 Juan Díaz de Solís のラプラタ川探検後, スペインの征服と植民統治が徐々に進む. 1776年ラプラタ副王領としてペルー副王領から分離し, 1816年リオ・デ・ラプラタ連合州として独立, 1862年アルゼンチン共和国となる.
[[ラ] *argentum*「銀」を語源とするスペイン語形容詞の女性名詞化. 「銀の国」の意味 (ラプラタ川流域が銀の産地であるとの誤解に基づく)]

ar·gen·ti·nis·mo [ar.xen.ti.nís.mo] 男 **1** アルゼンチン特有のスペイン語法 [表現・語彙・単語]. **2** アルゼンチン気質；アルゼンチン的特質 (讃美).

ar·gen·ti·ni·zar·se [ar.xen.ti.ni.θár.se / -.sár.-] 93 再 アルゼンチン化する, アルゼンチン風 [様式] になる.

*ar·gen·ti·no, na [ar.xen.tí.no, -.na] 形《名詞＋》《ser ＋》**1 アルゼンチンの**, アルゼンチン人の. la República *Argentina* アルゼンチン共和国. el tango ~ アルゼンチンタンゴ. **2** 銀の (ような), 銀に似た. **3**〈音・声〉澄んで響きのよい. voz *argentina* 玉を転がすような声. ― 男囡 **アルゼンチン人**.
― 男 **1** アルゼンチンのスペイン語.
2 アルゼンチン金貨.

ar·gen·to [ar.xén.to] 男《文章語》銀. ~ vivo 水銀.

ar·gen·to·so, sa [ar.xen.tó.so, -.sa] 形 銀を含む.

ar·gi·ni·na [ar.xi.ní.na] 囡《生化》アルギニン.

ar·gi·vo, va [ar.xí.bo, -.ba] 形 (古代ギリシアの都市) アルゴス Argos の；(昔の) ギリシアの.
― 男囡 アルゴス人；(昔の) ギリシア人.

ar·go [ar.go] 男《化》→argón.

ar·gó·li·co, ca [ar.gó.li.ko, -.ka] 形 男囡 →argivo.

ar·go·lla [ar.gó.ja || -.ʎa] 囡 **1** (ものを束ねたり固定するために使われる金属の) 輪.
2 クローケー：16–18世紀に行われた, 鉄の輪に木製の玉を通す遊戯. **3** (罪人に首枷(*[かせ]*)をはめる) 晒し刑. **4** 束縛. la ~ del matrimonio 夫婦というくびき. **5** (昔の女性が使っていた) 首飾り；腕輪. **6**《ラ米》(1)《[コロン]》《[ニカ]》《[ラプラ]》(*[メ]*)《[ペル]》結婚 [婚約] 指輪. (2)《[コスタ]》《[ニカ]》徒党, 閥；結託.

argollar 170

tener argolla 《ラ米》《(話)》《話》運がいい；怖がる.
ar·go·llar [ar.go.jár ‖ -.ʎár] 他 《ラ米》(1)《(諺)》《(話)》鼻輪をつける；輪でつなぐ.(2)《(詩)》《(話)》恩を売る，義理で縛る. ━ ~**·se** 《ラ米》《(詩)》婚約する.
ar·go·lle·ro, ra [ar.go.jé.ro, -.ra ‖ -.ʎé.-] 男 女 《ラ米》《(諺)》《(話)》日和見の人, うまく立ち回る人.
ár·go·ma [ár.go.ma] 女 《植》ハリエニシダ.
ar·gón [ar.gón] 男 《化》アルゴン：希ガス元素 (記号 Ar).
ar·go·nau·ta [ar.go.náu.ta] 男 **1**《ギ神》アルゴ船乗組員：金の羊毛皮を捜しに遠征した勇士たち. ~ vellocino. **2**《動》アオイガイ, カイダコ.
ar·gos [ár.gos] 男 《単複同形》(ギリシャ神話の Argosのように) 用心深く見張る[警戒する]人.
Ar·gos [ár.gos] 固名 **1**《ギ神》(1) アルゴス：百眼の巨人. (2) アルゴ船：Jasón が金の羊毛皮を求めて航海した船. **2**《星座》アルゴ座.
ar·got [ar.ɣót]《仏》男 [複 ~s]《言》仲間内の言葉, 専門用語, スラング (= jerga). ~ médico 医者用語. ~ juvenil 若者ことば.

> 類語 スペイン語特有の「隠語」には, 16-17世紀の泥棒社会の *germanía*, ジプシー[ロマ]語に由来する *caló* がある. スペイン語は性, 宗教に関するタブー語が豊富である. 現代の隠語では医者, 留学生, スポーツ選手などの職業用語, 犯罪者, 麻薬常習者, ホモセクシュアルなど社会的少数者の用語が挙げられる. →*caballo* ヘロイン, *palmar* 死ぬ, *pasma* 警官, *talego* 千ペセタ札, 刑務所. *jerga, jerigonza* が「隠語」を意味するスペイン語だが, 今日では広い意味で, フランス語から借用した *argot* がよく使われる.

ar·gó·ti·co, ca [ar.ɣó.ti.ko, -.ka] 形 隠語の, 隠語的な.
ar·gu·cia [ar.ɣú.θja / -.sja] 女 詭弁(きへん), へ理屈. Esta vez con tus ~s no vas a conseguir nada. 今回は君の詭弁は何の役にも立たないよ.
Ar·gue·das [ar.ɣé.das] 固名 アルゲダス. (1) Alcides ~ (1879-1946)：ボリビアの小説家, 歴史家. (2) José María ~ (1911-69)：ペルーの小説家. 文化人類学者. 作品 *Los ríos profundos*『深い河』. →indigenismo.
ár·gue·nas / ár·gue·ñas [ár.ɣe.nas] 女 《単複同形》**1** (担架式の) 運搬具. **2** 鞍袋(くらぶくろ).
ar·güen·da [ar.ɣwén.da] 女 《ラ米》《(諺)》《(話)》うわさ話, ゴシップ.
ar·güen·de [ar.ɣwén.de] 男 《ラ米》《(諺)》《(話)》(1) うそ；大げさな話；うわさ話. (2) 騒ぎ.
ar·güen·de·ro, ra [ar.ɣwen.dé.ro, -.ra] 男 女 《ラ米》《(話)》うそつきの；噂好きの.
ar·güir [ar.ɣwír] 49 自 意見を表明し論じる (= argumentar). ~ a [en] favor de... …に賛成する. ~ en contra de... …に反対する.
━ 他 **1** 弁解する, 反論する. *Arguyó* que si no fue a la reunión era porque no le avisaron. 集まりに出なかったのは通知がなかったからだと彼[彼女]は反論した. **2** 推論する, 立証する. Con esto es fácil de ~ que él está de acuerdo conmigo. このことから彼が私に賛成だと推し量るのは簡単だ. *Arguyó* su capacidad en su trabajo. 彼[彼女]は仕事の中でその能力を証明してみせた.
ar·gu·men·ta·ción [ar.ɣu.men.ta.θjón / -.sjón] 女 **1** 論証, 主張. **2** 理由, 論拠.
ar·gu·men·ta·dor, do·ra [ar.ɣu.men.ta.ðór, -.ðó.ra] 形 論争好きの, 議論がましい. **2** 議論好き

な, 理屈っぽい. ━ 女 論者, 論争者.
ar·gu·men·tal [ar.ɣu.men.tál] 形 プロットの, 筋の；論証の.
:**ar·gu·men·tar** [ar.ɣu.men.tár] 自 意見を表明し論じる (= argüir). ~ a [en] favor de... …に賛成する. ~ en contra de... …に反対する.
━ 他 **1** 主張する, 論じる. *He argumentado el porqué de mi opinión pero nadie me ha hecho caso*. 私は自分の主張の理由を論じたが誰にも相手にされなかった. **2** 弁解する, 反論する. *Me he equivocado por completo, no tengo nada que* ~. 私は完全に間違いました, 弁解の余地はありません. **3** 推論する (= deducir). *Por el color de su rostro, argumento que está borracho.* 顔色から見て, 彼は酔っていると思う. **4** 立証する (= probar). *Argumentó la legitimidad de sus derechos de autor.* 彼[彼女]は著作権の正当性を立証した.
ar·gu·men·ta·rio [ar.ɣu.men.tá.rjo] 男 《集合》討議論.
ar·gu·men·tis·ta [ar.ɣu.men.tís.ta] 男 女 **1** シナリオライター (= guionista). **2** →argumentador.
:**ar·gu·men·to** [ar.ɣu.mén.to] 男 **1** 論証；論拠, 論旨；主張. presentar un ~ convincente 説得力のある論拠を提示する. No puedo seguir tu ~. 君の論法にはついてゆけない. **2** (小説・映画などの) 筋, ストーリー, プロット；梗概(こうがい). Me encanta el ~ de esta novela. 私はこの小説の筋書きが大好きだ. **3** 《数》独立変数；偏角. **4** 《論》《言》項. **5** 兆候. **6** 《ラ米》(*)議論, 論争.
argumento ad hominem 《論》対人論証.
argumento Aquiles 決定的論証.
argumento cornuto ジレンマ, 両刀論法.
argumento ontológico 《哲》存在論.
ar·gu·yen·te [ar.ɣu.jén.te] 形 論ずる, 論争する.
a·ria [á.rja]《伊》女 [複 ~, un [una] ~]《音楽》アリア：オペラ・オラトリオなどの独唱曲, 詠唱.
A·riad·na [a.rjáð.na] / **A·ria·na** [a.rjá.na] 固名 《ギ神》アリアドネ：クレタ王 Minos の娘. Teseo に迷宮の道案内になる糸玉を与えた. el hilo de ~ アリアドネの糸；最良の解決方法.
A·rias [á.rjas] 固名 アリアス Óscar ~ Sánchez (1940-)：コスタリカの政治家・大統領 (1986-90, 2006-). ノーベル平和賞 (1987).
a·ri·be [a.rí.be] 男 《ラ米》(メキシコ)《(話)》頭のいい子供, 優等生.
a·ri·ca [a.rí.ka] 女 《ラ米》→arigua.
a·ri·car [a.ri.kár] 57 他 浅く耕す.
a·ri·de·cer [a.ri.ðe.θér / -.sér] 34 他 乾燥させる, 干上がらせる；不毛にする.
━ 自 乾く, 干上がる；不毛になる.
a·ri·dez [a.ri.ðéθ / -.ðés] 女 [複 arideces] **1** 乾燥；不毛 (= sequedad). La ~ de La Mancha pinta de tonalidades ocres su paisaje. 乾燥したラマンチャ地方の大地は全体として黄土色の印象を与える. **2** 無味乾燥, 味気なさ.
:**á·ri·do, da** [á.ri.ðo, -.ða] 形 **1** 乾燥した；不毛の；雨量が非常に少ない. terreno ~ やせた土地. El Sáhara es una zona *árida*. サハラは乾燥地帯である. **2** おもしろみに欠ける, 退屈な. asunto ~ つまらない話題.
━ 男 **1** 《複数で》《商》(乾量で計量するときの) 穀物, 豆類. medida de ~s 乾量. **2** 骨材：コンクリート・モルタルを作るために混ぜる砂・小石.

a·ries [á.rjes] 形《性数不変》【星座】おひつじ座の. mujeres ~ おひつじ座の女性たち.
— 男 [A-] (1)【星座】おひつじ座 (=Carnero). (2)【占星】白羊宮: 黄道十二宮の第1宮.
— 男女【単複同形】おひつじ座の人. Soy ~. 私はおひつじ座だ.

a·ri·e·te [a.rjé.te] 男 (昔の) 破城槌.
— 男【スポ】(サッカー) センターフォワード. El ~ marcó un gol en el último minuto. センターフォワードが最後の1分にゴールを決めた.
ariete hidráulico【機】水撃ポンプ, 水圧ラム.

a·ri·gua [a.rí.gwa] 女《ラ米》(ペラグアイ)【昆】ミツバチ.

a·ri·je [a.rí.xe] 形 uva ~ 赤ブドウ.

a·ri·jo, ja [a.rí.xo, -.xa] 形 耕しやすい,〈土壌が〉砕けやすい.

a·ri·llo [a.rí.jo‖-.ʎo] 男 1 (法衣の襟につける) 輪形の芯(し). 2 イヤリング, 耳飾り.

a·ri·lo [a.rí.lo] 男【植】仮種皮, 種衣.

a·ri·mas·po [a.ri.más.po] 男【ギ神】アリマスポイ人: 黄金を守る怪獣 grifo と戦った一眼族.

a·ri·mez [a.ri.méθ/-.més] 男【建】突出部, 張り出し.

***ario, ria** [á.rjo, -.rja] 形 アーリア人の; アーリアの. — 男女 アーリア人. — 男 アーリア語(族). ♦現在ではインド·ヨーロッパ語(族) という.

-ario, ria〘接尾〙1「…の性質を持った, …に関する」の意を表す形容詞語尾. ⇒arbitr*ario*, centen*ario*. 2「…に携わる人, …に関するもの」の意を表す名詞語尾. ⇒arrendat*ario*, bibliotec*ario*, destinat*ario*. 3「場所, 集合」の意を表す男性名詞語尾. ⇒campan*ario*, poem*ario*.

a·ris·car [a.ris.kár] 100 他《ラ米》(1) (アルゼン)(ウルダアイ) (コロンビア) 怖がらせる; 疑いを起こさせる. (2)《中米》けんかする. ~ mangas《話》けんかに備えて腕まくりする.
— ~·se 再 1 いらだつ.
2《ラ米》(アルゼン)(ウルダアイ)《話》怖がる, 怖じ気づく.

a·ris·co, ca [a.rís.ko, -.ka] 形 1 無愛想な, よそよそしい. Mi hija es *arisca* al principio pero luego se vuelve cariñosa. 私の娘は最初は人見知りするがあとでとても人なつっこくなる.
2〈動物が〉人に慣れない, 荒々しい. Era un caballo ~ pero ya se puede montar. 荒馬だったがもう乗ることができるようになった.
3《ラ米》(ラ米)(コロンビア)(中米) 臆病な(ぞうび)な; 疑い深い.

a·ris·ta [a.rís.ta] 女 1【数】稜(りょう) (多面体の2つの面の交わりの線), 【建】隅; 穹稜; (石組みなどの)隅, 角. ~ de un cubo 立方体の稜. ~ de una pirámide ピラミッドの稜. bóveda de ~ 交差穹窿(きゅうりゅう). 2 穂, へり, 角. 3 芒(のぎ) (麦などの穂). ~ dorada にある針のような突起. 4《複数で》問題点, 困難な点.
5《複数で》無愛想, とっつきの悪さ. 6 亜麻の繊維くず, ブーン. 7【地質】やせ尾根. 8 (刀の) 切っ先.
limar aristas 問題点を解決する. En este negocio quedan ~*s* que tenemos que *limar*. このビジネスには解決すべき問題が残っている.

a·ris·ta·do, da [a.ris.tá.ðo, -.ða] 形 1 稜(りょう)のある, 角[へり]のある. 2 芒(のぎ)のある.

a·ris·tar·co [a.ris.tár.ko] 男《ギリシャの文献学者アリスタルコス(前215?-143?) にちなんで》手厳しい批評家.

aristo-「最上の, 優れた」の意を表す造語要素. *aristo*cracia, *aristo*loquia. [←〘ギ〙]

***a·ris·to·cra·cia** [a.ris.to.krá.θja/-.sja] 女 1 貴族 (階級), 貴族の身分; 上流[特権] 階級 (=nobleza). 2 貴族政治. Etimológicamente, ~ significa el gobierno de los mejores. 語源的には, 貴族政治とは最も優れた者たちによる統治である. 3 高貴さ, 気品. 4 エリート, 一流の人々. ~ militar エリート軍人.

***a·ris·tó·cra·ta** [a.ris.tó.kra.ta] 形 貴族の; 上流[特権]階級の; 【政】貴族政治の.
— 男女 1 貴族; 上流[特権]階級の人; 貴族政治主義者. 2 一流の人.

***a·ris·to·crá·ti·co, ca** [a.ris.to.krá.ti.ko, -.ka] 形 1 貴族的な, 貴族階級の;【政】貴族政治の.
2 上品な, 高貴な.

a·ris·to·cra·ti·zar [a.ris.to.kra.ti.θár/-.sár] 97 他 貴族化する, 貴族化的[風]にする.

A·ris·tó·fa·nes [a.ris.tó.fa.nes] 固名 アリストファネス (前448?-385?): ギリシアの詩人·喜劇作家.

a·ris·to·lo·quia [a.ris.to.ló.kja] 女【植】ウマノスズクサ.

A·ris·tó·te·les [a.ris.tó.te.les] 固名 アリストテレス (前384-322): ギリシアの哲学者.

a·ris·to·té·li·co, ca [a.ris.to.té.li.ko, -.ka] 形 アリストテレスの; アリストテレス学説[派]の (=peripatético). 2 アリストテレス学派の人.

a·ris·to·te·lis·mo [a.ris.to.te.lís.mo] 男 アリストテレス哲学.

***a·rit·mé·ti·co, ca** [a.rit.mé.ti.ko, -.ka] 形 算数の, 算術の. operación *aritmética* 四則演算, 加減乗除. progresión *aritmética* 等差数列. media *aritmética* 算術平均. — 男女 算術家.
— 女 算数, 算術.

a·rit·mo·man·cia [a.rit.mo.mán.θja/-.sja] 女 数占い.

a·rit·mó·me·tro [a.rit.mó.me.tro] 男 (昔の) 計算器.

a·ri·to [a.rí.to] 男《ラ米》(中米)《複数で》イヤリング.

A·ri·zo·na [a.ri.θó.na/-.só.-] 固名 アリゾナ: メキシコに接する米国の州. ♦元メキシコ領, 1853年米国に割譲.

ar·jo·rán [ar.xo.rán] 男【植】マメ科の木.

ar·le·quín [ar.le.kín] 男 1【演】アルレッキーノ, アルルカン, ハーレクイン: イタリア喜劇のまだら模様の服を着た道化役.
2 おどけ者. 3《話》カラフルなシャーベット.

ar·le·qui·na·da [ar.le.ki.ná.ða] 女《話》道化じみたこと, おどけ, 茶番.

ar·le·qui·nes·co, ca [ar.le.ki.nés.ko, -.ka] 形 1 道化役の. 2《話》おかしい, おどけた.

ar·lo [ár.lo] 男【植】メギ属の植物.

****ar·ma** [ár.ma] 女 [el ~, un [una] ~] 1 武器, 兵器. ~*s* nucleares [convencionales] 核[通常] 兵器. ~*s* químicas [biológicas] 化学[生物] 兵器. ~*s* estratégicas 戦略兵器. ~ de fuego 火器. ~ blanca 刀剣類, ナイフ; 白刃. ~ arrojadiza (投げ槍(ゃり)·矢などの) 飛び道具. ~ secreta 秘密兵器. licencia de ~*s* 銃砲所持許可証. con las ~ en la mano そのまま手にして, 武装して. ¡A las ~*s*! /¡A formar con ~*s*! 武器を取れ, 戦闘準備. *Las* ~*s secretas*『秘密の武器』(Cortázar の短編集).
2 部隊, 兵種. ~ de artillería 砲兵隊. ~ de caballería 騎兵隊.
3《複数で》軍隊; 軍務; 戦闘. hecho de ~*s* 武功, 武勲. 4《比喩的》武器, 手段. Su pluma es su única ~. ペンが彼[彼女]の唯一の武器である. Esta ley es un ~ de doble filo [dos filos]. この法律は両刃(ゃ)の剣だ. 5《主に複数で》紋章. libro de

armada

~s 紋章集. escudo de ~s 紋章盾.
— 活 → armar.
alzarse [levantarse] en armas 武装蜂起する.
dar armas contra sí mismo 自ら災いを招く.
de armas tomar 大胆不敵な.
estar en armas 反乱状態である, 蜂起している.
hacer sus primeras armas デビューする.
llegar a las armas 戦端を開く；武力[暴力]に訴える.
medir las armas 激しく渡り合う.
pasar por las armas 銃殺する.
poner en armas 武装[蜂起]させる.
presentar (las) armas 捧げ銃をする.
rendir el arma 神に感謝と崇敬の念を表す.
rendir (las) armas 屈服する.
sobre las armas 武装を整えて.
tocar (el, al) arma 非常召集ラッパを鳴らす.
tomar (las) armas 武装する.
velar las armas（叙任式の前に）〈騎士になる者が〉武器の不寝番をする.
volver un arma contra... …に刃(ﾔｲﾊﾞ)を向ける.
[←[ラ] *arma*（中性複数形）；関連 armar, desarmar, inerme, armadura.[英] *arms, army*]

ar‧ma‧da [ar.má.ða] 囡 **1** 海軍（= marina）. ~ española スペイン海軍. **2** 艦隊（= escuadra）. *A~ Invencible*（スペインの）無敵艦隊（→ invencible）. **3**《狩》猟犬；ハンター. **4**《ラ米》(ｶﾞｳﾁｮ)(投げ縄の)輪.

ar‧ma‧dí‧a [ar.ma.ðí.a] 囡 筏(ｲｶﾀﾞ).

ar‧ma‧di‧jo [ar.ma.ðí.xo] 男 わな, 仕掛け.

ar‧ma‧di‧llo [ar.ma.ðí.ʝo ‖ -.ʎo] 男《動》アルマジロ. ◆アメリカ大陸に生息. 甲羅を利用して弦楽器charangoが作られる.
[armado+縮小辞；「武装した小さな(生き)物」が原義；関連 armar.[英] *armed, army*]

ar‧ma‧do, da [ar.má.ðo, -.ða] 形 **1**（estar +）武装した, 武器を持った；弾丸を込めた. *a mano armada* 武装して. *fuerzas armadas* 軍隊. *una pistola armada* 装填(ｿｳﾃﾝ)したピストル. *paz armada* 武装平和. *conflicto ~* 武力紛争.
2 補強した. *hormigón ~* 鉄筋コンクリート. *cemento ~* 補強セメント. **3**《con... / de...》《…のある, 付いた；(武器として)《…を》備えた, 持った. *una planta armada de espinas* とげのある植物.
4 組み立てられた（= montado）. *La estantería te la llevan armada a casa.* 本棚は組み立てられた形で君の家にとどけられる. **5**《紋》〈ライオンなどの爪(ｶｷﾞ)が〉体の色と異なる彩色の. **6**《ラ米》《話》**(1)**(ｱﾙｾﾞﾝ)(ﾒｷｼ)頑固な, 強情な.**(2)**(*ﾁﾘ*)(ｴｸ)大金持ちの.
— 男 **1**（聖週間の行列で）ローマ軍の兵士の姿をした人. **2**《ラ米》(ｱﾙｾﾞﾝ)(ﾒｷｼ)手巻きタバコ.

ar‧ma‧dor, do‧ra [ar.ma.ðór, -.ðó.ra] 囝 囡 **1**《海》(船の) 艤装(ｷﾞｿｳ)業者；船主. **2**（まれ）組立工, 整備工. **3**（14-16世紀の）革製胴着, ジャーキン.
2《ラ米》**(1)**(ﾒｷｼ)ハンガー.**(2)**(ﾍﾟﾙ)《服飾》ベスト, チョッキ.

ar‧ma‧du‧ra [ar.ma.ðú.ra] 囡 **1** よろい, 甲冑(ｶｯﾁｭｳ), 武具(ひとそろい). *ponerse [vestirse de] ~* よろいかぶとを身につける.
2 枠, 縁. ~ *de las gafas* めがねのフレーム.
3（建築・機械・道具などの）枠組み, 骨組み.
4（人・動物の）骨格. **5**（部品などの）組み立て. **6**《物理》**(1)**（磁極の）接片, 接極子.**(2)**（コンデンサーの）極板.**(3)** 電機子. **7**《音楽》調号. **8**（コンクリートの）鉄筋. **9**（タイヤなどの）外被, ケーシング.

ar‧ma‧jo [ar.má.xo] 男《植》オカヒジキ属の植物.

ar‧ma‧men‧tís‧mo [ar.ma.men.tís.mo] 男《軽蔑》軍備拡張, 軍拡路線.

ar‧ma‧men‧tis‧ta [ar.ma.men.tís.ta] 形 軍備拡張の；兵器産業の. *carrera ~* 軍備拡張競争.
— 囲 軍拡論者；兵器製造業者.

ar‧ma‧men‧tís‧ti‧co, ca [ar.ma.men.tís.ti.ko, -.ka] 形《まれ》軍備の, 軍拡路線の.

ar‧ma‧men‧to [ar.ma.mén.to] 男 **1**《軍》軍備, 武装；（軍隊, 兵などの）装備；《集合的》兵器. *reducción de ~s* 軍備縮小. ~ *nuclear* 核武装. *La escasez de ~ nos obligó a interrumpir nuestra ofensiva.* 武器, 弾薬の不足から我々は攻撃を中止しなければならなかった. **2** 武装すること.

Ar‧man‧do [ar.mán.do] 固名 アルマンド：男子の洗礼名.[←[仏] *Armand*←[古高地ドイツ] *Hariman*（原義は「戦士」）；関連[伊] *Armando*.[英] *Herman*.[独] *Armand*]

ar‧ma‧ñac [ar.ma.ɲák] 男 アルマニャック：フランスのアルマニャック地方のブランデー.

ar‧mar [ar.már] 他 **1** 武装させる, 〈ピストルなどに〉弾をつめる, 〈武器などを〉準備する. ~ *la pistola* ピストルに弾を装填(ｿｳﾃﾝ)する. ~ *a la gente con fusiles* 人々をライフルで武装させる.
2《de... …を》…に装備させる. *Mis padres me armaron de buena formación para ser médico.* 両親は医者にするために私にしっかりとした教育を受けさせてくれた.
3〈部品などを〉組み立てる. ~ *un rompecabezas* ジグソーパズルを組み立てる. ~ *una tienda de campaña* テントを張る.
4〈騒ぎなどを〉引き起こす. ~ *ruido* 騒ぐ. ~ *un jaleo* 大騒ぎする. **5** …をたくらむ, 計画する. *Los niños están armando una intriga.* 子供たちはよからぬことをたくらんでいる. **6**《sobre... …に》（金銀細工で）〈金属を〉かぶせる. **7**《海》艤装(ｷﾞｿｳ)する. **8**《ラ米》(ｱﾙｾﾞﾝ)(ｳﾙｸﾞ)〈巻きタバコを〉巻く.
— ~‧se 再 **1**《de... …で》武装する；装備する, 身につける. *Se armó de un buen casco para viajar en moto.* 彼[彼女]はオートバイに乗るために立派なヘルメットをかぶった. ~*se de paciencia* 辛抱する. ~*se de valor* 勇気を奮い起こす. *Ármate de valor y cuéntamelo todo.* 勇気を出して全てを話してくれ.
2（混乱を）招く；騒ぎが起こる. *Se va a ~ un lío en cuanto se entere.* 彼[彼女]が知ったらひと悶着起こるだろう.
3《ラ米》**(1)**(ｺﾞﾛ)《俗》コカイン中毒になる.**(2)**〈馬が〉止まって動こうとしない.**(3)**《話》運が向く；金を得る, 金持ちになる.**(4)**《話》頑として動かない, 拒否する, 意地を張る.**(5)**(ﾁﾘ)成功する.
armarla (buena)《話》悶着(ﾓﾝﾁｬｸ)を起こす, 騒ぎを起こす.
armar la de Dios (es Cristo) / armar la gorda 大混乱をひき起こす.
armarse hasta los dientes 完全武装する.
armarse la de Dios (es Cristo) / armarse la gorda 大混乱になる.

ar‧ma‧rio [ar.má.rjo] 男 洋服だんす；戸棚；キャビネット. ~ *de luna* 姿見付きの洋服だんす. ~ *de cocina* 食器棚. ~ *empotrado* 作り付け戸棚. → 次ページに図.
[←[ラ] *armārium*（*arma*「道具」より派生）]

ar‧ma‧tos‧te [ar.ma.tós.te] 男 **1** 大きくて役立た

ずの家具［機械］. **2**《話》うどの大木, 図体(ﾀ゙ｲ)が大いだけの役立たず.

ar·ma·zón [ar.ma.θón / -.són] 囡（または男）**1** 枠組み, 骨組み（= armadura）;《海》肋材(ﾛｸ). **2**《作品の》大要, 粗筋. **3** 根底, 基本. ━男《ラ米》(1)（商品陳列用）棚, 戸棚. (2)(ﾒｶﾞﾈ)めがねのフレーム.

ar·me·lla [ar.mé.ja ‖ -.ʎa] 囡 アイボルト: 頭の部分が輪になったねじ.

Ar·me·nia [ar.mé.nja] 固名 アルメニア. **1** 独立国家共同体の共和国: 首都 Yerevan. (2) アルメニア共和国・トルコ・イランにまたがる地域［古代国家］.［←［ラ］*Armenia*←［ギ］*Armenía*←［古代ペルシア］*Arminiya*］

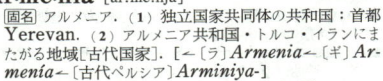

ar·mé·ni·co, ca [ar.mé.ni.ko, -.ka] 形 アルメニアの. bol ～ アルメニア膠泥(ｺｳﾃﾞｲ)粘土.

ar·me·nio, nia [ar.mé.njo, -.nja] 形 アルメニアの; アルメニア教会の. ━男囡 アルメニア人; アルメニア教会の信徒. ━男 アルメニア語（派）: インド・ヨーロッパ語族の一つ.

ar·me·rí·a [ar.me.rí.a] 囡 **1** 兵器博物館, 武器展示室. **2** 武器販売店. **3** 兵器［武具］製造. **4** 紋章学（= heráldica）.

ar·me·ro [ar.mé.ro] 男 **1** 武器製造［修理, 販売］人.《軍隊の》武器保管責任者. ～ mayor 宮廷の武器保管責任者. maestro ～ 連隊の武器保管責任者. **3** 武器立て［置き］, 銃架.

ar·mi·lar [ar.mi.lár] 形 環状の. esfera ～《天文》（古代の天球儀）アーミラリー天球.

ar·mi·lla [ar.mí.a ‖ -.ʎa] 囡 **1**《建》（柱頭下部の）環状の装飾, 環縁(ｶﾝｴﾝ). **2**《天文》（球面三角法で用いる）アーミラリー天球に似た計器.

armario（洋服だんす）

armilla（環縁）

ar·mi·nia·no, na [ar.mi.njá.no, -.na] 形《宗》（16世紀のオランダの神学者 Arminius とその一派の）アルミニウス派の. ━男囡 アルミニウス派の信者.

ar·mi·ña·do, da [ar.mi.ɲá.ðo, -.ða] 形 **1** アーミン毛皮で飾った［縁取りした］. ♦そのガウンは王侯・貴族などの権威の象徴. **2**（アーミンの毛のように）純白な. **3**《紋》アーミン模様の.

ar·mi·ño [ar.mí.ɲo] 男 **1**《動》アーミン（白い冬毛が珍重される）; アーミンの毛皮. **2** 純白, 純潔. **3**《紋》アーミン模様.

armiño（アーミン）

ar·mis·ti·cio [ar.mis.tí.θjo / -.sjo] 男 休戦, 停戦. firma del ～ 休戦協定の調印.

ar·món [ar.món] 男《軍》（砲車などの）前車.

*__ar·mo·ní·a__ [ar.mo.ní.a] 囡 **1**（構成要素・部分間の）調和, ハーモニー. en ～ con…… と調和して. **2** 協調, 和合. vivir en ～ con la naturaleza 自然に逆らわない生活をする. **3**《音楽》和声（法・学）.［←［ギ］*harmonía*］【関連】【英】*harmony*］

*__ar·mó·ni·co, ca__ [ar.mó.ni.ko, -.ka] 形 **1** 調和の取れた. **2** ここちよい響きの. **3**《音楽》和声の. **4**《数》調和の. función [división] *armónica* 調和関数［分割］. ━男《音楽》《物理》《音声》倍音. ━囡 ハーモニカ.

ar·mo·nio [ar.mó.njo] 男《音楽》ハーモニウム: リードオルガンの一種.

*__ar·mo·nio·so, sa__ [ar.mo.njó.so, -.sa] 形 **1** 調和の取れた. movimiento ～ 調和の取れた動き. **2** 響きのよい, 耳に快い. música *armoniosa* 美しい音楽. lenguaje ～ ここちよく響く言葉.

ar·mo·nis·ta [ar.mo.nís.ta] 男囡《音楽》和声学者;《古語》音楽家.

ar·mo·nium [ar.mó.njum] 男 → armonio.

ar·mo·ni·za·ble [ar.mo.ni.θá.ble / -.sá.-] 形 調和しうる, 共存［協調］可能な.

ar·mo·ni·za·ción [ar.mo.ni.θa.θjón / -.sa.sjón] 囡 **1**《音楽》（単音のメロディーなどに）和音をつけること. **2** 和解, 調停. No conseguiremos concluir las negociaciones sin la ～ de opiniones de todas las partes. 全者の意見の調停をはからない限りこの交渉を成立させることはできない. **3** 調和.

ar·mo·ni·za·dor, do·ra [ar.mo.ni.θa.ðór, -.ðó.ra / -.sa.-] 形 調和させる; 協調させる.

*__ar·mo·ni·zar__ [ar.mo.ni.θár / -.sár] 97 他 **1**（con... …と）調和させる; 協調させる. El papel de jefe de la sección es ～ los intereses de los empleados con los de los directores. 課長の役割は従業員の利益と部長たちの利益との調整を図ることだ. **2**《音楽》（旋律に）和音をつける. ━自 **1**（con... …と）調和する, 釣り合う. El traje *armonizaba* con la elegancia de su porte. その服は彼［彼女］の上品な風采(ﾌｳｻｲ)にマッチしていた. **2** 仲良くする, 協調する. **3**《音楽》（合唱で）和声部を歌う; 和声部を演奏する.

ar·mue·lle [ar.mwé.je ‖ -.ʎe] 男《植》ハマアカザ.

ar·mys [ár.mis] 男《単複同形》腕時計の金属ベルト, メタルバンド.

ARN [a.e.r̃e.é.ne] 男《略》*á*cido *r*ibo*n*ucleico リボ核酸（英 RNA）.

ar·na·cho [ar.ná.tʃo] 男《植》ハリモクシュク.

ar·na·co [ar.ná.ko] 男《ラ米》(ｱﾙｾﾞﾝ)《話》がらくた, 古物.

ar·ne·ro [ar.né.ro] 男《ラ米》(ﾁ)(ｸﾞｱﾃ)(ﾒｷ).

ar·nés [ar.nés] 男 **1** よろいかぶと（= armadura）. **2**（複数で）馬具（一式）; 装飾馬具. **3** パラシュート・グライダーなどのハーネス, 胴着; 盲導犬などのハーネス, 胴輪. **4**（複数で）《話》道具, 備品. Llevaba en la mochila todos los *arneses* para la escalada. 彼［彼女］はリュックサックの中に山登りに必要な道具一式を入れていた.

ár·ni·ca [ár.ni.ka] 囡 [el ～, un [una] ～] **1**《植》アルニカ: ウサギギク科の薬用植物. **2** アルニカチンキ（= tintura de ～）. *pedir árnica*《話》（窮状を訴えて）助けを求める.

árnica（アルニカ）

a·ro[1] [á.ro] 男 **1** 輪, 環, リング. *aro* de pistón [émbolo] ピストンリング. *aro* de un tonel 樽(ﾀﾙ)のたが. *aro* para las servilletas ナプキンリング. juego de *aros* 輪投げ遊び. **2**《スポ》（新体操の）輪; フープ. **3**《ラ米》(1)(ｱﾙｾﾞﾝ)(ﾁﾘ)(ﾍﾟ)イヤリング. (2)(ﾁ)クエカ *cueca* の踊りの小休止. (3)(ﾁ)(ｴｸｱ)指輪. *pasar [entrar] por el aro*《話》譲歩する, 妥協す

る.

a·ro² [á.ro] 男【植】アルム：サトイモ科.

a·ro·ma [a.ró.ma] 男 香り, 芳香. el ～ del café コーヒーの香り. tener mucho ～ 香りがよい. → perfume [類語].

a·ro·ma·te·ra·pia [a.ro.ma.te.rá.pja] 女 アロマテラピー.

a·ro·ma·ti·ci·dad [a.ro.ma.ti.θi.đáđ / -.si.-] 女 芳香性, かぐわしさ, 香気.

a·ro·má·ti·co, ca [a.ro.má.ti.ko, -.ka] 形 芳香性の, 香りのよい. planta *aromática* 芳香植物.

a·ro·ma·ti·za·ción [a.ro.ma.ti.θa.θjón / -.sa. sjón] 女 香りをつけること; 芳香を放つこと.

a·ro·ma·ti·za·dor [a.ro.ma.ti.θa.đór / -.sa.-] 男《ラ米》(≠)スプレー, 噴霧器.

a·ro·ma·ti·zan·te [a.ro.ma.ti.θán.te / -.sán.-] 形 香りをつける; 芳香を放つ.
— 男 (主に食品用の) 香料.

a·ro·ma·ti·zar [a.ro.ma.ti.θár / -.sár] 97 他《まれ》…に香りをつける, 芳香で満たす; 風味をつける.

a·ro·ma·to·te·ra·pia [a.ro.ma.to.te.rá.pja] 女 → aromaterapia.

a·ron [á.ron] 男【植】アルム：サトイモ科.

ar·pa [ár.pa] 女 [el ～, un [una] ～]【音楽】(1) ハープ, 竪琴(≠) (= harpa). ～ eolia (風が吹くと鳴る) エオリアン・ハープ, 風鳴琴. *El ～ y la sombra*『ハープと影』(Carpentier の小説). (2) アルパ：中南米の民俗ハープ.

ar·pa·do, da [ar.pá.đo, -.đa] 形 1 のこぎりの歯のような. 2《文章語》〈鳥の声が〉美しい, 妙(≠)なる.

ar·pa·du·ra [ar.pa.đú.ra] 女 引っかくこと; かき傷, 爪(≠)跡.

ar·par [ar.pár] 他 1 (爪(≠)・針で) かく, 引っかく. 2 引き裂く, ちぎる.
— ～·se 再《ラ米》(≠)いっぱいになる.

ar·pe·giar [ar.pe.xjár] 82 自【音楽】アルペジオ (奏法) で弾く.

ar·pe·gio [ar.pé.xjo] 男【音楽】アルペジオ (奏法). [←[伊]*arpeggio*]

ar·pe·lla [ar.pé.ja ‖ -.λa] 女【鳥】チュウヒ：タカ科.

ar·pe·o [ar.pé.o] 男【海】四つ爪(≠)錨(≠).

ar·pe·ro, ra [ar.pé.ro, -.ra] 男 女《ラ米》(≠)(≠)《話》泥棒, こそ泥.

ar·pí·a [ar.pí.a] 女 1【ギ神】ハルピュイア：女性の顔に猛禽(≠)の体を持つ怪物.
2 〈軽蔑〉極悪人, 性悪女.

ar·pi·llar [ar.pi.jár ‖ -.λár] 他《ラ米》(≠)(粗麻布で) 包む, くるむ.

ar·pi·lle·ra [ar.pi.jé.ra ‖ -.λé.-] 女 (包装・袋用の) 粗製麻布, ズック.

ar·pir [ar.pír] 男《ラ米》(≠)(≠)(≠)(≠)鉱山労働者.

ar·pis·ta [ar.pís.ta] 男 女 1 ハープ奏者.
2《ラ米》(≠)(≠)こそ泥, 泥棒.

ar·pón [ar.pón] 男 銛(≠), やす.

ar·po·na·do, da [ar.po.ná.đo, -.đa] 形 銛(≠)の形をした.

ar·po·nar [ar.po.nár] / **ar·po·ne·ar** [ar.po.ne.ár] 他 1〈動物に〉銛(≠)を打ち込む, 銛(≠)で捕る.
2〈動物に〉銛(≠)を投げる.

ar·po·ne·ro, ra [ar.po.né.ro, -.ra] 男 女 銛(≠)打ち師.

ar·que·a·do, da [ar.ke.á.đo, -.đa] 形《ser + / estar +》弓形の, 湾曲した, アーチ形の. piernas *arqueadas* がに股(≠).

— 女 1 (弦楽器の) 運弓, 弓さばき. 2 吐き気.

ar·que·a·dor¹ [ar.ke.a.đór] 男 (船の積載量の) 検査官.

ar·que·a·dor² [ar.ke.a.đór] 男 (羊毛を) すく職人.

ar·que·a·je [ar.ke.á.xe] 男 → arqueo².

ar·que·a·mien·to [ar.ke.a.mjén.to] 男 → arqueo².

ar·que·ar¹ [ar.ke.ár] 他 1 アーチ [弓] 形にする. ～ el lomo 背を弓なりに曲げる. 2〈羊毛を〉すく.
— 自《話》吐き気がする.
— ～·se 再 湾曲する, 弓なりになる.

ar·que·ar² [ar.ke.ár] 他 1〈船の〉積載量を算出する. 2【商】〈金庫・帳簿の金を〉勘定する. El cajero *arquea* la caja diariamente. 出納係は金庫の金を毎日調べる.

ar·que·go·nio [ar.ke.gó.njo] 男【植】造卵器：シダ・コケ類の雌性生殖器官.

ar·que·o¹ [ar.ké.o] 男 1 アーチ [弓] 形にする [なる] こと; 湾曲. 2〈羊毛を〉すくこと.

ar·que·o² [ar.ké.o] 男 1【海】(船の) 積載量の測定. 2 会計検査, 資産[帳簿]調べ. hacer el ～ 会計検査をする.

arqueo- 「古代の, 原始の」の意を表す造語要素. → *arqueo*lítico, *arqueo*logía. [←(ギ)]

ar·que·o·as·tro·no·mí·a [ar.ke.o.as.tro.no. mí.a] 女 古天文学.

ar·que·o·lí·ti·co, ca [ar.ke.o.lí.ti.ko, -.ka] 形 石器時代の.

ar·que·o·lo·gí·a [ar.ke.o.lo.xí.a] 女 考古学.

ar·que·o·ló·gi·co, ca [ar.ke.o.ló.xi.ko, -.ka] 形 1 考古学の, 考古学上の. 2 古臭い.

ar·que·ó·lo·go, ga [ar.ke.ó.lo.go, -.ga] 男 女 考古学者.

ar·que·o·zo·o·lo·gí·a [ar.ke.o.θo.(o.)lo.xí.a / -.so.-] 女 動物考古学.

ar·que·rí·a [ar.ke.rí.a] 女【建】アーチの連なり; 装飾アーケード.

ar·que·ro, ra [ar.ké.ro, -.ra] 男 女 1【スポ】アーチェリー選手; (弓の) 射手. 2 (樽(≠)の) たが職人. 3《ラ米》(1)【スポ】(サッカー) ゴールキーパー. (2)《ラ米》(≠)(刑務所の) 看守. — 男 弓兵.

arquería
(装飾アーケード)

ar·que·ta [ar.ké.ta] 女 1 小箱, 小型の櫃(≠). 2 排水用の器. [arca + 縮小辞]

ar·que·tí·pi·co, ca [ar.ke.tí.pi.ko, -.ka] 形 原型の, 典型的の.

ar·que·ti·po [ar.ke.tí.po] 男 1《de... …の》原型; 典型, 代表例 (= prototipo).
2 理想型. 3【心】古態型.

-arquía archi- と同語源の造語要素で抽象名詞の語尾. → an*arquía*, jer*arquía*.

ar·qui·ban·co [ar.ki.báŋ.ko] 男 いすと兼用の収納箱.

ar·qui·dió·ce·sis [ar.ki.djó.θe.sis / -.se.-] 女《単複同形》→ archidiócesis.

ar·qui·e·pis·co·pal [ar.kje.pis.ko.pál] 形 → arzobispal.

Ar·quí·me·des [ar.kí.me.đes] 固名 アルキメデス (前287?-212)：ギリシアの数学者・科学者. principio de ～ アルキメデスの原理.

ar·qui·me·sa [ar.ki.mé.sa] 女 (整理棚などの付いた) 書き物机, ライティングデスク.

ar·quíp·te·ro, ra [ar.kíp.te.ro, -.ra] 形 〖昆〗（トンボなど）原翅(ピ)類の.
— 男 原翅類の昆虫；《複数で》原翅類.

ar·qui·tec·to, ta [ar.ki.ték.to, -.ta] 男 女 建築家. ～ técnico 建築技師 (= aparejador).
[← 〖ラ〗 *architectum* (*architectus* の対格) ← 〖ギ〗 *arkhitéktōn* (*arkhi*- 「主任，頭」+ *téktōn* 「大工，職人」); 関連 arquitectura. 〖英〗 *architect*]

ar·qui·tec·tó·ni·co, ca [ar.ki.tek.tó.ni.ko, -.ka] 形 建築の, 建築学上の.

ar·qui·tec·tu·ra [ar.ki.tek.tú.ra] 女 **1** 建築；建築学〖技術〗. ～ci-vil [religiosa, militar] 一般〖宗教，軍事〗建築. ～ naval 造船(術). **2** 建築様式；《集合的》建築物. ～ gótica [barroca] ゴシック〖バロック〗様式の建築物. **3**《建築などの》構造, 骨組み. ～ de un edificio 建築物の構造. ～ de una novela 小説の骨組み. **4**〖IT〗 アーキテクチュア.

ar·qui·tec·tu·ral [ar.ki.tek.tu.rál] 形 建築(学)上の (= arquitectónico).

ar·qui·tra·be [ar.ki.trá.be] 男 〖建〗アーキトレーブ, 台輪(ボ)：柱頭にのる桁(ケ)の部分.

ar·qui·vol·ta [ar.ki.ból.ta] 女 〖建〗アーキボルト, 飾り迫縁(ゼ).

a·rra·bá [a.r̃a.bá] 男 〖建〗（アラビア建築で開口部のアーチを囲む）方形の装飾縁.

***a·rra·bal** [a.r̃a.bál] 男 **1**《主に複数で》〖軽蔑〗町[村] 外れ；場末；貧民地区. **2**《複数で》郊外, 近郊 (= afueras). Viven en los ～*es* de la ciudad. 彼らはその市の郊外に住んでいる.
[← 〖アラビア〗 *ar-rabad*]

a·rra·ba·le·ro, ra [a.r̃a.ba.lé.ro, -.ra] / **a·rra·ba·les·co, ca** [a.r̃a.ba.lés.ko, -.ka] 形 **1** 町[村]外れに住む；場末の, 下層地区に住む. **2** 育ちの悪い, 下品な. — 男 女 **1** 下層地区の人. **2** 育ちの悪い〖下品な〗人.

a·rra·bio [a.r̃á.bjo] 男 〖冶〗銑(ゼ)鉄, 鋳(ジ)鉄. lingote de ～ 塊状の鋳鉄.

a·rra·ca·cho, cha [a.r̃a.ká.tʃo, -.tʃa] 形 《ラ米》(コラ) 《話》ばかな, 愚かな.
— 女《ラ米》(コラ)《話》ばかなこと, やぼ.

a·rra·ca·da [a.r̃a.ká.ða] 女 （下げ飾りの付いた）イヤリング.

a·rra·ci·ma·do, da [a.r̃a.θi.má.ðo, -.ða / -.si.-] 形 房になった, 鈴なりになった.

a·rra·ci·mar·se [a.r̃a.θi.már.se / -.si.-] 再 房になる, 鈴なりになる；群がる.

a·rra·clán [a.r̃a.klán] 男 〖植〗クロウメモドキ.

a·rrai·ga·do, da [a.r̃ai.ɣá.ðo, -.ða] 形 **1** 根を張った, 根付いた. **2**《比喩的》（深く）根を下ろした, 定着した；なじんだ. costumbres *arraigadas* 根強い習慣. muy ～ en la tradición 伝統に深く根ざした. ～ protestante 信仰のあついプロテスタント. **3** 住み着いている；土地〖資産〗を持っている. **4** 顔の広い, 影響力のある.
— 男 女 地主. — 男 〖海〗（索・鎖での）固定, 係留.

a·rrai·ga·mien·to [a.r̃ai.ɣa.mjén.to] 男 → arraigo.

***a·rrai·gar** [a.r̃ai.ɣár] 103 自 **1**〈植物が〉**根を張る**, 根付く. El maíz *arraiga* fácilmente. トウモロコシは簡単に根がつく. **2** 深く根づく, 定着する. El cristianismo *arraigó* con fuerza en España. キリスト教はスペインにしっかりと根を下ろした. **3** 住み着く, 定住する. **4**《ラ米》〖法〗禁足する.
— 他 植えつける, 確立する.
— ～·se 再 根を張る；根を下ろす；住み着く. *Se arraigó* en Madrid. 彼[彼女]はマドリードに住み着いた.

a·rrai·go [a.r̃ái.ɣo] 男 **1** 根を張ること. **2** 根づくこと, 定着. una fiesta con mucho ～ en todo el país 国中至る所で見られる祭り. **3** 定住；生活の基盤. tener ～ en una ciudad ある町に居を構えている. **4** 不動産, 資産. hombre de ～ 資産家. **5** 影響力, 信望. tener mucho ～ 顔が利く. **6**《ラ米》禁足.

a·rra·lar [a.r̃a.lár] 他 《ラ米》(コラ)〈木を〉間引く.

a·rram·blar [a.r̃am.blár] 他 土砂で覆う, 土砂に埋める. — 自《話》(con... …を) 強引に持ち去る. *Arrambló con* todo mi dinero. 彼[彼女]は強引に私のお金をみんな持っていってしまった.
— ～·se 再 土砂に埋もれる.

a·rram·plar [a.r̃am.plár] 他 《話》強引に持ち去る. — 自《話》(con... …を) 強引に持ち去る.

a·rra·na·do, da [a.r̃a.ná.ðo, -.ða] 形 《ラ米》(コラ)《話》怠け者の, 怠惰な.

a·rra·nar [a.r̃a.nár] 自 《ラ米》(コラ)《話》眠る.

a·rran·ca·cla·vos [a.r̃aŋ.ka.klá.bos] 男 《単複同形》釘(ワ)抜き.

a·rran·ca·da [a.r̃aŋ.ká.ða] 女 **1** (急激な) スタート, 急発進；突然の動き[反応]. tener una ～ muy brusca 突然動き出す. **2** 〖スポ〗(重量挙げの) スナッチ. ► *arrancadas* a dos tiempos. **3** 〖獣〗の去勢.
tener arrancadas de caballo y paradas de mula〈人が〉熱しやすく冷めやすい.

a·rran·ca·de·ra [a.r̃aŋ.ka.ðé.ra] 女 （群れの先導獣につける）大きな鈴.

a·rran·ca·de·ro [a.r̃aŋ.ka.ðé.ro] 男 （競走の）スタート地点.

a·rran·ca·do, da [a.r̃aŋ.ká.ðo, -.ða] 形 **1** 引き抜かれた, 根こぎにされた. **2**《話》無一文の, 破産した. **3**〖紋〗根のついた樹木の図形の.

a·rran·ca·dor [a.r̃aŋ.ka.ðór] 男 **1**〖機〗〖電〗〖車〗スターター, 始動機. **2** 根株を掘り起こす道具.

a·rran·ca·do·ra [a.r̃aŋ.ka.ðó.ra] 女 〖農〗（根菜類の）掘り出し機, 収穫機.

a·rran·ca·du·ra [a.r̃aŋ.ka.ðú.ra] 女 **1** 根こぎ, 引き抜くこと. **2** 根こぎの[引き抜いた]跡.

a·rran·ca·mien·to [a.r̃aŋ.ka.mjén.to] 男 → arrancadura.

a·rran·ca·mo·ños [a.r̃aŋ.ka.mó.ɲos] 男《単複同形》〖植〗トゲオナモミ.

***a·rran·car** [a.r̃aŋ.kár] 102 他 **1** (*de*... …から) **抜き取る**, 抜く；摘み取る. ～ una muela 歯を抜く. ～ malas hierbas *de* la tierra 地面から雑草を抜く. **2** (*a* + 人 〈人〉から) (力ずくで) **奪い取る**, もぎ取る；〈賞・称讚などを〉勝ち取る. Agárrate bien el bolso para que no *te* lo *arranquen*. 君, とられないようにしっかりバッグを持っていなさい. **3**〈情報などを〉引き出す. No conseguimos ～le nada sobre el asunto. 私たちは彼[彼女]からその件について何も引き出すことはできなかった. Ellos *arrancaron* varias concesiones al gobierno. 彼らは政府からいくつもの譲歩を引き出した. **4** (*de*... …から) 〈人を〉引き離す, 救う；〈人；…から〉救い出す. Es difícil ～le *de* este vicio. この悪癖から彼を救い出すのは難しい. **5** 〈車・機械などを〉発進させる, スタートさせる, 〖IT〗〈プログラムを〉起動する. Primero tienes que ～ el ordenador. まず, 君はコ

arranchado

ンピュータを立ち上げなくてはね. **6**〈痰(㌘)を〉出す.
— 倒 **1**《**de...** …に》根ざす, 端を発する. Su odio *arranca de*l suceso ocurrido hace diez años. 彼[彼女] (ら)の憎しみは10年前に起こった出来事に端を発している. **2**〈車・機械が〉発進する, 動き出す;〈人が〉〈競技などで〉スタートする. Cuesta mucho ~. 動き出すのにひと苦労だ. **3**《**a**＋不定詞 …することを》急に始める. Todos se sorprendieron cuando ella *arrancó a* llorar. 彼女が突然泣き出したときにはみんな驚いた. **4**〈動物が〉急に動き出す;〈闘牛〉〈牛が〉突進する. **5**《話》立ち去る, 帰る. **6**〖建〗〈屋根などの〉傾斜が始まる. **7**《ラ米》〘㌘〙〘㌗〙〘㌃〙.
— **～･se** 再 **1**〈自分の体から〉引き抜く, はがす. No te *arranques* la costra. 君, かさぶたをはがすなよ. **2**《**a**＋不定詞》急に …し始める;《**a...** / **en...** / **por...** …を》急に始める. ～*se por* bulerías (フラメンコで)手拍子を始める. Al terminar el partido, todo el público *se arrancó en* aplausos. 試合が終わると観客全員が突然拍手した. **3**《話》立ち去る, 帰る. **4**《ラ米》〘㌘〙《話》そそくさと逃げる.
arrancársele *a...*《ラ米》〘㌘〙〘㌗〙〘㌃〙《話》…が文無しになる;死ぬ.
[語源不詳;古くは「敗走させる」の意味で用いた]

a･rran･cha･do, da [a.r̃an.tʃá.ðo, -.ða] 形《ラ米》〘㌗〙《話》頑固な, 強情な.

a･rran･char[1] [a.r̃an.tʃár] 他《海》(1)〈海岸の近くを〉航行する. (2)〈帆のロープを〉ぴんと引いて回す. — 倒《ラ米》〘㌃〙宿泊する. — **～･se** 再 **1** 集まる;会食する. **2**《ラ米》〘㌃㌘〙〘㌃〙仮住まいする.

a･rran･char[2] [a.r̃an.tʃár] 他《ラ米》〘㌃㌘〙奪う, ひったくる.

a･rran･ciar･se [a.r̃an.θjár.se / -.sjár.-] 82 再 → enranciarse.

a･rran･cón [a.r̃aŋ.kón] 男《ラ米》(1)〘㌗〙〘㌃〙(急な)発進. (2)〘㌗〙悲嘆, 苦悩.

a･rran･que [a.r̃áŋ.ke] 男 **1** 始動, 発車, スタート. esperando el ~ del tren 列車が動きだすのを待ちながら. motor de ~ セルモーター. tener un ~ potente 出足が力強い. **2** 根源, 起と;始め. ~ de las ciencias modernas 近代科学の幕開け. el ~ de las dificultades 難事の原因. **3** 勇気, 決断力. No tengo ~ para declararle mi amor. 私には彼[彼女]に愛の告白をする勇気がない. **4**〈感情の〉激発;激情, 発作. ~ de ira 発作的な激怒. ~ de locura (突然の)精神錯乱. ~ de energía 力の爆発. **5** 衝動. En un ~ decidió comprar un coche. 彼[彼女]はものの弾みで車を買うことにした. **6** 機知のひらめき, ウィット. **7** 引き抜くこと. **8**〖植〗〖解剖〗付け根, 基部. **9**〖建〗最下部, 基部;迫元(㌃). el ~ de una escalera 階段の1段目. línea de ~ スプリングライン. **10**〖機〗始動機, スターター. **11**〖鉱〗採鉱. **12**《ラ米》〘㌘㌗〙〘㌃㌗〙無一文, 貧乏.
— 活 → arrancar.
estar en el arranque《ラ米》《話》一文無しだ.
no servir ni para el arranque《ラ米》〘㌃〙全く役に立たない.
punto de arranque 起点, 出発点.

arranque(-) / arranqué (-) 活 → arrancar.

a･rran･que･ra [a.r̃aŋ.ké.ra] / **a･rran･qui･tis** [a.r̃aŋ.kí.tis] 女《ラ米》《話》無一文, 貧乏 (▶ arranquitis は単複同形).

a･rra･par [a.r̃a.pár] 他 ひったくる, 奪う.

a･rra･pie･zo [a.r̃a.pjé.θo / -.so] 男 **1**《軽蔑》薄汚い子供, はな垂れ小僧. **2** ぼろ切れ.

a･rras [á.r̃as] 女《複数形》(1)(結婚式で花婿が花嫁に贈る)13枚の硬貨. **2** 保証(金), 手付け(金).

a･rra･sa･do, da [a.r̃a.sá.ðo, -.ða] 形 **1** 平らな, ならされた. **2** 破壊された. **3**〈涙〉でいっぱいになった. ojos ~s en lágrimas 涙でいっぱいになった目. **4** サテンのような.

a･rra･sa･du･ra [a.r̃a.sa.ðú.ra] 女 → rasadura.

a･rra･sa･mien･to [a.r̃a.sa.mjén.to] 男 壊滅, 全滅.

a･rra･sar [a.r̃a.sár] 他 **1** 壊滅させる;破壊する. El huracán *ha arrasado* la región. ハリケーンによりその地域は壊滅的被害を受けた. **2**〈器を〉いっぱいにする;〈目を〉涙であふれさせる. ~ los ojos en lágrimas (目が)涙でいっぱいになる. **3**〈表面を〉平らにする, ならす. ~ el campo de fútbol サッカー場をならす. — 倒 **1**《話》圧勝する, 大勝利をおさめる. **2** 晴れ渡る.
— **～･se** 再 **1**《**de...** / **en...** で》満ちる, いっぱいになる. Al enterarse de la noticia *se le arrasaron* los ojos *de* lágrimas. 彼[彼女]はそのニュースを知って目に涙があふれるほど引き出す場所. **2** 晴れ渡る.

a･rras･car [a.r̃as.kár] 他 102《話》→ rascar.

a･rras･tra･de･ro [a.r̃as.tra.ðé.ro] 男 **1** 木材搬出道, **2**〖闘牛〗殺された牛を砂場から引き出す場所.

a･rras･tra･di･zo, za [a.r̃as.tra.ðí.θo, -.ða / -.so, -.sa] 形 **1** 引きずることのできる. **2** 脱穀された.

a･rras･tra･do, da [a.r̃as.trá.ðo, -.ða] 形 **1** 惨めな, 困窮した. llevar una vida *arrastrada* 苦しい生活を送る. **2** (トランプで)打ち返しの. **3** (フラメンコのカンテ cante などで最後の音節を)引き伸ばした. **4**《ラ米》(1)〘㌃〙卑屈な. (2)〘㌗〙憐れむべき, かわいそうな;軽蔑すべき.
— 男 女《話》ごろつき, 悪党;《ラ米》〘㌃〙卑屈な人.

a･rras･tra･do･ra [a.r̃as.tra.ðó.ra] 女《ラ米》〘㌃〙《俗》《軽蔑》売春婦, 娼婦(㌃).

a･rras･tra･mien･to [a.r̃as.tra.mjén.to] 男 → arrastre.

a･rras･trar [a.r̃as.trár] 他 **1 引きずる**, 引っ張る, (抗しがたい力で)運び去る;〘ＩＴ〙(アイコンなどを)ドラッグする. andar *arrastrando* los pies 足を引きずって歩く. ~ las palabras 言葉を引きずるように[不明瞭に]話す. El vendaval *arrastró* las hojas del árbol de mi jardín. 強風で家の庭の木の葉が一掃された.
2 引き連れる;《**a...** …に》駆り立てる. El director en su dimisión *arrastró* a muchos empleados. 部長の辞任で多くの従業員がそれに続いた. Me *arrastró a* la medicina el deseo de ayudar a la gente. 人を助けたいという願いが私を医学の道に駆り立てた.
3 引きつける. un jugador que *arrastra* muchos seguidores 多くのファンをひきつけるプレーヤー. **4**(結果として)もたらす. La tormenta *arrastra* ya a un número aproximado de 500 muertos. あらしでもうおよそ500人の死者が出ている. **5**〈感情などを〉引きずる;〈病気を〉患う,〈貧困・不運などに〉苦しむ. Mi abuela *arrastra* una enfermedad desde hace muchos años. 私の祖母は何年も前からこの病気に悩まされている.
— 倒 **1**〈服などが〉引きずる. Te *arrastra* el abrigo. 君, コートを引きずっているよ.
2《遊》(トランプ)《**con...** …の》札を出して相手に同種の札を出すことを強制する. **3** だらだら長引く.
— **～･se** 再 **1**(地面を)はう, はって歩く;さまよい

arrecho

歩く. **2**〈人が〉卑屈な態度をとる. **~se a los pies de**+人〈人〉の機嫌を取る. Él *se arrastra* ante ella. 彼女の前で彼は小さくなっている.
[← a- + rastro「熊手」+動詞語尾]

a.rras.tre [a.r̃ás.tre] 男 **1** 引きずること, 引っ張ること. pesca de [al] ~ トロール漁業. **2**(特に切り出した木材の)搬出, 運搬. **3**〖闘牛〗死んだ牛の引き出し. **4**〖遊〗(トランプ)打ち返し. **5**(スキー場の)バーリフト. **6**《ラ米》(コロンビア)(プエルトリコ)(銀鉱石の)砕鉱機.
estar para el arrastre《話》衰弱している, 疲れている；がたが来ている.
tener [ser de] mucho arrastre 多大な影響力がある, 大勢の信奉者がいる.

a.rras.tre.ro, ra [a.r̃as.tré.ro, -.ra] 形 底引き網漁の. ── 男 女 底引き網の漁師.

a.rra.to.na.do, da [a.r̃a.to.ná.ðo, -.ða] 形 ネズミにかじられた.

a.rra.yán [a.r̃a.ján] 男 〖植〗ミルタス, ギンバイカ (= mirto).

¡a.rre! [á.r̃e] 間投 (馬などに向かって)それっ, 急げ！

a.rre.a [a.r̃é.a] 女《ラ米》荷を運ぶ動物の列.

¡a.rre.a! [a.r̃é.a] 間投《話》《驚き・不快など》あれっ, うわっ, すごい.

arrayán（ミルタス）

a.rre.a.da [a.r̃e.á.ða] 女《ラ米》(アルゼンチン)(ウルグアイ)(パラグアイ) (1) (家畜の)駆り立て. (2) 家畜泥棒. (3) (人々の)駆り集め, 徴集.

a.rre.a.do, da [a.r̃e.á.ðo, -.ða] 形《ラ米》《話》(1) (チリ)(コロンビア)(パラグアイ)ぐずな, のろい, のんびりした. (2) (エクアドル)怠け者の, 怠惰な.

a.rre.a.dor [a.r̃e.a.ðór] 男《ラ米》(1) (アルゼンチン)(チリ)(ウルグアイ)長い鞭(むち)；馬子. (2) (中米)運転手.

a.rre.ar¹ [a.r̃e.ár] 他 **1**〈家畜などを〉追う, 追い立てる. ~ un hato de ovejas 羊の群れを追う. **2** 急がす, せき立てる. **3**《話》殴打などを浴びせる. ~ un golpe [una patada] 一撃 [一蹴(けり)] を食らわす. **4**《古》〖農〗〈家畜を〉移動させる；奪う, 盗む. (2) (中米)〈車を〉運転する.
── 自 **1** 急ぐ. **2**（**con…** …を）奪い取る.

a.rre.ar² [a.r̃e.ár] 他〈馬に〉馬具をつける；飾りたてる.

a.rre.ba.ña.du.ras [a.r̃e.ba.ɲa.ðú.ras] 女《複数形》(器に付いた)残り物, 残飯.

a.rre.ba.ñar [a.r̃e.ba.ɲár] 他 **1**《話》(余すところなく)拾い集める, 寄せ集める (= rebañar).
2〈食べ物を〉きれいに平らげる.

a.rre.ba.ta.ca.pas [a.r̃e.ba.ta.ká.pas] 男 puerto de ~《文章語》風の吹き荒れる場所.

a.rre.ba.ta.da.men.te [a.r̃e.ba.tá.ða.mén.te] 副 急いで, あたふたと.

a.rre.ba.ta.do, da [a.r̃e.ba.tá.ðo, -.ða] 形 **1** 性急な, ばたばたした. salir ~ あたふたと出ていく. **2** 激高した, 逆上した. Está ~ de ira. 彼は怒りで逆上している. **3**《**estar** +》上気した, 顔色が赤くなった. **4**《ラ米》(コロンビア)《話》麻薬中毒の.

a.rre.ba.ta.dor, do.ra [a.r̃e.ba.ta.ðór, -.ðó.ra] 形 **1** 魅惑的な, 人を引きつける. una sonrisa *arrebatadora* 魅惑的な微笑. **2** 怒り狂った.

a.rre.ba.ta.mien.to [a.r̃e.ba.ta.mjén.to] 男 **1** 奪取, 強奪. **2** 激怒. **3** 恍惚(こうこつ), 忘我.

*a.rre.ba.tar [a.r̃e.ba.tár] 他 **1** (**a**+人〈人〉から) 奪い取る, 強奪する；取り去る, 連れ去る. ~ de las manos de +人〈人〉の手からひったくる. ~ la vida *a*+人〈人〉の命を奪う. *Me han arrebatado* el bolso en la calle. 私は通りでハンドバッグを強奪された. El viento *le arrebató* el sombrero. 風で彼[彼女]の帽子は吹き飛ばされた.
2 心を奪う, 引きつける；魅了する. Ese cantante *arrebata* a las jóvenes. その歌手は若い女性たちをとりこにする. **3** 激怒させる, 激高させる. **4**〈作物を〉暑さでだめにする, 枯らす. **5** 強火で生焼け [生煮え] にする. **6**《ラ米》(コロンビア)《話》打ち負かす, 押し倒す.
── **~se** 再 **1** 激情にかられる；激高する, 取り乱す. ~se en cólera [de ira] かっとなって怒る.
[a- + rebato (← 〖アラビア〗*ribāṭ*「攻撃」) +動詞語尾]

a.rre.ba.ti.ña [a.r̃e.ba.tí.ɲa] 女《まれ》奪い合い.
a la arrebatiña 奪い合って.

a.rre.ba.to [a.r̃e.bá.to] 男 **1** 感情の爆発, 激情, 激怒. Lo hizo en un ~ de cólera. 彼[彼女]はかっとなってそれをやった. **2**〖宗〗恍惚(こうこつ), 忘我. **3**〖法〗軽減情状[事由]. con ~ y obcecación 予謀の悪意を持たずに.

a.rre.bia.tar.se [a.r̃e.bja.tár.se] 再《ラ米》(1) (ペルー)《話》意を決して事に当たる. (2) 追従する, 迎合する.

a.rre.bol [a.r̃e.ból] 男 **1** 夕焼け, 朝焼け；《複数で》夕焼け雲, 朝焼け雲. El sol poniente tiene ~*es* magníficos. きれいな夕焼け雲だ.
2《文章語》(ほおの)赤み, ばら色.

a.rre.bo.la.da [a.r̃e.bo.lá.ða] 女 朝焼け雲, 夕焼け雲.

a.rre.bo.lar [a.r̃e.bo.lár] 他《文章語》赤くする；赤らめる. tener el rostro *arrebolado* 顔が紅潮している. ── **~se** 再 **1** 赤くなる [染まる]. **2**《ラ米》(アルゼンチン)《話》活気づく.

a.rre.bo.le.ra [a.r̃e.bo.lé.ra] 女〖植〗オシロイバナ (= dondiego de noche).

a.rre.bo.zar [a.r̃e.bo.θár / -.sár] 97 他 **1**〈顔などを〉〈外套(がいとう)の〉襟などで〉覆う, 包む → rebozar. ── **~se** 再 **1**《防寒具などに》くるまる, 顔を埋める. ~se en la capa ケープにくるまる. **2**〈ハチなどが〉群がる.

a.rre.bru.jar [a.r̃e.bru.xár] 他《ラ米》(コロンビア)乱雑にする.

a.rre.bu.jar [a.r̃e.bu.xár] 他 **1**〈衣服などを〉無造作にしまう, くしゃくしゃに丸める. **2** くるむ, 包み込む. ── **~se** 再 **1**（**en…** / **con…** …に）くるまる.
2〈虫などが〉群がる.

a.rre.cha.do, da [a.r̃e.tʃá.ðo, -.ða] 形《ラ米》(コロンビア)(プエルトリコ)《卑》性的に興奮した.
── 男《ラ米》(コロンビア)(プエルトリコ) → arrechera.

a.rre.char [a.r̃e.tʃár] 自《ラ米》(1) (中米)(メキシコ)《俗》淫乱(いんらん)になる. (2) (中米)《話》いきりたつ, 張り切る.
── 他《ラ米》(コロンビア)性的に興奮させる.
── **~se** 再《ラ米》(1) (メキシコ)《話》いきりたつ. (2) (コロンビア)(プエルトリコ)《卑》性的に興奮する. (3) (コロンビア)(ホンジュラス)《話》怒る, 不機嫌になる.

a.rre.che.ra [a.r̃e.tʃé.ra] 女《ラ米》(1) (ニカラグア)(コロンビア)(動物の)発情, さかり. (2) (中米)《話》衝動, 気ぐれ. (3) (コロンビア)《話》激怒. (4) (中米)《卑》性的興奮. (4) (コロンビア)《話》怒り；不機嫌.

a.rre.cho, cha [a.r̃e.tʃo, -.tʃa] 形《ラ米》(1) (ニカラグア)《話》とてもよい, すばらしい. (2) (コロンビア)《話》まじめな, 勉強家の. (3) (中米)元気な, 精力凛々(りんりん)

の. (4)《㋐》《㋚》《㋞》《卑》性的に興奮した；けんかっ早い. (5)《㋚》《話》怒りやすい. (6)《㋠》《話》勇敢な；怒った. ― 男《ラ米》(1)《㋙》《話》よいもの，すてきなもの. (2)《㋐》《㋚》《卑》性的興奮. (3)《㋟》《話》怒り；不愉快. (4)《㋚》《話》勇気.

a·rre·chu·cho [a.r̄e.tʃú.tʃo] 男《話》**1** 一時的な体調不良；発作. Le dio un ~. 彼[彼女]は発作に見舞われた.
2（感情の）爆発. ~ de cólera 癇癪(かんしゃく).

a·rre·ciar(·se) [a.r̄e.θjár/ -sjár(.-)] 82 自再 強くなる, 激しくなる. Arrecia la lluvia. 雨足が強まる.

a·rre·ci·fe [a.r̄e.θí.fe / -sí.-] 男 **1**《海》岩礁, 礁. ~ de coral さんご礁. **2** 石畳の道.

a·rre·cir·se [a.r̄e.θír.se / -sír.-] 80 再（寒さで）かじかむ. ▶活用語尾にiの残る活用形のみ用いられる.

a·rre·do [a.r̄é.ðo] 副 ¡A~ vaya!《ラ米》《㋐》《㋚》《話》とっととうせろ, 消えてなくなれ.

a·rre·dra·mien·to [a.r̄e.ðra.mjén.to] 男 おじけづくこと.

a·rre·drar [a.r̄e.ðrár] 他 **1** 後ずさりさせる. **2** おじけづかせる. **3** 引き離す. ― ·se 再 **1** 後ずさりする. **2** おじけづく. No se arredra por [ante] nada. 彼[彼女]は何事にも動じない.

a·rre·dro [a.r̄é.ðro] 副 後方へ, 後ろ向きに.

a·rre·ga·za·do, da [a.r̄e.ga.θá.ðo, -.ða / -.sá.-] 形 **1**〈すそなどを〉まくった. **2**〈鼻が〉天井を向いた.

a·rre·ga·zar [a.r̄e.ga.θár / -sár] 97 他〈衣服のそで・すそを〉まくり[たくし]上げる. ― ·se 再〈自分の服のそで・すそを〉まくり[たくし]上げる.

a·rre·gio·na·do, da [a.r̄e.xjo.ná.ðo, -.ða] 形《ラ米》(*)《話》気難しい, 不機嫌な. (2)《㋟》《話》衝動的な. (3)《㋠》《話》怒った. (4)《㋚》優秀な.

*__a·rre·gla·do, da__ [a.r̄e.glá.ðo, -.ða] 形 **1** 整理された, きちんとした；身なりのよい. una casa que está bien arreglada 片づけてしてある家. llevar una vida arreglada 規則正しい生活をおくる. **2** 解決された, 処理された；段取りがついている. un asunto ~ 穏当な, 妥当な. Me ha hecho un precio muy ~. 彼[彼女]はずいぶん安く負けてくれた. **4**《a...…に》のっとった, 従った. ~ a la ley 法にのっとった. **5** 有能な.
― 女《ラ米》(*)修理；更生；たぶらかし.
estar [ir] arreglado《話》(1) 期待外れだ. ¡Estamos ~s! おお, がっかりだね. (2) 見当違いだ. Va ~ si cree que.... もしあなたが…と思っているなら, とんだお門違いだ.
estar arreglado con +人《話》〈人〉に手を焼いている.
¡Pues estaría arreglado si [que] +接続法過去!《話》…だとしたらたまらない. ¡Pues estaríamos ~s si lo tuviéramos que pagar! 我々が払わなければならないなんてとんでもない.

a·rre·gla·dor, do·ra [a.r̄e.gla.ðór, -.ðó.ra] 形 整理する；修理する；調整する.
― 男 女《ラ米》編曲家.

***a·rre·glar** [a.r̄e.glár] 他 **1 整理する, 整える.** Primero arregla tu habitación. 最初に君の部屋をかたづけなさい. Mi hija está arreglando los papeles para presentar la solicitud. 娘は願書提出用の書類をそろえているところだ.
2 修理する, 修繕する. Nos arreglarán el televisor en una semana. 1週間でテレビを直してくれるって. **3**〈問題などを〉解決する；〈状態などを〉改善する. Ya está todo arreglado. もうすべて解決した. Esta pastilla te arreglará la garganta. この錠剤で君ののどの調子がよくなるよ. **4**〈人の〉身なりを整える,〈人に〉身繕いしてあげる. Arregla a la niña, que vamos a comer fuera. その子をきれいにしてあげて, 食事に行くんだから. **5**《料》（調味料で）〈料理の〉味を調える. ¿Quién quiere ~ la sopa? 誰がスープの味付けをするんだい. **6**（何人かで）取り決める, 調整する. Hemos arreglado una fiesta en su casa. 私たちは彼[彼女]（ら）の家でパーティーをすることにした. **7**《話》〈人を〉矯正する, 罰する. ¡Ya te arreglaré yo!《脅し》覚えてろよ. ▶未来形で用いられることが多い. **8**〈作品などを〉脚色する；《音楽》編曲[アレンジ]する. Están arreglando esta obra para llevarla al cine. この作品は現在映画用に脚色されているところです.
9《ラ米》(1)《㋙》《㋚》〈借金・負債を〉払う, 清算する. (2)〈動物を〉去勢する.
― ·se **1 身支度する,**〈自分の身なりを整える；きれいにしてもらう. Espérame un momento, que me arreglo en cinco minutos. ちょっと待って, 5分で用意するから. Tengo que ~me el pelo para la boda. 結婚式だから髪をセットしてもらわなくちゃ. Ella sabe ~se muy bien. 彼女は身なりがきちんとしている.
2 回復する, 復旧する；〈問題などが〉解消する. Ya se arreglará el día. もう晴れてくるでしょう. No te quejes, todo se arreglará. 文句言わないで, すべて解決するだろうから.
3《con...…で》なんとかする, やりくりする. No sé cómo te arreglas con el poco dinero que te envío. 私の送るわずかなお金で君がどうやりくりしているのかわかりません.
4《con...…と》〈人が〉合意する（複数主語で）より を戻す；気が合う. ¿No estabas peleado con ella? ― Sí, pero ya nos arreglamos. 彼女とけんかしてたんじゃないの. 一そう, でももう仲直りしたんだ.
5《a...…に》任せる. ~se a la razón 道理に従う.
arreglárselas なんとかする, なんとか切り抜ける. Siempre te las arreglas para obtener todo lo que quieres. 君はいつもうまくやって欲しいものを手に入れているんだね.
[a-+regla「定規, 規則」+動詞語尾]

a·rre·glis·ta [a.r̄e.glís.ta] 男 女 編曲家.

***a·rre·glo** [a.r̄é.glo] 男 **1 修理, 修繕；調整.** ¿Cuánto te ha costado el ~ del televisor? テレビの修理にいくらかかったのかい. Este coche no tiene ~. この車は修理のしようがない.
2 整理, 整頓；秩序正しさ. Hoy me toca el ~ de la casa. 今日家のかたづけは私の当番だ. ~ personal 身だしなみ.
3（問題などの）**解決, 決着.** Tardaron mucho en el ~ de este asunto. 彼らはこの問題解決にとても時間がかかった. Este hombre ya no tiene ~.《話》この男はもうどうしようもない.
4 合意, 和解. llegar a un ~ de 合意に達する.
5《料》味付け, 調味（料）. **6**《音楽》編曲, アレンジ.
7（非合法の）愛人「不倫」関係.
― 活 ▶ arreglar.
arreglo de cuentas 復讐(ふくしゅう).
con arreglo a...…に従って. Trabajamos con ~ a las normas que nos han dado. 我々は与えられた規準に基づいて働く.

a·rre·gos·tar·se [a.r̄e.gos.tár.se] 再《a...…が》好きになる,《…を》好む.

a・rre・jar・se [a.r̄e.xár.se] 再《ラ米》(⌒⌒) (1)《話》着飾る, めかし込む. (2) 長い間止まる.

a・rre・jun・tar・se [a.r̄e.xun.tár.se] 再《俗》同棲(⌒⌒)する.

a・rre・lla・nar [a.r̄e.ja.nár ‖ -.ʎa.-] 他 平らにする, ならす. ― **~・se** 再 **1** 深々と座る, ゆったり座る. *~se* en un sillón ひじ掛けいすに深々と座る. **2** 〈仕事・地位などに〉満足する.

a・rre・man・gar [a.r̄e.maŋ.gár] 103 他 〈そで・すそなどを〉たくしまくり上げる.
― **~・se** 再 **1** 腕まくりする. **2** 決然と事に当たる.

a・rre・me・te・dor, do・ra [a.r̄e.me.te.ðór, -.ðó.ra] 形 襲いかかる, 攻撃する; 非難する.
― 男 女 攻撃する人; 非難する人.

*__a・rre・me・ter__ [a.r̄e.me.tér] 自 **1** 襲いかかる, 攻撃する. ~ al [contra el] enemigo 敵に襲いかかる. **2** 攻撃する, 反対する. ~ contra la política del gobierno 政府の政策を非難する. **3** 〈目を〉強く刺激する. ~ a la vista 目障りとなる.
― 他 **1** 〈決然と〉取り組む. Hay que ~ este trabajo lo antes posible. できるだけ早くこの仕事に対処せねばならない. **2**《古語》〈馬に〉拍車をかける.

a・rre・me・ti・da [a.r̄e.me.tí.ða] 女 襲いかかること, 攻撃, 突撃.

a・rre・me・ti・mien・to [a.r̄e.me.ti.mjén.to] 男 → arremetida.

a・rre・mo・li・na・da・men・te [a.r̄e.mo.li.ná.ða.mén.te] 副 どっと, ひしめき合って.

a・rre・mo・li・nar・se [a.r̄e.mo.li.nár.se] 再 **1** 群がる, ひしめき合う. **2** 渦巻く, ぐるぐる回る. Las hojas *se arremolinan* en el suelo. 木の葉が地面をくるくる舞っている.

a・rrem・pu・jar [a.r̄em.pu.xár] 他《古語》《俗》→ empujar.

a・rrem・pu・jón [a.r̄em.pu.xón] 男《俗》→ empujón.

a・rren・da・ble [a.r̄en.dá.ble] 形 賃貸借できる.

a・rren・da・de・ro [a.r̄en.da.ðé.ro] 男《まぐさ桶(⌒)の上の馬をつなぐ》環.

a・rren・da・do, da¹ [a.r̄en.dá.ðo, -.ða] 形 賃貸[賃借]された, 賃貸[賃借]の;《法》賃借権のある.

a・rren・da・do, da² [a.r̄en.da.ðo, -.ða] 形 〈馬が〉従順な, 言うことをきく.

a・rren・da・dor, do・ra [a.r̄en.da.ðór, -.ðó.ra] 男 女 **1** 地主, 家主. **2** 借地人, 借家人.

a・rren・da・jo [a.r̄en.dá.xo] 男 **1**《鳥》(1) カケス. (2) アメリカ産のモノマネドリ. **2**《軽蔑》他人のまねをする人. **3**《軽蔑》下手なまね, まがいもの.

a・rren・da・mien・to [a.r̄en.da.mjén.to] 男
1 賃貸, 賃借, リース, レンタル.
2 賃貸[賃借]契約; 賃貸[賃借]権; 賃貸[賃借]料. tomar en ~ 賃借りする.

a・rren・dar¹ [a.r̄en.dár] 8 他 **1** 〈土地・家屋などを〉賃貸[賃借]をする. ~ tierras 土地を貸す[借りる]. → alquiler 類語. **2**《ラ米》(*⌒) 返す.
no arrendar la ganancia《話》ひどい目に遭わせる, 思い知らせる. *No te arriendo la ganancia.* 僕は君がどうなっても知らないぞ.

a・rren・dar² [a.r̄en.dár] 8 他 **1** 〈馬を〉つなぐ. **2** 〈馬を〉調教する. **3** 束縛する, 拘束する.

a・rren・dar³ [a.r̄en.dár] 8 他 〈人の〉物まねをする.

a・rren・da・ta・rio, ria [a.r̄en.da.tá.rjo, -.rja] 形 賃借(人)の. ― 男 女 借地人, 借家人; 小作人.

a・rren・da・ti・cio, cia [a.r̄en.da.tí.θjo, -.θja / -.sjo, -.sja] 形《法》賃貸借の.

a・rre・o¹ [a.r̄é.o] 男《ラ米》(1) (ラバなどの) 荷役獣を追うこと; 荷役獣の群れ[列]. (2) (⌒) 強盗, 密猟.

a・rre・o² [a.r̄é.o] 副 相次いで, 連続的に.

a・rre・os [a.r̄é.os] 男《複数形》**1** 馬具, 装飾用馬具. **2** 付属品, 小物.

a・rre・pan・chi・gar・se [a.r̄e.pan.tʃi.gár.se] 103 再《話》(いすに) ゆったり[深々と]座る.

*__a・rre・pen・ti・do, da__ [a.r̄e.pen.tí.ðo, -.ða] 形 **1** (*estar* +) 《de... ...を》後悔 ⌒する, 悔やむ, 悔悛(⌒⌒)の情を示す. *Estoy* muy ~ *de* lo que te he dicho esta mañana. 私は今朝君に言ってしまったことを深く後悔している. **2**《犯罪者が》改心して警察に協力する. ― 男 女 悔悟者, 告解者; 改心して警察に協力する人. ― 女 罪を悔いて修道院に入った女性; (売春生活からの) 更生者.

*__a・rre・pen・ti・mien・to__ [a.r̄e.pen.ti.mjén.to] 男
1 後悔, 悔恨. tener ~ por haber + 過分 ...してしまったことを後悔する.
2《美》(絵画の) 加筆, 修正(の跡).

*__a・rre・pen・tir・se__ [a.r̄e.pen.tír.se] 27 再 **1** 《de... ...を》後悔する, 悔やむ;残念に思う. *Me arrepiento de* haber venido. 僕は来たのを悔やんでいる. ¡Ya *se arrepentirá* usted! いまに後悔しますよ. **2** 約束を破る; 翻意する. María tenía una cita conmigo, pero *se arrepintió* y no vino. マリアは僕とデートの約束があったのに, 気が変わって来なかった. [← 《古スペイン》*repentirse* ← 《後ラ》*repaenitēre*「後悔させる」]

arrepient- / arrepint- 活 → arrepentirse.

a・rre・pis・tar [a.r̄e.pis.tár] 他 〈製紙原料のぼろぎれを〉すりつぶす, パルプにする.

a・rre・que・so・nar・se [a.r̄e.ke.so.nár.se] 再 〈牛乳が〉凝固する; 分離する.

a・rre(n)・quín [a.r̄e(ŋ).kín] 男《ラ米》(1)《話》取り巻き, 腰ぎんちゃく. (2) 従僕, 助手. (3) 馬追いの乗る馬; 誘導馬.

a・rre・quin・ta・do, da [a.r̄e.kin.tá.ðo, -.ða] 形《ラ米》(⌒⌒) きつい, 窮屈である.

a・rre・quin・tar [a.r̄e.kin.tár] 他《ラ米》(⌒⌒) (*⌒) 締めつける. ― **~・se** 再《ラ米》(*⌒) (踊りなどで) 相手に体をぴったりつける.

a・rre・qui・ve [a.r̄e.kí.be] 男 **1**《主に複数で》ごてごてした[過剰な]飾り. Juana iba con todos sus ~s. フアナは大げさすぎるおしゃれをしていた.
2《複数で》不必要にこまかな条件[要求];(公式行事などの) 仰々しさ.

a・rres・ta・do, da [a.r̄es.tá.ðo, -.ða] 形 **1** 逮捕された. **2** 大胆な, 勇敢な.

*__a・rres・tar__ [a.r̄es.tár] 103 他 逮捕する, 検挙する (= detener). *Arrestaron* a los terroristas en un hotel de la ciudad. テロリストたちは市内のホテルで捕まった.
― **~・se** 再《**a** + 不定詞 ...を》思い切ってやる.

a・rres・to [a.r̄és.to] 男 **1** 逮捕, 検挙; 拘留. bajo ~ domiciliario 自宅拘禁中.
2《軍》営倉, 禁固. ~ mayor 重謹慎, 営倉 (31日から6か月間の禁固刑). ~ menor 軽謹慎 (1日から30日までの禁固刑). **3**《複数で》大胆, 勇気; 押しの強さ. tener ~s para + 不定詞 ...する勇気がある.

a・rre・tran・ca [a.r̄e.tráŋ.ka] 女《ラ米》(⌒⌒)(⌒⌒)(⌒⌒) ブレーキ, 制動装置.

a・rre・za・gar [a.r̄e.θa.gár / -.sa.-] 103 他 **1** 〈そで・すそなどを〉まくり上げる. ~ la falda スカートのす

arria

そをたくし上げる. **2** 〈腕などを〉上げる.

a·rria [á.r̄ja] 囡 [el ~, un [una] ~] (馬・ロバの) 隊列.

a·rria·da¹ [a.r̄já.ða] 囡 〖海〗帆[旗]を下ろすこと.

a·rria·da² [a.r̄já.ða] 囡 洪水, 氾濫(炊).

a·rria·nis·mo [a.r̄ja.nís.mo] 男 〖神〗アリウス主義: アレキサンドリアの聖職者アリウス Arrio (250?-336?) の主唱したキリスト教異端説.

a·rria·no, na [a.r̄já.no, -.na] 形 アリウス派の.
── 男 囡 アリウス主義の信奉者.

a·rriar¹ [a.r̄jár] 81 他 〖海〗(1) 〈帆・旗などを〉下ろす, 巻く. ~ la bandera 旗を下ろす. (2) 〈ロープを〉緩める.

a·rriar² [a.r̄jár] 81 他 氾濫(炊)させる, 水浸しにする. ── ~se 氾濫する, 水浸しになる.

a·rria·ta [a.r̄já.ta] 囡 → arriate.

a·rria·te [a.r̄já.te] 男 **1** 花壇, (園路・垣の縁どりの) 細長い花壇. **2** 道, 通路.

a·rriaz [a.r̄jáθ / -.r̄jás] 男 〖複 arriaces〗(剣の) つば(柄(%).

a·rri·ba [a.r̄í.ba] 副 **1 〖場所〗上に; 階上に (↔abajo). Ella vive ~. 彼女は上の階に住んでいる. Pon la maleta ~. スーツケースを上の方に置きなさい. Hay alguien allá ~. あの高いところに誰かいる. un vecino de ~ 上の階の住人. desde ~ 上から. mirar hacia ~ 上の方を見上げる.

2 〖方向〗上へ; 階上へ. Vamos ~. 上に[階上に]行きましょう. *A*~, *abajo, al centro y adentro*. 《話》グラスを掲げて, 下ろして, 前に出して, そして飲みましょう (= 乾杯のときに言う言葉). ¡*A*~ *las manos*! 手を上げろ.

3 〖無冠詞名詞(+〖場所〗を)〗～を上って (▶話し手から遠ざかる方向に向かって行くことを表す). *aguas* [*río*] ~ 川を上って. *cuesta* ~ 坂を上って. *escaleras* ~ 階段を上って. *Se fue calle* ~. 彼[彼女]は通りを上っていった[通りに沿って向こうの方へ行った].

4 〖無冠詞名詞(+〖体の部位〗)〗～を上に向けて. *boca* ~ 仰向けに. ¡*Manos* ~! 手を上げろ. **5** 〖階級などが〗上の部; 上層部に. *los de* ~ 上層部の人々. *llegar* ~ *en una empresa* 会社で出世する. **6** 〖文章の上述の部分で〗 *Véase más* ~. 上記を参照のこと. **7** 〖間投詞的に〗(1) 起きろ, 立ち上がれ! 万歳. ¡*A*~ *la libertad*! 自由万歳. ¡*A*~ *España*! スペイン万歳(▶スペイン内戦時からFranco陣営で用いられた合言葉). (2) さあ, 元気を出せ. ¡*A*~ *los corazones* [*los ánimos*]! 心を奮い立たせよ.

arriba de... (1) 《+数値》… 以上. *El hombre no tendrá* ~ *de 40 años*. 男は40歳はいってないだろう. ▶ 否定文で用いられることが多い. (2) 《ラ米》…の上に. *El sombrero está* ~ *del estante*. 帽子は戸棚の上にある.

arriba del todo 一番上に. *la casa que está* ~ *del todo* 一番高いところにある家.

arriba o abajo 大体. *Costará 10 euros* ~ *o abajo*. 大体10ユーロくらいの価格でしょう.

arriba y abajo あちらこちらを. *andar* ~ *y abajo* あちこち歩き回る.

de arriba 《ラ米》《話》ただで, 無料で. *vivir de* ~ 働かずに暮らす.

de arriba abajo 上から下まで, 全部; 上から下へ. *Me miraron de* ~ *abajo*. 私は頭のてっぺんからつま先まで[見下すように]見られた. *Limpiamos la casa de* ~ *abajo*. 私たちは隅から隅まで家を掃除した. *en orden de* ~ *abajo* 上から下への順番で.

de... para arriba (1) 《+位置を表す名詞 …から》上方に. *de la cintura para* ~ 腰から上にかけて. (2) 《+数値 …》より多く. *Todos tienen de 18 años para* ~. 皆18歳以上だ.

estar hasta arriba de... 〈人が〉…で手いっぱいである, 身動きできない. *Estoy hasta* ~ *de trabajo*. 私は仕事を山ほど抱えている.

que si arriba que si abajo 《話》あれやこれやと.
[a+riba (←〖ラ〗*rīpa*「岸辺」); 「岸辺」→「上に」の転義は岸辺が水面より高いことによる; 関連 arribar, 〖英〗*river, arrive*]

a·rri·ba·da [a.r̄i.bá.ða] 囡 **1** (船の)到着, 入港. ~ *de mercancías* (港への)貨物の到着. ~ *forzosa* 〖海〗緊急入港.
2 《ラ米》《洪流》無愛想な[ぶっきらぼうな]返事.

a·rri·ba·je [a.r̄i.bá.xe] 男 → arribada 1.

a·rri·ba·no, na [a.r̄i.bá.no, -.na] 男 囡 《ラ米》(チ)南部地方の住民.

*a·rri·bar [a.r̄i.bár] 自 **1** 〈船が〉入港する. ~ *a buen puerto* 無事に入港する.
2 到着する; 〈目標などに〉到達する. **3** 〈健康・資産が〉回復する, 立ち直る. **4** 〖海〗(1) 漂流する. (2) 船首を風下に向ける. **5** 《ラ米》(*宗*)成功する.

a·rri·ba·zón [a.r̄i.ba.θón / -.són] 囡 魚群の沿岸への到来.

a·rri·be·ño, ña [a.r̄i.bé.ɲo, -.ɲa] 男 囡 《ラ米》(1) (アンデス)(アルフン)よそ者. (2) 高地出身者.

a·rri·bis·mo [a.r̄i.bís.mo] 男 《軽蔑》出世至上主義.

a·rri·bis·ta [a.r̄i.bís.ta] 形 野心のある, 出世至上主義の. ── 男 囡 野心家, 出世至上主義者.

a·rri·bo [a.r̄í.bo] 男 《まれ》到着.

a·rri·cés [a.r̄i.θés / -.sés] 男 あぶみの革ひもを鞍(%)につける締め金[尾錠].

a·rri·ce·sa [a.r̄i.θé.sa / -.sé.-] 囡 → arricés.

a·rrien·do [a.r̄jén.do] 男 → arrendamiento.

a·rrie·ro [a.r̄jé.ro] 男 **1** 《まれ》馬方, ラバ追い.
2 《ラ米》(ラブラ)(荷物の)運搬人, 運送業者.

*a·rries·ga·do, da [a.r̄jes.gá.ðo, -.ða] 形 **1** 危険な, 冒険的な. **2** 大胆な; 無謀な. *una empresa arriesgada* 無謀な企て.
── 囡 《ラ米》(チ)《話》大胆なこと, 向こう見ずな行動.

*a·rries·gar [a.r̄jes.gár] 1033 他 **1** 危険にさらす; 賭(*ケ*)ける. ~ *la vida* 生命を危険にさらす. ~ *dinero* [SU *buena fama*] 金[名声]を賭ける.
2 思い切って試みる〖やってみる〗. ~ *una nueva hipótesis* 新しい仮説を発表する.
── ~se 再 **1** 〈自らを〉危険にさらす. *Voy a* ~*me en este proyecto*. このプロジェクトで思いきったことをやってみるつもりだ.
2 《a+不定詞 / que+接続法》あえて…する危険を冒す, 覚悟して…する. ~*se a perderlo todo* すべてを失う危険を冒す.

arriesgar el pellejo 《話》命を賭ける.

Quien no se arriesga no pasa el río [*la mar*]. 《諺》虎穴(ぶ)に入らずんば虎児を得ず (←危険を冒さない者は川[海]を渡れない).

arriesgue(-) / arriesgué(-) 活 → arriesgar.

a·rri·ma·de·ro [a.r̄i.ma.ðé.ro] 男 **1** 支え; 支援. **2** (乗馬用の)踏み台.

a·rri·ma·do, da [a.r̄i.má.ðo, -.ða] 形 《ラ米》(1) 《話》愛人[不倫]関係にある. (2) (エクス)(アルフン)《話》居候の, たかり屋の.
── 男 《ラ米》(1) (テミン)(農園の)住み込み農夫.

(ゾル)(野菜・豆・肉の)煮込み料理,ポタージュの一種.

a・rri・ma・dor [a.r̄i.ma.ðór] 男 (暖炉・かまどで)火を絶やさないための太い薪.

***a・rri・mar** [a.r̄i.már] 他 **1** 近づける (= acercar);寄せ掛ける. *Arrimó* su silla a la mía. 彼[彼女]は自分のいすを私の方に近づけた. *Arrima* tu paraguas a la pared. 傘を壁に立て掛けなさい. **2** かたづける;放棄する. **3** (俗)(殴打を)食らわす. ～le un golpe (a+人)(人)に一発食らわす. **4** 《ラ米》(ヌドブ)(子供を)(罰で)ぶつ,仕置きする. (2)(ヌドブ)(罪・責任を)着せる,負わせる.
— **～・se** 再 **1** (**a...** …に) 近づく;寄り掛かる,もたれ掛かる. ～*se al* fuego 火に近寄る. ～*se a la* pared 壁にもたれる. **2** (**a...** …に) 援助を求める,頼りにする. ～*se al* patrón 後援者に援助を求める. **3** (**a...** …に) 集まる,一緒になる. **4** 《闘牛》牛に接近する. **5** (俗) 同棲(ﾄﾞｳｾｲ)する.
arrimarse al sol que más calienta 強いものに従う.

a・rri・mo [a.r̄í.mo] 男 **1** 庇護(ﾋｺﾞ),援助. tener buen ～ いい後ろだてがいる. **2** 仕切り壁,境界壁. **3** 情交,同棲. **4** 愛着,好み. **5** 《複数で》《ラ米》(ﾁﾘ)馬具の付属品(の総称).
al arrimo de... …の庇護の下に. Terminó su carrera *al* ～ *de* su tío. 彼[彼女]はおじの援助を得て学業を終えた.

a・rri・món [a.r̄i.món] 男 *estar de arrimón* (話) 寄り掛かって長時間待っている[見張っている].
hacer el arrimón (話)(泥酔して)壁によりかかって歩く.

a・rrin・co・na・do, da [a.r̄iŋ.ko.ná.ðo, -.ða] 形 **1** 隅に押しやられた. **2** 見放された,忘れられた. un hombre ～ y solitario (世間から)見放された孤独な人.

a・rrin・co・na・mien・to [a.r̄iŋ.ko.na.mjén.to] 男 **1** 隅に押しやること. **2** 見放し,忘却. **3** (瀬戸際まで)追い詰めること.

a・rrin・co・nar [a.r̄iŋ.ko.nár] 他 **1** 追い詰める. *Arrinconé* al ladrón en un callejón sin salida. 私は泥棒を袋小路に追い詰めた. **2** 隅に押しやる,片づける. **3** 使わなくなる. ～ un mueble viejo 古くなった家具の使用をやめる. **4** 見捨てる;疎外する.
— **～・se** 再 人との交際を避ける,隠遁(ｲﾝﾄﾝ)する.

a・rri・ño・na・do, da [a.r̄i.ɲo.ná.ðo, -.ða] 形 腎臓(ｼﾞﾝｿﾞｳ)の形をした.

a・rrios・trar [a.r̄jos.trár] 他 《屋根に》筋交いを入れる.

a・rri・quín [a.r̄i.kín] 男 《ラ米》(ﾁｭｳﾍﾞ)(話)いつも一緒にいる人,人を離さない人.

a・rris・ca・da・men・te [a.r̄is.ká.ða.mén.te] 副 大胆に,あえて.

a・rris・ca・do, da [a.r̄is.ká.ðo, -.ða] 形 **1** (土地が)岩の多い,ごつごつした. **2** 危険な,冒険的な. **3** 大胆な,向こう見ずな,無鉄砲な (= atrevido). **4** 《ラ米》(ﾒﾋｼｺ)(人を)向いた,まくれ上がった. nariz *arriscada* 天井を向いた鼻.

a・rris・ca・dor, do・ra [a.r̄is.ka.ðór, -.ðó.ra] 男 女 オリーブ拾い(の人).

a・rris・car [a.r̄is.kár] 他 **1** 危険にさらす (= arriesgar). **2** 《ラ米》上に向ける,まくり上げる.
— 自 《ラ米》(ﾒﾋｼｺ)(1)(金額などが)達する,届く. (2) まっすぐ立つ.
— **～・se** 再 **1** 身を危険にさらす. **2** (牛・馬が)(岩場から)転落する. **3** 憤激する,激高する. **4** 《ラ米》(ﾒﾋｼｺ)(ｿﾞﾙ)(話)着飾る,めかし込む.

a・rris・co [a.r̄ís.ko] 男 危険 (= riesgo).

a・rrit・mia [a.r̄ít.mja] 女 **1** 《医》不整脈 (= ～ cardiaca). ～ sinusal 洞性不整脈. **2** リズムの不整.

a・rrít・mi・co, ca [a.r̄ít.mi.ko, -.ka] 形 **1** リズムの不整な. **2** 《医》不整脈の.

a・rri・tran・ca [a.r̄i.tráŋ.ka] 女 (馬の)尻(ｼﾘ)帯.

a・rri・zar [a.r̄i.θár / -.sár] 97 他 《海》(1) 縮帆する,帆を巻き縮める. (2)(揺れないように)固定する;(体を支えるためにロープで)結わえる.

a・rro・az [a.r̄o.áθ / -.ás] 男 《複 arroaces》《動》イルカ.

a・rro・ba [a.r̄ó.ba] 女 **1** アローバ. (1) 重さの単位 (略@). ♦国や地方により異なる. Castilla では11.502キログラム, Aragón では12.5キログラム. (2) 体積の単位: ワインで16.1リットル,油で12.6リットル.
2 〖IT〗アットマーク(略@).
por arrobas (話) 豊富に,たくさん. Tiene gracia *por* ～s. 彼[彼女]はユーモアに富んでいる.
▶文法上の性を明示したくない場合,この記号が表記上多用される. → alumn@s.

a・rro・ba・do, da [a.r̄o.bá.ðo, -.ða] 形 うっとりとした,恍惚(ｺｳｺﾂ)とした.

a・rro・ba・dor, do・ra [a.r̄o.ba.ðór, -.ðó.ra] 形 うっとり[恍惚(ｺｳｺﾂ)]とさせる,魅了する.

a・rro・ba・mien・to [a.r̄o.ba.mjén.to] 男 魅了,恍惚(ｺｳｺﾂ);法悦境 (= éxtasis).

a・rro・bar¹ [a.r̄o.bár] 他 うっとりさせる,恍惚(ｺｳｺﾂ)とさせる,魅了する. Esta canción romántica me *arroba*. 私はこのロマンチックな歌のとりこだ.
— **～・se** 再 うっとりする;法悦境に達する.

a・rro・bar² [a.r̄o.bár] 他 アローバの単位で計量する.

a・rro・be・ro, ra [a.r̄o.bé.ro, -.ra] 形 重さ1アローバの. — 男 女 パンの製造配給者.

a・rro・bo [a.r̄ó.bo] 男 → arrobamiento.

a・rro・ca・be [a.r̄o.ká.be] 男 《建》(1)(合掌組梁(ｸﾞﾐﾊﾘ)を作るための)大梁. (2) フリーズ.

a・rro・ca・do, da [a.r̄o.ká.ðo, -.ða] 形 糸巻き棒の形をした;切れ込みの入った.

a・rro・ce・ría [a.r̄o.θe.rí.a / -.se.-] 女 米料理店.

a・rro・ce・ro, ra [a.r̄o.θé.ro, -.ra / -.sé.-] 形 **1** 米の. industria *arrocera* 稲作,米の生産. molino ～ 精米所〖機〗. — 男 女 **1** 米の生産者,稲作農民. **2** 《ラ米》(1)(ｺﾞｽﾀﾘ)(話)パーティーが好きな人;招待されないのにパーティーに潜り込む人. (2)(ｺﾞｽﾀﾘ)(ﾁﾘ)がさつな人,下品な人. (3)(ｿﾞﾙ) もぐりの医者,薬売り.

a・rro・che・lar・se [a.r̄o.tʃe.lár.se] 再 《ラ米》(ｺﾛﾝ)(ｺﾞｽﾀﾘ)(1)(馬が)動こうとしない;暴れる. (2)(家畜が)懐く;(犬・牛などが)外へ出たがらない.

a・rro・ci・nar [a.r̄o.θi.nár / -.si.-] 他 (話) **1** (人を)粗暴にする. **2** こき使う.
— **～・se** 再 (話) **1** 粗暴になる. **2** ほれる.

a・rro・da・jar・se [a.r̄o.ða.xár.se] 再 《ラ米》(ﾆｶﾗｸﾞｱ) 足を組んで座る,あぐらをかく.

a・rro・di・lla・da [a.r̄o.ði.já.ða ‖ -.ʎá.-] 女 《ラ米》(ｸﾞｱﾃﾏﾗ)(ﾎﾝｼﾞｭﾗｽ) 膝を曲げること.

a・rro・di・lla・mien・to [a.r̄o.ði.ja.mjén.to ‖ -.ʎa.-] 男 ひざまずくこと,ひざを折ること.

***a・rro・di・llar** [a.r̄o.ði.jár ‖ -.ʎár] 他 ひざまずかせる. — **～・se** 再 **1** ひざまずく,ひれ伏す. estar *arrodillado* ひざまずいている. **2** 屈伏する. No quiero ～*me* ante él. 私は彼に屈したくない.

a・rro・dri・gar [a.r̄o.ðri.gár] 108 他 《農》(ブドウの木などに)添え木を立てる.

a·rro·dri·go·nar [a.r̄o.ðri.ɣo.nár] 他 → arrodrigar.

a·rro·ga·ción [a.r̄o.ɣa.θjón / -.sjón] 女 **1** 不正取得, 横領. **2**〖法〗(孤児などの)入籍, 養子縁組.

*__a·rro·gan·cia__ [a.r̄o.ɣán.θja / -.sja] 女 **1** 尊大, 傲慢(ごう), 横柄. **2** 勇敢, 豪放. **3** 誇り, 自尊心.

*__a·rro·gan·te__ [a.r̄o.ɣán.te] 形 **1** 尊大な, 傲慢(ごう)な, 横柄な.
2 勇ましい, たくましい, 颯爽(さっそう)とした.

a·rro·gar [a.r̄o.ɣár] 他〖孤児などを〗養子にする. ― **~·se** 再〈権利や能力などを不当に〉主張[行使]する.

a·rro·ja·di·zo, za [a.r̄o.xa.ðí.θo, -.θa / -.so, -.sa] 形 投げられる. arma *arrojadiza* 飛び道具.

a·rro·ja·do, da [a.r̄o.xá.ðo, -.ða] 形 勇気のある; 向こう見ずな.

a·rro·ja·dor, do·ra [a.r̄o.xa.ðór, -.ðó.ra] 形 投げる, 飛ばす, 発射する.

*__a·rro·jar__ [a.r̄o.xár] 他 **1** 投げる, ほうる; 落とす; 捨てる. Los niños *arrojaron* piedras contra el coche aparcado. 子供たちは駐車中の車に向かって石を投げた. Prohibido ~ basura.《掲示》ごみ捨て禁止.
2《de... …から》追い出す, 退ける. Lo *arrojaron de* casa. 彼は家からほうりだされた. **3**〈煙などを〉吐く;〈におい・光などを〉(強烈に)発する, 放つ. ~ luz 光を放つ. ~ brotes 〈植物が〉芽を出す. Este objeto *arroja* un olor penetrante. この物体は鼻を突くにおいを放っている. **4**《結果を》もたらす, 出す. Esta encuesta *arroja* perspectivas muy optimistas para el futuro. このアンケートによると未来の見通しはとても明るい. **5**〈人が〉吐く, 戻す.
― 自 嘔吐(おうと)する, 吐く(= vomitar).
― **~·se** 再 **1**《**a...** / **sobre...** / **contra...** …に》身を投げる, 飛び込む, 飛びかかる. ~*se a* los brazos de... …の腕の中に飛び込む. ~*se a* los pies de... …の足元にひれ伏す;…に屈する. Los niños *se arrojaron* a la vez a la piscina. 子供たちはいっせいにプールに飛び込んだ. *Nos arrojamos sobre* el asaltante. 私たちは強盗に飛びかかった. **2**《まれ》《a+不定詞 …することに》さっそく取り掛かる.
[←[俗ラ] *__rotulāre__「転がる」]

a·rro·jo [a.r̄ó.xo] 男 **1** 勇敢(さ), 大胆(さ). Hace falta mucho ~ para obrar de esta manera. こうするにはたいへんな度胸が必要だ.
2《ラ米》《ぷぷぅ》嘔吐(おうと)する, 吐く.

a·rro·lla·do [a.r̄o.já.ðo ‖ -.ʃá.-] 男《ラ米》(1)(ピた)塩漬けした牛のあばら肉を巻いたもの. (2)(ウル)豚肉を豚の皮で包み丸く巻いて調理したもの. (3)(ラジア)(チリ)肉を巻いた料理.

a·rro·lla·dor, do·ra [a.r̄o.ja.ðór, -.ðó.ra ‖ -.ʃá.-] 形 **1** 圧倒的な; 抵抗できない. éxito ~ 大成功. una mayoría [victoria] *arrolladora* 圧倒的多数[勝利]. argumentos ~*es* 有無を言わさぬ論証. **2** 一掃する, 破壊的な. viento ~ 吹き荒れる風. **3** 巻く, 巻きつける.

a·rro·lla·mien·to [a.r̄o.ja.mjén.to ‖ -.ʃá.-] 男
1〈車などが〉ひくこと. **2** 圧倒すること. **3**〈法・権利などを〉踏みにじること. **4** 巻くこと, 巻きつけること.
5〖電〗巻き線.

a·rro·llar[1] [a.r̄o.jár ‖ -.ʃár] 他 **1**〈車などが〉ひく(= atropellar). El coche *arrolló* a un peatón en el cruce. 交差点で車が歩行者をひいた. **2** 圧倒する, やり込める. ~ al equipo adversario 敵チームを圧倒する. En la discusión la *arrolló* enseguida. 彼[彼女]は議論でたちまち彼女をやり込めた.
3〈法・権利などを〉踏みにじる. ~ los derechos ajenos 他人の権利を踏みにじる. **4**〈風・波などが〉吹き[押し]寄せ, さらう. El agua de la crecida *arrolló* toda la vegetación. 洪水が草木をすっかり押し流した. **5** 巻く, 巻きつける. ― **~·se** 再《ラ米》そそくさと身につける, まとう, まくる.

a·rro·llar[2] [a.r̄o.jár ‖ -.ʃár] 他《ラ米》(1)〈恋人に〉甘くささやきかける. (2)(*メ*)なだめて寝つかせる.

a·rro·ma·di·zar·se [a.r̄o.ma.ði.θár.se / -.sár.] 97 再 鼻風邪をひく.

a·rro·man·zar [a.r̄o.man.θár / -.sár] 97 他 ロマンス語に直す[翻訳する];(特に)ラテン語からスペイン語に翻訳する(→ romance).

a·rro·mar [a.r̄o.már] 他〈先端を〉丸くする, 鈍くする. ― **~·se** 再〈先端が〉丸くなる, 鈍くなる.

a·rron·zar [a.r̄on.θár / -.sár] 97 自〖海〗《古語》錨(いかり)を上げる; 出航する.
― 自《船が》ひどく風下に流される.

a·rro·pa·mien·to [a.r̄o.pa.mjén.to] 男 **1**〈衣類などで〉くるむこと. **2** 保護, 援助. **3**〖闘牛〗去勢牛が闘牛の出場所に導くこと.

a·rro·par[1] [a.r̄o.pár] 他 **1**〈衣類などで〉包む, くるむ(= abrigar). **2** 保護[援助]する. **3**〖闘牛〗〈去勢牛が〉〈闘牛を〉(砂場に戻すため)囲む. ― **~·se** 再 くるまる, 着込む. *Arrópate* bien que hace mucho frío. とても寒いからちゃんと着込みなさい.

a·rro·par[2] [a.r̄o.pár] 他(ワインに)ブドウの濃縮液を加える.

a·rro·pe [a.r̄ó.pe] 男 **1** ブドウの濃縮液. **2**〖薬〗シロップ剤. **3** 糖蜜(とうみつ).

a·rro·pe·a [a.r̄o.pé.a] 女 **1** 足枷(あしかせ).
2(馬の)足枷用の綱.

a·rro·pí·a [a.r̄o.pí.a] 女 煮詰めた糖蜜(とうみつ); 糖蜜菓子.

a·rro·rró [a.r̄o.r̄ó] 男 子守歌.

a·rros·car [a.r̄os.kár] 102 他 **1** 巻く, 巻きつける.
2 ねじ込む. ― **~·se** 再 巻きつく.

a·rros·que·ta·do, da [a.r̄os.ke.tá.ðo, -.ða] 形《ラ米》《ぷぷぅ》《話》色黒の.

a·rros·tra·do, da [a.r̄os.trá.ðo, -.ða] 形《bien [mal]を伴い》顔立ちのよい[悪い].

a·rros·trar [a.r̄os.trár] 他〈…に〉敢然と立ち向かう, 挑む; 直面する. ~ un peligro 危険をものともしない. ~ la muerte 死と向き合う. ― **~·se** 再《**con...** …に》敢然と立ち向かう, 挑む.

a·rros·ta·do, da [a.r̄os.tá.ðo, -.ða] 形《ラ米》《話》(1) 下層の, 卑しい. (2) 行儀が悪い.

a·rro·ya·da [a.r̄o.já.ða] 女 **1** 小川の流れる場所.
2(雨水などでできた)溝. **3**(小川の)氾濫(はんらん).

a·rro·ya·de·ro [a.r̄o.ja.ðé.ro] 男 → arroyada 1, 2.

a·rro·yar [a.r̄o.jár] 他〈雨水などが〉…に流れ[溝]を作る. ― **~·se** 再 流れ[溝]ができる.

a·rro·yar·se [a.r̄o.jár.se] 再〖農〗さび病にかかる.

*__a·rro·yo__ [a.r̄ó.jo] 男 **1** 小川(= riachuelo). Un ~ limpio corre entre los árboles. 澄んだ小川が木々の間を流れている.
2(液体の)流れ. ~*s* de lágrimas [sangre] あふれ出る涙[血]. **3**(道路の)側溝. **4**《軽蔑》(家に対し吹きさらしの)通り, 街頭;悲惨な境遇[状況]. Le costó muchísimo trabajo salir del ~. 彼[彼女]は惨めな境遇から抜け出すのに大変な苦労をした. Viven en el ~. 彼らは惨めな暮らしをしている. *echar* [*tirar*]*... al arroyo* / *plantar* [*po*-

ner]... en (la) mitad del arroyo …を(職場・家などから)追い出す.

a·rro·yue·lo [a.r̄o.ǰwé.lo] 男 小川, 小さな流れ. [arroyo + 縮小辞]

*****a·rroz** [a.r̄óθ / -.r̄ós] 男《複 arroces》 **1**《植》イネ. cultivar ~ 稲作する. segar [trillar] el ~ イネを刈る, 脱穀する. ~ salvaje ワイルドライス, マコモ.
2 米. ~ a la italiana リゾット(イタリア風炊炊). ~ (en) blanco (精)白米；ご飯. ~ integral 玄米. ~ con leche ライスプディング (米を牛乳で炊いた甘いデザート). grano de ~ 米粒. ~ negro イカすみご飯. ~ a la cubana トマトソースをかけた目玉焼きや揚げバナナを添えた米料理. *Nosotros los japoneses comemos mucho* ~. 我々日本人は米をたくさん食べる. **3**《ラ米》(ﾌﾟｴﾙﾄﾘｺ)《話》小パーティー.
arroz con mango《ラ米》(ｺﾛﾝﾋﾞｱ)《話》ややこしいこと, 複雑なこと.
polvos de arroz 粉おしろい.
¡que si quieres arroz, Catalina!《話》《不満・失望》全く聞き入れなくて無駄に.
[←《古》《ｱﾗﾋﾞｱ》*ar-ruzz*;《関連》《ﾎﾟﾙﾄｶﾞﾙ》*arroz*. 《仏》*riz*.《伊》*riso, risotto*.《英》*rice*.《独》*Reis*]

a·rro·zal [a.r̄o.θál / -.sál] 男 稲田, 水田, 田んぼ.

a·rru·fa·du·ra [a.r̄u.fa.ðú.ra] 女《海》舷弧(ゲﾝｺ).

a·rru·far [a.r̄u.fár] 他 **1** しわを作る.
2《海》(建造時に)舷弧をつける.
— 自 **1**《海》(船の甲板に)舷弧がついている.
2《ラ米》(ﾌﾟｴﾙﾄﾘｺ)《話》いらいらする, 怒る.
— ~·**se** 再 (猫が)背を弓なりに曲げる.

a·rru·fia·na·do, da [a.r̄u.fja.ná.ðo, -.ða] 形 悪党の.

a·rru·fo [a.r̄ú.fo] 男《海》→ arrufadura.

***a·rru·ga** [a.r̄ú.ga] 女 **1** しわ. *un papel lleno de* ~*s* しわだらけの紙. *una cara surcada de* ~*s* しわの刻まれた顔. *Su camisa no tiene ni una* ~. (彼/彼女の)シャツはしわがない.
2《ラ米》《話》(1)(ﾒｷｼｺ)(ﾍﾞﾈｽﾞ)詐欺, ぺてん, いんちき. (2)(ﾍﾞﾈｽﾞ)借金.
[←《古ｽﾍﾟｲﾝ》*ruga*—[ﾗ]*rūga*]

a·rru·ga·mien·to [a.r̄u.ga.mjén.to] 男 **1** しわを寄せること；しわになること. **2** おじけづくこと.

***a·rru·gar** [a.r̄u.gár] 他 **1** しわを作る, しわくちゃにする. ~ *la cara* 顔をしかめる. *Con rabia arrugó la carta que tenía en la mano.* 彼/彼女は腹を立てて手にしていた手紙をくしゃくしゃにした. **2**《ラ米》(ﾒｷｼｺ)(ﾍﾞﾈｽﾞ)《話》うるさくする, 困らせる.
— ~·**se** 再 **1** しわが寄る, しわになる. **2** おじけづく. **3**《ラ米》(ﾒｷ)《話》気力を失う.
arrugar el ceño [el entrecejo, la frente] まゆをひそめる.

a·rru·gia [a.r̄ú.xja] 女《鉱》**1** 岩盤崩し；昔のスペイン人が用いた金採掘法の一つ. (2) 金鉱, 金山.

a·rru·gue [a.r̄ú.ge] 男《ラ米》(ﾒｷｼｺ) → arruga.

arrugue(-) / arrugué(-) 活 → arrugar.

a·rrui·na·do, da [a.r̄wi.ná.ðo, -.ða] 形《ラ米》(1) (ｸﾞｱﾃ)《話》哀れな, 惨めな. (2) (ｸﾞｱﾃ)(ﾎﾝｼﾞ)発育不良の, 小弱な.

a·rrui·na·mien·to [a.r̄wi.na.mjén.to] 男 **1** 破産, 破滅. *provocar el* ~ *de...* …の破滅をもたらす. **2** 破壊, 崩壊.

***a·rrui·nar** [a.r̄wi.nár] 他 **1** 破産[破滅]させる. **2** 崩壊させる. *El terremoto arruinó toda la ciudad.* 地震によって全市が壊滅した. → romper 類語. **3** 傷つける, だめにする. ~ *la reputa-* *ción* 信用を失墜する. *El hábito de fumar te está arruinando la salud.* 喫煙の習慣のために君は健康を損ねている.
— ~·**se** 再 **1** 破産[破滅]する. *Se ha arruinado invirtiendo demasiado en la bolsa.* 彼/彼女は株に投資をし過ぎて破産してしまった.
2 崩壊[壊滅]する. **3** 害を受ける, だめになる.
para acabarla de arruinar その上さらに悪いことには.

a·rrui·na·dor, do·ra [a.r̄wi.na.ðór, -.ðó.ra ‖ -.ʎa.-] 形《音・声などが》耳に快い.

a·rru·llar [a.r̄u.ʎár ‖ -.ǰár] 他 **1**《雄バトが》《雌バトに》(求愛で)クークーと鳴く. **2**《子供を》(子守歌などで)寝かしつける. **3**《音》が耳に快く響く. **4**《話》《恋人に》甘くささやく.
— ~·**se** 再《恋人同士が》耳にささやきあう.

a·rru·llo [a.r̄ú.o ‖ [o.-] 男 **1** (まどろみを誘う)耳に快い音. **2**《ハトが》クークーと鳴くこと. *el* ~ *de las palomas* ハトの鳴き声. **3**《恋人同士の》甘いささやき. **4** 子守歌. **5** (赤ん坊の)おくるみ.

a·rru·ma·co [a.r̄u.má.ko] 男 **1**《主に複数で》《話》おだて；《愛情のこもった態度[表現]》愛撫. *andar con* ~*s* おべっかを使う.
2《複数で》悪趣味な装飾品.

a·rru·ma·je [a.r̄u.má.xe] 男《海》荷物の積み込み.

a·rru·mar [a.r̄u.már] 他《海》《積み荷を》配置する；積み重ねる.
— ~·**se** 再《海》水平線が雲に覆われる.

a·rru·ma·zón [a.r̄u.ma.θón / -.són] 女《海》**1** 積み荷の配置. **2** (水平線に見える)雲, 曇り空.

a·rru·ma·dor, do·ra [a.r̄um.ba.ðór, -.ðó.ra] 男女 **1** ワイン貯蔵所の職人.
2 港湾の積み荷労働者.

a·rrum·ba·mien·to [a.r̄um.ba.mjén.to] 男《海》針路.

a·rrum·bar¹ [a.r̄um.bár] 他 **1** 《役に立たないものを》隅に片づける；捨てる.
2《人を》(会議などから)締め出す, 疎外する.
3《ラ米》(ｸﾞｱﾃ)乱雑に積み重ねる.

a·rrum·bar² [a.r̄um.bár] 他《海》《船の》針路を定める. — 自《海》《船が》針路を定める.
— ~·**se** 再 **1**《海》《船が》針路を定める. **2**《ラ米》(ｴｸｱﾄﾞﾙ)(ﾒｷ)かびが生える, 酸っぱくなる.

a·rru·me [a.r̄ú.me] 男《ラ米》(ｺﾛﾝﾋﾞｱ)《話》乱雑な山積み.

a·rrun·char·se [a.r̄un.tʃár.se] 再《ラ米》(ｺﾛﾝﾋﾞｱ)(体を縮めて)丸くなる.

a·rru·rrú [a.r̄u.r̄ú] 男《ラ米》(ﾒｷｼｺ)子守歌.

a·rru·rruz [a.r̄u.r̄úθ / -.r̄ús] 男 アロールートでんぷん, くず粉：クズウコンの根茎から採れるでんぷん.

a·rru·ta·na·do, da [a.r̄u.ta.ná.ðo, -.ða] 形《ラ米》(ｺﾛﾝﾋﾞｱ)《話》太った.

ar·se·nal [ar.se.nál] 男 **1** 兵器庫. **2** (データなどの)蓄積；宝庫. **3** 造船所；海軍工廠(ｺｳｼｮｳ).

ar·se·nia·to [ar.se.njá.to] 男《化》ヒ酸塩.

ar·se·ni·cal [ar.se.ni.kál] 形《化》ヒ素の；ヒ素を含む.

ar·sé·ni·co, ca [ar.sé.ni.ko, -.ka] 形《化》(5価の)ヒ素の[を含む]. — 男 ヒ素(記号 As).

ar·se·nio·so, sa [ar.se.njó.so, -.sa] 形《化》亜ヒ[第一ヒ素]の.

ar·se·niu·ro [ar.se.njú.ro] 男《化》ヒ化物.

ar·so·lla [ar.só.ja ‖ -.ʎa.] 女《植》ヤグルマギク.

art., arto., art.º《略》*artículo* (1) 商品. (2) 条項.

ar·ta [ár.ta] 囡 [el ～, un [una] ～]《植》オオバコ.

ar·ta·ni·ca [ar.ta.ní.ka] / **ar·ta·ni·ta** [ar.ta.ní.ta] 囡《植》シクラメン.

ar·te [ár.te] 男（または囡. ▶ 単数では cisoria, poética, plumaria など特定の形容詞を伴う場合を除き通常男, 複数では囡）[el ～, un [una] ～].
 1 芸術；美術（様式）. ～ abstracto [figurativo] 抽象[具象]芸術. bellas ～s 芸術. ～s decorativas [plásticas] 装飾[造形]芸術. ～s gráficas グラフィックアート. ～ griego ギリシア美術. séptimo ～ 7番目の芸術, 映画. obra de ～ 芸術作品. el ～ por el ～ 芸術のための芸術, 芸術至上主義.
 2 技術, 技法. ～ cisoria（特に肉の）切り分け方. ～ culinario 料理（法）. ～ plumaria 鳥の羽模様の刺繍(ﾂﾙ). ～ poética 詩法. ～s marciales 武術.
 3 技能, 技巧, 巧みさ. con [sin] ～ 巧みに［下手に］. Tiene mucho ～ para pintarse. 彼女はメイクがとても上手だ.
 4《主に複数で》《軽蔑》ずる賢さ；術策, 奸(ｶﾝ)策. malas ～s 策略.
 5 学術, 学芸. ～s liberales 教養科目；音楽, 修辞学, 幾何学. ▶「中世の三学」trivium は gramática 文法, dialéctica 弁証法, retórica 修辞学.「中世の四科」cuadrivium は aritmética 算数, geometría 幾何学, astronomía 天文学, música 音楽. **6**《主に複数で》釣り道具. **7**《詩》詩型. ～ mayor [menor]一行が8音節を超える[超えない]詩.
 (*como*) *por arte de birlibirloque* [*magia*]《話》魔法のように.
 de buen [*mal*] *arte* 上機嫌で[不機嫌に].
 no tener arte ni parte en... …と全く関係がない.
 [←［ラ］*artem*（*ars* の対格）；関連 artístico, artista, artesano.［英］*art*］

*ar·te·fac·to [ar.te.fák.to] 男 **1** 装置, 仕掛け；器具. ～ explosivo 爆破装置. ～ nuclear 核爆発装置, 核兵器. **2**《軽蔑》大きすぎて役に立たないもの. **3**《考古》人工遺物. **4**《医》《生物》人工産物. **5**《ラ米》(1)《ﾒﾋｺ》(ｺﾞﾙ)（浴室・キッチンの）備品. ～ sanitario（浴室・トイレの）備品.(2)《ｱﾙｾﾞﾝ》電灯. ～ eléctrico 家電製品.

ar·te·jo [ar.té.xo] 男 **1**《解剖》指関節. **2**《動》体節.

Ar·te·mis [ar.té.mis] / **Ar·te·mi·sa** [ar.te.mí.sa] 固名《ギ神》アルテミス：月と狩猟の女神で, 多産および子供の守護神. ローマ神話の Diana に当たる.

ar·te·mi·s(i)a [ar.te.mí.s(j)a] 囡《植》ヨモギ（属の植物）.

ar·te·ra [ar.té.ra] 囡（パン用の）焼きごて.

*ar·te·ria [ar.té.rja] 囡 **1**《解剖》動脈（▶「静脈」は vena）. ～ aorta 大動脈. ～ carótida 頸(ｹｲ)動脈. ～ coronaria 冠動脈. ～ femoral 大腿動脈. ～ pulmonar 肺動脈. **2**（交通・流通・通信などの）幹線, 幹線道路. la ～ principal 主要幹線道路.

ar·te·ri·a [ar.te.rí.a] 囡 狡猾(ｺｳｶﾂ)さ, 策略.

ar·te·rial [ar.te.rjál] 形 動脈（中）の. presión [tensión] ～ 血圧. sangre ～ 動脈血.

ar·te·rio·gra·fí·a [ar.te.rjo.ɣra.fí.a] 囡《医》動脈造影, 動脈写.

ar·te·rio·la [ar.te.rjó.la] 囡《解剖》細[小]動脈.

ar·te·rios·cle·ró·si·co, ca [ar.te.rjos.kle.ró.si.ko, -.ka] / **ar·te·rios·cle·ró·ti·co, ca** [ar.te.rjos.kle.ró.ti.ko, -.ka] 形《医》動脈硬化（症）の. ━男 囡 動脈硬化症患者.

ar·te·rios·cle·ro·sis [ar.te.rjos.kle.ró.sis] 囡《単複同形》《医》動脈硬化（症）. ～ obliterante 閉塞性動脈硬化症.

ar·te·rio·so, sa [ar.te.rjó.so, -.sa] 形 → arterial.

ar·te·ri·tis [ar.te.rí.tis] 囡《単複同形》《医》動脈炎.

ar·te·ro, ra [ar.té.ro, -.ra] 形 狡猾(ｺｳｶﾂ)な, 腹黒い.

ar·te·sa [ar.té.sa] 囡（逆台形の底の浅い）槽(ｿｳ), パンのこね桶(ｵｹ).

ar·te·sa·na·do [ar.te.sa.ná.ðo] 男 **1** 職人（階級）. **2** 手工芸（品）.

ar·te·sa·nal [ar.te.sa.nál] 形 手工芸の；職人仕事の.

*ar·te·sa·ní·a [ar.te.sa.ní.a] 囡 **1** 手工芸（品）, 手仕事；職人仕事；手工業. ～ mexicana メキシコの工芸. objeto de ～ 手工芸品.
 2 技能, 技術. Está realizado con gran ～.（作品などが）見事な出来栄えである. **3** 職人（階級）.

:**ar·te·sa·no, na** [ar.te.sá.no, -.na] 形 手工芸［職人］の. ━男 囡 職人, 手工芸家.
 [←［伊］*artigiano*；関連 arte]

ar·te·sia·no, na [ar.te.sjá.no, -.na] 形 **1**〈井戸が〉掘り抜き[自噴]の. pozo ～ 掘り抜き[自噴]井戸. **2**（フランスの旧地方名）アルトワ Artois の.

ar·te·si·lla [ar.te.sí.ja‖-.ʎa] 囡（揚水機の）水槽.

ar·te·són [ar.te.són] 男 **1**（木製の）桶(ｵｹ). **2**《建》格間(ｺﾞｳﾏ)；格天井. **3**《ラ米》《ﾒﾋｺ》《ｸﾞｱﾃ》丸天井；平屋根.

ar·te·so·na·do, da [ar.te.so.ná.ðo, -.ða] 形《建》格間(ｺﾞｳﾏ)のついた, 格間を施した. ━男 格(ｺﾞｳ)天井.

ar·te·so·nar [ar.te.so.nár] 他《建》格間(ｺﾞｳﾏ)で飾る, 格(ｺﾞｳ)天井を張る.

ár·ti·co, ca [ár.ti.ko, -.ka] 形 北極の, 北極地方の (↔antártico). polo ～ 北極. Círculo (Polar) Á～ 北極圏. Océano Á～ 北極海. ━男 北極地方（圏）.

*ar·ti·cu·la·ción [ar.ti.ku.la.θjón/-.sjón] 囡 **1** 連結. **2**《解剖》関節. ～ de la cadera 股(ｺ)関節. ～ de la mandíbula 顎(ｱｺﾞ)関節. ～ de la rodilla 膝(ﾋｻﾞ)関節. ～ del codo 肘(ﾋｼﾞ)関節. ～ humeral 肩関節. **3**《音声》調音, 発音. modo de ～ 調音法. punto de ～ 調音点. **4**《機》連結, ジョイント. ～ universal 自在継ぎ手. **5**《植》節, 茎節. **6**（整然とした）区切り, 分節.

ar·ti·cu·la·do, da [ar.ti.ku.lá.ðo, -.ða] 形 **1** 連結した, 接合された. camión ～ トレーラー（トラック）. **2**《言》分節的な. lenguaje ～ 分節言語. **3**《解剖》関節のある. ━男 **1**《法》条項. **2**《動》体節動物.

ar·ti·cu·la·dor, do·ra [ar.ti.ku.la.ðór, -.ðó.ra] 形 明瞭に発音する.

ar·ti·cu·lar[1] [ar.ti.ku.lár] 形 関節の. reúma ～ 関節性リューマチ.

ar·ti·cu·lar[2] [ar.ti.ku.lár] 他 **1** 連結する, つなぎ合わせる. ～ dos piezas de una máquina 機械の2つの部品をつなぐ. **2**《音声》調音する. **3**《法》条項にまとめる. **4**（部分部分を）整然とまとめる. **5**《ラ米》《ﾒﾋｺ》《ｸﾞｱﾃ》(ｷ)きつくしかる, とがめる. ━自 **1** 明瞭(ﾒｲﾘｮｳ)に発音する. Los actores tienen que ～ bien. 俳優はきちんとした発音ができねばならない. **2**《ラ米》(ｷ)(1) 口論する.(2) 不平を言う, ぶつぶつ言う.
 ━**se** 再 つながる, 連結する.
 [←［ラ］*articulāre*（*articulus*「小関節」より派生）]

ar·ti·cu·la·to·rio, ria [ar.ti.ku.la.tó.rjo, -.rja] 形 〖音声〗調音の. órgano ~ 調音器官.

ar·ti·cu·lis·ta [ar.ti.ku.lís.ta] 女 コラムニスト, 論説家; 寄稿者〖家〗.

ar·tí·cu·lo [ar.tí.ku.lo] 男 **1** 記事；論文. El periódico de hoy trae muchos ~s interesantes. 今日の新聞にはおもしろい記事がたくさんある. ~ de fondo 社説. ~ en primera plana 一面記事.
2 品物, 商品. ~s alimenticios 食料品. ~s de deporte [oficina] スポーツ[事務]用品. ~s de lujo 贅沢(ぜいたく)品. ~s de primera necesidad 必需品. **3条項**, 事項. ~ el nueve de la Constitución 憲法第9条. ~ de fe 信仰箇条. **4** (辞書の)見出し語. ~s del diccionario 辞書の見出し語. **5**〖文法〗冠詞. ~ definido [determinado] 定冠詞(el, la, los, las). ~ indefinido [indeterminado] 不定冠詞(un, una, unos, unas). ~ neutro 中性の定冠詞(lo). **6**〖解剖〗関節.
en (el) artículo de la muerte 臨終に, 末期(まっご)に及んで.
hacer el artículo (de...)《話》(…を)ほめる.
[←〖ラ〗*articulum* (*articulus* の対格) (→ *artejo*)]
 関連 articular, articulación. [英] *article*]

ar·tí·fi·ce [ar.tí.fi.θe / -.se] 男 女 **1** 作り手, 創造者；考案者. Dios es el ~ de la creación. 神は造物主なり. El *A*~ Supremo 神, 創造主. Ha sido el ~ de su fortuna. 彼は一代で自分の財産を築き上げた. **2** 工芸家；職人.

ar·ti·fi·cial [ar.ti.fi.θjál / -.sjál] 形 《名詞+》《ser+》**1** 人工の, 人造の (↔natural). césped ~ 人工芝. flores ~*es* 造花. fuegos ~*es* 花火. inseminación ~ 人工授精. inteligencia ~ 〖ＩＴ〗人工知能. respiración ~ 人工呼吸. pierna ~ 義足. satélite ~ 人工衛星. **2** 不自然な, わざとらしい. con sonrisa ~ 作り笑いを浮かべて. [←〖ラ〗*artificiālem* (*artificiālis* の対格；*artificium*「巧み」より派生); 関連 artificioso. [英]*artificial*]

ar·ti·fi·cia·li·dad [ar.ti.fi.θja.li.ðáð / -.sja.-] 女 不自然さ, わざとらしさ.

ar·ti·fi·cie·ro [ar.ti.fi.θjé.ro / -.sjé.-] 男 **1** (警察や軍の)爆発物専門家〖処理係〗.
2 〖軍〗弾薬専門の砲兵.

ar·ti·fi·cio [ar.ti.fí.θjo / -.sjo] 男 **1** 装置, 仕掛け. ~s pirotécnicos / fuegos de ~ 花火. **2** 巧妙なやり方, 技巧. con ~ 巧みに. **3** 不自然さ, わざとらしさ. Esta obra tiene demasiado ~. この作品はあまりにわざとらしい. **4** 計略, 策略. Emplea muchos ~s para disimular su edad. 彼[彼女]は年を隠すためにあの手この手を使う.

ar·ti·fi·cio·si·dad [ar.ti.fi.θjo.si.ðáð / -.sjo.-] 女 技巧が凝りすぎていること, 不自然さ.

ar·ti·fi·cio·so, sa [ar.ti.fi.θjó.so, -.sa / -.sjó.-] 形 **1** 不自然な, わざとらしい. **2** ずるい, 狡猾(こうかつ)な.

ar·ti·gar [ar.ti.ɣár] 他 焼き畑にする.

Ar·ti·gas [ar.tí.ɣas] 固名 アルティガス José Gervasio ~ (1764–1850)：ウルグアイの軍人・政治家. 独立運動の指導者.

ar·ti·lla·do [ar.ti.já.ðo ‖ -.ʎá.-] 男 艦載砲；要塞(ようさい)砲.

ar·ti·llar [ar.ti.jár ‖ -.ʎár] 他 大砲を備える, 備砲する.

ar·ti·lle·rí·a [ar.ti.je.rí.a ‖ -.ʎe.-] 女 **1** 〖軍〗《集合的》砲, 大砲；砲術. ~ antiaérea 高射砲. montar la ~ 大砲を備えつける[砲架に据える]. parque de ~ 砲廠. ~ pesada 重砲. pieza de ~ 大砲. **2** 砲兵隊. **3** 《話》力；努力；手腕. **4** 〖スポ〗《集合的》(特にサッカーで)オフェンスの選手.
[←〖仏〗*artillerie*; 関連 [英] *artillery*]

ar·ti·lle·ro, ra [ar.ti.jé.ro, -.ra ‖ -.ʎé.-] 形 砲の. ━男 **1** 〖軍〗砲兵, 砲手. **2** 爆発物専門家. **3** 〖スポ〗(特にサッカーの)ストライカー.

ar·ti·lu·gio [ar.ti.lú.xjo] 男 **1** 《軽蔑》(一時的に役立つ)複雑な装置. **2** 策略, ぺてん. **3** 道具.

ar·ti·ma·ña [ar.ti.má.ɲa] 女 **1** 《話》たくらみ, 計略, 術策. **2** 〖狩〗落とし穴, わな.

ar·ti·na [ar.tí.na] 女 〖植〗クコの実.

ar·tio·dác·ti·los [ar.tjo.ðák.ti.los] 男《複数形》偶蹄(ぐうてい)目の(動物).

ar·tis·ta [ar.tís.ta] 男 女 **1** 芸術家, アーティスト. ~ plástico 造形芸術家. España ha producido muchos grandes ~s. スペインは大勢の偉大な芸術家を生んだ.
2 芸能人, タレント；俳優；歌手. ~ de cine 映画俳優. ~ de variedades バラエティーショーのタレント. **3** 《話》名人, 達人. Es un ~ conduciendo. 彼は運転がとても上手だ.

ar·tís·ti·co, ca [ar.tís.ti.ko, -.ka] 形 **1** 《名詞+》 芸術の, 美術の. dibujo ~ 美術デッサン. talento ~ 芸術的才能. Ayer hablé con el director ~ de esta compañía de ballet. 昨日私はこのバレエ団の美術監督と話をした.
2 《名詞+》《ser+》芸術的な, 美的な. danza *artística* 芸術的なダンス. Tiene un gran sentido ~. 彼[彼女]は大変美的センスの持ち主だ.
ficha artística (映画などの)キャスト.
gimnasia artística (鉄棒などの)体操競技.

ar·to [ár.to] 男 〖植〗クコ.

ar·to·las [ar.tó.las] 女《複数形》(振り分け式の)2人乗り用の鞍(くら).

ar·tral·gia [ar.trál.xja] 女 〖医〗関節痛.

ar·trí·ti·co, ca [ar.trí.ti.ko, -.ka] 形 〖医〗関節炎の. ━男 女 関節炎患者.

ar·tri·tis [ar.trí.tis] 女《単複同形》〖医〗関節炎. ~ reumatoide 関節リウマチ. ~ temporomandibular 顎(あご)関節症.

ar·tri·tis·mo [ar.tri.tís.mo] 男 〖医〗関節病体質, リューマチ素質.

artro- 「関節」の意を表す造語要素. 母音の前では artr-. ~*algia*, *artrópodo*. [←〖ギ〗]

ar·tro·gri·po·sis [ar.tro.ɣri.pó.sis] 女《単複同形》〖医〗関節拘縮症.

ar·tro·lo·gí·a [ar.tro.lo.xí.a] 女 関節学.

ar·tró·po·do, da [ar.tró.po.ðo, -.ða] 形 〖動〗節足動物の. ━男 節足動物；《複数で》節足動物門.

ar·tros·co·pia [ar.tros.kó.pja] 女 〖医〗関節鏡検査.

ar·tro·sis [ar.tró.sis] 女《単複同形》〖医〗関節症.

ar·tú·ri·co, ca [ar.tú.ri.ko, -.ka] 形 (イギリスの伝説の)アーサー王の.

Ar·tu·ro [ar.tú.ro] 固名 **1** 〖天文〗アークトゥルス：うしかい座 el Boyero の主星. **2** アルトゥーロ：男子の洗礼名. [←〖ラ〗*Arctūrus*←〖ギ〗*Arktoûros* (原義は「熊になる者」「熊を守護する者」；この星がおおぐま座・こぐま座の近くにあることによる). 関連 [仏][英][独] *Arthur*. [ポルトガル][伊] *Arturo*]

Ar·tús [ar.tús] 固名 el rey ~ アーサー王：6世紀ごろのブリテン島(英国)の伝説の王.

a.ru.gas [a.rú.gas] 女《複数形》【植】カミツレ.
á.ru.la [á.ru.la] 女 [el ~, un [una] ~]《史》小型聖壇.
a.ru.ñar [a.ru.ɲár] 他《ラ米》(アルゼン)(コロン)(チリ)(エクアドル) →arañar.
a.ru.ña.zo [a.ru.ɲá.θo / -.so] / **a.ru.ño** [a.rú.ɲo] 男 →arañazo.
a.ru.ñón [a.ru.ɲón] 男《ラ米》(コロン)《話》泥棒, すり; 引っかくこと; 引っかき傷.
a.rús.pi.ce [a.rús.pi.θe / -.se] 男《史》腸卜(ちょうぼく)師: 古代ローマで生贄(いけにえ)の動物の内臓で占った占い師.
ar.ve.ja [ar.bé.xa] / **ar.ve.ja.na** [ar.be.xá.na] 女《植》インゲンマメ. 2《ラ米》(アルゼン)(コロン)(チリ)(ペルー)エンドウ, エンドウマメ.
ar.ve.jal [ar.be.xál] 男 1 インゲンマメの群生地. 2《ラ米》(アルゼン)(コロン)(チリ)(ペルー)エンドウマメの畑.
ar.ve.je.ra [ar.be.xé.ra] 女《植》ソラマメ属の総称.
ar.ve.jo [ar.bé.xo] 男《植》エンドウ(豆).
ar.ve.jo.na [ar.be.xó.na] 女 →arveja.
ar.ven.se [ar.bén.se] / **ar.ví.co.la** [ar.bí.ko.la] 形《植》畑の雑草の.
ar.zo.bis.pa.do [ar.θo.bis.pá.ðo / -.so.-] 男《宗》(1) 大司教, 大主教, 大監督の職. (2) 大司教, 大主教, 大監督区. (3) 大司教[大主教, 大監督]の館.
ar.zo.bis.pal [ar.θo.bis.pál / -.so.-] 形《宗》大司教[大主教, 大監督](職)の. palacio ~ 大司教館.
*__ar.zo.bis.po__ [ar.θo.bís.po / -.so.-] 男《カト》大司教; (ギリシア正教)大主教; (プロテスタント)大監督.
ar.zo.lla [ar.θó.ja ‖ -.ʎa / -.só.-] 女《植》ヤグルマギクの一種.
ar.zón [ar.θón / -.són] 男《馬》鞍橋(くらぼね). potro con ~ (体操の)鞍馬(あんば).
*__as__ [ás] 男 1 《遊》(トランプ)エース, (さいころの) 1. pareja de ases 1のペア. as de diamantes ダイヤのエース. → naipe. 2 第一人者, エース. un as del volante 名ドライバー. 3 アス: 12オンスの価値を持つ古代ローマの銅貨. as de guía《海》細じ結びの一種. tener [llevar, guardar] un as en la manga 秘策[とっておき]を有する.

arzón (鞍橋)

As《化》arsénico ヒ素.
a.sa¹ [á.sa] 女 [el ~, un [una] ~] 1 (鍋(なべ)・かごなどの)半円形の, 取っ手. un bolso ハンドバッグの柄. asas de una olla 両手鍋の柄. con [sin] ~ 取っ手付き[なし]の. 2 湾曲; (腸の)湾曲部. [←《ラ》ānsam (ānsa の対格)].
a.sa² [á.sa] 女 [el ~, un [una] ~] 《植》樹液の. asa dulce ベンゾイン樹脂. asa fétida オオウイキョウ, フェルラ.
a.sa.ción [a.sa.θjón / -.sjón] 女 1 焼く[あぶる]こと. 2《薬》煎(せん)じ薬, 煎出.
a.sa.de.ro, ra [a.sa.ðé.ro, -.ra] 形 焼くための. — 男《話》非常に暑い場所.
a.sa.do, da [a.sá.ðo, -.ða] 形 1 焼いた. carne asada 焼き肉. bien [poco] ~ よく焼いた[生焼けの, レアの]. 2《ラ米》(コロン)恥ずかしく思う. — 男 (直火の)焼き肉, (子牛・子羊などの)バーベキュー. ~ con cuero 皮つきの焼き肉. estar asado《ラ米》(アルゼン)一文無しである.

a.sa.dor [a.sa.ðór] 男 1 焼き串(くし). 2 (肉の回転式)ロースター, バーベキューグリル. 3 焼き物 asado 専門のレストラン.
a.sa.du.ra [a.sa.ðú.ra] 女 1《主に複数で》(動物の)内臓, はらわた. 2 肝臓. 3《話》のろま, ものぐさ. — 男 女 のろま, 鈍い人.
a.sa.e.tar [a.sa.e.tár] 他 →asaetear.
a.sa.e.te.ar [a.sa.e.te.ár] 他 1 射る, 射止める. 2 《a... / con...》...で悩ます, 困らせる. ~ a +人 a [con] preguntas 人)を質問攻めにする.
a.sa.fé.ti.da [a.sa.fé.ti.ða] 女 →asa².
a.sa.la.ria.do, da [a.sa.la.rjá.ðo, -.ða] 形 給与所得者[サラリーマン]の. — 男 女 1 給与所得者, サラリーマン. 2 会社の言いなりの人.
a.sa.la.riar [a.sa.la.rjár] 82 他 ...に給与を支払う; 雇う.
a.sal.mo.na.do, da [a.sal.mo.ná.ðo, -.ða] 形 1 サケに似た. 2 サーモンピンクの.
a.sal.tan.te [a.sal.tán.te] 形 襲いかかる, 襲撃する. — 男 女 襲撃者; 強盗.
*__a.sal.tar__ [a.sal.tár] 他 1 襲撃する, 攻撃する; 押し入る. ~ una fortaleza 要塞(ようさい)を攻撃する. ~ una joyería 宝石店に押し入る. Ayer fue asaltada esa tienda. 昨日その店に強盗が入った. 2 (質問などで)責め立てる. En la rueda de prensa la asaltaron los periodistas. 記者会見で彼女は記者たちに責め立てられた. 3 (疑惑・心配などが)ふと思い浮かぶ, 脳裏をかすめる. Una idea me asaltó. ふとある考えが浮かんだ.
a.sal.to [a.sál.to] 男 1 襲撃, 攻撃, 急襲; 強盗. carro de ~ 戦車. dar ~ 攻略する. dar ~ a +人 (人)を襲って金品を奪う. tomar por ~ 強奪する. 2 《スポ》(1) (ボクシング・レスリングなど)ラウンド. ~ derribar al adversario en el tercer ~ 対戦相手を第3ラウンドで倒す. (2) (フェンシング)突き. 3 《遊》城取り. 4《ラ米》(コロン)家の前で歌うクリスマスソング: ドアが開けられるまで歌う. → congreso [類語].
***__a.sam.ble.a__ [a.sam.blé.a] 女 1 (公的な)会議, 大会, 集会. la A~ General de la ONU 国連総会. La ~ se celebró a puerta cerrada. 会議は秘密裏に催された. → congreso [類語]. 2 議会. ~ provincial 県議会. ~ constituyente 憲法制定[改正]議会. 3《軍》集合, 集結. 4《軍》集合ラッパ.
a.sam.ble.a.rio, ria [a.sam.ble.á.rjo, -.rja] 形 会議の; 議会の.
a.sam.ble.ís.mo [a.sam.ble.ís.mo] 男 会議をやたら開くこと.
a.sam.ble.ís.ta [a.sam.ble.ís.ta] 男 女 (会議・大会などの)参加者, 出席者.
a.sa.o [a.sá.o] 副《話》→ así que asao.
a.sa.pán [a.sa.pán] 男《ラ米》(メキ)《動》アメリカモモンガ.
*__a.sar__ [a.sár] 他 1 (直火・オーブンなどで)〈肉などを〉焼く, あぶる. ~ a [en] la plancha [parrilla] 鉄板[網]で焼く. ~ castañas 栗を炒(い)る. La carne se pone a ~ a 200 grados. 肉は200度で焼きます.

> [類語] __asar__ は直火かオーブンで「焼く」とき, __chamuscar__ は表面を「ちょっとあぶる」ときや, 火に近づきすぎて「髪などを」「焦がす」とき, __dorar__ はきつね色になるまで「炒(いた)」めたり「焼く」とき, __rehogar__ は「(油・バターで)こんがり焦げめがつくまで焼く」とき, __socarrar__ は「軽く焼く」ときに用いる. __tostar__ は「トーストする」. →cocinar [類語].

2 〈人に〉暑い[熱い]思いをさせる. Este jersey me *asa* vivo. このセーターを着ると暑苦しい.
3 《a... / con... …で》苦しめる, 責め立てる. El profesor me *asa a* preguntas. 先生は私を質問攻めにする.
— ~·se 再 **1** 〈肉などが〉焼ける. **2** (暑さで)焼けつきそうである. ~*se de calor* 暑さでうだる.
asar la manteca 愚かなことをする.
[← [ラ] *assāre*; 関連] asado]

a·sa·ra·bá·ca·ra [a.sa.ra.bá.ka.ra] / **a·sá·ra·ca** [a.sá.ra.ka] 女 → ásaro.

a·sar·di·na·do, da [a.sar.ði.ná.ðo, -.ða] 形 【建】(れんがが)小端建(こばだて)積みの.

a·sar·ga·do, da [a.sar.gá.ðo, -.ða] 形 綾(あや)織りの, サージのような.

á·sa·ro [á.sa.ro] 男 【植】カンアオイ.

a·sa·ti·vo, va [a.sa.tí.βo, -.βa] 形 【薬】煎(せん)じて用いる.

a·saz [a.sáθ / -.sás] 副 《文章語》かなり, とても.

as·bes·to [as.bés.to] 男 【鉱】石綿, アスベスト.

as·ca [ás.ka] 女 《el ~, un [una] ~》【菌類】(キノコなどの胞子の)子嚢(のう).

as·ca·lo·nia [as.ka.ló.nja] 女 【植】エシャロット: ユリ科の香味野菜.

as·ca·ria·sis [as.ka.rjá.sis] 女 《単複同形》【医】回虫症.

as·cá·ri·de [as.ká.ri.ðe] 男 → áscaris.

ás·ca·ris [ás.ka.ris] 男 《単複同形》【動】回虫.

as·cen·den·cia [as.θen.dén.θja / -.sen.-.sja] 女
1 先祖, 家系. Es de ~ *gallega*. 彼[彼女]の祖先はガリシア出身である. **2** 出自.

*__as·cen·den·te__ [as.θen.dén.te / -.sen.-] 形 上昇の[する], 上りの, 上向きの. línea ~ 上昇線. entonación ~ 上昇イントネーション. marea ~ 上げ潮. — 男 【占星】星座.

***as·cen·der** [as.θen.dér / -.sen.-] 12 自 《a...》
1 (…まで)上昇する, 上に行く, 上る(↔descender). El avión *estaba ascendiendo* poco a poco. 飛行機はだんだんと高度をあげていた.
2 (…まで)〈程度が〉上がる;〈数量が〉増える, 大きくなる;〈値段・金額が〉達する. Hoy la temperatura *ha ascendido* mucho. 今日は気温がずいぶん上がった. Estos días *ascienden* los precios de la verdura. 近ごろ野菜の値段が上昇している.
3 《…に》〈人が〉昇進する;〈階級〉が上がる. ~ *al trono* 王座に就く. El equipo *ascendió a* primera división. チームは一部リーグに上がった.
— 他 《a... …に》〈人を〉昇進させる. Fue *ascendida* al puesto de directora. 彼女は部長に昇進した.
[← [ラ] *āscendere* (*ad-*「…へ」+*scandere*「登る」); 関連] ascensor. [英] *ascend*]

as·cen·dien·te [as.θen.djén.te / -.sen.-] 形 上昇する, 上り調子の, 上向きの. — 男 女 (直系の)先祖. — 男 《複数で》先祖, 尊属(= ascendencia). — 男 影響力, 力, 感化力. tener [ejercer] ~ sobre+人 〈人〉に影響を及ぼす.

as·cen·sión [as.θen.sjón / -.sen.-.sjón] 女 **1** 上昇; 登攀(とうはん). la ~ *del Everest* エベレスト登攀(とうはん).
2 [A-]【カト】キリストの昇天;昇天祭. día de la *A~* 主昇天の祝日; 昇天祭. **3** 昇進.

as·cen·sio·nal [as.θen.sjo.nál / -.sen.-] 形 上昇する[させる], 押し上げる. fuerza ~ 揚[浮]力.

as·cen·sio·nis·ta [as.θen.sjo.nís.ta / -.sen.-] 男 女 **1** 登山家. → alpinista. **2** 気球操縦士[乗員].

*__as·cen·so__ [as.θén.so / -.sén.-] 男 **1** 上昇, 上ること; 登攀(とうはん)(↔ descenso). La ventisca nos impidió el ~ *de la montaña*. 吹雪のために我々は山に登れなくなった. **2** 昇進, 昇格, 昇級. conseguir un ~ 昇進する. el ~ *a director general* 局長への昇任. ~ *por méritos* 業績による昇進.

*__as·cen·sor__ [as.θen.sór / -.sen.-] 男 エレベーター, ;(運搬用)リフト. el *hueco del ~* エレベーターシャフト. ▶「エスカレーター」は escalera mecánica.

as·cen·so·ris·ta [as.θen.so.rís.ta / -.sen.-] 男 女 **1** エレベーター係. **2** エレベーター技術者.

as·ce·sis [as.θé.sis / -.sé.-] 女 《単複同形》苦行, 修行, 鍛錬.

ascensor (エレベーター)

as·ce·ta [as.θé.ta / -.sé.-] 男 女 **1** (苦)行者, 隠者. **2** 禁欲主義者.

as·cé·ti·co, ca [as.θé.ti.ko, -.ka / -.sé.-] 形 **1** 苦行する, 修行者の;禁欲的な.
2 きわめて質素な.
— 女 → ascetismo.

as·ce·tis·mo [as.θe.tís.mo / -.se.-] 男 **1** 苦行, 修行, 禁欲(生活), 禁欲主義. **2** 質素さ, 粗末なこと.

asciend- 活 → ascender.

ASCII [ás.ki] [英] 男 《略》【IT】*A*merican *S*tandard *C*ode for *I*nformation *I*nterchange (=Código Estadounidense Estándar para el Intercambio de Información)アスキー(コード): 米国企画協会(ASA)が定めたデータ通信用符号体系.

as·cio, cia [ás.θjo, -.θja / -.sjo, -.sja] 形 熱帯地方の人々の. — 男 《複数で》熱帯地方の人々.
[← [ラ] *ascium* (*ascius*の対格) ← [ギ] *áskios*「影のない」(*a-*「無」+*skiá*「影」+形容詞語尾)]

as·ci·tis [as.θí.tis / -.sí.-] 女 《単複同形》【医】腹水(症).

as·cle·pia·dá·ce·as [as.kle.pja.ðá.θe.as / -.se.-] 女 《複数形》【植】ガガイモ科(の植物).

*__as·co__ [ás.ko] 男 **1** 吐き気, むかつき. Le *da* ~. 彼[彼女]は吐き気を感じる.
2 嫌悪感, 不快感. coger [cobrar, tomar] ~ *a*... …が大嫌いになる. poner cara de ~ 嫌な顔をする. Me dan ~ *las arañas*. 私はクモが大嫌いだ. Me da ~ *verlo*. やつの顔を見ると虫唾(むしず)が走る. Le tiene ~ *al agua*. 彼[彼女]は水恐怖症なんだ.
3 《話》嫌悪[不快]感を与えるもの;最低のもの. Este bar es un ~. このバルはひどい.
4 ひどく汚らわしい[不潔な]もの.
estar hecho un asco《話》(1) ひどく汚れている, だらしがない. (2) 見る影もなくやつれて[落ちぶれて]いる.
hacer ascos a...《話》…を見下す, けなす. Siempre *hace ~s a todo*. 彼[彼女]はいつも何かとけちをつける.
no hacer ascos a...《話》…を喜んで[快く]受け入れる.
poner... de asco《ラ米》《チリ》《話》〈人を〉さんざんのしる.

ascomiceto

¡*Qué asco!*〖話〗ああ,いやだ[気持ち悪い].
[←〔古スペン〕*usgo*(〖俗ラ〕*osicāre* から派生か)〕

as·co·mi·ce·to [as.ko.mi.θé.to / -.sé.-]〖男〗〖植〗子囊(๑̑)菌；〖複数で〕子囊菌類.

as·cór·bi·co [as.kór.bi.ko]〖形〗〖生化〗アスコルビンの. *ácido* 〜 アスコルビン酸.

as·co·si·dad [as.ko.si.ðáð]〖女〗→asquerosidad.

as·co·so, sa [as.kó.so, -.sa]〖形〗とても不潔な,吐き気を催させるような；汚らわしい (= asqueroso).

as·cua [ás.kwa]〖女〗[el 〜, un [una] 〜] **1**(石炭・木炭などの)燠(๑̂), 真っ赤に焼けた鉄. *hierro hecho* 〜 真っ赤に焼けた鉄. *tener ojos como* 〜 *s* 目をきらきらと輝かせている.
2¡*A*〜*s*!〖感投詞的に〕痛い；おやまあ.
arrimar el ascua a SU *sardina*〖話〗自分の利益だけを考えて事を運ぶ.
estar en [*sobre*] *ascuas*〖話〗浮き足立っている；びくついている.
ser un ascua de oro まばゆいほどである,絢爛(๗̂ん)豪華である.

a·se·a·do, da [a.se.á.ðo, -.ða]〖形〗 **1** きれいな,身だしなみの整った. **2** 几帳面(๗̂๐๐)な,端正な.

a·se·ar [a.se.ár]〖他〗きれいにする,整える. 〜 *la casa* 家の中を整理整頓する.
—〜·se〖再〗身だしなみを整える.
[←〔俗ラ〕*assēdeāre*「元の所に置く」；〖関連〕aseo]

a·se·cha·mien·to [a.se.tʃa.mjén.to]〖男〗→asechanza.

a·se·chan·za [a.se.tʃán.θa / -.sa]〖女〗わな,たくらみ.

a·se·char [a.se.tʃár]〖他〗わなを仕掛ける.

a·se·cho [a.sé.tʃo]〖男〗→asechanza.

a·se·cho·so, sa [a.se.tʃó.so, -.sa]〖形〗計略的な；陰険な.

a·se·dar [a.se.ðár]〖他〗絹のように柔らかくする,すべすべにする.

a·se·dia·dor, do·ra [a.se.ðja.ðór, -.ðó.ra]〖形〗 **1** 包囲している. **2** しつこい,うるさく迫る.
—〖男〗〖女〗包囲者；しつこい人.

a·se·diar [a.se.ðjár]〖82〗〖他〗 **1** 包囲する,封鎖する. **2** 攻め立てる,うるさく迫る. *Los periodistas lo asediaron a preguntas*. 新聞記者たちは彼を質問攻めにした.

a·se·dio [a.sé.ðjo]〖男〗 **1** 包囲,封鎖. **2** 攻め立て；迷惑.

a·se·gla·rar·se [a.se.gla.rár.se]〖再〗〈聖職者が〉世俗的になる.

a·se·gún [a.se.gún]〖前〗〖ラ米〗〖話〗→según.

a·se·gun·dar [a.se.gun.dár]〖他〗もう一度行う,…し直す.

a·se·gu·ra·ción [a.se.gu.ra.θjón / -.sjón]〖女〗 **1** 保険(契約). **2**〖古語〗保証(すること), 請負.

a·se·gu·ra·do, da [a.se.gu.rá.ðo, -.ða]〖形〗保険が掛かっている. *casa asegurada de incendios* 火災保険に入っている住宅. 〜 *en diez mil euros* 1万ユーロの保険金が掛かっている.
—〖男〗〖女〗被保険者,保険契約[加入]者.

a·se·gu·ra·dor, do·ra [a.se.gu.ra.ðór, -.ðó.ra]〖形〗保証する；保険の. *compañía aseguradora* 保険会社. **—**〖男〗〖女〗保険者；保険会社；保証人.
—〖男〗〖ラ米〗〖๗̂〕安全ピン.

a·se·gu·ra·mien·to [a.se.gu.ra.mjén.to]〖男〗 **1** 固定,取り付け. **2** 保証. **3** 保険.

˟˟a·se·gu·rar [a.se.gu.rár]〖他〗 **1** 保証する；確保する. 〜 *la calidad* 品質を保証する. 〜 *el país contra el enemigo* 敵から国を守る. *Ese gol le aseguró el triunfo al equipo*. そのゴールでチームの勝利は確実なものになった. *Le aseguran un puesto en el banco*. 彼[彼女]は銀行で,あるポストを約束されている.
2《+不定詞 …と/ que+直説法》**断言する**；《a+人〈人〉に》請けあう. *El gobierno asegura que se reducirán los impuestos*. 政府は税金を下げると断言している. *Aseguraron tener una prueba*. 彼[彼女]らは証拠を握っていると断言した. *Te lo aseguro*. 絶対間違いないからね (▶ te が a+人 に相当). **3** しっかり固定する,安定させる. 〜 *un clavo en la pared* 壁に釘(๕̂)を打ち込む[固定する]. **4**《**contra…** …に対して/ **en…** 《金額》…に》保険をかける. 〜 *el coche contra robos* 自動車に盗難保険をかける.
—〜·se〖再〗 **1**《**de…** …を》確認する,確保する. *Me aseguré de que la puerta estuviera [estaba] bien cerrada*. 私はドアがきちんと閉まっているか[閉まっていることを]確認した. *Asegúrate de la veracidad de todos los datos*. すべてのデータの信憑(๗̂๐)性を確認しなさい.
2 身を支える,安全を確保する. *Se aseguró contra la pared para no caerse*. 彼[彼女]は転ばないよう壁につかまった. **3** 安定する；〈天候などが〉回復する. **4**《**contra…** …に備え》保険に入る；保障される. 〜*se contra incendios* 火災保険に入る.

a·sei·dad [a.sei.ðáð]〖女〗〖哲〗(神の)自存性,自有性.

a·se·me·jar [a.se.me.xár]〖他〗 **1**《**a…** …に》似せる. **2** たとえる,なぞらえる.
—〜·se〖再〗 **1**〖複数主語で〕(互いに)似る,類似する. **2**《**a…** …に》《**en…** / **por…** …の点で》似る,似ている. *Mi hermana se asemeja mucho a nuestra abuela por la forma de hablar*. 姉[妹]は話し方が祖母とそっくりだ.

a·se·mi·llar [a.se.mi.jár‖ -.ʎár]〖自〗〖ラ米〗〖๗̂〕〈花が〉受粉する,実をつける.

a·sen·de·re·a·do, da [a.sen.de.re.á.ðo, -.ða]〖形〗 **1**〈道などが〉踏みならされた,人がよく通る. **2** 受難の,苦労に耐えた；経験を積んだ.

a·sen·de·re·ar [a.sen.de.re.ár]〖他〗 **1** 道をつける[開く]. 〜 *un bosque* 森の中に道をつける. **2** 追跡する,追い回す. **3**(次から次へと)苦労をかける.

a·sen·so [a.sén.so]〖男〗同意；承諾,承認. *dar* 〜 *a…* …を承諾する.

a·sen·ta·da [a.sen.tá.ða]〖女〗*de una* 〜 一度に,一気に.

a·sen·ta·de·ras [a.sen.ta.ðé.ras]〖女〗〖複数形〗〖話〗お尻(๕̂).

a·sen·ta·di·llas [a.sen.ta.ðí.jas‖ -.ʎas]
a asentadillas (鞍(๗̂)に)横に座って.

a·sen·ta·do, da [a.sen.tá.ðo, -.ða]〖形〗 **1** 分別のある,思慮深い. **2** 定着している,定まった. *reputación muy asentada* 定評. **3**《**en…** …に》位置している,在る.

a·sen·ta·dor [a.sen.ta.ðór]〖男〗 **1** 卸売り商,仲買人. **2** 設置[敷設]する人. 〜 *de vías* 保線作業員. **3**(蹄鉄(๗̂๐)屋が使う)やすり；革砥(๗̂ん). **4**〖ラ米〗(๗̂)〖印〕(活字の)ならし木.

a·sen·ta·mien·to [a.sen.ta.mjén.to]〖男〗 **1** 設置,固定,据え付け. **2** 定着,定住. **3** 店舗,店. **4** 沈殿. **5** 鎮静. **6** 思慮,分別. **7**〖ラ米〗エンジンの慣らし運転.

˟a·sen·tar [a.sen.tár]〖8〗〖他〗 **1** 設置する；定着させ

せる；沈殿させる. ~ los cimientos 土台をしっかり据える. La lluvia ha asentado el polvo. 雨でほこりがおさまった.
2《en...》〈地位・任地など〉に据える，就ける. ~ a+人 en el trono〈人〉を王位に就ける.
3 設置する，建てる；〈テントを〉張る. ~ un campamento キャンプを設営する. ~ una ciudad 都市を建設する. **4** 座らせる，着席させる.
5 落ち着かせる，鎮静する. ~ el estómago revuelto 調子の悪い胃を治してくれる. **6** 裏付ける. 正当化する. **7** 断言［断定］する；確かな［自明の］ことと見なす. quedar *asentado* 明らかである. **8**〈契約・協定などを〉取り決める；同意する；作成する. Se *asentó* que... …ということが決まった. **9**〈原則・論理などを〉立てる，定める. **10**〈平手打ちなどを〉食らわす，加える. **11**《商》記帳する，記入［記載］する. **12**〈刃を〉研ぐ. **13** 平らにする；アイロンをかける；地固めする. **14**《法》裁定する，判定を下す.
—自 **1** 適合する，似合う.
2〈机などが〉安定する，ぐらつかない. Esta mesa no *asienta* bien. このテーブルは座りが悪い.
—~・se 再 **1**《en...》〈場所・地位〉に**定着する**；位置する；〈建物が〉立っている. Quieren ~*se* en este lugar. 彼らはこの場所に居を定めたがっている. Su chalé *se asienta* a orillas del Ebro. 彼[彼女]（ら）の別荘はエブロ川のほとりにある.
2《en...》《（…に）座る，着席する；〈鳥が〉《止まり木など》に止まる. **3** 沈む，沈殿する；積もる. **4**〈人格が〉成長する，落ち着く. **5**〈胃〉にもたれる. *Se me ha asentado* la comida. 食べ物が胃にもたれた.
asentar el juicio [la cabeza] 正気に戻る.
a・sen・ti・mien・to [a.sen.ti.mjén.to] 男 同意；承諾.
***a・sen・tir** [a.sen.tír] 27 自《a... …に》同意する，賛成する；承認する. ~ con la cabeza うなずいて同意する. ~ con un gesto 仕草で同意を表す.
a・sen・tis・ta [a.sen.tís.ta] 男 (軍・公的機関などの) 指定［請負］業者，御用商人.
a・se・o [a.sé.o] 男 **1** かたづけ，整理；清潔. **2** 身だしなみ，身支度；おめかし. personal 身繕（づくろ）い；身だしなみ. bolsa de ~ 洗面道具を入れるポーチ. **3** 洗面所，化粧室，トイレ (= cuarto de ~). **4** 念入り，丹念.

aseo (化粧室)

a・sé・pa・lo, la [a.sé.pa.lo, -.la] 形《植》無萼（がく）片の.
a・sep・sia [a.sép.sja] 女 **1**《医》無菌状態.
2 無菌法；防腐法.
a・sép・ti・co, ca [a.sép.ti.ko, -.ka] 形 **1** 無菌(法)の；防腐(法)の. **2** 無感情［冷淡］な. una carta *aséptica* 情感のない手紙.
a・se・qui・ble [a.se.kí.ble] 形 **1** 入手可能な，得られる；〈値段が〉手の届く. precio ~ 手ごろな値段.
2 理解できる，わかりやすい. libros ~*s* a todos 一般向け図書. **3** 接しやすい，親しみやすい. una persona ~ 気さくな人.
a・ser・ción [a.ser.θjón / -.sjón] 女 断言，断定.
a・se・re・nar [a.se.re.nár] 他 → serenar.
a・ser・mo・na・do, da [a.ser.mo.ná.đo, -.đa] 形 説教じみた.
a・se・rra・de・ro [a.se.r̄a.ðé.ro] 男 製材所［工場］.
a・se・rra・di・zo, za [a.se.r̄a.ðí.θo, -.θa / -.so, -.sa] 形 製材しやすい，(のこぎりで)簡単にひける.
a・se・rra・do, da [a.se.r̄á.ðo, -.ða] 形 **1** のこぎりの歯のような，ぎざぎざの. — 男 鋸歯状（じょう）の葉.
a・se・rra・dor, do・ra [a.se.r̄a.ðór, -.ðó.ra] 形 のこぎりで切る［ひく］. — 男 製材工，木挽（ひ）き.
— 女 動力のこぎり. *aserradora* de banda 帯のこ.
a・se・rra・du・ra [a.se.r̄a.ðú.ra] 女 **1** (のこぎりの)切り口. **2**《複数で》おがくず.
a・se・rrar [a.se.r̄ár] 他 15 のこぎりで切る，ひく.
a・se・rre・rí・a [a.se.r̄e.rí.a] 女 → serrería.
a・se・rrín [a.se.r̄ín] 男 おがくず. → serrín.
a・se・rru・char [a.se.r̄u.tʃár] 他《ラ米》(ジグゾー)(手)(ピザル)(小型)(のこぎり)で挽（ひ）く.
a・ser・tar [a.ser.tár] 他 → aseverar.
a・ser・ti・vo, va [a.ser.tí.βo, -.βa] 形 **1**《文法》平叙（文）の，断定（文）の. **2**〈人が〉断言的な.
a・ser・to [a.sér.to] 男 断言，断定.
a・ser・tor, to・ra [a.ser.tór, -.tó.ra] 男女 断言［明言］する人；主張者.
a・ser・tó・ri・co, ca [a.ser.tó.ri.ko, -.ka] 形《哲》実然的な. juicio ~ 実然(的)の判断.
a・ser・to・rio, ria [a.ser.tó.rjo, -.rja] 形 **1**《論》《哲》実然［確然］的な. **2** → asertivo.
a・se・sar [a.se.sár] 他 分別をもたせる.
— 自 分別がつく，道理をわきまえる.
*****a・se・si・nar** [a.se.si.nár] 他 **1**〈故意に〉殺害［暗殺］する. intentar ~ al presidente 大統領暗殺を図る. **2**《話》〈作品などを〉台無しにする，ぶち壊す. Cantó muy mal, así que *asesinó* la canción. 彼[彼女]はひどい歌い方で，歌をめちゃくちゃにした.
*****a・se・si・na・to** [a.se.si.ná.to] 男 暗殺，殺害；殺人.
*****a・se・si・no, na** [a.se.sí.no, -.na] 形 **1** 殺人の，殺人者の. mano [mirada] *asesina* 死の手［殺意を帯びた視線］. **2**《話》殺人的な，とても危険［不快］な；悩殺的な. ruido ~ 煩わしい騒音.
— 男女 暗殺者，人殺し，刺客. ~ pagado 殺し屋. ¡A~! 人でなし.
[←〔アラビア〕*ḥashshāshīn*「ハッシシを飲んだ者たち」；イスラム教徒の秘密暗殺団 (11-13世紀) の団員は行動に移る前にハッシシを飲んでいた]
a・se・sor, so・ra [a.se.sór, -.só.ra] 形 助言の，忠告の；顧問の. abogado ~ 法律顧問. consejo ~ 顧問会議. — 男女 助言者，顧問，コンサルタント. ~ jurídico [técnico] 法律[技術]顧問.
a・se・so・ra・mien・to [a.se.so.ra.mjén.to] 男 (専門的な)助言，勧告，コンサルティング. con el ~ técnico de... …の技術指導を得て.
*****a・se・so・rar** [a.se.so.rár] 他 助言する，勧告する. Voy a ~ a mi padre en la venta del piso. マンション売却について父の相談にのろう.
—~・se 再《con... / de... …に》《en... / sobre... …について》助言を求める，相談する. ~*se con [de]* un abogado 弁護士に相談する.
a・se・so・ra・to [a.se.so.rá.to] 男《ラ米》助言，忠告；顧問事務所.
a・se・so・rí・a [a.se.so.rí.a] 女 **1** 顧問職［業］.
2 顧問事務所，相談所［室］.
a・ses・tar [a.ses.tár] 他 **1**〈攻撃・打撃などを〉加える，与える. ~ una puñalada 刃物で突き刺す. ~ un puñetazo パンチを見舞う.
2〈視線・武器などを〉向ける，照準［ねらい］を定める.
a・se・ve・ra・ción [a.se.βe.ra.θjón / -.sjón] 女 断言［断定］，明言.

a·se·ve·rar [a.se.βe.rár] 他 断言[断定]する, 明言する.

a·se·ve·ra·ti·vo, va [a.se.βe.ra.tí.βo, -.βa] 形 **1** 断定[断言]的な. **2**《文法》平叙(文)の.

a·se·xua·do, da [a.sek.swá.ðo, -.ða] 形 性別のない; 中性的な.

a·se·xual [a.sek.swál] 形 **1**《生物》無性の, 無性生殖の. reproducción ~ 無性生殖.
2 → asexuado.

as·fal·ta·do, da [as.fal.tá.ðo, -.ða] 形 アスファルト舗装した.

as·fal·ta·do·ra [as.fal.ta.ðó.ra] 女 アスファルト舗装機械.

as·fal·tar [as.fal.tár] 他 アスファルトで舗装する.

as·fál·ti·co, ca [as.fál.ti.ko, -.ka] 形 アスファルト(性)の. tela *asfáltica* アルファルト性生地.

*__as·fal·to__ [as.fál.to] 男 アスファルト.

as·fíc·ti·co, ca [as.fík.ti.ko, -.ka] 形 → asfixiante.

as·fi·xia [as.fík.sja] 女 **1**《医》窒息(死), 呼吸困難;《感覚的な》息苦しさ.
2(必要が満たされないために生じる)困難.

as·fi·xian·te [as.fik.sján.te] 形 **1** 窒息させる, 窒息性の. gas ~ 窒息ガス. **2** 息苦しくさせる, 息が詰まるような. calor ~ うだるような暑さ.

as·fi·xiar [as.fik.sjár] 82 他 **1** 窒息させる. Este humo nos *asfixia*. この煙で我々は息ができない.
2 抑えつける. La miseria *asfixia* muchos talentos. 貧困は多くの才能の芽をからす. **3**《軍》(毒)ガスで攻撃する. ― ~·se 再 窒息する, 息が詰まる.

as·fí·xi·co, ca [as.fík.si.ko, -.ka] 形 →asfixiante.

asg- 困 → asir.

ash·ke·na·zi [as.ke.ná.θi / -.si] 形 男 女 → asquenazí.

‡a·sí [a.sí] 副 **1**《様態・程度》そのように, このように. Mire, se hace *así*. ほら, こういうふうにやるんですよ. No debes hablar *así*. そんな話し方をしてはいけません. ¿Está bien *así*? これで[この くらいで]いいですか. *Así* me gusta. それでいいよ, その調子. *Así* fue como dejé el piano. 私はこうしてピアノをやめた.

2《形容詞的に》《様態》そのような, このような. ¿No es *así*? そうじゃないですか. *Así* es la vida. 人生そんなものさ. Nunca había escuchado una cosa *así*. そんな話は聞いたことがなかったよ(▶ 名詞に後置して用いられる).

3《接続詞的に》(1)《結果》《+直説法》それで, そんなわけで…である. Se había quedado sin dinero, y *así* no *pudo* pagar el hotel. 彼[彼女]は一文なしになっていたのでホテル代が払えなかった(▶ ときに y を伴う). ¿*Así* te vas del pueblo? それで君は町を出て行くのか(▶ 驚きや感嘆を伴うことがある).
(2)《譲歩》《+接続法》たとえ(…)でも. Tengo que salir *así* lleva o truene. 私は雨が降ろうと雷が鳴ろうと出かけなくてはならない. *Así* se rían, no les haré caso. 笑われたって彼らのことは気にしない.

4《文頭で》《願望》《+接続法》どうか(…)であるように(▶ 特に悪態や祈願などで用いられる). ¡*Así* sea! そうなりますように. ¡*Así* te *ayude* Dios! どうか君に神のご加護がありますように.

así, así まあまあである, 並である. ¿Cómo estás? ― *Así, así*. 調子はどう. ―まあまあだね.

así A *como* B / A, *así como*, B《並列》AもBも; Bだけでなく Aも. *así* en verano *como* en invierno 夏も冬も. Los mayores, *así como* los niños, están invitados. 大人も子供も歓迎します.

así como... (1)《様態》《+直説法 …であるのと》様に;(…である)とおりに. Seré sincero contigo *así como* tú lo *eres* conmigo. 君が僕に対して率直であるように僕も君に対して率直になろうと思う(▶ *así como* に導かれる節が主節より前に置かれるとき, *así que* が主節の前に繰り返されることがある). Lo hice *así como* me *dijiste*. 君が教えてくれたとおりにやったよ. *Así como* lo *oyes*. お聞きのとおりです. (2)《近似》…のような;…くらいの. Me sentí *así como* rara. 私は何か奇妙な気分がした. Eran *así como* las once. それは11時ごろだった. (3)《対照》《+直説法 … であるのと対比して》. *Así como* el padre *es* muy trabajador, el hijo es un flojo. 父親は働き者だが, 息子は(対照的に)怠け者だ. (4)《時》…したらすぐに. *Así como* llegue, le hablaré. 彼[彼女]が着き次第, 話をするつもりです.

así como así (1) 軽々しく, 簡単に. Uno no puede decidir *así como así*. そんなに簡単に決断できるものではない. (2) いずれにしても.

así de (1)《+形容詞・副詞》こんなに[そんなに]…な. Quiero una televisión *así de grande*. 私はこのくらい大きなテレビがほしい(▶ 大きさを示す身振りを伴う). No soy *así de estúpido*. 私はそこまでばかではない. (2)《+名詞》こんなに[そんなに]たくさんの…. Había *así de gente*. このくらい多く人がいた.

Así es.《承認》そうです, そのとおりです.

así es que... そういうわけで…, それで.

así mismo → asimismo.

así no [nada] más《ラ米》(1) → *así*, así. (2) そのままで. Déjalo *así no más*. そのままにしておいてください. (3)《話》まあまあだ, まずまずだ.

así o asá《話》→ *así* que asá.

así pues《結果》そんなわけで, したがって(▶ 後続するコンマを伴うことが多い). *Así pues*, recomendamos el uso de otro modelo. というわけで, 私たちは別の機種の使用をお勧めします.

así que... (1)《結果》だから, それで…(である). Llegamos tarde, *así que* no salimos. 着いたのが遅かったので, 私たちは出かけなかった. (2)《時》…したらすぐに. *Así que* llegues a la estación, llámame. 駅に着いたら電話してくれ(▶ 未来に言及する場合には接続法).

así... que+直説法 非常に…なので…である.

así que asá [asado, asao] どちらにしても, どうであろうか(▶ 方法・様態への無関心を表す). *Así que asá* lo mismo da. どっちにしろ同じことだ.

así y todo それにもかかわらず, それでも(=aun así). *Así y todo* sigo creyendo que es verdad. それでも私はそれが真実だと信じている.

数値+*o así* およそ…, …ほど. Vale unos *100* euros *o así*. 約100ユーロほどの価格だ.

... y así (*sucesivamente*)《列挙》…などなど, 以下同じ. Mi padre le heredó de su padre *y así sucesivamente*. 父はそのまた父から, そういうようにそれを引き継いできた.
[←《古スペイン》*sí*←[ラ]*sīc*(→《sí》「はい」)]

*__A·sia__ [á.sja] 固名 アジア. *A*~ Menor 小アジア.
[←[ラ]*Asia*←[ギ]*Asía*(古代 Lidia あるいはギリシアから見て東方を指していった)]

*__a·siá·ti·co, ca__ [a.sjá.ti.ko, -.ka] 形 アジアの, アジア人の. el continente ~ アジア大陸. país ~ アジアの国. el sudeste ~ 東南アジア.
― 男 女 アジア人.

a·si·bi·la·ción [a.si.βi.la.θjón / -.sjón] 囡【音声】歯擦音化.

a·si·bi·lar [a.si.βi.lár] 他【音声】歯擦音化する.

a·si·de·ra [a.si.ðé.ra] 囡《ラ米》(ラプ)〖馬〗腹帯についている輪.

a·si·de·ro [a.si.ðé.ro] 男 **1** 取っ手. **2** 支援；コネ, 影響力. Tengo un buen ~ en el ministerio. 私は省内に有力なコネがある. **3** 口実, 言い訳. **4**《ラ米》(ラプ)〖拷(り)所.

a·si·do·nen·se [a.si.ðo.nén.se] 形 (スペイン Cádiz 県の)メディナシドニア Medinasidonia (旧称 Asido)の. ── 男囡 メディナシドニアの住民[出身者].

a·si·dui·dad [a.si.ðwi.ðáð] 囡 **1** 頻繁. con ~ 頻繁に. **2** 熱心.

*****a·si·duo, dua** [a.sí.ðwo, -.ðwa] 形 **1** 常連の, よく来る. Es el más ~ cliente de esta tienda. 彼はこの店一番の常連客だ. **2** 頻繁な；熱心な. Estoy harto de sus *asidua*s visitas. 彼[彼女](ら)がしょっちゅう訪ねてくるのにうんざりだ. ── 男囡 **常連**, お得意. un ~ del café 喫茶店の常連.

******a·sien·to** [a.sjén.to] 男 **1** 席, 座席. ~ plegable 折りたたみいす. ~ reclinable リクライニングシート. ~ proyectable 〖航空〗射出座席. ceder el ~ 席を譲る. reservar dos ~s 2人分の席を予約する. Este ~ está ocupado [libre]. この席はふさがって[空いて]いる. **2** 座部. **3**《ラ米》(自転車の)サドル. **3** (容器などの)底；(機器の)台座. ~ de válvula バルブシート, 弁座. **4** (裁判所·委員会などの)ポスト. Tiene ~ en el Tribunal Supremo. 彼[彼女]は最高裁判所にポストがある. **5** (町·建物などの)所在地. La fábrica tiene su ~ junto al río Tajo. 工場はタホ川沿いにある. **6** 基盤, 土台, 支え. **7** 定着, 安定. persona de poco ~ en su trabajo 仕事の長続きしない人. Este método tiene poco ~. この方法はあまり定着していない. **8**《複数で》臀部(ぶ). **9** 覚え書き, 注記. **10**〖商〗記入, 記帳；記帳項目. **11** 沈殿物, 澱(おり). **12** 分別, 良識. persona de ~ 分別のある人. **13**〖建〗(建物の)沈下. **14** (胃の)もたれ. **15**〖馬〗馬銜(はみ)(付け). **16**〖商〗調達契約, (納入)請負. **17**〖史〗アシエント契約: 主に18世紀, スペイン王室が英仏など外国の会社と締結した新大陸への商品 (黒人奴隷を含む)の独占的供給契約. **18**《ラ米》**(1)**(ラブ)(農場)で主な建物の集まっているところ. **(2)**(メヒ)鉱区；鉱山町. **(3)**(*ホ)《複数で》コーヒーの出しがら.

asiento de pastor〖植〗エニシダ.

culo de mal asiento《話》どこにも腰が落ち着かない[長続きしない]人.

de asiento 定住した；分別のある.

estar de asiento 住み着く, 定住する.

hacer asiento 定住した；(建物が)沈下する.

no calentar el asiento《話》腰が落ち着かない；長続きしない.

pegársele el asiento (a + 人)〈人が〉長居する.

tomar asiento 席に着く. *Tome* usted ~. お掛けください.

vivir de asiento con +人《ラ米》(ラプ)《話》〈人〉と同棲(せい)する.

a·sig·na·ble [a.siɣ.ná.βle] 形 割り当て[付与]可能な.

*****a·sig·na·ción** [a.siɣ.na.θjón / -.sjón] 囡 **1** 割り当て, 付与. la ~ de fondos 資金の配分. **2** 給料, 賃金, 手当；小遣い. Me dan una ~ mensual de 100 euros. 私は月100ユーロの小遣いをもらっている.

a·sig·na·do [a.siɣ.ná.ðo] 男 **1** (フランス革命期の)アッシニャ(紙幣). **2**《ラ米》(ラプ)現物給与.

*****a·sig·nar** [a.siɣ.nár] 他 **1** (**a...** …に) 割り当てる, 付与する. *Le han asignado* una tarea difícil. 彼[彼女]は難しい仕事を割り当てられた. *Le asignan* un sueldo muy elevado. 彼[彼女]には高給が支払われている. **2** 指定する；指名[任命]する.

a·sig·na·ta·rio, ria [a.siɣ.na.tá.rjo, -.rja] 男 囡《ラ米》(ラプ)(チリ)遺産受取人, 相続人.

*****a·sig·na·tu·ra** [a.siɣ.na.tú.ra] 囡 科目, 教科. Me aprobaron en seis ~s y me suspendieron en una. 私は6科目合格し, 1科目落とした. ~ de libre configuración (大学の)他学部開講の履修可能科目.

*asignatura pendiente***(1)** 再履修科目. **(2)** 懸案事項, 未解決案件.

a·si·la·do, da [a.si.lá.ðo, -.ða] 男 囡 **1** (福祉施設などの)被収容者. **2** (政治的な)亡命者.

a·si·lar [a.si.lár] 他 **1** (施設に)収容する. **2** 〈亡命者などを〉保護する. ── ~·**se** 再 **1** 避難する, 逃げる. **2** 庇護を受ける.

*****a·si·lo**¹ [a.sí.lo] 男 **1** (福祉)施設, ホーム. ~ de ancianos 老人ホーム. ~ de huérfanos (子供の)養護施設. **2** 庇護(ご), 避難(所). buscar [pedir, solicitar] ~ 保護を求める. conceder [dar] ~ 保護する. derecho de ~〖法〗庇護権. ~ político 政治亡命. Nos dieron ~ por la noche. 彼らは私たちに一夜の宿を貸してくれた.

a·si·lo² [a.sí.lo] 男〖昆〗ムシヒキアブ.

a·sil·ves·tra·do, da [a.sil.βes.trá.ðo, -.ða] 形 **1**〈栽培植物·飼育動物が〉野生化した. **2**《時に侮辱的》〈人が〉粗野な.

a·sil·ves·trar [a.sil.βes.trár] 他《話》野生化させる.

a·si·me·trí·a [a.si.me.trí.a] 囡 非対称；不均整 (↔simetría).

*****a·si·mé·tri·co, ca** [a.si.mé.tri.ko, -.ka] 形 非対称の；不均整の. ── 囡《複数で》〖スポ〗段違い平行棒 (= barras paralelas *asimétricas*).

a·si·mi·la·ble [a.si.mi.lá.βle] 形 **1** 同化[吸収]できる. **2** 同一[同等]と見なし得る.

*****a·si·mi·la·ción** [a.si.mi.la.θjón / -.sjón] 囡 **1** 同化(作用), 吸収. **2** 受容, 適応. **3**〖音声〗〖生物〗同化. **4** 統合, 合体；同格に扱うこと.

a·si·mi·la·do [a.si.mi.lá.ðo] 男《ラ米》(*ホ)(チリ)軍属, 軍関係者.

*****a·si·mi·lar** [a.si.mi.lár] 他 **1** (**a...** …と) 同化する；同一と見なす；均質化する. A este efecto los residentes extranjeros están *asimilados a* los nacidos en territorio nacional. 本件に関して外国人居住者は当国で出生した者と同等に扱われる. ~ las clases sociales 社会階層の差をなくす. **2**〈知識などを〉吸収する；〈状況などを〉受け入れる. ~ la realidad 現実を受け入れる. **3**〈栄養分を〉同化する, 消化する. **4**〖音声〗〈音声を〉同化する. ── ~·**se** 再 (**a...** …に) **1** 同化する；吸収される. Esto *se asimila a* mi trabajo. これはもはや私の仕事といってもいい. **2** 似る；類似する, 対比できる. **3**〖音声〗同化する.

a·si·mi·la·ti·vo, va [a.si.mi.la.tí.βo, -.βa] 形 同化する[させる], 同化力のある.

a·si·mi·lis·ta [a.si.mi.lís.ta] 形 同化政策の.
— 男女 同化政策論者, 同化主義者.

a·si·mis·mo [a.si.mís.mo] 副 **1** 同様に (=así mismo), 同じように；そのまま(の状態で). A~ me lo dijo. 彼[彼女]は同じように私にそう言った.
2 …もまた (=también). Es ~ imprescindible la revisión médica. やはり検診も必要である.

a·sim·pla·do, da [a.sim.plá.ðo, -.ða] 形 単純そうな, ばかみたいな.

a·sín [a.sín] / **a·si·na** [a.sí.na] 副 《俗》→ así.

a·sin·cró·ni·co, ca [a.siŋ.kró.ni.ko, -.ka] 形 非同時的な, 非同期の (↔sincrónico).

a·sin·dé·ti·co, ca [a.sin.dé.ti.ko, -.ka] 形 《修辞》連結辞省略 asíndeton を用いた, 連結辞省略の.

a·sín·de·ton [a.sín.de.ton] 男 《修辞》連結辞省略：接続詞を省いて句や節などを並置する手法. ~ Mujer, niños, padres, tengo todo sobre mis espaldas. 妻, 子供, 両親, すべてが私の双肩にかかっている.

a·sin·to·má·ti·co, ca [a.sin.to.má.ti.ko, -.ka] 形 《医》無症候性の, 症状のない.

a·sín·to·ta [a.sín.to.ta] 女 《数》漸近線.

a·sin·tó·ti·co, ca [a.sin.tó.ti.ko, -.ka] 形 《数》漸近(線)の.

a·sir [a.sír] 39 他 《de… / por…》を) つかむ, 握る. El niño asió a su madre de la mano izquierda. その子は母親の左手にしがみついた.
— **~·se** 再 **1** 《a… / de…》…に) しがみつく. ~se a sus pasados éxitos 自分の過去の成功にこだわる. **2** 《話》つかみ合いのけんかをする.

A·si·ria [a.sí.rja] 固名 アッシリア：古代オリエントのセム人の国家.

a·si·rio, ria [a.sí.rjo, -.rja] 形 アッシリアの.
— 男女 アッシリア人. — 男 アッシリア語.

a·si·rio·lo·gí·a [a.si.rjo.lo.xí.a] 女 アッシリア学.

A·sís [a.sís] 固名 アッシジ：イタリア中部の都市. → Francisco.

a·si·si·to [a.si.sí.to] 副 《ラ米》(語) → así.

a·sis·te·má·ti·co, ca [a.sis.te.má.ti.ko, -.ka] 形 非体系的な, 系統だっていない.

a·sis·ten·cia [a.sis.tén.θja / -.sja] 女 **1** 《a… …への》出席, 列席. confirmar su ~ al acto 式への出席を確認する. La ~ a esta clase es obligatoria. この授業への出席は義務である.
2 《集合的》出席者, 参会者；見物人, 入場者. La ~ al estadio fue numerosa. スタジアムの入場者はおびただしい数だった. La reunión de ayer tuvo poca ~. 昨日の会合は出席者が少なかった.
3 援助, 救援；救護[看護]. prestar ~ a… …を援助する. ~ médica [sanitaria] 治療, 看護. ~ jurídica 法律扶助. ~ social 社会福祉. ~ financiera 財政的援助. ~ técnica 技術援助；《商》(アフターサービスとしての) 技術的サポート.
4 《スポ》アシスト. **5** 《複数で》年金, 生活補助金.
6 《複数で》《集合的》《闘牛》闘牛場の下級職員.
7 《ラ米》(1) (語) 安食堂. (2) (絵) 居間, 茶の間.
asistencia pública (ラ米)(語)(絵) 下宿屋, 宿泊所.
(*casa de*) *asistencia* (ラ米)(語)(絵) 下宿屋, 宿泊所.

a·sis·ten·cial [a.sis.ten.θjál / -.sjál] 形 援助の；(社会) 福祉の.

a·sis·ten·cial·men·te [a.sis.ten.θjál.mén.te / -.sjál.-] 副 援助については, 社会福祉については.

a·sis·ten·ta [a.sis.tén.ta] 女 **1** (通いの) 家政婦.
2 《カト》(1) (女子修道院の) 院長補佐. (2) (修道院の) 使用人. **3** (王宮の侍女や女官の) 使用人. **4** 《ラ米》(語)(絵) 宿屋の女主人.
asistenta social ソーシャルワーカー.

a·sis·ten·te [a.sis.tén.te] 形 **1** 立会い[列席]の. público ~ その場にいる観衆. **2** 補佐の.
— 男女 **1** 助手, アシスタント, 補佐役. trabajar como ~ del director 監督の助手として働く.
2 《*a…* …への》出席者, 参加者. El número de ~s al examen fue de 50. その試験の受験者は50名であった. **3** 《ラ米》(1) (語)(絵) 宿屋の主人. (2) (語) 召使い, 下男.
— 男 **1** 《軍》当番兵, 従卒. **2** 《カト》修道院長補佐；助任司祭. **3** 《史》行政長官, 執政長官.
asistente social ソーシャルワーカー, 福祉事業の担当者.

a·sis·ti·do, da [a.sis.tí.ðo, -.ða] 形 補助された. dirección *asistida* 《車》パワーステアリング. respiración *asistida* 人工呼吸器による補助呼吸. reproducción [fecundación] *asistida* 補助生殖.
— 男女 (ラ米)(語)(絵) 宿泊者, 泊まり客.
— 男 (ラ米)(米)(鉱) 短期契約の坑夫.

a·sis·tir [a.sis.tír] 自 **1** 《*a…* …に》出席する, 列席する；居合わせる. ~ a clase 授業に出る. ~ a la boda 結婚式に列席する. ~ a misa ミサに参列する. ~ a una cita 待ち合わせの場所に行く. ~ a una fiesta パーティーに出席する. ~ a un accidente 事故に居合わせる. *Estamos asistiendo al* proceso de un cambio trascendental. 私たちは今重大な変革の過程に立ち会っている.
2 (家事使用人として) 働く.
3 《遊》(トランプ) 親札と同じ組の札を出す.
— 他 **1** 補助する, 援助する；…の世話をする. ~ al director 部長を補佐する. ~ a los refugiados 避難民を援助する. ~ a un enfermo 病人を看護[診療] する. El guía nos *asistió* hasta el punto de destino. ガイドが目的地まで私たちに同行してくれた.
2 (権利・道理が) (人の) 側にある, (人の) 味方となる. **3** 《ラ米》《法》(人の) 弁護をする, 弁護士として出廷する.
[←〔ラ〕*assistere*「そばに立つ；助ける」(*ad-*「そばに」+ *sistere*「立つ」); 関連 asistente, asistencia.〔英〕*assist, assistant*]

a·sis·to·lia [a.sis.tó.lja] 女 《医》(心臓の) 不全収縮.

as·ke·na·zi [as.ke.ná.θi / -.si] 形 男女 → asquenazí.

as·ma [ás.ma] 女 (時に男) [el ~, un [una] ~] 《医》喘息(₊₊). ~ alérgica アレルギー性喘息.

as·má·ti·co, ca [as.má.ti.ko, -.ka] 形 《医》喘息(₊₊)にかかった, 喘息(性)の. — 男女 喘息患者.

as·na [ás.na] 女 [el ~, un [una] ~] → asno.

as·na·cho [as.ná.tʃo] 男 《植》マメ科オニシス属の一種.

as·na·da [as.ná.ða] 女 《話》愚かなこと, ばかげた振る舞い.

as·nal [as.nál] 形 **1** ロバの. especie ~ ロバの類.
2 《話》ばかな, 愚かな；下品な, 野卑な.

as·ne·rí·a [as.ne.rí.a] 女 **1** 《話》ロバの群れ.
2 → asnada.

as·ni·lla [as.ní.ja || -.ʎa] 女 **1** 木挽(₊₊)き台.
2 支え柱, 支え.

as·ni·llo [as.ní.jo || -.ʎo] 男 《昆》ハネカクシ類.

as·ni·no, na [as.ní.no, -.na] 形 《話》→ asnal.

as·no, na [ás.no, -.na] 男 女 **1**〖動〗ロバ(= burro). **2**《話》ばか，まぬけ；がさつ者．
Al asno muerto, la cebada al rabo.《諺》後の祭り（←死んだロバのしっぽに麦を積む）．
apearse [caer] de su *asno*《話》自分の間違いを認める．
no ver tres en un asno《話》ひどい近眼である．
parecerse al asno de Buridán《話》どちらにするか決めかねている．◆「ビュリダンのロバ」とはフランスの哲学者ビュリダンのたとえ話で，1頭のロバから等距離に同質同量の干草を置くとどちらを食べるべきか迷い，やがてロバは餓死してしまうというもの．
[←〖ラ〗*asinum*（*asinus* の対格）；関連〖ポルトガル〗*asno*．〖仏〗*âne*．〖伊〗*asino*．〖英〗*ass*．〖独〗*Esel*]

a·so·cia·ble [a.so.θjá.ble / -.sjá.-] 形 連合できる；関連づけられる，連想できる．

****a·so·cia·ción** [a.so.θja.θjón / -.sja.sjón] 女 **1** 協会，組合；（学）会，連合（体）．~ *de vecinos* 町内会．~ *de Naciones del Sureste Asiático* 東南アジア諸国連合〖英 ASEAN〗．**2** 関連（付け）；連合（すること），協力．~ *de ideas* 連想．*método de* ~ *libre*〖心〗自由連想法．*libertad de* ~ 結社の自由．

a·so·cia·cio·nis·mo [a.so.θja.θjo.nís.mo / -.sjo.-]男〖心〗観念連合論，連合心理学．

***a·so·cia·do, da** [a.so.θjá.ðo, -.ða / -.sjá.-] 形《**a...** …に》**1** 連合した，関連した．*empresa asociada* 関連企業．**2** 協力した，提携した．*miembro* ~ 準会員．*profesor* ~ 非常勤講師．
――男 女 **1** 会員，組合員．**2** 提携者，協力者．

a·so·cial [a.so.θjál / -.sjál] 形 反社会的な；非社会的な．

a·so·cia·mien·to [a.so.θja.mjén.to / -.sja.-] 男 提携，連合．

***a·so·ciar** [a.so.θjár / -.sjár] 83 他《**a...** / **con...**》**1**《…に》(概念的に)**結びつける**，関連づける．~ *un signo a una imagen* 記号をイメージと結びつける．*Asocio el rojo con la sangre.* 私は赤色で血を連想する．
2《〈活動・グループなど〉に》**組み入れる**，連合させる．~ *una empresa a una colectividad* ある企業を団体に加入させる．~ *a los ciudadanos* 市民の力を結集する．*El padre asoció a su hijo a su propia compañía.* 父親は息子を自分の会社に入れた．
――**~·se** 再《**a...** / **con...**》
1《〈活動・グループなど〉と》**連合する**，《…に》加わる．~*se al sindicato* 労働組合に加入する．~*se con los malvados* 不良と仲間になる．
2《…に》**結びつく**，関係する．*Esta marca se asocia con la buena calidad.* このブランドは良質との定評がある．*El tabaco se asocia a un riesgo mayor de muerte.* 喫煙は死の危険性を高める．
[←〖ラ〗*associāre*「組み合わす」]

a·so·cia·ti·vo, va [a.so.θja.tí.bo, -.ba / -.sja.-] 形 連合の，連想的した，連合の；〖数〗結合の．*memoria asociativa* 連想記憶．

a·so·cio [a.só.θjo / -.sjo] 男《ラ米》(ブカン)(ドミン)(コタン)(ウェ)提携，共同，協力．*en* ~ *de...* …と協力[提携]して．

a·so·la·ción [a.so.la.θjón / -.sjón] 女 → *asolamiento*．

a·so·la·dor, do·ra [a.so.la.ðór, -.ðó.ra] 形 破壊的な，荒廃させる．*viento* ~ 烈風．

a·so·la·mien·to [a.so.la.mjén.to] 男 破壊，荒廃，壊滅．

a·so·lar[1] [a.so.lár] 15 他 壊滅させる，全壊させる．*El terremoto asoló la ciudad.* 地震で全市が壊滅した．――**~·se** 再《液体が》淀(よど)む，沈殿する．

a·so·lar[2] [a.so.lár] 他〖農〗〈暑さが〉〈作物を〉枯らす．――**~·se** 再《暑さで》〈作物が〉枯れる．

a·so·le·a·da [a.so.le.á.ða] 女《ラ米》(ブカン)(コタン)(チリ)

a·so·le·a·do, da [a.so.le.á.ðo, -.ða] 形《ラ米》(1)《ラ米》日射病にかかった．(2)《ラ米》ぼんやりした，間抜けな．(3)(チリ)疲れ切った，ぐったりした．(4)《メ国》狂った．

a·so·le·a·du·ra [a.so.le.a.ðú.ra] 女《ラ米》(ブカン)(コタン)(チリ)日射病．

a·so·le·ar [a.so.le.ár] 他 日に当てる，日光にさらす．――**~·se** 再 **1** 日光浴をする；日に焼ける．**2**〖獣医〗〈家畜が〉日射病にかかる．**3**《ラ米》(スペン)(エアン)(チリ)炎天下で働く．(2)《ラ米》《話》頭がおかしくなる，ぼうっとする．(3)(ブカン)(コタン)《メ国》日射病にかかる．

a·so·le·o [a.so.lé.o] 男《ラ米》(ブカン)(コタン)日射病．

a·so·ma·da [a.so.má.ða] 女 ちらりと姿を見せること．

a·so·ma·de·ro [a.so.ma.ðé.ro] 男《ラ米》(コタン)見渡せる場所，見通しの利く所．

****a·so·mar** [a.so.már] 自 **1**《ものの一部が》**姿を見せる**，現れる．*Entre las nubes asomó el sol.* 雲の切れ目から太陽が顔を出した．*A la chica le asomaba una lágrima.* 女の子の目には涙が浮かんでいた．*Te asomo la camiseta.* 君，シャツがはみ出してますよ．**2**《ラ米》(チリ)《メ国》近づく．
――他《**por...** / **a...**》〈開口部から〉〈体の部位などを〉のぞかせる，…の一部を見せる．~ *la cabeza por la ventana* 窓から顔を出す．
――**~·se** 再 **1**《**por...** / **a...**〈場所〉から》顔を出す，のぞく．~*se a la puerta* ドアから顔を出す．*Prohibido* ~*se por la ventanilla.* 窓から顔を出さないこと．
2《**a...**〈場所〉に》姿を見せる，現れる．~*se a una reunión* 会合に顔を出す．*Se le asomó una sonrisa.* 彼［彼女］の（顔）にほほえみが浮かんだ．
3《…の様子を》うかがい見る．~*se al mundo de la literatura* 文学の世界を訪ねる．*Con este libro podemos* ~*nos a la realidad de nuestro país.* この本を読むと私たちの国の現実を垣間見ることができる．**4**《話》酔っ払う．
[〖古スペイン〗*somo*「頂上」（←〖ラ〗*summus* 形「最上の」）より派生；「丘の上に姿を現す」が原義；関連 *sumo*．〖英〗*summit*]

a·som·bra·di·zo, za [a.som.bra.ðí.θo, -.θa / -.so, -.sa] 形 驚きやすい；おびえやすい，怖がりの．

a·som·bra·do, da [a.som.brá.ðo, -.ða] 形 驚いた，びっくりした；感嘆した．

a·som·bra·dor, do·ra [a.som.bra.ðór, -.ðó.ra] 形 びっくりするような，驚嘆すべき．

***a·som·brar** [a.som.brár] 他 **1 驚かせる**，驚嘆させる《賞賛のニュアンスを含んで使われることが多い》．*La belleza del paisaje no deja de asombrarnos.* その景色の美しさに私たちはいつも感嘆する．*Me asombra oír tus palabras de agradecimiento.* 君から感謝の言葉を聞くとは私には驚きだ．
2 …に影を作る，陰影をつける．
――**~·se** 再 **1**《**de...** / **por...** / **con...** …に》驚く，驚嘆する．*No entendemos de qué te asombras.* 君が何に感心しているのか理解できません．
2《ラ米》(ブジ)《話》気を失う，目まいがする．
[*sombra* より派生；「(馬が)影におびえる」が原義]

asombro

a·som·bro [a.sóm.bro] 男 **1** 驚き, 仰天；驚嘆. provocar ～ 驚かせる. con gran ～ de mi madre 母がとても驚いたことには. de ～ 驚いて, びっくりして. ¡No salgo de mi ～! こいつはあきれた.
 2 驚くべき［驚嘆すべき］こと［人］. Se quedó sin aliento al ver aquel ～ de mujer. その女の美しさを目にし, 彼［彼女］は思わず息をのんだ.

a·som·bro·so, sa [a.som.bró.so, -.sa] 形 驚くべき, びっくりするような; 《軽蔑》考えられない.

a·so·mo [a.só.mo] 男 **1** 気配, 兆し, 兆候. sin el menor ～ de duda 疑いの影もなく. sin un ～ de cansancio 疲れた様子もなく. **2** 疑い, 疑惑.
 ni por asomo 少しも (…でない), 全然 (…でない).

a·so·na·da [a.so.ná.ða] 女 《主に政治的な》暴動.

a·so·nan·cia [a.so.nán.θja / -.sja] 女 **1**《詩》類音韻. ▶ アクセントのある母音と最後の母音だけが一致する押韻 (法). ただし i は e と, u は o と, また二重母音は強母音だけが一致する. → *calma* — *jaula*, *martes* — *casi*, *dígno* — *espíritu*. → rima, rimar.
 2 相互関係.

a·so·nan·tar [a.so.nan.tár] 自 類音韻を踏む.
 ―― 他《詩》類音韻を踏ませる.

a·so·nan·te [a.so.nán.te] 形《詩》類音韻を踏んだ. rima ～ 類音韻. → rimar.
 ―― 男 類音韻を踏む句.

a·so·nar [a.so.nár] 15 自 《con...…と》類音韻を踏む.

a·so·pa·do, da [a.so.pá.ðo, -.ða] 形《ラ米》《話》ばかな, 愚かな.

a·so·pa·o [a.so.pá.o] 男《ラ米》《プエルトリコ》**(1)**《話》簡単なこと. **(2)** 米との料理.

a·sor·dar [a.sor.ðár] 他 …の耳を聾(ろう)する.
 ―― ～*se* 再 耳が聞こえなくなる.

a·so·ro·char·se [a.so.ro.tʃár.se] 再《ラ米》**(1)**《プエルトリコ》高山病にかかる. **(2)**《プエルトリコ》《話》赤面する.

as·pa [ás.pa] 女 [el ～, un [una] ～] **1** X 形のもの; X 形十字. ～ de San Andrés 聖アンデレ十字架 ▶ 元来ブルゴーニュ家の紋章で, スペインの軍旗などに使用されている). colocado en (forma de) ～ X 形のをした. → cruz.
 2 糸巻き, 桛枠(かせわく). **3** 風車の羽根. **4**《紋》X 形, 斜十字形. **5**《鉱》鉱層の交差点;《ラ米》《プエルトリコ》鉱内の広さ. **6**《ラ米》《プエルトリコ》《話》角.

as·pa·de·ra [as.pa.ðé.ra] 女 桛(かせ).

as·pa·do, da [as.pá.ðo, -.ða] 形 X 形の, X 形十字の; 十字架にかけられた.

as·pa·men·te·ro, ra [as.pa.men.té.ro, -.ra] 形《ラ米》《プエルトリコ》《ベネズエラ》→ aspaventero.

as·par [as.pár] 他 **1** (X 字形の十字架に) 磔(はりつけ)にする. **2** 〈糸を〉桛枠(かせわく)に巻き取る, 糸巻きに巻く. **3**《話》苦しめる, 悩ます. ―― ～*se* 再 **1** (苦痛・怒りで) 身をよじる. ―― ～*se a gritos* わめきたてる. **2**《*por*...…を得ようと》必死になる.
 ¡Que me aspen si...!《否定の強意表現》《話》…なんて絶対にない. *¡Que me aspen si entiendo!* 全くわからないよ.
 ¡Que te aspen!《話》《軽蔑》勝手にしろ.

as·par·ta·mo [as.par.tá.mo] 男《化》アスパルテーム: 2 つのアミノ酸が結合した構造の人工甘味料.

as·pa·ven·te·ro, ra [as.pa.ßen.té.ro, -.ra] 形 大げさな身ぶりの, すぐに騒ぎ立てる.

as·pa·vien·to [as.pa.ßjén.to] 男《主に複数で》大仰な身ぶり［感情の表出］.

as·pec·to [as.pék.to] 男 **1** 様相, 外観, 様子. Son sillas de poco ～, pero muy cómodas. 見かけはよくないが, 座り心地が非常にいいいすだ. tener buen ～ 元気そうだ, おいしそうだ, よさそうだ. tener mal ～ 不調な様子だ, いやな感じだ, 悪そうだ.
 2 (人の) 顔つき, 表情. Este hombre tiene un ～ elegante. この男性は品のいい顔つきをしている. persona de ～ salubre [perverso] 健康そうな［人相の悪い］人. **3** (事態・問題などの) 局面; 見方. El problema tiene varios ～*s* その問題にはさまざまな局面がある. en ciertos ～*s* ある点で. en todos los ～*s* あらゆる面で. bajo este ～ この観点から. **4**《言》アスペクト, 相. ～ perfectivo 完了相. ～ durativo 継続相. **5** (家などの) 向き, 方位.
 6《天文》星位.
 [←［ラ］*āspectum* (*āspectus* の対格;［*āspicere*「見る」より派生);［関連］espectador, espejo.［英］*aspect*]

as·pec·tual [as.pek.twál] 形《言》(動詞の) アスペクト上の, 相の.

as·pe·re·za [as.pe.ré.θa / -.sa] 女 **1** (表面の) 粗さ, ざらつき;(土地の) 険しさ. ～ de la piel 肌の荒れ. terreno lleno de ～*s* 起伏の激しい土地.
 2 酸味, 渋み. **3** (声の) しわがれ. **4** (性格・言葉の) 無愛想. hablar con ～ つっけんどんに話す. **5** (天候・風土などの) 苛酷(かこく)さ, 厳しさ.
 limar asperezas 事を丸く収める.

as·per·ger [as.per.xér] 他 100 → asperjar.

as·per·ges [as.pér.xes] 男《単複同形》《カトリック》**(1)** (この言葉で始まる) 灌水(かんすい)の聖歌. **(2)** (聖水の) 撒布(さっぷ), 灌水式. **(3)** 灌水器.
 quedarse asperges 期待外れに終わる.

as·per·gi·lio·sis [as.per.xi.ljó.sis] 女《単複同形》《医》アスペルギルス症.

as·per·gi·llus [as.per.xí.jus ‖ -.ʎus] 男《菌類》コウジカビ.

as·per·gi·lo·sis [as.per.xi.ló.sis] 女《医》アスペルギルス症.

as·pe·ri·dad [as.pe.ri.ðáð] 女 → aspereza.

as·pe·rie·go, ga [as.pe.rjé.go, -.ga] 形 *manzana aspariega* (主に酒造用の) 酸味が強いリンゴ.
 ―― 男 酸味の強いリンゴの木.
 ―― 女 酸味の強いリンゴの実.

as·pe·ri·lla [as.pe.rí.ja ‖ -.ʎa] 女《植》クルマバソウ:収斂(しゅうれん)剤, 利尿剤として使われる.

as·pe·ri·llo [as.pe.rí.jo ‖ -.ʎo] 男 酸味, 渋み, 苦み.

as·per·jar [as.per.xár] 他 **1**《カトリック》聖水を振りかける. **2** 水をまく, 散水する.

ás·pe·ro, ra [ás.pe.ro, -.ra] 形 **1**《*ser*+ / *estar*+》(手触りが) 粗い, ざらざらした, がさついた. tener la piel *áspera* さめ肌をしている. Esta tela *es áspera*. この布はごわごわしている.
 2 〈地面が〉でこぼこの, 起伏の多い, 荒れた. camino ～ でこぼこ道. tierra *áspera* 荒れた土地.
 3 〈味・においｄ・音などが〉不快な. hablar con voz *áspera* 耳障りな［しわがれた］声で話す. Esta fruta tiene un sabor ～. この果物は渋い味がする. sentir un olor ～ 鼻をつくにおいを覚える.
 4 無愛想な, 気難しい, つっけんどんな. de genio ～ 気難しい［怒りっぽい］性質(たち)の. Siempre nos habla en tono ～. 彼［彼女］はいつも私たちにつっけんどんな調子で話す.
 5《天候が》厳しい, 過酷な. frío ～ 厳しい寒さ.
 6《戦闘・対立などが》激しい, 激烈な. tener ～*s* enfrentamientos 激しい対立をしている.

as·pe·rón [as.pe.rón] 男 砂岩.

as·pé·rri·mo, ma [as.pé.ri.mo, -.ma] 形 《文章語》áspero の絶対最上級.

as·per·sión [as.per.sjón] 女 **1**【カト】灌水(霑), (聖水の)撒布(霑). **2**【農】(水・農薬の)散布. riego por ～ スプリンクラーを使った散水.

as·per·sor [as.per.sór] 男 散水装置, スプリンクラー.

as·per·so·rio [as.per.só.rjo] 男 【カト】灌水(霑)器.

ás·pid [ás.piđ] / **ás·pi·de** [ás.pi.đe] 男【動】アスプクサリヘビ, エジプトコブラ;(主にエジプト・インドの)毒蛇.

as·pi·dis·tra [as.pi.đís.tra] 女【植】ハラン.

as·pi·lle·ra [as.pi.jé.ra ‖ -.ʎé.-] 女 狭間(霑), 銃眼.

*__as·pi·ra·ción__ [as.pi.ra.θjón / -.sjón] 女 **1**(息を)吸うこと(↔ espiración). realizar la ～ por la boca 口で呼吸する. **2**【機】吸引. bomba de ～ 吸い上げポンプ. **3** 願望;《複数で》野望. Su gran ～ es ser astronauta. 彼[彼女]の大いなる望みは宇宙飛行士になることだ. **4**【音声】気(息)音. **5**【音楽】息継ぎ, ブレス.

as·pi·ra·do, da [as.pi.rá.đo, -.đa] 形【音声】(帯)気音の. hache aspirada (帯)気音の h.

as·pi·ra·dor, do·ra [as.pi.ra.đór, -.đó.ra] 形 吸い込む;吸引式の. bomba aspiradora 吸い上げポンプ. ━男 (または女) 電気掃除機.

*__as·pi·ran·te__ [as.pi.rán.te] 形 **1** 吸い上げの, 吸い込みの. bomba ～ 吸い上げポンプ. **2**【音声】(帯)気音の. **3** 渇望した, あこがれた.
━男女《a... …の》志願者, 応募者, 候補者.

*__as·pi·rar__ [as.pi.rár] 他 **1**〈空気などを〉吸う;吸い上げる. ～ el aire 空気を吸い込む. ～ el polvo はこりを吸い上げる. ～ una alfombra (掃除機で)じゅうたんのほこりを吸い取る. **2**【音声】気音で発音する. ━自 **1**《**a...** …を》/《**a**＋不定詞／**a que**＋接続法 …すること を》熱望する;《**a**＋名詞〈目標など〉を》ねらう. ～ **a altos** *cargos* 高い地位を志す. ～ *a ganar* la liga リーグ優勝をねらう. *Aspiraba a que se conociera* su nombre por todo el país. 彼[彼女]は国中に自分の名前が知られることを願っていた. **2** 呼吸する;吸引する.
[← 〔ラ〕*āspīrāre*「息を吹きかける;熱望する」] 関連 aspiración. 〔英〕*aspire, aspiration*]

*__as·pi·ri·na__ [as.pi.rí.na] 女【商標】【薬】アスピリン:解熱鎮痛薬. tomar(se) una ～アスピリンを飲む.

as·pro [ás.pro] 男 アスプロ:トルコの貨幣.

as·pu·do, da [as.pú.đo, -.đa] 形 《ラ米》(ﾌﾞｴｱﾙﾄ)〈動物が〉角の大きい[長い].

as·que·a·do, da [as.ke.á.đo, -.đa] 形《estar ＋》《**de...** …に》うんざりした, あきあきした. *Estoy* ～ *de este asunto*. 私はこの件にいいかげんうんざりだ.

as·que·ar [as.ke.ár] 他 **1** 吐き気を催させる, むかつかせる. **2** 反感を感じさせる, 嫌悪を感じさせる, うんざりさせる. *Su conducta me asquea*. 彼[彼女](ら)の振る舞いには うんざりだ.
━自 吐き気を催す.
━～**se** 再《**de...** …に》胸が悪くなる;うんざりする. ～ *se de* la vida 人生に嫌気がさす.

as·que·na·zí [as.ke.na.θí / -.sí] 形《複 ～es, ～s》アシュケナジ(中欧・東欧系ユダヤ人)の.
━男女 アシュケナジ.

as·que·ro·si·dad [as.ke.ro.si.đáđ] 女 **1** 不潔, 不快. **2** 不快なこと[もの];汚らしいさま. *Este niño siempre hace* ～*es en la mesa*. この子はいつもテーブルを汚らしく散らかす.

*__as·que·ro·so, sa__ [as.ke.ró.so, -.sa] 形 **1** 汚らしい, 不潔な. *Tiene las manos asquerosas*. 彼[彼女]は不潔な手をしている. *La habitación del hotel estaba asquerosa*. ホテルの部屋はひどく不潔だった. **2** 吐き気を催させる. olor ～ むかつくにおい. **3**《話》嫌みな, 不快な. ¡Es una persona *asquerosa*! 彼[彼女]は最低な人間だ.
━男女 嫌みな人, 不快な人;下品な人.

as·quien·to, ta [as.kjén.to, -.ta] 形《ラ米》(ﾒｷｼｺ)(ｸﾞｱﾃ)(ﾆｶﾗ)むかつく, 胸の悪くなる.

as·sis·tant [a.sís.tan(t)]〔英〕男女 → adjunto.

as·ta [ás.ta] 女 [el ～, un [una] ～] **1** 旗竿(霑). **2** 槍(霑)の柄;(刷毛(霑)・絵筆の)柄, 軸. **3**(動物の)角. **4** 槍, (ローマ時代の)長槍. **5**【海】(1) 肪材(霑). (2) 檣頭(霑). (3)(三角旗をつける)檣頭のポール.
bandera a media asta(弔意を示す)半旗.
dejar... en las astas del toro《話》〈人を〉窮地で見捨てる.

as·ta·ban·de·ra [as.ta.ban.dé.ra] 女《ラ米》【建】(建物・広場にある旗の)掲揚ポール.

ás·ta·co [ás.ta.ko] 男【動】ザリガニ.

as·ta·do, da [as.tá.đo, -.đa] 形【動】角のある. ━男 **1** 雄牛. **2**(古代ローマの)槍兵(霑).

ASTANO [as.tá.no] 女《略》*A*stilleros y *T*alleres del *N*oroeste, S. A.(スペインの)アスタノ造船所.

as·tá·ti·co, ca [as.tá.ti.ko, -.ka] 形【物理】無定位の.

ás·ta·to [ás.ta.to] 男【化】アスタチン(記号 At).

as·te·ar [as.te.ár] 他《ラ米》(ｺﾛﾝ)(ｷｭｰﾊﾞ)《俗》角で突く.

as·te·nia [as.té.nja] 女【医】無力症;虚弱体質.

as·té·ni·co, ca [as.té.ni.ko, -.ka] 形 無力症の;虚弱体質の. ━男女 無力症の人;虚弱体質の人.

as·te·no·pí·a [as.te.no.pí.a] 女【医】眼精疲労.

as·te·nos·fe·ra [as.te.nos.fé.ra] 女【地質】岩流圏, アセノスフェア.

as·te·nos·per·mia [as.te.nos.pér.mja] 女【医】精子無力症.

as·ter [as.tér] / **ás·ter** [ás.ter] 男【植】(キク科の)アスター, シオン.

as·te·ris·co [as.te.rís.ko] 男 アステリスク, 星印(＊). poner ～ a... …に星印を付ける.

as·te·ris·mo [as.te.rís.mo] 男【天文】星群, 星座 (＝ constelación).

aster (アスター)

as·te·ro [as.té.ro] 男 **1**(古代ローマの)槍兵(霑). **2** 槍(霑)の製造職人.

as·te·roi·de [as.te.rói.đe] 形【天文】星状の, 星形の. ━男 小惑星, 小遊星.

as·ti·fi·no, na [as.ti.fí.no, -.na] 形〈牛が〉細くとがった角を持つ.

as·ti·gi·ta·no, na [as.ti.xi.tá.no, -.na] 形(スペイン Andalucía 地方の町)エシハ Écija (ラテン語名 Astigi)の. ━男女 エシハの住民[出身者].

as·tig·má·ti·co, ca [as.tiǥ.má.ti.ko, -.ka] 形【医】乱視の. visión *astigmática* 乱視. ━男女 乱視の人.

as·tig·ma·tis·mo [as.tiǥ.ma.tís.mo] 男 **1**【医】

乱視. corregir el ～ 乱視を矯正する.
2 《光》非点収差.
as·til [as.tíl] 男 1 (鍬(ﾂﾙﾊｼ)などの) 柄. 2 矢柄. 3 (天秤(ﾃﾝﾋﾞﾝ)·秤(ﾊｶﾘ)の) 竿(ｻｵ). 4 《鳥》羽軸根: 鳥の羽の軸基部で中空の堅い部分.
as·ti·lla [as.tí.ja ‖ -.ʎa] 女 1 (木などの) かけら; 破片. 2 《話》(賄賂(ﾜｲﾛ)や盗品の) 取り分, 分け前.
hacer astillas 木っ端微塵(ﾐｼﾞﾝ)にする.
No hay peor astilla que la del mismo palo. 《諺》身内を敵に回すほど厄介なことはない.
as·ti·llar [as.ti.jár ‖ -.ʎár] 他 砕く, 割る.
— ～**se** 再 砕ける, 割れる; ひび割れる.
As·ti·lle·jos [as.ti.jé.xos ‖ -.ʎé.-] 男《複数形》《星座》ふたご座の主星 Cástor と Pólux.
as·ti·lle·ro [as.ti.jé.ro ‖ -.ʎé.-] 男 1 造船所. 2 材木置場. 3 槍架(ﾔﾘｶｹ). 4 《ラ米》《ﾌﾟｴﾙﾄﾘｺ》薪切り場.
as·ti·llo·so, sa [as.ti.jó.so, -.sa ‖ -.ʎó.-, -.ʎó.-] 形 砕けやすい; 割れやすい.
as·tra·cán [as.tra.kán] 男 1 アストラカン (ロシアのアストラカン特産の羊の毛皮). 2 (アストラカンに似せた) 羊[山羊]毛織物. 3 → astracanada.
as·tra·ca·na·da [as.tra.ka.ná.da] 女 どたばた喜劇, 道化芝居, 茶番劇;《軽蔑》出来の悪い劇.
as·trá·ga·lo [as.trá.ga.lo] 男 1 《解剖》距骨(ｷｮｺﾂ). 2 《建》(柱頭下部を飾る) 玉縁. 3 《植》トラガカントグムノキ (= tragacanto).
as·tral [as.trál] 形 星の, 星のような. *influencia* ～《占星》星の感応力. *cuerpo* ～《占星》星気体.

astrágalo (玉縁)

as·tre·ñir [as.tre.ɲír] 74 他 → astringir.
as·tric·ción [as.trik.θjón / -.sjón] 女《医》収斂(ｼｭｳﾚﾝ);便秘.
as·tric·ti·vo, va [as.trik.tí.bo, -.ba] 形 収斂(ｼｭｳﾚﾝ)性のある.
as·tric·to, ta [as.trík.to, -.ta] 形 拘束された, 束縛された.
as·trin·gen·cia [as.triŋ.xén.θja / -.sja] 女 1 収斂(ｼｭｳﾚﾝ)性, 収斂作用. 2 (味の) 渋み.
as·trin·gen·te [as.triŋ.xén.te] 形 1 収斂(ｼｭｳﾚﾝ)性のある. 2 秘結性のある, 便秘を起こさせる. 3 渋い.
— 男《医》収斂剤;アストリンゼン.
as·trin·gir [as.triŋ.xír] 101 他 1 収斂(ｼｭｳﾚﾝ)させる. 2《医》《食物が》秘結[便秘]させる.
3 束縛する, 拘束する.
as·tri·ñir [as.tri.ɲír] 72 他 → astringir.
*****as·tro** [ás.tro] 男 1《天文》天体;星. *El Sol y las estrellas son* ～*s con luz propia.* 太陽や星は自ら光を発する天体である. *el* ～ *rey [del día]* 太陽. 2 (芸能界などの) スター. ～ *del cine / ~ de la pantalla* 映画スター.
[《ラ》*astrum* ←《ギ》*ástron* ← 関連 *astronomía, desastre.* 〔英〕*astronomy*]
astro- 「天体, 天文, 星」の意の造語要素. 母音の前では astr-.《例》*astral, astro*nauta. [←〔ギ〕]
as·tro·bio·lo·gí·a [as.tro.bio.lo.xí.a] 女 宇宙生物学.
as·tro·ci·to [as.tro.θí.to / -.sí.-] 男《解剖》星状細胞.
as·tro·com·pás [as.tro.kom.pás] 男《海》《天文》天測コンパス.
as·tro·di·ná·mi·ca [as.tro.di.ná.mi.ka] 女 天体力学.
as·tro·fí·si·co, ca [as.tro.fí.si.ko, -.ka] 形 天体[宇宙]物理学の. — 男 女 天体[宇宙]物理学者.

— 女 天体[宇宙]物理学.
as·tro·la·bio [as.tro.lá.bjo] 男《天文》アストロラーベ: 昔の天文・航海用の天体観測器.

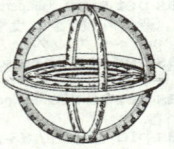

astrolabio (アストロラーベ)

as·tro·li·to [as.tro.lí.to] 男 → aerolito.
*****as·tro·lo·gí·a** [as.tro.lo.xí.a] 女 占星術, 星占い.
as·tro·ló·gi·co, ca [as.tro.ló.xi.ko, -.ka] 形 占星術の, 星占いの.
*****as·tró·lo·go, ga** [as.tró.lo.go, -.ga] 男 女 占星術師, 星占い師.
*****as·tro·nau·ta** [as.tro.náu.ta] 男 女 宇宙飛行士.
as·tro·náu·ti·co, ca [as.tro.náu.ti.ko, -.ka] 形 宇宙航法の, 宇宙航行学の.
— 女 宇宙航法, 宇宙航行学.
as·tro·na·ve [as.tro.ná.be] 女 宇宙船. ～ *tripulada* 有人宇宙船.
*****as·tro·no·mí·a** [as.tro.no.mí.a] 女 天文学.
as·tro·nó·mi·ca·men·te [as.tro.nó.mi.ka.mén.te] 副 1 天文学的に.
2 べらぼうに, 途方もなく.
*****as·tro·nó·mi·co, ca** [as.tro.nó.mi.ko, -.ka] 形 1 天文学の, 天文学的な. *observatorio* ～ 天文観測所. *día* ～ 天文日. 2《話》途方もない. *precio* ～ 目の玉が飛び出るほどの値段.
*****as·tró·no·mo, ma** [as.tró.no.mo, -.ma] 男 女 天文学者.
as·tro·so, sa [as.tró.so, -.sa] 形 1 汚らしい, むさ苦しい. 2 (衣服・外見が) みすぼらしい, ぼろぼろの. 3 卑劣な, 見下げはてた.
*****as·tu·cia** [as.tú.θja / -.sja] 女 1 悪賢さ, 抜けめなさ. *En no pocas situaciones vale más* ～ *que la fuerza.* たいていの場合, 力ずくよりも抜けめなくなった方がよい. *obrar con* ～ うまく立ち回る.
2 手管, 策略, 悪巧み.
as·tu·cio·so, sa [as.tu.θjó.so, -.sa / -.sjó.-] 形 → astuto.
as·tur [as.túr] 形 1 アストゥール (人) の. 2 → asturiano. — 男 女 1 アストゥール人. ◆アストゥリアス地方の住民に対するローマ時代の呼称. ガリシア人, カンタブリア人と対比して用いた. 2 → asturiano.
as·tur·cón, co·na [as.tur.kón, -.kó.na] 形《馬が》アストゥリアス Asturias 産の小型の.
— 男 女 アストゥリアス産の小さな馬.
as·tu·ria·nis·mo [as.tu.rja.nís.mo] 男 1 アストゥリアス特有のスペイン語法[表現・語義・単語].
2 アストゥリアス自治主義;アストゥリアスびいき.
3 アストゥリアス人気質.
*****as·tu·ria·no, na** [as.tu.rjá.no, -.na] 形 アストゥリアスの;《史》アストゥリアス王国の.
— 男 女 アストゥリアスの住民[出身者].
— 男 (スペイン語の) アストゥリアス方言.
*****As·tu·rias**[1] [as.tú.rjas] 固名 1 アストゥリアス: スペイン北部の地方;自治州 (→ autónomo). ◆山の多い地形のためイスラム教徒の支配を受けず, レコンキスタの拠点になった. → Covadonga.
2《史》Reino de ～ アストゥリアス王国 (718-

910）：西ゴート王国の滅亡後，イベリア半島に最初に興ったキリスト教王国. 910年，Oviedo から León に遷都し，以降 León 王国となる. → Pelayo.
el Príncipe de Asturias スペイン皇太子（の称号）.
［← ［ラ］*Asturia*; *Astura*（Esla 川のラテン語形）より派生］

As·tu·rias² [as.tú.rjas] 固名 アストゥリアス *Miguel Ángel* ~ (1899-1974)：グアテマラの小説家. ノーベル文学賞(1967). 作品 *El señor presidente*『大統領閣下』.

as·tu·rión [as.tu.rjón] 男 **1** 小型の馬.
2〖魚〗チョウザメ.

as·tur·le·o·nés [as.tur.le.o.nés] 男 レオン León とアストゥリアス Asturias 地域の方言.

as·tu·ta·men·te [as.tú.ta.mén.te] 副 狡猾(こうかつ)に；抜けめなく.

as·tu·to, ta [as.tú.to, -.ta] 形 抜けめのない，ずる賢い，狡猾(こうかつ)な. abogado ~ 狡猾な弁護士. ~ *como un zorro* キツネのようにずる賢い. *maniobra astuta* 巧妙な術策.
［← ［ラ］*āstūtum* (*āstūtus* の対格；*āstus*「狡猾」より派生）；関連 astucia. ［英］*astute*］

a·sue·to [a.swé.to] 男 （短い）休暇，（一日・半日の）休校. *un día de* ~ 一日の休み.

****a·su·mir** [a.su.mír] 他 **1**〈仕事を〉引き受ける，〈責任を〉負う. ~ *la responsabilidad de...* …の責任を負う. *Yo tuve que* ~ *la dirección del proyecto después de su dimisión*. 彼［彼女］が辞めた後は私がその計画の指揮をしなくてはいけなくなった.
2〈性質などを〉帯びる，呈する. *Las quejas han asumido caracteres alarmantes*. 不満は警戒すべき性質を帯びてきた. **3** 受け入れる，認める；（逆境などを）受け止める. ~ *una invitación* 招待を受け入れる. *Todavía los padres no asumen la muerte de su hija*. まだ両親は娘の死が受け入れられない.
4《ラ米》(*）当然と思う，…と仮定する.

a·sun·ce·no, na [a.sun.θé.no, -.na / -.sé.-] 形 アスンシオンの.
── 男 女 アスンシオンの住民［出身者］.

***a·sun·ción** [a.sun.θjón / -.sjón] 女 **1** *La A~*〖カト〗聖母被昇天.（8月15日の）聖母マリア被昇天の祝日 = La A~ de Nuestra Señora). **2** 即位；就任. **3**〈責任・任務などを〉引き受けること.

***A·sun·ción** [a.sun.θjón / -.sjón] 固名 アスンシオン：南米パラグアイの首都.［1537年の「聖母マリア被昇天の祝日」に要塞(ようさい)を築いたことに由来する］

****a·sun·to** [a.sún.to] 男 **1** こと，事柄；事件；用件. ~ *de orden público* 治安問題. *Ministerio de A~s Exteriores* 外務省. ~*s pendientes* 未解決の問題，懸案. *Es otro* ~. それは別問題だ. *Esto es* ~ *mío*. これは私の問題だから. ~ *de honor* 名誉に関わる事件. *suspendiendo todos los demás* ~*s* 他はさておき. *Volvamos a nuestro* ~. 話を元に戻しましょう.
2 主題，テーマ. *¿De qué* ~ *trata esta novela?* この小説は何がテーマなのか. **3** 仕事，商売. *un* ~ *sucio* 不正取引. *dedicarse a sus* ~*s* 商売に専念する. **4** 情事，恋愛スキャンダル. *Tuvo un* ~ *con la secretaria*. 彼は秘書と関係があった.
5《ラ米》(**1**)《(?)》《話》(女性の）生理，月経. (**2**) 注目，関心. *poner el* ~ 注意を向ける.
asunto concluido 一件落着した問題. *Toma esto y* ~ *concluido*. これを受け取ってくれ，それで終わりにしよう.
¿Asunto de qué...?《ラ米》《(?)》《話》なぜ…，どうして….
El asunto es que... 事実は…，本当は….
［← ［ラ］*assūmptus*「引き受けられた（こと），採用された（こと）」（*assūmere*「受け入れる」の完了分詞）；関連 asunción. ［英］*assumption*］

a·su·rar [a.su.rár] 他 **1** 焦がす，焦げつかせる.
2〈暑さが〉〈作物を〉枯らす. **3** 悩ます，苦しめる.

a·sur·ca·do, da [a.sur.ká.ðo, -.ða] 形 畝(うね)surcoのある.

a·sur·ca·no, na [a.sur.ká.no, -.na] 形 隣り合った耕地を持つ.

a·sur·car [a.sur.kár] 自 〈畑に〉畝(うね)溝をつくる.

a·sus·ta·di·zo, za [a.sus.ta.ðí.θo, -.θa / -.so, -.sa] 形 怖がりの，驚きやすい；臆病(おくびょう)な. *más* ~ *que una mona*《話》ひどくびくびくしている. → tímido 類語.

****a·sus·tar** [a.sus.tár] 他 **1** 怖がらせる，恐怖心を抱かせる. *A mi hijo le asustan los truenos*. 私の息子は雷を怖がる. *Me asusta ver sangre*. 私は血を見るとどきどきする. *Nos asusta que cada año haya más delincuencia juvenil*. 若者の犯罪が毎年増えていくのに私たちは恐怖心を覚える (▶ *que* 以下が主語, 節内の動詞は接続法). ▶ 直接目的人称代名詞ではなく, 間接目的人称代名詞が用いられる傾向がある. ▶ 主語は動詞の後ろに来る傾向がある.
2 おどかす，驚かせる；〈動物などを〉追い散らす. *No me asustes, que aquí no pasa nada*. おどかさないでくれよ. ここには危険なことは何もないんだから.
── ~·**se** 再《por... / de... / con... …に》驚く；《de+不定詞 / de que+接続法 …することに》驚く；おびえる. *Se asusta por cualquier ruido*. 彼［彼女］はどんな音にも驚く. *No te asustes aunque estés solo*. ひとりでも怖がらないで.

a·sus·to [a.sús.to]《ラ米》《(?)》驚き，恐怖.

At 〖化〗ástato アスタチン.

A.T.《略》*Antiguo Testamento* 旧約聖書.

-ata《接尾》「動作，行為」の意を表す女性名詞語尾. → cabalg*ata*, camin*ata*.

a·ta·ba·ca·do, da [a.ta.ba.ká.ðo, -.ða] 形 **1** タバコ色をした，茶褐色の. **2**《ラ米》タバコ臭い.

a·ta·bal [a.ta.bál] 男 〖音楽〗アタバル：大型のバスドラム. ［← ［アラビア］*aṭ-ṭabl*］

a·ta·ba·le·ar [a.ta.ba.le.ár] 自 **1**〈馬が〉ひづめの音を鳴らす. **2** 指でトントン打つ.

a·ta·ba·le·ro [a.ta.ba.lé.ro] 男 アタバル奏者.

a·ta·ba·na·do, da [a.ta.ba.ná.ðo, -.ða] 形〈馬が〉脇腹と首に白いぶちのある.

a·ta·be [a.tá.be] 男 （水道管の空気を抜く）孔，（水の状態を調べる）のぞき穴.

a·ta·ca·ble [a.ta.ká.ble] 形 攻撃できる.

a·ta·ca·do, da [a.ta.ká.ðo, -.ða] 形 **1**《*estar*+》《話》神経質になっている (= ~ *de los nervios*). **2**《古語》おどおどした，内気な；優柔不断な. **3**《古語》けちな. **4**《ラ米》(*****)満腹の；粗野な；（服が）ぴったりした.

a·ta·ca·dor [a.ta.ka.ðór] 男 **1** （パイプにタバコを詰める）タンパー. **2** （弾薬を装填(そうてん)する）込め矢，槊杖(さくじょう)には付ける）首綱，頭綱.

a·ta·can·te [a.ta.kán.te] 形 攻撃する.
── 男 女 攻撃者，襲撃者；〖スポ〗アタッカー.

****a·ta·car** [a.ta.kár] 自 他 **1** 攻撃する，攻める (↔*defender*)；非難する. ~ *al ene-*

migo 敵を攻撃する. ~ al delantero 《スポ》フォワードを攻める. ~ una opinión 意見に反論する. Le *atacamos* por su debilidad. 私たちは彼の痛いところを突いた. El ministro *atacó* duramente a la oposición. 大臣は野党を激しく非難した.
2 〈病気・有害物などが〉…に襲いかかる; 損なう. Le *atacó* un dolor agudo. 彼を鋭い痛みが襲った. Este ruido me *ataca* los nervios. この音は私の神経に障る. El ácido *ataca* (a) los metales. 酸は金属を腐食する (▶ 直接目的語が特定の人間でなくても前置詞の a を伴うことがある).
3 〈仕事・困難などに〉取り組む, 着手する;《音楽》〈楽曲などに〉取りかかる. ~ un problema 問題に取り組む. ~ la cumbre 山頂に挑む. ~ la última subida 〈ランナーが〉最後の上り坂に取りかかる. ~ la carne 〈話〉肉にかぶりつく. ~ una nota grave 低音を出す. **4** 詰め込む;…に火薬・弾丸を装填(%)する. **5**《まれ》〈衣類の〉ひもを締める;ボタンを掛ける. **6**《ラ米》《俗》〈人に〉言い寄る, 言い口説く.
[← 〔伊〕*attaccare*「結びつける;攻撃する」]【関連】ataque. [英] *attack*]

a·ta·ché [a.ta.tʃé]《ラ米》(ᵖʳ)(ᵃᵗᵃᶜʰᵉ) 紙挟み.

a·ta·co·la [a.ta.kó.la] 囡 尾巻き; 馬の尾を結わえるひも.

a·ta·de·ras [a.ta.ðé.ras] 囡《複数形》《古語》《話》ガーター, 靴下留め (= ligas).

a·ta·de·ro [a.ta.ðé.ro] 男 **1** ひも, 縄, ロープ.
2 鉤(³), ホック, フック, 輪; つなぐ箇所[部分].
3《ラ米》(ᵃᵗᵃᵈ) 《服飾》ガーター, 靴下留め.
no tener atadero《話》混乱した, 取り乱した.

a·ta·di·jo [a.ta.ðí.xo] 男《話》**1**（適当にまとめた）小包み. **2** ひも, 縄, ロープ.

a·ta·do, da [a.tá.ðo, -.ða] 圏 **1** 縛られた, つながれた, つながりの; 内気な; 優柔不断な. encontrarse ~〈当惑して〉どうしていいかわからない.
— 男 **1** 束, 包み. un ~ de ropa 一包みの衣類. **2**《ラ米》(ᵃᵗᵃᵈ)（タバコの）箱.

a·ta·dor, do·ra [a.ta.ðór, -.ðó.ra] 縛る, くくる. — 男《ラ米》(ᵃᵗᵃᵈ)（動物の）つなぎひも.

a·ta·du·ra [a.ta.ðú.ra] 囡 **1** 縛り付け, くくり付け, 結わえ付け. **2** ひも, 縄, ロープ. **3**（主に複数で）束縛, 拘束; しがらみ. romper las ~s 自由になる.

a·ta·fa·gar [a.ta.fa.ɣár] 個《話》**1**《強いにおいが》息苦しくさせる, むっとさせる. De algún sitio llegaba un tufo que nos *atafagaba*. どこからか悪臭が漂ってきて, 私たちは頭がくらくらした.
2（しつこさで）悩ませる, うんざりさせる.

a·ta·fe·ta·na·do, da [a.ta.fe.ta.ná.ðo, -.ða] 圏《服飾》琥珀(ᶜᵒᵏᵘ)織りの〔タフタ〕のような.

a·ta·ga·llar [a.ta.ɣa.jár‖-.ʎár] 圊《海》疾走する.

a·ta·guí·a [a.ta.ɣí.a] 囡《土木》（河川工事用の）締め切り堤;（小規模な）堤防.

a·ta·ha·rre [a.ta.á.r̃e] 男《馬》鞦(᎑ʳᵉ).

a·ta·hor·ma [a.ta.ór.ma] 囡《鳥》チュウヒワシ.

A·ta·hual·pa [a.ta.(ɣ)wál.pa] 固名 アタワルパ (1502?-33): Inca 帝国最後の皇帝. スペイン人征服者 Pizarro に捕われ処刑された.

a·tai·re [a.tái.re] 男（扉・窓などの）刳形(ᵏᵘʳⁱᵍᵃᵗᵃ).

a·ta·ja·da [a.ta.xá.ða] 囡《ラ米》(1)《スポ》（ゴールキーパーの）セーブ. (2)《ラ米》(ᵃᵗᵃᵈ) 近道.

a·ta·ja·de·ro [a.ta.xa.ðé.ro] 男（灌漑(²⁹)用の）堰(ᶳᵉᵏⁱ).

a·ta·ja·di·zo [a.ta.xa.ðí.θo / -.so] 男 仕切り, パーティション; 仕切られた場所.

a·ta·ja·dor, do·ra [a.ta.xa.ðór, -.ðó.ra] 圏 行く手を妨げる, 妨害する. — 男 妨害者, 遮る人.
— 男《ラ米》(ᵃᵗᵃᵈ) ラバ追い, 馬子.

a·ta·jar [a.ta.xár] 圊 (**por...** …を通って) 近道する; 時間を節約する. ~ por los campos 畑を突っ切って近道する.
— 個 **1** 遮る, 阻む, 阻止する. ~ un camino 道を封鎖する. ~ un incendio 延焼を食い止める. No me *atajes*, por favor. 私の話を遮らないでください. *Atajaron* al fugitivo. 彼[彼女]は逃亡者の行く手を遮った. **2**（場所）を仕切る;〈家畜を〉小さな群れに分ける,〈群れの一部を〉引き離す. **3** 削除する, カットする. ~ los comentarios 注釈を削る. **4**《スポ》セーブする; インターセプトする; タックルする. **5**《ラ米》(1) じかに受け止める. (2) かわす, よける, 避ける.
— **~·se** 再 **1** どぎまぎする, 困惑する. **2**《スペイン》酔っ払う. **3**《ラ米》(ᵃᵗᵃᵈ)こらえる, 我慢する.

a·ta·je·a [a.ta.xé.a] / **a·ta·jí·a** [a.ta.xí.a] 囡 → atarjea.

a·ta·jo [a.tá.xo] 男 **1** 近道. tomar [coger] un ~ 近道する. ir por un ~ 近道を行く. **2** 手っ取り早い方法. **3**（家畜の）群れ,（軽蔑）〈人の〉一団;（うそなどの）連発. ~ de corderos 子羊の群れ. soltar un ~ de mentiras 口からでまかせを連発する. ~ de sinvergüenzas 恥知らずの一団. **4** 仕切り; 分離. **5** 削除部分, 削除. **6**《スポ》(1) セーブ; カット, タックル. (2)（フェンシング）フェイント攻撃.
echar por el atajo《話》最も安直な手段[方法]を取る.
No hay atajo sin trabajo.《諺》学問に王道なし（←努力なしの近道はない）.
salir al atajo a＋人 〈人〉の話を遮る.

a·ta·jo·na [a.ta.xó.na] 囡《ラ米》(ᵃᵗᵃᵈ) むち.

a·ta·la·jar [a.ta.la.xár] 個〈馬に〉馬具をつける.

a·ta·la·je [a.ta.lá.xe] 男 馬具.

a·ta·lan·tar [a.ta.lan.tár] 個 **1** 喜ばせる; 好都合である. **2** 当惑させる; ぼうっとさせる.

a·ta·la·ya [a.ta.lá.ja] 囡
1 望楼, 監視塔, 見張り台.
2 高台, 見晴らし台.
3（状況のよく見える）立場.
— 男 **1** 見張り番.
2 慧眼(ᵏᵉⁱᵍᵃⁿ)の人.

a·ta·la·yar [a.ta.la.xár] 個 見張る, 監視する; 偵察する.

a·ta·la·ye·ro [a.ta.la.xé.ro] 男 見張り兵, 哨兵(ˢʰᵒʰᵉⁱ); 偵察兵.

atalaya（望楼）

a·ta·na·sia¹ [a.ta.ná.sja] 囡《植》カキネガラシ.

a·ta·na·sia² [a.ta.ná.sja] 囡《印》14 ポイント活字.

a·ta·ñer [a.ta.ɲér] 圊《il》《a...》**1**（…に）かかわる, 関係する. Este asunto no te *atañe* a ti. この件に君はかかわり合いがない. **2**（…の）職務[任務, 責任]である. Esta medida *atañe* al gobierno. この方策は政府の責務だ. ▶ **3** 人称のみに活用.
en [por] lo que atañe a... …については. *En lo que atañe a* mi viaje, todavía no he decidido nada. 旅行に関しては, 私はまだ何も決めていない.

a·ta·o [a.tá.o] 男《ラ米》(ᵖʳ)《話》混乱, 騒ぎ.

a·ta·pu·zar [a.ta.pu.θár / -.sár] 97 個《ラ米》(ᵃᵗᵃᵖ) 満たす, いっぱいに詰める.
— **~·se** 再 がつがつ食う, 食べすぎる.

a·ta·que [a.tá.ke] 男 **1** 攻撃, 攻めること, 襲撃. ~ por sorpresa 奇襲, 不意打ち.

aéreo 空襲. ～ preventivo 先制攻撃. iniciar [lanzar, emprender] un ～ 攻撃を開始する. Los ～s fueron destinados contra la base militar. 攻撃は軍事基地に向けられた.
2発作. ～ cardiaco [al corazón] 心臓発作. ～ epiléptico てんかんの発作. ～ de apoplejía 卒中. ～ de angina 狭心症発作. ～ de asma ぜんそく発作. ～ de fiebre 熱中症. *Mujeres al borde de un ～ de nervios*『神経衰弱ぎりぎりの女たち』(Pedro Almodóvar の映画). ～ de tos 咳(き)き込み.
3〈言葉の〉攻撃, 批判的言動. lanzar duros ～s contra... …を厳しく非難する.
4《スポ》攻撃, アタック. **5**《化》《物理》侵食, 腐食. **6**《音楽》アタック (演奏や歌唱の出だし).
— 自 → atacar.
¡al ataque! 《軍》《号令》突撃, 攻撃開始; さあ行け.
de ataque《ラ米》《俗》《話》すばらしい.
ataque(-) / ataqué(-) 自 → atacar.
***a·tar** [a.tár] 他 **1** 縛る, 結ぶ;《**a...** …に》つなぐ. ～ los libros 本を(ひもで)くくる. ～ al perro a un árbol 犬を木につなぐ. Le *ataron* las manos a la espalda. 彼[彼女]は後ろ手に縛られた.
2 拘束する, 束縛する. Mi familia me *ata*. 私は家族がいて自由にできない. El cuidado de un enfermo *ata* mucho. 病人の世話は手がかかる.
3《**a...** …に》結びつける, 関連付ける.
— ～se 再 **1**〈身に着けるものを〉結ぶ;〈体の部位を〉(ひもなどで)縛る. ～*se* los cordones de los zapatos 靴ひもを結ぶ. ～*se* el pelo 髪の毛を結ぶ. **2** 身動きできなくなる,《**a...** …に》拘束される, しがみつく. Ella *se ata* al trabajo. 彼女は仕事に縛られている. Nunca *me he atado* a un determinado partido. 私は特定の政党にこだわったことはない.
atar corto...《話》〈人を〉厳しく管理する.
atar de pies y manos...〈人の〉手足を縛る;〈人の行動を〉拘束する.
el poder de atar y desatar いっさいを決定する権限.
estar (loco) de atar《話》頭がおかしい.
no [ni] atar ni desatar 何も決定しない, 有意義なことをしない[言わない].
[←[ラ] *aptāre*「適応させる」 (*aptus*「適合した」より派生)]【関連】atadura, desatar. [英]*apt*
a·ta·ra·ce·a [a.ta.ra.θé.a / -.sé.-] 女 → taracea.
a·ta·ran·ta·do, da [a.ta.ran.tá.ðo, -.ða] 形
1《話》当惑している, ぼうっとしている.
2《話》落ち着きのない, 騒がしい.
3(舞踏病を起こすと伝えられた毒グモ) タランチュラにかまれた. **4**《ラ米》《話》ふらつく, 酔った; とんまな.
a·ta·ran·ta·mien·to [a.ta.ran.ta.mjén.to] 男 呆然(ぼうぜん)自失, 狼狽(ろうばい); ぼうっとし, めまい.
a·ta·ran·tar [a.ta.ran.tár] 他 呆然(ぼうぜん)とさせる, 惑わせる. — ～se 再 **1** ぼうっとする. **2**《ラ米》(1)《話》ふらふらする; ほろ酔い機嫌になる. (2)《ラプラタ》《コロン》《中米》急ぐ, あわてる.
a·ta·ra·xia [a.ta.rák.sja] 女《心》心の安定, 冷静.
a·ta·ra·za·na [a.ta.ra.θá.na / -.sá.-] 女 **1** 造船所 (= astillero). **2** 製縄工場, ロープ工場. **3**《スペイン》ワイン貯蔵所. **4**《ラ米》《こス》切妻屋根の家.
a·tar·bi·lla·do, da [a.tar.bi.ʎá.ðo, -.ða / -.ʎá.-] 形《ラ米》《ビア》《話》熱射病にかかった.
***a·tar·de·cer** [a.tar.ðe.θér / -.sér] 34 自《3人称単数·無主語で》日が暮れる, 夕暮れになる. al ～ 日暮れに. — 男 日暮れ, 夕方.

a·ta·re·a·do, da [a.ta.re.á.ðo, -.ða] 形 忙しい, 多忙な (= ocupado). Está muy ～ hoy. 彼は今日とても忙しい.
a·ta·re·ar [a.ta.re.ár] 他 仕事を与える, 働かせる.
— ～se 再 せっせと働く;《**con... / en...** …に》精を出す. ～*se con* los negocios 商売に精を出す.
a·tar·je·a [a.tar.xé.a] 女 **1** 暗渠(あんきょ).
2 排水溝, 下水溝 (= alcantarilla).
3《ラ米》《メヒ》導水路, 水道; 下水管.
a·tar·qui·nar [a.tar.ki.nár] 他 泥で覆う.
— ～se 再 泥まみれになる.
a·ta·rra·ga [a.ta.řá.ga] 女《植》**1** オグルマ属の一種. **2** 金づち, ハンマー.
a·ta·rra·gar·se [a.ta.řa.gár.se] 103 再《ラ米》《ラプラ》《ベネズ》《メヒ》たらふく食う, 腹いっぱい詰め込む.
a·ta·rri·llar·se [a.ta.ři.ʎár.se || -.ʎár.-] 再《ラ米》《ビア》熱射病になる.
a·ta·ru·ga·mien·to [a.ta.ru.ga.mjén.to] 男
1《話》詰め込み, ぎゅうぎゅう詰め. **2**《話》満腹, 飽食. **3**《話》仰天, 動転, 狼狽(ろうばい). **4**(木釘などによる) 固定, 締め付け. **5**(樽(たる)に) 栓をすること.
a·ta·ru·gar [a.ta.ru.gár] 他《話》**1**《話》詰め込む. **2**《話》たらふく食べさせる. **3**《話》黙らせる. **4**《話》困惑させる, 狼狽(ろうばい)させる. **5** …に木釘(き)を打つ, 木釘で留める[締める]; 栓をする. — ～se 再《話》**1** ばかになる; ぼうっとする; 狼狽(ろうばい)する. **2** たらふく食べる. **3** 言葉に詰まる, しどろもどろになる.
a·tas·ca·bu·rras [a.tas.ka.bú.řas] 男《単複同形》(La Mancha 地方の郷土料理) ジャガイモとタラのピューレ.
a·tas·ca·de·ro [a.tas.ka.ðé.ro] 男 **1** ぬかるみ, 泥沼. sacar [salir] del ～ ぬかるみから引き出す[抜け出す]. **2** 障害(物); 支障, ネック. **3**《ラ米》《*》困った羽目, 苦境.
a·tas·ca·do, da [a.tas.ká.ðo, -.ða] 形 **1** 動きのとれなくなった; 詰まった.
2《ラ米》《*》無知な, とんまな; 粗野な; 小汚い.
a·tas·ca·mien·to [a.tas.ka.mjén.to] 男 詰まること; 詰まっていること.
a·tas·car [a.tas.kár] 102 他 **1** ふさぐ, つかえさせる, 詰まらせる. **2** 妨げる, 邪魔する. **3**《ラ米》《*》(パーティーなどに) 押しかける.
— ～se 再 **1** 詰まる, 塞がる. **2** 動きが取れなくなる,〈言葉などが〉つかえる. Los coches *se atascaban* en la nieve. 雪の中, 車が立ち往生していた. **3**《ラ米》《医》腸閉塞(へいそく)にかかる.
a·tas·co [a.tás.ko] 男 **1** 交通渋滞. Siempre hay ～s en las horas punta. ラッシュアワーにはいつも交通渋滞になる.
2 詰まり, 滞り, つかえ. **3**《話》障害.
***a·ta·úd** [a.ta.úð] 男 柩(ひつぎ), 棺桶(かんおけ) (= féretro). [←[アラビア] *at-tābūt*]
a·tau·da·do, da [a.tau.ðá.ðo, -.ða] 形 柩(ひつぎ)形の.
a·tau·jí·a [a.tau.xí.a] 女 **1** 象眼細工, ダマスコ細工. **2**《ラ米》《*》排水路, 下水(道).
a·tau·ri·que [a.tau.rí.ke] 男《建》(イスラム建築の)植物モチーフの浮き彫り装飾.
a·ta·viar [a.ta.bjár] 81 他《**con... / de...** …で》着飾らせる, 飾り立てる. → adornar 【類語】
— ～se 再《**con... / de...** …で》着飾る, 盛装する. *Se atavió con* un traje tradicional. 彼[彼女]は伝統的な礼装で着飾った.
a·tá·vi·co, ca [a.tá.bi.ko, -.ka] 形 **1** 隔世遺伝の, 先祖返りの. **2**〈考えなどが〉古めかしい.

a·ta·ví·o [a.ta.bí.o] 男 **1** 盛装, おめかし；身なり. **2**《単数または複数で》衣装；《複数で》装飾品.

a·ta·vis·mo [a.ta.bís.mo] 男 **1** 隔世遺伝, 先祖返り. **2** 懐古趣味.

a·ta·xia [a.tá*k*.sja] 女 **1**〖医〗運動失調(症). **2**〖医〗(歩行性)運動失調(症)(＝～ locomotriz).

a·tá·xi·co, ca [a.tá*k*.si.ko, -.ka] 形〖医〗運動失調(症)の. ― 男 女 運動失調症患者.

a·te [á.te] 男 砂糖漬けの果物菓子.

a·te·diar [a.te.djár] 82 他 退屈させる, 倦怠させる.

a·te·ís·mo [a.te.ís.mo] 男 無神論.

a·te·ís·ta [a.te.ís.ta] 形 無神論(者)の. ― 男 女 無神論者 (＝ ateo).

a·te·jo·nar·se [a.te.xo.nár.se] 再 《ラ米》《俗》(1) うずくまる, 身を潜める. (2) ずる賢くなる.

a·te·la·je [a.te.lá.xe] 男《集合的》**1** 馬具. **2** 引き馬.

a·te·la·na [a.te.lá.na] 形〖演〗笑劇の. ― 女〖演〗(古代ローマの)笑劇.

a·te·lec·ta·sia [a.te.le*k*.tá.sja] 女〖医〗無気肺.

a·te·les [a.té.les] 男〖動〗クモザル.

a·te·lier [a.te.ljér] (仏) 男 → taller.

a·te·lo·co·lá·ge·no [a.te.lo.ko.lá.xe.no] 男 アテロコラーゲン：医療・化粧品に利用されるコラーゲン.

a·tem·ba·do, da [a.tem.bá.ðo, -.ða] 形 《ラ米》(ﾒｷｼｺ)《話》ばかな, 愚かな.

a·tem·bar [a.tem.bár] 他 《ラ米》(ﾒｷｼｺ)《話》(人の)頭をおかしくさせる.

a·te·mo·ri·zar [a.te.mo.ri.θár / -.sár] 97 他 怖がらせる, おびえさせる.
― **~se** 再 《con... / de... / por...》 …に怖がる, おびえる. *Con tantas amenazas me atemoricé.* 多くの脅しに私はおびえた.

a·tem·pe·ra·ción [a.tem.pe.ra.θjón / -.sjón] 女 沈静(化), 抑制, 緩和.

a·tem·pe·rar [a.tem.pe.rár] 他 **1** 和らげる, 抑える. **2** 《a...》適応させる, 対応させる.
― **~se** 再 **1** 和らぐ, 落ち着く.
2 《a...》に対応する. *Las leyes han de ~se a las circunstancias sociales.* 法というものは社会状況に見合ったものでなければならない.

a·tem·po·ral [a.tem.po.rál] 形 無時間的な, 非時間的な, 時間[時代]を超越した.

a·te·na·ce·ar [a.te.na.θe.ár / -.se.-] 他 → atenazar 1, 2.

A·te·nas [a.té.nas] 固名 アテネ：ギリシアの首都. [←〖ラ〗*Athēnae*←〖ギ〗*Athênai* (両語とも複数形)；スペイン語の -s は〖ラ〗複数対格形より]；知恵と工芸の女神〖ギ〗*Athênâ* に関連する命名とされている.

a·te·na·zar [a.te.na.θár / -.sár] 97 他 **1** 締めつける, 強くつかむ. **2** さいなむ, 苦しめる；動けなくなる. *Le atenazó su sentido de la responsabilidad.* 彼は責任感に苦しんだ. **3** 拷問する.

a·ten·ción [a.ten.θjón / -.sjón] 女 **1 注意 (↔distracción). *leer con mucha ~* よく注意して読む. *llamada [toque] de ~* 警鐘. *prestar [poner, dar] ~ a...* …に注意を払う. →右段に図.
2《複数で》配慮, 心遣い. *Muchas gracias por sus atenciones.* いろいろお心遣いをどうもありがとうございます. *tener atenciones con...* …に気を配る. **3** 関心, 興味. *Su ~ por este problema ha sido muy grande.* この問題に彼[彼女]は大変な関心を示していた. **4**《複数で》用事, 用件. *Tiene varias atenciones urgentes.* 彼[彼女]は緊急の用件をいくつかかかえている.
5 (客への)対応；接client, 営業. *~ al cliente* 顧客サービス(係). **6** 羊毛の売買契約.
―間投 **1**《号令》気をつけ；気をつけろ, 《掲示》注意せよ. *¡A~ al tren!* 列車に注意. **2**《アナウンスで》お知らせします；《教室などで》静粛に, 注目.
a la atención de... 《手紙・書類》…様あて.
deshacerse en atenciones / tener atenciones delicadas / tener mil atenciones 《con... / para...》 …を》丁寧にもてなす.
en atención a... …を配慮して. *en ~ a sus méritos* 彼[彼女]の功績への配慮から.
llamar la atención a... (1) …の注意を引く；目立つ. *Nos llama la ~ su forma de andar.* 彼[彼女]の歩き方は我々の注意を引く. (2) …をしかる. *Hoy me han llamado la ~ por fumarme la clase.* 私は今日授業をさぼって叱られた.

a·ten·cio·so, sa [a.ten.θjó.so, -.sa / -.sjó.-] 形 《ラ米》→ atento.

a·ten·de·dor, do·ra [a.ten.de.ðór, -.ðó.ra] 男 女〖印〗校正助手.

a·ten·der [a.ten.dér] 12 他 **1 …の世話をする；…に応対する；担当する. *~ a los heridos* けが人の手当て[治療]をする. *~ a un cliente* 顧客に応対する. *~ a un invitado* 客をもてなす. *¿Lo atienden ya?* ご用件はもうお伺いしているでしょうか (▶ 店員などが客に言う言葉). *Este hotel está muy bien atendido.* このホテルはとてもサービスがよい.
2 (要求などに)応える；(義務などを)果たす；(忠告などを)聞き入れる. *~ una llamada telefónica* 電話に出る. *~ los gastos* 費用を負担する. *~ un compromiso* 約束を果たす. *~ los argumentos* 主張に耳を傾ける.
3 《ラ米》 (1) (客などを)満足させる. (2) (*)…に出席する, 参列する.
― 自 **1** 《a...》に》注意を払う, 配慮する. *~ a razones* 道理に耳を傾ける. *Atendiendo a la importancia del asunto deberíamos tomar una decisión enseguida.* その件の重要性を考えるとすぐに決断を下したほうがいいだろう.
2 《a...》(要求などに)応える, 対応する. *~ a una necesidad* 必要に応じる. *~ a una llamada telefónica* 電話に出る.
3 《por... / al nombre de...》(ペットなどが)(…という名前で)呼ばれている. *Se ha perdido un perro. Atiende por "Moro".* 犬がいなくなりました. 名前は「モロ」です.**4**〖印〗読み合わせ校正をする.
[←〖ラ〗*attendere* 「…に向ける；注目する」 (*ad-*「…の方へ」+ *tendere*「広げる」)；関連 atención, atento. [英] *attend, attention*]

a·ten·di·ble [a.ten.dí.ble] 形 考慮[傾聴]に値する.

a·ten·di·do, da [a.ten.dí.ðo, -.ða] 形 《ラ米》(ﾁﾘ) (ｱﾙｾﾞﾝﾁﾝ)思いやりのある, 親切な.

atención (注意)

A.te.ne.a [a.te.né.a] 固名 【ギsafunine】 アテナ, アテネ: 知恵・工芸・戦いの女神. ローマ神話では **Minerva** に当たる.

a.te.ne.brar.se [a.te.ne.brár.se] 再 暗くなる.

a.te.ne.ís.ta [a.te.ne.ís.ta] 男女 学芸[文芸]協会員.

a.te.ne.o, a [a.te.né.o, -.a] 形 男女〘文章語〙= ateniense.― 男 学芸協会, 文芸協会. ◆1820年設立の Madrid のものは知識人の活動において特に中心的な役割を果たした.

a.te.ner.se [a.te.nér.se] 43 再 (**a...**) **1** (…に)従う, 守る, 遵守する. *Me atengo a lo que él me dijo.* 私は彼の言い付けどおりにしている. **2** 〘結果など〙を受け入れる. ~ *a* las consecuencias 結果を受け入れる. **3** (…に)頼る, すがる. **4** 〘ラ米〙(*墨)(自分の仕事を人にやらせる, 人を当てにする.

a.te.nien.se [a.te.njén.se] 形 アテネの.
― 男女 アテネの住民[出身者], アテネ人.

a.te.no.ra.do, da [a.te.no.rá.ðo, -.ða] 形 テノールのような, テノールの響きをもつ.

***a.ten.ta.do, da** [a.ten.tá.ðo, -.ða] 形 (まれ) 穏当な, 細心の注意を払った.
― 男 (**contra...** …に対する) **1** 襲撃, テロ (行為). ~ político 政治テロ. ~ con bomba 爆弾テロ. **2** 違反, 法律違反. ~ *contra* las buenas costumbres 公序良俗違反.

***a.ten.ta.men.te** [a.tén.ta.mén.te] 副 **1** 注意深く, 丁寧に. mirar ~ じっくりと見る. **2** 礼儀正しく, 丁重に. **3** 〘手紙〙敬具. Le saluda ~. 敬具.

***a.ten.tar** [a.ten.tár] 自 (**contra...**) **1** (…を)襲撃する, テロ行為を働く. ~ *contra* la vida de + 人 〘人〙の命をねらう. **2** (…に)反する, 背く; 損ねる. ~ *contra* la moralidad pública 風紀を乱す. ~ *contra* la honra de + 人 〘人〙の名誉を汚す.

a.ten.ta.to.rio, ria [a.ten.ta.tó.rjo, -.rja] 形 (**a...** …を)侵害する. medida *atentatoria a* la libertad 自由を踏みにじる措置.

***a.ten.to, ta** [a.tén.to, -.ta] 形 **1** (**estar**+)(**a...** …に)**注意深い**, 熱心に耳を傾ける. *estar* ~ en clase 授業に集中している. *Este* suyo *está* más ~ *al* estudio. 君は勉強にもっと身を入れなくては. **2** (**ser**+ / **estar**+)(**con...** …に)やさしい, 思いやりのある, 丁重な. dependientes ~s 親切な店員. *Estuvo* muy ~ *con*migo. 彼は私にとてもやさしくしてくれた. Saludos muy ~s 〘手紙〙敬具, 草々. [← 〘ラ〙 *attentum* (*attentus* の対格; *attendere*「気をつける」の完了分詞)]

a.te.nua.ción [a.te.nwa.θjón / -.sjón] 女 **1** 緩和, 軽減. ~ del dolor 苦痛の軽減. **2** 〘修辞〙曲言法. ▶ 婉曲な表現を用いてかえって語勢を強める修辞法. ⇌ No soy tan malo. 私はそんなに悪い人間ではありません. **3** 〘法〙情状酌量. **4** 〘物理〙〘電〙減衰.

a.te.nuan.te [a.te.nwán.te] 形 **1** 緩める, 弱める, 軽減する. **2** 〘法〙情状酌量できる. circunstancia ~ 酌量すべき事由. ― 男 (時に女) **1** 〘法〙軽減事由. **2** 〘ラ米〙弁解, 言い訳.

a.te.nuar [a.te.nwár] 84 他 和らげる, 緩和する, 軽減する. ~ el dolor 痛みを和らげる. ~ la pena 減刑する. ― **~.se** 再 和らぐ, 緩む, 弱まる.

a.te.o, a [a.té.o, -.a] 形 無神論(者)の.
― 男女 無神論者 (= ateísta).

a.te.pe.re.tar.se [a.te.pe.re.tár.se] 再 〘ラ米〙(*墨)(ﾐ音) 〘話〙 うろたえる, あわてふためく.

a.te.po.ca.te [a.te.po.ká.te] 男 〘ラ米〙(*墨)(ﾐ音) 〘動〙 オタマジャクシ.

a.ter.cio.pe.la.do, da [a.ter.θjo.pe.lá.ðo, -.ða / -.sjo.-] 形 ビロードのような; 滑らかな. cutis ~ 滑らかな肌.

a.te.ri.do, da [a.te.rí.ðo, -.ða] 形 凍えた, かじかんだ.

a.te.rir [a.te.rír] 80 他 凍えさせる, かじかませる.
― **~.se** 再 凍える. ~*se* de frío 寒さで凍える. ▶ 活用語尾が i で始まる活用形でのみ用いられる.

a.tér.ma.no, na [a.tér.ma.no, -.na] 形 〘物理〙不伝熱性の (↔diatérmano).

a.te.ro.es.cle.ro.sis [a.te.ro.es.kle.ró.sis] 女 〘単複同形〙⇒ aterosclerosis.

a.te.ro.ma [a.te.ró.ma] 男 〘医〙 アテローム, 粉瘤(ﾘｭｳ), 粥腫(ｼﾞｭｸ).

a.te.ro.ma.to.so, sa [a.te.ro.ma.tó.so, -.sa] 形 アテロームの.

a.te.ros.cle.ro.sis [a.te.ros.kle.ró.sis] 女 〘単複同形〙〘医〙 アテローム性動脈硬化症, アテローム硬化, 粥状(ｼﾞｮｳ)硬化.

a.te.rra.dor, do.ra [a.te.řa.ðór, -.ðó.ra] 形 恐ろしい, ぞっとする;〘話〙ひどい, 不快な.

a.te.rra.jar [a.te.řa.xár] 他 〘技〙ねじを切る.

a.te.rra.je [a.te.řá.xe] 男 着陸; 着岸.

a.te.rrar¹ [a.te.řár] 8 他 **1** 倒す, 打ち壊す. **2** 捨てる. **3** 土をかぶせる;〘ラ米〙〘農〙土寄せする. **4** 〘ラ米〙(*墨)(ﾐ音)〘管〙を詰まらせる.― 自 陸地に着く; (飛行機が)着陸する, (船が)接岸する.

a.te.rrar² [a.te.řár] 他 おびえさせる, 怖がらせる. *Me aterra* pensar que… …と思うと私はぞっとする. Quedó *aterrado* por la noticia. 彼はその知らせに愕然(ｶﾞｸｾﾞﾝ)とした.― **~.se** 再 怖がる, おびえる.

aterrice(-) / **aterricé**(-) 活⇒ aterrizar.

***a.te.rri.za.je** [a.te.ři.θá.xe / -.sá.-] 男 **1** 〘航空〙**着陸** (= toma de tierra). ~ de emergencia 緊急着陸. ~ forzoso 不時着. ~ sin visibilidad / ~ a ciegas 盲目[計器]着陸. pista de ~ 滑走路. tren de ~ 着陸装置. **2** 〘スポ〙(体操・ジャンプ競技などの)着地. **3** 徴減, わずかの下落. **4** (人の)到着.

***a.te.rri.zar** [a.te.ři.θár / -.sár] 97 自 **1** 〘航空〙**着陸する**; 着地する. ~ sobre la panza 胴体着陸する. **2** 〘話〙〘人が〙思いがけなく現れる. **3** 〘話〙(新しい場所に)やって来る.

a.te.rro.nar.se [a.te.řo.nár.se] 再 塊になる.

a.te.rro.ri.za.dor, do.ra [a.te.řo.ri.θa. ðór, -.ðó.ra / -.sa.-] 形 恐ろしい, ぞっとさせる.

***a.te.rro.ri.zar** [a.te.řo.ri.θár / -.sár] 97 他 **怖がらせる**, 震え上がらせる. Los bandidos *aterrorizaron* a la población. 盗賊の群れが住民を震え上がらせた.
― **~.se** 再 (**de... / por...** …を)怖がる, 恐れる.

a.te.sar [a.te.sár] 8 他 〘ラ米〙ぴんと張る.

a.te.sar.se 再 〘ラ米〙(ｺﾛ)急いで立ち去る, 一目散に逃げる.

a.te.so.ra.mien.to [a.te.so.ra.mjén.to] 男 蓄積, 収蔵; 貯蓄.

a.te.so.rar [a.te.so.rár] 他 **1** ためる, 蓄える; 秘蔵にする. **2** 〘資質を〙備えている. Juan *atesora* muchas cualidades. フアンには長所がたくさんある.

a.tes.ta.ción [a.tes.ta.θjón / -.sjón] 女 証明, 立証; 証言.

a.tes.ta.do, da¹ [a.tes.tá.ðo, -.ða] 形 証明された, 確認された. palabra no *atestada* 〘文献〙用例が確認されていない語.― 男 〘法〙調書, 供述書. levantar un ~ 調書を作成する.

a·tes·ta·do, da² [a.tes.tá.đo, -.đa] 形 《**de**… …で》満員の, いっぱいの. tren ～ 満員電車.

a·tes·ta·do, da³ [a.tes.tá.đo, -.đa] 形 頑固な, 強情な (= testarudo).

a·tes·ta·du·ra [a.tes.ta.đú.ra] 女 **1** 詰め込み, いっぱいにする[なる]こと.
2 《ワイン樽(だる)の》目減り分を補うブドウの搾り汁.

a·tes·ta·mien·to [a.tes.ta.mjén.to] 男 詰め込み.

a·tes·tar¹ [a.tes.tár] 8 《時として規則変化》他 **1** 詰め込む;《場所を》埋めつくす. ～ un piso con muebles マンションを家具でいっぱいにする. la masa que *atestaba* la plaza 広場を埋めつくした群衆.
2 《話》腹いっぱい食べさせる.
3 《ワイン樽(だる)の》目減り分を補う.
── ～·se 再 《話》《**de**… …を》腹いっぱい食べる.

a·tes·tar² [a.tes.tár] 他 → atestiguar.

a·tes·ti·gua·ción [a.tes.ti.gwa.θjón / -.sjón] 女 証言, 立証.

a·tes·ti·gua·da·men·te [a.tes.ti.gwá.đa.mén.te] 副 明確に.

a·tes·ti·gua·mien·to [a.tes.ti.gwa.mjén.to] 男 → atestiguación.

a·tes·ti·guar [a.tes.ti.gwár] 86 他 **1** 《法》証言する. ～ en el juicio 裁判で証言する.
2 立証する, 証明する.

a·te·ta·do, da [a.te.tá.đo, -.đa] 形 乳房の形の.

a·te·tar [a.te.tár] 他 《動物が》乳を飲ませる.

a·te·to·sis [a.te.tó.sis] 女 《医》アテトーシス.

a·te·za·do, da [a.te.θá.đo, -.đa / -.sá.-] 形 **1** 日焼けした. **2** 黒ずんだ, 黒くなった. **3** 磨き込んだ, 黒光りする.

a·te·zar [a.te.θár / -.sár] 97 他 **1** 日焼けさせる.
2 黒くする. **3** 磨き上げる, 黒光りさせる.
── ～·se 再 **1** 日焼けする, 《肌が》焼ける.
2 黒ずむ.

a·ti·bo·rrar [a.ti.bo.r̃ár] 他 **1** 詰め込む, いっぱいにする. **2** 《**de**… …を》腹いっぱい食べさせる.
── ～·se 再 《**de**… …を》腹いっぱい食べる.

Á·ti·ca [á.ti.ka] 固名 アッティカ:ギリシア東南部, アテネ周辺の地方.

a·ti·cis·mo [a.ti.θís.mo / -.sís.-] 男 《ギリシア語の》アッティカ風文体;簡素典雅な文体.

á·ti·co, ca [á.ti.ko, -.ka] 形 **1** 《古代ギリシアの》アッティカの, アテネの;アッティカ風の. **2** 簡素で優雅な, 品格のある, 流麗な. ── 男 女 アッティカ人, アテネ人. ── 男 **1** 《古代ギリシア語の》アッティカ方言. **2** 《建》(1) ペントハウス. (2) 屋根裏部屋.

atiend- 活 → atender.

a·tie·sar [a.tje.sár] 他 固くする, ぴんと張らせる.

a·ti·gra·do, da [a.ti.grá.đo, -.đa] 形 縞(しま)模様の, 虎斑(こはん)の. gato ～ トラネコ.

a·ti·gro·nar·se [a.ti.gro.nár.se] 再 《ラ米》(ほうえき) 強くなる.

A·ti·la [a.tí.la] 固名 アッティラ:ヨーロッパに侵入し大帝国を築いたフン族の王 (在位434-453). ～, el Azote de Dios 神罰アッティラ.

a·til·da·do, da [a.til.dá.đo, -.đa] 形 **1** めかし込んだ, 着飾った.
2 《文体が》格調高い, 気取った. prosa *atildada* 格調高い散文. estilo ～ 気取った文体.

a·til·da·mien·to [a.til.da.mjén.to] 男 (特に悪趣味に)着飾ること;おめかし.

a·til·dar [a.til.dár] 他 **1** 着飾らせる, おめかしをさせる. **2** ñ の波形記号 (˜) やアクセント記号 (´) をつける. **3** 難癖をつける, 批判する.

── ～·se 再 着飾る, めかし込む.

a·ti·na·da·men·te [a.ti.ná.đa.mén.te] 副 適切に;賢明に. decidir ～ 適切に決定する. *A*～, no lo mencionaron. 賢明にも彼らはそのことに言及しなかった.

a·ti·na·do, da [a.ti.ná.đo, -.đa] 形 **1** 的を射た, 適切な. contestación *atinada* 的を射た回答.
2 賢明な. observación *atinada* 思慮に富んだ所見.

***a·ti·nar** [a.ti.nár] 自 **1** 《**a**… / **con**…》《判断・予想の》的中する;的を射る. ～ al blanco 命中する.
2 《**a** [**en**]＋ 不定詞》うまく《…》できる[する]. *Has atinado en* coger el paraguas. 傘を持ってきて正解だったね. *Atinó a* encontrar la solución. 彼[彼女]はうまく解決方法を見つけた.
3 《**con**… …を》見つける. No *atinaba con* el hotel [la llave]. ホテル[鍵(かぎ)]がなかなか見つからなかった. **4** 《ラ米》(ほうえき)《俗》セックスをする.

a·ti·nen·te [a.ti.nén.te] 形 《まれ》《**a**… …に》関する, かかわる.

a·tin·gen·cia [a.tiŋ.xén.θja / -.sja] 女 《ラ米》(1) かかわり, 関係. (2) 《建》義務, 責任, 担当;注記, コメント. (3) (ほうえき)的中.

a·tin·gen·tia [a.tiŋ.xén.tja] 女 《ラ米》(ほうえき)責任, 担当.

a·tin·gi·do, da [a.tiŋ.xí.đo, -.đa] 形 《ラ米》(1) (ほうえき)《話》ずるい, 狡猾(こうかつ)な. (2) (ほうえき)《話》困窮した, 文無しの. (3) (ほうえき)悲嘆に暮れた, 悲しんだ;弱々しい;おどおどした.

a·tin·gir [a.tiŋ.xír] 101 他 《ラ米》(1) …に関係する, かかわりがある. (2) (ほうえき)押さえ付ける, 虐げる.

a·ti·par·se [a.ti.pár.se] 再 《話》たらふく食う, 腹いっぱい詰め込む.

a·tí·pi·co, ca [a.tí.pi.ko, -.ka] 形 典型的でない, 異常な.

a·ti·pla·do, da [a.ti.plá.đo, -.đa] 形 《声・音が》高い, 甲高い. voz *atiplada* 甲高い声, 金切り声.

a·ti·plar [a.ti.plár] 他 《楽器を》高音域に上げる;《声を》高くする. ── ～·se 再 《楽器の》音域が上がる;《声が》甲高くなる, うわずる.

a·ti·pu·jar·se [a.ti.pu.xár.se] 再 《ラ米》(ぷあく)(ほうえき)たらふく食う, 腹いっぱい詰め込む.

a·ti·qui·zar [a.ti.ki.θár / -.sár] 他 《ラ米》(ほうえき)つつく;きつく縛る.

a·ti·ran·tar [a.ti.ran.tár] 他 **1** ぴんと張る. **2** 《関係などを》緊張させる, 悪化させる. **3** 《建》《壁を》タイロッドで固定する. **4** 《ラ米》(ぷあく)(ほうえき)床[地面]に押さえ付ける. ── ～·se 再 《ラ米》(1) (ほうえき)《俗》へばる, 死ぬ. (2) (ほうえき)寝る.

a·tis·ba [a.tís.ba] 男 《ラ米》(ぷあく)見張り(番).

a·tis·ba·du·ra [a.tis.ba.đú.ra] 女 《古語》→ atisbo.

a·tis·bar [a.tis.bár] 他 **1** のぞく, うかがう, 偵察する. ～ a través de las cortinas カーテン越しにうかがう. **2** かすかに見える. **3** 察する, 感じる. No se *atisba* ninguna solución al problema. その問題の解決の糸口は全く見つからない.
── ～·se 再 かすかに[ぼんやり]見える;兆しが感じられる.

a·tis·bo [a.tís.bo] 男 **1** 偵察. **2** 《複数または un＋》兆し, 徴候. *un* ～ de mejoría 回復の兆し. ～s de inteligencia 知性のひらめき.

a·ti·sua·do, da [a.ti.swá.đo, -.đa] 形 《布が》ラメに似た.

A·ti·tlán [a.tir̃.lán ∥ -.ti.tlán] 固名 el ～ アティトゥ

atomicidad

ラン(湖): 中米グアテマラ市の火口湖.

¡a·ti·za! [a.tí.θa / -.sa] 間投《話》《驚き・感心》うわあ, おや, まあ. *¡Atízale!*《ラ米》《*国》急げ.

a·ti·za·dor, do·ra [a.ti.θa.ðór, -.ðó.ra / -.sa.-] 形 扇動する. — 男 火かき棒.

a·ti·zar [a.ti.θár / -.sár] 97 他 **1**〈火を〉かき立てる. **2**〈感情などを〉かき立てる. ~ la discordia 不仲をあおる. **3**《話》〈殴打を〉食らわす. ~ un puñetazo [un puntapié] a +人〈人〉を殴る[足蹴(ﾀﾞ)にする].
— ~·se 再 **1**《話》がぶ飲みする, たらふく食べる. *Se atizó el vaso de un trago.* 彼[彼女]はコップ1杯を一気に飲み干した. **2**《ラ米》《俗》マリファナを吸う.

a·ti·zo·nar [a.ti.θo.nár / -.so.-] 他 **1**〈外壁を〉野石積みにする. **2**〈材木の端を〉壁にはめ込む.
— ~·se 再〈穀物が〉黒穂病にかかる.

at·lan·te [at.lán.te] 男 【建】男像柱.

At·lan·te [at.lán.te] 固名 → Atlas.

At·lán·ti·co [at.lán.ti.ko] 固名 el ~ 大西洋.

***at·lán·ti·co, ca** [at.lán.ti.ko, -.ka] 形 **1** 大西洋の. (el) Océano A~ 大西洋. costa *atlántica* 大西洋岸. **2** アトラス山脈の. [← [ラ] *Atlanticus*← [ギ] *Atlantikós* (*Átlas*「アトラス」より派生).]

At·lán·ti·da [at.lán.ti.ða] 固名 アトランティス: プラトンが Gibraltar 西方の海中に没したと述べた伝説上の島. [[ラ] *Atlantis* 形「Atlas 山脈の西方にある大洋の」より作られた女性名詞. [関連] atlántico. [英] *Atlantis*]

***at·las** [át.las] 男《単複同形》**1** 地図帳. ~ lingüístico 言語地図帳. ~ *mapa* 類語. **2** 図解書, 図版集. ~ anatómico 解剖図録. **3**【解剖】環椎(ﾂﾉ), 第一頸椎(ｹﾝﾂ). **4** アトラス判の用紙. 1595年出版の Mercator の地図書の巻頭に天空を担う巨人 Atlas が描かれていたことに由来する】

At·las [át.las] 固名【ギ神】アトラス: 神々との争いの罪により天空を担う巨人 Atlas.

***at·le·ta** [at.lé.ta] 男 女 **1** 運動選手, スポーツマン;(特に)陸上選手. **2** 体のたくましい人.
— 古代ギリシア・ローマの競技者.

***at·lé·ti·co, ca** [at.lé.ti.ko, -.ka] 形 **1** 陸上競技[選手] の; 運動競技[選手]の, スポーツの. **2** がっしりした体格の, たくましい. **3**(スペインのサッカーチーム) アトゥレティコ・デ・マドリッド Atlético de Madrid の. — 男 女 アトゥレティコ・デ・マドリードの選手[ファン].

***at·le·tis·mo** [at.le.tís.mo] 男 **1**【スポ】陸上競技. practicar el ~ 陸上競技をする. **2** 運動競技.

***at·mós·fe·ra** [at.mos.fe.ra] / **at·mos·fe·ra** [at.mos.fé.ra] 女 **1** 大気(圏). contaminación de la ~ 大気汚染. ~ cargada de humo 煙の充満した空気.
2 雰囲気, ムード. *En la reunión la ~ estaba muy cargada.* 会議の雰囲気は非常に重苦しかった. *El teatro recrea muy bien la ~ de la Edad Media.* 劇場は中世の雰囲気を実によく再現している. crear una ~ agradable 快いムードづくりをする. **3**(単位としての)気圧. **4**《ラ米》社会的評価, 人の受け. tener buena ~ 立派な人物である.
[[ギ] *atmós*「煙, 蒸気」+ [ギ] *sphaîra* (近代の語義で「球」); [関連] [英] *atmosphere*]

***at·mos·fé·ri·co, ca** [at.mos.fé.ri.ko, -.ka] 形 大気の, 大気中の. presión *atmosférica* 気圧.

-ato「…の職, 身分, 任期, 期間」の意を表す「男性」名詞語尾. → bachillerato, decanato, priorato.

a·to·a·je [a.to.á.xe] 男【海】曳航(ｴｲｺｳ).

a·to·ar [a.to.ár] 他〈船を〉引く, 曳航(ｴｲｺｳ)する.

a·toc [a.tók] 男《ラ米》【動】(Andes 地方に生息する) 南米ギツネ.

a·to·car [a.to.kár] 102 他《ラ米》(ﾀ) → tocar.

a·to·cha [a.tó.tʃa] 女【植】→ esparto.

a·to·cha·da [a.to.tʃá.ða] 女 (アフリカハネガヤ・落葉などで作った)堰(ｾｷ).

a·to·chal [a.to.tʃál] 男 アフリカハネガヤの原.

a·to·char [a.to.tʃár] 他 **1** アフリカハネガヤを詰める. **2** 詰め込む, 押し込む. **3**〈風が〉〈索具に〉〈帆を〉からみつかせる.
— ~·se 再【海】〈索具が〉からまって動かなくなる.

a·to·cia [a.tó.θja / -.sja] 女【医】不妊(症).

a·to·ci·na·do, da [a.to.θi.ná.ðo, -.ða / -.si.-] 形《話》非常に太った.

a·to·ci·nar [a.to.θi.nár / -.si.-] 他 **1**〈豚を〉切り裂く; 塩漬けにする. **2**《話》暗殺する.
— ~·se 再《話》**1** ぼうっとする. **2** 恋に狂う. **3** かっかする, いらだつ.

a·to·cle [a.tó.kle] 男《ラ米》(ﾒﾎ)(砂質の) 腐植土.

a·tol [a.tól] 男《ラ米》(ﾁﾘ)(ﾒﾎ) → atole.

a·to·la·da [a.to.lá.ða] 女《ラ米》(1) (ﾒﾎ) → atoleada. (2) (ﾒﾎ)アトレ atole が出されるパーティー.

a·to·le [a.tó.le] 男《ラ米》(ﾁﾘ)(ﾒﾎ)アトレ: トウモロコシ粉に水・牛乳を混ぜて作るおもゆ.
dar atole con el dedo a +人《ラ米》(ﾒﾎ)〈人を〉甘い言葉でだます.
después de atole (frío)《ラ米》(ﾒﾎ)手遅れで, 後の祭りで.
hacer atole《ラ米》(ﾒﾎ)(*国)《話》(車にひかれて)ぺちゃんこになる.
hacerse atole《ラ米》(*国)〈料理が〉水っぽくなる.
[← (ﾅﾜﾄﾙ) *atolli*]

a·to·le·a·da [a.to.le.á.ða] 女《ラ米》(ﾒﾎ)(客にアトレ atole を振る舞う)パーティー.

a·to·le·rí·a [a.to.le.rí.a] 女《ラ米》(ﾒﾎ)アトレ atole を売る[作る]店.

a·to·le·ro, ra [a.to.lé.ro, -.ra] 男 女《ラ米》(1) (ﾒﾎ)(*国)アトレ atole を作る[売る]人. (2) (*国)粗野な人.
lucero atolero《ラ米》(ﾒﾎ)明けの明星.

a·to·li·llo [a.to.lí.ʎo / -.ʎó.-] 男《ラ米》(ﾒﾎ)トウモロコシ粉・砂糖・卵で作るかゆ.

a·to·lla·de·ro [a.to.ja.ðé.ro / -.ʎa.-] 男 **1** ぬかるみ; 身動きできない場所. **2** 苦境, 難局. estar en un ~ 窮地に立っている, 行き詰まっている. sacar [salir] del ~ 窮地から救う[脱する].

a·to·llar [a.to.jár / -.ʎár] 自 **1** ぬかるみにはまり込む; 身動きが取れなくなる, 窮地に陥る. **2**《ラ米》(*国)さまよう.
— ~·se 再 **1** ぬかるみにはまる; 窮地に陥る. **2**《ラ米》(ﾌﾟ)体に塗りたくる.

a·to·lón [a.to.lón] 男 環礁, 環状サンゴ島.

a·to·lon·dra·do, da [a.to.lon.drá.ðo, -.ða] 形
1 (estar +) ぼうっとした, 混乱した.
2 (ser +) あわて者の, そそっかしい.

a·to·lon·dra·mien·to [a.to.lon.dra.mjén.to] 男 ぼうっとしていること, あわてていること, 軽率. obrar con ~ 後先を考えないで行動する.

a·to·lon·drar [a.to.lon.drár] 他 ぼうっとさせる, 混乱させる, あわてさせる (= aturdir).
— ~·se 再 ぼうっとする; あわてる.

a·to·mí·a [a.to.mí.a] 女《ラ米》悪行, 乱暴; 雑言.

a·to·mi·ci·dad [a.to.mi.θi.ðáð / -.si.-] 女【化】原

子数, 原子価.

a·tó·mi·co, ca [a.tó.mi.ko, -.ka] 形 **1** 原子の, 原子力の. bomba *atómica* 原子爆弾. cabeza *atómica* 核弾頭. refugio ～ 核シェルター. países ～s 核(兵器)保有国. energía *atómica* 原子力エネルギー. pila *atómica* 原子炉. número ～ 原子番号. peso ～ 原子量. masa *atómica* 原子質量. **2**《話》すごい, すばらしい.
— 女《ラ米》《ミネ》ボールペン (= pluma *atómica*).

a·to·mis·mo [a.to.mís.mo] 男《哲》原子論. ～ de Demócrito デモクリトスの原子論.

a·to·mis·ta [a.to.mís.ta] 男 女《哲》原子論者.

a·to·mís·ti·co, ca [a.to.mís.ti.ko, -.ka] 形 原子論の, 原子論的な. — 男 女 原子論者.

a·to·mi·za·ción [a.to.mi.θa.θjón / -.sa.sjón] 女 原子化, 微粒子化;細分化, 霧化.

a·to·mi·za·dor [a.to.mi.θa.ðór / -.sa.-] 男 噴霧器, 霧化器, アトマイザー.

a·to·mi·zar [a.to.mi.θár / -.sár] 97 他 微粒子にする, 〈液体を〉霧状にする;細分化する. ～ los esfuerzos 努力を粉微塵(ﾐｼﾞﾝ)にする. ～ la cuestión 問題点を細かく分ける.

á·to·mo [á.to.mo] 男 **1**《物理》《化》原子. núcleo del ～ 原子核. ～ gramo グラム原子. **2**《話》ごくわずかな量,《否定文で》少しも(…ない). No tiene ni un ～ de inteligencia. あいつときたら知性のひとかけらもない.
[←《ラ》*atomum* (*atomus*[女性名詞]の対格)←《ギ》*átomos*「分割できない」]

a·to·nal [a.to.nál] 形《音楽》無調の.

a·to·na·li·dad [a.to.na.li.ðáð] 女《音楽》無調(性), 無調様式.

a·to·na·lis·mo [a.to.na.lís.mo] 男 → atonalidad.

a·to·ní·a [a.to.ní.a] 女 **1**《医》アトニー;弛緩(ｼｶﾝ)症. ～ gástrica 胃アトニー. **2** 無気力.

a·tó·ni·co, ca [a.tó.ni.ko, -.ka] 形《医》アトニーの;弛緩(ｼｶﾝ)症の.

a·tó·ni·to, ta [a.tó.ni.to, -.ta] 形 (con... / de... / por... …に) びっくり仰天した. quedarse ～ あっけに取られる.

á·to·no, na [á.to.no, -.na] 形《音声》無強勢の, アクセントのない (↔tónico).

a·ton·ta·do, da [a.ton.tá.ðo, -.ða] 形 ぼうっとした;ぼけた, ばかな. ～ por un trabajo monótono 単調な仕事で頭の回転が鈍った. ～ por el alcohol 酔って頭がぼんやりした.

a·ton·ta·mien·to [a.ton.ta.mjén.to] 男 ぼうっとすること, うんざりすること.

a·ton·tar [a.ton.tár] 他 ぼうっとさせる;ぼけさせる. El choque lo ha atontado. 衝撃で彼は頭がぼうっとなった.
— ～·se 再 ぼうっとする;ぼけ, ばかになる.

a·ton·to·li·na·do, da [a.ton.to.li.ná.ðo, -.ða] 形《話》ぼんやりしている, ぼうっとしている.

a·ton·to·li·nar [a.ton.to.li.nár] 他《話》→ atontar.

a·to·pí·a [a.to.pí.a] 女《医》アトピー.

a·tó·pi·co, ca [a.to.pí.ko, -.ka] 形 アトピー性の. eccema ～ アトピー性湿疹(ｼﾝ).

a·to·ra·mien·to [a.to.ra.mjén.to] 男 詰まること, ふさがること;〈спなどを〉さえぎること.

a·to·rar [a.to.rár] 他 詰まらせる, ふさぐ;邪魔する.
— ～·se 再 **1** 詰まる, ふさがる. **2** 言葉に詰まる;のどが詰まる. **3**《ラ米》(ﾂﾞ)《話》怒り狂う, 激怒する.

a·tor·men·ta·dor, do·ra [a.tor.men.ta.ðór, -.ðó.ra] 形 苦しめる, 胸を痛ませる.
— 男 女 苦しめる人[もの];拷問者.

a·tor·men·tar [a.tor.men.tár] 他 **1** 痛めつける, 苦しめる, 悩ます. ¿Por qué me *atormentas* con estos recuerdos? どうして君はこんなことを思い出させて僕を苦しめるんだ. **2** 拷問にかける.
— ～·se 再 《con... / de... / por... …に》苦しむ, 悩む. No *se atormenta* por nada. 彼[彼女]はひょうひょうとしている.

a·tor·na·so·la·do, da [a.tor.na.so.lá.ðo, -.ða] 形 → tornasolado.

a·tor·ni·lla·dor [a.tor.ni.ja.ðór ‖ -.ʎa.-] 男《ラ米》ドライバー, ねじ回し (= destornillador).

a·tor·ni·llar [a.tor.ni.jár ‖ -.ʎár] 他 **1**〈ねじを〉入れる;ねじで留める. ～... a la pared …を壁にねじで留める. **2** 締めつける, 圧力をかける. ～ a los empleados 従業員を締めつける. **3**《ラ米》(ｱﾏ)《話》困らせる, 悩ませる.

a·to·ro [a.tó.ro] 男《ラ米》詰まること, のどのつかえ;邪魔, 障害;苦労.

a·to·rón [a.to.rón] 男《ラ米》(ﾒﾋ)交通渋滞.

a·to·ro·zar·se [a.to.ro.θár.se / -.sár.-] 97 再《ラ米》(ｱﾏ)のどが詰まる, むせる.

a·to·ro·zo·nar·se [a.to.ro.θo.nár.se / -.so.-] 再《獣医》〈馬などが〉腸炎を患う.

a·to·rran·te, ta [a.to.ʀán.te, -.ta] 男 女《ラ米》(1)(ｱﾏ)(ｱﾙ) 浮浪者, 放浪者;のらくら暮らす人, 野卑な人. (2) 恥知らずな人.
— 女《ラ米》(ｱﾙ)《話》《軽蔑》売春婦.

a·to·rran·te·ar [a.to.ʀan.te.ár] 自《ラ米》(ｱﾙ) 《話》浮浪生活をする, うろつく, ほっつき歩く;のらくら暮らす.

a·to·rran·tis·mo [a.to.ʀan.tís.mo] 男《ラ米》(ｱﾙ)《話》浮浪[放浪]生活, のらくら暮らすこと.

a·to·rrar [a.to.ʀár] 自《ラ米》(ｱﾙ)《話》→ atorrantear.

a·tor·to·lar [a.tor.to.lár] 他 困惑させる;脅す.
— ～·se 再 恋に夢中になる.

a·tor·tu·jar [a.tor.tu.xár] 他 押しつぶす (= aplastar). — ～·se 再《ラ米》(ｺﾞﾃ)(ｱﾏ)《話》びっくり仰天する.

a·to·ru·na·do, da [a.to.ru.ná.ðo, -.ða] 形《ラ米》《話》(1)(ｱﾏ)がっしりした;首の太い. (2)(ｺﾞﾃ)荒々しい.

a·tor·zo·nar·se [a.tor.θo.nár.se / -.so.-] 再《ラ米》(ｴﾞｸ)(ｼﾞﾝ)《話》満腹になる.

a·to·si·ga·dor, do·ra [a.to.si.ga.ðór, -.ðó.ra] 形 焦らせる, せきたてる.

a·to·si·ga·mien·to [a.to.si.ga.mjén.to] 男 **1** 強要;催促, せきたて. **2** 焦り.

a·to·si·gar [a.to.si.gár] 103 他 **1** せきたてる, 急がせる. **2** 強要する;うるさくせがむ. **3** 毒を盛る, 中毒させる.
— ～·se 再 焦る, あわてる;忙殺される;心配する.

a·to·tu·mar·se [a.to.tu.már.se] 再《ラ米》(ｺﾞﾃ)《話》驚く, どぎまぎする.

a·tra·ban·car [a.tra.ban.kár] 102 他 急ぐ;跳び越す;〈苦境を〉乗り越える.
— ～·se 再《ラ米》(ｱﾏ)あわてる.

a·tra·bi·lia·rio, ria [a.tra.bi.ljá.rjo, -.rja] 形《話》怒りっぽい, 短気な.
— 男 女《話》怒りっぽい人, 短気な人.

a·tra·bí·lis [a.tra.bí.lis] 女 **1**《医》黒胆汁. → humorismo 3. **2** 気難しさ, 不機嫌.

a·tra·ca·da [a.tra.ká.ða] 囡 **1**《海》着岸；接舷(おおろえ). **2**《ラ米》《話》(1) けんか. (2) 満腹.

a·tra·ca·de·ro [a.tra.ka.ðé.ro] 男《海》埠頭(ふとう), バース, 船着き場.

a·tra·ca·do, da [a.tra.ká.ðo, -.ða] 形《ラ米》《話》(1)《プラタ》《アンデス》けちな, しみったれた. (2)《中》厳しい, 厳格な.

a·tra·ca·dor, do·ra [a.tra.ka.ðór, -.ðó.ra] 男囡 強盗.

a·tra·car[1] [a.tra.kár] 102 他 **1**《海》《船を》接岸[着岸]させる；《他船に》接舷(せつげん)する.
2 強盗を働く. *Me atracaron al bajar del autobús*. 私はバスを降りるときに強盗に遭った.
3《ラ米》(1)《パ》《話》けんかする. (2)《中》《話》抱き合う；《俗》愛撫(あいぶ)する；いやらしく触る. (3)《アンデス》《プラタ》押す, 押しつける；殴る, 打つ. (4)《アンデス》襲う, 攻撃する. (5)《アンデス》食べ過ぎる. (6)《ラプラタ》縛(しば)る；規則で縛る.
— 自《海》《船が》着岸[接岸]する；《船同士が》船べりを接する. ~ *en el muelle* 桟橋に接岸する.
— **~·se** 再《ラ米》(1)《アンデス》《プラタ》《ニカ》《a...に》近づく, 近寄る. (2)《中》《プラタ》《ボリ》《人の意見に》賛同する, 従う. (3)《話》けんかする, つかみ[殴り]合いをする, 口論する.

a·tra·car[2] [a.tra.kár] 102 他《話》《de... ...を》たらふく食べさせる[飲ませる]. — **~·se** 再《話》《de... ...を》たらふく食べる[飲む], 詰め込む.

***a·trac·ción** [a.trak.θjón / -.sjón] 囡 **1** 引きつけること, 引力. ~ *universal* [*molecular*] 万有[分子間]引力. **2** 魅力, 興味[関心]の的. *sentir* ~ *por...* ...に魅せられる, 心を引かれる. **3**《主に複数で》出し物, 演目(＝*espectáculo*). *la* ~ *principal de la feria* 祭り随一の呼び物. **4**《主に複数で》娯楽施設；アトラクション. *parque de atracciones* 遊園地. **5**《集会・イベントの》注目の的.

a·tra·co [a.trá.ko] 男 強盗. *cometer un* ~ 強盗を働く. *sufrir un* ~ 強盗に遭う.

a·tra·cón[1] [a.tra.kón] 男《話》満腹, 食べすぎ；やりすぎ. *darse* [*pegarse*] *un* ~ *de pasteles* ケーキをたらふく食べる. *darse* [*pegarse*] *un* ~ *de llorar* 思い切り泣く.

a·tra·cón[2] [a.tra.kón] 男《ラ米》《話》けんか (＝*riña*).

***a·trac·ti·vo, va** [a.trak.tí.βo, -.βa] 形 **1**《＋名詞 / 名詞＋》《*ser*＋》魅力的な, 興味をそそる. *una actriz atractiva* 魅力的な女優. *idea atractiva* おもしろいアイデア. *un libro* ~ 読んでみたくなる本. → *hermoso* [類語].
2《名詞＋》引き寄せる. *la fuerza atractiva de la Tierra* 地球の引力.
— 男 魅力, 興味, 関心. *Es un actor con mucho* ~. 彼はとても魅力のある俳優だ. *El bienestar social es el principal* ~ *de este país*. 社会福祉がこの国の主な魅力だ.

a·trac·triz [a.trak.tríθ / -.trís] 形《複 *atractrices*》《女性形のみ》《物理》引力の, 引き付ける.

***a·tra·er** [a.tra.ér] 58 他《現分》は *atrayendo*,《過分》は *atraído*》**1** 引き付ける, 近づける；もたらす. *La miel atrae a las hormigas*. 蜜(みつ)でアリがたくさん寄ってくる. *Este lugar atrae a muchos turistas todos los años*. この場所には毎年多くの観光客が訪れる. *La atrajo hacia sí tirándole del pañuelo*. 彼[彼女]はスカーフを引っ張って自分の方に彼女を引き寄せた. *La propuesta le atrajo la antipatía de todos*. その提案で彼は皆の反感を買った.
2《人を》ひきつける；《人の関心を》向けさせる. *Esa película no me atrae lo más mínimo*. その映画に私はちっとも興味がない. *La niña estaba haciendo travesuras para* ~ *la atención de los padres*. 女の子は両親の関心を向けさせようとあれこれいたずらをしていた.
3《*a...* ...に》注意を向けさせる, ...を誘う. *Ellos atrajeron con engaños a sus compañeros para que apoyaran su plan*. 彼らは自分たちの計画を支持してもらおうと言葉巧みに仲間を誘った.
— **~·se** 再 **1**《複数主語で》...が引き付けあう；《人が》ひかれる. *Aunque los dos son muy distintos de carácter, se atraen*. ふたりは性格がずいぶん違うのにお互いひかれ合っている.
2《感情などを》《自分に》向けさせる. *Con sus actos se atrajo el cariño de todos los presentes*. 彼[彼女]のしぐさにそこにいる人たち皆が親愛の情を持った. **3**《*a...* ...に》《人の》つかみ, 関心を持つ. [←《ラ》*attrahere* (*ad*-「の方へ」＋*trahere*「持ってくる」)；関連] *atracción*. [英] *attract*]

a·tra·fa·gar(·se) [a.tra.fa.gár(.se)] 103 自 再 忙しく動き回る.

a·tra·gan·ta·mien·to [a.tra.gan.ta.mjén.to] 男 のどが詰まること.

a·tra·gan·tar [a.tra.gan.tár] 他 のどを詰まらせる, むせさせる；やっと飲み込む.
— **~·se** 再 **1**《ものが》のどに詰まる；《*con...* ...を》のどに詰らせる. *Se me ha atragantado una espina*. のどに骨が刺さった. *La niña se atragantó con una galleta*. 女の子はクッキーをのどに詰まらせた. **2**《*atragantárse*le (*a*＋人)》《人の》気にくわない, 嫌気がさす. *Se me atraganta este tío*. こいつの顔を見るとむかむかする. **3**《話》言葉に詰まる, しどろもどろになる.

atraig- 活 → *atraer*.

a·trai·llar [a.trai.jár ‖ -.ʎár] 88 他 **1**《犬を》革ひも[綱]でつなぐ. **2** 支配する, 押さえ付ける.

atraj- 活 → *atraer*.

a·tra·mo·jar [a.tra.mo.xár] 他《ラ米》《ニク》→ *atraillar*.

a·tram·par·se [a.tram.pár.se] 再 **1** わなに掛る. **2**《管》が詰まる. **3** 掛け金がかかる. **4**《話》身動きができなくなる, 立ち往生する.

a·tran·car [a.traŋ.kár] 102 他 **1**《戸などに》かんぬきを掛ける；錠[掛け金]を掛ける. **2**《管などを》ふさぐ, 詰まらせる. **3**《ラ米》《アンデス》《中》便秘させる.
— 自 **1** 大股(おおまた)で歩く. **2** 斜め[飛ばし]読みする.
— **~·se** 再 **1** 詰まる, つかえる, 動かなくなる. *La persiana se atrancó y no subía ni bajaba*. ブラインドがつかえて上がりも下がりもしなかった.
2 言葉に詰まる. **3**《部屋などに》閉じ込もる.
4《ラ米》《話》(1)《アンデス》固執する, 我を張る. (2)《中》便秘する. (3)《パ》酔っ払う.

a·tran·co [a.tráŋ.ko] / **a·tran·que** [a.tráŋ.ke] 男 **1** ぬかるみ, 泥沼. **2** 難局, 難題.
No hay barranco sin atranco.《諺》難しい企てには障害はつきものである.

a·tra·pa·mos·cas [a.tra.pa.mós.kas] 男《単複同形》《植》ハエジゴク, ハエトリソウ.

*a·tra·par** [a.tra.pár] 他 **1**《すばやく》捕らえる, 捕まえる. *La policía atrapó al ladrón*. 警察は泥棒を捕らえた.
2 獲得する. ~ *un empleo* 仕事を手に入れる.
3《病気などに》かかる. ~ *un buen catarro* ひどい

atraque

風邪をひく. **4** まんまとだます, 欺く.
[← 〖仏〗 *attraper* (*trappe*「わな」より派生) 〖関連〗〖英〗*trap*]

a·tra·que [a.trá.ke] 男 **1** 接舷, 接岸. **2** 桟橋.

a·trás [a.trás] 副 **1** 〖場所・方向〗後ろに, 後ろへ; 後方に (↔*adelante*). El ascensor está ~. エレベーターは後ろにあります. Me senté ~. 私は後ろの方に座った. dar un paso ~ 後退する. ir ~ en el desfile パレードで後ろの方を歩く. los asientos de ~ 後部座席. la parte de ~ 後部; 裏側. ir hacia [para] ~ 後ろの方へ行く. ¡A~! 下がれ, 後退. →*detrás* 〖類語〗

2 〖時間〗今から・ある時点から〗以前に, さかのぼって; 〖時間を表す名詞 + …〗前に. echar la vista ~ 過去に目を向ける. Esa costumbre viene de muy ~. その習慣はずっと以前からのものである. *tiempo* ~ 昔は. Lo había conocido apenas *dos días* ~. 私はほんの2日前に彼と知り合ったばかりだった. como expliqué más ~ 前に説明したように.

3 〖順位などが〗遅れて. quedarse ~ en el trabajo 仕事で遅れをとる. El fracaso supondrá una vuelta ~. 失敗すれば1周後れを取るだろう.

atrás de… …の後ろで; 裏側に (=*detrás*).
cuenta (*hacia*) *atrás* カウントダウン, 秒読み.
dar para atrás〖ラ米〗〖メキ〗戻す, 返す.
dejar atrás (*a*)… を後にする; 引き離す. *dejar* ~ *a un rival* ライバルに差をつける. *Dejé* ~ *mis preocupaciones*. 私は心配を振り払った.
[a- + tras「後ろ」]

a·tra·sa·do, da [a.tra.sá.ðo, -.ða] 形 **1** 遅れた, 遅れている. Llegué ~. 僕は遅れて着いた. tener trabajo ~ 仕事が遅れている. andar ~ de noticias 情報にうとい. número ~ 〖雑誌の〗バックナンバー. estar ~ en los estudios 勉強が遅れている. **2** 延期の; 延滞の, 未払いの. pago ~ 滞納金, 遅配の給料. estar ~ en el pago del alquiler 家賃が滞納している. saldar lo ~ 滞納金を清算する. **3** 借金で首が回らない, 貧しい. **4** 〖ラ米〗〖話〗(1) 〖メキ〗病気の. (2) 〖メキ〗やせた, やせ細った. (3) 〖メキ〗物気味が悪い; 〖病気が〗ぶり返した. (4) 〖中米〗手に負えない, 反抗的な.
— 男 女 **1** 時代遅れの人. **2** ~ mental 精神遅滞者.

a·tra·sar [a.tra.sár] 他 **1** 遅らせる, 遅くする (=*retrasar*). ~ *un reloj* 時計 (の針) を遅らせる.

2 延ばす, 延期する. *Atrasó* el viaje a Europa *un mes*. 彼(彼女)はヨーロッパ旅行を1か月延期した. **3** 〖ラ米〗〖ご〗〖話〗夫を欺く, 不義をする.
— 自 〖時計が〗遅れる, 遅れている. Mi reloj *atrasa*. 僕の時計は遅れる. ~ *cinco minutos* 5分遅れる.
— ~·**se** 再 **1** 遅れる, 遅延する; 延着 [遅刻] する. ~*se en los estudios* 勉強に遅れる. ~*se en el pago del alquiler* 家賃の支払いが遅れる. *Me atrasé* *una semana en la entrega del informe*. 私は報告書の提出が1週間遅れた. **2** 〖ラ米〗 (1) 〖メキ〗健康を損なう, やせる; 損をする. (2) 〖中米〗傷つく; 妊娠している. (3) 〖中米〗〖メキ〗病気がぶり返す.
[a + tras (←〖ラ〗*trans*「向こうに」) + 動詞語尾]

a·tra·so [a.trá.so] 男 **1** 〖時間の〗遅れ, 遅延; 延滞. Mi reloj tiene un ~ *de diez minutos*. 僕の時計は10分遅れている. con cinco minutos de ~ 5分遅れて. **2** 〖進歩・成長の〗遅れ; 後進性. Tu hija lleva mucho ~ en los estudios. 君の娘は勉強がたいへん遅れている. **3** 〖複数で〗滞納金, 未払い金.

tener ~*s* 支払いが滞っている. **4** 〖ラ米〗 (1) 〖メキ〗〖中米〗(資産上の) 損失, 減少. (2) 〖中米〗失望, 落胆.

A·tra·to [a.trá.to] 固名 el ~ アトラト川: カリブ海に注ぐコロンビアの川.

a·tra·ve·sa·do, da [a.tra.βe.sá.ðo, -.ða] 形 **1** 横断した, 横切った; 貫通した. Había un árbol ~ en la carretera. 1本の木が横倒しになった道路をふさいでいた. poner ~ 横に渡す. ~ *de flechas* 矢に射抜かれた. **2** 斜視の. **3** 〖動物が〗雑種の, 混血種の. **4** 悪意を含んだ. *persona atravesada* 意地の悪い人. tener el genio ~ 性格が悪い.

5 〖ラ米〗〖中米〗〖メキ〗〖話〗うんざりする.
— 自 〖ラ米〗横切ること, 横断.
tener a + 人 *atravesado* 〈人〉に反感を抱く, 我慢できない (▶ *atravesado* は〈人〉に性・数一致する).

a·tra·ve·sar [a.tra.βe.sár] 他 **1** 横切る, 横断する. ~ *el continente en tren* 大陸を列車で横断する. La autopista *atraviesa* esta ciudad. 高速道路がこの都市を横切っている.

2 …に貫通させる, 貫く. Le *atravesaron* el vientre con una espada. 彼〔彼女〕は腹を剣で突き刺された. **3** 〈時期・危機などに〉直面する. Ellos *atravesaban* momentos difíciles en aquella época. 彼らにとってあれはつらいときだった.

4 〈進路を〉ふさぐ; 横たえる.
5 〖ラ米〗〖商〗買い占める, 独占する.
— 自 (*por*… …を) 通る, 過ごす. ~ *por dificultades* 辛酸をなめる.
— ~·**se** 再 **1** 立ちはだかる; 横たわる. Un camión *se nos atravesó* en la carretera. トラックが道路をふさいだ. Se le ha atravesado una espina en la garganta. 彼〔彼女〕はのどに魚の骨が引っかかった.

2 〚*atravesársele* (a + 人)〛《〈人〉に》耐え難い, 《〈人〉が》嫌な思いをする. *Se me atraviesa* la química. 私は化学が苦手だ. *Se le han atravesado* estos problemas. これらの問題に彼〔彼女〕はてこずった. **3** 口を狭む, 干渉する.
[←〖後ラ〗*trānsversāre* (〖ラ〗*trānsversus*「交差した」より派生); 〖関連〗*travieso*, *través*]

atravies- 活 → *atravesar*.

a·tra·yen·te [a.tra.jén.te] 形 魅力的な.

a·tre·char [a.tre.tʃár] 自 〖ラ米〗〖カリブ〗近道する.

a·tre·cho [a.tré.tʃo] 男 〖ラ米〗〖カリブ〗近道, 細道.

a·tre·guar [a.tre.ɣwár] 他 休戦の申し出をする (に応ずる). — ~·**se** 再 休戦協定を結ぶ.

a·tren·zo [a.trén.θo / -.so] 男 〖ラ米〗苦難; 窮地.

a·trep·sia [a.trép.sja] 女 〖医〗(乳児の) 無栄養症, 消耗 (症).

a·tre·sia [a.tré.sja] 女 〖医〗閉鎖症. ~ *tricuspídea* 三尖弁閉鎖症.

a·tre·ver·se [a.tre.βér.se] 再 **1** 〈a + 不定詞〉大胆にも《…》する, 思い切って《…》する. Ese chico *se atrevió a preguntarme* la edad. 思い切りよいことにその子は私の年をたずねてきた. *Atrévete a probar* esto. 思い切ってこれを試してごらん.

2 〖*con*… …に〗挑戦する, 挑む. ¿A que no *te atreves con* el nuevo videojuego? 今度のゲームに君は挑戦する勇気はないだろう. Hazlo, si *te atreves*. もやれるものならやってごらん.

3 〖*con* + 人〗〈人〉と〉対決する, 張り合う; 《〈人〉に》不遜(ふそん)な態度をとる. Nadie *se atrevería con* ese tipo de personas. そんな人間とやりあえる人はいないだろう.

[←「古スペイン」*treverse*「危険な仕事が自分にできると思う」←[ラ] *tribuere sibi*「自分にできると思う」; 関連 atrevido, atrevimiento]

a·tre·vi·do, da [a.tre.βí.ðo, -.ða] 形 **1 大胆な**, 思い切った, 無謀な. política *atrevida* 大胆な政策. persona *atrevida* 向こう見ずな人. **2** 無遠慮な, 大胆不敵な. pregunta *atrevida* ぶしつけな質問. **3** 奔放な, 積極的な. ~ con las mujeres 女性に手の早い. película *atrevida* きわどい映画. **4** 《ラ米》《(*)米》卑劣な, 人を食い物にする.
— 男 女 **1** 大胆な人, 向こう見ずな人. **2** 不遜な人.

a·tre·vi·mien·to [a.tre.βi.mjén.to] 男 **1 大胆さ**, 向こう見ずなこと (= osadía). **2** ぶしつけ, ずうずうしさ. Tuvo el ~ de interrumpirme. 彼[彼女]はずうずうしくも私の話を遮った.

a·tre·zo / a·trez·zo [a.tré.θo / -.so // -.tso] 男 → attrezzo.

a·tri·bu·ción [a.tri.βu.θjón / -.sjón] 女 **1** 《**a...** …に》帰属すること, 帰属, 作家[時代]の特定. ~ de una obra *a* Calderón ある著作をカルデロンの作と見なすこと. **2** 《複数で》権限, 職権. Esto sale de mis *atribuciones*. これは自分の権限外のことだ.

a·tri·buir [a.tri.βwír] 48 他 《**a...**》 **1** 《特徴などが》《(…に) あるとする》; 《言動・作品などを》《(…に) ものとみなす》; 《結果などが》《(…に) 起因するとみなす》. *Atribuyen* esta obra *a* Goya. この作品はゴヤのものとされている. *Atribuyeron* el fracaso *a* la falta de experiencia. 彼らは失敗を経験不足のせいにした.
2 〈権限などを〉(…に)付与する, 委託する. ~ una función al comité 委員会に権限を与える.
— ~·se 再 **1** 〈結果などを〉自分の手柄[責任]にする. ~*se* el triunfo 勝利を自分のおかげだと主張する. **2** 《3人称で》《**a...**…のものと》みなされる. Esta frase *se atribuye a* un poeta desconocido. この言葉は無名の詩人のものとされている.
[←[ラ] *attribuere*「割りあてる」]

a·tri·bu·la·ción [a.tri.βu.la.θjón / -.sjón] 女 → tribulación.

a·tri·bu·la·do, da [a.tri.βu.lá.ðo, -.ða] 形 苦しい, つらい. vida *atribulada* 苦難に満ちた人生.

a·tri·bu·lar [a.tri.βu.lár] 他 悲しませる, 悩ませる, 苦しませる. — ~·se 再 《**con... / por...**…で》悲しむ, 悩む, 苦しむ. *Nos atribulamos con* la noticia de su muerte. 彼[彼女]の訃報(ふほう)に接し我々は悲嘆に暮れた.

a·tri·bu·ti·vo, va [a.tri.βu.tí.βo, -.βa] 形 **1** 属性の, 属性を表す. **2**《文法》属詞の; 限定的な.

a·tri·bu·to [a.tri.βú.to] 男 **1 属性**, 特性, 持ち味. Uno de sus muchos ~s es la generosidad. 彼[彼女]のたくさんあるいいところの一つは寛大なことである. ~s de Dios《神》(愛・全知・全能など) 神の属性. **2** 象徴. La balanza es el ~ de la justicia. 秤(はかり)は正義の象徴である.
3《文法》属辞, 属詞; 限定語.
atribuy- 活 → atribuir.

a·tri·ción [a.tri.θjón / -.sjón] 女【カト】(罰の恐れからくる) 不完全痛悔. → contrición.

a·tri·da [a.trí.ða] 形《ギ神》アトレウス家の.
— 男 女 アトレウス家の子孫.

a·tril [a.tríl] 男 書見台; (祭壇の) 聖書[折禱(おりとう)書] 台;《音楽》楽譜台, 譜面台;《ラ米》《(*)米》書棚.

atril (書見台)

a·tri·le·ra [a.tri.lé.ra] 女《カト》聖書台の覆い.

a·trin·ca·do, da [a.triŋ.ká.ðo, -.ða] 形《ラ米》(ユカタン)《話》大胆な, 度胸のある.

a·trin·car [a.triŋ.kár] 102 他 《ラ米》(きプエ)(プエ)〈人に〉厳しい規則を課す. **(2)**(プエ)きつく縛る, 固定する.

a·trin·che·ra·mien·to [a.trin.tʃe.ra.mjén.to] 男 **1**《軍》**(1)** 塹壕(ざんごう)構築, 塹壕による防御. **(2)**《集合的》塹壕. **2**《**en...**…への》固執.

a·trin·che·rar [a.trin.tʃe.rár] 他《軍》塹壕(ざんごう)で固める[囲む].
— ~·se 再 **1** 塹壕に身を隠す.
2《**en... / tras...**》(…に) 固執する, (…で) 身を守る. ~ *en* su silencio 黙秘で通す.

a·trio [á.trjo] 男《建》**(1)**(四方を柱廊などに囲まれた) 中庭;(ローマ建築の中央の間) アトリウム. **(2)** (寺院・宮殿などの) 前廊, 柱廊玄関; 入り口の間, 玄関.
(3) (修道院・寺院の) 中庭 (= claustro).

a·trí·pe·do, da [a.trí.pe.ðo, -.ða] 形〈動物が〉足の黒い.

a·tri·quia [a.trí.kja] 女【医】無毛(症).

a·tri·rros·tro, tra [a.trí.ros.tro, -.tra] 形〈鳥が〉くちばしの黒い.

a·tri·to, ta [a.trí.to, -.ta] 形《カト》痛悔している.

a·tro·char [a.tro.tʃár] 自 近道する, 抜け道する.

a·tro·ci·dad [a.tro.θi.ðáð / -.si.-] 女 **1** 残虐さ; 残忍な行為. Los invasores hicieron ~*es* por todo el país. 侵略者たちは国中至るところで残虐行為を働いた. **2**《話》でたらめ, たわ言; 愚行. **3**《話》《主に複数で》侮辱の言葉. decir ~*es* 暴言を吐く.
4《**una** +》《話》《副詞的に》とても. Me gustan los automóviles una ~. 僕は大のカーマニアだ.

a·tro·fia [a.tró.fja] 女【医】萎縮(いしゅく)(症); 衰退, 退化. ~ muscular 筋萎縮.

a·tro·fiar [a.tro.fjár] 82 他【医】萎縮(いしゅく)させる; 衰退させる. — ~·se 再【医】萎縮する; 退化する.

a·tro·jar [a.tro.xár] 他《ラ米》(メ)穀物をとぼどする, 困る. — ~·se 再《ラ米》**(1)**(メ)おろおろする, 途方に暮れる. **(2)**(メ)〈馬が〉おとなしくなる. **(3)**(コスタ)疲れる, 弱る. **(4)**(メ)遅れる.

a·trom·pe·ta·do, da [a.trom.pe.tá.ðo, -.ða] 形 らっぱ形の, 先の広がった (= abocinado).

a·tro·na·do, da [a.tro.ná.ðo, -.ða] 形〈人が〉あわてた, そそっかしい.

a·tro·na·dor, do·ra [a.tro.na.ðór, -.ðó.ra] 形 〈音・声が〉耳をつんざくような. voz *atronadora* とてつもない大声. aplausos ~*es* / *atronadora* ovación 万雷の拍手.

a·tro·na·mien·to [a.tro.na.mjén.to] 男 (騒音による) 混乱, 撹乱.

a·tro·nar [a.tro.nár] 15 他 **1**〈音が〉…にとどろく. La sirena de ambulancia *atronaba* la calle. 救急車のサイレンが通りに鳴り響いていた. **2** 耳をつんざく, 頭をがんがんさせる. **3** (畜殺のため) 気絶させる. **4**《闘牛》〈牛の頸部(けいぶ)を刺して〉殺す.
— ~·se 再〈動物・蚕が〉(雷鳴で) 仮死状態になる.

a·tro·ne·rar [a.tro.ne.rár] 他〈壁に〉銃眼を開ける.

a·tro·par [a.tro.pár] 他 **1** 編隊を組ませる, 組にする. **2**〈干し草を〉束ねる.

a·tro·pe·lla·do, da [a.tro.pe.ʎá.ðo, -.ʎá.-] 形 あわてた; そそっかしい. hablar de manera *atropellada* せっかちに話す. ir ~ 急いでいる.
— 男《ラ米》(メ)(プエ) 果物の菓子.
— 女《ラ米》**(1)** 踏みつけること, 蹂躙(じゅうりん) (= atro-

a‧tro‧pe‧lla‧mien‧to [a.tro.pe.ja.mjén.to ∥ -.ʎa.-] 男 →atropello.

a‧tro‧pe‧lla‧pla‧tos [a.tro.pe.ja.plá.tos ∥ -.ʎa.-] 形《単複同形》《話》がさつな.
——男女《話》がさつな人, こまやかさのない人.

*****a‧tro‧pe‧llar** [a.tro.pe.jár ∥ -.ʎár] 他 **1**〈車などが〉轢(ひ)く, はねる. El perro fue *atropellado* por un coche. その犬は車に轢かれた.
2 押しのける, 踏みつける. Conseguí salir del tumulto *atropellando* a todo el mundo. 私はみんなを踏みつけてその混乱から抜け出ることができた.
3〈権利・法などを〉蹂躙(じゅうりん)する, 侵害する. Para ganar dinero, no duda en 〜 a quien sea. 金をもうけるためなら彼[彼女]は誰であろうと平気で人を押しのける. 〜 todo principio moral 道義を全て踏みにじる. **4** 老け込ませる, やつれさせる, 弱らせる. **5**〈仕事などを〉急いで[ぞんざいに]する.
——〜**‧se** 再 あわてふためく; せき込んで[早口に]しゃべる.

atropellar por todo がむしゃらに突き進む.

a‧tro‧pe‧llo [a.tro.pé.jo ∥ -.ʎo] 男 **1**〈車などが〉轢(ひ)くこと, はねること; 人身事故. **2** 踏みつけ, 押しのけ. **3**（法・道義・権利などの）蹂躙(じゅうりん), 侵害. **4** 急ぎ, あわて. hablar con 〜 せっかちにしゃべる.

a‧tro‧pi‧na [a.tro.pí.na] 女《薬》アトロピン: 鎮痙(けい)・瞳孔(どうこう)拡大などに用いる.

*****a‧troz** [a.tróθ / -.trós] 形《複 atroces》**1** 残虐な, 残忍な. **2**《話》ばかでかい, とてつもない. miedo 〜 すごい恐怖. **3**《話》ひどい, めちゃくちゃな. tiempo 〜 ひどい悪天候. **4**《ラ米》《カリブ》《カ中》いたずらな.

a‧tru‧cha‧do, da [a.tru.tʃá.ðo, -.ða] 形《鋳鉄の結晶が》ニジマス模様の.

ATS [a.te.é.se] 男《略》*Ayudante Técnico Sanitario* 保健技師; 看護師.

at‧ta‧ché [a.ta.tʃé]《仏》男 →maletín.

atte.（略）*atentamente*《手紙》敬具.

atto., atta.（略）*atento, atenta.*《手紙》丁重な.

at‧trez‧zo [a.tré.θo / -.so ∥ .tso]《伊》男《映》《演》小道具.

a‧tu‧cu‧ñar [a.tu.ku.ɲár] 他《ラ米》《カリブ》詰める, 詰め込む.

a‧tuen‧do [a.twén.do] 男 **1** 装い, 身なり, 服装. **2** 華麗, 豪華.

a‧tu‧fa‧do, da [a.tu.fá.ðo, -.ða] 形 **1**（悪臭・煙で）むかむかする, いらいらする, 怒った.**2**《ラ米》《話》(1)《カリブ》《カ中》高慢な, うぬぼれた. (2)《カ中》怒った, 不機嫌な. (3)《エクア》呆然(ぼうぜん)とした, ぼんやりした.

a‧tu‧fa‧mien‧to [a.tu.fa.mjén.to] 男 立腹, 怒り.

a‧tu‧far [a.tu.fár] 他 〈悪臭などが〉気分を悪くさせる. **2** 怒らせる.——自 **1** 悪臭を放つ. **2**《軽蔑》(a... …に) 見える, 聞こえる. 〜 a mentira うそに聞こえる. **3**《ラ米》《エクア》とまどう, 困る.
——〜**‧se** 再 **1**（悪臭で）気分が悪くなる. **2**（酒が）酸っぱくなる. **3**（por... / con... / de... …に）腹を立てる. Se atufa por nada. 彼[彼女]はなんでもないことで怒り出す.
4《ラ米》《話》(1)《カリブ》《カ中》《カ中》《ボリ》高慢になる. (2)《エクア》自慢する. (3)《カリブ》《カ中》呆然(ぼうぜん)とする.

a‧tu‧fo [a.tú.fo] 男 怒り, 立腹（= enfado）.

*****a‧tún** [a.tún] 男 **1**《魚》マグロ; ツナ. **2**《話》大ばか者, まぬけ. pedazo de 〜 あほう. [← 〚ア〛*at-tūn* ← 〚ラ〛*thunnus* ← 〚ギ〛*thýnnos*]

a‧tu‧na‧ra [a.tu.ná.ra] 女 マグロ漁（網, 場）.

a‧tu‧ne‧ro, ra [a.tu.né.ro, -.ra] 形 マグロの; マグロ漁の. industria *atunera* マグロ加工業.
——男女 マグロ売り; マグロ漁師. ——男 マグロ漁船（= barco 〜）. ——女 マグロ釣り針.

a‧tu‧rar [a.tu.rár] 他〈穴を〉しっかりふさぐ.

a‧tur‧di‧do, da [a.tur.ðí.ðo, -.ða] 形 **1** 呆然(ぼうぜん)とした, 困惑した. **2** そそっかしい.

a‧tur‧di‧dor, do‧ra [a.tur.ði.ðór, -.ðó.ra] 形 耳を聾(ろう)する, 大音響の. ruido 〜 耳をつんざくような音.

a‧tur‧di‧du‧ra [a.tur.ði.ðú.ra] 女《ラ米》（汎）aturdimiento.

a‧tur‧di‧mien‧to [a.tur.ði.mjén.to] 男 **1** 困惑, 呆然(ぼうぜん). **2** そそっかしさ, 軽率.

a‧tur‧dir [a.tur.ðír] 他 **1**（音・衝撃などが）ぼうっとさせる, くらくらさせる. **2** 当惑[困惑]させる, 驚かせる. Tu éxito me *aturde*. 君の成功に驚いている.
——〜**‧se** 再 **1** ぼうっとする, くらくらする; 呆然(ぼうぜん)とする, 気が動転する.
2 気を紛らわす. Se aturde con la bebida para olvidar las cosas desagradables. 彼[彼女]はいやなことを忘れるために酒で気持ちを紛らわしている.

a‧tur‧que‧sa‧do, da [a.tur.ke.sá.ðo, -.ða] 形 トルコ石色の, ターコイズブルーの.

a‧tu‧rru‧lla‧mien‧to [a.tu.ru.ja.mjén.to ∥ -.ʎa.-] / **a‧tu‧ru‧lla‧mien‧to** [a.tu.ru.ja.mjén.to ∥ -.ʎa.-] 男《話》当惑, あわてること, うろたえること.

a‧tu‧rru‧llar [a.tu.ru.jár ∥ -.ʎár] 他《話》まごつかせる; あわてさせる.
——〜**‧se** 再《話》まごつく, うろたえる, あわてる. 〜 por el tráfico 交通量の多さに動転する.

a‧tu‧ru‧llar [a.tu.ru.jár ∥ -.ʎár] 他《話》→ aturrullar.

a‧tu‧sar [a.tu.sár] 他 **1**（手・くしで）〈髪・ひげを〉なでつける. **2**〈毛を〉切りそろえる. **3**〈生け垣などを〉刈り込む. **4**《ラ米》《たてがみを》刈りそろえる.
——〜**‧se** 再 **1**〈自分の髪・ひげを〉なでつける. **2** めかし込む. **3**《ラ米》《メキシ》《カリブ》《話》怒る, 腹を立てる.

a‧tu‧tí‧a [a.tu.tí.a] 女《化》不純酸化亜鉛（軟膏）.

¡au! [áu] 間 → ¡aúpa!

Au 《化》*aurum*〚ラ〛金（= oro）.

au‧ca [áu.ka] 形 アウカの.
——男女 アウカ人: アルゼンチンのアラウカノ *araucano* の一派; コロンビア東部に住む民族.

*****au‧da‧cia** [au.ðá.θja / -.sja] 女 **1** 大胆さ, 不敵, 勇敢さ. demostrar 〜 大胆に振る舞う.
2 厚かましさ, ずうずうしさ. Te hace falta más 〜 para vivir en este mundo. この世の中で生きるためには君にはもっとずうずうしさが必要だ.

*****au‧daz** [au.ðáθ / -.ðás] 形《複 audaces》**1** 大胆な, 不敵な, 勇敢な. mujer 〜 勇敢な女性. idea 〜 大胆な考え. **2** ずうずうしい, 厚かましい.
——男女 **1** 大胆な人, 勇敢な人. La fortuna es de los *audaces*. 運命は勇者に味方する.
2 ずうずうしい人, 出しゃばり.
[← 〚ラ〛*audācem*（*audāx* の対格; *audēre*「大胆にも…する」の派生語);《関連》audacia.《英》*audacious*]

au‧di‧bi‧li‧dad [au.ði.bi.li.ðáð] 女 聞き取れること, 可聴（度）.

au‧di‧ble [au.ðí.ble] 形 聞こえる, 聞き取れる.

au‧di‧ción [au.ði.θjón / -.sjón] 女 **1** 聞くこと, 聴力. **2** コンサート, リサイタル; 朗読会. **3**（俳優などの）オーディション.

*****au‧dien‧cia** [au.ðjén.θja / -.sja] 女 **1** 謁見, 引

見. conceder [pedir] ～ 謁見を許す[願い出る].
2 意見聴取, 聴聞会 (= audición).
3 裁判所, 法廷；裁判管轄区. ～ pública 公判. ～ territorial [provincial] 高等[地方]裁判所.
4 《史》(カスティーリャおよび新大陸に設けられた) 聴訴院, 司法院, 裁判所. ♦新大陸では司法機能のほかに行政機能も兼ねた.
5 《集合的》聴衆, 観客. ▶ 英語 audience の影響.

au·dí·fo·no [au.ðí.fo.no] 男 **1** 補聴器.
2 《ラ米》《複数で》イヤホーン；電話の受話器.

au·dí·me·tro [au.ðí.me.tro] 男 → audiómetro.

au·dio [áu.ðjo] 形《性数不変》(音の) 再生[録音・受信] (技術) の, オーディオの.
— 男 オーディオ (技術・機器).

au·dio·ca·se·te [au.ðjo.ka.sé.te] 女 磁気テープを収めたプラスチックケース, カセット.

au·dio·cin·ta [au.ðjo.θín.ta / -.sín.-] 女 《ラ米》カセットテープ.

au·dio·fo·no [au.ðjó.fo.no] 男 → audífono.

au·dio·fre·cuen·cia [au.ðjo.fre.kwén.θja / -.sja] 女《音響》可聴周波(数) (略 A.F.).

au·dio·gra·ma [au.ðjo.grá.ma] 男《医》オーディオグラム, 聴力図.

au·dio·li·bro [au.ðjo.lí.bro] 男 カセットブック：文学作品などの朗読が録音されたカセットテープ.

au·dió·me·tro [au.ðjó.me.tro] 男《物理》オーディオメーター, 聴力測定器.

au·dio·pro·té·si·co, ca [au.ðjo.pro.té.si.ko, -.ka] 形 **1** 聴覚器官の補綴術の. **2** 補聴器の.

au·dio·pró·te·sis [au.ðjo.pró.te.sis] 女《単複同形》**1** 聴覚器官の補綴術. **2** 補聴器.

au·dio·tex [au.ðjo.téks] 男 オーディオテックス：電話を通じた情報サービスシステム.

***au·dio·vi·sual** [au.ðjo.ßi.swál] 形 視聴覚の. enseñanza ～ 視聴覚教育. medios ～es 視聴覚教材[機器].

au·di·tar [au.ði.tár] 他〈企業などの〉会計監査をする.

au·di·ti·vo, va [au.ði.tí.ßo, -.ßa] 形 聴力[聴覚]の, 耳の. comprensión *auditiva* 聴解力.

au·di·to [au.ði.to] 男《ラ米》(ﾁ*ﾞ*)(ﾍ*ﾟ*) 会計監査.

au·di·tor, to·ra [au.ði.tór, -.tó.ra] 男 女 **1** 会計検査官, 監査役. **2** 《軍》法務官. **3** 《ラ米》(ﾁ*ﾞ*)《鉄道》検札係.

au·di·to·rí·a [au.ði.to.rí.a] 女 **1** 会計検査官[監査]の職；会計検査事務所. **2** 会計検査.

***au·di·to·rio** [au.ði.tó.rjo] 男 **1** 《集合的》聴衆, 観客；支持者層, 愛読者層. El ～ gritaba:"¡otra!, ¡otra!" 観衆は「アンコール, アンコール」と叫んでいた.
2 講堂, ホール.

au·di·tó·rium [au.ði.tó.rjum] 男 講堂, ホール.

***au·ge** [áu.xe] 男 **1** 絶頂, ピーク；隆盛, ブーム. ～ económico 経済の急成長, にわか景気. estar en pleno ～ 頂点にある. alcanzar su ～ ピークに達する. **2** 《天》遠地点：天体, 特に月や人工衛星が地球から最も遠く隔たった地点.
[← 〔アラビア〕*'awj*「天体の遠地点」]

au·gi·ta [au.xí.ta] 女《鉱》普通輝石, オージャイト.

au·gur [au.gúr] 男《史》ト占(ﾎﾞ*ﾞ*)官. ♦古代ローマで, 鳥の飛び方・食べ方・鳴き声などで公事の吉凶の予言をした祭司.

au·gu·ra·ción [au.gu.ra.θjón / -.sjón] 女 ト占(ﾎﾞ*ﾞ*), 鳥占い.

au·gu·ra·dor, do·ra [au.gu.ra.ðór, -.ðó.ra] 形 予言する, 占う.

au·gu·ral [au.gu.rál] 形 占い(師)の；前触れの, 前兆となる.

au·gu·rar [au.gu.rár] 他 **1** 占う, 予言する. Te *auguro* un futuro feliz. 君にはきっと幸福な未来があるでしょう. **2** 前兆を示す. Las nubes *auguran* lluvia. 雨になりそうな雲行きだ. ～ bien [mal] さい先がよい[悪い].

au·gu·rio [au.gú.rjo] 男 前兆, 兆し, 徴候. buen ～ 吉兆. mal ～ 凶兆.

au·gus·tal [au.gus.tál] 形 (ローマ皇帝) アウグストゥスの.

Au·gus·to [au.gús.to] 固名 **1** アウグストゥス ～ César Octavio：ローマ帝国初代皇帝 (在位前27 – 後14). **2** アウグスト：男子の洗礼名.
[←〔ラ〕*Augustus* (*augustus*「尊敬すべき」より派生)；関連〔ポルトガル〕〔伊〕*Augusto*. 〔仏〕*Auguste*. 〔英〕〔独〕*August*]

***au·gus·to, ta** [au.gús.to, -.ta] 形 **やんごとなき**, 身分の高貴な, 厳かな (▶ 王室の人々を本来の称号で呼ばないときに用いる. → la reina y su ～ esposo 女王陛下と夫君). versos ～s 荘厳な詩.
— 男 道化師. ♦ クラウン clown と組になる燕尾(ｴﾝ*ﾞ*)服を着たサーカスのピエロ.

***au·la** [áu.la] 女 [el ～, un [una] ～] **教室**, 講義室.
aula magna (大学の)講堂；大教室.
[←〔ラ〕*aulam* (*aula* の対格)「中庭；宮廷」←〔ギ〕*aulé*]

au·la·ga [au.lá.ga] 女《植》ハリエニシダ.

au·la·rio [au.lá.rjo] 男 講義棟.

áu·li·co, ca [áu.li.ko, -.ka] 形 宮廷の.
— 男 宮廷人, 廷臣.

au·lla·dor, do·ra [au.ja.ðór, -.ðó.ra ‖ -.ʎa.-] 形 遠ぼえする.
— 男《動》(南米産の) ホエザル (= mono ～).

au·llar [au.jár ‖ -.ʎár] 93 自 **1** 〈犬・オオカミなどが〉遠ぼえ(ﾎﾞ*ﾞ*)する. **2** 〈風などが〉うなる.

au·lli·do [au.jí.ðo ‖ -.ʎí.-] / **a·ú·llo** [a.ú.jo ‖ -.ʎo] 男 遠ぼえ, 咆哮(ﾎﾞ*ﾞ*)；(風の) うなり；うなり声.

au·men·ta·ción [au.men.ta.θjón / -.sjón] 女 **1** 《修》漸層法：感情を徐々に盛り上げクライマックスに達するようにする表現方法. **2** 《まれ》増大, 増加.

***au·men·ta·do, da** [au.men.tá.ðo, -.ða] 形 **増えた**, 拡大[増大] した. versión *aumentada* 増補版. imagen *aumentada* 拡大像.

****au·men·tar** [au.men.tár] 他 **増やす**, 増加させる；拡大する. ～ la producción 増産する. ～ la velocidad 加速する. ～ el personal 人員を増加させる. ～ el éxito 成功率を上げる. ～ el mercado 市場を拡大する. ～ la imagen 画像を拡大する. ～ un día más de vacaciones 休日を1日増やす.
— 自《de... / en... …が》増える, 増加する. La temperatura 温度が上がる. El bebé *ha aumentado de* peso. 赤ん坊の体重が増えた. Los precios *han aumentado en* un diez por ciento. 物価が10パーセント上昇した.
— ～**se** 再 増える；増やされる. *Se aumentará* el número de hospitales. 病院の数が増えるだろう.

au·men·ta·ti·vo, va [au.men.ta.tí.ßo, -.ßa] 形 《文法》増大の. sufijo ～ 増大[示大]辞.
— 男《文法》(1) 増大[示大]辞 (↔diminutivo). ▶「大きい, 甚だしい, 非常に多い」などの意味合いを語に持たせる接尾辞で, -ón, -ote, -azo などがある. → hombrón 大男, grandote ばかでかい, bocaza 大口.

aumento

(2) 増大[示大]辞のついた語.

au·men·to [au.mén.to] 男 **1** 増加, 増大, 上昇. ~ del precio 値上げ. ~ de sueldo 昇給. sufrir un fuerte [ligero] ~ de desempleo 失業率が大きく[わずかに]上昇する. Las importaciones van en ~. 輸入が増加している.
2《光》拡大；倍率. espejo [cristal] de ~ 拡大鏡, 虫めがね. zoom de diez ~s 10倍ズーム.
3《ラ米》《ジ》《ロジ》追伸.
— 活 → aumentar.
[← ［ラ］*augmentum*；関連［英］*augment*]

aun [aun] 副 …でさえ, …でも, …ですら. *Aun en pleno verano aquí no hace tanto calor.* 真夏でもここはそれほど暑くない. *Aun en avión, se tardará tres horas en llegar al destino.* 飛行機でさえ目的地まで3時間かかるだろう.
aun + 現在分詞 …するが, …であるが；…だとしても. *Aun nevando, tendremos que salir de aquí.* 雪であっても, 我々は出発しなければならない. *Aun siendo fácil, lo hago con cuidado.* それは容易だが, 私は注意してやります.
aun + 過去分詞 …したにもかかわらず. *Aun repetida, nadie entendía la explicación.* 何度も繰り返されたが誰も説明を理解していなかった.
aun cuando (1)《+直説法》(…ではあるが, …にもかかわらず(= aunque). *Aun cuando llovía a cántaros, salió de casa.* 土砂降りの雨だったが, 彼[彼女]は外出した. (2)《+接続法》(たとえ…でも, …の場合でも(= aunque). *Aun cuando vayas en taxi, no llegarás a tiempo para el tren.* たとえタクシーで行っても君はその列車に間に合わないだろう.
aun si (1)《+直説法》…もし…でも. *Esto es verdad, aun si te suena raro.* 君は変だと思うかもしれないが, これは本当だ. (2)《+接続法過去》たとえ…だとしても.
aun (*y*) ***así*** たとえそうだとしても. *Estaba cansada, y aun así fue a trabajar.* 疲れていたにもかかわらず彼女は仕事に出かけた.
ni aun…, … たとえ…しても…しない. *Ni aun trabajando toda la noche se completa la tarea.* たとえ一晩中働いても仕事はかたづかない. *Ni aun así ganarás el partido.* たとえそうだとしても君が試合に勝つことはないだろう.

a·ún [a.ún] 副 **1** まだ, いまだに (= todavía). *Aún no he recibido el paquete que me enviaste.* 君が送ってくれた小包をまだ受け取っていないよ. *Aún viven en Nueva York.* 彼らはまだニューヨークに住んでいる. *Aún queda un minuto para que acabe el partido.* 試合終了まであと1分ある. No se lo entregues *aún*. それを彼[彼女](ら)にはまだ渡すなよ.
2《比較級の強め》さらに, もっと, いっそう. *El segundo tomo es aún más interesante que el primero.* 第2巻は第1巻よりもさらにおもしろい.
3 それでも, それなのに. *Trabajé lo más que pude y aún cree que soy perezoso.* できる限り働いたのにそれでも彼[彼女]は私を怠け者だと思っている.
aún no + 直説法, ***cuando…*** …しないうちにもう…する. *Aún no habían estudiado media hora, cuando comenzaron a charlar.* まだ半時間も勉強しないうちにしゃべり出した.
[← ［古スペイン］*adú*, *ahú*← ［ラ］*adhūc*「今まで」；関連 aun, aunque]

au·nar [au.nár] 93 他 〈力・心などを〉一つにする, 合わせる, 統合する (= juntar). ~ esfuerzos 力を合わせる, 一致協力する.
— **~·se** 再 一つになる, 合体する, 団結する.

aun·che [áun.tʃe] 男《ラ米》(1)(メキシコ)(ベネズエラ)(チリ)穀類をひいたかゆ, ふすま；引き割り麦・トウモロコシ粉の粥(ゆ). (2)(ベネズエラ)水分の残り.

aun·que [aun.ke] 接続 **1**《+直説法》《事実と認めて, 逆接》…ではあるが, …とはいえ. *A~ hace buen tiempo, no quiero salir de casa.* いい天気だけれども外出するのはいやだ. ▶ 主節に後置される場合は, 主節の内容に部分的な制限, 修正を付け加える. *Mañana también vendré aquí, ~ no me apetece.* 明日もここへ来るよ, もっとも気はすすまないけど. ▶ 動詞が省略されることがある. *Aquella decisión, ~ absurda, fue ratificada por el gobierno.* その決定は, ばかげていたが政府によって承認された.
2《+接続法》《譲歩》(1)《+接続法現在》《仮定, あるいは事実を仮定的に述べて》たとえ…でも；確かに…かもしれないが. *A~ pierdas esta oportunidad, no debes desanimarte.* たとえこのチャンスを失うとしても, 君は落ち込むことはないよ. *No me gusta el flamenco ~ sea andaluz.* 確かに私はアンダルシアの人間かもしれないが, フラメンコは好きじゃない.
(2)《+接続法過去》《現在の事実に反する事柄を仮定して》たとえ…ということがあろうとも. *Nunca obedecería tal regla ~ existiera.* たとえあるとしても, そんな規則には従わないだろう.
(3)《+接続法過去完了》《過去の事実に反する事柄を仮定して》たとえ…ということがあったとしても. *Nunca habría obedecido tal regla, ~ hubiera existido.* たとえあったにせよ, そんな規則には従わなかっただろう.
aunque más… どれほど…しても. ~ *más quisiera* どんなに望んでも.
ni aunque + 接続法《否定を強めて》たとえ…でも (…しない). *No te lo daré ni ~ me lo pidas de rodillas.* たとえ君がひざまずいて頼んでも, 私はそれをあげないだろう.

¡a·ú·pa! [a.ú.pa] 間投 それっ, えい；よいしょ；ほら, さあ；《幼児語》抱っこ(して).
de aúpa《話》すごい, すばらしい；ひどい, 〈人が〉危険な, 付き合いにくい. *Nos ofrecieron un almuerzo de ~.* 実に豪華な昼食をごちそうになりました.
los de aúpa《闘牛》ピカドール. → picador.

au·par [au.pár] 93 他 **1**《話》〈子供などを〉抱き上げる, 持ち上げる. **2**〈人を〉ほめたてる；〈ある地位に〉引き上げる. — **~·se** 再 **1** 起き上がる, 立ち上がる. **2**《高い地位に》就く.

au·qué·ni·do [au.ké.ni.ðo] 男《ラ米》(南ア)《動》アンデス地方のラクダ類.

au·ra[1] [áu.ra] 女 **1** el ~, un [una] ~ (1)《文語》そよ風, 微風；息吹. **2**〈人体などを取り巻く〉霊気, オーラ. **3**〈病気の発作の〉前兆. ~ epiléptica 癲癇(ひき)の前兆.

au·ra[2] [áu.ra] 女《鳥》ヒメコンドル.

au·re·lia·nen·se [au.re.lja.nén.se] 形 《フランス中北部の都市》オルレアン Orleanの.
— 男 女 オルレアンの住民[出身者].

áu·re·o, a [áu.re.o, -.a] 形 **1** 金の, 金製の. → oro. **2** 金色の. ~ edad *áurea* 黄金[全盛]時代. ~ número ~ 黄金数(♦ギリシア暦の何年目に当たるかを示す数；復活祭の日付の算出に用いる).
— 男《古代ローマの》金貨.

au·re·o·la [au.re.ó.la] 女 **1**《聖人に神が与える》天

上の宝冠；(聖像などの)後光，光輪．**2** 栄光，栄誉．**3** 名声，評判．**4**《天文》コロナ，光冠，(太陽・月の)光環，暈(ゕ)．

au·re·o·lar [au.re.o.lár] 他 後光[光輪]で飾る；栄光[称賛，名声]で包む．

au·re·o·mi·ci·na [au.re.o.mi.θí.na / -.sí.-] 女《薬》《商標》オーレオマイシン：抗生物質．

áu·ri·co, ca [áu.ri.ko, -.ka] 形 **1** 金の，金製の．**2**《女性形のみ》《海》〈帆が〉縦帆の．

au·rí·cu·la [au.rí.ku.la] 女 **1**《解剖》(1)(心臓の)心耳．(2) 耳殻，耳翼．**2**《植》(1) 耳状物[部]，耳葉．(2) アツバサクラソウ．

au·ri·cu·la·do, da [au.ri.ku.lá.ðo, -.ða] 形 耳介のある；耳状部を持つ．

au·ri·cu·lar [au.ri.ku.lár] 形 **1** 耳の，聴覚の．**2** 耳状の，耳形の．**3**《解剖》心耳の．— 男 **1** 受話器．**2**《複数形で》イヤホン，ヘッドホン．**3** 小指．→ dedo.

au·ri·cu·lo·te·ra·pia [au.ri.ku.lo.te.rá.pja] 女 耳鍼治療(法)．

au·rien·se [au.rjén.se] 形 (スペイン北西部の都市)アウリア Auria(現オレンセ Orense)の．— 女 オレンセの住民[出身者]．

au·rí·fe·ro, ra [au.rí.fe.ro, -.ra] 形 金を産する；金を含む．

au·ri·ga [au.rí.ga] 男 **1**《文章語》御者．**2**[A-]《星座》ぎょしゃ座(= el Cochero)．

au·ri·ña·cien·se [au.ri.ɲa.θjén.se / -.sjén.-] 形 オーリニャック文化の：ヨーロッパの後期旧石器時代の最初の文化． — 男 オーリニャック文化(期)．

au·rochs [au.róks] 男 原牛，オーロックス：絶滅したヨーロッパ産の野牛．[← 《独》*Auerochs(e)*]

*****au·ro·ra** [au.ró.ra] 女 **1** 夜明け，あけぼの；夜明けの光．Despunta la ~. 夜が明け始める．**2** オーロラ，極光(= ~ polar)．~ boreal [austral] 北[南]極光．**3** 始まり，端緒；初期．la ~ de una nueva era 新しい時代の始まり．**4**《宗》黎明(ポ)の祈り[賛歌]．**5** 顔の美しさ；ばら色の顔．**6**《ラ米》(1)(ポ)《鳥》キツツキ．(2)(ポ)チチャ酒．

Au·ro·ra [au.ró.ra] 固名《ロ神》アウロラ：あけぼのの女神．ギリシア神話の Eos に当たる．

aus·cul·ta·ción [aus.kul.ta.θjón / -.sjón] 女《医》聴診．

aus·cul·tar [aus.kul.tár] 他《医》聴診する．

*****au·sen·tar·se** [au.sén.θja / -.sja] 女 **1** 不在，留守；欠席[欠勤] (↔ presencia)．Limpió la casa en nuestra ~. 私たちが留守中に彼[彼女]は家を掃除した．sentir la ~ de... …がいないことを寂しく思う．**2** 欠如，不足(= falta). ~ de sentido estético 美的感覚の欠如．**3** 放心，上の空．**4**《法》失踪(ち)，生死不明．*brillar por SU ausencia*《話》いない[ない]のが目立つ．*en ausencia de...* …がないので，がないときは．*hacer [guardar] buenas ausencias de* + 人〈人〉のいない所でほめる．*hacer [guardar] malas ausencias de...* 陰で…をけなす．

*****au·sen·tar·se** [au.sen.tár.se] 再 **1《de...》**(…から)いなくなる．**2《de...》**(家・任んでいる土地から)離れる．**2《de...》**を)留守にする，欠席[欠勤]する．

*****au·sen·te** [au.sén.te] 形 **1** 不在の，留守の；欠席[欠勤]した(↔ presente)．Está ~ del país. 彼[彼女]は国を離れている．estar ~ de la oficina 欠

勤している．**2** 欠如した，不足した．**3** 放心した，上の空の．**4**《法》失踪(ち)した，生死不明の．— 男 女 **1** 不在者，欠席[欠勤]者．**2**《法》失踪者．[←《古スペイン》*absente*←《ラ》*absēns* (*absēns* の対格)][関連] ausencia, ausentarse. [英] *absent*]

au·sen·tis·mo [au.sen.tís.mo] 男 (地主などの)長期不在；不在地主制；欠勤の多いこと． → absentismo.

au·so·les [au.só.les] 男《複数形》《ラ米》(中*)(火山地帯の)土地の亀裂(ポ)，噴気孔，間欠泉．

aus·pi·ciar [aus.pi.θjár / -.sjár] 82 他 **1** 支援[後援]する．Unas empresas *auspiciaron* el concurso. いくつかの企業がコンテストを後援した．**2** 予言する，占う．**3**《ラ米》(1)…の成功を願う．(2) 保護する；庇護(ポ)する；援助する．

aus·pi·cio [aus.pí.θjo / -.sjo] 男《主に複数で》**1** 前兆，前触れ，予感．con buenos ~s さい先よく．**2** 後援．bajo los ~s de... …の援助で．

aus·pi·cio·so, sa [aus.pi.θjó.so, -.sa / -.sjó.-] 形《ラ米》さい先のよい，有望な．

aus·te·ri·dad [aus.te.ri.ðáð] 女 **1** 禁欲；質素．**2** 厳しさ，厳格，峻厳(ポポ)．

*****aus·te·ro, ra** [aus.té.ro, -.ra] 形 **1** 質素な；禁欲的な，控えめな，地味な．vida *austera* 質素な生活．Es vestido es demasiado ~ para la boda. 結婚式で着るにはそのドレスは地味すぎる．**2** 厳しい，厳格な．Fue un padre ~ con sus hijos. 彼は子供に厳しい父親だった．**3** 酸っぱい，渋い，苦い．

aus·tral [aus.trál] 形 南(方)の，南極の，南半球の．— 男 アウストラル：アルゼンチンの旧通貨(記号₳．1 ₳ = 100 centavos)．

Aus·tra·la·sia [aus.tra.lá.sja] 固名 オーストラレーシア：オーストラリア，ニュージーランドおよびその付近の南太平洋諸島の総称．

Aus·tra·lia [aus.trá.lja] 固名 オーストラリア：首都 Canberra．[←《近ラ》*Austrālia*([ラ]*austrālis*「南の」+[ラ]*-ia*「土地」)]

aus·tra·lia·no, na [aus.tra.ljá.no, -.na] 形 オーストラリアの，オーストラリア人の．— 男 女 オーストラリア人．

aus·tra·lo·pi·te·co [aus.tra.lo.pi.té.ko] 男 アウストラロピテクス．

Aus·tria [áus.trja] 固名 オーストリー[オーストリア](共和国)：首都 Viena．Casa de ~ (オーストリー王家)ハプスブルク家．[←[中ラ]*Austria*←[古高地ドイツ]*Ōstarrîhhi*(原義は「東の王国」)]

aus·tria·co, ca [aus.trjá.ko, -.ka] / **aus·trí·a·co, ca** [aus.trí.a.ko, -.ka] 形 オーストリー[オーストリア]の，オーストリー人の．— 男 女 オーストリー人．

aus·tri·da [aus.trí.ða] → austriaco.

aus·tro [áus.tro] 男《文章語》南風；南．→ euro[1].

au·tar·quí·a[1] [au.tar.kí.a] 女 (国の)自給自足体制，自立経済(政策)；経済自立国家．

au·tar·quí·a[2] [au.tar.kí.a] 女 絶対主権；専制[独裁]政治；専制[独裁]国家(= autocracia)．

au·tár·qui·co, ca[1] [au.tár.ki.ko, -.ka] 形 自給自足の，自立経済の．

au·tár·qui·co, ca[2] [au.tár.ki.ko, -.ka] 形 専制の，独裁の．

au·ta·zo [au.ta.θo / -.so] 男《ラ米》自動車泥棒．

au·tén·ti·ca [au.tén.ti.ka] 女 **1** 証明書；《カト》聖遺物や奇跡が真正であることを証明する文書．**2** 謄本．**3** 勅法彙(ポ)集：ユスティニアヌス法典(ローマ法大全)の一つ．534年以後 Justiniano 皇帝によっ

au·ten·ti·ca·ción [au.ten.ti.ka.θjón / -.sjón] 囡 認証, 真正の公証.

au·tén·ti·ca·men·te [au.tén.ti.ka.mén.te] 副 本当に, 確かに.

au·ten·ti·car [au.ten.ti.kár] 102 他 《法》(真正であることを) 認証する (= autentificar).

au·ten·ti·ci·dad [au.ten.ti.θi.ðáð / -si.-] 囡 真正, 本物であること; 確実性, 信頼性, 信憑(ぴょう)性.

*__au·tén·ti·co, ca__ [au.tén.ti.ko, -.ka] 形 **1** 本物の, 正真正銘の (=genuino, legítimo); 真の, 本当の. un Velázquez ～ 本物のベラスケスの絵. un ～ caballero 本物の紳士. una *auténtica* tormenta 本格的なあらし. **2** 《法》認証された. firma *auténtica* 本人自筆の署名.
[← [ラ] *authenticum* (*authenticus* の対格) ← [ギ] *authentikós*「純粋な」]

au·ten·ti·fi·car [au.ten.ti.fi.kár] 102 他 認証する, 真正[本物]であると証明する.

au·ten·ti·zar [au.ten.ti.θár / -.sár] 97 他 → autenticar.

au·te·rí·a [au.te.rí.a] 囡 《ラ米》(プエルトリコ) 不吉な兆候; 占い; 魔法.

au·te·ro, ra [au.té.ro, -.ra] 男 囡 《ラ米》(1) 自動車泥棒. (2) (プエルトリコ) 人騒がせな人, 心配性の人; 不幸をもたらす人.

au·ti·llo¹ [au.tí.jo ‖ -.ʎo.-] 男 《鳥》モリフクロウ.

au·ti·llo² [au.tí.jo ‖ -.ʎo.-] 男 《史》宗教裁判[異端審問所]の特殊判決.

au·tis·mo [au.tís.mo] 男 《医》自閉症.

au·tis·ta [au.tís.ta] 形 自閉症的な, 自閉症の.
— 男 囡 自閉症患者.

au·tís·ti·co, ca [au.tís.ti.ko, -.ka] 形 自閉症的な, 自閉症の.

*__au·to__¹ [áu.to] 男 **1** 《法》(裁判所の) **判決, 決定**, 審判. ～ de comparecencia 出頭命令, 召喚状. ～ de prisión 拘禁令状. ～ de procesamiento 起訴状. **2** 《法》《複数で》訴訟(記録). constar en ～*s* 訴訟記録に記載されている, 判決で公認されている. **3** 《文学》小宗教劇, アウト. ～ sacramental 聖体神秘劇 (▶ sacramento「7つの秘跡」のいずれかをテーマにした17世紀スペインの宗教劇).
auto de fe (1) 異端審問所の死刑宣告; 火刑. (2) 焚書(ふんしょ).
de autos 《法》事件発生の, 犯行がなされた. día[lugar] *de* ～*s* 犯行の当日[現場].
estar en autos 事情を知っている.
poner a+人 *en autos* (人)に知らせる, 教える.

*__au·to__² [áu.to] 男 automóvil の省略形》《ラ米》《話》**自動車**, 車 (=coche). Si no tienes ～ no puedes vivir en las afueras. 車がないと郊外には住めないよ. ～*s de choque* 小さな電気自動車をぶつけ合う遊具設備.

auto- **1**「自身の, 自身による, 独自の」の意を表す造語要素. ～ *auto*didáctico, *auto*nomía. ← [ギ] **2**「自動車」の意を表す造語要素. ← *auto*escuela, *auto*pista.

au·to·a·bas·te·cer·se [au.to.a.βas.te.θér.se / -sér.-] 34 再 自給自足する.

au·to·a·cu·sa·ción [au.to.a.ku.sa.θjón / -.sjón] 囡 自責.

au·to·a·cu·sar·se [au.to.a.ku.sár.se] 再 自責の念に駆られる.

au·to·ad·he·ren·te [au.to.a.ðe.rén.te] 形 糊(のり)付きの, 押しつけるだけで貼(は)れる.

au·to·ad·he·si·vo, va [au.to.a.ðe.sí.βo, -.βa] 形 押し付けるだけで貼れる, 接着剤付きの.

au·to·a·fir·ma·ción [au.to.a.fir.ma.θjón / -.sjón] 囡 自己肯定.

au·to·a·me·tra·lla·do·ra [au.to.a.me.tra.ja.ðó.ra ‖ -.ʎa.-] 囡 (機関銃を装備した) 軽装甲車.

au·to·a·pren·di·za·je [au.to.a.pren.di.θá.xe / -.sá.-] 男 独習, 自習.

au·to·bar [au.to.βár] 男 飲み物や食べ物の販売機.

au·to·bio·gra·fí·a [au.to.βjo.ɣra.fí.a] 囡 自(叙)伝.

au·to·bio·grá·fi·co, ca [au.to.βjo.ɣrá.fi.ko, -.ka] 形 自(叙)伝的な, 自(叙)伝体の.

au·to·bió·gra·fo, fa [au.to.βjó.ɣra.fo, -.fa] 男 囡 自(叙)伝作者.

au·to·bom·ba [au.to.βóm.ba] 形 消防ポンプ車の. vehículos ～(*s*) 消防ポンプ車 (▶ 数不変のことも多い). — 男 自動車爆弾.
— 男 (または 囡) 消防ポンプ車.

au·to·bom·bo [au.to.βóm.bo] 男 《話》自画自賛, 自慢, 手前みそ. hacerse el ～ 自画自賛する.

au·to·bron·ce·a·dor, do·ra [au.to.βron.θe.a.ðór, -.ðó.ra / -.se.-] 形 セルフタンニングの, 日焼けせずに日焼けしたように見せるメイク(用)の.
— 男 セルフタンニング化粧品, セルフタンニングローション.

***__au·to·bús__** [au.to.βús] 男 **(市内)バス**. ～ *de dos pisos* 2階建てバス. ～ *escolar* スクールバス. ～ *urbano [municipal]* 市(営)バス. ～ *interurbano* 郊外バス. ～ *turístico* 観光バス. *parada de* ～ バス停留所. *servicio de autobuses* バスの運行. *trayecto [línea] de* ～ バス路線. *subir al* ～ バスに乗る. *perder el* ～ バスに乗り遅れる.
[← [仏] *autobus*; [仏] *auto*「自動車」+ [英] *bus* (← [仏] *omnibus*「乗合馬車; みんなのための(乗り物)」; [ラ] *omnis*「全員の」の複数与格形より造語)]

autobús (バス)

au·to·bu·se·ro, ra [au.to.βu.sé.ro, -.ra] 形 《ラ米》(プエルトリコ)バスの. — 男 囡 《ラ米》(プエルトリコ)バスの運転手.

au·to·ca·mión [au.to.ka.mjón] 男 トラック, 貨物自動車 (=camión).

*__au·to·car__ [au.to.kár] 男 《スペイン》(各都市間を結ぶ) **長距離バス**, 観光バス, 貸し切りバス. *viaje en* ～ 観光[貸し切り]バス旅行.

autocar (観光バス)

au·to·ca·ra·va·na [au.to.ka.ra.βá.na] 囡 キャンピングカー, キャンプ用自動車.

au·to·ca·rril [au.to.ka.ríl] 男 《ラ米》(チリ)(1) (チリ)(ペルー)(チ)ディーゼル機関車. (2) (チリ)(ペルー)(チ)軌動車.

au·to·car·te·ra [au.to.kar.té.ra] 囡 自己株式, 自

au·to·ci·ne [au.to.θí.ne / -.sí.-] 男 ドライブインシアター.

au·to·cla·ve [au.to.klá.be] 形 (圧力で)自動的に閉まる. ― 女 (または男) **1** 〖機〗オートクレーブ, 圧力釜(ﾞ), 加圧[高圧]釜. **2** 〖医〗加圧[蒸気]滅菌器, 高圧消毒器.

au·to·com·pla·cen·cia [au.to.kom.pla.θén.θja / -.sén.sja] 女 自己満足, うぬぼれ.

au·to·com·pro·ba·ción [au.to.kom.pro.ba.θjón / -.sjón] 女 自己検証, 自己点検.

au·to·con·fian·za [au.to.koɱ.fján.θa / -.sa] 女 自信.

au·to·con·trol [au.to.kon.tról] 男 自制；自己評価.

au·to·co·pia·ti·vo, va [au.to.ko.pja.tí.bo, -.ba] 形〈紙が〉複写式の.

au·to·cra·cia [au.to.krá.θja / -.sja] 女 専制[独裁]政治, 独裁制.

au·tó·cra·ta [au.tó.kra.ta] 男女 専制君主, 独裁者.

au·to·crá·ti·co, ca [au.to.krá.ti.ko, -.ka] 形 専制(政治)の, 独裁的な. régimen ~ 独裁制.

au·to·crí·ti·co, ca [au.to.krí.ti.ko, -.ka] 形 自己批判の, 自己批判的な；自作批判的な. ― 女 自己批判, 自己評価；自作批判, 自作評価.

au·tóc·to·no, na [au.tók.to.no, -.na] 形 土着の, 先住(民)の；その土地固有の(= indígena). ― 男女 先住民, 土着民.

au·to·cu·ra·ción [au.to.ku.ra.θjón / -.sjón] 女 自然治癒.

au·to·de·ci·sión [au.to.de.θi.sjón / -.si.-] 女 → autodeterminación.

au·to·de·fen·sa [au.to.de.fén.sa] 女 自衛, 自己防衛 (= autoprotección). Fuerzas Armadas de A~ (日本の)自衛隊.

au·to·de·fi·ni·do [au.to.de.fi.ní.do] 男 クロスワードのようなゲームの一種.

au·to·de·gra·da·ción [au.to.de.gra.da.θjón / -.sjón] 女 謙遜(ﾞ), 卑下, へりくだり.

au·to·de·no·mi·na·do, da [au.to.de.no.mi.ná.do, -.da] 形 自称…. un político ~ liberal 自由主義者を名乗る政治家.

au·to·de·no·mi·nar·se [au.to.de.no.mi.nár.se] 再《+名詞・形容詞およびその相当語句 …と》自称する. Ella *se autodenomina cristiana.* 彼女は自称キリスト教徒である.

au·to·des·truc·ción [au.to.des.truk.θjón / -.sjón] 女 自己破壊.

au·to·des·truc·ti·vo, va [au.to.des.truk.tí.bo, -.ba] 形 自己破壊の, 自己破壊的な.

au·to·des·truir·se [au.to.des.trwír.se] 再 自壊する.

*****au·to·de·ter·mi·na·ción** [au.to.de.ter.mi.na.θjón / -.sjón] 女 (進路などの) **自主的な決定**, 自己決断；**民族自決(権)**；自立.

au·to·de·ter·mi·na·do, da [au.to.de.ter.mi.ná.do, -.da] 形 自立した, 独立独歩の.

au·to·de·ter·mi·nis·ta [au.to.de.ter.mi.nís.ta] 形 自主決定の, 民族自決(権)の. ― 男女 民族自決権主義者, その信奉者.

au·to·di·dác·ti·co, ca [au.to.di.dák.ti.ko, -.ka] 形 男 女 → autodidacto.

au·to·di·dac·tis·mo [au.to.di.dak.tís.mo] 男 独習力, 独学力.

au·to·di·dac·to, ta [au.to.di.dák.to, -.ta] 形 独学の, 独習の. ― 男 女 独学者, 独習者. ► autodidacta が男性名詞として使われることもある.

au·to·di·da·xia [au.to.di.dák.sja] 女 独習, 独学.

au·to·di·ri·gi·do, da [au.to.di.ri.xí.do, -.da] 形 自動操縦の, 自動誘導装置の付いた.

au·to·dis·ci·pli·na [au.to.dis.θi.plí.na / -.si.-] 女 自己鍛錬[訓練].

au·to·dis·pa·ra·dor [au.to.dis.pa.ra.dór] 男 (カメラの)セルフタイマー.

au·tó·dro·mo [au.tó.dro.mo] 男〖車〗(レース用)サーキット, オートレース場.

au·to·e·di·ción [au.to.e.di.θjón / -.sjón] 女《IT》コンピュータを用いた編集, デスクトップパブリッシング, DTP.

au·to·em·ple·o [au.to.em.plé.o] 男 自家経営, 自営.

au·to·en·cen·di·do [au.to.en.θen.dí.do / -.sen.-] 男 (内燃機関の燃焼室内における)自己点火；自然発火.

au·to·en·fo·que [au.to.eɱ.fó.ke] 男〖写〗オートフォーカス, 自動焦点.

au·to·en·ga·ño [au.to.eŋ.gá.ɲo] 男 自己欺瞞(ﾞﾝ).

au·to·e·ro·tis·mo [au.to.e.ro.tís.mo] 男〖心〗自己性欲, 自体愛；自慰.

au·to·es·cue·la [au.to.es.kwé.la] 女 自動車教習所[学校].

au·to·es·ti·ma [au.to.es.tí.ma] 女 自尊(心), 自負.

au·to·es·top [au.to.es.tóp] 男 → autostop.

au·to·es·to·pis·ta [au.to.es.to.pís.ta] 形 男 女 → autostopista.

au·to·e·va·lua·ción [au.to.e.ba.lwa.θjón / -.sjón] 女 自己評価.

au·to·ex·ci·ta·ción [au.to.e(k)s.θi.ta.θjón / -.si.-.sjón] 女〖電〗自励, 自励作用.

au·to·ex·cluir·se [au.to.e(k)s.klwír.se] 再 自己排除する.

au·to·ex·plo·ra·ción [au.to.e(k)s.plo.ra.θjón / -.sjón] 女 自己探査；自己触診.

au·to·ex·po·si·ción [au.to.e(k)s.po.si.θjón / -.sjón] 女 自動露出(装置).

au·to·fa·gia [au.to.fá.xja] 女 自食：自分の体内の養分だけで生命を維持すること.

au·to·fe·cun·da·ción [au.to.fe.kun.da.θjón / -.sjón] 女〖生物〗自家受粉[受精].

au·to·fi·nan·cia·ción [au.to.fi.nan.θja.θjón / -.sja.sjón] 女〖経〗自己金融, 自己資金で賄うこと.

au·to·fi·nan·cia·mien·to [au.to.fi.nan.θja.mjén.to / -.sja.-] 男 → autofinanciación.

au·to·fo·co [au.to.fó.ko] 男 → autofocus.

au·to·fo·cus [au.to.fó.kus] 男《単複同形》(カメラの)オートフォーカス.

au·to·ga·mia [au.to.gá.mja] 女〖生物〗自家生殖, 自家[自花]受精.

au·to·gé·ne·sis [au.to.xé.ne.sis] 女〖生物〗自己発生, 自生.

au·tó·ge·no, na [au.tó.xe.no, -.na] 形 自然発生の, 自生の. soldadura *autógena*〖技〗(ガス溶接など溶接剤を添加しない)自生溶接.

au·to·ges·tión [au.to.xes.tjón] 女 (労働者による)自主管理, 自治.

au·to·gi·ro [au.to.xí.ro] 男〖航空〗オートジャイロ.

au·to·go·bier·no [au.to.go.βjér.no] 男 自治(制), 自主管理.

au·to·gol [au.to.ɡól] 男《スポ》(サッカー) オウンゴール.

au·to·gra·fí·a [au.to.ɣra.fi.a] 女 石版印刷(所).

au·to·grá·fi·co, ca [au.to.ɣrá.fi.ko, -.ka] 形 石版印刷(所)の.

au·tó·gra·fo, fa [au.tó.ɣra.fo, -.fa] 形 自筆の, 自署の. Se halló un poema ~ de García Lorca. ガルシア・ロルカの自筆の詩稿が見つかった. con dedicatoria *autógrafa* 自筆の献辞付きの.
— 男 自署, (有名人の) サイン, 自筆原稿. pedir un ~ サインを求める.

au·to·in·duc·ción [au.toin.duk.θjón / -.sjón] 女《電》自己誘導.

au·to·in·fec·ción [au.toiɱ.fek.θjón / -.sjón] 女《医》自己[自家]感染.

au·to·i·no·cu·la·ción [au.toi.no.ku.la.θjón / -.sjón] 女《医》自己接種.

au·to·in·to·xi·ca·ción [au.toin.tok.si.ka.θjón / -.sjón] 女《医》自家中毒.

au·to·in·yec·ta·ble [au.toin.ɟek.tá.ble] 形 自己注射用の, 自己注射可能な. — 男 自己注射剤.

au·to·la·va·do [au.to.la.βá.ðo] 男 洗車機, 洗車場;機械による洗車.

au·to·le·sión [au.to.le.sjón] 女 自傷.

au·tó·li·sis [au.tó.li.sis] 女《生物》自己分解[消化].

au·tó·lo·go, ga [au.tó.lo.ɣo, -.ɣa] 形《医》自己に由来する, 自家移植の.

au·to·ma·ción [au.to.ma.θjón / -.sjón] 女 → automatización. [← 英 *automation*]

au·tó·ma·ta [au.tó.ma.ta] 男 **1** 自動機械[装置], ロボット. **2** 人造人間 (= androide), 自動人形. **2** 他人の意のままに動く人;機械的に動く人. **3**《IT》オートマトン.

au·to·má·ti·ca·men·te [au.to.má.ti.ka.mén.te] 副 自動的に.

au·to·ma·ti·ci·dad [au.to.ma.ti.θi.ðáð / -.si.-] 女 自動性, 自立性.

*****au·to·má·ti·co, ca** [au.to.má.ti.ko, -.ka] 形 **1** 自動(式)の. arma *automática* 自動火器. balanza *automática* 自動秤(はかり). cajero ~ ATM, 現金自動預入支払機. carga *automática* 自動装填(てん). cierre ~ 自動ロック. control ~ 自動制御. expendedor [freno] ~ 自動ブレーキ. fusil ~ 自動小銃. lavadora *automática* 洗濯機. lavaplatos ~ 皿洗い機. pilotaje [piloto] ~ 自動操縦[装置]. regulación *automática* 自動調節. puerta *automática* 自動ドア. transmisión *automática* 自動変速機.
2 無意識の, 反射的な;必然的な, 当然の. reacciones *automáticas* 無意識的な反応. El escándalo supuso la dimisión *automática* del ministro. スキャンダルで大臣は当然辞職するものと思われた.
3 機械的な, 非個性的な.
— 男 **1**《服飾》(衣服の合わせ目を留める) スナップ, ホック. **2**《電》ヒューズ, ブレーカー.
3《ラ米》(1)(メキシコ)緊急, 急ぎの用事. (2)(メキシコ)セルフサービスの食堂, ファーストフード・レストラン.
[← *autó* [英] *automatic*]

au·to·ma·tis·mo [au.to.ma.tís.mo] 男 **1** 自動作用, 自動性;機械的行為, 無意識的行為. **2**《医》自動(症);(心臓の) 自律運動. **3**《生物》自律運動.

*****au·to·ma·ti·za·ción** [au.to.ma.ti.θa.θjón / -.sa.sjón] 女 オートメーション(化). ~ de oficina オフィス・オートメーション[英 OA].

*****au·to·ma·ti·zar** [au.to.ma.ti.θár / -.sár] 97 他 **1** 自動化する, オートメーション化する.
2〈体の動きなどを〉自然に行うようにする. El tenista *automatizó* los movimientos del saque. そのテニスプレーヤーは, サーブの動きを自然にできるように(練習)した.

au·to·me·di·ca·ción [au.to.me.ði.ka.θjón / -.sjón] 女 (医者にかからず) 自分の判断で薬剤を服用すること.

au·to·me·di·car·se [au.to.me.ði.kár.se] 再 102 (医者にかからず) 自分の判断で薬剤を服用する.

au·to·me·don·te [au.to.me.ðón.te] 男 **1** 御者. **2**《ラ米》(ハイヤー) 運転手.

au·to·mer·ca·do [au.to.mer.ká.ðo] 形《ラ米》(ベネズエラ)スーパーマーケット (= supermercado).

au·to·mo·ción [au.to.mo.θjón / -.sjón] 女 (産業分野としての) 自動車運ול.

au·to·mor·fis·mo [au.to.mor.fís.mo] **1** 男《数》自己同形(写像).
2《生物》(ドイツのルーの) 自己発展(説), 自己形成.

au·to·mo·ti·va·ción [au.to.mo.ti.βa.θjón / -.sjón] 女 自己動機づけ.

au·to·mo·tor, to·ra [au.to.mo.tór, -.tó.ra] 形 自動(推進)の, 原動機付きの. ▶ 女性形は automotriz も用いられる. — 男 **1**《鉄道》気動車, ディーゼルカー;電車. **2**《ラ米》自動車.

au·to·mo·triz [au.to.mo.tríθ / -.trís] 形《複 automotrices》《女性形のみ》自動(推進)の, 原動機付きの.

*****au·to·mó·vil** [au.to.mó.βil] 形《名詞+》自動(推進)の. vehículo ~ 自動車. torpedo ~ 自動推進魚雷.
— 男 自動車 (略 auto). exposición de ~*es* モーターショー. seguro de ~*es* 自動車保険. ~ de turismo (普通) 乗用車. ~ club 自動車連盟.

au·to·mo·vi·lis·mo [au.to.mo.βi.lís.mo] **1** 自動車運転, 自動車旅行, ドライブ. **2** 自動車競走, カーレース. ▶「ラリー」は rally. **3** 自動車産業.

au·to·mo·vi·lis·ta [au.to.mo.βi.lís.ta] 共 自動車の. — 男女 自動車運転者, ドライバー.

au·to·mo·vi·lís·ti·co, ca [au.to.mo.βi.lís.ti.ko, -.ka] 形 自動車の. accidente ~ 自動車事故. carrera *automovilística* 自動車レース.

*****au·to·no·mí·a** [au.to.no.mí.a] 女 **1** 自治, 自治制, 自治権;《スペイン》自治州. España dispone de 17 (diecisiete) ~*s*. スペインは17の自治州から構成されている.
2 自主, 自立, 独立. ~ económica 経済的自立.
3 自主性, 自律性. **4**《軍》《航空》走行[航続]距離.

*****au·to·nó·mi·co, ca** [au.to.nó.mi.ko, -.ka] 形 **1** 自治の, 独立の.
2《スペイン》自治州の. **3** 自主の, 自力による.

au·to·no·mis·mo [au.to.no.mís.mo] 男 自治主義, 自治論, 自治権運動.

au·to·no·mis·ta [au.to.no.mís.ta] 形 自治主義の, 自治論者, 自治権運動の推進者.

*****au·tó·no·mo, ma** [au.tó.no.mo, -.ma] 形 **1** 自治の, 自治権のある;自治州の. comunidad *autónoma*《スペイン》自治州.

> 関連 Comunidades Autónomas (スペインの) 自治州の行政機関:Junta de Andalucía, Diputación General de Aragón, Principado de Asturias, Comunidad Autónoma y

autorización

Gobierno de las Islas Baleares, Comunidad Autónoma de las Islas Canarias, Diputación Regional de Cantabria, Junta de Castilla y León, Junta de Comunidades de Castilla-La Mancha, Generalitat de Catalunya, Junta de Extremadura, Comunidad de Madrid, Comunidad Autónoma de la Región de Murcia, Xunta de Galicia, Comunidad Autónoma de La Rioja, Gobierno de Navarra, Generalitat Valenciana, Gobierno Vasco.

2 自営の. periodista ～ フリージャーナリスト. trabajador ～ de 自営業者. **3** 自主的な, 自立的な.
— 男 女 自営業者.
[← [ギ] *autónomos* (*autós*「自身」+ *nómos*「法, 規律」); [関連] [英] *autonomous*]

au·to·pal·pa·ción [au.to.pal.pa.θjón / -.sjón] 女 自己触診.

au·to·par·lan·te [au.to.par.lán.te] 男 《ラ米》スピーカー.

*__au·to·pis·ta__ [au.to.pís.ta] 女 高速道路, ハイウェー. ～ de peaje 有料高速道. ～ de la información 〖IT〗 情報スーパーハイウェー.

au·to·plas·tia [au.to.plás.tja] 女 〖医〗 自家移植術; 自己の皮片を移植すること.

au·to·pro·mo·ción [au.to.pro.mo.θjón / -.sjón] 女 自己宣伝.

au·to·pro·pul·sa·do, da [au.to.pro.pul.sá.ðo, -.ða] 形 自動推進(式)の; 自走の. cohete ～ 自動推進ロケット. cañón ～ 自走砲.

au·to·pro·pul·sar·se [au.to.pro.pul.sár.se] 再 自動推進する.

au·to·pro·pul·sión [au.to.pro.pul.sjón] 女 自動推進(式).

au·to·pro·pul·sor, so·ra [au.to.pro.pul.sór, -.só.ra] 形 自動推進の, 自動の.

au·to·pro·tec·ción [au.to.pro.tek.θjón / -.sjón] 女 自己防衛, 自衛.

au·top·sia [au.tóp.sja] 女 **1** 〖法〗 死体解剖, 検死. **2** 綿密な分析[検査].

au·top·siar [au.top.sjár] 82 他 〖法〗 解剖する, 検死する.

au·tóp·si·do, da [au.tóp.si.ðo, -.ða] 形 〈鉱物が〉光沢のある.

au·to·pull·man [au.to.púl.man] 男 《スペイン》豪華な遊覧バス, 観光バス. [〖商標〗Pullman car(米国の車両設計者 G.M. Pullman に由来)から]

*__au·tor, to·ra__ [au.tór, -.tó.ra] 男 女 **1** 作者, 著者; (芸術作品の) 製作者. Es la *autora* de este cuento. 彼女はこの物語の作者だ. ～ derechos de ～ 著作権(料), 印税.
2 〖法〗犯人, 張本人; 主犯. ～ del robo 窃盗犯.
3 発明[発見]者; 考案者. el ～ de la penicilina ペニシリンの発見者. **4** 〖古語〗 劇団の会計係.
[← [ラ] *auctor*「創始者; 著者」(*augēre*「大きくする」より派生); [関連] [英] *author*]

au·to·rí·a [au.to.rí.a] 女 著作[著述]業; 原作者であること. Hubo una discusión acalorada sobre la ～ del cuadro. その絵の原作者をめぐって激しい議論が交わされた.

autorice(-) / autoricé(-) 活 → autorizar.

*__au·to·ri·dad__ [au.to.ri.ðáð] 女 **1** 権力, 権限 (=poder). abuso de ～ 職権乱用. abusar de su ～ 権力を振り回す. divina 神権. ～ estatal 国家権力. principio de ～ 権力主義. con plena ～ 全権限をもって. por su propia ～ 自分の一存で, 独断で. tener ～ para... …の権限を持っている.
2 (警察・行政機関などの) 当局, 権力機関[機構]. entregarse a la ～ 自首する. ～ legislativa [administrativa, judicial] 立法[行政, 司法]機関.
3 (当局・権力機関の) 役人, 官公吏. las ～*es* que acompañan al jefe del Estado 国家元首に随行する役人. **4** 権威, 威信, 支配力. El profesor veterano tiene ～ sobre sus alumnos. そのベテラン教師は生徒たちににらみがきく. **5** (**en...** …の) **権威者**, 大御所. Es una ～ *en* literatura española. 彼[彼女]はスペイン文学の権威だ. **6** (《複数で》) 典拠, 出典; (引用される)作家, 作品.
[← [ラ] *auctōritātem* (*auctōritās* 「保証」の対格) (*auctor*「証人; 著者」より派生); [関連] [英] *authority*]

*__au·to·ri·ta·rio, ria__ [au.to.ri.tá.rjo, -.rja] 形 権威主義的な, 威張った; ワンマンの, 独裁的な. régimen ～ 権力政治, 独裁体制. Todos los miembros del equipo temen al entrenador, porque es muy ～. コーチはとても横暴なので, チームのメンバー全員が恐れている.
— 男 女 権威主義者; 権力主義者, 独裁主義者.

au·to·ri·ta·ris·mo [au.to.ri.ta.rís.mo] 男 権威主義; 専横, 横暴.

*__au·to·ri·za·ción__ [au.to.ri.θa.θjón / -.sa.sjón] 女 **1** 権限の授与, 許可, 認可 (=permiso). El internado me pidió ～ para salir. 寄宿生は私に外

---

automóvil (自動車)

1 aleta delantera フロントフェンダー. 2 capó ボンネット. 3 parabrisas フロントガラス. 4 lavaparabrisas ウインドーウォッシャー. 5 antena de la radio ラジオアンテナ. 6 techo ルーフ. 7 limpiaparabrisas ワイパー. 8 cristal trasero / luneta リヤウインドー. 9 aleta trasera リヤフェンダー. 10 pilotos テールライト. 11 parachoques バンパー. 12 rueda de recambio スペアタイヤ. 13 cierre ドアロック. 14 embellecedor モールディング. 15 puerta ドア. 16 retrovisor バックミラー. 17 llanta de la rueda タイヤホイール. 18 tapacubos ホイールキャップ. 19 placa de matrícula ナンバープレート. 20 rejilla del radiador ラジエータグリル. 21 faro ヘッドライト.

出の許可を求めた. **2** 許可証, 認可証. exigir la ~ 許可証の提示を求める.

*au・to・ri・za・do, da [au.to.ri.θá.ðo, -.ða / -.sá.-] 形 **1** 公認の, 認可された. precio ~ 公定価格. Es una palabra *autorizada* por su uso constante. それは慣用により定着した語である. **2** 権限を与えられた; 権威のある, 当局が認める. opinión *autorizada* 権威筋の意見. fuente *autorizada* 信頼できる筋. **3** (特定のテーマについて) 大家の, 権威の. Es un crítico ~ del teatro. 彼は演劇評論のオーソリティーだ. **4** 〈映画などが〉成人入場指定されている.

au・to・ri・za・mien・to [au.to.ri.θa.mjén.to / -.sa.-] 男 権能[権限]の授与, 許可, 認可; 免許.

*au・to・ri・zar [au.to.ri.θár / -.sár] 97 他 **1** (正式に) 認可する, 公認する. ~ una manifestación デモを許可する. El Ministerio de Sanidad *autorizó* el uso de esa medicina. 保健省はその薬品の使用を認可した.
 2 (a [para] +不定詞 / a [para] que +接続法 =する) 権限を〈人に〉与える. Los *autorizaron* a usar el terreno. 彼らはその土地を使用する許可を得た. La *autorizamos para que* nos *represente*. 私たちは代理として彼女に権限を委ねます. El ser mayor no lo *autoriza a hablar* así. 年上だからといってそんなふうに話していいわけではない.
 3 〈書類などを〉正当と認める; 〈書類などに〉認証を与える. ~ los pagos con la firma サインをして支払いを認証する. ~ un testamento 〈公証人などが〉遺言状に認証を与える.
 4 …に権威を与える, …の価値を上げる. La participación del presidente *autorizará* el acto. 大統領の参加によってその行事の格は上がるだろう.

au・to・rra・dio [au.to.řá.ðjo] 男 (または 女) カーラジオ.

au・to・rre・a・li・za・ción [au.to.ře.a.li.θa.θjón / -.sa.sjón] 女 自己実現.

au・to・rre・gu・la・ble [au.to.ře.gu.lá.ble] 形 自己調節可能な, 自動制御できる.

au・to・rre・gu・la・ción [au.to.ře.gu.la.θjón / -.sjón] 女 自動調節[制御]; (生体の) 自己調節.

au・to・rre・gu・la・dor, do・ra [au.to.ře.gu.la.ðór, -.ðó.ra] 形 自動調節[制御]の.

au・to・rre・gu・lar・se [au.to.ře.gu.lár.se] 再 自己調節する, 自動制御する.

au・to・rre・tra・to [au.to.ře.trá.to] 男 自画像.

au・to・rre・ver・se [au.to.ře.bér.se] 男 (カセットデッキの) オートリバース式.

au・to・rre・ver・si・ble [au.to.ře.ber.sí.ble] 形 (カセットデッキが) オートリバース式の.

au・to・rriel [au.to.řjél] 男《ラ米》【鉄道】気動車.

au・to・ser・vi・cio [au.to.ser.βí.θjo / -.sjo] 男 セルフサービスの店 (= selfservice).

au・to・so・ma [au.to.só.ma] 男【生物】常染色体: 性染色体以外の染色体.

au・to・so・mo・pa・tí・a [au.to.so.mo.pa.tí.a] 女【医】(ダウン症などの) 常染色体異常症.

au・to・stop [au.to(.e)s.tóp] 男 ヒッチハイク.

au・to・sto・pis・ta [au.to(.e)s.to.pís.ta] 共 ヒッチハイクをする人, ヒッチハイカー (= autoestopista).

au・to・su・fi・cien・cia [au.to.su.fi.θjén.θja / -.sjén.sja] 女 **1** 自給自足. **2** 自信過剰, うぬぼれ.

au・to・su・fi・cien・te [au.to.su.fi.θjén.te / -.sjén.-] 形 **1** 自給自足できる. **2** 自信過剰な.

au・to・su・ges・tión [au.to.su.xes.tjón] 女 自己暗示.

au・to・su・ges・tio・nar・se [au.to.su.xes.tjo.nár.se] 再 自己暗示にかかる.

au・to・to・mí・a [au.to.to.mí.a] 女 (トカゲ・ヒトデの) 節足動物などの) 自切, 自己切断.

au・to・trans・fu・sión [au.to.trans.fu.sjón] 女 自己(血)輸血.

au・to・trans・plan・te [au.to.trans.plán.te] 男 自己移植, 自家移植.

au・tó・tro・fo, fa [au.tó.tro.fo, -.fa] 形【生物】無機(独立)栄養の, 自家栄養の.

au・to・va・cu・na [au.to.ba.kú.na] 女 自家ワクチン, オートワクチン.

au・to・ví・a [au.to.βí.a] 女 **1** 幹線道路, 高速道路. **2** 【鉄道】気動車, ディーゼルカー.

au・tri・gón, go・na [au.tri.gón, -.gó.na] 形 (紀元前 3 世紀ごろ Ebro 川の上流域にいたイベリア先住民) アウトリゴンの. ━ 男 アウトリゴン人.

au・tum・nal [au.tum.nál] 形 秋の (= otoñal).
 [←〔ラ〕*autumnālem* (*autumnālis* の対格) *autumnus* (→ otoño) より派生; 【関連】【英】*autumnal*].

au・xi・lia・dor, do・ra [auk.si.lja.ðór, -.ðó.ra] 形 援助[救助]する, 補佐の; 援助者.

*au・xi・liar [auk.si.ljár] 82 他 **1** (危険な状態・困難な状態にある人を) 助ける, 援助する, 手伝う (= ayudar, socorrer). ~ a los enfermos heridos 負傷した病人を救護する. Nos *auxiliaron* en la montaña nevada. 我々は雪山で救助された.
 2 (カト) 〈司祭が〉死を見取る.
 ━ 形 補助の, 補佐の. personal ~ 補助要員. servicios ~es 後方任務. verbo ~ 助動詞.
 ━ 男 **1** 補助員, 助手. ~ de contabilidad 会計補佐. ~ de farmacia 薬剤師見習い. ~ de laboratorio 実験助手. ~ de vuelo 客室乗務員, フライトアテンダント. **2** 下級役人.
 ━ 男【文法】助動詞 (= verbo ~).

au・xi・lia・rí・a [auk.si.lja.rí.a] 女 代用教員の職務.

*au・xi・lio [auk.sí.ljo] 男 援助, 補助; 救援, 救済. con el ~ de... …に助けられて. dar [prestar] ~ a +人 〈人〉を助ける. pedir ~ 助けを求める. acudir en ~ de... … を助けに駆けつける. primeros ~s 【医】応急手当. ¡A~! 誰か助けて.
 auxilio en carretera ハイウエー巡回サービス.
 auxilios espirituales【カト】終油の秘跡.
 [←〔ラ〕*auxilium* (*augēre*「大きくする」より派生); 【関連】【英】*auxiliary*].

au・xi・na [auk.sí.na] 女 オーキシン: 植物の成長を促進するホルモン.

au・ya・ma [au.já.ma] 女《ラ米》(カリ)(ベネズ)(コロンビア)セイヨウカボチャ.

a/v (略)【商】*a la vista* 一覧払い.

Av., Avda. (略) *avenida*.

a・val [a.βál] 男 **1** 【商】連帯保証人の署名, 連署, (手形の) 裏書き; 担保. dar su ~ a … …の保証人となる. **2** 保証【書】; 保証する人[人的]. Su presencia en el equipo es un ~ para el triunfo. 彼 [彼女] がチームにいてくれれば勝利は確実だ.

a・va・lan・cha [a.βa.láŋ.tʃa] 女 **1** 雪崩 (公式). **2** 殺到. una ~ de turistas どっと押しかけた観光客.

*a・va・lar [a.βa.lár] 他 **1** 【商】〈手形・書類に〉裏書きする. ~ con detalles 細部にわたって裏付けする. **2** 保証する, 保証人となる.

a・va・len・ta・do, da [a.βa.len.tá.ðo, -.ða] / a・va・len・to・na・do, da [a.βa.len.to.ná.ðo, -.ða] 形 強がりの, 威張りくさった.

a·va·lis·ta [a.ba.lís.ta] 男 女 裏書人, 保証人.
a·va·lo·rar [a.ba.lo.rár] 他 **1** 価値を与える, 価値を高める. **2** 勇気づける, 励ます.
a·va·lua·ción [a.ba.lwa.θjón / -.sjón] 女 評価, 見積もり;鑑定.
a·va·luar [a.ba.lwár] 84 他 評価する, 見積もる;鑑定する (= valorar).
a·va·lú·o [a.ba.lú.o] 男 → avaluación.
***a·van·ce** [a.bán.θe / -.se] 男 **1** 前進, 進行. La manifestación ha realizado un ~ de un kilómetro en una hora. デモ行進は1時間で1キロ進んだ.
2 進歩, 進展, 発展 (= progreso, mejora). ~ de la ciencia científica 科学の進歩. ~ del cáncer がんの進行.
3 《TV》《ラジオ》ニュース予告. ~ informativo ヘッドラインニュース;《映》予告編. **4** 前金, 前払い, 前渡し;予定より早く渡す[受け取る]もの. He conseguido un ~ de las vacaciones. 私は早めに休暇をもらった. **5** 予算《案》. **6** 暗示, ほのめかし;(話の) 前置き. **7** 《機》送り;《電》導線, リード.
8 《ラ米》(1) 《プエルト》気を引く誘い, うまい話. (2) 《プエルト》《軍》攻撃, 襲撃. (3) 《コロン》《プエルト》《ベネズ》略奪, 盗み.
avance(-) / avancé(-) 男 → avanzar.
a·van·te [a.bán.te] 副 《海》前方へ[に];前進.
a·van·trén [a.ban.trén] 男 《軍》(野戦砲などを引くのに用いる)前車.
a·van·za·da [a.ban.θá.da / -.sá.-] 女 《軍》前哨(しょう), 前哨地点[部隊];先発[先遣]隊.
a·van·za·di·lla [a.ban.θa.dí.ʝa / -.ʎa / -.sa.-] 女 **1** 《軍》尖兵(せん), 前哨(しょう)小隊. **2** (上陸用) 桟橋.
***a·van·za·do, da** [a.ban.θá.đo, -.đa / -.sá.-] 形
1 進んだ, 進歩した, 発展した (↔atrasado). país ~ 先進国 (= país adelantado). fase avanzada de desarrollo 開発の発展段階.
2 進歩的な, 進んだ. ideas avanzadas 進歩的思想. **3** 〈時間が〉経過した, 進んだ. ~ de [en] edad 年配の, 高齢の. una hora muy avanzada de la noche 夜もかなり更けたころ. Ya tiene una edad muy avanzada. 彼[彼女]はすでに非常に高齢である.
— 男 女 **1** 進歩的な[前衛的な]人. **2** 高齢者.
— 男 **1** 《軍》前衛部隊. **2** 先駆け.
*****a·van·zar** [a.ban.θár / -.sár] 97 自 **1** (**a...** …に / **hacia...** …の方に / **hasta...** …まで) 進む, 前進する (↔retroceder). Las tropas avanzaron hacia la ciudad. 軍は町に向かって前進した.
2 (**en...** …の点で) 〈人が〉進歩する;〈プロセスが〉進展する. ~ en inglés 英語が上達する. ~ en una carrera 出世する. Ha avanzado la enfermedad 病状が進んだ. al ~ en edad 年齢が進むと.
3 〈時が〉進行する, 経過する. ~ el otoño 秋が深まる.
— 他 **1** 進める, 前進させる. ~ posiciones en la lista 順位を上げる. ~ rápido una cinta de video ビデオテープを早送りする. **2** 早くする, 繰り上げる. ~ el pago 前払いをする. ~ la hora 時間を早める. El ministro avanzó su esperanza de seguir en el puesto. 大臣は早くも職にとどまりたい意を示した. **3** 《ラ米》《プエルト》略奪する, 盗む.
— ~·**se** 再 前進する;進行する.
[← 〔カタルーニャ〕*avançar* ← 〔俗 ラ〕*abantiāre 〔ラ〕*abante* 「…の前に」より派生] 〔関連〕〔英〕*advance*]
a·van·zo [a.bán.θo / -.so] 男 《商》(1) 貸借対照表, 収支勘定 (= balance). (2) 予算, 見積もり.
— 活 → avanzar.
a·va·ri·cia [a.ba.rí.θja / -.sja] 女 強欲, 貪欲(どん).
♦カトリックで「七つの大罪」los siete pecados の一つ. La ~ rompe el saco. 《諺》一文惜しみの銭失い(一欲張りすぎると袋が破れる).
con avaricia 〔話〕極度に, ひどく. feo con ~ ひどく醜い.
a·va·ri·cio·sa, sa [a.ba.rí.θjo.so, -.sa / -.sjó.-] / **a·va·rien·to, ta** [a.ba.rjén.to, -.ta] 形 欲深い, 貪欲(どん)な;けちな.
— 男 女 **1** 欲張り, 貪欲な人. **2** けち, 守銭奴.
a·va·rio·sis [a.ba.rjó.sis] 女 《医》梅毒.
a·va·ro, ra [a.bá.ro, -.ra] 形 **1** 欲深い, 欲張りな;けちな. Eres muy ~; ¿no estás satisfecho con lo que tienes? 君は大変な欲張りだな, 今持っているものでは満足しないのかい.
2 (**de...** …を) 出し惜しみする. hombre ~ *de* palabras 口数の少ない人. Es muy ~ *de* alabanzas. 彼は容易に人をほめない男である.
— 男 女 **1** 貪欲[欲張り]な人, 欲深い. **2** けち.
[← 〔ラ〕*avārum* (*avārus* の対格;*avēre* 「強く欲しがる」より派生);〔関連〕〔英〕*avaricious*]
a·va·sa·lla·dor, do·ra [a.ba.sa.ja.ðór, -.ðó.ra ‖ -.ʎa.-] 形 圧倒的な, 威圧[高圧]的な. la fuerza avasalladora de su discurso 彼[彼女]の演説の圧倒的な迫力. — 男 女 高圧的な人, 威張りや.
a·va·sa·lla·mien·to [a.ba.sa.ja.mjén.to ‖ -.ʎa.-] 男 服従 [隷属] させること;支配, 制圧.
a·va·sa·llar [a.ba.sa.jár ‖ -.ʎár] 他 **1** 服従させる;支配する, 制圧する. **2** 《話》〈人を〉ないがしろにする, 軽く見る. — 自 権力を振りかざす, 威張りちらす. ¡Sin ~! 威張るな.
— ~·**se** 再 家来[臣下]になる;服従[隷属]する.
a·va·tar [a.ba.tár] 男 **1** (インドの Visnú 神の) 化身, 権化. **2** 生まれ変わり, 輪廻(りん), 再来. **3** 《複数で》変化, 変遷, 浮沈. los ~*es* de la vida 人生の浮き沈み, 人の世の有為転変. **4** 《IT》アバター:バーチャルリアリティで用いる自分の化身.
***a·ve** [á.be] 女 [el ~, un [una] ~] **1** 鳥;《複数で》鳥類. *ave* canora [cantora] 鳴禽, 鳴禽(きん). *ave* de corral 家禽, 鶏. *ave* del paraíso ゴクラクチョウ. *ave* migratoria 渡り鳥, 候鳥. *ave* no migratoria 留鳥. *ave* zancuda 渉禽(しょう). → pájaro 〔類語〕.
2 《星座》*Ave* del paraíso ふうちょう座 (= Apus).
ave de mal agüero 不吉な知らせをもたらす人, 縁起の悪い人.
ave de paso (1) 渡り鳥. (2) 〔話〕流れ者, 常に旅をしている人.
ave de presa [*rapiña, rapaz*] (1) 猛禽. (2) かっぱらい, 詐欺師.
ave fría → avefría.
ave negra 《ラ米》《プエルト》〔話〕悪徳弁護士.
ave nocturna (1) (フクロウ・ヨタカなどの) 夜鳥. (2) 夜遊びする人, 宵っ張り.
[← 〔ラ〕*auis* 「鳥」;→ avión. 〔英〕*ostrich*]
AVE [á.be] 男 《単複同形》*A*lta *V*elocidad *E*spañola スペイン高速鉄道, 新幹

AVE〈スペイン高速鉄道〉

線.

a·ve·ca·si·na [a.ƀe.ka.sí.na] 女《ラ米》(♱)《鳥》ヤマシギ.

a·ve·chu·cho [a.ƀe.tʃú.tʃo] 男《軽蔑》**1** 醜い鳥,不格好な鳥.**2**《話》醜悪なやつ,ばかなやつ.

a·ve·ci·lla [a.ƀe.θí.ja ‖ -.ʝa -.sí.-] 女 小さな鳥.~ de las nieves ハクセキレイ.[ave+縮小辞]

a·ve·ci·nar·se [a.ƀe.θi.nár.se / -.si.-] 再 **1**〈特に日にち・できごとが〉近づく, 接近する. Se avecina la tormenta. あらしが近づいている. **2**《en...》《…の》に居を定める,《…の》住民[隣人]となる.

a·ve·cin·da·do, da [a.ƀe.θin.dá.ðo, -.ða / -.sin.-] 形《…の》住民[隣人]である,定住している.

a·ve·cin·da·mien·to [a.ƀe.θin.da.mjén.to / -.sin.-] 男 **1** 居住, 定住. **2** 居住地, 定住地.

a·ve·cin·dar [a.ƀe.θin.dár / -.sin.-] 他 住民[隣人]として受け入れる, 定住させる.
— ~·se 再《en...》《…の》住民[隣人]となる,《…に》定住する.

a·ve·crem [a.ƀe.krém] 男《話》調味料, スープブイヨン.

a·ve·frí·a [a.ƀe.frí.a] / **a·ve frí·a** [á.ƀe frí.a] 女《鳥》タゲリ.

a·ve·jen·tar [a.ƀe.xen.tár] 他 老けさせる.
— ~·se 再 老ける. Felipe se ha avejentado mucho. フェリペはめっきり年を取った.

a·ve·ji·gar [a.ƀe.xi.gár] 103 他 水[火]膨れを作る.
— ~·se 再 水[火]膨れになる.

a·ve·lla·na [a.ƀe.ja.na ‖ -.ʝá.-] 女 **1** ハシバミの実, ヘーゼルナッツ. ojos color de ~ 薄茶色の目.
2《ラ米》(ざ°)爆竹, クラッカー.
más seco que una avellana 〈特に顔が〉しわくちゃの.

a·ve·lla·na·do, da [a.ƀe.ja.ná.ðo, -.ða ‖ -.ʝá.-] 形 **1** しわの寄った; 干からびた, しなびた.
2 ハシバミ色の, 淡褐色の.
— 男《機》皿もみ: 皿ビスをねじ込むために板などに漏斗(ぎょ)状の穴をあけること. → avellanar.

a·ve·lla·na·dor [a.ƀe.ja.na.ðór ‖ -.ʝá.-] 男《機》(皿もみをする)皿錐(きり).

a·ve·lla·nal [a.ƀe.ja.nál ‖ -.ʝá.-] / **a·ve·lla·nar** [a.ƀe.ja.nár ‖ -.ʝá.-] 男 → avellaneda.

a·ve·lla·nar [a.ƀe.ja.nár ‖ -.ʝá.-] 他《機》〈穴の口を〉漏斗(ぎょ)状に広げる, 皿もみをする.
— ~·se しわになる, 干からびる, しなびる.
— 男 → avellaneda.

a·ve·lla·ne·da [a.ƀe.ja.né.ða ‖ -.ʝá.-] 女 ハシバミの林.

a·ve·lla·ne·do [a.ƀe.ja.né.ðo ‖ -.ʝá.-] 男 → avellaneda.

a·ve·lla·ne·ro, ra [a.ƀe.ja.né.ro, -.ra ‖ -.ʝá.-] 形 ハシバミの, ヘーゼルナッツの. — 女 **1**《植》ハシバミ(の木). **2** ハシバミの実[ヘーゼルナッツ]を売る女.

a·ve·lla·no [a.ƀe.ja.no ‖ -.ʝá.-] 男《植》ハシバミ(の木). ~ falso トサミズキ類.

a·ve·ma·rí·a [a.ƀe.ma.rí.a] 女《カト》(1) アベマリア(の祈り), 天使祝詞: キリスト受胎の秘義に対するラテン文の感謝の祈りの最初の言葉.(2) ロザリオの小玉.(3) アンジェラス, お告げの祈り(= ángelus).
al avemaría 夕暮れに.
en un avemaría 《話》瞬く間に, たちまち.
saber... como el avemaría 〈そらんじることができるほど〉…を熟知している, …に精通している.
¡A·ve Ma·rí·a! [á.ƀe ma.rí.a] 間投《驚き・おびえ・不快》おやおや, まあ, おお怖い, いやだな. ► ave María とも綴(3)る.
¡Ave María (Purísima)!《古語》《訪問のときに》ごめんください.

a·ve·na [a.ƀé.na] 女 **1**《植》エンバク. ~ loca 野生のカラスムギ. **2**《文章語》牧笛.

a·ve·na·do, da [a.ƀe.ná.ðo, -.ða] 形 **1** 少し頭のおかしい, 気のふれた.
2(導管・溝などで)排水した. terreno ~ 水はけのいい土地.

a·ve·nal [a.ƀe.nál] 男 エンバク畑.

a·ve·na·mien·to [a.ƀe.na.mjén.to] 男 排水. tubos de ~ 排水管.

a·ve·nar [a.ƀe.nár] 他《まれ》〈湿地の〉水を流し出す, 排水する.

avendr- 活 → avenir.

a·ve·nen·cia [a.ƀe.nén.θja / -.sja] 女 **1** 同意, 合意, 一致; 協約 (= acuerdo).
2 妥協, 和解. **3**《商》取引(契約), 売買(契約).
Más vale mala avenencia que buena sentencia. 有利な裁きになるよりも不利でも折り合ったほうがよい.

aveng- 活 → avenir.

*a·ve·ni·da** [a.ƀe.ní.ða] 女 **1** 大通り, 並木道, …通り《略 Avda., Ave.》. la ~ Bolívar ボリバル通り. Una ~ bordeada de acacias conduce al palacio. アカシアの並木道が宮殿に通じている. → calle 類語.
2(河川の)増水, 洪水.
3 殺到. **4**《ラ米》《複数で》さまざまな解決法.
[(古スペイン) avenir「…へやって来る」←[ラ] advenire「着く」より派生. 関連[仏][英] avenue]

*a·ve·ni·do, da** [a.ƀe.ní.ðo, -.ða] 形《bien [mal] を伴い》《con...》《…と》仲がよい[悪い];《…に》満足している[いない]. Es un matrimonio bien ~. あれは実に仲むつまじい夫婦だ. Estoy mal ~ con mi suerte. 私は自分の運命に不満である.

a·ve·ni·mien·to [a.ƀe.ni.mjén.to] 男 同意, 合意, 一致; 和解, 協調.

*a·ve·nir** [a.ƀe.nír] 45 他 合意させる; 和解させる, 調停する. El abogado consiguió ~ a ambas partes. 弁護士は双方を何とか和解させられた.
— 自〈ことが〉起こる, 生じる (= suceder).
— ~·se 再 **1**《en...》…の点で》《con...》《…と》合意[同意, 賛同]する,《意見が》一致する; 和解する, 仲良くする. ~se en el precio 値段で折り合う. No puede ~se con su hermano. 彼[彼女]は兄[弟]と仲良くやっていくことができない.
2《a... / con...》《…に》適応[順応]する, 我慢する. una persona que se aviene a [con] todo 何事にも順応する人. **3**《a... / con...》調和する, 釣り合う. ► 複数主語で用いられることもある.
Allá se las avenga.《話》やつの気の済むようにやらせておけ, 私の知ったことか.
avenirse a razones 道理に従う.
de buen [mal] avenir 協調性のある[ない], 人付き合いのいい[悪い].

a‧ven‧ta‧do [a.ɓen.tá.ðo] 男《ラ米》(話)腐りかけた食品.

a‧ven‧ta‧dor, do‧ra [a.ɓen.ta.ðór, -.ðó.ra] 形 (穀物を箕(¾)で)あおる. ━ 男 (穀物を唐箕で)あおる人. ━ 男 **1** ふいご, 送風機. **2** (農作業用の)フォーク. **3** (吸い出し管の)革製弁. ━ 男《農》唐箕.

a‧ven‧ta‧du‧ra [a.ɓen.ta.ðú.ra] 女《獣医》球腱軟腫(ﾅﾝｼｭ).

a‧ven‧ta‧ja‧do, da [a.ɓen.ta.xá.ðo, -.ða] 形 ぬきんでた, 優れた. Es uno de los alumnos más ~s de la clase. 彼はクラスでも出来のいい生徒のひとりだ.

a‧ven‧ta‧ja‧mien‧to [a.ɓen.ta.xa.mjén.to] 男 有利, 優勢, アドバンテージ;利点, 好都合.

a‧ven‧ta‧jar [a.ɓen.ta.xár] 他 **1** 追い抜く, 先に出る;先を行く, リードする. Me aventajó en la carrera. 彼[彼女]は競走で私を追い抜いた. En la etapa de hoy he aventajado al segundo en cinco minutos. 今日の走行区間では 2 位の選手を 5 分リードした. **2** 《en... …の点で》勝る, しのぐ. Aventaja a todos en simpatía. 彼[彼女]は気さくな点では誰にもひけをとらない. **3** 有利にする, …に得をさせる. **4** 優先させる.
━ ~‧se 再 先んずる, 先行する;ぬきんでる.

a‧ven‧ta‧mien‧to [a.ɓen.ta.mjén.to] 男《農》(もみ殻などの)吹き分け, より分け.

a‧ven‧tar [a.ɓen.tár] 8 他 **1** 風にさらす, 風干しする;《農》(穀物を)箕(¾)であおる, 吹き分ける. **2** 〈風が〉吹きとばす. El viento aventó las hojas caídas en el suelo. 地面の落ち葉が風であおられた. **3** 〈火を〉ふいごなどで)おこす. **4** 《ラ米》(**1**) (ｶﾞﾘ)《砂糖を》日干しにする. (**2**) (ｶﾞﾘ)遠くへ放る, 投げる, 投げ捨てる. (**3**) (ﾗﾌﾟﾗ)飛びかかる. (**4**) (ｺﾛﾌﾞ)《話》報告する, 告発する. (**5**) (*ﾒﾓ)押す;放す;自動車に乗せる.
━ ~‧se 再《ラ米》(**1**) (*ﾒﾓ)(ｶﾞﾘ)《話》けんかする. (**2**) (ｶﾞﾘ)あえて[勇気を出して]…する;うまくやる.

a‧ven‧tón [a.ɓen.tón] 男《ラ米》(**1**) (ｱﾝﾃﾞ)(ﾒﾓ)(*ﾒ)(ｶﾞﾘ)(ｺﾛﾌﾞ)《話》ヒッチハイク, 車に乗せること. pedir un ~ ヒッチハイクする. (**2**) (*ﾒ)(ｺﾛﾌﾞ)(ｶﾞﾘ)押すこと.

***a‧ven‧tu‧ra** [a.ɓen.tú.ra] 女 **1** 冒険, 思いがけない体験[出来事]. en busca de ~s 冒険を求めて. película [novela] de ~s 冒険映画[小説]. Corrió [Tuvo] muchas ~s en el viaje. 彼[彼女]は旅行でさまざまな体験をした. **2** 危険(=riesgo). A mi edad ya no estoy para ~s. 私の年ではもう危険いまねはできないよ. embarcarse en ~s [una ~] 危険なことに手を出す. **3** 情事, アバンチュール. **4** 偶然, 運.
[━《俗ラ》adventúra「将来起きるであろう(こと)」(advenire「来る;起こる」の未来分詞女性単数形);関連《仏》aventure. 《英》adventure]

a‧ven‧tu‧ra‧do, da [a.ɓen.tu.rá.ðo, -.ða] 形 冒険的な, 無謀な. empresa aventurada 無謀な企て. proyecto ~ 向こう見ずな計画.
No es aventurado decir que... …といっても差し支えない[過言ではない].

***a‧ven‧tu‧rar** [a.ɓen.tu.rár] 他 **1** 危険にさらす, 賭(¾)ける. ~ su vida(自分の)命を賭ける. No aventures así tu felicidad. 自分の幸せをふいにするようなことはするな. **2** 〈意見などを〉思いきって[あえて]言う. ~ una teoría 学説を大胆に表明する.
━ ~‧se 再 **1** 危険を冒す. La expedición se aventuró por la selva amazónica. 探検隊は大胆にアマゾンの密林に足を踏み入れた. No te aventures en la noche madrileña. マドリードの夜で危険に身をさらすな. **2** 《a +不定詞》あえて…する, 危険を顧みず…する. Se detuvo en la puerta, sin ~se a dar un paso. 一歩前へ出る勇気がなくて, 彼[彼女]はドアの所で立ち止まった.
Quien [*El que*] *no se aventura no pasa la mar.*《諺》虎穴(¾)に入らずんば虎児を得ず(←危険に身をさらさねば海は渡れない).

a‧ven‧tu‧re‧ris‧mo [a.ɓen.tu.re.rís.mo] 男 冒険主義.

a‧ven‧tu‧re‧ro, ra [a.ɓen.tu.ré.ro, -.ra] 形 **1** 冒険好きの, 大胆な. Es un hombre de espíritu ~. 彼は冒険心に富んだ男だ. **2** 《ラ米》〈作物が〉時期外れの. ━ 男 **1** 冒険家. **2** 命知らず;ならず者. ━ 男 **1** (昔の)志願兵, 傭兵(ﾖｳ). **2** 《ラ米》(ﾒﾓ)ラバ追い.

av‧er‧age [a.ɓe.rá(t)ʃ]《英》男《スポ》平均, アベレージ. gol ~ ゴールアベレージ.

a‧ver‧gon‧za‧do, da [a.ɓer.gon.θá.ðo, -.ðá.sá.-] 形 恥じている;もじもじ[どぎまぎ]した.

a‧ver‧gon‧zan‧te [a.ɓer.gon.θán.te / -.sán.-] 形 恥辱を与える.

***a‧ver‧gon‧zar** [a.ɓer.gon.θár / -.sár] 19 他 …に恥をかかせる, 赤面させる. Me avergüenza mucho lo que ha hecho mi hijo. 私は息子のしたことが大変恥ずかしい.
━ ~‧se 再《de... / por... …を》恥じる. ~se de sus acciones 自分の行動を恥じる.

avergüenz- 活 →avergonzar.

a‧ve‧rí‧a [a.ɓe.rí.a] 女 **1** 故障, 破損. El coche tiene una ~. その車は故障した. **2** (積荷の)損傷;《海》海損. ~ gruesa 共同海損. **3** 《史》アベリア, 護衛船料. ◆新大陸へ向かう商船を護衛する艦船の経費をまかなうための目的税. **4** 《ラ米》《話》(**1**) (ｶﾞﾘ)いたずら. (**2**) (ｺﾛﾌﾞ)悪事, 犯罪. hombre de ~ 無法者;極悪犯.

a‧ve‧ria‧do, da [a.ɓe.rjá.ðo, -.ða] 形 **1** 故障した, 破損した. **2** 傷んだ, だめになった. **3** 損害[損傷]を受けた.

***a‧ve‧riar** [a.ɓe.rjár] 81 他 **1** 故障を起こさせる, 破損させる. **2** 傷物にする, だめにする. **3** 損害[損傷]を与える.
━ ~‧se 再 **1** 故障する, 破損する. Se nos averió el camión en la autopista. 私たちのトラックは高速道路で故障してしまった. **2** 傷む, だめになる. **3** 損害[損傷]を受ける. **4** 《ラ米》(ｶﾞﾘ)処女を失う.

a‧ve‧ri‧gua‧ble [a.ɓe.ri.gwá.ɓle] 形 調査を究明できる;確認可能な.

***a‧ve‧ri‧gua‧ción** [a.ɓe.ri.gwa.θjón / -.sjón] 女《主に複数で》**1** 調査, 究明. Creo que todo lo aclararán las averiguaciones policiales. 警察の調べでそれらが明らかになると思うよ. **2** 確認, 検査, 点検. **3** 《ラ米》(*ﾒ)(*ﾒ)(ｶﾞﾘ)口論, 議論.

a‧ve‧ri‧gua‧dor, do‧ra [a.ɓe.ri.gwa.ðór, -.ðó.ra] 形 調査の, 確認する;詮索(ｾﾝ)好きの.
━ 男 女 調査者;確認者, 点検者.

a‧ve‧ri‧gua‧mien‧to [a.ɓe.ri.gwa.mjén.to] 男 →averiguación.

***a‧ve‧ri‧guar** [a.ɓe.ri.gwár] 86 他 **1** 調べる, 調査する;確認する, 突き止める. ~ la causa de un accidente 事故の原因を調べる. ~ la verdad 真実を究明する. **2** 《que +直説法 …ということを / si +直説法 …かどうか》確かめる, 確認する. ~ si viene o no 彼[彼女]が来るかどうかを確かめる. Hemos ave-

averiguata

riguado que él *vive* ahora en Nueva York. 彼が今ニューヨークに住んでいることを私たちは突き止めた. ▶疑問詞を伴う節を導くこともある.
— 自《ラ米》(1)（(米)(話)）〈人と〉けんかする,〈人を〉のしる.(2)（(米)(話)(バ)）口論［議論］する.
— ~·se 再《con＋人〈人〉と》合意に達する;《複数主語で》理解しあう.
¡*Averígüelo, Vargas!* 知るものか,（難しくて）お手上げだ.

a·ve·ri·gua·ta [a.be.ri.gwá.ta] 囡《ラ米》(話) 激しい口論, ロげんか.

averigüe(-) / averigüé(-) 活 → averiguar.

a·ve·ri·güe·tas [a.be.ri.gwé.tas] 男囡《単複同形》《ラ米》(話) 出しゃばり, 詮索(話)好き.

a·ve·rí·o [a.be.rí.o] 男《集合的》家禽(話).

a·ver·no [a.bér.no] 男《文章語》黄泉(話)の国; 地獄.

A·ve·rro·es [a.be.r̃o.és] 固名 アベロエス (1126-98): スペイン Córdoba 生まれのアラブ人の哲学者・医学者・法学者で Aristóteles の注釈家. イブン・ルシュド Ibn Rushd のラテン名.

a·ve·rro·ís·mo [a.be.r̃o.ís.mo] 男 アベロエス主義: Averroes の唯物論的・汎(話)神論的思想.

a·ve·rro·ís·ta [a.be.r̃o.ís.ta] 形 アベロエス主義(者)の. — 男囡 アベロエス主義者.

a·ve·rru·ga·do, da [a.be.r̃u.gá.ðo, -.ða] 形 いぼのある, いぼだらけの.

a·ver·sión [a.ber.sjón] 囡 嫌悪, 毛嫌い; 反感, 憎悪. cobrar [coger, tomar] ~ a... ...に嫌悪［反感］を抱く. Siento ~ al trabajo. 彼［彼女］は仕事が嫌いだ. Siento ~ por los aduladores. おべっかを使うやつらが私は大嫌いだ.

a·ves·ta [a.bés.ta] 男 アベスタ: ゾロアスター教の聖典.

a·vés·ti·co, ca [a.bés.ti.ko, -.ka] 形（ゾロアスター教の経典）アベスタの.
— 男（アベスタに用いられている）アベスタ語.

a·ves·truz [a.bes.trúθ / -.trús] 男［複 avestruces] 1 《鳥》ダチョウ. ~ *de América* アメリカダチョウ, レア. 2 《ラ米》(話) 薄のろ, あほう.
política [*táctica*] *del avestruz*《話》事なかれ主義.

a·ve·ta·do, da [a.be.tá.ðo, -.ða] 形 縞(話)のある, 筋模様の入った.

a·ve·tar·da [a.be.tár.ða] 囡《鳥》= avutarda.

a·ve·to·ro [a.be.tó.ro] 男《鳥》サンカノゴイ.

a·ve·za·do, da [a.be.θá.ðo, -.ða / -.sá.-] 形《a... / en... ...に》慣れた, 経験を積んだ; 鍛えられた. ~ *a la lucha* 百戦錬磨の. ~ *en los negocios* 実務経験の豊かな.

a·ve·zar [a.be.θár / -.sár] 97 他《a... ...に》慣れさせる, なじませる; 鍛える. ~ *a* ＋人 *al trabajo*〈人〉を仕事に慣れさせる. — ~·se 再《a... ...に》慣れる, なじむ. ~*se a todo* 何にでもなじむ.

a·via·ción [a.bja.θjón / -.sjón] 囡 1 航空, 飛行(術). ~ *civil* 民間航空.
2《軍》空軍. *capitán de* ~ 空軍大尉.

AVIACO 略 *Aviación y Comercio*, S. A. アビアコ航空: スペインの民間航空会社. 1998 年イベリア航空グループに統合.

a·via·do, da [a.bjá.ðo, -.ða] 形 1 準備［用意］のできた. ~ *para salir* いつでも出かけられる.
2《話》困った, 困りはてた; 幻滅した. ¡*A*~ *estoy* [*voy*]! こいつは、困ったことだ.
3《ラ米》(1)（(チリ)(話)）資産のある.(2)（(ラ米)(話)）ぼんやりしている, ずれている.

a·via·dor, do·ra [a.bja.ðór, -.ðó.ra] 形 1 航空の, 飛行の. 2《ラ米》(話) 働かずに給料をもらう.
— 男 1 飛行士; 操縦士, パイロット. 2《軍》空軍兵士. *Mi padre era* ~. 父は空軍兵士だった.
— 男《ラ米》(1)（(ユカ)(ペ)(ベ)）(鉱山の) 投資家, 出資者; 金融業者, 金貸し.(2)（(ユカ)(俗)）女性っぽい男, ホモセクシュアル.

AVIANCA [a.bján.ka] 略 *Aerovías Nacionales de Colombia, S. A.*（コロンビアの）アビアンカ（航空会社）.

a·viar¹ [a.bjár] 形 鳥（類）の. *peste* ~ 家禽(話)ペスト（ニューカッスル病の旧称）.

a·viar² [a.bjár] 81 他 1 準備する, 用意する. ~ *una comida* 食事の支度をする.
2 整理する, 整頓(話)する. ~ *una habitación* 部屋を片づける. 3 修理する, 修繕する. 4《*de*... ...を》供給する, 調達する. ~ *a* ＋人 *de ropa*〈人〉に衣類をそろえてやる. 5《話》援助する. ¿*Me puedes prestar mil euros para* ~*me*? 僕を助けると思って1000ユーロ貸してくれないかい. ¿*Te avía si te llevo en coche*? 僕が車で送ってあげるけど, どうだろう.
6《ラ米》(チ)(ペ)(ベ)）(鉱山を稼働させるための) 資金［機材］を貸し付ける; 食べ物を用意する.
— 自《*con*... ...を》急ぐ. *Avía con los deberes*. 急いで宿題をしなさい.
— ~·se 再 1 身支度をする. ~*se para ir a cenar* 夕食に出かける用意をする. 2《話》やりくりする, 間に合わせる. *Se avía con muy poca cosa*. ごくわずかのもので彼［彼女］はどうにかやっている. 3《話》急ぐ（= darse prisa）. ¡*Avíate*! おい, 急げ.
ir aviando《話》急ぐ, 急いでする. *Vamos aviando*. さあ急ごう, 急いでいこう.

a·via·rio, ria [a.bjá.rjo, -.rja] 形 → aviar¹.

a·vi·chu·cho [a.bi.tʃú.tʃo] 男《話》虫, 気持ちの悪い虫.

a·ví·co·la [a.bí.ko.la] 形 家禽(話)飼育の. *granja* ~ 養鶏場.

a·vi·cul·tor, to·ra [a.bi.kul.tór, -.tó.ra] 男囡 養鶏家［業者］, 家禽(話)飼育家.

a·vi·cul·tu·ra [a.bi.kul.tú.ra] 囡 養鶏, 家禽(話)飼育.

a·vi·dez [a.bi.ðéθ / -.ðés] 囡 食欲(話), 強欲; 切望, 渇望. *con* ~ むさぼるように, がつがつと.

á·vi·do, da [á.bi.ðo, -.ða] 形 食欲(話)な, 強欲な;《*de*... ...を》切望する, 渇望する. ~ *de sangre* 血に飢えた. *con los ojos* ~*s* 物欲しげな目で. *Se mostró* ~ *de conocer la verdad*. 彼はいかにも真実が知りたそうな素振りだった.

a·vie·jar [a.bje.xár] 他 老けさせる.
— ~·se 再 年を取る, 老ける.

a·vie·so, sa [a.bjé.so, -.sa] 形 ひねくれた; よこしまな, 邪悪な. *espíritu* ~ ひねくれた根性. *una aviesa mirada* 意地悪い目つき.
— 男《ラ米》(ラプ)流産, 堕胎.

a·vi·fau·na [a.bi.fáu.na] 囡 鳥相.

Á·vi·la [á.bi.la] 固名 アビラ: スペイン中央部の県; 県都. ♦石と聖者の町と呼ばれ, 特に聖女テレサ Santa Teresa de Jesús (1515-82) の生地として有名.

a·vi·lan·tar·se [a.bi.lan.tár.se] 再 厚かましく［横柄に］振る舞う, 生意気な態度を取る.

a·vi·lan·tez [a.bi.lan.téθ / -.tés] 囡 厚かましさ, 横柄, 無礼（= audacia, insolencia）.

a·vi·lés, le·sa [a.ƀi.lés, -.lé.sa] 形 (スペインの)アビラの. ― 男女 アビラの住民[出身者]

a·vi·le·si·no, na [a.ƀi.le.sí.no, -.na] 形 (スペイン北西部の) Vizcaya 湾に臨む港湾都市) アビレス Avilés の. ― 男女 アビレスの住民[出身者]

a·vi·lla·na·do, da [a.ƀi.ja.ná.ðo, -.ða ‖ -.ʎa.-] 形 (貴族に対して)平民らしい, 低俗な, (身分が)卑しい; 粗野な, がさつな.

a·vi·lla·na·mien·to [a.ƀi.ja.na.mjén.to ‖ -.ʎa.-] 男 低俗化, 粗野[がさつ]になること.

a·vi·lla·nar [a.ƀi.ja.nár ‖ -.ʎa.-] 他 低俗にする, 卑しくする.
― ~·**se** 再 低俗になる, 粗野[がさつ]になる.

a·vi·na·do, da [a.ƀi.ná.ðo, -.ða] 形 酒に酔った.

a·vi·na·gra·do, da [a.ƀi.na.grá.ðo, -.ða] 形 **1** 酸っぱくなった, 酸敗した. **2** 無愛想な, 不機嫌な. carácter ~ 気難しい性格.

a·vi·na·grar [a.ƀi.na.grár] 他 **1** 酸っぱくする, 酸味を加える. **2** 不機嫌にする.
― ~·**se** 再 **1** 酸っぱくなる, 酸敗する.
2 気難しくなる, 不機嫌になる.

a·ví·o [a.ƀí.o] 男 **1** 《話》準備, 用意. **2** (農民や羊飼いが畑や牧草地に持参する)弁当. **3** 個人の利益, 興味. **4** 《主に複数で》《話》品物; 用具, 道具 (= instrumentos). ~s de afeitar ひげそり用具. ~s de coser 裁縫道具. ~s de escribir 文房具. ~s de pesca 釣り道具. tomar los ~s de matar [闘牛]ムレータ muleta と剣を取して使う. **5** 《ラ米》(ｺﾛﾝ)(ﾒﾋｺ)(ｼﾞﾙ)(農牧・鉱業への)資金[機材]の貸し付け.
¡*Al avío!* 《話》さあ始めよう, どんどんやろう.
hacer avío 役立つ, 有用である.

a·vión [a.ƀjón] 男 **1** 飛行機. ir en ~ 飛行機で行く. por ~ 航空便(で), 空路で. ~ de reacción ジェット機. ~ supersónico 超音速機. ~ continental [transcontinental] 中距離[長距離]機. ~ de bombardeo 爆撃機. ~ de caza 戦闘機. ~ de reconocimiento 偵察機. ~ sin motor グライダー.
2 〖鳥〗イワツバメ・ショウドウツバメ・チャイロツバメなどの総称. **3** 《ラ米》《遊》石けり遊び.
[← 〖仏〗 *avion* ([ラ] *avis* 「鳥」よりの造語); 関連 〖英〗 *aviation*]

a·vio·ne·ro [a.ƀjo.né.ro] 男 《ラ米》(ｼﾞﾙ)(ﾎﾟﾙ)航空兵, 空軍兵.

a·vio·ne·ta [a.ƀjo.né.ta] 女 軽飛行機, 小型飛行機.

a·vió·ni·ca [a.ƀjó.ni.ka] 女 航空電子工学, アビオニクス.

a·vi·sa·do, da [a.ƀi.sá.ðo, -.ða] 形 **1** 思慮深い, 慎重な. mal ~ 思慮のない. Al ~ lector no se le escapará el alcance de esta afirmación. 賢明な読者ならこの言葉の意味を見逃さないだろう.
2 〈闘牛が〉手ごわい.

a·vi·sa·dor, do·ra [a.ƀi.sa.ðór, -.ðó.ra] 形 警告[通報]する. ― 男女 通報者, 伝達者, メッセンジャー; (劇場の)プログラム売り. ― 男 警報装置[器], ベル, ブザー. ~ de incendios 火災報知器.

a·vi·sar [a.ƀi.sár] 他 (1) (**a**+人 〈人〉に)知らせる, 通知する, 《*que* + 直説法 …ということを》知らせる. ~ la fecha 日にちを知らせる. *Nos han avisado que tenemos que terminar la obra hasta la fecha.* 私たちは工事を期日までに終わらせなくてはいけないことを知らされた (▶ nos が a+人に相当).
(2) 《*de*... …について》〈人〉に知らせる. *Avísame cuando llegues.* 着いたら知らせてください. *Nos avisó de que iba a declararse una huelga.* ストが決行されると私たちは知らされた. *La policía fue avisada a tiempo del ataque.* 警察は時間内にテロ襲撃を知らされた.
2 《(*para*) *que* + 接続法 …するように》〈人〉に警告する, 勧告する. *Me avisaron para que pagara la tasa.* 私は税金を払うようにと通告を受けた.
3 (職務を遂行させるために)呼ぶ, 呼びにやる. ~ al médico 医者を呼ぶ. ~ al fontanero 水道屋を呼ぶ. ~ (a) una ambulancia 救急車を呼ぶ.
[← 〖古仏〗 *aviser* (*avis* 「意見」より派生); 関連 〖英〗 *advise*]

***a·vi·so** [a.ƀí.so] 男 **1** 知らせ, 通知, 通報; 掲示, 通達. dar un ~ al público 一般に公表する. ~ por escrito 文書による通知. sin previo ~ 予告なしに. tablón de ~s 掲示板.
2 警告, 注意; 前兆. No hizo caso a mi ~. 彼[彼女]は私の警告を無視した.
3 〖闘牛〗(規定時間内に牛を殺せないマタドール matador に主催者が出す) 警告. **4** 《ラ米》(1) 《複数で》(テレビの)コマーシャル, 広告. (2) (ｺﾛﾝ)(ﾀﾞ) 看板.
― 語 → avisar.
estar [andar] sobre aviso 警戒している.
poner sobre aviso a +人 〈人〉に警告する, 警戒させる.
servir de aviso 〈悪い出来事が〉警告として役立つ, 教訓となる.

a·vis·pa [a.ƀís.pa] 女 **1** 〖昆〗スズメバチ; 《ラ米》(ﾒﾋｺ)ミツバチ. **2** 《話》ずるいやつ. **3** 《ラ米》《話》(1)(ｸﾞｱﾃ)泥棒. (2)(ｺｽﾀ)頭が切れる人.
cintura [talle] de avispa 細くくびれた腰.

a·vis·pa·do, da [a.ƀis.pá.ðo, -.ða] 形 **1** 《話》利口な, 明敏な; 悪賢い. un ~ timador ずる賢い詐欺師.
2 《ラ米》(ｺﾛﾝ)《話》動作が速い, 迅速な行動をとる.

a·vis·par [a.ƀis.pár] 他 **1** 〈馬に〉拍車をかける, 鞭(を)を入れる. **2** 元気にする, 〈人を〉活発にする.
3 《ラ米》《話》(1)(ｷｭ)驚かせる, 怖がらせる. (2)(ｺｽﾀ)困らせる, 悩ませる.
― ~·**se** 再 **1** 利口になる. *Corriendo mundo se avispa uno.* 世間の波にもまれて初めて人間も利口になる. **2** 《ラ米》(ｷｭ)(ｺｽﾀ)《話》驚く, おびえる.

a·vis·pe·ro [a.ƀis.pé.ro] 男 **1** スズメバチの巣, ハチの巣; ハチの群れ.
2 《話》面倒, 厄介, ごたごた. meterse en un ~ 面倒なことに足を突っ込む. **3** 人だかり. **4** 〖医〗癰(を) (= ántrax): 皮膚や皮下の化膿(の)性炎症. **5** 《ラ米》(ｸﾞｱﾃ)《話》騒々しい[もめる]会合.

a·vis·pón [a.ƀis.pón] 男 〖昆〗モンスズメバチ.
[avispa + 増大辞]

a·vis·ta·mien·to [a.ƀis.ta.mjén.to] 男 (遠くのものを)見つけること, 発見.

a·vis·tar [a.ƀis.tár] 他 (遠くに)認める, 見える; 眺める. *Por la tarde avistamos la costa.* 午後になって遠くに海岸が見えた.
― ~·**se** 再 (商売の)打ち合わせをする.

a·vi·ta·mi·no·sis [a.ƀi.ta.mi.nó.sis] 女 《単複同形》〖医〗ビタミン欠乏症.

a·vi·tua·lla·mien·to [a.ƀi.twa.ja.mjén.to ‖ -.ʎa.-] 男 (軍隊などへの)糧食の補給; (船の)食糧の積み込み.

a·vi·tua·llar [a.ƀi.twa.jár ‖ -.ʎár] 他 (軍隊などに)糧食 vituallaを補給する; (船に)食糧を積み込む.

a·vi·va·do, da [a.ƀi.ƀá.ðo, -.ða] 形 **1** 活発な;

avivador

高揚[興奮]した, 盛り上がった；激高した. **2**《色・光が》明るい, 鮮やかな. **3**《足取りが》速い, 軽い.

a・vi・va・dor, do・ra [a.bi.ba.ðór, -.ðó.ra] 形 活気づかせる, 高揚[興奮]させる；刺激的な. ― 男【建】(1) 溝掘り；剣形[鋭いの深い溝.

a・vi・va・mien・to [a.bi.ba.mjén.to] 男 **1** 活気づく[づかせる]こと；高揚, 興奮；激高.
2《色・光が》明るく[鮮やかに]なること.
3《足取りが》速く[軽く]なること.

a・vi・var [a.bi.ßár] 他 **1** 活気づける, 生き生きさせる；《感情などを》あおる；《火を》かき立てる. ～ el interés 関心を高める. ～ la disputa 議論を盛り上げる. ～ una cólera 怒りを募らせる. ～ un dolor 苦悩の色を濃くする. Su encarcelamiento avivó el fuego de la insurrección. 彼[彼女]の投獄が暴動の火をあおった.
2《色・光を》明るくする, 鮮やかにする. El vino y la excitación avivaban el color de sus mejillas. 酒と興奮でほおが紅潮していた.
3《足取りを》速める, 軽やかにする.
― ～(・se) 自 再 活気づく, 生き返る；《感情などが》高まる, 強まる. La discordia se ha avivado con sus palabrotas. 不和は彼[彼女]の憎まれ口でいっそう募った.
¡Avívate! 〘話〙急げ, ぐずぐずするな；元気を出せ, しっかりしろ.

a・vi・zor [a.bi.θór / -.sór] 形 ojo avizor 警戒して, 見張って. Ojo ～! 見張り役.

a・vi・zo・rar [a.bi.θo.rár / -.so.-] 他 **1** 見張る, うかがう(= acechar). **2** 見通す, 見越す.

-avo, va 接尾 主に11以上の基数に付いて「…分の1」の意を表す名詞・形容詞語尾. un onzavo 11分の1, tres dieciseisavos 16分の3.

a・vo・car [a.bo.kár] 他【法】《訴訟を》(上級裁判所へ)移送する.

a・vo・ce・ta [a.bo.θé.ta / -.sé.-] 女【鳥】ソリハシセイタカシギ.

a・vo・ra・za・do, da [a.bo.ra.θá.ðo, -.ða / -.sá.-] 形《ラ米》〘ラプラタ〙欲の皮の突っ張った, がつがつした.

a・vu・cas・ta [a.bu.kás.ta] 女【鳥】→ avutarda.

a・vu・go [a.βú.go] 男 早生梨 西洋ナシの実.

a・vul・sión [a.bul.sjón] 女【医】抜出〘ばっしゅつ〙.

a・vu・tar・da [a.bu.tár.ða] 女【鳥】ノガン.

¡ax! [áks] 間 おお痛い.

a・xial [ak.sjál] / **a・xil** [ak.síl] 形 軸の, 軸に沿った. líneas ～es 軸流線.

a・xi・la [ak.sí.la] 女 **1**【解剖】腋窩〘えきか〙, わきの下(= sobaco). **2**【植】葉腋〘ようえき〙.

a・xi・lar [ak.si.lár] 形 わきの下の；葉腋〘ようえき〙の.

a・xi・ni・ta [ak.si.ní.ta] 女【鉱】アキシナイト, 斧石〘ふせき〙.

a・xio・lo・gí・a [ak.sjo.lo.xí.a] 女【哲】価値論.

a・xio・ló・gi・co, ca [ak.sjo.ló.xi.ko, -.ka] 形 価値論の.

a・xio・ma [ak.sjó.ma] 男【数】【言】原理, 公理；自明の理.

a・xio・má・ti・co, ca [ak.sjo.má.ti.ko, -.ka] 形 公理の；自明の.

a・xió・me・tro [ak.sjó.me.tro] 男【海】舵角〘だかく〙表示器.

a・xio・te [ak.sjó.te / a.fjó.-] 男 → achiote.

a・xis [ák.sis] 男《単複同形》【解剖】軸, 軸椎〘じくつい〙, 第2頸椎.

a・xo・lotl [ak.so.lótl / a.xo.-] 男【動】アホロートル, メキシコサンショウウオ(= ajolote).

a・xón [ak.són] 男【解剖】軸索(= cilindroeje).

ay [ái] 男【動】ミツユビナマケモノ.

¡ay! [ái] 間嘆 **1**《苦痛・驚き・悲嘆》ああ, 痛い, お〜. ¡Ay, suéltame! ああっ, 放してくれ. ¡Ay, mi coche! ああっ, 私の車が. ¡Ay, qué maravilla! おお, なんてすばらしい.
2《+de...》《哀れみ・悲嘆》かわいそうな(…)；《脅し》(…)は大変なことになるぞ. ¡Ay de mí! 哀れな私, どうしてこの私が. ¡Ay de Pedro, como se entere su mujer! ペドロときたら, 奥さんに知れたらただでは済まないぞ.
― 男〘文章語〙嘆き, うめき. dar ayes 嘆く. lanzar ayes de dolor 苦痛のうめき声を上げる. estar en un ay 嘆き苦しんでいる.

a・ya [á.ja] 女 → ayo.

a・ya・ca・hui・te [a.ja.ka.(g)wí.te] 男【植】(ラテンアメリカに自生する)松の品種.

a・ya・co・te [a.ja.kó.te] 男《ラ米》→ ayocote.

a・ya・cuá [a.ja.kwá] 男《ラ米》〘ラプラタ〙目につかないほど小さい悪魔. ◆グアラニ人guaraníの神話の体内にいて弓矢を持ち, それを放って痛みや病を起こすと信じられた.

A・ya・cu・cho [a.ja.kú.tʃo] 固名 アヤクチョ：ペルー南部の県；県都. ◆1824年 Sucre 率いる独立軍がスペイン軍を破り, ペルーと周辺の国を独立に導いた戦場.

a・ya・huas・ca [a.ja.(g)wás.ka] /
a・ya・hua・sa [a.ja.(g)wá.sa] 女《ラ米》〘ラプラタ〙【植】アヤウアスカ：幻覚作用を持つ飲み物が採れる.

a・ya・te [a.já.te] 男《ラ米》〘ラプラタ〙アヤテ：リュウゼツランの繊維で織った布.

a・ya・to・lá [a.ja.to.lá] / **a・ya・to・la** [a.ja.tó.la] 男 アヤトラ, アヤトッラー：イスラム教シーア派の上級の宗教指導者.

Á・yax [á.jaks] 固名【ギ神】アイアス：トロヤ戦争のギリシア側の英雄.

a・ye・a・ye [a.je.á.je] 男【動】アイアイ, ユビザル：マダガスカル島の固有種.

a・ye・co・te [a.je.kó.te] 男《ラ米》→ ayocote.

a・yer [a.jér] 副 **1** きのう, 昨日. A～ fue miércoles. きのうは水曜日だった. A～ la vimos por la calle. 私たちはきのう通りで彼女を見かけた. ▶ 時間を表す他の副詞(句)と並置されるときは, 他の副詞(句)に先行する. ～ por la mañana きのうの午前中. ▶ 前置詞の後でも用いられる. desde ～ きのうから. lo de ～ きのうの件.
2 昨今, ついこの間. Parece que fue ～. それはついきのうのことのようだ. No es cosa de ～. それはきのう今日のことではない. No ha nacido ～. 彼[彼女]はきのう今日生まれた赤ん坊ではない.
3 昔, 以前. Ella no es lo que era ～. 彼女は往年の彼女ではない. Esta película describe bien el Madrid de ～. この映画は昔のマドリードをよく映し出している.
― 男 過去, 昔. Olvida ya el ～. 過ぎたことはもう忘れなさい. ▶ 定冠詞を伴って用いられることが多い.
antes de ayer おととい, 一昨日(= anteayer).
ayer noche 昨晩(= anoche).
ayer tarde 昨日の午後(= ～ por la tarde).
de ayer a hoy / de ayer acá ここ最近で, 今までの短期間で. De ～ a hoy ha habido tres incendios. ここ最近で三件の火災が起きた. Lo que va de ～ a hoy. 昨今の移り変わりのなんと激しいことか. [←〘古スペイン〙yer ←〘ラ〙hĕri「昨日」；関連〘仏〙hier,〘伊〙ieri,〘英〙yesterday,〘独〙gestern]

ay・llu [ái.ju / -.ʎu] 男《ラ米》〘ラプラタ〙血族；血縁共同

a.yo, ya [á.jo, -.ja] 男 女 養育係, 守役(もりやく), 家庭教師.

a.yo.co.te [a.jo.kó.te] 男《ラ米》(メキシコ)【植】(アカバナ)インゲンマメ.

a.yo.te [a.jó.te] 男《ラ米》(1)《*》(メキシコ)【植】カボチャ(などの実). (2)《話》頭.
dar ayotes《ラ米》(メキシコ)《話》ひじ鉄を食わせる.

a.yo.te.ra [a.jo.té.ra] 女《ラ米》《*》【植】カボチャ.

Ayto. → ayuntamiento.

a.yú.a [a.jú.a] 女【植】アユア: サンショウの一種.

★a.yu.da [a.jú.ða] 女 **1** 助け, 手伝い. con ~ de... …の助けを借りて. prestar [pedir] ~ a... …を手伝う[に助けを求める]. ~ en línea〖IT〗オンラインヘルプ. ~ en pantalla〖IT〗オンスクリーンヘルプ.
2 援助, 救援(物資). ~ mutua 相互扶助. estatal 国庫補助(金). acudir en ~ de... …の救援に駆けつける. ~ humanitaria 人道的な援助.
3 手当て, 補助的な報酬.
4【医】浣腸薬(かんちょうやく)(液, 剤).
— 男 従者, 下男. ~ de cámara 従僕.
— 話 → ayudar.
costar Dios y ayuda → dios.

a.yu.da.do, da [a.ju.ðá.ðo, -.ða] 形【闘牛】両手でムレータ muleta を持って行われた.
— 男【闘牛】両手でムレータを持って行うパセ pase.

a.yu.dan.ta [a.ju.ðán.ta] 女 女性の助手[アシスタント].

*a.yu.dan.te** [a.ju.ðán.te] 男 女(▶時に ayudanta 女 も) 助手, 手伝い, 補助者. ~ de laboratorio 実験室助手. ~ de obras públicas〖土木〗アシスタント・エンジニア. ~ de operador【映】撮影助手. ~ de peluquería 見習い理容師.
— 男【軍】副官.

a.yu.dan.tí.a [a.ju.ðan.tí.a] 女 ayudante の地位[職, 執務室].

★a.yu.dar [a.ju.ðár] 他《con... / en... …について》《a+不定詞 / a que+接続法 …するのを》助ける, 手伝う; 救う. ~ a un amigo *en* sus negocios 友達の商売を手伝う. ~ a los damnificados 被災者を援助する. ~ a la naturaleza 自然を守る(▶直接目的語が特定の人間でなくても前置詞の a を伴うことがある). ¿Me *ayudas* con los equipajes? 私が荷物を運ぶのを手伝ってくれますか. ¿Le *ayudo*? お手伝いしましょうか. Mis tíos me *ayudaron* a conseguir el trabajo. おじ夫婦の援助で私は職を得た. El buen tiempo *ayudó* a que la fiesta *fuera* un éxito. 天気がよかったおかげで祭りは盛況だった. ¡Que Dios te *ayude*! あなたに神様のご加護がありますように.
— ~.se 再 **1**《con... / en... …の》助けを借りる;《…を》利用する. El anciano *se ayudaba* de un bastón para caminar. 老人は歩くのに杖を使っていた.
2 自力でやる;《複数主語で》助け合う.
Ayúdate y ayudarte he. / *Ayúdate y el cielo te ayudará.* / *Ayúdate y Dios te ayudará.*《諺》神は自ら助くるものを助ける.
[←〖ラ〗*adjūtāre*「助ける」;〖関連〗ayuda, ayudante. 〖英〗*adjutant*]

a.yu.ga [a.jú.ɣa] 女【植】ホウキギ.

a.yu.na.dor, do.ra [a.ju.na.ðór, -.ðó.ra] / **a.yu.nan.te** [a.ju.nán.te] 男 女 断食者, 絶食者;【カト】大斎を守る人.

a.yu.nar [a.ju.nár] 自 **1** 断食する, 絶食する, 物断ちする. ~ en cuaresma【カト】四旬節に大斎を守る. **2** なしで済ます, 我慢する.

a.yu.nas [a.jú.nas] *en ayunas* (1) 断食して, 絶食して;【カト】大斎(たいさい)して. Es mediodía y aún está *en* ~. お昼なのに彼[彼女]はまだ朝食も取っていない. (2) 朝食抜きで. (3) さっぱりわからずに; 何も知らずに. estar [quedarse] *en* ~ 何もわからない, 知らない.

*a.yu.no, na** [a.jú.no, -.na] 形 **1** 絶食している, 断食している.
2《de... / en...》《…が》欠けている;《…を》知らない, 理解できない. estar ~ *en* educación moral 徳育が欠如している. Creo que están ~*s de*l sentido de la responsabilidad. 彼らには責任感がないと思うね. Estoy ~ *de* lo que se está tratando. 何の話か私にはさっぱりだ.
— 男 断食, 絶食;【カト】大斎. guardar ~ 絶食する;【カト】大斎を守る. romper el ~ 断食を破る.

★a.yun.ta.mien.to [a.jun.ta.mjén.to] 男 **1**〔しばしば A-〕市役所, 町[村]役場; 市庁舎. El ~ de la ciudad patrocina el concurso. 市役所がそのコンクールを主催する. **2**〔しばしば A-〕市［町, 村］議会, 地方自治体. el *A*~ de Madrid マドリード市議会. **3**《文章語》《婉曲》~ carnal 性交.
[ayuntar「集める」より派生;〖関連〗junto.〖英〗*junction*]

a.yun.tar [a.jun.tár] 他 **1**《古語》合わせる, 一緒にする(= juntar). **2**《古語》つけ加える(= añadir). **3**《ラ米》(エクアドル)〈牛に〉くびきをかける, 〈2頭の牛を〉つなげる.
— ~.se《古語》《con... …と》性交する.

a.yur.ve.da [a.jur.ßé.ða] 男 (または女) アーユルヴェーダ: インドに伝わる医術.

a.yur.vé.di.co, ca [a.jur.ßé.ði.ko, -.ka] 形 アーユルヴェーダの.

a.yu.so [a.jú.so] 副《古語》→ abajo.

a.yus.tar [a.jus.tár] 他【海】〈綱を〉組み継ぎ[より継ぎ]する;〈木材・ロープなどの端を〉(重ねて)継ぐ.

a.yus.te [a.jús.te] 男【海】(ロープなどの) 組み継ぎ, より継ぎ;(木材の)そぎ継ぎ.

-aza [接尾]「…から生じたもの」の意を表す女性名詞語尾. ⇒ gallin*aza*, lin*aza*, mel*aza*.

a.za.ba.cha.do, da [a.θa.ßa.tʃá.ðo, -.ða / -.sa.-] 形 真っ黒な, 漆黒の.

a.za.ba.che [a.θa.ßá.tʃe / -.sa.-] 男 **1**【鉱】黒玉(こくぎょく)(炭), 貝褐炭. ojos de ~ 黒い瞳(ひとみ). pelo como el ~ 黒髪. **2**【鳥】ヒガラ. **3**〔複数で〕黒玉の小さな飾りのついた装身具. — 男《主に性数不変》真っ黒な, 漆黒の. ojos ~ 黒い瞳.

a.za.ba.ra [a.θa.ßá.ra / -.sa.-] 女【植】アロエ(= áloe).

a.za.cán, ca.na [a.θa.kán, -.ká.na / -.sa.-] 形 一生懸命働く, 重労働をする.
— 男 女 重労働をする人, あくせく働く人.
— 男 **1** 水運び, 水売り. **2**(液体を入れる) 革袋.
estar hecho un azacán《話》あくせく働く.

a.za.ca.ne.ar [a.θa.ka.ne.ár / -.sa.-] 自《話》あくせく働く.

a.za.che [a.θá.tʃe / -.sá.-] 男 質の劣った絹.

a.za.da [a.θá.ða / -.sá.-] 女【農】鍬(くわ).

a.za.da.da [a.θa.ðá.ða / -.sá.-] 女 鍬(くわ)を打ち込むこと, 鍬の一打ち.

a.za.da.zo [a.θa.ðá.θo / -.sá.-.so] 男 → azadada.

a·za·di·lla [a.θa.ðí.ja ‖ -.ʎa / -.sa.-] 囡 小鍬(な), 手鍬. [azada＋縮小辞]

a·za·dón [a.θa.ðón, -.sa.-] 男 [刃の細長い] 鍬(な). [azada＋増大辞]

a·za·dón, do·na [a.θa.ðón, -.ðó.na / -.sa.-] 男 囡《ラ米》(な)(な)《話》自分勝手な人.

a·zo·na·da [a.θa.ðo.ná.ða / -.sa.-] 囡 大鍬(な) を打ち込むこと, 鍬の一打ち.

a·za·do·nar [a.θa.ðo.nár / -.sa.-] 他 鍬(な)で掘る [耕す].

a·za·do·na·zo [a.θa.ðo.ná.θo / -.sa.-so] 男 → azadonada.

a·za·fa·ta [a.θa.fá.ta / -.sa.-] 囡 → azafato.

a·za·fa·te [a.θa.fá.te / -.sa.-] 男 **1** 柳などの小枝で編んだ平たいかご. **2**《ラ米》(な)(な)(な)盆, 大皿.

***a·za·fa·to, ta** [a.θa.fá.to, -.ta / -.sa.-] 男 囡
1 フライトアテンダント, 客室乗務員; (航空会社の) 地上職員 (= ～ de tierra).
2 (客船・列車・展示会などの) 接客係.
— 囡 **1** (催し物・会話などの) コンパニオン; (テレビ番組の) アシスタント. **2** (昔の) 侍女, 女官.
[azafate「平かご, 盆」(←［アラビア］*as-safat*) より派生; 女王が衣服を着けるときに, 侍女が香水などを載せた盆を持って立っていたことによる]

***a·za·frán** [a.θa.frán / -.sa.-] 男
1《植》**サフラン**: 雌しべの花柱上部を乾燥して薬用, 染料, 香辛料に用いる.
2 サフラン色, 濃黄色. ● 性数変化せず名詞の後ろに置いて形容詞的に用いることがある.
[←［アラビア］*az-za'farān* (定冠詞 *al-* ＋ *za'farān*) ;［関連］［仏］*safran*. ［英］*saffron*]

a·za·fra·na·do, da [a.θa.fra.ná.ðo, -.ða / -.sa.-] 形 **1** サフランで香味 [風味] を付けた. **2** サフラン色の, 濃黄色の. **3**《ラ米》(な)赤毛の.

azafrán (サフラン)

a·za·fra·nal [a.θa.fra.nál / -.sa.-] 男 サフラン畑 [栽培場].

a·za·fra·nar [a.θa.fra.nár / -.sa.-] 他 **1** サフランを加える. **2** サフラン色に染める.

a·za·fra·ne·ro, ra [a.θa.fra.né.ro, -.ra / -.sa.-] 男 囡 サフラン栽培者; サフラン商人.

a·za·ga·ya [a.θa.gá.ja / -.sa.-] 囡 (短めの) 投げ槍 (な). [←［アラビア］《方言》*az-zaghāyah*]

a·za·har [a.θa.ár / -.sa.-] 男 (特に) 柑橘(な)類 (オレンジ・レモンなど) の花 (◆純潔のシンボルとして新婦自身が花嫁衣装の一部に用いられる). agua de ～ 橙花(な)水. corona de ～ オレンジの花輪.

a·za·lá [a.θa.lá / -.sa.-] 男 (イスラム教徒の) 祈り.

a·za·le·a [a.θa.lé.a / -.sa.-] 囡《植》アザレア.

a·za·na·ho·ria·te [a.θa.na.o.rjá.te / -.sa.-] 男
1《料》ニンジンの砂糖煮.
2《話》歯の浮くようなお世辞.

A·za·ña [a.θá.ɲa / -.sa.-] 固名 アサーニャ Manuel ～ (1880-1940) : スペインの政治家. 共和国政府首相・同大統領. スペイン内戦で敗北し, フランスに亡命.

***a·zar** [a.θár / -.sár] 男 **1 偶然, 運**; 成り行き. al puro ～ 全くの偶然. juego de ～ 運任せの勝負事. los ～*es* de la vida 人生の浮き沈み. Ayer los dos se vieron por ～ en el teatro. 昨日その2人はたまたま劇場で顔を合わせた.
2 不幸な出来事, 事故, 災厄. si por cualquier ～ no pudiéramos venir 万が一私たちが来られない場合には.
3《遊》(トランプ) (ダイス) 負け札, 負け目.
al azar **(1)** 偶然に, たまたま, 意図せず. escoger un número al ～ 無作為にある数字を選ぶ. **(2)** 成り行き任せに.
[←［アラビア］*az-zahr*「花; (ひとつの面に花模様のある) サイコロ」;「悪い賽(な)の目; 不運」の意味から現用の語義; ［関連］［英］*hazard*]

a·za·ra·do, da [a.θa.rá.ðo, -.ða / -.sa.-] 形 当惑した, うろたえた, めんくらった.

a·za·ra·mien·to [a.θa.ra.mjén.to / -.sa.-] 男
1 困惑, 当惑, 狼狽(な). **2** 驚かすこと, びっくりさせること; 驚き, 恐れ, びくつき.

a·za·rar [a.θa.rár / -.sa.-] 他 **1** 困惑させる, 狼狽(な)させる. **2** 驚かす, びっくりさせる.
— ～*se* 再 **1** 戸惑う, うろたえる; 恥じらう, どぎまぎする. Ella *se azara* fácilmente. 彼女はすぐに取り乱す. **2** (特にゲームで) しくじる.

a·zar·be [a.θár.βe / -.sár.-] 男 (灌漑(な)の) 落ち水路.

a·zar·cón [a.θar.kón / -.sar.-] 男 **1**《化》鉛丹, 光明丹. **2**《美》鮮やかなオレンジ色.

a·za·re·ar·se [a.θa.re.ár.se / -.sa.-] 再《ラ米》《話》
(1) (な)(な)(な)いらだつ, 腹を立てる. **(2)** 戸惑う; 恥じらう.

a·za·ro·lla [a.θa.ró.ja ‖ -.ʎa / -.sa.-] 囡《植》ナナカマドの実.

a·za·ro·llo [a.θa.ró.jo ‖ -.ʎo / -.sa.-] 男《植》ナナカマドの一種.

a·za·ro·sa·men·te [a.θa.ró.sa.mén.te / -.sa.-] 副 運に任せて, 危険を冒して; やっとのことで.

a·za·ro·so, sa [a.θa.ró.so, -.sa / -.sa.-] 形 **1** 危険な, 冒険的な; 偶然の, 不確かな. En su juventud llevó una vida *azarosa*. 彼 [彼女] も若いころは波瀾(な)に富んだ生活を送ったものだ. **2** 不運な.

a·za·tio·pri·na [a.θa.tjo.prí.na / -.sa.-] 囡《薬》アザチオプリン.

az·co·na [aθ.kó.na / as.-] 囡 (古代の) 投げ槍(な).

A·zer·bai·yán [a.θer.βai.ján / -.ser.-] 固名 アゼルバイジャン (共和国) : 独立国家共同体の一つ. 首都 Bakú.

a·zer·bai·ya·no, na [a.θer.βai.já.no, -.na / -.ser.-] 形 アゼルバイジャンの, アゼルバイジャン人 [語] の. — 男 囡 アゼルバイジャン人.
— 男 アゼルバイジャン語.

a·ze·rí [a.θe.rí / -.se.-] [複 ～*es*, ～*s*] 形, 男 囡, 男 → azerbaiyano.

-azgo （接尾）「職, 身分, 地位, 任期」また「…すること」などの意を表す男性名詞語尾. ⇒ almirant*azgo*, hall*azgo*, mayor*azgo*.

á·zi·mo [á.θi.mo / -.si.-] 形 パン種の入っていない, 無酵母の. — 男 (過越(な)の) 祭り Pascua などに用いられる) 種なしパン (＝ pan ～).

a·zi·mut [a.θi.mút / -.si.-] 男 → acimut.

az·na·cho [aθ.ná.tʃo / as.-] 男《植》カイガンショウ.

az·na·llo [aθ.ná.jo ‖ -.ʎo / as.-] 男《植》カイガンショウ; ハリモクシュク.

az·na·ris·ta [aθ.na.rís.ta / as.-] 形 (スペイン首相. 在任1996-2004) アスナル José María Aznar (支持, 主義) の. — 男 囡 アスナル支持 [主義] 者.

-azo （接尾）「打撃, 衝撃」などの意を表す男性名詞語尾. ⇒ cabez*azo*, cañon*azo*, port*azo*.

-azo, za （接尾）増大辞.「大きい, 多い」の意を表す名詞・形容詞語尾. ▶ 文脈によって軽蔑, 親愛などのニュアンスを持つ. ⇒ buen*azo*, coch*azo*, sangr*aza*.

a·zo·a·do, da [a.θo.á.ðo, -.ða / -.so.-] 形《まれ》【化】窒素の, 窒素を含む.

a·zo·ar [a.θo.ár / -.so.-] 他《まれ》【化】窒素を加える.

a·zo·a·to [a.θo.á.to / -.so.-] 男《まれ》【化】硝酸塩.

a·zo·car [a.θo.kár / -.so.-] 102 他《海》(結び目などを)きつく締める.

a·zo·ca·rar·se [a.θo.ka.rár.se / -.so.-] 再《ラ米》(⌒⌒)《話》驚く, 怖がる.

á·zo·e [á.θo.e / -.so.-] 男《まれ》【化】窒素.

a·zo·fai·fa [a.θo.fái.fa / -.so.-] 女【植】ナツメ(の実).

a·zo·fai·fo [a.θo.fái.fo / -.so.-] 男【植】ナツメ(の木).

a·zó·far [a.θó.far / -.só.-] 男 真鍮(しんちゅう).

a·zo·ga·do, da [a.θo.gá.ðo, -.ða / -.so.-] 形
1 水銀を塗った. **2**【医】水銀中毒(症)にかかった. **3** 落ち着きのない, そわそわした.
— 男 **1**【医】水銀中毒患者. **2** 落ち着きのない人, じっとしていない人. — 男 水銀の塗布.

a·zo·ga·mien·to [a.θo.ga.mjén.to / -.so.-] 男
1 水銀の塗布. **2** 落ち着きのなさ, そわそわすること; 動揺, 困惑. **3**【医】水銀中毒(症).

a·zo·gar[1] [a.θo.gár / -.so.-] 103 他 (鏡用ガラスなどに)水銀を塗る.
— ~·se 再 **1**【医】水銀中毒症になる.
2《話》そわそわする, 落ち着かなくなる.

a·zo·gar[2] [a.θo.gár / -.so.-] 103 他〈生石灰に〉消和する.

a·zo·gue[1] [a.θó.ge / -.só.-] 男 水銀(= mercurio); (スペインからメキシコやペルーの銀山に向かった)水銀運搬船.
ser un azogue / *tener azogue* (*en las venas*)《話》〈人が〉ちっともじっとしていない, 落ち着きがない.
temblar como el azogue ぶるぶる[わなわな]震える.

a·zo·gue[2] [a.θó.ge / -.só.-] 男 (市の立つ)広場.

a·zo·gue·rí·a [a.θo.ge.rí.a / -.so.-] 女【鉱】アマルガム工場. → amalgama.

a·zo·gue·ro [a.θo.gé.ro / -.so.-] 男 (水銀アマルガム法による)銀抽出技師; 銀山主.

a·zoi·co, ca[1] [a.θói.ko, -.ka / -.sói.-] 形【化】窒素の, 窒素を含む.

a·zoi·co, ca[2] [a.θói.ko, -.ka / -.sói.-] 形【地質】無生代の.

a·zo·lar [a.θo.lár / -.so.-] 15 他〈木材を〉手斧(ちょうな)で削る, 粗仕上げをする.

a·zol·ve [a.θól.βe / -.sól.-] 男《ラ米》(㍍)(管などに詰まる)泥, ごみ.

a·zon·za·do, da [a.θon.θá.ðo, -.ða / -.son.sá.-] 形 (1)《ラ米》(㍍)《話》おろかな, 間の抜けた, のらくらした. (2)(㍍)(殴打・熱射病などで)ぼうっとした; 有頂天の.

a·zo·os·per·mia [a.θo(.o)s.pér.mja / -.so(.o)s.-] 女【医】無精子症.

a·zor [a.θór / -.sór] 男【鳥】オオタカ.

a·zo·ra·do, da [a.θo.rá.ðo, -.ða / -.so.-] 形 **1** 当惑した, うろたえた. **2**《ラ米》(㍍)《話》恥じ入った; 当惑した, どぎまぎした.
— 女《ラ米》(㍍)(㍍)(㍍) → azoramiento.

a·zo·ra·mien·to [a.θo.ra.mjén.to / -.so.-] 男 驚き, 動転, 狼狽(ろうばい).

a·zo·rar [a.θo.rár / -.so.-] 他 動転させる; 困惑[狼狽]させる.

— ~·se 再 **1** びっくりする, 当惑する, うろたえる. *Se azoró tanto que no podía articular palabra.* 彼[彼女]はあまりびっくりして口も利けない始末だった. **2**《ラ米》(㍍)恥ずかしくて, 顔を赤らめる.

A·zo·res [a.θó.res / -.só.-] 固名 *Islas* ~ アゾレス諸島: ポルトガル西方の大西洋にあるポルトガル領の群島. [←[ポルトガル] *Açores* (この島々に *açor*「オオタカ」が多く生息していたことから)]

A·zo·rín [a.θo.rín / -.so.-] 固名 アソリン: 本名 José Martínez Ruiz (1873-1967). スペインの98年世代を代表する作家. 作品 *Castilla*『カスティーリャ』. → noventayochista.

a·zo·ro [a.θó.ro / -.só.-] 男《ラ米》(1)(㍍)幽霊. (2)(㍍)(㍍)(㍍) → azoramiento.

a·zo·rra·mien·to [a.θo.ra.mjén.to / -.so.-] 男 居眠り.

a·zo·rrar·se [a.θo.rár.se / -.so.-] 再 居眠りする, うとうとする.

a·zo·rri·llar [a.θo.ri.jár ‖ -.ʎár / -.so.-] 他《ラ米》(㍍)屈服させる; 辱める, 這(は)いつくばらせる.
— ~·se 再《ラ米》(㍍)隠れる, 這いつくばる.

a·zo·ta·ca·lles [a.θo.ta.ká.jes ‖ -.ʎes / -.so.-] 女《単複同形》《話》街をぶらつく暇人, 遊び歩くのらくら者.

a·zo·ta·do, da [a.θo.tá.ðo, -.ða / -.so.-] 形 **1** (鞭(むち)などで)打たれた;(暴風が)吹きつける, 〈波が〉打ちつける. **2** 雑色の, まだらの, 絞りの. **3**《ラ米》(㍍)縞(しま)の, 縞模様の.
— 男 **1** 笞刑(ちけい)の罪人. **2** 苦行者.

a·zo·ta·dor, do·ra [a.θo.ta.ðór, -.ðó.ra / -.so.-] 形 **1** 鞭(むち)で打つ. **2** (雨風が)吹きつける, 〈波が〉打ちつける.
— 男 女 鞭で打つ人.

a·zo·tai·na [a.θo.tái.na / -.so.-] 女《話》(子供へのおしおきとして)尻(しり)をぶつこと. *dar una* ~ 尻をたたく, 懲らしめる.

a·zo·ta·mien·to [a.θo.ta.mjén.to / -.so.-] 男 **1** 打つこと, 打ち据えること; 鞭(むち)打ち; 笞刑(ちけい).
2 (雨風が)吹きつけること, 〈波が〉打ち寄せること.

*__a·zo·tar__ [a.θo.tár / -.so.-] 他 **1** 〈人・動物を〉(鞭(むち)で)打つ, たたく;〈a...〈人・動物の〉《体の部位を》ぶつ. *Le azoté el culo al niño que pataleaba y chillaba.* 私は足をばたばたさせ金切り声を上げている子供のお尻をたたいた.
2 (雨風が)〈人・ものに〉吹きつける, 〈波が〉打ち寄せる. *El mar azotaba las rocas.* 波が岩に打ちつけていた. **3** (疫病・天災が)〈人・地域を〉襲う, 被害をもたらす. *La tormenta azotó la isla.* あらしが島を襲った. **4** (翼などが)空[風]を切る. **5**《ラ米》(㍍)(㍍)贈る; 払う.
— ~·se 再《ラ米》(1)(㍍)ぶらぶらする, のらくらする. (2)(㍍)(㍍)身を投げる, 飛び込む.
azotar el aire 無駄骨を折る.
azotar las calles 街をぶらつく.

a·zo·ta·zo [a.θo.tá.θo / -.so.-.so.] 男 (尻(しり)を)ぶつこと; 鞭(むち)打ち.

a·zo·te [a.θó.te / -.só.-] 男 **1** 鞭(むち); 猫鞭: こぶ結びのついたひもを束ねた鞭で, 刑罰に用いられた.
2 (鞭などで)打つこと, 一打ち; 尻(しり)をぶつこと. *dar* (*de*) ~*s* 鞭をくれる, 懲らしめる.
3 (雨風が)吹きつけること, 〈波が〉打ち寄せること.
4 災厄, 天災. *La peste es un* ~. 疫病は大きな災いだ. **5**《複数で》鞭打ちの刑, 笞刑(ちけい).

*__a·zo·te·a__ [a.θo.té.a / -.so.-] 女 **1** 屋上;(平)屋根.
2《話》(分別を持つ)人の頭. *estar mal de la* ~ 頭がどうかしている.

azotehuela

3 《ラ米》《話》れんが作りの平屋根家屋. *traer gente en la azotea* 《ラ米》《話》頭がおかしい.
[←〔アラビア〕*as-suṭayḥ*「小さな平屋根」]

a.zo.te.hue.la [a.θo.te.(g)wé.la / -.so-.] 囡 《ラ米》屋内テラス.

a.zo.te.mia [a.θo.té.mja / -.so-.] 囡【医】高窒素血症.

a.zo.te.ra [a.θo.té.ra / -.so-.] 囡 《ラ米》《 》(1) (鞭の代わりに使う)手綱の両端,端綱革ひも;鞭. (2) 鞭打ち. (3) 手綱.

a.zo.ti.na [a.θo.tí.na / -.so-.] 囡 → azotaina.

az.re [áθ.ře / ás-.] 男【植】カエデ.

*****az.te.ca** [aθ.té.ka / as-.] 形 **アステカの**. imperio ～ アステカ王国.
— 名 アステカ人. ♦12世紀後半以降メキシコ北西部から南下し始めた狩猟民族(総称して chichimeca)の一つ, メシカ人 mexica のこと. 1325年 Texcoco 湖に Tenochititlán を建設, 15世紀後半から周辺諸部族を制圧して王国を築いたが, 1521年にスペイン人 Cortés に征服された. この戦いでアステカ側は火器や鉄製武器の洗礼を浴びた. また新大陸には馬が生息していなかったので, 騎馬兵を見て馬と人が一つの動物だと思い恐れおののいた.

〈関連〉 Vida social de los aztecas アステカの社会生活: cacique カシーケ, 共同体首長. calpulli 地縁・血縁的共同体. cu 礼拝所. chinampa チナンパ, 浮游式造成畑地. Huitzilopochtli ウィチロポチトゥリ, 軍神. milpa トウモロコシ畑. Quetzalcóatl ケツァルコアトル神. teocali テオカリ, 神殿. Tláloc トラロック, 雨の神.

— 男 アステカ語: ナワトル語系言語の一方言.
[←〔ナワトル〕*azteca*「]

Az.tlán [aθ.tlán / as-.] 固名 アストラン. ♦カリフォルニア湾北部にあった, アステカ人の伝説上の故国. アステカ人はここから各地を放浪した末, 13世紀初めにメキシコ盆地入りする. → chicano.

a.zua [á.θwa / -.swa] 囡 《ラ米》チチャ酒(の一種).

*****a.zú.car** [a.θú.kar / -.sú-.] 男 (または単数で 囡) **砂糖**; 糖(類). echar ～ al café コーヒーに砂糖を入れる. Me gusta el café sin leche y sin ～. 私はブラックコーヒーが好きです. ¿Le pongo dos *es*? 砂糖は2つですか. un terrón de ～ 角砂糖(1個). ～ glas [glaseada] 粉砂糖. hacer [hacerse] ～ 《料》砂糖と水を煮つめてペースト状にしたもの(菓子のデコレーション(糖衣))に用いる). ～ de caña 甘蔗糖. ～ de remolacha テンサイ糖. ～ refinado [refinada] 精製糖. ～ blanco [blanca] 白糖. ～ moreno [morena] 黒砂糖. ～ mascabado サトウキビの再製糖. ～ cande [candi] 氷砂糖. ～ de la leche 乳糖, ラクトース. ～ de la uva ブドウ糖.
[←〔アラビア〕*as-sukkar*(起源はインドにあるとされている); 〈サンスクリット〉*śarkarā*; 〈関連〉〔ポルトガル〕*açúcar*, 〔仏〕*sucre*, 〔伊〕*zucchero*, 〔英〕*sugar*, 〔古仏〕←〔古伊〕←〔中ラ〕←〔アラビア〕←〔西アジアインド〕; 〔独〕*Zucker*, 〔日〕サッカリン]

a.zu.ca.ra.do, da [a.θu.ka.rá.ðo, -.ða / -.su-.] 形 **1** 砂糖を入れた[まぶした]. café ～ 砂糖の入ったコーヒー. **2** 甘い, 甘味の (= dulce). sabor ～ 甘い味. **3** 《話》《言葉が》甘ったるい, 甘美な, 優しい.

a.zu.ca.rar [a.θu.ka.rár / -.su-.] 他 **1** …に砂糖を入れる[まぶす]. ～ el té 紅茶に砂糖を入れる. **2** 甘くする; 和らげる;〈話などを〉感傷的にする.

— ～.se 《ラ米》《話》缶詰の糖蜜が結晶化する.

a.zu.ca.re.rí.a [a.θu.ka.re.rí.a / -.su-.] 囡 **1** 砂糖工場. **2** 《ラ米》《話》砂糖販売店.

a.zu.ca.re.ro, ra [a.θu.ka.ré.ro, -.ra / -.su-.] 形 砂糖の. industria *azucarera* 製糖業.
— 男 **1** (食卓の)砂糖入れ. **2** 製糖の専門技術者. **3**【鳥】ミツスイ; ミツドリ.
— 囡 製糖工場.

a.zu.ca.ri.llo [a.θu.ka.rí.jo / -.ʎo / -.su-.] 男 **1** アスカリリョ: 砂糖に, 卵白, レモン汁を混ぜ合わせた菓子で, そのまま食べたり飲み物を甘くするために使われる. **2** 角砂糖.

a.zu.ce.na [a.θu.θé.na / -.su.sé-.] 囡【植】シラユリ, マドンナリリー;《複数で》ユリ類. ～ de agua スイレン.

a.zu.che [a.θú.tʃe / -.sú-.] 男 (基礎杭の先端の鉄の)補強金具.

a.zud [a.θúd / -.súd] 男 **1** (灌漑用の)水揚げ車. **2** 堰.

a.zu.da [a.θú.ða / -.sú-.] 囡 → azud.

a.zue.la [a.θwé.la / -.swé-.] 囡 手斧.

A.zue.la [a.θwé.la / -.swé-.] 固名 アスエラ Mariano ～ (1873-1952): メキシコの作家. 作品 *Los de abajo*『虐げられし人々』.

a.zu.fai.fa [a.θu.fái.fa / -.su-.] 囡 ナツメの実.

a.zu.fai.fo [a.θu.fái.fo / -.su-.] 男【植】ナツメ(の木).

a.zu.fei.fa [a.θu.féi.fa / -.su-.] 囡 → azufaifa.

a.zu.fra.do, da [a.θu.frá.ðo, -.ða / -.su-.] 形 **1** 硫黄粉を散布した, 硫黄でいぶした. **2** 硫黄を含んだ, 硫化した. **3** 硫黄色の.
— 男 硫黄剤散布, 硫黄燻蒸[漂白].

a.zu.fra.mien.to [a.θu.fra.mjén.to / -.su-.] 男 硫化, 硫黄処理; 硫黄剤散布; 硫黄燻蒸(法).

a.zu.frar [a.θu.frár / -.su-.] 他 (病虫害予防のため)硫黄でいぶす, …に硫黄剤を散布する. **2** 硫黄と混合[化合]させる, 硫化する.

*****a.zu.fre** [a.θú.fre / -.sú-.] 男 **1**【化】【鉱】**硫黄**(記号 S). flor de ～ / ～ sublimado 硫黄華.
2 《ラ米》《 》《俗》ヘロイン.

a.zu.fre.ro, ra [a.θu.fré.ro, -.ra / -.su-.] 形 硫黄採掘の. — 囡 硫黄鉱床[鉱山].

a.zu.fro.so, sa [a.θu.fró.so, -.sa / -.su-.] 形 硫黄を含む, 硫黄の.

*****a.zul** [a.θúl / -.súl] 形 **1** 《多くは名詞+》《ser+estar+》**青い**, 青色の. una camisa ～ 青いワイシャツ. vestido con un mono ～ 青いつなぎを着て. la niña de ojos *es* 青い目の女の子.
2 《estar+》晴天の. ¿*Está* ～ hoy? 今日は晴れですか. **3** チアノーゼの. un niño ～ チアノーゼの子供. **4** 海の.
— 男 **1** 青, ブルー; (空・海の)青さ. ～ oscuro ダークブルー. ～ claro 水色. ～ celeste [cielo] スカイブルー. ～ (de) cobalto コバルトブルー. ～ marino / ～ de mar ネイビーブルー. ～ náutico マリンブルー. ～ turquesa ターコイズブルー. ～ de ultramar / ～ ultramarino (絵の具として用いられる)ラピスラズリの粉末. ► これらの色が名詞を修飾する場合は性数不変. → chaquetas ～ marino ネイビーブルーのジャケット.
2 《ラ米》《話》**1** (銀行・企業の)ガードマン, 警備員. (2) 藍. (3) 《 》《 》《俗》(制服の色から)警官. *día(s) azul(es)* (スペイン国有鉄道 Renfe の)乗車賃の安い日. ¿Mañana es "*día* ～"? 明日は運賃の

安い日ですか.
el banco azul(スペイン国会で首相や大臣が座る)第１列の席.
el planeta azul 地球.
el príncipe azul(シンデレラ物語の)魅惑の王子；理想の男性［求婚者］.
enfermedad azul【医】チアノーゼ.
la Costa Azul(フランスの)コートダジュール.
sangre azul 貴族の生まれ［血統］，名門の出.
［← ［アラビア］《話》*lāzûrd（［アラビア］*lāzuward*「るり」の派生語)］

a·zu·la·do, da [a.θu.lá.ðo, -.ða / -.su.-] 形 青みを帯びた，青みがかった.
— 男【冶】青焼法，ブルーイング.

a·zu·la·que [a.θu.lá.ke / -.su.-] 男 (継ぎ目・すき間をふさぐ)封泥，封塗料.

***a·zu·lar** [a.θu.lár / -.su.-] 他 青くする，青く染める. — ～**se** 青になる，青く染まる.

a·zu·le·ar [a.θu.le.ár / -.su.-] 自 青く見える；青がかる. — ～**se** 青色になる，青みがかる.

a·zu·le·jar [a.θu.le.xár / -.su.-] 他 タイルを張る.

a·zu·le·je·rí·a [a.θu.le.xe.rí.a / -.su.-] 女 **1** タイル張り. **2** タイル製造(業)；タイル工場.

***a·zu·le·jo** [a.θu.lé.xo / -.su.-] 男 **タイル**，化粧［装飾用］タイル. *Las paredes del baño son de ～s de diferentes colores.* 浴室の壁には色とりどりのタイルが張ってある.

azulejo (化粧タイル)

a·zu·le·jo, ja [a.θu.lé.xo, -.xa / -.su.-] 形 《ラ米》青みがかった. — 男 **1** 【植】ヤグルマギク (= *aciano menor*). **2** 【鳥】ハチクイ. **3** 《ラ米》(ミミナ)(ラミジ)《俗》巡査.〔*azul* + 縮小辞〕

a·zu·len·co, ca [a.θu.léŋ.ko, -.ka / -.su.-] 形 青みを帯びた，青みがかった.

a·zu·le·o [a.θu.lé.o / -.su.-] 男【冶】青焼法，ブルーイング.

a·zu·le·te [a.θu.lé.te / -.su.-] 男 《スペイン》(洗濯物を白く仕上げるための) 青み剤；藍(ホム)の粉末. *dar ～ a...* …に青みをつける.

a·zul·gra·na [a.θul.grá.na / -.sul.-] 形 《性数不変》《スポ》(サッカーチームの) F C バルセロナ F. C. Barcelona (のサポーター) の；(バスケットボール［ハンドボール，ホッケー］チームの) バルセロナ (のファン) の. — 男 女 F C バルセロナのファン. ► チームのユニホームが青と深紅色であることから.

a·zu·li·llo [a.θu.lí.jo ‖ -.ʎo / -.su.-] 男 《ラ米》(キキミハ) 藍(ホム)染め，藍染料.

a·zu·li·no, na [a.θu.lí.no, -.na / -.su.-] 形 青みを帯びた，青みがかった.

a·zu·lón, lo·na [a.θu.lón, -.ló.na / -.su.-] 形 鮮やかな青の. — 男 **1** 鮮やかな青. **2** (湖などにいる)大きなカモの一種.

a·zu·lo·so, sa [a.θu.ló.so, -.sa / -.su.-] 形 青みがかった.

a·zu·ma·gar·se [a.θu.ma.ɣár.se / -.su.-] 再 《ラ米》**(1)** (チリ)〈木が〉腐る. **(2)** (ホンシ)かびが生える，錆(ホᡉ)びる.

a·zu·mar [a.θu.már / -.su.-] 他〈髪を〉染める.

a·zúm·bar [a.θúm.bar / -.súm.-] 男【植】**(1)** オモダカ科の水草. **(2)** カンショウ；甘松油.

a·zum·bra·do, da [a.θum.brá.ðo, -.ða / -.sum.-] 形 酔っ払った.

a·zum·bre [a.θúm.bre / -.súm.-] 女 アスンブレ：液量の単位；8分の1 *cántara*, 2.016リットル.

a·zu·qui·ta [a.θu.kí.ta / -.su.-] 男 (または 女) *azúcar* + 縮小辞.

a·zur [a.θúr / -.súr] ［仏］形《文章語》《紋》青色の，紺の. — 男《紋》青.

a·zu·ri·ta [a.θu.rí.ta / -.su.-] 女【鉱】藍(らん)銅鉱，アズライト.

a·zu·rro·nar·se [a.θu.r̄o.nár.se / -.su.-] 再 (日照りで) 小麦の穎(ホᡉ)が出ない.

a·zu·rum·ba·do, da [a.θu.rum.bá.ðo, -.ða / -.su.-] 形 《ラ米》《話》**(1)** (ホネホ)(ダネラ)頭がぼうっとした，当惑する；ほろ酔いの. **(2)** (ダネラ)不注意な，浮わついた，軽率な.

a·zu·rum·bar·se [a.θu.rum.bár.se / -.su.-] 再 《ラ米》(ホネホ)《話》混乱する，当惑する.

a·zu·rum·bra·do, da [a.θu.rum.brá.ðo, -.ða / -.su.-] 形 《ラ米》(ミミナ)(ホネホ)《話》頭がおかしい，混乱した.

a·zu·za·dor, do·ra [a.θu.θa.ðór, -.ðó.ra / -.su.sa.-] 形 **1** けしかける，そそのかす. **2** 小うるさい；面倒をかける.
— 男 女 ごたごたを起こす人；扇動者.

a·zu·zar [a.θu.θár / -.su.sár] 97 他 **1** 〈犬を〉けしかける. **2** そそのかす，あおり立てる. **3** いらいらさせる.

Bb

日本語の「バ行」の子音でよいが、正確には2種の発音がある。休止、m, n の後では両唇を完全に閉じる閉鎖音 [b] で発音し、それ以外の位置では両唇の間にわずかなすき間がある摩擦音 [b] になる。

B, b [bé; ƀé] 囡 **1** スペイン語字母の第2字. **2** 〖音楽〗シ si.
probar por a más b... …を明確に立証する, はっきりと示す.

B 《略》 **1** 〖化〗boro ホウ素. **2** *beato* 至福者.

B2B [bi.tu.ƀí; ƀí-] 〖英〗《略》*business to business*: （電子商取引の形態の一つで）企業間の取り引き.

B2C [bi.tu.sí; ƀí-] 〖英〗 男 *business to consumer*: （電子商取引の形態の一つで）企業と一般消費者の取り引き.

B2E [bi.tu.é; ƀí-] 〖英〗 男 *business to employee*: （電子商取引の形態の一つで）企業や企業と提携した外部の業者がその企業の従業員と行う取り引き.

Ba 〖化〗bario バリウム.

ba·a·lí·ta [ƀa.(a.)lí.ta; ƀa.-] 囡 （太陽・星・動物・森・泉などに宿る古代セム人の自然の生産力の神）バール神 Baal 崇拝の. — 男 囡 バール神崇拝者.

ba·ba [bá.ƀa; ƀá.-] 囡 **1** よだれ, つば, 唾液(だえき). *echar ～* よだれを垂らす. **2** （動物の）粘液, ぬめり. **3** （植物の）液汁, 樹液. **4** 〘ラ米〙(デプ)(コンブ)〖動〗カイマン(の一種).
caérsele (a+人) la baba 〈人〉がうっとりする, 魅了される; 溺愛(でき)する. *Se le cae la ～ con su niño.* 彼[彼女]は子供を猫かわいがりしている.
mala baba 悪意, 意地悪.

ba·ba·da [ƀa.ƀá.ða; ƀa.-] 囡 （四足獣の）後ろひざ関節.

ba·ba·de·ro [ƀa.ƀa.ðé.ro; ƀa.-] / **ba·ba·dor** [ƀa.ƀa.ðór; ƀa.-] 男 → *babero*.

ba·bas·frí·as [ƀa.ƀas.frí.as; ƀa.-] 男 囡 《単複同形》〘ラ米〙《俗》まぬけの, 薄のろ, だまされやすい人.

ba·ba·za [ƀa.ƀá.θa; ƀa.-/-.sa] 囡 **1** （カタツムリ・ナメクジ・植物などの）粘液, ぬめり; （動物の）よだれ, 泡[つばき]. **2** 〖動〗ナメクジ.

ba·be·an·te [ƀa.ƀe.án.te; ƀa.-] 形 よだれを垂らす.

ba·be·ar [ƀa.ƀe.ár; ƀa.-] 自 **1** よだれを垂らす. **2** 〈動物が〉口から泡[つば]を出す, 〈カタツムリ・植物などが〉粘液を分泌する. **3** 《話》〈愛する人・愛着あるもの)に〉大変満足する. *No soporto oírte ～ con tu perro.* 君の犬の自慢話を聞くのはもううんざりだ. — *～.se* 再〘ラ米〙(1)(メ)(コンブ)(*por...* …を)熱望する. (2)(プエ)《話》ちやほやされる.

ba·bel [ƀa.ƀél; ƀa.-] 男 （または囡）大混乱(の場), 無秩序. *La casa es una ～.* 家の中は散らかっていて足の踏み場もない.

Ba·bel [ƀa.ƀél; ƀa.-] 固名 〖聖〗バベル：古代バビロニアの都市. *Torre de ～* 〖聖〗バベルの塔（◆古代バビロニアの首都でこの天に達するばかりの塔を建てようとした人間の傲慢(ごうまん)さを神が怒り, 人の言語を混乱させて工事を中止させた（創世記11）.
［←〖ヘブライ〗*Bābhel*←〖アッカド〗*Bāb-ilu*「神の門」が原義］；関連 Babilonia.

ba·bé·li·co, ca [ƀa.ƀé.li.ko, -.ka; ƀa.-] 形 バベルの塔の. *Su discurso fue ～.* 彼[彼女]の演説は訳がわからなかった.

ba·be·o [ƀa.ƀé.o; ƀa.-] 男 **1** よだれを垂らすこと. **2** （動物が）泡[つばき]を出すこと；（カタツムリ・植物などが）粘液[樹液]を出すこと.

ba·be·ra [ƀa.ƀé.ra; ƀa.-] 囡 **1** （甲冑(かっちゅう)の）あご当て. **2** （子供の）よだれ掛け (= *babero*).

ba·be·ro [ƀa.ƀé.ro; ƀa.-] 男 **1** よだれ掛け, 胸当て. *Los niños llevan un ～ para comer.* 子供たちは食事用の前掛けをつけている. **2** （作業用）上っ張り, 仕事着；（子供の）スモック.

babera（あご当て）

ba·be·rol [ƀa.ƀe.ról; ƀa.-] 男 → *babera* 1.

ba·bi [ƀá.ƀi; ƀá.-] 男 〖幼児語〗《話》（子供用の）スモック, 上っ張り.

Ba·bia [ƀá.ƀja; ƀá.-] 固名 バビア：スペイン北西部 León 県の山岳地帯.
estar en Babia 《話》上の空である.

ba·bia·no, na [ƀa.ƀjá.no, -.na; ƀa.-] 形 バビアの. — 男 囡 バビアの住民[出身者].

ba·bie·ca [ƀa.ƀjé.ka; ƀa.-] 形 《話》まぬけな, 愚か者の. — 男 囡 《話》薄のろ, まぬけ.

Ba·bie·ca [ƀa.ƀjé.ka; ƀa.-] 固名 バビエカ：El Cid の馬の名.

ba·bi·lla [ƀa.ƀí.ʝa; ƀa.-‖[á.]; ƀá.-] 囡 **1** （四足獣の）後ろひざ関節, 膝蓋(しつがい)骨. **2** 牛の内腿肉（の一つ）. **3** 〘ラ米〙(デプ)(骨折・裂傷などにより出る）分泌液, 体液.

ba·bi·lo·nia [ƀa.ƀi.ló.nja; ƀa.-] 囡 《話》大混乱(の場), ごった返している所.

Ba·bi·lo·nia [ƀa.ƀi.ló.nja; ƀa.-] 固名 〖史〗（アジア南西部の）バビロニア(王国)；（バビロニア王国の首都）バビロン. *los jardines colgantes de ～* バビロンの空中庭園（◆世界七不思議の一つ）. ［←〖ラ〗*Babylōnia*←〖ギ〗*Babylōnía*；*Babylón*（首都）(←〖アッカド〗*Bāb-ilāni*；原義は「神々の門」）より派生］

ba·bi·ló·ni·co, ca [ƀa.ƀi.ló.ni.ko, -.ka; ƀa.-] 形 **1** バビロニア(王国)の, (古都)バビロンの, バビロニア人の. **2** 華美な, きらびやかな.

ba·bi·lo·nio, nia [ƀa.ƀi.ló.njo, -.nja; ƀa.-] 形 バビロンの, バビロニアの. — 男 囡 バビロニア人.

ba·bi·ru·sa [ƀa.ƀi.rú.sa; ƀa.-] 囡 〖動〗バビルサ症：インドネシア東部の諸島に生息するイノシシ科の動物.

ba·ble [ƀá.ƀle; ƀá.-] 男 スペイン北部 Asturias の方言.

ba·bor [ƀa.ƀór; ƀa.-] 男 〖海〗左舷(げん)（↔*estribor*). *todo a ～* 〖号令〗取り舵(かじ)一杯. *de ～ a estribor* 船体（の方向）と垂直方向に. *abordar por ～* 左舷側に接舷する. *¡Tierra a ～!* 左舷に陸.

ba·bo·sa [ƀa.ƀó.sa; ƀa.-] 囡 **1** 〖動〗ナメクジ. **2** 〘ラ米〙 (1)(メ) バビシア症, テキサス熱；（牛に寄生する）バビシア属の原虫. (2)(コンブ)〖動〗ヘビ(の一種).

ba·bo·sa·da [ƀa.ƀo.sá.ða; ƀa.-] 囡 《話》 **1** 愚かな振る舞い, ばか正直な言動. **2** 〘ラ米〙(中米)(メ)ばかげたこと, くだらないこと；役に立たない人[もの].

ba·bo·se·ar [ba.bo.se.ár; ba.-] 他 **1** よだれを垂らして汚す, よだれだらけにする.
2《ラ米》(1) からかう. (2) (案件などを)たらい回しにする. (3)《話》軽くあしらう, 侮る.
— 自 **1** しつこく言い寄る, 機嫌を取る.
2《ラ米》《話》ばかなことをする[言う].

ba·bo·se·o [ba.bo.sé.o; ba.-] 男 **1** よだれを垂らすこと. **2** しつこく言い寄る[口説く]こと.

ba·bo·so, sa [ba.bó.so, -.sa; ba.-] 形 **1** ぬるぬる[ねばねば]した, べとべとした ; よくよだれを垂らす.
2 まぬけな, とんまな.
3《話》しつこく言い寄る, べたべたする, ご機嫌取りの.
4《話》(1)《ラ米》恥知らずな, 愚かな. (2) 恥知らずな, ずうずうしい, 厚かましい.
— 男 女 **1** よだれをたらす人. **2**《話》はな垂れ, 青二才. — 男 **1**《話》しつこく言い寄る男 ; とんま. **2**《魚》イソギンポ (= budión).

ba·bu·cha [ba.bú.tʃa; ba.-] 女 **1** バブーシュ: モロ人 moro の履くスリッパ風の上履き. **2** スリッパ.
3《ラ米》(1) 子供の胴着 ; 《複数で》(子供用)ロンパース. (2) ブラウス. (3) 女性の布靴.
a babucha《ラ米》《話》背負って, 肩に担いで.

ba·bu·che·ro [ba.bu.tʃé.ro; ba.-] 男 (イスラム建築の)スリッパをしまう場所.

ba·bui·no [ba.bwí.no; ba.-] 男【動】ヒヒ. [←《仏》*babouin*]

ba·bu·jal [ba.bu.xál; ba.-] 男《ラ米》悪霊 ; 妖術師.
babujal fútbol《ラ米》少年サッカー ; 少人数でするサッカー.

ba·by [béi.bi; béi.-]《英》[複〜, 〜s] 形〈産物・製品が〉普通よりも小さい.
— 男 女 **1**《話》愛人 (= compañero sentimental). **2** 赤ん坊, 子供.

baby boom [béi.bi búm; béi.-] 男 [複〜, 〜s] ベビーブーム (の時代).

baby-sit·ter [bei.bi.sí.ter; béi.-]《英》男 女 [複〜s, 〜] ベビーシッター (= canguro).

B.A.C. [be.a.θé; be.- / -.sé]《略》*Biblioteca de Autores Cristianos* キリスト教著作家叢書.

ba·ca [bá.ka; bá.-] 女 (車・乗合馬車の)屋根, (車の上に載せる)荷台, ラック.

ba·ca·la·da [ba.ka.lá.ða; ba.-] 女 保存加工をしたタラ, 干ダラ.

ba·ca·la·de·ro, ra [ba.ka.la.ðé.ro, -.ra; ba.-] 形 タラ漁の ; タラ漁の. *industria bacaladera* タラ漁業. — 男 タラ漁船 ; タラ漁師.

ba·ca·la·di·lla [ba.ka.la.ðí.ja; ba.- ‖ -.ʎa] 女 タラの一種, ブルーホワイティング.

ba·ca·la·í·to [ba.ka.la.í.to; ba.-] 男 タラの揚げ物.

*****ba·ca·la·o** [ba.ka.lá.o; ba.-] 男 **1**【魚】タラ (加工した)タラ (の身). 〜 *seco* 干ダラ. *El* 〜 *se conserva salado y prensado.* タラは塩漬けされ, 押しをされて保存される. 〜 *al pil-pil* (バスク名物の)タラのニンニク風味煮込み.
2 → bakalao. **3**《ラ米》しみったれ, さもしい人間. *cortar el bacalao*《話》実権を握る, 栄配を振る.
¡Te conozco, bacalao!《話》君の腹の中などお見通しさ ; だまされるものか.

ba·cán, ca·na [ba.kán, -.ká.na; ba.-] 形《ラ米》(1) 金持ちの, 裕福な. (2)《話》すばらしい.
— 男《ラ米》(1)《話》伊達な男, ダンディー ; (愛人を囲う)パトロン, 旦那. (2) バナナの生地に豚肉を詰めバナナの葉で包んでゆでた料理.
— 女《ラ米》《話》金持ちの愛人を持つ女.

ba·ca·nal [ba.ka.nál; ba.-] 形 酒神バッカス Baco の. — 女 **1** (飲めや歌えの)ばか騒ぎ, 乱痴気騒ぎ. **2**《複数で》(古代ローマの)バッカス祭, 酒神祭.

ba·ca·ne·rí·a [ba.ka.ne.rí.a; ba.-] 女《ラ米》《話》いきざ, 気取り ; 見せびらかし.

ba·ca·no, na [ba.ká.no, -.na; ba.-] 形《ラ米》《話》すばらしい, すてきな, 最高の.

ba·ca·no·ra [ba.ka.nó.ra; ba.-] 女 バカノラ: リュウゼツランを原料とするメスカル酒 mezcal に似たアルコール飲料.

ba·can·te [ba.kán.te; ba.-] 女 **1** バッカス神の巫女 ; 女信徒. **2** 酒飲みで破廉恥な女.

ba·ca·rá [ba.ka.rá; ba.-] 男【遊】(トランプ)バカラ.

bá·ca·ra, ra [ba.ka.ra; ba.-] / **bá·ca·ris** [bá.ka.ris; bá.-] 女【植】サルビア, (特に)オニサルビア.

ba·ca·rrá [ba.ka.řá; ba.-] 男 → bacará.

ba·ce·ni·ca [ba.θe.ní.ka; ba.- / -.se.-] 女《ラ米》《話》→ bacenilla.

ba·ce·ni·lla [ba.θe.ní.ja; ba.- ‖ -.ʎa / -.se.-] 女《ラ米》小型の寝室用便器・尿器.

ba·ce·ra [ba.θé.ra; ba.- / -.sé.-] 女【獣医】炭疽, 脾脱疽.

ba·ce·ta [ba.θé.ta; ba.- / -.sé.-] 女【遊】(トランプ)置き札, ストック: 配らないで場の中央に重ねた札.

ba·cha [bá.tʃa; bá.-] 女《ラ米》(1) → bachata (1), (2). (2) タバコの吸い殻, (葉巻の)吸いさし. (3)《俗》マリファナのたばこ. (4) 残り物, かす, おり. (5) 平底舟.
dar bacha《話》鞭[むち]を打つ.

ba·cha·ca [ba.tʃá.ka; ba.-] 女《ラ米》《話》赤く縮れた髪の人.

ba·cha·jé [ba.tʃa.xé; ba.-] 男《ラ米》《話》肉屋, 食肉解体業者.

ba·cha·ta [ba.tʃá.ta; ba.-] 女《ラ米》(1)《話》お祭り騒ぎ, ばか騒ぎ. (2) キャバレーの音楽. (3) ごみ.

ba·cha·te·ar [ba.tʃa.te.ár; ba.-] 自《ラ米》《話》(1) どんちゃん騒ぎをする, 陽気に騒ぐ. (2) 冗談を言う, ふざける.

ba·cha·te·ro, ra [ba.tʃa.té.ro, -.ra; ba.-] 男 女《ラ米》《話》どんちゃん騒ぎの好きな人, お祭り好きの人.

ba·che [bá.tʃe; bá.-] 男 **1** (路面の)穴, くぼみ. **2**【航空】エアポケット. **3** 窮地 ; 不振, 落ち込み. *los* 〜*s de la vida* 世の憂き目. 〜 *económico* 経済の不振. **4**《複数で》【スポ】(スキーの)モーグル. **5**《ラ米》(商)取引, 取り決め.

ba·che·ar [ba.tʃe.ár; ba.-] 他〈道の穴を〉補修する.

ba·che·o [ba.tʃé.o; ba.-] 男 (道路の)くぼみの補修.

ba·chi·cha [ba.tʃí.tʃa; ba.-] 男 女《ラ米》《話》(1)《軽蔑》(移民してきた)イタリア人.

(2)《デ》太った人. ── 男《ラ米》《複数で》(1) 《ラ米》飲み残し, 食べ残し. (2) (*ﾒ)《ラ米》(タバコの) 吸い差し.
ba·chi·che [ba.tʃí.tʃe; ƀa.-] 共《ラ米》《デ》《話》イタリア人.
ba·chi·ller [ba.tʃi.jér; ƀa.- ‖ -.ʎér] 男女 **1** 中等教育課程 bachillerato の修了者. **2** 《古語》大学前期課程修了者.
── 男《話》中等教育課程(= bachillerato).
[←‐《仏》bachelier「騎士志願の若者」←《俗》*baccalārius; 関連 [英]*bachelor*].
ba·chi·ller, lle·ra [ba.tʃi.jér, -.je.ra; ƀa.- ‖ -.ʎér, -.ʎé.-] 形《話》口達者な人, 知ったかぶりする人.
***ba·chi·lle·ra·to** [ba.tʃi.je.rá.to; ƀa.- ‖ -.ʎe.-] 男
1 中等教育課程, 普通中等教育, 高等学校. ▶スペインでは16-17歳の2年間の課程で, 日本の高校に相当する. 初等教育課程 Educación Primaria の6年間, および中等義務教育課程 Educación Secundaria Obligatoria の4年間の義務教育を終了した後に進む. **2** 中等教育課程修了証書[資格].
ba·chi·lle·re·ar [ba.tʃi.je.re.ár; ƀa.- ‖ -.ʎe.-] 自《話》しゃべりまくる, 知ったかぶりをして話す.
ba·chi·lle·rí·a [ba.tʃi.je.rí.a; ƀa.- ‖ -.ʎe.-] 女《話》くだらない話, 無駄口.
ba·chos [ba.tʃos; ƀa.-] 男《複数形》《ラ米》《ゴ》《話》うそ, でたらめ.
ba·cí·a [ba.θí.a; ƀa.- / -.sí.-] 女 **1** (昔の理髪師が用いた) ひげそり用のボール. ♦ひげをぬらすための洗面器形の道具で, あごの下にあてがうため縁に半円形の切れ込みがある. **2** (家畜の) 餌箱(むね); 容器.
ba·ci·lar [ba.θi.lár; ƀa.- / -.sí.-] 形《医》バチルス(性)の, 桿菌(かん)(性)の; 桿状の.
ba·ci·li·for·me [ba.θi.li.fór.me; ƀa.- / -.si.-] 形《医》桿菌(かん)状の.
ba·ci·llar [ba.θi.jár; ƀa.- ‖ -.ʎár / -.si.-] 男 ブドウ棚; 新しいブドウ畑.
ba·ci·lo [ba.θí.lo; ƀa.- / -.sí.-] 男《医》バチルス, 桿菌(かん); 細菌.
ba·ci·lo·sis [ba.θi.ló.sis; ƀa.- / -.si.-] 女《医》結核(= tuberculosis). ── 桿菌(かん)感染症の意から).
ba·cín [ba.θín; ƀa.- / -.sín] 男 **1** (壺(つぼ)形の) 寝室用便器[溲瓶(しびん)]. **2** 献金[募金]皿; 施し受け皿. **3** 《古語》= bacía **1**. **4** ろくでなし, 軽蔑すべき人. **5** 《ラ米》(*ﾒ)洗面器, たらい.
ba·ci·ne·ro, ra [ba.θi.né.ro, -.ra; ƀa.- / -.si.-] 男女 お布施回[献金回] を集める人.
ba·ci·ne·ta [ba.θi.né.ta; ƀa.- / -.si.-] 女 **1** 献金[募金]皿; 施し受け皿. **2** 小型の寝室用便器[溲瓶].
ba·ci·ne·te [ba.θi.né.te; ƀa.- / -.si.-] 男 **1** バシネット (13-14世紀の鉄かぶとの一種); バシネットをかぶった兵士. **2** 《解剖》骨盤 (= pelvis).
ba·ci·ni·ca [ba.θi.ní.ka; ƀa.- / -.si.-] / **ba·ci·ni·lla** [ba.θi.ní.ja; ƀa.- ‖ -.ʎa / -.si.-] 女 → bacineta **2**.
back·gam·mon [baƙ.gá.mon; ƀaƙ.-] [英] 男《遊》バックギャモン.
back·ground [baƙ.gráun(d); ƀaƙ.-] [英] 男 **1** 背景, 遠景. **2** 素養, 基礎知識. **3** (事件の) 背景, 遠因.
back·of·fice [ba.kó.fis; ƀa.-] [英] 男 → intendencia **1**.
back·stage [báƙ.kes.tei(t)ʃ; ƀaƙ.-] [英] 男 舞台裏.
back·up [ba.káp; ƀa.-] [英] 男《IT》バックアップ.

Ba·co [bá.ko; ƀá.-] 固名《ロ神》バッコス, 酒神：ギリシア神話の Dionisos に当たる.
ba·con [béi.kon; ƀéi.-] [英] 男 → beicon.
ba·co·nia·no, na [ba.ko.njá.no, -.na; ƀa.-] 形 (フランシス) ベーコン Bacon の, ベーコン学派の.
── 男女 ベーコン哲学支持者[学派の人].
ba·co·nis·mo [ba.ko.nís.mo; ƀa.-] 男 (フランシス) ベーコン主義, ベーコン派.
***bac·te·ria** [baƙ.té.rja; ƀaƙ.-] 女 バクテリア, 細菌.
bac·te·ria·no, na [baƙ.te.rjá.no, -.na; ƀaƙ.-] 形 バクテリアの, 細菌による.
bac·te·ri·ci·da [baƙ.te.ri.θí.ða; ƀaƙ.- / -.sí.-] 形 殺菌(性)の, 殺菌力のある. ── 男 殺菌剤.
bac·te·rie·mia [baƙ.te.rjé.mja; ƀaƙ.-] 女《医》菌血症.
bac·te·rio·lo·gí·a [baƙ.te.rjo.lo.xí.a; ƀaƙ.-] 女 細菌学.
bac·te·rio·ló·gi·co, ca [baƙ.te.rjo.ló.xi.ko, -.ka; ƀaƙ.-] 形 細菌学(上)の; 細菌の. guerra *bacteriológica* 細菌戦. arma *bacteriológica* 細菌兵器.
bac·te·rió·lo·go, ga [baƙ.te.rjó.lo.go, -.ga; ƀaƙ.-] 男女 細菌学者.
bac·te·rios·tá·ti·co, ca [baƙ.te.rjos.tá.ti.ko, -.ka; ƀaƙ.-] 形 制菌の, 細菌発育抑制の. ── 男 制菌剤, 制菌性抗生物質.
bac·te·riu·ria [baƙ.te.rjú.rja; ƀaƙ.-] 女《医》細菌尿症.
bá·cu·lo [bá.ku.lo; ƀá.-] 男 **1** ステッキ, 杖(つえ) (= bastón). **2** (司教の) 牧杖(ぼくじょう), 司教杖 (= ~ pastoral); (巡礼の) 錫杖(しゃくじょう). **3** 支え, 頼り (となるもの). ~ de su vejez 老後の支え.
ba·da·ja·da [ba.ða.xá.ða; ƀa.-] 女 **1** 鐘のひと打ち, (鐘・鈴の) 舌が鐘[鈴]を鳴らすこと. **2** 《話》ばかげたこと, くだらないこと.
ba·da·ja·zo [ba.ða.xá.θo; ƀa.- / -.so] 男 鐘のひと打ち.

báculo
pastoral
(司教杖)

ba·da·je·ar [ba.ða.xe.ár; ƀa.-] 自 無駄口をたたく, べちゃくちゃしゃべる.
ba·da·jo [ba.ða.xo; ƀa.-] 男 **1** (鈴・鐘の) 舌. **2** 《話》《軽蔑》おしゃべりな人; 軽薄な人.
ba·da·jo·cen·se [ba.ða.xo.θén.se; ƀa.- / -.sén.-] / **ba·da·jo·ce·ño, ña** [ba.ða.xo.θé.ɲo, -.ɲa; ƀa.- / -.sé.-] 形 バダホスの.
── 男女 バダホスの住民[出身者].
Ba·da·joz [ba.ða.xóθ; ƀa.- / -.xós] 固名 バダホス: スペイン南西部の県; 県都.
ba·dán [ba.ðán; ƀa.-] 男 (動物の) 胴体.
ba·da·na [ba.ðá.na; ƀa.-] 女 (質のよくない) 羊のなめし革; 裏打ちの革.
── 男女《主に複数》《話》《軽蔑》ぐうたらな人. *zurrar* [*sacudir*] *a*+人 *la badana* 《話》〈人〉を殴る; しかる, 罵倒する.
ba·da·za [ba.ðá.θa; ƀa.- / -.sa] 女《ラ米》(ネコ)つり革.
ba·de·a [ba.ðé.a; ƀa.-] 女 **1** まずいスイカ[メロン, カボチャ]. **2** 《話》怠け者, ぐうたら. **3** 中身のないもの. **4** 《ラ米》《エク》《ゴロ》《植》オオキントケイソウ.
ba·dén [ba.ðén; ƀa.-] 男 **1** 雨水の流れ道, 下水溝. **2** 路面のくぼみ. **3** (歩道上の) 車両出入口.
ba·der·na [ba.ðér.na; ƀa.-] 女《海》(錨鎖(びょうさ)などを揚げる) つかみ綱, ニッパー.

ba·dián [ba.ðján; ba.-] 男 【植】ダイウイキョウ, トウシキミ, スターアニス：実は八角といい, 香辛料.

ba·dia·na [ba.ðjá.na; ba.-] 女 ダイウイキョウの実, ハッカク（八角）.

ba·dil [ba.ðíl; ba.-] 男 → badila.

ba·di·la [ba.ðí.la; ba.-] 女 （暖炉・火鉢の）火かき棒.

dar a + 人 con la badila en los nudillos （人）をとがめる, しかりつける.

ba·di·le·jo [ba.ði.lé.xo; ba.-] 男 （左官・石工の）こて（= llana）.

bád·min·ton [báð.min.ton; báð.-] ［英］男 《スポ》バドミントン.

ba·do·mí·a [ba.ðo.mí.a; ba.-] 女 たわ言, でたらめ.

ba·du·la·ca·da [ba.ðu.la.ká.ða; ba.-] 女 愚かなこと, ばかげたこと.

ba·du·la·que [ba.ðu.lá.ke; ba.-] 形 《話》《軽蔑》ばかな, まぬけな. ― 男 女 1 《話》《軽蔑》ばかな人, まぬけな人. 2 《ラ米》《話》悪党, ごろつき.

ba·du·la·que·ar [ba.ðu.la.ke.ár; ba.-] 自 1 愚かなことをする.
2 《ラ米》《話》悪事を働く, でたらめなことをする.

B.A.E. [be.a.é; be.-]《略》*Biblioteca de Autores Españoles* スペイン著作家叢書.

bae·de·ker [be.ðé.ker; be.-] ［独］男 旅行ガイドブック.

ba·fle [bá.fle; bá.-] 男 （スピーカーボックスの）バッフル；ハイファイスピーカー.

ba·ga [bá.ga; bá.-] 女 【植】亜麻の種子のさや.

ba·gá [ba.gá; ba.-] 男 《ラ米》（ネラ）【植】トゲバンレイシの一種.

ba·ga·ce·ra [ba.ga.θé.ra; ba.- / -.sé.-] 女 《ラ米》（ネラ）（カリブ）集合的にサトウキビの搾りかす（置き場）.

ba·ga·je [ba.gá.xe; ba.-] 男 1 （旅行）手荷物（= equipaje）. 2 《軍》軍用行李（こうり）；荷駄. 3 知識の蓄え.

ba·ga·je·ro [ba.ga.xé.ro; ba.-] 男 軍需物資の運搬者.

ba·gar [ba.gár; ba.-] 自 （亜麻が）実を結ぶ.

ba·ga·te·la [ba.ga.té.la; ba.-] 女 つまらないもの, くだらないこと, ささいなこと. *No gastemos el tiempo en ~s.* つまらぬことに時間を浪費しないでおこう.

ba·ga·yo [ba.gá.jo; ba.-] 男 《ラ米》（ネラ）(1) 所持品などの）包み；重荷, 面倒；厄介者, 役立たず.

ba·ga·zo [ba.gá.θo; ba.- / -.só] 男 1 （サトウキビ・オリーブ・ブドウなどの）搾りかす；（亜麻の）殻.
2 《ラ米》（ネラ）(プエ)《話》小利口な, ずるい. 役立たず.

Bag·dad [bag.ðáð; bag.-] 固名 バグダッド：イラクの首都.

ba·gre [bá.gre; bá.-] 男 【魚】アメリカ産のナマズ（の総称）.
― 男 女 《ラ米》《話》(1) （ぎぎ）きざな人, 上品ぶった人. (2) （ぎぎ）感じが悪い人. (3) （ぎぎ）醜（みにく）い.
― 形 《ラ米》(1) (プエ)小利口な, ずるい. (2) (アア)(ブル)派手な, 趣味の悪い.

ba·gre·ro [ba.gré.ro; ba.-] 男 《ラ米》(1) (メシ)醜い女を好む男. (2) (アア)ナマズ用の釣り針.

ba·gual, gua·la [ba.gwál, -.gwá.la; ba.-] 形 《ラ米》(ララ)(ラブ)《話》（動物が）野生の；粗野な, 無骨な.
― 女 《ラ米》アルゼンチンの民謡.

ganar los baguales 《ラ米》(ラブ)《話》逃げ延びる.

ba·gua·la·da [ba.gwa.lá.ða; ba.-] 女 《ラ米》(ララ)野生馬の群れ.

ba·gua·lón [ba.gwa.lón; ba.-] 男 《ラ米》(ララ)飼い慣らし中の馬.

ba·gua·rí [ba.gwa.rí; ba.-] 男 《ラ米》(ララ)【鳥】アメリカトキコウ.

ba·guet·te [ba.gé.te; ba.- // ba.gét; ba.-] ［仏］女［複 ~s］バゲット：フランスパンの一種で細長いパン.

ba·guio [bá.gjo; bá.-] 男 （フィリピン諸島の）暴風, 台風.

*¡**bah!** [bá; bá] 間投 《不信・軽蔑・あきらめ》ふふん, ふん, ばかばかしい. *¡Bah! ¡No me lo creo!* へえ, そいつは信じられないなあ. *¡Bah! Qué le vamos a hacer.* まあいいや, しょうがない.

Ba·ha·mas [ba.á.mas; ba.-] 固名 バハマ：カリブ海の島国. 首都 Nassau.

ba·ha·me·ño, ña [ba.(a.)mé.ɲo, -.ɲa; ba.-] 形 男 女 → bahamés.

ba·ha·més, me·sa [ba.(a.)més, -.mé.sa; ba.-] 形 バハマの. ― 男 女 バハマの人.

ba·ha·re·que [ba.(a.)ré.ke; ba.-] 男 《ラ米》→ bajareque.

ba·ha·rí [ba.(a.)rí; ba.-] 男 ［複 ~es, ~s］【鳥】ハイタカ.

*__ba·hí·a__ [ba.í.a; ba.-] 女 湾, 入り江. la ~ de Málaga （スペイン南部の）マラガ湾. → golfo.

ba·ho·rri·na [ba.o.ří.na; ba.-] 女 1 汚水；汚れ.
2 げすな連中.

Bah·rein [ba.réin; ba.-] 固名 バーレーン：ペルシア湾西部の島国. 首都 Manama.

bah·rei·ní [ba.rei.ní; ba.-] / **bah·ri·ní** [ba.ri.ní; ba.-] 形 ［複 ~es］バーレーンの.
― 男 女 バーレーン人.

baht [bát; bát] 男 ［複 ~s］バーツ：タイの通貨単位.

ba·í·da [ba.í.ða; ba.-] 女 → vaída.

bai·la·ble [bai.lá.ble; bai.-] 形 ダンス向きの, 舞踏のための. *música ~* ダンス音楽[曲].
― 男 1 ダンス音楽. 2 （オペラ・劇中の）舞踊. 3 《ラ米》（午後のお茶の時間の）ダンスパーティー.

bai·la·da [bai.lá.ða; bai.-] 女 踊り.

bai·la·de·ro [bai.la.ðé.ro; bai.-] 男 踊る場所, ダンスホール.

bai·la·dor, do·ra [bai.la.ðór, -.ðó.ra; bai.-] 形 踊る；踊り好きの. ― 男 女 舞踊家, ダンサー, 踊り手.

bai·la·or, o·ra [bai.la.ór, -.ó.ra; bai.-] 形 踊る.
― 男 女 フラメンコダンサー；ダンサー.

__bai·lar__ [bai.lár; bai.-] 自 1 踊る, ダンスをする；跳ね回る. *¿Quieres ~ conmigo?* 私と踊っていただけませんか. *~ de alegría* 喜んで小躍りする.
2 揺れ動く；（緩みがあって）動く. *Las hojas bailan con el viento.* 木の葉が風で揺れている. *Esta falda me baila.* このスカートは私にはぶかぶかだ. *Me baila un diente.* 私は抜けそうな歯が1本ある. *Bailan dos escaños.* 2つの議席がまだ埋まっていない.
3 （同じ軸上で）回る. *Esta peonza baila bien.* この独楽（こま）はよく回る.
4 〈文字・数字などが〉位置がずれる, 入れ替わる. *Me han bailado las letras.* 私は文字を打ち間違えた.
― 他 1 〈舞曲を〉踊る. *~ un vals* ワルツを踊る.
2 〈独楽などを〉回す.
3 踊らせる. *~ la mirada* 視線を泳がせる.
― **~·se** 再 1 〈文字・数字などの〉位置がずれる.
2 《ラ米》《話》だます.

bailar al son que LE *toca...* …（の状況）に合わせる，〈人の〉言うなりである．
bailar con la más fea《話》貧乏くじを引く，損な役回りを引き受ける．
que me［*te, le, ...*］*quiten lo bailado*《話》先に楽しんだ者が勝つ．
［←［古プロバンス］*balar*←［後ラ］*ballāre*］

bai·la·rín, ri·na [bai.la.rín, -.rí.na; ƀai.-] 形 踊る，踊り好きの．— 男 女 **ダンサー**，舞踊家，バレエダンサー．— 男 パンプス．

baile[1] [bái.le; ƀái.-] 男 **1 ダンス，踊り**，舞踏 (=danza). ～ *clásico* クラシックバレエ．～ *deportivo* 競技ダンス．～ *de salón* 社交ダンス．～ *flamenco* フラメンコの踊り．～ *folklórico*［*regional*］民族舞踊．*música de* ～ ダンス音楽，舞曲．
2 ダンスパーティー，舞踏会；ダンスホール，舞踏会場．～ *de candil* / ～ *de botón gordo*《ラ米》～ *de medio pelo*《話》大衆的[低俗]なダンスパーティー．～ *de contribución*《ラ米》有料のダンスパーティー．～ *de etiqueta* 正装の舞踏会．～ *de gala* 舞踏競技会．～ *de máscaras* / ～ *de disfraces* /《ラ米》～ *de fantasía* 仮面[仮装]舞踏会．～ *de piñata*(四旬節の)お祭り騒ぎのダンスパーティー．～ *de sociedad* 社交舞踏会，社交的なダンスパーティー．*celebrar*［*dar*］*un* ～ ダンスパーティーを催す．
3《演》バレエ，舞踏劇．
4《音楽》舞曲 (=música de ～). **5**《話》リズミカルな動き［揺れ］．～ *de piernas* 貧乏ゆすり．**6**《話》(数字や文字の順番を入れ替えてしまう) 書き間違い．～ *de cifras* 数字の書き間違い．**7**《話》(知識や思考の) 混乱．*Con el* ～ *de nombres que tienes, será difícil hacer este negocio.* 名前が混乱するようでは，この商売をするのは君には難しいだろう．**8**《話》(選挙で) 票数が僅差(きん)でなかなか当選確実にならないこと．
— 居 → bailar.
baile de la escoba いす取りゲーム：いすに座れなかった人はうたわなければならない．
baile de San Vito《話》《医》舞踏病．

baile[2] [bái.le; ƀái.-] 男 **1**《史》アラゴン王国の代官. **2**《史》(ピレネー山中の) アンドラ国の下級廷吏．

bai·le·ci·to [bai.le.θí.to; ƀai.- / -.sí.-] 男《ラ米》バイレシート：アルゼンチン，ボリビアの民族舞踊[音楽]．

bai·le·te [bai.lé.te; ƀai.-] 男《演》劇中の短い舞踊．

bai·lí·a [bai.lí.a; ƀai.-] 女 (アラゴン王国の) 代官の管轄区．

bai·lia·je [bai.ljá.xe; ƀai.-] 男 (古参者と統領に与えられる) 聖ヨハネ騎士団の名誉称号．

bai·liaz·go [bai.ljáθ.go; ƀai.- / -.ljás.-] 男 → bailía.

bai·lí·o [bai.lí.o; ƀai.-] 男 聖ヨハネ騎士団の名誉称号を持つ騎士．

bai·lón, lo·na [bai.lón, -.ló.na; ƀai.-] 形 踊り好きの，ダンスがとても好きな．
— 男 女 **1** 踊りの好きな人. **2**《ラ米》(ダ)(*)ダンサー．

bai·lon·go, ga [bai.lóŋ.go, -.ga; ƀai.-] 形《話》踊りが大好きな，ダンスが大好きな人．
— 男 **1** (軽蔑) 庶民の踊り. **2**《話》踊り. **3**《ラ米》(ギ)(ヌグ) ダンスパーティー．

bai·lo·te·ar [bai.lo.te.ár; ƀai.-] 自 踊り狂う，踊りまくる．

bai·lo·te·o [bai.lo.té.o; ƀai.-] 男 踊り狂うこと，踊りまくること．

bai·vel [bai.ƀél; ƀai.-] 男《技》角度定規．

*baja** [bá.xa; ƀá.-] 女 **1 低下，下降**；減少. *La* ～ *de los precios de los productos agrícolas pone en peligro la situación de los pequeños agricultores.* 農産物の価格の下落が小規模農家の状況を危うくしている．
2 (株式・相場などの) 下落，値下がり，低落. *la* ～ *en la cotización del dólar* ドル相場の下落．
3 退職；休職；(選手などの) 欠場. *Elena está de* ～ *temporal porque se puso enferma.* エレーナは病気になったので一時的に休職している．
4 退職手続き；休職申請(書)；療養中の支給金申請(書). *Hay que presentar la* ～ *con 15 días de antelación.* 退職の書類を15日前に提出しなければならない. **5 欠員，空席**. *producirse una* ～ 欠員が生じる. **6**《軍》(戦闘における) 損害，死傷兵. *La batalla produjo numerosas* ～*s.* その戦闘で多くの損害が生じた. **7**《音楽》アルマンド．◆17–18世紀フランスの宮廷舞曲. **8**《ラ米》(ミミ) 弱点，弱み．
— 男 → bajo.
a la baja《商》(株式・相場が) 下げ調子の，弱気筋の．
causar baja 退職［辞職］する；休職する．*causar* ～ *por jubilación* 定年退職する．
dar de baja a＋人 **(1)** 〈人〉を退職させる，解雇する. *A Pablo le dieron de* ～. パブロは解雇された. **(2)**〈医者が〉〈人〉に休職を命じる．
darse de baja de［*en*］... …を辞職する；休職する；解約する. *Me di de* ～ *en la compañía.* 私は会社を辞めた．
estar de［*en*］*baja* / *ir de*［*en*］*baja* 衰えている；〈評判・評価などが〉下降中である．
jugar a la baja《商》(価格の下落を見越して) 売り方に回る．
ser baja (軍から) 退役している；退職している，(組織から) 抜けている．

bajá [ba.xá; ƀa.-] 複 bajaes, ～s] 男 パシャ：昔のトルコの州知事・軍司令官の称号．

ba·ja·ca [ba.xá.ka; ƀa.-] 女《ラ米》(ズズ) (髪を飾る) リボン．

Baja California [bá.xa ka.li.fór.nja; ƀá.-] 固名 バハ・カリフォルニア：メキシコ太平洋岸の半島．～ *Norte* 北バハ・カリフォルニア州．～ *Sur* 南バハ・カリフォルニア州．

ba·ja·da [ba.xá.ða; ƀa.-] 女 **1 下ること**, 下り. *Los alpinistas emplearon más tiempo en la* ～ *que en la subida.* 登山家たちは登りよりも下りに時間がかかった．
2 下り坂, 勾配(ぼぅ), 傾斜. *la* ～ *hacia el río* 川へ下る坂［斜面］．
3 低下，降下. *Ha habido una fuerte* ～ *de la temperatura.* 気温が急激に下がった. ～ *del telón*《演》閉幕．
4《建》樋. ～ *de aguas* 雨樋．
bajada de bandera (客を乗せたタクシーが) メーターを倒すこと；(タクシーの) 初乗り料金．

ba·ja·la·to [ba.xa.lá.to; ƀa.-] 男 パシャ bajá の職［管轄地］．

ba·ja·mar [ba.xa.már; ƀa.-] 女 干潮 (時), 低潮 (↔pleamar).

ba·jan·te [ba.xán.te; ƀa.-] 形 降りる，下がる．
— 男 (または 女) 排水管．
— 女《ラ米》**1** 水位の低下. **2** → bajamar.

ba·ja·o·llas [ba.xa.ó.jas; ƀa.- ‖ -.í.-] 男《ラ米》

ba·jar [ba.xár; ba.-] 自 **1** 《**de...** …から / **a...** …に》降りる, 下がる (↔subir). Voy a ~ a comprar pan. (マンションなどから)下へ行ってパンを買ってくるよ.

2 《**de...** 《乗り物》から》降りる. No *bajen* del tren en marcha. 走っている電車からは降りないでください.

3 (程度・値が)下がる, 落ちる；《**de...** …を》下げる, 落とす. Hoy ha *bajado* un poco la temperatura. 今日は温度が少し下がった. El yen *bajó* frente al euro. 円はユーロに対して値を下げた. El helicóptero empezó a ~ *de* altura. ヘリコプターは高度を下げ始めた.

4 〈人が〉(南へ)下る, (南の方へ)行く. Hace dos años *bajé* a Granada. 2年前にグラナダへ行った.

5 (川を)下る, (川下に)流れる；(+形容詞・副詞およびその相当語句 …で)(水が)流れる. Las ramas *bajan* río abajo. 枝は川下へと流れている. El río *baja* crecido. 川が増水している.

6 (+形容詞・副詞およびその相当語句)(幕などが)(…のように)下がる. La cortina *bajaba* en *pliegues*. カーテンがひだをなして垂れていた.

—他 〈山などを〉下りる, 下がる. ~ la escalera 階段を下りる.

2 下ろす, 下にする, 下げる. ~ una bandera 旗を下ろす. ~ la cabeza 頭(こうべ)を垂れる. ¿Me *baja* usted la maleta? スーツケースを下ろしていただけますか. Vamos a dar un paseo para ~ la comida. 食べ物が消化するように散歩に行きましょう.

3 《**de...** 《乗り物》から》降ろす. ~ la maleta *del* coche 車からスーツケースを下ろす.

4 (程度・値を)下げる, 落とす；〈量を〉減らす. ~ la velocidad 速度を下げる. *Bajé* dos kilos en un mes. 私は1か月で2キロやせた. **5** 〖IT〗(プログラムなどを)ダウンロードする (=descargar). **6** 《ラ米》(1)《俗》殺す, やっつける. (2)《タ》《話》支払う, …の金を出す. (3)《チア》《メ》《ペル》《話》盗む.

—~·se 再 **1** 《**de...** …から / **a...** …に》降りる, 下がる；下車する.

2 身をかがめる, かがむ. *Bájate* y escóndete ahí. しゃがんでそこに隠れなさい. **3** 〈自分のズボンなどを〉おろす. ~ los pantalones 自分のズボンをおろす, とどまる.

ba·ja·re·que [ba.xa.ré.ke; ba.-] 男 《ラ米》(1)《ドミ》小雨, こぬか雨. (2)《コス》《エラヴス》《ポ》《ベネ》小屋, あばら家. (3)《アチア》《ペ》《メ》《ぼじ》《エラヴス》土壁, 土塀.

ba·ja·ti·vo [ba.xa.tí.bo; ba.-] 男 《ラ米》(1) 食後酒, ディジェスティフ: 消化を助ける酒類. (2)《アチ》《ぼ》《ぼ》ハーブティー, 煎じ薬.

ba·je·ar [ba.xe.ár; ba.-] 他 (低い音程で)伴奏(伴唱)する.

ba·jel [ba.xél; ba.-] 男 《詩》船, 船舶 (= barco, nave).

ba·je·le·ro [ba.xe.lé.ro; ba.-] 男 船主.

ba·je·ra [ba.xé.ra; ba.-] 男 《ラ米》(1)《ぼ》《チ》(トウモロコシなどの)最初につく葉. (2)《ロプラ》《ぼ》《チ》《ぼじ》《エラヴス》タバコの下葉；取るに足りない人. (3)《ぼ》〖馬〗鞍下(あんした)の敷物.

ba·je·ro, ra [ba.xé.ro, -.ra; ba.-] 形 下の, 内側の. sábana *bajera* 下側のシーツ[敷布].

ba·je·te [ba.xé.te; ba.-] 男 《音楽》(1) バリトン；バリトン歌手 (= barítono). (2)(和音練習のための)鍵盤(けんばん)楽器左手の低音部テーマ.

ba·je·tón, to·na [ba.xe.tón, -.tó.na; ba.-] 形 《ラ米》《アチ》《アルゼ》《ロプラ》《話》背が低い人, 小柄な.

ba·je·za [ba.xé.θa; ba.- / -.sa] 女 卑劣；卑しい[下劣な]行為；卑しさ. No cometas la ~ de aceptar un soborno. 賄賂(わいろ)を受け取るような下劣な行為を犯すな.

ba·ji·ne [ba.xí.ne; ba.-] → bajini(s).

ba·ji·ni(s) [ba.xí.ni(s); ba.-] *por lo bajini(s)* 《話》こっそりと, ひそひそ声[小声]で.

ba·jí·o [ba.xí.o; ba.-] 男 **1** (特に砂地の)浅瀬, 砂州. **2** 《ラ米》(1) 低地. (2)《メ》(耕作に適した)高原, 台地.

ba·jis·ta [ba.xís.ta; ba.-] 形 〖商〗値下がりの, 弱含みの. tendencia ~ 下降[値下がり]傾向, 弱気配.

—男 女 **1** 弱気筋, 売り方. **2** 〖音楽〗ベース奏者.

ba·ji·to [ba.xí.to; ba.-] 副 bajo +縮小辞.

—男 《ラ米》《メ》(*)車高の低い車.

ba·jo, ja [bá.xo, -.xa; bá.-] 形 (↔alto) **1** (+名詞 / 名詞+)《ser+ / estar+》(高さ・位置が)低い. una mujer *baja* 背の低い女性. una habitación de techo ~ 天井の低い部屋. los ~s muros de piedra 低い石垣. Vivo en la planta *baja*. 私は1階に住んでいる. Las nubes *estaban bajas* sobre el horizonte. 水平線の低いところに雲があった.

2 (多くは+名詞)《ser+ / estar+》(程度が)低い, (数量が)少ない. a ~ precio 低価格で. ~s tipos de interés 低利率. el denominado terrorismo de *baja* intensidad いわゆる軽度のテロ. aceites de *baja* calidad 質の悪い油. el nivel más ~ 最低レベル. La bolsa *está baja*. 相場は下がっている.

3 (多くは名詞+)《ser+ / estar+》小声の；〈音が〉低い(= grave). en voz muy *baja* とても小さな声で. Tiene una voz *baja*. 彼[彼女]は声が低い[小さい].

4 下流の, 低地の. el B~ Ebro エブロ川下流(域). (los) Países B~s オランダ (= Holanda) (▶los を付けることが多い). (la) *Baja* Sajonia 低地ザクセン地方 (▶ la を付けないことが多い). ▶ 固有名詞には通常前置.

5 (名詞+)《estar+》下げた. con la cabeza *baja* うつむいて. Bebe a pequeños sorbos con los ojos ~s. 彼[彼女]は目をふせたままちびちび飲む.

6 《ser+》〈身分・地位が〉低い, 下層の. una familia de (la) clase media *baja* o clase *baja* 中流の下か下層の家族 (▶ la を付けないことが多い). la gente *baja* 下層の人々. un joven de *baja* extracción social 下層階級出の若者.

7 (+名詞)〈時代の〉後期の. la *Baja* Edad Media 中世後期. los emperadores del B~ Imperio Romano 後期ローマ帝国の皇帝たち. el ~ latín 後期ラテン語.

8 〈名詞+〉《ser+ / estar+》《en... / de... …が》少ない, 低い. tabaco ~ en nicotina ニコチンが少ないタバコ. Los jugadores se encontraban muy ~s de moral. 選手の士気はとても低かった.

9 下品な；粗悪な. provocar las *bajas* pasiones 欲情をかきたてる.

10 〈貴金属が〉混じり物の多い. lingote de oro ~ 純度の低い金塊. **11** 〈色が〉くすんだ. **12** (1)〈水深が〉浅い. un lago ~ 浅い湖. (2)〈彫りが〉浅い. una cruz en ~ relieve 浅浮き彫りの十字架.

—男 女 **1** 《話》背が低い人, ちび.

2 ベースギター奏者.

—男 **1** 1階 (= planta baja)；《主に複数で》(主に建物の)低い所. abrir un café-bar en los ~s del edificio 建物の1階にカフェバーを開く.

bajoaragonés 234

2《スカートなどの》すそ；《複数で》《スペイン》《ズボンの》折り返し．
3《多くは複数で》低地，くぼ地．
4《音楽》低音(部)，バス(歌手)；ベースギター．¿Cuál es tu tono de voz, tenor, barítono o ～? 君の声の高さはテノール，バリトンそれともバス．
5(車体の)底．**6**《海》浅瀬，洲(ｽ)．**7**《馬》ひづめ，四肢．**8**《ラ米》《ﾒｼﾞ》塩肉・野菜をバナナの葉で包み蒸した料理．
─ 副 **1** 小声で．hablar ～ 小声で話す．
2 低く．volar ～ 低空を飛ぶ．
─ [ba.xo; ƀa.-] 前 (↔sobre) **1**《場所・位置》…の下にして．～ secreto 秘密裏に．cinco ～ par (ｺﾞﾙﾌで)ファイブ・アンダー．esconderse ～ tierra 地下に隠れる．～ el sol 日向(ﾋﾅ)で；地上に；この世に．pasear ～ la lluvia 雨の中を散歩する．En Nueva York hacía diez grados ～ cero. ニューヨークは零下10度だった．Fueron rescatados a ocho metros de profundidad ～ la nieve. 彼らは雪の下8メートルの深さから救出された．→debajo 類語.
2《従属・保証》…のもとに．～ la dirección de… …の指導[指揮，監督，演出]のもとに．～ (el) control del gobierno 政府の統制下に．(▶無冠詞の方が多い)．～ la atenta mirada de los espectadores 観客が注目する中．～ el nombre de Proyecto X X計画の名で．conducir ～ los efectos del alcohol 飲酒運転をする．estar ～ arresto domiciliario en Córdoba コルドバに自宅拘禁中である．encontrarse en libertad provisional ～ fianza de tres cientos mil euros 30万ユーロの保釈金で仮釈放中である．▶ desde el punto de vista… 「…の観点から」，con la condición de que… 「…の条件で」などの表現で，desde, con の代わりに *bajo* も用いられる．
─ 囲 →bajar.

bajo sospecha 嫌疑をかけられた，怪しい．La policía detuvo a ex ejecutivos ～ *sospecha* de haber ocultado defectos de fabricación. 警察は製品の欠陥隠しの容疑で元役員を逮捕した．
caja baja《印》小文字活字(ケース)．
en este bajo mundo (宗教的な意味で)この地上において．
golpe bajo（1）《スポ》(ボクシング) ローブロー．（2）汚いやり方，卑怯(ﾋﾜｳ)な言動．
la Cámara Baja 下院．la presidenta de *la Cámara Baja* (女性)下院議長．
libertad bajo palabra 仮釈放．
monte bajo 低木林地帯．
por lo bajo こっそりと，小声で．
tirando [echando] por (lo) bajo 低めに見積もっても．Va a costar, *tirando por (lo) ～*, un millón de euros. 少なく見積もっても，100万ユーロはかかるだろう．
[← 〔俗ラ〕*bassus*「太くて低い」；関連 *abajo, bajar.* [英]*base* 「基」，*bass* 「低音」]

ba·jo·a·ra·go·nés, ne·sa [ba.xo.a.ra.go.nés, -.né.sa; ƀa.-] 形 低地アラゴン el Bajo Aragón (Aragón 南東部)の．
─ 男 女 低地アラゴンの住民[出身者]．

ba·jón [ba.xón; ƀa.-] 男 **1**（病状の）悪化；(士気の)低下，弛緩(ｼｶﾝ)，(気持ちの)落ち込み．**2**《商》暴落；(資産の)激減．**3**《音楽》ファゴット，バスーン．

ba·jo·na·zo [ba.xo.ná.θo; ƀa.- / -.so] 男《闘牛》牛の首から肺を貫く突き刺し (= golletazo).

ba·jo·nis·ta [ba.xo.nís.ta; ƀa.-] 男 女《音楽》ファゴット奏者．

ba·jo·rre·lie·ve [ba.xo.r̃e.ljé.ƀe; ƀa.-] 男（彫刻・建築などの）浅浮き彫り，薄いレリーフ (= bajo relieve).

ba·ju·no, na [ba.xú.no, -.na; ƀa.-] 形 卑しい，下劣な．

ba·ju·ra [ba.xú.ra; ƀa.-] 女 **1** 低さ．
2《ラ米》《ﾒｼﾞ》低地．
pesca de bajura 沿岸漁業．

ba·ka·la [ba.ká.la; ƀa.-] 形 男 女 →bakaladero.

ba·ka·la·de·ro, ra [ba.ka.la.ðé.ro, -.ra; ƀa.-] / **ba·ka·la·le·ro, ra** [ba.ka.la.lé.ro, -.ra; ƀa.-] 形 (音楽の)バカラオ bakalao (好き)の．
─ 男 女 バカラオのファン[リスナー]．

ba·ka·la·o [ba.ka.lá.o; ƀa.-] 男《話》バカラオ (= bacalao): 激しいビートの音楽．

ba·ke·li·ta [ba.ke.lí.ta; ƀa.-] 女《商標》ベークライト (= baquelita). [← 〔英〕*Bakelite*]

★**ba·la** [bá.la; ƀá.-] 女 **1** 弾，弾丸．～ de fusil 銃弾．～ perdida 流れ弾．～ trazadora 曳光(ｴｲｺｳ)弾．a prueba de ～s 防弾の．disparar una ～ 弾を発射する．tren ～ 超特急列車．
2（商品などの）梱(ﾎﾟﾝ)，梱包(ﾎﾟﾝﾊﾟ)．una ～ de algodón 1梱の綿花．10連の紙氏．**3** → resma. **4**《印》(ゲラ刷り用の)インクローラー．**5** 蝋(ﾛｳ)製の空洞になったボール．♦中に水や香水を入れてカーニバルのときにぶつけ合って遊ぶ．**6** 丸い金平糖．**7**《ラ米》《ﾒｼﾞ》《話》頭が働く人，機転のきく人．
bala perdida《話》ろくでなし，放埒(ﾎｳﾗﾂ)者，放蕩(ﾎｳﾄｳ)者．
bala rasa《話》放埒者，勝手気ままな男 (= balarrasa).
como una bala《話》鉄砲玉[弾丸]のように．meterse en el metro *como una* ～ 地下鉄に飛び乗る．salir *como una* ～ 飛び出す．
ni a bala《ラ米》決して[全然]…でない．
no entrarle bala (a…)《ラ米》《ﾒｼﾞ》《話》…が丈夫である；頑固である，屈しない．
tirar con bala《話》悪意を込めて話す．
[「弾」← 〔伊〕〔方言〕*balla* 「ボール；弾丸」；「梱」←〔仏〕*balle*]

ba·la·ca [ba.lá.ka; ƀa.-] 女《ラ米》（1）《ｱﾝﾃﾞｽ》《ﾎﾝｼﾞ》《ｺｽ》《話》虚勢，空威張り，強がり．（2）《ﾊﾟﾗ》《話》見せびらかし，虚飾．

ba·la·ca·da [ba.la.ká.ða; ƀa.-] 女《ラ米》《ﾎﾟﾘﾋﾞ》《ﾁﾘ》→balaca.

ba·la·ce·ar [ba.la.θe.ár; ƀa.- / -.se.-] 他《ラ米》(*ﾒｼﾞ*)銃撃する，（人に）弾丸を浴びせる．

ba·la·ce·ra [ba.la.θé.ra; ƀa.- / -.se.-] 女《ラ米》(ﾒｼﾞ)(ｸﾞｱﾃ)(ﾎﾟﾘﾋﾞ)(ﾍﾞﾈｽﾞ)銃撃，発砲．

ba·la·da [ba.lá.ða; ƀa.-] 女 **1** バラード，物語詩．
2《音楽》バラード，譚詩(ﾀﾝｼ)曲．

ba·la·dí [ba.la.ðí; ƀa.-] 形《複 ～es, ～s》取るに足りない，ささいな．

ba·la·drar [ba.la.ðrár; ƀa.-] 自 → baladronear.

ba·la·dre [ba.lá.ðre; ƀa.-] 男《植》キョウチクトウ．

ba·la·dro [ba.lá.ðro; ƀa.-] 男 叫び声，悲鳴，金切り声．dar ～s 悲鳴を上げる．

ba·la·drón, dro·na [ba.la.ðrón, -.ðró.na; ƀa.-] 形 虚勢を張る，空威張りする．
─ 男 女 はったり屋．

ba·la·dro·na·da [ba.la.ðro.ná.ða; ƀa.-] 女 虚勢を張った[強がりの，空威張りの]言動；ほら．decir [soltar] ～s 空威張りする，強がりを言う．

ba·la·dro·ne·ar [ba.la.ðro.ne.ár; ba.-] 自 強がりを言う, 空威張りする.
bá·la·go [bá.la.ɣo; bá.-] 男 1 (穀類の)わら. 2 [石けんの]泡.
ba·la·gue·ro [ba.la.ɣé.ro; ba.-] 男 (脱穀の際の)わらの山.
ba·laj [ba.láx; ba.-] / **ba·la·je** [ba.lá.xe; ba.-] 男 [鉱] バラスルビー; 尖晶(caん)石.
ba·la·lai·ca [ba.la.lái.ka; ba.-] 女 [音楽] バラライカ: ロシアの民俗楽器. [←[ロシア]]
*__**ba·lan·ce**__ [ba.lán.θe; ba.-/ -.se] 男 1 [商] (1) 収支[差引]勘定, 決算. (2) 貸借対照表, バランスシート. ~ anual 年次貸借対照表.
 2 (一連の事件・行動の)総括, 総合的結果. hacer ~ de... …を総括する.
 3 [海] (横)揺れ; ローリング. **4** 動揺, ためらい (= vacilación). **5** [物理] バランス. **6** 《ラ米》(1)(ラブ)商取引, 商売. (2) (ニテ)揺りいす.
*__**ba·lan·ce·ar**__ [ba.lan.θe.ár; ba.-/ -.se.-] 他 **1** 揺する, 揺り動かす. ~ el columpio ぶらんこを揺り動かす. **2** 均衡を保たせる, 釣り合わせる. ━自 **1** 揺れる. **2** ためらう, 動揺する (= vacilar). ━ ~**se** 再 揺れ動く, 揺れる.
ba·lan·ce·o [ba.lan.θé.o; ba.-/ -.sé.-] 男 **1** 揺れ, 揺らすこと; [海] 横揺れ. **2** ためらい, 動揺.
ba·lan·cín [ba.lan.θín; ba.-/ -.sín] 男 **1** 揺りいす, ロッキングチェアー. **2** シーソー. **3** (綱渡りの)バランス棒. **4** (馬車などの)遊動棒, 横木; (機械の)動ばり, 動ぴだ; (エンジンの)揺り腕, ロッカーアーム; (刻印用の)はずみ車. **5** [航空] (短い腕木状の)つの. **6** [海] アウトリガー, 舷外(げん)浮材.
ba·lan·dra [ba.lán.dra; ba.-] 女 [海] スループ: 1本マストの小型帆船.
ba·lan·drán [ba.lan.drán; ba.-] 男 聖職者が着ていた丈の長い祭服, カソック.
ba·lan·dris·ta [ba.lan.drís.ta; ba.-] 男女 [海] スループ[ヨット]操縦者.
ba·lan·dro [ba.lán.dro; ba.-] 男 **1** [海] 小型スループ (1本マストの帆船). **2** 《ラ米》(ニテ)(小型の)漁船.

balandra
(スループ)

ba·lan·drón, dro·na [ba.lan.drón, -.dró.na; ba.-] 形 [男] ➡ baladrón.
ba·lan·dro·na·da [ba.lan.dro.ná.ða; ba.-] 女 ➡ baladronada.
ba·la·ni·tis [ba.la.ní.tis; ba.-] 女 《単複同形》 [医] 亀頭炎.
bá·la·no [bá.la.no; bá.-] / **ba·la·no** [ba.lá.no; ba.-] 男 **1** [解剖] 亀頭(とう). **2** [動] フジツボ.
*__**ba·lan·za**__ [ba.lán.θa; ba.-/ -.sa] 女 **1** 秤(はかり), 天秤(てん). ~ de cruz 天秤. ~ romana 竿(さお)秤. ~ de Roberval 上皿天秤. ~ de cocina キッチンスケール.
 2 [商] 収支勘定. ~ comercial / ~ de comercio 貿易収支. ~ de pagos 国際収支. ~ de servicios サービス収支.
 3 [B-] [星座] てんびん座;[占星] 天秤宮 (= Libra). **4** 《ラ米》(綱渡りの)バランス棒.
inclinar la balanza a favor de... …の一方を有利にする, …の肩を持つ.
inclinarse la balanza a favor de... …の方が有利になる.

[←[俗ラ] *bilancia*; [後ラ] *bilanx* (*bi*-「2つの」+ *lanx*「秤皿」) より派生; [関連] balancear. [英] *balance*]
ba·la·que·ar [ba.la.ke.ár; ba.-] 自 《ラ米》 (1)(ラブ)(ラブ)[話] 空威張りする, 強がりを言う. (2) (ラテブ)[話] 自慢する.
ba·lar [ba.lár; ba.-] 自 〈羊・ヤギ・シカなどが〉鳴く.
ba·la·rra·sa [ba.la.rá.sa; ba.-] 女 **1** 放埓(ほう)者, 勝手気ままな者. **2** 強い蒸留酒.
ba·las·tar [ba.las.tár; ba.-] 他 (…に) バラスト[砂利]を敷く.
ba·las·to [ba.lás.to; ba.-] / **ba·las·tro** [ba.lás.tro; ba.-] 男 (線路・舗装用の)バラスト, 砂利.
ba·la·ta [ba.lá.ta; ba.-] 女 [音楽] バラータ, 舞踏歌.
ba·la·te¹ [ba.lá.te; ba.-] 男 狭い傾斜地;(段々畑の)畦(あぜ);(排水溝などの)縁.
ba·la·te² [ba.lá.te; ba.-] 男 [動] ナマコ.
ba·lau [ba.láu; ba.-] 女 バラウ: 家具によく使われる樹木.
ba·laus·ta [ba.láus.ta; ba.-] 女 [植] ザクロの実.
ba·laus·tra [ba.láus.tra; ba.-] 女 [植] ザクロ (の一種).
ba·laus·tra·do, da [ba.laus.trá.ðo, -.ða; ba.-] 形 手すり子のついた (= abalaustrado).
━女 (手すり子のある) 手すり, 欄干.
ba·laus·tral [ba.laus.trál; ba.-] 形 手すりのついた, 欄干の; 手すりのような.
ba·laus·tre [ba.láus.tre; ba.-] / **ba·la·ús·tre** [ba.la.ús.tre; ba.-] 男 [建] 手すり子, バラスター: 手すりや欄干を支える小柱.
ba·lay [ba.lái; ba.-] 男 《ラ米》編みかご.
ba·la·zo [ba.lá.θo; ba.-/ -.so] 男 弾丸の一撃, 命中の一発; 銃創. Le dieron un ~ en el pecho. 彼[彼女]は胸に銃弾を受けた.
ser un balazo 《ラ米》(ラテブ)素早い, 身軽である.

balaustre
(手すり子)

bal·bo·a [bal.bó.a; bal.-] 男 バルボア: パナマの通貨単位 (略 B).
Bal·bo·a [bal.bó.a; bal.-] 固名 バルボア Vasco Núñez de ~ (1475-1517): スペインの探検家.
♦1513年Panamá 地峡を横断し, 太平洋 (mar de Sur「南の海」)に到達した.
bal·bu·ce·ar [bal.bu.θe.ár; bal.-/ -.se.-] 他 自 どもる; たどたどしく話す;〈幼児が〉片言をいう.
bal·bu·ce·o [bal.bu.θé.o; bal.-/ -.se.-] 男 **1** どもり, 口ごもり, たどたどしい話し方. **2** (幼児の)片言(のおしゃべり). **3** (主に複数で)(ある歴史的事件の)発端, 端緒. los primeros ~s de la Revolución 革命の産声.
bal·bu·cien·te [bal.bu.θjén.te; bal.-/ -.sjén.-] 形 どもった, たどたどしい, 片言の.
bal·bu·cir [bal.bu.θír; bal.-/ -.sír] 36 他 自 ➡ balbucear. ► 直説法現在1人称単数および, 接続法現在, 命令形3人称には活用しないで如動詞.
Bal·ca·nes [bal.ká.nes; bal.-] 固名 península de los ~ バルカン半島.
bal·cá·ni·co, ca [bal.ká.ni.ko, -.ka; bal.-] 形 バルカン半島[諸国]の. Península *Balcánica* バルカン半島. ━男女 バルカン半島[諸国]の住民[出身者].
bal·ca·ni·za·ción [bal.ka.ni.θa.θjón; bal.-/ -.sa.sjón] 女 バルカン化, 小国分立, 小国分割; 分立化,

bal·ca·ni·zar [bal.ka.ni.θár; ƀal.-/-.sár] 97 他 〈国を〉バルカン化する, 小国に分裂させる.

bal·ca·rrias [bal.ká.r̄jas; ƀal.-] 囡 《複数形》(ラ米) → balcarrotas.

bal·ca·rro·tas [bal.ka.r̄ó.tas; ƀal.-] 囡 《複数形》《ラ米》(1) (メキシコ)(ドミニカ)もみあげ (= patillas). (2) (コロンビア)髪の毛の垂れ下がり.

***bal·cón [bal.kón; ƀal.-] 男 1 【建】 バルコニー, 露台. asomarse al ~ バルコニーに顔を出す. ~ corrido (建物全体にわたる) ひと続きのバルコニー.
2 バルコニーの手すり (= barandilla).
3 (手すりつきの) 展望台, 見晴らし台 (= miranda).
[←〖伊〗*balcone*←〖ゲルマン〗*balko*「梁(キ)」; 関連 *palco*, 〖英〗*balcony*].

balcón (バルコニー)

bal·co·na·da [bal.ko.ná.ða; ƀal.-] 囡 ひと続きのバルコニー.

bal·co·na·je [bal.ko.ná.xe; ƀal.-] 男 《集合的》(建物全体の) バルコニー.

bal·con·ci·llo [bal.kon.θí.ʝo; ƀal.-‖-.ʎo/-.sí.-] 男 1 (闘牛場の牛小屋上部の) 手すりに囲まれた場所. 2 【演】(劇場の) 2 階正面席. [*balcón* + 縮小辞]

bal·co·ne·ar [bal.ko.ne.ár; ƀal.-] 他 《ラ米》(アルゼンチン)〈外を〉バルコニー［窓］からのぞく；〈ゲームなどを〉肩越しにのぞき込む. ── 自 《ラ米》(アルゼンチン)《話》〈恋人同士が〉バルコニー［窓辺］でささやき合う.

bal·co·ne·ra [bal.ko.né.ra; ƀal.-] 囡 1 → balconada. 2 バルコニーから下げる植木鉢.

bal·da [bál.da; ƀal.-] 囡 1 棚, 棚板. 2 《スペイン》(戸・門などの) かんぬき (= aldaba).

bal·da·da [bal.dá.ða; ƀal.-] 囡 《ラ米》(ドミニカ)バケツ 1 杯(の量).

bal·da·do, da [bal.dá.ðo, -.ða; ƀal.-] 形 1 くたくたになった, 疲れきった. estar [quedarse] ~ 疲れ果てている. 2 手足が不自由な, 身体に障害のある.

bal·da·du·ra [bal.da.ðú.ra; ƀal.-] 囡 身体障害, 不随.

bal·da·mien·to [bal.da.mjén.to; ƀal.-] 男 → baldadura.

bal·da·quín [bal.da.kín; ƀal.-] / **bal·da·qui·no** [bal.da.kí.no; ƀal.-] 男 飾り天蓋(ホヘ): 玉座, 祭壇, 寝台などの上の装飾の覆い.

bal·dar [bal.dár; ƀal.-] 他 1 疲れさせる, ぐったりさせる. 2 迷惑をかける; 損なう. 3 不具にする. 4 【遊】(トランプ) 〈出すべき組のカードがなくて〉〈手持ちの切り札を〉出してしまう. ── ~·se 再 くたくたに疲れる, ぐったりする.

baldaquín (飾り天蓋)

bal·de¹ [bál.de; ƀal.-] 男 《ラ米》バケツ (= cubo).

bal·de² [bál.de; ƀal.-] *de balde* ただで, 無料で. *en balde* 無駄に, むなしく. Nuestro esfuerzo fue *en* ~. 我々の努力は無駄だった. *estar de balde* 何もすることがない, ぶらぶらしている.

bal·de·ar [bal.de.ár; ƀal.-] 他 1 (甲板などに) (桶(キ)・バケツの) 水をかける, 水をかけて洗い流す.
2 水をかい出す.

bal·de·o [bal.dé.o; ƀal.-] 男 1 (甲板・床などを) 水で洗い流すこと, 水をかけての掃除. 2 水をかい出す[くみ出す] こと. 3 《隠》刀剣.

bal·dés [bal.dés; ƀal.-] 男 《単複同形》(羊の) なめし革.

bal·dí·a·men·te [bal.dí.a.men.te; ƀal.-] 副 無駄に, むなしく.

bal·dí·o, a [bal.dí.o, -.a; ƀal.-] 形 1 〈土地が〉未開墾の; 不毛の. terreno ~ 荒れ地, 未墾地. 2 〈努力が〉無駄な, 無益な. esfuerzos ~s 徒労. 3 浮浪の, のらくらした. ── 男 1 不毛の土地, 荒れ地. 2 《ラ米》(1) (メキシコ)空き地. (2) 敷地, 建設用地.

bal·dón [bal.dón; ƀal.-] 男 1 侮辱, 非礼な行為. Esto es un ~ para nosotros. これは我々に対する侮辱だ. 2 不名誉, 恥辱. Este hijo es el ~ de la familia. この子は一家の面汚しである.

bal·do·nar [bal.do.nár; ƀal.-] / **bal·do·ne·ar** [bal.do.ne.ár; ƀal.-] 他 侮辱する; 辱める, 名誉を汚す.

bal·do·sa¹ [bal.dó.sa; ƀal.-] 囡 1 (地面・床の) 板石, 敷石, タイル. 2 《ラ米》(プエルトリコ)塞石.

bal·do·sa² [bal.dó.sa; ƀal.-] 囡 バルドーサ: 古弦楽器の一種.

bal·do·sa·dor [bal.do.sa.ðór; ƀal.-] 男 板石[敷石]職人.

bal·do·sar [bal.do.sár; ƀal.-] 他 〈地面・床に〉板石[敷石]を敷く, タイルを張る.

bal·do·sín [bal.do.sín; ƀal.-] 男 (壁用の) 小タイル. [*baldosa* + 縮小辞]

bal·dra·gas [bal.drá.ɣas; ƀal.-] 男 《単複同形》《話》《軽蔑》弱虫, 意気地なし; 怠け者.

bal·du·que [bal.dú.ke; ƀal.-] 男 1 (書類を束ねる赤い) 細ひも. 2 (お役所的な) たくさんの書類; 形式主義的な手続き, お役所仕事.

ba·le·a [ba.lé.a; ƀa.-] 囡 (脱穀場を掃く大きな) ほうき.

*ba·le·ar¹ [ba.le.ár; ƀa.-] 形 (スペインの) バレアレス (諸島) の. Islas B~es バレアレス諸島.
── バレアレス諸島の住民[出身者].
── 男 (カタルーニャ語の) バレアレス諸島方言.

ba·le·ar² [ba.le.ár; ƀa.-] 他 《ラ米》(1) (*~s) 《話》だます, ぺてんにかける. (2) 撃つ, 発砲する; 射殺する.

*Ba·le·a·res [ba.le.á.res; ƀa.-] 固名 1 Islas ~ バレアレス諸島: 地中海のスペイン領の諸島; スペインの県. 県都 Palma (de Mallorca). 2 バレア (諸島): スペインの自治州 (→ autónomo).

ba·le·á·ri·co, ca [ba.le.á.ri.ko, -.ka; ƀa.-] / **ba·le·a·rio, ria** [ba.le.á.rjo, -.rja; ƀa.-] 形 → balear¹.

Ba·len·cia·ga [ba.len.θjá.ɣa; ƀa.-/-.sjá.-] 固名 バレンシアガ Cristóbal ~ (1895-1972): スペインのファッションデザイナー.

ba·lé·ni·do, da [ba.lé.ni.ðo, -.ða; ƀa.-] 形 【動】クジラ科の.
── 男 クジラ科の動物; 《複数で》クジラ科.

ba·le·o¹ [ba.lé.o; ƀa.-] 男 1 (円形の) マット, 丸ござ. 2 (火を起こす) うちわ.

ba·le·o² [ba.lé.o; ƀa.-] 男 《ラ米》射撃, 射殺, (銃の) 撃ち合い.

ba·le·ri·na [ba.le.rí.na; ƀa.-] 囡 《ラ米》(プエルトリコ)バレリーナ, 踊り子.

ba·le·ro [ba.lé.ro; ƀa.-] 男 《ラ米》(1) 【遊】けん玉.

balsa

(2)《機械》ボールベアリング. (3)《ろう》《俗》頭, 頭部.

ba·li·do [ba.lí.ðo; ƀa.-] 男 (羊・ヤギ・シカなどの)鳴き声. dar ~s 《羊・ヤギ・シカなどが》鳴く(= balar).

ba·li·lla [ba.lí.ʎa; ƀa.-ʎ́a.-] 男 **1** バリッラ(イタリアのファシスト政権下に組織された青年団)の構成員. **2**《話》(イタリアのフィアット社が1930年代に製造した)小型実用車.

ba·lín [ba.lín; ƀa.-] 男 小径の銃弾；空気銃の弾. [bala+縮小辞]

ba·li·nés, ne·sa [ba.li.nés, -.né.sa; ƀa.-] 形 バリの. ━ 男女 バリ人.

ba·lis·ta [ba.lís.ta; ƀa.-] 女 投石機, 石弓.

ba·lís·ti·co, ca [ba.lís.ti.ko, -.ka; ƀa.-] 形 弾道(学)の. proyectiles ~s 弾道ミサイル. ━ 女 弾道学.

ba·li·sa [ba.lí.sa; ƀa.-] 女 **1** フィリピンの農地面積を示す単位(約27.95アール). **2**《ラ米》《遊》ビー玉.

ba·li·tar [ba.li.tár; ƀa.-] / **ba·li·te·ar** [ba.li.te.ár; ƀa.-] 自《ヤギ・羊などが》しきりに鳴く.

ba·li·za [ba.lí.θa; ƀa.- / -.sa] 女 **1**《海》(航路標識の)立標, ビーコン；ブイ, 浮標. **2**《航空》標識(灯). **3**(道路・鉄道の)標識. **4**《車》点滅器.

baliza (浮標)

ba·li·za·do [ba.li.θá.ðo; ƀa.- / -.sá.-] 男 → balizamiento.

ba·li·za·mien·to [ba.li.θa.mjén.to; ƀa.- / -.sa.-] 男 (道路の)危険[工事]標識の設置；(航路の)ビーコンの設置.

ba·li·zar [ba.li.θár; ƀa.- / -.sár] 他 **1**《海》浮標で示す；立標を敷設する. **2**《航空》航路[航空]標識を設ける.

ba·lle·na [ba.ʎé.na; ƀa.-ʎ́.-ʎé.-] 女 **1**《動》クジラ. **2** クジラのひげ製品；コルセットの芯(ピ). **3** [B-]《星座》くじら座.
[←《ラ》bal(l)aena (bāl(l)aena の対格) ←《ギ》phálaina；【関連】《英》baleen「クジラのひげ」]

ba·lle·na·to [ba.ʎe.ná.to; ƀa.-ʎ́.-ʎé.-] 男 子クジラ.

ba·lle·ne·ro, ra [ba.ʎe.né.ro, -.ra; ƀa.-ʎ́.-ʎé.-] 形 捕鯨の. ━ 男 捕鯨者；捕鯨船.

ba·lles·ta [ba.ʎés.ta; ƀa.-ʎ́és.-] 女 **1** 石弓, 弩(ど)；投石機. **2** (車両の)スプリング, 板ばね. **3** (鳥猟用の)わな.

ba·lles·te·ra [ba.ʎes.té.ra; ƀa.-ʎ́.-ʎés.-] 女 (城壁・船などにつくられた石弓用の)銃眼, 開口部.

ba·lles·te·ro [ba.ʎes.té.ro; ƀa.-ʎ́.-ʎés.-] 男 **1** 石弓の射手；石弓職人. **2** (王室の)銃器世話役；狩の従者.

ba·lles·ti·lla [ba.ʎes.tí.ʎa; ƀa.-ʎ́.-ʎés.-ʎ́a.-] 女 **1** (馬車などの)小型遊動棒. **2**《獣医》瀉血(ホェッ)針. **3** 釣り針の付いた釣り糸. **4**《遊》(トランプ)いかさま. **5**《天文》《海》(昔の)天体観測器.

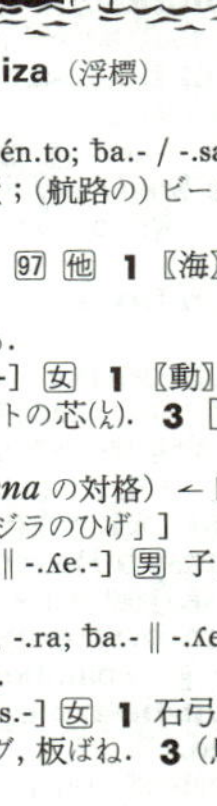

ballestero (石弓の射手)

ba·lles·trin·que [ba.ʎes.trín.ke; ƀa.-ʎ́.-ʎés.-] 男《海》巻き結び, クラブヒッチ.

bal·let [ba.lé(t); ƀa.-] 男《仏》《複~s》バレエ, 舞踊；バレエ団《音楽》. ~ ruso ロシアバレエ. ~ clásico クラシックバレエ.

ba·lli·co [ba.ʎí.ko; ƀa.-ʎ́í.-] 男《植》ライグラス：ホソムギなどの飼料用麦.

ba·llue·ca [ba.ʎwé.ka; ƀa.-ʎ́wé.-] 女《植》カラスムギ.

bal·ne·a·rio, ria [bal.ne.á.rjo, -.rja; ƀal.-] 形 温泉の, 湯治の. estación balnearia 湯治場, 保養地. ━ 男 温泉場, 湯治場.

bal·ne·o·te·ra·pia [bal.ne.o.te.rá.pja; ƀal.-] 女 湯治, 温[水]浴療法.

bal·om·pé·di·co, ca [ba.lom.pé.ði.ko, -.ka; ƀa.-] 形《スポ》サッカーの.

bal·om·pié [ba.lom.pjé; ƀa.-] 男《スポ》サッカー(=fútbol).

ba·lón [ba.lón; ƀa.-] 男 **1** (大型の) **ボール** (→pelota). ~ de fútbol サッカーボール. pasar el ~ ボールをパスする. **2** (ガスの)気球. **3** (商品の入った)梱(デ), 包み. **4**《化》球形フラスコ. **5**《海》補助帆. **6**《ラ米》(ガス)のボンベ.

balón alto《スポ》(サッカー)ロングパス.

balón de oxígeno (1) 酸素ボンベ. (2) 援助, 頼みの綱.

balón medicinal《スポ》メディシンボール：トレーニングに用いられる重量のあるボール.

echar balones fuera《話》(質問などを)はぐらかす.
[←《伊》pallone (palla「球」+増大辞)；【関連】《英》balloon]

ba·lo·na·zo [ba.lo.ná.θo; ƀa.- / -.so] 男 ボールでの一撃.

ba·lon·ces·tis·ta [ba.lon.θes.tís.ta; ƀa.- / -.ses.-] 形 バスケットボールの. ━ 男女 バスケットボールの選手.

ba·lon·ces·tís·ti·co, ca [ba.lon.θes.tís.ti.ko, -.ka; ƀa.- / -.ses.-] 形 バスケットボールの. la afición baloncestística バスケットボールのファン.

ba·lon·ces·to [ba.lon.θés.to; ƀa.- / -.sés.-] 男《スポ》バスケットボール. jugador de ~ バスケットボール選手.

ba·lo·ne [ba.ló.ne; ƀa.-] 男《ラ米》《解》《卑》ペニス, 陰茎.

ba·lon·ma·nis·ta [ba.lom.ma.nís.ta; ƀa.-] 形 ハンドボールの. ━ 男女 ハンドボールの選手.

ba·lon·ma·no [ba.lom.má.no; ƀa.-] 男《スポ》ハンドボール.

ba·lon·vo·le·a [ba.lom.bo.lé.a; ƀa.-] 男《スポ》バレーボール(=voleibol).

ba·lo·ta [ba.ló.ta; ƀa.-] 女 (投票用の)小球. ◆古く議会などで用いた.

ba·lo·ta·da [ba.lo.tá.ða; ƀa.-] 女《馬》バロタード：馬の跳躍形態の一種.

ba·lo·ta·je [ba.lo.tá.xe; ƀa.-] 男《ラ米》(決戦)投票；投票の集計.

ba·lo·tar [ba.lo.tár; ƀa.-] 自 投票する.

bal·sa[1] [bál.sa; ƀál.-] 女 **1** いかだ；渡し船. ~ inflable 膨張式救命ボート. ~ salvavidas 救命いかだ. **2**《植》バルサ；バルサ材(救命用具・浮標・模型飛行機などに用いられる).

bal·sa[2] [bál.sa; ƀál.-] 女 **1** 水たまり；(ため)池；(搾油場などで)かすを捨てるため池. **2**《ラ米》(1)(泥ぬ)山積み. (2)(泥ぬ)湿地, 沼地.

balsadera

balsa de aceite 《話》〈場所・状況が〉静かな[穏やかな]こと. El mar es hoy (como) una ～ *de aceite*. 今日の海はまるで鏡のようだ.
bal·sa·de·ra [bal.sa.ðé.ra; bal.-] 囡 渡し場.
bal·sa·de·ro [bal.sa.ðé.ro; bal.-] 男 → balsadera.
bal·sa·me·ra [bal.sa.mé.ra; bal.-] 囡 バルサム入れ(の小瓶), 香油入れ.
bal·sa·me·ro [bal.sa.mé.ro; bal.-] 男 【植】バルサムノキ.
bal·sá·mi·co, ca [bal.sá.mi.ko, -.ka; bal.-] 形 バルサムの, バルサムを含む; 心安まる.
bal·sa·mi·na [bal.sa.mí.na; bal.-] 囡 【植】ホウセンカ.
bal·sa·mi·ná·ce·as [bal.sa.mi.ná.θe.as; bal.-/-.se.-] 囡《複数形》ツリフネソウ科.
bal·sa·mi·ta [bal.sa.mí.ta; bal.-] 囡 【植】ロボウガラシの一種. ～ *mayor* クレソン, ウォータークレス.
bál·sa·mo [bál.sa.mo; bál.-] 男 1 バルサム(薬用・工業用芳香含油樹脂), 香油. 2 バルサム(類)の薬剤; 鎮痛剤. 3 (心の痛手を)癒(ii)すもの, 慰め.
bal·sar [bal.sár; bal.-] 男 《ラ米》(ｴｸｱﾄﾞﾙ)(ﾎﾞﾘﾋﾞｱ) 湿原, 沼地.
Bal·sas [bál.sas; bál.-] 固名 el ～ バルサス川: メキシコ南西部の川.
bal·se·ar [bal.se.ár; bal.-] 他 《ラ米》(ｴｸｱﾄﾞﾙ) 〈川を〉いかだで渡る. ── 自 《ラ米》(ｴｸｱﾄﾞﾙ) 〈水に〉浮く, 漂う.
bal·se·ro, ra [bal.sé.ro, -.ra; bal.-] 形 いかだで渡る. ── 男 囡 いかだで渡る人; 渡し守.
bal·són [bal.són; bal.-] 男 《ラ米》(ｺﾛﾝ) 水たまり; 泥地.
bal·són, so·na [bal.són, -.só.na; bal.-] 形 《ラ米》(ﾃﾞﾙｺﾞ) 《話》ぶよぶよに太った, 水太りの.
bal·so·so, sa [bal.só.so, -.sa; bal.-] 形 《ラ米》(ﾃﾞﾙｺﾞ) ふかふかの, 柔らかい.
Bal·ta·sar [bal.ta.sár; bal.-] 固名 1 【聖】バルタザール: キリスト生誕時に訪れた東方の三博士のひとり (→ mago). 2 【聖】ベルシャザル: (旧約の)ダニエル書に登場するバビロニアの王子. *festín* [*cena*] *de* ～ 贅(ﾋﾞｲ)を尽くした饗宴(ｷｮｳｴﾝ).
Bál·ti·co [bál.ti.ko; bál.-] 固名 el ～ バルト海.
bál·ti·co, ca [bál.ti.ko, -.ka; bál.-] 形 バルト(沿)海の, バルト諸国の; バルト語派の. el *Mar B*～ バルト海. ── 男 囡 バルト沿海[諸国]の人. ── 男 バルト語派: リトアニア語・ラトビア語・レット語・古プロイセン語など, インドヨーロッパ語族の一つ.
bal·to, ta [bál.to, -.ta; bál.-] 形 (西ゴート人の名家)バルト家の. ── 男 囡 バルト家の人.
ba·luar·te [ba.lwár.te; ba.-] 男 1 稜堡(ﾘｮｳﾎﾞ), 要塞(ﾖｳｻｲ), 砦(ﾄﾘﾃﾞ). 2 《比喩的》砦; 後ろ盾, 擁護者. *Esta provincia era un* ～ *del Cristianismo*. この地方はキリスト教の砦になっていた.
ba·lu·ma [ba.lú.ma; ba.-] 囡 1 → balumba 1. 2 《ラ米》(ﾃﾞﾙｺﾞ) 《話》混乱, 騒ぎ.
ba·lum·ba [ba.lúm.ba; ba.-] 囡 1 山積; 散乱, 乱雑. 2 《ラ米》(ﾃﾞﾙｺﾞ) 《話》混乱, 騒ぎ.
ba·lum·bo [ba.lúm.bo; ba.-] 男 大きくて扱いにくいもの, かさばるもの.
ba·lu·mo·so, sa [ba.lu.mó.so, -.sa; ba.-] 形 《ラ米》(ﾒｷｼｺ)(ﾃﾞﾙｺﾞ)(*ﾁﾘ)(ｺﾛﾝ) 《話》大量の, かさばる, 場所を取る.
ba·lur·do, da [ba.lúr.ðo, -.ða; ba.-] 形 《ラ米》(ﾍﾞﾈｽﾞ) 《話》嫌な, 不快な. ── 男 囡 (1) (ﾍﾞﾈｽﾞ) 《話》偽金の束. (2) (ｺﾛﾝ) 《話》場違いの[不適切]なもの.
bam·ba[1] [bám.ba; bám.-] 囡 1 《スペイン》クリームの入った丸い菓子パン. 2 (ビリヤードの)まぐれ当たり, フロック.
bam·ba[2] [bám.ba; bám.-] 囡 【商標】スニーカー.
bam·ba[3] [bám.ba; bám.-] 男 囡 《ラ米》(ﾒｷｼｺ) 《話》《軽蔑》黒人.
── 囡 《ラ米》(1) (ﾒｷｼｺ)(ﾍﾞﾈｽﾞ)(木の)こぶ. (2) (*ﾁﾘ) 【音楽】バンバ: Veracruz 地方起源の民族舞踊. (3) (ﾎﾝｼﾞ)(ﾍﾞﾈｽﾞ) 銀貨. (4) (ﾃﾞﾙｺﾞ) 肥満, でぶ. (5) (*ﾁﾘ) 小細工; 事故.
bam·ba·le·ar(·se) [bam.ba.le.ár(.se); bam.-] 他 再 → bambolear.
bam·ba·li·na [bam.ba.lí.na; bam.-] 囡 1 【演】(舞台の)一文字: 舞台装置の上部や天井裏を隠すための幕. *detrás de las* ～*s* 舞台裏で.
2 《ラ米》(ﾒｷｼｺ) パーティー会場の装飾.
entre bambalinas 《まれ》芸能界で.
bam·ba·li·nón [bam.ba.li.nón; bam.-] 男 【演】(舞台の)垂れ幕.
bam·ba·lú·a [bam.ba.lú.a; bam.-] 男 《ラ米》《話》(1) でくの坊, 不細工な男. (2) 子供, 少年, 少女.
bam·ba·ne·ar(·se) [bam.ba.ne.ár(.se); bam.-] 自 再 躊躇(ﾁｭｳﾁｮ)する, 迷う.
bam·ba·rria [bam.bá.rja; bam.-] 形 《話》《軽蔑》まぬけな, ばかな. ── 男 囡 《話》《軽蔑》まぬけな人, ばか. ── 男 《遊》(ビリヤード)まぐれ当たり, フロック.
bam·bi [bám.bi; bám.-] 男 《話》子ジカ.
bam·bi·no, na [bam.bí.no, -.na; bam.-] [伊] 男 囡 《話》子供.
bam·bo·che [bam.bó.tʃe; bam.-] 男 《話》赤ら顔のずんぐりした人.
bam·bo·le·ar [bam.bo.le.ár; bam.-] 他 揺らす, ぐらつかせる.
── ～*se* 再 揺れる, 揺らめく, ぐらつく. *El árbol se bambolea*. 木が揺れている. *El barco se bambolea*. 船がローリングする. *La mesa se bambolea*. テーブルがぐらつく.
bam·bo·le·o [bam.bo.lé.o; bam.-] 男 揺れ, ぐらつき.
bam·bo·lla [bam.bó.ja; bam.- ‖ -.ʎa.-] 囡 1 《話》見せかけ, 見え, 虚飾. *una fiesta con mucha* ～ 見えを張った[派手な]パーティー.
2 泡, あぶく (= burbuja).
3 《ラ米》(ﾒｷｼｺ) 《話》おしゃべり; 騒ぎ.
bam·bo·lle·ro, ra [bam.bo.jé.ro, -.ra; bam.- ‖ -.ʎé.-] 形 見えを張った. ── 男 囡 見えっぱり.
bam·bo·ne·ar(·se) [bam.bo.ne.ár(.se); bam.-] 自 再 → bambolear.
bam·bo·ne·o [bam.bo.né.o; bam.-] 男 → bamboleo.
‡bam·bú [bam.bú; bam.-] [複 ～es, ～s] 男 【植】タケ.
bam·bu·co [bam.bú.ko; bam.-] 男 《ラ米》(ｺﾛﾝ) 【音楽】バンブーコ: コロンビアの民族舞踊[舞曲].
bam·bu·dal [bam.bu.ðál; bam.-] 男 《ラ米》(ﾒｷｼｺ) 竹林.
bam·bu·rre·te [bam.bu.ré.te; bam.-] 形 《ラ米》(ﾃﾞﾙｺﾞ) 《話》ばかな, 愚かな.
bam·per [bám.per; bám.-] 男 《ラ米》(*ﾁﾘ) 【車】バンパー.
ba·na·ba [ba.ná.ba; ba.-] 囡 【植】オオバナサルスベリ.
ba·nal [ba.nál; ba.-] 形 陳腐な, 平凡な, ありふれた.
ba·na·li·dad [ba.na.li.ðáð; ba.-] 囡 陳腐, 平凡(なこと, 話).
‡ba·na·na [ba.ná.na; ba.-] 囡 《ラ米》(1) 【植】バ

banda

ナナ. ► スペインでは一般に *plátano*. (2)《ラ米》《話》頭が切れる人. (3)《ラ米》ばかな人. [←［ポルトガル］*banana*(西アフリカのウォロフ語起源)]

ba·na·nal [ba.na.nál; ƀa.-]男《ラ米》バナナ園.

ba·na·nar [ba.na.nár; ƀa.-]男《ラ米》《ラプラ》《チリ》→ *bananal*.

ba·na·ne·ro, ra [ba.na.né.ro, -.ra; ƀa.-]形 バナナ(園)の. producción *bananera* バナナ生産(高). ─男 1 バナナの木. 2 バナナ園.

ba·na·no [ba.ná.no; ƀa.-]男《植》バナナ(の木).

ba·nas·ta [ba.nás.ta; ƀa.-]女 1 大型のバスケット. 2《ラ米》《アンデス》大きな靴;カヌー.

ba·nas·to [ba.nás.to; ƀa.-]男 深い丸型のかご.

ban·ca [báŋ.ka; ƀaŋ.-]女 1 《集合的》銀行(家);銀行業界;銀行業務. el sector de la ~ 金融部門. 2 トランプ賭博(誌);胴元(の持ち金),親の金. saltar la ~ 胴元［親］をつぶす. 3 (背もたれのない)腰掛け. 4 (市場の)物売り台,陳列台. 5 (洗濯女が水にぬれないように使う)板の囲い. 6 (フィリピンの)カヌー. 7《ラ米》(1)《ラプラ》《チリ》議席. (2) (会議などの)席. (3) カジノ,賭博(お)場. (4)《ラプラ》影響力. tener ~ コネがある,顔が利く.

ban·ca·da [baŋ.ká.da; ƀaŋ.-]女 1 (船・ボートの)漕(こ)ぎ座. 2《機》(旋盤などの)ベッド,フレーム. 3《鉱》(坑道内の)足場. 4《ラ米》《ラプラ》《チリ》《集合的》(一つの)党の議員.

ban·cal [baŋ.kál; ƀaŋ.-]男 1 《農》(1) 床(ぶ)・畝(う)をあげた長方形の畑. ~ de lechugas レタス畑. (2) (急斜面の)段々畑. 2 砂州. 3 長い寺用の敷物.

ban·car [baŋ.kár; ƀaŋ.-]102 他《ラ米》《ラプラ》《話》(1)《苦労・人に》耐える,我慢する. (2)《人を》(経済的に)支援する.
─~**se** 再《ラ米》《ラプラ》《話》我慢する.

‡**ban·ca·rio, ria** [baŋ.ká.rjo, -.rja; ƀaŋ.-]形 銀行(業)の,金融の. cheque ~ 銀行小切手. cuenta *bancaria* 銀行口座. ─男 女 銀行員.

ban·ca·rro·ta [baŋ.ka.ró.ta; ƀaŋ.-]女 1 破産,倒産. hacer ~ 破産［倒産］する. estar en ~ 破産している. 2《話》破産状態,金欠. 3 失敗,破綻(絵).

‡‡**ban·co** [báŋ.ko; ƀaŋ.-]男 1 (1) 銀行. abrir una cuenta en el ~ 銀行に口座を開く. empleado de ~ 銀行員. ~ agrícola 農業銀行. ~ central 中央銀行. ~ comercial 市中銀行. ~ de ahorros 貯蓄銀行. ~ de crédito 信用銀行. ~ de emisión 発券銀行. ~ de fomento 勧業銀行. ~ de inversiones [negocios] 投資銀行. ~ de préstamo 貸付銀行. ~ hipotecario 不動産［抵当］銀行. B~ Mundial 世界銀行. ~ por acciones 株式銀行. (2) バンク,貯蔵所. ~ de datos〖IT〗データバンク. ~ de memoria〖IT〗記憶装置. ~ de ojos アイバンク. ~ de sangre 血液銀行. ~ de semen [esperma] 精子銀行.
2 ベンチ,長いす;(教会の)信者席;《法》証人[陪審員]席;《ラ米》被告席;《集合的》《スポ》補欠選手,交替要員. ~ azul (スペイン議会の)大臣席.
3 台,作業台,仕事台. ~ de carpintero 大工の仕事台. ~ de pruebas 実験台,試験台;《比喩的》試金石. 4 浅瀬, 州(す); 堆(た). ~ de arena 砂州.

~ de coral サンゴ礁. ~ de hielo 流氷, 氷山. 5 地層;鉱脈;(厚い)層. ~ de niebla〖気象〗霧峰. ~ de nubes〖気象〗雲堤. ~ de nieve 雪の吹きだまり. 6 魚群. 7 屋根裏(部屋)(=*desván*). 8 [B-]〖星座〗こぎ座.
9《ラ米》(1)《ニス》胴元の持ち金. (2)《カリブ》河川周辺の)肥沃(%)地. (3)《コスタ》(平原の)小高い所. (4)《ラプラ》平原. (5)《ラ米》穀物の山. (6) (*ラ米) 川岸, 堤.

herrar [quitar] el banco. 思い切る,きっぱりやめる. ► 相手を促す場合,自分の決断を示す場合に用いる.

(salida de) pata [pie] de banco《話》失言,口がすべること.

sentarse [estar] en el banco de la paciencia じっと耐える.

[〖ベンチ〗←〖ゲルマン〗*bank*;〖関連〗〖英〗*bench*;「銀行」←〖仏〗*banque*←〖伊〗*banca* (イタリアは中世ヨーロッパの金融業の中心で,イタリア語が各国語に広まった);〖関連〗*banca, banquero, bancarrota*. 〖英〗*bank*;両義ともに同一起源にさかのぼる]

ban·co·cra·cia [baŋ.ko.krá.θja; ƀaŋ.- / -.sja]女 金融資本による支配.

‡‡**ban·da**¹ [bán.da; ƀán.-]女 1 〖服飾〗(片方の肩から反対側のわき腹にたすき状に身につける)飾り帯,サッシュ;(勲章の)飾りひも,綬(じ)(► 「略綬」は *bandín*). El mismo se colocó la ~ embajador. 彼は自分で大使のサッシュをつけた.
2 リボン;リボン状(帯状)のもの. ~ de rodadura (車輪の)接地面, トレッド. ~ elástica /《ラ米》《ラプラ》 de caucho ゴムバンド. ~ humeral〖カト〗(司祭の)肩衣(じ). ~ magnética (カードなどの)磁気バンド. ~ sonora / ~ de sonido〖映〗サウンドトラック. ~ transportadora ベルトコンベア.
3 太い縞(し),太いストライプ,縞模様. una camiseta con ~s rosas ピンクのストライプのTシャツ.
4 斜帯(盾の紋章にある右上から左下にかけての斜めの帯).
5 (変動の)幅,帯域,バンド. ~ de frecuencia〖通信〗周波数帯. ~ ancha〖IT〗ブロードバンド. La temperatura se mantiene en una ~ entre los quince y los veinte grados. 気温は15度と20度の間に保たれている.
6 〖スポ〗サイドライン,タッチライン(=*línea de* ~). fuera de ~ (サッカー・ラグビー)サイドラインを割ること. juez de ~ ラインズマン,線審. quedarse en la ~ (試合に出場せずに)ベンチにいる. saque de ~ (サッカー)スローイン;(ラグビー)ラインアウト.
7 〖遊〗(ビリヤード)球台のクッション. jugar por la ~ クッションに当ててプレーする. **8** 《ラ米》 (1) 腰帯. (2)《ラプラ》(ドア・窓などの)1枚,片側. (3)《ラプラ》《俗》尻軽な女. (4) (*ラ米) 救急絆創膏(はんそうこう).

estar en banda《ラ米》《ラプラ》ぶらぶらしている.

[←〖古仏〗*bande*←〖フランク〗*binda*;〖関連〗〖英〗*band* 「帯,バンド」, *bind*]

‡**ban·da**² [bán.da; ƀán.-]女 1 (特に悪事を行う)一団,一味,徒党. ~ juvenil 若者の集団. ~ terrorista テロ組織.
2 派閥,党派.
3 (特に吹奏楽の)バンド,音楽隊,軍楽隊(=~ *de música*). ~ de tambores y pífanos 鼓笛隊.
4 (鳥・動物の)群れ. ~s migratorias 渡り鳥の群れ. **5** 側, 側面;わき腹(=*lado*). a la otra ~ del río 川の対岸で[に]. **6** 〖海〗舷側(げ). ~ derecha / ~ de estribor 右舷. ~ izquierda / ~ de babor 左舷. **7** 《ラ米》《ラプラ》(ドア・窓などの)

banco (ベンチ)

1枚, 片側.
arriar en banda 《海》舫(ﾓﾔ)綱を解く.
cerrarse en [de, a la] banda 《話》自分の意見に固執する, 人の話に耳を貸さない.
coger [agarrar, pillar] por banda a+人 《話》《スペイン》(1)(都合も考えずに)〈人〉を長話につきあわせる. (2)決着をつけるために〈人〉に接触する.
dar a la banda (船を)(修理・点検・清掃のため)片舷へ傾ける.
de banda a banda (1)右舷から左舷まで. (2)一方から他方へ, 端から端へ.
jugar a dos bandas 二股(ﾏﾀ)をかける, 双方にいい顔をする.
[← ゴート] *bandwo*「(集団の)旗印」]

ban·da·da [ban.dá.ða; ban.-] 囡 **1**(鳥・魚の)群れ. **2**《話》(騒がしい人々の)一団, 一群.

ban·da·rra [ban.dá.ra; ban.-] 形《話》恥知らずな; 厚かましい. — 男 囡 恥知らず, ずうずうしい人.

ban·da·zo [ban.dá.θo; ban.- / -.so] 男 **1**(船の)急激な横揺れ(傾き). **2** 左右の大きな揺れ, ふらつき. **3**(意見・言動・状況の)急変.
dar bandazos (船・車が)左右に大きく揺れる;〈酔っぱらいが〉千鳥足で歩く.

ban·de·ar [ban.de.ár; ban.-] 他 **1** 横に揺する. **2**《ラ米》追跡する; 重傷を負わせる. (2)(ｿﾞｳ)〈川などを〉横切る. (3)(ｿﾞｳ)傷つける, 責める. (4)(ｿﾞｳ)〈人に〉言い寄る. (5)(ｼﾞｭ)〈銃弾が〉貫通する.
— ~se 1 なんとかやっていく, うまく切り抜ける. **2** 横に揺れる, ふらつく.
3《ラ米》(1)(ｼﾞｭ)(考え・行動が)定まらない. (2)(ｼﾞｭ)強い政党に乗り替えする.

ban·deau [ban.dó; ban.-] 《仏》男 バランス, (カーテンの)上飾り.

*__ban·de·ja__ [ban.dé.xa; ban.-] 囡 **1** 盆, トレイ. *Sirvió las bebidas en una ~ de plata.* 彼[彼女]は銀のトレイで飲み物を出した. ~ *de entrada* 《IT》受信トレイ.
2 仕切り板; (引き出し式の)整理棚. *una maleta grande con varias ~s interiores* いくつもの中仕切りが付いた大きなスーツケース. **3**《車》リアボード. **4**《ラ米》(1) 大皿, 盛り皿. (2)(ｼﾞｭ)椀(ﾜﾝ), ボウル; (*)(ｼﾞｭ)洗面器. (3)(*ｼﾞｭ)《複数で》鍋釜(ﾅﾍﾞｶﾏ).
pasar la bandeja 寄付を募る.
servir [poner]... a+人 en bandeja (de plata)《話》〈人〉に…をたやすく差し出す, 〈人〉に…の便宜をはかる. *Nuestro equipo le sirvió en ~ la victoria al rival.* 我々のチームは簡単にライバルチームを勝たせてしまった.

ban·de·o [ban.dé.o; ban.-] 男 横揺れ.

***__ban·de·ra__ [ban.dé.ra; ban.-] 囡 **1** 旗; 国旗, 軍旗(=*estandarte*). *izar [bajar] la ~* 旗を掲揚する[下ろす]. *jurar la ~*〖軍〗国旗, 国, 軍に忠誠を誓う. *la ~ nacional* 国旗. *~ argentina* アルゼンチン国旗. *~ ajedrezada / ~ a cuadros* チェッカーフラッグ. *~ amarilla*《海》検疫旗. *~ a media asta* (弔意を表す)半旗. *~ azul* 青旗(EUが認定した清潔な海岸であることを示す印). *~ blanca / ~ de (la) paz*(休戦・降伏の)白旗. *~ de inteligencia*《海》(相手の信号を理解したことを示す)回答旗. *~ del regimiento* 連隊旗. *~ de práctico*《海》(水先案内を求める)水先旗. *~ de proa [popa]*《海》船首[船尾]旗. *~ negra* 黒旗, 海賊旗. *~ roja* 赤旗.
2《比喩的》(同じ旗の下に戦う)隊, 軍隊, 同胞;《古語》(スペインの)歩兵中隊. *una ~ paracaidista / una ~ de paracaidistas* パラシュート部隊.
3《比喩的》(主義主張を意味する)旗印. *luchar bajo la ~ de la libertad de expresión* 表現の自由の旗印の下で戦う.
4 船籍. *un carguero de ~ panameña* パナマ船籍の貨物船. *un buque con ~ de conveniencia*〖商〗便宜置籍船.
5 とびきりのもの, 代表的なもの. *empresa ~* 最大手企業; 国内最大の航空[船]会社, フラッグ・キャリア— (▶名詞の後に置いて形容詞のように用いることもある). **6**(タクシーの)空車表示板, 料金メーター. *bajada de ~* メーターを倒すこと, 基本料金. *bajar [levantar] la ~* タクシーメーターを作動させる[止める]. **7**(本の)折り込みページ. **8**《IT》フラッグ.
a banderas desplegadas のびのびと, 思うままに; 支障なく.
alzar [levantar] bandera《軍》旗揚げをする;《比喩的》(人員を集めて)決起する.
arriar (la) bandera 旗を降ろす; 降伏する.
batir banderas / rendir la bandera《軍》(敬意を表すため)旗先を下げる.
de bandera《話》すばらしい, とびきりの. *una mujer de ~* すばらしい女性, とびきりの美女.
enarbolar la bandera《文章語》旗幟(ｷ)を鮮明にする.
estar lleno hasta la bandera《話》ぎっしり詰まっている.
llevarse la bandera 抜きん出ている, ひときわ優れている.
militar bajo la bandera de... / seguir la bandera de... …の側につく.
salir con banderas desplegadas《軍》(城・陣地を明け渡すとき)旗を掲げて出て行く. ♦降伏者に与えられた名誉の一つ.
[*banda* (← ゴート] *bandwo*「(集団の)旗印」)より派生
【関連】《英》*banner*, *band*「隊, 楽団」]

ban·de·ra·zo [ban.de.rá.θo; ban.- / -.so] 男
1(自動車レースなどの)旗による合図.
2《ラ米》(ｿﾞｳ)(ｼﾞｭ)(ｼﾞｭ)(タクシーの)初乗り料金.

ban·de·rí·a [ban.de.rí.a; ban.-] 囡 **1** 党派, 派閥.
2 徒党, 反徒の一団.

ban·de·ri·lla [ban.de.rí.ja; ban.- ǁ -.ʎa.-] 囡
1《闘牛》牛の肩に刺す飾りつきの銛(ﾓﾘ). *~ de fuego* 爆竹つきのバンデリーリャ. **2**《印》(校正用の)付箋(ﾌｾﾝ). **3**(楊枝)に刺したピクルスなどの つまみ. **4**《鉱》発破孔につける起爆の紙片. **5**《ラ米》《話》詐欺, ぺてん, (金を)巻き上げること.
clavar [plantar, poner] (las [un par de]) banderillas (de fuego) a+人〈人〉にしんらつなことを言う.
[*bandera* + 縮小辞]

ban·de·ri·lla·zo [ban.de.ri.já.θo; ban.- ǁ -.ʎá. - / -.so] 男《ラ米》(ｿﾞｳ)(ｼﾞｭ)(ｼﾞｭ)《話》詐欺, たかり.

ban·de·ri·lle·ar [ban.de.ri.je.ár; ban.- ǁ -.ʎe.-] 他《闘牛》〈牛に〉バンデリーリャ(銛(ﾓﾘ))を突き刺す.
— 牛にバンデリーリャを突き刺す.

ban·de·ri·lle·ro [ban.de.ri.jé.ro; ban.- ǁ -.ʎé.-] 男《闘牛》バンデリリェロ, 銛(ﾓﾘ)打ち (闘牛士; *picador* の後に出場して *banderilla* を牛の肩に刺す役).

ban·de·rín [ban.de.rín; ban.-] 男 **1** ペナント, 小旗. **2**(軍の筒先に立てる旗をつけた)旗竿, 旗幟(ｷ)(兵). **3**《スポ》(線審の)旗, (ゴール・コースを示す)小旗.
banderín de enganche《スペイン》(1)(協力者を得るための)宣伝, キャッチフレーズ. (2) 徴募兵事務

所.
[bandera＋縮小辞]

ban·de·ri·ta [ban.de.rí.ta; ƀan.-] 囡 小旗；(募金者に渡される)シール，バッジ．[bandera＋縮小辞]

ban·de·ri·zo, za [ban.de.rí.θo, -.θa; ƀan.- / -.so, -.sa] 圏 **1** 党派[反徒の一団]に属した．**2** 騒々しい，騒然とした．── 男 党派に属す人．

ban·de·ro·la [ban.de.ró.la; ƀan.-] 囡 **1** 小旗．**2** 〖軍〗槍旗(ぼう)．**3** 〘ラ米〙(1)(ﾌﾞｴ)(ドアの)側柱．(2)(ﾗﾌﾟ)(ドアの上の)明かり取り窓．

ban·di·da·je [ban.di.dá.xe; ƀan.-] 男 山賊[盗賊]の横行．

ban·di·do, da [ban.dí.ðo, -.ða; ƀan.-] 男囡 **1** 盗賊，追いはぎ．**2** うそつき，詐欺師．Este comerciante es un ～. この商人はいかさま師だ．**3** 逃亡者，お尋ね者．**4** 〘話〙いたずら者，悪者．▶いたずらを制する際に，親しみを込めて用いる場合がある．[←〘伊〙*bandito*]

ban·dín [ban.dín; ƀan.-] 男 略綬(ぼう)．▶「正式の綬」は banda．

ban·do¹ [bán.do; ƀán.-] 男 **1** 布告，公布；(当局の)声明. echar un ～ 布告を出す．**2** 法令，(当局の)命令．～ de policía 警察の命令．[←〘仏〙*ban*-←〘フランク〙*ban*] 関連〘英〙ban 「禁止」

***ban·do**² [bán.do; ƀán.-] 男 **1** 派，党派，派閥；(敵・味方の)グループ．pasarse al otro ～ 敵方へ回る．**2** (鳥・魚などの)群れ．[←〘ゴート〙*bandwo*「(集団の)旗印」] 関連 banda²]

ban·dó [ban.dó; ƀan.-] 男 ➡ bandeau.

ban·do·la [ban.dó.la; ƀan.-] 囡 **1** マンドリン(の一種)．**2** 〘ラ米〙(1)(ﾍﾞﾈｽﾞ)〖音楽〗バンドラ：4 対の弦がある楽器．(2)〘ラ米〙(ﾍﾞﾈｽﾞ)(ﾒｷｼ)「こぶ」のついた鞭(むち)．(3)(ｺﾛ)闘牛士のムレータ muleta．

ban·do·le·ra [ban.do.lé.ra; ƀan.-] 囡 **1** (肩から斜めに掛ける)負い革，弾薬帯．**2** ショルダーバッグ．*en bandolera* 肩から斜めにかけて．

ban·do·le·ris·mo [ban.do.le.rís.mo; ƀan.-] 男 **1** 山賊行為；山賊[盗賊]の横行．**2** 悪党の行為[横行]．

ban·do·le·ro¹ [ban.do.lé.ro, -.ra; ƀan.-] 男囡 **1** 山賊，追いはぎ，盗賊(＝ bandido)．**2** 〘ラ米〙(ﾒｷｼ)怠け者．

ban·do·le·ro² [ban.do.lé.ro; ƀan.-] 男 〘ラ米〙(ﾍﾞﾈｽﾞ)〖音楽〗バンドラ bandola 奏者．

ban·do·lín [ban.do.lín; ƀan.-] 男 ➡ bandolina¹.

ban·do·li·na¹ [ban.do.lí.na; ƀan.-] 囡〖音楽〗バンドリナ：マンドリン(の一種)．**2** 〘ラ米〙バンドラ bandola．

ban·do·li·na² [ban.do.lí.na; ƀan.-] 囡 (粘り気のある)整髪料の一種．

ban·do·li·nis·ta [ban.do.li.nís.ta; ƀan.-] 男囡〖音楽〗バンドリナ bandolina 弾き[奏者]．

ban·do·lón [ban.do.lón; ƀan.-] 男〖音楽〗バンドゥーリア bandurria より大きな 18 弦の楽器．

ban·do·ne·ón [ban.do.ne.ón; ƀan.-] 男〖音楽〗バンドネオン：アルゼンチンタンゴに用いられるアコーディオンに似た楽器．

ban·du·jo [ban.dú.xo; ƀan.-] 男 腸詰め．

ban·du·llo [ban.dú.jo; ƀan.- ‖ -.ʎo] 男 〘話〙動物の腹．

ban·du·rria [ban.dú.rja; ƀan.-] 囡 **1** 〖音楽〗バンドゥーリア：ギターに似た 6 複弦のリュート属の楽器．**2** 〖鳥〗(南米産の某種の)トキ：クロハラカオグロトキなど．

ban·du·rris·ta [ban.du.rrís.ta; ƀan.-] 男囡 (楽器名の)バンドゥーリア bandurria 奏者．

BANESTO [ba.nés.to; ƀa.-] 男 〘略〙*Banco Español de Crédito S.A.*：スペインの大手銀行の一つ．

ban·ga·ña [baŋ.gá.ɲa; ƀaŋ.-] 囡 〘ラ米〙(1)(ﾁﾘ)(ｸﾞｱﾃ)(ﾎﾝ)(ﾆｶ)ウリ科の植物の果実(の容器)．(2) 粗末な器．

ban·ga·ño [baŋ.gá.ɲo; ƀaŋ.-] 男 〘ラ米〙 ➡ bangaña.

ban·gla·desh [baŋ.gla.ðéʃ; ƀaŋ.-] 固名 バングラデシュ(人民共和国)：首都 Dhaka, Dacca. [←[ベンガル] *Baṅglādesh* (*Baṅgla*「ベンガル」＋*desh*「国」)]

ban·gla·de·shí [baŋ.gla.ðe.ʃí; ƀaŋ.-] 圏 [複 ～es] バングラデシュの，バングラデシュ人の．── 男囡 バングラデシュ人．

ba·nia·no, na [ba.njá.no, -.na; ƀa.-] 男囡 (肉食を禁忌とするカーストに属する)インド商人．

ban·jo [báŋ.xo; ƀáŋ.- ∥ bán.jo; ƀan.-] 男〖音楽〗バンジョー：円形の胴に4-9本の弦を張った弦楽器．

ban·ner [bá.ner; ƀá.-] 男 〘英〙〖IT〗ウェブページにある広告，バナー広告．

ban·que·ar [baŋ.ke.ár; ƀaŋ.-] 他 〘ラ米〙(1)(ﾗﾌﾟ)〈地面を〉平らにする，ならす．(2)(*ﾗﾐ*)銀行に預金する．

ban·que·o [baŋ.ké.o; ƀaŋ.-] 男 土地を階段状に整地すること．

***ban·que·ro, ra** [baŋ.ké.ro, -.ra; ƀaŋ.-] 男囡 **1** 銀行家，銀行業者．**2** (賭博(とば)の)胴元．

ban·que·ta [baŋ.ké.ta; ƀaŋ.-] 囡 **1** (背のない小型の)腰掛け，スツール；足載せ台．**2** 〖下水道〗の)側道；〖築城〗射撃用足場．**3** 〘ラ米〙(1)(ﾒｷｼ)(ｸﾞｱﾃ)(街路の)歩道．(2)(ﾗﾌﾟ)金てこ．

ban·que·ta·zo [baŋ.ke.tá.θo; ƀaŋ.- / -.so] 男 とびきりのごちそう，大饗宴(きょう)．[banquete＋増大辞]

***ban·que·te** [baŋ.ké.te; ƀaŋ.-] 男 **1** 宴会，饗宴(きょう)，祝宴．～ de boda 結婚披露宴．dar un ～ 宴会を催す．**2** ごちそう，豪華な料理．[←[仏] *banquet* (*banc*「ベンチ」＋縮小辞)；関連〘英〙banquet]

ban·que·te·a·do, da [baŋ.ke.te.á.ðo, -.ða; ƀaŋ.-] 圏 〘ラ米〙(ﾒｷｼ)〘話〙ずうずうしい，厚かましい．

ban·que·te·ar [baŋ.ke.te.ár; ƀaŋ.-] 他 宴会を開いてもてなす，〈人に〉ごちそうする．

── ～(.se) 自 再 宴会に出る，ごちそうになる．

ban·qui·llo [baŋ.kí.jo; ƀaŋ.- ∥ -.ʎo] 男 **1** 〖法〗被告席．sentar a＋人 en el ～ de los acusados 〈人〉を被告席に座らせる．**2** 〖スポ〗ベンチ．chupar ～ 〘話〙ベンチを温める．**3** (背のない)腰掛け，スツール；足載せ台．[banco＋縮小辞]

ban·qui·na [baŋ.kí.na; ƀaŋ.-] 囡 〘ラ米〙(ﾗﾌﾟ)路肩．

ban·qui·sa [baŋ.kí.sa; ƀaŋ.-] 囡 (極地付近の)海氷群，流氷(野)．[←[仏] *banquise*]

ban·qui·to [baŋ.kí.to; ƀaŋ.-] 男 〘ラ米〙ベンチ．

ban·tam [ban.tám; ƀan.-] 囡 〘ラ米〙〘話〙ちょこまか動き回る人．

ban·tú [ban.tú; ƀan.-] 圏 [複 ～es, ～s, ～] (アフリカの)バントゥーの．── 男囡 バントゥー人．── 男 バントゥー語．

ban·tus·tán [ban.tus.tán; ƀan.-] 男 バントゥースタン：南アフリカ共和国の黒人自治区．

ban·yo [bán.jo; ƀán.-] 男 ➡ banjo.

ban·zai [ban.θái; ƀan.- / -.sái] 〘日〙間投 万歳(の叫び).

ban·zo [bán.θo; ƀán.- / -.so] 男 **1** 刺繍(ぬい)枠．**2** (はしご・いすの背の)側木．

ba·ña [bá.ɲa; ба́.-] 囡 → bañadero.
ba·ña·da [ba.ɲá.ða; ба.-] 囡《ラ米》(1) ちょっとつかること，ひと浴び．(2)（ペンキなどの）ひと塗り．
ba·ña·de·ra [ba.ɲa.ðé.ra; ба.-] 囡《ラ米》(1)（ラプ）バスタブ，浴槽．(2)《ラ米》無蓋(ﾑｶﾞｲ)遊覧バス．
ba·ña·de·ro [ba.ɲa.ðé.ro; ба.-] 男 （野生動物の）水浴び場．
ba·ña·do, da [ba.ɲá.ðo, -.ða; ба.-] 形《ラ米》（ラプ）《話》（地面などが）ぬれた．— 男《ラ米》（ラプ）（ラプ）低湿地帯，沼地，一時的にできる沼．

***ba·ña·dor, do·ra** [ba.ɲa.ðór, -.ðó.ra; ба.-] 形 入浴［水浴］する．— 男 水浴する人；海水浴客．
— 男 水着，海水パンツ．

ba·ñar [ba.ɲár; ба.-] 他 **1 入浴させる；風呂に入れる．〜 a un bebé 赤ちゃんを風呂に入れる．
 2《en... / con... / de...…に》浸す，漬ける；ぬらす．〜 los bizcochos con almíbar スポンジ生地をシロップに浸す．〜 las mejillas en lágrimas ほほを涙でぬらす．cara bañada en llanto 泣きぬれた顔．El sudor le bañaba la frente. 汗で彼［彼女］の額はぬれていた．
 3《en...…で》めっきする；コーティングする．〜 un anillo en oro 指輪に金めっきをする．〜 un pastel en chocolate ケーキをチョコレートでコーティングする．**4**《光などが》…に十分に当たる，降り注ぐ．El sol bañaba la habitación. 日光が部屋いっぱいに当たっていた．**5** （海・川などが）（土地に）接する，（岸を）洗う．El mar Mediterráneo baña la Costa del Sol. コスタデルソルは地中海に面している．**6**【美】…に透明色を上塗りする．**7**《ラ米》（ﾒｷｼｺ）《話》（人に）勝る，（人より）優れている．
— 〜·se 再 **1** 入浴する；泳ぐ．Me baño con agua caliente. 私は熱い風呂に入る．〜se al sol 日光に当たる．**2**《en... / con... / de...…に》まみれる．〜se en sangre 血まみれになる．
 3《ラ米》（ﾋﾟｽﾞﾌ）シャワーを浴びる．
bañársela《ラ米》（ﾁﾘ）《話》やり過ぎる，言い過ぎる．
ba·ñe·ro, ra [ba.ɲé.ro, -.ra; ба.-] 男 囡 （海水浴場，水泳場の）監視員．— 囡 浴槽，湯船．
ba·ñil [ba.ɲíl; ба.-] 男 →bañadero.
ba·ñis·ta [ba.ɲís.ta; ба.-] 共 **1** 水浴する人，海水浴客．**2** 湯治客，温泉客．**3** 監視員．

ba·ño [bá.ɲo; ба́.-] 男 **1 入浴；水浴び；海水浴（＝〜 de mar）．tomar un 〜 風呂に入る．〜 de arena 砂風呂；【化】砂浴（砂を介在させて加熱・温度調節すること）；【建】 de asiento 腰湯．〜 de pies 足湯．〜 de sol 日光浴．〜 de vapor /《ラ米》（ｷﾝ）（ﾒｷ）ruso 蒸し風呂(ﾌﾞﾛ)，サウナ，スチームバス．traje de 〜 水着（＝bañador）．
 2 浴室（＝cuarto de 〜）；浴槽（＝bañera）；トイレ，洗面所／「公衆トイレ」は《スペイン》aseo, servicio,《ラ米》baño, sanitario］.una habitación con 〜 completo バス・トイレ付きの部屋．alfombrilla de 〜 バスマット．báscula de 〜（脱衣所の）ヘルスメーター．
 3《複数で》温泉（場）；湯治場；鉱泉地（＝balneario）．ir a los 〜s 温泉［湯治］に行く．
 4 めっき，コーティング；（菓子などの）衣，糖衣．〜 de oro [plata] 金［銀］めっき．dar un 〜 de cera al suelo 床にワックスをかける．dar a los churros un 〜 de azúcar チューロに砂糖をまぶす．
 5《比喩的》うわべ，わずかな心得，薄っぺらな知識．Pili tiene sólo un 〜 de cultura. ピリは見せかけの教養にすぎない．**6** 薬液槽，溶液槽．〜 de aceite 【冶】（焼き戻しの）油浴；【機】油槽．〜 de galvanización【電】電解槽．〜 de revelado【写】現像液（槽）．〜 de revestimiento【技】浸漬(ｼﾝｼﾞ)めっき．**7**《話》圧勝，完勝．El equipo español ha dado un 〜 al italiano. スペインチームがイタリアチームに圧勝した．**8**【史】（モーロ人moroが囚人を入れた）牢獄．**9**【冶】（炉内の）湯；鋳造用の溶解した金属．**10**【美】（下の絵を）塗りつぶすこと．**11**《ラ米》（ﾌﾟｴ）冷え冷えとした場所．
— 再 → bañar.
baño (*de*) *María*【料】湯煎(ｾﾝ)；湯煎なべ．
baño de sangre 血の粛清，大虐殺．
darse un baño (1) 入浴する．(2) 《de...…を》勉強しなおす，（…に）磨きをかける．*darse un* 〜 *de español* スペイン語を勉強しなおす．
[←[ラ] *balneum*.]【関連】bañar, bañera.
ba·ñón [ba.ɲón; ба.-] 男【植】クロウメモドキ．
ba·o [bá.o; ба.-] 男【海】ビーム，甲板梁(ﾊﾘ)．
ba·o·bab [ba.o.βáβ; ба.-] 男（複 〜s）【植】バオバブ：熱帯アフリカ産パンヤ科の巨木．
bap·tis·mo [bap.tís.mo; бap.-] 男 **1** バプテスト派．**2**【古語】洗礼．
bap·tis·ta [bap.tís.ta; бap.-] 形 バプテスト（派）の．— 男 囡 バプテスト，浸礼教会の信徒．
bap·tis·te·rio [bap.tis.té.rjo; бap.-] 男 洗礼堂；洗礼盤．
ba·que [bá.ke; ба́.-] 男（落下・転倒による）衝撃，打ちつけ．
ba·que·a·no, na [ba.ke.á.no, -.na; ба.-] 形《ラ米》(1) 土地勘のある，土地の事情に詳しい．(2)（ラプ）（ラプ）経験豊かな，器用な．
— 男 囡《ラ米》（ﾌﾞﾗ）（ﾒｷ）（ﾀﾞﾝ）ガイド，エキスパート．
ba·que·ar [ba.ke.ár; ба.-] 自【海】（船が）（微風時に）潮に乗って進む．— 他《ラ米》（*）（ﾒｷ）(1)（車を）バックさせる；支援する．(2)《話》支える，バックアップする．— 〜·se 再《ラ米》（*）（ﾒｷ）しりごみする．
ba·que·li·ta [ba.ke.lí.ta; ба.-] 囡【商標】（合成樹脂の）ベークライト．
ba·que·o [ba.ké.o; ба.-] 男 (*)（ﾒｷ）《話》支持，バックアップ．
ba·que·ta [ba.ké.ta; ба.-] 囡 **1**（銃身を掃除するための）梨杖(ﾅｼﾂｴ)；【闘牛】ピカドール picador が馬を操るのに用いる）細長い棒．**2**《複数で》（太鼓の）ばち．**3**【建】（幅の狭い）刳形(ｸﾘｶﾞﾀ)．
a la baqueta 厳しく，厳格に．tratar [llevar, mandar] a+人 *a la* 〜 （人）を厳しく扱う．
ba·que·ta·zo [ba.ke.tá.θo; ба.- / -.so] 男《話》打撃，激しく打つこと．
a baquetazos《話》乱暴に，ぞんざいに．
ba·que·te·a·do, da [ba.ke.te.á.ðo, -.ða; ба.-] 形 **1**《en...…に》熟練した，経験豊かな；鍛えあげられた．**2**《por...…で》痛めつけられた，苦しんだ．
ba·que·te·ar [ba.ke.te.ár; ба.-] 他（人に）ひどい扱いをする；苦しめる，痛めつける．
 2（人を）鍛えあげる．
ba·que·te·o [ba.ke.té.o; ба.-] 男 **1** 苦しみ，苦労；虐待．**2** 鍛練，しごき．
ba·que·tón [ba.ke.tón; ба.-] 男【建】大型の刳形(ｸﾘｶﾞﾀ)．[baqueta＋増大辞]
ba·que·tón, to·na [ba.ke.tón, -.tó.na; ба.-] 男 囡《ラ米》（ｷﾝ）《話》恥知らずな人，ずうずうしい人，厚かましい人．
ba·que·tu·do, da [ba.ke.tú.ðo, -.ða; ба.-] 形《ラ米》（ｺﾛ）《話》のろまな，ぐずぐずした，のらくらした．
ba·quí·a [ba.kí.a; ба.-] 囡《ラ米》(1) 土地勘，地

理に明るいこと. (2)《手仕事の》器用さ,巧みさ.
ba·quia·no, na
bá·qui·co, ca [ba.ki.ko, -.ka; ƀa.-] 形 酒神バッカス Baco の;酔いの,酒の;お祭り騒ぎの.
ba·quio [bá.kjo; bá.-] 男 バッカス格:1つの短音節に2つの長音節が続く韻律.
bá·qui·ra [ba.ki.ra; bá.-] 男《ラ米》(ラプ)(ゴズ)《動》ペッカリー (= pecarí).
**bar¹ [bár; bár] 男《バル》. ir al ～ / ir de ～*es* バルに（飲みに）行く. Vamos a tomar una copa en aquel ～. あのバルで一杯やろう. El niño comía un bollo en el ～. その男の子はバルで菓子パンを食べていた. ◆日本のバーとは異なり,子供も出入りできる大衆的な飲食店. カウンターでの立ち飲み［立ち食い］が主で,アルコール飲料,コーヒー,軽食などをとることができる. 街の中に数多くある他,劇場,ホテル,大学などの中にもある.

bar（バル）

[←《英》*bar*「横木,カウンター;バー」←《古仏》*bar*「柵,棒」←《俗ラ》*barra]
bar² [bár; bár] 男《物理》バール（気圧の単位. 1,000 hPa [hectopascal] に等しい）.
[←《ギ》*bá*ros「重さ,重荷」]
ba·ra·ca [ba.rá.ka; ƀa.-] 女《宗》バラカ:北アフリカのイスラム教で聖者や預言者の子孫に宿るという霊的な力.
ba·ra·cu·tey [ba.ra.ku.téi; ƀa.-] 男《ラ米》(キスバ)《話》怠け者,ものぐさ.
ba·ra·hún·da [ba.ra.ún.da; ƀa.-] 女 喧噪(_{けんそう});大騒ぎ,混乱. meterse en la ～ 騒ぎに巻き込まれる.
*ba·ra·ja [ba.rá.xa; ƀa.-] 女 1《一組の》**トランプ**［カード］. ～ española 一組のスペイン・トランプ. jugar a la ～ トランプをする. peinar la ～ カードを切る. → naipe.
2《集合的》(de... …の)いろいろな可能性,多くの選択肢. 3《主に複数で》口論,言い争い.
jugar con dos barajas《話》（時と場合に応じて）自分を使い分ける,二枚舌を使う.
o jugamos todos o se rompe la baraja《話》全員が参加しなければ計画はつぶれる.
romper la baraja《話》（怒って）約束［決まり］を破棄する,参加をとりやめる.
ba·ra·ja·da [ba.ra.xá.ða; ƀa.-] 女 → barajadura.
ba·ra·ja·du·ra [ba.ra.xa.ðú.ra; ƀa.-] 女 1 （トランプのカードを）切ること,シャッフル.
2 可能性［選択肢］の熟考.
ba·ra·jar [ba.ra.xár; ƀa.-] 自 (con... …と)口論する,いがみ合う.
— 他 1 〈トランプのカードを〉切る. 2 〈数字・引用・名前などを〉列挙する;〈いろいろな可能性を〉熟慮する. *Barajaron* varios nombres para este puesto. このポストにふさわしい人として何人もの候補が挙がった. 3 《キューバ》にする,乱雑にする. 4 《危機・困難を》要領よくきり抜ける. 5 （手綱を引いて）〈馬を〉制する. 6《ラ米》(1)《キスバ》（宙で）つかむ,受け止める. (2)《キューバ》妨げる,阻止する.
— ～*se* 再《ラ米》(ラプ)マテ茶を回し飲みする.
barajar los nombres《ラ米》(ラプ)《話》つかみ合いのけんかをする.
barajar en el aire《ラ米》(ラプ)《真意を》つかむ.
Ba·ra·jas [ba.rá.xas; ƀa.-] 固名 バラハス:マドリード市近郊の国際空港の名,その空港名.
ba·ra·je [ba.ra.xe; ƀa.-] 男 → barajadura.
ba·ra·je·ar [ba.ra.xe.ár; ƀa.-] 他 自 → barajar.
¡ba·ra·jo! [ba.rá.xo; ƀa.-] 間投《ラ米》《話》ちくしょう,くそ,へえ.
ba·ra·jus·tar [ba.ra.xus.tár; ƀa.-] 他《ラ米》(ゴズ)猛攻と攻撃する.
ba·ra·jus·te [ba.ra.xús.te; ƀa.-] 男《ラ米》(1)(ラプ)(ゴズ)（家畜などが）どっと［ちりぢりに］逃げ出すこと,勢いよく駆けること. (2)(ゴズ)《話》混乱,騒ぎ.
*ba·ran·da [ba.rán.da; ƀa.-] 女 1 手すり,欄干 (= barandilla). 2 （ビリヤード台の）クッション. 3《ラ米》(1)(ラプ)《話》汗臭さ. (2)(コル)長屋,アパート.
— 男《話》上司,権力者.
ba·ran·da·do [ba.ran.dá.ðo; ƀa.-] / **ba·ran·da·je** [ba.ran.dá.xe; ƀa.-] 男 → barandilla.
ba·ran·dal [ba.ran.dál; ƀa.-] 男 1 （手すりの）架木(_{ほこぎ});地覆(_{じふく}). 2 手すり,欄干.
*ba·ran·di·lla [ba.ran.dí.ja; ƀa.- ‖ -.ʎa] 女 1 手すり,欄干;（手すりの）架木(_{ほこぎ}).
2《ラ米》(1)(キスバ)(コル)荷台の枠. (2)(メヒ)聖体拝領台. (3)(ラプ)掛け橋.
ba·ran·di·lle·ro, ra [ba.ran.di.jé.ro, -.ra; ƀa.- ‖ -.ʎé.-] 男 女《話》《株式取引所》の立会所で売買する投資家.
ba·ra·ta¹ [ba.rá.ta; ƀa.-] 女《ラ米》(1)(ラプ)(キスバ)大安売り,バーゲンセール;格安品売り場. (2)(メヒ)《話》混乱,騒ぎ.
— 男 → barato.
a la barata《ラ米》(キスバ)(1)混乱して,雑然として. (2)さげすんで,手荒に.
ba·ra·ta² [ba.rá.ta; ƀa.-] 女《ラ米》(キ)(コル)《昆》アブラムシ,ゴキブリ.
ba·ra·te·ar [ba.ra.te.ár; ƀa.-] 他〈商品を〉安売りする;値切る.
ba·ra·te·rí·a [ba.ra.te.rí.a; ƀa.-] 女《法》(1)（取引上の）不正行為,詐欺. (2) 裁判官の収賄.
ba·ra·te·ro, ra [ba.ra.té.ro, -.ra; ƀa.-] 形 1 安売りをする,安売りの. 2 だます,欺く.
— 男 1 安物を売る人.
2《ラ米》(キスバ)《話》値切る人,値切りたがる人.
— 男 1 賭博(_{とばく})に勝った者から金をせびる人.
2《ラ米》(1)(キ)ゴキブリがはびこる場所. (2)(ラプ)(メ)《軽蔑》安物を売る店.
ba·ra·tez [ba.ra.téθ; ƀa.- / -.tés] 女《ラ米》(キスバ)安価,安値.
ba·ra·tí·a [ba.ra.tí.a; ƀa.-] 女《ラ米》(ラプ)安価,安値.
ba·ra·tie·ri [ba.ra.tjé.ri; ƀa.-] 男《ラ米》(ラプ)(メ)《話》《軽蔑》安物.
ba·ra·ti·ja [ba.ra.tí.xa; ƀa.-] 女《主に複数で》つまらないもの,安物.
ba·ra·ti·lle·ro, ra [ba.ra.ti.jé.ro, -.ra; ƀa.- ‖ -.

ba·ra·ti·llo [ba.ra.tí.jo; ba.-‖[oz.-] 男 **1** 安物を商う店[露店]. **2** 《集合的》安物, 格安品. **3** 《ラ米》《話》バーゲンセール. **(2)** 《話》《軽蔑》小間物店.

***ba·ra·to, ta** [ba.rá.to, -.ta; ba.-] 形 《多くは名詞+》 **1** 《ser+/estar+》安い, 安価な（↔caro）; 安上がりの. un coche ～ de segunda mano 中古の安い車. Hoy los tomates están muy ～. 今日はトマトがとても安くなっている. Lo ～ es [sale] caro. 《諺》安物買いの銭失い. **2** 安っぽい, 安物の; くだらない. telenovela barata 安っぽいテレビドラマ. **3** 安直な, 簡単に得られる. una solución barata 安易な解決法. Me sale ～ ayudarte. 君の手伝いなどお安い御用だ. **4** 《ラ米》(*﹅)安物の.
— 男 **1** 安売り, バーゲンセール；安売り店.
2（賭(♯)けの勝者が出す）涙金.
3 《ラ米》《複数で》《話》《軽蔑》安物.
4 《ラ米》女 (*﹅)借金を踏み倒す人.
— 副 安く, 安価に. En esta tienda venden ～. 当店は安い.
cobrar el barato 人を脅して言うことを聞かせる.
dar de barato（より重要な目的のために）細部を譲歩する.
de barato ただで, 無償で；無利子で.
echar [meter]… a barato 《話》〈人の話に〉野次を飛ばす, …を無視する.
[← 《古スペイン》「有り余っている安物」(*baratar*「安売りする」より派生)]

ba·ra·tón, to·na [ba.ra.tón, -.tó.na; ba.-] 形 《ラ米》**(1)**（ﾒﾋｺ）（ｺﾛﾝﾋﾞｱ）（意見・論拠が）説得力に欠ける, 陳腐な. **(2)** (*﹅)育ちが悪い, 下品な.
— 男 《ラ米》(*﹅)柄の長い鋤(す).

bá·ra·tro [bá.ra.tro; bá.-] 男 《文章語》地獄（= infierno）.

ba·ra·tu·ra [ba.ra.tú.ra; ba.-] 女 安価, 廉価；安売り.

ba·ra·ún·da [ba.ra.ún.da; ba.-] 女 → barahúnda.

‡**bar·ba** [bár.ba; bár.-] 女 **1** (あごとほおの) ひげ, あごひげ；〈動物の〉ひげ. afeitarse [hacerse] la ～（自分のひげを)そる. ～ cerrada [bien] poblada] 濃いひげ. ～ corrida あごからほおまで一面に生やしたひげ. ～(s) de chivo（あごの部分だけが長い）やぎひげ. ～ de zamarro 濃い縮れたひげ. dejarse (la) ～ ひげを生やす. llevar [gastar] ～ あごひげをたくわえる.

類語 *barba* は下あご, または下あごからほおにかけてのひげ. *bigote* は鼻の下のひげ. *perilla* は下あごのとがった部分に生やすひげ (= ～s de chivo). *mosca* は下唇の真下のひげ. *mostacho* はたっぷりした量の口ひげ. *patilla* は両耳からほおにかけてのひげ.

2 あご（= barbilla）；口元. Cuando sonríe le sale un hoyuelo en la ～. 彼[彼女]はほほえむと口元にえくぼができる. **3**（主に複数で）（動植物の）ひげ, 羽(;)の部分；（植物の)ひげ根. ～s de ballena クジラのあごひげ. **4**（主に複数で）（紙や布の縁の）ぎざぎざ, ほつれ. **5**（鳥の）肉垂れ. **6** ミツバチの群れ；（ミツバチが群がる）巣箱の口.
— 男 **1**（演劇）老け役. **2**《複数で》あごひげを生やした人. el ～s aquel ひげをはやしたやつ.
¡*Barbas tengas (y con ellas te mantengas)*! 《ラ米》(*﹅)《主に子供の悪態》やーいやーい, あっかんべえ.
con toda la barba 《話》一人前の, 立派な. un profesional *con toda la* ～ 一人前のプロ.
Cuando las barbas del [de tu] vecino veas pelar [cortar], echa [pon] las tuyas a remojar. 《諺》今日は他人（の）の身, 明日は我が身；他山の石〈隣人のひげがそられるのを見たら, 自分のひげを湿らせておけ〉. ◆昔はひげを落とされるのが恥辱であったことから.
echar a las barbas de+人〈人〉に面と向かって非難を浴びせる.
en las barbas de+人〈人〉に面と向かって, 〈人〉の面前で. El senador se rió *en las* ～*s del ministro.* その上院議員は大臣を面と向かって嘲笑(ﾁｮｳｼｮｳ)した.
en sus [las] propias barbas 面と向かって, 面前で.
hacer la barba a+人 **(1)**〈人〉のひげをそる. **(2)**〈人〉にへつらう, おべっかを使う. **(3)**〈人〉を悩ませる, 煩わす.
mentir por (mitad de) la barba ぬけぬけとうそをつく.
por barba 《話》1人当たり. Nos salió a veinte euros *por* ～. 1人当たり20ユーロになった（► 特に女性が払わない場合にについて用いる）.
subirse a las barbas de+人 《話》〈人〉に対して失礼な態度をとる, 〈人〉を侮辱する.
tener pocas barbas 若くて未熟である.
tentarse las barbas 事前によく考える.
tirarse de las barbas 怒りをあらわにする.
[← 《ラ》*barbam* (*barba* の対格) 関連 barbón, barbero. 《英》*beard, barber*]

bar·ba·ca·na [bar.ba.ká.na; bar.-] 女 **1** 銃眼.
2（城門・城門に通ずる橋を守るための）外堡(ｶﾞｲﾎ), やぐら門.
3（教会を囲む低い）石垣.

bar·ba·co·a [bar.ba.kó.a; bar.-] / **bar·ba·cuá** [bar.ba.kwá; bar.-] 女 **1** バーベキュー(料理). hacer una ～ バーベキューをする. **2**（バーベキュー用の）焼き網, 焼き格子. **3** 《ラ米》**(1)**（樹上の）小屋. **(2)**（ﾒﾋｺ）屋根裏. **(3)**（ﾍﾞﾈｽﾞ）台所用品の棚. **(4)** 簀(ｽ)の子の寝床. [カリブで肉などを蒸し焼きにしたり, 人が寝たりするために木の枝を組んだものを意味した]

barbacana（銃眼）

bar·ba·da [bar.bá.ða; bar.-] 女 **1**（馬の）下あご.
2《馬》大勒(ﾀｲﾛｸ)ばみ, 大轡(ｸﾂﾜ). **3**《魚》シマゲンゲ.
4 《ラ米》（ﾒﾋｺ）（帽子などの）あごひも.

bar·ba·den·se [bar.ba.ðén.se; bar.-] 形 バルバドスの, バルバドス人の. — 名 バルバドスの人.

bar·ba·do, da [bar.bá.ðo, -.ða; bar.-] 形 あごひげを生やした. — 男 女 あごひげを生やした人 [動物].
— 男 苗木, 若木；ひこばえ.

Bar·ba·dos [bar.bá.ðos; bar.-] 固名 バルバドス：中米の島国；首都 Bridgetown.
[barbado 「芒(ﾉｷﾞ)のある（植物）」より]

bar·bar [bar.bár; bar.-] 自 **1** あごひげをたくわえる. **2**（植物が）根づく.

Bár·ba·ra [bár.ba.ra; bár.-] 固名 **1** Santa ～ 聖女バルバラ：小アジアのニコメディア出身の3世紀の殉教者で, 十四救難聖人のひとり.
2 バルバラ, バーバラ：女子の洗礼名.

bar·bá·ri·co, ca [bar.bá.ri.ko, -.ka; bar.-] 形 蛮族の, 未開人の.

bar·ba·ri·dad [bar.ba.ri.ðáð; bar.-] 囡 **1** 野蛮（なこと），残虐（な行為）（=atrocidad）. cometer [hacer] ～es 残虐行為を働く.
2 無茶，無謀，でたらめ（=disparate）；ぶしつけ（無言）（=imprudencia）. decir ～es ばかなことを言う；悪態をつく. Es una ～ salir con ese fiebre que tienes. そんなに熱があるのに出かけるなんて無茶だ.
3 《話》《una＋》たくさん，ものすごい量. costar una ～〈値段が〉びっくりするほど高い. Cecilia tiene una ～ de ropas. セシリアはたいへんな数の服を持っている. Se ve una ～. 見え見えである；よくあることだ. ▶ 形容詞的にまたは副詞的に用いられる.
¡Qué barbaridad! すごい，あきれた，なんとまあ.
▶ 不快や悲嘆を表すが時に肯定的な驚きにも用いる.

*__bar·ba·rie__ [bar.bá.rje; bar.-] 囡 **1** 野蛮，未開.
2 残忍，非道.
bar·ba·ris·mo [bar.ba.rís.mo; bar.-] 男 **1** 外国語からの借用語. ⇒ 英語の *sexy*, 仏語の *restaurant* など. **2** 正しくない言葉［語法］，誤用. ⇒ *perito* を *périto* と言うなど.
bar·ba·ri·zar [bar.ba.ri.θár; bar.- / -.sár] 97 自 でたらめを言う，ばかなことを言う.
─ 他 〈ある言語〉を誤用や外来語で乱す.

*__bár·ba·ro, ra__ [bár.ba.ro, -.ra; bár.-] 形 **1** 野蛮な，粗野な；残忍な. actos ～s 粗野な行動. torturas *bárbaras* 残酷な拷問.
2 《話》すごい，すばらしい；ひどい. Hace un calor ～. ものすごく暑い. Es un edificio ～ de sesenta plantas. 60階まであるすごいビルだ.
3 《史》蛮族の，異邦人の. las invasiones de los pueblos ～s 蛮族の侵入. **4** 大胆不敵な，向こう見ずな. No seas ～. 乱暴なことをするな. **5** 《ラ米》《話》大きな，でかい.
─ 男 囡 **1** 《史》(古代ギリシア・ローマ人から見た)蛮族，異邦人；(キリスト教徒から見た)異教徒. ♦特に5世紀にローマ帝国の属州ヒスパニア(現スペイン)に侵入した異民族の西ゴート人 visigodos, スウェヴィ人 suevos, ヴァンダル人 vándalos, アラン人 alanos など. **2** 粗野な人，無骨者；野蛮人.
─ 副 《話》すごく；すばらしく，最高に. pasarlo ～ 楽しく過ごす. Están trabajando ～. 彼らはものすごく働いている.
¡Qué bárbaro! 《話》すごいなあ. ▶ 驚きや賞賛，不快や嫌悪のいずれにも用いられる.

[← 〔羅〕*barbarum*（*barbarus* の対格)［← 〔ギ〕*bárbaros*「非ギリシア的，外国の」；[関連] barbaridad.［英］*barbarous*]
bar·ba·ro·te [bar.ba.ró.te; bar.-] 形 bárbaro + 増大辞.
bar·be·ar [bar.be.ár; bar.-] 他 **1** 〈ある高さに〉あごが届く. **2** 〈他人の〉ひげをそる (= afeitar).
3 《ラ米》(ﾒｷｼ)(ｸﾞｱﾃ)(ｴﾙｻﾙ)(ｺｽﾀ)(ﾎﾟﾝ) (角などをつかんで)〈牛を〉引き倒す. (**2**)(ｺﾛﾝﾋﾞ)(ｷｭｰﾊﾞ)《話》〈人に〉おべっかを言う，取り入る；悩ます，てこずらせる. (**3**)(ﾎﾝｼﾞｭ)《話》しかる，とがめる.
─ 自 **1**《**con…** …と》同じ高さになる.
2《ﾒｷｼ》〈牛が〉(出口を探すように)壁沿いを歩く.
3 理髪の仕事をする.
bar·be·char [bar.be.tʃár; bar.-] 他 **1** 〈土地を〉鋤(すき)で返して休めておく，休耕させる.
2《種まきのために》鋤く，耕す.
bar·be·che·ra [bar.be.tʃé.ra; bar.-] 囡 《集合的》休耕［休閑］地；休耕［休閑］（期間).
bar·be·cho [bar.bé.tʃo; bar.-] 男 《農》休閑［休耕］地；休閑. estar en ～〈土地が〉休耕中である.
bar·be·rí·a [bar.be.rí.a; bar.-] 囡 理容店，理髪店，床屋 (= peluquería).
*__bar·be·ro, ra__ [bar.bé.ro, -.ra; bar.-] 形 理容(師)の，理容用の. navaja *barbera* 西洋かみそり.
─ 男 囡 **1** 理容師，理髪師，床屋 (= peluquero). *El* ～ *de Sevilla* 『セビリヤの理髪師』(ボーマルシェの喜劇，1775年作. ロッシーニのオペラで有名).
2《ラ米》《話》(**1**)(ﾒｷｼ)(ｸﾞｱﾃ)へつらう人. (**2**)(ｺﾛﾝﾋﾞ)しかってばかりいる人.
─ 男 《魚》ツバメコノシロ科の一種.
bar·be·ta [bar.bé.ta; bar.-] 囡 **1**《胸墻(きょうしょう)内の》銃座. **2**《海》（綱索の端を結わえる）撚(よ)り縄，スパンヤン. ─ 男 囡 《ラ米》(ﾁﾘ)《俗》まぬけ，薄のろ.
bar·be·te·ar [bar.be.te.ár; bar.-] 他 《ラ米》(ﾒｷｼ)（角などをつかんで）〈牛を〉引き倒す.
bar·bián, bia·na [bar.bján, -.bjá.na; bar.-] 形 《話》陽気な，屈託のない.
─ 男 囡 《話》屈託のない［陽気な］人.
bar·bi·blan·co, ca [bar.bi.bláŋ.ko, -.ka; bar.-] 形 ⇒ barbicano.
bar·bi·ca·cho [bar.bi.ká.tʃo; bar.-] 男 あごひも.
bar·bi·ca·no, na [bar.bi.ká.no, -.na; bar.-] 形 白ひげの.
bar·bi·cas·ta·ño, ña [bar.bi.kas.tá.ɲo, -.ɲa; bar.-] 形 褐色ひげの.
bar·bi·es·pe·so, sa [bar.bjes.pé.so, -.sa; bar.-] 形 ひげの濃い.
bar·bi·he·cho, cha [bar.bjé.tʃo, -.tʃa; bar.-] 形 ひげをそりたての.
bar·bi·jo [bar.bí.xo; bar.-] 男 《ラ米》(**1**)(ｱﾙｾﾞﾝ)(ｳﾙｸﾞ)あごひも. (**2**)(ｱﾙｾﾞﾝ)(ｳﾙｸﾞ)(ﾎﾞﾘﾋﾞ)(ﾍﾟﾙｰ)《服飾》スカーフ. (**3**)(ｱﾙｾﾞﾝ)あごの傷跡.
bar·bi·lam·pi·ño, ña [bar.bi.lam.pí.ɲo, -.ɲa; bar.-] 形 《主に成人男性が》ひげのない，ひげの薄い.
─ 男 ひげのない［薄い］男.
bar·bi·lin·do [bar.bi.lín.do; bar.-] 形 ［男性形のみ］《男性が》気取った，きざな.
─ 男 しゃれた男，ダンディ.
bar·bi·lla [bar.bí.ja; bar.- ‖ -.ʎa] 囡 **1** (下)あご，あご先. **2** (木材の) ほぞ. **3**《魚》(**1**) ひげ，触鬚(しょくしゅ). (**2**) (ヒラメなどの) ひれ. **4**《獣医》(舌の下にできる)腫物(はれもの)；がま腫(しゅ).
─ 男 《複数で》ひげの薄い男.
bar·bi·lle·ra [bar.bi.jé.ra; bar.- ‖ -.ʎé.-] 囡 (死体の口が開かないようにする)あごひも.
bar·bi·lu·cio [bar.bi.lú.θjo; bar.- / -.sjo] 形 → barbilindo.
bar·bi·luen·go, ga [bar.bi.lwéŋ.go, -.ga; bar.-] 形 ひげの長い.
bar·bi·ne·gro, gra [bar.bi.né.gro, -.gra; bar.-] 形 黒ひげの.
bar·bi·po·nien·te [bar.bi.po.njén.te; bar.-] 形 **1** ひげの生えかける年ごろの，あごひげが生えかけた.
2 新米の，初心者の.
bar·bi·pun·gen·te [bar.bi.puŋ.xén.te; bar.-] 形 ひげの生えかけた.
bar·bi·que·jo [bar.bi.ké.xo; bar.-] 男 **1** → barboquejo. **2**《海》斜檣(しゃしょう)支索. **3**《ラ米》(**1**)(ﾒｷｼ)(ｸﾞｱﾃ)(ﾍﾟﾙｰ)端綱(はづな). (**2**)(ﾀﾞﾘ)《馬》馬銜(はみ).
bar·bi·rra·pa·do, da [bar.bi.ra.pá.ðo, -.ða; bar.-] 形 ひげをそった.
bar·bi·rro·jo, ja [bar.bi.r̃ó.xo, -.xa; bar.-] 形 赤ひげの.

bar·bi·rru·bio, bia [bar.ƀi.rú.ƀjo, -.ƀja; ƀar.-] 形 金髪のひげの, ブロンドひげの.

bar·bi·rru·cio, cia [bar.ƀi.rú.θjo, -.θja; ƀar.- / -.sjo, -.sja] 形 ごま塩ひげの.
—— 男 ごま塩ひげの男.

bar·bi·ta·he·ño, ña [bar.ƀi.ta.é.ɲo, -.ɲa; ƀar.-] 形 赤ひげの.

bar·bi·ton·to, ta [bar.ƀi.tón.to, -.ta; ƀar.-] 形 ばか面の.

bar·bi·tú·ri·co, ca [bar.ƀi.tú.ri.ko, -.ka; ƀar.-] 形 【化】バルビツール酸の.
—— 男 【化】バルビツール酸塩:鎮痛剤,催眠剤用.

bar·bi·tu·ris·mo [bar.ƀi.tu.rís.mo; ƀar.-] 男 【医】バルビタール中毒.

bar·bo [bár.ƀo; bár.-] 男 【魚】ニゴイ. ～ de mar ヒメジ.

bar·bón [bar.ƀón; ƀar.-] 男 **1** あごひげを生やした男. **2** 雄ヤギ. **3** 《カト》カルトゥジオ会の助修道士.

bar·bo·que·jo [bar.ƀo.ké.xo; ƀar.-] 男 (帽子などの)あごひも.

bar·bo·tar [bar.ƀo.tár; ƀar.-] / **bar·bo·te·ar** [bar.ƀo.te.ár; ƀar.-] 自 ぶつぶつ言う, つぶやく.

bar·bo·te [bar.ƀó.te; ƀar.-] 男 **1** (甲冑(ちゅう)の)のご当て (= babera). **2** 《ラ米》(ブラジル)(先住民が下唇にはめる)輪または棒状の飾り.

bar·bo·te·o [bar.ƀo.té.o; ƀar.-] 男 ぶつぶつ言うこと, つぶやき.

bar·bo·ti·na [bar.ƀo.tí.na; ƀar.-] 男 粘土泥漿 (でいしょう).

bar·bour [bár.ƀur; bár.-] [英] 男 防水ジャケット.

bar·bu·do, da [bar.ƀú.do, -.da; ƀar.-] 形 ひげもじゃの; ひげを生やした. —— ひげもじゃの男. 女 ひげを生やした人.

bar·bu·lla [bar.ƀú.ʎa; ƀar.- ‖ -.ʎa] 女 《話》かしましい騒ぎ, やかましいおしゃべり.

bar·bu·llar [bar.ƀu.ʎár; ƀar.- ‖ -.ʎár] 自 早口で不明瞭(めいりょう)に話す.

bar·bu·llón, llo·na [bar.ƀu.ʎón, -.ʎó.na; ƀar.- ‖ -.ʎón, -.ʎó.-] 形 早口で不明瞭(めいりょう)に話す.
—— 男 女 早口で不明瞭に話す人.

bar·bu·que·jo [bar.ƀu.ké.xo; ƀar.-] 男 → barboquejo.

bar·bu·sa·no [bar.ƀu.sá.no; ƀar.-] 男 【植】クスノキの一種:カナリア諸島に多く見られる.

***bar·ca** [bár.ka; ƀár.-] 女 **小舟**, ボート. ～ de pasaje 渡し船. ～ de remos 手こぎ舟. → barco [類語]. *estar en la misma barca* 《話》運命を共にしている, 同じ運命[境遇]にある.
[←〔後ラ〕*barca*←〔関連〕embarcar. [英] *bark*]

bar·ca·da [bar.ká.da; ƀar.-] 女 船1杯分の積み荷;1回の渡し船.

bar·ca·je [bar.ká.xe; ƀar.-] 男 小型船での運搬, 渡船料, 船賃.

bar·ca·ro·la [bar.ka.ró.la; ƀar.-] [伊] 女 【音楽】船歌, バルカロール, (イタリアの)ゴンドラの船頭歌.

bar·ca·za [bar.ká.θa; ƀar.- / -.sa] 女 はしけ, 荷上げ船.

Bar·ce·lo·na [bar.θe.ló.na; ƀar.- / -.se.-] 固名 バルセロナ:スペイン北東部の県;県都(港湾都市). ◆カタルーニャ地方の中心.
[←〔古スペイン〕*Barçilona*←〔ラ〕*Barcino*]

bar·ce·lo·nés, ne·sa [bar.θe.lo.nés, -.né.sa; ƀar.- / -.se.-] 形 バルセロナの.
—— 男 女 バルセロナの住民[出身者].

bar·ce·lo·nis·mo [bar.θe.lo.nís.mo; ƀar.- / -.se.-] 男 (スポーツクラブの)FCバルセロナ F. C. Barcelonaを愛好・応援すること.

bar·ce·lo·nis·ta [bar.θe.lo.nís.ta; ƀar.- / -.se.-] 形 FCバルセロナの.
—— 男 女 FCバルセロナの選手[サポーター].

bar·ce·no, na [bar.θé.no, -.na; ƀar.- / -.sé.-] 形 → barcino.

bar·chi·lón, lo·na [bar.tʃi.lón, -.ló.na; ƀar.-] 男 女 《ラ米》(1)(ボリビア)看護師. (2)(ペルー)(エクアドル)偽医者, 無免許医師.

bar·cia [bár.θja; ƀár.- / -.sja] 女 (穀物の)ふるいかす, もみ殻.

bar·ci·na [bar.θí.na; ƀar.- / -.sí.-] 女 《ラ米》(メキシコ)麦わらの大束.

bar·ci·no, na [bar.θí.no, -.na; ƀar.- / -.sí.-] 形 (動物が)葦毛(あしげ)の. —— 男 女 《ラ米》(ブラジル)(所属政党を変える)無節操な政治家.

****bar·co** [bár.ko; ƀár.-] 男 **1** **船, 船舶**. viajar en ～ 船旅をする. ～ cisterna タンカー. ～ carbonero 石炭(運搬)船. ～ de carga 貨物船. ～ de guerra 軍艦. ～ del práctico 水先案内船, パイロットボート. ～ de pasajeros 客船. ～ de pesca / ～ pesquero 漁船. ～ de recreo 遊覧船. ～ de vapor 汽船. ～ de vela / velero 帆船. ～ faro 灯台船. ～ hospital 病院船. ～ mercante 商船. ～ náufrago / ～ naufragado 難破船. ～ nodriza 母船. ～ patrullero 巡視船, 哨戒(しょうかい)艇. un jersey (de) cuello ～ ボートネックのセーター.

> [類語] *barco* はあらゆる種類の「船」を指す. *barca* は釣り船などの「小舟」, *bote* は小型の「ボート」, *yate* 「ヨット」, *velero* 「帆船」, *buque* は甲板のある大型船を指し, *embarcación* は「船舶」の総称. *nave* は昔の「大型帆船」と現代の「宇宙船」に用いられる. また *navío* は軍艦などの「大型船」.

2 (宇宙船の)操縦室, コックピット.
3 (気球の)つりかご, ゴンドラ. **4** 小峡谷.
estar [*ir*] *en el mismo barco* 運命[利害]を共にしている.

bar·da [bár.da; ƀár.-] 女 **1** 馬鎧(うまよろい).
2 (土塀の上にかける)枝葉[わら]の覆い.
3 【海】(水平線上の)黒雲.

bar·da·gue·ra [bar.da.ǥé.ra; ƀar.-] 女 【植】ヤナギの一種.

bar·dal [bar.dál; ƀar.-] 男 (上に枝葉・わらなどをかぶせた)土塀;生垣.

bar·da·na [bar.dá.na; ƀar.-] 女 【植】ゴボウ.

bar·dan·za [bar.dán.θa; ƀar.- / -.sa] 女 *andar de bardanza* ぶらぶらとあてどもなくうろつく.

Bar·dem [bar.dém; ƀar.-] 固名 バルデム Juan Antonio — (1922−2002):スペインの映画監督. 作品 *Muerte de un ciclista*『恐怖の逢いびき』.

bar·de·o [bar.dé.o; ƀar.-] 男 《隠》ナイフ.

bar·do [bár.do; ƀár.-] 男 **1** 古代ケルト人の吟唱詩人;《文章語》詩人. **2** 《ラ米》(メキシコ)《話》騒ぎ.

ba·re·mar [ba.re.már; ƀa.-] 他 (baremoに基づいて)評価する.

ba·re·mo [ba.ré.mo; ƀa.-] 男 **1** 採点[評価]基準. **2** 計算[価格]早見表;税率表;採点[評価]基準.

ba·re·ta [ba.ré.ta; ƀa.-] 女 《ラ米》(コロンビア)《俗》マリファナ.

ba·re·to [ba.ré.to; ƀa.-] 男 《スペイン》《話》しけたバル bar.

bar·gue·ño [bar.ǥé.ɲo; ƀar.-] 男 (引き出しのたくさんある)飾り戸棚.

bar·hi·dró·me·tro [ba.ri.ðró.me.tro; ƀar.-] 男

ba·ria [bá.rja; ƀá.-] 囡《物理》バリー：圧力の単位.
ba·ri·cén·tri·co, ca [ba.ri.θén.tri.ko, -.ka; ƀa.- / -.sén.-] 厖《物理》《数》重心の.
ba·ri·cen·tro [ba.ri.θén.tro; ƀa.- / -.sén.-] 男《物理》《数》重心.
ba·ri·lle·ro, ra [ba.ri.jé.ro, -.ra; ƀa.- ‖ -.ʎé.-] 男囡《ラ米》(ﾀﾞ)行商人, 露天商, 屋台の商人.
ba·rín, na [ba.rín, -.na; ƀa.-] 男囡《帝政ロシアの》領主, 主人.
ba·rio [bá.rjo; ƀá.-] 男《化》バリウム(記号 Ba).
ba·ris·fe·ra [ba.ris.fé.ra; ƀa.-] 囡《地質》重圏.
ba·ri·ta [ba.rí.ta; ƀa.-] 囡《化》酸化バリウム；水酸化バリウム.
ba·ri·ti·na [ba.ri.tí.na; ƀa.-] 囡《鉱》重晶石.
ba·rí·to·no [ba.rí.to.no; ƀa.-] 男《音楽》バリトン；バリトン歌手. **saxo ~** バリトンサックス.
bar·ján [bar.xán; ƀar.-] 男 三日月形をした砂丘.
bar·ju·le·ta [bar.xu.lé.ta; ƀar.-] 囡 背負い袋, ナップザック.
bar·lo·a [bar.ló.a; ƀar.-] 囡《海》舫(ﾓﾔ)い綱, 係船索.
bar·lo·ar [bar.lo.ár; ƀar.-] 他 囮《海》→ abarloar.
bar·lo·ven·te·ar [bar.lo.ƀen.te.ár; ƀar.-] 自
1《海》間切る, (風上へ) 詰め開きで進む.
2《話》さまよう, 放浪する.
bar·lo·ven·to [bar.lo.ƀén.to; ƀar.-] 男《海》風上(側) (↔sotavento). **estar a ~** 風上に位置する.
bar·man [bar.man; ƀár.-] 《英》男《複 ~s, bármanes》バーテン.
barn [bárn; ƀárn] 男《物理》バーン：核物理学で面積の単位.
bar·na·bi·ta [bar.na.ƀí.ta; ƀar.-] 厖《カト》バルナバ会士の. —男《カト》バルナバ会修道士：1530年ごろミラノに創設された聖パウロ修道参事会の略称.
bar·na·cla [bar.ná.kla; ƀar.-] 囡《鳥》カナダガン.
*__bar·niz__ [bar.níθ; ƀar.- / -.nís] 男《複 barnices》
1 ニス, ワニス；上薬. **dar ~ a ...** にニスを塗る. 2 うわべの飾り, 生かじりの知識(= baño). **Sólo tiene un ~ de cultura.** 彼[彼女]の教養はうわべだけだ. 3 印刷用インク. 4《ラ米》(ﾒﾎ)マニキュア (= ~ de uñas).
**barniz del Japón**《植》ウルシ(の木).
[←《古スペイン》_verniz_ ←《中ラ》_veronix_「サンダラック」；《関連》barnizar. 《英》_varnish_]
bar·ni·za·do [bar.ni.θá.ðo; ƀar.- / -.sá.-] 男 ニス仕上げ, ワニス塗り. 2 上薬かけ.
bar·ni·za·dor, do·ra [bar.ni.θa.ðór, -.ðó.ra; ƀar.- / -.sa.-] 厖 ニスを塗る；上薬をかける.
—男囡 1 ニス[ワニス]塗り職人.
2《陶器・焼き物の》施釉(ｾｭｳ)工.
bar·ni·za·du·ra [bar.ni.θa.ðú.ra; ƀar.- / -.sa.-] 囡 → barnizado.
bar·ni·zar [bar.ni.θár; ƀar.- / -.sár] 97 他 1 …にニス[ワニス]を塗る.
2 …に上薬をかける, 施釉(ｾｭｳ)する.
ba·ro [bá.ro; ƀá.-] 男 → bar².
ba·ró·gra·fo [ba.ró.gra.fo; ƀa.-] 男 自記気圧計.
Ba·ro·ja [ba.ró.xa; ƀa.-] 固 バロー Pío ~ (1872-1956)：スペインの小説家. 98年の世代の作家のひとり (→ noventayochista). 作品 _Memorias de un hombre de acción_『ある活動家の回想記』.
ba·ro·jia·no, na [ba.ro.xjá.no, -.na; ƀa.-] 厖 (スペインの小説家) ピオ・バローハ Baroja の；ピオ・バローハ風の.
ba·ro·mé·tri·co, ca [ba.ro.mé.tri.ko, -.ka; ƀa.-] 厖 気圧計の；気圧(上)の.
ba·ró·me·tro [ba.ró.me.tro; ƀa.-] 男 1《気象》気圧計, 晴雨計. **~ aneroide** アネロイド気圧計. **~ registrador** 自記気圧計. **~ de mercurio** 水銀気圧計. **~ de cubeta** シスタン気圧計.
2 バロメーター, 指標.
*__ba·rón, ro·ne·sa__ [ba.rón, -.ro.né.sa; ƀa.-] 男囡
1 男爵. 2 (政党・組織の) 実力者, 大物.
—囡 男爵夫人.
ba·ro·ní·a [ba.ro.ní.a; ƀa.-] 囡 男爵の位[身分]；男爵領.
ba·ros·co·pio [ba.ros.kó.pjo; ƀa.-] 男《気象》気圧計.
ba·ro·to [ba.ró.to; ƀa.-] 男 (フィリピンの) 小舟.
ba·ro·trau·ma·tis·mo [ba.ro.trau.ma.tís.mo; ƀa.-] 男《医》気圧障害, 気圧性外傷.
bar·que·ar [bar.ke.ár; ƀar.-] 他 〈川・湖を〉船で渡る. —自 船に乗って行く.
bar·que·ro, ra [bar.ké.ro, -.ra; ƀar.-] 男囡 船頭, 渡し守.
bar·que·ta [bar.ké.ta; ƀar.-] 囡 1 小舟, ボート.
2 (食品などの入った) 包装トレイ. [barca + 縮小辞]
bar·que·te [bar.ké.te; ƀar.-] 男 barco + 縮小辞.
bar·quí·a [bar.kí.a; ƀar.-] 囡 (4本のオールのついた) 舟.
bar·qui·chue·lo [bar.ki.tʃwé.lo; ƀar.-] 男 barco + 縮小辞.
bar·qui·lla [bar.kí.ja; ƀar.- ‖ -.ʎa] 囡 1 (気球の) ゴンドラ, つりかご. 2 (ケーキの) 小舟形の焼き型.
3《海》測程板. 4《ラ米》(ﾀﾞ)(ﾊﾞﾗｸﾞｧ)アイスクリームコーン.
bar·qui·lle·ro, ra [bar.ki.jé.ro, -.ra; ƀar.- ‖ -.ʎé.-] 男囡 ウエハース[アイスクリームコーン] 職人, ウエハース[アイスクリーム] 売り.
—男 ウエハース[アイスクリームコーン]を作る型.
—囡 ウエハース[アイスクリームコーン]を入れる容器.
bar·qui·llo [bar.kí.jo; ƀar.- ‖ -.ʎo] 男 巻き (とんがり) 型のウエハース；アイスクリームコーン.
bar·quín [bar.kín; ƀar.-] 男 大型のふいご.
bar·qui·na·zo [bar.ki.ná.θo; ƀar.- / -.so] 男 (車の) 激しい上下動, 揺れ.
*__ba·rra__ [bá.r̄a; ƀá.-] 囡 1 棒, 横棒；手すり. **~ de hierro** 鉄の棒. **ejercicios en la ~** バーを用いた (バレエの) 練習. 2 棒状のもの, 棒状の塊. **~ de chocolate** チョコバー. **~ de hielo** 氷の塊. **~ de oro** 金の延べ棒. **~ de labios** 口紅. **~ de pan** (バゲットなど) 棒状のパン. 3 (酒場などの) **カウンター**. **tomar una cerveza en la ~** カウンターでビールを1杯飲む. **~ americana** 女性が接客するナイトバー. **~ libre** フリードリンク, 飲み放題. → 次ページに図. 4《スポ》棒, 鉄棒. **~s paralelas** 平行棒. **~s (paralelas) asimétricas** 段違い平行棒. **~ de equilibrio** 平均台. **~ fija** 鉄棒.
5《法》(法廷の傍聴席との間の) 手すり；法廷, 被告席. **llevar a + 人 a la ~** 〈人〉を告発する.
6 (1) 棒線, 分割記号 (/, ｜)；《音楽》(楽譜の小節

barra de pan (バゲット)

を区切る)縦線. (2)〖ＩＴ〗バー. código de ~s バーコード. **7** 〖紋〗盾の左上から右下へかけての斜めの帯. **8** 砂州. **9** (布の染色ミスでできる)縞. **10** (複数で)(馬の)馬銜(ふん)受け. **11** 《ラ米》(1)(エクア)(グアテ)(ブラ)河口. (2)(メキ)《話》《集合的》若者たちのグループ, 仲間. (3)(スペカラ)《集合的》(スポーツ選手やチームの)ファン[サポーター]. (4)(チリ)聴衆, 観客. (5) 傍聴人. (6)(*ﾊ)バー, バールーム.
sin pararse [reparar] en barras 《話》後先を考えずに, 突っ走って.

barra (カウンター)

ba·rra·bás [ba.řa.βás; ƀa.-] 男《単複同形》《話》悪童, 腕白小僧;ならず者.

Ba·rra·bás [ba.řa.βás; ƀa.-] 固名〖聖〗バラバ:イエス Jesús の代わりに放免された盗人.

ba·rra·ba·sa·da [ba.řa.βa.sá.ða; ƀa.-] 女《話》ひどいこと;ばかな言動. *hacer una* ~ ばかなまねをする, むちゃなことをする.

***ba·rra·ca** [ba.řá.ka; ƀa.-] 女 **1** 小屋, 仮屋, バラック. **2** (市(いち)・遊園地の)仮設小屋, 屋台 (= caseta). **3** (スペイン Valencia, Murcia の農村地帯の)かやぶき屋根の家屋. **4** 《ラ米》(1)(ペルー)(市場内の)店. (2)納屋, 置場. ~ 兵舎.
[← [カタルーニャ]*barraca*]

ba·rra·cón [ba.řa.kón; ƀa.-] 男 (大きな)仮設小屋;兵舎. ~ *de tiro al blanco*(遊園地などの)射的場. [barraca+増大辞]

ba·rra·cu·da [ba.řa.kú.ða; ƀa.-] 女〖魚〗オニカマス, バラクーダ;モトカマス.

ba·rra·do, da [ba.řá.ðo, -.ða; ƀa.-] 形 縞(しま)のある, 縞地の.

ba·rra·gán [ba.řa.ɣán; ƀa.-] 男 防水羊毛の布地;防水羊毛の外套(がいとう).

Ba·rra·gán [ba.řa.ɣán; ƀa.-] 固名 バラガン Luis ~ (1902–88) : メキシコの建築家.

ba·rra·ga·na [ba.řa.ɣá.na; ƀa.-] 女 《軽蔑》内縁の妻, 情婦.

ba·rra·ga·ne·rí·a [ba.řa.ɣa.ne.rí.a; ƀa.-] 女 内縁関係 (= amancebamiento).

ba·rra·ga·ne·te [ba.řa.ɣa.né.te; ƀa.-] 男〖海〗頂部肋材(ろくざい).

ba·rran·ca [ba.řáŋ.ka; ƀa.-] 女 → barranco.

ba·rran·cal [ba.řaŋ.kál; ƀa.-] 男 断崖(だんがい)や峡谷のある土地.

***ba·rran·co** [ba.řáŋ.ko; ƀa.-] 男 **1** 峡谷, 深い谷. **2** 断崖(だんがい), 絶壁, 崖(がけ). **3** 障害, 困難. *salir del* ~ 難局から抜け出る. **4**《ラ米》(*ﾊ)山腹, 山の斜面.

ba·rran·co·so, sa [ba.řaŋ.kó.so, -.sa; ƀa.-] 形 断崖(だんがい)[崖(がけ)]の多い, 険しい.

ba·rran·que·ra [ba.řaŋ.ké.ra; ƀa.-] 女 峡谷.

ba·rran·quis·mo [ba.řaŋ.kís.mo; ƀa.-] 男〖スポ〗キャニオニング.

ba·rran·quis·mo [ba.řa.kís.mo; ƀa.-] 男《集合的》バラック barraca の立ち並ぶところ, 貧民地区.

ba·rrar [ba.řár; ƀa.-] 他 …に泥を塗る.

ba·rre·al [ba.ře.ál; ƀa.-] 男 → barrizal.

ba·rre·ar [ba.ře.ár; ƀa.-] 他 **1** 冊(さく)で囲む, 封鎖する. **2**《ラ米》(ミサけ)(人の)手を縛る.
— 自 (槍(やり)が)敵の武具の上を)こする.

ba·rre·da [ba.ře.ða; ƀa.-] 女 (特に闘牛場の) 防御柵(さく) (= barrera).

ba·rre·de·ro, ra [ba.ře.ðé.ro, -.ra; ƀa.-] 形 掃除する, さらう. *red barredera*〖海〗トロール網, 底引き網. **— 女** パン焼き窯を掃除するためのほうき.
— 女 道路清掃車.

ba·rre·dor, do·ra [ba.ře.ðór, -.ðó.ra; ƀa.-] 形 清掃の, 掃く. **— 男女** 清掃人;〖スポ〗スイーパー.

ba·rre·du·ra [ba.ře.ðú.ra; ƀa.-] 女 **1** 掃くこと, 掃除. **2**《主に複数で》掃き寄せたもの, ごみ, くず.

ba·rre·mi·nas [ba.ře.mí.nas; ƀa.-] 男《単複同形》〖海〗掃海艇 (= dragaminas).

ba·rre·na [ba.ře.na; ƀa.-] 女 錐(きり), ドリル, 穿孔(せんこう)機.
entrar en barrena〈飛行機が〉きりもみ降下する.

ba·rre·na·do, da [ba.ře.ná.ðo, -.ða; ƀa.-] 形《話》頭のおかしい, 気がふれた.

ba·rre·na·dor [ba.ře.na.ðór; ƀa.-] 男 **1**〖昆〗キクイムシ;〖貝〗フナクイムシ. **2**〖鉱〗発破工.

ba·rre·nar [ba.ře.nár; ƀa.-] 他 **1** 〈錐(きり)・ドリルで〉…に穴をあける;〈岩などを〉掘削する. **2** 〈計画・企てを〉妨害する, だめにする. **3** 〈法律・規則を〉犯す, 破る, 違反する. **4**〖闘牛〗(ピカドール picador が)〈牛を〉(槍(やり)先で)突き刺す.

ba·rren·de·ro, ra [ba.řen.dé.ro, -.ra; ƀa.-] 男女 道路清掃人.

ba·rre·ne·ro [ba.ře.né.ro; ƀa.-] 男 穿孔(せんこう)夫, 削岩夫;発破工.

ba·rre·ni·llo [ba.ře.ní.jo; ƀa.- ‖ -.ʎo] 男 **1** 穿孔(せんこう)虫, キクイムシ;キクイムシの害. **2**《ラ米》(1)(ニカラ)強情, 石頭. (2)(メキ)悩み, 心配事;強迫観念, 心. [barreno + 縮小辞]

ba·rre·no [ba.ře.no; ƀa.-] 男 **1** 穿孔(せんこう)機, 削岩機. **2** (錐(きり)・ドリルなどの)穴. **3** 発破孔;(発破に用いる)爆薬. **4** 悩み, 心配事;執心. **5** 虚栄心, うぬぼれ. **6**《ラ米》(ホン)強迫観念.
dar barreno a un barco〖海〗船に穴をあけ沈没させる.
llevar [seguir] el barreno a +人《ラ米》(メキ)《話》〈人の〉意見[好み]に合わせる.

ba·rre·ña [ba.ře.ɲa; ƀa.-] 女 → barreño.

ba·rre·ño [ba.ře.ɲo; ƀa.-] 男 桶(おけ), たらい.

***ba·rrer** [ba.řér; ƀa.-] 他 **1** (ほうきなどで)〈場所・散乱物を〉掃く, 掃除する. ~ *la acera* 歩道を掃く. ~ *las migas* パンくずを掃除する.
2 根こそぎ持ち去る, 一掃する. *Las olas barrieron la playa.* 波が海岸にあったすべてのものを運び去った. **3** 壊滅させる;…に圧勝する. ~ *a un rival* ライバルをたたきのめす. ~ *el sistema tradicional* 伝統的システムを根本から崩す.
4 〈服のすそなどが〉〈床などに〉触れる;引きずる;〈光・視線などが〉〈場所の端から端まで〉さっと動く. *Llevaba una falda que barría el suelo.* 彼女は床をひきずるようなスカートをはいていた. *La luz del helicóptero barrió el área.* ヘリコプターのサーチライトがその地区を行き来した.
5《ラ米》(メキ)《話》上から下まで見回す.
— 自 **1** 掃く, 掃除する. **2**《**con...**》(…を)根こそぎ持ち去る, 一掃する. **3** …に圧勝する. *El tifón barrió con todo.* 台風がすべてをなぎ倒した.
— ~·se 再《ラ米》(メキ)〈馬が〉驚いて後ずさりする.
barrer para dentro [*casa*] / *barrer hacia dentro*《話》自分の利益を図る, 利己的に行動する.

comprar al barrer《ラ米》《ﾌﾞﾗ》《話》ひとまとめで買う.

[←[ラ]verrere]

*ba‧rre‧ra¹ [ba.ře.ra; ba.-] 囡 **1** 柵(き); 遮断機, 遮断物. La ~ está bajada. 遮断機は降りている.

2 障害, 障壁, 壁. ~ del sonido 〖航空〗音速の壁. ~s arancelarias 関税障壁. La diferencia de idioma no es ninguna ~ para nosotros. 言葉の違いは私たちにとってなんの障壁にもならない.

3 〖闘牛〗**(1)** (闘牛場の)防壁. **(2)** 観客席最前列の席. **4** 〖スポ〗(サッカーなど) ディフェンスの壁. formar la ~ 壁をつくる. **5** 〖軍〗防柵.

ba‧rre‧ra² [ba.ře.ra; ba.-] 囡 **1** 陶土採掘場.
2 陶磁器の飾り戸棚.

ba‧rre‧ro [ba.ře.ro; ba.-] 男 **1** 陶工, 焼き物師.
2 陶土採掘場. **3** ぬかるみ, 泥沼. **4** 《ラ米》《ｺﾛﾝ》《ﾌﾞﾗ》硝石を産出する土地.

ba‧rre‧ro, ra [ba.ře.ro, -.ra; ba.-] 形 《ラ米》《ﾌﾞﾗ》《話》《馬が》ぬかるみ[重い砂]馬場に強い.

ba‧rre‧ta [ba.ře.ta; ba.-] 囡 **1** (鉱員・石工の)小さなつるはし. **2** (靴の裏側に張る)革.

ba‧rre‧te‧ar [ba.ře.te.ár; ba.-] 他 **1** (かんぬき・横棒で)しっかり閉める. **2** 《ラ米》つるはしで掘る.

ba‧rre‧te‧ro [ba.ře.té.ro; ba.-] 男 〖鉱〗鉱員.

ba‧rre‧ti‧na [ba.ře.tí.na; ba.-] 囡 (スペイン Cataluña の)帽子.

ba‧rre‧tón [ba.ře.tón; ba.-] 男 《ラ米》《ｺﾛﾝ》つるはし.

ba‧rria‧da [ba.řjá.ða; ba.-] 囡 **1** (市の)地区, 区域; 都市周辺部. **2** 《ラ米》スラム街[地区].

ba‧rrial [ba.řjál; ba.-] 形 《ラ米》**(1)** 《ﾌﾞﾗ》地区の.
(2) 《ｺﾛﾝ》粘土質の.
—男 《ラ米》**(1)** 《ｺﾛﾝ》《ﾌﾞﾗ》沼地, ぬかるみ. **(2)** 《ｺﾛﾝ》《ﾌﾞﾗ》粘土質の土地; 陶土採取地.

ba‧rri‧ca [ba.ří.ka; ba.-] 囡 (中型の)樽(を), 酒樽.

ba‧rri‧ca‧da [ba.ří.ká.ða; ba.-] 囡 防柵(きゃく), バリケード. levantar una ~ バリケードを築く.

[←[仏]barricade]

ba‧rri‧da [ba.ří.ða; ba.-] 囡《ラ米》掃除, 清掃.

ba‧rri‧do [ba.ří.ðo; ba.-] 男 **1** 掃くこと, 掃除. dar un ~ a… …をほうきで掃く. **2** (掃き集められた)ごみ, くず. **3** (情報の)見直し, 調べ直し. hacer un ~ en… …を調べ直す. **4** 〖映〗〖TV〗カメラの水平移動撮影. **5** 〖物理〗走査. **6** 買い占め.

servir lo mismo para un barrido que para un fregado《人が》万能である, 何でも屋である.

*ba‧rri‧ga [ba.ří.ga; ba.-] 囡 **1** 《話》腹, 腹部. dolor de ~ 腹痛. echar ~ 腹が出る.
2 《話》貧乏腹, 大きなお腹. tener ~ 腹が出ている.
3 (樽(を))胴・容器などの)出っ張り, 膨らみ.

rascarse [tocarse] la barriga《話》のらくら暮らす, 怠ける.

ba‧rri‧gón, go‧na [ba.ří.gón, -.gó.na; ba.-] 形 《話》太鼓腹の. —男 囡 **1** 《話》太鼓腹の人. **2** 《ラ米》《ｶﾘﾌﾞ》《ｺﾛﾝ》《話》子供, 少年, 少女.
—男 《話》太鼓腹.

ba‧rri‧gu‧do, da [ba.ří.gú.ðo, -.ða; ba.-] 形 太鼓腹の. —男 囡 太鼓腹の人.

ba‧rri‧güe‧ra [ba.ří.gé.ra; ba.-] 囡 (馬の)腹帯.

*ba‧rril [ba.říl; ba.-] 男 **1** 樽(を). un ~ de vino 1樽のワイン. **2** (石油の容量単位)バレル (= ~ de petróleo): 158.98リットル. **3** (素焼きの)水がめ, 水差し. **4** 《ラ米》六角凧(た).

comer del barril《ラ米》《ｺﾛﾝ》《話》粗末なものを食べる.

ser un barril de pólvora 危険な状態にある, 一触即発である.

ba‧rri‧la [ba.ří.la; ba.-] 囡 《話》大騒ぎ. dar la ~ a… 《話》…にうるさく言う.

ba‧rri‧la‧je [ba.ří.lá.xe; ba.-] 男 《ラ米》《ﾁﾘ》《集合的》樽(を).

ba‧rri‧la‧men [ba.ří.lá.men; ba.-] 男 《集合的》樽(を).

ba‧rri‧le‧rí‧a [ba.ří.le.rí.a; ba.-] 囡 **1** 《集合的》樽(を). **2** 樽屋, 樽工場.

ba‧rri‧le‧ro [ba.ří.lé.ro; ba.-] 男 樽(を)製造者; 樽商人.

ba‧rri‧le‧te [ba.ří.lé.te; ba.-] 男 **1** 小さな樽(を).
2 (リボルバーの)弾倉. **3** 〖建〗(材木を作業台に固定する)留め金. **4** 〖動〗シオマネキ属のカニ. **5** 〖音楽〗(クラリネットの)胴部. **6** 〖海〗**(1)** 冠結び, クラウンノット. **(2)** 小型巻胴, キャプスタン(車地)の胴. **7** (六角)凧(た). **8** 《ラ米》《ﾁﾘ》**(1)** 見習い[雇われ]弁護士.
(2) 太った人. —囡 《ラ米》《ﾌﾞﾗﾞ》《俗》《軽蔑》売春婦. [barril + 縮小辞]

ba‧rri‧lla [ba.ří.ja; ba.- ‖ -.ʎa] 囡 **1** 〖植〗オカヒジキ(属の植物). **2** バリラ: オカヒジキを焼いた灰(から得られる不純な炭酸ソーダ). **3** 《ラ米》《ﾒﾋ》《ﾎﾞﾘ》〖鉱〗自然銅.

ba‧rri‧llar [ba.ří.jár; ba.- ‖ -.ʎár] 男 オカヒジキの群生地; オカヒジキを焼く場所.

ba‧rri‧llo [ba.ří.jo; ba.- ‖ -.ʎo] 男 《主に複数で》にきび, 吹き出物.

*ba‧rrio [bá.řjo; bá.-] 男 **1** (都市の中の)地区, 区域 (= distrito); 界隈. ~ antiguo [histórico, viejo] 旧市街. ~(s) bajo(s) / ~(s) de las latas 貧困地区, スラム街. ~ chino 中華街, チャイナタウン; 《スペイン》歓楽街, 売春街. ~ céntrico 中心街. ~ obrero 労働者居住区. ~ residencial 住宅地区. ~ de tolerancia 《ラ米》《ﾌﾞﾗﾞ》《俗》売春宿, 娼家(ょぅか).

2 町内の人々. Lo conoce todo el ~. 町内の人がみんな彼を知っている.

3 郊外の住宅地区. **4** 《ラ米》**(1)** (*米)ヒスパニック居住区. **(2)** 《ﾌﾞﾗﾞ》売春街.

de barrio〈店などが〉地元の. supermercado de ~ (あまり大規模でない)近所のスーパー.

el otro barrio《話》あの世. irse al otro ~ あの世へ行く, 死ぬ. mandar a+人 al otro ~ 〈人〉をあの世へ送る, 殺す.

[←[アラビア]《話》barri「郊外の」([アラビア]barr「郊外」より派生)]

ba‧rrio‧ba‧je‧ro, ra [ba.řjo.ba.xé.ro, -.ra; ba.-] 形 貧困地区の;《話》《軽蔑》品のない, 粗野な.
—男 囡 貧困地区の住民,《話》《軽蔑》品のない[粗野な]人.

ba‧rris‧co [ba.řís.ko; ba.-] **a barrisco** ごちゃまぜに, いっしょくたに.

ba‧rris‧ta [ba.řís.ta; ba.-] 男 囡 (サーカスの)鉄棒芸人.

ba‧rri‧tar [ba.ři.tár; ba.-] 自 〈象・サイが〉鳴く.

ba‧rri‧to [ba.ří.to; ba.-] 男 〖象・サイの〗鳴き声.

ba‧rri‧zal [ba.ři.θál; ba.- / -.sál] 男 ぬかるみ.

*ba‧rro¹ [bá.řo; bá.-] 男 **1** 泥, ぬかるみ (= lodo). Las calles están llenas de ~. 道路はぬかるみだらけだ. El niño estaba con ~ hasta los ojos. その男の子は全身泥だらけだった.

2 粘土; 陶土 (= ~ de alfareros, arcilla); 土器. jarro [vasija] de ~ 素焼きの壺(を). ~ cocido テラコッタ. ~ refractario 耐火粘土.

3 《比喩的》恥, 不名誉. mancharse [cubrirse]

barro

de ～ 汚辱にまみれる.
4《比喩的》くだらないもの, 無価値なもの. **5**《ラ米》《ララ》《話》へま, 失敗, 間違い. hacer [cometer] un ～ うっかり間違える. **6**《話》ビールのジョッキ.
Dios hizo al hombre de barro.《聖》神は土の塵(ちり)で人を創られた〈創世記2:7〉.
estar comiendo[mascando] barro《話》死んでいる, 埋葬されている.

ba·rro² [bá.r̄o; bá.-] 男《主に複数で》にきび, 吹き出物 (= barrillo);《獣医》小膿胞(のうほう).

*‡**ba·rro·co, ca** [ba.r̄ó.ko, -.ka; ba.-] 形 **1** バロック様式の. *Concierto* ～ 『バロック協奏曲』(Carpentierの小説). **2** 装飾過多の, ごてごてした.
― 男 バロック様式; バロック時代.
[←《仏》*baroque*「風変わりな」.[関連]ポルトガル *barroco*「いびつな形の真珠」]

ba·rro·quis·mo [ba.r̄o.kís.mo; ba.-] 男 **1** バロック様式. **2** 装飾過多, 悪趣味.

ba·rro·so, sa¹ [ba.r̄ó.so, -.sa; ba.-] 形 **1** 粘土質の;泥だらけの. **2** 土色の, 赤褐色の. **3**《ラ米》《ララ》〈牛が〉灰褐色の.

ba·rro·so, sa² [ba.r̄ó.so, -.sa; ba.-] 形 にきびのある, 吹き出物のできた. *rostro* ～ にきびだらけの顔.

ba·rro·te [ba.r̄ó.te; ba.-] 男 **1** 太い棒.
2 補強用の棒;横木.
entre barrotes《話》獄中に.

ba·rru·jo [ba.r̄ú.xo; ba.-] 男 松林の枯葉(の山).

ba·rrum·ba·da [ba.r̄um.bá.ða; ba.-] 女 ほら, 自慢話;(見えによる)浪費.

ba·rrun·ta·mien·to [ba.r̄un.ta.mjén.to; ba.-] 男 → barrunto.

ba·rrun·tar [ba.r̄un.tár; ba.-] 他《主に悪い事を》予感する, 予知する (= presentir);《que + 直説法…だと》思う. ～ *el peligro* 危険を予知する. *Barrunto que algo horrible va a ocurrir.* 何か恐ろしいことが起きるような気がする.

ba·rrun·te [ba.r̄ún.te; ba.-] 男 → barrunto.

ba·rrun·to [ba.r̄ún.to; ba.-] 男 **1** 兆し, 徴候.
2 予感, 予知;漠然とした感じ. tener ～s de que + 直説法 …であるような気がする.
3《ラ米》《チリ》《グアテ》《パラ》雨をもたらす北風.

bar·ter·ing [bár.te.rin; bár.-]《英》男《商》バーター, 交換取引.

bar·to·la [bar.tó.la; bar.-] *a la bartola*《話》無頓着(とんちゃく)に, のんきに.
tumbarse [echarse, tenderse] a la bartola《話》怠ける, のらくらと過ごす. *Este alumno se ha tumbado a la* ～ *durante el segundo semestre.* この生徒は後期を怠けて過ごした.

bar·to·le·ar [bar.to.le.ár; bar.-] 自《ラ米》《ララ》《話》怠ける.

bar·to·li·llo [bar.to.lí.ʝo; bar.-ǁ -.ʎo.-] 男 小型の三角形のミート [クリーム] パイ.

bar·to·li·na [bar.to.lí.na; bar.-] 女《ラ米》《グア》《メ》《ほメ》(狭く暗い)牢(ろう), 牢獄, 独房.

Bar·to·lo [bar.tó.lo; bar.-] 固名 バルトロ:Bartoloméの愛称.

Bar·to·lo·mé [bar.to.lo.mé; bar.-] 固名《聖》San ～ 聖バルトロマイ(キリストの十二使徒のひとり):祝日8月24日. **2** バルトロメ:男子の洗礼名. 愛称 Bartolo.[関連]ポルトガル *Bartolomeu*《仏》*Barthélemy*《伊》*Bartolomeo*《英》*Bartholomew*.《独》*Bartholomäus*.

bar·tu·lar [bar.tu.lár; bar.-] 自《メ》思案する, 知恵を絞る.

bár·tu·los [bár.tu.los; bár.-] 男《複数形》道具類, 日用雑貨. ～ *de clase* 授業の道具. *Llévate tus* ～ *de aquí.* ここのおまえの荷物を持って行け.
liar [preparar] los bártulos《話》荷物をまとめる, (旅·引っ越しなどの)支度をする.

ba·ru·llen·to, ta [ba.ru.ʝén.to, -.ta; ba.-ǁ -.ʎén.-] 形《ラ米》《ララ》《話》騒ぎたてる, 大騒ぎする.

ba·ru·lle·ro, ra [ba.ru.ʝé.ro, -.ra; ba.-ǁ -.ʎé.-] 形《話》騒々しい;だらしない.
―男女《話》騒々しい人;だらしない人.

ba·ru·llo [ba.rú.ʝo; ba.-ǁ -.ʎo.-] 男《話》騒音, 騒動;混乱. armar un ～ 大騒ぎする. *Tengo tal* ～ *en la cabeza que no comprendo nada.* 頭の中が混乱して何がなんだかわからない.
a barullo《話》たくさん, 山ほど.

bar·zón [bar.θón; bar.-/-.són] 男 *dar barzones*《スペイン》ぶらぶら歩く.

bar·zo·ne·ar [bar.θo.ne.ár; bar.-/-.so.-] 自(当てもなく)歩く, ぶらつく.

ba·sa [bá.sa; bá.-] 女《建》(円柱の)基部, 柱礎.

ba·sa·da [ba.sá.ða; ba.-] 女《造船の》進水架, 船架.

ba·sal [ba.sál; ba.-] 形 基部の;基礎の. *metabolismo* ～《生理》基礎代謝. *temperatura* ～ 基礎体温.

ba·sál·ti·co, ca [ba.sál.ti.ko, -.ka; ba.-] 形《鉱》玄武岩の.

ba·sal·to [ba.sál.to; ba.-] 男《鉱》玄武岩.

ba·sa·men·to [ba.sa.mén.to; ba.-] 男《建》(柱の)台座;(建物の)基礎.

ba·sa·ni·ta [ba.sa.ní.ta; ba.-] 女《鉱》玄武岩.

*‡**ba·sar** [ba.sár; ba.-] 他《en... / sobre... …に》…の基礎[根拠]を置く. ～ *su teoría en un supuesto* ある仮定のもとに理論を打ち立てる.
― ～se《en... / sobre... …に》基礎を置く, 基づく. *Este método se basa en un acuerdo común.* この方法は全員の共通の理解に基づいている. *¿En qué te basas para decir eso?* どういう根拠でそんなことを言うの.

ba·sá·ri·de [ba.sá.ri.ðe; ba.-] 女《動》カコミスル:北米に棲息(せいそく)するアライグマ科の肉食哺乳(ほにゅう)動物 (= cacomiztle).

bas·ca [bás.ka; bás.-] 女 **1**《主に複数で》むかつき, 吐き気. *Este olor da* ～s. このにおいは吐き気を催させる. **2**(動物の)猛(もう)り狂い;かっとなること;衝動. **3**《俗》遊び仲間;人込み. **4**《ラ米》《ララ》吐くこと;吐瀉(としゃ)物.

bas·co·si·dad [bas.ko.si.ðáð; bas.-] 女 **1** 汚らしさ, 不潔. **2**《ラ米》《エク》卑(ひ)しい(ひ)言葉.

bas·co·so, sa [bas.kó.so, -.sa; bas.-] 形 **1** 吐き気を催させる, むかむかさせる.
2《ラ米》《エク》《話》卑(ひ)しい(ひ)な.

bás·cu·la [bás.ku.la; bás.-] 女 **1** 台秤(だいばかり), 秤, 体重計. ～ *de baño* ヘルスメーター.
2《築城》跳ね橋をつり上げる機械.
pasar a la báscula《ラ米》《チリ》《俗》(すりが金目の物を探して)他人の身体を物色する.

bas·cu·lar [bas.ku.lár; bas.-] 自 **1** 上下に傾く[動く], シーソーのように上下する;〈トラックなどの〉荷台が傾く. **2**《hacia... …に》気持ちが傾く,《entre... …の間で》気持ちが揺れる. **3**《スポ》左右に動く.

bas·cu·le·ro, ra [bas.ku.lé.ro, -.ra; bas.-] 男女 計量係.

*‡**ba·se** [bá.se; bá.-] 女 **1** 基部, 土台, 台座. ～ *de una estatua* 彫像の台座. ～ *del cráneo*《解剖》頭蓋(ずがい)底. *un florero de poca* ～ 底の

さな花瓶.
2 基本, 基礎；基礎知識. alimento ~ 主食. de ~ 基礎の, 基本的な. sentar las ~s de... …の基礎を築く. sueldo [salario] ~ 基本給.
3 根拠, 論拠；理由. ~ imponible(税金算定の基礎となる)課税対象所得. tomando [teniendo] como ~ lo que acabamos de decir ただいまお話ししたことに基づいて. Tu argumento carece de ~. 君の話には根拠がない. **4** 〖軍〗基地(= ~ militar). ~ aérea [naval] 空軍 [海軍] 基地. ~ de lanzamiento 打ち上げ基地. ~ de misiles ミサイル発射基地. **5** 主成分, 主要素. **6** 〖化学〗塩基. **7** 〖数〗底辺, 底面；(累乗・対数の)底；(位取り記数法の)基数. **8** 〖スポ〗(野球の)塁, ベース. ~ meta 本塁. segunda ~ 2塁. **9** (政党などの)支持基盤；下部組織. **10** (測量の)基線. **11** (化粧の)ファンデーション(= ~ de maquillaje).
— 男 女 〖スポ〗(バスケット)ゲームメーカー.
— 形 → basar.
a base de... (1) …によって. traducir *a ~ de* diccionarios 辞書を使って翻訳する. (2) …のおかげで. *a ~ de* muchos esfuerzos 一生懸命に頑張ったので. (3) …を主成分[ベース]にした. una bebida *a ~ de* ron ラム酒をベースにした飲み物.
a base de bien 《話》たくさん；とてもよく, すばらしく. Hemos comido *a ~ de bien*. 私たちは十分食事をいただきました.
base de datos 〖ＩＴ〗データベース.
caer por su base 根拠がない. Esta hipótesis *cae por su ~*. この仮説には根拠がない.
en base a... / sobre la base de... …によると；…に基づいて. *sobre la ~ de* estos datos これらのデータに基づいて.
[←〖ラ〗*basis*←〖ギ〗*básis*「(柱の)台座；踏み台」；関連 basar, básico. 〖英〗*base*]

base·ball [béis.βol; béis.-] 〖英〗男 〖ラ米〗野球(= béisbol).
base·ball·is·ta [beis.βo.lís.ta; βeis.-] 男 〖ラ米〗〖スポ〗野球選手.
base·bo·le·ro, ra [beis.βo.lé.ro, -.ra; βeis.-] 形 《ラ米》(ダ)野球の. — 男 《ラ米》(ダ)野球選手.
BASIC / basic [béi.sik; béi.-] (略) 〖ＩＴ〗*Beginner's All-purpose Symbolic Instruction Code* 〖英〗ベーシック(言語).
bá·si·ca·men·te [bá.si.ka.mén.te; bá.-] 副 基本的に；要するに；本質的に.
ba·si·ci·dad [ba.si.θi.ðáð; ba.- / -.si.-] 女 〖化〗塩基性, 塩基度.
*#**bá·si·co, ca** [ba.si.ko, -.ka; bá.-] 形 **1** 基礎の, 基本的な, 基礎的な. conocimientos ~s 基礎知識. derechos humanos ~s 基本的人権. industrias básicas 基幹産業. principios ~s 根本原理. Educación General *Básica* 初等教育(略 EGB) (◆ほぼ日本の小中学校に当たる義務教育期間. スペインでは1970〜90年に実施され, 現在は. Educación Primaria, Educación Secundaria Obligatoria 《略 ESO》という. アルゼンチン, チリ, コスタリカでは現在も行われている). → educación. **2** 〖化〗塩基性の.
— 女 la *Básica* 初等教育(= Educación General *Básica*)：主に6歳から14歳までの教育. terminar la *Básica* 初等教育を終える, 中学校を卒業する.
ba·si·dio [ba.sí.ðjo; ba.-] 男 〖植〗担子器.
ba·si·dio·mi·ce·to [ba.si.ðjo.mi.θé.to; ba.- / -.sé.-] 形 〖菌類〗担子菌類の. — 男 (複数で) 担子菌類.

ba·si·lar [ba.si.lár; ba.-] 形 〖解剖〗基底の, 頭蓋(がい)骨底部の.
Ba·si·le·a [ba.si.lé.a; ba.-] 固名 バーゼル：スイス北部の都市.
ba·si·le·en·se [ba.si.le.én.se; ba.-] / **ba·si·len·se** [ba.si.lén.se; ba.-] 形 バーゼルの.
— 男 女 バーゼルの住民[出身者].
*ba·sí·li·ca** [ba.sí.li.ka; ba.-] 女 **1** 〖史〗バシリカ：古代ローマで裁判や集会に用いられた公会堂.
2 (バシリカ風の)初期のキリスト教教会堂.
3 大聖堂, 大寺院：特にローマの13の聖堂を指す. *B~* de San Pedro サンピエトロ大聖堂.

basílica (大聖堂：サラゴサ)

ba·si·li·cal [ba.si.li.kál; ba.-] 形 バシリカの；バシリカ風建築の.
ba·si·li·co, ca [ba.sí.li.ko, -.ka; ba.-] 形 〖解剖〗尺側皮の. vena *basílica* 尺側皮静脈.
ba·si·li·cón [ba.si.li.kón; ba.-] 男 〖薬〗バシリコン膏(こう), 松脂(やに)軟膏.
ba·si·lien·se [ba.si.ljén.se; ba.-] 形 男 女 → basileense.
Ba·si·lio [ba.sí.ljo; ba.-] 固名 バシリオ：男子の名. [←〖ラ〗*Basilius*←〖ギ〗*Basíleios*「王族の(人)」が原義)；関連 〖ポルトガル〗*Basílio*. 〖仏〗*Basile*. 〖伊〗*Basilio*. 〖英〗*Basil*. 〖独〗*Basilius*]
ba·si·lis·co [ba.si.lís.ko; ba.-] 男 **1** 〖ギ神〗バシリスク：ひとにらみで人を殺すという伝説上の怪獣. **2** 〖動〗バシリスク：熱帯アメリカ産イグアナ科のトカゲ.
ponerse como [estar hecho] un basilisco 《話》激怒する[している].
bas·ket [bás.ket; bás.-] 〖英〗男 → basketball.

basilisco (バシリスク)

bas·ket·ball [bás.ket.βol; bás.-] 〖英〗男 《ラ米》〖スポ〗バスケットボール.
ba·só·fi·lo [ba.só.fi.lo; ba.-] 男 〖生化〗好塩基性白血球.
bas·que·ar [bas.ke.ár; bas.-] 自 《ラ米》(グ)バスケットボールをする.
bás·quet / bas·quet [bás.ket; bás.-] 《ラ米》〖スポ〗バスケットボール(= baloncesto). [←〖英〗*basketball*]
bás·quet·bol [bás.ket.βol; bás.-] 男 《ラ米》〖スポ〗バスケットボール. [←〖英〗*basketball*]
bas·quet·bo·le·ro, ra [bas.ket.βo.lé.ro, -.ra; bas.-] / **bas·quet·bo·lís·ti·co, ca** [bas.ket.βo.lís.ti.ko, -.ka; bas.-] 形 《ラ米》バスケットボールの.
bas·qui·lla [bas.kí.ja; bas.-] ‖ -.ʎa.] 女 〖獣医〗(多血が原因で, けいれんを伴う)羊の病気.
bas·qui·ña [bas.kí.ɲa; bas.-] 女 (黒の)外出用スカ

bas·set [bá.se(t); bá.-] [仏] [形] 《主に性数不変》〈犬が〉足が短く背が低い. ― [男] 《複 ～, ～s》バセット犬; 足が短く背が低い犬.

bas·ta [bás.ta; bás.-] [女] **1** 仕付け（縫い）. **2** （布団・クッションの）とじ.

basta(-) [活] → bastar.

bas·tan·te [bás.tán.te; bas.-] [形] **1 《＋名詞》かなりの, 相当の. con ～ frecuencia かなり頻繁に. Soy viuda desde hace ～ tiempo. 私はかなり前から未亡人である. Las casas tienen ～s problemas en invierno. それらの家は冬に問題がずいぶんある.
2 《多くは＋名詞》《ser＋》《para...に》十分な. No tenemos ～ dinero para comer todos los días. 毎日食べるだけのお金が私たちにはない. 70 puntos pueden ser ～s para ser finalista. 70ポイントは決勝に残るには十分かも知れない.
― [副] **1** かなり, 相当に; 十分に. Las ambulancias tardaron ～ en llegar. 救急車はずいぶん時間がたってから来た. La situación era ～ grave. 状況は相当深刻だった. La derecha no es ～ fuerte para gobernar el país. 右派は国を治めるに十分なほど強力ではない.
2 《＋副詞・形容詞》とても, 非常に (▶ muy より穏やかな表現). Estoy ～ mal. 私はかなり具合が悪い.
― [代] 《不定》かなりの［十分な］人［もの］. Con este susto ya tengo ～. 驚くのはもうこれで十分.
lo bastante （＋形容詞・副詞）（*como*）*para* ＋不定詞 / *lo bastante* （＋形容詞・副詞）（*como*）*para* ＋不定詞 *que* ＋接続法 …するのにじゅうぶん…〔（…な［に］）. Ningún hombre es *lo ～ bueno* (*como*) *para gobernar* a otros. いかなる人間も他人を支配するに十分なほど善良ではない. Yo sé algo de vascuence, *lo ～ para entender* y *hacerme entender* en la calle. 街で人と理解しあえるくらいには, 私はバスク語がわかる.

bas·tan·te·ar [bas.tan.te.ár; bas.-] [自] [法] 書類を有効と認定する.

bas·tan·te·o [bas.tan.té.o; bas.-] [男] [法] （書類の）有効証明, 認証（書）.

bas·tar [bas.tár; bas.-] [自] **1 《a＋人《人》には》《para... …のために》十分である, 足りる. Ese dinero *me basta*. 私はそのお金で十分です. *Me bastó* una mirada *para reconocerla*. ひと目見て私には彼女だとわかりました. ▶ 上記用例中では me が a＋人に相当.
2 《＋不定詞 / *que*＋接続法 …するだけで》十分である. *Basta saber* que ella es la novia de Pablo. 彼女がパブロの恋人だとわかれば十分です. *Basta que me entiendas*. 君が私を理解してくれれば十分だ.
3 《3人称単数で》《con... …で》十分である；《con＋不定詞 / con que＋接続法》…するだけで》十分である. *Con* eso *basta*. それで十分です. Me *bastó con leer* las primeras líneas para saber que era una obra genial. 私は最初の何行か読んだだけでそれが傑作であることがわかった. *Bastará con que la recibamos* con los brazos abiertos. 私たちが快く彼女を迎えてあげればそれで十分だろう.
― ～*se* [再] 《*para*＋不定詞 …することが》（ひとりで）十分に》できる, 足りる. *Me basto para cuidar* al bebé mientras no estés en casa. 君がいない間, 赤ん坊の世話は僕ひとりで十分だよ.
¡Basta! 《制止》もうたくさん, もうやめろ.
basta de... …はもうたくさん, …はもう十分に［やめなさい］.
bastarse y sobrarse para＋不定詞 《話》…するのに十分すぎる.
［← [俗ラ] *bastāre ← [ギ] *bastázein* 「支える」; [関連] bastante］.

bas·tar·da [bas.tár.ða; bas.-] [女] **1** 細目やすり. **2** [海] 大三角帆船の大檣帆（ほばしら）.

bas·tar·de·ar [bas.tar.ðe.ár; bas.-] [自] 劣化[退化]する. ― [他] **1** 劣化[退化]させる. **2** ゆがめる, 歪曲（わいきょく）する.

bas·tar·de·o [bas.tar.ðé.o; bas.-] [男] 劣下；歪曲（わいきょく）.

bas·tar·dí·a [bas.tar.ðí.a; bas.-] [女] **1** 庶出, 私生児であること. **2** 下劣な言動.

bas·tar·di·llo, lla [bas.tar.ðí.ʝo, -.ʝa; bas.-‖-.ʎo, -.ʎa] [印] 《印》イタリック体の, 斜字体の. letra *bastardilla* イタリック体（の文字）. ― [女] イタリック体 (＝cursiva). en *bastardilla* イタリック体で.

bas·tar·do, da [bas.tár.ðo, -.ða; bas.-] [形] **1** 嫡出（ちゃくしゅつ）でない. **2** 卑しい, 下劣な. **3** イタリック[斜字体]の. letra *bastarda* イタリック体（の文字）. ― [男] [女] 嫡出でない子, 私生児.

bas·te [bás.te; bas.-] [男] **1** 仕付け（糸）. **2** 鞍（くら）敷き.

bas·te·ar [bas.te.ár; bas.-] [他] 〈衣服に〉仕付けをする.

bas·te·dad [bas.te.ðáð; bas.-] [女] **1** 粗雑, 粗野. **2** 《ラ米》(*)潤沢, 豊富さ.

bas·te·za [bas.té.θa; bas.- / -.sa] [女] 粗雑, 粗野.

bas·ti·da [bas.tí.ða; bas.-] [女] 《軍》（攻城に用いられた）移動やぐら.

bas·ti·dor [bas.ti.ðór; bas.-] [男] **1** 枠, フレーム. ～ de una ventana 窓枠, サッシ. **2** 《機》台枠；（車両の）シャシ, 車台. **3** 《演》（舞台の）書き割り. **4** 《ラ米》(1)（メキシコ）ベッドのスプリング. (2)（コロンビア）（キューバ）格子窓.
entre bastidores 《話》舞台裏で；陰で, ひそかに.

bas·ti·lla [bas.tí.ʝa; bas.-‖-.ʎa] [女] [服飾] **1** （ほつれ止めの）へり縫い. **2** 《ラ米》（メキシコ）（ズボンなどの）すその折り返し.

bas·ti·lla·do, da [bas.ti.ʝá.ðo, -.ða; bas.-‖-.ʎá.-] [形] 《紋章》狭間（はざま）形の, 銃眼胸壁形の.

bas·ti·llar [bas.ti.ʝár; bas.-‖-.ʎár] [他] 〈布・着物などに〉へり縫いをする.

bas·ti·men·tar [bas.ti.men.tár; bas.-] [他] 《軍隊・都市などに》糧食を供給する.

bas·ti·men·to [bas.ti.mén.to; bas.-] [男] **1** 《複数で》糧食（供給）, 補給品. **2** 船舶. **3** 《ラ米》（メキシコ）弁当.

bas·tión [bas.tjón; bas.-] [男] 稜堡（りょうほ）；要塞（さい）.

bas·to [bás.to; bás.-] [男] **1** 《遊》（スペイン・トランプ）こん棒の札；《複数で》こん棒（の組み札）. **2** 《ラ米》《馬》鞍下（くらした）（の敷物）.
pintar bastos 《話》《状況が》まずいことになる.

*bas·to, ta [bás.to, -.ta; bas.-] [形] **1** 《表面などが》粗い；《品質が》粗雑な. una tela *basta* 粗布. **2** 粗野な, 下品な.

*bas·tón [bas.tón; bas.-] [男] **1** 杖（つえ）, ステッキ; （スキーの）ストック. ～ *alpino* [*de montañero*] 登山杖, アルペンストック. **2** （権威を象徴する）杖；権威, 権力. ～ *de mando* 指揮棒；采配（さいはい）. **3** 《解剖》（目の）桿（かん）状体. **4** 《紋》縦帯.
empuñar el bastón 指揮をとる；実権を握る.

bas·to·na·da [bas.to.ná.ða; bas.-] [女] → bastonazo.

bas·to·na·zo [bas.to.ná.θo; ƀas.- / -.so] 男 棒[杖(⑤)]でたたくこと.

bas·ton·ci·llo [bas.ton.θí.jo; ƀas.- ‖ -.ʎo/ -.sí.-] 男 **1** 細い棒；綿棒. **2**《解剖》(目の) 桿(⑤)状体. [bastón+縮小辞]

bas·to·ne·ar [bas.to.ne.ár; ƀas.-] 他 **1** 棒[杖(⑤)]で打つ. **2**（ワインを）棒でかき混ぜる.

bas·to·ne·ro, ra [bas.to.né.ro, -.ra; ƀas.-] 男女 **1** ダンス（チームの）リーダー, まとめ役. **2** バトントワラー. ― 男《ラ米》《ラ米》ならず者, 悪党；共犯者. ― 女 傘立て, ステッキ立て.

ba·su·co [ba.sú.ko; ƀa.-] 男《隠》《ラ米》コカインペースト.

*__ba·su·ra__ [ba.sú.ra; ƀa.-] 女 **1** ごみ, くず. tirar [recoger] la ~ ごみを捨てる[拾う]. Prohibido arrojar ~s.《掲示》ごみの投げ捨て禁止. **2**《ラ米》ごみ捨て場, ごみ箱. **3** つまらないもの[こと], くだらない[こと]. Esa película es una ~. その映画はくだらない. [＜［俗］] *versūra*「掃くこと」(［ラ］*verrere*「barrer」より派生)]

ba·su·ral [ba.su.rál; ƀa.-] 男《ラ米》《ラ米》ごみ捨て場；不潔な場所.

ba·su·re·ar [ba.su.re.ár; ƀa.-] 他《ラ米》《話》(ラ米)〈人を〉さげすむ, 軽蔑する. (**2**)(ラ米)(ラ米)やっつける, いびる；(馬が)〈騎手を〉振り落とす.

ba·su·re·ro, ra [ba.su.ré.ro, -.ra; ƀa.-] 男女 ごみの回収[運搬]人. ― 男 **1** ごみ捨て場. **2**《ラ米》(ラ米)(ラ米)ごみ箱.

ba·su·rien·to, ta [ba.su.rjén.to, -.ta; ƀa.-] 形《ラ米》(ラ米)(ラ米)(ラ米)不潔な, ごみだらけの.

bat [bár; báṛ] 英 男《ラ米》《スポ》バット.

ba·ta[1] [bá.ta; ƀá.-] 女 **1** ガウン；部屋着. **2**（医師・薬剤師などの）白衣；作業着. **3**《ラ米》《ラ米》《スポ》バット. (**2**) 洗濯棒. *bata de cola* フラメンコ用のドレス.

ba·ta[2] [bá.ta; ƀá.-] 男 **1**（フィリピンの現地人の）少年；若い召使い. **2**《ラ米》《ラ米》(＊⁻)(ラ米) 女の子.

ba·ta·ca·zo [ba.ta.ká.θo; ƀa.- / -.so] 男 **1**《話》急な落下. darse [pegarse] un ~《話》どすんと落ちる[倒れる]. **2**《ラ米》（思いもよらぬ）大失敗. **3**《ラ米》(**1**)→ batatazo. (**2**)(ラ米)《俗》殴打, 衝突.

ba·ta·clán [ba.ta.klán; ƀa.-] 男《ラ米》《話》ストリップショー. (**2**)（滑稽(⑤)な）寸劇, 笑劇.

ba·ta·cla·na [ba.ta.klá.na; ƀa.-] 女《ラ米》(**1**)《話》《軽蔑》ストリッパー. (**2**)(ラ米)《俗》《軽蔑》売春婦, 娼婦(ラ米).

ba·ta·ho·la [ba.ta.ó.la; ƀa.-] 女《話》騒動；騒音.

ba·ta·ho·le·ar [ba.ta.o.le.ár; ƀa.-] / **ba·ta·jo·le·ar** [ba.ta.xo.le.ár; ƀa.-] 自《ラ米》(**1**) 口論[けんか]する, 騒ぎを起こす. (**2**) 悪ふざけをする.

***ba·ta·lla** [ba.tá.ja; ƀa.- ‖ -.ʎa] 女 **1** 戦闘, 戦い, 会戦. campo de ~ 戦場. librar [trabar] ~ con [contra]... ...と戦う, 交戦する. la ~ de Lepanto 《史》レパントの海戦.

> [類語] *batalla* は主に特定地域での「戦闘」を意味する. *combate* も「戦闘」だが, *batalla* の方が戦争の勝敗を決するような重要な戦闘に用いられる傾向がある. *guerra* は国家間または国内が2つに分かれての「戦争」. *pelea, contienda* は「小戦闘, 小競り合い」, *choque* は両軍の出会いがしらの「激戦」, *lid* は文章語. スポーツでは *encuentro, partido* が「対戦」の意味で用いられる.「試合」の意味では格闘技には *lucha, pelea*, ボクシングには *combate* が用いられる.

2 争い, 戦い, 闘争. ~ de bolas de nieve 雪合戦. ~ singular 一騎打ち, 決闘. **3**《軍》戦闘隊形, 陣形. presentar [formar en] ~ 戦闘隊形を取る. **4**（心の）葛藤(⑤), 迷い, 動揺. La decisión sobre la bancarrota le costó una buena ~ consigo mismo. 破産の決心をするために彼は自分自身で大いに悩み迷った. **5**《主に複数で》体験談,（話し手の）昔話（＝batallita）. **6**《車》軸距, ホイールベース. **7**《馬》鞍壺(⑤). **8**《美》戦争画. **9**（フェンシングなどの）試合, 勝負. **10**《ラ米》(＊⁻) 面倒, 厄介.

batalla campal (**1**) 野戦. (**2**) 激論.
dar [presentar] batalla a...〈問題などに〉取り組む, 挑む.
de batalla《話》〈服装などが〉（丈夫で）普段用の. *traje [ropa] de ~* 普段着.
[＜［後］] *battualia*「剣術」(［ラ］*battuere*「打つ, たたく」より派生)；[関連] *batallón*. ［英］*battle*]

ba·ta·lla·dor, do·ra [ba.ta.ja.đór, -.đó.ra; ƀa.- ‖ -.ʎa.-] 形 戦闘的な；好戦的な. ― 男女 戦士, 闘士；困難に立ち向かう人.

ba·ta·llar [ba.ta.jár; ƀa.- ‖ -.ʎár] 自《con... / contra... ...と》**1** 戦う. **2** 論争する；《por... ...のために》奮闘する.

ba·ta·lle·ro, ra [ba.ta.jé.ro, -.ra; ƀa.- ‖ -.ʎé.-] 形〈服が〉普段着の.

ba·ta·lli·ta [ba.ta.jí.ta; ƀa.- ‖ -.ʎí.-] 女《話》(話し手の) 昔話, 武勇伝.

ba·ta·llo·la [ba.ta.jó.la; ƀa.- ‖ -.ʎó.-] 女《海》→ batayola.

ba·ta·llón, llo·na [ba.ta.jón, -.jó.na; ƀa.- ‖ -.ʎón, -.ʎó.-] 形 (**1**)〈人が〉けんか[議論]好きな. **2**〈ことが〉議論を呼ぶ. cuestión *batallona* 議論の白熱する問題. ― 男 **1**《軍》大隊. **2**《話》大人数, 群集.

ba·tán [ba.tán; ƀa.-] 男 **1**《服飾》(毛織物の) 縮絨(⑤)機. **2**《ラ米》(**1**) 調味料などをすりつぶすための石. (**2**)(ラ米) 染め物屋[工場]. (**3**)(ラ米) 布地の厚み.

ba·ta·na·du·ra [ba.ta.na.đú.ra; ƀa.-] 女《服飾》縮絨(⑤).

ba·ta·nar [ba.ta.nár; ƀa.-] 他《服飾》〈毛織物を〉縮絨(⑤)する.

ba·ta·ne·ar [ba.ta.ne.ár; ƀa.-] 他 **1** → batanar. **2**《話》小突き回す. **3**《ラ米》(ラ米)《話》盗む.

ba·ta·ne·ro, ra [ba.ta.né.ro, -.ra; ƀa.-] 男女 縮絨(⑤)工[業者].

ba·tan·ga [ba.táŋ.ga; ƀa.-] 女（フィリピンの小舟の）竹製舷外(⑤)浮材.

ba·ta·o·la [ba.ta.ó.la; ƀa.-] 女 → bataola.

ba·ta·su·no, na [ba.ta.sú.no, -.na; ƀa.-] 形（スペイン Vasco の政党）(エリ・) バタスナ (Herri) Batasuna 党の. ― 男女（エリ・）バタスナ党員[支持者].

*__ba·ta·ta__ [ba.tá.ta; ƀa.-] 女 **1**《植》サツマイモ. **2**《ラ米》(**1**)(ラ米)《話》うまみのある仕事. (**2**)(ラ米)《話》おんぼろの車. (**3**)(ラ米)(ラ米)(ラ米)《話》お人よし, 単純な人. (**4**)(ラ米)(ラ米)(ラ米)(ラ米)ふくらはぎ（＝~ de la pierna). (**5**)(ラ米)《話》驚き. (**6**)(ラ米)《話》太っちょ, ずんぐりした人. (**7**)(ラ米)《話》怠け者, ものぐさ. (**8**)(ラ米)《話》内気, 恥ずかしがりな者；臆病(⑤)者. [＜［タイノ］] *batata*；[関連] *patata*]

ba·ta·tal [ba.ta.tál; ƀa.-] 男 / **ba·ta·tar** [ba.ta.tár; ƀa.-] 男 サツマイモ畑.

ba·ta·ta·zo [ba.ta.tá.θo; ƀa.- / -.so] 男《ラ米》(**1**)（競馬で番狂わせの）勝利, 大穴. (**2**)(ラ米)(ラ米)（ビリヤードの）まぐれ当たり.

bá·ta·vo, va [bá.ta.βo, -.βa; bá.-] 形 バタビア人の. ―男 女 バタビア人：オランダに入ったゲルマン民族.

ba·ta·yo·la [ba.ta.jó.la; ba.-] 女 〖海〗 **1** (舷側(ᵍᵉⁿ)に設けられた) ハンモック収納箱. **2** 《古語》(舷側の) 手すり.

batch [bǽtʃ; bǽtʃ] 〖英〗 形 〖単複同形〗〖IT〗 バッチの, バッチ処理の. proceso ～ バッチ処理 (一連のジョブを一括処理する方式).

ba·te¹ [ba.te; ba.-] 男 〖スポ〗 バット. ＝〖英〗 *bat*¹
ba·te² [ba.te; ba.-] 男 《ラ米》(ｸﾞﾃ) 〖話〗 噂, 話; 話題男.

ba·te·a [ba.té.a; ba.-] 女 **1** 盆, トレイ; (引き出し式の) 整理棚. **2** 箱舟. **3** 無蓋(ˢⁱ) 貨車. **4** (ムール貝などの) 養殖かご. **5** 《ラ米》(1) 洗濯槽; 桶(ᵒᵏᵉ). (2) (ﾍﾟﾙ) バスタブ, 浴槽.

ba·te·a·dor, do·ra [ba.te.a.ðór,-.ðo.ra; ba.-] 男 女 〖スポ〗打者, バッター.

ba·te·ar [ba.te.ár; ba.-] 他 〖スポ〗(ボールを) バットで打つ. ―自 **1** 〖スポ〗(野球) 打つ; 打席に立つ. **2** 《ラ米》(ﾅ) 〖話〗 たくさん食べる, 食べ過ぎる.

ba·tel [ba.tél; ba.-] 男 《古語》 小型ボート, 小舟.

ba·te·le·ro, ra [ba.te.lé.ro, -.ra; ba.-] 男 女 ボートの漕(ˢ)ぎ手, 船頭.

ba·te·lón [ba.te.lón; ba.-] 男 《ラ米》(ﾒﾋ) カヌー.

ba·te·o [ba.té.o; ba.-] 男 〖スポ〗 バッティング.

ba·te·ra [ba.té.ra; ba.-] 共 〖音楽〗〖話〗 打楽器奏者, ドラマー.

‡**ba·te·rí·a** [ba.te.rí.a; ba.-] 女 **1** バッテリー, (蓄)電池 (＝～ eléctrica). ～ alcalina アルカリ電池. ～ solar 太陽電池. cargar la ～ 電池を充電する. **2** 〖音楽〗 ドラムセット; (集合的) 打楽器, パーカッション. **3** 〖軍〗 砲兵隊, 砲列. **4** 〖演〗 フットライト (＝～ de luces). **5** 一組, 一式. **6** (集合的) (特にデザインが同じ) 台所用品 (＝～ de cocina). **7** (湯水の) 混合水栓 [蛇口]. **8** しつこくせがむこと. **9** 《ラ米》(1) カンニングペーパー. (2) (ｺﾞﾙ)(飲み物の) 全員のひとわたり. (3) 〖スポ〗 打つこと, 一打. ―男 女 打楽器奏者, ドラマー; 鼓手. *dar batería* 《ラ米》《話》 煩わす, 骨を折らせる. *en batería* 並べて, 並列に. aparcar *en* ～ 並列駐車する. [←〖仏〗*batterie* 〖関連〗〖英〗*battery*]

aparcar en batería (並列駐車する)

ba·te·ris·ta [ba.te.rís.ta; ba.-] 共 〖音楽〗 打楽器(奏者)の. ―男 女 打楽器奏者, ドラマー.

ba·tey [ba.téi; ba.-] 男 《ラ米》(ｶﾘ) (1) (農場などの) 建物の敷地, 前庭. (2) (サトウキビ刈りの) 機械・機具. (3) 村落.

ba·te·ya [ba.té.ja; ba.-] 女 《ラ米》(ｸﾞﾃ) (1) 飼い葉桶. (2) 盆.

ba·tial [ba.tjál; ba.-] 形 半 (漸) 深海の：水深200－2500mのところを指す.

ba·ti·bo·le·o [ba.ti.βo.lé.o; ba.-] 男 《ラ米》(ﾒﾋ) 騒ぎ, 混乱.

ba·ti·bo·rri·llo [ba.ti.βo.rí.jo; ba.-‖ -.ó.-] / **ba·ti·bu·rri·llo** [ba.ti.βu.rí.jo; ba.-‖ -.ó.-] 男 〖話〗 ごたまぜ, 寄せ集め.

ba·ti·co·la [ba.ti.kó.la; ba.-] 女 **1** 〖馬〗 鞦(ˢⁱⁿ). **2** 〖スペイン〗 ふんどし. **3** 《ラ米》(1) (ｸﾞﾃ)(幼児のおしめ. (2) (ｸﾞﾃ) 腰布, 下帯.

ba·ti·da [ba.tí.ða; ba.-] 女 **1** 捜索. ～ de la policía 警察の手入れ. dar una ～ por... …を捜索する. **2** 獲物の狩り出し. **3** (貨幣の) 鋳造. **4** 《ラ米》(1) (ﾒﾋ) 〖俗〗 殴打, なぐりつけ. (2) (ﾒﾋ) 追跡.

ba·ti·de·ra [ba.ti.ðé.ra; ba.-] 女 (モルタル・しっくいを練る) 鍬(ᵏᵘʷ)型の道具.

ba·ti·de·ro [ba.ti.ðé.ro; ba.-] 男 **1** 打ち付けること; 打ち付ける場所. **2** 凸凹した地面. **3** 《複数で》〖海〗防水板.

ba·ti·do, da [ba.tí.ðo, -.ða; ba.-] 形 〈コートなどの土が〉踏みならされた. **2** 泡立てた, ホイップした. nata *batida* ホイップクリーム. **3** 玉虫織りの. **4** 《ラ米》(ﾒﾋ)(*) 〖話〗 汚い, 不潔な. ―男 〖料〗(1) ミルクセーキ, シェーク. ～ de fresa イチゴシェーク. (2) メレンゲ, 泡立てた卵; ホイップクリーム. (3) (クッキー・ケーキなどの) 練り生地. **2** 攪拌(ᵏᵃⁿ), かき混ぜること. **3** (舞踏の) パティユ：脚を交差させる [打ち合わせる] 跳躍.

ba·ti·dor, do·ra [ba.ti.ðór, -.ðo.ra; ba.-] 形 打ちたたく, かき混ぜるための. ―男 女 (金属を) 打ち延ばす人. ～ de oro [plata] 箔(ᵏ)打ち; 金 [銀] 箔職人. **2** 〖軍〗 斥候, 偵察兵; (パレードで各隊の先頭を行く) 騎馬兵. **3** 〖狩〗 勢子(ˢᵉ). ―男 **1** 〖料〗(主に手動の) 泡立て器. **2** (目の粗い) くし. **3** 《ラ米》(ﾒﾋ)(ﾌﾟ) (1) チョコレートポット. (2) 木製の鉢, ボール. **4** 《ラ米》(ﾒﾋ) ミキサー.

ba·tien·te [ba.tjén.te; ba.-] 形 打ちたたく, ばたばた打つ. ―男 **1** 扉板. **2** 〖建〗(ドア・窓の) 抱き. **3** 波打ち際. **4** 〖音楽〗(ピアノなどの) ダンパー.

ba·ties·fe·ra [ba.tjes.fé.ra; ba.-] 女 → batisfera.

ba·ti·fon·do [ba.ti.fón.do; ba.-] 男 《ラ米》(ﾘｵ) 〖話〗 騒ぎ, 騒動.

ba·ti·fo·tó·me·tro [ba.ti.fo.tó.me.tro; ba.-] 男 深海光度計.

ba·ti·ho·ja [ba.ti.ó.xa; ba.-] 男 金 [銀] 箔職人.

ba·tik [ba.tík; ba.-] 男 〖服飾〗 バティック, ろうけつ染め法, ジャワ更紗.

ba·ti·mán [ba.ti.mán; ba.-] 男 **1** (話すときの) 派手な身振り. **2** (舞踏の) 高い蹴(ᵏᵉ)り.

ba·ti·men·to [ba.ti.mén.to; ba.-] 男 《美》 陰影.

ba·ti·me·trí·a [ba.ti.me.trí.a; ba.-] 女 水深測量(法), 深海探査.

ba·ti·mé·tri·co, ca [ba.ti.mé.tri.ko, -.ka; ba.-] 形 水深測量(法)の, 深海探査の.

ba·tí·me·tro [ba.tí.me.tro; ba.-] 男 水深計, 測深計.

ba·ti·mien·to [ba.ti.mjén.to; ba.-] 男 **1** 打つ[たたく]こと. **2** 攪拌(ᵏᵃⁿ).

ba·tín [ba.tín; ba.-] 男 (男性用の) ガウン; 白衣.

ba·tin·tín [ba.tin.tín; ba.-] 男 どら.

ba·ti·pe·lá·gi·co, ca [ba.ti.pe.lá.xi.ko, -.ka; ba.-] 形 漸深海水層の.

ba·ti·por·te [ba.ti.pór.te; ba.-] 男 〖海〗 砲門の土台.

‡**ba·tir** [ba.tír; ba.-] 他 **1** (連続して) **たたく**; 〈波・雨などが〉打ちつける; 〈風が〉吹きつける; 〈太陽が〉照りつける. ～ palmas 拍手をする, 手拍子を打つ. ～ el tambor 太鼓を打ち鳴らす. Las olas *batían* las rocas. 波が岩に打ちよせていた. **2** (ミキサーなどで) かき混ぜる; 泡立てる. ～ huevos 卵を溶く. ～ las claras a punto de nieve 卵白を角が立つまで泡立てる.

3〈金属を〉打ち延ばす;〈貨幣を〉鋳造する. ~ el hierro 鉄を打つ.
4〈敵を〉倒す;〈記録を〉破る. ~ al enemigo 敵を打ち負かす. ~ un récord 記録を打ち破る.
5 揺り動かす, 激しく振る. ~ las alas 羽ばたく. La voz *batió* el aire. その声は空気を震わせた.
6〈場所から〉獲物を駆り立てる;〈場所を〉捜索する. La policía *batió* las calles y detuvo al sospechoso. 警察は町に捜査網を張って容疑者を捕らえた.
7〈髪の毛を〉逆立たせる.
8〖印〗(製本工程で)〈用紙を〉突き揃える.
9〈テントなどを〉解体する;〈旗を〉降ろす.
10《ラ米》(1)《ミデ*ルァ*》(ド)(チリ)(フヘ)(洗い物を)ゆすぐ, すすぐ. (2)《ミデテ*ン*》汚す. (3)《ピゥト》《話》言う, 話す. (4)《コォ》《話》密告する.
——自 **1**《contra... / sobre...》…に打ちつける;(鼓動などが)強く打つ. Mi corazón *batía* de alegría. 私の心臓は喜びで高鳴っていた.
2《スポ》(跳躍の前に)踏み切る.
——~**.se** 再 **1**《con... / contra...》…と戦う, 対決する. ~se en duelo 決闘する. ▶複数主語で用いられることもある. **2**《ラ米》《ミデ*ルァ*》汚れる.
Al hierro candente batir de repente《諺》鉄は熱いうちに打て.
batirse en retirada 退却する.
[←[ラ]*battuere*.〖関連〗abatir, combatir, debatir, batalla.[英]*battle*, *combat*]
ba·tis·ca·fo [ba.tis.ká.fo; ƀa.-] 男 【海】バチスカーフ, 深海潜水艇.
ba·tis·fe·ra [ba.tis.fé.ra; ƀa.-] 女 【海】(深海生物調査用の)潜水球, バチスフェア.
ba·tis·ta [ba.tís.ta; ƀa.-] 女 〖服飾〗キャンブリック, バチスト布.
ba·ti·ter·mó·gra·fo [ba.ti.ter.mó.gra.fo; ƀa.-] 男 深海自記温度計.
ba·ti·tú [ba.ti.tú; ƀa.-] 男《ラ米》《ァルゼ》〖鳥〗タシギ.
ba·to [bá.to; ƀá.-] 男 **1** 田舎者;のろま, ばか.
2《ラ米》(1)《ミデォルァ*ル*》《話》少年, 若い男. (2)《ァルゼ》《ウぅ》〖鳥〗マキバシギ.
ba·tó [ba.tó; ƀa.-] 男《ラ米》《ミデシカ*ン*》カヌー.
ba·to·fo·bia [ba.to.fó.ƀja; ƀa.-] 女 深所恐怖症.
ba·toi·de·o, a [ba.toi.ðé.o, -.a; ƀa.-] 形 〖魚〗軟骨魚類エイ(亜)目の.
——男《複数で》軟骨魚類エイ(亜)目.
ba·to·jar [ba.to.xár; ƀa.-] 他 〈木から〉果実を棒でたたき落とす.
ba·to·li·to [ba.to.lí.to; ƀa.-] 男 【地質】底盤, バソリス.
ba·to·lo·gí·a [ba.to.lo.xí.a; ƀa.-] 女 同語反復.
ba·to·me·trí·a [ba.to.me.trí.a; ƀa.-] 女 → batimetría.
ba·tó·me·tro [ba.tó.me.tro; ƀa.-] 男 【海】水深計.
ba·tón [ba.tón; ƀa.-] 男《ラ米》《プラ*ジ*》《話》ガウン.
ba·tra·cio, cia [ba.trá.θjo, -.θja; ƀa.- / -.sjo, -.sja] 形 〖動〗無尾類の;両生類の.
——男《複数で》両生類;無尾類.
ba·tu·ca·da [ba.tu.ká.ða; ƀa.-] 女 〖音楽〗(1) バトゥカーダ:ブラジル音楽の一種. サンバの原型のリズムといわれる. (2) バトゥカーダを演奏する打楽器隊.
ba·tu·da [ba.tú.ða; ƀa.-] 女《スポ》(トランポリンの)複数の選手による連続とんぼ返り.
Ba·tue·cas [ba.twé.kas; ƀa.-] 固名 las ~ バトゥエカス:スペイン Salamanca 県の一地域で Cáceres 県との県境にある山岳地帯.

estar en las Batuecas《話》上の空でいる.
ba·tue·co, ca [ba.twé.ko, -.ka; ƀa.-] 形 男 女 バトゥエカスの;バトゥエカスの住民[出身者].
ba·tu·que [ba.tú.ke; ƀa.-] 男《ラ米》《ラ・プ》《話》騒ぎ, 混乱.
ba·tu·que·ar [ba.tu.ke.ár; ƀa.-] 他《ラ米》(1)《ミデォ*ルァ*》《ベェク》《ピゥト》《ラプ》《ラ*プ*》かき回す, 激しく動かす, 振る. (2)《ラプ》《ラ・プ》〈物を〉床にたたきつける.
——自《ラ米》騒ぎ回る, 騒ぎを起こす.
ba·tu·rra·da [ba.tu.řá.ða; ƀa.-] 女 (スペインの)アラゴン Aragón 農民気質. ▶頑固さ, 率直さが特徴.
ba·tu·rri·llo [ba.tu.ří.ʝo; ƀa.-] ‖ -/o/ 男 → batiborrillo.
ba·tu·rro, rra [ba.tú.řo, -.řa; ƀa.-] 形 (スペインの)アラゴン Aragón 農民の.
——男 女 アラゴンの出身者[農民].
ba·tu·ta [ba.tú.ta; ƀa.-] 女 〖音楽〗指揮棒, タクト.
llevar la batuta《話》指揮をとる;牛耳る.
[←[伊]*battuta*〖打撃〗;〖音楽〗拍子〗.〖関連〗batir]
ba·tzo·ki [ba.tʃó.ki; ƀa.-] 男《バスク》バスク国民党 el Partido Nacionalista Vasco の本部.
bau·dio [báu.ðjo; báu.-] 男 〖通信〗ボーコード, ボドーコード.
‡**ba·úl** [ba.úl; ƀa.-] 男 **1** トランク, 大型の旅行かばん. ~ mundo 大型トランク. ▶「スーツケース」は maleta. **2**《ラ米》《ミデ*ルァ*》《ダリ》《フヘ》《キ*ュ*》《コォ》〖車〗トランク. **3**《話》太鼓腹.
[←[古仏]*bahur* [←[仏]*bahut*「長持」)]
ba·u·mé [bau.mé; ƀau.-] 男 ボーメ比重計.
bau·prés [bau.prés; ƀau.-] 男 【海】バウスプリット, 船首斜檣(しゃ).
bau·sa [báu.sa; ƀáu.-] 女《ラ米》《ニカ》《グァ》《話》怠惰, 無精.
bau·sán, sa·na [bau.sán, -.sá.na; ƀau.-] **1** まぬけ, ばか. **2**《ラ米》《ペ*ル*》《話》怠け者, 無精者.
——男 わら人形の兵士.
bau·sa·no, na [bau.sá.no, -.na; ƀau.-] 男 女《ラ米》《ミデォ*ルァ*》《グァ》《話》怠け者, 無精者.
bau·se·a·dor, do·ra [bau.se.a.ðór, -.ðó.ra; ƀau.-] 男 女《ラ米》《ニカ》《話》怠け者, ものぐさ.
bau·tis·mal [bau.tis.mál; ƀau.-] 形 洗礼の. pila ~ 洗礼盤.
bau·tis·mo [bau.tís.mo; ƀau.-] 男 **1**〖カト〗(秘跡としての)洗礼. fe de ~ 洗礼証明書. pila del ~ 洗礼盤. **2**《比喩的》洗礼, 初めての体験. ~ de fuego 〖軍〗砲火の開始, 初陣. ~ de sangre 〖宗〗殉教. **3** 命名式.
romper el bautismo a 〈人〉《脅し》〈人〉の頭をぶん殴る.
bau·tis·ta [bau.tís.ta; ƀau.-] 男 〖宗〗**1** バプテスト派の信徒. **2** 洗礼を授ける人, 施洗者.
San Juan Bautista / El Bautista 洗礼者ヨハネ. → Juan.
bau·tis·te·rio [bau.tis.té.rjo; ƀau.-] 男《まれ》洗礼堂, 授洗所.
‡**bau·ti·zar** [bau.ti.θár; ƀau.- / -.sár] 97 他 〖宗〗洗礼を施す, 洗礼名を授ける.
2《con...》と命名する. *Bautizamos* al perro *con* el nombre de Hearty. 私たちは犬にハーティー

bauprés
(バウスプリット)

bautizo

という名を付けた. **3**《話》〈ワインなどを〉水で割る, 薄める. **4**《話》水などをかける.
— **~se** 再 洗礼を受ける.
[← [古スペイン] baptizar ← [ラ] baptizāre ← [ギ] baptízein ; [関連] bautismo. [英] baptize]

bau·ti·zo [bau.tí.θo; ɓau.- / -.so] 男《宗》洗礼; 洗礼式. → bautismo.

bau·xi·ta [bauk.sí.ta; ɓauk.-] 女《鉱》ボーキサイト.

bau·za [báu.θa; ɓáu.- / -.sa] 女 丸木, 丸太.

bá·va·ro, ra [bá.ba.ro, -.ra; ɓá.-] 形 バイエルン(州)の, バヴァリアの. — 男 バイエルン人.

Ba·vie·ra [ba.bjé.ra; ɓa.-] 固名 バイエルン, バヴァリア: ドイツ南部の州.

ba·ya [bá.ja; ɓá.-] 女《植》(食用となる果実の) 果肉, 漿果(しょう).

ba·yá [ba.já; ɓa.-] 形 (パラグアイ川西部地方に住む先住民) バヤー人の. — 男 バヤー人.

ba·ya·de·ra [ba.ja.ðé.ra; ɓa.-] 女 インドの舞姫 [歌姫].

ba·ya·já [ba.ja.xá; ɓa.-] 男《ラ米》(ドリ)(太いチェック柄の) スカーフ.

ba·ya·nis·mo [ba.ja.nís.mo; ɓa.-] 男《神》バイウス主義: ミシェル・バイウスの唱えた教義.

Ba·yar·do [ba.jár.ðo; ɓa.-] 固名 バヤルド: 男子の名. [関連] [仏] [英] Bayard.]

ba·ye·ta [ba.jé.ta; ɓa.-] 女 **1** ベーズ: フランネルの一種. **2** 床ぞうきん, モップ; 台ぶきん. **3**《ラ米》(プエ)(ドリ) (**1**) おむつ, おくるみ. (**2**)《話》根性のない人.

ba·ye·ti·lla [ba.je.tí.ja; ɓa.- ‖ -.ʎa] 女《ラ米》(ドリ) (**1**) 厚手の綿布. (**2**) (厚手の綿布の) 雑巾.

ba·ye·tón [ba.je.tón; ɓa.-] 男《服飾》**1** ダッフル: 起毛した粗織リラシャ. **2**《ラ米》(ドリ)(丈の長い) ポンチョ.

ba·yo, ya [bá.jo, -.ja; ɓá.-] 形 (馬が) 鹿毛(か)の; 黄みがかった白色の. — 男 **1** 黄色っぽいインゲン豆. **2** (ラ米)(く)棺(ひつ), 棺桶.

ba·yón [ba.jón; ɓa.-] 男 **1** 南米のリズミカルな踊り. **2** インゲンマメの一種.

Ba·yo·na [ba.jó.na; ɓa.-] 固名 バイヨンヌ: スペイン国境に近いフランスの都市.

ba·yo·nés, ne·sa [ba.jo.nés, -.né.sa; ɓa.-] 形 バイヨンヌの; バイヨンヌの住民 [出身者].

ba·yo·ne·sa [ba.jo.né.sa; ɓa.-] 女《料》パンプキンパイ.

ba·yo·ne·ta [ba.jo.né.ta; ɓa.-] 女 **1**《軍》銃剣. calar la ~ 銃剣を着ける. a la ~ (calada) 着剣して. **2** (ラ米)(プエ)(ドリ)(ドリ)《植》ユッカ.

ba·yo·ne·ta·zo [ba.jo.ne.tá.θo; ɓa.- / -.so] 男 銃剣で突き刺すこと; 銃剣による傷.

ba·yo·ne·te·ar [ba.jo.ne.te.ár; ɓa.-] 他《ラ米》銃剣で刺す [突き殺す].

ba·yo·ya [ba.jó.ja; ɓa.-] 女《ラ米》(ドリ)《話》騒ぎ, 混乱; 騒がしい場所.

ba·yú [ba.jú; ɓa.-] 男《ラ米》(**1**) (キューバ) 祭り. (**2**) (ドリ)《話》騒ぎ, 混乱. (**3**) (ドリ)《俗》売春宿, 娼家(しょう).

ba·yun·ca [ba.júŋ.ka; ɓa.-] 女《ラ米》(中米) バー, 酒場.

ba·yun·ca·da [ba.juŋ.ká.ða; ɓa.-] 女《ラ米》(中米)《俗》ばかげたこと.

ba·yun·co, ca [ba.júŋ.ko, -.ka; ɓa.-] 形《ラ米》《話》(**1**) (中米) ばかな, 愚かな. (**2**) (ラプ) 粗野な, 無骨な, がさつな. — 男 女 (ドリ) (自国人以外の) 中米人.

ba·za [bá.θa; ɓá.- / -.sa] 女 **1**《遊》(手持ちの) 強いカード. ganar [hacer] ~ カードを勝ち取る. **2** 利点, 強み.
jugar otra baza 新しい手を試みる, やり方を変える.
jugar SUS *bazas*《話》チャンスをものにする.
meter baza en...《話》…に口出しする.
sacar baza de [a]...《話》…から利益を得る, 得をする.

ba·zar [ba.θár; ɓa.- / -.sár] 男 **1** (特に中東の) 市場, バザール; バザー. **2** 雑貨店. **3**《ラ米》食料品店. [← [ペルシア] *bāzār*; [関連] [英] *bazaar*. [日] バザー]

ba·zo, za [bá.θo, -.θa; ɓá.- / -.so, -.sa] 形 黄褐色の. — 男《解剖》脾臓(ひ).

ba·zo·fia [ba.θó.fja; ɓa.- / -.só.-] 女《軽蔑》**1** まずい食べ物. **2** くだらないもの.

ba·zoo·ka [ba.θó.ka; ɓa.- / -.só.- ‖ -.θú.- / -.sú.-] [英] 男 (時に女) → bazuca.

ba·zu·ca / ba·zu·ka [ba.θú.ka; ɓa.- / -.sú.-] 男 (時に女)《軍》バズーカ砲.

ba·zu·car [ba.θu.kár; ɓa.- / -.su.-] 102 他 シェイクする; 揺する, 振る.

ba·zu·co [ba.θú.ko; ɓa.- / -.sú.-] 男《ラ米》(アンデ)《俗》マリファナ; 麻薬.

ba·zu·que·ar [ba.θu.ke.ár; ɓa.- / -.su.-] 他 → bazucar.

ba·zu·que·o [ba.θu.ké.o; ɓa.- / -.su.-] 男 攪拌(かくはん), 揺り [振り] 動かすこと.

B/B《略》*billete del banco* 銀行券.

BBVA [be.be.u.be.á; ɓe.-]《略》*Banco Bilbao Vizcaya Argentaria*: スペインの大手銀行の一つ.

B.C.《略》*bajo continuo*《音楽》通奏低音.

be¹ [bé; ɓé] 女 アルファベットの b の名称. *be larga*《ラ米》アルファベットの b の文字 (► v のことは *ve corta* と言って区別する).
be por be (*y ce por ce*) こと細かに, 丹念に.
tener las tres bes《話》申し分ない, 三拍子そろっている (► 品物が *bonito* きれいで, *barato* 安くて, *bueno* 質がよい).

be² [bé; ɓé]《擬》(羊・ヤギの鳴き声) メエメエ.
— 男 羊 [ヤギ] の鳴き声.

Be《化》*berilio* ベリリウム.

B.E. / BE [be.é; ɓe.-]《略》*Banco de España* スペイン銀行: スペインの中央銀行.

bea·gle [bí.gel; bí.- ‖ bí́ɡl; ɓí́ɡl] [英] 形 (犬が) ビーグルの. — 男 女 ビーグル犬.

beat [bíːt; ɓíːt] [英] 形 男 女 → beatnik.
— 男《音楽》ビート.

be·a·ta [be.á.ta; ɓe.-] 女 → beato.

be·a·te·rí·a [be.a.te.rí.a; ɓe.-] 女 **1** 深い信仰心, 敬虔(ん)な行為・言葉].
2《軽蔑》見せかけの信仰心; 信心家ぶる人.

be·a·te·rio [be.a.té.rjo; ɓe.-] 男《宗》女子修道院.

be·a·ti·fi·ca·ción [be.a.ti.fi.ka.θjón; ɓe.- / -.sjón]《カト》列福; 列福式.

be·a·ti·fi·car [be.a.ti.fi.kár; ɓe.-] 102 他 **1**《カト》〈死者を〉列福する. **2** 至福にあずからせる. **3** 威厳を添える.

be·a·tí·fi·co, ca [be.a.tí.fi.ko, -.ka; ɓe.-] 形
1 祝福を与える; 至福の. *visión beatífica* 至福直観. **2** 幸福に満ちた; 穏やかな.

be·a·tí·si·mo, ma [be.a.tí.si.mo, -.ma; ɓe.-] 形 [*beato* の絶対最上級] 至福の, 至聖の. *B~ Padre* 教皇聖下 (► el Papa の尊称).

be·a·ti·tud [be.a.ti.túð; ƀe.-] 女 **1** 《カト》至福. **2** 《格式》幸福, 平静. descansar con ～ のんびりと休息する.
Su [*Vuestra*] *Beatitud* 教皇聖下.

beat·nik [bít.nik; bít.-] 〖英〗形 《複 ～s》ビートニクの. ── 男 女 ビートニク, ビート族; ビート・ジェネレーション.

be·a·to, ta [be.á.to, -.ta; ƀe.-] 形 **1** 《カト》至福を受けた; 列福された. **2** 信心深い, 敬虔(けい)な. **3** 《軽蔑》信心家ぶった, 偽善的な.
── 男 女 **1** 《カト》至福を受けた人. **2** 信心深い人, 敬虔な人. **3** 《軽蔑》信心家ぶる人. **4** (平の)修道士, 修道女.
── 男 モサラベ mozárabe の描いた細密画.
── 女 《ラ米》《ﾒｷｼｺ》年をとった未婚女性.

Be·a·triz [be.a.tríθ; ƀe.- / -.trís] 固 女 ベアトリス: 女子の洗礼名. [← 〘ラ〙 *Beatrix* 「幸せをもたらす(人)」が原義]; 関連 〖ポルトガル〗 *Beatriz*. 〖仏〗 *Béatrice*. 〖伊〗 *Beatrice*. 〖独〗 *Beatrice, Beatrix*]

be·a·tu·co, ca [be.a.tú.ko, -.ka; ƀe.-] 形 《時に軽蔑》信心に凝り固まった.

beau·té [bo.té; ƀo.-] 〖仏〗 女 → belleza.

be·be(-) 語 → beber.

be·be, ba [bé.ƀe, -.ƀa; ƀé.-] 男 女 《ラ米》《ｺﾞﾙ》《ﾗﾌﾟﾗ》《話》飲み物, 赤ちゃん.

***be·bé** [be.ƀé; ƀe.-] 〖仏〗 男 赤ん坊, 赤ちゃん.

be·be·ci·na [be.ƀe.θí.na; ƀe.- / -.sí.-] 女 《ラ米》《ﾗﾌﾟﾗ》《話》泥酔.

be·be·de·ro, ra [be.ƀe.ðé.ro, -.ra; ƀe.-] 形 飲める, 飲用の. ── 男 **1** 〈動物・鳥の〉水飲み容器; 水飲み場. **2** (壷(つぼ)などの) 口, 飲み口. **3** 《冶》(溶かした金属を型に注ぐ) 注ぎ口, 湯口. **4** 《ラ米》(1) (ｺﾞﾙ) 酒屋. (2) (ｺﾞﾙ) 公共の水飲み場.
── 女 《ラ米》《ﾒｷｼｺ》《ﾗﾌﾟﾗ》《ﾁﾘ》《話》酒浸り, 飲酒癖.

be·be·di·zo, za [be.ƀe.ðí.θo, -.θa; ƀe.- / -.so, -.sa] 形 飲める, 飲用の. ── 男 **1** 《古語》媚薬(びやく), ほれ薬. **2** 《古語》毒薬. **3** 《医》水薬.

be·be·dor, do·ra [be.ƀe.ðór, -.ðó.ra; ƀe.-] 形 酒飲みの, 飲んべえの. ── 男 女 飲酒家, 飲んべえ.

be·ben·du·rria [be.ƀen.dú.rja; ƀe.-] 女 《ラ米》(1) (ｱﾝﾃﾞｽ)《話》酒盛り, 飲み会. (2) (ｺﾞﾙ)(ﾗﾌﾟﾗ) 《話》泥酔, 深酒.

****be·ber** [be.ƀér; ƀe.-] 他 **1** 〈水・酒・牛乳などを〉飲む. ～ agua de [en] un vaso コップで水を飲む. ～ vino a chorro (皮袋などから) ワインを直接口に受けて飲む. ～ a sorbos la infusión ハーブティーをする.
2 《*de...* / *en...* …から》〈知識・情報などを〉得る, 取り入れる. *Ha bebido* esa teoría política *de* los autores clásicos. 彼[彼女]は古典作家を政治理論の知識の源泉にしてきた.
3 一生懸命聞く[読む]. ～ las palabras del profesor 先生の言葉を一心に聴く.
── 自 **1** 飲む; 飲酒する. ¿Hay algo de [para] ～? 何か飲み物ありますか. No fumo ni *bebo*. 私はタバコも吸わないし, 酒も飲まない. ～ como un cosaco [una esponja, una cuba] 大酒飲みである.
2 《*por...* / *a...* …に》乾杯する, 祝杯をあげる (= brindar). *Bebimos por* la recién nacida. 私たちは生まれてきた赤ちゃんのために乾杯した. *Bebamos a* nuestra salud. 私たちの健康に乾杯しよう.
3 《*de...* / *en...* …から》(知識・情報などを) 得る, 取り入れる.
── ～**·se** 再 **1** 飲みきる, 飲み干す. *Se bebió* de un trago el resto del vino. 彼[彼女]はワインの残りを一気に飲んだ. **2** 一生懸命聞く[読む].
── 男 飲むこと, 飲酒; 飲み物. El ～ en exceso es muy peligroso. 過度の飲酒は大変危険である.
como quien (*se*) *bebe un vaso de agua* いとも簡単に, 何でもないことのように.
[← 〘ラ〙 *bibere*. 関連 bebida, embeber. 〖英〗 *beverage*「飲料」]

be·be·ra·je [be.ƀe.rá.xe; ƀe.-] 男 《ラ米》(ｺﾞﾙ) 飲み物, 酒.

be·ber·cio [be.ƀér.θjo; ƀe.- / -.sjo] 男 《話》飲み物.

be·be·rrón, rro·na [be.ƀe.rón, -.ró.na; ƀe.-] 形 《話》飲んだくれの.
── 男 女 《話》飲み助, 飲んべえ.

be·bes·ti·ble [be.ƀes.tí.ble; ƀe.-] 形 《話》飲める.
── 男 飲み物.

be·be·zón [be.ƀe.θón; ƀe.- / -.són] 男 《ラ米》(1) (ｴｸｱ)(ｺﾞﾙ)(ﾗﾌﾟﾗ)(ﾍﾞﾈｽﾞ) 飲み物, 酒. (2) (ｴｸｱ)(ｺﾞﾙ) 《話》酔っ払い.

be·bi·ble [be.ƀí.ble; ƀe.-] 形 《話》〈飲み物が〉まずくない, 飲める.

***be·bi·da** [be.ƀí.ða; ƀe.-] 女 **1** 飲み物, 飲料; (特に) アルコール飲料, 酒(類). ～ y comida 飲食物. ～ alcohólica アルコール飲料. ～ refrescante 清涼飲料水. Sirven ～s en el avión. 機内では飲み物が出される.
2 飲むこと; 飲酒; 飲酒癖. darse [entregarse] a la ～ 酒におぼれる. dejar la ～ 酒をやめる.
3 《ラ米》(1) (ﾒｷｼｺ) 飲み薬. (2) (ｱﾙｾﾞﾝ)(ﾒｷｼｺ)(ｳ) 炭酸飲料.

be·bi·do, da [be.ƀí.ðo, -.ða; ƀe.-] 形 酔った.

be·bis·tra·jo [be.ƀis.trá.xo; ƀe.-] 男 《軽蔑》まずい飲み物.

be·bi·to, ta [be.ƀí.to, -.ta; ƀe.-] 男 女 《ラ米》(ｺﾞﾙ) 《話》赤ちゃん, 赤ん坊.

be·bop [bí.ƀop; ƀí.-] 〖英〗 男 《音楽》ビバップ: 1940年代に生まれた即興的ジャズ.

be·bo·rro·te·ar [be.ƀo.ro.te.ár; ƀe.-] 自 《話》ちびちび飲む.

***be·ca** [bé.ka; ƀé.-] 女 **1** 奨学金; 給費, 補助金. pedir una ～ 奨学金を申請する. conseguir una ～ 奨学金を得る. disfrutar de una ～ 奨学金をもらっている. estudiar en España con ～ 奨学金をもらってスペインで勉強する.
2 (学生の) V字形の懸章. ◆学位授与式などのときに肩に掛ける懸章で, 学部ごとに色が決められている.
3 マントの見返し. ◆赤, 青などベルベットの布がつけてあり, 裏返して肩に掛けるとV字形の懸章のようになる.

be·ca·ci·na [be.ka.θí.na; ƀe.- / -.sí.-] 女 《鳥》シギ, タシギ.

be·ca·da [be.ká.ða; ƀe.-] 女 《鳥》ヤマシギ.

be·ca·do, da [be.ká.ðo, -.ða; ƀe.-] 形 奨学金を受けている. ── 男 女 《ラ米》奨学生 (= becario).

be·car [be.kár; ƀe.-] 他 …に奨学金を出す.

be·car·dón [be.kar.ðón; ƀe.-] 男 → becacina.

***be·ca·rio, ria** [be.ká.rjo, -.rja; ƀe.-] 男 女 奨学生.

be·ca·si·na [be.ka.sí.na; ƀe.-] 女 《ラ米》(ﾗﾌﾟﾗ) 《鳥》ヤマシギ属の一種.

be·ce·rra·da [be.θe.rá.ða; ƀe.- / -.se.-] 女 《闘牛》子牛による闘牛.

be·ce·rril [be.θe.ríl; ƀe.- / -.se.-] 形 子牛の; 子牛革の.

be·ce·rri·llo [be.θe.rí.jo; ƀe.- ‖ -.ʎo / -.se.-] 男 子牛革, カーフスキン.

be·ce·rris·ta [be.θe.rís.ta; ƀe.- / -.se.-] 男 女 《闘

牛》子牛と闘う闘牛士.

be·ce·rro, rra [be.θé.ro, -.ra; be.-/-.sé.-] 男女 (2歳未満の)子牛. ── 男 **1** 子牛革, カーフスキン. botas de ~ 子牛革のブーツ. **2** (中世の)特許状台帳(= libro ~). ── 女 《植》キンギョソウ.
  becerro de oro 《聖》金の子牛(の偶像)〈出エジプト32:1-24〉; 富, 大金.
  becerro marino 《動》アザラシ.

be·cha·mel [be.tʃa.mél; be.-] / **be·cha·me·la** [be.tʃa.mé.la; be.-] 女 《料》ベシャメルソース, ホワイトソース(= besamel).

be·co·quín [be.ko.kín; be.-] 男 耳当て付き帽子.

be·co·qui·no [be.ko.kí.no; be.-] 男 《植》セリンテ: ムラサキ科.

Béc·quer [bé.ker; bé.-] 固名 ベッケル Gustavo Adolfo ~ (1836-70): スペインの詩人. 作品 *Rimas*『抒情詩集』.

bec·que·rel [be.ke.rél; be.-] 男〔複 ~s, ~es〕 男 《物理》ベクレル.

bec·que·re·lio [be.ke.ré.ljo; be.-] 男 → becquerel.

bec·que·ria·no, na [be.ke.rjá.no, -.na; be.-] 形 (スペインの詩人の)ベッケル Bécquer の, ベッケル風の.

be·cua·dro [be.kwá.đro; be.-] 男 《音楽》本位記号, ナチュラル(♮).

be·da·no [be.đá.no; be.-] 男 のみ; たがね.

be·del, de·la [be.đél, -.đé.la; be.-] 男 女 (学校の)守衛, 校務員.

be·de·lí·a [be.đe.lí.a; be.-] 女 守衛[校務員]の職務.

be·do·ya [be.đó.ja; be.-] 男 《ラ米》《俗》《話》ばか, まぬけ.

be·dui·no, na [be.đwí.no, -.na; be.-] 形 ベドウィン人の. ── 男女 ベドウィン人: アラブ系遊牧民.

beep·er [bí.per; bí.-] 英 男〔複 ~s, ~〕《商標》→ buscapersonas.

be·fa [bé.fa; bé.-] 女 あざけり. hacer ~ de... …をばかにする, あざける.

be·far [be.fár; be.-] 自 (馬が)馬銜(はみ)をかむ. ── 他 あざける, ばかにする.
 ── ~se 再 (de... …を)あざける.

be·fo, fa [be.fo, -.fa; be.-] 形 **1** 唇の厚い(= belfo). **2** X脚の. ── 男女 唇の厚い人. ── 男 《動》オナガザル(の一種).

be·gar·do, da [be.gár.đo, -.đa; be.-] 形男女 → beguino.

be·go·nia [be.gó.nja; be.-] 女 《植》ベゴニア.

be·go·niá·ce·o, a [be.go.njá.θe.o, -.a; be.-/-.se.-] 形 《植》シュウカイドウ科の. ── 女 シュウカイドウ科の植物;《複数で》シュウカイドウ科.

be·gui·no, na [be.gí.no, -.na; be.-] 形 《宗》ベギン会の. ── 男女 ベギン会修道士[修道女]. ベギン会 Begardo は12世紀にベルギーのリエージュ Lieja で創立された半俗修道会.

be·ha·vio·ris·mo [be.a.βjo.rís.mo; be.-] 男 《心》行動主義.

be·ha·vio·ris·ta [be.a.βjo.rís.ta; be.-] 形 《心》行動主義(者)の. ── 男女 行動主義者.

be·he·trí·a [be.(e.)trí.a; be.-] 女 **1** 《史》(中世

begonia
(ベゴニア)

の)自由都市;(領主を選ぶことのできた)自由農民. **2** 混乱, 無秩序.

bei·con [béi.kon; béi.-] 男 《料》ベーコン.

bei·ge [béis; béis, béiʃ; béiʃ] 《仏》形 《性数不変》ベージュ(色)の. de color ~ ベージュ色の. ── 男 ベージュ(色).

Bei·rut [bei.rút; bei.-] 固名 ベイルート: レバノンの首都.

beis [béis; béis] 形 男 → beige.

beis·bol [beis.βól; béis.-] 男 《ラ米》《俗》野球.

béis·bol [béis.βol; béis.-] 男 《スポ》**野球**. jugador de ~ 野球選手. [← 〔英〕*baseball*]

beis·bo·le·ro, ra [beis.βo.lé.ro, -.ra; beis.-] 形 《ラ米》《スポ》野球の. ── 男女 《ラ米》野球選手.

beis·bo·lis·ta [beis.βo.lís.ta; beis.-] 男女 《ラ米》《スポ》野球選手.

be·ja·ra·no, na [be.xa.rá.no, -.na; be.-] 形 (スペイン Salamanca 県)ベハル Béjar の. ── 男女 ベハルの住民[出身者].

be·jín [be.xín; be.-] 男 《菌類》ホコリタケ.

be·ju·cal [be.xu.kál; be.-] 男 カズラの群生地.

be·ju·co [be.xú.ko; be.-] 男 **1** 《植》つる植物; カズラ, 籐(とう). **2** 《ラ米》(1) (話》電話. (2) 《メキ》《グアテ》《ニカラ》《ホ》鞭(むち).
  no sacar bejuco 《ラ米》《コスタ》《話》思いを遂げられない.

be·ju·co, ca [be.xú.ko, -.ka; be.-] 形 《ラ米》《コスタ》《話》素早い, 年寄りの.

be·ju·que·ar [be.xu.ke.ár; be.-] 他 《ラ米》《メキ》《コロ》《エク》《パナ》《ベネ》《コスタ》《話》たたく, 鞭(むち)打つ.

be·ju·que·da [be.xu.ké.đa; be.-] 女 《ラ米》鞭(むち)による殴打.

be·ju·qui·llo [be.xu.kí.jo; be.-‖[o6.-] 男 **1** 金鎖の首飾り. **2** 《植》トコン: 根を吐剤, 下剤に利用. **3** 《ラ米》《植》(1) (ラ米》《コロ》→ bejuco1. (2) (ラ米》バニラ.

bel [bél; bél] 男 《物理》ベル: 音・電力の単位.

Be·la·rús [be.la.rús; be.-] 固名 → Bielorrusia.

Be·la·ún·de Ter·ry [be.la.ún.de té.ri; be.-] 固名 ベラウンデ・テリー, Fernando ~ (1912-2002): ペルーの政治家・大統領 (1963-68, 80-85). 68年ベラスコ Velasco のクーデターにより一旦国外追放.

bel·ce·bú [bel.θe.βú; bel.-/-.se.-] 男 **1** 悪魔. **2** [B-] 《聖》ベルゼブル: 新約で悪魔の首領とされた. → Lucifer.

bel·cho [bél.tʃo; bél.-] 男 《植》マオウ属の植物.

bel·dad [bel.dáđ; bel.-] 女 **1** 美貌(ぼう). **2** 絶世の美女.

bel·dar [bel.dár; bel.-] 8 他 《農》〈穀物を〉吹き分ける.

bel·du·que [bel.dú.ke; bel.-] 男 《ラ米》(長く先の鋭い)刃物; (*メキ*)ナイフ.

be·lem·ni·ta [be.lem.ní.ta; be.-] 女 《鉱》(化石の)箭石(せんせき)類.

be·lem·ni·tes [be.lem.ní.tes; be.-] 男〔単複同形〕《古生》ベレムナイト, 矢石.

be·lén [be.lén; be.-] 男 **1** ベレン: クリスマスの時に飾るキリスト降誕の場面を表現した人形. → nacimiento. **2** 《主に複数で》《話》面倒, ごたごた. *meterse en belenes* ごたごたに巻き込まれる.

Be·lén [be.lén; be.-] 固名 ベツレヘム: ヨルダン北西部の町. キリスト Cristo の生誕地, ダビデ David の故郷.
  estar en Belén ぼんやりしている.
  [← 〔ラ〕*Bethlehem*← 〔ギ〕*Bēthléem*← 〔ヘブライ〕

Bēthlēhēm(「パンの家」が原義)]
be·le·nis·ta [be.le.nís.ta; ƀe.-] 男 女 ベレン belén 職人.
be·le·ño [be.lé.ɲo; ƀe.-] 男【植】ヒヨス.
be·lé·ri·co [be.lé.ri.ko; ƀe.-] 男【植】ミロバランノキ：シクンシ科.
be·le·sa [be.lé.sa; ƀe.-] 女【植】ルリマツリ.
bel·fo, fa [bél.fo, -.fa; bél.-] 形 (下)唇の厚い (= befo). ——男 女 唇[下唇]の厚い人. ——男 (ウマ・イヌ・サルなどの)唇；厚い下唇.
bel·ga [bél.ɡa; ƀél.-] 形 ベルギーの, ベルギー人の. ——男 女 ベルギー人.
Bél·gi·ca [bél.xi.ka; ƀél.-] 固名 ベルギー(王国)：首都 Bruselas. [←〔ラ〕(*Gallia*) *Belgica*「*Belgae* 人のガリア」]
bél·gi·co, ca [bél.xi.ko, -.ka; ƀél.-] 形 → belga.
Bel·gra·do [bel.ɡrá.ðo; ƀel.-] 固名 ベオグラード：セルビア共和国の首都. [←〔古ブルガリア〕*Belŭgrad* (*Bělŭ*-「白い」+ *gradŭ*「城, 町」)]
Be·li·ce [be.lí.θe; ƀe.-/ -.se] 固名 ベリーズ：中米の国. 首都 Belmopan.
be·li·cen·se [be.li.θén.se; ƀe.-/ -.sén.-]/ **be·li·ce·ño, ña** [be.li.θé.ɲo, -.ɲa; ƀe.-/ -.sé.-] 形 ベリーズの. ——男 女 ベリーズの人.
be·li·cis·mo [be.li.θís.mo; ƀe.-/ -.sís.-] 男 好戦主義, 主戦論.
be·li·cis·ta [be.li.θís.ta; ƀe.-/ -.sís.-] 形 好戦的の, 主戦主義の. ——男 女 好戦主義者, 主戦論者.
*__bé·li·co, ca__ [bé.li.ko, -.ka; ƀé.-] 形 **戦争の**, 戦いの. espíritu ~ 戦意. preparativos ~*s* 軍備.
be·li·co·si·dad [be.li.ko.si.ðáð; ƀe.-] 女 好戦的性格；攻撃[戦闘]性.
be·li·co·so, sa [be.li.kó.so, -.sa; ƀe.-] 形 **1** 好戦的な, 戦闘的な. **2** 攻撃的な, けんか腰の.
be·li·ge·ran·cia [be.li.xe.rán.θja; ƀe.-/ -.sja] 女 交戦国であること, 交戦状態；交戦権. *no dar* [*conceder*] *beligerancia a*... …を無視する, 重要視しない.
be·li·ge·ran·te [be.li.xe.rán.te; ƀe.-] 形 **1** 交戦中の. **2** 攻撃的な, けんか腰の. ——男 女 戦闘員. *los* ~*s* 交戦国.
be·lí·ge·ro, ra [be.lí.xe.ro, -.ra; ƀe.-] 形〖文章語〗戦いを好む, 尚武の.
be·li·no·gra·ma [be.li.no.ɡrá.ma; ƀe.-] 男 ベラン式電送写真.
be·li·nún, nu·na [be.li.nún, -.nú.na; ƀe.-] 男 女《ラ米》(ウスイ)《俗》まぬけ, 薄のろ.
be·llo [bé.ʎo; ƀé.-] 男 → bel.
Be·li·sa·rio [be.li.sá.rjo; ƀe.-] 固名 **1** ベリサリウス, ベリサリオス (500?-565)：ビザンティン帝国でユスティニアヌス1世に仕えた将軍. **2** ベリサリオ：男子の名. [関連][ポルトガル]*Belisário*. 〔伊〕*Belisaire*. 〔英〕*Belisarius*. 〔独〕*Belisar*]
be·lí·so·no, na [be.lí.so.no, -.na; ƀe.-] 形〖文章語〗勇壮な響きの, 雄たけびの.
Be·li·ta [be.lí.ta; ƀe.-] 固名 ベリータ：Isabel の愛称.
be·li·tre [be.lí.tre; ƀe.-] 形 ろくでなしの. ——男 女 ろくでなし, ならず者.
be·liz [be.liθ; ƀe.-/ -.lís] 男 〖複 belices〗《ラ米》(ウスイ)スーツケース, 旅行かばん.
be·lla [bé.ʎa; ƀe.-] 形 → bello.
be·lla·ca·da [be.ʎa.ká.ða; ƀe.-] 女 → bellaquería.
be·lla·co, ca [be.ʎá.ko, -.ka; ƀe.-] 形 **1** 悪党の. **2** ずる賢い.
——男 女 **1** 悪党, ごろつき. **2** ずる賢いやつ. **3** 《ラ米》(メキ)(プエ)〖話〗勇敢な人, 勇ましい人.
be·lla·do·na [be.ʎa.ðó.na; ƀe.-‖ -.ʎa.-] 女 【植】ベラドンナ；【薬】ベラドンナ(エキス)：鎮痛剤.
be·lla·que·a·da [be.ʎa.ke.á.ða; ƀe.-‖ -.ʎa.-] 女 《ラ米》(ララ)(馬が背を丸め)跳ね上がること (↔feo). 棹(ボ)立ち.
be·lla·que·ar [be.ʎa.ke.ár; ƀe.-‖ -.ʎa.-] 自 **1** 悪事を働く. **2** だます, ごまかす. **3** 《ラ米》(ラン)(ララ)(馬が)棹(ボ)立ちになる.
be·lla·que·rí·a [be.ʎa.ke.rí.a; ƀe.-‖ -.ʎa.-] 女〖まれ〗**1** 悪質な言動, 悪事. **2** ずるさ, 狡猾(ぶつ)さ.
be·lla·som·bra [be.ʎa.sóm.bra; ƀe.-‖ -.ʎa.-] 男 《ラ米》(ラン)【植】オンブー. → ombú.
*__be·lle·za__ [be.ʎé.θa; ƀe.-‖ -.ʎé.- / -.sa] 女 **1 美, 美しさ** (=hermosura). ~ femenina 女性美. un paisaje de gran ~ とても美しい風景. La ~ ideal es distinta en cada época. 理想の美は時代によって異なる. **2** 美人, 美女；美男子. concurso de ~ 美人コンテスト. Sus dos hijas son dos ~*s*. 彼[彼女](ら)の二人の娘は2人とも美人だ. Antonio es una ~. アントニオは美男子だ. **3** 美容. productos de ~ 化粧品. salón de ~ 美容院.
be·lli·do, da [be.ʎí.ðo, -.ða; ƀe.-‖ -.ʎí.-] 形 → bello.
be·llí·si·mo, ma [be.ʎí.si.mo, -.ma; ƀe.-‖ -.ʎí.-] 形〖*bello* の絶対最上級〗とてもきれいな[美しい]；たいへんすばらしい[立派な].
Be·llo [bé.ʎo; ƀé.-‖ -.ʎo.-] 固名 ベジョ Andrés ~ (1781-1865)：ベネズエラの言語学者・詩人・政治家.
*__be·llo, lla__ [bé.ʎo, -.ʎa; ƀe.-‖ -.ʎo.-, -.ʎa.-] **1**《多くは+名詞/名詞+》《ser+/ estar+》〖文章語〗**美しい, 麗しい** (↔feo). ~ como un sol 眉目(ぶ)秀麗な. *El bello Danubio azul*『美しく青きドナウ』. *La bella durmiente del bosque*『眠れる森の美女』. → hermoso [類語].
2《多くは+名詞》高尚な, 気高い, 立派な. un ~ acto 気高い行い. una *bella* persona 高潔な人物.
bellas artes 美術.
bello sexo 女性.
[←〔ラ〕*bellum*(*bellus* の対称)；[関連] belleza, beldad. 〔英〕*beautiful*, *embellish*]
be·llo·ta [be.ʎó.ta; ƀe.-‖ -.ʎó.-] 女 **1**【植】ドングリ. **2** カーネーションのつぼみ.
bellota marina / bellota de mar 【動】フジツボ.
be·llo·te·ro, ra [be.ʎo.té.ro, -.ra; ƀe.-‖ -.ʎó.-] 男 女 **1** ドングリの収穫(期). **2**《集合的で》(豚の飼料にする)ドングリ.
Bel·trán [bel.trán; ƀel.-] 固名 ベルトラン：男子の洗礼名.
be·lua·rio [be.lwá.rjo; ƀe.-] 男 **1** 猛獣使い.
2 (古代ローマの)猛獣相手の闘技士.
be·lu·ga [be.lú.ɡa; ƀe.-] 女 (チョウザメの一種のベルーガの)キャビア. ——女 **1**【動】シロクジラ. **2**【魚】ベルーガ：大型のチョウザメ.
bel·ve·de·re [bel.ƀe.ðé.re; ƀel.-]〔伊〕男 見晴らし台, 展望台.
bem·ba [bém.ba; ƀém.-] 女《ラ米》(ウスイ)(クゥバ)(ナカ)(ブラ) 厚ぼったい唇；大きな口.
bem·bé [bem.bé; ƀem.-] 男《ラ米》〖話〗 **(1)**(タン)唇. **(2)**(ブラ)騒ぎ, 混乱.
bem·be·te·ar [bem.be.te.ár; ƀem.-] 自《ラ米》(ブラ)(ナカ)〖話〗おしゃべりをする.

bem·be·te·o [bem.be.té.o; ɓem.-] 男《ラ米》(1)《ラ米》《話》おしゃべり，うわさ話．(2)《ラプ》話しすぎること．

bem·bo, ba [bém.bo, -.ba; ɓém.-] 形《ラ米》《話》(1) ばかな，愚かな．(2) 唇の厚い．
── 男《ラ米》《カリブ》《ラプ》《話》厚い唇．

bem·bón, bo·na [bem.bón, -.bó.na; ɓem.-] 形《ラ米》《カリブ》《メヒコ》《ニル》《話》唇の厚い，口の突き出た．

be·mol [be.mól; ɓe.-] 形《音楽》変音の，フラットの；半音下の．hacer 〜 半音下げる．
── 男《音楽》変音，フラット，変記号(♭)．doble 〜 ダブルフラット．
tener (tres [muchos]) bemoles《話》困難である，難しい；腹立たしい限りである．

be·mo·la·do, da [be.mo.lá.ðo, -.ða; ɓe.-] 形《音楽》半音下げた，フラットの付いた．

be·mo·lar [be.mo.lár; ɓe.-] 他《音楽》半音下げる．

ben[1] [bén; ɓén] 男 ベン，イブン：アラビア系の姓に使われる語で，「…の息子」の意を表す．

ben[2] [bén; ɓén] 男《植》ワサビノキ：果実から香油を採る．

Be·na·ven·te [be.na.ɓén.te; ɓe.-] 固名 ベナベンテ Jacinto 〜 (1866-1954)：スペインの劇作家．ノーベル文学賞 (1922)．

ben·ce·dri·na [ben.θe.ðrí.na; ɓen.- / -.se.-] 女《薬》《商標》ベンゼドリン：アンフェタミンの商品名．

ben·ce·no [ben.θé.no; ɓen.- / -.sé.-] 男《化》ベンゼン．

bench·mark [béntʃ.mark; ɓéntʃ.-] 〔英〕男〔複 〜s, 〜〕《経》基準，指数．

bench·mark·ing [béntʃ.már.kin; ɓéntʃ.-] 〔英〕男〔複 〜, 〜s〕《IT》ベンチマーク：コンピュータの性能を計測する試験．

ben·cí·li·co, ca [ben.θí.li.ko, -.ka; ɓen.- / -.sí.-] 形《化》ベンジル(基)の．

ben·ci·na [ben.θí.na; ɓen.- / -.sí.-] 女 1《化》ベンジン．2《ラ米》《チリ》ガソリン．

ben·ci·ne·ra [ben.θi.né.ra; ɓen.- / -.si.-] 女《ラ米》《チリ》《チリ》ガソリンスタンド．

ben·co·mia [beŋ.kó.mja; ɓeŋ.-] 女〔カナリア諸島原産の高さ2-4メートルの〕バラ科の常緑樹．

ben·de·ci·dor, do·ra [ben.de.θi.ðór, -.ðó.ra; ɓen.- / -.si.-] 形 祝福を与える．
── 男 女 祝福する人，たたえる人．

‡**ben·de·cir** [ben.de.θír; ɓen.- / -.sír] 53 他 1〔神が〕祝福する，加護を与える．¡Dios le [te] bendiga! あなたに神の恵みのあらんことを．
2〔聖職者が〕(十字を切って) 祝福する；神の加護を願う．3 賛美する，ほめたたえる；感謝する．
▶ decir と異なり，直説法未来・過去未来・過去分詞などは規則変化．

‡**ben·di·ción** [ben.di.θjón; ɓen.- / -.sjón] 女
1〔神の〕祝福，恩恵．〜 de la mesa (食前の) 感謝の祈り．
2 (一般的な) 祝福，祝別(式)；《カト》(聖体) 降福式．〜 papal / 〜 del Papa 教皇の祝福．〜 nupcial 結婚の祝福．
echar la bendición a... (1) …を祝福する．(2)《話》…から手を引く，…と絶交する．
ser una bendición《話》すばらしい；豊富である．Este año la cosecha es una 〜. 今年の作柄はすばらしい．

‡**ben·di·to, ta** [ben.dí.to, -.ta; ɓen.-] 形 1 祝福された；幸せな，幸運な．B〜 sea tu nombre. 御名(みな)があがめられますように．
2 神な，聖なる．agua bendita 聖水．
3 (+名詞) ありがたい．bendita medicina ありがたい薬．4 (+名詞)《皮肉》ひどい，厄介な．5《話》穏かな，まぬけな；お人よしの．
── 男 女《話》善人，お人よし；おめでたい人．
── 男 1 聖人，聖者．2《ラ米》《メヒコ》(聖人像を祭る) 祠(ほこら)；(ガウチョの) 粗末なテント．
¡Bendito sea Dios!《驚き》《喜び・安堵(あんど)》ちくしょう，ああ困った；ありがたい，やれやれよかった．
¡Benditos los ojos!《話》久しぶり！
dormir como un bendito《話》すやすやと眠る；熟睡する．
reír como un bendito《話》笑いこける．
[─〔ラ〕benedictum (benedicere「祝福」の完了分詞 benedictus の対格)；関連 bien, Benito, Benedicto]

be·ne·dí·ci·te [be.ne.ðí.θi.te; ɓe.- / -.si.-]
1《カト》食前の祈り，ベネディチテ．
2 修道院の外出許可(書)．

be·ne·dic·ti·ne [be.ne.ðik.tí.ne; ɓe.-] 〔仏〕男 → benedictino.

be·ne·dic·ti·no, na [be.ne.ðik.tí.no, -.na; ɓe.-] 形《宗》ベネディクト (修道) 会の．── 男 女《宗》ベネディクト会修道士〔女〕．
── 男 ベネディクティーヌ．♦フランスのベネディクト会修道士が作った甘いリキュールに由来．

Be·ne·dic·to [be.ne.ðík.to; ɓe.-] 固名 ベネディクト：男子の洗礼名．
[─〔後ラ〕Benedictus (「祝福された(者)」が原義)；→ Benito]

benedictino
(ベネディクト会修道士〔女〕)

be·ne·fac·tor, to·ra [be.ne.fak.tór, -.tó.ra; ɓe.-] 形 1 善行を施す；ためになる．2 慈善心に満ちた，奇特な．── 男 女 慈善家，恩人．

be·ne·fi·cen·cia [be.ne.fi.θén.θja; ɓe.- / -.sén.sja] 女 1 慈善 (行為)；慈善事業．2 福祉，社会福祉．vivir de la 〜 生活保護を受けて暮らす．

be·ne·fi·cia·ción [be.ne.fi.θja.θjón; ɓe.- / -.sja.sjón] 女 1 慈善，恩恵．2 利用，開発．

be·ne·fi·cia·do, da [be.ne.fi.θjá.ðo, -.ða; ɓe.- / -.sjá.-] 形 恩恵にあずかる人．
── 男《宗》聖職禄(ろく)受領者．

be·ne·fi·cia·dor, do·ra [be.ne.fi.θja.ðór, -.ðó.ra; ɓe.- / -.sja.-] 形 恩恵を施す，利益をもたらす．
── 男 女 慈善家，恩恵を与える人．

be·ne·fi·cial [be.ne.fi.θjál; ɓe.- / -.sjál] 形《宗》聖職禄(ろく)の．

be·ne·fi·ciar [be.ne.fi.θjár; ɓe.- / -.sjár] 82 他
1 …に善いことをする，恩恵を与える；貢献する．La lluvia ha beneficiado (a) las plantaciones de café. コーヒー農場にとってあれは恵みの雨だった．
2 開発する，利用する；耕作する．
3《鉱》採掘する，精錬する．
4〔仕事を〕金で買う．5〔証券などを〕割引で売る．
6《ラ米》(1)《チリ》〔農産物を〕加工する．(2)《ラプ》射殺する．(3)《メヒコ》《チリ》《コスタリカ》《ニル》畜殺する，解体する．
── 〜·se 再 1 (con... / de... …から) 利益を得る，…を利用する．Te beneficiaste con la compra de este auto. 君はこの車を買って得をしたよ．〜se de una ley 法の利益を受ける．
2 (con... …と)《俗》性的関係を持つ．

be·ne·fi·cia·rio, ria [be.ne.fi.θjá.rjo, -.rja; ɓe.- / -.sjá.-] 形 恩恵[利益]を受ける．

benzamida

be·ne·fi·cio [be.ne.fí.θjo; ƀe.- / -.sjo] 男 **1** 利, 収益, 利潤 (= ganancia). vender con ～ プレミアつきで売る. La pesca produce muchos ～s a este país. 漁業はこの国に多くの利益をもたらしている. Este negocio rinde grandes ～s. この取引は大きな利潤を上げる.
2 利点, 利益；有益. los ～s del empleo その仕事の利点. en ～ propio 自分自身のために. sacar ～ de... ...を利用した. los ～s anuales 年間利益. ～ bruto 総利益. ～ neto 純益. ～s adicionales 賃金外給付, 付加給与. margen de ～ 利ざや, マージン. tasa de ～ 利益率.
3 善行, 恩恵；親切. recibir ～s sociales 社会福祉を受ける. Le debo muchos ～s. 彼[彼女]にはずいぶん世話になっている.
4 慈善興行, チャリティーショー.
5【鉱】(鉱山の)採掘, 開発.
6【宗】聖職禄(?)(＝～ eclesiástico).
7《ラ米》(**1**)《ｷ》厩肥(ʤ*). (**2**)《ﾀﾞ》《ﾎ》《ｴﾙｻ》《ﾆｶ》畜殺, 解体, 畜殺場. (**3**)《ﾌﾟ米》農場の加工施設；砂糖工場.
a beneficio de... ...の(利益の)ために[の].
a beneficio de inventario (**1**)【法】限定承認として. (**2**) 気軽に, リスクを考えずに. Tomé sus consejos *a ～ de inventario*. 私は彼[彼女](ら)の忠告に諾々と従ってしまった. (**3**) 懐疑的に, 留保つきで. Tomaremos sus propuestas *a ～ de inventario*. 我々は彼[彼女](ら)の提案を慎重に受けるつもりだ.
conceder el beneficio de la duda a＋人 (証拠がない限り)〈人〉を疑わない, 悪く思わない.
en beneficio de... ...のために[の].
[←〔俗〕*beneficium*；*bene-facere*(「正しく」＋「なす」)より派生.〔関連〕〔英〕*benefit*]

be·ne·fi·cio·so, sa [be.ne.fi.θjó.so, -.sa; ƀe.- / -.sjó.-] 形 利益になる, 有利な.

be·né·fi·co, ca [be.né.fi.ko, -.ka; ƀe.-] 形 **1** 慈善の, チャリティーの. obra benéfica 慈善事業. función benéfica 慈善興行.
2 有益な, 好都合な. lluvia benéfica 慈雨.

be·ne·mé·ri·to, ta [be.ne.mé.ri.to, -.ta; ƀe.-] 形 称賛に値する；卓越した. 男 La Benemérita (スペインの)治安警備隊(＝ la Guardia Civil).

be·ne·plá·ci·to [be.ne.plá.θi.to; ƀe.- / -.si.-] 男 **1** 承認, 許可. **2** 大絶賛；満足.

be·ne·vo·len·cia [be.ne.ƀo.lén.θja; ƀe.- / -.sja] 女 慈悲, 情け；好意, 思いやり.

be·ne·vo·len·te [be.ne.ƀo.lén.te; ƀe.-] 形 慈悲深い, 情け深い.

be·né·vo·lo, la [be.né.ƀo.lo, -.la; ƀe.-] 形 親切な, 好意的な.

ben·ga·la [beŋ.gá.la; ƀeŋ.-] 女 **1** 信号弾；ベンガル花火(＝ luz de B～). ～ de señales【海】信号弾[光]. **2**【植】トウ(籐).

Ben·ga·la [beŋ.gá.la; ƀeŋ.-] 固名 ベンガル：インド亜大陸北東部の地方名.

ben·ga·lí [beŋ.gá.lí; ƀeŋ.-] 形〔複 ～es, ～s〕ベンガルの. ― 男 女 ベンガル人. 男 **1** ベンガル語：インド・イラン語派の一つ. **2**【鳥】カエデチョウ.

bengalí (カエデチョウ)

ben·ga·li·na [beŋ.

ga.lí.na; ƀeŋ.-] 女【服飾】ベンガリン：畝織りの織物.

Be·ni [bé.ni; ƀé.-] 固名 el ～ ベニ川：ボリビアの川. el Amazonas の支流.

be·nig·ni·dad [be.nig.ni.dád; ƀe.-] 女 **1** 親切, 寛大. **2** 温和, 穏やかさ. **3**【医】(疾患の)良性, 軽症.

be·nig·no, na [be.níg.no, -.na; ƀe.-] 形 **1**《con... ...に》好意的な, 親切な；寛大な. Es ～ con sus subordinados. 彼は部下たちに優しい.
2 温和な, 穏やかな. invierno ～ 温暖な冬.
3【医】良性の (↔ maligno). tumor ～ 良性腫瘍(ょ).

be·ni·me·rín [be.ni.me.rín; ƀe.-] 形【史】ベニメリンの. ― 男 女 ベニメリン人. ◆13, 14世紀に勃興(ぼっ)したベルベル系民族. アルモハド Almohade 朝に代わって北アフリカ, スペインを統治した.
― 男〔複数で〕ベニメリン王朝.

Be·nín [be.nín; ƀe.-] 固名 ベナン：アフリカ西部の人民共和国；首都 Porto-Novo.

be·ni·nés, ne·sa [be.ni.nés, -.né.sa; ƀe.-] 形 (アフリカの)ベナンの. ― 男 女 ベナンの人.

Be·ni·to [be.ní.to; ƀe.-] 固名 **1** San ～ de Nursia ヌルシアの聖ベネディクトゥス(480?–547)：イタリアの修道士. 西欧修道制の父. ベネディクト(修道)会 benedictinos の創立者. [←〔後？〕*Benedictus*「祝福された(者)」が原義).〔関連〕〔ポルトガル〕*Bento*.〔仏〕*Benoît*.〔伊〕*Benedetto*.〔英〕*Benedict*.〔独〕*Benedikt*]

be·ni·to [be.ní.to, -.ta; ƀe.-] 形 男 女 → benedictino.

Ben·ja·mín [beŋ.xa.mín; ƀeŋ.-] 固名 **1**【聖】ベニヤミン：Jacob と Raquel の末子でヨセフ José の弟. **2** ベンハミン：男子の洗礼名. ◆この名はよく末子につけられる.
[←〔後？〕*Benjamin*←〔ギ〕*Beniam(e)ín*←〔ヘブライ〕*Binyāmīn* (*bēn*「息子」＋ *yāmīn*「右手」；「吉兆の子」が原義).〔関連〕〔ポルトガル〕*Benjamim*.〔仏〕〔英〕〔独〕*Benjamin*.〔伊〕*Beniamino*]

ben·ja·mín, mi·na [beŋ.xa.mín, -.mí.na; ƀeŋ.-]〔スポ〕最年少のクラス[階級]の.
― 男 女〈女性形は口語的〉**1** 末っ子, 末息子, 末娘.
2 (グループなどの)若手.
3〔スポ〕最年少のクラス[階級]の選手. → alevín.
― 男《ラ米》《ﾒﾂﾞ》【電】分岐ソケット.

ben·ja·mi·ta [beŋ.xa.mí.ta; ƀeŋ.-] 形 ベニヤミン人の. ― 男 女 ベニヤミン人, ベニヤミン人の末裔(ｴｲ). ◆古代イスラエル12部族の一族. Benjamín を祖先に持つとされる.

ben·jas·mín [beŋ.xas.mín; ƀeŋ.-] 男《ラ米》《ｸﾞｱﾃ》《ｱﾙｾﾞ》→ benjamín.

ben·ji [béŋ.xi; ƀeŋ.- // béŋ.ji; ƀeŋ.-]〔仏〕男 バンジージャンプ.

ben·juí [beŋ.xwí; ƀeŋ.-] 男【化】ベンゾイン(樹脂), 安息香. [←〔カタルーニャ〕*benjuí*←〔アラビア〕*lubān jāwī*「ジャワの乳香」が原義；この語頭音節 *lu-* が定冠詞 *lo* と誤解されて脱落]

bén·ti·co, ca [bén.ti.ko, -.ka; ƀén.-] → bentónico.

ben·tó·ni·co, ca [ben.tó.ni.ko, -.ka; ƀen.-] 形【生物】底生生物の.

ben·to·ni·ta [ben.to.ní.ta; ƀen.-] 女【地質】ベントナイト：火山灰の分解でできた粘土.

ben·tos [bén.tos; ƀén.-] 男〔単複同形〕【生物】底生生物, ベントス.

ben·za·mi·da [ben.θa.mí.ða; ƀen.- / -.sa.-] 女

【化】ベンズアミド.

ben·zo·a·to [ben.θo.á.to; ben.- / -so.-] 男 【化】ベンゾアート.

ben·zo·ca·í·na [ben.θo.ka.í.na; ben.- / -so.-] 女 【薬】ベンゾカイン.

ben·zo·dia·ze·pi·na [ben.θo.ðja.θe.pí.na; ben.- / -so.- / -se.-] 女 【化】ベンゾジアゼピン.

ben·zoi·co, ca [ben.θói.ko, -.ka; ben.- / -sói.-] 形 【化】安息香(性)の.

ben·zo·í·na [ben.θo.í.na; ben.- / -so.-] 女 【化】→ benjuí.

ben·zol [ben.θól; ben.- / -sól] 男 【化】ベンゼン.

Be·o·cia [be.ó.θja; be.- / -.sja] 固名 ボイオティア：ギリシア中部の一地方.

be·o·cio, cia [be.ó.θjo, -.θja; be.- / -.sjo, -.sja] 形 **1** ボイオティア(人)の. **2** 愚鈍な，無知の. ── 男 女 **1** ボイオティア人. **2** 愚鈍な人.

be·o·dez [be.o.ðéθ; be.- / -.ðés] 女 酔い，酩酊(ばい).

be·o·do, da [be.ó.ðo, -.ða; be.-] 形 酔った，酩酊(がい)した. ── 男 酔っ払い，飲んだくれ.

be·o·rí [be.o.rí; be.-] 男 【動】アメリカバク.

be·que [bé.ke; be.-] 形 (ラ米)(ジョ゚)(話) 言葉がつかえる，吃音(ホん)の.

be·quis·ta [be.kís.ta; be.-] 男 女 (ラ米)(ヸぅ)(ザ米) 奨学生，給費生 (= becario).

ber·bén [ber.bén; ber.-] 男 (ラ米)(ジッソ゚) 壊血病.

ber·be·re·cho [ber.be.ré.tʃo; ber.-] 男 【貝】ザルガイの総称.

ber·be·rí [ber.be.rí; ber.-] 形 男 女 → beréber.

Ber·be·rí·a [ber.be.rí.a; ber.-] 固名 バーバリ：エジプトから大西洋岸までのアフリカ北部の海岸地域.

ber·be·ri·dá·ce·as [ber.be.ri.ðá.θe.as; ber.- / -se.-] 女 《複数形》【植】メギ科.

ber·be·ris·co, ca [ber.be.rís.ko, -.ka; ber.-] 形 **1** → beréber. **2** 【馬】バーバリ種の. ── 男 → beréber. ── 男 【馬】バーバリ種.

bér·be·ro(s) [bér.be.ro(s); bér.-] 男 【植】メギ(の木・実).

ber·bi·quí [ber.bi.kí; ber.-] 男 繰り子錐(ボッ)，(手動の)回転ドリル.

ber·ce·o [ber.θé.o; ber.- / -.sé.-] 男 【植】アフリカネガヤの一種.

Ber·ce·o [ber.θé.o; ber.- / -.sé.-] 固名 ベルセオ Gonzalo de ～ (1196? -1252?)：スペイン教養派文芸の代表的詩人. → *mester* de clerecía.

ber·ceuse [ber.sés; ber.-] (仏) 女 【音楽】ベルスーズ，子守唄.

be·ré·ber [be.ré.ber; be.-] / **be·re·ber** [be.re.bér; be.-] / **be·re·be·re** [be.re.bé.re; be.-] 形 ベルベル人(語)の. ── 男 女 ベルベル人：北西アフリカに住む民族. → moro. ── 男 ベルベル諸語[語派].

be·ren·ga·rio, ria [be.reŋ.gá.rjo, -.rja; be.-] 形 (フランスの神学者の)トゥールのベレンガリウスの唱えた説を支持する. ── 男 女 ベレンガリウス派の人.

be·ren·go, ga [be.réŋ.go, -.ga; be.-] 形 (ラ米)(ジッソ゚)(話) ばかな，愚かな.

***be·ren·je·na** [be.reŋ.xé.na; be.-] 女 **1** 【植】ナス. ～s rellenas 【料】ナスの詰め物.
2 (ラ米)(ズズ)(話) (名前のないものを指して)それ.

be·ren·je·nal [be.reŋ.xe.nál; be.-] 男 **1** ナス畑.
2 (話) 面倒, 厄介. meterse en un ～ 厄介事に首を突っ込む.

be·ren·je·nín [be.reŋ.xe.nín; be.-] 男 (円筒形で白っぽいナスの一種. [berenjena +縮小辞]

ber·ga·mo·ta [ber.ga.mó.ta; ber.-] 女 【植】(**1**) ベルガモットの実：果皮から抽出した油は香料となる. (**2**) セイヨウナシ.

ber·ga·mo·te [ber.ga.mó.te; ber.-] / **ber·ga·mo·to** [ber.ga.mó.to; ber.-] 男 【植】(**1**) ベルガモットの木：ミカン科の小木. (**2**) セイヨウナシの木.

ber·gan·te [ber.gán.te; ber.-] 男 (話) ごろつき，悪党.

ber·gan·tín [ber.gan.tín; ber.-] 男 【海】ブリガンティーン：2本マストの2本帆船.

Ber·gan·za [ber.gán.θa; ber.- / -.sa] 固名 ベルガンサ Teresa ～ (1936-)：スペインのメゾソプラノ歌手.

ber·gi·ni·za·ción [ber.xi.ni.θa.θjón; ber.- / -.sa.sjón] 女 【化】ベルギウス法：石炭液化法の一つ.

berg·so·nis·mo [berg.so.nís.mo; berg.-] 男 【哲】ベルクソン Bergson (1859-1941) 哲学.

be·ri [bé.ri; bé.-] 男 (話) *con las del beri* 意地悪く.

be·ri·be·ri [be.ri.bé.ri; be.-] 男 【医】脚気(なっ).

be·ri·lia [be.rí.lja; be.-] 女 【化】酸化ベリリウム，ベリリア.

be·ri·lio [be.rí.ljo; be.-] 男 【化】ベリリウム (記号 Be).

be·ri·lio·sis [be.ri.ljó.sis; be.-] 女 《単複同形》【医】ベリリウム中毒(症).

be·ri·lo [be.rí.lo; be.-] 男 【鉱】緑柱石，酸化ベリリウム.

ber·ke·lio [ber.ké.ljo; ber.-] 男 【化】バークリウム：超ウラン元素(記号 Bk).

ber·lan·ga [ber.láŋ.ga; ber.-] 女 【遊】(トランプ)スリーカード.

Ber·lín [ber.lín; ber.-] 固名 ベルリン：ドイツの首都. (1948年以降)東ベルリン ～ Este [Oriental], 西ベルリン ～ Oeste [Occidental]に分断されるが，1990年のドイツ統一により再び首都となる.

ber·li·na[1] [ber.lí.na; ber.-] 女 【車】**1** 4ドアセダン. **2** ベルリン型馬車：2人乗り4輪箱馬車.

berlina[1]
(ベルリン型馬車)

ber·li·na[2] [ber.lí.na; ber.-] 女 *poner en berlina* 物笑いの種にする.
[←(伊) *berlina* 「さらし刑，さらし台」]

ber·li·nés, nesa [ber.li.nés, -.né.sa; ber.-] 形 ベルリンの. ── 男 女 ベルリンの住民[出身者].

ber·ma [bér.ma; bér.-] 女 **1** 【建】(城壁と堀の間の)犬走り，崖径(がっ). **2** (ラ米)路肩.

ber·me·je·ar [ber.me.xe.ár; ber.-] 自 赤みを帯びる.

ber·me·ji·zo, za [ber.me.xí.θo, -.θa; ber.- / -.so, -.sa] 形 赤みがかった.

Ber·me·jo [ber.mé.xo; ber.-] 固名 **1** el ～ ベルメホ川：アルゼンチン北部の川.
2 ベルメホ：アルゼンチンの州.

ber·me·jo, ja [ber.mé.xo, -.xa; ber.-] 形 **1** 赤い，朱色の.
2 赤毛の；赤褐色の肌の.
3 (ラ米) (**1**) (キュシ)(ジッソ゚) 〈牛が〉薄茶色の. (**2**) (ザ米)(話) 優れた，唯一の.

ber·me·jón, jo·na [ber.me.xón, -.xó.na; ƀer.-] 形 朱色の, 朱色を帯びた.

ber·me·llón [ber.me.jón; ƀer.- ‖ -.ʎón.] 男 朱, 辰砂(ﾙﾊ); 朱色.

ber·mu·das [ber.mú.đas; ƀer.-] 男《複数形》バーミューダ・パンツ.

ber·mu·de·ño, ña [ber.mu.đé.ɲo, -.ɲa; ƀer.-] 形 バミューダ諸島の.
— 男 女 バミューダ諸島の住人[出身者].

Ber·na [bér.na; ƀér.-] 固名 ベルン: スイスの首都.

Ber·na·bé [ber.na.ƀé; ƀer.-] 固名 ベルナベ: 男子の洗礼名.

Ber·na·bi·ta [ber.na.ƀí.ta; ƀer.-] 男《宗》バルナバ会士.

ber·nar·di·na [ber.nar.đí.na; ƀer.-] 女《話》ほら, 作り話.

Ber·nar·di·no [ber.nar.đí.no; ƀer.-] 固名 **1** San 〜 de Siena シエナの聖ベルナルディノ(1380-1444). **2** イタリアのフランチェスコ会修道士.
2 ベルナルディノ: 男子の洗礼名.

Ber·nar·do [ber.nár.đo; ƀer.-] 固名 **1** San 〜 聖ベルナルドゥス(1090-1153): フランスのシトー会修道士・教会博士. **2** San 〜 セントバーナード(犬). **3** ベルナルド: 男子の洗礼名.
[関連][ポルトガル語]*Bernardo*. [仏]*Bernard*. [英]*Barnard*. [独]*Bernhard*]

ber·nar·do, da [ber.nár.đo, -.đa; ƀer.-] 形 ベルナルドの; シトー会の. — 男 女《カト》ベルナルド[シトー]会修道士[修道女].

ber·ne·gal [ber.ne.ɣál; ƀer.-] 男 **1** (波形縁の)カップ. **2**《ラ米》(ﾌﾞﾗｼﾞﾙ)(濾過台の)水をためる)水がめ.

ber·nés, ne·sa [ber.nés, -.né.sa; ƀer.-] 形 (スイスの)ベルンの. — 男 女 ベルンの住民[出身者].

ber·nia [bér.nja; ƀer.-] 形《ラ米》(ﾁﾘ)《話》のろま な, ぐずぐずした, のらくらした.

ber·que·lio [ber.ké.ljo; ƀer.-] 男 → berkelio.

be·rra [bé.řa; ƀé.-] / **be·rra·za** [be.řá.θa; ƀe.- / -.sa] 育ちすぎて固くなったクレソン.

be·rre·a [be.řé.a; ƀe.-] 女 (動物の)うなり声, 鳴き声. ▶ 特に雄が発情期に雌を求めて出す声.

be·rre·ar [be.ře.ár; ƀe.-] 自 **1**〈子牛などが〉鳴く; (繁殖のために)〈シカなどが〉雄[雌]を求めて鳴く. **2** わめく, 泣き叫ぶ. **3** 調子っ外れな声で歌う. — 他《ラ米》(ｸﾞｱﾃ)《話》怒らせる, いらだたせる, 不快にする.

be·rren·chín [be.řen.tʃín; ƀe.-] 男 **1** 猛り狂ったイノシシの鼻息. **2**《話》→ berrinche.

be·rren·do, da [be.řén.do, -.da; ƀe.-] 形 **1** ぶちの, まだらな. 〜 en negro 黒い斑点(ﾊﾟﾝ)のある. **2**《ラ米》(ﾒｷｼｺ)《話》怒った, 不機嫌な. — 男《動》レイヨウの一種.

be·rre·o [be.řé.o; ƀe.-] 男 **1**《話》(赤ん坊の)泣き叫ぶ声, 鳴き声. **2** 怒鳴り声.

be·rre·ra [be.řé.ra; ƀe.-] 女《植》セリ科シウム属の植物.

be·rre·te [be.řé.te; ƀe.-] 男《主に複数で》《話》口の周りについた食べかす.

be·rre·tín [be.ře.tín; ƀe.-] 男《ラ米》(ﾘｵﾌﾟ)《話》頑固, 執着; 強烈な愛情.

be·rri·do [be.ří.đo; ƀe.-] 男 **1** (小牛などの)鳴き声. **2** (子供などの)わめく声, 金切り声; 調子外れの声. lanzar 〜s わめきちらす.

be·rrín [be.řín; ƀe.-] 男 怒りっぽい人, かんしゃく持ち.

be·rrin·che [be.řín.tʃe; ƀe.-] 男 **1**《話》激怒, 腹立ち. coger [llevarse] un 〜 激怒する. **2**《話》(子供の)泣きわめき; かんしゃく. **3**《ラ米》(ﾒｷｼｺ)(雄の)尿のにおい. (2)(ﾌﾞﾗｼﾞﾙ)《話》騒ぎ, 混乱.

be·rrin·chu·do, da [be.řin.tʃú.đo, -.đa; ƀe.-] 形《ラ米》(1)《話》淫乱(ﾊﾞﾝ)な;〈動物が〉発情した. (2)(ﾒｷｼｺ)短気な, 怒りっぽい, 気難しい.

be·rrion·de·ra [be.řjon.dé.ra; ƀe.-] 女《ラ米》(ﾒｷｼｺ)《話》騒ぎ, 激怒.

be·rri·zal [be.ří.θál; ƀe.- / -.sál] 男 クレソン栽培地.

be·rro [bé.řo; ƀé.-] 男《植》クレソン: アブラナ科.

be·rro·cal [be.řo.kál; ƀe.-] 男 岩だらけの土地.

be·rro·que·ño, ña [be.řo.ké.ɲo, -.ɲa; ƀe.-] 形 **1** 花崗(ﾋﾟﾝ)岩でできた. **2** 堅い, 強固な. — 女 花崗岩.

be·rrue·co [be.řwé.ko; ƀe.-] 男 **1** 花崗(ﾋﾟﾝ)岩の大岩. **2**《医》虹彩(ﾊﾟｶ)炎.

berro (クレソン)

Be·rru·gue·te [be.řu.ɣé.te; ƀe.-] 固名 **1** Pedro 〜 ペドロ・ベルゲーテ(1450?-1504): スペインの画家. **2** Alonso 〜 アロンソ・ベルゲーテ(1486?-1561): スペインの画家・彫刻家. Pedroの息子.

Ber·ta [bér.ta; ƀér.-] 固名 ベルタ: 女子の洗礼名.
[関連][ポルトガル語][英]*Bertha*. [仏]*Berthe*. [伊][独]*Berta*]

ber·tso·la·ri [ber.(t)so.lá.ri; ƀer.-] 男 → versolari.

ber·za [bér.θa; ƀér.- / -.sa] 男《ラ米》《複数で》《俗》→ berzotas.
— 女 **1**《植》キャベツ(の一種). **2**《話》酩酊(ﾒｲﾃｲ)状態.
estar con la berza うわの空である.
ser la berza 腹立たしい.

ber·zal [ber.θál; ƀer.- / -.sál] キャベツ畑.

ber·zo·tas [be.řó.tas; ƀer.- / -.só.-] 男 女《単複同形》《俗》ばか, まぬけ.

be·sa·la·ma·no [be.sa.la.má.no; ƀe.-] 男 BLM (besa la mano 「あなたの手に接吻(ｾｯﾌﾟﾝ)いたします」の略)で始まる無署名の短い手紙.

be·sa·ma·nos [be.sa.má.nos; ƀe.-] 男《単複同形》 **1** (王侯の)謁見. **2** (挨拶としての)手への接吻(ｾｯﾌﾟﾝ).

be·sa·mel [be.sa.mél; ƀe.-] / **be·sa·me·la** [be.sa.mé.la; ƀe.-] 女《料》ベシャメルソース, ホワイトソース. [← [仏] *béchamel*]

be·sa·na [be.sá.na; ƀe.-] 女 **1**《農》畝(ｳﾈ)上げ; 最初の畝溝. **2** スペイン Cataluña 地方の面積の単位: 2.187平方メートル. **3**《紋》耕作予定地.

be·san·te [be.sán.te; ƀe.-] 男 **1** ビザンティン貨幣: 中世ヨーロッパで流通したビザンティン帝国の金貨・銀貨. **2**《紋》金[銀]の小円.

be·sar [be.sár; ƀe.-] 他 **1** …にキスをする, (en...)〈部位に〉唇を触れる. *Me besó en las mejillas.* 彼[彼女]は私の両ほおにキスした. *Le besé la mano al cura.* 私は司祭の手にキスした. *Su atento [seguro] servidor que besa su mano.* あなたの忠実なしもべなる (▶ 手紙で署名の前に入れる結語).
2《文章語》接触する, 接する. *El sol besaba el horizonte.* 日が地平線に沈もうとしていた.
— 〜·se 再 **1** (互いに)キスをする, キスを交わす. *Nos besamos antes de despedirnos.* 私たちは別れ際にキスをした. **2**《話》出会い頭にぶつかる.

be·si·co [be.sí.ko; ƀe.-] 男 **1** → besito.

2 ~ de monja〖植〗ツリガネソウ, フウリンソウ. [beso＋縮小辞]

be·si·to [be.sí.to; ƀe.-]囲 **1**〖親愛〗キス. **dar un ~**(軽く・優しく)キスをする. **2**〖ラ米〗(ｻ)(ﾁ)(ｺﾛ)(ｺｺﾅﾂ・小麦粉で作った)菓子パン. [beso＋縮小辞]

***beso** [bé.so; ƀé.-]囲 **1** キス, 口づけ. **dar [plantar] un ~ a** ＋ **a**(人)にキスをする. **tirar [lanzar] un ~ / dar un ~ volado** 投げキスをする. **~ de paz** 和解のキス;〖カト〗(ミサ中の)平和のあいさつ. **Te mando un ~ y un abrazo. Hasta luego.**《手紙》最後にキスと抱擁を送ります. それでは(▶ 親しい人に用いられる結語). **2**(軽い)接触. **~ de los dos planetas** 2つの惑星の接近.
beso de Judas ユダの接吻(訳), 偽りの接吻.
Besos.《手紙》(愛情を込めて)キスを送ります. ▶ 親しい人に用いられる結語.
comerse a besos a＋人〖話〗〈人〉にキスの雨を降らせる.
[←[ラ]*bāsium*;関連 besar. 〖仏〗*baiser*]

be·so·te·ar [be.so.te.ár; ƀe.-]他〖ラ米〗(ｻｲ)続けてキスする, キス攻めにする.

bes·te·zue·la [bes.te.θwé.la; ƀe.- / -.swé.-]囡《軽蔑》小動物, 小さな虫. [bestia＋縮小辞]

***bes·tia** [bés.tja; ƀés.-]形 ひどい, 粗暴な;とんまな.
— 囲 **1** ひどいやつ, 粗暴な人. **¡Vaya ~!** なんてさつなやつだ. **2** とんま, 薄のろ.
— 囡 獣, 四足動物;(特に荷役用の)**家畜**.
bestia negra [parda] トラブルメーカー;心配の種.
gran bestia 〖動〗(1) オオジカ. (2) バク.
mala bestia 〖話〗ひどいやつ, 嫌な野郎;薄のろ.
[←[ラ]*bēstiam*(*bēstia*の対格);関連〖英〗*beast*]

bes·tia·da [bes.tjá.ða; ƀes.-]囡〖話〗愚かな振る舞い[言動];ばかげた莫な振舞い[言動].
una bestiada〖話〗たくさん, 大量.

bes·tial [bes.tjál; ƀes.-]形 **1** 獣の, 動物的な. **instintos ~es** 動物(的)本能. **2**〖話〗すごい, 途方もない;大きい, でかい. **un apetito ~** ものすごい食欲.

bes·tia·li·dad [bes.tja.li.ðáð; ƀes.-]囡 **1** 獣性, 凶暴性. **2** ひどいこと, むちゃ. **¡Qué ~!** とてもひどい. **3** 多量, たくさん. **una ~ de...** たくさんの…, 無数の…. **4** 獣姦(姦).

bes·tia·lis·mo [bes.tja.lís.mo; ƀe.-]囲 獣姦(姦)(行動).

bes·tia·li·zar·se [bes.tja.li.θár.se; ƀes.- / -.sár.-]再〖人が〗獣的化する.

bes·tia·rio [bes.tjá.rjo; ƀes.-]囲 **1**(古代ローマの円形競技場で)猛獣と闘う戦士.
2(中世ヨーロッパの)動物寓話(ᵍ⁾)[説話]集.

bes·tión [bes.tjón; ƀes.-]囲〖建〗動物や怪獣をかたどった装飾.

best sell·er [bés(t) sé.ler; ƀés(t) -] / **best séll·er** [bes(t).sé.ler; ƀes(t).-]〖英〗囲(複 **~s**)囲 ベストセラー.

be·su·car [be.su.kár; ƀe.-]自他〖話〗→ besuquear.

be·su·cón, co·na [be.su.kón, -.kó.na; ƀe.-]形〖話〗キス好きな, やたらにキスをする.
— 囲囡〖話〗キス好きな人, キス魔.

be·su·go [be.sú.go; ƀe.-]囲 **1**〖魚〗マダイ. **2**〖話〗ばか, まぬけ.
ojos de besugo〖話〗出目.

be·su·gue·ra [be.su.gé.ra; ƀe.-]囡 **1**(タイなどを煮る)平鍋(稀). **2**〖海〗タイ漁船.

be·su·gue·te [be.su.gé.te; ƀe.-]囲〖魚〗(大西洋産の)タイ科の魚. [besugo＋縮小辞]

be·su·que·ar [be.su.ke.ár; ƀe.-]他〖話〗やたらにキスをする, キス攻めにする.
— **~·se** 再〖話〗何度もキスし合う;いちゃつく.

be·su·queo [be.su.ké.o; ƀe.-]囲〖話〗やたらにキスすること;いちゃつき.

be·ta¹ [bé.ta; ƀé.-]囡 **1** ベータ(B, β):ギリシア語アルファベットの第2字.
2〖物理〗ベータ粒子. **rayos ~** ベータ線.
— 囲(ビデオの)ベータマックス方式.

be·ta² [bé.ta; ƀé.-]囡〖海〗綱, ひも;索.

be·ta·bel [be.ta.ßél; ƀe.-]囲〖ラ米〗(ﾒ)〖植〗テンサイ, サトウダイコン.

be·ta·blo·que·a·dor, do·ra [be.ta.ßlo.ke.a.ðór, -.ðó.ra; ƀe.-]形囲 → betabloqueante.

be·ta·blo·que·an·te [be.ta.ßlo.ke.án.te; ƀe.-]形〖薬〗ベータ遮断の. — 囲 ベータ遮断薬.

be·ta·rra·ga [be.ta.řá.ga; ƀe.-] / **be·ta·rra·ta** [be.ta.řá.ta; ƀe.-]囡 **1**〖植〗テンサイ, サトウダイコン. **2**〖ラ米〗(ﾁ)(ﾍﾟﾙ)テンサイ[サトウダイコン]の根.

be·ta·trón [be.ta.trón; ƀe.-]囲〖物理〗ベータトロン, 電子加速装置.

be·tel [be.tél; ƀe.-]囲〖植〗キンマ:コショウ科のつる性の植物.

Bé·ti·ca [bé.ti.ka; ƀé.-]固名 バエティカ, ベティカ:ローマの支配下の Hispania を構成した属州の一つ. 現スペイン Andalucía 地方にあたる.

be·ti·cis·mo [be.ti.θís.mo; ƀe.- / -.sís.-]囲(スペインのサッカーチーム)レアル・ベティス・バロンピエを応援すること.

bé·ti·co, ca [bé.ti.ko, -.ka; ƀé.-]形 **1** バエティカ[ベティカ]の, バエティカ人の. **Cordillera *Bética*** ベティカ山系(スペイン南部の山系). **2**〖スポ〗(サッカー)(スペインのサッカーチーム)レアル・ベティス・バロンピエ[ベティス]Real Betis Balompié の.
— 囲囡 **1** バエティカ人. **2**〖スポ〗(サッカー)レアル・ベティス・バロンピエのファン[サポーター・関係者].

bet·le·mi·ta [beƚ.le.mí.ta; ƀeƚ.-]形 **1** ベツレヘム Belén の. **2**(17世紀にグアテマラで設立された)ベツレヘム会の. — 囲 **1** ベツレヘムの住民[出身者]. **2** ベツレヘム会の修道士[修道女].

bet·le·mí·ti·co, ca [beƚ.le.mí.ti.ko, -.ka; ƀeƚ.-]形 → betlemita.

be·tón [be.tón; ƀe.-]囲 **1**(巣の入り口の)蜜蠟(孧). **2** コンクリート.

be·to·ne·ra [be.to.né.ra; ƀe.-]囡〖ラ米〗(ﾁ)コンクリートミキサー.

be·tó·ni·ca [be.tó.ni.ka; ƀe.-]囡〖植〗カッコウチョロギ.

be·tu·lá·ce·as [be.tu.lá.θe.as; ƀe.- / -.se.-]囡〖植〗《複数形》カバノキ科(の植物).

be·tu·mi·no·so, sa [be.tu.mi.nó.so, -.sa; ƀe.-]形 → bituminoso.

be·tún [be.tún; ƀe.-]囲 **1** 瀝青(ﾋｷ), チャン. **~ de Judea [judaico]** アスファルト. **2** 靴墨. **3**〖ラ米〗(1)(ｷ)(ﾒ)(菓子の)糖衣. (2)(ケーキなどのデコレーションに使う)クリーム(の一種). (3)(ｷ)(質を高めるためタバコの葉に塗る)タバコの葉から採ったエキス.

be·tu·ne·ro [be.tu.né.ro; ƀe.-]囲 靴磨き(の人).

be·va·trón [be.ßa.trón; ƀe.-]囲〖物理〗ベバトロン:陽子加速装置.

bey [béi; ƀéi]囲〖史〗(オスマン・トルコ帝国の)地方長官;(トルコの高官への敬称)ベイ.

be·za·ar [be.θa.ár; ƀe.- / -.sa.-]囲 → bezoar.

be·zan·te [be.θán.te; ƀe.- / -.sán.-]囲〖紋〗金の小

円をちりばめた図形.
be·zar [be.θár; ƀe.- / -.sár] 男 → bezoar.
be·zo [bé.θo; ƀé.- / -.so] 男 **1** 厚い下唇 (= belfo). **2**〖医〗(潰瘍)の跡の肉芽.
be·zo·ar [be.θo.ár; ƀe.- / -.so.-] 男〖獣医〗(反芻(ﾊﾝｽｳ)動物の消化器官に生じる) 結石. ◆昔, 解毒剤として用いられた. [←〔アラビア〕*bāzahr*←〔ペルシア〕*pād-zahr*（原義「解毒の」）
be·zo·ár·di·co, ca [be.θo.ár.ði.ko, -.ka; ƀe.- / -.so.-] 形 → bezoárico.
be·zo·á·ri·co, ca [be.θo.á.ri.ko, -.ka; ƀe.- / -.so.-] 形 解毒作用の. — 男 解毒剤.
be·zo·te [be.θó.te; ƀe.- / -.só.-] 男 下唇の飾り環.
be·zu·do, da [be.θú.ðo, -.ða; ƀe.- / -.sú.-] 形 唇の厚い. — 男 女 唇の厚い人.
BHA [be.a.tʃe.á; ƀe.-]《略》*B*anco *H*ispano *A*mericano（スペインの）イスパノ・アメリカ銀行.
Bhu·tan [bú.tan; ƀú.-] / **Bhu·tán** [bu.tán; ƀu.-] 固名 ブータン（王国）(= Bután)：首都 Thimbu.
Bi〖化〗*bi*smuto ビスマス.
bi-〖接頭〗「2, 両, 双, 複, 重」の意. → *bi*carbonato, *bi*enio, *bi*lateral, *bi*lingüe. [←〔ラ〕]
bia·ba [bjá.ƀa; ƀjá.-] 女《ラ米》(ｱﾙｾﾞﾝ)《俗》殴打；強盗.
bia·bia [bjá.ƀja; ƀjá.-] 女《ラ米》(ｱﾙｾﾞﾝ)《話》殴ること.
bi·á·ci·do, da [bjá.θi.ðo, -.ða; ƀjá.- / -.si.-] 形〖化〗二酸（性）の.
bi·a·nual [bja.nwál; ƀja.-] 形 **1** 年に2回の. **2**〖植〗二年生の, 〖植〗二年生［越年生］植物.
bi·at·lón [bjaƭ.lón; ƀja.-] 男〖スポ〗バイアスロン.
bi·a·tó·mi·co, ca [bja.tó.mi.ko, -.ka; ƀja.-] 形〖化〗2つの原子よりなる.
bi·au·ri·cu·lar [bjau.ri.ku.lár; ƀjau.-] 形〖解剖〗両耳の.
bi·a·xial [bjaƙ.sjál; ƀjaƙ.-] / **bi·á·xi·co, ca** [bjaƙ.si.ko, -.ka; ƀjáƙ.-] 形 軸が2つある；（結晶が）2軸性の.
bi·bá·si·co, ca [bi.ƀá.si.ko, -.ka; ƀi.-] 形〖化〗二塩基（性）の.
bi·be·lot [bi.ƀe.ló(t); ƀi.-]〔仏〕男［複 ~s］小型で安物の装飾品, 小物.
bi·be·rón [bi.ƀe.rón; ƀi.-] 男 哺乳(ﾎﾆｭｳ)瓶. dar el ~ al niño 赤ん坊にミルクを飲ませる.
bi·bi·cho [bi.ƀi.tʃo; ƀi.-] 男《ラ米》(ﾎﾝｼﾞｭ)飼い猫.
bi·bi·ja·gua [bi.ƀi.xá.gwa; ƀi.-] 女《ラ米》(ｷｭｰﾊ)〖昆〗ハキリアリ；《比喩的》よく働く人.
bi·bi·ja·güe·ra [bi.ƀi.xa.gé.ra; ƀi.-] 女《ラ米》(ｷｭｰﾊ)ハキリアリの巣.
*****bi·blia**[1] [bí.ƀlja; ƀí.-] 女 **1** la *B*~ 聖書, バイブル. la Santa *B*~ 聖書. **2**《比喩的》聖典.
papel biblia インディア・ペーパー.
saber más que la biblia なんでも知っている.
ser la biblia en pasta［*verso*］《話》ものすごい；大げさである.
[←〔中ラ〕*biblia*←〔ギ〕*biblía* (*biblíon*「本」の複数形)；*býblos*「パピルス(紙)」；*biblíon*（パピルスを輸出したフェニキアの港町 *Býblos* より）+ 縮小辞. 関連 biblioteca.〔英〕*Bible*]
bi·blia[2] [bí.ƀlja; ƀí.-] 女《ラ米》(ﾌﾟｴ)《話》才覚, 機知.
*****bi·bli·co, ca** [bí.ƀli.ko, -.ka; ƀí.-] 形 聖書の, 聖書に関する；ありがたい. *pasaje* ~ 聖書の一節.
biblio-「本, 書籍」の意を表す造語要素. → *biblio*grafía, *biblio*teca. [←〔ギ〕]

bi·blio·bús [bi.ƀljo.ƀús; ƀi.-] 男 移動図書館, 図書館バス（車）.
bi·blio·fi·lia [bi.ƀljo.fí.lja; ƀi.-] 女 書籍愛好, 書物収集癖.
bi·blió·fi·lo, la [bi.ƀljó.fi.lo, -.la; ƀi.-] 男 女 愛書家, 書物収集家.
*****bi·blio·gra·fí·a** [bi.ƀljo.gra.fí.a; ƀi.-] 女 **1** 参考文献, 文献目録.
2 図書目録；著作目録. **3** 書誌, 書誌学.
*****bi·blio·grá·fi·co, ca** [bi.ƀljo.grá.fi.ko, -.ka; ƀi.-] 形 参考文献の；図書目録の；書誌(学)の. *boletín* ~ 新刊図書案内. *índice* ~ 文献索引.
bi·blió·gra·fo, fa [bi.ƀljó.gra.fo, -.fa; ƀi.-] 男 女 参考文献作成者, 書誌学者.
bi·blio·lo·gí·a [bi.ƀljo.lo.xí.a; ƀi.-] 女 図書学, 書誌学.
bi·blio·man·cí·a [bi.ƀljo.man.θí.a; ƀi.- / -.sí.-] / **bi·blio·man·cia** [bi.ƀljo.mán.θja; ƀi.- / -.sja] 女 本占い. ◆本を任意に開いたところの文章で吉凶を占う.
bi·blio·ma·ní·a [bi.ƀljo.ma.ní.a; ƀi.-] 女 書物収集癖, 収書［蔵書］狂.
bi·blió·ma·no, na [bi.ƀljó.ma.no, -.na; ƀi.-] 男 女 収書［蔵書］狂, ビブリオマニア.
bi·blio·po·la [bi.ƀljo.pó.la; ƀi.-] 男 本屋, 書籍商.
bi·blio·ra·to [bi.ƀljo.rá.to; ƀi.-] 男《ラ米》(ｱﾙｾﾞﾝ)ファイル, 書類とじ.
*****bi·blio·te·ca** [bi.ƀljo.té.ka; ƀi.-] 女 **1** 図書館, 図書室；書庫. ~ *circulante* 移動［巡回］図書館. ~ *de consulta*（館外貸し出しできない）参考資料室, レファレンスルーム. *ratón de* ~ 本の虫.
2 書架, 本棚. **3**（図書館や個人の）蔵書. **4** 叢書(ｿｳｼｮ), 双書. *B*~ *de Autores Contemporáneos* 現代作家叢書. **5** 書斎. **6**〖ＩＴ〗ライブラリ.
biblioteca ambulante **(1)** 生き字引. **(2)** 移動［巡回］図書館.
biblioteca viviente 生き字引.
[←〔ラ〕*bibliothēca*←〔ギ〕*bibliothékē* (*biblíon*「本」+ *thékē*「箱」); 関連〔英〕*bibliotheca*, *Bible*]
bi·blio·te·ca·rio, ria [bi.ƀljo.te.ká.rjo, -.rja; ƀi.-] 男女 図書館員, 司書.
bi·blio·te·co·lo·gí·a [bi.ƀljo.te.ko.lo.xí.a; ƀi.-] 女 図書館学.
bi·blio·te·co·ló·gi·co, ca [bi.ƀljo.te.ko.ló.xi.ko, -.ka; ƀi.-] 形 図書館学の, 図書館学に関する.
bi·blio·te·co·no·mí·a [bi.ƀljo.te.ko.no.mí.a; ƀi.-] 女 図書館経営学.
bi·blio·te·ra·pia [bi.ƀljo.te.rá.pja; ƀi.-] 女 読書療法.
bi·blis·ta [bi.ƀlís.ta; ƀi.-] 男 女 聖書学者.
bi·ca [bí.ka; ƀí.-] 女《ラ米》(ﾁﾘ)《話》わずかな金.
bi·cal [bi.kál; ƀi.-] 男〖魚〗雄のサケ.
bi·ca·me·ral [bi.ka.me.rál; ƀi.-] 形 二院制の. *sistema* ~ 二院制度. ▶「一院制の」は unicameral.
bi·ca·me·ra·lis·mo [bi.ka.me.ra.lís.mo; ƀi.-] 男（議会の）二院制.
bi·car·bo·na·to [bi.kar.ƀo.ná.to; ƀi.-] 男〖化〗炭酸水素塩, 重炭酸塩. ~ *sódico / de sosa* 重炭酸ナトリウム, 重曹.
bi·car·pe·la·do, da [bi.kar.pe.lá.ðo, -.ða; ƀi.-] 形 → bicarpelar.

bi·car·pe·lar [bi.kar.pe.lár; ƀi.-] 形【植】心皮が2枚ある.
bi·cé·fa·lo, la [bi.θé.fa.lo, -.la; ƀi.- / -.sé.-] 形 双頭の;《比喩的》リーダーが2人の. **águila bicéfala**《紋》双頭の鷲.
bi·ce·lu·lar [bi.θe.lu.lár; ƀi.- / -.se.-] 形【生物】二細胞の.
bi·cen·te·na·rio [bi.θen.te.ná.rjo; ƀi.- / -.sen.-] 男 200年記念日, 200年祭.
bí·ceps [bí.θeps; ƀi.-.seps] 男《単複同形》[解剖] 二頭筋;二頭膊筋(%)(= ～ braquial).
bi·ce·rra [bi.θé.r̄a; ƀi.- / -.sé.-] 女【動】(ピレネー地方産の)野生のヤギ.
bi·cha [bí.tʃa; ƀí.-] 女 **1**《婉曲的》蛇. **2**【建】【美】(人面を持った)想像上の動物の彫刻[装飾]. **3**《ラ米》(1)《俗》(男性・女性の)性器;(ミニ)《俗》陰茎. (2) 《テアテ》《話》ビール. (3) 《ほネス》《俗》悪いうわさがある女性;売春婦. (4) 《ほネス》《話》事, 用件. (5)(プ)《話》女の子. (6) (ボ)(グァ)大鍋(ズキ).
mentar [nombrar] la bicha a +人《話》(人)に面と向かって嫌なことを言う.
bi·cha·de·ro [bi.tʃa.ðé.ro; ƀi.-] 男《ラ米》《3%》(パンパの)見張り台, 物見やぐら.
bi·char [bi.tʃár; ƀi.-] 他《ラ米》(1)《ほネス》《話》かき回す, 混乱させる. (2) 《ほネス》《話》傷つける, 壊す. (3) 《ほネス》《話》直す. (4) 《ほネス》《話》(木などを)彫る. (5) 《ほネス》《話》スパイする. ── 自《ラ米》《%》スパイする.
bi·cha·rá [bi.tʃa.rá; ƀi.-] 女《ラ米》《3%》(白と黒の縞(レ)模様の)ポンチョ.
bi·cha·ran·go [bi.tʃa.ráŋ.go; ƀi.-] 男《ラ米》《ほネス》乱暴に扱うこと.
bi·cha·rra·co, ca [bi.tʃa.r̄á.ko, -.ka; ƀi.-] 男女 **1**《話》あまり信用できない人, うさんくさい人. **2**《外見が》醜い人. ── 男《軽蔑》気持ちの悪い虫.
bi·cha·zo [bi.tʃá.θo; ƀi.- / -.so] 男《ラ米》《3%》《俗》殴打, なぐりつけ.
bi·che [bí.tʃe; ƀí.-] 形《ラ米》(1) 《3%》ふわふわした, 中身のない. (2) 《テアテ》《話》虚弱な, ひ弱な. (3) 《5%》《話》金髪の, ブロンドの. ── 男《3%》大鍋(ズキ).
bi·che·ar [bi.tʃe.ár; ƀi.-] 他《ラ米》《3%》《話》じっくり観察する;こっそり見張る.
bi·che·a·de·ro [bi.tʃe.a.ðé.ro; ƀi.-] 男 → bichadero.
bi·che·rí·o [bi.tʃe.rí.o; ƀi.-] 男《ラ米》《集合的》小動物;害虫, 害獣;猛獣.
bi·che·ro [bi.tʃé.ro; ƀi.-] 男 **1**【海】鉤竿(%). **2**《ラ米》《テアテ》(農場の)見張り, 番人.
bi·chi [bí.tʃi; ƀí.-] 形《ラ米》《%》《俗》裸の, 丸裸の.
bi·chi·co·me [bi.tʃi.kó.me; ƀi.-] 男《ラ米》《3%》《話》放浪者.
*****bi·cho** [bí.tʃo; ƀí.-] 男 **1** 虫, 気持ちの悪い虫. → insecto, gusano. **2**(愛玩用の)動物, 獣;《話》(闘牛の)牛. **Me gusta toda clase de ～s.** 私は動物のならんでも好きだ. **bicho raro** 変人(= ～ raro). **4** たちの悪いやつ, 嫌なやつ(= ～ malo, mal ～). **5** 《ラ米》(1)《3%》【動】(チャコ地方にいる)トラ. (2)《3%》ツツガムシ(= ～ colorado). (3)《テアテ》《チリ》《3%》《ラ米》《卑》ペニス, 陰茎. (4)《3%》家禽(%)の伝染病. (6)《エルサル》《話》甘やかされた子供. ── **chillón** 泣き虫. (7) 《5%》《話》恨み, 憎しみ. (8) (プ) 《話》子供, 男の子. (9) 珍獣. (10) 《5%》《話》頭のよい人.
Bicho malo nunca muere.《諺》憎まれっ子世にはばかる(←害虫は決して死なない).

bicho viviente《話》生きている者[人]. **todo ～ viviente** 誰もかも.
de puro bicho《ラ米》《話》腹いせに, ねたんで.
[←《仏》*bestia* ─《ラ》*bestia*【関連】《英》*beast*]
bi·cho·co, ca [bi.tʃó.ko, -.ka; ƀi.-] 形《ラ米》《3%》老いぼれの, よぼよぼした;役に立たない.
bi·cho·lo, la [bi.tʃó.lo, -.la; ƀi.-] 形《ラ米》《話》裸の. ── 女《ラ米》《軽蔑》ペニス, 陰茎.
bi·cho·te [bi.tʃó.te; ƀi.-] 男 女《ラ米》《プェル》《俗》麻薬業者.
bi·ci [bí.θi; ƀí.- / -.si] 女 [bicicleta の省略形]《話》自転車.
★bi·ci·cle·ta [bi.θi.klé.ta; ƀi.- / -.si.-] 女 **1** 自転車. **～ estática** フィットネスバイク. **～ de montaña** マウンテンバイク. **ir en ～** 自転車で行く. **No sabe montar en ～.** 彼[彼女]は自転車に乗れない. ▶「自転車競技」は ciclismo. **2**《ラ米》《ペル》《隠》下痢. [←《仏》*bicyclette* ─《英》*bicycle*([ラ] *bi-*「2」+ [ギ] *kýklos*「輪」]
bi·ci·cle·te·ar [bi.θi.kle.te.ár; ƀi.- / -.si.-] 他《ラ米》《3%》《話》(人に)払う借金を後回しにする.
bi·ci·clo [bi.θí.klo; ƀi.- / -.sí.-] 男 (前輪の大きな)旧式自転車.
bi·ci·cross [bi.θi.krós; ƀi.- / -.si.-] 男 自転車によるクロスカントリー.
bi·ci·pi·tal [bi.θi.pi.tál; ƀi.- / -.si.-] 形【解剖】二頭筋の.
bi·cí·pi·te [bi.θí.pi.te; ƀi.- / -.sí.-] 形 → bicéfalo.
bi·ci·ta·xi [bi.θi.ták.si; ƀi.- / -.si.-] 男 自転車タクシー, 輪タク.
bi·cla [bí.kla; ƀí.-] 女《ラ米》《5%》《話》自転車.
bi·clo·ru·ro [bi.klo.rú.ro; ƀi.-] 男【化】二塩化物.
bi·co·ca [bi.kó.ka; ƀi.-] 女 **1**《話》つまらないもの. **por una ～** 二束三文で, ただ同様に. **2**《話》掘り出し物, もうけもの. **3**《ラ米》(1)《テアテ》(ギ)(3%) カロッタ:椀(%)形の聖職者の帽子. (2)(ギ)(テアテ)《話》頭を殴ること. (3) (%)《話》お金, 銭.
bi·co·lor [bi.ko.lór; ƀi.-] 形 2色の, ツートンカラーの.
bi·cón·ca·vo, va [bi.kóŋ.ka.ƀo, -.ƀa; ƀi.-] 形 〈レンズなどが〉両凹(%³)の.
bi·con·ve·xo, xa [bi.kom.bék.so, -.sa; ƀi.-] 形 〈レンズなどが〉両凸(%³)の.
bi·co·que·te [bi.ko.ké.te; ƀi.-] / **bi·co·quín** [bi.ko.kín; ƀi.-] 男 耳当て付きの帽子.
bi·cor·ne [bi.kór.ne; ƀi.-] 形《文章語》角(%)が2つある.
bi·cor·nio [bi.kór.njo; ƀi.-] 男 二角帽.
bi·cro·ma·to [bi.kro.má.to; ƀi.-] 男【化】重クロム酸塩.
bi·cro·mí·a [bi.kro.mí.a; ƀi.-] 女【印】2色刷り.
bi·cua·dra·do, da [bi.kwa.ðrá.ðo, -.ða; ƀi.-] 形【数】4乗の, 4次の.
bi·cús·pi·de [bi.kús.pi.ðe; ƀi.-] 形【解剖】〈歯・心臓などが〉二尖(%)の. ── 男 両尖歯, 双頭歯:小臼歯(%)または白前歯.
BID [bi.ðé] 男《略》*Banco Interamericano de Desarrollo* 米州開発銀行.
bi·dé [bi.ðé; ƀi.-] 男 ビデ. [←《仏》*bidet*]
bi·del [bi.ðél; ƀi.-] 男《ラ米》→ bidé.
bi·den·ta·do, da [bi.ðen.tá.ðo, -.ða; ƀi.-] 形

bicornio
(二角帽)

bi·den·te [bi.ðén.te; bi.-] 形 → bidentado.
bi·di·men·sio·nal [bi.ði.men.sjo.nál; bi.-] 形 二次元の.
bi·di·rec·cio·nal [bi.ði.rek.θjo.nál; bi.-/-.sjo.-] 形 二方向の, 双方向性の.
bi·dón [bi.ðón; bi.-] 男 **1** 缶, ドラム缶. **2**《ラ米》ガソリンタンク.
bi·don·vi·lle [bi.dom.bíl; bi.-]〔仏〕男 スラム街, 貧困地区.
bie·la [bjé.la; bjé.-] 女 **1**《機》(1) 連接棒, コネクティングロッド. (2) (自転車のペダルの) クランク. **2**《ラ米》《話》ビール.
biel·da [bjél.da; bjél.-] 女《農》干し草用レーキ [フォーク].
biel·dar [bjel.dár; bjel.-] 他 → beldar.
biel·do [bjél.do; bjél.-] 男《ラ米》(ﾒｷｼｺ)→ bielda.
Bie·lo·rru·sia [bje.lo.r̃ú.sja; bje.-]〔国名〕ベラルーシ (共和国):独立国家共同体の一つ. 首都 Minsk.
bie·lo·rru·so, sa [bje.lo.r̃ú.so, -.sa; bje.-] 形 ベラルーシの. ― 男 ベラルーシ人. ― 男 ベラルーシ語.
biem·pen·san·te [bjem.pen.sán.te; bjem.-] 形 伝統主義の, 保守的な. ― 男 女 伝統主義の人, 保守的な人.

bien [bjén; bjén] 副 [比較級 mejor] (↔mal) **1 よく, 上手に;適切に. hablar ~ el japonés 日本語を上手に話す. conducir ~ 運転がうまい. jugar ~ いいプレーをする. obrar [portarse] ~ 立派に振る舞う. razonar ~ 正しい判断をする. Has hecho ~ en comprarlo [comprándolo]. 君はそれを買って正解だったね. ▶ しばしば過去分詞の前で用いられる. ~un niño ~ educado しつけのできている子供. congresos ~ organizados よく準備された会議. **2** 元気で, 健康で. estar ~ (de salud) 健康である, 元気である. ¿Cómo está usted? — Estoy ~, gracias. お元気ですか. — はい, 元気です. El enfermo se puso ~. 病人は回復した. **3** 快適に;裕福に;愉快に. pasarlo ~ 楽しく過ごす. vivir ~ 裕福に暮らす. oler ~ いいにおいがする. En este restaurante se come ~. このレストランはおいしい. **4** 順調に, 都合よく. Los negocios me van muy ~. 商売はとてもうまくいっている. Esa chaqueta te va ~. そのジャケットは君によく似合ってる. **5** 十分に, しっかりと;《数量を強調して》優に. dormir ~ よく眠る. No se ve ~. よく見えない. B~ que nos reímos. 私たちは大いに笑った. B~ andaríamos seis kilómetros. 僕たちは優に6キロは歩いただろう. **6**《形容詞・副詞の意味を強めて》かなり, 非常に, とても. leche ~ caliente よく温めたミルク. **7**《名詞+》《形容詞的に》上流の, 立派な. gente ~ 上流社会の人々;立派 [上品] な人. niños ~ 良家の子女. **8**《文頭で》喜んで. B~ lo aceptaría si tuviera tiempo. 時間があれば喜んで受け入れるのですが. **9**《文頭で》確かに;全く. B~ es verdad que... …はまさに本当だ. B~ te lo dije. だから言っただろう. ― 男 **1** 善, よいこと. discernir el ~ del mal 善悪を見分ける. devolver ~ por mal 悪を報いるに善をもってなす. hacer (el) ~ 善行を行う, 恩恵を与える. **2** 利益, 役立つこと;幸福. ~ de la patria 国益. el ~ público 公共の利益. **3**《複数で》財産, 富. ~es comunes 共有 [公有] 財産. ~es de consumo 消費財. ~es (de) propios [comunales] 自治体の共有財産. ~es de equipo 資本財;生産設備. ~es gananciales (夫婦の) 共有財産. ~es inmuebles [raíces] 不動産. ~es muebles 動産. ~es y personas 物的人的財産.

> 類語 ***bienes*** は人が所有する財全般を指す. → Ha dejado todos sus *bienes* para obras de beneficencia. 彼は慈善事業に全財産を投げ出した. ***fortuna*** は主に個人が所有する資産, 財産を指す. ***propiedad*** は所有物で, 特に家屋, 土地などの不動産を指す. ***hacienda*** は所有する広大な土地を指す. ***caudal*** は金銭として所有する財産を意味する.

― 形《ラ米》(ﾒｷｼｺ)《話》立派な, 尊敬される.
¡Bien! / **¡Está bien!** よろしい, すばらしい;承知した;もう結構. ¿Nos vemos mañana? — *Está* ~. 明日会いましょうか. — いいですよ.
bien de... たくさんの…. ~ *de* veces 何度も.
Bienes mal adquiridos a nadie han enriquecido. 《諺》悪銭身につかず (←汚い方法で手に入れた財産は誰も豊かにしない).
bien... (*o*) ***bien...*** …かまたは…, …でもあるいは… でも. B~ estés fuera, ~ en casa, no te olvides de llamarme. 出かけていても家にいても私に電話するのを忘れないように.
bien o mal よかれ悪しかれ.
¡Bien por...! …は大したものだ.
bien que... …だけれども. ▶ 動詞を省略して用いられることが多い.
bien que mal / ***mal que bien*** (予想より悪かったが) なんとか, どうにかこうにか.
de bien 誠実な, 立派な, 上品な.
de bien en mejor ますますよく.
decir mil bienes de... 《話》…をほめちぎる, 激賞する.
en bien de... / ***para [por] el bien de...*** …の (利益の) ために. Te lo digo *por tu* ~. 君のために言ってるんだ (▶ **tu** が de...に相当).
estar bien+不定詞 / ***estar bien que***+接続法 …するのはよいことだ, …してもかまわない. *Está* ~ *que tengas* muchos amigos en el colegio. 学校で友達をたくさん持つのはいいことだよ.
estar bien con+人〈人〉と親密である, 波長が合う.
estar bien de... …が良好である, …に恵まれている.
igual de bien まさに;同様に.
mi bien 《呼びかけ》ねえあなた, ねえおまえ.
¡Muy bien! 承知しました, かしこまりました;そのとおり, よくできました.
ni bien... ni bien... …も…もない.
no bien …するとすぐ.
No hay bien ni mal que cien años dure. 《諺》楽あれば苦あり (←良いことも悪いことも長くは続かない).
o bien または.
ponerse a bien con+人〈人〉と仲直りする, 和解する;《軽蔑》〈人〉と腐れ縁ができる.
por bien 善意で.
¡Qué bien! 《話》とてもすばらしい;《皮肉》ご立派, たいしたものだ.
si bien+直説法 たとえ…でも, …ではあるけれど. Me gusta la novela, *si* ~ *es* un poco triste. 確かに少々悲しい話だが, その小説は気に入っている.

tener a [por] bien +不定詞《文章語》(1)《丁寧な依頼》…してくださる. Le rogamos *tenga a ～ pagar*nos esta cantidad. この金額を私どもにお払いいただくようお願いいたします. (2) …するのを適当と思う.
tomar(se)... a bien …をいいように考える, …を都合よく解釈する.
venir bien en... …に同意する.
y bien《話》《質問の前で》それはそうで. *Y ～*, ¿qué es de tu vida? それで, 君の方は変わりないの.
[← [ラ] bene (bonus「よい」より派生);[関連] bendecir, beneficio. [英] *benefit*]

bi·e·nal [bje.nál; bje.-] 形 **1** 隔年の, 2年ごとの. **2** 2年間続く. **3**《植》二年生の.
—— 女 2年に一度の行事[催し], ビエンナーレ.

bien·an·dan·te [bje.nan.dán.te; bje.-] 形 **1** 幸福な, 幸運な. **2** 成功した; 繁栄する.

bien·an·dan·za [bje.nan.dán.θa; bje.- / -.sa] 女 **1** 幸福, 幸運. **2** 成功, 繁栄.

bien·a·ven·tu·ra·do, da [bje.na.ßen.tu.rá.ðo, -.ða; bje.-] 形 **1** 幸福な, 幸運な. **2**《カト》祝福を受けた; 至福を得た. **3** 単純な, おめでたい.
—— 男 女 **1** 幸せな[幸運な]人. **2** おめでたい人, お人よし. **3**《カト》福者.

bien·a·ven·tu·ran·za [bje.na.ßen.tu.rán.θa; bje.- / -.sa] 女 **1** 安楽; 繁栄. **2** 幸福, 幸運. Le deseamos toda clase de *～s*. あなたの幸せをお祈りします. **3** [B-]《宗》至福の御教訓;《複数で》真福八端: Jesucristo が山上の垂訓の中で説いた福音.

‡**bien·es·tar** [bje.nes.tár; bje.-] 男 **1** 福祉; 繁栄. *～ público* 公共の福祉. *estado del ～* 福祉国家. **2** 快適さ, 心地よさ (↔malestar); 満足, 幸福. sentir un profundo *～ físico y espiritual* 身的かつ精神的に心地よさを感じる. **3**(物質的な)豊かさ. *～ económico* 経済的な豊かさ.

bien·for·tu·na·do, da [bjeŋ.for.tu.ná.ðo, -.ða; bjeŋ.-] 形 → bienhadado.

bien·gra·na·da [bjeŋ.gra.ná.ða; bjeŋ.-] 女《植》アカザ.

bien·ha·bla·do, da [bje.na.bla.ðo, -.ða; bje.-] 形 上品に[明解に]話した.

bien·ha·da·do, da [bje.na.ða.ðo, -.ða; bje.-] 形 幸運な, 運のよい.

bien·he·chor, cho·ra [bje.ne.tʃór, -.tʃó.ra; bje.-] 形 **1** 慈善を施す; 優しい, 情け深い. **2** ためになる, 良い結果をもたらす. —— 男 女 慈善家, 恩人.

bien·he·chu·rí·a [bje.ne.tʃu.rí.a; bje.-] 女《ラ米》(コロ)(ヱネス)(借地人の行う)農園の改良.

bien·in·ten·cio·na·do, da [bje.nin.ten.θjo.ná.ðo, -.ða; bje.- / -.sjo.-] 形 好意的な, 善意からの.

bie·nio [bjé.njo; bjé.-] 男 **1** 2年間. **2** 2年ごとの昇給.

bien·man·da·do, da [bjem.man.dá.ðo, -.ða; bjem.-] 形 従順な, 素直な.

bien·me·sa·be [bjem.me.sá.ße; bjem.-] 男 **1**(黄身を使った)アーモンド菓子. **2**《料》サメのフライ. **3**《ラ米》(1) (ラプ)バナナ・粗糖で作るジャム. (2) (ヂリ)牛乳・ココナツ・シナモン・卵・砂糖で作るシロップ. (3) (ヹネス)牛乳・ココナツ・ジャガイモ・砂糖で作る菓子. (4) (ヹネス)卵・砂糖・ココナツジュースで作るジャム.

bien·o·lien·te [bje.no.ljén.te; bje.-] 形 いいにおいのする.

bien·que·ren·cia [bjeŋ.ke.rén.θja; bjeŋ.- / -.sja] 女 **1** 愛情, 愛着. **2** 好感, 好意.

bien·que·rer [bjeŋ.ke.rér; bjeŋ.-] 13 他 好意[愛情]を抱く; 高く評価する (↔malquerer).

bien·quis·tar [bjeŋ.kis.tár; bjeŋ.-] 他《con...》(…と)親しくさせる;(…と)和解させる.
—— ～·se 再 親しくする;和解する.

bien·quis·to, ta [bjeŋ.kís.to, -.ta; bjeŋ.-] 形 評判のよい, 評価された; 気に入られた (↔malquisto).

bien·te·ve·o [bjen.te.ßé.o; bjen.-] 男(ブドウ園の)見張り小屋.
[Bien te veo. 「おまえがよく見える」が原形]

‡**bien·ve·ni·do, da** [bjem.be.ní.ðo, -.ða; bjem.-] 形 **1** 歓迎される, 喜んで迎えられる. **2**《間投詞的に》《a...》に》ようこそ. ¡*Bienvenidas* a nuestra casa, señoras! 奥様方私たちの家によくいらっしゃいませ. ¡Que sea usted *bienvenida*! ようこそおいでくださいました.
—— 女 歓迎, 歓待; 歓迎の言葉. *dar la bienvenida* 歓迎の言葉を述べる, 歓迎する.

bien·vi·vir [bjem.bi.ßír; bjem.-] 自 **1** 裕福に暮らす, 2 誠実に生きる.

bier·zo [bjér.θo; bjér.- / -.so] 男 ビエルソ織り: スペイン Bierzo 産のリンネルの一種.

bies [bjés; bjés] 男 **1** 斜め, はす. *al ～* 斜めに, はすに. **2** バイアス(布・テープ). [← [仏] *biais*]

bi·fa·se [bi.fá.se; bi.-] 女《電気》二相の.

bi·fá·si·co, ca [bi.fá.si.ko, -.ka; bi.-] 形《電》2相性の.

bi·fe [bí.fe; bí.-] 男《ラ米》(1)《話》(ラプ)げんこつ, 殴打; (ラプ)平手打ち. (2) ステーキ, ビフテキ. (3) (ラプ)《話》鞍(˘)擦れ.

bí·fe·ro, ra [bí.fe.ro, -.ra; bí.-] 形《植》年に2度実を結ぶ.

bí·fi·do, da [bí.fi.ðo, -.ða; bí.-] 形《植》《生物》2裂の, 二股(˘)の.

bi·fi·do·bac·te·ria [bi.fi.ðo.bak.té.rja; bi.-] 女《生化》ビフィドバクテリア.

bí·fi·dus [bí.fi.ðus; bí.-] 男《生化》《単複同形》ビフィズス菌.

bi·fi·lar [bi.fi.lár; bi.-] 形 2本線の, 2本糸の.

bi·flo·ro, ra [bi.fló.ro, -.ra; bi.-] 形《植》双花の.

bi·fo·cal [bi.fo.kál; bi.-] 形 焦点が2つある,《レンズなどの》複焦点の. *lentes ～es* 遠近両用めがね.

bi·fó·ni·co, ca [bi.fó.ni.ko, -.ka; bi.-] 形 ステレオの.

bí·fo·ra [bí.fo.ra; bí.-] 女《建》2つアーチ形の窓.

bi·for·me [bi.fór.me; bi.-] 形 2つの形をもつ, 2つの形になり得る.

bi·fos·fo·na·to [bi.fos.fo.ná.to; bi.-] 男《薬》ビフォスフォネート: 骨組鬆(˘)症の予防・治療に使われる.

bi·fron·te [bi.frón.te; bi.-] 形 双面の, 2つの顔を持つ.

bif·tec [bif.ték; bif.-] 男(ビーフ)ステーキ (= bistec). [← [英] *beefsteak*]

bi·fur·ca·ción [bi.fur.ka.θjón; bi.- / -.sjón] 女 **1** 二叉(˘)分かれ; 分岐; (道路・鉄道などの)分岐点. **2**《IT》ブランチ, 分岐.

bi·fur·car·se [bi.fur.kár.se; bi.-] 102 再 2つに分かれる, 分岐する.

bi·ga [bí.ga; bí.-] 女 **1**(古代ギリシア・ローマの)2頭立て2輪戦車. **2**《文章語》(2輪戦車を引く)2頭の馬.

bi·ga·mia [bi.gá.mja; bi.-] 女《法》重婚(罪).

bí·ga·mo, ma [bí.ga.mo, -.ma; bí.-] 形 重婚(罪)の. —— 男 女 重婚者.

bi·gar·de·ar [bi.gar.ðe.ár; bi.-] 自《話》(何もせず

bi·gar·dí·a [bi.gar.dí.a; ƀi.-] 囡 うそ, でたらめ.
bi·gar·do, da [bi.gár.ðo, -.ða; ƀi.-] 形 **1** 怠惰な, ぐうたらな；やくざな. **3** 〈図体が〉大きい. **3** 〈聖職者が〉放縦な. ── 男囡 **1** 怠け者. **2** ふしだらな人, やくざ者. **3** 放縦な聖職者.
bí·ga·ro [bí.ga.ro; ƀi.-] / **bi·ga·rro** [bi.gá.ro; ƀi.-] 男〖貝〗タマキビガイ.

bi·ga·rra·do, da [bi.ga.řá.ðo, -.ða; ƀi.-] 形 雑色の, 色の混じった.

big·ban [bíg.ban; ƀíg.-] 男〖物理〗ビッグバン：宇宙創成の大爆発. [＜〔英〕*big bang*]

bígaro (タマキビガイ)

big·no·niá·ce·as [big.no.njá.θe.as; ƀig.- / -.se.-] 囡〖複数形〗〖植〗ノウゼンカズラ科.
bi·gor·nia [bi.gór.nja; ƀi.-] 囡 双角金床〖金敷〗.
*__**bi·go·te**__ [bi.ɣó.te; ƀi.-] 男 **1** 口ひげ. 〜 *postizo* つけひげ. 〜 *retorcido* 天神ひげ. 〜 *con guías* カイゼルひげ. *tener* [*llevar*] 〜 口ひげを生やしている. → *barba*〖類語〗.
  2〖集合的〗（ネコ・ネズミ・エビなどの）ひげ.
  3 上唇の周り〖鼻の下〗についた飲食物の跡. **4**〖印〗メント：中央部が太くなった装飾用の罫線（線）. **5**〖鉱〗（溶鉱炉の）出滓（だ）口. **6**〖電〗針電極.
  de bigote(s)〈話〉すばらしい；すごい. *Nos ofrecieron un banquete de 〜s.* 私たちは大変なごちそうを出してもらった. *un frío de 〜s* ひどい寒さ.
  menear [*mover*] *el bigote*〈話〉食べる.
  no tener malos bigotes〈女性が〉美しい.
  ser un hombre de bigotes / tener bigotes 男らしい［一人前の］男である.
  tocar los bigotes a+ 人 《ラ米》〈人〉を怒らせる, 〈人〉の逆鱗（ばか）に触れる.
  [＜〔古スペイン〕*bigot* (15世紀のグラナダとの戦いに参加したスイス人兵士が, 長い口ひげをたくわえ, *bi God!* 〔ゲルマン〕「神に誓って」(〔英〕*by God* に相当) という言葉をよく使っていたことに由来するという説がある)]

bi·go·te·ra [bi.ɣo.té.ra; ƀi.-] 囡 **1**（製図用）はめコンパス. **2**〈主に複数で〉上唇の周りに付着した飲み物の跡. **3**（就寝時などに口ひげを保護する）ひげ当て.
bi·go·tón [bi.ɣo.tón, -.na; ƀi.-] 形 《ラ米》〈話〉口ひげの濃い［豊かな］.
── 男囡 口ひげの濃い［豊かな］人.
bi·go·tu·do, da [bi.ɣo.tú.ðo, -.ða; ƀi.-] 形 口ひげの濃い.
bi·guá [bi.ɣwá; ƀi.-] 男〖鳥〗ナンベイヒメウ.
bi·gu·dí [bi.ɣu.ðí; ƀi.-] 男〖毛髪用の〗カーラー, カールクリップ. [＜〔仏〕*bigoudi*]
bi·ja [bí.xa; ƀi.-] 囡 **1**〖植〗ベニノキ（の実・種）.
  2（ベニノキの実から取った赤色染料）ビクシン.
bi·ji·ri·ta [bi.xi.rí.ta; ƀi.-] 男 《ラ米》（ぎり）(1) 小柄な人.（2）スペイン人を父親に持つ子供.
── 囡 《ラ米》(1)（ぎり）〖鳥〗アメリカシクイ（の一種）.（2）（ぎり）凧（た）.
  empinar la bijirita《ラ米》（ぎり）〈話〉酔っ払う, 酒をあおる；もうけをする.
bi·jou·te·rie [bi.ʒu.te.rí; ƀi.-]〔仏〕囡 《ラ米》
  1（イミテーションの）アクセサリー, 装身具.
  2 アクセサリー店.
bik·er [bái.ker; ƀái.-]〔英〕男囡 → *motero*.
bi·ki·ni [bi.kí.ni; ƀi.-]〔英〕男〖服飾〗ビキニ（水着）.
bi·la·bar·quín [bi.la.ƀar.kín; ƀi.-] 男 《ラ米》

（テクノ）繰り子錐（ぎ）,（手動の）回転ドリル.
bi·la·bia·do, da [bi.la.ƀjá.ðo, -.ða; ƀi.-] 形〖植〗（花冠が）2 唇の.
bi·la·bial [bi.la.ƀjál; ƀi.-] 形〖音声〗両唇音(の).
── 囡 両唇音.
bi·lar·cia·sis [bi.lar.θjá.sis; ƀi.- / -.sjá.-] 囡〖単複同形〗〖医〗住血吸虫病.
bi·la·te·ral [bi.la.te.rál; ƀi.-] 形 両側の, 両者の；相互的な. *acuerdo 〜* 双務〖2国間〗協定.
── 囡〖音声〗両側音.
bil·ba·í·na [bil.ƀa.í.na; ƀil.-] 囡 ベレー帽.
bil·ba·í·no, na [bil.ƀa.í.no, -.na; ƀil.-] 形 ビルバオの. ── 男囡 ビルバオの住民［出身者］.
Bil·ba·o [bil.ƀá.o; ƀil.-] 固名 ビルバオ：スペイン北部 Vizcaya 県の県都. バスク語では Bilbo.
bil·bi·li·ta·no, na [bil.ƀi.li.tá.no, -.na; ƀil.-] 形（スペイン Zaragoza 県の町 Calatayud の旧称）ビルビリス Bílbilis の.
── 男囡 ビルビリスの住民［出身者］.
bi·les [bí.les; ƀí.-] 囡〖複数形〗《ラ米》〈話〉勘定書, 請求書.
bil·har·cia·sis [bi.lar.θjá.sis; ƀi.- / -.sjá.-] 囡〖単複同形〗〖医〗→ *bilarciasis*.
bi·lí [bi.lí; ƀi.-] 形《ラ米》（ぎり）〈話〉とても簡単なこと.
bi·liar [bi.ljár; ƀi.-] 形 胆汁の. *cálculo 〜*〖医〗胆石. *conducto 〜*〖解剖〗胆管.
bi·lia·rio, ria [bi.ljá.rjo, -.rja; ƀi.-] 形 → *biliar*.
bi·lin·güe [bi.líŋ.gwe; ƀi.-] 形 2言語の, 2言語使用の；2言語で書かれた. *edición 〜 español-japonés* 西和対訳版.
── 男囡 バイリンガル（の人）, 2言語使用者.
bi·lin·güis·mo [bi.liŋ.gwís.mo; ƀi.-] 男 2言語を話すこと；〖言〗2言語併用, バイリンガリズム.
bi·lio·so, sa [bi.ljó.so, -.sa; ƀi.-] 形 **1** 胆汁分泌過多の, 胆汁質の；気難しい, 怒りっぽい.
bi·li·rru·bi·na [bi.li.řu.ƀi.na; ƀi.-] 囡 ビリルビン, 胆汁色素.
bi·lis [bí.lis; ƀí.-] 囡〖単複同形〗 **1** 胆汁；(古医学の液素説の4体液の一つ) 黄胆汁. → *humorismo*.
  2 不機嫌, かんしゃく.
  descargar la bilis 当たりちらす.
  tragar la bilis 怒りを抑える.
bi·lí·te·ro, ra [bi.lí.te.ro, -.ra; ƀi.-] 形 2文字の, 2文字からなる.
bi·lla [bí.ja; ƀí.- ‖ -.ʎa] 囡〖遊〗(ビリヤード) 玉をポケットに入れること；ポケットに入った玉.
*__**bi·llar**__ [bi.ʝár; ƀi.- ‖ -.ʎár] 男 **1**〖遊〗ビリヤード, 玉突き. *jugar al 〜* ビリヤードをする. *bola de 〜* (ビリヤードの)玉. *mesa de 〜* (ビリヤードの)台. *taco de 〜* (ビリヤードの)キュー.
  2〖複数で〗ビリヤード場.
bi·lla·ris·ta [bi.ja.rís.ta; ƀi.- ‖ -.ʎa.-] 男囡 ビリヤードの競技者［選手］.
bi·lla·rís·ti·co, ca [bi.ja.rís.ti.ko, -.ka; ƀi.- ‖ -.ʎa.-] 形 ビリヤードの.
bi·lle·ta·je [bi.je.tá.xe; ƀi.- ‖ -.ʎe.-] 男〖集合的〗切符, 入場券［料］.
*__**bi·lle·te**__ [bi.jé.te; ƀi.- ‖ -.ʎé.-] 男 **1** 切符, 乗車券；(劇場などの)入場券 (► *boleto*). 〜 *de metro* 地下鉄の切符. *comprar* [*sacar*] *un 〜* 切符を買う. 〜 *circular* 周遊券. 〜 *de abono* 回数券. 〜 *de avión* 航空券. 〜 *de ida* / 〜 *sencillo* 片道切符. 〜 *de ida y vuelta* 往復

bi・lle・te・ra [bi.je.té.ra; ƀi.-‖-.ʎe.-/-.sa] 女 札入れ, 財布.

切符. ～ kilométrico (一定の距離以内なら何回でも使える)割引切符. No hay ～s. 満員札止め.
 2 紙幣, 札, 銀行券 (=～ de banco). un ～ de veinte euros 20ユーロ紙幣.
 3 宝くじ券 (= ～ de lotería).
 4《古語》短い手紙, 短信；通知状. **5**《紋章》ビレット, ビエット：通常縦に置かれた長方形の小さな幾何学図形. **6**《ラ米》(ﾁﾘ)パッチ, 継ぎはぎ.
 [←〘仏〙*billet*←〘古仏〙*billette*, *bullette*「短い手紙, メモ」；*bulle*「文書」(→〘中ラ〙*bulla* + 縮小辞)；関連 boleto, boletín. 〘英〙*bill*]

bi・lle・te・ro [bi.je.té.ro; ƀi.-‖-.ʎe.-] 男 → billetera.

bi・lle・ti・za [bi.je.tí.θa; ƀi.-‖-.ʎe.-/-.sa] 女《ラ米》《話》大金.

***bi・llón** [bi.jón; ƀi.-‖-.ʎón] 男《数詞》**1** 兆 (10^{12}) (► millón の 2 乗).

bi・llo・né・si・mo, ma [bi.jo.né.si.mo, -.ma; ƀi.-‖-.ʎó.-] 形 **1** 1 兆番めの, 第 1 兆の. **2** 1 兆分の 1 の. ― 男 1 兆分の 1.

bi・llu・llo [bi.jú.jo; ƀi.-‖-.ʎú.ʎo] 男《ラ米》(ｴｸｱ)(ﾁﾘ)(ﾍﾟﾙー)《話》お金, 銭.

bi・lo・bu・la・do, da [bi.lo.ƀu.lá.ðo, -.ða; ƀi.-] 形 《植》(葉が) 2 裂片の.

bi・lo・ca・ción [bi.lo.ka.θjón; ƀi.-/-.sjón] 女 同時に 2 か所に存在すること.

bi・lo・car・se [bi.lo.kár.se; ƀi.-] 再 **1** 同時に違う［2 つの］場所に現れる.
 2《ラ米》(ﾁﾘ)《話》夢中になる.

bi・lo・cu・lar [bi.lo.ku.lár; ƀi.-] 形《植》(葯(ﾔｸ)など) 2 室の, 2 房の.

bi・lo・gí・a [bi.lo.xí.a; ƀi.-] 女 二部作.

bi・lon・go [bi.lóŋ.go; ƀi.-] 男《ラ米》(ｷｭｰﾊﾞ)魔法；凶眼.
 tener bilongo《ラ米》(ｷｭｰﾊﾞ)《話》厄介そわまりない.

bi・lon・gue・ar [bi.loŋ.ge.ár; ƀi.-] 他《ラ米》(ｷｭｰﾊﾞ)魔法にかける, ⟨人に⟩のろいをかける.

bi・ma・no, na [bi.má.no, -.na; ƀi.-] 形《動》両手のある, 両手を使う. ― 男《動》二手類；人間.

bim・ba [bím.ba; ƀím.-] 女 **1**《話》シルクハット. **2**《ラ米》(1)《話》のっぽ(の人)；厚い唇. (2) (ｸﾞｱﾃ)《話》酔い；酒盛り, 酒宴.

bim・ba・le・te [bim.ba.lé.te; ƀim.-] 男《ラ米》(ﾒﾋｺ) シーソー；(井戸の)つるべ.

bim・ba・zo [bim.bá.θo; ƀim.-/-.so] 男《ラ米》(ｸﾞｱﾃ) 《話》げんこつ, 殴打.

Bim・bo [bím.bo; ƀím.-] 固名 ビンボ：メキシコのパンの主要ブランド.

bim・bo・llo [bim.bó.jo; ƀim.-‖-.ʎo] 男 紡錘(ﾎﾞｳｽｲ) 形のパン, ロールパン. ► パンメーカーの Bimbo から.

bim・bre [bím.bre; ƀím.-]《話》→ mimbre.

bi・mem・bre [bi.mém.bre; ƀi.-] 形 2 つ[2 人]で構成されている.

bi・men・sual [bi.men.swál; ƀi.-] 形 月 2 回の, 半月ごとの.

bi・mes・tral [bi.mes.trál; ƀi.-] 形 2 か月ごとの, 隔月の；2 か月間の.

bi・mes・tre [bi.més.tre; ƀi.-] 形 2 か月間；2 か月分. ― 男 → bimestral.

bi・me・tá・li・co, ca [bi.me.tá.li.ko, -.ka; ƀi.-] 形
 1 2 種の金属からなる, バイメタルの.
 2《経》(金銀)複本位制の.

bi・me・ta・lis・mo [bi.me.ta.lís.mo; ƀi.-] 男《経》 (金銀)複本位制[主義].

bi・me・ta・lis・ta [bi.me.ta.lís.ta; ƀi.-] 形《経》(金銀)複本位制の. ― 男 複本位制論者.

bi・mo・tor, to・ra [bi.mo.tór, -.tó.ra; ƀi.-] 形《航空》双発式の. ― 男 双発機.

bi・na [bí.na; ƀí.-] 女《農》2 度鋤(ｽ)き.

bi・na・de・ra [bi.na.dé.ra; ƀi.-] 女《農》鋤(ｽｷ).

bi・na・dor [bi.na.ðór; ƀi.-] 男《農》(**1**) 2 度鋤(ｽ)きする人. (**2**) (2 度鋤き用の) 鋤(ｽｷ), 耕耘(ｺｳｳﾝ)機.

bi・na・do・ra [bi.na.ðó.ra; ƀi.-] 女《農》(2 度鋤(ｽ) き用の) 耕耘(ｺｳｳﾝ)機.

bi・na・du・ra [bi.na.ðú.ra; ƀi.-] 女《農》2 度鋤(ｽ)き.

bi・nar [bi.nár; ƀi.-] 他《農》⟨畑を⟩ 2 度鋤(ｽ)きする, 2 度耕す.
 ― 自 〘カト〙⟨司祭が⟩ 1 日に 2 回ミサを行う.

bi・na・rio, ria [bi.ná.rjo, -.rja; ƀi.-] 形 **1** 2 つの, 二項の. **2**《音楽》4 分の 2 拍子の. compás ～ 2拍子. **3**《数》二進法の. sistema ～ 二進法.

bi・na・zón [bi.na.θón; ƀi.-/-.són] 女《農》2 度鋤 (ｽ)き.

bin・bín [bim.bín; ƀim.-] 男《ラ米》(ﾌﾟｴﾙﾄﾘｺ)《卑》ペニス, 陰茎.

bin・cha [bíɲ.tʃa; ƀíɲ.-] 女《ラ米》(ｺﾛﾝ)(ﾍﾟﾙー)鉢巻き.

bin・ga・rro・te [biŋ.ga.ró.te; ƀiŋ.-] 男《ラ米》(ｸﾞｱﾃ) リュウゼツラン (蒸留)酒.

bin・go [bíŋ.go; ƀíŋ.-] 男 **1** ビンゴ. jugar al ～ ビンゴをする. **2** (ビンゴの) 大当たり, 賞金. **3** ビンゴホール. ― 間投《話》的中, 当たり. ¡B～! 当たり.

bin・gue・ro, ra [biŋ.gé.ro, -.ra; ƀiŋ.-] 形 ビンゴの, ビンゴ好きの.
 ― 男 ビンゴに夢中な人, ビンゴ参加者.

bi・no・cu・lar [bi.no.ku.lár; ƀi.-] 形 両眼の；《光》双眼の. microscopio ～ 双眼顕微鏡. ― 男 (複数で)双眼鏡.

bi・nó・cu・lo [bi.nó.ku.lo; ƀi.-] 男《まれ》(つるのない) 鼻めがね. ♦ 主に19世紀に使用されていた.

bi・no・do [bi.nó.ðo; ƀi.-] 男 陽極が 2 つの電子管.

bi・no・mio, mia [bi.nó.mjo, -.mja; ƀi.-] 形《数》2 項(式)の.
 ― 男 **1**《数》2 項式. **2** (2 人の)コンビ.

bí・nu・bo, ba [bí.nu.ƀo, -.ƀa; ƀí.-] 形 再婚の.
 ― 男 女 再婚者.

bin・za [bín.θa; ƀín.-/-.sa] 女 **1** 膜, 薄膜.
 2 (タマネギなどの) 皮, 薄皮；卵殻膜 (= fárfara).

bio- 「生命, 生物」を表す造語要素. → *biografía*, *bioquímica*. [←〘ギ〙]

bio・a・cús・ti・ca [bjo.a.kús.ti.ka; ƀjo.-] 女 生物音響学.

bio・a・gri・cul・tu・ra [bjo.a.gri.kul.tú.ra; ƀjo.-] 女 有機農法.

bio・ba・su・ra [bjo.ƀa.sú.ra; ƀjo.-] 女 生ごみ.

bio・bi・blio・gra・fí・a [bjo.ƀi.ƀljo.gra.fí.a; ƀjo.-] 女 **1** 作家の生涯と作品の研究.
 2 略伝つき書誌 [文献目録].

bio・ca・ta・li・za・dor [bjo.ka.ta.li.θa.ðór; ƀjo.-/-.sa.-] 男《生化》生体触媒素.

bio・ce・no・sis [bjo.θe.nó.sis; ƀjo.-/-.se.-] 女《単複同形》《生物》生物共同体, 生物群集.

bio・chip [bjo.tʃíp; ƀjo.-] 男《複 ～s》バイオチップ.

bio・ci・da [bjo.θí.ða; ƀjo.-/-.sí.-] 形 生命破壊の, 殺生物性の. ― 男 殺生物剤.

bio・cien・cia [bjo.θjén.θja; ƀjo.-/-.sjén.sja] 女 バイオサイエンス.

bio・ci・né・ti・ca [bjo.θi.né.ti.ka; ƀjo.-/-.si.-]

運動生学.
bio·cli·má·ti·co, ca [bjo.kli.má.ti.ko, -.ka; bjo.-] 形 生物気候学の, 生物と気候の関係の.
bio·cli·ma·ti·za·ción [bjo.kli.ma.ti.θa.θjón; bjo.- / -.sa.sjón] 女 ソーラー空調, 太陽光利用の空調.
bio·cli·ma·to·lo·gí·a [bjo.kli.ma.to.lo.xí.a; bjo.-] 女 生物気候学.
bio·com·bus·ti·ble [bjo.kom.bus.tí.ble; bjo.-] 男 バイオ燃料, 有機燃料.
bio·com·pa·ti·ble [bjo.kom.pa.tí.ble; bjo.-] 形 〖医〗適合しうる, 生体適合性がある.
bio·de·gra·da·ble [bjo.ðe.gra.ðá.ble; bjo.-] 形 生物分解性の, 腐敗して土に還元できる.
bio·de·gra·da·ción [bjo.ðe.gra.ða.θjón; bjo.- / -.sjón] 女 生物分解.
bio·de·gra·dar [bjo.ðe.gra.ðár; bjo.-] 他 (微生物を使って)生物分解する.
bio·de·ter·mi·nis·mo [bjo.ðe.ter.mi.nís.mo; bjo.-] 男 生物学的決定論.
bio·di·ná·mi·ca [bjo.ði.ná.mi.ka; bjo.-] 女 生物動力学.
bio·dis·po·ni·bi·li·dad [bjo.ðis.po.ni.bi.li.ðáð; bjo.-] 女 薬剤が血流に作用する有効性.
bio·di·ver·si·dad [bjo.ði.ber.si.ðáð; bjo.-] 女 生物多様性.
bio·e·co·no·mí·a [bjo.e.ko.no.mí.a; bjo.-] 女 生物経済学.
bio·e·lec·tri·ci·dad [bjo.e.lek.tri.θi.ðáð; bjo.- / -.si.-] 女 生体電気, 生物電気.
bio·e·lec·tro·mag·ne·tis·mo [bjo.e.lek.tro.mag.ne.tís.mo; bjo.-] 男 生体電磁気(学).
bio·e·le·men·to [bjo.e.le.mén.to; bjo.-] 男 〖生物〗生元素.
bio·en·sa·yo [bjo.en.sá.jo; bjo.-] 男 〖生物〗生物検定.
bio·e·qui·va·len·te [bjo.e.ki.ba.lén.te; bjo.-] 形 〖薬〗生物学的に等価の.
bio·es·tra·ti·gra·fí·a [bjo.es.tra.ti.gra.fí.a; bjo.-] 女 〖地質〗生層位学.
bio·é·ti·ca [bjo.é.ti.ka; bjo.-] 女 生命倫理学, バイオエシックス.
bio·fa·cies [bjo.fá.θjes; bjo.- / -.sjes] 女 〘単複同形〙〖地質〗〖古生〗化石相, 古生物相.
bio·fer·ti·li·zan·te [bjo.fer.ti.li.θán.te; bjo.- / -.sán.-] 男 有機肥料.
bio·fí·si·co, ca [bjo.fí.si.ko, -.ka; bjo.-] 形 生物物理学の. ━男 女 生物物理学者.
━女 生物物理学.
bio·gás [bjo.gás; bjo.-] 男 バイオガス, 生物ガス.
bio·gé·ne·sis [bjo.xé.ne.sis; bjo.-] 女 〘単複同形〙〖生物〗生物発生; 生物発生説, 続生説.
bio·ge·né·ti·co, ca [bjo.xe.né.ti.ko, -.ka; bjo.-] 形 生物発生(説)の, 続生説の.
bio·ge·o·gra·fí·a [bjo.xe.o.gra.fí.a; bjo.-] 女 生物地理学.
***bio·gra·fí·a** [bjo.gra.fí.a; bjo.-] 女 伝記; 伝記文学. ~ de los grandes hombres 偉人伝.
bio·gra·fia·do, da [bjo.gra.fjá.ðo, -.ða; bjo.-] 男 女 伝記を書かれた人, 伝記の対象になった人.
bio·gra·fiar [bjo.gra.fjár; bjo.-] 81 他 …の伝記を書く.
bio·grá·fi·co, ca [bjo.grá.fi.ko, -.ka; bjo.-] 形 伝記の, 伝記ふうの. sumario ~ 略伝.
bió·gra·fo, fa [bjo.gra.fo, -.fa; bjo.-] 男 女 伝記作家[作者].

bio·in·di·ca·dor [bjoin.di.ka.ðór; bjoin.-] 男 生物指標.
bio·in·for·má·ti·ca [bjoim.for.má.ti.ka; bjoim.-] 女 バイオ情報学.
bio·in·ge·nie·rí·a [bjoin.xe.nje.rí.a; bjoin.-] 女 生物工学.
***bio·lo·gí·a** [bjo.lo.xí.a; bjo.-] 女 **生物学**. ~ marina 海洋生物学. ~ molecular 分子生物学. ~ espacial 宇宙生物学.
***bio·ló·gi·co, ca** [bjo.ló.xi.ko, -.ka; bjo.-] 形 **生物学の**, 生物学的な; 生物の. guerra *biológica* 細菌戦. sistema ~ 生物系.
bio·lo·gis·mo [bjo.lo.xís.mo; bjo.-] 男 生物学主義.
***bió·lo·go, ga** [bjó.lo.go, -.ga; bjó.-] 男 女 **生物学者**.
bio·lu·mi·nis·cen·cia [bjo.lu.mi.nis.θén.θja; bjo.- / -.sén.sja] 女 〖生物〗生物発光(能力).
bio·lu·mi·nis·cen·te [bjo.lu.mi.nis.θén.te; bjo.- / -.sén.-] 形 〈生物が〉発光可能な.
bio·ma [bjó.ma; bjó.-] 男 〖生物〗バイオーム, 生物群系.
bio·ma·sa [bjo.má.sa; bjó.-] 女 〖生物〗生物体量, バイオマス.
biom·bo [bjóm.bo; bjóm.-] 男 **1** 屏風(びょうぶ).
2 《ラ米》《ぐ》〖遊〗ぱちんこ, 投石機.
[← 〔ポルトガル〕*biombo*←〔日〕びょうぶ]
bio·me·cá·ni·ca [bjo.me.ká.ni.ka; bjo.-] 女 生物力学, 生体力学.
bio·me·di·ci·na [bjo.me.ði.θí.na; bjo.- / -.sí.-] 女 生物医学.
bio·mé·di·co [bjo.mé.ði.ko; bjo.-] 形 生物医学の.
bio·me·trí·a [bjo.me.trí.a; bjo.-] 女 〖生物〗生物測定学, 生体統計学.
bio·mé·tri·co, ca [bjo.mé.tri.ko, -.ka; bjo.-] 形 生物測定(学)の.
bio·mo·ni·tor [bjo.mo.ni.tór; bjo.-] 男 バイオセンサー (=biosensor).
bió·ni·co, ca [bjó.ni.ko, -.ka; bjo.-] 形 生体工学の. ━女 生体工学, バイオニクス.
bio·pic [bjo.pík; bjo.-] 男 伝記映画.
bio·pró·te·sis [bjo.pró.te.sis; bjo.-] 女 〘単複同形〙移植用の動物組織.
biop·sia [bjóp.sja; bjóp.-] 女 〖医〗検(法): 生体組織の検査.
bio·quí·mi·co, ca [bjo.kí.mi.ko, -.ka; bjo.-] 形 生化学の. análisis ~ 生化学的分析.
━男 女 生化学者. ━女 生化学.
bio·rre·me·dia·ción [bjo.r̃e.me.ðja.θjón; bjo.- / -.sjón] 女 微生物による環境変化.
bio·rrit·mo [bjo.r̃ít.mo; bjo.-] 男 バイオリズム.
bio·sen·sor [bjo.sen.sór; bjo.-] 男 バイオセンサー: 汚染調査に使われる生物.
bios·fe·ra [bjos.fé.ra; bjos.-] 女 生物圏: 地殻, 地球上, 大気中の全生物の生活圏.
bio·sín·te·sis [bjo.sín.te.sis; bjo.-] 女 〘単複同形〙〖生化〗生合成: 生物体の化合物合成作用.
bio·ta [bjo.ta; bjó.-] 女 **1** 〖生物〗生物相.
2 〖植〗コノテガシワ (=tuya).
bio·tec·no·lo·gí·a [bjo.tek.no.lo.xí.a; bjo.-] 女 生物工学, バイオテクノロジー.

> 関連 生物工学: aclimatación 順化. ADN (ácido desoxirribonucleico) デオキシリボ核酸, DNA. ARN (ácido ribonucleico) リボ

biotecnológico 272

核酸, RNA. clono クローン. **código genético** 遺伝暗号. **diferenciación celular** 細胞分化. **fusión celular** 細胞融合. **gen** 遺伝子. **información genética** 遺伝子情報. **ingeniería genética** 遺伝子工学. **interferón** インターフェロン. **manipulación genética** 遺伝子操作. **oncogén** がん遺伝子. **protoplasma** 原形質. **recombinación génica** 遺伝子組み換え. **transcripción** 転写.

bio·tec·no·ló·gi·co, ca [bjo.tek.no.ló.xi.ko, -.ka; ƀjo.-] 形 生物工学の, バイオテクノロジーの.

bio·te·ra·pia [bjo.te.rá.pja; ƀjo.-] 女 [医] 生物(学的)療法：生物から得られるペニシリン・ワクチンなどによる療法. ▶「化学療法」は quimioterapia.

bió·ti·co, ca [bjó.ti.ko, -.ka; ƀjó.-] 形 生命の；生物の.

bio·ti·na [bjo.tí.na; ƀjo.-] 女 [生化] ビオチン.

bio·ti·po [bjo.tí.po; ƀjo.-] 男 [生物] 1 生物型, バイオタイプ. 2 同一遺伝子の個体群.

bio·ti·ta [bjo.tí.ta; ƀjo.-] 女 [鉱] 黒雲母(うんも).

bió·to·po [bjó.to.po; ƀjó.-] / **bio·to·po** [bjo.tó.po; ƀjo.-] 男 [生物] ビオトープ, 小生活圏.

bio·tri·tu·ra·do·ra [bjo.tri.tu.ra.đó.ra; ƀjo.-] 女 (剪定(せんてい)くずや生ごみを利用した) 肥料製造機, 生ごみ処理機.

bio·tro·pis·mo [bjo.tro.pís.mo; ƀjo.-] 男 [医] ビオトロピズム：病原体の覚醒(かくせい)現象.

bi·ó·xi·do [bjók.si.đo; ƀjók.-] 男 [化] 二酸化物. **~ de carbono** 二酸化炭素.

Bioy Ca·sa·res [bjói ka.sá.res; ƀjói -] 固名 ビオイ・カサレス Adolfo ~ (1914-99)：アルゼンチンの作家. 作品 *La invención de Morel*『モレルの発明』.

bí·pa·ro, ra [bí.pa.ro, -.ra; ƀí.-] 形 [動] 双子を産む, 双胎の.

bi·par·ti·ción [bi.par.ti.θjón; ƀi.- / -.sjón] 女 2分割；[植] (葉の) 2裂. **la ~ de una célula** 細胞の二分裂.

bi·par·ti·dis·mo [bi.par.ti.đís.mo; ƀi.-] 男 2大政党制.

bi·par·ti·dis·ta [bi.par.ti.đís.ta; ƀi.-] 形 2大政党の.

bi·par·ti·do, da [bi.par.tí.đo, -.đa; ƀi.-] / **bi·par·ti·to, ta** [bi.par.tí.to, -.ta; ƀi.-] 形 2つの部分からなる；二者間の；[植] 2裂の. **acuerdo ~** 2党[2国]間協定.

bi·pe·ar [bi.pe.ár; ƀi.-] 他 ポケットベルでメッセージを送る.

bi·pe·da·ción [bi.pe.đa.θjón; ƀi.- / -.sjón] 女 二足歩行.

bi·pe·da·lis·mo [bi.pe.đa.lís.mo; ƀi.-] 男 → bipedación.

bí·pe·do, da [bí.pe.đo, -.đa; ƀí.-] 形 2本足の, 二足歩行の. ━男 2本足[二足歩行]の動物, (特に) 人間. **El hombre es un ~ implume.** 人間とは2本足の羽のない動物である.

bi·pin·na·do, da [bi.pin.ná.đo, -.đa; ƀi.-] 形 [植]〈葉が〉2回羽状複葉の.

bi·pla·no [bi.plá.no; ƀi.-] 男 [航空] 複葉機.

bi·pla·za [bi.plá.θa; ƀi.- / -.sa] 形 複座の, 2人乗りの. ━男 2人乗り用の乗り物.

bi·po·lar [bi.po.lár; ƀi.-] 形 2極の, 2極式の. **trastorno ~** 双極性障害.

bi·po·la·ri·dad [bi.po.la.ri.đáđ; ƀi.-] 女 2極性, 双極性.

bi·po·la·ri·za·ción [bi.po.la.ri.θa.θjón; ƀi.- / -.sa.sjón] 女 二極化.

bi·qui·ni [bi.kí.ni; ƀi.-] 男 1 ビキニ (の水着)；(小さい) 下着. → **bikini**. 2 《スペイン》(主にハムの) サンドイッチ, クロックムッシュ.

BIRD [be.i.e.ře.đé; ƀe.-] / **BIRF** [be.i.e.ře.é.fe; ƀe.-] (略) *B*anco *I*nternacional de *R*econstrucción y *D*esarrollo [*F*omento] 国際復興開発銀行, 世界銀行 [英 IBRD].

bird·ie [bér.đi; ƀér.-] [英] 男 [複 ~s] 《スポ》(ゴルフ) バーディー.

bi·ri·bís [bi.ri.ƀís; ƀi.-] 男 → bisbís.

bi·ri·cú [bi.ri.kú; ƀi.-] 男 刀帯, 剣帯.

bi·ri·cue·to [bi.ri.kwé.to; ƀi.-] 男 《ラ米》(エクア) 《複数で》道具, 用具；雑然とした物.

bi·rim·ba·o [bi.rim.ƀá.o; ƀi.-] 男 [音楽] ビヤボン, 口琴.

bi·rin·go, ga [bi.ríŋ.go, -.ga; ƀi.-] 形 《ラ米》(コンビ) 《俗》裸の, 丸裸の.

bir·la [bír.la; ƀír.-] 女 [遊] 九柱戯：ボウリングの一種 (= bolo).

bir·lar [bir.lár; ƀir.-] 他 1 (九柱戯で) 2回目の球を転がす. 2 《話》くすねる, だまし取る. **Entre los dos le *birlaron* la paga del mes.** 彼[彼女]はふたりにたかられて給料を全部使ってしまった. 3 《話》(一撃のもとに) 殺す, 倒す.

bir·li·bir·lo·que [bir.li.ƀir.ló.ke; ƀir.-] 男 **por arte de ~** まるで魔法のように, たちどころに.

bir·lo·cha [bir.ló.tʃa; ƀir.-] 女 1 凧(たこ) (= cometa). 2 《ラ米》(メキシコ) 《話》古くなった乗り物, ポンコツ.

bir·lo·cho [bir.ló.tʃo; ƀir.-] 男 無蓋(むがい)の軽4輪馬車.

bir·lon·ga [bir.lóŋ.ga; ƀir.-] 女 トランプ遊びの一種.

Bir·ma·nia [bir.má.nja; ƀir.-] 固名 ビルマ：Myanmar の旧称.

bir·ma·no, na [bir.má.no, -.na; ƀir.-] 形 ビルマの, ビルマ人の. ━男 ビルマ人. ━男 ビルマ語.

bi·ro·lo, la [bi.ró.lo, -.la; ƀi.-] 形 《ラ米》(メキシコ) 《隠》斜視の.

bi·ro·me [bi.ró.me; ƀi.-] 女 《ラ米》(アルゼ) ボールペン.

bi·ron·ga [bi.róŋ.ga; ƀi.-] 女 《ラ米》(キューバ) 《話》ビール.

bi·ro·te [bi.ró.te; ƀi.-] 男 《ラ米》(1) (メキシコ) 《話》もの, こと. (2) (メキシコ) パン. (3) (コロンビア) 《卑》ペニス, 陰茎. **dar birote** 《ラ米》(メキシコ) 《話》わからなくさせる, 混乱させる. **estar hasta el birote** 《ラ米》(メキシコ) 《話》酒に酔った.

birr [bír; ƀír] 男 ビル：エチオピアの通貨単位.

bi·rra [bí.řa; ƀí.-] 女 《ラ米》(アルゼ)(コロンビア)(プエ)(メキシコ) 《話》ビール.

bi·rre·ac·tor [bi.ře.ak.tór; ƀi.-] 形 [航空] 双発ジェットの. ━男 双発ジェット機.

bi·rre·frin·gen·cia [bi.ře.friŋ.xén.θja; ƀi.- / -.sja] 女 [光] 複屈折.

bi·rre·frin·gen·te [bi.ře.friŋ.xén.te; ƀi.-] 形 [光] 複屈折の.

bi·rre·me [bi.ře.me; ƀi.-] 女 [海] 二檣(しょう) 列船：二段漕(そう) ぎ座のガレー船.

bi·rre·ta [bi.ře.ta; ƀi.-] 女 [カト] ビレタ：聖職者がかぶる縁なしの帽子. ◆枢機

birreta (縁なしの帽子)

卿(ﾋﾟｮｳ)は赤, 司教は深紅, 司教以下の聖職者は黒.

bi·rre·te [bi.ré.te; ƀi.-] 男 **1** (大学教授・裁判官・弁護士等が用いる) 角帽；(卒業式にかぶる) 博士帽. un ～ octogonal cubierto de flecos rojos 赤い房飾りのついた八角形の式帽. **2** 縁なしの帽子 (= gorro). **3**〖カト〗→ birreta.

bi·rre·ti·na [bi.ře.tí.na; ƀi.-] 女〖軍〗(軽騎兵が用いた) 毛皮の帽子. [birrete の縮小辞]

bi·rrí [bi.ří; ƀi.-] 男《ラ米》《ｴｸｱﾄﾞ》《動》毒蛇の一種.

bi·rria [bi.řja; ƀi.-] 女 **1**《話》醜男, ブス；不格好な人. No puedo ir a la ópera hecha una ～. こんなひどいかっこうじゃオペラに行けない.
2《話》くだらないもの.
3《ラ米》(1)《ｴｸｱﾄﾞ》《話》こだわり；気まぐれ. (2)《ﾆｶﾗｸﾞｱ》《ﾒﾋｺ》《ｸﾞｱﾃ》《話》ビール. (3)《ｴｸｱﾄﾞ》憎しみ. (4)《ｳﾙｸﾞｧｲ》《ｱﾙｾﾞﾝ》味のない飲み物. (5)《ﾁﾘ》バーベキュー. *de birria*《ラ米》《ｴｸｱﾄﾞ》《話》気が乗らずに.

bi·rriar [bi.řjár; ƀi.-] 他《ラ米》《ﾁﾘ》《話》やりすぎる.

bi·rri·ña·que [bi.ři.ɲá.ke; ƀi.-] 男《ラ米》《ﾎﾝｼﾞｭ》《話》ひどい出来.

bi·rrio·so, sa [bi.řjó.so, -.sa; ƀi.-] 形《話》質の低い, 出来の悪い, 価値のない.

bi·ru·je [bi.rú.xe; ƀi.-] 男 → biruji.

bi·ru·ji [bi.rú.xi; ƀi.-] 男《話》凍てつくような風[寒さ].

bis [bís; ƀís] 男 **1** (コンサートの) アンコール.
2〖音楽〗ビス：反復を指示する記号.
━ 副 **1** (同一番号・番地内の区別に用いる記号) …の2. Vivo en el 22 [veintidós] *bis*. 私は22番の2に住んでいる. **2** 2度, 再び.

bis-/biz-〖接頭〗bi- の異形. — *bis*abuelo, *biz*cocho. [←〖ラ〗]

*****bis·a·bue·lo, la** [bi.sa.ƀwé.lo, -.la; ƀi.-] 男 女 曾祖父, 曾祖母. ━ 男 (複数で) 曾祖父母.

bi·sa·gra [bi.sá.gra; ƀi.-] 女 **1** 蝶番(ﾁｮｳﾂｶﾞｲ).
2 2つの要素を結びつけるもの. El nuevo partido desempeña el papel de partido ～. 新党はキャスティングボートを握る党だ.

bi·sal·to [bi.sál.to; ƀi.-] 男〖植〗エンドウ(豆).

bis·a·nual [bi.sa.nwál; ƀi.-] / **bis·a·nuo, nua** [bi.sá.nwo, -.nwa; ƀi.-] 形 **1** 隔年の, 2年間続く. **2**〖植〗2年生の (= bienal).

bi·sar [bi.sár; ƀi.-] 他 **1** アンコールに応じて繰り返す. **2**《ラ米》《ｴｸｱ》アンコールを求める.

bi·sa·yo, ya [bi.sá.jo, -.ja; ƀi.-] 形 (フィリピンの) ビサヤ(諸島)の.
━ 男 女 ビサヤ人. ━ 男 ビサヤ語.

bis·bis [bis.ƀís; ƀis.-] 男〖遊〗数合わせの賭(ｶ)けゲームの一種).

bis·bi·sar [bis.ƀi.sár; ƀis.-] / **bis·bi·se·ar** [bis.ƀi.se.ár; ƀis.-] 他《話》ぶつぶつ言う, つぶやく.

bis·bi·se·o [bis.ƀi.sé.o; ƀis.-] 男 ささやき, つぶやき.

bis·co·cho [bis.kó.tʃo; ƀis.-] 男 → bizcocho.

bis·co·te [bis.kó.te; ƀis.-] 男 ビスコット.

bis·cuit [bis.kwí(t); ƀis.-]〖仏〗男 **1** ビスケット (= galleta). **2** スポンジケーキ. **3**〖まれ〗磁器.

bi·se·car [bi.se.kár; ƀi.-] 他 2 等分する. ～ un ángulo [cuadrado] 角[四角形]を 2 等分する.

bi·sec·ción [bi.sek.θjón; ƀi.- / -.sjón] 女〖数〗2 等分.

bi·sec·tor, triz [bi.sek.tór, -.tríθ; ƀi.- / -.trís] 形 [女 は複 bisectrices]〖数〗2 等分の.
━ 女〖数〗2 等分線.

bi·seg·men·tar [bi.seg.men.tár; ƀi.-] 他〖数〗2 分する.

bi·sel [bi.sél; ƀi.-] 男 斜断面. tallar en ～ 斜めに加工する.

bi·se·la·do [bi.se.lá.ðo; ƀi.-] 男 斜断面を付けること, 面取り.

bi·se·lar [bi.se.lár; ƀi.-] 他 斜断面を付ける, 面取りをする.

bi·se·ma·nal [bi.se.ma.nál; ƀi.-] 形 **1** 週に 2 回の. **2** 隔週の.

bi·se·ma·na·rio [bi.se.ma.ná.rjo; ƀi.-] 男 隔週刊の刊行物.

bi·se·xual [bi.sek.swál; ƀi.-] 形 両性の；両性具有の；〖生物〗雌雄同体[同株]の (= hermafrodita)；両性愛の. ━ 男 両性愛者, バイセクシャル.

bi·se·xua·li·dad [bi.sek.swa.li.ðáð; ƀi.-] 女 両性, バイセクシュアリティ；両性に性欲をもつこと, 両性愛行為.

bi·sies·to [bi.sjés.to; ƀi.-] 形 閏(ｳﾙｳ)の, 閏日のある. año ～ 閏年.

bi·si·lá·bi·co, ca [bi.si.lá.ƀi.ko, -.ka; ƀi.-] / **bi·sí·la·bo, ba** [bi.sí.la.ƀo, -.ƀa; ƀi.-] 形 2 音節の.

bis·mu·to [bis.mú.to; ƀis.-] 男〖化〗ビスマス(記号 Bi).

bis·ne·ro, ra [bis.né.ro, -.ra; ƀis.-] 形《ラ米》《ﾒﾋｺ》《話》(不正な) 仕事をする.

bis·nes [bís.nes; ƀís.-]〖英〗男〖単複同形〗**1**《話》商売, ビジネス. **2**《ﾒﾋｺ》(不正な) 仕事.

bis·nie·to, ta [bis.njé.to, -.ta; ƀis.-] 男 女 曾孫(ﾋﾏｺﾞ), ひまご.

bi·so [bí.so; ƀí.-] 男〖貝〗足糸：貝自身が分泌する付着器官.

bi·so·jo, ja [bi.só.xo, -.xa; ƀi.-] 形《軽蔑》斜視の (= bizco). ━ 男 女《軽蔑》斜視の人.

bi·son·te [bi.són.te; ƀi.-] 男〖動〗バイソン, 野牛. ～ europeo ヨーロッパバイソン.

bi·so·ña·da [bi.so.ɲá.ða; ƀi.-] 女 青臭い言行, 新米らしい言行.

bi·so·ñé [bi.so.né; ƀi.-] 男 前頭部用かつら.

bi·so·ñe·ría [bi.so.ɲe.rí.a; ƀi.-] 女《話》→ bisoñada.

bi·so·ñez [bi.so.néθ; ƀi.- / -.nés] 女《話》未熟, 未経験.

bi·so·ño, ña [bi.só.ɲo, -.ɲa; ƀi.-] 形 **1** 未経験の, 未熟な；新米の；青臭い. **2**〖軍〗新兵の, 新参の.

bis·té [bis.té; ƀis.-]〖複 bistés〗男 → bistec.

bis·tec [bis.ték; ƀis.-]〖複 ～s〗男 ステーキ. ～ de ternera 子牛肉のステーキ. asar ～ ステーキを焼く. ►〖ウェルダン〗は muy [bien] hecho. 「ミディアム」は poco [medio] hecho.「レア」は (muy) poco hecho.

bis·ton·go, ga [bis.tóŋ.go, -.ga; ƀis.-] 形《ラ米》《ﾁﾘ》《ﾒﾋｺ》《ｸﾞｱﾃ》《話》〈子供が〉甘やかされた, 行儀が悪い.

bis·tor·ta [bis.tór.ta; ƀis.-] 女〖植〗イブキトラノオ.

bis·tre [bís.tre; ƀís.-] 男 **1** ビスタ色：煤(ｽｽ)から抽出した暗褐色の顔料. **2** ビスタ色, 暗褐色.

bis·tró [bis.tró; ƀis.-]〖仏〗男 → bistrot.

bis·trot [bis.tró; ƀis.-]〖仏〗男〖複 ～s, ～〗フランス家庭料理を供するレストラン[ビストロ].

bis·tu·rí [bis.tu.rí; ƀis.-] 男〖複 ～es, ～s〗〖医〗メス.

bi·sul·co, ca [bi.súl.ko, -.ka; ƀi.-] 形〖動〗双蹄(ｿｳﾃｲ)の, 偶蹄の.

bi·sul·fa·to [bi.sul.fá.to; ƀi.-] 男〖化〗重硫酸塩, 硫酸水素塩.

bi·sul·fi·to [bi.sul.fí.to; ƀi.-] 男 【化】重亜硫酸塩, 亜硫酸水素塩.

bi·sul·fu·ro [bi.sul.fú.ro; ƀi.-] 男 【化】二硫化物.

bi·sun·to, ta [bi.sún.to, -.ta; ƀi.-] 形 汚れた, 油染みた.

bi·sur·co, ca [bi.súr.ko, -.ka; ƀi.-] 形 (平行した) 2筋の畝を作るための. — 男 2筋の畝を作る鋤(ｽｷ).

bi·su·te·rí·a [bi.su.te.rí.a; ƀi.-] 女 1 (貴金属を使わない) 装身具, (イミテーションの) アクセサリー. unos pendientes de ～ 安物のイヤリング. ～ fina 本物に見えるアクセサリー. 2 (貴金属を使わない) アクセサリー製造業. 3 装身具店.

***bit** [bít; ƀít] 男 【英】【IT】ビット, 二進法.

bi·ta [bí.ta; ƀí.-] 女 【海】係柱, ビット.

bi·tá·co·ra [bi.tá.ko.ra; ƀi.-] 女 【海】コンパス箱, ビナクル. cuaderno de ～ 航海日誌.
[←[ラ]*habitaculum*「居住」]

bi·tan·go [bi.táŋ.ɡo; ƀi.-] 形 pájaro ～ 凧(ﾀｺ).

bi·ten·sión [bi.ten.sjón; ƀi.-] 女 電圧切り替えが可能なこと.

bí·ter [bí.ter; ƀí.-] 男 → bitter.

bi·ton·go, ga [bi.tóŋ.ɡo, -.ɡa; ƀi.-] 形《話》子供扱いされたがる, 甘ったれた. — 男女 子供っぽい若者.

bi·to·que [bi.tó.ke; ƀi.-] 男 **1** (樽(ﾀﾙ)の)栓. **2** (ラ米) (1) (ｸﾞｧﾃ)(打ち)こぶ. (2) (ﾒｷ)下水道, 排水溝. (3) (ｴﾙｻ)(ｸﾞｧ)蛇口. (4) (ｺﾛﾝ)(ﾍﾟﾙ)【医】浣腸(ｶﾝﾁｮｳ)の差し込み口. (5) (*ﾁﾘ)ホースの筒口.

bi·tor [bi.tór; ƀí.-] 男 【鳥】ウズラクイ.

bit·ter [bí.ter; ƀí.-] 男 【英】ビター : 苦みのある食前酒.

bi·tu·mi·no·so, sa [bi.tu.mi.nó.so, -.sa; ƀi.-] 形 瀝青(ﾚｷｾｲ)の, タール質を含む. carbón ～ 瀝青炭.

bi·u·ní·vo·co, ca [bju.ní.ƀo.ko, -.ka; bju.-] 形 【数】1対1の. correspondencia *biunívoca* 1対1の対応.

bi·va·len·cia [bi.ƀa.lén.θja; ƀi.- / -.sja] 女 【化】2価(の原子価).

bi·va·len·te [bi.ƀa.lén.te; ƀi.-] 形 **1**【化】2価の. **2**《話》相反する.

bi·val·vo, va [bi.ƀál.ƀo, -.ƀa; ƀi.-] 形【生物】二枚貝の. — 男【貝】二枚貝.

bi·vio [bí.ƀjo; ƀí.-] 男 (道路の)二股(ﾏﾀ).

bi·vi·te·li·no, na [bi.ƀi.te.lí.no, -.na; ƀi.-] 形 〈双子が〉2卵性の.

bi·xá·ce·as [bik.sá.θe.as; ƀik.- / -.se.-] 女《複数形》ベニノキ科 : ブラジル原産.

bi·zan·ti·nis·mo [bi.θan.ti.nís.mo; ƀi.- / -.san.-] 男 **1** ビザンティン文化研究. **2**《軽蔑》ささいなことの論争「癖」.

bi·zan·ti·no, na [bi.θan.tí.no, -.na; ƀi.- / -.san.-] 形 **1** (トルコの Estambul の旧称) ビザンチウム Bizancio の ; ビザンティン [東ローマ] 帝国の,【建】【美】ビザンティン様式の. Imperio B～ ビザンティン帝国. **2** 不毛な ; 退廃した. discusiones *bizantinas* 複雑だが全く意味のない議論.

bi·za·rre·ar [bi.θa.r̃e.ár; ƀi.- / -.sa.-] 自 **1** 勇敢に行動する. **2** 気前よく振る舞う.

bi·za·rrí·a [bi.θa.r̃í.a; ƀi.- / -.sa.-] 女 **1** 勇気, 勇敢さ (= gallardía). **2** 寛大, 雅量. **3** 奇抜さ.

bi·za·rro, rra [bi.θá.r̃o, -.r̃a; ƀi.- / -.sá.-] 形 **1** 勇気ある, 勇敢な (= gallardo). un ～ militar 勇敢な軍人. **2** 寛大な, 鷹揚(ｵｳﾖｳ)な. **3** 風変わりな, 奇抜な. [←? [バスク] *bizar*「あごひげ」]

bi·za·za [bi.θá.θa; ƀi.- / -.sá.sa]女《主に複数で》(革製の)鞍(ｸﾗ)袋.

biz·bi·rin·do, da [biθ.ƀi.rín.do, -.da; ƀiθ.- / bis.-; ƀis.-] 形《ラ米》(ｸﾞｧﾃ)(ﾒｷ)《話》快活な, 活発な, 陽気な.

biz·car [biθ.kár; ƀiθ.- / bis.-; ƀis.-] 自 横目で見る, 斜視である. — 他 ウインクする (= guiñar).

biz·co, ca [bíθ.ko, -.ka; ƀíθ.- / bís.-; ƀís.-] 形《軽蔑》斜視の : 医学的に「斜視」は estrabismo. ponerse ～ 横目で見る.
dejar bizco+人《話》〈人〉を仰天させる, 唖然(ｱﾝ)とさせる.
quedarse bizco びっくりする, 唖然とする.

biz·co·cha·da [biθ.ko.tʃá.ða; ƀiθ.- / bis.-; ƀis.-] 女 スポンジケーキ bizcocho と牛乳で作ったスープ.

biz·co·char [biθ.ko.tʃár; ƀiθ.- / bis.-; ƀis.-] 他〈パンを〉2度焼きする.

biz·co·che·ría [biθ.ko.tʃe.ría; ƀiθ.- / bis.-; ƀis.-] 女《ラ米》(ﾒｷ)菓子屋.

biz·co·che·ro, ra [biθ.ko.tʃé.ro, -.ra; ƀiθ.- / bis.-; ƀis.-] 形 スポンジケーキ bizcocho 職人. — 男 スポンジケーキの容器.

***biz·co·cho** [biθ.kó.tʃo; ƀiθ.- / bís.-; ƀís.-] 男 **1** スポンジケーキ, カステラ ; スポンジケーキ状の菓子 ; 乾パン. ～ borracho サバラン (ラム酒漬けのケーキ). ▶「ビスケット」は galleta. **2** 素焼きの陶器. **3**《ラ米》(1)(ｸﾞｧﾃ)《話》エレガントな人, きれいな女性. (2) (ｸﾞｧﾃ)《話》とても簡単なこと. (3) (ｸﾞｧﾃ)《卑》女性器.
[←[古スペイン] *biscocho*「2度焼きのパン」; [ラ] *bis*「2度」+ [ラ] *coctus* (*coquere*「料理する」の完了分詞); 【関連】[仏]【英】*biscuit*. [日] ビスケット]

bizcocho (カステラ)

biz·co·chue·lo [biθ.ko.tʃwé.lo; ƀiθ.- / bis.-; ƀis.-]男《ラ米》(ｱﾙｾﾞ)スポンジケーキ.

biz·cor·ne·a·do, da [biθ.kor.ne.á.ðo, -.ða; ƀiθ.- / bis.-; ƀis.-] 形《ラ米》(ﾄﾞﾐ) → bizco.

biz·cor·ne·ar [biθ.kor.ne.ár; ƀiθ.- / bis.-; ƀis.-] 自《ラ米》(ﾄﾞﾐ) 横目で見る.

biz·cor·ne·to, ta [biθ.kor.né.to, -.ta; ƀiθ.- / bis.-; ƀis.-] 形《ラ米》(ｺｽﾀ*ﾒｷ)(ｴﾙｻ) → bizco.

biz·co·te·la [biθ.ko.té.la; ƀiθ.- / bis.-; ƀis.-] 女 砂糖衣 [アイシング] をかけたケーキ.

biz·kai·ta·rra [biθ.kai.tá.r̃a; ƀiθ.- / bis.-; ƀis.-] [バスク] 形 → vizcaitarra.

biz·ma [bíθ.ma; ƀíθ.- / bís.-; ƀís.-] 女 湿布剤, パップ剤.

biz·mar [biθ.már; ƀiθ.- / bis.-; ƀis.-] 他 …に湿布 [パップ] 剤を当てる.

biz·na [bíθ.na; ƀíθ.- / bís.-; ƀís.-] 女 (クルミの) 薄膜, 薄皮.

biz·na·ga [biθ.ná.ɡa; ƀiθ.- / bis.-; ƀis.-] 女 **1**【植】セリ科アミ属の一種. **2** ジャスミンの小さな花束.

biz·nie·to, ta [biθ.njé.to, -.ta; ƀiθ.- / bis.-; ƀis.-] 男 女 → bisnieto.

biz·que·ar [biθ.ke.ár; ƀiθ.- / bis.-; ƀis.-] 自《話》**1** 横目で見る ; 斜視である. **2** ウインクする.

biz·que·ra [biθ.ké.ra; ƀiθ.- / bis.-; ƀis.-] 女 斜視 (= estrabismo).

Bk【化】berkelio バークリウム.

B/L《略》【英】【商】*B*ill of *L*ading 船荷証券 (= conocimiento de embarque).

black·jack [blák.jak; ƀlák.-] [英] 男 → veintiuna.

black·out [blá.kaut; blá.-] [英] [男] 報道管制.

black rot [blák ŕot; blák -] [英] [男] (ブドウなどの植物の)黒腐(ぐされ)病.

blan·ca [blán.ka; blán.-] [女] **1** (14–17世紀ごろの)スペインの貨幣. **2** 《音楽》2分音符. **3** 《遊》(チェス・ドミノの)白駒(ぐま) [牌(ぱい)] → blanco.
no tener blanca / estar sin blanca 《話》一文無しだ.

Blan·ca·nie·ves [blaŋ.ka.njé.bes; blaŋ.-] [固名] 白雪姫. ~ *y los siete enanitos*『白雪姫と7人の小人』(グリム童話).

blan·ca·zo, za [blaŋ.ká.θo, -.θa; blaŋ.- / -.so, -.sa] [形] 《話》白っぽい (= blanquecino).

**blan·co, ca [bláŋ.ko, -.ka; blaŋ.-] [形] [絶対最上級は blanquísimo]

1 《多くは名詞 +》(ser + / estar +) 白い. *camisa blanca* 白いワイシャツ. *pelo* ~ 白髪. *judías blancas* 白インゲン. ~ *como la leche* 乳白色の. *más* ~ *que la nieve* 真っ白な.
2 《estar +》〈顔が〉真っ青な. ~ *como el papel* [la pared] 蒼白(そうはく)の. ¿*Qué te pasa? Estás blanca.* どうしたの? 顔が青いよ.
3 《名詞 +》(白色ではないが同種の中でより)薄い色の. *vino* ~ 白ワイン.
4 《名詞 +》白人の. *los colonos* ~*s* 白人入植者.
5 《名詞 +》(スペインのサッカーチーム)レアル・マドリード Real Madrid の (♦ユニフォームの色から).
— [男] 白人. *luchas entre los* ~*s y los indios blancos* 白人と先住民の戦い.
— [男] **1** 白(色), 白いもの. ~ *brillante* ピュアホワイト. ~ *inmaculado* 真っ白, 純白. *el* ~ *de la nieve* 雪の白さ. *el* ~ *de los ojos* 白眼部分.
2 目標, 標的. *el* ~ *de las críticas* 批判の的. *tirar al* ~ 的を撃つ. *dar en un* ~ *difícil* 難しい的に命中させる. *fallar el* ~ 的をはずす. *ser el* ~ *de todas las miradas.* 注目の的である.
3 空白. *Rellenar los* ~*s en las siguientes frases.* 次の文の空白を埋めなさい.
arma blanca 刀剣類, ナイフ; 白刃.
blanco como la cera 真っ青な. *Comienza a temblar, a sudar y se queda blanca como la cera.* 彼女は震えて汗をかき始め, 真っ青になる.
calentar al blanco 〈金属などを〉白熱させる.
como de lo blanco a lo negro 全く異なった, 似ても似つかぬ, 正反対の.
dar en el blanco / hacer blanco 的中する.
en blanco (1) 何も書いていない, 何も書かずに. *un cheque en* ~ (金額や振出日が未記入の) 白地(じ)小切手. *el voto en* ~ 白票. *votar en* ~ 白票を投じる. (2) 寝ずに. *pasar la noche en* ~ 一晩中眠れない. (3) 何もせずに. *pasar horas en* ~ 無為に時間を過ごす. (4) 理解できない; 考えられない. *quedarse en* ~ 頭の中が真っ白になる. (5) 白目に. *poner los ojos en* ~ (発作や驚きで) 白目をむく. *con los ojos en* ~ 白目をむいて. (6) 《スポ》(テニス)ラブゲームで.
en blanco y negro 白黒で. *una película en* ~ *y negro* 白黒映画.
libro blanco 白書. *Libro B*~ *de la Educación* 教育白書.
no distinguir lo blanco de lo negro 《話》無知である.
pasar en blanco (...) (…を) 大目に見る, (…に) 触れないでおく; 無視する.

[← 《ゲルマン》*blank*「輝く; 白い」; [関連] blanquear. [英] *blank*「白紙の, 空白の」. [日] ブランク]

blan·cor [blaŋ.kór; blaŋ.-] [男] 白さ, 純白.

blan·co·te, ta [blaŋ.kó.te, -.ta; blaŋ.-] [形] 《軽蔑》**1** (病み上がりなどで) 生白い, 青白い. **2** 《話》臆病(おくびょう)な, 腰抜けの. [blanco + 増大辞]

:blan·cu·ra [blaŋ.kú.ra; blaŋ.-] [女] **1** 白さ, 純白. *la* ~ *de las nubes* [*la nieve*] 雲[雪]の白さ.
2 純潔, (心の)清らかさ.
blancura del ojo 《医》(目の) 角膜白斑(はん).

blan·cuz·co, ca [blaŋ.kúθ.ko, -.ka; blaŋ.- / -.kús.-] [形] 白っぽい, 白みがかった; 《軽蔑》薄汚れた白の.

blan·de·ar¹ [blan.de.ár; blan.-] [自] 屈する, 妥協する, 軟化する. —[他] 譲歩させる.
— ~**se** [再] 軟化する, 軟弱になる, 屈服する.

blan·de·ar² [blan.de.ár; blan.-] [他] → blandir.

blan·den·gue [blan.déŋ.ge; blan.-] [形] 《軽蔑》ぶよぶよの, ふにゃふにゃの; 軟弱な, 気の弱い.
— [男] 《軽蔑》軟弱者, 腰抜けの. 2 《ラ米》(ブエノスアイレス Buenos Aires の州境を警備した) 槍騎(そうき)兵.

blan·den·gue·rí·a [blan.deŋ.ge.rí.a; blan.-] [女] (身体的・精神的に) 軟弱なこと, 寛大すぎること.

blan·di·cia [blan.dí.θja; blan.- / -.sja] [女] **1** 柔らさ, 柔軟さ. **2** へつらい, おべっか.

*blan·dir [blan.dír; blan.-] [他] 〈剣などを〉振り回す, 振り上げる.

:blan·do, da [blán.do, -.do; blán.-] [形] (+名詞 / 名詞 +) 《ser + / estar +》柔[軟] らかい, ソフトな, しなやかな (↔duro). ¿*Cama blanda o cama dura?* 柔らかいベッドにしますか, それとも固いベッドにしますか. *el mineral* ~ 硬度の低い鉱物. *Esta carne es blanda.* この肉は柔らかい. *La mantequilla está blanda.* バターは柔らかくなっている.
2 《*con...* …に》〈人が〉優しい, 寛大な, 温和な; 気弱な, 軟弱な. *Son* ~*s de corazón.* 彼らは気が弱い. *un profesor demasiado* ~ *con sus alumnos* 生徒に甘すぎる先生.
3 温暖な, 穏やかな, 静かな. *el* ~ *murmullo de las olas* ひたひたと打ち寄せる波の音. *un clima* ~ 穏やかな気候.
4 気ままな. *llevar una vida blanda* 気ままな人生を送る. **5** 力がない. *tener las piernas blandas* 足が弱い. **6** 《音楽》半音下がった.
— [男] [女] **1** 気弱な人; 優しい人. *No eres un* ~ *porque te gusten las baladas.* バラードが好きだからといって, 君は軟弱な人間じゃない. **2** 《ラ米》優しい先生.
— [副] 緩やかに, 穏やかに.
agua blanda 軟水 (▶「硬水」は agua dura).
crédito(s) blando(s) 《多くは複数形で》長期低利貸し付け.
dieta blanda 消化のいい食事を摂るダイエット.
droga blanda (マリファナなどの) 中毒性の弱い麻薬.
ojos blandos うるんだ目.
[← [ラ] *blandum* (*blandus* の対格)「こびへつらう; 人当たりのよい」; [関連] blandura, ablandar]

blan·dón, do·na [blan.dón, -.dó.na; blan.-] [形] 《ラ米》(ぞく)《話》軟弱な.
— [男] **1** 大ろうそく. **2** 燭台(しょくだい).

blan·du·cho, cha [blan.dú.tʃo, -.tʃa; blan.-] **/ blan·du·jo, ja** [blan.dú.xo, -.xa; blan.-] [形] 《軽蔑》**1** 柔らかすぎる; 軟弱な, 弱々しい. **2** たるんだ, 締まりのない.

blan·du·ra [blan.dú.ra; blan.-] [女] **1** 柔らかさ

blanduzco

(↔dureza). **2** 優しさ,柔和;甘やかし. **3** 無気力,軟弱さ. **4** 弛緩,たるみ. **5** 気楽さ. **6** 寒気の緩み;(湿気を含んだ)生暖かい空気. **7** こび,へつらい (= lisonja). **8** 菁薬 (= lisonja). **9** 《ラ米》《('ズ)》《('ア)》下痢.

blan·duz·co, ca [blan.dúθ.ko, -.ka; ƀlan.- / -.dús.-] 形 → blanducho.

blan·que·a·do [blan.ke.á.ðo; ƀlan.-] 男 → blanqueo.

blan·que·a·dor, do·ra [blan.ke.a.ðór, -.ðó.ra; ƀlan.-] 形 白くする,白く塗る;漂白する.
— 男 女 (壁などを)白く塗る人,漂白する人.
— 男 漂白剤.

blan·que·a·du·ra [blan.ke.a.ðú.ra; ƀlan.-] 女 → blanqueo.

blan·que·a·mien·to [blan.ke.a.mjén.to; ƀlan.-] 男 → blanqueo.

blan·que·ar [blan.ke.ár; ƀlan.-] 他 **1** 白くする,白く塗る (= emblanquecer);〈壁を〉石灰で白く塗る. Este pueblo tiene la costumbre de las casas con cal. この村は石灰で家の壁を白く塗る習慣がある. **2** 漂白する. ～ la ropa 服を漂白する. **3** 〈貴金属などを〉磨く. ～ el oro [la plata] 金[銀]を磨く. **4** 《話》〈(不法に所得した)金を〉洗う,資金洗浄する.
— 自 **1** 白くなる,白みがかる. **2** 白く見える,白く現れる. **3** 色落ちする.

blan·que·ce·dor [blan.ke.θe.ðór; ƀlan.- / -.se.-] 男 〈貨幣を磨く〉つや出し職人.

blan·que·cer [blan.ke.θér; ƀlan.- / -.sér] 34 他 **1** 白くする,漂白する. **2** 〈貴金属を〉磨く.

blan·que·ci·mien·to [blan.ke.θi.mjén.to; ƀlan.- / -.si.-] 男 〈貴金属を〉磨いてつやを出すこと.

blan·que·ci·no, na [blan.ke.θí.no, -.na; ƀlan.- / -.sí.-] 形 白っぽい,白みがかった.

blan·que·o [blan.ké.o; ƀlan.-] 男 **1** 白くする[塗る]こと. **2** 漂白;〈砂糖などの〉精製. **3** マネーロンダリング. ～ del dinero de la droga ドラッグ資金の洗浄.

blan·que·te [blan.ké.te; ƀlan.-] 男 **1** 白色塗料;漂白剤. **2** (昔の)おしろい.

blan·qui·a·zul [blan.kja.θúl; ƀlan.- / -.súl] 形 《話》白と青の;〈ユニフォームが〉白と青の.
— 男 女 〈ユニフォームが〉白と青の選手.

blan·qui·ción [blan.ki.θjón; ƀlan.- / -.sjón] 女 〈金属を〉磨いてつや出しすること.

blan·qui·llo, lla [blan.kí.ʎo, -.ʎa; ƀlan.- ‖ -.ʝo, -.ʝa] 形 **1** 〈小麦粉・パンなどが〉白い. **2** (スペインのサッカーチーム)レアル・サラゴサ Real Zaragoza の.
— 男 《ラ米》(1) (†) 《魚》チリアマダイ. (2) 《("ㇾ)》《("ㇺ)》《(ﾞ)》鶏卵. (3) 《(ﾞ)》白桃. (4) 《('ア)》《(ヵ)》《卑》睾丸 (ラ米). — 男 女 《ラ米》《('ア)》《(ｶ)》《軽蔑》アングロサクソン系白人.

blan·qui·mien·to [blan.ki.mjén.to; ƀlan.-] 男 塩素系漂白液.

blan·quín [blan.kín; ƀlan.-] 男 ～ de gallina 《ラ米》《(ｺ)》鶏卵.

blan·qui·ne·gro, gra [blan.ki.né.gro, -.gra; ƀlan.-] 形 白黒の.

blan·qui·no·so, sa [blan.ki.nó.so, -.sa; ƀlan.-] 形 白っぽい,白みがかった.

blan·qui·ño·so, sa [blan.ki.ɲó.so, -.sa; ƀlan.-] 形 《ラ米》《(ｺ)》《話》《軽蔑》(皮膚の)白い,生っ白い.

blan·qui·rro·jo, ja [blan.ki.r̃ó.xo, -.xa; ƀlan.-] 形 《話》白と赤の;〈ユニフォームが〉白と赤の.
— 男 女 〈ユニフォームが〉白と赤の選手.

blan·qui·ta [blan.kí.ta; ƀlan.-] 女 《昆》モンシロチョウ.

blan·qui·ver·de [blan.ki.bér.ðe; ƀlan.-] 形 《話》白と緑の;〈ユニフォームが〉白と緑の.
— 男 女 〈ユニフォームが〉白と緑の選手.

blan·qui·vio·le·ta [blan.ki.ƀjo.lé.ta; ƀlan.-] 形 《話》(スペインのサッカーチーム)レアル・バリャドリード Real Valladolid の. — 男 女 レアル・バリャドリードの選手. ► ユニフォームの色が白と紫であることから.

blan·qui·zal [blan.ki.θál; ƀlan.- / -.sál] / **blan·qui·zar** [blan.ki.θár; ƀlan.- / -.sár] 男 漂布土 greda の産地 (= gredal).

blan·quiz·co, ca [blan.kíθ.ko, -.ka; ƀlan.- / -.kís.-] 形 → blanquecino.

bla·o [blá.o; ƀlá.-] 形 《紋》青の. — 男 《紋》青.

Blas [blás; ƀlás] 固 ブラス:男子の洗礼名. *Díjolo [Lo dijo, Habló] Blas, punto redondo.* 《皮肉》おまえさんの言うとおりさ. [関連][ポルトガル] *Blaz.* [仏] *Blaise.* [伊] *Biagio.* [英] *Blase.* [独] *Blasius.*

Blas·co I·bá·ñez [blás.ko i.ƀá.ɲeθ; ƀlás.- /-.nes] 固名 ブラスコ・イバニェス Vicente ~ (1867-1928):スペインの小説家.作品 *Cañas y barro*『葦(˜)と泥』.

blas·fe·ma·dor, do·ra [blas.fe.ma.ðór, -.ðó.ra; ƀlas.-] 形 涜神(˜)の,冒瀆的な,不敬な.
— 男 女 不敬な言葉を吐く人,冒瀆者.

blas·fe·mar [blas.fe.már; ƀlas.-] 自 **1** 《contra...〈神聖なもの〉を》冒瀆(˜)する,不敬な言葉を吐く. ～ *contra* Dios [los Santos] 神[聖人]を冒瀆する. **2** 《de...〈…を〉》ののしる;拒否する. ～ *de* la obra 作品をけなす.

blas·fe·ma·to·rio, ria [blas.fe.ma.tó.rjo, -.rja; ƀlas.-] 形 → blasfemador.

blas·fe·mia [blas.fé.mja; ƀlas.-] 女 **1** 涜神(˜),冒瀆,不敬. **2** (尊敬に値するもの・人を)ののしること,悪口雑言. proferir una ～ ののしる,悪態をつく.

blas·fe·mo, ma [blas.fé.mo, -.ma; ƀlas.-] 形 涜(˜)的な,涜神の,不敬な.
— 男 女 罰当たりな言葉を発する人,悪口を言う人.

bla·són [bla.són; ƀla.-] 男 **1** 紋章学 (= heráldica);紋章 (= escudo de armas);紋章図形. ～ familiar 家紋.
2 名誉,栄光. **3** 《主に複数で》家門の誉れ,家柄. *hacer blasón de...* …を自慢する.

bla·so·na·do, da [bla.so.ná.ðo, -.ða; ƀla.-] 形 家柄のよい,名門の (出の).

bla·so·na·dor, do·ra [bla.so.na.ðór, -.ðó.ra; ƀla.-] 形 誇らる,自慢する. — 男 女 自慢する人.

bla·so·nar [bla.so.nár; ƀla.-] 他 紋章を描く;紋章解説をする. — 自 《de... …を》自慢する,誇る. ～ *de* rico 金持ちを鼻にかける.

bla·so·ne·rí·a [bla.so.ne.rí.a; ƀla.-] 女 自慢,虚勢.

bla·so·nis·ta [bla.so.nís.ta; ƀla.-] 男 女 紋章学者,紋章学の専門家.

blas·te·ma [blas.té.ma; ƀlas.-] 男 《生物》芽体.

blas·to·ce·le [blas.to.θé.le; ƀlas.- / -.sé.-] / **blas·to·ce·lo** [blas.to.θé.lo; ƀlas.- / -.sé.-] 男 《生物》割腔(˜).

blas·to·ci·to [blas.to.θí.to; ƀlas.- / -.sí.-] 男 《生物》胚細胞.

blas·to·der·mo [blas.to.ðér.mo; ƀlas.-] 男 《生物》胞胚(˜)〈葉〉,胞胚盤.

blas·tó·me·ro [blas.tó.me.ro; ƀlas.-] 男 《生物》

bla·s·to·mi·ce·tos [blas.to.mi.θé.tos; blas.- / -.sé.-] 男《複数形》〖植〗分芽菌目, 酵母菌目.

bla·s·to·mi·co·sis [blas.to.mi.kó.sis; blas.-] 女《単複同形》〖医〗分芽菌症, 酵母菌症.

blás·tu·la [blás.tu.la; blás.-] 女〖生物〗胞胚(ほう).

blau·gra·na [blau.grá.na; blau.-] 形 FCバルセロナの. ── 男女 FCバルセロナの選手.

bla·zer [blá.θer; blá.- / -.ser] [英] 男 (または女) ブレザー:フランネルの紺の上衣.

ble [blé; blé] 男 米式ハンドボール:ボールを手で打って床, 壁, 天井に当てて得点を競う (= ple).

-ble [接尾]「…できる, …し得る」の意を表す形容詞語尾. ▶ -ar 動詞の場合は -able. -er と -ir 動詞の場合は -ible となる. ── incre**íble**, repro**bable**.

ble·do [blé.ðo; blé.-] 男〖植〗アリタソウ;ハゲイトウ.

un bledo 少しも…ない. *Me importa un ～.* / *No se me da un ～.* 私はそんなこと少しも構わない.

ble·fa·ri·tis [ble.fa.rí.tis; ble.-] 女〖医〗眼瞼(がん)炎.

ble·fa·ro·plas·tia [ble.fa.ro.plás.tja; ble.-] 女〖医〗眼瞼(がん)形成(術).

ble·fa·rop·to·sis [ble.fa.rop.tó.sis; ble.-] 女《単複同形》〖医〗眼瞼(がん)下垂(症).

ble·fa·ros·pas·mo [ble.fa.ros.pás.mo; ble.-] 男〖医〗眼瞼(がん)けいれん.

ble·fa·rós·ta·to [ble.fa.rós.ta.to; ble.-] 男〖医〗開瞼(かい)器.

blen·da [blén.da; blén.-] 女〖鉱〗閃(せん)亜鉛鉱, 硫化亜鉛.

ble·no·rra·gia [ble.no.řá.xja; ble.-] 女 / **ble·no·rre·a** [ble.no.řé.a; ble.-] 女〖医〗淋病(りん).

ble·que [blé.ke; blé.-] 男《ラ米》タール.

blin·da [blín.da; blín.-] 女〖軍〗(昔の塹壕(ざん)を遮蔽(しゃ)する柴(しば)の束などを支えた)遮蔽構築材.

blin·da·do, da [blin.dá.ðo, -.ða; blin.-] 形 **1** 装甲した, 鋼板で覆われた;防弾加工した. *coche ～* 装甲車. *cristal ～* 防弾ガラス. *chaqueta blindada* 防弾チョッキ. **2**〖技〗遮蔽(しゃ)した, シールディングされた. **3**《話》重装備の. *Voy ～ con dos jerséis gordos y un abrigo.* 私は2枚のセーターとコートで重装備している. ── 男 機甲部隊.

blin·da·je [blin.dá.xe; blin.-] 男 装甲, 遮蔽(しゃ), シールド.

blin·dar [blin.dár; blin.-] 他 **1** 装甲する, 鋼板で覆う;防弾加工する. **2**〖技〗遮蔽(しゃ)する, シールディングする.

bli·nis [blí.nis; blí.-] 男《単複同形》ブリニ:小さなパンケーキ. キャビアなどをのせて食べる.

blís·ter [blís.ter; blís.-] [英]《複 ～s, ～》男 プラスチックの包装材, ブリスターパック (▶ blister ともつづる).

bloc [blók; blók] 男《複 ～s》(1冊になっているはぎ取り式の)用紙. ～ *de dibujos* スケッチブック. ～ *de notas* メモ用紙. ～ *de cartas* 便箋(せん).

blo·ca·je [blo.ká.xe; blo.-] 男《スポ》(サッカー)ゴールキーパーが両手でボールをつかみ体で押さえるブロック.

blo·ca·o [blo.ká.o; blo.-] 男〖軍〗簡易防塞(ぼう)[防舎].

*****blo·car** [blo.kár; blo.-] 圏 他《スポ》《話》(サッカーで)〈ゴールキーパーが〉〈ボールを〉**ブロックする**;(ラグビーで)〈相手の動きを〉ブロックする,(ボクシングで)〈打撃を〉ブロックする.

block sys·tem [blók sís.tem; blók -] [英] 男〖鉄道〗閉塞(へいそく)方式:衝突回避のために1線区間に1列車のみ通す方法.

blof [blóf; blóf] 男《ラ米》《話》空威張り, 虚勢.

blo·fe·ar [blo.fe.ár; blo.-] 他《ラ米》《話》(人に)こけおどしをかける, はったりをかます.
── 自《ラ米》《話》空威張りする, 強がりを言う.

blo·fe·ro, ra [blo.fé.ro, -.ra; blo.-] 形《ラ米》《話》はったり屋の, 空威張りをする.

blo·fis·ta [blo.fís.ta; blo.-] 男女《ラ米》《話》虚勢を張る人.

blon·da [blón.da; blón.-] 女 絹レース.

blon·di·na [blon.dí.na; blon.-] 女 幅の狭い絹レース.

blon·do, da [blón.do, -.da; blón.-] 形 **1**《文章語》ブロンドの (= rubio). **2**《ラ米》(1) 柔らかい, すべすべした. (2)(ちぢ)れ〈髪〉がしなやかな. (3) (縮)〈髪が〉縮れた, カールした.

bloom [blúm; blúm] [英] 男 ブルーム, 鉄塊.

bloo·mers [blú.mers; blú.-] [英] 男《複数形》《ラ米》《服飾》パンティー.

*****blo·que** [bló.ke; bló.-] 男 **1** 塊;角材. *un ～ de mármol [hormigón]* 大理石 [コンクリート] の塊. *de un solo ～* 一塊の. **2** 集合住宅. ～ *de viviendas* (中庭を共有する)マンションのブロック. *Mi tía vive en el mismo ～.* おばは同じ城内に住んでいる. **3** 街区, 区画 (= manzana)(▶ 英語の影響);一群. *La casa está dos ～s más allá.* 家は2区画先にある. ～ *de cilindros*〖機〗シリンダーブロック. ～ *de noticias* ニュースブロック. **4** 主要部, 中心部分. ～ *de motor*〖機〗エンジンブロック. **5** 連合, ブロック, 圏, 陣営. *el ～ atlántico* 大西洋ブロック. ～ *conservador* 保守陣営. **6** (メモ帳・紙などの)束 (= bloc).

en bloque 一括して, 一群となって.
formar bloque con… …と一体をなす.
[← [仏] bloc ← [中オランダ] blok「木の幹」;関連 bloquear. [英] block]

blo·que·a·dor, do·ra [blo.ke.a.ðór, -.ðó.ra; blo.-] 形 阻止する;封鎖するための;包囲している. *armada bloqueadora* 海上封鎖艦隊.
── 男女 包囲[封鎖]する人.

*****blo·que·ar** [blo.ke.ár; blo.-] 他 **1**〈場所を〉**封鎖する**,〖海〗包囲する. *La gran nevada ha bloqueado la carretera.* 大雪で道路が通行不能になった. ～ *la ciudad* 街を包囲する.
2〈動きを〉**妨害する**,〈交通・連絡・通信を〉遮断する,〈進行・行為を〉阻止する. *La policía ha bloqueado todos los accesos a la ciudad.* 警察は市の出入り口をすべて封鎖した. ～ *la ley en la cámara* 議会で法案の通過を阻止する.
3〈機械を〉**動かなくする**. ～ *un motor* エンジンを動かなくする.
4〈人を〉(精神的に)**活動停止させる**. *Una situación tan tensa le bloquea.* 緊迫した状況では彼は何も考えられなくなる. **5**〖商〗〖経〗〈物価・賃金・預金などを〉凍結する, 据え置く, 封鎖する. **6**《スポ》ブロックする. ～ *un balón* ボールをブロックする. **7**〖印〗〈活字を〉伏字にする.
── *～·se* 再 **1** 封鎖される, 妨害される, 遮断される, 動かなくなる. *Las líneas telefónicas se bloquearon porque hubo demasiadas llamadas.* 非常に多くの電話があって回線がまひしてしまった. *Se ha bloqueado el volante.* ハンドルが動かなくなった.
2〈人が〉(精神的に)活動停止する. *Por un instante me he bloqueado.* 一瞬頭がまっ白になった.

blo·que·o [blo.ké.o; blu.-] 男 **1** 封鎖；〖軍〗〖海〗包囲, 封鎖線. el ～ del puente 橋の封鎖. romper un ～ 封鎖線を突破する. levantar un ～ 包囲を解く.
2 防害, 遮断, 阻止. ～ de correo 郵便のまひ.
3 動かなくなること, 固定. **4** (精神的・身体的) 活動停止, ブロック. ～ mental 精神活動停止. ～ nervioso 神経ブロック. ～ sinoauricular 〖医〗洞房ブロック. **5** 〖商〗〖経〗凍結, 据え置き, 封鎖. ～ económico 経済封鎖. ～ de cuenta bancaria 銀行口座の凍結. **6** 〖スポ〗ブロック.
blu·cher [blu.tʃér; blu.- // blú.tʃer; blú.-] 〖英〗 男 (靴の) ブルーチャー：外羽根式の短靴.
blue jean [blu.jín; blu.-] 〖英〗 男 ジーンズ, ジーパン (= tejanos, vaqueros).
blues [blús; blús] 〖英〗 男 〖単複同形〗ブルース：19世紀後半, 米国南部の黒人の間に生まれた歌曲.
blu·fe·ar [blu.fe.ár; blu.-] 他 《ラ米》(音) → blofear.
bluff [blúf; blúf] 〖英〗 男 虚勢, 空威張り；はったり.
blu·llín [blu.jín; blu.- // -.ʎín] 男 《ラ米》(コテン)(コオオ) 〖服飾〗ジーンズ (ズボン).
blú·mer [blú.mer; blú.-] [複 blumers, ～s, blumeres, ～es] 男 《ラ米》〖話〗パンティー.
*****blu·sa** [blú.sa; blú.-] 女 **1** ブラウス. ponerse [quitarse] ～ ブラウスを着る [脱ぐ]. **2** 仕事着.
[← [仏] *blouse* (→ [英] *blouse*)]
blu·són [blu.són; blu.-] 男 〖仏〗ブルゾン, スモック.
[← [仏] *blouson*] 〖関連〗blusa
blu·yín [blu.jín; blu.-] 男 《ラ米》(コテン)(コオオ) ジーンズ.
bo·a [bó.a; bó.-] 女 〖動〗ボア. ～ constrictor オオアナコンダ. ～ esmeralda エメラルドボア.
—— 男 〖服飾〗ボア：羽毛 [毛皮] などでつくった婦人用の長い襟巻き.

boa (ボア)

bo·ar·di·lla [bo.ar.ðí.ja; bo.- // -.ʎa] 女 → buhardilla.
bo·a·ti·né [bo.a.ti.né; bo.-] 女 キルティングした布. una bata de ～ キルトの部屋着.
bo·a·to [bo.á.to; bo.-] 男 **1** (富・豪華さ・権力の) 見せびらかし；虚飾. **2** 華やかさ, 豪華.
bo·ba·da [bo.βá.ða; bo.-] 女 **1** ばかげたこと, 愚かな言動 (= tontería). hacer una ～ ばかげたことをする. Déjate de ～s. ばかなまねはよせ.
2 〖話〗つまらないもの, 取るに足らないこと. Te he traído una ～. 君につまらないものを持ってきたよ.
bo·ba·les [bo.βá.les; bo.-] 男女 〖単複同形〗〖話〗ばかな人, うすのろ.
bo·ba·lí·as [bo.βa.lí.as; bo.-] 男女 〖単複同形〗〖話〗あほう, 大ばか.
bo·ba·li·cón, co·na [bo.βa.li.kón, -.kó.na; bo.-] 形 〖話〗まぬけな, ばかな.
—— 男女 〖話〗ばか, まぬけ.
bo·ba·men·te [bo.βa.mén.te; bo.-] 副 愚かに, まぬけに；つまらないことで, わけもなく；たいした苦労もせずに.
bo·bá·ti·co, ca [bo.βá.ti.ko, -.ka; bo.-] 形 まのぬけた, 締まりのない.
bo·be·ar [bo.βe.ár; bo.-] 自 ばかげたことを言う [する]；意味のないことに時間を使う.
bo·be·rá [bo.βe.rá; bo.-] 女 《ラ米》(コテン) 〖話〗ば

か, まぬけ.
bo·be·rí·a [bo.βe.rí.a; bo.-] 女 ばかげたこと；愚かなこと (= tontería).
bo·be·ta [bo.βé.ta; bo.-] 男女 《ラ米》(コテン)(コオオ) → bobalicón.
bo·bi·co·mio [bo.βi.kó.mjo; bo.-] 男 《ラ米》(コテン) 精神病院.
bó·bi·lis [bó.βi.lis; bó.-] *de bóbilis bóbilis* 〖話〗やすやすと；ただで.
bo·bi·llo [bo.βí.ʝo; bo.- // -.ʎo] 男 **1** (胴のふくれた) つぼ. **2** (婦人用の) レースの襟飾り.
bo·bi·na [bo.βí.na; bo.-] 女 **1** 糸巻き, ボビン, スプール (= carrete). ～ de hilo 糸巻き. ～ de alambre 針金巻き取り機.
2 〖電〗コイル. ～ de sintonía 同調コイル. ～ de encendido 〖車〗イグニッション・コイル.
bo·bi·na·do [bo.βi.ná.ðo; bo.-] 男 **1** (糸巻きに) 巻くこと, 巻き取り. **2** 〖電〗巻き線.
bo·bi·na·dor, do·ra [bo.βi.na.ðór, -.ðó.ra; bo.-] 男女 糸巻き工. —— 女 糸巻き機, 巻き取り機.
bo·bi·nar [bo.βi.nár; bo.-] 他 (糸巻きに) 巻き取る.
bo·bi·to [bo.βí.to; bo.-] 男 《ラ米》〖鳥〗ヒタキモドキ.
bo·bo [bó.βo; bó.-] 男 《ラ米》(1) (中米)(バザ) (赤ん坊の) おしゃぶり. (2) (カリブ) 〖話〗腕時計；心臓.
***bo·bo, ba** [bó.βo, -.βa; bó.-] 形 **1** 愚かな, とんまな, ばかな (= tonto) (↔listo). **2** お人よしの. **3** 取るに足らない. **4** 《ラ米》(中米)〖俗〗酔った；狂った, 変人の. —— 男女 (1) のろま；お人よし.
—— 男 **1** 〖演〗道化役者. **2** 《ラ米》(1) (タラ)(中米)(スコトネル) 〖魚〗淡水魚の一種. (2) (中米)風邪.

A los bobos se les aparece la Madre de Dios. 愚か者に福来たる.
Entre bobos anda el juego. 同じ穴の貉(むじな)だ, 愚かさ [悪賢さ] がどっちもどっこい勝負している.
[← [ラ] *balbum* (*balbus* の対格) 「どもりの」]
bo·bo·li·che [bo.βo.lí.tʃe; bo.-] 形 《ラ米》(コオオ) 〖話〗愚かな.
bobs [bóβs; bóβs] 〖英〗男 → bobsleigh.
bob·sleigh [bóβs.leig; bóβs.-] 〖英〗男 [複 ～s] 〖スポ〗ボブスレー.
bob·tail [bóβ.teil; bóβ.-] 〖英〗男 [複 ～s, ～] 〖動〗ボブテイル：むくむくした長毛の大型犬.

******bo·ca** [bó.ka; bó.-] 女 **1** 口, 口腔(こうくう)；唇. No hables con la ～ llena. 口にものを入れて話してはいけません.
2 (言葉を発する器官としての) 口. ～ de escorpión 〖比喩的〗口の悪い人. El título no me viene ahora a la ～. 題名が今出てこない. Nos sorprendió mucho oír de ～ de un hombre tan educado palabras tan feas. あんなに礼儀正しい人の口からそのような暴言を聞いて私たちはとても驚いた.
3 (扶養すべき [養うべき]) 人, 動物. Tengo siete ～s para [que] mantener. 私には扶養家族が7人いる. **4** 口状のもの, もののロ；出入口. ～ de metro 地下鉄の入り口. ～ de incendios 消火栓. ～ de riego 給水栓. ～ del estómago みぞおち. ～ de fuego 銃砲, 火器. ～ de [del] gol (サッカー・ホッケーの) ゴールマウス：ゴールポストで囲まれた空間.
5 (主に複数で) 河口. **6** (ワインの) 風味, 口当たり. **7** (ペンチ・斧などの) 刃, 頭. **8** (甲殻類の) はさみ. **9** 《ラ米》(1) (コテン)(コオオ) (酒の) つまみ；(中米)(複数で) 〖話〗酒のつまみ. (2) (中米) 食前酒.

a boca (de) jarro 至近距離で (= a bocajarro)；出し抜けに.
abrir [hacer] boca 〖話〗(食前に食欲を出すために

何かを)口にする.
abrir la boca 《話》口を開く, 発言する. Será mejor que no *abras la* ~ hasta que te lo ordenen. 指示されるまで君は黙っているほうがよい.
abrírsele la boca (*a*+人) 〈人〉があくびをする.
andar [***correr, ir***] ***de boca en boca*** (うわさなどが)〈人づてに〉広まる, うわさになる.
andar en boca de todos 《話》うわさの的となる.
boca abajo うつ伏せに; 伏せて, 裏返しにして. dormir ~ *abajo* うつ伏せで眠る.
boca a boca (1) 口移し式 (の人工呼吸). hacer la respiración ~ *a* ~ *a*... / hacer el ~ *a* ~ *a*... …に(口移しの)人工呼吸を施す. ▶ 名詞扱いする場合には男性名詞. (2) 口写し, 口伝い, 口コミ.
boca aguada 《ラ米》《ジア》《話》信用できない人.
boca arriba あおむけに. poner al bebé ~ *arriba* 赤ん坊をあおむけにする. poner las cartas ~ *arriba* 《遊》カードを表にする; 手の内を明かす.
boca de agua 《ラ米》消火栓.
buscarle ***la boca*** (*a*+人) 〈人〉をけしかける.
calentársele ***la boca*** (*a*+人) 〈人〉が興奮して話す.
callar(se) [***cerrar, coser(se)***] ***la boca*** 《話》口をつぐむ, 口を閉ざす. Cállate la ~. 黙れ.
como boca de lobo とても暗い.
con la boca abierta 《話》唖然(あぜん)として, 呆然(ぼうぜん)として.
con la boca chica [***pequeña***] 《話》社交辞令で, お世辞で.
de boca [***boquilla***] 《話》空威張りで, 大風呂敷を広げて.
decir todo lo (***primero***) ***que*** (***se***) ***le viene*** (*a*+人) ***a la boca*** 〈人〉が思いつくままを言う.
echar por la boca 《不快》《話》口汚くののしる, 悪態をつく.
En boca cerrada no entran moscas. 《諺》口は災いの元 (←閉じた口にはハエは入らない).
haberle ***hecho la boca un fraile*** (*a*+人) 《話》〈人〉がねだり屋である, おねだり好きである.
hablar por boca de+人 〈人〉の受け売りをする; 〈人〉に同意する, 〈人〉の肩を持つ.
hablar por boca de otro [***ganso***] 《話》他人の受け売りをする.
hacérsele ***la boca agua*** (*a*+人) 《話》(1) 〈人〉がよだれを出す. (2) 《***por...*** …が》ほしくてたまらない.
ir [***salir***] ***a pedir de boca*** 《話》うまくいく. La obra te *ha salido a pedir de* ~. 君の作品は申し分ない出来だね.
irse de la boca 《話》調子に乗って話す; 口を滑らせる.
írsele ***la boca*** (*a*+人) 《話》〈人〉の口が滑る.
mentir con toda la boca しゃあしゃあとうそをつく.
meterse en la boca del lobo 《話》危険に身をさらす, 危険を冒す.
no caérsele ***de la boca*** (*a*+人) 〈人〉の話の種になる, 話題になる.
no decir esta boca es mía 《話》口をつぐんでいる, ひと言もしゃべらない.
no tener nada que llevarse a la boca 《話》食べるものが何もない.
pedir... por esa boca [***boquilla***] 《話》…を依頼する.
poner... en boca de+人 …を〈人〉が言ったことにする; …を〈人〉に言わせる.
Por la boca muere el pez. 《諺》口は災いの元 (←口を釣り針に引っ掛けて魚は死ぬ).
quedarse con la boca abierta 《話》唖然(あぜん)とする, 呆然(ぼうぜん)とする.
Quien tiene boca se equivoca. 《諺》誰にでも間違いはある (←口を持つ者は間違う).
quitarle (***la palabra***) ***de la boca*** (*a*+人) 《話》〈人〉が言おうとしていることに先んじる; 〈人〉の話をさえぎる.
saber la boca a medalla 《ラ米》《話》《話》口を利かずにいる, 黙りこくる.
taparle ***la boca*** (*a*+人) 《話》〈人〉の口を封じる; 〈人〉を黙らせる, 唖然(あぜん)とさせる.
tener mala boca 《話》言葉づかいが悪い.
venirle ***a la boca*** (*a*+人) 《話》〈人〉が思いつきを口にする.
[←[ラ] *buccam* (*bucca* の対格)「ほお (口に近い部分)」, 口」/[関連] [ポルトガル] *boca*. [仏] *bouche*. [伊] *bocca*]

bo·ca·ba·jo [bo.ka.bá.xo; ƀo.-] 副 《ラ米》《ジア》《ごう》 うつぶせで (= boca abajo).
— 男 《ラ米》《ジア》(うつぶせにした) 鞭(むち)打ち.
— 形 《ラ米》《ジア》《話》卑屈な.

bo·ca·bier·ta [bo.ka.bjér.ta; ƀo.-] 形 《ラ米》《ジア》 《ごう》《話》ばかな, 薄のろの.

bo·ca·ca·lle [bo.ka.ká.je; ƀo.- ‖ -.ʎe.-] 女 1 (街路の) 入り口, 曲がり角; わき道. Tuerza a la tercera ~ a la izquierda. 3つめの角を左に曲がりなさい. 2 《ラ米》《エス》《コロ》《ジア》《ごう》交差点.

bo·ca·caz [bo.ka.káθ; ƀo.- / -.kás] 女 [複 bocacaces] (灌漑(かんがい)用水路の) 放水口.

bo·ca·cho, cha [bo.ká.tʃo, -.tʃa; ƀo.-] 形 《ラ米》《ジア》《ごう》《話》口の大きな; おしゃべりの, 口の軽い.
— 男 女 前歯の抜けた人.
— 女 《軍》らっぱ銃: 銃口の広がったマスケット銃.

bo·ca·de·ar [bo.ka.ðe.ár; ƀo.-] 他 〈食べ物を〉ひと口ずつに分ける.

bo·ca·di·lle·rí·a [bo.ka.ði.je.rí.a; ƀo.- ‖ -.ʎe.-] 女 ボカディージョを売る店.

bo·ca·di·llo [bo.ka.ðí.jo; ƀo.- ‖ -.ʎo] 男 1 ボカディージョ: フランスパンを用いたサンドイッチやオープンサンド. un ~ de queso チーズのボカディージョ. ▶ 「食パンのサンドイッチ」は sandwich. 2 軽食. tomar un ~ 軽く食事をする. 3 飾りひも, リボン. 4 (漫画などの) 吹き出し (= globo). 5 《ラ米》《ごう》(ココナッツミルクなどの入った) 砂糖菓子.

bo·ca·di·to [bo.ka.ðí.to; ƀo.-] 男 1 (食べ物などの) ひとかみ, ひと口. ~ *a* ~ 少しずつ, 切れ切れに. 2 ひと口サイズのクリーム菓子. 3 《ラ米》(1) サンドイッチ. (2) 《ごう》細巻き葉巻. [bocado + 縮小辞]

bo·ca·do [bo.ká.ðo; ƀo.-] 男 1 (食べ物の) ひと口分; ひとかじり分. un ~ de pan ひと口のパン. comer en un ~ [dos ~*s*] 《話》あわてて食べる. no probar ~ 何も口にしていない. 2 軽食. comer [tomar] un ~ 軽く食べる. 3 かむこと, かみ傷. El niño me dio un ~. その子供は私にかみついた. 4 (ものの) 欠けた部分. 5 (馬具の) 轡(くつわ); 馬銜(はみ). 6

【獣医】動物の口を開けておくための支え棒. **7** 食べ物に盛られた毒.
bocado de Adán のどぼとけ (= nuez).
bocado de cardenal《話》ごちそう, 極上の食べ物.
bocado sin hueso / *buen bocado*《話》非常にいい, もうけのいいもの[こと, 仕事].
caro bocado 金ばかり食うもの.
comerse a+人 a bocados《話》〈人〉が食べてしまいたいくらいかわいい. ▶ 多くは過去未来形を用いる.
con el bocado en la boca《話》食べ終わるや否や.
no haber [tener] para un bocado《話》食べ物が全然ない; 一文無しである.

bo·ca·ja·rro [bo.ka.xá.ro; ƀo.-] *a bocajarro*（**1**）急に, 出し抜けに (= de improviso). (**2**) (射撃で) 至近距離から.

bo·cal [bo.kál; ƀo.- / -.sál] 形 口の (= bucal).
— 男 **1** (首が短くて口の広い) つぼ, 水差し. **2** (楽器の) 吹き口. **3** (港・坑道などの) 狭い入り口.
— 女 (水車の) 水の取り入れ口.

bo·ca·lla·ve [bo.ka.ʝá.ƀe; ƀo.- ‖ -.ʎá.-] 女 鍵穴.

bo·ca·man·ga [bo.ka.máŋ.ga; ƀo.-] 女 **1**《服飾》そで口. **2**《ラ米》（タヒ゛）襟首.

bo·ca·mi·na [bo.ka.mí.na; ƀo.-] 女 坑口, 坑道入り口.

bo·ca·na [bo.ka.na; ƀo.-] 女 **1** (湾や港の) 入り口の狭いところ. **2**《ラ米》河口.

bo·ca·na·da [bo.ka.ná.ða; ƀo.-] 女 **1** (煙・息・風・液体などの) ひと吹き, ひと吐き (= buchada). Al abrir la ventana entró una ~ de aire. 窓を開けるとさっと風が入ってきた. **2** 一団 (の群衆). Acabado el partido una ~ de gente se lanzó al estacionamiento de vehículos. 試合が終わると人が駐車場に殺到した. **3** ひと口, ひと飲み. una ~ de vino ひと口のワイン.
a bocanadas 勢いよく断続的に.

bo·ca·ne·gra [bo.ka.né.gra; ƀo.-] 男《魚》サメの一種: 地中海に生息する.

bo·ca·ra·cá [bo.ka.ra.ká; ƀo.-] 男《ラ米》（ﾁｭｳｱﾒ）《動》毒蛇の一種.

bo·ca·ra·da [bo.ka.rá.ða; ƀo.-] 女 → bocanada.

bo·car·te [bo.kár.te; ƀo.-] 男《鉱》砕鉱機, スタンピングミル.

bo·ca·ta [bo.ká.ta; ƀo.-] 男《話》ボカタ: 小型のボカディージョ bocadillo.

bo·ca·te·ja [bo.ka.té.xa; ƀo.-] 女 軒瓦（のきがわら）.

bo·ca·te·rí·a [bo.ka.te.rí.a; ƀo.-] 女《話》ボカディージョ bocadillo 店.

bo·ca·te·ro, ra [bo.ka.té.ro, -.ra; ƀo.-] 形 女《ラ米》（ｺﾛﾝﾋﾞｱ）（ﾁｭｳｱﾒ）（ﾎﾝｼﾞｭﾗｽ）《話》自慢家, はったり屋.

bocata

bo·ca·ti·je·ra [bo.ka.ti.xé.ra; ƀo.-] 女 (轅（ながえ）を取り付ける) 馬車の前部.

bo·ca·to·ma [bo.ka.tó.ma; ƀo.-] 女《ラ米》（ｱﾙｾﾞﾝﾁﾝ）取水口.

bo·ca·za [bo.ká.θa; ƀo.- / -.sa] 女 大きな口.
[boca＋増大辞]

bo·ca·zas [bo.ká.θas; ƀo.- / -.sas] 男 女《単複同形》《話》《軽蔑》おしゃべり; 大口をたたく人.
[boca＋増大辞]

bo·ca·zo [bo.ká.θo; ƀo.- / -.so] 男《鉱》(ダイナマイトなどの) 失効炸裂（さくれつ）.

bo·ce·ar [bo.θe.ár; ƀo.- / -.se.-] 自〈動物が〉口をもぐもぐさせる.

bo·cel [bo.θél; ƀo.- / -.sél] 男 **1**《建》トーラス, 大玉縁（おおたまべり）: 円柱の脚の部分にある半円形の刳形（くりがた）. *cuarto* ~ まんじゅう刳形. **2** 溝かんな.

bo·ce·lar [bo.θe.lár; ƀo.- / -.se.-] 他《建》刳形（くりがた）を付ける.

bo·ce·le·te [bo.θe.lé.te; ƀo.- / -.se.-] 男 bocel＋縮小辞.

bo·ce·ra [bo.θé.ra; ƀo.- / -.sé.-] 女 **1** 口の周りに付く飲み物[食べ物]. ~s de chocolate 口に付いたチョコレート.
2《医》唇の端にできる吹き出物[ヘルペス].

bo·ce·ras [bo.θé.ras; ƀo.- / -.sé.-] 男《単複同形》**1**《話》→ bocazas. **2** ばか.

bo·ce·tar [bo.θe.tár; ƀo.- / -.se.-] 他 **1** 素描する, 下絵を描く. **2** 草案を出す, 青写真を描く.

bo·ce·to [bo.θé.to; ƀo.- / -.sé.-] 男《美》(芸術作品の) 下絵, スケッチ; (彫像の) ひな形, 粗削り.
2 草案, 構図.

bo·ce·zar [bo.θe.θár; ƀo.- / -.se.sár] 97 自 → bocear.

bo·cha [bó.tʃa; ƀó.-] 女 **1**《遊》木球;《複数で》球転がし: 目標の小木球に向かって木球を転がしどれだけ近くに寄せられるかを競う.
2《ラ米》（ｱﾙｾﾞﾝﾁﾝ）《俗》頭, 頭部.

bo·char [bo.tʃár; ƀo.-] 他 **1**《遊》(球転がしで) 自分の木球を相手の球に当てる.
2《ラ米》(**1**)（ｱﾙｾﾞﾝﾁﾝ）《話》〈人に〉ひじ鉄を食らわす. (**2**)（ｱﾙｾﾞﾝﾁﾝ）落第させる.

bo·cha·zo [bo.tʃá.θo; ƀo.- / -.so] 男《遊》(木球を) 他の木球に当てること.

bo·che [bó.tʃe; ƀó.-] 男 女《ラ米》（ｱﾙｾﾞﾝﾁﾝ）《話》(あだ名) ドイツ人.
— 男《ラ米》(**1**)（ｱﾙｾﾞﾝﾁﾝ）(ボーリングの) ストライク. (**2**)（ﾁﾘ）(小麦の) 殻. (**3**)（ｴｸｱﾄﾞﾙ）→ bochazo. (**4**)（ﾁﾘ）（ﾎﾟﾘﾋﾞｱ）《話》けんか, 争い. (**5**)（ﾍﾟﾙｰ）（ｱﾙｾﾞﾝﾁﾝ）《話》しかりつけること, 叱責（しっせき）, 非難. (**6**)（ﾒｷｼｺ）《話》騒ぎ, 混乱. (**7**)（ｱﾙｾﾞﾝﾁﾝ）（ｳﾙｸﾞｱｲ）ひじ鉄; 無視. llevarse un ~ 鼻であしらわれる.

bo·chín [bo.tʃín; ƀo.-] 男《ラ米》玉転がし bocha で使う小さい木球.

bo·chin·che [bo.tʃín.tʃe; ƀo.-] 男 **1**《話》けんか騒ぎ, 騒動 (= jaleo). armar un ~ 騒ぎを起こす.
2《話》居酒屋 (= taberna).
3 ひと飲み (= trago).
4《ラ米》(**1**)（ﾀﾞﾘｴﾝ）（ｴｸｱﾄﾞﾙ）《話》うわさ話, ゴシップ, 陰口. (**2**)《話》騒々しいパーティー; (*ﾁﾘ) ダンスパーティー, ホームパーティー. (**3**)（ｳﾙｸﾞｱｲ）《話》演説. (**4**)(*ﾁﾘ)《話》下層民の集まり; ならず者の集団. (**5**)（ﾍﾞﾈｽﾞｴﾗ）（ｳﾙｸﾞｱｲ）（ﾁﾘ）騒音.

bo·chin·che·ar [bo.tʃin.tʃe.ár; ƀo.-] 他《ラ米》（ﾁﾘ）うわさ話をする, ゴシップを流す.
— 自《ラ米》《話》大騒ぎを引き起こす.

bo·chin·che·ro, ra [bo.tʃin.tʃé.ro, -.ra; ƀo.-] 形 **1**《話》騒動を引き起こす. **2**《ラ米》（ﾒｷｼｺ）祭り好きな. — 男 女 けんか好きな人, 騒動を起こす人.

bo·chin·cho·so, sa [bo.tʃin.tʃó.so, -.sa; ƀo.-] 形《ラ米》(**1**)（ﾁｭｳｱﾒ）（ｺﾛﾝﾋﾞｱ）（ｴｸｱﾄﾞﾙ）（ﾍﾟﾙｰ）《話》告げ口をする; うそつきの. (**2**)（ﾀﾞﾘｴﾝ）（ｴｸｱﾄﾞﾙ）（ﾊﾟﾅﾏ）（ﾍﾞﾈｽﾞｴﾗ）《話》騒ぎを起こす.

bo·chis·ta [bo.tʃís.ta; ƀo.-] 男 女 球転がし bocha が上手な人.

bo·cho, cha [bó.tʃo, -.tʃa; bó.-] 形 《ラ米》《ジグ》《話》頭がよい.

bo·chor·no [bo.tʃór.no; bó.-] 男 **1** うだるような暑さ. *Es imposible dormir con este ~.* こうっとうしくては眠れない. *Hace ~.* 蒸し暑い. **2** (夏に吹く)熱風. **3** 恥ずかしさ, きまり悪さ；赤面. *¡Qué ~!* ああ, 恥ずかしい. *sufrir [pasar, sentir] un ~* 恥ずかしい思いをする, 赤面する.

bo·chor·no·so, sa [bo.tʃor.nó.so, -.sa; bó.-] 形 **1** 蒸し暑い；うっとうしく暑い. *un día ~* 蒸し暑い日. **2** 恥ずかしい；きまりが悪い.

bo·ci·na [bo.θí.na; bó.- / -.sí.-] 女 **1** メガホン(= *megáfono*)；(車の)クラクション(= *claxon*)；(蓄音機の)らっぱ. *tocar la ~* クラクションを鳴らす. **2** (古代ローマの軍用の青銅の角笛)ブッキーナ；(一般に)角笛(= *cuerno*). **3** 〖貝〗ホラガイ. **4** [B-]〖星座〗こぐま座. **5** 《ラ米》(1)《バジ》(電話の)送話口. (2)《メヒ》スピーカー. (3) 補聴器. (4)《エル》(パ中》《バジ》〖馬〗鞍(くら)のキャップ.

bo·ci·nar [bo.θi.nár; bó.- / -.si.-] 自 **1** (自動車の)クラクションを鳴らす. **2** メガホン〖拡声器〗で話す. **3** 角笛を吹く.

bo·ci·na·zo [bo.θi.ná.θo; bó.- / -.si.-.so] 男 **1** クラクションの音. **2** しかりつけること. *dar un ~ a +人* (人)を大声でしかる.

bo·ci·ne·ro [bo.θi.né.ro; bó.- / -.si.-] 男 角笛を吹く人.

bo·cio [bó.θjo; bó.- / -.sjo] 男 〖医〗甲状腺腫(しゅ), 甲状腺肥大.

bock [bók; bók] 男 (4分の1リットル入りの)ビールのジョッキ. [←〖独〗*Bockbier*「強い黒ビール」]

bo·cón, co·na [bo.kón, -.kó.na; bó.-] 形《話》**1** 口の大きい. **2** 大言壮語する；口の悪い. **3** 《ラ米》(1)《バジ》おしゃべりの. (2)《グア》やかましい, 陰口を言う. (3)《エル》軽率な, 軽口の. — 男 女 **1** 口の大きい人, ほら吹き, うそつき；口汚い人. — 男 〖魚〗カタクチイワシの一種.

bo·coy [bo.kói; bó.-] 男 (ワイン搬送用)大樽(たる).

bo·cu·do, da [bo.kú.đo, -.đa; bó.-] 形 口の大きい.

***bo·da** [bó.đa; bó.-] 女 **1** (時に複数で)**結婚式, 婚礼**；結婚. *~ civil* (役所で手続きする)民事婚. *~ religiosa* 教会でする結婚式. *asistir a la ~ / ir de ~* 結婚式に出席する. *celebrar la ~* 結婚式を挙げる(▶ 教会で「結婚式を挙げる」 *casarse por la iglesia*). *banquete de ~* 結婚披露宴. *noche de ~s* 新婚初夜. *B~s de sangre*『血の婚礼』(García Lorca の戯曲). → *matrimonio* 類語. **2** (複数で)結婚記念日 (= *aniversario de ~*). *~s de oro* 金婚式. *~s de plata* 銀婚式. *~s de diamante* ダイヤモンド婚式. *~ de negros* どんちゃん騒ぎ, 乱痴気騒ぎ.
[←〖古スペイン〗*vota*←〖ラ〗*vōta*「結婚の」誓い」(*vōtum* の複数形)]. 関連〖英〗*vote*

***bo·de·ga** [bo.đé.ga; bó.-] 女 **1** (ワインの)貯蔵室, ワインセラー；酒倉. **2 酒屋. 3** (家の地下の)食料貯蔵庫；(港の)倉庫；〖海〗船倉；〖航空〗貨物室. **4** ワイン製造工場. **5** (特定の時期・地域の)ワイン(醸造)；ワイン醸造元. *la ~ riojana de 1975* 1975年もののリオハ産ワイン. **6** 《ラ米》(1)《バジ》(パ中》飲み屋, 飲食店. (2)《メヒ》(グア》《エル》食料雑貨店. [←〖ラ〗*apothēcam* (*apothēca* の対格)←〖ギ〗*apothḗkē*「食料貯蔵庫」] 関連 *bodegón*. 〖仏〗*boutique*「店」

bo·de·ga·je [bo.đe.gá.xe; bó.-] 男 《ラ米》《パ中》《バジ》倉敷料.

bo·de·gón [bo.đe.gón; bó.-] 男 **1** 〖美〗静物画 (= *naturaleza muerta*). **2** 居酒屋；安料理屋. *¿En qué bodegón hemos comido juntos?* あやしくなどしていないでくれ.

bo·de·go·ne·ro, ra [bo.đe.go.né.ro, -.ra; bó.-] 男 女 居酒屋〖安料理屋〗の主人.

bo·de·gue·ro, ra [bo.đe.gé.ro, -.ra; bó.-] 男 女 **1** 居酒屋〖安料理屋〗の主人. **2** 《ラ米》《メヒ》《グア》《エル》食料雑貨商. — 男 《ラ米》《メヒ》《話》教養のない.

bo·di·go [bo.đí.go; bó.-] 男 (教会の供物に用いる)丸形の小さなパン.

bo·di·jo [bo.đí.xo; bó.-] 男 《軽蔑》**1** (身分の)不釣り合いな結婚. **2** 粗末な結婚式；趣味の悪い結婚式.

bo·do·cal [bo.đo.kál; bó.-] 形 黒ブドウの一種の. — 女 黒ブドウの一種(= *uva ~*).

bo·do·que [bo.đo.ké; bó.-] 男 《話》〈人が〉まぬけな. — 男 **1** (石弓用の)土玉. **2** 《話》薄のろ, まぬけ. **3** 丸く盛り上がった刺繡(しゅう). **4** (マットレスの)とじ穴の補強. **5** 《ラ米》(1)《グア》ぶし, 固い部分；出来損ない, 駄作. (2)《パ中》《メヒ》丸めた紙.

bo·do·que·ra [bo.đo.ké.ra; bó.-] 女 **1** 土玉をつくる道具. **2** 吹き矢筒.

bo·do·rrio [bo.đó.rjo; bó.-] 男 **1** 《軽蔑》→ *bodijo*. **2** 《ラ米》《メヒ》《話》騒々しい〖乱痴気〗パーティー.

bo·drio [bó.đrjo; bó.-] 男 **1** 《軽蔑》出来損ない, ひどいしろもの；まずい料理. **2** (修道院で貧しい人々に施されていた)スープ. **3** 豚の血とタマネギのみじん切りの混ぜ物. ◆腸詰めのモルシージャ*morcilla* の中身に用いる. **4** 《ラ米》《メヒ》《グア》紛糾.

bod·y [bó.đi; bó.-][~, ~s]〖英〗《下着の》ボディースーツ；(運動用の)タイツ. ~ *milk* ボディミルク.

bod·y·board [bo.đi.bórđ; bó.-]〖英〗〖複 ~s〗〖スポ〗ボディボード.

bod·y·build·ing [bo.đi.bíl.din; bó.-]〖英〗 男 ボディビル.

B.O.E, BOE [bo.e; bó.-] 男《略》*Boletín Oficial del Estado* (スペインの)政府公報, 官報.

bó·er [bó.er; bó.-] 形 ボーア人の. — 男 女 ボーア人；南アフリカのオランダ系移住者.

bo·e·zue·lo [bo.e.θwé.lo; bó.- / -.swé.-] 男 〖狩〗シャコ猟に使う牛の形をしたおとり. [*buey* + 縮小辞]

bo·fa [bó.fa; bó.-] 女 《ラ米》《メヒ》《俗》《軽蔑》売春婦, 娼婦(しょう).

bo·fe [bó.fe; bó.-] 男 **1** (時に複数で)(主に食用獣の)肺臓. **2** 《ラ米》《プエ》(1) たやすいこと. (2) 《プエ》嫌なこと, 気に入らないこと. — 形 《ラ米》《パ*》虫の好かない, 感じの悪い. *echar el bofe [los bofes]*《話》(1) 猛烈に働く, 精を出す. (2) へとへとに疲れる.

bo·fe·a·do, da [bo.fe.á.đo, -.đa; bó.-] 形 《ラ米》《パ*》息切れがする.

bo·fe·na [bo.fé.na; bó.-] 女 → *bofe* 1.

***bo·fe·ta·da** [bo.fe.tá.đa; bó.-] 女 **1** 平手打ち, びんた(= *tortazo*)；一撃, 打撃. *darse de ~s por...* …が理由で殴り合いになる. *~ judicial* 司法

bofetón

的打撃. **2** 軽蔑(ぶつ), 辱め. Fue una ～ para su orgullo. それは彼[彼女]の誇りをひどく傷つけた.
dar una bofetada a＋人〈人〉に平手打ちを食わせる;〈人〉を軽蔑する.
darse de bofetadas (con...) (1)(…と)不調和である, かみ合わない. Sus ideas *se dan de* ～s *con su conducta*. 彼[彼女]の考え方と行動は矛盾している. (2) 後悔する. (3) けんかする.
no tener (ni) media bofetada 貧弱で弱々しい.

bo·fe·tón [bo.fe.tón; ƀó.-] 男 **1** 力いっぱいの平手打ち. **2**〔演〕回り舞台.

bo·fia [bó.fja; ƀó.-] 女〔隠〕警察.

bo·fo, fa [bó.fo, -.fa; ƀó.-] 形 **1** ふわふわした, ふかふかした (= fofo). (**1**)〔ラ米〕(1)〔ホセミ〕虫の好かない, 感じの悪い. (2)〔ホラミ〕でぶの; 虚弱な; 弱虫の.

bo·ga [bó.ga; ƀó.-] 女 **1**〔海〕漕(こ)ぐこと;《集合的》漕ぎ手. a ～ *lenta* ゆっくりと漕ぎながら. **2** 流行, 人気 (= moda). *estar en* ～ 流行している.〔魚〕(1) ウグイに似たコイ科の淡水魚. (2) ヒラダイ.

bo·ga·da [bo.gá.ða; ƀó.-] 女 (ボートなどの) ひと漕(こ)ぎ[ストローク]で進む距離.

bo·ga·dor, do·ra [bo.ga.ðór, -.ðó.ra; ƀó.-] 男 女 漕(こ)ぎ手, 漕ぐ人.

bo·gar [bo.gár; ƀó.-] 自動 **1** 櫂(かい)で漕(こ)ぐ (= remar). **2** 航海する. **3**〔技〕〔機〕(溶けた金属の表面から)あか取りする.

bo·ga·van·te [bo.ga.bán.te; ƀó.-] 男 **1**〔動〕ロブスター, ウミザリガニ. **2**〔海〕(ガレー船の) 第1漕手(そうしゅ)(の座る場所).

bo·gey [bó.gi; ƀó.-]〔英〕男《複 ～s》〔スポ〕(ゴルフの) ボギー.

bo·gie [bó.gi; ƀó.-]〔英〕男 ボギー車, ボギー台車.

＊**Bo·go·tá** [bo.go.tá; ƀó.-] 固名 **ボゴタ**: コロンビアの首都. スペイン統治時代の Nueva Granada 副王領の首都. ◆chibcha 人の中心地だった場所. 1538年スペイン人征服者 Jiménez de Quesada によって建設され, 地形がスペイン Granada 県の Santa Fe に似ているところから Santa Fe de Bogotá と呼ばれた. [←〔チブチャ〕*Bacatá*(「農園の外」が原義)]

bogavante (ロブスター)

bo·go·ta·no, na [bo.go.tá.no, -.na; ƀó.-] 形 ボゴタの. — 男 ボゴタの住民[出身者].

bo·go·ta·zo [bo.go.tá.θo; ƀó.- / -.so] 男〔ラ米〕〔コロン〕崩壊, 破壊; 略奪.

bo·har·di·lla [bo.ar.ðí.ja; ƀó.-‖ -.ʎa] 女 → buhardilla.

Bo·he·mia [bo.é.mja; ƀó.-] 固名 ボヘミア: チェコ西部の地方.

bo·he·mia·no, na [bo.e.mjá.no, -.na; ƀó.-] / **bo·hé·mi·co, ca** [bo.é.mi.ko, -.ka; ƀó.-] 形 ボヘミアの. — 男 女 ボヘミア人.

bo·he·mio, mia [bo.é.mjo, -.mja; ƀó.-] 形 **1** ボヘミアの (= bohemiano). **2** ロマ[ジプシー]の (= gitano). **3** 自由放縦な, ボヘミアンの. *vida bohemia* ボヘミアンの生活. — 男 女 **1** ボヘミア人. **2** ロマ, ジプシー. **3** 放浪的芸術家; ボヘミアン. — 男 チェコ語の. — 女 ボヘミア社会; ボヘミアンの生活.

bo·he·mo, ma [bo.é.mo, -.ma; ƀó.-] 形 男 女 → bohemiano.

bo·hí·o [bo.í.o; ƀó.-] 男〔ラ米〕〔カリブ〕〔キューバ〕〔ニカラグア〕掘っ建て小屋.

bo·hor·do [bo.ór.ðo; ƀó.-] 男 **1**〔植〕(直接地中から出て花だけを付ける) 花茎, 根生花梗(かこう). **2**〔騎士の用いた〕投げ槍(やり); (アシなどで作った)練習用の槍.

boh·rio [bó.rjo; ƀó.-] 男〔化〕ボーリウム (記号 Bh).

boi·cot [boi.kót; ƀoi.-] 男《複 ～s》 → boicoteo. [←〔英〕*boycott*]

boi·co·te·ar [boi.ko.te.ár; ƀoi.-] 他 **1** ボイコットする, (圧力をかけるために)妨害する, (同盟して)排斥する. *Los miembros boicotearon la reunión*. メンバーは会議を放棄した.
2〈消費者が〉商品の不売運動をする.

boi·co·te·o [boi.ko.té.o; ƀoi.-] 男 **1** ボイコット, (圧力をかけるための) 妨害. ～ *de las elecciones* 選挙ボイコット. **2** 排斥運動[同盟], 不買[排斥]運動.

boi·co·te·ro [boi.ko.té.ro; ƀoi.-] 男〔ラ米〕 → boicoteo.

bo·íl [bo.íl; ƀo.-] 男 牛舎, 牛小屋.

boi·na [bói.na; ƀói.-] 女 ベレー帽. ～ *vasca* バスクベレー.
pasar la boina〔話〕寄付金を集める, カンパを募る. [←〔バスク〕]

boi·se·rie [bwa.se.rí; ƀwa.-]〔仏〕女 ボワズリー, 板張り.

boîte [bwát; ƀwát]〔仏〕女 ナイトクラブ, ディスコ.

boj [bóx; ƀóx] 男〔植〕ツゲ; ツゲ材.

bo·ja [bó.xa; ƀó.-] 女〔植〕ヨモギ属の低木.

bo·jar [bo.xár; ƀó.-] 他〔海〕〈島・岬の〉周囲を測定する. — 自〔海〕(1)〈島などが〉…の長さの周囲を持っている. (2) (船で)〈沿岸を〉一周する.

bo·je [bo.xe; ƀo.-] 男 → boj.

bo·je·ar [bo.xe.ár; ƀo.-] 他 → bojar.

bo·je·dal [bo.xe.ðál; ƀo.-] 男 ツゲの林.

bo·je·o [bo.xé.o; ƀo.-] 男〔海〕(1) 島の周囲の測定[測量]. (2) (島・岬などの) 周囲. **2** 沿岸航行.

bo·je·te [bo.xé.te; ƀo.-] 男 → bojote.

bo·ji·gan·ga [bo.xi.gáŋ.ga; ƀo.-] 女 (16–17世紀スペイン黄金世紀のころの) 旅回りの一座.

bo·jo·te [bo.xó.te; ƀo.-] 男〔ラ米〕(1)〔プエルトリコ〕不ぞろいな[変形した] 部分. (2)〔メキシコ〕〔ラ米〕〔ホセミ〕〔ホラミ〕〔エクアドル〕包み, 束.

bo·jo·te·ar [bo.xo.te.ár; ƀo.-] 他〔ラ米〕〔ホラミ〕くるむ, 束ねる.

bol[1] [ból; ƀól] どんぶり, 碗(わん), ボール;〔ラ米〕フィンガーボール. [←〔英〕*bowl*]

bol[2] [ból; ƀól] 男 地引き網, 底引き網; 網打ち.

bol[3] [ból; ƀól] 男 **1** 九柱戯の木柱 (= bolo).
2〔鉱〕ボール: 赤色・黄色粘土の一種. ～ *arménico* [*de Armenia*] (顔料や薬品に使われる)アルメニア膠塊(こうかい)粘土.

＊**bo·la** [bó.la; ƀó.-] 女 **1** 球, 玉 (= balón); 球状のもの. ～ *de caramelo* あめ玉. ～ *de cristal* (占い用の) 水晶球. ～ *de naftalina* (防虫用の) ナフタリン玉. *cojinete* [*rodamiento*] *de* ～s ボールベアリング.
2 (ゲーム・球技などの) **ボール**, 球 (= pelota). ～ *de billar* ビリヤードの球. ～ *de golf* ゴルフの球.
3《複数形》ビー玉, ビー玉遊び (= bolitas, canicas). *jugar a las* ～s ビー玉遊びをする. **4** 靴墨. *dar* ～ *a los zapatos* 靴に靴墨をつけて磨く. **5**〔話〕うそ, 作り話. *contar* [*meter*] ～s 作り話をする. **6**〔スポ〕ペタンク, 玉投げ (= petanca). **7**〔...

bolero

(トランプのブリッジで) 全勝，グランドスラム．media ~ スモールスラム．**8** 〖海〗信号旗，球形の標識．**9** 《話》力こぶ，二頭筋．sacar mucha ~ 大きな力こぶを作る．**10** (野犬などを殺すための) 毒だんご．**11** 《複数で》《話》トウモロコシ粉の団子．**(2)** (ｱﾙｾﾞﾝ)(ﾎﾞﾘ)(ﾍﾟﾙ)(ｳﾙｸﾞ)《俗》デマ．**(3)** (ﾎﾞﾘ)《俗》ばか者，愚か者．**(5)** 〖遊〗円形凧(た)．**(6)** (ｺﾛﾝ)《俗》囚人護送車．**(7)** (ｷｭｰ)《話》騒乱，騒ぎ，けんか；群衆．**(9)** (ｷｭｰ)《話》頭．~*s* de cuero ひどいばか．
a bola vista あからさまに；(トランプで) カードを表向きにして．
a su bola 《話》好き勝手に，わがまま放題に．ir a su ~ 好き勝手する．
bola del mundo 地球．
bola de nieve (1) 雪の球；《比喩的》(うわさ・借金など) 雪だるま式に膨れ上がる問題[事柄]．(2)〖植〗セイヨウカンボク．
bola de partido 〖スポ〗マッチポイント．
bola negra 反対票．echar ~ *negra* 反対票を投じる，拒絶する．
comer bola 《ラ米》(ﾍﾞﾈｽ)《俗》ばかなことを言う．
correr la bola 《話》うわさを広める．
¡Dale bola! 《話》またか，いい加減にしろ．
dar a la bola / dar con (la) bola 《ラ米》狙いが的中する，うまく行く．
dar bola a... 《ラ米》(ｱﾙｾﾞﾝ)(ﾊﾟﾗ)(ｳﾙ)《話》…に注目する．
dar en bola 《ラ米》(ﾒｸｼ)《俗》的中する．
darse bola 《話》帰ってしまう，立ち去る．
dejar rodar [que ruede] la bola 成り行きに任せる．
en bolas 《俗》(1) 裸で．(2) 不意をつかれた，手の施しようがない．
escurrir la bola 逃げる，ずらかる，黙っていなくなる．
hacerse [volverse] bola 《ラ米》(*ﾒｸｼ*)(ﾍﾞﾈｽ)(群集が) 動き回る；混乱する．
hacerse bolas 《ラ米》(ﾒｸｼ)(ｺﾛﾝ)(*ﾒｸｼ*)(ﾍﾞﾈｽ)《話》間違える．
hasta la bola (1)《話》〖闘牛〗(とどめの剣が) 深く．(2) いっぱいになった．
pasar la bola a + 人 (1)《話》〈人〉に自分の仕事を回す，責任を転嫁する．(2) (伝言ゲームで) 〈人〉に伝える．
pedir bola 《ラ米》(ﾍﾞﾈｽ)《話》ヒッチハイクをする．
poner bolas a... 《ラ米》(ｺﾛﾝ)(ﾍﾞﾈｽ)《話》…に注目する．
¡Ruede la bola! 《話》どうにでもなれ，運を天に任せよう．
[← 〔古プロバンス〕*bola*←〔ラ〕*bulla*；関連 bolo, bulla, boletín．〔英〕*bullet*]

bo·la·ce·ar [bo.la.θe.ár; ƀo.- / -.se.-] 自 《ラ米》(ｳﾙｸﾞ)(ｱﾙｾﾞﾝ)愚にもつかぬこと [でたらめ] を言う．

bo·la·cha [bo.lá.tʃa; ƀo.-] 女 天然ゴムの塊．

bo·la·da [bo.lá.ða; ƀo.-] 女 **1** 投球；(ビリヤードなどの) ひと打ち，ストローク．**2** 砲弾．**3** 《ラ米》(1) (*ﾒｸｼ*)(ﾍﾞﾈｽ)(ﾎﾟﾘ)《話》うそ，作り話．(2)《話》ごまかし，ぺてん．(3)(ﾎﾟﾘ)《話》うわさ．(4)(ﾎﾟﾘ)甘いもの，菓子．(5)(ﾎﾟﾘ)《話》幸運，チャンス；商機．
bolada de aficionado 《ラ米》(ﾎﾟﾘ)《話》口出し，出しゃばり．

bo·la·do [bo.lá.ðo; ƀo.-] 男 **1** → azucarillo．**2** 《ラ米》(1)(*ﾒｸｼ*)(ビリヤード) 巧みな突き．(2)(*ﾒｸｼ*)《話》うそ，作り話．(3)(*ﾒｸｼ*)(ﾎﾟﾘ)出来事，事件．(4)

(ﾆｶﾗｸﾞ)《話》もの，雑然としたもの．(5)(ﾎﾟﾘ)《話》嬌態(きょうたい)；いちゃつき．

bo·la·men [bo.lá.men; ƀo.-] 男 《卑》睾丸(こうがん)．

bo·lar·do [bo.lár.ðo; ƀo.-] 男 〖海〗係船柱．
[←〔英〕*bollard*]

bo·la·te [bo.lá.te; ƀo.-] 男 《ラ米》(ﾎﾟﾘ)《話》混乱，騒ぎ．

bo·la·zo [bo.lá.θo; ƀo.- / -.so] 男 **1** 球による一撃．**2** 大うそ．**3** 《ラ米》(ﾎﾟﾘ)《話》いい加減なこと；デマ．
de bolazo 《ラ米》(ﾎﾟﾘ)行き当たりばったりに．

bol·che·vi·que [bol.tʃe.ƀí.ke; ƀol.-] **1** (ロシアの1917年11月革命の多数派) ボルシェビキの．**2** (革命以降のロシア) 共産党員の，共産主義者の．── 男 女 **1** ボルシェビキ．**2** (革命以降のロシア) 共産主義者．**3** 《軽蔑》赤，共産党員．
[←〔ロシア〕*bolsheviki*]

bol·che·vis·mo [bol.tʃe.ƀís.mo; ƀol.-] / **bol·che·vi·quis·mo** [bol.tʃe.ƀi.kís.mo; ƀol.-] 男 ボルシェビズム：ボルシェビキの政治理論．

bol·che·vis·ta [bol.tʃe.ƀís.ta; ƀol.-] 形 男 女 → bolchevique．

bol·che·vi·za·ción [bol.tʃe.ƀi.θa.θjón; ƀol.- / -.sa.sjón] 女 ボルシェビキ化．

bol·do [ból.do; ƀól.-] 男 〖植〗ボルド：チリ原産の高木，葉は薬用．

bo·le·a·da [bo.le.á.ða; ƀo.-] 女 《ラ米》(1) (*ﾒｸｼ*)(ﾎﾟﾘ)靴磨き．(2)(ﾎﾟﾘ)投げ縄［玉］を用いた狩猟．(3) (ﾍﾟﾙ)《話》不合格，落第．

bo·le·a·do [bo.le.á.ðo; ƀo.-] 男 《ラ米》(ﾎﾟﾘ)靴磨きをすること．

bo·le·a·do, da [bo.le.á.ðo, -.ða; ƀo.-] 形 《ラ米》(ﾎﾟﾘ)《話》恥じ入った；当惑した，どぎまぎした．

bo·le·a·dor [bo.le.a.ðór; ƀo.-] 男 《ラ米》(1) (ﾎﾟﾘ)靴磨きの人．(2) (ｷｭｰ)(ﾎﾟﾘ)投げ縄[玉]を扱う人．

bo·le·a·do·ras [bo.le.a.ðó.ras; ƀo.-] 女 《複数形》《ラ米》(ｷｭｰ)(ﾎﾟﾘ)投げ縄[玉]．♦縄の端に鉄または石の重しを2－3個つけて，先住民ガウチョ gaucho たちの狩猟の道具．武器としても用いられた．

bo·le·ar [bo.le.ár; ƀo.-] 自 **1** (ゲームなどで) 玉を投げる；〖遊〗(ビリヤード) 玉を突く．**2** うそをつく (= mentir)．── 他 **1** 《話》投げる，投げつける．**2** 《ラ米》(1) (ﾎﾟﾘ)《靴を》磨く．(2) (ﾎﾟﾘ)《話》ごまかす，狼狽(ろうばい)させる．(3) (ﾎﾞﾘ)《話》ヒッチハイクする．(4) (ﾒｸｼ)《話》巻き込む，引き入れる．(5) (ｷｭｰ)(ﾎﾟﾘ)投げ縄[玉]で捕らえる．(6) (ﾍﾟﾙ)《話》否決する；解雇する；不合格にする．── ~·se 再 《ラ米》(1) (ﾎﾟﾘ)(馬が) 横たわる，(車が) 横転する；うろたえる．(2) (ｺﾞｱﾃ)《話》ぼろもうけをする．

boleadoras
(投げ縄)

bo·le·co, ca [bo.lé.ko, -.ka; ƀo.-] 形 《ラ米》(*ﾒｸｼ*)《話》酒に酔った．

bo·le·o [bo.lé.o; ƀo.-] 男 球投げ；球投げ場．

bo·le·ra [bo.lé.ra; ƀo.-] 女 **1** ボウリング場，ボウリングのレーン (= ~ americana)．**2** ボレラ：ベネズエラの舞曲．**3** 《ラ米》(ﾍﾞﾈｽ)おたふく風邪．

bo·le·ro, ra [bo.lé.ro, -.ra; ƀo.-] 形 《話》**1** うそつきの．**2** ずる休みをする．── 男 女 **1** 《話》うそつき (= trolero)．**2** 《話》よくずる休みする人．**3** ボレロのダンサー．**4** (口に入れて運ぶ) 麻薬の運び人．**5** 《ラ米》(ﾎﾟﾘ)靴磨きの人．── 男 **1** 〖音楽〗ボレロ：4分の3拍子のスペインの舞

boleta

曲・踊り. **2** ボレロ：婦人用上着. **3**《ラ米》(1)《(ﾍﾞﾈ)》《遊》ボウリング. (2)《(ｳﾙｸﾞ)》剣玉遊び. (3)《(ﾍﾟﾙ)》《(ﾎﾞﾘ)》山高帽子.

escarabajo bolero《昆》マグソコガネ, タマオシコガネ.

bo·le·ta [bo.lé.ta; ƀo.-] 囡 **1** 入場券；許可証, パス. **2**【軍】兵会割当票. **3**（現金の代用をする）引換券, クーポン. **4** 少量のタバコの包み. **5**《ラ米》(1)《(ｳﾙｸﾞ)》交通違反のチケット. (2)《(ｴｸｱ)》公正証書の草案. (3)《(ｱﾙｾﾞ)》入場券. (4)《(ｳﾙｸﾞ)》売買仮契約書. (5) 宝くじ券, 籤. (6) 法律文書, 証明書. ~ *de sanidad* 健康診断書.

dar la boleta a+人《話》〈人〉と絶交する.

bo·le·te·ar [bo.le.te.ár; ƀo.-] 自《ラ米》《(ﾁ)》チケットを発券する.

bo·le·te·rí·a [bo.le.te.rí.a; ƀo.-] 囡 **1**【スポ】入場者（数）, 入場料の総額. **2**《ラ米》《(ﾒﾋ)》《(ﾍﾟﾙ)》《(ｳﾙｸﾞ)》切符［入場券］売り場, 出札口.

bo·le·te·ro, ra [bo.le.té.ro, -.ra; ƀo.-] 男 囡 **1**《ラ米》切符売り；出札係. **2** うそつき.
——男【軍】兵会割当係.

*bo·le·tín [bo.le.tín; ƀo.-] 男 **1** 公報, 告示, 報告書. *B~* *Oficial del Estado*《スペイン》官報（略 BOE）. ~ *de prensa* 新聞発表. **2**（定期的に刊行される）**会報**, 紀要, 学術報告書. ~ *anual* 年報. ~ *mensual* 月報. ~ *comercial* 商業時報. *B~ de la Asociación de Historia Contemporánea* 現代史学会紀要. **3**（定時の短い）ニュース**番組** (= ~ *informativo*, ~ *de noticias*). **4** 申し込み用紙, 注文用紙. **5**（学校の）通信簿, 成績表 (= ~ *de calificación*, ~ *de notas*). **6** 切符, 入場券；引き換え券. **7** 支払命令（書）.
［← ［伊］*bollettino*；関連 boleta, boleto. [英] *bulletin*]

*bo·le·to [bo.lé.to; ƀo.-] 男 **1**（くじなどの）券. **2**【菌類】イグチ：キノコの一種. **3**《ラ米》(1) **切符**, 入場券；馬券. (2)《(ｱﾙｾﾞ)》《話》うそ, でたらめ. (3)《(ﾒﾋ)》《軽蔑》白人, アングロサクソン.

bo·le·to, ta [bo.lé.to, -.ta; ƀo.-] 形《ラ米》《(ｴｸｱ)》《話》ひどい身なりの.

bo·le·tus [bo.lé.tus; ƀo.-] 男 → boleto.

bo·li [bó.li; ƀó.-] 男《話》→ bolígrafo.

bo·li·cha·da [bo.li.tʃá.ða; ƀo.-] 囡 **1** 投網を打つこと. **2**《話》好機, チャンス.

bo·li·che[1] [bo.li.tʃe; ƀo.-] 男 **1** ペタンク［球転がし］の一番小さい球 (= *bolín*). （家具などの）球状の装飾. **2**【遊】九柱戯, ボウリング. **3**【遊】けん玉（遊び）. **4** 小さな炉, かまど. **5**《ラ米》(1)《(ｳﾙｸﾞ)》ディスコ. (2)《(ｱﾙｾﾞ)》安タバコ. (3)《(ﾒﾋ)》《(ﾁ)》《(ｳﾙｸﾞ)》小さな食品雑貨店. (4)《(ﾁ)》《(ｳﾙｸﾞ)》食い物屋, 安酒場. (5)《(ﾁ)》《俗》賭場《(ﾎﾞﾘ)》.

boliche[1]（九柱戯）

bo·li·che[2] [bo.li.tʃe; ƀo.-] 男 小さな引き網；引き網で採った雑魚.

bo·li·che[3] [bo.li.tʃe; ƀo.-] 男《ラ米》《話》ボリビア人.

bo·li·che·ar [bo.li.tʃe.ár; ƀo.-] 自《ラ米》《(ｳﾙｸﾞ)》小さな商いをする.

bo·li·che·ro, ra [bo.li.tʃé.ro, -.ra; ƀo.-] 男 囡 **1** ボウリング場主. **2** 雑魚売り. **3**《ラ米》《(ｳﾙｸﾞ)》食料雑貨屋の主人；小商人《(ﾁ)》.

bó·li·do [bó.li.ðo; ƀo.-] 男 **1**【天文】爆発流星, 火球, 隕石（いんせき）. **2** レーシングカー (= *coche deportivo*)；《皮肉》格好のいい車.

*bo·lí·gra·fo [bo.lí.gra.fo; ƀo.-] 男 **ボールペン**（► 《話》では *boli*）. ~ *de punta fina* [*gruesa*] 先の細い［太い］ボールペン. *escribir con* [*a*] ~ ボールペンで書く. ~ *de colores* カラーボールペン.

bo·li·lla [bo.lí.ja; ƀo.-] ‖ -[лa.]‖ 囡 **1** 小さな球. ~ *pestosa* 悪臭弾. **2**《ラ米》《(ｳﾙｸﾞ)》ビー玉；《(ﾁ)》くじ引きの小球. **3**《ラ米》（教科の）学習テーマ.

dar bolilla a...《ラ米》《(ﾁ)》《話》...に注意を払う. ［*bola* の縮小辞］

bo·li·llo [bo.lí.jo; ƀo.-] ‖ -[λo.] ‖ 男 **1**（レース編みの）糸巻き, ボビン. *encaje de* ~*s* ボビン［手編み］レース. **2**（レースなどにウエーブをつけるための）型. **3**（馬の）蹄骨（ていこつ）：ひづめの上の骨. **4**〔複数で〕棒状の菓子. **5**《ラ米》(1)〔複数で〕（太鼓の）ばち, スティック. (2)《(ﾒﾋ)》ロールパン（のサンドイッチ）. (3)《(ｴｸｱ)》《俗》警官, 巡査. (4)《(ｳﾙｸﾞ)》警棒. ［*bolo* + 縮小辞］

bo·li·llo, lla [bo.lí.jo, -.ja; ƀo.-] ‖ -[λo, -.λa]‖ 男 囡《ラ米》《(ﾒﾋ)》《話》《軽蔑》白人. ~ *con cola prieta* 白人化したメキシコ人.

bo·lín [bo.lín; ƀo.-] 男【スポ】ペタンクの標的に用いる小球 (= *boliche*).

bo·li·na [bo.lí.na; ƀo.-] 囡 **1**【海】(1) 測深鉛, 測深線. (2) はらみ綱［索］；船首もやい綱. (3) 簡易ベッドのつり綱. (4)（水兵に対する）鞭（むち）打ちの罰. **2**《話》けんか, 騒ぎ.

ir [*navegar*] *de bolina*【海】詰め開きで帆走する；船体を風の方向に合わせて航海する.

bo·lin·che [bo.lín.tʃe; ƀo.-] / **bo·lin·dre** [bo.lín.dre; ƀo.-]（家具などの）球状の装飾.

bo·li·ne·ar [bo.li.ne.ár; ƀo.-] 自【海】詰め開きで［風向きに合わせて, 追い風で］帆走する.

bo·li·ne·ro, ra [bo.li.né.ro, -.ra; ƀo.-] 形 **1**【海】追い風でよく走る. **2**《ラ米》《(ﾁ)》《話》騒ぎを起こす.

bo·lin·ga [bo.líŋ.ga; ƀo.-] 形《話》酔っ払った.

bo·lis·ta [bo.lís.ta; ƀo.-] 男 囡《ラ米》《(ｷｭ)》《話》騒動の好きな人, 騒動に首を突っ込む人.

bo·li·ta [bo.lí.ta; ƀo.-] 囡《ラ米》(1)《(ﾁ)》（白黒の）投票用の球. **2**【動】アルマジロ. → *armadillo*. (3)《(ｱﾙｾﾞ)》《(ﾍﾞﾈ)》《(ｳﾙｸﾞ)》〔主に複数で〕【遊】ビー玉（遊び）. (4)《(ﾒﾋ)》卵黄. ［*bola* + 縮小辞］

bo·lí·var [bo.lí.βar; ƀo.-] 男 **1** ボリーバル：ベネズエラの貨幣単位. **2** ウルグアイの金貨.

Bo·lí·var [bo.lí.βar; ƀo.-] 固名 ボリーバル *Simón* ~ (1783-1830)：南米大陸独立運動の指導者.「解放者」*el Libertador* と呼ばれた.

bo·li·va·ria·no, na [bo.li.βa.rjá.no, -.na; ƀo.-] 形 シモン・ボリーバル *Simón Bolívar* の.

Bo·li·via [bo.lí.βja; ƀo.-] 固名 **ボリビア：南米大陸中央部, 内陸の共和国／面積：109.9万 km²／人口：約860万／首都：*La Paz*, （司法上の首府）*Sucre*／言語：スペイン語, ケチュア語, アイマラ語／通貨：*boliviano*（1b.=100 *centavos*）／住民：ケチュア人 (30%), アイマラ人 (25%), メスティーソ *mestizo* (30%), ヨーロッパ系

(14%) / 宗教：カトリック (85%)；守護聖人— Copacabana の聖母.
♦7–11世紀にかけて Titicaca 湖近くに Tiahuanaco 文化が栄えたが，13世紀中頃に inca 帝国に併合され，16世紀前半スペインによるインカ帝国の征服とともにスペインの植民地統治下に入る．1825年独立．
[南米大陸の解放者 Simón Bolívar にちなんだ命名]

bo·li·via·nis·mo [bo.li.βja.nís.mo; bo.-] 男
1 ボリビアに特有のスペイン語法[表現・講義・単語]．
2 ボリビア人気質；ボリビアの特質(讚義)．

*__bo·li·via·no, na__ [bo.li.βjá.no, -.na; bo.-] 形 ボリビアの，ボリビア人の．— 男 女 **ボリビア人**．
— 男 **1** ボリビアのスペイン語．**2** ボリビアノ：ボリビアの通貨単位．

bo·lla·du·ra [bo.ja.ðú.ra; bo.- ‖ -.ʎa.-] 女 へこみ；出っ張り (= abolladura).

bo·llar[1] [bo.jár; bo.- ‖ -.ʎár.-] 他 〈織物に〉商標を付ける．

bo·llar[2] [bo.jár; bo.- ‖ -.ʎár.-] 他 **1** へこませる；出っ張らせる．
2 〈皮革・金属に〉打ち出し[浮き出し]模様を付ける．

bo·lle·rí·a [bo.je.rí.a; bo.- ‖ -.ʎe.-] 女 **1** 菓子パン屋，菓子パン製造工場．**2** 《集合的》菓子パン，菓子パンの品ぞろえ． Este bar tiene una ~ muy variada. このバルには色々な種類の菓子パンがある．

bo·lle·ro, ra [bo.jé.ro, -.ra; bo.- ‖ -.ʎé.-] 男 女 菓子パン職人．

bo·llo [bo.jo; bó.- ‖ -.ʎo.-] 男 **1** (フランスパン・食パン以外の) 小型パン，菓子パン (♦suizo 小型の丸いパン，ensaimada ホーン型のパン，napolitana クリームパンなどがある)． Me gusta desayunar café con ~s. 私はコーヒーと菓子パンで朝食をとるのが好きだ．

bollo (菓子パン)

2 くぼみ，凸凹．El coche tiene varios ~s. 車にはいくつかのへこみがある．**3** こぶ (= chichón). **4** (布の装飾用の) ギャザー．**5** 《話》けんか，ごたごた，混乱 (= jaleo). ¡Se va a armar un ~! これはひと騒動起こるよ．**6** 《卑》女性器；《話》《軽蔑》レズビアン．**7** 《ラ米》(1)《ゲ》《ジ》げんこつで殴ること，パンチ．(2)《ジ》タマル tamal. (3)《ジ》《複数で》《話》困難，困窮．

No está el horno para bollos. 《話》まだその時機ではない．
no pelar bollo 《ラ米》《ホ》《話》決して間違えない．
perdonar el bollo por el coscorrón よいもの[こと]だが大変な努力を必要とするのであきらめる．

bo·llón [bo.jón; bo.- ‖ -.ʎón.-] 男 **1** 飾り鋲(びょう)．**2** ボタン形イヤリング．**3** 『植』(主にブドウの木の) 芽．

bo·llo·na·do, da [bo.jo.ná.ðo, -.ða; bo.- ‖ -.ʎo.-] 形 飾り鋲(びょう)を打った．

bo·lo [bó.lo; bó.-] 男 **1** 《複数で》ボウリング (= ~s americanos)；(ボウリングの一種の) 九柱戯；(ボウリングの) レーン．jugar a los ~s ボーリングをする．jugador de ~s ボウリングをする人．
2 (ボウリング・九柱戯の) ピン，木柱．derribar ~s ピンを倒す．
3 『建』(らせん階段などの) 心柱，軸．**4** 大粒の丸薬．
5 『遊』(トランプ)(1) 全勝．(2) 全くつきのない人．
6 《話》薄のろ，ばか．**7** 契約出演するフリーの俳優．
8 巡業喜劇一座 (の興業)．hacer ~s 巡業する．**9** (フィリピン先住民の) 大刀．**10**《ラ米》(1)《*米》ドル；

贈り物．(2)《ダ》ペソ貨幣．(3)《*米》洗礼のとき名付け親が子供たちに投げ与える金．(4)《エル》洗礼式の招待状；洗礼式に振る舞う贈り物．

andar en bolo 《ラ米》《ホ》《ジ》すっ裸でいる．
bolo alimenticio (1回で飲み込む) 咀嚼(そしゃく)した食べ物．
bolo armémico アルメニア膠塊(こうかい)粘土．
echar a rodar los bolos (いざこざに) 油を注ぐ，騒ぎを起こす．
ir en bolo 《ラ米》《エル》駆けて行く．
tumbar bolo… 《ラ米》《ジ》《ダ》…を立派にやり遂げる．

bo·lo, la [bó.lo, -.la; bó.-] 形 **1** 《話》《軽蔑》無知な，無器用な．**2** 《軽蔑》尾のない (出身の)．
3《ラ米》(1)《*米》《グ》《話》酒に酔った．(2)《ダ》《ジ》(動物が) 尾のない[短い]．

bo·lón [bo.lón; bo.-] 男 **1**《ラ米》(1)《チリ》《ダ》『建』(基礎用の) 丸石，割栗(わりぐり)石．(2)『遊』ビー玉．
(3)《エル》《ジ》《話》群衆，烏合(うごう)の衆．

Bo·lo·nia [bo.ló.nja; bo.-] 固名 ボローニャ：イタリア北部の都市．

bo·lo·nio, nia [bo.ló.njo, -.nja; bo.-] 形 **1** ボローニャ学院出身の．♦ボローニャ王立学院 Real Colegio de España はスペイン人留学生のために1364年にイタリアのボローニャに建てられた．**2**《話》無知な，まぬけな (= ignorante). — 男 女 **1** ボローニャ学院の学生[卒業生]．**2**《話》無知な人，ばか者．

bo·lo·nés, ñe·sa [bo.lo.nés, -.né.sa; bo.-] 形 **1** (イタリアの) ボローニャの．**2** 《美》ボローニャ派の．**3** ボロネーズソース[ミートソース] の．espagueti ~ ボロネーズスパゲティ．salsa *boloñesa* ボロネーズソース．
— 男 女 ボローニャの住民 [出身者]．
— 男 イタリア語のボローニャ方言．

bol·sa [ból.sa; ból.-] 女 **1 **袋，手さげ，バッグ；袋状のもの** (= bolso, saco). ~ de aseo 洗面用具入れ，化粧ポーチ．~ de basura ごみ袋．~ de deporte(s) スポーツバッグ．~ de dormir 《ラ米》寝袋 (= saco de dormir). ~ de herramientas 工具袋．~ de hielo 氷嚢(のう)．~ de la compra 買い物袋；1日に必要な食品類．~ de plástico / ~ plástica ビニール袋，ポリ袋．
2 所持金，懐具合；財産；《比喩的》財布．aflojar la ~《話》財布のひもを緩める；金を出す．¡La ~ o la vida! 金を出すか命をよこせ．Hoy tengo la ~ repleta [vacía]. 今日私は懐具合がいい[悪い]．
3《時に B-》《商》**株式市場，market；取引所．** ~ de comercio 商品取引所．~ de valores 証券取引所．~ negra 《ラ米》(主に《*米》) やみ相場，やみ取引；やみ市．~ inmobiliaria / ~ de la propiedad (新聞の) 不動産売買欄．casa de ~ 証券会社．jugar a la ~ 株をやる，相場に手を出す，投機する．operaciones de ~ 証券取引，株の売買．La B~ sube [baja]. 相場が上がる [下がる]．

Bolsa de Madrid (マドリード証券取引所)

Hoy no hay ~. 今日は立ち合いはない．
4 給費，助成金；奨学金 (= ~ de estudios). ~ de viaje 旅行手当，出張旅費．
5《まれ》巾着(きんちゃく)，巾着型の財布．**6** (衣服などの)

bolsear

たるみ；(目の下などの)皮膚のたるみ；(ズボンの)ひざの抜けた部分. **7**《解剖》嚢. ~ sinovial 滑液嚢. **8**(動物の体内の)袋；(毒蛇の)毒嚢；(カンガルーなどの)腹袋(=~ marsupial)；(イカの)墨汁嚢. **9**(気体・液体などの)たまり, たまっている所. **10**《鉱》鉱嚢, 鉱脈瘤. **11**《複数で》陰嚢(=escroto). **12**《スポ》(ボクシングなどの)ファイトマネー. **13**《軍》(敵占領下の)孤立地帯, 敵に包囲されている地帯《軍隊》. **14**(座っているときに足を入れる)防寒用の袋状の足覆い. **15**《ラ米》(1)(メヒ)(中ア)(カリブ)(ボリ)ポケット(=bolsillo). (2) やみ市場. (3)《カリブ》財布.
—形《ラ米》(1)(コロアン)《俗》ばかな. (2)(ホンデュ)《話》下手(な)な.
bolsa de aguas《解剖》羊膜.
bolsa de aire (1)《車》エアバッグ. (2)《航空》エアポケット. (3)《機》空気ポケット.
bolsa de hierro《比喩的》けちな人.
bolsa de pastor《植》ナズナ, ペンペングサ.
bolsa de pobreza 貧困地区(に住む人々).
bolsa de trabajo 職業安定所.
bolsa rota《比喩的》金遣いの荒い人, 浪費家.
de bolsa《ラ米》(中ア)他人の金で, ただで.
echar a [*en*] *bolsa a*+人《ラ米》(メヒ)(カリブ)(ゲーム・けんかなどで)(人)を負かす.
hacer~《ラ米》(メヒ)(カリブ)…を砕く, 粉々にする.
volver a+人 *bolsa*《ラ米》(カリブ)(人)をだます.
[←《ラ》*bursam* (*bursa* の対格) ←《ギ》*býrsa*「ワイン用革袋」【関連】bolso, bolsillo. 【英】*purse*「財布」]

bol·se·ar [bol.se.ár; ƀol.-] 自〈衣服などが〉たるむ, しわになる.
—他《ラ米》(1)(メヒ)(チレ)(人)にひじ鉄を食らわせる. (2)(中ア)(カリブ)(他人の)ポケットから抜き取る, する. (3)(ホンデュ)《話》ただでせしめる, (人)の居候をする.

bol·se·ro, ra [bol.sé.ro, -.ra; ƀol.-] 男女 **1** 袋物製造[販売]業者. **2**《ラ米》(1)(カリブ)すり, かっぱらい. (2)(メヒ)《話》居候(いそうろう).

bol·si·co [bol.sí.ko; ƀol.-] 男《ラ米》(中ア)ポケット.

bol·si·cón [bol.si.kón; ƀol.-] 男《ラ米》(チレ)(エクア)(田舎の女性の)厚地のスカート.

bol·si·co·na [bol.si.kó.na; ƀol.-] 女《ラ米》(エクア)農婦, 田舎女.

bol·si·flay [bol.si.flái; ƀol.-] 男《ラ米》(メヒ)《話》ばか者, 愚か者.

bol·si·llo [bol.sí.jo; ƀol.-‖[oʎ..]] 男 **1** ポケット. ~ con cartera フラップ[折り返し]つきポケット. ~ de pecho 胸ポケット. ~ interior 内ポケット. ~ trasero del pantalón ズボンの後ろポケット. **2** 所持金, 持ち合わせの金, ポケットマネー. consultar con el ~ 財布と相談する. pagar de su (propio) ~ 身銭を切る. tener buen ~ 懐具合がいい. **3** 財布, 巾着, ポーチ.
aflojar el bolsillo《話》(しかたなく)財布のひもを緩める, 金を出す.
de bolsillo (1) ポケットサイズの. calculadora *de* ~ 小型計算機. edición *de* ~ ポケット版, 文庫版. reloj *de* ~ 懐中時計. (2) 小型の. autobús *de* ~ マイクロバス.
meterse [*tener*] *a*+人 *en el bolsillo*《話》(人)の信頼を得る, (人)を味方に引き込む.
no echarse nada en el bolsillo 全く得をしない, 一文の得にもならない.
rascarse el bolsillo《話》(しかたなく)財布の底をはたく.
tener un agujero en el bolsillo ポケットに穴が開いている；浪費家である.

bol·sín [bol.sín; ƀol.-] 男《商》(証券などの)場外取引, 闇取引, 場外市場, 闇取引場.

bol·si·que·ar [bol.si.ke.ár; ƀol.-] 他《ラ米》(人)のポケットの中を探る, (ポケットから)中身をする.

bol·sis·ta [bol.sís.ta; ƀol.-] 男女 **1**《商》株式仲買人, 相場師. **2**《ラ米》(メヒ)(カリブ)すり, かっぱらい.

bol·si·ta [bol.sí.ta; ƀol.-] 女 小さなかばん；袋 ~ de té ティーバッグ. [bolsa+縮小辞]

bol·so [ból.so; ƀol.-] 男 **1** ハンドバッグ(=~ de señora [mujer]). ~ de piel [tela] 革[布]のハンドバッグ. ~ de mano 手荷物. Siempre llevo en el ~ un libro pequeño. 私はいつも小さな本をハンドバッグに入れている. **2** (袋状の)財布；手提げ袋. **3** ポケット(=bolsillo). **4**《海》(風による)帆の膨らみ. **5**《ラ米》(中ア)財布.

bol·són [bol.són; ƀol.-] 男 **1** (オリーブ圧搾機の)底板. **2**《建》(穹窿(きゅうりゅう)の)補強材を受ける)鉄製のたが. **3**《ラ米》(カリブ)ハンドバッグ. (2)(アル)学生かばん. (3)(メヒ)鉱嚢(のう), 鉱房. (4)(カリブ)盆地；沼, 湖.

bol·són, so·na [bol.són, -.só.na; ƀol.-] 男女《ラ米》(1)(カリブ)(メヒ)(エクア)《話》ばかな人, 愚かな人. (2)(カリブ)《話》怠け者, 怠惰な人.

bol·so·na·da [bol.so.ná.ða; ƀol.-] 女《ラ米》(カリブ)(メヒ)《話》ばかげたこと, 愚行.

bo·lu·dez [bo.lu.ðéθ; ƀo.- / -.ðés] 女《複 boludeces》《ラ米》(アル)《俗》ばかげたこと.

bo·lu·do, da [bo.lú.ðo, -.ða; ƀo.-] 形《ラ米》(1)《話》こぶだらけの. (2)(コロ)(ベル)(メヒ)《話》ばかな, 愚かな. (3)(ラプラ)《話》怠け者の, 怠惰な.

bom·ba [bóm.ba; ƀom.-] 女 **1** 爆弾, 砲弾. lanzar [tirar] una ~ 爆弾を投下する. a prueba de ~s 防弾の, 耐爆の. ~ bacteriológica 細菌爆弾. ~ de cobalto コバルト爆弾；《医》(がん治療用の)コバルト照射器. ~ de fragmentación クラスター爆弾. ~ de hidrógeno / ~ H 水素爆弾. ~ atómica 原子爆弾. ~ de neutrones / ~ N 中性子爆弾. ~ de plástico プラスチック爆弾. ~ de humo 発煙筒, 煙幕. ~ de mano 手榴(しゅりゅう)弾, 手投げ弾. ~ de tiempo [relojería] / ~ de efecto retardado 時限爆弾. ~ fétida 悪臭弾. ~ incendiaria 焼夷(しょうい)弾. ~ lacrimógena 催涙弾. ~ Molotov 火炎瓶. ~ napalm ナパーム弾. ~ volcánica ~ de lava 火山弾. ~ de profundidad 爆雷. coche ~ 自動車爆弾. carta ~ 手紙爆弾.
2 驚くべき出来事[ニュース], 衝撃の事実, 爆弾発言. La noticia de su suicidio fue una ~. 彼[彼女]の自殺のニュースは衝撃だった. **3** (ランプの)ほや. **4** (酒宴などでの)即興詩. **5**《ラ米》(遊)(ラプラ)(メヒ)(ベネ)(カリブ)(カナ)風船；(ラプラ)(ボリ)(カリブ)しゃぼん玉；(カリブ)(ラプラ)(ボリ)《話》酔い；(カリブ)《話》酔い；酒宴. *¡B~!* 乾杯. (3)(ラプラ)(カリブ)(チレ)(メヒ)《話》うそ, でたらめ. (4)(コロ)(ベネ)山高帽子. (5)(カリブ)(ラプラ)《話》うんざりさせる人. (6)(コロ)(ベネ)泡, あぶく. (7)(カリブ)(ボリ)《音楽》ボンバ：アフリカ起源の大型の太鼓；踊り；歌. (8)(カリブ)長い髪. (9)(カリブ)(ボリ)《話》軽気球. (10)(カリブ)《話》批判, 皮肉.
—形《時に性数不変》**1**《話》あっと驚くような, すばらしい, すごい. éxito ~ 空前の大成功. fiesta ~ どんちゃん騒ぎのパーティー. noticia ~ 衝撃的なニュース. **2**《ラ米》役に立たない.
caer como una bomba《話》衝撃的である, 晴天の霹靂(へきれき)である.
estar bomba《話》〈女性が〉グラマーである.

bombita

estar [*ir*] *echando bombas*《話》(1) 激怒している, かっかしている. (2) 熱くなっている, 沸騰している.
pasarlo bomba / *pasárselo bomba*《話》とても楽しく過ごす. Anoche *nos lo pasamos* ~ en la fiesta. 私たちは昨夜のパーティーでとても楽しく過ごした.
ser la bomba《話》信じられない, 普通ではない.
[←[伊] *bomba*, [関連] bomba².[英] *bomb*]

*****bom·ba**² [bóm.ba; bóm.-] 囡 **1** ポンプ. barco de ~ 消防艇. ~ aspirante 吸い上げポンプ. ~ impelente 押し上げポンプ. ~ aspirante impelente 吸圧ポンプ. ~ de agua 揚水ポンプ;《ラ米》(メヒコ)(アルゼ)消火栓. ~ de aire エアーポンプ. ~ de bencina《ラ米》(チリ)ガソリンスタンド. ~ de bicicleta 自転車の空気入れ. ~ de calor ヒートポンプ. ~ de compresión 圧搾ポンプ. ~ de émbolo ピストン[プランジャー]ポンプ. ~ de engrase 潤滑油注入器. ~ de incendios 消防ポンプ;消防車. ~ de inyección 噴射ポンプ. ~ de mano 手押しポンプ. ~ gástrica【医】胃ポンプ, 胃洗浄器. ~ neumática 真空ポンプ. dar a la ~ ポンプを動かす.
2【音楽】(トロンボーンなどの)滑奏管, スライド.
[←[英] *pump?*]

bom·ba·cha [bom.bá.tʃa; bom.-] 囡《ラ米》(1)(アルゼ)《主に複数で》(農民・ガウチョなどがはく)すそを絞った太めのズボン;(子供・女性用の)短ズボン, ニッカーズ. (2)(ウルグ)(パラグ)【服飾】パンティー, ショーツ(女性の下着).

bom·ba·che [bom.bá.tʃe; bom.-] 男《ラ米》(ボリビ)→ bombacha.

bom·ba·chi·ta [bom.ba.tʃí.ta; bom.-] 囡《ラ米》(アルゼ)【服飾】パンティー, ショーツ(女性の下着).

bom·ba·cho [bom.bá.tʃo; bom.-] 形 《ズボンが》ひざの下で絞られた太めの. 男 ニッカーボッカーズ, ニッカーズ, ゴルフズボン(= pantalón ~).

bom·bar·da¹ [bom.bár.ða; bom.-] 囡 **1**【軍】(中世の)射石砲(= lombarda).
2【海】(船首に臼砲(ᵏゅᵘ)を備えた)2本マストの帆船.

bom·bar·da² [bom.bár.ða; bom.-] 囡【音楽】(1)(パイプオルガンの)低音栓. (2) ボンバルドン:昔の木管楽器.

*****bom·bar·de·ar** [bom.bar.ðe.ár; bom.-] 他
1【軍】砲撃する, 爆撃する. Los aviones *bombardearon* la ciudad. 飛行機が町を爆撃した.
2《話》⟨a... / con...⟩〈質問・嘆願などで〉悩ませる, 攻める. Me *bombardearon con* preguntas [peticiones]. 私は質問[嘆願]攻めにされた. **3**【物理】〈強力なエネルギー・粒子などで〉衝撃を与える.

*****bom·bar·de·o** [bom.bar.ðé.o; bom.-] 男 **1**【軍】爆撃, 砲撃, 爆弾投下. ~ de una ciudad 都市の爆撃. ~ en picado 急降下爆撃. avión de ~ 爆撃機. **2** (質問・嘆願などで)攻めたてること. abonarse [apuntarse] a un ~ どのようなことでもする覚悟をする. **3**【物理】衝撃.

bom·bar·de·ro, ra [bom.bar.ðé.ro, -.ra; bom.-] 形 爆撃の, 爆撃用の. lancha *bombardera* 小型砲艦. 男 爆撃機;(爆撃機の)爆撃手, 砲手.

bom·bar·di·no [bom.bar.ðí.no; bom.-] 男【音楽】サクソルン:低音金管楽器.

bom·bar·dón [bom.bar.ðón; bom.-] 男【音楽】サクソルン, ユーフォニューム:低音金管楽器.

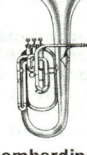

bombardino
(サクソルン)

bom·ba·sí [bom.ba.sí; bom.-] 男 ボンバジーン:(片面に毛羽を立てた)厚手の綿織物.

bom·bás·ti·co, ca [bom.bás.ti.ko, -.ka; bom.-] 形 **1** 〈言葉や人が〉大げさな, もったいぶった. **2**《ラ米》(メヒコ) (話) 賞賛の, ほめそやす.

bom·ba·zo [bom.bá.θo; bom.- / -.so] 男 **1** (爆弾の)炸裂(ᵏさ), 爆発;(爆弾による)被害.
2 (話) 衝撃的なニュース(= bomba).
3 《ラ米》(チリ) (話) げんこつ, 殴打.

bom·be·a·ble [bom.be.á.ble; bom.-] 形 (ポンプで)くみ上げ可能な.

bom·be·a·dor [bom.be.a.ðór; bom.-] 男《ラ米》(アルゼ)爆撃機;偵察者, スパイ.

bom·be·ar¹ [bom.be.ár; bom.-] 他 **1** ポンプでくみ上げる;…の水をくみ出す. ~ el agua ポンプで水をくむ. **2**【スポ】(ボールを)高く弧を描くように打ち上げる, ロブを送る. un balón *bombeado* ロブ. **3** 爆撃する. **4** 膨らませる, 出っ張らせる.
5《ラ米》(1)(アルゼ)(試験で)不合格にする, 落とす. (2) (エクア) (話) 解雇する, 首にする. (3) (アルゼ) (話) 見張る, 偵察する. (4) (ウルグ)挫折(ᵏざ)させる, 失敗させる. (5) (アルゼ) (話) 盗む.
— 自《ラ米》(1) (エクア) (話) 酔う, 酔っ払う. (2) (アルゼ) (話) 物乞いをする.
— **~·se** 再 反る.

bom·be·ar² [bom.be.ár; bom.-] 他《話》べたほめする, おだて上げる(= dar bombo). Se felicitaban y se *bombeaban* mutuamente. 彼らは互いに祝福しほめ合った.

bom·be·o [bom.bé.o; bom.-] 男 **1** 出っ張り, 膨らみ;反り. **2** (ポンプによる)くみ上げ. estación de ~ (石油精製所の)ポンプ施設.

*****bom·be·ro, ra** [bom.bé.ro, -.ra; bom.-] 男 囡 **1** 消防士. cuerpo de ~s 消防隊. cuartel de ~s 消防署. coche de ~s 消防車. ~ forestal 森林消防士. **2**【軍】臼砲(ᵏゅᵘ), 迫撃砲.
3《ラ米》(アルゼ)スパイ, 見張り;偵察兵.

coche de bomberos
(消防車)

idea de bombero めちゃくちゃな計画, 途方もない考え.

bom·be·ta [bom.bé.ta; bom.-] 囡《ラ 米》(アルゼ) (話) 威張った, 気取った.

bóm·bi·ce [bóm.bi.θe; bóm.- / -.se] / **bóm·bix** [bóm.biks; bóm.-] 男【昆】カイコ, カイコガ.

bom·bi·lla [bom.bí.ja; bom.- ‖ -.ʎa;] 囡 **1**【電】電球. ~ de cien vatios 100ワットの電球. el casquillo de una ~ 電球のソケット. cambiar la ~ 電球を替える. Se ha fundido la ~. 電球が切れた. ▶「蛍光灯」は tubo [lámpara] fluorescente.
2【海】舷灯(ᵏげん)(= farol).
3 (ランプの)火屋(ᵏほ). **4**《ラ米》(1) マテ茶を飲む管. (2) (メヒコ)大さじ.

bom·bi·llo [bom.bí.ʎo; bom.- ‖ -.ʎo] 男 **1** (流し・トイレなどの)U字管, トラップ. **2** 吸い上げ管;ピペット. **3**【海】小型ポンプ. **4**《ラ米》(1) (エクア) (話) 知能, 頭. (2) (グア)(エクア)(パ*)電球.

bom·bín [bom.bín; bom.-] 男 **1** (話) 山高帽(= sombrero hongo). **2** (自転車の)空気入れ. **3**《ラ米》(チリ) (卑) ペニス, 陰茎.

bom·bi·ta [bom.bí.ta; bom.-] 囡《ラ米》(アルゼ)電球.

bom·bo, ba [bóm.bo, -.ba; ɓóm.-] 形 **1** 唖然(あぜん)とした、あっけに取られた. ponerle la cabeza *bomba* a+人《話》《人》を唖然とさせる. Tengo la cabeza *bomba*.《話》私は頭がぼうっとしている.
2 (ラ米)《話》(1)〈人〉うんざりしている.(2)〈時間〉間の抜けた；ぬるい；味がない.(3)〈人〉太った.(4)〈人〉〈肉など〉が腐った.(5) (*米)金のある，裕福な. ── 男 **1**《音楽》大太鼓（奏者）. tocar el ～ 大太鼓を打つ. **2**《抽籤器》の回転ドラム. **3**《機》ドラム，胴部. **4** (**dar** と共に) 大げさな賛辞，派手な宣伝［書き立て］. *dar* mucho ～ a una novela ある小説を派手にほめたてる. *darse* ～《話》自慢する，ほらを吹く. **5**《話》《卑》妊婦の腹. **6** 平底荷船，はしけ. **7** (ラ米)《話》(1)〈人〉見せびらかし.(2)《ウグ》《俗》尻(しり). (3)《ウグ》山高帽子.
a bombo y platillo(*s*) 大々的に，大げさに. Anunciaron la fiesta *a* ～ *y platillos*. 彼らは大々的にパーティーの宣伝をした.
hacer un bombo 〈人〉《卑》〈女〉を妊娠させる.
poner bombo a...《ラ米》《ウグ》《話》…をこてんぱんにやっつける.
sin bombo ni platillo(*s*) 静かに.
bom·bón [bom.bón; ɓom.-] 男 **1** ボンボン，（酒類・果実・アーモンドなどが中に入った）チョコレート菓子. una caja de *bombones* 1箱のボンボン菓子. **2**（身体的に）とても魅力的な人，とてもかわいらしい子供. **3**（フィリピンの）竹製の水筒. **4**（ラ米）《エフ》（砂糖きびの液をくむ）柄杓(ひしゃく).
［←《仏》*bonbon*（*bon*「おいしい」を反復した幼児語）］
bom·bo·na [bom.bó.na; ɓom.-] 女 **1** 細首の大型瓶. **2** ボンベ. ～ *de propano* プロパンガスのボンベ.
bom·bo·na·je [bom.bo.ná.xe; ɓom.-] 男《植》パナマソウ：葉がパナマ帽の材料となる.
bom·bo·ne·ra [bom.bo.né.ra; ɓom.-] 女 **1**（飾りにもなる）ボンボンの箱，チョコレート菓子入れ. ～ *de cristal* ガラスの菓子器. **2**《話》こぢんまりとした家.

bombona（大型瓶）

bom·bo·ne·rí·a [bom.bo.ne.rí.a; ɓom.-] 女（主に）チョコレート製品を売る店，チョコレート工場.
bom·pe [bóm.pe; ɓóm.-] / **bóm·per** [bóm.per; ɓóm.-] 男（ラ米）《ウグ》《車》バンパー.
［←《英》*bumper*］
bo·na·chón, cho·na [bo.na.tʃón, -.tʃó.na; ɓo.-] 形《話》気楽な，のんきな. **2** 人のいい，ばか正直な. ── 男 女《話》のんき者，好人物，純真な人.
bo·na·cho·ne·rí·a [bo.na.tʃo.ne.rí.a; ɓo.-] 女 人のよさ，ばか正直，のんき；純真さ.
bo·na·e·ren·se [bo.na.e.rén.se; ɓo.-] 形 ブエノスアイレスBuenos Airesの. ── 男 女 ブエノスアイレスの住民［出身者］（= porteño）.
Bo·nam·pak [bo.nam.pák; ɓo.-] 固名 ボナンパク：メキシコ南部の壁画のあるmaya遺跡.
bo·nan·ci·ble [bo.nan.θí.ble; ɓo.- / -.sí.-] 形〈海・風・天気など〉が穏やかな，晴れた. *mar* ～ 凪(なぎ)いだ海.
bo·nan·za [bo.nán.θa; ɓo.- / -.sa] 女 **1**《海》凪(なぎ)，静穏. **2** 快晴，穏やかな天候. **3** 繁栄，繁盛. **4**《鉱》豊かな鉱脈.
ir en bonanza 順風に乗って進む；順調に行く.
bo·na·par·tis·mo [bo.na.par.tís.mo; ɓo.-] 男《史》ボナパルティズム：Napoleón Bonaparteの独裁政治を擁護する立場［主義］.

bo·na·par·tis·ta [bo.na.par.tís.ta; ɓo.-] 形 ボナパルティズムを支持する.
── 男 女 ボナパルティズム支持者.
bon·che [bón.tʃe; ɓón.-] 男（ラ米）《メシコ》《チレ》《話》たくさん，大量.(2)（ラ米）《メシコ》《話》一団，グループ，一味.(3)《メシコ》一房.(4)《ウグ》《エクア》《話》祭り，群衆.(5)《ウグ》《エクア》《話》騒ぎ，混乱.［←《英》*bunch*］
bon·chi [bón.tʃi; ɓón.-] 男（ラ米）《服などが》短い.
bon·chón, cho·na [bon.tʃón, -.tʃó.na; ɓon.-] 形（ラ米）《エクア》《話》祭り好きな人.
bon·dad [bon.dád; ɓon.-] 女 **1** 善，善良さ（↔*maldad*）. Luis es la ～ *personificada*. ルイスは善良さそのものの人だ. Su ～ *le viene de dentro*. 彼[彼女]の善良さは内面から出てくるものだ.
2 親切（心），優しさ；好意. Le agradezco su ～ *y amabilidad*. あなたの優しさとご親切に感謝します. Me *ayudó por* ～. 彼[彼女]は親切心から私を助けてくれた. **3** ～ *de corazón* 人柄のよさ. ～ *del clima* 気候の穏やかさ.
tener la bondad de+不定詞《丁寧》…してください（= tener la amabilidad de, hacer el favor de）. *Tenga la* ～ *de firmar* aquí. ここにサインしてくださるようお願いいたします. ▶ 命令文・疑問文で丁寧に依頼する言葉ですが、日常表現としては丁寧すぎる言い方. 店員などが顧客に対してよく使う.
bon·da·do·sa·men·te [bon.da.ðó.sa.mén.te; ɓon.-] 副 親切に，優しく，思いやり深く.
bon·da·do·so, sa [bon.da.ðó.so, -.sa; ɓon.-] 形 親切な，善良な，温厚な.
bon·de·ri·za·ción [bon.de.ri.θa.θjón; ɓon.- / -.sa.sjón] 女（鉄さび防止用の）リン酸被膜化.
bon·di [bón.di; ɓón.-] 男（ラ米）《ウグ》（乗り合い）バス.
bo·ne·ta [bo.né.ta; ɓo.-] 女《海》縦帆，ボンネット.
bo·ne·ta·da [bo.ne.tá.ða; ɓo.-] 女《話》帽子を取ってのあいさつ.
bo·ne·te [bo.né.te; ɓo.-] 男 **1**（柔らかい布製の室内用）縁なし帽. **2**《カト》ビレタ：聖職者の四角形の帽子. **3** 在俗司祭（↔*capilla*）. **4**（古語）（学者・学生などの）角帽. **5**（ガラス製の）菓子鉢. **6**《建》（要塞(ようさい)などの）燕尾(えんび)形突出部. **7**《動》（反芻(はんすう)動物の）第2胃. **8**（ラ米）《ウグ》《車》ボンネット.
a tente bonete《話》過度に，しつこく. *Comió a tente* ～. 彼[彼女]は食べすぎた.
¡Bonete! (ラ米)《メシコ》《話》とんでもない.
tirarse los bonetes《話》激しく言い争う.
bo·ne·te·rí·a [bo.ne.te.rí.a; ɓo.-] 女 **1**（boneteを扱う）帽子店［工場］. **2**（ラ米）《メシコ》洋品店.
bo·ne·te·ro, ra [bo.ne.té.ro, -.ra; ɓo.-] **1** 男（bonete を扱う）帽子職人. **2**（ラ米）《メシコ》洋品店主.
── 男《植》セイヨウマユミ（= *evónimo*）.
bon·go [bón.go; ɓón.-] 男（ラ米）《エフ》(*米) 小舟, はしけ，カヌー.
bon·gó [bon.gó; ɓon.-] 男 ボンゴ：一対の小型片面太鼓.
bon·ho·mí·a [bo.no.mí.a; ɓo.-] 女 → *bondad*.
bon·ho·tel [bo.no.tél; ɓo.-] 男 → *bonotel*.
bo·ni [bó.ni; ɓó.-] 男《話》→ *boniato*.
bo·nia·ta [bo.njá.ta; ɓo.-] 女（ラ米）《話》食べられる. ── 女（ラ米）《エフ》食用のキャッサバ.
bo·nia·to [bo.njá.to; ɓo.-] 男《植》サツマイモ（= *batata*）.
bo·ni·co, ca [bo.ní.ko, -.ka; ɓo.-] 形《話》〈子供が〉かわいらしい.

boquera

a bonico 静かに, 小声で.

Bo·ni·fa·cio [bo.ni.fá.θjo; ƀo.- / -.sjo] 固名 **1** San ― 聖ボニファチウス (680?-755?): ベネディクト会士・マインツの大司教, ドイツの使徒. **2** ボニファシオ: 男子の洗礼名. [←〔ラ〕*bonifacius*「善行の人」] 〔関連〕〔ポルトガル〕*Bonifácio.*〔仏〕〔英〕*Boniface.* 〔伊〕*Bonifacio.*〔独〕*Bonifatius*]

bo·ni·fi·ca·ción [bo.ni.fi.ka.θjón; ƀo.- / -.sjón] 女 **1** 改良, 改善 (= *mejora*). **2**〖商〗(1) 値引き (= *descuento*). (2) ボーナス, 助成金, 割戻金, 配当金. **3**《スポ》ボーナスタイム: 自転車競技などでかかった時間をいくらか差し引くこと.

bo·ni·fi·car [bo.ni.fi.kár; ƀo.-] 100 他 **1** 改良する, 改善する. ～ la tierra 土地を改良する. **2**〖商〗値下げする, 割引する; 賃金を上げる, ボーナスを与える. ～ un siete por ciento sobre el precio 定価の7 パーセント値引きする (= *descontar*). **3**《スポ》ボーナスタイムを与える. **4** 貸方勘定に記載する.

bo·ní·si·mo, ma [bo.ní.si.mo, -.ma; ƀo.-] 形 [*bueno* の絶対最上級] この上なくよい (= *buenísimo*).

bo·nis·ta [bo.nís.ta; ƀo.-] 男女〖経〗債権などの所有者.

bo·ni·ta [bo.ní.ta; ƀo.-] 形 → bonito.

bo·ni·ta·lo [bo.ní.ta.lo; ƀo.-] 男〖魚〗→ bonito.

bo·ni·ta·men·te [bo.ni.ta.mén.te; ƀo.-] 副 やさしく, 上手に; やすやすと, 難なく.

bo·ni·te·ro, ra [bo.ni.té.ro, -.ra; ƀo.-] 形 カツオ(漁)の. ― 男女 カツオ漁師. ― 女 カツオ漁船.

***bo·ni·to, ta** [bo.ní.to, -.ta; ƀo.-] 形 **1**《+名詞／名詞+》（+ *estar*+） きれいな, かわいらしい, すてきな (▶ 人の場合は主に女性・女児が対象). *bueno*, ～ y *barato* 良質できれいで安い. No confíes en las palabras *bonitas*. 美しい言葉を信じてはいけない. ¡Qué día tan ～! なんてすてきな日だろう. La niña *era* muy *bonita*. その女の子はとてもかわいかった. *Estás bonita* hoy. 今日の君はきれいだね. *Es* ～ *hablar de eso.* そのことを話すのはすばらしい. Esta casa *es* muy *bonita*. この家はとてもすてきだ. ▶ *hermoso*〔類語〕. ▶ 呼びかけとしても用いる. → ¡Hola, *bonita*! ¿A dónde vas? ねえ, どこに行くの. **2**《+名詞》《皮肉》すごい, ひどい. Anda con un ～ *problema*. 彼(彼女)はすごい問題を抱えている. **3**《+名詞》《話》《量・大きさが》かなりの, すごい. recibir una *bonita* cantidad de dinero すごい金額を受け取る.

― 男〖魚〗カツオ. (lomo de) ～ asado カツオの塩焼き.

― 副《ラ米》《話》上手に, うまく.

más bonito que un San Luis《話》〈男性が〉身なりをびしっときめて〔きめた〕.

¡Muy bonito!（1）とてもすばらしい.（2）《反語》結構よい.

niño bonito うぬぼれ屋.

¿Te parece bonito?《非難》それでいいの. *¿Te parece* ～ *llegar a estas horas?* こんな時間に帰っていいとでも思ってるの.

[〔ラ〕*bonus*「よい」+縮小辞;男「カツオ」への転義は体色の美しさから か]

bo·ni·tu·ra [bo.ni.tú.ra; ƀo.-] 女 美しさ, かわいらしさ (= *hermosura*).

bo·ni·zal [bo.ní.θal; ƀo.- /-.sál] 男 アワ畑.

bo·ni·zo [bo.ní.θo; ƀo.- / -.so] 男〖植〗アワの一種.

Bonn [bón; ƀón] 固名 ボン: 1990年統一までのドイツ連邦共和国[西ドイツ] の首都.

***bo·no** [bó.no; ƀó.-] 男 **1** 金券, バウチャー; クーポン券. **2**（バス・電車などの）回数券, 定期券. un ～ de diez viajes (交通機関) 10回分の回数券. **3**〖商〗債券, 公債, 証券. ～ basura リスクも利益も高い債権. ～ convertible 転換社債. ～ del Tesoro [Estado] 国債. **4**（日常必需品の）配給券.

bo·no·bús [bo.no.bús; ƀo.-] 男 バスの回数券[カード].

bo·no·lo·to [bo.no.ló.to; ƀo.-] 女 スペインの国営宝くじ.

bo·no·me·tro [bo.no.mé.tro; ƀo.-] 男 地下鉄用の回数券[カード].

bo·no·nien·se [bo.no.njén.se; ƀo.-] 形 男女 → boloñés.

bo·no·te [bo.nó.te; ƀo.-] 男 ココヤシの果皮から採った繊維.

bo·no·tel [bo.no.tél; ƀo.-] 男 ホテルの宿泊クーポン券.

bo·no·trén [bo.no.trén; ƀo.-] 男 電車用の回数券[カード].

bon·sái / bon·sai [bon.sái; ƀon.-]〔日〕男〔複 ～s〕〖植〗盆栽.

bo·nus [bó.nus; ƀó.-] 男〔単複同形〕ボーナス; 特別手当; 特別割引; 報奨(金), 奨励金.

bon·zo [bón.θo; ƀón.-/-.so] 男（仏教の）僧. *monasterio de ～s* 寺院, 僧院.

quemarse [suicidarse] a lo bonzo 焼身自殺する.

[←〔日〕坊主]

bo·ñi·ga [bo.ñí.ga; ƀo.-] 女 牛糞(t), 馬糞.

bo·ñi·go [bo.ñí.go; ƀo.-] 男〖畜〗[馬糞]の塊.

book [búk; ƀúk]〔英〕男〔複 ～s〕ブック: モデルや芸術家などが宣伝材料として自分 (の作品) の写真を並べて作るアルバム.

book·mak·er [búk.mei.ker; ƀúk.-]〔英〕男〔複 ～s〕ブックメーカー, (競馬などの) 胴元, 賭(")けの仲介業者; 呑(")み屋.

book·mark [búk.mark; ƀúk.-]〔英〕男〔複 ～s, ～〗〖IT〗ブックマーク: ブラウザにURLを登録すること〔機能〕.

boom [búm; ƀúm]〔英〕男〔複 ～s, ～〕**1** ブーム, (商売などの) にわか景気, 急成長, 急騰, 急増, 好況. ～ *turístico* 観光ブーム. **2**〖文学〗(ラテンアメリカ文学の) ブーム. ◆チリの作家 Donoso が使用した1960-70年代の中南米文学の興隆を指す言葉. 作家全体を称して The boom 世代 *generación del boom* とも言う. 主要構成メンバーに García Márquez, Cortázar, Fuentes, Vargas Llosa, Puig など. 50年代以前から活躍する作家 (Borges, Asturias, Carpentier など) の再評価も含む.

boom·er·ang [bu.me.rán; ƀu.-]〔英〕男 ブーメラン (= *bumerán*).

Bo·o·tes [bo.ó.tes; ƀo.-] 固名〖星座〗うしかい座.

boot·leg·ger [bút.le.ger; bút.-]〔英〕男 酒類密売[密輸業] 者.

bo·que·a·da [bo.ke.á.da; ƀo.-] 女《主に複数で》 (死に際に) 口をぱくぱくさせること. ～s *del pez* 魚が口をぱくぱくさせること. *dar las* (últimas) ～s 死にかけている;《話》(ものごとが) 終わりかけている.

bo·que·ar [bo.ke.ár; ƀo.-] 他 (言葉を) 発する, 言う. ― 自 **1** (死に際に) 口をぱくぱくさせる; あえぐ; 〈人が〉最期 [臨終] を迎える. **2**《話》終わりに近づく, 尽きかける. **3**《ラ米》(ほう)《話》死にそうである.

bo·que·ra [bo.ké.ra; ƀo.-] 女 **1**〖医〗口角びらん, 口角炎 (= *bocera*);〖獣医〗(ヤギ・メンヨウの) 口唇の

皮膚炎. **2**（灌漑(然)用水路の）水門, 堰(*). **3**（小屋などのわら・干し草の）投入口.

bo·que·ras [bo.ké.ras; ðo.-] 男〖単複同形〗おしゃべり屋, くだらないやつ (= boceras).

bo·que·rel [bo.ke.rél; ðo.-] 男 ノズル, 噴出口；(給油用)ノズル.

bo·que·rien·to, ta [bo.ke.rjén.to, -.ta; ðo.-] 形《ラ米》《俗》口角炎にかかった；卑しい, 下等な, 汚い.

bo·que·rón, ro·na [bo.ke.rón,-.ro.na; ðo.-] 形《話》お金のない. —— 男 女《話》お金のない人.
—— 男 **1**〖魚〗（ヨーロッパ・アフリカ産の）カタクチイワシ. *boquerones* en vinagre カタクチイワシのマリネ.
〖類語〗*boquerón* は*anchoa* はよく混同されるが, anchoa「アンチョビー」はカタクチイワシに似た小魚で別種. 油漬け製品やオリーブの実に詰められたものがアンチョビで, boquerón は油で揚げたり, 酢漬けにして食される.
2 大きな開口部[破れ目].

bo·que·te [bo.ké.te; ðo.-] 男 **1** 狭い出入り口. **2** 裂け目, 破れ目 (= brecha).

bo·que·te·ar [bo.ke.te.ár; ðo.-] 他《ラ米》《俗》押し入る, 強盗に入る.

boquerón (カタクチイワシ)

bo·qui [bó.ki; ðó.-] 男〖植〗ボキ：チリ原産のブドウ科のつる植物.

boqui- 「口」の意を表す合成語の造語要素. ➡ *boqui*abierto, *boqui*negro.

bo·qui·a·bier·to, ta [bo.kja.ßjér.to, -.ta; ðo.-] 形 口の開いた；口をあけた, ぽかんとした. Me quedé 〜 cuando supe la verdad. 真実を知って私は唖然(*)とした.

bo·qui·an·cho, cha [bo.kjan.tʃo, -.tʃa; ðo.-] 形 口の広い.

bo·qui·an·gos·to, ta [bo.kjaŋ.gós.to, -.ta; ðo.-] 形 口の狭い.

bo·qui·blan·do, da [bo.ki.ßlán.do, -.da; ðo.-] 形〈馬が〉御しやすい.

bo·qui·du·ro, ra [bo.ki.ðú.ro, -.ra; ðo.-] 形〈馬が〉御しがたい.

bo·qui·fres·co, ca [bo.ki.frés.ko, -.ka; ðo.-] 形 **1**〈馬が〉御しやすい. **2**《話》臆面(*)もない, ずけずけと言う (= descarado).

bo·qui·lla [bo.kí.ja; ðo.-‖ -.ʎa] 女 **1**（紙巻タバコ・葉巻用）パイプ, ホルダー, チップ；（紙巻きタバコ用の）フィルター；（パイプの）吸い口. 〜 con filtro フィルターチップ. **2**〖音楽〗（管楽器の）マウスピース.
3（色々なものの）部品, 口. 〜 de un biberón 哺乳瓶の乳首. 〜 de un bolso ハンドバッグの留め金. 〜 de un grifo 蛇口. 〜 de un quinqué ランプの火口(*). **4**（灌漑(然)用水路の）水門. **5**（手榴(*)弾などで火薬を詰めるための）穴, 開口部；（材木の）ほぞ穴. **6**（刀の）鯉口(*). **7**（ホースなどの）筒先,（管の）継ぎ手, 連結部, カップリング. **8**（ズボンの）すそ口. **9**《ラ米》《俗》うわさ話；口先だけの話.
de boquilla《話》口先だけの[で].

bo·qui·lla·zo [bo.ki.já.θo; ðo.- ‖ -.ʎá.- / -.so] 男《ラ米》《俗》口コミ.

bo·qui·lle·ro, ra [bo.ki.jé.ro, -.ra; ðo.- ‖ -.ʎé.-] 形《ラ米》《タ"》《話》口数の多い, おしゃべりな；

（約束が）いい加減な, 安請け合いをする.

bo·qui·mue·lle [bo.ki.mwé.je; ðo.- ‖ -.ʎe] 形〈馬が〉御しやすい；〈人が〉扱いやすい.

bo·quin·che [bo.kín.tʃe; ðo.-] 男《ラ米》《ﾒｷｼｺ》《ﾁﾘ》《話》《軽蔑》兎唇(*)の人.

bo·qui·ne·gro, gra [bo.ki.né.gro, -.gra; ðo.-] 形〈動物が〉鼻面の黒い.
—— 男〖貝〗（スペイン産の）カタツムリの一種.

bo·qui·ne·te [bo.ki.né.te; ðo.-] 男《ラ米》《ﾒｷｼｺ》➡ boquinche.

bo·qui·ne·to, ta [bo.ki.né.to, -.ta; ðo.-] 男 女《ラ米》《ﾒｷｼｺ》《ﾁﾘ》《話》《軽蔑》兎唇(*)の人.

bo·qui·que [bo.kí.ke; ðo.-] 男 女《ラ米》《ｾﾙ》《話》おしゃべりな人.

bo·qui·rro·to, ta [bo.ki.r̃ó.to, -.ta; ðo.-] 形《話》口の軽い, いい加減なことをしゃべる (= parlanchín). —— 男 女《話》おしゃべりな人.

bo·qui·rru·bio, bia [bo.ki.r̃ú.ßjo, -.ßja; ðo.-] 形 **1** 口の軽い, 余計なことを言う. **2** うぶな.
—— 女 おしゃべりな人.
—— 男《話》色男ぶっている若者.

bo·qui·se·co, ca [bo.ki.sé.ko, -.ka; ðo.-] 形 口がかわいている,〈馬が〉泡を吹くことが少ない.

bo·qui·su·cio, cia [bo.ki.sú.θjo, -.θja; ðo.- / -.sjo, -.sja] 形《ラ米》《ﾌﾟｴﾙﾄﾘｺ》《話》口汚い.

bo·qui·ta [bo.kí.ta; ðo.-] 女《ラ米》《ﾊﾟﾗｸﾞｱｲ》《話》酒のつまみ.

bo·qui·tor·ci·do, da [bo.ki.tor.θí.ðo, -.ða; ðo.- / -.sí.-] / **bo·qui·tuer·to, ta** [bo.ki.twér.to, -.ta; ðo.-] 形〈（特に）馬が〉口のゆがんだ.

bo·ra·ciar [bo.ra.θjár; ðo.- / -.sjár] 自《ラ米》《ｸﾞｱﾃﾏﾗ》《話》空威張りする, 強がりを言う.

bo·ra·ci·ta [bo.ra.θí.ta; ðo.- / -.sí.-] 女〖鉱〗方硼(*)石.

bo·ra·to [bo.rá.to; ðo.-] 男〖化〗ホウ酸塩, ホウ酸ナトリウム.

bó·rax [bó.raks; ðó.-] 男〖鉱〗ホウ砂.

bor·bo·lla [bor.ßó.ja; ðor.- ‖ -.ʎa] 女 **1** あぶく, 泡, 水泡,（液体の中にできる）気泡.
2 沸騰, 泡立つこと (= borbotón, borbollón).

bor·bo·llar [bor.ßo.jár; ðor.- ‖ -.ʎár] / **bor·bo·lle·ar** [bor.ßo.je.ár; ðor.- ‖ -.ʎe.-] 自 泡立つ, 沸騰する.

bor·bo·lle·o [bor.ßo.jé.o; ðor.- ‖ -.ʎé.-] 男 泡立つこと；沸騰すること.

bor·bo·llón [bor.ßo.jón; ðor.-‖ -.ʎón] 男 ➡ borbotón.
a borbollones（人が）騒がしく, どやどやと,（液体が）ぐつぐつと.

bor·bo·llo·ne·ar [bor.ßo.jo.ne.ár; ðor.- ‖ -.ʎo.-] 自 ➡ borbollar.

Bor·bón [bor.ßón; ðor.-] 固名 **1** Casa de 〜 ブルボン家：9世紀にフランスに興り, 1589年-19世紀初頭まで同国の王位に君臨した.
2 los *Borbones* ブルボン家：スペインの王家. ◆フランス王14世の孫 Felipe 5世（在位1700-24, 24-46）から始まり, 1808-13年 José Bonaparte により中断したが, 1813年 Fernando 7世の復位により復activity. 1931年 Alfonso 13世の退位で中絶, 75年 Juan Carlos 1世で復活.

bor·bó·ni·co, ca [bor.ßó.ni.ko, -.ka; ðor.-] 形 ブルボン家[朝]（支持）の. la dinastía *borbónica* ブルボン王朝. nariz *borbónica* ブルボン家に特有の鷲鼻(*). —— 男 女 ブルボン家[朝]（支持）の人.

bor·bor [bor.ßór; ðor.-] 男 (ぐらぐらと) 沸騰する こ

と；湧(わ)き出ること．

bor·bo·rig·mo [bor.bo.ríɡ.mo; bor.-] 男《主に複数で》〖医〗腹がごろごろ鳴る音[こと]．

bor·bo·ri·tar [bor.bo.ri.tár; bor.-] 自 → borbotar.

bor·bo·tar [bor.bo.tár; bor.-] / **bor·bo·te·ar** [bor.bo.te.ár; bor.-] 自 **1** ぐらぐら沸騰する (= borbollar)；泡立つ． **2** こんこんと湧(わ)き出る．

bor·bo·te·o [bor.bo.té.o; bor.-] 男 沸騰すること；湧(わ)き出ること．

bor·bo·tón [bor.bo.tón; bor.-] 男 **1** 泡立つこと，沸騰 (= borbollón)． **2** 湧出(ゆうしゅつ)，噴出．
a borbotones (1) ぐらぐらと；ごぼごぼと．El agua hierve *a borbotones*. 湯がぐらぐら沸く． (2) こんこんと，どくどくと． (3) どっと，一斉に． (4) せき込んで；あわてて．hablar *a borbotones* しどろもどろに話す．

bor·ce·guí [bor.θe.ɡí; bor.- / -.se.-] 男《複 ～es》編み上げ靴，ショートブーツ；(赤ん坊用の)毛糸で編んだ靴．

bor·da[1] [bor.ða; bór.-] 女 〖海〗(1) 舷(げん)，船べり，ガンネル；ブルワーク．motor de fuera ～ 船外モーター． (2) (ガレー船の)主帆．
arrojar [*echar, tirar*] *por la borda*... (1) …を船から投げ捨てる． (2) …を失う，棒に振る． (3) …を取り除く，払いのける．

bor·da[2] [bor.ða; bór.-] 女 (ピレネー地方の)小屋，山小屋．

bor·da·da [bor.ðá.ða; bor.-] 女 **1** 〖海〗(帆船の)間切り(風を斜めにうけて風を風上にやること)；帆の方向を変えずに進む区間．dar ～s 間切りしながら風上に進む，ジグザグに進む． **2** ぶらつくこと．

bor·da·do, da [bor.ðá.ðo, -.ða; bor.-] 形 **1** 刺繍(ししゅう)した． **2** 完成した，完璧な．quedar [salir] ～ 完成する．—— 男 刺繍(作品) (= bordadura)；刺繍すること．～ de realce (サテン・ステッチなどの)浮き上げ刺繍．～ a mano [máquina] 手縫い[機械縫い]刺繍．hacer ～ 刺繍をする．

bor·da·dor, do·ra [bor.ða.ðór, -.ðó.ra; bor.-] 男 女 刺繍職人．

bor·da·du·ra [bor.ða.ðú.ra; bor.-] 女 刺繍(ししゅう)(品)．

bor·da·le·sa [bor.ða.lé.sa; bor.-] 女 《ラ米》(ラプラタ)(容量225リットルの)ワイン樽(たる)．

bor·dan·te [bor.ðán.te; bor.-] 男 女 《ラ米》(カリブ)下宿人．

‡**bor·dar** [bor.ðár; bor.-] 他 **1** …に刺繍(ししゅう)する；《*sobre*...》〈布地など〉に…の刺繍をする．～ un pañuelo ハンカチに刺繍する．～ unas flores *sobre* una sábana シーツに花の刺繍をする．～ calado ドローンワーク(透かし模様のある刺繍)をする． **2** 完璧(かんぺき)に行う，完璧に仕上げる．Sonia *bordó* su redacción. ソニアは完璧な作文を書いた．
—— 自 刺繍する．
[←(フランク)*burzdon*；関連(英)*embroider*]

bor·de[1] [bór.ðe; bór.-] 男 **1 縁(ふち)，へり，端．llenar la taza hasta el ～ 縁までカップを満たす．sentarse en el ～ de la acera 歩道の縁石に腰掛ける．Este libro tiene los ～s gastados. この本は周りの部分が傷んでいる．El campo se extiende hasta el ～ del monte. 畑は山際まで続いている．
2 (海・川などの)岸，沿岸．recorrer los ～s de un lago 湖を巡る． **3** 〖海〗(船の)舷(げん)，船べり．
al borde de... (1) …の縁に；…の沿岸に．El hotel se sitúa *al* ～ *del* mar. そのホテルは海に面している． (2) …の危機に瀕して，…寸前に．Me tienes *al* ～ *de* la locura. 君のせいで私は頭がおかしくなりそうだ．
[←(古仏)*bord*；関連 bordear, abordar, desbordar，(英)*border*．〖日〗ボーダー(ライン)]

bor·de[2] [bór.ðe; bór.-] 形 **1** 《話》意地が悪い；機嫌の悪い．El jefe se está poniendo ～ conmigo. 上司は私にすぐ怒る． **2** 粗野な，のろまな． **3** 《軽蔑》私生児の，庶出の (= bastardo)． **4** 〖植〗自生の，野生の．ciruelo ～ 野生のプラム．
—— 男 女 **1** 《話》意地が悪い人，ひねくれ者．Ese tío es un ～ que me desespera. …ああいう感じの悪いやつで頭にくる． **2** 《軽蔑》私生児，庶子．

bor·de·ar [bor.ðe.ár; bor.-] 自 **1** 〖海〗間切る：風を斜めに受けて船を風上にやる (= dar bordadas)．
2 へりいっぱいまである．El agua del vaso *bordeaba*. コップに水がなみなみと注がれていた．
—— 他 **1** …の縁に沿って沿う，…の沿岸を進む；…の縁[沿岸]にある．Navega *bordeando* la isla. 島の沿岸を航海する．La arboleda *bordea* el camino. 道沿いに木立ちがある． **2** 縁取る，へりをつける．～ una foto con una lista blanca 写真に白の縁を付ける．
3 …に隣接する． **4** (危険・成功・年齢などに)あと一歩に近づく，(精神状態などの)瀬戸際にある．*Bordea* los cuarenta años. 彼[彼女]は齢(よわい)40になろうとしている．Esto *bordea* el ridículo. これはほとんどナンセンスだ． **5** 《ラ米》(チリ)《話筋》避ける．

bor·deaux [bor.ðó; bor.-] 〔仏〕 形《性数不変》《ラ米》ボルドー産ワインの；ワインレッドの．—— 男 《ラ米》ボルドー産ワイン；ワインレッド (= burdeos)．

bor·de·ja·da [bor.ðe.xá.ða; bor.-] 女 《ラ米》(ラプラタ)(コロ)〖海〗 → bordada.

bor·de·jar [bor.ðe.xár; bor.-] 自 《ラ米》〖海〗間切る．

bor·de·lés, le·sa [bor.ðe.lés, -.lé.sa; bor.-] 形 ボルドーBurdeos の．un vino ～ ボルドー産ワイン．
—— 男 ボルドーの住民[出身者]．
—— 女 (容量225リットルの)ボルドー産ワイン樽(たる) (= barrica bordelesa).

bor·der·line [bór.der.lain; bór.-] 〔英〕 形《複 ～, ～s》〖心〗境界性人格障害の；(さまざまなレベルでの)境界例の．
—— 男 女 〖心〗境界性人格障害者；境界例にある人．
—— 女 境界性(人格障害)，境界例．

bor·di·llo [bor.ðí.jo; bor.-] 男 **1** (歩道などの)縁(石)，へり(石)． **2** (少し高くなった)車線境界線．

bor·dín [bor.ðín; bór.-] 男 《ラ米》(ラプラタ)(カリブ)(カリブ)下宿屋．

bor·din·gue·ro, ra [bor.ðiŋ.ɡé.ro, -.ra; bor.-] 男 女 《ラ米》(ラプラタ)(カリブ)(カリブ)下宿屋[宿]の主人[女将(おかみ)]．

***bor·do** [bór.ðo; bór.-] 男 **1** 〖海〗(1) 舷(げん)(船の(外側)の)側面．virar de ～ (船を)旋回させる．al ～ (船を)横付けに． (2) 間切り：風を斜めにうけて船を風上にやること．dar ～s 間切りする．
2 《ラ米》(1) (メヒコ)(グアテ)(カリブ)(農業用の)せき止め． (2) (メヒコ)(カリブ)地面の盛り上がり． (3) (キ)小ダム，堤防；賄い．
a bordo 船上に，機内に；船上で，機内で．subir *a* ～ 乗船する；搭乗する．*a* ～ *del barco* 船中で．diario de *a* ～ 航海日誌．los hombres de *a* ～ 乗組員．segundo de *a* ～ 1等航海士．
de alto bordo (1) 〖海〗大型の，遠洋航海用の．barco *de alto* ～ 遠洋航海船． (2) (人が)第一級の，最高級の；(物事・取引などが)最重要な．

bor·dó [bor.ðó; ƀor.-] 形 男 《ラ米》→ bordeaux.
bor·dón [bor.ðón; ƀor.-] 男 1（人の背丈より高い）杖(ɔ̌). 2 支えになる人, 手引きをする人. 3（詩歌の）繰り返し, リフレイン（= estribillo）. 4 口癖の言葉・言い回し. 5《音楽》(1) 低音弦．ブルドン：パイプオルガンの最低音域の音栓．(3)（小太鼓の）響線(ěiǎō), さわり弦. 6《印》組み落とし, 脱字. 7《医》（外科用の）腸線, ガット線. 8《ラ米》〖ʒṼ〗《話》末っ子.
bor·do·na [bor.ðó.na; ƀor.-] 女《ラ米》《ʒṼ》《音楽》ギターの低音弦.
bor·don·ci·llo [bor.ðon.θí.jo; ƀor.- ‖ -.ðo/-.sí.-] 男 口癖の言葉・言い回し.
bor·do·ne·ar [bor.ðo.ne.ár; ƀor.-] 自 1 杖(ɔ̌)で探り歩く；杖でたたく. 2 物ごいをする. 3 ギターの低音弦を弾く. 4（虫が）ぶんぶんうなる.
bor·do·ne·o [bor.ðo.né.o; ƀor.-] 男 1 ギターの低音弦の響き. 2 ぶんぶんいう, うなり.
bor·du·ra [bor.ðú.ra; ƀor.-] 女《紋》（盾形周囲の）縁取り図形.
bo·re·al [bo.re.ál; ƀo.-] 形《文章語》北の（↔austral）. aurora ~ 北極光.
bó·re·as [bó.re.as; ƀó.-] 男《文章語》北風. → euro[1].
Bor·ges [bór.xes; ƀór.-] 固名 ボルヘス Jorge Luis ~ (1899–1986)：アルゼンチンの詩人・作家. 作品 *Ficciones*『伝奇集』.
Bor·gia [bór.xja; ƀór.-] 固名 ボルジア（家）：スペイン北部 Borja 出身のイタリア貴族.
bor·go·ña [bor.ɣó.ɲa; ƀor.-] 男 1 [B-]（フランスの）ブルゴーニュ. 2 ブルゴーニュ産. 3《ラ米》《中》赤ワインとイチゴを混ぜた飲み物.
bor·go·ñón, ño·na [bor.ɣo.ɲón, -.ɲó.na; ƀor.-]（フランスの）ブルゴーニュ Borgoña の.
— 男 女 ブルゴーニュの住民［出身者］.
bo·ri·ca·do, da [bo.ri.ká.ðo, -.ða; ƀo.-] 形 ホウ酸を含んだ, ホウ酸の. agua *boricada* ホウ酸水.
bó·ri·co, ca [bó.ri.ko, -.ka; ƀó.-] 形《化》ホウ酸の, ホウ素の. ácido ~ ホウ酸.
bo·ri·cua [bo.rí.kwa; ƀo.-] 女《ラ米》《ʒṼ》《話》生粋のプエルトリコ人.
bo·rin·ca·no, na [bo.riŋ.ká.no, -.na; ƀo.-] 形《ラ米》〖ʒṼ〗プエルトリコの.
— 男 女《ラ米》〖ʒṼ〗プエルトリコ人.
Bo·rin·quen [bo.ríŋ.ken; ƀo.-] / **Bo·rin·quén** [bo.riŋ.kén; ƀo.-] 男《ラ米》〖ʒṼ〗プエルトリコ島. ［タイノ語起源］
bo·rin·que·ño, ña [bo.riŋ.ké.ɲo, -.ɲa; ƀo.-] 形 プエルトリコの, プエルトリコ人の.
— 男 女 プエルトリコ人（= puertorriqueño）. ［Borinquén（プエルトリコ）から］
Bor·ja [bór.xa; ƀór.-] 固名 → Borgia.
bor·la [bór.la; ƀór.-] 女 1 飾り房, 玉房,（博士帽・軍帽の）飾り房 ◆大学卒業生の帽子に学部ごとに違う色のものをつけ学部を区別する. 2 （化粧用の）パフ（= ~ para polvos）. 3 《複数で》《植》アマランサス, ハゲイトウ（= amaranto）.
tomar la borla 博士の学位を取る, 大学を卒業する.

borla （飾り房）

bor·lar·se [bor.lár.se; ƀor.-] 再《ラ米》《中》博士の学位を取る.
bor·li·lla [bor.lí.ja; ƀor.- ‖ -.ʎa.] 女《植》蕾(ĩ).
bor·lón [bor.lón; ƀor.-] 男 1 大きい飾り房. 2 （綿布の）ディミティー. 3《複数で》《植》アマランサス, ハゲイトウ. ［borla + 増大辞］
bor·lo·te [bor.ló.te; ƀor.-] 男《ラ米》《ʒＴ》《話》騒ぎ, 騒動.
bor·ne[1] [bór.ne; ƀór.-] 男 1《電》端子. ~*s de la batería* バッテリーの端子. 2 槍(ɣǎ)の先端.
bor·ne[2] [bór.ne; ƀór.-] 男《植》エニシダの一種.
bor·ne·a·di·zo, za [bor.ne.a.ðí.θo, -.θa; ƀor.-/ -.so, -.sa] 形 曲がりやすい, 反りやすい.
bor·ne·ar[1] [bor.ne.ár; ƀor.-] 他 1 曲げる, 曲げる. 2《建》(1)（土台の石などを動かしながら）定まった位置に据える.(2)（柱の）周囲に彫刻を施す. 3《ラ米》《ʒＴ》ボウリングで）（球に）スピンをかける.
— 自（船が）錨(ɪ́kǎ)を中心にして回る.
— ~**·se** 再（板が）反る, ひずむ.
bor·ne·ar[2] [bor.ne.ár; ƀor.-] 他（反りを見るために）片目で透かして見る.
bor·ne·o[1] [bor.né.o; ƀor.-] 男 1 曲げ；曲がり, 反り. 2《建》(1)（土台の石などを動かしながら）定まった位置に据えること.(2) 柱の装飾彫刻［細工］. 3（潮流・強風などで錨(ɪ́kǎ)を中心にして）船が回ること.
bor·ne·o[2] [bor.né.o; ƀor.-] 男 片目で反りを見ること.
bor·ne·ro, ra [bor.né.ro, -.ra; ƀor.-] 形 石臼(ɪ́Ṽ)の, 石臼でひいた.
bor·ní [bor.ní; ƀor.-] 男《鳥》チュウヒ：タカ科の鳥.
bo·ro [bó.ro; ƀó.-] 男《化》ホウ素（記号 B）.
bo·ro·na [bo.ró.na; ƀo.-] 女 1《植》キビ；トウモロコシ. 2 トウモロコシパン. 3《ラ米》〖ʒＴ〗《中》《ʒＴ》《ʒＴ》パンくず.
bo·rra [bó.ra; ƀó.-] 女 1 短い羊毛, 羊毛くず. 2 （詰め物用の羊毛綿などの）繊維くず. 3 （ポケット・家具の下などの）綿ごみ. 4（茶・コーヒー・インクなどの）おり, かす. 5《話》よけいな言葉, 冗語；中身のない話. *meter* ~（よけいな言葉を入れて）話［文］を冗漫にする. 6《動》(1 歳の) 雌の子羊.
bo·rra·cha·da [bo.ra.tʃá.ða, -.ða; ƀo.-] 女 → borrachera.
bo·rra·che·ar [bo.ra.tʃe.ár; ƀo.-] 自 しょっちゅう酔っている, 酒におぼれる.
bo·rra·che·ra [bo.ra.tʃé.ra; ƀo.-] 女 1 酔い, 酩酊(ẽíĩ). *agarrar* [*coger*, *pescar*] *una* ~ 酔っぱらう. 2 《話》飲み騒ぐこと. *ir de* ~ 飲み食いして浮かれ騒ぐ. 3《話》有頂天, 歓喜. *la* ~ *de los triunfos* 勝利に酔いしれること.
bo·rra·che·rí·a [bo.ra.tʃe.rí.a; ƀo.-] 女 → borrachera.
bo·rra·che·ro [bo.ra.tʃé.ro; ƀo.-] 男《植》チョウセンアサガオの一種.
bo·rra·chín, chi·na [bo.ra.tʃín, -.tʃí.na; ƀo.-] 男 女《親愛》酔っぱらい, 飲んだくれ.
★**bo·rra·cho, cha** [bo.rá.tʃo, -.tʃa; ƀo.-] 形 1《estar +》酔っ払った. *Está* ~ *de haber bebido tanto vino.* 彼はワインの飲み過ぎで酔っ払っている. 2《ser +》酒好きの, 飲んべえの. 3（菓子などが）酒をしみ込ませた. 4《estar +》《*de…*》に）酔いしれた. ~ *de ira* 怒りに我を忘れた. 5《花・果実・野菜が》すみれ色の, 暗紫色の. 6《ラ米》（果物が）熟しすぎた, 傷んだ.
— 男 女 酔っ払い；大酒飲み, 飲んべえ.
bizcocho borracho《料》サバラン.
borracho como una cuba《話》ひどく酔っ払った.
bo·rra·chue·la [bo.ra.tʃwé.la; ƀo.-] 女《植》ドクムギ.
bo·rra·do, da [bo.rá.ðo, -.ða; ƀo.-] 形《ラ米》

Bosnia-Herzegovina

(ごぶ)《話》あばた面(づら)の.

bo·rra·dor [bo.r̄a.đór; ƀo.-] 男 **1** 下書き, 草稿. **2** メモ用紙, 雑用紙. **3** 消しゴム；黒板ふき. **4** 《商》(取引)口座帳, 仕訳帳.

bo·rra·du·ra [bo.r̄a.đú.ra; ƀo.-] 女 消去 (特に線で文字を)消すこと；払拭(ふっしょく), 抹消.

bo·rraj [bo.r̄áx; ƀo.-] 男 → bórax.

bo·rra·ja [bo.r̄á.xa; ƀo.-] 女《植》ルリヂシャ.

bo·rra·je·ar [bo.r̄a.xe.ár; ƀo.-] 他 なぐり書きする；いたずら書きをする.

bo·rra·jo [bo.r̄á.xo; ƀo.-] 男 **1** 埋(ぅ)み火, 残り火 (= rescoldo). **2** 落ち松葉.

bo·rrar [bo.r̄ár; ƀo.-] 他 **1** 《de... ...から》〈文字・絵などを〉(ぬぐって) 消す；〈記録などを〉消去する. goma de ~ 消しゴム. ~ la pizarra 黒板を消す. ~ un recuerdo de la memoria 思い出を記憶から消し去る. ~ una huella 足跡を消す, 痕跡をなくす. ~ una mancha しみを消す. ~ un archivo《IT》ファイルを消去する.
2《de... ...から》除外する, (線を引いて)消す；〈人を〉脱退させる. ~ un nombre de la lista リストから名前を外す. **3** ぼやけさせる, かすませる. La noche borraba su silueta. 夜の闇で彼[彼女](ら)の輪郭がぼやけて見えた.
—·se 再 **1** 消える, なくなる；ぼやける. Con el tiempo se me borró la cicatriz. 時間がたって私の傷は癒(いっ)えた. Se le han borrado los ojos. 彼[彼女]は videre 気が失われ[理性が鈍った.] **2**《de... ...から》脱退する. Deseo ~me de la lista de distribución. 配信リストからの削除を希望します.
[borra「羊毛のくず」 burra「毛羽立った布」 チョークの字を消すのに用いられた) より派生.
関連 borrador]

bo·rras·ca [bo.r̄ás.ka; ƀo.-] 女 **1** (海上の)あらし, 突風, 暴風雨. **2** 巨大低気圧. **3** 危険, 災難. ~s de la vida 人生の危機. **4**《話》大げんか. **5**《話》乱痴気騒ぎ.

bo·rras·co·so, sa [bo.r̄as.kó.so, -.sa; ƀo.-] 形
1 あらしのような. tiempo ~ 荒れ模様の天気.
2《話》〈人生・素行・生活が〉荒れた, 放埒(ほうらつ)な. Había llevado una vida borrascosa. 彼[彼女]は波瀾(はらん)に満ちた生涯を送った.

bo·rre·ga·je [bo.r̄e.gá.xe; ƀo.-] 男《ラ米》(チリ)(ブラ) 子羊の群れ.

bo·rre·go, ga [bo.r̄é.go, -.ga; ƀo.-] 形《話》他人の意見に流されやすい, お人よしの. — 男女《動》(1-2歳の)子羊. **2**《話》付和雷同する人, お人よし.
— 男 **1**《複数で》白波, 波頭；綿雲, 白雲.
2《ラ米》(プエルトリコ)(メキシコ)《話》デマ, うそ.

bo·rre·guil [bo.r̄e.gíl; ƀo.-] 形 子羊の (ような)；従順な. tener un espíritu ~ 従順な性質である.

bo·rre·guis·mo [bo.r̄e.gís.mo; ƀo.-] 男《軽蔑》付和雷同.

bo·rri·ca [bo.r̄í.ka; ƀo.-] 形 女 → borrico.

bo·rri·ca·da [bo.r̄í.ka.đa; ƀo.-] 女 **1** ロバの群れ.
2 ロバに乗ること. dar una ~ ロバに乗って行く.
3《話》ばかげたこと, ナンセンス.

bo·rri·cal [bo.r̄i.kál; ƀo.-] 形 ロバの (ような).

bo·rri·co, ca [bo.r̄í.ko, -.ka; ƀo.-] 形《話》ばかな；愚かな；頑固な. ser muy ~ 大ばか者である.
— 男女《話》 **1** 愚か者；頑固者；働き者. **2**《動》ロバ. — 男 木挽(びき)台, うま.

bo·rri·cón, co·na [bo.r̄i.kón, -.kó.na; ƀo.-] /
bo·rri·co·te, ta [bo.r̄i.kó.te, -.ta; ƀo.-] 形
《話》大ばかな, 頑固な；辛抱強い, 頑強な.

— 男女《話》大ばか；頑固者, 頭の固い人；辛抱強い人. [borrico + 増大辞]

bo·rri·lla [bo.r̄í.ja; ƀo.-] ‖ -.[ʎa.-] 女 (果物の)和毛(にこげ).

bo·rri·que·ño, ña [bo.r̄i.ké.ɲo, -.ɲa; ƀo.-] 形 ロバの(ような).

bo·rri·que·ro [bo.r̄i.ké.ro; ƀo.-] 形 cardo ~
《植》オオヒレアザミ. — 男 ロバ追い.

bo·rri·que·ta [bo.r̄i.ké.ta; ƀo.-] 女 → borriquete.

bo·rri·que·te [bo.r̄i.ké.te; ƀo.-] 男 **1** 木挽(びき)台, うま. **2**《海》ロア・フォアトップスル.

bo·rro [bó.r̄o; ƀó.-] 男 (1歳の)子羊.

bo·rro·ka [bo.r̄ó.ka; ƀo.-]《バスク》女 (バスク地方の街頭で行われるしばしば政治的意図を伴った)暴力的破壊行為 (► 主に kale の形で用いられる). — 男 街頭で(政治的)暴力行為を行う人.

bo·rrón [bo.r̄ón; ƀo.-] 男 **1** インクの染み[にじ]み；書き損じ, (消しゴムやペンによる)消し跡. **2** 汚点, きず, 不名誉. Este acto es un ~ en su vida. この行為は彼[彼女]の人生の汚点だ. **3** 下手な文章, なぐり書き. estos borrones《謙遜(けんそん)で》拙稿, 拙文. **4** 下書き, 下絵；メモ用紙. **5**《複数で》《印》(輪転機の圧胴に付着した)下張りに用いた糊(のり)の余り.
hacer borrón y cuenta nueva 過ぎたことを忘れて新規まき直しをする.

bo·rro·ne·ar [bo.r̄o.ne.ár; ƀo.-] 他 書きなぐる, 書き損じる. ~ el papel 紙にたぐり書きする.

bo·rro·si·dad [bo.r̄o.si.đáđ; ƀo.-] 女 ぼやけていること, はっきりしないこと；わかりにくいこと.

*__**bo·rro·so, sa** [bo.r̄ó.so, -.sa; ƀo.-] 形 **1** 不鮮明な；ぼやけた, 曖昧(あいまい)な. **2** かす[おり]のある.
3《印》二重刷りになった, 活字のぶれた.

bor·sa·li·no [bor.sa.lí.no; ƀor.-]《伊》男《服飾》ボルサリーノ：つばのある柔らかいフェルト地の帽子.

borsch [bórs; ƀórs // bórʃ; ƀórʃ]《ロシア》女《料》ボルシチ (スープ)：ビーツ[赤カブ]を主材料とするロシア料理.

bo·ru·ca [bo.rú.ka; ƀo.-] 女 騒ぎ, 騒音, 歓声.

bo·ru·ga [bo.rú.ga; ƀo.-] 女《ラ米》(キューバ)分離した牛乳に砂糖を加えてかき混ぜた凝乳の一種.

bo·ru·jo [bo.rú.xo; ƀo.-] 男 **1** (練った粉などの中にできた)だま. **2** (ブドウ・オリーブなどの)搾りかす.

bo·ru·que·ar [bo.ru.ke.ár; ƀo.-] 他《ラ米》(メキシコ)かき乱す. — 自《ラ米》(メキシコ)《話》混乱[騒ぎ]を起こす.

bo·ru·quien·to, ta [bo.ru.kjén.to, -.ta; ƀo.-] 形《ラ米》(メキシコ)《話》騒がしい, 騒々しい；陽気な.

bo·rus·ca [bo.rús.ka; ƀo.-] 女 落ち葉, 枯れ葉.

bos·ca·je [bos.ká.xe; ƀos.-] 男 **1** 林, 茂み.
2《美》森林と動物を描いた風景画.

Bos·co [bós.ko; ƀós.-] 固名 ボス, ボッシュ El ~：本名 Jerónimo Bosch (1450? ～ 1516). 怪奇的幻想画を描いたオランダの画家.

bos·co·so, sa [bos.kó.so, -.sa; ƀos.-] 形 森の多い, 樹木の生い茂った.

Bós·fo·ro [bós.fo.ro; ƀós.-] 固名 el ~ ボスポラス海峡：黒海とマルマラ海を結ぶトルコ北西部の海峡.

bos·go [bós.go; ƀós.-] 男《ラ米》(メキシコ)《話》食いしん坊, 大食漢.

bos·nia·co, ca [bos.njá.ko, -.ka; ƀos.-] /
bos·nía·co, ca [bos.ní.a.ko, -.ka; ƀos.-] 形 (ボスニア・ヘルツェゴビナ共和国の) ボスニア Bosnia (地方) の. — 男女 ボスニア人.

Bos·nia-Her·ze·go·vi·na [bós.nja er.θe.ɣo.ƀí.na; ƀos.- // -.se.-] 固名 ボスニア・ヘルツェゴビナ (共

和国)：旧ユーゴスラビアを構成した共和国の一つ. 首都 Sarajevo.

bos·nio, nia [bós.njo, -.nja] 形 男 女 → bosniaco.

bo·so [bó.so; bó.-] 男 《ラ米》(🔹)《話》口ひげ.

bo·so·ro·la [bo.so.ró.la; bo.-] 女 《ラ米》(🔹)《話》口ひげ.

***bos·que** [bós.ke; bós.-] 男 **1** 森, 林. caminar por el ～ 森を歩く. proteger los ～s contra los incendios 森林を山火事から守る. ～ de pinos 松林. ～ del Estado 国有林. ～ pluvial tropical 熱帯雨林.
2 《比喩的》秩序なくあふれかえるもの. Mi mesa es un ～ de papeles. 私の机の上は書類の山だ.
3 もじゃもじゃのあごひげ.

[類語] *bosque* は自然, 人工を問わず, 高木や低木から成る「森」または「林」を指す. *espesura* は木々の間に生える「下生え」や「茂み」を指す. *floresta* は本来, 騎士道小説 libros de caballerías に現れる「森」を指したが, 後に flor「花」との音の類似から「心地良い森」を指すようになった. *matorral* は「低木の茂み」を指す. 耕地化という観点に立てば, *monte alto* は「高木の生えている未耕地」, *monte bajo* は「低木の生えている未耕地」を指す. *selva* は「密で湿気や深い森」を指す. *repoblación forestal* は「植林」を意味する.

[← [カタルーニャ](または[プロバンス]) *bosc*← [ゲルマン]; [関連] [ポルトガル] *bosque*. [仏] *bois*. [伊] *bosco*. [英] *bush*「やぶ」. [独] *Busch*「やぶ」]

bos·que·ci·llo [bos.ke.θí.jo; bós.-‖ -.ðo / -.sí.-] 男 小さい森, 木立, 林. [bosque＋縮小辞]

bos·que·jar [bos.ke.xár; bós.-] 他 **1** 大まかな案を作る, 構想を立てる. **2** 概略を述べる. ～ un cuadro de la situación 事情のあらましを説明する.
3 《美》スケッチする；大まかな塑像を作る.

bos·que·jo [bos.ké.xo; bós.-] 男 **1** 素案, 初期構想. **2** 概略, 《美》デッサン；（彫刻の）粗削り.

bos·que·te [bos.ké.te; bós.-] 男 (庭園などの) 小さな森, 植え込み. [bosque＋縮小辞]

bos·qui·mán [bos.ki.mán; bós.-] 男 女 → bosquimano.

bos·qui·ma·no, na [bos.ki.má.no, -.na; bós.-] 形 (人) 《南アフリカの》サン人, ブッシュマン.
—男 女 (南アフリカの) サン人, ブッシュマン.

boss·ing [bó.sin; bó.-] [英] 男 雇用主や上司による部下への嫌がらせ, 脅し, いじめ.

bos·ta [bós.ta; bós.-] 女 《ラ米》(🔹)《農》(家畜の) 糞(ふん).

bos·te·ar [bos.te.ár; bós.-] 他 《ラ米》(🔹)(🔹)(🔹) 《農》(家畜が) 糞(ふん)をする.

*bos·te·zar** [bos.te.θár; bós.- / -.sár] 97 自 あくびをする. ～ de sueño [aburrimiento] 眠くて [退屈で] あくびが出る.
[← [ラ] *ōscitāre*; b- は boca の影響か]

bos·te·zo [bos.té.θo; bós.- / -.so] 男 あくび.

bos·te·zo, za [bos.té.θo, -.θa; bós.- / -.so, -.sa] 形 《ラ米》(🔹)《話》退屈な.

bos·tón [bos.tón; bós.-] 男 / **bos·ton** [bós.ton; bós.-] 男 **1** 《遊》(トランプ) ボストン：19世紀に流行. **2** 《音楽》ボストンワルツ.

bot [bót; bót] 男 《複 ～s》[IT] ボット：ウェブページの情報を自動収集しデータベース化する際などに用いられるプログラム.

*bo·ta** [bó.ta; bó.-] 女 **1** ブーツ, 長靴；(女性用の) 編み上げ靴, (サッカー・バスケットボールなどの) スポーツシューズ. ～s de campaña トップブーツ. ～s altas [de montar] 乗馬靴. ～s de esquiar スキー靴. *El Gato con* ～s『長靴を履いた猫』(ペロー Perrault 作). **2** (ワイン携帯用の) 革袋. **3** 樽(たる). **4** ボタ：液体の量を計る昔の単位. 516リットル.

colgar las botas (サッカー選手が) 引退する.

estar con las botas puestas 出かける [旅の] 用意ができている.

morir con las botas puestas 殉職する, 戦死する.

*no llegar*le (a＋人) *a la punta de la bota* 〈人〉の足元にも及ばない.

ponerse las botas 《話》濡(ぬ)れ手で粟(あわ)をつかむ；食べまくる.

[2, 3, 4 ← [後ラ] *buttis*. 1 — 語源不詳；[関連] *botín*. [仏] *botte*. [英] *boot*]

bota (ワイン用革袋)

bo·ta·da [bo.tá.ða; bo.-] 女 **1** (船の) 進水, 進水式 (＝botadura). **2** 《ラ米》(1)(🔹)(🔹)《話》(車に) 乗せること. (2) 解雇. (3) 投げる [ほうる] こと. (4) 紛失.

bo·ta·de·ro [bo.ta.ðé.ro; bo.-] 男 《ラ米》(1)(🔹)(🔹)(川の) 浅瀬, 渡り場. (2)(🔹) ごみ捨て場.

bo·ta·do, da [bo.tá.ðo, -.ða; bo.-] 形 《ラ米》(1)(🔹)《話》しぶとく決心した. (2)(🔹)《話》酔いつぶれた. (3)(🔹)《話》安い, 安価な. (4)(🔹)《話》簡単な. (5)(🔹)(🔹) 金遣いの荒い, 浪費する. (6) 《話》厚かましい, ずうずうしい. (7)(子が) 捨てられた.

bo·ta·dor, do·ra [bo.ta.ðór, -.ðó.ra; bo.-] 男 女 《ラ米》金遣いの荒い人, 浪費家.
—男 **1** 《海》(船を押し出すための) 竿(さお). **2** 釘(くぎ)抜き. **3** 抜歯鉗子(かんし). **4** [印] 版面を締めるくさびを打ったり緩めたりする道具.

bo·ta·du·ra [bo.ta.ðú.ra; bo.-] 女 **1** (船の) 進水, 進水式. **2** 《ラ米》投げること, 捨てること.

bo·ta·fan·go [bo.ta.fáŋ.go; bo.-] 男 《ラ米》(🔹) 《車》泥よけ, フェンダー.

bo·ta·fue·go [bo.ta.fwé.ɣo; bo.-] 男 **1** 《軍》導火竿(ざお), 火縄竿：昔の大砲の火縄に点火するために用いた. **2** 短気者, 怒りっぽい人. **3** 扇動者, 火付け役.

bo·ta·fu·mei·ro [bo.ta.fu.méi.ro; bo.-] 男 **1** (サンティアゴ・デ・コンポステラ大聖堂の) 提げ香炉；(一般的に) 香炉 (＝incensario). **2** 《話》へつらい, 追従. *manejar el* ～ 媚(こ)びる, へつらう.

bo·ta·go, ga [bo.tá.ɣo, -.ɣa; bo.-] 形 《ラ米》(🔹) 《話》醜い, 器量の悪い.

bo·ta·gue·ña [bo.ta.ɣé.ɲa; bo.-] 女 豚の臓物のソーセージ.

bo·ta·lo·do [bo.ta.ló.ðo; bo.-] 男 《ラ米》(🔹) 《車》泥よけ, フェンダー.

bo·ta·lón [bo.ta.lón; bo.-] 男 **1** 《海》ブーム, (帆の) 下桁(けた)；ジブブーム. **2** 《ラ米》(1)(🔹) 丸太, 丸材. (2)(🔹)(🔹) 柱, 杭(くい).

bo·ta·men [bo.tá.men; bo.-] 男 **1** 《集合的》薬瓶(びん)の薬瓶. **2** 《海》《集合的》貯蔵飲料水のタンク.

bo·ta·na [bo.tá.na; bo.-] 女 **1** (酒袋の小穴をふさぐ) うず, はぎ, 栓. **2** (傷などの) 栓, つめ. **3** 〈医〉瘢痕(はんこん). **4** 《話》潰瘍(かいよう)の跡. **5** 《ラ米》(1)(🔹)(🔹)(酒の) つまみ. (2)(🔹)(🔹)(🔹)(闘鶏の爪(つめ)にはめる) 革の袋. (3)(🔹)《話》簡単なこと.

bo·ta·ne·ar [bo.ta.ne.ár; bo.-] 他 《ラ米》(🔹)

かう.

bo·tá·ni·co, ca [bo.tá.ni.ko, -.ka; ƀo.-] 形 植物の, 植物学(上)の. jardín ～ 植物園. ― 男 女 植物学者. ― 女 1 薬瓶. 2 《ラ米》(1) 〈2ᵃ〉《話》酒瓶. (2)《ラ米》薬草店.
[←[ラ]*botanicum* (*botanicus* の対格) ← [ギ] *botanikós* (*botánē*「草」より派生)]

bo·ta·nis·ta [bo.ta.nís.ta; ƀo.-] 男 女 《まれ》植物学者 (= botánico).

bo·tar [bo.tár; ƀo.-] 他 1 〈ボールなどを〉**バウンドさせる**, つく. ～ un córner コーナーキックをする.
2 【海】進水させる; 進路を変える. ～ a babor 取り舵(ぢ)にする. **3**《ラ米》(1) 捨てる. No botes la lata en la acera. 道に缶を捨てるな. (2)《話》追い出す; 首にする. Lo botaron del colegio. 彼は学校を追い出された. (3)〈2ᵃ〉《話》失う, なくす.
― 自 1 跳ね返る, 弾む, 跳ね上がる. El balón botó en el tablero. (バスケットの)ボールがボードに当たって跳ね返った. **2** 飛び跳ねる. ～ de alegría 飛び上がって喜ぶ. **3**〈馬〉〈馬が〉背を曲げて飛び上がる.
―**~·se** 再《ラ米》〈ᵏ〉仕事[職]を変える.
botarse a... 《ラ米》〈ᵏ〉《話》…のふりをする.
estar que BOTAR いらだっている. *Está(n) que bota(n) y nadie le(s) hace caso.* 彼(ら)は誰からも相手にされないのでぷりぷり怒っている.

bo·ta·ra·ta [bo.ta.rá.ta; ƀo.-] 男 女 《ラ米》〈2ᵃ〉〈ᵏ〉《話》金を浪費する人.

bo·ta·ra·da [bo.ta.ra.tá.ða; ƀo.-] 女 《話》ばかげたこと. hacer ～s 浅はかなまねをする.

bo·ta·ra·te [bo.ta.rá.te; ƀo.-] 男 1 《話》まぬけ, とんま. **2**《ラ米》浪費家.
― 形 まぬけな. No seas ～. ばかなまねはやめろ.

bo·ta·rel [bo.ta.rél; ƀo.-] 男 【建】(ゴシック建築の)扶(ふ)壁, 飛び控え壁.

bo·ta·re·te [bo.ta.ré.te; ƀo.-] 形 (ゴシック建築の)飛び控え壁の. arco ～ 飛び控え壁.

bo·tar·ga [bo.tár.ga; ƀo.-] 女 1 (仮装・劇などで着る)まだら模様の服, 道化衣装. **2** 道化師. **3** 昔の太くて長いズボン. **4** 腸詰めの一種.

bo·ta·si·lla [bo.ta.sí.ja; ƀo.-] 女 【軍】鞍(くら)を置く合図のらっぱ.

bo·ta·van·te [bo.ta.bán.te; ƀo.-] 男 【海】一方の先にとがった金属をつけた長い棒, 長槍(やり); 水夫が他船との接舷・衝突や攻撃から船や身を守るために用いた.

bo·ta·va·ra [bo.ta.bá.ra; ƀo.-] 女 【海】スパンカーブーム: 最後檣(ろう)下部の縦帆(はん)桁(けた).

bo·te [bó.te; ƀo.-] 男 1 ボート. ～ de remos 手漕(こ)ぎボート. ～ neumático ゴムボート. ～ salvavidas 救命ボート. → *barco* 類語.
2 跳ね上がり, バウンド; 跳躍 (= salto). ～ neutro 【スポ】バウンド. dar ～s 〈ボールなどが〉跳ねる. dar ～s de alegría 飛び上がって喜ぶ. pegar un ～ (驚き・恐怖で)飛び上がる, びくっとする. de un ～ 一跳びで. ～ de carnero (騎手を振り落とそうとする)馬の逆立ち蹴り.
3 (円筒状の)保存用容器, 広口ガラス瓶; (保存用の)缶 (= lata). ～ de aceitunas オリーブの実の瓶詰め. ～ de pintura 塗料用容器. ～ de medicina 薬瓶. ～ de cerveza 缶ビール. comida de ～ 缶詰・瓶詰めなどの既製食品. ～ de humo 発煙筒. ～ de basura 《ラ米》ゴミバケツ.
4 チップ用キャッシュボックス. ◆スペインのバル bar で店員が獲得したチップを集めておくための箱.
5 (繰越金を利用する)特別宝くじ.
6 (子供の遊戯の)地面の穴.
7《ラ米》(*) 〈ᵏ〉《俗》刑務所, 監獄.
a bote pronto すぐに, ただちに.
chupar del bote 不正に利益を獲得する.
dar el bote a... …を追い出す, 解雇する.
darse el bote ずらかる.
estar de bote en bote 《話》超満員である.
ser de bote 〈人が〉髪を染めている.
tener [meterse] a... en el bote 《話》…を手中に収めている[収める], 味方につけている[つける].
[1 ← [英] *boat*]

bo·te·ar [bo.te.ár; ƀo.-] 自 《ラ米》〈ᵍ〉(金を入れてもらう瓶や缶を)持って物ごいをする. ― 他 1 【IT】〈コンピュータなどを〉起動させる. **2**《ラ米》〈ᵏ〉(通りなどで)(募金を)もらう[呼びかける].

bo·te·lla [bo.té.ja; ƀo.- ‖ -.ʎa] 女 1 **瓶, ボトル. beber de la ～ ラッパ飲みする. destapar una ～ de champán シャンパンの栓を抜く. leche en ～ 瓶入り牛乳. ～ de plástico プラスチック瓶; ペットボトル. ～ termo 魔法瓶. ～ de Leiden ライデン瓶. cuello de ～ 瓶のくびれた部分; 渋滞; 障害となるもの.
2 ひと瓶の量; ワインひと瓶の量 (756.3ml). Bebí media ～ de vino. 私はワインをボトル半分[ハーフボトル 1 本]飲んだ. **3** ボンベ. ～ de oxígeno 酸素ボンベ. **4**《ラ米》(1) 〈ᵏ〉《話》ほ乳瓶. (2)《タリ》(+ᵃ)《話》楽な「うまい」仕事. (3)〈ᵏ〉《話》働かないで給料を得ている人. (4)〈ᵏ〉《話》ヒッチハイク. pedir ～ ヒッチハイクをする. dar ～ ヒッチハイクをする; (ヒッチハイカーを)車に乗せる.
darle a la botella《話》よく酒を飲む. Mi padre le da a la ～ cada noche. 父は毎晩のように飲む.
no es soplar y hacer botellas 《話》たやすいことではない.
[← [仏] *bouteille* ← [後ラ] *butticula* (*buttis* 「酒袋」+ 縮小辞) embotellar. [英] *bottle*]

bo·te·lla·zo [bo.te.já.θo; ƀo.- ‖ -.ʎá- / -.so] 男 瓶による殴打.

bo·te·lle·ro [bo.te.jé.ro; ƀo.- ‖ -.ʎé.-] 男 1 瓶製造業者, 瓶販売業者. **2** 瓶棚, ボトルラック; 瓶かご.

bo·te·llín [bo.te.jín; ƀo.- ‖ -.ʎín] 男 小瓶. ～ de cerveza ビールの小瓶. [botella + 縮小辞]

bo·te·llón [bo.te.jón; ƀo.- ‖ -.ʎón] 男 1 《話》(公園など)屋外でたむろして酒を飲むこと. **2**《ラ米》〈ᵏ〉細口大瓶, 腰つき巻き瓶. [botella + 増大辞]

bo·te·llo·na [bo.te.jó.na; ƀo.- ‖ -.ʎó.-] 女 → botellón.

bo·te·llo·ne·ro, ra [bo.te.jo.né.ro, -.ra; ƀo.- ‖ -.ʎo.-] 男 女 屋外でたむろして酒を飲む人: 通常は若者.

bo·te·pron·to [bo.te.prón.to; ƀo.-] 男 【スポ】(ラグビー)ドロップキック; (サッカー)ハーフボレー.
a botepronto 突然に, 思い出したように.

bo·te·quín [bo.te.kín; ƀo.-] 男 (小型の)ボート.

bo·te·rí·a [bo.te.rí.a; ƀo.-] 女 1 【海】(集合的)貯蔵飲料水のタンク. **2** (ワインを入れる)革袋 bota の製造所. **3** 革製品・靴の店. **4**《ラ米》〈ᵏ〉靴屋.

bo·te·ro, ra [bo.té.ro, -.ra; ƀo.-] 男 女 1 (ワイン用の)革袋の製造職人. **2** 革職人. **3** ボートの船頭.

bo·ti·ca [bo.tí.ka; ƀo.-] 女 1 **薬局**, 薬種店, 薬品棚 (= farmacia). **2** (集合的)薬, 薬品類. oler a ～ 薬のにおいがする. pagar médico y ～ 治療費を負担する. **3** 雑貨店. En el pueblo sólo había una ～, que vendía de todo. 村には雑貨屋が

boticario

1軒あるだけだったが、その店ではなんでも売っていた.
Hay de todo como en botica. あらゆるものがそろっている、ないものはない.

bo·ti·ca·rio, ria [bo.ti.ká.rjo, -.rja; ƀo.-] 男 女 薬剤師 (= farmacéutico).

bo·ti·ja [bo.tí.xa; ƀo.-] 女 **1** 素焼きの水差し.
2 《ラ米》(1)《話》大きな人. (2)《チノリ》《プエルトリコ》《ﾍﾞﾈｽﾞｴﾗ》《ｸﾞｱﾃﾏﾗ》埋蔵品[財宝].
*poner*le como botija verde a... 《ラ米》《チノリ》《ｸﾞｱﾃﾏﾗ》《ﾎﾟﾙﾄﾘｺ》《話》《ﾍﾞﾈｽﾞｴﾗ》(に)を罵倒[叱り]する.

bo·ti·je·ro, ra [bo.ti.xé.ro, -.ra; ƀo.-] 男 女 (素焼きの)水差し職人[商人].

bo·ti·jo [bo.tí.xo; ƀo.-] 男 (差し口と取っ手のついた)素焼きの水差し.
estar como [hecho] un botijo まるまると太っている.
tren botijo 避暑客用の臨時列車.

botijo (素焼きの水差し)

bo·ti·jón, jo·na [bo.ti.xón, -.xó.na; ƀo.-] 形 《ラ米》《話》腹の出た、太鼓腹の.

bo·ti·jue·la [bo.ti.xwé.la; ƀo.-] 女 **1** 素焼きの小型水差し. **2** チップ、心づけ；祝儀. **3** 《ラ米》《チノリ》《プエルトリコ》《ｸﾞｱﾃﾏﾗ》《ﾎﾟﾙﾄﾘｺ》埋蔵の財宝. [botija + 縮小辞]

bo·ti·lla [bo.tí.ʎa; ƀo.- ǁ -.ʎa.] 女 (昔の女性用の)深靴、編み上げ靴；半長靴.

bo·ti·lle·rí·a [bo.ti.ʎe.ría; ƀo.- ǁ -.ʎe.-] 女 **1** 飲み物を売る店. **2** 《ラ米》《チノリ》酒屋.

bo·tín¹ [bo.tín; ƀo.-] 男 戦利品；(盗みの)取り分.

bo·tín² [bo.tín; ƀo.-] 男 **1** ゲートル；半長靴、ショートブーツ. **2** 《ラ米》《チノリ》靴下、ソックス.

bo·ti·na [bo.tí.na; ƀo.-] 女 編み上げ靴、深靴；毛糸編みの小児用靴.

bo·ti·ne·rí·a [bo.ti.ne.ría; ƀo.-] 女 ゲートル製作所[販売店]；半長靴製作所[販売店].

bo·ti·ne·ro, ra [bo.ti.né.ro, -.ra; ƀo.-] 形 (家畜の)脚の先端が黒い.
— 男 (ゲートル・半長靴を扱う)靴職人、靴屋.

bo·ti·quín [bo.ti.kín; ƀo.-] 男 **1** 薬箱、救急箱. **2** 薬品保管室[キャビネット]. **3** 《集合的》(箱などに)保管してある薬. **4** 《ラ米》《ﾍﾞﾈｽﾞｴﾗ》一杯飲み屋、酒屋.

bo·ti·qui·ne·ro, ra [bo.ti.ki.né.ro, -.ra; ƀo.-] 男 女 《ラ米》《ﾍﾞﾈｽﾞｴﾗ》(酒場の)ウェイター、ウェイトレス.

bo·ti·vo·le·o [bo.ti.ƀo.lé.o; ƀo.-] 男 《スポ》(テニスなどで)バウンドしたボールを打ち返すこと.

bo·to, ta [bó.to, -.ta; ƀo.-] 形 **1** 先端が丸い. **2** のろまな、愚鈍な. — 男 **1** (乗馬用の)ロングブーツ. **2** (ワイン用の)革袋.

*bo·tón** [bo.tón; ƀo.-] 男 **1** (衣服の) **ボタン**. coser [pegar, poner] un ~ ボタンを縫い付ける. abrocharse los *botones* ボタンをかける (= abotonarse). desabrocharse los *botones* ボタンをはずす (= desabotonarse). ~ automático [de presión] スナップ、ホック.
2 (器具などの) 押しボタン、スイッチ；つまみ. apretar [pulsar, oprimir, presionar] el ~ ボタンを押す. dar al ~ ボタンを押す[つまみを回す]. ~ de control de volumen 音量調節つまみ. ~ de una puerta ドアのノブ.
3 〖植〗(葉・花になる)芽、つぼみ (= yema). echar *botones* つぼみをつける. **4** 〖スポ〗(フェンシング)(危険防止用に丸めた)剣先. **5** 〖音楽〗(吹奏楽器などの)キーの指当て. **6** 《ラ米》(1)《ﾁﾘ》(ロバなどの)2頭立て. (2)《ﾁﾘ》《ﾎﾟﾙﾄﾘｺ》《俗》警官、巡査、お巡り. (3)《ﾍﾞﾈｽﾞｴﾗ》《話》非難、とがめ. (4)《ﾎﾟﾙﾄﾘｺ》北風.
al divino botón 《ラ米》(1)《ﾁﾘ》(ロバなどの)無為に、無駄に. perder horas *al santo* ~ 時間を無駄に過ごす.
botón de fuego 〖医〗焼灼(しょうしゃく)療法.
botón de muestra 見本、例. como ~ *de muestra* 一例として.
botón de oro 〖植〗キンポウゲ.
de botones adentro 心の中で、ひそかに.

bo·to·na·du·ra [bo.to.na.ðú.ra; ƀo.-] 女 (1組の)ボタン.

bo·to·nar [bo.to.nár; ƀo.-] 他 《ラ米》…のボタンをかける. — 自 《ラ米》芽を出す.

bo·to·na·zo [bo.to.ná.ðo; ƀo.- / -.so] 男 〖スポ〗(フェンシング)剣の先鈍めで突くこと.

bo·to·ne·rí·a [bo.to.ne.ría; ƀo.-] 女 ボタン工場、ボタン店.

bo·to·ne·ro, ra [bo.to.né.ro, -.ra; ƀo.-] 男 女 ボタン職人、ボタン商人.

bo·to·nes [bo.tó.nes; ƀo.-] 男 《単複同形》(ホテル・銀行などの)ベルボーイ、ドアボーイ.

bo·to·to [bo.tó.to; ƀo.-] 男 《ラ米》(1) ヒョウタンの器. (2)《ﾁﾘ》《ﾍﾞﾈｽﾞｴﾗ》私製靴. (3)《ﾁﾘ》登山靴、頑丈な靴.

bot·sua·nés, ne·sa [bo.tswa.nés, -.né.sa; ƀo.-] 形 男 女 → botsuano.

bo·tsua·no, na [bo.tswá.no, -.na; ƀo.-] 形 ボツワナの、ボツワナ人の. — 男 女 ボツワナ人.

Bot·swa·na [bo.tswá.na; ƀo.-] 固名 ボツワナ：アフリカ南部の共和国. 首都 Gaborone.

bo·tu·lis·mo [bo.tu.lís.mo; ƀo.-] 男 〖医〗ボツリヌス中毒.

bou [bóu; ƀóu] 男 **1** (小型漁船2隻による)引き網漁. **2** 引き網船.
[←[カタルーニャ] *bou* 「(農耕で鋤(すき)を引く)牛」]

bou·doir [bu.ðwár; ƀu.-] 〖仏〗男 《複 ~s, ~》閨房、鏡台；化粧用の小部屋 (= tocador).

boul·der [búl.der; ƀúl.-] 〖英〗男 〖スポ〗ボルダリング：ロープによる確保を行わずに大岩を登るフリークライミングの一種.

bou·quet [bu.ké; ƀu.-] 〖仏〗男 《複 ~s》 → buqué.

bour·bon [búr.ƀon; ƀur.-] 〖英〗男 《複 ~s, ~》バーボン(ウイスキー).

bou·ta·de [bu.táð; ƀu.-] 〖仏〗女 ばかげた[大げさな]言動；不適切な[場違いな]言動；ほとんど意味のない詭弁(きべん).

bou·ti·que [bu.tík; ƀu.-] 〖仏〗女 《複 ~s, ~》ブティック、洋装店.

*bó·ve·da** [bó.ƀe.ða; ƀó.-] 女
1 〖建〗丸天井、ボールト. ~ de cañón 半円筒穹窿. ~ de crucería リブボールト. ~ de medio punto (横断面が真円の半分の)半円筒穹窿. ~ por arista 交差穹窿. ~ claustral クロイスターボールト. clave de ~ (穹窿頂部の)かなめ石.
2 丸天井を持った部屋；地下納骨所.
3 丸天井のもの. ~ celeste 天空、大空. ~ craneana [craneal] 頭蓋(ずがい)冠. ~ palatina 口蓋.
[←[中ラ] *volvita*；[ラ] *volvere* 「回転する」(→ volver) より派生、[関連] abovedar. [英] *vault*].

bóveda (穹窿)

bo·ve·di·lla [bo.ƀe.ðí.ʎa; ƀo.- ǁ -.ðá.ʎa] 女

braga

(1) 小穹窿(編集). (2) 天井の梁(炒)と梁との間の丸みのついた部分. **2** 〘海〙 船尾〘とも〙のカーブした部分. [bóveda + 縮小辞]

bó·vi·dos [bó.βi.ðos; bó.-] 男 〘複数形〙〘動〙ウシ科.

bo·vi·no, na [bo.βí.no, -.na; bo.-] 形 〘動〙ウシ科の, 牛の. ── 男 ウシ科の動物〘複数形〙でウシ科.

bowl·ing [bóu.lin; bóu.-] 〘英〙男〘複〜s, 〜〙〘スポ〙 **1** ボウリング. **2** ボウリング場(= bolera).

box [bóks; bóks] 〘英〙男 **1** ストール, 馬房:馬屋の一仕切り. **2** (サーキットの)ピット:走路わきに設けられた給油・整備などをする場所. **3** 〘ラ米〙(1)(ボクシング)私書箱. (2) 〘スポ〙ボクシング.

box·calf [bo(k)s.ká(l)f; bo(k)s.-] 〘英〙男 ボックス革:上等の子牛の革.

bo·xe·a·dor, do·ra [bok.se.a.ðór, -.ðó.ra; bok.-] 男 女 〘スポ〙ボクサー, 拳闘(欠)家.

bo·xe·ar [bok.se.ár; bok.-] 自 〘スポ〙ボクシングをする.

bo·xe·o [bok.sé.o; bok.-] 男 〘スポ〙ボクシング, 拳闘(欠). ganar un combate de 〜 por puntos [knockout] 判定[ノックアウト]でボクシングの試合に勝つ. [boxear (← 〘英〙box 「ボクシングをする」)より派生; 関連] boxeador]

bóx·er / box·er [bók.ser; bók.-] 〘英〙形 〘複〜, 〜s〙〘動〙ボクサー(犬種)の. ── 男 **1** (スペイン) 〘服飾〙トランクス(下着, 水着など). **2** 〘車〙ボクサーエンジン:シリンダー[ピストン]を水面対向配置した(通常はオートバイ用の)エンジン;ボクサーエンジンを積んだオートバイ. ── 男 女 **1** 〘動〙ボクサー(犬). **2** 〘史〙義和団員. los 〜s 義和団:19世紀末中国の反キリスト教・排外運動の主体.

bo·xís·ti·co, ca [bok.sís.ti.ko, -.ka; bok.-] 形 〘ラ米〙ボクシングの, ボクシングに関する.

bo·ya [bó.ja; bó.-] 女 〘海〙ブイ, 浮標:〘魚網の〙浮き. 〜 luminosa 灯浮標, ライトブイ. 〜 salvavidas / 〜 de salvamento 救命ブイ.

bo·ya·da [bo.já.ða; bo.-] 女 牛の群れ.

bo·yal [bo.jál; bo.-] 形 **1** 牧牛の, 牛の, 牧畜の. **2** 〘ラ米〙(鉱山が)好景気に沸く.

bo·yan·te [bo.ján.te; bo.-] 形 **1** 浮く, 浮力のある;〘海〙(荷が軽く)浮きすぎている. **2** 景気の上向いた;裕福な, 幸せな. **3** 〘闘牛〙(雄牛が)扱いやすい.

bo·yar [bo.jár; bo.-] 自 **1** 浮く, 浮かぶ(= flotar). **2** 〘海〙(修理などで乾かした船が)再び水に浮く.

bo·yar·do [bo.jár.ðo; bo.-] 男 (昔のロシアの)大貴族;(ルーマニアの)旧特権階級の人.

boy·cot [boi.kót; boi.-] 男 → boicoteo.

boy·co·te·ar [boi.ko.te.ár; boi.-] 他 → boicotear.

boy·co·te·o [boi.ko.té.o; boi.-] 男 → boicoteo.

bo·ye·ra [bo.jé.ra; bo.-] / **bo·ye·ri·za** [bo.je.rí.θa; bo.- / -.sa] 女 牛小屋, 牛舎.

bo·ye·ri·zo [bo.je.rí.θo; bo.- / -.so] 男 牛飼い.

bo·ye·ro [bo.jé.ro; bo.-] 男 **1** 牛飼い. **2** [B-] 〘星座〙うしかい座(= Bootes). **3** 〘ラ米〙(斎)〘農〙(家畜を追うための)突き棒.

bo·ye·te [bo.jé.te; bo.-] 男 〘ラ米〙包み.

boys [bóis; bóis] 男 〘単複同形〙男性によるストリップショーが行われる店.

boy scout [bói es.káut; bói // -skáut] 〘英〙男 〘複 〜s〙ボーイスカウト [少年団]の団員.

bo·yu·no, na [bo.jú.no, -.na; bo.-] 形 ウシ科の;牛のような(= bovino).

bo·za [bó.θa; bó.- / -.sa] 女 〘海〙留め索;舫(等)い綱.

bo·za·da [bo.θá.ða; bo.- / -.sá.-] 女 〘ラ米〙(斎)(馬)(馬の)端綱.

bo·zal [bo.θál; bo.- / -.sál] 形 **1** 〘話〙未熟な, 不慣れな;ばかな, まぬけな. **2** (動物が)野生の, 荒い. caballo 〜 野生馬. **3** 〘古語〙(黒人奴隷が)連れてこられたばかりの. ── 男 女 **1** 〘話〙未熟者, 初心者;ばか者, 愚か者. **2** 〘古語〙連れてこられたばかりの黒人奴隷. **3** 〘ラ米〙スペイン語の下手な[できない]人. ── 男 **1** (動物の)口輪. **2** (馬の)鈴飾り;(馬の)端綱.

bo·zo [bó.θo; bó.- / -.so] 男 **1** 上唇の上に生える薄ひげ. A este niño ya le apunta el 〜. この少年にはもう薄ひげが生え始めている. **2** 口の周り, 又(馬の)端綱.

Bq 〘略〙〘物理〙becquerel ベクレル:放射能のＳＩ単位. 27ピコキュリー.

Br 〘化〙bromo 臭素.

bra·ban·te [bra.βán.te; bra.-] 男 ブラバント:ベルギーのBrabante産リンネル[麻織物].

bra·ca·mon·te [bra.ka.món.te; bra.-] 男 (斎)お化け, 幽霊.

bra·ce·a·da [bra.θe.á.ða; bra.- / -.se.-] 女 腕を強く[何度も]振ること.

bra·ce·a·dor, do·ra [bra.θe.a.ðór, -.ðó.ra; bra.- / -.se.-] 形 (馬が)前脚を高く折り曲げて歩く.

bra·ce·a·je [bra.θe.á.xe; bra.- / -.se.-] 男 **1** 貨幣鋳造. **2** 〘海〙(尋(炒)で測る)水深.

bra·ce·ar [bra.θe.ár; bra.-] 自 **1** 腕を振り動かす. **2** 抜き手を切る, (クロールで)泳ぐ. **3** 努力する, 奮闘する. **4** (馬が)前脚を高く上げて歩く. **5** 〘海〙帆桁(災)を転桁(災)索で回す.

bra·ce·o [bra.θé.o; bra.- / -.sé.-] 男 **1** 腕の動き;(水泳の)一かき, ストローク. **2** 〘海〙転桁(災).

bra·ce·ral [bra.θe.rál; bra.- / -.se.-] 男 (甲冑(読)の)腕当て.

bra·ce·ro, ra [bra.θé.ro, -.ra; bra.- / -.sé.-] 形 (武器が)手投げの. ── 男 **1** 日雇い[農場]労働者, 人夫. **2** (相手を支えるため)腕を貸す人, 付き添い人. *de bracero* 腕を組んで.

bra·ce·te [bra.θé.te; bra.- / -.sé.-] *de bracete* 腕を組んで.

bra·ci·lar·go, ga [bra.θi.lár.go, -.ga; bra.- / -.si.-] 形 手の長い.

bra·cis·ta [bra.θís.ta; bra.- / -.sís.-] 男 女 〘スポ〙平泳ぎ選手.

brac·mán [brak.mán; brak.-] 男 → brahmán.

bra·co, ca [brá.ko, -.ka; brá.-] 形 **1** 〘動〙セッター種の. **2** 獅子(し)鼻の. ── 男 **1** セッター(犬). **2** 獅子鼻の人.

brác·te·a [brák.te.a; brák.-] 女 〘植〙苞(芽), 包葉.

braco (セッター)

bra·di·car·dia [bra.ði.kár.dja; bra.-] 女 〘医〙徐脈:毎分60以下の脈拍.

bra·di·la·lia [bra.ði.lá.lja; bra.-] 女 〘医〙言語緩慢, 遅語症:発語が緩慢になる症状, 現象.

bra·di·pep·sia [bra.ði.pép.sja; bra.-] 女 〘医〙消化不良.

bra·di·ta [bra.ðí.ta; bra.-] 女 〘天文〙(速度が遅く通常はあまり明るくない)流星.

bra·ga [brá.ga; brá.-] 女 **1** 〘主に複数で〙パンティ

bragado

—, ショーツ. **2** 《複数で》ニッカーボッカーズ, (ひざまでの)ズボン. **3** (乳幼児の)おむつ. **4** つり綱[索].
en bragas《俗》(1) 無一文で. Estoy *en ~s*. 僕は今すかんぴんだ. (2) 丸腰で, 全く準備なしで.
hecho una braga《俗》ひどく疲れた, すっかり参った.
[←〔ラ〕*brāca*「ズボン, ももひき」(ケルト語起源)]

bra·ga·do, da [bra.gá.ðo, -.ða; bra.-] 形《話》**1** 果敢な, 決心の固い. **2** 悪意のある, 意地の悪い. **3** (ラ米)(ほ)いじめっ子の.

bra·ga·du·ra [bra.ga.ðú.ra; bra.-] 女 (人・動物・ズボンの)股(ま).

bra·ga·pa·ñal [bra.ga.pa.ɲál; bra.-] 男《スペイン》使い捨ておむつ, 下着型おむつ:赤ん坊用・大人用双方を指す.

bra·ga·zas [bra.gá.θas; bra.- / -.sas] 男《単複同形》《話》尻(ы)に敷かれた夫, 恐妻家 (= calzonazos).

bra·gue·ro [bra.gé.ro; bra.-] 男 **1**《医》脱腸帯, ヘルニアバンド.
2《ラ米》(1) (ほ)(牛に乗るときにつかむ)腹綱. (2) (ほ)《馬》(馬具の)胸懸(むねが).

bra·gue·ta [bra.gé.ta; bra.-] 女 (ズボン・ブリーフなどの)前開き;(甲冑(かっちゅう)の)股(ま)袋.
estar como bragueta de fraile《ラ米》(ほ)《話》まじめくさった顔をしている.
gran bragueta《ラ米》(ほ)《話》プレイボーイ, 女たらし.

bra·gue·ta·zo [bra.ge.tá.θo; bra.- / -.so] 男《話》貧乏な男が財産目当てで金持ちの女とする結婚.

bra·gue·te·ro, ra [bra.ge.té.ro, -.ra; bra.-] 形《話》助平な, いやらしい.
―男 女《ラ米》(ほ)(ほ)(ほ)(ほ)《話》財産目当てで結婚する人. ―男 **1**《話》助平. **2**《ラ米》(ほ)(ほ)《話》妻の稼ぎで生活する人.

bra·guel·tón [bra.ge.tón; bra.-] 男《話》《建》ティエルスロン, 枝リブ.

bra·gui·llas [bra.gí.jas; bra.- ‖ -.ʎas] 男《単複同形》おむつが取れた年ごろの子供, ちび, がき.

Brah·ma [brá.ma; brá.-] 固《宗》ブラフマー, 梵天(ぼん):後期ヒンズー教の創造神でビシュヌ, シバと共に3主神の一つ. →trimurti.

brah·mán [bra.mán; bra.-] 男 **1**《宗》バラモン:インドの祭司階層の人で四姓中の最高位. →casta.
2 ブラフマン, 梵(ぼ):宇宙の根本原理.

brah·má·ni·co, ca [bra.má.ni.ko, -.ka; bra.-] 形《宗》バラモン階級の;バラモン教の.

brah·ma·nis·mo [bra.ma.nís.mo; bra.-] 男《宗》バラモン教:ヒンズー教の前身.

brah·mín [bra.mín; bra.-] 男 →brahmán.

brai·lle [brái.le; brái.-] 男 点字, ブライユ点字法. ◆フランスの教育者 Braille (1809-52) の考案.

brain·storm·ing [breins.tór.min, brei.nes.-; breins.-, brei.-] 《英》女 ブレーンストーミング:グループで自由にアイディアを出しあうこと.

bra·ma [brá.ma; brá.-] 女 (シカなどの野生動物の)さかり, 発情;交尾期, 発情期.

bra·ma·de·ra [bra.ma.ðé.ra; bra.-] 女 (おもちゃの)うなり板.

bra·ma·de·ro [bra.ma.ðé.ro; bra.-] 男 **1** (シカなどの野生動物が)交尾期に集まる場所.
2《ラ米》(動物をつなぐ)杭(ы).

bra·ma·dor, do·ra [bra.ma.ðór, -.ðó.ra; bra.-] 形 〈牛・シカなどの野生動物が〉大声でほえる;怒鳴る, うなる.

bra·man·te [bra.mán.te; bra.-] 男 **1** ひも, 糸;(特に)麻糸, 麻ひも.
2《ベルギーの Brabante 産の》麻布.

bra·mar [bra.már; bra.-] 自 **1** 〈牛・シカなどの野生動物が〉ほえる, うなる. **2**《風・海・雷などが》うなる, とどろく. El viento *bramaba* anunciando tormenta. 風がうなり声をあげあらしを告げていた. **3** 怒鳴りちらす. **4**《話》叫ぶ, 大声を出す.

bra·mi·do [bra.mí.ðo; bra.-] 男 **1** 〈牛・シカなどの野生動物の〉ほえ声, うなり声.
2《風・海・雷などの》うなる音, とどろき.
3 怒鳴り声, 怒号. **4**《話》わめき声, 叫び, 大声. dar *~s de dolor* うめき声を上げる.

bra·mu·ras [bra.mú.ras; bra.-] 女《複数形》怒鳴り声;空威張り.

bran·ca·da [braŋ.ká.ða; braŋ.-] 女 (川・入り江などに刺し渡す)刺し網の一種.

bran·cal [braŋ.kál; braŋ.-] 男 (車の)縦通材.

bran·da·da [bran.dá.ða; bran.-] 女《料》《スペイン》干しダラのクリームペースト:細かくした干しダラを油とニンニク, 牛乳[生クリーム]などであえ煮詰める.

bran·dal [bran.dál; bran.-] 男《海》後方案, バックステー (= burda).

Bran·de·bur·go [bran.de.βúr.go; bran.-] / **Bran·den·bur·go** [bran.den.βúr.go; bran.-] 固名 ブランデンブルク:ドイツ東部の州および都市.

brand·ing [brán.din; brán.-] 《英》男《商》ブランド化:ブランドとしてのイメージを上げること.

bran·dís [bran.dís; bran.-] 男《服飾》コートの上に着る大きな防寒用コート.

bran·dy [brán.di; brán.-] 《英》男 ブランデー.

bran·que [brán.ke; brán.-] 男《海》船首材 (= roda).

bran·quia [bráŋ.kja; braŋ.-] 女 (魚の)えら (= agalla).

bran·quial [braŋ.kjál; braŋ.-] 形 えらの[による].

bran·quió·po·dos [braŋ.kjó.po.ðos; braŋ.-] 男《複数形》《動》(ミジンコなどの)鰓脚(さいきゃく)類.

bran·quio·sau·rio [braŋ.kjo.sáu.rjo; braŋ.-] 男《古生》ブランキオサウルス:中生代ペルム紀に生息したサンショウウオに似た大きな両生類.

bran·za [brán.θa; brán.- / -.sa] 女 (ガレー船で)漕役(そうえき)囚の鎖を固定した環.

bra·ña [brá.ɲa; brá.-] 女《スペイン》(通常山すそに広がる水分の多い)夏の牧草地.

braqui- 「短い」の意を表す造語要素. → *braquicéfalo*, *braqui*grafía. [←〔ギ〕]

bra·quial [bra.kjál; bra.-] 形《解剖》腕の, 上腕の, 上膊(じょうはく)の.

bra·qui·ce·fa·lia [bra.ki.θe.fá.lja; bra.- / -.se.-] 《医》短頭(症).

bra·qui·ce·fa·lis·mo [bra.ki.θe.fa.lís.mo; bra.- / -.se.-] 男《医》短頭症.

bra·qui·cé·fa·lo, la [bra.ki.θé.fa.lo, -.la; bra.- / -.sé.-] 形《医》短頭(症)の.

bra·qui·gra·fí·a [bra.ki.gra.fí.a; bra.-] 女 速記(術).

bra·quió·po·dos [bra.kjó.po.ðos; bra.-] 男《動》《複数形》(シャミセンガイ・ホオズキガイなどの)腕足綱.

bra·quiu·ro [bra.kjú.ro; bra.-] 男《動》短尾類の動物;《複数で》短尾類:カニの類.

bra·sa [brá.sa; brá.-] 女 燠(おき), 真っ赤な炭火[コークス];燃えさし.
a la brasa(肉が)ローストの.

dar la brasa a... …に嫌がらせをする.
estar (***como***) ***en brasas*** 気をもんでいる, やきもきしている.
pasar como sobre brasas por un asunto ある こと [問題] に軽く触れる.

bras・ca [brás.ka; brás.-] 〖冶〗 (炉内に用いる) 粘土と炭紛を混ぜた耐火物.

bra・se・a・do, da [bra.se.á.ðo, -.ða; bra.-] 形 ローストした, 炭火焼きの.

bra・se・ar [bra.se.ár; bra.-] 他〈肉などを〉炭火であぶる, (おき火の) 直火で焼く.

bra・se・ri・llo [bra.se.rí.jo; bra.-‖-.ʎo] 男 小型の火鉢. [brasero + 縮小辞]

bra・se・ro [bra.sé.ro; bra.-] 男 **1** 火鉢, 火桶 (ﾋｵｹ). ♦スペインでは brasero は家の暖房に使われる一種の火鉢で, camilla と呼ばれるテーブルの下に置かれることが多い.
2 火刑 [火焚 (ﾀｷ) り] 場.
3 (ラ米) (**1**) (ｺﾝﾛ) かまど. (**2**) (ﾀｷﾋﾞ) たき火, おき火.

brasero (火鉢)

bra・si・ca [bra.sí.ka; bras.-] 男 女 (ラ米) (ｹｲﾍﾞﾂ) 〖話〗 〖軽蔑〗 ブラジル人.

bra・sier [bra.sjér; bra.-] 男 [複 ~es] (ラ米) (ｴﾝﾌﾟｸ) (ﾌｸｼｮｸ) 〖服飾〗 ブラジャー (= sujetador).

bra・sil [bra.síl; bra.-] 男 **1** 〖植〗 ブラジルスオウ; ブラジルスオウ材: 赤色染料が採れる (= palo ~ [de B~]). **2** (化粧用の) 紅.

***Bra・sil** [bra.síl; bra.-] 固名 ブラジル: 南米大陸東部大西洋岸の連邦共和国. 首都 Brasilia.
♦1500年ポルトガル人 Pedro Álvarez Cabral がブラジル海岸に到着, トルデシーリャス条約 (1494年) に従ってポルトガル領となる (→ demarcación). 1580-1640 年, ポルトガル王を兼ねたスペイン王 Felipe 2 世が統治した. 1808年王室はリオ・デ・ジャネイロに移り, 1821 年リスボンに戻ったが, 残留した Pedro 親王が翌年即位してブラジル皇帝となる. 1891年連邦共和国となる.
nuez del Brasil 〖植〗 ブラジルナッツ: 南米産サガリバナ科の高木. 実は食用.
[brasil 「ブラジルスオウ」がたくさん生えている島が大西洋上にあるという伝説がこの地名の起源となった (16 世紀当時はブラジルが島であると考えられていた)]

***bra・si・le・ño, ña** [bra.si.lé.ɲo, -.ɲa; bra.-] 形 ブラジルの, ブラジル人の. ── 男 女 ブラジル人.

bra・si・le・ro, ra [bra.si.lé.ro, -.ra; bra.-] 形 女 (ラ米) → brasileño.

bra・si・le・te [bra.si.lé.te; bra.-] 男 〖植〗 スオウの一種.

Bra・si・lia [bra.sí.lja; bra.-] 固名 ブラジリア: ブラジルの首都. 1960年 Río de Janeiro より遷都. 世界遺産.

bras・mo・lo・gí・a [brasm.mo.lo.xí.a; bras.-] 女 潮 汐 (ﾁｮｳｾｷ) 学: 潮の研究をする学問.

bras・se・rie [bra.se.rí; bra.-] 〘仏〙 女 [複 ~s] ビアホール, ビアレストラン (= cervecería).

bras・sier [bra.sjér; bra.-] 男 → brasier

bra・va[1] [brá.ba; brá.-] 女 (ラ米) (ｺﾄﾊﾞ) 脅し; 金てこ.
a la brava (ラ米) (ｺﾞｳｲﾝ) 〖話〗 無理やり, 力ずくで.

bra・va[2] [brá.ba; brá.-] 形 → bravo.

bra・va・ta [bra.bá.ta; bra.-] 女 〘伊〙 自慢; はったり, 空威張り. ***decir ~s*** 強がりを言う, 自慢する.

bra・ve・ar [bra.be.ár; bra.-] 自 **1** 自慢する; 空威張りする. **2** かっさいする.

bra・ve・ra [bra.bé.ra; bra.-] 女 (炉の) 通気孔.

bra・ve・ro, ra [bra.bé.ro, -.ra; bra.-] 形 (ラ米) (ｸﾁ) 〖話〗 強がりの. ── 男 女 (ラ米) (ｸﾁ) 〖話〗 空威張りをする人.

bra・ve・za [bra.bé.θa; bra.- / -.sa] 女 **1** 勇ましさ, 勇敢; 獰猛 (ﾄﾞｳﾓｳ) さ, 猛々 (ﾀｹﾀﾞｹ) しさ. **2** 猛威.

bra・ví・o, a [bra.bí.o, -.a; bra.-] 形 **1** 荒々しい.
2 〈植物が〉自生の, 野生の. **3** 無骨な, 粗野な.
── 男 荒々しさ, 勇猛さ, 獰猛 (ﾄﾞｳﾓｳ) さ.

¡bra・ví・si・mo! [bra.bí.si.mo; bra.-] 〖間投〗 [bravo の絶対最上級] うまいぞ, いいぞ, すばらしい.

bra・vi・to, ta [bra.bí.to, -.ta; bra.-] 形 (ラ米) (ｸﾁ) 〖話〗 怒った, 不機嫌な. ── 男 女 (ラ米) (ｸﾁ) 〖話〗 怒った人, 不機嫌な人.

Bra・vo [brá.bo; brá.-] 固名 el ~ [Grande] del Norte ブラボ・デル・ノルテ川: メキシコと米国の国境の川. ▶ 英語名は *Rio Grande*.

****bra・vo, va** [brá.bo, -.ba; brá.-] 形
1 (+名詞 / 名詞+) (**ser** + / **estar** +) 勇敢な, 勇猛な. *Los ~s soldados lucharon sin dar un paso atrás.* 勇壮な兵士たちは一歩も引くことなく戦った.
2 (+名詞 / 名詞+) (**ser** + / **estar** +) 〈牛馬が〉猛々しい, 気性の荒い; 人に馴れない. *los toros ~s* 闘牛. *montar en un caballo ~* 荒れ馬に乗る.
3 (+名詞 / 名詞+) (**ser** + / **estar** +) 〈海・天候が〉荒れた, 〈土地などが〉険しい, 〈戦いなどが〉激しい. *una brava batalla.* 熾烈 (ｼﾚﾂ) な戦い. *Está ~ el mar hoy.* 今日は海が荒れている.
4 (+名詞 / 名詞+) (**ser** +) 気性の激しい, 怒りっぽい. *Su mujer es muy brava.* 彼の奥さんは性格がとてもきつい. **5** 〖話〗 空威張りの, 強がりの. **6** すごい, すばらしい; りっぱな. *Este chico es una brava pieza.* この子は大したやつだ. *brava casa.* 豪邸. **7** 〖料〗 〈ソースなどが〉ぴり辛の, (唐辛子で) 辛い. *patatas bravas* パタタブラバ (ぴり辛マヨネーズがかかったジャガイモ料理). **8** (ラ米) (**1**) (ﾒｷ)(ﾌﾟ)(ﾍﾞ)(ｺ) (**estar** +) 怒った, 怒り狂った. *Mi mamá está brava porque no le hice caso.* 僕が言うことをきかなかったので, 母はかんかんに怒っている. *andar ~* (ｺﾝ) 怒っている, 気嫌が悪い. (**2**) (ﾁﾘ) 〖話〗 強い, きつい, 極端な.

── 〖間投〗 〈賞賛・歓喜〉 いいぞ, ブラボー. *¡B~!, has ganado el premio.* やった, 賞品は君のものだ.
a [***por***] ***las bravas*** 〖話〗 強引に, 無理やり. *Se metieron en la sala por las bravas.* 彼らは会場に無理やり入り込んできた.
[← [俗ラ] *brabu(*m*) か ?]

bra・vo・so, sa [bra.bó.so, -.sa; bra.-] 形 → bravo.

bra・vu・cón, co・na [bra.bu.kón, -.kó.na; bra.-] 形 強がりの, 威張った.
── 男 女 強がり屋, 空威張り屋.

bra・vu・co・na・da [bra.bu.ko.ná.ða; bra.-] / **bra・vu・co・ne・rí・a** [bra.bu.ko.ne.rí.a; bra.-] 女 強がり, 空威張り.

bra・vu・ra [bra.bú.ra; bra.-] 女 **1** (動物, 特に闘牛の) 猛々 (ﾀｹﾀﾞｹ) しさ, 狂暴さ. **2** 勇気, 勇猛さ. **3** はったり, 強がり.

bra・za [brá.θa; brá.- / -.sa] 女 **1** 〖海〗 (**1**) ブラサ: 長さの単位. 1.67メートル (= 2 *varas*) で, ほぼ 1 尋 (ﾋﾛ) に相当. (**2**) 転桁 (ﾃﾝｺｳ) 索, 帆綱. **2** 平泳ぎ (= ~ *de pecho*). *nadar a ~* 平泳ぎで泳ぐ.

bra・za・da [bra.θá.ða; bra.- / -.sa] 女 **1** (腕の)

brazado

屈伸；(平泳ぎの)腕かき，ストローク；(櫂(ﾂｲ)の)ひと漕(ｺ)ぎ．**2** ひと抱えの量．**3**《ラ米》(ｴﾙｸﾞ)(ﾁﾘ)(ﾊﾟﾗｸﾞ)(ｳﾙｸﾞ)ブラサーダ：長さの単位．→ braza.

bra·za·do [bra.θá.ðo; ƀra.- / -.sá.-] 男 両腕で抱えられる[抱えた]量．un ~ de flores ひと抱えの花束．

bra·za·je [bra.θá.xe; ƀra.- / -.sá.-] 男 → braceaje.

bra·zal [bra.θál; ƀra.- / -.sál] 男 **1**(甲冑(ﾁｭｳ)の)腕当て．(盾の)握り．**2** 腕章．**3**(灌漑(ｶﾝｶﾞｲ)用)取水路, 用水路．

bra·za·le·te [bra.θa.lé.te; ƀra.- / -.sa.-] 男 **1** ブレスレット, 腕輪．→ ajorca, pulsera. **2** 腕章．**3**(甲冑(ﾁｭｳ)の)腕当て．

bra·zo [brá.θo; ƀrá.- / -.so] 男 **1 腕, 上肢；上腕． romperse el ~ 腕を折る．La señora llevaba un bebé en ~s. 女性は腕に赤ん坊を抱いていた．

2(動物の)前足, 前肢．

3(ひじ掛けいす·ソファーの)ひじ掛け．

4 腕状のもの；(クレーン·ショベルカーなどの)アーム, ブーム．~ de un tocadiscos レコードプレーヤーのアーム．

5 木の枝；枝分かれしたもの；(川の)支流 (= ~ de río). ~ de mar 入り江．~ de tierra 岬．

6(天秤の)竿(ｻｵ), (十字架などの)中央から左右に出ている部分；(てこの)腕．

7 力, 権力．el ~ de la ley 法の力．en (los) ~s de... …の支配下で． **8**《複数で》働き手, 労働力．Aquí hacen falta más ~s. ここではまだ人手が必要である．**9** 党派, 分団．~ armado 武装集団． **10**《史》(階級を代表する)議員団 (= ~ del reino). **11**《ラ米》(ﾒﾋ)(ｸﾞ)《話》(有力な)コネ．

a brazo 腕ずくで；機械の力を借りずに．
a brazo partido 必死で, 全力を尽くして．luchar *a ~ partido* 全力で戦う．
brazo de gitano《料》スイスロール, ロールケーキ．
brazo derecho(比喩的)右腕, 頼りになる人．Eres su *~ derecho*. 君は彼[彼女](ら)の右腕だ．
con los brazos abiertos 両手を広げて, 心から, 暖かく．recibir a los invitados *con los ~s abiertos* 招待客を熱烈に歓迎する．
cruzarse de brazos 腕組みする, 手を出さない, 何もしない．
dar el brazo a +人 〈人〉に手を貸す，〈人〉を援助する．
del brazo de +人 〈人〉と腕を組んで，〈人〉の腕をつかんで．Paseaba *del ~ de mi novio*. 恋人と腕を組んで歩いた．(► mi *a* de +人に相当).
echarse [entregarse] en brazos de…《話》…に委ねる，(全面的に)任せる．
estar de brazos cruzados 腕組みしている，何もしていない．
hecho un brazo de mar《話》《時に皮肉》《服装》をおしゃれして，めかし込んで．
no dar su *brazo a torcer*《話》頑として譲らない，我を張る．

[← (ﾗ)*bracchium*；(関連)braza, brazalete, abrazar. (ポルトガル)*braço*. (仏)*bras*. (伊)*braccio*. (英)*embrace, bracelet*]

bra·zo·la [bra.θó.la; ƀra.- / -.só.-] 女《海》防水縁材：甲板の昇降口などの開口部に作った防水用上げ縁．

bra·zo·lar·go [bra.θo.lár.go; ƀra.- / -.so.-] 男《ラ米》(ﾒﾋ)《動》クモザル．

bra·zue·lo [bra.θwé.lo; ƀra.- / -.swé.-] 男(四足獣の)前脾(ﾊｸ), 前脾(の上半部). [brazo + 縮小辞]

bre·a [bré.a; ƀré.-] 女 **1** 瀝青(ﾚｷｾｲ), タール (= alquitrán). ~ mineral コールタール．**2** タールを塗った防水シート．**3**(木材·船体に塗る)タールと獣脂の混合物．**4**《ラ米》(ﾒﾋ)(ｱﾙｾﾞ)(ｳﾙｸﾞ)アスファルト．

break [bréik; ƀréik] 《英》男《複 ~s, ~》**1**(屋根なしの)4輪馬車．**2**《車》ステーションワゴン．**3** 専用列車．**4**《スポ》(テニスの)ブレーク·ポイント．**5**《話》(仕事の合間の)休憩．

break·beat [breik.bít; ƀreik.-] 《英》男《複 ~s》《音楽》ブレイクビート：レコードのドラムのみになった部分を繰り返し，あるいは組み合わせて作るリズム，またそのリズムをベースにした音楽《ジャンル》．

break·dance [bréik.ðans; ƀréik.-] 《英》男《音楽》ブレイクダンス．

bre·ar [bre.ár; ƀre.-] 他 **1**《話》殴る, 痛めつける；困らせる．Le *brearon* a palos. 彼はこん棒でめった打ちにされた．**2** からかう, ひやかす．
— *~·se* 再 自分自身を痛めつける．~*se* a trabajar《話》身を粉にして働く．

bre·ba·je [bre.ƀá.xe; ƀre.-] 男 まずい飲み物；《軽蔑》飲み薬．

bre·ca [bré.ka; ƀré.-] 女《魚》ニシキダイ, ヨーロッパマダイ．

*bre·cha [bré.tʃa; ƀré.-] 女 **1**(壁の)割れ目, 穴．《軍》(城壁·陣地の)裂け目, 突破口．abrir una ~ en la muralla 城壁に突破口を開く．batir en ~ (壁を)打ち壊す；(人を)打ち負かす．

2(けがによる)裂け目, 穴, 傷口．hacerse una ~ en la frente 額にぱっくり傷が開く．

3 強い印象, 感動．Nada pudo hacer ~ en él. 何事も彼に感銘を与えることはできなかった．
estar siempre en la brecha 絶えず身構えている．
morir en la brecha 闘いのさなかに[職務中に]死ぬ．

breck [brék; ƀrék] 男《ラ米》(ﾒﾋ)貨車．

bré·col [bré.kol; ƀré.-] 男《植》ブロッコリー．

bre·co·le·ra [bre.ko.lé.ra; ƀre.-] 女 → brécol.

Bre·da [bré.ða; ƀré.-] 固名 ブレダ：オランダ南部の都市．→ rendición.

bre·ga [bré.ga; ƀré.-] 女 **1** 精を出すこと, 熱心に働くこと．Siempre andaba a la ~ para mantener a su numerosa familia. 彼[彼女]は大家族を養うためにいつもあくせく働いた．

2 闘争, 戦い；けんか, 争い．la ~ de la vida 生存競争．**3** 悪ふざけ, いたずら, ひやかし (= burla). **4**《ラ米》(ﾌﾟｴﾙﾄﾘ)《話》恋, 恋愛．
peón de brega《闘牛》助手闘牛士．

bre·ga·dor, do·ra [bre.ga.ðór; ƀre.-, -.ðó.ra; ƀre.-] 形《ラ米》(ﾌﾟｴﾙﾄﾘ)《話》恋に落ちやすい．

bre·gar [bre.gár; ƀre.-] 自 **1**《en... …に》精を出す, 熱心に《あくせく》働く；《con... / contra... …のために》苦労する，《…に》手を焼く；《(困難·危険)と》戦う，《…と》奮闘する．Se pasa el día *bregando* con los hijos y las faenas de la casa. 彼[彼女]は子供の世話や家事で一日中ばたばたしている．

2《con... …と》争う, けんかする．
— 他 **1** こねる (= amasar). **2**《闘牛》〈牛を〉やり過ごす．**3**《ラ米》(ﾌﾟｴﾙﾄﾘ)《話》振る舞う．

bre·je·te·rí·a [bre.xe.te.rí.a; ƀre.-] 女《ラ米》(ﾌﾟｴﾙﾄﾘ)《話》言い訳, 言い逃れ．

bre·je·te·ro, ra [bre.xe.té.ro; ƀre.-, -.ra; ƀre.-] 男女《ラ米》(ﾌﾟｴﾙﾄﾘ)《話》(1)《軽蔑》うぬぼれた人, 思い上がった人．(2) お節介な人, でしゃばり．(3) 気むずかしい人．

Bre·ma [bré.ma; bré.-] / **Bre·men** [bré.men; bré.-] 固名 ブレーメン：ドイツ北西部の都市.

bren·ca [bréŋ.ka; bréŋ.-] 女 **1** 用水路や堰(ぜき)の水門を支える柱あるいは杭(くい). **2**〖植〗(植物, 特にサフランの)花糸：おしべの根元から先端までの糸状の部分.

brent / Brent [brén(t); brén(t)] 〖英〗男 ブレント原油：北海油田の原油.

bre·ña [bré.ɲa; bré.-] 女 (茨(いばら)などの) やぶに覆われた岩だらけの荒れ地.

bre·ñal [bre.ɲál; bre.-] / **bre·ñar** [bre.ɲár; bre.-] 男 一面の荒れ地.

bre·ño·so, sa [bre.ɲó.so, -.sa; bre.-] 形 荒れた, 荒涼とした.

bre·que¹ [bré.ke; brẹ́.-] 男〖魚〗→ breca.

bre·que² [bré.ke; brẹ́.-] 男《ラ米》**(1)**(昔の)大型4輪馬車. **(2)**〖鉄〗〖鉄〗(旅客列車の)荷物貨車. **(3)**〖機〗ブレーキ. [← 〖英〗*break*]

bre·que·ar [bre.ke.ár; bre.-] 自《ラ米》ブレーキをかける.

bre·que·ro [bre.ké.ro; bre.-] 男《ラ米》(列車の)制動手.

bre·sao·la [bre.sa.ó.la; bre.-] 〖伊〗女〖料〗ブレザオラ：牛や馬の肉に塩をつけて干し, 生ハムのように薄く切って食べるイタリアの食材・料理.

bres·ca [brés.ka; brẹ́s.-] 女 ミツバチの巣板, 蜜蠟(ろう).

bres·car [bres.kár; bres.-] 102 他 採蜜(みつ)する.

bre·ta·ña [bre.tá.ɲa; bre.-] 女 **1**(フランスの)ブルターニュ産の薄いリンネル.
2〖植〗ヒヤシンス(= jacinto).

Bre·ta·ña [bre.tá.ɲa; bre.-] 固名 ブルターニュ：フランス西部の地方.
Gran Bretaña グレートブリテン.
[← 〖仏〗*Bretagne* ← 〖ラ〗*Britannia*「ブリタニア」；5世紀のブリタニア(現在の英国)からブルトン人(ケルト系)がこの地に移住してきたため；関連〖英〗*Britain*]

bre·te [bré.te; brẹ́.-] 男 **1**(囚人用の)足かせ. **2** 窮状, 窮地. *estar en un ~* 身動きできない状態にある. *poner a+*人 *en un ~*〈人〉を窮地に追いやる. **3** 牢(ろう), 土牢. **4**《ラ米》**(1)**〖畜〗家畜の囲い場. **(2)**〖リオ〗〖パラ〗〖話〗仕事, 職. **(3)**〖リオ〗〖話〗情事. **(4)**〖リオ〗足かせ. **(5)**〖リオ〗〖話〗問題, 困難.

bre·te·ar [bre.te.ár; bre.-] 自《ラ米》仕事をする.

bre·tel [bre.tél; bre.-] 男《ラ米》〖エルサ〗〖リオ〗〖服飾〗(とくに女性用の衣類・下着の)肩ひも, ストラップ；〖複〗〖複数で〗サスペンダー.

bre·tón, to·na [bre.tón, -.tó.na; bre.-] 形 ブルターニュの. 男 女 ブルターニュ人. → Bretaña.
— 男 **1** ブルトン語. **2**〖植〗芽キャベツ.

bre·va [bré.ba; brẹ́.-] 女 **1**(年2回取れるうちの6-7月に収穫する夏果の)イチジク(の実). ► 「秋果のイチジクは higo.
2〖話〗幸運, もうけもの, 楽な仕事. *Cogió* [*Le cayó*] *una buena ~.* 彼[彼女]は降ってわいたような幸運に恵まれた. **3** ブレバ：やや柔らかで切り口が楕円(だえん)形の葉巻. **4** 早熟のドングリ. **5**《ラ米》〖キ〗〖メ〗〖コ〗〖リオ〗噛(か)みタバコ. **(2)**〖リオ〗上質の葉巻. **(3)**〖リオ〗葉巻の吸い殻.
¡No caerá esa breva!〖話〗そううまくいくものか.
pelar la breva《ラ米》〖話〗奪い取る, 巻き上げる.

bre·val [bre.bál; bre.-] 男〖植〗夏に[夏と秋2回]実をつけるイチジク(= higuera ~).

*bre·ve** [bré.be; brẹ́.-] 形《多くは+名詞 / 名詞+》《ser+》**1** 短い, 短時間の. *tras una ~ pausa* 少し間をあけてから. *Podrá terminarse en el plazo más ~ posible.* できる限り短期間でそれは終わるだろう. *Pronunció un ~ discurso* 彼[彼女]は短いスピーチをした. *Fue ~ aquella noche.* その夜は短かった. *La vida ~*『はかない人生』(Onetti の小説).
2 簡略な, 簡潔な. *en una ~ nota* 短い記事[覚書]で. *Me lo explicó en ~s palabras.* 彼[彼女]は私にそのことを手短に説明した.
— 男 **1**(ローマ教皇の)小勅書.
2(新聞の)短いニュース. *~s nacionales* 国内記事.
— 女〖音楽〗2全音符；短音.
en breve すぐに, まもなく.
sílaba breve〖ラテン語の〗短音節：相対的に短い音節(↔sílaba larga).
vocal breve〖音声〗短母音.
[← 〖ラ〗*brevem* (*brevis* の対格)；関連〖英〗*brief*]

*bre·ve·dad** [bre.be.dáð; bre.-] 女 **短さ**；簡略, 簡潔. *con ~* 短く, 簡潔に. *con la mayor ~* できるだけ早く, 簡略に言えば, 要するに. *para mayor ~* 簡単に言えば, 要するに.

bre·ve·men·te [bre.be.mén.te; bre.-] 副 簡単に, 簡潔に.

bre·vet [bre.bé(t); bre.-] 男《ラ米》〖ボリ〗運転免許証.

bre·ve·te [bre.bé.te; bre.-] 男 **1** 覚え書き.
2(古語)(便箋(せん)の)頭書き, レターヘッド.
3《ラ米》〖ペ〗運転免許証.

bre·via·rio [bre.bjá.rjo; bre.-] 男 **1**〖カト〗聖務日課書, 祈禱(とう)書. **2** 概要, 概論. **3**〖印〗9ポイント活字.

bre·vi·pen·nes [bre.bi.pén.nes; bre.-] 男〖複数形〗〖鳥〗走鳥類.

bre·zal [bre.θál; bre.- / -.sál] 男 (ヒースなどが茂った)荒れ野.

bre·zo [bré.θo; brẹ́.- / -.so] 男〖植〗ヒース, エリカ.
— 女《ラ米》〖キ〗〖話〗酔い, 泥酔.

bria·go, ga [brjá.ɣo, -.ɣa; brjá.-] 形《ラ米》〖メ〗〖話〗酒好きな.
— 男 女《ラ米》〖メ〗〖話〗**(1)** 酒飲みの人. **(2)** 酒好きな人.

brial [brjál; brjál] 男 **1**(昔の)絹などのチュニック.
2(甲冑(かっちゅう)の)下穿(は)き.

bri·ba [brí.ba; brí.-] 女 無頼な暮らし. *andar* [*vivir*] *a la ~*(仕事をせず)遊び暮らす.

bri·bón, bo·na [bri.bón, -.bó.na; bri.-] 形 **1** ごろつきの, ならず者の. **2** ずるい, 卑劣な.
— 男 女 **1** ごろつき, ならず者. **2** 浮浪者. **3** いたずらっ子, 悪童.

bri·bo·na·da [bri.bo.ná.ða; bri.-] 女 **1** 無頼さ, やくざ根性. **2** 悪らつな手口, 悪行.

bri·bo·ne·ar [bri.bo.ne.ár; bri.-] 自 **1** やくざな[無頼な]生活を送る. **2** 悪らつな手口を使う.

bri·bo·ne·rí·a [bri.bo.ne.rí.a; bri.-] 女 → bribonada.

bric·bar·ca [brik.bár.ka; brik.-] 女〖海〗バーク：最後部のマストが縦帆その他2本が横帆の帆船.

bri·cho [brí.tʃo; brí.-] 男 (刺繡(しゅう)用)金箔(はく), 銀箔.

bri·co·la·je / bri·co·la·ge [bri.ko.lá.xe;

brezo
(ヒース)

ḃri.-] 男(家庭内の)大工仕事；日曜大工.
bri·co·la·je·ar [bri.ko.la.xe.ár; ḃri.-] 他 自 《話》日曜大工をする，〈家具などを〉作る［直す］；趣味で大工仕事や家の修繕をする.
bri·da [brí.ða; ḃrí.-] 囡 **1**《馬》馬勒(ばく)：面懸(おもがい) cabezada, 轡(くつわ)bocado, 手綱 rienda からなる.
2 手綱 (= rienda).
3 締め金, 留め金. **4**(鉄管などの)端の), つば, 耳, フランジ, (レールなどの)継ぎ目板. **5**《複数で》《医》癒着.
a toda brida 全速力で.
bri·dar [bri.ðár; ḃrí.-] 他 **1**《料》〈鳥の脚・肉を〉ひもで縛る. **2**《まれ》《馬》馬勒(ばく)［面懸(おもがい)・手綱・轡(くつわ)］をつける(= embridar).

brida (馬勒)

bri·de·cú [bri.ðe.kú; ḃri.-] 男 剣帯.
bridge [bríʧ; ḃríʧ] 〔英〕男《遊》(トランプ)ブリッジ. jugar al ～ブリッジをする.
bri·dón [bri.ðón; ḃri.-] 男 **1**《馬》馬銜(はみ)；(軍馬などの)小勒(ろく). **2**《文章語》馬, 駿馬(しゅんめ).
3 装具を付けた馬.
brie [brí; ḃrí]〔仏〕男 ブリーチーズ：ブリー地方の柔らかいチーズ.
brief·ing [brí.fin; ḃrí.-] 〔英〕男《複 ～s, ～》ブリーフィング, 簡潔な報告［指示, 状況説明］, (事前の)打ち合わせ.
brie·ga [brjé.ɣa; ḃrjé.-] 囡 → brega.
***bri·ga·da** [bri.ɣá.ða; ḃri.-] 囡 **1** (警察・役所などの)班, 担当部署；(軍艦乗組員の)班. ～ móvil 特別機動隊. *B*～ de Investigación Criminal 捜査班. ～ municipal de limpieza 市清掃班.
2《軍》旅団 (▶ 2〜4 旅団で師団を形成する). general de ～旅団長. ～s internacionales (スペイン内戦のときの)国際旅団.
— 男《軍》(陸・空軍の)曹長；(海軍の)上等兵曹.
bri·ga·de·ro [bri.ɣa.ðé.ro; ḃri.-] 男《軍》輸送用牛馬の飼育係.
bri·ga·dier [bri.ɣa.ðjér; ḃri.-] 男 旅団長：現在の陸軍准将, 海軍少将に当たる地位.
bri·ga·dis·ta [bri.ɣa.ðís.ta; ḃri.-] 男 囡 **1**《軍》旅団の構成員. **2**《史》特に内戦時に共和派について［国際旅団に加わって］闘った外国人.
bri·gán [bri.ɣán; ḃri.-] 男《ラ米》(1)《チリ》《話》悪党, ごろつき. (2)《チリ》《エクア》《俗》盗賊, 山賊.
bri·gan·da·je [bri.ɣan.dá.xe; ḃri.-] 男《ラ米》《エクア》《話》略奪, 強奪, 山賊行為.
Bright [brái(t); ḃrái(t)] の mal de ～《医》ブライト病, 腎炎(じんえん) (= nefritis). ◆英国の医師の名より.
Brí·gi·da [brí.xi.ða; ḃrí.-] 固名 ブリヒダ：女子の洗礼名. [←〔ラ〕*Brigitta* (ケルト起源で「力, 高貴」が原義. 関連 〔ポルトガル〕*Brígida*. 〔仏〕*Brigitte*. 〔伊〕*Brigida*. 〔英〕*Bridget*. 〔独〕*Brigitta*)
bri·ja [brí.xa; ḃrí.-] 囡《スペイン》《隠》金の鎖.
Brí·ján [brí.xán; ḃrí.-] 固名 *saber más que Briján / ser más listo que Briján*《話》実に抜けめがない《用心深い》.
brik [brík; ḃrík]〔スウェーデン〕男《複 ～s, ～》紙パック；主に飲料を保存・運搬するための(通常直方体の)紙の容器 (= tetra ～).
****bri·llan·te** [bri.ján.te; ḃri.-] ‖-.ʎán.-]形
(＋名詞／＋名詞＋)
1《ser ＋／estar ＋》光り輝く, 光沢のある. luz

～ まぶしい光. zapatos ～s 磨いてある靴. La mesa *está* ～. テーブルはぴかぴかだ.
2《ser＋》輝かしい；目立つ；派手な. una carrera ～輝かしい経歴. celebrar una ～ boda 華々しい結婚式を開く. Tiene una inteligencia ～. 彼[彼女]は優秀な知能の持ち主である. Es la alumna más ～. 彼女はもっとも出来のいい生徒だ.
— 男 (ブリリアントカットの)ダイヤモンド.
〔仏〕男《服飾》綿サテン, 綿繻子(しゅす).
bri·llan·tez [bri.jan.téθ; ḃri.- ‖ -.ʎan.- / -.tés] 囡《複 brillanteces》**1** すばらしさ, 卓抜, めざましさ. Terminó sus estudios con gran ～. 彼[彼女]は輝かしい成績で学業を終えた. **2** 明るさ, 輝き. **3** 華やかさ, 華麗.
bri·llan·ti·na [bri.jan.tí.na; ḃri.- ‖ -.ʎan.-] 囡 整髪料, ヘアリキッド.
****bri·llar** [bri.jár; ḃri.- ‖ -.ʎár;] 自 **1** 輝く, きらめく. *Brilla* el sol. 太陽が照りつけている. En el cielo *brillan* las estrellas. 空には星がきらめいている. Le *brillaron* los ojos de alegría. 彼[彼女]の目は喜びで輝いた.
2《por...…によって》際立つ, 存在を誇示する. ～ por *su* ausencia ないことによってかえって目立つ.
— 他 磨く. ～ los cubiertos 食器を磨く.
No todo lo que brilla es oro.《諺》輝くものすべてが金ではない.
[←〔伊〕*brillare*. 関連 brillante, brillo. 〔英〕*brilliant*]
bri·lla·zón [bri.ja.θón; ḃri.- ‖ -.ʎa.- / -.són] 囡《ラ米》《アルゼ》(パンパ平原に発生する)屡気楼(しんきろう).
***bri·llo** [bri.jo; ḃri.- ‖ -.ʎo.-] 男 **1** 輝き, きらめき, 光沢. dar [sacar] ～ a... …の光沢［つや］を出す, …を磨く. **2** すばらしさ；華麗さ；ぬきん出ていること. Le gusta el ～ de la vida pública. 彼[彼女]は公人としての華やかな生活を好む. — 自 → brillar.
bri·llo·so, sa [bri.jó.so, -.sa; ḃri.- ‖ -.ʎó.-] 形《ラ米》光り輝く.
brin [brín; ḃrín] 男 **1** (キャンバス・帆などに使われる)粗織りのリンネル地. **2**《ラ米》裏地用の布.
***brin·car** [brin.kár; ḃrin.-] 自 **1** 飛び跳ねる；跳ね回る. *Brincaron* de alegría. 彼らは小躍りして喜んだ. **2** かっとなる, いきり立つ. Está que *brinca*. 彼[彼女]はかっと怒っている. **3** 飛び跳ばす, 言い飛ばす. — 他 **1**〈子供を〉(両手で抱えて)上下に揺する, 高い高いをする. **2** 読み［言い］飛ばす. **3**《ラ》《メ》ふざける.
brincar a la cuerda《ラ米》《メ》《話》警戒する.
brincar a la reata《ラ米》《メ》縄跳び遊びをする.
brin·co [brín.ko; ḃrín.-] 男 跳躍, ジャンプ. dar ～s de alegría 小躍りして喜ぶ. de un ～ひと跳び［ひとまたぎ］で.
darle (a＋人) un brinco el corazón〈人〉が(驚きで)びくっとする.
dar [pegar] un brinco (驚きで)びくっとする.
en un brinco / en dos brincos たちまちに.
quitar[le] los brincos (a＋人)《ラ米》《メ》《エクア》《話》〈人〉の鼻をへし折る.
***brin·dar** [brin.dár; ḃri.-] 自 **1**《por... / a...…に》乾杯する, 祝杯をあげる. ～ *por* la victoria 勝利に乾杯する. ～ *por* los novios 新郎新婦のために乾杯する. ～ *con* vino ワインで乾杯する. *Brindemos a* nuestra salud. 私たちの健康に乾杯しましょう. **2**《a＋人〈人〉に》《con...…を》提供する. ～ *con* amistad 友情をささげる.
— 他 **1**《a＋人〈人〉に》提供する, 差し出す.

una oportunidad 機会を提供する. La naturaleza *nos brinda* muchos beneficios. 自然は私たちに多くの恵みを与えてくれる. Gracias por el apoyo que *me has brindado*. 私を支えてくれてありがとう. ▶ 上記用例中 nos, me が a+人に相当.
 2 〖闘牛〗〈a+人〈人〉に〉〈牛を〉ささげる; 〖スポ〗〈勝利などを〉ささげる.
 — ~·se 圓 **1** 〈a+不定詞〉〈…することを〉申し出る, 進んで〈…〉する. Todos *nos brindamos a ayudar* a los damnificados. 私たちは皆被災者を助ける用意があります. **2**〈3人称で〉提供される.

brin·dis [brín.dis; brín.-] 男〖単複同形〗**1** 乾杯, 祝杯; 乾杯の挨拶. hacer un ~ 乾杯する.
 2〖闘牛〗闘牛士の捧呈(ほうてい)の辞.
 [←〚独〛(*Ich*) *bring' dir's*. 「君にこれを進呈しよう」; 関連〚英〛*bring*]

brin·qui·llo [briŋ.kí.jo, -ʎo; briŋ.- ‖ -.ʎo, -ʝo] →brinquiño.

brin·qui·llo, lla [briŋ.kí.jo, -ʎo, -.ja, -ʎa; briŋ.- ‖ -.ʎo, -.ʎa] 男 女 《ラ米》《フ米》《話》騒々しい [うるさい] 子供.

brin·qui·ño [briŋ.kí.no; briŋ.-] 男 小さな宝石. *estar hecho un brinquiño* 着飾っている.

brin·za [brín.θa; brín.- / -.sa] 女 →brizna.
bri·ñón [bri.ɲón; brí.-] 男 ネクタリン.
brí·o [brí.o; brí.-] 男 **1**〖時に複数で〗元気, 活力, 勢い. andar con ~ さっそうと歩く. hablar con ~ 意気込んで話す. lleno de ~ 元気いっぱいの. hombre de ~s 意気軒昂(けんこう)な人.
 2 決意, 決心; 勇気. **3** 優雅; りりしさ.
 ¡Voto a bríos! 《話》《まれ》ちくしょうめ.

brio·che [brjóʃ; brjóʃ] 男〚仏〛ブリオッシュ: 丸い形の甘いパン.

brio·fi·to, ta [brjo.fí.to, -.ta; brjo.-] 形〖植〗コケ植物の. — 男 コケ植物. — 男 〖複数で〗蘚苔(せんたい)類.

briol [brjól; brjól] 男 〖海〗バントライン: 横帆のすそを引き上げる綱.

brio·lo·gí·a [brjo.lo.xí.a; brjo.-] 女 〖植〗蘚苔学, コケ植物学.

brio·nia [brjó.nja; brjó.-] 女 〖植〗ブリオニア: ウリ科のつる草. 汁は吐剤・下剤用.

brio·sa·men·te [brjó.sa.mén.te; brjó.-] 副 **1** 元気よく; 軽快に. **2** 断固として; りりしく, 優雅に.

brio·so, sa [brjó.so, -.sa; brjó.-] 形 **1** 元気のよい, 力にあふれた; 軽快な. Este coche es ~. この車はよく走りタすf. **2** 決然たる, 断固とした; りりしい.

brio·zo·a·rio [brjo.θo.á.rjo; brjo.- / -.so.-] / **brio·zo·o** [brjo.θó.o; brjo.- / -.só.-] 男 〖動〗コケムシ: コケムシ類の動物の総称.

bri·qué [bri.ké; brí.-] 男 《ラ米》ライター.
bri·que·ta [bri.ké.ta; brí.-] 女 **1** 練炭, たどん.
 2 れんが形に固められたもの.

bri·sa¹ [brí.sa; brí.-] 女 **1** 微風, そよ風. ~ marina 海風, 海軟風. **2** 北東の風.

bri·sa² [brí.sa; brí.-] 女 ブドウの搾りかす.
bris·ca [brís.ka; brís.-] 女 〖遊〗〈トランプ〉ブリスカ: スペインのトランプゲームの一種.

bris·ca·do, da [brís.ka.ðo, -.ða; brís.-] 形〖服飾〗ラメの糸の. — 男 ラメ, 金糸・銀糸を織り込んだり刺繍した布 (製品); ラメの入った布 (製品)

bris·car [bris.kár; brís.-] 他72 金銀糸で織る [刺繍(ししゅう)をする].

bri·se·ra [bri.sé.ra; brí.-] 女 《ラ米》 (1) (ランプなどの) 火屋. (2) 街路灯.

bri·se·ro [bri.sé.ro; brí.-] 男 《ラ米》(チリ)(ブ米)火

屋.
bri·so·te [bri.só.te; brí.-] 男 (北米の海岸に特有の) 強風.

bris·tol [brís.tol; brís.-] / **bris·tol** [bris.tól; brís.-] 男 ブリストル紙: カード・名刺用の上質の厚紙.

bri·tá·ni·co, ca [bri.tá.ni.ko, -.ka; brí.-] 形 イギリスの; 英連邦の. Islas *Británicas* ブリテン諸島. tradición *británica* 英国的伝統.
 — 男 女 イギリス人; 英連邦出身の人. Entre los ~ s hay ingleses, escoceses, galeses e irlandeses. イギリス人の中にはイングランド人, スコットランド人, ウェールズ人, (北) アイルランド人がいる.

bri·ta·no, na [bri.tá.no, -.na; brí.-] 形 ブリタニアの, ブリテン島 [英国] の, 英国人の.
 — 男 女 〖史〗ブリトン人: ケルト系の先住民.

bri·za [brí.θa; brí.- / -.sa] 女 〖植〗イネ科コバンソウ属の草本.

briz·na [brið.na; brið.- / brís.-; brís.-] 女 **1** (インゲンマメなどの) すじ, (植物などの) 細い繊維. **2** 小片, 断片, 微量. **3** 《ラ米》 (ベ米) (ヹネズ) 霧雨.

briz·nar [brið.nár; brið.-; brís.-; brís.-] 自 〖3人称単数・無主語で〗 《ラ米》 (ベ米) (ヹネズ) 霧雨が降る.

briz·no·so, sa [brið.nó.so, -.sa; brið.- / brís.-; brís.-] 形 すじの多い, 繊維質の.

bri·zo [brí.θo; brí.- / -.so] 男 揺りかご.
bro·a [bró.a; bró.-] 女 **1** ビスケット, クラッカー.
 2 浅く岩礁の多い入り江.

bro·ca [bró.ka; bró.-] 女 **1** ドリルの穂先. **2** (靴のかかとに打つ) 鋲(びょう). **3** 糸巻き, ボビン.

bro·ca·do, da [bro.ká.ðo, -.ða; bró.-] 形 紋織物の. — 男 ブロケード, 紋織り, 金襴(きんらん); 金・銀模様 [文字] の入ったモロッコ革.

bro·cal [bro.kál; bró.-] 男 **1** 井桁(いげた), 井筒.
 2 (盾の) 鋼製の縁枠; (木・角・プラスチック製の) 酒袋 bota の口; (刀の) 鯉口(こいぐち); (砲口の) 縁金.
 3 〖鉱〗坑口. **4** 巻きタバコ用パイプ, シガレットホルダー. **5** 〖方言〗(歩道の) 縁石.

bro·ca·man·tón [bro.ka.man.tón; bró.-] 男 (金・宝石の付いた) 大型ブローチ.

bro·ca·tel [bro.ka.tél; bró.-] 男 **1** ブロカテル: 浮き織りのブロケード. **2** 色紋入りの装飾用大理石.

broc·co·li [bró.ko.li; bró.-] 〚伊〛男 〖植〗ブロッコリー (= brécol).

bro·ce·ar·se [bro.θe.ár.se; bró.- / -.se.-] 再 《ラ米》 (ベ米) (鉱山・商売が) 先細りになる, 衰退する.

bro·ce·o [bro.θé.o; bró.- / -.sé.-] 男 《ラ米》 (ベ米) 衰退, 先細り.

bro·cha [bró.tʃa; bró.-] 女 **1** (ペイント・ひげそり用の) 刷毛(はけ), ブラシ; pintar con una ~ 刷毛で塗る. **2** 《ラ米》 (1) 《フ米》《話》ごますり, 追従. (2) (セン) 《卑》陰茎.
 — 形 《ラ米》 (ベ米) 《話》おせっかいな; おべっかを使う.
 — 男 女 《ラ米》 (ベ米) 《話》おせっかいな人; おべっかを使う人.

 dar brocha 《ラ米》 (ナ米) ごますりをする.
 de brocha gorda 《話》 《軽蔑》 (絵・詩が) 下手そな.
 hacerse brocha 《ラ米》 (ベ米) 《話》ばかなふりをする.
 ser brocha 《ラ米》 (ベネズ) 〈人が〉下品である.
 [←〚仏〛〚方言〛*brouche*; 関連〚仏〛*brosse*. 〚英〛*brush*. 〚日〛ブラシ]

bro·cha·do, da [bro.tʃá.ðo, -.ða; bró.-] 形 〖服飾〗錦(にしき)の, 金襴(きんらん)の [銀襴の]; あや織りの.
 — 女 刷毛(はけ)によるひと塗り.

bro·cha·du·ra [bro.tʃa.ðú.ra; bro.-] 囡 (衣服の) 1組のボタン[ホック]類.

bro·cha·zo [bro.tʃá.θo; bro.- / -.so] 男 (絵筆・刷毛(炒)の) ひと塗り, ひと刷毛.

bro·che [bró.tʃe; bró.-] 男 **1** ブローチ. **2** 留め[締め]金具；ホック, スナップ, クリップ (= 〜 de presión)；(マントの) 飾り鉤(ʰ)ホック. **3** 《ラ米》 (1) (ｱ)(ｱｼﾞｷ)(ﾍﾙ)(紙を留める) クリップ. (2) (ｺﾞｱ)《複数で》《服飾》カフスボタン. (3) (*ﾒ)安全ピン.
el broche final [de oro] 有終の美, しめくくり.
[← 〘仏〙 *broche* (→〘英〙*brooch*). 関連 abrochar, desabrochar]

bro·che·ta [bro.tʃé.ta; bro.-] 囡 → broqueta.

bro·cho, cha [bró.tʃo, -.tʃa; bró.-] 形 《闘牛》〈牛の角が〉狭まった.

bro·chón [bro.tʃón; bro.-] 男 (白壁塗りに用いる) 大きな刷毛(炒). [brocha+増大辞]

bró·co·li [bró.ko.li; bró.-] 男 《植》ブロッコリー (= brécol).

bro·co·pul·mo·nar [bro.ko.pul.mo.nár; bro.-] 形 → broncopulmonar.

bró·cu·li [bró.ku.li; bró.-] 男 《植》ブロッコリー.

bro·de·quín [bro.ðe.kín; bro.-] 《仏》男 → borceguí.

bró·der [bró.ðer; bró.-] [英][複 〜s] **1** 《俗》兄[弟]；仲間, 友人. **2** 《ラ米》兄[弟].

bro·de·te [bro.ðé.te; bro.-] / **bro·dio** [bró.ðjo; bró.-] 男 → bodrio.

bro·ker / bró·ker [bró.ker; bró.-] [英] 男 囡 [複 〜s, 〜] ブローカー, 仲介・斡旋(ﾞ)業者, 仲介・斡旋業：売買の仲介をする者[業者].

bro·ker·age [bró(u).ke.ritʃ; bró(u).-] [英] 男 仲介・斡旋(ﾞ)(業)；仲介手数料.

***bro·ma** [bró.ma; bró.-] 囡 **1** 冗談；いたずら, からかい. *gastar una 〜* 冗談を言う, からかう. *hablar en 〜* 冗談を飛ばす, ふざけて話す. *tomar a 〜* 冗談扱いする, 本気にしない. *estar de 〜* なごやかに冗談を言い合う. *no estar para 〜s* 冗談を言う気分ではない. *objetos de 〜* いたずら用のおもちゃ. 〜 *estudiantil* 学生らしいいたずら. 〜 *pesada* たちの悪い冗談[いたずら]. 〜 *de mal gusto* 悪趣味な冗談[いたずら]. *Es una 〜 sin mala intención*. 悪気のない冗談だよ. **2** 《皮肉》(冗談のような) 値段の高さ, 迷惑. *La 〜 de las tasas académicas de esta universidad es increíble*. この大学の法外な授業料には目を疑う. **3** 《貝》フナクイムシ. **4** 《ラ米》(1)(ﾎﾞｼｼﾞﾞ)《話》物事. (2) (ｱﾝﾃﾞ)(ｱﾙｾﾞﾝ)《話》落胆；困惑.
bromas aparte / fuera de broma 《まじめな話に移るときに》冗談はさておき.
Déjate de bromas. 冗談[笑いごと]じゃない.
entre bromas y veras 冗談半分で.
no... ni en broma 《話》間違っても…しない.
salir por una broma 値段が冗談のように高い.

bro·ma·ción [bro.ma.θjón; bro.- / -.sjón] 囡 **1**《化》臭化・臭素化(作用). **2**《まれ》フナクイムシが木材をむしばむこと.

bro·mar [bro.már; bro.-] 他〈フナクイムシが〉〈木材を〉食う.

bro·ma·to [bro.má.to; bro.-] 男《化》臭素酸塩；臭素酸イオン.

bro·ma·to·lo·gí·a [bro.ma.to.lo.xí.a; bro.-] 囡 食養学, (応用) 栄養学.

bro·ma·to·ló·gi·co, ca [bro.ma.to.ló.xi.ko, -.ka; bro.-] 形 食物学の, 栄養学の.

bro·ma·tó·lo·go, ga [bro.ma.tó.lo.ɣo, -.ɣa; bro.-] 男 囡 食物学者, 栄養学者.

bro·ma·zo [bro.má.θo; bro.- / -.so] 男 きつい冗談, 質ふざけ. *dar un 〜 a+人* 〈人〉に嫌␣ないたずらをする.

***bro·me·ar(·se)** [bro.me.ar(.se); bro.-] 自 再 冗談を言う, ふざける, 茶化す. *No estoy bromeando.* 私は冗談を言っているのではない.

bro·me·liá·ce·o, a [bro.me.ljá.θe.o, -.a; bro.- / -.se.-] 形 《植》パイナップル科の. —囡 パイナップル科の植物；《複数で》パイナップル科.

brom·hí·dri·co, ca [bro.mí.ðri.ko, -.ka; bro.-] 形 《化》臭化水素の. *ácido 〜* 臭化水素酸.

bró·mi·co, ca [bró.mi.ko, -.ka; bró.-] 形 《化》(5価の) 臭素を含む.

bro·mis·ta [bro.mís.ta; bro.-] 形 冗談好きの, いたずら好きの. —男 囡 冗談[いたずら]好きの人.

bro·mo [bró.mo; bró.-] 男 《化》臭素 (記号 Br).

bro·mu·ro [bro.mú.ro; bro.-] 男 《化》臭化物. *papel de 〜*《写》ブロマイド印画紙, 臭素紙.

bron·ca [bróŋ.ka; bróŋ.-] 囡 **1** けんか, 口論, 殴り合い. *armar una 〜* 騒ぐ. *buscar 〜* けんかを売る. **2**《話》たしなめ, 叱責(ﾁ). *echar una 〜 a+人*〈人〉をしかりつける. **3** 野次, 揶揄(ﾔ). *armar una 〜 a+人*〈人〉を野次る. *ganarse [llevarse] una 〜* ののしられる, 野次られる. **4** まずい冗談；不愉快ないたずら. **5**《ラ米》(1) (ﾀﾞ)(ｱﾝﾃﾞ)《話》やっかいなこと, 問題. (2) (ｱﾝﾃﾞ)(ﾎﾞｼｼﾞﾞ)(ﾁﾘ)《話》怒り, 立腹. *Sus palabras me dieron 〜*. 彼[彼女] (ら)の言葉に私はむかっとした.

bron·ce [brón.θe; brón.- / -.se] 男 **1** 青銅, ブロンズ；ブロンズ像 (= estatua de 〜). *edad del 〜* 青銅器時代. **2**《スポ》銅メダル (= medalla de 〜). *ganar el 〜* 銅メダルを獲得する. **3** 銅貨. **4**《まれ》《詩》《比喩的》鐘；大砲.
escribir... en bronce〈出来事を〉記憶に留める, 記録する.
ligar bronce《話》こんがりと日焼けする.
ser de bronce〈体が〉強靱(ﾌﾞ)である；頭が固い.
[← 〘伊〙*bronzo* — 〘ラ〙*Brundisium*「ブリンディシ (古代の青銅の産地)」. 関連 〘仏〙〘英〙*bronze*]

bron·ce·a·do, da [bron.θe.á.ðo, -.ða; bron.- / -.se.-] 形 **1** ブロンズ《青銅》色の. **2** 日焼けした. —男 **1** 青銅仕上げ. *el 〜 de las medallas* メダルの青銅仕上げ. **2** 日焼け (した肌).

bron·ce·a·dor, ra [bron.θe.a.ðór, -.ra; bron.- / -.se.-] 形 日焼けの. —男 日焼け用オイル.

bron·ce·a·du·ra [bron.θe.a.ðú.ra; bron.- / -.se.-] 囡 青銅色をつけること；日焼け.

bron·ce·ar [bron.θe.ár; bron.- / -.se.-] 他 **1**〈金属・彫像を〉青銅色にする, 青銅に似せる. **2**〈肌を〉日に焼く, 日焼けさせる. —**〜·se** 1 日に焼ける, 真っ黒になる. *Se bronceaba en la playa.* 彼[彼女]は海岸で肌を焼いていた. **2** 青銅色になる.

bron·ce·rí·a [bron.θe.rí.a; bron.- / -.se.-] 囡 《美》ブロンズ作品 (群).

bron·cí·ne·o, a [bron.θí.ne.o, -.a; bron.- / -.sí.-] 形 青銅色の, 青銅に似た；青銅の.

bron·cis·ta [bron.θís.ta; bron.- / -.sís.-] 男 囡 青銅鋳造工, 青銅職人, ブロンズ像作者.

bron·co, ca [bróŋ.ko, -.ka; bróŋ.-] 形 **1** 粗雑な, ざらざらした；いかつい. **2**〈人・言動が〉荒々しい, ぶっきらぼうな, とげとげしい. **3**〈金属が〉もろい, 展延性が低い. **4** しわがれた, 耳障りな. *con voz bronca* ハスキーな声で. **5**〈馬が〉なかなか慣れない, 野性的

な. **6** 《ラ米》《俗》〈馬が〉馴らされていない；交わろうとしない. ── 男 《ラ米》《俗》馴らされていない馬；交わろうとしない人.

bronco- 「気管支」の意を表す造語要素. 母音の前では bronqu-. ⇨ *bronco*neumonía, *bronqu*itis. [←ギ]

bron·co·di·la·ta·dor, do·ra [broŋ.ko.di.la.ta.ðór, -.ðó.ra; broŋ.-] 形《薬》(特に薬で)気管支を拡げる(作用のある). ── 男 気管支拡張薬.

bron·co·es·pas·mo [broŋ.ko.es.pás.mo; broŋ.-] 男《医》(ぜんそく発作などの際の)気管支けいれん.

bron·co·gra·fí·a [broŋ.ko.gra.fí.a; broŋ.-] 女《医》気管支造影(法).

bron·co·neu·mo·ní·a [broŋ.ko.neu.mo.ní.a; broŋ.-] 女《医》気管支肺炎.

bron·co·pa·tí·a [broŋ.ko.pa.tí.a; broŋ.-] 女《医》気管支疾患.

bron·co·pul·mo·nar [broŋ.ko.pul.mo.nár; broŋ.-] 形《医》気管支肺の.

bron·co·rre·a [broŋ.ko.ře.á; broŋ.-] 女《医》気管支漏.

bron·cos·co·pia [broŋ.kos.kó.pja; broŋ.-] 女《医》気管支鏡検査(法)：気管支鏡を用いて気管支や気管支内を視覚的に検査すること.

bron·cos·co·pio [broŋ.kos.kó.pjo; broŋ.-] 男《医》気管支鏡.

bron·cos·te·no·sis [broŋ.kos.te.nó.sis; broŋ.-] 女《単複同形》《医》気管支狭窄(症).

bron·que·dad [broŋ.ke.ðáð; broŋ.-] 女 **1** 粗雑さ, いかつさ. **2** (人の言動の)とげとげしさ, ぶっきらぼう. **3** (金属の)もろさ. **4** (声・音の)かすれ, しわがれ, 耳障り.

bron·quial [broŋ.kjál; broŋ.-] 形《解剖》気管支の.

bron·quiec·ta·sia [broŋ.kjek.tá.sja; broŋ.-] 女《医》気管支拡張(症).

bron·qui·na [broŋ.kí.na; broŋ.-] 女《話》けんか, 殴り合い, ののしり合い.

bron·qui·no·so, sa [broŋ.ki.nó.so, -.sa; broŋ.-] 形《ラ米》《ﾌﾟｴ》《ﾎﾞﾘ》《話》けんかっ早い, 短気な.

bron·quio [broŋ.kjo; broŋ.-] 男《時に複数で》《解剖》気管支.

bron·quio·li·tis [broŋ.kjo.lí.tis; broŋ.-] 女《単複同形》《医》細気管支炎.

bron·quio·los [broŋ.kjó.los; broŋ.-] 男《複数形》《解剖》細気管支, 気管支梢(ｼｮｳ).

bron·quí·ti·co, ca [broŋ.kí.ti.ko, -.ka; broŋ.-] 形《医》気管支炎の.

bron·qui·tis [broŋ.kí.tis; broŋ.-] 女《単複同形》《医》気管支炎. ~ asmática ぜんそく様気管支炎.

bron·to·lo·gí·a [bron.to.lo.xí.a; bron.-] 女《気象》台風学.

bron·to·sau·rio [bron.to.sáu.rjo; bron.-] 男《古生》アパトサウルス, ブロントサウルス, 雷竜：中生代ジュラ紀に北米に生息した草食恐竜.

bro·quel [bro.kél; bro.-] 男 **1** 小型の盾. **2** 保護物, 防衛物；待避所.

bro·que·lar·se [bro.ke.lár.se; bro.-] 再 **1** 盾で身を守る. **2** 自衛する, 防御する.

bro·que·le·ro [bro.ke.lé.ro; bro.-] 男 けんかっ早い男.

bro·que·ta [bro.ké.ta; bro.-] 女《料》焼き串(ｸｼ)(= brocheta). riñones en ~ 腎臓(ｼﾞﾝｿﾞｳ)の串焼き.

bro·ta [bró.ta; bró.-] 女 ⇨ brote **1**.

bro·ta·du·ra [bro.ta.ðú.ra; bro.-] 女 **1** 発芽, 新芽を吹くこと. **2** (泉の)湧出(ﾕｳｼｭﾂ). **3** 吹き出物, 発疹(ﾊｯｼﾝ). **4** 発生, 始まり, 発端.

bró·ta·no [bró.ta.no; bró.-] 男《植》⇨ abrótano.

*****bro·tar** [bro.tár; bro.-] 自 **1** 《植物が》芽を出す；〈葉・つぼみなどが〉つく. El árbol empieza a ~. 木が新芽を出し始めた. **2** 《de ...から》〈水などが〉湧き出る, あふれ出る. ~ un chorro de agua *del* grifo 蛇口から水が流れ出る. *Brotaron* las lágrimas *de* mis ojos. 私の目から涙があふれた. **3** 芽生える, 発生する. ~ una idea 考えが生まれる. **4** 《発疹(ﾊｯｼﾝ)が》現れる, 出る. Me *brotó* un sarpullido en el rostro. 私は顔に吹き出物ができた. ── 他 芽生えさせる；生じさせる. La tierra *brota* energía. 大地はエネルギーを生み出す.

*****bro·te** [bró.te; bró.-] 男 **1** 《植》芽, 新芽；発芽, 芽生え. **2** 出現；(涙などが)あふれること；兆候. los primeros ~s de una epidemia 伝染病の兆し.

brow·nia·no, na [brou.njá.no, -.na; brou.-] 形《物理》(微粒子間の)ブラウン運動の.

brown·ing [bróu.nin; bróu.-] 《英》男《複 ~, ~s》ブローニング(式自動拳銃(ｼﾞｭｳ)).

brows·er [bróu.ser; bróu.-] 《英》男《複 ~s, ~》《IT》(ウェブ)ブラウザー.

bro·za [bró.θa; bró.- / -.sa] 女 **1** 枯れ葉, 落ち葉, 枯れ枝. **2** (排水溝などの)くず, ごみ, 堆積(ﾀｲｾｷ)物. **3** (低木の)茂み, やぶ；下草 (= maleza). **4** 《軽蔑》《集合的》(文章・談話の)余分な[冗漫な]箇所. En su libro había mucha ~. 彼[彼女]の本は無駄な文章だらけだった. **5** 《印》(豚毛の丸い)硬毛ブラシ. **6** 《ラ米》《ﾒｷｼｺ》《話》《集合的》友人, 仲間.

bro·zar [bro.θár; bro.- / -.sár] 他 ⇨ bruzar.

broz·no, na [bróθ.no, -.na; bróθ.- / brós.-; brós.-] 形 **1** 粗野な, 荒っぽい. **2** ぶっきらぼうな, 無愛想な.

bro·zo·so, sa [bro.θó.so, -.sa; bro.- / -.só.-] 形 低木の生い茂った；枯れ葉[ごみ]の堆積(ﾀｲｾｷ)した.

bru·ce·lo·sis [bru.θe.ló.sis; bru.- / -.se.-] 女《単複同形》《医》《獣医》ブルセラ症[病], マルタ熱(= fiebre de Malta).

bru·ces [brú.θes; brú.- / -.ses] *darse de bruces con...* ...とぶつかる, 衝突する；出会う. *de bruces* うつむけに, うつぶせに[腹ばい]になって.

bru·go [brú.go; brú.-] 男《昆》マメゾウムシ.

bru·ja [brú.xa; brú.-] 女 **1** ⇨ brujo. **2** 《ラ米》(1) 《ﾁﾘ》《話》妻, 恋人. (2) 《ｸﾞｱﾃ》《ﾄﾞﾐ》幽霊；売春婦. *estar bruja* 《ラ米》《ﾒｷ》《ｸﾞｱﾃ》《話》金がない, 一文無し.

brugo (マメゾウムシ)

Bru·jas [brú.xas; brú.-] 固名 ブルッヘ, ブリュージュ：ベルギー北西部の都市.

bru·je·ar [bru.xe.ár; bru.-] 自 **1** 魔法を使う. **2** 《ラ米》《ﾌﾟｴ》《ｸﾞｱﾃ》《話》浮かれ騒ぐ. ── 他 《ﾒｷ》《ｸﾞｱﾃ》《獲物を》狩る.

bru·je·rí·a [bru.xe.rí.a; bru.-] 女 **1** 魔術, 魔法, 妖術(ﾖｳｼﾞｭﾂ). **2** 《ﾒｷ》《話》無一文.

bru·je·ril [bru.xe.ríl; bru.-] 形《話》魔法使い[魔女]の, 魔法の(= brujesco).

bru·jes·co, ca [bru.xés.ko, -.ka; bru.-] 形 魔法使い[魔女]の；魔法の.

bru·jez [bru.xéθ; bru.- / -.xés] 女《ラ米》《ﾒｷ》貧困,

一文無し.
bru・ji・dor [bru.xi.đór; bru.-] 男 → grujidor.
bru・jil [bru.xíl; bru.-] 形 《話》→ brujeril.
bru・ji・lla [bru.xí.ja; bru.-‖-.ʎa] 女 起き上がりこぼし.
bru・jir [bru.xír; bru.-] 他 → grujir.
***bru・jo, ja** [brú.xo, -.xa; brú.-] 男 女 形 **1** 魔術師, 魔女, 魔法使い. el aprendiz de ～ 魔法使いの弟子. **2** 呪医(ﾋﾞ), まじない師. **3** 《ラ米》(1) (ｺﾞﾛ)《話》お節介な人, しゃべりな人. (2) (ﾀﾞﾘ)(ﾆｶ)《話》一文無しの人, 金がない人.
── 形 **1** 非常に魅力的な. Tiene unos ojos ～s. 彼[彼女]はとてもすてきな目をしている.
2 《ラ米》(ﾄﾞﾞ)《話》お節介な, しゃべりな. (2) (ﾀﾞﾘ)(ﾆｶ)《話》一文無しの, 金がない. (3) (ﾁ)《話》(取引などの)不正な, いかがわしい, 怪しい.
brú・ju・la [brú.xu.la; brú.-] 女 **1** 方位磁石；《海》磁針；コンパス, 羅針盤 (= ～ marina). ～ de bolsillo 携帯用磁石. **2** 指標, 指針, 道しるべ. **3** (昔の銃の)照準孔. **4** [B-]《星座》らしんばん座.
perder la brújula 方向を見失う, 見当を違える.
ver por brújula 針の穴からのぞく.
[←[伊] *bussola*←《俗ラ》*buxida 「小箱」 ←《ギ》 *pyxís, -ídos* [関連][英] *box*]
bru・ju・le・ar [bru.xu.le.ár; bru.-] 他 **1** 《遊》(トランプ)《札の》上部をずらして模様を見る. **2** 《相手の》手の内を推量する. ── 自 **1** (色々試しながら)うまくやる, やりおおせる. **2** 《ラ米》(1) (ｺﾞﾛ)《話》悪巧みをする. (2) (ﾌﾞﾞ)《話》一時的な仕事をする. (3) (ﾒｷ)(ﾎﾟﾙ) 放浪する. (4) (ﾁﾘ)(ﾎﾟﾙ)ぶらぶら暮らす.
bru・ju・le・o [bru.xu.lé.o; brú.-] 男 《話》当て推量, 見当.
bru・lo・te [bru.ló.te; brú.-] 男 **1** 《史》火船；敵船を焼くためにタールをつけて放つ船. **2** 《ラ米》(ﾘｵﾌﾟ)(ﾎﾞ) 雑言, 悪たれ口. (ﾂ) 扇動的な発言[記事].
bru・ma [brú.ma; brú.-] 女 **1** 霧, もや, ガス.
2 《複数形》混乱, もやもや. Mi mente está llena de ～s. 僕の頭の中はまるでもやがかかったみたいだ.
[←[ラ] *brūmam* (*brūma* の対格)「冬至」]
bru・mal [bru.mál; brú.-] 形 《気象》霧の(ような).
bru・ma・rio [bru.má.rjo; brú.-] 男 霧月：フランス革命暦の第2月で, 太陽暦の10月22(-24)日から11月20(-22)日までにあたる.
bru・ma・zón [bru.ma.θón; brú.-/-.són] 男 濃霧, 煙霧.
bru・mo・so, sa [bru.mó.so, -.sa; brú.-] 形 **1** 《気象》霧のかかった, 霧の出た.
2 不明瞭な, わかりにくい, ぼんやりした.
brunch [bránʧ; bránʧ] [英] 男 《複 ～, -s》ブランチ：朝昼兼用の食事.
Bru・nei Da・rus・sa・lam [bru.néi đa.ru.sa.lám; bru.-] 固名 ブルネイ・ダルサラーム国：ボルネオ《カリマンタン》島北部の国. 首都 Bandar Seri Begawan.
bru・no, na [brú.no, -.na; brú.-] 形 暗褐色の, 黒っぽい. ── 男 《植》(スペイン北部特産の黒いプラム (の木・実).
bru・ñi・do, da [bru.pí.đo, -.đa; brú.-] 形 光沢のある, つややかな. ── 男 磨くこと, 光沢を出すこと.
bru・ñi・dor, do・ra [bru.pi.đór, -.đó.ra; brú.-] 男 女 磨く人, つや出しする人.
── 男 **1** つや出し器. **2** 《印》つやべら.
bru・ñi・du・ra [bru.pi.đú.ra; brú.-] 女 (とくに金属や石などの表面を磨いて)輝きを与えること, つや出し.
bru・ñi・mien・to [bru.pi.mjén.to; brú.-] 男 → bruñidura.

bru・ñir [bru.pír; brú.-] 72 他 **1** 磨く, つや出しする. **2** 《ラ米》(ﾌﾟｴ)《話》困らせる, 悩ませる.
── ～・se 再 《話》ひげをそる.
bru・ño [brú.po; brú.-] 男 → bruno.
bru・que・na [bru.ké.na; brú.-] 女 《ラ米》(ｴｸｱ)《動》川エビ.
***brus・ca・men・te** [brús.ka.mén.te; brús.-] 副 急に, にわかに；ぶっきらぼうに, 無愛想に.
brus・co [brús.ko; brús.-] 男 《植》ナギイカダ.
***brus・co, ca** [brús.ko, -.ka; brús.-] 形 **1** 突然の, 不意の, 唐突な. un ～ frenazo 荒っぽい急停止. Hubo un cambio ～ de temperatura. 急激な気温の変化が生じた. **2** 無愛想な, ぶっきらぼうな, つっけんどんな. una respuesta *brusca* 取りつく島もない(ぶっきらぼうな)返事. Su amo era una persona *brusca*. 彼[彼女]の主人は無愛想な人だった.
bru・se・la [bru.sé.la; brú.-] 女 《植》ツルニチニチソウ.
bru・se・las [bru.sé.las; brú.-] 女 《単複同形》(試金用の灰吹き皿から金・銀を採取する)ピンセット.
Bru・se・las [bru.sé.las; brú.-] 固名 ブリュッセル：ベルギーの首都.
col de Bruselas 芽キャベツ.
[←[中ラ] *Brucsella* (ゲルマン起源で「低湿な居住地」 の原義)]
bru・se・len・se [bru.se.lén.se; brú.-] 形 ブリュッセルの. ── 男 女 ブリュッセルの住民[出身者].
brus・que・dad [brus.ke.đáđ; brús.-] 女 **1** 突然, 唐突, 激しさ. El automóvil paró con ～. 自動車は急に停止した. **2** ぶっきらぼう, つっけんどん；荒っぽい行動[言葉]. Me chocó la ～ de su conducta. 彼[彼女]の無愛想な態度に私はカチンときた.
brut [brú(t); brú(t)] [仏] 形 《複 ～, ～s》(シャンパンやカバ cava など発泡性ワインの糖度の区分において)もっとも辛口の. ── 男 極辛口のシャンパン[カバ].
brut nature (シャンパン・カバが)生(ﾂ)の, 極辛口の；極辛口のシャンパン[カバ].
***bru・tal** [bru.tál; brú.-] 形 **1** 乱暴な, 残忍な；獣のような. Es un hombre ～. 彼は野蛮人だ. una ～ matanza 残虐な殺戮(ﾘｸ)行為. tratar a+人 de modo ～ 《人》にひどい仕打ちをする.
2 突然の, 不意の (= brusco). **3** 《話》すごい, でっかい. un banquete ～ 豪勢な宴会. **4** 《ラ米》(ｱﾝﾃ) 《話》すばらしい, すてきな, 最高の.
***bru・ta・li・dad** [bru.ta.li.đáđ; brú.-] 女 **1** 乱暴, 粗暴, 野蛮. con ～ 手荒に. **2** ばかげた行動, むちゃ, 無謀. Es una ～ comer tantos pasteles. そんなにたくさんのケーキを食べるなんてむちゃだ.
bru・ta・li・zar [bru.ta.li.θár; brú.-/-.sár] 97 他 残酷[乱暴]に扱う.
── ～・se 再 残忍になる, 荒々しくなる.
bru・tal・men・te [bru.tál.mén.te; brú.-] 副 **1** 乱暴に. **2** 《話》すごく.
bru・te・za [bru.té.θa; brú.-/-.sa] 女 粗野；乱暴.
Bru・to [brú.to; brú.-] 固名 ブルートゥス, ブルータス Marco Junio ～ (前85?-42)：ローマの政治家で César 暗殺者のひとり. [←[ラ] *Brūtus*]
***bru・to, ta** [brú.to, -.ta; brú.-] 形 **1** 愚鈍な, 粗野な, 下品な. ¡Pedazo de ～! このまぬけめ.
2 乱暴な. **3** 未加工の；精製していない. perla *bruta* 真珠の原石. **4** 総体の, 総計の；風袋共の. peso ～ 総重量. producto nacional ～ 国民総生産. sueldo ～ (課税額分も合わせた)給料の総支給の. **5** 《ラ米》(ｷﾞ)品質の劣る.
── 男 女 乱暴者；粗野[下品]な人；無知な人.

― 男 (四足) 獣. el noble 〜 馬.
a lo bruto 力ずくで.
en bruto (1) 未加工の. actriz *en* 〜 女優のたまご. (2) 総計の, 全体の, そっくりそのまま. Recibí veinte mil dólares *en* 〜. 全部で2万ドルを受け取った. (3) 《ラ米》《タリ》《話》度を超して; 容赦なく.
por la fuerza bruta 実力行使によって, 腕ずくで.
[← [ラ] *brūtum* (*brūtus*の対格)「重い」 [関連] brutal. [英] *brute*]
bru·za [brú.θa; brú.- / -.sa] 女 (剛毛の)ブラシ.
bru·zar [bru.θár; bru.- /-.sár] 97 他 ブラシをかける.
Bs. As. 《略》*Buenos Aires* ブエノスアイレス.
BSCH [be.(e.)se.θe.á.tʃe; ƀe.- /-.se.-] 男 《略》*Banco Santander Central Hispano*: スペインの大手銀行の一つ.
bu [bú; ƀú] 男 [複 búes] お化け, 鬼. ¡Que viene el *bu*! お化けが出るよ.
bú·a [bú.a; ƀú.-] 女 **1** 吹き出物.
2 《複数で》→ buba.
bua·ri·llo [bwa.rí.jo; ƀwa.- ‖ -.ʎo.-] / **bua·ro** [bwá.ro; ƀwá.-] 男 [鳥] ノハズク.
buay [bwái; ƀwái] 男 《ラ米》《パ》《話》若者, 青年.
bu·ba [bú.ba; ƀú.-] 女 《主に複数で》《医》横根, 横痃(ゴウゲン).
bú·ba·lo, la [bú.ba.lo, -.la; ƀú.-] 男 女 [動] レイヨウの一種.
bu·bá·ti·co, ca [bu.bá.ti.ko, -.ka; ƀu.-] 形
1 [医] 横痃(ゴウゲン)の, 横根の. **2** → buboso.
[← [ラ] *brūtum* ― 男 女 → buboso.
bu·bi [bú.ƀi; ƀú.-] 形 ブピの.
― 男 女 ブビ: 赤道ギニアのビオコ島の先住民.
bu·bón [bu.bón; ƀu.-] 男 **1** [医] 腫瘍(シュヨウ).
2 → buba.
bu·bó·ni·co, ca [bu.bó.ni.ko, -.ka; ƀu.-] 形 [医] 横痃の. peste *bubónica* 腺(ペスト, ペスト腺腫(シュ).
bu·bo·so, sa [bu.bó.so, -.sa; ƀu.-] 形 [医] 横痃(ゴウゲン) [横根] を患った.
― 男 女 [医] 横痃 [横根] を患った人.
bu·bu·te [bu.bú.te; ƀu.-] 男 《ラ米》《コスタリカ》《昆》 カブトムシ.
buc [búk; ƀúk] 男 [複 〜s, 〜] 《スペイン》引き出しユニット; 事務用机の引き出し部分, レターケース, 引き出しワゴン.
bu·ca [bú.ka; ƀú.-] 女 《ラ米》《タリ》《話》女の子.
bu·cal [bu.kál; ƀu.-] 形 [解剖] 口の, 口腔(コウコウ)の. órganos 〜*es* 口腔器官. cavidad 〜 口腔.
bu·ca·ne·ro, ra [bu.ka.né.ro; ƀu.-] 男 女 海賊, バッカニーア (= filibustero). ♦17–18世紀カリブ海を根城にして, 新大陸からスペインへ向かう財宝船を襲った英国, フランス, オランダなどの海賊. [← [仏] *boucanier*「野牛狩猟者; (カリブ海の) 海賊」 *boucan*「薫製の肉; 薫製用の木網」 (← [トゥピ] *mocaém*, *mukem*) より派生, [関連] [英] *buccaneer*]
bu·ca·ral [bu.ka.rál; ƀu.-] 男 《ラ米》 ブカレ *bucare* の林, ブカレが植えられた場所.
bu·ca·rán [bu.ka.rán; ƀu.-] 男 [複] バックラム: 製本・服地の芯(シン)に用いる糊(ノリ)・膠(ニカワ)などで堅くした木綿などの布.
bu·ca·re [bu.ká.re; ƀu.-] 男 《ラ米》《タリ》《コスタリ》《植》 ブカレ: コーヒーなどの木の日よけとなるマメ科の木.
Bu·ca·rest [bu.ka.rés(t); ƀu.-] 固名 ブカレスト: ルーマニアの首都.
bú·ca·ro [bú.ka.ro; ƀú.-] 男 **1** 芳香粘土: 昔は女性たちが口臭消しに口に含んで使用した.
2 芳香粘土で作った壺(ツボ) [花瓶].
buc·ci·na·dor [buk.θi.na.ðór; ƀuk.- /-.si.-] 男 [解剖] 頰筋(キョウキン).
buc·ci·no [buk.θi.no; ƀuk.- /-.sí.-] 男 [貝] エゾバイ: 染料として用いたエゾバイ科の大巻き貝の総称.
bu·ce·a·dor, do·ra [bu.θe.a.ðór, -.ðó.ra; ƀu.- /-.se.-] 男 女 潜水する人, ダイバー (= buzo).
bu·ce·ar [bu.θe.ár; ƀu.- /-.se.-] 自 **1** 潜水する, 潜る; 水中で泳ぐ [作業する]. **2** 《**en...** …を》探索する, 調べる.
bu·cé·fa·lo [bu.θé.fa.lo; ƀu.- /-.sé.-] 男 《話》まぬけ.
Bu·cé·fa·lo [bu.θé.fa.lo; ƀu.- /-.sé.-] 固名 ブケファロス: Alejandro 大王の愛馬の名.
bu·ce·o [bu.θé.o; ƀu.- /-.sé.-] 男 **1** 潜水, スキンダイビング. → buzo. **2** 調査, 探索.
bu·ce·ro [bu.θé.ro; ƀu.- /-.sé.-] 男 [動] グリフォン (犬).
bu·cha·ca [bu.tʃá.ka; ƀu.-] 女 《ラ米》(1) 《キキ》《コロンビア》《メキシコ》 (ビリヤード台の) ポケット. (2) 《プエルトリコ》《エルサルバドル》《メキシコ》《馬》 鞍袋(クラブクロ). (3) 《カリ》《メキシコ》《話》監獄. (4) 肩下げかばん, かばんのポケット.
bu·cha·da [bu.tʃá.ða; ƀu.-] 女 (水・空気などの) 口のひと含み.
bu·chan·te [bu.tʃán.te; ƀu.-] 男 《スペイン》《隠》 銃砲の発射.
bu·char·nó [bu.tʃar.nó; ƀu.-] 男 《スペイン》《隠》 一撃; ナイフ・短刀による一撃, ひと刺し.
bu·che [bú.tʃe; ƀú.-] 男 **1** (鳥の) 嗉囊(ソノウ). **2** 《話》(人の) 胃袋. llenarse el *buche* 《話》腹がいっぱいになる. **3** 《話》 (水・酒などの) 口のひと含み. **4** 生まれたばかりのロバ. **5** 《ラ米》(1) 《キキ》《話》 げす, くだらない人間. (2) 《タリ》《メキシコ》 [医] 甲状腺腫(シュ). (3) 《キキ》 山高帽子. (4) 《メキシコ》《俗》尻(シリ).
guardar [llevar]... en el buche 《話》…を秘密にしておく, 胸の内にしまっておく.
hacer buches 《話》うがいする.
sacar el buche a... 《話》…から情報を聞き出す.
bu·che·te [bu.tʃé.te; ƀu.-] 男 《複》 膨らんだほほ.
bu·chí [bu.tʃí; ƀu.-] 男 《ラ米》《タリ》《話》田舎者, がさつ者.
bu·chin·che [bu.tʃín.tʃe; ƀu.-] 男 **1** むさくるしい家 [部屋]. **2** 《ラ米》《キキ》《話》見すぼらしい酒場.
bu·chón, cho·na [bu.tʃón, -.tʃó.na; ƀu.-] 形 《はが》 嗉囊(ソノウ)を膨らませる. ― 男 《ラ米》(1) 《タリ》《俗》 麻薬販売人. (2) 《アルゼンチン》《俗》密告者.
bu·cle [bú.kle; ƀú.-] 男 **1** 巻き毛, カール. **2** (リボン・テープ・フィルムなどの) たるみ, (ハイウェーの取り付け道路の) ループ. **3** [IT] ループ.
bu·co [bú.ko; ƀú.-] 男 **1** 雄ヤギ. **2** 《ラ米》(1) 《タリ》《話》 (麻薬の) 注射. (2) 《プエルトリコ》《話》 うそ, でたらめ. ― 副 《ラ米》《パ》《話》とても, すごく.
bu·co·den·tal [bu.ko.ðen.tál; ƀu.-] 形 [医] 口と歯の, 口腔(コウコウ)と歯の, 口腔の. higiene 〜 口腔衛生.
bu·co·fa·rín·ge·o, a [bu.ko.fa.rín.xe.o, -.a; ƀu.-] 形 [医] 口腔咽頭(イントウ)の; うがい用の.
bu·có·li·co, ca [bu.kó.li.ko, -.ka; ƀu.-] 形 **1** 牧歌の, 田園詩の; 牧歌的な, 田園生活の (= pastoril, pastoral). **2** 牧歌 [田園] 詩人の.
― 男 女 牧歌 [田園] 詩人.
― 女 牧歌, 田園詩.
bu·co·lis·mo [bu.ko.lís.mo; ƀu.-] 男 **1** [文学] 牧歌調, 牧歌風の表現. **2** 自然や田園に囲まれた生活.

3 牧歌的生活を理想化[謳歌]する傾向.

bu·crá·ne·o [bu.krá.ne.o; ƀu.-] 男【建】【美】ブクラニア：牛の頭蓋(がい)骨をかたどり，通常リボンや花冠などを付された彫刻装飾.

Bu·da [bú.ða; ƀú.-] 固名 仏陀(だ)，釈迦牟尼(むに)，釈尊：本名 Siddharta Gotama (前463?–383 [前565–485]).
[←『サンスクリット』*buddha*「真理を悟った者」]

Bu·da·pest [bu.ða.pés(t); ƀu.-] 固名 ブダペスト：ハンガリーの首都.

bu·da·re [bu.ðá.re; ƀu.-] 男 《ラ米》《ベネ》《コロ》とうもろこしパンを焼く平皿.

bú·di·co, ca [bú.ði.ko, -.ka; ƀú.-] 形 仏教の.

bu·dín [bu.ðín; ƀu.-] 男 **1**《料》プディング (= *pudín*). **2**《ラ米》(1)《チリ》《俗》売春宿. (2)《アルゼ》《話》美人. [←『英』*pudding*]

bu·di·na·do·ra [bu.ði.na.ðó.ra; ƀu.-] 女【機】押し出し成形機.

bu·di·ne·ra [bu.ði.né.ra; ƀu.-] 女 プディングを作る型[器].

bu·dión [bu.ðjón; ƀu.-] 男【魚】ギンポ.

bu·dis·mo [bu.ðís.mo; ƀu.-] 男 仏教，仏法，仏道.

*__**bu·dis·ta**__ [bu.ðís.ta; ƀu.-] 形 仏教の.
━ 男 女 仏教徒.

‡**buen** [bwén; ƀwén] 形《+男性単数名詞》[*bueno* の語尾消失形][比較級 *mejor*] よい. un ~ muchacho よい子.

bue·na [bwé.na; ƀwé.-] 形 → *bueno*.

Bue·na Es·pe·ran·za [bwé.na es.pe.ráŋ.θa; ƀwé.- / -.sa] 固名 Cabo de ~ 喜望峰.

bue·na·mo·za [bwe.na.mó.θa; ƀwe.- / -.sa] 女 《ラ米》《ペル》黄疸(だん).

bue·nan·dan·za [bwe.nan.dán.θa; ƀwe.- / -.sa] 女 → *bienandanza*.

bue·na·ven·tu·ra [bwe.na.ƀen.tú.ra; ƀwe.-] 女 (手相による)占い；幸運，幸せ；運勢，運. echar [decir] la ~ a + a 《人》の運勢を占う.

Bue·na·ven·tu·ra [bwe.na.ƀen.tú.ra; ƀwe.-] 固名 San ~ 聖ボナベントゥラ (1221-74)：イタリアのスコラ派の神学者，熾(し)天使的博士と呼ばれる.

bue·na·zo, za [bwe.ná.θo, -.θa; ƀwe.- / -.so, -.sa] 形 人のよい，温厚な. ━ 男 女 お人よし，温厚な人. Ana es una *buenaza*. Siempre se lo cree todo. アナはお人よしなんだ．いつも何でも信じてしまう. [*bueno* + 増大辞]

bue·ní·si·mo, ma [bwe.ní.si.mo, -.ma; ƀwe.-] 形 [*bueno* の絶対最上級] すばらしく [この上なく] よい.

‡‡bue·no, na [bwé.no, -.na; ƀwé.-] 形 [男性単数名詞の前では buen. 比較級 mejor (▶ 時には más bueno). 絶対最上級 buenísimo, bonísimo, óptimo]《↔ malo》

1《多くは+名詞》《ser+》よい；《+不定詞/que+接続法 …するのは》よいことである. una *buena* noticia いい知らせ. *buenas* relaciones con… …との良好な関係. un *buen* ejemplo 好例，模範例. un *buen* amigo 親友. una *buena* idea 名案. un regalo de *buen* gusto 趣味のいいプレゼント. estar de *buen* humor 機嫌がいい. gozar de *buena* salud 健康を享受する. buscar un *buen* trabajo いい仕事を探す. Hace *buen* tiempo. いい天気だ. Decidme las cosas *buenas* que tiene el levantarse temprano. みんな，早起きの利点を言ってごらん. Hace un calor impresionante. Lo ~ es que hace viento. 強烈な暑さだけれど，風があって助かる. *Es* muy ~ *que* los profesores sólo *hablen* español en clase. 授業中先生がスペイン語だけしか話さないのはとてもいいことだ.

2《+名詞 / 名詞+》《ser+》《con... …に》《人が》親切な，善良な. una *buena* persona 善良な人. un médico ~ 人柄のいい医師. *Eres* muy ~ *conmigo*. 君は僕にとても親切だ.

3《多くは+名詞》**上質の**，上等の；有能な. cámaras de *buena* calidad 高級カメラ. un *buen* obrero 腕の立つ職人. un ~ médico 名医. unas *buenas* tijeras 切れ味のよいはさみ. Tiene *buena* voz. 彼[彼女]はいい声をしている.

4《ser+ / estar+》おいしい. ¡Qué *buena está* la paella! パエーリャはなんておいしいんだろう.

5《para... / de... …に》有効な，役に立つ. ¿El té verde es ~ *para* el cáncer? 緑茶はがんに効くの. Estas hojas son hermosas de ver y *buenas* de comer. これらの葉は見て美しいし食用にもなる.

6《para... …に》適切な，都合のよい. un *buen* momento *para* invertir en Bolsa. 株に投資するチャンスだ.

7《estar+》元気になっている. ¿Ya *estás* ~? もう元気？

8《多くは+名詞》由緒正しい，上流の. Se nota que es de *buena* familia 彼[彼女]が良家の出であることはわかる. Como *buen* español que soy, me gusta mucho el fútbol. スペイン人らしく，私はサッカーが大好きだ. **9**《多くは+名詞》楽しい，快い. Ayer pasamos un *buen* rato. 昨日は楽しかった. **10**《+名詞》《話》かなりの；ひどい. en un *buen* número de casos かなり多くの場合. Pasó *buena* parte de su vida en Viena. 彼[彼女]は人生の多くをウィーンで過ごした. ¡B~ está! もういい，いいかげんにしろ. Dale una *buena* paliza. やつを痛いめに遭わせてやってくれ. Al final he pillado un *buen* resfriado. とうとうひどい風邪をひいてしまった. Te has metido en un *buen* lío. 君はとんでもないことに首を突っ込んだものだ. **11**《estar+》《話》色気のある. Esa chica *está buena*. あの女の子はセクシーだ.

━ 男 女 善人，いい人. el ~ de Manolo マノロ. Hay dos tipos de personas: los ~s y los malos. 人には二通りある. 善人と悪人だ.

━ 間投 **1**《承諾》そうだ，わかった. Sí, sí, muy ~, pero... うん，よくわかった，でも…. **2**《話題の転換》さあそれでは，始めよう. B~, vamos a hablar de otra cosa. それじゃあ，他のことを話そう. **3**《ためらい》さあ，まあ. B~, vamos a ver. うーん，ええと. **4**《あきらめ》よしてくれ. B~, ~. わかった，わかった. **5**《驚き》わあ；なんだ. **6**《ラ米》《メキ》《電話で》もしもし.

a buen recaudo 安全な場所に(ある)，厳重に管理されて (いる). Guardo *a buen recaudo* los documentos. その書類は私が厳重に保管している.

¿A dónde [Adónde] bueno?《古語》どこへ.

Ahora viene lo bueno. 本番[おもしろいの]はこれからだ. 《反語》これからが大変だ.

¡Buenas! / ¡Muy buenas!《話》こんにちは；おはよう；こんばんは

Buenas noches. → *noche*.

Buenas tardes. → *tarde*.

¡Bueno está lo bueno! もうたくさんだ，もう我慢できない，もうよしてくれ.

Buenos días. → *día*.

con buenos ojos 好意的に. Las suegras no miran *con* ~s *ojos* a sus nueras. 姑(しゅうとめ)は嫁に

くない. La UE ve *con* ~*s ojos* su ampliación. EUはその拡大を認めている.
dar... por bueno …を受け入れる；…に賛成する. La solución no es *dar por* ~ *todo lo que te digan.* 解決策は君が言われることをすべて認めることではない.
de buenas《話》上機嫌で.
de buenas a primeras 出し抜けに.
de+定冠詞+*bueno*（他より・いつもより）よい, 良質の, 高級な. ▶ 定冠詞+bueno は単数形または複数形. 性は修飾する名詞に一致する. café *del* ~ いいコーヒー.
¿*De dónde bueno*?《古語》どこから, どこへ.
demasiado bueno para ser verdad 話がうますぎる, 話ができすぎている.
¡*Estamos buenos*! えらいことになった；うんざりだ. ¡Pues sí que *estamos* ~s! こりゃ大変だ!
estar [*ponerse*] *a buenas con*+人（人）と仲がよい［仲よくなる］.
estar en la buena《ラ米》(1)(2)(2)《話》上機嫌だ；（運が）ついている（=estar de buenas）.
Estaría bueno（*que*+接続法）.（…など）あろうはずがない；まさか（…ではないだろう）；（…とは）とんでもない. ¿Casarse con ese tío? — *Estaría* ~. あんなやつと結婚するんだって？—とんでもない.
hacer bueno（三人称単数・無主語で）天気がいい.
hacerla [*armarla*, *liarla*] *buena* へまをする, 大変なことをしでかす. ¡Pues *buena la has hecho*! えらいことをやってくれたな.
librarse de una buena / *de buena librarse*《話》助かる, 困ったことに遭わずに済む.
llegar a buen puerto 困難を克服し目的を達する, うまくいく.
Lo bueno, si breve, dos veces bueno.《諺》いいものは簡潔であればさらによい（♦Baltasar Graciánの言葉から）.
obtener [*conseguir*, *recibir*] (*el*) *visto bueno* 承認を得る.
por las buenas / *a buenas* 自分から. ¿Se ha ido *por las buenas* o por las malas? 彼[彼女]はおとなしく行ったのか, それとも無理やり行かされたのか.
¡*Qué* [*Muy*] *bueno* [*buena*]! いいぞ, そのとおり；《冗談・うそに対して》うまいこと言うね, そいつはおもしろい.
[←［ラ］*bonum*（*bonus* の対格）；関連］bondad, bonito, bien, bello, abonar.［仏］*bon, beau*.［英］*bonus, beautiful*]

*Bue.nos Ai.res [bwé.nos ái.res; bwé.-]《固名》ブエノスアイレス：アルゼンチンの首都.［史］スペイン統治時代のLa Plata 副王領の首都. ♦1536年 Mendoza が建設. → bonaerense, porteño.
［スペインの船乗りの守護者Santa María del Buen Aire（後に複数形 de Buenos Aires）「順風の聖母マリア」にちなみつけられた港の名が都市名になる］

bue.no.te, ta [bwe.nó.te, -.ta; bwe.-]《形》《ラ米》(()《俗》性的魅力のある.
— 《男》《女》《ラ米》(()《俗》性的魅力のある人.

Bue.ro Va.lle.jo [bwé.ro ba.jé.xo; bwé.-‖ -.ʎé.-]《固名》ブエロ・バリェッホ. Antonio ~（1916–2000）. スペインの劇作家.

*buey [bwéi; bwéi]《男》1《動》(雄の) 去勢牛：農耕・荷役用に使われる. ▶「去勢していない雄牛」は toro, 「雌牛」は vaca.
2《海》舷窓()()《砲門》からなだれ込む海水.
3 流れ出る［込む］水.
4《ラ米》(1)《()》《話》お節介な人, でしゃべり. (2)(*)《()》《俗》妻を寝取られた男；ばか, 薄のろ, まぬけ. (3)《()》大金. ~ muerto 掘り出し物.
a paso de buey（歩みが）のろく, のろく.
buey corneta《ラ米》(()《()》片角の牛.
buey de agua（溝などに入り得る）最大水量；あふれ出す大量の水.
buey de mar オマールエビ.
buey marino《動》マナティー, ジュゴン.
El buey suelto bien se lame.《諺》解き放たれた牛によく体をなめる（自由ほどすばらしいものはない）.
Habló el buey y dijo mu.《諺》牛が口を利いたらモーだった（口下手はとんちんかんなことを言う）.
sacar el buey de la barranca《ラ米》(()《()》《話》困難なことをやり遂げる.
[←［ラ］*bōvem*（*bōs* の対格）；関連］bovino.［ポルトガル］boi.［仏］*bœuf*.［伊］*bue*.［英］*buffalo, cow*]

bue.ya.da [bwe.já.ða; bwe.-]《女》→ boyada.
bue.ye.ci.llo [bwe.je.θí.jo; bwe.- ‖ -.ʎo / -.sí.-] / bue.ye.zue.lo [bwe.je.θwé.lo; bwe.- / -.swé.-]《男》buey + 縮小辞.
bue.yu.no, na [bwe.jú.no, -.na; bwe.-]《形》牛の；牛のような.

bu.fa [bú.fa; bú.-]《女》1 冗談；悪ふざけ.
2《ラ米》(()《()》《話》酔い.
— 《形》《ラ米》(()《()》《話》酒に酔った.

bu.fa.do, da [bu.fá.ðo, -.ða; bu.-]《形》〈ガラス器が〉吹いて作られた.
bu.fa.dor [bu.fa.ðór; bu.-]《男》《地質》噴気孔.
bu.fa.li.no, na [bu.fa.lí.no, -.na; bu.-]《形》《動》水牛の（ような）.
bú.fa.lo, la [bú.fa.lo, -.la; bú.-]《男》《女》《動》(1) 水牛. (2) バッファロー, バイソン.

*bu.fan.da [bu.fán.da; bu.-]《女》《服飾》マフラー, 襟巻き. [←［仏］*bouffante*「膨れた（もの）」]

bu.far [bu.fár; bu.-]《自》1《動物が》息を荒くする. 2〈人が〉怒って息を荒くする. Está que *bufa*.《話》彼［彼女］は怒り狂っている. 3《ラ米》(1)(()(《話》ふくらむ. (2)《話》臭う, くさい.

bu.fé [bu.fé; bu.-]《男》1 ビュッフェ：客が自由に取って食べる方式の食事. ~ *frío* 冷製料理のみの立食. ~ *libre* 食べ放題方式の食事, バイキング料理. 2 (パーティーなどの) 立食用テーブル, 料理カウンター. 3 (駅・ホテルの) 軽食堂. 4《ラ米》(1) (ホテルの) 食堂. (2)(()《宴会. (3)(() 軽い夜食. [←［仏］*buffet*]

bu.fe.o, a [bu.fé.o, -.a; bu.-]《ラ米》(()《話》醜い. —《男》《動》イルカ.

bu.fet [bu.fé; bu.-]《男》→ bufé.
bu.fe.te [bu.fé.te; bu.-]《男》1 弁護士事務所. abrir ~ 弁護士を開業する. 2 書斎机. 3《ラ米》(()《()》食器棚.

buff.er [bá.fer; bá.-]《英》《男》[複~s]《ＩＴ》バッファ (メモリ), 緩衝記憶装置［領域］.
buf.fet [bu.fé; bu.-]《男》［仏］《() → bufé.
bu.fi.do [bu.fí.ðo; bu.-]《男》1 (動物が) 鼻息を荒くすること, 荒い鼻息. 2《話》怒声；叱責((). dar ~s de ira 怒り声を上げる.

bu.fo, fa [bú.fo, -.fa; bú.-]《形》1 こっけいな, 悪趣味な. Sus bromas siempre son *bufas.* あいつの冗談はいつも悪趣味だ. 2《演》喜劇の, コミックの. *actor* ~ 喜劇役者. ópera *bufa*（18世紀イタリアの）オペラブッファ, 喜歌劇. 3《ラ米》(()()) ふかふかした.
— 《男》《女》おどけ者；（イタリアオペラの）道化役.
2《ラ米》(()(()《俗》ゲイ；男色者.

bu·fón [bu.fón; bu.-] 男《ラ米》(ｼﾞｪﾙｺﾞ)《俗》ピストル.
bu·fón, fo·na [bu.fón, -.fó.na; bu.-] 形 こっけいな, ふざけた; 露骨な, 悪趣味な.
— 男女 道化(師).
— 男 **1**《史》(中世の王侯貴族に抱えられた小人の) 道化師. **2** 行商人.
bu·fo·na·da [bu.fo.ná.ða; bu.-] 女 **1** 悪い冗談, 露骨な仕草. No me divierten tus ~s. 君の悪ふざけなんかおもしろくもない. **2** 喜劇作品.
bu·fo·ne·ar·se [bu.fo.ne.ár.se; bu.-] 再 **1** ふざける, こっけいなことを言う[する].
2《de...》…を》からかう, ひやかす.
bu·fo·ne·rí·a [bu.fo.ne.rí.a; bu.-] 女 → bufonada.
bu·fo·nes·co, ca [bu.fo.nés.ko, -.ka; bu.-] 形 こっけいな, おどけた; 悪趣味な.
buf·tal·mos [buf.tál.mos; buf.-] 男《複 形》《医》牛眼.
bug [búg; búg // bág; bág]〔英〕男《複》~s《IT》バグ.
bu·ga [bú.ga; bú.-] 女《スペイン》《話》車, 自動車 (= coche, automóvil).
bu·ga·lla [bu.gá.ja; bu.- ‖ -.ʎa.] 女 (カシの木などにできる) 没食子(もつしょくし): 染料を採る.
bu·gam·bi·lia [bu.gam.bí.lja; bu.-] 女《ラ米》(ｺﾞﾛﾝﾋﾞｱ)(ﾒｷｼｺ) → buganvilla.
bu·gan·vi·lla [bu.gam.bí.ja; bu.- ‖ -.ʎa.] 女《植》ブーゲンビリア.
bu·ga·rón, ro·na [bu.ga.rón, -.ró.na; bu.-] 形《ラ米》(ｶﾘﾌﾞ海)《俗》両性愛の.
— 男女《ラ米》(ｶﾘﾌﾞ海)《俗》両性愛の人.
bug·gy [bú.gi; bú.- // bá.-; bá.-]〔英〕男《複》buggies, ~s〕1頭立て2輪軽装馬車.
bu·gle [bú.gle; bú.-] 男《音楽》(金管楽器の) ビューグル.
bu·glo·sa [bu.gló.sa; bu.-] 女《植》アンチューサ, ウシノシタグサ.
bu·har·da [bwár.ða; bwár.-] 女 → buhardilla.
bu·har·di·lla [bwar.ðí.ja; bwar.- ‖ -.ʎa.] 女 屋根裏部屋, 屋根についた出張り窓. En la ~ guardábamos los trastos en desuso. 私たちは屋根裏に使わない道具をしまい込んでいた.
bu·ha·rro [bwá.r̄o; bwá.-] 男《鳥》コノハズク.
bu·he·do [bwé.ðo; bwé.-] 男 夏の間は干上がっている池, ため池.
bu·hí·o [bwí.o; bwí.-] 男 → bohío.
bú·ho [bú.o; bú.-] 男 **1**《鳥》(ミミズクを含む) フクロウ. ~ real ワシミミズク. **2** 人嫌い, 交際嫌いの人. **3**《話》夜型の人. **4**《俗》夜行バス.
bu·ho·ne·rí·a [bwo.ne.rí.a; bwo.-] 女 行商 [呼び売り] の安物; 行商, 呼び売り.
bu·ho·ne·ro, ra [bwo.né.ro, -.ra; bwo.-] 男女 行商人, 呼び売り.
bui·do, da [bwí.ðo, -.ða; bwí.-] 形 **1** 鋭い, とがった. **2** 溝のある, 溝つきの.
estilo buido 滑らかな文体.
build·ing [bíl.din; bíl.-]〔英〕男《建》高層建築, ビル.
bui·tre [bwí.tre; bwí.-] 男《鳥》**1** ハゲワシ, ハゲタカ. gran ~ de las Indias コンドル (→cóndor). **2**《話》強欲な人, 貪欲(どんよく)な人.
bui·tre·ar [bwi.tre.ár; bwi.-] 他 **1** …を不当に奪う, たかる, おごらせる. **2**《話》〈人〉を利用する.
— 自 **1** たかる. **2**《ラ米》(1) ハゲワシを狩る. (2)(ｺﾞﾛﾝﾋﾞｱ)(ﾍﾟﾙｰ) 吐く, 嘔吐(おうと)する.

bui·tre·o [bwi.tré.o; bwi.-] 男《話》《軽蔑》人や (他人の) ものを不当に利用しつくすこと, (他人を) 食い物にすること; たかること, たかり; 無心すること.
bui·tre·ra [bwi.tré.ra; bwi.-] 女 **1** (ハゲタカ捕りの) わな. **2** ハゲタカの巣.
estar ya para buitrera 〈動物が〉じきにハゲタカの餌食(えじき)になる, 死にかけている.
bui·tre·ro, ra [bwi.tré.ro, -.ra; bwi.-] 形 ハゲタカの; ハゲタカのような. — 男女 ハゲタカ猟師; ハゲタカ捕りのわなを仕掛ける人.
bui·trón [bwi.trón; bwi.-] 男 **1** (魚捕りの) 仕掛けかご, 筌(うけ). **2** シャコ (鷓鴣) の捕獲網. **3**《ラ米》(ﾒｷｼｺ)(ﾁﾘ) (銀鉱の) 溶鉱炉.
bu·ja·rrón [bu.xa.r̄ón; bu.-] 形《軽蔑》(男性が) 同性愛の. — 男 男性の同性愛者.
bu·je [bú.xe; bú.-] 男《機》軸箱, ブッシュ.
bu·je·rí·a [bu.xe.rí.a; bu.-] 女 がらくた.
bu·jí·a [bu.xí.a; bu.-] 女 **1** ろうそく; 燭台(しょくだい), ろうそく立て. **2**《電》燭光(しょっこう): 光度の単位. ~ nueva《物理》カンデラ. **3**《車》(点火) プラグ.
bu·la [bú.la; bú.-] 女 **1**《カト》(ローマ教皇の) 教書, 大勅書; ローマ教皇印. **2**《史》(古代ローマで貴族の子弟が付けた) 記章, メダル.
Bula de oro《史》金印勅書, 黄金文書(ぶんしょ): 1356年, 神聖ローマ皇帝カール4世の発布した帝国法.
no poder con la bula《話》へとへとで何をする力もない.
tener bula《話》特に目をかけられている.
bu·la·rio [bu.lá.rjo; bu.-] 男 (ローマ教皇の) 教書集.
bul·bar [bul.ƀár; bul.-] 形《解剖》延髄(えんずい)の.
bul·bo [búl.ƀo; búl.-] 男 **1**《植》球根, 鱗茎(りんけい). ~ de lirio ユリ根. **2**《解剖》球; 延髄(えんずい)(= ~ raquídeo). ~ dentario 歯核. ~ ocular 眼球. ~ piloso 毛球, 毛根. **3**《建》《土木》バルブアングル. **4**《ラ米》(1)(ﾒｷｼｺ) 真空管. (2)(ｺﾞﾛﾝﾋﾞｱ) 電球.
bul·bo·so, sa [bul.ƀó.so, -.sa; bul.-] 形 球根 (状) の, 球根のある.
bul·dog [bul.dóg; bul.-] 男《複 ~s, ~》《動》ブルドッグ.
[← 英 *bulldog*]
bul·do·zer / bul·dó·zer [bul.dó.θer; bul.- / -.ser] 男《複 ~, ~s, ~es》ブルドーザー.
[← 英 *bulldozer*]
bu·le [bú.le; bú.-] 男《ラ米》(ﾒｷｼｺ) (1)《植》ヒョウタン. (2) ヒョウタンの器; 水壺(みずつぼ).
bu·le·rí·as [bu.le.rí.as; bu.-] 女《複数形》(フラメンコ) ブレリーアス: 手拍子に合わせて歌う3拍子の快活なスペイン Andalucía 地方の民謡 [舞踊].
bu·le·ro [bu.lé.ro; bu.-] 男《史》教皇の贖宥(しょくゆう)状 [免罪符] 売り.
bu·le·to [bu.lé.to; bu.-] 男《カト》教皇小勅書: 教書 bula の略式のもの (= breve).
bu·le·var [bu.le.ƀár; bu.-] 男 ブールヴァール: 並木の大通り. [← 仏 *boulevard*]
Bul·ga·ria [bul.gá.rja; bul.-] 固名 ブルガリア (共和国): 首都 Sofía.
búl·ga·ro, ra [búl.ga.ro, -.ra; búl.-] 形 ブルガリアの, ブルガリア人[語]の. — 男女 ブルガリア人.
— 男 ブルガリア語: 南スラブ語の一つ.
bu·li·mia [bu.lí.mja; bu.-] 女《医》食食(しょくしょく), 過食症.
bu·lí·mi·co, ca [bu.lí.mi.ko, -.ka; bu.-] 形《医》**1** 食欲異常亢進の, 過食の, 病的空腹の. **2** 過食症の. — 男女 過食症の人.

bu·lín [bu.lín; ƀu.-] 男《ラ米》(1) (ｱﾙｾﾞﾝ)《話》情事のために使われる部屋，小さなアパート．(2) (ｱﾙｾﾞﾝ)《若者・独身者・同棲(ﾄﾞｳｾｲ)のための》質素な住居，アパート．

bu·lla [bú.ja; ƀú.-] ‖ -.ʎa-] 女 1 騒ぎ，混乱. armar ～ 派手に騒ぐ. meter ～ 騒動を引き起こす. 2 群衆，人ごみ，雑踏. 3《話》けんか，口論.
ser el hombre de la bulla《ラ米》(ﾁﾘ)《話》時の人である．

bu·lla·be·sa [bu.ja.ƀé.sa; ƀu.- ‖ -.ʎa.-] 女《料》ブイヤベース． [←《仏》*bouillabaisse*]

bu·lla·je [bu.já.xe; ƀu.- ‖ -.ʎá.-] 男《話》人だかり，雑踏，喧騒(ｹﾝｿｳ)．

bu·llan·ga [bu.ján.ga; ƀu.-‖ -.ʎán.-] 女《話》大騒ぎ，騒動，騒乱 (= *tumulto*)．

bu·llan·gue·ro, ra [bu.jaŋ.gé.ro, -.ra; ƀu.- ‖ -.ʎaŋ.-] 形 騒々しい人，にぎやかな人；騒ぎ[騒動]を起こす人．
—— 男 女 騒々しい人，にぎやかな人；騒ぎ[騒動]を起こす人．

bu·lla·ran·ga [bu.ja.ráŋ.ga; ƀu.- ‖ -.ʎa.-] 女《ラ米》《話》騒ぎ，混乱．

bu·lla·ren·gue [bu.ja.réŋ.ge; ƀu.- ‖ -.ʎa.-] 男 1 (昔，スカートの臀部(ﾃﾝ)にふくらみをもたせた) 腰当て．2《俗》(女性の) 尻. 3《ラ米》(ｷｭｰﾊﾞ)《話》偽物．

bull·dog [bul.dóɣ; ƀul.-]《英》男 → *buldog*.

bull·do·zer / bull·dó·zer [bul.dó.θer; ƀul.- / -.ser]《英》男《複 ～s, ～》→ *buldozer*.

bu·lle·bu·lle [bu.je.ƀú.je; ƀu.-.ʎe.ƀú.ʎe] 男 女 騒々しい人；活発な人，お節介な人，出しゃばり．

bu·lle·ro, ra [bu.jé.ro, -.ra; ƀu.- ‖ -.ʎé.-] 形《ラ米》《話》騒々しい．
—— 男 女《ラ米》《話》騒々しい人．

bu·lli·cio [bu.ji.θjo; ƀu.- ‖ -.ʎí.- / -.sjo] 男 1 騒ぎ；ざわめき．2 雑踏，混雑；混乱，騒乱. *Se retiraron al campo para huir del ～ de la ciudad.* 都会の喧騒(ｹﾝｿｳ)を逃れて彼らは田舎に引っ込んだ．

bu·lli·cio·sa·men·te [bu.ji.θjó.sa.mén.te; ƀu.- ‖ -.ʎí.- / -.sjó.-] 副 騒がしく，やかましく．

bu·lli·cio·so, sa [bu.ji.θjó.so, -.sa; ƀu.- ‖ -.ʎí.- / -.sjó.-] 形 1 騒がしい，うるさい. *un niño ～* 騒々しい子供．2 混雑した，にぎやかな. *una calle bulliciosa* にぎやかな通り．

bu·lli·dor, do·ra [bu.ji.ðór, -.ðó.ra; ƀu.- ‖ -.ʎí.-] 形 1 動き回る，せかせかした．2 活発な，活動的な．

*****bu·llir** [bu.jír; ƀu.- ‖ -.ʎír] 72 自 1〈液体が〉沸騰する，煮えたぎる (= *hervir*); 《比喩的》煮え返る，たぎる. *Bullía de ira.* 彼[彼女]は怒りで腸(ﾊﾗﾜﾀ)が煮えくり返っていた．
2 湧(ﾜ)き出る. *Las ideas bullen en su cerebro.* 次から次へと彼[彼女]の頭にアイディアが湧いてくる．
3 うごめく，群がる；もぞもぞ動く. *Le bullen los pies al ver bailar a los demás.* 彼[彼女]は人々が踊るのを見て踊りたくて足がもぞもぞする. *Me bulle la lengua.* 私は話したくてうずうずしている．
4《古》(ﾏﾄﾞﾘｰ)《話》からかう．
—— 他〈体の一部を〉動かす. *No bullía pie ni mano.* 彼[彼女]の手足はぴくりともしなかった．
—— ～·**se** 再 動き回る．

bu·llón [bu.jón; ƀu.- ‖ -.ʎón] 男 1 (製本用の) 飾り鋲(ﾋﾞｮｳ). 2 (衣服・タピストリーなどの) ギャザー．

bull·ter·ri·er [bul.te.řjér; ƀul.-]〔英〕形《複 ～, ～s》《動》ブルテリア (犬種) の．
—— 男 女 ブルテリア (犬種)．

bu·lo [bú.lo; ƀú.-] 男《話》流言，デマ．

bul·ter·ri·er [bul.te.řjér; ƀul.-] 男 → *bullterrier*.

‡**bul·to** [búl.to; ƀúl.-] 男 1 (ものの表面の) ふくらみ；こぶ，腫れ物；(心の中の) しこり. *Las monedas siempre me hacen un ～ en el bolsillo.* コインを持つとポケットがいつもふくらむ．
2 (ぼんやりとした) かたまり. *En la sala se veían unos ～s grandes, y resultó que eran tres perros.* 部屋の中にはなにやら大きなものがあったが，なんと 3 匹の犬だった．
3 大きさ，かさ (= *volumen*). 4 (主に複数で) 荷物. *viajar con muchos ～s* 大荷物で旅する. 5《ラ米》(1) (ｺﾛﾝ)(ﾒｷ)《植》カボチャ. (2) (ﾛﾌﾟﾗ)(ﾒｷ)(ﾎﾞﾘ)(ｺﾞﾄﾞ)学生かばん，ブリーフケース．
a bulto おおよそ，大ざっぱに見積もって．
bulto redondo《美》丸彫りの彫像．
de bulto 明らかな，重大な．
hacer bulto (頭数をそろえるために催し物に) 出席だけする．
[←《古スペイン》「かたまり」←《ラ》*vultus*「顔つき」(彫像の顔の固さからの連想で);《関連》*abultar*]

bu·lu·lú [bu.lu.lú; ƀu.-] 男《ラ米》(ﾍﾞﾈｽﾞ)(ｴﾙｻﾙ)《話》騒ぎ，混乱；群衆．

bu·me·rang / bu·me·rán [bu.me.ráŋ; ƀu.-] 男 ブーメラン. [←《英》*boomerang*]

bu·na [bú.na; ƀú.-] 女 合成ゴム．

bun·ga [búŋ.ga; ƀúŋ.-] 女《ラ米》(1)(ｺﾞﾄﾞ)《話》うそ，でたらめ. (2) (ｺﾞﾄﾞ) 小編成の楽団．

bun·ga·ló / bun·ga·low [buŋ.ga.ló; ƀuŋ.-]〔英〕男《複 ～s / ～s》《建》バンガロー．

bu·nia·to [bu.njá.to; ƀu.-] 男《植》→ *boniato*.

bu·nio [bú.njo; ƀú.-] 男《植》(採種用の) カブ, 種カブラ．

bunk·er / bún·ker [búŋ.ker; ƀúŋ.-, báŋ.-; ƀáŋ.-]〔独〕男 1《軍》〜, *búnkeres*, 〜s] 1《軍》掩蔽壕(ｴﾝﾍﾟｲｺﾞｳ);地下家，トーチカ．2《政》超保守 (勢力);極端な反動 (勢力). 3《スポ》(ゴルフ) バンカー．

bun·ke·ri·za·ción [buŋ.ke.ri.θa.θjón; ƀuŋ.- / -.sa.sjón] 女 極端に保守的になること[すること]．

bun·ke·ri·zar [buŋ.ke.ri.θár; ƀuŋ.- / -.sár] 97 他 反動的[超保守的]にする．
—— ～·**se** 再 反動的になる；超保守化する．

bun·sen [bún.sen; ƀún.-] 男《化》*mechero de bunsen* 実験用のブンゼンバーナー．

bu·ño·la·da [bu.ɲo.lá.ða; ƀu.-] 女 一皿分のブニュエロ *buñuelo*; ブニュエロ・パーティー．

bu·ño·le·rí·a [bu.ɲo.le.rí.a; ƀu.-] 女 ブニュエロの店. → *buñuelo*.

bu·ño·le·ro, ra [bu.ɲo.lé.ro, -.ra; ƀu.-] 男 女 ブニュエロ売り. → *buñuelo*.

Bu·ñuel [bu.ɲwél; ƀu.-] 固名 ブニュエル *Luis ～* (1900 – 83): スペインの映画監督. 作品 *Un perro andaluz*『アンダルシアの犬』, *Los olvidados*『忘れられた人々』

bu·ñue·le·ro, ra [bu.ɲwe.lé.ro, -.ra; ƀu.-] 男 女 → *buñuelero*.

bu·ñue·lia·no, na [bu.ɲwe.ljá.no, -.na; ƀu.-] 形 ルイス・ブニュエル *Luis Buñuel* の，ブニュエル風の，ブニュエルに関する．

bu·ñue·lo [bu.ɲwé.lo; ƀu.-] 男 1《料》ブニュエロ：小麦粉を溶いて揚げたドーナツ. ～ *de viento* クリームの入ったドーナツ．
2《話》出来損ない，やっつけ仕事. *Esa película es un ～.* あの映画はちゃちだ．

BUP [búp; ƀúp]《略》*Bachillerato Unificado Polivalente* (スペインの) 共通総合中等教育. ▶ スペイ

bu·que [bú.ke; ƀú.-] 男 **1** (甲板のある大型の)船舶, 船. ～ de guerra 戦艦. ～ de cabotaje 沿岸航行船. ～ mercante 商船. ～ cisterna タンカー, 油送船. ～ insignia 旗艦, 将官艇. ～ nodriza 母船. El ～ atracó en el muelle. 船舶が埠頭(ﾄｳ)に停泊した. → barco [類語]. **2** 船体. [← [カタルーニャ] *buc* 「船体；(器物などの)腹部」←[フランク] *buk「腹部」]

bu·qué [bu.ké; ƀu.-] 男 **1** 花束, ブーケ. **2** (ワインなどの)芳香. [←[仏] *bouquet*]

bu·ra·co [bu.rá.ko; ƀu.-] 男[ラ米] 穴.

bu·ra·ta [bu.rá.ta; ƀu.-] 女[ラ米](ﾊﾟﾗｸﾞｱｲ)[話] お金, 銭.

***bur·bu·ja** [bur.ƀú.xa; ƀur.-] 女 **1** 泡, あぶく. hacerse ～s 泡立つ. **2**[医] 無菌室. niño ～ (保育器に入る必要のある) 未熟児.

bur·bu·je·ar [bur.ƀu.xe.ár; ƀur.-] 自 泡立つ.

bur·bu·je·o [bur.ƀu.xé.o; ƀur.-] 男 泡立ち；ぶくぶくいう音.

bur·da [búr.ƀa; ƀúr.-] 女[海] 後方支索, バックステー.

bur·dé·ga·no [bur.ƀé.ɣa.no; ƀur.-] 男[動] ケッテイ；雄馬と雌ロバとの雑種. ► 雄ロバと雌馬との子はラバ mula.

bur·del [bur.ƀél; ƀur.-] 形 猥褻(ﾜｲ)な, 卑猥な.
— 男 売春宿(=prostíbulo).

bur·de·les·co, ca [bur.ƀe.lés.ko, -.ka; ƀur.-]《軽蔑》(言動が)売春宿にみられるような, 娼家風の.

bur·de·os [bur.ƀé.os; ƀur.-] 形《性数不変》ワインレッドの. — 男《単複同形》 **1** ボルドー産の赤ワイン. **2** ワインレッド.

Bur·de·os [bur.ƀé.os; ƀur.-] 固名 ボルドー：フランス南西部の港湾都市.

bur·do, da [búr.ƀo, -.ƀa; ƀúr.-] 形 **1** きめの粗い, 粗雑[粗悪]な. paño ～ 粗布. **2** 洗練されていない, 教養のない. una excusa *burda* たどたどしい弁解. un hombre de ～s modales 不作法な男.

bu·re·ar [bu.re.ár; ƀu.-] 他[ラ米](ﾒｷｼｺ)[話] からかう, ばかにする. — 自[ラ米](ｺﾛﾝﾋﾞｱ)[話] 楽しむ.

bu·rel [bu.rél; ƀu.-] 形[闘牛] (牛が)赤茶色の.
— 男 **1**[闘牛][ロマ[ジプシー]用語で](雄)牛. **2**[紋] (通常) 5本の横帯による紋.

bu·re·o [bu.ré.o; ƀu.-] 男[話] 気晴らし, ばか騒ぎ (=juerga). estar de ～ どんちゃん騒ぎをしている.

bu·re·ta [bu.ré.ta; ƀu.-] 女[化] ビュレット.

bur·ga [búr.ɣa; ƀúr.-] 女 温泉.

bur·ga·lés, le·sa [bur.ɣa.lés, -.lé.sa; ƀur.-] 形 ブルゴスの. — 男女 ブルゴスの住民[出身者].

bur·ger [bur.ɣér; ƀur.-] [英] 男[複 ～s, -] **1** ハンバーガー店(=hamburguesería), ファーストフード店. **2** ハンバーガー(=hamburguesa).

bur·go [búr.ɣo; ƀúr.-] 男[史] **1** (中世の)商業都市；小さな町. **2** (中世の)城, 城塞.

bur·go·ma·es·tre [bur.ɣo.ma.és.tre; ƀur.-] 男 (オランダ・ドイツ・スイスの)市長.

Bur·gos [búr.ɣos; ƀúr.-] 固名 ブルゴス：スペイン中北部の県；県都. ◆León 王に従属する Castilla 伯が844年に建てて以来, 伯領の中心となり, 11世紀には León-Castilla 王国の首都となった. 13世紀に建てられたゴシック様式の大聖堂は世界遺産に指定されている(1984年登録). [←[中ラ] *burgus*「町；城塞都市」←[ゲルマン] *burgs*「要塞, 城塞都市」；Hamburgo「ハンブルク」, Edimburgo「エディンバラ」などの -burgo([英]-*burg*(*h*))も同起源]

bur·gra·ve [bur.ɣrá.ƀe; ƀur.-] 男[史] (中世ドイツの)城市の司令官；城主(の称号).

***bur·gués, gue·sa** [bur.ɣés, -.ɣé.sa; ƀur.-] 形 **1** ブルジョアの, 中産階級の(↔proletario). clase *burguesa* ブルジョア階級. ideas *burguesas* 小市民的思想. **2**《軽蔑》俗物的な, 下劣な. **3**[史] 中世の商業都市の.
— 男 女 **1** ブルジョア, 中産階級の人. **2** 事なかれ主義の人, 俗物的な人. **3**[史] 中世の商業都市の住民. [原義は「町(burgo)に住む(人)」]

***bur·gue·sí·a** [bur.ɣe.sí.a; ƀur.-] 女 ブルジョア階級；中産階級(↔proletariado). alta ～ 大資本家階級. pequeña ～ 下層中産階級, プチブル.

bu·ril [bu.ríl; ƀu.-] 男 **1** ビュラン：銅版・彫金・石刻用の彫刻刀, たがね. **2** [B-][星座] ちょうこくぐ(彫刻具)座(=el Cincel).

bu·ri·la·da [bu.ri.lá.ƀa; ƀu.-] / **bu·ri·la·du·ra** [bu.ri.la.ƀú.ra; ƀu.-] 女 ビュランによるひと彫り[彫刻].

bu·ri·lar [bu.ri.lár; ƀu.-] 他 (ビュランで) 彫る, 彫刻する.

bur·ja·ca [bur.xá.ka; ƀur.-] 女 (巡礼者などが携行した) ずだ袋.

bur·ka [búr.ka; ƀúr.-] 男[服飾] ブルカ, チャドリ：アフガニスタンやパキスタンなどのイスラム教徒の女性が人前で着る衣服.

Bur·ki·na Fa·sso [bur.kí.na fá.so; ƀur.-] 固名 ブルキナファソ：アフリカ中西部の共和国. 首都 Ouagadougou.

bur·ki·nés, ne·sa [bur.ki.nés, -.né.sa; ƀur.-] 形 ブルキナファソ(人)の. — 男 女 ブルキナファソ人.

***bur·la** [búr.la; ƀúr.-] 女 **1** からかい, ひやかし(=mofa). hacer ～ a [de] +人 con la mano 広げた手の親指を鼻に当てて〈人〉をからかう[ばかにする]. hacer ～ de[a]... …を嘲笑(ﾁｮｳ)する. El contenido del contrato es una auténtica ～. その契約内容は全く人をばかにしている.
2《複数で》冗談, 軽口(=broma). de ～s 冗談で. ～s aparte 冗談は抜きで. **3** だまかし, 偽り.
burla burlando 気づかずに；しらばくれて.
entre burlas y veras 冗談半分に.
gastar burlas con+人 〈人〉を笑いものにする.

bur·la·de·ro [bur.la.ƀé.ro; ƀur.-] 男 **1**[闘牛] 待避柵(ｻｸ). **2** (道路中央にある)安全地帯.

bur·la·dor, do·ra [bur.la.ƀór, -.ƀó.ra; ƀur.-] 形 からかう.
— 男 (文学的) 色事師, ドン・ファン. *El B～ de Sevilla y convidado de piedra*『セビーリャの色事師と石の招客(ﾁｮｳ)』(Tirso de Molina 作と言われている).

***bur·lar** [bur.lár; ƀur.-] 他 **1**〈脅威などを〉かわす, うまく避ける. ～ a los perseguidores 追っ手をまく. ～ a la defensa 守備をかわす. ～ (a) la justicia 法の目を逃れる. ～ el cerco 包囲網を突破する.
2 だます；〈期待などを〉裏切る. ～ la confianza 信頼を欺く.
— **～·se** 再 **(de...** …を**) から**かう, ばかにする. Todos *se burlaron de* él por su inocencia. 皆, 彼の無知を笑いものにした.

bur·le·rí·a [bur.le.rí.a; ƀur.-] 女 **1** あざけり；だまかし. **2** 昔話；ほら話.

bur·les·co, ca [bur.lés.ko, -.ka; ƀur.-] 形 こっけいな；ひやかしの. el género ～ こっけい物, バーレスク様式. en tono ～ おどけた[ひやかすような]口調で.

bur·le·te [bur.lé.te; ƀur.-] 男 目張り.

bur·lis·to, ta [bur.lís.to, -.ta; ƀur.-] 形《ラ米》(ｱﾙｾﾞﾝ)(ﾁﾘ)(ｳﾙｸﾞ)→ burlón.

bur·lón, lo·na [bur.lón, -.ló.na; ƀur.-] 形 ふざけた, からかうような. mirar con aire 〜 あざけるように見つめる. — 男 おどけ者, 冗談好きの人.

bur·lo·na·men·te [bur.lo.na.mén.te; ƀur.-] 副 おどけて; からかうように.

bu·ró [bu.ró; ƀu.-] 男 **1** 仕事机. **2** (政党などの)事務局. **3** 《ラ米》(ﾒﾋｺ)ナイトテーブル. [←〔仏〕*bureau*]

bu·ro·cra·cia [bu.ro.krá.θja; ƀu.- / -.sja] 女 **1** 官僚制度; 官僚主義;《集合的》官僚, 役人. **2**《軽蔑》お役所仕事, 形式主義.

bu·ró·cra·ta [bu.ró.kra.ta; ƀu.-] 男 女 **1** 官僚, 役人 (= funcionario). **2**《軽蔑》官僚主義者, 形式主義者.

bu·ro·cra·ta·da [bu.ro.kra.tá.ða; ƀu.-] 女《話》《軽蔑》煩雑なお役所的事務手続きを過剰に必要とする行為.

bu·ro·crá·ti·co, ca [bu.ro.krá.ti.ko, -.ka; ƀu.-] 形 官僚的な, 官僚(主義)の; お役所的な, 形式主義の. simplificar los trámites 〜s 形式的な手続きを簡素化する.

bu·ro·cra·tis·mo [bu.ro.kra.tís.mo; ƀu.-] 男《軽蔑》官僚支配, 官僚主義.

bu·ro·cra·ti·za·ción [bu.ro.kra.ti.θa.θjón; ƀu.- / -.sa.sjón] 女 (過度の)官僚体制[組織]化.

bu·ro·cra·ti·zar [bu.ro.kra.ti.θár; ƀu.- / -.sár] 他 97 (組織を) (過剰に)官僚体制[組織]化する.

bu·ro·fax [bu.ro.fáks; ƀu.-] 男《複〜, 〜es》郵便局などが行うファクスサービス.

bu·ró·ti·ca [bu.ró.ti.ka; ƀu.-] 女 オフィス・オートメーション (= ofimática).

bu·rra [bú.ra̠; ƀú.-] 女 → burro.

bu·rra·ca [bu.r̄á.ka; ƀu.-] 女 **1** 《隠》売春婦. **2** 《鳥》カササギ, アオカケス (= urraca).

bu·rra·da [bu.r̄á.ða; ƀu.-] 女 **1** 《話》非常識な言動. Deja de decir 〜s y ponte a trabajar. ばかなことを言ってないで仕事を始めなさい. **2** ロバの群れ. *una burrada*《話》たくさん(の), 大量(に). *una* 〜 *de gente* 大勢の人, 黒山の人だかり. *Me gusta una* 〜. すごく好きなんだ.

bu·rra·je·ar [bu.r̄a.xe.ár; ƀu.-] 他 → borrajear.

bu·rra·jo [bu.r̄á.xo; ƀu.-] 男 (燃料にする)乾燥した馬糞(ふん).

bu·rra·jo, ja [bu.r̄á.xo, -.xa; ƀu.-] 形《ラ米》(ﾒﾋｺ)《話》ばかな, 愚かな.

bu·rre·ro [bu.r̄é.ro; ƀu.-] 男 **1** ロバ追い. **2**《ラ米》(1)(ｺﾛﾝﾋﾞ)ロバの群れ. (2) (ﾌﾟｴﾙﾄ)下品な人.

bu·rre·ro, ra [bu.r̄é.ro, -.ra; ƀu.-] 男 女《ラ米》(ﾒﾋｺ)競馬で賭(ゕ)ける人.

bu·rri·cie·go, ga [bu.r̄i.θjé.ɣo, -.ɣa; ƀu.- / -.sjé.-] 形《話》《軽蔑》視力の弱い, 近眼の.

bu·rri·llo [bu.r̄í.jo; ƀu.- || -.ʎo.-] 男《話》《カト》教会暦, 祭式規程書, 聖務案内.

bu·rrión [bu.r̄jón; ƀu.-] 男《ラ米》(ﾎﾝｼﾞｭ)《鳥》ハチドリ.

bu·rri·to [bu.r̄í.to; ƀu.-] 男 **1** burro + 縮小辞. **2**《ラ米》(ﾒﾋｺ) (1) ブリート：巻いたタコス. (2) 前髪.

‡**bu·rro, rra** [bú.r̄o, -.r̄a; ƀú.-] 男 女 **1** ロバ (= asno, rucio). **2**《話》まぬけ, のろま. *hacer el* 〜 ばかなことをする. **3**《話》粗野[乱暴]な人; 頑固者. **4** 辛抱強い働き者.
— 形《話》**1** ばかな, まぬけな.
2 無教養な, 粗野な; 頑固な.
— 男《話》**1** 木挽(ひ)き台. **2** トランプゲームの一種. **3**《ラ米》(1) (ﾒﾋｺ)アイロン台. (2) (ｴｸｱﾄﾞ)(ﾌﾟｴﾙﾄ)《遊》ぶらんこ. (3) (ｳﾙｸﾞ)(ﾀﾞｲ)(ﾒﾋｺ)脚立, 段ばしご. (4) (ｳﾙｸﾞ)《話》競走馬; 老いた馬.
— 男《話》**1** オートバイ. **2**《ラ米》(1) (ﾒﾋｺ)(乗り合い)バス. (2) (ﾁﾘ)おんぼろの車. (3) (ｴｸｱﾄﾞ)自転車.
apearse [*bajar*(*se*), *caer*(*se*)] *del burro*《話》譲歩する, 非を認める.
burro cargado de letras 頭でっかちで分別のない人.
burro de agua《ラ米》(ﾀﾞｲ)(ﾒﾋｺ)《話》大波.
burro de arranque《ラ米》起動装置, スターター.
Burro grande, ande o no ande.《諺》質より量.
no ver dos [*tres*] *en un burro*《話》よく見えない, 近眼である.
trabajar como un burro 黙々と働く.
*vender la burra a+*人《話》〈人〉を言いくるめる; 丸め込む.
ver burros negros《ラ米》(ﾁﾘ)《話》目から火が出る, 痛みが走る.
[borrico (←〔後ラ〕*burrĭcus*「小馬」より造語]

bu·rro·ta·xi [bu.r̄o.ták.si; ƀu.-] 男《話》(観光用に)客をロバに乗せて運ぶサービス.

bu·rrum·ba·da [bu.r̄um.bá.ða; ƀu.-] 女 → barrumbada.

bu·rru·na·zo [bu.r̄u.ná.θo; ƀu.- / -.so] 男《ラ米》(ﾌﾟｴﾙﾄ)《話》げんこつ, 殴打.

bu·rru·ño [bu.r̄ú.ɲo; ƀu.-] 男《俗》→ gurruño.

bur·sá·til [bur.sá.til; ƀur.-] 形《商》株式[証券]取引(所)の. *información* 〜 株式情報. *mercados* [*operaciones*] 〜*es* 証券市場[取引].

bur·si·tis [bur.sí.tis; ƀur.-] 女《医》滑液包炎.

bu·ru·cu·yá [bu.ru.ku.já; ƀu.-] 女《ラ米》(ｱﾙｾﾞﾝ)《植》トケイソウ(薬用); トケイソウの実(食用).

bu·ru·ja·ca [bu.ru.xá.ka; ƀu.-] 女《ラ米》(ﾄﾞﾐﾆｶ)(ｴｸｱﾄﾞ)《馬》鞍袋(ᵃʳ).

bu·ru·jo [bu.rú.xo; ƀu.-] 男 **1** 塊, つぶつぶ (= borujo). **2** (羊毛などの)もつれ. **3** (オリーブ・ブドウなどの)搾りかす.

bu·run·dan·ga [bu.run.dáŋ.ga; ƀu.-] 女《ラ米》(1) (ｷｭｰ)《話》ひどい食事. (2) (ﾀﾞｲ)無用の長物, がらくた. *de* 〜 役に立たたない, 無能な.

bu·run·dés, de·sa [bu.run.dés, -.dé.sa; ƀu.-] 形 ブルンジの, ブルンジ人の. — 男 女 ブルンジ人.

Bu·run·di [bu.rún.di; ƀu.-] 固 ブルンジ：アフリカ東部の共和国. 首都 Bujumbura, Urundi.

bu·run·dia·no, na [bu.run.djá.no, -.na; ƀu.-] 形 男 女 → burundés.

bu·ru·que·na [bu.ru.ké.na; ƀu.-] 女《ラ米》(ﾌﾟｴﾙﾄ)《動》カニ.

bu·ru·za [bu.rú.θa; ƀu.- / -.sa] 女《ラ米》(ｺｽﾀﾘ)《話》わずかなもの.

bus [bús; ƀús] 男 **1** 《話》バス (= autobús). 〜 *(-) VAO* バス専用車線. **2** 〖IT〗 母線.

bu·sa·ca [bu.sá.ka; ƀu.-] 女《ラ米》(1) (ｴｸｱﾄﾞ)(ﾒﾋｺ)(ﾋﾞﾘﾔｰﾄﾞ台の)ポケット; 袋. (2) (ｺﾛﾝﾋﾞ)リュックサック, 背のうばん.

bu·sar·da [bu.sár.ða; ƀu.-] 女《ラ米》(ｳﾙｸﾞ)《話》おなか.

‡**bus·ca** [bús.ka; ƀús.-] 女 **1** 探すこと, 捜索, 探求.

ir en ～ de ayuda 助けを求めに行く. dictar orden de ～ y captura 指名手配を発令する. **2** 廃品あさり；遺跡の探索. **3** 狩猟隊. **4** 《ラ米》《ダリ》《ペル》《(治)》役得，余禄《(た)》.
— 男 複 → buscapersonas.
— 属 → buscar.

bus·ca·bu·lla [bus.ka.βú.ja; bus.-‖-.ʎa] 男 女《ラ米》《ダリ》《ニカ》《(治)》《話》騒ぎ[もめごと]を起こす人.

bus·ca·dor, do·ra [bus.ka.ðór, -.ðó.ra; bus.-] 形 捜索の，探索する. cabeza *buscadora* (ミサイルの)自動誘導装置. — 男 女 探索者；探鉱者，鉱山師. — 男 **1** 〖IT〗検索エンジン. **2** (望遠鏡の)ファインダー.

bus·ca·ni·guas [bus.ka.ní.gwas; bus.-] 男《ラ米》《単複同形》 → buscapiés.

bus·ca·per·so·nas [bus.ka.per.só.nas; bus.-] 男《単複同形》ポケットベル.

bus·ca·pié [bus.ka.pjé; bus.-] 男 (会話中の)探り，打診；相づち，合いの手.

bus·ca·piés [bus.ka.pjés; bus.-] 男《単複同形》ねずみ花火.

bus·ca·pi·ques [bus.ka.pí.kes; bus.-] 男《単複同形》《ラ米》 → buscapiés.

bus·ca·plei·tos [bus.ka.pléi.tos; bus.-] 男 女《単複同形》《話》問題《(統)》［もめごと］を起こす人.

***bus·car** [bus.kár; bus.-] 102 他 **1** 探す，捜す，求める. ～ ayuda 援助を求める. ～ la llave 鍵を捜す. ～ novio [novia]恋人を募集する. Busco piso. 《広告などで》マンション求む. Te *buscan* en la puerta. 玄関に誰かが君を訪ねてきているよ. → hallar 類語.
2《人を》迎えに行く[来る]；《ものを》取りに行く[来る]. ir al aeropuerto a ～ a un amigo 友達を迎えに空港へ行く. Voy a ～ mi diccionario. 辞書を取ってきます.
3 (リストから)調べ出す；〖IT〗検索する. ～ un número de teléfono 電話番号を調べる. ～ libros en internet インターネットで本を検索する.
4 《+不定詞 …することを》めざす. Este equipo *busca* ganar la liga. このチームはリーグ優勝をねらっている. **5** 付きまとう，挑発する. Este chico me *busca* mucho diciendo tonterías. この子はばかなことを言って私に付きまとってくる. **6** 《ラ米》呼ぶ；《人に》尋ねる.
— ～·se 再 **1**《3人称で》捜される；募集される. Se *busca*. 《ポスターなどで》指名手配中；募集中.
2 (苦労・災難などを) (自ら)求める，招く. No te quejes porque tú te lo *buscaste*. 君が自分の意思で招いたことなんだから文句を言うな.
buscársela《話》自ら災難を招くような余計なことをする，軽率なことをする.
buscárselas《話》なんとか調整をつける，うまくやる. *Me las busqué* para llegar a tiempo. 私はなんとか時間に間に合った.
buscarse la vida なんとか暮らしを立てる.
El que busca, halla [*encuentra*].〖聖〗すべて探すものは見いだす(自分の力から努力すればよい結果が得られる).
［語源不詳. ローマ化以前の語か.］

bus·car·la [bus.kár.la; bus.-] 女〖鳥〗センニュウ，ヒタキ科センニュウの類：茶色い小型の食虫鳥，主にヨーロッパの湿潤地帯の藪に生息.

bus·ca·rrui·dos [bus.ka.řwí.ðos; bus.-] 男 女《単複同形》→ buscapleitos.

bus·ca·vi·das [bus.ka.βí.ðas; bus.-] 男 女《単複同形》《話》**1** お節介焼き，詮索《(党)》好き. **2** やり手；野望家.

bus·cón, co·na [bus.kón, -.kó.na; bus.-] 形 だまし取る. — 男 女 **1** すり，こそ泥；詐欺師. **2**《ラ米》《(*)》《話》抜けがけのない人，野心家. — 女《俗》売春婦 (= prostituta).

bus·co·ne·ar [bus.ko.ne.ár; bus.-] 自《ラ米》《(治)》《話》小さな商売をする.
— 他《ラ米》《(治)》《話》探し回る，かぎ回る.

bu·se·ta [bu.sé.ta; bu.-] 女《ラ米》《ᵗʸᴷᴬ》《ᴋᵁᴱ》《ᵖᴱʀ》《(治)》ミニバス，小型の乗り合いバス.

bu·se·to [bu.sé.to; bu.-] 男《話》バス.

bu·si·lis [bu.sí.lis; bu.-] 男《単複同形》《話》問題点，難点；核心 (= intríngulis). Ahí está el ～. それだよ，ネックは. El asunto tiene mucho ～. その事には難しい点が多い.
dar en el busilis 核心をつく.

bu·si·ness [bís.nes; bís.-] 〖英〗形《性数不変》(飛行機の)ビジネスクラスの. — 男 仕事，事業，商売，ビジネス，取引 (= negocio).

bu·si·to [bu.sí.to; bu.-] 男《ラ米》《(治)》小型バス.

bus·que(-) /busqué(-) 属 → buscar.

:bús·que·da [bús.ke.ða; bús.-] 女 探すこと，探索；探求，調査. motor de ～〖IT〗検索エンジン. en (la) ～ de la verdad [felicidad] 真実[幸福]を求めて. Entre todos iniciamos la ～ de la muchacha desaparecida. 私たちは手分けして失踪《(⁴ᵘ)》した娘の捜索を開始した.

bus·qui·llo [bus.kí.jo; bus.-‖-.ʎo] 男《ラ米》《(⁴ʰ)》《(ᴾᴱᴿ)》《話》やり手.

bus·tier [bus.tjé; bus.-]〖仏〗男《複 ～s》〖服飾〗ビュスチエ，ビスチェ：通常肩ひものない，胸から腰までを覆うぴったりした女性の服[下着].

***bus·to** [bús.to; bús.-] 男 **1** 上半身；(女性の)胸部，バスト. con el ～ desnudo 上半身裸になって. un vestido que realza el ～ バストを強調するドレス.
2 胸像. un ～ de [en] bronce ブロンズの胸像.

bus·tró·fe·don [bus.tró.fe.ðon; bus.-] 男 犂耕《(⁵ʸ)》体：右から左へ，次行は左から右に交互に書いていく古代の書式.

:bu·ta·ca [bu.tá.ka; bu.-] 女 **1** (1人用の柔らかな)安楽いす，ひじ掛けいす (= sillón). ～ forrada de cuero 革張りの安楽いす. **2** (劇場・映画館の)席，座席；(劇場・映画館の)入場券. patio de ～s (劇場・映画館の)1階観客席. ～ de entresuelo (スペイン)(劇場の)特等席. [←〖クマナ〗*putaca*「座席」]

bu·ta·cón [bu.ta.kón; bu.-] 男 (ひじかけ・ヘッドレスト付きの)大型の安楽いす.

bu·ta·die·no [bu.ta.ðjé.no; bu.-] 男〖化〗ブタジエン：合成ゴムの原料.

Bu·tán [bu.tán; bu.-] 固名 → Bhutan.

bu·ta·ne·ro, ra [bu.ta.né.ro, -.ra; bu.-] 形 **1** ブタンガスの. **2** (通常船が)ブタンガスを輸送する.
— 男 女 ブタンガスボンベを各戸に販売・集配する人.
— 男 ブタンガスを輸送する船[タンカー].

bu·ta·nés, ne·sa [bu.ta.nés, -.né.sa; bu.-] 形 ブータンの，ブータン人[語]の. — 男 女 ブータン人.
— 男 ブータン語.

bu·ta·no [bu.tá.no; bu.-] 形《性数不変》(ブタンガスボンベの色に似た)オレンジ色の.
— 男〖化〗ブタン. bombona de ～ ブタンガスボンベ. gas ～ ブタンガス.

bu·ta·que [bu.tá.ke; bu.-] 男《ラ米》《(ᴺɪᴄ)》《(ᴾᴵᵀʰ)》《(ᵂᴱᴻ)》《(ᶜᴼˢᵀᴬ)》座席；(ひじ掛け)いす.

bu·ten [bú.ten; bú.-] *de buten*《話》すばらしい

[すばらしく],見事な[見事に]. un coche *de* ～ すばらしい車. Me ha salido *de* ～ la sopa. スープがとてもおいしくできた.

bu·te·no [bu.té.no; ƀu.-] 男 〖化〗ブテン,ブチレン：アルコールや各種石油製品を合成する際などに使われる無色の炭化水素ガス.

bu·ti·fa·rra [bu.ti.fá.ṛa; ƀu.-]
女 1 〖料〗ブティファーラ：スペインCataluña, Baleares, Valencia 地方の腸詰め[ソーセージ]. ～ de sangre [negra] 血入りのソーセージ.

butifarra (ブティファーラ)

2 《話》だぶだぶのストッキング. 3 《ラ米》(ジ)肉と野菜のサンドイッチ.
tomar a+人 *para la butifarra* 《ラ米》(プジ)《話》〈人〉を物笑いの種にする.

bu·ti·lo [bu.tí.lo; ƀu.-] 男 〖化〗ブチル基.
bu·tion·do, da [bu.tjón.do, -.da; ƀu.-] 形 好色な,みだらな.
bu·tí·ri·co, ca [bu.tí.ri.ko, -.ka; ƀu.-] 形 〖化〗酪酸の. ácido ～ 酪酸.
bu·ti·ro [bu.tí.ro; ƀu.-] 男 バター.
bu·ti·ro·so, sa [bu.ti.ró.so, -.sa; ƀu.-] 形 バターに似た,バターを含む,脂肪の多い.
bu·trón [bu.trón; ƀu.-] 男 1 泥棒が押し入るために天井や壁に開ける穴. 2 → buitrón. 3 《隠》万引きしたものを隠しておく袋：通常女性がスカートの中に入れる. 4 ワイン用の地下貯蔵庫にある換気用の穴.
bu·tro·ne·ro [bu.tro.né.ro; ƀu.-] 男 《スペイン》天井や壁に開けた穴から押し入る泥棒.
bu·tu·co [bu.tú.ko; ƀu.-] 男 《ラ米》(☆)〖植〗バナナの一種.
bu·tu·co, ca [bu.tú.ko, -.ka; ƀu.-] 形 《ラ米》(☆)《話》ずんぐりした,小太りの.
bu·tu·te [bu.tú.te; ƀu.-] 男 《ラ米》(グ)〖音楽〗トランペット.
bu·xá·ce·o, a [buk.sá.θe.o, -.a; ƀuk.-/ -.se.-] 形 〖植〗ツゲ科の. — 女 ツゲ科の植物；《複数で》ツゲ科.
bu·yo [bú.jo; ƀú.-] 男 ベテル：キンマの葉とビンロウジと石灰を包んだもの. 東インドや台湾の先住民が常習的に噛(ホ)む.
buz [búθ; ƀúθ / bús; ƀús] 男 《複 buces》表敬の接吻(ਬ਼), 唇.
bu·za·mien·to [bu.θa.mjén.to; ƀu.- / -.sa.-] 男 〖地質〗〖鉱〗(地層・鉱床の)傾斜.

bu·zar [bu.θár; ƀu.- / -.sár] 97 自 〖地質〗〖鉱〗(地層・鉱床の)傾斜している.
bu·zo [bú.θo; ƀú.- / -.so] 男 1 潜水士,ダイバー. campana de ～ 潜水鐘(初期の釣り鐘形の潜水具). enfermedad de los ～*s* ケーソン[潜函(ホム)]病. 2 〖服飾〗(幼児用・作業用の)つなぎ. 3 《ラ米》(1) ジャージー,スウェットシャツ. (2) (ウルグ)(ハクラク)セーター.
bu·zo, za [bú.θo, -.θa; ƀú.- / -.so, -.sa] 形 《ラ米》警戒して. ponerse ～ 《話》用心する,気をつける.
*****bu·zón** [bu.θón; ƀu.- / -.són] 男 1 (郵便)ポスト；(家庭用の)郵便受け. echar una carta al [en el] ～ ポストに手紙を投函(ホシ)する. 2 水門,排水口；(排水口などの)栓,ふた. 3 《話》大きな口.
[← 「投函口」←「排水口」←「溶鉱炉口をふさぐ鉄塊」←《古スペイン》*bozón*「破城つち」←《プロバンス》*bosson*←《フランク》 *bultjo*「太くぎ」]

buzón (郵便受け,ポスト)

bu·zo·ne·ar [bu.θo.ne.ár; ƀu.- / -.so.-] 自 (政治や商業の宣伝のために)各戸の郵便受けに広告やビラ[チラシ]を配布する；ポスティングをする.
bu·zo·ne·o [bu.θo.né.o; ƀu.- / -.so.-] 男 ポスティング；広告宅配(業).
bu·zo·ne·ro [bu.θo.né.ro; ƀu.- / -.so.-] 男 《ラ米》郵便集配人.
bwa·na [bwá.na; ƀwá.-] [スワヒリ] 男 女 《話》(呼びかけ)ご主人様,旦那様(▶ユーモラスなニュアンスがある).
by·pass [bai.pás; ƀai.-] [英] 男 《単 複 同 形》 1 〖医〗(血管などの)バイパス,側副路. 2 ガス,水道などの側管. 3 自動車用迂回路,バイパス.
by·te [bí.te; ƀí.- // báit; ƀáit] [英] 男 《複 ～s》〖IT〗バイト：コンピュータにおける情報[記憶容量]の単位(記号B). 1バイトは8ビット octeto.

C, c [θé / sé] 囡 **1** スペイン語字母の第3字.
 2 (ローマ数字の) 100. → XC (90), CX (110).
 3 『音楽』ド do.

c/ 《略》(1) *calle* 通り. (2) *cuenta* 勘定. (3) *caja* 荷箱, ケース. (4) *cargo* 負担；借方；貨物.

c/c 《略》*cuenta corriente* 当座預金；*carta de crédito* 信用状.

C 《略》**1** 【化】*carbono* 炭素.
 2 *grado centígrado* [*Celsius*] 摂氏(°C).
 3 【電】*culombio* (電気量の単位) クーロン.
 4 《略》*compañía* 会社. **5** 『IT』シー (言語).

C/., c/ 《略》*cuenta*；*caja(s)*；*capítulo*；*cargo*；*contra*；*copia*.

C2C [si.tu.sí] 〖英〗男 *Consumer to Consumer*：(電子商取引の形態で) 一般消費者間で行われる取り引き.

ca [ká] 間投 **1** 《話》《まれ》とんでもない, まさか：否定・反対・疑念を強めるときに使われる表現. ¿Me prestas 10 pesos? —¡Ca! ni un centavo. 10ペソ貸してくれるかい. —いやなこった, 1センターボだってね.
 2 《俗》*casa, cada, calle* の語尾が消失したもの.

c/a. 《略》*cuenta abierta* 〖商〗開設[オープン]勘定, 金額未確定勘定.

Ca 【化】*calcio* カルシウム.

C.A. 《略》(1) *Centroamérica* 中米.
 (2) *Comunidad Autónoma* (スペインの) 自治州.
 (3) *corriente alterna* 交流.

*ca.bal [ka.bál] 形 **1** 申し分のない, 模範的な.
 2 正確な；厳密な；完全な. una cuenta ～ 正しい計算. una definición ～ 厳密な定義. el peso ～ 正確な重量. un ～ fracaso 完全なる失敗. un hombre ～ 非の打ちどころのない人. Duró tres horas ～*es*. ちょうど3時間続いた.
 no estar [*hallarse*] *en* SUS *cabales* 正気でない.

cá.ba.la [ká.ba.la] 囡 **1** カバラ. ◆中世ユダヤ教の神秘思想. スペインでは *Zóhar* 『ゾハール (光輝の書)』 (1300年ごろ) を生み, ユダヤ人神秘家の教科書となった.
 2 (複数で) 憶測, 推測；占い. hacer ～*s sobre*... …について あれこれ憶測する. **3** 《話》密謀, 陰謀.

ca.bal.ga.da [ka.bal.gá.ða] 囡 **1** 乗馬 (での遠出). **2** 〖史〗騎兵隊 (の襲撃；略奪品).

ca.bal.ga.du.ra [ka.bal.ga.ðú.ra] 囡 (騎乗用・荷役用の) 家畜, 馬, ロバ (= montura).

ca.bal.ga.mien.to [ka.bal.ga.mjén.to] 男
 1 〖地質〗断層や褶曲 (などに) 見られる地層の移動, ずれ, 衝上. **2** 〖文学〗→ encabalgamiento 3.

*ca.bal.gar [ka.bal.gár] 103 自 《en... / sobre...》
 1 《(うに)》乗る, 乗って行く (= montar). ～ *en* un burro ロバに乗る. **2** 馬乗りになる, またがる. El niño *cabalgaba sobre* la tapia. その子供は塀の上にまたがっていた. Las gafas *cabalgaban sobre* su naricilla. めがねは彼[彼女] の小さな鼻の上にちょこんと乗っていた. **3** 〖馬〗脚を交差させる. —他 **1** 〈馬などに〉乗る. **2** 〈雄が〉〈雌に〉かかる, 交尾する.

ca.bal.ga.ta [ka.bal.gá.ta] 囡 **1** 騎馬行進, 馬車行列；パレード. **2** 乗馬, 遠乗り.

ca.ba.lis.ta [ka.ba.lís.ta] 男囡 カバラ主義者[学者].

ca.ba.lís.ti.co, ca [ka.ba.lís.ti.ko, -.ka] 形
 1 カバラの. **2** 神秘的な, 難解な.

ca.ba.la [ka.bá.la | -.ʎa] 囡《魚》サバ.

ca.ba.lla.da [ka.ba.ʝá.ða | -.ʎá-] 囡 **1** 馬の群れ. **2** 《ラ米》《話》へま, 失敗, 間違い.

ca.ba.lla.je [ka.ba.ʝá.xe | -.ʎá.-] 男 (馬などの) 交尾, 種付け；種付け料.

ca.ba.llar [ka.ba.ʝár | -.ʎár] 形 馬の, 馬のような. raza ～ 馬種. cara [perfil] ～ 馬面. cría ～ 馬の飼育. ganado ～ 《集合的》馬.

ca.ba.lla.zo [ka.ba.ʝá.θo | -.ʎá.- / -.so] 男 《ラ米》
 (1) 《(ち)》《(ニ)》騎乗 [徒歩] の人に馬ごとぶつかること.
 (2) 《(ち)》《(こ)》《話》衝突, 人がぶつかりあうこと.

ca.ba.lle.ar [ka.ba.ʝe.ár | -.ʎe.-] 自 ちょくちょく馬で行く.

ca.ba.lle.jo [ka.ba.ʝé.xo | -.ʎé.-] 男 **1** 駄馬.
 2 拷問台. [caballo + 縮小辞]

ca.ba.lle.ran.go [ka.ba.ʝe.ráŋ.go | -.ʎe.-] 男 《ラ米》《(メ)》馬丁, 馬の飼育係.

ca.ba.lle.ra.to [ka.ba.ʝe.rá.to | -.ʎe.-] 男 **1** 〖史〗 (スペイン国王が Cataluña 人に付与した) 貴族と平民の中間階級. **2** 《古語》〖宗〗 (結婚した在俗聖職者に与えられる) 年金 (受給証).

ca.ba.lle.re.ar [ka.ba.ʝe.re.ár | -.ʎe.-] 自 紳士ぶる, 紳士を気取る.

ca.ba.lle.res.ca.men.te [ka.ba.ʝe.rés.ka.mén.te | -.ʎe.-] 副 騎士 [紳士] らしく；さっそうと.

ca.ba.lle.res.co, ca [ka.ba.ʝe.rés.ko, -.ka | -.ʎe.-] 形 **1** 〖文学〗〖史〗騎士道の. literatura *caballeresca* 騎士道文学. **2** 紳士的な；高潔な. actitud *caballeresca* 紳士的な態度.

ca.ba.lle.re.te [ka.ba.ʝe.ré.te | -.ʎe.-] 男 《軽蔑》気取った若者, 若輩. [caballero + 縮小辞]

*ca.ba.lle.rí.a [ka.ba.ʝe.rí.a | -.ʎe.-] 囡 **1** (馬・ロバなどの) 乗用動物.
 2 〖軍〗騎馬隊, 騎兵隊；機械化部隊. ～ ligera 〖史〗軽騎兵. una carga de ～ 騎馬攻撃.
 3 〖史〗(1) 騎士道, 騎士道精神；《集合的》騎士. ～ andante 遍歴の騎士. ～ villana (貴族の最下層にあたり, 馬一頭を所有した) 郷士. libros de ～(s) 騎士道物語 (◆騎士の超人的な武勇を主題にした読み物. 16世紀前半のスペインで流行. Don Quijote が愛読したという *Amadís de Gaula* が有名).
 (2) 騎士団, 騎士修道会 (= órdenes militares). la C～ de Santiago サンティアゴ騎士団.
 (3) (レコンキスタや新大陸の征服で騎兵に授与された) 恩賞地. ▶「徒歩兵への恩賞地」は peonía.
 4 《ラ米》カバジェリア：土地面積の単位. キューバでは1343アール, プエルトリコでは7858アールに相当.
 andarse en caballerías 《話》お世辞を並べる.
 echar la caballería 《ラ米》《(キ)》《話》怒る, 攻撃的になる.

ca·lle·ri·ce·ro [ka.ba.je.ri.θé.ro ‖ -.θe.- / -.sé.-] 男《ラ米》(メキ)(プ)馬丁.

ca·ba·lle·ri·zo, za [ka.ba.je.rí.θo, -.θa ‖ -.θe.- / -.so, -.sa] 男女 厩務(プ)員, 馬丁, 馬の飼育係. ~ mayor del rey 王室付き馬丁頭. ── 女 1《主に複数で》馬[ロバ, ラバ]小屋, 厩舎（=cuadra）. 2《集合的》馬, ロバ, ラバ. 3《集合的》馬丁.

✱✱ca·ba·lle·ro, ra [ka.ba.jé.ro, -.ra ‖ -.θé.-] 形 1 馬に乗った, 馬上の, 馬乗りの. 2 頑固な, かたくなな.
── 男 1 (1) 紳士；成人男子. traje de ~ 紳士服. Es todo un ~. 彼は申し分のない紳士だ. (2)《呼びかけ》《丁寧》《男性に対して》あなた様；《複数で》諸君, 皆さん. ¿Qué desea, ~? お客様, 何でございましょうか. Damas y ~s, tengo el honor de anunciar la presencia del Rey. 皆様, 国王陛下のご入場でございます. 2 (中世の) 騎士；(ローマ時代の) 騎兵. ~ andante 遍歴の騎士.
armar a +人 **caballero**《人》を騎士に叙する.
caballero blanco 政治改革論者；救いの主；〖経〗ホワイトナイト, 会社が乗っ取られないよう出資する救済者[会社].
caballero de industria《皮肉》(紳士風の) ペテン師.
de caballero a caballero 紳士らしく.
entre caballeros 紳士同士の, お互いに敬意を表して. pacto entre ~s 紳士協定.
［←《後ラ》caballarius］

ca·ba·lle·ro·sa·men·te [ka.ba.je.ró.sa.mén.te ‖ -.θe.-] 副 紳士らしく, 堂々と.

ca·ba·lle·ro·si·dad [ka.ba.je.ro.si.ðáð ‖ -.θe.-] 女 紳士[騎士]らしさ, 紳士的な振る舞い；高潔, 寛大.

ca·ba·lle·ro·so, sa [ka.ba.je.ró.so, -.sa ‖ -.θe.-] 形 紳士的な；高潔な, 気高い. una acción caballerosa 紳士的な振る舞い. un hombre ~ 高潔な人.

Ca·ba·llet [ka.ba.jé(t) ‖ -.θé(t)] 固名 カバリェ. Montserrat ~ (1933-) スペインのソプラノ歌手.

ca·ba·lle·ta [ka.ba.jé.ta ‖ -.θé.-] 女〖昆〗バッタ.

ca·ba·lle·te [ka.ba.jé.te ‖ -.θé.-] 男 1〖美〗画架, イーゼル（=~ de pintor）. 2 架台；支柱. ~ de aserrar 木挽(プ)き台. 3〖建〗(1)（屋根の）棟, 煙突のかさ. 4 鼻柱, 鼻梁(プ)；(鳥の) 竜骨突起. 5 拷問台. 6〖農〗畝(ウ). 7《ラ米》〖昆〗コオロギ.

ca·ba·llis·ta [ka.ba.jís.ta ‖ -.ʎís.-] 男女 名騎手；曲馬師.

ca·ba·lli·to [ka.ba.jí.to ‖ -.ʎí.-] 男 1 小馬, ポニー. 2《複数で》メリーゴーラウンド（=tiovivo）. 3《複数で》〖遊〗(回転式の) 競馬ゲーム. 4 [C-]〖星座〗こうま座. 5《ラ米》(1)(エクア)鼻柱. (2)(グア)おしゃぶり, おむつ. (3)(ペル)革袋のいかだ. ~ de totora アシの小舟.
caballito del diablo〖昆〗トンボ（=caballito）〖昆〗コオロギ.
caballito marino / caballito de mar〖動〗タツノオトシゴ.
［caballo + 縮小辞］

✱ca·ba·llo [ka.bá.jo ‖ -.ʎo] 男 1 馬；雄馬（→「雌馬」は yegua）. ~ salvaje 野生馬. ~ de carreras 競走馬. coche de ~s 馬車. ~ (de) pura sangre サラブレッド. montar a ~ 馬に乗る. 2〖遊〗(チェス) ナイト；(スペイン・トランプ) 馬.
3〖スポ〗(跳馬・鞍馬の) 馬. ~ con arcos 鞍馬. ~ de saltos 跳馬.
4〖物理〗馬力（=~ de vapor, ~ de fuerza)（記号 CV）. ¿Cuántos ~s tiene este motor? このエンジンの馬力はどのくらいですか. 5〖建築〗木挽(プ)き台. 6〖隠〗コカイン. 7〖鉱〗岩塊. 8〖医〗横げん, 横根. 9《ラ米》(1)(アル)《複数で》〖服飾〗ズボン. (2)(プ)《話》ばか. (3)《話》できる人. (4)(エクア)《話》仲間, 相棒；友情. (5)(ウル)(メ)《話》不器用な人. (6)(プ)(エル)《話》乱暴者.
a caballo 1 馬にまたがって, 馬に乗って. (2)《**entre...**》（時代など）にまたがって,《(場所などの)》中間で. Mi hermana vive **a ~ entre** Barcelona y Madrid. 私の姉［妹］はバルセロナとマドリードを行ったり来たりして生活している.
A caballo regalado no le mires el diente.《諺》贈られた馬の歯を見るな（贈られたものにけちをつけるな）. ♦馬の年齢は歯を見ればわかるところから.
a mata caballo あわてふためいて.
caballo de batalla（議論の）争点；弱点, 難点.
caballo de buena boca《話》お人よし.
caballo de Frisa [Frisia]（有刺鉄線を木に巻いた）防柵.
caballo del diablo〖昆〗トンボ（=caballito del diablo）.
caballo de mar〖動〗タツノオトシゴ.
caballo de Troya〖ギ神〗トロイの木馬；反体制分子[グループ].
de caballo《話》〈特に病気が〉ひどい. Tiene una gripe **de ~**. 彼[彼女] はひどい風邪を引いている.
ser de a caballo《ラ米》乗馬が上手である.
［←《ラ》caballum（caballus の対格）＜《鴛馬(プ)の》, のろい馬；〖関連〗caballero, caballería, cabalgar.［ポルトガル］cavalo.［仏］cheval.［伊］cavallo.［英］chivalry「騎士道」]

ca·ba·llón [ka.ba.jón ‖ -.ʎón] 男 1〖農〗畝(ウ)；畦(プ). 2《ラ米》(メキ)《俗》麻薬に酔った状態.

ca·ba·llón, llo·na [ka.ba.jón, -.jó.na ‖ -.ʎón, -.ʎó.-] 形《ラ米》(メキ)麻薬で興奮した.
── 男女《ラ米》(エクア)(メキ)《話》背の高い人, 大きな人.

ca·ba·llu·no, na [ka.ba.jú.no, -.na ‖ -.ʎú.-] 形《軽蔑》馬の；(顔だち・歩き方が) 馬のような.

ca·bal·men·te [ka.bál.mén.te] 副 厳密に, 適切に, 完全に.

ca·ban·ga [ka.báŋ.ga] 女《ラ米》(プ) (1) ホームシック；ゆううつ. (2)《話》失恋. (3)《話》恋情.

✱ca·ba·ña [ka.bá.ɲa] 女 1（木やアシなどの）小屋, 掘っ建て小屋. ~ alpina 山小屋, ヒュッテ. 2《集合的》家畜. la ~ nacional 国の畜産資源. 3（穀類を運ぶ）駄馬の群れ. 4〖美〗田園風景画. 5〖遊〗(ビリヤード) ポーク. 6《ラ米》(プ)家畜の飼育場.
［←《後ラ》capanna]

ca·ba·ñal [ka.ba.ɲál] 形 動物の, 家畜の. camino ~ 牧畜の通り路. ── 男 小村落.

ca·ba·ñe·ro, ra [ka.ba.ɲé.ro, -.ra] 形 家畜の. perro ~ 牧羊犬.
── 男 羊飼い, 牧人；ラバ追い, 馬子.

ca·ba·ñil [ka.ba.ɲíl] 形 牧人小屋の.
── 男 牧童, 牧人.

ca·ba·ñue·la [ka.ba.ɲwé.la] 女 1 小屋, 丸太小屋. 2《複数で》(翌年各月・翌夏の) 天気占い. 3《ラ米》(1)(プ) 夏の初雨. (2)(ペル)《複数で》夏期の最初の雨. (3)(グア) 冬の雨.［cabaña + 縮小辞]

ca·ba·ré [ka.ba.ré] 男《複 ~s》→cabaret.

ca·ba·ret [ka.ba.ré(t)]《仏》男 [複 ~s, caba-

cabaretero

rés]キャバレー，ナイトクラブ．

ca・ba・re・te・ro, ra [ka.ba.re.té.ro, -.ra] 形 キャバレー(のショー)の．――男 (キャバレーの)芸人．――女 1 (キャバレーの)歌手，ダンサー，ホステス．2 《ラ米》(ﾒﾋｼｺ)《俗》《軽蔑》売春婦．

ca・bás [ka.bás] 男 (女子の)学生かばん；買い物かご．

ca・be¹ [ká.be] 前《古語》…の近くに，傍らに．

ca・be² [ká.be] 男《スポ》(サッカー)ヘディング．

ca・be³ [ká.be] 活 → caber.

ca・be・ce・a・da [ka.be.θe.á.ða / -.se.-] 女 (1) 頭突き．(うたた寝の)こっくり．dar ～s 舟をこぐ．

ca・be・ce・a・dor, do・ra [ka.be.θe.a.ðór, -.ðó.ra / -.se.-] 形《スポ》(サッカー)ヘディングが得意な．――男 女 ヘディングが得意な選手．

ca・be・ce・a・mien・to [ka.be.θe.a.mjén.to / -.se.-] 男 → cabeceo.

ca・be・ce・ar [ka.be.θe.ár / -.se.-] 自 1 頭を上下[左右]に振る；(居眠りで)舟をこぐ．2 (否定して)首を横に振る．3〈乗り物が〉前後に揺れる，〈積み荷などが〉ずれる，ぶれる．4《海》〈船が〉縦揺れする，ピッチングする．5《スポ》(サッカー)ヘディングする．――他 1〈ワインを〉ブレンドする．2〈服などのへりを〉縁取りする．3〈靴下の〉足部を作り直す．4 〈装飾的に〉b, d, tなどの 縦線の上部を太く書く．5〈板のへりを〉補強する．6 《印》(本に)ヘッドバンドを付ける．7 《スポ》(サッカー)〈ボールを〉ヘディングする．8 《農》〈畑の端を〉耕す．9《ラ米》(1) (ﾁﾘ)《隠》〈人を〉だます．(2) (ｸﾞｱ)(ﾒﾋｼｺ)〈タバコの葉を〉束ねる．

～・**se** 再《ラ米》(ﾁﾘ)《話》考える．

ca・be・ce・o [ka.be.θé.o / -.sé.-] 男 1 頭を上下[左右]に振ること；(否定して)首を横に振ること；(居眠りの)舟こぎ，こっくり．2 《スポ》(サッカー)ヘディング．3〈乗り物などの〉揺れ；〈積み荷などの〉ずれ，ぶれ．4 《海》縦揺れ，ピッチング．

*ca・be・ce・ra [ka.be.θé.ra / -.sé.-] 女 1 ベッドの頭部，ヘッドボード；まくら元(↔ pies). estar a la ～ del enfermo 病人のまくら元に付きっきりでいる．libro de ～ ベッドで読む肩の凝らない本．médico de ～ かかりつけの医者．2 頭部；先頭(↔ cola). la ～ de una manifestación デモの先頭．～ del reparto (映画などの)クレジット．3 上座，上席．estar a la ～ de la mesa テーブルの上座につく．4 〈書面上部の〉表題部分，〈新聞などの〉見出し．El título aparece en la ～ de la página. タイトルはページの上部に書かれている．5 《印》(本の)ヘッドバンド；花文字．6 〈路線などの〉起点；(川の)水源．7 〈地方の〉中心都市，主都．8 代表者，トップ．la ～ del partido 党首．9 《農》鋤(ｽｷ)の入らない畑のへり．10 (教会の)聖所．autor de cabecera 座右の本の著者．

ca・be・ce・ro [ka.be.θé.ro / -.sé.-] 男 ベッドの頭部．

ca・be・ci・du・ro, ra [ka.be.θi.ðú.ro, -.ra / -.si.-] 男 女《ラ米》(ｺﾞﾛ)(ﾍﾞﾈｽﾞ)《話》頑固な人，強情な人．

ca・be・ci・lla [ka.be.θí.ja / -.sí.-] 男 女 1 《軽蔑》頭目，首謀者．2 つまらない人．――女 (巻きタバコの端の)折り返し．[cabeza + 縮小辞]

ca・be・ci・ta [ka.be.θí.ta / -.sí.-] 女 ～ negra 《ラ米》(ﾘｵﾌﾟ)《話》《軽蔑》メスティーソ mestizo, 混血の人．[cabeza + 縮小辞]

ca・be・lla・du・ra [ka.be.ja.ðú.ra || -.ʎa.-] 女 → cabellera.

ca・be・llar・se [ka.be.jár.se || -.ʎár.-] 再 かつら[ヘアピース]をつける．

ca・be・lle・ra [ka.be.jé.ra || -.ʎé.-] 女 1 (集合的)頭髪；(豊かな)長髪．una hermosa ～ negra 緑なす黒髪．2 入れ毛，かつら(= ～ postiza)；《ラ米》(ｱﾙﾍﾝ)(部分的な)かつら．3 (1)《天文》(彗星ﾎｳｷﾎﾞｼの)尾．(2)《星座》la C～ de Berenice かみのけ座．

***ca・be・llo** [ka.ßé.jo || -.ʎo] 男 1 (一本一本の)髪の毛．Quita los ～s del cepillo después de peinarte. 君，髪をとかしたらブラシの髪の毛を取り除いておいてよ．

2 (集合的)頭髪，毛髪．～ graso 脂性の髪．～ seco 乾燥した髪．Mi madre tiene el ～ teñido. 私の母は髪を染めている．A ella le gusta llevar el ～ recogido. 彼女は髪を束ねておくのが好きだ．▶ pelo よりも格式ばった語．

3 〈複数で〉(トウモロコシの)ひげ．

cabello de ángel《料》(1) 蜜(ﾐﾂ)につけたカボチャを髪の毛のように細かく作る菓子．(2) カッペリ・ダンジェロ：極細のパスタ．

[←[ラ] *capillum* (*capillus*の対格) (*caput*「頭」より派生) 関連 capilar, cabeza. [ポルトガル] *cabelo*. [仏] *cheveu*. [伊] *capello*]

ca・be・llu・do, da [ka.be.jú.ðo, -.ða || -.ʎú.-] 形 1 髪の豊かな，ふさふさした．cuero ～ 頭皮．

2 《植》毛状組織に覆われた，軟毛のある．

***ca・ber** [ka.ßér] 54 自 1 (**en...**〈容器・場所など〉に)入る，入りうる；(**por...**〈空間〉を)通りうる．*En este coche caben ocho personas.* この車は8人乗りだ．*El armario no cabe por la puerta.* その戸棚はドアから入らない．*¿Ahí quepo yo?* そこに私も入れますか．*He engordado y no me cabe ya esta falda.* 私は太ったのでもうこのスカートには入らない．

2 …が可能である，受け入れられる；《+不定詞/ que+接続法 …することが》可能である (▶ 主語は動詞の後ろに来る傾向がある)．*No cabe* (la menor) *duda.* 疑いの余地は(全く)ない．*Cabe decir* lo mismo en este punto. この点について同じことが言える．

3 《**a**+人〈人〉に》〈栄誉・役割などが〉当たる，該当する．*Me cupo el honor de presidir la reunión.* 光栄にも私に会の司会が回ってきた．*Cabe al* comité dar a conocer los derechos humanos. 人権意識を広めるのが委員会の役割である．

4 《数》《**a**...》〈商が〉…になる．7 (dividido) entre 3 *cabe a* 2, y sobra 1. 7割る3は2, 余り1．

5 《ラ米》(ｸﾞｱ)《話》好きである．

en [*dentro de*] *lo que cabe* できる範囲で．*Lo están haciendo bastante bien dentro de lo que cabe.* 彼らとしては，かなりよくやっている方だ．

no cabe más この上ない．¿Es bonito tu pueblo? ― *No cabe más.* 君の町はきれいなところなの．― 最高にね．

no caber en sí de... …で有頂天になっている．Al verlo yo *no cabía en mí de* gozo. 彼を見て，私はうれしくてたまらなかった．

si cabe それが可能ならば．Ha aumentado más, *si cabe*, su popularidad. 彼[彼女](ら)の人気が (その余地があれば，ということは)また一つ上がった．

[←[ラ] *capere*「つかむ；含む，収容する」関連 cabida, capaz. [英] *chase, capacity*]

ca・ber・net [ka.ßer.né(t)] 男 〈複 ～, ～s〉1 (ポルトー産のブドウの品種)カベルネ．

2 カベルネ種のブドウから作られる赤ワイン．

ca・be・ro, ra [ka.ßé.ro, -.ra] 形《ラ米》(ｸﾞｱ)《話》〈馬・牛などの〉最後部の，しんがりの．

ca·bes·tran·te [ka.bes.trán.te] 男 [海] キャプスタン, 縦巻きろくろ, 立て車地.

ca·bes·trar [ka.bes.trár] 他 (牛・馬に) 端綱を掛ける.

ca·bes·tri·llo [ka.bes.trí.jo ‖ -.ʎo] 男 つり包帯.

ca·bes·tro [ka.bés.tro] 男 **1** (闘牛の牛などを導く) 先導牛. **2**《軽蔑》妻に浮気された夫 (= cornudo). **3**《話》《軽蔑》愚か者, 粗暴な人. **4** 端綱: 牛馬の面懸(おもがい)に付ける綱 (= brida, ronzal). **5** (昔の金・銀製の) 首飾り. **6**《ラ米》(カラブ)網, ロープ, ひも.
mal cabestro《ラ米》(カラブ)《話》お節介屋.

ca·bes·tro, tra [ka.bés.tro, -.tra] 形《ラ米》(メキシコ)《話》無能な; 乱暴な, 田舎者の.

ca·be·te [ka.bé.te] 男 **1** (ひもの先の) 金具.
2《ラ米》(1)(チリ)(ひも通し用の) 針. (2)(カリブ)《複数で》子供のいたずら.

***ca·be·za** [ka.bé.θa / -.sa] 女 **1** 頭 (▶ 首も含む場合がある), 頭部. ~ *arriba* [*abajo*] 頭を上にして [逆さに]. *Me ha dado un golpe en la* ~. 私は頭を打った. *Mi hijo me lleva una* ~. 息子は私より頭一つ背が高い.
2 (釘(くぎ)などの) 頭部, 先端; (草木の) 穂 (先), 花頭. ~ *de un alfiler* ピンの頭. ~ *de combate*(ミサイル・魚雷などの) 実弾頭.
3 先頭, 首位 (↔cola). ~ *de un desfile* パレードの先頭.
4《頭を持つものを数えて》ひとり; 一頭; (4本足の) 家畜. *un rebaño de* ~*s* 60頭の群れ.
5 頭脳, 知性. *tener una gran* ~ 頭脳明晰(めいせき)である. *¡Qué mala* ~ *tengo!* 私はなんてばかなんだ.
6 心, 頭. *Al leer el artículo, me vino a la* ~ *lo que me habían dicho*. その記事を読んでて, 私は言われたことを思い出した.
7 《+形容詞および その相当語句》…の頭 (を持つ人). ~ *rapada* スキンヘッド. ~ *de chorlito*《話》《軽蔑》分別のない頭 [人]. ~ *dura*《軽蔑》頑固な頭 [人]; 鈍い頭 [人], 理解の遅い頭 [人]. ~ *hueca* [*loca*]《話》思慮の足りない頭 [人]. ~ *pensante* 思慮深い頭 [人]; 知的指導者, ブレーン. ▶ 人を表す場合には冠詞なしで性別は区別する. *Mi padre era un* ~ *dura*. 私の父は頑固な人だった. **8** [技] (ページの) 上部; (磁気記録装置などの) ヘッド. **9** (機械の) 中枢部, 本体部. **10**《ラ米》(カリブ)バナナの房.
—男 **1** リーダー, 指揮者; 首位の人. ~ *de familia* 家長. **2**《ラ米》(コロ)黒人 (= ~ *de búfalo*).
abrir [*romper*] *la cabeza*《話》《時に脅し》頭を割る.
a cabeza gacha《ラ米》(チリ)抵抗せずに, 従順に.
agachar [*bajar, doblar*] *la cabeza* **(1)**《敬意・服従》頭を下げる. **(2)** (恥ずかしさで) 頭を下げる. **(3)** 人の言うことを黙って聞く, 従う.
a la cabeza 先頭に, 首位に. *Juan está a la* ~ *de la empresa*. フアンはその企業のトップに立っている.
andar [*ir*] *de cabeza*(多忙などで) ばたばたしている, 心配事を抱えている.
andar en cabeza《ラ米》無帽でいる.
apostar [*jugarse*] *la cabeza a que*+直説法《話》(*que* 以下の内容が真実であることを表して)…であることを (命をかけて) 誓う.
caberle (*a*+人) *en la cabeza que*+接続法〈人〉が…を理解できる. ▶ 否定の文脈で用いることが多い. ⇒ *Todavía no me cabe en la* ~ *que te vayas dentro de un mes*. あなたが1か月後に行ってしまうなんてまだ私には理解できない.

cabeza cuadrada《話》《軽蔑》頭の固い [形式ばった] 人; 知識の豊富な人.
cabeza de ajos(ニンニクの) 鱗茎(りんけい).
cabeza de huevo《ラ米》(カリブ)《俗》ばか者, 愚か者.
cabeza de jabalí ヘッドチーズ: 豚やイノシシの肉を細かく刻んで作った冷肉.
cabeza de lobo《ラ米》(カリブ)《話》言い訳, 言い逃れ.
cabeza de partido 郡庁 [州庁] 所在地, 州都.
cabeza de rodilla《ラ米》(メキシコ)《話》はげ頭.
cabeza de turco 罪をかぶる人, スケープゴート.
*calentar*le *la cabeza* (*a*+人)〈人〉に心配事を吹き込む;〈人〉をけしかける.
calentarse la cabeza 固執する; 頭を悩ます.
darse con la cabeza en la(*s*) *pared*(*es*)《話》悔しがる, 地団駄踏む.
de cabeza **(1)** 問題 [心配事] を抱えて. **(2)** 頭から. *caerse de* ~ 頭から倒れる. **(3)** 迷わずに, ためらわずに. **(4)** 暗記して.
echar la cabeza《ラ米》(カリブ)《話》うっかり漏らす.
echarse [*tirarse*] *de cabeza a un pozo*《話》分別をなくす, 失態を演じる, 羽目をはずす.
escarmentar en cabeza ajena 他人の過ちを教訓にする. ▶ 否定の文脈で用いることが多い.
estar mal [*tocado*] *de la cabeza*《話》頭がおかしい.
ir con la cabeza muy alta / llevar la cabeza muy alta〈人が〉堂々としている.
írsele la cabeza (*a*+人)〈人〉がめまいを起こす, 目を回す. ▶ 否定の文脈で用いることが多い.
levantar cabeza《話》立ち直る, 苦境から脱する. ▶ 否定の文脈で用いることが多い. *Desde que se le murió su esposa, no ha conseguido levantar* ~. 奥さんに死なれてから彼は立ち直れないでいる.
Más vale ser cabeza de ratón que cola de león.《諺》鶏口となるも牛後となるなかれ (←ライオンのしっぽよりネズミの頭になる方がよい).
meter la cabeza en…《話》…で認められる, …に入り込む.
*meter*le… (*a*+人) *en la cabeza*《話》…を〈人〉に教える, わからせる.
metérsele (*a*+人) *en la cabeza*《話》(考えなどが)〈人〉の頭から離れない. *Se le ha metido en la* ~ *pasar las vacaciones en Cuba*. 彼[彼女]は休暇をキューバで過ごそうと決めている.
no levantar la cabeza de… …に没頭する, …から目を離さない.
*pasárse*le (*a*+人) *por la cabeza*〈人〉が…を思いつく, …が〈人〉の脳裏をかすめる. ▶ 否定の文脈で用いることが多い.
perder la cabeza 道理を失う. *Mi hermano ha perdido la* ~ *por esa chica*. 私の兄[弟]はあの子に夢中になった.
*poner*le (*a*+人) *la cabeza como un bombo*《話》〈人〉を悩ませる, 〈人〉の頭をおかしくする.
por cabeza(配分などで) 1人頭(あたま). *Costará* 50 *euros por* ~. 1人当たり50ユーロかかるだろう.
rodar cabezas 辞任する, 職を退く.
romperse [*quebrarse*] *la cabeza*《話》(頭を使って) じっくり考える.
sacar la cabeza 顔を見せる; …が兆し [気配] を見せる; (人が) 頭角を現す.
salir de su cabeza〈考えなどが〉…の発案である. *¿Dices que todo esto ha salido de tu* ~? これ全部君が考えたっていうのかね.
sentar cabeza《話》〈人が〉分別がつく, 落ち着く.

si levantara la cabeza...《話》《驚き・不快など》もし〈亡くなった人が〉生き返ったら…《驚く〔嘆く〕だろうに》.

subírsele a la cabeza (*a*+人)《話》(1)〈アルコール類が〉〈人〉の体に回る,〈人〉が酔っぱらう. (2)〈人〉の目がくらむ,〈人〉が思い上がる.

tener la cabeza a pájaros / tener la cabeza llena de pájaros《話》幻想を抱く,空想にふける.

tener la cabeza como un bombo《話》頭がおかしくなっている,頭がぼうっとしている.

tener la cabeza en su sitio / tener la cabeza sobre los hombros《話》〈人が〉分別がある,道理をわきまえている.

tener mala cabeza《話》分別のない;記憶力が悪い.

tirar cabeza《ラ米》《ごろ》《話》借りたものを返さない.
地下駄踏む.

[← 〔後়〕*capitia([ラ] *caput*, *-itis* 「頭」より派生);〔関連〕cabecera, caudillo, cabo, capítulo, capital. 〔ポルトガル〕*cabeça*.〔仏〕*chef*「長」〔伊〕*capo*.〔英〕*head, chief, cap, captain*〕

ca·be·za·da [ka.be.θá.ða / -.sá.-] 囡 **1**《話》頭突き;頭をぶつける〔殴られる〕こと. darse una ~ en [con, contra]... …に頭をぶつける. **2**《話》(居眠りの)こっくり;うなずき, 会 釈. echar [dar] una ~ 居眠りする. **3**〖海〗ピッチング, 縦揺れ. **4**(馬の)面懸(おもがい). **5**(ブーツの)先革. **6**(本の)花ぎれ,頂帯;糸かがり. **7** 耕地のいちばん盛り上がった部分. **8**《ラ米》(1)(チリ)(うろ)《馬》鞍橋(くらぼね). (2)(チリ)(ニカ)源流.

cabezada (面懸)

dar cabezadas《話》(居眠りで)舟をこぐ;〈船が〉ピッチングする.

darse de cabezadas 知恵を絞る.

darse de cabezadas contra la pared《話》悔しがる,地団駄踏む.

ca·be·zal [ka.be.θál / -.sál] 男 **1**〖機〗(1) 頭部,ヘッド. cepillo de dientes con ~ sustituible ヘッドが交換できる歯ブラシ. los ~es del video y deo の磁気ヘッド. (2) (ろくろ・旋盤などの)心,受け台. **2** ベッドの頭部;ヘッドレスト;長まくら,クッション. **3**〖医〗(止血用の)圧定布. **4**《ラ米》〖鉱〗坑道枠の水平部分.

ca·be·za·zo [ka.be.θá.θo / -.sá.so] 男 **1** 頭突き;頭への殴打. Se pegó un ~ contra la pared. 壁に頭をごつんとぶつけた. **2**〖スポ〗(サッカー)ヘディング. dar un ~ ヘディングする.

ca·be·zo [ka.bé.θo / -.so] 男 **1** 小丘, 小山. **2** シャツの襟. **3**〖海〗岩礁.

ca·be·zón, zo·na [ka.be.θón, -.θó.na / -.són, -.só.-] 形 **1**《話》頭の大きい. ~ de (=cabezudo, terco). ser ~ como un aragonés とても頑固である. **3**《酒が強い.
—男囡 **1** 頭でっかち. **2** 頑固者, 強情な人.
—男 **1** 大きな頭. **2** オタマジャクシ. **3** (衣服の)襟ぐり. **4**《ラ米》(ペアテル)(複数で)(川の)渦.

ca·be·zo·na·da [ka.be.θo.ná.ða / -.só.-] 囡 《話》頑固, 強情(=terquedad). Carmen sigue con su ~ de no querer viajar en avión. カルメンはかたくなに飛行機で旅行することを嫌っている.

ca·be·zo·ne·rí·a [ka.be.θo.ne.rí.a / -.so.-] 囡 《話》頑固さ, 強情さ.

ca·be·zo·rro, rra [ka.be.θó.ro, -.řa / -.só.-] 形《話》《まれ》頑固な, 石頭の;頭が異常に大きい.

ca·be·zo·ta [ka.be.θó.ta / -.só.-] 囡 大きな頭.
—男囡 頑固者, 強情っ張り, 石頭. [cabeza+増大辞]

ca·be·zu·do, da [ka.be.θú.ðo, -.ða / -.sú.-] 形 **1** 頭の大きい (=cabezón). **2**《話》頑固な, 強情な. **3** アルコール度の強い. —男 **1** (仮装用の)張子の大きな頭. gigantes y ~s (祭りでの)巨人と張子の大頭. **2**〖魚〗ボラ (=mújol).

cabezudo (巨大頭の人形:パンプローナのサン・フェルミン祭)

ca·be·zue·la [ka.be.θwé.la / -.swé.-] 囡 **1** 二番粉(精白粉を取った後の粗びきの小麦粉). **2** (ワインの)おり. **3**〖植〗(1) 頭状花. (2) バラのつぼみ. (3) アスパラガスの先端. (4) ヤグルマソウ. [cabeza+縮小辞]

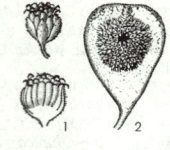

cabezuela (頭状花)
1 ~ de la artemisia y su corte ヨモギの頭状花と断面. **2** ~ del higo イチジクの隠頭花序〖実〗(の断面).

ca·bi·da [ka.bí.ða] 囡 **1** 容量;収容能力. Esta sala tiene ~ para cien personas. この部屋は100人入れる広さだ. **2** 面積, 広がり.

dar cabida a... (1) …の収容能力がある. (2) …を許容する, …に余地を残す.

tener cabida con+人 〈人〉に顔が利く.

tener cabida en... …に収まる;…で有効である.

ca·bi·la [ka.bí.la] 囡 (北アフリカのベルベル系の)カビル人.

ca·bil·da·da [ka.bil.dá.ða] 囡 権力乱用, 行き過ぎ.

ca·bil·dan·te [ka.bil.dán.te] 男《ラ米》(パル米)市[町, 村]議会議員.

ca·bil·de·ar [ka.bil.de.ár] 自 (組織内で)画策する, 根回しする.

ca·bil·de·o [ka.bil.dé.o] 男 **1** 画策, 根回し;裏取引. andar de ~ 画策する. **2**《隠》憶測, 推測.

ca·bil·de·ro, ra [ka.bil.dé.ro, -.ra] 男 駆け引きにたけた人, ロビイスト, 院外活動者.

***ca·bil·do** [ka.bíl.do] 男 **1**〖カト〗(1)《集合的》(司教座)**聖堂参事会員**;聖堂参事会(会議場). ~ catedralicio 大聖堂参事会. ~ colegial 聖堂参事会. (2) 修道院修士会. **2** 市[町, 村]議会;その議員団;庁舎, 議場 (=ayuntamiento, concejo). **3** カナリア諸島の島会議 (= ~ insular). ~ insular de Gran Canaria グラン・カナリア島議会. **4**《ラ米》(ペアテル)《話》《軽蔑》黒人の集会;不穏な集会.

ca·bi·le·ño, ña [ka.bi.lé.ɲo, -.ɲa] 形 (北アフリ

【植】落花生, ピーナッツ (= 《ラ米》maní). aceite de ~ 落花生油.
[← [ナワトル] *tlālcacauatl*; *tlālli*「大地」+ *cacauatl*「カカオ」(→ cacao);「草本類のカカオ」が原義]

ca·ca·lo·ta [ka.ka.ló.ta] 囡《ラ米》(メミッシ)《話》借金.

ca·ca·lo·te [ka.ka.ló.te] 男《ラ米》(1)(メミッシ)【鳥】カラス. (2) (ミテッ)(キ)(メミッ)《話》でたらめ. (3) (ミテッ)(キ)(メミッシ)《複数で》ポップコーン.

cacahuete (落花生)

ca·ca·na [ka.ká.na] 囡《ラ米》(ミデッ)《話》大便, 糞(ふん).

ca·ca·o [ka.ká.o] 男 **1** カカオノキ; カカオ豆 (♦ Mesoamérica では貨幣の役割も果たした). manteca de ~ カカオ油脂.
2 (粉末の) カカオ (= ~ en polvo). ▶ これを溶いた飲み物を chocolate と言う.
3 (カカオ油脂でできた) リップクリーム. **4** 《スペイン》《話》大騒ぎ, てんやわんや. armarse un ~ 大騒ぎになる. tener un buen ~ en la cabeza 頭がひどく混乱している.
5 《ラ米》チョコレート.

cacao (カカオノキ)

no valer un cacao 《ラ米》(ヨシ)(ナテン)《話》価値がない.
[← [ナワトル] *cacauatl* ← [マヤ] *kakaw* ? [ミヘ・ソケ]]

ca·ca·o·tal [ka.ka.o.tál] 男 → cacahual.

ca·ca·o·te·ro, ra [ka.ka.o.té.ro, -.ra] 形《ラ米》(キア)(エテン) カカオの, カカオを栽培する. ━ 男 囡《ラ米》(キア)(エテン) カカオの栽培や販売などに従事している人. ━ 男《ラ米》(メミッ)【植】カカオ(の木).

ca·ca·que·ar [ka.ka.ke.ár] 自《ラ米》(エテン)《話》田舎の人の話し方をする.

ca·ca·ra·ña [ka.ka.rá.ɲa] 囡 あばた.

ca·ca·ra·ña·do, da [ka.ka.ra.ɲá.ðo, -.ða] 形 あばたのできた.

ca·ca·ra·ñar [ka.ka.ra.ɲár] 他 **1**《天然痘が》…にあばたを作る. **2**《ラ米》(メミッ)…にへこみを作る.

ca·ca·re·a·do, da [ka.ka.re.á.ðo, -.ða] 形 大げさに吹聴(ふいちょう)された; 言い古された. el tan ~ tema 大げさに取りざたされた[ごくありきたりの]話題.

ca·ca·re·ar [ka.ka.re.ár] 自 **1**《鶏が》コッコッと鳴く. **2** (メミッ)(キ)《話》うわさ話をする.
━ 他《話》吹聴(ふいちょう)する, 自慢する.

ca·ca·re·o [ka.ka.ré.o] 男 **1**《鶏の》コッコッと鳴く声. **2** 吹聴(ふいちょう); 自画自賛.

ca·ca·rí·co [ka.ka.rí.ko] 男《ラ米》(セミシコ)【動】カニ.

ca·ca·ri·co, ca [ka.ka.rí.ko, -.ka] 形《ラ米》(セミシコ)《話》弱々しい, 病弱な.

ca·ca·ri·zo, za [ka.ka.rí.θo, -.ðo / -.so, -.sa] 形《ラ米》(メミッ)《話》あばた面(づら)の.

cá·ca·ro, ra [ká.ka.ro, -.ra] 男 囡《ラ米》(メミッ)映画技師; 映画館で映画を投影する人.

ca·cas [ká.kas] 男《単複同形》《話》尻, けつ.

ca·cas·te [ka.kás.te] 男《ラ米》(キア)(1) → cacaxtle. (2) 牛の骸骨(ぎっこつ)の姿をした妖怪: 夜中に歩行者に襲いかかると言われている.
dejar el cacaste《ラ米》(キア)死ぬ.

ca·cax·tle [ka.kás.tle] 男 → cacaxtle.

ン: オーストラリア産の冠毛のあるオウム属.
2《話》《軽蔑》《風変わりでおしゃべりな》醜い老婆.
━ 男 囡《ラ米》(キア)(ミテッ)《話》役立たず, 無能な人.

ca·cas·tle [ka.kás.tle] 男《ラ米》(キア)(メミッ)背負い子; 骸骨(ぎっこつ).

ca·cax·tle·ro [ka.kas.tlé.ro] 男《ラ米》(メミッ)荷物運びの人), ポーター.

ca·cax·tli [ka.kás.tli] 男《ラ米》(ミテッ)(メミッ) → cacaxtle.

ca·caz·tle [ka.káθ.tle / -.kás.-] 男 → cacaxtle.

cace(-) / cacé(-) 活 → cazar.

ca·ce·ar [ka.θe.ár / -.se.-] 他 柄杓(ひしゃく)でかき回す.

ca·ce·ra [ka.θé.ra / -.sé.-] 囡 灌漑(かんがい)用水路.

ca·ce·re·ño, ña [ka.θe.ré.ɲo, -.ɲa / -.se.-] 形 カセレスの. ━ 男 囡 カセレスの住民[出身者].

Cá·ce·res [ká.θe.res / -.se.-] 固名 カセレス: スペイン中西部の県; 県都. 旧市街が世界遺産に指定された (1986年登録).

ca·ce·rí·a [ka.θe.rí.a / -.se.-] 囡 **1** 狩猟; 狩猟隊. *ir de ~* 猟に出かける. **2**《集合的》獲物.

ca·ce·ri·na [ka.θe.rí.na / -.se.-] 囡 (狩猟用の) 革製の弾薬入れ.

ca·ce·ro·la [ka.θe.ró.la / -.se.-] 囡【料】シチュー鍋(なべ); キャセロール.

ca·ce·ro·la·da [ka.θe.ro.lá.ða / -.se.-] 囡 **1** 鍋(なべ)や蓋(ふた)などの台所用具をたたいて行うデモ.
2 鍋一杯分の量.

ca·ce·ro·la·zo [ka.θe.ro.lá.θo / -.se.-.so] 男《ラ米》→ cacerolada 1.

ca·ce·ta [ka.θé.ta / -.sé.-] 囡 (料理をよそうための) 玉杓子(たまじゃくし); (薬剤師が薬を漉(こ)すのに用いていた) 短い柄がついて底にいくつも穴のあいた杓子.

ca·cha [ká.tʃa] 囡 **1**《主に複数で》(折り畳みナイフなどの) 柄, 取っ手; (ピストルなどの) 握り, 銃把.
2《ラ米》(1)(エテン)(闘鶏の) 金(かね)の蹴爪(けづめ). (2) (エテン) 角(つの); お金. (3) (エテン)《話》親友, 仲良し. (4) (ホ)(セミ)《卑》性行為, セックス. (5) (ナテン)《俗》臀部(でんぶ). (6) (メミッ)木製の大箱. (7) (キア)《複数で》《話》不快な表情, 浮かぬ顔.
━ 男 → cachas.
hacer la cacha《ラ米》(キ)《話》からかう, 冷やかす.

ca·cha·ca [ka.tʃá.ka] 囡《ラ米》(キ)《卑》性行為, セックス.

ca·cha·cien·to, ta [ka.tʃa.θjén.to, -.ta / -.sjén.-] 形《ラ米》(エテン)(キ)(ナテン)《話》のろまな, ぐずぐずした, のろくさした.

ca·cha·co, ca [ka.tʃá.ko, -.ka] 形《ラ米》《話》(1)(エテン)(ベネス)着飾った, おしゃれな. (2)(キア)(エテン)田舎じみた. (3)(エテン)(キア)《話》ダンディーな男, きざな男. (2)(コル)《俗》警官, 巡査.

ca·cha·da [ka.tʃá.ða] 囡《ラ米》(1)(ラブラ)《話》からかい, 悪ふざけ. (2) 角(つの)の一突き. (3)(キ)多くのもの.

ca·cha·do, da [ka.tʃá.ðo, -.ða] 形《ラ米》(ラテン)《話》見張られている.

ca·cha·dor, do·ra [ka.tʃa.ðór, -.ðó.ra] 形《ラ米》(ラブラ)ふざける, 人をからかうのが好きな.

ca·cha·faz, fa·za [ka.tʃa.fáθ, -.fá.θa / -.fás, -.fá.sa]形《複数》cachafaces 《ラ米》(キ)(ラブラ)《話》(1) やくざな, 恥知らずな. (2) 悪党の, やくざ者の; 向こう見ずの.

ca·cha·flín [ka.tʃa.flín] 男《ラ米》(エテン)《俗》マリファナのタバコ.

ca·cha·lo·te [ka.tʃa.ló.te] 男【動】マッコウクジラ.
[← ? [ポルトガル] *cachalote* (*cachola*《俗》「頭」+

増大辞;「頭の大きい魚」]

ca·cha·ma [ka.tʃa.ma] 囡《魚》カチャマ：カラシン科の雑食性の大型淡水魚. パクー, タンバキともいう.

ca·cha·ma·rín [ka.tʃa.ma.rín] 男《海》2本マストの小型帆船.

ca·cha·ni·lla [ka.tʃa.ní.ja ‖ -.ʎa] 囡《ラ米》《ホシ》《話》バハカリフォルニア州 Baja California の人.

Ca·cha·no [ka.tʃá.no] 男《話》悪魔.
llamar a Cachano 当てにならないものを頼りにする.

ca·cha·ña [ka.tʃá.ɲa] 囡《ラ米》《ホシ》(1)《鳥》オウム(インコ)の一種. (2)《話》からかい;横柄;ばかげたこと,わずらわしさ. (3)《話》奪い合い. (4)《話》見せかけ.

ca·cha·ñar [ka.tʃa.ɲár] 他《ラ米》《ホシ》《話》からかう,ばかにする.

ca·cha·pa [ka.tʃá.pa] 囡《ラ米》《ベネス》トウモロコシ粉・牛乳・塩・砂糖などから作る薄いパンケーキ.

ca·cha·pe·ra [ka.tʃa.pé.ra] 囡《ラ米》《ベネス》《俗》レズビアン.

ca·cha·plin·cos [ka.tʃa.plíŋ.kos] 男《複数形》《隠》婦人服用の肩パッド.

ca·char [ka.tʃár] 他 **1** 砕く. **2** 〈木材を〉(木目に沿って)割る,切る. **3**《農》畝を鋤き起こす. **4**《ラ米》《ホシ》(1)《話》見つけ物に》間に合う. (2)《ラ米》《ホシ》(3)…の現場を押さえる. (3)《ラプ》《パ米》《ホシ》ばかにする. (4)《ラプ》《ラ米》《ホシ》角で突く. (5)《ホシ》《話》見抜く,わかる. (6)《パ米》《ラプ》《ホシ》手に入れる,つかむ;盗む. ― 自《ラ米》《コロ》《俗》セックスをする.

ca·char·pa·ri [ka.tʃar.pá.ri] 男《ラ米》《ラ米》《ラプ》送別会,お別れパーティー.

ca·char·pas [ka.tʃár.pas] 囡《ラプ》《複数形》《話》古着;がらくた.

ca·char·pa·ya [ka.tʃar.pá.ja] 囡《ラ米》《ラプ》→ cacharpari.

ca·char·pe·ar·se [ka.tʃar.pe.ár.se] 再《ラ米》《ホシ》《話》着飾る,めかし込む.

ca·cha·rra [ka.tʃá.ra] 囡《ラ米》《ベネス》おんぼろの車.

ca·cha·rra·zo [ka.tʃa.rá.θo / -.so] 男 **1**《話》(食器などを)投げること[音];強打,衝突 (= trastazo). **2**《ラ米》《タリ》《話》(酒の)ひと口.

ca·cha·rre·ar [ka.tʃa.re.ár] 他《ラプ》《パ米》投獄する.

ca·cha·rre·o [ka.tʃa.ré.o] 男《話》(主に機器の機能を覚えるために)あれこれ試すこと,いじりまわすこと.

ca·cha·rre·rí·a [ka.tʃa.re.rí.a] 囡 陶磁器店.

ca·cha·rre·ro, ra [ka.tʃa.ré.ro, -.ra] 男 囡 **1** 陶磁器商. **2**《ラ米》《ラプ》《話》安物売り,行商人.

ca·cha·rri·to [ka.tʃa.rí.to] 男 **1**(移動)遊園地の乗り物. **2**《複数で》ままごと. *jugar a los ~s* ままごとをする.

ca·cha·rro [ka.tʃá.ro] 男 **1** 安い瀬戸物[陶磁器];(鍋などの)台所用具. ~*s de la cocina* 台所用具. *lavar los ~s* 洗い物をする. **2**《複数形》瀬戸物などのかけら,割れ物. **3**《話》《軽蔑》ポンコツ,おんぼろ;《複数で》古いぼれ;体をこわした人. *Este automóvil es un ~*. この車はとんだポンコツだ. *Llegó con todos sus ~s*. 彼[彼女]は一切合切引っ提げてやって来た. **4** 老いぼれ;体をこわした人. *estar hecho un ~* (体が)弱っている.
5《ラ米》(1)《ラプ》《ホシ》《話》おんぼろの車. (2)《ラプ》《ホシ》安物. (3)《パ米》《キュー》《俗》刑務所.
cacharro de greda《ラ米》《ホシ》土瓶,つぼ.

ca·chas [ká.tʃas] 形《性数不変》《スペイン》《話》たくましい,(肉体的に)魅力的な. *estar [ponerse] ~* 筋骨たくましい[筋肉をつける]. *un tío ~* 筋肉もりもりの男,マッチョマン.
― 男《単複同形》《スペイン》《話》がっしりした人,筋骨隆々の人.
hasta las cachas《話》すっかり,徹底的に.

ca·cha·va [ka.tʃá.ba] 囡 **1**(上端の湾曲した)杖(ʒ). **2**《遊》(1) シニー：ホッケーを簡単にした球戯. (2)(シニー用の)クラブ.

ca·cha·va·zo [ka.tʃa.bá.θo / -.so] 男 (シニーの)クラブで打つこと.

ca·cha·vo [ka.tʃá.bo] 男 → cachava.

ca·cha·za [ka.tʃá.θa / -.sa] 囡 **1** ぐず,のろま;沈着,冷静. *Hace las cosas con ~*. 彼[彼女]はやることがのろい. *hombre que tiene mucha ~* ものに動じない人. **2** ラム酒. **3**《ラ米》(1)《タリ》サトウキビ酒製造の残りかす. (2)《ラプ》《話》安物のサトウキビ酒. (3)《タリ》煮立てたサトウキビの灰汁(ラ). (4)《ラプ》《ラプ》《話》恥ずかしい行為. (5)《タリ》野菜の表皮.

ca·cha·zo [ka.tʃá.θo / -.so] 男《ラ米》角(ʒ)の一突き.

ca·cha·zu·do, da [ka.tʃa.θú.ðo, -.ða / -.sú.-] 形 ぐずな,のろい;悠長な.
― 男 囡 ぐず,のろま;悠長な人.

ca·ché [ka.tʃé] 男 **1**(特に芸術家・芸能人の)報酬,出演料,ギャラ. **2** 優雅,洗練,気品. **3**《IT》キャッシュ(メモリ) (= memoria ~).

ca·che·ar [ka.tʃe.ár] 他 **1** ボディーチェックをする. **2**《ラ米》(1)《ラプ》《話》殴る,打つ. (2) 角で突く.

ca·che·los [ka.tʃé.los] 男《複数形》乱切りにしたジャガイモをゆでたもの(主にスペイン Galicia で魚や肉の付け合わせとして出される);ゆでたジャガイモを添えた煮込み料理.

ca·che·ma·rín [ka.tʃe.ma.rín] 男 → cachamarín.

ca·che·mir [ka.tʃe.mír] 男 → casimir.

ca·che·mi·ra [ka.tʃe.mí.ra] 囡 → casimir.

Ca·che·mi·ra [ka.tʃe.mí.ra] 固囡 カシミール：インド北西部からパキスタン北東部に広がる地方.

ca·che·o [ka.tʃé.o] 男 ボディーチェック.

ca·che·ra [ka.tʃé.ra] 囡 **1** 粗ラシャの衣服. **2**《ラ米》(1)《ラプ》(闘鶏につける)金(ʒ)の蹴爪(ʒ). (2)《ラプ》《俗》《軽蔑》売春婦.

ca·che·rí·a [ka.tʃe.rí.a] 囡《ラ米》(1)《ラプ》《話》小売り(店). (2)《ラプ》服装の趣味の悪さ.

ca·che·ro, ra [ka.tʃé.ro, -.ra] 男《ラ米》《話》(1)《メキシコ》《ラプ》《ラ米》うそつきな,当てにならない. (2)《スペイン》しつこくねだる. (3)《コロ》ふざける,冗談好きな. (4)《パ米》精力的な,タフな. ― 男《ラ米》(1)《スペイン》《話》望み,期待. (2)《俗》同性愛者.

ca·chet [ka.tʃé(t)]《仏》男 **1**(他に秀でた)品質[品位],洗練 (= distinción, elegancia). *Ella tiene un ~ inimitable*. 彼女の気品はとてもまねれるものではない. **2** 出演料,謝礼金. **3** → caché.

ca·che·ta [ka.tʃé.ta] 囡《錠前の)止め金,(ドアロックの)舌,デッドボルト.

ca·che·ta·da [ka.tʃe.tá.ða] 囡《ラ米》《ホシ》《ラプ》《ラプ》《話》顔を平手打ちすること.

ca·che·ta·zo [ka.tʃe.tá.θo / -.so] 男《ラ米》(1)《ラプ》《話》(酒の)ひと飲み. (2)《ラプ》《ラプ》《ラプ》→ cachetada.

ca·che·te [ka.tʃé.te] 男 **1** 平手打ち;殴打. *dar un ~ a* +人(ɕ)をぴしゃりとたたく. **2**《主に複数で》《話》(ふっくらした)ほお;尻っぺた. **3** 短刀,短剣. **4**《ラ米》(1)《パ米》恩恵,助け. (2)《スペイン》親切.

de cachete 《ラ米》《コロン》《話》ただ乗りをして.
de cachetes embarrados 《ラ米》《メキシ》《話》恋をする, 夢中である.
ca·che·te·a·da [ka.tʃe.te.á.ða] 囡 《ラ米》《コロン》《話》平手打ち, びんた.
ca·che·te·ar [ka.tʃe.te.ár] 他 《ラ米》《コロン》《ベネズ》ひっぱたく, 人にびんたを食わす.
cachetear banquetas 《ラ米》《メキシ》《話》恋をしている, 夢中である.
ca·che·te·o [ka.tʃe.te.é.o] 男 《ラ米》《キ》《ニカ》《話》楽な暮らし.
ca·che·te·ro [ka.tʃe.té.ro] 男 1 短刀, 短剣. 2 【闘牛】カチェテロ: 短剣でとどめを刺す役の介添え闘牛士. 3 悪事の仕上げ役.
ca·che·tón, to·na [ka.tʃe.tón, -.tó.na] 形 《ラ米》《話》《軽蔑》うぬぼれた, 思い上がった. (2) 《キ》ほっぺたの大きな. (3) 《コロン》気さくな. (4) 《メキシ》厚かましい, ずうずうしい.
— 男 《ラ米》《ドミニカ》《強烈な》平手打ち, びんた.
ca·che·tu·do, da [ka.tʃe.tú.ðo, -.ða] 形 ほおのふっくらした (= mofletudo).
ca·chi·ca·mo [ka.tʃi.ká.mo] 男 《ラ米》【動】アルマジロ (= armadillo).
ca·chi·cán [ka.tʃi.kán] 形 ずるい, 悪賢い.
— 男 1 農場監督. 2 《話》抜けめのないやつ.
ca·chi·cha [ka.tʃí.tʃa] 囡 《ラ米》《ホンジ》《話》怒り.
ca·chi·cuer·no, na [ka.tʃi.kwér.no, -.na] 形 《ナイフが》柄が角製の.
ca·chi·dia·blo [ka.tʃi.ðjá.blo] 男 悪魔の仮装をした人.
ca·chi·flín [ka.tʃi.flín] 男 《ラ米》《ホンジ》《話》逃走.
ca·chi·fo, fa [ka.tʃí.fo, -.fa] 男 囡 《ラ米》(1) 《コロン》《ベネズ》《エクア》《話》子供, 少年, 少女; 下級生. (2) 《エクア》奉公人; 家政婦.
ca·chi·fo·llar [ka.tʃi.fo.ʝár ‖ -.ʎár] 15 他 《話》1 台無しにする. 2 やりこめる, ぎゃふんと言わす.
ca·chi·gor·do, da [ka.tʃi.ɡór.ðo, -.ða] 形 《話》(体が)ずんぐりした.
ca·chim·ba [ka.tʃím.ba] 囡 1 パイプ. fumar en ~ パイプを吸う. 2 《俗》タバコのにおい. 3 《ラ米》(1) (空の) 薬莢 (きょう). (2) 浅い井戸. (3) 《コスタ》《俗》卑しい女.
ca·chim·bo [ka.tʃím.bo] 男 《ラ米》(1) (タバコの) パイプ. (2) 《コスタ》(小さな) 精糖工場. (3) 《俗》貧しい男. (4) 《ラプラ》《話》げんこつ, 殴打. (5) 《ペ》《俗》国家警備隊.
chupar cachimbo 《ラ米》《ドミニカ》《話》パイプを吸う; 指をしゃぶる.
ca·chim·bo, ba [ka.tʃím.bo, -.ba] 男 囡 《ラ米》《ペ》(大学の) 新入生.
ca·chim·bón, bo·na [ka.tʃim.bón, -.bó.na] 形 《ラ米》《パ》《ニカ》《話》すばらしい, すてきな, 最高の.
ca·chi·pil [ka.tʃi.píl] 男 《ラ米》《ラプラ》《話》幸運, 財産.
ca·chi·po·dar [ka.tʃi.po.ðár] 他 〈小枝を〉剪定 (せんてい) する.
ca·chi·po·lla [ka.tʃi.pó.ʝa ‖ -.ʎa] 囡 【昆】カゲロウ. → 右段に図
ca·chi·po·rra [ka.tʃi.pó.ra] 形 《ラ米》《チ》《話》《軽蔑》うぬぼれた, 思い上がった.
— 囡 こん棒 (= garrote, porra).
ca·chi·po·rra·zo [ka.tʃi.po.rá.θo / -.so] 男 こん棒による殴打 (= garrotazo); 強い打撃.
ca·chi·po·rre·ar·se [ka.tʃi.po.re.ár.se] 再 《ラ米》《チ》《話》うぬぼれる, 自慢する.

ca·chi·rul [ka.tʃi.rúl] 男 《ラ米》《メキシ》《話》いんちき, いかさま, ぺてん, うそ, わな; ぺてん師, 食わせ者.
ca·chi·ru·la [ka.tʃi.rú.la] 囡 《ラ米》《コロン》【服飾】レースのマンティーリャ mantilla.
ca·chi·ru·lo, la [ka.tʃi.rú.lo, -.la] 形 《ラ米》《ラプラ》《話》ばかな. — 囡 《ラ米》《ラプラ》《話》異母兄弟[姉妹]. — 男 1 (スペイン Aragón 地方の男性の民族衣装の) 頭に巻く布. 2 《話》ぽんこつ車. 2 (酒類の) 容器. 3 3 本マストの小型帆船. 5 (昔の女性の) 髪飾り, 【闘牛】(牛の飼育牧場を示す) 飾りリボン. 6 《俗》情夫. 7 《ラ米》《メキシ》(1) 《話》いんちき, ごまかし, トリック. (2) (乗馬ズボンの内股 (うちまた) の) 補強布, パッチ.

cachipolla (カゲロウ)

ca·chi·ta [ka.tʃí.ta] 囡 《ラ米》《ゴル》(1) 《話》あざけり, 冷やかし, 愚弄 (ぐろう); 皮肉. (2) 【遊】ぱちんこ (玩具).
ca·chi·to [ka.tʃí.to] 男 cacho² + 縮小辞.
ca·chi·va·che [ka.tʃi.bá.tʃe] 男 1 《話》がらくた, どうでもいいもの. Tengo la cocina llena de ~s y no encuentro lo que quiero. 台所はがらくただらけでほしいものが見つからない. 2 《話》家具, 道具類. 3 《話》ろくでなし, 役立たず.
ca·chi·yu·yo [ka.tʃi.jú.jo] 男 《ラ米》《チ》【植】ハマアカザ類を中心とした塩生植物の総称.
ca·chi·zo [ka.tʃí.θo / -.so] 形 〈材木が〉太い.
— 男 太い材木, 丸太.
ca·cho¹ [ká.tʃo] 男 【魚】ヨーロッパ産のウグイ類.
ca·cho² [ká.tʃo] 男 1 一片, ひと切れ. un ~ de queso ひとかけらのチーズ. ~ de animal 《軽蔑》野蛮な人. 2 トランプ遊びの一種. 3 《ラ米》(1) 《キ》《ラプラ》《コロン》《俗》(性的な) ジョーク. (2) 《ラプラ》《キ》《ベ》(動物の) 角 (つの). (3) 《ボリ》バナナの房. (4) 《コロン》《俗》マリファナのタバコ. (5) 《ラプラ》《話》ひと片, 小片. (6) 《キ》《ボリ》少し, ちょっと; 《コロン》少しの間. (7) 《キ》《話》泥棒. (8) 《コロン》宝くじ券. (9) 《キ》《話》役に立たないもの.
pillar cacho 《話》(1) 金 [権力] を手に入れる. (2) 異性を引っかける.
ser un cacho de pan 《話》とてもいい人である.
ca·cho, cha [ká.tʃo, -.tʃa] 形 下に曲がった, 下を向いた.
— 男 《ラ米》(1) 《メキシ》さいころゲーム, さいころ壺 (つぼ). (2) 《ボリ》バナナの房. (3) 《ラプラ》《コロン》《キ》《ベネズ》角製の器. (4) 《キ》《コロン》《ペ》《ベネズ》《話》冗談; からかい. (5) 《キ》売れ残り品.
raspar el cacho a... 《ラ米》《キ》《話》…をしかる.
ca·cho·la [ka.tʃó.la] 囡 《ラ米》《ドミニカ》《話》頭.
ca·cho·lón, lo·na [ka.tʃo.lón, -.ló.na] 男 囡 《ラ米》《ドミニカ》《話》頭の大きな人.
ca·chón [ka.tʃón] 《主に複数で》(浜辺でくだける) 波; 水しぶき.
ca·chón, cho·na [ka.tʃón, -.tʃó.na] 形 《ラ米》《コロン》《キ》《ベネズ》〈動物が〉角の大きな.
ca·chon·de·ar·se [ka.tʃon.de.ár.se] 再 1 《スペイン》《俗》(**de...**) (…に) 悪ふざけをする, (…を) 冷やかす (= burlarse). Se cachondea de todo. 彼[彼女]はなんでもちゃかしてしまう.
2 《ラ米》《俗》《複数主語で》愛撫しあう.
ca·chon·de·o [ka.tʃon.dé.o] 男 1 《俗》悪ふざけ, 冷やかし; 冗談 (= guasa). tomar... a ~ …を冗談にとる. ¡Basta ya de ~! 悪ふざけもいい加減にし

ca‧chon‧dez [ka.tʃon.déθ / -dés] 囡 **1**《俗》さかり；欲情；好色. **2**《話》愉快,悪ふざけ.

ca‧chon‧do, da [ka.tʃón.do, -.da] 形 **1**(**estar**+)《俗》さかりのついた；欲情した. **2**《話》愉快な,悪ふざけの好きな. **3**《俗》《俗》色っぽい,セクシーな；好色な.

ca‧cho‧pín, pi‧na [ka.tʃo.pín, -.pí.na] 男 囡《ラ米》《話》《軽蔑》→ gachupín.

ca‧cho‧ra [ka.tʃó.ra] 囡《話》《動》トカゲ.

ca‧cho‧rre‧ñas [ka.tʃo.ré.ɲas] 囡《料》《複数形》(スペイン Andalucía 地方の)ニンニクスープの一種.

ca‧cho‧rri‧llo [ka.tʃo.ří.jo ‖ -.ʎo] 男 小型のピストル.

ca‧cho‧rro, rra [ka.tʃó.ro, -.ra] 男 囡 **1** 子犬,哺乳(ほにゅう)類の子. **2** 両親(祖)に忠実な子供(子孫). **3**《ラ米》《話》(1)(カリブ)(中米)頑固者. (2) 無骨者,不作法な人.
— 男 小型のピストル.

ca‧chú [ka.tʃú] 男 カテキュ,阿仙(あせん)薬 (= cato).

ca‧chua [ká.tʃwa] 囡《ラ米》(スペ)カシュワ,カチュア：足拍子を伴う先住民の舞曲.

ca‧chu‧be [ka.tʃú.be] 男《ラ米》(エクアド)《話》へそ.

ca‧chu‧cha [ka.tʃú.tʃa] 囡 **1**《話》(ひさし付きの)帽子. **2**《海》小船,小舟,ボート. **3** スペイン Andalucía 地方の踊り(歌曲). **4**《ラ米》(1)(カリブ)(中米)つばのある帽子. (2)(中米)《俗》警察. (3)(ラプラ)(卑)女性器. (5)(中米)《話》麻薬の売買.

ca‧chu‧cha‧zo [ka.tʃu.tʃá.θo / -.so] 男《ラ米》(中米)《話》平手打ち,びんた.

ca‧chu‧cho[1] [ka.tʃú.tʃo] 男 **1**《話》針入れ. **2**《海》小船,ボート. **3** 簇(やがら)の矢立てつぼ. **4** 油の計量単位：6 分の 1 libra,約 8 センチリットル.

ca‧chu‧cho[2] [ka.tʃú.tʃo] 男《魚》(カリブ産の)ハタ科の魚.

ca‧chu‧do, da [ka.tʃú.do, -.da] 形《ラ米》(1)(中米)いかつい顔の, (2)《話》ずるい,悪賢い. (3)(メキ)(中米)角のある. (4)(ラプラ)《話》金のある,裕福な. (5)(中米)《話》信用できない.

ca‧chue‧la [ka.tʃwé.la] 囡 **1** 鳥の砂嚢(さのう). **2**《料》(豚・ウサギの臓物の)シチュー. **3**《ラ米》(エクア)急流,早瀬.

ca‧chue‧lo [ka.tʃwé.lo] 男 **1**《魚》ニシウグイ. **2**《ラ米》(ペ)《話》アルバイト,副業.

ca‧chum‧bam‧bé [ka.tʃum.bam.bé] 男《ラ米》(中米)《遊》シーソー.

ca‧chum‧bo [ka.tʃúm.bo] 男《ラ米》(1) (果実の)硬い殻. (2)(ラプラ)巻き毛,カール.

ca‧chu‧pín, pi‧na [ka.tʃu.pín, -.pí.na] 男 囡《ラ米》→ gachupín.

ca‧chu‧re‧ar [ka.tʃu.re.ár] 他《ラ米》(中米)《話》〈ごみ箱や捨てられたものを〉あさる[掘り返す].
— 自《ラ米》(中米)(ごみ箱を)あさる.

ca‧chu‧re‧co, ca [ka.tʃu.ré.ko, -.ka] 形《ラ米》(1)(中米)ねじれた,形のゆがんだ. (2)(中米)《話》保守派の；敬虔(けいけん)な.

ca‧chu‧re‧o [ka.tʃu.ré.o] 男《ラ米》(中米)《話》(1) ごみ箱などをあさる「掘り返す」こと. (2) (思い出の詰まった)がらくた. (3) 安物・がらくたの売り買い.

ca‧chu‧so, sa [ka.tʃú.so, -.sa] 形《ラ米》(ウルグ)《話》古びた,ポンコツの.

ca‧ci‧ca [ka.θí.ka / -.sí.-] 囡 女性のカシーケ cacique；カシーケの妻.

ca‧ci‧ca‧da [ka.θi.ká.ða / -.si.-] 囡《軽蔑》(カシーケ cacique のように)のさばること,わがもの顔[ほしいまま]に振る舞うこと；権力の濫用.

ca‧ci‧ca‧to [ka.θi.ká.to / -.si.-] /
ca‧ci‧caz‧go [ka.θi.káθ.go / -.si.kás.-] 男 カシーケ cacique の権力[縄張り].

ca‧ci‧llo [ka.θí.jo ‖ -.ʎo / -.sí.-] 男《料》(小型の)玉杓子(ひしゃく).

ca‧cim‧ba [ka.θím.ba / -.sím.-] 囡 **1** (岸に掘った)飲み水用の)穴. **2** 水桶(みずおけ). **3**《ラ米》(1)(ラプラ)屋外便所. (2)(カリブ)(中米)納屋.

*** ca‧ci‧que** [ka.θí.ke / -.sí.-] 男 **1** カシーケ. (1) 中南米の先住民の部族の首長. (2)《話》地方政界のボス. (3)《話》(ある集団の)顔役,ボス. **2**《ラ米》(中米)安逸な暮らしをする人；投票で影響力を持つ人.
[← ?［タイノ］cacique「長(おさ)」]

ca‧ci‧que‧ar [ka.θi.ke.ár / -.si.-] 自《軽蔑》のさばる,わがもの顔[ほしいまま]に振る舞う,権力を振りかざす；でしゃばる.

ca‧ci‧quil [ka.θi.kíl / -.si.-] 形《軽蔑》カシーケ cacique (特有)の,地域[町,村]のボスの；カシーケ[地方ボス]による支配体制の.

ca‧ci‧quis‧mo [ka.θi.kís.mo / -.si.-] 男 カシキスモ(カシーケ cacique による支配)；ボス政治,専制支配.

ca‧cle [ká.kle] 男《ラ米》(1)(メキ)スリッパ. (2)(中米)靴,サンダル.

ca‧co [ká.ko] 男 **1**《話》泥棒,すり. **2**《話》臆病(おくびょう)者；ちっぽけな男.

caco- 接頭「悪い,病気にかかった」の意を表す造語要素. e の前では caqu-. ⇒ *cacofonía*, *caquexia*.
[←[ギ]]

ca‧co‧de‧món [ka.ko.ðe.món] 男 悪霊.

ca‧co‧di‧la‧to [ka.ko.ði.lá.to] 男《化》カコジル酸塩.

ca‧co‧di‧lo [ka.ko.ðí.lo] 男《化》カコジル.

ca‧co‧fo‧ní‧a [ka.ko.fo.ní.a] 囡《言》不快音調. → Dales las lilas a las niñas. における l の音の反復 (↔eufonía)など.

ca‧co‧fó‧ni‧co, ca [ka.ko.fó.ni.ko, -.ka] 形 不協和音の；語呂(ごろ)の悪い,耳障りな.

ca‧co‧gra‧fí‧a [ka.ko.gra.fí.a] 囡 悪筆；誤記,誤綴(ごてつ),誤字.

ca‧co‧lo‧gí‧a [ka.ko.lo.xí.a] 囡《文法》間違った言い回し；誤用,誤法：文法的には間違っていないものの,論理的に,あるいは慣習的に言って正しくない文章表現. 特に句の順序などが入れ替わっている場合など.

ca‧co‧mi‧te [ka.ko.mí.te] 男《植》(メキシコ産の)トラユリ.

ca‧co‧mix‧tle [ka.ko.mí(k)s.tle] /
ca‧co‧miz‧tle [ka.ko.míθ.tle / -.mís.-] 男《動》カコミスル：アライグマ科に属するアメリカ原産の肉食哺乳類. 長い縞模様の尾が特徴(= basáride).

ca‧co‧qui‧mia [ka.ko.kí.mja] 囡 **1** カヘキシー,悪液質：結核・がんなどの末期の消耗の著しい状態 (= caquexia). **2**《医》栄養不良.

ca‧co‧rro [ka.kó.ro] 男《ラ米》(ラプラ)《話》(しばしば軽蔑》ホモセクシュアルの人.

ca‧cre‧co, ca [ka.kré.ko, -.ka] 形《ラ米》(ラプラ)《話》病み上がりの.

cac‧tá‧ce‧o, a [kak.tá.θe.o, -.a / -.se.-] / **các‧**

te･o, a [kák.te.o, -.a] 形【植】サボテン科の.
── 女 サボテン科の植物；《複数で》サボテン科.

cac･to [kák.to] / **cac･tus** [kák.tus] 男《複 ～s / ～》【植】サボテン（木）; サボテンを産む.

ca･cuí [ka.kwí] 男《ラ米》(なま)→cacuy.

ca･cu･le･ar [ka.ku.le.ár] 自《ラ米》(なま)《話》(1) 遊びの恋をする.(2) パーティーによく出向く.

ca･cu･men [ka.kú.men] 男《話》頭の切れ［回転］, 利口.

ca･cu･mi･nal [ka.ku.mi.nál] 形【音声】反り舌（音）の, 反射舌の.
── 女 反り舌音, 反転音：舌の端あるいは裏側を歯茎あるいは口蓋(がい)に接触させて発する子音.

ca･cu･rú･o, a [ka.ku.rú.o, -.a] 形《ラ米》(なま)《話》髪がぼさぼさの, 髪が乱れた.

ca･cuy [ka.kúi] 男《ラ米》(なま)《鳥》タチヨタカ(科の類)：悲しげな鳴き声を発することで知られる.

CAD [káð] 《英》男《略》computer-aided design キャド, コンピュータ援用設計システム.

＊＊**ca･da** [ká.ða] 形《性数不変》《不定》《＋名詞》 **1** それぞれの, めいめいの；…ごとに. ~ día 毎日. ~ vez lo mismo 毎回同じ. el gobierno de ~ país 各国政府.

> 類語 *cada* と *todo* は意味がよく似ているが, 行為を単に繰り返していることを示す場合は *cada* を用いない. ⇒ Viene *todos* los viernes. 彼［彼女］は毎週金曜日に来る. *cada* を用いると, 同じ繰り返しの行為でも偶然に見ることになる. ⇒ *Cada* viernes viene a distinta hora. 彼［彼女］は金曜日ごとに来るが, 来る時間はまちまちだ.

2《数詞と共に》…ごとに. Los Juegos Olímpicos se celebran ~ *cuatro* años. オリンピックは4年ごとに開かれる. Dos de ~ *tres* (españoles) tienen ya un teléfono móvil. 《スペイン人》3人に2人はもう携帯電話を持っている. ¿C~ cuánto pasa el autobús? どのくらいの間隔でバスが通りますか.

3《比較表現と共に》ますます…, だんだん…. Su hijo se va pareciendo ~ vez *más* a él. 彼の息子はますます彼に似てきている. El equipo está ~ día *más* fuerte. チームは日一日強くなっている.

4《話》《強調・皮肉》とんでもない. ¡Le dio ~ bofetada! 彼［彼女］はその人にものすごい平手打ちを食らわせた. ¡Se veían señoras con ~ sombrero! すごい格好の帽子をかぶった婦人たちがいた.

a cada triquitraque ひっきりなしに, しょっちゅう.
a cada uno [*cual*] *lo suyo* それぞれの人［物］にふさわしい量［物］を.
cada cierto tiempo ときどき.
cada cual →cual.
cada quisque [*quisqui*]《話》→quisque.
cada uno [*una*] めいめい, それぞれ. C~ *uno* hace lo que puede. めいめいができることをする. ~ *una* de las víctimas 犠牲者の1人1人.
cada uno [*cual, quien*] *es cada uno* 人それぞれだ.
cada y cuando que...《古語》…するときはいつでも, …するとすぐに.

［←《俗ラ》*cata* 前「…ごとに」←《ギ》*katá*「…に従って, …ごとに」;【関連】cotidian. 《仏》*quotidien*「毎日の」《英》*quotidian*］

ca･dal･so [ka.ðál.so] 男 式台, 演壇；処刑台.

Ca･dal･so [ka.ðál.so] 固名 カダルソ José ~ (1741-82)：スペインの作家. 作品 *Cartas marruecas*『モロッコ人の手紙』.

ca･da･ñe･go, ga [ka.ða.ɲé.go, -.ga] 形 毎年実のなる［実をつける］.

ca･da･ñe･ro, ra [ka.ða.ɲé.ro, -.ra] 形 1年続く, 毎年の；毎年子供を産む.

ca･dar･zo [ka.ðár.θo / -.so] 男 **1** 繭綿, 真綿；かま糸. **2** 粗絹の布［リボン］.

＊**ca･dá･ver** [ka.ðá.ßer] 男 (特に人間の) **死体**, 遺体. depósito de ~*es* 遺体安置所. Se había vuelto un ~ viviente debido a la anorexia. 彼［彼女］は拒食症でまるで生ける屍(しかばね)のようになってしまっていた.

［←《ラ》*cadáver*；*cadere*「落ちる, 倒れる, 死ぬ」(→ caer) より派生.【関連】《英》*cadaver*］

ca･da･vé･ri･co, ca [ka.ða.ßé.ri.ko, -.ka] 形 **1** 死体の, 死体のような. rigidez *cadavérica* 死後硬直.
2 土気色の, 青ざめた. rostro ~ 青ざめた顔.

ca･da･ve･ri･na [ka.ða.ße.rí.na] 女 **1**【化】カダベリン：たんぱく質が腐敗するときにできる物質で, 動物の死骸［死体］が発する悪臭の原因.
2 動物の死骸の発する悪臭；腐臭, 死臭.

ca･de･jo [ka.ðé.xo] 男 **1** もつれた髪；糸束.
2《ラ米》(なま)長髪, 長毛；たてがみ.

＊＊**ca･de･na** [ka.ðé.na] 女 **1** 鎖, チェーン. una ~ de plata 銀のチェーン. ~ de agrimensor 測鎖. ~ antirrobo (防犯用の) ドアチェーン. tirar de la ~ 鎖を引く；トイレの水を流す.
2 (人をつなぐ) 鎖；鎖につながれた囚人. prisioneros atados con ~*s* 鎖につながれた囚人たち.
3 束縛, 足かせ. romper las ~*s* 束縛を破る. La gente luchó para liberarse de las ~*s* de la dictadura. 人々は独裁の束縛から逃れるため戦った.
4 (手をつないだ) 人の列, 輪；(抗議・デモをする手をつないだ) 人間の鎖 (=~ humana). Nosotros hemos formado una ~ para apagar el incendio pasándonos los cubos llenos de agua. 私たちは水が一杯のバケツを回して消火するために一列に並んだ.
5 (*de...* …の) 連鎖, ひと続き (=serie). una ~ *de* protestas 一連の抗議. ~ fónica [hablada] 音連鎖.
6 (人員・機械の) 流れ作業列, 生産ライン. ~ de montaje 流れ作業工程. ~ de fabricación 生産ライン. **7** 山脈, 連山 (=~ montañosa, ~ de montañas). **8** (テレビ・ラジオの) 放送網；チャンネル. ¿En qué ~ dan el partido? 試合は何チャンネルで放送されているのですか. **9** 音響装置 (=~ musical, ~ de música, ~ de sonido). **10**【商】(企業・店舗の) チェーン(店). ~ hotelera ホテルチェーン. **11**【化】(原子の) 連鎖；【ＩＴ】チェーン：ひと続きの計算命令. ~ de caracteres 文字列.
12《複数で》《車》タイヤチェーン.

cadena alimentaria [*alimenticia*]【生物】食物連鎖.
cadena perpetua【法】終身刑. condenación a ~ *perpetua* 終身刑の宣告.
cadena trófica【生物】食物連鎖.
en cadena 連鎖的な, 次々起こる. efecto *en* ~ 連鎖反応. accidente *en* ~ 玉突き事故.

［←《ラ》*catēnam* (*catēna* の対格);【関連】encadenar.《英》*chain*］

ca･den･cia [ka.ðén.θja / -.sja] 女 **1** 拍子, リズム, 律動 (=ritmo). ~ de tango タンゴのリズム. con una ~ de... …の調子［テンポ］で. **2** 抑揚, 韻律. **3** 文末でイントネーションを下げること. **4**【音楽】(1) カデンツァ：終止形の前の技巧的・装飾

的無伴奏部分. (2)〖楽句〗終止〖形〗.
ca·den·cio·so, sa [ka.ðen.θjó.so, -.sa / -.sjó.-] 〖形〗 **1** 律動的な, リズミカルな. andares ~s リズミカルな足取り. **2** 韻律のある, 抑揚のある, 旋律的な. voz *cadenciosa* 耳に快い声.
ca·de·ne·ta [ka.ðe.né.ta] 〖女〗 **1** チェーンステッチ; 鎖編み (= punto de ~). **2** (本の) 花ぎれ, 頂帯. **3** (祭日などに飾る) 色紙の鎖.
ca·de·ni·lla [ka.ðe.ní.ja | -.ʎa] 〖女〗 細い鎖; (鎖の) ネックレス. [cadena + 縮小辞]
＊**ca·de·ra** [ka.ðé.ra] 〖女〗 **1** 〈主に複数で〉ヒップ, 腰. con las manos en las ~s (挑発などで) 両手を腰にあてて. Rosa es ancha de ~s. ロサはヒップが大きい. ▶ 日本語のウエストに当たる「腰」は cintura, talle. 「尻」は nalgas.
2 〈動物の〉臀部〖獣〗; 腿〖鳥〗.
3 〈複数で〉(スカートの後部を膨らませる) 腰当て.
ca·de·ra·men [ka.ðe.rá.men] 〖男〗〖話〗(特にボリュームのある) 女性の腰つき, ヒップ.
ca·de·te [ka.ðé.te] 〖男〗 〖軍〗 **1** 士官候補生.
2 〖スポ〗 infantil より上で juvenil より下の年齢層の選手. ―〖男〗〖ラ米〗〖ビ〗見習い.
ca·dí¹ [ká.ði] 〖男〗 (まれに〖女〗) 〖スポ〗(ゴルフの) キャディ. ▶ caddie, caddy とも.
ca·dí² [ká.ði] 〖男〗〖植〗アフリカゾウゲヤシ: エクアドル原産のヤシ (= tagua).
ca·dí [ka.ðí] 〖男〗〖複 ~es〗 (イスラム教国の) 裁判官, 司法官.
ca·di·llo [ka.ðí.jo | -.ʎo] 〖男〗 **1** 〖植〗オナモミ (の一種); クリノイガ. **2** 〖医〗いぼ. **3** 〈複数で〉(布地の) 織端の縦糸. **4** 〖ラ米〗〖チ〗〖ビ〗〈衣服につく〉植物の繊毛.
Cá·diz [ká.ðiθ / -.ðis] 〖固名〗カディス: スペイン南部の県; 県都, 大西洋岸の港湾都市. 別称 La Tacita de Plata. ←〖アラビア〗*Qādis* (イスラム時代) ←〖ラ〗*Gades* (ローマ帝政時代) ←〖フェニキア〗*Gadir* (紀元前11世紀にフェニキア人が建設した町の名で, 「壁に囲まれた区域」の意味から)
cad·mí·a [kað.mí.a] 〖女〗〖化〗酸化亜鉛; (炉壁などの) 金属付着物.
cad·mio [káð.mjo] 〖男〗〖化〗カドミウム (記号 Cd).
ca·do·so [ka.ðó.so] / **ca·do·zo** [ka.ðó.θo / -.so] 〖男〗渦, 渦巻き.
ca·du·ca·men·te [ka.ðu.ka.mén.te] 〖副〗弱々しく, 力なく, かすかに.
ca·du·car [ka.ðu.kár] 〖自〗 **1** 〈期限が〉切れる; 〈法律・契約などが〉効力を失う; 〈権利・義務などが〉消滅する (= vencer, prescribir). Su pasaporte *ha caducado*. 彼 [彼女] のパスポートは有効期限が切れている. **2** 老いぼれる, もうろくする. **3** 古びて使いものにならなくなる. Esta leche ya *ha caducado*. この牛乳はもう賞味期限が切れている.
ca·du·ce·o [ka.ðu.θé.o / -.sé.-] 〖男〗〖ロ神〗メルクリウス [マーキュリー] Mercurio の杖. **2** 商業の象徴. ▶ メルクリウスはギリシア神話のヘルメスに相当.
ca·du·ci·dad [ka.ðu.θi.ðáð / -.si.-] 〖女〗 **1** 期限切れ, 失効. fecha de ~ (食品・薬などの) 賞味 [使用] 期限. ~ de la instancia 〖法〗訴権消滅時効.
2 老衰, もうろく; はかなさ.
ca·du·ci·fo·lio, lia [ka.ðu.θi.fó.ljo, -.lja / -.si.-] 〖形〗〖植〗〈樹木・森などが〉年ごとに葉を落とす, 落

caduceo
(メルクリウスの杖)

葉性の.
ca·du·co, ca [ka.ðú.ko, -.ka] 〖形〗 **1** 老衰した, 老いぼれた. **2** 期限の切れた, 失効した. testamento ~ 効力の切れた遺言状. **3** 廃れた, 時代遅れの. tiempos ~s 過ぎ去りし昔. **4** 〖器官が〉脱落性の. árbol de hoja *caduca* 落葉樹. **5** 〈富・快楽などが〉はかない, つかの間の.
ca·du·quez [ka.ðu.kéθ / -.kés] 〖女〗 **1** 老衰, 老いぼれ; もうろく. **2** はかなさ.
ca·e·di·zo, za [ka.e.ði.θo, -.θa / -.so, -.sa] 〖形〗落ちやすい, 倒れやすい; 〈落葉性の.
―〖男〗〖ラ米〗〖ビ〗ひさし.
＊＊**ca·er** [ka.ér]⁵⁶ 〖自〗 〖現分〗は cayendo, 〖過分〗は caído. **1** (重力で) **落ちる**, 落下する. *Cae* la nieve. 雪が降っている. *Cayó* rodando por la escalera. 彼 [彼女] は階段を転げ落ちた. En otoño *caen* las hojas de los árboles. 秋には木々の葉が落ちます. ▶ 再帰代名詞を伴って用いられることが多い. → 9.
2 (en...) (…に) **倒れる**, 転ぶ. Se hizo daño al ~. 転んで彼 [彼女] はけがをした. ▶ 再帰代名詞を伴って用いられることが多い. → 9.
3 垂れ下がる. La cortina *caía* en pliegues. カーテンはひだになって垂れ下がっていた.
4 《en...》 (…に) 飛び込む; たどり着く, 不意に現れる. A la una de la noche el chico *cayó en* mi casa. 夜中の1時に男の子は私の家にやってきた.
5 《sobre...》 (…に) 突進する, 襲い掛かる. Juan *cayó sobre* él golpeándolo con las manos. フアンは彼を両手で殴りながら飛びかかった.
6 (策略などに) 引っかかる, はまる. Me querían gastar una broma, pero no *he caído*. 私はだまされそうになったが, 引っかからなかった.
7 《en...》 (…に) 陥る, 《(誤りなどを) 犯す. Siempre *caes en* los mismos errores. 君はいつも同じ間違いばかりする. No me dejes ~ *en* la tentación. 私を誘惑に陥らせないで下さい.
8 《en...》 (…に) 気づく, (…を) 理解する. ¡Ahora caigo! あ, そういうことか. ¿No *caes en* lo que te digo? 君, 私の言っていることがわからないかい.
9 崩壊する, 消滅する; 〈人が〉(戦いなどで) 死ぬ. ¿Cuándo *cayó* el Imperio Romano? ローマ帝国はいつ滅びたのか.
10 〈人が〉名声 [権力] を失う; 〈…が〉価値をなくす [落とす]. El yen *ha caído* frente al dólar. 円はドルに対して下落した.
11 《+形容詞・副詞およびその相当語句 …の》状態になる. ~ *enfermo* 病気になる. ~ *en desuso* すたれる.
12 《+副詞およびその相当語句 〈場所〉に》ある, 位置する. No quiero que el informe *caiga en sus manos*. 私は報告書が彼 [彼女] の手に渡ってほしくない. ¿*Por dónde cae* el hospital? 病院はどの辺にありますか.
13 《en...》〈出来事が〉《〈曜日・日時〉に》当たる. Este año mi cumpleaños *cae en* lunes. 今年私の誕生日は月曜日だ.
14 《caerle (a + 人) 〈人〉に》(くじ・当番などが) 当たる; 出来事が起こる.
15 《caerle (a + 人) bien [mal] 〈人〉に》…が適する [似合う]; 〈人に〉いい [悪い] 印象を与える. La falda ajustada no *me cae bien*. ぴったりしたスカートは私には合いません. El nuevo vecino no *me cae bien*. 今度の隣人は私の気にくわない.
16 〈日が〉沈む; 〈季節などが〉終わる. al ~ el día

日暮れに. **17** 《en... に》失敗する.
—~・se 再 **1** (支えを失って)落ちる, 倒れる；転ぶ. *~se de cabeza* 頭から倒れる[落ちる]. *La niña se ha caído de la silla.* 女の子がいすから落ちた.
2 《de...》 《…で》倒れるほどである. *Me caí de risa.* おかしくてたまらなかった.
3 (人の意志と関わりなく)抜け落ちる, 外れる. *Se me ha caído la cartera.* 私は財布を落としてしまった.
4 《話》《人が》(特に眠くて)ぐったりしている, へとへと.
caer cadáver 《ラ米》《俗》《話》 無一文になる.
caer de a madre 《ラ米》《俗》《話》 嫌う.
caer dentro [en]... …に含まれる, …の中にある.
caer en desgracia 不興を買う, 信頼を失う.
caer en el vacío 無視される.
caer en la red やられる, だまされる.
caer en (las) mientes 想像する, 思い出す.
caer fuera de... …の外にある.
caerle en gracia (a+人) 〈人〉にとって感じがよい, 気に入る.
caer (muy) bajo 〈人が〉堕落する, 落ちぶれる.
caerse de culo 《話》(1) しりもちをつく. (2) 唖然(あぜん)とする.
caerse de espaldas 《話》びっくりする, 唖然とする.
caerse de un guindo 《話》〈人が〉世間知らずである；まごついている.
caerse de viejo すごい年寄りである；とても古びている.
caerse los chones 《ラ米》《俗》《話》驚く, びっくりする.
dejar caer …を落とす；〈秘密など〉を漏らす.
dejarse caer 姿を見せる.
estar al caer …が間近に迫っている.
[← [ラ]*cadere*. [関連]*accidente, cascada, decadencia, ocasión.* [英]*decay, chance*]

Ca・far・naum [ka.far.náum] 固名 《史》カペナウム：ガリラヤ湖に臨む古代パレスチナの町. イエスJesúsの初期の伝道活動の中心地.

ca・fé [ka.fé] 男 **1** コーヒー. *tomar [preparar] un ~* コーヒーを飲む[作る]. *Este ~ está un poco cargado [aguado].* このコーヒーは少し濃い[薄い]. *~ solo [negro]* ブラックコーヒー. *~ tinto* 《ラ米》《ﾛﾃﾞﾌﾟ》ブラックコーヒー. *~ exprés* エスプレッソコーヒー. *~ con leche* ミルク入りコーヒー, カフェオレ. (*~*) *cortado* (デミタスサイズの)ミルク入りエスプレッソコーヒー. *~ caliente* ホットコーヒー. *~ con hielo* アイスコーヒー. *~ americano* アメリカンコーヒー. (*~*) *capuchino* カフェカプチーノ. *~ descafeinado* カフェインレスコーヒー. *~ instantáneo [soluble, en polvo]* 粉末インスタントコーヒー. *~ puro* 《ラ米》《中》ブラックコーヒー. *~ vienés* ウィンナーコーヒー. *taza de ~* コーヒーカップ. *molinillo de ~* コーヒーミル. *~ irlandés* アイリッシュコーヒー.
2 コーヒー豆(=*grano de ~*)；〖植〗コーヒーノキ(=*cafeto*). *moler ~* コーヒー豆を挽(ひ)く. *~ torrefacto* 砂糖を加えて深煎(い)りしたコーヒー豆.
3 喫茶店, カフェ(=*cafetería*)；(酒も出す)カフェ. *~ cantante [concierto]* (フラメンコ・ジャズなど)軽音楽の生演奏を聴かせるカフェ, ナイトクラブ. *~ teatro* (寸劇などの)催し物を見せるカフェ, ナイトクラブ.
4 (単数で)コーヒー色.
— 形 《主に性数不変》コーヒー色の.
café para todos みんな平等(に).
de buen [mal] café 《話》機嫌のよい[悪い], 機嫌よく[悪く].
tener mal café 性格が悪い, 意地悪である.
[← [伊]*caffè* ← [トルコ]*kahve*「酒；コーヒー」← [アラビア]*qahwah*. [関連][ポルトガル][仏]*café*. [英]*coffee*. [独]*Kaffee*]

ca・fe・í・na [ka.fe.í.na] 女 〖化〗カフェイン.
ca・fe・li・to [ka.fe.lí.to] 男 《話》コーヒー.
ca・fe・tal [ka.fe.tál] 男 **1** コーヒー農園.
2 《ラ米》《ﾒｷ》〖植〗コーヒーノキ.
ca・fe・ta・le・ro, ra [ka.fe.ta.lé.ro, -.ra] 形 コーヒー栽培[園]の. *producción cafetalera* コーヒーの産出. — 男 女 コーヒー園主.
ca・fe・ta・lis・ta [ka.fe.ta.lís.ta] 男 《ラ米》《ｱﾝﾃﾞｽ》《中》《ﾒｷ》コーヒー園主.
ca・fe・te・ar [ka.fe.te.ár] 他 《ラ米》(1)《ﾘｵﾌﾟ》〈人に〉小言を言う. (2)《ﾘｵﾌﾟ》〈人の〉死を見る.
ca・fe・te・ra [ka.fe.té.ra] 女 **1** コーヒー沸かし器[ポット]. *~ exprés* エスプレッソコーヒーを入れる機械. *~ filtradora* フィルター式コーヒー沸かし器.
2 《話》ぽんこつ車；がらくた.
ca・fe・te・rí・a [ka.fe.te.rí.a] 女 喫茶店, カフェテリア. [*café*は派生. 最初メキシコで用いられる]
ca・fe・te・ro, ra [ka.fe.té.ro, -.ra] 形 **1** コーヒーの. *países ~s* コーヒー産出国. **2** コーヒーを愛飲する. *Antonio es muy ~.* アントニオはとてもコーヒー好きだ. — 男 女 **1** 喫茶店主. **2** コーヒー園の労働者. **3** コーヒー商人.
ca・fe・tín [ka.fe.tín] 男 **1**→*cafetucho*. **2** 《ラ米》《ﾘｵﾌﾟ》《ﾒｷｼｺ北部》居酒屋.
ca・fe・to [ka.fé.to] 男 〖植〗(アラビア)コーヒーの木. ♦コロンビアの国樹.
ca・fe・tu・cho [ka.fe.tú.tʃo] 男 《軽蔑》安っぽい喫茶店.
ca・fi・che [ka.fí.tʃe] 男 《ラ米》《ﾁ》《話》→*cafisho*.
ca・fi・cho [ka.fí.tʃo] 男 《ラ米》→*cafisho*.

cafeto
(コーヒーの木)

ca・fi・cul・tor, to・ra [ka.fi.kul.tór, -.tó.ra] 男 女 コーヒー栽培(業)者.
ca・fi・cul・tu・ra [ka.fi.kul.tú.ra] 女 コーヒー栽培.
cá・fi・la [ká.fi.la] 女 《話》人の群れ；(車・動物などの)列.
ca・fio・lo [ka.fjó.lo] 男 《ラ米》《ﾘ》《ﾘｵﾌﾟ》《話》《婉曲》《軽蔑》→*cafisho*.
ca・fi・shio [ka.fí.sjo] 形 男 《ラ米》→*cafisho*.
ca・fi・sho [ka.fí.so] 形 《ラ米》《ﾘｵﾌﾟ》《俗》売春斡旋(あっせん)人の, ポン引きの；ひもの. — 男 《ラ米》《ﾘｵﾌﾟ》《俗》売春斡旋人, ポン引き；(売春婦の)ひも.
ca・fi・sio [ka.fí.sjo] 形 男 《ラ米》《ﾘｵﾌﾟ》《話》→*cafisho*.
ca・fre [ká.fre] 形 **1** カフィル人の. **2** 残酷な, 野蛮な, 粗野な. — 男 女 **1** (南アフリカのバンツー系の)カフィル人. **2** 野蛮人, 乱暴者. **3** 《ラ米》《ｷｭｰﾊﾞ》《話》乱暴な運転者.
caf・tán [kaf.tán] 男 〖服飾〗カフタン：中近東の帯の付いたゆったりとした丈の長い衣服.
ca・fú・a [ka.fú.a] 女 《ラ米》《ﾘｵﾌﾟ》《話》ぶた箱, 牢屋.
ca・ga・cei・te [ka.ga.(a.)θéi.te / -.séi.-] 男 〖鳥〗ヤドリギシナイ：ツグミ亜科.
ca・ga・ca・tre [ka.ga.ká.tre] 男 女 《ラ米》《ｷｭｰﾊﾞ》《俗》臆病(おくびょう)者.
ca・ga・chín [ka.ga.tʃín] 男 **1** 〖昆〗ヌカカ.
2 〖鳥〗ヒワ(の一種).

ca·ga·da [ka.ɣá.ða] 囡 《俗》 糞(ふん), 大便. **2**《話》大失敗, へま. **3**《話》くだらないもの, くず.

ca·ga·de·ra [ka.ga.ðé.ra] 囡《ラ米》(アマゾン)(ダリ)(ペエ)《俗》下痢.

ca·ga·de·ro [ka.ga.ðé.ro] 男《俗》便所.

ca·ga·do, da [ka.ɣá.ðo, -.ða] 形 **1**《俗》(estar+)臆病(おくびょう)な, 卑屈な. *estar* ~ (de miedo) ちびりそうなほどおびえている. **2** 排便した.
— 男《俗》臆病者, 卑屈者.

ca·ga·fie·rro [ka.ga.fjé.r̄o] 男《俗》鉱滓(こうさい).

ca·ga·jón [ka.ga.xón] 男 (馬・ロバなどの) 糞(ふん).

ca·ga·la·o·lla [ka.ga.la.ó.ja ‖ -.ʎa-] 男 (祭りの) 道化役.

ca·ga·le·ra [ka.ga.lé.ra] / **ca·ga·le·ta** [ka.ga.lé.ta] 囡《俗》下痢. tener ~ 下痢をしている. *tener una cagalera*《俗》ひどく怖がる.

ca·ga·ner [ka.ga.nér] 〔カタルーニャ〕男 カガネール, 大便小僧: かがんで大便をしている少年の姿をしたCataluña 地方のクリスマス人形の一つ.

ca·gan·te [ka.gán.te] 形《ラ米》(アルゼ)(ウル)《俗》すごい, すばらしい, 最高の.

ca·ga·pri·sas [ka.ga.prí.sas] 形《性数不変》《話》《軽蔑》せっかちな. — 男 囡《単複同形》《話》《軽蔑》せっかちな人, いつも急いでいる人; 人をせかす人.

ca·gar [ka.gár] 自 囡《俗》糞(ふん)をする[垂れる].
— 他《俗》しくじる, だめにする. ~ el examen 試験で失敗する. **2**《ラ米》(アルゼ)《話》うんざりさせる, (人に) 迷惑をかける.
— ~·se 再 囡 **1** 糞を垂れる. **2**《en…》…を）のしる, けなす. **3**《de…》…を）ひどく怖がる. **4**《ラ米》(ペエ)からかう.
cagar a pedos《ラ米》(アルゼ)《俗》きつく叱る.
cagarla《俗》大失敗をする, だいなしにする.
¡Me cago en Dios [la leche, la mar, la puta, la hostia]!《俗》くそったれめ, ちくしょうなんてこった. ▶ Dios をはばかって diez を用いることも.
oro del que cagó el moro《俗》つまらない [くだらない] もの.

ca·ga·rra·che [ka.ga.r̄á.tʃe] 男 (1) (搾油所の) オリーブの種洗い係. **2**〖鳥〗ヤドリギツグミ.

ca·ga·rre·ta [ka.ga.r̄é.ta] 囡《ラ米》(アルゼ)《俗》下痢.

ca·ga·rria [ka.gá.r̄ja] 囡〖菌類〗アミガサタケ: 食用キノコ.

ca·ga·rro·pa [ka.ga.r̄ó.pa] 男 → cagachín 1.

ca·ga·rru·ta [ka.ga.r̄ú.ta] 囡 (ヤギなどの) 糞(ふん); 《俗》小さなうんち.

ca·ga·tin·tas [ka.ga.tín.tas] 男 囡《単複同形》《話》《軽蔑》事務員.

ca·ga·to·rio [ka.ga.tó.rjo] 男《俗》便所, トイレ.

ca·gó·dro·mo [ka.ɣó.ðro.mo] 男《俗》便所.

ca·gón, go·na [ka.gón, -.gó.na] 形《俗》**1** 臆病(おくびょう)な. **2** よく下痢[うんち]をする. — 男 囡《俗》**1** 臆病者. **2** よく下痢[うんち]をする子供[人].

ca·gua·ma [ka.gwá.ma] 囡《ラ米》(ダリ)〖動〗アオウミガメ; その甲羅.

ca·gue [ká.ge] 男 **1**《話》(大きな) 恐怖. **2**《ラ米》(アルゼ)《俗》ひどい事態.

ca·gue·ta [ka.gé.ta] 男 囡《俗》臆病(おくびょう)者.
— 囡《ラ米》(ペエ)《俗》下痢.

ca·híz [ka.íθ] 男 〖度 cahíces〗 **1** カイース. (1) 穀量の単位. ◆国・地方により異なる. スペイン Castilla では666リットル. (2) (Madrid で用いられる) 石膏(せっこう)の単位: 690キログラム.
2 1カイースの種をまける土地.

ca·hi·za·da [kai.θá.ða / -.sá.-] 囡 **1** 1カイース cahíz 分の種をまける土地. **2** カイサーダ: 特にスペイン Zaragoza で用いられる面積の単位. 約38アール.

ca·huín [ka.(g)wín] 男《ラ米》(チリ) (1)《話》酔い; どんちゃん騒ぎ. (2)《話》不正(な仕事), 不道徳. (3)《話》問題, 紛糾.

ca·hui·ne·ro, ra [ka.(g)wi.né.ro, -.ra] 男 囡《ラ米》(チリ)《話》やっかい者, 問題を引き起こす人.

caí- 活 → caer.

cai·ca·je [kai.ká.xe] 男《ラ米》《話》人の外観, 容貌, 人相.

ca·id [ka.íd] 男 (イスラム教国の) 州知事, 裁判官.

☆cá·i·da [ka.í.ða] 囡 **1** 落下, 転倒; 脱落. sufrir una ~ 転倒[落下]する. ~ de la hoja 落葉. ~ de la nieve 降雪. ~ del cabello 抜け毛.
2 崩壊, 失脚; 陥落. ~ del muro de Berlín ベルリンの壁の崩壊.
3 下落下; 下落. ~ del dólar ドルの下落. ~ en picado (de avión) (飛行機の) 急降下.
4 夕暮れ, 日暮れ (= ~ de la tarde, ~ del sol). a la ~ de la tarde 日が暮れると. **5** (土地の) 傾斜, 下り坂 (= descenso, bajada). A la vuelta de la esquina hay una ~ muy pronunciada. 角を曲がるときつい下り坂だ. **6** 滝 (= ~ de agua).
7 失敗; 堕落, (わな・危険に) 陥ること. **8** 急襲, 強襲. **9**〖服飾〗ドレープ: 服, カーテンなどの装飾ひだ. Este vestido tiene buena ~. このワンピースはひだのつき具合がいい. **10**〖IT〗クラッシュ, システムの故障. **11**《主に複数で》機知に富んだ言葉.
— 形 → caído.
caída de ojos 流し目.
caída libre (重力の作用だけの) 自由落下;〖スポ〗パラシュートが開くまでの降下.

☆ca·í·do, da [ka.í.ðo, -.ða] 形 **1** 落ちた, 倒れた. un árbol ~ 倒木.
2 垂れた, 垂れ下がった. ser ~ de hombros / tener los hombros ~s なで肩をしている.
3 戦死[殉死]した; 大義のために死んだ. los policías ~s en acto de servicio 殉職した警官.
4 気落ちした, 衰えた. ~ de color 青ざめた.
— 男 **1**《主に複数で》戦死者; 殉死者. monumento a los ~s 戦没者慰霊碑. **2**《主に複数で》(ペン習字用の) 斜線罫(けい). **3**《複数で》支払い利子.

cai·fás [kai.fás] 男 人非人, 冷血漢.

Cai·fás [kai.fás] 固名〖聖〗カイアファ, カヤパ: ユダヤの大祭司でイエスを捕らえてローマ総督に引き渡した.

caig- 活 → caer.

cai·guá [kai.gwá] 形 (ウルグアイの Paraná 川流域・パラグアイに住んでいた guaraní 系の) カイグア人の. — 男 囡 カイグア人.

cai·ma·cán [kai.ma.kán] 男 (1)《話》有力者, 大物. **2**〖史〗トルコ帝国の総督代理.

☆cai·mán [kai.mán] 男 **1**〖動〗カイマン (ワニ). **2** 狡猾(こうかつ)な人, 古狸(ふるだぬき). **3**《ラ米》(1) (アルゼ)〖時〗時代理. (2) (メヒ)〖動〗イグアナ. (3) (チリ)〖機〗パイプレンチ. (4) (メヒ)《話》愛人, ものぐさ. [← tí二ì. *kaimán*]

caimán (カイマン)

cai·ma·ne·ar [kai.ma.ne.ár] 他《ラ米》(アルゼ)《話》だまし取る, かたる. — 自《ラ米》ワニ狩りをする.

cai·ma·ne·ra [kai.ma.né.ra] 囡《ラ米》(コロ)《話》親善試合, 非公式な試合.

cai・mi・to [kai.mí.to] 男 《植》スターアップル(の木・実), カイニット：カリブ原産.

ca・ín [ka.ín] 形 よこしまな, 残酷な, ひどい.
——男 よこしまな人, 残酷な人.

Ca・ín [ka.ín] 固名 《聖》カイン：アダム Adán と Eva の長子で嫉妬(と)から弟 Abel を殺した.
pasar las de Caín ひどい苦労をする, 辛酸をなめる.
tener [ir con] las de Caín 《話》よからぬことを考える.

cai・nis・mo [kai.nís.mo] 男 カイン主義：身内や友人に対する憎悪[敵意], 復讐[ひどい]行為.

cai・ni・ta [kai.ní.ta] 形 **1** カイン主義の. **2** 身内や仲間に対して敵意[憎悪, 復讐]心を抱いている.
——男女 **1** (グノーシス派)カイン主義者：聖書の反逆者たちを擁護し神を諸悪の根元とする.
2 身内に敵意[憎悪, 復讐心]を抱いている人.

cai・pi・ri・ña [kai.pi.rí.ɲa] 女 カイピリーニャ：サトウキビ焼酎(しょう)・黒糖・ライム・氷で作るカクテル.

cai・que [kái.ke] 男 (地中海東部で用いられた)細長い小舟；(ガレー船搭載の)ボート.

cai・rel [kai.rél] 男 **1** かつら；入れ髪. **2** 《主に複数で》《服飾》房飾り. **3** 《シャンデリアなどの飾りの》ガラス粒. **4** 《ラ米》《*_{カナ}》巻き毛.

cai・re・lar [kai.re.lár] 他 房飾りを付ける.

Cai・ro [kái.ro] 固名 El ～ カイロ：エジプトの首都.
[← 《アラビア》*Al-Qāhirah*「勝利者」が原義]

cai・ro・ta [kai.ró.ta] 形 カイロの.
——男女 カイロの住民[出身者].

cai・ta [kái.ta] 男女 《ラ米》《話》野生の動物, 荒れた動物；無愛想な人. ——男 《ラ米》《*_中》出稼ぎ農民.

cai・te [kái.te] 男 《ラ米》《*_中》サンダル.
estirar los caites 《ラ米》《ラチゥ》《俗》死ぬ, くたばる.

cai・te・ar・se [kai.te.ár.se] 再 *caiteárselas* 《ラ米》《*_中》《話》逃げる, 逃走する.

ca・ja [ká.xa] 女 **1 箱, ケース；箱状の物. una ～ de patatas ジャガイモ 1 箱. comprar... en [por] ～s …を箱で買う. ～ de cartón ボール箱. ～ de herramientas 道具箱. ～ de sorpresas びっくり箱. ～ de Pandora パンドラの箱. ～ negra (航空機の)ブラックボックス. ～ fuerte / ～ de caudales 金庫. ～ registradora レジスター. ～ de música オルゴール. ～ de cambios [velocidades] 《車》ギアボックス. ～ de engrase 《機》軸受け箱. ～ de fusibles 《電》ヒューズボックス. ～ de la cama ベッドの枠組み.
2 レジ, 会計窓口；資金. Pague en ～. / Pase por ～. レジでお支払いください. ocuparse de la ～ 会計を担当する. horario de ～ 会計窓口の営業時間帯. hacer ～ (商店が1日の最後に)清算する. hacer buena [poca] ～ よい[少ない]収益を得る. estado de ～ 財政状況. ～ de jubilaciones 退職年金基金. ～ de resistencia ストライキ資金. ingresar en ～ 貯金する.
3 棺, 棺桶(おけ)(=～ de muerto).
4 《音楽》(楽器の)胴, ボディー；ドラム(=tambor). ～ de violín バイオリンの胴. ～ de resonancia 共鳴胴. tocar la ～ ドラムをたたく.
5 《印》活字箱. ～ alta [baja] 大[小]文字.
6 (トラックの)荷台, 荷箱. **7** 《植》萠果(ぼっ). **8** 銃床. **9** (階段の)吹き抜け(=～ de la escalera).
caja craneana 《解剖》頭蓋骨.
caja de ahorros 貯蓄金庫, 貯蓄銀行.
caja de crédito 信用金庫.
caja de dientes 《ラ米》《ラチゥ》入れ歯.
caja de recluta [*reclutamiento*] 徴兵所.

caja tonta [*boba*] 《話》《軽蔑》テレビ.
caja torácica 《解剖》胸郭.
despedir [*echar*] *a +人 con cajas destempladas* 《話》(人)をつまみ出す.
entrar en caja 兵役志願する.
[← 《カタルーニャ》*caixa*← 《ラ》*capsa*；《関連》cajeta, cajón, cápsula, encajar. 《英》*cash*. 《日》カプセル]

ca・já [ka.xá] *palo cajá* 《植》ムクロジ科に属するキューバの海岸生樹：幹は家を建てるときなどに使われる.

ca・je・ar [ka.xe.ár] 他 **1** ほぞ穴をあける.
2 《ラ米》(1) (_{アルセ})(賭(と)けで)〈金を〉貸す. (2) (_{チリ})(賭けなどで)〈金を〉借りる. (3) (_{キュ})《話》たたく.

ca・jel [ka.xél] 形 *naranja cajel* 《植》酸味の強いオレンジ.

ca・je・ro, ra [ka.xé.ro, -ra] 男女 会計係, 出納係, レジ係.
——男 現金自動預入れ支払い機, ATM (=～ automático).

ca・je・ta[1] [ka.xé.ta] 女
1 (教会の)献金箱.
2 《ラ米》(1) (_{タリ})タバコ入れ. (2) (_{キュ})(_{メキ})(_{チリ})ふた付きの菓子缶；菓子. (3) (_{チリ})ミルクキャンデー. (4) (_{キュ})(_{チリ})下唇 [下あご] の突き出た人.
de cajeta 《ラ米》(_{キュ})(_{チリ})《話》一級 [一流] の；途方もない.

cajero automático
(現金自動預入れ支払い機, ATM)

ca・je・ta[2] [ka.xé.ta] 女 《海》ガスケット, 括帆索.

ca・je・te [ka.xé.te] 男 《ラ米》(1) (_{グテ})(_{メキ})(_{ホン})土鍋(どなべ). (2) (_{メキ})(_{チリ})(バナナなどを植える)浅い穴. (3) (_{チリ})死火山の噴火口.

ca・je・ti・lla [ka.xe.tí.ʝa ‖ -.ʎa] 形 《ラ米》(1) 《話》《軽蔑》きざな [気取った]. (2) 優雅な.
——男 《ラ米》(_{アルセ})きざなやつ, 気取り屋.
——女 紙箱, 小箱. una ～ de cerrillas マッチ箱.

ca・je・tín [ka.xe.tín] 男 **1** 小箱. **2** (ドア枠の受け座の). **3** 《電》クリート, 電線押さえ. **4** 《印》活字板の区画. **5** 書き込み欄付きの印刷. **6** (車掌が持つ)切符箱. **7** (公衆電話などの)硬貨受け.

ca・je・tón [ka.xe.tón] 男 《ラ米》(_{ラチゥ})《話》素敵な男性.

ca・ji・ga [ka.xí.ga] 女 《植》ヨーロッパナラ.

ca・ji・lla [ka.xí.ja ‖ -.ʎa] 男 《印》萠果(ぼっ).

ca・jis・ta [ka.xís.ta] 男女 《印》植字工.

*ca・jón [ka.xón] 男 **1** (家具の)引き出し；(本箱の)棚段. abrir [cerrar] el ～ 引き出しを開ける[閉める]. **2** 大箱, 木箱. ～ de herramientas (木製の)道具箱. **3** 屋台, 露店. El viejo se pasa el día en un ～ vendiendo boletos. 老人は1日中屋台にいてくじを売っている. **4** 闘牛輪送用の檻(り).
5 《ラ米》(1) 《史》ガレオン船に積み込まれたスペインからの郵便物, 行李. **2** 《電》クリート, 棺桶. (_{アルセ})(_{キュ})(_{チリ})峡谷, 山峡. (4) (_{チリ})店；食料品店.
cajón de sastre 散らかった状態 [場所]；ごたまぜ, 寄せ集め.
de cajón 《話》(1) 明らかな. ser *de* ～ 明白だ；言うまでもない. (2) ありふれた.

ca・jo・ne・ra [ka.xo.né.ra] 女 **1** (学校の机の)引き出し. **2** 引き出しだけのたんす；《集合的》引き出し.

ca·jo·ne·ro, ra [ka.xo.né.ro, -.ra] 形 《ラ米》(ﾒｷｼ)(ｱﾙｾﾞﾝ)(ﾊﾟﾗｸﾞ)(ｳﾙｸﾞ) 《話》当たり前の, ごく普通の.
— 男 **1**【鉱】(坑道の) 水のくみ上げ係. **2** 《ラ米》(1)(ｱﾙｾﾞﾝ)(ﾊﾟﾗｸﾞ)箱屋. (2) (ﾊﾟﾗｸﾞ)葬儀店主.

ca·jue·la [ka.xwé.la] 女 《ラ米》(1)(ﾒｷｼ)(液体の)容量単位: 16.66リットル. (2)(ｸﾞｱﾃ)(馬車などの)座席の下の物入れ, (車の)トランク. (3)(ﾒｷｼ)(ﾎﾝ)【植】トウダイグサ科の植物の一種. (4)(ｸﾞｱﾃ)大きなスーツケース, トランク.

ca·jue·li·ta [ka.xwe.lí.ta] 女 《ラ米》(ｸﾞｱﾃ)【車】グローブボックス.

cal¹ [kál] 女 石灰. cal apagada [muerta] 消石灰, 水酸化カルシウム. cal viva 生石灰, 強塩基. cal hidráulica 水硬性石灰. lechada de cal しっくい.
cerrar a cal y canto 《話》厳重に閉める.
de cal y canto 《話》強固な, 堅牢(ｹﾝﾛｳ)な, 強健な.
echar [dar] una de cal y otra de arena つじつまの合わないことをする; 功罪半(ﾊﾞ)する.

cal² (略) *caloría* カロリー=熱量の単位.

ca·la¹ [ká.la] 女 **1** 果物を試食用に切ること; そのひと切れ. vender a 〜 y cata 客に試食販売する. **2**【医】(1)座薬, 座剤. (2) 探り針. **3**【海】(1) 船倉, 船底. (2) 漁場. **4** 試掘孔. **5** 調査, 検討. **6**《話》ペセタ *peseta*(= pela).

ca·la² [ká.la] 女【植】カラー, カイウ.

ca·la³ [ká.la] 女 (狭く岩の切り立った) 入り江.

ca·la·ba [ka.lá.ba] 女 《ラ米》(1)【植】テリハボク. (2)(ｱﾙｾﾞﾝ)(ﾊﾟﾗｸﾞ)探り針.

ca·la·ba·ce·ar [ka.la.ba.θe.ár / -.se.-] 他《話》落第させる; 〈異性を〉振る.

ca·la·ba·ce·ra [ka.la.ba.θé.ra / -.sé.-] 女【植】ウリ科の植物 (カボチャ・ヒョウタンなど).

ca·la·ba·cín [ka.la.ba.θín / -.sín] 男 **1**【植】ズッキーニ. **2**《話》うすのろ, まぬけ.

ca·la·ba·ci·na·te [ka.la.ba.θi.ná.te / -.si.-] 男【料】ズッキーニのシチュー.

ca·la·ba·ci·no [ka.la.ba.θí.no / -.sí.-] 男 ヒョウタン製の容器, ひさご.

ca·la·ba·ci·ta [ka.la.ba.θí.ta / -.sí.-] 女《ラ米》(ｺﾛﾝﾋﾞ)《俗》ばかな者, 愚か者.

***ca·la·ba·za** [ka.la.bá.θa / -.sa] 女 **1**【植】カボチャ (メキシコ原産); ヒョウタン. **2**《話》頭. **3**《話》落第, 不可. He tenido una 〜 en matemáticas. 私は数学で不可をとった. **4**《話》薄のろ, まぬけ. más soso que la 〜 ひどく野暮な. **5**《話》(不格好で)船脚の遅い船.
dar calabazas a+人 《話》〈人を〉試験で落とす; 〈異性を〉振る.
recibir [llevarse] calabazas 《話》振られる; 試験に落ちる.

calabaza (カボチャ)

ca·la·ba·za·da [ka.la.ba.θá.ða / -.sá.-] 女《話》頭突き; 頭を殴る [ぶつける] こと. darse una 〜 contra... …に頭をぶつける.
darse de calabazadas 熟考する; 頭を抱える.

ca·la·ba·zar [ka.la.ba.θár / -.sár] 男 カボチャ畑, ヒョウタン畑.

ca·la·ba·za·te [ka.la.ba.θá.te / -.sá.-] 男 **1** カボチャのお菓子. **2** カボチャの皮を蜂蜜(ﾐﾂ)あるいはシロップにつけたもの.

ca·la·ba·za·zo [ka.la.ba.θá.θo / -.sá.so] 男 **1** カ ボチャをぶつけること. **2**《話》頭を殴る[ぶつける]こと; 頭突き.
darse de calabazazos 熟考する; 悔やむ.

ca·la·ba·zo [ka.la.bá.θo / -.so] 男 **1**【植】カボチャ; ヒョウタン. **2** ヒョウタン製の容器. **3**《ラ米》(ﾀﾞ)【音楽】(楽器の)グィロ.

ca·la·bo·bos [ka.la.bó.bos] 男《単複同形》《話》霧雨, 小雨 (= lloviznа).

ca·la·bo·zo¹ [ka.la.bó.θo / -.so] 男 **1** 牢獄; 地下牢; 独房. meter en el 〜 牢獄に入れる. **2**【軍】営倉; 拘置所.

ca·la·bo·zo² [ka.la.bó.θo / -.so] 男 鉈(ﾅﾀ).

ca·la·bria·da [ka.la.brjá.ða] 女 **1** (特に赤・白の) ワインを混ぜた飲み物. **2** 混合, ごたまぜ.

ca·la·bro·te [ka.la.bró.te] 男【海】9本縒(ﾖ)りの太索(ｻﾞｸ).

ca·la·ca [ka.lá.ka] 女 《ラ米》(1)(ﾒｷｼ)髑髏(ﾄﾞｸﾛ)のマーク: 死を示す. (2)(ｺｽﾀﾘ)(ﾒｷｼ)《話》骸骨(ｶﾞｲｺﾂ); 死, 死に神. (3)(ｸﾞｱﾃ)頭蓋(ｶﾞｲ), 頭蓋骨.

ca·la·che [ka.lá.tʃe] 男《ラ米》(ﾎﾝ)《話》がらくた, くず, 半端物.

ca·la·da [ka.lá.ða] 女 **1** (タバコの)一服. **2** 水に浸すこと, ずぶぬれ; (網などを) 降ろすこと. **3** (猛禽(ﾓｳｷﾝ)の)急降下 [上昇].

ca·la·de·ro [ka.la.dé.ro] 男 漁網を入れるのに適した場所, 漁場.

ca·la·do [ka.lá.ðo] 男 **1**【服飾】ドローンワークの刺繍(ｼｭｳ);【美】透かし細工. **2**【海】水深; 喫水. Este puerto tiene poco 〜. この港は水深が浅い. **3** エンスト. 〜 del encendido【車】上死点. ángulo de 〜【航空】失速角.

ca·la·dor [ka.la.ðór] 男 **1**【医】探り針, 消息子. **2**【海】槙皮(ﾏｲﾊﾀﾞ)を詰める道具. **3**《ラ米》(1)(ｷ)(隠)(泥棒が使う)錐(ｷﾘ). (2)(ｱﾙｾﾞﾝ)(ｳﾙｸﾞ)(穀物などの抜き取り検査用の)刺し.

ca·la·dre [ka.lá.ðre] 女【鳥】ヒバリ.

ca·la·du·ra [ka.la.ðú.ra] 女 **1** 水にぬれること. **2** (果物の) ひと切れ (= cala).

ca·la·fa·te [ka.la.fá.te] 男 **1**【海】槙皮(ﾏｲﾊﾀﾞ) [タール] を詰める職人. **2** 船大工.

ca·la·fa·te·a·do [ka.la.fa.te.á.ðo] 男【海】槙皮(ﾏｲﾊﾀﾞ) [タール] 詰め.

ca·la·fa·te·a·dor [ka.la.fa.te.a.ðór] 男 → calafate.

ca·la·fa·te·a·du·ra [ka.la.fa.te.a.ðú.ra] 女【海】→ calafateado.

ca·la·fa·te·ar [ka.la.fa.te.ár] 他 **1**【海】(船板のすき間に) 槙皮(ﾏｲﾊﾀﾞ) [タール] を詰める. **2** (継ぎ目などを) ふさぐ.

ca·la·fa·te·o [ka.la.fa.té.o] 男 (すき間・継ぎ目を) ふさぐこと, コーキング.

ca·la·fa·te·rí·a [ka.la.fa.te.rí.a] 女 → calafateo.

ca·la·gua·la [ka.la.gwá.la] 女《ラ米》【植】エゾシダ: ペルー原産の薬用のシダ.

ca·la·guas·ca [ka.la.gwás.ka] 女《ラ米》(ｺﾛﾝﾋﾞ)焼酎(ﾁｭｳ).

ca·la·gu·rri·ta·no, na [ka.la.gu.r̃i.tá.no, -.na] 形 (スペイン La Rioja の都市) カラオーラ Calahorra (旧名カラグーリス Calagurris) の.
— 男 女 カラオーラの住民[出身者].

ca·la·ho·rra [ka.la.ó.r̃a] 女《古語》(飢饉(ｷﾝ)時の) パンの配給所.

Ca·la·í·nos [ka.la.í.nos] 男 *coplas de Calaínos* 的外れ [見当外れ] の言葉.

ca·la·í·ta [ka.la.í.ta] 女 トルコ石, トルコ玉.

ca·la·lú [ka.la.lú] 男《ラ米》(1)《タ'》《植》キャラルー（サトイモ科）；キャラルーの入ったポタージュ．(2)《ﾒﾃﾞｶﾝ》《植》オクラ．(3)《ｸﾞｱﾃﾏﾗ》《話》騒ぎ，けんか．

ca·la·ma·co [ka.la.má.ko] 男 **1** キャリマンコラシャ：光沢のある毛織物．
2《ラ米》《ﾘｭｳｾﾞﾝ》(リュウゼツランの) 蒸留酒．

ca·la·ma·co, ca [ka.la.má.ko, -.ka] 形《ラ米》(1)《ｱﾙｾﾞﾝ》古ぼけた；粗末な．(2)《ｺﾛﾝﾋﾞｱ》〈ポンチョが〉赤い，赤色の．

*__ca·la·mar__ [ka.la.már] 男《動》イカ．～es fritos《料》イカフライ．～es en su tinta《料》イカの墨煮．▶「小イカ」は chipirón．
[← 《伊》calamaro「スミイカ」←《ラ》calamārium「ペンに用いる葦(ｱｼ)の」(〈墨〉が関連)]

ca·lam·bac [ka.lam.bák] 男《植》ジンコウ．
ca·lam·bre [ka.lam.bré] 男 **1** けいれん，こむら返り．～ de estómago 胃けいれん．～ por calor 熱けいれん．Me ha dado un ～ en la pierna. 足にこむら返りが起こった．**2** 電気ショック，衝撃．No toques ese enchufe, que te dará ～. そのコンセントに触るな，ピリッと来るぞ．
calambre del escribiente 書痙(ｹｲ)．

ca·lam·bu·co [ka.lam.bú.ko] 男 → calaba.

ca·lam·bur [ka.lam.búr] 男 (音節の区切りを変えて得られる) 地口(ｼﾞｸﾞﾁ)，語呂(ｺﾞﾛ)合わせ．⇒ A este Lopico, lo pico. このロピコ (Lope de Vega の別称) を刺すぞ．[←《仏》calembour]

ca·la·men·to [ka.la.mén.to] 男《植》ネペタ，イヌハッカ：シソ科ハッカの類の植物．

cá·la·mi [ká.la.mi] *lapsus cálami*《単複同形》《格式》筆の誤り，書き間違い；誤字；誤植．

ca·la·mi·dad [ka.la.mi.ðáð] 女 **1** 災難，災害 = catástrofe．～ pública 大災害．**2** 悲運，不幸 (= desgracia). Ha pasado muchas ～es. 彼 [彼女] は世の辛酸をなめ尽くしてきた．**3**《話》《親愛》役立たずの人；不運 [失敗] 続きの人 (= desastre).

ca·la·mi·lle·ra [ka.la.mi.jé.ra‖-.ʎé.-] 女 自在鉤(ｶｷﾞ)．

ca·la·mi·na [ka.la.mí.na] 女 **1**《鉱》異極鉱 = piedra calaminar；**2** 溶けた亜鉛．**3** 亜鉛・鉛・スズの合金．**4**《ラ米》トタン板, 波板．

ca·la·min·ta [ka.la.mín.ta] 女 → calamento.

ca·la·mi·ta¹ [ka.la.mí.ta] 女 **1**《鉱》磁鉄鉱，天然磁石 (= piedra imán). **2**《羅針盤の》針．

ca·la·mi·ta² [ka.la.mí.ta] / **ca·la·mi·te** [ka.la.mí.te] 男《動》アマガエル．

ca·la·mi·to·so, sa [ka.la.mi.tó.so, -.sa] 形
1 悲惨な，災いの．La persistencia de la sequía puede tener efectos ～s. このまま日照りが続けば大変なことになりかねない．**2** 不幸な，不運な．

cá·la·mo [ká.la.mo] 男 **1** (鳥の) 羽軸；《文章語》(羽) ペン．**2**《文章語》茎．～ aromático《植》ショウブ．**3**《音楽》葦(ｱｼ)笛；リード．
cálamo currente 筆に任せて，取り急ぎ．

ca·la·mo·ca·no, na [ka.la.mo.ká.no, -.na] 形《話》**1** ほろ酔いの，ご機嫌な．**2** もうろくした．

ca·la·mo·cha [ka.la.mó.tʃa] 女《鉱》黄土．

ca·la·mo·co [ka.la.mó.ko] 男《話》氷柱．

ca·la·món [ka.la.món] 男 **1**《鳥》セイケイ属の鳥．**2** (頭の丸い) 鋲(ﾋﾞｮｳ)．**3** 搾油機 [圧搾機] の梁(ﾊﾘ)の支柱．**4** 秤(ﾊｶﾘ)の支点の部分．

ca·la·mo·rra [ka.la.mó.r̄a] 女《話》頭．

ca·la·mo·rra·da [ka.la.mo.r̄á.ða] 女《話》頭突き；頭を殴る [ぶつける] こと．

ca·la·mo·rro [ka.la.mó.r̄o] 男《ラ米》《ﾁﾘ》《複数で》《話》大きくて重い靴．

ca·lan·chín, chi·na [ka.laɲ.tʃín, -.tʃí.na] 男女《ﾒﾋｺ》身代わり，替え玉，ダミー，代理人，お飾り．

ca·lan·chún [ka.laɲ.tʃún] 男《ラ米》《ﾒﾋｺ》《話》身代わり，隠れ蓑．

ca·lan·dra [ka.lán.dra] 女《車》フロントグリル，ラジエータグリル．

ca·lan·dra·ca [ka.lan.drá.ka] 女《ラ米》《ﾒﾋｺ》《話》病気がちな，ひ弱な．

ca·lan·dra·co, ca [ka.lan.drá.ko, -.ka] 形《ラ米》《ｱﾙｾﾞﾝ》《ﾒﾋｺ》《話》そそっかしい，おっちょこちょいの．
— 男《ラ米》《ｸﾞｱﾃ》《ﾒﾋｺ》《話》ほろ (酔い)．

ca·lan·dra·do [ka.lan.drá.ðo] 男《技》(紙・布などの) つや出し．

ca·lan·dra·jo [ka.lan.drá.xo] 男《話》**1** 服から垂れたほころび．**2** ぼろ，古切れ．**3** くだらない人．

ca·lan·drar [ka.lan.drár] 他 (布・紙などを) つや出し機にかける．

ca·lan·dria [ka.lán.drja] 女 **1**《鳥》クロエリコウテンシ．**2**《機》(1) (布・紙の) つや出し機．(2) 足踏み車．— 男女《話》(入院するため) 仮病を使う人．

ca·lan·go, ga [ka.láŋ.go, -.ga] 形《ラ米》《ﾍﾟﾙｰ》《話》野心的な．

cá·la·nis [ká.la.nis] 男《単複同形》《植》(薬用の) ショウブの類．

ca·la·ña¹ [ka.lá.ɲa] 女 **1** 見本，型．**2**《軽蔑》(主に悪い) 性質，気質；(ものの) 品質．gente de mala ～ たちの悪い連中．

ca·la·ña² [ka.lá.ɲa] 女 (骨が葦(ｱｼ)の) 安物の扇．

ca·la·nés, ñe·sa [ka.la.nés, -.ɲé.sa] 形 (スペイン Huelva 県の) カラーニャス Calañas の．
— 男女 カラーニャスの住民 [出身者]．
sombrero calañés カラーニャス帽：てっぺんが平らでつばの反った帽子．

cá·la·o [ká.la.o] 男《鳥》サイチョウ [科の類]．～ grande オオサイチョウ．

ca·la·pé [ka.la.pé] 男《ラ米》カメの甲羅焼き．

ca·la·pié [ka.la.pjé] 男 トウ・クリップ，トウ・ストラップ：自転車のペダルに足を固定するための部品．

ca·la·pi·trin·che [ka.la.pi.trín.tʃe] 男女《ﾆｶﾗ》《話》つまらない人物；何の価値もない人．

ca·lar¹ [ka.lár] 形 炭酸カルシウムの [を含む]，石灰 (質) の．— 男 石灰岩の採石場．

ca·lar² [ka.lár] 他 **1** 染み通る，ずぶぬれにする．La lluvia *ha calado* el abrigo. 雨がコートの裏まで染み通った．
2 貫く，突き通す．～ una tabla con la barrena 錐(ｷﾘ)で板に穴をあける．
3《話》(真意・正体を) 見抜く，見透かす．Te *caló* las intenciones. 彼 [彼女] は君のもくろみを見抜いた．Te tengo *calado*. 君の本心はわかっているぞ．
4 透かし模様の刺繡(ｼｼｭｳ)を施す；透かし彫りをする．
5 (果物を) (試食用に) 切り取る．
6 (帽子などを) 目深にかぶせる．**7**《海》(網を) 降ろす．**8**《軍》(銃剣を) つける (～ la bayoneta). a (la) bayoneta *calada* 銃剣をつけて．**9**《車》止める，エンストさせる．**10**《ラ米》(1)《ｺﾛﾝ》《話》〈嫌なことを〉我慢する．(2)《ｸﾞｱﾃ》凝視する．(3)《ﾒﾋｺ》参らせる，やっつける．(5)《*輩*》《話》〈空腹などが〉襲う；怒らせる，傷つける．
— 自 **1 (en...)** (…に) 染み通る；((心などに)) 染み入る．La lluvia *ha calado en* la tierra. 雨が地面に染み入った．Sus palabras *calaron en* todos nosotros. 彼 [彼女] (ら) の言葉は私たち皆の心に染み込

んだ. **2** 〈紙・布などが〉水を通す, 漏る.
3 (**en...** を) 深く掘り下げる. ~ *hondo en* un asunto ある事柄を綿密に調べる.
4 《海》〈船が〉(ある深さに) 沈む. Este carguero *cala* mucho. この貨物船は喫水が深い. **5** 〈鳥が〉〈獲物に〉襲いかかる. **6** エンジンが止まる.
— **~·se** 再 **1** ずぶぬれになる (= empaparse);〈液体が〉染み通る;〈屋根などが〉雨漏りする. *Se caló hasta los huesos.* 全身ぬれネズミになった.
2 (帽子を) しっかりかぶる. ~*se el sombrero* 帽子を目深にかぶる. **3** 〈鳥が〉〈獲物に〉襲いかかる. **4** (**en...**) (…に) 入り込む;《雰囲気などに》溶け込む.
5 〈エンジンが〉動かなくなる. *Se me caló el coche.* 車がエンストしてしまった.
[←[後ラ] calare「降ろす」←[ギ] khaláō]

ca·la·san·cio, cia [ka.la.sán.θjo, -.θja / -.sjo, -.sja] 形 → escolapio.

ca·la·sia [ka.lá.sja] 女 《医》噴門弛緩症.

ca·la·te·ar [ka.la.te.ár] 他 《ラ米》《カ》(コス) 《話》裸にする.

ca·la·to, ta [ka.lá.to, -.ta] 形 《ラ米》《カ》(コス) **(1)** 《俗》裸の, 丸裸の. **(2)** 《俗》文無しの.
— 男 《ラ米》《カ》(コス) 《話》赤ちゃん, 赤ん坊.

Ca·la·tra·va [ka.la.trá.ba] 固名 Orden de ~ カラトラバ騎士団: 1158年設立のスペインの宗教騎士団. レコンキスタに貢献し, ラマンチャ La Mancha 地方に広大な土地を領有した.

ca·la·tra·vo, va [ka.la.trá.ḇo, -.ḇa] 形 カラトラバ騎士団の. — 男 カラトラバ騎士団員.

***ca·la·ve·ra** [ka.la.ḇé.ra] 女 **1** 頭蓋(ずがい)骨, されこうべ. **2** 《昆》スズメガ (蛾の一種). **3** 《ラ米》(1) 《複数で》死者の日 (11月2日) に生者に向けて書かれる皮肉のこもった詩. (2) 《車》テールライト.
— 男 《軽度》道楽者, 放蕩(ほうとう)者;向こう見ずな者.

ca·la·ve·ra·da [ka.la.ḇe.rá.ḏa] 女 《話》**1** ばか騒ぎ. **2** 無謀な行為.

ca·la·ve·re·ar [ka.la.ḇe.re.ár] 自 無謀な行為をする;ばか騒ぎをする.

ca·la·ve·rón [ka.la.ḇe.rón] 男 放蕩(ほうとう)な人. [calavera + 増大辞]

cal·ca [kál.ka] 女 《ラ米》《カ》(コス) 納屋, 穀物倉.

cal·ca·do, da [kál.ka.ḏo, -.ḏa] 形 **1** 透写[複写]された. **2** 同じ, そっくりの.
— 男 透写 (図), 複写 (物).

cal·ca·dor, do·ra [kal.ka.ḏór, -.ḏó.ra] 男 女 透写[複写]する人, トレース工. — 男 透写機.

cal·cá·ne·o [kal.ká.ne.o] 男 《人》踵骨(しょうこつ):かかとの骨.

cal·ca·ñal [kal.ka.nál] 男 → calcañar.

cal·ca·ñar [kal.ka.nár] / **cal·ca·ño** [kal.ká.no] 男 《解剖》かかと.

cal·car [kal.kár] 102 他 **1** 透写する. **2** 模倣する. *Nos calcaban en todo los chiquillos.* 子供たちはなんでもかんでも私たちのまねをした. **3** 踏みつける.

cal·cá·re·o, a [kal.ká.re.o, -.a] 形 石灰質の, 炭酸カルシウムの[を含む].

Cal·cas [kál.kas] 固名 《ギ神》カルカス: トロヤ戦争におけるギリシア軍最大の予言者.

cal·ce [kál.θe / -.se] 男 **1** くさび, くさび形のもの. **2** 外輪, リム. **3** (工具などの) チップ, 付け刃. **4** 《ラ米》(1) (歯どめの) 充填(じゅうてん)(材). (2) (ラ米)(プエルトリコ)(文書の下の) 余白. (3) (メキシコ) 《話》機会, チャンス.

calce(-) / **calcé(-)** 活 → calzar.

cal·ce·do·nia [kal.θe.ḏó.nja / -.se-] 女 《鉱》玉髄.

cal·ce·mia [kal.θé.mja / -.sé.-] 女 《医》血中カルシウム (濃度).

cal·ce·o·la·ria [kal.θe.o.lá.rja / -.se.-] 女 《植》カルセオラリア, キンチャクソウ: 中南米産の観葉植物.

cal·cés [kal.θés / -.sés] 男 《海》檣頭(しょうとう), 帆柱の上部.

cal·ce·ta [kal.θé.ta / -.sé.-] 女 **1** (ひざまでの) 靴下. **2** 編み物. **3** (囚人の) 足かせ. **4** 《ラ米》(1) (ラプラタ)《服飾》(女性用の) ストッキング. (2) (ラプラタ) 靴下.
hacer calceta 編み物をする.

cal·ce·tar [kal.θe.tár / -.se.-] 自 手編みする.

cal·ce·te·rí·a [kal.θe.te.rí.a / -.se.-] 女 靴下類の製造[販売]業[店].

cal·ce·te·ro, ra [kal.θe.té.ro, -.ra / -.se.-] 男 **1** 靴下類の製造[販売]業者. **2** 昔のズボン仕立て職人. **3** 白い脚の牛.

***cal·ce·tín** [kal.θe.tín / -.se.-] 男 ソックス, **靴下**. *Me puse un par de calcetines de algodón.* 私は綿の靴下をはいた.
a golpe de calcetín 《ラ米》(メキシコ) 《話》歩いて.
estar más puesto que un calcetín 《ラ米》(メキシコ) 《話》準備万端である, やる気満々である.

cal·cha [kál.tʃa] 女 《ラ米》(1) (チリ)(馬の) 蹴爪(けづめ)毛, (鳥の足の) 羽毛;垂れた前髪;(服から垂れた) ほろ. (2) (チリ)(チリ)衣類;寝具;馬具.

cal·cho·na [kal.tʃó.na] 女 《ラ米》(チリ) 幽霊, お化け;魔女, 醜い老婆.

cal·chu·do, da [kal.tʃú.ḏo, -.ḏa] 形 《ラ米》(チリ) 《話》ずるい, 狡猾(こうかつ)な.

cál·ci·co, ca [kál.θi.ko, -.ka / -.si.-] 形 カルシウムの, 石灰質の. óxido ~ 酸化カルシウム, 生石灰.

cal·cí·fe·ro, ra [kal.θí.fe.ro, -.ra / -.sí.-] 形 《化》カルシウム塩を形成する, 炭酸カルシウムを含む, 石灰質の.

cal·ci·fe·rol [kal.θi.fe.ról / -.si.-] 男 《生化》カルシフェロール, ビタミンD.

cal·ci·fi·ca·ción [kal.θi.fi.ka.θjón / -.si.-.sjón] 女 石灰化, 石灰沈着.

cal·ci·fi·car [kal.θi.fi.kár / -.si.-] 102 他 **1** 石灰化する, 石灰沈着する. **2** 炭酸カルシウムを合成する.
— **~·se** 再 **1** 石灰沈着する.
2 (石灰沈着により) 〈組織が〉硬化する.

cal·ci·llas [kal.θí.jas ‖ -.ʎas / -.sí.-] 女 《複数形》ショートパンツ, 短パン.
— 男 《話》臆病(おくびょう)者;背の低い人.

cal·cí·me·tro [kal.θí.me.tro / -.sí.-] 男 カルシメーター: 土壌中に含まれるカルシウムの定量計.

cal·ci·na [kal.θí.na / -.sí.-] 女 コンクリート.

cal·ci·na·ción [kal.θi.na.θjón / -.si.-.sjón] 女
1 《化》煆焼(かしょう), (石灰) 焼成.
2 《冶》焼鉱法, 焙焼(ばいしょう).

cal·ci·na·mien·to [kal.θi.na.mjén.to / -.si.-] 男 → calcinación.

cal·ci·nar [kal.θi.nár / -.si.-] 他 **1** 焼いて生石灰にする, 煆焼(かしょう)する. **2** 焙焼(ばいしょう)する;焼く. **3** 《話》うるさがらせる. *Este hombre me calcina.* こいつには頭にくる.
— **~·se** 再 焼けて生石灰になる;焼けつくようになる.

cal·ci·no·sis [kal.θi.nó.sis / -.si.-] 女 《単複同形》《医》石灰沈着.

cal·cio [kál.θjo / -.sjo] 男 《化》カルシウム (記号 Ca).

cal·ci·ta [kal.θí.ta / -.sí.-] 女 《鉱》方解石: 炭酸カルシウムの結晶.

cal·ci·to·ni·na [kal.θi.to.ní.na / -.si.-] 女 《生化》

カルシトニン.

cal·ci·tra·pa [kal.θi.trá.pa / -.si.-] 女【植】アザミの一種.

cal·co [kál.ko] 男 **1** 透写(図). papel de 〜 トレーシングペーパー. **2** 敷き写し, 模倣. **3**【言】意味の借用. ⇒ 英語 *honeymoon* からの luna de miel.

calco- 「銅」の意を表す造語要素. ⇒ *calco*grafía, *calco*pirita. [←ギ]

cal·co·gra·fí·a [kal.ko.ɡra.fí.a] 女 銅版画法, 銅版印刷術.

cal·co·gra·fiar [kal.ko.ɡra.fjár] 81 他 銅版で刷る.

cal·co·grá·fi·co, ca [kal.ko.ɡrá.fi.ko, -.ka] 形 銅版印刷(術)の.

cal·có·gra·fo [kal.kó.ɡra.fo] 男 銅版彫刻師, 銅版画家, 銅版印刷工.

cal·co·lí·ti·co, ca [kal.ko.lí.ti.ko, -.ka] 形【史】銅石器時代の (= eneolítico). ― 男【史】銅石器時代:新石器時代から青銅器時代に至る過渡期.

cal·co·ma·ní·a [kal.ko.ma.ní.a] 女 写し絵.

cal·co·pi·ri·ta [kal.ko.pi.rí.ta] 女【鉱】黄銅鉱.

cal·co·ti·pia [kal.ko.tí.pja] 女 → calcografía.

cal·cu·la·ble [kal.ku.lá.ble] 形 計算できる.

cal·cu·la·ción [kal.ku.la.θjón / -.sjón] 女 → cálculo.

cal·cu·la·dor, do·ra [kal.ku.la.ðór, -.ðó.ra] 形 **1** 計算の, 計算に関する.
2 打算的の, 勘定高い. Es una mujer fría y *calculadora*. 彼女は冷たくて勘定高い女だ.
― 男 女 打算的な人, 冷たい人.
― 女 計算機. *calculadora* electrónica 電子計算機.

*__cal·cu·lar__ [kal.ku.lár] 他 **1** 計算する, 算出する. 〜 la suma 合計を出す. 〜 el promedio 平均値を算出する. 〜 una raíz cuadrada【数】平方根を求める. Ella usa palabras *calculadas*. 彼女は計算し尽くされた言葉を使う.
2 見積もる, 推測する;《que+直説法 …であると》(憶測で) 考える. 〜 los gastos del viaje 旅費の見積もりをする. 〜 el daño en tres mil euros 損害を3000ユーロに見積もる. *Calculo que lo terminaremos a las siete*. 7時には終わると思います. *Le calculo* unos treinta años. 彼[彼女]は大体30歳くらいだと思う.
― 自 計算する; 見積もる. máquina de 〜 計算機. *Calculando* por lo bajo, debía de haber más de cien personas. 少なく見積もって100人以上はいただろう.
[←ラ]*calculāre*; *calculus*「数え石; 計算」より派生; 関連【英】*calculate*]

cal·cu·la·to·rio, ria [kal.ku.la.tó.rjo, -.rja] 形 計算(上)の, 見積もりの.

cal·cu·lis·ta [kal.ku.lís.ta] 形 計算上の, 見積もりの. ― 男 女 計算者, 見積もり者; 計画者.

*__cál·cu·lo__ [kál.ku.lo] 男 **1**【数】計算, 算法. 〜 algebraico 代数計算. 〜 diferencial 微分. 〜 infinitesimal 微積分. 〜 integral 積分. 〜 mental 暗算. regla de 〜 計算尺.
2 見積もり, 概算. 〜 de costo 原価計算. Hizo un 〜 de gastos. 彼[彼女]は費用を見積もった.
3 推定; 予測. según SUS 〜s (人)の見込みでは. Sus 〜s no salieron bien. 彼[彼女](ら)の予想は外れた. **4**【医】結石;《複数で》尿結石 (= mal de piedra). 〜 biliar 胆石. 〜 renal 腎(臓)結石. *con cálculo* 慎重に.

cal·cu·lo·so, sa [kal.ku.ló.so, -.sa] 形【医】結石(症)の. ― 男 女 結石症患者.

cal·da [kál.da] 女 **1** 加熱, 暖めること. **2**【冶】(1) 燃料投入. (2) 加熱処理. **3**《複数で》温泉浴.

cal·dai·co, ca [kal.dái.ko, -.ka] 形 → caldeo.

cal·da·rio [kal.dá.rjo] 男【史】ローマの浴場の水蒸気風呂のひとつで高温浴室.

Cal·de·a [kal.dé.a] 固名 カルデア:ペルシア湾岸沿いのティグリス・ユーフラテス両大河の作るデルタおよび南バビロニアの一部を指す. ◆旧約聖書では全バビロニアを意味した.

cal·de·a·mien·to [kal.de.a.mjén.to] 男 **1** 加熱, 暖めること; 温度の上昇. **2** 活気づくこと.

cal·de·ar [kal.de.ár] 他 **1** 加熱する, 暖める (= calentar). **2**【冶】(加工・溶接のために) 赤熱させる. **3** 興奮させる, 白熱させる, 活気づける. **4**《ラ米》(*室)怒らせる;…とセックスする.
― 〜・se 再 **1** 熱くなる, 暖かくなる. La habitación *se caldea* con el sol. 日が当たって部屋が暖まる. **2**《金属が》赤熱する. **3** 興奮する, 白熱する, 活気づく. Con aquel gol *se caldeó* el público. あのゴールで観客は盛り上がった. **4**《ラ米》(*ザ*)《体が》酒で火照[てり]る.

cal·de·o [kal.dé.o] 男 加熱, 暖めること.

cal·de·o, a [kal.dé.o, -.a] 形 カルデアの.
― 男 女 カルデア人.

*__cal·de·ra__ [kal.dé.ra] 女 **1** 釜(*かま*), 大鍋(*なべ*). Para preparar la cena puso la 〜 en el fuego. 夕食を作るために鍋を火にかけた.
2 一釜分, 一大鍋分. una 〜 de aceite 釜1杯の油. **3**【技】ボイラー. 〜 de vapor 蒸気機関車のボイラー. **4**【鉱】(坑底の) 排水だめ, 集水坑. **5**【音楽】ティンパニーの胴. **6**【地質】カルデラ:直径数キロ以上の火口状の窪地(*くぼ*), **7**【紋】頭部が蛇の図柄. **8**《ラ米》(1)(*ボ*)(*ザ*) 湯沸かしポット, やかん. (2)(*ホメ*) 噴火口, クレーター.
las calderas de Pedro Botero《話》地獄.
[←【ラ】*caldārium*(*caldāria*の対格)「蒸し風呂」; 関連 cálido, caldo]

cal·de·ra·da [kal.de.rá.ða] 女 ひと釜(*かま*)分, ひと大鍋(*なべ*)分.

cal·de·re·rí·a [kal.de.re.rí.a] 女 **1** 鍋釜(*なべかま*)製造業; 鋳掛け屋. **2** ボイラー製造業.

cal·de·re·ro, ra [kal.de.ré.ro, -.ra] 男 女 **1**《まれ》鍛冶屋, 鍋釜(*なべかま*)製造職人, 鋳掛け職人.
2 ボイラー修理工, ボイラー製造[販売]業者.
3 製錬所や金属加工工場の加工[鍛造]部門の工員.

cal·de·re·ta [kal.de.ré.ta] 女 **1** 小型の釜(*かま*)[鍋(*なべ*)]. **2** 小型のボイラー. **3**【宗】聖水盤. **4**【料】(1) 魚の煮込み. (2) 羊[ヤギ]肉のシチュー. **4**【海】(夏にカリブ海沿岸で吹く)雨を伴った強い陸風. [caldera+縮小辞]

cal·de·ri·lla [kal.de.rí.ʎa |-.áʝ.-] 女 **1**《集合的》小銭. **2**【宗】聖水鉢(*はち*). **3**【植】スグリの一種.

cal·de·rín [kal.de.rín] 男 小型のボイラー[釜]; (コンプレッサー用)エアタンク.

cal·de·ri·ta [kal.de.rí.ta] 女 *calderita de lata*《ラ米》(*ボ*)《話》かんしゃく持ち, すぐ怒る人.

cal·de·ro [kal.dé.ro] 男 **1** (丸底の小さい)鍋(*なべ*), 釜(*かま*); ひと鍋[釜]分.
2【冶】(溶解した金属をすくう) 杓(*しゃく*), 取り鍋.

cal·de·rón [kal.de.rón] 男 **1**【動】ヒレナガゴンドウ(クジラ). **2**【印】段落標(¶). **3**【音楽】延音(記号), フェルマータ(⌢). **4** (昔の)1000の単位符号(Ↄ).

Cal·de·rón de la Bar·ca [kal.de.rón de la

calderoniano

bar.ka] 固名 カルデロン・デ・ラ・バルカ Pedro ～ (1600-81): スペインの劇作家. 作品 *La vida es sueño*『人生は夢』.

cal・de・ro・nia・no, na [kal.de.ro.njá.no, -.na] 形 カルデロン(風)の, カルデロン的な.

cal・di・ba・che [kal.di.bá.tʃe] 男 → calducho.

cal・di・llo [kal.dí.jo ‖ -.ʎo] 男 **1**《料》煮込み料理のソース. **2**《ラ米》(1)《ニネ》シーフードの煮込み料理. (2)《キョ》(オレガノなどの香辛料を入れた)ひき肉の煮込み. [caldo + 縮小辞]

***cal・do** [kál.do] 男 **1**《料》煮汁, ブイヨン. ～ de gallina [pescado] 鶏[魚]のブイヨン. ～ corto クール・ブイヨン. ～ gallego (カブの葉・ジャガイモ・豆・肉などの入った) ガリシア風スープ. → sopa〔類語〕. **2**《料》ドレッシング. **3**《複数で》(酒・油・酢などの原料となる) 果汁 ; (特に) ワイン. Disfrutamos los mejores ～s de Rioja. 私たちは最高のリオハ産ワインを味わった. **4**《ラ米》(タァ)(キョ) サトウキビの搾り汁. *Al que no quiere [Tú que no quieres] caldo, la taza llena [taza y media, tres tazas]*.《諺》嫌めな人にこそ嫌なものがくる (←スープ嫌いになみなみの一杯).
caldo bordelés (農薬の) ボルドー液.
caldo de cabeza《ラ米》(キ)《話》夢, 非現実的な想像.
caldo de cultivo《化》培養基 ;《比喩的に》温床.
*hacer*le (*a + 人*) *el caldo gordo*《話》知らぬ間に (人) の手助けを担ぐ「思うつぼにはまる」.
[←〔古スペイン〕形「熱い」←〔ラ〕*calidus*;〔関連〕caliente, calor]

cal・do・so, sa [kal.dó.so, -.sa] 形 汁[水気]の多い.

cal・du・cho [kal.dú.tʃo] 男 **1**(軽蔑)まずい[薄い]スープ. **2**《ラ米》(キ)《話》パーティー.

ca・le [ká.le] 男 手で軽くたたくこと.

ca・lé [ka.lé] 形 ロマ[ジプシー]の.
— 男女 ロマ[ジプシー] (= gitano).

ca・le・cer [ka.le.θér / -.sér] 34 自 熱くなる.

Ca・le・do・nia [ka.le.ðó.nja] 固名 カレドニア: ローマ時代のスコットランドの呼称.

ca・le・do・nia・no, na [ka.le.ðo.njá.no, -.na] 形 **1** カレドニア (ローマ時代のスコットランドの呼び名) の; スコットランドの. **2**《地質》(古生代カンブリア紀に起こった) カレドニア造山運動の.
— 男《地質》カレドニア造山運動.

***ca・le・fac・ción** [ka.le.fak.θjón / -.sjón] 女 **1** 暖房 (装置). ～ central セントラル・ヒーティング. ～ por gas ガス暖房. ～ a [por] vapor スチーム暖房. ～ por agua caliente 温水暖房. ～ por aire caliente 温風暖房. ～ eléctrica 電気暖房. ▶「火鉢」は brasero,「暖炉」は chimenea.「ストーブ」は estufa.「スチーム, パネルヒーター」は radiador. **2** 加熱, 暖めること.
[←〔ラ〕*calefactiōnem* (*calefactiō* の対格); *calefacere*「暖める」(*calēre* 自「暖かい」+ *facere*「…させる」) より派生;〔関連〕caliente, calor.〔英〕*calefaction*]

ca・le・fac・ta・ble [ka.le.fak.tá.ble] 形 電熱線やヒーターなどを備えた. Los asientos de este coche son ～s. この車にはシートヒーターがついている.

ca・le・fac・tor, to・ra [ka.le.fak.tór, -.tó.ra] 形 暖房 (装置) の ; 暖房技師の.
— 男女 暖房器具[装置] ; 加熱器.

ca・le・fón [ka.le.fón] 男《ラ米》(ラァ)(キョ) 湯沸かし器.

ca・lei・dos・có・pi・co, ca [ka.lei.ðos.kó.pi.ko, -.ka] 形 万華鏡の (ような), 変幻きわまりない.

ca・lei・dos・co・pio [ka.lei.ðos.kó.pjo] 男 万華鏡.

ca・lem・bé [ka.lem.bé] 男《ラ米》(1)《ニネ》ぼろ (切れ). (2)《ニネ》(キョ) 腰布.

ca・len・da [ka.lén.da] 女 → calendas.

***ca・len・da・rio** [ka.len.dá.rjo] 男 **1** カレンダー ; 年間予定表. ～ americano [exfoliador, de taco] 日めくり. ～ de pared [mesa] 壁掛け [卓上] カレンダー. ～ zaragozano (農家に重宝されている伝統的な) サラゴサ・カレンダー. **2** 暦, 暦法. antiguo ～ romano (年間10月の) ローマ古暦. ～ juliano ユリウス暦. ～ gregoriano グレゴリウス暦. ～ perpetuo 万年暦. ～ solar 太陽暦. ～ lunar 太陰暦. **3** 年間予定表, 日程表 ; スケジュール. ～ escolar 学校年間予定. ～ laboral 労働日程表. ～ de trabajo 業務予定表.
hacer calendarios ひとりとめのない思いをめぐらす.
[←〔中ラ〕*calendārium* ←〔ラ〕「会計簿」(*calendae*「(ローマ古暦の) 明日 (%ċ)」より派生);〔関連〕〔英〕*calendar*]

ca・len・da・ri・zar [ka.len.da.ri.θár / -.sár] 97 他《ラ米》(ニネ)(ネ*+) (…) くしなければならないことについて) 日取り[日程]を決める, スケジュールを組む.

ca・len・das [ka.lén.das] 女《複数形》 **1**《史》《カト》(古代ローマ暦および教会暦で) 月の初めの日, ついたち. **2** 過去. **3** (主に過去の) 日々, ころ. aquellas ～ そのころ.
las calendas griegas / ad calendas graecas《皮肉を込めて》決してやってこない日: 古代ギリシアに calendas がなかったことから.

ca・len・der [ka.len.dér] 男 (13世紀に Yusuf が設立した) イスラム教徒の托鉢 (%) 僧.

ca・lén・du・la [ka.lén.du.la] 女《植》キンセンカ.

ca・len・ta・dor, do・ra [ka.len.ta.ðór, -.ðó.ra] 形 熱くする, 暖める.
— 男 **1** 加熱器, ヒーター. **2** 湯沸かし器 (= ～ de agua). **3** (寝床を温める長い柄のついた) あんか. **4** (主に複数で) レッグウォーマー. **5**《話》大きな懐中時計. **6**《ラ米》(?*+)(?*+) (食卓用の) コンロ.

ca・len・ta・mien・to [ka.len.ta.mjén.to] 男 加熱, 暖めること. ejercicios de ～ 準備運動. ウォーミングアップ. el ～ de la Tierra 地球温暖化.

***ca・len・tar** [ka.len.tár] 8 他 **1** 熱する, 温める [暖める]. ～ el agua お湯を沸かす. ～ la comida 食べ物を温める. ～ motores エンジンを温める ;《比喩的に》準備をする. ～ los músculos ウォーミングアップする. Este abrigo me *calienta* bien. このコートはとても暖かい.
2 奮い立たせる, 興奮させる. ～ el ánimo 元気づける. ～ a las masas 大衆をあおり立てる. El ritmo tropical *calentó* al público. その熱帯のリズムは聴衆を沸かせた.
3《俗》(性的に) 興奮させる. Sus novelas me *calientan*. 彼[彼女]の小説を読むと私は興奮する.
4《話》殴る, たたく. Como lo vuelvas a hacer, te voy a ～ las nalgas. もう一回やったら, お尻をたたくよ. **5**《ラ米》(リプ)(ニカ)(タァ)《話》いらだたせる, 怒らせる. Lo que me *calienta* es su hipocresía. 私が頭に来るのはや (つ) らの偽善だ.
— 自 **1** (周りのものを) 暖める. El sol *calentaba* con fuerza. 太陽が強く照りつけていた.
2《スポ》ウォーミングアップする.
— ～ *se* 再 **1** 高揚する, 興奮する ;《俗》(性的に) 興奮する. Todos *se calentaron* con la discusión. その言い争いで皆興奮した.
2 温まる, 暖まる. **3**《体の部位を》温める. *se* las

manos con el aliento 息をかけて手を温める. **4** 《ラ米》《(ﾎ)米》《(ﾁﾘ)》《(ｱﾙｾﾞﾝ)》《話》怒る, 憤慨する.
calentar el asiento《話》長居する, (するべきことをしないで) 居座る. Estos estudiantes no hacen más que ~ *el asiento*. この学生たちは(勉強もしないで)在籍しているだけだ.

ca·len·te·ra [ka.len.té.ra] 囡《ラ米》《(ｺﾞｽﾀﾘｶ)》《話》怒り.

ca·len·tí·si·mo, ma [ka.len.tí.si.mo, -.ma] 形 caliente の絶対最上級.

ca·len·ti·to, ta [ka.len.tí.to, -.ta] 形 **1** 暖かい, ぽかぽかした. **2**《話》できたての, ほやほやの.

ca·len·tón, to·na [ka.len.tón, -.tó.na] 形《俗》(1)(性的に)興奮した; 色っぽい, 情欲をそそる. (2)《ラ米》《(ﾒｷｼｺ)》すぐに性的に興奮する. — 男 囡《俗》助平, 好色な人. — 男 **1** 熱の急上昇. **2**《話》《(ﾁﾘ)》ストーブ; 湯沸かし器.
darse un calentón (1)〈機械・エンジンが〉過熱[オーバーヒート]する. (2)《俗》性的に興奮する. (3)《ラ米》《(ﾎ)米》怒る.

ca·len·to·rro, rra [ka.len.tó.r̃o, -.r̃a] 形 **1** 《話》(冷えていなければ)暖かい, 〈食い物が〉ぬるい. **2**《俗》(性的に)すぐに興奮する; むらむらしている, 発情した. — 男 囡《俗》(性的に)すぐに興奮する人.

ca·len·tu·ra [ka.len.tú.ra] 囡 **1** (病気による)熱. **2** 熱で唇にできる腫痕(﨟ろ). **3**《俗》性的興奮. **4**《ラ米》(1)《(ﾒｷｼｺ)》《(ﾗﾌﾟ)》怒り. (2)《(ｶﾘﾌﾞ)》タバコの発酵. (3)《植》ガガイモ科の一種. (4)《(ﾍﾟﾙｰ)》肺結核.

ca·len·tu·rien·to, ta [ka.len.tu.rjén.to, -.ta] 形 **1**《医》微熱のある. **2** 熱しやすい, 興奮しやすい. *tener la mente calenturienta* すぐかっとなる. **3**《俗》性的に興奮しやすい. **4**《ラ米》《(ｷ)》肺結核の. — 男 囡 微熱のある人.

ca·len·tu·rón [ka.len.tu.rón] 男 (病気による)高熱. [calentura + 増大辞]

ca·le·ño, ña [ka.lé.ɲo, -.ɲa] 形 石灰を産する.

ca·le·ra [ka.lé.ra] 囡 (スペインの)バスク地方で漁に使われる小舟.

ca·le·ro, ra [ka.lé.ro, -.ra] 形 石灰の.
— 男 石灰製造[販売]者.
— 囡 **1** 石灰岩採掘場. **2** (石灰)焼成炉, 石灰釜; 石灰岩[石]を生石灰にする炉.

ca·le·sa [ka.lé.sa] 囡 幌(ほろ)付きの2輪[4輪]馬車.

ca·le·se·ro, ra [ka.le.sé.ro, -.ra] 男 囡 幌付き馬車の御者. — 囡 (御者の)短い(装飾のついた)上着; (御者が歌う)スペイン Andalucía 地方の民謡.

ca·le·sín [ka.le.sín] 男 1頭立ての2人乗り4輪馬車.

ca·le·si·ne·ro, ra [ka.le.si.né.ro, -.ra] 男 囡 貸馬車業者; calesín の御者.

ca·le·si·ta [ka.le.sí.ta] 囡《ラ米》《(ﾎﾞﾘ)》《(ﾗﾌﾟ)》(時に複数で)回転木馬, メリーゴーラウンド.

ca·le·ta[1] [ka.lé.ta] 囡 小さな入り江.
[cala + 縮小辞]

ca·le·ta[2] [ka.lé.ta] 形《ラ米》《(ﾎﾞﾘ)》《話》けちな, しみったれた. — 囡《ラ米》(1)《(ｷ)》《話》たくさん, 大量. (2)《(ﾒｷｼｺ)》《話》隠れ場所, 隠し場所. (3)《(ｺﾞｽﾀﾘｶ)》《(ｴｸｱ)》沿岸巡航船. (4)《(ｺﾞｽﾀﾘｶ)》港湾労働者組合. (5)《(ﾍﾟﾙｰ)》《話》家.

ca·le·te·ar [ka.le.te.ár] 自《ラ米》《(ｷ)》《(ｺﾞｽﾀﾘｶ)》〈旅行者が〉さまざまな場所に立ち寄る; 〈船が〉沿岸の多くの港を巡航する; 〈船・電車・飛行機などが〉いくつもの港[駅, 空港]に寄る. — 他《ラ米》《(ﾎﾞﾘ)》運ぶ.

ca·le·te·ro [ka.le.té.ro] 男《ラ米》(1)《(ｴｸｱ)》沿岸巡航船. (2)《(ｺﾞｽﾀﾘｶ)》沖仲仕, 港湾労働者.

ca·le·tre [ka.lé.tre] 男《話》常識, 判断力, 知性. *tener poco* ~ 常識に欠ける.

ca·le·tu·do, da [ka.le.tú.ðo, -.ða] 形《ラ米》《(ｴｸｱ)》(人が)金のある, 裕福な.

ca·li [ká.li] 男 → álcali.

Ca·li [ká.li] 固名 カリ: コロンビア西部の都市.

cali-「美しい」の意を表す造語要素. ときに calo-.→ *cali*grafía, *calo*logía. [←ギ]

ca·li·bra·ción [ka.li.βra.θjón / -.sjón] 囡 口径[直径]の測定.

ca·li·bra·do [ka.li.βrá.ðo] 男 **1**《技》穴をあけること, ボーリング. **2**(口径などの)測定.

ca·li·bra·dor [ka.li.βra.ðór] 男 (内径・直径・厚さを測る)計器, ゲージ. ~ *de mordazas* キャリパス. ~ *de profundidades* 深さゲージ.

ca·li·brar [ka.li.βrár] 他 **1** 〈…の〉内径・直径・厚さなどを測定する. **2** 内径[直径, 厚さ]を決める. **3** (銃腔・砲腔などの)穴をあける. *máquina de* ~《機》中ぐり盤. **4** 評価[判断]する. *Hay que* ~ *las consecuencias de la negativa*. 拒否した結果をよく考えてみなければならない.

ca·li·bre [ka.lí.βre] 男 **1** (筒状のものの)内径; (特に銃筒など火器の)口径. **2** (ワイヤなど円柱状のものの)直径; (弾丸・砲弾の)直径, (鉄板などの)厚み. **3** ノギス, (内径・直径・厚みなどを測る)精密測定器, ゲージ(=calibrador). **4** 大きさ; (非物質的なものの)大きさ, 重要性, 等級 (► しばしば mucho, poco, gran などを前置する); (物質・人の)種類, 品質. *Es una persona de gran* ~. 彼[彼女]は非常に重要な人物だ. *coche de ese* ~ この手[同種]の車.
[←仏 *calibre*←〖アラビア〗*qalib*「靴型」]

ca·li·can·to [ka.li.kán.to] 男 **1** (しっくいを用いた)石積み. **2**《ラ米》《(ﾎﾞﾘ)》《(ｺﾞｽﾀﾘｶ)》石壁; 突堤, 防波堤.

ca·li·ca·ta [ka.li.ká.ta] 囡《鉱》(調査のための)試掘, ボーリング.

ca·li·che [ka.lí.tʃe] 男 **1** 陶土に混入した小石. **2** 壁からはがれた石灰. **3** (果物の)傷. **4**《ラ米》(1)《(ｽﾍﾟｲﾝ)》隠語, スラング. (2)《(ﾁﾘ)》《(ｷ)》硝石; 硝石床[層].

ca·li·ci·for·me [ka.li.θi.fór.me / -.si-.] 形《植》萼(がく)状の.

ca·li·có [ka.li.kó] 男 キャラコ, 白キャナキン: 白い平織りの綿布. [←仏《(ｶﾘｶｯﾄ)》*calicot*]

ca·li·cu·lar [ka.li.ku.lár] 形《植》副萼(がく)の.

ca·lí·cu·lo [ka.lí.ku.lo] 男《植》副萼(がく).

※※ca·li·dad [ka.li.ðáð] 囡 **1** 質, 性質; 等級. *tela de buena* ~ 上質の布. *naranjas de primera* ~ 第一級のオレンジ. *control de* ~ 品質管理. *mejoramiento de la* ~ 品質の改良. ~ *humana* 人間としての質, 人間性. *una persona de pésima* ~《軽蔑》最低の人間. ~ *y cantidad* 質と量.
2 質の高さ, 良質; 品格. *de* ~ 優れた, 高貴な, 一級の. *persona de* ~ 育ちのよい人, 品格ある人. *La* ~ *de los coches japoneses es famosa también en México.* 日本車の質の高さはメキシコでも有名だ. **3** 重大さ. *asunto de* ~ 重要問題. *voto de* ~ 決定投票. **4**《美》画材の特質. **5** (被雇用者に要求される)契約条件.
calidad de la vida《医》クオリティ・オブ・ライフ(医療において精神的豊かさや生活の質の維持を重視する発想を指す).
en calidad de... …という資格で.
[←[ラ]*qualitātem* (*qualitās* の対格); *quālis*「どのような」(→ cuál) より派生; 関連 *calificar*. [英]

ca·li·dez [ka.li.ðéθ / -.ðés] 女 **1** 優しさ,愛情；(態度などの)温かみ,ぬくもり.
 2 (しばしば心地よいものとしての)暑さ.
*__cá·li·do, da__ [ká.li.ðo, -.ða] 形 **1** 熱い,暑い. clima ～ 暑い気候. **2** 暖色の. **3** 熱心な,熱烈な. Le atribuyeron una *cálida* acogida. 彼[彼女]は熱烈な歓迎を受けた. [← [ラ] *calidum* (*calidus* の対格)；関連 caldear, caliente, calor. [スペイン] [英] *caldera*. [フ] *calorie*]
ca·li·dos·có·pi·co, ca [ka.li.ðos.kó.pi.ko, -.ka] 形 →caleidoscópico.
ca·li·dos·co·pio [ka.li.ðos.kó.pjo] 男 → caleidoscopio.
ca·lié [ka.ljé] 男女 《ラ米》《_{プエ}》《話》うわさ好きな人.
calient- 活 →calentar.
ca·lien·ta·bi·be·ro·nes [ka.ljen.ta.ßi.ße.ró.nes] 男 《単複同形》《哺乳》瓶用のボトルウォーマー.
ca·lien·ta·bra·gue·tas [ka.ljen.ta.ßra.ɣé.tas] 男女《単複同形》《卑》《軽蔑》→ calientapollas.
ca·lien·ta·ca·mas [ka.ljen.ta.ká.mas] 男《単複同形》ベッドの暖房器具.
ca·lien·ta·pier·nas [ka.ljen.ta.pjér.nas] 男《単複同形》レッグウォーマー.
ca·lien·ta·piés [ka.ljen.ta.pjés] 男《単複同形》足温器,湯たんぽ.
ca·lien·ta·pla·tos [ka.ljen.ta.plá.tos] 男《単複同形》(料理の)保温器,ホットプレート.
ca·lien·ta·po·llas [ka.ljen.ta.pó.ʎas ‖ -.ʎas] 女《単複同形》《卑》《軽蔑》意図的に男性の性欲をあおりながらも最後まで許すつもりのない人.
***__ca·lien·te__ [ka.ljén.te] 形 **1**《名詞+》《ser+ / estar+》熱い,温かい；(衣服が)暖かい(↔frío). La sopa *está* ～. スープが温まっている. Esta bufanda *es* muy ～. このマフラーはとても暖かい. agua ～ お湯. chocolate ～ (飲む)ホットチョコレート. bolsa de agua ～ 湯たんぽ.
 2《多くは名詞+》《ser+ / estar+》興奮した,激した；紛糾した. ponerse ～ (人が)かっとなる,頭に血が上る. ser de sangre ～ (人が)激しやすい. discusión ～ 激論. La próxima semana *será* muy ～, porque tenemos cinco exámenes. 来週は大変だぞ,試験が5つある.
 3《話》《estar+》(性的に)興奮した；《ser+》(人が)好色な. ponerse ～ (性的に)興奮する.
 4 最新の,出来立ての. noticia ～ ホットニュース.
 5【美】(色彩が)暖かい. **6**《ラ米》《話》(1)《_{コᵈ}》厄介な,面倒な. (2)《_{アルゼ}》《_{ラプ}》怒った,いらいらした.
 ── 活 → calentar.
 ¡Caliente!《クイズなどで》惜しい,(正解に)近い.
 en caliente すぐさま.
 tierra caliente《ラ米》《_{コᵈ}》《_{ベネ}》(カリブ海沿岸の)温暖地域.
 [← [ラ] *calentem* (*calēns* の対格；*calēre* 自「暖かい」の現在分詞)；関連 calentar, calor, caluroso, caloría, calefacción. [英] *calorie*. [日] カロリー]
ca·li·fa [ka.li.fa] 男 カリフ. ◆イスラム教国でマホメットの後継者と見られる教主兼国王. 1924廃止. スペインでは929年に Abderramán 3世がこの称号を名乗り,コルドバ・カリフ国を創設した.
ca·li·fal [ka.li.fál] 形 カリフの[に関する]；カリフ統治(下)の,(特に芸術様式について)カリフ統治時代の.
ca·li·fa·to [ka.li.fá.to] 男 カリフ王国,カリフの統治

[領地]；カリフの地位[治世]；カリフ時代.
ca·li·fi·ca·ble [ka.li.fi.ká.ßle] 形 形容できる.
*__ca·li·fi·ca·ción__ [ka.li.fi.ka.θjón / -.sjón] 女 **1** 評価,成績. **2** 資格,権能,条件. **3** 形容,修飾.
 関連学校の成績評価：sobresaliente 優. notable 良. aprobado 可. no aprobado, suspenso 不可.
ca·li·fi·ca·do, da [ka.li.fi.ká.ðo, -.ða] 形 **1** 資格のある,適任の. **2** 熟練した；権威のある. obrero ～ 熟練工. científico ～ 有能な科学者. **3** 条件のそろった. **4** 証明済みの,正真正銘の.
ca·li·fi·ca·dor, do·ra [ka.li.fi.ka.ðór, -.ðó.ra] 形 調査の,審理の. ── 男 審査官. 女 **1** 調査官,試験官. **2** 《カト》審理準備員：教会裁判所で事件の調査および審理の準備に当たる職員.
*__ca·li·fi·car__ [ka.li.fi.kár] 他 **1** 〈de... / como... ...と〉みなす,評する；格付けする. ～ una novela *como* una de las mejores 小説を最高傑作の一つに数える. ～ de, como のあとに形容詞が来る場合は,形容詞は目的語の性数に一致する. → El ministro *calificó de* peligrosa la propuesta. 大臣はその提案を危険なものと評した.
 2 ...に点数をつける,評価を与える. ～ a un estudiante con un sobresaliente 学生に優をつける. ～ un examen テストを採点する.
 3《ラ米》《_チ》選挙権者名簿に登録する.
 ── 自【文法】〈a... …を〉(形容詞などが)修飾する.
 ──**·se** 再 **1**〈de... / como... ...と〉(自分に)称する；《3人称で》みなされる.
 2 貴族であることを証明する.
ca·li·fi·ca·ti·vo, va [ka.li.fi.ka.tí.ßo, -.ßa] 形 性質[品質]を示す. adjetivo ～ 品質形容詞.
 ── 男 (性質・特徴を表す)形容詞(句),修飾語(句)；別称,あだ名. un ～ injurioso 侮辱的なあだ名.
califique(-) / califiqué(-) 活 → calificar.
ca·li·for·nia [ka.li.fór.nja] 女 《ラ米》(1)《_{グアテ}》《話》20ペソ[ドル]金貨. (2)《_{メキシ}》針金伸長具. (3)《_{メキシ}》草競馬.
Ca·li·for·nia [ka.li.fór.nja] 固名 **1** カリフォルニア：メキシコに接する米国西部の州. ◆メキシコ戦争後,1848年にメキシコから米国に割譲. **2** Golfo de ～ カリフォルニア湾：別称 Mar de Cortés.
 [『ロランの歌』に出てくる空想の国 *Californe* にちなんで H.Cortés が1535年に命名したとされる]
ca·li·for·nia·no, na [ka.li.for.njá.no, -.na] 形 カリフォルニア州の.
 ── 男女 カリフォルニア州の住民[出身者].
ca·li·fór·ni·co, ca [ka.li.fór.ni.ko, -.ka] 形 男女 → californiano.
ca·li·for·nio [ka.li.fór.njo] 男【化】カリホルニウム,カリフォルニウム：超ウラン元素のひとつ,原子番号98,原子記号 Cf.
ca·li·for·nio, nia [ka.li.fór.njo, -.nja] 形 男女 → californiano.
cá·li·ga [ká.li.ɣa] 女 **1**【史】カリガ：古代ローマの兵士が履いていたサンダル状の戦闘靴. **2** 中世の修道士たちがつけていたゲートル；司教のつけるゲートル.
ca·li·gi·ne [ka.li.xi.ne] 女《文章語》**1** 霧. **2** 暗闇(秘), 陰気. **3** 炎暑.
ca·li·gi·no·so, sa [ka.li.xi.nó.so, -.sa] 形 **1** 霧のかかった. **2** 暗い,陰うつな. **3** 蒸し暑い.
ca·li·gra·fí·a [ka.li.ɣra.fí.a] 女 書道；書法；筆跡. tener buena [mala] ～ 達筆[悪筆]である.
ca·li·gra·fiar [ka.li.ɣra.fjár] 81 他 (美しい字体で)手書きする.

ca·li·grá·fi·co, ca [ka.li.grá.fi.ko, -.ka] 形 書道の; 筆跡の; 達筆の, 文字の美しい.

ca·lí·gra·fo, fa [ka.lí.gra.fo, -.fa] 男 女 書家, 能書家; 筆跡鑑定家.

ca·li·gra·ma [ka.li.grá.ma] 男 〖文学〗カリグラム: アバンギャルドに多く見られる、文字・詩行の配列によって主題を視覚的に表そうとする詩.

ca·li·lla [ka.lí.ja ‖ -.ʎa] 女 《ラ米》 (1) (ヂ) 《主に複数で》《話》借金. (2) (ヂ) 《話》苦難. (3) (ᴴ米) 石けんの残り. (4) (ᴹ米)(ᶜᵃ米) 《話》迷惑, 厄介; 悪ふざけ; 厄介者, うるさいやつ.

ca·li·ma [ka.lí.ma] 女 1 もや.
　2 〖海〗コルクをつないだブイ.

ca·li·me·te [ka.li.mé.te] 男 《ラ米》(ᴰᵒᵐ) ストロー.

ca·li·mo·che [ka.li.mó.tʃe] 男 → calimocho.

ca·li·mo·cho [ka.li.mó.tʃo] 男 《スペイン》ワインをコーラで割った飲み物 (◆通常は赤ワインを用いる).

ca·li·mo·so, sa [ka.li.mó.so, -.sa] 形 → calinoso.

ca·li·na [ka.lí.na] 女 1 もや, かすみ. 2 暑気.

ca·li·no·so, sa [ka.li.nó.so, -.sa] 形 1 もや[かすみ]のかかった. 2 暑い.

Ca·lí·o·pe [ka.lí.o.pe] 固名 〖ギ神〗カリオペー: 叙事詩と弁舌の女神. → musa.
　[←[ラ] *Calliopē* ←[ギ] *Kalliópē* (*kalli*-「美しい」+ *óph*「声」); 「美声の(持ち主)」が原義]

ca·lí·pe·des [ka.lí.pe.ðes] 女 〖単複同形〗〖動〗ナマケモノ.

ca·li·pe·dia [ka.li.pé.ðja] 女 優生術.

ca·lip·so [ka.líp.so] 男 〖音楽〗カリプソ: トリニダードの民族音楽[舞踊].

Ca·lip·so [ka.líp.so] 固名 〖ギ神〗カリプソ: 漂着した Ulises を7年間 Ogigia 島に引き留めた海の精.

ca·li·que·ño [ka.li.ké.ɲo] 男 1 質の悪い葉巻.
　2 《俗》セックス, 性交. echar un ~ セックスする.

ca·li·sa·ya [ka.li.sá.ja] 女 〖植〗カリサヤ皮, 黄キナ皮; それから採れるキニーネ.

ca·lis·te·nia [ka.lis.té.nja] 女 美容体操, 柔軟体操.

ca·li·ti·pia [ka.li.tí.pja] 女 〖写〗カリタイプ法: 初期の写真術.

Ca·lix·to [ka.lí(k)s.to] 固名 ~ Ⅲ カリストゥス3世: スペイン出身のローマ教皇 (在位1455-58).

cá·liz [ká.liθ / -.lis] 男 〖複 **cálices**〗 1 〖カト〗聖杯, カリス. 2 《文章語》杯, 酒杯. 3 〖植〗萼 (ᵍᵃ<). 4 〖解剖〗杯状器官[部分]. 5 苦難.
　apurar el cáliz hasta las heces (世の)辛酸をなめる.
　hacer el cáliz《ラ米》(ᴾᵉ) やってみる, 努力する.
　[←[ラ] *calicem* (*calix* の対格)「杯」]

ca·li·zo, za [ka.lí.θo, -.θa / -.so, -.sa] 形 石灰質の; 炭酸カルシウムを含んだ. espato ~ 方解石.
　—— 女 石灰岩[岩]. *caliza* lenta 苦灰岩, 白雪石[岩]. *caliza* litográfica 石版石.

ca·lla [ká.ja ‖ -.ʎa] 間投《話》《驚き・感嘆・不快》ええっ, あれっ, まさか.

ca·lla·da [ka.já.ða ‖ -.ʎá.-] 女 1 静寂, 沈黙. dar la ~ por respuesta 黙ったまま何も答えない.
　2 〖海〗強風[波浪]の静まり. —— 形 → callado.
　a la(s) callada(s) / de callada こっそりと, ひそかに.

ca·lla·da·men·te [ka.já.ða.mén.te ‖ -.ʎá.-] 副 静かに, 無言で.

***ca·lla·do, da** [ka.já.ðo, -.ða ‖ -.ʎá.-] 形 1 静かな, 無言の; 無口な. Esos niños están demasiado ~s. その子供たちは妙におとなしい. No se queda nunca ~. 彼は本当に口数が多いやつだ. tener a+人 ~ 〈人を〉黙らせておく.
　2 ひそかな. tener... ~ …を秘密にしておく.
　más callado que un muerto うんともすんとも言わない.

ca·lla·hua·ya [ka.ja.(g)wá.ja ‖ -.ʎá.-] 女 《ラ米》(ᴮᵒ)(ᴾᵉ) 呪い師, 呪術医.

ca·lla·mien·to [ka.ja.mjén.to ‖ -.ʎa.-] 男 黙ること, 沈黙, 無言.

ca·llam·pa [ka.jám.pa ‖ -.ʎám.-] 女 《ラ米》(1) (ˢ米)〖食用〗キノコ. (2) (ᶜʰ)《話》フェルトハット; 大きい耳; 小屋, バラック.
　población callampa 《ラ米》(ᶜʰ) 貧民街.

ca·lla·na [ka.já.na ‖ -.ʎá.-] 女 《ラ米》(1) (トウモロコシパンなどを焼く)皿. (2) (ᶜʰ) 懐中時計. (3) (ᶜᵉ) 鉱滓 (ᵏᵃⁱ); 植木鉢.

ca·llan·di·to [ka.jan.dí.to ‖ -.ʎan.-] /
ca·llan·di·co [ka.jan.dí.ko ‖ -.ʎan.-] 副 《話》黙って, 静かに, そっと; こっそりと, ひそかに.

ca·llan·do [ka.ján.do ‖ -.ʎán.-] 副 → callandito.

ca·llan·tar [ka.jan.tár ‖ -.ʎan.-] 他 黙らせる, 静かにさせる.

Ca·lla·o [ka.já.o ‖ -.ʎá.-] 男 1 (丸い) 小石, 石ころ.
　2 《スペイン》丸い小石の多い平地.

Ca·lla·o [ka.já.o ‖ -.ʎá.-] 固名 カジャオ: ペルー沿岸部, 首都 Lima に接する特別区, 港湾都市.

ca·lla·po [ka.já.po ‖ -.ʎá.-] 男 《ラ米》(1) (ᴮᵒ) 運搬台, 担架; 川舟. (2) (ᶜʰ)(ᴮᵒ)〖鉱〗坑木; 坑道の階段.

***ca·llar** [ka.jár ‖ -.ʎár] 自 黙る; 黙っている; 静かになる (► しばしば再帰代名詞を伴う → 再 1, 2). *Dicho esto, calló*. こう言うと, 彼[彼女]は口をつぐんだ. *Todos callaban mirándose unos a otros*. 皆, 顔を見合わせて何も言わなかった.
　—— 他 1 〈プレンサを〉黙らせる, …には話させない. ~ las armas 武器を鳴りやませる, 停戦する. 2 〈情報などを〉出さないでおく, 伏せておく (► 時に再帰代名詞を伴う → 再 3). ~ el nombre de la fuente 情報源を明らかにしない.

　—— **~·se** 再 1 黙る, 黙り込む; 黙っている. *Cállense*. 皆さん, 黙ってください.
　2 静かになる. *Se calló el viento*. 風が収まった.
　3 〈情報などを〉出さないでおく. ~*se el miedo* 怖がっていることを外に出さない.
　¡Calla! / ¡Calle! 《驚き・奇異》まさか, うそでしょう, おやまあ.
　Quien calla, otorga. 《諺》沈黙は承諾のしるし.
　[←[俗ラ] *callare「緩める; 声を低める」←[ギ] *khalân*「緩める」] [関連] calar

***ca·lle** [ká.je ‖ -.ʎe] 女 1 (町の) **通り, 街路**; 街. ~ mayor [principal] 大通り, メインストリート. ~ peatonal 歩行者専用道路. ~ abajo [arriba] 道を下って[上って]. *cruzar la* ~ 道を横切る. *doblar la* ~ 道を曲がる. *salir a la* ~ 外出する; 〈本などが〉出版される, 発売される.

calle（通り）

　2 《集合的》街の人々, 一般大衆, 世間 (= gente de la ~). la opinión de la ~ 世論. 3 (道路の)車線, レーン. 4 〖スポ〗(競技・陸上などの)コース; (ゴルフの)フェアウエイ. la ~ de dentro [fuera] イン[アウト]・コース. 5 (チェスなどの)升目の列.

calleja

[類語] **calle** は英語の *street*, **avenida** は *avenue* に当たる。スペイン語では米国英語のような区別はない。市内の道路の呼び方は、並木道、大通りといった本来の意味を離れて、現在ではほとんどが固有名詞化している。→ *Avenida* de América, *Calle* de Alcalá, *Carrera* de San Jerónimo, Gran *Vía*, *Paseo* de la Castellana, *Ronda* de Toledo, *Vía* Layetana. 国道などのハイウェーは **carretera**. **camino** は広い意味での「道」で市街地の道路には言わない。→ *Camino* de Santiago カミーノ・デ・サンティアゴ (サンティアゴ・デ・コンポステラに至る中世の巡礼街道).

de calle (1) (洋服が) 外出用の. *ropa de* ~ 外出着. (2) たやすく, 容易に.
echar a+人 **a la calle** 〖話〗〈人〉を追い出す, 解雇する.
echar [tirar] por la calle del medio / echar [tirar] por la calle de en medio 〖話〗見境なく振る舞う, やみくもに行動する.
echarse a la calle 決起する, 反乱を起こす.
en la calle 宿無しの, 失業中の; 出獄した. *dejar a... en la* ~ …を路頭に迷わす.
hacer la calle 〖話〗〈売春婦が〉客引きする.
ir a la calle 〖話〗解雇される.
llevar [traer] a+人 **por la calle de la amargura** 〖話〗〈人〉を心配させる, 不快にさせる.
llevarse a+人 **de calle** 〖話〗〈人〉をとりこにする, ひきつける; 打ち負かす.
poner a+人 **en la calle** 〖話〗〈人〉を解放する, 出獄させる.
quedarse en la calle 路頭に迷う.
[←〔古スペイン〕「壁に挟まれた狭い道」←〔ラ〕*callis*「小道, 家畜の通路」; [関連] calleja, callejón, callejuela]

ca·lle·ja [ka.jé.xa‖-.ʎé.-] 〖女〗狭い通り; 路地.
ca·lle·je·ar [ka.je.xe.ár‖-.ʎe.-] 〖自〗《por... …を》ぶらつく; 遊び暮らす.
ca·lle·je·o [ka.je.xé.o‖-.ʎe.-] 〖男〗そぞろ歩き; 放浪.
ca·lle·je·ro, ra [ka.je.xé.ro, -.ra‖-.ʎe.-] 〖形〗
1 通りの. *la animación callejera* 街の活気. *festejo* ~ 通りかの騒ぎ. *venta callejera* 露天商. **2** 街をぶらつく. *perro* ~ 野良犬. **3** 俗好の. *obra callejera* ありふれた仕事.
—〖男〗(通りの名索引付きの) 市街地図.

ca·lle·jón [ka.je.xón‖-.ʎe.-] 〖男〗**1** 路地. ~ *sin salida* 袋小路. **2** 〖闘牛〗闘技場と観覧席との間の通路. **3** 〖ラ米〗(ｺﾛ)目抜き通り (= calle principal). *estar [meterse] en un callejón sin salida* (もののごとに) 行き詰まっている〖行き詰まる〗.
ca·lle·jue·la [ka.je.xwé.la‖-.ʎe.-] 〖女〗**1** 狭い通り; 路地. **2** 比喩的的抜け道, 口実.
ca·lli·ci·da [ka.ji.θí.ða‖-.ʎi.-/-.sí.-] 〖男〗〖医〗まめ〖うおのめ, たこ〗の治療薬.
ca·llis·ta [ka.jís.ta‖-.ʎís.-] 〖男〗〖女〗足治療医: まめ〖うおのめ, たこ〗の治療医.
ca·llo [ká.jo‖-.ʎo] 〖男〗**1** 〖医〗(1) うおのめ, たこ. (2) (骨折した部分に形成される) 仮骨.
2 〖複数で〗〖料〗カジョス (牛などの胃の煮込み料理). ~*s a la madrileña* マドリード風カジョス.
3 蹄鉄の先端. **4** 〖俗〗醜い人.
dar el callo 〖俗〗(根を詰めて) 働く.
tener callo 〖ラ米〗(ﾒﾋ)経験がある; 平気である.
ca·llón [ka.jón‖-.ʎón] 〖男〗錐[砥]研ぎ.
ca·llo·si·dad [ka.jo.si.ðáð‖-.ʎo.-] 〖女〗〖医〗(1) まめ, たこ. (2) (潰瘍(ｶｲﾖｳ)などの) 皮膚硬結.
ca·llo·so, sa [ka.jó.so, -.sa‖-.ʎó.-] 〖形〗まめ〖たこ〗がある; 〈皮膚が〉硬くなった, 角質の. *manos callosas* まめだらけの手.
cuerpo calloso 〖解剖〗脳梁(ﾉｳﾘｮｳ).
ca·llo·so·to·mí·a [ka.jo.so.to.mí.a‖-.ʎo.-] 〖女〗〖医〗脳梁(ﾉｳﾘｮｳ)切断[切除]: 脳梁を分割あるいは切除する外科手術.

‡cal·ma [kál.ma] 〖女〗**1** 平穏; 静けさ. *El mar recobró la* ~. 海は静けさを取り戻した.
2 (心の) 平静, 落ち着き. *pedir* ~ *al pueblo* 国民に冷静でいるように求める. *Ella perdió la* ~ *al oírlo*. 彼女はそれを聞いて取り乱した. *Tóma(te)lo con* ~. 落ち着いてやれよ.
3 (活動の) 停滞; 凪(ﾅｷﾞ). ~ *en los dolores físicos* 痛みの小康状態. ~ *chicha* ベた凪. *zonas de* ~*s ecuatoriales* 〖地理〗赤道無風帯. *Los inversores se preocupan por la* ~ *del mercado.* 投資家は市場の停滞を憂慮している.
¡Calma! 落ち着いて, あせらないで.
Después de la tempestad viene la calma. 〖諺〗待てば海路の日和あり (←あらしのあとには平穏がくる).
en calma (1) 静かな, 穏やかな. *Todo está en* ~. すべては平穏だ. (2) 〖商〗(価格などが) 安定した. (3) 停滞した, 不振の. *El negocio está en* ~. 商売は中だるみ状態である.
[←〔ギ〕*kaûma*「熱さ, 暑さ」(暑い土用の時期に海がないでいるところから転義); 〖関連〗〔英〕*calm*]
cal·man·te [kal.mán.te] 〖形〗〖医〗鎮静させる, 鎮痛の. —〖男〗**1** 〖医〗鎮静剤, 鎮痛剤. **2** 〖ラ米〗(ﾒﾋ)おやつ, 間食.

‡cal·mar [kal.már] 〖他〗静める, 落ち着かせる; 〈不快などを〉和らげる. ~ *un conflicto* 紛争を収める. ~ *a un niño* 子供をなだめる. ~ *los nervios* 神経を落ち着かせる. ~ *la sed* 乾きをいやす. ~ *el dolor* 痛みを鎮める.
— ~*se* 〖再〗気持ちを落ち着かせる; 静まる; 和らぐ. *Cálmate.* 落ち着きなさい. *Poco a poco se me calmó la ira.* 少しずつ私の怒りは収まった. *Se calmó el mar.* 海が静まった.
cal·ma·zo [kal.má.θo / -.so] 〖男〗〖海〗大凪(ﾅｷﾞ), ベた凪. [calma + 増大辞]
cal·mil [kal.míl] 〖男〗〖ラ米〗(ﾒﾋ) (農家に接する) 畑.
cal·mo, ma [kál.mo, -.ma] 〖形〗**1** 穏やかな, ないだ. **2** 未開墾の; 休耕中の.
cal·mo·so, sa [kal.mó.so, -.sa] 〖形〗**1** 穏やかな〖落ち着いた〗. **2** 〖話〗のんびりとした. —〖男〗〖女〗穏やかな〖落ち着いた〗; 〖話〗のんびりとした人.
ca·ló [ka.ló] 〖男〗ロマ〖ジプシー〗の言語; 隠語. ◆スペイン語の日常語の中に浸透したロマ〖ジプシー〗の言葉や表現もあり, caló が「俗語, 隠語」の意味を持つ場合が多い. ~ *gachí* 女. *payo* ロマ〖ジプシー〗以外の人. → argot [類語].
ca·lo·bió·ti·ca [ka.lo.bjó.ti.ka] 〖女〗快適な生活法; (人間の) 規則正しい生活を求める性向.
ca·lo·cé·fa·lo, la [ka.lo.θé.fa.lo, -.la /-.sé.-] 〖形〗〖動〗頭部の美しい.
ca·lo·fi·lo, la [ka.lo.fí.lo, -.la] / **ca·ló·fi·lo, la** [ka.ló.fi.lo, -.la] 〖形〗〖植〗葉の美しい.
ca·lo·friar·se [ka.lo.frjár.se] 〖81〗〖再〗→ escalofriarse.
ca·lo·frí·o [ka.lo.frí.o] 〖男〗**1** → escalofrío. **2** 〖ラ米〗(ﾒﾋ) 更年期の女性の体のほてり.
ca·lo·gra·fí·a [ka.lo.gra.fí.a] 〖女〗→ caligrafía.

ca·lo·lo·gí·a [ka.lo.lo.xí.a] 囡 美学.

ca·lo·mel [ka.lo.mél] 男《化》《薬》カロメル, 甘汞(ｶﾝｺｳ), 塩化第一水銀.

ca·lo·me·la·nos [ka.lo.me.lá.nos] 男《複数形》→calomel.

ca·lón [ka.lón] 男 **1** (漁網を張るための)棒. **2** (川・運河の)測深棒.

ca·lor [ka.lór] 男 **1**《物理》熱. El Sol proporciona ~ a la Tierra. 太陽は地球に熱を与えてくれる. ~ blanco 白熱(温度). ~ rojo 赤熱(状態). ~ negro 電気器具による熱. ~ específico 比熱. ~ de vaporización 気化熱. ~ latente 潜熱. ~ radiante 放射熱.
2 暑さ, 暖かさ (↔frío). morirse [asarse] de ~ 暑くて死に[焼け]そうである. Hoy hace mucho ~. 今日はとても暑い. Si tienes ~, abre las ventanas. 暑いなら窓を開けなさい.
3 温情, 親切さ. acoger con ~ 温かく迎える. el ~ de la familia 家庭のぬくもり.
4 熱狂, 熱中. hablar con ~ 夢中で話す. tomar las cosas con demasiado ~ ものごとに熱中しすぎる. en el ~ de la discusión [batalla] 議論[戦い]が白熱する最中に.
5《ラ米》(ﾒﾋｺ)(動物の)発情期.
al calor de... (1)《火・煦明》のそばで. (2) …の庇護の下で. *criarse al ~ de los abuelos* 祖父母に可愛がられて育つ.
dar calor a... …を暖める; 元気づける.
entrar en calor (1) (冷たい状態から)暖かくなる, 暖まる. (2)《スポ》ウォーミングアップをする.
[←[ラ] *calōrem* (*calor* の対格 ; *calēre* 「暖かい」より派生)〔関連〕caloría, caliente, calentar, calefacción. [英]*calorie*. [日] カロリー]

*ca·lo·rí·a [ka.lo.rí.a] 囡《物理》カロリー《略 cal》. ~ grande キロ[大]カロリー. pequeña ~ グラム[小]カロリー.

ca·lo·ri·co, ca [ka.ló.ri.ko, -.ka] 形 カロリーの, 熱の. ——男 熱素; 熱.

ca·lo·rí·fe·ro, ra [ka.lo.rí.fe.ro, -.ra] 形 放熱[伝熱]の. ——男 放熱器, 暖房器具.

ca·lo·rí·fi·co, ca [ka.lo.rí.fi.ko, -.ka] 形 熱の, 熱を発する[伝える]. potencia *calorífica* 発熱量.

ca·lo·rí·fu·ga·do, da [ka.lo.rí.fu.gá.ðo, -.ða] 形 断熱処理した, 断熱材を用いた, 断熱性の.

ca·lo·rí·fu·go, ga [ka.lo.rí.fu.go, -.ga] 形 **1** 不燃性の. **2** 断熱性の.

ca·lo·ri·me·trí·a [ka.lo.ri.me.trí.a] 囡 熱量測定(法).

ca·lo·ri·mé·tri·co, ca [ka.lo.ri.mé.tri.ko, -.ka] 形 熱量計[上]の; 熱量測定の.

ca·lo·rí·me·tro [ka.lo.rí.me.tro] 男 熱量計.

ca·lo·ri·na [ka.lo.rí.na] 囡《話》蒸し暑さ; 暑苦しさ.

ca·lo·rro, rra [ka.ló.r̄o, -.r̄a] 形《隠》《軽蔑》ロマ[ジプシー]の. ——男《隠》《軽蔑》ロマ[ジプシー]. ——男 ロマ[ジプシー]語.

ca·lo·so, sa [ka.ló.so, -.sa] 形《紙などが》浸透性の.

ca·los·tro [ka.lós.tro] 男《医》初乳.

ca·lo·te [ka.ló.te] 形《ラ米》(ﾒﾋｺ)《話》筋肉質の, 頑健な. ——男《ラ米》(ﾌﾞﾗ)《俗》詐欺, かたり, わな. *dar ~* かたえる, だます.

ca·lo·te·ar [ka.lo.te.ár] 他《ラ米》(ﾌﾞﾗ)《話》かたる, だまし取る.

ca·lo·yo [ka.ló.jo] 男 **1** (生まれての)子羊, 子ヤギ. **2** 新兵.

cal·pa·mu·lo, la [kal.pa.mú.lo, -.la] 囡《ラ米》(ﾒﾋｺ)中国系と黒人の混血.

cal·pen·se [kal.pén.se] 形《スペインの Gibraltar の旧称》カルペ Calpe の.
——男 囡 カルペ[ジブラルタル]の住民[出身者].

cal·pix·que [kal.pí(k)s.ke] 男《ラ米》(ﾒﾋｺ)《史》カルピスキ: 植民地時代にエンコミエンダの所有者 encomendero のもとで, 先住民から年貢を収納し, また労役の徴用に当たった先住民の頭.

cal·pul [kal.púl] 男《ラ米》(1)(ｸﾞｱﾃ)集会, 秘密の会合. (2)(ｴﾙｻﾙ)先住民の村落跡.

cal·se·co, ca [kal.sé.ko, -.ka] 形 石灰処理された.

cal·ta [kál.ta] 囡《植》リュウキンカ.

ca·lu·ga [ka.lú.ga] 形《ラ米》(ﾁﾘ)《話》〈人が〉べたべたしたがる, よだれがついてくる.
——囡《ラ米》(ﾁﾘ)《話》(牛乳・バター・砂糖・香料で作る四角い)キャラメル.

ca·lu·ga·zo [ka.lu.gá.θo / -.so] 男《ラ米》(ﾁﾘ)《話》激しいキス.

ca·lu·ma [ka.lú.ma] 囡《ラ米》(ｺﾛ)(アンデスの)山峡, 山路.

ca·lu·met [ka.lu.mé(t)] 男 (北米先住民が和解の儀式で用いる)パイプ.

ca·lum·nia [ka.lúm.nja] 囡 **1** 中傷, 誹謗(ﾋﾎｳ). levantar [decir] ~s contra+人〈人〉を中傷する. **2**《法》誣告(ﾌﾞｺｸ)(罪), 名誉毀損(ｷｿﾝ).
[←[ラ] *calumniam* (*calumnia* の対格) ; 〔関連〕[英]*calumny, challenge*]

ca·lum·nia·dor, do·ra [ka.lum.nja.ðór, -.ðó.ra] 形 中傷的な, 名誉を毀損(ｷｿﾝ)する.
——男 囡 中傷者.

ca·lum·niar [ka.lum.njár] 82 他 誹謗(ﾋﾎｳ)(中傷)する, …の名誉を傷つける.

ca·lum·nio·so, sa [ka.lum.njó.so, -.sa] 形 中傷的な.

ca·lu·ro·sa·men·te [ka.lu.ró.sa.mén.te] 副 温かく, 熱烈に. felicitar ~ 心から祝福する.

*ca·lu·ro·so, sa [ka.lu.ró.so, -.sa] 形 **1** 暑い. un día ~ 暑い日. **2** 熱烈な, 心温まる. un recibimiento ~ 熱烈な歓迎.

ca·lu·yo [ka.lú.jo] 男《ラ米》(ﾎﾞﾘ)(ｱﾙｾﾞ)カルージョ: 足拍子を打って踊る先住民の踊り[舞曲].

cal·va [kál.ba] 囡 **1** 頭のはげた部分. **2** (毛皮・布地・芝生などの)はげた[擦り切れた]個所. **3** 林間の草地. **4**《遊》立てた棒の上端に石を投げ当てる遊び.

cal·va·dos [kal.bá.ðos] 男《仏》《単複同形》カルバドス: リンゴ酒のブランデー(北フランス原産).

cal·var [kal.bár] 他 **1** (calva 遊びで)〈石を〉当てる. **2** だます.

cal·va·rio [kal.bá.rjo] 男 **1**《カト》十字架の道行き(= *vía crucis*). **2** 苦難[受難]の連続. **3** [C-] カルバリオの丘. ♦キリスト処刑の地, 別称 Gólgota の丘. **4** (掛け買いなどで)かさんだ借金. *tener un ~ de deudas* 借金で首が回らない.

cal·va·true·no [kal.ba.trwé.no] 男《話》**1** はげ頭(の人). **2** おっちょこちょい; 向こう見ずな人.

cal·ve·ro [kal.bé.ro] 男 **1** 林間の草地. **2** 粘土状の土地.

cal·ve·te [kal.bé.te] 男 *calvo* + 縮小辞.

cal·vi·cie [kal.bí.θje / -.sje] 囡 はげ(頭), 毛の薄いこと. ~ *precoz* 若はげ.

cal·vi·nis·mo [kal.bi.nís.mo] 男 カルバン主義: 宗教改革者 Calvino の神学から発展したプロテスタントの思想.

cal·vi·nis·ta [kal.βi.nís.ta] 形 カルバン主義の.
— 男女 カルバン主義者. → hugonote.

Cal·vi·no [kal.βí.no] 固名 カルバン, カルビン Juan 〜 (1509-64) : フランス出身のスイスの宗教改革者.

*__cal·vo, va__ [kál.βo, -.βa] 形 **1** 頭のはげた. quedarse 〜 はげになる. **2**《布地・毛皮・芝生などが》擦り切れた, はげた. **3** 《土地が》草木のない, 不毛の.
— 男女 はげ頭の人, 毛の薄い人.
A la ocasión la pintan calva.《諺》好機逸すべからず（▶ 幸運の女神には後ろ髪がないので後ろからはつかめないことから）.
ni tanto ni tan calvo ほどほどに.
[←［ラ］*calvum*（*calvus* の対格）. ［関連］［英］*Calvary*］

cal·za [kál.θa / -.sa] 女 **1** くさび, 車輪止め. **2**《話》靴下, 長靴下. *medias* 〜*s* 七分の靴下. **3**《複数で》(ブルーマー型の)半ズボン；《史》(昔の男性用)ストッキング. **4** (家畜の足にはめる)目印のリボン. **5**《ラ米》(ラプラタ)(プエルトリコ)(歯の)充填(じゅうてん)(材).
verse en calzas prietas 窮地に陥る.

cal·za·da [kal.θá.ða / -.sá.-] 女 **1** 石畳の道；街道. 〜 *romana* ローマ時代の石畳道.
2 車道. **3**《ラ米》(メキシコ)歩道.

cal·za·de·ra [kal.θa.ðé.ra / -.sá.-] 女 **1** (サンダルの)麻ひも. **2** 輪止め.

*__cal·za·do, da__ [kal.θá.ðo, -.ða / -.sá.-] 形 **1** (履き物を)履いた. *un niño* 〜 靴を履いた子供. *los pies* 〜*s con sandalias* サンダルを突っ掛けた足.
2〈跣足(せんそく)修道会に対し〉靴履きの(↔*descalzo*).
3〈くさび・輪止めを〉かませた, 支(か)った. *dejar el coche* 〜 *con piedras* 車に石を支っておく.
4〈馬などが〉足先だけ毛色の違う. *caballo* 〜 *de blanco* 足先の毛並みが白い馬.
5〈鳥が〉足まで羽毛で覆われた. **6**《紋》盾の下端を頂点にした逆三角形で盾を分けた図形の.
— 男《集合的》履き物, 靴. *industria del* 〜 履き物産業. *una tienda de* 〜 靴店.

cal·za·dor [kal.θa.ðór / -.sa.-] 男 **1** 靴べら. *entrar* [*meter*] *con* 〜 無理に込む［入れる］.
2《ラ米》(1)《コロンビア》ペン軸. (2)《エクアドル》鉛筆のホルダー.

cal·za·du·ra [kal.θa.ðú.ra / -.sa.-] 女 **1** 履き物を履くこと. **2**（木製の）外輪, リム.

*__cal·zar__ [kal.θár / -.sár] 97 他 **1** …に履き物を履かせる；〈靴を〉履く. 〜 *nuevos zapatos* 靴を新調する. *Hay que* 〜 *a los niños porque no pueden hacerlo solos.* 子供らは自分で靴が履けないので誰かが履かせてやらなければならない. *¿Qué número calza Vd.?* — *Calzo un 43.* 靴のサイズはいくつですか. —43号です.
2〈手袋を〉はめる, 〈靴下を〉履く, 〈拍車を〉付ける.
3 〈くさびを〉かませる ＝〉*calzo).* **4** くさびを かませる【支う=】. **5**《軍》《火器が》…口径である. **6**《ラ米》(1)《ラプラタ》(プエルトリコ)(歯の)充填(じゅうてん)する. (2)《エクアドル》《ペルー》…に土をかぶせる.
— 自 **1** 靴を履く. *Calza bien.* 彼［彼女］は良い靴を履いている.
2（*mucho* [*poco*] を伴い) 頭がいい［悪い］.
— 〜*se* 再 **1** 履く. 〜*se los esquís* スキーを履く. 〜*se los patines* スケート靴を付ける. **2** …より優位に立つ, 凌ぐ. **3** 獲得する.
［←［ラ］*calceāre*（*calceus*「靴」より派生）］

cal·zo [kál.θo / -.so] 男 **1** …にかませる［支(か)う］もの, くさび. **2**《海》（船荷などを固定する）止め木. **3**《複数で》体と毛の色が違う馬の足.

cal·zón [kal.θón / -.són] 男 **1**《服飾》《時に複数で》（スポーツ用の）トランクス；（昔の）半ズボン. **2** 命綱. **3**《ラ米》(1)《時に複数で》ズボン, パンツ. (2)《メキシコ》パンティー, ショーツ（女性の下着）. (3)《アルゼンチン》ポークシチュー.
a calzón quitado《話》無遠慮に. *Habla a* 〜 *quitado.* 彼は歯に衣着せずはっきり言う.
amarrarse los calzones《ラ米》《話》腹を決める.
llevar [*tener, ponerse*] *los calzones bien puestos*（話）家の中で権威を有する, 亭主関白でいる, 亭主を尻に敷く.

cal·zón, zo·na [kal.θón, -.θó.na / -.són, -.só.-] 男女 《ラ米》ばか者, 愚か者.

cal·zo·na [kal.θó.na / -.só.-] 女 **1** → *calzón*. **2**（乗馬の際などに用いられる）ひざ丈のズボン（▶ 一着の場合にも複数形が用いられることがある）.

cal·zo·na·ria [kal.θo.ná.rja / -.so.-] 女《ラ米》(1)《主に複数で》《メキシコ》（グアテマラ）《ホンジュラス》パンティー, ショーツ（女性の下着）. (2)《キューバ》サスペンダー.

cal·zo·na·rio [kal.θo.ná.rjo / -.so.-] 男《ラ米》《複数で》(1)《コロンビア》《ペルー》（婦人用の）ズボン, スラックス. (2)《キューバ》パンティー, ショーツ（女性の下着）.

cal·zo·na·zos [kal.θo.ná.θos / -.so.-.sos] 男《性数不変》妻の尻に敷かれた. — 男《単複同形》《話》《軽蔑》妻の尻に敷かれた夫；腰抜け.

*__cal·zon·ci·llo__ [kal.θon.θí.jo ‖ -.ɟo / -.son.sí.-] 男《主に複数で》《服飾》（男性用下着の）パンツ, ブリーフ, トランクス.
calzoncillo de baño《ラ米》《キューバ》海水パンツ.

cal·zo·ne·ar [kal.θo.ne.ár / -.so.-]他《ラ米》《キューバ》（話）急がせる, 急かす.

cal·zo·ne·ras [kal.θo.né.ras / -.so.-] 女《ラ米》《メキシコ》《キューバ》《複数形》（両側にボタンのついた）乗馬ズボン.

cal·zo·nu·do, da [kal.θo.nú.ðo, -.ða / -.so.-] 男 **1** 妻の尻に敷かれた, 恐妻家の. 《話》(1)《ホンジュラス》精力的な, タフな. (2)《プエルトリコ》《コロンビア》《メキシコ》薄のろの, 小心の. (3)《キューバ》勇敢な, 勇ましい.
— 男《ラ米》《話》(1)《メキシコ》妻の言いなりになった夫. (2)《プエルトリコ》《キューバ》先住民.

cal·zo·rras [kal.θó.r̄as / -.só.-] 男《単複同形》《話》→ *calzonazos*.

CAM [kám] 女《略》*Caja de Ahorros del Mediterráneo*（スペインの）地中海銀行.

✱✱ca·ma [ká.ma] 女 **1** ベッド, 寝台. *echarse* [*meterse*] *en la* 〜 ベッドに横たわる［もぐりこむ］. *hacer la* 〜 ベッドメイクする. *ir(se) a la* 〜 就寝する. *saltar de la* 〜 飛び起きる. 〜 *de campaña* キャンプ用簡易ベッド. 〜 *de viento*《ラ米》《アルゼンチン》《パラグアイ》《ウルグアイ》*plegable* 折り畳み式ベッド. 〜 *nido* 入れ子式ベッド. 〜 *de matrimonio* ダブルベッド. 〜 *individual* / 〜 *de soltero* シングルベッド. 〜*s separadas* [*gemelas*] ツインベッド. 〜 *camera* [*frailera*] セミダブルベッド. 〜 *turca*（頭板などがない）フレームベッド. 〜 *mueble* / *sofá* 〜 ソファーベッド. 〜 *de agua* ウォーターベッド. *hospital de cien* 〜*s* ベッド数100床の病院. *coche* 〜《鉄道》寝台車.
2〈牛馬の〉寝わら（＝〜 *de paja*). **3**（メロンなどの）地面に触れる部分, 尻. **4**（荷車の）床. **5**《海》浜上げした船の跡. **6**《ラ米》《キューバ》《話》わな.
caer en cama 病気になる.
cama elástica トランポリン.

cama redonda (1) 3～4人用大型ベッド. (2)《俗》スワッピング.
estar en cama / guardar [hacer] cama 病気で寝ている, 伏せっている.
hacer la cama a +人〈人〉をわなにはめる.

ca·ma·chue·lo [ka.ma.tʃwé.lo] 男『鳥』(1) ギンザンマシコ. (2) ウソ.

ca·ma·da [ka.má.ða] 女 1 (動物の) ひと腹の子, (鳥の) 一巣のひな. 2 層, 段;『建』(れんが・石積みなどの) 層;『地質』層. caja con dos ～s de huevos 二段重ねの卵ケース. 3 《話》(強盗・悪党などの) 一味, 一党, 一団.

ca·ma·fe·o [ka.ma.fé.o] 男 カメオ: 貝殻・めのう・こはくなどに浮き彫りを施した装身具.

ca·ma·gua [ka.má.gwa] 女 《ラ米》(ﾒｷ)(ｶﾘﾌﾞ) 熟し始めたトウモロコシ.

Ca·ma·güey [ka.ma.gwéi] 固名 カマグエイ: キューバ中部の県; 県都.

ca·ma·hua [ka.má.(g)wa] 女 《ラ米》熟しきっていない (柔らかい) トウモロコシ (の穂).

ca·ma·hue·to [ka.ma.(g)wé.to] 男 《ラ米》(ﾁﾘ) カマウエト: 怪力で洪水を引き起こすと信じられている架空の水生動物.

ca·mal [ka.mál] 男 1 (馬の) 端綱. 2 畜殺した豚をつるす太い棒. 3 《ラ米》(ﾍﾟﾙｰ) 畜殺場.

ca·ma·le·ón [ka.ma.le.ón] 男 1 『動』カメレオン. 2 《話》日和見主義者, ご都合主義者. 3 [C-]『星座』カメレオン座.

ca·ma·le·ó·ni·co, ca [ka.ma.le.ó.ni.ko, -.ka] 形 1 カメレオンの. 2 カメレオンのような, 意見や態度をころころと変える; 無節操な, 外見のよく変わる.

ca·ma·le·ro [ka.ma.lé.ro] 男 《ラ米》(ﾍﾟﾙｰ) 畜殺人; 食肉業者.

ca·ma·lo·tal [ka.ma.lo.tál] 男 《ラ米》(川・沼などで) ミズアオイ科の水草 (ホテイアオイなど) に覆われた場所, ホテイアオイなどが絡み合って形成された浮島.

ca·ma·lo·te [ka.ma.ló.te] 男 《ラ米》『植』ホテイアオイ, ホテイソウ.

ca·ma·ma [ka.má.ma] 女 《俗》うそ, たわ言.

ca·mam·bú [ka.mam.bú] 男 《ラ米》(ﾘｵﾌﾟ) (複数で) 《話》大きすぎる靴.

ca·ma·mi·la [ka.ma.mí.la] 女 『植』カミツレ, カモミール (= camomila). → **manzanilla**.

ca·ma·nan·ce [ka.ma.nán.θe / -.se] 男 《ラ米》(ﾒｷ) えくぼ.

ca·man·cha·ca [ka.maɲ.tʃá.ka] 女 《ラ米》(ﾁﾘ)(ﾎﾞﾘ) (アタカマ砂漠の) 濃霧.

ca·mán·du·la [ka.mán.du.la] 女 1 『カト』(1つまたは3つの大珠 (粒) のある) ロザリオ, 数珠. 2 《話》ずるさ, 偽善. No me vengas con ～s. ごまかしはやめろ, うそをつくな.

ca·man·du·le·ar [ka.man.du.le.ár] 自 1 信心深いふりをする, 篤信家ぶる. 2 《ラ米》猫をかぶる; 曖昧 (ﾒｲ) な態度を取る.

ca·man·du·le·ro, ra [ka.man.du.lé.ro, -.ra] 形 《話》ずるい, 偽善の. — 男 1 《話》ずるい人; 偽善者. 2 信心家ぶる人.

cá·ma·ra [ká.ma.ra] 女 1 **カメラ**, 写真機 (= ～ fotográfica, ～ de fotos); 監視カメラ. ¡C～! ¡Acción! 『テレビ・映画撮影で』スタート. ～ digital デジタルカメラ. ～ de televisión テレビカメラ. ～ de vídeo [video] ビデオカメラ. ～ oculta 隠しカメラ.
2 部屋;(国王の) 私室, 寝室. médico de ～ 侍医. gentilhombre de ～ 侍従.
3 (特定の目的の) 室. ～ frigorífica 冷蔵室. ～ de gas ガス室. ～ acorazada 貴重品保管室, 金庫室. ～ mortuoria (通夜のための) 霊安室.
4 (上級船員の) 船室.
5 (協会などの) 会議室, 会議所; その機関. ～ de comercio e industria 商工会議所. ～ de compensación 手形交換所.
6 議院, 立法機関. ～ baja / ～ de diputados 下院. ～ alta / ～ de senadores 上院. ～ de los Lores (英国議会の) 上院. ～ de los Comunes (英国議会の) 下院. ～ de Representantes (米国議会・州議会の) 下院, 代議員. ～ de Indias『史』植民地会議院. 7 チューブ, (ボールの) 内袋. ～ de un neumático タイヤチューブ. 8 『機』(空気・蒸気などの) 室;(銃の) 薬室. ～ de combustión 燃料室.
9 『解剖』小室, 腔. ～ anterior [posterior] del ojo 前 [後] 眼房. 10 (複数で)『医』下痢. 11 《ラ米》(ﾒｷ) 《話》友達.
— 男 カメラマン, 撮影技師. — 間投 《ラ米》(ﾒｷ) 《俗》(驚き) あらまあ;(同意) いいよ.

a [en] cámara lenta スローモーションで.
cámara apostólica 『カト』ローマ教皇庁会計院.
cámara de resonancia 共鳴器.
cámara húngara 《ラ米》(ﾒｷ) 騒然, 大混乱 (の状況).
cámara oscura カメラオブスキュラ: 小孔またはレンズのついた暗箱.
chupar cámara 《話》(撮影で) カメラを独り占めする, 目立つところに立つ.
de cámara 〈オーケストラなどが〉室内の; 宮廷の. pintor de ～ 宮廷画家.
[←[俗] *cámara* ← [ラ] *camera* 「円天井」← [ギ] *kamárā*]

‡**ca·ma·ra·da** [ka.ma.rá.ða] 男 女 1 **仲間**, 同僚 ; 友人. ～ de colegio 学友. ～ de trabajo 同僚. mi ～ el doctor Blanco わが同僚ブランコ博士. 2 (政治的な) 同志, 党員. 3 同室者.

ca·ma·ra·de·rí·a [ka.ma.ra.ðe.rí.a] 女 1 仲間 [友人] であること. 2 友情; 仲間 [連帯] 意識.

ca·ma·ran·chón [ka.ma.raɲ.tʃón] 男 屋根裏 (部屋).

‡**ca·ma·re·ro, ra** [ka.ma.ré.ro, -.ra] 男 女 1 **給仕**, ウエーター, ウエートレス ;(客船などの) 乗客係. ¡C～! ボーイさん. 2 (国王・貴族の) 側近, 侍従, (王妃付きの) 侍女, 女官 ;《古語》教皇私室長官. ～ mayor (王の) 侍従長. 3 (劇場の) 衣装係.
— 女 1 (上流家庭の) 家政婦, 女中頭.
2 (料理などを載せる) ワゴン.
3 《ラ米》(ﾎﾞﾘ) 女性客室乗務員.

ca·ma·re·ta [ka.ma.ré.ta] 女 1 『海』(1) 小型船の船室. (2) (軍艦の) 士官候補生用船室. 2 《ラ米》(ﾍﾟﾙｰ) 花火の打ち上げ筒. [*cámara* + 縮小辞]

ca·ma·ri·co [ka.ma.rí.ko] 男 《ラ米》(ﾁﾘ)(1) お気に入りの場所. (2) (ﾍﾟﾙｰ) 情事, 火遊び. (3) (ﾍﾟﾙｰ) 献納物.

ca·ma·rien·to, ta [ka.ma.rjén.to, -.ta] 形 下痢の. — 男 下痢患者.

ca·ma·ri·lla [ka.ma.rí.ja ǁ -.ʎa] 女 1 私的顧問団, 黒幕; 『史』(スペイン宮廷の) 側近 (団). 2 派閥.

ca·ma·rín [ka.ma.rín] 男 1 (教会の聖像を祭る) 壁龕 (ﾍﾟｷ), 付属村聖室; (聖像の装束・装飾品の) 保管室. 2 小部屋, 私室; 化粧室. 4 (陶磁器などの) 所蔵庫. [*cámara* + 縮小辞]

ca·ma·ris·ta [ka.ma.rís.ta] 女 侍女, 女官.

ca·mar·len·ga·do [ka.mar.leŋ.gá.ðo] 男 『カト』カメルレンゴの職 [位].

ca·mar·len·go [ka.mar.léŋ.go] 男【カト】カメルレンゴ:教皇庁の会計を司(ﾂｶｻﾄﾞ)り、教皇座空位時の教皇代行の枢機卿(ｷｮｳ).

ca·ma·ró·gra·fo, fa [ka.ma.ró.gra.fo, -.fa] 男女 (ｶﾒﾗﾏﾝ)(ｻﾂｴｲｷﾞｼ)(ﾀﾞｲｷﾞ)(ｼﾞｭﾂｼ)(テレビ・映画の)カメラマン、撮影技師.

*__ca·ma·rón__ [ka.ma.rón] 男 1【動】エビ、淡水エビ;《ラ米》クルマエビ. 2《ラ米》(1) (ﾛﾃﾞｵ)(ｻﾞﾂ)チップ、心付け. (2) (ﾛﾊﾞ)《話》うわさ好きな人. (3) (ﾒｷ)《話》下手な運転手. (4) (ｱﾙｾﾞ)《俗》私服刑事. (5) (ｺﾛ)政党を鞍(ｸﾗ)替えする者;《話》裏切り者、変節者. (6) (ｺﾛ)《話》短い昼寝.

camarón (エビ)

ca·ma·ro·ne·ar [ka.ma.ro.ne.ár] 自《ラ米》(1) エビを捕る. (2) (ｺﾛ)政党を鞍(ｸﾗ)替えする.

ca·ma·ro·ne·ro, ra [ka.ma.ro.né.ro, -.ra] 男女 エビ捕り;エビ売り. — 男 (ｺﾛ)【鳥】カワセミ. — 女 エビ捕りの網.

ca·ma·ro·te [ka.ma.ró.te] 男【海】キャビン、船室.

ca·ma·ro·te·ro, ra [ka.ma.ro.té.ro, -.ra] 男女《ラ米》船室の給仕係.

ca·ma·rro·ya [ka.ma.ŕó.ja] 女【植】野生のチコリ [キクニガナ].

ca·mas·quin·ce [ka.mas.kín.θe / -.se] 男女《話》お節介焼き.

ca·mas·tra [ka.más.tra] 女《ラ米》(ﾁ)《話》ずるさ、狡猾(ｺｳｶﾂ)、抜けめなさ;しらばくれ.

ca·mas·tre·ar [ka.mas.tre.ár] 自《ラ米》(ﾁ)《話》ずるく振る舞う、策を巡らす.

ca·mas·tro [ka.más.tro] 男《軽蔑》粗末なベッド、不潔なベッド.

ca·mas·trón, tro·na [ka.mas.trón, -.tró.na] 形《話》ずる賢い. — 男女《話》ずる賢い人.

ca·ma·yo [ka.má.jo] 男《ラ米》(ﾍﾟ)(農場の)監督.

cam·ba·do, da [kam.bá.ðo, -.ða] 形《ラ米》(ｴｸﾞ)(ﾊﾟﾗ)(ｳﾙ)《話》O脚の、脚の曲がった.

cam·ba·la·che [kam.ba.lá.tʃe] 男 1《話》(安物の)物々交換. 2《ラ米》(ｱﾙｾﾞ)古物商.

cam·ba·la·che·ar [kam.ba.la.tʃe.ár] 他《話》物々交換をする、取り替える.

cam·ba·la·che·ro, ra [kam.ba.la.tʃé.ro, -.ra] 形《話》《軽蔑》値打ちのないものを交換する;安物をつかませる. — 男女 1《話》《軽蔑》値打ちのないものを交換する人;安物をつかませる人. 2《ラ米》(1) (ｱﾙｾﾞ)古物商店主. (2) (ｺﾛ)がらくたを溜め込む人.

cam·ba·le·o [kam.ba.lé.o] 男 (スペイン黄金世紀の笑劇専門の)旅回りの一座.

cam·bar [kam.bár] 他《ラ米》(ｶﾘ)(ｺﾛ)(ﾒｷ)曲げる.

cám·ba·ro [kám.ba.ro] 男【動】(食用の)海ガニ.

cam·be·ra [kam.bé.ra] 女 カニ [エビ] 捕り網.

cam·bia·ble [kam.bjá.ble] 形 1 変わりうる. 2 交換できる.

cámbaro (海ガニ)

cam·bia·di·zo, za [kam.bja.ðí.θo, -.θa / -.so, -.sa] 形 変わりやすい、移り気の.

cam·bia·dor, do·ra [kam.bja.ðór, -.ðó.ra] 形 交換する. — 男 1 交換器、切り替えスイッチ. ~ de calor【機】熱交換器. ~ de frecuencia【電】周波数変換器. 2《ラ米》(ﾒｷ)(ﾎﾞﾘ)(ﾍﾞ)【鉄道】転轍(ﾃﾝﾃﾂ)手 (= guardagujas). 3 おむつ交換台. — 男女 両替商.

cam·bian·te [kam.bján.te] 形 変化する;変わりやすい. — 男《主に複数で》(光による)色の変化. — 男女 両替商.

*__cam·biar__ [kam.bjár] 82 他 1《por... ...と》取り替える、入れ替える. ~ le los pañales al niño 子供のおむつを替える. ¿Me la puede ~ por otra talla? これを別のサイズのと替えてくれますか.

2《en... ...に》変える;両替する. ~ la tristeza en alegría 悲しみを喜びに変える. ~ yenes en euros 円をユーロに両替する.

3《…の場所を》動かす、移転する. Ha cambiado la cama de sitio. 彼[彼女]はベッドの位置を変えた.

4《言葉・あいさつを》交わす. ~ saludos あいさつを交わす. ~ opiniones 意見交換する.

— 自 1 変わる、変化する. Por la tarde va a ~ el viento. 午後には風向きが変わるだろう.

2《de+無冠詞名詞 …を》換える、変える. ~ de marcha 車のギアを入れ替える. ~ de opinión 意見を変える. ~ de tren 電車を乗り換える.

3 乗り換える《a...》(車のギアを)《…に》する. Tienes que ~ en la siguiente estación. 次の駅で乗り換えなさい. Cambia a segunda, cuando haya una cuesta empinada. 急な坂があるときは、ギアをセカンドにしなさい.

— ~·se 再 1 着替える.

2 (髪型を) 変える、〈衣服を〉着替える. ¿Te has cambiado el peinado? 君、髪型を変えたの.

3《de... ...を》変える;取り替える. Quiero cambiarme de casa. 私は引っ越ししたい. Cámbiate de camisa, que está sucia. シャツを着替えなさい、汚れてるから.

4《en... ...に》変わる. La alegría se cambió en dolor. 喜びは苦痛に変わった.

5《複数主語で》…を交換し合う. Los dos se han cambiado los regalos. ふたりはプレゼントを交換した.

*cambiar de chaqueta [camisa, casaca]《軽蔑》寝返る、変節する.

[←〔後ラ〕*cambiare*「交換する」(ケルト語起源); 関連【英】change].

cam·bia·rio, ria [kam.bjá.rjo, -.rja] 形【経】為替の;為替手形の. mercado ~ 為替市場. política *cambiaria* 為替政策.

cam·bia·ví·a [kam.bja.bí.a] 男《ラ米》(ｸﾞ)(ﾒｷ)【鉄道】転轍(ﾃﾝﾃﾂ)手;転轍機、ポイント.

cam·bia·zo [kam.bjá.θo / -.so] 男 (詐欺的な)交換、すり替え. dar el ~《話》品物をすり替える.

*__cam·bio__ [kám.bjo] 男 1 変化、変更. ~ de actitud 態度の変化. ~ radical 急激な変化. ~ de domicilio 住所変更. Se han hecho algunos ~s en el programa. プログラムにいくつかの変更が出た. Tu hija ha pegado [dado] un ~ tremendo. 君のお嬢さんはすごく変わったね.

2 交替、取り替え. ~ de gobierno 政権交代. No se admiten ~s. お取り替えはご遠慮ください.

3《集合的》おつり (=vuelta);両替銭、小銭. Aquí tiene usted su ~. はい、おつりです. ¿Hay alguien que tenga ~

cambio (両替)

de 1.000 yenes en monedas de 100? 千円を百円玉に両替できる人いますか.
4〖為替, レート〗;〖商品の〗相場. casa de ~ 両替屋. letra de ~ 為替手形. ¿A cuánto está el ~ del euro? ユーロのレートはいくらになっていますか.
5〖車〗変速, ギアチェンジ (= ~ de marchas, ~ de velocidades). ~ automático [manual] オートマチック[マニュアル]のギアチェンジ. **6**〖スポ〗メンバーチェンジ. realizar [efectuar] un ~ メンバーチェンジを行う. **7**〖鉄道〗ポイント (= ~ de vía).
—〖語〗→cambiar.
a cambio (de...) (…と)交換に. No pido nada a ~. 私は代償を何も求めません.
a la(s) primera(s) de cambio 急に, 唐突に.
en cambio その代わり, 一方. ▶ 副詞的に用いて前件と対比する表現を導入する. ~ Ella siempre estudia, pero tú, *en* ~, no haces nada en todo el día. 彼女はいつも勉強しているのに, 君は一日中何もしてないわ.
en cambio de... …の代わりに.
libre cambio 自由貿易. zona de *libre* ~ 自由貿易地域.

cam·bis·ta [kam.bís.ta] 男女 **1** 両替商. **2** 銀行家.

cám·bium [kám.bjum] 男〖植〗形成層:茎と根を肥大させる植物組織.

Cam·bo·ya [kam.bó.ja] 固名 カンボジア(王国):首都 Phnom Penh.

cam·bo·ya·no, na [kam.bo.já.no, -.na] 形 カンボジアの, カンボジア人〖語〗の. —男女 カンボジア人. —男 カンボジア語, クメール語 (= khmer).

cam·bray [kam.brái] 男〖服飾〗キャンブリック, カナキン:薄手の白い亜麻布や綿布.

cam·bri·a·no, na [kam.brjá.no, -.na] / **cám·bri·co, ca** [kám.bri.ko, -.ka] 形 **1**〖地質〗カンブリア紀の. **2**〖英国の〗ウェールズ Gales (ラテン語名 Cambria) の; ウェールズ人の. —男女 ウェールズ人. —男 カンブリア紀.

cam·brón [kam.brón] 男〖植〗(**1**) クロウメモドキ(科の総称). (**2**) キイチゴ〖属の総称〗. (**3**)〖複数で〗キリストノイバラ:パレスチナ地方産のとげのあるクロウメモドキ科の低木. ♦ キリストの冠に用いたという.

cam·bro·na [kam.bró.na] 女〖ラ米〗〖コス〗粗綿布.

cam·bro·nal [kam.bro.nál] 男 キイチゴ〖ココ〗畑.

cam·bro·ne·ra [kam.bro.né.ra] 女〖植〗クコ.

cam·bu·cho [kam.bú.tʃo] 男〖ラ米〗〖チ〗三角の紙袋;くずかご, 汚れ物入れ;わらの覆い;小部屋.

cam·buj [kam.bú(x)] 男 仮面.

cam·bu·jo, ja [kam.bú.xo, -.xa] 形〖ラ米〗〖メ〗〖グテ〗先住民と黒人の混血の;〖肌が〗浅黒い;〖動物が〗浅黒い, 暗黒色の.

cam·bu·llón [kam.bu.jón ‖ -.ʎón] 男〖ラ米〗〖エクア〗〖ペ〗〖ベネ〗〖話〗ぺてん, 策略;交換, 取り替え.

cam·bur [kam.búr] 男〖ラ米〗〖ベネ〗(**1**)〖植〗バナナ. (**2**) 役所の仕事;閑職.

cam·bu·rre·ar [kam.bu.r̃e.ár] 他〖ラ米〗〖ベネ〗混ぜる.

cam·bu·te [kam.bú.te] 男〖ラ米〗〖コス〗〖動〗大カタツムリ:食用にされる.

cam·bu·to, ta [kam.bú.to, -.ta] 形〖ラ米〗〖ペ〗〖話〗〖人・ものが〗太って背の低い, ずんぐりした.

cam·cor·der [kam.kór.ðer] 〖英〗男〖複 ~s〗ビデオカメラ (= cámara de vídeo).

ca·me·drio [ka.me.ðrjo] 男〖ヨーロッパ産〗シソ科ニガクサ属(の総称).

ca·me·dri·ta [ka.me.ðrí.ta] 男 ニガクサ入りワイン.

ca·mel [ka.mél] 形〖主に性数不変〗ラクダ色の, 薄褐色の. —男 ラクダ色, 薄褐色.

ca·me·la·dor, do·ra [ka.me.la.ðór, -.ðó.ra] 形 ご機嫌取りの;〖異性を〗口説く.
—男女 へつらう人;口説き屋.

ca·me·lar [ka.me.lár] 他 **1**〖話〗おもねる, 機嫌を取る, 〖猫をかぶって〗だます. Hace lo que puede para ~ al jefe. 彼[彼女]は上司にへつらうためならなんでもする. No me *cameles*. 僕はだまされないよ.
2〖話〗〖人に〗言い寄る, 口説き落とす.
3〖ラ米〗〖ミ〗見入る, うかがう.

ca·me·le·o [ka.me.lé.o] 男〖話〗へつらい;口説き.

ca·me·lia [ka.mé.lja] 女〖植〗ツバキ(の花).

ca·mé·li·dos [ka.mé.li.ðos] 男〖複数形〗〖動〗ラクダ科:camello ラクダ, alpaca アルパカ, llama ラマ, guanaco グアナコ, vicuña ビクーナ.

ca·me·lie·o, a [ka.me.ljé.o, -.a] 形〖植〗ツバキ科の. —女 ツバキ科の植物;〖複数で〗ツバキ科.

ca·me·li·na [ka.me.lí.na] 女〖植〗アマナズナ.

ca·me·lio [ka.me.ljo] 男〖植〗ツバキ.

ca·me·lis·ta [ka.me.lís.ta] 形〖話〗巧みな話し方でだます, えせの. pintor ~ 自称画家.
—男〖話〗口のうまい;はったり屋.

ca·me·lla [ka.mé.ja ‖ -.ʎa] 女 **1** → camello. **2** 飼い葉桶〖女〗, 水桶.

ca·me·llar [ka.me.jár ‖ -.ʎár] 自〖ラ米〗〖コロ〗〖話〗一生懸命に働く, 精を出す.

ca·me·lle·ro, ra [ka.me.jé.ro, -.ra ‖ -.ʎé.-] 男 〖ラ〗ラクダ引き.

*****ca·me·llo, lla** [ka.mé.jo, -.ja ‖ -.ʎo, -.ʎa] 男女〖動〗〖フタコブ〗ラクダ (▶通常はこぶが2つあるのを指すが, ヒトコブラクダ dromedario を含む〖指す〗こともある). pelo de ~ ラクダの毛の織物;またそれに似せた代用品. disfrutar como un ~ 思い切り楽しむ. ~ pardal キリン.
—男 **1**〖スペイン〗〖隠〗〖末端の〗麻薬の売人.
2〖海〗船の喫水を浅くするための浮力材〖装置〗.
3〖ラ米〗〖コロ〗〖話〗仕事.

ca·me·llón [ka.me.jón ‖ -.ʎón] 男 **1**〖農〗〖田畑の〗畝. **2**〖ラ米〗〖メ〗〖道路の〗中央分離帯. **3**〖牛の〗水桶.

ca·me·lo [ka.mé.lo] 男〖話〗 **1** お世辞, へつらい;口説き. **2** 冗談, 出任せ. Es puro ~. それは全くのでたらめだ. Deja de hablar en ~, contéstame seriamente. 冗談はいい加減にしてまじめに答えろ. **3** 見せかけ, いんちき;デマ. Me huele a ~. どうもいんちき臭い. dar (el) ~ a + 人〈人〉をだます. **4**〖ラ米〗〖プエ〗〖話〗詐欺, ぺてん.
de camelo 偽の. un escritor *de* ~ 自称〖えせ〗作家.

Ca·me·lo·par·da·lis [ka.me.lo.par.ðá.lis] 固名〖星座〗〖C-〗きりん座 (= la Jirafa).

ca·me·lo·te[1] [ka.me.ló.te] 男〖服飾〗キャムレット:丈夫な厚手の毛織物.

ca·me·lo·te[2] [ka.me.ló.te] 男〖植〗熱帯産のイネ科の植物.

ca·mem·bert [ka.mem.bér(t)] 〖仏〗男 カマンベール(チーズ).

ca·me·na [ka.mé.na] 女 las *C~s*〖ギ神〗〖文章語〗ムーサ musa:文芸・音楽などを司〖ǔǐ〗る女神たち.

ca·me·o [ka.mé.o] 〖英〗男〖映画・劇・テレビドラマなどで〗有名人が端役として一場面に登場すること.

ca·me·ra·man [ka.me.rá.man] 〖英〗男〖複

camerino

~s, cameramen]カメラマン(=cámara).
ca・me・rí・no [ka.me.rí.no] 男 【演】楽屋.
ca・me・rís・ti・co, ca [ka.me.rís.ti.ko, -.ka] 形 室内楽の[に関する].
ca・me・ro, ra [ka.mé.ro, -.ra] 形 1 セミダブルベッドの, 大きめのベッドの. manta *camera* セミダブルベッド用毛布. 2 《ラ米》《話》大きな, でかい.
— 男 女 【寝具】製造者.
— 女 セミダブルベッド(=cama *camera*).
Ca・me・rún [ka.me.rún] 固名 カメルーン：アフリカ中西部の共和国. 首都Yaoundé.
ca・me・ru・nés, ne・sa [ka.me.ru.nés, -.né.sa] 形 カメルーン(人)の. — 男 女 カメルーン人.
ca・mi・ca・ce [ka.mi.ká.θe / -.se] 男 女 → kamikaze.
Ca・mi・la [ka.mí.la] 固名 カミーラ：女子の名.
[← [ラ] *Camilla*; *Camillus* (→ Camilo) より派生. [関連][ポルトガル] *Camila*. [仏] *Camille*. [伊][独] *Camilla*, *Camille*]
ca・mi・li・na [ka.mi.lí.na] 男 緑茶(茶葉).
ca・mi・lla [ka.mí.ʝa [-.ʎa.-] 女 1 (病人用の)担架. ~ de ruedas ストレッチャー.
2 下に火鉢を入れたテーブル(=mesa ~).
ca・mi・lle・ro, ra [ka.mi.ʝé.ro, -.ra |.-ʎé.-] 男 女 担架を運ぶ人；【軍】担架兵.
Ca・mi・lo [ka.mí.lo] 固名 カミーロ：男子の名.
[← [ラ] *Camillus* (*camillus*「神殿に仕える貴族の子弟」より派生); [関連] [仏] *Camille*. [伊] *Camillo*. [英] *Camillus*]
ca・mi・lu・cho, cha [ka.mi.lú.tʃo, -.tʃa] 男 女 《ラ米》(1) (訳)日雇いのガウチョ gaucho. (2) 日雇い農夫.
ca・mín [ka.mín] 男 《ラ米》(訳)《話》子供の浮浪者.
ca・mi・nan・te [ka.mi.nán.te] 形 徒歩の.
— 男 女 通行人；旅人. — 男 馬丁.
※ca・mi・nar [ka.mi.nár] 自 1 歩く(=andar). ~ por la acera 歩道を歩く. He venido *caminando*. 私は歩いてきました. ¿Te gusta ~? 君は歩くのが好きかい.
2 動く, 移動する; 《hacia... ...に》向かう. La industria *camina hacia* una nueva época. 産業は新しい時代へと向かっている.
3 《川などが》流れる. ¿Hacia dónde *camina* este río? この川はどこへ向かって流れているのか.
4 《主にラ米》作動する, 機能する.
— 他 1 《距離・道のりを》歩く.
2 《ラ米》(訳)《話》(欲しいものを手に入れるために)〈人を〉だます；(訳)盗む, 奪う.
caminar derecho (正々堂々と) まっとうな道を行く.
ca・mi・na・ta [ka.mi.ná.ta] 女 《話》1 (長距離の)歩行, ハイキング. darse una ~ ハイキング[遠足]に行く. 2 苦しい[長い]道のり.
ca・mi・ne・ro, ra [ka.mi.né.ro, -.ra] 形 道の.
— 男 《ラ米》道路建設業者.
※ca・mi・no [ka.mí.no] 男 1 道, 街道. indicar el ~ a... ...に道を教える. equivocarse de ~ 道を間違える. ¿Conoces el ~ a la estación? 駅までの道を知っているかい. La vida no es un ~ de rosas. 人生は花ではない. ~ real 王道, 街道. ~ de acceso 進入路. ~ de hierro 線路. ~ forestal 林道. ~ vecinal 市[町, 村]道. ~ de cabras 狭く険しい道. → calle [類語].
2 行程, 経路. Todavía os queda mucho ~ por delante. 君たちまだ先は長いよ.
3 方向, 指針；手段. ir por buen [mal] ~ いい[悪い]方向に向かっている. por ese ~ その方法で. ~ trillado 常套手段. el mejor ~ para sacar buenas notas いい成績をとるための最良の方法.
4 《ラ米》(訳)(訳)(廊下の)細長い絨毯(訳).
— 同 ⇒ caminar.
abrirse camino 〈人が〉(困難を克服して) 成功する；...が受け入れられる, 成功を収める.
a medio camino 中途半端で. dejar... *a medio* ~ ...を途中で放り出す.
a medio camino entre... ...の間の, 中間の.
atravesarse [cruzarse] en el camino de... ...の邪魔をする.
camino de... ...の途上で；...に向かって.
coger el camino 出発する(=ponerse en ~).
de camino (1) 旅行用の. traje *de* ~ 旅行着. (2) 途中で；ついでに(=de paso). ir *de* ~ por... ...に立ち寄る. La oficina me viene *de* ~. オフィスは私の通り道にある.
echar [ir] cada cual por su camino 意見が合わない.
en camino de... ...に向かっている. El país está *en* ~ *de* recuperar la normalidad. その国は平常に戻りつつある.
en el camino de... ...の途上で.
llevar camino de + 不定詞 ...する気配である, ...する方向に向かっている. Carlos *lleva* ~ *de ganar* el concurso. カルロスはコンクールで優勝しそうだ.
ponerse en camino 出発する(=coger el ~).
quedarse a mitad de camino ...が頓挫(訳)する, 中途半端になる, 〈人が〉断念する.
Todos los caminos llevan [conducen] a Roma. (諺)すべての道はローマに通ず.
[← [俗ラ] *camminus* (ケルト語起源); [関連] caminar, caminito. [ポルトガル] *caminho*. [仏] *chemin*. [伊] *cammino*]
cá・mi・no [ká.mi.no] 男 《話》【スポ】(バスケットなどで)ボールを手に持ったまま規定の歩数を超えてしまう反則：トラベリング, オーバーステップなど(=pasos).
※ca・mión [ka.mjón] 男 1 トラック, 貨物自動車. transportar en ~ トラック輸送する. ~ articulado 大型トレーラー. ~ cisterna タンクローリー；給水車. ~ volquete ダンプカー. ~ de carga pesada [ligera] 大型[軽]トラック. ~ frigorífico 冷凍トラック. ~ de bomberos 消防車. ~ de la basura ごみ収集車. ~ de reparto 配達用トラック. ~ de mudanzas 引っ越しトラック. ~ de riego 散水車. ~ materialista 《ラ米》(訳)建築資材運搬用大型トラック. 2 《ラ米》(訳)《話》バス(=autobús).
estar como un camión 《俗》いい体をしている, グラマーである.
[← [仏] *camion*; [関連] camioneta]

salida de camiones
（トラック出口）

ca・mio・na・je [ka.mjo.ná.xe] 男 トラック輸送；(トラック)運送料.
ca・mio・ne・ro, ra [ka.mjo.né.ro, -.ra] 男 女 トラック運転手.

ca·mio·ne·ta [ka.mjo.né.ta] 囡 **1** 軽トラック. **2**《話》バス.

ca·mi·sa [ka.mí.sa] 囡 **1**〖服飾〗**シャツ**, ワイシャツ. ir con ～ y corbata ワイシャツにネクタイを締めて行く. ～ bien planchada 丁寧にアイロンがけをしたシャツ. ～ a cuadros チェックのシャツ. ～ de dormir ナイトガウン (=camisón). ～ de fuerza 拘束衣.
2(果実の)皮;(蛇などの脱皮後の)ぬけがら.
3(本の)カバー;(器械の)カバー.
4 書類挟み, プラスチック製のフォルダー.
5(金属製品の)上塗り;仕上げの塗装.
6(ラ米) (1)衣類, 服. (2)(竹)下張り(の紙).
¡*Camisa!*(ラ米)(メキシコ)《話》(間投詞的に)とんでもない.
camisa azul(スペインの)ファランヘ党員.
camisa negra(イタリアの)ファシスト党員, 黒シャツ隊員.
dejar sin camisa a+人〈人〉を破産させる; 全財産をまきあげる.
hasta la camisa《話》全財産を賭けて. jugarse *hasta la* ～ 賭博(賭)で金を浪費する.
meterse en camisa de once varas《話》お節介を焼く.
*no llegar*le *la camisa al cuerpo*(*a*+人)《話》〈人〉がおびえきっている(▶ la camisa が主語).
perder [*dejar*] (*hasta*) *la camisa* / *quedarse sin camisa*《話》一文無しになる.
[← (後ラ) *camisia*;関連 camiseta, encamisar. [ポルトガル] camisa. [仏] chemise. [伊] camicia. [独] Hemd]

ca·mi·sa·co [ka.mi.sá.ko] 男《ラ米》(メキシコ)(すそを出して着る)オープンシャツ (=guayabera).

ca·mi·se·rí·a [ka.mi.se.rí.a] 囡 **1** ワイシャツ専門店, (主に紳士物の)洋品店. **2** シャツ製造業.

ca·mi·se·ro, ra [ka.mi.sé.ro, -.ra] 形 ワイシャツ(型)の. *blusa camisera* シャツ[ウエスト]ブラウス.
— 男 シャツ製造[販売]業者.
— 男 シャツ[ウエスト]ドレス: 胴部がワイシャツ型のドレス (=vestido ～).

*ca·mi·se·ta [ka.mi.sé.ta] 囡〖服飾〗**Tシャツ**, ランニングシャツ;(スポーツ用の)シャツ.
sudar la camiseta(試合で)一生懸命闘う.

ca·mi·si·lla [ka.mi.sí.ja ‖ -.λa] 囡《ラ米》(グアテマラ) → camiseta.

ca·mi·so·la [ka.mi.só.la] 囡〖服飾〗キャミソール;(紳士の)礼服用シャツ;(フリル・レース飾りのある)シャツ;スポーツシャツ.

ca·mi·so·lín [ka.mi.so.lín] 男〖服飾〗背中の開いたキャミソール;飾り胸当て, シャツフロント.

ca·mi·són [ka.mi.són] 男〖服飾〗**1** ネグリジェ. **2**《ラ米》(1)(コロンビア)(エクアドル)(竹)(ベネズエラ)ナイトガウン. (2)(アルゼンチン)(ウルグアイ)(竹)婦人服. (3)(タリ)(ラ米)(ベネズエラ)婦人用シャツ. [camisa + 増大辞]

ca·mi·ta[1] [ka.mí.ta] 形〖聖〗ハム人の;(Noé の次男)ハム Cam の流れをくむ.
— 男 囡〖聖〗ハム人;ハムの子孫.

ca·mi·ta[2] [ka.mí.ta] 囡《ラ米》(竹)乳児用ベッド. [cama + 縮小辞]

ca·mí·ti·co, ca [ka.mí.ti.ko, -.ka] 形〖聖〗ハム人の;ハム語族の.

ca·mi·to·se·mí·ti·co [ka.mi.to.se.mí.ti.ko] 男〖言〗ハム・セム語族.

ca·mo·char [ka.mo.tʃár] 他《ラ米》(メキシコ)剪定する.

ca·mo·mi·la [ka.mo.mí.la] 囡〖植〗カモミール, カミツレ. → manzanilla.

ca·món [ka.món] 男 **1**(王室礼拝堂の内陣のそばに置かれる)簡易玉座. **2** ガラス張りのベランダ, 出窓. **3**〖建〗(丸天井の)骨組み. **4**《複数で》(木製の車輪の)大輪(たいりん).
camón de vidrio ガラスの間仕切り.

ca·mo·rra [ka.mó.ra] 囡《話》**1** けんか;騒動. buscar ～ けんかを売る[吹っかける]. armar ～ 騒ぎたてる. **2** カモラ:ナポリのマフィア組織.

ca·mo·rre·ar [ka.mo.re.ár] 自《ラ米》(アルゼンチン)(ウルグアイ)《話》けんかする.

ca·mo·rre·ro, ra [ka.mo.ré.ro, -.ra] 形 けんか好きの, 騒々しい. — 男 囡 けんか好きの人, 乱暴者.

ca·mo·rris·ta [ka.mo.rís.ta] 形 男 囡 → camorrero.

ca·mo·te [ka.mó.te] 男《ラ米》(1)〖植〗サツマイモ;球根. (2)(メキシコ)ふくらはぎ. (3)(メキシコ)迷惑. (4)(中米)(竹)みみず腫(は)れ, あざ. (5)(コロンビア)《話》愛人, 恋人. (6)(竹)(メキシコ)面倒なこと, 困難;大きな石. (7)(メキシコ)《話》退屈な人間, 嫌な人. (8)(メキシコ)《話》うそ, デマ. (9)恋慕, 恋心. tener un ～ 恋している.
— 男 囡《ラ米》(1)(アルゼンチン)(メキシコ)(竹)ばか, まぬけ. (2)(メキシコ)不良, ろくでなし.
tragar camote《ラ米》《話》曖昧(あいまい)にしゃべる;いやいやながら[不承不承]話す.

ca·mo·te·ar [ka.mo.te.ár] 自《ラ 米》《話》(1)(メキシコ)ぶらつく, ほっつき歩く. (2)(メキシコ)迷惑をかける.
— 他《ラ米》《話》(1)(メキシコ)困らせる, 悩ませる. (2)(メキシコ)奪う, ふんだくる.

ca·mo·ti·llo [ka.mo.tí.jo ‖ -.λo] 男《ラ米》(1)(メキシコ)(中米)〖植〗ウコン. (2)(ラ米)〖植〗サゴヤシ. (3)(ペルー)(コロンビア)サツマイモで作る菓子.

ca·mo·tu·do, da [ka.mo.tú.ðo, -.ða] 形《ラ米》(1)(コロンビア)《話》ほれっぽい. (2)(メキシコ)難しい, ひと筋縄ではいかない.

camp [kámp] 形《性数不変》**1**(芸術様式・流行・趣味などが)(意識的に)時代錯誤の, これみよがしに古めかしい「時代遅れの」. vestido ～ アナクロな服装. **2** 懐古的な;流行遅れになった芸術的様式・趣味を再評価する. música ～ 世紀の 50 50年代風の音楽.

cam·pa [kám.pa] 囡〈土地が〉木の生えていない.
— 囡 木の生えていない土地.

cám·pa·go [kám.pa.go] / **cam·pa·go** [kam.pá.go] 男(古代ローマの)スリッパ状の靴.

cam·pal [kam.pál] 形 **1** 野外[山野]で行われる. misa ～ 野外ミサ. batalla ～ 野戦;熾烈(しれつ)な戦い[論戦]. **2**《まれ》田舎の, 野原の.

cam·pa·men·tis·ta [kam.pa.men.tís.ta] 男 囡《ラ米》(チリ) → campista.

*cam·pa·men·to [kam.pa.mén.to] 男 野営[**キャンプ**](地);野営隊. ～ de trabajo 作業キャンプ. ～ de verano サマーキャンプ. ～ volante〖軍〗機動[遊撃]キャンプ.

cam·pa·na [kam.pá.na] 囡 **1** 鐘, ～ mayor 大鐘. ～*s de la iglesia* 教会の鐘. tocar [tañer] las ～s 鐘を鳴らす. doblar las ～s 弔鐘を鳴らす. toque de ～ 鐘を鳴らすこと.
2 鐘形のもの. ～ de buzo 潜函(せんかん), ケーソン. ～ de

campana (鐘)
1 corona 冠.
2 panza 腹.
3 badajo 舌.

cam·pa·na·da [kam.pa.ná.da] 囡 **1** 鐘を鳴らすこと；鐘の音. **2** スキャンダル. dar una [la] ～ スキャンダルを引き起こす；驚かす.

cam·pa·na·rio [kam.pa.ná.rjo] 男 (教会の)鐘楼.
de campanario 偏狭な, 狭量な.

cam·pa·na·zo [kam.pa.ná.θo / -.so] 男 鐘を打つこと；鐘の音.

cam·pa·ne·ar [kam.pa.ne.ár] 自 **1** (まれ)鐘を鳴らす, 鐘を連打する. **2** (ラ米)(ﾘｵﾌﾟ)(ｺﾞﾝ)(ﾁﾘ)(話) 見張る. — 他 (ラ米)(ﾘｵﾌﾟ)(ｺﾞﾝ)(ﾁﾘ)注意深く観察する.
— ～**se** 再 (肩・腰を揺らして)闊歩(ﾎﾞ)する.
Allá se las campanee. 勝手にしろ.

cam·pa·ne·o [kam.pa.né.o] 男 **1** 鐘の音, 鐘を打つこと. **2** (話)気取って歩くこと, 闊歩(ﾎﾞ)する.

cam·pa·ne·ro, ra [kam.pa.né.ro, -.ra] 男 囡 **1** 鐘鋳造師；鐘を鳴らす人. **2** (ラ米)(ﾘｵﾌﾟ)(隠)(泥棒仲間の)見張り(役).
— 男 **1** (昆)カマキリ. **2** (鳥)スズドリ.

cam·pa·ni·for·me [kam.pa.ni.fór.me] 形 鐘形の.

cam·pa·nil [kam.pa.níl] 形 鐘の. *metal* ～ (鐘鋳造用の)青銅. — 男 鐘楼 (= campanario).

cam·pa·ni·lla [kam.pa.ní.ja ‖ -.ʎa]. 囡 **1** (柄のついた)小型の鐘, 鈴；呼び鈴；(電気式の)ベル. **2** 泡, あぶく. **3** 鐘状の房飾り. **4** (解剖)口蓋(ｶﾞｲ)垂, のどびこ (= úvula). **5** (植)(ホタルブクロ, フウリンソウ, ヒルガオなどの)鐘状の花.
de (muchas) campanillas (スペイン)一流の, 優れた.

cam·pa·ni·lla·zo [kam.pa.ni.já.θo ‖ -.ʎá.- / -.sa] 男 小型の鐘[鈴・ベル]の音；小型の鐘[鈴・ベル]を強く鳴らすこと.

cam·pa·ni·lle·ar [kam.pa.ni.je.ár ‖ -.ʎe.-] 自 小型の鐘[鈴・ベル]を連打する[鳴らす].

cam·pa·ni·lle·o [kam.pa.ni.jé.o ‖ -.ʎé.-] 男 鈴[ベル]の連打；その音.

cam·pa·ni·lle·ro, ra [kam.pa.ni.jé.ro, -.ra ‖ -.ʎé.-] 男 囡 小型の鐘[鈴・ベル]を鳴らす人；(Andalucía 地方で)鈴・弦楽器の伴奏で歌う聖歌隊の一員.

cam·pa·ni·lo [kam.pa.ní.lo] 男 (教会の本堂から少し離れて建てられた)鐘楼.

cam·pa·no [kam.pa.no] 男 **1** カウベル. **2** (植)カンパノ：船の用材になるアメリカ産のマメ科の木で, マホガニーの一種.

cam·pa·no·lo·gí·a [kam.pa.no.lo.xí.a] 囡 (楽)鐘[ミュージカルグラス, ハンドベル]の演奏, 鐘鳴術.

cam·pa·nó·lo·go, ga [kam.pa.nó.lo.go, -.ga] 男 囡 (楽)鐘[ミュージカルグラス, ハンドベル]の演奏者. — 男 チューブラー・ベル.

cam·pan·te [kam.pán.te] 形 (話) **1** (出来事に対して)平然とした, 落ち着いた.
2 満足気な. *Va tan* ～ *con sus nuevos zapatos.* 彼[彼女]は新しい靴を履いて得意気に歩いている.

cam·pa·nu·do, da [kam.pa.nú.ðo, -.ða] 形 **1** 〈文体・話し方が〉大げさな, 誇張した, 尊大な.
2 鐘形の.

cam·pá·nu·la [kam.pá.nu.la] 囡 (植)キキョウ科ホタルブクロ属の植物；フウリンソウ；ツルコベア.

cam·pa·nu·lá·ce·o, a [kam.pa.nu.lá.θe.o, -.a / -.se.-] 形 (植)キキョウ科の. — 囡 (植)キキョウ科の植物；(複数で)キキョウ科.

cam·pa·ña [kam.pá.ɲa] 囡 **1 キャンペーン；運動, 宣伝[普及]活動. ～ *publicitaria* 宣伝[広報]活動. ～ *electoral* 選挙運動. ～ *antidroga* 麻薬撲滅キャンペーン.
2 (軍)軍事行動, 遠征；(海)巡航(期間). *la* ～ *de Rusia* (第二次大戦ドイツ軍による)ロシア遠征. *entrar en* ～ 長期的な戦闘を開始する. *estar en* ～ 従軍中である. **3** (まれ)平原, 野原. ～ *fértil* 沃野. *misa de* ～ 屋外ミサ. *cama de* ～ キャンプ用ベッド. *tienda de* ～ 野営テント. **4** (ラ米)田舎；畑.
5 (紋)盾の下部のライン.
[← (後ラ) *campānia*「平野」((ラ) *campus*「平野」より派生); 関連 (英) *camp, campaign*]

cam·pa·ñol [kam.pa.ɲól] 男 (動)(ハタネズミなどの)野ネズミ.

cam·par [kam.pár] 自 **1** 傑出する, «*sobre*...»…に) 勝る. **2** 野営する. **3** ぶらつく.

campañol (野ネズミ)

cam·pe·a·dor, do·ra [kam.pe.a.ðór, -.ðó.ra] 形 勇敢な. — 男 勇者, 戦士. ▶ 特に英雄シッドを称する場合に使われる. →*El C*～ 勇者シッド.

cam·pe·ar [kam.pe.ár] 自 **1** 傑出する；目立つ. *En su prosa campea la ironía.* 彼[彼女]の散文は風刺של をひく. **2** 〈家畜が〉野で草を食(ﾊ)む；〈動物が〉野に出る. **3** 〈畑などが〉青む, 芽を吹く. **4** (軍)陣を張る；〈戦場を〉偵察する. **5** (ラ米)(1) (ﾘｵﾌﾟ)道を開く. (2) (ﾘｵﾌﾟ)脅す, 威張りちらす. (3) (ﾘｵﾌﾟ)野原を探し回る；家畜を見回る. (4) (*中米)(話)キャンプに行く.

cam·pe·cha·na [kam.pe.tʃá.na] 囡 (ラ米) (1) (ﾒｼﾞ)(ﾒｷ)(アルコール入りの)飲み物. (2) (ﾒｷ)ハンモック. (3) (ﾋﾞﾈｽﾞ)売春婦.

cam·pe·cha·ní·a [kam.pe.tʃa.ní.a] 囡 (話)率直, 気さくさ.

cam·pe·cha·no, na¹ [kam.pe.tʃá.no, -.na] 形 (話)率直な, 気さくな.

cam·pe·cha·no, na² [kam.pe.tʃá.no, -.na] 形 (メキシコ南部の州)カンペチェ *Campeche* の.
— 男 囡 カンペチェの住民[出身者].

cam·pe·che [kam.pé.tʃe] 男 (植) *palo (de)* ～ ログウッド材.

*cam·pe·ón, o·na [kam.pe.ón, -.ó.na] 男 囡 **1** チャンピオン, 優勝者. ～ *de la Copa Mundial* ワールドカップのチャンピオン. ～ *ciclista* 自転車競技の優勝者. *ganar* [*perder*] *el título de* ～ 選手権タイトルを獲得する[失う].

camuza

2（主義主張の）擁護者. ser [hacerse] el ~ de una causa ある主義を擁護する.
— 男『史』**1**（中世の）勇者. **2** 戦士.
— 男 キャンピオン.
[← 〔伊〕*campione*← 〔ゲルマン〕*kampjo*「戦士」; *kamp*「戦場」（←〔ラ〕*campus*「平野」より派生）]

*cam·pe·o·na·to [kam.pe.o.ná.to] 男 **選手権**［試合］, タイトル;〈選手権での〉優勝.
de campeonato《話》ものすごい; 並外れた.

cám·per [kám.per] 男《ラ米》(ｺﾞｽｶ)ｷｬﾝﾋﾟﾝｸﾞｶｰ.

cam·pe·ro, ra [kam.pé.ro, -.ra] 形 **1** 田舎の. traje ~（スペイン Andalucía の羊飼いの）野良着. **2** 野外の. **3**〈植物が〉横に広がる, 枝を伸ばす. **4**《ラ米》(1)(ｺﾞｽｶ)農場の仕事［牧畜］に詳しい, 田舎をよく知っている. (2)〈家畜が〉難所を歩き慣れている.
— 男《ラ米》(ｱﾙｾﾞ)『車』ジープ.
— 女《ラ米》(ｺﾞｽｶ)『服飾』上着, ジャンパー;(ﾍﾞﾈｽﾞ)防寒着.

cam·pe·ru·so, sa [kam.pe.rú.so, -.sa] 形《ラ米》(ｺﾞｽｶ)田舎の; 粗野な; 愛想のない.

cam·pe·si·na·do [kam.pe.si.ná.ðo] 男《集合的》農民（階級）.

****cam·pe·si·no, na** [kam.pe.sí.no, -.na] 形 農民の, 田舎の, 農村の. la Confederación *Campesina* 農民連合. el movimiento ~ 農民運動. la vida *campesina* 田舎の生活.— 男 女 **農民, 田舎の人.**

cam·pes·tre [kam.pés.tre] 形 田園の, 田舎の.
— 男 メキシコの古い踊り.

cam·pi·me·trí·a [kam.pi.me.trí.a] 女『医』視野検査,（中心）視野測定（法）.

cam·pi·ne·ro, ra [kam.pi.né.ro, -.ra] 男 女《ラ米》→ campista.

camp·ing [kám.pin]〔英〕男〔複 ~s〕**1** キャンプ, 野宿. hacer ~ キャンプをする. **2** キャンプ場.

cam·pi·ña [kam.pí.na] 女 **1** 耕地. **2** 平野; 田舎. la ~ española スペインの田園.

cam·pi·ra·no, na [kam.pi.rá.no, -.na] 男 女《ラ米》(1)(ｺﾞｽｶ)(ﾒﾋｺ)『話』田舎者, 無骨者. (2)(ﾒﾋｺ)農民; 農作業に通じた人; 家畜の世話に慣れた人. (3)(ﾒﾋｺ)道に詳しい人. (4)(ﾒﾋｺ)馬を巧みに操る人.

cam·pi·ru·so, sa [kam.pi.rú.so, -.sa] 形《ラ米》(ｷｭｰﾊﾞ)→campesino.

cam·pis·mo [kam.pís.mo] 男 キャンプ（生活）.

cam·pis·ta [kam.pís.ta] 男 女 **1** キャンプをする人. **2**《ラ米》(1)(ｺﾞｽｶ)『話』田舎の人. (2)(ｷｭｰﾊﾞ)牧童, 牧夫.

cam·pis·to, ta [kam.pís.to, -.ta] 男 女《ラ米》(ｷｭｰﾊﾞ)(ｱﾙｾﾞﾆ)(ｴｸｱﾄﾞ)→campesino.

cam·pi·to [kam.pí.to] 男《ラ米》(ｱﾙｾﾞ)草サッカー場.

***cam·pi·zal** [kam.pi.θál / -.sál] 男 原っぱ, 空き地.

****cam·po** [kám.po] 男 **1 田舎**, 郊外（↔ ciudad）. casa de ~ 別荘. vida del ~ 田舎での生活. retirarse al ~ 田舎に引っ込む.
2 畑, 田地. ~ de patatas [trigo] ジャガイモ[小麦]畑. hombre [mujer] de ~ 農民. feria de ~ 農業見本市.
3 野原, 田園; 野外. día de ~ 遠足の日. ratón de ~ 野ネズミ. trabajo de ~ フィールドワーク.
4（一定の目的に使われる）場所, …場. ~ de acogida 難民一時避難所. ~ de aterrizaje 離着陸場. ~ aurífero 金鉱. ~ de aviación 飛行場. ~ de batalla 戦場. ~ de concentración 強制収容所. C~s Elíseos『神』理想郷,（パリの）シャンゼリゼ通り. ~ de minas 地雷原. ~ petrolífero 油田. ~ de refugiados 難民収容所. ~ santo 墓地（= camposanto）. ~ de tiro 射撃場; 射程. ~ de trabajo 奉仕キャンプ.
5『スポ』(1) 競技場, グラウンド; コート. ~ de deportes 運動競技場. ~ de fútbol サッカー場. ~ de juego フィールド. ~ de tenis テニスコート. (2) 陣地, サイド. ~ corto《ラ米》(ﾄﾞﾐﾆ)『野球』ショート. ~ propio [contrario] 自陣[敵陣].
6『軍』陣地, 陣営;『政』陣営. montar el ~ 陣を敷く. ~ enemigo 敵陣, 敵陣営. ~ liberal [conservador] リベラル[保守]陣営. ~ carlista カルロス党.
7（研究などの）**分野**, 領域;（活動などの）範囲. ~ de la informática 情報科学の分野. ~s del saber 知識分野. ~ de acción [actividad] 活動範囲. **8**『物理』『光』『写』場, 界, 界;『医』部位, 野. ~ eléctrico 電界. ~ gravitatorio 重力場. ~ magnético 磁場, 磁界. ~ microscópico 顕微鏡視域. ~ óptico 視界. profundidad de ~ 被写界深度. ~ visual 視野. ~ operatorio 手術野, 局部. **9**『言』領域, 分野. ~ semántico 意味場, 意味場. **10**『IT』フィールド. **11**（布地などの）素地. **12**『紋』紋地. **13**《ラ米》(1)(ｱﾙｾﾞ)『農』（家畜の飼育に不向きな）やせ地. (2)(ﾁﾘ)(ﾍﾞﾙｰ)（使用権のある）鉱山用地. (3)(ｱﾙｾﾞ)農場; 農場の家屋.

a campo raso 野外で.

a campo traviesa [*través, travieso*]（道を通らずに）野を横切って;『スポ』クロスカントリーの.

dejar el campo libre [*abierto*] 身を引く, 道を譲る.

hacer campo（人・ものをどけて）場所をあける, スペースを作る.

levantar el campo (1)『軍』野営を解く, 陣地を撤収する. (2) 終わりにする; あきらめる.

[←〔ラ〕*campum*（*campus* の対格）「平野; 練兵場」]

cam·po·san·te·ro, ra [kam.po.san.té.ro, -.ra] 男 女《ラ米》(ｺﾞｽｶ)墓地の管理者, 墓守り.

cam·po·san·to [kam.po.sán.to] 男 墓地（= cementerio）.

CAMPSA [kam*p*.sa] 女《略》*Compañía Arrendataria del Monopolio de Petróleos, S. A.*（スペイン）石油専売株式会社．

cam·pu·rria·no, na [kam.pu.rjá.no, -.na] 形（スペイン Santander の）カンポー Campoo の.
— 男 女 カンポーの住民[出身者].

***cam·pus** [kám.pus]〔英〕男《単複同形》（大学の）キャンパス.

cam·pu·sa·no, na [kam.pu.sá.no, -.na] 男 女《ラ米》(ｺﾞｽｶ)(ｳﾞｪﾈ)(ｱﾙｾﾞ)→campesino.

ca·mue·sa [ka.mwé.sa] 女『植』リンゴの一種.

ca·mue·so [ka.mwé.so] 男 **1**『植』リンゴの木. **2**『話』ばか者, 愚鈍な人.

ca·mu·fla·je [ka.mu.flá.xe] 男 **1** カムフラージュ; 変装. **2**『軍』迷彩. [←〔仏〕*camouflage*]

ca·mu·flar [ka.mu.flár] 他 カムフラージュ[偽装]する, 隠す; 迷彩を施す. — ~·se 再 変装する.

ca·mu·ña [ka.mú.na] 女《集合的》（麦以外の）穀類.

ca·mu·ñas [ka.mú.nas] 男《単複同形》『話』（しばしば el tío ~ [C~] の形で）怖いおじさん（♦子供を脅かすために用いる）. Si no te vas a la cama ahora mismo vendrá el tío ~. 早く寝ないと怖いおじさんが来るよ.

ca·mu·za [ka.mú.θa / -.sa] 女 →gamuza.

can¹ [kán] 男 **1** 〔格式〕犬 (= perro). **2** [C-]〖星座〗おおいぬ座 (= *Can* Mayor). *Can* Menor こいぬ座. **3**〖建〗持ち送り, 飾り持ち送り. **4**〖軍〗(銃砲の)撃鉄.

can² [kán] 男 汗(ぁ), ハーン. →kan.

ca·na [ká.na] 女 **1**〈主に複数に〉白髪.
2(ラ米)(‹ネ›)〖植〗オウギバヤシ(の一種). (**2**)(ｶﾞｽ)(ｺﾞﾁ)〔話〕刑務所, 監獄. (**3**)(ｺﾞﾁ)〔話〕警察.
— 男女 (ラ米)(‹ネ›)(ｺﾞﾁ)〔話〕警官, 巡査, お巡り.
echar una cana al aire〔話〕羽目を外して遊ぶ. *peinar canas*〔話〕年をとっている.

Ca·na·án [ka.na.ín] 固名〖聖〗(**1**) Tierra de ~ カナンの地;カナン:パレスチナ西部地方で, 神が Abraham に約束した地. (**2**) カナン:Noé の息子ハム Cam の子.

ca·na·bí·ne·o, a [ka.na.βí.ne.o, -.a] 形〖植〗アサ属の. — 男 アサ属の植物;複数形でアサ属.

ca·na·ca [ka.ná.ka] 男 (ラ米) (**1**)(ｺﾞﾁ)(ｻﾞ)〔話〕中国人;黄色人. (**2**)(ｻﾞ)〔俗〕売春宿の主人.
— 男女 (ラ米)(ｻﾞ)〔俗〕売春婦.

ca·na·ca·ne·ar [ka.na.ka.ne.ár] 自 (ラ米)(‹ネ›)〔話〕話がうまくできない, どもる.

ca·na·co, ca [ka.ná.ko, -.ka] 形 **1** カナカ人の. **2** (ラ米)(ｺﾞﾁ)(ｻﾞ)〔話〕くすんだ, 黄色かった.
— 男女 カナカ人:南太平洋の島々の先住民.

‡Ca·na·dá [ka.na.ðá] 固名 カナダ:首都 Ottawa. [←〔仏〕*Canada*←?〔イロコイ〕*kanata*「村」]

***ca·na·dien·se** [ka.na.djén.se] 形 カナダの, カナダ人の.
— 男女 カナダ人.
— 女 ムートンジャケット.

ca·na·di·llo [ka.na.ðí.jo ‖ -.ʎo] 男〖植〗マオウ.

***ca·nal** [ka.nál] 男 (まれに 女) **1** 運河;水路.
C~ *de Suez* [*Panamá*] スエズ[パナマ]運河. ~ *de riego* 灌漑用水路. ~ *navegable* 航行可能な水路. ~ *es de Venecia* ベネチアの運河.
2〖TV〗〖ラジオ〗チャンネル, 局. *cambiar de* ~ チャンネルを変える. ~ *por cable* ケーブル局. ~ *privado* 民放局. **3** 経路;伝達手段;〖IT〗回路. ~ *es comerciales* 通商ルート. **4** (広い)海峡;(港の入り口の)深水部. ~ *de agua* [*desagüe*] 水道[排水]管. ~ *de humo* 煙道. **5**〖解剖〗〖植〗管, 導管;〔話〕咽頭. ~ *torácico* 胸管. ~ *digestivo* 消化管. ~ *vocal* 声道. **6** (本の)小口.
— 女 (まれに 男) **1**〖建〗(柱の装飾用の)溝彫り. **2** 枝肉 — 枝肉で. *precio en* ~ 枝肉価格.
abrir... en canal (動物の肉など)を真っ二つに裂く.
[←〔ラ〕*canālem* (*canālis* の対格)「導管;水道」]

ca·na·la·do, da [ka.na.lá.ðo, -.ða] 形 縦溝の.

ca·na·la·du·ra [ka.na.la.ðú.ra] 女〖建〗(柱の装飾用の)溝彫り.

ca·na·lé [ka.na.lé] 男 畝織り. *jersey de* ~ リブニットのセーター. [←〔仏〕*cannelé*]

ca·na·le·ar [ka.na.le.ár] 自 (ラ米)(リモコンで)テレビのチャンネルを連続して変える, ザッピングする.

ca·na·le·o [ka.na.lé.o] 男 (ラ米)(リモコンで)テレビのチャンネルを何度も変えること, ザッピング.

ca·na·le·ra [ka.na.lé.ra] 女〖建〗〈集合的〉雨樋(ぁﾏﾄﾞｲ);雨樋を流れる水.

ca·na·le·te [ka.na.lé.te] 男 (カヌーの)櫂(ｶｲ), 水かきの幅が広いオール.

ca·na·li·za·ble [ka.na.li.θá.ble / -.sá.-] 形 水路 [運河]にできる;(意見などが)方向付けられる.

ca·na·li·za·ción [ka.na.li.θa.θjón / -.sa.sjón] 女 **1** 運河[水路]開設. **2** (水道・ガス・電気などの)配管(網), 配線(網). **3** (意見などの)方向付け. **4** (ラ米) 下水管, 排水設備.

ca·na·li·zar [ka.na.li.θár / -.sár] 97 他 **1**〈場所に〉運河[水路]を開く;〈河川を〉整備する.
2〈場所に〉(ガス・水道などの)管を敷設する.
3 (意見・努力などを)一定方向に導く[向ける].

ca·na·li·zo [ka.na.lí.θo / -.so] 男〖海〗(狭い海峡などの)航路, 水路.

ca·na·lla [ka.ná.ja ‖ -.ʎa] 男 女 〔話〕ろくでなし, ごろつき. *¡Qué* ~*!* ろくでなしめ.
— 女 〔話〕〔軽蔑〕〈集合的〉ろくでもない連中.

ca·na·lla·da [ka.na.já.ða ‖ -.ʎá.-] 女 下劣な言動, 卑劣な〔汚い〕やり口.

ca·na·lles·co, ca [ka.na.jés.ko, -.ka ‖ -.ʎés.-] 形 卑劣な, 下劣な, 汚い. *acción canallesca* 卑しい行為. *risa canallesca* 下卑た笑い.

ca·na·lón [ka.na.lón] 男 **1** (スペイン) 雨樋(ぁﾏﾄﾞｲ). **2** シャベルハット:英国国教会の聖職者が作る帽子.

ca·na·lo·nes [ka.na.ló.nes] 男〈複数形〉〖料〗カネローニ. [←〔伊〕*cannelloni*]

Ca·nal Plus [ka.nál plús] / **Ca·nal+** [ka.nál plús] 固名 カナルプルス:フランス資本のテレビ・映画事業会社.

ca·na·na [ka.ná.na] 女 **1** (ハンターの) 弾薬帯. **2** (ラ米) (**1**)(ﾀﾞ)〔話〕ごまかし;ひどい仕打ち. (**2**)(ｹﾞｻ)〖医〗甲状腺腫(ｾｭ). (**3**)(ｺﾞﾁ)〈複数形〉手錠.

ca·na·ne·o, a [ka.na.né.o, -.a] 形〖史〗カナン Canaán (の地)の. — 男女〖史〗カナンの人.

ca·na·pé [ka.na.pé] 〔仏〕男 **1** ソファー, 長いす. **2** 〖料〗カナッペ.

ca·na·pe·ro, ra [ka.na.pé.ro, -.ra] 男女〔話〕(祝いの席などに)供される飲食物目当ての人.

ca·nar [ka.nár] 自 (ラ米)(ｺﾞﾁ)白髪になる.

ca·nard [ka.nár] 〔仏〕男 デマ, 虚報.

***Ca·na·rias** [ka.ná.rjas] 固名 **1** *Islas* ~ カナリア諸島:アフリカ北西岸沖の大西洋上にあるスペイン領の諸島. **2** カナリア諸島, カナリアス:スペインの自治州 (→*autónomo*). [←〔ラ〕*Canāriae insulae*「犬の島々」(形容詞は *canis*「犬」より派生)]

ca·na·ri·cul·tu·ra [ka.na.ri.kul.tú.ra] 女 カナリアの飼育・育種(法).

ca·na·rien·se [ka.na.rjén.se] 形 **1** カナリア諸島の (= *canario*). *el archipiélago* ~ カナリア諸島. **2** グラン・カナリア Gran Canaria 島の.
— 男女 カナリア諸島の住民[出身者].

ca·na·rie·ra [ka.na.rjé.ra] 女 **1** カナリアの鳥かご;カナリア飼育場. **2**〔話〕採光のよい快適な部屋.

***ca·na·rio, ria** [ka.ná.rjo, -.rja] 形 **1** (スペインの) カナリア諸島 *Islas Canarias* の.
2〈まれ〉グラン・カナリア島の.
— 男 **1** カナリア諸島の住民[出身者].
2〖鳥〗カナリア.
— 男 **1** (スペイン語の)カナリア諸島方言. **2** (カナリア諸島・地中海で用いられている)三角帆船. **3** (ラ米) (**1**)(ｺﾞﾁ)〖植〗アラマンダ. (**2**) 黄色. (**3**)〔話〕(チップを多く出す)気前がいい人. (**4**)(ｺﾞﾁ)〔話〕鳥笛. *¡Canario(s)!*〘驚き・不快・抗議〙おや, まあ, ちくしょう.

ca·na·rión, rio·na [ka.na.rjón, -.rjó.na] 形 グラン・カナリア島 Gran Canaria の.
— 男女 グラン・カナリア島の住民[出身者].

ca·na·ris·mo [ka.na.rís.mo] 男 **1** カナリア諸島 Islas Canarias 特有のスペイン語法[表現・語彙・単語]. **2** カナリア諸島びいき.

ca·nas·ta [ka.nás.ta] 囡 **1** (主に両側に取っ手のついた口の広い) **かご**. ~ para la ropa 洗濯かご. **2** 《遊》(トランプの) カナスタ: ラミー系のカードゲーム. **3** 《スポ》(バスケットボールの) ゴール, 得点. **4** 《ラ米》《話》(とくに女性の) 使用人.
[canastillo (← [ラ] *canistellum*「パンかご, 花かご」) より造語]

ca·nas·te·ro, ra [ka.nas.té.ro, -.ra] 男 囡 **1** かご職人[販売人]. **2** 《ラ米》(音) 行商の八百屋; パン屋の店員.

ca·nas·ti·lla [ka.nas.tí.ʝa ‖ -.a.-] 囡 **1** (小さい) かご. ~ de la costura 裁縫道具入れ. **2** 産着. **3** 《ラ米》(音) (車の) ルーフラック. (**2**) (壁) バケツ. (ペルー)(ニカ)(ドミ) 嫁入りの衣装一式. [canasta + 縮小辞]

ca·nas·ti·llo [ka.nas.tí.ʝo ‖ -.ʎo.-] 男 (小さく平たい) かご. un ~ de flores 一ぱいの花.

ca·nas·to [ka.nás.to] 男 (両側に取っ手の付いた口の狭い深い) かご.

¡Canastos! 《怒り・驚き》ちくしょう, おやまあ.

can·ca·gua [kaŋ.ká.gwa] 囡 《ラ米》(チリ)(音) カンカグア: 建築(材)用・れんが製造用の細かい砂.

cán·ca·mo [káŋ.ka.mo] 男 アイボルト, リングボルト, (頭部に穴のある) アイボルト, リングボルト.
cáncamo de mar 大波.

can·ca·mu·rria [kaŋ.ka.mú.rja] 囡 《話》陰うつ, 意気消沈. tener ~ 気分が晴れない.

can·ca·mu·sa [kaŋ.ka.mú.sa] 囡 《話》策略, ぺてん, 詐欺.

can·cán [kaŋ.kán] 男 **1** (フレンチ) カンカン. **2** フリル付きペチコート. — 囡 《ラ米》(音) タイツ, パンティーストッキング. [←[仏] *cancan*]

cán·ca·na [káŋ.ka.na] 囡 **1** 《動》大型のクモ. **2** 《ラ米》 (**1**) (音) 《話》やせこけた人. (**2**) (チリ) 焼き串(ぐし); ろうそく立て.

can·ca·ne·ar [kaŋ.ka.ne.ár] 自 **1** 《スペイン》《話》 当てもなくぶらつく. **2** 《ラ米》 (**1**) (音) カンカンを踊る. (**2**) (アルゼ)(メキ)(グア) つっかえつっかえ言う, どもる; 意味も分からずに読む. (**3**) (ニカ) 言い淀む; 躊躇(ちゅうちょ)する.

can·ca·ne·o [kaŋ.ka.né.o] 男 《ラ米》(アルゼ)(メキ)(グア) 《話》どもること, ロごもること.

cán·ca·no [káŋ.ka.no] 男 《話》シラミ (= piojo).

can·cel [kan.θél / -.sél] 男 **1** (内玄関にある) 防風ドア. **2** (部屋の) 間仕切り. **3** 《ラ米》(音) 衝立(ついたて). (**2**) (メキ) 内扉.

can·ce·la [kan.θé.la / -.sé.-] 囡 (鉄格子の) 門扉, (特にスペイン Andalucía 地方の装飾的な) 中庭の扉.

can·ce·la·ción [kan.θe.la.θjón / -.se.-.sjón] 囡 **取り消し**, キャンセル; 消去, 清算.

can·ce·lar [kan.θe.lár / -.se.-] 他 **1 取り消す**, 無効にする, キャンセルする; 中止する (= anular). *Cancelaron* el contrato. 彼らは契約を解消した. **2** 〈負債を〉清算する, 完済する. **3** 忘れる.

can·ce·la·ría [kan.θe.la.rí.a / -.se.-] 囡 《カト》 教皇庁尚書院.

can·ce·la·rio [kan.θe.lá.rjo / -.se.-] 男 **1** (昔の大学で国王・教皇の代理権を有した) 総長. **2** 《ラ米》(パラ) 学長.

cán·cer [kán.θer / -.ser] 男 **1** 《医》**がん**, がん腫(しゅ). Murió de un ~ de pulmón. 彼[彼女]は肺がんで亡くなった. ~ avanzado 進行がん. ~ biliar 胆道がん. ~ cervical 子宮頸がん. ~ de colon 大腸がん, 結腸がん. ~ cutáneo 皮膚がん. ~ de hígado 肝臓がん. ~ de las vías biliares 胆管がん. ~ de mama 乳がん. ~ faríngeo 咽頭(いんとう)がん. ~ de estómago / ~ gástrico 胃がん. ~ nasofaríngeo 上咽頭がん. ~ uterino 子宮がん. **2** (社会・道徳上の) 弊害, 害悪. El narcotráfico es un ~ para la sociedad. 麻薬取引は社会のがんだ. **3** (**1**) [C-]《星座》かに座 (=Cangrejo). (**2**) 《占星》巨蟹(きょかい)宮: 黄道十二宮の第4宮. **4** 《ラ米》(アルゼ) 化膿した傷. — 形 《性数不変》かに座生まれの. mujeres ~ かに座の女性たち. — 男 囡 《単複同形》かに座生まれの人. Soy ~. 私はかに座だ.
[←[ラ] *cancer*「カニ; 悪性腫瘍(しゅよう), 潰瘍(かいよう)」; 関連 cangrejo.]

can·ce·ra·do, da [kan.θe.rá.ðo, -.ða / -.se.-] 形 **1** がんの, がんにかかった. **2** 堕落した.

can·ce·rar [kan.θe.rár / -.se.-] 他 **1** 《医》〈生体組織に〉がんを引き起こす. **2** 堕落させる. — 自 がんにかかる. — ~·**se** 再 **1** がんにかかる; 〈生体組織が〉がんになる. **2** 堕落する.

can·cer·be·ro [kan.θer.bé.ro / -.ser.-] 男 **1** [C-]《ギ神》(冥府(めいふ)の) 門を守る) ケルベロス. → Cerbero. **2** 《話》厳しい[ぶっきらぼうな] 門番. **3** 《話》《スポ》ゴールキーパー (= portero).

can·ce·ri·for·me [kan.θe.ri.fór.me / -.se.-] 形 《医》がんのような.

can·ce·rí·ge·no, na [kan.θe.rí.xe.no, -.na / -.se.-] 形 《医》発がん性の. — 男 発がん性物質.

can·ce·ro·lo·gí·a [kan.θe.ro.lo.xí.a / -.se.-] 囡 《医》がん研究.

can·ce·ro·ló·gi·co, ca [kan.θe.ro.ló.xi.ko, -.ka / -.se.-] 形 《医》がん研究の[に関する].

can·ce·ró·lo·go, ga [kan.θe.ró.lo.go, -.ga / -.se.-] 男 囡 《医》がん研究者, がん専門医.

can·ce·ro·so, sa [kan.θe.ró.so, -.sa / -.se.-] 形 《医》がんの, がん性の. tumor ~ がん腫瘍(しゅよう). células *cancerosas* がん細胞. — 男 がん患者.

can·cha [kán.tʃa] 囡 **1** 《スポ》**コート**, **フィールド**. ~ de tenis テニスコート. ~ de pelota (バスクの球技) ハイアライ jai alai のコート. **2** 闘鶏場 ~ de peleas de gallos. **3** 《ラ米》 (**1**) 競馬場. (**2**) 空き地. ~ de maderas 材木置場. (**3**) 川幅の広いところ. (**4**) (アルゼ) 道, 通り. (**5**) (アルゼ)(ボリ) 寺銭. (**6**) 焼き[煎(い)り] トウモロコシ; 煎り豆. (**7**) (ニカ) 《複数で》ポップコーン.
abrir cancha 《ラ米》場所をあける.
¡Cancha! 《ラ米》どけ, どいてどいて (人・車の通り道を作るための掛け声).
dar cancha a+人 《話》 (**1**) 〈人〉に機会を与える. (**2**) (音)(アルゼ) 〈人〉に便宜を図る.
En la cancha se ven los pingos. 《ラ米》《諺》良い馬は馬場でわかる (言葉でなく行動でその人がわかる).

can·chal [kan.tʃál] 男 岩場.

can·cha·la·gua [kaŋ.tʃa.lá.gwa] 囡 《ラ米》(チリ) 《植》カンチャラグア: リンドウ科の薬草. 浄血剤・発汗剤・腹痛薬に使われる.

can·cha·mi·na [kan.tʃa.mí.na] 囡 《ラ米》(チリ) 採掘鉱石の置き場, 選鉱場.

can·char [kan.tʃár] 他 《ラ米》 (**1**) (ボリ) (計画に) 巻き込む. (**2**) (ボリ) 〈服を〉着る. (**3**) (ボリ) 《話》殴る, 打つ. (**4**) (ボリ) 煎(い)る, 焼く. — 自 《ラ米》 《話》 (**1**) (ボリ) けんかの [戦う] まねをする. (**2**) (ニカ) 稼ぐ; 金が転がり込む. (**3**) (ボリ) 酒を飲む.

can·che [kán.tʃe] 男 《ラ米》《話》 (**1**) (中米) 金髪の, ブロンドの. (**2**) (アルゼ) 味のない, まずい.

can·che·ar [kaɲ.tʃe.ár] 自 **1** 岩場をよじ登る. **2**《ラ米》《遊》《話》怠ける, ぶらぶらする.

can·che·ro, ra [kaɲ.tʃé.ro, -.ra] 形《ラ米》《遊》熟練した, 老練な, 有能な. ━ 男 女《ラ米》グランド[コート]のオーナー, 管理人. ━ 男《ラ米》(1)荷物運びの(人), ポーター. (2)《ﾍﾞﾈ》強欲な聖職者.

can·chi·ta [kaɲ.tʃí.ta] 女《ラ米》《ﾍﾞﾈ》《複数で》ポップコーン.

can·cho¹ [káɲ.tʃo] 男 大岩;《複数で》岩場.

can·cho² [káɲ.tʃo] 男《ラ米》(1)謝礼금;チップ;(短期間の)アルバイト.

can·chón [kaɲ.tʃón] 男《ラ米》《ｷ》《ﾍﾞﾈ》広い空き地.

can·ci·lla [kan.θí.ʝa ‖ -.ʎa / -.sí.-] 女 (庭・畑の囲いにある鉄柵の)門(扉).

can·ci·ller [kan.θi.ʝér / -.ʎér / -.si.-] 男 女 **1** 政府高官, (ドイツなどの)首相=女性形 cancillera が用いられることもある. **2** 大使館の一等書記官. **3**(主にラ米諸国の)外務大臣. ━ 男 **1**《カト》教皇庁尚書院長. **2**《史》国璽を預る高位高官.

can·ci·lle·res·co, ca [kan.θi.ʝe.rés.ko, -ka ‖ -.ʎe.- / -.si.-] 形 **1** 外交上の;議定書に関する. **2** 儀礼的な, 形式ばった. **lenguaje** ~ 外交辞令.

can·ci·lle·ría [kan.θi.ʝe.ría ‖ -.ʎe.- / -.si.-] 女 **1** canciller の職[主管する官庁]. **2** 大使[領事]館事務局. **3** 外務省.

can·ción [kan.θjón / -.sjón] 女 **1 歌, 歌曲. **cantar una** ~ 歌を歌う. ~ **de cuna** 子守唄. ~ **protesta** プロテストソング. ~ **de amor** ラブソング. ~ **infantil** 童歌. ~ **tradicional** 民謡. ~ **báquica** 酒の歌.
2 詩歌;(中世の)叙情詩. ~ **de gesta** 武勲詩. **3** いつもの話, 繰り言 (▶ siempre, otra vez, de nuevo などと共に用いられる). **Siempre me viene con la misma** ~. 彼[彼女]はいつも同じ話をしてくる. **4**(根拠のない)言い訳.
Ésa es otra canción. それは別の話だ.
nueva canción 1960年代以降チリやアルゼンチンで発生した社会的メッセージを伴う歌の総称. 代表的な歌手に Violeta Parra, Víctor Jara など.
poner en canción a + 人 de... 〈人〉に…を(必要がないのに)欲しがらせる.
[←〔ラ〕*cantiōnem* (*cantiō* の対格)].

can·cio·ne·ril [kan.θjo.ne.ríl / -.sjo.-] 形 (特に 15・16世紀の)詩歌集の[に関する];詩歌集風の(◆主に短詩型を用いた抒情(じょうじょう)詩について言う).

can·cio·ne·ro [kan.θjo.né.ro / -.sjo.-] 男 (主に15・16世紀の様々な作家の)詩歌の選集. *C~ de Baena* 『バエナ詩歌選』. **2**《音楽》歌曲集.

can·cio·ne·ta [kan.θjo.né.ta / -.sjo.-] 女 短い歌曲, 小曲. [canción + 縮小辞]

can·cio·nis·ta [kan.θjo.nís.ta / -.sjo.-] 男 女 (歌の)作曲家;歌手.

can·co [káŋ.ko] 男《ラ米》(1)《ﾁ》《話》殴り合いのけんか. (2)《ｷ》《俗》尻(しり). (3)《ｷ》壺(つぼ), 鍋(なべ), 土器. (4)《ﾍﾟ》植木鉢;便器, 溲瓶.

can·cón [kaŋ.kón] 男《ﾍﾟ》《話》(子供を怖がらせるための)お化け (= coco).

can·co·na [kaŋ.kó.na] 形《ラ米》《ｷ》《俗》〈特に女性が〉尻の大きな. ━ 男 女《ラ米》《ｷ》《俗》尻の大きな人.

can·cro [káŋ.kro] 男 **1**《医》がん, 悪性腫瘍(しゅよう) (= cáncer). **2**《植》がん腫病. **3**《獣医》馬蹄傷瘡(しょう).

can·croi·de [kaŋ.krói.ðe] 男《医》類がん(腫(しゅ)).

can·croi·de·o, a [kaŋ.kroi.ðé.o, -.a] 形 がん状の, がんに似ている.

can·da·do [kan.dá.ðo] 男 **1** 南京錠. **2**《話》施行が法案提出時にさかのぼることを記した法案条項. **3**《複数で》(馬の)蹄叉(ていさ)側溝. **4**《ラ米》《ｺﾛﾝ》やぎひげ.
poner (el) candado a... …の実現を妨げる. *poner el* ~ *a la boca* 黙る.

can·da·jón, jo·na [kan.da.xón, -.xó.na] 形《軽度》街をぶらぶらする;他人の家を訪ね歩くのが好きな. ━ 男 女 街をほっつき回る人;他人の家を訪ね歩くのが好きな人.

can·da·li·za [kan.da.lí.θa / -.sa] 女《海》絞り綱.

can·dan·ga [kan.dáŋ.ga] 形《ラ米》《ﾒﾋﾞ》《ﾆｶ》《話》ばかな, 愚かな. ━ 男《ラ米》《ﾒﾋﾞ》《ﾆｶ》《ﾎﾞ》《ﾎﾝ》悪魔.

can·dar [kan.dár] 他 **1** 鍵(かぎ)をかける. **2** 閉める.

can·de [kan.de] 形 **1** 結晶した. *azúcar* ~ 氷砂糖. **2** 白い.

can·de·al [kan.de.ál] 形 〈小麦が〉白くて上質な. *pan* ~ (良質小麦粉でできた)白パン. *trigo* ~ 上質小麦. ━ 男《ラ米》《ｱﾙ》《ﾎﾞ》(飲み物の)エッグノッグ.

*can·de·la [kan.dé.la] 女 **1** ろうそく. ▶ 教会用の「大ろうそく」は cirio. **2** ろうそく立て, 燭台(しょくだい). **3**《話》火. *pedir [dar]* ~ *para un cigarrillo* タバコの火を借りる[貸す]. **4**《植》クリの花. **5**《光》カンデラ:光度の単位(記号 cd). **6**《ラ米》《ｷ》(ﾍﾞﾈ)危険. (2)《ｷ》《ﾍﾞﾈ》雰囲気. (3)《ｷ》《話》迷惑, うんざりさせること. (4)《ｷ》《俗》殴打.
acabarse la candela《話》(1) 果てる, 死ぬ. (2)(競売で)入札時間が終了する.
arrimar [atizar, dar] candela a + 人《話》〈人〉にパンチを食らわす.
en candela《海》垂直に.

can·de·la·bro [kan.de.lá.βro] 男 **1** 枝付き燭台(しょくだい). **2**《植》(アルゼンチン産の)サボテン.

can·de·la·da [kan.de.lá.ða] 女 たき火, かがり火.

can·de·la·ria [kan.de.lá.rja] 女 **1**《カト》(ろうそくの祝別を伴う)聖母マリアの潔めの祝日:2月2日(▶ 大文字で書かれることが多い). **2**《植》ニワタバコ(花は呼吸器疾患の薬), モウズイカ(の花).

can·de·le·cho [kan.de.lé.tʃo] 男 ブドウ畑の見張り台.

can·de·le·ja [kan.de.lé.xa] 女《ラ米》(1)《ﾎﾞ》(ポルトの)座金. (2)《ｷ》《ﾍﾞﾈ》(燭台(しょくだい)の)蠟(ろう)受け皿.

can·de·le·jón, jo·na [kan.de.le.xón, -.xó.na] 形《ラ米》《ｱﾙ》《ﾎﾟ》無知な, まぬけな.

can·de·le·ra [kan.de.lé.ra] 女 **1** → candelaria. **2**《ラ米》《ﾎﾟ》《話》軽薄な女.

can·de·le·ro [kan.de.lé.ro] 男 **1** 燭台(しょくだい), ろうそく立て. **2** 漁獲用トーチランプ. **3** ろうそく職人[販売人]. **4**《海》支柱, スタンション. **5**(土嚢(どのう)などを積むための)木枠, 柵(さく).
estar en (el) candelero 脚光を浴びている.

can·de·li·lla [kan.de.lí.ʝa ‖ -.ʎa] 女 **1** 小さなろうそく. **2**《医》ブジー:尿道などを探る器具. **3**《植》(1)(ネコヤナギ・ハシバミなどの)尾状花序. (2)(メキシコ産の)トウダイグサの類. **4**《ラ米》(1)《ｷ》《ｺﾛﾝ》《昆》ホタル. (2)《ｸﾞｱﾃ》《ﾆｶ》《ﾎﾞ》鬼火, きつね火. (3)《ｸﾞｱﾃ》《ﾆｶ》縁縫い. (4)《ﾎﾟ》《話》活発な子供. (5)《ﾎﾟ》つらら. [candela + 縮小辞]

can·de·li·zo [kan.de.lí.θo / -.so] 男 つらら, 氷柱.

can·den·cia [kan.dén.θja / -.sja] 女 白熱.

can·den·te [kan.dén.te] 形 **1** 白熱の, 真っ赤に焼けた. *hierro* ~ 赤く焼けた鉄. **2** 白熱した, 熱気に満ちた. *problema [cuestión]* ~ 激しい議論を呼んでいる問題. *atmósfera* ~ ぴりぴりした雰囲気.

can‧di [kán.di] 形 azúcar ～ 氷砂糖. →cande.
cán‧di‧da‧men‧te [kán.di.ða.mén.te] 副 無邪気に, 素朴に.
can‧di‧da‧ti‧zar [kan.di.ða.ti.θár / -.sár] 97 他《話》〈人を〉立候補者として推す[擁立する].
*__can‧di‧da‧to, ta__ [kan.di.ðá.to, -.ta] 男 女
 1 (**a**... …への) 候補者; 志願者, 立候補者. ～ al premio Nobel ノーベル賞候補者. ～ a la presidencia 大統領候補者. **2** 《ラ米》《話》《俗》だまされやすい人, カモ.
*__can‧di‧da‧tu‧ra__ [kan.di.ða.tú.ra] 女 **1** 立候補, 志願; 推薦. presentar su ～ 立候補する. retirar su ～ 立候補を取り下げる. **2**《集合的》候補者; 候補者名簿. **3** 投票用紙.
can‧di‧dez [kan.di.ðéθ / -.ðés] 女 純真, 無邪気さ.
can‧di‧dia‧sis [kan.di.ðjá.sis] 女《単複同形》《医》カンジダ症: カンジダ菌によって皮膚や粘膜に発症する感染症.
cán‧di‧do, da [kán.di.ðo, -.ða] 形 **1** 純真な, 無邪気な. **2** 単純な, 世間知らずの. **3**《文章語》純白の.
can‧dil [kan.díl] 男 **1** カンテラ. pescar al ～ 夜釣りをする. **2** (シカの)角の先端;《話》三角帽の角. **3**《ラ米》《話》シャンデリア.
 baile de candil 庶民的な祭り[舞踏会].
 buscar... con un candil《話》…を徹底的に調査する, くまなく探す.
 ni buscado con un candil うってつけの; そうそう見つからない.
can‧di‧le‧ja [kan.di.lé.xa] 女 **1**《複数で》《演》フットライト. **2** (カンテラなどの)油皿. **3**《植》ムギナデシコ.
can‧di‧le‧ra [kan.di.lé.ra] 女《植》(黄色い花をつける)シソ科フロミス[オオキセワタ]属の植物.
can‧di‧li‧llo [ka.di.lí.jo ‖ -.ʎo] 男《植》サトイモ科の総称.
can‧din‧ga [kan.díŋ.ga] 男《ラ米》(1)(ラプラタ)(メキシコ)悪魔. (2)(メキシコ)《話》混乱, 騒ぎ. (3)(チリ)《話》厄介, 面倒.
can‧dio‧ta [kan.djó.ta] 形 (クレタ島のイラクリオンIráklionの旧称)カンディアCandíaの.
 ― 男 女 カンディア[イラクリオン]の住民[出身者].
 ― 女 酒樽（たる）;(下部に蛇口のついた)酒甕（かめ）.
can‧dio‧te‧ro [kan.djo.té.ro] 男 酒樽（たる）製造販売業者; 酒樽貯蔵庫.
can‧dom‧be [kan.dóm.be] 男《ラ米》(アメリカ) (1) カンドンベ (アフリカ起源のリズムの激しい踊り). (2) 細長い太鼓. (3) 政治の腐敗, 乱れ.
can‧dom‧be‧ar [kan.dom.be.ár] 自《ラ米》(アメリカ) (1) カンドンベcandombeを踊る. (2) 政治で不正を行う.
can‧dom‧be‧ro, ra [kan.dom.bé.ro, -.ra] 形《ラ米》(ウルグアイ)〈人が〉踊り好きな, カンドンベcandombeを踊る(のが好きな).
can‧don‧ga [kan.dóŋ.ga] 女《話》**1** ごまかし; からかい, 冗談. **2**《話》荷車用のラバ. **3**《海》三角帆. **4**《ラ米》(1)(メキシコ)(新生児用の)腹帯. (2)(ベネズエラ)(ドミニカ)《複数で》イヤリング.
can‧don‧go, ga [kan.dóŋ.go, -.ga] 形《話》**1** ずるい, 悪賢い. **2** 怠けた, のらくらした, サボるのが上手な. ― 男 女《話》抜けめのない人; 怠け者.
can‧don‧gue‧ar [kan.doŋ.ge.ár] 他《話》からかう, だます. ― 自《話》怠ける.
can‧don‧gue‧ro, ra [kan.doŋ.ge.ro, -.ra] 形《話》→candongo.

can‧dor [kan.dór] 男 **1** 清純, 無邪気. el ～ de un niño 子供の純真さ. **2** うぶ; 単純. **3**《文章語》純白.
can‧do‧ro‧so, sa [kan.do.ró.so, -.sa] 形 **1** 純真な, 無邪気な. **2** うぶな; 素朴な.
can‧dray [kan.drái] 男 (前にも後にも進むことのできる港湾内輸送用の)両頭船.
can‧dun‧go, ga [kan.dúŋ.go, -.ga] 形 (ラ米)(ベネズエラ)《話》ばかな, 愚かな. ― 男《ラ米》(1)(プエルトリコ)《遊》(さいころを振るための)さい筒. (2)(プエルトリコ)(チリ)(書類を保管するための)ブリキ製の筒. (3)(チリ)《植》ウリ科の植物; その実から作った容器.
ca‧ne‧ar [ka.ne.ár] 他 **1**《スペイン》《話》殴ったたく. **2** 日に当てる. ― 自《まれ》白髪になる, 白髪が出始める.
ca‧ne‧ca [ka.né.ka] 女 **1** (酒用の) 陶器の瓶. **2**《ラ米》(コスタリカ)(陶製の)湯たんぽ. (2)(コロンビア)液量の単位(約19リットル). (3)(プエルトリコ)ごみ箱, ごみ容器; ドラム缶. (4)(コロンビア)桶（おけ）. (5)(メキシコ)壺（つぼ）.
ca‧ne‧ci‧llo [ka.ne.θí.jo ‖ -.θí.ʎo / -.sí.-] 男《建》(飾り)持ち送り.
ca‧ne‧co, ca [ka.né.ko, -.ka] 形《ラ米》(ボリビア)(ペルー)《話》ほろ酔いの.
ca‧né‧fo‧ra [ka.né.fo.ra] 女 (古代ギリシアの酒神Bacoなどの祭礼で)供物のかごを頭にのせて運んだ娘.
ca‧ne‧la [ka.né.la] 女《植》セイロンニッケイ, シナモン. ～ en polvo シナモンパウダー. ～ en rama シナモンの枝. ▶ 名詞に後置して色を表すことがある. →canelo. **2** 逸品, 絶品; 最高の人. ser ～ fina 天下一品である.
 [←《伊》cannella ←《古仏》canele]
ca‧ne‧lé [ka.ne.lé] 男 (絹織物の)畝.
ca‧ne‧le‧ro [ka.ne.lé.ro] 男《植》ニッケイ.
ca‧ne‧li‧na [ka.ne.lí.na] 女《化》桂皮アルデヒド: ニッケイに含まれている成分.
ca‧ne‧lo, la [ka.né.lo, -.la] 形 〈主に動物が〉ニッケイ色の, 赤褐色の. ― 男《植》ニッケイ.
 hacer el canelo《話》ばかなことをする; 簡単にだまされる.
ca‧ne‧lón [ka.ne.lón] 男 **1** 雨樋（とい）(= canalón). **2**《複数で》《料》カネローニ (= canalones). **3** つらら. **4** 房飾り, 飾りひも. **5** (シナモンなどが中に入っている)棒飴（あめ）. **6** 鞭（むち）の先端. **7**《ラ米》(プエルトリコ)(メキシコ)カール, 巻き毛.
ca‧ne‧quí [ka.ne.kí] 男 カナキン, 薄い綿布.
ca‧ne‧sú [ka.ne.sú] 男《複 ～es, ～s》**1**《服飾》身頃, (肩の)ヨーク. **2** (女性用の)短い胴着.
ca‧ne‧tón [ka.ne.tón] 男《料》(食用の・料理の名前としての)ハト.
ca‧ne‧vá [ka.ne.bá] 男《ラ米》麻布, ズック.
ca‧ney [ka.néi] 男《ラ米》(1)(コロンビア)(川の)屈曲部. (2)(コロンビア)(ベネズエラ)小屋, 納屋. (3)(タイノ)《史》地主や先住民の首長の屋敷.
can‧fín [kaɱ.fín] 男《ラ米》(アメリカ)石油.
can‧ga‧lla [kaŋ.gá.ʎa ‖ -.ʎa] 女《ラ米》(1)(プエルトリコ)《話》やせた人[動物]. (2)(プエルトリコ)(ベネズエラ)度胸のない人, 臆病（おくびょう）者. ― 男《ラ米》(1)(ベネズエラ)荷鞍（くら）. (2)《複数で》道具類. (2)(チリ)(ペルー)鉱石くず.
can‧ga‧llar [kaŋ.ga.ʎár ‖ -.ʎár] 他《ラ米》(ペルー)《話》(鉱石などを)盗む, 強奪する.
Can‧gas de O‧nís [káŋ.gas de o.nís] 固名 カンガス・デ・オニス: スペイン北部のカンタブリア山脈中の村. ♦レコンキスタ初期のAsturias王国の首都.
can‧gi‧lón [kaŋ.xi.lón] 男 **1** (井戸の)つるべ. **2** バケツ状のもの, (水車の)水受け, (浚渫（しゅんせつ）機など

can·gre·ja [kaŋ.gré.xa] 囡 【海】スパンカー:最後部のマストに取り付けられる縦帆.

can·gre·je·ro, ra [kaŋ.gre.xé.ro, -.ra] 男 囡 カニ売り;カニを捕る人.
― 囡 カニ穴. ― 男 【鳥】サギの一種.

can·gre·jo [kaŋ.gré.xo] 男 1 【動】カニ. ~ de río ザリガニ. ~ de mar 海ガニ. ~ ermitaño ヤドカリ. 2 [C-] 【星座】かに座 (=Cáncer);【占星】巨蟹(きょかい)宮. 3 《ラ米》(チリ)(コロン)(ペルー)【話】ずる賢いやつ, 悪党. (2) (チリ)【話】ばか, まぬけ. (3) (コロン)【話】やっかいな問題, 面倒.

cangrejo de río (ザリガニ)　　cangrejo de mar (海ガニ)

can·gre·na [kaŋ.gré.na] 囡《古語》→ gangrena.
can·gri·mán [kaŋ.gri.mán] 男《ラ米》(リオプラ)【話】重要人物.
can·gro [káŋ.gro] 男《ラ米》【医】がん, 悪性腫瘍(しゅよう).
can·gue·lo [kaŋ.gé.lo] 男《スペイン》【話】恐れ, 恐怖 (= miedo). tener ~ 怖がる.
can·güe·so [kaŋ.gwé.so] 男【魚】ギンポ, イソギンポ(類の魚).
can·guil [kaŋ.gíl] 男《ラ米》(1) (エクアドル)(ボリビア)(ペルー)【植】トウモロコシの一種. (2) (エクアドル)ポップコーン. (3) (ペルー)煎り豆.
can·guis [káŋ.gis] 囡《単複同形》《スペイン》【話】→ canguelo.
can·gu·ro [kaŋ.gú.ro] 男 1 【動】カンガルー. 2 【服飾】(1)（前に大きなポケットのある）パーカ, ウィンドジャケット. (2) 抱っこひも, ベビースリング. (3) ウェストポーチ.
― 男《スペイン》【話】ベビーシッター. hacer de ~ 子守をする.
ca·ní·bal [ka.ní.bal] 形 1 食人の;〈動物が〉共食いする. 2 残忍な, 野蛮な. ― 囲 1 食人種, 食人者;共食いする動物. 2 残忍[野蛮]な人.
[←《アラワク》caniba, carib「カリブ（人）の」(カリブ語起源)]:カリブ人が食人の習慣を持っていたことからの転義;【関連】caribe.
ca·ni·ba·lis·mo [ka.ni.ba.lís.mo] 男 1 食人(の風習), カニバリズム;共食い. 2 残虐行為, 蛮行.
ca·ni·ba·li·zar [ka.ni.ba.li.θár / -.sár] 97 他 1〈ある会社の新製品が〉〈同じ会社の従来品の売り上げを〉食う[減じさせる]. 2 (別の製品のために)〈ある製品の〉部品を流用する.
ca·ni·ca [ka.ní.ka] 囡 1 ビー玉;《複数で》ビー玉遊び. jugar a las ~s ビー玉遊びをする.
ca·ni·che [ka.ní.tʃe] 形【動】プードル(犬)の.
― 男 プードル(犬).
ca·ni·cie [ka.ní.θje / -.sje] 囡 髪が白いこと.
ca·ní·cu·la [ka.ní.ku.la] 囡 1 【文章語】暑い盛り, 盛夏, (夏の)土用:シリウスが太陽と共に昇る時期. 2 [C-] 【天文】シリウス, てんろう（天狼）星 (= Sirio).
ca·ni·cu·lar [ka.ni.ku.lár] 形 1 盛夏の, 土用の.

calor ~ 盛暑. 2 【天文】シリウスの.
― 男《複数で》暑い盛り, 土用.
cá·ni·do, da [ká.ni.ðo] 形【動】イヌ科の. ― 男〈犬・オオカミなど〉イヌ科の動物;《複数で》イヌ科.
ca·ni·jo, ja [ka.ní.xo, -.xa] 形 1《話》〈体が〉小さく病弱な者 (= raquítico). 2《ラ米》(1)(メキシコ)いたずら者の. (2) (*中米)(メキシコ)【話】いまいましい, ひどい, 残忍な. ¡C~! 畜生! ― 男 囡 1《話》病弱な人[動物]. 2《話》《軽蔑》背の低い人.
ca·nil [ka.níl] 男 ふすま入りパン;犬用ビスケット.
ca·ni·lla [ka.ní.ʎa ‖ -.ʝa] 囡 1 (腕・脚の)長い骨;(鳥の)翼の骨. ~ de la pierna 脛骨(けいこつ). 2 すね;細い足. 3 (樽(たる)の)栓, 蛇口. 4 ボビン, 糸巻き. 5 【服飾】織りきず, 織りむら. 6《ラ米》(1)(*中米)(メキシコ)(細い)手首. (2) (メキシコ)(水道などの)蛇口. (3) (メキシコ)【話】足. (4) (メキシコ)(ペルー)ふくらはぎ. (5) (メキシコ)《俗》腰椎(ようつい)(脊柱). (6) (*中米)新聞売り(の少年). (7) (メキシコ)【話】力, 腕力. a ~ 力ずくで;万難を排して.
ca·ni·llen·to, ta [ka.ni.jén.to, -.ta ‖ -.ʎén.-]《ラ米》→ canillón.
ca·ni·lle·ra [ka.ni.jé.ra ‖ -.ʎé.-] 囡 1 【スポ】(球技で)すね当て, レガース. 2 (甲冑(かっちゅう)の)すね当て. 3《ラ米》(チリ)(コロン)(ペルー)(*中米)(脚の)震え;恐怖.
ca·ni·lle·ro [ka.ni.jé.ro ‖ -.ʎé.-] 男 (樽(たる)の)呑(の)み口[コック]を差し込む穴.
ca·ni·lli·ta [ka.ni.jí.ta ‖ -.ʎí.-] 男《ラ米》(リオプラ)(チリ)新聞売り.
ca·ni·llón, llo·na [ka.ni.jón, -.jó.na ‖ -.ʎón, -.ʎó.-]《ラ米》〈人・動物が〉足が長い.
ca·ni·nez [ka.ni.néθ / -.nés] 囡 ひどい飢え.
ca·ni·no, na [ka.ní.no, -.na] 形 1 犬の(ような). raza canina イヌ属. tener un hambre canina 腹ぺこである. 2 犬歯の. ― 男 犬歯.
ca·ni·quí [ka.ni.kí] 男 → canequí.
can·je [káŋ.xe] 男 交換 (= cambio). ~ de prisioneros 捕虜の交換. ~ de notas diplomáticas 外交文書の交換.
can·je·a·ble [kaŋ.xe.á.ble] 形 交換できる.
can·je·ar [kaŋ.xe.ár] 他 (por... …と) 交換する (= cambiar). ~ los bonos por premios 引換券を賞品と交換する.
can·ju·ra [kaŋ.xú.ra] 囡《ラ米》(コスタリカ)猛毒.
can·na·bá·ce·o, a [ka(n).na.bá.θe.o, -.a / -.se.-] 形【植】アサ科[属]の.
― 囡 アサ科[属]の植物;《複数で》アサ科[属].
can·na·bis [ká.na.bis] 男《単複同形》【植】タイマ.
Ca·no [ká.no] 固名 ◇ Alonso ~ (1601-67):スペインの画家・建築家・彫刻家.
ca·no, na [ká.no, -.na] 形 1 白髪の, 髪[ひげ]の白い. un anciano (de pelo) ~ 白髪の老人. ponerse ~ 頭が白くなる.
2《ラ米》(プエルトリコ)(ベネズエラ)【話】金髪の, ブロンドの.
ca·no·a [ka.nó.a] 囡 1 カヌー (= almadía). (先住民の)くり舟. 2 (モーター)ボート. 3 ランチ (= lancha);艦載の大型ボート. 4《ラ米》(1)《農》(家畜の)飼料箱, 飼い葉桶(おけ). (2) 樋(とい), 導管.
[←《アラワク》canoa(コロンブス Colón が記録)]
ca·nó·dro·mo [ka.nó.ðro.mo] 男 ドッグレース場.
ca·no·e·ro, ra [ka.no.é.ro, -.ra] 男 囡 1 カヌー[ボート]の漕(こ)ぎ手[操縦者].
2《ラ米》(ベネズエラ)カヌー大工, カヌーの持ち主.
ca·no·ís·ta [ka.no.ís.ta] 男 囡 → canoero 1.
ca·non [ká.non] 男《複 cánones》1 規範, 規準. como mandan los cánones 規則に従って. ~ de la moral 道徳律.

2〖カト〗(1) 聖書(正典);正典目録;(宗教会議で認められた)教理典範. (2) ミサ典文:「聖なるかな」から「主の祈り」の前までの聖変化を含む主要部. **3**《複数》教会法(= derecho canónico). **4** 目録, カタログ, リスト. **5**〖美〗(ギリシア時代における人体のプロポーションの)模範, モデル. **6**〖音楽〗カノン;対位法の一つ. **7**〖商〗〖法〗(水道などの)公共料金;使用料, ロイヤルティー. **8**〖印〗24ポイント活字. doble ~ キャノン活字, 48ポイント活字.

ca·no·ne·sa [ka.no.né.sa]〖女〗律修修道女;かつて公式誓願ではなく通常誓願をたて, 一定の規律の下で共同生活を送った修道女.

ca·no·ni·cal [ka.no.ni.kál]〖形〗〖カト〗司教座聖堂参事会員の.

ca·no·ni·ca·to [ka.no.ni.ká.to]〖男〗→ canonjía.

ca·nó·ni·co, ca [ka.nó.ni.ko, -.ka]〖形〗**1**(キリスト教)教会法[宗規]に定められた;聖書正典の. derecho ~ 教会法. matrimonio ~ 教会法による婚姻. **2** 標準の, 規範的な.

ca·nó·ni·ga [ka.nó.ni.ga]〖女〗《話》昼食前の昼食.

ca·nó·ni·go [ka.nó.ni.go]〖男〗〖カト〗司教座聖堂参事会員. ~ doctoral 司教座参事会法律顧問. *vivir como un canónigo / llevar (una) vida de canónigo*《話》楽に暮らす.

ca·no·nis·ta [ka.no.nís.ta]〖男〗〖女〗教会法学者.

ca·no·ni·za·ble [ka.no.ni.θá.ble / -.sá.-]〖形〗列聖に値する, 聖者となるにふさわしい.

ca·no·ni·za·ción [ka.no.ni.θa.θjón / -.sa.sjón]〖女〗列聖(式).

ca·no·ni·zar [ka.no.ni.θár / -.sár]〖97〗〖他〗**1**〖カト〗列聖する, 聖人の列に加える. **2** 賛美する. **3**(教会の権威によって)認可する;神聖な[権威ある]ものと見なす.

ca·non·jí·a [ka.noŋ.xí.a]〖女〗**1**《話》〖カト〗司教座聖堂参事会員の地位[権限, 職禄(ろく)]. **2**《話》楽な[割のよい]仕事.

ca·no·pe [ka.nó.pe]〖男〗〖史〗カノポス容器, カノープスの壺(つぼ):エジプトの古墳などでミイラにされた亡骸(なきがら)の内臓を納めた杯[壺].

Ca·no·po [ka.nó.po]〖男〗〖天文〗カノープス:りゅうこつ(竜骨)座のα星;全天でシリウスにつぎ2番目の輝星.

ca·no·ro, ra [ka.nó.ro, -.ra]〖形〗**1**〈鳥が〉鳴き声が美しい. ave *canora*(ウグイスなどの)鳴き鳥. **2**《文章語》歌うような, 響きのよい, 耳に心地よい.

ca·no·so, sa [ka.nó.so, -.sa]〖形〗〈髪(混じり)の. anciano ~ 白髪の老人. estar ~ 白髪である. pelo [cabello] ~ 白髪.

ca·no·ta·je [ka.no.tá.xe]〖男〗カヌー競技.

ca·no·tié / ca·no·tier [ka.no.tjé]〖仏〗〖男〗[複~s / ~s](麦わらの)かんかん帽子.

can·qui·za [kaŋ.kí.θa / -.sa]〖女〗《ラ米》《汚》《俗》殴打.

*****can·sa·do, da** [kan.sá.ðo, -.ða]〖形〗《**estar**+》《**de...** / **por...** …で》(肉体的に)疲れた. rostro ~ 疲れた顔つき. vista *cansada* 老眼. Mi marido *está* muy ~ *por* el trabajo. 夫は仕事でとても疲れている.
2《多くは名詞+》《**estar**+》《**de...** …に》(精神的に)疲れた;飽き飽きした. *Estoy* ~ *de* oír tus tonterías. 君のばか話を聞くのにはもう飽きたよ.
3《多くは名詞+》《**ser**+》疲れる, 骨の折れる. *Es* ~ subir y bajar esta cuesta todos los días. 毎日この坂を上り下りするのは大変だ.
4《多くは名詞+》《**ser**+》うんざりする, 退屈な. *Ha sido* una charla muy *cansada*. とてもつまらないスピーチだった. **5**〈土地が〉やせてしまった.
a las cansadas《ラ米》(ララブ)(ベル)《話》挙句の果てに;いい加減待たされた後に, かなり遅れて.

can·sa·dor, do·ra [kan.sa.ðór, -.ðó.ra]〖形〗《ラ米》(ララブ)(ベル)〖辱易〗(ラララ)させる.

***can·san·cio** [kan.sán.θjo / -.sjo]〖男〗**1** 疲労, 疲れ. sentir ~ 疲れを感じる. tener ~ 疲れている. producir ~ 疲れを生じさせる. cara de ~ 疲れた顔. estar muerto de ~ 死ぬほど疲れている. **2** 退屈, うんざりすること.

****can·sar** [kan.sár]〖他〗**1** 疲れさせる, 消耗させる. Este trabajo *cansa* los músculos de los brazos. この仕事をすると腕の筋肉が疲れる. **2** うんざりさせる, 嫌にさせる. Su mirada antipática me *cansa*. 彼[彼女]の反抗的な目つきにはうんざりだ. Me *cansa* que él hable sin parar. 彼がずっと話し続けているのには嫌になる(▶ que 以下が主語, 節内の動詞は接続法). **3**〖農〗〈植物などが〉〈土地を〉不毛にする.
—·se《**de...** / **con...** …で》疲れる, 消耗する. ~*se de* llorar 泣き疲れる. Esta niña *se cansa con* nada. この子は何でもないことで疲れる.
2《**de...** / **con...** …に》嫌気がさす. Ya *me he cansado de* repetir lo mismo. 同じことを繰り返し言うのにはもう飽き飽きだ.
no cansarse de+不定詞 …し続けることがない;しつこく…する. No *me cansaré de agradecer*le a usted. あなたには感謝してもしきれません.
[←〔古スペイン〕«yermo» ←〔ラ〕*campsāre*「進路を変える, 曲がる」;[関連] cansado, descansar]

can·se·ra [kan.sé.ra]〖女〗《話》**1** 厄介なこと, 迷惑, 面倒. **2** 疲労, 倦怠(けんたい). **3**《ラ米》手間, 無駄な時間.

can·si·no, na [kan.sí.no, -.na]〖形〗**1** のろのろした;消耗した. paso ~ のろのろした足取り.
2 つらい, 疲れた. voz *cansina* 元気のない声.

can·són, so·na [kan.són, -.só.na]〖形〗《ラ米》(ララブ)うんざりする, 退屈な.

can·tá·bi·le [kan.tá.bi.le]〖伊〗〖副〗〖音楽〗(楽曲の表現として)歌うように, カンタービレに.
—〖男〗カンタービレ(調)の曲[楽章].

can·ta·ble [kan.tá.ble]〖形〗歌うことのできる.
—〖男〗〖音楽〗**1**→ cantábile.
2(サルスエラ zarzuela の)歌唱部分[場面].

***Can·ta·bria** [kan.tá.βrja]〖固名〗カンタブリア:スペイン北部の地方;自治州(→ autónomo).

***can·tá·bri·co, ca** [kan.tá.βri.ko, -.ka]〖形〗(スペインの)カンタブリアの. Cordillera *Cantábrica*(スペイン北部の)カンタブリア山脈. Mar C~ ビスケー湾(◆スペインでは内湾の Golfo de Vizcaya と区別している).

***cán·ta·bro, bra** [kán.ta.βro, -.βra]〖形〗(スペインの)カンタブリアの.
—〖男〗〖女〗カンタブリアの住民[出身者].

can·ta·da [kan.tá.ða]〖女〗**1**→ cantata.
2《スペイン》《話》(特に適性・能力を欠いていることから起こる)失敗;《スポ》(特にゴールキーパーの)失策.

can·ta·de·ra [kan.ta.ðé.ra]〖女〗《ラ米》(メメ)(ララブ)大きな歌声;長く伸ばした歌声, 耳障りな歌声.

can·ta·do, da [kan.tá.ðo, -.da]〖形〗《**estar**+》すでにわかっていた;あらかじめ予測[予見]された. gol ~(ゴールできなかった)絶好の位置からのシュート. voto ~《ラ米》(ララブ)記名投票.

can·ta·dor, do·ra [kan.ta.ðór, -.ðó.ra] 男女 (民謡の)歌手. ~ de baladas バラードの歌い手.

can·tal [kan.tál] 男 石ころ;石ころだらけの土地.

can·ta·le·ar [kan.ta.le.ár] 自 《雄バトが》《雌バトに求愛して》クークーと鳴く.

can·ta·le·ta [kan.ta.lé.ta] 女 **1** 鳴り物入りのはやし立て;あざけりの歌;からかい. **2** 《ラ米》(1)《プ*》(歌の)繰り返し,リフレーン. (2)《ラプ》《プエ》(やかましい)小言;繰り返される動作,しつこさ.

can·ta·le·te·ar [kan.ta.le.te.ár] 他 《ラ米》《話》…に(しつこく)からむ,からかう.

can·ta·li·no·so, sa [kan.ta.li.nó.so, -.sa] 形 石ころに覆われた,石の多い.

can·ta·lu·pa [kan.ta.lú.pa] 女 《ラ米》《プ*》《植》→cantalupo.

can·ta·lu·po [kan.ta.lú.po] 男 《植》カンタループ:南ヨーロッパ原産のメロン.

can·ta·ma·ña·nas [kan.ta.ma.ɲá.nas] 男女 《単複同形》《話》《軽蔑》口先だけの[いいかげんな・無責任な]やつ;見えっ張りで信頼に値しない人.

*****can·tan·te** [kan.tán.te] 男女 **歌手**;声楽家. ~ de ópera オペラ歌手. De dónde son los ~s 『歌手たちはどこから』《民謡, Sarduy の小説》.
— 形 歌う;歌手の. café ~ ナイトクラブ.
llevar la voz cantante 主導権を握る,牛耳る.

can·ta·or, o·ra [kan.ta.ór, -.ó.ra] 男女 フラメンコの歌手.

****can·tar** [kan.tár] 他 **1** 歌う;〈節をつけて〉唱える. ~ una canción 歌を歌う. ~ un poema 詩を朗読する. ~ el premio de la lotería 宝くじの当選番号を読み上げる.
2 称える;詩歌に詠む. ~ la belleza de un paisaje 景色の美しさをうたいあげる.
3 《話》自白する,吐く. El acusado lo *ha cantado* todo. 被疑者は全てを白状した. **4** 《話》はっきり述べる,言い立てる. ~ la verdad en la cara 真実を突きつける. ~ las virtudes 長所を述べ立てる. ~ victoria 勝利を宣言する. **5** 《遊》(トランプなどで)〈札を〉宣言する. ~ las veinte en espadas 剣の20をコールする. ~ bingo ビンゴと叫ぶ.
— 自 **1** 歌を歌う. ~ a[en]coro 合唱する. Ella *canta* bien. 彼女は歌がうまい.
2 〈鳥などが〉さえずる;〈虫などが〉鳴く;〈ものが〉音を響かせる. al ~ el gallo 雄鶏が鳴くとき,夜明けに. *Canta* un arroyo. 小川がさらさら音を立てている.
3 《スペイン》《話》《a+人(人)の》(特に体の部位が)におう. Te cantan los pies. 君,足が臭いぞ(► ~ te が a + 人に相当).
4 《話》秘密を白状する,真実を述べる. Las cifras *cantan*. 数字がそれを物語っている.
5 《話》目につく;明らかにわかる. Ese sombrero tuyo *canta* demasiado. 君のその帽子は目立ちすぎる. **6** 《海》合図する;警笛を鳴らす. **7** 《スペイン》《話》へまをする.
— 男 **1** 詩歌,く(中世の)武勲詩. El C~ de los C~es 《聖》(旧約の)雅歌.
2 歌うこと. **3** 《ラ米》《ガテ》《話》うわさ話,ゴシップ.
cantar alto 《ラ米》《カリ》《ガテ》値段を吹っかける.
cantar de plano 《話》洗いざらい話す.
cantar las cuarenta a+人 / cantarlas claras a+人 《話》《人》に(言いにくいことを)はっきり言う,《人》を面と向かって非難する.
ser otro cantar 《話》話は別である. Si me invitas, *es otro* ~. 君がおごってくれるというなら話は別だ.

[← 〔ラ〕*cantāre* (*canere*「歌う」より派生);〔英〕 *chant*]

cán·ta·ra [kán.ta.ra] 女 **1** かめ,壺(ƒ)(=cántaro). **2** (ミルク運搬用の)金属缶. **3** カンタラ:体積の単位, 16.13リットル.

can·ta·re·la [kan.ta.ré.la] 女 《音楽》(バイオリン・ギターの)第1弦:最高音を出す弦.

can·ta·re·rí·a [kan.ta.re.rí.a] 女 かめ・壺(ƒ)の販売店[製造所].

can·ta·re·ro, ra [kan.ta.ré.ro, -.ra] 男女 かめ職人,陶工. — 男 かめ・壺(ƒ)を乗せる台[棚].

can·tá·ri·da [kan.tá.ri.ða]
女《昆》セイヨウミドリゲンセイ:ツチハンミョウ科の甲虫. **2**《薬》カンタリス:ツチハンミョウ科の成虫から作った媚薬(ʙ͙ʏ).

cantárida
(セイヨウミドリゲンセイ)

can·ta·ri·lla [kan.ta.rí.ja ‖ -.ʎa] 女 素焼きの壺(ƒ).
[*cántara* + 縮小辞]

can·ta·rín, ri·na [kan.ta.rín, -.rí.na] 形 歌好きの;(特に鳥の声・泉・川の流れなどが)歌うような,耳に心地よい. voz *cantarina* 歌うような(響きのよい)声.
— 男女 歌手.

cán·ta·ro [kán.ta.ro] 男 **1** 壺(ƒ), かめ;(水・ワインなど)壺1杯の量. medio ~ de agua 壺半分の水.
2 抽選の札[球など]を入れておく箱;投票箱.
3 《ラ米》《カリ》《音楽》ファゴット,バスーン.
alma de cántaro 《話》まぬけ,ばか者.
llover a cántaros どしゃ降りの雨が降る.
Tanto va el cántaro a la fuente que al fin se rompe. 《諺》泉に水を汲みに行きすぎて壺が割れる(何度も危険を冒せば運も尽きる).
[← 〔ラ〕*cantharum* (*cantharus* の対格)「2個の取っ手のついた大杯」, ← 〔ギ〕*kántharos*]

can·ta·ta [kan.tá.ta] 〔伊〕 女 **1** 《音楽》カンタータ:独唱,重唱,合唱,器楽伴奏からなる大声楽曲.
2 繰り言.

can·ta·triz [kan.ta.tríθ / -.trís] 女 〔複 cantatrices〕《まれ》女性歌手.

can·tau·tor, to·ra [kan.tau.tór, -.tó.ra] 男女 シンガーソングライター.

can·ta·zo [kan.tá.θo / -.so] 男 **1** 《スペイン》《話》投石(=pedrada).
2 《ラ米》《カリ》《話》衝突;殴打.

can·te [kán.te] 男 **1** (主にスペイン Andalucía 地方の)民謡. ~ flamenco フラメンコ歌謡(♦ ~ jondo から生まれ, ロマ[ジプシー]色の強いもの). → flamenco). ~ jondo[hondo] カンテホンド:スペイン民謡,「深い歌」の意(人生の深刻な感情を表し, Andalucía 地方の方言で歌われる).
2 《スペイン》《話》不快な臭い. **3** 《話》派手なもの[こと]. dar el ~ ふざけて人目を引く.

can·te·a·do, da [kan.te.á.ðo, -.ða] 形 《石・れんがが》縦積みされた.

can·te·ar [kan.te.ár] 他 **1** 〈石・板の〉縁を加工する;〈れんがを〉縦積みする. **2** 《ラ米》《ガテ》「問題を」歪曲(ヅ͗)する;いい加減に行う.

can·te·gril [kan.te.gríl] 男 《ラ米》《ウル》貧困地区.

can·te·ra [kan.té.ra] 女 **1** 石切り場,採石場;粘土場. **2** (優れた人材を)輩出する場所,宝庫;《スポ》若手養成所[チーム]. **3** 《ラ米》《カリ》切り石.

can·te·ra·no, na [kan.te.rá.no, -.na] 男女 《スポ》クラブチームの若手養成組織[ユースチーム]に在籍している[していた]選手;生え抜きの選手.

Can·ter·bu·ry [kán.ter.bu.ri ‖ -.be.-] 固名 カン

タベリー：英国，イングランド南東部の都市．

can·te·rí·a [kan.te.rí.a] 囡 **1** 石切り，石の加工［細工］．**2**【建】(1) 石造（建築物）．(2)《集合的》切り石，切り石積みの部分．

can·te·rios [kan.té.rjos] 男《複数形》屋根の横梁（はり）．

can·te·ri·to [kan.te.rí.to] 男 パンのかけら．[cantero + 縮小辞]

can·te·ro [kan.té.ro] 男 **1** 石工；石屋．**2**《堅いパンなどの》かけら．**3** 畑・農場の小区画．**4**《ラ米》(1)（ニバ）（キャ）サトウキビ畑（の１区画）．(2)（ニバ）菜園（の１区画）；花壇．

can·ti·cio [kan.tí.θjo / -.sjo] 男《話》うるさい歌声．

cán·ti·co [kán.ti.ko] 男 **1**【カト】賛歌：聖務日課などで唱えられる聖書からとった聖歌や祈り．**2**（一般に）歌．**3** 主義主張・賛美をうたう詩歌．

＊＊＊can·ti·dad [kan.ti.dáđ] 囡 **1** 量，数量，分量．~ infinita 膨大な量．~ infinitesimal 微量．(una) gran ~ de... 大量の…．~ de electricidad【物理】電気量．adjetivo [adverbio] de ~【文法】数量形容詞［副詞］．¿Qué ~ de harina se necesita para hacer el pastel? そのケーキを作るのにどれくらいの小麦粉が必要ですか．**2** 金額．~ alzada 総額．pagar la ~ de quinientos dólares como fianza 保証金として500ドル払う．**3**《話》多量．~ de... たくさんの…．Hay ~ de edificios altos en esa zona. その地区には高いビルがたくさんある．**4** 数，数字．**5**【音声】【詩】音量，音長．
━ 副《話》たくさん；とても．La comida me gustó ~. 私はその料理がすごく気に入った．
en cantidad たくさん；とても．
en cantidades industriales《話》大量に，たくさん．
[← [ラ] *quantitātem* (*quantitās* の対格；*quantus* 「どれほど大きな・たくさんの」より派生）；[英] *quantity*]

can·ti·ga [kan.tí.ga] / **cán·ti·ga** [kán.ti.ga] 囡（中世の）歌，詩．*C~s de Santa María*（特に Alfonso 10世による）『サンタ・マリア賛歌集』．

can·til [kan.tíl] 男 **1** 断崖（がい），岩棚，海底棚．

can·ti·le·na [kan.ti.lé.na] 囡 **1** カンティレーナ：（曲をうたうことを前提にした）短い叙情詩．**2**《話》常套（とう）句，繰り言，同じ話．Siempre la misma ~. またいつもの話だ．

can·ti·lé·ver [kan.ti.lé.ber]［英］形【建】【土木】片持梁（けたもち）の．
━ 男（支柱から突き出ている）片持梁．

can·ti·llo [kan.tí.ʝo ‖ -.ljo] 男 **1** 角，隅．**2** 小石；《複数で》石投げ遊び：５つの小石のうち４つを地面に投げ，１つを上に投げ上げて，それが落ちる前にいくつ拾えるかを競う子供の遊び．[canto + 縮小辞]

can·tim·pla [kan.tím.pla] 男《ラ米》《話》ばかな，愚かな．

can·tim·plo·ra [kan.tim.pló.ra] 囡 **1** 水筒．**2** サイホン．**3**《ラ米》(1)（ニバ）火薬入れ，火薬筒．(2)（キャ）【医】甲状腺腫（しゅ）．(3)（ニバ）《話》（間投詞的に）とんでもない．

can·ti·na [kan.tí.na] 囡 **1**（駅などの）軽食スタンド，喫茶室．**2**（地下の）ワイン［飲料水］の貯蔵場所．**3** 弁当箱；《古語》食事用具携帯箱．**4**《ラ米》(1) レストラン，安食堂．酒場．(3)（ニバ）（キャ）【馬】鞍囊（あんのう），鞍（くら）袋．(4)（ニバ）牛乳缶．[← [伊] *cantina*]

can·ti·ne·la [kan.ti.né.la] 囡 → cantilena **2**．

can·ti·ne·ro, ra [kan.ti.né.ro, -.ra] 男 囡 cantina の主人［従業員］．
━ 囡《軍》（女性の）従軍炊事人，従軍酒保商人．

Can·tin·flas [kan.tím.flas] 固名 カンティンフラス：本名 Mario Moreno (1911-93). メキシコの喜劇俳優．

can·tin·flis·mo [kan.tim.flís.mo] 男《ラ米》（きマ）取り留めのない話．

can·tí·o [kan.tí.o]《ラ米》（ダリ）（グテ）民謡；鳥のさえずり．

can·ti·zal [kan.ti.θál / -.sál] 男 石ころだらけの土地．

＊＊can·to[1] [kán.to] 男 **1** 歌（◆より一般的には canción）．~ de victoria 勝利の歌．~ de los canarios カナリアのさえずり．~ gregoriano [llano]【宗】グレゴリオ聖歌．~ polifónico【音楽】多声歌．**2** 歌うこと，歌唱（法）．aprender ~ 声楽を学ぶ．~ del himno nacional 国家斉唱．**3**（歌われる目的の）詩，詩歌；（叙事詩の）編．~ fúnebre 葬送歌．**4**《*a*... …への》賛歌，称賛．~ *a* la juventud 若さへの賛歌．**5**【音楽】（楽曲の）旋律部．
━ 直 → cantar．
al canto del gallo《話》夜明けに，明け方に．
canto de(l) cisne ある人の最後の作品［業績］．♦瀕死（ひん）の鳥は甘美な声で鳴くという言い伝えから．

can·to[2] [kán.to] 男 **1** 縁（ふち），へり；角．~ de un plato 皿のへり．~ de pan パンの硬い外端．Me di un golpe con el ~ de la mesa. 私は机の角にぶつかった．**2**（本の）小口．~*s* dorados 金付けされた小口．**3**（刃物の）峰．**4** 小石，石ころ．~ pelado [rodado] 角がすり減った丸石．**5** 厚み；広さ．estante de cinco centímetros de ~ 厚みが５センチの棚板．**6**《ラ米》（＊こ）《俗》家．
agarrarse a cantos《ラ米》（きマ）《話》けんかする．
al canto (1)《スペイン》必ず…，決まって…；すぐに…．Cuando salgo sin paraguas, lluvia *al* ~. 傘を持たないで外出すると決まって雨だ．(2) 端に，縁に．(3) 明白な．prueba *al* ~ 確証．
darse con un canto en los dientes《スペイン》《話》（予想ほどひどくない結果に）満足する，よしとする．
de canto 縦に，立てて．Si colocas los libros *de* ~, caben más. 本を立てて並べるともっと入るよ．
el canto de un duro《スペイン》《話》わずか，少し．*por el* ~ *de un duro* かろうじて，きわどいところで．Me faltó *el* ~ *de un duro* para chocar contra el autobús. もう少しでバスにぶつかるところだった．

can·tón [kan.tón] 男 **1**（スイスの）州，（フランスの）小郡．**2**【史】《スペイン第一共和制時代の》自治区．**2**（建物の）角．**3**【紋】カントン，四隅の角．**4**【軍】宿営地．**5**《ラ米》(1)（キャ）（ニバ）（カシミヤ織りをまねた）綿織物．(2)（ニバ）丘陵．(3)（ニバ）《話》家；家の近所．

can·to·na·da [kan.to.ná.đa] 囡（建物の）角；街角．
dar cantonada a+人〈人〉に待ちぼうけをくわせる；〈人〉を置き去りにする．

can·to·nal [kan.to.nál] 形 **1** 州の，郡の．**2** 連邦主義の，地方分立主義の．
━ 男 囡 連邦州制論者．

can·to·na·lis·mo [kan.to.na.lís.mo] 男《スペイン第一共和制時代の》地方分立主義；スイスの連邦制．

can·to·na·lis·ta [kan.to.na.lís.ta] 形 州［郡］の；連邦州制［州権分立］論の；連邦州制論を支持する．
━ 男 囡 連邦州制論者（= cantonal）（◆しばしば1873年の第一共和国成立時に起こった運動について言う．）

can·to·na·li·za·ción [kan.to.na.li.θa.θjón / -sa.sjón] 囡 (国土の)連邦州化.
can·to·ne·ar [kan.to.ne.ár] 自 (町を)ぶらつく; のらくら暮らす. ― **~·se** 再 ➡ contonearse.
can·to·ne·ra [kan.to.né.ra] 囡《スペイン》**1** (表紙の)角革;(家具の)隅金具など隅補強材. **2** コーナーキャビネットなどコーナー用家具.
can·to·ne·ro, ra [kan.to.né.ro, -.ra] 形《スペイン》《話》(何もせずに)ぶらぶらしている. ― 男 囡 怠け者.
can·to·nés, ne·sa [kan.to.nés, -.né.sa] 形 (中国の)広東(ホンヤン)Cantón 省の, 広東人[語]の. ― 男 囡 広東省の[出身者]人. ― 男 広東語.
can·tor, to·ra [kan.tór, -.tó.ra] 形 **1** 歌う, (よい声で)鳴く. ave *cantora* (カナリア・ナイチンゲールなどの)鳴禽(メタ)類. 囡《ラ米》《洗礼》(ジ). ― 男 囡 **1** 歌手 (= cantante). ~ callejero 大道歌手, 流し. **2** 詩人, 賛美者. ~ de Laura ラウラの詩人(イタリアの Petrarca のこと). ~ romántico 抒情詩人. ― 男《複数で》鳴禽(メタ)類.
can·to·ral [kan.to.rál] 男 聖歌集:ローマカトリック教会の聖歌隊席に置かれ, 詩編など典礼文の一部を含む大きな歌集.
can·to·rral [kan.to.r̃ál] 男 石ころだらけの土地.
can·to·so, sa [kan.tó.so, -.sa] 形 石ころだらけの.
can·tue·so [kan.twé.so] 男《植》ラベンダーの一種.
can·tu·ja [kan.tú.xa] 囡《ラ米》(ジ) 隠語.
can·tu·rí·a [kan.tu.rí.a] 囡 **1**《軽蔑》単調な歌[歌い方]. **2** 歌うこと. **3**《音楽》旋律の持つ雰囲気.
can·tu·rre·ar [kan.tu.r̃e.ár] 自 鼻歌を歌う.
can·tu·rre·o [kan.tu.r̃é.o] 男 鼻歌, ハミング.
can·tu·rri·ar [kan.tu.r̃jár] 自動 自 ➡ canturrear.
cán·tu·ta [kán.tu.ta] 囡《ラ米》(ホン)《植》ナデシコ.
cá·nu·la [ká.nu.la] 囡《医》**1** カニューレ:患部に挿入して液・薬の注入に用いる管. **2** 注射器の針を付ける部分.
ca·nu·lar [ka.nu.lár] 形 カニューレ状の; 管の形をした.
ca·nu·te·ro [ka.nu.té.ro] 男 **1** (筒状の)針[ピン]入れ. **2**《ラ米》ペン軸; 万年筆.
ca·nu·ti·llo [ka.nu.tí.jo ∥ -.ʎo] 男 **1** 金糸, 銀糸; (刺繍(ホノᴗ)に使う管状の)ビーズ. **2**《服飾》(コーデュロイなどの)畝. **3**《製本用の)セルリング. **4**《料》クリームホーン, コルネ. [canuto + 縮小辞]
ca·nu·to [ka.nú.to] 男 **1** 細い管, 筒; (免状・地図などを入れる)筒; (筒状の)針入れ, ピンケース. **2**《植》節間:茎などの節と節の間の部分. **3**《話》除隊, 復員. ♦士官学校の終了証を筒に収めたことに由来する. **4**《料》クリームホーン, コルネ. **5**《昆》卵塊(ホン):バッタなど直翅(ホノ)目の昆虫が土中に産卵した卵の形状. **6**《俗》マリファナ(タバコ). **7**《ラ米》(ジ)(チン)アイスクリームコーン. (**2**)《ラ米》(ホン)(チン)(シン)ペン軸.
ca·nu·to, ta [ka.nú.to, -.ta] 形《俗》すごい, すばらしい, 見事な. ― 男 囡《ラ米》(ジ)プロテスタントの信者.
pasarlas canutas《俗》ひどい目に遭う. *pasarlas canutas para encontrar un trabajo* 職探しに苦労する.
can·zo·ne·tis·ta [kan.θo.ne.tís.ta / -.so.-] 囡 女性歌手.
*****ca·ña** [ká.ɲa] 囡 **1**《植》(**1**) (中空で節のある)茎. ~ del trigo 麦わら. (**2**) アシ, ヨシ; トウ(籐). ~ común アシ. ~ de azúcar / ~ dulce [melar] サトウキビ (➡右図に図). ~ de bambú タケ (竹). ~ de Indias トウ. **2**《スペイン》(細身の)コップ; コップ1杯の量; (特に) **生ビール**. una ~ de cerveza 1杯の生ビール. **3** 釣り竿(ホャ)(= ~ de pescar). pescar con ~ 釣り竿で魚を釣る. **4** 杖(ス), ステッキ. **5** (小銃・ライフルなどの)銃床. **6** (人の腕・すねの)骨; 骨髄. ~ de vaca (煮込み料理などに使う)牛の足の骨. **7** (ブーツ・靴下の)くるぶしから上の部分. **8**《鉱》坑道. **9**《建》(円柱の)柱身. **10**《海》錨幹(ホシ); 舵柄(ホシ)(= ~ del timón). **11**《音楽》(**1**) 管楽器のリード. (**2**) 笛. (**3**) (フラメンコの)カーニャ:スペイン Andalucía 地方の民謡・踊り. **12**《複数で》(中世期おいて上槍(ホン)試合 (= torneo). correr ~s 馬上槍試合をする. **13**《ラ米》(**1**) (ホハ)《話》1ペソ貨. (**2**)《植》サトウキビ. (**3**)《ラ米》ラム酒, タフィア tafia. (**4**)《ホハ》《話》酒. (**5**) (ホハ)(ジʀ)(チン)《話》デマ, うそ.
caña de pulmón《解剖》気管 (= tráquea).
caña mala《ラ米》二日酔い.
dar [meter] caña a...《話》(**1**)〈人〉を殴る; 煩わせる. (**2**) …のスピード[ボリューム]を上げる.
media caña《建》半円形剣形(ホェ).
[← [ラ] *cannam* (*canna* の対格); 関連 cañal, cañar, cañacoro, cañón[1]. [英]*canna*「カンナ」]
ca·ña·bra·va [ka.ɲa.brá.ba] 囡《植》南米産の竹に似たイネ科の多年草:茎は硬く, 10mほどにもなり, 屋根や壁材として使われる.
ca·ña·co·ro [ka.ɲa.kó.ro] 男《植》ダンドク:カンナ科.
ca·ña·da [ka.ɲá.ða] 囡 **1** 峡谷, 山あいの道, 谷間. **2** (家畜の通り道, 道 real ~ (スペインの Castilla を南北に縦断する)放牧羊の通路. **3** 牛の骨髄. **4**《ラ米》(ジʀ)小川, 流れ.
ca·ña·di·lla [ka.ɲa.ðí.ʎa ∥ -.ʎa.-] 囡《貝》アクキガイの一種.
ca·ña·dón [ka.ɲa.ðón] 男《ラ米》(ホン)低地, くぼ地.
ca·ña·duz [ka.ɲa.dúθ / -.ðús] 囡《ラ米》(ジʀ)(まれに《スペイン》)《植》サトウキビ.
ca·ña·fís·to·la [ka.ɲa.fís.to.la] / **ca·ña·fís·tu·la** [ka.ɲa.fís.tu.la] 囡《植》カシア (の実・木):マメ科の植物で果実は緩下剤に用いる.
ca·ña·he·ja [ka.ɲa.é.xa] / **ca·ña·her·la** [ka.ɲa.ér.la] / **ca·ña·hier·la** [ka.ɲa.jér.la] 囡《植》オオウイキョウ.
ca·ña·hua [ka.ɲá.(g)wa] 囡《ラ米》(ジʀ)《植》(チチャ酒 chicha を作る)キビの一種.
ca·ña·hua·te [ka.ɲa.(g)wá.te] 男《植》(コロンビア産の)ユソウボクの一種.
ca·ña·hue·ca [ka.ɲa.(g)wé.ka] 男 囡 おしゃべりな人, 口の軽い人.
ca·ña·jel·ga [ka.ɲa.xél.ga] 囡 ➡ cañaheja.
ca·ñal [ka.ɲál] 男 **1** アシ原, サトウキビ畑 (= cañaveral). **2** 川魚を誘い込むための細い溝; 簗(ヤ).
ca·ña·lie·ga [ka.ɲa.ljé.ga] 囡 (川魚を捕る) 簗(ヤ).
ca·ña·mal [ka.ɲa.mál] / **ca·ña·mar** [ka.ɲa.már] 男 麻畑, 大麻畑.
ca·ña·ma·zo [ka.ɲa.má.θo / -.so] 男 **1** (刺繍用の) 目の粗い布 ♦布に刺繍する際の罫としても用いる). **2** (粗い)麻布, 麻くず. **3** スケッチ; (小説な

の)下書き. Sólo está hecho el ~ del cuadro. 下絵しかできていない.
ca・ña・me・lar [ka.ɲa.me.lár] 男 サトウキビ農園.
ca・ña・me・ro, ra [ka.ɲa.mé.ro, -.ra] 形 麻の.
ca・ña・miel [ka.ɲa.mjél] 男《植》サトウキビ.
cá・ña・mo [ká.ɲa.mo] 男 **1**《植》アサ, 大麻. ~ de Manila マニラ麻. ~ indio [índico, de India] インド大麻;(marihuanaなどの) インド大麻から作った麻薬. ➡ lino. **2** 麻布;《ラ米》麻ひも. túnica de ~ 麻のチュニック.
ca・ña・món [ka.ɲa.món] 男 麻の実[種].
ca・ña・mon・ci・llo [ka.ɲa.mon.θí.ʝo ‖ -.só/-.sí.-] 男《しっくいに使う》粒子の細かい砂.
ca・ñar [ka.ɲár] 男 ➡ cañal.
ca・ña・re・ja [ka.ɲa.ré.xa] 女 ➡ cañaheja.
ca・ña・rie・go, ga [ka.ɲa.rjé.ɣo, -.ɣa] 形 移動する家畜に付き添う;《皮が》移動中に死んだ家畜の.
ca・ña・rro・ya [ka.ɲa.ró.ʝa] 女《植》ヒカゲミズ.
ca・ña・ve・ra [ka.ɲa.bé.ra] 女《植》アシ.
ca・ña・ve・ral [ka.ɲa.be.rál] 男 **1** アシ原. **2** サトウキビ畑.
ca・ña・zo [ka.ɲá.θo / -.so] 男 **1** 杖(ᵗ)・竿(ᵗ)などで殴ること. **2**《ラ米》サトウキビ酒のひと口[1杯]. *darse cañazo*《ラ米》(ᵗ)《話》がっかりする;かつがれる.
ca・ñe・do [ka.ɲé.ðo] 男 ➡ cañaveral.
ca・ñen・go, ga [ka.ɲéŋ.ɡo, -.ɡa] 形《ラ米》(ᵗ)(ᵗᵗ) 虚弱な, ひ弱な.
ca・ñe・rí・a [ka.ɲe.rí.a] 女《集合的》(水道・ガスなどの) 導管, 配管.
ca・ñer・la [ka.ɲér.la] 女 ➡ cañaheja.
ca・ñe・ro, ra [ka.ɲé.ro, -.ra] 形 サトウキビの.
— 男 女《ラ米》(1)(ᵗᵗ)(ᵗᵗ)(ᵗᵗ)《話》うそつき, 当てにならない人. (2) サトウキビ農園の所有者 [管理人], サトウキビ栽培者;(ᵗ) サトウキビ売り. (3)(ᵗᵗ)《話》見え・張りの人, うぬぼれの強い人.
— 男 **1**《スペイン》(まれ)(コップやグラスを倒さずに運ぶために二段式になっている)トレイ. **2**《ラ米》サトウキビの保管場所.
ca・ñe・ta [ka.ɲé.ta] 女《植》アシ.
ca・ñe・te [ka.ɲé.te] 男 ajo ~ 赤皮ニンニク.
ca・ñí [ka.ɲí] 形《複 ~s》ロマ[ジプシー] (風)の, Andalucíaの影響を受けた民俗的なスペインの.
— 男 女 ロマ[ジプシー] (= gitano).
ca・ñi・fla [ka.ɲí.fla] 女《ラ米》(⁕)《話》やせた細い腕[脚].
ca・ñi・la・va・do, da [ka.ɲi.la.bá.ðo, -.ða] 形《馬の》脚の骨が細い.
ca・ñi・lla [ka.ɲí.ja ‖ -.ʎa] 女 (凧(ᵗ)揚げの)糸巻き棒.
ca・ñin・que [ka.ɲíŋ.ke] 形《ラ米》《話》病弱な.
ca・ñis・ta [ka.ɲís.ta] 男 女 網代(ᵗᵗ)編み職人.
ca・ñi・ta [ka.ɲí.ta] 女《ラ米》(ᵗᵗ)ストロー.
ca・ñi・za [ka.ɲí.θa / -.sa] 女 **1** 粗リンネル(の布). **2** 家畜の囲い場.
ca・ñi・zal [ka.ɲi.θál / -.sál] / **ca・ñi・zar** [ka.ɲi.θár / -.sár] 男 **1** アシ原. **2** サトウキビ畑[農園].
ca・ñi・zo [ka.ɲí.θo / -.so] 男 **1** 土覆い・しっくい天井の下地などに用いる建築用の) 網代(ᵗᵗ).
ca・ño [ká.ɲo] 男 **1** 管, パイプ. **2** (噴水の) 噴出口, ノズル;噴流. La fuente deja caer sus cuatro ~s en la taza de piedra. 噴水は4つの口から石の水盤に降り注いでいる. **3** 下水管. **4** (地下の) ワイン樽(ᵗ)貯蔵庫. **5**《鉱》坑道. **6**《海》澪(ᵗ), (港・湾の)航路. **7**《音楽》(オルガンの)パイプ. **8**《ラ米》(1)

(ᵗᵗ)(水道などの)蛇口, 栓. (2)(ᵗᵗ)《俗》拳銃, 銃身. (3)(ᵗᵗ)(ᵗᵗ)航行可能な狭い川, 水路.
*ca・ñón [ka.ɲón] 男 **1** 大砲;銃[砲]身. disparar el ~ 大砲を撃つ. ~ de campaña 野砲. ~ de agua 放水銃. ~ de electrones / electrónico《物理》電子銃. ~ de marina 艦砲. ~ de nieve 人工製雪機. ~ de rayos ライフル銃身. escopeta de dos *cañones* 二連銃.
2 (長い)管, 筒. ~ de anteojo 望遠鏡の筒. ~ de fuelle ふいご. **3** (煙突の)煙道, (ボイラーなどの)煙管. ~ de chimenea [estufa] 暖炉[ストーブ]の排煙パイプ. **4**《音楽》(オルガンの)パイプ. **5** スポットライト. **6** 峡谷. El Gran C~ del Colorado グランドキャニオン. **7**《服飾》(そで口・襟元の) フリル, (ひだ襟などの) 細かいひだ. **8** 羽根の軸, 羽ペン;ひな鶏の羽根. **9** ひげの根元. **10**《ラ米》(1)(ᵗᵗ)(ᵗᵗ)険しい山道. (2)(ᵗᵗ)木の幹.
— 形《話》すばらしい, すごい. Esta chavala está ~. この女の子は最高だ.
— 副《話》すばらしく. Lo pasé ~. とびきりに楽しかった.
bóveda de cañón《建》筒形構造の円天井.
morir al pie del cañón 華々しい最期を遂げる, 殉職する.
ni a cañón (*rayado*)《ラ米》(ᵗᵗ)(ᵗ)(ᵗᵗ)(ᵗᵗ)《話》決して(…でない[しない])(= de ningún modo).
ca・ño・na・zo [ka.ɲo.ná.θo / -.so] 男 **1** 砲撃;大砲の轟音(ᵗᵗ);《複数で》砲火. salva de veintiún ~s 21発の礼砲. **2**《スポ》強烈なシュート. **3**《ラ米》(ᵗᵗ)大酒を飲むこと.
ca・ñon・ci・to [ka.ɲon.θí.to / -.sí.-] 男《ラ米》(ᵗᵗ)《料》(1) クリームホーン, コルネ:筒状に焼いたパイにクリームなどを詰めた菓子. (2) クロワッサン.
ca・ño・ne・a・do, da [ka.ɲo.ne.á.ðo, -.ða] 形《ラ米》(ᵗ)《話》(酒に) 酔った.
ca・ño・ne・ar [ka.ɲo.ne.ár] 他 **1** 砲撃する. El acorazado *cañoneó* la costa. 戦艦が沿岸を艦砲射撃した.
2《ラ米》(ᵗᵗ)(人の家の前で) 音楽を奏でて祝う.
ca・ño・ne・o [ka.ɲo.ne.ó] 男 砲撃.
ca・ño・ne・rí・a [ka.ɲo.ne.rí.a] 女《集合的》**1** 砲, 大砲. **2**《音楽》オルガンのパイプ.
ca・ño・ne・ro, ra [ka.ɲo.né.ro, -.ra] 形 (船が) 大砲を備えた. — 男 女《スポ》ストライカー. — 女 **1**《軍》(1) 砲眼, 狭間(ᵗᵗ). (2) 砲座. (3) 野営用テント. **2**《海》(1) 砲門. (2) 砲艦 (= lancha *cañonera*). **3**《ラ米》ピストルの革ケース, ホルスター.
ca・ñue・la [ka.ɲwé.la] 女 **1**《植》ウシノケグサ.
2《ラ米》(ᵗ) (1) (凧(ᵗ)揚げの) 糸巻き棒. (2) ふくらはぎ. [caña + 縮小辞]
ca・ñu・se・ro, ra [ka.ɲu.sé.ro, -.ra] 男 女《ラ米》(ᵗᵗ)(ᵗᵗ) サトウキビ農園の所有者.
ca・ñu・ta・zo [ka.ɲu.tá.θo / -.so] 男 密告;うわさ話.
ca・ñu・te・rí・a [ka.ɲu.te.rí.a] 女 **1**《音楽》《集合的》パイプオルガンのパイプ.
2 ビーズを使った金糸銀糸の刺繍(ᵗᵗ).
ca・ñu・te・ro [ka.ɲu.té.ro] 男 筒状の針[ピン]入れ.
ca・ñu・ti・llo [ka.ɲu.tí.ʝo ‖ -.só/-.-] 男 **1** ➡ canutillo. **2**《昆》(バッタの) 卵管. **3**《ラ米》(ᵗᵗ)《植》ツユクサ科の薬草. [cañuto + 縮小辞]
ca・ñu・to [ka.ɲú.to] 男 **1** ➡ canuto 1, 2.
2《話》密告者, 告げ口屋.
ca・o [ká.o] 男《ラ米》(ᵗᵗ)《鳥》ジャマイカガラス.

ca·o·ba [ka.ó.βa] / **ca·o·ba·na** [ka.o.bá.na] 囡【植】マホガニー；マホガニー材．—男 マホガニー色．▶ 名詞に後置して形容詞的にも用いられる．[←[タイノ] kaoban]

caoba (マホガニー)

ca·o·bi·lla [ka.o.βí.ja ‖ -.λa] 囡【植】トウダイグサ科の植物．

ca·o·bo [ka.ó.βo] 男 → caoba.

ca·o·lín [ka.o.lín] 男【鉱】高陵石, カオリン．

*__**ca·os**__ [ká.os] 男【単複同形】**1** 無秩序, 混乱（状態）．La intensa lluvia produjo un ～ circulatorio. 豪雨で交通は大混乱をきたした．**2**【哲】（天地創造以前の）混沌(ミェミ), カオス．→ cosmos¹．

*__**ca·ó·ti·co, ca**__ [ka.ó.ti.ko, -.ka] 形 混沌(ミェミ)とした, 無秩序の, 大混乱の．

cap [káp] 男 カップ：シャンペンなどにジュース・果物を混ぜた飲み物．[←[英] *cup*]

cap.（略）**1** *cap*ítulo 章．**2** *cap*ital 資本（金）．**3** *cap*itán 大尉, 船長, 艦長．

CAP [θe.a.pé / se.-]（略）**1** *C*ertificado de *A*ptitud *P*edagógica 教職課程修了証, 教員免状．**2** *C*ompañía de *A*cero del *P*acífico（チリの）太平洋製鉄会社．**3** *C*olegio de *A*rquitectos del *Perú* ペルー建築大学．

*__**ca·pa**__ [ká.pa] 囡 **1** ケープ, マント．～ española（男性用の）ウール地の円形マント．～ pluvial【カト】プルビアーレ：高位聖職者が着る長い祭服．～ de agua《ラ米》レインコート．**2**【闘牛】カパ, ケープ．**3** 層, 被膜；衣．～ de pintura ペンキの塗り．～ de azúcar 糖衣, アイシング．primera ～ 下塗り．～ de acabado 仕上げ塗り．～ de nieve 積もった雪の層．～ de ozono オゾン層．～ del cielo 空, 天空．**4** 地層（= ～ geológica）．～ freática 帯水層．**5**（社会）階層．～*s* altas 上流階層．**6** 表向き, 口実．bajo una ～ de ingenuidad 無邪気さを装って．**7**（馬などの）毛色．**8**（葉巻の）外巻き葉．**9** 財産．**10**【海】（船長に払う）備給料．**11**《ラ米》(ミェミ)《俗》殴打．

de capa caída《話》落ち込んで, 落ちぶれて（▶ andar, estar, ir などの動詞とともに用いる). El negocio anda *de* ～ *caída*. 商売は思わしくない．

de capa y espada (1) 騎士物の. comedia *de* ～ *y espada*（17世紀にスペインで流行した）騎士物劇．(2) 必死で. defender... *de* ～ *y espada* …を命がけで守る．

dejar la capa al toro 何かを救うために別の何かを犠牲にする．

echar una capa a+人〈人〉をかばう．

hacer de su *capa un sayo*《スペイン》《話》好き勝手する．

La capa todo lo tapa.《諺》覆ってしまえば中身は見えない（←マントは全てを隠してしまう）．

so [*bajo*] *capa de...* …という口実で．

tirar a+人 *de la capa*〈人〉に注意を喚起する．

[←[後ラ] *cappa*「ずきん」]

ca·pa·ces [ka.pá.θes / -.ses] 形 （複数形）→ capaz.

ca·pa·ce·te [ka.pa.θé.te / -.sé.-] 男 **1**（前立て・面頬のない）かぶと．**2**《ラ米》(ダリ)(ビミミ) 2 輪馬車の幌．

ca·pa·cha [ka.pá.tʃa] 囡 **1** → capacho **1**.

2《話》《カト》聖ヨハネ修道会．**3**《ラ米》(ヘ゛ネス゛)(コ゛ミ)(ヌホ)《俗》刑務所．

caer en la capacha《ラ米》(ビミミ)〈逃亡者が〉網にかかる．

ca·pa·che·ca [ka.pa.tʃé.ka] 囡《ラ米》(ホ)(コ゛ミ) 露店, 屋台．

ca·pa·cho [ka.pá.tʃo] 男 **1**（カヤやヤシの葉で編んだ買い物用の）かご, 手提げかご．**2**（オリーブ搾り用の）袋．**3**【鳥】アメリカヨタカ．**4**【植】カンナ．**5**《ラ米》(ビ)(ヌホ)《俗》刑務所．(2)(コ゛ミ)(ヌホ)《話》古ぼけた帽子．(3)(コ゛ミ) 袋, 鞍(%)袋．(4)(コ゛ミ)《動物の》殻, 甲羅．

*__**ca·pa·ci·dad**__ [ka.pa.θi.ðáð / -.si.-] 囡 **1** 容量, 容積. de poca [mucha] ～ 狭い［広い］スペースの. la ～ de un tonel 樽(ミ)の容量．**2** 収容力. El anfiteatro tiene ～ para mil quinientas personas. その円形劇場は1500人収容できる．**3** 能力, 力；才能．～ de producción 生産能力．～ auditiva ～ de oído 聴力．～ de pago 支払い能力．～ de arrastre 引き付ける力, 牽引(ミミ)力；影響力．～ de trabajo 仕事の能力, 実力．～ financiera 財務能力, 財力. tener ～ para... …する[の]能力[才能]がある．

4【法】法的資格［能力］．**5**【物理】容量【ＩＴ】容量；最大出力．～ calorífica【物理】熱容量．～ de generación【電】発電能力．～ de memoria【ＩＴ】メモリ容量．

ca·pa·ci·ta·ción [ka.pa.θi.ta.θjón / -.si.-.sjón] 囡 **1**（特定の目的の）訓練, 養成, 研修, トレーニング. escuela de ～ profesional 職業訓練学校．**2** 資質, 能力．実力的身につけた 技能, 資格．

ca·pa·ci·ta·do, da [ka.pa.θi.tá.ðo, -.ða / -.si.-] 形 **1** 能力[資質]のある．**2**【法】資格［免許］のある．～ para suceder 相続する資格のある．

ca·pa·ci·tan·cia [ka.pa.θi.tán.θja / -.si.-.sja] 囡【電】静電容量, キャパシタンス．

ca·pa·ci·tar [ka.pa.θi.tár / -.si.-] 他 **1** 資格［能力］を与える；【法】権限を与える, 委任する．

2 教育［訓練］する, 養成する（= instruir）．—**～se** [*para*... …の）の資格を得る．

ca·pa·dor [ka.pa.ðór] 男 （動物の）去勢手術をする人．

ca·pa·du·ra [ka.pa.ðú.ra] 囡 **1** 去勢（の跡）．

2 低品質のタバコの葉．

ca·par [ka.pár] 他 **1** 去勢する（= castrar）．

2（話）切り詰める, 縮小する．

3《ラ米》(1)(タリ)(メ゛ンス゛)（タバコの）葉をきれいに摘み取る．(2)(ヘ゛ネス゛)(セ゛ン)《話》…に手をつける, 食べかける．

ca·pa·ra·zón [ka.pa.ra.θón / -.són] 男（時に 囡）**1**【動】（甲殻類・カメの）殻, 甲羅．**2**（まれ）カバー, 覆い．**3**（比喩的）（感情などを包む）殻. Se metió en su ～ y no habló más. 彼[彼女]は自分の殻に閉じ込もり, もう何もしゃべろうとしなかった．**4** 馬衣(エミ), 馬の雨着．**5**（馬の口元につるす）飼い葉袋．**6** 鳥の胸郭．

ca·pa·rra [ka.pá.ra] 囡 **1**【動】ダニ．**2**【植】フウチョウソウ．**3** 保証金．

ca·pa·rro [ka.pá.ro] 男《ラ米》(コ゛ミ)(ヌホ)【動】フンボルトウーリーモンキー．

ca·pa·rrón [ka.pa.rón] 男【植】**1** 芽．

2（スペイン）（丸い）インゲンマメの一種．

ca·pa·rro·sa [ka.pa.ró.sa] 囡【化】硫酸塩. azul 硫酸銅．～ verde 硫酸鉄．～ blanca 硫酸鉛．

ca·pa·taz [ka.pa.táθ / -.tás] 男 ［複 capataces］

(農園・工事現場などの)監督;親方. ~ de campo 農園の監督.

ca・paz [ka.páθ / -.pás]形[複capaces] **1**《名詞+》(**ser**+)(**de...** …を)する ことができる,する能力がある. un jugador ~ de hacer de todo 何でもできる選手. ¿Serías ~? 君にできるのか. *Somos capaces de* ganar a cualquiera. 我々は誰にでも勝てる. **2**《名詞+》(**ser**+)(**de...**) (…の)しかねない;(…)す るかもしれない. Esos chicos *son capaces de* todo. その若者たちは何でもしかねない. Este frío *es* ~ *de* matarme. 凍え死にしかねないほどの寒さだ. **3**《名詞+》(**ser**+)(**para...** / **de...**) (…の)資格がある;(…に)適任の. *Es* ~ *para* este empleo. 彼[彼女]はこの職にぴったりだ. Ninguno *es* ~ *para* juzgar a alguien. 誰にも人を裁く資格はない. **4**《名詞+》(**para...** …を)収容できる. un estadio ~ *para* cien mil personas 10万人収容のスタジアム. **5**《ラ米》(**que**+接続法・直説法) …かもしれない. *C*~ *que llueve* [*llueve*] hoy. 今日は雨かもしれない.
——副《ラ米》たぶん,おそらく. Ha mejorado tanto que ~ salga del hospital pronto. 彼[彼女]はとてもよくなったので,たぶんすぐ退院するだろう.
[←[ラ] capācem (capere の対格, capere「つかむ」より派生). 関連 capacidad, incapaz, ocupar. [英] *capable, capacity*]

ca・pa・zo [ka.pá.θo / -.so] 男 (カヤやヤシの葉で編んだ)大かご;(赤ん坊用の)かご[ベッド].

cap・cio・si・dad [kap.θjo.si.ðáð / -.sjo.-] 女 陰険さ,巧妙さ;奸計(かんけい).

cap・cio・so, sa [kap.θjó.so, -.sa / -.sjó.-] 形 陰険な,巧妙な. pregunta *capciosa* 裏のある質問.

ca・pe・a [ka.pé.a] 女《闘牛》(**1**) カパ capa で牛をあしらうこと. (**2**) (素人が参加できる)子牛の闘牛.

ca・pe・a・dor, do・ra [ka.pe.a.ðór, -.ðó.ra] 男 女《闘牛》カパ capa を使う闘牛士;子牛相手のアマチュア闘牛士.

ca・pe・ar [ka.pe.ár] 他 **1**《闘牛》カパ capa で《牛を》あしらう. **2**《話》(うまい口実で)言い逃れる,だます. A mí no me *capea* nadie. 私はごまかされないぞ. **3**〈困難などを〉切り抜ける. *Han capeado* las consecuencias del accidente. 彼らは事故後のごたごたをうまく処理した. ~ el temporal つらい時期を乗り越える;《海》時化(しけ)を乗り切る. **4**《ラ米》(**1**)(ラブラ)(話)〈授業などを〉さぼる. (**2**)(メヒコ)《話》理解する;〈人の〉提案を受け入れる.

Ca・pe・la [ka.pé.la] 女《天文》カペラ:ぎょしゃ座のα星.

ca・pe・li・na [ka.pe.lí.na] 女 **1**《服飾》ケープ,フード. **2**《医》頭部を覆う包帯. **3**《ラ米》(女性用の)つば広の帽子.

ca・pe・lla・da [ka.pe.já.ða ‖ -.ʎá.-] 女 (靴の)つま先革,甲の部分;(補修の)当て革.

ca・pe・llán [ka.pe.ján ‖ -.ʎán] 男《宗》(**1**) 礼拝堂付き司祭. ~ de honor 王室付き司祭. (**2**) (病院・学校などの)施設付き司祭. ~ castrense 従軍司祭. (**3**) (一般的に)司祭,僧.

ca・pe・lla・ní・a [ka.pe.ja.ní.a ‖ -.ʎa.-] 女 **1**《宗》礼拝堂付き司祭の職(禄);(司祭の禄を払うための)基金,資産. **2**《ラ米》(ラプラ)反感,恨み.

ca・pe・llar [ka.pe.jár ‖ -.ʎár] 男 (昔,スペインで使われた)アラビア風マント.

ca・pe・lli・na [ka.pe.jí.na ‖ -.ʎí.-] 女 **1** (甲冑(かっちゅう)の)かぶと;かぶとをかぶった騎兵. **2** (農民の)ずきん. **3** →capelina **1**, **2**.

ca・pe・lo [ka.pé.lo] 男 **1**《カト》(**1**) 枢機卿(すうききょう)のつばの広い赤い帽子. (**2**) 枢機卿の職[地位,権限]. **2**《理》(食べ物などにかぶせる)鐘形のガラス器. *capelo de doctor*《ラ米》(大学で博士の着る)フード付き礼装用肩衣(ぎぬ). →capirote.

ca・pe・o [ka.pé.o] 男 → capea (1).

ca・pe・ón [ka.pe.ón] 男《闘牛》カパ capa であしらわれる子牛.

ca・pe・ro [ka.pé.ro] 男 **1** (儀式で)大外衣を着用した聖職者. **2** コート掛け(= cuelgacapas).
——形 tabaco ~ 葉巻タバコ.

ca・pe・ru・ci・ta [ka.pe.ru.θí.ta / -.sí.-] 女 小ずきん. *C*~ *Roja*『赤ずきん』. [caperuza+縮小辞]

ca・pe・ru・za [ka.pe.rú.θa / -.sa] 女 **1**《服飾》フード,とんがりずきん. **2**《スペイン》(煙突などの)かさ. **3**《スペイン》キャップ. la ~ de una pluma 万年筆のキャップ.

Ca・pe・tos [ka.pé.tos] 固名《複数形》los 〚史〛(フランスの)カペー王朝(987-1328).

ca・pi [ká.pi] 男 **1**《話》→capitán. **2**《ラ米》(チリ)(豆類の)若いさや.

ca・pí [ka.pí] 男《ラ米》(ラプラ)トウモロコシの粉.

ca・pia [ká.pja] 女《ラ米》(ラプラ)甘く柔らかいトウモロコシ;トウモロコシの粉;トウモロコシの菓子.

ca・pial・za・do, da [ka.pjal.θá.ðo, -.ða / -.sá.-] 形《建》(アーチ・開口部などの上部に)隅切り[斜角]をつけた. ——男 隅切り[斜角].

ca・pial・zar [ka.pjal.θár / -.sár] 97 他《建》〈アーチなどの上部を〉隅切り[斜角切り]にする.

ca・pian・go [ka.pján.go] 男《ラ米》(ラプラ)《話》(**1**) 泥棒,怪盗. (**2**) (凶暴なトラに化身するという)怪獣.

ca・pi・ba・ra [ka.pi.bá.ra] 女《動》カピバラ. ◆南米の川や湖の岸に生息する世界最大の齧歯(げっし)類. 肉は美味で食用となり,革は軟らかく,水で洗っても硬化しない.

ca・pi・cú・a [ka.pi.kú.a] 形 〈数字・単語が〉左右どちらから読んでも同じ数字[言葉]. El número 1991 es ~. 1991は右から読んでも左から読んでも同じだ. →palíndromo.
2《遊》(ドミノで)両端の数字が使える手.
[←[カタルーニャ] *cap-i-cua*「頭としっぽ」が原義); *cap*「頭」(←[ラ] *caput*)+*i*「そして」(←[ラ] *et*)+*cua*「しっぽ」(←[ラ] *cauda*)]

ca・pi・go・rris・ta [ka.pi.go.ří.sta] 形 男 → capigorrón.

ca・pi・go・rrón [ka.pi.go.řón] 形 怠け者の. ——男 **1** 放浪者;怠け者. **2** (出世しない)平の聖職者.

ca・pi・gua・ra [ka.pi.gwá.ra] 男《ラ米》(ラプラ)→ capibara.

ca・pi・lar [ka.pi.lár] 形 **1** 髪の;頭髪用の. loción ~ ヘアローション. **2**《管(の径)が》きわめて細い;《解剖》毛細(血)管の. 《物理》毛管(現象)の. vaso ~ 毛細血管. fenómeno [acción] ~ 毛管現象. fuerza ~ 毛管圧. tubo ~ 毛管.
——男《解剖》毛細血管.

ca・pi・la・ri・dad [ka.pi.la.ri.ðáð] 女 **1** 毛状,毛細[管]状であること. **2**《物理》毛細管現象.

ca・pi・lla [ka.pí.ja ‖ -.ʎa] 女 **1** 礼拝堂, チャペル;(教会内の)小聖堂. **2**《軍》携帯用祭壇. **3** (教会付属の)音楽隊,聖歌隊. maestro de ~ 聖歌隊の指揮者,(教会付きの)楽長. **4** 礼拝堂付き司祭団. **5**

(マント・僧衣の)フード;(煙突などの)かさ, フード. **6** 《話》派閥, 一門. el ministro y su ～ 大臣とその派閥. **7**〖印〗校正刷り, 試し刷り.

capilla ardiente (弔問を受けるための)遺体安置所. ***estar en capilla*** (1)《死刑囚が》刑の執行を待っている. (2)《話》《結果を》はらはらして待っている.
[←[後ラ] *cappella* (*cappa*「ずきん」+縮小辞);はじめは San Martín の「ずきん」の一部が保存されている特定の礼拝堂を指していた;[関連][英]*chapel*]

ca·pi·lle·ta [ka.pi.ʝé.ta‖-.ʎé.-] 囡 聖像を祭る壁のくぼみ, 小さな礼拝堂. [capilla+縮小辞]

ca·pi·lli·ta [ka.pi.ʝí.ta‖-.ʎí.-] 囡 派閥, 一門.

ca·pi·llo [ka.pí.ʝo‖-.ʎo] 男 **1** (赤ん坊の)ボンネット帽;洗礼用ずきん. **2** かぶと. **3** (タカ狩りでタカにかぶせる)革ずきん, 目隠しカバー. **4** 靴先の裏当て. **5** (コーヒー・蝋の)かす. **6** ウサギ狩りの網. **7** (車の)幌(ほろ). **8**〖植〗芽, つぼみ. **9**〖解剖〗包皮. **10** (葉巻の) 1 枚目の巻き葉. **11**〖海〗羅針盤箱の防湿カバー;索嚢のカバー. **12**《ラ米》(ﾒﾋｺ)受洗[結婚]記念のメダル[カード, しおり].

ca·pin·cho [ka.pín.tʃo] 男《ラ米》(ﾘｵﾌﾟ)→ capibara.

ca·pin·go [ka.píŋ.go] 男《ラ米》(ﾁﾘ)(昔の) 短いマント.

ca·pi·ro·ta·da [ka.pi.ro.tá.ða] 囡《ラ米》**(1)** (トウモロコシ・肉・チーズなどの) 煮込み料理. **(2)**《俗》共同墓地. **(3)**《ﾒﾋｺ》(チーズ・フルーツ入りの) 小型パン.

ca·pi·ro·ta·zo [ka.pi.ro.tá.θo / -.so] 男《スペイン》(頭などを) 指ではじくこと.

ca·pi·ro·te [ka.pi.ró.te] 形 〈牛が〉頭だけ毛色の違う. — 男 **1** (聖週間の行列にによる) 先のとがった長ずきん. **2** (大学教授の) フード付き有礼装用頭衣(ずきん). **3**〖狩〗(タカにかぶせる) 革ずきん, 目隠しカバー. **4** (車の)幌(ほろ). **5**→ capirotazo.

capirote (長ずきん)

tonto de capirote《話》どうしようもないばか.

ca·pi·ru·cho [ka.pi.rú.tʃo] 男《話》フード付きマント.

ca·pi·sa·yo [ka.pi.sá.jo] 男 **1** (丈の短い) マント, 上っ張り. **2**《話》ふだん着;ぶかぶかの上着. **3**《ｶﾄ》マンテレッタ:高位聖職者の着る短い袖(そで)なし上着. **4**《ラ米》(ｺﾛﾝ)〖服飾〗肌着, シャツ.

ca·pis·car [ka.pis.kár] 回他 《話》理解する.

ca·pis·col [ka.pis.kól] 男 聖歌隊の先唱者[指揮者].

cá·pi·ta [ká.pi.ta] [ラ] *per cápita* 1 人当たり. *ingreso anual per* ～ 1 人当たりの年収.

ca·pi·ta·ción [ka.pi.ta.θjón / -.sjón] 囡 人頭税.

***ca·pi·tal**¹ [ka.pi.tál] 形 **1** (多くは名詞+) (*ser*+) 重大な;主要な; (+不定詞 / *que*+接続法 …するのは) 重要である. *siete pecados* ～《カト》七つの大罪 (→ *pecado*). *ignorar un hecho de* ～ *importancia* 重大な事実を無視する. *una obra* ～ 代表作. *un error* ～ 重大な過ち. *Es* ～ *que lleguemos a un acuerdo.* 我々の合意が極めて重要だ.
2《名詞+》(刑罰として最も重い) 死刑の. *Fue condenado a la pena* ～. 彼は死刑判決を受けた.
3《名詞+》首府の政庁[州庁, 県庁]のある. *la Cumbre de Ciudades C～es Europeas* ヨーロッパ首都サミット.
4《名詞+》頭文字の, 大文字の. *letra* ～ 頭文字.
— 囡 **1** 首都, 首府;首都圏. *la* ～ *de provincia* 州都, 県都. *la* ～ *del Estado de Nevada* ネバダ州の州都. *vivir en Madrid* ～ マドリード市内に住む.
2 (文化などの) 中心地, 都. *Lisboa, ～ europea de la cultura 1994* 1994年のヨーロッパ文化都市リスボン. **3** 大文字, 頭文字; (しばしば装飾をほどこされた) 章の始まりの文字.
[←[形]←[ラ] *capitālis*「主要な」(*caput*「頭;根元, 主要」より派生)]

***ca·pi·tal**² [ka.pi.tál] 男 **1** 資本, 資金, 元手. el ～ *del banco* 銀行資本. *subscribir una ampliación de* ～ *de 6 millones de euros* 600万ユーロの増資を引き受ける. *reducir el* ～ 減資する. *la entrada del* ～ *extranjero* [*externo*] 外資の流入. *blanquear* ～(*es*) マネーロンダリング［*資金洗浄*］(▶ ふつう複数形). *fuga* [*evasión*] *de* ～(*es*) 資本逃避 (▶ ふつう複数形). ～ *activo* 活動資金; 《ラ米》(ｱﾙｾﾞﾝ)(ﾁﾘ)固定資産. ～ *en acciones* 株式資本. ～ *real* 《ラ米》(ｱﾙｾﾞﾝ)(ﾁﾘ)= ～ *físico* 固定資産. *inversión de* ～(*es*) 投資 (▶ ふつう単数形). ～(*de*)*riesgo* ベンチャーキャピタル. ～ *social* シェアキャピタル:株を発行して得る資本金. **2** 資本家 (側). *la relación entre el* ～ *y el trabajo* 労使関係. **3** (結婚に際しての) 夫の資産.
[←[伊] *capitale*←[ラ] *capitālis* 形][5]

ca·pi·ta·li·dad [ka.pi.ta.li.ðáð] 囡 首都の機能.

ca·pi·ta·li·no, na [ka.pi.ta.lí.no, -.na] 形 首都の. — 男囡 首都の人.

***ca·pi·ta·lis·mo** [ka.pi.ta.lís.mo] 男 **1** 資本主義. *conflicto entre el* ～ *y el marxismo* 資本主義とマルクス主義の対立.
2《集合的》資本家;資本家,資本主義者.

***ca·pi·ta·lis·ta** [ka.pi.ta.lís.ta] 形 資本主義の, 資本の. *socio* ～. — 男囡 **1** 資本家;資産家, 出資者. **2** 資本主義者.

ca·pi·ta·li·za·ble [ka.pi.ta.li.θá.ble / -.sá.-] 形 資本化できる, 資本に組み入れられる.

ca·pi·ta·li·za·ción [ka.pi.ta.li.θa.θjón / -.sa.sjón] 囡 **1** 資本化, 資本組み入れ;現価計上.
2 (状況などの) 利用.

ca·pi·ta·li·zar [ka.pi.ta.li.θár / -.sár] 97 他 **1** 資本化する, 資本に繰り入れる;資本[資金]を増やす.
2 資本価値を査定する, 現価計上する.
3 利用する, …に乗じる. ～ *el descontento de la clase media* 中産階級の不満につけこむ.

***ca·pi·tán, ta·na** [ka.pi.tán, -.tá.na] 男囡 **1** (チームの) キャプテン, 主将. *el* ～ *del equipo de fútbol* サッカーチームのキャプテン. **2** 船長, 機長. ～ *de petrolero* 石油タンカーの船長. ～ *del avión* 飛行機の機長. **3**〖軍〗(陸軍・空軍) 大尉; (海軍) 大佐. ～ *general* (陸軍・空軍) 大将;軍管区司令官. ～ *de navío* [*fragata, corbeta*] 海軍大佐[中佐, 少佐]. ～ *de bandera* 旗艦艦長. **4** 指揮官, 隊長.
— 男 **1** 旗艦.
2《話》隊長 *capitán* の妻;女隊長.

capitán del puerto〖海〗港長.

capitán de maestranza〖海〗造船所長.

El Gran Capitán〖史〗大総帥:Fernández de Córdoba (1453-1515) の通称. *las cuentas del Gran C～* 法外な勘定書, でたらめな収支計算書 (▶ 大総帥が Fernando 王に提出した勘定書がそうだった

いう言い伝えにちなむ).
[←〔後ラ〕*capitānus*(〔ラ〕*caput*「頭」の派生語);〔英〕*captain*]

ca·pi·ta·ne·ar [ka.pi.ta.ne.ár] 他 指揮する, 統率する. ~ una expedición 探検隊を指揮する.

ca·pi·ta·ní·a [ka.pi.ta.ní.a] 囡 **1** 指揮官[隊長]の地位[職]. ~ general 軍管区司令部; (陸軍・空軍)大将の地位[職]. **2** 入港税 (= anclaje).
capitanía general 〖史〗(スペイン統治時代の)軍司令官[総督]領. la *C~ general de Guatemala* グアテマラ(軍事)総督領. ◆ gobernación (総督領), presidencia (Audiencia の議長領) などと共に virreinato (副王領)を構成する行政区の一つ.

ca·pi·tel [ka.pi.tél] 男 〖建〗柱頭.

ca·pi·to·li·no, na [ka.pi.to.lí.no, -.na] 形 (ローマの)ジュピター神殿の, カピトリウムの丘の. Monte ~ カピトリウムの丘.

ca·pi·to·lio [ka.pi.tó.ljo] 男 **1** [C-]〖史〗(古代ローマの)ジュピター神殿. **2** アクロポリス (= Acrópolis). **3** 荘厳な建物; 議事堂, 市庁舎.

ca·pi·tón [ka.pi.tón] 男 〖魚〗ボラ.

ca·pi·to·né [ka.pi.to.né] 形 詰め物[クッション]を入れた; キルティングにした. ── 男 **1** 家具運搬車, 引っ越し用トラック (= camión ~). **2** 詰め物を入れること, キルティングにすること; 《ラ米》(クルタシ)キルティング(布). [←〔仏〕*capitonné*]

ca·pi·to·ne·ar [ka.pi.to.ne.ár] 他 《ラ米》(クルタシ)刺し子(縫い)にする; キルトにする.

ca·pi·ton·né [ka.pi.ton.né] 〔仏〕形 男 → capitoné.

ca·pi·tos·te [ka.pi.tós.te] 男〖軽蔑〗親分, ボス.

ca·pí·tu·la [ka.pí.tu.la] 囡 〖カト〗(聖務日課定時課で詩編の後, 賛歌の前に唱える)聖書の抄句.

ca·pi·tu·la·ción [ka.pi.tu.la.θjón / -.sjón] 囡 **1** 降伏; 降伏協定 (= rendición). ~ sin condiciones 無条件降伏. **2** 協定, 協約. **3** 《複数で》婚姻財産契約 (= capítulos matrimoniales).

ca·pi·tu·lar[1] [ka.pi.tu.lár] 形 **1** (教会・修道会・市などの)議事会の, 総会の. sala ~ 〖カト〗司教座聖堂参事会会議室. ── 男 **1** 会議, 代議員; 〖カト〗司教座聖堂参事会員. ── 囡 **1** 大文字. **2** 《複数で》〖史〗(フランク王国の)法令集.

ca·pi·tu·lar[2] [ka.pi.tu.lár] 自 **1** 降伏する (= rendirse). **2** 協定を結ぶ 〈(祈り)を唱える. ── 他 **1** 《de...》《…の》責任を負わせる, 《…に関して》非難する. **2** 〈何人かの人が〉(契約などに)合意する, 〈契約〉を結ぶ.

ca·pi·tu·la·rio [ka.pi.tu.lá.rjo] 男 〖カト〗(*capítula* の入った合唱のための)聖句集.

ca·pi·tu·le·ar [ka.pi.tu.le.ár] 自 《ラ米》(チ)(セルベ)(選挙交渉などで)裏工作をする.

ca·pi·tu·le·o [ka.pi.tu.lé.o] 男 《ラ米》(チ)(セルベ)議会工作; 裏工作, 根回し.

★★★**ca·pí·tu·lo** [ka.pí.tu.lo] 男 **1** (本などの)章. ~ *primero* 第1章.
2 [TV][ラジオ](連続ドラマの)回. Ayer emitieron el último ~ del serial. 昨日はシリーズ最終回の放送だった. **3** テーマ, 問題. **4** 〖カト〗(1)(修道会・騎士団の)総会; 司教座聖堂参事会. (2)(修道院内での)譴責(鴒諄). **5** 《複数で》取り決め, 契約. ~*s matrimoniales* 婚姻財産契約. **6** 〖植〗頭(状)花.
llamar [*traer*] *a*+人 *a capítulo* 〈人〉に説明を求める, 責任を問う.
ser [*merecer*] *capítulo aparte* 別問題である.
[←〔ラ〕*capitulum* (*caput*「頭」+縮小辞);「章の頭文字」が原義);〖関連〗capital[1],[2]. 〔英〕*chapter*]

cap·no·man·cia [kap.no.mán.θja / -.sja] 囡 煙占い; 煙の形で吉凶を占う.

ca·po [ká.po] 男 **1** 非合法組織〖特にマフィア〗のボス. **2** 《話》(一般社会における)ボス, 上司, 長.

ca·po, pa [ká.po, -.pa] 形 《ラ米》(チ)《話》有能な, 頭がいい.

ca·pó [ka.pó] 男 〖車〗ボンネット.

ca·poc [ka.pók] 男 カポック, パンヤ: まくら・寝袋などの詰め物に用いられる. [←〔マレー〕*kāpoq*]

ca·po·ca [ka.pó.ka] 囡 → capoc.

ca·po·lar [ka.po.lár] 他 砕く, 細かく刻む.

ca·pón[1] [ka.pón] 形 去勢された. ── 男 去勢した若鶏[ひな鳥]; 去勢された人〖動物〗. Cada año por Navidad mataban un par de *capones*. 毎年クリスマス前には, 若鶏を2羽つぶしたものだった.
capón de galera 〖料〗(乾パン・油・酢・ニンニクなどで作る)冷スープの一種.

ca·pón[2] [ka.pón] 男 (頭を)げんこつで殴ること. dar *capones* a+人 〈人〉にげんこつをふるう[かます].

ca·po·na·da [ka.po.ná.da] 囡 《ラ米》(ﾎﾞﾘ)(去勢した)羊(の群れ).

ca·po·nar [ka.po.nár] 他 (作業の邪魔にならないように)〈ブドウのつる〉をくくる.

ca·po·ne·ra [ka.po.né.ra] 囡 **1** (去勢した若鶏の)飼育かご[檻(黔)]. **2** 堡塁(鬻)間の連絡壕(亨). **3** 歓待してもらえる場所[家]. **4** 《話》刑務所.

ca·po·ral [ka.po.rál] 男 **1** リーダー, 長, 頭. **2** (農耕用の)家畜の世話係. **3** 〖軍〗伍長(ジ)(= cabo de escuadra). **4** 《ラ米》(ﾒｷ)牧童頭.

ca·pot [ka.pó(t)] 〔仏〕男《複 ~es, ~s, ~》 → capó.

ca·po·ta [ka.pó.ta] 囡 **1** (自動車・乳母車の)幌(ﾎﾛ). ~ *plegable* 〖車〗折り畳み式幌.
2 (女性用)ボンネット.

ca·po·tar [ka.po.tár] 自 〈飛行機が〉機首から地面に突っ込みひっくり返る; 〈車が〉ひっくり返る.

ca·po·ta·zo [ka.po.tá.θo / -.so] 男 〖闘牛〗(カポーテ capote を使って)牛を制する技.

ca·po·te [ka.pó.te] 男 **1** そで付きマント; 〖軍〗長くゆったりとした外套(ﾄｳ). **2** 〖闘牛〗(闘技用の)カポーテ. ◆牛をけしかけて操る, 片面がピンクで片面が黄色のケープ. ~ *de paseo* 行進用カポーテ. **3**〖遊〗(トランプ)全勝. dar ~ 全勝する. **4** 暗雲. **5** (目をつり上げた)怒り顔, しかめ面. **6** 《ラ米》(1)(ｻﾞﾚｲﾝコート. (2)《俗》レイプ. (3)(ｺﾛ)腐植土.
capote de monte 《ラ米》ポンチョ.
dar capote a+人 《ラ米》(ﾎﾞﾘﾁｮ)《話》〈人〉を騙(ﾀﾞ)す.
de capote 《ラ米》(ｸﾞｱ)ひそかに, こそこそと.
echar un capote a+人《話》〈人〉に手を貸す, 救いの手をさしのべる.
para su *capote* 自分自身に, 心の内で.

ca·po·te·ar [ka.po.te.ár] 他 **1**〖闘牛〗カポーテ capote を用いて〈牛〉をあしらう (= capear).
2 〈困難など〉を巧みに切り抜ける, 回避する.
3 《ラ米》(ｸﾙﾀｼ)《話》《遊》(トランプで)全勝する.

ca·po·te·o [ka.po.té.o] 男 〖闘牛〗カポーテ capote の技, カポーテを用いての牛のあしらい.

ca·po·te·ra [ka.po.té.ra] 囡 《ラ米》(1)(ﾍﾞﾈ)(ｺﾛﾝ)(ｸﾞｱ)《話》旅行用のかばん, 布袋. (2) コート掛け.

ca·po·ti·llo [ka.po.tí.ʎo ‖ -.ʎo] 男 **1** 短いマント. **2** 〖カト〗異端審問(所)が悔罪者にかぶせたマント. [capote + 縮小辞]

ca·po·tu·do, da [ka.po.tú.ðo, -.ða] 形 しかめ面

の.
cap.pa [ká.pa] 囡 →kappa.
ca.pra.rio, ria [ka.prá.rjo, -.rja] 形 ヤギの.
ca.pri.can.te [ka.pri.kán.te] 形 〖医〗(脈拍が)不整.
***ca.pri.cho** [ka.prí.tʃo] 男 **1** 気まぐれ;移り気. los ~s del clima 天候の急激な変化. satisfacer un ~ 気まぐれを満たす. Le dio el ~ de tomar fresas. 彼[彼女]はふとイチゴが食べたくなった.
2 気まぐれに欲しくなるもの. El reloj fue un ~. その時計は気まぐれに欲しくなったものだ.
3 (型破りの)飾り. **4** 〖音楽〗奇想[狂想]曲, カプリッチョ. *C~ Español*『スペイン奇想曲』(リムスキー・コルサコフ作曲). **5** 〖美〗幻想的な作品. *Los ~s de Goya* ゴヤの(版画集)『ロス・カプリチョス』.
a capricho 思いつきで, 気ままに.
al capricho de+人 (人)の好きなように.
por capricho 気まぐれで.
[←〖伊〗*capriccio*] 〖関連〗〖英〗*caprice*]
ca.pri.cho.sa.men.te [ka.pri.tʃó.sa.mén.te] 副 気まぐれに, 気の向くまま;好き勝手に.
***ca.pri.cho.so, sa** [ka.pri.tʃó.so, -.sa] 形 **1** 気まぐれな, 移り気な;勝手な. un niño muy ~ たいへん気まぐれな子供. **2** 幻想的な, 奇抜な, 風変わりな.
ca.pri.chu.do, da [ka.pri.tʃú.ðo, -.ða] 形 →caprichoso.
ca.pri.cor.nio [ka.pri.kór.njo] 形 〖性数不変〗やぎ座生まれの. mujeres ~ やぎ座の女性たち. ~1
[C-] (1) 〖星座〗やぎ座. (2) 〖占星〗磨羯(まかつ)宮:黄道十二宮の第10宮. **2** 〖昆〗カミキリムシ. ― 男 **1** 〖単複同形〗やぎ座生まれの人. Soy ~. 私はやぎ座だ.

capricornio (カミキリムシ)

[←〖ラ〗*Capricornus* (*caper*「雄ヤギ」+ *cornu*「つの」+形容詞語尾)「ヤギの角が生えた」が原義] 〖関連〗 *cabra*
ca.pri.fo.liá.ce.o, a [ka.pri.fo.ljá.θe.o, -.a / -.se.-] 形 〖植〗スイカズラ科の.
― 囡 スイカズラ科の植物;〖複数で〗スイカズラ科.
ca.pri.no, na [ka.prí.no, -.na] 形 ヤギの. ganado ~ ヤギの群れ.
ca.prí.pe.do, da [ka.prí.pe.ðo, -.ða] 形 ヤギの足の.
cáp.si.co [káp.si.ko] 形 〖植〗トウガラシ(属)(の実).
cáp.su.la [káp.su.la] 囡 **1** (宇宙船・衛星船の気密の)操縦室;乗員室. ~ *espacial* 宇宙カプセル.
2 〖薬〗カプセル. **3** (瓶の)口金. **4** (液体を蒸発させるための)小皿. **5** 〖植〗朔果, 包(み). ~*s suprarrenales* 副腎(ふくじん). **6** 〖軍〗薬莢(やっきょう), 雷管;〖ラ米〗〘話〙弾丸.
cap.su.lar[1] [kap.su.lár] 形 **1** 〖植〗朔の, 朔果の. **2** 〖解剖〗包(み)の, 包状の. **3** カプセル(状)の.
cap.su.lar[2] [kap.su.lár] 他 (瓶の栓に)金属の封をする.
cap.ta.ción [kap.ta.θjón / -.sjón] 囡 **1** 把握, 理解. **2** (電波の)受信. **3** 獲得. ~ *de partidarios* 支持者を得ること. **4** 水をためること, 貯水.
***cap.tar** [kap.tár] 他 **1** 理解する, 把握する. ~ *el sentido de una palabra* ある言葉の意味を理解する. **2** 〖ラジオ〗〖TV〗(電波を)受信する, キャッチする. El radioaficionado *captó* el mensaje de socorro. アマチュア無線家がSOSのコールを受信した. **3** 〈水を〉集める, ためる. **4** (好意・愛情を)得る, 獲得する. **5** (注意・注目を)引く, 捕える. ~ *la atención del oyente* 聴衆の関心を集める.
― ~*.se* 再 〈人の共感・関心などを〉得る, 自分のものにする. ~*se la amistad de todos* 皆の友情を勝ち取る.
cap.tor, to.ra [kap.tór, -.tó.ra] 形 (電波などを)受信する;捕獲する, 誘拐〖逮捕監禁〗する. ― 男 囡 捕獲者;誘拐犯, 人質を取って立てこもる犯罪者.
cap.tu.ra / cap.tu.ra.ción [kap.tu.ra.θjón / -.sjón] 囡 逮捕, 捕獲. la ~ *de un criminal* 犯罪者の逮捕.
***cap.tu.rar** [kap.tu.rár] 他 **1** 捕らえる, 逮捕する. **2** 捕獲する. ~ *un leopardo* ヒョウを捕獲する. **3** 〖IT〗(映像・文書・ファイルなどを)コピーする, 取り込む. ~ *imágenes en movimiento* 動画をコピーする.
ca.pua.na [ka.pwá.na] 囡 〘話〙(棒での)殴打り, 鞭(むち)打ち.
ca.pu.cha [ka.pú.tʃa] 囡 **1** ずきん, フード.
2 (万年筆などの)キャップ. Esta estilográfica tiene una ~ *de oro*. この万年筆は金のキャップが付いている. **3** 〖印〗曲折アクセント(^, ^, ~). **4** (鳥の)冠毛.
ca.pu.chi.no, na [ka.pu.tʃí.no, -.na] 形 カプチン(修道)会の;カプチン会士の.
― 男 **1** 〖カト〗カプチン会修道士 (= *padre* ~);〖複数で〗カプチン会. ◆戒律と禁欲の誓いを守り, 清貧に徹するフランシスコ会の一分派. **2** カプチーノ・コーヒー. ◆一説にはカプチン修道会の修道服の色と似ていることから. **3** 〖動〗カツラザル, ノドジロオマキザル.
― 囡 **1** 〖カト〗カプチン会修道女. **2** 〖植〗キンレンカ, ノウゼンハレン. **3** 小さなランプ. **4** (円錐(えんすい)形の)卵菓子.

padre capuchino (カプチン会修道士)

ca.pu.cho [ka.pú.tʃo] 男 ずきん, フード.
[←〖伊〗*cappuccio*]
ca.pu.chón [ka.pu.tʃón] 男 **1** (万年筆の)キャップ.
2 フード, ずきん;フード付きの衣服. **3** (房外用の)ずきんの付いた囚人服.
[*capucha*+増大辞]

capuchón (フードの付いた服)

ca.pu.jar [ka.pu.xár] 他 〖ラ米〗(メキシコ)宙でつかむ;ひったくる;先回りして言う.
ca.pul [ka.púl] 男 (または囡)〖ラ米〗(チリ)(ペルー)(額にかかる)前髪, 切り下げ髪.
ca.pu.lí [ka.pu.lí] 男 〖ラ米〗(メキシコ)(ペルー)(カリブ)〖植〗カプリンチェリー:バラ科の常緑高木.
ca.pu.lín [ka.pu.lín] 男 〖植〗 **1** ワイルド(ブラック)チェリー, アメリカンチェリー ◆実は食用, 幹は木材, 樹皮は薬用. **2** ワイルドチェリーの果実.
ca.pu.li.na [ka.pu.lí.na] 囡 (1) (メキシコ)〖植〗カプリナ:シナノキ科の木. (2) 〖植〗カプリンチェリーの実. (3) (メキシコ)〖動〗クロゴケグモ(猛毒の黒クモ). (4) (メキシコ)〘俗〙〘軽蔑〙売春婦, 娼婦(しょうふ);性悪女.
vida capulina 〖ラ米〗(メキシコ)〘俗〙〘軽蔑〙売春婦, 娼婦(しょうふ).
ca.pu.lla.da [ka.pu.já.ða ‖ -.ʎá.-] 囡 〖スペイン〗

《俗》愚かさ, ばかな言動；汚い手口.

ca·pu·llo [ka.pú.ʝo ‖ -.ʎo] 男 **1** 【植】つぼみ, 花芽. El rosal estaba lleno de ～s. バラの木はつぼみをいっぱいつけていた.
2 (昆虫などの)繭. **3** 《俗》亀頭；包皮. **4** 《俗》青二才；まぬけ, とんま. **5** 粗い絹布. **6** 《ラ米》(1)(ﾒﾋｺ)トウモロコシの穂の皮. (2)(ｸﾞｱﾃ)綿の蒴果(か).
capullo de rosa 年ごろの美少女.
en capullo 《比喩的》つぼみの状態の. una mujer *en* ～ 年ごろの娘.

ca·pul·ta·mal [ka.pul.ta.mál] 男 《ラ米》(ﾒﾋｺ)カプリンチェリー入りのタマル. → tamal.

ca·puz [ka.púθ / -.pús] 男 《複 *capuces*》**1** ずきん, フード；(喪中に着る)フード付きのマント.
2 (水への)飛び込み (= chapzón).

ca·pu·zar [ka.pu.θár / -.sár] 97 他 **1** 頭から水中へ投げこむ, 潜らせる；水に沈める.
2 (船首が沈むほど)荷を積む.
[capuz より派生.［関連］capa, capucho, cabeza]

ca·quéc·ti·co, ca [ka.kék.ti.ko, -.ka] 形 【医】悪液質の. morir en un estado ～ 不健全状態で死ぬ. — 男 女 悪液質の人.

Ca·que·tá [ka.ke.tá] 固名 **1** カケタ：南米のコロンビアの県. **2** el ～ カケタ川：コロンビア南部Cauca付近から発し, Amazonas に合流.

ca·que·xia [ka.kék.sja] 女 【医】悪液質, (慢性的な)不健康状態, カヘキシー.
(植物の緑色の)退色.

ca·qui¹ [ká.ki] 形 《主に性数不変》カーキ色の. una camisa ～ カーキ色のシャツ.
— 男 **1** カーキ色. **2** カーキ色の布地. **2** 《話》軍服. ponerse el ～ 軍服を着る. **3** 《ラ米》(1) (ｱﾙｾﾞ)《複数で》《話》子供の糞【大便】. (2) (ﾁ)赤色.
［「カーキ色」←［英］*khaki*←［ウルドゥー］*khākī*「塵埃(ﾎｺ)色の」←［ペルシア］*khāk*「ほこり」］

ca·qui² [ká.ki] 男 【植】カキ(柿)(の木・実).
［←［近》］ *Diospyros kaki* (リンネの植物分類学名)←［日］柿］

ca·qui·no [ka.kí.no] 男 《主に複数で》《ラ米》(ﾒﾋｺ)大笑い. reírse a ～*s* (a ～ *suelto*)ゲラゲラ笑う.

ca·ra¹ [ká.ra] 女 **1 顔, 顔面. asomar la ～ をのぞかせる. una chica de ～ redonda 丸顔の女の子.
2 顔つき, 顔色. buena [mala] ～ 元気そうな[具合の悪そうな]顔. ～ de ángel 善人そうな顔. ～ de pocos amigos 《話》無愛想な顔. ～ larga 《話》浮かぬ[不機嫌な]顔. ～ de póquer 《話》ポーカーフェイス. ～ de perro 《話》敵意のある[非難するような]顔. ～ de circunstancias 神妙そうな顔. ～ de acelga 《話》青ざめた顔. ～ de vinagre 《話》不機嫌な顔. No pongas esa ～. そんな顔をするなよ.
3 人, 顔. ～ nueva 新顔, ニューフェイス. En la ceremonia de inauguración había unas ～*s* famosas. 開会式には有名人が何人かいた.
4 様相, 外観. La sopa tiene muy buena ～. スープはとってもおいしそうだ. Tiene ～ de ponerse a nevar. 雪が降り出しそうな気配だ.
5 (内外・表裏などの)面, 側面. a doble ～ 両面の. Este papel está impreso por las dos ～*s*. この紙は両面に印刷してある.
6 (貨幣などの)表(↔cruz). echar [juzgar] ... a ～ o cruz ...(の決定)をコインを投げて出た裏表に任せる. Si sale ～, eliges tú. 表が出たら, 君が選ぶ. **7** (建物などの)正面. La ～ de este palacio da a la plaza. この宮殿の正面は広場に面している.
8 《話》あつかましさ (=～ *dura*). Tiene mucha ～. あいつは厚顔無恥だ.
— 男 女 《話》厚かましい人, 厚顔無恥(=～ *dura*). José es un ～. ホセは図々しいやつだ.
— 形 《話》厚かましい.
a cara descubierta 顔を隠さずに；包み隠さず.
caérsele la cara de vergüenza (*a*+人) 《人》が恥ずかしい思いをする, 赤面する.
cara a cara 面と向かって, あからさまに.
cruzar la cara a+人 《人》の顔を平手打ちする.
dar la cara (自分のしたことに)責任を持つ, 問題から逃げない.
dar [*sacar*] *la cara por*+人 《話》《人》の肩を持つ, 《人》をかばう.
de cara (1) 真正面に. (2) 有利に, 追い風の.
(*de*) *cara a...* ～を向かって；…に向けて, …のために. una habitación ～ *al* mar 海に面した部屋.
decir... a [*en*] *la cara a*+人 《人》に面と向かって…を言う.
echar... en cara a+人 《人》に…を非難する, 当てつける.
hacer cara a... …に立ち向かう, …と対決する.
lavar la cara a... …のうわべを取り繕う.
no mirar a+人 *a la cara* 《話》《人》とまともに口を利けない[利かない].
partir [*romper*] *la cara a*+人 《話》《脅し》《人》の顔を殴る.
plantar cara a... …に立ち向かう, …と対決する.
poner buena [*mala*] *cara* 《話》喜ぶ[いやな顔をする].
por la cara 《話》やすやすと, ただ(同然)で. entrar *por la* ～ 顔パスで入る.
por su linda cara / por su cara bonita 《話》自分の顔に免じて, 簡単に；不当に.
verse las caras 《話》《脅し》《複数主語で》決着をつける(▶ 未来形で用いることが多い). Ya *nos veremos las* ～*s*. 覚えてろよ.

ca·ra² [ká.ra] 形 → caro.

ca·ra·ba [ka.rá.ba] 女 《スペイン》《話》《定冠詞を伴って》すごい[ひどい]こと [もの, 人], たまらなく不快な[楽しい]こと. Éste es la ～. こいつには我慢がならない. Esto es la ～. こいつは最低[最高]だ. Tienes un paraguas que es la ～. すごい傘をさしているなぁ.

cá·ra·ba [ka.ra.ba] 女 (スペインの地中海沿岸地方で使われていた)船.

ca·ra·ba·lí [ka.ra.ba.lí] 形 《複 ―es》カラバリ人の, (アフリカのナイジェリアの)ニジェール川デルタ地東部の先住民の. — 男 女 カラバリ人.

ca·ra·ba·o [ka.ra.bá.o] 男 (フィリピンで力仕事に用いる)水牛. ［ビサヤ語起源］

cá·ra·be [ká.ra.be] 男 琥珀(ﾋﾞｬｸ) (= ámbar).

ca·ra·be·la [ka.ra.bé.la] 女 【海】カラベラ船：15-16世紀ごろスペイン・ポルトガルで用いられた3本マストの快速小型帆船. ♦コロンブスの第1回航海に参加した la Pinta (ﾋﾟﾝﾀ号)と la Niña (ﾆｰﾆｬ号)はこの種の船だが, 旗艦 la Santa María (ｻﾝﾀﾏﾘｱ号)はナオ nao 船と呼ばれ, もう少し大型だった.

ca·rá·bi·do [ka.rá.bi.ðo] 形 【昆】オサムシ科の.
— 男 《複数で》オサムシ科.

ca·ra·bi·na [ka.ra.bí.na] 女 **1** カービン銃；(昔の)騎銃. **2** 《スペイン》《話》(若い未婚の女性の)付き添いの婦人. ir [hacer] de ～ 付き添い(役)をする.
Eso es la carabina de Ambrosio. 《話》それは全くなんの役にも立たない.

ca·ra·bi·na·zo [ka.ra.bi.ná.θo / -.so] 男 カービン銃の射撃(音); 弾傷.

ca·ra·bi·ne·ro, ra [ka.ra.bi.né.ro, -.ra] 男 女 **1** (密輸取り締まりの)(国境)警備兵. **2** 騎銃兵, 小銃兵. **3** 《ラ米》(ﾒｷ)《俗》警官, 巡査, お巡り.
— 男 【動】クルマエビ類の一種.

ca·ra·bi·nie·ri [ka.ra.bi.njé.ri] 《伊》男 [複 〜, 〜s] イタリアの治安警察官, 憲兵.

ca·ra·blan·ca [ka.ra.bláŋ.ka] 男 【動】ノドジロオマキザル.

cá·ra·bo¹ [ká.ra.bo] 男 **1** 【昆】オサムシ.
2 モーロ moro 人の用いた舟.

cá·ra·bo² [ká.ra.bo] 男 【鳥】モリフクロウ.

ca·ra·cal [ka.ra.kál] 男 【動】カラカル: インドからアフリカの荒れ地・草原などに生息するネコ科の動物.
[← ? [トルコ] kara kulak「黒い耳」]

ca·ra·ca·rá¹ [ka.ra.ka.rá] 女 《ラ米》【鳥】カラカラ: ハヤブサ科の猛禽(ﾓｳｷﾝ). [グアラニ語起源?]

ca·ra·ca·rá² [ka.ra.ka.rá] 男 《ラ米》カラカラ人.
— 男 女 カラカラ人: アルゼンチンの Paraná 東部, Iberá 湖周辺の島々に居住している先住民.

Ca·ra·cas [ka.rá.kas] 固名 カラカス: ベネズエラの首都. 大学都市は世界遺産に指定 (2000年登録). → caraqueño.

ca·ra·cha [ka.rá.tʃa] 女 《ラ米》(ﾒｷ)疥癬(ｶｲｾﾝ), 皮癬; 痒疹(ﾖｳｼﾝ); かさぶた.

ca·ra·chen·to, ta [ka.ra.tʃén.to, -.ta] 形 《ラ米》(ﾒｷ)疥癬(ｶｲｾﾝ)にかかった; かさぶただらけの.

ca·ra·cho [ka.rá.tʃo] 男 《ラ米》《話》不機嫌な顔.

ca·ra·cho, cha [ka.rá.tʃo, -.tʃa] 形 すみれ色の, 紫色の.

ca·ra·cho·so, sa [ka.ra.tʃó.so, -.sa] 形 《ラ米》(ｺﾛ)→ carachento.

ca·ra·co·a [ka.ra.kó.a] 女 (フィリピンの)小舟.

*****ca·ra·col** [ka.ra.kól] 男 **1** 【貝】(1) **カタツムリ**. (2) 巻き貝. **2** 巻き貝の殻, 貝殻. **3** 【解剖】(内耳の)蝸牛(ｶｷﾞｭｳ)殻. **4** 巻き毛. **5** (馬の)旋回, 回転; (馬が)躍り跳ねること. hacer caracoles (乗馬で)旋回[回転]する, 躍り跳ねさせる. **6** らせん(形). escalera de 〜 らせん階段. **7** 《複数で》スペイン Andalucía 地方の民謡(の一つ). **8** 時計の渦形カム. **9** (衣服の)(ｱﾙｾﾞﾝ)(1) 刺繍(ｼｼｭｳ)のついたブラウス. (2) 女性の寝巻き.
¡caracoles! 《驚き・怒り》へえっ, なんと. →¡caramba!

ca·ra·co·la [ka.ra.kó.la] 女 **1** 【貝】巻き貝, ホラガイ; 巻き貝の殻. **2** 渦巻きパン. **3** ナット, 止めねじ.

ca·ra·co·la·da [ka.ra.ko.lá.ða] 女 カタツムリ料理.

ca·ra·co·le·ar [ka.ra.ko.le.ár] 自 (乗馬で)旋回する.

ca·ra·co·le·o [ka.ra.ko.lé.o] 男 (乗馬の)半回転; 旋回.

ca·ra·co·li·llo [ka.ra.ko.lí.jo ‖ -.ʎo] 男 **1** 【植】インゲンマメ(の一種); インゲンマメの花. **2** 小粒で上質のコーヒー豆. **3** 木目の細かいマホガニー. **4** 《複数で》服の縁に付ける装飾.

*****ca·rác·ter** [ka.rák.ter] 男 [複 caracteres] **1** 性格; 人柄. tener buen [mal] 〜 性格がいい[悪い]. → personalidad.
2 特徴, 個性. 〜 distintivo 特徴. Es muy guapo, pero le falta 〜. 彼はかなりの美男だが, 個性がない.
3 気骨, 意志の強さ. Este niño tiene 〜. この子はしっかりしている.
4 性質, 資格. una visita de 〜 oficial 公式訪問.
5 (小説・劇などの)登場人物, 配役, キャラクター.
6 《主に複数で》**文字**, 字体. caracteres latinos [árabes] ラテン[アラビア]文字. caracteres chinos 漢字. caracteres cursivos [góticos] イタリック[ゴシック]体. escribir en caracteres de imprenta 活字体で書く.
7 〖ＩＴ〗文字記号. **8** 【生物】(遺伝の)形質. 〜 dominante 優性形質. **9** 家畜の焼き印. **10** 【カト】(秘跡の)霊印; (精神的な)痕跡, 影.
con carácter de... …の資格で.
[← [ラ] *character* ← [ギ] *kharaktḗr*; 関連 característica. 〘英〙*character*]

ca·rac·te·rio·lo·gí·a [ka.rak.te.rjo.lo.xí.a] 女 → caracterología.

ca·rac·te·rio·ló·gi·co, ca [ka.rak.te.rjo.ló.xi.ko, -.ka] 形 → caracterológico.

*****ca·rac·te·rís·ti·co, ca** [ka.rak.te.rís.ti.ko, -.ka] 形
(+ 名詞 / 名詞 +) (ser +) **特徴的な**; 特有の. una cualidad *característica* 特性.
— 男 女 【演】老け役.
— 女 **1** 特徴; 特質. La cortesía es una *característica* de los japoneses. 礼儀正しさは日本人の特徴の一つである.
2 〖数〗(対数の)指標. **3** 《ラ米》(ｱﾙｾﾞﾝ)市外局番.

ca·rac·te·ri·za·ción [ka.rak.te.ri.θa.θjón / -.sa.sjón] 女 **1** 性格づけ; 特徴[特色]の描写.
2 (役者・俳優の)役作り, メーキャップ. la perfecta 〜 de los actores 俳優たちのすばらしい演技.

ca·rac·te·ri·za·do, da [ka.rak.te.ri.θá.ðo, -.ða / -.sá.-] 形 **1** 特徴がはっきりした, 性格づけられた; 特有の, 固有の. **2** (衣装・メーキャップで)役作りをした. **3** 権威ある, 偉い (= notable). un científico 〜 著名な科学者.

*****ca·rac·te·ri·zar** [ka.rak.te.ri.θár / -.sár] 97 他
1 特徴づける, 性格をはっきりさせる, 際立たせる. Le *caracteriza* su sentido de la responsabilidad. 彼の特徴は責任感が強いことだ.
2 特徴を描く, 特色を表現する. El escritor *ha caracterizado* brillantemente el ambiente. 作者はその場の雰囲気を見事に描き出した.
3 【演】(1) 〈役を〉巧みに演ずる. (2) 〈人に〉扮装(ﾌﾝｿｳ)させる, メーキャップする.
— 〜·se 再 **1** (por...) (…という) **特徴がある**, (…で)際立つ. Esta guerra *se caracteriza* por sus crueldades. この戦争は残虐さが際立っている.
2 《俳優が》(**de...** …の)扮装をする, メーキャップをする. *Se caracterizó* de payaso. 彼は道化のメーキャップをした.

ca·rac·te·ro·lo·gí·a [ka.rak.te.ro.lo.xí.a] 女 性格学; (人の)性格.

ca·rac·te·ro·ló·gi·co, ca [ka.rak.te.ro.ló.xi.ko, -.ka] 形 性格学の[に関する].

ca·ra·cú [ka.ra.kú] 男 [複 〜es] 《ラ米》(ｱﾙｾﾞﾝ)(ﾁﾘ)肉牛.

ca·ra·cul [ka.ra.kúl] 男 **1** 【動】カラクール: アジア種の羊の一種. **2** カラクール羊の毛皮.

ca·ra·do, da [ka.rá.ðo, -.ða] 形 (**bien** [**mal**] を伴い)愛想のいい[悪い]顔をした. un funcionario *mal* 〜 仏頂面のお役人.

ca·ra·du·ra [ka.ra.ðú.ra] 形 《話》《軽蔑・親愛》恥知らずな, 厚かましい. ¡Qué tío más 〜! なんとずうずうしいやつだろう. — 男 女 《話》ずうずうしいやつ,

厚かましいやつ (= fresco).

ca·ra·gua·tá [ka.ra.gwa.tá] 囡 《ラ米》(ｸﾞｱﾗﾆｰ)【植】カラグアタ (パイナップル科の植物)；カラグアタの繊維.

ca·ra·guay [ka.ra.gwái] 男 《ラ米》(ｸﾞｱﾗﾆｰ)【動】イグアナの一種.

ca·rai·ra [ka.rái.ra] 囡 《ラ米》(ﾍﾞﾈｽﾞｴﾗ)【鳥】カラカラ (の一種). → caracará¹.

ca·ra·í·ta [ka.ra.í.ta] 形 (ラビの教えを否定し，旧約聖書のみを遵奉するユダヤ教一分派の) カライ派の. — 男 囡 カライ派の信者.

ca·ra·jien·to, ta [ka.ra.xjén.to, -.ta] 形 《ラ米》(ﾒﾋｺ)《話》汚い言葉を使う，口汚い.

ca·ra·ji·llo [ka.ra.xí.jo || -.ʝo] 男 《話》リキュール (通常アニス酒かコニャック) 入りのコーヒー.

ca·ra·ji·llo, lla [ka.ra.xí.jo, -.ja || -.ʝo, -.ʝa] 男 囡 《俗》子供，少年，少女.

ca·ra·ji·to [ka.ra.xí.to] 男 《ラ米》(ﾍﾞﾈｽﾞ)《話》子供；若者.

ca·ra·jo [ka.ra.xo] 男 《卑》陰茎.
— 間投 ¡C∼! / ¡Qué ∼(s)! 《俗》《怒り・驚き・軽蔑》くそ，ちくしょう；ばかな，へえ，ほう；ざまあみろ.
¡al carajo! 《俗》ばか野郎.
del carajo 《俗》すごい，とんでもない. Ayer hubo un terremoto *del* ∼ en Indonesia. 昨日インドネシアで巨大地震があった.
estar del carajo 《ラ米》(ｱﾙｾﾞﾝ)《俗》とてもむずかしい.
irse al carajo 《俗》失敗する，台無しになる.
mandar al carajo... 《俗》(1)〈人を〉拒絶する. A Carmen la *mando al* ∼, que ya estoy harto. カルメンのばか野郎，もううんざりだ. (2) 放棄する，つっぱねる. Lo *mandé* todo *al* ∼ y volví a casa. 私はすべてを投げ出し家へ帰った.
ni carajo 《俗》(1) 少しも. Hace tanto ruido que no oigo *ni* ∼. やかましくて何も聞こえやしない. (2)《ラ米》(ﾍﾞﾈｽﾞ)ほんのわずか. No sabe *un* ∼ de informática. 彼[彼女]は情報処理の意味が少しもわかっていない. (2)《ラ米》(ﾍﾞﾈｽﾞ)ほんのわずか.
¡Vete [Váyase, Que se vaya, ...] al carajo! 《俗》くたばりやがれ，消えうせろ.
y un carajo 《俗》《否定の返答として》いやだ，冗談じゃない. ¿Me lo regalas? — *Y un* ∼. それもらえないかな. —だめだ.

ca·ra·jo, ja [ka.ra.xo, -.xa] 形 《ラ米》(ｺﾛﾝﾋﾞｱ)《話》ろくでなしの，放蕩(ほうとう)な. (2)(ｷｭｰﾊﾞ)《話》行儀が悪い. (3)(ｷｭｰﾊﾞ)社会的地位が低い.

ca·ra·man·chel [ka.ra.maɲ.tʃél] 男 1【海】ハッチカバー. 2 あばら屋, 汚い家. 3 屋根裏部屋. 4《ラ米》(1)(ﾍﾟﾙｰ)雨よけ，ひさし. (2)(ｴｸｱﾄﾞﾙ)屋台の陳列ケース). (3)(ﾁﾘ)居酒屋.

ca·ra·man·chón [ka.ra.maɲ.tʃón] 男 → camaranchón.

ca·ra·ma·ño·la [ka.ra.ma.ɲó.la] 囡 1《スペイン》水差し. 2《ラ米》(1)(ｱﾙｾﾞﾝ)(肉・卵・魚などを詰めた)パイ. (2)(ｷｭｰﾊﾞ)水筒.

ca·ra·ma·yo·la [ka.ra.ma.jó.la] 囡 《ラ米》(ｺﾛﾝ)アルミの水筒.

*ca·ram·ba [ka.rám.ba] 間投《話》《奇妙・驚き・不快・抗議・感嘆》へえ，なんだって？；おや, おいおい, なんてこった (▶ qué をつけて強調したり, con... で感嘆の原因を述べることもある). ¡C∼! Ya son las nueve. いやしまった, もう 9 時に. ¡C∼ con Antonio, cocina muy bien! 全くアントニオときたらほんとに料理が上手なんだから！ ¡Qué ∼! (¡caramba! を強調する) なんてことだ. ▶ carajo の婉曲な言い回し.

ca·rám·ba·no [ka.rám.ba.no] 男 つらら(状の氷), 氷柱 (= canelón).

ca·ram·bi·llo [ka.ram.bí.jo || -.ʝo] 男【植】ハマアカザ.

ca·ram·bo·la [ka.ram.bó.la] 囡 1《遊》(ビリヤード)キャノン[キャロム](手玉が 2 つの的玉に当たること) (=∼ limpia); コンビ(ネーション)(手玉が当たった第一の的玉が 2 つめの的玉に当たること) (=∼ sucia [rusa]); キャロムゲーム (通常は 3 つの玉を使うポケットのないビリヤード). 2 偶然, まぐれ (当たり), 思わぬ幸運, 一石二鳥. 3 いんちき, ごまかし. 4【植】ゴレンシ(の実), スターフルーツ.
de carambola 偶然に.
por carambola 間接的に, 回り回って, 偶然に. He aprobado *por* ∼. 私はまぐれで合格した.
[←[ポルトガル] *carambola*「果物の一種」←[マラーティー] *karambal*]

ca·ram·bo·le·ar [ka.ram.bo.le.ár] 他《遊》(ビリヤード)キャノンにする.
— ∼·se 再《ラ米》(ｷｭｰﾊﾞ)《話》ほろ酔いになる.

ca·ram·bo·lo [ka.ram.bó.lo] 男【植】ゴレンシ.

ca·ra·mel [ka.ra.mél] 男【魚】(地中海産の)イワシの一種.

ca·ra·me·le·ar [ka.ra.me.le.ár] 他《ラ米》(1)(ｺﾛﾝ)〈人の〉注意をそらす, 引き延ばしをする. (2)(ｺﾛﾝ)《話》うまく丸めこむ, 口車にのせる.

ca·ra·me·li·zar [ka.ra.me.li.θár / -.sár] 97 他 カラメルを付ける (= acaramelar).

*ca·ra·me·lo [ka.ra.mé.lo] 男 1 飴(あめ), キャンディー; キャラメル (= ∼ blando). 2 カラメル：砂糖を熱して褐色にしたもの. 3《話》魅力的なもの［人］. 4《ラ米》(ﾍﾞﾈｽﾞ)棒つきキャンディー.
[←[ポルトガル] *caramelo*←[後ラ] *calamellus*「小さなアシ」([ラ] *calamus*「アシ」+縮小辞); 転義は[中ラ] *cannamella*「サトウキビ」との連想による]

ca·ra·mi·da [ka.ra.mí.ða] 囡 磁鉄鉱；天然磁石.

ca·ra·mi·llo [ka.ra.mí.jo || -.ʝo] 男 1【音楽】(アシ・木・骨で作られる) 笛, サンポーニャ (=zampoña). 2 がらくたの山. 3 陰口, 大うそ；口論. levantar [armar] ∼s ごたごたを引き起こす；陰口を言う. 4【植】アカザ科オカヒジキ属の類.

ca·ra·mi·llo·so, sa [ka.ra.mi.jó.so, -.sa || -.ʝó.-] 形 過敏な, 神経の細かい, 怒りっぽい.

ca·ra·mu·jo [ka.ra.mú.xo] 男【貝】(船底に付く)小型の巻き貝.

ca·ra·mu·zal [ka.ra.mu.θál / -.sál] 男【海】カラムサル：3 本マストで船尾の高いトルコの商船.

ca·ran·cho [ka.ráɲ.tʃo] 男《ラ米》【鳥】(1)(ｱﾙｾﾞﾝ)カラカラ (ハヤブサ科の鳥) (= caracará¹). (2)(ﾍﾟﾙｰ)フクロウ. — 間投《感嘆・怒り・驚き》なんてことだ.

ca·ran·da·í [ka.ran.da.í] / **ca·ran·day** [ka.ran.dái] 男 ロウヤシ：南米原産. 葉は蠟(ろう)を採取するほか, 屋根をふくのにも用い, 幹は建築用.

ca·ra·ne·gra [ka.ra.né.gra] 男 囡 《ラ米》(ﾍﾞﾈｽﾞ)【動】クロメンヨウ.
— 男《ラ米》(ﾍﾞﾈｽﾞ)(ｱﾙｾﾞﾝ)(ｺﾛﾝ)【動】クモザル属の一種.

ca·ran·ga [ka.ráŋ.ga] 囡 《ラ米》(ｺﾛﾝ)【昆】ノミ.

ca·ran·ga·no [ka.ráŋ.ga.no] 男 《ラ米》【昆】シラミの総称.

ca·ran·ta·mau·la [ka.ran.ta.máu.la] 囡 1 (ボール紙製の) 醜の仮面. 2《話》醜い人.

ca·ran·to·ña [ka.ran.tó.ɲa] 囡 1《主に複数で》おべっか, へつらい, こび. hacer ∼s a +人〈人〉をおだてる, ご機嫌を取る. 2《話》醜い顔の人.

ca·ran·to·ñe·ro, ra [ka.ran.to.ɲé.ro, -.ra] 男

女 おべっか使い, ご機嫌取り.
ca・ra・o [ka.rá.o] 男 《ラ米》(1)《⁽*⁾米》【植】カシア, モイロナンバンサイカチ. (2)《ラ³ラ》水辺に生息する渉禽(ミュラん)類の一種.
ca・rá・o・ta [ka.rá.o.ta] 女 《ラ米》《ベネズ》《複数で》【植】インゲンマメ.
ca・ra・pa・chay [ka.ra.pa.tʃái] 男 《ラ米》《パラグ》カラパチャイ人 (パラナ Paraná 河口の三角州に住んでいた); 《炭焼きの》木こり.
ca・ra・pa・cho [ka.ra.pá.tʃo] 男 1 (カメ・カニなどの)甲羅, 甲殻. 2 《複数で》(ペルーに住む)カラパッチョ人. 3 《ラ米》(1)《エクア》《コスタ》甲殻・殻の中で作る料理. (2)《ラ³ラ》枠組み.
ca・ra・pa・to [ka.ra.pá.to] 男 ひまし油.
¡ca・ra・pe! [ka.rá.pe] 間投 へえ, 驚いた, なんだって.
ca・ra・pin・ta・da [ka.ra.pin.tá.ða] 女 《ラ米》《アルゼ》クーデターを起こした. líderes ~s クーデターの首謀者たち. ── 男 《ラ米》《アルゼ》クーデター軍人.
ca・ra・que・ño, ña [ka.ra.ké.ɲo, -.ɲa] 形 (ベネズエラの首都)カラカス Caracas の.
── 男 女 カラカスの住民[出身者].
ca・ra・te [ka.rá.te] 男 → karate.
ca・rá・tu・la [ka.rá.tu.la] 女 1 仮面, マスク (= careta); (道化師の)濃い化粧. una horrible ~ de demonio 恐ろしげの悪魔の仮面.
2 (本などの)扉; レコード・CDなどのジャケット; (ファイル・フォルダーの)ラベル. 3 俳優業, 演劇界. Dejó la espada por la ~. 彼は剣を捨てて演劇に走った.
4 《話》顔; 醜い顔. 5 カーステレオの着脱式前面部; 盗難防止のための工夫.
6 《ラ米》(1)《メキシ》《グァテ》(時計の)文字盤. (2)《アルゼ》所有者の個人情報を記入するノートの最初のページ.
ca・rau [ka.ráu] 男 《ラ米》《アルゼ》【鳥】カラウ, ツルモドキ(の鳥).
***ca・ra・va・na** [ka.ra.βá.na] 女 1 隊商, キャラバン. ~ de mercaderes 商人のキャラバン.
2 一団となった人, 車の列. Hay ~ en la autopista. ハイウエーは交通渋滞している. 3 キャンピングカー, トレーラーハウス. 4 《史》海賊の征伐. 5 《ラ米》(1)《エクア》(鳥を捕らえる)仕掛け. (2)《アルゼ》《複数で》イヤリング. (3)《エクア》礼儀, 慇懃. 敬意. correr[hacer] (las) ~s a +人 (人)に丁重すぎる扱いをする, おもねる. (4)《⁽*⁾米》パレード.
en caravana 一団[一隊]となって.
ca・ra・va・ne・ro [ka.ra.βa.né.ro] 男 (隊商の)ラクダの御者.
ca・ra・van・ing [ka.ra.βá.nin] 男 キャラバンを組むこと, キャラバンを組んで旅行すること.
ca・ra・van・se・ray [ka.ra.βan.se.rái] / **ca・ra・van・se・rra・llo** [ka.ra.βan.se.rá.ʎo / -.ʎo] / **ca・ra・va・sar** [ka.ra.βa.sár] 男 キャラバン宿, 隊商館.
¡ca・ray! [ka.rái] 間投 《俗》うわっ, あれっ, なんだ; ちくしょう, ちぇっ (= ¡caramba!). ¡C~ con el tío ese! ちくしょう, あの野郎.
car・ba・lí [kar.βa.lí] 形 → carabalí.
cár・ba・so [kár.βa.so] 男 1 薄手のリンネル (の衣類), 2 《文章語》白帆.
car・ba・yón, yo・na [kar.βa.jón, -.jó.na] 形 1 《話》オビエド Oviedo の. 2 《スポ》《サッカー》(スペインのサッカークラブ)レアル・オビエド Real Oviedo (ファン)の. ── 男 《話》オビエドの住民[出身者].
2 《スポ》《サッカー》レアル・オビエドのファン.
car・bi・nol [kar.βi.nól] 男 【化】カルビノール, メチルアルコール.

car・bo・di・na・mi・ta [kar.βo.ði.na.mí.ta] 女 【化】(ニトログリセリン系の)爆薬, 起爆剤.
car・bo・hi・dra・to [kar.βoi.ðrá.to] 男 炭水化物, 含水炭素.
car・bol [kar.βól] 男 【化】フェノール, 石炭酸.
car・bó・li・co, ca [kar.βó.li.ko, -.ka] 形 【化】石炭酸の (= fénico).
***car・bón** [kar.βón] 男 1 石炭; 炭, 木炭. ~ mineral / ~ de piedra 石炭. ~ vegetal / ~ de leña 木炭. ~ de gas ガス用炭 (都市ガス原料用石炭の総称). gas de ~ 石炭ガス. ~ animal 骨炭; 獣炭. cubo del ~ 石炭入れ. ~ de bola たどん. ~ en polvo 炭塵(ビム). negro como el ~ 炭のように真っ黒な.
2 カーボン紙 (= papel ~). copia al ~ カーボン紙でのコピー. 3 【美】デッサン用木炭.
[← [ラ] *carbōnem* (*carbō* の対格); 関連 *carbonero, carbónico*. [英] *carbon*]
car・bo・na・da [kar.βo.ná.ða] 女 1 (一度に投げ込む)石炭の量, (石炭の)ひとすくい. 2 ゆでて焼いた肉料理. 3 パンケーキ. 4 《ラ米》《アルゼ》炭火で焼いた肉料理, 《チリ》《ペルー》肉・ジャガイモ・米などの煮込み料理.
car・bo・na・do, da [kar.βo.ná.ðo, -.ða] 形 炭火で焼いた. ── 男 【鉱】カーボネード; 工業用黒ダイヤ.
car・bo・na・lla [kar.βo.ná.ja || -.ʎa] 女 (反射炉の床に用いる)砂・粘土・炭を混ぜたモルタル.
car・bo・nar [kar.βo.nár] 他 炭にする.
car・bo・na・ra [kar.βo.ná.ra] (伊) 形 カルボナーラ(ソース)の. a la ~ (スパゲティの)カルボナーラ.
── 女 カルボナーラソース.
car・bo・na・rio, ria [kar.βo.ná.rjo, -.rja] 形 【史】(19世紀の初頭イタリアで結成された秘密結社)カルボナリ党の, 炭焼き党員の. ── 男 女 カルボナリ党員.
car・bo・na・ris・mo [kar.βo.na.rís.mo] 男 【史】カルボナリ党がカルボナリ党が掲げた革命的自由主義運動.
car・bo・na・ta・ción [kar.βo.na.ta.θjón / -.sjón] 女 【化】(1)炭酸塩化. (2)炭酸塩化.
car・bo・na・ta・do, da [kar.βo.na.tá.ðo, -.ða] 形 【化】炭酸塩の; 炭酸を含む. *agua carbonatada* ソーダ水.
car・bo・na・tar [kar.βo.na.tár] 他 【化】(1)炭酸塩化させる. (2)二酸化炭素[炭酸ガス]で飽和させる.
── **~se** 自 1 炭酸塩化する.
2 二酸化炭素[炭酸ガス]で飽和する.
car・bo・na・to [kar.βo.ná.to] 男 【化】炭酸塩.
car・bon・ci・llo [kar.βon.θí.jo || -.sí.-] 男 1 デッサン用木炭. *dibujo al* ~ 木炭画.
2 木炭画. *un concurso de* ~*s* 木炭画のコンクール. 3 《車》(不完全燃焼で生成される)炭煤, カーボン. 4 黒穂病菌; 菌類. 5 黒い砂.
car・bo・ne・ar [kar.βo.ne.ár] 他 1 炭にする, 木炭を作る. 2 《ラ米》《アルゼ》《話》(人の)骨をへし折る. (2)《チリ》励ます. ── 自 (船が)石炭[木炭]を積む.
car・bo・ne・o [kar.βo.né.o] 男 炭焼き, 木炭作り.
car・bo・ne・ra [kar.βo.né.ra] 女 1 (炭焼き窯(ガ)に積まれた)木. 2 石炭置き場. 3 《ラ米》(1)《メキシ》(蒸気機関車の)炭水車, テンダー. (2)《アルゼ》《鉱》石炭層.
car・bo・ne・rí・a [kar.βo.ne.rí.a] 女 石炭販売店.
car・bo・ne・ro, ra [kar.βo.né.ro, -.ra] 形 1 石炭の. *industria carbonera* 石炭産業. *barco* ~ 石炭船, 運炭船. 2 木炭の; 炭焼きの. 3 《ラ米》《キュ》《話》けんかをふっかける.
── 男 女 1 石炭[木炭]商人, 炭焼き.
2 《ラ米》《話》(1)《コリ》不和の種をまく人. (2)《キュ》けんかをふっかける人.

—男《鳥》シジュウカラ科の鳥.

car·bó·ni·co, ca [kar.bó.ni.ko, -.ka] 形 炭素の，炭酸の. ácido ～ 炭酸. anhídrido ～ 二酸化炭素，炭酸ガス. bebida *carbónica* 炭酸飲料水. gas ～ 炭酸ガス. —男《ラ米》《")》カーボン紙.

car·bo·ní·fe·ro, ra [kar.bo.ní.fe.ro, -.ra] 形 **1** 石炭の，石炭を含む. **2**《地質》石炭紀の. el período ～ 石炭紀. —男《地質》石炭紀.

car·bo·ni·lla [kar.bo.ní.ja ‖ -.ʎa] 囡 **1** 石炭[木炭]の粉；石炭殻. **2**《ラ米》《")》(デッサン用の)木炭.

car·bo·ni·lo [kar.bo.ní.lo] 男《化》カルボニル(基)：一酸化炭素基を含む有機物質のひとつ.

car·bo·ni·za·ción [kar.bo.ni.θa.θjón / -.sa.sjón] 囡 炭化；焼いて炭にすること. conseguir la ～ total 完全に炭化する.

car·bo·ni·zar [kar.bo.ni.θár / -.sár] 97 他 炭化させる；黒焦げにする，焼きつくす. ► —～·se 炭化する，黒焦げになる.

car·bo·no [kar.bó.no] 男《化》炭素 (記号 C). ciclo del ～ 炭素サイクル. bióxido [dióxido] de ～ [carbónico] 二酸化炭素. ～ 14 炭素14 (年代測定に用いる放射性炭素 radiocarbono).

car·bo·no·so, sa [kar.bo.nó.so, -.sa] 形 炭(素)の；炭(素)を含む；炭(素)に似た.

car·bo·run·do [kar.bo.rún.do] 男《化》カーボランダム，炭化ケイ素：ファインセラミックの一つ. 硬くて対摩耗性に優れ，研磨剤などの材料にもなる.

car·bun·cal [kar.buŋ.kál] 形《医》癰(よう)の，カルブンケルの.

car·bun·clo [kar.búŋ.klo] / **car·bun·co** [kar.búŋ.ko] 男 **1**《医》癰(よう)，カルブンケル：皮下組織の化膿(のう)性炎症；炭疽. **2** → carbúnculo.

car·bún·cu·lo [kar.búŋ.ku.lo] 男 **1** カーバンクル：丸くカットしたざくろ石. **2** ルビー (= rubí).

car·bu·ra·ción [kar.bu.ra.θjón / -.sjón] 囡 **1** (内燃機関での)気化. **2**《冶》浸炭，加炭.

car·bu·ra·dor [kar.bu.ra.ðór] 男 キャブレター，気化器.

car·bu·ran·te [kar.bu.rán.te] 男 内燃機関用燃料. poner ～ en el coche 車にガソリンを入れる.

car·bu·rar [kar.bu.rár] 他《ガス・空気を》気化水素[燃料]と混合する；炭素と化合させる. ► 自動詞的にも用いられる → Esa moto *carbura* bien. そのオートバイのキャブレターの調子はよい. —自《話》うまくいく[働く]. El teléfono no *carbura*. その電話器は故障している.

car·bu·ro [kar.bú.ro] 男《化》炭化物；カーバイド. ～ de calcio 炭化カルシウム，カーバイド.

car·ca [kár.ka] 形《軽蔑》反動的な，保守的な. —男囡《軽蔑》保守的な人.

car·ca·cha [kar.ká.tʃa] 囡《ラ米》(メ)(")《話》おんぼろの車.

car·caj [kar.ká(x)] 男 **1** 箙(えびら)，矢筒. **2** 旗竿(ざお)[十字架]受け. **3**《ラ米》(中)(銃の)ホルスター，ライフルの革ケース.

*****car·ca·ja·da** [kar.ka.xá.ða] 囡 大笑い. reírse a ～s 爆笑する. soltar la ～ どっと笑い出す. *a carcajada limpia* ゲラゲラ大笑いして.

car·ca·je·ar·se [kar.ka.xe.ár.se] 再 **1**《con... …に》高笑いする，大笑いする. Anoche nos *carcajeamos con* sus chistes. 昨夜私たちは彼[彼女]のジョークに大笑いした. **2**《de... …を》からかう，ちゃかす，無視する. *Me carcajeo de* tus principios. おまえさんの信条なんて関係ないね.

car·ca·mal [kar.ka.mál] 男《軽蔑》老いぼれ，死に損ない.

car·ca·mán, ma·na [kar.ka.mán, -.má.na] 男囡 **(1)**《ラ米》(")《特にジェノバからの》イタリア移民. **(2)**《")》下層の移住者，外国からの流れ者. **(3)**《")(")》慢心家，偉ぶる人. **(4)**《中ア》(")(キ)老いぼれ，老衰者. **—男 1** 図体(ず)ばかり大きい船，大きくて役に立たない船. **2**《ラ米》(キ)さいころ賭博(と).

car·can·cha [kar.káŋ.tʃa] 囡《ラ米》(1)(ᴮ)《話》死；骸骨(ぜつ). (2)(ᴮ)骨組み. (3)(キ)《話》おんぼろの車，ぽんこつの車.

car·ca·ñal [kar.ka.ɲál] 男 かかと (= calcañar).

car·ca·sa [kar.ká.sa] 囡 **1** (ものの)枠組，フレーム. la ～ del televisor テレビのフレーム. **2** 焼夷(しょうい)弾. **3**《ラ米》(ᴮ)《車》(タイヤの)チューブ. [← 《仏》*carcasse*]

cár·ca·va [kár.ka.ba] 囡 溝，穴；壕(ごう)；墓穴.

cár·ca·vo [kár.ka.bo] 男 (水車の)軸受け用くぼみ.

car·ca·vón [kar.ka.bón] 男 (洪水でできた)地溝，雨裂.

car·cax¹ [kar.káks] 男 → carcaj.

car·cax² [kar.káks] 男 腕輪，ブレスレット；足輪，アンクレット.

*****cár·cel** [kár.θel / -.sel] 囡 **1** 刑務所，監獄，牢獄. Lo han metido [puesto] en la ～. 彼は刑務所に入れられた. **2** 締め付け金具，クランプ.

car·ce·la·rio, ria [kar.θe.lá.rjo, -.rja / -.se.-] 形 刑務所の，監獄の. La vida *carcelaria* es dura. 刑務所暮らしはつらい.

car·ce·le·ro, ra [kar.θe.lé.ro, -.ra / -.se.-] 形 刑務所の，監獄の. —男囡 看守. —囡 スペイン Andalucía 地方の民謡.

car·ci·no·gé·ni·co, ca [kar.θi.no.xé.ni.ko, -.ka / -.si.-] 形 → carcinógeno.

car·ci·nó·ge·no, na [kar.θi.nó.xe.no, -.na / -.si.-] 形《医》発がん性の.

car·ci·no·lo·gí·a [kar.θi.no.lo.xí.a / -.si.-] 囡《動》甲殻類学.

car·ci·no·ma [kar.θi.nó.ma / -.si.-] 男《医》がん，がん腫(しゅ). ～ colangiocelular 胆管細胞がん. ～ de células de transición 移行上皮がん. ～ de células escamosas 扁平上皮がん.

car·ci·no·ma·to·so, sa [kar.θi.no.ma.tó.so, -.sa / -.si.-] 形《医》がんの，がん性の.

car·co·cha [kar.kó.tʃa] 囡《ラ米》(ᴮ)《話》おんぼろの車，ぽんこつの車.

cár·co·la [kár.ko.la] 囡 (織機の)ペダル，踏み板.

car·co·ma [kar.kó.ma] 囡 **1**《昆》キクイムシ；虫食いの木から出る粉. **2** むしばむもの. La envidia es la ～ de la amistad. 嫉妬(しっと)は友情をむしばむ. **3**《話》心労，悩みごと. **4**《話》ごくつぶし，浪費家.

car·co·mer [kar.ko.mér] 他 **1**《キクイムシが》(木を)食う. **2** 苦しめる，悩ます. Le *carcomía* la envidia. 彼は嫉妬(しっと)の炎を焦がした. **3**《健康などを》損なう，むしばむ. El cáncer *carcomió* su salud. がんで彼[彼女]の健康はむしばまれていった. ► —～·se **1** (キクイムシに)食われる. **2** 消耗する，むしばまれる. ～*se de celos* 嫉妬(しっと)に身を焦がす.

car·co·mi·do, da [kar.ko.mí.ðo, -.ða] 形 **1** (キクイムシに)食われた，虫食いだらけの. **2** (健康などを)損ねた，むしばまれた.

car·co·so, sa [kar.kó.so, -.sa] 形《ラ米》(ᴮ)

car·cun·da [kar.kún.da] 形 女 → carca.
car·da [kár.ða] 女 1 〈毛を〉すくこと；毛羽立てること. un proceso de ～ カーディングの工程.
  2 梳毛(そもう)機；起毛機.
  3 《話》しかること, 大目玉. dar una ～ a+人 〈人〉を〈厳しく〉しかりつける, 油を絞る.
car·da·da [kar.ðá.ða] 女 〈梳毛(そもう)機ですく〉1回分の羊毛(の量).
car·da·do [kar.ðá.ðo] 男 1 【技】〈織物〉カーディング, 梳綿(そめん), 梳毛：綿花や繊維をそろえる工程.
  2 逆毛を立てること.
car·da·dor, do·ra [kar.ða.ðór, -.ðó.ra] 男 女【技】〈羊毛・綿などを〉すく人, 梳毛(そもう)工［職人］.
— 男【動】ヤスデ.
car·da·mo·mo [kar.ða.mó.mo] 男【植】カルダモン, ショウズク：種子を香辛料や健胃剤に使う.
car·dar [kar.ðár] 他 1 〈羊毛・綿などを〉すく, 梳毛(そもう)する, 梳綿する. 2 〈織物〉梳毛(そもう)機.
  Unos cobran la fama y otros cardan la lana.《諺》苦労した人とは別人が名誉を得るもの (←名誉を得る人と羊毛をすく人は別人).
car·de·li·na [kar.ðe.lí.na] 女【鳥】ヒワ.
***car·de·nal**¹ [kar.ðe.nál] 男
  1 【カト】枢機卿(きょう). ◆教皇の最高顧問. 深紅の帽子と外衣を着用.
  2 【鳥】ショウジョウコウカンチョウ. 3 《ラ米》《チ》【植】ゼラニウム, フウロソウ.
  [←〔ラ〕cardinālem (cardinālis の対格)「枢機官」；関連 cardinal]
car·de·nal² [kar.ðe.nál] 男 〈打撲などによる〉青あざ, 皮下溢血斑(いっけつはん). Choqué con un poste de electricidad y me salió un ～ en la frente. 電柱にぶつかって額にあざができた.
[cárdeno より派生.]

cardenal¹
(枢機卿)

car·de·na·la·to [kar.ðe.na.lá.to] 男【カト】枢機卿(きょう)の職［地位］.
car·de·na·li·cio, cia [kar.ðe.na.lí.θjo, -.θja / -.sjo, -.sja] 形 枢機卿(きょう)の. la púrpura *cardenalicia* (枢機卿の着る) 緋衣(ひい). colegio ～ 枢機卿会.
car·den·cha [kar.ðén.tʃa] 女 1 【植】オニナベナ：果実を織物の起毛に用いた. 2 〈織物〉梳毛(そもう)機.
car·de·ni·llo [kar.ðe.ní.jo ‖ -.ʎo] 男 1 緑青(ろくしょう)(色). criar ～ 緑青がふく. 2 緑青を用いた絵の具.
***cár·de·no, na** [kár.ðe.no, -.na] 形 1 紫がかった；青ざめた. Tenía los labios ～s a causa del frío. 寒さのせいで紫色の唇をしていた.
  2 〈牛の毛色が〉黒と白の混ざった.
car·diá·ce·o, a [kar.ðjá.θe.o, -.a / -.se.-] 形 心臓の形をした, ハート形の.
***car·dia·co, ca** [kar.ðjá.ko, -.ka] / **car·dí·a·co, ca** [kar.ðí.a.ko, -.ka] 形 1 心臓の；心臓病の. enfermedad *cardiaca* 心臓病. ataque ～ 心臓発作. tónico ～ 強心剤. insuficiencia *cardiaca* 心不全. paro ～ 心停止.
  2 緊張した, あがった. Cuando canto en público, me pongo ～. 私は人前で歌うときドキドキする.
— 男 女 心臓病患者.
car·dial·gia [kar.ðjál.xja] 女【医】心臓痛；胃噴門痛, 胸焼け.
car·diál·gi·co, ca [kar.ðjál.xi.ko, -.ka] 形 心臓痛の；胃噴門痛の, 胸焼けの.
car·dias [kár.ðjas] 男《単複同形》【解剖】噴門：食道と胃の接合部.
cár·di·gan [kár.ði.gan]〔英〕男《複 ～s, ～》【服飾】カーディガン.
car·di·llo [kar.ðí.jo ‖ -.ʎo] 男【植】キバナアザミ.
car·di·nal [kar.ði.nál] 形 1 基となる, 主要な. Esta editorial publica sus obras ～*es*. この出版社は《彼女》の主要な作品を出版している.
  2 【文法】基数の. numeral ～ 基数詞.
  3 【数】基数の. número ～ 基数 (→ ordinal).
  4 基本方位の. los puntos ～*es* 基本方位, 四方 (東, 西, 南, 北) (= principal).

  関連 四方位基点と十六方位：norte 北. nornordeste 北北東. nordeste 北東. este-nordeste 東北東. este 東. estesudeste 東南東. sudeste / sureste 南東. sudsudeste 南南東. sur 南. sudsudoeste 南南西. sudoeste / suroeste 南西. oes(s)udoeste 西南西. oeste 西. oesnoroeste 西北西. noroeste 北西. nornoroeste 北北西.

  5 【占星】〈黄道十二宮の〉基本相の, 四宮 (白羊宮, 巨蟹(きょかい)宮, 天秤(てんびん)宮, 磨羯(まかつ)宮).
  las virtudes cardinales (1)【カト】枢要徳：賢明 prudencia, 剛毅 fortaleza, 正義 justicia, 節制 templanza. (2) 〈古代哲学の〉元徳.
  [←〔ラ〕*cardinālem* (*cardinālis* の対格)「蝶番(ちょうつがい)の；かなめの, 主要な」 関連〔英〕cardinal]
cardio- / -cardio「心臓」, 時には「胃」の意を表す造語要素. ► 母音の前では cardi-. ⇒ *cardi*aco, *cardio*grafía, mio*cardio*. [←〔ギ〕]
car·dio·ci·ru·ja·no, na [kar.ðjo.θi.ru.xá.no, -.na / -.si.-] 男 女【医】心臓外科医, 心臓手術専門の外科医.
car·dio·gra·fí·a [kar.ðjo.gra.fí.a] 女【医】心拍記録法, 心電図検査(法).
car·dio·grá·fi·co, ca [kar.ðjo.grá.fi.ko, -.ka] 形【医】心拍記録法の.
car·dio·gra·fo [kar.ðjo.gra.fo] 男【医】心電計, 心拍記録器.
car·dio·gra·ma [kar.ðjo.grá.ma] 男【医】心電図, 心拍曲線.
car·dio·lo·gí·a [kar.ðjo.lo.xí.a] 女【医】心臓病学.
car·dio·ló·gi·co, ca [kar.ðjo.ló.xi.ko, -.ka] 形 心臓病学の.
car·dió·lo·go, ga [kar.ðjó.lo.go, -.ga] 男 女 心臓(病)学者, 心臓病専門医.
car·dio·me·ga·lia [kar.ðjo.me.gá.lja] 女【医】心肥大.
car·dio·mio·pa·tí·a [kar.ðjo.mjo.pa.tí.a] 女【医】心筋症.
car·dió·pa·ta [kar.ðjó.pa.ta] 形【医】心臓を患った, 心臓の悪い, 心臓病の. — 男 女 心臓病患者.
car·dio·pa·tí·a [kar.ðjo.pa.tí.a] 女【医】心臓病, 心疾患. ～ arteriosclerótica 動脈硬化性心疾患. ～ isquémica 虚血性心疾患.
car·dio·ple·jí·a [kar.ðjo.ple.xí.a] 女【医】心臓まひ.
car·dio·rres·pi·ra·to·rio, ria [kar.ðjo.r̄es.pi.ra.tó.rjo, -.rja] 形【医】心肺の, 心臓と呼吸器の.
car·dio·tó·ni·co, ca [kar.ðjo.tó.ni.ko, -.ka] 形〈医薬が〉強心性の. — 男【医】強心剤.
car·dio·vas·cu·lar [kar.ðjo.ðas.ku.lár]

心臓血管の, 循環器の[に関する].
car·di·tis [kar.ðí.tis] 女《単複同形》【医】心臓炎.
car·di·zal [kar.ði.θál / -.sál] 男 アザミの繁茂した土地.
car·do [kár.ðo] 男 1【植】(1) カルドン：地中海沿方産キク科の草. 葉と葉柄はあく抜きして食用にする. (2) アザミ. ~ borriquero ヒレアザミ. ~ corredor エリンギウム (セリ科).

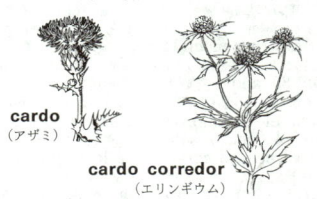

cardo
(アザミ)

cardo corredor
(エリンギウム)

2 愛想のない人.
ser un cardo (*borriquero*) 無愛想である.
seta de cardo【菌類】エリンギ.
car·dón [kar.ðón] 男 1【植】オニナベナ (= cardencha). 2《ラ米》巨大サボテン (の一種).
Car·do·na [kar.ðó.na]〖固名〗*ser más listo que Cardona* とても賢い, 機転が利く.
car·do·nal [kar.ðo.nál] 男《ラ米》(ｸﾞｱﾃ) (ﾒｷｼ) (ｷ) (ｴﾞｻﾞﾝ) アザミの群生地.
car·don·ci·llo [kar.ðon.θí.jo ‖ -.ðo / -.sí.-] 男【植】オオアザミ.
car·du·cha [kar.ðú.tʃa] 女 鉄製の大型梳毛(ﾏﾞｳ)機；毛羽立て機.
car·du·me(n) [kar.ðú.me(n)] 男 1 魚群.
2《ラ米》(ﾁﾘ) 多数, 多量.
car·du·zal [kar.ðu.θál / -.sál] 男 → cardizal.
car·du·zar [kar.ðu.θár / -.sár] 97 他 → cardar.
ca·re·ar [ka.re.ár] 他 1【法】(法廷などで真相究明のため) 対質尋問させる. 2 照合する. 3 (家畜を) 導く. — 自 顔を向ける.
— **~·se** 再 (*con...* …と) 対面する, 面談する.
*ca·re·cer [ka.re.θér / -.sér] 34 自《*de...* …が》1 欠けている, ない. ~ *de los recursos necesarios* 必要な資金[資源] を持たない. ~ *de sentido* 意味を成さない. *Este edificio carece de ascensor.* このビルにはエレベーターがない. 2《ラ米》(ﾒｷｼ) 必要である. [← 俗ﾗ *carēscere* ([ﾗ] *carēre*「欠ける」より派生)]
ca·re·ci·mien·to [ka.re.θi.mjén.to / -.si.-] 男 欠乏, 不足, 欠如 (= falta).
ca·rel [ka.rél] 男 小船の縁のオールを固定している部分.
ca·re·na [ka.ré.na] [伊] 女 1【海】船体の喫水部 (の修理)：船を傾けて船底の修理, 清掃を行うこと.
2 揶揄(ﾔﾕ), あざけり.
ca·re·na·do [ka.re.ná.ðo] 男 1【海】船体の修理.
2【車】(特にオートバイの) カウリング, カウル, フェアリング；(乗り物, 特にオートバイに) カウリング[エアロパーツ] をつけること.
ca·re·nar [ka.re.nár] 他 1【海】(船を) 傾けて船体の喫水部を修理 [清掃] する. 2【車】【航空】(車などに) カウリング[エアロパーツ] をつける.
*ca·ren·cia [ka.rén.θja / -.sja] 女 1 欠如；不足.
~ *de datos* 資料不足, データ不足.
2【医】(栄養分などの不足による) 欠乏症. ~ *de vitaminas* ビタミン不足.
ca·ren·cial [ka.ren.θjál / -.sjál] 形 (必要なものが) 欠けた [欠乏した]；【医】欠乏性の. *enfermedad* ~ 欠乏性疾患.
ca·re·nós·ti·lo [ka.re.nós.ti.lo] 男【昆】オサムシの一種.
ca·ren·te [ka.rén.te] 形《*de...* …が》欠けた, 不足した, 足りない. ~ *de dignidad* 品位を欠いた.
ca·re·o [ka.ré.o] 男 1【法】(1) (証人と被告人の) [証人と証人などの] 対面. (2) 照合. 2 面談.
ca·re·ro, ra [ka.ré.ro, -.ra] 形 高い値をふっかける. *Este carnicero es muy* ~. この肉屋はとても値段が高い. — 男 女 高値で売る店主.
ca·res·tí·a [ka.res.tí.a] 女 1 物価高. la ~ *de la vida* 生活費の高騰. ▶ *encarecimiento* は物価の上昇を, *carestía* は高騰した状態を示す.
2 (特に食料品について) 不足, 欠乏.
ca·re·ta [ka.ré.ta] 女 1 仮面, マスク；(フェンシングなどの) 面；(養蜂(ﾖｳﾎｳ)家のかぶる) ネット. ~ *antigás* [*contra gases*] 防毒マスク, ガスマスク.
2《ラ米》(ｱﾙｾﾞ)《話》不誠実な人, うそつき.
*quitar*le *la careta* (*a*+人) (人) の仮面 [化けの皮] をはぐ, 正体を暴く.
quitarse la careta 仮面を脱ぐ, 本性を現す.
ca·re·to, ta [ka.ré.to, -.ta] 形〈動物, 特に牛や馬などが〉顔 (だけ) が白い. — 男《話》(ひどい) 顔, 顔(ﾂﾗ).
ca·rey [ka.réi] 男 1【動】ウミガメ. 2 (ウミガメの) 甲羅, べっ甲. *un peine de* ~ べっ甲のくし.
carezc- 活 → *carecer*.

car.ga [kár.ga] 女 1 背負うこと, 積載；(背負った・積載した) **荷物**；貨物. *barco* [*navío*] *de* ~ 貨物船. *Se ocupaban de la* ~ *de la mercancía en el barco.* 彼らは船に商品を積み込む作業に従事していた. *El camión admite una tonelada de* ~. そのトラックの積載量は1トンだ.

2 荷重, 負荷, 重さ. *la* ~ *que aguanta el pilar* 支柱にかかる負荷.

3 (銃・爆弾につめる) 火薬の量；装填(ｿｳﾃﾝ)物, (時に比喩的) 内容 (物). *preparar una* ~ *para el fusil* ライフル銃の弾丸を用意する. *Su discurso tenía una fuerte* ~ *ideológica.* 彼[彼女] の演説はイデオロギー的な色彩が濃かった.

4 税金, 課徴金, 負担金. *libre de* ~s 負担金なしの. 5 義務；負担, 重荷. ~s *económicas* 経済的負担. 6【軍】(敵に対する) 攻撃, 突撃. ¡*A la* ~! 突撃開始. 7 (補充用の) 予備の品物, スペア. *una* ~ *de bolígrafo* ボールペンの替え芯(ｼﾝ). 8【スポ】チャージ (サッカーなどで, 相手の動きを抑え, 球を奪ったりする激しい動作). ~ *antirreglamentaria* ファウルチャージ. 9 充電, 電荷. ~ *estática* 静電気. 10 (機械などの) 作業量, 仕事量.

— 活 → *cargar*.
carga eléctrica 電荷.
de carga 荷役運搬用の.
llevar una carga de...《話》…の責任を負う, …を引き受ける.
ser [*constituir*] *una carga*《話》厄介者である.
volver a la carga con...《話》…にこだわる.
car·ga·da [kar.gá.ða] 女《ラ米》(1) (ｱﾙｾﾞ)《話》悪い冗談. (2) (ｸﾞｱﾃ) 荷積み.
ir a la cargada《ラ米》(ｱﾙｾﾞ)《話》いちばん強いカードに賭(ｶ)ける；勝ち馬に乗る.
car·ga·de·ras [kar.ga.ðé.ras] 女《ラ米》(ｺﾛﾝ)《複数形》【服飾】ズボンつり, サスペンダー.
car·ga·de·ro [kar.ga.ðé.ro] 男 1 荷積み[降ろし]

場. **2**〖建〗楣(まぐさ): 窓, 入り口などの上の梁(はり).

car·ga·di·lla [kar.ga.ðí.ja | -.ʎa] 囡《話》(金利の累積による)負債の増加.

car·ga·do, da [kar.gá.ðo, -.ða] 囮 **1** 《**de...**》(…を)積んだ, 積み込んだ;《…で》いっぱいの, あふれた. un barco ~ de contenedores コンテナを積んだ船. un árbol ~ de fruto たわわに実をつけた木. **2**《estar＋》〈飲み物が〉強い, 濃い. Se tomó un café ~ para despejarse. 彼[彼女]は頭をすっきりさせるために濃いコーヒーを1杯飲んだ. **3**《estar＋》〈気候・空気・雰囲気が〉うっとうしい;暑苦しい;重苦しい, よどんだ. Este bar tiene un ambiente muy ~. このバルの空気はひどく汚れている.
4 装填(そうてん)した, 仕込んだ. una pistola *cargada* 弾を込めたピストル. La cámara está *cargada*. カメラにはフィルムが入っている.
5《estar＋》酔っ払った. Anoche *estuve* bien ~. 昨夜はすっかり酔ってしまった. **6**《比喩的》《**de...**》背負った. ~ de años 齢(よわい)を重ねた, 年を経た. ~ de espaldas 猫背の, 背の丸くなった.

car·ga·dor, do·ra [kar.ga.ðór, -.ðó.ra] 囮 荷積みの;充填(じゅうてん)する. pala *cargadora*〖鉱〗オーバーローダー:積み込み用の機械.
— 男 囡 **1** 荷積み人, 運送屋;沖仲仕;《ラ米》ポーター. **2** 〖充填〗用の機械
— 男 **1** 弾倉. llenar el ~ すべての弾倉に弾を込める. disparar hasta vaciar el ~ 弾がなくなるまで撃つ. **2** (オーディオ機器の)CDチェンジャー. **3** (積み込み用の)大型のフォーク. **4** 《ラ米》(1) (ズボン)《複数で》〖服飾〗ズボンつり, サスペンダー. (2) (メキシコ)爆竹.
— 囡《ラ米》(メキシコ)子守女.

car·ga·men·to [kar.ga.mén.to] 男 積み荷.

car·gan·te [kar.gán.te] 囮《話》迷惑な, うっとうしい, 負担の重い. No deja de interrumpirme con absurdas y ~s preguntas. あいつはばかげた小うるさい質問でしょっちゅう私の話の腰を折るんだ.

car·gar [kar.ɣár] 103 他 **1**《**en... / a... ...**に》背負う, かつぐ, 乗せる. ~ a la niña *a* las espaldas 女の子を背中に背負う.
2《**de... / ...を**》《乗り物に》**積む**, 積載する, 乗せる. el coche que *cargamos de* maletas スーツケースを積み込んだ車.
3 (火器などに)〈玉を〉つめる, 装填(そうてん)する;《**de...**》〈燃料など〉を補給する. ~ (las) pilas 電池の充電をする;《比喩的》(一定期間休養し)活力を蓄える. ~ la pluma de tinta ペンにインクを入れる.
4《**de... ...を**》〉入れすぎる;…で一杯にする. He *cargado* la sopa *de* sal. スープに塩を入れすぎた.
5 負くする;《料金などを》課する. Me lo pueden ~ en mi cuenta. 私の請求書につけておいて.
6《**a＋人 / sobre＋人** 〈人〉に》(負担・義務などを)課す, 押し付ける;《…の》責任にする. ~ impuestos excesivos 重税を課す. Le *cargaron* las culpas del fracaso. 失敗は彼[彼女]のせいにされた(▶ le が a＋人に相当).
7《**a... ...を**》〈人に〉押し付ける, 負わせる. El cambio nos *carga* de nuevas obligaciones. 変更があって私たちに新たな義務が課された.
8 〈空気など〉をよどませる;うっとうしくする. El humo de los cigarros *ha cargado* el aire. 葉巻の煙で空気がよどんだ. **9** 不快にする, 怒らせる. Esto me *carga*. これは憤慨だね. Me *carga* con su pedantería. 彼[彼女]の知ったかぶりしているところが気に食わない. **10**〖ＩＴ〗(プログラム・データを)ロードする. **11**《話》〈科目〉を落とす, 落第する. **12**《ラ米》(1) (メキシコ)〈車に〉燃料を入れる. (2) ~を携帯している.

¿*Cargas* dinero? 君, お金は持っているのかい. (3) (チリ)(ラプラタ)〈動物が〉襲いかかる.
— 自 **1**〖軍〗《**sobre...**》〈他の部隊を〉攻撃する;突撃する. **2**《**contra...**》〈暴動など〉を〈警察などが〉鎮圧する. La policía acudió al lugar para ~ *contra* los manifestantes. 警察がその場に駆けつけてデモ隊を鎮圧した. **3**《**sobre...**》〈…に〉〈重みが〉かかる. El peso del arco *carga sobre* la base. アーチの重みが基礎にかかっている. **4**《**con...**》〈重い荷物〉を〉〈人が〉抱えている, 持っている. Ella siempre *carga con* una mochila muy grande. 彼女はいつも大きなリュックを持っている. El señor ya *cargaba con* 80 años. その人はもう80歳になっていた. **5**《**con... ...を**》引き受ける, 負う. Ha *cargado con* todo el trabajo. 彼[彼女]はすべての仕事を引き受けた. **6**《**en... / sobre... ...に**》〈アクセントが〉かかる. El acento *carga sobre* la segunda sílaba. アクセントは2番目の音節にある. **7**〖スポ〗《**contra... ...に**》チャージする, 当たる. **8**《**con... ...に**》〈苦しみ〉に耐える. Él *ha cargado con* esa culpa durante mucho tiempo. 彼は長い間その罪の意識に耐えた.

— ~·se 再 **1**〈人が〉爆発寸前である.
2《**de... ...で**》一杯になる, (一杯で)息苦しくなる;…をたくさん抱える. ~*se de* hijos 子だくさんである. **3** (火器が)玉が入る, 装填(そうてん)される. **4** 〈空気・雰囲気が〉よどむ;〈空〉が雲に覆われる.
5《**a＋人** 〈人〉の》〈体の部位が〉重たくなる, 重く感じる. Después de tanto trabajo *se me cargaron* los hombros. あれだけの仕事の後で私は肩が重く感じた(me が a＋人に相当). **6**《話》〈ものを〉壊す, 〈ことを〉だめにする;〈人を〉殺す. Tú te *has cargado* el nuevo proyecto. 君が今度のプロジェクトをだめにしたんだ. **7**《話》〈人を〉落第させる, 不合格にする. Nuestra profesora *se ha cargado* a casi la mitad de la clase. 私たちの先生はクラスのほぼ半分(の学生)を不合格とした.

cargar con el mochuelo de...《話》…の責任を負う.

cargársela《話》《時として脅し・注意》ひどい目に遭う, 〈人に〉罰が当たる. Como lo repitas, *te la cargas*. もう一度やったらひどい目に遭うよ.

[← 〔俗ラ〕*carricare*(〔ラ〕*carrus*「荷馬車」より派生);〖関連〗carga, cargo, encargar, descargar. [英] car, cargo, carry, charge]

car·ga·re·me [kar.ga.ré.me] 男 領収書, 受取.

car·ga·zón [kar.ga.θón / -.són] 囡 **1** (頭の)重苦しさ;(胃の)もたれ;(目の)疲れ. sentir ~ en los ojos 目の疲れを感じる. **2** 曇り空, うっとうしい空模様. **3**《ラ米》(アルゼンチン)(チリ)〖農〗(果実の)豊作.

car·go [kár.go] 男 **1** 任務, 仕事;地位. alto ~ 上級ポスト. ~ público 公的ポスト. desempeñar un ~ importante 重要な任務を果たす. Ocupa el ~ de embajador desde hace dos años. 彼は2年前から大使の職についている.
2 責任, 担当, 受け持ち. Las reparaciones corren a ~ del dueño. 修理は家主の責任で行います. **3** 《主に複数で》非難, 問責, 告発. hacer ~s a＋人 〈人〉を告発する. Hay varios ~s contra él. 彼に対しての告発がいくつもある. **4** 負債, つけ;請求金額. Puede solicitar información sin ~ alguno. 料金無料なしで情報の請求ができます.
— 囲 → cargar.

a cargo de... (1) …を担当の, …の面倒を見て. los empleados a ~ *de* la investigación 調査担当の従業員. (2) …の責任で;(出費などが)…持ちで.

transporte estará *a ～ de* la empresa. 交通費は会社持ちだ.
cargo de conciencia 良心の呵責(ホミッル).
hacerse cargo de... **1** …を引き受ける. Mi madre *se hace ～ de* mis hijos. 私の母が息子たちの面倒を見てくれています. (2) …を悟る, 知る. Debemos *hacernos ～ de* que estamos pasando unos momentos difíciles. 私たちは現在大変な時期を迎えていることを認識しなくてはなりません.
tener... a SU *cargo* …を担当している, …の面倒を見ている. Ellos *tienen a su ～ la* seguridad de la ciudad. 彼らは町の安全を担当している.
tomar... a SU *cargo* …を引き受ける.

car·go·se·ar [kar.go.se.ár] 他《ラ米》(ｷ)(ｺﾞｱ)(ｳﾙ)《話》迷惑をかける, 邪魔する, うんざりさせる.

car·go·so, sa [kar.gó.so, -.sa] 形 厄介な, うるさい；重荷になる.

cargue(-) / cargué(-) 活 → cargar.

car·gue·ro [kar.gé.ro] 男 **1** 貨物船；輸送機. **2**《ラ米》(ﾍﾞﾈｽﾞ)(*ﾒﾒ*)(ﾁﾘ)貨物列車.

car·gue·ro, ra [kar.gé.ro, -.ra] 男 女《ラ米》荷物運びの(人), ポーター.
—— 女《ラ米》(ｺﾛﾝﾋﾞｱ)(ｴｸｱﾄﾞﾙ)子守女.

ca·ri [ká.ri] 形《ラ米》(ﾎﾞﾘﾋﾞｱ)(ｷ) 褐色の, 鉛色の.
—— 男【料】カレー.

ca·ria [ká.rja] 女【建】(円柱の)柱身, 柱体.

ca·ria·con·te·ci·do, da [ka.rja.kon.te.θí.ðo, -.ða / -.sí.-] 形《話》《*estar*＋》悲しそうな；不安げな；驚いた.

ca·ria·cos [ka.rjá.kos] 男《複数形》《集合的》カリアコ人：「新大陸発見」当時の西インド諸島のカリブ系先住民.

ca·ria·cu·chi·lla·do, da [ka.rja.ku.tʃi.ʝá.ðo, -.ða ‖ -.ʎá.-] 形 顔に傷のある, 向こう傷のある.

ca·ria·do, da [ka.rjá.ðo, -.ða] 形 カリエスにかかった；虫歯になった.

ca·ria·du·ra [ka.rja.ðú.ra] 女【医】骨・歯のカリエス.

ca·ria·gui·le·ño, ña [ka.rja.gi.lé.ɲo, -.ɲa] 形 面長でわし鼻の.

ca·rian·cho, cha [ka.rján.tʃo, -.tʃa] 形 顔の大きな, 盤台面(ﾊﾞﾝﾀﾞｲﾂﾞﾗ)の.

ca·riar [ka.rjár] 81 他 カリエスにかからせる；虫歯にする. —— ～**se** 再 カリエスにかかる；虫歯になる.

ca·riá·ti·de [ka.rjá.ti.ðe] 女【建】(ギリシア建築の) 女人像柱. ▶「男性柱」は atlante, telamón.

ca·rí·ba [ka.rí.ba] 男 キャッサバの絞り汁で作った飲み物.

*****ca·ri·be** [ka.rí.be] 形 **1** カリブの, カリブ人の. Mar C~ カリブ海. **2**《ラ米》(1)《話》人食いの；残忍な, 野蛮な. (2) (ｱﾙ)怒った, 不機嫌な.
—— 男 女 カリブ人.
—— 男 **1** カリブ語：中南米先住民語のうちアラワク語族の一つ. **2**《ラ米》食い(人間)；残忍な人.
[← [カリブ] *caribe* (原義は「勇敢な (人)」；関連 caníbal]

ca·ri·be·ño, ña [ka.ri.bé.ɲo, -.ɲa] 形 カリブ(海・地域)の. —— 男 女 カリブの人[出身者].

ca·ri·be·rí·a [ka.ri.be.rí.a] 女《ラ米》(ｺﾛﾝﾋﾞｱ)《話》うまい手口, ずるい手口.

ca·ri·bú [ka.ri.bú] 男 [複 ～**es**, ～**s**] 【動】カリブー：北米産のトナカイ.

ca·ri·ca·ri [ka.ri.ká.ri] 男《ラ米》(1) (ﾍﾟﾙｰ)【鳥】カリカリ：タカの一種. (2) (ｺﾛﾝﾋﾞｱ) 漫画, コミック.

ca·ri·ca·to [ka.ri.ká.to] [伊] 男 ものまねをする芸人；【音楽】喜歌劇で道化役の歌手.

ca·ri·ca·tu·ra [ka.ri.ka.tú.ra] [伊] 女 **1** 風刺画, カリカチュア；戯画；(人・もの・ことを) からかう文章. En el semanario abundan ~s alusivas a hechos políticos. その週刊誌には政治を扱った風刺画がたくさん載っている. **2** 下手な模倣品［まね］. La película es una ~ de la obra. その映画は原作を下手になぞったにすぎない. **3**《ラ米》アニメーション, アニメ, コミック.

ca·ri·ca·tu·res·co, ca [ka.ri.ka.tu.rés.ko, -.ka] 形 風刺の, 風刺を利かせた；漫画の.

ca·ri·ca·tu·ris·ta [ka.ri.ka.tu.rís.ta] 男 女 風刺画家[作家], 漫画家. Goya es uno de los grandes ~s de España. ゴヤはスペインの優れた風刺画家のひとりである.

ca·ri·ca·tu·ri·za·ción [ka.ri.ka.tu.ri.θa. θjón / -.sa.sjón] 女 **1** 戯画化；戯画[カリカチュア]的表現. **2** カリカチュア, 戯画；風刺文；おもしろおかしく特徴を捉えた物まね.

ca·ri·ca·tu·ri·zar [ka.ri.ka.tu.ri.θár / -.sár] 97 他 戯画[戯作]化する, こっけいに描写する.

*****ca·ri·cia** [ka.rí.θja / -.sja] 女 **1** 愛撫(ｱｲﾌﾞ), なでること. hacer ~s [una ~] al gato 猫をなでる. **2** 軽く［優しく］触れること. la ~ del sol en sus espaldas 背中に当たる柔らかい日差し.
3 (肌の触れ合いをともなう) 愛情表現.

ca·ri·cio·so, sa [ka.ri.θjó.so, -.sa / -.sjó.-] 形 → cariñoso.

CARICOM [ka.ri.cóm]《略》*Car*ibbean *Com*munity [英] カリブ共同体, カリコム (= Comunidad del Caribe)：1973年CARIFTAに代わるものとして発足. カリブ共同市場 Mercado Común del Caribe とも言う.

*****ca·ri·dad** [ka.ri.ðáð] 女 **1** 慈悲, 思いやり；施し. obra de ~ 慈善事業. implorar la ~ 施しを乞う. vivir de la ~ 施しで生活する.
2【宗】愛徳, カリタス：対神徳の一つ. 神への愛, 隣人への愛. hermana de la ~ カリタス会修道女.
3 (祝祭日に行われる)村での招宴.
¡por caridad!《話》お願いだから.
Su [Vuestra] Caridad《カト》《聖職者間で》あなた様.
[← [ラ] *cāritātem* (*ca-ritās* の対格) (*cārus* 'caro' より派生)；関連 caritativo. [英]*charity*]

ca·ri·do·lien·te [ka.ri.ðo.ljén.te] 形 苦痛に顔をゆがめた.

ca·ri·du·ro, ra [ka.ri.ðú.ro, -.ra] 形《ラ米》(ｶﾘﾌﾞ) (1)《話》頑固な, 強情な. (2)《話》恥知らずの.

ca·rie·dón [ka.rje.ðón] 男【昆】クリミガ.

ca·rien·tis·mo [ka.rjen.tís.mo] 男【修辞】婉曲な皮肉.

ca·ries [ká.rjes] 女《単複同形》【医】虫歯 (= ~ dental), カリエス.

ca·ri·gor·do, da [ka.ri.gór.ðo, -.ða] 形《話》顔の太った, 丸ぽちゃな.

ca·ri·lam·pi·ño, ña [ka.ri.lam.pí.ɲo, -.ɲa] 形 ひげのない.

ca·ri·lar·go, ga [ka.ri.lár.go, -.ga] 形《話》浮かぬ顔をした, 不機嫌な顔をした.

ca·ri·lla [ka.rí.ʝa ‖ -.ʎa] 女 **1** (紙の)面, ページ.
2 一端に黒く丸い点のある白いインゲンマメ.
3 養蜂(ﾖｳﾎｳ)家のかぶるネット.

ca·ri·lle·no, na [ka.ri.ʝé.no, -.na ‖ -.ʎé.-] 形《話》はちきれそうな顔をした.

ca·ri·llo, lla [ka.rí.jo, -.ja ‖ -.ʎo, -.ʎa] 形 愛する,いとしの. ━男 女 恋人;愛人.

ca·ri·llón [ka.ri.jón ‖ -.ʎón] 男 **1**(教会の塔の)合鐘,組み鐘;カリヨン. **2** 鐘付きの時計.

Ca·ri·na [ka.rí.na] 固名 [C-]『星座』りゅうこつ(竜骨)座(= la Quilla).

ca·ri·ne·gro, gra [ka.ri.né.gro, -.gra] 形〔動物が〕顔の黒い〔浅黒い〕.

ca·ri·ñe·na [ka.ri.pé.na] 男 Aragón 州原産のブドウ品種名,〔スペイン Zaragoza 県 Cariñena 産のアルコール分の強い主として赤〕ワイン.

*****ca·ri·ño** [ka.rí.no] 男 **1** 《**a...** / **por...** / **hacia...** …に対する》愛情,愛着 (= afecto, amor). tener mucho ~ **a...** …に深い愛情を抱く,…をたいそうかわいがる. ~ **a los hijos** 子供たちへの情愛. Tengo un gran ~ **por las flores**. 私は花が大好きだ. → amar 類語.
2 丹精,丹念,入念. tratar con ~ 大事に［丁寧に］扱う. **3**《主に複数で》慈愛の表現;慈愛に満ちた行為. **4**《呼びかけ》あなた,おまえ. **¡C~ mío!** 私のいとしい人;おおよしよし. ▶親が子に,また恋人,夫婦間で用いる.
5《ラ米》(1) 愛撫(あいぶ), 抱擁(ほうよう). (2) プレゼント.
con cariño 心を込めて,大事に;《手紙の結辞》愛を込めて.
[[古スペイン] *cariñar* [← [ラ] *carēre*「欠く」) より派生]

***ca·ri·ño·so, sa** [ka.ri.ɲó.so, -.sa] 形《+名詞 /名詞 +》愛情のこもった;《多くは名詞+》《**ser** / **estar**+》《**con...** …に》〈人が〉優しい. una carta muy *cariñosa* 実に心温まる手紙. Os envío un ~ saludo desde Japón. 君たちに日本より心からの挨拶を送ります. Juan es ~ *con todo el mundo*. ファンは誰に対しても親切だ. *Estuvieron* muy ~s *conmigo*. 私はとても親切にしてもらった.

ca·rio·ca [ka.rjó.ka] 形〔ブラジルの〕リオデジャネイロ Río de Janeiro の.
━男 女 リオデジャネイロの住民[出身者].
━女『音楽』カリオカ:リオデジャネイロのサンバ.
[←[ポルトガル] *carioca*←[トゥピ] *carioca*「白い家に住む人」が原義;最初にポルトガル人移住者がリオデジャネイロに建てた家が白かったことから]

ca·rio·ci·ne·sis [ka.rjo.θi.né.sis / -.si.-] 女 [単複同形]『生物』核分裂.

ca·rio·fi·lá·ce·a [ka.rjo.fi.lá.θe.a / -.se.-] 女『植』ナデシコ科の植物;《複数で》ナデシコ科.

ca·rióp·si·de [ka.rjóp.si.ðe] 女『植』穎果(えいか), 穀果.

ca·ri·ti·po [ka.rjo.tí.po] 男『生物』核型(かくがた).

ca·ri·pa·re·jo, ja [ka.ri.pa.ré.xo, -.xa] 形《話》ポーカーフェースの,感情を顔に出さない.

ca·ri·pe·la·do, da [ka.ri.pe.lá.ðo, -.ða] 形《ラ米》(チリ)《話》恥知らずな,ずうずうしい,厚かましい.

ca·ri·rra·í·do, da [ka.ri.řa.í.ðo, -.ða] 形 厚顔無恥な,ずうずうしい.

ca·ri·rre·don·do, da [ka.ri.ře.ðón.do, -.da] 形 丸顔の.

ca·ri·se·lla·zo [ka.ri.se.já.θo ‖ -.ʎá- / -.so] 男《ラ米》《リオプラ》硬貨を投げ上げること.

ca·ris·ma [ka.rís.ma] 男 **1** カリスマ性,他人を統率する才能[魅力]. **2**『神』カリスマ:神から授けられた超自然的な恩恵,能力.

ca·ris·má·ti·co, ca [ka.ris.má.ti.ko, -.ka] 形 カリスマ的な,教祖的な. Casi todos los dictadores tienen cualidades *carismáticas*. ほとんどすべての独裁者にはカリスマ的な資質がある.

ca·ri·ta [ka.rí.ta] 女 cara + 縮小辞. *dar [hacer]* **carita**(ラ米)(1)(メキ)《話》口説き[求め]に応じる. (2)(メキ)かわいたしなみを示す.
hacer caritas(ラ米)(コロ)《話》こびる,甘える.

ca·ri·ta·ti·vo, va [ka.ri.ta.tí.βo, -.βa] 形《**con...** …に対する》慈愛に満ちた,慈悲に満ちた. ~ *con los pobres* 貧しい人々に情け深い.

ca·ri·te [ka.rí.te] 男《ラ米》(カリブ)(ベネズ)『魚』ピラニア.

ca·riz [ka.ríθ / -rís] 男 [複 carices] **1** 様相, 局面, 形勢 (= aspecto). La situación presenta mal ~. まずい事態になった.
2 空模様. tomar mal ~ 空模様がおかしくなる.

car·lan·ca [kar.láŋ.ka] 女 **1**(オオカミから首を守る鉄製のとげのついたマスチフ犬の首輪). **2**《主に複数で》《話》苦労,腹黒さ. tener muchas ~s 陰険な人である. **3**《ラ米》(1)(中米)《話》うるさい人;迷惑. (2)(リオプラ)(メキ)足かせ.

car·lin·ga [kar.líŋ.ga] 女 **1**『航空』乗務員室,コックピット,操縦室. **2**『海』マストステップ,檣座(しょうざ).

car·lis·mo [kar.lís.mo] 男『史』**1** カルロス主義:Carlos María Isidro de Borbón とその後継者を王位継承者とする主義. **2** カルロス党.

***car·lis·ta** [kar.lís.ta] 形『史』**カルロス主義の, カルロス党の**. guerras ~s カルロス戦争:スペイン王 Fernando 7 世の弟 Carlos María Isidro de Borbón が姪(めい)の Isabel 2 世の即位に反対し,王位を請求した内乱. 第 1 次 1833-39年, 第 2 次 1846-49年, 第 3 次 1872-76年). ━男 女 カルロス党員.

Car·lo·mag·no [kar.lo.máɡ.no] / **Car·los I el Gran·de** [kár.los pri.mé.ro el ɡrán.de] 固名 シャルルマーニュ,カール大帝:フランク国王(在位 768-814), 西ローマ皇帝(在位 800-814).

Car·los [kár.los] 固名 **1** ━ **I** カルロス 1 世 (1500-58):スペイン王(在位 1516-56), 神聖ローマ皇帝カール 5 世 ~ V de Alemania (1519-56). カトリック両王の孫. 新旧両大陸にまたがるスペイン帝国を統治した. スペイン・ドイツにまたがるハプスブルク王国を形成した.
2 ━ **III** カルロス 3 世(在位 1759-88年):ナポリ王(在位 1734-59年) の後, 異母兄 Fernando 6 世からスペイン王位を継承. 啓蒙専制君主として知られ, 様々な改革を試みた. **3** カルロス:男子の洗礼名.
[←[中ラ] *Carolus*←[中高地ドイツ] *Karl*(原義は「男」), 関連 [ポルトガル] *Carlos*. [仏][英] *Charles*. [伊] *Carlo*. [独] *Karl*]

Car·lo·ta [kar.ló.ta] 女『料』シャルロット(ケーキ).

Car·lo·ta [kar.ló.ta] 固名 カルロタ:女子の洗礼名. [Carlos より派生; 関連 [ポルトガル] *Carlota*. [仏][英][独] *Charlotte*. [伊] *Carlotta*]

car·lo·vin·gio, gia [kar.lo.βíŋ.xjo, -.xja] 形 男 女 ←carolingio.

car·ma·ño·la [kar.ma.ɲó.la] 女
1 カルマニョール服:フランス革命当時流行りしたすそ丈の短い上着.
2 カルマニョールの歌:フランス革命時に流行した歌.

car·me·la [kar.mé.la] 女《スペイン》グリルパン:底が波状になっている浅いフライパン.

Car·me·la [kar.mé.la] 固名 カルメラ: (María del) Carmen の愛称.

car·me·li·ta [kar.me.lí.ta] 形『カト』**1** カルメル会の. la orden

carmañola
(カルマニョール服)

~ (= Orden de los C~s) (12世紀に創設された) カルメル (修道) 会. ▶carmelito の形もある.
2 『ラ米』(ﾆｶ)(ｷ)こげ茶色の, 栗(ｸﾘ)色の. ◆カルメル会の修道服の色にちなむ.
― 男 女 『カト』カルメル会修道士 [女].
― 女 『植』キンレンカの花：サラダに混ぜて食べる.

car·me·li·ta·no, na [kar.me.li.tá.no, -.na] 形 『カト』カルメル会の.

Car·me·lo [kar.mé.lo] 固名 カルメル山：イスラエル北西部の岩山. ◆山上に修道院があり, カルメル会発祥の地.

car·men[1] [kár.men] 男 (スペイン Granada で) 庭園 [果樹園] 付き別荘.

car·men[2] [kár.men] 男 『文章語』詩歌, 韻文.

Car·men [kár.men] 固名 **1** カルメン：女子の洗礼名. 正式には María del ~ Carmina, Carmela, Carmenchu, Mari Carmen, Menchu.
2 『カルメン』：フランスの作家メリメの小説 (1845). ビゼーがオペラ化 (1875).
― 男 『カト』カルメル会 (修道会).

car·me·nar [kar.me.nár] 他 **1** 〈髪・羊毛・絹などを〉すく, ほぐす. **2** 『話』〈髪の毛を〉引っ張る. **3** 《話》〈金品を〉巻き上げる, 奪う.

Car·men·chu [kar.mén.tʃu] 固名 カルメンチュ：(María del) Carmen の愛称.

car·mes [kár.mes] 男 『単複同形』『昆』エンジムシ.

car·me·sí [kar.me.sí] 形 〖複 ~s, ~es〗深紅の.
― 男 **1** 深紅. **2** コチニール染料・カイガラムシの雌から採る赤色色素染料. **3** 赤い絹布.

car·mín [kar.mín] 形 洋紅色の, 深紅の.
― 男 **1** 洋紅色, 深紅. **2** 〔染料の〕カーマインレッド, 洋紅. ~ bajo 洋紅絵の具. **3** 口紅. barra de ~ / ~ de labios リップスティック. **4** 真っ赤な花をつける野生のバラ.

Car·mi·na [kar.mí.na] 固名 カルミーナ：(María del) Carmen の愛称.

car·mi·na·ti·vo, va [kar.mi.na.tí.bo, -.ba] 形 『医』腸内のガスを排出する, 駆風作用のある.
― 男 駆風剤.

car·na·da [kar.ná.ða] 女 **1** (釣り針・わなにかける) 肉のえさ, 生餌(ｴｻ). **2** 《話》わな, おとり.

car·na·du·ra [kar.na.ðú.ra] 女 **1** 傷の回復力 (= encarnadura). **2** たくましさ, 肉付きのよさ.

***car·nal** [kar.nál] 形 **1** 肉体の；性欲の. acto [acceso, ayuntamiento, trato] ~ 性交. amor ~ 性愛. apetito [deseo] ~ 性欲, 欲情. comercio ~ 売春. **2** 血のつながった, 実の (↔político). hermano ~ 実の兄 (弟). **3** 『ラ米』(ﾒｷ)兄弟 [姉妹] の；親友の, 同僚の.
― 男 女 『ラ米』(ﾒｷ)兄弟 [姉妹]；親友；同僚.

car·na·li·dad [kar.na.li.ðáð] 女 肉欲；淫乱(ｲﾝﾗﾝ), 淫奔 (= lujuria).

car·na·val [kar.na.bál] 男 **1** 謝肉祭, カーニバル：カトリック教会暦で四旬節 cuaresma 前の3日間の祝祭. **2** (仮装と踊りを中心とする) 謝肉祭のお祭り騒ぎ. **3** 『ラ米』(ﾒｷ)メリーゴーランド, 回転木馬.
[← 〔伊〕 carnevale ← 〔古伊〕 carnelevare ― 〔中ラ〕 carnelevāmen ← carō「肉」+ levāmen「軽減」；「肉食を断つこと」が原義. 古くは四旬節そのものを指した)；[関連] 〔英〕 carnival]

car·na·va·la·da [kar.na.ba.lá.ða] 女 **1** カーニバルに付きもののどんちゃん騒ぎ [いたずら].
2 《比喩的》茶番.

car·na·va·le·ro, ra [kar.na.ba.lé.ro, -.ra] 形 『話』→ carnavalesco.

car·na·va·les·co, ca [kar.na.ba.lés.ko, -.ka] 形 謝肉祭の, カーニバルの.

car·na·za [kar.ná.θa / -.sa] 女 **1** えさ (= carnada). **2** 《軽蔑》粗悪な肉, 腐った肉. En esta carnicería venden ~. この肉屋はくず肉を売っている. **3** 犠牲者の出た悲劇的事件 [出来事]. **4** スキャンダル. **5** (動物の) 死肉. **6** スエード. **7** 『ラ米』(1) (ﾁﾘ)(ﾒｷ)(ﾍﾟﾙ)身代わり. (2) (ﾒｷ)(ﾍﾟﾙ)身代わり；人材.

***car·ne** [kár.ne] 女 **1** 肉, 筋肉, 身. Tienes que hacer deporte para que no se te ponga la ~ floja. 脂肪がつかないように運動しなくてはいけないよ.
2 食肉. ~ de vaca 牛肉. ~ asada 焼き肉. ~ picada 挽(ﾋ)き肉. ~ blanca (鶏肉などの) 白肉. ~ magra (脂・筋の少ない) 肉. ~ roja (牛・羊肉などの) 赤肉. ~ de pluma (食用になる) 鳥肉. ~s frías 『ラ米』(ﾒｷ)(ﾍﾟﾙ)食肉加工品 (= fiambre).
3 (果物などの) 身, 果肉. melocotón rico de ~ 果肉の多い桃. **4** 肉体 (↔espíritu, alma)；肉欲. pecados de la ~ 肉欲の罪. **5** 《複数で》肉付き, 体. echar [poner] ~s 太る. perder ~s やせる. estar entrado [metido] en ~s 肉付きのよい, 小太りの. **6** 《ラ米》(ﾁﾘ)(木の) 髄, 心材.
― 男 ~ bif 『ラ米』(ﾀﾞﾙ)コンビーフ.
― 形 《性数不変》うすだいだい [ペールオレンジ] 色の.

división de la carne (肉の部位)

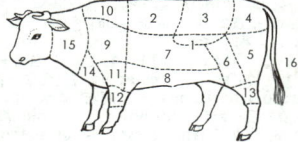

vaca 牛肉：
1 solomillo ヒレ. **2** lomo alto リブロース. **3** lomo bajo サーロイン. **4** cadera ランプ. **5** tapa 外腿 (もも). **6** babilla 内腿. **7** costillar バラ. **8** falda フランケ. **9** espalda 肩. **10** aguja 肩. **11** brazo ひじ. **12** morcillo anterior 脛 (すね). **13** morcillo posterior とも脛. **14** pecho 胸. **15** cuello ネック. **16** cola/rabo テール.

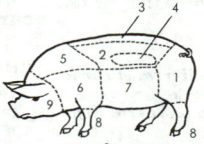

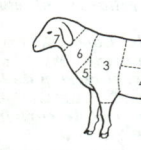

cerdo 豚肉：
1 pernil / jamón 腿, ハム. **2** lomo ロース. **3** tocino 脂. **4** solomillo ヒレ. **5** cuello / pestorejo 肩ロース. **6** brazuelo / paletilla 肩. **7** vientre バラ. **8** patas 脛. **9** cabeza 頭.

cordero 子羊肉：
1 solomillo ロース. **2** pierna 腿. **3** espalda / paletilla 肩. **4** falda バラ. **5** pecho 胸. **6** cuello 頸. **7** cabeza 頭.

abrírse*le *las carnes (*a*＋人) 《話》〈人〉が胸が張り裂ける思いをする，ぞっとする.
carne de cañón 《集合的》大砲の餌食(えじき)となる兵士；《話》危険にさらされた人々.
carne* [*piel*] *de gallina 鳥肌. Se me pone *la* ～ *de gallina* sólo al ver las cifras. 数字を見ただけで私は鳥肌が立つ.
carne de membrillo マルメロ[カリン]のゼリー.
echar carnes 《ラ米》(米国)(メキシコ) 《話》悪態をつく.
echar* [*poner*] *toda la carne en el asador 《話》のるかそるかの賭(か)けに出る，すべての手を尽くす.
en carnes vivas 裸で(＝en cueros).
en carne viva (1) (皮膚がむけて)肉がむき出しの. (2) あからさまに. (3) 〈つらい記憶などが〉生々しく.
no ser ni carne ni pescado 《話》得体の知れない；どっちつかず[優柔不断]の.
sentir* [*sufrir*] *en carne propia* / *sentir* [*sufrir*] *en* SUS *propias carnes 自分のことのように感じる[苦しむ].
ser de carne y hueso 《話》〈人が〉生身の；実在の.
temblar*le *las carnes (*a*＋人) 〈人〉が(恐怖で)ぞっとする.
[←〔ラ〕carnem (cārō の対格)；関連 carnal, carnicería, encarnar, carnaval, carnívoro. 〔ポルトガル〕〔伊〕*carne*. 〔英〕*carnival, incarnation, carnation*]

***car·né** [kar.né] 男 **1** (身分などの) **証明書**. ～ de conducir 運転免許証. ～ de estudiante 学生証. ～ de identidad 身分証明書. ～ de socio 会員証. **2** 手帳. [←〔仏〕*carnet*]

car·ne·a·da [kar.ne.á.đa] 女 《ラ米》(アルゼンチン) 畜殺(場).

car·ne·ar [kar.ne.ár] 他 《ラ米》(1) (チリ) 《話》だます，欺く. (2) (チリ)(ラプラタ)畜殺する；殺害する.

car·ne·ce·rí·a [kar.ne.θe.rí.a / -.se.-] 女 《話》→ carnicería.

car·ne·ci·lla [kar.ne.θí.ʝa ‖ -.ʎa / -.sí.-] 女 小さなこぶ，いぼ.

car·ne·ra·da [kar.ne.rá.đa] 女 羊の群れ.

car·ne·re·ro [kar.ne.ré.ro] 男 羊飼い.

car·ne·ro[1] [kar.né.ro] 男 **1** 〖動〗ヒツジ(羊)，雄ヒツジ. ～ llano 去勢された羊. ～ padre [morueco] 種羊. ►雌は oveja, 子羊は cordero, 3歳未満は borrego. **2** 羊の肉，マトン. **3** 羊のなめし革. **4** 《複数で》うろこ雲，いわし雲. **5** [C-] 〖星座〗おひつじ座(＝Aries). **6** 《ラ米》(1) 〖動〗リャマ；アルパカ. (2) (チリ)(ラプラタ) 《話》意志薄弱な人；スト破り.
botarse* [*echarse*] *al carnero 《ラ米》(チリ) 《話》怠ける，サボる.
carnero del Cabo 〖鳥〗アホウドリ.
carnero marino 〖動〗アザラシ.
De la mar, el mero y de la tierra, el carnero. 海では海の幸を，山では山の幸を食べるべし.
mirar con ojos de carnero* [*cordero*] *degollado 悲しそうな目で見る.
No hay tales carneros. 《話》そんなこと[はず]はない.
[carne からの造語 (食肉用の羊として oveja, morueco と区別するために造られた)]

car·ne·ro[2] [kar.né.ro] 男 埋葬地；(教会内の) 一族の墓；納骨堂.
cantar para el carnero 《ラ米》(チリ)(ボリビア)(ラプラタ) 《俗》死ぬ，くたばる.

car·nes·to·len·das [kar.nes.to.lén.das] 女 《複数形》謝肉祭(の期間) (＝carnaval).

car·net [kar.né(t)] 男 → carné.

car·ne·ti·zar [kar.ne.ti.θár / -.sár] 97 他 《ラ米》(ベネズエラ) 〈人に〉身分証明書を与える[受け取る，要求する].

***car·ni·ce·rí·a** [kar.ni.θe.rí.a / -.se.-] 女 **1** (ふつう牛や羊肉を売っている) **精肉店**，肉屋. **2** 大虐殺，殺戮(さつりく). **3** 大量の出血，身体を切ること. **4** 《ラ米》(エクアドル)畜殺場.

carnicería (精肉店)

car·ni·ce·ro, ra [kar.ni.θé.ro, -.ra / -.sé.-] 形 **1** 肉食(性)の，食肉獣の. El lobo es ～. オオカミは食肉獣である. un ave *carnicera* 猛禽(もうきん). **2** 残虐な. ― 男 女 **1** 肉屋. **2** 残虐な人.
― 男 (ライオン・トラ・キツネなどの) 食肉獣，肉食動物 (＝carnívoro).

cár·ni·co, ca [kár.ni.ko, -.ka] 形 食肉の. industrias *cárnicas* 食肉産業. productos ～*s* 肉製品.

car·ni·for·me [kar.ni.fór.me] 形 肉状の.

car·ni·se·co, ca [kar.ni.sé.ko, -.ka] 形 肉のそげ落ちた，やせこけた.

car·ni·tas [kar.ní.tas] 女 《複数形》〖料〗カルニータス：味付けした豚肉を炒(いた)めたメキシコ料理. 主に屋台で出され，タコス tacos の中身として食べる.

car·ní·vo·ro, ra [kar.ní.ƀo.ro, -.ra] 形 **1** 肉食性の，食肉類の. Los leones son ～*s*. ライオンは肉食である. **2** 〈植物が〉食虫の.
― 男 食肉獣，肉食動物；《複数で》〖動〗食肉類.

car·no·si·dad [kar.no.si.đáđ] 女 **1** 肥満，ぜい肉. **2** 突起している肉. Los gallos tienen ～ en la cabeza. 雄鶏は頭部に肉質の突起をつけている.

car·no·so, sa [kar.nó.so, -.sa] 形 **1** 肉の，肉質の. **2** 肉付きのいい，豊満な. parte *carnosa* del brazo 腕の肉付きの良い部分.
3 果肉の多い，多肉質の. El melocotón es un fruto ～. 桃は果肉のたっぷり付いている果実だ.

car·nu·do, da [kar.nú.đo, -.đa] 形 肉の多い，肉付きのいい；果肉の多い.

*****ca·ro, ra** [ká.ro, -.ra] 形 **1** 《多くは名詞＋》(**ser**＋ / **estar**＋) **高価な，高い** (↔barato). perfumes ～*s* 高価な香水. un hotel ～ 値の張るホテル. un bolso ～ de piel 高価な革のハンドバッグ. ¿Ahora *está* ～ el petróleo? 今石油は値上がりしているの. Allí la vida *es* muy *cara*. そこの物価はとても高い. Le costó [salió] *cara* la traición. / Pagó *cara* la traición. 裏切りは彼[彼女]に高くついた.
2 《文章語》《＋名詞》親愛なる，愛する；懐かしい，愛着を覚える. mi ～ amigo 我が親愛なる友. Esta experiencia me evocó ～*s* recuerdos de la infancia. この経験は私に子供のころの懐かしい思い出をよみがえらせた.

—［副］**(alquilar, compar, cobrar, costar, pagar, vender** などの動詞と共に) 高く, 高価に. Todos compran barato y *venden* ~. 誰でも安く買って高く売る. Las gasolineras cercanas *cobran* ~. 近くのガソリンスタンドは高い.
［←［ラ］*cārum* (*cārus* の対格)「高価な, 大切な; 愛すべき」と今割り; 緊劇的な道化芝居.
[関連] encarecer. [英] *cherish* 「大切にする」, *caress*.

ca・ro・ca [ka.ró.ka] 囡 **1** 《聖体の祝日 Corpus などに通りや広場を飾る) 書き割り; 緊劇的な道化芝居.
2 《複数で》《話》おだて, おべっか.

ca・ro・le・no [ka.ro.lé.no] 男《ラ米》（乳児語） 綴 (ぢ) り字の入れ換えによる隠語: tipo「人のタイプ」を pito, paloma「ハト」を malopa など.

Ca・ro・li・na[1] [ka.ro.lí.na] 固名 カロリーナ: 女子の洗礼名.
［←［ラ］*Carolus* 'Carlos' より派生; [関連] ［ポルトガル］［伊］*Carolina*. ［仏］［英］*Caroline*. ［独］*Karoline*）

Ca・ro・li・na[2] [ka.ro.lí.na] 固名 《米国の》 ~ del Norte（米国の）ノース・カロライナ州. ~ del Sur サウス・カロライナ州.

ca・ro・lin・gio, gia [ka.ro.líŋ.xjo, -.xja] 圏 《フランク王国の》カロリング朝の; シャルルマーニュ［カール］大帝の. → Carlomagno.
— 男 囡 カロリング朝の人.

ca・ro・li・no, na [ka.ro.lí.no, -.na] 圏 《西太平洋上の》カロリン諸島の. Islas *Carolinas* カロリン諸島.

ca・rón, ro・na [ka.rón, -.ro.na] 圏《ラ米》**(1)**《話》ずうずうしい, 厚かましい. **(2)**《話》顔の大きい.

ca・ro・na [ka.ró.na] 囡 **1**《馬》鞍下 (どん) ; 鞍の下に置く厚手の敷物. **2** 鞍の裏側. **3** 鞍下を置く背の部分. **4**《ラ米》（ジプシー）ベッド, 寝台.

ca・ro・sie・ro [ka.ro.sjé.ro] 男《植》ブラジル産のヤシの一種.

ca・ro・sis [ka.ró.sis] 囡《単複同形》《医》昏睡 (ホン) (= coma).

ca・ro・so, sa [ka.ró.so, -.sa] 圏《ラ米》（ラ米）《話》金髪の, ブロンドの.

ca・ro・ta [ka.ró.ta] 男 囡《スペイン》《話》面の皮の厚い人. [cara + 増大辞].

ca・ro・te・no [ka.ro.té.no] 男《化》カロチン, カロテン.

ca・ro・te・noi・de [ka.ro.te.nói.ðe] 圏《化》カロチノイドの. —男《化》カロチノイド.

ca・ró・ti・da [ka.ró.ti.ða] 囡《解剖》頸 (い) 動脈.

ca・ro・ti・na [ka.ro.tí.na] 囡 → caroteno.

ca・ro・zo [ka.ró.θo / -.so] 男 **1** トウモロコシの穂軸.
2《ラ米》オリーブ・桃などの種.

car・pa[1] [kár.pa] 囡《魚》コイ.
car・pa[2] [kár.pa] 囡 ブドウの房, 果穂.
car・pa[3] [kár.pa] 囡 **1**（サーカスの）テント.
2《ラ米》日よけ, テント; 露店, 屋台.
tela de carpa（ジブ）帆布, キャンバス.

car・pac・cio [kar.pá.tʃo] ［伊］男《料》カルパッチョ: 薄切りの生肉・魚をオリーブオイル・香辛料で味付けしたイタリア料理.

car・pa・nel [kar.pa.nél] 圏《数》分円の;《建》3つの円弧からなる. *arco* ~ 三心アーチ.

car・pan・ta [kar.pán.ta] 囡 **1**《スペイン》《話》すきっ腹, 空腹. Tengo una ~. おなかの皮が背中の皮とくっつきそうだ. **2**《スペイン》怠惰, 怠慢. **3**《ラ米》（話）騒々しい連中, 乱暴者の群れ.

Cár・pa・tos [kár.pa.tos] 固名《ルーマニアの》カルパト山脈.

car・pe [kár.pe] 男《植》シデ, シデ材.

car・pe・lo [kar.pé.lo] 男《植》心皮.

Car・pen・tier [kar.pen.tjér] 固名 カルペンティエール Alejo ~ (1904-80): キューバの小説家・音楽史家. 作品 *Siglo de las luces*『光の世紀』.

*****car・pe・ta** [kar.pé.ta] 囡 **1** フォルダー, 紙ばさみ, 書類入れ;《IT》フォルダ. Ordenó los documentos en una ~. ファイルに書類を整理して入れた. *cerrar la* ~ 調査を打ち切る.
2 デスクマット. **3**《商》ポートフォリオ: 有価証券明細表. **4**《古》書見台. (2)（ジ）テーブル, 机. (2) (ヨン)《話》愛撫 (ぶ). (3)（ポン）事務室. (4)（ジ）《話》迷惑. (5)（*西*）じゅうたん, カーペット.

car・pe・ta・no, na [kar.pe.tá.no, -.na] 圏 カルペタニアの［に関する］; カルペタニ人の.
— 男 囡 カルペタニ人: 先ローマ時代にスペイン中央高地に暮らしていたイベリア先住民の一つ. 彼らが支配していた地域はカルペタニアと呼ばれた.

car・pe・ta・zo [kar.pe.tá.θo / -.so] 男《まれ》ファイル［書類入れ］で叩くこと.
dar carpetazo a... …（の手続き）を中止する, 打ち切る; …を終わったものとみなす. El político intenta *darle* ~ *al* asunto. その政治家は事件をもみ消そうとしている.

car・pe・te・ar [kar.pe.te.ár] 他《ラ米》（ジブ）観察する, じっと見る.

car・pe・to・ve・tó・ni・co, ca [kar.pe.to.ße.tó.ni.ko, -.ka] 圏《話》〈スペイン人が〉国粋主義的な.
— 男 囡 国粋主義のスペイン人.

car・pi・da [kar.pí.ða] 囡《ラ米》（ジブ）除草.
car・pi・dor [kar.pi.ðór] 男《ラ米》手鍬 (タキ).
car・pin・cho [kar.píŋ.tʃo] 男《ラ米》《動》→ capibara.

car・pin・te・ar [kar.pin.te.ár] 自 **1** (職業・趣味として) 大工仕事をする. **2**《ラ米》（ジブ）（ジブ）《話》しつこくする, うるさい音をたてる.

car・pin・te・rí・a [kar.pin.te.rí.a] 囡 **1** 大工仕事; 大工の作業場. **2**《集合的》(建物に使われる) 木工品.
carpintería de aluminio アルミ製の扉［窓］枠, サッシ, アルミ製の建材.
carpintería metálica 鉄骨構造, 鋼構造.

*****car・pin・te・ro, ra** [kar.pin.té.ro, -.ra] 男 囡 **1** 大工, 建具屋. ~ *de armar* / ~ *de obra de afuera* (足場を組む) 大工. ~ *de blanco* 指物師. ~ *de carretas* / ~ *de prieto* 車大工. ~ *de ribera* 船大工. *abeja carpintera*《昆》ダイクバチ, クマバチ. *pájaro* [*pico*] ~《鳥》キツツキ. **2**《ラ米》《話》うるさい人. [←［古スペイン］*carpentero* ←［ラ］*carpentārius*「車大工」(*carpentum*「2輪の荷車」より派生); [関連] ［英］*carpenter*]

car・pir [kar.pír] 他 **1** 引っかく, 引き裂く. **2** 失神させる, ぐったりさせる. **3**《ラ米》（ジブ）〈畑や畑から草を〉除草する, 〈場所の〉雑草を取り除く.
—~・se 再 失神する, ぼうっとなる.

car・po [kar.po] 男《解剖》手首; 手根 (ヒフ) 骨; 腕骨.
car・pó・fa・go, ga [kar.pó.fa.go, -.ga] 圏《動》果実食性の, 木の実を主食にする.
car・po・lo・gí・a [kar.po.lo.xí.a] 囡《植》果実 (分類) 学.

car・que・sa [kar.ké.sa] 囡 ガラス製品の焼き鈍 (ぐ) し炉.

ca・rra・ca [ka.řá.ka] 囡 **1** (聖週間の暗闇の聖務などに使われる) カラカラと音を出す道具. **2**《鳥》ニシブッポウソウ. **3**《史》カラック船: 中世の2000トンまでの船. **4** 老朽化した機械, ポンコツ. **5** 持病持ちの人;

ca·rra·co, ca [ka.řá.ko, -.ka] 形 《話》ぼけた, 老いぼれた. ― 男 《ラ米》《鳥》(1) 〈(ユゥラテ)〉アメリカオシ. (2) 〈(コウ)〉ハゲワシの一種.

老いぼれ. **6** 《ラ米》《話》《(ホ*)》(動物の)あご骨. *estar como una carraca*《話》少し頭がおかしくなっている.

Ca·rran·za [ka.řán.θa / -.sa] 固名 カランサ. Venustiano 〜 (1859-1920). メキシコの政治家・大統領(1917-20).

ca·rra·cu·ca [ka.řa.kú.ka] 女 比較表現でしばしば用いられる架空の人物の名前:比較対象として用い強調表現を作る. *estar más perdido que* 〜 途方に暮れている, 困り果てている. *más listo que* 〜 この上なく賢い.

ca·rra·da [ka.řá.ða] 女 荷車 1 台分の荷.

ca·rral [ka.řál] 男 (ワイン運搬用の)樽[①].

ca·rra·le·ja [ka.řa.lé.xa] 女 《昆》ツチハンミョウ:ツチハンミョウ科の甲虫の総称.

ca·rra·o [ka.řá.o] 男 《ラ米》《鳥》(1) 〈(テトテ)〉《(コ*)》《鳥》ツルモドキ. (2) 〈(キナテ)〉《複数で》どた靴.

ca·rra·ón [ka.řa.ón] 男 《植》ヒトツブコムギ:中央ヨーロッパなどで牛馬の飼料用に栽培される.

ca·rra·pla·na [ka.řa.plá.na] 女 《ラ米》《話》貧乏, 悲惨.

ca·rras·ca [ka.řás.ka] 女 **1**《植》トキワガシ:ナラ属の常緑樹. **2**《ラ米》〈(テトテ)〉《(コ*)》打楽器の一種.

ca·rras·cal [ka.řas.kál] 男 **1** トキワガシの林. **2**《ラ米》石原, 石の多い土地.

ca·rras·co [ka.řás.ko] 男 **1** → carrasca 1. **2** pino 〜《植》アレッポマツ. **3**《ラ米》雑木林, 灌木〈〈(ホン)〉林, 低木林.

ca·rras·pe·ar [ka.řas.pe.ár] 自 **1** 咳(ʊ)払いをする. *El orador carraspeó y empezó a leer el discurso.* 弁士は咳払いをしてから演説の原稿を読み始めた. **2** 声がかれる.

ca·rras·pe·o [ka.řas.pé.o] 男 咳(ʊ)払い.

ca·rras·pe·ra [ka.řas.pé.ra] 女 《話》**1** のどのいがらっぽさ. *tener* 〜 のどがいがらっぽい, 声がかすれる. **2** 咳(ʊ)払い.

ca·rras·pi·que [ka.řas.pí.ke] 男 《植》イベリス属植物の総称:マガリバナ科.

ca·rras·po·so, sa [ka.řas.pó.so, -.sa] 形 **1** よく咳(ʊ)払いをする;声のかすれた. **2**《ラ米》ざらついた.

ca·rras·que·ño, ña [ka.řas.ké.ɲo, -.ɲa] 形 **1** トキワガシの〈に似た〉. **2** ごつごつした, 堅い.

ca·rras·que·ra [ka.řas.ké.ra] 女 → carrascal.

car·ré [ka.řé] 《仏》男 **1** (特に正方形の)スカーフ. **2** (骨のついた)背肉, あばら肉.

ca·rre·jo [ka.řé.xo] 男 廊下, 回廊.

car·rel [ká.řel] 《英》男 (図書館の)個人用閲覧席[室], キャレル.

ca·rre·ra [ka.řé.ra] 女 **1 走ること;競走;競争. *echar(se) [darse] una* 〜 ひと走りする. 〜 *de obstáculos* 障害物競走. 〜 *de fondo [resistencia]* 持久走. 〜 *de relevos* リレー競走. 〜 *contra reloj* タイムトライアル. 〜 *de caballos* 競馬.
2 (タクシーなどの)行程;《機》(ピストンの)衝程, ストローク. **3** (天体などの)軌道. **4** (特に大学の)課程(= 〜 universitaria);《職業》の経歴. *dar* 〜 *a*... …の学資を出す. *hacer la* 〜 *de Derecho* 大学で法律を勉強する. *tener la* 〜 学士の学位を持っている, 大卒である. *terminar la* 〜 大学を卒業する. 〜 *de las armas* 職業軍人としての道. **5** (ストッキングの)伝線. **6** 列, 並び. *una* 〜 *de árboles* 並木道. **7**《まれ》道, 街道. **8**《建》梁;桁. **9**《スポ》《野球》ホームベースを踏むこと, 得点.
a la carrera すばやく, 一気に.
de carreras 競走用の. *coche de* 〜*s* レース用の車, レーシングカー.
ganar la carrera a... …を負かす, 上回る.
hacer carrera 出世する.
hacer la carrera《スペイン》売春する, (通りで)客引きする.
no poder [lograr] hacer carrera de [con]... …を手なずけられない, もてあます.
ser una carrera de lobos 熾烈な競争である.
[← 〔俗〕*carraria*「車道」(〔ラ〕*carrus*「荷馬車」より派生);関連 carretera 〔英〕*career*]

ca·rre·ri·lla [ka.ře.rí.ja ‖ -.ʎa] 女 **1** 助走. **2**《音楽》ルラード:声楽において上昇あるいは下降の急速な装飾的パッセージ. **3** (舞踊において)上体を一方に傾けながら小さく2歩前進する動作.
de carrerilla《スペイン》《話》そらで, 丸暗記で. *Se sabe la lección de* 〜. 彼[彼女]はその課を丸暗記している.
tomar [coger] carrerilla (1) 助走する. (2) ことを急ぐ.

ca·rre·ris·ta [ka.ře.rís.ta] 男 女 **1** 出世[昇進]のことばかり気にしている人. **2**《まれ》自転車競技の選手. **3** (競馬の)騎手;ファン.

ca·rre·ro [ka.řé.ro] 男 馬車引き, 荷馬車屋.

ca·rre·ta [ka.řé.ta] 女 **1** 2 輪の荷車. 〜 *de bueyes* 牛車. 〜 *de mano* 手押し車.
2《ラ米》〈(テトテ)〉(1) (一連の)うそ. (2) 車輪. (3) 手押し車, リアカー.
andar como una carreta のろのろと進む.
tren carreta《話》鈍行列車.

ca·rre·ta·da [ka.ře.tá.ða] 女 **1** 荷車 1 台分の積み荷. **2**《話》大量のもの, たくさん.
a carretadas《話》豊富に.

ca·rre·ta·je [ka.ře.tá.xe] 男 荷車による運搬.

ca·rre·te [ka.řé.te] 男 **1** 巻き枠;ボビン, 糸巻き. **2**《写》フィルム. **3** (釣り竿(ʻ)の)リール. **4**《ラ米》〈(テ)〉(酒を飲んでの)パーティー《どんちゃん》騒ぎ.
dar carrete a + 人 〈人〉に(あれこれ好きに)話をさせる.
tener carrete《話》よくしゃべる.

ca·rre·te·ar [ka.ře.te.ár] 他 荷車で運ぶ.
― 自 荷車を引く.
― 〜*se* 再 〈荷車を引く牛・馬が〉足を踏んばる.

ca·rre·tel [ka.ře.tél] 男 **1**《海》ウインチ, 巻き上げ機. **2**《ラ米》ボビン, 糸巻き.

ca·rre·te·la [ka.ře.té.la] 女 **1** (折り畳み幌(ʰ)付きの) 4 人乗り馬車.
2《ラ米》(1)《(ホ*)》〈(チラ)〉荷馬車. (2)《(チ)》乗合バス[馬車].

**ca·rre·te·ra [ka.ře.té.ra] 女 (都市を結ぶ, 車専用の)道路, 街道. 〜 *de circunvalación* 環状道路. 〜 *comarcal [provincial]* 県道. 〜 *nacional [general]* 国道. 〜 *de cuota*《ラ米》有料道路. *carrera en* 〜 ロードレース. → calle [類語].
carretera y manta《スペイン》《話》(旅行を始めていることを指して)車上の人である.

ca·rre·te·rí·a [ka.ře.te.rí.a] 女 **1** 車大工の仕事[仕事場];車大工の店. **2** 荷車で運ぶこと;荷車置き場. **3**《音楽》カレテリア:17世紀に流行したスペインの大衆の踊り.

ca·rre·te·ro [ka.ře.té.ro] 形 camino 〜 車道.
― 男 **1** 車大工. **2** 荷馬車屋, 馬車屋.

fumar como un carretero《スペイン》《話》ヘビースモーカーである.
hablar [jurar] como un carretero《スペイン》《話》口汚くののしる.

ca·rre·ti·lla [ka.r̃e.tí.ja ‖ -.ʎa-] 囡 **1** 手押し車, 一輪車；(近998に荷物を運ぶ) 小型運搬車. ~ eléctrica 電動運搬車. ~ elevadora フォークリフト.
2 (幼児の)歩行器. **3** ねずみ花火. **4**〖料〗(歯車のついた)パイカッター. **5**《ラ米》(*)(1)(糸巻きなどに) 巻いたもの. (2) (ｺﾛﾝ)《話》うそ, でたらめ. (3)(ｶﾘﾌﾞ) 一輪の手押し車. (4) (ｶﾘﾌﾞ)あご(骨). (5) (ｶ)糸巻き；(ミシンの)ボビン. (6) (ｶﾘﾌﾞ)連続, つながり. (7) (ｺﾛﾝ) 3頭のラバに引かれる荷車.
de carretilla《スペイン》そらで, 丸暗記して；習慣で.

ca·rre·ti·lla·da [ka.r̃e.ti.já.ða ‖ -.ʎá.-] 囡 手押し車1台分の荷.
ca·rre·ti·lle·ro [ka.r̃e.ti.jé.ro ‖ -.ʎé.-] 男 手押し車を押す人；《ラ米》(ﾍﾞ)(ﾘ)御者, 荷馬車[牛車]引き.
ca·rre·to, ta [ka.r̃é.to, -.ta] 形《ラ米》(ｺﾛﾝ)《話》おしゃべりな, 話好きな.
ca·rre·tón [ka.r̃e.tón] 男 **1** 小型の荷車；手押し車. **2** (研磨用の回転式)砥石. **3**〖鉄道〗台車, ボギー. **4** (幼児の)歩行器.
5《ラ米》(1) (ｺﾛﾝ)〖植〗クローバー. (2) (ﾒｷｼｺ)(ﾎﾝｼﾞｭﾗｽ) 糸巻き；(ミシンの)ボビン. (3) 大型の荷車.

ca·rre·to·na·da [ka.r̃e.to.ná.ða] 囡 荷車1台分の荷.
ca·rre·ton·ci·llo [ka.r̃e.ton.θí.jo ‖ -.ʎo / -.sí.-] 男 そりの一種. [carretón + 縮小辞]
ca·rre·to·ne·ro, ra [ka.r̃e.to.né.ro, -.ra] 形《ラ米》(ﾍﾞ)(ﾘ)《話》乱暴者の, 粗野な.
ca·rric [ka.r̃ík] 男〖複 ~s, carriques〗〖服飾〗カリック；肩マント付きのゆったりしたコート.
ca·rri·ce·ra [ka.r̃i.θé.ra ‖ -.sé.-] 囡〖植〗オオスズメノテッポウ：イネ科, スズメノテッポウ属.
ca·rri·co·che [ka.r̃i.kó.tʃe] 男 **1**《話》ぽんこつ車. **2** 幌(ﾎﾛ)馬車. **3** ベビーカー.
ca·rri·cu·ba [ka.r̃i.kú.ba] 囡 散水車.
ca·rrie·go [ka.r̃jé.go] 男 **1** 袋網漁.
2 (亜麻漂白用の)大かご.
ca·rriel [ka.r̃jél] 男《ラ米》(ﾒｷｼｺ)(ｺﾛﾝ)(ﾁ)(ｴｸｱﾄﾞﾙ)アタッシュケース, 手提げかばん；(旅行用の)革袋.
car·ri·er [ká.r̃jer] [英] 男〖複 ~s〗**1**〖通信〗搬送波：音声, 画像などさまざまな信号化して送るために用いられる高周波電流. **2**〖IT〗キャリア, 通信サービス提供会社；(インターネットの)プロバイダ.
ca·rril [ka.r̃íl] 男 **1** 車線. ~ bus バス専用レーン. ~ bici 自転車専用レーン. ~ de adelantamiento 追い越し車線. ~ de aceleración 加速車線. ~ de deceleración[desaceleración] 減速車線. **2**〖鉄道〗レール. **3** (カーテン・窓などの)レール.
4 わだち, 車輪の跡. **5** 犂(ｽｷ)でつけた溝. **6**《ラ米》(1) (ｶ)うそ, で

carril exclusivo bus (バス専用車線)

たらめ. (2) (ﾒｷｼｺ)鉄道, 列車.
ca·rri·la·no [ka.r̃i.lá.no] 男《ラ米》(1) (ｷ)《話》泥棒, 強盗, 追いはぎ. (2) (ｷ)(ｺﾛﾝ)鉄道員.
ca·rri·lar [ka.r̃i.lár] 自〖スポ〗(サッカー)(特に攻撃の際に)フィールド脇の領域[サイド]を使う.
ca·rri·le·ro, ra [ka.r̃i.lé.ro, -.ra] 男 囡 **1**〖スポ〗(サッカー)ウィング. **2** 路上生活者. **3**《ラ米》(ｺﾛﾝ)鉄道員. ― 男《ラ米》(1) (ｺ)(ｷ)(鉄道の)待避線. (2) (ｺﾛﾝ)線路(網).
ca·rri·lla [ka.r̃í.ja ‖ -.ʎa] 囡《ラ米》(ﾒｷｼｺ)《話》からかい, 迷惑；強制.
ca·rri·lla·da [ka.r̃i.já.ða ‖ -.ʎá.-] 囡 **1** 豚の両ほおの脂肪分[ほお肉].
2 (主に複数で)(寒さで)歯ががちがち鳴ること.
ca·rri·llen·to, ta [ka.r̃i.jén.to, -.ta ‖ -.ʎén.-] 形《ラ米》(人を)いらいらさせる, うっとうしい.
ca·rri·lle·ra [ka.r̃i.jé.ra ‖ -.ʎé.-] 囡 **1** 動物のあご. **2** (軍帽などの)あごひも.
ca·rri·llo [ka.r̃í.jo ‖ -.ʎo] 男 **1**〖解剖〗ほお (= mejilla). **2** 滑車.
comer [masticar] a dos carrillos がつがつ食べる；もうかる仕事を掛け持ちする；豪勢な生活をする.
ca·rri·llón [ka.r̃i.jón ‖ -.ʎón] 男 → carillón.
ca·rri·llu·do, da [ka.r̃i.jú.ðo, -.ða ‖ -.ʎú.-] 形 肉付のよいほおをした.
ca·rrio·la [ka.r̃jó.la] 囡 **1** キャスター付きのベッド. **2** (王室用の装飾を施した) 3輪馬車.
ca·rri·to [ka.r̃í.to] 男 **1** (スーパーや空港などにある)カート. **2**《ラ米》(*)(ｷ)市街電車.
ca·rri·zal [ka.r̃i.θál / -.sál] 男 アシ原.
ca·rri·zo [ka.r̃í.θo / -.so] 男 **1**〖植〗アシ, ヨシ. **2**《ラ米》(1) (ﾍﾞ)ストロー. (2) (ﾒｷｼｺ)(複数で)細い足. **3**釣り竿.

ca·rro [ká.r̃o] 男 **1** (主に2輪の)車, 荷車. ~ de caballos [bueyes] 馬車[牛車]. ~ cuba 給水車, 散水車. ~ triunfal (パレードの)山車.
2 車1台分の積み荷. *recoger un ~ de hierba [heno]* 車1台分の草[干草]を集める.
3 手押し車, カート (= carrito). ~ de la compra ショッピングカート. ~ de estación [aeropuerto] 駅[空港]のカート. **4**〖機〗可動台；〖印〗版盤；(タイプライターの)キャリッジ.
5〖軍〗タンク, 戦車 (= ~ de combate). ~ de asalto 大型戦車. ~ de guerra (古代の) 2輪の戦車. ~ falcado (古代の)車軸に鎌を付けた戦車.
6〖星座〗C~ [Osa] Mayor おおぐま座. C~ [Osa] Menor こぐま座.
7《ラ米》(ﾒｷｼｺ)(ｺﾞｽﾀﾘ)(ｺﾛﾝ)(ｶﾞ)(ﾍﾞ)(ｷ)自動車；貨車. ~ correo 郵便車. ~ colectivo 乗り合いバス[タクシー]. ~ comedor [dormitorio] (ｷ)食堂[寝台]車. (2) 市街電車.
aguantar [tragar] carros y carretas《話》(つらいことを)じっと我慢する.
carro de oro 玉虫織りの毛織物.
guardar el carro《ラ米》(ｺﾛﾝ)《俗》死ぬ, 亡くなる.
parar el carro《話》落ち着く；自制する (▶ 主に命令形で用いられる). *¡Eh! Para el ~ y déjame hablar.* おい, 黙って私に話させてくれ.
poner el carro delante de las mulas 本末転倒する.
subirse al carro de...《話》〈うまい話〉に加わる；

carretilla (手押し車)

carrizo (アシ)

carrocería

…に乗ずる.
tirar del carro《話》一番つらい仕事を引き受ける,先頭に立ってやる.
untar el carro *a*+人 (人)を買収する.
[←〔ラ〕*carrum* (*carrus* の対格) ←〔ゴール〕*carros*; 〔関連〕carrera, carretera, descarrilar.〔英〕*car, carry*]

ca·rro·ce·rí·a [ka.r̃o.θe.rí.a / -.se.-] 囡 **1**(車・車両の)ボディー, 車体. **2**(車・車両の)製造［修理］工場, 販売所.

ca·rro·ce·ro, ra [ka.r̃o.θé.ro, -.ra / -.sé.-] 男 囡 車体製造［修理］業者；カーデザイナー；板金工.

ca·rro·cha [ka.r̃ó.tʃa] 囡 昆虫の小さな卵.

ca·rro·ma·to [ka.r̃o.má.to] 男 **1**(サーカスなどの)大型幌馬車. **2** ぽんこつの大型車.

ca·rro·na·da [ka.r̃o.ná.ða] 囡 カロネード砲：車輪が付いた先込め短身の昔の軍船用大砲.

carronada (カロネード砲)

ca·rro·ñe·ro, ra [ka.r̃o.ɲé.ro, -.ra] 形 **1** 腐肉の. **2**(動物が)腐肉を食べる. ave *carroñera* (ハゲタカ・コンドルなど)腐肉食の猛禽. **3**《軽蔑》人の不幸につけ入る；あさましい, あこぎな. ── 男 囡 **1** 腐肉を食べる動物. **2**《軽蔑》(人の不幸を食い物にして)ひとでなし；ハイエナ(のようなやつ).

ca·rro·ño, ña [ka.r̃ó.po, -.pa] 形 **1** 腐った. **2**《ラ米》(ミミミミ)《話》臆病な(ミミミミ)な, 気の弱い. ── 男 **1**(特に死んで放置された動物の)腐肉, 死肉. Las hienas se alimentan de *carroña*. ハイエナは腐肉を食べる. **2** 堕落した人［もの］.

ca·rro·za [ka.r̃ó.θa / -.sa] 囡 **1** 大型 4 輪馬車, (昔の)豪華馬車；(カーニバルの)山車(ﾀﾞｼ). ~ *fúnebre* 霊柩(ﾚｲｷｭｳ)車. **2**《海》(ゴンドラなどの)取り外しのきく屋根. **3**《ラ米》霊柩車. ── 男 囡《軽蔑》古臭い人, おいぼれ.

carroza (大型 4 輪馬車)

ca·rro·zar [ka.r̃o.θár / -.sár] 97 他《車》〈乗り物, 特に車に〉車体(ﾎﾞﾃﾞｨ)をつける［架装する］.

ca·rrua·je [ka.r̃wá.xe] 男 乗り物, 車.

ca·rru·jo [ka.r̃ú.xo] 男 樹冠.

ca·rru·sel [ka.r̃u.sél] 男 **1** 騎馬パレード **2** メリーゴーラウンド, 回転木馬. **3** 呼び物, イベント.

carst [kárst] 男 → karst.

cárs·ti·co, ca [kárs.ti.ko, -.ka] 形 → kárstico.

***carta** [kár.ta] 囡 **1** 手紙, 書簡, 書状. echar una ~ al [en el] buzón 手紙を投函(ﾄｳｶﾝ)する. ~ certificada 書留. ~ urgente 速達. ~ de recomendación 推薦状. ~ de presentación 紹介状. ~ abierta 公開状. ~ pastoral 《カト》司教教書. destinatario [remitente] de una ~ 手紙のあて先［差出人］.
〔関連〕手紙の文頭と結語：Muy señor mío / Estimado señor 拝啓. Querido amigo《親しい友人に対して》拝啓. afectuosamente / atentamente / q.e.s.m.(que estrecha(n) su mano) / q.l.e.l.m.(que le estrecha(n) la mano) / s.s.s.((su) seguro servidor) 敬具. p.d.(pos(t) data) 追伸.
2(カード遊びの)カード, 札. jugar a las ~s カード［トランプ］遊びをする. **3**(レストランの)メニュー. ~ *de vinos* ワインリスト. **4** 地形図. ~ *de navegación* 航海図. ~ *meteorológica* 天気図. ~ *de flujo* フローチャート. **5** 憲章. *C*~ *de las Naciones Unidas* 国連憲章. *C*~ *Magna*《史》(英国の)マグナカルタ, 大憲章. **6** 公文書, 証書. ~ *de pago* 受領書, レシート. ~ *de naturaleza*(外国人に与える)帰化承認状. ~*s credenciales* 信任状.
a carta cabal 完璧に；確かに, 確実に. Es un caballero *a* ~ *cabal*. 彼は正真正銘の紳士です.
carta astral 占星天宮図.
carta blanca 白紙委任；承認.
carta de ajuste《TV》テストパターン.
echar las cartas a+人 (人)の運勢をカードで占う.
enseñar las cartas 手の内を明かす.
jugar bien sus *cartas* うまい手を使う.
jugar la última carta 最後の切り札を出す, 最終手段を講じる.
jugárselo todo a una carta 一つの可能性に全てを賭(ｶ)ける, 一か八かの勝負をする.
no saber a qué carta quedarse (人が) 決断できないでいる.
poner las cartas boca arriba(特に他人の)手の内を明かす, 暴露する.
tomar cartas en el asunto 介入する.
[←〔ラ〕*chartam* (*charta* の対格)「(パピルス)紙」, 書, 手紙 ←〔ギ〕*khártēs*「パピルス紙」；〔関連〕cartero, cartera, cartel, cartón.〔ポルトガル〕*carta*「手紙」.〔仏〕*carte*「証明書」.〔伊〕*carta*「紙」.〔英〕*card*.〔独〕*Karte*「カード, 券, トランプの札」]

car·ta·bón [kar.ta.ßón] 男 **1** 三角［直角］定規. **2**(靴屋の)寸法用定規. **3**《建》(2つの屋根の流れが作る)角, コーナー. **4**(地形学で用いる)八角形プリズム. **5**《ラ米》身長測定器.

Car·ta·ge·na [kar.ta.xé.na] 固名 カルタヘナ. (1) スペイン南東部, 地中海に臨む軍港. (2) (= ~ *de Indias*) コロンビア Bolívar 県の県都, 港湾都市. 港・要塞と建造物群は世界遺産に指定(1984年登録). [←〔アラビア〕*Qarṭājina* ←〔俗ラ〕*Carthagine* ←〔ラ〕*Carthāginem* (*Carthāgō* の対格形)；フェニキア人が建設したこの町はローマの支配下に入った後, ラテン語で*Carthāgō Nova*「新カルタゴ」と呼ばれた]

car·ta·ge·ne·ro, ra [kar.ta.xe.né.ro, -.ra] 形 **1** カルタヘナ Cartagena (スペインの Murcia 県の都市)の. **2** カルタヘナ(コロンビアの都市)の. ── 男 囡 カルタヘナの出身者［住人］. ── 男 カルタヘネーラ：ムルシア地方のカンテ cante, いわゆるカンテス・デ・レバンテ cantes de Levante の一つ.

car·ta·gi·nen·se [kar.ta.xi.nén.se] 形 カルタゴの. ── 男 囡 カルタゴ人.

Car·ta·gi·nen·sis [kar.ta.xi.nén.sis] 固名 カルタギネンシス：ローマ帝国のイベリア半島の Tarraconense の一部を形成.

car·ta·gi·nés, ne·sa [kar.ta.xi.nés, -.né.sa] 形 男 囡 → cartaginense.

Cár·ta·go [kár.ta.go] 固名 カルタゴ：アフリカのチュニス付近にあった古代都市(国家). ◆前 9 世紀にフェニキア人が建設し, 最盛期にはイベリア半島,

cartón

も植民した．[←[ラ]Carthāgō]

car·ta·pa·cio [kar.ta.pá.θjo / -.sjo] 男 **1** ファイル，書類入れ；学生かばん． **2** ノート，メモ帳．

car·ta·zo [kar.tá.θo / -.so] 男《話》衝撃的な内容の手紙．[carta＋増大辞]

car·te·ar [kar.te.ár] 自《遊》(トランプ)(様子を見るために)かす札を捨てる．**━━·se** 再《con＋人〈人〉と》文通する（＝escribirse）．

***car·tel**[1] [kar.tél] 男 **1** ポスター，張り紙；びら，ちらし．～ de cine 映画のポスター．～ electoral 選挙ポスター．colgar el ～ de "no hay billetes" 「満員[切符売り切れ]」の札を下げる．en ～ 公演中の．pegar [fijar, poner] ～es びらを張る．Prohibido [Se prohíbe] fijar ～es. 張り紙厳禁．

Prohibido fijar carteles.「張り紙厳禁．」

2 名声，人気．de ～ 有名な，著名な，一流の．un equipo de ～ 有名なチーム．tener (buen, mucho) ～ 名声[人気]を博している，大当たりである． **3**（壁に掛ける教材用の）図表． **4**《古語》挑戦状，果たし状（＝～ de desafío）． **5** 風刺文，落首． **6**《軍》(捕虜などの)交換協定書． **7** イワシ網．

cár·tel [kár.tel] / **car·tel**[2] [kar.tél] 男 **1**《経》カルテル，企業連合．～ de producción 生産カルテル． **2** 連合，闇[組]組織．el ～ de las izquierdas 左派連合．～ narcotraficante 麻薬密売組織．

car·te·la [kar.té.la] 女 **1** メモ帳，(板・厚紙の)張り札． **2**（棚の）支え，腕木． **3**《建》(バルコニー・軒の)持ち送り．

car·te·le·ra [kar.te.lé.ra] 女 **1**（新聞の）芸能娯楽欄，映画・演劇欄．
 2 掲示・(板)，興行案内(板)．en ～ 上映[上演]中．

car·te·lis·ta [kar.te.lís.ta] 男女 グラフィックデザイナー，ポスター[（特に映画・演劇の）看板，広告]を描く[デザインする]のを生業とする人．

car·te·lón [kar.te.lón] 男 大型ポスター，大きな張り紙．[cartel＋増大辞]

car·te·o [kar.té.o] 男 文通，手紙のやり取り．

cár·ter [kár.ter] 男《機》**(1)**（機械装置を保護する）ハウジング，ケーシング． **(2)**（エンジンの）クランク室；オイルパン． **(3)**（自転車の）チェーン・カバー．

***car·te·ra** [kar.té.ra] 女 **1** 札入れ，財布（＝～ de bolsillo, billetera）(▶ 「小銭入れ」は monedero, portamonedas). guardarse la ～ en el bolsillo 財布をポケットにしまう．Me han robado la ～ en el metro. 私は地下鉄で財布を盗まれた．
 2 書類かばん（＝～ de mano [documentos])． ～ del colegio（学生用の）手さげ[背負い]かばん． **3** 大臣の地位[職務]．ocupar la ～ de Asuntos Exteriores 外務大臣を務める．ministro sin ～ 無任所大臣． **4**《集合的》顧客；[顧客・注文などの]リスト．～ de clientes 顧客リスト．～ de pedidos 注文帳；受注高． **5**《商》(企業などが保有する)有価証券類，ポートフォリオ（＝～ de valores）. tener en ～ 〈有価証券を〉保有している． **6**（ポケットの）ふた，フラップ． **7**《ラ米》**(1)** ハンドバッグ．**(2)**（ズボンの）前開き．
cartera dactilar《ラ米》(ラパ)運転免許証．

tener... en cartera …を計画中[検討中]である．Tenemos en ～ varios proyectos de inversiones. 私たちはいくつかの投資計画を検討中だ．

car·te·re·ro, ra [kar.te.ré.ro, -.ra] 男女《ラ米》(ラパ)すり，ひったくり．

car·te·rí·a [kar.te.rí.a] 女 **1** 郵便配達[集配業]務． **2** 郵便物集配課．

car·te·ris·ta [kar.te.rís.ta] 男女 すり．

car·te·ri·ta [kar.te.rí.ta] 女 ブックマッチ：紙軸のもぎ取り式マッチ．

***car·te·ro, ra** [kar.té.ro, -.ra] 男女 **郵便配達人**，郵便集配人．

car·te·sia·nis·mo [kar.te.sja.nís.mo] 男《哲》デカルト哲学[思想]．[フランス哲学者 Descartes (1596-1650)のラテン語名 Cartesius より]

car·te·sia·no, na [kar.te.sjá.no, -.na] 形 **1** デカルト Descartes の，デカルト派の． **2** 合理主義的な． **━━** 男女 デカルト派[主義者]；合理主義者．

car·ti·la·gí·ne·o, a [kar.ti.la.xí.ne.o, -.a] / **car·ti·la·gi·no·so, sa** [kar.ti.la.xi.nó.so, -.sa] 形《解剖》軟骨の．tejido ～ 軟骨組織．

car·tí·la·go [kar.tí.la.go] 男《解剖》軟骨．～ tiroides 甲状軟骨．

car·ti·lla [kar.tí.ja ‖ -.ʎa] 女 **1** 手帳，通帳．～ de ahorros 預金通帳．～ de racionamiento 配給手帳．～ de la seguridad social 健康保険証．～ militar 軍人手帳． **2** 初歩教本，初級教本． **3**《カト》教会暦．
leer [《ラ米》《話》cantar] la cartilla a ＋人《話》〈人〉を叱る；説教する．
no saber la cartilla《話》いろはも知らない．
[carta＋縮小辞]

car·ti·lle·ro, ra [kar.ti.jé.ro, -.ra ‖ -.ʎé.-] 形 **1**《話》（戯曲が）何度も演じられる．
 2〈俳優が〉マンネリの．

car·ti·va·na [kar.ti.bá.na] 女《印》足：図版などの印刷物に紙．を継ぎ足し，とじ代とした部分．

car·to·gra·fí·a [kar.to.gra.fí.a] 女 地図作成(法)；地図(作成)学．

car·to·gra·fiar [kar.to.gra.fjár] 81 他 〈場所の〉地図を製作する．

car·to·grá·fi·co, ca [kar.to.grá.fi.ko, -.ka] 形 地図作成(法)の；地図学の．

car·to·gra·fo, fa [kar.tó.gra.fo, -.fa] 男女 地図製作者．

car·to·gra·ma [kar.to.grá.ma] 男 統計地図．

car·to·ma·gia [kar.to.má.xja] 女 カードマジック，トランプを用いた手品．

car·to·man·cia [kar.to.mán.θja / -.sja] / **car·to·man·cí·a** [kar.to.man.θí.a / -.sí.-] 女 トランプ[カード]占い．

car·to·mán·ti·co, ca [kar.to.mán.ti.ko, -.ka] 形 トランプ占いの． **━━** 男女 トランプ占い師．

***car·tón** [kar.tón] 男 **1** ボール紙，厚紙．～ ondulado 段ボール．～

cartón（ボール紙）
ごみコンテナー

cartonaje

piedra 混凝紙, 紙張り子, 紙粘土. caja de ~ ボール箱. **2** (タバコの10箱入り) カートン; (玉子の) ケース; (牛乳の) 紙パック. **3** 《美》(フレスコ画・タペストリーの原寸大の) 下絵, 画稿. **4** 《建》コーベル, 持ち送り積み. **3** 《ラ米》漫画, コミック.
[←〔伊〕*cartone* (*carta*「紙」+ 増大辞); 〔関連〕*carta*.〔英〕*carton*「ボール箱」, *cartoon*「漫画」]

car·to·na·je [kar.to.ná.xe] 男《集合的》厚紙 [段ボール] 製品.

car·to·né [kar.to.né] 男 厚紙装丁. un libro en ~ 厚表紙の本. [←〔仏〕*cartonné*]

car·to·ne·rí·a [kar.to.ne.rí.a] 女 ボール箱製造 [販売] 業; ボール紙工場 [販売店].

car·to·ne·ro, ra [kar.to.né.ro, -.ra] 形 ボール紙の, 厚紙の. industria *cartonera* ボール紙産業.
— 男 女 ボール紙製造業者.

car·toon [kar.tún]〔英〕男《複 ~s》アニメーション, アニメ; 漫画.

car·tu·che·ra [kar.tu.tʃé.ra] 女 **1** 弾薬帯 [入れ]. **2** 《スペイン》《話》ぜい肉.

car·tu·cho [kar.tú.tʃo] 男 **1** 薬莢(ょぅ), 弾薬筒. ~ de fogueo / ~ de salvas 空砲. ~ con bala 実弾. **2** 硬貨を紙で筒状に巻いたもの, 包装硬貨. **3** (円錐(キハ)形の) 菓子袋 (= cucurucho). **4** カートリッジ・フィルム; 交換する部品, カートリッジ. ~ de tinta de impresora プリンターの交換インク. **5** 《ラ米》(キューバ)(エクアドル)(プェルト) 紙袋.
quemar el último cartucho 最後の手段に訴える. luchar hasta *quemar el último* ~ とことん戦う.

car·tu·ja [kar.tú.xa] 女 **1** [C-] 《カト》カルトゥジオ会 (修道院): San Bruno によって1084年にフランスのラ・シャルトルーズに創設された. **2** カルトゥジオ会の修道院. **3** 《話》過剰に規律された組織 [企業].

car·tu·ja·no, na [kar.tu.xá.no, -.na] 形 **1** 《カト》カルトゥジオ会の.
2 〈馬が〉アンダルシア Andalucía 産の.
— 男 女 カルトゥジオ会修道士 [女].

car·tu·jo, ja [kar.tú.xo, -.xa] 形 《カト》カルトゥジオ会 (修道士) の.
— 男 **1** カルトゥジオ会修道士 [女].
2 《話》人付き合いの嫌いな人. vivir como un ~ 隠者のように暮らす.

car·tu·la·rio [kar.tu.lá.rjo] 男 《史》(修道院などの) 特許状 [権利証書] 台帳.

car·tu·li·na [kar.tu.lí.na] 女 **1** (カード・名刺用の) 上質紙.
2 《スポ》~ amarilla [roja] イエロー [レッド] カード.

ca·rún·cu·la [ka.rúŋ.ku.la] 女
1 《動》肉冠, とさか. **2** 《解剖》肉丘. ~ lagrimal 涙丘.

ca·ru·ra [ka.rú.ra] 女《ラ米》(キューバ)(プェルト) 高値, 高価; 値のはる物.

car·va·jo [kar.bá.xo] / **car·va·llo** [kar.bá.jo ‖ -.ʎo] 男 《植》カシ (樫) (= roble).

cas [kás] 女 casa の語尾消失形.

★★ca·sa [ká.sa] 女 **1** 家, 住居. mudarse [cambiarse] de ~ 引っ越しする. Pásate por mi ~. 私の家に寄ってください. ~ natal de Picasso ピカソの生家. *La ~ de Bernarda Alba*『ベルナルダ・アルバの家』(García Lorca の戯曲). ~ de campo 別荘. ~ de vecindad [vecinos] 集合住宅. ~ adosada テラスハウス. ~ solariega 旧家, (由緒ある) 館. ~ de alquiler 借家.

2 家庭; 家族. estar en [fuera de] casa 在宅 [外出] している. Me fui de ~ a los dieciocho años. 私は18歳のときに家を出ました.

3 (王室・貴族などの) 家系, …家. ~ real 王家. la C~ de Alba アルバ家.

4 会社, 商社, 店; (会社の) 支社. ~ editorial 出版社. ~ de modas ブティック, 服飾店. ~ central 本店, 本社. Toma otro vaso de vino, invita la ~. もう一杯ワインをどうぞ, (お店が) サービスします.

5 (特定の目的の) 建物, 家; (共通の目的のための) 協会, 団体. ~ de Dios [del Señor, de oración] 教会. ~ consistorial / ~ de la villa 市庁舎. ~ cuna 乳児 [孤児] 院. ~ de baños 公衆浴場. ~ de (la) moneda 造幣所. ~ de empeño(s) 質屋. ~ de socorro 救護所. ~ pública / ~ de citas [lenocinio] 売春宿. ~ cuartel 治安警備隊の宿舎. C~ de España スペイン協会.

6 《スポ》本拠地, ホーム. jugar en [fuera de] ~ ホーム [アウェー] でプレイする.

7 (チェス盤などの) マス目 (= casilla).

8 《占星》宿, 宮 (= ~ celeste): 天を12分した12宿 [宮] の一つ.

Cada uno en su casa y Dios en la de todos. 人のことに口出しするな (←人は自分の家のことに関わり, 神は全ての人に関わる) (▶ 慣用表現).
caérsele la casa encima (a + 人) (1) 〈人〉が家にじっとしていられない. (2) 〈人〉が災難に遭う. ▶ la *casa* が主語となる.
casa chica 《ラ米》(メキシコ) 愛人の家.
casa de labor [labranza] 農事小屋.
casa de locos (1) 《話》無秩序な場所. (2) 《まれ》精神病院.
casa de putas 《俗》売春宿; 無秩序な場所.
casa de salud (私立の) 精神病院.
casa de tócame Roque 無秩序な場所.
como Pedro por su casa 《話》わが物顔で.
como una casa 《話》大きな, すごい, 確かな. una mentira *como una* ~ 全くの作り話.
De fuera vendrá quien de casa nos echará. 《話》災難はよそ者が持ちこむ (←よそから私たちを追い出す人がやってくる) (▶ 慣用表現).
de la casa (1) 〈友だちが〉家族ぐるみの. (2) 〈食べ物・飲み物が〉特製の. vino de la ~ ハウスワイン.
echar [tirar] la casa por la ventana 《話》散財する, 大枚をはたく.
empezar la casa por el tejado 《話》本末転倒なことをする.
En casa del herrero, cuchillo de palo. 《諺》紺屋(こぅ)の白袴(ばかま) (←鍛冶(かじ)屋の家に木のナイフ).
no parar en casa 《話》〈人が〉ほとんど家にいない.
para [de] andar por casa (1) 〈洋服が〉家庭用の, 普段着の. (2) 〈解決法が〉その場しのぎの.
poner casa a + 人 〈人〉を住まわせる.
poner (la) casa en... …に居を構える.
quedar todo en casa 《話》他人が入らない; 内輪事である.
sentirse [estar] como en casa 〈人が〉くつろぐ.
ser (como) de casa 《話》〈人が〉信頼できる.
ser muy de SU *casa* 家庭的である, 家庭を愛する.
su casa / la casa de usted 《ラ米》(メキシコ)《丁寧》《自分の家を紹介して》私の家. Cuando quiera puede venir a *su casa*. いつでも私の家にいらしてください.
Unos por otros y la casa por barrer. 《諺》船頭多くして船山に登る (←人があちこちにいても, 家

casa (家)

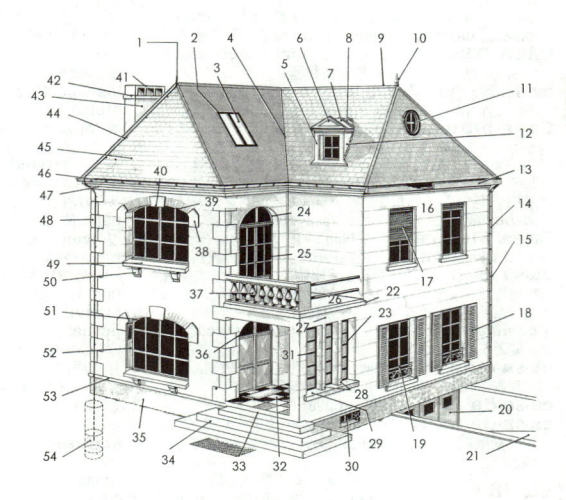

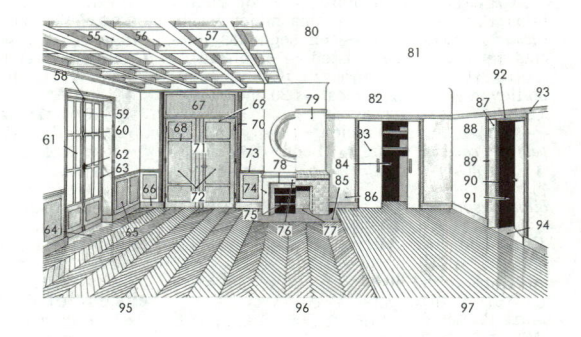

1 pararrayos 避雷針. 2 marco 窓枠. 3 lumbrera 天窓. 4 limahoya 屋根の谷. 5 jamba 抱き. 6 frontón ペディメント. 7 cinc 亜鉛板. 8 tabica 包み板. 9 caballete 棟. 10 espiga 頂華.

11 ojo de buey 円窓. 12 lateral de la buhardilla 屋根窓の側面. 13 canalón / gotera 軒樋(どい). 14 bajante de agua 縦樋. 15 anilla de sujeción 樋受け金具.

16 entrepaño 窓間壁. 17 persiana enrollable 巻上げブラインド. 18 contraventanas 鎧戸(よろいど). 19 barra de apoyo 手すり. 20 puerta corredera 引き戸. 21 rampa de acceso al garaje ガレージ出入り口の傾斜路. 22 salidizo 張り出し. 23 armadura metálica 金属枠. 24 arco de medio punto 半円アーチ. 25 ventanal 大窓. 26 terraza テラス. 27 moldura 刳形(くりかた). 28 maineles 縦仕切り. 29 alféizar 窓敷居. 30 ventana del zócalo 採光窓. 31 marco de hierro 鉄枠. 32 porche ポーチ. 33 umbral 敷居. 34 escalinata 階段. 35 zócalo 基礎, 土台.

36 imposta 迫元. 37 balaustrada 欄干. 38 sotabanco 迫元石. 39 arco de descarga 隠しアーチ. 40 clave del arco かなめ石. 41 remate 先端. 42 sombrerete 煙突笠(かさ). 43 base 煙突基部. 44 cable conductor del pararrayos 避雷導線. 45 tejado 屋根. 46 canalón 軒樋. 47 cornisa 軒蛇腹. 48 piedra [sillar] angular (装飾用)隅石. 49 antepecho 窓台. 50 ménsula 持ち送り. 51 arco rebajado 擬似三心アーチ. 52 postigos よろい戸. 53 faja 腰belt飾り. 54 pozo del pararrayos 接地電極用立て溝. 55 artesón 格間. 56 viga 梁(はり). 57 viga maestra 大梁. 58 travesaño de la ventana 窓の横桟. 59 falleba イスパニア錠. 60 corredera 導管. 61 batiente 扉板. 62 manija 取っ手. 63 durmiente 窓枠. 64 umbral 敷居. 65 revestimiento 腰羽目. 66 zócalo 幅木. 67 montante de la puerta 上窓. 68 travesaño 横桟. 69 hoja móvil (開き戸式の1枚の)扉. 70 gozne 蝶番 (ちょうつがい). 71 puerta de dos hojas 両開き戸. 72 paneles salientes 鏡板. 73 cimacio サイマ. 74 jamba 炉脇(わき). 75 cortina metálica (炉の)扉. 76 alicatado 化粧タイル張り. 77 hogar 炉. 78 marco 枠. 79 entrepaño 暖炉の羽目. 80 techo 天井. 81 enlucido しっくい. 82 friso de la chimenea フリーズ. 83 puertas correderas 引き戸. 84 alacena 収納戸棚. 85 cerco 外部炉床. 86 fondo 基部. 87 derrame 隅切り. 88 pared 壁. 89 chambrana 縁枠. 90 renvalso しゃくり溝. 91 vano de la puerta ドアの開口部. 92 moldura 刳形. 93 cimacio サイマ. 94 umbral 敷居. 95 entarimado de espinapez 矢はず敷. 96 entarimado de hojas quebradas 山形寄せ木張り. 97 entarimado a la inglesa 一の字寄せ木張り.

れいにならない).
[←[ラ] *casam* (*casa* の対格)「小屋」; 関連 *casar, caseta, casino, casona*. [仏] *chez* 前「…の家で」]

CASA [ká.sa] 〘略〙 Construcciones Aeronáuticas, S. A. スペインの航空宇宙機器メーカー.

ca·sa·be [ka.sá.be] 男 キャッサバでんぷん; キャッサバ粉で作ったパン. → *mandioca*.

Ca·sa·blan·ca [ká.sa.bláŋ.ka] 固名 カサブランカ: モロッコ中北部の港湾都市.
[←[ポルトガル] *Casa Branca*「白い家」が原義; 15・16世紀にポルトガル人がこの町を建設した時, ほとんどの家が白い色をしていたことから; [アラビア] *Ad-Dār al-Baydā*´もこのポルトガル語からの訳)]

Ca·sa Blan·ca [ká.sa blán.ka] 固名 ホワイトハウス, 米国大統領官邸. [[英] *White House* の訳]

ca·sa·ca [ka.sá.ka] 女 **1**〖服飾〗(1)カザック: 昔の男性用ジャケット. (2)〈女性用〉ジャケット, コート. **2**〘話〙結婚. **3** (ラ米)〘ラプラタ〙〘話〙うそ.
cambiar de casaca / *volver* (*la*) *casaca* 意見を変える, 変節する.

ca·sa·ción [ka.sa.θjón / -.sjón] 女 〖法〗破棄, 無効の宣告. *recurso de ~* 前判決の破棄.

ca·sa·da [ka.sá.ða] 形 → *casado*.

ca·sa·de·ro, ra [ka.sa.ðé.ro, -.ra] 形 年ごろの, 結婚適齢期の. *una muchacha casadera* 年ごろの娘さん.

ca·sa·do, da [ka.sá.ðo, -.ða] 形 《名詞+》《*estar* +~》《*con...* …と》結婚した**. *un hombre ~ y con cuatro hijos* 既婚で子供が4人の男性. *una mujer recién casada* 新婚女性. *estar ~ en segundas nupcias* 再婚している. *¿Está usted ~ o soltero?* あなたは結婚していますか, 独身ですか. *¿Cuánto tiempo llevan ~s?*—*Llevamos ~s 20 años.* 結婚してどのくらいですか. —20年になります.
— 男 女 既婚者. *los recién ~s* 新婚夫婦. *La perfecta casada*『完璧な妻』(León の著書). — 男 **1** 〖印〗組み付け. **2** (ラ米) いっしょに食べ合わせる物.
bien casado (1) 裕福な[名家, 有名な]人と結婚している. (2) 幸せな結婚生活を送っている.
El casado casa quiere.〘諺〙結婚したら別棟[別所帯]で.
mal casado (1) 貧しい[身分の低い家の]人と結婚している. (2) 不幸な結婚生活を送っている.

ca·sal [ka.sál] 男 **1** 別荘. **2** 旧家, 名家, 由緒ある邸宅. **3** (ラ米)〘ラプラタ〙夫婦; つがい.

Ca·sals [ka.sáls] 固名 Pablo [Pau] ~ パブロ・カサルス [パウ・カザルス] (1876–1973): スペイン Cataluña 出身のチェロ奏者. 人道主義者としても知られる.

ca·sa·ma·ta [ka.sa.má.ta] 女 〖軍〗トーチカ.

ca·sa·men·te·ro, ra [ka.sa.men.té.ro, -.ra] 形 仲人好きな. — 男 女 仲人好きな人.

*ca·sa·mien·to [ka.sa.mjén.to] 男 **結婚; 挙式**. *un ~ ventajoso* 打算的な結婚. *~ desigual* 不釣り合いな結婚. *~ por amor* 恋愛結婚. *Todavía no se ha fijado la fecha de nuestro ~.* 私たちの式の日取りはまだ決まっていない. ▶「結婚式」は *boda*.

Ca·san·dra [ka.sán.dra] 固名 〖ギ神〗カッサンドラ.
♦トロヤ王 *Príamo* と *Hécuba* の娘. トロヤの陥落を予言したが誰も信じなかった.「顧みられぬ英知」の象徴.

ca·sa·no·va [ka.sa.nó.ba] 男 好色漢, 色男.

ca·sa·puer·ta [ka.sa.pwér.ta] 女 玄関.

ca·sar¹ [ka.sár] 他 **1 結婚させる;〈司祭などが〉結婚式を執り行う. *El casó a su hija con el dueño de la tierra.* 彼は娘を地主と結婚させた.
2《*con...* …と》組み合わせる; 釣り合わせる. *~ los calcetines* ソックスを1足ずつ組にする. *~ la oferta con la demanda* 需要に供給を合わせる.
3〈賭博(ぎ)で〉〈胴元と同一金額を〉賭(ボ)ける.
4 (ラ米)〘メシコ〙合意に達する.
— 自 **1**《*con...* …と》似合う; 符合する. *Ese cuadro casa bien con el color de la pared.* その額は壁の色とよく合う. *Su actitud no casa con su linaje.* 彼[彼女]の行動は家柄にそぐわない.
2《*con*+人〈人〉と》結婚する (▶通常所帯代名詞を伴う. → 再).
— **~·se** 再 《*con*+人〈人〉と》**結婚する**. *~se por la iglesia* 教会を通じて結婚する. *~se por lo civil* 民法上の結婚をする. *Se casó con una mejicana.* 彼はメキシコ人と結婚した. ▶複数主語でも用いる. ⇒ *Nos casamos el mes pasado.* 私たちは先月結婚しました.
Antes que te cases, mira lo que haces. 〘諺〙急(`ハ)いては事を仕損じる (←結婚するならよく考えてから).
no casarse con nadie 〘話〙何[誰]に対しても妥協しない.
[*casa* より派生 (「新所帯を持つ」の意味からか?)]

ca·sar² [ka.sár] 他 〖法〗〈判決などを〉取り消す, 無効にする.

ca·sar³ [ka.sár] 男 **1** 集落. **2** 古い家, 廃屋.

ca·sa·rón [ka.sa.rón] 男 → *caserón*.

Ca·sas [ká.sas] 固名 ラス・カサス Bartolomé de Las ~ (1484–1566): スペインのドミニコ会士.
♦従軍司祭として征服者と行動を共にしたのちに回心, 先住民の人権擁護のため活動した. 著書 *Brevísima relación de la destrucción de las Indias*『インディアスの破壊についての簡潔な報告』(1552年) はヨーロッパ諸国によるスペイン非難,「黒い伝説」を引き起こすきっかけとなった.

ca·sa·tien·da [ka.sa.tjén.da] 女 住居付き店舗, 店舗付き住宅.

cas·ca [kás.ka] 女 **1** ブドウの絞りかす. **2**〈卵・果実の〉外皮(ミ゙). **3** (タンニンを抽出するための) 樹皮: タンニンは革なめし・漁網染めに用いられる.

cas·ca·bel [kas.ka.bél] 男 **1** 鈴, ベル. *poner el ~ al gato* 猫の首に鈴を付ける (先に立って難事に当たる). *ser un ~* 〈人が〉とても陽気である. *serpiente de ~*〖動〗ガラガラヘビ. **2** おっちょこちょい, そそっかしい人. **3**〈球形の〉砲尾.
de cascabel gordo〘話〙〈作品が〉荒削りの, 洗練されていない.

cas·ca·be·la [kas.ka.bé.la] 女 (ラ米)〘中米〙〖動〗ガラガラヘビ.

cas·ca·be·la·da [kas.ka.be.lá.ða] 女 **1**〘話〙ひょうきん, 軽はずみ. **2** 田舎の騒々しい祭り.

cas·ca·be·le·ar [kas.ka.be.le.ár] 他〘話〙(言葉巧みに) そそのかす, だます. — 自 **1** 鈴が鳴る, 鈴のような音をたてる. **2**〘話〙軽はずみなことをする. **3** (ラ米)〘ミ〙ぶつぶつ言う, こぼす.

cas·ca·be·le·o [kas.ka.be.lé.o] 男 鈴の音, 鈴の鳴る音; 鈴の音のような〈笑い〉声.

cas·ca·be·le·ro, ra [kas.ka.be.lé.ro, -.ra] 形 軽薄な, 分別のない. — 男 女 おっちょこちょい, 軽薄な人, ひょうきんな人. — 男 (おもちゃの) がらがら.

cas·ca·be·li·llo [kas.ka.be.lí.jo‖-.ʎo]〖植〗

コウメ（小梅），（小さい）プラム.
cas·ca·bi·llo [kas.ka.βí.ʎo ǁ -.ʝo] 男 **1** 鈴.
2【植】(1) (麦などの）もみ殻．(2) (ドングリなどの）へた，殻斗．
***cas·ca·da** [kas.ká.ða] 女 **1** 滝．
<u>類語</u> *cascada* は一般的な「滝」を指すが，落差が大きく，水量も豊富な「瀑布」には *catarata* を用いる．ダムから放流される水は *salto de agua*.
2 (滝のように）垂れ下がったもの；（花火の）ナイアガラ. una 〜 de cabellos 流れるように垂らした длинный 髪.
3 (ものごとが）とぎれることなくふんだんに続くこと. en 〜 相次いで.
cas·ca·deur [kas.ka.dér]〔仏〕男 女 [複 〜s]【映】【TV】スタントマン.
cas·ca·do, da [kas.ká.ðo, -.ða] 形 **1** 老朽化した，消耗した. un anciano muy 〜 くたびれ果てた老人. **2** (声の）しゃがれた，かすれた. tener la voz *cascada* かすれ声をしている.
cas·ca·du·ra [kas.ka.ðú.ra] 女 破損，ひび割れ.
cas·ca·jal [kas.ka.xál] / **cas·ca·jar** [kas.ka.xár] 男 **1** 小石の多い場所.
2 (ブドウを搾った後の）かすの捨て場.
cas·ca·je·ra [kas.ka.xé.ra] 女 → cascajal.
cas·ca·jo [kas.ká.xo] 男 **1** 破片，かけら．**2** 砂利，バラスト．**3** (集合的）堅果の類，ナッツ．**4** (話）老いぼれ，がらくた. **5** (ラ米）小銭.
cas·ca·nue·ces [kas.ka.nwé.θes / -.ses] 男《単複同形》くるみ割り（器）.
cas·ca·pi·ño·nes [kas.ka.pi.ɲó.nes] 男《単複同形》松の実割り（器）.
***cas·car** [kas.kár] 100 他 **1** 割る，ひびを入れる. 〜 un huevo [una nuez] 卵［くるみ］を割る.
2《話》たたく，殴る；（議論・スポーツなどで）攻撃する，打ち負かす. 〜 una paliza a ＋人〈人〉をこてんこてんにやっつける. Lo han cascado en el mitin. 彼は会議でたたかれた. **3**《話》〈金を〉使い果たす；支払わされる. Hoy *casqué* cien euros en el viaje. 今日は賭(ｶ)けで100ユーロを使った. **4**《話》体を壊す，衰えさせる；〈声を〉かれさせる. El resfriado le *casca* la voz. 彼は風邪で声がかすれている. 彼［彼女］は風邪をひいて声が出ない. **5**《話》〈秘密などを〉漏らす，他言する.
── 自《話》**1** しゃべりまくる. Esta mujer *está* siempre *cascando*. この女はいつもぺちゃくちゃしゃべっている. **2**《a… …を》必死で勉強する. 〜*le* fuerte *a*l latín ラテン語を死に物狂いで勉強する. **3** くたばる，死ぬ (＝ palmar).
── 〜**·se** 再 **1** 割れる，ひびが入る. El vaso se cayó al piso y se *cascó*. コップが床に落ちて割れた.
2 〈声が〉割れる，かすれる.
3《話》体を壊す，衰える.
cascarla《話》くたばる，死ぬ.
***cás·ca·ra** [kás.ka.ra] 女 **1** 殻，外皮，さや；樹皮. 〜 del huevo 卵の殻. 〜 de la naranja オレンジの皮. 〜 del árbol 樹皮. 〜 del queso チーズの外皮. 〜 sagrada【薬】（緩下剤）カスカラ樹皮. **2** (ラ米)(ラプラタ)(ペルー)《複数で》《俗》衣類.
¡Cáscaras!《驚き・怒り》えっ，本当か；うわすごい；ちくしょう.
dar cáscaras de novillo《ラ米》むちで打つ.
no haber más cáscaras que…《話》…よりほかにしようがない.
ser de la cáscara amarga《話》《軽蔑》同性愛者である；反体制的な［左翼］思想の持ち主である.
cas·ca·ra·zo [kas.ka.rá.θo / -.so] 男 《ラ米》(1) (ラプラタ)(酒の）がぶ飲み. (2) (ラプラタ)《俗》殴打，なぐりつけ.

cas·ca·re·ar [kas.ka.re.ár] 他 《ラ米》(チリ)(ペルー)《話》ぶん殴る.
cas·ca·ri·lla [kas.ka.rí.ja ǁ -.ʝa] 女 **1** (穀物などの）殻，皮，さや. **2** (金属・塗装などの）薄片. **3** (煎った）カカオの果皮：お茶のようにして飲む. **4**【植】キナノキの一種. **5** 卵の殻でできたおしろい.
jugar de cascarilla《話》仲間外れにされる.
[*cáscara* ＋縮小辞]
cas·ca·ri·lli·na [kas.ka.ri.ʝí.na ǁ -.ʎí.-] 女【薬】シンコニン：マラリアの治療薬キニーネの代用品.
cas·ca·ri·llo [kas.ka.rí.jo ǁ -.ʎo] 男【植】キナノキ属の総称：その皮からキニーネ，シンコニンが採られる.
cas·ca·ri·ta [kas.ka.rí.ta] 女 《ラ米》(メキシコ)《話》サッカーの親善［非公式］試合.
cas·ca·rón [kas.ka.rón] 男 **1** (鳥の）卵の殻.
2【建】4分の1穹窿(きゅうりゅう).
3 《ラ米》(1) (メキシコ)(プエルトリコ)(紙吹雪・小麦粉を詰めた）お祭りなどで投げ合う卵. (2) (プエルトリコ)【植】カスカロニア：赤色の樹液を滲出(しんしゅつ)するコルクガシに似た木.
cascarón de nuez (もろそうな）小舟.
estar recién salido del cascarón《話》《軽蔑》まだ尻(しり)が青い，青二才［未熟］である.
[*cáscara* ＋増大辞]
cas·ca·rra·bias [kas.ka.řá.βjas] 男 女《単複同形》かんしゃく持ち，気難し屋.
cas·ca·rria [kas.ká.řja] 女 **1** 服のすそについた（泥などの）はね. **2** 《ラ米》(1) (ラプラタ)(特にかかとにたまった）垢(あか). (2) (、)錆(さび).
cas·ca·rrien·to, ta [kas.ka.řjén.to, -.ta] 形 《ラ米》(ラプラタ)《軽蔑》(1) 不潔な，汚らしい身なりの，格好がだらしない. (2) 半人前の，くちばしの黄色い.
cas·ca·rrón, rro·na [kas.ka.řón, -.řó.na] 形 **1**《話》無作法の，不快な. **2**《話》強風の.
cas·ca·ru·do, da [kas.ka.rú.ðo, -.ða] 形 皮［殻］の非常に厚い. ── 男 《ラ米》(ラプラタ)【昆】コガネムシ，甲虫類（の総称）.
cas·ca·ru·le·ta [kas.ka.ru.lé.ta] 女 **1**【植】穂の短いスペイン Andalucía 産小麦の一種. **2**《話》(あごを手のひらでたたいて出す）歯のぶつかる音.
***cas·co** [kás.ko] 男 **1** ヘルメット，かぶと. 〜 militar 鉄かぶと. 〜 de motorista ドライバー［ライダー］用ヘルメット. 〜 de bombero 消防士用ヘルメット. **2** 空き瓶，空き容器. 〜 de botella 空きボトル. 〜 de cerveza ビールの空き瓶. **3**【海】船郭，船体 (＝ 〜 del buque)；【航空】(水上飛行機の）艇身. **4** (馬などの）ひづめ (＝ 〜 de las caballerías). ►「牛・羊のひづめ」は pezuña. **5** (都市の）住宅密集地 (＝ urbano). el 〜 antiguo de una ciudad 旧市街. 〜 histórico 歴史地区. **6** 《複数で》（器物の）破片，かけら. 〜 de vidrio ガラスの破片. **7** (タマネギなどの）鱗茎(りんけい)の一枚，（ミカンの）一袋，（ピーマンなどの）一片. **8** 頭蓋(ずがい)骨；《複数で》《話》頭，おつむ. **9** 《複数で》ヘッドホン. **10** 《複数で》（脳と舌を抜いた）羊［子牛］の頭. **11** 《ラ米》(ラプラタ)(農場内の）区域. (2) (ラプラタ)(農場内の）中心地；(ラプラタ)農場の母屋，本館. (3) (プエルトリコ)(キューバ)果物のかけら. (4) (ニカラグア)胸. (5) (ラプラタ)《俗》ばか.
*calentar*le *los cascos* (a ＋人)《話》…で〈人を〉悩ます.
calentarse [*romperse*] *los cascos por* [*con*]… 《話》…のことで知恵を絞る；心配する，悩む. Se *calienta los ~s con* lo que dice la gente. 彼［彼女］は人が言っていることが気になってしかたがない.
casco azul 国連軍兵士.

estar mal de los cascos《話》〈人が〉夢中である,いかれている.
levantar de cascos a +人《話》〈人〉に幻想[空しい期待]を抱かせる,〈人〉をそそのかす.
romper los cascos a +人《話》〈人〉をうんざりさせる,いらだたせる.
sentar los cascos《話》〈人(の行動・考え方)〉が落ち着く,大人になる.
ser ligero de cascos《話》〈人が〉軽薄である.
[「かぶと」←「頭蓋骨」←「(器物の)かけら」; cascar [←〔俗〕*quassicare「打ち砕く」←〔ラ〕quassāre] より派生,【関連】casquete]

cas·co·te [kas.kó.te] 男《建物を取り壊した後に出る》瓦礫(がれき), 石くず, 廃材.

ca·se·a·ción [ka.se.a.θjón / -.sjón] 女〖牛乳の〗凝固, 凝乳化.

ca·sei [ka.séi] 男 カゼイ菌: 胃腸の働きを整える乳酸菌の一種.

ca·sei·co, ca [ka.séi.ko, -.ka] 形〖化〗チーズ(質)の; カゼインの. **ácido ~** カゼイン酸.

ca·sei·fi·ca·ción [ka.sei.fi.ka.θjón / -.sjón] 女 **1**〖化〗カゼインの凝固(生成); 〈牛乳の〉チーズ化. **2**〖医〗乾酪化, 乾酪変性.

ca·sei·fi·car [ka.sei.fi.kár] 102 他 カゼインを変成させる; 〈牛乳を〉カゼインを分離する.
— **~·se** 再〈牛乳が〉チーズ化する.

ca·se·í·na [ka.se.í.na] 女〖化〗カゼイン, (乾)酪素.

cá·se·o, a [ká.se.o, -.a] 形〖化〗チーズの, チーズ質の. — 男 カード, 凝乳.

ca·se·o·so, sa [ka.se.ó.so, -.sa] 形 チーズの, チーズ質の, チーズのような.

ca·se·ra [ka.sé.ra] 女〖商標〗→ gaseosa.
— 形 女 → casero.

ca·se·rí·a [ka.se.rí.a] 女 **1** 小集落;(点在する)農家(= caserío). **2** 家政. **3**《ラ米》顧客, 得意先.

ca·se·rí·o [ka.se.rí.o] 男 小集落;(点在する)農家.

ca·se·ris·mo [ka.se.rís.mo] 男〖スポ〗(サッカー)(主に審判による)ホームチームびいき.

ca·ser·na [ka.sér.na] 女 **1** 街道沿いの宿屋. **2**〖軍〗(堡塁(ほるい)の)地下倉庫[営舎].

ca·se·ro, ra [ka.sé.ro, -.ra] 形 **1** 家庭の; 自家製の. **cocina casera** 家庭料理. **salchicha casera** 自家製ソーセージ. **2** 気のおけない, 堅苦しくない. **una reunión casera** 内輪の集い. **3** 家族思いの, 家庭的な; 出不精の. **4** 手飼いの, 家畜の. **conejo ~** 飼いウサギ. **5**〖スポ〗(審判의)ホームチームびいきの.
— 男 女 **1** 家主, 大家. **2**(留守宅を預かる)管理人. **3** ホームチームびいきの審判. **4**《ラ米》(1)(か)《話》お得意. (2)(チリ)(カリブ)(ナカ)(ホンヅ)行商人.

ca·se·rón [ka.se.rón] 男 大きくて荒れた家.

ca·se·ta [ka.sé.ta] 女 **1** 小屋. **~ de perro** 犬小屋. **2** 仮設小屋. **~ de feria**(祭り・市の)露店, 出店, ブース→右図に図. **~ de tiro** 射的場. **3**(プール・海水浴場の)脱衣場, 更衣室.
caseta de cambios de agujas〖鉄道〗信号扱い所.
caseta del timón〖海〗操舵(そうだ)室, キャビン.
enviar [mandar] a +人 **a la caseta**〈審判が〉〈人〉に退場を命じる.
[casa + 縮小辞]

ca·se·te [ka.sé.te] 女(または男)カセットテープ; ビデオテープ(= **~ de video**). — 男 **1**(カセット)テープレコーダー. **2**《話》→ radiocasete.

ca·se·te·ro [ka.se.té.ro] 男 **1** カセット[ビデオ]ラック **2**《ラ米》(タイテ)ラジカセ, カセットデッキ.

caseta(祭りのテント小屋: セビーリャの春祭り)

ca·se·tón [ka.se.tón] 男〖建〗格間(ごうま): 格子状に区切られた(丸)天井装飾.

cash [kás / káʃ]〖英〗男〖複 ~〗現金.
— 副 現金で.

cash flow [kás flóu // káʃ -] 男〖複 ~s, ~〗〖経〗キャッシュフロー, (企業の)自己資金収支.

＊＊ca·si [ká.si] 副 **1** ほとんど(► その数量を越えない). **~ tres años** ほぼ3年. **~ la mitad de la población** 人口の半数近く. **~ siempre** いつでも. **~ con lágrimas en los ojos** 涙を浮かべんばかりにして. **en ~ todo el país** ほぼ全国で. **todos o ~ todos** 全員かほぼ全員. **la ~ totalidad [~ la totalidad] de los países** ほとんどすべての国々. **Es ~ imposible.** ほとんど不可能だ.
2 もう少しのところで…するところだった. **C~ se me olvida.** もう少しで忘れるところだった. **C~ me atreví a decir que...** …と私は言いそうになった. **3**《話》「ためらいや丁寧なニュアンスを表す」**C~ prefiero tomarme un whisky.** ウイスキーをいただこうかな.
casi que...《話》ほとんど…. **C~ que me aburre un poco.** それは私には少し退屈なくらいだ.
sin casi 全く, 完全に. **una pintura casi o sin ~ abstracta** ほとんど, あるいは全くの抽象画.
[←〔ラ〕*quasi* 接続「まるで…のように」]

ca·sia [ká.sja] 女〖植〗カシア: マメ科.

ca·si·con·tra·to [ka.si.kon.trá.to] 男〖法〗準契約(= cuasicontrato).

ca·si·da [ka.sí.ða] 女〖文学〗カスィーダ: 中世アラブ・ペルシアの長詩の形式.

ca·si·lla [ka.sí.ja ‖ -.ʎa] 女 **1**(チェス・方眼紙などの)升目;(書類などの)欄. **2**(家具・分類ケースなどの)小仕切り, 枠. **3**〖演〗切符売り場;(劇場内の)店舗, 売店. **4**《ラ米》(1)(ピビ)(鳥を捕らえる)仕掛けかご. (2) 私書箱(= **~ postal [de correo]**). (3)(ラ米)便所, トイレ.
sacar a +人 **de sus casillas**《話》〈人〉の生活のペースを乱す;〈人〉を激怒させる, 我慢できなくさせる.
salir(se) de sus casillas《話》激怒する, かっとする; 生活を変える.
[casa + 縮小辞]

ca·si·lle·ro [ka.si.jé.ro ‖ -.ʎé.-] 男 **1** 整理棚, 分類棚. **2**(分類用)キャビネットの各戸棚. **3**〖スポ〗スコアボード.

ca·sim·ba [ka.sím.ba] 女《ラ米》cacimba.

ca·si·mir [ka.si.mír] 男 カシミヤ: カシミール産のヤギの毛を使った高級毛織物[服地].

ca·si·mi·ra [ka.si.mí.ra] 女 → casimir.

Ca·si·mi·ro [ka.si.mí.ro] 固名 → Cachemira.

ca·si·mi·ro, ra [ka.si.mí.ro, -.ra] 形《ラ米》(アルゼ)(チリ)(ウルグ)(パラ) 斜視の, やぶにらみの; 片目の.
— 男 女《ラ米》(チリ)《話》ばか, まぬけ.

ca·si·ne·ro, ra [ka.si.né.ro, -.ra] 形 カジノ好きな, 博打(ばく)好きの.

ca·si·ne·te [ka.si.né.te] 男 《ラ米》(ᇴ)(ᇴ)安物の粗い毛織物.

*ca·si·no [ka.sí.no] 〔伊〕 男 1 カジノ, 賭博(とばく)場. 2 会員制社交クラブ.

Ca·sio [ká.sjo] 固名 カシオ:男子の洗礼名.

Ca·sio·pe·a [ka.sjo.pé.a] 固 1 〔ギ神〕 カッシオペイア:Andrómeda の母. 2 [C-] 〔星座〕 カシオペア座. [← 〔ラ〕 *Cassiopēia*← 〔ギ〕 *Cassiópeia*(いくつかの異形がある)]

ca·sis [ká.sis] 男 《単複同形》 1 〔植〕 カシス, クロミノフサスグリ. 2 カシス:クロミノフサスグリのリキュール.

ca·si·ta [ka.sí.ta] 女 1 casa+縮小辞 2 《ラ米》 (プ࿘)屋外便所.

ca·si·te·ri·ta [ka.si.te.rí.ta] 女 〔鉱〕 スズ石.

cas·mo·dia [kas.mó.ðja] 女 発作的に何度もあくびをする症状[病気];あくびを超えて頻繁にあくびをすること.

⁂ca·so¹ [ká.so] 男 1 場合. en ~ afirmativo [negativo] そう[そうでない]ならば. en ~ de emergencia 緊急の場合には. según el ~ 場合によって. Póngase en mi ~. 私の立場になって考えてみてください. Me veo en el ~ de acudir a ella. 私は彼女のところに行く.

2 出来事, 事件,事例. ~ misterioso 不思議な事件. estudio de ~s ケーススタディ,事例研究. ~ de conciencia 良心の問題.

3 症例;患者. ~ de gripe インフルエンザの患者.

4 〔言〕 格. ~ ablativo 奪格. ~ acusativo 対格. ~ dativo 与格. ~ genitivo 属格. ~ nominativo 主格. ~ vocativo 呼格.

caso clínico (1) 臨床例. (2) 常軌を逸した行動をする人.

caso perdido 手の施しようのないもの[人].

dado el caso (*de*) *que*+接続法 …ということになったら.

el caso es que+直説法 事実は…です, 実は…なのです.

el caso es que+接続法 要点は…ということです.

(*en*) *caso de*+名詞 …の場合は

(*en*) *caso de* +不定詞 [*que*+接続法] …する[…である]場合は. *en* ~ *de ser* posible である場合には. *en* ~ *de que llueva* 雨天の場合には.

en todo caso どんな場合でも;いずれにせよ.

en último caso 最後の手段として, やむをえない場合には.

hacer [*venir*] *al caso* 《話》関連する, 適切である.

hacer caso a+人 〈人〉の言うことに耳を傾ける, 尊重する.

hacer caso de... (1) …を考慮する, 気にかける. (2) …に従う.

hacer caso omiso de... 〈命令·指示など〉を無視する.

ni caso 《話》気にもしない.

no sea caso que+接続法 …するといけないから, …しないように.

poner por caso... …を例に挙げる. *Pongamos por* ~ *a Juan*. フアンを例にしてみよう. *Pongamos por* ~ *que...* …だと仮定してみよう.

ser un caso 変わった人である, 風変わりである.

[← 〔ラ〕 *cāsum* (*cāsus* の対格)「落下, 偶発事件」(*cadere*「落ちる」より派生);関連 casual, acaso. 〔英〕*case, chance*]

ca·so² [ká.so] 活 → casar.

ca·són [ka.són] 男 → casona.

ca·so·na [ka.só.na] 女 古くて立派な屋敷. [casa+増大辞]

ca·so·rio [ka.só.rjo] 男 《軽蔑》 1 思慮に欠ける結婚;不適切な結婚. 2 結婚式.

cas·pa [kás.pa] 女 1 (頭の)ふけ. 2 (銅の精錬時に発生する)スラグ, 酸化物.

cas·pi·cias [kas.pí.θjas / -.sjas] 女 《複数形》《話》残り物, 余り, 残りかす.

cas·pio, pia [kás.pjo, -.pja] 形 〔史〕 カスピの. *Mar C*~ カスピ海(世界最大の塩湖).
— 男女 カスピ人.

cas·pi·ro·le·ta [kas.pi.ro.lé.ta] 女 《ラ米》(ᇴ)(ᇴ) (プ࿘)(キ)卵酒:熱い牛乳·鶏卵·砂糖·ニッケイ·焼酎(しょうちゅう)などを混ぜ合わせた飲み物.

¡cás·pi·ta! [kás.pi.ta] 〔伊〕 間投 《驚き·不快》これはこれは, おやおや;いまいましい, ちぇっ.

cas·po·si·dad [kas.po.si.ðáð] 女 《話》《軽蔑》(これ見よがしな)流行遅れ, 悪趣味.

cas·po·so, sa [kas.pó.so, -.sa] 形 1 ふけだらけの, ふけ性の. 2 《話》《軽蔑》汚らしい, けちな;時代錯誤の. *Es una idea casposa*. それは古くさい考えだ.

cas·que·rí·a [kas.ke.rí.a] 女 (牛肉などの)臓物店.

cas·que·ro, ra [kas.ké.ro, -.ra] 男女 臓物売り.
— 男 松の実を取り出す場所.

cas·que·te [kas.ké.te] 男 1 縁なし帽;スカル·キャップ. 2 (はげ隠しの部分的)かつら. 3 〔医〕(頭癬(ずせん)などが頭に絆(ばん)する)湿布. 4 〔軍〕ヘルメット.

casquete esférico 球冠.

casquete glaciar 氷冠, 氷帽:山頂などを覆う万年雪.

casquete polar 極地氷床.

echar un casquete 《俗》《まれ》性交する.

cas·qui·jo [kas.kí.xo] 男 (コンクリートに用いる)砂利, バラス (= guijo).

cas·qui·llo [kas.kí.jo ‖ -.ʎo] 男 1 (空の)薬莢(やっきょう). 2 紙葉巻の金属底部. 3 〔電〕(電球の)口金. ~ *de rosca* ねじ込み型口金. 4 (先端を補強する)金具. ~ *de un bastón* ステッキの石突き. 5 (鉄製の)矢じり. 6 《ラ米》(ラ)(ᇴ)ペン軸. (2) 馬蹄(ばてい), 蹄鉄. 7 (プ࿘)帽子の裏地.

cas·qui·va·no, na [kas.ki.bá.no, -.na] 形 《話》《軽蔑》軽薄な;尻軽(しりがる)な, ふしだらな.
— 男女 《話》《軽蔑》軽薄な人;ふしだらな人.

cas·set·te [ka.sé.te ‖ -.sét] 〔仏〕 男 (または女) → casete.

cast [kást] 〔英〕 男 → reparto, elenco.

*cas·ta [kás.ta] 女 1 (動物の)種, 血統 (= raza). *cruzar las* ~*s* 交配する. *Este caballo tiene la* ~ *cruzada*. この馬は混血種だ.

2 血筋, 家系, 家柄. *descender de una* ~ *noble* 貴族の末裔(まつえい)である. *Eso le viene de* ~. さすがに血は争えない.

3 (インドの)カースト(制度), 身分階層. ♦brahmán (バラモン, 宗司階層), chatria (クシャトリア, 王侯·戦士階層), vaisya (バイシャ, 商·農民階層), sudra (シュードラ, 手工業·隷民階層)に大別される. 4 (職業·信仰·血統などによる)閉鎖的な社会集団, 特権グループ.

de casta (1) (技芸などの才能が)生まれながらの. *un torero de* ~ 生まれながらの闘牛士. (2) (動物が)純血種の.

De casta le viene al galgo (*el ser rabilargo*). 〔諺〕この親にしてこの子あり(←猟犬は血統で決まる).

cas·ta·do, da [kas.tá.ðo, -.ða] 形 《ラ米》(ᇴ)

cas·tá·li·das [kas.tá.li.ðas] 囡《複数形》《ギ神》ムーサ, ミューズ: 学問・芸術を司(つかさど)る9人の女神. = musa.

cas·ta·lio, lia [kas.tá.ljo, -.lja] 形《文語》(ギリシアの霊泉)カスタリアの; ムーサ[ミューズ]の.

*__cas·ta·ña__ [kas.tá.ɲa] 囡 **1** クリ(栗), クリの実. ~ confitada マロングラッセ. ~ pilonga [apilada, maya] (保存用の燻製(くんせい)にした)クリ. ¡C~s calentitas! (呼び売りの声)焼きグリ. ▶ クリの木は castaño. **2** (栗の形に)結った髪, シニョン. **3**《ざんぐりした》大瓶. **4**《話》げんこつ, パンチ. arrear una ~ パンチを食らわす. **5**《話》衝突. pegarse una ~ con... ...とぶつかる. **6**《話》酔っ払うこと. agarrar una buena ~ ぐでんぐでんになる. **7**《話》退屈な人[もの]. **8**《話》がらくた. **9**《ラ米》(酒の)小さな樽(たる).
— 形 → castaño.
castaña de Indias《植》マロニエの実[種].
meter una castaña a+人《話》(人)に大金を支払わせる.
sacar a+人 las castañas del fuego〈人を〉苦境から救う; 火中の栗を拾う.
¡Toma castaña!《俗》ざまあみろ; ちくしょう.
[← 〜) *castaneam (castanea* の対格) ← 〔ギ〕*kástanon*;〔関連〕*castañeda*. 〔英〕*chestnut*〕

cas·ta·ñar [kas.ta.ɲár] / **cas·ta·ñal** [kas.ta.ɲál] 男 クリ(栗)林.

cas·ta·ña·zo [kas.ta.ɲá.θo / -.so] 男《話》パンチ, 殴打(= puñetazo).

cas·ta·ñe·ar [kas.ta.ɲe.ár] 他 自 → castañetear.

cas·ta·ñe·da [kas.ta.ɲé.ða] 囡 → castañar.

cas·ta·ñe·ro, ra [kas.ta.ɲé.ro, -.ra] 男 囡 焼きグリ売り.

cas·ta·ñe·ta [kas.ta.ɲé.ta] 囡 **1**《音楽》カスタネット(= castañuela). **2** 指をパチンとはじく音. **3**《闘牛》(闘牛士が髷(まげ)に結ぶ)リボン(= moña).

cas·ta·ñe·ta·da [kas.ta.ɲe.tá.ða] 囡 → castañetazo.

cas·ta·ñe·ta·zo [kas.ta.ɲe.tá.θo / -.so] 男 **1** カスタネットの音; クリ(栗)のパチパチはぜる音; 指をパチンとはじく音; 骨のポキポキ鳴る音. **2**《話》パンチ, 殴打.

cas·ta·ñe·te·ar [kas.ta.ɲe.te.ár] 他 カスタネットで演奏する. — 自 **1** 〈歯が〉ガチガチ音をたてる. *Los dientes me castañetean de frío.* 寒さで歯がガチガチ鳴る. **2** 〈骨が〉ポキポキ鳴る. **3** カスタネットを鳴らす. **4** 〈シャコ・ヤマウズラが〉コッコッと鳴く.

cas·ta·ñe·te·o [kas.ta.ɲe.té.o] 男 カスタネットをカチカチ鳴らすこと;(歯が)ガチガチ鳴ること;(骨が)ポキポキ鳴ること.

*__cas·ta·ño, ña__ [kas.tá.ɲo, -.ɲa] 形 くり色の; 〈くり毛の, una cabellera *castaña* くり色の髪. caballo ~ くり毛の馬(= marrón). — 男 **1**《植》クリ(の木). ▶ 実は castaña. **2** くり色(《ラ米》(茶の)茶色.
castaño de Indias《植》マロニエ, セイヨウトチノキ.
pasar de castaño oscuro《話》度を越す, 行きすぎる.

castaño de Indias(マロニエ)

cas·ta·ño·la [kas.ta.ɲó.la] 囡《魚》(地中海の)シマガツオ, シマガツオ科の魚の総称.

cas·ta·ñue·la [kas.ta.ɲwé.la] 囡 **1** 《主に複数で》《音楽》カスタネット. **2**《植》ヒノキ科シダレイトスギ属の植物の一種.
estar (alegre) como unas castañuelas《話》うきうきしている, 心が弾んでいる.

cas·te·lla·na [kas.te.já.na ‖ -.ʎá.-] 形 囡 → castellano.

cas·te·lla·nis·mo [kas.te.ja.nís.mo ‖ -.ʎa.-] 男 **1** (標準スペイン語とは違った)カスティーリャ Castilla 地方特有のスペイン語法[表現・語彙・単語]. **2** カスティーリャ的特質(を支持するイデオロギー・ふるまい).

cas·te·lla·ni·za·ción [kas.te.ja.ni.θa.θjón ‖ -.ʎa.- / -.sa.sjón] 囡 カスティーリャ語[スペイン語]化(外来語の発音・形態・綴りなどをカスティーリャ語[スペイン語]的なものにすること); カスティーリャ語教育, カスティーリャ語を話せるようにする[なる]こと.

cas·te·lla·ni·zar [kas.te.ja.ni.θár ‖ -.ʎa.- / -.sár] 97 他 **1**〈外国の言葉を〉カスティーリャ語[スペイン語]化する. ⇒ 英語 *football* を fútbol で「サッカー」, 英語 *whisky* を güisqui など. **2** カスティーリャ風にする.
— 〜·se 再 カスティーリャ的なもの[人]になる.

**cas·te·lla·no, na [kas.te.já.no, -.na ‖ -.ʎá.-] 形《名詞+》
(ser+) **1**《スペインの》カスティーリャ Castilla の; カスティーリャ語の(▶ 現在の Castilla y León と Castilla-La Mancha 自治州. 形 男 囡 はそれぞれ castellano-leonés, -nesa, castellano-manchego, -ga);《史》カスティーリャ王国の. la gramática de la lengua *castellana* カスティーリャ語文法. la meseta *castellana* カスティーリャ高原. a la *castellana* カスティーリャ地方風に. **2** (標準)スペイン語の. versión *castellana* カスティーリャ[スペイン]語版.
— 男 囡 **1** カスティーリャの住民[出身者]. **2** (広義で)スペイン人.
— 男 **1** カスティーリャ語, スペイン語(◆スペインの公用語の一つ. もともとはスペインの一方言(カスティーリャ方言)であるが, いわゆる標準スペイン語と言われているもの. スペインでは1978年憲法により, カタルーニャ語 catalán, ガリシア語 gallego, バスク語 vascuence も公用語として認められたので, 厳密に区別する場合に castellano と呼ばれる. アンダルシア方言はその一変種). la traducción al ~ カスティーリャ語への翻訳. **2** 城主, 城持ち領主. **3** (中世の)カスティーリャ金貨.
castellano viejo 旧カスティーリャ Castilla la Vieja の住人[出身者].

cas·te·lla·no·ha·blan·te [kas.te.ja.no.a.βlán.te ‖ -.ʎa.-] 形 (特に母語として)カスティーリャ語を話す. — 男 囡 カスティーリャ語話者.

cas·te·llers [kas.te.jé(r)s ‖ -.ʎé(r)s][カタルーニャ] 男《複数形》人の塔[城]: カタルーニャの民俗芸能で, 人の上に人が乗って作る塔(の構成員).

Cas·te·llón [kas.te.jón ‖ -.ʎón] 固名 カステリョン: スペイン南東部 Valencia 地方の県; 県都 ~ de la Plana.

cas·te·llo·nen·se [kas.te.jo.nén.se ‖ -.ʎo.-] 形 カステリョン(デ・ラ・プラナ)の.
— 男 囡 カステリョン(デ・ラ・プラナ)の住民[出身者].

cas·ti·ci·dad [kas.ti.θi.ðáð / -.si.-] 囡 **1** (言語・文体などの)純粋さ, 純正. **2** (人の)生粋性; 純血.

cas·ti·cis·mo [kas.ti.θís.mo / -.sís.-] 男 **1** 生粋[純血]主義, 正統尊重主義.
2 (主語・文体への外国語の影響を嫌う)純粋主義.
cas·ti·cis·ta [kas.ti.θís.ta / -.sís.-] 形 (言語の)純粋化主義の. ── 男 女 (言語の)純正[純粋]主義者.
cas·ti·dad [kas.ti.ðáð] 女 純潔, 貞操. hacer voto de ~ (聖職者が)貞潔を誓う.
cas·ti·ga·ción [kas.ti.ga.θjón / -.sjón] 女 → castigo.
cas·ti·ga·dor, do·ra [kas.ti.ga.ðór, -.ðó.ra] 形 罰する. ── 男 女 **1** 処罰者, 懲らしめる人. **2** 《話》男[女]泣かせ.
*__**cas·ti·gar**__ [kas.ti.gár] 103 他 **1** 《por... / de...》 …の罪で《**con**... …をもって》**罰する**; 懲らしめる; 《a+不定詞》罰として《…》させる. ~ a un acusado *con* pena de cárcel 被告に禁固刑を科す. ~ una actitud soberbia 傲慢な態度を懲らしめる. ~ a un jugador *por* una falta 反則を犯した選手にペナルティーを科す. *Me han castigado a fregar los platos.* 私は罰として皿洗いをさせられた.
2 痛めつける, 苦しめる. ~ a los alumnos con los deberes 生徒を宿題で苦しめる. ~ al equipo local 《スポ》地元チームを打ち負かす. *El huracán castigó la región.* ハリケーンはその地方に大きな被害を与えた.
3 〈馬を〉(むちなどで)速く走らせる; 《闘牛》〈牛を〉消耗させる. **4** (恋愛感情をもって)誘惑する. **5** 《ラ米》《ねじなどを》締める.
[← 〔ラ〕 *castīgāre* 「矯正する・罰する」(*castus* 「品行方正な」(→ casto) + *agere* 「導く」); 関連 〔英〕 castigate, chaste]
*__**cas·ti·go**__ [kas.tí.go] 男 **1** 罰, 刑罰; 懲罰. imponer [infligir] un ~ de diez años de prisión a +人 〈人〉に禁固10年の刑を科す. levantar el ~ 刑を解く. ~ de Dios [del cielo, del Señor] / ~ divino 天罰. ~ ejemplar 見せしめの刑. pase de ~ 《闘牛》牛を消耗させるためのパセ.
2 苦しみを与えるもの, 責め苦. *Este impuesto es un ~ para los asalariados.* この税金はサラリーマンにとっては拷問のようなものだ.
3 《スポ》(1) ペナルティー, 罰則(= penalti). máximo ~ (サッカーなどの)ペナルティーキック. (2)《話》大敗. **4**《古語》(文章などの)修正, 訂正.
ser de castigo 非常につらい, 厳しい.
castigue(-) / castigué(-) 直 → castigar.
cas·ti·lla [kas.tí.ja ‖ -.ʎa-] 女 (1)《ラ米》(1)《ラ米》(ホジョ) カスティーリャ語, スペイン語. (2)《タカ》粗いラシャ.
*__**Cas·ti·lla**__ [kas.tí.ja ‖ -.ʎa-] 固名 **1** カスティーリャ: スペインの中央部, 北部にまたがる地方. 現代の Castilla y León 自治州と Castilla-La Mancha 自治州にあたる.
2 Reino de ~ 《史》カスティーリャ王国. ♦ Castilla 伯 Fernán González は961年 León 王国から独立し, 1037年 Fernando 1世のもと王国となる. 後, 半島中部のレコンキスタを進める. Aragón 連合王国との統合(1479年)後もスペインの政治の中核であり続けた.
¡Ancha es Castilla!《話》思う存分やろう[やりなさい].
de Castilla《ラ米》スペイン製の, スペイン産の, 舶来の; 上等な.
[← 〔古スペイン〕 *Castiella* ← 〔ラ〕 *Castella* (*castellum* 「砦(とりで)」の複数形. レコンキスタの時代, この地方には「砦」が多く構築されていた)]
cas·ti·lla·do, da [kas.ti.já.ðo, -.ða ‖ -.ʎá.-] 形 《紋》小さい城をちりばめた.
*__**Cas·ti·lla-La Man·cha**__ [kas.tí.ja la máɲ.tʃa ‖ -.ʎa- -] 固名 カスティーリャ・ラ・マンチャ: スペインの自治州. → autónomo.
*__**Cas·ti·lla y Le·ón**__ [kas.tí.ja i le.ón ‖ -.ʎa- -] 固名 カスティーリャ・イ・レオン: スペインの自治州. → autónomo.
cas·ti·lle·jo [kas.ti.jé.xo ‖ -.ʎé.-] 男 **1** (幼児用の)歩行器. **2** (工事現場の)足場.
cas·ti·lle·te [kas.ti.jé.te ‖ -.ʎé.-] 男 やぐら; (高圧線などの)鉄塔. ~ de extracción 巻き上げやぐら. [castillo + 縮小辞]
*__**cas·ti·llo**__ [kas.tí.jo ‖ -.ʎo-] 男 **1** 城, 城砦(じょうさい). hacer un ~ de [en la] arena 砂の城を作る; 砂上の楼閣を建てる. *En este pueblo hay un ~ muy hermoso.* この村にはとても美しい城がある.
2《海》船首楼[甲板]. ~ de popa 船尾楼[甲板].
castillo de fuego [*fuegos artificiales, fuegos de artificio*] 仕掛け花火.
castillo de naipes トランプで組み立てた城; 砂上の楼閣.
hacer [*levantar*] *castillos en el aire* 甘い考えを抱く.
[← 〔ラ〕 *castellum* 「とりで」(*castrum* 「陣営」+ 縮小辞); 関連 alcázar. 〔仏〕 *château*. 〔英〕 *castle*]
cas·ti·na [kas.tí.na] 女 《冶》融剤, フラックス.
cast·ing [kás.tin] 男《複~s, ~》《映》《TV》 **1** (映画テレビ・広告などのための俳優・モデル・タレントの)起用[配役]の決定; オーディション.
2 → reparto, elenco.
cas·ti·za·men·te [kas.tí.θa.mén.te / -.sa.-] 副 純正に, 由緒正しく.
*__**cas·ti·zo, za**__ [kas.tí.θo, -.θa / -.so, -.sa] 形 **1** 生粋の, 純粋の; 〈言語が〉純正の, 外国語の要素を含んでいない. un madrileño ~ 生粋のマドリードっ子.
2 気がきいて感じのよい. **3** 《ラ米》カスティーソ(白人とメスティーソ mestizo の混血)の.
── 男 女 **1** 気がきいて感じのよい人. **2**《ラ米》(ホジョ)(ネネ) カスティーソ: 白人とメスティーソの混血.
cas·to, ta [kás.to, -.ta] 形 純潔な, 貞節な, 貞淑な.
cas·tor [kas.tór] 男 **1**《動》ビーバー. **2** ビーバーの毛皮; ビーバーの毛でできたフェルト; ビーバー・クロス. → castorina.《ラ米》(ホジョ)《服飾》(ウールの)ペチコート, すそよけ.
*__**Cás·tor**__ [kás.tor] 固名《ギ神》カストル: Leda が生んだ双子のひとり.
Cástor y Pólux (1) カストルとポルクス: 船乗りの守護神. (2) 聖エルモの火 (= Fuego de Santelmo). (3)《星座》カストルとポルクス: ふたご座のα星と β星. [← 〔ラ〕 *Castor* ← 〔ギ〕 *Kástōr*]
cas·to·re·ño [kas.to.ré.ɲo] 男《闘牛》ピカドールの帽子 (= sombrero ~).
cas·tó·re·o [kas.tó.re.o] 男 ビーバー香: 薬品・香料の原料.
cas·to·ri·na [kas.to.rí.na] 女 **1** ビーバー・クロス: ビーバーの毛皮に似せた毛織物.
2 ビーバーに含まれる脂成分.
cas·tra·ción [kas.tra.θjón / -.sjón] 女 **1** 去勢.
2 (植木などの)刈り込み, 剪定(せんてい).
cas·tra·do, da [kas.trá.ðo, -.ða] 形 去勢された. ── 男 女 去勢された人[動物].
cas·tra·dor [kas.tra.ðór] 男 (人・動物の)去勢を行う人.
cas·tra·du·ra [kas.tra.ðú.ra] 女 **1** 去勢; 去勢の

castrametación

傷跡. **2**〖植木などの〗刈り込み, 剪定(ﾂ). **3**〖ミツバチの巣箱から〗採蜜(ﾂ)のため巣板を取り出すこと.

cas·tra·me·ta·ción [kas.tra.me.ta.θjón / -.sjón] 囡〖軍〗陣立て, 布陣法.

cas·trar [kas.trár] 他 **1**〈人・動物を〉去勢する. **2**〈勇気・力を〉弱める, くじく. **3**〈養蜂(ﾂ)の巣箱から〉採蜜(ﾂ)する. **4**〈枝を〉刈り込む, 剪定(ﾂ)する; 間引きする. **5**〈患部・潰瘍(ﾂ)を〉焼く, 焼灼(ﾂ)する.

cas·tra·to [kas.trá.to]〖伊〗〖音楽〗カストラート〖歌手〗: 高音域を保つため変声期前に去勢手術を施された男性歌手.

cas·tra·zón [kas.tra.θón / -.són] 囡〖採蜜(ﾂ)のため〗巣箱から巣板を取り出すこと〖時期〗.

cas·tren·se [kas.trén.se] 形 軍隊の. capellán ~ 従軍司祭. disciplina ~ 軍紀.

cas·tris·mo [kas.trís.mo] 男 カストロ主義〖体制〗.

cas·tris·ta [kas.trís.ta] 形 カストロ主義〖体制〗の〖に関する〗.
── 男 囡 カストロ主義〖体制〗の支持者〖追随者〗.

cas·tro [kás.tro] 男 **1**〖イベリア半島の前ローマ時代の〗砦(ﾂ)を持つ集落. **2** 石けり遊び.

Cas·tro [kás.tro] 固名 カストロ.(**1**) Américo ~ (1885-1972). スペインの歴史家・文献学者.(**2**) Fidel ~ (Ruz)(1926 ? -). キューバの革命指導者・政治家・首相〖在任1959- 〗(**3**) Rosalía de ~ (1837-85). スペインの作家.
[←〖ラ〗castrum「陣営, 宿営」〖「砦の近くに住む人」が原義〗, 関連 castillo, 〖英〗castle]

cas·trón [kas.trón] 男 **1** 去勢したヤギ. **2**〖比喩的に〗去勢した大酒飲み.

cas·tú·o, a [kas.tú.o, -.a] 形 エストレマドゥーラExtremadura の.── 囡 エストレマドゥーラの住民〖出身者〗. ── 男 〖言〗エストレマドゥーラ方言.

*__**ca·sual**__ [ka.swál] 形 **1** 偶然の; 思いがけない; 《que +接続法 …であるのは》偶然である. un encuentro ~ 偶然の出会い. **2**〖文法〗格の, 格に関する. **3**〖服飾〗〈衣服の〉気軽な, カジュアルな.
por un casual 偶然に.
[←〖ラ〗cāsuālis (cāsus の対格) cāsus「偶発事件」(→ caso) より派生, 関連 〖英〗casual. 〖カジュアル〗]

*__**ca·sua·li·dad**__ [ka.swa.li.dáđ] 囡 **1** 偶然, 予期せぬこと (=azar). Pero, ¡qué ~! Yo también soy de Oviedo. それにしても偶然だね. 僕もオビエド出身なんだ. Fue una pura ~ que yo estuviera allí. 私がそこにいあわせたのは全くの偶然だった (▶ que 以下が主語. 節内の動詞は接続法). Dio la ~ de que se encontraron en la calle. 彼らは偶然に街で会った (▶ de que 以下の動詞は直説法). La ~ hizo que, entonces, no hubiera nadie en el aula. 偶然そのとき教室には誰もいなかった. **2**《複数で》〖ラ米〗(ﾒｷ)〖事故・戦闘などの〗死傷者.
por casualidad たまたま, 思いがけなく. ¿Tiene por ~ un peine? ひょっとしてくしを持っていませんか.

ca·sua·lis·mo [ka.swa.lís.mo] 男 〖哲〗〖世界の生成・変転への〗偶然論.

ca·sual·men·te [ka.swál.mén.te] 副 **1** 偶然, 思いがけず, たまたま. **2** まさに; ちょうどよく.

ca·sua·ri·na [ka.swa.rí.na] 囡〖植〗モクマオウ.

ca·sua·rio [ka.swá.rjo] 男〖鳥〗ヒクイドリ.

ca·su·ca [ka.sú.ka] 囡 **1** 小さな家. **2** → casucha.

ca·su·cha [ka.sú.tʃa] 囡〖軽蔑〗ちっぽけなあばら家, バラック.

ca·su·cho [ka.sú.tʃo] 男 → casucha.

ca·suis·ta [ka.swís.ta] 形 決疑論者の; 詭弁(ﾂ)家の. ── 男 囡 決疑論者; 詭弁家.

ca·suís·ti·co, ca [ka.swís.ti.ko, -.ka] 形 **1** 決疑論の; 詭弁(ﾂ)的な. **2**〖法律などが〗個別的な.
── 囡 **1**〖神〗決疑論: 倫理上・宗教上の規範と実際にとるべき行為とが衝突する場合, 罪になるような行為の原則をたて, 疑いを晴らすもの. **2** 個別の問題の集まり. Ya hemos discutido bastante sobre la *casuística*. 私たちは個別の問題についてはもう十分議論を重ねた.

ca·su·lla [ka.sú.ja ‖ -.ʎa] 囡〖カト〗〖司祭がミサに着る〗カズラ, 上祭服.

ca·ta [ká.ta] 囡 **1** 試食, 試飲. vender un melón a cala y ~ メロンなどを試食販売する. **2**〖試食・試飲用の〗サンプル. **3**〖ラ米〗(**1**)〖鳥〗インコ. (**2**)(ｱﾙｾﾞ)隠匿物; へそくり. (**3**) 試掘; 試験ボーリング.

cata- 〖接頭〗「下に向かって, …に反して, …にわたって」の意. 母音の前では cat-. ⇒ *cata*clismo, *cata*goría, [-¦-]

ca·ta·bó·li·co, ca [ka.ta.bó.li.ko, -.ka] 形 〖生化〗異化(作用)の〖に関する〗.

ca·ta·bo·lis·mo [ka.ta.bo.lís.mo] 男 〖生化〗異化(作用) (↔anabolismo).

ca·ta·bre [ka.tá.bre] 男〖ラ米〗(ｺﾛﾝ)(ﾍﾞﾈｽﾞ) ヒョウタンの器; かご, バスケット.

ca·ta·cal·dos [ka.ta.kál.dos] 男 囡 《単複同形》〖話〗(**1**)〖なんにでも手を出すが〗飽きっぽい人, 長続きしない人. **2** お節介, 詮索(ﾂ)好きな人.

ca·ta·clis·mo [ka.ta.klís.mo] 男 **1** (地震・洪水などの) 天変地異, 大異変. **2** (政治的・社会的の) 大変動, 大変革. La revolución francesa fue el ~ que acabó con el antiguo régimen. フランス革命は旧体制を倒した大変革だった. **3** (生活上の) 災難.

ca·ta·cre·sis [ka.ta.kré.sis] 囡《単複同形》〖修辞〗語の転化用法: 語本来の意味を無理に拡大して転用すること.

ca·ta·cum·bas [ka.ta.kúm.bas] 囡《複数形》カタコンベ: 初期キリスト教徒の迫害避難所, 地下墓地.

ca·ta·dióp·tri·co, ca [ka.ta.djóp.tri.ko, -.ka] 形〖光〗〖光学機器が〗反射と屈折を用いた, 鏡とレンズを利用した. telescopio ~ カタディオプトリック(式) (反射)望遠鏡.
── 男〖光〗反射〖鏡〗と屈折〖レンズ〗を用いた光学装置;(自転車などにつける)反射板.

ca·ta·dor, do·ra [ka.ta.đór, -.đó.ra] 男 囡 (ワインの) 鑑定家.

ca·tá·dro·mo, ma [ka.tá.dro.mo, -.ma] 形〖魚〗〈魚が〉降河性の, 降河回遊性の: ウナギなど, 淡水に住み, 産卵のために海に移動するものについていう.

ca·ta·du·ra [ka.ta.đú.ra] 囡《通常 fea, mala を伴い》〖話〗態度, 顔つき. un individuo de *mala* ~ 嫌な感じの人.

ca·ta·fal·co [ka.ta.fál.ko] 男 (教会内の) 棺台.

ca·tá·fo·ra [ka.ta.fo.ra] 囡〖文法〗後方照応: 指示詞・代名詞などが後続の単語や句を指し示すこと.

ca·ta·fó·ri·co, ca [ka.ta.fó.ri.ko, -.ka] 形〖文法〗後方照応の.

ca·ta·ja·na [ka.ta.xá.na] 囡〖ラ米〗(ﾄﾞﾐ)〖話〗群衆.

***__ca·ta·lán, la·na__** [ka.ta.lán, -.lá.na] 形 (スペインの) カタルーニャ ⇒ Cataluña の, カタルーニャ人〖語〗の.

catarata

—男女 カタルーニャの住民[出身者].
—男 カタルーニャ語：Barcelona, Valencia を中心とするスペイン東部の地中海側，および Baleares 諸島で話されるロマンス語の一つ．1978年憲法により，スペインの公用語の一つに認められた．→castellano.

ca·ta·la·ni·dad [ka.ta.la.ni.ðáð] 女 カタルーニャ性，カタルーニャ的特質.

ca·ta·la·nis·mo [ka.ta.la.nís.mo] 男 **1** カタルーニャ分離[独立]主義. **2** カタルーニャ語の言い回し，カタルーニャ語からの借用語（法）. **3** カタルーニャびいき；カタルーニャ人気質，カタルーニャ的特質.

ca·ta·la·nis·ta [ka.ta.la.nís.ta] 形 カタルーニャ分離[独立]主義の，カタルーニャ分離[独立]主義者；カタルーニャ語[文化]研究者.

ca·ta·la·ni·za·ción [ka.ta.la.ni.θa.θjón / -.sa.sjón] 女 カタルーニャ(語)化.

ca·ta·la·ni·zar [ka.ta.la.ni.θár / -.sár] 97 他 〈人・場所・ものなどを〉カタルーニャ的なものにする；カタルーニャ語化する.
— ~·se 再 カタルーニャ(人[語])化する.

ca·ta·la·no·ha·blan·te [ka.ta.la.no.a.blán.te] 形 (特に母語として)カタルーニャ語を話す.
— 男女 カタルーニャ語話者.

ca·ta·le·jo [ka.ta.lé.xo] 男 望遠鏡.

ca·ta·lep·sia [ka.ta.lép.sja] 女『医』カタレプシー，強硬(きょう)症.

ca·ta·lép·ti·co, ca [ka.ta.lép.ti.ko, -.ka] 形『医』カタレプシーの，強硬症の.
— 男女 強硬症患者.

ca·ta·li·cón [ka.ta.li.kón] 男 → catolicón.

ca·ta·li·co·res [ka.ta.li.kó.res] 男〔単複同形〕試料採取管，ピペット.

ca·ta·li·na [ka.ta.lí.na] 女〔話〕(幼児の)便，(動物の)糞(ふん).

Ca·ta·li·na [ka.ta.lí.na] 固名 カタリーナ：女子の洗礼名．[←〔ラ〕*Catharina*；〖関連〗〔ポルトガル〕*Catarina*.〔英〕*Catherine*. 〔伊〕*Caterina*. 〔独〕*Katharina, Katharine*]

ca·tá·li·sis [ka.tá.li.sis] 女〔単複同形〕『化』触媒作用.

ca·ta·lí·ti·co, ca [ka.ta.lí.ti.ko, -.ka] 形『化』触媒の.

ca·ta·li·za·dor, do·ra [ka.ta.li.θa.ðór, -.ðó.ra / -.sa.-] 形『化』触媒の(働きをする). — 男 **1** 触媒. **2** （グループを）まとめる人，牽引(けんいん)者.

ca·ta·li·zar [ka.ta.li.θár / -.sár] 97 他 **1** …に触媒作用を起こす；〈反応を〉起こす. **2** 〈グループを〉まとめる，活性化する.

ca·tal·ni·ca [ka.tal.ní.ka] 女〔話〕『鳥』オウム，インコ.

ca·ta·lo·ga·ble [ka.ta.lo.gá.ble] 形 類型化されうる，カタログ化可能な.

ca·ta·lo·ga·ción [ka.ta.lo.ga.θjón / -.sjón] 女 目録作成；分類.

ca·ta·lo·ga·dor, do·ra [ka.ta.lo.ga.ðór, -.ðó.ra] 形 カタログ作成の. — 男女 カタログ作成者.

ca·ta·lo·gar [ka.ta.lo.gár] 103 他 **1** 目録[カタログ]を作る；目録に掲載する.
2 《**como...** …として / **de...** …として》/《**entre...** …に》分類する，類別する． ~ a+人 *de* conservador 〈人を〉保守派と見なす.

***ca·tá·lo·go** [ka.tá.lo.go] 男 目録，カタログ (=*inventario*). ~ *de muestra* 見本カタログ． ~ *alfabético de autores [títulos, materias]* アルファベット順著者[書名，事項]目録. *comprar por* ~ カタログを見て買う．[←〔後ラ〕*catalogus*←〔ギ〕*katálogos*；〖関連〗〔英〕*catalog*]

ca·tal·pa [ka.tál.pa] 女『植』キササゲ.

ca·ta·lu·fa [ka.ta.lú.fa] 女 **1** (昔のじゅうたん用の)厚手の毛織物.
2 《ラ米》(ラプ)『魚』キントキダイ.

***Ca·ta·lu·ña** [ka.ta.lú.ɲa] 固名 カタルーニャ，カタロニア：スペイン北東部の地方；自治州． → autónomo.● 地理的・歴史的に地中海世界とのつながりが深く，中央集権化を指向する内陸の Castilla とはライバル関係にある．[←〔カタルーニャ〕*Catalunya*←〔中 ラ〕*Cat(h)alōnia*；〔古スペイン〕*Catalueña* (←〔中ラ〕*Cattalonia*) も文献に残っている]

catalpa (キササゲ)

ca·ta·ma·rán [ka.ta.ma.rán] 男『海』**1** カタマラン(船)，双胴船.
2 (インドなどで用いられる)筏(いかだ).

ca·ta·na [ka.tá.na] 女 **1** 新月刀．► 日本語の刀より. **2** 《ラ米》(タリ)(1) (ちょう)(くちょう)『軽蔑』警官のサーベル．(2) (とりあつ)『鳥』インコ・オウムの類．(3) (きし)重く不格好なもの，壊れた機械.

ca·ta·na·re [ka.ta.ná.re] 男 《ラ米》(ェネズ)〔話〕おんぼろの車.

ca·tan·ga [ka.táŋ.ga] 女 《ラ米》(1) (ぼり)(うる)『昆』クソムシ，糞虫(ふんちゅう)．(2) (うる)(ペル)荷馬車．(3) (ベネズ)窒(ちっ).

ca·ta·plas·ma [ka.ta.plás.ma] 女 **1** パップ，湿布. **2** 病気がちな人. **3** 〔話〕『軽蔑』うんざりさせる人，うるさい人.

ca·ta·ple·xia [ka.ta.plék.sja] 女『医』脱力発作，カタプレキシー；『獣医』(動物の)筋強直症.

ca·ta·plí·nes [ka.ta.plí.nes] 男〔複数形〕『婉曲』睾丸(こうがん).

ca·ta·plis·mos [ka.ta.plís.mos] 男〔複数形〕『俗』婦人服用の肩パッド.

¡ca·ta·plum! / ¡ca·ta·plún! [ka.ta.plún]〔擬〕(物の落下・衝突時の音)ガチャン，ドスン，バタン.

ca·ta·pul·ta [ka.ta.púl.ta] 女 **1** (石・矢を射る)石弓(いしゆみ)，投石器. **2** 『航空』カタパルト，(船上など狭い場所での飛行機の)射出装置.

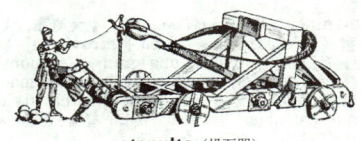

catapulta (投石器)

ca·ta·pul·tar [ka.ta.pul.tár] 他 **1** カタパルトで射出する[発進させる]；『史』弩砲(どほう)で射る. **2** 《**a...** に》一挙に押し上げる． *Su investigación lo ha catapultado a la lista de los aspirantes al Nobel.* その研究で彼はノーベル賞の候補に躍り出た.
— ~·se 再 《**a...**》一挙にのし上がる.

ca·ta·pún [ka.ta.pún] *del año catapún* 〔話〕大昔の.

ca·tar [ka.tár] 他 **1** 味見する，試食[試飲]する (=*probar*). **2** 検査する，調べる；初めて経験する. **3** (巣箱から)巣板を取り出す，採蜜(さいみつ)する.

***ca·ta·ra·ta** [ka.ta.rá.ta] 女 **1** 滝，瀑布(ばくふ)． ~*s del Iguazú* イグアスの滝：ブラジル・アルゼンチン国境

にある幅4.5kmの大瀑布. → cascada [類語]. **2**【医】白内障. tener una ～ 白内障にかかっている. operar de ～s 白内障を手術する. **3**《複数で》豪雨. Se abrieron las ～s. 雨が激しく降り始めた.

ca·ta·ri·na [ka.ta.rí.na] 囡《ラ米》同性愛.

ca·ta·ri·ni·ta [ka.ta.ri.ní.ta] 囡《ラ米》(爱)【鳥】サザナミインコ. 【昆】ハムシ.

cá·ta·ro, ra [ká.ta.ro, -.ra] 形【史】カタリ派の.
—— 男囡 カタリ派：キリスト教の異端. → albigense.

ca·ta·rral [ka.ta.r̃ál] 形【医】カタル(性)の. afección ～ カタル感染[疾患].

ca·ta·rrien·to, ta [ka.ta.r̃jén.to, -.ta] 形《ラ米》→ catarroso.

ca·ta·rri·no, na [ka.ta.r̃í.no, -.na] 形【動】〈サルが〉狭鼻(猿)類の. —— 囡【動】狭鼻(猿)類(のサル)：アジア・アフリカなどに旧大陸のサル, 両鼻孔間の幅が狭い. —— 男【動】《複数で》狭鼻(猿)類.

*__ca·ta·rro__ [ka.tá.r̃o] 男【医】 **1** 風邪, 感冒；鼻風邪. coger [agarrar] un ～ 風邪をひく. estar con ～ / tener un ～ 風邪をひいている. **2** カタル：特に鼻・のどの粘膜の炎症. ～ nasal 鼻カタル.
[← 〔後ラ〕*catarrhus* ← 〔ギ〕*katárrhous*；[関連]〔独〕*Katarrh*「カタル」]

ca·ta·rro·so, sa [ka.ta.r̃ó.so, -.sa] 形《話》(**estar** +) 風邪の.

ca·tar·sis [ka.tár.sis] 囡《単複同形》 **1** カタルシス, 浄化作用. Para Aristóteles, la ～ era efecto purificador que la tragedia produce en los espectadores. アリストテレスにとってカタルシスとは, 悲劇が観客におよぼす浄化作用のことだった. **2** 排泄. **3** 《話》悶い[つらい]思い出からの解放.

ca·tár·ti·co, ca [ka.tár.ti.ko, -.ka] 形 **1** カタルシス[浄化]の, カタルシス(作用)を起こさせる. **2** 排便を促す. —— 男【医】下剤.

ca·ta·sal·sas [ka.ta.sál.sas] 男囡《単複同形》《話》→ catacaldos.

ca·tás·ta·sis [ka.tás.ta.sis] 囡【修辞】カタスタシス, 《悲劇で大詰め直前の》クライマックス, 山場；《ギリシア雄弁術で》結論部.

ca·tas·tral [ka.tas.trál] 形 土地台帳の, 地籍(測定)の. levantamiento ～ 地籍図測量, 土地台帳測量.

ca·tas·tro [ka.tás.tro] 男 **1** 土地登記(簿), 土地台帳. **2** 《話》固定資産税.

*__ca·tás·tro·fe__ [ka.tás.tro.fe] 囡 **1** 大惨事, 大災害 (= desastre). ～ aérea [ferroviaria] 航空[鉄道]事故. provocar una gran ～ económica 経済的大破局を招く. Ese tifón ha sido una de las mayores ～s naturales que ha vivido nuestro país. その台風はわが国が経験した最も大きな自然災害の一つであった.
2 《話》ひどいもの, 大失敗 (= desastre).
3【演】大団円, 大詰め；悲劇的な結末.
[← 〔ラ〕*catastrophē* ← 〔ギ〕*katastrophḗ* (*katatréphein*「ひっくり返す」より派生)；[関連]〔英〕*catastrophe*]

ca·tas·tró·fi·co, ca [ka.tas.tró.fi.ko, -.ka] 形 **1** 破局[破滅]的な；大惨事の, 大災害の. **2** 《話》ひどい, 悲惨な.

ca·tas·tro·fis·mo [ka.tas.tro.fís.mo] 男 **1** 《軽蔑》破局論, 破滅論, 破滅的な悲観論. **2** 激変説, 天変地異説：地殻変動や生物の誕生[進化, 絶滅]が天変地異によるものとする考え.

ca·tas·tro·fis·ta [ka.tas.tro.fís.ta] 形 破局[破滅]論の, 最悪の事態を予想してしまう.

—— 男囡 破局[破滅]論者, 極端な悲観主義者.

ca·ta·tán [ka.ta.tán] 男《ラ米》(孝)罰, 仕置き.

ca·ta·tar [ka.ta.tár] 他《ラ米》魅惑する；魔法にかける.

ca·ta·to·nia [ka.ta.tó.nja] / **ca·ta·to·ní·a** [ka.ta.to.ní.a] 囡【医】カタトニー, 緊張病.

ca·ta·tó·ni·co, ca [ka.ta.tó.ni.ko, -.ka] 形 **1**【医】カタトニーの, 緊張病の；カタトニー病を患った. **2** 《話》(驚き・ショックで)茫然(ば)とした.

ca·ta·vien·to [ka.ta.βjén.to] 男【海】(帆船の)風見 (= grímpola).

ca·ta·vi·no [ka.ta.βí.no] 男 **1** 利き酒用のグラス [コップ]. **2** 利き酒用の管, ピペット.

ca·ta·vi·nos [ka.ta.βí.nos] 男囡《単複同形》ワイン鑑定家.

catch [kátʃ]〔英〕【スポ】(プロレスのような)フリースタイルのレスリング. luchador de ～ レスラー.

catch·er [ká.tʃer]〔英〕《複 ～s》【スポ】(野球) キャッチャー.

catch·up [ká.tʃup, -.tsup] 男 → ketchup.

ca·te [ká.te] 男《スペイン》《話》 **1** 殴打, パンチ.
2 落第. Le han dado un ～ en física. 彼[彼女]は物理学で落第させられた.

ca·te·a·dor [ka.te.a.ðór] 男 **1** 採鉱ハンマー.
2 《ラ米》探鉱者, 採鉱者, 踏査者.

ca·te·ar [ka.te.ár] 他 **1** 《スペイン》《話》落第させる, …に落第する. Me *han cateado*. 私は落第させられた. **2** 《ラ米》(1) …の探鉱をする, 試掘する. (2) 家宅捜査する. (3) (*中米*)《話》(けんかで)ぶちのめす.

ca·te·cis·mo [ka.te.θís.mo / -.sís.-] 男 **1**【カト】公教要理, カテキズム；教理問答書.
2 (問答形式による)入門書.

ca·te·cú [ka.te.kú] 男《複 ～es》カテキュ, 阿仙(さん)薬.

ca·te·cu·me·na·do [ka.te.ku.me.ná.ðo] 男【宗】【カト】 **1** 公教要理教育：洗礼を授けるためにキリスト教の教義を教えること. **2** 公教要理受講期間；洗礼志願者の身分. **3** (ある地域における)洗礼志願者の集団. **4** 信仰を深める修行.

ca·te·cú·me·no, na [ka.te.kú.me.no, -.na] 男囡 **1**【カト】洗礼志願者. **2** 入門書, 初心者.

*__cá·te·dra__ [ká.te.ðra] 囡 **1** 教授の職 [地位]；講座. presentarse a unas oposiciones de ～ / opositar a una ～ 教授登用試験を受ける.
2 教壇；講義室；研究室.
3 (高位聖職者の)座；職. ～ del Espíritu Santo 説教壇. ～ de San Pedro 聖座, 教皇座. **4** 《ラ米》(ニネ)(ミネ*)《話》すばらしいもの[こと].
—— 男《ラ米》(ニネ)(ミネ*)《話》すばらしい, すてきな.
hablar ex cátedra 権威をもって話す.
sentar cátedra 精通している；《軽蔑》もったいをつける.
[← 〔ラ〕*cathedra*「ひじ掛けいす」 ← 〔ギ〕*kathédra*「席」；[関連] catedrático]

*__ca·te·dral__ [ka.te.ðrál] 囡 カテドラル, 大聖堂, 司教座聖堂 → 次ページに図. Burgos es famoso por su bonita ～ de estilo gótico. (スペインの)ブルゴスはゴシック様式の美しいカテドラルで有名だ. —— 司教座[大聖堂](の).
como una catedral 《話》とても大きい, けた外れの.
[← 〔ラ〕*cathedrālis*「司教の」；*cathedra*「(司教の)いす」(→ cátedra) より派生；[関連] catedrático.
〔英〕*cathedral*]

ca·te·dra·li·cio, cia [ka.te.ðra.lí.θjo, -.θja]

catedral（大聖堂：セビーリャ）

sjo, -.sja］形 大聖堂の；司教座聖堂の. iglesia *catedralicia* 司教座大聖堂.

ca‧te‧dra‧li‧dad [ka.te.ðra.li.ðáđ] 女 (教会の)司教座聖堂の地位[権能].

***ca‧te‧drá‧ti‧co, ca** [ka.te.ðrá.ti.ko, -.ka] 男 女 (大学の)**専任教授**；(高校の)正教員. → *profesor* 類語.

cá‧te‧dro [ká.te.ðro] 男 《話》《学生言葉》→ catedrático.

****ca‧te‧go‧rí‧a** [ka.te.go.rí.a] 女 **1 等級, 階級；階層** (= clase). hotel de primera [segunda] ～ 一流[二流]ホテル. ～ social [profesional] 社会的[職業的]地位. ocupar un puesto de alta [baja] ～ 高い[低い]地位に就く. subir [bajar] de ～ 昇格[降格]する. ascender a la ～ de director 部長に昇進する. Todos estos coches son de la misma ～. これらの車はすべて同じ部類のものだ.
2 《スポ》階級, 部門. campeonato de la ～ júnior [sénior] ジュニア[シニア]選手権. ～ de pesos ligeros [pesados] 軽量[重量]級. ～ masculina [femenina] 男子[女子]種目.
3 重要性, 権威. persona de cierta ～ かなりの身分[地位]の人. Este equipo todavía no tiene ～ internacional. このチームはまだ世界的に有名ではない. **4** 《言》《哲》範疇(はんちゅう), カテゴリー. ～ gramatical 文法範疇, 品詞.
dar categoría a... …の格を上げる, …に箔(はく)を付ける.
de categoría 一流の, 高級な；重要な. un coche *de* ～ 高級車.
tener (mucha) categoría（大変）優れている.
［←[ギ]*katēgoría*「品質」,〔関連〕［英］*category*］

ca‧te‧go‧rial [ka.te.go.rjál] 形 カテゴリー［階層, 等級, 範疇(はんちゅう)］の.

ca‧te‧gó‧ri‧ca‧men‧te [ka.te.gó.ri.ka.mén.te] 副 断固として. Me dijo ～ que no. 彼[彼女]は僕にきっぱりと「いや」と言った.

***ca‧te‧gó‧ri‧co, ca** [ka.te.gó.ri.ko, -.ka] 形 **断定的な**, きっぱりとした. negativa *categórica* 断固たる拒否.

ca‧te‧go‧ri‧za‧ción [ka.te.go.ri.θa.θjón / -.sa.sjón] 女 類別, 等級づけ.

ca‧te‧go‧ri‧zar [ka.te.go.ri.θár / -.sár] 97 他 分類[類別], ランク付け］する.

ca‧te‧la [ka.té.la] 女 (古代ローマ人が装身具をつるした)金・銀製の細い鎖.

ca‧te‧na‧rio, ria [ka.te.ná.rjo, -.rja] 形 カテナリーの, 懸垂線[状]の. ── 女 (電車の)架線, 懸垂線.

ca‧te‧o [ka.té.o] 男 **1** 《話》落第；(試験・単位で)不合格になる[する]こと. **2** 《話》殴打 (= golpe). **3** 探鉱, (水脈・鉱脈を求めて)試掘すること. **4** 《ラ米》(家などに[を])踏み込むこと, 捜索すること.

ca‧te‧que‧sis [ka.te.ké.sis] 女 《単複同形》《カト》カテキズム, (聖体拝領などの秘跡前の)教理指導, 公教要理；(プロテスタント)教理問答 (= catecismo).

ca‧te‧qué‧ti‧co, ca [ka.te.ké.ti.ko, -.ka] 形 → catequístico.

ca‧te‧quis‧mo [ka.te.kís.mo] 男 → catequesis.

ca‧te‧quis‧ta [ka.te.kís.ta] 男 女 《カト》公教要理を教える人, 教理指導者.

ca‧te‧quís‧ti‧co, ca [ka.te.kís.ti.ko, -.ka] 形 **1** 教理指導の, 公教要理の. **2** 問答形式の.

ca‧te‧qui‧za‧ción [ka.te.ki.θa.θjón / -.sa.sjón] 女 教理指導, 公教要理教育.

ca‧te‧qui‧zar [ka.te.ki.θár / -.sár] 97 他 **1** キリスト教教理[公教要理]を教える. **2** 説得する.

ca‧te‧ré‧ti‧co, ca [ka.te.ré.ti.ko, -.ka] 形 《医》焼灼(しょうしゃく)の, 腐食の.

ca‧ter‧ing [ká.te.rin] [英] 男《複 ～, ～s》ケータリング, 仕出し (◆特に機内食について言うことが多い)；ケータリング業者[部門].

ca‧ter‧va [ka.tér.ba] 女 《軽蔑》(価値のない[無秩序な]人・ものの)一群, 烏合(うごう)の衆, (がらくたなどの)山. ～ de pillos ごろつきの一群. una ～ de cosas viejas 古物の山.

ca‧te‧te [ka.té.te] 形 《ラ米》(?) 《話》やっかいな, 迷惑な. ── 男 《ラ米》(?) 《話》悪魔；豚肉スープの粥(かゆ).

ca‧té‧ter [ka.té.ter] 男 《医》カテーテル (= sonda).

ca‧te‧te‧ris‧mo [ka.te.te.rís.mo] 男 《医》カテーテル挿入(法) (= sondaje).

ca‧te‧to [ka.té.to] 男 《数》直角三角形の直角を作る一辺.

ca‧te‧to, ta [ka.té.to, -.ta] 男 女 《スペイン》《話》《軽蔑》田舎者；粗野な人 (= paleto).

ca‧te‧tó‧me‧tro [ka.te.tó.me.tro] 男 (2 点間の高さの差を測定する)カセトメーター, 微高測器.

ca‧tey [ka.téi] 男 (?) 《ラ米》(?) 《植》オニトゲココヤシ属の一種. (2) (キューバ)《鳥》ホシメキシコインコ.

cat‧gut [ka*t*.gút // kát.guɾ] [英] 男 《医》(外科手術の縫合用の)腸線.

ca‧ti‧li‧na‧ria [ka.ti.li.ná.rja] 女 弾劾[糾弾]文書[演説].

ca‧tim‧ba‧o [ka.tim.bá.o] 男 《ラ米》(1) (?) (ペルー) (祭り行列の)道化役. (2) (ペルー)《話》ずんぐりした人. (3) (?) 《話》奇妙な身なりの人.

ca‧tín [ka.tín] 男 (純銅採取用の)るつぼ.

ca‧tin‧ga [ka.tíŋ.ga] 女 《ラ米》(1) (ブラジルの乾燥地の)森林. (2) (?) 《海軍用語で侮蔑》陸軍の兵隊. (3) (?) 《話》体臭；わきが；臭気.

ca‧tin‧go‧so, sa [ka.tiŋ.gó.so, -.sa] 形 《ラ米》(アルゼンチン)(ボリビア)《話》嫌な臭いのする；体臭の強い, わきがの臭い.

ca‧tin‧gu‧do, da [ka.tiŋ.gú.đo, -.đa] 形 《ラ米》(ボリビア)(ラプラタ) → catingoso.

ca‧tión [ka.tjón] 女 《物理》カチオン, 陽[正]イオン (= ión positivo) (↔anión).

ca‧ti‧re, ra [ka.tí.re, -.ra] 形 《ラ米》(コロンビア)(ベネズエラ)《話》金髪の, ブロンドの.

ca‧ti‧ro, ra [ka.tí.ro, -.ra] 形 《ラ米》(ベネズエラ) → catire.

ca‧ti‧ta [ka.tí.ta] 女 《ラ米》(アルゼンチン)(ボリビア)(ペルー)《鳥》サザナミインコ属の一種.

ca‧ti‧te [ka.ti.te] 男 **1** 円錐(えんすい)形の氷砂糖. **2** ぶつ[たたく]こと (= cachete). dar ～ a+人 《話》(人)をぶつ, たたく. **3** 《ラ米》(キューバ)絹織物の一種.

sombrero de catite とんがり帽子.

ca·ti·te·ar [ka.ti.te.ár] 他《ラ米》(ｸﾞｧﾃ)〔凧(ﾀｺ)を〕他の凧に絡ませる.
— 自《ラ米》(ｸﾞｧﾃ)《話》頭が震える, 金に事欠く.

ca·tius·ca [ka.tjús.ka] 男《通常複数で》ゴム長靴.

ca·ti·zum·ba [ka.ti.θúm.ba / -.súm.-] 女《ラ米》(ﾒｷ)多数, 大勢, たくさん.

ca·to¹ [ká.to] 男 カテキュ, 阿仙(ｱｾﾝ)薬.

ca·to² [ká.to] 男 (1)《ﾍﾞﾈ》《複数で》《話》殴り合いのけんか; ボクシング. *agarrarse a ~s* 殴り合いをする. (2)《ﾒｷ》《俗》殴打, なぐりつけ. (3)《ｸﾞｧﾃ》農地面積単位: 40 varas.

ca·to·che [ka.tó.tʃe] 男《ラ米》(ﾒｷｺﾞ)《話》不機嫌 (= murria).

ca·tó·di·co, ca [ka.tó.ði.ko, -.ka] 形【電】陰極(性)の (↔ anódico). *tubo de rayos ~s* 陰極線管, ブラウン管.

cá·to·do [ká.to.ðo] 男【電】陰極, カソード (↔ ánodo).

ca·to·don·te [ka.to.ðón.te] 男【動】マッコウクジラ.

ca·to·li·ci·dad [ka.to.li.θi.ðáð / -.si.-] 女【カト】 1 (特にカトリシズムの) 普遍性. 2《集合的》カトリック信者; カトリシズム; カトリック性.

ca·to·li·cí·si·mo, ma [ka.to.li.θí.si.mo, -.ma / -.sí.-] 形 [católico の絶対最上級] きわめてカトリック的な.

***ca·to·li·cis·mo** [ka.to.li.θís.mo / -.sís.-] 男【宗】カトリックの教義 [信仰]; カトリシズム.

★★ca·tó·li·co, ca [ka.tó.li.ko, -.ka] 形 (ser +)
1《名詞 +》カトリック (教徒) の, カトリック (教会) の. *El papa es la máxima autoridad de la iglesia católica.* ローマ教皇はカトリック教会の最高権力者である. *los Reyes C~s* カトリック両王 (の治世: 1475–1516) (◆スペインの Fernando 2世と Isabel 1世の称号).
2 普遍的な (= universal).
— 男 女 カトリック教徒. *No soy ~ practicante.* 私は (掟(ｵｷﾃ)を実践する) まじめなカトリック教徒ではない.
no estar [andar] muy católico《話》元気がない, 調子がよくない.
[←〚ラ〛*catholicus*←〚ギ〛*katholikós*「普遍的な」] 【関連】*catolicismo*.【英】*catholic*]

ca·to·li·cón [ka.to.li.kón] 男 下剤, 緩下剤.

ca·to·li·zar [ka.to.li.θár / -.sár] 97 他 カトリック教化じて, …にカトリックを布教する.

ca·tón [ka.tón] 男 1 初級読本. 2 厳しい批評家.

Ca·tón [ka.tón] 固名 1 ~ el Censor / ~ el Mayor 大カトー (前234–149): 古代ローマの政治家・雄弁家. 峻厳(ｼｭﾝｹﾞﾝ)な監査官として有名. 2 ~ de Útica 小カトー (前95–前46): 古代ローマの政治家. 大カトーの曾孫(ｿｳｿﾝ). César との抗争に敗れ自刃した.

ca·to·nia·no, na [ka.to.njá.no, -.na] 形 (古代ローマの) 大カトーのように厳格な.

ca·tóp·tri·co, ca [ka.tóp.tri.ko, -.ka] 形 反射光(学) の. — 女 反射光学.

ca·top·tro·man·cía [ka.top.tro.mán.θja / -.sja] / **ca·top·tro·man·cí·a** [ka.top.tro.man.θí.a / -.sí.-] 女 鏡占い.

ca·top·tros·co·pia [ka.top.tros.kó.pja] 女【医】反照鏡による診断.

★★ca·tor·ce [ka.tór.θe / -.se] 形《数詞》 1 (+名詞) 14の, 14人 [個] の. ~ lápices 14本の鉛筆. 2《名詞 +》14番目の. *Luis XIV* ルイ14世. *el siglo XIV* 14世紀.
— 男 14; 14の数字 (ローマ数字 XIV). *el 14 [el ~] de febrero* 2月14日.
[←〚ラ〛*quattuordecim* (*quattuor*「4」+ *decem*「10」)]

ca·tor·ce·a·vo, va [ka.tor.θe.á.bo, -.ba / -.se.-] 形 14分の1. — 男 14分の1 (= catorzavo).

ca·tor·ce·no, na [ka.tor.θé.no, -.na / -.sé.-] 形 **1** 第14の, 14番目の (= décimocuarto). **2** 14歳の.

ca·to·rra·zo [ka.to.řá.θo / -.so] / **ca·to·rro** [ka.tó.řo] 男《ラ米》(ﾒｷ)殴打, びんた.

ca·tor·za·vo, va [ka.tor.θá.bo, -.ba / -.sá.-] 形 14分の1の. — 男 14分の1 (= catorceavo).

ca·tra·cho, cha [ka.trá.tʃo, -.tʃa] 形《ラ米》(ｸﾞｧﾃ)《話》ホンジュラスの (人): 自らを呼ぶ.

ca·tre [ká.tre] 男 **1** 簡易ベッド, 折り畳み式ベッド. *~ de tijera* / *~ de viento* 携帯用簡易ベッド. **2**《話》ベッド.
irse al catre 寝る.
ser un caído del catre《ラ米》(ｸﾞｧﾃ)《俗》ばか者 [愚か者] である.

ca·tre·ci·llo [ka.tre.θí.jo ‖ -.ʎo / -.sí.-] 男 折り畳みいす. [catre + 縮小辞]

ca·tre·ra [ka.tré.ra] 女《ラ米》(ｸﾞｧﾃ)《話》粗末なベッド.

ca·trín, tri·na [ka.trín, -.trí.na] 形《ラ米》(ﾒｷ)《話》優雅な, エレガントな.
— 男 女《ラ米》(ﾒｷ)(ｸﾞｧﾃ)《話》しゃれ者.

cat·sup [ká.tsup] [英] 男 → ketchup.

cau·cá·se·o, a [kau.ká.se.o, -.a] 形 コーカサスの.

Cau·ca·sia [kau.ká.sja] 固名 コーカサス, カフカス: 黒海とカスピ海の間の地方.

cau·ca·sia·no, na [kau.ka.sjá.no, -.na] / **cau·cá·si·co, ca** [kau.ká.si.ko, -.ka] 形 コーカサス地方 [山脈] の; コーカソイドの, 白色人種の. *lenguas caucásicas* コーカサス諸言語.
— 男 女 コーカサス人;《複数で》コーカソイド (の人), 白色人種 (= raza caucasiana).

Cáu·ca·so [káu.ka.so] 固名 コーカサス山脈.

***cau·ce** [káu.θe / -.se] 男 **1** 河床; 水路. **2** 手順; 流れ. *los ~s constitucionales* 合憲の手段.
dar cauce a... …を助ける, 容易にする.

cau·cel [kau.θél / -.sél] 男《ラ米》(ﾒｷ)【動】アメリカヤマネコ.

cauch [káutʃ] 男《ラ米》(ﾒｷ)(ｸﾞｧﾃ)長いす, 寝いす.
[←【英】*couch*]

cau·cha [káu.tʃa] 女【植】(チリ産の) アザミの一種.

cau·chal [kau.tʃál] 男 ゴム林, ゴム園.

cau·char [kau.tʃár] 自《ラ米》(ﾍﾟﾙｰ)(ｴｸｱ)ゴムを採取する. — 男《ラ米》(ﾍﾟﾙｰ)(ｴｸｱ)ゴム園.

cau·che·ro, ra [kau.tʃé.ro, -.ra] 形【天然】ゴムの, ゴム採取の. *~s* ゴム採取人, ゴム園の労働者.
— 男《ラ米》(ｴｸｱ)(ｺﾛﾝ)(ﾎﾞﾘ)ぱちんこ. — 女 **1**【植】ゴムノキ. **2**《ラ米》(ﾍﾟﾙｰ)(ｴｸｱ)ゴム園.

***cau·cho** [káu.tʃo] 男 **1** ゴム; 生ゴム. *~ vulcanizado* 加硫ゴム. *industria del ~* ゴム産業. *~ sintético* 合成ゴム. → goma. **2**《ラ米》(1)(ｴｸｱ)ゴム引き布; 雨合羽. (2)(ｺｽﾀ)(ｺﾞﾛ)【車】タイヤ.

cau·ción [kau.θjón / -.sjón] 女 **1**【法】担保, 保証; 誓約. 保証する, 保証金を出す. **2** 用心, 警戒 (= precaución).

cau·cio·nar [kau.θjo.nár / -.sjo.-] 他【法】保証する.

cau·cus [káu.kus] [英] 男《複 ~es, ~》【政】(共

cau·da [káu.ða] 囡 (司教・大司教の祭礼服の)長いすそ.

cau·da·do, da [kau.ðá.ðo, -.ða] 厖 【天文】星・彗星(なん)の尾のついた. un cometa ~ de oro 金色の尾をひいた彗星.

***cau·dal**[1] [kau.ðál] 厖 〖川などが〗水量の豊かな (= caudaloso). — 男 **1** 水量, 流量. **2** 財産, 富. ~ bien 類語. **3** 豊富, 多量. Su ~ de conocimientos nos dejó asombrados. 彼[彼女]の博識に我々はびっくりした.
[←〔古スペイン〕*cabdal*←〔ラ〕*capitālis*「主要な」(→*capital*);関連 caudaloso.〔英〕*capital*]

cau·dal[2] [kau.ðál] 厖 尾の, しっぽの. aleta ~ 尾びれ. plumas ~*es* 鳥の尾羽.

cau·da·lo·so, sa [kau.ða.ló.so, -.sa] 厖 **1** 〖川が〗水量の多い, 流れの豊かな. **2** 富裕な, 財産のある.

cau·da·ta·rio [kau.ða.tá.rjo] 男 祭礼服のすそ(cauda)を持ち上げる助手.

cau·da·tré·mu·la [kau.ða.tré.mu.la] 囡 【鳥】ハクセキレイ.

cau·di·lla·je [kau.ði.ʝá.xe ǁ -.ʝá.-] 男 **1** カウディーリョ caudillo による統治[統率, 政治]. bajo el ~ de ... ...の指揮のもとで. **2** 《ラ米》カウディーリョによる独裁政治, ボス政治;《転じて》専制政治.

cau·di·llis·mo [kau.ði.ʝís.mo ǁ -.ʝís.-] 男 カウディーリョ caudillo の政治体制.

cau·di·llis·ta [kau.ði.ʝís.ta ǁ -.ʝís.-] 厖 カウディーリョ caudillo 支配特有の;ボス政治の,(軍事)独裁政治体制の.

***cau·di·llo** [kau.ðí.ʝo ǁ -.ʎo] 男 **1** カウディーリョ:頭領, 総統, 軍事的集団の長, 指導者. (El) C~(スペインの)フランコ総統 (→ Franco). **2** 《ラ米》地方政治のボス.
[←〔古スペイン〕*cabdillo*←〔後ラ〕*capitellum*(〔ラ〕*caput*「頭」+縮小辞);関連 cabeza]

cau·di·ma·no, na [kau.ði.má.no, -.na] / **cau·dí·ma·no, na** [kau.ðí.ma.no, -.na] 厖【動】巻き尾を使用する.

cau·di·no, na [kau.ðí.no, -.na] 厖 Las Horcas *Caudinas*〖史〗(イタリア南部の) カウディオ山道:前321年にローマ軍がサンニオ人に敗れた所.
pasar por las horcas caudinas 恥を忍んで嫌なことに従う, 屈服する.

cau·la [káu.la] 囡《ラ米》(サ)(シ) 〘話〙陰謀, 策略, 手管.

cau·les·cen·te [kau.les.θén.te / -.sén.-] 厖 【植】有茎の, 地上茎を持つ (↔ acaule).

cau·lí·fe·ro, ra [kau.lí.fe.ro, -.ra] / **cau·li·flo·ro, ra** [kau.li.fló.ro, -.ra] 厖 【植】茎[幹]生花の, 茎に花が咲く.

cau·li·for·me [kau.li.fór.me] 厖 茎状の.

cau·que [káu.ke] 男《ラ米》(チ)(シ) 【魚】大型のペヘレイ(トウゴロウイワシ科の魚);やり手, 敏腕家.

cau·quén [kau.kén] 男《ラ米》(チ)(シ) 【鳥】マゼランガン.

cau·ri [káu.ri] 男 【貝】(装飾・貨幣として用いられる) タカラガイ, コヤスガイ.

cau·ro [káu.ro] 男 北西風.

****cau·sa** [káu.sa] 囡 **1** 《de... / para...》...(という結果)を引き起こす》**原因**, もと, 種 (= origen, fundamento). una relación de ~ y efecto / relación (de) ~-efecto 因果関係. No hay efecto sin ~. 原因なくして結果なし. Si sabe la falta, deje la ~. 〖諺〗欠点がわかれば元を断て.
2 《de... / para...》〈行動・感情など〉の)**理由**, 根拠;動機 (= motivo, razón). ~ suficiente [bastante] [para... / que+接続法] ... (するの)に十分な[納得のいく]理由. ¿Por qué ~ no quieres venir? 来たくないのはどうしてなんだ. No sé la ~ por la que se marchó sin decirme nada. 彼[彼女]が私に何も告げずに立ち去った理由がわからない.
3 大義;主義主張, 信条. abrazar una ~ ある主義[主張]の立場をとる. luchar por la ~ de la libertad 自由のために闘う. **4** 【法】訴訟, 訴訟事件;(訴訟の)申し立て, ~ civil [criminal] 民事[刑事]訴訟. conocer de [entender en] una ~ 訴訟を審理する. **5** 《ラ米》(パ) (ペ) 〘話〙親友. ;ポテトサラダ. (2)《ラ米》(ペ) 軽食, スナック, 間食.
— 原 → causar.
a [*por*] *causa de...* ...が原因で, ...の理由で, ...のために. Se ha cortado la circulación *a* ~ *de* un incendio. 火事で交通が遮断された.
causa final 〖哲〗目的因.
causa primera 〖哲〗第一原因;〖神学〗神.
causa pública 公益.
causa segunda 〖哲〗第二原因.
hacer causa común con... ...と協力[連携]する.
[←〔ラ〕*causa*「根本, 原因」 (→ *cosa*);関連 causar, acusar.〔英〕*cause*]

cau·sa·dor, do·ra [kau.sa.ðór, -.ðó.ra] 厖 男 囡 = causante.

cau·sa·ha·bien·te [kau.sa.(a.)βjén.te] 男 囡 【法】(財産・権利などの)承継人.

cau·sal [kau.sál] 厖 **1** 原因となる, 動機を示す. relación ~ 因果関係. **2** 〖文法〗原因の, 原因を表す. conjunción ~ 原因の接続詞 (► porque, puesto que など). — 囡 原因, 理由, 動機.

cau·sa·li·dad [kau.sa.li.ðáð] 囡 **1** 因果関係, 因縁. **2** 因果律 (= el principio de ~), 原因性.

cau·san·te [kau.sán.te] 厖 原因となる, 引き起こす. la acción ~ del alboroto 騒動のもとになる行為. — 男 囡 **1** 原因をつくる人. ~ del accidente 事故を起こした人. **2** 権利の授与者;被相続人. **3** 《ラ米》(メ) 納税者.

****cau·sar** [kau.sár] 他 《**a**... ...に》〈結果を〉**引き起こす**, ...の原因となる. ~ daño 害を与える. ~ muchas víctimas たくさんの犠牲者を出す. ~ buena impresión 好印象を与える. El accidente *causó* la muerte *a* cuatro personas. その事故で4人が死亡した. El gesto del chico *me causó* risa. その子の身振りに私は笑ってしまった (► *me* は *a*... に相当).

cau·sa·ti·vo, va [kau.sa.tí.βo, -.βa] 厖 **1** 原因となる.
2 〖文法〗使役の, 作因の. verbo ~ 使役動詞.

cau·se·ar [kau.se.ár] 自《ラ米》(チ) 軽く食事を取る, 間食する. — 他《ラ米》(チ) 食べる.

cau·se·o [kau.sé.o] 男《ラ米》(チ) 軽い食事, 間食.

cau·sí·di·co, ca [kau.sí.ði.ko, -.ka] 厖 訴訟に関する, 法廷の. — 男 囡 弁護士.

cáus·ti·ca·men·te [káus.ti.ka.mén.te] 副 しんらつに, 痛烈に.

caus·ti·ci·dad [kaus.ti.θi.ðáð / -.si.-] 囡 **1** 腐食性, 苛性(ポ), 焼灼(ほき). **2** しんらつさ, 痛烈.

cáus·ti·co, ca [káus.ti.ko, -.ka] 厖 **1** 腐食性の,

cautamente 396

焼灼(しゃく)した,苛性(か)の.sosa *cáustica* 苛性ソーダ.**2** しんらつな,痛烈な(=mordaz).
—男 **1** 腐食剤,焼灼剤.**2**【医】発泡硬膏(こう).

cau·ta·men·te [káu.ta.mén.te] 副 用心深く,慎重に.

cau·te·la [kau.té.la] 女 **1** 用心,警戒(=precaución). tener la ~ de + 不定詞 念〔用心〕をする. El ladrón abrió la caja con ~. 泥棒はそっと金庫を開けた.**2** ずるさ,悪賢さ(=astucia).

cau·te·lar·se [kau.te.lár.se] 再〔**de...** …に〕用心する,警戒する.

cau·te·lo·sa·men·te [kau.te.ló.sa.mén.te] 副 用心深く,慎重に.

cau·te·lo·so, sa [kau.te.ló.so, -.sa] 形 **1** 用心深い,慎重な. un hombre muy ~ たいへん用心深い人.**2** 抜けめのない,狡猾(こう)な.

cau·te·rio [kau.té.rjo] 男 **1**【医】焼灼(しゃく)用具;焼灼〔剤〕.**2** 撲滅〔根絶〕手段,荒療治.

cau·te·ri·za·ción [kau.te.ri.θa.θjón / -.sa.sjón] 女【医】焼灼(しゃく):器具・化学薬品を用いて組織を破壊したり凝固させたりする外科療法.

cau·te·ri·za·dor, do·ra [kau.te.ri.θa.ðór, -.ðó.ra / -.sa.-] 形 焼灼(しゃく)用の.
—男 焼灼処理を施す人;焼灼用器具.

cau·te·ri·zar [kau.te.ri.θár / -.sár] 他 **1**【医】〈傷口などを〉焼灼(しゃく)する.
2《比喩的》…に荒療治をする;悪い点数をつける.

cau·tín [kau.tín] 男〔錫(すず)の〕はんだごて.

cau·ti·va·dor, do·ra [kau.ti.ba.ðór, -.ðó.ra] 形 魅惑する,うっとりさせる. una sonrisa *cautivadora* 魅惑的な微笑.

cau·ti·var [kau.ti.bár] 他 **1** 捕虜にする,捕らえる.**2**《比喩的》とりこにする,魅了する. El conferenciante *cautivó* al auditorio. 講演者は聴衆を魅了した.

cau·ti·ve·rio [kau.ti.bé.rjo] 男 → cautividad.

cau·ti·vi·dad [kau.ti.bi.ðáð] 女 囚(とら)われ〔捕虜〕の身,監禁状態〔期間〕.

*****cau·ti·vo, va** [kau.tí.bo, -.ba] 形 **1** 捕虜になった,囚われの. Cervantes estuvo ~ en Argel durante cinco años. セルバンテスは5年間アルジェリアで捕虜だった.
2 夢中になっている,とりこである.
—男 女 捕虜. ▶ 特に異教徒に囚われたキリスト教徒を指す場合がある.

cau·to, ta [káu.to, -.ta] 形 用心深い,慎重な,油断〔抜け〕のない.

ca·va[1] [ká.ba] 形【解剖】大静脈の.
—女 大静脈(=vena ~).

ca·va[2] [ká.ba] 女 **1** 掘ること,鋤(すき)起こし;〔ブドウ畑の〕耕作.**2**〔城塞(じょう)の〕堀,濠(ごう);【車】〔整備工場の〕ピット(=foso).**3**〔地下の〕酒蔵;《古語》〔宮殿の〕水とワインの貯蔵所.**4**《古語》洞窟(どう),穴.
—男 カバ(Cataluña 地方で造られるスパークリングワイン).

Ca·va [ká.ba] 固名 Florinda la ~ フロリンダ・ラ・カーバ:Julián 伯の娘. 仇敵 Rodrigo 王に奪われたので父の伯爵が,報復のためモーロ moro 人に与(くみ)し,スペインに回教徒軍を導き入れたという.

ca·va·da [ka.bá.ða] 女〔耕地の〕鋤(すき)返し.

ca·va·dor [ka.ba.ðór] 男 穴掘り人夫,土木作業員.

ca·va·du·ra [ka.ba.ðú.ra] 女 **1** 掘り起こし,穴掘り.**2**【農】耕作,手入れ.

ca·van·ga [ka.báŋ.ga] 女《ラ米》《ブラ》《話》昔をなつかしむ気持ち.

*****ca·var** [ka.bár] 他 **1**【農】耕す,鋤(すき)き返す.
2〈地面・井戸・壕(ごう)などを〉掘る,掘り起こす(=excavar).—自 **1** 深く食い込む〔入り込む〕;〈傷などが〉深くなる.**2**〔**en...**〕を〕徹底的に調べる;〔…について〕深く考える,熟考する. ~ *en* los misterios de la fe 信仰の奥義に思いを巡らす.
cavar su (*propia*) *fosa* [*sepultura*]〔自ら〕墓穴を掘る.
[←《ラ》*cavāre*〔*cavus*「穴」より派生〕/ 関連 excavar, cóncavo.〔英〕*cave*〔洞窟(どう)〕]

ca·va·ti·na [ka.ba.tí.na] 女《伊》【音楽】カバティーナ:18-19世紀のオペラ・オラトリオの短いアリア.

ca·va·zón [ka.ba.θón / -.són] 女 **1** 地面を掘ること,掘り起こし.**2**【農】耕作,手入れ.

ca·ver·na [ka.bér.na] 女 **1** 洞穴,洞窟(どう)(=cueva).**2**【医】〔特に肺の〕空洞.

ca·ver·na·rio, ria [ka.ber.ná.rjo, -.rja] 形 洞穴の,洞窟(どう)の;穴居人の.

ca·ver·ní·co·la [ka.ber.ní.ko.la] 形 **1** 洞穴に住む. hombre ~ 穴居人.**2** 反動的な;考えの古い.
—男 女 **1** 穴居人.**2** 反動主義者;考えの古い人.

ca·ver·no·so, sa [ka.ber.nó.so, -.sa] 形 **1** 洞窟(どう)の多い.**2** 洞窟の〔ような〕. oscuridad *cavernosa* 洞窟のような闇(やみ).**3**〈声が〉くぐもった. voz *cavernosa* 低くこもった声.

ca·ve·to [ka.bé.to] 男【建】〔柱頭の周囲の〕小えぐり,四分円凹面刳形(くり).

ca·ví [ka.bí] 男《ラ米》《ペル》【料】カタバミの一種 oca の根茎を干して調理した食べ物.

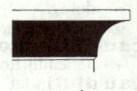

caveto (柱頭の小えぐり)

ca·via [ká.bja] 男【動】テンジクネズミ,モルモット.

ca·viar [ka.bjár] 男 キャビア:チョウザメ esturión の卵の塩漬け.

ca·vi·cor·nios [ka.bi.kór.njos] 男《複数形》【動】洞角動物:牛・ヤギなど内部が空洞の角を持つ動物.

ca·vi·dad [ka.bi.ðáð] 女 **1**【医】【解剖】腔(くう),空洞. ~ abdominal 腹腔. ~ nasal 鼻腔. ~ oral 口腔. ~ pleural 胸膜腔.**2** くぼみ,へこみ,穴.

ca·vi·la·ción [ka.bi.la.θjón / -.sjón] 女 **1** 思案,沈思.**2** 杞憂(きゆう),取り越し苦労.

ca·vi·lar [ka.bi.lár] 自〔**sobre...** …について〕思案する,沈思黙考する;くよくよする.

ca·vi·lo·se·ar [ka.bi.lo.se.ár] 自《ラ米》(1)《中米》《話》うわさする,陰口を言う.(2)《コロン》夢想する;思案する.

ca·vi·lo·si·dad [ka.bi.lo.si.ðáð] 女 気をもむこと,取り越し苦労,杞憂(きゆう).

ca·vi·lo·so, sa [ka.bi.ló.so, -.sa] 形 **1** すぐにくよくよする,心配症の.**2**《ラ米》(1)《中米》《話》陰口を言う.(2)《コロン》《話》怒りっぽい.

ca·vi·ta·ción [ka.bi.ta.θjón / -.sjón] 女
1【海】【航空】【機】【物理】キャビテーション,空洞現象.**2**【医】空洞形成.

ca·vo, va [ká.bo, -.ba] 形 → *pie* cavo.

ca·xal·gia [kak.sál.xja] 女【医】股(こ)関節痛.

cay [kái] 男《ラ米》《グア》【動】カツオザル.

cay- 〔語〕→ caer.

ca·ya·do [ka.já.ðo] 男 **1**〔羊飼いの〕柄の曲がった杖(つえ).**2**【カト】司教杖.
cayado de la aorta【解剖】大動脈弓.

ca·ya·na [ka.já.na] 女《ラ米》《ベネズ》《コロン》→ callana.

ca·yan·co [ka.ján.ko] 男《ラ米》《中米》薬草の湿布,

ca·ya·pa [ka.já.pa] 女 《ラ米》(ヌダベ) (1) 《話》ボランティアの仕事. (2) 攻撃, 襲撃.

ca·ye·na [ka.jé.na] 女 カイエン (ペッパー). ▶香辛料. トウガラシの一種.

ca·yo [ká.jo] 男 《西インド諸島やメキシコ湾に多く見られる》砂地の多い平らな小島.
Cayo Hueso (米国フロリダ州の都市) キーウェスト.
[←?〔古仏〕*cai* (→〔仏〕*quai*「波止場」) ←〔ゴール〕*caio*「塁壁」]

ca·yo·te [ka.jó.te] 男 →chayote.

ca·yu·bro, bra [ka.jú.bro, -.bra] 形《ラ米》(ヌダベ) 赤毛の；怒りっぽい, 短気な.

ca·yu·ca [ka.jú.ka] 女《ラ米》(ダベ)《俗》頭, 頭部.

ca·yu·co [ka.jú.ko] 男 1《ラ米》丸木舟, カヌー. 2 大型のいかだ, ボート.

caz [káθ / kás] 男《複 caces》導水路, 用水路.

*****ca·za** [ká.θa / -.sa] 女 1 狩猟, 狩り. ir de ～ 狩りに行く. ～ a la espera / al aguardo / en puesto 待ち撃ち（猟）. ～ de altanería タカ狩り. ～ furtiva 密猟. permiso de ～ 狩猟免許. vedado de ～ 禁猟区.

類語 *caza* は広い意味での「狩猟」, *cetrería* は「タカ狩り」, *montería* は古語, 雅語として「狩猟法；大きな獲物」を表す.

2《集合的》獲物；狩猟鳥獣の肉. ～ mayor (クマ・イノシシ・シカなどの) 大物の狩猟獲物；大物猟. ～ menor (ウサギ・ウズラなどの) 小物の狩猟獲物；小物猟. La especialidad de este restaurante es la ～, sobre todo, el ciervo. このレストランの自慢料理は狩猟肉, 特にシカの肉です. 3《比喩的》追跡；《de...…》捜し, 狩り. ir a la ～ *del* delincuente 犯人を追跡する. ～ de brujas 魔女狩り. ～ *del* tesoro 宝探し. 4 解禁期, 狩猟期.

— 男《軍》戦闘機 (=avión de ～).

— 活 →cazar.

a la caza de... …を探し求めて, 必死で手に入れようとして. Anda *a la ～ de* clientes para su restaurante. 彼[彼女]はレストランの集客を増やそうと必死だ.

dar caza a... …を捕らえる, 捕まえる；追跡する.

espantar la caza 《話》《比喩的》(あわてて) 獲物をとり逃す；台無しにする.

levantar la caza 《話》(計画などを) 事前にうっかり漏らす, (他人に) 気づかれてしまう.

ca·za·be [ka.θá.be / -.sá.-] 男 1 キャッサバのでんぷん (= casabe). → mandioca. 2 キャッサバの粉で作った平たいパン. [←〔タイノ〕*caçabi*]

ca·za·bo·bos [ka.θa.bó.bos / -.sa.-] 男《単複同形》(ダベ)偽装爆弾, 仕掛け爆弾：触ったりドアを開けたりすると爆発する仕掛けの爆弾.

ca·za·bom·bar·de·ro [ka.θa.bom.bar.ðé.ro / -.sa.-] 男《軍》戦闘爆撃機.

ca·za·ce·re·bros [ka.θa.θe.ré.bros / -.sa.se.-] 男 女 《単複同形》→cazatalentos.

ca·za·de·ro [ka.θa.ðé.ro / -.sa.-] 男 猟場, 狩り場.

*****ca·za·dor, do·ra** [ka.θa.ðór, -.ðó.ra / -.sa.-] 形 1 狩猟の, 狩猟を愛好する. Diana *Cazadora*《ロ神》狩りをするディアナ. 2 (動物が) 狩猟本能を備えた. 3《まれ》(兵士が) 軽装歩兵隊に属した.

— 男 女 1 狩人, 狩猟家；狩猟愛好家. ～ furtivo 密猟者. ～ de alforja わな師,《猟銃ではなく》わな・動物を使って狩りをする人. 2 捕食動物. 3《de...…》熱心に追い求める人；ねらう人. ～ *de* dotes 財産目当てに結婚する人. ～ *de* cabeza / ～ *de* ta-

lentos. (優秀な人材などを) スカウトする人. 4《軍》(まれ) 軽装歩兵.

— 男 [C-]《星座》Gran [Gigante] C～ オリオン座 (= Celeste [del] Cielo, Orión).

— 女 1《服飾》ジャンパー, ブルゾン. 2《ラ米》(ダベ)小型トラック.

ca·za·do·tes [ka.θa.ðó.tes / -.sa.-] 男《単複同形》財産目当てに結婚する男.

ca·za·for·tu·nas [ka.θa.for.tú.nas / -.sa.-] 男 女 《単複同形》財産狙いで結婚する人, 玉の輿を狙う人.

ca·za·gua·te [ka.θa.gwá.te / -.sa.-] 男《ラ米》(ダベ) →cazahuate.

ca·za·hua·te [ka.θa.(g)wá.te / -.sa.-] 男《植》メキシコ原産の木本性のヒルガオ科の植物.

ca·za·lla [ka.θá.ja / -.ʎa / -.sá.-] 女 カサーリャ：スペイン Sevilla 県 C～ de la Sierra 産のアニスを入れた焼酎 (ジョ).

ca·za·lle·ro, ra [ka.θa.jé.ro, -.ra ‖ -.ʎé.- / -.sa.-] 形 1 カサーリャ cazalla が好きな, カサーリャを飲みつけている. voz *cazallera* しゃがれ声.

2 (セビーリャの都市) カサーリャ・デ・ラ・シエラ Cazalla de la Sierra の.

— 男 女 1 カサーリャ好きな人, カサーリャを飲みつけている人. 2 カサーリャ・デ・ラ・シエラの住民 [出身者].

ca·za·ma·ri·po·sas [ka.θa.ma.ri.pó.sas / -.sa.-] 男《単複同形》捕虫網, 虫取り網.

ca·za·mi·nas [ka.θa.mí.nas / -.sa.-] 男《単複同形》掃海艦 [艇].

ca·za·pri·mas [ka.θa.prí.mas / -.sa.-] 男 女 《単複同形》奨金稼ぎ.

*****ca·zar** [ka.θár / -.sár] 97 他 1《獣・鳥などを》狩る, 狩猟する；(虫などを) 捕獲する. ～ venados 鹿狩りをする. ～ al acecho 待ち伏せして捕らえる.

2《話》うまく手に入れる, 自分のものにする. ～ un buen empleo いい職を手に入れる. ～ marido 夫になる人を射止める.

3 つかまえる, 見つける；不意打ちする. ～ a un ladrón con las manos en la masa 現行犯で泥棒を取り押さえる. ～ a un corredor en un tramo ずるく. Lo *cazamos* en pleno centro de Madrid. 私たちはマドリードの真ん中で彼を見つけた.

4《話》(すぐに) 理解する, 気づく. ～ una solución 解決方法に気づく. ～ las cosas al vuelo ものごとをすぐに飲み込む.

5《海》(帆の) 下部の索をぴんと張る.

[←〔俗ラ〕*captiare*；〔ラ〕*capere*「捕らえる」(→caber) より派生,〔関連〕〔英〕*capture*, *catch*]

ca·za·sub·ma·ri·nos [ka.θa.suð.ma.rí.nos / -.sa.-] 男《単複同形》《海》駆潜艦.

ca·za·ta·len·tos [ka.θa.ta.lén.tos / -.sa.-] 形《性数不変》〈ヘッドハンティング〉をする. empresa ～ (人材) スカウト専門業者. — 男 女 《単複同形》スカウトする人；ヘッドハンター；タレントスカウト.

ca·za·te·so·ros [ka.θa.te.só.ros / -.sa.-] 男 女 《単複同形》宝を探す人, 宝探しをする人.

ca·za·tor·pe·de·ro [ka.θa.tor.pe.ðé.ro / -.sa.-] 男《海》駆逐艦 (= contratorpedero).

ca·za·vi·rus [ka.θa.bí.rus / -.sa.-] 形《性数不変》《IT》(アプリケーションソフトが) コンピュータ・ウイルスを発見し除去する. — 男《単複同形》コンピュータ・ウイルス対策ソフト, アンチウイルスソフト.

caz·ca·le·ar [kaθ.ka.le.ár / kas.-] 自《話》忙しそうに動き回る.

caz·ca·rria [kaθ.ká.rja / kas.-] 女 1 (すそについ

cazcorvo 398

た)泥のはねあと. **2**《ラ米》《ジラ》(動物の体に付着した)糞(ぇ), 汚物.

caz·cor·vo, va [kaθ.kór.βo, -.βa / kas.-] 形《ラ米》(ｼﾞﾗﾂ)《*Zool*》X脚の, 足が曲がった.

ca·zo¹ [ká.θo / -.so] 男 **1** ソースパン, 片手鍋(ぇ). **2** 柄杓(ﾋﾞ), 玉杓子. **3**《ラ米》(ｼﾞﾗﾂ)大鍋(ﾐﾞ).
  cazo de colada 《冶》鋳造用取り鍋.
  cazo eléctrico 電気湯沸かし器.
  meter el cazo《話》へまをする.

ca·zo² [ká.θo / -.so] 園 → **cazar**.

ca·zo·la·da [ka.θo.lá.ða / -.so.-] 安 浅い土鍋(ｶﾞﾂ)1杯(分).

ca·zo·le·ro [ka.θo.lé.ro / -.so.-] 形 女の領分にいちいち首を突っ込む. ── 男 女の領分に口出しする男.

ca·zo·le·ta [ka.θo.lé.ta / -.so.-] 安 **1** 小型の鍋. **2**(パイプの)火皿; (火縄銃の)皿; (刀剣の椀型の)つば; (盾の中心の)円凸部. [cazuela + 縮小辞]

ca·zo·le·te·ar [ka.θo.le.te.ár / -.so.-] 自 お節介をやく, よけいな口出しをする.

ca·zo·le·te·ro [ka.θo.le.té.ro / -.so.-] 形 男 → cazolero.

ca·zón¹ [ka.θón / -.són] 男《魚》(ツノザメなど)小型のサメの総称.

ca·zón² [ka.θón / -.són] 男《古語》黒砂糖.

ca·zo·nal [ka.θo.nál / -.so.-] 男 **1** サメ漁の道具一式; (サメを捕らえる)大型魚網. **2** 窮地, 行き詰まり.

ca·zo·ne·te [ka.θo.né.te / -.so.-] 男《海》(索環に通すためにロープの端に結びつける)留め棒.

ca·zue·la [ka.θwé.la / -.swé.-] 安 **1** 浅い土鍋(ｶﾞﾂ). **2** シチュー鍋, キャセロール. **3** 煮込み[シチュー]料理. **4**《演》(1) 天井桟敷. (2)《古語》女性用観覧席. **5**(ブラジャーの)カップ.

ca·zum·bre [ka.θúm.bre / -.súm.-] 男 (樽(ｶﾞ)板のすき間に詰める)軽くよった麻ひも.

ca·zu·rre·rí·a [ka.θu.r̄e.rí.a / -.su.-] /
ca·zu·rrí·a [ka.θu.r̄í.a / -.su.-] 安 無口; ずる賢さ; 強情っ張り.

ca·zu·rro, rra [ka.θú.r̄o, -.r̄a / -.sú.-] 形《話》 **1** 無口で強情な; 腹黒い, 狡猾(ﾂｳﾞ)な. **2** ぬけすけな; 粗野(ﾔ)な(人).

ca·zuz [ka.θúθ / -.sús] 男《植》セイヨウキヅタ, アイビー (= hiedra).

CBI [θe.βe.í / se.-] 安《略》Comisión Ballenera Internacional 国際捕鯨委員会 [英 IWC].

cc.《略》*centímetros cúbicos* 立方センチメートル.

cc., C.C.《略》《電》*corriente continua* 直流.

c/c《略》《商》*cuenta corriente* 当座預金(口座).

CCOO [θe.θe.o.ó / se.se.-] 安《略》Comisiones Obreras (スペインの)労働者委員会.

cd《略》*candela*(光度の単位)カンデラ.

c/d《略》《商》(1) *en casa de...* ～気付. (2) *con descuento* 割り引いて (= c/d.ᵗᵒ).

Cd《化》*cadmio* カドミウム.

CD [θe.ðé / se.-] 男《略》Disco Compacto コンパクトディスク, CD; Cuerpo Diplomático 外交団.

C.D.《略》《電》*corriente directa* 直流.

C. de J.《略》《カト》Compañía de Jesús イエズス会.

CDR [θe.de.é.r̄e / se.-] [英] 男《略》(1)《IT》 compact disc recordable: 最初の書き込みのあとの追記のみが可能なCD. (2) *Comité de Defensa de la Revolución*(キューバの)革命防衛委員会.

CD-ROM [θe.de.r̄ón / se.-] 男 CD-ROM.

CDRW [θe.de.(e.)r̄e.u.βe.ðó.βle / se.-] [英] 男《略》《IT》 compact disc rewritable: 何度も書き込み・消去可能なCD.

CDS [θe.de.é.se / se.-] 男《略》Centro Democrático Social (スペイン)社会民主中道党.

ce¹ [θé / sé] 安 アルファベットのcの名称.
  ce por ce [*be*]《話》こと細かに, 詳しく.
  por ce o por be《話》いろんな方法で, どうにか.

ce² [θé / sé] 間投《古語》おい, ちょっと.

Ce《化》*cerio* セリウム.

CE [θe.é / se.-]《略》Comunidad Europea ヨーロッパ共同体.

ce·a [θé.a / sé.-] 安《古語》《解剖》座骨 (= cía).

CEA [θé.a / sé.-] 安《略》(1) Confederación de Estados Centroamericanos 中央アメリカ諸国連合. (2) Compañía Ecuatoriana de Aviación エクアドルの航空会社.

ce·a·no·to [θe.a.nó.to / se.-] 男《植》ソリチャクロウメモドキ科の植物; (特に)ソリチャウメモドキ.

ce·a·ri·na [θe.a.rí.na / se.-] 安 軟膏(ﾅﾂ)の一種.

ce·á·ti·ca [θe.á.ti.ka / se.-] 安《医》座骨神経痛.

ce·ba [θé.βa / sé.-] 安 **1** 肥育: (家畜に)えさをやること. **2** (家畜の)えさ, 飼料. **3** (炉などへの)燃料の補給. **4**《ラ米》(1)(ｼﾞﾗﾂ)《話》ぞっとするもの, 気持ちが悪くなるもの. (2) 点火薬.

ce·ba·da [θe.βá.ða / se.-] 安 大麦(の果粒). → trigo.
[cebarより派生 (飼料として主に大麦が使われた)]

ce·ba·dal [θe.βa.ðál / se.-] 男 大麦畑.

ce·ba·de·ra [θe.βa.ðé.ra / se.-] 安 **1** (馬などの首に下げておく)飼い葉袋. **2** (家畜用の)大麦保存箱. **3**《冶》(溶鉱炉の鉱石装入用の)ホッパー. **4**《海》斜檣(ｼｮｳ)帆, スプリットスル.

ce·ba·de·ro [θe.βa.ðé.ro / se.-] 男 **1** 大麦の商人. **2** 給餌(ｷﾞ)場. **3**《美》家禽(ﾅﾝ)がえさをついばんでいる絵. **4** (狩りで)えさをまいておく場所, **5** まぐさ番. **6** 予備のまぐさを運搬する馬. **7**《冶》(溶鉱炉の)装入口. **8** 先導ラバ.

ce·ba·di·lla [θe.βa.ðí.ja ‖ -.ʎa / se.-] 安 **1** 野生の大麦. **2** (キンポウゲ科の)ヘレボールの根: 殺虫剤.

ce·ba·do, da [θe.βá.ðo, -.ða / se.-] 形 **1**《話》太りすぎの, 肥満の. **2**《ラ米》《猛獣が》人をおそう.

ce·ba·dor [θe.βa.ðór / se.-] 男 **1** (蛍光灯などの点灯させるために電極を熱する)始動装置, 点灯管; 安定器. **2**《ラ米》(ｼﾞﾗﾂ)《車》《機》(エンジンなどの)チョーク(弁). **3**《ラ米》(ｼﾞﾗﾂ)マテ茶 mate を入れる人; (マテ茶を入れるためのポットの)注ぎ口. **4** (角・革でできた)火薬入れ. **5**《化》(化学反応)誘発剤.

ce·ba·du·ra [θe.βa.ðú.ra / se.-] 安 **1** 肥育. **2** えさでおびき寄せること; (わななどへの)えさの取りつけ. **3** 燃料の補給. **4**《炉への》装入. **5** 雷管[点火薬, 起爆剤]の装着. **6** 始動準備. **7** 熱中, 没頭. **8** 嗜虐(ｷﾞｬｸ)的になること, 牙(ｷﾞ)をむくこと. **9**《ラ米》(ｼﾞﾗﾂ)マテ茶をたてること; 1回分のマテ茶(の葉); マテ茶[コーヒー]の出がらし.

ce·bar [θe.βár / se.-] 他 **1** 肥育する; 肥やすためにえさをやる. **2** (釣り針・わなに)えさをつける; (えさをまいて)おびき寄せる. **3** ...に燃料を補給する ― el fuego 火に薪[燃料]を加える. **4**《冶》〈炉に〉装入物を入れる. **5** ...に雷管[導火線]を付ける, 点火薬を填塡(ﾃﾝ)する. **6** 〈機械類の〉始動の準備をする. **7** 〈情熱を〉かき立てる. **8**《ラ米》(ｼﾞﾗﾂ)〈マテ茶・コーヒーなどを〉入れる, 注ぐ. ~ mate マテ茶を入れる.
  ── 自〈ねじ・釘(ｷﾞ)が〉しっかりと締まる[利く].
  ── ~·se 再 **1** 残虐になる; 厳しく非難される. *No te cebes conmigo.* 僕を責めないでくれ. **2**《火事・疫病などが》猛威を振るう. **3** ~ mate マテ茶を入れる. **4**《*en*...》《〈悪習・激情・怒りな

ど)に}身をゆだねる；《(勉学・読書など)に》没頭する. **4**《ラ米》(ﾒｷｼｺ)(ｶﾘﾌﾞ)《話》不発[失敗]に終わる.
[← [ラ] *cibāre*「飼育する」(*cibus*「飼料」より派生);〔関連〕cebada]

ce·bé [θe.βé / se.-] 男《複 cebes》〖経〗スペイン銀行が金融機関に対して発行する預金証書 (= Certificado(s) del Banco de España)：これにより通貨供給・金利をコントロールする.

ce·be·lli·na [θe.βe.ʝí.na ‖ -.ʎí.- / se.-] 女〖動〗クロテン (= marta ～).

ce·bi·che [θe.βí.tʃe / se.-] 男《ラ米》〖料〗セビーチェ：ぶつ切り、あるいは薄切りにした生の魚介に柑橘(ｶﾝｷﾂ)類の絞り汁・香辛料・調味料などを入れた料理.

ce·bo¹ [θé.βo / sé.-] 男 **1** えさ、飼料. **2** (釣り針・わなに付ける)えさ、おとり. ～ **artificial** 擬餌(ｷﾞ)、ルアー. **3** (1回分の)点火薬. **4** (1回の装入で炉に入れる)装入物、燃料. **5**《比喩的》えさ、誘惑；感情をかき立てるもの.

ce·bo [θé.βo / sé.-] 男〖動〗→cefo.

*__ce·bo·lla__ [θe.βó.ja ‖ -.ʎa / se.-] 女 **1**〖植〗**タマネギ**. Contigo, pan y ～.《諺》手鍋さげても(←あなたとならばパンとタマネギだけの貧乏暮らしもいとわない) (► pan y ～は粗食の代名詞). una ristra de ～s 一つなぎのタマネギ. ～ **albarrana** カイソウ(海葱). ～ **escalonia** シャロット、エシャロット.
2 球根、鱗茎(ﾘﾝｹｲ) (= bulbo).
3 (散水口などの)球根の部品.
4《ラ米》(1)(ﾊﾟ)支配力、権力. (2)《話》時計.
[← [後ラ] *cēpulla* ([ラ] *cēpa*「タマネギ」+縮小辞)]

ce·bo·lla·na [θe.βo.ʝá.na ‖ -.ʎá.- / se.-] 女〖植〗エゾネギ、エゾアサツキ.

ce·bo·llar [θe.βo.ʝár ‖ -.ʎár / se.-] 男 タマネギ畑.

ce·bo·lla·zo [θe.βo.ʝá.θo ‖ -.ʎá.- / se.-.so] 男 殴打、強烈な一撃；(派手な)転倒.
dar un cebollazo《ラ米》(ｱﾙｾﾞﾝ)《話》(1)《a+人〈人〉に》へつらう、取り入る. (2)《*de...* …を》ひけらかす、自慢する.

ce·bo·lle·ro, ra [θe.βo.ʝé.ro, -.ra ‖ -.ʎé.- / se.-] 形 タマネギの. — 男女 タマネギ売り.
alacrán cebollero〖昆〗ケラ (= grillo real).

ce·bo·lle·ta [θe.βo.ʝé.ta ‖ -.ʎé.- / se.-] 女〖植〗ネギの一種；若くみずみずしいタマネギ.

ce·bo·lli·no [θe.βo.ʝí.no ‖ -.ʎí.- / se.-] 男 **1** 小さなタマネギ；タマネギの種、種タマネギ；タマネギの苗床. **2** 愚かで厚かましい人、鈍感な人.
escardar cebollinos 役にも立たないことをする.
mandar a+人 a escardar cebollinos《話》〈人〉を追い払う；取り合わない、相手にしない.

ce·bo·lli·ta [θe.βo.ʝí.ta ‖ -.ʎí.- / se.-] 女 cebolla + 縮小辞. — 男《ラ米》(ｳﾙｸﾞｱｲ)《話》男の子、少年.

ce·bo·llón, llo·na [θe.βo.ʝón, -.ʝó.na ‖ -.ʎón, -.ʎó.- / se.-] 男女《話》(ｶﾞ)(ﾍﾞﾈ)(婚期を過ぎた)独身者.

ce·bo·llu·do, da [θe.βo.ʝú.ðo, -.ða ‖ -.ʎú.- / se.-] 形 **1** 鱗茎(ﾘﾝｹｲ)の、球根状の；球根から生じた. **2**〈人が〉粗野な、荒っぽい.

ce·bón, bo·na [θe.βón, -.βó.na / se.-] 形〈動物が〉丸々と肥えた；〈人間が〉太った. — 男〖動〗ブタ.

ce·bo·rrin·cha [θe.βo.ríɲ.tʃa / se.-] 女〖植〗野生のネギ.

ce·bo·ru·co [θe.βo.rú.ko / se.-] 男《ラ米》(1)(ﾒｷ)岩礁地. (2)(ﾍﾞﾈ)険しい岩場. (3)(ﾌﾟｴﾙﾄ)雑木林、茂み.

ce·bra [θé.βra / sé.-] 女〖動〗シマウマ.
paso (de) cebra 横断歩道、ゼブラゾーン.

ce·bra·do, da [θe.βrá.ðo, -.ða / se.-] 形〈動物が〉縞(ｼﾏ)模様のある.

ce·bra·ta·na [θe.βra.tá.na / se.-] 女 → cerbatana.

ce·bru·no, na [θe.βrú.no, -.na / se.-] 形 → cervuno.

ce·bú [θe.βú / se.-] 男〖動〗(1) コブウシ. (2) サルの一種.

ce·bu·rro [θe.βú.ro / se.-] 形〈小麦が〉白く上質の.

ce·ca [θé.ka / sé.-] 女〖古語〗**1** 造幣局.
2 (貨幣の)鋳造年(度). **3** (モロッコで)貨幣、銭.

Ce·ca [θé.ka / sé.-] 固有名 ir [andar] de la ～ a la Meca [de ～ en Meca]《話》あちこち駆け回る (← スペイン Córdoba の mezquita からメッカへ行く).

CECA [θé.ka / sé.-] 女《略》Confederación Española de Cajas de Ahorro スペイン貯蓄金庫連合.

ce·cal [θe.kál / se.-] 形〖解剖〗盲腸の.

ce·ce·an·te [θe.θe.án.te / se.se.-] 形 s を [θ] で発音する. — 男女 s を [θ] で発音する人.

ce·ce·ar [θe.θe.ár / se.se.-] 自 (¡ce! ¡ce! と)呼びかける. — 自 スペイン語の s を [θ] で発音する.

ce·ce·o [θe.θé.o / se.se.-] 男 (主にスペイン Andalucía 南部、特に Sevilla, Cádiz, ラテンアメリカの一部で) s を [θ] で発音すること. → seseo.

ce·ce·o·so, sa [θe.θe.ó.so, -.sa / se.se.-] 形 s を [θ] と発音する. — 男女 s を [θ] と発音する人.

ce·cial [θe.θjál / se.sjál] 男 干し魚、干ダラ.

Ce·ci·lia [θe.θí.lja / se.sí.-] 固有名 セシリア：女子の洗礼名. [← [ラ] *Caecilia*；〔関連〕[ポルトガル] *Cecília*. [仏] *Cécile*. [伊][英] *Cecilia*. [独] *Cäcilia*]

Ce·ci·lio [θe.θí.ljo / se.sí.-] 固有名 セシリオ：男子の洗礼名. [← [ラ] *Cecilius*]

ce·ci·na [θe.θí.na / se.sí.-] 女 (乾燥・燻製(ｸﾝｾｲ)・塩漬けにした)保存肉 (= tasajo).

ce·ci·nar [θe.θi.nár / se.si.-] 他〈肉を〉乾燥させて[燻製(ｸﾝｾｲ)・塩漬けにして]保存する.

ce·co·gra·fí·a [θe.ko.gra.fí.a / se.-] 女 点字.

ce·da [θé.ða / sé.-] 女 アルファベットの z の名称 (= zeda, zeta, ceta).

CEDA [θé.ða / sé.-] 女《略》Confederación Española de Derechas Autónomas スペイン自治右派連合：第二共和国時代の右派連合.

ce·da·ce·ar [θe.ða.θe.ár / se.-.se.-] 自 目が霞む、見えなくなる.

ce·da·ce·ro [θe.ða.θé.ro / se.-.sé.-] 男 篩(ﾌﾙｲ)職人、篩売り.

ce·da·ci·llo [θe.ða.θí.jo ‖ -.ʎo / se.-.sí.-] 男〖植〗イネ科ゴバンソウ属の植物.

ce·da·zo [θe.ðá.θo / se.-.so] 男 **1** 篩(ﾌﾙｲ).
2 大きな漁網.

ce·den·te [θe.ðén.te / se.-] 形 譲渡する、譲与する. — 男女 譲渡者、譲与者.

__ce·der__ [θe.ðér / se.-] 他《*a*+人〈人〉に》**譲る**；差し出す. ～ el asiento *a* un anciano en el tren 電車でお年寄りに席を譲る. ～ la palabra *a*+人 に発言させる. El director *le ha cedido* el puesto *a* su hijo. 部長は彼のポストを息子に譲った.
— 自 **1**《*a...* / *ante...* / *en...* …に》…に屈する、譲歩する. No debes ～ *al* chantaje. ゆすりに屈してはいけません.
2《*de...* …を》あきらめる. **3** 弱まる、和らぐ. Estos días *ha cedido* ya el calor. このごろはもう暑さは弱まってきた. **4** …が張りを失う、伸びる、ゆるくなる.
5 (重みで)壊れる、崩れる.

[← [ラ] *cēdere*「動く, 退く；譲る」；[関連] cesión, anteceder, proceder. [英]*concede, proceed*]

ce·de·rrón [θe.đe.r̄ón / se.-] 男 [複 cederrones, ~] CD-ROM.

ce·di [θé.đi / sé.-] 男 セディ：ガーナの通貨単位.

ce·di·lla [θe.đí.ja ‖ -.ʎa / se.-] 囡 (フランス語・ポルトガル語・古スペイン語などで) c の字の下に添える符号 (̦). その符号をつけた c(ç).

ce·di·zo, za [θe.đí.θo, -.θa / se.-so, -.sa] 形 腐りかけた.

ce·do[1] [θé.đo / sé.-] 副《古語》すぐに, ただちに, 素早く.

ce·do[2] [θé.đo / sé.-] 活 → ceder.

ce·do·a·ria [θe.đo.á.rja / se.-] 囡《植》ガジュツ：インド産のショウガ科ウコン属の根で薬用となる.

ce·dras [θé.đras / se.-] 囡《複数形》羊飼いが使う革袋.

ce·dri·no, na [θe.đrí.no, -.na / se.-] 形 ヒマラヤスギの.

ce·dro [θé.đro / sé.-] 男 1《植》ヒマラヤスギ(= ~ del Himalaya, ~ de la India). ~ del Líbano レバノンスギ. 2 杉材.

cé·du·la [θé.đu.la / sé.-] 囡 1 証書, 文書；通知書. ~ de identidad 身分証. Real C~《史》勅令. 2 借用証(書). 3《商》証書, 証券. ~ en blanco (金額未記入の) 白地小切手. ~ de cambio (為替)手形. 4 目録カード.
[←[後ラ] *schedula* ←[ラ] *scheda*「(パピルス)紙片」+縮小辞]；[関連] [英]*schedule*]

ce·du·lar [θe.đu.lár / se.-] 他 《ラ米》(ミネネ) 〈人に〉身分証明書を与える；〔受け取る, 要求する〕.

ce·du·la·rio [θe.đu.lá.rjo / se.-] 男 勅令集, 法令集.

ce·du·lón [θe.đu.lón / se.-] 男 (風刺などの) 貼り紙.

CE [θe.é / se.-] / **CEE** [θe.(e.)é / se.-] 囡《略》*Comunidad Económica Europea* ヨーロッパ(経済)共同体[英EEC].

ce·fa·lal·gia [θe.fa.lál.xja / se.-] 囡《医》頭痛.

ce·fa·le·a [θe.fa.lé.a / se.-] 囡《医》偏頭痛. ~ en racimos 群発性頭痛.

ce·fá·li·co, ca [θe.fá.li.ko, -.ka / se.-] 形 頭(部)の, 頭の方にある. índice ~ (頭幅の頭長に対する)頭長幅指数.

cefalo- / **-céfalo**「頭, 頭部」を表す造語要素. 母音の前では cefal-. → *cefal*algia, dolico*céfalo*. [←[ギ]]

cé·fa·lo [θé.fa.lo / sé.-] 男《魚》スズキ.

ce·fa·lo·he·ma·to·ma [θe.fa.lo.e.ma.tó.ma / se.-] 男《医》頭血腫(ｼﾞｭ).

ce·fa·ló·po·do, da [θe.fa.ló.po.đo, -.đa / se.-] 形 頭足類の. — 男《複数で》《動》(イカ・タコなど)頭足類動物.

ce·fa·lo·rra·qui·de·o, a [θe.fa.lo.r̄a.kí.đe.o, -.a / se.-] / **ce·fa·lo·rra·quí·de·o, a** [θe.fa.lo.r̄a.kí.đe.o, -.a / se.-] 形《解剖》脳(と)脊髄(ｾﾞｷ)の, 脳と脊髄にある. líquido ~ 脳脊髄液.

ce·fa·los·po·ri·na [θe.fa.los.po.rí.na / se.-] 囡《薬》セファロスポリン：真菌から作られる広域抗生物質.

ce·fa·lo·tó·rax [θe.fa.lo.tó.raks / se.-] 男《動》頭胸部：甲殻類・クモ類の頭部と胸部が合一した部分.

Ce·fe·o [θe.fé.o / se.-] 男 1 [C-]《星座》ケフェウス座. 2《ギ神》(エチオピアの王) ケペウス.

cé·fi·ro [θé.fi.ro / sé.-] 男 1 西風.

2《文章語》微風, そよ風.

3 ゼファークロス：薄い平織りの木綿布地.

ce·fo [θé.fo / sé.-] 男《動》カツミザル, オマキザル.

ce·ga·dor, do·ra [θe.ga.đór, -.đó.ra / se.-] 形 まぶしい, 目のくらむような. Apartó la vista de aquella luz *cegadora*. 彼[彼女]はあのまぶしい光から目をそむけた.

ce·ga·jo [θe.gá.xo / se.-] 男 満2歳までの子羊[子ヤギ].

ce·ga·jo·so, sa [θe.ga.xó.so, -.sa / se.-] 形 いつも腫(ﾊ)れぼったい目をしている, 目が悪い.
— 男 囡 腫れぼったい目をしている人, 目が悪い人.

ce·ga·mien·to [θe.ga.mjén.to / se.-] 男 1 土砂などの堆積によって川や運河, 港の水底が上昇すること 2 → ceguera.

***ce·gar** [θe.gár / se.-] 9 他 1 盲目にする.
2 目をくらませる, まぶしくする. 3 分別[理性, 判断力など]を奪う. Le *ciega* la ira. 彼は怒りのあまり分別を失っている. 4 〈穴・入り口などを〉ふさぐ；封鎖する. ~ un pozo 井戸をふさぐ.
— 自 失明する, 盲目になる.
— ~se 再 1 (**de...** …に) 目がくらむ. ~se *de* ira 怒りのあまり分別を失う. 2 詰まる, ふさがる.

ce·ga·rra [θe.gá.r̄a / se.-] 形 男 囡 → cegato.

ce·ga·rri·ta [θe.ga.r̄í.ta / se.-] 形 男 囡 → cegato.

ce·ga·to, ta [θe.gá.to, -.ta / se.-] 形 近視の, 近眼の. — 男 囡 近視[近眼]の人.

ce·ga·tón, to·na [θe.ga.tón, -.tó.na / se.-] 形《ラ米》→ cegato.

ce·ga·to·so, sa [θe.ga.tó.so, -.sa / se.-] 形 男 囡 → cegato.

ce·ge·si·mal [θe.xe.si.mál / se.-] 形 C.G.S.単位系の. sistema ~ (centímetro-gramo-segundo を単位とする) C.G.S.法.

ce·ge·tis·ta [θe.xe.tís.ta / se.-] 形 (la Confederación General del Trabajo の略) C.G.T.[労働総同盟]の.
— 男 囡 C.G.T.[労働総同盟]の組合員.

ce·grí [θe.grí / se.-] 男《複 ~es》(Granada 王国の王族の一つ) セグリー家の人. → abencerraje.

cegue(-) / **cegué(-)** 活 → cegar.

ce·gue·dad [θe.ge.đáđ / se.-] 囡 → ceguera.

ce·gue·ra [θe.gé.ra / se.-] 囡 1 盲目, 失明. ~ nocturna 夜盲症. 2《比喩的》盲目, のぼせ上がること；無分別(にさせるほどの情熱).

CEI [θe.(e.)í / se.-] 囡《略》*Confederación de Estados Independientes* 独立国家共同体：旧ソ連12か国で構成.

cei·ba [θéi.βa / séi.-] 囡《植》(1) カポックノキ. ◆グアテマラの国樹. (2) (大西洋に分布する) 海草の一種. [←? [タイノ] *ceyba*]

cei·bo [θéi.βo / séi.-] 男《植》アメリカデイゴ：マメ科デイコ属の低木. ◆アルゼンチン, ウルグアイの国花.

cei·lan·dés, de·sa [θei.lan.dés, -.dé.sa / sei.-] 形 セイロン(人)の, スリランカ(人)の. — 男 囡 スリランカ人. — 男 セイロン[シンハラ]語.

ce·í·na [θe.í.na / se.-] 囡《生化》ゼイン：トウモロコシから作られるたんぱく質.

***ce·ja** [θé.xa / sé.-] 囡 1 まゆ(毛). tener las ~s pobladas [ralas] 濃い[薄い]まゆをしている. arquear [enarcar] las ~s (驚いて)まゆを上げる. fruncir las ~s まゆをひそめる, 顔をしかめる.
2 突出[突起]部, へり, 折り返し.
3《機》リム, 外輪；つば.

4 頂, 頂上. **5** (山頂にかかる) かさ雲. **6** 『音楽』弦楽器の) 上駒(ﾄﾞ); (ギターなどの) カポタスト (= cejilla); セーハ: (ギターなどで) 人さし指で複数の弦を同時に押さえること. **7** 《ラ米》(1)(ｺﾛ)小道. (2)(ｱﾙｾﾞﾝ)(ｳﾙ)帯状の森林; 森林の際[端].
estar hasta las cejas de... 《話》…に飽き飽きしている.
quemarse las cejas 《話》一生懸命に[夜更かしして]勉強する.
tener a+人 entre ceja y ceja / tener a+人 entre cejas 《話》〈人〉を煙たがる.
tener... entre ceja y ceja 《話》…に固執する, こだわる.
[← [ラ] *cilia* (*cilium*「まぶた; まつげ」の複数形)] 関連 entrecejo]

ce·jar [θe.xár / se.-] 自 **1** (特に車を引く馬が) 後戻りする, 後退する. **2** 《否定文で》(1) 気を抜く. *No cejes en tu esfuerzo.* たゆまず努力しなくてはならぬ. (2) 撤回する, 《要求などを》引っ込める.

ce·ji·jun·to, ta [θe.xi.xún.to, -.ta / se.-] 形 **1** (2つのまゆがつながりそうなほど) まゆ毛の濃い. **2** しかめ面の, 不機嫌な (= ceñudo).

ce·ji·lla [θe.xí.ja ‖ -.ʎa / se.-] 女 『音楽』(ギターなどの) カポタスト.

ce·ju·do, da [θe.xú.ðo, -.ða / se.-] 形 まゆ毛の濃い, 太い.

Ce·la [θé.la / sé.-] 固名 セラ Camilo José ~ (1916-2002): スペインの小説家. ノーベル文学賞 (1989). 作品 *La colmena*『蜂の巣』.

ce·la·can·to [θe.la.kán.to / se.-] 男 『魚』シーラカンス.

ce·la·da [θe.lá.ða / se.-] 女 **1** わな, 落とし穴. **2** 待ち伏せ, 伏兵. *caer en una ~* 待ち伏せに遭う. **3** (15世紀ごろの面頰(ﾊﾞﾀ)の付いた) かぶと; (中世の軽かぶと) サレット. *~ borgoñota* 軽装かぶと (面頰がなく目びさしとほお当てでできている).

celada
(かぶと)

ce·la·da·men·te [θe.lá.ða.mén.te / se.-] 副 ひそかに.

ce·la·dor, do·ra [θe.la.ðór, -.ðó.ra / se.-] 形 監視する, 見張りの, 管理する. — 男 女 **1** (学校の) 監督生, 風紀委員; 監視人, 看守; (博物館・図書館の) 館員, 管理人. **2** (機械を) 管理[修理]する人.

ce·la·je [θe.lá.xe / se.-] 男 **1** (絵画・写真で, 夕焼けなどの) 雲, 雲がかかった空. **2** 《複数で》(夕焼けなどの) 一群の雲, 雲がかかった空. **3** 天窓, (屋根の) 明かり取り (= claraboya). **4** 前兆, 徴候. **5** 《ラ米》(ﾄﾞﾐ)(ｻﾞﾙ)亡霊.
como un celaje 《ラ米》《話》一瞬のうちに, 瞬く間に.

ce·lar [θe.lár / se.-] 他 **1** 監督する, 管理する. **2** 監視する, 見張る. **3** 包み隠す, 覆い隠す (= ocultar). — 自 《*por...* / *sobre...*》を監督, 管理する; 警戒する, 見張る.

*****cel·da** [θél.da / sél.-] 女 **1** (修道院の) 独居房; (刑務所の) 独房. **2** (ハチの巣の) 巣房.

cel·di·lla [θel.dí.ja ‖ -.ʎa / se.-] 女 **1** (ハチの巣の) 巣房. **2** 壁龕(ﾍﾞｷ) (= nicho).
[celda + 縮小辞]

ce·le·bé·rri·mo, ma [θe.le.βé.ri.mo, -.ma / se.-] 形 [célebre の絶対最上級] きわめて名高い [著名] な.

*****ce·le·bra·ción** [θe.le.βra.θjón / se.-.sjón] 女 **1** (儀式・行事・会などの) 開催, 挙行. *~ de un congreso internacional* 国際会議の開催. **2** 祝い; 祝賀会, 祝典. *La ~ del campeonato de liga será el próximo sábado.* リーグ優勝の祝賀会は次の土曜日です. **3** かっさい, 賞賛. *Recibieron al escritor que ganó el Premio Nobel con grandes celebraciones.* ノーベル賞を受賞したその作家は大かっさいで迎えられた. **4** 『カト』ミサの執行.

ce·le·bra·do, da [θe.le.βrá.ðo, -.ða / se.-] 形 評判の高い, 人気のある, 受けがいい.

ce·le·bran·te [θe.le.βrán.te / se.-] 形 『宗』ミサを挙げる, 司式の. — 男 ミサ司式司祭.

*****ce·le·brar** [θe.le.βrár / se.-] 他 **1** 祝う, 祝賀する. *~ un aniversario* 記念日を祝う. *~ el año nuevo* 新年を祝う. *~ la victoria* 勝利を祝う.
2 《行事・式典などを》開催する, 挙行する. *~ una boda* 結婚式を挙げる. *~ un partido* 試合を開催する. *~ una misa* ミサを行う. *~ un juicio* 裁判を開く.
3 喜ぶ, うれしがる; 《*que*+接続法 …することを》喜ぶ. *Celebramos su participación.* 私たちはあなたの(方の) 参加を歓迎します. *Celebro que todos estén de vuelta.* 皆さんが戻られてうれしく思います.
4 賛美する, たたえる. *~ a los héroes* 英雄たちを賛美する.
5 《契約などを》取り結ぶ. *~ un matrimonio* 婚姻を結ぶ. *~ un acuerdo* 協定に調印する.
— 自 ミサを行う.
— *~·se* 再 **1** 《3人称で》開催される; 祝われる. *Su cumpleaños se celebra el 2 de agosto.* 彼[彼女]の誕生日 (パーティー) は8月2日である.
2 《ラ米》(ｺﾛ)《話》恋する.
[← [ラ] *celebrāre*「人が大勢集まる」; *celeber*「にぎやかな」(→ *célebre*) より派生. 関連 *celebración*. [英] *celebrate*]

*****cé·le·bre** [θé.le.βre / sé.-] 形 [絶対最上級は *celebérrimo*] **1** 《*por...* …で》有名な, 名の通った, 著名の. *poeta ~* 著名な詩人. *Fue una actriz ~ por su belleza.* 彼女は美貌で知られた女優だった. **2** 《話》おもしろい, こっけいな; 機知に富んだ. **3** 《ラ米》(ｴｸｱ)(ﾎﾟﾙﾄ)(ﾁﾘ)(ｴﾙｻﾙ)(ﾌﾟｴﾙ)《話》きれいな, かわいらしい.

ce·le·bri·dad [θe.le.βri.ðáð / se.-] 女 **1** 有名, 名声 (= fama). *ganar ~* 有名になる, 名声を得る. **2** 有名人, 名士. **3** 祭典の催し, 祝典.

ce·le·mín [θe.le.mín / se.-] 男 **1** セレミン: 体積の単位. 約4.625リットル.
2 《古語》(スペイン) Castilla の耕地面積の単位: 1 セレミンの穀物をまける広さ, 約537平方メートル.

ce·le·mi·na·da [θe.le.mi.ná.ða / se.-] 女 (穀物などの) 1セレミンの量.

ce·len·té·re·o [θe.len.té.re.o / se.-] 男 『動』(クラゲ・イソギンチャクなどの) 腔腸(ｺｳﾁｮｳ)動物.

ce·le·que [θe.lé.ke / se.-] 形 《ラ米》(ﾎﾟﾙﾄ)(果物が) 青い, 熟していない.

cé·le·re [θé.le.re / sé.-] 形 《文章語》速い, 快速の.
— 男 (古代ローマ騎士団の) 騎兵.
— 女 《複数で》『ギ神』ホーラーたち (= Las Horas): 季節と秩序の女神.

ce·le·ri·dad [θe.le.ri.ðáð / se.-] 女 速力, 速さ, 敏速. *con toda ~* 全速力で, 大急ぎで.

ce·les·co·pio [θe.les.kó.pjo / se.-] 男 腹腔(ﾌｸｺｳ)鏡.

ce·les·ta [θe.lés.ta / se.-] 女 『音楽』チェレスタ: アップライト型ピアノのような形をした鍵盤式の楽器. 共鳴箱の中でスチールがたたかれ鳴る仕組みになっている.

ce·les·te [θe.lés.te / se.-] 形 **1** 天の，天空の．los espacios ~s 宇宙空間．bóveda ~ 大空，蒼穹(そうきゅう)．cuerpo ~ 天体．**2** 空色の．
— 男 空色，スカイブルー．
El Celeste Imperio(歴代王朝支配下の)中国．
［←［ラ］*caelestis* (*caelum* 'cielo' より派生)．［関連］［スペイン］［英］*celestial*］

ce·les·tial [θe.les.tjál / se.-] 形 **1** 天上の，天国［天界］の，神々しい；神授［天来］の．gloria ~ 天上の至福．**2** 完璧(かんぺき)な，無上の．**3** 《話》愚かな，まぬけな，ばかな．
música celestial 心地よく響く言葉；聞き流される言葉．

ce·les·tial·men·te [θe.les.tjál.mén.te / se.-] 副 天命で，天の裁量により；完全に，愉快に，すばらしく．

ce·les·ti·na [θe.les.tí.na / se.-] 女 **1** 売春宿の女あるじ；売春斡旋(あっせん)者．**2** 《鉱》天青石．

Ce·les·ti·na [θe.les.tí.na / se.-] 固名 *La* ~『セレスティーナ』: スペインの作家 Rojas の小説．また登場する老婆の名．正題は *Tragicomedia de Calisto y Melibea*『カリストとメリベアの悲喜劇』(1499年)．

ce·les·ti·na·je [θe.les.ti.ná.xe / se.-] 男 **1** 男女の仲の取り持ち．**2** 《まれ》仲介．

ce·les·ti·nes·co, ca [θe.les.ti.nés.ko, -.ka / se.-] 形 《スペインの小説》セレスティーナの；やり手婆(ばばあ)の．

ce·les·ti·no, na [θe.les.tí.no, -.na / se.-] 形 《カト》(教皇ケレスティヌス Celestino 5世が創設した隠者の教団)ケレスティヌス派の．
— 男 女《カト》ケレスティヌス派の修道士［修道女］．

cel·fo [θél.fo / sél.-] 男《動》カツラザル，オマキザル．

ce·lia [θé.lja / sél.-] 女 小麦茶．

ce·lí·a·co, ca [θe.lí.a.ko, -.ka / se.-] / **ce·lia·co, ca** [θe.ljá.ko, -.ka / se.-] 形 腹の，腹腔(ふくこう)の．
— 男 女 小児脂肪便症の患者．
— 女《医》小児脂肪便症．

ce·li·ba·to [θe.li.bá.to / se.-] 男 **1** 独身(生活)．el ~ eclesiástico《カト》(聖職者の)独身制，貞潔．**2** 《話》独身者，独り者．

cé·li·be [θé.li.be / sél.-] 形《格式》独身の，結婚をしていない (= soltero) (↔casado). — 男 女 独身者．

ce·lí·co·la [θe.lí.ko.la / se.-] 男 女《文章語》天上の住人，天人．

ce·li·do·nia [θe.li.ðó.nja / se.-] 女《植》クサノオウ．

ce·lin·da [θe.lín.da / se.-] 女《植》バイカウツギ．

ce·lin·do [θe.lín.do / se.-] 男 →celinda．

ce·lla [θé.ʎa ǁ -.ʎa / sél.-] 女《建》(ギリシア・ローマ時代の)神殿の内陣．

ce·llen·ca [θe.jéŋ.ka ǁ -.ʎéŋ.- / se.-] 女 売春婦．

ce·llen·co, ca [θe.jéŋ.ko, -.ka ǁ -.ʎéŋ.- / se.-] 形 《話》(老齢で)体の弱った，老いぼれた．

ce·llis·ca [θe.jís.ka ǁ -.ʎís.- / se.-] 女 (みぞれ交じりの)吹雪．

ce·llis·que·ar [θe.jis.ke.ár ǁ -.ʎís.- / se.-] 自《3人称単数・無主語で》吹雪く，(みぞれが)吹きすさぶ．

ce·llo [θé.jo ǁ -.ʎo / sé.-] 男 (樽(たる)・桶(おけ)などの)たが，金(かね)の輪．

*ce·lo¹ [θé.lo / sé.-] 男 **1** (en...)〈任務遂行・目標達成〉に対する》熱心さ，熱意．con mucho ~ 熱心に．Pone mucho ~ *en* su trabajo. 彼[彼女]は自分の仕事に大変熱意を燃やしている．
2 《宗》宗教的熱情，敬虔(けいけん)さ．
3 (動物の)発情，さかり，発情期．

4 《複数で》(**de**+人)《(自分より優れた者)に対する》ねたみ，嫉妬(しっと)；《(愛する者)に対する》やきもち．tener [sentir] ~*s de*+人 (人)に嫉妬する，やきもちを妬(や)く．
dar celos a+人 (人)を嫉妬させる．
huelga de celo 順法闘争．
［←［ラ］*zēlus*，［ギ］*zêlos*．［関連］celoso．［英］*zeal*, *jealousy*．［日］ジェラシー］

ce·lo² [θé.lo / sé.-] 男 セロハンテープ (= papel (de) ~); セロハン.

ce·lo·fán [θe.lo.fán / se.-] 男 セロハン紙 (= papel ~).

ce·loi·di·na [θe.loi.ðí.na / se.-] 女《化》セロイジン: 顕微鏡検査の切片の固定剤．

ce·lo·ma [θe.ló.ma / se.-] 男《解剖》体腔(たいこう)．

ce·lo·ma·do, da [θe.lo.má.ðo, -.ða / se.-] 形 体腔を備えた．— 男《生物》(真)体腔動物．

ce·lo·sa·men·te [θe.ló.sa.mén.te / se.-] 副 **1** 熱心に．**2** 嫉妬して；猜疑心(さいぎしん)に駆られて．

ce·lo·sí·a [θe.lo.sí.a / se.-] 女 **1** 斜め格子模様；斜め格子の窓［仕切り］．**2** 嫉妬(しっと)心，ねたみ心．

*ce·lo·so, sa [θe.ló.so, -.sa / se.-] 形 **1** (*de...* / *en...* …に)熱心な，丹念な，熱中している．~ *del* [*en* el] trabajo 仕事熱心な．
2 嫉妬(しっと)深い，猜疑(さいぎ)心の強い．un hombre ~ 嫉妬深い男．**3** (*de...* 権利など)に対し》執着心の強い．Es muy ~ *de* sus derechos. 彼は自分の権利をしつこく主張する．**4** 《海》(船が)朝くて転覆しやすい．**5** 《ラ米》《話》感度のよい；〈ピストルなどが〉暴発しやすい．

ce·lo·ta [θe.ló.ta / se.-] 男 女 →zelote．

ce·lo·ti·pia [θe.lo.tí.pja / se.-] 女 激しい嫉妬(しっと)．

cel·si·tud [θel.si.túð / sel.-] 女 **1** 崇高，卓越，偉大さ．**2** 《古語》(王族に対する尊称)陛下，殿下．

cel·ta [θél.ta / sél.-] 形 ケルトの，ケルト人の，ケルト語(派)の．— 男 女 ケルト人．◆イベリア半島には前8世紀以降，特に前6世紀ごろから前1世紀に進出し，イベリア人と融合して，ケルト・イベリア人となる．— 男 ケルト語(派): ウェールズ語，アイルランド語など．

Cel·ti·be·ria [θel.ti.bé.rja / sel.-] 固名 ケルト・イベリア: 現在のスペイン Zaragoza, Teruel, Cuenca, Guadalajara, Soria を含む地域．

cel·ti·bé·ri·co, ca [θel.ti.bé.ri.ko, -.ka / sel.-] / **cel·ti·be·rio, ria** [θel.ti.bé.rjo, -.rja / sel.-] 形 →celtíbero．

cel·ti·be·ro, ra [θel.tí.be.ro, -.ra / sel.-] / **cel·ti·be·ro, ra** [θel.ti.bé.ro, -.ra / sel.-] 形 ケルト・イベリアの，ケルト・イベリア人の．— 男 女 ケルト・イベリア人．— 男 ケルト・イベリア語．

cél·ti·co, ca [θél.ti.ko, -.ka / sél.-] 形 ケルト人の，ケルト語(系)の．— 男 女 ケルト人．

cel·tis·mo [θel.tís.mo / sel.-] 男 **1** ケルト語源説；ケルト語法．**2** ケルトの風習；ケルト人学．

cel·tis·ta [θel.tís.ta / sel.-] 男 女 ケルト語学者，ケルト文学の研究者．

cel·to·his·pá·ni·co, ca [θel.tois.pá.ni.ko, -.ka / sel.-] / **cel·to·his·pa·no, na** [θel.tois.pá.no, -.na / sel.-] 形 (イベリア半島に残存する)ケルト文化［遺跡］の．

cel·to·la·ti·no, na [θel.to.la.tí.no, -.na / sel.-] 形 ケルト系ラテン語の．

*cé·lu·la [θé.lu.la / sél.-] 女 **1** 《生物》《動》細胞．~ nerviosa 神経細胞．▶「細胞膜」は membrana, 「細胞質」は citoplasma, 「核」は núcleo. **2** (政治・社会的な)末端組織，細胞．**3** 小さな部屋，独居房．

célula fotoeléctrica 〖光〗光電池, 光電管.
ce·lu·la·do, da [θe.lu.lá.ðo, -.ða / se.-] 形 細胞の, 細胞状の.
ce·lu·lar [θe.lu.lár / se.-] 形 **1**〖解剖〗細胞の, 細胞組織の, 蜂窩(ほうか)性の. tejido ~ 蜂窩組織.
2 独(居)房に分かれた. prisión ~〖刑務所〗の独房.
3 囚人護送(用)の. coche ~ 囚人護送車.
— 男《ラ米》携帯電話(= *móvil*).
ce·lu·li·ta [θe.lu.lí.ta / se.-] 女 セルリータ：木材の繊維と鉱物繊維(きょう)を混ぜ合わせて作った工業用樹脂(じゅし).
ce·lu·lí·ti·co, ca [θe.lu.lí.ti.ko, -.ka / se.-] 形〖医〗蜂巣炎[フレグモーネ]の[に関する].
— 男 女 蜂巣炎患者.
ce·lu·li·tis [θe.lu.lí.tis / se.-] 女《単複同形》〖医〗蜂巣(ほうそう)炎, 蜂窩(ほうか)織炎,；《話》セルライト.
ce·lu·loi·de [θe.lu.lói.ðe / se.-] 男 **1**〖商標〗セルロイド. **2** フィルム, 映画. ~ rancio 古い映画. llevar al ~ 映画に撮る, 映画化する.
ce·lu·lo·li·pó·li·sis [θe.lu.lo.li.pó.li.sis / se.-] 女《単複同形》(主に電流による刺激を用いた)脂肪分解(痩身法).
ce·lu·lo·sa [θe.lu.ló.sa / se.-] 女〖化〗セルロース.
ce·lu·ló·si·co, ca [θe.lu.ló.si.ko, -.ka / se.-] 形 セルロースの, セルロースでできた.
ce·men·ta·ción [θe.men.ta.θjón / se.-..sjón] 女〖冶〗浸炭, セメンテーション.
ce·men·tar [θe.men.tár / se.-] 他〖冶〗浸炭する, セメンテーション処理をする.
*__ce·men·te·rio__ [θe.men.té.rjo / se.-] 男 **1** 墓地, 墓場；霊園. ~ de los caídos en batalla 戦没者墓地.
2 動物墓園. **3** 廃棄物置き場, 廃棄場. ~ nuclear [radiactivo] 放射性廃棄物貯蔵施設.
***cementerio de elefantes* (1)** 老齢の象を収容しその死骸を埋葬する施設. **(2)** 退職者のサロン, 引退したお偉方の溜まり場.
[← [後ラ] *coemētērium*← [ギ] *koimētērion*「寝室, 眠る所」；[関連] [英] *cemetery*]

cementerio (墓地)

ce·men·te·ro, ra [θe.men.té.ro, -.ra / se.-] 形 セメントの[に関する]. — 女 セメント工場.
*__ce·men·to__ [θe.mén.to / se.-] 男 **1 セメント**, 接合剤. 歯科用セメント. ~ hidráulico 水硬性セメント. ~ portland ポルトランドセメント.
2 コンクリート. ~ armado /《ラ米》(えき)~ reforzado 鉄筋コンクリート. **3**(歯の)セメント質, 白亜質. *tener una cara de cemento armado* / *tener la cara de cemento*《話》厚顔無恥である.
[← [ラ] *caementum*「建築用石材」(← *cimiento*)；*caedere*「(石などを)切り出す」より派生]
ce·men·to·so, sa [θe.men.tó.so, -.sa / se.-] 形 セメント質の.
ce·mi·ta [θe.mí.ta / se.-] 女《ラ米》麩(ふすま)パン, 糠(ぬか)パン.

cem·pa·sú·chil [θem.pa.sú.tʃil / sem.-] 男〖植〗マンジュギク, マリーゴールド：強い匂いのあるオレンジ色の花をつける北米原産の薬用植物. メキシコでは死者の日の祭壇に飾られる.
cem·po·al [θem.po.ál / sem.-]《ラ米》(ぢん)〖植〗(メキシコ)マリーゴールド(= *clavel de las Indias*): キク科タゲテス属.
Cem·po·a·la [θem.po.á.la / sem.-] 固名 センポアラ. **(1)** メキシコ Veracruz 州の遺跡. **(2)**〖史〗totonaca 人の国, 都市. ◆azteca 人の従属国だったが, スペイン人 Cortés と結び, Tenochtitlán への進攻を助けた (1519年).
*__ce·na__ [θé.na / sé.-] 女 夕食；夕食会. tomar una ~ ligera 軽い夕食をとる. asistir a la ~ 夕食会に出席する. ~ de gala (正式の)晩餐会, ディナー. Última [Santa, Sagrada] *C*~〖カト〗最後の晩餐(ばんさん).
— 男 → *cenar*.
[← [ラ] *cēna*「食事, 正餐」[関連] *cenar*. [ポルトガル] *ceia*. [伊] *cena*.]
ce·na·cho [θe.ná.tʃo / se.-] 男 (アフリカハネガヤで編んだ)かご. un ~ de legumbres かご1杯の豆類.
ce·ná·cu·lo [θe.ná.ku.lo / se.-] 男 **1** キリストが弟子と最後の晩餐(ばんさん)をした食堂.
2(文芸)サロン；(芸術家などの)サロン仲間, 同人.
ce·na·de·ro [θe.na.ðe.ro / se.-] 男 **1**(通常屋外にある)夕食を取るための場所. **2** → *cenador*.
ce·na·do, da [θe.ná.ðo, -.ða / se.-] 形 夕食の済んだ. estar [venir] ~ 夕食を済ましている[来る].
ce·na·dor, do·ra [θe.na.ðór, -.ðó.ra / se.-] 形 いつもきちんと夕食を取る, 重い夕食を取る.
— 男 女 夕食を取る人；晩餐(ばんさん)の客. — 男 **1**(庭園の木陰の)休憩所, あずまや. **2** 回廊, 凹み廊下；(特にスペイン Granada で)中庭に面した回廊.
ce·na·du·rí·a [θe.na.ðu.rí.a / se.-] 女《ラ米》(ぢん)大衆食堂；夕食付きの宿屋.
ce·na·gal [θe.na.ɣál / se.-] 男 **1** ぬかるみ, 泥海, 泥沼. **2**《話》窮地, 苦境. estar metido en un ~ 泥沼にはまり込んでいる.
ce·na·go·so, sa [θe.na.ɣó.so, -.sa / se.-] 形 ぬかるんだ, 泥んこの, 泥まみれの. camino ~ 泥んこ道.
ce·nan·cle [θe.nán.kle / se.-] 男《ラ米》(ぢん)トウモロコシの穂軸.
*__ce·nar__ [θe.nár / se.-] 他 …を夕食にとる. ¿Qué quieres ~ hoy? 今日は晩御飯に何が食べたい. — 自 夕食をとる. Suelo ~ a las nueve. 私は普通9時に夕食をとる. Voy a ir *cenado*. 私は夕食を済ませてから行きます.
ce·na·ta [θe.ná.ta / se.-] 女《ラ米》(えき)(ぢん)《話》楽しい夕食.
cen·ca [θéŋ.ka / séŋ.-] 女《ラ米》(ごり)(鳥の)とさか；冠毛.
cen·ca·pa [θeŋ.ká.pa / seŋ.-] 女《ラ米》(ごり)〖馬〗面繋(おもがい).
cen·ce·lla·da [θen.θe.já.ða ‖ -.ʎá.- / sen.se.-] 女 夜露, 露；霜.
cen·ce·ño, ña [θen.θé.ɲo, -.ɲa / sen.sé.-] 形 細い, やせた, きゃしゃな.
cen·ce·rra·da [θen.θe.rá.ða / sen.se.-] 女 (人をからかうために, カウベルなどの鳴り物を使ってたてる)騒音, 大騒ぎ, ばか騒ぎ ◆再婚者の初夜を冷やかすものだった). dar una ~ 騒ぎたてる.
cen·ce·rre·ar [θen.θe.re.ár / sen.se.-] 自 **1** 鈴を鳴らす；鈴が鳴り続ける.

2 《話》(ギターなどを)調子外れに弾く.
3 《話》(扉・窓・機械などが)キーキー[ガタガタ]鳴る.

cen·ce·rre·o [θen.θe.ré.o / sen.se.-] 男 **1** 鈴の音. **2** 騒音, 雑音. **3** (扉・窓・機械などの)きしり, ガタガタいう音.

cen·ce·rro [θen.θé.ro / sen.sé.-] 男 (家畜の首につるした鈴, カウベル.
a cencerros tapados こっそりと, ひそかに.
estar como un cencerro / estar más loco que un cencerro 気が違っている.
llevar el cencerro 先頭に立つ, リーダーになる.

cencerro (カウベル)

cen·ce·rrón [θen.θe.rón / sen.se.-] 男 摘み残されたブドウの房.

cen·cua·te [θeŋ.kwá.te / seŋ.-] 男 (メキシコ産の)毒蛇.

cen·dal [θen.dál / sen.-] 男 **1** (麻・絹・紗(しゃ)などの)薄織物, 薄絹;ベール. **2** 《カト》(司祭の)肩衣(ぎぬ). **3** 《複数で》(鳥の羽の)羽枝(し). **4** (モーロ人 moro の)3本マストの軍船.

cen·dra [θén.dra / sén.-] 女 (金・銀精錬の際に用いる)骨灰(皿).

cen·dra·da [θen.drá.ða / sen.-] 女 **1** →cendra. **2** (銀精錬の)炉床の灰.

cen·dra·do, da [θen.drá.ðo, -.ða / sen.-] 形 →acendrado.

cen·drar [θen.drár / sen.-] 他 →acendrar.

ce·ne·fa [θe.né.fa / se.-] 女 (ハンカチ・シーツ・タオル・天蓋(がい)などの)縁取り, 縁飾り;(壁面・天井の)下フリーズ, (壁の下端の)幅木;《カト》(ミサ聖祭用の上着 casulla の)中央の十字架を刺繍(ぬい)した部分.

ce·nes·te·sia [θe.nes.té.sja / se.-] 女 《心》体感;《医》一般感覚.

ce·nes·té·si·co, ca [θe.nes.té.si.ko, -.ka / se.-] 形 体感の[に関する].

ce·ne·te [θe.né.te / se.-] 形 (北アフリカのベルベル人の一つ)セネタ人 Zeneta の. — 男 女 セネタ人.

ce·ne·tis·ta [θe.ne.tís.ta / se.-] 共 (Confederación Nacional del Trabajo の略)CNT [(スペインの)全国労働連合]の組合員.

cen·he·gí [θe.ne.xí / se.-] 形 (北アフリカのベルベル人の一つ)サナガ人 Zanhaga の. — 男 女 サナガ人.

ce·ní [θe.ní / se.-] 男 非常に薄い真鍮(ちゅう)板.

ce·nia [θé.nja / sé.-] 女 (スペイン Valencia 地方およびモロッコの)水揚げ水車;(モロッコの水揚げ水車で)灌漑(がい)した)畑, 庭.

*****ce·ni·ce·ro** [θe.ni.θé.ro / se.-.sé.-] 男 灰皿;(炉などの)灰受け, 灰だめ.

ce·ni·cien·to, ta [θe.ni.θjén.to, -.ta / se.-.sjén.-] 形 灰色の, 灰白色の.
— 女 **1** La C〜 (童話の主人公)シンデレラ.
2 不当に軽視[虐待]されている人[もの].
[女 は ceniciento よりの造語;台所仕事で灰まみれになっていた娘の形容. 《英》*Cinderella* も原義は同じ]

ce·nit [θe.níθ / se.-] 男 《複 ~s, -~》**1** 《天文》天頂;地上から垂直真上の点. **2** 頂点, 絶頂.

ce·ni·tal [θe.ni.tál / se.-] 形 《天文》天頂の;天窓(から)の, 天文窓から差す光.

*****ce·ni·za** [θe.ní.θa / se.-.sa] 女 **1** 灰, 灰燼(じん). 〜 del cigarro 葉巻タバコの灰. 〜 volcánica 火山灰. **2** 《複数で》遺骨, 遺灰, 遺骸. Las 〜s de los caídos de la guerra reposan aquí. 戦没者の遺体がここに埋葬されている.
3 《カト》聖灰. miércoles de 〜 灰の水曜日:四旬節の第1日目. tomar la 〜 (灰の水曜日に)額に灰で十字架の印を受ける. **4** 灰色.
reducir... a cenizas / convertir... en cenizas …を灰燼に帰させる, (原形をとどめないほどに)破壊する;(人)を廃人にする.
[←《俗ラ》*cinisia*「残り火を含んだ灰」([ラ]*cinis, -eris*「(埋葬の)灰」より派生);関連 cenicero, ceniciento,《英》*cinder(s), Cinderella*]

ce·ni·zal [θe.ni.θál / se.-.sál] 男 →cenicero.

ce·ní·za·ro [θe.ní.θa.ro / se.-.sa.-] 男 《ラ米》(コスタ)《植》アメリカネム, サマンノキ.

ce·ni·zo, za [θe.ní.θo, -.θa / se.-.so, -.sa] 形 灰色の, 灰白色の. cabello 〜 銀白色の髪.
— 男 **1** 《話》疫病神. ser un 〜 疫病神である. **2** 《話》(賭(か)けの)不運, つきの悪さ. Tiene el 〜. 彼[彼女]は運が悪い. dar el 〜 つきを悪くさせる. **3** 《植》アカザ. **4** 《植》オイジウム:ブドウなどのうどん粉病.

ce·ni·zo·so, sa [θe.ni.θó.so, -.sa / se.-.só.-] 形 **1** 灰に覆われた, 灰まみれの. **2** →ceniciento.

ce·no·bial [θe.no.bjál / se.-] 形 修道院の[に属する].

ce·no·bio [θe.nó.bjo / se.-] 男 修道院.

ce·no·bi·ta [θe.no.bí.ta / se.-] 男 女 **1** 修道士, 修道女. **2** 世捨て人.

ce·no·bí·ti·co, ca [θe.no.bí.ti.ko, -.ka / se.-] 形 修道士(のような), 修道院(生活)の.

ce·no·jil [θe.no.xíl / se.-] 男 靴下留め, ガーター.

ce·no·pe·gias [θe.no.pé.xjas / se.-] 女 《複数形》《宗》(ユダヤ教徒の)幕屋祭.

ce·no·ta·fio [θe.no.tá.fjo / se.-] 男 遺骸(がい)を収めていない墓碑[記念碑].

ce·no·te [θe.nó.te / se.-] 男 《ラ米》(メキ)(中米)セノーテ:メキシコ Yucatán 半島に散在する洞穴井戸. 古代マヤの儀式で生贄(にえ)をささげた.

ce·no·zoi·co, ca [θe.no.θói.ko, -.ka / se.-.sói.-] 形 《地質》新生代の.

cen·sal [θen.sál / sen.-] 形 国勢[県勢, 市勢]調査の[に関する], 人口調査の;(有権者)名簿の.

cen·sar [θen.sár / sen.-] 他 国勢[人口]調査を行う.

cen·sa·ta·rio, ria [θen.sa.tá.rjo, -.rja / sen.-] 男[女] (地代などの)納入者, 借地人.

cen·sis·ta [θen.sís.ta / sen.-] 共 国勢[人口]調査[有権者名簿作成]を管理する公務員;国勢調査員, 有権者名簿作成人.

cen·si·ta·rio, ria [θen.si.tá.rjo, -.rja / sen.-] 形 制限選挙の.

*****cen·so** [θén.so / sén.-] 男 **1** 国勢調査, 人口調査 (= 〜 de población);個体数調査;調査原簿[名簿]. 〜 de tráfico 交通量調査. 〜 electoral 有権者[選挙人]名簿. **2** 税, 年貢;地代, 借地料. **3** 年賦金, 年金. 〜 muerto 終身年金. **4** 賃借契約. 〜 enfitéutico 長期借地[賃借]契約.
constituir un 〜 賃貸借契約を作成する.
ser un censo 《話》負担がかかる, 出費がかさむ.
[←《ラ》*cēnsus, -ūs*;関連《英》*census*]

cen·sor [θen.sór / sen.-] 男 **1** (出版物・映画などの)検閲官. **2** (他人の行為などを)非難する者. **3** (古代ローマの戸籍調査・風紀取り締まりを行った)監察官. **4** (学生寮の)舎監, 学生監.
censor de cuentas 会計監査役.
censor jurado de cuentas 公認会計士.

cen·so·ri·no, na [θen.so.rí.no, -.na / sen.-] 形 検
cen·so·rio, ria [θen.só.rjo, -.rja / sen.-] 形 検

閲の；検閲官の.
cen·sual [θen.swál / sen.-] 形 **1** 国勢調査の, 人口調査の. **2** 年賦[地代, 年貢など]に関する.
cen·sua·lis·ta [θen.swa.lís.ta / sen.-] 男 女 **1** 年金受給者. **2** (不動産の)貸し主.
cen·sua·rio [θen.swá.rjo / sen.-] 男 → censatario.
*__cen·su·ra__ [θen.sú.ra / sen.-] 女 **1** 非難, とがめだて, 譴責(けんせき). moción de ~ 不信任案. digno de ~ 非難されるべき. pasar por la ~ 検閲を受ける. someter... a la ~ …を検閲にゆだねる. **3** (古代ローマの)監察官 censor の職.
[← [ラ] *cēnsūra*（*cēnsēre*「財産の戸別調査をする」より派生）; 関連 censurar, censor, censo. [英] *censure*]
cen·su·ra·ble [θen.su.rá.ble / sen.-] 形 非難に値する, とがめられるべき.
*__cen·su·rar__ [θen.su.rár / sen.-] 他 **1** 検閲する, 検閲して修正[カット]する, 発禁にする. ~ una película 映画の検閲をする.
2 非難する, とがめる. Te *censuran* porque no tratas bien a tu mujer. 君が非難されるのは奥さんを大事にしないからだ.
cen·su·ris·ta [θen.su.rís.ta / sen.-] 男 女 うるさ型, すぐに難癖をつける人.
cen·ta·lla [θen.tá.ja ǁ -.ʎa / sen.-] 女 (炭火の)火の粉.
cen·tau·ra [θen.táu.ra / sen.-] 女 〖植〗 センタウリウム.
cen·tau·re·a [θen.tau.ré.a / sen.-] 女 〖植〗 ヤグルマソウ属.
cen·tau·ro [θen.táu.ro / sen.-] 男 〖ギ神〗 ケンタウロス(半人半馬の怪物); [C-] 〖星座〗 ケンタウルス座.
*__cen·ta·vo, va__ [θen.tá.βo, -.βa / sen.-] 形 100分の1の. — 男 **1** 100分の1. **2** センターボ: 貨幣単位の100分の1. ◆アルゼンチン・キューバ・コロンビア・チリ・ドミニカ・メキシコ・フィリピンは peso の, エクアドルは sucre の, エルサルバドルは colón の, グアテマラは quetzal の, ホンジュラスは lempira の, ニカラグアは córdoba の, ボリビアは boliviano の, それぞれ100分の1. **3** セント: アメリカ, カナダなどの貨幣単位 dólar の100分の1.
estar sin un centavo 《話》一文無しである.
[*ciento* より派生]
cen·te·lla [θen.té.ja ǁ -.ʎa / sen.-] 女 **1** 閃光(せんこう); 稲光, 電光. como una ~ 電光石火のごとく. **2** 火花, スパーク. **3** 《ラ米》《俗》〖植〗 キンポウゲ.
cen·te·llan·te [θen.te.ján.te ǁ -.ʎán.- / sen.-] 形 → centelleante.
cen·te·llar [θen.te.jár ǁ -.ʎár / sen.-] 自 → centellear.
cen·te·lle·an·te [θen.te.je.án.te ǁ -.ʎe.- / sen.-] 形 ぴかっと光る, きらきら輝く; 〖紋〗 山形波[三角波]の.
cen·te·lle·ar [θen.te.je.ár ǁ -.ʎe.- / sen.-] 自 ぴかっと光る;〈星・宝石などが〉きらきら輝く.
cen·te·lle·o [θen.te.jé.o ǁ -.ʎé.- / sen.-] 男 ぴかっと光ること, きらめき, 瞬き.
cen·te·na [θen.té.na / sen.-] 女 100のまとまり, (約)100; 100人[個]; 100個[人]の組.
cen·te·na·da [θen.te.ná.ða / sen.-] 女 100; 100単位. a ~s 何百となく.
cen·te·nal[1] [θen.te.nál / sen.-] 男 ライ麦畑.
cen·te·nal[2] [θen.te.nál / sen.-] 男 **1** → centena, centenar[1]. **2** 《ラ米》《方》毛糸を束ねるひも.

*__cen·te·nar__[1] [θen.te.nár / sen.-] 男 **1** 100のまとまり, (約)100; 100人[個]; 100年[日] (= centena). un ~ de coches 100台の車.
2 《主に複数で》大人数, 多数. ~*es* de hombres 何百人という人, たくさんの人. ~*es* de veces 幾度となく, 何度も何度も.
a centenares 何百も, たくさん.
cen·te·nar[2] [θen.te.nár / sen.-] 男 ライ麦畑 (= centenal).
*__cen·te·na·rio, ria__ [θen.te.ná.rjo, -.rja / sen.-] 形 100年の, 満100年の; 100年以上たった, 100歳(以上)の; 100の, 100単位の.
— 男 **1** 100歳の人, 100年を経たもの. — 男 **1** 100年祭, 100周年, 100年記念日[行事]. En 1992 se celebró el quinto ~ del "descubrimiento" de América. 1992年にアメリカ「発見」500年祭が催された.
cen·te·na·za [θen.te.ná.θa / sen.-.sa] 女 《女性形のみ》ライ麦の. *paja* ~ ライ麦の盛り.
cen·te·ne·ro, ra [θen.te.né.ro, -.ra / sen.-] 形 〈土地が〉ライ麦を耕作するのに適した.
cen·te·no, na [θen.té.no, -.na / sen.-] 形 100番目の. → centésimo. — 男 〖植〗 ライムギ; 《集合的》ライ麦の穀粒.
cen·te·si·mal [θen.te.si.mál / sen.-] 形 100分の1の, 100等分の, 100進法の.
*__cen·té·si·mo, ma__ [θen.té.si.mo, -.ma / sen.-] 形 《数詞》 **1** 第100番目の, 第100の.
2 100分(の1)の. la *centésima parte* 100分の1.
— 男 **1** 100分の1.
2 センテシモ: 貨幣単位の100分の1. ◆ウルグアイは peso の, パナマは balboa の100分の1.

centeno
(ライムギ)

centi- 「100, 100分の1」の意を表す造語要素. → *centí*grado, *centí*metro. [← [ラ]]
cen·ti·á·re·a [θen.tjá.re.a / sen.-] 女 センチアール; 1平方メートル.
*__cen·tí·gra·do, da__ [θen.tí.gra.ðo, -.ða / sen.-] 形 100度目盛りの, 100分度の; 摂氏の. *escala centí*grada 百分目盛り, 摂氏目盛り. La temperatura es de 30 [treinta] grados ~*s*. 気温は摂氏30度です. → Fahrenheit.
cen·ti·gra·mo [θen.ti.grá.mo / sen.-] 男 センチグラム.
cen·til [θen.tíl / sen.-] 男 パーセンタイル, 百分位数: 度数分布を百等分したときの境界値.
cen·ti·li·tro [θen.ti.lí.tro / sen.-] 男 センチリットル.
cen·ti·lo·quio [θen.ti.ló.kjo / sen.-] 男 100部[章, 条]からなる書物.
*__cen·tí·me·tro__ [θen.tí.me.tro / sen.-] 男 センチメートル (略 cm). ~ cuadrado [cúbico] 平方[立方]センチメートル.
*__cén·ti·mo, ma__ [θén.ti.mo, -.ma / sén.-] 形 100分の1の. — 男 センティモ: 貨幣単位の100分の1 ◆スペインは euro の, コスタリカは colón の, パラグアイは guaraní の, ペルーは nuevo sol の各々100分の1). no tener un ~ 一文無しである. no valer un ~ 一文の価値もない.
[← [仏] *centime* ← [ラ] *centēsimus*「第百番の」(*centum*「百」より派生); 関連 [英] *cent*]
cen·ti·ne·la [θen.ti.né.la / sen.-] 男 (まれに女) 歩

哨(ﾋﾞｮｳ), 哨兵, 見張り(番), 監視(人). hacer [estar de] ~ 〔軍〕歩哨に立つ[立っている]. hacer ~ 見張る, 監視する. ── 囡〔ラ米〕(殳)桟橋, 突堤.
[← 〔伊〕 *sentinella* (*sentire* 「感づく」より派生); 関連 sentir]

cen・ti・no・dia [θen.ti.nó.ðja / sen.-] 囡〔植〕(1) ミチヤナギ. (2) タデ科の植物.

cen・ti・pli・ca・do, da [θen.ti.pli.ká.ðo, -.ða / sen.-] 形 100倍大きい, 100をかけた.

cen・to・lla [θen.tó.ʝa / -.ʎa / sen.-] 囡〔動〕(クモガニ科の)ヨーロッパアシガニ.

cen・to・llo [θen.tó.ʝo / -.ʎo / sen.-] 男 → centolla.

cen・tón [θen.tón / sen.-] 男 **1** 〘軽蔑〙寄せ集め, 寄せ集め詩文; 剽窃(ﾋｮｳｾﾂ)詩. **2** パッチワークキルト: いろいろな色の布を継ぎはいだ毛布[ベッドカバー]. **3** (火砲にかぶせた)粗毛布.
centón de conocimientos〘話〙生き字引.

cen・tra・do, da [θen.trá.ðo, -.ða / sen.-] 形 **1** 中心にある, 中央に置かれた; 中心がある. **2**《en...》(…を)主な対象にした,(…に)焦点を合わせた, (…に)集中した. Este joven no está ~ en su estudio. この若者は自分の勉強に打ち込んでいない. **3** (位置・立場などに)地歩を占めている, 安定している. **4** 常識〘良識〙のある. una persona bien *centrada* とても分別のある人. ── 男〔技〕心出し.

cen・tra・dor [θen.tra.ðór / sen.-] 男〔機〕心立て機, 心出し装置.

cen・tral [θen.trál / sen.-] 形《名詞＋》《ser＋》**1** (業務・事務などの)**中心となる**, 中枢の, 主要な. el banco ~ 中央銀行. la sede ~ (中央)本部. la Junta Electoral C~ 中央選挙管理委員会. el gobierno ~ 中央政府. el tema ~ 主題. el sistema nervioso ~ 中枢神経系. **2** 中心にある, 中央の. la pista ~ (テニスなどの)センターコート. el punto ~ 中心点. (el) Asia C~ 中央アジア(▶ el は付かないことが多い). **3** 集中式の. la calefacción ~ セントラルヒーティング.
── 囡 **1 本社**, 本店, 本部, 本局, 本庁. ~ de correos 中央郵便局. **2** 発電所. ~ hidroeléctrica [nuclear, térmica] 水力[原子力, 火力]発電所. **3** 電話交換局. ~ telefónica 電話局. ~ automática 自動電話交換局. ~ urbana 市内(交換)局. **4** 工場施設, プラント. ~ azucarera 砂糖精製所. ~ depuradora 浄水場.
── 男〔スポ〕(サッカー)センターバック.
── 男〔ラ米〕(1)(ｸﾘ)(*ｷ)ｶ)(ﾆﾁ)砂糖工場. (2)(ｺﾞﾐ)精錬所.

cen・tra・lis・mo [θen.tra.lís.mo / sen.-] 男 中央集権主義; 中央集権制度(↔federalismo).

cen・tra・lis・ta [θen.tra.lís.ta / sen.-] 形 中央集権主義の[的な](↔federalista). ── 男 囡 **1** 中央集権主義者. **2** 〔ラ米〕(ｸﾘ)(*ｷ)砂糖工場の持ち主.

cen・tra・li・ta [θen.tra.lí.ta / sen.-] 囡 (事務所・ホテルなどの)電話交換台. [central＋縮小辞]

cen・tra・li・za・ción [θen.tra.li.θa.θjón / sen.-.sa.sjón] 囡 集中化, 集中; 中央集権(化).

cen・tra・li・za・dor, do・ra [θen.tra.li.θa.ðór, -.ðó.ra / sen.-.sa.-] 形 集中(的)な, 中心に集める; 中央集権的な. ── 男 囡 中央集権主義者.

cen・tra・li・zar [θen.tra.li.θár / sen.-.sár] 97 他 中心に集める, 集中させる; 中央集権化する.
── ~・se 再 中心[中央]に集まる, 集中する.

*__cen・trar__ [θen.trár / sen.-] 他 **1**《en... …の》中心[中央]に置く. ~ la foto *en* su marco 写真を額の中心に置く. ~ la rueda del coche 車のタイヤを真ん中につける.
2《en... / sobre...》(…に)〈焦点を〉合わせる, 〈中心点を〉(…に)定める. *Centraron* la luz de los focos *sobre* el cantante. その歌手を中心に定めてスポットライトがあてられた.
3《en... / sobre...》〈視線・関心・議論などを〉(…に)**集中させる**, 向ける. *Centra* su vida *en* la política. 彼[彼女]は政治に一身を捧げている. El escritor *centró* una novela *sobre* las cuestiones sociales. その作家は社会問題に焦点を当てた小説を書いた. Será mejor ~ la búsqueda *en* una zona más pequeña. もっと狭い範囲を集中的に捜索したほうがいいだろう.
4 〈視線・関心・注意などを〉引きつける, 集める. ~ la mirada de todos 皆の視線を集める. **5** 気持ちを落ち着かせる, 安らぎを与える. Esa mujer me *centra*. その女性と一緒にいると私の心は安らぐ.
── 他 自〔スポ〕(サッカー)センターへ蹴(ｹ)る, センタリングする.
── ~・se 再 **1**《en...》〈視線・関心などが〉(…に)集まる, 集中する. Al salir al escenario la bailadora, todas las miradas *se centraron en* ella. 踊り手が舞台に登場すると皆の視線が彼女に集中した.
2《en...》(…で)要領をつかむ, 《新しい環境に》慣れる. Hace ya un año que vivo en esta ciudad y todavía no consigo ~me *en* el nuevo ambiente. 私はこの町に住み始めてもう1年たつが新しい環境にまだ慣れない.
3 安らぐ, 心が落ち着く, リラックスする.

*__cén・tri・co, ca__ [θén.tri.ko, -.ka / sén.-] 形 **中央の**, 中心(部)の. barrios ~s 中心街, 都心部.

cen・tri・fu・ga・ción [θen.tri.fu.ɣa.θjón / sen.-.sjón] 囡 → centrifugado.

cen・tri・fu・ga・do [θen.tri.fu.ɣá.ðo / sen.-] 男 遠心分離; 脱水; 物体などを遠心力にさらすこと.

cen・tri・fu・ga・dor, do・ra [θen.tri.fu.ɣa.ðór, -.ðó.ra / sen.-.ðó.-] 形 遠心性の, 遠心的な, 遠心力による. ── 囡 遠心分離機.

cen・tri・fu・gar [θen.tri.fu.ɣár / sen.-] 103 他 …に遠心力を作用させる, 遠心分離機にかける;〈衣服を〉脱水機にかける.

cen・trí・fu・go, ga [θen.trí.fu.ɣo, -.ɣa / sen.-] 形 遠心性の, 遠心的な, 遠心力による. bomba *centrífuga* 遠心ポンプ. fuerza *centrífuga* 遠心力.

cen・trí・pe・to, ta [θen.trí.pe.to, -.ta / sen.-] 形 求心性の, 求心的な, 求心力による(↔centrífugo). aceleración *centrípeta* 求心加速度.

cen・tris・mo [θen.trís.mo / sen.-] 男〔政〕中道主義 (政治体制).

cen・tris・ta [θen.trís.ta / sen.-] 形 中道派の, 中間派の, 中立派の. partido político ~ 中道政党. ── 男 囡〔政〕中道派(議員), 中間派.

*__cen・tro__ [θén.tro / sén.-] 男 **1 中心**(部), **中央**(部), 真ん中. en el ~ de la calle 通りの真ん中で. Pon el florero en el ~ de la mesa. 机の真ん中に花瓶を置きなさい.
2 中枢, 中核; 中心的存在. Él es el ~ de nuestro equipo. 彼は我々のチームの大黒柱だ.
3 (興味・関心・視線などの)的, 中心, 焦点. Isabel fue el ~ de atracción de todos en la fiesta. イサベルはパーティーで皆の注目の的だった. Convencerla es el ~ de todos mis esfuerzos. 彼女を説得することに私は全力を尽くしている.
4 (活動の)中心(地), …都市. ~ de la rebelión 反乱軍の拠点. ~s industriales 工業地帯. ~

turístico [de intercambio] 観光[貿易]都市. **5** (各分野の中心となる) 機関, 施設, センター. ~ docente 教育機関. ~ deportivo スポーツセンター. ~ cultural 文化センター. ~ comercial ショッピングセンター, 商店街. ~ de reservas de hoteles ホテル予約センター. ~ de salud 保健センター. **6** (町の) 中心地, 市街(地), 繁華街. Es difícil aparcar en el ~. 繁華街では駐車するのが難しい. **7** …会, サークル, クラブ. Soy socio de un ~ benéfico. チャリティー活動をするサークルの会員です. **8**【数】(円・球体・多角形・多面体の) 中心;【物理】(力の) 中心. el ~ de un triángulo 三角形の中心. **9**【政】中道(派). partido de ~ 中道政党. **10**【解剖】中枢. ~ de la saciedad 満腹中枢. ~ nervioso 神経中枢. ~ olfatorio 嗅覚中枢. ~ respiratorio 呼吸中枢. ~ visual 視覚中枢. **11**【スポ】(サッカーなどの) センタリング. **12**〈ラ米〉(1) (衣)(フランネル地の) スカート. (2) (芸)(俗)(芸) アンダースカート, スリップ. (3) (中)ベスト, チョッキ. (4) (芸) 三つぞろいのスーツ. (5) (俗) 敷物, マット.
centro de gravedad (1)【物理】重心. (2) (活動の) 中心地, (流行の) 発信源.
centro de mesa (花鉢など) テーブル中央の飾り物; テーブルセンター.
centro regional (全国チェーン店の) 地方統括支店.
[←[ラ] *centrum*←[ギ] *kéntron* 「とげ, 先端; 円の中心」,【関連】central, concentrar, excéntrico. [ポルトガル][伊] *centro* [仏] *centre*. [英] *center*. [独] *Zentrum*]

cen·tro·a·fri·ca·no, na [θen.tro.a.fri.ká.no, -.na / sen.-]【形】中央アフリカの. la República *Centroafricana* 中央アフリカ共和国(首都 Bangui).
— 男女 中央アフリカ人.

***Cen·tro·a·mé·ri·ca** [θen.tro.a.mé.ri.ka / sen.-] 固名 中央アメリカ, 中米 (=América Central). los países de ~ 中米諸国 (♦地理的にはメキシコ南部の Tehuantepec 地峡から Panamá 地峡までの地域. グアテマラ・ホンジュラス・エルサルバドル・ニカラグア・コスタリカ・パナマ・ベリーズを含む).

***cen·tro·a·me·ri·ca·no, na** [θen.tro.a.me.ri.ká.no, -.na / sen.-]【形】中央アメリカの, 中米(人)の. — 男女 中央アメリカの人.

cen·tro·bá·ri·co, ca [θen.tro.bá.ri.ko, -.ka / sen.-]【形】【物理】重心の.

cen·tro·cam·pis·mo [θen.tro.kam.pís.mo / sen.-]【男】【スポ】(サッカー) 守備中心の戦術;(フィールド中央で展開される) 動きのにない試合運び.

cen·tro·cam·pis·ta [θen.tro.kam.pís.ta / sen.-] 男女【スポ】(サッカー) ミッドフィルダー: フィールド中心に位置し, 相手チームの攻撃を抑えつつ味方チームの攻撃に加わる選手.

cen·tro·de·re·cha [θen.tro.ðe.ré.tʃa / sen.-] 女【政】保守中道, 中道右派.

Cen·tro·eu·ro·pa [θen.tro.eu.ró.pa / sen.-] 固名 中央ヨーロッパ.

cen·tro·eu·ro·pe·o, a [θen.tro.eu.ro.pé.o, -.a / sen.-]【形】中央ヨーロッパの. — 男女 中央ヨーロッパの人.

cen·tro·for·ward [θen.tro.fór.(g)warð / sen.-]【男】〈ラ米〉(スポ)【スポ】(サッカー) センターフォワード.

cen·tro·half [θen.tro.xálf / sen.-]【男】〈ラ米〉(スポ)【スポ】(サッカー) センターハーフ.

cen·tro·iz·quier·da [θen.tro.iθ.kjér.ða / sen.trois.-] 女【政】進歩[革新]的中道; 中道左派.

cen·tros·fe·ra [θen.tros.fé.ra / sen.-] 女【生物】(細胞の) 中心球.

cen·tro·so·ma [θen.tro.só.ma / sen.-]【男】【生物】中心体: 細胞分裂時に現れる細胞中の小体.

cen·tun·vi·ra·to [θen.tum.bi.rá.to / sen.-]【男】【史】(古代ローマの) 百人法院.

cen·tu·pli·car [θen.tu.pli.kár / sen.-] 102 他 **1** 100倍にする, 100をかける. **2** 大いに増やす, 何倍にもする. — ~·se 100倍になる, 何倍にも増える.

cén·tu·plo, pla [θén.tu.plo, -.pla / sén.-]【形】100倍の. — 男 100倍.

cen·tu·ria [θen.tú.rja / sen.-] 女 **1**(格式) 100年, 1世紀(=siglo). **2**【史】(古代ローマの) 百人部隊.

cen·tu·rión [θen.tu.rjón / sen.-]【男】【史】(古代ローマ軍の) 百人隊長, 百卒長.

cen·tzon·tla·to·le [θen.θon.tla.tó.le / sen.son.tla.-]【男】→cenzontle.

ce·nu·trio, tria [θe.nú.trjo, -.trja / se.-]【形】(話)(軽蔑)(人が) 役に立たない; 鈍い. — 男女(話)(軽蔑) 役立たず, うすのろ.

cén·za·lo [θén.θa.lo / sén.sa.-]【男】【昆】カ(蚊).

cen·zon·tle [θen.θón.tle / sen.són.-]【男】【鳥】マネシツグミ: 北米大陸南部原産の美しい声で鳴く鳥. 他の鳥の声などをまねて鳴くことがある.

ce·ñi·de·ras [θe.pi.ðé.ras / se.-] 女【複数形】(労働者がズボンの上にはく) 作業用ズボン.

ce·ñi·do, da [θe.pi.ðo, -.ða / se.-]【形】**1**〈衣類などが〉ぴったりした, 密着した; 〈対象・主題などに〉内薄した〈カーブが〉急な. un vestido muy ~ 体にとてもぴったりした服. **2** 倹約した, 質素な. **3**【昆】(ハチなど) 胸部と腹部の間がくびれた, 細腰亜目の.

ce·ñi·dor [θe.pi.ðór / se.-]【男】**1** 帯, ベルト; ガードル, ブラジャー. **2**【紋】中細の横帯.

ce·ñi·glo [θe.pí.glo / se.-]【男】【植】アカザ.

***ce·ñir** [θe.pír / se.-] 4 他 **1** (1)〈服などが〉〈体に〉ぴったりつく. El jersey le *ciñe* mucho. セーターが彼女の体の線をうまく引き出している. Ese vestido te *ciñe* demasiado. その服は君には小さすぎる. (2)〈服などを〉締めつける; 抱き締める. ~ los pantalones con el cinturón ズボンをベルトで締める. ~ la faja 帯を巻きつける. ~ a un adversario 敵にタックルする.
2 取り囲む, 取り巻く; 縁取る. Los cerros parecen ~ la aldea. 山が村を取り囲んでいるようだ.
3 (花冠などを)(頭に)かぶせる; かぶる. ~ la cabeza con una corona de laurel 頭に月桂冠をかぶせる. ~ la corona 王位に就く. **4**(剣を)身に帯びる, 着ける. **5**(文章を)縮める, 短くする;(服などを)狭める, フィットさせる. **6**(船が)(風上に) ラフする. ~ el viento (船が) 風上に向く.
— ~·se **1** (*a...* …に) 合わせる, 従う. Hay que ~*se al* reglamento de la universidad. 学則に従わねばならない. ~*se a* un sueldo modesto 乏しい給料で生活する. ~*se a* la derecha (車を) 右側すれすれに走らせる[寄せる]. ~*se a* la curva カーブを内側すれすれに曲がる.
2 (*a...* …に) 限る, とどめる; 専念する. *Cíñase a*l tema. テーマを絞って話してください. Tenemos que ~*nos a*l presupuesto. 私たちは予算の枠内に出費を抑えなくてはいけない.
3 (*a...* …に) ぴったり合う, 合う, 適合する. Este traje se *ciñe* al cuerpo. この服は体にぴったりだ.
4 身に帯びる, まとう, かぶる. ~*se* la espada 剣を帯びる. **5**【闘牛】(牛に) 接近する.

ce·ño¹ [θé.po / sé.-]【男】**1** しかめっ面, 仏頂面. fruncir [arrugar] el ~ / poner ~ まゆをひそめ

る. con el ~ fruncido 顔をしかめて.
2 荒れ模様. el ~ de las nubes ひと雨来そうな雲.
ce·ño² [θé.ɲo / sé.-] 男 **1** 輪, たが.
2《獣医》馬蹄(ﾃｲ)輪.
ce·ño·so, sa [θe.ɲó.so, -.sa / se.-] 形 **1** →ceñudo. **2**（馬の）ひづめが腫(ﾊ)れた.
ce·ñu·do, da [θe.ɲú.ðo, -.ða / se.-] 形 仏頂面をした, 不機嫌そうな. rostro ~ しかめっ面.
ce·o [θé.o / sé.-] 男 《魚》マトウダイ.
CEOE [θe.(e.)o.é / se.-] 女《略》Confederación Española de Organizaciones Empresariales スペイン企業組織連合.
ce·o·li·ta [θe.o.lí.ta / se.-] 女《鉱》沸石, ゼオライト: ケイ素・アルミニウムからなる鉱物.
ce·pa [θé.pa / sé.-] 女 **1** 株, （特にブドウの木の）ひと株;根株;刈り株, 切り株. **2** 血統, 家系, 家柄. de pura [vieja] ~ 純血種の, 生粋の. **3**（支柱・尾・角などの）付け根, 根元;《建》橋台;迫持(ｾﾘ)台, 積柱.
4《ラ米》(ﾆﾝ)工事用の)穴, 溝.
cepa caballo《植》チャボアザミ.
de buena cepa 上質の, 高級（品）の.
CEPAL [θe.pál / se.-] 女《略》Comisión Económica para América Latina(y el Caribe) 《国連》ラテンアメリカ(・カリブ)経済委員会〔英 ECLAC〕.
ce·pe·da [θe.pé.ða / se.-] 女 （木炭用の）低木の茂み.
ce·pe·llón [θe.pe.ʎón ‖ -.ʝón / se.-] 男《農》根土;植物の移植時に根元につけておく土.
ce·pi·lla·do [θe.pi.ʎá.ðo ‖ -.ʝá. / se.-] 男 **1** かんなかけ;《複数で》削りくず, かんなくず. **2**（衣類に）ブラシをかけること, ブラッシング. **3**《ラ米》かき氷.
ce·pi·lla·du·ra [θe.pi.ʎa.ðú.ra ‖ -.ʝa.- / se.-] 女 →cepillado.
ce·pi·llar [θe.pi.ʎár ‖ -.ʝár / se.-] 他 **1** ブラシをかける, 刷毛(ﾊｹ)で払う. **2** かんなをかける. **3**《俗》（金を）巻き上げる. **4**《俗》落第させる. Me han cepillado en física. 物理を落としてしまった. **5**《ラ米》《話》おもねる, へつらう.
— ~·se 再 **1**《俗》落第する. **2**《話》《仕事・食べ物などを》かたづける, 《金などを》使ってしまう.
3《俗》殺す, 消す. **4**《卑》（人と）性交する, 寝る.
*cepillárse*la 女性をものにする.
*ce·pi·llo [θe.pí.ʎo ‖ -.ʝo / se.-] 男 **1** ブラシ, 刷毛(ﾊｹ). ~ para el suelo 床用ブラシ. ~ para los zapatos 靴ブラシ. ~ de dientes 歯ブラシ. ~ para el pelo ヘアブラシ. ▶ペンキ用の「刷毛」は brocha. **2**（木工用）かんな. ~ bocel 溝かんな. **3**（教会の）寄付金箱, 慈善箱. **4**《ラ米》《俗》おべっか使い, ごますり.
a cepillo 〈髪が〉短く立った, スポーツ刈りの.
[cepo(←ラ) *cippus*「杭, 棒」+縮小辞］《関連》cepa]
ce·po¹ [θé.po / sé.-] 男 **1** 枝, 大きい枝.
2 金床の台. **3** （ばね仕掛けの）わな;《比喩的》わな, 計略. caer en ~ わなに落ちる, わなにはまる.
4（教会の）寄付金箱, 慈善箱. **5**（犯罪者の）さらし台;足かせ, 足鎖. **6**《機》締め具, かすがい, クランプ;（一般に）固定する器具, （新聞・雑誌の）ホルダー, つづり;車輪止め;糸鋸(ﾉｺ)機. ~ del ancla《海》アンカー・ストック（錨(ｲｶﾘ)の横棒.
ce·po² [θé.po / sé.-] 男《動》カツザラル;オマキザル.
ce·po·rro [θe.pó.r̄o / se.-] 男 **1** （薪用の特にブドウの木の）古株. **2**《話》ばか, 薄のろ.
dormir como un ceporro 死んだように眠る, ぐっすり眠る.

CEPSA [θép.sa / sép.-] 女《略》Compañía Española de Petróleos, S. A. スペイン石油会社.
CEPYME [θe.pí.me / se.-] 女《略》Confederación Española de la Pequeña y Mediana Empresa スペイン中小企業連合.
ce·quí [θe.kí / se.-] 男 ツェッキーノ:昔のベネチア・マルタ・トルコなどで使用された金貨.
ce·quia [θé.kja / se.-] 女 →acequia.
ce·quión [θe.kjón / se.-] 男《ラ米》(1)(ﾁ)(ｺﾞﾙ)運河, 大きな用水路. (2)(ｺﾞﾙ)小川.
‡**ce·ra** [θé.ra / se.-] 女 **1** 蠟(ﾛｳ);蜜蠟(ﾐﾂﾛｳ). ~ amarilla [blanca] 黄[白]蠟. ~ de abejas 蜜蠟. ~ virgen 生~. museo de ~ 蠟人形館.
2 （家具・床用の）**ワックス**;ワックス状のもの. ~ depilatoria 脱毛用ワックス. ~ para brillar [pulir] つや出し用ワックス. ~ para suelos [automóviles] 床[車]用ワックス. dar (la) ~ a... …にワックスをかける. sacar la ~ ワックスをかけた後に磨きをかける. hacerse la ~ （自分の体に）ワックス脱毛を施す.
3《集合的》ろうそく（= vela）.
4 耳垢(ｱｶ)(＝ ~ 蠟, 耳の中の蠟). **5**《美》クレヨン.
dar cera a＋人《話》〈人〉を殴る, 殴りつける.
estar pálido como la cera 顔色がひどく悪い, 血の気の引いた顔をしている.
no hay más cera que la que arde《話》見てのとおりこれで全部だ, 何も隠していない.
ser (como) una cera 柔順[柔軟]である.
[←〔ラ〕*cēra*;《関連》ceroso, encerar]
ce·ra·ción [θe.ra.θjón / se.-.sjón] 女《冶》（金属の）精錬, 溶解.
ce·ra·fo·lio [θe.ra.fó.ljo / se.-] 男《植》チャービル, セルフィーユ:香草としてサラダなどに用いる.
*ce·rá·mi·ca [θe.rá.mi.ka / se.-] 女 **1** 陶磁器;《集合的》陶製品, 窯業製品, セラミックス. Colecciona ~ antigua. 彼[彼女]は古い陶磁器を集めている. ➡ *porcelana*. **2** 窯業, 陶芸.
ce·rá·mi·co, ca [θe.rá.mi.ko, -.ka / se.-] 形 窯業製品の, セラミックの, 陶磁器の;製陶業の.
ce·ra·mi·da [θe.ra.mí.ða / se.-] 女《主に複数で》セラミド:化粧品などの保湿成分として使われる.
ce·ra·mis·ta [θe.ra.mís.ta / se.-] 男女 窯業家, 陶工, 陶芸家.
ce·ra·mi·ta [θe.ra.mí.ta / se.-] 女 **1** 宝石の一種. **2** 硬質れんが.
ce·ra·pez [θe.ra.péθ / se.-.pés] 女 →cerote.
ce·ra·pio [θe.rá.pjo / se.-] 男《話》《学生言葉で》（成績の）0点.
ce·ra·si·ta [θe.ra.sí.ta / se.-] 女《鉱》桜石.
ce·ras·ta [θe.rás.ta / se.-] 女《動》ツノクサリヘビ.
ce·ras·tes [θe.rás.tes / se.-] 男 →cerasta.
ce·rás·ti·de [θe.rás.ti.ðe / se.-] 男《昆》（ヨーロッパ産の）ガ.

cerasta
（ツノクサリヘビ）

ce·ra·tias [θe.rá.tjas / se.-] 男《天文》尾が2つある彗星(ｽｲｾｲ).
ce·ra·to [θe.rá.to / se.-] 男《薬》蠟膏(ﾛｳｺｳ).
ce·rau·no·man·cia [θe.ráu.no.mán.θja / se.-.sja] / **ce·rau·no·man·cí·a** [θe.rau.no.man.θí.a / se.-.sí.-] 女 雷などの気象観測による占い.
cer·ba·ta·na [θer.ba.tá.na / ser.-] 女 **1** 吹き矢筒;豆鉄砲;小口径のカルバリン砲.

2(昔のらっぱ形の)補聴器.

Cer・be・ro [θer.βé.ro / ser.-] 固名 〖ギ神〗ケルベロス:冥府(%)の門を守る3つの頭を持つ犬.

cerca[1] [θér.ka / sér.-] 副 (場所) 近くに [で](↔lejos). aquí ～ この近くに. La estación está muy ～. 駅はとても近い. **2**(時間)近づいて,間近に,迫って. Los exámenes ya están ～. 試験が近づいている.

―男 《複数で》(絵の)前景,近景.

cerca de...《(場所・時間)…の近くに. Vivimos ～ *de*l mar. 私たちは海の近くに住んでいる. Se fueron ～ *de*l atardecer. 彼らは夕暮れ近くなって立ちました. **(2)** およそ…,ほぼ….(▶ その数値を超えない). pérdidas de ～ *de* un millón de dólares 100万ドル近い損失. **(3)** …駐在の. embajador ～ *de* la Santa Sede 教皇庁駐在大使. **(4)** …に対して (介入する). intervenir ～ *de*l gobierno 政府筋に手を回す.

(andar) cerca si +直説法 …であるかもしれない.
de cerca 近くから,近寄って. muy *de* ～ 間近から,すぐ近くから. mirar *de* ～ 間近に見る.
estar cerca de +不定詞 まさに…するところである,もうすぐ…しそうである.

[← [ラ] *circā* 「…の周りに」; 関連 cercanía, acercar, circuito. [英] *circle, circuit*]

cer・ca[2] [θér.ka / sér.-] 女 **1** 囲い,柵(;),フェンス (=cercado). ～ viva 生け垣. ～ de alambre 鉄条網. **2**【軍】方陣.

cer・ca・do [θer.ká.ðo / ser.-] 男 **1** 柵で囲った土地,囲いをした農地[果樹園]. fruta del ～ ajeno 他人の畑の果実(魅力的то土地). ～ de reunión(競馬場の)パドック. **2** 柵,フェンス,塀. **3**《ラ米》**(1)**(ᴾᴱ)(県などの)管轄地域. **(2)**(ᴾᴾ)村の共有地.

cer・ca・mien・to [θer.ka.mjén.to / ser.-] 男 囲むこと,包囲.

cer・ca・na [θer.ká.na / ser.-] 形 → cercano.

*cer・ca・ní・a [θer.ka.ní.a / ser.-] 女 **1** 近いこと,近さ. **2** 《複数で》付近,近隣. Trabaja en las ～s de su casa. 彼[彼女]は家の近くで働いている. **3** 《複数で》(都市の) 郊外,近郊. Vivo en las ～s de Barcelona. 私はバルセロナの郊外に住んでいる. tren de ～s (スペイン国鉄の)通勤[近郊]電車.

cercano, na **1《+名詞／名詞+》《*estar*+》《(時間・空間的に) 近くの,間近の(↔lejano); 隣の. Cuando yo era niño, iba a un río ～ a pescar. 私は子供のころ近くの川によく魚釣りに行ったものだ. *C*～ Oriente 近東(=Oriente Próximo).

2《多くは名詞+》親密な,近い関係の. un amigo ～ 親友. un pariente ～ 近い親類,近親者.

3《名詞+》《*ser*+／*estar*+》《(*a...*…に)近い,およそ…. cantidad *cercana* a un billón de yenes 1兆円近い額.

cer・car [θer.kár / ser.-] 102 他 **1**(柵(;)などで)囲む,囲いをする. **2**(町・城・敵を)包囲する,取り囲む. **3** 取り巻く,押し寄せる. La muchedumbre *cercaba* al rey. 群衆が王の周りを取り巻いていた.

cer・cén [θer.θén / ser.sén] *a cercén* 根元[つけ根]から;すっかり. cortar *a* ～ 根元から切る;つぼみのうちに摘み取る.

cer・ce・na・du・ra [θer.θe.na.ðú.ra / ser.se.-] 女 **1** 切り落とすこと,切断,刈り込み. **2** 削減,縮小,短縮. **3** 切れ端;切り口.

cer・ce・na・mien・to [θer.θe.na.mjén.to / ser.se.-] 男 → cercenadura **1**, **2**.

cer・ce・nar [θer.θe.nár / ser.se.-] 他 **1**〈手足を〉切断する;〈端を〉切り取る;〈大きさ・形を〉切り整える,刈り込む. **2** 切り詰める,短縮する,(費用などを)削減する;〈権利などを〉縮小する. ～ los gastos 出費を削減する.

cer・ce・ta [θer.θé.ta / ser.sé.-] 女 **1** 【鳥】コガモ,シマアジ. **2** 《複数で》シカの若角.

cer・cha [θér.tʃa / sér.-] 女 **1** アーチ枠. **2**(湾曲面を計る)弓形定規. **3**(丸テーブルの板の下の)円形支え. **4**【海】舵輪(ᵻ)の外ゴン. **5**(ラ米)**(1)**(ᴮᴼ)ハンガー. **(2)**(ᵪᴼ)馬車の幌(ꜛ)の骨組み;(ベッドの)天蓋(ᴮ).

cer・chón [θer.tʃón / ser.-] 男【建】(アーチ・円天井などを建造する際の)トラス, 桁組:梁(ᴴ)の機能を果たす構造用骨組み.

cer・ci・llo [θer.θí.ʎo ‖ -.ʎo / ser.sí.-] 男 **1**【植】巻きひげ. **2**(垂れ飾り付きの)イヤリング.

cer・cio・rar [θer.θjo.rár / ser.sjo.-] 他 断言する;確信させる,納得させる.

―～*se* 再 《*de*... …を》確かめる,確認する. ～*se de* un hecho ある事実を確かめる.

cer・co [θér.ko / sér.-] 男 **1** 輪;輪状のもの;(樽(ᴬ)・桶(ᴼ)などの)たが;人垣;(輪の形になった)染み. **2**【天文】(太陽・月の)暈(ᴵ). **3**【機】外輪,リム. **4** 魔法の円:魔術師が霊を呼び出すとき,自分を中心に地面に描く円で,この中にいると悪魔の影響を受けないという. **5**【軍】包囲,攻囲. alzar [levantar] el ～ 包囲を解く. poner ～ a... …を包囲する. **6**(扉・窓などの)枠,枠組み. **7**《ラ米》**(1)** 囲い(;), 囲い;生け垣. **(2)**(ᵪᴼ)柵で囲った土地.

cerco policíaco 非常線,警戒線.
saltar el cerco《ラ米》(ᵃᴳ)政党を鞍(゙)替えする.

[← [ラ] *circus*「輪;円形競技場」; 関連 cerca, cercar, círculo, circo. [英] *circus, circle*]

cer・cón [θer.kón / ser.-] 副《ラ米》やや近くに,近めに.

cer・co・pi・te・co [θer.ko.pi.té.ko / ser.-] 男【動】オナガザル.

cer・da [θér.ða / sér.-] 女 形 → cerdo.

cer・da・da [θer.ðá.ða / ser.-] 女 **1**(話) 卑劣なやり方,とんでもない行い;下品な言葉;散らかすこと. El niño está haciendo ～s en la mesa. 子供がテーブルの上をめちゃくちゃにしている.
2 嫌がらせ(=faena).

Cer・da・ña [θer.ðá.ɲa / ser.-] 固名 セルダーニャ: Pirineos 山脈の東部. スペイン・フランス2国にまたがる地方. → sardanés.

cer・de・ar [θer.ðe.ár / ser.-] 自 **1**(馬や牛が)前足を引きずって歩く. **2**【音楽】〈弦楽器が〉調子外れの音を出す. **3**(話)〈機械が〉調子が悪くなる. Este coche empieza a ～. この車はがたが来始めている. **4**のらりくらりと遅らせる,(言い訳をして)サボる. **5**《ラ米》(ᶜᴼ)〈馬の〉尾[たてがみ]を切る.

Cer・de・ña [θer.ðé.ɲa / ser.-] 固名 サルデーニャ(島):地中海にあるイタリア領の島. → sardo.
[← [伊] *Sardegna*← [ラ] *Sardinia*; *Sardus* (→ sardo) より派生;Cer-← *Sar*- の変化は Cerdaña の影響か?]

*cer・do, da [θér.ðo, -.da / sér.-] 男 女 **1** 豚(=puerco). ～ salvaje イノシシ. ▶「子豚」は cochinillo. **2** 不潔な[下品な]人;悪意を持った[下劣な]

cercopiteco
(オナガザル)

人. ━ 男 豚肉(= carne de ～).
━ 女 1 (特に豚・イノシシなどの)剛毛；馬の尾[たてがみ]. cepillo de *cerdas* 剛毛製[豚毛]のブラシ. 2 (ブラシの)毛. 3 《俗》不品行女, 商売女.
━ 形 不潔な, 汚い；下品な. ¡Qué tío tan ～! Nunca se lava los dientes. なんだあいつは不潔なんだ. 全然歯を磨かないんだよ.
A cada cerdo le llega su San Martín. 《諺》誰にも最後の審判は訪れる. ＊聖マルチヌス(315? - 397)祭(11月11日)はこの豚の畜殺期に当たる.
cerdo marino 《動》イルカ.
como un cerdo 《話》(1)(豚のように)太った. (2)(食べ方が汚い)がつがつと.
ganado de cerda 豚(の群れ).
[ganado de cerda「剛毛の家畜」の省略形；卑俗化した同義語 puerco, marrano, cochino に代わる造語]

*ce·re·al [θe.re.ál / se.-] 男 (麦・稲などの)穀草；《主に複数で》穀物, 穀類；シリアル. mercado de ～es 穀物市場.
━ 女 《複数で》(ローマの古い豊穣(ﾎｳｼﾞｮｳ)と穀物の女神)ケレスの祭日(4月19日).
━ 形 1 女神ケレス Ceres の. 2 穀類の.

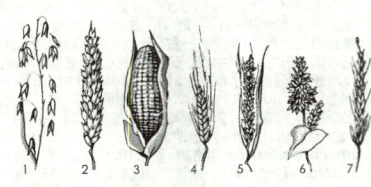

cereales (穀類)
1 avena エンバク. 2 trigo コムギ. 3 maíz トウモロコシ. 4 cebada オオムギ. 5 arroz コメ. 6 alforfón ソバ. 7 centeno ライムギ.

ce·re·a·lí·co·la [θe.re.a.lí.ko.la / se.-] 形 穀物生産の.
ce·re·a·lis·ta [θe.re.a.lís.ta / se.-] 形 穀物の, 穀草の, 穀物生産の. región ～ 穀倉地帯.
ce·re·be·lo [θe.re.bé.lo / se.-] 男 《解剖》小脳.
ce·re·bra·ción [θe.re.bra.θjón / se.-.sjón] 女 脳活動, 思考(作用)；精神作用.
*ce·re·bral [θe.re.brál / se.-] 形 1 脳の, 大脳の. muerte ～ 脳死. tumor ～ 脳腫瘍(ｼｭﾖｳ).
2 知的な, 頭脳的な. Es un golfista muy ～. 彼は非常に頭脳派のゴルファーだ.
ce·re·bra·lis·mo [θe.re.bra.lís.mo / se.-] 男 感情より知性を重視する傾向, 主知的態度.
ce·re·bri·na [θe.re.brí.na / se.-] 女 《薬》(アンチピリン・コカインなどを含む)抗神経痛剤.
*ce·re·bro [θe.ré.bro / se.-] 男 1 《解剖》脳, 大脳. ►大脳は cerebelo, 全脳は cerebrum, 知能, 知力. ～ electrónico 電子頭脳. ～ privilegiado [despierto] 明晰な頭脳. tener poco ～ 頭がよくない. torturarse [exprimirse] el ～ 知恵を絞る. 3 (グループ・組織などの)知的指導者, ブレーン. ～ gris 黒幕, 首謀者. Su abuelo era el ～ de la organización. 彼(ｶﾚ)の祖父はその組織の頭脳だった.
4 優秀な頭脳の持ち主, 秀才. fuga de ～s 頭脳流出.
lavarle el cerebro (a+人)〈人〉を洗脳する.
secársele el cerebro (a+人)《話》〈人〉が思慮分別を失う, 〈人〉の頭がおかしくなる.
[←[ラ]*cerebrum*；関連 cerebral. [英]*cerebrum*]

ce·re·bro·es·pi·nal [θe.re.bro.es.pi.nál / se.-] 形 《解剖》脳脊髄(ｾｷｽｲ)の；中枢神経系の.
*ce·re·mo·nia [θe.re.mó.nja / se.-] 女 1 儀式, 式典, 式. traje de ～ 式服, 礼服. ～ de entrega de los premios Nobel ノーベル賞授賞式. ～ de la coronización del rey 王の戴冠式. ►「葬式」は funeral, 「結婚式」は boda.
2 堅苦しさ, 儀式ばったやり方；礼儀. andarse con [hacer] ～s 格式ばる. con gran ～ 厳粛に, 仰々しく. hablar sin ～ ざっくばらんに話す.
[←[ラ]*caerimōnia*；関連 [英]*ceremony*]
ce·re·mo·nial [θe.re.mo.njál / se.-] 形 儀式の, 祭式の；儀礼の. ━ 男 儀式書, 儀典書；式次第.
ce·re·mo·nial·men·te [θe.re.mo.njál.mén.te / se.-] 副 儀式的に, 形式にのっとって.
ce·re·mo·nio·sa·men·te [θe.re.mo.njó.sa.mén.te / se.-] 副 厳粛に.
ce·re·mo·nio·so, sa [θe.re.mo.njó.so, -.sa / se.-] 形 1 厳粛な, 厳かな.
2 儀式ばった, 仰々しい, 堅苦しい.
cé·re·o, a [θé.re.o, -.a / sé.-] 形 蠟(ﾛｳ)製の, 蠟の, 蠟状の；(蠟のように)黄色みを帯びた.
ce·re·rí·a [θe.re.rí.a / se.-] 女 ろうそく店[製造所].
ce·re·ro, ra [θe.ré.ro, -.ra / se.-] 男 女 ろうそく商；蠟(ﾛｳ)職人, 蠟細工師.
Ce·res [θé.res / sé.-] 女 《ロ神》ケレス：豊穣(ﾎｳｼﾞｮｳ)と穀物の女神. ギリシア神話の Deméter に当たる.
━ 男 《天文》ケレス小惑星.
ce·re·vi·si·na [θe.re.bi.sí.na / se.-] 女 ビール酵母.

*ce·re·za [θe.ré.θa / se.-.sa] 女 1 サクランボ, 桜桃. ～ gordal [garrafal] (薄黄色・多汁の)甘果桜桃. ～ pasa 干しサクランボ. ～ silvestre セイヨウミザクラの実. ～ rojo ～ 鮮紅色の.
2 《ラ米》コーヒー豆(の殻[皮])；コーヒーの実. cerezas (サクランボ)
[←[古スペイン]*ceresa*←[俗]*ceresia*←[ラ]*cerasium*；関連 [英]*cherry*]
ce·re·zal [θe.re.θál / se.-.sál] 男 サクランボ園[畑].
ce·re·zo [θe.ré.θo / se.-.so] 男 《植》セイヨウミザクラ, オウトウ. ～ japonés サクラ.
*ce·ri·lla [θe.rí.ja / -.ʎa, se.-] 女 1 マッチ, マッチ棒(= fósforo). una caja de ～s 1箱のマッチ. 2 耳あか, 耳脂. 3 《ラ米》(ｻﾎﾞﾃﾝ)つる植物.
ce·ri·lle·ro, ra [θe.ri.jé.ro, -.ra / -.ʎé.-, se.-] 男 女 (街頭・映画館などの)タバコ売り；マッチ売り.
━ 女 (テーブルの上に置く)マッチ立て, (マッチ・ライターなどを入れる)ポケット.
ce·ri·llo [θe.rí.jo / -.ʎo / se.-] 男 《ラ米》(ﾁｲｻｲ)(ﾎｿｲ)マッチ.
ce·ri·na [θe.rí.na / se.-] 女 1 《化》セロチン酸.
2 《鉱》セリウム鉱石. 3 コルクガシの樹液, 樹蠟(ﾛｳ).
ce·rio [θé.rjo / sé.-] 男 《化》セリウム：希土類元素(記号 Ce).
ce·ri·ta [θe.rí.ta / se.-] 女 《鉱》セル石, セライト.
cer·me·ño [θer.mé.ɲo / ser.-] 男 《植》セイヨウナシ(の木).
cer·ne [θér.ne / sér.-] 男 木の芯(ｼﾝ), 髄.
cer·ne·dor [θer.ne.dór / ser.-] 男 ふるい.

cer·ner [θer.nér / ser.-] ⑫ 他 **1** ふるいにかける. ～ la harina 小麦粉をふるう. **2** 観察する, 調べる. ～ el horizonte 視界を見透す. **3** 《比喩的》厳選する; 吟味する. ━自 **1** 花粉が落ちる. **2** 《3人称単数·無主語で》霧雨が降る.
━～se 再 **1** 〈鳥·グライダー·ヘリコプターなどが〉停止飛行する, 空中に留まる. **2** 《sobre... …に》〈危険·不幸などが〉差し迫る, 近づく.

cer·ní·ca·lo [θer.ní.ka.lo / ser.-] 男 **1** 《鳥》チョウゲンボウ：ハヤブサ科. **2** 《話》無骨者, 嫌われ者. *coger [pillar] un cernícalo*《話》酔っ払う.

cer·ni·do [θer.ní.ðo / ser.-] 男 **1** ふるいにかけること, ふるい分け. **2** ふるいにかけた粉［小麦粉］. **3** 《ラ米》《気象》小雨, こぬか雨.

cer·ni·dor [θer.ni.ðór / ser.-] 男 → cernedor.

cer·nir [θer.nír / ser.-] ⑭ 他 → cerner.

Cer·nu·da [θer.nú.ða / ser.-] 固名 セルヌダ Luis ～ (1902-63)：スペインの詩人.

ce·ro [θé.ro / sé.-] 形 《名詞＋》《性数不変》《+名詞》ゼロの, 零の；少しも…ない. *a las ～ horas* 零時に.
━男 **1** ゼロ, 零, (アラビア数字の) 0. *Tres por ～ es* ～. 3 掛ける 0 は 0.
2 零点, 零度；原点. ～ *absoluto* 絶対零度（摂氏マイナス273.16度）. *cuarenta a* ～《テニスの》フォーティー・ラブ. *poner a* ～〖IT〗クリアする. *punto* ～ ゼロ地点（核爆弾などの爆心直下の地点）. *ir [ganar, perder] dos a* ～《スポ》2 対 0 である［勝つ, 負ける］. *El partido va dos a* ～. 試合は2対0だ. *Me pusieron [Saqué] un* ～ *en inglés.* 私は英語で零点をもらった. *Estamos [La temperatura está] a seis grados bajo* ～. 気温は零下 6 度だ.
3 《比喩的》無, 皆無；ゼロ. *reducir a* ～ 無に帰す.
4 《ラ米》(1) 《俗》バリカン. (2) 《*》《俗》幼稚園.
a cero (1) 0 対 0 で. (2) ゼロの状態で, 無一文で. *Siempre me invitabas cuando estaba a* ～. 僕が無一文のときにはいつも君がご馳走(ちそう)してくれた.
al cero 坊主頭に. *cortarle (a+人) el pelo al* ～〈人〉を丸坊主にする.
cero pelotero [patatero]《話》まったくゼロ.
de [desde] cero ゼロから；初めから, 何もないところから. *partir de* ～ ゼロから始める［出直す］.
ser un cero a la izquierda《話》〈人〉が相手にされていない；評価されていない.
［←《伊》*zero* ←《中ラ》*zephirum* ←《アラビア》*ṣifr* 「空虚, ゼロ」. 関連 *cifra*. 《英》*zero*］

ce·ro·fe·ra·rio [θe.ro.fe.rá.rjo / se.-] 男〖カト〗ろうそく持ちの侍祭［侍者］.

ce·ro·le·í·na [θe.ro.le.í.na / se.-] 女《化》セロレイン；蜜蝋(みつろう)の成分の一つ.

ce·ro·man·cia [θe.ro.mán.θja / se.-.sja] / **ce·ro·man·cí·a** [θe.ro.man.θí.a / se.-.sí.-] 女 蝋(ろう)占い.

ce·ro·plás·ti·ca [θe.ro.plás.ti.ka / se.-] 女 蝋(ろう)細工, 蝋型法.

ce·ro·so, sa [θe.ró.so, -.sa / se.-] 形 **1** 蝋(ろう)質の, 蝋を含んだ, 蝋［ワックス］のような. *tez cerosa* 血の気の引いた顔色, 病的に黄ばんだ顔色.
2 《ラ米》《俗》〈卵が〉半熟の.

ce·ro·te [θe.ró.te / se.-] 男 **1**（靴の縫い糸に塗る）蝋(ろう). **2**《話》おびえ, 恐れ（= miedo）. **3**《ラ米》排泄(はいせつ)物, 糞(ふん).

ce·ro·te·ar [θe.ro.te.ár / se.-] 自 《ラ米》蝋(ろう)が垂れる.

cer·qui·llo [θer.kí.jo / -.ʎo / ser.-] 男 **1**（聖職者の）剃髪(ていはつ)した輪状の頭髪. **2**（靴底と甲とのとじ目を補強する）細革. **3**《ラ米》《バリエーション》前髪. [cerco+縮小辞]

cer·qui·ta [θer.kí.ta / ser.-] 副 近くに, すぐ近くに. [cerca+縮小辞]

ce·rra·da [θe.ráða / se.-] 形 → cerrado.

ce·rra·de·ro, ra [θe.řa.ðé.ro, -.ra / se.-] 形 閉める, 締める. ━男（ドアなどの錠の）受け, 受け座, かんぬき穴, （かばんなどの）留め金, （袋の口を締める）ひも. ━女 *echar la cerradera* きっぱりと拒否する.

ce·rra·do, da [θe.řá.ðo, -.ða / se.-] [cerrar の過分] 形 **1**《名詞＋》《estar+》閉じた, 閉ざされた, 閉鎖した（↔abierto）. *C*～.《掲示》準備中, 閉店, 休業中. *C*～ *por reformas*.《掲示》改築のため閉店. *La puerta está cerrada.* 扉は閉まっている. *oler a* ～ 閉めきったにおいがする. *pliego [sobre]* ～ 封書. *con el puño* ～ 拳を握り締めて.
2（多くは名詞+）《ser+ / estar+》〈空が〉雲で覆われた；〈夜が〉闇(やみ)に包まれた. *Hoy el cielo está* ～. 今日の空はどんよりしている.
3《名詞＋》《estar+》囲まれた. *un lugar* ～ *con vallas* 柵に囲まれた場所.
4《+名詞 / 名詞+》《ser+》〈拍手が〉割れんばかりの；〈雨が〉どしゃ降りの. *recibir una cerrada ovación [un aplauso* ～] 割れんばかりの拍手を受ける. *una descarga cerrada* 一斉射撃.
5（多くは名詞+）《ser+》密な, 生い茂った；〈ひげが〉濃い；〈列を〉詰めた. *un bosque* ～ *de pinos* 深い松林. *Mi padre es muy* ～ *de barba.* 父はひげがとても濃い. *hombres de barba cerrada* ひげの濃い男たち.
6《+名詞 / 名詞+》《ser+》〈カーブが〉きつい, 急な. *tomar curvas cerradas* 急カーブを曲がる.
7《話》《名詞+》《ser+》内向的な, 非社交的な（=introvertido）. *Ella es muy tímida y cerrada.* 彼女はとても内気で内向的です.
8（多くは名詞+）《ser+》かたくなな, 非妥協的な, 閉鎖的な. *gente de mentalidad cerrada* 考え方の狭い人たち. **9**《ser+》血の巡りの悪い, 鈍い（=torpe）. *tener una cabeza muy cerrada* とても鈍い人である. **10**《+名詞 / 名詞+》訛(なま)りの強い. *hablar un andaluz* ～ 強いアンダルシアなまりで話す. **11** 隠された, 理解困難な. *el sentido* ～ *de una carta* 手紙［文面］の隠れた意味. **12**《言》《名詞+》《言》閉音節(節)の. *vocal cerrada* 閉母音字.
━男 **1**（牧場など塀・垣で）囲まれた土地. **2** 塀, 垣.
a ojos cerrados 目をつむって；やみくもに. *No hay que creer nada a ojos* ～*s.* なにごともやみに信じてはいけない.
cerrado de mollera ものわかりの悪い.
circuito cerrado de televisión（主に監視システム用の）有線テレビ.
lista cerrada 拘束式名簿（↔*lista abierta* 非拘束式名簿）.

ce·rra·dor, do·ra [θe.řa.ðór, -.ðó.ra / se.-] 形 閉じるための, 閉鎖の.
━男（一般的の）締め［留め］金具, 錠, 掛け金.

ce·rra·du·ra [θe.řa.ðú.ra / se.-] 女 **1** 錠, かんぬき, 錠前, 留め金. ～ *de seguridad* 安全錠. ～ *antirrobo* 盗難防止錠. ～ *de combinación* 組み合わせ錠, コンビネーション・ロック. ～ *de golpe* / ～ *de muelle* ばね錠, スプリング・ロック. *ojo de la* ～ 鍵穴(かぎあな). ▶「南京錠」は *candado*,「差し鍵」

は cerrojo, 「鍵」は llave. **2** 閉じること；施錠.

ce‧rra‧ja¹ [θe.ȓá.xa / se.-] 囡 錠, かんぬき, 掛け金.

ce‧rra‧ja² [θe.ȓá.xa / se.-] 囡【植】ノゲシ：キク科. *volverse [quedar] en agua de cerrajas* 無駄に終わる, 無になる.

ce‧rra‧je‧rí‧a [θe.ȓa.xe.rí.a / se.-] 囡 錠 前 屋 [商], 錠前製造（職）.

ce‧rra‧je‧ro, ra [θe.ȓa.xé.ro, -.ra / se.-] 男囡 錠前職人, 錠前製造者 [修理人].

ce‧rra‧jón [θe.ȓa.xón / se.-] 男 険しい山, 切り立った山.

ce‧rra‧mien‧to [θe.ȓa.mjén.to / se.-] 男 **1** 閉じること, 閉鎖. **2** 閉じる［囲う］もの；間仕切り.

*****ce‧rrar** [θe.ȓár / se.-] 8 他 **1** 閉める, 閉じる（すき間を）ふさぐ（↔abrir）. ~ una ventana 窓を閉める. ~ un libro 本を閉じる. ~ una puerta con llave ドアに鍵をかける. ~ un restaurante レストランを閉店［閉鎖］する. ~ un paraguas 傘を畳む. ~ un paréntesis 括弧を閉じる. ~ la boca 口を閉じる. ~ un programa [IT] プログラムを閉じる. ~ un grifo [el gas] 蛇口 ［ガス栓］を閉じる. ~ un recipiente 容器にふたをする. ~ un sobre 封筒に封をする. ~ el puño こぶしを握る. ~ una herida 傷口をふさぐ.
2 遮断する, 封鎖する；閉じ込める. ~ el paso 通り道をふさぐ. ~ una calle 道路を封鎖する. ~ una posibilidad 可能性を絶つ. Las vallas *cerraban* el jardín. 柵（さく）が庭を囲んでいた.
3 …に区切りをつける, 終わらせる；〈交渉を〉取りまとめる. ~ una lista 名簿への追加を打ち切る. ~ una discusión 議論を締めくくる. ~ una cuenta 口座を閉じる；勘定を閉める. ~ una edición （新聞などの）版の原稿を締め切る. ~ un trato 取引をまとめる. Iba la Virgen *cerrando* la marcha. 行列の最後尾を聖母マリア像が進んでいった.
4 〈回路を〉閉じる, 〈回線を〉つなぐ. ~ un círculo 円を閉じる. ~ la carretera de circunvalación 環状道路を貫通させる.
5 …の間隔を詰める, 密にする. ~ filas 列を詰める.
──自 **1** 閉じる；ふさがる；終わる（一緒に再帰代名詞を伴う. → 再 **1**）. Esta caja no *cierra* bien. この箱はちゃんと閉まらない. El servicio *cierra* a las ocho. 業務は8時で終了する.
2 すっかり〈夜に〉なる. Pronto *cerró* la noche. じきに日が暮れた. **3** 《con... / contra... …に》襲いかかる, 押し寄せる. ~ con el enemigo 敵を襲撃する. **4** 【遊】（ドミノで）相手の手を封じる.
──~**se** 再 **1** 閉じる；ふさがる；終わる. Estas flores *se cierran* al atardecer. この種の花は夕方になるとしぼむ. El conflicto *se cerró* en falso. 紛争は形だけ終息した.
2 〈天候が〉曇る. El cielo *se está cerrando*. 空が曇ってきた.
3 密集する；《a... …に》ぴったり寄る；急カーブを切る. Un camión *se me cerró*. トラックが前に割り込んできた（▶ me a... に相当）. Los jugadores *se cerraron* para defender la portería. 選手たちはゴールを守るために隊形を組んだ. **4** 閉じこもる；《a... …に対して》閉鎖的になる；《en... …に》固執する. ~*se a* los extranjeros 外国人を受け入れない. ~*se en* su teoría 自分の理論に固執する.
cerrar... con siete llaves …を厳重に閉める.
［← ［後ラ］ *serāre* （［ラ］ *sera*「かんぬき」より派生）；関連 cerradura, encerrar］

ce‧rra‧zón¹ [θe.ȓa.θón / se.-.són] 囡 **1** 一面に広がった黒雲, 暗雲. **2** 鈍感；頑固, 強情. **3** 《ラ米》(1) (コロ)(山)の支脈. (2) (コロ)霧, もや.

ce‧rra‧zón² [θe.ȓa.θón / se.-.són] 囡 →cerrajón.

ce‧rre‧jón [θe.ȓe.xón / se.-] 男 小さな丘.

ce‧rre‧ro, ra [θe.ȓé.ro, -.ra / se.-] 形 **1** 山の.
2 放浪する. **3** 〈動物が〉野生の；〈人が〉田舎者の, 無骨な. **4** 《ラ米》(1) (エク)(コロ)(ニカラ)(タ米)甘味のない.
(2) 上等でない, 粗末な.

ce‧rril [θe.ȓíl / se.-] 形 **1** 〈土地が〉起伏の激しい.
2 〈動物が〉野生の. **3** 頑固な, 強情な. **4** 《話》野育ちの, 粗野な, 無作法な. **5** 《話》（頭の）鈍い.

ce‧rri‧li‧dad [θe.ȓi.li.ðáð / se.-] 囡 → cerrilismo.

ce‧rri‧lis‧mo [θe.ȓi.lís.mo / se.-] 男 **1** 頑迷さ, 強情. **2** 《話》愚鈍さ；物わかりの悪さ. **3** 《話》粗野, がさつさ. **4** 〈動物が〉飼い慣らされていないこと.

ce‧rri‧llar [θe.ȓi.jár ‖ -.ʎár / se.-] 他〈コイン・メダルの〉縁に刻み目［ぎざぎざ］をつける.

ce‧rri‧llo [θe.ȓí.jo ‖ -.ʎo / se.-] 男【植】シバムギ：イネ科の雑草. [cerro + 縮小辞]

***ce‧rro** [θé.ȓo / sé.-] 男 **1** 丘, 小山. ~ testigo 【地理】台地から離れたところにぽつんとある小山.
2 《話》山積み；多量. Hay un ~ de libros sobre la mesa. 机の上に本が山積みになっている.
irse por los cerros de Úbeda 《話》本論からそれる.

ce‧rro‧ja‧zo [θe.ȓo.xá.θo / se.-.so] 男 **1** （乱暴に）錠を下ろすこと. dar un ~ ガチャンとかんぬきを掛ける. **2** （突然・不意に行動を）止めること. dar ~ al juego online オンラインゲームをやめる.

ce‧rro‧ji‧llo [θe.ȓo.xí.jo ‖ -.ʎo / se.-] 男【鳥】シジュウカラ.

***ce‧rro‧jo** [θe.ȓó.xo / se.-] 男 **1** 差し錠, かんぬき（= pestillo）. cerrar con ~ / echar [correr] el ~ かんぬきを掛ける, 差し錠で締める. descorrer el ~ かんぬきを外す, 錠を外す. → cerradura.
2 銃器のボルト［遊底］.
3 【スポ】（サッカー）防御線, 防御態勢.

cer‧ta‧men [θer.tá.men / ser.-] 男 [複 certámenes] **1** コンクール, 懸賞付き競技会 (= concurso). participar en un ~ コンクールに参加する.
2 争い；挑戦. **3** （文学に関する）論争.

cer‧te‧ra‧men‧te [θer.té.ra.mén.te / ser.-] 副 的確に, 確かに, まさしく.

cer‧te‧ro, ra [θer.té.ro, -.ra / ser.-] 形 **1** 確かな, 正確な；的確な. juicio ~ 適切な［正しい］判断.
2 （射撃で）的を外さない, 腕の確かな. tiro ~ 正確な射撃. un tirador ~ 名射手.

***cer‧te‧za** [θer.té.θa / ser.-.sa] 囡 確実（性）, 正確さ；信憑（ひょう）性；確信. la ~ de la noticia ニュースの確かさ. con ~ 確実に, 確かに. tener la ~ de que... …であることを確信している.

cer‧ti‧dum‧bre [θer.ti.ðúm.bre / ser.-] 囡 確信.

cer‧ti‧fi‧ca‧ble [θer.ti.fi.ká.ble / ser.-] 形 **1** 保証［証明］できる. **2** 書留にできる.

cer‧ti‧fi‧ca‧ción [θer.ti.fi.ka.θjón / ser.-.sjón] 囡
1 保証, 証明, 認定. **2** 書留. **3** 証明書；免許状, 修了証.【法】宣誓供述書.

***cer‧ti‧fi‧ca‧do, da** [θer.ti.fi.ká.ðo, -.ða / ser.-] 形 **1** 書留の.
2 保証［認定］された；証明書のある；裏書きのある.
──男 **1** 証明書, 証書, 認定書；修了証, 免許状. ~ de aptitud （人物・資格などの）証明書. ~ de origen 原産地証明書. ~ de penales 犯歴記録. ~ de vacuna 種痘接種証明書. ~ médico

cer·ti·fi·ca·dor, do·ra [θer.ti.fi.ka.ðór, -.ðó.ra / ser.-] ─男女 保証人, 保証者, 証明者.

‡**cer·ti·fi·car** [θer.ti.fi.kár / ser.-] 102 他 **1** (文書で)証明する,〈事実などを〉認証[認定]する. **2** 書留にする.
[← [ラ] *certificāre* (*certus*「確実な」+ *facere*「…にする」), 関連 [英] *certify*]

cer·ti·fi·ca·to·rio, ria [θer.ti.fi.ka.tó.rjo, -.rja / ser.-] 形 証明の, 証明となる. un documento ～ 証明書.

certifique (-) / **certifiqué** (-) 活 → certificar.

cer·tí·si·mo, ma [θer.tí.si.mo, -.ma / ser.-] 形 [*cierto* の絶対最上級]絶対確かな, 明々白々な; 全く本当の.

cer·ti·tud [θer.ti.túð / ser.-] 女 → certeza.

ce·rú·le·o, a [θe.rú.le.o, -.a / se.-] 形《文章語》(空や海のような)青色の, 紺碧(??)の.

ce·ru·men [θe.rú.men / se.-] 男 耳垢(??)(= cera).

ce·ru·sa [θe.rú.sa / se.-] 女【化】塩基性炭酸鉛, 鉛白.

ce·ru·si·ta [θe.ru.sí.ta / se.-] 女【鉱】白鉛鉱.

cer·val [θer.βál / ser.-] 形 シカの, シカのような. gato ～【動】オオヤマネコ. lobo ～【動】オオヤマネコの一種; 強欲な人, 高利貸し.

Cer·van·tes [θer.βán.tes / ser.-] 固名 セルバンテス Miguel de ～ Saavedra (1547-1616): スペインの作家. 作品 *El ingenioso hidalgo Don Quijote de la Mancha*『才知あふるる郷士ドン・キホーテ・デ・ラ・マンチャ』.

cer·van·tes·co, ca [θer.βan.tés.ko, -.ka / ser.-] / **cer·ván·ti·co, ca** [θer.βán.ti.ko, -.ka / ser.-] 形 → cervantino.

cer·van·ti·no, na [θer.βan.tí.no, -.na / ser.-] 形 セルバンテス Cervantes の, セルバンテス風の.

cer·van·tis·mo [θer.βan.tís.mo / ser.-] 男 **1** セルバンテス Cervantes からの影響. **2** セルバンテス研究. **3** セルバンテス独特[風]の文体.

cer·van·tis·ta [θer.βan.tís.ta / ser.-] 形 セルバンテス Cervantes 流の, セルバンテス研究家の. ─男女 セルバンテス研究家.

cer·van·tó·fi·lo, la [θer.βan.tó.fi.lo, -.la / ser.-] 形 セルバンテス Cervantes の作品を愛好[収集]する; セルバンテス愛好家[崇拝者]; セルバンテスの作品収集家.

cer·va·ti·llo [θer.βa.tí.jo ǁ -.ʎo / ser.-] 男 **1**【動】ジャコウジカ. **2** *cervato* + 縮小辞.

cer·va·to [θer.βá.to / ser.-] 男 (生後半年までの)子ジカ.

cer·ve·ce·o [θer.βe.θé.o / ser.-.sé.-] 男 ビール発酵[醸造].

cer·ve·ce·rí·a [θer.βe.θe.rí.a / ser.-.se.-] 女 ビヤホール; ビール工場.

cer·ve·ce·ro, ra [θer.βe.θé.ro, -.ra / ser.-.sé.-] 形 **1** la industria *cervecera* ビール業界. **2** ビールを大量に飲む, ビール党の.
─男女 ビヤホール経営者; ビール醸造業者.

‡**cer·ve·za** [θer.βé.θa / ser.-.sa] 女ビール. beber [tomar] ～ ビールを飲む. Déme una caña de ～, por favor. 生ビールを一杯下さい. ～ de barril / ～ tirada ドラフト[樽(??)出し]ビール. ～ reposada ラガービール. ～ negra 黒ビール. ～ rubia [dorada] 淡色ビール. ～ embotellada / ～ de botella 瓶ビール. una botella [lata] de ～ 瓶[缶]ビール一本. una jarra de ～ 生ビールジョッキ一杯.
関連「コップ入りの生ビール」は caña,「小瓶」などの瓶入りは botellín, botella. clara は生ビールを甘口の炭酸水で割ったもの.
[← [古スペイン] *cervesa* ← [ラ] *cervesia* (ゴール語起源), 関連 cervecería,［ポルトガル］*cerveja*]

cer·vi·ca·bra [θer.βi.ká.bra / ser.-] 女【動】(インド産の)カモシカの一種.

cer·vi·cal [θer.βi.kál / ser.-] 形【解剖】頸部(??)の. vértebra ～ 頸椎(??).
─女《主に複数で》頸部, 首.

cer·vi·cal·gia [θer.βi.kál.xja / ser.-] 女【医】頸椎(??)[首]の痛み.

cér·vi·do [θér.βi.ðo / sér.-] 男【動】シカ科の動物;《複数で》シカ科.

Cer·vi·no [θer.βí.no / ser.-] 固名 Monte ～ チェルビーノ山: アルプスの高峰の一つ. 別称マッターホルン Matterhorn. 4478m.

cer·vi·no, na [θer.βí.no, -.na / ser.-] 形 シカの(ような).

cér·vix [θér.βiks / sér.-] 男《単複同形》【解剖】子宮頸(??)部(= cuello uterino).

cer·viz [θer.βíθ / ser.-.βís] 女《複 cervices》襟首, うなじ; 首, 頸部(??). bajar la ～ 卑下する; うなだれる. levantar la ～ そっくり返る; 思い上がる. ser de dura ～ 頑固である, 意固地である.

cer·vu·no, na [θer.βú.no, -.na / ser.-] 形 シカの, シカのような; シカ皮の;〈馬が〉濃褐色の.
─男【植】イネ科高山植物の1種.

ce·sa·ción [θe.sa.θjón / se.-.sjón] 女 停止, 中断, 中止. ～ de pagos 支払い停止. ～ a divinis 《カト》聖職停止.

ce·sa·mien·to [θe.sa.mjén.to / se.-] 男 → cesación.

ce·san·te [θe.sán.te / se.-] 形〈主に公務員・役人が〉停職[休職]中の; 解任[免職]になった. dejar a + 人 →〈人〉を解任[解雇]する.
─男女 停職[休職]中の職員, 失業者.
lucro cesante【法】逸失利益.

ce·san·te·ar [θe.san.te.ár / se.-] 他《ラ米》(??)(??)解雇する. Lo *cesantearon*. 彼は首になった.

ce·san·tí·a [θe.san.tí.a / se.-] 女 **1** 停職, 休職; 失業. **2** 休職給, 休職手当.

‡**ce·sar** [θe.sár / se.-] 自 **1** やむ, 終わる. *Ha cesado* de llover. 雨がやんだ. Que *cese* la guerra. 戦争が終わりますように.
2 《*de*＋不定詞 …するのを》やめる. El niño no *cesaba* de llorar. その子は泣きやまなかった.
3 《*en...* …を》やめる; 辞任する. ～ *en* su cargo 職務を降りる. Ella no *cesa en* su empeño. 彼女はその努力を怠ることがない. *Cesó* como ministro. 彼は大臣を辞任した.
─他 **1** 停止する, 中止する. ～ un tratamiento 治療を中止する. **2** 辞めさせる, 解雇する.
sin cesar 絶えず, (休みなしに)ずっと.
[← [ラ] *cēssāre*「ためらう; やめる」]

cé·sar [θé.sar / sé.-] 男 **1** カエサル: アウグストゥス帝からハドリアヌス帝までのローマ皇帝[皇位継承者]の称号. **2** 皇帝 (= emperador).
Dad al César lo que es del César, y a Dios lo que es de Dios.【聖】皇帝のものは皇帝に, 神のものは神に返しなさい (マタイ 22:21).
[← [ラ] *Caesar* 'César']

César [θé.sar / sé.-] 固名 **1** ユリウス・カエサル,ジュリアス・シーザー Cayo Julio 〜 (前100 ? − 前44): ローマの将軍・政治家. **2** セサル: 男子の洗礼名.
[←〚ラ〛*Caesar*「カエサル」; 関連〚伊〛*Zaragoza*.〚ポルトガル〛〚仏〛*César*,〚伊〛*Cesare*.〚英〛*Caesar*「シーザー」.〚独〛*Cäsar*「ツェーザル」(人名), *Kaiser*「皇帝」]

ce·sar·au·gus·ta·no, na [θe.sa.rau.ɡus.tá.no, -.na / se.-] 形 カエサルアウグスタ Cesaraugusta (現スペイン Zaragoza) の. ― 男 女 カエサルアウグスタ[サラゴサ]の住民[出身者].

ce·sá·re·o, a [θe.sá.re.o, -.a / se.-] 形 **1** (ローマ)皇帝の; 帝国の. (女性形で) 帝王切開の. operación *cesárea* 帝王切開. ― 女【医】帝王切開.

ce·sa·ria·no, na [θe.sa.rjá.no, -.na / se.-] 形 ユリウス・カエサル[ジュリアス・シーザー]の; 皇帝の. ― 男 女 ユリウス・カエサルの信奉者[支持者].

ce·sa·ris·mo [θe.sa.rís.mo / se.-] 男 独裁君主制, 専制政治; 帝国主義.

ce·sa·ris·ta [θe.sa.rís.ta / se.-] 形 専制政治派の. ― 男 女 独裁主義者.

ce·se [θé.se / sé.-] 男 **1** 中止, 停止, 休止. 〜 de alarma 〚軍〛空襲警報解除. 〜 de fuego [hostilidades] 戦闘中止, 停戦. **2** (給金などの) 支給停止通知書. **3** 解雇通知. dar el 〜 a + 人 〈人〉を解任[解雇]する.

ce·si·bi·li·dad [θe.si.βi.li.ðáð / se.-] 女【法】譲渡性.

ce·si·ble [θe.sí.βle / se.-] 形【法】譲渡できる.

ce·sio [θé.sjo / sé.-] 男【化】セシウム: 金属元素(記号Cs).

ce·sión [θe.sjón / se.-] 女 (領土の) 割譲;【法】(権利の) 譲渡, (財産の) 譲与. 〜 de territorios 領土の割譲. 〜 de tierras [bienes] 土地[財産]の譲与.

ce·sio·na·rio, ria [θe.sjo.ná.rjo, -.rja / se.-] 男 女【法】譲受人.

ce·sio·nis·ta [θe.sjo.nís.ta / se.-] 男 女【法】譲渡人.

*****cés·ped** [θés.peð / sés.-] 男 芝, 芝生; (競技場の) 芝地, グリーン. cortar el 〜 芝を刈り込む. máquina para igualar el 〜 芝刈り機.

cés·pol [θés.pol / sés.-] 男〚ラ米〛(配水管の) トラップ, 防臭弁.

*****ces·ta** [θés.ta / sés.-] 女 **1** かご, バスケット. 〜 de costura / 〜 de labores 裁縫箱, 針箱. 〜 de papeles 紙くずかご. 〜 de Navidad かご詰めになったクリスマスの贈り物.
2〚スポ〛(1) セスタ: ハイアライ jai alai で手にはめるかご状のラケット. (2) (バスケットボールの) ゴール.
cesta de la compra 消費者物価 (の対象品目).
[←〚ラ〛*cista*「かご, 箱」; 関連〚英〛*chest*]

ces·ta·da [θes.tá.ða / ses.-] 女 かご分, かご 1 杯. una 〜 de naranjas 1 かごのオレンジ.

ces·te·rí·a [θes.te.rí.a / ses.-] 女 かご製品; かご細工職; かご販売店.

ces·te·ro, ra [θes.té.ro, -.ra / ses.-] 男 女 かご細工職人; かご屋.

ces·ti·llo [θes.tí.jo ‖ -.ʎo / ses.-] 男 (料理用の) ざる. [*cesto* + 縮小辞]

*****ces·to** [θés.to / sés.-] 男 **1** (大型の) かご, バスケット. 〜 de (los) papeles 紙くずかご. echar... al 〜 de los papeles …を反故(ほご)にする. **2**〚スポ〛(バスケットボール) バスケット, ゴール; シュート, 得点. tirar al 〜 シュートをする.
3 (古代ローマの拳闘(けんとう)士が用いた) 籠手(こて).

estar como un cesto〚話〛太っている, ずんぐりむっくりである.
estar hecho un cesto (眠気を催して) うとうとしている; (酔っ払って) 意識がもうろうとしている.
ser un cesto〚話〛ばか[無能]である.

ces·to·do [θes.tó.ðo / ses.-] 形 寄生虫の形をした.
― 男【動】**1** (サナダムシ・条虫などの) 寄生虫.
2 (複数で) 寄生虫類.

ces·tón [θes.tón / ses.-] 男 **1** 大きなかご.
2〚ラ米〛多量, たくさん, 一杯.

ce·su·ra [θe.sú.ra / se.-] 女【詩】詩行の中間にある休止.

ce·ta [θé.ta / sé.-] 女 → zeta.

ce·tá·ce·o, a [θe.tá.θe.o, -.a / se.-se.-] 形【動】クジラ目の. ― 男 (複数で) クジラ目の動物.

ce·ta·re·a [θe.tá.re.a / se.-] / **ce·ta·ria** [θe.tá.rja / se.-] 女 (エビなどの) 養殖場.

ce·ta·rio [θe.tá.rjo / se.-] 男 (鯨などが) 子育てをする海域.

ce·ti·na [θe.tí.na / se.-] 女【生化】セチン: 鯨蠟(げいろう)の主成分.

cet·me [θét.me / sét.-] 男 〚複 〜s, 〜〛〚軍〛(スペイン軍の) 軽量アサルトライフル [突撃銃]: 1949年設立の特別物資技術研究センター CETME (el Centro de Estudios Técnicos de Materiales Especiales の頭文字) が Franco 総統の命を受けて開発, 現在も連射可能な軽量ライフルの名前になっている.

ce·to·a·ci·do·sis [θe.to.a.θi.ðó.sis / se.-.si.-] 女《単複同形》【医】ケトアシドーシス.

ce·to·na [θe.tó.na / se.-] 女【化】ケトン.

ce·to·nia [θe.tó.nja / se.-] 女【昆】ハナムグリ科の甲虫.

ce·to·sis [θe.tó.sis / se.-] 女《単複同形》【医】ケトーシス, ケトン症: 器官内のケトン過多で, 糖尿病や飢餓を原因とすることが多い.

ce·tre·rí·a [θe.tre.rí.a / se.-] 女 タカ狩り; タカの訓練[飼育]法. ⇒*caza* 類語.

ce·tre·ro, ra [θe.tré.ro, -.ra / se.-] 男 女 鷹(たか)匠; タカ飼育者.

ce·tri·no, na [θe.trí.no, -.na / se.-] 形 **1** 緑黄色の; 血色の悪い. **2** 陰気な, ふさぎ込んだ.

ce·tro [θé.tro / sé.-] 男 **1** (王が持つ) 笏(しゃく), 権杖(けんじょう).
2 (タカ狩りのタカの) 止まり木.
3 権力, 優位性. Le corresponde el 〜 de la elocuencia. 彼[彼女]は雄弁において他を圧している.
4 王権, 王位. empuñar el 〜 統治する, 治める.

ceug·ma [θéuɡ.ma / séuɡ.-] 男【文法】【修辞】くびき語法. ► 同じ構造のラセットで同一の形容詞, 動詞が1回しか表現されない言い回し. ⇒ La vi salir pero no (la vi) volver. 彼女が出て行くのは見たが, 帰ってくるのは見なかった.

Ceu·ta [θéu.ta / séu.-] 固名 セウタ: モロッコ北岸にあるスペイン領の都市. ◆*Cádiz* 県の飛び地.

ceu·tí [θeu.tí / seu.-] 形 〚複 〜es, 〜s〛セウタの. ― 男 女 セウタの住民[出身者].

ce·vi·che [θe.βí.tʃe / se.-] 男 → cebiche.

cf.《略》**1** *confer*〚ラ〛参照せよ (= compárese).
2〚商〛*confirma* 確認せよ.
3 *confesor* 聴罪司祭.

c.f., C.F., C & F《略》〚商〛*costo y flete* 運賃込み価格〚英 *cost and freight*〛.

Cf《化》*californio* カリホルニウム.

CFC [θe.(e.)fe.θé / se.-.sé]《略》【化】*clorofluorocarbono* クロロフルオロカーボン.

cg. 《略》*centigramo* センチグラム.
cgo. 《略》《商》*cargo* 負担；責任；貨物，荷.
C.G.S. 《略》*Centímetro-Gramo-Segundo* CGS単位系.
CGT [θe.xe.té / se.-] 囡 《略》*Confederación General del Trabajo* 労働総同盟.
ch/, ch. 《略》*cheque* 小切手.
Ch, ch [tʃé] 囡 旧スペイン語字母.
cha·ba·ca·na·da [tʃa.ba.ka.ná.ða] 囡 →chabacanería.
cha·ba·ca·ne·rí·a [tʃa.ba.ka.ne.rí.a] 囡 **1** 下品，悪趣味.
2 下品な言動. decir una ～ 汚い言葉を口にする.
cha·ba·ca·no, na [tʃa.ba.ká.no, -.na] 形 下品な，悪趣味な. un chiste ～ 趣味の悪い冗談.
—男 **1** チャバカノ語：語彙の多くがスペイン語からの借用語に由来する. **2** 《ラ米》(ﾒﾋｺ)(ﾁﾘ)アンズ(の木).
cha·bo·la [tʃa.ɓó.la] 囡 掘っ建て小屋，バラック. las ～s スラム街.
cha·bo·lis·mo [tʃa.ɓo.lís.mo] 男 《集合的》スラム街.
cha·bo·lis·ta [tʃa.ɓo.lís.ta] 形 スラム(の住人)の.
—男囡 スラムの住人.
cha·bo·lo [tʃa.ɓó.lo] 男 《隠》独房；牢屋，ムショ.
cha·ca·ba·cha [tʃa.ka.tʃá.ka] 男 《擬》(足音などの音)コツコツ. el ～ del tren 汽車のゴトンゴトンという音.
cha·cal [tʃa.kál] 男 《動》ジャッカル.
cha·ca·lín, li·na [tʃa.ka.lín, -.lí.na] 男囡 《ラ米》(ﾎﾝ)(ｸﾞｱ) 《話》子供，幼児，ちびっこ.
—男囡 《ラ米》(ﾎﾝ)(ｸﾞｱ) 《動》ザリガニの一種.
cha·ca·ne·ar [tʃa.ka.ne.ár] 他 《ラ米》(ﾍﾟﾙ)〈馬に〉拍車をかける；不快にする. (2) (ﾎﾞﾘ)(ﾁﾘ)常用する.
chá·ca·ra [tʃá.ka.ra] 囡 《ラ米》(1) (ｱﾙｾﾞ)(ﾊﾟﾗ)(ｺﾛﾝﾋﾞ)革袋；ケース. (2) (ﾌﾟｴﾙ)(ﾎﾝ)(ｸﾞｱ)傷；ただれ. (3) (ｱﾙｾﾞ)小銭入れ. (4) 農場，畑 (= chacra).
cha·ca·re·ra [tʃa.ka.ré.ra] 囡 (ｱﾙｾﾞ)チャカレラ：アルゼンチンの民謡・舞踊.
cha·ca·re·rí·a [tʃa.ka.re.rí.a] 囡 《ラ米》(1) 《集合的》耕地，畑. (2) (ｹﾞｼ)野菜栽培；農作業.
cha·ca·re·ro, ra [tʃa.ka.ré.ro, -.ra] 形 《ラ米》(1) 農民の，農場の. (2) (ｳﾙｸﾞ)おしゃべりな.
—男囡 《ラ米》(1) (ｸﾞｱﾃ) 《話》おしゃべり. (2) (ｺﾛﾝﾋﾞ)民間療法師，偽医者. (3) 農民，農家.
cha·ca·ri·ta [tʃa.ka.rí.ta] 囡 (ｱﾙｾﾞ)(ｳﾙｸﾞ)墓地，墓場.
cha·ca·rra·cha·ca [tʃa.ka.ra.tʃá.ka] 囡 《擬》ワイワイガヤガヤ(口論などの騒音).
cha·ca·cas·te [tʃa.ka.kás.te] 男 (ｸﾞｱ)(ﾎﾝ)焼酎(しょうちゅう)，蒸留酒.
cha·cha·chá [tʃa.tʃa.tʃá] 男 《音楽》チャチャチャ：キューバで好まれた danzón の系統を引く4分の2拍子の舞踊(曲).
cha·cha·e [tʃa.tʃá.e] 男 《ラ米》(ﾊﾟﾅ)服，ドレス.
cha·cha·la·ca [tʃa.tʃa.lá.ka] 囡 《ラ米》(1) (ｸﾞｱ) 《鳥》ムジヒメシャクケイ. (2) (ﾒﾋｺ)(ｸﾞｱ) 《話》おしゃべりな人.
cha·cha·la·que·ar [tʃa.tʃa.la.ke.ár] 自 《ラ米》(1) (ｸﾞｱﾃ) 《話》おしゃべりをする. (2) (ﾒﾋｺ)(ｸﾞｱ) 《話》やたらと[騒がしく]しゃべる；わめき立てる.
cha·cha·la·que·ro, ra [tʃa.tʃa.la.ké.ro, -.ra] 形 《ラ米》(ｸﾞｱ) 《話》おしゃべりな，話好きな.
cha·char [tʃa.tʃár] 他 《ラ米》(ｱﾝ) 〈コカの葉を〉かむ.

chá·cha·ra [tʃá.tʃa.ra] 囡 **1** 《話》おしゃべり，雑談，無駄口. estar de ～ おしゃべりする，雑談する.
2 《ラ米》(1) (ﾒﾋｺ)(ｸﾞｱﾃ) 《複数で》 《話》安物. (2) (ﾒﾋｺ) 《話》冗談.
cha·cha·ra·chas [tʃa.tʃa.rá.tʃas] 囡 《複数形》 《ラ米》(ｸﾞｱ) 《話》安物，がらくた.
cha·cha·re·ar [tʃa.tʃa.re.ár] 自 **1** 《話》おしゃべりする. **2** 《ラ米》(ｸﾞｱ) 《話》安物を売る[商う].
cha·cha·re·rí·a [tʃa.tʃa.re.rí.a] 囡 《ラ米》(ﾒﾋｺ)(ｸﾞｱ) 《話》安物，がらくた.
cha·cha·re·ro, ra [tʃa.tʃa.ré.ro, -.ra] 形 《話》おしゃべりな，話好きな. —男囡 **1** 《話》おしゃべり. **2** 《ラ米》(ｸﾞｱ)小間物を売る行商人.
cha·che·ar·se [tʃa.tʃe.ár.se] 再 《ラ米》(ﾎﾟﾘ) 《話》ずる休みをする.
cha·chi [tʃá.tʃi] 形 《話》とてもよい，とてもかわいい，すばらしい；真の. —副 《話》とてもよく. pasarlo ～ / pasárselo ～ 大いに楽しむ.
cha·chi·va·che [tʃa.tʃi.ɓá.tʃe] 男 《ラ米》(ｴﾙｻﾙ) 《複数で》安物，がらくた.
cha·cho, cha [tʃá.tʃo, -.tʃa] 男囡 [muchacho の語頭音消失形] **1** 《話》《呼びかけ》《親愛》ねえ，おい，ちょっと. ¡Ven acá, ～! おい，こっちへ来てくれ.
2 《ラ米》 《話》(1) (ｸﾞｱ)使用人，召使い；お手伝い. (2) (ﾍﾟﾙ)双子(ﾌﾀｺﾞ)，双生児.
—男 《遊》(トランプ)オンブレ hombre の賭(か)け金.
cha·ci·na [tʃa.θí.na / -.sí.-] 囡 腸詰め；塩漬けの豚肉；塩漬け乾燥肉.
cha·ci·ne·rí·a [tʃa.θi.ne.rí.a / -.si.-] 囡 豚肉加工品店.
cha·ci·ne·ro, ra [tʃa.θi.né.ro, -.ra / -.si.-] 男囡 豚肉加工職人[販売業者].
Chac Mo·ol [tʃák mo.ól] 固名 チャク・モール：azteca, tolteca, maya の神々と人間を仲介する神格.
cha·co [tʃá.ko] 男 《ラ米》(1) 巻き狩. (2) 低湿地. (3) (ｺﾛﾝﾋﾞ) 《植》サツマイモ.
Cha·co [tʃá.ko] 固名 **1** チャコ，グラン・チャコ El Gran ～：ボリビア・パラグアイ・アルゼンチンにわたる低湿地. **2** チャコ：アルゼンチン北部の州.
[chaco (←〔ｹﾁｭｱ〕*chacu*「巻き狩(をする場所)」) より派生]
cha·có [tʃa.kó] 男 シャコー帽：昔の軽騎兵の前立て付きの筒型軍帽.
cha·co·lí [tʃa.ko.lí] 男 チャコリー：スペイン País Vasco と Santander, およびチリのアルコール度の低い酸味のあるワイン.
cha·co·lín [tʃa.ko.lín] 男 《ラ米》(ﾎﾞﾘ) 《動》エビ.
cha·co·lo·te·ar [tʃa.ko.lo.te.ár] 自 (蹄鉄(ﾃｲ)などが) (緩いため)ガチャガチャ音を立てる.
cha·co·lo·te·o [tʃa.ko.lo.té.o] 男 ガタガタ[ガチャガチャ]という音.
cha·cón [tʃa.kón] 男 **1** トカゲの一種.
2 《ラ米》(ﾆｶ)先住民の長.
cha·co·na [tʃa.kó.na] 囡 《音楽》シャコンヌ：16-17世紀スペインの歌を伴うダンス(曲).
cha·co·ta [tʃa.kó.ta] 囡 **1** 笑い；冗談，からかい.
2 《ラ米》(ｳﾙｸﾞ)(ﾒ) 《話》パーティー.
tomarse [*echar*]... *a chacota* …を冗談として受けとめる.
cha·co·te·ar [tʃa.ko.te.ár] 自 からかう.
—～**se** 再 (*de*...) からかう (= burlarse).
cha·co·te·o [tʃa.ko.té.o] 男 からかい，嘲笑(ﾁｮｳｼｮｳ).
cha·co·te·rí·a [tʃa.ko.te.rí.a] 囡 《ラ米》(ﾒ) →chacota.
cha·co·te·ro, ra [tʃa.ko.té.ro, -.ra] 形 《話》ひょ

うきんな，おどけた．— 男 女 ひょうきん者，おどけ者．

cha·co·tón, to·na [tʃa.ko.tón, -.tó.na] 形 《ラ米》(ミラ) →chacotero.

cha·cra [tʃá.kra] 女 《ラ米》(ミラ)(キル)(ヘヒ)農園，畑；菜園．

cha·cua·co, ca [tʃa.kwá.ko, -.ka] 形 《ラ米》(話) (1) (ネキ)ぞんざいな，雑な．(2) (ヘヒ)粗野な，がさつな．— 男 《ラ米》(1) (ネキ)(キル)煙突；タバコの吸い殻；質の悪い葉巻．(2) (ヘヒ)溶鉱炉．

Chad [tʃád] 固名 チャド：アフリカ中央部の共和国；首都 N'Djamena．[←仏 *Tchad* (もとは湖の名)]

cha·dia·no, na [tʃa.djá.no, -.na] 形 チャドの，チャド人[語]の．— 男 女 チャド人，チャド語．

cha·dor [tʃa.dór] [アラビア] 男 《服飾》 チャドル：イスラム教徒(既婚)女性の伝統的な衣装，顔[目]を除いた全身をすっぽり覆う外衣．

cha·en [tʃá.en] 男 《ラ米》《史》(行政) 視察官：インディアス Indias で副王の命を受けて視察を行った役人．

cha·fa·do, da [tʃa.fá.ðo, -.ða] 形 (話) 1 当惑している，ぼうぜんとしている．Lo dejaste ～ con tu respuesta. 彼は君の返事にきょとんとしていた．2 ぐったりした，気持ちが落ち込んでいる．

cha·fal·di·ta [tʃa.fal.dí.ta] 女 (話) 軽い皮肉，からかい．

cha·fa·llar [tʃa.fa.jár ‖ -.ʝár] 他 (話) ぞんざいに修理する，雑な仕事をする．

cha·fa·llo [tʃa.fá.jo ‖ -.ʝo] 男 (話) 雑な修繕，やっつけ仕事．

cha·fa·llón, llo·na [tʃa.fa.jón, -.jó.na ‖ -.ʝón, -.ʝó.-] 形 (話) ぞんざいな，いいかげんな．— 男 女 いいかげんな人，ちゃらんぽらんな人．

cha·fa·lo·ní·a [tʃa.fa.lo.ní.a] 女 (不要となり鋳つぶされる) 金[銀]製品．

cha·fa·lo·te [tʃa.fa.ló.te] 男 《ラ米》(ミラ)(ヘヒ)(話) 粗野な，がさつな．— 男 《ラ米》(1) →chafarote．(2) (ヘヒ)重い馬．

cha·far [tʃa.fár] 他 1 押しつぶす，ぺしゃんこにする；くしゃくしゃにする (= aplastar)．2 (ミラ)台無しにする，ぶち壊す．La lluvia me *ha chafado* el plan. 雨で計画は台無しになった．3 (話) (人を) 唖然(ぁ)とさせる；打ちのめす．Este calor me *chafa*. この暑さには参る．4 《ラ米》(話) (1) (ヘヒ)あざ笑う，ばかにする．(2) (ミラ)解雇する，首にする．— ～·se 自 つぶれる；打ちのめされる．

cha·far·de·ro, ra [tʃa.far.dé.ro, -.ra] 形 うわさ[除口]好きな．— 男 女 うわさ[除口]好きな人．

cha·fa·riz [tʃa.fa.ríθ / -.rís] 男 (複 chafarices) (複数の噴出口を備えた)噴水；噴水上部の建造物．

cha·fa·ro·te [tʃa.fa.ró.te] 男 1 三日月刀の一種．2 (話) 幅が広く長い剣．3 粗野な人．

cha·fa·rri·na·da [tʃa.fa.ři.ná.ða] 女 →chafarrinón.

cha·fa·rri·nar [tʃa.fa.ři.nár] 他 汚す，汚くする；染みをつける．

cha·fa·rri·nón [tʃa.fa.ři.nón] 男 1 汚れ，染み；汚点．2 下手な絵，できの悪い絵．

cha·fe·ar [tʃa.fe.ár] 自 《ラ米》(キル) (1) 〈予定などが〉だめになる，中止になる．(2) 〈乗り物・機械が〉使い物にならなくなる．(3) 凋落(ちょ)する，(社会的な)力を失う．

cha·fi·re·te [tʃa.fi.ré.te] 男 《ラ米》(キル) (軽蔑) (荒い運転をする)タクシー・バスなどの運転手．

cha·fi·rra·zo [tʃa.fi.řá.θo / -.so] 男 《ラ米》(ヘヒ)ナイフ[マチェテ machete]での切りつけ．

cha·fi·rro [tʃa.fí.řo] 男 《ラ米》(ヘヒ)ナイフ，刃物；マチェテ machete.

cha·flán [tʃa.flán] 男 1 《建》角地の建物の(角を切り落として作った)正面．2 (面取りした)面．*hacer chaflán* 角をなす；面取りをする．la casa que hace ～ 角にある家．

cha·gra [tʃá.gra] 男 女 《ラ米》(ヘヒ)農民；田舎者．— 男 《ラ米》(1) →chaira 2．(2) (ヘヒ)(ミラ)小農園，農地．

cha·grén [tʃa.grén] / **cha·grín** [tʃa.grín] 男 (主に製本に用いる) シャグリーン，粒起革；モロッコ革．

cha·gua [tʃá.gwa] 女 《ラ米》(ミラ)徒党，一味；(農村の)互助会．

cha·gual [tʃa.gwál] 男 →chaguar².

cha·gua·la [tʃa.gwá.la] 女 《ラ米》(ヘヒ) (1) (複数で)(話)古靴．(2) 顔面の傷．

cha·guar¹ [tʃa.gwár] 86 他 《ラ米》(ミラ)(洗濯物などを)絞る；搾乳する．

cha·guar² [tʃa.gwár] / **chá·guar** [tʃá.gwar] 男 《ラ米》(1) (キル)《植》ブロメリアセラ：パイナップル科の植物．(2) (キル)(ヘヒ)麻繊維；(麻の)綱，ロープ．

cha·gua·ra·ma [tʃa.gwa.rá.ma] 女 《ラ米》(キル)(ヘヒ)《植》ダイオウヤシ．

cha·gua·ra·mo [tʃa.gwa.rá.mo] 男 《ラ米》(キル)(ヘヒ) →chaguarama．

cha·güe [tʃá.gwe] 男 《ラ米》(1) (キル)(ヘヒ)(湿地利用の)耕地．(2) (キル)沼地，湿地．

cha·huis·tle [tʃa.(g)wís.tle / -.(g)wíθ.-] / **cha·huiz·tle** [tʃa.(g)wíθ.tle / -.(g)wís.-] 男 《ラ米》(ヘヒ) (1) 《植》(トウモロコシなどの) うどん粉病，胴枯れ病，さび病．2 好ましくない人．

chai [tʃái] 男 《ラ米》(ミラ)(パナ)(ヘヒ)靴磨き．[←(英) *shine*]

chai·ra [tʃái.ra] 女 1 靴(底)革切りナイフ．2 (肉切り包丁の)研ぎ棒．3 (俗) ナイフ．

chai·rar [tʃai.rár] 他 《ラ米》(ヘヒ)研ぐ．

chair·man [tʃér.man] [英] 男 (複 ～, chairmen, ～s) (企業の)取締役会長．

chai·to [tʃái.to] 間投 《ラ米》(チ)(話) バイバイ，さよなら．

cha·já [tʃa.xá] 男 《ラ米》(1) (ヘヒ)(ミラ)《鳥》 サケビドリ．(2) (ヘヒ) クリームをつかったケーキの一種．

cha·jal [tʃa.xál] 男 《ラ米》(ヘヒ)家政婦，召使い．

cha·juán [tʃa.xwán] 男 《ラ米》(ヘヒ) (1) 蒸し暑さ．(2) 疲れ．

chal [tʃál] 男 ショール，肩掛け；おくるみ．

cha·la [tʃá.la] 女 《ラ米》(1) (ミラ)(ヘヒ)(話)お金．(2) (チ) (複数で)(粗末な)サンダル，草履(ぞ)；古靴．(3) (ネキ)トウモロコシの皮．(4) (ヘヒ)殻，もみ殻．(5) (ヘヒ)燃料用のトウモロコシの芯．

cha·la·do, da [tʃa.lá.ðo, -.ða] 形 (話) 1 頭がおかしい (= chiflado)．2 (**por**...…に) 恋している．Está ～ *por* la música de jazz. 彼はジャズに夢中だ．— 男 女 (話)頭のおかしい人．

cha·la·du·ra [tʃa.la.ðú.ra] 女 1 とっぴな考え[行動]．Le ha dado la ～ de dejarse crecer la barba. 彼は何を思ったか突然ひげを伸ばし始めた．2 夢中．

cha·la·la [tʃa.lá.la] 女 《ラ米》(キ)(革製の)草履，サンダル；古靴．

cha·lán, la·na [tʃa.lán, -.lá.na] 形 1 (馬などを)売買する．2 ずるい，口のうまい．— 男 女 1 馬商人．2 悪賢い人；抜けめのない商人．— 男 《ラ米》(1) (キル)(複数で)靴．(2) (話)見習い．(3) (ヘヒ)上手な騎手．

cha·la·na [tʃa.lá.na] 女《海》平底船, はしけ.
cha·la·ne·ar [tʃa.la.ne.ár] 他 **1**《話》抜けめなく商売する. Logró comprarlo a poco precio, después de mucho ～. 彼[彼女]は値切りに値切ってそれを安く手に入れた. **2**《ラ米》《馬を》調教する. (2)《タ米》《話》からかう, ばかにする.
cha·la·ne·o [tʃa.la.né.o] 男 **1** 抜けめない取引, ずるい商売. **2**《ラ米》馬の調教.
cha·la·ne·rí·a [tʃa.la.ne.rí.a] 女《話》《軽蔑》(売買での)抜けめない手口；手練手管. Obtiene lo que quiere con zalemas y ～. 彼[彼女]は欲しいものをお追従と抜けめなさで手に入れる.
cha·la·nes·co, ca [tʃa.la.nés.ko, -.ka] 形 抜けめない, ずるい, 悪賢い, 狡猾(ミス)な.
cha·lar [tʃa.lár] 他《話》気を狂わせる, 夢中にさせる. **～ se** 再 (**con... / por...** …に)《話》夢中になる. Elisa *se ha chalado con* el actor. エリサはその俳優に恋をした.
cha·la·za [tʃa.lá.θa / -.sa] 女《動》卵帯, カラザ.
chal·cha [tʃál.tʃa] 女《ラ米》《キ》二重あご.
chal·chal [tʃal.tʃál] 男《ラ米》《アルゼンチン》《ウルグアイ》《植》アロフィルス：ムクロジ科.
chal·cha·le·ro [tʃal.tʃa.lé.ro] 男《ラ米》《アルゼンチン》《鳥》ツグミ(属の総称)：特にキバラツグミ, ナンベイコマツグミを指す.
chal·cha·zo [tʃal.tʃá.θo / -.so] 男《ラ米》《アルゼンチン》《話》平手打ち, びんた.
chal·chi·hui·te [tʃal.tʃi.(g)wí.te] 男 **1** アステカ・近隣詳部族に珍重された, 緑色に輝く翡翠(ミ゙)に似た石. **2**《ラ米》《メキ》《話》安物, つまらない物.
chal·chu·do, da [tʃal.tʃú.ðo, -.ða] 形《ラ米》《キ》 (1)《話》二重あごの. (2)《話》頬が出た, 頬が大きい.
cha·le [tʃá.le] 男 女《ラ米》《メキ》《俗》中国人.
cha·lé [tʃa.lé] 男 (庭付きの)一戸建ての家. ～ adosado テラスハウス.
cha·le·ca [tʃa.lé.ka] 女《ラ米》《キ》《服飾》カーディガン.
*__cha·le·co__ [tʃa.lé.ko] 男《服飾》ベスト, チョッキ. ～ antibalas 防弾チョッキ. ～ de punto ニットのベスト. ～ salvavidas 救命胴衣. ～ de fuerza《ラ米》(囚人などに着せる)拘束服.
*__a chaleco__《ラ米》《メキ》《話》強制的に, 力ずくで.
[← [古スペイン]*jaleco*← [アラビア]*jalīkah*「囚人服」← [トルコ]*yelek*「ベスト」]
cha·le·cón, co·na [tʃa.le.kón, -.kó.na] 男 女《ラ米》《メキ》《話》人をだます人；厚かましい人.
cha·le·que·ar [tʃa.le.ke.ár] 他《ラ米》《話》 (1)《アルゼンチン》《人の》話を中断させる. (2)《ウルグアイ》あざ笑う, ばかにする. (3)《アルゼンチン》《ウルグアイ》《メキ》だまし取る, くすねる.
— 自《ラ米》《話》馬を止める.
cha·let [tʃa.lé(t)] [仏] 男 [複 ～s] → chalé.
cha·li·na [tʃa.lí.na] 女《ラ米》《服飾》 (1) (小型の)ショール. (2)《アルゼンチン》ネクタイ.
chal·leng·er [tʃál.leɲ.jer] [英] 男 [複 ～s] 《スポ》 (主にボクシングの)挑戦者.
cha·lón [tʃa.lón] 男《ラ米》《服飾》ショール, 肩掛け.
cha·lo·na [tʃa.ló.na] 女《ラ米》《アルゼンチン》《ウルグアイ》《ペルー》(羊などの)干し肉.
cha·lo·ta [tʃa.ló.ta] 女 → chalote.
cha·lo·te [tʃa.ló.te] 男《植》シャロット, エシャロット (= ajo).
cha·lun·go, ga [tʃa.lúŋ.go, -.ga] 形《ラ米》《コロンビア》《話》動きが鈍い；病弱な.
cha·lu·pa [tʃa.lú.pa] 女《ラ米》 (1)《タグ》《コロンビア》《メキ》カヌー, 丸木舟. (2)《メキ》トルティージャ tortilla に肉・サラダなどをのせたもの. (3)《キ》《複数で》《話》古靴. (4)《キ》《話》長いボート.
__estar chalupa__《話》気が変である.
cha·ma·co, ca [tʃa.má.ko, -.ka] 男 女《ラ米》《メキ》《話》子供；少年, 少女；若者, 娘.
cha·ma·da [tʃa.má.ða] 女 → chámara.
cha·ma·go·so, sa [tʃa.ma.gó.so, -.sa] 形《ラ米》《話》あか染みた, 汚らしい；低俗な, 卑俗な.
cha·mal [tʃa.mál] 男《服飾》チャマル：南米南部の先住民, 特にマプーチェ人 mapuche が衣服として用いた布.
cha·ma·mé [tʃa.ma.mé] 男《ラ米》《音楽》チャマメー：アルゼンチン北部・パラグアイの民族音楽・舞踊. 三拍子系でポルカの影響があるとされる.
cha·mán [tʃa.mán] 男 シャーマン；(霊と交信したり予言・治療を行う)呪術師.
cha·ma·nis·mo [tʃa.ma.nís.mo] 男 シャーマニズム.
cha·man·to [tʃa.mán.to] 男《ラ米》《チリ》農民の厚地のポンチョ.
cha·ma·qui·to, ta [tʃa.ma.kí.to, -.ta] 男 女《ラ米》《メキ》《話》子供, 少年, 少女.
chá·ma·ra [tʃá.ma.ra] / **cha·ma·ras·ca** [tʃa.ma.rás.ka] 女 **1** 柴山, 薪(ﾏｷ). **2** (柴の)火, 炎.
cha·ma·ri·le·ar [tʃa.ma.ri.le.ár] 他〈古物・中古品を〉売買する.
cha·ma·ri·le·o [tʃa.ma.ri.lé.o] 男 古物[中古品]売買.
cha·ma·ri·le·rí·a [tʃa.ma.ri.le.rí.a] 女 骨董(ﾄｳ)屋, 古物商店；がらくた屋.
cha·ma·ri·le·ro, ra [tʃa.ma.ri.lé.ro, -.ra] 男 女 古物商, 古物ブローカー. un mercadillo de anticuarios y ～s 骨董(ﾄｳ)品と古物の小さな市.
cha·ma·ri·llón, llo·na [tʃa.ma.ri.jón, -.jó.na ‖ -.ʎón, -.ʎó.-] 形 トランプの下手な.
— 男 女 トランプの下手な人.
cha·ma·riz [tʃa.ma.ríθ / -.rís] 男 [複 chamarices] 《鳥》マヒワ.
cha·ma·rón [tʃa.ma.rón] 男《鳥》エナガ.
cha·ma·rra [tʃa.má.řa] 女 **1**《服飾》毛皮のジャケット[ベスト]. **2**《ラ米》(1)《メキ》《話》いんちき, ぺてん. (2)《ウルグアイ》《チリ》ジャンパー. (3)《ホンジュラス》毛布.
cha·ma·rre·ar [tʃa.ma.ře.ár] 他《ラ米》《メキ》《話》だます, ぺてんにかける.
cha·ma·rre·ro [tʃa.ma.ře.ro] 男《ラ米》《メキ》《話》偽(ﾆｾ)医者, もぐりの[いんちき]医者.
cha·ma·rre·ta [tʃa.ma.ře.ta] 女 (腰までの)ゆったりとした上着.
cha·ma·rro [tʃa.má.řo] 男《ラ米》(1)《ホンジュラス》毛皮のジャケット[ベスト]. (2)《メキ》《キ》《ホンジュラス》サラーペ, (毛織物の)肩衣. (3)《メキ》乗馬ズボン.
cham·bear [tʃam.be.ár] 他《ラ米》《メキ》交換する, 取引する. — 自《ラ米》《メキ》仕事に就く, 働く.
cham·be·lán [tʃam.be.lán] 男 (宮廷の)侍従；式部官.
cham·be·lo·na [tʃam.be.ló.na] 女《ラ米》《キ》棒つきキャンディー.
cham·ber·go, ga [tʃam.bér.go, -.ga] 形《スペイ

ン国王 Carlos 2 世治下の)近衛隊の.
— 男 **1** (近衛隊が用いた)つば広帽子(= sombrero ～). **2** つばのある帽子. **3** 七分丈のコート. **4** (18世紀のスペイン) Cataluña の銀貨. **5** 《ラ米》《キキ》【鳥】ボボリンク:ムクドリモドキ科の鳴鳥.

cham·be·rí [tʃam.be.ɾí] 男 《ラ米》《ベネ》《話》見せびらかす人.

cham·biar [tʃam.bjáɾ] 82 固 《ラ米》《コロ゛》《話》働く.

cham·bi·lla [tʃam.bí.ja ‖ -.ʎa] 女【建】(上部に鉄柵(ŧ)をつけた)石囲い.

cham·bón, bo·na [tʃam.bón, -.bó.na] 形 《話》**1** 運のいい. **2** 不器用な. **3** 《ラ米》《コロ゛》いいかげんな仕事をする. — 男 《ラ米》《ｱﾙｾﾞﾝﾁﾝ》大きな靴.

cham·bo·na·da [tʃam.bo.ná.ða] 女 《話》**1** 失敗, へま, とちり. **2** まぐれ, 幸運.

cham·bo·ne·ar [tʃam.bo.ne.áɾ] 固 《ラ米》《話》まぐれ当たりをする; へまをやる.

cham·bo·ro·te [tʃam.bo.ɾó.te] 形 《ラ米》《ｴｸｱﾄﾞﾙ》《話》でか鼻の, 鼻の大きい.

cham·bra [tʃám.bɾa] 女 **1**【服飾】オーバー[シャツ]ブラウス. **2** ゆったりとした女性[子供]用肌着. **3** 《ラ米》(1)《ﾎﾝｼﾞｭﾗｽ》《話》お祭り騒ぎ. (2)《ｴﾙｻﾙﾊﾞﾄﾞﾙ》刃の広いマチェテ machete.

cham·bra·na [tʃam.bɾá.na] 女 **1**【建】(戸・窓などを飾る木・石の)縁枠, フレーム. **2** (テーブル・いすなどの補強用の)横木. **3** 《ラ米》《コロ゛》《ｴﾙｻﾙﾊﾞﾄﾞﾙ》《話》騒がしさ; 騒ぎ声; 大騒ぎ, けんか.

cham·bur·go [tʃam.búɾ.ɣo] 男 《ラ米》《コロ゛》淀(ょ)み.

cham·bu·ro [tʃam.bú.ɾo] / **cham·bu·rú** [tʃam.bu.ɾú] 男【植】パパイヤの雌株.

cha·me·li·cos [tʃa.me.lí.kos] 男 [複数形]《ラ米》(1)《ｺｽﾀﾘｶ》《話》がらくた; 古着. (2)《ｴｸｱﾄﾞﾙ》《話》けばけばしい飾り.

cha·me·lo [tʃa.mé.lo] 男【遊】ドミノの遊び方の一つ.

cha·me·lo·te [tʃa.me.ló.te] 男 キャムレット: ラクダ毛の織物, そのイミテーション.

cha·mi·ce·ra [tʃa.mi.θé.ɾa / -.sé.-] 女 山火事の焼け跡.

cha·mi·co [tʃa.mí.ko] 男【植】《ラ米》シロバナヨウシュチョウセンアサガオ.
dar chamico a...《ラ米》《ｱﾙｾﾞﾝﾁﾝ》《ｳﾙｸﾞｱｲ》…に魔法[呪い]をかける.

cha·mi·za [tʃa.mí.θa / -.sa] 女 **1**【植】カヤ. **2** 薪(ŧŧ).

cha·mi·zo [tʃa.mí.θo / -.so] 男 **1** カヤぶきの小屋. **2** 粗末な家, あばら屋 (= casucha).

cha·mo, ma [tʃá.mo, -.ma] 男 女 《ラ米》《ﾍﾞﾈｽﾞｴﾗ》《話》若者, 青年.

cha·mo·rro, rra [tʃa.mó.ro, -.ra] 形 **1** 丸刈りの. **2**【植】芒(º)のない. trigo ～ ボウズムギ. **3** (太平洋のマリアナ諸島の住民の). — 女【体】丸刈り頭の人. — 男《話》丸刈り頭. — 男 《ラ米》《ｸﾞｱﾃﾏﾗ》ふくらはぎ.

cham·pa[1] [tʃám.pa] 女 《ラ米》《ｷ》(移植用の)芝, 切り芝; 絡まり合った根, (植え替えで)根につけておく土.

cham·pa[2] [tʃám.pa] 男 《ラ米》《ｸﾞｱﾃﾏﾗ》《ｺｽﾀﾘｶ》掘っ建て小屋.

***cham·pán**[1] [tʃam.pán] 男 **シャンパン**, シャンパン色. — 形 シャンパン色の (= color ～).

cham·pán[2] [tʃam.pán] 男 サンパン: 中国, 東南アジアの木造平底船. [← [マレー]*sampan*←[中]「三板」(*san-pan*) または「舢板」(*shan-pan*)]

cham·pa·ña [tʃam.pá.ɲa] 男 シャンパン.

[← [仏]*champagne*; *Champagne* (その産地名)より派生]

cham·pa·ña·zo [tʃam.pa.ɲá.θo / -.so] 男 《ラ米》《ｱﾙｾﾞﾝﾁﾝ》《ｷ》シャンパンパーティー; シャンパンによる乾杯.

cham·par [tʃam.páɾ] 他 《話》**1** ずけずけ言う. **2** 恩着せがましく言う.

***cham·pi·ñón** [tʃam.pi.ɲón] 男 **1**【菌類】マッシュルーム. **2** 《話》《ユーモラスに》背の低い小柄な人. [← [仏]*champignon*]

cham·pión [tʃam.pjón] 男 《ラ米》《ｱﾙｾﾞﾝﾁﾝ》《ｳﾙｸﾞｱｲ》運動靴, スニーカー.

cham·po·la [tʃam.pó.la] 女 《ラ米》《ｷｭｰﾊﾞ》グアダバナのジュース.

***cham·pú** [tʃam.pú] 男 [複 ～es, ～s] **シャンプー**. [← [英]*shampoo*]

cham·pu·do, da [tʃam.pú.ðo, -.ða] 形 《ラ米》《ﾒｷｼｺ》髪の乱れた, もじゃもじゃ頭の.

cham·pu·rra·do [tʃam.pu.rá.ðo] 男 《ラ米》(1)《ｽﾍﾟｲﾝ》《話》ごたまぜ. (2)《ﾒｷｼｺ》チョコレートとトウモロコシ粉を混ぜた飲み物.

cham·pu·rrar [tʃam.pu.ráɾ] 他 (酒を)混ぜ合わせる, カクテルにする.

cham·pu·rre·a·do [tʃam.pu.re.á.ðo] 男 《ラ米》(1)《ﾒｷｼｺ》《話》急ごしらえ[あり合わせ]の料理; 急造品; 不出来なもの. (2) 混ぜ合わせた酒.

cham·pu·rre·ar [tʃam.pu.re.áɾ] 他 《ラ米》《ﾒｷｼｺ》(外国語を)たどたどしく[片言で]話す.

cham·pu·rria·do [tʃam.pu.rjá.ðo] 男 《ラ米》《ｷ》《話》ごたまぜ.

cham·pús [tʃam.pús] 男 《ラ米》《ｱﾙｾﾞﾝﾁﾝ》トウモロコシ・レモンの葉・砂糖などを入れた飲み物.

cha·mu·chi·na [tʃa.mu.tʃí.na] 女 《ラ米》(1)《ﾒｷｼｺ》《話》くだらないこと, ばかげたこと. (2) 庶民, 群衆; 俗物; 子供たち. (3) けんか騒ぎ.

cha·mu·co [tʃa.mú.ko] 男 《ラ米》《ｷ》《話》悪魔.

cha·mu·llar [tʃa.mu.jáɾ ‖ -.ʎáɾ] 他 **1** 《話》《軽蔑》(ユーモラスに)片言で話す. Yo *chamullo* el inglés. 私は英語は片言しか話せません. **2** 《ラ米》《ｱﾙｾﾞﾝﾁﾝ》《話》説きつける, くどくど説得する.

cha·mu·lle·ar [tʃa.mu.je.áɾ ‖ -.ʎe.-] 固 《ラ米》《話》いいかげんな話をする, でっち上げる.

cha·mu·llo [tʃa.mú.jo ‖ -.ʎo] 男 《ラ米》《ｷ》《話》いいかげんな話.

cha·mus·ca·do, da [tʃa.mus.ká.ðo, -.ða] 形 **1** 焼け焦げた. **2** 《話》(思想などに)かぶれた, 染まった.

cha·mus·car [tʃa.mus.káɾ] 102 他 **1** 焦がす, 焦げ目をつける, 焙(ᵃ)る. La llamarada me *chamuscó* el guante. 燃え上がった炎が私の手袋を焦がした. → asar [類語].
2 《ラ米》《ﾒｷｼｺ》安売りする.
— ～**se** 再 **1**〈体毛などを〉焦がす. Me he *chamuscado* el pelo. 私は髪の毛を焦がした. **2** 《ラ米》《ｴﾙｻﾙﾊﾞﾄﾞﾙ》《話》いきり立つ, 怒る.

cha·mus·co [tʃa.mús.ko] 男 → chamusquina 1.

cha·mus·qui·na [tʃa.mus.kí.na] 女 **1** 焦がすこと; 焼け焦げること, 焦げ跡. **2** 《話》けんか, 口論. **3** 《ラ米》《ｸﾞｱﾃﾏﾗ》《ｴｸｱﾄﾞﾙ》《話》《集合的》子供.
oler a chamusquina《話》よくないことが起きそうである, きな臭いにおいがする. Esto *huele a* ～. これは臭い, 何かあるぞ.

cha·na·da [tʃa.ná.ða] 女 《話》だまし, ぺてん; からかい (= chasco).

chan·ca [tʃáŋ.ka] 女 **1** → chancla. **2** 《ラ米》(1)《ｷ》《ﾍﾞﾈｽﾞｴﾗ》《俗》殴打, なぐりつけ. (2)《ｱﾙｾﾞﾝﾁﾝ》《ﾁﾘ》粉砕.

chan·ca·ca [tʃaŋ.ká.ka] 女 《ラ米》(1)《ｱﾙｾﾞﾝﾁﾝ》

(㌍)シロップケーキ. (2) 蜜(㌭)の塊. (㌫㌻)粗糖蜜. (3) (㌔㌻)潰瘍(㌧㌦), ただれ. (4) (㍗米)糖蜜入りのトウモロコシ[小麦]粉のケーキ. (5) (㌻)たやすい事.

chan·ca·co, ca [tʃaŋ.ká.ko, -.ka] 男 女 《ラ米》《㌻》金髪の人, ブロンドの人.

chan·ca·do·ra [tʃaŋ.ka.ðó.ra] 《ラ米》砕鉱機.

chan·car [tʃaŋ.kár] 他 《ラ米》(1) (㌻) (粉を)ひく. (2) (㌔㌻) 《㌻》いい加減にやる. (3) (㌔㌻)(㍗米) (㌻)(㌻㌫)砕く; 殴りつける.

chance [tʃán.θe / -.se] 〖英〗 《㌻》好機; 機会. aprovechar el ~ チャンスを生かす.

chan·ce·ar [tʃan.θe.ár / -.se.-] 自 冗談を言う, ふざける. ━ ~·se 再 《de… …と》. *Se chanceaban de* él a causa de su torpeza. 彼らは彼ののろまさをからかったものだ.

chan·ce·ro, ra [tʃan.θé.ro, -.ra / -.sé.-] 形 冗談好きの, ふざけた, おどけた.

chan·cha [tʃáɲ.tʃa] 女 → chancho.

chan·cha·da [tʃaɲ.tʃá.ða] 女 《ラ米》(㌔㌻)(㌻)(㌻) 汚い手, ずる.

chán·cha·rras mán·cha·rras [tʃáɲ.tʃa.r̄as máɲ.tʃa.r̄as] 女 (複数形)《㌻》回りくどい表現. *No andemos en* ~. 回りくどい言い方はやめようじゃないか.

chan·cha·rre·ta [tʃaɲ.tʃa.r̄é.ta] 女 《ラ米》(㌔㌻)《㌻》古靴.

chan·che·rí·a [tʃaɲ.tʃe.rí.a] 女 《ラ米》《㍗米》豚肉店.

chan·che·ro, ra [tʃaɲ.tʃé.ro, -.ra] 形 《ラ米》(㌔㌻)汚らしい. ━ 男 女 《ラ米》《㍗米》養豚業者; 豚肉店主.

chan·chi [tʃáɲ.tʃi] 形 《㌻》すばらしい, すごい (= chachi). El málaga es un vino ~. マラガは実にうまいワインだ. ► 副詞的にも使われる. ► El plan nos ha salido ~. 私たちの計画は大成功でした.

chan·cho, cha [tʃáɲ.tʃo, -.tʃa] 形 《ラ米》(㌔㌻)(㌻)(㌻㌻)《㌻》不潔な, 汚れた. ━ 男 女 《ラ米》(㌔㌻)(㌻)(㌻㌻)《㌻》(1) 《動》ブタ. (2) 不潔な人, 薄汚い人. ━ 男 《ラ米》(1) 《遊》(チェス)ブロックされた駒. (2) (㌻)砕鉱機. (3) 《ラ米》(㌻)《㌻》ずる休み. (3) (㌻)(㌔㌻) 口. (3) (㌻)小さな荷車; 自転車. (4) (㌫)《㌻》募金.

caerle chancho (*a+人*) 《ラ米》《㌻》(人)に気に入らない.

hacer la chancha 《ラ米》(㌔㌻) (㌻) 《㌻》学校をサボる.

irse al chancho 《ラ米》(㌻)《㌻》大げさに言う.

ser como chanchos 《ラ米》(㌻)《㌻》(複数の人が)親密である.

chan·chu·lle·ro, ra [tʃan.tʃu.jé.ro, -.ra ‖ -.ʎe.-] 形 《㌻》不正行為をする; こすい.

chan·chu·llo [tʃan.tʃú.jo ‖ -.ʎo] 男 《㌻》不正行為, 汚職. *andar en* ~*s* 裏でこそこそする, ぐるになっている.

chan·chu·yo [tʃan.tʃú.jo] 男 《ラ米》《㌻》→ chanchullo.

chan·ci·ller [tʃan.θi.jér ‖ -.ʎér / -.si.-] 男 → canciller.

chan·ci·lle·rí·a [tʃan.θi.je.rí.a ‖ -.ʎe.- / -.si.-] 女 1 《史》大審院, 高等法院; 昔の最高裁判所. 2 《古語》→ cancillería.

chan·cla [tʃáŋ.kla] 女 1 つっかけ; スリッパ; ビーチサンダル. en ~*s* サンダル履きで; かかとをつぶして. 2 役立たず; がらくた. 3 かかとのすり減った靴.

chan·cle·o [tʃaŋ.klé.o] 男 《ラ米》(㌻)《㌻》パーティー.

chan·cle·ta [tʃaŋ.klé.ta] 女 1 つっかけ, スリッパ, サンダル. 2 《ラ米》(1) (㌻)(㌻㌻)《㌻》(女の)赤ちゃん. (2) (㌻㌻)《車》アクセル(ペダル). (3) (㌻)古靴.

chan·cle·te·ar [tʃaŋ.kle.te.ár] 自 《ラ米》(㌔㌻)(㌻)(㌻㌻)パタパタと音を立てて歩く. ► チリでは《軽蔑》. *Oímos* ~ *a la mujer de la limpieza*. 掃除の女性がパタパタと音をたてて歩くのが聞こえる. (2) つっかけやスリッパなどで歩く.

chan·cle·te·o [tʃaŋ.kle.té.o] 男 パタパタ歩く音, つっかけで歩くこと.

chan·cle·te·ro, ra [tʃaŋ.kle.té.ro, -.ra] 形 《ラ米》(㌻)(㌻)(㌻)《㌻》下層の, 卑しい.

chan·cle·tu·do, da [tʃaŋ.kle.tú.ðo, -.ða] 形 《ラ米》(㌻㌻)(㌻)(㌻㌻) → chancletero.

chan·clo [tʃáŋ.klo] 男 1 (泥地で農民が用いる)厚底の木靴. 2 (雨水よけ・泥よけの)オーバーシューズ.

chan·cro [tʃáŋ.kro] 男 《医》下疳(㌻); 性病性の潰瘍(㌻㌻)の総称.

chan·croi·de [tʃaŋ.krói.ðe] 男 《医》軟性下疳(㌻).

chan·cua·co [tʃaŋ.kwá.ko] 男 《ラ米》葉巻.

chan·cu·co [tʃaŋ.kú.ko] 男 《ラ米》(㌻)アルコール・タバコの密輸.

chan·cu·que·ar [tʃaŋ.ku.ke.ár] 自 《ラ米》(㌻)《㌻》アルコール・タバコを密輸する.

chan·da [tʃán.da] 女 《ラ米》(㌻)《㌻》ひどいこと.

chan·dal [tʃan.dál] / **chán·dal** [tʃán.dal] 男 [複 ~es, ~s] 《服飾》ジャージー(上下).

cha·ne [tʃá.ne] 男 《ラ米》(㌻㌻)土地に詳しい人.

cha·ne·que [tʃa.né.ke] 男 《ラ米》(1) (㌻㌻)土地に詳しい人. (2) (㌻㌻)《㌻》愉快な人.

chan·fai·na [tʃaɱ.fái.na] 女 1 臓物の煮込み. 2 揚げ物. 3 (㌻) (㌻) (コネによって得た)楽な仕事; (㌻) うまい仕事. (2) (㌻㌻)(㌻㌻) 《㌻》もつれ, ごたごた. (3) (㌔㌻) 《動物の肺の肉料理.

chan·fle [tʃáɱ.fle] 男 《ラ米》(1)(㌻)(面取りした)面, 斜面. (2) 《俗》警官, 巡査, お巡り. (3) (㌻)(㌻)《㌻》斜めからの殴打.

chan·flón, flo·na [tʃaɱ.flón, -.fló.na] 形 〈硬貨が〉偽造の; 〈人が〉価値のない.

chan·ga [tʃáŋ.ga] 女 《ラ米》(1) (㌻)(㌻㌻)チップ, 心付け; 臨時の仕事, 雑役. (2) (㌻) 《㌻》《軽蔑》黒人. (3) (㌻) 《㌻》冗談, ふざけ.

chan·ga·dor, do·ra [tʃaŋ.ga.ðór, -.ðó.ra] 男 女 《ラ米》(1) (㌻)(㌻㌻)荷物運びの(人), ポーター. (2) (㌔㌻)アルバイター, 一時的な仕事をする人.

chan·gan·go, ga [tʃaŋ.gáŋ.go, -.ga] 形 《ラ米》(㌻㌻)《㌻》そんざいな; 雑な. ━ 男 《ラ米》(㌻㌻)《音楽》(古い)ギター; チャランゴ charango; にぎやかな会合.

chan·gar [tʃaŋ.gár] 他 《㌻》壊す, だめにする. ━ 自 《ラ米》1 (㌻)(㌻㌻)《㌻》その日暮らしの仕事をする. 2 (㌻㌻)《㌻》(仕事として)荷物運びをする; (実入りの悪い)臨時の仕事「アルバイト」をする. ━ ~·se 再 《㌻》壊れる, だめになる.

chan·ga·rro [tʃaŋ.gá.r̄o] 男 《ラ米》(㌻㌻) (1) 小さな店. (2) 食料品店.

chan·gle [tʃáŋ.gle] 形 《ラ米》(㌻㌻) 《㌻》役に立たない.

chan·go, ga [tʃáŋ.go, -.ga] 形 《ラ米》《㌻》(1) (㌻)《軽蔑》うるさい. (2) (㌻㌻)(㌻㌻)ばかな, 愚かな. (3) (㌻㌻)ふざける, 冗談好きな. (4) (㌻㌻)機敏な; 用心深い. ━ 男 《ラ米》(1) (㌻㌻)(㌻㌻)(一般に)小さなサル. (2)

changuear 420

《タリ》《パラグ》《チリ》【動】クモザルの一種. (3)《アルゼ》《ウルグ》《話》ばか,愚か者. (4)《アルゼ》《話》冗談好きな人. (5)《ウルグ》《話》機敏な人;用心深い人. (6)《アルゼ》《ボリ》《話》子供;若者;《ホン》召使いの少年.
estar chango 《ラ米》《タリ》《話》山ほどある;大勢いる.

chan·gue·ar [tʃaŋ.ɡe.ár] 他《ラ米》《話》…の真似をする.
— 自《ラ米》《タリ》《ヱデリ》《話》冗談を言う,ふざける.

chan·gue·rí·a [tʃaŋ.ɡe.rí.a] 女《ラ米》《話》《古》冗談.

chan·guí [tʃaŋ.ɡí] / **chan·güí** [tʃaŋ.ɡwí] 男《複 ~es》《ラ米》(1)《話》だまし. (2)《キュ》ダンスのスタイルの一つ.

chan·gui·to, ta [tʃaŋ.ɡíto, -.ta] 男 女 chango+縮小辞.
hacer [poner] changuitos 《ラ米》《話》願いが叶うよう二本の指を組みあわせる.

chan·gu·rro [tʃaŋ.ɡú.ro] 男【料】チャングーロ:カニの身を甲羅につめてオーブンで焼いたバスク料理.

chan·que·te [tʃaŋ.ké.te] 男【魚】シラス.

chan·sa [tʃán.sa] 女 agarrar ~《ラ米》《*中米*》《話》チャンスをつかむ.

chan·ta [tʃán.ta] 女《ラ米》《ウルグ》《話》空威張り屋.

chan·ta·da [tʃan.tá.ða] 女《ラ米》《アルゼ》《俗》ばかげたこと.

chan·ta·je [tʃan.tá.xe] 男 恐喝,ゆすり;脅しによる圧力. hacer ~ a+人《人》を恐喝する,ゆする.

chan·ta·je·ar [tʃan.ta.xe.ár] 他 恐喝する,ゆする.

chan·ta·jis·ta [tʃan.ta.xís.ta] 男 女 恐喝者,ゆすり.

chan·tar [tʃan.tár] 他 1《似合わない服を》着せる,かぶせる. 2《地面に》打ち込む. 3《話》《ぶしつけなことを》ずけずけ言う. 4《ラ米》他《ゎ》を殴る. 5《中米》(1)《キ》《ゴル》《アルゼ》《げんこつを》食らわす;投げつける;《人を》ほうり出す,ぶち込む;《人に》待ちぼうけを食わせる,《アルゼ》《話》《恋人を》捨てる. (3)《アルゼ》《話》だます,一杯食わす. 5《中米》《キ》急に止める.

chan·te [tʃán.te] 男《ラ米》《メヒ》《話》家,家庭.

chan·ti·llí / chan·til·ly [tʃan.ti.jí‖-.ʎí] 男 1【料】泡立てた生クリーム・卵白. 2 ボビンレース.

chan·toung [tʃan.tún‖-.tún] 男《ラ米》《話》→ shantung.

chan·tre [tʃán.tre] 男【カト】聖歌隊の先唱者[指揮者].

chan·tún, tu·na [tʃan.tún, -.tú.na] 男 女《ラ米》《ウルグ》《話》空威張り屋.

chan·za [tʃán.θa / -.sa] 女《主に複数で》冗談(=broma). gastar ~s からかう. de ~ 冗談で,からかって. entre ~s y veras 冗談半分で.

chan·zo·ne·ta [tʃan.θo.né.ta / -.so.-] 女 1《話》冗談. 2【カト】昔クリスマスなどの行事で歌われた曲.

cha·ña·ca [tʃa.ɲá.ka] 女《ラ米》《チリ》疥癬(か), 皮癬.

cha·ñar [tʃa.ɲár] 男《ラ米》《*南米*》【植】ゴウリエア;マメ科.

¡chao! [tʃá.o] 間投《話》さよなら,じゃあまた.

cha·pa [tʃá.pa] 女 1《金属・木などの硬い》薄板. ~ de acero 鋼鉄板. ~ ondulada [acanalada] なこ板. 2【車】ボディー. 3《瓶の》口金. 4 バッジ. una ~ de identificación de la policía 警察記章. 5《主に複数で》ほおの赤み. 6《複数で》子供が金を使った子供の遊び. 7《ラ米》(1)《医師・弁護士などの》鑑札. (2)《コキ》《話》冗談. (3)《アルゼ》《*中米*》錠,錠前. (4)《タリ》豚肉. (5)《ラ米》瓶の蓋,キャップ.
— 男《ラ米》《エクア》《俗》警官,巡査,お巡り.

chapa de matrícula [patente]《ラ米》【車】ナンバープレート.
estar sin chapa / no tener ni chapa《話》文無しである;何もわからない.
no pegar [dar] ni chapa《話》ぶらぶらしている,働かない.

cha·pa·ca·ca [tʃa.pa.ká.ka] 女《ラ米》《ヱクア》《俗》汚職をする人.

cha·pa·do, da [tʃa.pá.ðo, -.ða] 形 上張りされた,めっきした. reloj ~ en oro 金張りの時計.
— 女《ラ米》監視塔;見晴らし台.
chapado a la antigua《考え・習慣が》古風な,古めかしい.

cha·pa·le·ar [tʃa.pa.le.ár] 自 1 バチャバチャ[チャプチャプ]音を立てる(=chapotear).
2《蹄鉄(ていてつ)》などが《緩んで》カタカタ鳴る.

cha·pa·le·le [tʃa.pa.le.lé] 男《ラ米》《チ》【料】すりおろしたジャガイモと小麦粉を混ぜて作った平たいパン.

cha·pa·le·o [tʃa.pa.lé.o] 男 1 バチャバチャ[チャプチャプ]音を立てること.
2《蹄鉄(ていてつ)》などがカタカタ鳴ること.

cha·pa·le·ta [tʃa.pa.lé.ta] 女《ラ米》【機】《ポンプの一方向のみに開閉する》フラップ弁.

cha·pa·le·te·o [tʃa.pa.le.té.o] 男 1《岸を洗う》波の音. 2 雨の音.

cha·pa·po·te [tʃa.pa.pó.te] 男 1 タール.
2《ラ米》《タリ》《中米》メキシコ・カリブ海地域で産出される天然アスファルト.

cha·par [tʃa.pár] 他 1 《con... / de... …で》上張りをする;めっきする. *Chaparon el casco del velero con fibra plástica.* 帆船の船体はプラスチックファイバーで覆われた.
2《ラ米》(1)《メヒ》《ヱデリ》《話》見張る;待ちぶせる. (2)《ラ米》《俗》愛撫(ぁ)する;触る. (3)《アルゼ》《俗》手に入れる. (4)《ヱデリ》追いつく;捕まえる.
— 自 1《話》一生懸命勉強する[働く]. *Hasta la madrugada chapé sin dormir.* 私は夜明けまで徹夜で猛勉強した. 2《キ》閉める.

cha·pa·rra [tʃa.pá.ra] 女 1【植】ケルメスナラ;ケルメスナラの林. 2 昔の箱馬車.

cha·pa·rra·da [tʃa.pa.rá.ða] 女 → chaparrón.

cha·pa·rral [tʃa.pa.rál] 男 カシノキの林.

cha·pa·rra·zo [tʃa.pa.rá.θo / -.so] 男《ラ米》《タリ》《中米》にわか雨,通り雨.

cha·pa·rre·ar [tʃa.pa.re.ár] 自《3人称単数・無主語で》雨が激しく降る.

cha·pa·rre·ras [tʃa.pa.ré.ras] 女《複数形》《ラ米》《ヱデリ》《服飾》《ズボンの上に着用する》革製の前ズボン.

cha·pa·rro, rra [tʃa.pá.ro, -.ra] 形 小太りの.
— 男《ラ米》《話》(1)《アルゼ》《*中米*》《メヒ》ちび. (2)《メヒ》子供. — 女《ラ米》(1)《ヱクア》《木の》茂み. (2)《ヱデリ》枝の鞭(ち).

cha·pa·rrón [tʃa.pa.rón] 男 1 にわか雨,通り雨,驟雨(しゅうう)(=chubasco). *Cayó un ~.* にわか雨が降った. *llover a ~* どしゃ降りになる. *llover a chaparrones* 降ったり止んだりする. *llover a chaparrones* 降ったり止んだりする.
2《話》厳しいこと,叱責(しっせき). *aguantar el ~* 厳しい追及を受け流す.
3《話》《比喩的》雨あられ,洪水;殺到. *un ~ de preguntas* 質問攻め.

cha·pa·rru·do, da [tʃa.pa.rú.ðo, -.ða] 形 → achaparrado.

cha·pa·ta [tʃa.pá.ta] 女【料】チャバッタ,チャパタ:平たくて身の部分が少ないパン.

cha·pe [tʃá.pe] 男 《ラ米》(1) (コロン)(キ)お下げ髪. (2) (グアテ)《話》キス, 接吻.

cha·pe·a·do, da [tʃa.pe.á.ðo, -.ða] 形 **1** 上張りした；金属板を張り付けた. una cadena *chapeada en oro* 金めっきの鎖. **2** 《ラ米》(キ)《話》金持ちの, 裕福な.

cha·pe·ar [tʃa.pe.ár] 他 **1** 上張りをする；金属板を張る, めっきする. **2** 《ラ米》(キ)(1)《土地の》雑草を刈る. (2)《話》《人の》首をはねる. ── 自 《ラ米》雑草を取り除く, 除草する.

cha·peau [tʃa.pó] 男 《仏》[閑変]《話》→ chapó.

cha·pe·la [tʃa.pé.la] 女 《服飾》(スペインのバスク特有の)ベレー帽：ひさし状の部分が広く平たい.

cha·pe·o [tʃa.pé.o] 男 《古語》帽子.

cha·pe·ra [tʃa.pé.ra] 女 《建》(建築現場などで階段がわりに使う, 斜めに置いた)渡し板, 登り桟橋.

cha·pe·rí·a [tʃa.pe.rí.a] 女 **1** 《技》化粧板張り；板金飾り. **2** 《ラ米》(キジ)《俗》警官隊；警察署.

cha·pe·ro [tʃa.pé.ro] 男 《俗》《軽蔑》男娼(ダンヨ)(特に本人がホモセクシュアルである場合に言う).

cha·pe·rón [tʃa.pe.rón] 男 **1** 《古語》とんがりずきん. **2** (樋に)渡した中庭の軒屋根. **3** 《ラ米》(キジ)《話》付き添い.

cha·pe·ta [tʃa.pé.ta] 女 **1** ほおの赤み. **2** 《ラ米》(キジ)(1)《複数で》イヤリング. (2) おむつ, おしめ.

cha·pe·te·ar [tʃa.pe.te.ár] 自《ラ米》(キジ)(1)《俗》セックスをする. (2)《話》赤面する.

cha·pe·tón, to·na [tʃa.pe.tón, -.tó.na] 形《ラ米》(1)(スペイン・ヨーロッパから)移住して来たばかりの；新入りの, 新米の；不慣れな. (2)(コロン)《話》酒に酔った. ── 男 **1** にわか雨, 通り雨 (= chaparrón). **2** 《ラ米》(キジ)馬具の銀飾り.
pasar el chapetón 《話》困難[苦境]を乗り越える.

cha·pe·to·na·da [tʃa.pe.to.ná.ða] 女 **1** 中南米に来たばかりのスペイン人[ヨーロッパ人]がかかる病気. **2** 《ラ米》(ボリ)未熟；へま, し損じ, 失敗.

cha·pín [tʃa.pín] 男 **1** 昔の女性が用いた皮張りされたコルク底の靴. **2** 《魚》ハコフグ：熱帯産.

cha·pín, pi·na [tʃa.pín, -.pí.na] 形 《ラ米》(キジ)(グアテ)《話》X脚の, 足が曲がった. ── 男 女 《ラ米》《話》(1)(コロン)(グアテ)X脚の人, 足が曲がった人. (2)(グアテ)グアテマラ市の出身者. (3)(中米)(グアテ)グアテマラ人.

cha·pi·na·da [tʃa.pi.ná.ða] 女 《ラ米》(中米)(グアテ)《話》グアテマラ人特有の行為.

cha·pi·nis·mo [tʃa.pi.nís.mo] 男 《ラ米》(中米)(グアテ)グアテマラ訛(なま)り, グアテマラ(市)特有の言い回し；グアテマラ(人)らしさ.

chá·pi·ro [tʃá.pi.ro] 男 帽子.
¡*Por vida del chápiro (verde)!*《話》ちぇっ, くそくらえ, ちくしょう.

cha·pis·ca [tʃa.pís.ka] 女 《ラ米》(中米)トウモロコシの収穫.

cha·pis·ta [tʃa.pís.ta] 男 女 板金工. *taller de* ～ 板金工場.

cha·pis·te·rí·a [tʃa.pis.te.rí.a] 女 板金加工(工場, 工業).

cha·pi·tel [tʃa.pi.tél] 男 《建》(1) 尖頂(スンチョウ), 尖塔. (2) 柱頭. **2** 羅針[羅牌磁針]の受け石.

cha·pli·nes·co, ca [tʃa.pli.nés.ko, -.ka] 形 《まれ》チャプリン風の, チャプリンの喜劇じみた.

cha·po, pa [tʃá.po, -.pa] 形 《ラ米》(キジ)《話》ずんぐりした, 小太りの.

cha·pó [tʃa.pó] 男 《遊》球台の中央に並べた5本のピンを球で倒すビリヤードに似たゲーム. *hacer* ～ (ピンを倒して)勝つ.
¡*Chapó!* 恐れ入りました, いや参った. ▶ 仏語 *chapeau*「帽子」から.

cha·po·dar [tʃa.po.ðár] 他 **1** 枝打ちする, 剪定(センテイ)する. **2** 切り詰める, 削減する.

cha·po·la [tʃa.pó.la] 女 《ラ米》(コロン)《昆》チョウ (= mariposa).

cha·pón [tʃa.pón] 男 (大きな)インクの染み.

cha·po·po·te [tʃa.po.pó.te] 男 《ラ米》(キジ)瀝青(レキセイ), アスファルト(の一種) (= chapapote).

cha·po·te [tʃa.po.pó.te] 男 《ラ米》(1) 歯磨き用に噛むある種の練り粉. (2)《植》オーク, カシ. (3)(タシ)(コロン)(中米)ピッチ, 瀝青(レキセイ).

cha·po·te·ar [tʃa.po.te.ár] 他 (ぬれた物で)たたく, 湿らす. ── 自 《話》(水が)ピチャピチャ音を立てる；(水中で手足を動かして)バシャバシャいわせる.

cha·po·te·o [tʃa.po.té.o] 男 **1** (ぬれた物で)たたくこと, 湿らすこと.
2 ピチャピチャ[バチャバチャ]音を立てること；その音.

chap·ta·li·za·ción [tʃap.ta.li.θa.θjón / -.sa.sjón] 女 補糖, 加糖：ワインのアルコール分を高めるために発酵前のモスト *mosto* に糖分を加えること, 国ごとに法律によって制限されている.

cha·pu·ce·ar [tʃa.pu.θe.ár / -.se.-] 他 **1**《話》〈仕事を〉雑にやる, いい加減にやる.
2《ラ米》(コロン)《話》だます, ぺてんにかける.
── 自《話》簡単な仕事をする.

cha·pu·ce·ra·men·te [tʃa.pu.θé.ra.mén.te / -.sé.-] 副 いい加減に.

cha·pu·ce·rí·a [tʃa.pu.θe.rí.a / -.se.-] 女 **1** やっつけ[雑な]仕事；見かけ倒しの作品. *hacer una* ～ そんざいな仕事をする. **2** いいかげんさ, 粗雑, そんざい. *Esta obra está llena de* ～*s*. この作品はいいかげんなところがたくさんある.

cha·pu·ce·ro, ra [tʃa.pu.θé.ro, -.ra / -.sé.-] 形 **1** 〈仕事が〉雑な, ぞんざいな. *un trabajo* ～ 雑な仕事. **2** ごまかしの, うそをつく. ── 男 女 **1** 雑な仕事をする人. **2**《話》うそつき, ぺてん師.

cha·pul [tʃa.púl] 男 女 《ラ米》(中米)《話》子供, 少年, 少女. ── 男 《ラ米》(コロン)《昆》トンボ.

cha·pu·lín [tʃa.pu.lín] 男 《ラ米》(1) (中米)(メキ)《昆》バッタ. (2) (中米)《話》子供, 少年, 少女.

cha·pu·lú [tʃa.pu.lú] 男 《ラ米》(中米)→ chapulín.

cha·pu·ro [tʃa.pú.ro] 男 《ラ米》(中米)瀝青(レキセイ).

cha·pu·rrar [tʃa.pu.r̄ár] 他 → chapurrear.

cha·pu·rre·ar [tʃa.pu.r̄e.ár] 他 **1** 〈外国語を〉下手に話す；片言で話す. ～ *el francés* 片言のフランス語を話す. **2** 〈酒を〉混ぜ合わせる, カクテルを作る.

cha·pu·rre·o [tʃa.pu.r̄é.o] 男 (外国語の)片言, 下手な話し方.

cha·puz¹ [tʃa.púθ / -.pús] 男 (水中への頭からの)飛び込み. *dar* ～ 水中にほうり込む.

cha·puz² [tʃa.púθ / -.pús] 男 **1** つまらない仕事, 片手間の仕事, 副業. **2** やっつけ仕事, 見かけ倒しの作品. **3** 《海》マストの円材.

cha·pu·za [tʃa.pú.θa / -.sa] 女 **1** 《話》雑な仕事. *La modista me hizo una* ～ *de vestido*. その仕立て屋は私のドレスを雑にこしらえた. **2**《話》副業, 簡単な仕事. **3**《話》《話》だまし, ごまかし, 詐欺. ── 男 《主に複数形で単数扱い》《話》仕事の雑な人. *Aquel médico es un* ～*s*. あの医者はやぶだ.
hacer chapuzas 家の修理など簡単な仕事をする.

cha·pu·zar¹ [tʃa.pu.θár / -.sár] 97 (人・ものを)水にほうり込む, 水中に投げ込む (= zambullir).
— ~·**se** 再 (頭から)水に飛び込む.

cha·pu·zar² [tʃa.pu.θár / -.sár] 97 他 《ラ米》《話》《話》だます, ごまかす.

cha·pu·zón [tʃa.pu.θón / -.són] 男 **1** (水中への)飛び込み.
2 ひと泳ぎ, ひと浴び. darse un ~ ひと泳ぎする.

cha·qué [tʃa.ké] 男 『服飾』燕尾服(ほげ), テールコート, モーニング(コート).

*__cha·que·ta__ [tʃa.ké.ta] 女 **1** 『服飾』上着, ジャケット (→ terno). con ~ 上着を着て. ~ de smoking タキシード. 《ラ米》《話》《俗》自慰, オナニー. *traje de chaqueta* (女性の)スーツ.
[← 〔仏〕*jaquette* ← 〔古仏〕*jaque*「(男の) 胴衣」／関連〔英〕*jacket*]

cha·que·te [tʃa.ké.te] 男 『遊』バックギャモン:西洋すごろくの一種.

cha·que·te·ar [tʃa.ke.te.ár] 自 **1** 寝返る, 変節する, 宗旨変えをする. **2** (危険から)手を引く, 逃げる. **3** 《ラ米》《話》《俗》自慰をする.
— 他 《ラ米》《話》裏切る.

cha·que·te·o [tʃa.ke.té.o] 男 **1** 寝返り, 変節. **2** 手を引くこと, 逃げ.

cha·que·te·ro, ra [tʃa.ke.té.ro, -.ra] 形 変わり身の早い. — 変わり身の早い人. Ése es un ~. あいつは日和見(ひよりみ)主義者だ.

cha·que·ti·lla [tʃa.ke.tí.ʎa ǁ -.ʝa] 女 『服飾』丈の短い上着. la ~ de los toreros 闘牛士の上着.
[chaqueta + 縮小辞]

cha·que·tón [tʃa.ke.tón] 男 『服飾』ショートコート. ~ tres cuartos ハーフコート.
[chaqueta + 増大辞]

cha·qui·ñán [tʃa.ki.ɲán] 男 《ラ米》《エク》近道.

cha·qui·ra [tʃa.kí.ra] 女 **1** 石貝, 貝殻, ビーズのネックレス. **2** (スペイン人が先住民に売りつけた)くず真珠, ガラス玉. **3** 《ラ米》《エクペル》《コロ》潰瘍(かいよう), ただれ.

cha·ra·bón [tʃa.ra.ɓón] 形 《ラ米》 (1) 《リオ》《ウル》〈鳥が〉羽がまだ生えていない, 若い. (2) 《リオ》《ウル》〈人が〉若い;〈子供が〉小さい, 幼い. (3) 《リオ》道を踏み外した, 堕落した. — 男 《ラ米》 (1) 《リオ》《ウル》ひな鳥. (2) 《リオ》《ウル》若者, 子供. (3) 《リオ》道を踏み外した[堕落した]人. — 男 《ラ米》《リオ》《ウル》『鳥』レア[アメリカダチョウ]のひな.

cha·ra·da [tʃa.rá.ða] 女 **1** 『遊』言葉当て遊び. ⇒ La primera sílaba es una preposición, la segunda un artículo determinado, y toda la palabra es una parte del cuerpo de las aves. 一番めの音節はある前置詞, 二番めの音節は定冠詞の一つ, 全体では鳥の体の一部(答えは ala 翼).
2 《ラ米》《メキ》《話》 (1) (名前がわからない物を指して)あれ. (2) ばかなこと.

cha·ra·drio [tʃa.rá.ðrjo] 男 『鳥』チドリ.

cha·ral [tʃa.rál] 男 『魚』軟鯉(なんぎ)類の一種: メキシコの湖沼に生息する体長約5センチの魚.
estar hecho un charal 《ラ米》《話》がりがりにやせている, 骨と皮である.

cha·ra·lu·do, da [tʃa.ra.lú.ðo, -.ða] 形 女 《ラ米》《話》がりがりにやせた人, 骨と皮の人.

cha·ra·mus·ca [tʃa.ra.mús.ka] 女 **1** たき火から出る火の粉. **2** (スペイン)《複数形》 (たき火の)小枝, 木. **3** 《ラ米》 (1) 《メキ》ねじりキャンディー. (2) 《グァ》《話》騒ぎ.

cha·ran·da [tʃa.rán.da] 女 チャランダ: サトウキビから作る《メキシコ》Michoacán 原産の蒸留酒.

cha·ran·ga [tʃa.ráŋ.ga] 女 **1** ブラスバンド, 吹奏楽隊, コミックバンド. **2** 《ラ米》 (1) 《グァ》《ホン》《ニカ》《話》どんちゃん騒ぎ, ばか騒ぎ. (2) 《リオプ》家庭の(ダンス)パーティー. (3) 《コロ》騎兵の軍楽隊.

cha·ran·go [tʃa.ráŋ.go] 男 『音楽』チャランゴ: アルマジロの甲羅を共鳴胴にした5複弦の弦楽器.

cha·ran·gue·ro [tʃa.raŋ.gé.ro] 男 (スペイン Andalucía の)沿岸連絡船; (港の)行商人.

cha·ra·pa [tʃa.rá.pa] 女 《ラ米》《ペル》『動』ヨコクビガメの一種.

cha·ra·pe [tʃa.rá.pe] 男 《ラ米》《メキ》《隠》プルケ pulque や黒砂糖などから作る醸造酒.

cha·ra·ta [tʃa.rá.ta] 女 《ラ米》《リオプ》《ウル》『鳥』アカオヒメシャクケイ.

char·bas·ca [tʃar.ɓás.ka] 女 《ラ米》ごみ.

char·ca [tʃár.ka] 女 (自然にできた)池, 貯水池.

char·cal [tʃar.kál] 男 水たまり[池]の多い土地.

char·cas [tʃár.kas] 男 《複数形》チャルカス人: inca 帝国の支配下にあった先住民の一つ.

char·che·ro·so, sa [tʃar.tʃe.ró.so, -.sa] 形 《ラ米》《ペル》薄汚れた; 古ぼけた.

char·chi·na [tʃar.tʃí.na] 女 《ラ米》《メキ》《話》おんぼろの車.

*__char·co__ [tʃár.ko] 男 水たまり. ~ de sangre 血だまり.
cruzar [*pasar*] *el charco* (1) 海を渡る. (2) 大西洋を[新大陸へ]渡る.

char·cón, co·na [tʃar.kón, -.kó.na] 形 《ラ米》《リオプ》《リオ》やせこけた, 肉の落ちた.

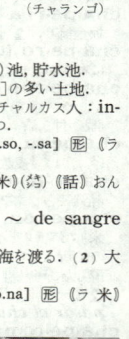

char·cu·te·rí·a [tʃar.ku.te.rí.a] 女 (ハム・ソーセージなどの)豚肉加工品店 (= salchichería, tocinería).

char·cu·te·ro, ra [tʃar.ku.té.ro, -.ra] 男 女 (ハム・ソーセージなど)豚肉加工製品を製造・販売する人.

cha·ria [tʃá.rja] [アラビア] 女 シャリーア: コーランを主たる源泉とするイスラム法 (= Sharia).

*__char·la__ [tʃár.la] 女 **1** 《話》おしゃべり, 雑談. tener una ~ おしゃべり[世間話]をする. estar de ~ 雑談中である. **2** (形式ばらない) 談話, スピーチ;講演. dar una ~ sobre... …についてスピーチをする. **3** 〖IT〗チャット (によるおしゃべり). **4** 『鳥』ヤドリギツグミ.
dar [*echar*] *la* [*una*] *charla* 《話》叱る;お説教をする.

char·la·dor, do·ra [tʃar.la.ðór, -.ðó.ra] 形 《話》おしゃべりの, うわさ話の好きな, 陰口をたたく.
— 男 女 **1** おしゃべり, 話好きな人;うわさをふれ歩く人. **2** 《ホ》《話》うそつき者.

*__char·lar__ [tʃar.lár] 自 《話》おしゃべりをする, 雑談する;やたらとしゃべりまくる. Nos pasamos toda la tarde *charlando* en una cafetería. 私たちは午後はずっとカフェでおしゃべりをして過ごした.

[←?〔伊〕*ciarlare*]

char·la·tán, ta·na [tʃar.la.tán, -.tá.na]形 よくしゃべる；口の軽い；うわさ好きの．——男 **1** おしゃべり；口の軽い人；うわさ話をふれ歩く人．**2** 呼び売り人，香具師(ᵗᵉ)，てき屋．**3** ぺてん師．

char·la·ta·ne·ar [tʃar.la.ta.ne.ár]自《軽蔑》[無駄話]をする．

char·la·ta·ne·rí·a [tʃar.la.ta.ne.rí.a]女 **1** 饒舌(ばぅ)，よくしゃべること；うわさ好き．**2** でまかせ．

char·la·ta·nis·mo [tʃar.la.ta.nís.mo]男 **1** おしゃべりの癖，饒舌．**2** ほら，でまかせ．**3** 客寄せの口上，売り文句．

charles·ton [tʃar.les.tón]〔英〕男(ダンスの)チャールストン．

char·le·ta [tʃar.lé.ta]女 おしゃべり．

char·lo·ta·da [tʃar.lo.tá.ða]女 **1** こっけいな[悪趣味な]演技．**2** 道化闘牛ショー．

char·lo·te·ar [tʃar.lo.te.ár]自《話》おしゃべり[雑談]する．→charlar.

char·lo·te·o [tʃar.lo.té.o]男《話》《軽蔑》おしゃべり，雑談，世間話．un ～ incesante 休む間もないおしゃべり．→charla.

char·me [tʃárm]〔仏〕女 →encanto.

char·ne·ca [tʃar.né.ka]女《植》コシヨウボク．

char·ne·go, ga [tʃar.né.ɣo, -.ɣa]形《軽蔑》(スペイン国内の非カタルーニャ語圏から)カタルーニャ Cataluña に移住した[する]．——男女《軽蔑》(スペイン各地方から)カタルーニャ地方への移住者．

char·ne·la [tʃar.né.la] / **char·ne·ta** [tʃar.né.ta]女 (戸・窓の)蝶番(ちょぅ)；《貝》二枚貝の蝶番．

Cha·ro [tʃá.ro]固名 女 チャロ：Rosario の愛称．

cha·rol [tʃa.ról]男 **1** (特に皮革用の)エナメル．**2** エナメル革．zapatos de ～ エナメル靴．**3**《ラ米》盆，塗りの盆．
calzarse las de charol《ラ米》(ᴼᴼ)《話》拾い物をする．
darse charol 自画自賛する，うぬぼれる．

cha·ro·la [tʃa.ró.la]女《ラ米》(1)(ᴹᴱˣ)身分証．(2)(ᴹᵉ)《主に複数で》《話》大きな目．(3)盆，トレイ．

cha·ro·la·do, da [tʃa.ro.lá.ðo, -.ða]形 **1** エナメル塗りの．**2**(エナメルのように)つやのある．

cha·ro·lar [tʃa.ro.lár]他《ラ米》エナメルを塗る．～ unos zapatos 靴にエナメルを塗る．

char·pa [tʃár.pa]女 **1** (肩から斜めにかける)ガンベルト，剣帯．**2**《医》三角巾(ᵏⁱⁿ)，つり包帯．

char·que·ar [tʃar.ke.ár]他《ラ米》(1) 〈牛肉を〉干し肉にする．(2) 切りつける，〈人に〉傷を負わせる，めった切りにする．(3) 〈人を〉切り分ける．

char·que·o [tʃar.ké.o]男《ラ米》干し肉作り．

char·qui [tʃár.ki]男《ラ米》(1)(ᶜʰⁱ)(ᴬʳᵍ)乾燥果実，乾燥野菜．(2)(ᴾᵉ)干し肉，ジャーキー．(3)(ᴾᵉ)古い[壊れた，汚い，切り刻まれている]もの．
hacer charqui a...《ラ米》(ᴾᵉ)《話》…を切り刻む；切りつける，傷を負わす；撃ちつける．

char·qui·cán [tʃar.ki.kán]男《ラ米》(ᶜʰⁱ)《料》チャルキカン：ひき肉・干し肉・あるいは細切れにした肉をジャガイモ・カボチャ・インゲン・タマネギ・唐辛子などの野菜と煮込んだ料理．

cha·rra [tʃá.ra]女《ラ米》(1)(ᶜʰⁱ)(女性の乗馬用)つば広帽子．(2)(ᴹᵉ)《話》笑い話．(3)(ᴬʳᵍ)皮膚(ᵇᵘ)，吹き出物．

cha·rra·da [tʃa.řá.ða]女 **1** 粗野，やぼったさ，無骨さ．**2** やぼったい踊り．**3** けばけばしい飾り．

cha·rral [tʃa.řál]男《ラ米》(ᶜᴬ)低木林．

cha·rra·mas·ca [tʃa.řa.más.ka]女《ラ米》(ᶜʰⁱ)まき，薪(ᵃᵉ)，焚(ᵗᵃ)きつけ．

cha·rrán, rra·na [tʃa.řán, -.řá.na]形 ごろつきの，悪党の．——男《鳥》トウゾクカモメ．

cha·rra·na·da [tʃa.řa.ná.ða]女《話》汚い手口，卑怯(ᵏʸᵒ)な行為．

cha·rras·ca [tʃa.řás.ka]女《話》**1** (祭りなどに用いる地面を引きずるほどの)大サーベル．**2** 折り畳みナイフ．**3**(ᶜᵒ)(ᴹᵉ)(ᴾᵉ)刀剣，刃物．

cha·rras·co [tʃa.řás.ko]男《話》→charrasca.

cha·rras·que·ar [tʃa.řas.ke.ár]他《ラ米》(1)(ᴹᵉ)(ᴾᵉ)(ᶜᵒ)〈弦楽器を〉弾く，かき鳴らす．(2)(ᶜᴬ)《話》傷つける，刺す．

cha·rre·te·a·da [tʃa.ře.te.á.ða]女《ラ米》(ᴹᵉ)《俗》下痢．

cha·rre·te·ra [tʃa.ře.té.ra]女 **1**《軍》(将校の)肩章．**2**《話》(水汲(ᵏᵘ)み人夫が用いる)肩当て．**3** 靴下止め，ガーター；靴下止めの金具．

cha·rro, rra [tʃá.řo, -.řa]形 **1** (スペインの)サラマンカ Salamanca の．**2**《話》粗野な，やぼったい．**3**(特に服装が)けばけばしい，派手な(= chillón)．**4**《ラ米》(1)(ᴹᵉˣ)《話》メキシコの．(2)(ᴹᵉ)乗馬の巧みな．(3)(ᴾᵉ)《話》おもしろい，おかしい．
——男女 **1** サラマンカ地方の人．**2**《ラ米》(1)(ᴹᵉˣ)《話》メキシコの人．(2)(ᴹᵉ)乗馬の巧みな人．——男 **1**《服》(ᴹᵉ)《服飾》(つば広の)帽子．(2)(ᴹᵉ)牧童，馬乗り．(3)(ᴹᵉˣ)典型的なメキシコ人．

cha·rrú·a¹ [tʃa.řú.a]男 **1** 鋤(ᵏⁱ)の一種．**2**《海》引き船．

cha·rrú·a² [tʃa.řú.a]形《ラ米》(1)(ᴬʳᵍ)(ラプラタ川北岸に住んでいた)チャルア人の．(2)(ᴬʳᵍ)ウルグアイの．
——男女 **1** チャルア人．**2** ウルグアイ人．

chart [tʃárt]〔英〕男《複 ～s》《経》チャート：金融市場の動向を示し，分析に用いられる図表の類．

chár·ter [tʃár.ter] / **char·ter** [tʃar.tér]形《性数不変》(飛行機が)チャーター(便)の，借り切りの．——男《複 ～s》チャーター便，チャーター機．

char·tis·mo [tʃar.tís.mo]男《経》チャート分析：統計やチャートに基づいた金融市場分析(技術)．

char·tis·ta [tʃar.tís.ta]男女《経》チャート分析専門家．

char·treuse [tʃar.trés]〔仏〕男 シャルトルーズ：フランスのカルトジオ修道会で造る薬草のリキュール．

¡chas! [tʃás]擬 (平手打ちなどの音) パシッ，ピシッ．

chas·ca [tʃás.ka]女 **1**(薪にする)柴(ᵇ)，そだ．**2**《ラ米》(ᴹᵉ)ぼさぼさの髪．♦チリでは ＊chape*．

chas·ca·da [tʃas.ká.ða]女《ラ米》(ᶜᴬ)チップ，心付け．

chas·car [tʃas.kár]⁽¹⁰²⁾他 **1** 〈舌・指などを〉鳴らす；〈木などを〉パシッと割る；〈鞭などを〉ピシッと振る[鳴らす]．～ la lengua 舌鼓を打つ．**2** 飲み込む，丸飲みにする．
——自 **1** 〈舌・指などが〉チッ[ポキッ]と鳴る；〈木が〉パシッと割れる；〈鞭(ᵐᵘ)が〉ヒュンと鳴る(= chasquear)．La leña verde *chascaba* en el hogar. 生乾きの薪がかまどでパチパチ音をたてていた．**2** 早食いする，早飲みする．

chas·ca·rri·llo [tʃas.ka.ří.jo ‖ -.ʎo]男《話》小話，笑い話．

chas·co [tʃás.ko]男 **1** 期待外れ，落胆，失望．llevarse un ～ 落胆する，失望する．**2** からかい，だまし．dar un ～ a+人 〈人〉をからかう，かつぐ．

3《ラ米》(⸢) (1)《話》恥. (2)《話》失敗.
chas·co, ca [tʃás.ko, -.ka] 形《ラ米》(⸢⸣⸣)(⸣⸢) 〈髪が〉堅くて縮れた；縮れ毛の,巻き毛の.
chas·cón, co·na [tʃas.kón, -.kó.na] 形《ラ米》(⸢⸣)(⸣⸢) 〈髪が〉堅くて縮れた；縮れ毛の,巻き毛の.
cha·sis [tʃá.sis] 男《単複同形》**1**《車》シャーシ,車台. **2**〖写〗(フィルムをカメラに装填するための) 感光板ホルダー,撮り枠.
  quedarse [*estar*] *en el chasis*《話》やせ細る,骨と皮だけになる[である].
chas·po·na·zo [tʃas.po.ná.θo / -.so] 男 (弾丸などの)擦過傷,かすり傷.
chas·que [tʃás.ke] 男《ラ米》(⸢⸣ₐ) →chasqui.
chas·que·ar [tʃas.ke.ár] 他 **1**〈鞭(⸢)・指・舌などを〉ピシッ[パシッ,パチッ,ヒュン]と鳴らす. **2** 落胆させる,失望させる. **3** だます.
  —自 **1**〈鞭などが〉ヒュンと鳴る；〈木などが〉ピシッと裂ける. **2** 舌[指]を鳴らす. **3**《ラ米》(⸢⸣⸢)(⸣⸢)〈馬が〉彎(⸢)にかかる.
chas·qui [tʃás.ki] 男《ラ米》(⸢⸣ₐ) (1) 使者,密使. (2) (インカ inca の) 飛脚.
chas·qui·do [tʃas.kí.ðo] 男 〈鞭(⸢)・指・木などの〉ピシッ[パシッ,パチッ,ヒュン]という乾いた音,舌打ちの音. *Cuando se rompe una rama seca, se oye un ~.* 乾いた枝が折れるとパシッという音がする. *~ de los dedos* 指がポキッと鳴る音.
chas·qui·lla [tʃas.kí.ʝa ǀ -.ʎa]女《ラ米》(⸢⸣⸣)前髪.
chat [tʃát]〈英〉男《複 ~s, ~》〖I T〗チャット.
cha·ta [tʃá.ta] 女 **1** 室内用便器, 溲瓶(⸢⸢). **2**《ラ米》(⸢⸣)(無蓋(⸢)の)貨車の長物車,大型トラック.
cha·ta·rra [tʃa.tá.ra] 女 **1**(鉄の)鉱滓(⸢⸣),スラグ；くず鉄. **2**《話》がらくた,スクラップ. **3**《話》勲章. **4**《話》小銭.
cha·ta·rre·rí·a [tʃa.ta.ře.rí.a]女 くず鉄[古鉄]屋,スクラップ屋.
cha·ta·rre·ro, ra [tʃa.ta.řé.ro, -.ra] 男女 くず鉄[古]鉄商.
cha·te·a·dor, do·ra [tʃa.te.a.ðór, -.ðó.ra] 男女 チャット参加者.
cha·te·ar [tʃa.te.ár] 自 **1**《話》飲みに行く,バル bar をはしごする.
  2〖I T〗チャットをする.
cha·teau·bri·and [tʃa.to.brján(d)] [仏] 男 〖料〗シャトーブリアン：厚い牛フィレ肉のグリル焼き.
cha·te·o [tʃa.té.o] 男《話》はしご酒. *ir de ~* はしご酒をする,飲み歩く.
cha·te·ro, ra [tʃa.té.ro, -.ra] 男女《話》チャット好きの人.
cha·ti·no [tʃa.tí.no]《ラ米》(⸢⸣) 揚げバナナ.
chat·ka [tʃát.ka] [ロシア] 男 〖料〗(ロシア産の) カニ；カニの身[脚]：もとはカニの缶詰となす会社名.
cha·to, ta [tʃá.to, -.ta] 形 **1** 鼻の低い；しし鼻の. *nariz chata* 団子鼻. *persona chata* 鼻の低い人.
  2 (普通のものよりも)浅い,低い. **3**《ラ米》(⸢⸣)(話)(1)背の低い. (2)《⸢⸣⸣》ばかな,愚かな. **3** 取るに足りない,月並みの；薄っぺらな,貧弱な.
  —男女 **1** 鼻の低い人,団子鼻の人.
  2《話》(呼びかけ)かわいいおまえ. *Chata mía.* ねえ,おまえ.
  3《ラ米》(⸢⸣⸣)《話》ばかな人,愚かな人.
  —男 **1**(ワイン用の)コップ. *un ~ de vino* 1杯のワイン.
  2(1杯分の)ワイン,飲み物. *Fueron a tomar unos ~s.* 彼らはワインを飲みに出かけた.

dejar chato a +人《ラ米》(⸢⸣⸣)《話》〈人〉をだます.
quedarse chato con...《ラ米》(⸢⸣⸣)《話》...を自分のものにする.
cha·tón [tʃa.tón] 男 (装身具にはめ込んだ) 大きな宝石.
cha·tre [tʃá.tre] 形《ラ米》(⸢⸣)(⸢) 《話》着飾った,おしゃれな.
cha·tria [tʃá.trja] 男 クシャトリア：インドのカーストの一つで王侯,戦士階層. →casta.
cha·tun·go, ga [tʃa.túŋ.go, -.ga] 形 鼻の低い,団子鼻の,しし鼻の.
  —男女 (呼びかけ) おまえ,坊や,かわい子ちゃん.
¡chau! [tʃáu] 間投《ラ米》(⸢⸣⸣)《話》じゃあまた,さよなら (= chao).
chau·cha [tʃáu.tʃa] 形《ラ米》(1) (⸢⸣⸣)(⸣) 早熟な；時期尚早の；早産の. (2) (⸣⸢) 《話》味けない,つまらない.
  —女《ラ米》(1) (⸢ₐ) (早掘りの) ジャガイモ. (2) (⸢⸣⸣)《植》サヤインゲン. (3) (⸢⸣⸣)《話》一時的な仕事. (4) (⸣⸣) 食べ物. (5) (⸣⸢) 無邪気,単純. (6) (⸢⸣⸣)(⸣⸣)《話》小銭；安物.
  pelar la chaucha a +人《ラ米》(⸢⸣⸣)《話》〈人〉から身ぐるみはぎ,金を巻き上げる.
chau·chau [tʃáu.tʃáu] 男《ラ米》(1) (⸣) 《話》ごたまぜ. (2) (⸣⸢) 食べ物,飯.
chau·che [tʃáu.tʃe] 男 床用の赤色塗料[ペンキ].
chau·che·ra [tʃau.tʃé.ra] 女《ラ米》(⸢⸣⸣)(⸢⸣) 小銭入れ.
chau·che·ro, ra [tʃau.tʃé.ro, -.ra] 男女《ラ米》(⸢) 雑役夫[婦].
chau·chón, cho·na [tʃau.tʃón, -.tʃó.na] 男女《ラ米》(⸢⸣⸣)《俗》ばか者,愚か者.
chau·fa [tʃáu.fa] 女《ラ米》(⸣⸣)《料》炒飯(⸢⸣).
chau·vi·nis·mo [tʃau.bi.nís.mo] 男 → chovinismo.
chau·vi·nis·ta [tʃau.bi.nís.ta] 形男女 → chovinista.

***cha·val, va·la** [tʃa.bál, -.bá.la] 男女 **1**《話》子供；若者；男[女]の子 (= chico). *estar hecho un ~* 若く見える,若々しい. **2**《ラ米》(⸢⸣)《話》ボーイフレンド,ガールフレンド,恋人.
cha·va·le·rí·a [tʃa.ba.le.rí.a] 女《話》(集合的) 子供,若者.
cha·va·lo, la [tʃa.bá.lo, -.la] 男女《ラ米》(⸢ₐ)《話》子供,少年,少女.
cha·va·lon·go [tʃa.ba.lóŋ.go] 男《ラ米》(⸢⸣⸣)(⸢) 熱病,日射病；頭痛；眠気.
cha·var [tʃa.bár] 他《ラ米》(⸢⸣⸢)《話》〈人に〉迷惑をかける,うんざりさせる.
  —**~·se** 再《ラ米》(⸢⸣⸣)《話》傷つく.
cha·ve·a [tʃa.bé.a] 男《話》男[女]の子,若者；子供 (= chaval).
cha·ve·ta [tʃa.bé.ta] 女 **1**〖機〗くさび栓；割りピン. **2**《ラ米》(⸣⸣)(⸣⸣)(⸢⸣) 包丁.
  estar (*mal de la*) *chaveta*《話》頭が変である.
  perder la chaveta《話》頭がおかしくなる.
cha·ve·te·ar [tʃa.be.te.ár] 他《ラ米》(⸣⸣)(⸣⸣)(⸢⸣) 包丁で切る；〈人に〉非難を浴びせる.
cha·vo [tʃá.bo] 男 [ochavo の語頭音消失形]
  1《話》昔の銅貨. *no tener un ~* / *estar* [*quedarse*] *sin un ~* 《話》一文無しである.
  2《ラ米》(⸢⸣⸣) 《複数で》《話》お金,銭.
cha·vo, va [tʃá.bo, -.ba] 男女《ラ米》(1) (⸢ₐ)(⸢⸣⸣)《話》子供；若者,青年. (2) (⸣⸣)《俗》恋人.
  —男《話》350平方メートルに相当する面積.

cha·vó [tʃa.bó] 男《話》若者, 少年, 子供 (= chaval).

cha·vón, vo·na [tʃa.bón, -.bó.na] 男《ラ米》《話》(1)《ﾌﾞｴﾉｽ》男, 女. (2)《ｱﾙｾﾞﾝ》面倒な人, やっかいな人.

cha·yo·ta·da [tʃa.jo.tá.ða] 女《ラ米》《ｺｽﾀﾘｶ》《俗》ばかげたこと.

cha·yo·te [tʃa.jó.te] 男 **1**【植】ハヤトウリ(の実)：熱帯アメリカ原産.
2《ラ米》《ﾎﾝｼﾞｭﾗｽ》【植】カボチャの一種.
──男《ラ米》《ｸﾞｧﾃﾏﾗ》《話》ばか, まぬけ；おくびょう者.
[←[ﾅﾜﾄﾙ]*chayo'tli*]

cha·yo·te·ra [tʃa.jo.té.ra] 女【植】ハヤトウリ(の木).

chayote (ハヤトウリ)

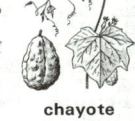

cha·za [tʃá.θa / -.sa] 女 **1**《スポ》(ハイアライ jai alai で)球を受け止めること；球を受け止めた地点を示す印. **2**《海》舷側の砲門と砲門の間の距離.
hacer chazas(馬術で馬が)両前脚を上げたまま両後脚で軽く跳ねる.

cha·zar [tʃa.θár / -.sár] 97 他《スポ》(ハイアライ jai alai で)得点ラインの前で〈ボールを〉受け止める.

che¹ [tʃé] 男 スペイン語旧アルファベットの ch の名称.
▶ スペイン語字母として用いられていたが, 1994年に廃止された.

che² [tʃé] 男 女《ラ米》《ｱﾙｾﾞﾝ》《話》アルゼンチン人.
──間投《ラ米》(1)《ｱﾙｾﾞﾝ》《話》おい, ねえ. (2)《ｳﾙｸﾞｱｲ》《ｸﾞｧﾃﾏﾗ》《話》そんなばかな, まさか；それがどうした. (3)《特に意味のないはさみ言葉》ねえ, なあ.

Che·ca [tʃé.ka] 女(旧ソ連の)チェカ (KGB の前身).

che·car [tʃe.kár] 102 他《ラ米》(1)《ﾒｷ》《ｱﾙｾﾞﾝ》→ chequear. (2)《ｺﾛﾝﾋﾞｱ》《ﾍﾞﾈｽﾞ》《話》調べる, チェックする；《**con...** …と》合う.

che·che [tʃé.tʃe] 男《ラ米》(1)《ｷｭｰﾊﾞ》《話》泣き虫, 泣きべそ. (2)《ﾀﾞﾘ》《ｷｭｰﾊﾞ》《話》空威張り屋, ほら吹き. (3)《ｸﾞｧﾃﾏﾗ》《話》物知りな人.

che·che·no, na [tʃe.tʃé.no, -.na] 形 チェチェンの, チェチェン人の.
──男 女 チェチェン人. ──男 チェチェン語.

ché·che·res [tʃé.tʃe.res] 男《複数形》がらくた, 安物 (= trastos).

che·chón, cho·na [tʃe.tʃón, -.tʃó.na] 形《ラ米》《話》〈子供が〉甘えん坊の, 泣きべその.

che·co, ca [tʃé.ko, -.ka] 形 **1** チェコ(共和国)の. **2** (旧)チェコスロバキアの (= checoslovaco, ca).
──男 女 チェコ人, チェック人.
──男 チェコ語：西スラブ語の一つ.
女(旧共産圏諸国の)秘密警察署.
República Checa チェコ共和国.

che·co·es·la·va·co, ca [tʃe.ko.es.la.βá.ko, -.ka] 形 男 女 → checoslovaco.

che·co·slo·va·co, ca [tʃe.kos.lo.βá.ko, -.ka] 形(旧)チェコスロバキアの (= checoeslovaco).
──男 女 チェコスロバキア人.
──男 チェコスロバキア語：チェコ語 checo とスロバキア語 eslovaco の総称.

Che·co·slo·va·quia [tʃe.kos.lo.βá.kja] 固名 チェコスロバキア(連邦共和国)：1993年に República Checa と Eslovaquia に分離独立.
[←[仏] *Tchécoslovaquie*; *Tchèque*「チェコ人」(←[チェコ] *čech*) + *slovaque*「スロバキア人」(←

[スロバキア] *slovák*) + *-ie*「国, 地域」]

chef [tʃéf] 男[仏] 男[複 ~s] シェフ, 料理長；料理の得意な[上手な]人.

che·je [tʃé.xe] 男《ラ米》《ｺﾛﾝﾋﾞｱ》鎖のつなぎの部分.

Che·ka [tʃé.ka] 女 → Checa.

che·la [tʃé.la] 女《ラ米》《ｴｸｱﾄﾞﾙ》《ﾒｷ》《ｸﾞｧﾃﾏﾗ》《話》ビール.

che·le [tʃé.le] 形《ラ米》《ｸﾞｧﾃﾏﾗ》金髪で肌の白い；外国の. ──男《ラ米》《ｸﾞｧﾃﾏﾗ》目やに.

che·le·ar [tʃe.le.ár] 他《ラ米》《ﾒｷ》白く塗る.

chel·fa [tʃél.fa] 女《ラ米》《ｺﾛﾝ》《隠》かみさん, 妻；彼女, 恋人, 女.

che·li [tʃé.li] 男 **1** 1970年代, カウンターカルチャームーブメントに共感した Madrid の若者；その当時若者が使った隠語. **2** 友達；恋人；《呼びかけ》ねえ.

che·lín [tʃe.lín] 男 **1** シリング. (**1**) 英国の旧通貨単位. (**2**) 英国連邦の一部の国々で用いられる通貨単位. [←[英] *shilling*]

che·lis·ta [tʃe.lís.ta] 男 女《話》→ violonchelista.

che·lo, la [tʃé.lo, -.la] 男 女《ラ米》《ｸﾞｧﾃﾏﾗ》《話》金髪の人.

chen·che [tʃén.tʃe] 男《ラ米》《ｸﾞｧﾃﾏﾗ》《話》物知りな人.

che·ni·lla [tʃe.ní.ja ‖ -.λa] 女 シュニール糸：毛足の長い糸；シュニール織(に似せた布).

che·pa [tʃé.pa] 形 背中の湾曲した. ──男 女 **1** 背中の湾曲した人. **2**《ラ米》《ｸﾞｧﾃﾏﾗ》《俗》警官, 巡査, お巡り. ──女《ラ米》《ﾀﾞﾘ》《話》昼休息. *subírs*ele (*a*+人) *a la chepa*《話》〈人〉を尊重しなくなる, 〈人〉になれなれしくする.

che·pe [tʃé.pe] 男《ラ米》《ｸﾞｧﾃﾏﾗ》《話》偽善者.

Che·pe [tʃé.pe] 男《ラ米》《ｺｽﾀﾘｶ》《話》サン・ホセ San José：コスタリカの首都.

che·pe·ar [tʃe.pe.ár] 自《ラ米》《ｸﾞｧﾃﾏﾗ》《話》カンニングをする.

ché·pi·ca [tʃé.pi.ka] 女《ラ米》《ﾁﾘ》【植】ギョウギシバ.

che·po·so, sa [tʃe.pó.so, -.sa] 形《話》背中の湾曲した. ──男 女 背中の湾曲した人.

che·pu·do, da [tʃe.pú.ðo, -.ða] 形《話》《軽蔑》→ cheposo.

‡che·que [tʃé.ke] 男 小切手(略 ch, ch.) (▶ 手形は letra). *extender un ~ de cien mil euros* 10万ユーロの小切手を切る. *cobrar un ~* 小切手を現金に換える. *~ abierto* 普通小切手. *~ al portador* 持参人払い小切手. *~ cruzado* 横線小切手. *~ desacreditado* [*rechazado, rehusado, en descubierto*] 不渡り小切手. *~ de viaje* [*viajero*] トラベラーズチェック. *~ en blanco* 白地[匿名]式小切手. *~ endosado* 裏書き小切手. *~ nominal* [*nominativo*] 受取人指名小切手, 指図人払い小切手. *~ sin fondos* [*sin provisión*] 空小切手. *~ libreta* [*talonario*] *de ~s* 小切手帳.
cruzar un cheque 小切手に横線を入れる.
dar un cheque en blanco a+人《話》〈人〉に任せる, 決定権を与える.
[←[英] *check, cheque*]

che·que·ar [tʃe.ke.ár] 他 **1** チェックする, 点検する. *Chequearon los dos exámenes para saber si había fraude*. 彼らはカンニングを見つけるために2枚の答案用紙をチェックした. **2**【医】健康診断をする. **3**《ラ米》(**1**)〈荷物を〉発送する, 託送する. *~ el equipaje* 荷物を預けて送ってもらう. (**2**)《ﾀﾞﾘ》《ｷｭｰﾊﾞ》〈小切手などを〉振り出す, 切る. (**3**)《ｺﾛﾝ》記入する, 記帳する.

—~.se 再 健康診断を受ける. Hay que ~se una vez al año. 年に一度検診を受けなければならない.

che·quén [tʃe.kén] 男《ラ米》(ﾁﾘ)(ｱﾙｾﾞﾝﾁﾝ)【植】ユーゲニアの一種:フトモモ科の低木.

che·que·o [tʃe.ké.o] 男 **1**【医】健康診断. **2** チェック, 点検;照合.

che·que·ra [tʃe.ké.ra] 女 **1** 小切手帳. **2** 小切手入れ[ケース].

che·kís·ta [tʃe.kís.ta] 男女 (ロシア革命直後の秘密警察)チェカの構成員.

cher·cha [tʃér.tʃa] 女《ラ米》(1)(ｶﾘﾌﾞ)《話》からかい, 嘲笑. (2)(ﾄﾞﾐﾆｶ)《話》騒ぎ, ごった返し. (3)(ｷｭｰﾊﾞ)騒々しい会話.

cher·char [tʃer.tʃár] 自《ラ米》(ﾌﾟｴﾙﾄﾘｺ)《話》おしゃべりをする.

che·re·que [tʃe.ré.ke] 男《ラ米》(ﾆｶﾗｸﾞｱ)《複数で》《話》(漠然と) もの, こと.

che·rif [tʃe.rif] / **ché·rif** [tʃé.rif] 男 (米国の)郡保安官;(英国の)州長官. →shérif.

che·ri·fe [tʃe.rí.fe] 男《ラ米》(ｷｭｰﾊﾞ)保安官.

cher·na [tʃér.na] 女【魚】メロ, 銀ﾑﾂ.

che·ro, ra [tʃe.ro, -.ra] 男女《ラ米》(ｷｭｰﾊﾞ) (1)《話》田舎の人, 粗野な人. (2) 農民.

che·ro·kee [tʃe.ro.kí, -.ró.ki]〔英〕形《複 ~s, ~》(北米先住民族の一つ)チェロキーの. —男 チェロキー人. —男 チェロキー語.

che·ro·que [tʃe.ro.ke] / **che·ro·qui** [tʃe.ró.ki] 男 形 男 →cherokee.

cher·va [tʃér.ba] 女【植】ヒマ, トウゴマ.

ches·co [tʃés.ko] 男《ラ米》(ｷｭｰﾊﾞ)《話》(瓶入りの)清涼飲料.

chés·ter [tʃés.ter]〔英〕男 [複 ~, ~s, ~es]【料】(英国産の)チェシャーチーズ.

chet·nik [tʃét.nik]〔セルビア〕男 [複 ~s]【史】チェトニク:20世紀初頭に興ったセルビア民族主義組織の一員,またはその組織.

che·to, ta [tʃé.to, -.ta] 形《ラ米》(ｱﾙｾﾞﾝﾁﾝ)《話》着飾った人,おしゃれな人.

cheu·rón [tʃeu.rón] / **cheu·rrón** [tʃeu.řón] 男【紋】シェブロン, 山形紋:盾形に描く山形の紋.

cheu·to, ta [tʃéu.to, -.ta] 形《ラ米》(ﾁﾘ)《話》唇がゆがんだ[切れた];(一般に)変形した, 曲がった.

che·ve [tʃé.βe] 男《ラ米》(ｷｭｰﾊﾞ)《話》ビール.

ché·ve·re [tʃé.βe.re] 形《ラ米》(ﾒｷｼｺ)(ﾀﾞﾘ)(ｴｸｱﾄﾞﾙ)(ﾌﾟｴﾙﾄﾘｺ)(ｷｭｰﾊﾞ)《話》とびきり上等の, すばらしい. —男《ラ米》(ﾀﾞﾘ)強がり屋.

che·vió [tʃe.βjó] / **chev·i·ot** [tʃe.βjó(t)]〔英〕男[複 ~s]チェビオット種の羊毛[毛織物].

che·ye·ne [tʃe.jé.ne] 形 (北米先住民族の)シャイアン人の. —男 シャイアン人. —男 シャイアン語.

chi [tʃí] 女《ラ米》(*ﾁﾘ)(ｷｭｰﾊﾞ)《卑》小便, おしっこ. hacer ~《ラ米》(ｷｭｰﾊﾞ)《話》おしっこをする.

chí·a [tʃí.a] 女【植】**1** サルビアの一種;その種子. **2**《ラ米》(ﾒｷｼｺ)サルビアの種子・砂糖・レモン汁から作られる飲料.
meter chía《ラ米》(ﾒｷｼｺ)《話》不和の種をまく.

Chiang Kai-shek [tʃáŋ.kai.ʃék // - -.ʃék] 固名 蒋介石 (1887-1975). 台湾の総統.

chian·ti [kján.ti]〔伊〕男 キャンティワイン:(イタリアの)トスカナ地方を中心に産する赤ワイン.

Chia·pas [tʃjá.pas] 固名 チアパス:メキシコ南部の州. ♦州内のPalenqueにはmaya文明の重要な遺跡がある.

chi·ba [tʃí.ba] 女《ラ米》(ｺﾛﾝﾋﾞｱ) (1) リュックサック. (2) 知らせ.

chi·ba·le·te [tʃi.βa.lé.te] 男【印】植字台.

chib·cha [tʃíβ.tʃa] 形 チブチャ(人)の. →indio. —男女 チブチャ人:南米先住民の一部族で,コロンビアのBogotá高原に住んでいた. —男 チブチャ語:先スペイン期に現在のコロンビアの首都Bogotáを中心に広がっていたチブチャ首長国の言語. 18世紀に消滅した.

chi·bi·li·nes [tʃi.βi.lí.nes] 男《ラ米》(ｺﾞﾔ)《隠》《複数形》《集合的》お金.

chi·bo·lo [tʃi.βó.lo] 男《ラ米》(ﾒｷｼｺ)(ｴｸｱﾄﾞﾙ)打ちこぶ, 腫(は)れ, 膨らみ.

chi·bo·lo, la [tʃi.βó.lo, -.la] 男 女《ラ米》(ｷｭｰﾊﾞ)《話》子供, 少年, 少女.

chi·bu·quí [tʃi.βu.kí] 男《複 ~es》チブーク:トルコ人の用いる長くまっすぐな(きざみタバコ用の)パイプ.

chic [tʃík // ʃík]〔仏〕形《性数不変》(特に服装などが)シックな, 趣味のよい. —男 おしゃれ, 上品.

chi·ca[1] [tʃí.ka] 女《ラ米》(1)(ﾘｭｳｾﾞﾂﾗﾝ酒) プルケ pulque を計る単位. (2)(ﾒｷｼｺ)噛(か)みタバコ. (3)《軽蔑》黒人の踊りの一種.

chi·ca[2] [tʃí.ka] 形女 →chico.

chi·ca·da [tʃi.ká.ða] 女 **1** 子供じみたこと, 子供っぽい行為[言葉]. **2** 発育不良[病気]の羊の群れ.

chi·ca·lo·te [tʃi.ka.ló.te] 男【植】アザミゲシ:熱帯アメリカ原産. [← [ﾅﾜﾄﾙ] chicalotl]

chi·ca·na [tʃi.ká.na] 女《ラ米》《話》言い訳, 言い逃れ. [← [仏] chicane]

chi·ca·ne [tʃi.ká.ne] 女 シケイン:自動車・オートバイのレースコースで減速させるための障害物[ジグザグのカーブ], またその区間.

chi·ca·ne·ar [tʃi.ka.ne.ár] 自《ラ米》(ﾒｷｼｺ)(ｷｭｰﾊﾞ)《話》言い抜ける, へ理屈をこねる.

chi·ca·ne·ro, ra [tʃi.ka.né.ro, -.ra] 男女《ラ米》(1)(ｸﾞｱﾃ)《話》けちな人, しみったれ. (2)《話》ずるい人, 悪賢い人, へ理屈屋.

chi·can·glo [tʃi.káŋ.glo] 男《ラ米》(ｷｭｰﾊﾞ) (1)《話》メキシコ系の人をかぶう米国人. (2) 米国人のように振る舞うメキシコ系の人.

chi·ca·no, na [tʃi.ká.no, -.na] 形 メキシコ系米国人の;米国在住メキシコ人の. —男 女 メキシコ系米国人, ;米国在住メキシコ人. ♦米国南西部一帯に進出して, その地帯を aztecaの伝統的故国とし Aztlánと呼んでいる.
[← [英] Chicano, na ← [スペイン] mexicano, na]

chi·ca·rrón, rro·na [tʃi.ka.řón, -.řó.na] 男女《話》大柄でたくましい男の子[女の子].
[chico + 増大辞]

chi·ca·to, ta [tʃi.ká.to, -.ta] 男 女《ラ米》(ｱﾙｾﾞﾝﾁﾝ) (1)《話》近視の人, 近眼の人. (2)《話》周りのことがわかっていない人.

chi·cha[1] [tʃí.tʃa] 女 **1**《幼児語》お肉. **2**《話》内容, 中身;重要性, 意義. *una historia de poca* ~ たいして意味のない話.
de chicha y nabo《話》ありふれた, つまらない, 軽蔑すべき. *Sus amigos eran gente de* ~ *y nabo.* 彼[彼女](ら)の友人はつまらない人ばかりだった.

chi·cha[2] [tʃí.tʃa] 女《ラ米》(1) チチャ:トウモロコシの発酵酒. (2)(ｷｭｰﾊﾞ)厚底の靴. (3)(ﾊﾟﾅﾏ)《卑》女性器. (4)(ﾁﾘ)《話》ブドウ[リンゴ]の果汁で作られる発酵ジュース[酒]. (5)(ﾍﾟﾙｰ)沿岸都市で見られるアンデス文化. (6)(ﾒｷｼｺ)不機嫌.
estar como chicha《ラ米》(ﾊﾟﾗｸﾞ)《話》豊富にある.
no ser ni chicha ni limoná [limonada]《話》

(1) よくも悪くもない，何の足しにもならない．(2) 個性のない，つかみどころのない．
sacar la chicha a... 《ラ米》《⑦》《話》…から最大限の利益を得る；…を酷使する．
[パナマのCuna語起源？]

chi·cha³ [tʃí.tʃa] 形 calma 〜 《海》べた凪(なぎ)．

chi·char [tʃi.tʃár] 他 《ラ米》《⑦》《話》〈人に〉不平を言う，文句を言う．
── 自 《ラ米》《⑦》《俗》セックスをする．

chí·cha·ro [tʃí.tʃa.ro] 男 1《植》エンドウ（マメ），グリーンピース；ヒヨコマメ．
2《ラ米》アシスタント，見習い．

chi·cha·rra [tʃi.tʃá.ra] 女 1《昆》セミ（= cigarra）．ser como 〜 en verano 煩わしい，うるさい．hablar como una 〜 ぺちゃくちゃしゃべる．2《話》おしゃべりな人．3 ブザー．4（セミの声に似た音を出す）おもちゃ．5《ラ米》(1)《⑦》《俗》マリファナの吸いがら．(2)《中米》《プエ》《エクア》→ chicharrón 1．(3)《エクア》《⑦》《昆》バッタ．(4)《話》ひどい音を出す楽器．《エクア》《⑦》ポータブルラジオ．

chi·cha·rre·ro, ra [tʃi.tʃa.ré.ro, -.ra] 形《話》（カナリア諸島）テネリフェ島の．── 男 女 テネリフェ島の人．── 男 すさまじく暑い場所（= tostadero）．── 女 すさまじい暑さ，灼熱．

chi·cha·rri·ta [tʃi.tʃa.rí.ta] 女《ラ米》《⑦》（複数で）揚げバナナ．

chi·cha·rro [tʃi.tʃá.ro] 男 1《魚》アジの一種（= jurel¹）．2《話》《経》高収益で株価の安定した企業．3《昆》セミ．4 → chicharrón 1．

chi·cha·rrón, rro·na [tʃi.tʃa.rón, -.ró.na] 形《ラ米》《⑦》《話》おべっかの，ごますりの．
── 男 1《料》豚の皮の空揚げ．(2)（複数で）豚の様々な部位の肉を型で固めた冷製肉．(3) 豚の脂身からラードをとった揚げかす．(4) 焼きすぎて脂気のない肉．2《話》よく日に焼けた人．3《ラ米》《⑦》（複数で）《話》お金，銭．

chi·che [tʃí.tʃe] 形《ラ米》《⑦》（プエルトリコ》きれいな，エレガントな．── 男 (1)《ラ米》《⑦》(ボリビア》《話》簡単なこと．(2)《アルゼン》《チリ》《ボリビア》《話》繊細[すてき]なもの．(3)《アルゼン》《チリ》《話》小装身具，装飾物；おもちゃ．
── 女 (1)《ラ米》《⑦》《幼児語》お肉．(2)《中米》《メキ》《俗》乳房．(3)《俗》女性のバスト．(4)《エクア》乳児用．

chi·che·ar [tʃi.tʃe.ár] 自 他（非難・注意のため）シーッと言う（= sisear）．

Chi·chén I·tzá [tʃi.tʃén i.tsá] 固名 チチェン・イツァ：メキシコ Yucatán 半島北部の遺跡．1988年世界遺産登録．♦10世紀末から12世紀に栄えた tolteca maya 新マヤの中心．
[マヤ語起源．「イッツァの地下溝の口」が原義]

chi·che·o [tʃi.tʃé.o] 男 → siseo．

chi·che·ra [tʃi.tʃé.ra] 女《ラ米》《⑦》《中米》《俗》刑務所，監獄．

chi·che·rí·a [tʃi.tʃe.rí.a] 女《ラ米》チチャ酒 chicha の販売店[酒場]．

chi·chi [tʃí.tʃi] 男《俗》女性の外陰部，陰門（= vulva）．── 女 (1)《俗》《メキ》《卑》女性の胸，乳房．(2)《話》乳母．

chi·chí [tʃi.tʃí] 男 (1)《中米》《メキ》《話》おちんちん；小便．(2)《中米》《メキ》《話》赤ちゃん，赤ん坊．

chi·chi·cas·te [tʃi.tʃi.kás.te] 男《ラ米》《⑦》《中米》《植》イラクサ（の一種）．

chi·chi·cui·lo·te [tʃi.tʃi.kwi.ló.te] 男《メキ》《鳥》チドリ・シギなどの総称．

chi·chi·gua [tʃi.tʃí.gwa] 女《ラ米》(1)《カリブ》小型の凧(たこ)．(2)《中米》《⑦》《話》乳母．(3)《ドミ》瑣事(さじ)；

小銭．

chi·chi·la·sa [tʃi.tʃi.lá.sa] 女《ラ米》《⑦》(1)《昆》アカアリ．(2)《話》とげのある美人．

chi·chi·lo [tʃi.tʃí.lo] 男《ラ米》《⑦》《動》ワタボウシパンシェ，ワタボウシキヌザル．

chi·chi·me·ca [tʃi.tʃi.mé.ka] 形 チチメカの．cultura 〜 チチメカ文化．♦10世紀以降 tolteca 文化を吸収・同化し，マサパ式土器・割石建築などに秀れ，azteca 文化を生み出したチチメカ人の文化の総体．
── 男 女 (1) チチメカ人．♦10世紀以降，Mesoamérica の北方から Anáhuac 高原へ南下した放浪の民の総称．azteca 人もこの一群に入る．chichimeca は一説によるとナワトル語で「野蛮人」の意．(2) メキシコ中央盆地のテスココ Texcoco にアコルワカン Acolhuacán 王国を建設した先住民．

chi·chi·me·co [tʃi.tʃi.mé.ko] 男《話》みすぼらしい男．(2)《話》小さな男．(3)《俗》卑しい男．

chi·chi·me·co, ca [tʃi.tʃi.mé.ko, -.ka] 形 男 女 → chichimeca．

chi·chi·na·bo [tʃi.tʃi.ná.bo] [chicha y nabo の縮約形] ***de chichinabo*** つまらない，くだらない．

chi·chis·be·o [tʃi.tʃis.bé.o] 男 1（女性への）親切，おだて．2 女性に親切な男．

chi·cho [tʃí.tʃo] 男 1（額に垂れた）巻き毛．
2（毛髪用の）カーラー，カールピン，カールクリップ．3《ラ米》《⑦》（複数で）《話》体の脂肪．

chi·cho·lo [tʃi.tʃó.lo] 男《ラ米》《⑦》トウモロコシの皮に包んだ菓子．

chi·chón [tʃi.tʃón] 男（頭にできた）こぶ，たんこぶ．

chi·chón, cho·na [tʃi.tʃón, -.tʃó.na] 形《話》(1)《中米》たやすい，やさしい．(2)《⑦》陽気な，よく冗談を言う．── 男 女 《話》《⑦》陽気な人，よく冗談を言う人．── 女 《⑦》胸の大きな女性．

chi·cho·ne·ar [tʃi.tʃo.ne.ár] 自《ラ米》《⑦》《話》冗談を言う，ふざける．

chi·cho·ne·ra [tʃi.tʃo.né.ra] 女 1 児童用安全帽．2《話》《スポ》ヘルメット．

*__chi·cle__ [tʃí.kle] 男 1 チューインガム．masticar 〜 ガムをかむ．〜 de globo [burbuja] 風船ガム．2 チクル；サポジラの樹脂．♦チューインガムの原料．サポジラ chicozapote の幹に傷を付け，採取した乳状の樹液を煮詰めたもの．3《ラ米》《⑦》《話》アスファルト．(2)《エクア》《話》うんざりする人，つきまとう人．(3)《エクア》《話》招かれなかった客．
[←［ナワトル語］*chictli*「ゴムの樹脂」]

chi·clé [tʃi.klé] 男《車》（キャブレター）ジェット：キャブレターにガソリンを送り込むノズル．

chi·cle·ar [tʃi.kle.ár] 自《ラ米》《中米》《⑦》チューインガムをかむ；チクルを採取する．

chi·cler [tʃi.klér] 男《車》（気化器部）の噴出口．

*__chi·co, ca__ [tʃí.ko, -.ka] 形 1 小さい，小さな．una casa muy *chica* とても小さな家．2 幼い，子供の．
── 男 女 1 男の子，女の子；青年．escuela para *chicas* 女子校．Es (un) buen 〜．彼はいい子ですよ．Al concierto del grupo vinieron miles de 〜s y *chicas*. そのグループのコンサートには何千人もの少年少女たちが来た．

> [類語] *niño* は幼児から小学校低学年くらいまでの子，*chico*, *muchacho* の年齢幅は非常に広く，小学校高学年から大学生，30代の大人までをも指す．大人の間でも自分より年下あるいは近い年齢の人に対して *chico* を用いることもある．

2 息子，娘，子供；恋人．Mis 〜s ya están en el

colegio. 私の子供たちはもう小学生です. El señor Ruiz tiene una *chica* de dieciséis años. ルイス氏には16歳の娘がいる. Mi *chica* se llama Elvira. 僕の恋人はエルビラと言います. **3** ボーイ, 使い走り; 家政婦, お手伝い(= *chica* para todo). ~ de [para] los recados メッセンジャーボーイ. **4** 《呼びかけ》君, おまえ, あなた. ¡Oye, ~! おい君. No es nada, *chica*. なんでもないよ, おまえ.
— 男 **1** 《話》ワインを計る単位:cuartillo の約3分の1 (168ミリリットル).
2 《ラ米》(ビリヤード・トランプの)勝負;初勝負.
— 間投 《驚きなど》おや, まあ.
chico con grande 大小ひっくるめて.
dejar chico a + 人 《話》〈人〉に勝つ, 勝る;〈人〉の影を薄くする.
[←? [ラ] *ciccum*「ザクロの実の皮膜;取るに足りないもの」]

chi·co·co, ca [tʃi.kó.ko, -.ka] 形 《ラ米》(荷)《話》〈特に子供が〉小さい;背の低い, ずんぐりむっくりした.
— 男 女 《ラ米》(荷)《話》〈小さい〉子供;背の低い子供[人].

chi·co·le·ar [tʃi.ko.le.ár] 自 《話》女性に甘い言葉をかける, 言い寄る, 口説く.
— ~**se** 再 《ラ米》(ニカ)《話》楽しむ.

chi·co·le·o [tʃi.ko.lé.o] 男 《話》 **1** (女性への)口説き文句, 甘い言葉(= *piropo*). decir ~*s* 口説く, 甘い言葉をかける. **2** (男女の)ふざけ合い, estar de ~いちゃつく. **3** 《ラ米》(キューバ)子供じみたこと.

chi·co·ria [tʃi.kó.rja] 女 《植》チコリー.

chi·co·ta·zo [tʃi.ko.tá.θo / -.so] 男 《ラ米》(口語)《話》酒のがぶ飲み. (2) 鞭(むち)打ち.

chi·co·te, ta [tʃi.kó.te, -.ta] 男 《話》大柄でたくましい男の子[女の子].
— 男 **1** 葉巻. **2** 《海》ロープ[綱]の端. **3** 《ラ米》(1) 鞭(むち)(= látigo). (2) (アラゴン)タバコの吸い殻. (3) (ラミ)ベルト, バンド. (4) (ラミ)安タバコ, 安葉巻. (5) (中米)一連, つながり;たくさん. (6) 葉巻の吸いさし.

chi·co·te·ar [tʃi.ko.te.ár] 他 《ラ米》 (1) (尾を)激しく振る. (2) (ラミ)《話》タバコの煙を吐く.
— 他 《ラ米》 (1) (ラミ)《俗》殺す;割る, 砕く. (2) (ラミ)(チリ)(荷)打つ.

chi·co·za·po·te [tʃi.ko.θa.pó.te / -.sa-.] 男 《植》サポジラ(= *zapote*):チューインガムの木. 樹皮からチクル *chicle* を抽出する.

chi·cue·li·na [tʃi.kwe.lí.na] 女 《闘牛》突進してくる牛の鼻先で体を回転させながら行うカポーテ *capote* の連続技.

chi·cue·lo, la [tʃi.kwé.lo, -.la] 形 非常に小さい. 男 女 《話》子供;街をうろついている子供.
[*chico* + 縮小辞]

chi·do, da [tʃí.ðo, -.ða] 形 《ラ米》(タホ)《話》すてきな, 最高の;とてもかわいい, かっこいい.

chi·fa [tʃí.fa] 男 (または女) 《ラ米》(ベルー)(ボリビア)(中米)(荷)《話》中華料理店;中華料理.

chif·fon·nier [tʃi.fo.njér // ʃi.-] [仏] 男 → *chifonier*.

chi·fla[1] [tʃí.fla] 女 口笛[笛](を吹くこと);(口笛による)野次. Menuda ~ se llevó. 彼[彼女]はひどく野次られた.

chi·fla[2] [tʃí.fla] 女 皮革工芸用ナイフ.

chi·fla·do, da [tʃi.flá.ðo, -.ða] 形 《話》
1 《*estar* +》頭がおかしい, 気が変な (= *loco*).
2 《*estar* +》《*con...* / *por...* ...に》熱中した, ほれた. Está ~ *por* comer dulces. 彼は甘い物に目がない.
— 男 女 《話》頭のおかしい人, 気が変な人;熱狂的な

ファン, マニア. ~ del fútbol 熱烈なサッカーファン.

chi·fla·du·ra [tʃi.fla.ðú.ra] 女 《話》 **1** 気がふれること, 常軌を逸すること. **2** 熱狂, 目がないこと, その対象. ~ *por* las motos オートバイ・マニア.

chi·flar [tʃi.flár] 自 **1** 口笛[呼び子, 笛]を鳴らす. **2** 《ラ米》(1) (メヒコ)(コロンビア)〈鳥が〉さえずる. (2) (中米)(ラブ)強く口笛を吹く.
— 他 **1** 《話》夢中にさせる, とりこにする. Ese chico me *chifla*. 私はその子に夢中なの. **2** (口笛を吹いて)からかう, 野次る. **3** 〈酒を〉がぶ飲みする. **4** 《ラ米》(中米)得意がらせる, うぬぼれさせる, 甘やかす.
— ~**se** 再 **1** 《*por...* / *con...* ...に》夢中になる;《...で》分別を失う. ~*se por* el cine 映画に夢中である. **2** 《話》頭がおかしくなる. Con los años *se han chiflado* totalmente. 彼らは年ですっかりぼけてしまっている. **3** 《*de...* ...を》からかう. **4** 《ラ米》(中米)うぬぼれる;怒る;子供っぽいまねをする.
chiflárselas 《ラ米》(中米)《俗》死ぬ.

chi·fla·to [tʃi.flá.to] 男 呼び子, 笛.

chi·fle [tʃí.fle] 男 **1** 角製の火薬入れ. **2** 呼び子, 笛;鳥寄せの笛. **3** 《ラ米》(ウルグアイ)《複数で》角(の). (2) (ベルー)揚げバナナ.

chi·fle·ta [tʃi.flé.ta] 女 《ラ米》(コスタリカ)愚弄, 皮肉がこめられた冗談.

chi·fli·do [tʃi.flí.ðo] 男 呼び子[口笛]の音;呼び子[口笛]を吹くこと.

chi·flis [tʃí.flis] 形 《ラ米》(コロンビア)《話》頭がおかしい.

chi·flo [tʃí.flo] 男 笛, 縦笛.

chi·flón [tʃi.flón] 男 《ラ米》 (1) (チリ)(坑道内の)落盤. (2) (チリ)(水車の)導水管, 水口;(ホースの)吹き出し口, ノズル. (3) すき間風. (4) (ラブ)(中米)(メヒコ)急流, 奔流, 早瀬. (5) (中米)滝. (6) (ラブ)突風, 一陣の風.

chi·fo·nier [tʃi.fo.njér] 男 トールチェスト, 幅が狭く背の高い引き出し収納家具.

chi·fur·nia [tʃi.fúr.nja] 女 《ラ米》(中米)《話》目立たない場所.

chi·gre [tʃí.gre] 男 **1** (Asturias 地方で)シドラ *sidra* を出す居酒屋;シドラを出す店. **2** 《機》ウインチ.

chi·gua [tʃí.gwa] 女 《ラ米》(チリ)(ベルー)(エクアドル)編み籠(かご), 籐(とう)・革・縄・樹皮などで編んだ楕円形で木の枠がついた籠:物を入れたり, 運んだり, 赤ん坊を入れたりする.

chi·güín, güi·na [tʃi.gwín, -.gwí.na] 男 女 《ラ米》(中米)《話》子供, 少年, 少女.

chi·hua·hua [tʃi.(g)wá.(g)wa] 男 **1** 《動》(小型犬の)チワワ. **2** 《ラ米》(中米)《*C*~》《驚き》おやっ, まあ.

Chi·hua·hua [tʃi.(g)wá.(g)wa] 固名 チワワ:メキシコ北部の州;州都. ◆チワワ犬の原産地.

chi·í [tʃí.í] 形 男 女 → *chiíta*.

chi·ís·mo, chi·ís·mo [tʃi.ís.mo] 男 シーア派(の教義):イスラム教の二大分派の一派. ムハンマド Mahoma のいとこで娘婿(むすめむこ)のアリー Alí とその後継者のみを正統とする.

chi·í·ta / chi·í·ta [tʃi.í.ta] 形 シーア派の.
— 男 女 シーア派 *chiismo* の信徒. ▶「スンニ派」は *sunita*.

chi·la·ba [tʃi.lá.ba] 女 《服飾》(アラブ人の着る)フード付きのゆったりした長衣.

chi·la·ca·yo·te [tʃi.la.ka.jó.te] 男 《植》カボチャ属の一種.

chi·lan·go, ga [tʃi.láŋ.go, -.ga] 男 女 《ラ米》(メヒコ)《話》メキシコシティー生まれの人.

chi·la·quil [tʃi.la.kíl] 男 《ラ米》(メヒコ)《話》《複数で》《料》チラキレス:トルティージャ *tortilla* を唐辛子, トマトなどのソ

chilaba
(フード付き長衣)

ースやタマネギなどの野菜と炒(いた)め煮してチーズなどであえた料理.

chi·la·qui·la [tʃi.la.kí.la] 囡《ラ米》《中米》チーズ・野菜・チリソースなどを入れたトルティージャ tortilla.

chi·lar [tʃi.lár] 男 トウガラシ畑.

chi·la·to·le [tʃi.la.tó.le] 男《ラ米》《中米》《話》【料】チラトーレ:トウモロコシ・唐辛子・肉と野菜の煮込み.

chil·ca [tʃíl.ka] 囡《ラ米》《南米》【植】主にキク科バッカリス属・ヒヨドリバナ属のさまざまな自生草木の総称.

chil·co [tʃíl.ko] 男《ラ米》《中》【植】野生のフクシア.

***chi·le** [tʃí.le] 男 1【植】(メキシコ原産の)**チリトウガラシ**, トウガラシ;【料】チリソース. ~ japonés (日本の) 赤トウガラシ. ~ ancho [mango]《ラ米》ピーマン. 2《ラ米》《中米》《話》うそ, でたらめ. *estar hecho un chile*《ラ米》激怒している. *ir hecho chile*《ラ米》《中米》すばやく動く.
[←[ナワトル]*chilli*]

****Chi·le** [tʃí.le] 固名 **チリ**: 南米南西部の共和国/面積:75.7万km² / 人口:約1260万 / 首都: Santiago / 言語: スペイン語 (公用語) / 通貨: peso ($ 1 = 100 centavos) / 住民: メスティーソ (66%), (スペイン系) 白人 (25%), 先住民 (5%) / 宗教: カトリック (89%) / 守護聖人 一大ヤコブ Santiago.
♦先住民は inca, atacama, araucano. 16世紀中ごろ, Pedro de Valdivia の率いるスペイン人が征服したが, araucano との紛争は18世紀中ごろまで続いた. 1818年2月12日独立.
[←?[ケチュア]*chiri*「寒い」]

chi·le·na [tʃi.lé.na] 囡《スポ》(サッカー) オーバーヘッドシュート.

chi·le·nis·mo [tʃi.le.nís.mo] 男 1 チリ特有のスペイン語法[表現・語義・単語].
2 チリ人気質;チリの特質 (賛美).

chi·le·ni·zar [tʃi.le.ni.θár / -.sár] 97 他 チリ風にする, チリの習慣に染める.

***chi·le·no, na** [tʃi.lé.no, -.na] 形 チリの, チリ人の. — 男囡 チリ人. — 男 チリのスペイン語.

chi·li [tʃí.li] 男【料】チリソース.

chi·li·co·te [tʃi.li.kó.te] 男《ラ米》《メキシコ》《カリブ》《中米》【昆】コオロギ.

chi·li·llo [tʃi.lí.jo ‖ -.ʎo] 男《ラ米》《中米》鞭(むち).

chi·lin·dri·na [tʃi.lin.drí.na] 囡《話》1 取るにたりないこと, ささいなこと.
2 小話;冗談;悪気のないいたずら.

chi·lin·drón [tʃi.lin.drón] 男 1【料】チリンドロン:タマネギ・トマト・ピーマンなどを炒(いた)め煮したソース. *pollo al* ~ 鶏のチリンドロン風.
2【遊】トランプゲームの一種.

chi·lin·go [tʃi.líŋ.go] 男《ラ米》《コロンビア》《話》小さな物.

chi·li·to [tʃi.lí.to] 男《ラ米》《メキシコ》【遊】凧(たこ).

chi·lla¹ [tʃí.ja ‖ -.ʎa] 囡 (狩猟用) 呼び笛, おとり笛.

chi·lla² [tʃí.ja ‖ -.ʎa] 囡【建】(粗悪な) 薄板.

chi·lla³ [tʃí.ja ‖ -.ʎa] 囡 (1)(毛) 剛毛. (2)【動】キツネの一種. (3)【建】天井桟敷. (4)《中米》《話》貧困, 困窮.

chi·lla·de·ra [tʃi.ja.dé.ra ‖ -.ʎa.-]《中》《話》(キーキー) なくこと;きしむこと.

chi·lla·dor, do·ra [tʃi.ja.dór, -.dó.ra ‖ -.ʎa.-] 形 鋭い声の, 甲高い声の, 金切り声の.
— 男囡 金切り声を上げる人, 大声でわめく人.

chi·llan·te [tʃi.ján.te ‖ -.ʎán.-] 形 1〈色が〉けばけばしい, 毒々しい. 2 甲高い声の, 金切り声を上げる者.

***chi·llar** [tʃi.jár ‖ -.ʎá.-] 自 1 金切り声を上げる;甲高い声で話す. 2 泣きわめく;大声を上げる. *El niño no para de* ~. その子はちっとも泣きやまない. 3〈ドアなどが〉きしむ (= chirriar). 4 (狩りで) おとりの笛を吹く. 5〈色が〉けばけばしくなる. 6《ラ米》(1) 抗議する. (2)《メキシコ》《南米》《話》不平を言う. (2)《中米》《カリブ》《話》密告する. (3)《中米》《カリブ》《話》《否定の **no** を伴って》黙る.
— 他 うるさく言う, 失礼な物言いをする;しかりつける. *Fue chillado por el público.* 彼は聴衆の非難を浴びた.
— ~·se 再《ラ米》(1)《**con**...》…に》文句を言う, 抗議する. (2)《中米》《話》きまり悪くなる;不快になる. (3)《メキシコ》《話》怒る, 不機嫌になる.
[← [古スペイン] *chirlar* ← [俗] *fistulāre*「笛を吹く」([ラ] *fistula*「管;牧者の笛」より派生;【関連】 chillido, chillón)

chi·lle·rí·a [tʃi.je.rí.a ‖ -.ʎe.-] 囡《集合的》鋭く甲高い叫び声, 喚声;騒ぎ. *Se armó una* ~. キーキーギャーギャー大騒ぎになった.

chi·lli·do [tʃi.jí.do ‖ -.ʎí.-] 男 金切り声;甲高い声, 叫び声;泣き声. *dar grandes* ~*s* 大声で (泣き) 叫ぶ.

chi·llo [tʃí.jo ‖ -.ʎo] 男 1【建】(粗悪な) 薄い板.
2《ラ米》(1)《中米》《話》借金. (2)《カリブ》《アンデス》怒り, 憤怒;抗議の叫び. (3)《ラ米》《集合的》庶民;貧民. (4)《カリブ》《話》浮気, 不倫.

chi·llo, lla [tʃí.jo, -.ja ‖ -.ʎo, -.ʎa] 男囡《ラ米》《カリブ》《話》愛人.

chi·llón, llo·na [tʃi.jón, -.jó.na ‖ -.ʎón, -.ʎó.-] 形 1 やかましい, うるさい;金切り声の. *un niño* ~ うるさく泣く子供. *una voz chillona* 金切り声.
2〈ドアなどが〉きしむ;〈色が〉どぎつい, 配色の悪い.
— 男囡 口うるさい人;騒々しい人.

chil·mo·le [tʃil.mó.le] 男《ラ米》《中米》《話》【料】チルモレ (ソース): トウガラシ・トマト・その他の野菜を煮込んだソース, またそのソースを使った料理.

chil·mo·le·ro, ra [tʃil.mo.lé.ro, -.ra] 形 1 チルモレ (ソース) chilmole を売る. 2 うっとうしい, いやな. — 男囡 チルモレ売り.

chi·lo·te [tʃi.ló.te] 男《ラ米》《中》チロエ島民.

chil·pa·ya·te, ta [tʃil.pa.já.te, -.ta] 男《ラ米》《メキシコ》《話》幼児, 子供.

chil·ti·pi·quín [tʃil.ti.pi.kín] 男《ラ米》《メキシコ》【植】チレピキン (= chile piquín) : 粒状の最も辛いチリトウガラシ.

chi·ma·chi·ma [tʃi.ma.tʃí.ma] 男《ラ米》《アンデス》【鳥】キバラカラカラ.

chi·mal [tʃi.mál] 男《ラ米》《メキシコ》もじゃもじゃの髪.

chi·man·go [tʃi.máŋ.go] 男《ラ米》《中米》【鳥】チマンゴカラカラ: 南米に住むハヤブサ科の猛禽.

chi·mar [tʃi.már] 他《ラ米》(1)《ラプラタ》《中米》《話》てこずらせる, 悩ます. (2)《中米》《話》〈かく, かきむしる.

chim·ba [tʃím.ba] 囡《ラ米》(1)《カリブ》《アンデス》お下げ髪. (2)《中米》《話》向こう岸, 対岸. (3)《中米》《卑》女性器. (4)《中米》浅瀬. (5)《中》(川を越えたところにある) 町外れ.

chim·bar [tʃim.bár] 他《ラ米》《中米》〈浅瀬を〉渡る.

chim·be·ro, ra [tʃim.bé.ro, -.ra] 形《ラ米》《中米》《話》《軽蔑》町外れ (場末) に住む.
— 男《ラ米》《中米》《俗》好色な男;女たらし.

chim·bo [tʃím.bo] 男《ラ米》《中米》《卑》陰茎. (2)《アンデス》《話》小さな商店. (3)《アンデス》《話》粗悪品.

chim·bo, ba [tʃím.bo, -.ba] 形 1 (スペインの) ビルバオ Bilbao の. 2《ラ米》《中米》《話》(1)《アンデス》うそつきの. (2)《アンデス》《中米》擦り切れた, すり減った.

―男女 1 ビルバオの住民[出身者]. 2 《ラ米》《誇り》ひと切れの肉;小銭,ばら銭.
cheque chimbo 《ラ米》《誇り》不渡り小切手.

Chim·bo·ra·zo [tʃim.bo.rá.θo / -.so] 固名 チンボラソ. (1) 南米エクアドルの州. (2) エクアドルの最高峰. 6310m. [[ケチュア] *chimba* 「川;川を隔てて相対するもの」+[ケチュア] *razu* 「雪」(年中雪をかぶった2つの峰の形容か？)]

*chi·me·ne·a [tʃi.me.né.a] 女 1 煙突, 排気孔;煙突状のもの. las ～s de una fábrica 工場の煙突. ～ de tiro 排気ダクト. ～ de ventilación ～ de aire 通気孔, ダクト. 2 暖炉, マントルピース. ～ de campana フード付き暖炉. ～ estufa 暖炉のはめ込みストーブ. ～ francesa (飾り棚の付いた) 暖炉, マントルピース. 3 【地学】火道;火山噴出物の通路. ～ volcánica 噴火口. 4 チムニー:岩壁・氷山などに縦に走っている裂け目. 5 《話》頭. no andar bien de la ～ / estar mal de la ～ 頭がおかしい.
chimenea de paracaídas パラシュート・ベント:パラシュート頂部の空気孔.
[←[古仏] *cheminee* ([仏] *cheminée* ←[後ラ] *caminata*;[ラ] *caminus* 「暖炉」(←[ギ] *káminos*) より派生. [関連] [英] *chimney*]

chi·men·tar [tʃi.men.tár] 他 《ラ米》《誇り》《話》うわさをする.

chi·men·to [tʃi.mén.to] 男 《ラ米》《誇り》(複数で) 《話》うわさ話, ゴシップ.

chi·mis·co·le·ar [tʃi.mis.ko.le.ár] 自 《ラ米》《誇り》ぶらつく, ほっつき歩く.

chi·mis·co·le·ro, ra [tʃi.mis.ko.lé.ro, -.ra] 男女《ラ米》《誇り》おしゃべり屋, ゴシップ好き.

chim·pan·cé [tʃim.pan.θé / -.sé] 男 【動】チンパンジー.

chim·pín [tʃim.pín] 男 《ラ米》《誇り》《話》酒に酔った. ―男 《ラ米》《誇り》焼酎(しょうちゅう), 安酒.

chi·mue·lo, la [tʃi.mwé.lo, -.la] 形 《ラ米》《誇り》《話》歯の抜けた, 歯のない.

chi·na¹ [tʃí.na] 女 1 小さな玉石, 小石. 2 《俗》お金. 3 《隠》少量のハシッシュ, 大麻. 4 (石などを飛ばす) パチンコ. 5 困難, 障害. 6 (1) 《誇り》《誇り》《誇り》【植】オレンジ. (2) 《誇り》《誇り》《誇り》ミカン. (2) 《誇り》《誇り》《誇り》《話》メイド, 家政婦. (3) 《中米》《話》愛人, 情婦. (4) 《中米》《誇り》《誇り》子守(女). (5) 《誇り》先住民[混血]の女, 田舎娘. (6) 《誇り》《遊》独楽(こま). (7) 《誇り》《誇り》美人, かわいい子. (8) 《誇り》ふいご.
echar... a chinas ～をくじで決める.
jugar [echar] a la china (8) (握った手のどちらに石ころなどが入っているかを) 当てっこする.
poner chinas a +人 (人)の邪魔をする.
*tocar*le (a+人) *la china* 《話》(人)に損な役回りが当たる, 貧乏くじを引く.

chi·na² [tʃí.na] 女 1 磁器, 陶磁器 (= porcelana). 2 絹織物;その類似品. 3 【植】(1) サルトリイバラ. (2) ホウセンカ. [昔の原産国名 China の連想名詞化. [関連] [英] *China*]

*Chi·na [tʃí.na] 固名 中国. República Popular ～ 中華人民共和国. 首都 Pekín, Beijing (北京). [←[ポルトガル] *China*←[中] *Ch'in*「秦(王朝)」]

chi·na·ca [tʃi.ná.ka] 女 《ラ米》《誇り》《集合的》ぼろをまとった人々, 貧民:レフォルマ[改革]戦争 (1858-61), メキシコ革命 (1910-17) 時にまともなものなかった人民軍兵士 chinacos に由来する.

chi·na·ma [tʃi.ná.ma] 女 《ラ米》(1) 《中米》ひさし;(粗末な)小屋. (2) 《中米》《中米》行きつけの (小さな) 飲み屋;屋台.

chi·nam·pa [tʃi.nám.pa] 女 チナンパ:メキシコシティー郊外の Xochimilco を中心とした水郷地帯にある花畑[菜園]. 古くは azteca 人が湖の水草の上に泥土を積み上げて造成した.

chi·nam·pe·ro, ra [tʃi.nam.pé.ro, -.ra] 形 《ラ米》《誇り》チナンパ chinampa の[で採れた].

chi·nam·pi·na [tʃi.nam.pí.na] 女 《ラ米》《誇り》《話》(1) ねずみ花火, 爆竹. (2) きかん坊, いたずらっ子.

chi·nan·cal [tʃi.naŋ.kál] 男 《ラ米》《誇り》《俗》粗末な小屋.

chi·na·rro [tʃi.ná.ro] 男 (大きめの) 小石.

chi·na·zo [tʃi.ná.θo / -.so] 男 小石をぶつけること;石つぶて.

chin·cha [tʃín.tʃa] 女 《ラ米》→ *chinche* 女 1.

chin·chal [tʃin.tʃál] 男 《ラ米》《誇り》タバコ屋, 小店.

chin·char [tʃin.tʃár] 他 1 《話》不愉快にさせる, 悩ます (= *fastidiar*). 2 《俗》殺す. ―～se 再 1 《話》我慢する, 辛抱する. *Chínchate*, que te he ganado. おあいにくさま, 僕の勝ちだ. ▶ 主に命令形または接続法の形をとる. 2 不快な思いをする. *¡Para que te chinches!* 《話》うるさい, 文句あるか, ざまあみろ. Me lo dieron a mí, *¡para que te chinches!* それはおれがもらったんだ, わかったか.

chin·cha·rra·zo [tʃin.tʃa.rá.θo / -.so] 男 《話》剣の平打ち.

chin·cha·rre·ro [tʃin.tʃa.ré.ro] 男 1 ナンキンムシの巣. 2 《ラ米》《誇り》小さな漁船.

chin·cha·yo·te [tʃin.tʃa.jó.te] 男 《ラ米》《誇り》《話》ハヤトウリ chayote の根(食用).

chin·che [tʃín.tʃe] 形 1 《話》うるさい, しつこい, わずらわしい. 2 《ラ米》《中米》けちな.
―男女 1 《話》うるさい人. 2 《ラ米》《誇り》《誇り》《話》手に負えない人.
―男 1 【昆】ナンキンムシ, トコジラミ. 2 《ラ米》画鋲(がびょう), 押しピン. ―男女 《ラ米》《誇り》《俗》性病.
morir [caer] como chinches 《話》大勢死ぬ.
[←[ラ] *címicem* (*cimex* の対格)]

chin·che·rí·a [tʃin.tʃe.rí.a] 女 《ラ米》《誇り》《話》汚い場所.

chin·che·ro [tʃin.tʃé.ro] 男 1 【鳥】(南米産)ハシナガオニキバシリ. 2 《ラ米》《誇り》汚い場所.

chin·che·ta [tʃin.tʃé.ta] 女 画鋲(がびょう).

chin·chi·bí [tʃin.tʃi.bí] 男 《ラ米》(1) 《中米》ショウガ風味のチチャ酒. (2) 《中米》《誇り》《誇り》ジンジャービール.

chin·chi·lla [tʃin.tʃí.ja ‖ -.ʎa] 女 【動】チンチラ, ケイト(毛糸)ネズミ;チンチラの毛皮. [アイマラ語またはケチュア語起源？一説では *chinche* の派生語]

chin·chín [tʃin.tʃín] 男 1 ブラスバンド, 楽隊の音楽. el ～ de la banda 楽隊の音楽. 2 《話》乾杯のことば;《間投詞的に》乾杯. hacer ～ 乾杯する. *¡Feliz cumpleaños, ～!* 誕生日おめでとう, 乾杯. 3 《ラ米》(1) 《中米》《誇り》《遊》(おもちゃの) ガラガラ. (2) 《誇り》《話》小片, かけら;少々. (3) 《中米》《誇り》少額のお金. (4) 《誇り》《中米》霧雨.

chin·chón [tʃin.tʃón] 男 1 チンチョン:アニスから作る蒸留酒 (Madrid 県の同名の村の名産). 2 《遊》チンチョン:ブリッジに似たトランプゲームの一つ.

chin·cho·na [tʃin.tʃó.na] 女 【植】キナ(の木).

chin·cho·rre·rí·a [tʃin.tʃo.ré.ri.a] 女 《話》《軽蔑》1 うんざりすること, 口やかましいこと, 細かすぎること. 2 うわさ話;中傷 (= *chisme*).

chin·cho·rre·ro, ra [tʃin.tʃo.ré.ro, -.ra] 形 1 口うるさい, 口やかましい. 2 おしゃべりな, うわさ好きの. ―男女 1 口うるさい人, 口やかましい人. 2 ～

chin・cho・rro [tʃin.tʃó.r̄o] 男 **1** 《海》(1) 地引き網. (2) (手漕ぎの) 小型のボート. **2** 《ラ米》(1) 《ミスシテ》《農》(家畜の) 小さな群れ. (2) 《タリ》《話》ちっぽけな店. (3) 《タリ》《エクア》《コスタ》ハンモック.

chin・cho・so, sa [tʃin.tʃó.so, -.sa] 形 **1** 《話》(人に対して) うるさい, うんざりする. **2** ナンキンムシだらけの. **3** 《ラ米》《ジアシ》《エクア》《プエリ》怒りっぽい.
— 男 女 《話》うるさい人.

chin・chu・do, da [tʃin.tʃú.ðo, -.ða] 形 《ラ米》《プエリ》怒りっぽい.

chin・chu・lín [tʃin.tʃu.lín] 男 《ラ米》《プエリ》《複数で》腸の焼き肉.

chin・chu・rria [tʃin.tʃú.r̄ja] 女 → chinchulín.

chin・co・al [tʃin.ko.ál] 男 ***tener chincoal*** 《ラ米》《ミスシテ》《話》[落ち着いて]いられない.

chin・col [tʃin.kól] 男 《ラ米》《チリ》《鳥》アカエリシト (= chingolo).

chin・cual [tʃin.kwál] 男 《ラ米》《チリ》《話》《医》はしか, 麻疹(ケ).

chin・cue・te [tʃin.kwé.te] 男 《ラ米》《メキシ》《話》《服飾》先住民族の女性が身につける巻きスカート.

chi・né [tʃi.né] 《仏》形 先染めの絹糸の; 種々の色に染めた. — 男 まだら織りの絹布.

chi・ne・ar [tʃi.ne.ár] 他 《ラ米》《エクア》《コスタ》抱きかかえる. (2) 《ホンジ》あやす, かわいがる. (3) 《ベネ》《俗》見る.

chi・ne・la [tʃi.né.la] 女 **1** スリッパ, 室内履き. **2** (女性が靴の上に履く雨・泥よけ用の) コルク底の履物.

chi・ne・rí・a [tʃi.ne.rí.a] 女 《ラ米》《プエリ》《話》《集合的》中国人.

chi・ne・rí・o [tʃi.ne.rí.o] 男 《ラ米》《プエリ》《チリ》《集合的》下層の人々; 先住民・中国系の人々.

chi・ne・ro [tʃi.né.ro] 男 食器戸棚.

chi・nes・co, ca [tʃi.nés.ko, -.ka] 形 中国 (特有) の; 中国風の. ***a la chinesca*** 《話》中国風に, 中国式に.
— 男 《音楽》棒の先端に鈴がついていて振って鳴らす楽隊の楽器.
sombras chinescas 影絵 (劇).

chin・ga [tʃíŋ.ga] 女 《ラ米》(1) 《ホンジ》《話》からかい, ふざけ. (2) 《動》スカンク. (3) 《ニカ》《話》少し, 少量, ちょっと. (4) 《話》辱め, 屈辱; (女性を) 犯すこと. (5) 《中米》《エルサ》葉巻の吸い殻.

chin・ga・da [tʃiŋ.gá.ða] 女 《ラ米》《メキシ》《話》(1) 《話》へま, しくじり, 失敗. (2) 《卑》犯すこと, 性交. (3) 《卑》犯された女. — 間投 《俗》《驚き・怒り・不快》えっ, くそっ.
importar una chingada 《ラ米》《メキシ》《俗》全く [ほとんど] 重要ではない.
mandar a +人 a la chingada 《ラ米》《メキシ》《俗》〈人〉を追い払う.

chin・ga・de・ra [tʃiŋ.ga.ðé.ra] 女 《ラ米》《メキシ》(1) 《話》ささいなこと, 重要でないこと. (2) 《話》迷惑, 不快.

chin・ga・do, da [tʃiŋ.gá.ðo, -.ða] 形 《ラ米》《メキシ》《俗》いかれた, ぼろぼろの. ***¡Hijo de la [tu] chingada madre!*** ばか野郎; くそくらえ. (3) 《ベネ》唖然(ゼン)とした; 気が違った. (4) 《話》打ちのめされた, がっくりきた; 怒っている. (5) 《メキシ》《洋服・帽子など》端がもち上がった.

chin・ga・du・ra [tʃiŋ.ga.ðú.ra] 女 《ラ米》《メキシ》へま, しくじり, 失敗.

chin・ga・na [tʃiŋ.gá.na] 女 《ラ米》(1) 《話》どんちゃん騒ぎ, ばか騒ぎ; 《メキシ》《話》下層の人々のパーティー. (2) 《南米》安酒場. (3) 《ボリ》穴, 地下道.

chin・ga・ne・ar [tʃiŋ.ga.ne.ár] 自 《ラ米》《南米》安酒場をうろつく; どんちゃん騒ぎをする.

chin・ga・ne・ro, ra [tʃiŋ.ga.né.ro, -.ra] 形 《ラ米》《話》飲んだくれの.
— 男 女 《話》《南米》(1) 飲んだくれ. (2) 酒場の主人.

chin・gar [tʃiŋ.gár] 103 他 **1** 《話》〈酒〉をしこたま飲む. **2** 《話》不快にする, うんざりさせる, 悩ます, 〈人に〉迷惑をかける, 嫌なことをする. (= fastidiar). **3** 《話》〈女性〉を犯す, 〈女性〉と性交する. ***¡Chinga a tu madre!*** 《ラ米》《メキシ》《話》《最大級の悪口》このばか野郎め; ちくしょう. **5** 《ラ米》(1) 《中米》…のしっぽを切る. (2) 《話》やっつける, 〈人に〉仕返しをする. (3) 《エルサ》肩に担ぐ. (4) 《チリ》仕損じる. (5) 《ベネ》《話》だます, たぶらかす. **6** 《ラ米》(1) 《チリ》《アルゼン》《ベネ》冗談を言う, ふざける. (2) 《パラ》《エクア》《チリ》《話》失敗する. (3) 《服のへりが》(片側がもう一方の側よりずり下がるなどして) 整っていない. (4) 《ボリ》ベルトを締めつける. (5) 《まれ》ひるむ, おじけづく.
— **~・se** 再 **1** 《話》腹が立つ, いらいらする. **2** 《俗》酔っ払う. **3** 《ラ米》(1) 《話》失敗に終わる, 台なしになる. (2) 《話》終わらせる, だめにする; 殺す.

chin・gas・te [tʃiŋ.gás.te] 男 《ラ米》《中米》おり, かす.

chin・ga・zo [tʃiŋ.gá.θo / -.so] 男 《ラ米》《中南》《メキシ》一撃, 強打.

chin・go [tʃíŋ.go] 男 《ラ米》(1) 《中米》《複数で》《服飾》下着. (2) 《コスタ》嫌み, 当てつけ. (3) 《パラ》《ボリ》小舟. (4) 《エクア》《ニカ》小馬. (5) 《メキシ》大量, 多数.

chin・go, ga [tʃíŋ.go, -.ga] 形 《ラ米》(1) 《話》小さい. (2) 《チリ》《丈の短い; 刃のない; 尾のない. (3) 《ニカ》鼻の小さい[低い]. (4) 《コスタ》《俗》丸裸の. — 男 女 《話》鼻の小さい[低い]人.
estar chingo por... 《ラ米》《コスタ》《話》…をしきりに欲しがる.

chin・go・lo [tʃiŋ.gó.lo] 男 《ラ米》《南米》《鳥》アカエリシト.

chin・gón, go・na [tʃiŋ.gón, -.gó.na] 形 《ラ米》《メキシ》よい, 素敵な, すばらしい.
— 男 《ラ米》《メキシ》《話》男らしい男.
— 女 《ラ米》《メキシ》《俗》性的魅力のある女性.

chin・gue [tʃíŋ.ge] 男 《ラ米》《チリ》《話》ひどい臭いの, 悪臭を放つ. — 男 《ラ米》《チリ》《動》スカンク.

chin・gue・ar [tʃiŋ.ge.ár] 他 《ラ米》《コスタ》《話》〈人に〉迷惑をかける, うんざりさせる.

chin・gue・ro, ra [tʃiŋ.gé.ro, -.ra] 男 女 《ラ米》《コスタ》《俗》賭場(ト)の主人.

chin・gui・ri・to [tʃiŋ.gi.rí.to] 男 《ラ米》(1) 《ベネ》《話》(酒の) ひと飲み. (2) 《ニカ》《メキシ》サトウキビ焼酎(ショシ), タフィア (= aguardiente de caña).

chin・gui・to [tʃiŋ.gí.to] 男 《ラ米》《ボリ》(1) 《話》ひとかけら, 少々. (2) パンくず.

chi・ni・to, ta [tʃi.ní.to, -.ta] 男 女 《ラ米》(1) 《ラプラ》(年少の) 召使い, 小間使い. (2) 《話》かわいい[いとしい] 人.

chi・no, na [tʃí.no, -.na] 形 《名詞+》《ser+》**1** 中国の, 中国人[語]の. restaurante ~ 中華料理店. pantalón ~ / pantalones ~s チノパンツ. la mafia *china* 中国マフィア. dibujo a [con] tinta *china* 墨絵, 水墨画. la República Popular *China* 中華人民共和国. el Partido Comunista C~ 中国共産党. **2**《ラ米》(髪が)硬い直毛の.

3《ラ米》(**1**)《ﾗﾌﾟ》《動物が》黄色がかった. (**2**)《中米》(髪が)巻き毛の, カールした. (**3**) 先住民の;(先住民・黒人との)混血の. (**4**)《中米》《話》怒った, 不機嫌な. (**5**)《ｸﾞｱﾃ》《話》飽き飽きしている.
── 男 女 **1** 中国人 (▶ 日本人など東洋人に対してやや侮辱的に言う場合がある). más de 1.300 millones de ~s 13億以上の中国人.
2《ラ米》(**1**)《ﾗﾌﾟ》《話》子供, 少年, 少女. (**2**) 先住民;(先住民・黒人との)混血の人.
── 男 **1** 中国語. hablar en ~ 中国語で話す.
2《話》ちんぷんかんぷんな言葉. **3**《料》(円錐形の)こし器. **4**《俗》《隠》《ｺﾛﾝ》キプロス (銀紙の上であぶって気化させ吸引する)ヘロイン. hacerse un ~ (吸引するために)ヘロインをあぶる. **5** チノパンツ. **6** 中華料理店. **7** (丸い)磨き石 (= china[1]). **8** 豚. **9** 夜店.
10《ラ米》(**1**)《ﾗﾌﾟ》圧縮大麻;ヘロインタバコ. (**2**)《中米》《複数で》巻き[縮れ]毛. (**3**)《中米》カーラー. (**4**)《ﾄﾞﾐ・ﾌﾟｴ》《動》ブタ. (**5**)《ﾌﾞｴ》作業ズボン. (**6**)《ﾁﾘ》田舎者. (**7**)《ｸﾞｱﾃ》《中米》《話》怒り, 腹立ち.

engañar a+人 como a un chino《話》《軽蔑》《人》をまんまとだます (▶ 《人》が複数の場合は un chino a los chinos になる).

estar chino por...《ラ米》《中米》...をしきりに欲しがる.

jugar(se)... a los chinos《遊》...を(握っている)コインの数当てで決める;コインの数当てをする.

quedar como un chino《ラ米》《ﾁﾘ》《ﾎﾟﾘｳ》《ﾌﾟｴﾙ》うまくいかない, 結果が悪い.

sonarle a chino (a+人)《人》が皆目わからない. Esto *me suena a ~*. 私にはこれがさっぱりわからない.

trabajar como [más que] un chino よく働く;働きすぎる. Las mujeres *trabajan como ~s*. その女性たちはよく働く (▶ 主語が複数のときは un chino a chinos になる).

(*un*) *trabajo de chinos* たいへん骨の折れる仕事 (▶ un を付けることが多い).

chi·nó·lo·go, ga [tʃi.nó.lo.ɣo, -.ɣa] 形 中国学の, 中国研究の. ── 男 女 中国学者, 中国研究者.

chintz [tʃín(t)θ / tʃín(t)s] 《英》 男 チンツ:光沢のある木綿地, 更紗(ｻﾗｻ).

chip [tʃíp] 男[複 ~s] **1**《ＩＴ》(マイクロ)チップ, 集積回路.
2《複数で》《料》ポテトチップス, フライドポテト.
3《スポ》(ゴルフの)チップショット.

chi·pa [tʃí.pa] 女 《ラ米》(**1**)《ﾊﾟﾗ》《ﾎﾟﾘ》《話》いかさまの手. (**2**)《中米》《ﾎﾟﾘ》, わら苞(ﾂﾄ), 包装[瓶]入れ. (**3**)《俗》刑務所, 監獄. (**4**)《ﾗﾌﾟ》頭当て.

chi·pá [tʃi.pá] 男 《ラ米》《ﾊﾟﾗ》(**1**) トウモロコシ[タピオカ]粉で作ったパン. (**2**) 肝臓.

chi·pe [tʃí.pe] 形 病弱な, 衰弱した; 泣き虫の. ── 男 女 《ラ米》《話》(**1**)《ﾗﾌﾟ》《中米》《ﾎﾟﾘ》赤ちゃん. (**2**) 他人にくっついて離れない人. (**3**)《中米》病弱な人, ひ弱な人. (**4**)《ラ米》お金.

chi·pé [tʃi.pé] 《ﾛﾏ》 女 真実, 善心.
de chipé すばらしい, 最高の.

chi·pe·ar [tʃi.pe.ár] 他 《中米》《中米》《話》困らせる, 悩ませる.

chi·pén [tʃi.pén] 《ﾛﾏ》 女 《単複同形》活力;真実, 善心. ── 形 《性数不変》すばらしい, 見事な. una moza (de) ~ 美女. ── 副 見事に, すばらしく.
de chipén すばらしい;すばらしく.

chi·piar [tʃi.pjár] 82 自 《ラ米》《ﾎﾟﾘ》うんざりする. (**2**)《ﾁﾘ》《話》金を払う.

chi·pi·chi·pi [tʃi.pi.tʃí.pi] 男 《ラ米》《中米》霧雨.

chí·pil [tʃí.pil] 形 《ラ米》《中米》(**1**)《子供が》小さい;末っ子のすぐ上の. (**2**)《小さい子が》(特に新しい赤ん坊に母親を取られると考えて)やきもちを焼いた, すねた;手のかかる, だだっ子の, 甘えん坊の.
── 男 女 《ラ米》《中米》《話》甘やかされた子供.

chi·pi·lín, li·na [tʃi.pi.lín, -.lí.na] 男 女 → chiquilín.

chi·pín, pi·na [tʃi.pín, -.pí.na] 男 女 《ラ米》《中米》《話》グアテマラ人:自らを指して用いる.

chi·pión [tʃi.pjón] 男 《ラ米》《中米》叱りつけ, 叱責(ｼｯｾｷ), 非難.

chi·pi·rón [tʃi.pi.rón] 男 《動》チピロン:スペイン Cantabria 海産の小型のイカ. → calamar.

chi·po·clu·do, da [tʃi.po.klú.ðo, -.ða] 形 《ラ米》とてもよい, すばらしい;上等な.
── 男 女 《ラ米》《中米》《話》器用な人, ...がうまい人;影響力をもった人.

chi·po·jo [tʃi.pó.xo] 男 《ラ米》《ｷｭｰﾊﾞ》《動》カメレオン.

chi·pón, po·na [tʃi.pón, -.pó.na] 形 《ラ米》《中米》《話》《子》が甘やかされた, 行儀が悪い.

chi·po·te [tʃi.pó.te] 男 《ラ米》《中米》《中米》(**1**)《話》(頭にできる)こぶ, たんこぶ. (**2**) 平手打ち, 手のひらでたたくこと. (**3**)《ﾁﾘ》《話》頭脳, 知力.

chi·pot·le [tʃi.pót.le // -.pó.tle] 男 《ラ米》《中米》《話》《料》チポートレ:薫製(ｸﾝｾｲ)にした非常に辛いトウガラシ.

Chi·pre [tʃí.pre] 固名 キプロス(共和国):首都 Nicosia.
[←〔古〕*Cyprus*←〔ギ〕*Kýpros*;関連 cobre]

chi·prio·ta [tʃi.prjó.ta] / **chi·prio·te** [tʃi.prjó.te] 形 キプロスの. ── 男 女 キプロス人.

chi·que·a·do·res [tʃi.ke.a.ðó.res] 男 《複数形》《ラ米》《話》(**1**)(頭痛の)膏薬(ｺｳﾔｸ). (**2**) 昔メキシコ人女性が装飾品として使用していたべっ甲の小さな輪.

chi·que·ar [tʃi.ke.ár] 他 《ラ米》《ﾀﾞﾘ》《中米》《話》甘やかす, ちやほやする;こびる, おだてる.
── ~**·se** 再 《ラ米》(**1**)《中米》《中米》《話》甘える;ちやほやされる, おだてられる. (**2**)《中米》体を揺すって[気取って]歩く.

chi·que·o [tʃi.ké.o] 男 《ラ米》(**1**)《ﾀﾞﾘ》《中米》《話》甘やかし, おだて. (**2**)《中米》体を揺すって[気取って]歩くこと.

chi·que·ro [tʃi.ké.ro] 男 **1** 豚小屋;ヤギ小屋.
2《闘牛》(闘技場に出る前の)牛の囲い場.

chi·qui·cha·que [tʃi.ki.tʃá.ke] 男 **1** 木挽(ｺﾋﾞ)き(職人). **2** (擬)(のこぎりの音)ギーコ, ギーコ;(かみ砕く音)ガリガリ, ポリポリ.

chi·qui·güi·te [tʃi.ki.ɣwí.te] / **chi·qui·gui·te** [tʃi.ki.ɣí.te] 男 《ラ米》《中米》《中米》(取っ手なしの)平かご. ── 男 《中米》ばかな, 無教育の, 役立たずの. hacer a+人 ~ 《人》をさげすむ, 無視する.

chi·qui·je [tʃi.kí.xe] 男 《ラ米》《ﾗﾌﾟ》腐った肉の臭い.

chi·qui·li·cua·tre [tʃi.ki.li.kwá.tre] / **chi·qui·li·cua·tro** [tʃi.ki.li.kwá.tro] 男 《話》《軽蔑》生意気な人, 騒がしい人, 常識に欠ける人 (= mequetrefe).

chi·qui·lín, li·na [tʃi.ki.lín, -.lí.na] 男 女 小さい子供, ちび. [chico + 縮小辞]

chi·qui·lla·da [tʃi.ki.ʝá.ða // -.ʎá.-] 女 **1** 子供のやること[いたずら] (= niñería). **2**《話》子供じみたこと, 幼稚なこと. hacer ~s 子供みたいなことをする.

chi·qui·lle·rí·a [tʃi.ki.je.ɾí.a ‖ -.ʝe.-] 囡 **1**《話》大勢の子供たち,子供の一団. **2** 子供じみたこと,幼稚なふるまい.

‡**chi·qui·llo, lla** [tʃi.kí.ʎo, -.ʝa ‖ -.ʎo, -.ʝa] 形 **1** 子供っぽい,幼稚な,大人げない;愚かな. No seas ~. 子供じみたまねはよせ. **2** 小さな. ― 男 囡 子供;男の子,女の子. [chico＋縮小辞]

chi·qui·rri·ti·co, ca [tʃi.ki.r̄i.tí.ko, -.ka]/**chi·qui·rri·ti·llo, lla** [tʃi.ki.r̄i.tí.ʎo, -.ʝa ‖ -.ʎo, -.ʝa]/**chi·qui·rri·ti·to, ta** [tʃi.ki.r̄i.tí.to, -.ta] 形 小さい,ちっちゃな,かわいい. [chico＋縮小辞]

chi·qui·tín, ti·na [tʃi.ki.tín, -.tí.na] 男 ➡ chiquirritico.

*****chi·qui·to, ta** [tʃi.kí.to, -.ta] 形 **小さい**;幼い. ― 男 囡 子供;少年,少女. ― 男 **1**《話》(厚めのガラスの)ワイングラス;1杯(分)のワイン. Vamos a tomar unos ~s. ワインを2, 3杯軽くやっていこうよ. **2**《ラ米》(1)《ラブ》《話》少し,少量,ちょっと. (2)《中米》《話》尻(じ). (3)《ラス》《チリ》《ボリビ》《卑》肛門(応). *dejar chiquito a...* …をはるかにしのぐ,…の顔色を失わせる. Este nuevo modelo *deja* ~ *al anterior*. この新型は従来のものをはるかにしのぐ. *no andarse con [en] chiquitas*《話》回りくどいことを言わない[しない]. [chico＋縮小辞]

chi·qui·tu·ra [tʃi.ki.tú.ɾa] 囡《ラ米》(1)《中米》《話》子供っぽいこと. (2)《中米》《ラブ》小さなもの,ささいなこと.

chi·ra [tʃí.ɾa] 形《ラ米》《コス》《話》ずるい. ― 囡《ラ米》(1)《中米》潰瘍(ぷぷ),ただれ. (2)《コス》《エル》布切れ,ぼろ切れ.

chi·ra·jos [tʃi.ɾá.xos] 男《ラ米》《中米》《複数形》《話》がらくた,不用品;ぼろぎれ,ぼろ.

chi·ra·jo·so, sa [tʃi.ɾa.xó.so, -.sa] 形《ラ米》《中米》《話》ぼろを着た,みすぼらしい身なりの.

chi·ra·pa [tʃi.ɾá.pa] 囡《ラ米》(1)《ペルー》ぼろ,ぼろ着. (2)《ぺル》天気雨.

chi·ri·bi·ta [tʃi.ɾi.βí.ta] 囡 **1** 火花. salir ~s de la leña 薪からパチパチ火花が出る. **2**《複数で》(目の前の)ちかちか. Los ojos me hacen ~s. 目がちかちかする. **3**《植》ヒナギク,デージー (= margarita). *echar chiribitas*《話》かんかんに怒る,頭にくる.

chi·ri·bi·til [tʃi.ɾi.βi.tíl] 男 **1**(物置き用の)屋根裏(部屋). **2** 狭苦しい部屋. **3**《ラ米》隅っこ.

chi·ri·go·ta [tʃi.ɾi.ɣó.ta] 囡 **1**《話》悪気のない冗談,からかい. **2** カーニバルで祭りの歌をうたう一団(グループ). *a chirigota*《話》冗談として. *tomarse... a* ~ …を冗談と取る,聞き流す.

chi·ri·go·te·ro, ra [tʃi.ɾi.ɣo.té.ɾo, -.ɾa] 形 冗談好きな. ― 男 冗談好きな人.

chi·ri·gua [tʃi.ɾí.ɣwa] 囡《ラ米》《ボリビ》水入れ.

chi·rim·bo·lo [tʃi.ɾim.bó.lo] 男《話》**1** へんてこなもの,なんとかいうもの. **2**《複数形》台所用品,食器;がらくた. **3**(家具などの)上部の曲線状の装飾.

chi·ri·mí·a [tʃi.ɾi.mí.a] 囡《音楽》チリミーア,カラムス,シャリュモー:クラリネットに似た10穴の木管楽器.

chi·ri·mi·ri [tʃi.ɾi.mí.ɾi] 男 ➡ sirimiri.

chi·ri·mo·ya [tʃi.ɾi.mó.ja] 囡 **1**《植》(バンレイシ科の)チリモヤ,チェリモヤ(の実):ペルー原産. **2**《ラ米》《ラス》《話》頭. [← 《ケチュア》*chirimuya, chirimoya*]

chi·ri·mo·yo [tʃi.ɾi.mó.jo] 男《植》チリモヤ,チェリモヤ(の木).

chirimoya (チリモヤ)

chi·rin·ga [tʃi.ɾíŋ.ga] 囡《ラ米》《プエルト》《遊》凧(た).

chi·rin·go [tʃi.ɾíŋ.go] 男《ラ米》《ちち》ぼろ(切れ).

chi·rin·gue [tʃi.ɾíŋ.ge] 男《ラ米》《ラブ》《話》楽しいこと.

chi·rin·gui·to [tʃi.ɾiŋ.gí.to] 男(海辺など野外に設置される)屋台,飲食店,売店.

chi·ri·no·la [tʃi.ɾi.nó.la] 囡 **1** 言い合い,口論;激論. **2** にぎやかな会話. **3** つまらないもの[こと]. **4**《遊》子供のボウリング(遊び). **5**《ラ米》《話》(1)《ラス》けんか,騒ぎ. (2)《中米》うわさ好きな人. *de chirinola* 上機嫌な,陽気な.

chi·ri·pa [tʃi.ɾí.pa] 囡 **1**《遊》(ビリヤード)まぐれ当たり,フロック. **2**《話》偶然の幸運,まぐれ. Es una ~. それはまぐれだ. **3**《ラ米》(1)《ラス》小さなゴキブリ. (2)《中米》片手間の仕事. *de [por] chiripa*《話》偶然に,たまたま,まぐれで.

chi·ri·pá [tʃi.ɾi.pá] 男 (1)《ラ米》《ラブ》《ラブ》先住民[ガウチョ gaucho]のズボン. *gente de* ~ 田舎者. (2)《ラス》(赤ん坊の)おむつ.

chi·ri·pe·ar [tʃi.ɾi.pe.áɾ] 他《遊》(ビリヤード)(得点を)まぐれ当たり[フロック]で上げる. ― 自《ラ米》《ラブ》《コス》小商いをする.

chi·ri·pe·ro, ra [tʃi.ɾi.pé.ɾo, -.ɾa] 形(特にビリヤードで)運のいい. ― 男 囡 運のいい人,ついている人.

chi·ri·ví·a [tʃi.ɾi.βí.a] 囡 **1**《植》パースニップ,アメリカボウフウ,サトウニンジン. **2**《鳥》セキレイ.

chi·ri·vis·co [tʃi.ɾi.βis.ko] 男《ラ米》《中米》薪.

chi·ri·zo [tʃi.ɾí.θo / -.so] 男《ラ米》《ちち》《話》《軽蔑》警察官,おまわり.

chir·la [tʃíɾ.la] 囡 **1**《貝》ガリアハマグリ,ヨーロッパスジハマグリ:アサリに似た小型の二枚貝. **2**《俗》~ vulva. **3**《隠》ナイフ;ナイフでの襲撃,ナイフを使った強盗.

chir·lar [tʃiɾ.láɾ] 自 **1**《話》早口でまくし立てる,しゃべりまくる. **2**《ラ米》(1)《チリ》《話》引っぱたく. (2)《隠》ナイフで脅して奪う.

chir·la·ta [tʃiɾ.lá.ta] 囡 安っぽい賭博(学)場.

chir·le [tʃíɾ.le] 形《ラ米》《ラブ》(1)味の薄い,水っぽい. (2) おもしろみのない,つまらない. ― 男(羊・ヤギの)糞(く) (= sirle).

chir·le·ar [tʃiɾ.le.áɾ] 自《ラ米》《チリ》〈鳥が〉(夜明けに)さえずる.

chir·le·rí·a [tʃiɾ.le.ɾí.a] 囡 おしゃべり,うわさ話.

chir·le·ro, ra [tʃiɾ.lé.ɾo, -.ɾa] 男 囡《隠》ナイフ強盗(人),犯罪者.

chir·li·to [tʃiɾ.lí.to] 男《ラ米》《ち》《話》(身体の一部,特に尻を)ぱちんとたたくこと.

chir·lo [tʃíɾ.lo] 男 **1**(顔面の)切り傷;傷跡. **2**《鳥》(茶色の羽の)ツグミ. **3**《子供への》鞭(ぷ)打ち;平手打ち.

chir·lo·mir·lo [tʃiɾ.lo.míɾ.lo] 男 **1**《話》栄養のない食べ物. **2**(童謡の)繰り返しのフレーズ.

chir·mol [tʃiɾ.mól] 男《ラ米》《ちち》タマネギ・トマト・肉の料理.

chi·ro·la [tʃi.ró.la] 囡《ラ米》(1)《タリ》《 (キ)》《ウラ》刑務所. (2)《ウラ》小銭, 硬貨. (3)《キリ》殻, 皮.

chi·ro·na [tʃi.ró.na] 囡《俗》刑務所, 監獄 (= cárcel). meter en ～ 監獄にぶち込む. estar en ～ 服役中である.

chi·ros [tʃí.ros] 男《ラ米》《ウラ》《複数形》ぼろ (切れ).

chi·ro·so, sa [tʃi.ró.so, -.sa] 形《ラ米》《ウラ》《 (キ)》《話》ぼろを着た, みすぼらしい身なりの.

chi·ro·ta [tʃi.ró.ta] 囡《ラ米》《 (キ)》《キリ》《話》男みたいな女, 慎みのない女.

chi·ro·te [tʃi.ró.te] 形《ラ米》(1)《キリ》まぬけの, ばかな. (2)《ラ米》《ウラ》《話》すばらしい, 美しい.
── 男《ラ米》《話》(1)《キリ》すばらしい人;勇ましい人;利口な人. (2)《 (コ)》ばか, まぬけ. (3)《キリ》いたずらっ子, わんぱく.
── 男 [鳥] ムネアカマキバドリ.

chi·rria·do, da [tʃi.řjá.ðo, -.ða] 形《ラ米》《ウラ》愛嬌(ウキヨウ)のある;楽しい, 盛り上がった.
── 男 → chirrido.

chi·rria·dor, do·ra [tʃi.řja.ðór, -.ðó.ra] 形
1 きしる;音を立てる;〈鳥・虫が〉鳴く.
2 調子外れの, 金切り声の.

chi·rrian·te [tʃi.řján.te] 形 → chirriador.

chi·rriar [tʃi.řjár] 81 自 **1**〈蝶番(チョウツガイ)・車軸・ブレーキなどが〉きしむ. La puerta *chirría* cada vez que se abre. ドアが開くたびにキーキー鳴る.
2〈油で揚げるときに〉ジューッと音を立てる.
3〈鳥が〉さえずる. **4**《話》調子外れに歌う. **5**《ラ米》《ウラ》《話》どんちゃん騒ぎをする, 陽気に騒ぐ.

chi·rri·do [tʃi.ří.ðo] 男 **1**〈鳥・虫の〉鳴き声. el ～ del grillo コオロギのリッリッという鳴き声.
2 ギーギー [キーキー] という音, きしみ.
3〈火・油の〉はねる音, はぜる音.

chi·rrin·go, ga [tʃi.říŋ.ɡo, -.ɡa] 男 囡《ラ米》《ウラ》《話》とても小さな子.

chi·rrión [tʃi.řjón] 男 **1** (二輪の) 荷車.
2《ラ米》(1)《ウラ》《 (キ)》《キリ》鞭(ムチ). (2)《 (キ)》連続 (恋人たちの) 語らい.

chi·rrio·ne·ar [tʃi.řjo.ne.ár] 他《ラ米》《ウラ》《キリ》鞭(ムチ)打つ.

chi·rri·qui·ti·co, ca [tʃi.ři.ki.tí.ko, -.ka] 形 囡《ラ米》《ウラ》とても小さな子.

chi·rri·qui·tín, ti·na [tʃi.ři.ki.tín, -.tí.na] 男 囡《ラ米》《ウラ》とても小さな子.

chi·rris·co, ca [tʃi.řís.ko, -.ka] 形《ラ米》(1)《 (キ)》《キリ》とても小さい. (2)《キリ》《話》浮気な, ほれっぽい.

chi·ru·ca [tʃi.rú.ka] 囡《服飾》トレッキングシューズ.

chi·ru·men [tʃi.rú.men] 男《話》聡明, 才能;分別, 常識.

chi·ru·sa [tʃi.rú.sa] / **chi·ru·za** [tʃi.rú.θa / -.sa] 囡《ラ米》《 (キ)》田舎娘;小娘;先住民の娘.

¡chis! [tʃís] 間投 **1** しっ, 静かに. **2** ほら, おい.

chis·car [tʃis.kár] 100 他 **1** (火打ち石に火打ち金を打ちつけて) 火花を出す;…に火をつける. **2** 〈2つのものを〉打ちつける, 〈指などを〉ぱちんと鳴らす.

chis·chás [tʃis.tʃás] 男 (刀がぶつかるときのような) カチャカチャ [ガチャガチャ] という音.

chis·chís [tʃis.tʃís] 男 (1)《ラ米》《ウラ》《話》少し, 少量, ちょっと. (2)《ラ米》《 (キ)》《キリ》霧雨.

chis·cón [tʃis.kón] 男 (しばしば軽蔑) 非常に狭い部屋 [住居];小部屋.

chis·ga·ra·bís [tʃis.ɡa.ra.bís] 男 囡《話》《軽蔑》

1 おっちょこちょい, そそっかしい人;思慮に欠ける人.
2 取るに足りない人, つまらないやつ.

chis·gue·te [tʃis.ɡé.te] 男《話》**1** (特にワインの) ひと飲み. echar un ～ ワインをひと口ぐいっと飲む. **2**《ラ米》(1)《 (キ)》《話》(液体の) ほとばしり. (2) ゴム管.

chis·gue·te·ar [tʃis.ɡe.te.ár] 自《話》(革袋などから) ワインを飲む.

*****chis·me** [tʃís.me] 男 **1** 中傷, 告げ口;陰口, うわさ. Los vecinos andan siempre con ～s. 近所の連中はいつも陰口を触れまわっている.
2《主に複数で》《話》がらくた;道具. ¡Qué ～ tan raro! なんてへんてこなものだろう. el cuarto de los ～s 物置. **3** (ものの名前を思い出せないときに) そのなんとかいうやつ, あれ.

chis·me·ar [tʃis.me.ár] 自 うわさ話をする, 陰口を利く.

chis·me·rí·a [tʃis.me.rí.a] 囡 うわさ, 陰口.

chis·me·rí·o [tʃis.me.rí.o] 男《ラ米》《キリ》《ウラ》陰口, 悪口.

chis·me·ro, ra [tʃis.mé.ro, -.ra] 形 うわさ好きな, 陰口を言う. ── 男 囡 うわさ好き, 陰口屋.

chis·mo·gra·fí·a [tʃis.mo.ɡra.fí.a] 囡《話》うわさ話, 陰口;うわさ三昧(ザンマイ).

chis·mo·rre·ar [tʃis.mo.ře.ár] 自 うわさ話をする, 陰口を利く.

chis·mo·rre·o [tʃis.mo.ře.o] 男 うわさ話をすること, 陰口を利くこと.

chis·mo·so, sa [tʃis.mó.so, -.sa] 形《ser + / estar +》うわさ好きな, 陰口屋の.
── 男 囡 うわさ好きな人, 陰口屋.

*****chis·pa** [tʃís.pa] 囡 **1** 火花, 火の粉. ～ eléctrica 電気のスパーク.
2 輝き;閃光(センコウ). **3** 機知, ひらめき, 才知;生気. ～ de inteligencia 知性のひらめき. ser una ～ 利口である. tener ～《話》おもしろい, 機知がある;生き生きしている, 鋭敏である. **4** 小さなダイヤモンド. **5**《主に複数で》雨滴, 雨粒. Caen ～s. 雨がぱらつく. **6** 少量. No sobró ni una ～ de pan. パンの一かけらも余らなかった. **7**《話》酔い, ほろ酔い. **8**《ラ米》(1)《ウラ》《話》デマ, うそ. (2)《ロ》軽2輪馬車. (3) 抜けめなさ. (4) ライター.
── 男 **1**《estar +》酔っぱらった.
2《ラ米》《キリ》《話》おもしろい, こっけいな.

dar chispa《ラ米》《クラ》《キリ》《話》(よい) 結果を生む.

de chispa 火打ち石の.

echar chispas (1) 火花を飛ばす. (2)《話》怒り狂う.

ni chispa《話》全く [何も] …ない. No me gusta ni ～. 全く気に入らない. No tiene ni ～ de gracia. おもしろくもなんともない.

ser una chispa とても利口である, 頭の回転が速い.

chis·par·se [tʃis.pár.se] 再 **1** ほろ酔いになる, 酔っ払う. **2**《ラ米》《クラ》《キリ》《話》逃げる, 逃走する.

chis·pa·zo [tʃis.pá.θo / -.so] 男 **1** 火花, スパーク.
2 きらめき, ひらめき. ～ de ingenio 才能のきらめき. **3** (火花による) やけど. **4** 前触れ, 兆し. los primeros ～s de la guerra 戦争の前触れ. **5** うわさ話, 陰口 (= chisme).

chis·pe·an·te [tʃis.pe.án.te] 形 **1** きらめく;才気のある, 機知のある. ojos ～s きらきらした目. tener un ingenio ～ 頭のひらめきがよい.
2 火花 [火の粉] を飛ばす.

chis·pe·ar [tʃis.pe.ár] 自 **1** 火花 [火の粉] を飛ばす;閃光(センコウ)を放つ. **2** 輝く, きらめく, きらりと光る.

chivo

~ de alegría 喜びで顔が輝いている. **3** 《3人称単数・無主語で》小雨が降る. **4** (ラ米)(ﾘｵﾌﾟ)《話》うわさ[デマ]を広める.
— **~·se** 再 (ラ米)(ｱﾝﾃﾞｽ)(ﾌﾞﾙ)《話》軽く酔う.

chis·pe·ro, ra [tʃis.pé.ro,-.ra] 男 女 《話》(スペイン Madrid の下町) マラビーリャス Maravillas の人. ◆昔, この地区に鍛冶屋が多く住んでいたことから.
— 男 (ラ米)(ﾘｵﾌﾟ)(ﾌﾞﾙ)拳銃.
— 形 (ラ米)(ﾘｵﾌﾟ)(ﾌﾞﾙ)うわさ[デマ]を広める.

chis·po, pa [tʃís.po, -.pa] 形 《話》ほろ酔いの.

chis·po·rro·te·ar [tʃis.po.ro.te.ár] 自 《話》パチパチと火花を発する; 〈火・油などが〉パチパチ [ジュウジュウ]と音を立てる. El fuego *chisporrotea*. 火がパチパチと音をたてる.

chis·po·rro·te·o [tʃis.po.ro.te.ó] 男 《話》パチパチと火花[音]を出すこと.

chis·que·ro [tʃis.ké.ro] 男 **1** (火口の付いた) 点火器; ライター. **2** (腰につける) 革袋.

¡chist! [tʃís(t)] 間投 **1** しっ, 静かに.

chis·ta [tʃís.ta] 女 《隠》マリファナタバコなどの (もっとも効力がある) 根元の部分, 最後のひと吸い.

chis·tar [tʃis.tár] 自 **1** 《話》口を利く, しゃべる. sin — 口も利かずに, 文句を言わずに. 通常, 否定文で使う. **2** シーッと言う. **3** 呼び掛けの声を出す.
— 他 **1** 呼ぶ, 声をかける. **2** 返事をする, 答える. *sin chistar ni mistar* 《話》ひと言も言わずに.

*****chis·te** [tʃís.te] 男 **1** 笑い話, ジョーク. contar [decir, echar] un — 笑い話をする. — verde 猥談(ﾜｲﾀﾞﾝ), ピンクジョーク. hacer —s a costa de sus hermanos 兄弟をねたにジョークを飛ばす. **2** おもしろみ, 機知. con — おもしろおかしく. Es una cosa sin —. おもしろくもない話だ. **3** おもしろい出来事, 見物. **4** (ラ米)(ﾒｷ)《複数で》漫画, コミック.
caer en el chiste 《話》合点がいく, 納得する; (冗談)の意味がわかる.
hacer chiste(s) de... (1) …を冷やかす, からかう. (2) …を冗談だと思う.
no tener chiste (ラ米)(*ﾒｷ)役に立たない, 値打ちがない; 退屈である; 簡単にできる.
tener chiste (1) おもしろい. (2) 《皮肉》冗談ではない. Eso *tiene* ~. とんだお笑いぐさだ.
ver (el) chiste a... … のよさ[おもしろさ]がわかる.

chis·te·ra [tʃis.té.ra] 女 **1** 魚籠(ﾋﾞｸ). **2**《服飾》シルクハット (= sombrero de copa). **3** 《スポ》(ハイアライ jai alai のセスタ, バスケット (= cesta).

chis·ti·do [tʃis.tí.ðo] 男 (ラ米)(ﾒｷ)(ﾁﾘ) (1) (静かにさせるため, 注意を喚起するため, 家畜などをなだめるめの) シーッ[チー, ヒュー, シュー]という音 (を出すこと). (2) シーッ[チー, ヒュー, シュー]という鳥の鳴き声, 特にフクロウの鳴き声.

chis·to·rra [tʃis.tó.ra] 女 《料》チストーラ: 細めの腸詰め. Navarra, Vasco などスペイン北部で一般的.

*****chis·to·so, sa** [tʃis.tó.so, -.sa] 形 (**ser +** / **estar +**) おもしろい, 笑わせる; 冗談好きな; 冗談めいた. una anécdota muy *chistosa* とてもおかしなエピソード. *Es* ~ *que siempre me pida a mí que lo haga*. いつもおれにそれをしろと頼むなんてふざけているよ. lo ~ おかしなこと.
— 男 女 おもしろい人, おどけ者.

chis·tu [tʃís.tu] 男《音楽》チストゥ: 3つの指穴を持つ(スペインのバスク地方の)縦笛.

chis·tu·la·ri [tʃis.tu.la.ri] 男《音楽》チストゥ chistu を吹き太鼓を叩く楽士.

chi·ta [tʃí.ta] 女 **1**《解剖》距骨(ﾂﾖｺﾂ): 足の骨の一つ. **2**《遊》距骨倒し: 動物の距骨に石を当てて倒すゲーム. **3** (ラ米)(ﾒｷ)網の (手提げ) 袋; お金; 少しの蓄え.
a la chita callando 《話》ひそかに, そっと.

chi·ti·ca·lla [tʃi.ti.ká.ja] 共 ·.-.]《話》無口な人.
— 女 黙って[隠して]おくこと, 秘密.

chi·ti·ca·llan·do [tʃi.ti.ka.ján.do || -.ʎán.-] 副 そっと, ひそかに.

chi·to [tʃí.to] 男 **1**《遊》(1) 距骨(ｷﾖｺ)倒し (= chita). (2) 賭(ｶ)け金を載せた木片などを倒す遊び; その木片. **2** (ラ米)(ﾒｷ)子ヤギ肉の揚げ物.

¡chi·to! [tʃí.to] 間投 しっ, 静かに.

chi·tón [tʃi.tón] 男《貝》ヒザラガイ (類).

¡chi·tón! [tʃi.tón] 間投 → ¡chito!

chi·var [tʃi.βár] 他 **1** 《話》不愉快にする, うんざりさせる, いらいらさせる. **2** だます. **3** (ラ米)(ﾘｵﾌﾟ)《話》密告する.
— **~·se** 再 **1** 《話》告げ口をする, 密告する. ~*se de...* al maestro …を先生に言いつける. ¡Cuidado, que *me voy a chivar*! 気をつけるよ, ばらしてやるからな. **2** うんざりする. **3** (ラ米)(ｷｭｰ)(ﾎﾟﾙ)(ﾎﾞﾘ)《話》怒る, 腹を立てる.

chi·va·ta [tʃi.βá.ta] 女 羊飼いの杖(ﾂﾞｴ).

chi·va·ta·da [tʃi.βa.tá.ða] 女 《話》 → chivatazo.

chi·va·ta·zo [tʃi.βa.tá.θo / -.so] 男 《話》告げ口, 密告. dar el ~ 告げ口をする.

chi·va·te·ar [tʃi.βa.te.ár] 自 **1** 《話》告げ口をする, 言いつける. **2** (ラ米)(1) (ﾒｷ)(ﾘｵﾌﾟ)はしゃぎ回る. (ﾎﾞﾘﾍﾞ)《話》威圧する; だます. (3) (ｱﾝﾃﾞｽ)(ﾁﾘ)鬨(ﾄｷ)の声を上げる; 叫ぶ, わめき散らす.
— **~·se** 再 (ラ米)(ｺｽﾀ)《話》びくびくする.

chi·va·te·o [tʃi.βa.te.ó] 男 (ラ米)(1) (ｱﾝﾃﾞｽ)(ﾒｷ)ばか騒ぎ, 大はしゃぎ. (2) (ｱﾝﾃﾞｽ)叫ぶ, 鬨(ﾄｷ)の声.

chi·va·to, ta [tʃi.βá.to, -.ta] 形 **1** 告げ口屋の, 密告する. **2** (ラ米)(ﾘｵﾌﾟ)《話》うわさ好きの.
— 男 女 **1** 《話》告げ口屋, 密告者. **2** (6か月以上1歳未満の) 子ヤギ. **3** (ラ米)(ﾘｵﾌﾟ)《話》うわさ好きの人. — 男 **1** アラーム, 警告ランプ. **2** (ラ米) (1)《話》いたずらっ子. (2) (ﾒｷ)(ﾘｵﾌﾟ)(ｺﾛ)《話》ごろつき, 悪党. (3) (ﾁﾘ)安酒. (4) (ﾎﾟﾙ)見習い, 弟子. (5) (ﾎﾞﾘ)切れ者, 傑物.

chi·va·za [tʃi.βa.θa / -.sa] 女 (ラ米)(ｺﾛ)《植》イグサの一種: 球根は香料となる.

chi·ve·ar [tʃi.βe.ár] 自 (ラ米)(1) (ｺｽﾀ)《話》(試験で) カンニングする. (2) (ｺｽﾀ)《俗》こびる. (3) (ﾁﾘ)《話》ふざる遊びをする.
— **~·se** 再 (ラ米)(ｺｽﾀ)《話》怖がる, 怖じ気づく.

chi·ve·ra [tʃi.βé.ra] 女 (ラ米)(ﾒｷ)ヤギの飼育小屋; 古着屋; 古物屋[商]. (2) (ﾘｵﾌﾟ)(ﾎﾞﾘ)やぎひげ.

chi·ve·rí·a [tʃi.βe.rí.a] 女 (ラ米)(ｺｽﾀ)《俗》売春.

chi·ve·ro, ra [tʃi.βé.ro, -.ra] 男 女 (ラ米) (1) (ﾒｷ)《話》けんかっ早い人, 短気な人. (2) (ﾀﾞﾘ)《話》小商いをする人, 腹黒い人, 策を弄する人. (3) (ﾎﾞﾘ)中古品業者.
— 男 (ラ米)(ﾘｵﾌﾟ)(ｻﾙ)バスの運転手.

chi·ve·te·ro [tʃi.βe.té.ro] 男 (子ヤギの) 囲い場.

chi·vi·ta [tʃi.βí.ta] 女 (ラ米)(ｻﾙ)《話》小型バス.

chi·vo [tʃí.βo] 男 (オリーブ油の) しぼりかす用の槽.

chi·vo, va [tʃí.βo, -.βa] 男 女 《動》(離乳した) 子ヤギ.
— 男 (ラ米)(1) (ｺﾛ)《話》(名前がわからないものをさして) あれ. (2) (ﾒｷ)(ﾁﾘ)《話》いたずらっ子, わんぱく坊主. (3) (ﾎﾟﾙ)《話》カンニングペーパー. (4) (*ﾒｷ)《遊》さいころ; さいころ遊び. (5) (ﾎﾟﾙ)《話》ハンサムな男. (6) (ﾒｷ)《話》わきが, 脇の下のにおい. (7)

chivón

(ダリ)《話》悪巧み；密輸（品）. (8)《ジャ》《話》給金. (9)《ナミテン》《シアテン》《ニガチ》《話》激怒. (10)《キ》《話》《軽蔑》国会議員，代議士. (11)《シア》《話》自転車. (12)《ニガチ》《話》重要人物. (13)《ロアテ》《話》ほれっぽい男. (14)《ニカ》《俗》同性愛者.
— 囡《ラ米》(1)《シアテン》《話》（乗り合い）バス. (2)《ナミテン》《ジャ》《話》《複数形で》《話》くず，半端物. (3)《ダリグ》《ナミテン》《ダリ》《ロアテ》《俗》ふしだらな女；《ジャ》《俗》《軽蔑》売春婦. (4)《ジャ》やぎ［あごひげ］. (5)《コロンテ》《話》わた，だまし. (6,7)《話》うそ，詐欺. (8)《ロアテ》《話》うわさ，興味深いニュース. (9)《シア》《複数形で》《話》持ち物. (10)《ニガチ》《話》酒酔い. (11)《ニガチ》袋. (12)《ニガチ》《話》貸し衣装. (13)《シア》《話》男のような女. (14)《ニガチ》《話》中古品. (15)《キ》《話》怒り，激高. (16)《キ》毛布.

agarrar el chivo a＋人《ラ米》《キニ》《話》〈人〉を怒らせる.

chivo expiatorio《聖》贖罪(しょく)のヤギ；身代わり，スケープゴート，犠牲.

descubrir el chivo《ラ米》《ダリ》《ジジ》《話》(秘密など)をばらす.

estar como una chiva《話》気が変である.

hacer de chivo los tamales《ラ米》《キニ》《話》うまんまとだます；《キ団》《話》浮気をする.

chi·vón, vo·na [tʃi.βón, -.βó.na]《形》《ラ米》《コスタ》《話》煩わしい，厄介な，面倒な.

cho·a·pi·no [tʃo.a.pí.no] 男《ラ米》手織りの絨毯［じゅうたん］.

cho·bo·rra [tʃo.βó.ra] 男／囡《ラ米》《ニガチ》酒に酔った人.

cho·ca [tʃó.ka] 囡《ラ米》(1)《プラ》クッキー. (2)《チ》牛乳.

***cho·can·te** [tʃo.kán.te]《形》1《話》驚くべき，ショッキングな；奇妙な. unas costumbres ～s 奇異な風習. lo ～ es que… 驚いたことには….
2《話》〈人が〉奇抜な，風変わりな，おかしな.
3《(ラ米)＋人》(1)《話》の悪い，感じ悪い；《ラ米》《話》不快な，うんざりさせる. voz ～ 耳障りな声. (3)《ニガチ》《メキ》《キ》《ニガチ》《話》ずうずうしい，厚かましい.
— 男 囡 無愛想な人，不快な人.

cho·can·te·rí·a [tʃo.kan.te.rí.a] 囡《ラ米》(1)《話》不快ないやらしい冗談. (2) 無礼，でしゃばり.

***cho·car** [tʃo.kár] 87 自 1《con... ／ contra...と》衝突する，ぶつかる. El coche *chocó* de frente *contra* el camión. 車はトラックに正面衝突した. La pelota *chocó con* el poste. ボールはゴールポストに当たった. ▶ 複数主語でも用いる. ← Los dos ejércitos *chocaron cerca* del río. 両軍は川の近くで対戦した.
2《con... …と》対立する，争う；適合しない. A veces *choco con* mi padre. ときどき私は父とけんかになる. El discurso *choca con* la realidad. その演説は現実と合っていない. Sus intereses *chocan* entre sí. 彼［彼女］(ら)の利益は対立している.
3《a＋人》〈人〉に違和感を与える；《ラ米》《話》不愉快にする. Me *chocó* su forma de hablar. 私は彼［彼女］(ら)の話し方が気に入らなかった (▶ me が a＋人に相当). *Me choca* que ella no haya llegado todavía. 彼女がまだ来ていないのはおかしい (▶ que以下が主語，その節の中の動詞は接続法).
— 他 1 (握手をするために)〈手を〉握る. ¡*Choca* esa mano! /¡*Chócala!* さあ，握手をしよう (▶ 意見が一致したときなどの親しみの表現).
2 (乾杯するために)〈グラスなどを〉合わせる.
chacarlas《ラ米》《コ》仲直りする.

cho·ca·rre·ar [tʃo.ka.re.ár] 自 下品［露骨］な冗談を言う.

cho·ca·rre·rí·a [tʃo.ka.re.rí.a] 囡 1 下品［露骨］な冗談. 2 教養のなさ，低次元.

cho·ca·rre·ro, ra [tʃo.ka.ré.ro, -.ra]《形》下品な，露骨な，粗野な. — 男 囡 下品［露骨］な冗談を言う人.

cho·cha [tʃó.tʃa] 囡 1《鳥》ヤマシギ. 2《卑》女性性器. 3《ラ米》《キ》《複数形で》《話》小銭，ばら銭.

cho·cha·per·diz [tʃo.tʃa.per.ðíθ / -.ðís] 囡 → chocha 1.

cho·che·ar [tʃo.tʃe.ár] 自
1 ぼける，もうろくする.
2《話》熱中する，溺愛(でき)する. *Chochea por* los sellos. 彼［彼女］は切手に夢中だ.

cho·che·o [tʃo.tʃé.o] 男《話》→ chochez.

cho·che·ra [tʃo.tʃé.ra] 囡 → chochez.

cho·chez [tʃo.tʃéθ / -.tʃés] 囡 1 ぼけ，もうろく.
2 溺愛(でき).

cho·chín [tʃo.tʃín] 男《鳥》ミソサザイ.

cho·cho [tʃó.tʃo] 男 1《植》ルピナスの種.
2 シナモン入りの菓子 (= canelón). 3《複数形で》（子供へのご褒美の）菓子. 4《卑》女性性器.

cho·cho, cha [tʃó.tʃo, -.tʃa]《形》《*estar* ＋》
1 ぼけた，もうろくした. 2《*por...*／*con...*》《（…に）熱中した，（…を）溺愛(でき)している.

cho·co·le·ar [tʃo.ko.le.ár] 他《ラ米》《ニガチ》《話》甘やかす，猫かわいがりする.

cho·cle·ro [tʃo.klé.ro] 男《ラ米》《キ》《話》門歯.

cho·clo [tʃó.klo] 男 1 木靴 (= chanclo).
2 《ラ米》(1) トウモロコシの若い穂［芯］. (2)《ジジ》《話》厄介，困難. (3)《キ》《複数形で》《話》ふくらはぎ. (4)《キ》《ジジ》トウモロコシ；トウモロコシの煮込み. (5)《キ》《複数形で》（子供の）腕，脚. (6)《キ》短靴.

dejar［*encajar, meter*］*el choclo a...*《ラ米》《話》…に責任をなすりつける.

meterle el choclo (a＋人)《ラ米》《ニガチ》《話》〈人〉を困難な仕事に巻き込む.

meter el choclo《ラ米》《キ》《話》へまをやる.

cho·clón [tʃo.klón] 男《ラ米》《キ》《話》(1) 烏合(ごう)の衆，群衆. (2) 政治集会.

cho·co, ca [tʃó.ko, -.ka]《形》《ラ米》《ニガチ》《話》近視の，近眼の. (2)《キ母》《キ》斜視の. (3)《コロン》赤黒い，チョコレート色の. (4)《ニガチ》〈髪が〉縮れた. (5)《キ》〈動物が〉尾のない「短い」. (6)《キ》《キ》《話》身体に障害がある. (7)《ナミテン》《ダリグ》《話》〈果物が〉腐った，酸っぱい.
— 男《ラ米》(1)《プラ》《キ》《動》ウォータースパニエル犬. (2)《ニカ》《動》白い毛のサル. (3)《キ》《複数形で》ブレーキ. (4)《ジジ》《複数形で》巻き毛；縮れ毛. (5)《ニガチ》山高帽子. (2)《ニガチ》《話》切り株.

cho·co·la·ta·da [tʃo.ko.la.tá.ða] 囡 ホットチョコレートやココアを飲む集まり［パーティー］.

***cho·co·la·te** [tʃo.ko.lá.te] 男 1 チョコレート；チョコレート飲料. comer ～ チョコレートを食べる. ～ con [de] leche ミルクチョコレート. ～ negro [blanco] ブラック［ホワイト］チョコレート. ～s surtidos チョコレートの詰め合わせ. una pastilla de ～ ひとかけらのチョコレート. tableta de ～ 板チョコレート.

2 ココア，（飲料の）チョコレート. tomar ～ チョコレート［ココア］を飲む. Generalmente desayuno ～ con churros. 普段私はココアとチューロを朝食にとる. ～ a la taza ／ ～ caliente ホットチョコ

chocha（ヤマシギ）

ト. ～ en polvo 粉末ココア. ～ francés ココア. una taza de ～ ココア一杯. ♦azteca人はカカオ豆を潰(ﾂﾌﾞ)した冷たい飲み物に香料を入れて飲用した. これにスペイン人が砂糖を加え, さらに18世紀の初めにはイギリス人がミルクを加えて飲用した. (→ cacao).
3《形容詞的に》チョコレート色の. ojos ～(s) チョコレート色の目. ▶名詞に後置される時に数変化.
4《隠》《麻薬の》ハシッシュ(＝hachís).
5《ラ米》(1)《俗》血. sacarle (a＋人) el ～ (殴って)《人》に鼻血を出させる. (2)《ﾏﾞ》茶色.
―― 男 女 《ラ米》《ﾀﾞ米》《話》《軽蔑》黒人.

dar a＋人 una sopa de su propio chocolate 《ラ米》《人》に仕返しとして同じ仕打ちをする.
estar como agua para chocolate 《ラ米》《ﾀﾞ米》激昂(ｹﾞｷｺｳ)している; 不機嫌である.
estar para mojar en chocolate《話》魅力的である, 美男［美女］である.
ser el chocolate del loro 大して節約になっていない, 意味のない節約である.
[＜？[ナワトル]*xocoatl*「ココア」(マヤ語とナワトル語の合成語か)]

cho·co·la·te·a·do, da [tʃo.ko.la.te.á.ðo, -.ða] 形 チョコレート［ココア, カカオ］入りの; チョコレートで包んだ.
cho·co·la·te·ra [tʃo.ko.la.té.ra] 女 **1**(飲み物の)ココア［チョコレート］用ポット［鍋］. **2**《話》ポンコツ(の車・機械).
cho·co·la·te·rí·a [tʃo.ko.la.te.rí.a] 女 **1** チョコレート工場［店］. **2** ココア［チョコレート］を専門に飲ませる店.
cho·co·la·te·ro, ra [tʃo.ko.la.té.ro, -.ra] 形 **1** チョコレート好きな. **2** チョコレート作りの, チョコレート製造に関する. ―― 男 女 **1** チョコレート職人; チョコレート売り. **2** チョコレート好き.
―― 男《ラ米》《ﾂﾞﾝﾗ》《ﾀﾞ米》北風(＝viento ～).
cho·co·la·tín [tʃo.ko.la.tín] 男 板［棒］チョコ.
cho·co·la·ti·na [tʃo.ko.la.tí.na] 女 → chocolatín.
cho·co·le·ar [tʃo.ko.le.ár] 他《ラ米》《ﾀﾞ米》《馬》〈馬の〉尾を切り取る. ―― 自《ラ米》《ｴｸｱ》悲しむ.
chó·co·lo [tʃó.ko.lo] 男《ラ米》《ｱﾝﾃﾞｽ》(1) トウモロコシ. (2)《遊》地面の穴に小銭を投げ入れる子供の遊び.
cho·co·lón [tʃo.ko.lón] 男《ラ米》《ﾀﾞ米》《遊》ビー玉(遊び).
cho·co·yo [tʃo.kó.jo] 男《ラ米》《ﾀﾞ米》緑色のオウム.
cho·co·zue·la [tʃo.ko.θwé.la / -.swé.-] 女《ラ米》《ｴｸｱ》《話》ひざ.
chó·fer [tʃó.fer] / **cho·fer** [tʃo.fér] 男 (車の)運転手; お抱え運転手. ～ de camión トラック運転手. [←［仏］*chauffeur*(原義は「機関車などの火夫」); *chauffer* (←［ラ］*calefacere*) より派生; 関連] calefacción, calor]
cho·fe·re·sa [tʃo.fe.ré.sa] 女《話》女性(職業)運転手. → chófer.
cho·fe·ro [tʃo.fé.ro] 男《ラ米》《ﾀﾞ米》(車の)運転手.
cho·fe·ta [tʃo.fé.ta] 女 (葉巻に火をつけるのに使われた)小型の火桶［缶］.
cho·glo [tʃo.ɣlo] 男《ラ米》《ｱﾝﾃﾞｽ》トウモロコシ(の穂).
cho·la [tʃó.la] 女 **1**《話》→ cholla1. estar mal de la ～ 頭がおかしい, 気が変である. **2**《俗》陰茎.
cho·la·da [tʃo.lá.ða] 女《ラ米》(1)《ﾀﾞ米》混血［メスティーソ mestizo］特有の言動. (2)《話》《集合的》白人と先住民の混血(児), メスティーソ.

chol·co, ca [tʃól.ko, -.ka] 形《ラ米》《話》(1)《ｸﾞｱﾃ》歯が抜けた, 歯のない. (2)《ﾆｶﾗｸﾞｱ》手［足］を失った.
cho·le·rí·o, a [tʃo.le.rí.o, -.a] 男 女《ラ米》《ﾀﾞ米》《話》《集合的》白人と先住民の混血, メスティーソ mestizo.
cho·le·ta [tʃo.lé.ta] 女《ラ米》《ﾀﾞ米》《服飾》服の裏地.
chol·gua [tʃól.gwa] 女《ラ米》《ﾁﾘ》《貝》チリで採れるイガイ科の貝; チリ産のムール貝.
cho·li·to, ta [tʃo.lí.to, -.ta] 形《ラ米》《ﾀﾞ米》《話》黒人の. ―― 男 女 黒人.
cho·lla [tʃó.ja ǁ -.ʎa] 女 **1**《話》頭. No le queda un solo pelo en la ～. 彼［彼女］の頭には髪の毛が1本も残っていない. **2**《話》理解力, 知性.
3《ラ米》(1)《ﾒﾋｺ》《ﾀﾞ米》《植》ウチワサボテン. (2)《ｴｸｱ》《ﾀﾞ米》のろくさい, 悠長, 怠惰. (3)《ﾀﾞ米》傷, ただれ. (4)《ﾀﾞ米》《遊》地面に穴をあけ小銭を投げ入れる子供の遊び.
cho·llar [tʃo.jár ǁ -.ʎár] 他《ラ米》《ﾀﾞ米》…の皮をむく, 傷つける; とがめる, さいなむ.
cho·llo [tʃó.jo ǁ -.ʎo] 男《話》楽な仕事; 幸運; 掘り出し物 (＝ ganga).
cho·llu·do, da [tʃo.jú.ðo, -.ða ǁ -.ʎú.-] 形《ラ米》《ｴｸｱ》《ﾀﾞ米》《話》のろまな; のらくらした.
cho·lo, la [tʃo.lo, -.la] 形《ラ米》(1)《ﾀﾞ米》《史》〈先住民が〉(スペイン人によって) 開化［教化］された. (2)《ﾒﾋｺ》《ﾀﾞ米》(白人と先住民の)混血の, メスティーソ mestizo の. (3)《ﾀﾞ米》《軽蔑》ペルーの. (4)《ﾀﾞ米》(1) 臆病(な), 気の弱い. ―― 男 女《ラ米》(1)《ﾒﾋｺ》《ﾀﾞ米》(白人と先住民の) 混血の人, メスティーソ. (2)《ﾀﾞ米》《話》臆病(ｵｸﾋﾞｮｳ)な人, 気の弱い人.
cho·lón [tʃo.lón] 男《ラ米》《ﾀﾞ米》《話》大きなビー玉.
cho·lo·que [tʃo.ló.ke] 男《ラ米》《植》ムクロジ(の実); 石けんの代用となる.
chom·ba [tʃóm.ba] 女《ラ米》(1)《ﾀﾞ米》(チチャ酒 chicha に用いる)かめ, つぼ. (2)《ﾀﾞ米》→ chompa. (3)《ﾀﾞ米》《服飾》セーター.
chom·bo, ba [tʃóm.bo, -.ba] 形《ラ米》《ﾀﾞ米》《話》黒人の. ―― 男 女《ラ米》《ﾀﾞ米》《話》《軽蔑》黒人と先住民の混血兄; 《西インド諸島英語圏出身の》黒人.
chom·pa [tʃóm.pa] 女《ラ米》(1)《ｱﾝﾃﾞｽ》《ﾀﾞ米》《服飾》セーター; ジャンパー. (2)《ﾀﾞ米》《話》頭.
chom·pi·pe [tʃom.pí.pe] 男《ラ米》《ﾀﾞ米》七面鳥.
chon·ca·co [tʃoŋ.ká.ko] 男《ラ米》《ｸﾞｱﾃ》《動》ヒル.
chon·chón, cho·na [tʃon.tʃón, -.tʃo.na] 形《ラ米》《ﾀﾞ米》(1)感じの悪い. ―― 男《ラ米》《ﾀﾞ米》(1) 新聞紙で作った凧(ﾀｺ). (2) 石油ランプ.
chon·co, ca [tʃóŋ.ko, -.ka] 形《ラ米》《ﾀﾞ米》《話》手足の不自由な. ―― 男 女《ラ米》《ﾀﾞ米》(切断された手足の)断端.
chon·go, ga [tʃóŋ.go, -.ga] 形《ラ米》《ﾒﾋｺ》《ﾀﾞ米》《話》腕［手, 指］に障害のある, 指のない.
―― 男《ラ米》(1)《ﾒﾋｺ》巻き毛. (2)《ﾀﾞ米》《話》冗談, 軽口. (3)《ﾀﾞ米》《複数で》揚げたパンにバターや糖蜜(ｿﾞﾂ)をからめたもの. (4)《ﾀﾞ米》切れ味の悪いナイフ. (5)《ﾀﾞ米》束髪, 髷(ﾏｹﾞ). (6)《ﾀﾞ米》老馬, 駄馬.
chon·gue·ar [tʃoŋ.ge.ár] 自《ラ米》《話》(1)《ﾒﾋｺ》楽しむ. (2)《ﾀﾞ米》冗談を言う, ふざける. ―― 他《ラ米》《ﾀﾞ米》巻き毛にする; お下げにする.
chon·ta [tʃón.ta] 女《ラ米》《植》ヤシ(類).
chon·ta·du·ro [tʃon.ta.ðú.ro] 男《ラ米》《ﾀﾞ米》《ｴｸｱ》《植》チョンタドゥーロ: ヤシ科モモヤシ属の木. その実は食用にもなる.
chon·tal [tʃon.tál] 形 **1** チョンタルの. **2**《ラ米》《ﾀﾞ米》がさつな, 粗野な. ―― 男 女 **1** チョンタル人: ma-

ya 系の民族. **2** がさつな人.

chop / chopp [tʃóp]《男》《複 〜s》《ラ米》《タク》《ウラ》(ビールの)ジョッキ(500ml弱);ジョッキ1杯分のビール(＝〜 de cerveza, 〜 directo).

cho·pa[1] [tʃó.pa]《女》【魚】メジナモドキ(タイ科).

cho·pa[2] [tʃó.pa]《女》《ラ米》《ほ》お手伝い,家政婦.

cho·pa·zo [tʃo.pá.θo / -.so]《男》《ラ米》《話》(1)《ウラ》(競技での)激突. (2)《スペイン》殴打.

cho·pe [tʃó.pe]《男》《ラ米》(1)《スペイン》《話》げんこつ. (2)《ス》掘り起こし棒,鋤(ホャ);(貝を剝(ト)く)鉤(カギ).

cho·ped [tʃo.péd] / **chó·ped** [tʃó.ped]《男》【料】太い腸詰め.

cho·pe·ra [tʃo.pé.ra]《女》ポプラ林.

cho·pe·rí·a [tʃo.pe.rí.a]《女》《ラ米》《タク》《ウラ》ビアバー,ビアホール.

cho·po[1] [tʃó.po]《男》【植】(1) ポプラ. (2) 黒ポプラ.

cho·po[2] [tʃó.po]《男》《話》ライフル銃,小銃.

cho·po[3] [tʃó.po]《男》《ラ米》《ス》(1)《複数で》スリッパ. (2)《話》鼻.

cho·po, pa [tʃó.po, -.pa]《形》《ラ米》《コスタ》《話》へまな.

*****cho·que** [tʃó.ke]《男》**1** 衝撃,衝突. amortiguar un 〜 衝撃を柔らげる. 〜 de frente 正面衝突. **2** 対立,抗争,争い;【軍】戦闘,衝突. 〜 de opiniones 意見の対立. 〜 batalla 《類語》. **3**(精神的な)打撃,動揺,ショック. La muerte de su hija fue un 〜 muy fuerte para ella. 娘の死は彼女にとって大変なショックだった. precio de 〜 破格値,超安値. **4** 【医】ショック. 〜 operatorio 術後ショック. 〜 eléctrico 電気ショック療法. **5** (車などの)震動,揺れ. **6** グラス・皿がぶつかり合って立てる音. **7** 《スポ》対戦,ゲーム,試合.
coches de choque ゴーカート.
fuerza de choque 突撃部隊.

choque(-) / choqué(-)《活》→chocar.

cho·que·ro, ra [tʃo.ké.ro, -.ra]《形》(スペイン)ウエルバ Huelva の. ——《男》《女》ウエルバの住民[出身者].

cho·que·zue·la [tʃo.ke.θwé.la / -.swé.-]《女》【解剖】膝蓋(メッネカ)骨(＝ rótula).

cho·rar [tʃo.rár]《他》《俗》→chorizar.

chor·bo, ba [tʃór.bo, -.ba]《男》《女》《話》**1** 若者. **2** 誰か,人(誰だかわからない,あるいは言いたくない場合に用いる),やつ. **3** 恋人.

chor·cha [tʃór.tʃa]《女》**1**【鳥】ヤマシギ. **2**《ラ米》(1)《メキ》(鳥の)とさか. (2)《メキ》【鳥】ベニフウキンチョウ(の一種). (3)《メキ》【鳥】ムクドリモドキ. (4)《ス》《話》悪童連中,悪友仲間;どんちゃん騒ぎ. (5)《メキ》《俗》肉腫,あざ;甲状腺腫(ホュ).

chor·che·ro, ra [tʃor.tʃé.ro, -.ra]《男》《女》《ラ米》《ス》《話》お祭り好きな人,どんちゃん騒ぎが好きな人.

chor·dón [tʃor.dón]《男》【植】キイチゴ(の木);キイチゴのジャム.

cho·re·a·do, da [tʃo.re.á.ðo, -.ða]《形》《ス》《話》うんざりしている.

cho·re·ar [tʃo.re.ár]《自》**1** からかう,あざ笑う. **2**《ラ米》(1)《コスタ》《ス》《クク》《俗》くすねる,かっぱらう. (2)《ラ米》ぶつくさ言う. ——《他》《ラ米》《ス》挑む.

cho·re·o [tʃo.ré.o]《男》《ラ米》(1)《コスタ》《ス》《クク》《俗》盗み,窃盗. (2)《ス》《話》不平,文句.

cho·re·te·ar [tʃo.re.te.ár]《他》《ラ米》《コスタ》《話》ぶつける.

cho·re·tó [tʃo.re.tó]《ラ米》《チリ》《話》大量,多数,たくさん.

cho·ri·ce·ar [tʃo.ri.θe.ár / -.se.-]《他》《話》→chorizar.

cho·ri·ce·o [tʃo.ri.θé.o / -.sé.-]《男》《話》盗み,すり,万引き.

cho·ri·ce·ro, ra [tʃo.ri.θé.ro, -.ra / -.sé.-]《形》腸詰めの;腸詰め職人[店]の. ——《男》《女》**1** 腸詰め職人,腸詰め売り. **2** (スペインの)エストレマドゥーラ Extremadura の人. **3**《話》すり,こそ泥.

cho·ri·fa·te·ar [tʃo.ri.fa.te.ár]《自》《ラ米》《ニカ》《隠》盗みを働く.

cho·ri·pán [tʃo.ri.pán]《男》《ラ米》《アル》ソーセージのサンドイッチ.

cho·ri·za·da [tʃo.ri.θá.ða / -.sá.-]《女》**1** チョリソchorizo 中心の食事,チョリソパーティー;バーベキュー(パーティー). **2**《話》泥棒[すり]特有の言動;詐欺(的行為),ぺてん,いんちき.

cho·ri·zar [tʃo.ri.θár / -.sár]《97》《他》《話》盗む,万引きする,くすねる.

cho·ri·zo, za [tʃo.rí.θo, -.θa / -.so, -.sa]《男》《女》《話》《軽蔑》**1** こそ泥,かっぱらい. **2** (私利私欲に走る)役人. ——《男》**1** チョリソ:豚肉を香辛料で味付けした腸詰め. **2** (綱渡りに使う)バランス棒. **3**《ラ米》(1)《アル》《メキ》(わらを詰めた)壁土. (2)《メキ》《俗》ばか者,間抜け者. (3)《コス》《話》《軽蔑》ムラート mulato,黒人. (4)《ス》一列に並んだもの. (5)《アル》《メキ》《俗》まぬけ,薄のろ. (6)《メキ》《話》硬貨の包み. (7)《メキ》《ウラ》背肉. (8)《ス》《話》変わり者.

chor·la [tʃór.la]《女》【鳥】シロハラサケイ(の一種).

chor·li·to [tʃor.lí.to]《男》【鳥】チドリ.
cabeza de chorlito おっちょこちょい.

chor·lo [tʃór.lo]《男》【鉱】電気石,トルマリン.

chor·lo, la [tʃór.lo, -.la]《男》《女》《ラ米》《メキ》《中米》曾孫(セネ)の子,玄孫(セネ).

cho·ro [tʃó.ro]《男》**1**《隠》こそ泥;犯罪者. **2**《ラ米》(1)【貝】イガイ科の貝;ナナイロイガイ(＝〜 zapato),ムール貝. (2)《卑》女性器.

cho·ro, ra [tʃó.ro, -.ra]《男》《女》《ス》《話》変わった,面白い. ——《男》《女》《ス》《話》変わり者.

cho·ro·ta [tʃo.ró.ta]《女》《ラ米》《ス》(1) ソース. (2)《話》どろどろした物.

cho·ro·te [tʃo.ró.te]《形》《ラ米》《コス》《話》粗野な,無骨な,がさつな. ——《男》《ラ米》(1)《アル》(黒砂糖入りの)コーヒー. (2)《コス》《ス》《素焼きの》ココア[チョコレート]沸かし. (3)《コス》《ス》《メキ》黒砂糖の入ったココア;《コス》濃いココア. (4)《メキ》焼きトウモロコシと牛乳で作る飲み物. (5)《ラ米》《コスタ》《話》水っぽい飲み物. (6)《ス》濃厚な飲み物.

cho·roy [tʃo.rói]《男》《ラ米》《ス》【鳥】ヨウム属の鳥.

cho·rra [tʃó.ra]《形》まぬけ,ばか,愚かな. ——《男》《女》**1**《話》幸運. tener mucha 〜 運がよい. de 〜 偶然に. **2** (岩などがあるため)鋤(ヌキ)の入らない土地. **3**《俗》陰茎. **4**《ラ米》《ス》下層階級的隠語.

cho·rra·da [tʃo.rá.ða]《女》**1**《話》ばかげたこと,無駄口. decir 〜s 無駄口をたたく. soltar 〜s くだらないことを口走る. **2**《話》趣味の悪い飾り;やぼったさ. **3** (量り売りの液体の)おまけ(の数滴). **4**くだらないもの[こと].

cho·rre·a·do, da [tʃo.re.á.ðo, -.ða]《形》**1**(牛が)縦縞(タテシマ)の毛並みの. **2**《ラ米》(1)《コスタ》《ス》がさつな,下品な. (2)《メキ》《話》ずぶぬれの. (3)染みのついた.
——《男》《ラ米》《コスタ》(足拍子をとって踊る)民族舞踊.

cho・rre・a・du・ra [tʃo.r̃e.a.ðú.ra] 囡 **1** 滴り, 滴. **2** 染み, 汚れ.

cho・rre・ar [tʃo.r̃e.ár] 自 **1** 滴り落ちる. líquido que *chorrea* ぽたぽた落ちる液体. **2**《まれ》少しずつ増える；だらだらと続く. ─他 **1** 流す；〈液体を〉垂らす. ~ agua por el suelo床に水をまく. el cuerpo *chorreando* sudor 汗びっしょりの体. **2**《話》少しずつ与える. **3** ひどく叱りつける. **4**《ラ米》(1)《ミミミミ》〈人に〉水をかける. (2)《ミミ》《話》盗む, 失敬する. (3)《ミミ》〈液体で〉汚す. ─~・se 再《ラ米》《話》(1)《ミミ》ブレーキが利かなくなる. (2)《ミミ》自分のものにする.
estar chorreando《話》ぐっしょりぬれている.

cho・rre・o [tʃo.r̃é.o] 男 **1** 滴り；ほとばしり, 噴出. el ~ del agua 水の滴. **2**《比喩的》流れ. un ~ de gente 人の流れ. **3** 出費, 支出. El arreglo de coche es un ~. 車の修理は高くつく. **4** 叱責(ミミ), 激怒.

cho・rre・ra [tʃo.r̃é.ra] 囡 **1**（液体が）垂れる所；細流. **2** 流れ跡, 滴り跡. **3** 急流, 早瀬. **4**《服飾》(レースの)ひだ『胸』飾り, フリル. **5**《ミ米》(1) 一連, ひと続き；多量. una ~ de hijos 子だくさん. (2)《ミミ》下水溝. (3)《ミミ》《遊》滑り台. (4)《ミ米》《話》叱りつけること, 叱責(ミミ), 非難.

chorrera (フリル)

cho・rre・ta・da [tʃo.r̃e.tá.ða] 囡 **1** 噴出, 湧出(ミミ), ほとばしり. **2**（量り売りで）おまけとして入れてくれる分.

cho・rre・tón [tʃo.r̃e.tón] 男 **1**（液体の突然の）ほとばしり, しぶき, はね. **2** しみ〔はね〕による染み.

cho・rri・llo [tʃo.r̃í.ʎo | -.ʝo] 男 **1**（金銭などの）少量ずつの出入り. **2**《ラ米》《話》下痢(ミミ).
a chorrillo 少しずつ.
[chorro + 縮小辞]

＊**cho・rro** [tʃó.r̃o] 男 **1**（液体・ガスの）**噴出**, 噴射, ほとばしり；（液体の）**流出**, 湧出(ミミミ). ~ de vapor 蒸気の噴射. **2**《比喩的》（弾丸・拍手などの）雨, 洪水, 多量. un ~ de palabras 言葉の連発. un ~ de luz 光の洪水. beber a ~（革袋 bota などから）口をつけずに飲む. soltar el ~ de la risa 笑いこける. **3**《航空》ジェット. de propulsión a ~ ジェット推進の. **4**《技》ブラスト. ~ de arena（ガラス・金属などの面を磨くための）サンド・ブラスト. **5**《ラ米》(1)《ミミ》(川の)急流. (2)《ミミ》(むちの) より, 絢(ミ). (3)《ミミ》《話》たくさんのもの. (4)《ミミ》《話》下痢. (5)《ミミ》《話》叱責(ミミ), 非難. (6)《ミ米》《ミミ》蛇口. (7)《ミ米》《俗》泥棒. (8)《ミミ》《俗》淋病.
a chorros《話》多量に. hablar a ~s とめどなく話す. llover *a* ~s 大雨が降る. salir *a* ~s どっと噴き出す. sudar *a* ~s 大汗をかく.
estar (limpio) como los chorros del oro《話》汚れひとつなくぴかぴかである.

cho・ta [tʃó.ta] 囡《ラ米》《俗》(1)《ミミ》パトカー. (2)《ミミ》《ミ米》《ミミ》警官, 巡査, お巡り. (3)《ミミ》密告者, 裏切り者.

cho・ta・ca・bras [tʃo.ta.ká.βras] 男（または囡）《単複同形》【鳥】ヨーロッパヨタカ.

cho・te [tʃó.te] 男《ラ米》《ミミ》【植】ハヤトウリ.

cho・te・a・do, da [tʃo.te.á.ðo, -.ða] 形《ラ米》《ミ米》使い古された, 陳腐の.

chotacabras (ヨーロッパヨタカ)

cho・te・ar [tʃo.te.ár] 他《ラ米》(1)《ダ》《ミ米》《ミ米》《ミミ》《話》けなす, ばかにする；からかう. (2)《ミミ》安く買いたたく. (3)《ミミ》《仕事を》だめにする. (4)《ミミ》《話》甘やかす. (5)《ミミ》尾行する. (6)《ミ米》《話》告発する. (7)《ミミ》《話》使い古す, 酷使する. (8)《ミ米》乱用する；ペッティングをする. ─自《ラ米》《ミ米》《ミミ》《話》(1) 散歩する. (2) 怠ける, ぶらぶらする. ─~・se 再 **1**《話》《de...…を》からかう, ばかにする, 悪ふざけする (= burlarse). **2**《ラ米》《ミミ》《話》俗化する；評判が落ちる.

cho・te・o [tʃo.té.o] 男《話》からかい, 冗談. tomárselo todo a ~ すべて冗談と受けとめる.

cho・tis [tʃó.tis] / **cho・tís** [tʃo.tís] 男【音楽】ショッティッシュ：ポルカに似たゆっくりとした舞踊とその曲. 20世紀初頭スペイン Madrid で流行. [← [独] *Schottisch*（原義は「スコットランド舞踊」）]

cho・to, ta [tʃó.to, -.ta] 形《ラ米》《話》(1)《ミミ》わいがっている, お気に入りの；慣れている；〈方針などが〉変わりやすい. (2)《ミミ》《ミ米》たくさんある. (3)《ミミ》役に立たない, 無能な. (4)《ミミ》橙(ミミ)色の.
de choto《ラ米》《ミミ》ただで, 無料で.

cho・tu・no, na [tʃo.tú.no, -.na] 形 **1**（離乳していない）子ヤギの. **2** やせて病弱な子羊の.
oler a chotuno《話》汗臭い, 嫌なにおいがする.

chou [tʃóu]《ラ米》ショー (= espectáculo).

chou・croute [tʃu.krút] 男【仏】（ときに囡）【料】→ chucrut.

cho・va [tʃó.βa] 囡【鳥】(1) ベニハシガラス. (2) キバシガラス.

cho・vi・nis・mo [tʃo.βi.nís.mo] 男《軽蔑》熱狂的な排外〔愛国〕思想, 過度の自国（製品）崇拝. [← [仏] *chauvinisme*]

cho・vi・nis・ta [tʃo.βi.nís.ta] 形 熱狂的な排外〔愛国〕思想の. ─男囡 熱狂的な排外思想家, 身びいきする人.

chova (ベニハシガラス)

cho・ya [tʃó.ja] 形《ラ米》《ミミ》《話》怠惰, 面倒くさ.

choz [tʃóθ / tʃós] 男〔複 choces〕驚き, 衝撃, ショック. dar [hacer] ~ どきっとさせる.

＊**cho・za** [tʃó.θa / -.sa] 囡 **1** 小屋, 丸太小屋, 掘っ建て小屋. ~ de paja わらぶき小屋. **2**《ラ米》《ミ米》家.

choz・no, na [tʃóθ.no, -.na / tʃós.-] 男囡 曾孫(ミミ)の子, 玄孫(ミミ).

cho・zo [tʃó.θo / -.so] 男 小さな小屋, バラック.

choz・par [tʃoθ.pár / tʃos.-] 自〈子羊などが〉跳ね回る.

christ・mas [krís.mas] [英] 男《単複同形》クリスマスカード.

chu・bas・ca・da [tʃu.βas.ká.ða] 囡 → chubasco.

＊**chu・bas・co** [tʃu.βás.ko] 男 **1** にわか雨, 通り雨 (= aguacero). **2**【海】（ときに雨を伴う）黒雲；スコール. **3** 不遇, 逆境. [[ポルトガル] *chuvasco*; *chuva*「雨」(← [古] *pluvia*) より派生. [関連] *lluvia*]

chu・bas・que・ro [tʃu.βas.ké.ro] 男 レインコート, カッパ, 防水服 (= impermeable).

chu・bes・qui [tʃu.βés.ki] 男（筒状の）湯たんぽ.

chu・cán, ca・na [tʃu.kán, -.ká.na] 形《ラ米》《ミ米》《話》おどけた, こっけいな；下品な, 卑猥(ミミ)な.

chu・ca・ne・ar [tʃu.ka.ne.ár] 自《ラ米》《ミミ》《話》冗談を言う, ふざける.

chu・ca・que [tʃu.ká.ke] 男《ラ米》《ミミ》（特に恥ずかしさを原因とする）居心地の悪さ, きまり悪さ.

chú・ca・ro, ra [tʃú.ka.ro, -.ra] 形《ラ米》(1)〈動

chu·ce·ar [tʃu.θe.ár / -.se.-] 他《ラ米》(1)《ロプ》《話》だます；かたる；《家畜》を追い立てる.

chu·cha [tʃú.tʃa] 女 **1** 1ペセタ. **2**《ラ米》(1)《ロプ》《動》フクロネズミ，オポッサム. (2)《ロプ》わきが. (3)《ラ米》《遊》かくれんぼ. (4)《ロプ》《ラ米》《音楽》マラカス. (5)《中米》《卑》女性器.

chu·cha·da [tʃu.tʃá.ða] 女《ラ米》《話》(1)《カリブ》ずるさ，偽り，ぺてん. (2)《中米》ばか，べとん.

chu·cha·zo [tʃu.tʃá.θo / -.so] 男《ラ米》《ラ米》鞭（むち）打ち.

chu·che [tʃú.tʃe] 女《話》→chuchería.

chu·che·ar [tʃu.tʃe.ár] 自 **1** ささやく，耳打ちする (= cuchichear). Él me *chucheó*. 彼は私に耳打ちした. **2**（シャコ・ウズラなどが）鳴く. **3**（鳥の鳴きまねをして）狩りをする. **4**《話》菓子をかじる. **5**《ラ米》《話》(1)《中》悪口を言う. (2)《コスタ》ひっかく.

chu·che·rí·a [tʃu.tʃe.rí.a] 女 **1**（値打ちはないがきれいな）小間物，安物の装飾品；がらくた. **2** お菓子，スナック. **3**（鳥の鳴きまねやおとりを使った）狩り.

chu·chín [tʃu.tʃín] 形《ラ米》《ペル》《話》すてきな，すばらしい.

chu·chi·plu·ma [tʃu.tʃi.plú.ma] 形《ラ米》《カリブ》《話》臆病（おくびょう）な，気の弱い.
— 男女《ラ米》《カリブ》《話》(1) 臆病（おくびょう）な人，気の弱い人. (2) 信用できない人物.

chu·cho [tʃú.tʃo] 固有名 [C-] チュチョ：Jesús の愛称.
— 男女《話》**1**（雑種の）犬. **2** 恋人. **3**《ラ米》(1)《中米》《カリブ》ずるい人，悪賢い人. (2)《ロプ》柔らかい果物. (3)《ロプ》しわだらけの人. (4)《中米》哀れな人；さもしい人，けちな人. (5)《中》感じの悪いやつ.
— 男《ラ米》《話》**1**《中米》安雑貨店. (2)《ロプ》刑務所，牢獄. (3)《タテ》《ラ米》（革の）むち. (4)《ロプ》マラリア；悪寒，震え；恐怖. (5)《コス》待避線. (6)《タテ》《鉄道》転轍（てんてつ）機. (7)《カリブ》《タテ》乳房. (8)《コス》スイッチ，電源.
— 形《ラ米》《話》(1)《中米》ずるい，悪賢い. (2)《中米》哀れな；さもしい，けちな. (3)《ロプ》《果物が》柔らかい. (4)《ロプ》しわだらけの.
— 間投（犬に向かって）しっしっ，あっちへ行け.

chu·cho·ca [tʃu.tʃó.ka] / **chu·chu·ca** [tʃu.tʃú.ka] 女《ラ米》《チリ》《中》（料理に使う炒った）トウモロコシの粉.

chu·cho·nal [tʃu.tʃo.nál] 男《ラ米》《ニカ》《集合的》非常にたくさんのもの[人].

chu·chu·lu·co [tʃu.tʃu.lú.ko] 男《ラ米》《メキ》《話》(1) 菓子，豆で作ったタマル tamal. (2)（頭にできた）こぶ，たんこぶ. (3) 帽子：特に新聞紙などを折って作ったもの.

chu·chu·me·co, ca [tʃu.tʃu.mé.ko, -.ka] 男女 **1** 守銭奴，けち. **2**《ラ米》(1)《メキ》チチメカ人. (2)《カリブ》《俗》まぬけ，薄のろ. (3)《コス》《ニカ》気取り屋，派手な人. (4)《ニカ》《俗》娼婦（しょうふ），売春婦. (5)《中》年寄り. (6)《ニカ》病弱な老人. (7)《中》《話》生活の乱れた人.

chu·chu·rri·do, da [tʃu.tʃu.rí.ðo, -.ða] / **chu·chu·rrí·o, a** [tʃu.tʃu.rí.o, -.a] 形《話》しぼんだ，しおれた，しなびた. flores *chuchurridas* しおれた花.

chu·co, ca [tʃú.ko, -.ka] 形《ラ米》《チリ》《中米》《話》《魚などが》腐った. — 男《ラ米》《カリブ》乳房.

chu·crut [tʃu.krút] / **chu·cru·ta** [tʃu.krú.ta] 女《料》シュークルート，ザウアークラウト：塩漬けにした千切りキャベツを発酵させたもの.

chu·cu·a [tʃú.kwa] 女《ラ米》《カリブ》沼地，ぬかるみ.

chu·cu·to, ta [tʃu.kú.to, -.ta] 形《ラ米》《ベネズ》（動物が）尾のない［短い］. — 男《中米》悪魔，幽霊.

chue·ca [tʃwé.ka] 女 **1** 切り株，根株. **2**《話》からかい，冷やかし. **3**《解剖》関節頭. **4** ホッケーに似た球技；その球.

chue·co, ca [tʃwé.ko, -.ka] 形《ラ米》(1)《話》足が曲がった；（ロプ）足の自由な；《ラ米》《中米》内股の. (2)《ラ米》《話》いたずら好きの. (3) かかとのすり減った. (4)《話》曲がった，ねじれた. (5)《ラ米》《話》斜視の. — 男《ラ米》(1)《中米》《俗》盗品. (2)《エクア》《話》がらくた，くず，半端物.

chue·la [tʃwé.la] 女《ラ米》《中》《中米》手斧（ちょうな）.

chue·que·ar [tʃwe.ke.ár] 自《ラ米》《ベネズ》《話》足を引きずる，片足で歩く.

chue·ta [tʃwé.ta] 男（スペイン Baleares 地方・Levante 地方で）改宗ユダヤ人，改宗ユダヤ人の子孫.

chu·fa [tʃú.fa] 女 **1**【植】カヤツリグサ：塊茎の肥大したものを食用とする. horchata de ~s オルチャタ《カヤツリグサの地下茎を原料とした白くてどろっとした飲み物》. **2**《話》殴りつけ，パンチ.

chufa（カヤツリグサの塊茎）

3《古語》からかい (= burla).

chu·far [tʃu.fár] / **chu·fe·ar** [tʃu.fe.ár] 自《古語》からかう，ばかにする.

chu·fe·ta [tʃu.fé.ta] / **chu·fla** [tʃu.fla] 女 冗談，冷やかし，からかい.

chu·flar [tʃu.flár] 自《話》笛［指笛］を吹く；ピーピー音を出す.
— **~·se** 再 《de…》…をからかう. ~*se de*+人《人》を冷やかす.

chu·flay [tʃu.flái] 男《ラ米》《中》《ロプ》（蒸留酒にレモン・砂糖などを加えた）アルコール飲料.

chu·fle·ta [tʃu.flé.ta] 女《話》冷やかし，からかい.

chu·fle·te·ar [tʃu.fle.te.ár] 自《話》冗談を言う，からかう，冷やかす.

chu·fle·te·ro, ra [tʃu.fle.té.ro, -.ra] 形《話》冗談の好きな；からかうのが好きな.
— 男女《話》**1** 冗談の好きな人，駄じゃれ屋. **2** からかうのが好きな人，茶化す人.

chu·fo [tʃú.fo] 男《話》**1**（カーラーで）カールさせた前髪. **2**（ヘア）カーラー.

chu·ga [tʃú.ga] 女《ラ米》《中》《話》《軽蔑》黒人.

chui·co [tʃwí.ko] 男《ラ米》《中》《ロプ》（柳の枝などでできた籠（かご）で覆われており，通常はワインを入れる）大型で細口の瓶.

chu·la·da [tʃu.lá.ða] 女 **1**《話》格好いいもの，すばらしいもの. **2** 無作法な言動，横柄さ.

chu·lán·ga·no, na [tʃu.láŋ.ga.no, -.na] 形《話》《軽蔑》非常に気取った，生意気な.
— 男女《話》《軽蔑》きざ［生意気］なやつ；ひも.

chu·la·po, pa [tʃu.lá.po, -.pa] / **chu·la·pón, po·na** [tʃu.la.pón, -.pó.na] 形 気取った，生意気な. — 男女《話》（スペインの）Madrid の下町の伊達（だて）男［粋（いき）な女］.

chu·le·ar [tʃu.le.ár] 他 **1**〈特に男性が〉〈女性に〉貢がせて暮らす.
2 ねだる，巻き上げる. Me *ha chuleado* veinte eu-

ros. 私は彼[彼女]に20ユーロ巻き上げられた. **3** からかう, 冷やかす. A mí no me *chulea* nadie. いいかげんにしろよ. **4** 《ラ米》《話》(1) (*[女]*)(*[中米]*)ほめそやす；誉める, 感心する. (2) 《ラ米》添削する, チェックする.
— **~.se** 再 **1** (de... …を)からかう, 冷やかす.
2 《話》(de... …を)自慢する；うぬぼれる.

chu.le.rí.a [tʃu.le.rí.a] 囡《話》生意気, 横柄, 厚かましさ. obrar con ~ 横柄な態度を取る. **2**《話》気取り, うぬぼれ. **3**《話》気取った話し方[身振り], 格好つけた話し方. **4**《集合的》(スペイン Madrid の)小粋な下町っ子.

chu.les.co, ca [tʃu.lés.ko, -.ka] 形 生意気な, 横柄な, 厚かましい. gesto ~ ずうずうしい態度.

chu.le.ta [tʃu.lé.ta] 囡 横柄な, 気取った.
— 囡 **1** (骨付きの)あばら肉, チョップ, スペアリブ. ~ empanada あばら肉のカツレツ. ~ de cerdo ポークチョップ. **2**《話》平手打ち, パンチ. **3**《話》カンニングペーパー. **4** (補修用)埋め木；レースなどの小さな布片. **5**《複数で》もみあげ. **6**《ラ米》(1) 《[中米]》《隠》女性. (2) 《[中]》《俗》尻を蹴ること.
— 男《ラ米》横柄な, 生意気な人, 厚かましい人. [←[カタルーニャ] *xulleta* (*xulla*「薄切りの豚肉」+ 縮小辞)]

chu.le.ta.da [tʃu.le.tá.ða] 囡 (スペアリブを焼く)バーベキュー(パーティー), バーベキュー料理.

chu.li [tʃú.li] 形《話》かわいい, かっこいい；すてきな, 心地よい, おもしろい.

chu.li.llo [tʃu.lí.ʝo ‖ -.ʎo] 男《ラ米》《[中]》助手, 見習い.

chu.lla [tʃú.ja ‖ -.ʎa] 囡《ラ米》《話》(1) 《[中]》うそ, でたらめ. (2) 《[アン]》下層の人；見せかけだけの人. (3) 《[アン]》冗談, 軽口.

chu.lle(n).co, ca [tʃu.jé(ŋ).ko, -.ka ‖ -.ʎé(ŋ).-] 形《ラ米》《[中]》曲がった, ねじれた.

chu.llo, lla [tʃú.jo, -.ʎa ‖ -.ʎo, -.ʎa] 形《ラ米》(1) 《[中米]》《対の物の》片方の. (2) 《[アン]》中流階級の. — 男《ラ米》《[中]》毛織りの帽子.

chull.pa [tʃúl.pa] 囡 → chulpa.

chu.lo, la [tʃú.lo, -.la] 形《話》生意気な, 横柄な, 厚かましい. un gesto ~ 人を食った態度. Si se pone usted ~ lo expulsamos. あなたが生意気な態度を取ったら出ていってもらいます. **2** 格好いい, すばらしい. **3**《話》めかし込んだ, 着飾った；気取った, きざな. Iba muy ~ con su traje nuevo. 彼は新調の服を着て気取って歩いていた. **4** (スペインの) Madrid の下町の.
— 男《ラ米》**1** 生意気な人, 横柄な人. **2** 気取った人；格好いい人. **3** Madrid の下町っ子. **4**《ラ米》かわいい人, いとしい人, 魅力的な人.
— 男 (1)《俗》ヒモ. **2**《闘牛》闘牛士の雑用係. **3**《ラ米》(1) 《[アン]》《鳥》ハゲワシ. (2) 《[中]》刷毛(*[はけ]*)・ブラシのような物. (3) 《[アン]》添削の印. (4) 《[中]》毛糸の帽子.
— 副《ラ米》《[中米]》《[中]》うまく, 上手に.
más chulo que un ocho とてもきれいな, 素敵な；気取った人.

chu.lón, lo.na [tʃu.lón, -.ló.na] 形《ラ米》《[中米]》《俗》裸の, 丸裸の.

chul.pa [tʃúl.pa] 囡《ラ米》《[アン]》《[アン]》(インカ以前の)墓, 墳墓.

chul.que.ro, ra [tʃul.ké.ro, -.ra] 男 高利貸しの. — 男囡《[アン]》高利貸し.

chu.ma [tʃú.ma] 囡《ラ米》《[中米]》《[アン]》《話》酔い.

chu.ma.ce.ra [tʃu.ma.θé.ra / -.sé.-] 囡 **1**《機》軸受け. **2**《海》オール受け, 櫂(*[かい]*)受け.

chu.ma.do, da [tʃu.má.ðo, -.ða] 形《ラ米》《話》酒に酔った.

chu.mar [tʃu.már] 自《ラ米》《[アン]》《話》酒を飲む.
— **~.se** 再《ラ米》《[アン]》《[アン]》《話》酔う, 酔っ払う.

chum.bar [tʃum.bár] 他《ラ米》(1) 《[中]》《犬》とびしかける. (2) 《[アン]》産着でくるむ. 《[中]》《話》射つ, 発射する.

chum.be [tʃúm.be] 男《ラ米》《[アン]》《[アン]》《[中]》(腰)帯.

chum.be.ra [tʃum.bé.ra] 囡《植》ウチワサボテン.

chum.bo, ba [tʃúm.bo, -.ba] 形 オプンチアの, ウチワサボテンの. higo ~ ウチワサボテンの実 (= tuna). **2**《ラ米》《[アン]》《俗》ピストル, 弾丸.

chu.me.co [tʃu.mé.ko] 男《ラ米》《[中米]》見習い, 助手.

chu.mil.co [tʃu.míl.ko] 男《ラ米》《話》小さな商店.

chu.mi.na.da [tʃu.mi.ná.ða] 囡《話》ばかげたことと[言動], つまらない[くだらない]ことも[もの].

chu.mi.no [tʃu.mí.no] 男《卑》→ vulva.

chumbera
(ウチワサボテン)

chum.pi.pe [tʃum.pí.pe] 男《ラ米》《[中米]》《鳥》シチメンチョウ.

chun.che [tʃún.tʃe] 男《ラ米》《複数で》《話》(1) 《[ラプ]》(漠然と)もの, こと. (2) 《[中米]》安物, がらくた.

chun.cho, cha [tʃún.tʃo, -.tʃa] 形《ラ米》《[中]》《話》野蛮な, 未開の；内気な, 人嫌いな.
— 男《ラ米》**1**密林の先住民. (2) 《植》キンセンカ. (3) 《[中]》《鳥》ワシミミズク. (4) 《[中]》疫病神.

chun.cho.so, sa [tʃun.tʃó.so, -.sa] 形《ラ米》《[アン]》《[中]》(特に犬が)疥癬(*[かいせん]*)にかかった. (2) 腹の出た, 太鼓腹の.

chun.chul [tʃun.tʃúl] 男《ラ米》《[中]》《複数で》食用の臓物.

chun.chu.llo [tʃun.tʃú.jo ‖ -.ʎo] 男《ラ米》《[アン]》《複数で》(1) 食用の臓物. (2) 役人の横領物.

chun.chu.rria [tʃun.tʃú.rja] 囡《ラ米》《[アン]》食用の臓物.

chun.co, ca [tʃúŋ.ko, -.ka] 形《ラ米》《話》(1)《[中]》愛くるしい. (2)《[アン]》《[中米]》《[中]》体(特に手足)の不自由な.

chun.da.ra.ta [tʃun.da.rá.ta] 囡 やかましい音楽, 大きな騒音.

chun.gar.se [tʃuŋ.gár.se] 再《話》**1** 冗談を言う, ふざける, ジョークを飛ばす.
2 (de... …を)からかう, こけにする, 笑いものにする. No te *chungues* de mí. 人をばかにするな.

chun.go, ga [tʃúŋ.go, -.ga] 形《話》**1** (estar +)病気の, 調子の悪い. **2** 信用できない, 怪しげな. **3** 見てくれが悪い, 傷んだ, (雲行きなどが)怪しい. **4** 壊れた, 壊れかけた, できの悪い. **5** 難しい.
— 副 悪く.
— 囡《話》冗談, からかい, 冷やかし, 悪ふざけ. estar de chunga ふざけている. por chunga ふざけて, 冗談半分に. tomar a [en] chunga 冗談と思う.

chun.gón, go.na [tʃuŋ.gón, -.gó.na] 形 冗談を言うのが好きな, からかい好きな.
— 男囡 冗談が好きな人.

chun.gue.ar.se [tʃuŋ.ge.ár.se] 再《話》→ chungarse.

chu.ña [tʃú.ɲa] 囡《ラ米》《[アン]》《[アン]》《鳥》ハイイロノガンモドキ.

chu.ño [tʃú.ɲo] 男《ラ米》《[中米]》《[アン]》(ジャガイモの)でんぷん.

chu·pa [tʃú.pa] 囡 **1**《話》(1) ジャンパー、ジャケット. (2)《昔の》胴衣(の一種). **2**《話》(激しい)雨. **3**《ラ米》(1) (ｱﾙｾﾞﾝ)《俗》女性の交通警官. (2)《話》酔い. *poner... como chupa de dómine* …を罵倒(ばとう)する.

chu·pa·ca·bras [tʃu.pa.ká.bras] 男《単複同形》チュパカブラ(ス):家畜や人を襲って血を吸い取るといわれる動物で、1990年代以降に流布した都市伝説の一つ.

chupa (胴衣)

Chupa Chups [tʃú.pa tʃúps] 男《商標》チュッパチャップス:スペインで開発された棒付きキャンディー. ▶ 多くは小文字で chupa chups (あるいは chupa chup) と綴る.
— 固名 囡 チュッパチャップス社.

chu·pa·ci·rios [tʃu.pa.θí.rjos / -.sí.-] 男《単複同形》《話》信心面の深い人.

chu·pa·da [tʃu.pá.ða] 囡 **1** (タバコなどの) 一服、ひと吸い. *dar una ~ al cigarro* タバコを一服吸う. *dar ~s a un cigarro* 葉巻をぷかぷか吹かす. **2** 吸うこと; ペロペロなめること、しゃぶること. *El niño dio una ~ al pirulí*. 子供は(棒付きの)キャンディーをペロリとなめた.

chu·pa·do, da [tʃu.pá.ðo, -.ða] 形 **1**《+estar》《話》やつれた、やせ衰えた. *con la cara chupada* やつれた顔で. *Después de la enfermedad quedó muy ~*. 病気をしてから彼はげっそりやせた. **2**《+estar》《話》簡単な、たやすい. *Este trabajo está ~*. この仕事は朝飯前だ. **3**《ラ米》(ﾕｶﾀﾝ)(ｸﾞｱﾃ)(ﾒﾋ)(ﾍﾞﾈ)《話》酒に酔った.

chu·pa·dor, do·ra [tʃu.pa.ðór, -.ðó.ra] 形 **1** 吸うための、吸い込む、吸い取りの. **2**【植】吸根の;【動】吸入器官の.
— 男 **1** おしゃぶり. **2** (哺乳(ほにゅう)瓶の) 乳首. **3**【植】吸根;【動】吸入器官、吸盤.
— 男囡《ラ米》《話》酒飲み;愛煙家.

chu·pa·du·ra [tʃu.pa.ðú.ra] 囡 吸うこと;吸入、吸収.

chu·pa·flor [tʃu.pa.flór] 男《ラ米》(ｺﾛﾝ)(ﾒｷｼｺ)(ﾍﾞﾈｽ)(ｸﾞｱ)【鳥】ハチドリ.

chu·pa·lla [tʃu.pa.ja || -.ʎa-] 囡《ラ米》(1) (ﾁﾘ)(ｱﾙ)メリカダチョウの胃袋で作った)手提げ袋、タバコ入れ. (2) (ﾁﾘ)麦わら帽子.

chu·pa·me·dias [tʃu.pa.mé.ðjas] 形《性数不変》《ラ米》(ｺﾞﾝ)《話》おべっかを使う、ごますりの. — 男囡《単複同形》《ラ米》(ｺﾞﾝ)《話》おべっか使い、ごますり.

chu·pa·mir·to [tʃu.pa.mír.to] 男《ラ米》(ﾒｷﾞ)(ｸﾞｱﾃ)【鳥】ハチドリ.

chu·pan·di·na [tʃu.pan.dí.na] 囡《ラ米》(ｺﾞﾝ)《話》酒宴、酒盛り、宴会.

*****chu·par** [tʃu.pár] 他 **1**《液体を》吸う;しゃぶる、なめる. *~ un limón* レモンの汁を吸う. *~ caramelos* あめをしゃぶる.
2 吸い上げる、吸い込む、摂取する. *Las raíces chupan la humedad del suelo*. 根は地中の水分を吸い上げる.
3〈タバコなどを〉吸う、吹かす.
4《話》〈金を〉巻き上げる、絞り取る. *~le (a+人) el dinero*〈人〉から金を巻き上げる[絞り取る]. **5**《スポ》《話》ひとりよがりなプレーをする. **6**《ラ米》(ﾒｷ)《話》〈酒を〉飲む;《+酒》《酒を》飲む.
— 自 **1** 吸う、すする;乳を飲む;タバコを吹かす.
2 人の利益を巻き上げる、甘い汁を吸う.
— **~·se** 再 **1** しゃぶる、なめる. *~se los dedos* 指をしゃぶる;《比喩的》舌なめずりをする.
2《話》やせ細る、衰える、やつれる.
3〈苦しい〉時間を〉過ごす、しのぐ. *~se seis meses de prisión* 刑務所で半年辛抱する.
4《ラ米》《話》(1)(ﾒｷｼ)おじけづく. (2) 我慢する、こらえる. (3) 酔っ払う. (4)(ｺﾞﾙ)恥じる、恥じ入る.
¡Chúpate ésa!《話》そら見ろ、言ったとおりだろう.

chu·pa·rro·sa [tʃu.pa.ŕó.sa] 囡《ラ米》(ﾒｷ)【鳥】ハチドリ.

chu·pa·tin·tas [tʃu.pa.tín.tas] 男囡《単複同形》《軽蔑》事務員、事務屋.

chu·pe [tʃú.pe] 男 **1**《幼児語》おしゃぶり. **2**《ラ米》(1)(ﾒｷ)【料】ジャガイモ・肉・魚介・トマト・その他の野菜・チーズなどを煮込んだ料理. (2) 取るに足りない人、愚にもつかない人. (3)(ｷ)クリームスープ.

chu·pe·ta [tʃu.pé.ta] 囡 **1**《昔の》小さな胴着(の一種). **2**【海】《昔の大型帆船の》船尾楼甲板下の)丸部屋. **3**《ラ米》(1)(ｴｸ)(ﾒｷ)おしゃぶり. (2)(ｺﾛﾝ)棒付きキャンディー.

chu·pe·te [tʃu.pé.te] 男 **1** おしゃぶり.
2《哺乳(ほにゅう)瓶の》乳首.
3《ラ米》(1)(ﾒｷ)強く吸うこと. (2)(ｺﾛﾝ)(ﾁﾘ)(ｷ)棒付きキャンディー.

chu·pe·te·ar [tʃu.pe.te.ár] 自 チュウチュウ吸う、小きざみに吸う.

chu·pe·te·o [tʃu.pe.té.o] 男 吸う[しゃぶる]こと.

chu·pe·tín [tʃu.pe.tín] 男 **1** 酒のひと口.
2《史》《服飾》垂れ付のないそでなしのぴったりした胴衣、ジャーキン. **3**《ラ米》(ｱﾙｾﾞ)棒付きキャンディー.

chu·pe·tón [tʃu.pe.tón] 男《話》強く吸うこと;(タバコの) 一服、ひと吸い.

chu·pi [tʃú.pi] 形《複 ~s, ~》《親愛》とびきりの、最高の、すごい. ▶ 副詞としても用いる.
— 男《ラ米》(ﾒｷ)(ﾌﾟｴﾙﾄ)酒.

chu·pi·na·zo [tʃu.pi.ná.θo / -.so] 男 **1**《仕掛け花火の》打ち上げ;その音. **2**《スポ》《話》《ボールを》蹴(け)ること、強烈なシュート.

chu·pi·to [tʃu.pí.to] 男《話》ワインやリキュールのひとすすり、ひと口.

chu·po [tʃú.po] 男《ラ米》(1)(ｺﾛﾝ)《哺乳(ほにゅう)瓶の》乳首、おしゃぶり、哺乳(ほにゅう)瓶. (2)【医】癤(せつ)、根太(ねぶと).

chu·pón, po·na [tʃu.pón, -.pó.na] 形 **1** 吸い取る、よく吸う. *Es una nena muy chupona*. よくミルクを飲む赤ちゃんだ. **2**《話》たかる、ひも[情夫]の.
— 男囡 **1**《話》たかり屋、ひも;ぺてん師.
2《スポ》ひとりよがりのプレーをする選手.
— 男 **1**【植】《寄生植物物の)吸根、枝枝. **2** ひと吸い.
3 強く吸うこと、吸いつき. **4**【車】《タイヤの》パンク.
5《鳥の》にこ毛. **6**【機】《ポンプの》ピストン. **7** 棒付きキャンディー. **8** 哺乳(ほにゅう)瓶;(哺乳瓶の)乳首;おしゃぶり. **9**《ラ米》(1)(ｷ)《俗》同性愛者、ホモセクシュアルの人. (2)(ｸﾞｱﾃ)熱烈なキス.

chu·póp·te·ro, ra [tʃu.póp.te.ro, -.ra] 男囡《話》寄食者、ごくつぶし;月給泥棒.

chu·qui [tʃú.ki] 男囡《話》若者、子供.

chu·quia·sa [tʃu.kjá.sa] 囡《ラ米》(ｺﾞﾙ)《俗》《軽蔑》売春婦、娼婦(しょうふ).

chu·qui·ra·gua [tʃu.ki.rá.gwa] 囡《ラ米》(ｴｸ)【植】キク科の低木:解熱剤になる.

chu·qui·sa [tʃu.kí.sa] 囡《ラ米》(ｷ)(ｺﾞﾙ) → chuquiasa.

chu·ra·na [tʃu.rá.na] 囡《ラ米》(ﾒｷ)《先住民の》(ﾇ)、矢筒.

chur·dón [tʃur.ðón] 男【植】キイチゴ(の実);キ

チゴのジャム[シロップ].

chu.ro [tʃú.ro] 男 《ラ米》(1) 《ﾒﾋｺ》【動】カタツムリ；【音楽】(先住民の)カタツムリの形の吹奏楽器．(2) 《ﾁﾘ》らせん階段；巻き毛，縮れ毛.

chu.ro, ra [tʃú.ro, -.ra] 形 《ラ米》(ｱﾝﾃﾞｽ)(ﾁﾘ) 《話》 すてきな, 魅力的な.

chu.rra [tʃú.řa] 女 1 【鳥】サケイ(の一種).
2 《ラ米》《ｸﾞｱﾃﾏﾗ》《俗》下痢.

chu.rras.co [tʃu.řás.ko] 男 【料】シュラスコ(料理), 直火で焼いた肉, 焙(ｱﾌﾞ)り肉.

chu.rras.que.ar [tʃu.řas.ke.ár] 自 《ラ米》《ｸﾞｱﾗﾆ》シュラスコ(料理)を作る[食べる].

chu.rras.que.rí.a [tʃu.řas.ke.rí.a] 女 《ラ米》《ｸﾞｱﾗﾆ》シュラスコ料理の店. → churrasco.

chu.rre [tʃú.ře] 男 《話》油汚れ, あか, 汚れ.

chu.rre.ar [tʃu.ře.ár] 自 《ラ米》《ｸﾞｱﾗﾆ》《ｺﾛﾝﾋﾞｱ》《俗》下痢をする.

chu.rre.rí.a [tʃu.ře.rí.a] 女 チューロ屋[店]. → churro.

chu.rre.ro, ra [tʃu.ře.ro, -.ra] 男女 1 チューロ churro 売り. 2 運のいい人.
— 女 チューロ用の生地を絞り出す器具.

chu.rre.ta [tʃu.ře.ta] 女 《ラ米》《ｸﾞ》《俗》下痢.

chu.rre.ta.da [tʃu.ře.tá.da] 女 1 (特に手や顔などについた大きな)汚れ, 染み. 2 《ラ米》《ｸﾞｱﾗﾆ》《俗》下痢.

chu.rre.te¹ [tʃu.ře.te] 男 (特に顔の)汚れ, しみ.

chu.rre.te² [tʃu.ře.te] 形 《ラ米》《ｸﾞｱﾗﾆ》《ﾁﾘ》《俗》下痢をしている.

chu.rre.te.ar [tʃu.ře.te.ár] 他 《ラ米》汚す, …に染みをつける.
— ~.se 再 《ラ米》《ｸﾞ》《俗》下痢をする.

chu.rre.tón [tʃu.ře.tón] 男 (特に顔にある)大きな[目立つ]しみ, 汚れ.

chu.rre.to.so, sa [tʃu.ře.tó.so, -.sa] 形 汚れた, 汚い, 油染みた.

chu.rria [tʃú.řja] 女 《ラ米》《ｸﾞ》《俗》(主に複数で)《俗》下痢.

chu.rrien.to, ta [tʃu.řjén.to, -.ta] 形 1 脂で汚れた, 汚い. 2 《ラ米》《俗》下痢をしている.

Chu.rri.gue.ra [tʃu.ři.gé.ra] 固名 チュリゲラ(一家): 17-18世紀のスペインで3世代にわたって活躍した装飾家・彫刻家・建築家の一族. 3代目の José Bento (1665-1725)が特に有名.

chu.rri.gue.res.co, ca [tʃu.ři.ge.rés.ko, -.ka] 形 1 【建】チュリゲラ様式の. ♦スペインのチュリゲラ様式(estilo ~)は装飾過剰を特色とし, ねじれた柱などを駆使した Toledo のカテドラルの El Transparente や Valladolid 大学の正面玄関の装飾などがその代表作である. 2 悪趣味の, ごてごて飾り立てた.

chu.rri.gue.rís.mo [tʃu.ři.ge.rís.mo] 男 1 (スペインの後期バロック建築様式)チュリゲラ様式[主義]. 2 過剰な装飾, 飾りすぎ.

*****chu.rro** [tʃú.řo]
男 1 チューロ: 小麦粉の生地を絞り出し, 油で揚げたもの. ♦スペインのポピュラーな菓子で, コーヒー・ココアと共に朝食やおやつに食べる.
2 《話》不出来な仕事, 素人臭い仕事. Esta película es un ~. この映画は駄作である. salirle

churro
(チューロ：チューロの店)

(a+人) un ~ 《話》《人》が失敗する. Me ha salido un ~. 私はへまをやってしまった.
3 《話》偶然に；つき, 好運. de ~ 偶然に. ser un ~ まぐれである. Este gol ha sido un ~. このゴールは まぐれ[得点]であった. 4 《ラ米》魅力的な人.

chu.rro, rra [tʃú.řo, -.řa] 形 1 《羊毛が》粗い；《羊が》粗毛の. 2 《ラ米》《ｸﾞｱﾗﾆ》《ｴｸｱﾄﾞﾙ》《ﾁﾘ》《話》魅力的な. **mezclar churras con merinas** 《話》相容れないものを一緒にする.

chu.rro.so, sa [tʃu.řó.so, -.sa] 形 《ラ米》(ｺﾛﾝﾋﾞｱ) 《俗》下痢をしている.

chu.rrus.car [tʃu.řus.kár] 102 他 焦がす.
— ~.se 再 焦げる, 焦げつく.

chu.rrus.co [tʃu.řús.ko] 男 焦げたトースト[パン].

chu.rrus.co, ca [tʃu.řús.ko, -.ka] 形 《ラ米》《ｴｸｱﾄﾞﾙ》《ﾁﾘ》(毛の)縮れた, ちりちりの.

chu.rum.bel [tʃu.rum.bél] 男 《話》幼児, 坊や.

chu.rum.be.la [tʃu.rum.bé.la] 女 1 【音楽】チュルンベラ: chirimía に似た木管楽器.
2 《ラ米》(1) (マテ茶を飲む)管. (2) 《ﾒﾋｺ》《ｸﾞｱﾗﾆ》キセル, パイプ. (3) 《ｸﾞｱﾗﾆ》《話》心配, 用心.

chu.ru.mo [tʃu.rú.mo] 男 《ラ米》果汁；(比喩的) 中身, 実質. **poco ~** 見かけ倒し.

¡chus! [tʃús] 間投 (犬を呼ぶ声)こい, こい.
chus ni mus ひと言も. **no decir ~ ni mus** うんともすんとも言わない. ▶ 主に否定文で用いられる.

chus.ca.da [tʃus.ká.da] 女 おかしなこと, しゃれ, ジョーク；ブラック・ユーモア. **decir ~s** こっけいなことを言う, 粋(ｲｷ)な話をする.

chus.co [tʃús.ko] 男 (固くなった)パン, パン切れ；(軍隊内で)パン.

chus.co, ca [tʃús.ko, -.ka] 形 1 こっけいな, おかしな, 変な. **anécdotas chuscas** こっけいなエピソード. **Su intervención en el debate resultó un tanto chusca.** 彼[彼女]が討論に加わってきたのはいささかこっけいだった. 2 《ラ米》《ﾍﾟﾙｰ》《話》(犬が)雑種の；(駄馬の)駄類の；不作法な. — 男 女 機知に富んだ人, 冗談を飛ばす人, こっけいなことをする人.

chu.se [tʃú.se] 男 《ラ米》(1) 《ｸﾞｱﾗﾆ》(マット・壁掛けなどになる)粗い毛織物. (2) 《ｻﾙ》毛布, ケット.

chus.ma [tʃús.ma] 女 1 (集合的)王室ガレー船の漕刑(ｿｳｹｲ)囚. 2 群衆. 3 (集合的)げす, 恥知らずな人. 4 《ラ米》《ｸﾞｱﾗﾆ》(共同体の)先住民.

chus.ma.je [tʃus.má.xe] 男 《ラ米》《話》げすな連中.

chus.me.ar [tʃus.me.ár] 他 自 《ラ米》《ﾘｵﾌﾟ》《話》(悪い)うわさ話をする, 陰口を言う[触れ回る]；雑談[世間話]をする；ぶつぶつ言う.

chus.pa [tʃús.pa] 女 《ラ米》(革などの)袋, 小袋.

chus.pi.ra [tʃus.pí.ra] 女 《ラ米》《ｸﾞｱﾗﾆ》《卑》女性器.

chus.que.ro [tʃus.ké.ro] 男 《話》(軍隊で)叩き上げの下士官.

chut [tʃút] 男 【スポ】(サッカー)シュート.

chu.ta [tʃu.ta] 女 《俗》(麻薬を注射するための)小型の注射器.

chu.tar [tʃu.tár] 自 1 【スポ】(サッカー)シュートする. 2 《ラ米》我慢する, 耐える.
— 他 《ラ米》《ｸﾞｱﾗﾆ》《話》飲む, 飲み込む.
— ~.se 再 《隠》〈自分に〉麻薬を注射する.
ir que CHUTAR 好調である. **Este asunto va que chuta.** この件は非常にうまくいっている.

chu.ta.zo [tʃu.tá.θo / -.so] 男 【スポ】すごいシュート. → chut.

chu.te [tʃú.te] 男 《俗》麻薬の注射(1回分). 2

→chut. **3** 《ラ米》(⁽ᵃᵣ⁾)虫に刺されること.
── 形 《ラ米》(ᵖᵉʳ)エレガントな, 着飾った.
chu·to, ta [tʃú.to, -.ta] 形 《ラ米》(ᵍᵘᵃ)《話》手[足]を失った.
chu·va [tʃú.ba] 女 《ラ米》(ᵖᵉʳ) 動 クモザル.
chu·za [tʃú.θa / -.sa] 女 《ラ米》(1) (ᵈᵉᵖ)(ボウリング)ストライク. (2) (ᵈᵉᵖ)槍(ᵧᵃʳⁱ), 矛.
chu·zar [tʃu.θár / -.sár] 97 他 《ラ米》(ᵃʳᵍ)《話》刺す.
chu·zo [tʃú.θo / -.so] 男 **1** (夜警などの)先のとがった棍棒(ᶜʰʲⁿᵇ). **2** 槍(ᵧᵃʳⁱ).
3 《ラ米》(1) (ᵗᵃʲ)(革の)鞭(ᵐᵘᶜʰⁱ). (2) (ᵐᵉˣ)(掘削の)たがね; つるはし. (3) (⁽ᵃʳ⁾)(鳥の)くちばし; サソリの針, 矢. (4) (ᶜʰⁱ)やせ馬. (5) (ᶜʰⁱ)靴.
llover a chuzos / caer chuzos de punta (雨などが)ざあざあ降る.
chu·zo, za [tʃú.θo, -.θa / -.so, -.sa] 形 《ラ米》(ᵃʳᵍ)《話》直毛の. ── 男 《ラ米》《話》劣等生.
ci 〔略〕《物理》curie キュリー.
cí·a [θí.a / sí.-] 女 《解剖》無名骨, 寛骨: 腸骨・座骨・恥骨からなる骨盤の側面をなす骨.
cía., Cía. 〔略〕《商》*Compañía* 会社.
cia·bo·ga [θja.bó.ɣa / sja.-] 女 (船の)針路変更, 旋回.
cian [θján / sján] 形 シアン色の; 緑をおびた青の.
── 男 シアン(色), 緑がかった青.
cian- 「藍(ᵃⁱ)色, シアン(化物)」の意の造語要素. ▶ときに*ciano-*. *cianógeno, cianuro*. [◂ギ]
cia·na·to [θja.ná.to / sja.-] 男 《化》シアン酸塩, シアン酸エステル.
cia·ne·a [θja.né.a / sja.-] 女 《鉱》天藍(ᵗᵉⁿʳᵃⁿ)石.
cian·hí·dri·co, ca [θja.ní.ðri.ko, -.ka / sja.-] 形 《化》青酸の, シアン化水素の. *ácido ~* シアン化水素酸.
cia·ni·ta [θja.ní.ta / sja.-] 女 《鉱》藍晶(ʳᵃⁿˢʲᵒ)石.
cia·no·bac·te·ria [θja.no.bak.té.rja / sja.-] 女 《生物》シアノバクテリア, 藍色細菌: 光合成によって酸素を生み出す原核生物.
cia·nó·ge·no [θja.nó.xe.no / sja.-] 男 《化》シアン, 青酸: 有害ガス.
cia·nó·sis [θja.nó.sis / sja.-] 女 《単複同形》《医》チアノーゼ.
cia·nó·ti·co, ca [θja.nó.ti.ko, -.ka / sja.-] 形 《医》チアノーゼの, チアノーゼになった.
── 男 女 《医》チアノーゼの症状が出ている人.
cia·no·ti·po [θja.no.tí.po / sja.-] 男 《写》青写真.
cia·nu·ra·ción [θja.nu.ra.θjón / sja.-.sjón] 女 **1** 《化》シアン化. **2** 《冶》青化法: 青酸ソーダ〔カリ〕の希薄液を用いて金・銀を抽出する方法.
cia·nu·ro [θja.nú.ro / sja.-] 男 《化》シアン化物, 青酸化合物.
ciar [θjár / sjár] 81 自 **1** 後ずさりする; 逆流する. **2** 《海》逆漕(ᵍʸᵃᵏᵘˢᵒ)する. **3** 《*en...* …を》あきらめる. *~ en SUS pretensiones* 要求を引っ込める.
ciá·ti·co, ca [θjá.ti.ko, -.ka / sjá.-] 形 《医》座骨の, 座骨神経の. ── 女 《医》座骨神経痛.
ci·ba·je [θi.bá.xe / si.-] 男 《ラ米》《植》マツ(松)の一種.
Ci·be·les [θi.bé.les / si.-] 固名 **1** 《神話》キュベレ: 小アジアの大地母神で, 豊穣(ᵖᵒʲᵒ)と多産の象徴. ギリシア神話の Rea に当たる. →右段に図. **2** 《天文》地球.
ci·be·li·na [θi.be.lí.na / si.-] 女 《動》クロテン. →右段に図.
ci·be·ra [θi.bé.ra / si.-] 形 《女性形のみ》灌漑(ᵏᵃⁿɡᵃⁱ)

Cibeles (キュベレの像: マドリード)

の. *agua ~* 灌漑用水.
── 女 **1** 食料, 飼料. **2** ひき臼(ᵘˢᵘ)に最初にかける穀物. **3** (果実の)搾りかす.

cibelina (クロテン)

ci·ber·ca·fé [θi.ber.ka.fé / si.-] 男 《IT》インターネットカフェ, サイバーカフェ.
ci·ber·co·mer·cio [θi.ber.ko.mér.θjo / si.-.sjo] 男 →*cibernegocio*.
ci·ber·cul·tu·ra [θi.ber.kul.tú.ra / si.-] 女 《IT》電脳文化, サイバーカルチャー: コンピュータ・情報ネットワークを契機として発達した文化.
ci·ber·di·ne·ro [θi.ber.ði.né.ro / si.-] 男 《IT》《経》電子マネー, インターネットマネー.
ci·ber·em·pre·sa [θi.be.rem.pré.sa / si.-] 女 《IT》《経》オンライン企業: ネット上の取引を中心的商活動とする企業.
ci·ber·es·pa·cio [θi.ße.res.pá.θjo / si.-.sjo] 男 《IT》電脳空間, サイバースペース; コンピュータが作り出す架空の空間, バーチャルリアリティ空間.
ci·ber·es·tu·dian·te [θi.ße.res.tu.ðján.te / si.-] 男 女 《IT》インターネットを通じて授業を受ける人, オンライン講座受講者.
ci·ber·me·di·ci·na [θi.ber.me.ði.θí.na / si.-.sí.-] 女 情報ネットワーク・ロボットを駆使した医療; 遠隔医療.
ci·ber·nau·ta [θi.ber.náu.ta / si.-] 男 女 《IT》ネットサーファー; インターネットを盛んに利用する人.
ci·ber·ne·go·cio [θi.ber.ne.ɣó.θjo / si.-.sjo] 男 《IT》電子商取引, e コマース, サイバービジネス.
ci·ber·né·ti·co, ca [θi.ber.né.ti.ko, -.ka / si.-] 形 サイバネティクスの[に関する]; サイバネティクス研究の. ── 男 女 サイバネティクス研究者の. ── 女 サイバネティクス. [◂英 *cybernetics*◂ギ *kybernētēs* 「舵(ᵏᵃʲⁱ)を取る人」(*kybernân*「舵を取る; 管理する, 統治する」より派生); 「制御」に関連づけた造語［関連］英 *govern*(*ment*)]
ci·ber·punk [θi.ber.púnk / si.-] 男 《文学》《映》サイバーパンク: コンピュータネットワークが高度に発達した近未来のハイテク社会を背景に, そこにうごめくアウトサイダーを描いたSFの一ジャンル.
ci·ber·te·rro·ris·mo [θi.ber.te.r̄o.rís.mo / si.-] 男 サイバーテロ: ネットワーク上のテロ行為.
ci·ber·u·sua·rio, ria [θi.be.ru.swá.rjo, -.rja / si.-] 男 女 《IT》インターネット利用者.
ci·ber·vo·lun·ta·rio, ria [θi.ber.bo.lun.tá.rjo, -.rja / si.-] 男 女 《IT》情報ボランティア: 無償で(特に退職者などに)IT講習などを行う人.
ci·bo·fo·bia [θi.bo.fó.bja / si.-] 女 《医》拒食症.
cí·bo·lo, la [θí.bo.lo, -.la / sí.-] 男 女 《動》ヤギュウ

cí·bor [θí.βor / sí.-] 男 → cyborg.

ci·bo·rio [θi.βó.rjo / si.-] 男 **1** 【建】祭壇の天蓋(蓋). **2** (ギリシア・ローマ時代の) 脚付きの酒杯.

ci·ca [θí.ka / sí.-] 女 【植】ソテツ (科の植物の総称).

ci·ca·dá·ce·o, a [θi.ka.ðá.θe.o, -.a / si.-.se.-] 形 【植】ソテツ科の科に属した.
——女 【植】ソテツ科の植物; 《複数で》ソテツ科.

ci·ca·te·ar [θi.ka.te.ár / si.-] 自 《話》 倹約する.

ci·ca·te·rí·a [θi.ka.te.rí.a / si.-] 女 **1** けち. **2** 心配症.

ci·ca·te·ro, ra [θi.ka.té.ro, -.ra / si.-] 形 けちな, しみったれの.
——男女 **1** けちんぼう, しみったれ. **2** すり.

ci·ca·tri·cial [θi.ka.tri.θjál / si.-.sjál] 形 【医】瘢痕(ﾊﾝｺﾝ)の; 【関する】瘢痕性の.

ci·ca·trí·cu·la [θi.ka.trí.ku.la / si.-] 女 【動】胚盤(ﾊｲﾊﾞﾝ): 魚類・爬虫(ﾊﾁｭｳ)類・鳥類などの端黄卵で, 卵の上部の胚となるべき部分.

ci·ca·triz [θi.ka.triθ / si.-.tris] 女 《複 cicatrices》 **1** 傷跡, 瘢痕(ﾊﾝｺﾝ). tener una ~ en la cara 顔に傷跡がある. **2** 心の傷 (= ~ en el alma), 痛手. [← 〔ラ〕 *cicātrīcem* (*cicātrīx* の対格)]

ci·ca·tri·za·ble [θi.ka.tri.θá.ble / si.-.sá.-] 形 〈傷口が〉完全にふさがりうる, 瘢痕(ﾊﾝｺﾝ)化しうる.

ci·ca·tri·za·ción [θi.ka.tri.θa.θjón / si.-.sa.sjón] 女 【医】瘢痕(ﾊﾝｺﾝ)化, 瘢痕形成.

ci·ca·tri·zan·te [θi.ka.tri.θán.te / si.-.sán.-] 形 〈傷口を〉ふさぐ, 瘢痕(ﾊﾝｺﾝ)を形成させる.
——男 【医】瘢痕形成剤, 癒(ｲ)創薬.

ci·ca·tri·zar [θi.ka.tri.θár / si.-.sár] 97 他 **1** 瘢痕(ﾊﾝｺﾝ)を形成させる, 〈傷を〉癒着させる. **2** 《比喩的》〈心の傷を〉癒(ｲﾔ)す. ——自 瘢痕がつく, 癒える.
——~·se 再 瘢痕ができる, 癒着する. Debes guardar cama hasta que *se haya cicatrizado* la herida. 傷口がふさがるまで寝ていなきゃだめだ.

cí·ce·ro [θí.θe.ro / sí.se.-] 男 【印】 (12ポイントの) パイカ活字.

ci·ce·rón [θi.θe.rón / si.se.-] 男 雄弁家.

Ci·ce·rón [θi.θe.rón / si.se.-] 固名 キケロ Marco Tulio ~ (前106–43): 古代ローマの政治家・雄弁家. [← 〔ラ〕 *Cicerō*; 【関連】〔ポルトガル〕*Cícero*. 〔仏〕*Cicéron*. 〔伊〕*Cicerone*. 〔英〕*Cicero*]

ci·ce·ro·ne [θi.θe.ró.ne / si.se.-] 男 〔伊〕 (名所・旧跡の) 観光案内人, ガイド (= *guía*). ♦キケロのように雄弁なことから.

ci·ce·ro·nia·no, na [θi.θe.ro.njá.no, -.na / si.se.-] 形 キケロの; (キケロのように) 雄弁な.

ci·cin·de·la [θi.θin.dé.la / si.sin.-] 女 【昆】ハンミョウ.

ci·cla [θí.kla / sí.-] 女 《ラ米》(ｺﾛﾝﾋﾞｱ) 《話》 自転車.

ci·cla·men [θi.klá.men / si.-] / **ci·cla·mi·no** [θi.kla.mí.no / si.-] 男 【植】シクラメン (ﾊﾝﾐｮｳ).

ci·cla·mor [θi.kla.mór / si.-] 男 【植】セイヨウハナズオウ. ♦ユダがこの木で首をつったと伝えられる.

cí·cli·co, ca [θí.kli.ko, -.ka / sí.-] 形 周期的な, 循環性の, 円環的な. *evolución cíclica* de la economía 経済活動の周期的な展開.

ci·clis·mo [θi.klís.mo / si.-] 男 自転車競技, ロードレース; サイクリング.

*ci·clis·ta [θi.klís.ta / si.-] 共 自転車の, サイクリングの. *carrera* ~ 自転車競走.
——共 女 自転車に乗っている人, サイクリスト; 自転車競技選手. Un ~ fue atropellado por el autobús. 自転車で通行中の人がバスにはねられた.

ci·clís·ti·co, ca [θi.klís.ti.ko, -.ka / si.-] → ciclista.

‡**ci·clo** [θí.klo / sí.-] 男 **1** 周期, サイクル, 循環(期). ~ anual 年周期. ~ del agua / ~ hidrológico 水の循環. ~ de combustible nuclear 核燃料サイクル. ~ de las estaciones del año (1年の) 季節の移り変わり [一巡]. ~ económico 景気の周期. ~ menstrual (de la mujer) (女性の) 生理周期. ~ solar [lunar] 【天文】太陽 [太陰] 周期. ~ vital ライフサイクル. **2** (連続講演などの) 一連の催し物; 【映】連続物. **3** 【文学】(同一主題で書かれた) 一連の史詩, 物語. ~ artúrico / ~ del rey Arturo アーサー王物語の系列. **4** 一時代, 一時期. cerrar un ~ histórico ある歴史的一時代が終焉を迎える. **5** 【物理】周波, サイクル. **6** 【教育】課程, 学期. tercer ~ 博士課程. [← 〔後ラ〕 *cyclus* ← 〔ギ〕 *kýklos* 「円, 輪」; 【関連】 ciclón, ciclismo, enciclopedia. 〔英〕*cycle*]

ciclo- / **-ciclo** 「円, 環, 回転, 自転車」の意を表す造語要素. ♦母音の前で cicl-. ⇒*ciclista*, triciclo. [← 〔ギ〕]

ci·clo·crós / **ci·clo·cross** [θi.klo.krós / si.-] 男 【スポ】サイクロクロス: 自転車によるクロスカントリーレース.

ci·cloi·dal [θi.kloi.ðál / si.-] 形 【数】サイクロイドの.

ci·cloi·de [θi.klói.ðe / si.-] 女 【数】サイクロイド.

ci·cloi·de·o, a [θi.kloi.ðé.o, -.a / si.-] 形 → cicloidal.

ci·clo·mo·tor [θi.klo.mo.tór / si.-] 男 モーター付き自転車, モーターバイク, モペット.

ci·clón [θi.klón / si.-] 男 **1** サイクロン (インド洋で発生する熱帯低気圧); あらし, 暴風. entrar como un ~ 乱入する, 押しかける. llegar como un ~ どっとやってくる. ▶ メキシコ湾・西インド諸島などの熱帯低気圧は huracán. → tifón. **2** (あらしのように) 周りをひっかき回す人.

ci·clo·nal [θi.klo.nál / si.-] 形 サイクロン [熱帯低気圧] の; あらしのような.

ci·cló·ni·co, ca [θi.kló.ni.ko, -.ka / si.-] 形 → ciclonal.

cí·clo·pe [θí.klo.pe / sí.-] 男 【ギ神】キュクロプス: 一つ目の巨人.

ci·cló·pe·o, a [θi.kló.pe.o, -.a / si.-] 形 キュクロプスの (ような); 巨大な.

ci·cló·pi·co, ca [θi.kló.pi.ko, -.ka / si.-] 形 → ciclópeo.

ci·clo·pi·rro·lo·na [θi.klo.pi.ro.ló.na / si.-] 女 【薬】シクロピロロン: 睡眠鎮静薬用の化学物質.

ci·clo·ra·ma [θi.klo.rá.ma / si.-] 男 円形パノラマ.

ci·clos·po·ri·na [θi.klos.po.rí.na / si.-] 女 【薬】シクロスポリン, サイクロスポリン: 臓器移植後の拒絶反応を抑制する薬剤.

ci·clos·ti·lo [θi.klos.tí.lo / si.-] / **ci·clos·til** [θi.klos.tíl / si.-] 男 謄写版, 謄写機.

ci·clos·to·mos [θi.klós.to.mos / si.-] 男 《複数形》 【動】円口類: ヤツメウナギ・メクラウナギなど.

ci·clo·ti·mia [θi.klo.tí.mja / si.-] 女 【医】循環気質: 躁(ｿｳ)と鬱(ｳﾂ)が交替する.

ci·clo·tí·mi·co, ca [θi.klo.tí.mi.ko, -.ka / si.-] 形 【医】循環気質の; 循環気質をもった.
——男女 循環気質の人.

ci·clo·trón [θi.klo.trón / si.-] 男《物理》サイクロトロン:原子核を破壊するためのイオン加速装置.

ci·clo·tu·ris·mo [θi.klo.tu.rís.mo / si.-] 男 自転車旅行, サイクリング. El ~ es muy popular entre los jóvenes de Europa. ヨーロッパの若者たちの間では自転車旅行は非常に人気がある.

ci·clo·tu·ris·ta [θi.klo.tu.rís.ta / si.-] 男 女 自転車旅行者.

ci·clo·tu·rís·ti·co, ca [θi.klo.tu.rís.ti.ko, -.ka / si.-] 形 自転車旅行(用)の.

ci·co·ni·for·me [θi.ko.ni.fór.me / si.-] 形《鳥》コウノトリ目の[に属した].
— 女《鳥》コウノトリ目の鳥;《複数で》コウノトリ目.

ci·co·te [θi.kó.te / si.-] 男《ラ米》(ミゲ)足のにおい.

ci·co·tu·do, da [θi.ko.tú.đo, -.đa / si.-] 形《ラ米》(ミゲ)《話》足が臭い.

ci·cu·ta [θi.kú.ta / si.-] 女《植》ドクニンジン. ~ menor ドクゼリ(パセリに似ているが悪臭があり有毒).

cid [θíđ / síđ] 男 勇者, 勇将.

Cid [θíđ / síđ] 固名 エル・シッド El *Cid Campeador*, 本名 Rodrigo Díaz de Vivar (1043?-99):バレンシアの奪回(1094年)など, レコンキスタで活躍したスペインの英雄.

cicuta (ドクニンジン)

♦Cid はアラビア語の *sayyid*「主人, 主君」が起源. *Cantar de Mio Cid*『わがシッドの歌』:現存するスペイン最古の叙事詩.

creerse descendiente de la pata del Cid 《話》自分より偉い者はいないと思いこむ.

-cida「…殺しの」および「殺害者」の意を表す造語要素. ⇒ fratri*cida*, sui*cida*.

-cidio「…殺し」の意を表す造語要素. ⇒ geno*cidio*, homi*cidio*. [←〔ラ〕]

ci·dra [θí.đra / sí.-] 女《植》シトロン[マルブッシュカン]の実. ~ cayote クリカボチャ.

ci·dra·da [θi.đrá.đa / si.-] 女 シトロン[マルブッシュカン]の砂糖煮[ジャム].

ci·dral [θi.đrál / si.-] 男 シトロン[マルブッシュカン]の林.

ci·dre·ra [θi.đré.ra / si.-] 女 ⇒cidro.

ci·dro [θí.đro / sí.-] 男《植》シトロン[マルブッシュカン]の木.

ci·dro·ne·la [θi.đro.né.la / si.-] 女《植》メリッサ, セイヨウヤマハッカ:地中海沿岸原産のシソ科多年草.

cieg- 活 →cegar.

*****cie·go, ga** [θjé.go, -.ga / sjé.-] 形 **1**《ser+/estar+》盲目の, 目の見えない. En el accidente mi marido se quedó ~. 事故で私の夫は失明した.
2《estar+》《de... / por...》(…で)理性を失った, 無分別な;《(…に)盲目的な, (…に)ira 怒りで分別を失っている. fe *ciega* 盲目的信仰. Jorge *está* ~ *de amor*. ホルへは恋で理性を失っている.
3《estar+》《con... / por... ...に》夢中になった, 熱中した. Mi hijo *está* ~ *por* los videojuegos. 私の息子はテレビゲームに夢中だ.
4《estar+》《a... / de... / para...が》見えない, 見る目のない. Su marido tiene muchos defectos, pero *está ciega*. 彼女の夫は欠点が多いが彼女にはそれが見えていない.
5《estar+》〈管・穴などが〉つまっている, 塞がった.
6《隠》〈酒・麻薬などで〉正気を失った, 正体のない.
7《解剖》盲腸の. *intestino* ~ 盲腸. **8**《パン・チーズなどが》気泡のない. **9**《ラ米》(ミゲ)《話》《遊》(トランプ)悪い札ばかり抱えた.

— 男 女 盲人. *escuela de ~s* 盲学校. *perro (guía) para ~s* 盲導犬. *En el país de los ~s, el tuerto es rey*.《諺》鳥なき里のこうもり. *Un [Hasta un]* ~ *lo ve*. 目の見えない人にも見える, 一目瞭然(ヷ)である.

— 男 **1**《解剖》盲腸(=intestino ~). **2**《話》酪酊(忍). **3**《複数で》《話》ONCE の宝くじ. → ONCE. **4**《ラ米》(ミゲ)森に囲まれた草地.

a ciegas 盲目的に, 訳もわからずに. *andar a ciegas* 手探りで進む.

ponerse ciego de...《話》…で満腹になる, …を堪能する.

[←〔ラ〕 *caecum* (*caecus* の対格); 関連 cegar, ceguera]

ciegue(-) 活 →cegar.

cie·li·to [θje.lí.to / sje.-] 男《ラ米》(ミゲ)輪になって踊るガウチョ gaucho の踊り.

*****cie·lo** [θjé.lo / sjé.-] 男 **1** 空, 天. ~ *azul* 青空. ~ *cargado* どんよりした曇り空. ~ *despejado* 晴天. ~ *estrellado* 星空. *cerrarse* [*entoldarse, encapotarse*] *el* ~ 空が曇る. *descargarse el* ~ 土砂降りの雨が降る. *despejarse* [*desencapotarse*] *el* ~ 空が晴れる. *vivir bajo el* ~ *de Madrid* マドリードの空の下で暮らす. *El* ~ *está claro* [*nublado*]. 空は澄んで[曇って]いる.
2《宗》天国, 天;神. *un aviso del* ~ 神の戒め. *el reino de los* ~s 神の国, 天国. *gozar del* ~ 幸運を得る, 神のご加護がある. *ir* [*subir*] *al* ~ 天国へ行く; 他界する. *regalo del* ~ 天からの贈物. *Padre nuestro que estás en los* ~*s*.《祈りの言葉》天にまします我らの父よ. **3** 天井(部分), 屋根. *a* ~ *abierto* [*descubierto*] 屋外で, 野外で. ~ *raso*《建》張り天井. ~ *del paladar* / ~ *de la boca*《解剖》口蓋(ﾊ). **4**《呼びかけ》ねえ, おい. ¡*Mi* ~! / ¡*C*~ *mío*! ねえ君[あなた]. **5** すてきな人[もの], かわいい人[もの]; 親切な人. *Eres un* ~.《話》あなたは何て愛らしいのでしょう.

— 間投《主に複数で》《驚き・不快・感嘆など》まあ, へえ, おい. ¡*C*~*s*! / ¡*C*~ *santo*! 大変だ, 困った.

bajado [*caído, llovido, venido*] *del cielo*《話》運よく, 思いがけなく. Ella apareció como *llovida del* ~. 彼女は私たちの前に天の恵みのように現れた.

Cielo aborregado [*empedrado*], *suelo mojado*.《諺》鱗(ﾘ)雲は雨の前兆.

clamar al cielo 言語道断である, 天罰に値する.

El que al cielo escupe, en la cara le cae.《諺》天に唾するものはその報いを受ける.

estar en el (séptimo) cielo 天にも昇る気持ちである.

ganar el cielo《話》(善行により)天国に行ける.

remover [*mover*] *cielo y tierra*《話》あらゆる手を尽くす.

tapar el cielo con las manos《ラ米》《話》正当化しようとする, 隠し立てする.

tocar [*agarrar, coger*] *el cielo con las manos*《話》激昂する, 激怒する.

venirse el cielo abajo (1) 大あらしになる. (2) 八方塞(ｻﾞ)がりになる, 希望がなくなる.

ver el cielo abierto / *ver los cielos abiertos* 解決の糸口が見つかる, 希望の光が見える;(助かって)

ほっとする.
[←［ラ］*caelum*；関連 celeste.［スペイン］［英］*celestial*.［ポルトガル］*céu*.（仏）*ciel*.［伊］*cielo*]

cie·mo [θié.mo / sjé.-] 男 **1** 肥やし, 有機肥料. **2**（動物の）糞(ふん).

ciem·piés [θjem.pjés / sjem.-] 男《単複同形》
1〔動〕ムカデ.
2 わけのわからない［つじつまの合わない］作品.

※※cien [θién / sjén] 形［名詞や mil の前での ciento の語尾消失形］《数詞》**1**（＋名詞）100の, 100人［個］の. ~ años 100年. ~ mil 10万. ~ millones de habitantes 人口1億人. **2**（名詞＋）100番目の. el número ~ 100番（の数字）.
— 男 **1** 100；100の数字（ローマ数字C）. noventa y ocho, noventa y nueve y ~《数を数えて》98, 99,100. Éramos más de ~. 我々は総勢100人以上だった. ▶ cien の形容詞以外の使い方は文法的に誤りとされ, たとえば al ciento por ciento「100パーセント」のように言うべきだとされているが, 日常的には cien が使われることが多い.
2《ラ米》(ゴメ)（俗）トイレ, 手洗い.
(al) cien [ciento] por cien [ciento] 100パーセント, 完全に. Te apoyo *por* ~. 僕は全面的に君を支持するよ.
de cien en cien 何百となく, たくさん.
estar a cien《話》非常に興奮している, 神経質になっている.

cié·na·ga [θjé.na.ga / sjé.-] 女 沼地, 湿地.

※cien·cia [θjén.θja / sjén.sja] 女 **1** 科学. ~ ficción 空想科学小説, SF. El progreso de la ~ es espectacular. 科学の発展には目を見張るものがある.
2《主に複数で》(個別の) 学問, 科学. ~s aplicadas 応用科学. ~s básicas 基礎科学. ~s de la información 情報科学. ~s económicas 経済学. ~s experimentales 実験科学. ~s humanas 人文科学. ~s naturales 自然科学. ~s ocultas 神秘学. ~s políticas 政治学. ~s sociales 社会科学. ~s exactas 精密科学. ~s puras 純粋科学.
3《複数で》理系（の学問）【「文系」は letras）. facultad de ~s 理学部. **4** 知識；技術. persona de mucha ~ 物知りな人. ser un pozo de ~ 博識である. ~ del editor Unamuno のノウハウ. *El árbol de la* ~『知恵の木』（Barojaの小説）.
a ciencia cierta 確実に, はっきりと. Nadie sabe *a* ~ *cierta* a qué hora llegará el tren. 何時に列車が着くか誰もはっきり知らない.
ciencia infusa《ときに皮肉》神から授かった知識；学ばないで得た知識；直感.
gaya ciencia 詩；詩学.
no tener ciencia / tener poca ciencia《話》簡単である. Manejar esta máquina *no tiene* ~. この機械の操作は簡単だ.
[←［ラ］*scientiam*（*scientia* の対格；*scīre*「知っている」より派生）；関連 consciente, conciencia.［英］*science*]

cien·cio·lo·gí·a [θjen.θjo.lo.xí.a / sjen.sjo.-] 女
《宗》サイエントロジー：20世紀半ばに米国で起こった新宗教. 人間の本来の行動や力を取り戻すための方法として一種の精神療法理論ダイアネティクスを導入した.

cien·ció·lo·go, ga [θjen.θjó.lo.go, -.ga / sjen. sjó.-] 形《宗》サイエントロジーの［を信奉した］.

cié·ne·ga [θjé.ne.ga / sjé.-] 女 →ciénaga.

cien·mi·lé·si·mo, ma [θjem.mi.lé.si.mo, -. ma / sjem.-] 形 10万分の1の. — 男 10万分の1.

cien·mi·lí·me·tro [θjem.mi.lí.me.tro / sjem.-] 男 100分の1ミリメートル.

cien·mi·llo·né·si·mo, ma [θjem.mi.ʎo.né.si. mo, -.ma / -.ʎo.- / sjem.-] 形 1億分の1の.
— 男 1億分の1.

cie·no [θjé.no / sjé.-] 男 **1** 泥, 軟泥, 汚泥；沼地.
2 不名誉, 不信.

cie·no·so, sa [θje.nó.so, -.sa / sje.-] 形 → cenagoso.

cien·tí·fi·ca [θjen.tí.fi.ka / sjen.-] 形 → científico.

cien·ti·fi·cis·mo [θjen.ti.fi.θís.mo / sjen.-.sís.-] 男《ときに軽蔑》科学主義, 科学万能［至上］主義, 科学崇拝［信奉］.

cien·ti·fi·cis·ta [θjen.ti.fi.θís.ta / sjen.-.sís.-] 形 科学（万能）主義の, 科学（万能）主義を標榜した.
— 男 女 科学（万能）主義者.

※※cien·tí·fi·co, ca [θjen.tí.fi.ko, -.ka / sjen.-] 形《名詞＋》(ser＋) **1** 科学の, 科学的な. clasificación *científica* 科学的分類. método ~ 科学的方法. rigor ~ 科学的厳密さ. socialismo ~ 科学的社会主義. **2** 学術的な, 学問の. congreso ~ 学術会議, 学会. estudio ~ 学術研究. nombre ~ 学名. revista *científica* 学術雑誌. **3**《ラ米》(ゴメ)教育〔知識〕のある.
— 男 女 科学者, (特に自然科学の) 研究者.

cien·ti·fis·mo [θjen.ti.fís.mo / sjen.-] / **cien·tis·mo** [θjen.tís.mo / sjen.-] 男 → cientificismo.

cien·tis·ta [θjen.tís.ta / sjen.-] 男 女《ラ米》科学者.

※※cien·to [θjén.to / sjén.-] 形［名詞や mil の前で cien となる］《数詞》**1**《主に＋数詞》100の, 100人［個］の. ~ veinte personas 120人. ▶ mil, millón などの前では cien が用いられる.
2《名詞＋》100番目の. la página ~ y pico 百数ページ目. ▶ 後ろに数詞が続かない場合には日常的には cien のほうが多く用いられる. → la página cien 100ページ目.
— 男 **1** 100；100の数字（ローマ数字C）. ~s de víctimas 何百人もの犠牲者. → cien. **2** 100番目.
3《複数で》《遊》(トランプ) ピケット：2人用のゲーム.
a cientos たくさんの.
(al) ciento por ciento《ラ米》→ (al) cien por cien.
ciento y la madre《話》あまりにも大勢の人々, 多すぎる人々.
devolver ciento por uno 100倍にして返す.
por ciento パーセント(%). un veinte *por* ~ de descuento 20パーセントの値引き. ▶ 百分比［率］は porcentaje.
[←［ラ］*centum*；関連 centavo, centena, centenario, centésimo, céntimo, centuria, centímetro, porcentaje.［ポルトガル］［伊］*cento*.（仏）*cent*.［英］*cent, century*]

cien·to·piés [θjen.to.pjés / sjen.-] 男《単複同形》
→ ciempiés.

ciern- 屈 **1** → cerner. **2** → cernir.

cier·na [θjér.na / sjér.-] 女〔植〕葯(ゃく)：花粉を入れている器官.

cier·ne [θjér.ne / sjér.-] 男 開花期, 受粉期.
en cierne(s) 萌芽期［開花期］の；初期の, 駆け出しの；準備中の. médico *en* ~ 医者の卵. Tenemos una excursión *en* ~. 私たちは小旅行を計画中だ.

cierr- 屈 → cerrar.

cie・rre [θjé.r̄e / sjé.-] 男 **1** 閉めること，閉鎖，終了；閉店, 閉会. Ya es la hora del ～. もう閉店の時間だ. ～ patronal ロックアウト，工場閉鎖. ～ de televisión テレビの放送終了. ～ del ejercicio 会計年度の終わり[締め]. ～ centralizado (車の)集中年度ロック. echar el ～ (a...) (…を)切り上げる；終業する. **2** 閉める器具，留め具；よろい戸. ～ relámpago / ～ de cremallera ファスナー, チャック. ～ metálico シャッター. **3**〖商〗(相場の)大引け；決済, 締め. precios de ～ 引け値.
— 再 →cerrar.
cierre de filas (困難に直面したときに)団結力を示すこと；一丸となっての擁護[後方支援].

cie・rro¹ [θjé.r̄o / sjé.-] 男 (ラ米)(۩)囲い, 柵(ミ), 塀；封筒.

cie・rro² [θjé.r̄o / sjé.-] 男 (ラ米)(۩) →cerrar.

cier・ta [θjér.ta / sjér.-] 活 →cerrar.

cier・ta・men・te [θjér.ta.mén.te / sjér.-] 副 確かに，きっと，必ず. Vendrá mañana ～. 明日彼[彼女]はきっと帰って来るだろう. ¡Qué bien juega el futbolista! — C～. あのサッカー選手は本当にうまいなあ. ―全くだ.

cier・to, ta [θjér.to, -.ta / sjér.-] 形 〖絶対最上級は ciertísimo. certísimo は文語的〗
1《+名詞》(▶ 定冠詞や所有詞前置形と共には用いない)(1) ある，ある特定の，幾らかの，多少の，ある程度の；《複数で》幾つかの，何人かの. en ～ modo ある程度，ある意味で. en *cierta* ocasión あるとき. ～ tipo de+無冠詞名詞 ある種の…. ～s escritores 何人かの[ある種の]作家たち. en ～s casos ある場合には. durante (un) ～ tiempo ある程度の期間. con (un) ～ aire romántico ロマンチックな雰囲気で. Cada ～ tiempo vuelve a España. 彼[彼女]はときどきスペインに戻ってくる. Hasta ～ punto eso es verdad. ある程度それは本当である. Él era el mejor ejemplo de (una) *cierta* España. 彼はスペインのある面を最もよく表していた. (2) かなりの，相当な. persona de *cierta* edad 相当な年齢の人. alcanzar (un) ～ nivel そこそこのレベルに達する. (3)《+人名詞》某…, …とかいう人. ～ retrato de (un) ～ Felipe Ramírez フェリーペ・ラミレスとかいう人の肖像画.
2《名詞+》《ser+》 確かな，確実な；事実の，真実の, 正確な. riesgo ～ 明らかな危険. Hay indicios ～s de recuperación. 確かな回復の兆しが見られる. Eso *es* ～. それは間違いない. *Es* ～ que+直説法 …は確かである. No *es* ～ que+接続法 …は確かではない. Si *es* ～ que las obras están en el museo, deberían ser exhibidas cuanto antes. もしそれらの作品がその美術館にあるのなら, できるだけ早く展示されるべきだろう. **3**《estar+》《de+名詞 / de+不定詞 / de que+直説法》…を確信して, 確信している. *estar* ～ *de* tener razón 自分が正しいと確信している. Yo *estaba cierta de que sucedería*. 私はきっとそれが起こるだろうと思っていた.
— 副 そのとおり；確かに. No lo sé ～. それはよく知らない. Usted es abogado, ¿～? あなたは弁護士ですね.
— 男 女 《ラ米》(ᵖᵣ)(会話中で名前を指さずに)あの人, 例の人.
ciertas hierbas / ciertos lienzos《ラ米》(諽ˀ)(ᵖᵣ)(会話中で名前を言わずに)あの人, 例の人.
Cierto que+直説法, *pero...* 確かに…だがしかし…. C～ *que no es* el responsable máximo, *pero* coordina esas operaciones. 確かに彼は最高責任者ではないが, その作戦のまとめ役である.
ciertos elotes (*verdes*) / *ciertos y cañas heladas*《ラ米》(*ᵐₑ)某氏, 誰かさん.
de cierto 確かに, はっきりと, 定かに. Lo que hay *de* ～ *es que*+直説法 実は…だ. No lo sé *de* ～. それはよく知らない.
estar en lo cierto〈人が〉(判断・意見などで)間違っていない, 的を射ている, 正しい. Ustedes *están en lo* ～ cuando dicen que es un bandido. 彼がならず者だというのはあなた方のおっしゃるとおり.
lo cierto es que+直説法 (前言・予想に反して言う)実は….
por cierto (1) ときに, ところで. *Por* ～, ayer fui a verte y no te encontré. ところで私は昨日君に会いに行ったが会えなかった. (2) 確かに, もちろん. Sí, *por* ～. そうですとも, そのとおりだ. No, *por* ～. いやそうでない, 確かに違う.
si bien es cierto que+直説法 確かに…だが. *Si bien es* ～ *que* la derecha ha ganado estas elecciones, no es menos ～ que la izquierda aún tiene fuerza. 右派がこの選挙で勝利したことは事実だが, 左派もまだ力を残している.
tan cierto como dos y dos son cuatro 絶対に確実な, 明々白々な.
tener... por cierto …を確信している.
［⟵〖ラ〗*certum* (*certus* の対格)「決然とした；確実な」；関連 certificar, certeza, acertar.〖英〗*certain*］

cier・vo, va [θjér.bo, -.ba / sjér.-] 男〖動〗シカ. ～ común アカシカ.
ciervo volante〖昆〗クワガタムシ.
［⟵〖ラ〗*cervum* (*cervus* の対格)］

cier・zo [θjér.θo / sjér.so] 男 北風.

CIES [θjés / sjés] 男〖略〗*C*onsejo *I*nteramericano *E*conómico y *S*ocial 米州経済社会理事会：OASの中の一機構.

c.i.f., C.I.F., CIF.〖英〗男〖略〗*C*ost, *i*nsurance and *f*reight 運賃保険料込み価格 (=costo, seguro y flete)；*C*ódigo de *I*dentificación *F*iscal 納税者コード.

ci・fe・la [θi.fé.la / si.-] 男〖菌類〗**1** 盃点(ᵗᵉⁿ)；地衣類の表面にあいた穴. **2** 屋根の苔に生えるキノコ.

ci・fo・sis [θi.fó.sis / si.-] 女《単複同形》〖医〗脊柱(ᵗᵘᵘ)後湾, 亀背(ᵏⁱ).

ci・fra [θí.fra / sí.-] 女 **1** 数字, 桁(ᵏᵉᵗⁱ). número de dos ～s 2桁の数字. ～ arábiga [romana] アラビア[ローマ]数字.
2 数；量；額. ～ global 総額. ～ de heridos 負傷者数. elevada [baja] ～ de natalidad 高い[低い]出生率.
3 暗号. escritura en ～ 暗号表記. mensaje [escrito] en ～ 暗号文. sistema de ～s 暗号システム. **4** 要約, 概要. La tolerancia es la ～ de todas las virtudes. 寛容はあらゆる美徳のもとである.
5 モノグラム, 組み合わせ文字. **6**〖音楽〗数字譜.
barajar [*manejar*] *cifras* 算定する, 見積もる.
en cifra (1) 要するに, 要約すると. (2) 暗号で, 符丁で.
［⟵〖古スペイン〗「ゼロ」⟵〖アラビア〗*ṣifr*「空虚, ゼロ」(→ cero)；関連 cifrar, descifrar.〖英〗*cipher*］

ci・fra・da・men・te [θi.fra.ða.mén.te / si.-] 副 **1** 記号で, 符丁で. **2** 要約して, かいつまんで.

ci・fra・do, da [θi.frá.ðo, -.ða / si.-] 形 暗号の

(=cifra). escrito [mensaje] ～ 暗号電報. —男 暗号化, コード化.
bajo cifrado 【音楽】数字付き通奏低音：和声を示すための数字が付された バス声部.

ci·frar [θi.frár / si.-] 他 **1** 暗号で書く, 暗号化する. **2** 要約する. **3** 《**en** +値段》〈利益・損害額などを〉(…であると) 算出する. Las pérdidas causadas por el desfalco han sido *cifradas en* dos millones de euros. 横領による損害は200万ユーロだということがわかった. **4** 《**en...**》(…に) 基づかせる, 置く;(…に) あると考える. ～ la esperanza *en* Dios 神を唯一の希望とする.

— ～·se 再《**en...** …に》ある, 帰する. Todo su empeño *se cifra en* conseguir aquel puesto. 要するに彼[彼女]の望みはあの地位に就くことだ.

ci·ga·la [θi.ga.la / si.-] 女【動】アカザエビ.

ci·ga·rra [θi.ga.řa / si.-] 女【昆】セミ.

ci·ga·rral [θi.ga.řál / si.-] 男 (スペインのToledo 郊外の) 別荘.

ci·ga·rra·le·ro, ra [θi.ga.řa.lé.ro, -.ra / si.-] 男女 郊外の別荘 cigarral の住み込み管理人.

ci·ga·rre·ra [θi.ga.řé.ra / si.-] 女 → cigarrero.

ci·ga·rre·rí·a [θi.ga.ře.rí.a / si.-] 女《ラ米》タバコ屋;タバコ工場.

ci·ga·rre·ro, ra [θi.ga.řé.ro, -.ra / si.-] 男女 葉巻工場の労働者, 葉巻売り.
— 女 葉巻ケース;葉巻[煙草] 入れ.

*****ci·ga·rri·llo** [θi.ga.ří.jo / si.-] 男 紙巻きタバコ, シガレット. liar un ～ タバコを巻く. una cajetilla [un paquete] de ～s タバコ1箱. ～ con filtro フィルター付きタバコ. →tabaco. [cigarro +縮小辞][関連][英]*cigarette*]

*****ci·ga·rro** [θi.gá.řo / si.-] 男 **1** 葉巻, シガー (=～ puro [habano]). **2** (紙) 巻きタバコ, シガレット (=～ de papel, cigarrillo). **3**《ラ米》《方言》【昆】トンボ. [←?[マヤ] *sik'ar*「喫煙する」]

ci·ga·rrón [θi.ga.řón / si.-] 男【昆】バッタ・イナゴ・キリギリスの総称. [cigarra +増大辞]

cig·na·to [θig.ná.to / sig.-] 形《ラ米》《方言》(1) 顔が青ざめた人. (2) 腐った食品.

ci·go·má·ti·co, ca [θi.go.má.ti.ko, -.ka / si.-] 形【解剖】頬骨(きょう)の.

ci·go·mor·fo, fa [θi.go.mór.fo, -.fa / si.-] 形 → zigomorfo.

ci·go·ñal [θi.go.ɲál / si.-] 男 **1** (井戸の) 跳ねつるべ. **2** 跳ね橋の梁(はり).

ci·go·ñi·no [θi.go.ɲí.no / si.-] 男 コウノトリのひな.

ci·go·ñue·la [θi.go.ɲwé.la / si.-] 女 → cigüeñuela.

ci·go·to [θi.gó.to / si.-] 男【生物】接合子, 接合体.

ci·gua [θí.gwa / si.-] 女 (1)《方言》【植】ネクタンドラ：アグアカティの仲間, クスノキ科. (2)《方言》〖貝〗巻き貝の一種. (3)《方言》妖怪(ようかい).

ci·gua·tar·se [θi.gwa.tár.se / si.-] 再 (魚介類で) 食中毒になる.

ci·gua·te·ra [θi.gwa.té.ra / si.-] 女《方言》《方言》シガテラ症：カリブ海などの魚介類を食べて発症する中毒症.

ci·gua·to, ta [θi.gwá.to, -.ta / si.-] 形 **1** (魚介類による) 中毒にかかった. **2**《ラ米》《話》(1)《方言》《方言》ばかな, 愚かな. (2)《方言》《方言》顔色の悪い, 貧血症の.

ci·güe·ña [θi.gwé.ɲa / si.-] 女 **1**【鳥】コウノトリ. Al niño lo trajo la ～. コウノトリが赤ちゃんを運んできた. **2**【機】クランク, (L字形の) ハンドル. **3**《ラ米》(1)《方言》【鉄道】トロッコ. (2)《方言》バレルオルガン：辻音楽師の手回しオルガン.
[←[ラ] *cicōniam* (*cicōnia* の対格)]

ci·güe·ñal [θi.gwe.ɲál / si.-] 男【機】クランク;クランク軸[シャフト].

cigüeña (コウノトリ)

ci·güe·ña·to [θi.gwe.ɲá.to / si.-] 男【鳥】コウノトリのひな.

ci·güe·ñue·la [θi.gwe.ɲwé.la / si.-] 女 **1** クランク, (L字形の) ハンドル. **2**【鳥】セイタカシギ.

ci·lam·pa [θi.lám.pa / si.-] 女《ラ米》《方言》霧雨.

ci·lam·pe·ar [θi.lam.pe.ár / si.-] 自《ラ米》《方言》《3人称単数・無主語で》霧雨[小雨] が降る.

ci·lan·tro [θi.lán.tro / si.-] 男【植】コリアンダー, コエンドロ, 香菜, パクチー (=coriandro).

ci·lia·do, da [θi.ljá.ðo, -.ða / si.-]【植】【動】繊毛の, 繊毛のある. — 男【動】繊毛虫.

ci·liar [θi.ljár / si.-] 形【解剖】**1** まゆ毛の. **2** (目の) 毛様体の.

ci·li·cio [θi.lí.θjo / si.-.sjo] 男 (苦行者が着用した) シリス, 馬巣(ばす) 織りの下着[帯].

ci·lin·dra·da [θi.lin.drá.ða / si.-] 女 シリンダー[気筒] 容積. gran ～ 大気筒量, 大排気量.

ci·lin·dra·do·ra [θi.lin.dra.ðó.ra / si.-] 女《話》ロードローラー.

ci·lin·drar [θi.lin.drár / si.-] 他 **1**〈鋼などを〉圧延する. **2** (しわ伸ばし・光沢出しのために)〈布を〉ローラーにかける.

ci·lín·dri·co, ca [θi.lín.dri.ko, -.ka / si.-] 形 円筒(状) の, 円柱(状) の.

*****ci·lin·dro** [θi.lín.dro / si.-] 男 **1** 円柱, 円筒. ～ compresor ロードローラー, ローラー付き動力車両. **2**【機】シリンダー, 気筒. ～ maestro (車の油圧ブレーキ装置の) マスターシリンダー. **3** (タイプライターの) ローラー, プラテン. **4**【印】(輪転機などの) 圧胴, 圧円筒;版胴, 版円筒. **5**《ラ米》(1) ボンベ. (2)《方言》《話》山高帽子. (3)《方言》手回しオルガン.

ci·lin·dro·e·je [θi.lin.dro.é.xe / si.-] / **ci·lin·dro e·je** [θi.lín.dro é.xe / si.- -] 男【解剖】軸索.

ci·lio [θí.ljo / si.-] 男【生物】(下等動物の) 繊毛 (=～ vibrátil).

ci·lla [θí.ʎa || -.ʎa / si.-] 女 **1** 穀物倉. **2**【史】十分の一税.

ci·lle·ro [θi.ʎé.ro || -.ʎé.- / si.-] 男 **1** 穀倉;倉庫. **2** 穀倉の番人.

-cillo, -lla〈接尾〉縮小辞 -illo の異形. → -cito.

*****ci·ma** [θí.ma / sí.-] 女 **1** 頂, 頂上. pasar la ～

山頂に達する（＝cumbre）.
2 いちばん高いところ, 高み. la ～ de un árbol 木のこずえ. la ～ de una ola 波頭.
3 絶頂, 頂点, ピーク. **4**【植】集散花(序).
dar cima a... …を完成する, 仕上げる.
por cima てっぺんで[に], 上方に；ざっと, 大まかに.
［←［古スペイン］「植物の先, 芽」；←［ラ］*cīma* (←…)］

ci·ma·cio [θi.má.θjo / si.-.sjo] 男【建】サイマ, 波形の刳形(くりかた).

ci·ma·rra [θi.má.řa / si.-] 囡 *hacer la cimarra*《ラ米》《ウルグ》《チリ》《話》学校をずる休みする, さぼる.

ci·ma·rrón, rro·na [θi.ma.řón, -.řó.na / si.-] 形 (1)《話》粗野な, がさつな. (2)《話》怠け者の, 怠惰な. (3) 〈奴隷が〉逃亡した. (4)《話》〈動物が〉野生の. ━ 男《ラ米》(1) シマロン, 逃亡奴隷. (2) 砂糖を入れないマテ茶. (3) 野生動物.

ci·ma·rro·na·da [θi.ma.řo.ná.ða / si.-] 囡《ラ米》野生動物の群れ.

ci·ma·rro·ne·ar [θi.ma.řo.ne.ár / si.-] 自《ラ米》(1) 〈奴隷が〉逃亡する. (2) 砂糖を入れないマテ茶を飲む.

cim·ba [θím.ba / sím.-] 囡【史】**1** (ローマ人が用いた) 小さな川舟. **2**《ラ米》(1)《ラプラタ》《ボリビ》《チリ》(先住民の) お下げ髪. (2)《チリ》(髪を束ねる) ひも；革ひものはしご. (3)《チリ》革の組みひも.

cim·ba·la·ria [θim.ba.lá.rja / sim.-] 囡【植】ホソバウンラン：ゴマノハグサ科.

cim·ba·le·ro, ra [θim.ba.lé.ro, -.ra / sim.-] 男囡 シンバル奏者.

cim·ba·li·llo [θim.ba.lí.ʎo ‖ -.ʎo / sim.-] 男 小型の鐘：特に時禱(じとう)の始まりを告げる大鐘の後に鳴らされる小さな鐘.［címbalo＋縮小辞］

cim·ba·lis·ta [θim.ba.lís.ta / sim.-] 男囡 →cimbalero.

cím·ba·lo [θím.ba.lo / sím.-] 男 **1** 小型の鐘.
2【音楽】シンバル.

cim·bel [θim.bél / sim.-] 男 **1** (狩猟で) おとりの鳥を操るひも. **2** おとりの鳥. **3** おびき寄せる手段[人].

cim·bo·rio [θim.bó.rjo / sim.-] ⇒

cim·bo·rrio [θim.bó.řjo / sim.-] 男【建】(1) (ロマネスク式教会などの) ドーム, 丸屋根. (2) ドラム：ドームを支える円筒形の壁体.

cim·bra [θím.bra / sím.-] 囡 **1**【建】(1) アーチ枠. (2) (アーチの) 内側. **2**《ラ米》《ラプラタ》丸ワイヤーなどで作った柵の扉の部分；(鳥用の) わな.

cim·brar [θim.brár / sim.-] 他 →cimbrear.

cim·bre·an·te [θim.bre.án.te / sim.-] 形 **1** しなやかな, よくしなう, 柔軟な. **2** 揺れ動く, ゆらゆらする. **3** (身のこなしの) しなやかな, しなしなした.

cim·bre·ar [θim.bre.ár / sim.-] 他 **1** 〈細長くのしなやかなものを〉しなわせる；振る. ～ *la cadera* 腰をくねらせる. **2** 曲げる. **3**《話》打つ, 殴りつける.
━ ～*se* 再 **1** しなう, 揺れる.
2 〈体・体の一部を〉くねらせる.

cim·bre·ño, ña [θim.bré.ɲo, -.ɲa / sim.-] 形 しなやかな, よくしなう, 柔軟な. *con andares* ～*s* くねくねした歩き方で.

cim·bre·o [θim.bré.o / sim.-] 男 **1** しなう[しなわせる] こと；振ること. **2** 曲がる[曲げる] こと. **3** (歩くときの上体の) 揺れ.

cim·brón [θim.brón / sim.-] 男《ラ米》(1)《ラプラタ》《コロン》《ベネズ》(細い枝などを) しなわせること, 投げ縄を振り回すこと；ぐいと引くこと. (2)《メキ》刺すような痛み. (3)《ラプラタ》《コロン》《ベネズ》震え, けいれん. (4)《中》《メキ》刀剣の平で打つこと.

cim·bro·na·da [θim.bro.ná.ða / sim.-] 囡《ラ米》(1)《ラプラタ》《コロン》《メキ》《ラプラタ》→cimbrón. (2)《メキ》地震.

cim·bro·na·zo [θim.bro.ná.θo / sim.-.so] 男《ラ米》(1) →cimbronada. (2)《コロン》激しい振動.

cim·bro·ne·ar [θim.bro.ne.ár / sim.-] 自《ラ米》

ci·men·ta·ción [θi.men.ta.θjón / si.-.sjón] 囡 基礎固め, 土台づくり；【建】基礎工事.

ci·men·tar [θi.men.tár / si.-] 他 **1**【建】基礎工事をする, 土台を据える. **2** 強固にする；基礎固めをする, 根拠[論拠]を明確にする. ～ *la amistad* 友情を深める. ～ *la paz* 平和を確固たるものにする. Las elecciones *han cimentado* la democracia. 選挙が民主主義の基礎を固めた. **3** 設立する, 創設する. **4** セメント[コンクリート]で固める. **5** (金を) 精錬する. **6** (村[町]を) 建設する.
━ ～*se* 再 基礎ができる；根拠[論拠]が固まる.

ci·me·ro, ra [θi.mé.ro, -.ra / si.-] 形 **1** てっぺんの, 頂上にある. **2** 最高の, ぬきんでた.
━ 囡 **1** かぶとの上部, 頂飾り.
2【紋】かぶと飾り；クレスト：大紋章の最上段の動物などの装飾, 家系のしるし.

***ci·mien·to** [θi.mjén.to / si.-]
男 **1**（主に複数で）【建】【土木】基礎, 土台, 地盤. abrir los ～*s* 基礎工事をする. reforzar los ～*s* 土台を補強する.
2（主に複数で）基盤, 根拠, 論拠. desde los ～*s* 始めから, 新規に. Su autoridad tiene sólidos ～*s*. 彼[彼女]の権威は確固としている.
echar [*poner*] *los cimientos* 基礎を築く, 根回しをする.

cimera（かぶとの飾り）

ci·mi·ta·rra [θi.mi.tá.řa / si.-] 囡 (アラビア・ペルシアなどの) 新月刀.

ci·mo·fa·na [θi.mo.fá.na / si.-] 囡【鉱】金緑石.

cim·pa [θím.pa / sím.pa] 囡《ラ米》《ペル》⇒cimba.

ci·na·brio [θi.ná.brjo / si.-] 男 **1**【鉱】辰砂(しんしゃ).
2【美】朱色, バーミリオン；赤色顔料.

ci·na·ci·na [θi.na.θí.na / si.-.sí.-] 囡《ラ米》《ラプラタ》【植】パーキンソニア, シナシナノキ：マメ科の低木.

ci·ná·mi·co, ca [θi.ná.mi.ko, -.ka / si.-] 形【化】肉桂(にっけい)の, 桂皮から採った.

ci·na·mo·mo [θi.na.mó.mo / si.-] 男【植】(1) センダン. (2) ニッケイの木；シンナモン, 肉桂(にっけい).

cinc [θíŋk / síŋk] 男【複 cines】【化】亜鉛 (記号 Zn) (＝zinc).
［←［仏］*zinc*／［独］*Zink*；関連［英］*zinc*］

cin·cel [θin.θél / sin.sél] 男 **1**【技】のみ, たがね.
2[C-]【星座】ちょうこくぐ(彫刻具)座.

cin·ce·la·do, da [θin.θe.lá.ðo, -.ða / sin.se.-] 形 のみで彫った, 彫刻した. ━ 男 のみで彫ること, 彫刻.

cin·ce·la·du·ra [θin.θe.la.ðú.ra / sin.se.-] 囡 のみで彫ること, 彫刻(物).

cin·ce·lar [θin.θe.lár / sin.se.-] 他 のみで彫る；彫刻する.

cin·cha [θíŋ.tʃa / síŋ.-] 囡 (馬の) 腹帯.
a revienta cinchas《ラ米》《ラプラタ》《コロン》《メキ》《話》不承不承に.
tener cincha《ラ米》《ラプラタ》《話》《軽蔑》黒人[先住民]の血を引く.

cin·cha·da [θiŋ.tʃá.ða / siŋ.-] 囡《ラ米》(馬

cingalés

に)腹帯を付けること. (2)《ﾁﾘ》《ﾗﾌﾟ》綱引き競争.

cin·char [θiɲ.tʃár / siɲ.-] 他 **1**〈馬に〉腹帯を付ける. **2**〈樽(な)などを〉たがで締める, 金輪をはめる. ― 自《ラ米》《ﾁﾘ》《ﾗﾌﾟ》骨折って働く; 一生懸命になる.

cin·cha·zo [θiɲ.tʃá.θo / siɲ.-.so] 男《ラ米》《ﾌﾟｴ》刀身でたたくこと.

cin·cho [θíɲ.tʃo / síɲ.-] 男 **1**〈樽(な)などの〉たが; (車輪の)鉄輪, 金輪. **2** 帯, ベルト. **3**《ラ米》(1)《馬》腹帯. (2)(*ﾒ*)確実なこと, 容易なこと. **de ~** 確かに.

cin·cho·na [θiɲ.tʃó.na / siɲ.-] 女《ラ米》《植》キナノキ(アカマツ科); キナノキの樹皮.

*cin·co [θíɲ.ko / síɲ.-] 形《数詞》**1**(+名詞) 5の, 5人[個]の. los ~ dedos 5本の指. Son las ~. 5時だ. **2**《名詞+》5番目の. el capítulo ~ [V] 第5章.
― 男 **1** 5; 5の数字(ローマ数字V). Vivo en el ~ de la calle Alcalá. 私はアルカラ通りの5番地に住んでいる. el 5 de septiembre 9月5日. el ~ de copas《遊》(スペイン・トランプ)聖杯の5 (→naipe). esos ~ 手.
2《ラ米》(1)《話》5センタボ硬貨. (2)(*ﾒ*)《話》5セント硬貨. (3)(ｴﾙﾌﾞ)(*ﾒ*)(ﾊﾞﾗｸﾞ)五弦ギター.
estar sin cinco / no tener ni cinco 文無しである.
no tener los cinco sentidos 正気でない.
Vengan[*Choca, Dame*]*esos cinco.*《話》さあ, 握手しよう.
[←《俗 ラ》*cīnque*←《ラ》*quīnque*; 関連 cincuenta, quinto, quinteto, quince, quinientos, quinquenio, quiñón. [ﾎﾟﾙﾄｶﾞﾙ] *cinco*. [仏] *cinq*. [伊] *cinque*. [英] *five, quintet*. [独] *fünf*]

cin·co·en·ra·ma [θiŋ.ko.en.řá.ma / siɲ.-] 女《植》クリーピングシンクフォイル: バラ科キジムシロ属.

cin·co·gra·ba·do [θiŋ.ko.gra.bá.ðo / siɲ.-] 男 亜鉛版面.

cin·co·gra·fí·a [θiŋ.ko.gra.fí.a / siɲ.-] 女 亜鉛版画術, 亜鉛凸版法.

cin·co·lo·te [θiɲ.ko.ló.te / siɲ.-] 男《ラ米》(ｸﾞｱ) (1) 収穫したトウモロコシを収納する葦や木でできた家具. (2) 闘鶏を運ぶ際に用いる木のかご.

cin·co·me·si·no, na [θiɲ.ko.me.sí.no, -.na / siɲ.-] 形 5か月の.

cin·co·nis·mo [θiɲ.ko.nís.mo / siɲ.-] 男《医》キニーネ中毒.

cin·cua·te [θiɲ.kwá.te / siɲ.-] 男《動》(メキシカン)ブルスネーク, ゴファースネーク: ナミヘビ科のヘビ.

*cin·cuen·ta [θiŋ.kwén.ta / siɲ.-] 形《数 詞》**1**(+名詞)50の, 50人[個]の. ~ libros 50冊の本. **2**《名詞+》50番目の.
― 男 **1** 50; 50の数字(ローマ数字L). andar por los ~ 50に手が届く年齢である; 50人[個]になろうとしている.
[←《古スペイン》*cinquaenta*←《ラ》*quīnquāgintā*; 関連 cinco, quincuagésimo]

cin·cuen·ta·vo, va [θiŋ.kwen.tá.βo, -.βa / siɲ.-] 形 50分の1の, 50分の1.

cin·cuen·te·na·rio, ria [θiŋ.kwen.te.ná.rjo, -.rja / siɲ.-] 形 50年の, 50歳の, 50年間続く.
― 男 50周年(記念), 50年祭.

cin·cuen·te·no, na [θiŋ.kwen.té.no, -.na / siɲ.-] 形 50番目の; 50分の1の (= quincuagésimo).
― 女 50のまとまり, (約) 50; 50人[個]; 50年[日].

cin·cuen·tón, to·na [θiŋ.kwen.tón, -.tó.na / siɲ.-] 形 50歳の, 50歳台の. ― 男 女 50代の人.

*ci·ne [θí.ne / sí.-] 男 [cinematógrafo の省略形] **1**(ジャンルとしての)映画; 映画界, 映画産業 (► 「作品」の意の造語要素. ~ francés フランス映画. estrella de ~ 映画スター. ~ en color カラー映画. ~ en blanco y negro 白黒映画. ~ mudo 無声[サイレント]映画. ~ sonoro トーキー. ~ del oeste 西部劇. ~ de terror ホラー映画. ~ negro フィルム・ノワール. festival de ~ 映画祭. ~ de verano (夏に開かれる)野外映画上映会. ~ forum 映画フォーラム. proyector de ~ 映写機.
2 映画館. ir al ~ 映画に行く. ~ de estreno 封切り館. ~ de barrio 場末の映画館.
de cine《話》すばらしい; すばらしく. piso *de* ~ すごいマンション.
[cinematógrafo (←《仏》*cinématographe*; [ギ] *kínēma, -atos*「動き」+[ギ]*-graphon*「描かれたもの」)の省略形; 関連 [英] *cinema*]

cine-「映画」の意の造語要素. →Cinerama.

ci·ne·as·ta [θi.ne.ás.ta / si.-] 男 女 **1** 映画関係者, 映画人; 映画監督. **2** 映画界の見習い人.

ci·ne·club [θi.ne.klúβ / si.-] 男 映画同好会, シネクラブ.

ci·né·fi·lo, la [θi.né.fi.lo, -.la / si.-] 形 映画好きな. ― 男 女 映画愛好家, 映画ファン.

ci·ne·fó·rum / ci·ne·fo·rum [θi.ne.fó.rum / si.-] 男《複 ~s, ~》《映》シネフォーラム.

ci·ne·gé·ti·co, ca [θi.ne.xé.ti.ko, -.ka / si.-] 形 狩猟の. ― 女 狩猟(術).

ci·ne·ma [θi.né.ma / si.-] 男 [cinematógrafo の省略形] 映画 (= cine).

ci·ne·mas·co·pe [θi.ne.mas.kó.pe / si.-] [英] 男《映》《商標》シネマスコープ.

ci·ne·ma·te·ca [θi.ne.ma.té.ka / si.-] 女 **1** フィルムライブラリー. **2** ミニシアター. **3** フィルムコレクション.

ci·ne·má·ti·ca [θi.ne.má.ti.ka / si.-] 女《物理》運動学.

ci·ne·ma·to·gra·fí·a [θi.ne.ma.to.gra.fí.a / si.-] 女 映画撮影技法;《集合的》映画.

ci·ne·ma·to·gra·fiar [θi.ne.ma.to.gra.fjár / si.-] 81 他 映画に撮る.

*ci·ne·ma·to·grá·fi·co, ca [θi.ne.ma.to.grá.fi.ko, -.ka / si.-] 形 映画の, 映画撮影(技法)の. sala *cinematográfica* 映画館, 映写室.

ci·ne·ma·tó·gra·fo [θi.ne.ma.tó.gra.fo / si.-] 男 映画撮影(技法); 映写機; 映画館.

ci·ne·mó·me·tro [θi.ne.mó.me.tro / si.-] 男 (走行中の乗物の)速度計測器.

ci·ne·ra·ma [θi.ne.rá.ma / si.-] 男《映》《商標》シネラマ. [←[英] *Cinerama*; *cine*(*ma*)「映画」+*panorama*]

ci·ne·ra·rio, ria [θi.ne.rá.rjo, -.rja / si.-] 形 納骨用の, 遺灰を入れる. urna *cineraria* 骨壺(ｮ).
― 女《植》シネラリア, サイネリア, フキギク.

ci·né·si·ca [θi.né.si.ka / si.-] 女 キネシクス, 動作学: 身振り・表情など身体動作の伝達機能を研究する.

ci·ne·si·te·ra·pia [θi.ne.si.te.rá.pja / si.-] 女 → kinesiterapia.

ci·né·ti·co, ca [θi.né.ti.ko, -.ka / si.-] 形 運動の, 運動学上の. energía *cinética* 運動エネルギー.
― 女《物理》動力学;《化》速度論.

ci·ne·to·sis [θi.ne.tó.sis / si.-] 女《単複同形》《医》加速度病, 動揺病, 乗り物酔い.

cin·ga·lés, le·sa [θiŋ.ga.lés, -.lé.sa / siɲ.-] 形

(スリランカの) シンハラ人[語]の. ― 男 女 シンハラ人. ― 男 シンハラ語.

cín・ga・ro, ra [θíŋ.ga.ro, -.ra / síŋ.-] 形 (特に中欧の) ロマ[ジプシー]の. ― 男 女 ロマ, ジプシー.

cin・gi・be・rá・ce・o, a [θiŋ.xi.βe.rá.θe.o, -.a / siŋ.-.se.-] 形 【植】 ショウガ科の.
― 女 【植】 ショウガ科の植物;《複数で》ショウガ科.

cin・glar [θiŋ.glár / siŋ.-] 他 1 【海】《船を》艪櫂(ろかい)で漕(こ)ぐ. 2 【冶】 攪錬(かくれん)する.

cin・gue・rí・a [θiŋ.ge.rí.a / siŋ.-] 女《ラ米》(3ラテン)板金加工;板金工場.

cin・gue・ro [θiŋ.gé.ro / siŋ.-] 男《ラ米》板金工.

cín・gu・lo [θíŋ.gu.lo / síŋ.-] 男 【カト】(僧服の)ひも.

ci・nia [θí.nja / sí.-] 女 → zinnia.

ci・ni・ca・men・te [θi.ni.ka.mén.te / sí.-] 副 皮肉に;厚かましく, ずうずうしくも.

***cí・ni・co, ca** [θí.ni.ko, -.ka / sí.-] 形 1 皮肉な, 冷笑的な, 嫌をすねた;厚かましい. 2 【哲】 キニコス[犬儒]学派の. ― 男 女 1 皮肉屋, 冷笑家;厚顔無恥な人. 2 【哲】 キニコス[犬儒]学派の人.
[←[ラ] cynicum (cynicus の対格) ←[ギ] kynikós (原義は「犬のような」; kýōn「犬」より派生);学派の人たちの「犬のような」禁欲生活に関連づける説と, 学派の学校があったアテネ郊外の地名 Kynósagres に由来するという説がある; 関連 can. [仏] chien「犬」]

ci・ni・fe [θí.ni.fe / sí.-] 男 【昆】 カ(蚊)(= mosquito).

ci・nis・mo [θi.nís.mo / si.-] 男 1 皮肉, シニスム;厚顔無恥, 鉄面皮. ¡Qué ~! なんて嫌みだ, ひどい皮肉だ. 2 【哲】 キニコス主義, 犬儒哲学.

ci・no・cé・fa・lo [θi.no.θé.fa.lo / si.-.sé.-] 男 【動】 ヒヒ(属).

ci・no・glo・sa [θi.no.gló.sa / si.-] 女 【植】 オオルリソウ(属).

Ci・no・su・ra [θi.no.sú.ra / si.-] 女 【星座】 こぐま座.

cin・que・ño [θiŋ.ké.no / siŋ.-] / **cin・qui・llo** [θiŋ.kí.ʝo || -.ʎo / siŋ.-] 男 5人でするトランプ遊び.

cin・qui・no [θiŋ.kí.no / siŋ.-] 男 16世紀にスペインで流通したポルトガルの貨幣:5マラベディー maravedís に相当した.

***cin・ta** [θín.ta / sín.-] 女 1 リボン;テープ;インクリボン. ~ para el pelo 髪飾り用のリボン. ~ adhesiva 粘着テープ. ~ aislante 絶縁テープ. ~ de vídeo [video] ビデオテープ. ~ magnética 磁気テープ. ~ magnetofónica 録音テープ. ~ métrica 巻尺, メジャー. ~ para máquina de escribir タイプリボン. ~ perforada 《ＩＴ》穿孔(せんこう)テープ. romper la ~ de llegada (マラソンなどで)ゴールテープを切る.
2 映画フィルム(= ~ cinematográfica).
3 《機》 ベルト. ~ transportadora ベルトコンベア.
4 機関銃の弾倉ベルト. 5 【植】(装飾に多く用いられる) クサヨシ. 6 【建】 平縁, フィレット;帯状の装飾. 7 (豚の) リブロース. 8 【建】 幅木タイル. 9 【海】 腰外板. 10 (馬の) 蹄冠. 11 《ラ米》(まち)靴ひも.
en cinta 録音[録画]された;拘束[束縛]された.
[←[ラ] cincta (cingere「帯を締める」の完了部分詞女性形); 関連 cinto, cintura, cinturón]

cin・ta・jo [θin.tá.xo / sin.-] 男《軽蔑》薄汚いリボン;趣味の悪いリボン.

cin・ta・ra・zo [θin.ta.rá.θo / sin.-.so] 男 (刀身で) たたくこと.

cin・ta・te・ca [θin.ta.té.ka / sin.-] 女 ビデオライブラリー.

cin・te・a・do, da [θin.te.á.ðo, -.ða / sin.-] 形 リボンで飾った, リボンを付けた.

cin・tex [θin.téks / sin.-] 男《ラ米》(サタメ)セロテープ.

cin・ti・llo [θin.tí.ʝo || -.ʎo / sin.-] 男 1 (帽子の山につける, 主に絹製の) 飾りひも. 2 (宝石付きの) 指輪. 3 《ラ米》(マゆレン)(歩道の) 縁石. [cinto + 縮小辞]

cin・to [θín.to / sín.-] 男 1 剣帯, 刀帯. *armas de ~* わき差し. 2 ベルト, 帯. 3 腰, 腰回り.

cin・tra [θín.tra / sín.-] 女 【建】 アーチの湾曲.

***cin・tu・ra** [θin.tú.ra / sin.-] 女 1 腰, ウエスト. ~ *pelviana* 【解剖】 腰帯(ようたい). *coger a+人 por la ~* 〈人〉の腰に手を回す. *mover la ~* 腰を振る. *Tiene poca ~.* 彼[彼女]はウエストが細い. *tener una ~ de avispa* ウエストがくびれている. *quebrado de ~* お尻の突き出た.
2 (衣服などの) 腰部, 胴回り.
doblarse por la cintura 腹を抱えて笑う.
meter a+人 en cintura《話》〈人〉に言うことを聞かせる, (納得させたうえで) 行儀よくさせる.
[←[ラ] *cinctūram* (*cinctūra* の対格; *cingere*「帯を締める」より派生); 関連 cinta. [英] *cincture*]

cin・tu・ri・lla [θin.tu.rí.ʝa || -.ʎa / sin.-] 女 【服飾】 コルセット(状のもの);ウエストヨーク;ウエストバンド, ズボンやスカートの上端[ウエスト部分].

***cin・tu・rón** [θin.tu.rón / sin.-] 男 1 ベルト. ~ *negro* (武道の) 黒帯. ~ *de seguridad* シートベルト, 安全ベルト. ~ *salvavidas* / ~ *de salvamento* 救命帯. ~ *de castidad* 貞操帯. 2 地帯, 地域. ~ *industrial* 工業地帯. ~ *verde* 緑地帯.
apretarse el cinturón《話》出費を切り詰める.
[cintura + 増大辞]

ciñ- 活 → ceñir.

-ción 《接尾》「動作, 状態, 結果」などの意を表す女性名詞語尾. → *aparición, construcción, reparación*.

ci・pa・ri・so [θi.pa.rí.so / si.-] 男《文章語》→ ciprés.

ci・pa・yo [θi.pá.jo / si.-] 男 1 セポイ, シパーヒー:昔のインドにおける英国軍の現地人傭兵(ようへい). 2 《ラ米》《話》(アルゼンチン)(ラプラタ)スペイン軍に加担した先住民. (2) (アルゼンチン)外国企業のために働く政治家.

ci・pe [θí.pe / sí.-] 形《ラ米》(中米)《話》虚弱の, ひ弱な. ― 男 1 《ラ米》(ラプラタ)《話》泣いてばかりいる赤ん坊. (2) (中米)《話》虚弱な赤ん坊. (3) (エルサルバドル)樹脂. (4) (中米)《話》乳児.

ci・pe・rá・ce・o, a [θi.pe.rá.θe.o, -.a / si.-.se.-] 形 【植】 カヤツリグサ科の. ― 女 【植】 カヤツリグサ科の植物;《複数で》カヤツリグサ科.

ci・po [θí.po / sí.-] 男 1 記念碑. 2 道標, 里程標.

ci・po・li・no [θi.po.lí.no / si.-] 男 雲母大理石, シポリン.

ci・po・te [θi.pó.te / si.-] 形 1 ばかな, まぬけな.
2 ぶくぶく太った. ― 男 1 とんま, まぬけ. 2 でぶ. 3 《ラ米》(中米)(カリブ)《話》子供, 少年, 少女.
― 男 1 《俗》陰茎. 2 《ラ米》(1) (ラプラタ)(先住民の)こん棒. 2 (カリブ)《話》がらくた;人里離れた場所. (3) (ラプラタ)大きなもの. (4) (中米)少年, わんぱく小僧.

ci・prés [θi.prés / si.-] 男 1 【植】 イトスギ;糸杉材. 2 (教会の) 尖塔. 3 【カト】 中央祭壇.

ci・pre・sal [θi.pre.sál / si.-] 男 【植】 糸杉の林.

ci・prio・no, na [θi.prí.no, -.na / si.-], / **ci・prio, pria** [θi.prjo, -.prja / si.-] / **ci・prio・ta** [θi.prjó.ta / si.-] 形 キプロス Chipre の, キプロス人の.
― 男 女 キプロス人. ― 男 キプロス語.

cir・ce [θír.θe / sír.se] 女《軽蔑》狡猾(こうかつ)に人をだま

Cir·ce [θír.θe / sír.se] 固名 《ギ神》キルケ：Homero の『オデュッセイア』に登場する魔女．人を動物の姿に変えてしまう．

cir·cen·se [θir.θén.se / sir.sén.-] 形 **1** サーカスの．**2** (古代ローマの) 円形競技場の．

*__cir·co__ [θír.ko / sír.-] 男 **1** サーカス；サーカスの一座；サーカス小屋．**2** (古代ローマの) 円形競技場．**3** 混乱，大騒ぎ．**4** 《地質》カール；鉢状の地形；圏谷，カール (= ~ glaciar)．[←[ラ] *circum* (*circus* の対格)]

cir·cón [θir.kón / sir.-] 男 《鉱》ジルコン，風信子鉱．

cir·co·nio [θir.kó.njo / sir.-] 男 《化》ジルコニウム (記号Zr)．

cir·co·ni·ta [θir.ko.ní.ta / sir.-] 女 ジルコニア．

cir·cuir [θir.kwír / sir.-] 48 他 取り巻く，囲む．

*__cir·cui·to__ [θir.kwí.to / sir.-] 男 **1** 周囲，周辺．el ~ de Madrid マドリードの周辺地域．
2 《スポ》 **サーキット**，(トラックコースなどの) 一周．dar cinco vueltas a un ~ de diez kilómetros 一周10 kmのコースを5周する．
3 一周，一巡；巡行，周遊．~ organizado パッケージツアー．un ~ por Europa Occidental 西ヨーロッパ周遊．un ~ de los monumentos históricos 歴史的建造物巡り．
4 《電》回路，回線；《IT》回路．~ cerrado [abierto] 閉[開]回路．televisión por ~ cerrado 有線テレビ．~ impreso プリント回線(回路)．~ integrado 《IT》集積回路《英IC》．~ de estado sólido ソリッドステート回路．~ primario [secundario] (変圧器などの) 一次[二次]回路．corto ~ 短絡，ショート．

*__cir·cu·la·ción__ [θir.ku.la.θjón / sir.-.sjón] 女 **1** 循環，巡回，通行．calle de mucha ~ 交通量の多い通り．La ~ es por la derecha. 右側通行である．~ sanguínea / ~ de la sangre 血液の循環．~ rodada 車両の通行．código de ~ 交通法規．
2 流通．~ fiduciaria 名目貨幣(の流通)．billetes en ~ 流通紙幣．poner en ~ 流通させる，流布させる．retirar de la ~ を回収する，取り戻す．

cir·cu·lan·te [θir.ku.lán.te / sir.-] 形 循環する；巡回する；流布する；〈資本が〉流通の．biblioteca ~ 巡回図書館．

*__cir·cu·lar__ [θir.ku.lár / sir.-] 他 回覧させる，流布させる．~ una orden 命令を行き渡らせる．
——自 **1** 《*por...* を》**循環する**，回流する，巡回する，往来する．Al abrir esta ventana *circula* mucho aire. この窓を開けると風がよく通る．*Circulaba* mucha gente *por* la calle. 通りは人の往き来でにぎわっていた．¡*Circulen*, por favor! 立ち止まらないでください．~ *por* la derecha 右側通行をする．
2 流布する，伝播(ぱ)する；回覧する．El rumor *circuló* rápidamente. うわさはぱっと広まった．
3 〈通貨・手形などが〉流通する．El dinero *circula*. お金が流通する．
——形 **1** 円形の，円環状の．movimiento ~ 円運動．**2** 巡回の，回覧の．carta ~ 回状．viaje ~ 周遊旅行．——女 回状，回覧，回覧状．
hacer circular 流れをよくする，進ませる；回覧させる，回す．

cir·cu·la·to·rio, ria [θir.ku.la.tó.rjo, -.rja / sir.-] 形 **1** 血液循環の，血行の；循環系の．**2** 交通の．

círcu·lo [θír.ku.lo / sír.-] 男 **1** 円，輪，丸(印)；円周．dibujar [trazar] un ~ 円を描く．formar un ~ 輪になる．en ~ 輪になって．~s concéntricos 同心円．Se pusieron en ~ alrededor del fuego. 彼らは火の周りに輪になった．
2 集まり；サークル，同好会．~ amistoso / ~ de amistades 交友関係．~ familiar 家族一同．~ literario 文学サークル；文壇．
3 (主に複数形で)範囲，領域，…界．~s financieros 財界．~s artísticos 芸能界．en [según] ~s bien informados 《新聞》消息筋によれば．
4 クラブハウス．**5** 《地理》圏；《天文》圏，環．~ acimutal 方位圏[環]．~ polar antártico [ártico] 南[北]極圏．~ meridiano 子午線．**6** 《スポ》サークル．~ central (サッカー・バスケットボールなどの) センターサークル．**7** 《ラ米》(ﾋﾞ)(ﾊﾟ)党派，派閥．
círculo vicioso 悪循環；循環論法．
[←[ラ] *circulum* (*circulus* の対格) (*circus*「円」+ 縮小辞)］〔関連〕circular, circunstancia, circuito. [ポルトガル] *círculo*. [仏] *cercle*. [伊] *circolo, cerchio*. [英] *circle*. [独] *Zirkel*]

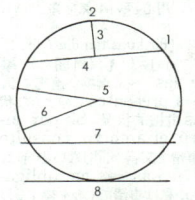

círculo (円)
1 circunferencia 円周．
2 arco 弧．
3 flecha 矢．
4 cuerda 弦．
5 diámetro 直径．
6 radio 半径．
7 secante 割線．
8 tangente 接線．

cir·cum·po·lar [θir.kum.po.lár / sir.-] 形 《天文》天極[地極]の周りの；北極[南極]付近の．estrellas ~es 周極星．

circun- (接頭)「周囲に，回って，…を取り巻く」の意．p の前で circum-．→ *circum*polar, *circun*stancia．[←[ラ] *circum*「周りに」]

cir·cun·ci·dar [θir.kun.θi.ðár / sir.-.si.-] 他 包皮を切り取る；(ユダヤ教などで) 割礼を施す．

cir·cun·ci·sión [θir.kun.θi.sjón / sir.-.si.-] 女 **1** 包皮[陰核]切除，割礼．
2 [C-]《カト》キリスト割礼の祝日 (1月1日)．

cir·cun·ci·so, sa [θir.kun.θí.so, -.sa / sir.-.sí.-] 形 割礼を受けた．——男 割礼を受けた人．

cir·cun·dan·te [θir.kun.dán.te / sir.-] 形 周囲の，取り囲む．

cir·cun·dar [θir.kun.dár / sir.-] 他 取り巻く，取り囲む；周りに巡らす．

cir·cun·fe·ren·cia [θir.kum.fe.rén.θja / sir.-.sja] 女 **1** 《数》円周．**2** 周囲，周辺．

cir·cun·fe·rir [θir.kum.fe.rír / sir.-] 27 他 **1** 周囲を囲む[区切る]．**2** 《*a...* に》制限する，限定する．

cir·cun·fle·jo [θir.kum.flé.xo / sir.-] 形 〈男性形のみ〉曲折アクセント(符号)の．
——男 曲折アクセント符号(^) (= acento ~)．

cir·cun·lo·cu·ción [θir.kun.lo.ku.θjón / sir.-.sjón] 女 《修辞》遠回し表現；回りくどい言い方．

cir·cun·lo·quio [θir.kun.ló.kjo / sir.-] 男 回りくどい[遠回しの]言い方．andar con ~s 持って回った話し方をする．

cir·cun·na·ve·ga·ción [θir.kun.na.βe.ɣa.θjón / sir.-.sjón] 女 周航．~ del mundo 船での世界一周．

cir·cun·na·ve·gar [θir.kun.na.βe.ɣár / sir.-] 103 他 周航する，船で一巡する．

cir·cuns·cri·bir [θir.kuns.kri.βír / sir.-] 75 他
[過分] は circunscrito. **1** (**a...** …に)制限する, 限定する (= limitar). **2** 〖数〗外接させる.
— **~·se** (**a...** …に)制限される, とどめる；(**a** + 不定詞 …するに)制限される. Su intervención *se circunscribió a exponer* el proyecto. 彼[彼女]の発言はただ計画を説明するだけにとどまった.

cir·cuns·crip·ción [θir.kuns.kriβ.θjón / sir.-.sjón] 女 **1** 制限, 限界；範囲. **2** 区域, 地区. ~ electoral 選挙区. **3** 〖数〗外接円を描くこと.

cir·cuns·crip·to, ta [θir.kuns.kríp.to, -.ta / sir.-] / **cir·cuns·cri·to, ta** [θir.kuns.krí.to, -.ta / sir.-] [circunscribir の過分] 形 **1** (**a...** …に)限られた, 限定[制限]された. **2** 〖数〗外接した.

cir·cun·so·lar [θir.kun.so.lár / sir.-] 形 太陽の周りを回る, 太陽を囲む.

cir·cuns·pec·ción [θir.kuns.peƙ.θjón / sir.-.sjón] 女 **1** 思慮[用心]深さ, 慎重. con ~ 用心深く, 慎重に. **2** 気を許さないこと, 打ち解けないこと.

cir·cuns·pec·to, ta [θir.kuns.péƙ.to, -.ta / sir.-] 形 慎重な, 思慮深い, 用心深い；気を許さない, 打ち解けない.

✲✲cir·cuns·tan·cia [θir.kuns.tán.θja / sir.-.sja] 女 **1** (周囲の)事情, 状況. adaptarse a las ~ 環境に適応する. en estas ~s / en las ~s presentes このような状況[事情]で. ~s críticas 危機的状況. Si por alguna — no puede abrir el archivo, consulte esta página. 何らかの事情で文書が開けない場合は, こちらのページを参照ください. Las ~s me obligaron a asumir el cargo. 私は事情でやむを得ずその任務を引き受けざるをえなかった.
2 必要条件, 要因. Lo admitiré sólo si se dan determinadas ~s. 一定の条件が整った場合にのみそれを認めよう. **3** 〖法〗情状, 事由. ~ agravante [eximente] 加重[免除]情状. considerar las ~s atenuantes 情状酌量する.
de circunstancias (1) 状況に応じた, もっともらしい. (2) 応急の, 間に合わせの；偶発的な. oficina *de* ~*s* 臨時事務所. viaje *de* ~*s* 急ぎの旅.
[←[ラ] *circumstantiam* (*circumstantia* の対格)；*circumstāre* 「取り囲む」(*circum* 「周りに」+ *stāre* 「立っている」より派生；[関連] cerco, círculo. [英] *circumstance*]

cir·cuns·tan·cia·do, da [θir.kuns.tan.θjá.ðo, -.ða /sir.-.sjá.-] 形 詳細な.

cir·cuns·tan·cial [θir.kuns.tan.θjál / sir.-.sjál] 形 **1** 事情による, 状況に応じた. **2** 仮の, 一時的な. **3** 〖文法〗状況を示す. complemento ~ 状況補語.

cir·cuns·tan·te [θir.kuns.tán.te / sir.-] 形 周りにいる[ある]. — 男女 〖複数で〗出席者, 列席者；その場に居る[居あわせた]人.

cir·cun·va·la·ción [θir.kum.ba.la.θjón / sir.-.sjón] 女 **1** 周りを囲むこと. carretera de ~ 環状道路. ferrocarril [tren] de ~ 環状鉄道[電車]. línea de ~ (鉄道・バスの)環状線.
2 〖軍〗塹壕(ざんごう)；城壁.

cir·cun·va·lar [θir.kum.ba.lár / sir.-] 他 …の周りを囲む, 取り囲む；(城壁などを)巡らす.

cir·cun·ve·ci·no, na [θir.kum.be.θí.no, -.na /sir.-.sí.-] 形 周辺の, 付近の；隣接した. poblaciones *circunvecinas* de la ciudad 都市周辺の地域.

cir·cun·vo·lar [θir.kum.bo.lár / sir.-] 15 他 …の周りを旋回[飛行]する, ぐるぐる回る.

cir·cun·vo·lu·ción [θir.kum.bo.lu.θjón / sir.-.

sjón] 女 旋回, 渦巻き；〖解剖〗回, 回転. *circunvoluciones cerebrales* 〖解剖〗大脳回転.

Ci·re·nai·ca [θi.re.nái.ka / si.-] 固名 キレナイカ：リビア東部の古代ギリシアの植民地.

ci·re·nai·co, ca [θi.re.nái.ko, -.ka / si.-] 形 **1** 〖史〗キレナイカの, (植民市)キレネ Cirene の.
2 (前 4 世紀にアリスティッポスにより創始された快楽主義の哲学)キレネ学派の. → hedonismo.
— 男女 **1** キレナイカ[キレネ]の住民[出身者].
2 キレネ学派の人.

ci·rial [θi.rjál / si.-] 男 (教会の儀式で用いる)高い燭台(しょくだい).

ci·riar·se [θi.rjár.se / si.-] 再 〖ラ米〗〖話〗恋をする, 好きになる.

ci·rí·li·co, ca [θi.rí.li.ko, -.ka / si.-] 形 (現代ロシア文字の)キリル文字の.

Ci·ri·lo [θi.rí.lo / si.-] 固名 **1** San ~ 聖キュリロス (827?～869)：ギリシア人宣教師でスラブ人の布教に貢献. 最初のスラブ文字の考案者. 彼の名を冠したキリル文字が彼の考案によるものであるか否かは不明. **2** シリロ：男子の洗礼名. [←[ラ] *Cyrillus*←[ギ] *Kýrillos* (原義は「主人, 領主」)；[関連] cirílico]

ci·ri·ne·o, a [θi.ri.né.o, -.a / si.-] 形 キレネ Cirene の. — 男女 **1** キレネの住民[出身者]. **2** 他人の手助けをする人. ♦十字架を担いで行くイエスを助けたというキレネの Simón にちなむ.

ci·rio [θí.rjo / sí.-] 男 **1** (教会で用いる)大ろうそく. ~ pascual 〖カト〗(特大の)復活祭のろうそく. **2** 〖話〗大騒ぎ, もめごと. armar un ~ 大騒ぎする. **3** 〖植〗ハシラサボテン. **4** 〖ラ米〗(1)〖話〗恋人, 求婚者. (2) 〖植〗バンレイシ科キシロピア属の一種.

Ci·ro [θí.ro / sí.-] 固名 ~ II el Grande キュロス 2 世大王：アケメネス朝ペルシアの創始者 (在位前559–529).

cir·que·ro, ra [θir.ké.ro, -.ra / sir.-] 男 女 〖ラ米〗(じゅん)曲芸師, 軽業師；サーカスの興行主.

ci·rrí·pe·do, da [θi.ří.pe.ðo, -.ða / si.-] 形 ツルアシ類の. — 男 〖複数で〗〖動〗(フジツボ・エボシガイなど)ツルアシ類(の動物).

ci·rro¹ [θí.řo / sí.-] 男 **1** 〖気〗絹雲, 巻き雲.
2 〖植〗巻きひげ, つる. **3** 〖動〗棘毛(きょくもう), 触毛.

ci·rro² [θí.řo / sí.-] 男 〖医〗硬癌(こうがん).

ci·rro·cú·mu·lo [θi.řo.kú.mu.lo / si.-] 男 絹積雲, まだら雲, 巻積雲.

ci·rro·es·tra·to [θi.řo.es.trá.to / si.-] 男 絹層雲, 巻層雲.

ci·rró·po·do [θi.řo.po.ðo / si.-] 男 → cirrípedo.

ci·rro·sis [θi.řó.sis / si.-] 女 〖単複同形〗〖医〗肝硬変 (= ~ hepática). ~ biliar primaria 原発性胆汁性肝硬変.

ci·rro·so, sa [θi.řó.so, -.sa / si.-] 形 **1** 〖医〗(肝臓の)硬変の. **2** 〖植〗巻きひげのある. **3** 〖動〗毛状突起の, 棘毛(きょくもう)の.

ci·rros·tra·to [θi.řos.trá.to / si.-] 男 〖気象〗巻層雲.

ci·rró·ti·co, ca [θi.řó.ti.ko, -.ka / si.-] 形 〖医〗肝硬変の, 硬変性の；肝硬変を患った.
— 男女 〖医〗(肝)硬変患者.

ci·rue·la [θi.rwé.la / si.-] 女 プラム, セイヨウスモモ(の実). ~ amarilla 白スモモ. ~ claudia クラウディア・スモモ. ~ damascena ダムソン・スモモ. ~ pasa スモモ, プルーン. [←[古スペイン] *ceruela*←[ラ] *cēreola* (*prūna*) 「ろうのように黄色がかった(スモモ)」(中性複数形)；*cēra* 「ろう」より派生]

ci·rue·lo [θi.rwé.lo / si.-] 男 **1** 〖植〗スモモ, セイヨウ

モ，プラム(の木)．**2** 《俗》睾丸(;&).　**3** 《ラ米》【植】テリハタマゴノキ．

*ci·ru·gí·a [θi.ru.xí.a / si.-] 囡 外科．~ plástica [estética] 形成[美容整形]外科．~ cardíaca 心臓外科．[←〔ラ〕*chirūrgiam* (*chirūrgia* の対応)←〔ギ〕*kheirourgía*「外科手術」(原義は「手仕事」)；関連 *surgery*］

ci·ru·ja [θi.rú.xa / si.-] 形 《ラ米》(;&)《話》〈犬が〉雑種の；野良の．── 男《ラ米》(;&)《話》(1) ごみをあさって売れそうな[再利用できそうな]ものを見つけて生計を立てている人．(2) 物ごいをする人．

*ci·ru·ja·no, na [θi.ru.xá.no, -.na / si.-] 形 外科の，外科医の．── 男囡 外科医．~ dentista 歯科医．~ plástico 形成外科医．

cis- 〔接頭〕「…のこちら側の」の意．→ *cis*alpino, *cis*montano, *cis*padano．[←〔ラ〕]

cis·al·pi·no, na [θi.sal.pí.no, -.na / si.-] 形 (ローマから見て)アルプス以南の．

cis·an·di·no, na [θi.san.dí.no, -.na / si.-] 形 (大西洋側から見て)アンデス山脈のこちら側の．

cis·ca [θís.ka / sís.-] 囡 《ラ米》《話》(1)(;&)驚き．(2) (*)(;&)恥．

cis·car [θis.kár / sis.-] 自他 **1**《話》汚す，汚くする(= ensuciar)．
2《まれ》うんざりさせる，不快にさせる．*Me cisca* el ruido del tráfico. 車の騒音で私はうんざりしている．**3**《ラ米》(;&)(;&)赤面させる；怒らす．
── ~·se 再 **1**《婉曲》排便する，お漏らしをする．¡*Me cisco* en todo! 《俗》ちくしょうめ，なんてことだ．**2**《ラ米》(;&)(;&)赤面する；怒る．

cis·co [θís.ko / sís.-] 男 **1** 粉炭．**2** 騒ぎ，ごたごた．meter [armar] un ~ 騒ぎを起こす．
hacer cisco... …を木っ端みじんにする；(精神的に)打ちのめす，打撃を与える．
hecho cisco《話》くたくたになった，打ちのめされた．

cis·cón [θis.kón / sis.-] 形《ラ米》(;&)(;&)《話》短気な，怒りっぽい，気難しい．

ci·sí·pe·do, da [θi.sí.pe.ðo, -.ða / si.-] 形【動】〈動物の〉足が指に分かれた．

cis·ma [θís.ma / sís.-] 男 **1** シスマ，(教会の)分離，離教．Gran *C*~ de Occidente 西方教会大分裂(◆1378-1417年，教皇がローマとアビニヨンの両地に並び立った)．**2** 不和，軋轢(*),対立．~ de la compañía 社内分裂．**3**《ラ米》(;&)上品ぶること；うわさ，ゴシップ．

cis·má·ti·co, ca [θis.má.ti.ko, -.ka / sis.-] 形
1 分裂する；分派的の．**2** 対立を招く．libros ~*s* 物議をかもす本．**3**《ラ米》(;&)(1)《話》上品ぶった；うわさ好きな．(2)《話》怖じ気そうな，びくびくしている．── 男囡 分裂[離反]した人；離教者．

*cis·ne¹ [θís.ne / sís.-] 男 **1**【鳥】ハクチョウ；コクチョウ(= negro)．*El lago de los* ~*s*【音楽】『白鳥の湖』．▶「雌の白鳥」は el cisne hembra．**2** 大詩人，大作曲家．**3** [C-]【星座】はくちょう座．
cuello de cisne【服飾】タートルネック；【機】曲管，S字形管．

cis·ne² [θís.ne / sís.-] 男《ラ米》(;&)(化粧用の)パフ．

cis·ne·ro, ra [θis.né.ro, -.ra / sis.-] 形《ラ米》(;&)《話》うそつきな，当てにならない．

Cis·ne·ros [θis.né.ros / sis.-] 固名 シスネロス Francisco Jiménez de ~ (1436-1517)：スペインの枢機卿(;)・摂政 (1516-17)．Alcalá de Henares 大学の創立者．

ci·so·ria [θi.só.rja / si.-] 形《女性形のみ》(肉などを)切り分ける，膳(;&)に盛る．el *Arte C*~ de Enrique de Villena エンリケ・デ・ビリェナ著『陪膳術』．

Cis·tel [θis.tél / sis.-] / Cis·ter [θis.tér / sis.-] / cís·ter [θís.ter / sís.-] / cis·ter [θís.ter / sís.-] 男【カト】シトー(修道)会：11世紀末フランスの修道士聖ロベールによってシトーに設立されたカトリック修道会の一つ．沈黙，禁欲など厳格な会則を守る．現在では厳律シトー修道会(トラピスト修道会)が有名．

cis·ter·cien·se [θis.ter.θjén.se / sis.-.sjén.-] 形 シトー会の．── 男囡 シトー会の修道士[修道女]．

cis·ter·na [θis.tér.na / sis.-] 囡 **1** 雨水井戸，貯水槽；タンク．▶ 名詞の後に置き，同格として用いる．buque ~ 液体ガスタンカー．camión ~ タンクローリー．vagón ~ タンク車．**2**（水洗便所の）水槽．

cis·ti·cer·co [θis.ti.θér.ko / sis.-.sér.-] 男【動】ノウビムシ：サナダムシの幼虫の一時期の名．

cis·ti·cer·co·sis [θis.ti.θer.kó.sis / sis.-.ser.-] 囡《単複同形》【医】嚢虫(;&)症．

cís·ti·co, ca [θís.ti.ko, -.ka / sís.-] 形 膀胱(;&)の．

cis·ti·nu·ria [θis.ti.nú.rja / sis.-] 囡【医】シスチン尿症．

cis·ti·tis [θis.tí.tis / sis.-] 囡《単複同形》【医】膀胱(;&)炎．

cis·tos·co·pia [θis.tos.kó.pja / sis.-] 囡【医】膀胱(;&)鏡検査(法)．

cis·tos·co·pio [θis.tos.kó.pjo / sis.-] 男【医】膀胱(;&)鏡．

cis·to·to·mí·a [θis.to.to.mí.a / sis.-] 囡【医】膀胱(;&)切開術．

ci·su·ra [θi.sú.ra / si.-] 囡 (細かい)裂け目，亀裂(;&)；傷口，切り口．

*ci·ta [θí.ta / si.-] 囡 **1** (人と会う)約束；(医者などの)予約；会合．concertar una ~ 人と会う約束をする．acudir a una ~ 待ち合わせの場所に行く．pedir ~ con el médico 医者に診療の予約を求める．Tengo una ~ con un amigo. 私は友人と会う約束がある．Más de cien científicos se dieron ~ en la conferencia. 100人以上の科学者が会合に集まった．casa de ~*s* 売春宿，風俗店．**2** 引用；例証．una ~ de la Biblia 聖書からの引用．

ci·ta·ma → citar.

ci·ta·ción [θi.ta.θjón / si.-.sjón] 囡 **1**【法】召喚(状)，出頭命令．**2** 引用，引証．**3** 会見の約束．

ci·ta·do, da [θi.tá.ðo, -.ða / si.-] 形 引用した，前記の，前述の．el ~ libro 前掲書．

ci·ta·dor, do·ra [θi.ta.ðór, -.ðó.ra / si.-] 男囡 引用者．

ci·tar [θi.tár / si.-] 他 **1 〈作家・作品などを〉引用する；〈例などを〉挙げる．~ a Lorca ロルカ(の作品)を引用する．~ un ejemplo 一つの例を引く．~ un caso 一つの事例を引き合いに出す．~ textualmente 言葉どおりに引用する．el artículo arriba *citado* 前述の部分で引用した記事．
2 〈人に〉会いに来るように言う，呼び出す．*El profesor me citó en su despacho.* 私は先生に研究室に呼び出された．¿Está usted *citado*? あなたはお約束してますか．
3【法】〈証人などを〉召喚する．~ a+人 a juicio〈人〉に出廷を命ずる．~ a+人 ante la justicia [un tribunal]〈人〉を告訴する．
4【闘牛】〈牛を〉けしかける．
── ~·se 再 (**con**+人〈人〉と) 会う約束をする．*Me cité con ella para el domingo.* 私は彼女と日曜日に会う約束をした．
[←〔ラ〕*citāre*「かりたてる；引用する」；関連 recitar．〔英〕*cite, recite*]

cí・ta・ra [θí.ta.ra / sí.-] 女 〖音楽〗チター, ツィター：弦楽器の一種.

ci・ta・rís・ta [θi.ta.rís.ta / si.-] 男女 チター奏者.

ci・ta・to・rio, ria [θi.ta.tó.rjo, -.rja / si.-] 形 〖法〗召喚の, 出頭を求める.

ci・te・rior [θi.te.rjór / si.-] 形 こちら側の, 手前側の (↔ulterior). España ～ 近ヒスパニア (ローマ時代, Ebro 川を境にしてローマ寄りのイベリア半島の呼称; Augusto 帝以後の Tarraconense 地方を指す).

cítara (チター)

cí・ti・so [θí.ti.so / sí.-] 男 〖植〗エニシダ.

-cito, ta 〖接尾〗縮小辞 -ito の異形. ▶ 原則的に最後の音節にアクセントがあり, かつ n, r で終わる2音節以上の語, および後ろから2番目の音節にアクセントを持ち, かつnで終わる語に付くが, 地域差がある. → jar-dincito, jovencito, mujercita.

ci・to・ci・né・sis [θi.to.θi.né.sis / si.-.si.-] 女 〖単複同形〗細胞質分裂.

ci・to・diag・nó・sis [θi.to.djaǥ.nó.sis / si.-] 女 〖単複同形〗〖医〗細胞診; 細胞診断.

ci・to・fó・no [θi.to.fó.no / si.-] 男 〖ラ米〗(ｶﾗﾋﾞｱ)インターフォン; 内線電話 (システム).

ci・to・lí・sis [θi.to.lí.sis / si.-] 女 〖単複同形〗〖医〗細胞溶解 (反応), 細胞崩壊.

ci・to・lo・gí・a [θi.to.lo.xí.a / si.-] 女 〖生物〗細胞学.

ci・to・me・ga・lo・vi・rus [θi.to.me.ǥa.lo.bí.rus / si.-] 男 〖単複同形〗〖医〗サイトメガロウイルス.

ci・to・pe・nia [θi.to.pé.nja / si.-] 女 〖医〗血球減少(症); 血中細胞の減少[欠損].

ci・to・plas・ma [θi.to.plás.ma / si.-] 男 〖解剖〗細胞質. → célula.

ci・to・plas・má・ti・co, ca [θi.to.plas.má.ti.ko, -.ka / si.-] / **ci・to・plás・mi・co, ca** [θi.to.plás.mi.ko, -.ka / si.-] 形 〖生物〗細胞質の[に関する].

ci・tos・tá・ti・co, ca [θi.tos.tá.ti.ko, -.ka / si.-] 形 細胞増殖抑制性の. ― 男 〖薬〗細胞増殖抑制剤.

ci・to・tó・xi・co, ca [θi.to.tók.si.ko, -.ka / si.-] 形 〖医〗細胞毒に対して有害な; 細胞毒の.

ci・tra・to [θi.trá.to / si.-] 男 〖化〗クエン酸塩.

cí・tri・co, ca [θí.tri.ko, -.ka / sí.-] 形 **1** 柑橘(ｶﾝｷﾂ)類の. **2** 〖化〗クエン酸の. ― 男 〖複数で〗柑橘類.

ci・tri・cul・tu・ra [θi.tri.kul.tú.ra / si.-] 女 柑橘(ｶﾝｷﾂ)類の栽培.

ci・tri・na [θi.trí.na / si.-] 女 〖化〗シトリン, レモン油.

ci・trón [θi.trón / si.-] 男 〖まれ〗レモン (の木).

cí・trus [θí.trus / sí.-] 男 〖単複同形〗〖ラ米〗(ﾗﾌﾟﾗﾀ)〖植〗柑橘(ｶﾝｷﾂ)類の樹木; 柑橘類の果実.

CiU [θí.u / sí.-] 女 〖略〗(スペイン) Convergència i Unió 統一と連合 (政党).

*****ciu・dad** [θju.ðáð / sju.-] 女 **1 都市**, 町; 市. Tokio es una gran ～. 東京は大都市だ. ～ dormitorio ベッドタウン. ～ hermana 姉妹都市. ～ hongo 新興都市. ～ industrial 工業都市. ～ jardín 田園都市. ～ satélite 衛星都市. ～ universitaria 大学都市. gas ～ 都市ガス. C～ de México メキシコシティー. C～ Eterna 永遠の都ローマ. C～ Imperial 帝都トレド. C～ Santa 聖都エルサレム. **2** (田舎 campo に対して) **都会**, 街; 市街. vida de la ～ 都会での生活. ～ antigua [moderna] 旧[新]市街. **3** 市役所, 役場. **4** 〖集合的〗(身分制議会コルテスに集議した) 都市代表.

[←〖古スペイン〗*cibdad* ←〔ラ〕*cīvitātem* (*cīvitās* の対格)「市民 (全体)の」|関連| ciudadano, civil. 〔ポルトガル〕*cidade*. 〔伊〕*città*. 〔英〕*city*]

ciu・da・da・na [θju.ða.ðá.na / sju.-] 形 → ciudadano.

*****ciu・da・da・ní・a** [θju.ða.ða.ní.a / sju.-] 女 **1** 市民権, 公民権; 市民としての身分; 国籍. ～ de honor 名誉市民権. derechos de ～ 市民としての権利. **2** 公民意識, 公徳心. **3** 全国民.

*****ciu・da・da・no, na** [θju.ða.ðá.no, -.na / sju.-] 形 〖名詞＋〗

《ser＋》 **市民の**; 都市の. colaboración *ciudadana* 市民の協力. participación *ciudadana* en la política local 地方政治への市民参加. derechos ～s 市民の権利. seguridad *ciudadana* 都市の治安. vida *ciudadana* 都会生活.

|類語| *ciudadano* は広い意味での「市民の」を表す. → No me siento ateniense, ni griego, soy *ciudadano* del mundo (Sócrates). 私は自分をアテネ人だともギリシア人だとも思ったことがない. 私は世界市民なのだ (ソクラテス). *civil* は法制・行政面において用いる. → estado *civil* (既婚・未婚などの) 法律上の身分. Derecho *Civil* 民法. *cívico* は倫理・教育面において用いる. → educación *cívica* 市民教育.

― 男女 **1 市民**, 都市住民. un ～ medio 平均的市民. un ～ de a pie 普通の市民. ～ de honor de Oviedo オビエドの名誉市民. **2** 住民, 国民, 公民; 民間人. ～s norteamericanos [estadounidenses] アメリカ国民. ～s comunitarios E U 国民[市民]. **3** 〖史〗富裕市民, ブルジョア. **4** 平民, 庶民.

ciu・da・de・la [θju.ða.ðé.la / sju.-] 女 **1** (要塞(ﾖｳｻｲ)・城市内の) 砦(ﾄﾘﾃ). **2** 〖ラ米〗(ﾘｵﾌﾟ)安アパート, 共同住宅.

Ciu・dad Re・al [θju.ðáð r̃e.ál] 固名 シウダレアル: スペイン中南部の県; 県都. 〖13世紀に Alfonso 10世によって *Villa Real* と命名されたが, 後 Juan 2世のとき (1420年) 現在の名前に変更〗

ciu・dad・re・a・le・ño, ña [θju.ðað.r̃e.a.lé.ɲo, -.ɲa / sju.-] 形 シウダレアルの. ― 男女 シウダレアルの住民[出身者].

ci・vet [θi.bé(t) / si.-] 男 〖仏〗男 〖複 ～s〗〖料〗シヴェ：(鳥獣の肉の)赤ワイン煮込み. しばしばその動物の血をつなぎとして用いる.

ci・ve・ta [θi.bé.ta / si.-] 女 〖まれ〗〖動〗ジャコウネコ.

ci・ve・to [θi.bé.to / si.-] 男 シベット, 麝香(ｼﾞｬｺｳ).

*****cí・vi・co, ca** [θí.bi.ko, -.ka / sí.-] 形 **1 市の**; 市民の, 公民の. centro ～ 中心街. → ciudadano |類語|. **2** 公共心[公徳心] のある. un acto ～ 公共心に富んだ行為. ― 男 〖ラ米〗(1) (ｶﾞﾃﾏﾗ)(ビール用の) ジョッキ. (2) 〖俗〗警官, 巡査, お巡り.

*****ci・vil** [θi.βíl / si.-] 形 〖名詞＋〗

1 《ser＋》 **民法上の**, 民事の. la Ley de Derechos C～es 公民権法, 市民権法. código ～ 民法典. presentar una demanda ～ 民事訴訟を起こす. denunciar por la vía ～ 民事手続きで告発する. responsable ～ 民事裁判の被告, 民事訴訟における受動的当事者. la Ley del Registro C～ 戸籍法. matrimonio ～ 民法上の結婚. derecho ～ 民法 (▶〖刑法〗は derecho penal). estado ～ (戸籍上の) 身分. muerte ～ 民事死, 準死. → ciu-

clandestino

dadano 類語.

2《ser+》民間の;（軍人に対して）文官の, 文民の（↔militar）;（聖職者に対して）世俗の（↔eclesiástico）. gobernador ～ de Granada グラナダ県知事（▶ gobernador militar de San Sebastián サンセバスチャン軍管区指令官）. población ～《集合的》民間人. Dirección General de Aviación C～ 民間航空局. incorporarse a la vida ～（軍人を辞めて）民間人になる;還俗(<small>げんぞく</small>)する. obra ～ 民間土木工事. control ～ シビリアンコントロール, 文民統制. la gran cruz del mérito ～ 国民功労賞大十字勲章.

3《ser》市民の;公民の. guerra ～ 内戦, 内乱, 市民戦争. sociedad ～ 市民社会.

4《ser+》礼儀正しい, 丁寧な. **5**（宗教暦・天文暦の）暦に対して）常用の. calendario ～ 常用暦. año ～ [natural] 暦年（1月1日から12月31日まで）. día ～ [natural] 暦日（午前零時から午後12時までの24時間）.

—— 男 **1** 民間人. Muchos ～es murieron. 多数の民間人が死亡した.

2《話》治安警備隊員（＝guardia ～）.

ingeniería civil 土木工学.

por lo civil /《ラ米》*por el civil* 民法に従って. casarse *por lo* ～（教会の公的機関で入籍する.

(*vestido*) *de civil*（軍人・警官などが）平服で[の]. un policía *de* ～ 平服の警官.

[←［ラ］*civīlem*（*cīvis* の対格；*cīvis*「市民」より派生）/関連 civilizar, civilización, ciudad.［英］*civil*

ci·vi·li·dad [θi.bi.li.ðáð / si.-] 女 礼儀正しさ, 社交性, 洗練されていること.

ci·vi·lis·ta [θi.bi.lís.ta / si.-] 形 民法専門の.

—— 男 女 民事専門の弁護士;民法の専門家. ➝ penalista.

★★ci·vi·li·za·ción [θi.bi.li.θa.θjón / si.-.sa.sjón] 女 **1** 文明. *civilizaciones* primitivas 原始文明. ～ griega [romana]ギリシア[ローマ]文明. ～ egipcia エジプト文明. ～ maya [inca, incaica] マヤ[インカ]文明. ～ moderna 現代文明. ～ industrial [material]工業[物質]文明.

2 文明世界, 文明社会. vivir alejado de la ～ 文明社会から離れて生きる. **3** 文明化, 開化. ～ de los pobladores indígenas 先住民の文明化.

ci·vi·li·za·do, da [θi.bi.li.θá.ðo, -.ða / si.-.sá.-] 形 **1** 文明化した, 文明の発達した;文化的な, 開けた. sociedad *civilizada* 文明社会.

2 洗練された, 教養豊かな;社交性に富んだ.

—— 男 女 文明人, 教養人（＝ persona *civilizada*）.

ci·vi·li·za·dor, do·ra [θi.bi.li.θa.ðór, -.ðó.ra / si.-.sa.-] 形 文明の, 文明化する;教化する.

—— 男 女 文明の伝播(<small>でんぱ</small>)[推進]者, 教化者.

*ci·vi·li·zar [θi.bi.li.θár / si.-.sár] 97 他 **1** 文明化する, 民度を高める. Los romanos *civilizaron* muchas partes de Europa. ローマ人はヨーロッパの多くの地域を文明化した.

2 教育する, 啓蒙(<small>けいもう</small>)する, 洗練する.

—— ～・*se* 再 文明開化する, 文明人になる, 教養を身に付ける.

ci·vil·men·te [θi.bíl.mén.te / si.-] 副 **1** 民法上, 民事的に. **2** 市民的に;世俗で, 宗教の儀式によらずに;市民[民間人]として. **3**《まれ》礼儀正しく.

ci·vis·mo [θi.bís.mo / si.-] 男 **1** 公徳心, 市民意識. **2** 礼儀正しさ.

ci·za·lla [θi.θá.ja ‖ -.ʎa / si.sá.-] 女 **1** 剪断(<small>せんだん</small>)機, 裁断機. **2**《複数で》（金切り用の）大ばさみ.

ci·za·llar [θi.θa.jár ‖ -.ʎár / si.sa.-] 他 剪断(<small>せんだん</small>)する, 切断する, 切り取る.

ci·za·ña [θi.θá.ɲa / si.sá.-] 女 **1**【植】ドクムギ.

2（一般的に）害をもたらすもの, もめごと;不仲, 敵意. meter [sembrar] ～ 不和の種をまく.

separar la cizaña del buen grano 善と悪とを区別する.

ci·za·ñar [θi.θa.ɲár / si.sa.-] / **ci·za·ñe·ar** [θi.θa.ɲe.ár / si.sa.-] 自 不和の種をまく, ごたごたを起こす.

ci·za·ñe·ro, ra [θi.θa.ɲé.ro, -.ra / si.sa.-] 男 女 不和の種をまく人, トラブルメーカー.

ci·zo·te [θi.θó.te / si.só.-] 男《ラ米》(<small>ちゅうべい</small>)傷;潰瘍(<small>かいよう</small>), 炎症.

cl（略）centi*l*itro センチリットル.

Cl【化】cloro 塩素.

clac [klák] 男《複 claques》 **1** オペラハット：ばね仕掛けの折り畳み式シルクハット. **2** 三角帽子,（18世紀の）コックド・ハット, 大礼帽.

—— 女《集合的》雇われて拍手かっさいする人, さくら.

—— 間投《擬》パリッ, ポキッ, ガチャン.

cla·co [klá.ko] 男《ラ米》(<small>ちゅうべい</small>)昔の銅貨;価値のないもの.

cla·co·ta [kla.kó.ta] 女《ラ米》(<small>メキシコ</small>)(<small>ちゅうべい</small>)【医】根太(<small>ねぶと</small>), 腫物(<small>はれもの</small>).

cla·do·dio [kla.ðó.ðjo] 男【植】葉状枝.

cla·mar [kla.már] 他 強く訴える, 叫ぶ, 哀願する. ～ venganza 報復[仕返し]を求める.

—— 自《por ...》に》強く訴える, 哀願する. ～ *por* la paz 平和を強く訴える. ～ de indignación 怒りをぶちまける. La tierra *clama por* agua. 大地は恵みの雨を待っている.

clá·mi·de [klá.mi.ðe] 女 クラミス：古代ギリシアの男性用の短い肩衣(<small>かたぎぬ</small>).

cla·mi·dia·sis [kla.mi.ðjá.sis] 女《単複同形》【医】クラミジア感染症.

cla·mor [kla.mór] 男 **1**（不満・苦痛の）叫び（声）, 抗議[嘆き]の声. Hasta su despacho llegaba el ～ del gentío congregado en la plaza. 広場に集まった人々の叫び声が, 彼[彼女]の執務室まで届いていた. **2** 歓声, 歓呼. el ～ de los aplausos 拍手大かっさい. **3** 弔鐘(<small>ちょうしょう</small>).

clámide（クラミス）

cla·mo·re·ar [kla.mo.re.ár] 他 哀願する, 嘆願する;嘆く. —— 自 弔鐘(<small>ちょうしょう</small>)が鳴りわたる（＝ doblar）.

cla·mo·re·o [kla.mo.ré.o] 男 いつまでも続く怒声[叫び声].

cla·mo·ro·sa·men·te [kla.mo.ró.sa.mén.te] 副 **1** 騒々しく, わいわいがやがやと. **2** 切々と.

cla·mo·ro·so, sa [kla.mo.ró.so, -.sa] 形 **1** 騒々しい, 激しい. **2** 並外れた, 見事な. éxito ～ 大快挙.

clan [klán] 男 **1** 一族, 一門, 閥. un ～ mafioso マフィアグループ.

2（スコットランド・アイルランドの）氏族, クラン.

clan·des·ti·na·men·te [klan.des.tí.na.mén.te] 副 秘密裏に;非合法的に.

clan·des·ti·ni·dad [klan.des.ti.ni.ðáð] 女 秘密, 内密;非合法性. en la ～ 秘密裏に, 非合法に.

clan·des·ti·nis·ta [klan.des.ti.nís.ta] 男《ラ米》（酒の）密売人, 密輸者.

clan·des·ti·no, na [klan.des.tí.no, -.na] 形 秘密の, 内密の;非合法な. reunión *clandestina* 秘密

の会合. publicación *clandestina* 地下出版. actividad *clandestina* 非合法活動.
— 男《ラ米》(ﾒﾋｺ)《話》売春宿.
[← 〈ラ〉*clandestīnum* (*clandestīnus* の対格); 関連 [英]*clandestine*].

clan・ga [klán.ga] 女《鳥》シロカツオドリ.

clan・gor [klaŋ.gór] 男《文章語》(らっぱのように)鳴り響く音.

cla・pa [klá.pa] 女《ラ米》(ﾁﾘ)《植》ヒマ, トウゴマ.

claque [klá.ke ／ kláé] 〈仏〉→ clac.

cla・qué [kla.ké] 男 タップダンス.

cla・que・ta [kla.ké.ta] 女《映》カチンコ.

cla・ra [klá.ra] 女 1 (光の) 明るさ. 2《話》炭酸飲料入りビール. 3 (織物の)薄くなった部分. 4 薄はげ.

cla・ra [klá.ra] 形→ claro.

Cla・ra [klá.ra] 固名 1 Santa ～ de Asís アッシジの聖クララ(1194-1253): クララ修道女会の創始者. 2 クララ: 女子の洗礼名. 3 [c-]《ラ米》(ｷｭｰﾊﾞ)《カト》クララ修道女会の修道女.
[← 〈ラ〉*Clāra* (*clārus*「明るい」より派生); 関連 [ポルトガル]*Clara*. [仏]*Claire*. [伊]*Chiara*. [英]*Cla(i)re, Clara*. [独]*Klara, Clara*]

cla・ra・bo・ya [kla.ra.bó.ja] 女 明かり窓, 採光窓, 天窓. Por la ～ se filtra luz. 天窓から陽光が差し込んでいる.

***cla・ra・men・te** [klá.ra.mén.te] 副 **はっきりと**, 明白に; 実直に; 率直に. Dime ～ tu opinión. 君の意見をはっきり言いなさい. C～ él tiene razón. 明らかに彼の言い分は正しい.

cla・rar [kla.rár] 他 → aclarar.

cla・re・a [kla.ré.a] 女 ワインに砂糖か蜂蜜(ﾐﾂ)・シナモンなどの香料を加えた飲み物.

cla・re・ar [kla.re.ár] 他 1 明るくする. 2《ラ米》(ﾁﾘ)撃ち抜く, (弾丸が)貫通する.
— 自 1《3人称単数・無主語で》夜が明ける. al ～ el día 明け方に. → amanecer. 2 晴れてくる, 明るくなる. El cielo va *clareando*. 空が明るくなっていく. 3 薄くなる, 透ける.
— ～・se 再 1 (material que)薄くなる, 透ける. El codo de la chaqueta *se clarea*. 上着のひじのところがすり減っている. Tu vestido es tan fino que *se clarea*. 君のドレスはとても薄いから, 透けて見えるよ. 2 正体を現す, 本心が見える. Sus intenciones *se clarean*. やつの考えは見えすいている.

cla・re・cer [kla.re.θér / -.sér] 34 自《3人称単数・無主語で》夜が明ける (= amanecer).

cla・rens [klá.rens] 男 4人乗り幌(ﾎﾛ)馬車.

cla・re・o [kla.ré.o] 男《森林の》間伐.

cla・re・te [kla.ré.te] クラレット.
— 男 (ボルドー産のワイン)クラレット.

cla・re・tia・no, na [kla.re.tjá.no, -.na] 形 クラレチアン宣教[修道]会の[に属する], (この会を19世紀半ばに創設した Cataluña の)聖アントニ・マリア・クラレット Antonio María Claret の.
— 男 クラレチアン宣教[修道]会の会員.

cla・re・za [kla.ré.θa / -.sa] 女 → claridad.

****cla・ri・dad** [kla.ri.ðáð] 女 1 (光の) **明るさ**. ～ del día 日の光. a la ～ de la luna 月明かり. Hay mucha ～ en la sala. 部屋は大変明るい. 2 (考えなどの) 明晰(ﾒｲｾｷ)さ; (説明などの) 明解さ. ～ de ideas 考えの明晰さ. explicar con ～ 明解に説明する. 3 (水・空気などの) 透明さ. 4 (声・音の) 明瞭さ. 5《複数で》赤裸々な事実. decir ～*es* a+人

(人)にずけずけ言う. 6 名声, 評判.
Cuanto menos bulto, más claridad.《諺》荷物が少ないほど明るい(いい厄介払いができた).
de una claridad meridiana 明々白々な.

cla・ri・do・so, sa [kla.ri.ðó.so, -.sa] 形《ラ米》(ﾁﾘ)(ｳﾙｸﾞｱｲ)率直に言う, 腹蔵ない.

cla・ri・fi・ca・ción [kla.ri.fi.ka.θjón / -.sjón] 女 解明; 釈明; 透明化.

cla・ri・fi・ca・dor, do・ra [kla.ri.fi.ka.ðór, -.ðó.ra] 形 明確にする, 明らかにするような.
— 女 砂糖精製機.

cla・ri・fi・car [kla.ri.fi.kár] 102 他 1 明らかにする, 明確にする; 解明する. Quedan muchos puntos por ～. 今後明らかにされる点がたくさんある. 2 〈液体を〉透明にする, 浄化する; 薄める. 3 照らし出す, 明るくする.
— ～・se 再 1 明らかになる; 〈液体が〉透明になる; 薄くなる.

cla・ri・fi・ca・ti・vo, va [kla.ri.fi.ka.tí.βo, -.βa] 形 (補足)説明的な, わかりやすい.

cla・rín [kla.rín] 男 1《音楽》(1) らっぱ; らっぱ吹き. toque de ～ らっぱの合図. (2) (オルガンの音栓)クラリオン・ストップ. (3) クラリオン: 金管楽器の一つ. 上質の薄紗布. 3《ラ米》(ｷｭｰﾊﾞ)《植》スイートピー.
clarín de la selva《ラ米》(ﾒﾋｺ)《鳥》ムシヒドリツグミ; マネシツグミ.

clarín (らっぱ)

Cla・rín [kla.rín] 固名 クラリン (1852-1901): 本名 Leopoldo Alas. スペインの作家. 作品 *La Regenta*『ラ・レヘンタ』.

cla・ri・na・da [kla.ri.ná.ða] 女 1 らっぱの合図. 2《話》場違いなこと, ばかげたこと.

cla・ri・na・zo [kla.ri.ná.θo / -.so] 男 1 らっぱの合図. 2 前兆, 前触れ. 3 場違いなこと, ばかげたこと.

cla・ri・ne・te [kla.ri.né.te] 男《音楽》クラリネット; クラリネット奏者.

cla・ri・ne・tis・ta [kla.ri.ne.tís.ta] 男女《音楽》クラリネット奏者.

cla・rión [kla.rjón] 男 白墨, チョーク (= tiza).

cla・ri・sa [kla.rí.sa] 形《女性形のみ》クララ修道女会の. — 女《カト》クララ修道女会の修道女.

cla・ri・tos [kla.rí.tos] 男《ラ米》(ﾒﾋｺ)《複数形》(髪の)部分染め, メッシュ.

cla・ri・tro・mi・ci・na [kla.ri.tro.mi.θí.na / -.sí.-] 女《薬》クラリスロマイシン: 感染症などに用いられる抗生物質.

cla・ri・vi・den・cia [kla.ri.βi.ðén.θja / -.sja] 女 1 洞察力, 先見の明, 明晰(ﾒｲｾｷ)さ. 2 予知[透視]能力.

clarisa (クララ修道女会の修道女)

cla・ri・vi・den・te [kla.ri.βi.ðén.te] 形 先見の明がある, 洞察力のある; 予知能力のある. — 男女 洞察力のある人; 予知能力のある人.

****cla・ro, ra** [klá.ro, -.ra] 形 1《+名詞／名詞＋》《ser+／estar+》《事実である, こと》明らかな, 明白な;《que+直説法 …であることは》明らかである. (↔dudoso). una idea *clara* はっきりした考え. en *clara* referencia [alusión] a... …にはっきり言及して. manifestar de forma *clara* y contundente 明確に示す. indicios ～*s* de delito 明らかな犯罪の証拠. lograr [obtener] una *clara* victoria 圧倒的な勝利を収める. una *clara* recuperación económica 明らかな景気の回復. más ~ que el agua わかりきった, 疑う余地はない. tan ~ como la luz del día はっきりした, 全く明白な. Lo que *está* ~ es. **+直説法** 明らかなことは…である. ¿*Está* ~? 間違いないですか；わかりましたか. Ya lo tengo ~. もうはっきりした[はっきりわかった]. ► 否定文では que 以下の動詞は接続法. → No *está* ~ *que* sea así. そうであるとは限らない.

2 《+名詞 / 名詞+》《**ser**+ / **estar**+》〈色が〉明るい, 淡い, 薄い；〈色が〉混じっていない, 鮮やかな. furgoneta de color ~ 明るい色の商用バン. una camisa azul ~ 水色のシャツ. Tengo ojos café ~. 私の目は薄いコーヒー色です《► 名詞+色の形容詞[名詞]+claro では claro は無変化》.

3 《+名詞 / 名詞+》《**ser**+ / **estar**+》(**1**)《説明などが》平明な, 明解な, 理路整然とした. un ~ ejemplo わかりやすい例. dar una respuesta *clara* 明解な回答をする. (**2**)〈頭脳が〉明晰な. tener la cabeza *clara* 頭脳明晰である.

4《多くは名詞+》《**ser**+ / **estar**+》〈映像・輪郭・音色の〉はっきりした, 鮮明な (↔confuso). decir con voz alta y *clara* 大きな通る声で言う. imagen *clara* 鮮明な画像.

5 《+名詞 / 名詞+》《**ser**+ / **estar**+》澄んだ, 透明な (↔turbio, sucio). un río de agua *clara* 水の澄んだ川. espejo ~ 曇りのない鏡.

6〈性格が〉あけすけな, 率直な, 正直な, 公正な (↔falso, hipócrita). un hombre ~ y franco 正直な男.

7 《+名詞 / 名詞+》《**ser**+ / **estar**+》〈空が〉澄みわたった, 晴れた (↔nublado, cubierto). una *clara* noche de luna 澄みきった月夜. En días ~s podemos ver la Alhambra. 好天の日にはアルハンブラ宮殿が見える.

8 《+名詞 / 名詞+》《**ser**+ / **estar**+》明るい, 輝いた (↔oscuro). una habitación *clara* y ordenada 明るくて整頓された部屋. la *clara* luz de la mañana 朝の明るい光.

9《多くは名詞+》《**estar**+》〈ビールなどが〉軽い, アルコール度の少ない；〈コーヒー・紅茶などが〉薄い, 水っぽい (↔fuerte, cargado). tomar un cafecito ~ 薄いコーヒーを飲む.

10〈頭髪・ひげ・樹木などが〉まばらな；〈布地の〉目が詰んでいない, 薄手の；〈表面の毛が〉はげた (↔tupido, espeso). el bosque ~ 木のまばらな森. **11**《+名詞》《文章語》著名な, 有名な. ~s varones de Castilla カスティーリャ（王国）の顕神たち. **12**《闘牛》〈牛の〉癖がない. **13**〈馬が〉足のもつれない.

── **男**〈森林の〉開けた場所, 空き地；〈頭髪・生地の〉はげ；〈行列・演説などの〉切れ目；〈単語間の〉スペース, 語間；〈柱と柱の間の〉空間. **2**〈雨・雪の〉小やみ, 晴れ間；〈雲の〉切れ間. Por la tarde se sucederán las nubes y los ~s. 午後は曇ったり晴れたりでしょう. **3**〈絵画・写真の〉明るい部分, ハイライト. **4** 合間, あき部分. **5** 隙間, 穴；窓, 明かり取り. **6** すき間, 空白；空隙. **7**《ラ米》(**1**)〈複数で〉《ᐅᔭᕆ》《ᐅᔭᕋᐅᒃ》〈精糖用の釜で〉あく, かす. (**2**)《ᐅᔭᕆ》サトウキビ焼酎（ᖃᓪᓗᓈᖅ）. グアバの実で作ったゼリー.

── **副**《hablar, decir, explicar, escribir など「伝達」の動詞や **ver** と共に》明らかに, はっきりと. *hablar* [*decir*] ~ 明瞭に[はっきりと言う]. Ahora lo *veo* ~. もうそれが私にはっきり見えるようになった[わかる].

── **間投 1**〈時に皮肉で〉もちろんだ, 当然だ. ¡Pues ~! もちろんだよ. **2** なるほど, やっぱり. ¡C~! Por eso no me llamaron. そうか, だから電話がなかったんだ.

a las claras 《decir, hablar, indicar, dejar, ver, demostrar などと共に》単刀直入に, 明瞭に.
claro de luna〈雲が切れた〉月明かり, 月光.
Claro está. もちろんだ.
claro que +直説法 もちろん…である.
Claro que sí [no]. もちろんそうだ[そうではない].
claros del día《ラ米》《ᐅᔭᕆ》曙光（ᔭᐅᔭᖅ）.
de claro en claro 一睡もせずに.
dejar (en) claro... …を明らかにする.
Eso está claro. それはそうだ.
¡Las cosas [cuentas] claras y el chocolate espeso! 物事ははっきりさせよう.
llevarlo claro《話》(**1**) 間違っている. Si crees que te ayudará, *lo llevas* ~. 彼〔彼女〕が助けてくれると思っているのなら大間違いだ. (**2**) 大変だ, 苦労する. Como tengamos que aparcar en el centro, *lo llevamos* ~. 中心街に駐車しなければならないのなら大変だ.
más claro, agua《話》《強調》はっきりしている. Sólo la quiere por el dinero. *Más* ~, *agua*. 彼が金目当てで彼女を愛しているのは分かりきっている.
poner en claro... → dejar (en) *claro*...；《ラ米》複写する, 模写する.
por lo claro 単刀直入に, はっきりと.
quedar en claro 疑いない, 明らかである.
tener claro... …に明るい.
tener claro que +直説法 …であることがはっきりわかる, はっきり決まっている. No *tengo* ~ *que* yo gane en el próximo partido. 次の試合で私が勝つかどうか自信がない《► 否定文なら+**接続法**》.
tenerlo claro → llevarlo *claro*.
[← 〔ラ〕*clārum* (*clārus* の対格)；〔関連〕claridad, clarificar, declarar. 〔英〕*clear*].

cla·ros·cu·ro [kla.ros.kú.ro] **男 1**〈絵画・デッサンなどの〉明暗（法）, 濃淡, コントラスト. **2**〈書法での〉太字と細字の組み合わせによる強弱. **3** 二面性.

cla·ru·cho, cha [kla.rú.tʃo, -.tʃa] **形**《軽蔑》
1〈布地が〉薄っぺらな, ぺらぺらの.
2〈スープなどが〉水っぽい, 薄い.

cla·se [klá.se] **女 1 授業；教室；《集合的》クラス〈の生徒〉, 受講生. ~ de español スペイン語のクラス. una ~ numerosa 大人数のクラス. dar [dictar, impartir] ~ 講義する, 教える. compañero de ~ クラスメート. ~ magistral 講義形式の授業. faltar a ~ 授業を欠席する. Esta tarde no tenemos ~. 今日の午後は授業がない.

2〈社会の〉階級, 階層. ~ alta [baja, media] 上流 [下層, 中流] 階級. ~ social 社会階層. ~ obrera 労働者階級. ~s pasivas〈年金などの〉受給者層. la lucha de ~s 階級闘争. ~ de tropa《軍》下層兵.

3 種類, 部類；《生物》〈分類上の〉綱. A mi hijo le gusta toda ~ de deportes. 私の息子はスポーツならなんでも好きだ. **4** 品質, 等級, 格. vino de primera ~ 最高級のワイン. viajar en primera ~ 一等で旅行する. billete de segunda ~ 二等の切符. ~ turista エコノミークラス. **5** 気品, 品位.

── **形**《ラ米》《ᐅᔭᕆ》《ᐅᔭᐃᑦ》上等な, すばらしい.

[← 〔ラ〕*clāssem* (*clāssis* の対格)；〔関連〕clasificar, clásico. 〔ポルトガル〕〔仏〕〔伊〕*clase*. 〔英〕*class*. 〔独〕*Klasse*].

clá·si·ca [klá.si.ka] **形** → clásico.
cla·si·cis·mo [kla.si.θís.mo / -.sís.-] **男** 古典主

cla·si·cis·ta [kla.si.θís.ta / -.sís.-] 形 古典主義の.
— 男 女 古典主義者, 古典主義の芸術家[研究者].

clá·si·co, ca [klá.si.ko, -.ka] 形 (**ser**+)
1《名詞+》**古典的な**, 規範的な；伝統的な. escuchar música *clásica* クラシック音楽を聴く. la compañía nacional de teatro ~ 国立古典劇団. *El Quijote* es una obra *clásica* de la literatura española. 『ドン・キホーテ』はスペイン文学の古典である. un remedio ~ 昔からある治療法. No soy un artista en el sentido ~. 私は伝統的な意味での芸術家ではない.
2《名詞+》**古典の**, 古代ギリシャ・ローマの (↔moderno). lenguas *clásicas* 古典語 (ギリシャ語, ラテン語). estudios ~s 古典研究. latín ~ 古典ラテン語. **3**《+名詞／名詞+》(その人・ものに) 特有の, 典型的な. Es un patio ~ de Toledo. これがトレドの典型的な中庭です. las *clásicas* palabras de mi madre 私の母の口ぐせ. contestar con el ~ saludo del Ejército 軍隊式の敬礼で答える.
4 古典主義の (=clasicista).
— 男 女 古典の作家, 一流のもの. leer los ~s 古典を読む. los ~s de la pintura renacentista ルネサンス期絵画の名作. **2** クラシックカー. el rally de ~s クラシックカー・ラリー.
— 女《複数で》《話》古典語[ギリシャ語, ラテン語]学. [←［ラ］*clāssicum* (*clāssicus* の対格)「上流階級の；最高級の」; *clāssis*「(有産)階級」(→ **clase**) より派生][関連][英] *classic*(*al*)]

cla·si·fi·ca·ción [kla.si.fi.ka.θjón / -.sjón] 女
1 分類, 仕分け, 区分. ~ alfabética [decimal] アルファベット式[十等分式]分類. **2** 順位, ランク. **3**《スポ》予選通過.

cla·si·fi·ca·do, da [kla.si.fi.ká.ðo, -.ða] 形
1 分類された；(予選などを)勝ち進んだ. **2**《文書・情報などが》秘密の, 機密(扱い)の, 非公開の. **3**《項目別》案内広告の；《広告などが》短信の.
— 男 (新聞などの)(項目別)案内広告, 三行広告；《複数で》《集合的》(項目別)案内広告(欄［面］).
— 男 女 予選などを勝ち進んだ人[グループ], 決勝などに駒を進めた人[グループ].

cla·si·fi·ca·dor, do·ra [kla.si.fi.ka.ðór, -.ðó.ra] 形 分類する. un dispositivo ~ 仕分け装置.
— 男 女 分類する人.
— 男 ファイリング・キャビネット, 整理用ファイル.

***cla·si·fi·car** [kla.si.fi.kár] 102 他《**por…／según…** …によって》**分類する**；ランク付けする. ~ la correspondencia *por* su [el] tamaño 郵便物を大きさで仕分ける. ~ un material *según* su forma 素材を形状によって分類する. ~ los temas en tres grupos テーマを3つのグループに分ける. anuncios *clasificados* (不動産・求人などに分類された)広告記事.
— ~**·se** 再《スポ》(**en…**〈順位〉)を獲得する；(**para… …**の)出場権を獲得する. *Nos clasificamos para* la final. 私たちは決勝戦に進んだ. La Selección *se clasificó* en segundo lugar [segunda posición] en el grupo A. 選抜チームはAグループで2位になった.

cla·si·fi·ca·to·rio, ria [kla.si.fi.ka.tó.rjo, -.rja] 形 予選の. tabla *clasificatoria* 順位表.
— 男 予選.

clasifique(-) / **clasifiqué**(-) 活 → clasificar.

cla·sis·mo [kla.sís.mo] 男《軽蔑》階級主義, 階級差別, 階級意識.

cla·sis·ta [kla.sís.ta] 形 **1** 社会階層[階級]を差別する. **2** ある社会階層に特有な. — 男 女 社会階層[階級]を差別する人, 階級差別主義者. En el fondo es un ~. 彼は腹の中では階層にこだわる人だ.

clás·ti·co, ca [klás.ti.ko, -.ka] 形《地質》砕屑(さいせつ)状[性]の；分解できる.

clau·dia [kláu.ðja] 形《女性形のみ》(西洋スモモの一種)クラウディア・スモモの. →**ciruela**.
— 女 クラウディア・スモモ.

Clau·dia [kláu.ðja] 固名 クラウディア：女子の洗礼名. [←［ラ］ *Claudia*；[関連][ポルトガル] *Cláudia*. [仏] *Claude*. [伊][英] *Claudia*. [独] *Klaudia*]

clau·di·ca·ción [klau.ði.ka.θjón / -.sjón] 女
1 義務の不履行. **2** 屈服；断念.

clau·di·can·te [klau.ði.kán.te] 形 責任逃れの；すぐにあきらめる, 粘りのない.

clau·di·car [klau.ði.kár] 102 自 **1** 主義[主張]を曲げる；義務を放棄する.
2 屈する, あきらめる. *Claudicó* ante las presiones recibidas. 彼[彼女]は外圧に屈した.

Clau·dio [kláu.ðjo] 固名 クラウディオ：男子の洗礼名. [←［ラ］ *Claudius*；[関連][ポルトガル] *Cláudio*. [仏] *Claude*. [伊] *Claudio*. [英] *Claudius*. [独] *Klaudius*]

claus·tra [kláus.tra] 女 →**claustro 1**.

claus·tral [klaus.trál] 形 **1** 修道院の. **2** 回廊の. **3** 教授会の. — 男 (大学の)教授陣.

claus·trar [klaus.trár] 他 取り囲む.

***claus·tro** [kláus.tro] 男 **1** (修道院などの)**回廊**.
2 修道院, 修道生活.
3 (大学などの)教授陣, 教授会.
claustro materno《解剖》子宮.

claus·tro·fo·bia [klaus.tro.fó.βja] 女《医》閉所恐怖症.

claus·tro·fó·bi·co, ca [klaus.tro.fó.βi.ko, -.ka] 形 閉所恐怖症の[に関する], 密室恐怖の[を引き起こしそうな]；閉所恐怖症になった, 密室嫌いな.
— 男 女 閉所[密室]恐怖症患者, 閉所[密閉されたところ]が嫌いな[苦手な]人.

***cláu·su·la** [kláu.su.la] 女 **1** (契約書などの)**条項**, 箇条, 約款. ~ adicional 追加条項. ~ de escape 免責条項. ~ de país más favorecido 最恵国約款.
2《文法》節. ~ de relativo 関係節.

clau·su·la·do, da [klau.su.lá.ðo, -.ða] 形 (文体の)各文が短い, 短文を連ねた.
— 男《集合的》条項, 約款.

clau·su·lar [klau.su.lár] 他《文に》ピリオドを打つ；(話に)区切りをつける.

***clau·su·ra** [klau.sú.ra] 女 **1 終了；閉会**；閉鎖.
2 閉会式, 終了式. **3** (修道院内の)禁域. **4**《域外の修道士の》外出禁止；(俗人の修道院内への)出入り禁止. **5** 修道生活.

clau·su·rar [klau.su.rár] 他 **1** (会期などを)終える, 閉会する. **2** 閉鎖する, 終業する；閉じる.

cla·va [klá.βa] 女 **1** こん棒.
2《海》甲板排水口, 水落とし.

cla·va·di·zo, za [kla.βa.ðí.θo, -.θa / -.so, -.sa] 形 飾り鋲(びょう)を打った.

cla·va·do, da [kla.βá.ðo, -.ða] 形 **1** (釘(くぎ)で)固定された；(飾り)鋲(びょう)を打った. Quedó ~ en la pared. それは壁に打ちつけられた.
2《**estar**+》釘付けになった, じっとしている. *estar*

～ en la cama 寝たきりである. Él tenía los ojos ～s en la televisión. 彼の目はテレビに釘付けだった. **3** 《ser+》《a... …に》似ている, そっくりの. Ella *es clavada* a su madre. 彼女はお母さんにそっくりだ. **4** 正確な, ぴったりの. Llegó a las siete *clavadas*. 彼[彼女]は7時ちょうどにやってきた.
——男 (**1**)『スポ』(トランポリンの)ジャンプ. (**2**)(ラ米)(話)〈崖などから〉海へ飛び込む人；飛び込み. *andar clavado*《ラ米》(話) 恋をしている. *dejar clavado* 十人 《ラ米》を啞然(ぜ)とさせる. *echarse un clavado*《ラ米》(話) (俗) 性的関係を持つ.

cla·va·du·ra [kla.ba.ðú.ra] 女 (馬の) 蹄部(ていぶ)の炎症, 釘傷.

*__**cla·var**__ [kla.bár] 他 **1**《en... …に／a+人《人》に》〈釘などを〉**打ち込む**, 〈刃物などを〉突き刺す；〈釘などで〉打ちつける. ～ una punta *en* la madera 木材に釘を打ち込む. ～ un puñal *en* la espalda 背中に短剣を突き立てる. ～ un cuadro *en* la pared 壁に額を固定する. El niño *me clavó* las uñas. その子は私に爪(つめ)を立てた (▶ me が a+人に相当). ▷ picar 類語.
2 《en... …に／a+人《人》に》〈視線などを〉固定する, 釘付けにする. ～ la mirada [vista] *en* una foto 写真を食い入るように見る.
3 (話) 《a+人《人》に》〈高い値段を〉ふっかける；〈人〉をだます. *Me han clavado* dos mil euros en esa tienda. その店で私は2000ユーロもぼられた.
4 《en... …に》〈宝石などを〉はめ込む (=engastar). **5** (話)〈問題などに〉正解する. *He clavado* dos de tres problemas. 私は3問中2問をうまく当てた. **6** 『軍』〈大砲の〉火門に釘を打つ. **7** 『スポ』〈ボールを〉強打する. **8**《ラ米》(ラ米) (話) 困難な立場に追いやる.

——～·**se** 再 **1** 〈とげなどが〉刺さる；〈記憶などが〉固定される. Esa sonrisa *se me clavó* en el corazón [alma]. その微笑は私の心に焼きついた.
2 〈自分の体に〉刺す, 突き刺す. *Me clavé* una espina en el dedo. 私は指にとげを刺してしまった.
3《ラ米》(**1**)(話)《a+人》《人》に》借りを返さない；《〈人〉から》くすねる. (**2**) (話) 《en... …に》入り込む. (**3**) 〈水に〉飛び込む. (**4**) (ラ米) (話) もぐり込む. (**5**) (ラ米) (話) 懐にしまい込む.
clavársela《ラ米》(話) 酔っ払う
[←〔後ラ〕*clavāre*(〔ラ〕*clāvus*「釘」より派生)；関連 clave, desclavar. 〔英〕*close*]

cla·va·rio [kla.bá.rjo] 男 『軍』城代.

cla·va·zón [kla.ba.θón / -.són] 女 《集合的》釘(くぎ).

*__**cla·ve**__ [klá.be] 女 **1** (問題・なぞなどを解く) **鍵**(かぎ)；(問題集などの) 手引書. La ～ del triunfo fue el esfuerzo constante. 勝利の秘訣(ひけつ)はたゆまぬ努力だった. **2** 暗号；暗証番号, パスワード. mensaje en ～ 暗号文. ～ de Morse モールス信号. descifrar la ～ 暗号を解く. ～ de la caja fuerte 金庫の暗証番号. **3** 《形容詞的に》(形副詞的に) 重要な, ポイントとなる (▶ 名詞に後置され, 時に数変化). cuestiones ～(*s*) 要(かなめ)の問題. fechas ～ 重要な日付け. industria ～ 基幹産業. palabra ～ キーワード. posición ～ 重要ポスト. punto ～ キーポイント. **4** 『音楽』音部記号. ～ de sol ト音部記号. ～ de fa ヘ音部記号. **5** 『建』(アーチの) 要石.
——男 →clavecín.
dar con [en] la clave 解決策を見つける, 鍵を見出す.
en clave de... …の調子で. *en* ～ *de humor* ユ

モラスな調子で.
[←〔ラ〕*clāvem* (*clāvis*の対格)「鍵」；関連 clavero, clavija, clavo. 〔英〕*close*]

cla·ve·cín [kla.be.θín / -.sín] 男 『音楽』ハープシコード, チェンバロ, クラブサン.

cla·ve·ci·nis·ta [kla.be.θi.nís.ta / -.si.-] 男女 チェンバロ[ハープシコード]奏者.

*__**cla·vel**__ [kla.bél] 男 『植』 **カーネーション**, オランダセキチク. ～ doble [reventón] (真紅で香りの強い八重の) カーネーション《スペインの国花》.
[←〔カタルーニャ〕*clavell*(原義は「チョウジ」；香りの類似から転義)；関連 clavero, clavo]

cla·ve·lli·na [kla.be.ji.na ‖ -.ʎi.-] 女 **1** 『植』(主に一重咲きの) カーネーション. ～ de pluma タツタナデシコ. **2** 『軍』(大砲の) 火門栓.

cla·ve·lón [kla.be.lón] 男 『植』アフリカマリーゴールド. [clavel + 増大辞]

cla·ve·ro [kla.bé.ro] 男 **1** 『植』チョウジ(の木). **2** (昔の騎士団の) 城代 (= clavario).

cla·ve·ta [kla.bé.ta] 女 木釘(きくぎ).

cla·ve·te [kla.bé.te] 男 『音楽』(バンドゥーリア bandurria など) のピック.

cla·ve·te·ar [kla.be.te.ár] 他 **1** (飾り) 鋲(びょう)を打つ[ちりばめる]. **2** 雑に釘を打つ[釘でとめる]. **3** 〈リボン・ひもなどに〉飾り金具を付ける.

cla·vi·cem·ba·lis·ta [kla.bi.θem.ba.lís.ta / -.sem.-] 〔伊〕男女 →clavecinista.

cla·vi·cém·ba·lo [kla.bi.θém.ba.lo / -.sém.-] 〔伊〕男 →clavecín.

cla·vi·cor·dio [kla.bi.kór.djo] 男 『音楽』クラビコード：古い鍵盤(けんばん)楽器.

cla·ví·cu·la [kla.bí.ku.la] 女 『解剖』鎖骨.

cla·vi·cu·lar [kla.bi.ku.lár] 形 鎖骨の.

cla·vi·ja [kla.bí.xa] 女 **1** (木・金属などの) 栓, ピン, ボルト. ～ de escalada (登攀(とはん)用の) ハーケン. ～ hendida (緩み防止用の) 割りピン, コッタピン. ～ maestra 中心ピン, 縦ボルト. **2** 『電』プラグ, ジャック, 差し込み. ～ de dos contactos [de enchufe] 差し込みプラグ. **3** 『音楽』〈弦楽器の〉糸巻き.

cla·vi·je·ro [kla.bi.xé.ro] 男 **1** 『音楽』(弦楽器の糸巻きを固定する) 糸倉. **2** 『電』プラグ盤. **3** 洋服掛け, ハンガー.

Cla·vi·je·ro [kla.bi.xé.ro] 固名 クラビヘロ. Francisco Javier ～ (1731–87). メキシコのイエズス会士・哲学者.

cla·vi·llo [kla.bí.jo ‖ -.ʎo] 男 **1** (はさみ・扇などの) 留め金, ピン. **2** (小さな) プラグ, 栓；『音楽』調音ピン. [clavo + 縮小辞]

*__**cla·vo**__ [klá.bo] 男 **1 釘**(くぎ), 鋲(びょう)；飾り鋲. ～ de herrar 蹄鉄(ていてつ)釘. clavar un ～ en la pared 壁に釘を打つ.
2 香辛料の) クローブ, チョウジ. **3** 『医』(**1**) (傷口の) ガーゼ栓, 綿栓. (**2**) うおのめ, たこ. (**3**) 偏頭痛. (**4**) かさぶた. **4** 心痛, 苦悩；(損)害. **5** 『獣医』(馬のひづめにできる) 腫物. **6** 売れ残り. **7** (**1**) (ラ米) (話) やっかいな問題. (**2**) (ラ米) (話) 驚き. (**3**) (ラ米) 嫌な人. (**4**)《ラ米》(話) 借金. (**5**)《ラ米》(話) 怖ろしい問題のこと. (**6**) (ラ米) (話) 豊富な鉱脈.
agarrarse a [de] un clavo ardiendo(話) おぼれる者はわらをもつかむ (←熱い釘につかまる).
como un clavo ちょうど正確に.
dar en el clavo(話) 図星を指す, 言い当てる.
dar una en el clavo y ciento en la herradura 失敗を重ねる.
no dar [pegar] ni clavo(話) 怠ける, 働かない.

cla·xon [klák.son] 男 [複 cláxones] [車] 警笛, クラクション. tocar el ~ クラクションを鳴らす. [←[英] *klaxon*]

cla·xo·na·zo [klak.so.ná.θo / -.so] 男 警笛[クラクション]を鳴らすこと[音].

clear·ing [klí.a.rin] [英] 男 [商] 清算.

cle·fa [klé.fa] [俗] (吸って遊ぶ)シンナー.

cle·má·ti·de [kle.má.ti.ðe] 女 [植] (1) クレマチス. (2) センニチソウ.

clem·bu·te·rol [klem.bu.te.ról] 男 [薬] クレンブテロール: 気管支拡張剤として用いられるが, 筋肉増強にも効果があり, スポーツ界などでは禁止薬物になっている.

cle·men·cia [kle.mén.θja / -.sja] 女 (処罰に対する) 寛大, 慈悲, 情け (↔inclemencia).

cle·men·te [kle.mén.te] 形 情け深い, 寛大な.

Cle·men·te [kle.mén.te] 固名 **1** ~ de Alejandría アレクサンドリアのクレメンス (150?-215?): キリスト教史上最初の体系的神学者. **2** ~ V クレメンス5世: アビニョン流謫(と)(1309-77) の最初のローマ教皇 (在位1305-14). **3** クレメンテ: 男子の洗礼名. [←[後ラ] *Clementem*←[ラ] *clēmēns* 「優しい」より派生); [関連] [ポルトガル] [伊] *Clemente*. [仏] *Clément*. [英] *Clement*. [独] *Klemens*]

cle·men·ti·na [kle.men.tí.na] 女 [植] クレメンタイン: ミカン類の変種.

Cle·men·ti·na [kle.men.tí.na] 固名 クレメンティーナ: 女子の洗礼名. [*Clemente* より派生]

Cle·o·pa·tra [kle.o.pá.tra] 固名 クレオパトラ: 古代エジプトの Ptolemeo 朝最後の女王 (在位前51-前30). [←[ラ] *Cleopātra*←[ギ] *Kleopátra* (*kléos* 「名声」と *patēr* 'padre'; 原義は「父親の名声」)]

clep·si·dra [klep.sí.ðra] 女 水時計.

clep·to·cra·cia [klep.to.krá.θja / -.sja] 女 **1** 権力を利用して私腹を肥やすこと; 泥棒[盗賊]政治. **2** 泥棒国家, 盗賊国家.

clep·to·crá·ti·co, ca [klep.to.krá.ti.ko, -.ka] 形 泥棒[盗賊]政治が蔓延した, 泥棒[盗賊]政治の.

clep·to·fo·bia [klep.to.fó.βja] 女 [心] 窃盗恐怖(症).

clep·to·ma·ní·a [klep.to.ma.ní.a] 女 (病的)盗癖, 窃盗狂.

clep·to·ma·nia·co, ca [klep.to.ma.njá.ko, -.ka] / **clep·to·ma·ní·a·co, ca** [klep.to.ma.ní.a.ko, -.ka] / **clep·tó·ma·no, na** [klep.tó.ma.no, -.na] 形 盗癖のある. ── 男 女 盗癖者.

cle·re·cí·a [kle.re.θí.a / -.sí.-] 女 **1** [集合的] 聖職者. **2** 聖職者の地位[身分].

cler·gy·man [klér.ji.man] [英] 男 聖職者のローマンカラーのスーツ.

cle·ri·cal [kle.ri.kál] 形 **1** 聖職者の, 僧侶(鷺)の. **2** 聖職者至上主義の, 教権主義の. ── 男 女 聖職者至上主義者, 教権主義者; ([ラ米])([キ])([チリ])聖職者.

cle·ri·ca·lis·mo [kle.ri.ka.lís.mo] 男 聖職者至上主義; 教権主義.

cle·ri·ca·to [kle.ri.ká.to] 男 聖職, 僧職; 聖職者の地位[身分].

cle·ri·ca·tu·ra [kle.ri.ka.tú.ra] 女 → clericato.

cle·ri·có [kle.ri.kó] 男 ([ラ米])(ア)クラレット・カップ: 細かく刻んだ果物・ワイン・砂糖などを混ぜ合わせた飲み物. [←[英] *claret cup*]

cle·ri·ga·lla [kle.ri.gá.ja ‖ -.ʎa] 女 [*clero* の蔑称] (軽蔑)[集合的] 聖職者, 坊主.

*__**clé·ri·go**__ [klé.ri.go] 男 **1** 聖職者, 司祭, 僧侶(鷺). **2** (中世における)学者.

cle·ro [klé.ro] 男 [集合的] 聖職者; 聖職者階級. ~ regular 修道司祭. ~ secular 在俗司祭.

cle·ro·fo·bia [kle.ro.fó.βja] 女 聖職者嫌い, 反聖職者主義.

cle·ró·fo·bo, ba [kle.ró.fo.βo, -.βa] 男 女 聖職者嫌いの人.

clic [klík] 男 [複 ~s, (~)] **1** 軽くボタンなどを押すこと; [IT] クリック. hacer ~ sobre [en] el botón ボタンをクリックする. hacer dos veces [doble] ~ ダブルクリックする. **2** (ボタン・スイッチを押す際の) カチッ[カチャッ, パチッ](という音). **3** [音声] (アフリカの言語などにある) 舌打ち音, 吸着音.

cli·car [kli.kár] 自 [IT] (マウスのボタンを)クリックする.

cli·ché [kli.tʃé] [仏] 男 **1** [印] ステロ版, 鉛版. **2** [写] ネガ, 陰画 (= negativo). **3** 決まり文句, 常套(鼕)句.

click [klík] [英] 男 [複 ~s, ~] →clic.

‡*clien·te, ta [kljén.te, -.ta] 男 女 (► 女性形は cliente, clienta ともに使われる)

1 (店・ホテル・食堂などの) 客; 常連 (客); (医者の) 患者. ~ de un abogado 弁護士の依頼人. servicio al ~ 顧客サービス. mostrador de atención al ~ お客様相談カウンター. Información completa a petición del ~. お客様のご請求があればすべての情報を提供いたします.

2 (古代ローマの)隷属平民.

── 男 [IT] クライアント (◆サーバーコンピュータの情報を利用するコンピュータ[ソフトウェア]) (↔servidor). modelo ~ servidor クライアント・サーバーモデル.

[←[ラ] *clientem* (*cliēns* の対格) 「被保護民; 食客」; [関連] [英] *client*]

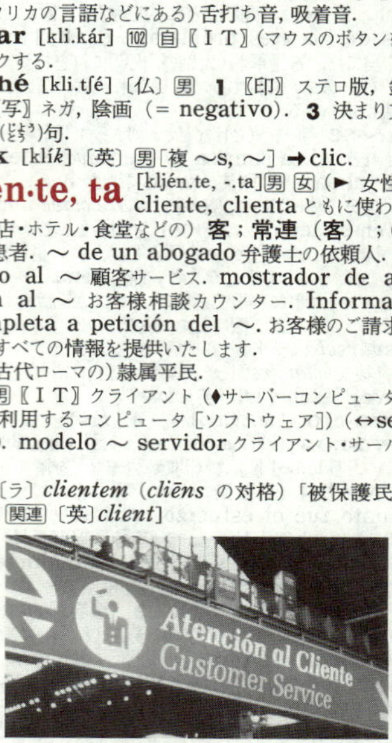

atención al cliente (お客様相談係)

clien·te·la [kljen.té.la] 女 **1** [集合的] 顧客, 客筋; (弁護士の)依頼人; (医師の)患者. **2** 権力者と被保護者の関係; 派閥.

clien·te·lis·mo [kljen.te.lís.mo] 男《軽蔑》《政》恩顧主義, 利益を得る人や集団との癒着(%); 支持者ひいき, 支持と恩恵[庇護]との打算的やりとり.

cli·ma [klí.ma] 男 **1 気候; 風土. ~ seco [húmedo] 乾燥[湿潤]気候. ~ benigno 温暖な気候. ~ alpino [continental, oceánico] 高山[大陸, 海洋]気候. ~ mediterráneo [ecuatorial] 地中海[赤道]気候. ~ monzónico モンスーン気候. ~ artificial 空調. En la región sur el ~ es templado. 南部は温暖な気候だ.
2 風潮; 雰囲気; 社風, 学風. ~ familiar 家庭的な雰囲気. **3** 風土帯, 地帯. ~ tropical [subtropical, templado] 熱帯[亜熱帯, 温帯]. ~ de tundra ツンドラ地帯.
al clima 《ラ米》(認) 〈飲物を〉室温で.
[← 〔後ラ〕*clima* ← 〔ギ〕*klíma* 「傾き〈天空の傾き, すなわち, 今日の緯度によって分けられる〉気候帯」] 関連 aclimatar. 〔英〕*climate*]

cli·ma·lit [kli.ma.lít] 男《単複同形》〈窓が〉二重ガラスの, 〈ガラスが〉二重になった.

cli·ma·té·ri·co, ca [kli.ma.té.ri.ko, -.ka] 形 更年期の; 厄年の; 転換期の.

cli·ma·te·rio [kli.ma.té.rjo] 男 更年期.

cli·má·ti·co, ca [kli.má.ti.ko, -.ka] 形 気候の, 風土的な.

cli·ma·ti·za·ción [kli.ma.ti.θa.θjón / -.sa.sjón] 女 空気調節, エアコンディショニング.

cli·ma·ti·za·do, da [kli.ma.ti.θá.ðo, -.ða / -.sá.-] 形 空気調節[エアコン]完備の.

cli·ma·ti·za·dor, do·ra [kli.ma.ti.θa.ðór, -.ðó.ra / -.sa.-] 形 空気調節の.
— 男 空調装置[設備], (特に)エアコン.

cli·ma·ti·zar [kli.ma.ti.θár / -.sár] 97 他 空気調節をする; 空気調節装置を付ける.

cli·ma·to·lo·gí·a [kli.ma.to.lo.xí.a] 女 **1** 気候学, 風土学. **2** 《集合的》気候.

cli·ma·to·ló·gi·ca·men·te [kli.ma.to.ló.xi.ka.mén.te] 副 気候上, 気候(学)的に.

cli·ma·to·ló·gi·co, ca [kli.ma.to.ló.xi.ko, -.ka] 形 気候学の, 風土学の.

cli·ma·tó·lo·go, ga [kli.ma.tó.lo.go, -.ga] 男 女 気候学者, 風土学者.

clí·max [klí.maks] 男《単複同形》 **1**(劇・事件などの)絶頂, 頂点, クライマックス. alcanzar el ~ クライマックスに達する. **2**《修辞》漸層法: しだいに力強い文句を重ねて文勢を高めていく修辞法(= gradación). **3**《生物》極相.

climb·ing [klái.min] 〔英〕男 クライミング, 登攀(誓)法.

cli·mo·gra·ma [kli.mo.grá.ma] 男 クリモグラム: ある地域の一定期間内の気温と降水量の平均値を表した気候図.

clin [klín] 女 → crin.

clinch [klínt∫] 男《ラ米》《スポ》(ボクシング)クリンチ.

cli·ne·ja [kli.né.xa] 女《ラ米》(認) 2つに分けた髪の三つ編み.

cli·ne·ro, ra [kli.né.ro, -.ra] 男 女(路上)ティッシュ売り.

clí·nex / cli·nex [klí.neks] 男 → Kleenex.

*cli·ni·co, ca [klí.ni.ko, -.ka] 形 **1** 臨床の, 臨床(学)的な, 診療の. caso ~ 臨床例. termómetro ~ 体温計. análisis ~ 臨床分析. psicología *clínica* 臨床心理学.
— 男 女 臨床医.

— 男 臨床医学を教える病院.
— 女 **1** 診療所, クリニック; 個人[私立]病院. → hospital. **2** 臨床医学.
[← 〔ラ〕*clinicum* (*clínicus* の対格) ← 〔ギ〕*klinikós* (*klíne*「寝台」より派生); 関連 clínica. 〔英〕*clinic(al)*]

cli·nó·me·tro [kli.nó.me.tro] 男 クリノメーター, 傾斜計.

cli·no·po·dio [kli.no.pó.ðjo] 男《植》クルマバナ.

Clí·o [klí.o] 固名《ギ神》クレイオ: 歴史をつかさどる女神. → musa.
[← 〔ラ〕*Clīō* ← 〔ギ〕*Kleió* (原義は「語り手」)]

clip [klíp] 〔英〕男《複 ~s》 **1** クリップ(式のもの), 紙挟み; ヘアピン. **2** ビデオクリップ.

clí·per [klí.per] 男 **1**《海》クリッパー, 快速帆船. **2**《航空》(長距離用の)快速飛行艇, 大型旅客機.
[← 〔英〕*clipper*]

cli·que·ar [kli.ke.ár] 自 → clicar.

cli·que·o [kli.ké.o] 男 → clic.

cli·sa·do [kli.sá.ðo] 男《印》ステロ版[鉛版]作製(技術).

cli·sar [kli.sár] 他《印》ステロ版にする.

cli·sé [kli.sé] 男 → cliché.

clis·tel [klis.tél] / **clis·ter** [klis.tér] 男 浣腸(縁)液; 浣腸器.

cli·tó·me·tro [kli.tó.me.tro] 男 → clinómetro.

cli·to·ria·no, na [kli.to.rjá.no, -.na] 形 → clitoridiano.

cli·to·ri·dec·to·mí·a [kli.to.ri.ðek.to.mí.a] 女 陰核切除.

cli·to·ri·dia·no, na [kli.to.ri.ðjá.no, -.na] 形 陰核の[に関する].

clí·to·ris [klí.to.ris] 男《単複同形》《解剖》クリトリス, 陰核.

cli·to·ri·to·mí·a [kli.to.ri.to.mí.a] 女 → clitoridectomía.

cli·vo·so, sa [kli.ßó.so, -.sa] 形《文章語》傾いた, 坂になっている.

clo [kló] 間投《擬》(雌鶏の鳴き声)コッコッコ.

clo·a·ca [klo.á.ka] 女 **1** 下水溝, 排水溝(= alcantarilla). **2** 不潔な場所. **3**《動》排出腔(?), 排泄腔.

clo·car [klo.kár] 16 自 → cloquear¹.

cloch [klótʃ] 男《ラ米》(認)《車》クラッチ.

clo·che [kló.tʃe] 男《ラ米》(認)(認)《車》クラッチ.

Clo·e [kló.e] 固名 **1**《ギ神》クロエ: 豊穣(場)と大地の女神 Deméter の呼称. **2** クロエ: 女子の名.

clon [klón] 男 **1** → clown.
2《生物》クローン; 《植》栄養系. **3** (あるもの・人と)そっくりなもの[人], コピー.

clo·na·ción [klo.na.θjón / -.sjón] 女《生物》クローン化, クローニング, クローン(生成)技術.

clo·nar [klo.nár] 他 クローン化する, …の[から]クローンを作る.

cló·ni·co, ca [kló.ni.ko, -.ka] 形 **1**《生物》クローンの[に関する], クローン化された. **2** (あるものと)全く同じ, そっくりな. **3**《IT》(コンピュータについて)互換性のある, 互換機の; 純正でない.
— 男《IT》互換機.

clo·que [kló.ke] 男 **1** (舟を岸へ引き寄せる)ボートフック, 鉤竿(認). **2** (マグロ漁の)鉤棒, 鉤竿.

clo·que·ar¹ [klo.ke.ár] 自〈雌鶏が〉コッコッコと鳴く.

clo·que·ar² [klo.ke.ár] 他〈マグロを〉(鉤棒(認)で)引っかけて捕る.

clo·que·o [klo.ké.o] 男 (雌鶏の) コッコッコという鳴き声. → quiquiriquí.

clo·ra·ción [klo.ra.θjón / -.sjón] 女【化】(特に水の) 塩素消毒；塩素化[処理].

clo·ral [klo.rál] 男【化】クロラール.

clo·ram·fe·ni·col [klo.ram.fe.ni.kól] 男 →cloranfenicol.

clo·ran·fe·ni·col [klo.ram.fe.ni.kól] 男【薬】クロラムフェニコール：チフス治療に使われる抗生物質.

clo·rar [klo.rár] 他 〈特に水を〉塩素で消毒[処理]する；塩素を加える.

clo·ra·ti·ta [klo.ra.tí.ta] 女 塩素酸カリ系爆弾[爆薬].

clo·ra·to [klo.rá.to] 男【化】塩素酸塩.

clor·hi·dra·to [klo.ri.drá.to] 男【化】塩酸塩.

clor·hí·dria [klo.rí.drja] 女【医】胃酸過多症.

clor·hí·dri·co, ca [klo.rí.ðri.ko, -.ka] 形【化】塩化水素の. ácido ～ 塩酸.

cló·ri·co, ca [kló.ri.ko, -.ka] 形 塩素 (含有) の.

clo·ro [kló.ro] 男【化】塩素 (記号 Cl).

cloro- 「緑, 塩素」の意を表す造語要素, 母音および h の前では clor-. →clorhidrato, clorofila. [←「ギ」]

clo·ro·fi·la [klo.ro.fí.la] 女【植】葉緑素, クロロフィル.

clo·ro·fí·li·co, ca [klo.ro.fí.li.ko, -.ka] 形 葉緑素の, 葉緑素を含む. función clorofílica【生物】葉緑素作用.

clo·ro·fluo·ro·car·bo·na·do, da [klo.ro.flwo.ro.kar.bo.ná.ðo, -.ða] 形 クロロフルオロカーボン [フロン] を含んだ.

clo·ro·fluo·ro·car·bo·no [klo.ro.flwo.ro.kar.bó.no] 男【化】クロロフルオロカーボン：通称フロンガス (略 CFC).

clo·ro·for·mar [klo.ro.for.már] 他 (ラ米) → cloroformizar.

clo·ro·fór·mi·co, ca [klo.ro.fór.mi.ko, -.ka] 形【化】クロロホルムの[に関する].

clo·ro·for·mi·za·ción [klo.ro.for.mi.θa.θjón / -.sa.sjón] 女【医】クロロホルム麻酔.

clo·ro·for·mi·zar [klo.ro.for.mi.θár / -.sár] 他【医】クロロホルムで麻酔をかける.

clo·ro·for·mo [klo.ro.fór.mo] 男【化】クロロホルム.

clo·ro·mi·ce·ti·na [klo.ro.mi.θe.tí.na / -.se.-] 女【薬】【商標】クロロマイセチン.

clo·ro·plas·to [klo.ro.plás.to] 男【植】葉緑体.

clo·ro·sis [klo.ró.sis] 女 (単複同形) **1**【医】萎黄 (おう) 病：青年期女子の貧血症. **2**【植】白化 (現象).

clo·ró·ti·co, ca [klo.ró.ti.ko, -.ka] 形 **1** 萎黄 (おう) 病の. **2**【植】白化した. ━ 男 萎黄病患者.

clo·ru·ro [klo.rú.ro] 男【化】塩化物. ～ de cal [calcio] さらし粉, 漂白粉. ～ sódico / ～ de sodio 塩化ナトリウム, 食塩.

cló·set / clo·set [kló.set] 男 (ラ米) クローゼット, 作り付けの洋服ダンス[戸棚], 押入れ.

Clo·til·de [klo.tíl.de] 固名 クロティルデ：女子の洗礼名.

clown [klóun // kláun] [英] 男 [複 ～s] 道化師, ピエロ.

club [klúƀ] 男 [複 ～(e)s] **1 クラブ, 同好会；社会活動 [政治] 団体. Real Madrid C～ de Fútbol レアルマドリードサッカークラブ (スペインのサッカーチーム). ～ de tenis テニスクラブ. actividades del ～ クラブの活動. **2** (クラブ会員が集まる) 集会所, 会館. ～ náutico ヨットクラブ (プール・レストランなどを備えたリゾート施設). ～ deportivo スポーツ施設. **3** クラブ, ディスコ. ～ nocturno ナイトクラブ. **4** (劇場・映画館の) 2階の前方の席. entrada de ～ 2階前方のチケット.

club·ber [klúƀ.ber] [英] 男 女 [複 ～s, ～] クラバー, (ナイト) クラブ [ディスコ] の常連.

clu·be [klú.be] 男 →club.

clu·bis·ta [klu.bís.ta] 男 女 クラブの会員.

clue·co, ca [klwé.ko, -.ka] 形 **1** 〈雌鶏が〉卵を抱く (= lluecа). **2** (年老いて) 病弱な, よぼよぼの. **3** (ラ米) (話) (1) (ヂノ) 思い上がった, 生意気な. (2) (ウルグ) 病弱な, ひ弱な. ━ 女 抱卵期の[卵を抱く]雌鶏.

clu·nia·cen·se [klu.nja.θén.se / -.sén.-] 形【カト】クリュニー Cluny 修道院[会]の. ━ 男 クリュニー会修道士.

clus·ter [klás.ter] [英] 男 [複 ～s, ～]【統計】クラスター (標本における近似した個体の集落)；【IT】クラスター (コンピュータの記憶装置の記録単位).

clutch [klótʃ] [英] 男 [複 ～, ～(e)s] (ラ米)(ᴹᵉˣ)【車】クラッチ (ペダル) (=embrague).

cm 〈略〉centímetro センチメートル.

Cm 【化】curium [ラ] キュリウム (= curio).

c.m.b., C.M.B. 〈略〉【商】cuya(s) mano(s) beso 敬具.

c.n., c／n 〈略〉【商】cuenta nueva 新勘定.

CNT [θe.(e.)ne.té / se.-] 女〈略〉Confederación Nacional del Trabajo (スペイン) 国民労働組合 (1910年に結成のスペインの労働組合. アナルコサンジカリズムを標榜 (ひょうぼう) する)；Confederación Nacional de Trabajadores (中南米諸国の) 労働者連合.

Co 【化】cobalto コバルト.

co- 《接頭》con- の異形. →cooperar, copiloto. ▶正書法上 r の前では cor-. →correlación.

co·a [kó.a] 女 (ラ米) (1) (ヂノ)(犯罪者の) 隠語. (2) (ヂノ)(ᴱˢᵗᵉ)(ᴾᵃʳ) 鋤 (すき).

co·ac·ción [ko.ak.θjón / -.sjón] 女 強制, 強要.

co·ac·cio·nar [ko.ak.θjo.nár / -.sjo.-] 他 強いる, 強制する. Lo coaccionaron para que firmara el contrato. 彼は契約書にサインするよう強要された.

co·a·cer·var [ko.a.θer.ƀár / -.ser.-] 他 積み上げる, 寄せ集める.

coach [kóutʃ] [英] 男 [複 ～es, ～s, ～]【スポ】コーチ.

co·ac·ti·vo, va [ko.ak.tí.ƀo, -.ƀa] 形 強制的な, 強要する.

co·a·cu·sa·do, da [ko.a.ku.sá.ðo, -.ða] 形【法】共同被告人の. ━ 男 女【法】共同被告人.

co·ad·ju·tor, to·ra [ko.að.xu.tór, -.tó.ra] 男 女 **1** 助手, 補佐. **2**【カト】助任司祭；司教代行；(イエズス会の) 補助 (ほじょ) 修士.

co·a·du·nar [ko.a.ðu.nár] 他 混ぜる, 結合させる. ━ ～·se 再 混ざる, 結合する.

co·ad·yu·tor [ko.að.ju.tór, -.a.dju.-] 男 →coadjutor.

co·ad·yu·van·te [ko.að.ju.bán.te, -.a.dju.-] 形 補助の, 協力する.

co·ad·yu·var [ko.að.ju.ƀár, -.a.dju.-] 他 助ける, 援助する. ━ 自 (a... / en... …に) 寄与する, 貢献する；助ける. ～ al bien público 公共の福祉に寄与する.

COAG [ko.áǥ] 女〈略〉Coordinadora de Organizaciones de Agricultores y Ganaderos (スペイン) 農業牧畜組織調整機構.

co·a·gen·te [ko.a.xén.te] 形 役に立つ.

— 男 女 助手；協力者．

co·a·gu·la·ble [ko.a.ɡu.lá.ble] 形 凝固［凝結］しうる，凝固可能な．un líquido ～ 凝固性の液体．

co·a·gu·la·ción [ko.a.ɡu.la.θjón / -.sjón] 女 凝結，凝固；凝血．～ intravascular diseminada〔医〕播種性血管内凝固症．

co·a·gu·lan·te [ko.a.ɡu.lán.te] 形 凝固［凝結］性の．Este medicamento tiene propiedades ～s. この薬は凝血作用がある．— 男 凝固［凝結］剤．

co·a·gu·lar [ko.a.ɡu.lár] 他〈液体を〉凝固［凝結］させる；凝血させる．

co·á·gu·lo [ko.á.ɡu.lo] 男 凝塊，凝固物；凝血．

co·ai·ta [ko.ái.ta] 女〖動〗ケナガクモザル：オマキザル科，中南米産．

co·a·la [ko.á.la] 男 → koala.

co·a·les·cen·cia [ko.a.les.θén.θja / -.sén.sja] 女 **1**〖生物〗(組織などの)癒着(ゆちゃく)［合着］．**2** 融合，凝集，合体，合併．

*__co·a·li·ción__ [ko.a.li.θjón / -.sjón] 女 (国家・政党などの)連合，同盟，提携．gobierno de ～ 連立内閣．

co·a·li·cio·nis·ta [ko.a.li.θjo.nís.ta / -.sjo.-] 男 女 連合［合同］論者；連合［連立］のメンバー．

co·a·li·gar·se [ko.a.li.ɡár.se] 103 再 → coligarse.

co·ar·ta·ción [ko.ar.ta.θjón / -.sjón] 女 制限，制約；妨げ．

co·ar·ta·da [ko.ar.tá.ða] 女〖法〗**1** アリバイ，現場不在証明．presentar una ～ アリバイを主張する．refutar una ～ アリバイをくずす．**2** 言い訳，口実．

co·ar·tar [ko.ar.tár] 他 制限する，制約する；妨げる．～ la autoridad a + 人〈人〉の権限を制約する．

co·a·te, ta [ko.á.te, -.ta] 男 女《ラ米》(メヒコ) → cuate.

co·a·tí [ko.a.tí] 男〖複 ～es, ～s〗〖動〗ハナジロハナグマ：熱帯アメリカ産の肉食獣．

Co·at·lí·cue [ko.at.lí.kwe / -.a.tlí.-] 固名 コアトリクエ：azteca 人の大地と死の女神．

co·au·tor, to·ra [ko.au.tór, -.tó.ra] 男 女 **1** 共著者，共作者．**2** 共犯者．

co·a·xial [ko.ak.sjál] 形〖数〗〖技〗同軸の，共軸の．cilindros ～es 同軸円柱．cable ～ (電信・電話・テレビの)同軸ケーブル．

co·ba [kó.βa] 女 **1** おべっか，おだて．dar ～ a + 人〈人〉におべっかを使う．**2**《ラ米》(コスタリカ) うそ；わな．

co·ba·cha [ko.βá.tʃa] 女《ラ米》(アルゼンチン)物置場．

co·bal·to [ko.βál.to] 男〖化〗コバルト：金属元素(記号 Co). ～ 60 (がん治療用の)コバルト60．

co·bal·to·te·ra·pia [ko.βal.to.te.rá.pja] 女 コバルト(照射)療法：がんなどの放射線療法の一つ．

*__co·bar·de__ [ko.βár.ðe] 形 **1** 臆病(おくびょう)な，腰抜けの．**2** 卑怯(ひきょう)な；身を隠しての．～ agresión terrorista テロリストの姿を見せない攻撃．

— 男 女 臆病者，腰抜け，卑怯者．

[←〔古仏〕*coart*；*co(u)e*「尾」(←〔ラ〕*cauda*)より派生；〖関連〗cobardía．〔英〕*coward*]

co·bar·de·ar [ko.βar.ðe.ár] 自 臆(おく)する，しりごみする，おじける．

co·bar·de·men·te [ko.βár.ðe.mén.te] 副 臆病(びょう)にも；卑怯に．

*__co·bar·dí·a__ [ko.βar.ðí.a] 女 臆病(びょう)；卑怯(きょう)．Por ～ no le dijiste la verdad. 君は臆病にも本当のことを彼[彼女]に言わなかった．

co·bar·dón, do·na [ko.βar.ðón, -.ðó.na] 形 《話》臆病(びょう)な，小心の．

— 男 女《話》小心者，意気地なし．

co·ba·ya [ko.βá.ja] 男 (または女) **1**〖動〗テンジクネズミ：俗にモルモット．**2** 実験台にされる人［もの］．

co·ba·yo [ko.βá.jo] 男 → cobaya.

co·be·a [ko.βé.a] 女《ラ米》(メヒコ)〖植〗ツルコベア．

co·ber·te·ra [ko.βer.té.ra] 女 **1**(器の)ふた．**2**(複数で)鳥の雨覆い羽．**3** 売春婦を周旋する女．

co·ber·ti·zo [ko.βer.tí.θo / -.so] 男 **1**(雨よけの)ひさし，庇．**2**(差し掛け)小屋，納屋．

co·ber·tor [ko.βer.tór] 男 **1** 毛布，ブランケット．**2** ベッドカバー；上掛け．

*__co·ber·tu·ra__ [ko.βer.tú.ra] 女 **1** 覆うこと；覆い，カバー．un bizcocho con ～ de chocolate チョコレートで覆ったスポンジケーキ．**2** 隠蔽；隠れみの，偽装．**3**〖経〗補填(てん)，ヘッジ；正貨準備．**4** (保険の)保証(範囲)．**5**〖軍〗掩護．ataque con ～ aérea 飛行隊の掩護射撃．**6** 電波の届く範囲；情報網．～ informativa 情報網，ネットワーク．**7**〖スポ〗ディフェンスライン．**8** スペインの貴族の襲爵式．

co·bi·ja [ko.βí.xa] 女 **1** 牡瓦(がわら)．**2** 覆い；(鳥の翼の前半部にある)雨覆い羽．**3** 短いマンティーリャ mantilla. **4**《ラ米》(1)(ボリビア)〖服飾〗マント．(2)(タヒチ)ヤシの葉でふいた屋根．(3)(複数で) 寝具．(4)(メヒコ)毛布．

— 形《ラ米》(メヒコ)《話》臆病(びょう)な，気の弱い．

co·bi·ja·mien·to [ko.βi.xa.mjén.to] 男 保護，庇護(ひご)．

*__co·bi·jar__ [ko.βi.xár] 他 **1** 保護する，庇護(ひご)する．No han encontrado un lugar que los *cobijara* de la lluvia. 彼らは雨から身を守る場所を見つけられなかった．**2** 泊める，宿を提供する．**3** 覆う，かぶせる(= cubrir). **4** 心に抱く，思う．～ una ambición muy grande 大志を抱く．**5**《ラ米》(ドミニカ)(タヒチ)(屋根を)ヤシの葉でふく．

— ～se 再 (en... …に) 避難する，身を隠す．El niño corrió a ～se en las faldas de su madre. 子供は母親のもとに走り寄り，スカートの中に隠れた．

co·bi·jo [ko.βí.xo] 男 **1** 保護，庇護(ひご)．dar ～ a + 人〈人〉を庇護する；泊める．**2** 避難所，避難場所．**3** 庇護者．

co·bis·ta [ko.βís.ta] 形 おべっかを使う．

— 男 女《軽蔑》おべっか使い．

co·bla [kó.βla] 女 **1**(Cataluña で) サルダーナの楽隊，バンド．→ sardana. **2** 吟遊詩人の歌．

co·bo [kó.βo] 男《ラ米》(1)(ソヒオ)ベッドカバー．(2)(タヒチ)〖貝〗ホラガイ；内気な人，引っ込み思案の人．

COBOL [kó.βol]〔略〕*Common Business Oriented Language*〔英〕コボル：事務データ処理用プログラミング言語．

co·bra¹ [kó.βra] 女〖動〗コブラ．

co·bra² [kó.βra] 女 **1** くびき綱．**2** 脱穀に使われる雌馬．

co·bra³ [kó.βra] 女 (猟犬が)射止めた獲物を捜して持ってくること．

— 活 → cobrar.

co·bra·ble [ko.βrá.βle] 形 現金化できる；取り立てられる；回収できる．

co·bra·dor, do·ra [ko.βra.ðór, -.ðó.ra] 男 女 **1** 集金人［係］，徴収者．**2**(バスなどの)車掌．

co·bran·za [ko.βrán.θa / -.sa] 女 **1** 集金，取り立て．**2**(射止めた獲物の)回収．

*__co·brar__ [ko.βrár] 他 **1** 《a + 人〈人〉から》《給料・代価などを》受け取る；徴収する．～ una pensión 年金を受け取る．～ una deuda

借金を取り立てる. ～ un servicio ある業務の料金を徴収する. ～ una factura 請求書の額を徴収する. ～ un cheque 小切手を現金化する. ¿Cuánto me cobra hasta el aeropuerto? 空港までいくらですか (▶ me が a＋人に相当). ▶ 時に再帰代名詞を伴う→圄1.

2《名誉・力などを》手に入れる, 獲得する；回復する. ～ fama 名声を手に入れる. ～ importancia 重要になる. ～ ánimos 元気を取り戻す. El tifón *cobró* fuerza. 台風は勢力を増した.

3《a...》…に》〈感情などを〉持ち始める, 抱く. ～ odio 憎しみを抱く. *Le he cobrado* cariño *a* la nena. 私はその女の子に愛情を持ち始めた.

4《狩》〈獲物を〉仕留める, 回収する；《軍》〈戦利品を〉奪い取る. **5**〈綱を〉手繰り寄せる, 巻き取る. **6**《話》〈体罰を〉受ける. ～ una torta ぴんたを食らう.

──圄 **1** 給料などを受け取る. *Cobramos* a finales de mes. 私たちは月末払いで給料をもらっている.

2《話》罰を受ける. Como no me obedezcas, vas a ～. 言うことをきかないとひどい目に遭うよ.

──～・se 圄 **1** 徴収する. ～*se* las bebidas 飲み物の代金を払って, *Cóbrese*, por favor. 代金を受け取ってください. **2**〈事故などが〉〈人命などを〉奪う. El incendio *se cobró* diez vidas. 火事で10人の犠牲者が出た. **3**…のお返しをする. ～*se* la derrota 敗戦のリベンジをする. **4** 意識を回復する.

[recobrar を派生語と見なしての造語；関連 cobrador, cobro] [英] *recover*]

co・bra・to・rio, ria [ko.bra.tó.rjo, -rja] 形 取り立ての, 徴収の.

*co・bre¹ [kó.bre] 男 **1** 銅 (記号 Cu). → cúprico, cuproso. **2** 銅製の台所用品. olla de ～ 銅なべ. **3**《複数で》《音楽》金管楽器.

4《ラ米》銅貨, 小銭. **(2)** (*ﾒ*)《話》1 セント貨. *batir(se) el cobre*《話》(仕事などに) 精を出す, 努力する.

enseñar [mostrar] el cobre《ラ米》(ｺﾛﾝ)(ﾁﾘ)《話》本性を現す.

[←〔ラ〕*cuprum*←〔ギ〕*Kýpros*「(銅の産地) キプロス島」；関連 cuprífero. 〔ポルトガル〕*cobre*. 〔仏〕*cuivre*. 〔英〕*copper*. 〔独〕*Kupfer*]

co・bre² [kó.bre] 活 → cobrar.

co・bre・ño, ña [ko.bré.ɲo, -.ɲa] 形 銅の.

co・bri・zo, za [ko.brí.θo, -.θa / -.so, -.sa] 形 銅色の, 赤褐色の.

*co・bro [kó.bro] 男 **1**（お金の）**受け取り；徴収**, 取り立て. el ～ de un cheque 小切手の現金化. Mañana es día de ～. 明日は給料日だ. Los pagos y ～*s* se efectúan en caja, a partir de las nueve de la mañana. 現金支払い・受け取りは午前9時より窓口で受け付けます.

2 (射止められた獲物の) 回収, 獲得.

──圄 → cobrar.

a cobro revertido コレクトコールで.

poner... en cobro …を安全な所に置く [保管する].

ponerse en cobro (安全な場所に) 隠れる, 逃れる.

presentar... al cobro …を現金に換える；支払いを受けるために(小切手など)を提出する.

co・ca¹ [kó.ka] 女 **1**《植》コカ(の木)；コカの葉；《話》コカイン(= cocaína). ♦コカの葉をかむと, その成分であるコカインで

coca¹ (コカ)

飢えや疲労感がうせ, 忘我の境地に入る. Andes 高地の先住民の間で常習. **2**（飲料の）コーラ.
[←〔ケチュア〕*cuca*]

co・ca² [kó.ka] 女 **1**（頭の両側に束ねた）巻き髪, 夾髪. **2**《話》頭；頭をこつんとたたくこと. **3**《海》(綱の) もつれ, よじれ. **4**《ラ米》(1) (ｺﾛﾝ)(ﾁﾘ)《幼児語》お化け, 鬼. (2) (ｺﾛﾝ)(ｴｸ) 剣玉.

de coca《ラ米》(ﾒ)《話》ただで, 無料で.

co・ca³ [kó.ka] 女（丸い）ケーキ, パイ.

co・ca・cho [ko.ká.tʃo] 男《ラ米》(ﾍﾞ*)げんこつをくらわせること, 頭をげんこつでたたくこと.

co・ca・co・lo, la [ko.ka.kó.lo, -.la] 男 女《ラ米》(ﾌﾟｴ) 軽薄な若者.

co・ca・da [ko.ká.ða] 女 **1** ココナッツ菓子. **2**《ラ米》(1)（ｺﾛﾝ)(ﾁﾘ)トゥロン turrón に似た菓子. **(2)** (ﾎﾞﾘ)(ﾍﾟﾙ)コカの葉の蓄え. **(3)**（ﾒ)（かむための）コカを固めたもの. **(4)** ココナッツジャム.

co・ca・í・na [ko.ka.í.na] 女《薬》コカイン.

co・cai・no・ma・ní・a [ko.kai.no.ma.ní.a] 女 コカイン中毒.

co・cai・nó・ma・no, na [ko.kai.nó.ma.no, -.na] 形 コカイン中毒の. ── 男 女 コカイン中毒者.

co・cal [ko.kál] 男《ラ米》(1)（ﾎﾞﾘ）コカ農園. **(2)** (ﾀﾞｯ)(ｺﾞﾙ)(ﾒ*)(ｴｸ)ﾞ)ココヤシ園.

co・ca・le・ro, ra [ko.ka.lé.ro, -.ra] 形 コカ栽培地の, コカの[に関する]. ── 男 女 コカ栽培者.

co・car [ko.kár] 102 他《話》愛撫(ｧﾞ)する. ── 圄 (恋人同士が)目で合図を送る.

co・ca・ví [ko.ka.bí] 男《ラ米》(ﾎﾞﾘ)(ﾁﾘ) 旅行の携帯食：特に先住民の携帯するコカを指す.

co・ca・zo [ko.ká.θo / -.so] 男《ラ米》(1)（ﾎﾞﾘ）頭突き, 頭をぶつけること. **(2)**（ｴｸ）頭を（げんこつで）たたくこと.

coc・cí・ge・o, a [kok.θí.xe.o, -.a / -.sí.-] 形《解剖》尾骨の.

coc・ción [kok.θjón / -.sjón] 女 **1** 煮ること；調理；（パンなどを）焼くこと. **2**（れんがなどを）焼くこと, 焼成.

cóc・cix [kók.θiks / -.siks] 男《単複同形》《解剖》尾骨 (= coxis).

co・ce・a・dor, do・ra [ko.θe.a.ðór, -.ðó.ra / -.se.-] 形〈馬が〉けり癖のある.

co・ce・a・du・ra [ko.θe.a.ðú.ra / -.se.-] 女（馬などの）けり, けり癖.

co・ce・a・mien・to [ko.θe.a.mjén.to / -.se.-] 男 → coceadura.

co・ce・ar [ko.θe.ár / -.se.-] 圄 **1**〈馬などが〉ける, けとばす. **2** 反抗する, 嫌がる. ── 他《話》怪しむ, 疑う.

co・ce・de・ro, ra [ko.θe.ðé.ro, -.ra / -.se.-] 形 煮えやすい, 火のとおりやすい. ── 男 魚介類などを調理して売る店.

co・ce・du・ra [ko.θe.ðú.ra / -.se.-] 女 → cocción.

*co・cer [ko.θér / -.sér] 24 他 **1** 煮る, ゆでる；〈パンを〉焼く. ～ a fuego lento [vivo] とろ火 [強火] で煮る. ～ arroz ご飯を炊く. → cocinar 類語.

2〈れんがなどを〉焼く. **3** 消化する. **4**（亜麻などを）水につける.

──圄 **1** 煮立つ, 沸く. Ya *cuece* la leche. ミルクがもう煮立っているよ. **2**〈ワインなどが〉発酵する.

──～・se 圄 **1** 煮える, 焼ける.

2 ひどい暑さに苦しむ [参る]. *Me cuezo* con este abrigo. このコートは暑苦しい. **3** 画策する, ひそかにたくらむ. No sé qué *se están cociendo*. 彼らが何をたくらんでいるのか私は知らない. **4**《話》酔っぱら

co・cha [kó.tʃa] 囡 **1** (洗鉱用の)水槽.
2《ラ米》(1)(ｱﾙｾﾞ)(ﾎﾟﾘ)沼, 池, 湖. (2)(ﾍﾟﾙｰ)平原.

Co・cha・bam・ba [ko.tʃa.bám.ba] 固名 コチャバンバ: ボリビア中央部の県; 県都. Cordillera de ~ コチャバンバ山脈. [← ?〔ケチュア〕*Cochabamba* (*cocha*「湖」+ *pampa*「草原」); 1574年創設時の市名は*Oropesa*, 1786年より現在名]

co・cham・bre [ko.tʃám.bre] 囡 (または男) 汚らしい物; がらくた, くず.

co・cham・bre・ro, ra [ko.tʃam.bré.ro, -.ra] 形 →cochambroso.

co・cham・brien・to, ta [ko.tʃam.brjén.to, -.ta] 形 《ラ米》(ﾍﾟﾙｰ)《話》脂ぎって臭い.

co・cham・bro・so, sa [ko.tʃam.bró.so, -.sa] 形 汚れた, 汚い. ━ 男 囡 汚い場所.

co・cha・rro [ko.tʃá.ro] 男 木[石]の器, わん.

co・chas・tro [ko.tʃás.tro] 男 子イノシシ. ▶「イノシシ」は *jabalí*.

co・cha・yu・yo [ko.tʃa.jú.jo] 男 《ラ米》(ﾁﾘ)(ﾍﾟﾙｰ)海草, 昆布(= *alga marina*).

****co・che** [kó.tʃe] 男 **1** 自動車, 車(= *automóvil*, 《ラ米》*carro, auto*). bajarse de un ~ 車から降りる. conducir un ~ 車を運転する. montar en un ~ / subir a un ~ 車に乗る. ~ blindado 装甲車. ~ bomba 自動車爆弾. ~ de alquiler レンタカー. ~ de carreras レーシングカー. ~ deportivo スポーツカー. ~ descapotable オープンカー. ~ familiar (スペイン) ワゴン車. ~ utilitario 小型乗用車.
2 (特定の目的のために作られた)車, 車両. ~ celular 囚人護送車. ~ escoba 自転車レースなどの途中棄権者を乗せる車. ~ fúnebre 霊柩(ﾚｲｷｭｳ)車. ~ patrulla パトカー. ~ de bomberos 消防車. ~s de choque (遊園地でぶつけ合って遊ぶ) ゴーカート.
3 バス. ~ de línea 長距離バス, 定期観光バス. ~ pullman 《ラ米》(ｱﾙｾﾞ)豪華バス.
4 〖鉄道〗(電車の)車両(= *vagón*). ~ cama 寝台車. ~ restaurante 食堂車. ~ correo 郵便車(▶いずれも複数形は *coche* の部分のみ複数形にする. ⇒ ~s restaurante). ~ de viajeros 客車.
5 ベビーカー(= ~ de niño, *cochecito*).
6 馬車. ~ de caballos 馬車. **7** 《ラ米》(ﾒｷ)(ｸﾞｱﾃ) 〖動〗ブタ.
coche parado 《話》(人通りの多い通りに面した) バルコニー.
ir en el coche de San Fernando [*San Francisco*] 《話》歩いて行く.
[←〔ハンガリー〕*kocsi*「馬車」; 原義は「*Kocs*(ハンガリーの町)から来る馬車」; 関連 *cochero*. 〔英〕*coach*]

co・che・ar [ko.tʃe.ár] 自 馬車を御する; よく車に乗る.

co・che・ci・to [ko.tʃe.θí.to / -.sí.-] 男 ベビーカー. [*coche* + 縮小辞]

co・che・ra [ko.tʃé.ra] 囡 **1** (バス・電車の)車庫.
2 《ラ米》(1)(自家用車の)車庫, ガレージ. (2)(ｱﾙｾﾞ)豚小屋. (3)(ｱﾙｾﾞ)汚い場所.

co・che・ra・da [ko.tʃe.rá.ða] 囡 《ラ米》(ｸﾞｱﾃ)下品な[汚い]言葉.

co・che・ro [ko.tʃé.ro] 男 **1** (馬車の)御者(ｷﾞｮｼｬ). ~ de punto 辻(ﾂｼﾞ)馬車の御者. **2** [C-] 〖星座〗ぎょしゃ座(= Auriga). **3** (まれ)行儀の悪い人.
hablar (*en*) *cochero* 《ラ米》(ﾁﾘ)《話》汚い言葉で話す.

co・che・rón [ko.tʃe.rón] 男 大規模な車庫.

co・che・vi・ra [ko.tʃe.bí.ra] 囡 豚脂, ラード.

co・che・vís [ko.tʃe.bís] 囡 〖鳥〗カンムリヒバリ.

co・chi [kó.tʃi] 間投 豚を呼ぶときの掛け声.
━ 男 《ラ米》(ｸﾞｱﾃ)(ｸﾞｱﾃ) 〖動〗ブタ.

co・chi・fri・to [ko.tʃi.frí.to] 男 〖料〗半分火を通した子ヤギ・子羊などを油で揚げた料理.

co・chi・gua・gua [ko.tʃi.gwá.gwa] 囡 *a la cochiguagua* 《ラ米》(ﾁﾘ)《話》人頼み[おんぶにだっこ]で, 自分ではほとんど苦労[努力]せずに.
irse a la cochiguagua 人の輦(ｺﾞｼ)で相撲を取る.

co・chi・na [ko.tʃí.na] 囡 **1** 雌豚. →*cochino*.
2 不潔な女.

co・chi・na・da [ko.tʃi.ná.ða] 囡 **1** 汚らしいもの; 出来の悪いもの. **2** 卑猥(ﾋﾜｲ)な言葉, 下品な表現; 卑劣な行為. *decir* ~s いやらしい話をする. *hacerle una* ~ (a+人)〈人〉に汚い手を使う. **3** 《ラ米》(ﾒｷ)(ｺﾞﾛ)雌の子豚.

co・chi・ne・ar [ko.tʃi.ne.ár] 他 《ラ米》(ﾍﾟﾙｰ)《話》うんざりさせる; めちゃくちゃにする; からかう.

co・chi・ne・rí・a [ko.tʃi.ne.rí.a] 囡 《話》《軽蔑》→*cochinada*.

co・chi・ne・ro, ra [ko.tʃi.né.ro, -.ra] 形 (豆などが)豚に食わせる(ような); 品質の劣る.

co・chi・ni・lla [ko.tʃi.ní.ja ‖ -.ʎa] 囡 **1** 〖動〗ワラジムシ. **2** 〖昆〗コチニールカイガラムシ, エンジムシ: 雌は染料・洋紅の原料となる.
de cochinilla 《ラ米》(ﾒｷ)《話》取るに足りない, つまらない.

co・chi・ni・llo [ko.tʃi.ní.jo ‖ -.ʎo] 男 (離乳していない)子豚. [*cochino* + 縮小辞]

co・chi・ni・ta [ko.tʃi.ní.ta] 囡 《ラ米》(ｸﾞｱﾃ)子豚.

co・chi・ni・to de San An・tón [ko.tʃi.ní.to ðe sán an.tón] 男 《スペイン》〖昆〗テントウムシ.

cochinillo (子豚)

co・chi・no, na [ko.tʃí.no, -.na] 形 **1** 汚い, 不潔な. **2** 卑劣な, いまわしい, ひどい. *una comida cochina* 豚のえさのような食事. **3** 《ラ米》(ｸﾞｱﾃ)《話》(ﾋﾞｮｳｷ)腹病(ﾋﾞｮｳｷ)な, 気の弱い.
━ 男 囡 **1** 〖動〗ブタ(= *cerdo*). ~ *montés* イノシシ(= *jabalí*).
2 不潔な人; 卑劣なやつ.
A cada cochino le llega su San Martín. 《諺》誰にも最後の審判は訪れる. →*cerdo*.
━ 男 《ラ米》(ﾒｷ)〖魚〗モンガラカワハギの一種.

co・chi・que・ra [ko.tʃi.ké.ra] 囡 豚小屋; 不潔な場所.

co・chi・tril [ko.tʃi.tríl] 男 →*cochiquera*.

co・chi・zo [ko.tʃí.θo / -.so] 男 〖鉱〗(一つの鉱山の中で)最も豊かな鉱脈.

co・cho, cha [kó.tʃo, -.tʃa] 形 煮た, 焼いた, 炊いた. ━ 男 囡 **1** 〖動〗ブタ(= *cerdo*). **2** 《ラ米》(1)(ｸﾞｱﾃ)(ｸﾞｱﾃ)トウモロコシ[小麦]の炒(ｲ)り粉; 炒り粉のスープ[粥]. (2)(ｺﾞﾛ)(ｺﾞﾛ)老人.

co・cho・so, sa [ko.tʃó.so, -.sa] 形 《ラ米》(ﾒｷ)(ｺﾞﾛ)《話》汚い, 不潔な.

co・cho・te [ko.tʃó.te] 男 囡 《ラ米》(ｸﾞｱﾃ)《話》大好きな親, パパ, ママ.

co·chu·ra [ko.tʃú.ra] 囡 **1** 煮ること, (パン・れんがなどを)焼くこと. **2** (パン・れんがの)ひと焼き分. En esta tahona hacen cada día cuatro ～s. このパン屋は毎日4回パンを焼く.

co·ci·do, da [ko.θí.ðo, -.ða / -.sí.-] 形 **1** 煮た, ゆでた, 焼いた. **2** 《話》酔っぱらった.
——囲 コシード：スペインの煮込み料理. ♦ふつう ～ madrileño 「マドリード風コシード」を指す. ヒヨコ豆 garbanzo, 腸詰め chorizo, 豚の脂肉 tocino, 豚の骨, ジャガイモ, 野菜などを使った料理.

co·cien·te [ko.θjén.te / -.sjén.-] 囲 《数》(割算の)商. El ～ de treinta por cinco es seis. 30を5で割った商は6だ.
cociente intelectual 知能指数 (= coeficiente intelectual) [英 IQ].

co·ci·mien·to [ko.θi.mjén.to / -.si.-] 囲 **1** 煮ること; 調理; (パンなどを)焼くこと.
2 (れんがなどを)焼くこと; 焼成. **3** 煎(じ)薬〔汁〕. **4** (まれ)(羊毛染色用の)前処理液. **5** ひどい暑さ.

‡co·ci·na [ko.θí.na / -.sí.-] 囡 **1** (家庭の)**台所**, キッチン；(レストランなどの)調理場. americana [comedor] ダイニングキッチン. muebles de ～ 台所家具. utensilios de ～ 台所用品.
2 こんろ, レンジ；調理器具. ～ eléctrica [de gas] 電気[ガス]こんろ. batería de ～ 台所用品. paño de ～ ふきん. robot de ～ フードプロセッサー. balanza de ～ キッチンスケール.
3 料理；料理法. hacer la ～ 料理をする. ～ casera 家庭料理. ～ española [japonesa] スペイン[日本]料理. curso de ～ 料理教室. ～ fácil 簡単調理. receta de ～ レシピ.
4 《ラ米》《俗》《隠》麻薬製造所.
[← 〔ラ〕 *coquīnam* (*coquīna* の対格；*coquere* 「料理する」より派生). 〔関連〕 cocinar, cocinero. [ポルトガル] cozinha. [仏] cuisine. [伊] cucina. [英] kitchen. [独] Küche.

‡co·ci·nar [ko.θi.nár / -.si.-] 他 **1 料理する**, 調理する. *Cocinó* para nosotros una cena exquisita. 彼[彼女]は私たちにすばらしい夕食を作ってくれた. 〔類語〕「煮る」は *cocer*, 「煮込み料理などを作る」は *guisar*, 「焼く, ローストする, グリルする」は *asar*, 「油で揚げる, フライパンで焼く, 炒(いた)める」は *freír*.
2 ひそかにたくらむ, 画策する. **3** 〈麻薬を〉精製する.
4 《ラ米》煮る；焼く (= cocer).
——直 **1** 料理を作る. María *cocina* muy bien. マリアは料理がとても上手だ.
2 お節介をする, 干渉する.

‡co·ci·ne·ro, ra [ko.θi.né.ro, -.ra / -.si.-] 囲 囡
1 料理人, コック；料理する人. Está de ～ en un hotel. 彼はホテルのコックをしている. Mi mujer es una buena *cocinera*. 私の妻は料理が上手だ.
2 《ラ米》《隠》コカイン製造者.
Haber sido cocinero antes que fraile. 昔取った杵柄《経験豊富である》(← 修道士になる前は調理師だった).

co·ci·ne·ta [ko.θi.né.ta / -.si.-] 囡 《ラ米》《隠》小さなレンジ.

co·ci·ni·lla [ko.θi.ní.ja ‖ -.ʎa / -.si.-] 囡 (携帯用の)小型こんろ. ～ de alcohol アルコールこんろ.
——囲 《話》《軽蔑》家事 (特に台所仕事)の好きな男. [cocina + 縮小辞]

co·ci·nol [ko.θi.nól / -.si.-] 囲 《ラ米》《隠》石油.

cock·er [kó.ker] [英] 形 コッカースパニエル(犬)の. ——囲 コッカースパニエル(犬) (= ～ spaniel).

cock·tail [kók.tel] [英] 囲 → cóctel.

có·cle·a [kó.kle.a] 囡 **1** 〖解剖〗(内耳の)蝸牛(殻). **2** スクリューポンプ.

co·cle·ar [ko.kle.ár] 形 〖植〗さじ[スプーン]形の；らせん形の.

co·cle·a·ria [ko.kle.á.rja] 囡 〖植〗トモシリソウ；薬用植物.

‡co·co¹ [kó.ko] 囲 **1 ココナッツ**. agua [leche] de ～ ココナッツミルク. **2** 〖植〗ココヤシ. **3** 《話》頭；頭脳. Se está calentando el ～. 彼[彼女]はずいぶん考え事をしている. **4** (子供を脅かす)お化け, 鬼. Duérmete, mi niño, que viene el ～. よい子だから寝なさい, さもないとお化けが来るよ. **5** しかめっ面. **6** (話)(軽蔑)醜い人. **7** 《ラ米》(**1**) ココナッツの(殻の)椀(わん)[器]. (**2**) (ヌネヘ)《話》しつこさ. (**3**) (チリ)《俗》ドル. (**4**) (ウキティ)(ニカァ)パーケール：平織り綿布. (**5**) (メキシ)(アメ)山高帽子. (**6**) (プエル)《俗》処女.
——形 《ラ米》《ダ》《話》硬い, 強い；強情な.
——囲 囡 《ラ米》《ダ》《話》強情な人.
comer el coco a+人 《話》(人)をまるめ込む, たぶらかす.
comerse el coco 《話》あれこれ考える.
como coco 《ラ米》《ダ》《話》偉大な, すばらしい.
estar hasta el coco 《話》うんざりしている.
hacer cocos 〈恋人同士が〉目で合図を送る；甘えた仕草をする.

co·co² [kó.ko] 囲 **1** 〖医〗球菌. **2** (果実につく)うじ虫.

co·co³ [kó.ko] 囲 ロザリオ〔数珠〕の玉.

co·co·bál·sa·mo [ko.ko.bál.sa.mo] 囲 (メッカ産の)バルサムの実.

co·co·cha [ko.kó.tʃa] 囡 (タラ・メルルーサの)下顎(がく)部. ♦高級食材として食される.

‡co·co·dri·lo [ko.ko.drí.lo] 囲 〖動〗**ワニ**.

co·col [ko.kól] 囲 《ラ米》(メキシ)(複数で)〖植〗インゲンマメ.

co·co·lí·a [ko.ko.lí.a] 囡 《ラ米》(**1**) (メキシ)〖動〗小さなカニ. (**2**) (メキシ)《俗》自慰, オナニー. (**3**) (メキシ)反感, 憎しみ, 恨み.

co·co·li·che [ko.ko.lí.tʃe] 囲 《ラ米》(**1**) (アルゼ)イタリア訛(なま)りのスペイン語. (**2**) (ニカラ)キューピー人形.
——囲 囡 《ラ米》(アルゼ)イタリア訛りのスペイン語を話す人.

co·co·lis·te [ko.ko.lís.te] 囲 《ラ米》(メキシ)伝染病；チフス.

co·co·lo, la [ko.kó.lo, -.la] 囲 囡 《ラ米》(メキシ)《話》サルサ salsa が好きな人.

có·co·na [kó.ko.na] 囡 《ラ米》褒賞；チップ.

co·co·ne·te [ko.ko.né.te] 囲 《ラ米》(メキシ)幼い子, まるまる太った人；ちび；小肥りの人.

co·co·pe·la·do, da [ko.ko.pe.lá.ðo, -.ða] 形 《ラ米》(メキシ)《話》頭がはげた.

có·co·ra [kó.ko.ra] 形 《話》《軽蔑》うんざりさせる, 厄介な. ——囲 **1** 《軽蔑》うんざりさせる人, 厄介者. **2** 《ラ米》(メキシ)《話》怒りっぽい人.

co·co·ro·co, ca [ko.ko.ró.ko, -.ka] 形 《ラ米》《話》(異性が一緒にいて)満足した.
——囲 囡 《ラ米》《話》(**1**) (チリ)高慢な人, うぬぼれた人. (**2**) (チリ)重要人物.

co·co·ro·ta [ko.ko.ró.ta] 囡 《話》(人の)頭；頭頂部, (頭の)てっぺん.

co·co·so, sa [ko.kó.so, -.sa] 形 〈果実が〉虫に食われた.

co·co·ta [ko.kó.ta] 囡 《話》(人の)頭.

co·co·tal [ko.ko.tál] 囲 ココヤシの林, ヤシ園.

co·co·ta·zo [ko.ko.tá.θo / -.so] 囲 《ラ米》《ダ》

co·co·te [ko.kó.te] 男 うなじ，襟首 (= cogote)；《ラ米》(ڬڮ)《話》首.

co·co·te·ro [ko.ko.té.ro] 男【植】ココヤシの木. → coco¹.

co·cot·te [kokɔ́t] [仏] 女【複 ~s】高級娼婦(ڬ).

cóc·tel / coc·tel [kók.tel] 男【複 ~s, ~es】 **1** カクテル. **2** カクテルパーティー. **3** 混ぜこぜ，ごちゃ混ぜ.
cóctel molotov 火炎瓶.
[<[英]*cocktail*]

coc·te·le·ra [kok.te.lé.ra] 女 (カクテル用の) シェーカー.

coc·te·le·rí·a [kok.te.le.rí.a] 女 カクテルバー.

co·cui [kó.kwi] 男《ラ米》(ᵈᴶ)(ᵖᴸ)(ᵛᵉⁿ˜)→cocuy.

co·cui·za [ko.kwí.θa / -.sa] 女《ラ米》(ᶜᵒˡ)(ᵛᵉⁿ˜) リュウゼツランの繊維から作ったひも.

co·cuy [ko.kúi] 男《ラ米》【植】リュウゼツラン.

co·cu·yo [ko.kú.jo] 男《ラ米》(1) (ᶜᵘᵇ)【植】アメリア：アカテツ科. (2)【昆】ホタルコメツキ (の一種).

cód.《略》*código* 法典，法規；電信暗号簿.

co·da¹ [kó.ða] 女 **1**【音楽】(楽曲・楽章などの) 終結部，コーダ. **2**【言】尾子音.

co·da² [kó.ða] 女【建】(木板の接合部分に入れる) くさび材.

co·da·du·ra [ko.ða.ðú.ra] 女 (ブドウの) 取り木.

co·dal [ko.ðál] 形 **1** 一腕尺 [指先からひじまでの長さ] の. **2** ひじ形をした，ひじのように曲がった.
—男 **1** (よろいの) ひじ当て. **2** (ブドウの) 取り木. **3**【建】横木，つっかい棒. **4** (のこぎりの) 木の柄. **5** (水準器などの) フレーム，外枠. **6** (板の反りを防ぐための) 当て板. **7**《ラ米》(ᶜᵘᵇ) 太くて短いろうそく.

co·das·te [ko.ðás.te] 男【海】船尾材：竜骨の後端から垂直に立てられた骨材.

co·da·zo [ko.ða.θo / -.so] 男 ひじで突くこと. *abrirse paso a ~s* 人をかき分けて通る. *dar ~s a+人* (注意を引くために) 〈人〉をひじで突く.

co·de·a·dor, do·ra [ko.ðe.a.ðór, -.ðó.ra] 男 女《ラ米》(ᴹᵉˣ)(ᶜʰ) 《話》せびる人，ねだる人，たかる人.

co·de·ar [ko.ðe.ár] 自 **1** ひじで突く [押す]. *abrirse paso codeando* 押し分けて道を進む.
2《ラ米》(ᴹᵉˣ)(ᶜʰ)《話》せびる，たかる.
—他《ラ米》(ᴹᵉˣ)(ᶜʰ)《話》〈人〉にねだる，せびる.
—**~·se** 再《**con...** …と》親しく付き合う，交際する. *Se codea con la alta sociedad.* 彼［彼女］は上流社会の人々と付き合っている.

CODECA [ko.ðé.ka] 女《略》*Corporación de Desarrollo Económico del Caribe* カリブ地域経済促進連合.

co·de·ci·dir [ko.ðe.θi.ðír / -.si.-] 他 共同で決める.

co·de·ci·sión [ko.ðe.θi.sjón / -.si.-] 女 共同決定.

co·de·í·na [ko.ðe.í.na] 女【薬】コデイン：アヘンから作る鎮痛・鎮静剤.

co·de·lin·cuen·te [ko.ðe.liŋ.kwén.te] 男 共犯者，共謀者.

co·de·o [ko.ðé.o] 男 **1** ひじで押すこと；肘鉄砲.
2《ラ米》(ᴹᵉˣ)(ᶜʰ)《話》たかること，ねだり.

co·de·ra [ko.ðé.ra] 女 **1** ひじ当て；ひじのサポーター. **2**【服飾】ひじの部分のすり切れ. **3**【海】舫(ᵅ˜)い綱.

co·de·so [ko.ðé.so] 男【植】アデノカルプス：マメ科の木で復活祭の飾りに用いる.

co·deu·dor, do·ra [ko.ðeu.ðór, -.ðó.ra] 男 女【法】共同債務者.

co·dex / có·dex [kó.ðeks] [ラ]男→códice.

có·di·ce [kó.ði.θe / -.se] 男 (古典・聖書などの) 写本，古文書.

*****co·di·cia** [ko.ðí.θja / -.sja] 女 **1 強欲**，貪欲(ᵈᴸ)；渇望. *~ de saber* 知識欲. *~ de riquezas* 金銭欲. *Su ~ hace enemigos.* 彼［彼女］(ら) の欲深さが敵を作る. **2**【闘牛】(牛の) 攻撃性.

co·di·cia·ble [ko.ði.θjá.ble / -.sjá.-] 形 手に入れたい，欲しくてたまらない.

co·di·cia·do, da [ko.ði.θjá.ðo, -.ða / -.sjá.-] 形 所望の，望まれている，垂涎(ᵉⁿ)の.

co·di·ciar [ko.ði.θjár / -.sjár] 82 他 (たまらなく) 欲しがる，切望する，渇望する.

co·di·ci·lo [ko.ði.θí.lo / -.sí.-] 男→codicilo.

co·di·ci·lo [ko.ði.θí.lo / -.sí.-] 男【法】遺言補足書.

co·di·cio·sa·men·te [ko.ði.θjó.sa.mén.te / -.sjó.-] 副 欲張って，欲深く；切望して.

co·di·cio·so, sa [ko.ði.θjó.so, -.sa / -.sjó.-] 形 強欲な，金銭欲の強い. *mirada codiciosa* もの欲しげな目つき. —男 女 強欲な人，欲張り.

co·di·fi·ca·ción [ko.ði.fi.ka.θjón / -.sjón] 女
1 法典編纂(ᴸ⁴)，成文化，法典化.
2【ＩＴ】エンコーディング.

co·di·fi·ca·dor, do·ra [ko.ði.fi.ka.ðór, -.ðó.ra] 形 コード化する. —男 符号器，エンコーダー.

co·di·fi·car [ko.ði.fi.kár] 102 他 **1** (法律などを) 成文化する，法典に編む.
2 体系化する；【ＩＴ】エンコードする.

*****có·di·go** [kó.ði.go] 男 **1 法典**；法規；法規集. *~ civil* 民法. *~ de comercio* 商法. *~ penal* 刑法. *~ de circulación* 交通法規.
2 規範，慣例；掟(ᵒᵏᵗᵉ). *~ de honor* 名誉の掟. **3** 暗号 (表)；コード；【ＩＴ】コード. *~ de barras* バーコード. *~ morse* モールス信号. *~ postal* 郵便番号. *~ secreto* パスワード. *~ de acceso* パスワード (=contraseñas). *~ de señales*【海】(手旗・光などによる) 信号. *~ genético*【生物】遺伝暗号. *~ lingüístico* 言語コード. *descifrar el ~* 暗号を解読する.

co·di·lle·ra [ko.ði.jé.ra ‖ -.ʎé.-] 女【獣医】(馬の) 腫瘍(ᵏ˜).

co·di·llo [ko.ðí.jo ‖ -.ʎo] 男 **1** (四足獣の) 前足の上部関節，前腕：ひじとひざの部分；(馬の) ひじ. **2**【料】肩肉；生ハムの先の細い部分. **3** (植物の) 切り株. **4** (導管の) Ｌ字形継ぎ手. **5** (船の) 竜骨の端. **6** (鐙の)ᴷ. [codo+縮小辞]

co·di·rec·ción [ko.ði.rek.θjón / -.sjón] 女 共同監督；共同経営，共同管理.

co·di·rec·tor, to·ra [ko.ði.rek.tór, -.tó.ra] 男 女 共同監督 (者)；共同経営者，共同管理者.

co·di·ri·gir [ko.ði.ri.xír] 90 他 共同で経営 [運営，管理] する；【映】【演】共同監督 [演出] する.

*****co·do** [kó.ðo] 男 **1 ひじ**；【服飾】ひじの部分. *de ~s* ひじをついて. *apoyar los ~s en la mesa* テーブルにひじをつく.
2 (四足獣の) 前脚の上部関節. **3** (導管のＬ字形の) 継ぎ手；接合部. **4** (道路の) 湾曲部，カーブ. **5** 腕尺：指先からひじまでの長さ. 約42センチ.
—形《ラ米》(ᵍᵘᵃᵗ)(ᴹᵉˣ)《話》けちな，しみったれた.
alzar [empinar, levantar] el codo《話》深酒をする，痛飲する.
codo con codo 一緒に，力を合わせて；後ろ手に縛られて.
comerse los codos de hambre ひどく貧乏する，食うに困る.

codón 470

hablar por los codos《話》絶え間なくしゃべる, しゃべりまくる.
hincar [romperse] los codos《話》猛勉強する.
morderse el codo《話》けちである, しみったれている.
ser del codo / ser duro de codo《ラ米》(*中米*)《話》けちである, しみったれている.
[← 〔古スペイン〕*cobdo* ← 〔ラ〕*cubitum* (*cubāre*「机に寄りかかる」より派生).]

co·dón [ko.ðón] 男 馬の尾を包む革袋.

co·dor·niz [ko.ðor.níθ / -.nís] 女 [複 codornices]〖鳥〗ウズラ.

COE [θe.o.é / se.-] 男《略》*Comité Olímpico Español* スペインオリンピック委員会. → COI.

co·e·du·ca·ción [ko.e.ðu.ka.θjón / -.sjón] 女 男女共学.

co·e·fi·cien·cia [ko.e.fi.θjén.θja / -.sjén.sja] 女 共同[複合]作因, 共同[複合]作用.

co·e·fi·cien·te [ko.e.fi.θjén.te / -.sjén.-] 男 **1**〖数〗〖物理〗係数;率. ~ de incremento 増加率. ~ intelectual 知能指数〖英IQ〗. **2** 共同[複合]作因.

co·er·cer [ko.er.θér / -.sér] 98 他 抑制する, 抑止する.

co·er·ci·ble [ko.er.θí.ble / -.sí.-] 形 抑制[抑止, 強制]力をもった, 支配[強制, 禁止]しうる;抑制しうる.

co·er·ción [ko.er.θjón / -.sjón] 女 抑制, 抑止.

co·er·ci·ti·vo, va [ko.er.θi.tí.βo, -.βa / -.si.-] 形 抑制する, 抑止する, 抑制的な.

co·e·tá·ne·o, a [ko.e.tá.ne.o, -.a] 形 同時代の, 同世代の, 同年齢の. ― 男 女 同時代[同世代]の人, 同年齢の人. Ese pintor es un ~ de Goya. その画家はゴヤと同時代の人だ.

co·e·ter·no, na [ko.e.tér.no, -.na] 形〖神〗(三位一体について)永遠に共存する.

co·e·vo, va [ko.é.βo, -.βa] 形 同時代の. ― 男 同時代の人 (= coetáneo).

co·e·xis·ten·cia [ko.ek.sis.tén.θja / -.sja] 女 共存. ~ pacífica 平和的共存.

co·e·xis·ten·te [ko.ek.sis.tén.te] 形 共存する, 同時に存在する.

co·e·xis·tir [ko.ek.sis.tír] 自《con... …と》共存する, 同時[同所]に存在する.

co·fa [kó.fa] 女〖海〗(帆船の)檣楼(しょうろう), トップ, 見張り座.

co·fac·tor [ko.fak.tór] 男 共同因子;〖生化〗補因子, 補[助]酵素;〖数〗余因子.

co·fia [kó.fja] 女 **1** ヘアネット, (看護婦などの白い)ずきん. **2** 兜下(かぶとした). **3**〖植〗(花・実の)かさ, 苔(こけ)の蘚帽(せんぼう), 根冠. **4** 砲塁カバー.

co·fín [ko.fín] 男 (深い)かご, バスケット.

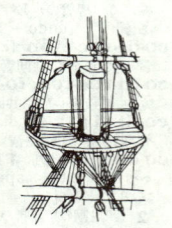

co·fra·de [ko.frá.ðe] 男 女 (cofradía の)会員, 組合員, 仲間.

co·fra·dí·a [ko.fra.ðí.a] 女 **1** (宗教・慈善の)奉仕団体, 信心会, ギルド. Los artesanos se unían formando ~s. 職人たちはギルドを作って団結していた. **3**《ユーモラスに》(…の)会, (…の)族.

co·fre [kó.fre] 男 **1** ふた付きの大箱, 櫃(ひつ). **2** 貴重品箱, 金庫, 宝石箱. **3**〖印〗版盤:版面を支持する

台. **4**〖魚〗ハコフグ科の魚. [← 〔仏〕*coffre* ← 〔ラ〕*cophinus*「かご」 ← 〔ギ〕*kóphinos*;関連〖英〗*coffer*「貴重品箱」, *coffin*「棺」]

cof·to, ta [kóf.to, -.ta] 形 男 → copto.

co·fun·da·dor, do·ra [ko.fun.da.ðór, -.ðó.ra] 男 女 共同創設者.

co·ge·de·ro, ra [ko.xe.ðé.ro, -.ra] 形 (果実が)熟した, 収穫[採集]期の. ― 男 柄, 取っ手. ― 女 もぎとり竿(さお). **2** ミツバチ捕集箱. **3**《ラ米》(1)《卑》性行為, セックス. (2)(*中米*)密通.

co·ge·di·zo, za [ko.xe.ðí.θo, -.θa / -.so, -.sa] 形 取りやすい, 簡単に取れる.

co·ge·dor, do·ra [ko.xe.ðór, -.ðó.ro] 形 取る, 取り入れる. ― 男 女 **1** 摘む[取る]人. **2**《ラ米》(*中米*)色情狂. ― 男 ちり取り (= recogedor).

co·ge·du·ra [ko.xe.ðú.ra] 女 取ること;捕まえること;収穫.

co·ger [ko.xér] 100《主にスペイン》他 **1 取る, つかむ (=agarrar). ¿Puedes ~ el teléfono? 電話まで[出て]くれる.

2《a+人 (人)から》奪う, 取る. ¿Quién *me ha cogido* el boli? 誰が私のボールペン持っていったの (▶ me が a+人 に相当).

3 捕まえる, 収穫する;獲得する. ~ uvas ブドウを収穫する. ~ hora 予約する. Aquí no se *coge* el canal 11. ここでは11チャンネルが見られない.

4 追いつく. Nos va a ~ dentro de poco. 彼[彼女]はまもなく私たちに追いつくだろう.

5〈乗り物が〉〈人などに〉轢(ひ)く, はねる;〈闘牛が〉(角で)引っかける. Me *cogió* un camión y anduve un mes con muletas. 私はトラックに轢かれて, 1か月松葉杖(まつばづえ)をついていた.

6 受け取る, 受け入れる. *Cógelo*; es un regalo para ti. 受け取って, あなたへのプレゼントだから.

7 ひきかける, 吸収する. ~ polvo ほこりがつく. Esta esponja *coge* mucha agua. このスポンジは水をたくさん吸う.

8《+場所[状態]を表す句》…にいる[している]のを見つける, (現場に)おさえる. ~ a+人 *desprevenido*〈人〉を不意打ちする. Procura ~*le de buen humor* para decirle el resultado. 彼が機嫌のいいときを見計らって結果を伝えるようにしなさい. ▶ 形容詞は目的語の名詞に性数一致する. = Me *cogieron* muy *ocupada*. 彼らが来たとき私はとても忙しかった.

9《en... …で》〈出来事が〉〈人を〉襲う, 〈人に〉降りかかる. El terremoto me *cogió en* el ascensor. 地震が起こったとき私はエレベーターの中だった.

10〈病気などに〉かかる;〈習慣などを〉身につける;〈感情を〉抱く, ~ frío 風邪を引く. ~ miedo a... …に恐怖を抱く. ▶ 時に再帰代名詞を伴う. → 19.

11〈メモなどを〉取る. ~ apuntes メモを取る.

12〈講座を〉選択する. ~ un curso de inglés 英語のコースを取る. *Has cogido* un mal momento para decírselo. 君は彼[彼女]にそれを言うのに悪いときを選んだね.

13〈乗り物に〉乗る. ~ el avión 飛行機に乗る.

14 理解する. ¿*Coges* lo que te digo? 私の言っていることがわかるかい.

15〈道を〉進む. *Coge* la segunda a la derecha. 2番目の道を右に行ってください.

16〈物を〉覆う, くう, 占領する. Este armario *coge* casi la mitad de la habitación. この洋服だんすは部屋の半分近くを占領している.

17 契約する. *Hemos cogido* a una nueva dependienta. われわれは新しい店員と契約を結んだ.

18《ラ米》《俗》セックスする.
— 自 **1**〈**coger**le（**a**＋人）＋場所を表す句〉〈人〉から見て〈場所に〉ある. *La biblioteca me coge cerca de casa.* 図書館は私の家の近くにある.
2《**en...** …に》入る, 収容される. *En esta sala cogen todos.* この部屋に全員が入る.
3〈電話に〉出る. *Desde hace un rato estoy llamando, pero no me cogen.* さっきから電話しているけど, 応答がないよ. **4** 根付く. *Esta planta no ha cogido aquí.* この植物はここには根付かなかった.
5《**por...** …を》進む. *Has cogido por un camino equivocado.* 君は間違った道を進んだね. **6**《ラ米》《俗》《**con...** …と》セックスする.
— **~·se** 再 **1**〈体の部位・洋服などを〉はさむ. *Se cogió el dedo con la puerta.* 彼[彼女]は指をドアに挟んだ. **2**《**de... / a...** …を》つかむ, つかまる. *Los dos se cogieron de las manos.* ふたりはお互いに手を取り合った. *El niño se cogió del brazo de la madre.* その子はお母さんの腕につかまった. **3**〈習慣などを〉身につける, 〈感情などを〉抱く. *~se una borrachera* 酔っ払う. **4**《ラ米》《アンデス》《話》仲良くする, 気が合う.
cogerla 酔っ払う.
cogerla con... …を毛嫌いする.
coger y ＋動詞 不意に…する, 決然と…する. *Como no venga, cojo y me voy.* 彼[彼女]が来ないなら, もう私は帰る.
*no haber [tener] por dónde coger*lo (1)〈人・ものが〉どうしようもない, ひどい. (2)〈人・ものが〉申し分ない, すばらしい. ▶ lo は人称変化する.
[← [ラ] *colligere*「拾い集める」（→ colegir）; 関連 cosecha].

co·ges·tión [ko.xes.tjón] 女（労働者との）共同管理, (労働者の) 経営参加.

co·gi·da [ko.xí.ða] 女 **1** 取ること; 収穫, 採集.
2〈闘牛〉(牛が) 角で突くこと. *sufrir [tener] una ~* 角で引っかけられる, 角で突かれる.
3《ラ米》《*》《ジュニア》《卑》性行為, セックス.

co·gi·do, da [ko.xí.ðo, -.ða] 形 固定された, 抑えられた; 拘束された. — 男 ひだ, ギャザー, プリーツ.

co·gien·da [ko.xjén.da] 女《ラ米》《ガラシ》《コスタリカ》収穫, 取り入れ; 徴兵. (2)《アンデス》《ジュニア》《卑》性行為.

co·gi·ta·bun·do, da [ko.xi.ta.βún.do, -.da] 形 物思いに沈んだ, 思案に暮れた.

co·gi·tar [ko.xi.tár] 他 熟考する, 沈思する.

co·gi·ta·ti·vo, va [ko.xi.ta.tí.βo, -.βa] 形 熟考する, 思考する.

cog·na·ción [koɡ.na.θjón / -.sjón] 女 **1**《法》女系親族関係. **2** 親族関係.

cog·na·do, da [koɡ.ná.ðo, -.ða] 形《文法》同族の. — 男 女 女系親族.

cog·ni·ción [koɡ.ni.θjón / -.sjón] 女《心》認識, 認知.

cog·ni·ti·vo, va [koɡ.ni.tí.βo, -.βa] 形 認識[認知]の[に関する].

cog·no·men·to [koɡ.no.mén.to] 男 特性を示す異名, 通り名. → *Alejandro Magno* アレクサンドロ大王. *Alfonso el Bravo* 豪胆王アルフォンソ.

cog·nos·ci·ble [koɡ.nos.θí.βle / -.sí.-] 形《哲》認識可能な.

cog·nos·ci·ti·vo, va [koɡ.nos.θi.tí.βo, -.βa / -.si.-] 形《哲》認識の.

co·go·llo [ko.ɡó.ʎo] 男 **1**（レタス・キャベツなどの）結球, 芯（ん）. **2**《植》新芽, 芽;（松の）幹の先端. **3** えり抜き, 精華. *el ~ de la sociedad* トップクラス[えり抜き]の人々. **4**《話》核心, 中心部. **5**《ラ米》くだものの穂心.

co·gom·bro [ko.ɡóm.bro] 男《植》キュウリの一種.

co·gón [ko.ɡón] 男《植》チガヤ: イネ科. フィリピンなどで屋根ふきの材料とする. [← [タガログ]]

co·gor·za [ko.ɡór.θa / -.sa] 女《話》酔い. *agarrar una ~* 酔っ払う.

co·go·ta·zo [ko.ɡo.tá.θo / -.so] 男《話》襟首[うなじ]への平手打ち.

co·go·te [ko.ɡó.te] 男 うなじ, 襟首, 首筋.
carne de cogote《ラ米》《チリ》《ラプラタ》《話》つまらないもの, くだらないもの.
estar hasta el cogote《話》うんざりしている.
ponérselas en el cogote《ラ米》《メキシコ》駆け出す.

co·go·te·ar [ko.ɡo.te.ár] 自《ラ米》《チリ》《話》襲う.

co·go·te·ra [ko.ɡo.té.ra] 女 **1** 日差しからうなじを守る布[もの]. **2**《ラ米》《アンデス》羊の首筋の肉.

co·go·tu·do, da [ko.ɡo.tú.ðo, -.ða] 形 **1** 首の太い, 猪首(いくび)の. **2** 誇り高い, 高慢な. **3**（1）《*》《ラプラタ》金のある, 裕福な.（2）《コスタリカ》個性的な.（3）《ラプラタ》政界に顔が利く.
— 男 女《ラ米》《*》《軽蔑》成金, 成り上がり.

co·gu·ja·da [ko.ɡu.xá.ða] 女《鳥》カンムリヒバリ.

co·gu·jón [ko.ɡu.xón] 男（マット・まくら・袋などの）隅, 角.

co·gu·lla [ko.ɡú.ʎa] 女 **1** 修道服.
2（修道服の）ずきん; ずきん付きの修道服.

co·gu·lla·da [ko.ɡu.ʎá.ða] 女 豚のあご肉.

co·ha·bi·ta·ción [ko.a.βi.ta.θjón / -.sjón] 女 **1** 同棲(どうせい), 同居. **2** 共同生活, 同居. **3**《政》コアビタシオン, 保革共存(政権).

co·ha·bi·tar [ko.a.βi.tár] 自 **1** 同棲[同居(どうきょ)]する. **2**（婉曲）性的関係を持つ. **3**《政》共存する.

co·he·cha·dor, do·ra [ko.e.tʃa.ðór, -.ðó.ra] 形 買収する, 贈賄の. — 男 女 買収者, 贈賄者.

co·he·char [ko.e.tʃár] 他 **1** 買収する, 賄賂(わいろ)を贈る. **2**（種まき前の）最後の耕しをする.

co·he·cho [ko.é.tʃo] 男 買収, 贈収賄.

co·he·re·dar [ko.e.re.ðár] 他 共同相続する.

*co·he·ren·cia [ko.e.rén.θja / -.sja] 女 **1**（論理などの）一貫性, 統一性; まとまり. *con ~* 一貫して. *Su discurso ha sido ambiguo y falto de ~.* 彼[彼女]の話は曖昧(あいまい)で首尾一貫していなかった.
2《物理》凝集（力）(＝ cohesión).

*co·he·ren·te [ko.e.rén.te] 形 首尾一貫した, まとまりのある. *Es una persona ~ con sus ideas.* 彼[彼女]は自分の考えを曲げない人間だ.

co·he·ren·te·men·te [ko.e.rén.te.mén.te] 副 首尾一貫して, 整然と.
coherentemente con... …に従って[則って].

co·he·sión [ko.e.sjón] 女 **1** 結合; つながり, 関連. **2**《物理》凝集（力）.

co·he·sio·nar [ko.e.sjo.nár] 他 統合する, 結びつける. — **~·se** 再 合併する, 結びつく.

co·he·si·vo, va [ko.e.sí.βo, -.βa] 形 凝集力のある, 結合力の強い.

co·he·sor [ko.e.sór] 男 コヒーラー: 無線電信の初期に用いられた検波器.

*co·he·te [ko.é.te] 男 **1** ロケット. *~ espacial* 宇宙ロケット. *~ de combustible líquido [sólido]* 液体[固体]燃料ロケット. *avión ~* ロケット機. *~ de señales* 信号弾. *~ sonda*（気象）観測用ロケット. *~ suplementario* 多段ロケットのブースター.
2 打ち上げ花火. *lanzar ~s* 打ち上げ花火を上げる.

cohetería

3 《ラ米》(1)《㋳》(㋵)《俗》ピストル．(2)《㋵》発破孔；ダイナマイトの雷管．(3)《㋵》(酒の)酔い．
al cohete 《ラ米》《㋵》《話》無駄に；訳もなく．
como un cohete 《話》素早く，急いで．

co·he·te·rí·a [ko.e.te.rí.a] 囡《集合的》打ち上げ花火；花火工場，花火店．

co·he·te·ro [ko.e.té.ro] 男 花火職人[製造業者]．

cohib- → *cohibir*.

co·hi·bi·ción [koi.βi.θjón / -.sjón] 囡 気後れ，萎縮(いしゅく)．

co·hi·bi·do, da [koi.βí.ðo, -.ða] 形 おどおどした，気後れした．estar ~ 萎縮(いしゅく)している．

co·hi·bir [koi.βír] 92 他 **1** 抑制する；気後れさせる，おじけづかせる．Su presencia le *cohíbe*. あの人がいるので彼は控えめにしている．
2 《ラ米》《㋵》〈人に〉無理を通す，強いる．
— ~·se 再 気後れする，おどおどする，おじけづく．

co·ho·bar [ko.(o.)βár] 他《化》再蒸留する，精留する．

co·hom·bri·llo [ko(.o)m.bri.jo‖-.ʎo] 男 ~ *amargo*《植》テッポウユリ．[*cohombro*+縮小辞]

co·hom·bro [ko.óm.bro] 男 **1**《植》キュウリの一種．**2** 揚げ菓子の一種，チューロ *churro*．
cohombro de mar《動》ナマコ．

co·ho·nes·tar [ko.(o.)nes.tár] 他 **1** 正当化する．
2 《*con*... …と》調和させる．

co·hor·te [ko.órte] 囡 **1**《史》(古代ローマの)歩兵隊：１隊が300名から600名．**2** 大群，一群[団]．

COI [θe.o.í / se.-] 男《略》*Comité Olímpico Internacional* 国際オリンピック委員会〔英 *IOC*〕. → COE．

coi·hué [koi.(ɣ)wé] 男《ラ米》《植》(1)《㋛㋒》《㋟㋓》ノトファーグス：ブナ科．(2)《㋛㋒》シスタスの一種．

coi·ma[1] [kói.ma] 囡 **1**《賭場》(の)寺銭．
2 《ラ米》《㋳》賄賂(わいろ)．

coi·ma[2] [kói.ma] 囡 内縁の妻，情婦．

coi·me [kói.me] 男 **1** 賭博(とばく)場の貸元．
2 ビリヤード場のボーイ．**3**《ラ米》《㋓㋢》ボーイ．

coi·me·ro, ra [koi.mé.ro, -.ra] 形《ラ米》賄賂(わいろ)好きな，そでの下に弱い．
── 男 囡《ラ米》(1)《㋵》《㋥》《㋓㋢》《話》賄賂(わいろ)を渡す[受ける]人．(2)《㋓㋢》《㋵》《俗》賭場(とば)の貸元．

＊coin·ci·den·cia [koin.θi.ðén.θja / -.si.-.sja] 囡
1 偶然の一致；同時発生．Fue una ~ que yo estuviese allí al mismo tiempo que él. 私が彼と同時にそこにいたのは偶然だった．
2 一致，合致，符合．La ~ de nuestros gustos es perfecta. 私たちの好みはぴったりと一致する．
dar la coincidencia de (que)... 《３人称単数形で》偶然…である[する]．*Dio la ~ de que su amigo era también amigo mío*. 偶然にも彼[彼女](ら)の友人が僕の友人でもあった．

coin·ci·den·te [koin.θi.ðén.te / -.si.-] 形 一致する，符合する，同時に起こる．

＊＊coin·ci·dir [koin.θi.ðír / -.si.-] 自 **1**《*en*... …で / *con*... …と》一致する．Mi padre y yo *coincidimos en* nuestros gustos. 父と私は嗜好(しこう)が同じだ．*Coincido contigo en* lo fundamental. 基本的な点では私は君と一致しています．
2 《*con*... …と》重なる，同じになる．Mi cumpleaños *coincide con* el examen de ingreso. 私の誕生日は入学試験の日と重なっている．
3 《複数主語で》〈いくつかの出来事が〉同時に起こる．Ayer *coincidieron* varios incendios en el mismo barrio. 昨日同じ町内でいくつかの火災が同時に起こった．**4** 《*con*... …と / *en*... …で》〈人が〉出くわす．*Coincidimos en* la inauguración. 私たちは始業式の日に出会った．
[←《中》*coincidere*([ラ] *co*-「共に」+[ラ] *incidere*「起こる」)／《関連》*coincidencia*．〔英〕*coincide*]

coi·né [koi.né] 囡 → *koiné*.

co·in·qui·li·no, na [koin.ki.lí.no, -.na] 男 囡 共同借家人．

co·in·te·re·sa·do, da [koin.te.re.sá.ðo, -.ða] 形 利害を同じくする．

coi·po [kói.po] 男《ラ米》《㋵》(㋛㋒)《動》ヌートリア．
[←《アラウカノ》*coypu*]

coipo（ヌートリア）

coi·to [kói.to] 男 性交，交接．

coj- 囲 → *coger*.

co·je·ar [ko.xe.ár] 自 **1** 足を引きずる，跛行(はこう)する．~ *del pie derecho* 右足を引きずる．
2 〈家具などが〉がたつく，ぐらぐらする．*mesa que cojea* ガタガタするテーブル．**3** うまく行かない，欠陥がある．*El negocio cojea*. 事業ははかばかしくない．

co·je·ra [ko.xé.ra] 囡 足を引きずること，足が不自由なこと．

co·ji·jo [ko.xí.xo] 男 **1** 虫けら．**2** 不機嫌，不快．

co·ji·jo·so, sa [ko.xi.xó.so, -.sa] 形 文句たらたらの，愚痴っぽい．

co·jín [ko.xín] 男 **1** クッション，座布団．**2**《海》ボルスター：ロープの摩耗を防ぐためのマット・帆布．**3**《ラ米》《㋵》《話》浮気をする人．

co·ji·ne·te [ko.xi.né.te] 男 **1**《機》軸受け，ベアリング；《鉄道》レールチェア．~ *de agujas* ころ軸受け，ニードルベアリング．~ *de bolas* 玉軸受け，ボールベアリング．~ *de empuje* スラスト軸受け．~ *de rodillos* ころ軸受け，ローラーベアリング．**2** 小さなクッション．**3**《ラ米》《㋓㋢》《㋭㋭》《㋵》《馬》鞍(くら)袋，サドルバッグ．[*cojín*+縮小辞]

co·ji·ni·llos [ko.xi.ní.jos‖-.ʎos] 男《複数形》《ラ米》《㋳》《㋵》《馬》鞍嚢(あんのう)．

co·ji·tran·co, ca [ko.xi.tráŋ.ko, -.ka] 形《軽蔑》足をひきずった人．

co·jo [kó.xo] 囲 → *coger*.

＊co·jo, ja [kó.xo, -.xa] 形 **1** 足を引きずる，足の不自由な；片足のない，片足の．*andar a la pata coja* けんけんをする，片足跳びをする．
2 〈家具などが〉ぐらつく，不安定な．*Esta silla está coja*. この椅子はぐらぐらする．**3** 不十分な，不完全な．*La frase está coja*. その文章は不完全だ．
── 男 囡 足を引きずった人；片足のない人．
no ser cojo ni manco《話》巧みである，うまい．

co·jo·li·te [ko.xo.lí.te] 男《ラ米》《㋱》《鳥》カンムリシャクケイ：キジ目ホウカンチョウ科の鳥．

co·jón [ko.xón] 男 **1**《主に複数で》《卑》睾丸(こうがん)．
2《複数形》《俗》勇気．
── 間投《複数で》《卑》《怒り・いらだち・否定・奇異・軽蔑など》ええい，全く(もう)，ちくしょう．
de cojones《俗》すばらしい，すごい；ひどい．
de los cojones《俗》ひどい，耐えがたい．
estar hasta los (mismísimos) cojones《俗》うんざりしている．
importar un cojón [*tres cojones*]《俗》全く重要でない，全然気にならない．
no tener más cojones《俗》他に仕方がない．
ponérsele (*a*+人) *los cojones de corbata*《俗》〈人〉が肝を冷やす．

por cojones 《俗》無理やり, 強引に.
salir*le* (*a*+人) *de los cojones* 《俗》〈人〉がしたくなる, 思いつく.
tener (*un par de*) *cojones* 《俗》勇気がある.
tocar los cojones *a*+人《俗》〈人〉の邪魔をする, うるさがらせる.
tocarse los cojones 《俗》怠ける, 働かない.

co·jo·na·zos [ko.xo.ná.θos / -.sos] 形 男《卑》《単複同形》→calzonazos.
co·jo·nes [ko.xó.nes] 《間投》→cojón.
co·jo·nu·do, da [ko.xo.nú.ðo, -.ða] 形 **1**《俗》すごい, すばらしい. **2**《ラ米》《話》勇敢な, 勇ましい. ── 副《俗》すばらしく.
co·ju·de·ar [ko.xu.ðe.ár] 自《ラ米》(ｺﾞﾙ)《卑》 (1) ばかな[くだらない]ことをする. (2) ばかにする.
co·ju·dez [ko.xu.ðéθ / -.dés] 女《複 cojudeces》《ラ米》(ｺﾞﾙ)《卑》愚劣, ばかげた[愚かな]言動.
co·ju·do, da [ko.xú.ðo, -.ða] 形 **1** 去勢していない. **2**《ラ米》(ｺﾞﾙ) (ｺﾞﾙ)勇敢な. (2)《ラ米》(ｺﾞﾙ)(ﾀｲﾌﾟ)(ﾁﾘ)《話》ばかな, 愚かな.
hacerse el cojudo 《ラ米》(ｺﾞﾙ)《話》しらばくれる.
co·jue·lo, la [ko.xwé.lo, -.la] 形 cojo+縮小辞.
cok [kók] 男 コークス (=coque).
*col [kól] 女《植》キャベツ. *col de Bruselas* 芽キャベツ. *col china* ﾊｸｻｲ.
Entre col y col, lechuga. 《諺》何事も変化がないと飽きられる, 目先を変えることも大切.
[← ← [ラ] *caulem* (*caulis* の対格)「(キャベツなどの)茎」関連 *coliflor*. 〔仏〕*chou*. 〔英〕*cole, cauliflower*]

*co·la¹ [kó.la] 女 **1** (動物の) 尻尾(ﾎﾞ) (=rabo); (鳥類の) 尾. ~ *de pavo real* クジャクの尾. **2** 後部; (長くのびた)最後の部分. ~ *de un avión* 飛行機の尾部. ~ *de un cometa* 彗星(ｽｲ)の尾. ~ *del frac* 燕尾服の垂れ. *piano de* ~ グランドピアノ. **3** 末尾 (↔cabeza). *a la* ~ 最後に. *vagón de* ~ 最後部の車両. *estar en la* ~ 最後にいる. *llevar la* ~ びりになる; しんがりをつとめる. 花嫁衣装のすそを持つ. **4** (待ち並ぶ人や車の) 列. *hacer* ~ 列を作る, 列に並ぶ. *ponerse a la* ~ 列に並ぶ. *Hay mucha* ~. 列が長い. **5**《話》《婉曲》陰茎 (=pene). **6**《話》(1)(ｷ)(ｺﾞﾙ)《俗》おべっか使い, ごますり. (2)(ｺﾞﾙ)《話》ヒッチハイク. (3)(ｺﾞﾙ)《俗》ボディーガード, 取り巻き; 部下. (4)(ｺﾞﾙ)《話》楽な[うまい]仕事. (5)(ｱﾙｾﾞ)(ｺﾞﾙ)《俗》尻(ｼﾘ). (6)(*ﾒｷｼｺ)尻; 長距離電話; 尾行者.
cola de caballo (1) ポニーテール. (2)《植》トクサ.
cola de milano [*pato*]《建》蟻(ｱﾘ)ほぞ.
cola de zorra《植》キンエノコロ, オオスズメノテッポウ.
comer la cola 《ラ米》(ｺﾞﾙ)びりになる; 失望する.
no tener cola que LE pisen 《ラ米》(*ﾒｷｼｺ)(ｺﾞﾙ)《話》何も恥じることとはない, 外聞をはばかることはない.
tener [*traer*] *cola*《話》重大な結果を招く.

cola de
milano
(蟻ほぞ)

[← [ラ] *cauda*; 関連 *cobarde, cohete*. 〔仏〕〔英〕 *queue*]

co·la² [kó.la] 女 (接着用の)にかわ, 糊. ~ *de pescado* にべにかわ.
no pegar ni con cola《話》調和しない; 全く関係がない.
[← [俗ラ] *colla*← [ギ] *kólla*]

co·la³ [kó.la] 女《植》コラノキ (=nuez *de* ~); コーラ (飲料).
-cola《接尾》「…に住んでいる, …を育てている」の意を表す形容詞語尾. →cavernícola, vinícola.
co·la·bo·ra·ción [ko.la.βo.ra.θjón / -.sjón] 女 **1** 協力, 協調, 共同作業. ~ *universidad empresa* 産学提携. *en* ~ *con sus colegas* 同僚たちと協力して. *Este libro es fruto de la* ~ *entre el escritor y el fotógrafo.* この本は作家とカメラマンの共同作業の成果だ. **2** 寄付金, 協力金. **3** (雑誌・新聞の)寄稿記事; 投稿. *El escritor envió una* ~ *para esa revista.* 作家はその雑誌に寄稿記事を送った.
co·la·bo·ra·cio·nis·mo [ko.la.βo.ra.θjo.nís.mo / -.sjo.-] 男《軽蔑》占領国・敵国への協力.
co·la·bo·ra·cio·nis·ta [ko.la.βo.ra.θjo.nís.ta / -.sjo.-] 形 占領国・敵国に協力する. ── 男 占領国・敵国に協力する者.
*co·la·bo·ra·dor, do·ra [ko.la.βo.ra.ðór, -.ðó.ra] 形 **1** 共同して働く, 協力する. **2**《報道》寄稿する. ── 男 **1** 協力者; 共同研究[制作]者, 共著者. ~*es de un libro* 本の共著者. **2** 寄[投]稿者.
*co·la·bo·rar [ko.la.βo.rár] 自 **1**《en...〈活動など〉において》《con... …と》協力する, 共に働く. ~ *con la policía en la captura del terrorista* テロリストを逮捕するために警察に協力する. ~ *en la empresa de la familia* 親族の会社を手伝う. ▶複数主語でも用いる. ⇒*Los dos hermanos colaboraron en este proyecto.* この計画では兄弟が力を合わせた.
2《en... 〈新聞・雑誌など〉に》 寄稿する, 投稿する. ~ *en una revista* 雑誌に寄稿する.
3《con... / en... …に》《con... 〈金額〉を》寄付する, 出資する. ~ *con una aportación de treinta euros* 30ユーロを寄付する. **4**《a... / para... …に》寄与する, 力を貸す (=contribuir).
co·la·ca·o [ko.la.ká.o] 男《商標》《話》(牛乳などで溶いて飲む粉末の)ココア飲料; インスタントココア.
co·la·ción [ko.la.θjón / -.sjón] 女 **1** (断食時の)軽食, おやつ. **2** (学位などの)授与; 《宗》聖職任命, 聖職授権. **3** 教区, 教区民. **4** 照合, 対照. **5**《ラ米》クリスマスの菓子; 砂糖菓子.
colación de bienes《法》(財産合算のための)被贈与額の申告.
sacar [*traer*] … *a colación* …を引き合いに出す.
venir a colación 話題に関係している.
co·la·cio·nar [ko.la.θjo.nár / -.sjo.-] 他 **1**《宗》聖職禄(?)受階者に任命する. **2** 照合する, 対照する.
co·la·da¹ [ko.lá.ða] 女 **1** 濾過(ｶ); 漂白. **2** 洗濯; 洗濯物. *hacer la* ~ 洗濯をする. **3** 溶岩流. **4**《冶》出銑, 出湯: 溶鉱炉の口を開き溶融金属を取り出すこと. *lecho de* ~ 鋳床(ｲﾄﾞ). **5** 家畜の通路. **6** (山間の)難所, 難路. **7**《ラ米》(ｺﾞﾙ)許可なしに入ること.
salir en la colada 明るみに出る, 露見する.
co·la·da² [ko.lá.ða] 女 コラーダ (El Cid の剣の名称); 名刀.
co·la·de·ra [ko.la.ðé.ra] 女 **1** (小型の) 濾過(ｶ)器. **2**《ラ米》(ｺﾞﾙ)下水溝, 排水管.
co·la·de·ro [ko.la.ðé.ro] 男 **1** 通り抜けしやすい場所. **2**《話》試験がやさしい学校[科目, 先生]. **3** 濾過(ｶ)器, 漉(ｺ)し器. **4** 狭い道, 難所. **5**《鉱》掘り下がり, 坑井(ｺｳｾｲ).

co‧la‧do, da [ko.lá.ðo, -.ða] 形 濾(^こ)した；すき間から吹き込む. aire 〜 すき間風.
estar colado por...《話》…に夢中である.
hierro colado 鋳鉄.

co‧la‧dor¹ [ko.la.ðór] 男《宗》聖職禄(^{ろく})授与者.

co‧la‧dor² [ko.la.ðór] 男 **1** 濾過(^{ろか})器；漉し器. 〜 **de té** 茶漉(^こ)し. **2** 穴だらけ(のもの). **como un** 〜《話》穴だらけの.

co‧la‧do‧ra [ko.la.ðó.ra] 女 洗濯女.

co‧la‧du‧ra [ko.la.ðú.ra] 女 **1**《話》漉すこと，濾過(^{ろか}). **2**《話》へま，間違い. **3**《話》愛情，愛好.

co‧la‧ge [ko.lá.xe] 男 →*collage*.

co‧lá‧ge‧no, na [ko.lá.xe.no, -.na] 形 膠原(^{こうげん})[コラーゲン]の[に関する].
— 男 膠原(質)，コラーゲン.

co‧la‧ge‧no‧plas‧tia [ko.la.xe.no.plás.tja] 女《医》コラーゲン注入(法).

co‧la‧go‧go, ga [ko.la.gó.go, -.ga] 形《医》胆汁排出促進の.

co‧lam‧bre [ko.lám.bre] 女 →*corambre*.

co‧lan‧gi‧tis [ko.laŋ.xí.tis] 女《単複同形》《医》胆管炎.

co‧la‧ni‧lla [ko.la.ní.ja ‖ -.ʎa] 女 差し込み錠.

co‧la‧ña [ko.lá.ɲa] 女 (階段の)手すり；低い仕切り(壁).

co‧lap‧sar [ko.lap.sár] 他 遮断する，まひさせる，…の機能を停止させる. — **〜se** 再 まひする，機能を停止する；《医》虚脱する.

co‧lap‧so [ko.láp.so] 男 **1**《医》虚脱.
2 機能停止，まひ；崩壊. *La industria sufre un* 〜 *por falta de materias primas.* 産業界は原料不足のためまひ状態である.

co‧lar¹ [ko.lár] 15 他《宗》聖職禄(^{ろく})を授ける.

****co‧lar**² [ko.lár] 15 他 **1**〈液体を〉**漉(^こ)す**，濾過(^{ろか})する；水を切る. 〜 *el caldo* スープを漉す.
2《話》隠して持ち込む[持ち出す]；だまして押しつける〈うそなどを〉信じこませる. 〜 *una moneda falsa* 偽造硬貨をつかませる. *Trató de* 〜 *la pulsera por la aduana.* 彼[彼女]はブレスレットを隠して税関を通ろうとした. **3**(話) 入り込ませる，押し込む. **4** 洗濯する. **5**《ラ米》《話》…に穴をあける.
— 自 (話などが)受け入れられる，信じられる. *Esa historia no cuela.* そんな話は通用しない.
— **〜se** 再 **1** 浸透する，入り込む.
2《話》潜り込む，忍び込む. 〜*se en la primera fila* 最前列に潜り込む. *Haga el favor de no* 〜*se.* 割り込みをしないでください.
3《話》へまをする，誤りを犯す. **4**《話》ほれる，夢中になる. 〜*se por* 〜〈人〉に夢中になる.

co‧la‧te‧ral [ko.la.te.rál] 形 **1** 両側の，側面にある；副次的な. *nave* 〜《教会堂の》側廊. **2** 傍系(親族)の. — 男 女 傍系親族.

co‧la‧ti‧vo, va [ko.la.tí.βo, -.βa] 形《宗》聖職任命の，聖職禄(^{ろく})受領に関する.

co‧la‧yo [ko.lá.jo] 男《魚》ツノザメ.

col‧ca [kól.ka] 女《ラ米》(^{ごう})納屋，穀倉；綿花置き場；屋根裏部屋.

col‧cha [kól.tʃa] 女 **1** ベッドカバー，寝台掛け.
2《ラ米》(^{ポリビア})(^{ペルー})毛布.
[←〔古スペイン〕「マットレス；ベッド」←〔古仏〕*colche* ；*colchier* (←〔古仏〕*coucher*)「寝かせる」(←〔ラ〕 *collocāre*「置く；泊まらせる」)より派生]

col‧char [kol.tʃár] 他〈マットレスなどに〉詰め物をする，キルティングにする.

****col‧chón** [kol.tʃón] 男 **マットレス**，敷き布団. 〜 *neumático* エアクッション. 〜 *de muelles* スプリング入りのマットレス. 〜 *de plumas* 羽布団. 〜 *de agua* ウォーターマットレス.

col‧cho‧ne‧rí‧a [kol.tʃo.ne.rí.a] 女 寝具製造業，寝具店.

col‧cho‧ne‧ro, ra [kol.tʃo.ne.ro, -.ra] 形 **1** 寝具製造[販売]の. *aguja colchonera*(マットレス用の)とじ針. **2**《話》(スペインのサッカーチーム)アトレティコ・マドリードの. — 男 女 寝具製造[販売]業者.

col‧cho‧ne‧ta [kol.tʃo.né.ta] 女 **1** 小型のマットレス. **2** (ソファー用の)細長いクッション. **3** (海水浴などで用いる)エアマット(= 〜 *neumática*). **4**《スポ》(体操用の)マット，(柔道の)畳.

col‧có‧tar [kol.kó.tar] 男《化》ベンガラ，鉄丹.

co‧le [kó.le] 男《話》学校. *ir al* 〜 学校へ行く. ► *colegio* の略.

co‧le‧a‧da [ko.le.á.ða] 女 →*coletazo*.

co‧le‧ar [ko.le.ár] 他 **1**《闘牛》〈牛の〉尾をつかんで倒す[引き止める]. **2**《ラ米》(1)(^{アルゼンチン})(^{ウルグアイ})(^{メキシコ})(^{ベネズエラ})牛を不快にする. (2)(^{コロンビア})(^{ベネズエラ})追い回す. (3)(^{中米})《話》落第させる. (4)(^{メキシコ})列に割り込む. — 自 **1** 尾を振る. **2** 持続する，尾を引く. *Todavía colea el asunto.* その件はまだけりがついていない. **3**《ラ米》(1)(^{中米})(^{メキシコ})(**en...** …歳に)近づく. (2)(^{中米})(^{メキシコ})尾行する. (3)(^{中米})(牛の)尾をつかまえる. (3)(^{中米})借りる.

******co‧lec‧ción** [ko.lek.θjón / -.sjón] 女 **1 収集(品)**，所蔵品，コレクション. *una* 〜 *de sellos* [*cuadros*] 切手[絵画]のコレクション.
2《服飾》(そのシーズンの新作)コレクション. *la* 〜 *de primavera-verano* 春夏物のコレクション.
3 叢書，全書.
4 多数，多量. *La señora Morales tiene una* 〜 *de nietos.* モラレス夫人には孫がたくさんいる.
[←〔ラ〕*collēctiōnem* (*collēctiō* の対格；*colligere*「(拾い)集める」より派生)；関連 *coleccionar, coleccionista, colectivo.* [英] *collection*]

co‧lec‧cio‧na‧ble [ko.lek.θjo.ná.βle / -.sjo-] 形 収集可能な，収集に値する. — 男 (新聞・雑誌などについてくる)分冊型の付録冊子，分冊百科.

****co‧lec‧cio‧nar** [ko.lek.θjo.nár / -.sjo-] 他 **収集する**，集める，採集する. 〜 *sellos* 切手を収集する.

co‧lec‧cio‧nis‧mo [ko.lek.θjo.nís.mo / -.sjo-] 男 **1** 収集癖[マニア]. **2** 収集法，(特に博物館などで)所蔵品を正しく整理・保管・展示する技術.

co‧lec‧cio‧nis‧ta [ko.lek.θjo.nís.ta / -.sjo-] 男 女 収集家，採集家，コレクター.

co‧le‧cis‧ti‧tis [ko.le.θis.tí.tis / -.sis.-] 女《単複同形》《医》胆嚢(^{のう})炎.

co‧lec‧ta [ko.lék.ta] 女 **1** 寄付金集め，募金. *hacer una* 〜 寄付金を募る. **2** (税金の)徴収，取り立て. **3**《宗》集禱(^{とう})文；原始キリスト教徒の祈禱集会.

co‧lec‧tar [ko.lek.tár] 他 徴収する，〈寄付金・募金を〉集める.

co‧lec‧ti‧cio, cia [ko.lek.tí.θjo, -.θja / -.sjo, -.sja] 形 **1** 寄せ集めの，寄り合いの.
2 一冊にまとめた，収録した.

co‧lec‧ti‧va‧men‧te [ko.lek.tí.βa.mén.te] 副 **1** 集団で，共同で. *Los obreros protestaron* 〜. 労働者たちは共同で抗議を行った.
2 全体として；集合的に.

co‧lec‧ti‧ve‧ro [ko.lek.ti.βé.ro] 男《ラ米》(^{アルゼンチン})乗り合いバスの運転手.

co‧lec‧ti‧vi‧dad [ko.lek.ti.βi.ðáð] 女 集合体，集団；共同体.

co·lec·ti·vis·mo [ko.lek.ti.bís.mo] 男 集産主義.
co·lec·ti·vis·ta [ko.lek.ti.bís.ta] 形 集産主義(者)の. ― 男女 集産主義者.
co·lec·ti·vi·za·ción [ko.lek.ti.bi.θa.θjón / -.sa.sjón] 女 集産化, 共有化.
co·lec·ti·vi·zar [ko.lek.ti.bi.θár / -.sár] 97 他 集産化する, 共有化する.
*__co·lec·ti·vo, va__ [ko.lek.tí.bo, -.ba] 形 **集団の**, 団体の；集合的な. seguridad *colectiva* 集団安全保障. granja *colectiva* 集団農場. seguro ~ 団体保険. esfuerzo ~ 総力. nombre ~《文法》集合名詞.
― 男 **1** 集団, 団体. **2**《ラ米》(小型の)バス；(乗り合い)バス.
co·lec·tor, to·ra [ko.lek.tór, -.tó.ra] 形 集める, 収集する. ― 男 **1** 収集家, コレクター. **2** 収税吏, 徴税官. **3** ミサのとき献金を集める聖職者.
― 男 **1** 下水本管. **2**《電気》集電極, コレクター.
*__co·le·ga__ [ko.lé.ga] 男女 **1** 同僚, 同業者. Juana es una ~ de la oficina. フアナは私の同僚だ. El primer ministro inglés se entrevistó con su ~ español. イギリス首相はスペイン首相と会談した. **2**《話》仲間, 友人(▶ 呼びかけにも使われる). Entré en el bar con mis ~s. 私は仲間とバルに入った. ¡Cuánto tiempo, ~! やあ, 久しぶり.
[← (ラ) *collēgam* (*collēga*) の対格；*lēgāre*「使者として派遣する」より派生]〔関連〕colegio, (de)legar. 〔英〕*(de)legate*]
co·le·ga·ta·rio, ria [ko.le.ga.tá.rjo, -.rja] 男女《法》共同遺産受取人, 共同受遺者.
co·le·gia·ción [ko.le.xja.θjón / -.sjón] 女 同業団体[組合]への加入.
co·le·gia·da·men·te [ko.le.xjá.ða.mén.te] 副 組織[集団]で.
co·le·gia·do, da [ko.le.xjá.ðo, -.ða] 形 同業団体[組合]に属する. ― 男女 同業団体員, 組合員. ― 男《スポ》(サッカーなどの)審判.
co·le·gial [ko.le.xjál] 形 **1** 同業団体[組合]に属する. **2** 学校の. la vida ~ 学校生活.
co·le·gial, gia·la [ko.le.xjál, -.xjá.la] 男女 **1** 生徒[学生]；寮生, 寄宿生. → estudiante 〔類語〕. **2** 未熟者；小心者.
co·le·gial·men·te [ko.le.xjál.mén.te] 副 → colegiadamente.
co·le·giar·se [ko.le.xjár.se] 82 再 同業団体[組合]に加入する[を結成する].
co·le·gia·ta [ko.le.xjá.ta] 女 参事会教会；司教座聖堂はないが, 聖堂参事会に管理される教会.
co·le·gia·tu·ra [ko.le.xja.tú.ra] 女 **1** 奨学金, 給費；学籍. **2**《ラ米》寄宿料；寮費；学費.
★co·le·gio [ko.lé.xjo] 男 **1** 学校, 小[中]学校. ir al ~ 学校へ行く. ~ nacional 国立学校. ~ estatal [público] 公立学校. ~ privado / ~ de pago 私立学校. ~ concertado 公的助成金を受けている私立学校.
2《話》授業. Mañana no hay ~. 明日は学校は休みだ. El ~ empieza en septiembre. 授業は9月に始まる.
3(専門職の)同業団体[組合], 協会. ~ de aboga-

atención: colegio (学校あり注意)

dos 弁護士会. ~ de médicos 医師会. ~ de cardenales / ~ cardenalicio / sacro ~ 枢機卿会.
colegio electoral 選挙区の全有権者；投票所.
colegio mayor (大学の)学生寮.
colegio universitario 総合大学付属の基礎課程を行う学校.
[← (ラ) *collēgium*「同職者の集まり」(*collēga*「同僚, 仲間」より派生]〔関連〕colegial.〔英〕*college*]
co·le·gir [ko.le.xír] 2 他 **1**《**de**… / **por**… …から》推論する, 推理する. *Colegimos de* lo dicho que ese asunto no va muy bien. 言われたことから, その件はあまりうまく行ってないんだなと察した. **2** 寄せ集める.
co·le·gis·la·dor, do·ra [ko.le.xis.la.ðór, -.ðó.ra] 形 共同立法の.
co·le·gui [ko.lé.gi] 男女《隠》仲間, 友人, 同僚.
co·le·li·tia·sis [ko.le.li.tjá.sis] 女《単複同形》《医》胆石症.
co·le·mia [ko.lé.mja] 女《医》胆血症.
có·le·o [kó.le.o] 男《植》コリウス：鮮やかな色の葉をつけるシソ科の観葉植物.
co·le·óp·te·ro [ko.le.óp.te.ro] 形《昆》甲虫の.
― 男《昆》甲虫；《複数で》甲虫類, 鞘翅(tば)類.
*__có·le·ra__ [kó.le.ra] 女 **1 怒り**, 激怒(= ira). descargar su ~ en [sobre]… …に八つ当たりする. montar en ~ 激怒する, かっとなる. **2** 胆汁.
― 男《医》コレラ. ~ morbo 真性[アジア]コレラ.
[← (古スペイン)「怒りの原因とされた)胆汁」← (ラ) *cholera*「黄疸(紆); 胆汁」← (ギ) *kholéra*；「コレラ」の意味は19世紀以後. 〔関連〕〔英〕*cholera*]
co·lé·ri·co, ca [ko.lé.ri.ko, -.ka] 形 **1** 怒った, 腹を立てた. **2** 怒りっぽい, 短気な；胆汁質の. **3**《医》コレラの. ― 男女 **1** 怒りっぽい人. **2** コレラ患者.
co·le·ro, ra [ko.lé.ro, -.ra] 男女《ラ米》(ダフ)(1)《話》ただ乗りをする人. (2) ヒッチハイカー.
co·les·te·ri·na [ko.les.te.rí.na] 女 → colesterol.
co·les·te·ro·fo·bia [ko.les.te.ro.fó.bja] 女 コレステロール(摂取)恐怖症.
*__co·les·te·rol__ [ko.les.te.ról] 男《生化》《医》**コレステロール**. ~ bueno [malo] 善玉[悪玉]コレステロール.
co·les·te·ro·le·mia [ko.les.te.ro.lé.mja] 女《医》高コレステロール[コレステリン]血症.
co·le·ta [ko.lé.ta] 女 **1**(ゴム・リボンなどで止めただけの)お下げ髪, (闘牛士の)髷(ホげ). **2** 追記.
cortarse la coleta(闘牛士が)引退する；(習慣を)捨てる.
co·le·ta·zo [ko.le.tá.θo / -.so] 男 **1** 尾での一撃, 尾[鰭(%)]をばたつかせること. dar ~s しっぽを振る. **2**(主に複数で)断末魔；最後のあがき.
co·le·ti·lla [ko.le.tí.ʎa / -.ʝa] 女 **1** 補遺, 後書き. poner una ~ a… …に追記する.
2(会話中の)口癖.
co·le·ti·llo [ko.le.tí.jo ‖ -.ʎo] 男 そでなしの胴着.
co·le·to [ko.lé.to] 男 **1**《話》身の内, 内心. decir para su ~ 心ひそかに思う. **2**《服飾》(革製の)胴着, チョッキ. **3**《ラ米》(詠祿)モップ.
echarse… al coleto《話》…を飲み食いする；通読する.
col·ga·da [kol.gá.ða] 女《ラ米》(詠祿)《複数で》《話》約束を破ること, 義務を怠ること, ずぼら.
col·ga·de·ro, ra [kol.ga.ðé.ro, -.ra] 形 ぶら下がった, つり下げ用の. ― 男 **1**(ものをつるす)フック, 鈎(紗). **2**《ラ米》(詠祿)もの干し場.

col·ga·di·zo [kol.ga.ðí.θo / -.so] 男 → colgadero.

col·ga·do, da [kol.gá.ðo, -.ða] 形 **1**《話》(期待を)裏切られた，がっかりした．dejar a+人 〜〈人〉をだます，裏切る．**2**《estar+》《話》麻薬中毒の；(麻薬で)いかれている．**3** 金のない．**4** 友人のいない；孤立した．——男《話》麻薬中毒者．

col·ga·dor [kol.ga.ðór] 男 洋服掛け；ハンガー．

col·ga·du·ra [kol.ga.ðú.ra] 女 **1** 掛け布，垂れ幕．**2** 壁掛け，タペストリー．

col·ga·jo [kol.gá.xo] 男 **1**《軽蔑》垂れ下がったぼろ，ほつれ．**2** (果実の)つり干し．

col·ga·mien·to [kol.ga.mjén.to] 男 つるすこと，掛けること．

col·gan·te [kol.gán.te] 形 ぶら下がった，掛かった；急斜面にある．puente 〜 吊(²)り橋．jardín 〜 (バビロニアの)空中庭園．♦ 世界七不思議の一つとされる．——男 **1** ペンダント，首飾り．**2**《ラ米》(ﾌﾟｴﾙﾄ)(ｳﾙｸﾞ)懐中時計の鎖．

puente colgante
(吊り橋：ビルバオ)

***col·gar [kol.gár] 17 他 **1**《de... / en...…に》吊(²)るす，掛ける．〜 la chaqueta *en* la percha 上着をハンガーに掛ける．**2**《a+人》《〈人〉に》(…との)責任を負わせる，《〈人〉の》せいにする；押し付ける．El incendio provocado de ayer *se lo han colgado a* ellos. 昨日の放火は彼らの仕業だとされた．**3**〈活動・習慣を〉やめる．〜 *los libros* 学業を断念する．**4**〈電話〉を切る；《a+人〈人〉の》通話を(一方的に)切る．Me ha *colgado* el teléfono mi padre. 父は私の電話を切ってしまった (▶ me が a+人に相当)．**5** 絞殺する；絞首刑にする (= ahorcar)．**6**《a+人〈人〉に》〈科目を〉落第させる，落第点をつける．Estudia mucho, que *te colgaron* tres asignaturas del año pasado. 一生懸命勉強しなさい，去年3科目落としているのだから (▶ te が a+人に相当)．**7**〖IT〗(1)〈装置・プログラムを〉ハング[フリーズ]させる，動かなくする．(2)(ウェブに)〈情報を〉載せる，ロードする．——自 **1**《de... / en...…から》ぶら下がる，垂れる，垂れ下がる．De los árboles *colgaban* muchas manzanas. 木々にはリンゴがたわわに実っていた．**2**〈衣服などの〉すそが垂れ[ずり]下がっている，長さがそろっていない．**3** 電話を切る．No *cuelgues*, por favor. 電話を切らないで．**4**《de...…に》頼り切る，依存する．——〜·se 再 **1**《de...…に》ぶら下がる．No *os col-*

las casas colgadas
(宙づりの家：クエンカ)

guéis de la cadena, o se romperá. 君たちチェーンにぶら下がるなよ，壊れるから．**2** 首吊り自殺する．**3** 薬物に依存する，薬物中毒になる．**4**〖IT〗〈装置・プログラムが〉クラッシュ[フリーズ]する，動かなくなる．**5**《ラ米》(1)(ｺﾛﾝﾋﾞ)《話》落ちこぼれる．(2)(ﾀﾞﾐ)《話》落第する．

[←[伊] *collocāre* (com- 「共に」+ *locāre*「置く」；
関連 colgador, colgadura]

colgue(-) / colgué(-) 活 → colgar.

col·gui·je [kol.gí.xe] 男《ラ米》ペンダント (トップ)．〜 *para celular* 携帯ストラップ．

co·li·ba·ci·lo [ko.li.ba.θí.lo / -.sí.-] 男〖医〗大腸菌．

co·li·brí [ko.li.brí] 男 (複 〜**es**)〖鳥〗ハチドリ．

co·li·ca·no, na [ko.li.ká.no, -.na] 形〈動物が〉尾の白い．

co·li·che [ko.lí.tʃe] 男《話》気楽なパーティー．

colibrí (ハチドリ)

có·li·co, ca [kó.li.ko, -.ka] 形 結腸の．——男〖医〗疝痛，さしこみ；(一般に) 腹痛．〜 hepático 肝(臓)疝痛．〜 nefrítico 腎炎性疝痛．〜 miserere [intestinal] 腸閉塞(ｿｸ)症．

co·li·co·li [ko.li.kó.li] 男《ラ米》(ﾁ)〖昆〗ウシアブ．

co·li·cua·ción [ko.li.kwa.θjón / -.sjón] 女 **1** (金属の)溶解，液化．**2** (下痢による)消耗，衰え．

co·li·cuar [ko.li.kwár] 85 他《2つ以上の物質を》溶解させる．

co·li·flor [ko.li.flór] 女〖植〗カリフラワー．

[←[伊] *cavoli fiori* (*cavolo*「キャベツ」+ *fiore*「花 (の咲いた)」の複数形)；関連 col]

co·li·ga·ción [ko.li.ga.θjón / -.sjón] 女 連合，同盟；提携．

co·li·ga·do, da [ko.li.gá.ðo, -.ða] 形 同盟を結んだ；提携した．——男 同盟国，連合国；提携者．

co·li·gar·se [ko.li.gár.se] 103 再 連合する，同盟を結ぶ；提携する．

co·li·güe [ko.lí.gwe] 男《ラ米》(1)(ｱﾙｾﾞﾝ)(ﾁ)〖植〗コリグエ：イネ科植物，稈(ｶﾝ)が空洞でないタケの一種．(2)(ﾁ)《俗》《婉曲》なよなよした男；ホモセクシュアルの人．

co·li·lla [ko.lí.ja ‖ -.ʎa] 女 **1** (タバコの)吸い殻，吸いさし．**2**《ラ米》(ﾌﾟｴﾙﾄ)トレーラー．

co·li·lle·ro [ko.li.jé.ro ‖ -.ʎé.-] 男 吸い殻を拾って歩く人，もく拾い．

co·li·ma·ción [ko.li.ma.θjón / -.sjón] 女〖光〗照準，視準；視準整正．

co·li·ma·dor [ko.li.ma.ðór] 男〖光〗視準器；〖天文〗視準儀．

co·lim·ba [ko.lím.ba] 女《ラ米》(ｱﾙｾﾞﾝ)《話》徴兵(制度)．——男《ラ米》(ｱﾙｾﾞﾝ)兵役に就いている若者．

co·lim·bo [ko.lím.bo] 男〖鳥〗カイツブリ．

co·lín [ko.lín] 形〈馬が〉切り尾の．——男 **1** グリッシーニ：細長い棒状のパン．**2**〖音楽〗グランドピアノの一種．**3**《ラ米》(1)(ｷｭｰﾊﾞ)〖鳥〗コリンウズラ．(2)(ﾒｷ)山刀，マチェテ (= machete)．

co·li·na[1] [ko.lí.na] 女 丘，丘陵．Desde lo alto de la 〜 se domina toda la ciudad. 丘の上から町全体が見渡せる．

co·li·na[2] [ko.lí.na] 女 **1**《集合的》キャベツの種子．**2** キャベツの苗床．

co·li·na[3] [ko.lí.na] 女〖生化〗コリン．

co·li·na·bo [ko.li.ná.bo] 男〖植〗コールラビ，カブ

ラタマナ, カブキャベツ.

co·lin·dan·te [ko.lin.dán.te] 形 隣接した, 隣り合った.

co·lin·dar [ko.lin.dár] 自《**con...** …と》隣接する, 隣り合う. Esta casa *colinda con* la escuela. この家は学校の隣にある.

co·li·nér·gi·co, ca [ko.li.nér.xi.ko, -.ka] 形《医》コリン作動性の；アセチルコリンに活性化される.

co·li·no [ko.lí.no]男《ラ米》《ᴮᵖ》《話》青年, 若者.

co·li·no, na [ko.lí.no, -.na]男 女《ラ米》《ᴮᵖ》《話》麻薬中毒の人.

co·li·rio [ko.lí.rjo]男《医》目薬, 点眼剤；洗眼水.

co·li·rro·jo [ko.li.r̃ó.xo]男《鳥》シロビタイジョウビタキ.

co·li·se·o [ko.li.sé.o]男 **1** コロセウム：古代ローマの巨大な円形競技場. **2** 大劇場, 大会場.
  [←《古伊》*Coliseo*←《中ラ》*Colissēum, Colossēum*←《ラ》*colossēum*「巨大な(物)」；関連 colosal]

co·li·sión [ko.li.sjón]女 衝突, 激突；対立. una ～ de ideas 意見の対立.

co·li·sio·nar [ko.li.sjo.nár]自 **1**《**con...** / **contra...** …と》激しく衝突する.
  2(意見・目的・考えが)対立する, 衝突する.

co·lis·ta [ko.lís.ta]形 最下位の, びりの.
  ——男 女 びりの人, 最下位チーム.

co·li·ti·gan·te [ko.li.ti.ɣán.te]男 女 共同訴訟当事者.

co·li·tis [ko.lí.tis]女《単複同形》《医》大腸炎, 結腸炎.

co·lla¹ [kó.ja || -.ʎa]女 **1**(よろいの)のど当て.
  2 簗(ʸᵃ)漁. **3**(犬をつなぐ)革ひも.

co·lla² [kó.ja || -.ʎa]女(モンスーンの季節に主にフィリピンを襲う)あらし, 暴風雨.

co·lla³ [kó.ja || -.ʎa]形 **1** アンデス Andes 高原地方の.《ラ米》《ᴳᵖ》《話》欲張りの, けちな.
  ——男 女 **1** アンデス高原地方の住民；コリャ人. **2**《ラ米》《ᴳᵖ》《話》欲張り, けち.

co·lla·do [ko.já.ðo || -.ʎá.-]男 **1** 丘, 小丘.
  2 峠, 山あいの道.

col·la·ge [ko.já.xe // -.láʃ]《仏》男《美》コラージュ.

co·llal·ba [ko.jál.ba || -.ʎál.-]女 **1**(土を砕く)園芸用木槌(ʰʸ). **2**《鳥》サバクヒタキ.

*__co·llar__ [ko.jár || -.ʎár]男 **1 ネックレス**, 首飾り(,勲章の頸章(ʰʸ)). ～ de brillantes ダイヤモンドのネックレス. **2**(動物用の)首輪. **3**《機》継ぎ環, 接管. ～ de fijación 環状補強金具.
  [←《ラ》*collāre* (*collum*「首」+ 派生)；関連《英》collar.《日》(ワイシャツの)カラー]

co·lla·re·ja [ko.ja.ré.xa || -.ʎa.-]女《ラ米》(1)《ᴮᵖ》《ᴳᵖ》《動》イタチ. (2)《ᴮᵖ》《鳥》ヤマバト.

co·lla·rín [ko.ja.rín || -.ʎa.-]男 **1**(頸椎(ᴷᵉⁱ)障害用の)ネックカラー. **2**《服飾》ローマンカラー, 襟. **3**《建》柱類. [collar + 縮小辞]

co·lla·ri·no [ko.ja.rí.no || -.ʎa.-]男《建》柱頸(ᴷʸᵓ)：柱頭と柱身の間の頸部.

co·lla·zo [ko.já.θo || -.ʎá.- / -.so]男 **1** 乳兄弟.
  2 使用人.

col·lege [kó.litʃ]《英》男《複 ～s, ～》(イギリス・米国の大学の)カレッジ, 学部.

co·lle·ja [ko.jé.xa || -.ʎé.-]女 **1** (あいさつなどで)背中をぽんと叩くこと. **2**《植》ナデシコ科の一種.

co·lle·ra [ko.jé.ra || -.ʎé.-]女 **1**(車を引く牛馬の)首輪. **2**(馬の)首飾り. **3**《ラ米》(1)《ᴮᵖ》《ᴮᵖ》《複数で》《話》カフスボタン. (2) ペア, 対. (3)《ᴮᵖ》(くびきにつないだ)2頭の動物. (4)《ᴳᵖ》《ᴬʳ》革ひも.

co·lle·rón [ko.je.rón || -.ʎe.-]男 **1** 馬車馬の飾り首輪[はも]. **2** →collera.

col·lie [kó.li]《英》男《複 ～s, ～》《動》コリー(犬種).

co·llín [ko.jín || -.ʎín]男《ラ米》《ᴾᵃ》山刀, マチェテmachete.

co·llón, llo·na [ko.jón, -.jó.na || -.ʎón, -.ʎó.-]形《ラ米》《ᴳᵖ》《話》臆病(ᴮʸᵒ)な, 気の弱い.

col·ma·do, da [kol.má.ðo, -.ða]形《**de...** …で》いっぱいの, 満ちあふれた. una vida *colmada de* satisfacciones 満ち足りた人生.
  ——男 **1**(まれ)小料理店. **2** 食料品店.

*__col·mar__ [kol.már]他《**de...** …で》いっぱいにする, 満たす. ～ un vaso de leche ミルクをコップになみなみとつぐ. **2**《**de...**(賞賛・ほうびなど)を》たっぷり与える. Me *colmó de* favores. 彼[彼女]は私にいろいろ親切にしてくれた. **3** 満足させる, 実現する. ～ sus ambiciones 野心を満足させる.
  Eso colma la medida. 泣き面に蜂(ʰᵃᶜʰⁱ)である(←その不幸が限界を越えさせる).

col·me·na [kol.mé.na]女 **1** ミツバチの巣箱, ハチの巣；巣を作るハチの群れ.
  2 人が群がる場所. ～ humana 人だかり, 群衆.
  3《ラ米》《ᴮᵖ》《昆》ミツバチ.

col·me·nar [kol.me.nár]男 養蜂(ᵍᵒ)場, 養蜂箱.

col·me·ne·ro, ra [kol.me.né.ro, -.ra]男 女 養蜂(ᵍᵒ)家.《ラ米》《ᴮᵖ》《動》コアリクイ.

col·mi·lla·da [kol.mi.já.ða || -.ʎá.-]女 牙(ᴷⁱᵇᵃ)でのひとかみ, ひと突き.

col·mi·lla·zo [kol.mi.já.θo || -.ʎá.- / -.so]男 → colmillada.

col·mi·llo [kol.mí.jo || -.ʎo]男 **1**《解剖》犬歯 (=canino). **2** 牙(ᴷⁱᵇᵃ). ～s de elefante 象牙.
  enseñar los colmillos 牙をむく；威嚇(ⁱᵏᵃᵏᵘ)する.
  tener el colmillo retorcido《話》ずる賢い.

col·mi·llón, llo·na [kol.mi.jón, -.jó.na || -.ʎón, -.ʎó.-]形《ラ米》《ᴮᵖ》《ᴳᵖ》《話》抜けめのない人, ずる賢い人. ——男《ラ米》貪欲(ᵈᵒⁿʸᵒᵏᵘ), 強欲.

col·mi·llu·do, da [kol.mi.jú.ðo, -.ða || -.ʎú.-]形 **1** 牙(ᴷⁱᵇᵃ)の大きい. **2** 老獪(ᴿᵒᵍᵃⁱ)な, 抜けめのない.

*__col·mo, ma__ [kól.mo, -.ma]形 **1** 縁までいっぱいの, なみなみとつがれた. **2** 山盛りの, 大盛りの.
  ——男 **1 絶頂**, 極み. el ～ de la locura 狂気の極み. **2** 山盛り, 大盛り. a ～ ふんだんに. con ～ 山盛りの. **3** 付け足し, 補足.
  para colmo (*de desgracia*) おまけに, そのうえ悪いことに.
  ser el colmo あんまりである, 我慢できない. ¡Eso *es el* ～! いくらなんでもそれはひどすぎる.

co·lo·bo [ko.ló.βo]男《動》コロブス：アフリカに生息するオナガザル科コロブス亜科の動物の総称.

*__co·lo·ca·ción__ [ko.lo.ka.θjón / -.sjón]女
  1 配置；置くこと. ～ de los muebles 家具の配置. ～ de la primera piedra de un edificio 建物の定礎. ～ de los jugadores en la cancha《スポ》コート内の選手の(守備)位置.
  2 職, 就職 (=empleo). ～ fija 定職. encontrar ～ 職を見つける. oficina de *colocaciones* 職業安定所. **3**《商》投資, 出資.

co·lo·ca·do, da [ko.lo.ká.ðo, -.ða]形 **1**《隠》(**estar**+)麻薬でハイになった, トリップした.
  2(**estar**+)定職に就いている.
  3(競馬, 特に連勝式馬券で)〈馬が〉2位になった.

co·lo·car [ko.lo.kár] 他 112 他 1 (en... 〈場所〉に) 置く, 並べる, 配置する. ~ los libros por orden alfabético 本をアルファベット順に並べる. ~ los juguetes *en* su sitio おもちゃをたづける. ~ los productos *en* un mercado 商品を市場に出す.

2 (en... 〈職場〉に)(de... / como... …として)就職させる; …の身を落ち着かせる. ~ a la hija *de* secretaria *en* una empresa 娘を会社の秘書として就職させる. Mi esposo está bien *colocado*. 私の夫はいい職についている.

3 (en... …に) 投資する, 出資する. ~ *en* bolsa sus ahorros 貯えを株に投入する.

4 《話》(a+人 〈人〉に) 押し付ける, 無理強いする. Él *nos colocó* su coche usado. 私たちは彼の使い古した車を押し付けられた (▶ nos が a+人に相当).

— ~·se 再 1 (en... 〈職場〉に)(de... / como... …として)就職する, 雇われる. ~*se de* gerente *en* un cine 映画館の支配人になる.

2 身を置く, 位置を取る. ~*se* ante el micrófono マイクの前に立つ. ~*se* en tercer lugar 3 位につける.

3 《話》(アルコール・麻薬などで) 酔っ払う, ぼうっとする. **4** 〈衣服などを〉整える; 身につける. ~*se* el sombrero 帽子をかぶりなおす[かぶる].
[← [ラ] *collocāre* (*com-*「共に」+ *locāre*「置く」)
 関連 colgar, lugar. [英] *collocate*]

co·lo·cho [ko.ló.tʃo] 男 《ラ米》(†) (1) かんこくず; 巻き毛, 縮れ毛. (2) 恩恵, 世話.

co·lo·ko·lo [ko.lo.kó.lo] 男 《ラ米》 1 【まれ】 コロコロ: トカゲや魚・鳥・ネズミなどに似ているという空想上の動物. **2** 《ラ米》(†) 【動】コロコロ: パンパスネコ (南米南部に生息するヤマネコに似たネコ科の哺乳類); チロエオポッサム (南米に住むネズミに似た有袋目の小型動物).

co·lo·cón [ko.lo.kón] 男 《話》 1 泥酔. pillar(se) un ~ (べろんべろんに) 酔っ払う.
2 (麻薬による) 高揚, 酪酊(%), トリップ.

co·lo·cu·tor, to·ra [ko.lo.ku.tór, -.tó.ra] 男 女 話し相手, 対談者.

co·lo·dión [ko.lo.ðjón] 男 【化】コロジオン.

co·lo·dra [ko.ló.ðra] 女 《まれ》搾乳用の容器; (ワイン用の) 木製の容器.

co·lo·dri·llo [ko.lo.ðrí.ʝo | -.ʎo] 男 後頭部.

co·lo·fón [ko.lo.fón] 男 1 (書物の) 奥付, 奥書. ▶「前付け」は principio. **2** 締めくくり, フィナーレ; 最高潮. como ~ a... …の最後に, 締めくくりに.

co·lo·fo·nia [ko.lo.fó.nja] / **co·lo·fo·ní·a** [ko.lo.fo.ní.a] 女 【化】ロジン, コロホニウム.

co·lo·ga·rit·mo [ko.lo.ɣa.ɾít.mo] 男 【数】余対数.

co·loi·dal [ko.loi.ðál] 形 【化】コロイドの, 膠質(ぞう)の. estado ~ コロイド状態. solución ~ コロイド溶液, ゾル (→ gel).

co·loi·de [ko.lói.ðe] 形 【化】コロイドの, 膠質の. — 男 コロイド, 膠質.

co·loi·de·o, a [ko.loi.ðé.o, -.a] 形 → coloidal.

Co·lom·bia [ko.lóm.bja] 固名 **コロンビア**: 南米大陸北西部の共和国 / 面積: 113.9万km² / 人口: 約4300万 / 首都 Bogotá / 言語: (公用語) スペイン語 / 通貨: peso (記号 $: $1=100 centavos) / 住民: メスティーソ (58%), ヨーロッパ系 (20%), ムラート (14%), 黒人, 先住民 / 宗教: カトリック (95%); 守護聖人— Chiquinquirá の聖母.

♦ Bogotá を中心とする山岳地帯に chibcha 文化が栄えた. 1538年 Gonzalo Jiménez de Quesada 似て征服され, 18世紀には Nueva Granada 副王領となる. 1819年大コロンビア共和国 (現在のコロンビア・ベネズエラ・エクアドル) として独立し, その後, 内部解体ののち1886年コロンビア共和国となる.
[[伊] *Colombo*「(新大陸の探検者)コロンブス」+ -ia]

co·lom·bia·nis·mo [ko.lom.bja.nís.mo] 男 **1** コロンビア特有のスペイン語法 [表現・語義・単語]. **2** コロンビア人気質; コロンビアの特質 (賛美).

co·lom·bia·no, na [ko.lom.bjá.no, -.na] 形 コロンビアの, コロンビア人の. — 男 女 **コロンビア人**. — 男 コロンビアのスペイン語.

co·lom·bi·cul·tu·ra [ko.lom.bi.kul.tú.ɾa] 女 **1** ハトの飼育 [繁殖]. **2** 競技用伝書鳩の飼育 [調教].

co·lom·bi·no, na [ko.lom.bí.no, -.na] 形 コロンブスの. → Colón. — 女 **1** (イタリア演劇に登場する) 扇動的な娘, コロンビーナ. **2** 《ラ米》(1) (⁂) 《遊》ぶらんこ. (2) (🌽)(🍓) 棒つきキャンディー.

co·lom·bo·fi·lia [ko.lom.bo.fí.lja] 女 伝書鳩(²¹) 飼育.

co·lom·bó·fi·lo, la [ko.lom.bó.fi.lo, -.la] 形 伝書鳩(²¹) を飼育する. — 男 女 伝書鳩飼育者 (愛好家).

co·lon [kó.lon] 男 1 【解剖】結腸.
2 (欧文の) コロン (:) (= dos puntos), セミコロン (;) (= punto y coma).

co·lón [ko.lón] 男 コロン: コスタリカ・エルサルバドルの通貨単位. 記号 ¢.

Co·lón [ko.lón] 固名 コロンブス Cristóbal ~ (1451–1506): イタリアの Génova 生まれといわれる. スペインの Isabel 女王の援助を得て, 大西洋西回り航路による東洋到達を企て, 1492年10月12日, Guanahaní (San Salvador と命名) 島に到着.

co·lo·na·to [ko.lo.ná.to] 男 小作制度.

*co·lo·nia*¹ [ko.ló.nja] 女 **1 植民地**, 植民都市. la independencia de una ~ 植民地の独立. ~ espacial スペースコロニー.
2 《集合的》植民者, 入植者. la ciudad fundada por una ~ de portugueses ポルトガル人入植者によって建設された都市. **3** 居留民; 居留地. la ~ japonesa de Paraguay パラグアイの日本人コロニー. **4** (郊外の) 住宅団地. ~ obrera 労働者用団地. **5** 《複数で》(子供向けの) 林間[臨海] 学校. **6**【生物】コロニー; 群体. ~ de hormigas 蟻(®) の群れ. ~ de bacterias バクテリアの群体. **7** 絹のリボン. **8** 《ラ米》(1) (⁑) 《話》(+名詞) (都市の) …区, 地区 (= barrio). (2) (⁷⁺) サトウキビ農園.

colonia de verano [*vacaciones*] サマーキャンプ.
[← [ラ] *colōniam* (*colōnia* の対格; *colere*「耕す」の派生語 *colōnus*「小作人」より派生); 関連 colonizar. [英] *colony*]

co·lo·nia² [ko.ló.nja] 女 オーデコロン (= agua de ~).

Co·lo·nia [ko.ló.nja] 固名 ケルン: ドイツ西部の都市.
[← [ラ] *Colōnia (Agrippīna)*「(アグリッピナの) 植民市」(紀元50年にローマ皇帝 *Claudius* がこの地を植民市とし, その妃 *Agrippīna* にちなんでこの名をつけた); 関連 colonia¹. [仏] *eau de Cologne*「オーデコロン」]

co·lo·nia·je [ko.lo.njá.xe] 男 《ラ米》植民地時代; 植民地統治.

co·lo·nial [ko.lo.njál] 形 **1 植民地の**; 植民地時

代[風]の, período ～ 植民地時代. imperio ～ 植民地帝国. estilo ～ コロニアル様式. **2** 植民地産の.
—男《複数で》(植民地からの)輸入食料品.

co·lo·nia·lis·mo [ko.lo.nja.lís.mo] 男【政】植民地主義【政策】.

co·lo·nia·lis·ta [ko.lo.nja.lís.ta] 形【政】植民地主義の, política ～ 植民地政策.
—男女【政】植民地主義者.

colonice(-) / colonicé(-) 活 →colonizar.

*****co·lo·ni·za·ción** [ko.lo.ni.θa.θjón / -.sa.sjón] 女 植民地化, 植民.

co·lo·ni·za·dor, do·ra [ko.lo.ni.θa.ðór, -.ðó.ra / -.sa.-] 形 植民する, 植民地化する.
—男女 植民地建設者, 開拓民.

*****co·lo·ni·zar** [ko.lo.ni.θár / -.sár] 97 他 **1** 植民する, 植民地を建設する. **2** 植民地化する.

*****co·lo·no** [ko.ló.no] 男 **1** 植民者, 植民地への移民. **2** 小作人. **3**《ラ米》(ダ)サトウキビ農園主.

co·lo·nos·co·pia [ko.lo.nos.kó.pja] 女【医】結腸(内視)鏡検査(法).

co·lo·que [ko.ló.ke] 男《話》酔い；（麻薬による）高揚, 酩酊(%), トリップ.

coloque(-) / coloqué(-) 活 →colocar.

*****co·lo·quial** [ko.lo.kjál] 形 **口語(体)の**, 会話体の.

co·lo·quia·lis·mo [ko.lo.kja.lís.mo] 男 **1** 話し言葉, 口語的な単語や表現. **2** 口語表現を好む[多用する]傾向.

co·lo·quín·ti·da [ko.lo.kín.ti.ða] 女【植】コロシントウリ(の実):下剤に用いられる.

*****co·lo·quio** [ko.ló.kjo] 男 **1 対話**, 会話(＝diálogo, conversación). **2** 話し合い, 討論会；質疑応答. **3**【文学】対話編, 対話体の作品. **4**《ラ米》(1)(プエ)(クリスマスでの)歌の祝い. (2)(デア)街頭劇.

*****co·lor** [ko.lór] 男 **1 色, 色彩；色調**. ～es calientes [cálidos] 暖色. ～es fríos 寒色. ～es complementarios 補色. ～es del espectro 虹色. ～es litúrgicos 典礼で使われる色. ～es primarios 三原色. unos zapatos de ～ café コーヒー色の靴. ～ chillón けばけばしい色. dar ～ a... …に色をつける.

[関連]色の名称：rojo 赤. escarlata 緋(ʰ)色, スカーレット. bermellón 朱, バーミリオン. granza 茜(ᵃ$)色. rosa ばら色 (rosa charo 桜色, ピンク). naranja オレンジ色. pardo 茶色, 褐色. marrón 栗(§)色. beige ベージュ. amarillo 黄 (amarillo dorado 山吹色). verde 緑 (verde fresco 萌黄(ᵐ$)色. verde de musgo モスグリーン. verde oliva オリーブグリーン. verde esmeralda エメラルドグリーン). verde-celedón 青磁色. azul 青 (azul celeste 空色, スカイブルー. azul con cobalto コバルトブルー). ～ turquí / añil / índigo 藍(ᵃ)色. azul de ultramar ウルトラマリン. azul marino 紺, ネイビーブルー). morado / violado 紫. violeta 菫(ᵖ)色. granate ざくろ色, 蘇芳(ˢ$)色 (granate corinto ワインレッド). gris 灰色, グレー (gris perla パールグレー). blanco 白 (blanco lechoso 乳白色). negro 黒.

2 (白黒に対して) **カラー**, 多色. una película en ～ カラー映画. una impresora en ～ カラープリンター. **3** 染料, 絵の具；ほお紅. ¿Por qué no te pones un poco de ～ en las mejillas? ほおに少し紅をさしたらどう. **4** 顔色；(ものの)特徴, 性質. mudar [cambiar] de ～ 顔色を変える. ponerse de mil ～es (恥ずかしさなどで)真っ赤になる. **5** 精彩, 活気. La asistencia de ese famoso dio ～ a la celebración. その有名人の参加が式典に花を添えた. **6** (政治などの) 主義；ものの見方. **7**【音楽】音色. **8**《複数で》(団体・学校・国家の象徴としての)色. ～es nacionales ナショナルカラー. **9**《ラ米》(ᵈ$ᵃ)(ｾ)(食品の)着色剤.

a todo color〈写真・絵が〉フルカラーの.
de color(白黒でない)カラーの；〈肌が〉有色の.
de color de rosa 楽観的な.
no haber color 比べものにならない.
sacar los colores a＋人 〈人〉を赤面させる.
so color de... …の口実で(＝con pretexto de).
subido de color〈冗談・話が〉きわどい, 下品な.
tomar color〈果物・食物などが〉(成熟・調理で)色づく.
[←[与]*color*；関連]colorado, incoloro, descolorar. [[英]*color, Colorado*(地名)]

co·lo·ra·ción [ko.lo.ra.θjón / -.sjón] 女 **1** 着色, 配色. **2** 色合い, 色調.

Co·lo·ra·do [ko.lo.rá.ðo] 固名 **1** el ～ コロラド川. (1) アルゼンチン中部の川. (2) 米国の川. ▶川が赤色土砂を含んで赤濁しているところから. **2** コロラド：米国西部の州. [coloradoより派生]

co·lo·ra·do, da [ko.lo.rá.ðo, -.ða] 形 **1** 赤い；〈顔が〉赤らんだ. estar ～ de vergüenza 恥ずかしくて赤面している. ponerse ～ 赤面する. **2** 色の付いた. **3**《ラ米》(1)(ᵁ$)【政】コロラド党 Partido Colorado の支持者の. (2)(ᵅ$)みだらな, 卑猥(ᵇ.)な.
—男《ラ米》(ᵁ$)(ᴺ&)猩紅(じょう)熱.
—男女《ラ米》(ᵁ$)【政】コロラド党員[支持者].

co·lo·ra·do·te, ta [ko.lo.ra.ðó.te, -.ta] 形《話》赤ら顔の. cara *coloradota* 赤ら顔.

co·lo·ran·te [ko.lo.rán.te] 形 着色する, 染色する.
—男 着色剤, 染料.

co·lo·rar [ko.lo.rár] 他《de...…に》着色する, 染める. La clorofila *colora* de verde las hojas. 葉緑素は葉を緑色にする.

co·lo·ra·ti·vo, va [ko.lo.ra.tí.ßo, -.ßa] 形 着色[染色]する, 色をつけることができる.

co·lo·re·a·do, da [ko.lo.re.á.ðo, -.ða] 形 **1** 色のついた. **2** 色鮮やかな. —男 色づけ, 彩色, (特に写真や映画への)着色 (技術).

*****co·lo·re·ar** [ko.lo.re.ár] 他《de... …に》**着色する**；染色する. —自 色づく. —～**se** 再《果物が》色づく, 熟れる. En la huerta comienzan a ～*se* las manzanas. 畑ではリンゴが赤く色づき始めた.

co·lo·re·te [ko.lo.ré.te] 男 ほお紅, チーク.

co·lo·ri·do [ko.lo.rí.ðo] 男 **1** 配色, 色合い, 色調. **2** 特色, 特徴. **3**《まれ》ほお紅. **4** 生彩；活気, にぎわい. **5** 口実.

co·lo·rí·me·tro [ko.lo.rí.me.tro] 男【化】比色計, 測色計.

co·lo·rín [ko.lo.rín] 男 **1**【鳥】ゴシキヒワ. **2**《話》はしか, 麻疹(ˡ&). **3**《複数で》派手な色, どぎつい色. **4**《ラ米》(メヒ)ソンバントレ(の種[花]).

Y colorín, colorado, este cuento se ha acabado.《童話などの結びの決まり文句》これでおしまい, めでたしめでたし.

co·lo·rín, ri·na [ko.lo.rín, -.rí.na] 形《ラ米》(ᵖ$)赤毛の.

co·lo·rin·che [ko.lo.rín.tʃe] 形《ラ米》(コノ)《話》(色が)けばけばしい, 派手な；(配色が)ごてごてした.
—男《ラ米》(コノ)《話》(派手な色の)ごてごてとした配色.

co·lo·rir [ko.lo.rír] 80 他 着色する；染色する.

colorismo

co·lo·ris·mo [ko.lo.rís.mo] 男 **1**【美】色彩主義. **2**【文学】華麗な修辞の駆使.

co·lo·ris·ta [ko.lo.rís.ta] 形 **1**【美】色彩効果の巧みな. **2** 修辞の華麗な. **3** 色が鮮やかな,カラフルな. ― 男 女 **1** 色彩重視の画家. **2** 修辞の華麗な作家.

co·lo·sal [ko.lo.sál] 形 **1** 巨大な,大規模な. edificio ~ 巨大な建築物. **2**《話》すごい,すばらしい. pérdidas ~es 莫大な損害.

co·lo·sal·men·te [ko.lo.sál.mén.te] 副《話》すばらしく. Lo hemos pasado ~. 私たちはすばらしく楽しい時を過ごした.

co·lo·sen·ses [ko.lo.sén.ses] 男《複数形》【宗】コロサイ人. Carta a los ~【聖】(新約の)コロサイの信徒への手紙.

co·lo·so [ko.ló.so] 男 **1** 巨像. *C*~ de Rodas ロードス島のアポロンの巨像(♦ロードス港の入り口に立っていたといわれる世界の七不思議の一つ). **2** 巨大な物;巨人,大男. **3** 巨匠,傑物,巨星.

co·lo·ti·pia [ko.lo.tí.pja] 女【印】コロタイプ版[印刷術].

col·pa [kól.pa] 女 **1**【化】ベンガラ,鉄丹. **2**《ラ米》《キ》《ゴル》高品質の鉱石;(炭鉱)ソーダ.

col·pos·co·pia [kol.pos.kó.pja] 女【医】膣(ちつ)鏡検査(法).

col·pos·co·pio [kol.pos.kó.pjo] 男【医】膣(ちつ)鏡,コルポスコープ.

cól·qui·co [kól.ki.ko] 男【植】コルチカム,イヌサフラン.

colt [kólt] 男 コルト(式自動拳銃(じゅう)).

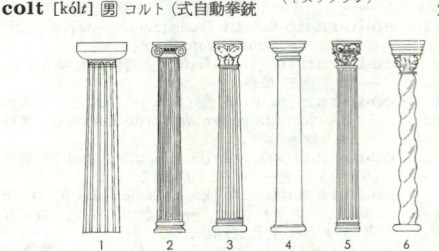

co·lú·bri·do [ko.lú.bri.ðo] 男【動】ヤマカガシ.

co·lu·chis·mo [ko.lu.tʃis.mo] 男 俳優やスポーツ選手など有名人が政治に積極的に参加すること. ♦1981年フランス大統領選への出馬を表明した喜劇役者コリューシュ Coluche から.

co·lu·dir [ko.lu.ðír] 自【法】《con... …と》共謀[結託]する.

co·lu·do, da [ko.lú.ðo, -.ða] 形《ラ米》(1) 《チリ》《キ》《ボリ》《話》よくドアを閉め忘れる. (2)《キ》《ボリ》《話》すそを引きずった. (3) 《中米》《キ》《ゴル》《ララ》(動物が)尾の長い.

co·lum·ba·rio [ko.lum.bá.rjo] 男 (古代ローマの)納骨室.

co·lum·be·ar [ko.lum.be.ár] 他《ラ米》《キエク》《キ》ぶらんこに乗せる.

co·lum·bia [ko.lúm.bja] 女《ラ米》《ララ》→columpio.

co·lum·bi·no, na [ko.lum.bí.no, -.na] 形 ハトの,ハトのような.

co·lum·brar [ko.lum.brár] 他 **1** 遠くに認める,ほのかに見る (= divisar). **2** 見え始める,わかりかける.

co·lu·me·lar [ko.lu.me.lár] 形 犬歯の. ― 男【解剖】犬歯 (= diente ~, canino).

co·lum·na [ko.lúm.na] 女 **1** 円柱,柱;記念柱. ~ dórica [jónica, corintia] ドーリア[イオニア,コリント]式円柱. ~ salomónica [entorchada] らせん形円柱. ~ rostrada [rostral] (古代ローマの)戦勝記念柱. **2** 積み重ねられたもの;(数表などの)縦列. una ~

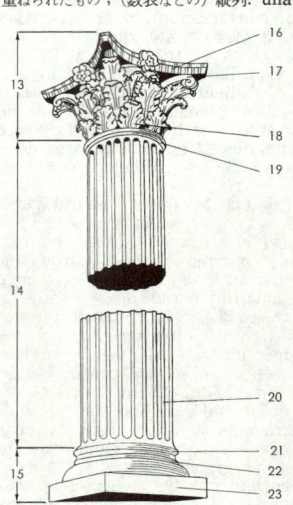

columna (円柱)
1 dórica ドーリス式. 2 jónica イオニア式. 3 corintia コリント式. 4 toscana トスカーナ式. 5 compuesta コンポジット式,混合式. 6 torneada 螺旋(らせん)式. 7 acopladas 双柱式. 8 anillada 円環式. 9 romana ローマ式. 10 románica ロマネスク式. 11 persa ペルシア式. 12 egipcia エジプト式. 13 capitel 柱頭. 14 fuste 柱身. 15 basa 柱礎,柱脚. 16 ábaco 頂板,アバクス. 17 voluta 渦形装飾. 18 hoja de acanto アカンサス柱頭. 19 astrágalo 玉縁. 20 estría 溝飾り,縦溝. 21 bocel 大玉縁. 22 escocia 大えぐり. 23 plinto 方形台座,プリンス.

de cajas de cartón 積み重ねった段ボール箱.
3〖印〗綴欄（ごう）,欄, コラム. un texto a dos ~s 2段組の本文.

4《**de**...》(液体・気体などの)柱, 柱状のもの. ~ *de humo* 一条の煙. ~ *de fuego* 火柱. ~ *de mercurio* 水銀柱. ~ *de fraccionamiento*(石油の)分留塔.

5《比喩的》支え, 支柱. *Nuestro padre es la ~ de la familia.* 私たちの父は一家の大黒柱だ.

6〖軍〗縦隊, 縦列; 行動部隊. *en ~ de a tres* 3列縦隊で. ~ *blindada* 機甲部隊.

7(スピーカーボックスの)バッフル.

columna vertebral (1)〖解剖〗脊柱（せきちゅう）. (2) 支えとなる人[もの].

en columna 縦に; 列を作って.

quinta columna 第五列; 敵方に内通する者. ♦スペイン内戦中, 共和派の牙城 Madrid に存在していた Franco 派同調者が Franco 側が称した呼び名から.
[←〚ラ〛*columnam*(*columna* の対格)/〖関連〗〚英〛*column*]

co·lum·na·ta [ko.lum.ná.ta] 囡〖建〗コロネード, 列柱.

co·lum·nis·ta [ko.lum.nís.ta] 男囡(新聞・雑誌の)コラムニスト, 特約寄稿者.

co·lum·piar [ko.lum.pjár] 82 他 ぶらんこに乗せる; 揺する.
— ~·**se** 再 **1** (自分の体を)左右に揺らす, ぶらんこに乗る. **2**《話》間違う.

co·lum·pio [ko.lúm.pjo] 男 **1** ぶらんこ.
2(主に複数で)公園のぶらんこ・すべり台などの)遊具設備(一式). **3**《ラ米》揺りいす, ロッキングチェア.

co·lu·ria [ko.lú.rja] 囡〖医〗胆汁（たんじゅう）(症).

co·lu·ro [ko.lú.ro] 男〖天文〗至至経線, 四季節.

co·lu·sión [ko.lu.sjón] 囡〖法〗通謀; 共謀, 結託.

co·lu·so·rio, ria [ko.lu.só.rjo, -.rja] 形〖法〗通謀による; 共謀した, なれ合いの.

co·lu·to·rio [ko.lu.tó.rjo] 男〖医〗うがい薬.

co·lu·vial [ko.lu.ƀjál] 形〖地質〗崩積性の.

co·lu·vie [ko.lú.ƀje] 囡 **1** 悪党の一味.
2 ぬかるみ; ごみため.

co·lu·vión [ko.lu.ƀjón] 男〖地質〗崩積性物質; 斜面・がけの下部に堆積した土砂・岩石の破片; 崩積土, 崩積層.

col·za [kól.θa / -.sa] 囡 **1**〖植〗セイヨウアブラナ.
2《話》身体に良くない材料[成分].

com- 〚接頭〛(b, p の前に来るときの) con- の異形. ⇒*combinar, componer*.
[←〚ラ〛*cum*「…と共に」]

co·ma[1] [kó.ma] 囡 **1** 句点, コンマ (,). **2**小数点. ♦小数の0.7をスペイン, アルゼンチンなどでは0,7 *cero coma siete* (温度の場合は *siete décimas*)と記し, メキシコなどでは0.7 *cero punto siete* と記す.
sin faltar (***ni***) ***una coma*** 《話》余す所なく; 綿密に. [←〚ラ〛*comma*/〚ギ〛*kómma*「断片」/〖関連〗*comilla*/〚英〛*comma*]

co·ma[2] [kó.ma] 男〖医〗昏睡（こんすい）. [←〚ギ〛*kôma*].

co·ma·draz·go [ko.ma.ðráθ.go / -.ðrás.-] 男(子供の)母親と洗礼の代母の親戚づきあい[親しい関係].

co·ma·dre [ko.má.ðre] 囡 **1**〚話〛子供の代母, 名付け親. *mi* ~(両親からみた)子供の代母(► 代父 *compadre* がパートナーを指す場合も同じ表現 *mi* ~ となる.子供からみた代母は *madrina*).

2《話》おしゃべりな女性, うわさ好きな女性. *cuentos* [*chismes*] *de* ~ 井戸端会議ふうのおしゃべり, 無駄口. **3**《話》近所のおかみさん. **4**《話》産婆, 助産師. **5**《ラ米》(1) 仲のいい女友達. (2) (話) 《複数で》《話》(女性の)胸.

co·ma·dre·ar [ko.ma.ðre.ár] 自《話》〈女性たちが〉うわさ話をする.

co·ma·dre·ja [ko.ma.ðré.xa] 囡〖動〗イタチ; (特に)イイズナ.

co·ma·dre·o [ko.ma.ðré.o] 男《話》おしゃべり, うわさ話.

co·ma·dre·rí·a [ko.ma.ðre.rí.a] 囡《話》うわさ話; 世間話.

co·ma·dre·ro, ra [ko.ma.ðré.ro, -.ra] 形 おしゃべりな, うわさ好きな.
— 男 囡 おしゃべりな人, うわさ好きな人.

co·ma·drón, dro·na [ko.ma.ðrón, -.ðró.na] 男 囡《話》産科医.囡《話》産婆, 助産師.

co·mal [ko.mál] 男《ラ米》(中米)(南米)(*tortilla* などを焼く)素焼きの薄皿.
tener comal y metate《ラ米》(中米)《話》なんでもそろって[持って]いる.

co·man·che [ko.mán.tʃe] 形 (北米先住民の)コマンチの. — 男 囡 コマンチ人. — 男 コマンチ語.
[←〚ユート〛*komanchi*「よそ者」]

co·man·da [ko.mán.da] 囡《ラ米》(レストランなどの)勘定.

co·man·dan·cia [ko.man.dán.θja / -.sja] 囡
1〖軍〗指揮, 指揮権; 司令部, 参謀本部; 管轄区域.
2《ラ米》(南米)警察署.

co·man·dan·ta [ko.man.dán.ta] 囡 **1**《話》指揮官の妻. **2**《古語》〖海〗旗艦.

co·man·dan·te [ko.man.dán.te] 男 **1**〖軍〗指揮官, 司令官; (陸・空軍の)少佐. ~ *en jefe* [*general*] 総司令官. ~ *general de escuadra* 艦隊司令長官. **2**〖航空〗機長. **3**《ラ米》(南米)警察署長.

co·man·dar [ko.man.dár] 他〖軍〗指揮する, 指令する.

co·man·di·ta [ko.man.dí.ta] 囡〖商〗合資会社 (= *sociedad en* ~).
en comandita《話》集団で, グループで.

co·man·di·tar [ko.man.di.tár] 他 (合資会社の有限責任社員として)出資する.

co·man·di·ta·rio, ria [ko.man.di.tá.rjo, -.rja] 形 合資会社の.
— 男 囡 合資会社の有限責任社員 (= *socio* ~).

co·man·do [ko.mán.do] 男 **1**〖軍〗遊撃隊, 奇襲部隊; 奇襲. **2**〖軍〗遊撃隊員, コマンド. **3**〖IT〗コマンド, 指令.

co·mar·ca [ko.már.ka] 囡 地方, 地域, 区域 (► *región* より狭い). *La Mancha es una* ~ *del centro de España.* ラ・マンチャはスペイン中部の一地方である. [←〚中ラ〛*commarca*「境界」/〖関連〗*marcar, marqués*/〚英〛*mark*]

co·mar·cal [ko.mar.kál] 形 地域の, 地方の; 地元の. *red* ~ 地域ネットワーク.

co·mar·ca·no, na [ko.mar.ká.no, -.na] / **co·mar·can·te** [ko.mar.kán.te] 形 (まれ)近所の, 近隣の. *campos* ~*s* 近所の畑.

co·mar·car [ko.mar.kár] 他 〈樹木を〉1列に植えて並木道を作る. — 自 境を接する, 隣接する.

co·ma·to·so, sa [ko.ma.tó.so, -.sa] 形 《*estar*+》〖医〗昏睡（こんすい）(性)の; 昏睡状態の. *en estado* ~ 昏睡状態の.

com·ba [kom.ba] 囡 **1** 縄跳びの)縄; 縄跳び. *dar a la* ~ 縄跳びの縄を回す. *saltar* [*jugar*] *a la* ~ 縄跳びをする. **2**(綱・木・梁（はり）などの)たわみ, 曲がり; (路面の)反り. **3**《ラ米》(南米)大槌（おおづち）.

no perder comba《話》(1) あらゆる機会を逃さず利用する. (2) ひと言ももらさず聞く.

com·ba·do, da [kom.bá.ðo, -.ða] 形 湾曲した, 反り返った, 曲がった. ―― 男 〖建〗 交差梁［星型］丸天井を支える鴻曲したリブ[助(¿)材].

com·ba·du·ra [kom.ba.ðú.ra] 女 (綱・木などが)曲がること, たわむこと；反り.

com·bar [kom.bár] 他 **1** 曲げる, 反らせる. ～ un hierro 鉄を曲げる. ―― ～**.se** 再 **1** (綱・木などが)たわむ, 曲がる. **2** 〈壁・梁(ザ)が〉反る, ひずむ.

com·bar·ba·li·ta [kom.bar.ba.lí.ta] 女 〖鉱〗 コンバルバライト：チリのコンバルバラ Combarbalá 近くで採れる白い縞の入った灰青緑の石.

*****com·ba·te** [kom.bá.te] 男 **1** 戦い, 戦闘；争い. librar un ～ 戦いをする. perder un ～ 戦いに敗れる. ～ en las calles 市街戦. carros de ～ 戦車. el ～ contra la pobreza 貧困との闘い. ～ político [ideológico] 政治[思想]上の争い. ➡ batalla 類語
2 (格闘技などの)試合, 勝負. un ～ de boxeo ボクシングの試合. ～ nulo 引き分け.
3 《ラ米》《パナ》(農村での)共同作業.
fuera de combate (1) 〖軍〗ノックアウトで. dejar *fuera de* ～ a+人 〈人〉をノックアウトする, 打ちのめす. (2) 使いものにならない.

com·ba·ti·ble [kom.ba.tí.ble] 形 攻撃しうる；征服できる.

***com·ba·tien·te** [kom.ba.tjén.te] 形 戦う, 戦闘する. ―― 男 女 戦闘員；戦士, 兵士.

***com·ba·tir** [kom.ba.tír] 自 《con... / contra... …と》《por... …のために》戦う. ～ *contra* el enemigo 敵と戦う. ～ *por* la libertad 自由を求めて戦う. ―― 他 **1** 〈悪・病気などを〉撃退する, 抑え込む；…と戦う. ～ los prejuicios 偏見と戦う. ～ la epidemia 疫病と戦う. ～ un incendio 消火にあたる. ～ una propuesta 提案に反対する. ～ el miedo 恐怖を克服しようとする. ～ el frío 寒さに抵抗する.
2 〈風・波などが〉…に打ち当たる.

com·ba·ti·vi·dad [kom.ba.ti.βi.ðáð] 女 攻撃性, 闘争性；やる気, 闘志.

com·ba·ti·vo, va [kom.ba.tí.βo, -.βa] 形 攻撃的な, 好戦的な；意欲的な, 闘志満々の.

com·bés [kom.bés] 男 **1** 範囲, 区域, 境界内.
2 〖海〗甲板中央部.

com·bi [kóm.bi] 女 **1** 〖服飾〗《話》(婦人用の)スリップ (▶ combinación の略). **2** 《ラ米》(ネネネ)(ネネネ)(ネネ) ワゴン車, バン；乗り合いバス. ―― 男 冷凍冷蔵車.

com·bi·na [kom.bí.na] 女 《話》計略；悪巧み, 陰謀. amigo de ～s 悪賢いやつ, ずるいやつ.

com·bi·na·ble [kom.bi.ná.βle] 形 組み合わせられる；結合可能な；化合できる.

***com·bi·na·ción** [kom.bi.na.θjón / -.sjón] 女 **1** 組み合わせ, 結合, 配合. en ～ con ... と組んで, 協力して. **2** 〖化〗化合；化合物. **3** 計画, 策略, 計略. El me dijo que tenía una ～ para ganar mucho. 彼は大もうけをする策があると私に言った. **4** 交通の接続, 便. Desde el aeropuerto hay buena ～ para ir al hotel. 空港からホテルへ行くには交通の接続がよい. **5** 〖服飾〗(婦人用の)スリップ, コンビネーション. **6** (金庫などの)ダイヤル, 数字などの組み合わせ. **7** 〖スポ〗(ボールの)パス. **8** 〈主に複数で〉〖数〗組み合わせ. **9** カクテル (= cóctel).
combinación métrica〖文学〗押韻形式.

com·bi·na·do, da [kom.bi.ná.ðo, -.ða] 形 **1** 〖軍〗連合した, 協力した. operaciones *combinadas* 協同作戦. **2** 結合した, 配合された；盛り合わせの.
―― 男 **1** 混合物, 化合物. **2** カクテル (= cóctel). **3** 〖スポ〗混合［複合］チーム. **4** 《ラ米》コンボ (ステレオ). ―― 女 〖スポ〗複合競技.

com·bi·na·dor [kom.bi.na.ðór] 男 〖電気〗制御器, コントローラー.

***com·bi·nar** [kom.bi.nár] 他 **1** 《con... …と》組み合わせる, 結びつける；調和させる. *Combinó* el negocio *con* la diversión. 彼[彼女]は趣味と実益をうまく結びつけた.
2 手順[段取り]を付ける, 取り決める. *Combinaron* las vacaciones para que quedase abierta la fábrica. 工場を閉めないで済むよう休暇が調整された. **3** 〖化〗化合させる. **4** 〖スポ〗〈ボールを〉パスする. **5** 《ラ米》(ラファ) (会合などの) 日取りを決める.
―― 自 《con... …と》合う, 調和する. Siempre se pone zapatos que *combinen con* el vestido. 彼[彼女]はいつも服装に合った靴をはく.
―― ～**.se** 再 **1** 連合する, 合同する. **2** (**para...** することに) 同意[合意] する. **3** 〖化〗化合する.
[⇐[後ラ] *combināre* ([ラ] *com-*「共に」+[ラ] *bīnī*「2つずつ」+動詞語尾) ; 関連 combinación. [英] *combine*]

com·bi·na·to·rio, ria [kom.bi.na.tó.rjo, -.rja] 形 組み合わせの. análisis ～ 組み合わせ論.
―― 女 〖数〗組み合わせ論.

com·bo, ba [kóm.bo, -.ba] 形 反った, 曲がった.
―― 男 **1** 《ラ米》(1) (?)(ネネ)《俗》殴打；一撃. (2) (ネネネ)《俗》仲間, グループ；バンド, 楽団. (3) (ネネネ)(砕石用の)ハンマー.

com·bo·so, sa [kom.bó.so, -.sa] 形 曲がった, 反った.

com·bre·tá·ce·as [kom.bre.tá.θe.as / -.se.-] 〈複数形〉〖植〗シクンシ科の植物.

com·bu·ren·te [kom.bu.rén.te] 形 〖物理〗燃焼を維持[促進] する. ―― 男 〖物理〗燃焼剤.

com·bus·ti·bi·li·dad [kom.bus.ti.βi.li.ðáð] 女 可燃性, 燃焼力.

***com·bus·ti·ble** [kom.bus.tí.βle] 形 可燃性の, 燃えやすい. basura ～ 可燃ごみ. material ～ 可燃性物質. ―― 男 燃料. ～ gaseoso [líquido, sólido] 気体[液体, 固体]燃料. ～ nuclear 核燃料.

com·bus·tión [kom.bus.tjón] 女 **1** 燃焼, 燃えること. ～ espontánea 自然発火. ～ completa [incompleta] 完全[不完全]燃焼. **2** 〖化〗燃焼, 酸化.

co·me·bo·las [ko.me.βó.las] 男 〈単複同形〉《ラ米》《話》(1) のらくら者. (2) ばか.

co·me·co·cos [ko.me.kó.kos] 男 〈単複同形〉
1 《話》過度に夢中にさせるもの[人], 洗脳するもの[人], 理性を失わせ正常な思考を破壊するもの[人]；強迫観念. **2** 〖遊〗パックマン (テレビゲーム).

co·me·co·me [ko.me.kó.me] 男 **1** 《話》かゆみ, ちくちくすること；うずうず[じりじり]すること.
2 心配, 不安.

co·me·de·ro, ra [ko.me.ðé.ro, -.ra] 形 食べられる, 食用に適した. ―― 男 **1** 飼い葉桶(キ), 給餌(ネネ)器.
2 食堂. **3** 《ラ米》(ネネ)(ネネ)《俗》売春宿, 娼家(シネ).
*limpiar*le (*a*+人) *el comedero*《話》〈人〉の生活の口を奪う.

***co·me·dia** [ko.mé.ðja] 女 **1** 〖演〗喜劇, コメディ；喜劇作品 (↔tragedia). ～ de figurón (登場人物の性格を戯画化した)風刺喜劇. ～ de situación (テレビなどの)連続ホームコメディ.
2 演劇, 劇；演劇作品. representar una ～ 劇を上演する. ～ de capa y espada 合羽と太刀もの (●

17世紀スペインの騎士を主人公にした風俗劇．~ de costumbres 風俗劇．~ de enredo 紛糾劇．~ de magia 夢幻劇．**3**《話》笑い事；お芝居，見せかけ．¡Eso es pura ~! それは全くの茶番だ．
hacer (**la, una**) *comedia* / *venir con comedias*《話》《比喻的》お芝居をする．
[←〖ラ〗*cōmoedia*←〖ギ〗*kōmōidía*（*kômos*「〈歌と踊りの〉祭り」より派生）；関連 comediante, cómico．〔英〕*comedy*]

co·me·dian·te, ta [ko.me.ðján.te, -.ta] 男女 **1**〘演〙俳優, 役者；喜劇役者．**2** 偽善者．

co·me·di·da·men·te [ko.me.ðí.ða.mén.te] 副 控えめに；丁寧に．

co·me·di·do, da [ko.me.ðí.ðo, -.ða] 形 **1** 控えめな，慎み深い；穏やかな．**2** 丁寧な，礼儀正しい．**3**《ラ米》《話》《ﾒﾋｺ》お節介な，でしゃばりな．(2) 面倒見がよい，親切な．

co·me·di·mien·to [ko.me.ði.mjén.to] 男《ラ米》〈世話・手助けの〉申し出．

co·me·dio [ko.mé.ðjo] 男 **1** 中心, 中心地．**2** 過渡期．

co·me·dió·gra·fo, fa [ko.me.ðjó.ɣra.fo, -.fa] 男女 劇作家．

co·me·dión [ko.me.ðjón] 男《軽蔑》〈長くてつまらない〉喜劇．

co·me·dir·se [ko.me.ðír.se] 1 再 **1** 慎む, 節度を保つ；自制する．~ en las palabras 言葉を慎む．**2**《ラ米》(1)《a+不定詞 …するのを》買って出る．(2)《ﾒﾋｺ》世話を焼く．

co·me·dón [ko.me.ðón] 男〘医〙にきび, コメド．

co·me·dor [ko.me.ðór] 男 **1** 食堂, ダイニングルーム．coche ~ 食堂車．~ universitario 大学の食堂, 学食．
2《集合的》食堂用家具, ダイニングセット．

co·me·dor, do·ra [ko.me.ðór, -.ðó.ra] 形 食欲旺盛な, よく食べる．
— 男女 食欲旺盛な人, 大食家, 健啖(たん)家．

co·me·du·ra [ko.me.ðú.ra] 女 *comedura de coco* [*tarro*]《話》悩みの種, 頭を悩ませ続けること［もの］．

co·me·gen·te [ko.me.xén.te] 男《ラ米》《ｷｭｰﾊﾞ》《ﾄﾞﾐﾆｶ》《話》食いしん坊, 大食漢．

co·me·hos·tias [ko.me.ós.tjas] 男女《単複同形》《卑》《軽蔑》偽善者．

co·mei·ve·te [ko.mei.βé.te] 男《ラ米》《ｸﾞｱﾃﾏﾗ》ファーストフードの店．

co·me·jén [ko.me.xén] 男 **1**〘昆〙シロアリ．**2**《ラ米》《話》(1)《ｺﾛﾝﾋﾞｱ》食いしん坊, 大食漢．(2)《ﾍﾟﾙｰ》心配, (気)苦労；社会的不安．

co·me·je·ne·ra [ko.me.xe.né.ra] 女 **1** シロアリの巣．**2**《ﾌﾟｴﾙﾄﾘｺ》《ﾄﾞﾐﾆｶ》《話》たまり場, 巣窟(そうくつ)．

co·me·li·to·na [ko.me.li.tó.na] 女《ラ米》《ｽﾍﾟｲﾝ》→ comilona.

co·me·lón, lo·na [ko.me.lón, -.ló.na] 形《ラ米》→ comilón.

co·me·mier·da [ko.me.mjér.ða] 男女《卑》《軽蔑》くそったれ, くそ野郎（▶ ののしりに用いられる）．

comenc- 活 → comenzar.

co·men·da·dor [ko.men.da.ðór] 男 **1** 騎士団長．**2**（メルセス会などの）修道院長．

co·men·da·do·ra [ko.men.da.ðó.ra] 女 **1**（メルセス会などの）女子修道院長．
2（騎士団所属の修道院の）修道女．

co·men·da·ta·rio, ria [ko.men.da.tá.rjo, -.rja] 男〘宗〙一時的に聖職禄(ろく)を受給する．

— 男（修道院外の聖職者で）聖職禄受給者．

co·men·da·to·rio, ria [ko.men.da.tó.rjo, -.rja] 形 推薦の．carta *comendatoria* 推薦状．

co·men·de·ro, ra [ko.men.dé.ro, -.ra] 男女（封土・聖禄を授与された）領主．

co·men·sal [ko.men.sál] 男女 **1** 食事を共にする人, 会食者．Había diez ~*es*. 10人が食卓を囲んでいた．**2**〘生物〙共生動物．**3**《ラ米》《ｴｸｱﾄﾞﾙ》宿泊客．

co·men·sa·lí·a [ko.men.sa.lí.a] 女 寝食を共にすること．

co·men·sa·lis·mo [ko.men.sa.lís.mo] 男〘生物〙片利［偏利］共生：2種類の生物のうち一方のみが利益を得, もう一方にっても害はない共生の形態；〈広く〉共生．

co·men·ta·dor, do·ra [ko.men.ta.ðór, -.ðó.ra] 男女 解説者, 注釈者．

***co·men·tar** [ko.men.tár] 他 **1** 論評する, 解説する；…を話題にする．~ el resultado de una encuesta アンケートの結果について解説する．~ una película 映画の感想を述べる．~ un partido de fútbol para una cadena de televisión あるテレビ局でサッカーの試合の実況解説をする．
2〈テキストなどに〉注釈をつける．~ un texto literario 文学作品に注釈をつける．**3**《話》《**a**+人（人）に》《**que**+直説法 …だと》言う, 伝える．Alguien *comentó que* tu padre *estaba* enfermo. 誰かが君のお父さんが病気だという話をしていた．

*co·men·ta·rio [ko.men.ta.rjo] 男 **1** 論評, 意見, コメント．hacer un ~ personal sobre un problema ある問題について個人的意見を述べる．ahorrarse ~*s* 論評を差し控える．
2《複数で》うわさ話, 世評．El asunto provocó ~*s* entre los vecinos. その件は住民の間にいろいろなうわさを呼んだ．
3（テキストなどの）注釈, 注解．una edición con ~*s* 注釈つきの版．**4**（テレビなどの）実況解説；時事解説．escuchar los ~*s* de un partido de fútbol サッカーの実況解説を聞く．
Sin comentarios. ノーコメント．
sin (*más*) *comentarios* 何も言わずに．

co·men·ta·ris·ta [ko.men.ta.rís.ta] 男女 注釈者, 解説者．

co·men·to [ko.mén.to] 男 → comentario.

*co·men·zar [ko.men.θár / -.sár] 10 他 始める, 開始する（= empezar）．*Ha comenzado* su discurso con su agradecimiento. 彼［彼女］の演説は感謝の言葉から始まった．
— 自 **1**《**a**+不定詞 …し》始める．Mi hijo *comenzó a trabajar* a los veinte años. 私の息子は20歳で働き始めた．**2** 始まる．¿A qué hora *comienza* el programa? その番組は何時に始まるのか．
comenzar por... …から始まる［始める］．
para comenzar 初めに, 最初に．
[←〔俗ラ〕*cominitiāre*（〔ラ〕com-「完全に」+〔ラ〕*initiāre*「始める」）；関連 comienzo.〔英〕*commence*]

*co·mer [ko.mér] 他 **1** 食べる,〈食べ物を〉取る；〈昼食に〉食べる．¿Qué *has comido* hoy? 今日は（昼食に）何を食べたの．
2 消費する；蝕(むしば)む, 侵食する．Este coche *come* mucha gasolina. この車はガソリンをよく食う．La envidia le *come*. 彼はうらやましくてたまらない．▶ 再帰代名詞を伴って用いられることが多い．→ 再 **2**, **3**.
3〈場所・面積を〉くう, 占領する．La barba le *comía* la cara. 彼はあごひげで顔が小さく見えた．▶

再帰代名詞を伴って用いられることが多い. → 囲 2.
4 《遊》〈チェスなどで〉〈相手の駒を〉とる. Me *comió un alfil*. 私はビショップを１つとられた.
5 《ラ米》《(話)》…を超える, …より優れている；抜かす. ——自 食べる；昼食をとる；夕食をとる. ~ fuera 外食する. En casa *comemos* a las dos y media. わが家では２時半に昼食をとる. Hemos quedado para ~. 私たちは食事をする約束をした.

—— ~ se 囲 **1** 食べつくす, 使い果たす. Él solo *se comió* todo el pastel. 彼はひとりでケーキを全部平らげた. *Cómetelo* todo. 全部食べちゃって.
2 消費する；蝕む, 侵食する；〈場所を〉くう. El detergente *se comió* los colores del vestido. 漂白剤でワンピースの色があせてしまった.
3 〈人を〉〈感情などが〉さいなむ；《de [con]＋感情を表す名詞 …という感情で〉〈人が〉苦しむ. *Se la comen* los celos. 彼女は嫉妬にさいなまれている.
4 〈特定の音・語を〉のみ込む, 省略する, 発音しない, 書かない. *Te has comido* un párrafo. 君, １段落飛ばしたね. **5** 〈靴などが〉〈靴下などに〉しわを作る.
6 《ラ米》《(*)》《(話)》しかりつける, 脅しつける. —— 男 食事, 食べること. Es muy parco en el ~. 彼はとても少食である.

comer como una lima / comer más que una lima 《話》大食家である, たくさん食べる.
comer con los ojos 料理を目で楽しむ.
comer gallos 《ラ米》《(*)》《(話)》攻撃的になる.
comerse... con la vista [los ojos] …を喰い入るように見つめる；物欲しそうに見る.
comerse (los) unos a (los) otros いがみ合う.
comer(se) vivo a＋人 〈人〉に怒りをあらわにする.
echar [dar] de comer aparte a＋人 《主に軽蔑》〈人〉を別扱いする.
estar para comérselo [comerlo] 《人・ものが》すてきである, 魅力的である. La niña *está para comérsela*. その女の子はすごくかわいい. ► lo は主語の性数によって変化する.
no comer ni dejar comer 〈人が〉意地悪である《自分が使わないのに人にも使わせない：『イソップ童話』から》.
ser de buen comer 食欲旺盛である, 食にうるさくない.
sin comerlo ni beberlo 何もせずに, 何もしないのに.
[← 〔ラ〕*comedere*「食いつくす」(*com*-「すっかり」＋*edere*「食べる」)；関連 comida, comedor.〔英〕*eat*.〔独〕*essen*]

co·mer·cia·ble [ko.mer.θjá.ble / -.sjá.-] 形
1 取引できる, 流通性のある. **2** 社交的な.

co·mer·cial [ko.mer.θjál / -.sjál] 形《名詞＋》(*ser*＋)1** 商業の, 貿易の, 通商の. balanza ~ 貿易収支. banco ~ 商業銀行. centro ~ ショッピングセンター. horario ~ 営業時間. tratado ~ 通商条約.
2 商業的な, 営利的な；販売〔促進〕の. cine ~ 商業映画. diseño ~ 商業デザイン. —— 共 販売代理人 (= agente ~).
—— 男 《ラ米》広告放送, コマーシャル.

co·mer·cia·lis·mo [ko.mer.θja.lís.mo / -.sja.-] 男 コマーシャリズム, 営利主義；売らんかな根性.

*co·mer·cia·li·za·ción [ko.mer.θja.li.θa.θjón / -.sja.-.sa.sjón] 女 **1** 商業化, 商品化.
2 市場調査, マーケティング・リサーチ.

co·mer·cia·li·zar [ko.mer.θja.li.θár / -.sja.-.sár] 97 他 商業〔商品〕化する；〈製品を〉市場に出す.

*co·mer·cian·te [ko.mer.θján.te / -.sján.-] 共
1 商売を営む, 商業にたずさわる. **2** 打算的な, もうけ主義の. —— 共 **1** 商人, 商店主. ~ al por mayor 卸商. **2** 計算高い人.

co·mer·ciar [ko.mer.θjár / -.sjár] 82 自
1 《con... …と》商売をする, 取引する；貿易をする. España *comercia* con el mundo entero. スペインは全世界と通商関係にある.
2 《con... / en... …を》商う. **3** 交際する, 交渉を持つ. **4** 《con... …を》不正に取り引きする.

co·mer·cio [ko.mér.θjo / -.sjo] 男 **1 商業；商売, 取引；貿易 (= ~ exterior). Cámara de *C*~ e Industria 商工会議所. casa de ~ 商社. ~ al por mayor 卸売り. ~ al por menor 小売り. ~ electrónico Eコマース, 電子商取引. ~ justo フェアトレード. ~ libre 自由貿易. **2** 《個々の》店, 商店. **3** 《集合的》商店, 商人, 商業界. **4** 《話》食べ物. **5** 《文章語》《主に非道徳的な》交際；肉体関係 (= ~ carnal).
[← 〔ラ〕*commercium* (*com*-「一緒に」＋ *merx*「商品」＋名詞語尾)；関連 comerciante, comercial, mercado.〔英〕*commerce*]

co·mes·ti·ble [ko.mes.tí.ble] 形 食べられる, 食用に適する. hongo ~ 食用キノコ. —— 男 《主に複数で》食料品, 食品. tienda de ~s 食料品店.

co·me·ta [ko.mé.ta] 男 **1** 《天文》彗星 (ホ), ほうき星. ~ de Halley ハレー彗星. ~ periódico 周期彗星. **2** 《ラ米》《(汐)》賄賂 (ネ), 買収. —— 女 凧 (ホ).

co·me·ta·rio, ria [ko.me.tá.rjo, -.rja] 形 《天文》彗星 (ホ) の.

*co·me·ter [ko.me.tér] 他 **1** 〈罪・間違いなどを〉犯す. ~ errores 間違いを犯す. ~ un delito 犯罪を犯す. Ha *cometido* varias faltas de ortografía. 彼[彼女]は綴りをいくつか間違えた.
2 《修辞的技法などを》用いる. **3** 《まれ》託す, ゆだねる. **4** 《商》手数料を払う.
[← 〔ラ〕*committere* (*com*-「一緒に」＋ *mittere*「送り出す」)；「結合する」が原義)；関連 cometido.〔英〕*commit*]

*co·me·ti·do [ko.me.tí.ðo] 男 任務, 使命；仕事. cumplir [desempeñar] su ~ 義務[職務]を遂行する.

co·me·zón [ko.me.θón / -.són] 女 **1** かゆみ, むずがゆさ. tener ~ むずむずする.
2 気掛かり, 心のうずき. Sentía ~ por decir algo. 彼[彼女]は何か言いたくてうずうずしていた.

co·mi·ble [ko.mí.ble] 形 食べられる, 食用に適する；それほどまずくはない.

COMIBOL [ko.mi.ból] 女 《略》*Corporación Minera de Bolivia* ボリビア鉱山公社.

com·ic / có·mic [kó.mik] 男 《複 ~s》漫画；漫画本, コミックス.

có·mi·ca [kó.mi.ka] 形 名 → cómico.

co·mi·cas·tro [ko.mi.kás.tro] 男 《軽蔑》大根役者, へぼ役者.

co·mi·cial [ko.mi.θjál / -.sjál] 形 **1** 選挙の, 投票の. **2** 《医》癲癇 (ネ) の. morbo ~ 癲癇.

co·mi·ci·dad [ko.mi.θi.ðáð / -.si.-] 女 喜劇性, こっけいさ.

co·mi·cios [ko.mí.θjos / -.sjos] 男 《複数形》**1** 選挙, 投票；選挙(集)会. **2** 《古代ローマの》民会.

cómico, ca [kó.mi.ko, -.ka]形 **1** おかしな, 笑いを誘う；こっけいな. cara *cómica* おかしな顔. movimientos ~*s* コミカルな動き. escena *cómica* 愉快なシーン.
2 喜劇の, コメディの；喜劇俳優の. actor ~ 喜劇俳優. obra *cómica* 喜劇作品. teatro ~ 喜劇演劇.
— 男 **1** 喜劇俳優 (＝comediante).
2 漫才師, お笑い芸人, コメディアン (＝humorista). **3** (一般に) 役者 (＝actor, actriz). ~ de la legua どさまわりの役者.
— 女 《ラ米》《ﾒｷｼｺ》《ｺﾛﾝﾋﾞｱ》(複数で) 漫画, コミック.
[← 〔ラ〕*cōmicum* (*cōmicus* の対格) ← 〔ギ〕*kōmikós*；関連] comedia. [英] *comic*]

comida [ko.mí.ða]女 **1** 食べ物. ~ rápida ファーストフード. ~ lenta スローフード. ~ mexicana メキシコ料理. **2** 食事；会食. Nadie habló durante la ~. 食事中誰も話さなかった. **3** 《主にスペイン》昼食；《ラ米》《ｺﾛﾝﾋﾞｱ》夕食.
dar una comida a+人〈人〉に食事をごちそうする.
reposar la comida 食休みをとる.

co·mi·di·lla [ko.mi.ði.ja ‖ -.ʎa] 女 《話》 **1** 話題の中心, うわさの種. Es la ~ del pueblo. 彼[彼女]は村中のうわさの種だ. **2** 趣味, 道楽.

co·mi·do, da [ko.mí.ðo, -.ða] 形 **1** (**estar**＋)《話》食事を済ませた. Ya *estamos* ~*s*. 私たちはもう食べた. **2** すり切れた；虫に食われた. ~ de gusanos 虫食いの. **3** 取りつかれた. ~ de [por] la envidia 羨望の念にさいなまれて.
lo comido por lo servido 損にも得にもならない；持ちつ持たれつの関係, おあいこ.

co·mien·ce [ko.mjén.θe / -.se] 動 《ラ米》《ｺﾛﾝ》初め, 最初.

comience(-) 活 → comenzar.
comienz- 活 → comenzar.

comienzo [ko.mjén.θo / -.so] 男 初め；始まり, 根元. ~ del curso 学年の初め[始まり]. dar ~ 始まる. dar ~ a... ～を始める. El presidente dio ~ a su discurso. 大統領は演説を始めた.
— 活 → comenzar.
a comienzos de... ...の初めに. *a* ~*s de* la primavera 春の初めに.
al comienzo 初めに[は].

co·mi·go [ko.mí.go] 代名 《古語》→ conmigo.
co·mi·li·to·na [ko.mi.li.tó.na] 女 《話》→ comilona.
co·mi·llas [ko.mí.jas ‖ -.ʎas] 女 (複数形で) 引用符 («», " ", ' '). entre ~ 引用符で囲んで；強調して. abrir [cerrar] las ~ 引用符を置く[閉じる].
[coma＋縮小辞]

co·mi·lón, lo·na [ko.mi.lón, -.ló.na] 形 **1** 《話》食いしん坊の, 食い意地の張った. **2** 《ラ米》《ｺﾛﾝ》《ｽﾎﾟ》チームワークを乱す. — 男 女 《話》食いしん坊；大食い. — 男 《ラ米》《ｺﾛﾝﾋﾞｱ》《話》ホモセクシュアルの男性. — 女 《話》ごちそう, 大盤振る舞い. darse una comilona 盛大な宴会を催す.

co·mi·ne·ar [ko.mi.ne.ár] 自 差し出口を挟む；〈男が〉女のすることに干渉する.
co·mi·ne·rí·a [ko.mi.ne.rí.a] 女 《まれ》くだらない「ささいな, 値打ちのない」こと.
co·mi·ne·ro, ra [ko.mi.né.ro, -.ra] 形 つまらないことに大騒ぎをする, 小うるさい. — 男 女 小うるさい人.
— 男 女の仕事に口出しする男.

Co·min·form [ko.miɱ.fórm] 男 《政》 コミンフォルム (1947-56)：ヨーロッパの共産党の情報機関.

co·mi·ni·llo [ko.mi.ní.jo ‖ -.ʎo] 男 **1** 《植》ドクムギ. **2** (主に) 《ﾒｷｼｺ》危惧(ぎ), 羨望(ぼう)；疑い. (2) (ﾌﾟｴﾙﾄﾘｺ) 《話》不安, おびえ.

co·mi·no [ko.mí.no] 男 **1** 《植》クミン (の実・種). **2** (**un**＋) 《話》つまらないもの, 価値のないこと. No me importa (ni) *un* ~. こちらはちっとも構わないよ. no valer *un* ~ 全然価値がない.
3 《親愛》(背の低い人・子供などに対して) おちびちゃん.

Co·min·tern [ko.min.térn] 男 《政》 コミンテルン, 第三インターナショナル (1919-43).

co·mi·qui·lla [ko.mi.kí.ja ‖ -.ʎa] 女 《ラ米》《ﾒｷｼｺ》(ｺﾛﾝﾋﾞｱ) (複数で) 漫画, コミック.

co·mi·qui·ta [ko.mi.kí.ta] 女 《ラ米》《ｺﾛﾝﾋﾞｱ》(複数で) 漫画, コミック.

co·mi·sar [ko.mi.sár] 他 没収する, 押収する.

comisaría [ko.mi.sa.rí.a] 女 **1** 警察署 (＝~ de policía). **2** (委任された) 任務, 役職. **3** (監督官・弁務官などの) 役所, 事務所. **4** 人民委員会.
co·mi·sa·ria·do [ko.mi.sa.rjá.ðo] 男 **1** (省庁・国際機関などの) 局, 部；(執行) 委員会, 事務局.
2 (省庁) 委員[長官, 弁務官, 警察署長]の職務, その執務室[事務所].

comisario, ria [ko.mi.sá.rjo, -.rja] 男 女 **1** 警察署長 (＝~ de policía)；(警察の部署の) 長；警察官. ~ de la Brigada de Investigación Criminal 刑事部長. **2** 代表者, 長官；監督官. alto ~ 《軍》高等弁務官. ~ de guerra 《軍》兵站(ﾍﾟｲﾀﾝ)司令官. ~ general 《軍》兵站総監. **3** 委員, 役員. ~ de la Inquisición / ~ del Santo Oficio 異端審問委員. **4** 《ｽﾎﾟ》コミッショナー.
[← 〔ラ〕*commissārium* (*commissārius* の対格)；*committere* 「ゆだねる」(→ cometer) より派生；関連 comisaría. [英] *commissary*]

co·mis·car [ko.mis.kár] 自 他 〈いろいろなものを〉ちびちび食べ続ける.

comisión [ko.mi.sjón] 女 **1** 委員会 (＝comité), 代表団, 使節団. convocar una ~ 委員会を召集する. ~ conjunta 合同委. *C~ Europea* E U 委員会. *Comisiones Obreras* (スペインの) 労働者委員会 (略 CC.OO.). ~ permanente 常任委員会.
2 任務, 委任；委任. **3** 《商》 手数料, コミッション. cobrar una ~ 手数料を取る. **4** 《まれ》(犯罪などの) 遂行；犯行 (＝~ de un delito).
a comisión 歩合制で[の]. trabajar *a* ~ 歩合制で働く.
comisión de servicios (公務員の) 出向.
comisión rogatoria 《法》(外国裁判所に対する) 調査依頼状；司法協力 (の要請).
en comisión 委託販売で[の]；手数料を取って.
[← 〔ラ〕*commissiōnem* (*commissio* の対格)；*committere* 「ゆだねる」(→ cometer) より派生；関連 [英] *commission*]

co·mi·sio·na·do, da [ko.mi.sjo.ná.ðo, -.ða] 形 委任された, 委託を受けた.
— 男 女 **1** 委員, 理事；コミッショナー. alto ~ (国連の) 高等弁務官. **2** 《ラ米》《ｺﾛﾝ》執行官, 捕吏.

co·mi·sio·nar [ko.mi.sjo.nár] 他 委任する, 委託する.

co·mi·sio·nis·ta [ko.mi.sjo.nís.ta] 男 女 《商》仲買人, 委託販売業者.

co·mi·so [ko.mí.so] 男《法》没収, 押収；没収［押収］品（= decomiso）.

co·mi·so·rio, ria [ko.mi.só.rjo, -.rja] 形《法》期限付きの.

co·mis·que·ar [ko.mis.ke.ár] 他 →comiscar.

co·mis·tra·jo [ko.mis.trá.xo] 男《話》ごたまぜの料理, ひどい食べ物.

co·mi·su·ra [ko.mi.sú.ra] 女 **1** 目じり, 目頭；口角. **2**《解剖》(頭蓋などの)縫合線, 交連部. **3** 合わせ目, 継ぎ目.

*__co·mi·té__ [ko.mi.té] 男 委員会. C~ de no intervención《史》スペイン内戦不干渉委員会（◆1936年設立．関係27カ国が参加し, 内戦中の両当事者への武器供与の禁止などで合意した）. C~ Olímpico Internacional（略 COI）国際オリンピック委員会.
［-《仏》*comité*-《英》*committee*］

co·mi·ten·te [ko.mi.tén.te] 形 委託の.
——男·女 委託者, 委任者；(代理人に対して)本人.

co·mi·ti·va [ko.mi.tí.ba] 女《集合的》随行員, 従者. ~ fúnebre 葬列. →acompañamiento［類語］.

có·mi·tre [kó.mi.tre] 男 **1**《史》(ガレー船漕刑の)囚の監督. **2** 人使いの荒い者.

có·mix [kó.miks]《英》男《単複同形》漫画, 特にアングラ漫画：体制批判的·批評的で暴力·エロティシズムを特徴とする.

co·mi·za [ko.mí.θa / -.sa] 女《魚》ニゴイの一種.

Com·mon·wealth [kó.mon.(g)welθ / -.(g)wels]《英》固 英連邦, イギリス連邦. ◆英国と旧英領植民地から独立した国々で構成される.

co·mo¹ [ko.mo] 副 **1《前置詞的に》《比喩·例示》…のように, …と同じように；…のような. blanco ~ la nieve 雪のように白い. dormir un tronco（丸太のように）ぐっすり眠る. un gran novelista ~ Cervantes セルバンテスのような偉大な作家.

2《主に無冠詞名詞の前で前置詞的に》《資格》…として. aconsejar ~ padre 父親として助言する. tratar ~ amigo 友人として扱う.

3《+数量を含む表現》大体, およそ. ~ a las *diez* 大体10時ぐらいに. En esta sala hay ~ *cien* personas. この部屋にはおよそ100人がいる.

4《関係》《様態·方法を表す名詞(句)·副詞(句)を先行詞として》…する(やりかた·様子). Me impresionó la manera [el modo] ~ lo hicieron. 私は彼らがそれを行った方法に感銘を受けた. ▶ 口語では en que か代わりによく用いられる. →Eso depende del modo en que lo realice. それは実施の方法によって決まる. ▶ 先行詞は時に como の中に含まれる. →Ella estaba satisfecha de ~ se desarrollaba el asunto. 彼女はその件の成り行きに満足していた. ▶ 次のような強調構文を作る. →Escribiendo es ~ mejor piensa. 書くことが考えをまとめる最上の方法である.
——接続 **1**《+直説法·接続法》《様態·方法》…するように, …のとおりに. ~ *quieras* 君の好きなように. ~ *acabo* de decir 今私が言ったように. ~ *es* lógico [natural] 当然のことであるが. Hazlo ~ te *digan* [*dicen*]. 言われるように［言われているとおりに］それをしなさい. ▶ 時に así, tal を伴う. →Lo estoy escribiendo *así* ~ me *dicen*. 私は言われているようにそれを書いています. ▶ この用法は関係副詞の先行詞を含む用法にも考えられる. →副 **4**.

2《+直説法》《主節の前で》《理由·原因》…なので, …だから. C~ *llovía* a cántaros, nos quedamos dos horas en la estación. どしゃ降りの雨だったので, 私たちは2時間駅にとどまった.

3《+接続法》《条件》もし…なら（▶ 事態の悪化の予告·警告を示すことが多い）. C~ *te equivoques*, no te daré otra oportunidad. もし間違ったらもうチャンスはあげないからね. C~ *siga* nevando, no podremos bajar durante unos días más. 雪が降り続いたら, もう何日かは下山できなくなるだろう. ¡C~ lo *hagas* otra vez! もう一度そんなことをしてみろ.

4《ときに así, tanto, también, tampoco を伴って》《並列》…と同様に；(...も)…も. Se produce mucho vino *tanto* en Italia ~ en España. イタリアでもスペインでもワインが多く生産されている. Los estudiantes, *así* ~ los profesores, estaban de acuerdo. 学生も教師も賛成していた.

5《tan, tanto を伴って》《同等比較》→tan, tanto.

6《形容詞·過去分詞》(1)《譲歩》…だけれども. *Rica* ~ parece, no lo es. 彼女はお金持ちそうにみえるが, そうではない.（2）《原因·理由》…なので. *Ocupado* ~ estaba, renunció al plan de salir de viaje. 彼は忙しくて, 旅行にでかける計画を断念した.

7《動詞 saber, ver の目的語となる従属節を導いて》…の様子を；…ということを. *Veía* ~ mis hijos jugaban al fútbol. 私は子供たちがサッカーをしている様子を見ていた.

8《まれ》…するとすぐに. C~ lo llamaron, salió a la calle. 電話がかかってくると, すぐに彼は町へ出て行った.

como no sea... もし…でなければ；《que+接続法》…しないかぎり. Es difícil entender esta costumbre, ~ *no sea* una persona de la región. その地方出身の人でなければこの習慣を理解することは難しい.

como para... …に十分な, …に値する. El ruido fue grande ~ *para* despertarme. 物音がたいそう大きかったので私は目を覚ました. El resultado no ha sido ~ *para* que estemos contentos. 結果はあまり満足できるものではなかった.

como que+直説法 (1)《様態·比喩》…であるように；…であるのと同じように. Siento ~ *que* me marginan. 私は疎外されているように感じる. Te lo juro, ~ *que me llamo* Juan. それは私の名がファンであるのと同じくらい確かなことです.（2）《理由·原因》…だから；…なんだから. Tienes un coche muy bonito. —C~ *que me ha costado* cien mil euros. すてきな車を持っているね. —10万ユーロもしたんだから.（3）《結果》それで, だから.

como si →si.

hacer como que [quien] +直説法…のように振舞う. *Hace* ~ *que* no nos *conoce*. 彼[彼女]は私たちを知らないかのように振舞う.

parecer como que... …のようである, …するらしい.

un [una] como... …のような. un ~ gemido うめき声のようなもの.

co·mo² [kó.mo] 固 →comer.

*__có·mo__ [kó.mo] 副《疑問》 **1**《状態·様子》どのように, どんなふうに. ¿C~ está usted?/ ¿C~ le va? ご機嫌いかがですか. ¿C~ eras de pequeña? 小さいときはどんな子だったの. ▶ 間接疑問文でも用いられる. →¿Me dices ~ fue el examen? テストがどうだったか言ってくれるかい.

2《方法·手段》どうやって, どのようにして. ¿C~ *viniste* aquí? — Vine en bici. ここへどうやって来たの. —自転車で来た. ¿C~ te llamas? 君の名前はなんていうの. ▶ 間接疑問文で従属節内の動詞が不定

詞のとき「どうやって…すべきか[できるか]」という意味になる. ⇒No sé ~ agradecérselo. なんとお礼を言っていいのかわかりません.

3《数量・代價》どれほど, いくら. ¿C~ es de ancho [largo]? 幅[長さ]はどれくらいですか. ▶単位当たりの値段を聞くことが多い. ⇒¡A ~ está el euro? 今のユーロの値段[相場]はいくらですか.

4《理由》《奇異・意外》なぜ, どうして. ¿C~ no viniste a la fiesta? どうしてパーティーに来なかったのか. **5**《反語》どうして…であろうか. ¿C~ nos oponemos? どうして反対などできようか. **6**《感嘆文》《+動詞》なんて…だろう. ¡C~ llueve! なんてひどい雨なんだ. Hay que ver ~ llora el niño. この子のよく泣くことといったら.

——男 仕方, 方法；原因. el ~ y el cuándo 方法と時期.

¡Cómo! 《驚き・怒り》なんだって, どうして.

¿Cómo? / ¿Cómo dice? 《聞き返し》なんですって, えっ, もういちどおっしゃってください.

¿Cómo así? / ¿Cómo es eso? / ¿Cómo es posible? 《驚き》これはどういうことなんだ, まさか.

¿Cómo es que…? 《どうして[どういうわけで]》…んだ. ¿C~ es que no lo has hecho? どういうわけでそれをしなかったんだい.

¡Cómo no! 《承諾》もちろん, いいですよ；《強く肯定して》もちろんそうするとも.

¡Cómo puede ser! → ¿Cómo así?

¿Cómo que…? 《相手の言葉に反発して》…とはどういうことだ. Yo no he hecho nada. —¿C~ que nada? 私は何もしていない. —何もしていないだと.

¿Cómo que no? どうしてだめだというのか, もちろんそうするとも.

¡Y cómo! 《強い同意》そのとおりだよ；《驚き》なんだと.

[←[俗ラ]*quomo*←[ラ]*quōmodo*]

có·mo·da [kó.mo.ða] 女 整理だんす, 小物だんす, チェスト.

co·mo·da·ble [ko.mo.ðá.ble] 形 〘法〙貸借可能な.

co·mo·dan·te [ko.mo.ðán.te] 男 〘法〙貸し手, 貸し主.

co·mo·da·ta·rio, ria [ko.mo.ða.tá.rjo, -.rja] 男 女 〘法〙借り手, 借り主.

co·mo·da·to [ko.mo.ðá.to] 男 〘法〙使用貸借契約.

***co·mo·di·dad** [ko.mo.ði.ðáđ] 女 **1** 快適さ, 心地よさ. vivir con ~ 気楽に暮らす. **2** 便利, 好都合. la ~ de vivir en la ciudad 都会生活の便利さ. Venga a su ~. いつでも都合のいいときに来てください. **3**《複数で》生活に便利なもの. casa con todas las ~es 設備がすべて備わった住宅.

co·mo·dín [ko.mo.ðín] 男 **1** 必要なときに役に立つもの[人], 代用(品). Este sofá hace de ~. このソファーは何かにつけて便利である. **2** 口実, 逃げ口上 (=pretexto). **3**《遊》(トランプ)(ジョーカーなどの)自由札, 鬼札. **4**〘IT〙ワイルドカード.

——形《ラ米》《話》のん気な, 気楽な.

co·mo·di·no, na [ko.mo.ðí.no, -.na] 形 男 女 《ラ米》→ comodón.

***có·mo·do, da** [kó.mo.ðo, -.ða] 形《ser+》**1**《ser+》快適な (↔incómodo). sofá ~ 座り心地のよいソファー. Este traje *es* muy ~. このスーツは着心地がいい.

2《ser+》使い勝手がいい；容易な (=fácil)；便利な. El volante de este coche *es* muy ~. この車のハンドルは使いやすい.

3《estar+》〈人が〉居心地よく感じる, 気楽な, くつろいだ. Mi mujer no *estaba* muy *cómoda* en la fiesta. 妻はパーティーでの居心地が悪そうだった. Ponte *cómoda*, que estás en tu casa. 自分の家にいるように気楽にしてくださいよ.

4《ser+》《性格》横着な, 気楽な (=comodón). carácter ~ 横着な性格. No *seas* ~ y ve a por el agua. 怠けてないで, 水を汲んできて.

[←[ラ]*commodum* (*commodus* の対格；*cum*「…と共に」+*modus*「尺度」) [関連] comodidad, acomodar. [英]*commodious, accomodate*]

co·mo·dón, do·na [ko.mo.ðón, -.do.na] 形 《話》安易な, 楽なほうを好む, ご都合主義の.

——男 女 面倒なことを嫌う人, 気楽な生活を好む人.

co·mo·do·ro [ko.mo.ðó.ro] 男 〘軍〙**1**(英国・米国海軍の)准将, 代将；(一般に)艦長. **2**《ラ米》《ラ》空軍の大佐.

co·mo·quie·ra [ko.mo.kjé.ra] 接続 **1**《que+接続法》にせよ. ~ *que sea* いずれにしても, とにかく. **2**《que+直説法》…なので, …であるからには. C~ *que se ha* de enterar de todos modos, mejor es decírselo ya. いずれわかることだから, 今から彼[彼女]の耳に入れておいたほうがいい.

co·mo·rá·no, na [ko.mo.rá.no, -.na] 形 男 女 → comorense.

Co·mo·ras [ko.mo.ras] 固名 コモロ：アフリカ東岸の国. 首都 Moroni. ◆国名は1975年の独立時からコモロ共和国, 78年からコモロ・イスラム連邦共和国, 2001年からコモロ連合と変化.

co·mo·ren·se [ko.mo.rén.se] 形 コモロ Comoras (諸島[連合])の, コモロ人の.

——男 女 コモロ諸島[連合]の住民[出身者].

com·pa [kóm.pa] 男 女 **1**《話》仲間, 友達 (=compañero). **2** ニカラグアゲリラ(兵).

com·pa·ci·dad [kom.pa.θi.ðáđ / -.si.-] 女 → compactibilidad.

com·pact [kóm.pak(t)] [英] 形 小型の, 縮小版の. ——男 *compact disc* (1) コンパクトディスク (=disco compacto). (2) CDプレーヤー.

com·pac·ta·ción [kom.pak.ta.θjón / -.sjón] 女 簡素化, 縮小, ダウンサイジング；固化, 固結, 収縮；〘IT〙圧縮.

com·pac·tar [kom.pak.tár] 他 ぎっしり詰める, 密集させる；固める.

com·pac·ti·bi·li·dad [kom.pak.ti.bi.li.ðáđ] 女 **1** ぎっしり詰まっていること；密集状態；堅さ.

2 手軽さ, 軽便, 簡潔.

***com·pac·to, ta** [kom.pák.to, -.ta] 形 **1** 目の詰まった, ぎっしり詰まった. polvos ~s プレストパウダー. **2**〘印〙活字[行間]を詰めた. **3** 小型の, 手軽な.

——男 (1) コンパクトディスク, CD (= disco ~). (2) CDプレーヤー, コンポ(ステレオ).

***com·pa·de·cer** [kom.pa.ðe.θér / -.sér] 34 他 …に同情する, 気の毒に思う. Te *compadezco*. 君に同情するよ. Pedro no es de ~. ペドロに同情するにあたらない.

——**~·se** 再 **1**《de…》〈…〉に同情する, 〈…〉を気の毒に思う. ~*se del* dolor ajeno 他人の苦しみを分かち合う. **2**《con…》と合致する, 調和する.

compadezc- → compadecer.

com·pa·dra·da [kom.pa.ðrá.ða] 女 《ラ米》《ラ》《話》空威張り, 強がり；自慢, 見せびらかし.

com·pa·dra·je [kom.pa.ðrá.xe] 男 (悪い)仲間, 徒党, ぐる.

com·pa·drar [kom.pa.ðrár] 自 **1** 代父の関係になる. **2** 親密になる, 親友になる.

com·pa·draz·go [kom.pa.ðráθ.go / -.ðrás.-] 男 **1** 代父母と実父母の関係. ▶「子供と代父の関係」は padrinazgo, 「子供と代母の関係」は madrinazgo. **2** 仲間, ぐる.

com·pa·dre [kom.pá.ðre] 男 **1** (洗礼に立ち会う) 代父, 名付け親. mi ~ (両親からみた)子供の代父 ▶ 代母 comadre がパートナーを指す場合も同じ表現 mi ~ である. 子からみた代父は padrino と言う). **2** [話] 友人, 仲間; (特にスペイン Andalucía 地方・中南米の男性間で) 相棒. **3** 《ラ米》《ᄀ》[話] 威張り屋, 自慢する人, 見え張り.

com·pa·dre·ar [kom.pa.ðre.ár] 自 **1** 友達になる, 親しくなる.
2 《ラ米》[話] 威張る; 自慢する, 鼻にかける.

com·pa·dre·o [kom.pa.ðré.o] 男 **1** (しばしば軽蔑) ぐる, 共謀 (=compadraje). **2** 《ラ米》[話] 《集合的》友達, 親しい仲間; 親しい関係.

com·pa·dre·rí·a [kom.pa.ðre.rí.a] 女 実父母と代父母との関係; 親密な間柄.

com·pa·dri·to [kom.pa.ðrí.to] 形 《ラ米》(軽蔑) けんか好きの; 空威張りの, 自慢ばかりする.
— 男 《ラ米》(1) → compadre. (2) 《ᄀ》与太者, やくざ者. (3) 《ᄀ》[軽蔑] けんか好き; 威張り屋, 見えっ張り.

com·pa·gi·na·ción [kom.pa.xi.na.θjón / -.sjón] 女 **1** 整理, 調整; 調和, 両立.
2 〖印〗組み版, 丁付け.

com·pa·gi·na·dor, do·ra [kom.pa.xi.na.ðór, -.ðó.ra] 男女 〖印〗組み版[丁付け]する人.

com·pa·gi·nar [kom.pa.xi.nár] 他 **1** (con... …と) 調和させる, 両立させる. Has de ~ tu trabajo en casa *con* el de la tienda. 君は家での仕事と店の仕事をうまく両立させるべきだ.
2 〖印〗〈欄·ページを〉組む, 組み版する. **3** 整理する, 調節する. **4** 一致させる. ~ los intereses de las dos partes 双方の利害を一致させる.
— **~·se** 再 **(con...** …と) 一致する, 両立する. Tanta generosidad no *se compagina con* su reputación. 彼[彼女]の気前のいいこと, うわさとは大違い.

com·pai [kom.pái] 男女 《ラ米》《ᄀ》[話] 仲間, 相棒.

com·pa·na·je [kom.pa.ná.xe] 男 パンと共に食べる副菜; 通常は調理不要のもの, 特にチーズとタマネギ.

com·pan·go [kom.páŋ.go] 男 → companaje.

com·pa·ña [kom.pá.ɲa] 女 [話] 仲間, 友達 (= compañía). ¡Adiós la ~! 皆さんさようなら.

com·pa·ñe·ris·mo [kom.pa.ɲe.rís.mo] 男 仲間意識; 連帯感.

︎com·pa·ñe·ro, ra [kom.pa.ɲé.ro, -.ra] 男女 **1** 仲間, 相棒; 同志. ~s de clase クラスメート. ~ de armas 戦友. ~ de cuarto ルームメート. ~ de desgracias 共に辛酸をなめた仲間. ~ de equipo チームメート. ~ de fatigas 苦労を共にした仲間. ~ de la vida 生涯の伴侶. ~ de oficina 職場の同僚. ~ de viaje 旅の道連れ.
2 事実婚の相手, 同棲(ᓫᓫ)相手, パートナー.
3 (スポーツ・ゲームなどの) パートナー, ペア.
4 (対・組になったものの) 片方. No encuentro el ~ de este guante. この手袋の片割れが見つからない.

︎com·pa·ñí·a [kom.pa.ɲí.a] 女 **1** 会社, 商会 (略 Cía.). ~ aérea 航空会社. ~ de seguros 保険会社. ~ telefónica 電話会社. ~ del gas ガス会社.
2 一緒にいること; 同伴, 付き添い. animal de ~ ペット, 愛玩動物. dama [señora] de ~ (病人・老人などの) 付き添い婦. hacer ~ a... …の相手をする. en ~ de... …と一緒に. Gracias por tu ~. 一緒にいて[来て]くれてありがとう. **3** 一緒にいる人, 仲間. malas ~s 悪い仲間. **4** (芝居などの) 一座, 劇団 (= ~ de teatro). **5** 〖軍〗中隊.
Compañía de Jesús 〖カト〗イエズス会 (=la C~). ♦スペインの Ignacio de Loyola によって1534年に創立された男子修道会. 日本には1549年に Francisco Javier によって伝えられた. → jesuita.
[← [ラ] *compania* ([ラ] *com*-「一緒に」+ [ラ] *pānis*「パン」+ 名詞語尾); 「パンを分け合うほどの親しい関係」が原義) 関連 compañero, acompañar. [英] *company*]

com·pa·ñón [kom.pa.ɲón] 男 (俗) 睾丸(ᓬᓬ), 精巣.

***com·pa·ra·ble** [kom.pa.rá.ble] 形 (**a...** / **con...** …に) 比較しうる, 匹敵する.

︎com·pa·ra·ción [kom.pa.ra.θjón / -.sjón] 女 **1** 比較, 対比; 対照, 照合. en ~ con... …と比較して. sin ~ 比較にならないほど; 比類ない. Todas las *comparaciones* son odiosas. 比較されるのはいやなものだ (▶ 慣用表現). **2** 〖修辞〗直喩, 比喩法. *admitir comparación* 比較しうる (▶ しばしば否定形で用いられる). Esta alegría no *admite* ~. この喜びに匹敵するものはない.

com·pa·ra·do, da [kom.pa.rá.ðo, -.ða] 形 比較の, 比較した. literatura [lingüística] *comparada* 比較文学[言語学]. ~ con... …と比較して[すれば].

com·pa·ra·dor [kom.pa.ra.ðór] 男 〖物理〗コンパレーター, (色合い・長さなどの) 比較測定器, 測長器.

com·pa·ran·za [kom.pa.rán.θa / -.sa] 女 [古語] → comparación.

︎︎com·pa·rar [kom.pa.rár] 他 **1** (**con...** …と) 比較する, 比べる. ~ dos cualidades diferentes 異なる2つの性質を比較する. Tu trabajo no se puede ~ *con* el mío. 君の仕事と私のとは比べられない.
2 (**a...** …に) たとえる, なぞらえる. ~ la clase *a* una familia クラスを家族にたとえる.
si se compara con... …と比較すると.
[← [ラ] *comparāre*「対置する; 比較する」; 関連 comparación, comparativo. [英] *compare*]

com·pa·ra·tis·mo [kom.pa.ra.tís.mo] 男 **1** 比較言語学.
2 (広く) 比較研究. ~ literario [histórico, cultural] 比較文学[歴史学, 文化学].

com·pa·ra·tis·ta [kom.pa.ra.tís.ta] 形 比較言語学の; 比較(研究)の, 比較研究的な.
— 男 比較言語学者; 比較研究者.

com·pa·ra·ti·va·men·te [kom.pa.ra.tí.βa.mén.te] 副 比較的に, 比較して.

com·pa·ra·ti·vo, va [kom.pa.ra.tí.βo, -.βa] 形 **1** 比較の, 比較的な. literatura [lingüística] *comparativa* 比較文学[言語学]. **2** 〖文法〗比較級の. — 男 〖文法〗比較級. ~ de igualdad [superioridad, inferioridad] 同等[優等, 劣等] 比較級.

com·pa·re·cen·cia [kom.pa.re.θén.θja / -.sja] 女 〖法〗(法廷への) 出頭, 出廷. orden de ~ 出廷命令, 召喚状.

***com·pa·re·cer** [kom.pa.re.θér / -.sér] [34] 自
1 〖法〗出頭する, 出廷する. ~ ante el juez 裁

判所に出頭する. orden de ~ 出廷命令, 召喚状.
2《話》(予想外の時間・場所に)ひょっこり来る, 現れる.

com·pa·re·cien·te [kom.pa.re.θjén.te / -.sjén.-] 形《法》出頭する. ── 名 出頭人, 出廷人.

com·pa·re·cer [kom.pa.rén.θja / -.sja] 女《ラ米》(1)(2)(3) 《法》出頭, 出廷.

com·pa·ren·do [kom.pa.rén.do] 男《法》召喚状.

comparezc- 活 →comparecer.

com·pa·ri·ción [kom.pa.ri.θjón / -.sjón] 女 → comparecencia.

com·par·sa [kom.pár.sa] 女 **1**《演》《集合的》端役, その他大勢; エキストラ. **2**(カーニバルなどの)仮装行列. ── 男 女《演》その他大勢のひとり, 端役；エキストラ.

com·par·se·rí·a [kom.par.se.rí.a] 女《演》《集合的》端役, エキストラ.

com·par·te [kom.pár.te] 男 女《法》訴訟当事者.

com·par·ti·men·ta·ción [kom.par.ti.men.ta.θjón / -.sjón] 女 細分化, 分割；部門[区画]化, 区分.

com·par·ti·men·ta·do, da [kom.par.ti.men.tá.ðo, -.ða] 形 区画された, 仕切られた.

com·par·ti·men·tar [kom.par.ti.men.tár] 他 細分化する, 分割する；部門[区画]化する.

com·par·ti·m(i)en·to [kom.par.ti.m(j)én.to] 男 **1** 区画, 仕切り；分割. ~ de bombas(爆撃機の)爆弾倉. ~ estanco (船の) 水密区画室；《比喩的》完全な区分[隔絶]. **2**(列車の)コンパートメント.

***com·par·tir** [kom.par.tír] 他 **1**(均一に)分ける. Si lo *compartís*, habrá para todos. 君たちが分け合えば, みんなに行き渡るだろう.
2《con... …と》分かち合う, 一緒に使う, 共有する. *Comparto* el piso *con* mi hermana. 私はマンションに姉[妹]と一緒に住んでいます.
3《con...》《…と》〈意見・気持ちを〉分かち合う, 共有する；《…に》〈気持ちを〉打ち明ける. *Comparto* su dolor. お気持ちお察しいたします. *Comparte* un secreto *con* su novia. 彼は恋人とある秘密を共有している.

***com·pás** [kom.pás] 男 **1** コンパス, 両脚規；カリパス(= ~ de calibre). trazar un círculo con ~ コンパスで円を描く. pierna de ~ コンパスの脚. ~ de corredera 挟み尺, ノギス. ~ de división ディバイダー. ~ de espesores / ~ de gruesas 外径カリパス, 外パス. ~ de interiores 内径カリパス, 内パス. ~ de reducción 比例コンパス. ~ de vara ビームコンパス.
2《音楽》小節；拍子, リズム；《比喩的》リズム. fuera de ~ テンポが合わない. guardar el ~ リズムを保つ. llevar el ~ 拍子[リズム]を取る；リズムに合わせて踊る[歌う]. perder el ~ テンポが狂う. a ~ 調子を合わせて, 拍子を取って. al ~ de... …のリズムに合わせて. ~ de espera《音楽》休止(符)；《比喩的》休止, 短い休憩. ~ binario 2拍子. ~ mayor / ~ de dos por cuatro 4分の2拍子. ~ menor 4分の4拍子. ~ de tres por cuatro 4分の3拍子.
3 羅針盤, コンパス. ~ de cuadrante 四分儀, 象限儀. ~ magnético 磁気コンパス. →右段に図. **4** 規準, 節度. guardar el ~ 節度を守る. ir con el ~ en la mano 節度を持って行う. salir de ~ … 節度を失う. **5**《車》(車の幌(ほろ)を動かすための)バネ. **6**《スポ》(フェンシング)ボルト：突きを避けるために素早く身をかわす動作. **7** [C-] 《星座》《時に複数で》コンパス座.

com·pa·sa·do, da [kom.pa.sá.ðo, -.ða] 形 穏やかな, 控えめな；節度のある.

com·pa·sar [kom.pa.sár] 他 **1**《a... …に / con... …と》合わせる. **2**《音楽》小節に分ける；リズムを合わせる. **3** 調整する[調節]する.

compás (羅針盤)

com·pa·si·llo [kom.pa.sí.ʎo || -.ʝo] 男《音楽》4分の4拍子.

com·pa·sión [kom.pa.sjón] 女 同情, 哀れみ. llamar [mover] a+人 a ~〈人〉の同情を誘う. ¡Por ~! 後生だから. sin ~ 無慈悲の[にも]. tener ~ de+人〈人〉を気の毒に思う.

com·pa·si·va·men·te [kom.pa.sí.ßa.mén.te] 副 同情して, 哀れんで.

com·pa·si·vo, va [kom.pa.sí.ßo, -.ßa] 形《con... / hacia... …に》同情的な, 哀れみ深い. ~ *con* los demás 他人に対して思いやりのある.

com·pa·ter·ni·dad [kom.pa.ter.ni.ðáð] 女 → compadrazgo **1**.

com·pa·ti·bi·li·dad [kom.pa.ti.ßi.li.ðáð] 女 互換性, 両立性, 適合性.

com·pa·ti·bi·li·zar [kom.pa.ti.ßi.li.θár / -.sár] 97 他 両立させる；《IT》適合させる, 互換性を持たせる.

***com·pa·ti·ble** [kom.pa.tí.ßle] 形 **1**《con... …と》両立できる, 相いれる. caracteres ~s 相性のいい性格.
2《IT》〈コンピュータなどが〉互換性のある.

com·pa·tri·cio, cia [kom.pa.trí.θjo, -.θja / -.sjo, -.sja] 男 女 → compatriota.

***com·pa·trio·ta** [kom.pa.trjó.ta] 男 女 同国人, 同胞.

com·pe·ler [kom.pe.lér] 他《a... …を》強いる；《a+不定詞 / a que+接続法 …することを》強要する. Le *compelieron* a hablar. 彼は無理やりしゃべらされた.

com·pe·lir [kom.pe.lír] 他 → compeler.

com·pen·dia·da·men·te [kom.pen.djá.ða.mén.te] 副 手短に, 簡潔に.

com·pen·diar [kom.pen.djár] 82 他 要約する.

com·pen·dio [kom.pén.djo] 男 **1** 要約, 概要；概説書. ~ de gramática francesa フランス語文法要覧. ~ de química 化学通論. en ~ 要約すれば, 要するに.
2《比喩的》圧縮されたもの, 塊. Es un ~ de todos los vicios. 彼[彼女]は悪徳の権化だ.

com·pen·dio·sa·men·te [kom.pen.djó.sa.mén.te] 副 手短に.

com·pen·dio·so, sa [kom.pen.djó.so, -.sa] 形 簡潔な, 要約した.

com·pen·di·zar [kom.pen.di.θár / -.sár] 97 他 → compendiar.

com·pe·ne·tra·ción [kom.pe.ne.tra.θjón / -.sjón] 女 **1** 相互理解, 意志の疎通；共感.
2 相互浸透.

com·pe·ne·trar·se [kom.pe.ne.trár.se] 再 **1** 理解し合う；《con... …と》同じ考えを持つ, 共感する. ~ *con* su papel 役になりきる.
2《化》(互いに)浸透する, 融合する.

***com·pen·sa·ción** [kom.pen.sa.θjón / -.sjón] 女 **1** 補償, 埋め合わせ；補償金, 代償. en ~ その代わりに. **2**《商》手形交換 (= ~ bancaria). cámara

compensador 490

de ～ 手形交換所. **3**〖法〗相殺. **4**〖技〗補整.
com·pen·sa·dor, do·ra [kom.pen.sa.ðór, -.ðó.ra]形 補償の, 補整の.
— 男 補整器；(時計の)補整振り子.

*****com·pen·sar** [kom.pen.sár] 他 **1**《por... …に対して / con... …で》補う, 埋め合わせる；〈人に〉代償を払う. ～ las pérdidas *con* las ganancias 損失を利益で相殺する. Me *compensó con* diez euros *por* el tiempo perdido. 割(3)いた時間の埋め合わせに私は10ユーロもらった.
2〖技〗補整する, 均衡を取る.
— 自《a+人 〈人〉に》報いる；《+不定詞 …する》価値がある. No *me compensa* hacer eso. それをやっても僕は報われない (▶ me が a+人 に相当). trabajo que *compensa* やりがいのある仕事.
— ～**·se** 再 **1**《de... …の》埋め合わせをする. **2**《3人称で》相殺される.
[←〖ラ〗*compēnsāre*「釣り合わせる」*com-*「互いに」＋*pēnsāre*「重さを量る」(→ pensar); 関連 compensación. 〖英〗*compensate*]

com·pen·sa·ti·vo, va [kom.pen.sa.tí.βo, -.βa]形 補償の, 補整の.
com·pen·sa·to·rio, ria [kom.pen.sa.tó.rjo, -.rja]形 →compensativo.

*****com·pe·ten·cia** [kom.pe.tén.θja / -.sja] 女 **1** 競争, コンテスト, コンクール, コンペ；競争相手. hacer ～ con... …と競争する. ～ desleal 不当競争. en ～ con... …との競争で. libre ～ 自由競争. Hay mucha ～ para conseguir esa beca. その奨学金を得るには激しい競争がある. **2** 権限, 権能；管轄. conceder ～ a... …に権限を与える. Esto no es de mi ～. これは私の権限外だ. **3** 能力, 資格. tener ～ en... …に秀でている. **4**〖言〗言語能力 (＝～ lingüística). **5**《ラ米》(デテ)(エネ)(コル)(ペル)(プエ)(ウラ)試合.

com·pe·ten·cial [kom.pe.ten.θjál / -.sjál]形 権限の, 管轄の.

*****com·pe·ten·te** [kom.pe.tén.te]形 **1** 有能な, 能力[資格]のある. persona muy ～ たいへん有能な人. ～ en historia de América Latina ラテンアメリカ史に精通している.
2 権限のある, 所轄の. tribunal ～ 管轄の裁判所. el departamento ～ 所轄部門.

com·pe·ten·te·men·te [kom.pe.tén.te.mén.te] 副 ふさわしく, ぴったりと, 適切に.

com·pe·ter [kom.pe.tér] 自《a...》〈…の〉管轄である, 職務である,《…の権限に》属する (＝incumbir). Eso *compete a* l ayuntamiento. それは市役所の管轄である. No *me compete*. 私には関係ない.

*****com·pe·ti·ción** [kom.pe.ti.θjón / -.sjón] 女
1〖スポ〗試合, 競技会.
2競争；コンテスト, コンペティション.

com·pe·ti·do, da [kom.pe.tí.ðo, -.ða]形《試合などが》激しい, 激烈な.

*****com·pe·ti·dor, do·ra** [kom.pe.ti.ðór, -.ðó.ra] 形 競争する, 対抗する. espíritu ～ 競争心.
— 男 女 競争者, 競争相手 (＝rival).

*****com·pe·tir** [kom.pe.tír] 自 団 **1**《con... …と en... …の点で》競う, 張り合う. Esta tienda *compite con* aquélla *en* precio. この店はあの店と価格で張り合っている. ～ para el título タイトルを争う.
[←〖ラ〗*competere*「共同で求める」; 関連 competición, competencia, competidor. 〖英〗*compete*]

com·pe·ti·ti·vi·dad [kom.pe.ti.ti.βi.ðáð] 女

1 競争力. **2** (生存)競争；(何らかの目的を達成するための)競合；競争心.

com·pe·ti·ti·vo, va [kom.pe.ti.tí.βo, -.βa] 形 競争の；競争力のある. precio ～ (十分に)対抗できる値段.

com·pi·la·ción [kom.pi.la.θjón / -.sjón] 女
1 編纂(診), 編集；編纂物. una ～ de poesías del siglo XIX [diecinueve] 19世紀の詩の編纂.
2〖ＩＴ〗コンパイル.

com·pi·la·dor, do·ra [kom.pi.la.ðór, -.ðó.ra] 形 編纂(診)の, 編集する. — 男 女 編者；編集者 (＝redactor). — 男〖ＩＴ〗コンパイラ：プログラム言語を解読して機械語に直すプログラム.

com·pi·lar [kom.pi.lár] 他 **1** 編纂(診)する, 編集する. **2**〖ＩＴ〗コンパイルする,〈プログラム言語を〉別のコードに翻訳する.

com·pi·la·to·rio, ria [kom.pi.la.tó.rjo, -.rja] 形 編纂[編集]の；編纂された.

com·pin·char·se [kom.pin.tʃár.se] 再《para+不定詞》〈複数の人間が〉《〈悪いこと〉をしようと》たくらむ, 結託する, 共謀する.

com·pin·che [kom.pín.tʃe] 男 女 (悪事などをする)仲間, 相棒, 共犯者；遊び友達.

compit- 活 →competir.

com·pla·cen·cia [kom.pla.θén.θja / -.sén.sja] 女 **1** 楽しみ, 満足. tener ～ en ayudar a los demás 他人を助けることに喜びを抱く.
2 寛大, 大目に見ること. tener excesivas ～s hacia [con]+人〈人〉に甘すぎる.
3《ラ米》無頓着(な分), 自己満足.

*****com·pla·cer** [kom.pla.θér / -.sér] 34 他 喜ばせる, 満足させる；…の気に入る. Los cortesanos procuran ～ al rey. 廷臣たちは王の歓心を買おうと努める. Me *complace* ver su éxito. あなたのご成功をうれしく思います. ¿En qué puedo ～le? (店員が客に)ご用をお伺いいたしましょうか.
— ～**·se** 再《en... …を》喜ぶ, うれしく思う；したいと思う. Me *complazco en* saludar al señor Álvarez. アルバレスさんにごあいさつできるなんて光栄です. Nos *complacemos en* comunicarle a Vd. que... …ということを喜んでお知らせします.

com·pla·ci·do, da [kom.pla.θí.ðo, -.ða / -.sí.-] 形《con... / de... …に》喜んだ；満足した. ～ *con* su suerte 自分の運命に満足して. quedar ～ *de*... …をうれしく思う.

com·pla·cien·te [kom.pla.θjén.te / -.sjén.-] 形 にこやかな, 愛想のよい；寛大な. marido ～ 妻の不貞を見て見ぬふりをする夫.

complazc- 活 →complacer.

com·ple·ja [kom.plé.xa] 形 →complejo.

*****com·ple·ji·dad** [kom.ple.xi.ðáð] 女 複雑さ.

*****com·ple·jo, ja** [kom.plé.xo, -.xa] 形 **1**《名詞＋》《ser＋》複合の, 複合的な. número ～〖数〗複素数. **2**《＋名詞 / 名詞＋》《ser＋》複雑な, ややこしい (＝complicado). situación *compleja* 複雑な状況.
— 男 **1** 複合体；合成物. ～ vitamínico 複合ビタミン. **2** 総合施設；コンビナート. ～ industrial 工業団地. ～ deportivo 総合スポーツ施設. ～ hotelero 総合宿泊施設. ～ petroquímico 石油化学コンビナート. ～ turístico 総合リゾート施設. ～ cinematográfico シネマコンプレックス. **3**〖心〗コンプレックス；観念複合. ～ de superioridad [inferioridad]優越[劣等]感. ～ de Edipo エディプス・コンプレックス. ～ de castración 去勢恐怖.

complot

[←〔ラ〕*complexum* (*complexus* の対格)「巻きついた」;〔関連〕complexión. 〔英〕*complex*〕

com·ple·men·ta·ción [kom.ple.men.ta.θjón / -.sjón] 囡 **1** 補完(すること). **2** 補完するもの, 補完されたもの.

*com·ple·men·tar** [kom.ple.men.tár] 他 補う, 補足する. ── **~·se** 再《複数主語で》補い合う, 補完する. caracteres que *se complementan* 互いに補い合う性格.

com·ple·men·ta·rie·dad [kom.ple.men.ta.rje.ðáð] 囡 補完性, 補足性.

*com·ple·men·ta·rio, ria** [kom.ple.men.tá.rjo, -.rja] 形 補足の, 補完の. ángulos ~s《数》余角. color ~ 補色. explicación *complementaria* 補足説明.

*com·ple·men·to** [kom.ple.mén.to] 男 **1** 補い, 補足するもの. oficial de ~《軍》予備役将校[士官]. **2** 欠かせないもの, 付き物. El vino es un ~ de la buena comida. よい食事にワインは付き物である. **3**《文法》**補語**. ~ predicativo 叙述補語. ~ circunstancial 状況補語. ~ directo [indirecto] 直接[間接]補語. ~ predicativo 述語補語. **4**《数》余角, 余弧. **5** 完全な状態, 完成. **6**《ラ米》(サッカー)《スポ》(サッカーの試合の)後半戦.

[←〔ラ〕*complēmentum* (*complēre*「満たす」より派生);〔関連〕complementar. 〔英〕*complement*〕

com·ple·ta [kom.plé.ta] 形 → completo.

com·ple·ta·men·te [kom.plé.ta.mén.te] 副 **完全に**, 全く. Estamos ~ de acuerdo. 我々は全く賛成です.

*com·ple·tar** [kom.ple.tár] 他 **1** 完成させる, 完結する. ~ una tesis 論文を完成させる. ~ una colección コレクションを全部そろえる. Los estudiantes *han completado* un curso de 20 asignaturas. 学生たちは20科目の課程を修了した. **2**《ラ米》《話》(1)(*~le*)《con... …と》同じことをする. (2)(舒)争う.

── **~·se** 再 **1** 完成する, 完結する. La lista *se completará* con tu participación. 君の参加でリストは完璧です.

com·ple·tas [kom.plé.tas] 囡《複数形》《カト》終課:一日の終わりの祈禱(ǧ͡ˑ).

com·ple·ti·vo, va [kom.ple.tí.bo, -.ba] 形《文法》補完的. oración *completiva* 補文(接続詞que, si などで導かれて動詞を補完する節).

*com·ple·to, ta** [kom.plé.to, -.ta] 形 **1**《+名詞/名詞+》《ser+》**完全な**, 全くの;完璧な;(性格などが)非の打ち所がない. la lista *completa* de los pasajeros 搭乗者全員のリスト. el progama ~ 完璧なプログラム/プログラム全部. Es una *completa* artista. 彼女は完璧な芸術家だ. Fue un ~ fracaso. 完全な失敗だった. **2**《ser+》《estar+》満員の (=lleno). El autobús va ~. バスは満員です.

3《名詞+》《estar+》全部そろった;完成された. las obras *completas* de Lorca ロルカ全集. Su nombre ~ es Federico García Lorca. 彼のフルネーム[姓名]はフェデリコ・ガルシア・ロルカです. un año ~ まるまる一年. alojamiento en familia con pensión *completa* 3食付きホームステイ.

4《俗》(売春で)フルコースの.

── 男 **1** (出席者全員);《掲示》満室, 満席. **2** コーヒー・酒・葉巻のセット(▶ 食後にこれらをひととおり味わう). **3**《ラ米》(1)(ホ)《話》ホットドッグ. (2)(ṕ͡ǎ)借金の残り. (3)(ṕ͡ǎ)一部.

── 副《ラ米》(ṕ͡ǎ)完全に, すっかり. Tengo días sin dormir ~. 私は何日もちゃんと眠れないでいる.

── 話 → completar.

a jornada completa → a tiempo *completo*.

al completo 全員で;満員の状態で. Ayer vino mi familia *al* ~. 昨日家族全員が来た. El avión estaba *al* ~. 飛行機は満席だった.

a tiempo completo 専従の[で], フルタイムの[で](▶「パートの」は a tiempo parcial). trabajar *a tiempo* ~ フルタイムで働く.

por completo すっかり, 徹底的に. Mi vida va a cambiar *por* ~. 私の人生はすっかり変わるだろう.

[←〔ラ〕*complētum* (*complētus* の対格);*complēre*「満たす」の完了分詞;〔関連〕completar. 〔英〕*complete*〕

com·ple·xi·dad [kom.plek.si.ðáð] 囡 → complejidad.

com·ple·xión [kom.plek.sjón] 囡 **1** 体格, 体つき;体質. ~ débil 虚弱体質. **2**《修辞》反復復句. **3**《ラ米》顔色.

com·ple·xio·nal [kom.plek.sjo.nál] 形 体格の;体質的な, 生来の.

com·ple·xo, xa [kom.plék.so, -.sa] 形 → complejo.

com·pli·ca·ción [kom.pli.ka.θjón / -.sjón] 囡 **1** 複雑さ;複雑化. **2** 面倒, 厄介. **3** ごた混ぜ, 錯綜(ṥˢ̞). **4**《複数形で》《医》合併症.

*com·pli·ca·do, da** [kom.pli.ká.ðo, -.ða] 形 **1**《ser+/estar+》複雑な, 込み入った;凝った. un crucigrama ~ 難解なクロスワードパズル. decorado ~ 凝った舞台装置. fractura *complicada* 複雑骨折.

2《ser+》(性格などが)気難しい, 扱いにくい.

3《estar+》《en... …に》巻き込まれた, 関わった. Esta persona *está complicada en* una conspiración. この人は陰謀に加担している.

*com·pli·car** [kom.pli.kár] 他 **1** 複雑にする, 困難にする. ~ un problema 問題を複雑にする. ~ una relación 関係をこじらせる. No me *compliques* más las cosas. これ以上話をややこしくしないでくれ. **2**《en... …に》〈人を〉巻き込む. ~ a su hermano *en* una conspiración 兄[弟]を陰謀に加担させる.

── **~·se** 再 **1** 複雑になる, 困難になる;悪化する. Con esto *se complicará* la situación. これで状況はさらに大変なことになるだろう. La gripe *se me ha complicado*. 私は風邪をこじらせた.

2《en... …に》巻き込まれる, かかわり合いになる. *~se en* un crimen 犯罪に加担する.

[←〔ラ〕*complicāre*「まとめ合わせる」(*com-*「共に」+ *plicāre*「巻く, たたむ」);〔関連〕complicación, cómplice. 〔英〕*complicate*〕

*cóm·pli·ce** [kóm.pli.θe / -.se] 形 共犯の, 共謀した.

── 男 共犯(者), 幇助(ǧˑ)犯. ~ de [en] un crimen ある犯罪の共犯者.

[←〔ラ〕*complicem* (*complex* の対格) 形「連携した」;*complicāre*「まとめ合わす」(→ complicar) より派生;〔関連〕〔英〕*accomplice*〕

com·pli·ci·dad [kom.pli.θi.ðáð / -.si.-] 囡 共犯, 共謀. Está demostrada su ~ en el robo. その男[女]が窃盗の一味であることは明らかだ.

complique(-) / compliqué(-) 話 → complicar.

com·plot [kom.plό(t)] 〔仏〕男〔複 ~s〕《話》陰

com·plo·tar [kom.plo.tár] 自 陰謀を企てる.

com·plu·ten·se [kom.plu.tén.se] 形 (スペイン)アルカラ・デ・エナレス Alcalá de Henares の. ― 男女 アルカラ・デ・エナレスの住民[出身者]. ▶住民・出身者を指すときは alcalaíno が一般的. (Universidad) C~ de Madrid マドリード大学.

com·plu·vio [kom.plú.bjo] / **com·plu·vium** [kom.plú.bjum] 男 [建][史] コンプルビウム: 古代ローマ建築で, アトリウム (広間式の中庭)の屋根部分の中央に, 採光および雨水の排水のために設けられた四角い開口部.

com·pón [kom.pón] 活 →componer.

compondr- 活 →componer.

com·po·ne·dor, do·ra [kom.po.ne.ðór, -.ðó.ra] 男女 1 調停者, 仲裁人. amigable ~ [法] (けんかなどの) 仲裁人. 2 [印] 植字工. 3 《ラ米》(*)(*)接骨医.

com·po·nen·da [kom.po.nén.da] 女 1 (話)裏取引. ~s electorales 選挙の裏工作. 2 (一時しのぎの)措置, 方便.

*__com·po·nen·te__ [kom.po.nén.te] 形 構成する, 成分の. ― 男 成分, 構成要素; 構成員. viento de ~ sur (南東・南南西などの)南風. ~s físicos (コンピュータの)ハードウエア.

**__com·po·ner__ [kom.po.nér] 41 他 [過分は compuesto] 1 組み立てる, 作る; 構成する. ~ un comité 委員会を作る.
2 (詩・文章を)書く, 創作する. ~ música 作曲する. ~ versos 詞を作る.
3 修理する, 整理する. Se *componen* zapatos. 靴を修理します. A éste no hay quien le *componga*. こいつはどうしようもないやつだ.
4 (特にサラダに)味をつける. 5 〈…の調子を〉整える, 〈…の身なりを〉整える. 6 [印]〈活字を〉組む. 7 《ラ米》(1) (*)(*)去勢する. (2) (*)訓練する, 調教する. 3. (*)(*)(*)(*)魔法にかける, 魅惑する.
― 自 創作する, 作曲する.
― ~·se 再 1 (*de*... …で)形成される, できている (▶現在形・線過去で用いられることが多い). ¿De qué elementos *se compone* esta obra? この作品はどのような要素で構成されているのか. 2 身づくろいする. 3 (まれ)(*con*... …と)折り合いをつける, 合意する. *componérselas* やりくりする, うまくやる.
[← [ラ] *compōnere* (*com*- 「一緒に」+ *pōnere* 「置く」); [関連] composición, compositor, componente, compostura. [英] *compose*, *composition*]

compong- 活 →componer.

com·po·ni·ble [kom.po.ní.ble] 形 1 修繕できる; 調和させられる. 2 和解[調停]できる.

com·por·ta·ble [kom.por.tá.ble] 形 我慢できる, 耐えられる.

com·por·ta·men·tal [kom.por.ta.men.tál] 形 行動の, 態度の, 振る舞いの.

*__com·por·ta·mien·to__ [kom.por.ta.mjén.to] 男 態度, 振る舞い; 行動 (=conducta). tener buen [mal] ~ 行儀がよい[悪い].

*__com·por·tar__ [kom.por.tár] 他 1 伴う; 内包する, 意味する; もたらす. Esta solución *comporta* algunos defectos. この解決法にはいくつかの難点がある. 2 耐える, 我慢する. (= aguantar).
― ~·se 再 振る舞う, 行動する. ~*se* bien [mal] 行儀がいい[悪い].
[他 ← [ラ] *comportāre* 「運び運ぶ」(*com*- 「いっしょに」+ *portāre* 「持ち運ぶ」); 再 (← [仏] *se comporter*) の用法は19世紀以後; [関連] comportamiento. [英] *comport*]

com·por·te [kom.pór.te] 男 1 態度, 振る舞い, 身のこなし. 2 《古語》我慢, 忍耐.

**__com·po·si·ción__ [kom.po.si.θjón / -.sjón] 女 1 構成, 調整; 組み立て. Tenemos que elegir personas para la ~ del comité. 委員会を構成するために人を選ばなければなりません.
2 文章, (音楽・美術)作品. ~ poética 詩作品.
3 作文(法); 作曲(法); 構図. escribir una ~ sobre mis abuelos 祖父母について作文を書く.
4 [言]合成, 複合. 5 (音楽の)構成物, 成分. 6 [印]植字, 組み版; (印刷用の)原稿.
hacer SU *composición de lugar* 状況判断を行う, (自分の)立場を見極める.

com·po·si·te [kom.po.sí.te] 男 合成[複合, 混合]物質, (特に航空機・テニスのラケット・スキー用品製造, 歯科医療に用いられる)複合材料, コンポジット.

com·po·si·ti·vo, va [kom.po.si.tí.βo, -.βa] 形 [文法] 〈合成語・複合語を〉構成する, 構成要素となる.

*__com·po·si·tor, to·ra__ [kom.po.si.tór, -.tó.ra] 男女 1 [音楽]作曲家. 2 《ラ米》(1) (*)調教師. (2) (*)(*)接骨医. ― 男 《ラ米》(1) (*)歩道の縁. (2) (*)丘 (の連なり). (3) (*)蒸留酒の一種.

com·post [kom.pós(t)] 男 コンポスト, 堆肥(*).

com·pos·ta·ge [kom.pos.tá.xe] [仏] 男 →compostaje.

com·pos·ta·je [kom.pos.tá.xe] 男 コンポスト化; コンポスト(肥料)[堆肥(*)]を作ること.

com·pos·te·la·no, na [kom.pos.te.lá.no, -.na] 形 (スペイン)サンティアゴ・デ・コンポステラ Santiago de Compostela の. ― 男女 サンティアゴ・デ・コンポステラの住民[出身者].

com·pos·tu·ra [kom.pos.tú.ra] 女 1 修理, 修繕. estar en ~ 修理中である. 2 身繕い, 身だしなみ. 3 態度, 振る舞い; 品位. ¡Juan, las ~s! フアン, お行儀よくしなさい. 4 構成, 組み立て. 5 調停, 調整; 協議. 6 [料]調味, 味付け.

com·po·ta [kom.pó.ta] 女 コンポート, 果物のシロップ煮.

com·po·te·ra [kom.po.té.ra] 女 (果物などを盛る) 盛り皿. (コンポートやジャムを入れる)器.

com·pound [kom.páun(d)] [英] 形 複合の, 複式の. motor ~ 複合エンジン.

**__com·pra__ [kóm.pra] 女 1 買い物, 購入. ir de ~*s* 買い物[ショッピング]に行く. Estamos considerando la ~ de un coche. 私たちは車の購入を検討しています. ~ a crédito 信用買い. ~ al contado 現金購入. ticket de ~ レシート.
2 購入品, 買った品物. Este ordenador fue una excelente ~. このパソコンはいい買い物だった.
3 (日用品の)買い物, (集合的)(購入した)品物. hacer la ~ (日用品の)買い物をする. ir a la ~ (日用品の)買い物に行く. Le llevamos la ~ a casa. 買った品物を家にお届けします.
― 活 →comprar.

com·pra·ble [kom.prá.ble] 形 1 買うことができる, 購入可能な. 2 買収できる.

com·pra·de·ro, ra [kom.pra.ðé.ro, -.ra] 形 →comprable.

com·pra·do, da [kom.prá.ðo, -.ða] 形 買って手に入れた, 手作りでない; 購入された. ― 男 カードゲームの一種. ― 女 《古語》買うこと, 購入.

com·pra·dor, do·ra [kom.pra.ðór, -.ðó.ra] 形 **1** 買い手[方]の. **2** 《ラ米》《話》親切な, 優しい. —男 女 **1** 買い手, 購入者. **2** 買い物客.

com·prar [kom.prár] 他 **1**《a+人〈人〉に[から]》買う, 購入する. ~ un producto a granel 製品をばらで買う. ~... al tuntún …を衝動買いする. ¿Qué quieres ~? 何を買いたいの. Si decide usted vender su coche, *se lo compro* yo. あなたが車を売るのを決心したら, 私があなたから買います. *Le compré* una chaqueta *a* mi hija. 私は娘にジャケットを買ってやった(▶ 用例中の se, le が a+人に相当).
2 買収する, 〈人に〉賄賂(ミミ)を使う. Intentaron ~ al árbitro. 彼らは審判を買収しようとした.
—自 買い物する. No me gusta ~ en los grandes almacenes. 私はデパートで買い物するのは好きではない.
—**~·se** 再《自分用に》買う. ¿*Te has comprado* por fin el ordenador? 君はついに自分のパソコンを買ったのかい.
[←《俗》*comperāre←[ラ] *comparāre* 「買い集める」(*com-*「一緒に」+*parāre*「調達する」); 関連 compra. [英] *prepare*]

com·pra·ven·ta [kom.pra.ßén.ta] 女 **1** 売買. contrato de ~ 売買契約. **2**《ラ米》質屋.

com·pre·hen·der [kom.pre(.e)n.dér] 他《古語》→comprender.

com·pren·der [kom.pren.dér] 他 **1** 理解する, 了解する; 認識する. 《**que**+直説法 …であると》理解する(=entender). ¿*Me comprendes*? 私の言うことがわかりますか. ¿*Comprende* usted qué significa esto? あなたはこのことが何を意味するかわかりますか.
2 包含する, …から成る(=abarcar). Esta antología no *comprende* sus obras poéticas. この選集には彼[彼女]の詩作品は含まれていません.
3《気持ち・重要性を》わかる;《**que**+接続法 …ということが》当然だと思う, 理解できる. Tú no *comprendes* mi preocupación. 君には私の心配なんてわかってもないね. *Comprendo* perfectamente *que se haya portado* así. 彼[彼女]があのように振る舞ったのは全く当然だと思います.
—自 わかる, 了解する. Ya *comprendo*. もう, わかった.
¿*Comprendido*?《念を押して》わかりましたか.
hacerse [*darse a*] *comprender* 自分の考えなどをわからせる.
[←[ラ] *comprehendere* (*com-*「一緒に」+*prehendere*「つかむ」); 関連 comprensión, comprensivo. [英] *comprehend*]

com·pren·si·bi·li·dad [kom.pren.si.ßi.li.ðáð] 女 理解できること, 包含性.

com·pren·si·ble [kom.pren.sí.ßle] 形 **1** 理解可能な, わかりやすい. **2** もっともな, 納得できる.

***com·pren·sión** [kom.pren.sjón] 女 **1** 理解(すること), 了解. dibujos que ayudan a la ~ del texto 文章理解を助ける絵.
2 理解力, 知力. ~ de lectura 読解力. ~ auditiva 聴解力. **3** 共感, 理解. mostrar ~ con... …に理解を示す. **4**《論》内包.

com·pren·si·vi·dad [kom.pren.si.ßi.ðáð] 女 理解力, ものわかり(のよさ).

com·pren·si·vo, va [kom.pren.sí.ßo, -.ßa] 形 **1** もののわかる, 話のわかった. **2** 包含する, 包括的な.

com·pren·sor, so·ra [kom.pren.sór, -.só.ra] 形《神》至福を得た. —男 女 至福を得た人.

com·pre·sa [kom.pré.sa] 女《医》(外科用)脱脂綿, ガーゼ; 生理用ナプキン.

com·pre·si·bi·li·dad [kom.pre.si.ßi.li.ðáð] 女 圧縮性, 圧縮率.

com·pre·si·ble [kom.pre.sí.ßle] 形 圧縮[圧搾]できる.

com·pre·sión [kom.pre.sjón] 女 **1** 圧縮, 圧搾. grado [razón, relación] de ~《機》《冶》《電》圧縮比. **2**《音声》(母音の)合音: 2つの強母音が縮約されて二重母音化すること (=sinéresis). *a-ho-ra* が *aho-ra* となるなど.

com·pre·si·vo, va [kom.pre.sí.ßo, -.ßa] 形 圧縮する, 圧搾する; 圧縮[圧搾]力のある.

com·pre·so, sa [kom.pré.so, -.sa] 形 圧縮[圧搾]された.

com·pre·sor, so·ra [kom.pre.sór, -.só.ra] 形 圧縮[圧搾]する. cilindro ~(工事用)ローラー車.
—男《機》圧縮[圧搾]機, コンプレッサー.

com·pri·mi·ble [kom.pri.mí.ßle] 形 →compresible.

com·pri·mi·do, da [kom.pri.mí.ðo, -.ða] 形 圧縮した, 圧搾された; 押し込められた. aire ~ 圧搾[圧縮]空気. escopeta de aire ~ エアガン. Viven ~*s* en una sola habitación. 彼らはたった一部屋に集まって暮らしている. —男 **1**《薬》錠剤(=pastilla). **2**《ラ米》《話》カンニングペーパー.

com·pri·mir [kom.pri.mír] 76 他《過分》は compreso または comprimido 1 圧縮する, 圧搾する, 縮める. ~ el gas ガスを圧縮する.
2 詰め込む, 押し込む.
—**~·se** 再 **1**《3人称で》圧縮される, 圧搾される.
2《3人称で》詰め込まれる, ぎゅうぎゅう詰めになる.
3 倹約する. ~*se* en los gastos 出費を抑える. **4**〈涙・笑いなどを〉こらえる, 押し[かみ]殺す. *Me comprimí* la risa. 私は笑いをかみ殺した.

com·pro·ba·ble [kom.pro.ßá.ßle] 形 確かめられる, 証明[検証]できる.

com·pro·ba·ción [kom.pro.ßa.θjón / -.sjón] 女 証明, 検証; 確認, 照合. de fácil [difícil] ~ 立証が容易な[困難な].

com·pro·ban·te [kom.pro.ßán.te] 形 立証[証明]する, 証拠となる.
—男 **1** 証明書; 預かり証; 受領証, レシート(= ~ de compra). **2**《法》証拠書類, 証拠.

***com·pro·bar** [kom.pro.ßár] 15 他 **1**《…の正当性を》確認する; 検査する. ~ la veracidad 真実性を確認する. ~ la operación 検算する. ~ la calidad 品質を確かめる. ~ el horario 時刻表を確認する. Pudimos ~ que era imposible. 私たちはそれが不可能だとわかった. **2**《もの・事柄が》《仮定などを》立証する, 実証する. Con esto se *comprueba* que era cierto lo que yo decía. これで私が言っていたことが正しかったことが証明される.
[←[ラ] *comprobāre* (*com-*「完全に」+*probāre*「試す」); 関連 comprobación. [英] *prove*]

com·pro·ba·to·rio, ria [kom.pro.ßa.tó.rjo, -.rja] 形 証拠となる, 証明する.

com·pro·fe·sor, so·ra [kom.pro.fe.sór, -.só.ra] 男 女 同業者, 同僚教授[教師].

com·pro·me·te·dor, do·ra [kom.pro.me.te.ðór, -.ðó.ra] 形 危険にさらす, 要注意の. situación *comprometedora* 難しい事態. una carta *comprometedora* 読まれては困る手紙.

—男女 要注意人物.

com‧pro‧me‧ter [kom.pro.me.tér] 他 **1** 〈人・ものを〉**危険にさらす**, 危うくする. ～ la vida 生命を危険にさらす. ～ la reputación 評判を危うくする. Eso puede ～ los intereses públicos. それは公の利益を損なう可能性がある.
2 《**en...** …に》〈人を〉かかわらせる, 引き込む, 巻き込む. Mi amigo me *ha comprometido en* una situación delicada. 友人のせいで私は微妙な立場に追い込まれた.
3 《**a...** …の責任を》〈人に〉負わせる;《**a**+不定詞 / **a que**+接続法 …することを》〈人に〉請け負わせる. Esto no te *compromete a* nada. これで君に迷惑がかかることはありません.
4 〈売買などの〉契約を結ぶ;予約をする. ～ la compra 購入の契約をする. **5** 《**en...** …に》〈裁定などを〉委任する. ～ el pleito *en* árbitros 調停者に訴訟を委ねる. **6**《ラ米》(゙゚)婚前交渉を持つ.
—**～‧se** 再 **1**《**con**+人〈人に〉》《**a...** …を》約束する, 請け負う;《**a**+不定詞 / **a que**+接続法 …することを》約束する. ～*se al* pago 支払い義務を負う[認める]. *Me he comprometido con* un cliente *a terminar* el trabajo para mañana. 私は明日までに仕事を終わらせると客に約束した.
2 危険を冒す;《**en...**》にかかわる, 加わる. ～*se en* la lucha antiterrorista テロとの闘いに参加する. No quiero *me con* preocupaciones ajenas. 私は他人の心配事に首を突っ込みたくない. **3**《**con**+人〈人〉と》婚約する(=prometerse). Mi hija *se comprometió con* un chileno. 私の娘はチリ人と婚約した. ◆ 複数主語でも用いる.

com‧pro‧me‧ti‧do, da [kom.pro.me.tí.ðo, -.ða] 形 **1**《**estar**+》約束した;《**para**+不定詞 …することを》義務を負った, 責任のある. **2**《**estar**+》婚約している. **3**《**ser**+》厄介な, 困った. situación *comprometida* 厄介な事態. **4**〈作家などが〉主義・主張のはっきりした, 明確な政治[社会]観を持った;〈国家が〉提携した. escritor ～ 社会参加の作家. país no ～ 非同盟国. política no *comprometida* どっちつかずの政策. **5**《**estar**+》巻き込まれた, かかわり合っている.
—男女 《ラ米》婚約者.

com‧pro‧me‧ti‧mien‧to [kom.pro.me.ti.mjén.to] 男 **1** かかわり合い, 巻き添えにする[なる]こと;困ったこと. **2** 約束, 業務.

com‧pro‧mi‧sa‧rio, ria [kom.pro.mi.sá.rjo, -.rja] 形 代行する, 代理の. —男女 **1** 代議員;〈調停などの〉代行者, 代理人. **2**〈有権者の〉代表選挙人.

***com‧pro‧mi‧so [kom.pro.mí.so] 男 **1** 約束, 契約;〈約束などによって生じる〉義務. ～ verbal 口約束. contraer un ～ 取り決めを結ぶ. firmar un ～ 同意書にサインする. adquirir un ～ 約束をする, 責任を引き受ける. cumplir los ～s electorales 公約を果たす. Me voy porque tengo un ～. 先約があるので失礼します. Tengo el ～ de defender esa propuesta. 私にはその提案を守る義務がある.
2 窮地, 困った状況. Las preguntas de los estudiantes me pusieron en un ～. 学生たちの質問に私は立ち往生した.
3 妥協;〖法〗調停. fórmula de ～ 妥協策. Los dos partidos llegaron a un ～. 2つの政党は折り合って意見の一致に達した.
4 婚約(=～ matrimonial). romper un ～ 婚約を取り消す. **5**〈政治的活動などへの〉傾倒, 関与.
6〖政〗(間接選挙の)代表選挙人の任命. **7**《ラ米》(゙゚)《婉曲》同棲, 内縁関係.
de compromiso (1) 重要な. (2)〈作品が〉明確な政治[社会]意図をもった.
por compromiso 義理で, 義務として.
sin compromiso 束縛のない, 拘束されない;婚約者のいない. El consumidor puede probar *sin* ～. 消費者は無料で試すことができる. La fundación es independiente, *sin* ningún ～ político. この基金は自立していて政治的に中立である.

com‧pro‧vin‧cia‧no, na [kom.pro.bin.θjá.no, -.na / -.sjá.-] 男女 同県[州]人, 同郷人.
comprueb- 活 → comprobar.
com‧prue‧ba [kom.prwé.βa] 女 〖印〗再校ゲラ.
—活 → comprobar.
com‧puer‧ta [kom.pwér.ta] 女 **1** 水門, 堰(゙゚);水流調節門[装置]. ～ de esclusa 水門.
2 上下二段式扉の下部, 半扉.
com‧pues‧ta‧men‧te [kom.pwés.ta.mén.te] 副 整然と;きちんと.

*com‧pues‧to, ta [kom.pwés.to, -.ta] [componer の 過分] 形 **1** 合成の, 合成された, 複合の (↔simple). contaminación *compuesta* 複合汚染. lente *compuesta*〖光〗複合レンズ. oración *compuesta*〖文法〗palabra *compuesta*〖文法〗合成語, 複合語. tiempo ～〖文法〗複合時制.
2《**estar**+》身なりを整えた, 慎みのある. **3**《**estar**+》修理された. **4**《**estar**+》構えられた. **5**〖植〗キク科の;頭状花序の. **6**〖建〗(ローマ建築の)コンポジット式の, 混合柱式の. orden ～ コンポジット式(イオニア式とコリント式の複合様式).
—男 **1** 合成物, 複合[混合]物. **2**〖化〗化合物.
—女《複数で》〖植〗キク科の植物.

com‧pul‧sa [kom.púl.sa] 女 **1**〖法〗謄本, 写し.
2〈原本と写しとの〉照合.
com‧pul‧sa‧ción [kom.pul.sa.θjón / -.sjón] 女〈原本と写しとの〉照合.
com‧pul‧sar [kom.pul.sár] 他 **1**《**con...**…と》照合する, 対照する. **2**〖法〗謄本を作る, 写しを作る.
com‧pul‧sión [kom.pul.sjón] 女 **1**〖心〗強迫(観念). **2**〖法〗強制, 義務.
com‧pul‧si‧vo, va [kom.pul.sí.βo, -.βa] 形
1 強制的な, 無理強いの. **2** 義務的な, 必須(゙゚)の.
com‧pul‧so‧rio, ria [kom.pul.só.rjo, -.rja] 形
〖法〗強制する. **2**〖法〗強制的な.
—男 (または女)〖法〗照合命令.
com‧pun‧ción [kom.pun.θjón / -.sjón] 女 **1** 良心の呵責(゙゚゚), 悔根. **2** 哀れみ, 同情;悲しみ.
com‧pun‧gi‧do, da [kom.puŋ.xí.ðo, -.ða] 形
悲しい, 深く悔いた. sentirse ～ 胸の痛みを感じる.
com‧pun‧gir [kom.puŋ.xír] 101 他 深く悔やませる;悲しませる.
—**‧se** 再 悔やむ;悲しむ, 心が痛む.
com‧pur‧gar [kom.pur.gár] 103 他 **1**〖法〗〈被告が〉無罪の立証をする.
2《ラ米》(゙゚゚)(゙゚)(゙゚゚)〈罪を〉あがなう, 償いをする.
compus- 活 → componer.
com‧pu‧ta‧ble [kom.pu.tá.βle] 形 計算[算出]の

orden compuesto (コンポジット式)

能な.

com·pu·ta·ción [kom.pu.ta.θjón / -.sjón] 女 → cómputo.

com·pu·ta·cio·nal [kom.pu.ta.θjo.nál / -.sjo.-] 形《IT》情報科学の；コンピュータの[を適用した]. lingüística ～ コンピュータ言語学.

***com·pu·ta·dor, do·ra** [kom.pu.ta.đór, -.đó.ra] 男 コンピュータ, 電算機. → ordenador.
— 女《主に ラ米》コンピュータ.
— 形 計算する, 計算の. — 男 女 計算する人.

com·pu·ta·do·ri·za·ción [kom.pu.ta.đo.ri.θa.θjón / -.sa.sjón] 女 → computerización.

com·pu·ta·do·ri·zar [kom.pu.ta.đo.ri.θár / -.sár] 97 他 → computarizar.

com·pu·tar [kom.pu.tár] 他 計算する, 算定する. Se puede ～ la distancia en kilómetros o millas. キロメートルかマイルで距離数が出せる.

com·pu·ta·ri·za·ción [kom.pu.ta.ri.θa.θjón / -.sa.sjón] 女 → computerización.

com·pu·ta·ri·zar [kom.pu.ta.ri.θár / -.sár] 97 他《IT》(データを)コンピュータ(で)処理する, コンピュータで入力する.

com·pu·te·ris·mo [kom.pu.te.rís.mo] 男 過度のコンピュータ使用[愛好].

com·pu·te·ri·za·ción [kom.pu.te.ri.θa.θjón / -.sa.sjón] 女《IT》コンピュータ処理.

com·pu·te·ri·zar [kom.pu.te.ri.θár / -.sár] 97 他 → computarizar.

cóm·pu·to [kóm.pu.to] 男 **1**《格式》計算, 算定. **2**《宗》教会暦での移動祝日の算出（＝ eclesiástico).

co·mul·gan·te [ko.mul.gán.te] 形《カト》聖体を拝領する[受ける]. — 男 女 聖体拝領者.

co·mul·gar [ko.mul.gár] 103 自 **1**《カト》聖体を拝領する[受ける]. ～ por Pascuas Floridas (信者の義務として) 復活祭のころに聖体を拝領する. **2**《con...〈見解・理想など〉を》共にする, 同じくする. Comulgábamos con las mismas ideas cuando éramos jóvenes. 我々は若いころ同じ考えを持っていた. — 他《カト》聖体を授ける.

comulgar con ruedas de molino《話》すぐ真に受ける, 簡単にだまされる.

co·mul·ga·to·rio [ko.mul.ga.tó.rjo] 男《カト》聖体拝領台.

comulgue(-) / comulgué(-) 活 → comulgar.

****co·mún** [ko.mún] 形 **1**《多くは名詞+》《ser+》共通の, 共同の, 共有の；公共の. moneda ～ 共通通貨. un amigo ～ de María y José マリアとホセの共通の友人. Es ～ a todos. それはみんなに共通である. hacer (un) frente ～ contra... …に対して共同戦線を張る. el Mercado C～ del Sur 南米共同市場（略 Mercosur). el servicio del bien ～ 公共福祉サービス. la Política Exterior y de Seguridad C～《EU》の外交安全保障政策 (略 PESC). nombre de género ～《文法》(el [la] pianista のような) 両性名詞, 男女共通名詞.
2《名詞+》《ser+》普通の, 一般の；ありきたりの. sentido ～ 常識. poco ～ 普通でない. la gente 一般人. enfermedad ～ ありふれた病気. nombre ～《文法》普通名詞. Estos fallos son comunes en el sistema. これらの欠陥はそのシステムにはよく見られる.
3 並みの；下級の；無作法な. vino ～ 並のワイン.
— 男 **1** 住民全体, 市民；(外国の) 自治体. bienes del ～ 市有財産. **2** トイレ, 便所；便器. **3**《カト》共通典礼.

de [por] común acuerdo 共に一致して, 全員[満場] 一致で (► por はまれ).

denominador común / común denominador 共通点；《数》共通（公）分母. No encuentro ningún denominador ～ entre ellos. 彼らに共通点は見当たらない.

el común de... …の大部分. el ～ de la gente 大多数の人々.

el común de los mortales 世間一般の人.

en común (1) 共用[共有]して. poseer un edificio en ～ ビルを共有する. (2) 協力して. una obra hecha en ～ por alumnos y profesores 生徒と先生の共同作品.

fuera de lo común 並外れた. un talento fuera de lo ～ 非凡な才能.

gastos comunes 通常経費；分担費用, 管理費.

la Cámara de los Comunes（英国・英連邦諸国での）下院.

por lo común 一般的に, 普通は.

voz común うわさ, 風説, 流言. Es voz ～ que en esa región no hace frío ni en invierno. その地方は冬も寒くないということである.

[←《ラ》commūnem (commūnis の対格)；関連 comunidad, comunicar, comunismo.〔英〕common]

co·mu·na [ko.mú.na] 女 **1** コミューン, (生活)共同体；共同集落. ～ de París《史》パリコミューン. **2** 自治体；(市・町・村など) 地方自治体. **3**《ラ米》市[町]議会, 市役所, 市当局.

co·mu·nal [ko.mu.nál] 形 **1** 自治体の；(市・町・村など) 地方自治体の；市民社会の. **2** 共通の, 共同の；公共の. — 男 (全) 住民.

co·mu·na·lis·ta [ko.mu.na.lís.ta] 男 女 共同体[生活]の実践者.

co·mu·nal·men·te [ko.mu.nál.mén.te] 副 **1** ふつう, 一般に. **2** 共同で, 共有して；一緒に.

co·mu·ne·ro, ra [ko.mu.né.ro, -ra]《史》コムニダーデスを構成する人々の, 市民蜂起(?)した人々の. — 男 **1** コムニダーデス, コムネーロス. (1) スペイン王 Carlos 1世時代のコロンビア [パラグアイ] の独立運動組織のメンバー. (2) 18世紀のコロンビア [パラグアイ] の独立運動組織のメンバー. **2**《ラ米》(ご⌒) (農民たちによる) 自治体の構成員.

co·mu·ni·ca·bi·li·dad [ko.mu.ni.ka.βi.li.đáđ] 女 伝達可能性；人付き合いのよさ.

co·mu·ni·ca·ble [ko.mu.ni.ká.βle] 形 **1** 連絡できる, 伝達可能な. **2** 付き合いのよい, 社交的な.

****co·mu·ni·ca·ción** [ko.mu.ni.ka.θjón / -.sjón] 女 **1** 伝える[伝わる]こと, 伝達, 連絡. ～ escrita 手紙, 書き置き. establecer ～ con... …と接触する. ponerse en ～ con... …と連絡をとる. táctica de ～ コミュニケーション技能. ～ no verbal ノンバーバルコミュニケーション. Entre nosotros falla la ～. 私たちは意思疎通がうまくいっていない.
2 通知, 知らせ. recibir una ～ 知らせを受け取る.
3 (学会などの) 発表. presentar una ～ sobre... …について発表する. **4** 交通, 通信；《複数で》交通[通信] 手段. medios de ～ 交通[通信] 手段.

comunicación de masas マスコミュニケーション.

comunicación interauricular《医》心房中隔欠損症.

co·mu·ni·ca·cio·nal [ko.mu.ni.ka.θjo.nál / -.sjo.-] 形 伝達[コミュニケーション, 通信手段]の；交通の.

*__co·mu·ni·ca·do, da__ [ko.mu.ni.ká.ðo, -.ða] 形 《bien [mal]を伴い》交通の便のいい[悪い]. barrio bien [mal] ~ 便利な[不便な]地区. ── 男 公式声明(書, 文), コミュニケ；共同声明. Enviaron un ~ a la prensa. 彼らは新聞に共同声明を出した.

co·mu·ni·ca·dor, do·ra [ko.mu.ni.ka.ðór, -.ðó.ra] 形 伝達力のある；伝える, 伝わる.
── 男 女 伝達者.

co·mu·ni·can·te [ko.mu.ni.kán.te] 形 **1** 通報する, 報告する.《場所・ものが》互いにつながっている, 通じている. vasos ~s《物理》連通管.
── 男 女 伝達者, 通報者, 報告者.

co·mu·ni·car [ko.mu.ni.kár] 102 他 **1**《a+人(人)に》知らせる；《感情などを》伝える. Le comunicaron el resultado por escrito. 結果は彼［彼女］に文書で伝えられた. Lamentamos tener que ~le que... …ということをお伝えしなければならないのは残念です. ▶ 用例中の le は a+人に相当. **2**《2つのものを》つなぐ；《con... …と》つなげる, 結びつける. Este camino comunica ambos pueblos. この道は2つの村を結んでいる. **3**《a... …に》《動き・力などを》伝える；《病気などを》移す. Esta pieza comunica su fuerza a la otra. この部品によってもう一つの方に力が伝わる.
── 自 **1**《con... …に》通じる, つながる；《複数主語で》往来できる. El dormitorio comunica con otra habitación. 寝室は別の部屋に通じています. Nuestras habitaciones comunican. 私たちの部屋は行き来ができる. ▶ 再帰形を用いる場合もある. →
再 1. **2**《電話が》話し中である. Te llamé varias veces, pero siempre comunicaba. 君に何度か電話したのだが, いつも話し中だった. **3**《con+人(人)と》連絡をとる, 話をする. ¿Con quién quieres ~? 君は誰と話したいの.
── ~·se 再 **1**《con... …に》通じる, つながる；《複数主語で》往来できる. La isla se comunica con nuestra ciudad a través del puente. その島は橋で私たちの市とつながっている. **2**《con+人(人)と》連絡[通信]する；《複数主語で》連絡を取り合う；《意見などを》伝え合う. Se comunica con su familia por correo electrónico. 彼［彼女］は家族とEメールで連絡をとっている. **3**《a... …に》《運動・力などが》伝わる；《病気などが》移る, 広がる.
[←ラ] commūnicāre「共有する；分け与える；知らせる」, 関連 comunicación, comunicado.〔仏〕communiqué.〔英〕communicate]

co·mu·ni·ca·ti·vo, va [ko.mu.ni.ka.tí.βo, -.βa] 形 話好きな, 打ち解けた. poco ~ 口の重い, 寡黙な.

co·mu·ni·ca·to·rias [ko.mu.ni.ka.tó.rjas] 形《複数形》《女性形のみ》《司教が善行などについて与える》証明書の(=testimonial). letras ~ 証明書.

co·mu·ni·co·lo·gí·a [ko.mu.ni.ko.lo.xí.a] 女 コミュニケーション学, コミュニケーション論；メディア論.

co·mu·ni·có·lo·go, ga [ko.mu.ni.kó.lo.go, -.ga] 男 女 コミュニケーション学研究者, メディア研究者.

__co·mu·ni·dad__ [ko.mu.ni.ðáð] 女 **1** 共同体, 共同社会. ~ autónoma (スペインの)自治州. C~ Británica de Naciones 英連邦. ~ de base《カト》キリスト教基礎共同体. C~ Económica Europea《略 CEE》欧州経済共同体. C~ Europea《略 CE》ヨーロッパ共同体, EC. ~ de propietarios (マンションなどの)自治会. **2** 共通(性)；共有. ~ de bienes 財産の共有；共産. ~ de intereses 共通の利益.
Comunidades《史》コムニダーデスの反乱. ♦Carlos 1世の時代に Castilla で起きた非スペイン化政策に対する反王権的な反乱 (1520-1521). → comunero.
en comunidad 共に, 共同で. vivir en ~ 共同生活をする.

co·mu·nión [ko.mu.njón] 女 **1**《カト》聖体拝領. recibir la ~ 聖体を拝領する. primera ~ 初聖体. **2** (意見・感情などの) 分かち合い, 共有；共感；交流. ~ de ideas 思想の交わり[一致]. **3** (宗教・政治的) 信者の団体, 集団. ~ de fieles 信者の団体. ~ de la Iglesia [los Santos]《宗》諸聖人の通功.

comunique(-) / comuniqué(-) 圃 → comunicar.

*__co·mu·nis·mo__ [ko.mu.nís.mo] 男 共産主義, コミュニズム.

*__co·mu·nis·ta__ [ko.mu.nís.ta] 形 共産主義の. ideas ~s 共産主義的思想. partido ~ 共産党.
── 男 女 共産主義者；共産党員.

co·mu·nis·toi·de [ko.mu.nis.tói.ðe] 形《話》共産主義に好意的な.
── 男 女《話》共産主義のシンパ[支持者].

co·mu·ni·ta·ria·men·te [ko.mu.ni.tá.rja.mén.te] 副 共同体として, 共同体で.

*__co·mu·ni·ta·rio, ria__ [ko.mu.ni.tá.rjo, -.rja] 形 **1** 共同体の. centro ~ コミュニティー・センター. **2** ヨーロッパ連合(Unión Europea)の, EUの. socios ~s EUの加盟国.

co·mu·ni·zar [ko.mu.ni.θár / -.sár] 97 他 《土地・財産などを》共有化する, 共産化する.

co·mún·men·te [ko.múm.mén.te] 副 通常, 普通, 一般的に.

co·mu·ña [ko.mú.ɲa] 女 小麦とライ麦の混合麦.

__con__ [kon] 前 (↔sin) ▶ +前置詞格人称代名詞 mí, ti, sí は conmigo, contigo, consigo.

I
随伴】

1《同伴》…と一緒に. Voy a viajar *con* mis compañeros. 僕は仲間たちと旅行するつもりだ.

2《関係・委託》…と, …について. Acabo de hablar *con* tu madre por teléfono. ぼくは君のお母さんと電話で話したばかりだよ. Alicia aprendió a tocar el piano *con* su tía. アリシアはおばさんにピアノを習った. Se ha casado *con* una actriz. 彼は女優と結婚した.

3《付随・属性・内容》…を持った, …付きの, …入りの. un libro *con* muchas fotos 写真がたくさん載っている本. una silla *con* respaldo bajo 背もたれの低いすす. Me gustaría vivir en una casa *con* piscina. 私はプール付きの家に住んでみたい. Este pastel está hecho *con* harina, huevo, leche y azúcar. このケーキは小麦, 卵, 牛乳, 砂糖で作られている. Me trajeron una jarra *con* agua fresca. 私は冷たい水が入った水差しを持ってきてもらった. El médico encontró a mi abuelo *con* mal aspecto. 医者は祖父の顔色が悪いのに気づいた.

4《原因・理由》…のために, …で. Es imposible conducir *con* este viento que hace. この風では運転できない. Estoy satisfecho *con* la noticia. 私はその知らせに満足している. Te perdiste lo mejor *con* venir tarde. おまえは遅刻したので一番いいところを見逃した.

ところを見ることができなかったよ.
5《時》…のとき,…と共に. Nos acostamos *con* el anochecer. 夜になると私たちは寝床についた. *Con* la llegada del invierno, las aves se marchan de aquí. 冬の到来と共に鳥たちはここを離れていく.
6《様態》…の状態で. estar *con* dolor de cabeza 頭痛がある. Está *con* gripe. 彼[彼女]は風邪をひいている.
7《＋名詞＋形容詞およびその相当語句》《付帯状況》〈名詞〉を〈…の状態〉にしとます. El chico contestó al profesor *con* las *manos metidas* en los bolsillos. その子はポケットに両手を入れたまま先生に答えた. Este colchón me costó cien euros, *con* los *gastos* de transporte *incluidos*. このクッションは運送代も含めて100ユーロした. ▶ 形容詞は名詞の性数に一致する.

2《手段・様態》
1《道具・材料》…で,…を使って. Hay que rellenar el formulario *con* lápiz. その用紙は鉛筆で記入しなければなりません. Se puede abonar *con* tarjeta. カードで支払うことができます. *Con* un gesto hizo callar a los chicos. 彼[彼女]はある身ぶりで子供たちを黙らせた.
2《様態》…の様子で. Al hablar ella elige palabras *con* mucho cuidado. 彼女は話すときとても注意深く言葉を選ぶ. ▶ con＋抽象名詞で -mente 副詞と同じような副詞の働きをする. → *con* cuidado=cuidadosamente 注意深く. Juan estudia *con* mucho entusiasmo. フアンはとても熱心に勉強している. **3**《話》《交通手段》…で. Vinieron *con* automóvil. 彼[彼女]らは車で来た.

3《対象》
1（1）《行為の対象》…と,…に. luchar *con*... と戦う. ¡Cuidado *con* los coches! 車に注意.
（2）《感情などの対象》…に対して. Has estado muy simpática *con* él. 君は彼にはずっと親切だったよ. Es cariñosa (para) *con* todos sus colegas. 彼女は同僚みんなにとてもやさしい (▶ para con となることが多い).
2《比較対象・協調》…と. Antes me confundían *con* mi madre. 以前はよく私は母と間違えられたものです. Por fin se ha puesto de acuerdo *conmigo*. やっと彼[彼女]は私に同意した.

4《con＋不定詞》
1《条件》…すれば,…するだけで. *Con avisar* de antemano tienes el asiento garantizado. 前もって知らせるだけで席は確保されるよ. ▶ con que＋接続法を用いることも可能. → *Con* que estudies un poquito más, aprobarás. もう少し勉強すれば合格するだろう. **2**《譲歩》…にもかかわらず. *Con ser* mayor que Pedro parece más joven. 彼はペドロより年上なのに,より若く見える. *Con haber estudiado* tanto, ella no ha aprobado. 彼女はあんなに勉強したのに合格しなかった.
con lo＋形容詞 *que*...《譲歩》《不満など》こんな…であるのに；…するのだけれど. ¡*Con lo* bien *que* jugaron! あんなに上手にプレーしたのに.
con《*todo*》**lo** *que*...《譲歩》こんなに…するのに. *Con todo lo que* he estudiado me han suspendido. これだけ勉強したのに僕は落第したんだよ.
con＋*todo*《譲歩》…にもかかわらず. *Con tacones y todo* sigue siendo la más bajita. 彼女はヒールのある靴を履いているのにやっぱり一番背が低い.
［←［ラ］*cum*；関連］compañía, compañero, contra. ［英］*company, companion*］

con-《接頭》「共に, 共通に, 相互に」などの意. → *confirmar, conjunto.*

co.na.ti.vo, va [ko.na.tí.bo, -.ba] 形 **1**《言》《文法》能動的な,（聞き手など受信者の）行動を促す. **2**《心》コネーションの, 努力[意欲]の. **3** 未遂の.

co.na.to [ko.ná.to] 男（成就しない）企て, 試み；未遂（行為）. 〜 de incendio ぼや；放火未遂.

con.ca.de.nar [koŋ.ka.ðe.nár] 他（鎖状に）つなぐ, 連結する, 関連させる.

con.ca.te.dral [koŋ.ka.te.ðrál] 女 別の教会と共同で司教区を管轄する教会.

con.ca.te.na.ción [koŋ.ka.te.na.θjón / -.sjón] 女 **1** 連結, 連続. 〜 de ideas 次から次へと浮かぶ考え, 連想. **2**《修辞》直前の節の最後の語句を, 続く節の初めに繰り返す手法.

con.ca.te.na.mien.to [koŋ.ka.te.na.mjén.to] 男 → concatenación.

con.ca.te.nar [koŋ.ka.te.nár] 他 結びつける, 関連させる. ━ 〜**se** 再 結びつく, 関連する.

con.ca.vi.dad [koŋ.ka.βi.ðáð] 女 **1** 凹状, 凹面（↔convexidad）. **2** くぼみ, へこみ.

cón.ca.vo, va [kóŋ.ka.βo, -.βa] 形 凹状の, 凹形の, へこんだ（↔convexo）. espejo 〜 凹面鏡.
━ 男 凹面, 凹形；へこみ.
［←［ラ］*concavum*（*concavus* の対格；*cavus*「穴」の派生語）；関連］［英］*concave, cave*「洞窟（どう）」］

cón.ca.vo.con.ve.xo, xa [kóŋ.ka.βo.kom.bek.so, -.sa] 形 凹凸の. lente cóncavoconvexa 凹凸レンズ.

con.ce.bi.ble [kon.θe.βí.ble / -.se.-] 形 考えられる, 想像できる.

＊**con.ce.bir** [kon.θe.βír / -.se.-] ① 他 **1**〈考え・感情などを〉抱く；〈計画などを〉考え出す. 〜 una esperanza 期待を抱く. 〜 un odio 憎しみを抱く. 〜 un proyecto de enseñanza 教育計画を構想する. *Han concebido* un sistema ecológico de calefacción. 彼らは省エネルギーの暖房システムを考え出した. **2**〈…の概念を〉把握する, 想像する. El lugar está *concebido* como un paraíso. その場所は天国のような場所と考えられている. No puedo 〜 cómo pudiste decírselo a tu madre. 君がお母さんにどうしてそんなことを言えたのか不思議できない. **3**〈子を〉宿す, 受胎する. 〜 un bebé 赤ん坊をおなかに宿す.
━ 自 妊娠する, 身ごもる.
［←［ラ］*concipere*；*capere*「捕らえる」より派生；関連］concepción, concepto. ［英］*conceive*］

＊＊**con.ce.der** [kon.θe.ðér / -.se.-] 他 **1**〈**a**...に〉授与する, 与える. 〜 una beca *a*... …に奨学金を授与する. 〜 la palabra *a*... …に発言させる. No esperes que *te concedan* todos tus antojos. 君のわがままがすべて許されると思うな. ¿*Me concede* usted cinco minutos? 5分ほどお時間をいただけますでしょうか. ▶ 用例中の te, me が a... に相当.
2《que＋直説法 …であると》認める. *Concedo que* ellos *tienen* razón. 彼らの言うとおりだと認めます. **3**〈**a**...〉〈価値を〉見出す, 認める.

con.ce.jal, ja.la [kon.θe.xál, -.xá.la / -.se.-] 男 女 市[町, 村]議会議員. Fue elegido 〜 en las elecciones municipales. 彼は市会議員選挙で議員に選ばれた.

con.ce.ja.lí.a [kon.θe.xa.lí.a / -.se.-] 女 **1** 市[町, 村]議会議員の職務.
2 市[町, 村]議会議員が所属[管轄]する委員会.

con·ce·je·ro, ra [kon.θe.xé.ro, -.ra / -.se.-] 形 公の, 周知の.

con·ce·jil [kon.θe.xíl / -.se.-] 形 市[町, 村]議会の; 市[町, 村]の; 公の.

con·ce·jo [kon.θé.xo / -.sé.-] 男 **1** 役場, 市役所 (=ayuntamiento). **2** 市[町, 村]議会. [←[ラ]*concilium* (→concilio); 関連 concejal. [英]*council*]

con·ce·le·brar [kon.θe.le.brár / -.se.-] 他 【カト】〈複数の司祭が〉〈ミサを〉共同で司式する.

con·ce·ller [kon.θe.jér ‖ -.ʎér / -.se.-] 男 (スペイン Cataluña 地方で)市[町, 村]議会議員.

con·cen·tra·ble [kon.θen.trá.ble / -.sen.-] 形 集中できる, 濃縮できる.

*__con·cen·tra·ción__ [kon.θen.tra.θjón / -.sen.-.sjón] 女 **1** 集中, 集結, 集団. ~ de la población 人口の集中. **2** 【心】集中(力), 専心, 専念. **3** 濃縮, 凝縮. la ~ de un producto químico 化学物質の濃度. **4** 【スポ】合宿, キャンプ. *campo de concentración* 強制[捕虜]収容所. *concentración parcelaria* 土地の整理統合.

con·cen·tra·do, da [kon.θen.trá.ðo, -.ða / -.sen.-] 形 **1** 集合した, 結集した. La gente está *concentrada* en la plaza. 人々は広場に集結している. **2** 専念した, 集中した. **3** 濃厚な, 濃縮された. jugo ~ 濃縮ジュース. ── 男 濃縮物[液]. ~ de limón 濃縮レモンエキス.

*__con·cen·trar__ [kon.θen.trár / -.sen.-] 他 **1** 《en... …に》**集中させる**, 集める. ~ todo el poder *en* la junta すべての権力を委員会に集中させる. ~ sus esfuerzos para un examen 試験のために一心に努力する. ~ las miradas de los asistentes 出席者の注目を集める. La joven escritora *concentró* la atención de los periodistas. 若い女性作家は新聞記者の注目の的だった.
2 濃縮する, 濃くする. ~ una disolución 溶液を濃縮する. **3** 【スポ】キャンプ入りさせる, 合宿させる. ~ al equipo antes del encuentro 対戦の前にチームをキャンプ入りさせる.
── ~**se** 再 **1** 《en... …に》〈人が〉(精神などを)集中する. *Concéntrate en* lo que haces. 自分がやっていることに集中しなさい. *Me concentro en* que todos los participantes estén contentos. 私は参加者全員が満足するように全力を集中する.
2 《en... …に》集合する, 集まる.
3 〈溶液などが〉濃縮する, 濃くなる. El caldo *se ha concentrado*. 煮汁が煮詰まった.
4 【スポ】キャンプ入りする, 合宿に入る.

con·cén·tri·co, ca [kon.θén.tri.ko, -.ka / -.sén.-] 形 同心の, 中心を共有する.

*__con·cep·ción__ [kon.θep.θjón / -.sep.sjón] 女 **1** 考え(方); 着想, 構想. ~ de la vida 人生観. ~ de una película 映画の着想.
2 受胎, 妊娠. Inmaculada *C*~ 【カト】無原罪の御宿り(♦聖母 María がその母聖アンナの胎内に宿った瞬間から原罪を免れていたこと. 祝日12月8日).

Con·cep·ción[1] [kon.θep.θjón / -.sep.sjón] 固名 コンセプシオン: 女子の洗礼名. 愛称 Concha, Conchi, Conchita, Chonchi. [(María de la) concepción「御宿り(の聖母マリア)」より; 関連 concebir]

Con·cep·ción[2] [kon.θep.θjón / -.sep.sjón] 固名 コンセプシオン. (1) パラグアイの県; 県都. (2) チリ中南部の都市.

con·cep·cio·nis·ta [kon.θep.θjo.nís.ta / -.sep.sjo.-] 形 【カト】(在世フランシスコ会)無原罪懐胎信徒団に属した. ── 男 女 無原罪懐胎信徒団に属した人.

con·cep·tís·mo [kon.θep.tís.mo / -.sep.-] 男 奇知主義, コンセプティスモ. ♦17世紀文学の表現様式で, アイロニー・隠喩(％)を用いて機知をひけらかす難解な文体が特徴. →culteranismo.

con·cep·tís·ta [kon.θep.tís.ta / -.sep.-] 形 奇知主義の. ── 男 女 奇知主義者, 警句[箴言(㌦)]作家.

con·cep·ti·vo, va [kon.θep.tí.bo, -.ba / -.sep.-] 形 考えることができる, 想像力のある.

__con·cep·to__ [kon.θép.to / -.sép.-] 男 **1 概念, 観念. definir el ~ de familia 家族という概念を定義する.
2 考え, 意見; (特に人に関する)評価. Tiene buen ~ de ti. / Te tiene en buen ~. 彼[彼女]は君のことを高く評価しているよ. **3** 【商】(帳簿などの)項目, 細目. **4** 機知に富んだ言葉.
bajo [por] ningún concepto 決して(…ない). No aceptaré la propuesta *bajo ningún ~*. 私はその提案を決して受け入れないつもりだ. ▶主に許可・同意・禁止の動詞句と共に用いる.
en concepto de... …として; …の資格[名目]で. *en ~ de* gastos de viaje 旅費として.
en su *concepto* …の考えでは.
por todos conceptos あらゆる見地において, どこから見ても.
[←[ラ]*conceptum* (*conceptus* の対格; *concipere*「(考えを)抱く」より派生); 関連 concepción. [英]*concept*]

*__con·cep·tual__ [kon.θep.twál / -.sep.-] 形 概念(上)の, 観念的な. arte ~ 【美】コンセプチュアルアート, 概念芸術.

con·cep·tua·lis·mo [kon.θep.twa.lís.mo / -.sep.-] 男 【哲】概念論; 【美】概念芸術論[主義].

con·cep·tua·lis·ta [kon.θep.twa.lís.ta / -.sep.-] 形 概念論の; 概念芸術の. ── 男 女 概念論者; 概念芸術家.

con·cep·tua·li·za·ción [kon.θep.twa.li.θa.θjón / -.sep.-.sa.sjón] 女 概念化, 概念形成.

con·cep·tua·li·zar [kon.θep.twa.li.θár / -.sep.-.sár] 97 他 概念化する, 概念にまとめる; …の概念を形成する.

con·cep·tuar [kon.θep.twár / -.sep.-] 84 他 《de... / por... / como... …と》考える, 見なす. La *conceptúan de [por, como]* inteligente. 彼女は利口だと思われている.

con·cep·tuo·sa·men·te [kon.θep.twó.sa.mén.te / -.sep.-] 副 もったいぶって; 機知を働かせて.

con·cep·tuo·si·dad [kon.θep.two.si.ðáð / -.sep.-] 女 (特に文体・言葉遣いが)気取っていること; 機知に富んでいること.

con·cep·tuo·so, sa [kon.θep.twó.so, -.sa / -.sep.-] 形 〈文体・作家などが〉気取った, もったいぶった; 機知に富んだ.

con·cer·nien·te [kon.θer.njén.te / -.ser.-] 形 《a... …に》関する, 関連のある. los reglamentos ~s a los transportes 輸送に関する法規. en lo ~ a... …に関して.

con·cer·nir [kon.θer.nír / -.ser.-] 14 自 《a... …に》関係する, かかわりがある; 属する. No me *concierne* decidirlo. 私はそれを決定する立場にはない (▶me が a... に相当). ▶3人称で用いられる.
en [por] lo que concierne a... …について, …に関して. *en lo que a* mí *concierne* 私としては:

con·cer·ta·ción [kon.θer.ta.θjón / -.ser.-.sjón] 女 合意；協議，協定．

con·cer·ta·da·men·te [kon.θer.tá.ða.mén.te / -.ser.-] 副 **1** 申し合わせて，取り決めた上で． **2** 整然と，きちんと．

con·cer·ta·do, da [kon.θer.tá.ðo, -.ða / -.ser.-] 形 **1** (行動などが)取り決めてある，申し合わせた．**2** 整然とした，まとまった；調和の取れた．**3** 〖私立学校〗が国の補助を受けている．**4** 〖病院〗が社会保険が使える．— 男 女 《ラ米》《ミミミ》奉公人，使用人．

con·cer·ta·dor, do·ra [kon.θer.ta.ðór, -.ðó.ra / -.ser.-] 形 和解させる，調停する；調整する．— 男 女 仲裁人，調停者．

con·cer·tan·te [kon.θer.tán.te / -.ser.-] 形 **1** 取り決めの，調整する．**2** 〖音楽〗合奏の，合唱の．— 男 合奏曲，合唱曲．

＊**con·cer·tar** [kon.θer.tár / -.ser.-] ⑧ 他 **1** 取り決める，申し合わせる．~ un acuerdo 合意に達する．~ un precio en diez euros 値段を10ユーロに決める．*Hemos concertado* reunirnos el sábado. 私たちは土曜日に集まることにした．**2** まとめる，調整する．~ los esfuerzos 努力を結集する．**3** 〖音楽〗《con...》…に)音を合わせる，調子を合わせる．**4** 〖文法〗《con...》…と)一致させる．— 自 **1** 一致する，まとまる．los testimonios que no *concertan* 一致しない証言．**2** 〖音楽〗調子が合う．**3** 〖文法〗一致する．— ~·se 再 同意する，合意する．Las dos naciones no *se concertaron*. 両国は合意に達しなかった．

con·cer·ti·na [kon.θer.tí.na / -.ser.-] 女 〖音楽〗コンチェルティーナ：アコーディオンの一種．

con·cer·ti·no [kon.θer.tí.no / -.ser.-] 〖伊〗男 〖音楽〗コンサートマスター，第一バイオリンの首席奏者．

con·cer·tis·ta [kon.θer.tís.ta / -.ser.-] 男 女 独奏者，ソリスト．

con·cer·to [kon.θér.to / -.sér.-] 〖伊〗 協奏曲，コンチェルト．~ grosso コンチェルトグロッソ，合奏協奏曲．

con·ce·si·ble [kon.θe.sí.βle / -.se.-] 形 譲れる，許せる．

＊**con·ce·sión** [kon.θe.sjón / -.se.-] 女 **1** (行政・企業による権利などの) **譲渡**，譲与；(賞などの) 授与．~ del premio Nobel ノーベル賞の授与．**2** (政府・企業などの与える)権利，利権．Tiene la ~ en exclusiva del bar de la universidad. 彼[彼女]は大学のバルの独占営業権を持っている．**3** 譲歩，妥協．No podemos hacer más *concesiones*. 我々はこれ以上譲歩できません．*sin concesiones* 譲歩せずに，断固として．

con·ce·sio·na·rio, ria [kon.θe.sjo.ná.rjo, -.rja / -.se.-] 形 (営業権・許可などを) 与えられた，特約をえた．— 男 女 (認可・特権などの) 獲得者，被譲渡者．— 男 特約店，総代理店，ディーラー．

con·ce·si·vo, va [kon.θe.sí.βo, -.βa / -.se.-] 形 **1** 譲れる，譲れる．**2** 〖文法〗譲歩を示す．oración *concesiva* 譲歩節〖文〗．— 女 譲歩節〖文〗．

＊**con·cha** [kón.tʃa] 女 **1** 貝殻, (カタツムリなどの)殻, 甲羅. ~ de peregrino (地中海産の)ジェームズホタテ；Santiago de Compostela への巡礼者が身に着けた)ホタテガイの貝殻．**2** (カメの) 甲羅，べっこう．(= carey). peine de ~ べっこうのくし．**3** (貝の形の)小湾，入り江．**4** 貝形の小皿，(ひき臼(?)の) 受け皿，(陶磁器の) かけら，小片．**5** 〖演〗プロンプター・ボックス (= ~ del apuntador). **6** 〖解剖〗耳甲介．**7** 〖紋〗→ venera. **8** 《ラ米》(1) 《ﾀﾞｼｺ》《ﾌﾟﾈﾄ》《話》ずうずうしさ, 厚かましさ. (2) 《ﾁﾘ》《ｱﾝﾃﾞｽ》《話》のろくさ さ. (3) 《ｺﾞﾛﾝ》《ｴﾙｻﾙ》殻, 皮. (4) 《ｷ》《ｺﾛﾝ》《ｳﾙｸﾞ》《卑》女性器. (5) 《ﾌﾞﾈﾄ》食用の貝. (6) 《ｺﾛﾝ》卵の殻. (7) 《ｺﾞﾛﾝ》甘いパン(の一種).

meterse en SU *concha*《話》自分の殻に閉じ込もる．

tener muchas conchas / tener más conchas que un galápago《話》油断がならない，食わせ者である．

[← 〖後 ラ〗*conchula*；〖ラ〗*concha*「貝」(← 〖ギ〗*kógnkhē*) + 縮小辞；〖関連〗〖仏〗*coquille*. 〖英〗*conch*]

Con·cha [kón.tʃa] 固名 コンチャ：Concepción の愛称．

con·cha·ba·do, da [kon.tʃa.βá.ðo, -.ða] 男 女 《ラ米》《ﾘｵ》奉公人．

con·cha·ba·mien·to [kon.tʃa.βa.mjén.to] 男 → conchabanza.

con·cha·ban·za [kon.tʃa.βán.θa / -.sa] 女 **1** 共謀. en ~ con... …と共謀して. **2** 落ち着き先, 仕事口.

con·cha·bar [kon.tʃa.βár] 他 **1** (悪巧みのため)結託する．**2** 〖羊毛〗を混ぜる．**3** 《ラ米》(1) 《ﾒｷｼ》《ｷ》(物々) 交換する．(2) 《ﾘｵ》《ﾊﾞﾗ》〈使用人などを〉雇う．(3) 《ﾁﾘ》《話》同棲する．— ~·se 再 共謀する，徒党を組む．~se con malhechores 悪人と共謀する．

con·cha·be [kon.tʃá.βe] 男 《ラ米》《ﾒｷｼ》→ conchabeo.

con·cha·be·o [kon.tʃa.βé.o] 悪巧み，共謀．

con·cha·bo [kon.tʃa.βo] 《ラ米》(1) 《ｷ》《ﾊﾞﾗ》《ﾘｵ》雇用；働き口，仕事．(2) 《ｷ》交換，取り替え．

con·chal [kon.tʃál] 形 《絹糸が》最高級の．

con·cha·ve·ar [kon.tʃa.βe.ár] 他 《ラ米》《ｷ》《まれ》(安物を)売り買いする．

con·che·ro [kon.tʃé.ro] 男 〖史〗貝塚．

Con·chi [kón.tʃi] 固名 コンチ：Concepción の愛称．

con·chí·fe·ro, ra [kon.tʃí.fe.ro, -.ra] 形 〖地質〗貝殻を含む．

Con·chi·ta [kon.tʃí.ta] 固名 コンチータ：Concepción の愛称．

con·chi·to [kon.tʃí.to] 男 《ラ米》《ｷ》《ｺﾞﾛﾝ》《話》末っ子．

¡con·cho! [kón.tʃo] 間投 《婉曲》ちくしょう，くそっ．▶ 卑語である ¡coño! の婉曲な言い方．

con·cho, cha [kón.tʃo, -.tʃa] 形 《ラ米》《ﾒｷｼ》赤褐色の．— 男 《ラ米》(1) 《ｷ》(トウモロコシの)包葉，苞(ﾎｳ). (2) 《ﾊﾞﾗ》《話》おんぼろタクシー．(3) 《ﾘｵ》沈殿物，おり；《複数で》残り物，残飯．(4) 《ｺﾞﾛﾝ》《話》田舎者．(5) 《ﾁﾘ》《ｺﾞﾛﾝ》末っ子．

irse al concho《ラ米》《ｷ》《話》沈む．

con·chu·do, da [kon.tʃú.ðo, -.ða] 形 **1** 〈生物が〉貝殻で覆われた，甲羅のある．**2** 用心深い，抜けめのない．**3** 《ラ米》《話》(1) 《ﾀﾞｼｺ》《ﾊﾞﾗ》ずうずうしい，厚かましい．(2) 《ｸﾞｱﾃﾏ》《ﾆｶ》《ｴﾙｻﾙ》のろまな，ぐずぐずした，のらくらした．(3) 《ﾁﾘ》破廉恥な．(4) 《ﾘｵ》無鉄砲な．

con·chue·la [kon.tʃwé.la] 女 砕けた貝殻だらけの海底．[concha + 縮小辞]

con·cia [kón.θja / -.sja] 女 (山の) 立入禁止区域；禁猟区．

concib- 活 → concebir.

＊**con·cien·cia** [kon.θjén.θja / -.sjén.sja] 女 **1** 意識；自覚．~ de clase

階級意識. ～ de sí mismo 自意識. perder la ～ 意識を失う. tener ～ de... …を意識[自覚]している. tomar ～ de... …を意識[自覚]する.

2 **良心**, 道義心. remorder [acusar] la ～ a＋人〈人〉が良心の呵責(かしゃく)にさいなまれる. ancho [estrecho] de ～ 自分に甘い[厳しい]. cargo de ～ 良心の呵責. caso de ～ 良心の問題. descargar la ～ 告白して心の負担を軽くする. ～ sucia 心のやましさ. gusanillo de la ～《話》良心の呵責. mala ～ 良心のとがめ. objeción de ～ 道義的拒否；良心的徴兵忌避. tener la ～ limpia [tranquila] 心にやましいところがない.

a conciencia 手を抜かずに, しっかりと. Tienes que estudiar *a* ～. ちゃんと勉強しないとだめよ.

a conciencia de que＋直説法 …と知りながら.

en conciencia 良心的に, 道義的に；率直に. *En* ～ te digo la verdad. 良心にしたがって君に本当のことを言うよ.

[←〔ラ〕*cōnscientian* (*cōnscientia* の 対格；*cōnscīre*「自覚している」より派生)；関連 concienzudo, consciente, ciencia. 〔英〕*conscience*]

con·cien·cia·ción [kon.θjen.θja.θjón / -.sjen.sja.sjón] 女 意識化, 認識すること, 意識させること.

con·cien·ciar [kon.θjen.θjár / -.sjen.sjár] 82 他《**de...** …を》意識させる, 自覚させる.

— ～·se 再《**de...** …を》意識する, 自覚する.

con·cien·zu·da·men·te [kon.θjen.θú.đa.mén.te / -.sjen.sú.-] 副 誠実に；真摯(しん)に.

con·cien·zu·do, da [kon.θjen.θú.đo, -.đa / -.sjen.sú.-] 形 良心的な；丹精込めた, 真摯(しん)な.

***con·cier·to** [kon.θjér.to / -.sjér.-] 男 **1**〖音楽〗**コンサート**, 音楽会, 演奏会. ～ al aire libre 野外コンサート. dar un ～ コンサートを開く. sala de ～*s* コンサートホール. **2**〖音楽〗協奏曲, コンチェルト. *C～ de Aranjuez*『アランフェス協奏曲』(Rodrigo 作曲). ～ para piano ピアノコンチェルト.

3 **合意**, 取り決め；協約. llegar a un ～ 合意に達する. **4** 調和, 協調.

de concierto 合意して.

con·ci·lia·ble [kon.θi.ljá.ƀle / -.si.-] 形 和解できる, 調和[両立]しうる.

con·ci·liá·bu·lo [kon.θi.ljá.ƀu.lo / -.si.-] 男 **1** 秘密の会合, 密談；非公式な集会.

2《話》友達どうしの集まり.

con·ci·lia·ción [kon.θi.lja.θjón / -.si.-.sjón] 女 調停, 仲裁；和解. acto de ～〖法〗調停. espíritu de ～ 融和の精神. tribunal de ～ 調停裁判所.

con·ci·lia·dor, do·ra [kon.θi.lja.đór, -.đó.ra / -.si.-] 形 融和的な, 調停を図る.

— 男 女 調停者, 仲裁人.

con·ci·liar[1] [kon.θi.ljár / -.si.-] 形 宗教会議の, 公会議の. **—** 男 宗教会議の列席者, 公会議の議員.

con·ci·liar[2] [kon.θi.ljár / -.si.-] 82 他 **1** 仲直りさせる, 和解させる；調停[仲裁]する (＝reconciliar). ～ a dos enemigos 敵対するふたりを和解させる.

2《**con...** …と》融合させる, 両立させる. ～ el idealismo *con* una actitud conservadora 理想主義と保守的な態度とを両立させる.

3 誘発する, 促す. ～ el sueño 眠る.

— ～·se 再 和解する；両立する.

con·ci·lia·ti·vo, va [kon.θi.lja.tí.ƀo, -.ƀa / -.si.-] 形 →conciliador.

con·ci·lia·to·rio, ria [kon.θi.lja.tó.rjo, -.rja / -.si.-] 形 融和的な, 調停を図る.

con·ci·lio [kon.θí.ljo / -.sí.-] 男 **1**〖カト〗宗教会議, 公会議. El *C～* Vaticano Segundo 第2回バチカン公会議 (1962–65). ～ ecuménico [universal] (ローマカトリック教会の) 公会議. ～ toledano トレド公会議.

2 協議会, 審議会. **3** (宗教会議の審議機関から発行された) 通達集, 決議録. **4**《ラ米》会議, 会合.

[←〔ラ〕*concilium*「集会」；関連 (re)conciliar. 〔英〕*council, conciliate*]

con·ci·sa·men·te [kon.θí.sa.mén.te / -.sí.-] 副 簡潔に, 簡明に.

con·ci·sión [kon.θi.sjón / -.si.-] 女 (文体などの) 簡潔, 簡明.

con·ci·so, sa [kon.θí.so, -.sa / -.sí.-] 形〈文体などが〉簡潔な, 簡明な.

con·ci·tar [kon.θi.tár / -.si.-] 他《**contra...** …に対する》〈憎しみ・反感などを〉かき立てる, 挑発する.

— ～·se 再〈憎しみ・反感などを〉買う, 集める.

con·ciu·da·da·no, na [kon.θju.đa.đá.no, -.na / -.sju.-] 男 女 同郷人；同国人, 同胞.

cón·cla·ve [kóŋ.kla.ƀe] **/ con·cla·ve** [koŋ.klá.ƀe] 男 **1**〖カト〗(枢機卿(けい)による) 教皇選挙会(議), コンクラーベ；コンクラーベの会場. ♦選挙後, 新教皇が決定したときは, 煙突から白煙が出る. 決定しなかったときは, 黒煙が出て選挙が繰り返される.

2《話》集会, 会合.

con·cla·vis·ta [koŋ.kla.ƀís.ta] 男 教皇選挙会員随員：教皇選挙会に出席する枢機卿(けい)の随員.

*****con·cluir** [koŋ.klwír] 48 現分 は concluyendo, 過分 は concluido] 他 **1** **終える**, 完成させる. Por fin *concluyó* su obra. やっと彼[彼女]は作品を完成させた. **2**《**que**＋直説法 …であると》**結論づける**, …という結果を得る. De su respuesta *concluimos que* no *tiene* ningún interés en el tema. 返答から察するに彼[彼女]はそのテーマには全然興味がないと言えます.

— 自 **1** 終結する, 終わる. El plazo *concluirá* dentro de tres días. 期限は3日後です. El curso *concluye* en diciembre. コースは12月に終わります. **2**《＋現在分詞 / **por**＋不定詞》結局[ついに] …することになる. Siempre *concluimos por admitir* su petición. いつも私たちは最後には彼[彼女](ら)の依頼を認めることになる. **3**《**en... / con...** …で》終わる, 最後が…である. La ceremonia *concluyó con* sus palabras de agradecimiento. 式典は彼[彼女]の感謝の言葉でお開きとなった.

— ～·se 再 **1** 終結する, 終わる.

2《3人称で》結論づけられる.

[←〔ラ〕*conclūdere*「閉じ込める」(*com-*「完全に」＋*claudere*「閉じる」)；関連 conclusión. 〔英〕*conclude*]

***con·clu·sión** [koŋ.klu.sjón] 女 **1** **結論**, 結論付けること；(調査の) 結果. llegar a la ～ de que... …という結論に達する. ¿De dónde sacaron la ～ de que eso no es justo? それが公平でないという結論がどこから出されたんだ. **2** 完成, 結末. Salimos todos antes de la ～ del acto. 式典が終わる前に私たちは皆出てきた. **3**〖論〗(3段論法の) 断案, 結論. **4**《主に複数で》〖法〗最終弁論.

en conclusión 結局は.

***sacar* A *en conclusión* (*de* B)** (Bから) Aを推論する, 導く.

con·clu·si·vo, va [koŋ.klu.sí.ƀo, -.ƀa] 形 最終的な；結論的な, 決定的な.

con·clu·so, sa [koŋ.klú.so, -.sa] 形〖法〗最終論告の, 結審した.

concluy- 圂 → concluir.

con·clu·yen·te [koŋ.klu.jén.te] 形 決定的な, 反論の余地がない; 断定的な, 断固とした. una prueba 〜 決定的な証拠, 確証.

con·clu·yen·te·men·te [koŋ.klu.jén.te.mén.te] 副 決定的に; 断定的に.

con·coi·de [koŋ.kói.ðe] 形 →concoideo.
— 囡 《数》コンコイド, 蝸牛(ホショウ)線.

con·coi·de·o, a [koŋ.koi.ðé.o, -.a] 形 《格式》貝殻状の;《数》コンコイドの, 蝸牛線の.

con·co·mer [koŋ.ko.mér] 他 苦しめる. La duda me *concome*. 疑念にさいなまれる.
— 〜**se** 再 1 **(por...   /de...** ...で)《話》心がさいなまれる; いらだつ. 〜*se de* envidia 嫉妬(ショッ)に身を焦がす. 〜*se de* impaciencia 我慢しきれなくてじりじりする. 〜*se de* rabia 怒り狂う.
2（ちくちく・むずむずして）体をもぞもぞさせる.

con·co·mi·mien·to [koŋ.ko.mi.mjén.to] **/con·co·mio** [koŋ.kó.mjo] 男 1 煩悶(ホシン), 焦燥. 2 背中[肩]をもぞもぞさせること.

con·co·mi·tan·cia [koŋ.ko.mi.tán.θja / -.sja] 囡 1 付随; 同時生起. 2 《カト》併存：聖体 eucaristía にキリストの体と血が併存すること.

con·co·mi·tan·te [koŋ.ko.mi.tán.te] 形 付随の, 同時に起こる. movimiento 〜 付随運動.

con·cón [koŋ.kón] 男 《ラ米》(チ)《鳥》メンフクロウ;（太平洋岸一帯の）陸風.

***con·cor·dan·cia** [koŋ.kor.ðán.θja / -.sja] 囡 1 一致; 調和. 〜 de opiniones 意見の一致. en 〜 con... ...に従って. 2 《文法》一致, 呼応. 〜 de los tiempos 時制 の 一致. 〜*s* de género y número 性数一致. 3 《音楽》協和音. 4 （複数で）（アルファベット順の）用語[項目]索引.

con·cor·dan·te [koŋ.kor.ðán.te] 形 一致した, 調和した.

***con·cor·dar** [koŋ.kor.ðár] 15 他 1 一致させる, 和解させる. 〜 a dos enemigos 敵対するふたりを和解させる. 2 《文法》一致させる.
— 自 **(en...   ...で)(con...   ...と)** 1 一致する, 符合する. Los indicios *concuerdan* en que es inocente. 証拠は彼[彼女]が無罪だということで一致している. Mi versión no *concuerda* con la tuya. 私の見解は君とは合致しない. 2 《文法》一致する.
[← 〔ラ〕*concordāre*「心を合わせる」(*com-*「共に」+ *cor*「心」+動詞語尾). 関連 concordancia, corazón.〔仏〕*concorde*（コンコルド広場の原義は「和解の広場」).〔英〕*concord*]

con·cor·da·ta [koŋ.kor.ða.ta] 囡 → concordato.

con·cor·da·ta·rio, ria [koŋ.kor.ða.tá.rjo, -.rja] 形 政教条約[コンコルダート]の.

con·cor·da·to [koŋ.kor.ða.to] 男 （ローマ教皇と各国間の）政教条約, 宗教協約, コンコルダート.

con·cor·de [koŋ.kór.ðe] 形 **(en...   ...で)(con...   ...と)** 一致した, 合った; 同意見の. poner 〜*s* a dos personas ふたりの意見を一致させる.

con·cor·dia [koŋ.kór.ðja] 囡 1 協調, 和合. paz y 〜 平和と協調. 2 合意; 取り決め, 協定. firmar la 〜 協定書に署名する. 3 （2つの輪を組み合わせた）指輪.

con·cre·ción [koŋ.kre.θjón / -.sjón] 囡 1 具体化, 実体化; 具体性. 2 凝固（物）, 凝結（体）;《医》結石.

con·cres·cen·cia [koŋ.kres.θén.θja / -.sén.sja] 囡《植》《生物》（組織・器官などの）合生(ガッ), 癒合 (ユッ); 癒着.

con·cre·ta [koŋ.kré.ta] 形 →concreto.

con·cre·ta·men·te [koŋ.kré.ta.mén.te] 副 具体的に.

****con·cre·tar** [koŋ.kre.tár] 他 1 具体化する, 明確にする. 〜 un plan 計画を具体化する. 〜 un sueño 夢を実現する. 〜 la fecha 日付けをはっきり決める. El abogado no quiso 〜 los detalles. 弁護士は詳細を明らかにしようとはしなかった.
2 **(a...   /en...   ...に)**限定する, 絞る. *Concretando*, se puede decir lo siguiente. 要約すれば, 次のように言える.
— 〜**se** 再 1 **(a...   ...に)**（自分の行動などを）限定する. *Se concretó al* tema propuesto. 彼[彼女]は提案されたテーマだけを言うにとどめた. 2 （事柄が）具体的になる, 実現する; 明確になる. *Se concretó* la compra del terreno. 土地の購入が決まった.

con·cre·ti·za·ción [koŋ.kre.ti.θa.θjón / -.sa.sjón] 囡 →concreción.

con·cre·ti·zar [koŋ.kre.ti.θár / -.sár] 97 他 → concretar.

****con·cre·to, ta** [koŋ.kré.to, -.ta] 形《名詞＋》《ser＋》**具体的な**, 具象的な（↔abstracto）; 明確な. basarse en datos 〜*s* 具体的なデータに基づく. ideas *concretas* 具体的な考え. nombre 〜《言》具体名詞. día y hora 〜*s* 具体的な日時. — 男 1 （鉱物などの）凝結（物）. 2《ラ米》コンクリート（＝hormigón). de 〜 armado 鉄筋コンクリートの. — 圂 →concretar.
en concreto 具体的には, はっきりと（した）; 要するに. Todavía no se ha dicho nada *en* 〜. まだ具体的には何も言われていない.
[← 〔ラ〕*concrētum*（*concrētus* の対格)「凝縮した; 固まった」. 関連 concretar.〔英〕*concrete*]

con·cu·bi·na [koŋ.ku.bí.na] 囡 内縁の妻; 愛人.

con·cu·bi·na·to [koŋ.ku.bi.ná.to] 男《軽蔑》内縁関係.

con·cú·bi·to [koŋ.kú.bi.to] 男 性交, 肉体関係.

con·cuer·da [koŋ.kwér.ða] *por concuerda* （写本・コピーなどの最後に記して）原本に同じ.

con·cul·ca·ción [koŋ.kul.ka.θjón / -.sjón] 囡 違反,（権利の）侵害; 侵害.

con·cul·car [koŋ.kul.kár] 102 他 違反する;（権利を）侵害する. 〜 la ley 法を犯す.

con·cu·ña·do, da [koŋ.ku.ɲá.ðo, -.ða] 男 囡 配偶者の兄弟姉妹の配偶者; 配偶者の各々の兄弟姉妹どうし.

con·cu·ño, ña [koŋ.kú.ɲo, -.ɲa] 男 囡《ラ米》→ concuñado.

con·cu·pis·cen·cia [koŋ.ku.pis.θén.θja / -.sén.sja] 囡（現世での物質的・肉体的な）欲望.

con·cu·pis·cen·te [koŋ.ku.pis.θén.te / -.sén.-] 形 1 好色の. 2 強欲な.

con·cu·rren·cia [koŋ.ku.r̃én.θja / -.sja] 囡 1 参集者; 聴衆, 観衆. una 〜 numerosa 大観衆. 2 併発, 同時発生. 〜 de varios factores negativos 複数のマイナス要因の重なり. 3 助力, 協力. 4《商》競争, 競合. libre 〜 自由競争.

con·cu·rren·te [koŋ.ku.r̃én.te] 形 1 同時発生の, 2 参加する. — 男 囡 参加者, 列席者; 観衆; 観客.

con·cu·rri·do, da [koŋ.ku.r̃í.ðo, -.ða] 形 人のよく集まる; にぎやかな. una avenida muy *concurrida* 人通りの多い大通り. La exposición ha estado muy *concurrida*. 展覧会は大盛況だった.

con·cu·rrir [koŋ.ku.r̃ír] 自 **1**〔**en...** …に〕**集中する**, 重なる. *Concurren en* él todas las cualidades. 彼にはあらゆる素質が備わっている.
2〔**a...** …に〕〈多くの人が〉**参加する**, 集まる. Mucha gente *concurrió a* la fiesta del pueblo. 町の祭りに大勢の人が繰り出した.
3〔**a...** 〈コンクールなどに〉〕応募する.
4 競合する；同時発生する.
5〔**a...** …に〕影響を及ぼす, 作用する. ～ *al* éxito de... …の成功の一因になる. **6** 合意する.
[← 〔ラ〕*concurrere* (*com*-「一緒に」+ *currere*「走る」)；関連 concurrencia, concurso.〔英 *concur*〕

con·cur·sa·do, da [koŋ.kur.sá.ðo, -.ða] 形 【法】破産宣告を受けた.
— 男 女 破産者, 支払い不能者.

con·cur·sal [koŋ.kur.sál] 形 **1** 選考審査の.
2【経】競争入札の, 債権者会議の, 倒産の.

con·cur·san·te [koŋ.kur.sán.te] 形 張り合う, 競い合う. — 男 女 (コンクールの)参加者, 応募者, (クイズ番組の)解答者；(出場)選手.

con·cur·sar [koŋ.kur.sár] 自 **1**〔**en...** 〈コンクール・クイズ番組など〉に〕**参加する**, 競う. ～ *en* el programa de música 音楽コンクール番組に参加する. **2**〔**a...** 〈求人〉に〕応募する, 採用試験を受ける. ～ *a* las plazas de profesor titular 専任教員に応募する. — 他 **1**〈賞などを〉争う, 張り合う. **2**【法】破産宣告する.

con·cur·so [koŋ.kúr.so] 男 **1 コンクール, コンテスト**, 競技会. ～ de atletismo 陸上競技会. ～ de belleza 美人コンテスト. ～ de novelas 小説の懸賞コンクール. ～ de televisión テレビのクイズ番組. ～ hípico 馬術競技(会). **2** 採用[選考]試験；採用募集；【商】競争入札. presentarse a un ～ de... 採用試験に応募する. se ha convocado un ～ de... …の入札公告があった；…の採用[採用]の募集発表があった. obra fuera de ～ 特別出品作品. **3**(人の)集まり. ～ de acreedores【法】債権者会議. **4** 助力, 援助. prestar su ～ para... …に援助[協力]する.
5(出来事・状況が)重なって起こること, 同時発生.
[← 〔ラ〕*concursus*「走り集まること」(*concurrere*「集まる」の派生語)；関連 correr.〔仏〕*concours*「コンクール」.〔英〕*concourse*〕

con·cu·sión [koŋ.ku.sjón] 女 **1**【医】震盪(ध)(症). **2**(激しい)震動. **3**(公務員の)横領.

con·cu·sio·na·rio, ria [koŋ.ku.sjo.ná.rjo, -.rja] 男 女 (公務員の)横領者.

con·da·do [kon.dá.ðo] 男 **1** 伯爵の地位[身分]；伯爵領. **2**(英国の)州；(米国の)郡.

con·dal [kon.dál] 形 伯爵の. la Ciudad *C*～ (スペインの)バルセロナ. →バルセロナ伯領だったため.

*****con·de, con·de·sa** [kón.de, kon.dé.sa] 男 女
1 伯爵 (の称号). *C*～ de Barcelona【史】バルセロナ伯爵(1913–1993): スペイン国王 Juan Carlos I (在位1975–)の父王. ロマ［ジプシー］の首長.
— 女 伯爵夫人.
[← 〔ラ〕*comitem* (*comes* の対格)「仲間」；侍臣 *com*-「共に」+ *ire*「行く」+名詞語尾；「(君主と)共に行く人」；関連 condesa, condado, vizconde, concomitar.〔英〕*count*〕

con·de·co·ra·ción [kon.de.ko.ra.θjón / -.sjón] 女 **1** 叙勲；表彰. conceder [imponer] una ～ a + 人〈人〉に勲章を授ける, 表彰する. **2** 勲章, メダル. lucir *condecoraciones* 勲章を[身につける].

関連 (スペインの)勲章: la real y distinguida orden de Carlos Ⅲ カルロス3世勲章 (1771年制定). la real y distinguida orden de Isabel la Católica イサベル女王勲章 (1815). la laureada de San Fernando 聖フェルナンド名誉十字章(1920). la cruz de San Hermenegildo 聖エルメネヒルド十字章 (1814).

con·de·co·ra·do, da [kon.de.ko.rá.ðo, -.ða] 形 勲章を授けられた. — 男 女 叙勲者.

con·de·co·rar [kon.de.ko.rár] 他〈人〉に勲章を授ける, 叙勲する；表彰する. ～ con una cruz 十字勲章を授ける.

Con·de Lu·ca·nor [kón.de lu.ka.nór] 固名 ルカノール伯爵: Don Juan Manuel (1282–1348)による51の説話集(1335)の題.

con·de·na [kon.dé.na] 女 **1**【法】(1) 有罪判決. pronunciar una ～ 有罪を申し渡す. (2) 刑, 刑罰. ～ de 5 años de cárcel 5年の刑. ～ perpetua 終身刑. ～ a muerte 死刑. ～ condicional 執行猶予つきの刑. cumplir la ～ 刑に服す. imponer a + 人 una ～ 〈人〉を刑に処する. **2** 非難, 譴責(ザ).
— 同 ⇒ condenar.

con·de·na·ble [kon.de.ná.ble] 形 **1** 刑罰に値する, 罰すべき；非難されるべき.
2【宗】永劫に値する, 天罰が下るべき.

con·de·na·ción [kon.de.na.θjón / -.sjón] 女
1【法】有罪判決[宣告], 刑の言い渡し. **2**【宗】永劫, 地獄落ち (= ～ eterna) (↔ salvación). **3** 非難, とがめ立て.

*****con·de·na·do, da** [kon.de.ná.ðo, -.ða] 形
1【法】**有罪を宣告された**. ～ a muerte 死刑を宣告された.
2【宗】永劫を受けた, 地獄に落とされた.
3(+ 名詞)忌まわしい, 嫌な；腕白な. este ～ trabajo このいまいましい仕事. Este ～ Pablo siempre nos está dando la lata. このいたずら好きのパブロときたらからかわないといられなくさせるんだから.
4〈戸・窓などが〉閉鎖された, ふさがれた.
5(病人が)回復の見込みがない. **6**〔**a...** …する〕運命の. una raza *condenada a* desaparecer 滅びゆく民. **7**〔ラ米〕〔1〕〔話〕抜けめのない, ずる賢い.
— 男 女 **1**【法】有罪判決を受けた人, 既決囚；罪人.
2【宗】地獄に落ちた人.
3 嫌なやつ；いたずらっ子, 腕白小僧.
4〔ラ米〕〔1〕〔話〕抜けめのない人, ずる賢い人.
como un condenado 〔話〕〔強調〕とても, すごく. trabajar *como un* ～ ものすごく働く.

*****con·de·nar** [kon.de.nár] 他 **1**〔**por...** …の罪で〕〈人に〉(刑罰などを)〈人に〉宣告する；有罪の判決を下す. ～ *a* muerte *por* asesinato 殺人罪で死刑を宣告する. ～ en costas a la parte demandante 原告側に訴訟費用の支払いを命じる. Ella fue *condenada a* diez años de prisión. 彼女は禁固10年を宣告された.
2 非難する, 責める. ～ el terrorismo テロを糾弾する. ～ una actitud indecisa 煮え切らない態度を非難する.
3〔**a...** 〈困難・不快など〉を / **a**+不定詞 …することを〕〈人に〉強いる, 余儀なくさせる. Su herida lo *condenó a sufrir* todo el mes. 彼は傷のせいで1か月ずっと苦しむことになった. **4**〈戸・窓・部屋などを〉封鎖する. ～ la puerta de atrás 後部扉を閉め切る. **5**〔話〕いらだたせる, 怒らせる.
— ～se 再 **1**【宗】地獄に落ちる, 永劫(ガ)の罰を受ける. **2**(**a**+不定詞)(自分の罪によって)(…に)さぐれる

を得なくなる。Con esa actitud *se condenó a vivir* solo. その態度のせいで彼は孤独に生きることになった。**3** 自分の罪を認める；自らを責める。**4**《話》いらだつ，怒る。
[← 〔ラ〕*condemnāre*；*com-*「徹底的に」+ *damnāre*（→ dañar）「断罪する」；関連 condenable, condenación, daño. [英]*condemn*]

con·de·na·to·rio, ria [kon.de.na.tó.rjo, -.rja] 形《法》有罪判決［宣告］の.

con·den·sa·bi·li·dad [kon.den.sa.βi.li.ðáð] 女 凝縮［濃縮］性.

con·den·sa·ble [kon.den.sá.βle] 形 凝縮［濃縮］可能な；圧縮できる；要約できる.

con·den·sa·ción [kon.den.sa.θjón / -.sjón] 女 **1** 濃縮，凝縮；凝固体，濃縮物. **2**（気体の）液化，凝結. **3** 簡約，要約化.

con·den·sa·do, da [kon.den.sá.ðo, -.ða] 形 **1** 凝縮［圧縮］された；凝結した. *leche condensada* コンデンスミルク. **2** 簡約の，縮約された.

con·den·sa·dor, do·ra [kon.den.sa.ðór, -.ðó.ra] 形 凝縮［圧縮］の，濃縮する. ― 男 **1**《電》蓄電器，コンデンサー（= ～ *eléctrico*）. **2**《機》凝縮器，圧縮装置，液化装置. **3**《光》集光レンズ.

con·den·sar [kon.den.sár] 他 **1** 濃縮する，凝縮する；圧縮する. **2** 液化する. **3**《*en*... 文章などを》要約する，簡約する. *～ en* unas pocas páginas 数ページにまとめる. Todo su trabajo se puede *～ en* un CD. 彼[彼女]の仕事はすべて1枚のCDにおさめることができる.
―*～·se* 再 **1** 凝縮する，凝結する. **2** 液化する.

con·de·sa [kon.dé.sa] 女 → conde.

con·des·cen·den·cia [kon.des.θen.dén.θja / -.sen.-.sja] 女（親切心からくる）承諾；親切心，愛想のよさ.

con·des·cen·der [kon.des.θen.dér / -.sen.-] 自《*a*... / *en*... / *con*...を》（親切心から）承諾する. *～ a* los deseos de + 人〈人〉の希望を聞き入れる. *Condescendí con* la propuesta de mis empleados. 私は従業員たちの提案を取り入れた.

con·des·cen·dien·te [kon.des.θen.djén.te / -.sen.-] 形 理解がある；腰の低い.

con·des·ta·ble [kon.des.tá.βle] 男 **1**《史》《軍》元帥，総司令官. **2**（海軍の）砲員長の代理.

con·di·ción [kon.di.θjón / -.sjón] 女 **1 条件. imponer *condiciones* 条件を付ける. sin *condiciones* 無条件で. *condiciones* de empleo [pago, trabajo] 雇用[支払い，労働]条件. *condiciones* necesarias [suficientes] 必要[十分]条件. rendición sin *condiciones* 無条件降伏. *～* casual [tácita]《法》偶発[黙示]条項.
2《複数で》**状態**，状況. *condiciones* de salud 健康状態. en buenas [malas] *condiciones* よい[悪い]状態で. **3** 性質，気質；《複数で》適性，資質. ser de *～* pesimista 悲観的な性格である. tener *condiciones* para... …の素質を持っている. **4** 身分；立場，地位. de *～* alta 身分の高い. de humilde *～* 身分の低い.
a [*con la*] *condición* [*de* + 不定詞 / *de que* + 接続法] …という条件で. Te iré a buscar *a ～ de que* no *llegues* demasiado tarde. あまり遅くならないのなら迎えに行ってあげます.
condición sine qua non 必須条件.
en condiciones よい状態で.
en condiciones de [*para*] + 不定詞 …できる状態で.
[← 〔ラ〕*condiciōnem*（*condiciō* の対格）「協定；状態」；*condicere*「同意する」（*con-*「一緒に」+ *dicere*「言う」）より派生；関連 condicional. [英]*condition*]

con·di·cio·na·do, da [kon.di.θjo.ná.ðo, -.ða / -.sjo.-] 形 **1** 条件の，条件づけられた；（条件に）合った. reflejo *～* 条件反射. La oferta está *condicionada* a [por] la demanda. 供給は需要に左右される. **2** 条件つきの，制約つきの.

*con·di·cio·nal [kon.di.θjo.nál / -.sjo.-] 形 **1** 条件つきの，制約的な；暫定的な. libertad *～* 仮釈放. **2**《文法》条件の. oración *～* 条件節[文].
― 男《文法》条件法，過去未来時制.

con·di·cio·na·mien·to [kon.di.θjo.na.mjén.to / -.sjo.-] 男 **1** 条件づけ；制約. **2**（繊維の）等級づけ.

con·di·cio·nan·te [kon.di.θjo.nán.te / -.sjo.-] 形 条件づける，決定する. ― 男（または 女）事情，条件（づけるもの），状況，制約.

*con·di·cio·nar [kon.di.θjo.nár / -.sjo.-] 他 **1**《*a*...》〈…を〉条件とする；《…に》依存させる. *Condiciona* la ayuda económica *al* cumplimiento total del acuerdo. 経済的な支援をするかどうかは，同意事項を完全に守るかどうかにかかっている. *Ha condicionado* su decisión *a* la opinión de los demás. 彼[彼女]は自己の決定を他人の意見にゆだねた.
2 影響する；影響する，左右する. Su aceptación *condiciona* la mía. 私が承認するか否かは彼[彼女]の承諾いかんによります. **3**〈温度などを〉調節する. **4**（繊維の）等級づけをする.
― 自《*a*... / *con*...》と）合う，一致する.

con·dig·no, na [kon.díɣ.no, -.na] 形 当然の，相応の，しかるべき.

cón·di·lo [kón.di.lo] 男《解剖》顆(ゕ).

con·di·lo·ma [kon.di.ló.ma] 男《医》コンジローム，湿疣(しつゆう).

con·di·men·ta·ción [kon.di.men.ta.θjón / -.sjón] 女 味付け，調味.

con·di·men·tar [kon.di.men.tár] 他 **1** 味を付ける，調味する. **2** …におもしろみ[味わい]を添える.

con·di·men·to [kon.di.mén.to] 男 調味料，薬味，香辛料.

con·dir [kon.dír] 他《*con*... …で》味付けする，調味する.

con·dis·cí·pu·lo, la [kon.dis.θí.pu.lo, -.la / -.sí.-] 男 女 学友，クラスメート，同窓生.

con·do·le·cer·se [kon.do.le.θér.se / -.sér.-] 34 再 → condolerse.

con·do·len·cia [kon.do.lén.θja / -.sja] 女 **1** 同情，慈悲，慈しみ. **2** 弔意，悔やみ. Le expreso mi sincera *～.* お悔やみ申し上げます. Le expresé mi más profunda *～* por la muerte de su esposa. 奥様が亡くなられたことに心からお悔やみを申し上げた.

con·do·ler·se [kon.do.lér.se] 22 再《*de*... …に》同情する，気の毒に思う. *～ de* los sufrimientos 苦痛に同情する.

con·do·mi·nio [kon.do.mí.njo] 男 **1**（複数の国家などによる）共同統治[管理]；共同統治[管理]地. **2**（家・土地などの）共同所有，共有. **3**《ラ米》《商》分譲マンション，コンドミニアム.

con·dón [kon.dón] 男《話》コンドーム.

con·do·na·ción [kon.do.na.θjón / -.sjón] 女 **1**（罪・罰の）許し，赦免. **2**（負債の）免責，免除.

con·do·nar [kon.do.nár] 他 **1** 〈罪・罰を〉許す. **2** 〈負債を〉免責する, 帳消しにする.

cón·dor [kón.dor] 男 **1** 〖鳥〗コンドル. **2** コンドル：コロンビア・エクアドル・チリの金貨.
[← 〔ケチュア〕*cuntur*]

con·do·tie·ro [kon.do.tjé.ro] 男 〖史〗(特にイタリアにおける14-15世紀の) 傭兵(ぶ)隊長.

con·dríc·tio [kon.drík.tjo] 形 〖魚〗軟骨魚綱の.
— 男 **1** 軟骨魚(類)：サメ・エイなど脊椎(が)が軟骨でできている魚. **2** 《複数で》軟骨魚綱.

cóndor (コンドル)

con·drio·so·ma [kon.drjo.só.ma] 男 〖生物〗コンドリオソーム, ミトコンドリア.

con·dri·ta [kon.drí.ta] 女 〖鉱〗コンドライト, 球粒隕石：珪酸塩鉱物からなる球状物質を含む石質隕石. 隕石の8割を占める.

con·dri·tis [kon.drí.tis] 女 《単複同形》〖医〗軟骨炎.

con·dro·lo·gí·a [kon.dro.lo.xí.a] 女 〖医〗軟骨学.

con·dro·ma [kon.dró.ma] 男 〖医〗軟骨腫.

***con·duc·ción** [kon.duk.θjón / -.sjón] 女 **1** 〈乗り物の〉運転, 操縦. la ~ de un coche 車の運転. ~ por la izquierda 左側通行. permiso de ~ 運転許可証. **2** 《集合的》導管, 導線. **3** 指導, 運営, 管理. **4** 〖物理〗〖電〗伝導. **5** 運搬, 運送. **6** (報酬・価格の) 取り決め.

con·du·cen·te [kon.du.θén.te / -.sén.-] 形 《a... …に》導く, 関係する.

con·du·cir [kon.du.θír / -.sír] 37 他 **1 《a... / hasta... 〈場所〉へ》導く, 連れて行く；運ぶ. El guía *condujo* al grupo *hasta* el salón. ガイドはグループを会場まで案内した. El taxi los *condujo* al palacio. タクシーは彼らを王宮まで乗せていった. Este camino te *conducirá* a la playa. この道を行けば, 海辺に出られますよ.
2 《a... 〈結果〉に》至らしめる, 誘導する. ~ al equipo *a* la victoria チームを勝利へ導く. ~ el país *a* la ruina 国を破滅へと追いやる.
3 〈エネルギーなどを〉伝導する；〈水などを〉引き込む. Esta sustancia *conduce* la electricidad. この物質は電気を伝える. **4** 《主にスペイン》〈乗り物を〉運転する. **5** 運営する, 統率する. ~ el negocio 商売を仕切る. ~ la política 政治の舵取りをする. ~ una encuesta アンケートを実施する. ~ una ceremonia 式の進行を務める.
— 自 《主にスペイン》運転する. ¿Sabe usted ~? あなたは運転できますか. licencia [carné, carnet] de ~ 運転免許証.
2 《a...》《〈場所〉に》通じる；《〈結果〉を》引き起こす. La obesidad puede ~ *a* serios problemas. 肥満は深刻な問題を引き起こすことがある.
— **se** 再 行動する, 振る舞う. *Se conduce* como un millonario. 彼は百万長者のように振る舞う.
[← 〔ラ〕*condūcere* (*com-*「共に」+ *dūcere*「導く」)] 関連 conducción, conducta, conductor. 〔英〕*conduct*]

con·duc·ta [kon.dúk.ta] 女 **1 態度, 振る舞い；行動. cambiar de ~ 行いを改める. buena ~ 品行方正. mala ~ 不品行. **2** 運営, 指導. **3** 徴兵委員会；入営兵.

con·duc·tan·cia [kon.duk.tán.θja / -.sja] 女 〖電〗コンダクタンス, 電気伝導力.

con·duc·ti·bi·li·dad [kon.duk.ti.βi.li.ðáđ] 女 〖物理〗(熱・電気・音の) 伝導性, 伝導率.

con·duc·ti·ble [kon.duk.tí.βle] 形 〖物理〗伝導(性)の.

con·duc·tis·mo [kon.duk.tís.mo] 男 〖心〗行動主義：人間・動物の行動を外からの刺激への反応ととらえ, 客観的に観察することが可能な行動体系を心理学研究の対象とする理論.

con·duc·tis·ta [kon.duk.tís.ta] 形 〖心〗行動主義の, 行動主義を支持する. — 男 行動主義者.

con·duc·ti·vi·dad [kon.duk.ti.βi.ðáđ] 女 〖電〗伝導(性). → superconductividad.

con·duc·ti·vis·mo [kon.duk.ti.βís.mo] 男 〖心〗→ conductismo.

con·duc·ti·vo, va [kon.duk.tí.βo, -.βa] 形 伝導性の(ある).

con·duc·to [kon.dúk.to] 男 **1** 導管, 管. ~ de desagüe 排水管. ~ de humos (煙突の) 煙道.
2 〖電〗導線, リード線.
3 〖解剖〗管. ~ alimenticio 消化管. ~ arterioso 動脈管. ~ auditivo 聴道. ~ coclear 蝸牛管. ~ lagrimal 涙管. ~ linfático リンパ管. ~ urinario 尿管. **4** 経路, 手段；仲介者. por ~ de... …を介して. por ~ oficial [regular, reglamentario] 公式[正規]のルートを通じて.

:con·duc·tor, to·ra [kon.duk.tór, -.tó.ra] 形 **1** 導く, 指揮する, 指導[操縦]する. **2** 〖物理〗〖電〗伝導性の.
— 男 女 **1** 運転手, 操縦者. **2** 指導者；(ラジオ・テレビ番組の) 進行役, パーソナリティ. **3** 《ラ米》(1) 〖音楽〗(楽団の) 指揮者. (2) 車掌, 検察係.
— 男 〖物理〗〖電〗伝導体. buen [mal] ~ 良[不良]導体. ~ eléctrico 電気伝導体.

con·duc·tual [kon.duk.twál] 形 行動の, 態度[ふるまい]の.

con·due·ño, ña [kon.dwé.ɲo, -.ɲa] 男 女 共同所有者.

con·duer·ma [kon.dwér.ma] 女 《ラ米》(ぽぎ) 強い眠気.

conduj- 活 → conducir.

con·du·mio [kon.dú.mjo] 男 **1** 《話》おかず, 食べ物. **2** 《ラ米》(ぽぎ) (1) 〖料〗(肉・チーズなどタマルタマル tamal に入れる) 詰め物. (2) 曖昧(熟)な言葉.

con·du·pli·ca·ción [kon.du.pli.ka.θjón / -.sjón] 女 〖修辞〗連続：前節の末尾にある語句を次節(行頭)で反復する形式.

conduzc- 活 → conducir.

co·nec·ta·do, da [ko.nek.tá.ðo, -.ða] 形 接続した, 連結した；関連[関係]のある. estar ~ con... …と接続[関係]している.
estar mal conectado 《話》うまが合わない, 話が合わない.

co·nec·ta·dor [ko.nek.ta.ðór] 男 〖技〗連結器[装置]；〖電〗コネクター.

:co·nec·tar [ko.nek.tár] 他 **1** 《a... / con... …に》連結する, つなぐ. **2** 〖電〗接続する；(コンセントに) 差し込む；(スイッチを) 入れる. **3** 〖IT〗接続する (↔ desconectar). ~ a Internet インターネットに接続する. **4** 《con... …と》〈人を〉接触させる.
— 自 《con... …と》接触する, 連絡をとる. *Conectamos con* Madrid. (テレビなどでアナウンサーが) マドリードを呼んでみましょう.
— **se** 再 つながる；スイッチが入る.
conectar un golpe 〖スポ〗(ボクシング) 一撃を加え

る.
[←[英]connect←[ラ]connectere;関連 conectador, conexión]

co‧nec‧ti‧vo, va [ko.nek.tí.βo, -.βa] 形 接続の, 連結の.

co‧nec‧tor, to‧ra [ko.nek.tór, -.tó.ra] 形 接続する, 連結する. ━ 男 **1**〖電〗接続具, 連結器;コネクター, ケーブル. **2**〖文法〗連結詞.

co‧ne‧ja [ko.né.xa] 女 → conejo.

co‧ne‧jal [ko.ne.xál] 男 → conejar.

co‧ne‧jar [ko.ne.xár] 男 ウサギ小屋.

co‧ne‧je‧ar [ko.ne.xe.ár] 自《ラ米》《ラプ》《話》無銭飲食する. ━ 他《ラ米》《ラプ》《話》だます, 詐取する.

co‧ne‧je‧ro, ra [ko.ne.xé.ro, -.ra] 形 **1**(主に犬が)ウサギ狩りの. **2**《話》(カナリア諸島) Lanzarote の. ━ 男 女 **1** ウサギの飼育者[商人]. **2**《ラ米》Lanzarote の住民[出身者]. **3**《ラ米》《ラプ》《話》いかさま師, 詐欺師.
━ 男 **1** ウサギの巣[穴];ウサギ小屋 (= conejar).
2(細くて奥の深い)穴.
3《話》巣窟(そうくつ), 隠れ家;(大勢の)たまり場.

co‧ne‧ji‧llo [ko.ne.xí.ʎo ‖ -.ʎo] 男 子ウサギ;《幼児語》ウサちゃん.
conejillo [***conejo***] ***de Indias*** (1)〖動〗テンジクネズミ, モルモット. (2)《比喩的》モルモット, 実験台. [conejo + 縮小辞]

*****co‧ne‧jo, ja** [ko.né.xo, -.xa] 男 女〖動〗 **1** ウサギ. ～ casero 飼いウサギ. ～ de campo [monte] 野ウサギ. **2**《ラ米》(1) (メヒ)(テンジクネズミなどの)齧歯(げっし)動物. (2)《ラプ》《話》偽り. (3)《グアテ》探偵. (4)(メヒ)《話》力こぶ.
━ 男《俗》女性性器.
━ 女《俗》《軽蔑》子だくさんの[子をよく産む]女性.
━ 形《ラ米》(メヒ)《話》味のない, まずい.
conejo de Indias → conejillo.
risa de conejo 作り笑い.
[←[ラ] *cuniculum* (*cuniculus* の対格)「(アナ)ウサギ;坑道」. 関連[英] *cuniculus*「(ウサギの穴のような)地下道」]

co‧ne‧ju‧no, na [ko.ne.xú.no, -.na] 形 ウサギの;ウサギのような. ━ 女 ウサギの毛.

*****co‧ne‧xión** [ko.nek.sjón] 女 **1** つながり;関係. estar en ～ con... …と関係している.
2(乗り物の)乗り継ぎ. vuelo de ～ (飛行機の)接続便. tener buenas *conexiones* (乗り物の)接続がよい. **3** 〖電〗〖機〗接続;接続, 連結部. **4**《複数で》親しい交わり[関係], 利害関係;コネ.

co‧ne‧xio‧nar‧se [ko.nek.sjo.nár.se] 再 関係を結ぶ;接続[連絡]する.

co‧ne‧xi‧vo, va [ko.nek.sí.βo, -.βa] 形 → conectivo.

co‧ne‧xo, xa [ko.nék.so, -.sa] 形 関係[関連]した, 結合した (↔ inconexo).

con‧fa‧bu‧la‧ción [kom.fa.βu.la.θjón / -.sjón] 女 共謀, 陰謀, たくらみ;密談.

con‧fa‧bu‧lar [kom.fa.βu.lár] 自(悪いことを)話し合う, 密談する.
━ **‧se** 再《*para* +不定詞 …しようと》共謀する, 陰謀を企てる. *Varios generales se habían confabulado para derribar* el gobierno. 数名の将軍が政府を転覆しようと共謀した.

con‧fa‧lón [kom.fa.lón] 男 旗, 軍旗, 幟(のぼり).

*****con‧fec‧ción** [kom.fek.θjón / -.sjón] 女 **1** 製造, (リスト・文書などの)作成, (知的生産物の)生産. ～ de un inventario 財産目録の作成. ～ de programa 番組制作. **2** 縫製;既製服製造;《複数で》既製服. ramo de la ～ 既製服[アパレル]産業. corte y ～ 裁断と縫製. de ～ 既製服の. **3** 調合薬;混合飲料. **4** 菓子. **5**〖印〗大組み, 棒組み.
[←[ラ] *cōnfectiōnem* (*cōnfectiō* の対格;*cōnficere*「仕上げる」の派生語) 関連 confeccionar, confitería. [英] *confection*「調合;甘菓子」]

con‧fec‧cio‧na‧do, da [kom.fek.θjo.ná.ðo, -.ða / -.sjo.-] 形 製造された;既製(服)の. ～ a la medida オーダーメードの.

con‧fec‧cio‧na‧dor, do‧ra [kom.fek.θjo.na.ðór, -.ðó.ra / -.sjo.-] 形 作る, 作成する.
━ 男 女 **1** 既製服の仕立屋;製造者, 作成者.
2〖印〗大組み[棒組み]を組む人.

*****con‧fec‧cio‧nar** [kom.fek.θjo.nár / -.sjo.-] 他 **1** 製造する;〈服などを〉仕立てる;〈料理を〉作る. ～ un traje スーツを作る. ～ un jarabe シロップを作る. **2**〈リスト・文書などを〉作成する;〈知的生産物を〉作る. ～ la lista リストの作成をする. ～ los presupuestos 予算を作成する. **3**〈薬を〉調合する. **4**〖印〗〈欄・ページを〉組む.

con‧fec‧cio‧nis‧ta [kom.fek.θjo.nís.ta / -.sjo.-] 形 アパレル業界の, 既製服産業[製造・販売]に従事する. ━ 男 女 既製服産業[製造・販売]に従事する人.

*****con‧fe‧de‧ra‧ción** [kom.fe.ðe.ra.θjón / -.sjón] 女 連合, 連盟, 同盟;連邦(化). formar una ～ 連合を組む. C～ Española de la Pequeña y Mediana Empresa スペイン中小企業連合.

con‧fe‧de‧ra‧do, da [kom.fe.ðe.rá.ðo, -.ða] 形 同盟で結ばれた, 連盟[連合]の. ━ 男 女 **1** 同盟者. **2**(米国の南北戦争時の)南部連邦派.

con‧fe‧de‧ral [kom.fe.ðe.rál] 形 連邦の, 連合の.

con‧fe‧de‧rar [kom.fe.ðe.rár] 他 同盟[連合]させる. ━ **‧se** 再《*con*》〈人・グループ・会社などが〉連合を組む;〈国が〉同盟を結ぶ. *Se confederaron para hacer frente al enemigo común.* 彼らは共通の敵に対抗するために同盟を結んだ.

con‧fe‧de‧ra‧ti‧vo, va [kom.fe.ðe.ra.tí.βo, -.βa] 形 連合の, 同盟の;同盟国の.

con‧fer [kóm.fer] [ラ] 参照せよ. ▶通常 cf. と略される.

con‧fe‧ren‧cia [kom.fe.rén.θja / -.sja] 女 **1 講演;講演会. dar una ～ sobre... …について講演する. ciclo de ～s 連続講演. sala de ～s 講演会場.
2(国際的な)**会議**;会談. celebrar una ～ 会議を開催する. ～ cumbre 首脳会談. ～ sobre desarme 軍縮会議.

[類語]政治や科学的に重要な事柄についての会議は *conferencia*, 集会は *asamblea*, 学問分野などの共通テーマについて専門家の集まる大会は *congreso*, 組織の代表者が集まって方針の決定, 管理, 運営面について討議するのは *consejo*, 一般的な会合, ミーティングでは *reunión, mitin* が使われる.

3 長距離電話 (= ～ telefónica). poner una ～ a Lima リマに長距離電話をかける. ～ a cobro revertido コレクトコール. ～ a larga distancia 長距離電話. ～ internacional 国際電話. ～ interurbana 市外通話.
conferencia de prensa 記者会見.
[←[ラ] *cōnferentiam* (*cōnferrentia* の対格;*cōnferre*「集める」より派生) 関連[英] *conference*]

con‧fe‧ren‧cian‧te [kom.fe.ren.θján.te / -.

sján.-] 男 女 **1** 講演者, 講師. **2** (会議の)参加者.
con·fe·ren·ciar [kom.fe.ren.θjár / -.sjár] 82 自 話し合う, 会談[協議]する.
con·fe·ren·cis·ta [kom.fe.ren.θís.ta / -.sís.-] 男 女 (ラ米)講演者, 講師.

***con·fe·rir** [kom.fe.rír] 27 他 **1** 〈称号・学位・特権・責務などを〉授ける, 授与する;〈性質を〉添える. ~ a+人 nuevas responsabilidades 〈人〉に新しい責務を与える. El tono de la voz *confirió* a sus palabras un aire de gravedad. 彼[彼女]の声の調子は一種の重々しさを言葉に添えた.
2 協議する, 検討する.
── 自 (《con...》と)協議する, 相談する.

con·fe·sa·do, da [kom.fe.sá.ðo, -.ða] 形《カト》告解した. ── 男 女 告解者.
con·fe·san·te [kom.fe.sán.te] 形《法》自白する. ── 男 女 自白者.

****con·fe·sar** [kom.fe.sár] 8 他 **1** (a+人 〈人〉に) **告白する**, 白状する. ~ la verdad 真実を告白する. ~ un delito 罪を自白する. ~ SU miedo 自分の恐れを打ち明ける. ~ SU fe en Cristo キリストに対する信仰を告白する. Después de tres horas de interrogatorio *confesó* ser el autor del crimen. 3時間の取り調べのあと彼はその犯罪を自白した.
2《カト》(**1**)(a+人)(《聖職者》に)(〈罪〉を)告解する;《神》に告白する. Yo *confieso* a Dios que he pecado. 私は罪を犯したことを神に告白する. (**2**)(聖職者が)〈人〉の告解を聴く. ~ a un penitente 告解者の告解を聴く.
── 自 告白する;告解する. hacer ~ a un sospechoso 容疑者に自白させる.
── ~·se 再 **1** (+形容詞・名詞およびその相当語句)(…であると)告白する (▶ 形容詞は主語の性数に一致する). ~*se autor* del atentado 自分がテロ襲撃の犯人であると認める. Ella *se confesó satisfecha* del resultado. 彼女は結果に満足していると告白した. **2** (con+人 / a+人 〈人〉に)(**de**+ …のことを)告白する, 打ち明ける. ~*se con* un sacerdote *de* un pecado 司祭に罪を告解する. ~*se a [con]* Dios 神に告白する.
confesar de plano [*pleno*] 洗いざらい白状する, すべてを告白する.
[← 〔中ラ〕*cōnfessāre*;〔ラ〕*cōnfitērī* (*com*- 「完全に」+ *fatērī*「告白する」)の完了分詞 *cōnfessus* より派生;[関連] confesión, fe. [英] *confess*]

***con·fe·sión** [kom.fe.sjón] 女 **1** 告白;自白. hacer ~ de un delito 罪を白状する. forzar la ~ 自白を強要する. ~ *amorosa* 愛の告白.
2《カト》告解, 懺悔(ぎん). oír la ~ de un penitente / oír a un penitente en ~ (聖職者が)告解者の告解を聴く. ~ *sacramental* de la ~ 告解の秘蹟. **3**《宗》信仰(告白);宗派. pertenecer a una ~ ある宗派に属する. La mayor parte de la población es de ~ católica. 人口の大部分はカトリックを信奉している. **4**(複数で)(内面を吐露した)自伝. *Confesiones* de San Agustín 聖アウグスティヌスの『告白』.

con·fe·sio·nal [kom.fe.sjo.nál] 形 **1**《カト》告解[懺悔(ぎん)]の. **2** 宗派の;信仰[教義]上の.
con·fe·sio·na·li·dad [kom.fe.sjo.na.li.ðáð] 女 特定の宗教[宗派]への帰属;(信仰している)宗教;信仰. ~ del Estado 国家宗教, 国教.
con·fe·sio·na·rio [kom.fe.sjo.ná.rjo] 男《カト》(**1**)告解室. (**2**)(信者への)告解の手引き書.

con·fe·so, sa [kom.fé.so, -.sa] 形 **1** 自白した. **2** (ユダヤ人が)(キリスト教に)改宗した.
── 男 女 **1** 自白者. **2** (キリスト教に)改宗したユダヤ人. **3** (修道会の)平修道士, 助修道士;助修道女.

con·fe·so·na·rio [kom.fe.so.ná.rjo] 男《カト》告解室, 告解場.

con·fe·sor [kom.fe.sór] 男 **1**《カト》(**1**) **聴罪司祭**, 聴罪師. (**2**) 証聖者:使徒・殉教者・福音史家以外の聖人. **2** (秘密などを)打ち明けられる人.

con·fe·so·rio [kom.fe.só.rjo] 男《カト》告解室.

con·fe·ti [kom.fé.ti] 男 (集合的)紙吹雪. lanzar ~ 紙吹雪を投げる.
[← 〔伊〕*confetti*]

confesonario
(告解室)

con·fi- → confiar.
con·fia·bi·li·dad [kom.fja.bi.li.ðáð] 女 信頼性, 確実性.

***con·fia·ble** [kom.fjá.ble] 形 **信頼できる**, 頼りになる, 当てになる.

con·fia·do, da [kom.fjá.ðo, -.ða] 形 **1** (**estar**+) (**en...** …を) 確信[信用]している, 確信している. *Estamos* ~*s en* que vendrá. 我々は彼[彼女]が来るものと確信している. **2** (**ser**+) 信じやすい, だまされやすい. **3** 自信のある, うぬぼれた. ~ *en sí mismo* 自分を信じて.

****con·fian·za** [kom.fján.θa / -.sa] 女 **1 信頼**, 信用. tener (plena) ~ *en...* …を(十分に)信頼する.
2 自信, 大胆さ. Él siempre actúa lleno de ~. 彼はいつも自信に満ちた行動をしている.
3 親密さ. tener mucha ~ *con...* …と親しい. Te voy a decir una cosa con toda ~. 率直に君に一つ言っておくよ. **4** (主に複数で) なれなれしさ. Se toma demasiadas ~*s* con el profesor. 彼[彼女]は先生になれなれしすぎるよ.
de (toda) confianza 信頼できる;親しい. *amigo de* ~ 親友. *marca de* ~ 確かなブランド.
en confianza 内密に;内輪の, 気の置けない.

con·fian·zu·do, da [kom.fjan.θú.ðo, -.ða / -.sú.-] 形 **1** なれなれしい;信じやすい.
2 《ラ米》《話》お節介な, しゃばりな.

***con·fiar** [kom.fjár] 81 自 (**en...** …を) **信頼する**, 信用する. ~ *en* la suerte 運に頼る. ~ *en que*+直説法 …であると信じる. *Confío en poder obtenerlo.* 私はそれを獲得することができると信じている.
── 他 **1** (a+人 〈人〉に) 打ち明ける. *Te voy a* ~ *un secreto.* 君にある秘密を打ち明けるよ (▶ *te* は a+人に相当).
2 (**a...** …に) 任せる, 委ねる. *Le han confiado* la dirección de este proyecto. 彼[彼女]はそのプロジェクトの指揮を任された (▶ *le* は a... に相当).
── ~·se 再 **1** (**a...** / **en...** …を) 信頼する, 信用する;身を任す. *Se ha confiado* a su novio y le ha contado todo. 彼女は恋人を信頼してすべてを話した. **2** (自信過剰で) 油断する, 安心しきる. *No te confíes* y prepárate para el examen concienzudamente. 油断せずに心して試験勉強しなさい.
[*con-* 「完全に」+ *fiar* (← 〔俗ラ〕 *fīdāre 「信じる」);[関連] confianza, confidencia. [英] *confide*]

***con·fi·den·cia** [kom.fi.ðén.θja / -.sja] 女 **1** 秘

con·fi·den·cial [kom.fi.ðen.θjál / -.sjál] 形 秘密の, 内密の. carta ～ 親展. de modo ～ 秘密に, 内緒で. documento ～ 機密文書.

con·fi·den·te, ta [kom.fi.ðén.te, -.ta] 形 信頼できる. ― 男女 **1** なんでも打ち明けられる人, 相談 [信頼] できる相手. **2** 内部告発者, (警察などへの) たれこみ屋, スパイ. ― 男 2人掛けのソファー, ラブチェア. ― 女【演】(古典劇で) 腹心の友の役.

confidente (ラブチェア)

confier- 活 → conferir.
confies- 活 → confesar.

*__con·fi·gu·ra·ción__ [kom.fi.gu.ra.θjón / -.sjón] 女 **1** 形, 形状, 外観 (= conformación). ～ del terreno 地形, 地勢. **2** (機械・情報などの) 構成; (性格・性質などの) 形成. **3**【IT】設定, コンフィグレーション. ～ inicial 初期設定. cambio en la ～ de correo electrónico 電子メールの設定の変更.

*__con·fi·gu·rar__ [kom.fi.gu.rár] 他 **1** 形作る, 構成する. El texto no está bien *configurado* por culpa de los márgenes. 余白がきちんとしていないので本文が正しく配置されていません. **2**【IT】設定する. ～ la cuenta アカウントを設定する.

con·fín [kom.fín] 形 隣接している, 境界の. ― 男 **1** 《複数で》境界. los *confines* de la Península Ibérica イベリア半島の境界. **2** 《時に複数で》視界の果て; はるかかなた. en los *confines* del horizonte 地平線のかなたに.

con·fi·na·ción [kom.fi.na.θjón / -.sjón] 女 → confinamiento.

con·fi·na·do, da [kom.fi.ná.ðo, -.ða] 形 追放された, 国外にされた; 幽閉された, 監禁された. ― 男女 流刑人; 囚人.

con·fi·na·mien·to [kom.fi.na.mjén.to] 男 **1** 追放, 流刑 (= destierro). **2** 幽閉, 監禁. **3** 隣接.

con·fi·nar [kom.fi.nár] 自 《con...》
1 (…に, …と) 隣接する. Chile *confina* al Este con Argentina y al Oeste con el Pacífico. チリは東はアルゼンチンと, 西は太平洋と隣接している.
2 (…に) 似る, 近い. Su estado *confina* con la locura. 彼 [彼女] の状態は狂気に近い.
― 他 **1** 幽閉する, 監禁する. **2** 追放する, 流刑に処する (= desterrar). ― ～·se 再 閉じこもる.

con·fi·ni·dad [kom.fi.ni.ðád] 女 隣接, 近隣.
confir- 活 → conferir.

*__con·fir·ma·ción__ [kom.fir.ma.θjón / -.sjón] 女 **1** 確認. ～ de una noticia ニュースの確認. **2** 是認. la ～ de la reserva 予約の確定. **3**【カト】堅信 (の秘跡), 堅信式.

con·fir·ma·do, da [kom.fir.má.ðo, -.ða] 形 確認された, 確定した. ― 男女【カト】堅信を受けた人.

con·fir·ma·dor, do·ra [kom.fir.ma.ðór, -.ðó.ra] 形 確認の, 確定的な. ― 男女 確認者, 追認者.

con·fir·man·do, da [kom.fir.mán.do, -.da] 男女【カト】堅信志願者, 受堅者.

con·fir·man·te [kom.fir.mán.te] 形 男 女 → confirmador.

***con·fir·mar** [kom.fir.már] 他 **1** 〈未確定の情報・事柄を〉**確認する**, 確定する; 《que + 直説法 …であると》確証する. ～ una cita 待ち合わせの確認をする. ～ el vuelo de vuelta 帰国便をリコンファームする. ～ las noticias ニュースの内容の裏付けを取る. La investigación *confirmó* el resultado de la encuesta. 調査によってアンケートの結果が裏付けられた. El testigo *confirmó que* él *estaba* en su casa. 証人は確かに自分の家にいたと証言した.
2 《en...》〈考え・地位など〉について / **como...** …として》堅固にする, 揺るぎないものにする;〈人 (の再任) を〉承認する. Tu actitud me *confirma en* mis sospechas. 君の態度は私の疑いを増すばかりだ. Ese triunfo la *confirmó como* líder. その成功で彼女はリーダーとしての地位を確立した.
3 〈決定・裁定などを〉批准する; 再認する. ～ un acuerdo 協定を批准 [再認] する.
4【カト】〈人に〉堅信の秘跡を授ける.
― ～·se 再 **1** 《en...》〈考え・地位など〉を / **como...** …としての地位を》堅持する, 確立する;《en... …に》確信を持つ. ～*se en* una creencia 信念を固持する.
2【カト】堅信の秘跡を受ける.
La excepción confirma la regla. 例外があるのは規則のある証拠 (▶ 慣用表現).

con·fir·ma·ti·vo, va [kom.fir.ma.tí.ßo, -.ßa] 形 → confirmatorio.

con·fir·ma·to·rio, ria [kom.fir.ma.tó.rjo, -.rja] 形 確認の, 追認の, 確定的な.

con·fis·ca·ble [kom.fis.ká.ßle] 形 没収 [押収] できる.

con·fis·ca·ción [kom.fis.ka.θjón / -.sjón] 女 没収, 押収. ～ de todos bienes 全財産没収.

con·fis·ca·dor, do·ra [kom.fis.ka.ðór, -.ðó.ra] 男女 没収 [押収] 者.

con·fis·car [kom.fis.kár] 122 他 《a + 人〈人〉から》没収する, 押収する. ～ los artículos de contrabando 密輸品を押収する.

con·fis·ca·to·rio, ria [kom.fis.ka.tó.rjo, -.rja] 形 没収 [押収] する, 押収 [没収] の.

con·fis·ga·do, da [kom.fis.gá.ðo, -.ða] 形 《ラ米》(*米)《話》悪党の, 無頼の.

confisque(-) / confisqué(-) 活 → confiscar.

con·fit [kom.fí(t)]【仏】男《複 ～es, ～s》【料】コンフィ; 鳥獣の肉をそれ自身の脂肪で煮込んだ保存食.

con·fi·ta·do, da [kom.fi.tá.ðo, -.ða] 形 **1** 砂糖漬けの, 糖衣をかけた. peras *confitadas* 砂糖漬けのナシ. castañas *confitadas* マロングラッセ.
2 期待を持った, 夢を抱いた.

con·fi·tar [kom.fi.tár] 他 **1** 砂糖漬けにする; 砂糖をまぶす. **2** 甘い期待 [夢] を抱かせる. **3** 和らげる, 快くする.

con·fi·te [kom.fí.te] 男 砂糖菓子: 主に木の実などに糖衣をかぶせた菓子.
[←[カタルーニャ]*confit* ←[ラ]*cōnfectum*「仕上げられたもの」;|関連| confitería, confección]

con·fi·te·or [kom.fí.te.or] 男 **1**【カト】告白の祈り, コンフィテオル:*C*～「我告白す」で始まる祈り.
2 懺悔 (ざんげ).

con·fi·te·ra [kom.fi.té.ra] 女 砂糖菓子の入れ物.

con·fi·te·rí·a [kom.fi.te.rí.a] 女 **1** 菓子屋 (= dulcería). **2** 《集合的》砂糖菓子, 菓子類. **3** 《ラ米》(ﾊ゙ｰ)喫茶店.

con·fi·te·ro, ra [kom.fi.té.ro, -.ra] 男女 菓子職人; 菓子販売人.

con·fi·tu·ra [kom.fi.tú.ra] 女 砂糖漬けの果物; ジャム (= mermelada); 砂糖煮.

con·fla·gra·ción [kom̃.fla.gra.θjón / -.sjón] 囡 《文章語》 **1** 戦争, 動乱, (国際)紛争;(変事の)勃発(ぼっ), 突発. **2** 大火災.

con·fla·grar [kom̃.fla.grár] 他 燃やす, 焼く.
— ~·**se** 再 燃える.

con·flic·ti·vi·dad [kom̃.flik.ti.bi.ðáð] 囡 **1** 衝突[対立]を引き起こす可能性. **2** 衝突, 対立; 矛盾; 軋轢(あつれき), 葛藤.

*__con·flic·ti·vo, va__ [kom̃.flik.tí.bo, -.ba] 形 **1** 闘争の, 争いの; 闘争的な. *época conflictiva* 紛争の時代. **2** 葛藤(かっとう)の; 対立している. *opiniones conflictivas* 対立した意見. **3** 争いのもととなる.

*__con·flic·to__ [kom̃.flík.to] 男 **1** 争い, 戦闘, 闘争. surgir un ~ 争いが生じる. ~ *armado* 武力紛争. ~ *entre dos países* 2国間の争い. ~ *fronterizo* 国境紛争. ~ *laboral* 労働争議. **2** 衝突, 対立, 軋轢(あつれき). ~ *de intereses* 利害の対立. ~ *generacional* 世代の衝突. **3** 葛藤, (難しい)問題. estar en un ~ 苦境にある.

con·fluen·cia [kom̃.flwén.θja / -.sja] 囡 **1** (川・道などの)合流(点). **2** 《医》(発疹(はっしん)などの)融合. *punto de confluencia* (見解などの)一致[共通]点.

con·fluen·te [kom̃.flwén.te] 形 **1** 合流する. **2** 《医》融合性の, 融合性発疹(はっしん)の.
— 男 (川・道の)合流地点.

con·fluir [kom̃.flwír] 48 自 **1** 《en... …で》合流する, 落ち合う; 集まる, 寄り集まる. El Pisuerga *confluye* con el Duero. ピスエルガ川はドゥエロ川と合流する. **2** 〈原因などが〉かち合う, …が同時に起こる.

con·for·ma·ción [kom̃.for.ma.θjón / -.sjón] 囡 形態, 形状; 構造; 配置. vicio de ~ 奇形.

*__con·for·mar__ [kom̃.for.már] 他 **1** 《a... / con... …と》合わせる, 一致させる. ~ *los ingresos y los gastos* 収入と支出を同じにする. **2** 形成する, 構成する. los países que *conforman* la OPEP OPEC(石油輸出国機構)加盟国. **3** 満足させる, 我慢させる. La oferta no *conforma* a los empleados. その申し出に従業員たちは満足していない. **4** 《書類など》承認する, 承認のサインをする.
— 自 《con... …と》合致する;《複数主語で》一致する. Tus explicaciones no *conforman con* las suyas. 君の説明は彼[彼女](ら)のと一致していない.
— ~·**se** 再 **1** 《con... …で》よしとする, 我慢する. No *se conforma con* nada. 彼[彼女]は何にも満足できない. Ellos tuvieron que ~*se*, a regañadientes *con* lo que tenían. 彼らはしぶしぶながら, 持っているもので我慢しなければならなかった. **2** 《con... …と》合致する. **3** (まれ)《複数主語で》《en... …で》合意する.

*__con·for·me__ [kom̃.fór.me] 形 **1** (名詞+)(ser+)《a... …に》一致した, 対応した. actitud ~ *a la edad* 年相応の態度. **2** (estar+)《con... …と》《en... …に》同意見の, 賛成の. *Estoy* ~ *con usted en que ahora no debemos hacer nada.* 今は何もすべきではないという点であなたと同じ考えです. **3** 《con... …に》満足した; 観念した.
—(接続) **1** …のとおりに; …にしたがって. Han instalado la máquina ~ *se explica en las instrucciones*. 機械は説明書に書かれているとおりに設置された. *C*~ *pasaban los años, la gente iba olvidándose del suceso.* 年月が経つにつれて, 人々はその出来事のことを忘れていった. **2** …するとすぐに (▶ 未来のことについて述べるときは接続法). *C*~ *se haga de noche, nos marcharemos.* 夜になったらすぐに私たちは出発します.
— 副 (a... …に)したがって, 応じて. ~ *a lo establecido en la ley* 法律の定めるところに基づき.
— 男 《書類の》承認のサイン;《同意》オーケー. dar el ~ 承認する.

[← (後)*cómfōrmis* 「よく似た」 ([ラ]*com*-「同じ」+ [ラ] *fōrma*「形」+形容詞語尾) 関連 *conformar*, *conformista*. (英) *conform*(*ity*)]

*__con·for·mi·dad__ [kom̃.for.mi.ðáð] 囡 **1** 承認, 同意. Me ha dado su ~. 彼[彼女]は私に承諾を与えた. Cuente usted con mi ~. 私は賛成ですから大丈夫ですよ. **2** 忍耐, 我慢. aceptar con ~ 耐えて受け入れる. **3** 一致, 適合.
de [*en*] *conformidad con*... …に従って, …のとおりに.
en esta [*tal*] *conformidad* このような条件[場合]では.

con·for·mis·mo [kom̃.for.mís.mo] 男 **1** (慣行・体制・現状への)順応主義, 慣例主義. **2** 《宗》英国国教会擁護.

con·for·mis·ta [kom̃.for.mís.ta] 形 **1** 順応主義の; 批判する力のない. **2** 《宗》英国国教徒の.
— 男 囡 **1** (慣行・体制・現状などに)従う[順応する]者. **2** 《宗》英国国教徒.

con·fort [kom̃.fór(t)] 男 (複 ~s) 快適, 安楽; 快適な設備 (= comodidad). una casa de gran ~ 大変住み心地のいい家.

con·for·ta·bi·li·dad [kom̃.for.ta.bi.li.ðáð] 囡 快適さ, 快適性(能), 心地よさ.

*__con·for·ta·ble__ [kom̃.for.tá.ble] 形 **1** 快適な, 楽な (= cómodo). un sillón muy ~ とても座り心地のよいいす. **2** 元気づける.

con·for·ta·dor, do·ra [kom̃.for.ta.ðór, -.ðó.ra] 形 元気づける, 励ましになる; 慰めとなる.
— 男 囡 励まし[慰め]となる人[もの].

con·for·tan·te [kom̃.for.tán.te] 形 元気づける; 強壮の;〈言葉・事柄・ものなどが〉元気づける.
— 男 (絹・レースの)指先のない手袋.

con·for·tar [kom̃.for.tár] 他 **1** 〈食事などが〉力をつける, 元気にする; 強壮にする. **2** 〈言葉・事柄・もの・人などが〉元気づける, 励ます.

con·for·ta·ti·vo, va [kom̃.for.ta.tí.bo, -.ba] 形 **1** 元気づける, 励ますの. **2** 強壮にする.
— 男 **1** 強壮剤. **2** 励まし.

con·fra·ter·nal [kom̃.fra.ter.nál] 形 兄弟愛に満ちた, 友愛の, 兄弟のような.

con·fra·ter·nar [kom̃.fra.ter.nár] 自 打ち解ける, 親しくなる.

con·fra·ter·ni·dad [kom̃.fra.ter.ni.ðáð] 囡 兄弟愛, 友愛; 友好 (= hermandad).

con·fra·ter·ni·za·ción [kom̃.fra.ter.ni.θa.θjón / -.sa.sjón] 囡 親睦(しんぼく); 親睦を深めること, 友好関係を築くこと.

con·fra·ter·ni·zar [kom̃.fra.ter.ni.θár / -.sár] 97 自 《con... …と》兄弟[同胞]として交わる; 友好的な関係を結ぶ (= congeniar).

con·fri·car [kom̃.fri.kár] 102 他 こする, 摩擦する.

con·fron·ta·ción [kom̃.fron.ta.θjón / -.sjón] 囡 **1** 対決, 対質, 対面; 向かい合い. **2** 照合, 対照. **3** 隣接. **4** 相性のよさ, 親近感.

con·fron·tar [kom̃.fron.tár] 他 **1** 《con...

〈人〉と)〔裁判などで〕対決させる, 対質[対面]させる. ~ al testigo con el acusado 証人と被告を対質させる. **2** 〔困難・危険・敵に〕立ち向かう (= afrontar). **3** 《**con...** …と》照合する, 突き合わせる. ~ la copia con el original コピーを原本と照合する.
— 自《**con...** …に》接する (=lindar).
— **~·se** 再 **1** 《**con...** …に》直面する. *Nos confrontamos con* una gran dificultad. 我々は大きな困難に直面している. **2** 〔古語〕気心が合う.

con·fu·cia·nis·mo [kom.fu.θja.nís.mo / -.sja.-] 男 儒教, 儒学.

con·fu·cia·no, na [kom.fu.θjá.no, -.na / -.sjá.-] 形 孔子の; 儒教の, 儒教的な; 儒教を奉じた. — 男女 儒教徒, 儒者.

Con·fu·cio [kom.fú.θjo / -.sjo] 固名 孔子 (前551 – 前479): 中国の思想家. 儒教の祖.

con·fu·cio·nis·mo [kom.fu.θjo.nís.mo / -.sjo.-] 男 → confucianismo.

con·fu·cio·nis·ta [kom.fu.θjo.nís.ta / -.sjo.-] 男女 → confuciano.

con·fun·di·ble [kom.fun.dí.ble] 形 混同しやすい, 間違えやすい.

con·fun·di·do, da [kom.fun.dí.ðo, -.ða] 形 **1** 混同した, 間違えた; 誤解した; 紛れた, 紛れ込んだ. **2** 《**estar** +》恐縮した, 当惑した (= confuso).

con·fun·dir [kom.fun.dír] 他 **1 《**con...** …と》混同する, 間違える. *Le he confundido con* su hermano gemelo. 私は彼を双子の兄さんと間違えた.
2 混ぜる; 〈輪郭を〉ぼやかす, あいまいにする. La niebla *confunde* los perfiles de la torre. 霧で塔の輪郭がぼやけている.
3 混乱させる, 困惑させる. *Confundió* a todos los asistentes con su argumento. 彼[彼女]の言い分は出席者全員を混乱させた.
— **~·se** 再 **1** 《**de...** …を》 **en...** …で》間違える; 混乱する. *~se de* tren 電車を間違える.
2 混ざる, 紛れる. *~se* entre la gente 人々の中に紛れる. **3** 〈人が〉困惑する, 当惑する.
[← 〔ラ〕*cōnfundere* ; *com-*「一緒に」+ *fundere*「注ぐ」] 関連 confuso, confusión. [英] confuse]

‡con·fu·sión [kom.fu.sjón] 女 **1** 混同, 間違い. Ha habido una ~. 間違いがありました. Estas frases pueden llevar a ~. これらの語句は誤解を生むかも知れない. **2** 乱雑, ごちゃ混ぜ; 混乱. En la habitación reinaba la ~. その部屋は散らかり放題だった. **3** 困惑, 狼狽; 混乱.

con·fu·sio·nis·mo [kom.fu.sjo.nís.mo] 男 (考え・言葉の) 混乱, 混同.

con·fu·sio·nis·ta [kom.fu.sjo.nís.ta] 形 **1** 〈考え・言葉などが〉混乱[混迷]した, 不明瞭な. **2** 〈考えなどを〉しばしば意識的に〉混乱させる, 攪乱(%3)する.
— 男女 (考えなどを) 混乱させる人.

‡con·fu·so, sa [kom.fú.so, -.sa] 形 **1** あいまいな, ぼんやりした, 明確でない〈輪郭. ideas *confusas* 漠然とした考え. **2** 混乱した. mente *confusa* 混乱した頭. situación *confusa* 紛糾した事態. **3** 恥じ入った, 当惑した.

con·fu·tar [kom.fu.tár] 他 論破[論駁(5%)]する.

con·ga [kóŋ.ga] 女 〔ラ米〕(1) (ュ▽) 〔音楽〕(打楽器の) コンガ; 民族舞曲, 〔動〕フチアクーガ (2) (ｿﾞ) 〔昆〕大きな毒アリ. [← 〔仏〕*Congo* (国名); 舞曲の起源はアフリカとされている]

con·ge·la·ble [koŋ.xe.lá.ble] 形 冷凍できる, 凍結できる, 凝固させられる.

*con·ge·la·ción [koŋ.xe.la.θjón / -.sjón] 女 **1** 凍結, 氷結; 冷凍; 凝固. punto de ~ 凝固点; 氷点. **2** 〔医〕 凍傷, 霜焼け.
3 〔商〕凍結, 〈計画などの〉凍結. ~ de salario 賃金の凍結. ~ del proyecto プロジェクトの凍結.

con·ge·la·do, da [koŋ.xe.lá.ðo, -.ða] 形 **1** 凍った, 凍結した; 冷凍した. alimentos ~s 冷凍食品. **2** 非常に冷たい. Tengo los pies ~s. 足が凍るように冷たい. **3** 〈資金, 計画などが〉凍結した. créditos ~ 貸付金凍結. fondos ~s 凍結資金. **4** 〔医〕 凍傷[霜焼け]にかかった.
— 男 **1** 冷凍すること. **2** 冷凍食品.
quedarse congelado (寒さで) 凍える.

con·ge·la·dor, do·ra [koŋ.xe.la.ðór, -.ðó.ra] 形 冷凍する; 凍結させる. — 男 冷凍機, 冷凍装置, フリーザー, 冷凍庫[室]. ▶ frigorífico.

con·ge·la·mien·to [koŋ.xe.la.mjén.to] 男 → congelación.

*con·ge·lar [koŋ.xe.lár] 他 **1** 凍らせる; 冷凍する; 固まらせる, 凝固させる. ~ la carne 肉を冷凍する. **2** 〔商〕〈資金などを〉**凍結する**, 据え置く; 〈計画などを〉凍結する. ~ los precios [salarios] 物価[賃金]を凍結する. **3** 〔医〕 凍傷を起こさせる. **4** 〈話〉〈人を〉凍えさせる.
— **~·se** 再 **1** 凍る, 凍結する; 凝固する.
2 〈話〉凍える, 冷たくなる. *Se me han congelado* las manos. 手が凍えてかじかんでしまった.
3 〔医〕 凍傷にかかる. **4** 〔I T〕〈コンピュータが〉フリーズする, ハングアップする.

con·gé·ne·re [koŋ.xé.ne.re] 形 **1** 〈動植物が〉同種の, 同属の. **2** 〈言語が〉同語族の, 同語源の. **3** 〈筋肉が〉同作用の.
— 男女 〈主に複数で〉〔軽蔑〕同類, 仲間. el ladrón y sus ~s 泥棒とその一味.

con·ge·niar [koŋ.xe.njár] 自《**con...** …と》気が合う, 折り合いがうまくいく. No *congenia con* su mujer. 彼は妻とうまくいっていない.

con·ge·ni·tal [koŋ.xe.ni.tál] 形 〔ラ米〕先天的な.

con·gé·ni·to, ta [koŋ.xé.ni.to, -.ta] 形 **1** 生まれつきの, 先天的な (= innato) (↔adquirido). defecto ~ 先天的欠陥. enfermedad *congénita* 先天性疾患. **2** 根深い, 根源的な. una mala fe *congénita* 根っからの不誠実.

con·ges·tión [koŋ.xes.tjón] 女 **1** 〔医〕うっ血, 充血. ~ cerebral 脳溢血(½), 卒中. ~ pulmonar 肺うっ血. **2** 混雑, 渋滞; 閉塞状態. ~ del tráfico 交通渋滞. ~ nasal 鼻づまり.

con·ges·tio·na·do, da [koŋ.xes.tjo.ná.ðo, -.ða] 形 **1** 混雑した, 滞った. **2** うっ血した, 紅潮した. ojos hinchados y ~s はれて充血した目.

con·ges·tio·nar [koŋ.xes.tjo.nár] 他 **1** 混雑[充滞]させる. **2** 充血させる. ▶ **a** + **un** 〈人〉の顔を紅潮させる. — **~·se** 再 **1** 顔を赤らめる, 紅潮する. **2** 混雑する, 渋滞する.

con·ges·ti·vo, va [koŋ.xes.tí.βo, -.βa] 形 〔医〕うっ血[充血]性の.

con·glo·ba·ción [koŋ.glo.βa.θjón / -.sjón] 女 (感情・言葉などの) 集積, 積み重ね.

con·glo·bar [koŋ.glo.βár] 他 〈感情などを〉積み重ねる.

con·glo·me·ra·ción [koŋ.glo.me.ra.θjón / -.sjón] 女 塊, 集塊; 寄せ集め.

con·glo·me·ra·do, da [koŋ.glo.me.rá.ðo, -.ða] 形 凝集した, 丸く固まった; 種々雑多な.
— 男 **1** 集塊; 寄せ集め. **2** 〔地質〕礫岩(ホミ). **3**

conglomerante

〖経〗(巨大)複合企業, コングロマリット.

con·glo·me·ran·te [koŋ.glo.me.rán.te] 形 凝集させる, 固める. ― 男 (しっくい・セメントなどの)凝集剤, 膠着(こうちゃく)剤, 接合剤.

con·glo·me·rar [koŋ.glo.me.rár] 他 **1** 〈色々な材料を〉塊にする.
2 〈雑多な意見などを〉まとめる, 寄せ集める.
― **~·se** 再 塊になる, 寄り集まる.

con·glu·ti·na·ción [koŋ.glu.ti.na.θjón / -.sjón] 女 膠着(こうちゃく), 合着(ごうちゃく).

con·glu·ti·nar [koŋ.glu.ti.nár] 他 膠着(こうちゃく)[合着(ごうちゃく)]させる, くっつける.
― **~·se** 再 膠着[合着]する, くっつく.

con·glu·ti·na·ti·vo, va [koŋ.glu.ti.na.tí.βo, -.ba] 形 膠着(こうちゃく)性の, 粘りのある.
― 男 粘着物.

Con·go [kóŋ.go] 固名 **1** República del ~ コンゴ共和国:アフリカ中部の共和国. 首都 Brazzaville.
2 República Democrática del ~ コンゴ民主共和国:首都 Kinshasa.
[←[ポルトガル] *Congo*←?[バントゥー] *kong*「山」]

con·go, ga [kóŋ.go, -.ga] 男 女 《ラ米》(タバコ)(*)《話》(軽蔑)黒人.

con·go·ja [koŋ.gó.xa] 女 (心身の)痛み, 苦悩, 苦悶(くもん), 悲嘆, 嘆息, 嘆き.

con·go·jo·so, sa [koŋ.go.xó.so, -.sa] 形 **1** 苦悩する, 悲嘆に暮れた. **2** 悲しい, 痛ましい, 悲痛な.

con·go·la [koŋ.gó.la] 女 《ラ米》(タバコの)パイプ.

con·go·le·ño, ña [koŋ.go.lé.ɲo, -.ɲa] / **con·go·lés, le·sa** [koŋ.go.lés, -.lé.sa] 形 コンゴの.
― 男 女 コンゴ人. ► コンゴ共和国, コンゴ民主共和国のいずれにも用いられる.

con·gos·to [koŋ.gós.to] 男 狭い谷, 山峡(の道).

con·gra·cia·mien·to [koŋ.gra.θja.mjén.to / -.sja.-] 男 肩入れ, 引き立て, 愛顧.

con·gra·ciar [koŋ.gra.θjár / -.sjár] 82 他 《con+人 (人に)》…に対する親愛の情を抱かせる.
― **~·se** 再 《con+人》《(人)に》好かれる, 《(人)の》心をつかむ. Para ~*se con* su hijo le ha comprado una moto. 息子のご機嫌取りに彼[彼女]はバイクを買ってやった.

con·gra·tu·la·ción [koŋ.gra.tu.la.θjón / -.sjón] 女 祝辞; 祝賀 ► 格式ばった表現.「おめでとう」は en**horabuena**). Reciba usted mis más sinceras *congratulaciones*. 心からお祝い申しあげます.

con·gra·tu·lar [koŋ.gra.tu.lár] 他 《人に》祝う, お祝いを述べる. ― **~·se** 再 《de... / por...》…を》うれしく思う, 喜ぶ.

con·gra·tu·la·to·rio, ria [koŋ.gra.tu.la.tó.rjo, -.rja] 形 祝いの, 祝賀の. palabras *congratulatorias* 祝辞.

*****con·gre·ga·ción** [koŋ.gre.ga.θjón / -.sjón] 女 **1** 集合, 集結;結集;会合. **2** (単式誓願の)修道会[院];修族. **3** 信心会, 信徒団;信徒. **4** (ローマ教皇庁の)聖省. **5** 党派, 派.
la congregación de los fieles カトリック教会.

con·gre·gan·te, ta [koŋ.gre.gán.te, -.ta] 男 女 修道会[信心会, 信徒団]の一員;会員;(ローマ教皇庁の)聖省員.

*****con·gre·gar** [koŋ.gre.gár] 103 他 **集める**, 呼び集める, 集結させる. Su recital *congregó* a muchos aficionados. 彼[彼女]のリサイタルは多くのファンを集めた. ― **~·se** 再 集う, 集結する.

con·gre·sal [koŋ.gre.sál] 男 《ラ米》委員, 代表.

con·gre·sis·ta [koŋ.gre.sís.ta] 男 女 議員, 代議員, 代表者;会議[学会]の参加者.

con·gre·so [koŋ.gré.so] 男 **1 (専門家などによる)**会議, 大会**. ~ internacional 国際会議. *C~ de Viena*〖史〗ウィーン会議(1814‐15). ⇒conferencia〚類語〛
2 〖政〗(米国などの)**国会**, 議会;国会議事堂. *C~ de los Diputados* 《スペイン》下院. *Palacio de C~s*《スペイン》国会議事堂.
[←[ラ] *congressum* (*congressus* の対格); *congredī*「出会う, 会合する」(*com-*「共に」+ *gradī*「歩く」)より派生;〚関連〛*congresista*. [英] *congress*]

con·gre·sual [koŋ.gre.swál] 形 議会[国会, 会議]の.

con·gri [kóŋ.gri] 男 《ラ米》(キューバ)豆・米の料理.

con·grio [kóŋ.grjo] 男 **1** 〖魚〗アナゴ.
2 《ラ米》兵隊, 二等兵.

con·grua [kóŋ.grwa] 女 **1** (公務員への)給与差額手当, 調整手当. **2** (聖職者への)最低保証(手当).

con·gruen·cia [koŋ.grwén.θja / -.sja] 女 **1** 一致, 合致;適合(性), 整合(性).
2 〖数〗(図形・整数の)合同, 合同式.
3 〖法〗(裁判官・検察・弁護3者の)判断の一致.

*****con·gruen·te** [koŋ.grwén.te] 形 **1** 適切な;即した, **ぴったり当てはまる**.
2 〖数〗合同の, 合同式の.

con·gruen·te·men·te [koŋ.grwén.te.mén.te] 副 うまい具合に, タイミングよく.

con·gruo, grua [kóŋ.grwo, -.grwa] 形 **1** 適切な, 即した. **2** 〖数〗合同の, 合同式の.

con·gui·to [koŋ.gí.to] 男 《ラ米》〖植〗トウガラシ.

co·ni·ci·dad [ko.ni.θi.ðáð / -.si.-] 女 円錐(えんすい)形であること.

có·ni·co, ca [kó.ni.ko, -.ka] 形 円錐(えんすい)の, 円錐形[体]の. ― 女 〖数〗円錐曲線.

co·ni·dio [ko.ní.ðjo] 男 〖菌類〗分子子.

co·ní·fe·ro, ra [ko.ní.fe.ro, -.ra] 形 〖植〗針葉樹の;球果植物の.
― 男 《複数で》針葉樹類;球果植物類.

co·ni·for·me [ko.ni.fór.me] 形 円錐(えんすい)形の.

co·nim·bri·cen·se [ko.nim.bri.θén.se / -.sén.-] 形 (ポルトガル中西部の)コインブラ Coimbra の.
― 男 女 コインブラの住民[出身者].

co·ni·rros·tro, tra [ko.ni.rós.tro, -.tra] 形 〖鳥〗厚嘴(こうし)類の.
― 男 《複数で》厚嘴類:スズメ, ヒワなど.

co·ni·val·vo, va [ko.ni.βál.βo, -.βa] 形 〖貝〗円錐(えんすい)形の貝殻を持つ.

co·ni·za [ko.ní.θa / -.sa] 女 〖植〗オグルマ属の一種.

con·je·tu·ra [koŋ.xe.tú.ra] 女 推測, 憶測, 推量. hacer ~*s sobre*... …について推測する. por ~*s* 推測で.

con·je·tu·ra·ble [koŋ.xe.tu.rá.ble] 形 推測可能な, 想像[仮定]できる.

con·je·tu·ral [koŋ.xe.tu.rál] 形 推測上の, 推測に基づく.

con·je·tu·ral·men·te [koŋ.xe.tu.rál.mén.te] 副 推測上, 推測に基づいて.

con·je·tu·rar [koŋ.xe.tu.rár] 他 《que+直説法…と》推測する, 憶測する, 推量する. *Conjeturo que subirán los precios por la subida de la gasolina.* ガソリンの値上がりの影響で物価が上がると推測される.

con・juez [koŋ.xwéθ / -.xwés] 男〔複 conjueces〕（共同して審判し、裁判官、判定人.

con・ju・ga・ble [koŋ.xu.ɣa.βle] 形〖文法〗〈動詞が〉活用できる、変化する.

*****con・ju・ga・ción** [koŋ.xu.ɣa.θjón / -.sjón] 女 **1**〖文法〗〈動詞の〉**活用，変化**. ~ regular [irregular] 規則 [不規則] 活用. **2** 結合，連係；〖生物〗（生殖細胞の）接合.

con・ju・ga・do, da [koŋ.xu.ɣá.ðo, -.ða] 形 **1**〈動詞が〉活用［変化］した. **2** 連動した，連係した. **3**〖数〗共役の. 〔複合〕〖植〗接合藻類.

*****con・ju・gar** [koŋ.xu.ɣár] 囮 他 **1**〖文法〗〈動詞を〉**活用［変化］させる**. **2** 結びつける，調和させる，両立させる. Hay que ~ la vida familiar con la vida laboral. 家庭生活と仕事を両立させなければならない. ― **~・se** 再 〖文法〗〈動詞が〉活用［変化］する. **2** 連係する，連動する.

*****con・jun・ción** [koŋ.xun.θjón / -.sjón] 女 **1** 結合，連結. **2**〖天文〗合(ごう): 2つ以上の天体が同じ黄経上にあること. **3**〖文法〗接続詞. **adversativa** 反意接続詞（pero など）. ~ **causal** 原因を表す接続詞（porque など）. ~ **comparativa** 比較の接続詞（como など）. ~ **compuesta** 複合接続詞（aunque など）. ~ **condicional** 条件の接続詞（si など）. ~ **continuativa** 継続の接続詞（pues など）. ~ **copulativa** 連合接続詞（y, que など）. ~ **distributiva** 配分の接続詞（ora... ora, ya... ya など）. ~ **disyuntiva** 離接接続詞（o など）. ~ **final** 目的の接続詞（a fin de que など）.

con・jun・ta [koŋ.xún.ta] 女 →conjunto.

con・jun・ta・do, da [koŋ.xun.tá.ðo, -.ða] 形 一つにまとまった，整合した. un equipo bien ~ よくまとまったチーム.

con・jun・tar [koŋ.xun.tár] 他 結集する，一つにまとめる. ~ **un equipo** チームをまとめる.
― 自 調和する，コーディネイトする.
― **~・se** 再 集合する，まとまる.

con・jun・ti・va [koŋ.xun.tí.βa] 女 〖解剖〗結膜.

con・jun・ti・vi・tis [koŋ.xun.tí.βí.tis] 女 〖単複同形〗〖医〗結膜炎.

con・jun・ti・vo, va [koŋ.xun.tí.βo, -.βa] 形 **1** 結合する. el tejido ~〖解剖〗結合組織. **2**〖文法〗接続の.

*****con・jun・to, ta** [koŋ.xún.to, -.ta] 形〖名詞+〗《ser+》共同の，一つになった，結合した，結束した，集団の；全体的の. la rueda de prensa *conjunta* 共同記者会見. actuar de forma *conjunta* 一緒に活動する. maniobras militares *conjuntas* 合同軍事演習.
― 男 **1** 全体，総体，集まり；チーム，組. el ~ **del mercado europeo** ヨーロッパ市場全体. ofrecer una visión de ~ (de [sobre]...) (…の)全体像を示す. un ~ **residencial de 18 viviendas unifamiliares** 18戸の1戸建て（住宅）団地. el técnico del ~ **español** スペインチームの監督. **2** 一式，セット；背広の三つぞろい，スーツ，アンサンブル；家具一式. un ~ **de chaqueta y pantalón** 上着とズボンのセット. **3**〖音楽〗合奏；バンド，楽団. ~ **vocal** 合唱団，アンサンブル. **4**〖数〗集合. el ~ **de números enteros** 整数の集合.
en conjunto 全体としては，全体的に見て. Las inversiones ascienden *en* ~ a 200 millones de euros. 投資は総額で2億ユーロにのぼる.
[←〔ラ〕*conjūnctum*（*conjungere*「結合する」の完了

分詞 *conjūnctus* の対格）；関連 conjunción, coyuntura, junto (に). 関連 conjunct(ion)]

con・ju・ra [koŋ.xú.ra] / **con・ju・ra・ción** [koŋ.xu.ra.θjón / -.sjón] 女 共謀，陰謀. descubrirse una ~ 陰謀が発覚する.

con・ju・ra・do, da [koŋ.xu.rá.ðo, -.ða] 形 共謀された，たくらまれた. ― 男 女 共謀者，陰謀者.

con・ju・ra・dor [koŋ.xu.ra.ðór] 男 **1** 悪魔祓(ばら)いの祈禱(とう)師. **2** 共謀者，陰謀者；嘆願者.

con・ju・rar [koŋ.xu.rár] 他 **1**〈危険を〉避ける，防ぐ. ~ **la guerra** 戦争を防止する. ~ **la mala suerte** 悪運を避ける. **2**〈悪霊などを〉祓(はら)う. **3**《**a que**＋接続法…と》懇願する. Os *conjuro a que vengáis*. 君たち頼むから来てくれ. **4**〈霊を〉呼び出す. ~ **a los difuntos** 死者の霊を呼び出す.
― **~(・se)** 自 男 《**con...**と》陰謀を企てる，共謀する. ~(*se*) **contra la República** 共和国打倒を企てる.

con・ju・ro [koŋ.xú.ro] 男 **1** 悪魔祓(ばら)い；呪文(じゅもん)，まじない (= exorcismo). **2** 懇願，嘆願.
al conjuro de... …の力で，…の効果で.

*****con・lle・var** [koŋ.je.βár ‖ -.ʎe.-] 他 **1**（必然的に）**伴う**，意味する. Aceptar este trabajo *conlleva* mucho esfuerzo y responsabilidad. この仕事を受けることには大きな努力と責任が伴う.
2 耐える，耐え忍ぶ. ~ **una enfermedad** 病苦に耐える. **3**〈人を〉助ける，手伝う. **4**〈気難しい人を〉うまく操る. ~ **una persona** 我慢して人と付き合う. **5**（空約束で）〜に喜ばせる.

con・me・mo・ra・ble [kom.me.mo.rá.βle] 形 記念すべき，注目すべき.

*****con・me・mo・ra・ción** [kom.me.mo.ra.θjón / -.sjón] 女 記念，記念式，記念祭［祝典］；追悼(式). ~ **de los difuntos**〖宗〗死者の日，万霊節 (11月2日). **en** ~ **de...** …を記念して.

*****con・me・mo・rar** [kom.me.mo.rár] 他 **記念する**，(記念して)祝う；追悼する.

*****con・me・mo・ra・ti・vo, va** [kom.me.mo.ra.tí.βo, -.βa] 形 **記念の**，記念となる；形見の，追悼の. monumento ~ 記念碑. actos ~*s* 記念式典.

con・me・mo・ra・to・rio, ria [kom.me.mo.ra.tó.rjo, -.rja] 形 →conmemorativo.

con・men・sal [kom.men.sál] 男 女 →comensal.

con・men・su・ra・bi・li・dad [kom.men.su.ra.βi.li.ðáð] 女 同じ単位で計れること；〖数〗通約性.

con・men・su・ra・ble [kom.men.su.rá.βle] 形 同一単位で計ることができる；通約できる.

con・men・su・ra・ción [kom.men.su.ra.θjón / -.sjón] 女 均等，釣り合い.

con・men・su・rar [kom.men.su.rár] 他 同一単位で測る.

*****con・mi・go** [kom.mí.ɣo]〔前置詞 con と人称代名詞 mí の結合形〕
1 私と，**私と一緒に**. Es mejor que no vengas ~. 君は私と一緒に来ない方がいいよ.
2 私に対して. No te enfades ~. 私に怒らないでよ. **3**《再帰》**私自身で**，(私自身が)携えて，私自身に対して. No llevo dinero ~. 私はお金を持ち合わせていない. ▶ 再帰の意味を強調する *mismo* を伴うことが多い. ―Estoy enfadado ~ *mismo*. 私は自分に怒っています.
[←〔ラ〕*mēcum*；関連 consigo]

con・mi・li・tón [kom.mi.li.tón] 男 戦友.

con・mi・na・ción [kom.mi.na.θjón / -.sjón] 女 **1**（処罰などによる）脅し (= amenaza).

conminador

2(法・権力による)厳命. **3**《修辞》威嚇話法.
con·mi·na·dor, do·ra [kom.mi.na.ðór, -.ðó.ra] 形 脅しの,脅迫(威嚇)する.
con·mi·nar [kom.mi.nár] 他 **1**(処罰などで)脅す,威嚇する. **2**《a+不定詞／que+接続法 …すること》(法・権力によって)厳命する,警告する.
con·mi·na·ti·vo, va [kom.mi.na.tí.βo, -.βa] ／**con·mi·na·to·rio, ria** [kom.mi.na.tó.rjo, -.rja] 形 **1**脅しの,威嚇の.
2(法・権力による)処罰をにおわせる.
con·mi·se·ra·ción [kom.mi.se.ra.θjón / -.sjón] 女 同情,哀れみ,憐憫(妣) (=compasión).
con·mis·to, ta [kom.mís.to, -.ta] ／**con·mix·to, ta** [kom.mí(k)s.to, -.ta] 形 混合した,結合した.
***con·mo·ción** [kom.mo.θjón / -.sjón] 女 **1**衝撃,震動,(社会的)激変,激動. una ～ política 政変.
2(精神的な)ショック,動揺;感動;(肉体的な)衝撃. La noticia de su muerte me produjo una gran ～. 彼[彼女]が死んだという知らせに私は気が動転した. **3**地震.
conmoción cerebral 脳震盪(ú).
con·mo·cio·nar [kom.mo.θjo.nár / -.sjo.-] 他 衝撃を与える,動転させる,(脳)震盪(ú)を起こさせる.
― ～**·se** 再 (精神的・肉体的に)ショックを受ける,動転する.
con·mo·ni·to·rio [kom.mo.ni.tó.rjo] 男 覚え書き,記録.
con·mo·ve·dor, do·ra [kom.mo.βe.ðór, -.ðó.ra] 形 感動的な,胸を打つ. un discurso [espectáculo] ～ 感動的な演説[光景].
***con·mo·ver** [kom.mo.βér] 22 他 **1**〈人の〉心を動かす;心を痛める. La pobreza de este país nos *conmueve* mucho. この国の貧困にはとても心が痛む. Me *conmueve* que todos me traten bien. 皆がよくしてくれるので私は感激している (▶ que 以下が主語,その節の中の動詞は接続法).
2振動させる,(比喩的)揺さぶる. Un fuerte temblor *conmovió* la ciudad. 強い揺れが町を襲った.
― ～**·se** 再 **1**心を動かされる;心を痛める. Me *conmoví* al escuchar esa canción. 私はその歌を聞いて心を揺さぶられた.
2振動する,(比喩的)揺らぐ.
conmuev- 活 →conmover.
con·mu·ta [kom.mú.ta] 女《ラ米》(発)(情)交換,取り替え.
con·mu·ta·bi·li·dad [kom.mu.ta.βi.li.ðáð] 女 **1**交換可能性,代替性;変換可能性,可換性.
2減刑の可能性. **3**《数》交換可能性.
con·mu·ta·ble [kom.mu.tá.βle] 形 交換可能な,変換可能な,振り替え可能な.
con·mu·ta·ción [kom.mu.ta.θjón / -.sjón] 女
1《法》(量刑・責務などの)減軽,減刑.
2交換,変換,振り替え,転換.
3《語》(語の)置換,語呂(ろ)合わせ. ― Se come para vivir, no se vive para comer. 生きるために食べるのであり,食べるために生きるのではない.
4〖IT〗交換,交換. ～ de paquetes パケット交換.
con·mu·ta·dor, do·ra [kom.mu.ta.ðór, -.ðó.ra] 形 交換[変換]する,整流する.
― 男 **1**《電》スイッチ;整流器,転換器;整流子.
2《物理》交換子.
3《ラ米》(発)(情)(**)(情)(情)電話交換機[台].
con·mu·tar [kom.mu.tár] 他 **1**《法》《por... …に》〈量刑・責務などを〉軽減する,減刑する. ～ la pena de muerte *por* la de cadena perpetua 死刑を無期懲役に減刑する.
2《**con**... ／**por**... …と》交換する;《**por**... …に》振り替える;《**en**... …に》換える,転換する.
3スイッチを入れる[切る]. **4**《電》整流する.
com·mu·ta·ti·vi·dad [kom.mu.ta.ti.βi.ðáð] 女 交換可能性;《数》可換性;交換[代替]性.
com·mu·ta·ti·vo, va [kom.mu.ta.tí.βo, -.βa] 形 **1**交換[変換,代替]可能な,交換の,変換の.
2《数》交換可能の,可換の.
con·na·tu·ral [kon.na.tu.rál] 形 生来の,生得の,固有の;体質に合った.
con·na·tu·ra·li·za·ción [kon.na.tu.ra.li.θa.θjón / -.sa.sjón] 女 適応,順応;順化.
con·na·tu·ra·li·zar [kon.na.tu.ra.li.θár / -.sár] 97 他 慣らす. ― ～**·se** 再《**con**... …土地・仕事などに》慣れる,適応する,順応する. Me he connaturalizado *con* las costumbres del país. 私はこの国の習慣に慣れました.
con·ni·ven·cia [kon.ni.βén.θja / -.sja] 女
1《文章語》共謀,共犯,なれ合い. estar [ponerse] en ～ con... …とぐるになっている[なる]. **2**(上司が部下の違法行為を)黙認すること,暗黙の了解.
con·ni·ven·te [kon.ni.βén.te] 形 **1**共謀した;大目に見る,見て見ぬふりをする;(犯罪行為などを)黙認した. **2**《生物》(組織・器官が)輻合(ち)した.
con·no·ta·ción [kon.no.ta.θjón / -.sjón] 女
1言外の意味,暗示,含意;内包;〖言〗コノテーション(↔denotación). **2**遠縁.
con·no·ta·do, da [kon.no.tá.ðo, -.ða] 形《ラ米》有名な,著名な.
con·no·tar [kon.no.tár] 他〖言〗〈語句が〉〈別の意味を〉含意する,暗示する;〖論〗内包する,共示する(↔denotar).
con·no·ta·ti·vo, va [kon.no.ta.tí.βo, -.βa] 形〖言〗暗示的な,含意している;〖論〗内包する.
con·nu·bial [kon.nu.βjál] 形《文章語》結婚の,夫婦の.
con·nu·bio [kon.nú.βjo] 男《文章語》結婚.
con·nu·me·rar [kon.nu.me.rár] 他 数え上げる,数に入れる.
co·no [kó.no] 男 **1** 円錐(形),錐面. ～ circular 円錐. ～ recto 直円錐. ～ truncado 円錐台. **2**〖解剖〗(網膜内の)円錐(ホ)体,錐(状)体. **3**〖植〗球果:マツカサ,ソテツの実など. **4** 円錐形火山,コニーデ. **5**《ラ米》(ミ*)(ホン)コーンに載せたアイスクリーム.
cono de nieve《ラ米》(*メ)アイスクリームコーン.
cono de sombra《天文》本影.
Cono Sur アルゼンチン・ウルグアイ・チリにわたる地域 (▶ パラグアイを含むこともある).
co·no·ce·dor, do·ra [ko.no.θe.ðór, -.ðó.ra / -.se.-] 形 熟練した;精通した,よく知っている. ser ～ **de**... …に通じている,よく知っている. ～ de las últimas noticias 最新のニュースに明るい. ― 男 女 専門家,目利き,通(?). un ～ de caballos 優れた馬の専門家.

****co·no·cer** [ko.no.θér / -.sér] 34 他 **1**(体験として・人に聞いて)〈事物・場所を〉知る,知っている;(学問・分野などに)精通する. Me gustaría ～ Viena. 私はウィーンに行ってみたい. No *conozco* bien el asunto. 私はその件をよく知らない. La empresa *conoció* un crecimiento espectacular el año pasado. その企業は昨年目を見張る増収を成し遂げた.
類語 *conocer* が体験している,経験していること

を表すのに対し, *saber* は知的活動の結果による「知る, 知っている」を表す.

2 〈人と〉**知り合いである**, 知っている; 知り合いになる. ～ a+人 a fondo〈人〉をよく知っている. Lo *conozco* de nombre. 私は彼の名前を知っている. ¿Dónde la *conociste*? 君は彼女とどこで知り合ったの. La *conozco* sólo de vista [oídas]. 彼女は顔だけ知っています[話にだけ聞いたことがあります].

3 〈人・ものを〉**識別している**, 〈人が〉(誰であるか) わかる; 認識する. Lo *conocí* por su manera de hablar. 私は話し方で彼だとわかった. *Conoce* los vinos. 彼[彼女]はワインのよしあしがわかる.

4 〈人と〉(性的に)関係を持つ. no ～ varón [mujer] 男[女]を知らない. **5** 《法》審理する. ～ una causa [un caso] 事件を審理する.

——自 **1** 《**de...**》(...について) 知識を持っている, 精通している. **2** 《法》《**de...** / **en...**》〈事件を〉審理する.

—— **～·se** 再 **1** (自分自身を) 知る, 知っている. *Me conozco* mejor que nadie. 私は自分を誰よりもよく知っている.

2 《複数主語で》(互いに) 知っている, 知り合いである. *Nos conocemos* desde hace mucho tiempo. 私たちはずっと以前からの知り合いだ. **3** 《強調》知り尽くしている. *Se conoce* todos los títulos de las obras. 彼[彼女]はすべての作品のタイトルを知っている. **4** 《3人称で》見受けられる, 認識される. *Se le conoce* la alegría en la cara. 彼[彼女]の顔にはうれしさが表れている.

dar a conocer... ...を知らせる, ...を公表する.
darse a conocer 自分の素性を明かす; デビューする, 名を成す.
se conoce que+直説法《話》...であるようだ, ...だとわかる. *Se conoce que* ellos no *se llevan* bien, y no la invitaron... 彼らはうまく行っていなかったようだね, それで彼女は招待されなかったんだ.

[←《俗ラ》*conoscere*←《ラ》*cōgnōscere* (*com-*「完全に」+ *gnōscere*「知る」); 関連 *noción*. 《英》*know, can*]

co·no·ci·ble [ko.no.θí.ble / -.sí.-] 形 知りうる, 認識しうる, 理解できる.

*co·no·ci·do, da [ko.no.θí.ðo, -.ða / -.sí.-] 形

1 《多くは+名詞》(その名声・高い評価で) **有名な**, 著名な. un ～ abogado [restaurante] 有名な弁護士[レストラン].

2 《名詞+》《**ser**+》(よく) **知られた**, 周知の. los hechos ～*s* 周知の事実. muchas caras *conocidas* 大勢の有名人. La Avenida de la Paz, más *conocida* popularmente con [por] el nombre de M-30. M-30の名でより広く知られる「ラ・パス大通り」. Es (bien [de sobra]) ～ que+直説法 ...は(よく)知られている.

—— 男 女 (友人ではない) 知人, 知り合い. un viejo ～ mío 昔からの私の知り合いのひとり.

muy conocido en su casa [*a la hora de comer*] 《話》《皮肉》ほとんど無名の.

co·no·ci·mien·to [ko.no.θi.mjén.to / -.si.-] 男 **1** (見聞・体験から) **知っていること**, 理解. tener ～ de... ...のことを知っている. La entrevista tuvo lugar sin ～ público. 会見は内密に行われた.

2 《複数で》**知識**. Tengo algunos ～*s* de psicología. 私は少しは心理学に通じている.

3 理解力, 分別. tener ～〈人が〉分別を持っている.

4 意識. perder el ～ 意識を失う. recobrar el ～ 意識を取り戻す. quedarse sin ～ 意識がなくな

る. **5** (人との) 面識, 人付き合い; 《話》知り合い. **6** 《商》(**1**) 船荷証券 (=～ de embarque). (**2**) 身分証明書.

con conocimiento de causa 事情を承知して.
dar a+人 *conocimiento de...* 〈人〉に...を知らせる.
estar en su *pleno conocimiento* 正気である.
llegar a conocimiento de+人 〈人〉の耳に入る, 〈人が〉知るところとなる.
poner... en conocimiento de+人 ...を〈人〉に知らせる.
venir en conocimiento de... ...を知る, ...に気づく.

co·noi·dal [ko.noi.ðál] 形 円錐(けい)形[状]の.
co·noi·de [ko.nói.ðe] 形 円錐(けい)形[状]の.
—— 男 円錐曲線体.
co·no·pial [ko.no.pjál] 形 《建》反曲線の, 葱状(ねぎじょう)線の. arco ～ オジーアーチ, 葱花拱持(そうかきょうじ).
conozc- →*conocer*.

*con·que [koŋ.ke] 接続 **1**《話》**だから, それで**, という訳で; 結局 (▶弱勢語). Tú no sabes nada de este asunto, ～ cállate. 君はこのことについて何も知らないんだから黙ってなさい. Es muy fácil encontrar otra persona, ～ o lo haces bien o lo dejas.他の人をみつけるのは簡単なんだから, しっかりやるかやめるかどちらかにしなさい.

2 《文頭で》では, さて, 結局は. ¿C～ no te gusta, ¿eh? そうか, 気に入らないんだね.

—— 男 [kóŋ.ke] **1** 《話》条件.
2 《ラ米》(メキシコ)(グアテマラ)(エクアドル)(ベネズエラ)(入用な)お金.

con·quen·se [koŋ.kén.se] 形《ラ米》(スペインの) クエンカCuencaの. —— 男 女 クエンカの住民[出身者].
con·quián [koŋ.kján] 男《ラ米》(メキシコ)《遊》(スペイン・トランプ) コンキアン: ふたりでするラミーの一種. [←¿Con quién?]
con·qui·bus [koŋ.kí.bus] 男《話》金(かね).
con·qui·lio·lo·gí·a [koŋ.ki.ljo.lo.xí.a] 女 貝類学.

*con·quis·ta [koŋ.kís.ta] 女 **1 征服**, (征服者から見た)勝利; 征服した土地. ～ militar 軍事征服. la ～ de Valencia por el Cid Campeador エル・シッド・カンペアドールによるバレンシアの征服 (1094-99). la ～ espiritual de América 新大陸の精神的[魂の]征服 (◆先住民へのキリスト教布教事業のこと). ～ del espacio 宇宙開発.

2 (苦労して) **獲得すること**; 獲得したもの. la ～ de la libertad 自由の獲得.

3 (恋愛の相手を) 口説き落とすこと; 口説き落とした相手. hacer la ～ de... ...を口説く.

—— 話 →*conquistar*.

[《ラ》*conquīsīta* (*conquīrere*「探し求める」の完了分詞女性形) の名詞化; 関連 *conquistar, reconquista*. 《英》*conquest*]

con·quis·ta·ble [koŋ.kis.tá.ble] 形 征服できる; 獲得しうる; 口説き落とせる.

*con·quis·ta·dor, do·ra [koŋ.kis.ta.ðór, -.ðó.ra] 形 **1** 征服する, 征服者の. **2** (恋愛対象として) 口説き上手な. Tiene aire de ～. 彼には女心をつかむ雰囲気がある.
—— 男 女 獲得者.
—— 男 《史》**コンキスタドール**: アメリカ大陸のスペイン人征服者.

関連 *conquistadores* 征服者たち: アステカ= Hernán Cortés (1485-1547), Pedro de Alvarado (1486-1541), Bernal Díaz del Casti-

llo (1492-1580, 1583などの異説). ユカタン= Francisco de Montejo(1479-1553). チブチャ = Gonzalo Jiménez de Quesada (1496,1500などの異説 -79); Sebastián de Belalcázar (1495-1551). インカ= Francisco de Pizarro (1476-1541), Diego de Almagro (1475-1538), Hernando de Soto (1500?-42). チリ= Pedro de Valdivia (1500-54).
2 征服者. Guillermo el C~(英国の)ウィリアム征服王. **3**《話》色男, 女たらし.

con·quis·tar [koŋ.kis.tár] 他 **1〈領土・敵などを〉征服する, 制圧する. ~ un reino 王国を征服する. ~ el monte Everest エベレストの頂上を極める. ~ el mercado 市場を制圧する.
2〈地位・成功・権利・人気などを〉勝ち取る, 手に入れる. ~ el poder 権力を手にする. ~ un título mundial 世界選手権のタイトルを勝ち取る.
3〈人の心〉をとらえる;〈人を〉射止めさせる;〈人を〉説得する. La niña *conquista* a todo el mundo con su sonrisa. 女の子はその笑顔で皆を魅了する.

Con·ra·do [kon.řá.ðo] 固名 男子の洗礼名. [←〔古高地ドイツ〕*Kuonrāt*(「果敢な〔人〕」が原義);〔関連〕〔ポルトガル〕〔伊〕*Conrado*.〔仏〕〔英〕*Conrad*.〔独〕*Konrad*]

con·sa·bi·do, da [kon.sa.βí.ðo, -.ða] 形 **1** 決まりの, いつもの. el ~ discurso inaugural お定まりの開会の辞. **2** よく知られた, 周知の (= conocido). **3** 上述の, 前記の.

con·sa·bi·dor, do·ra [kon.sa.βi.ðór, -.ðó.ra] 形〔ある事柄を〕共に知っている, (情報を) 共有している. ━ 男 女 (ある事柄を) 共に知っている仲間.

con·sa·gra·ble [kon.sa.grá.βle] 形 聖別の, 奉献できる.

con·sa·gra·ción [kon.sa.gra.θjón / -.sjón] 女
1 聖別, 神聖化;〔カト〕〔ミサで〕聖変化: パンとぶどう酒が神聖なものになること. **2**(地位の)確立;(社会的)是認. **3** 奉納, 献納;献身, 専念. **4**〔カト〕〔司教への〕叙階(式). **5**〔史〕〔ローマ皇帝の〕神格化.
La ~ de la primavera『春の祭典』(Stravinskiのバレエ音楽, Carpentierの小説).

con·sa·gra·do, da [kon.sa.grá.ðo, -.ða] 形
1 聖別された;神聖な, 神にささげられた. hostia *consagrada*〔カト〕聖別されたパン.
2《a...…に》ささげられた, 打ち込んだ.
3 認知された, 定着した. una frase [costumbre] *consagrada* 定着した言い回し[習わし].

con·sa·gran·te [kon.sa.grán.te] 形〔カト〕聖別する, 叙階する.
━ 男〔カト〕聖別を行う司祭, 叙階司教;司式司祭.

*con·sa·grar [kon.sa.grár] 他 **1** 神聖なものにする, 聖別する;〔カト〕〈パンとぶどう酒を〉〔ミサで〕聖変化させる. vino de ~ ミサのぶどう酒.
2(社会的に)認知する;《como...…としての》(地位・名声を)確立させる. ~ una nueva palabra 新語を認定する. Este triunfo le *consagrará como* un cirujano excepcional. この成功で彼は優れた外科医として認められるだろう.
3 奉納する, ささげる;尽くす. ~ su vida a...…に生涯をささげる. **4**〔カト〕〈聖職者を〉叙階する. **5**〔史〕〈ローマ皇帝を〉神格化する.
━ ~·se 再 **1**《a...…に》献身する, 身をささげる. *~se a* la música 音楽に精進する.
2(社会的に)認められる;(地位が)確立する. *~se* como novelista 作家として認められる.

con·sa·gra·to·rio, ria [kon.sa.gra.tó.rjo, -.rja] 形 聖別する, 聖別の.

con·san·guí·ne·o, a [kon.saŋ.gí.ne.o, -.a] 形 血族の, 血縁の, 同族の. hermano ~ 異父[異母]兄弟. matrimonio ~ 同族結婚.
━ 男 女 血族, 肉親.

con·san·gui·ni·dad [kon.saŋ.gi.ni.ðáð] 女 血族(関係), 血縁(関係). primer [segundo, tercer] grado de ~ 第1[2, 3]親等.

cons·cien·cia [kons.θjén.θja / -.sjén.sja] 女 → conciencia.

*cons·cien·te [kons.θjén.te / -.sjén.-] 形
1《ser+》《de...…を》自覚した, 意識した. まじめな, 責任感のある. persona ~ de sus actos 自分の行いを自覚している人. joven ~ 自覚のある若者. Soy ~ de que esta decisión puede causar una polémica. この決定が議論を呼ぶかもしれないということはわかっている. **2**《estar+》意識のある. Cuando llegamos al hospital, el abuelo todavía *estaba* ~. 私たちが病院に着いたとき祖父にはまだ意識があった. **3** 意識的な, 意図的な.
[← 〔ラ〕 *cōnscientem* (*cōnsciēns* の対格); *cōnscīre*「自覚している」(*com-*「完全に」+ *scīre*「知っている」)の現在分詞;〔関連〕conciencia.〔英〕*conscience, conscious*]

cons·crip·ción [kons.krip.θjón / -.sjón] 女《ラ米》(ｱﾙｾﾞﾝ)(ｴｸｱﾄﾞﾙ)(ﾁﾘ)(ｳﾙｸﾞｧｲ)徴兵, 徴募;徴用, 徴発.

cons·crip·to [kons.kríp.to] 形《男性形のみ》徴兵[徴募]された;徴用[徴発]された.
━ 男《ラ米》(ｱﾙｾﾞﾝ)(ｴｸｱﾄﾞﾙ)(ﾁﾘ)(ｳﾙｸﾞｧｲ)召集兵, 徴兵.

con·sec·ta·rio, ria [kon.sek.tá.rjo, -.rja] 形 結果としての;付随する. ━ 男 必然の結果, 帰結.

con·se·cu·ción [kon.se.ku.θjón / -.sjón] 女
1 獲得, (追い求めて) 手に入れること, 実現, 成就, 達成 (= logro). la ~ de un premio literario 文学賞の受賞. de difícil ~ 得がたい, 手に入れにくい. la ~ de un deseo 希望の実現. **2** 続発, 連続.

con·se·cuen·cia [kon.se.kwén.θja / -.sja] 女 **1 結果, 帰結. ~ lógica 論理的帰結. sacar... como [en] ~ …を結論として引き出す. sufrir las ~s 報いを受ける. tener buenas [malas] ~s よい[悪い] 結果をもたらす. traer... como ~ …を結果としてもたらす. **2** (言行などの) 一貫性. no guardar ~ con... …と一貫していない. **3** (結果の) 重大さ. ser de ~ 重大である.
a consecuencia de... …の結果. *A ~ de* las fuertes lluvias, las calles quedaron inundadas. 強い雨のせいで通りは水浸しになった.
atenerse a las consecuencias 結果を受け入れる, 結果の責任を取る.
en [por] consecuencia したがって, それゆえ.
tener [traer] consecuencias 重大な結果をもたらす.

con·se·cuen·te [kon.se.kwén.te] 形 **1**《a...…の》結果として生じる;必然的な, 当然な;由来する.
2(主義・言行が)首尾一貫した.
━ 男 **1** 帰結, 結果. **2**〔論〕後件;〔数〕後項.

con·se·cuen·te·men·te [kon.se.kwén.te.mén.te] 副 **1** 首尾一貫して, 矛盾しないで.
2 従って, その結果, それ故に.

con·se·cu·ti·va·men·te [kon.se.ku.tí.βa.mén.te] 副 引き続いて, 次から次へ, 連続して.

*con·se·cu·ti·vo, va [kon.se.ku.tí.βo, -.βa] 形
1 連続した, 相続く. tres victorias *consecuti*

vas 三連勝. por segundo [tercer, cuarto] día ～(連続した)2［3，4］日め. **2**《文法》結果の，結果を表す. oración *consecutiva* 帰結節.

con·se·gui·do, da [kon.se.ɣí.ðo, -.ða] 形 (**estar**＋)非常によくできた，完成度の高い，見栄えのよい.

con·se·gui·dor, do·ra [kon.se.ɣi.ðór, -.ðó.ra] 形 獲得する. ── 男 女 獲得者.

****con·se·guir** [kon.se.ɣír] ③ 他 **獲得する**;《＋不定詞/**que**＋接続法》《…することを》達成する,《…》できるようになる. ～ un premio 賞を獲得する. ～ la mayoría absoluta 絶対多数を獲得する. Mi hija *consiguió* montar en bicicleta. 私の娘は自転車に乗れるようになった. Por lo menos *conseguí* que me escucharan. 少なくとも私の話を聞いてもらえることになった.
［←［ラ］*cōnsequī*「…について行く；手に入れる」］関連 consiguiente, consecuencia, consecutivo.［英］*consequence*］

con·se·ja [kon.sé.xa] 女 昔話, 伝説, おとぎ話.

con·se·je·rí·a [kon.se.xe.rí.a] 女 **1**（スペイン自治州政府の）省［局］, またそれが置かれた場所［事務所］. **2**（スペイン自治州政府の）大臣職. **3**（大使館の）参事官職；評議員［理事，審議委員，相談役］の職務. **4** 評議会［理事会，審議会，諮問会議］が置かれている場所［建物］.

***con·se·je·ro, ra** [kon.se.xé.ro, -.ra] 男 女 **1** 助言者, 忠告者. **2** 相談役, **顧問** (＝asesor). ～ técnico 技術顧問. **3**（スペイン）（地方政府の）大臣,（大使館の）参事官；評議員；理事，審議会委員, **取締役**. ～ delegado 社長. **4** 議員. ～ en Corte《史》（王の）枢密官, 諮問官. **5**（行動なども）指針. La envidia es mala *consejera*. ねたみはよくない忠告者だ（▶慣用表現）.

****con·se·jo** [kon.sé.xo] 男 **1 助言**, 忠告. dar un ～ 助言する. pedir ～ a... …に助言を求める. seguir un ～ 忠告に従う. Mi padre no *sigue* los ～s del médico. 父は医者の言うことを聞かない. tomar ～ de... …の忠告に従う.
2 会議, 審議会, 評議会；（スペイン自治州の）省. celebrar ～ 会議を開催する. ～ de administración 理事（役員, 取締役, 重役）会. ～ de familia《法》後見人会議. ～ de guerra 軍法会議. C～ de Ciento《史》バルセロナ市会. ～ de Indias《史》インディアス諮問会議（▶1524年に設立された新大陸統治のための最高審議機関）. C～ de la Inquisición《史》宗教裁判所, 異端審問所. C～ de Ministros 内閣；閣議. C～ de Seguridad 国連安全保障理事会. →conferencia.
［←［ラ］*cōnsilium*; *cōnsulere*「協議する」（*com*-「一緒に」＋*sedēre*「座っている」）より派生；関連 consejero, aconsejar.［英］*counsel(or)*］

con·se·llei·ro [kon.se.ʎéi.ro ‖ -.ʎéi.-]［ガリシア］男（ガリシア自治州政府における）大臣.

con·se·ller [kon.se.ʎér ‖ -.ʎér]［カタルーニャ］男［複 ～s, ～es］（カタルーニャ・バレンシア・バレアレス諸島自治州政府における）大臣.

***con·sen·so** [kon.sén.so] 男 **同意, 承認**；意見の一致, 総意, コンセンサス (＝consentimiento). ～ unánime 全会一致. de mutuo ～ 双方の同意で.

con·sen·sual [kon.sen.swál] 形《法》〈契約など が〉合意の上の.

con·sen·suar [kon.sen.swár] ⑧⑤ 他 合意する,（共同で）採択する.

con·sen·ti·do, da [kon.sen.tí.ðo, -.ða] 形 **1** 甘やかされた. niño ～ 甘やかされた子供. Es ～. 彼は甘やかされている. Está ～. 彼は甘えている.
2 甘い, 寛大すぎる；妻の不貞を見て見ぬふりをする.

con·sen·ti·dor, do·ra [kon.sen.ti.ðór, -.ðó.ra] 形 **1** 寛容な, 寛大な.
2 子供を甘やかす；妻の不貞を見て見ぬふりをする.

con·sen·ti·mien·to [kon.sen.ti.mjén.to] 男 同意, 承認, 承諾；同意書, 承諾書. ～ expreso [tácito] 明記された[暗黙の]了解. ～ informado《医》インフォームドコンセント. dar el ～ 同意する.

***con·sen·tir** [kon.sen.tír] ㉗ 他 **1 容認する**;《＋不定詞/**que**＋接続法 …することを》許可する. ～ un abuso 虐待を許す. No te voy a ～ más caprichos. これ以上のわがままは許しませんよ. Ellos *consienten* que su hijo *haga* lo que quiera. 彼らは自分たちの息子に好き勝手をさせる.
2〈特に〉子供を〉**甘やかす**（＝mimar）. La abuela *consiente* mucho a sus nietos. 祖母は孫たちを猫かわいがりしている.
3《まれ》〈器物が〉〈使用・負担に〉耐える. Esta máquina ya no *consiente* más arreglos. この機械はもうこれ以上修理がきかない.
── 自 (**en...** …に) 同意する, 承諾を与える. ～ *en* el matrimonio de su hija 娘の結婚を許可する. Por fin *consintió en* ir al hospital. 彼[彼女]はようやく病院へ行くことを承諾した.
── ～·**se** 再《まれ》〈器物が〉がたが来る, 傷む. El buque *se* ha empezado a ～. 船が傷み始めた.
［←［ラ］*cōnsentīre* (*com*-「共に」＋*sentīre*「感じる」；関連 consentimiento, consenso.［英］*consent, consensus*］

con·ser·je [kon.sér.xe] 男 女 **1** 守衛, 門番,（建物の）管理人. **2**（ホテルの）ベルボーイ, コンシェルジュ.

con·ser·je·rí·a [kon.se.xe.rí.a] 女 **1** 守衛所, 管理人詰め所；守衛の業務.
2（ホテルの）フロント, コンシェルジュ.

***con·ser·va** [kon.sér.ba] 女 **1 缶詰；瓶詰**；《主に複数で》缶詰類［食品］. carne en ～ 缶詰の肉. latas de ～ 缶詰. **2** 保存, 貯蔵；保存食. ～ por esterilización 殺菌による保存. **3**《海》護送船団. navegar en ～ 船団を組んで航行する.
── 活 →conservar.

***con·ser·va·ción** [kon.ser.ba.θjón / -.sjón] 女 **1 保存**, 維持. ～ de alimentos 食料の保存. ～ del patrimonio cultural 文化遺産の保存. estado de ～ 保存状態. ley de la ～ de la energía エネルギー保存の法則.
2 保護. ～ del medio ambiente 環境保護.

con·ser·va·cio·nis·mo [kon.ser.ba.θjo.nís.mo / -.sjo.-] 男 環境保護運動, 環境保全論, エコロジー運動［意識］.

con·ser·va·cio·nis·ta [kon.ser.ba.θjo.nís.ta / -.sjo.-] 形 **1** 環境保護（運動［論］）の, 環境保護意識のある；生態保護の. **2** 環境保護運動に賛同した.
── 男 女 環境保護運動家, 環境保護論者.

***con·ser·va·dor, do·ra** [kon.ser.ba.ðór, -.ðó.ra] 形 **1 保守的な**. partido ～ 保守党. política *conservadora* 保守政治. **2** 保存する, 防腐の. sustancia *conservadora* 保存物質, 保存料. **3**《スポ》守りを重視した,（無理せず）堅実な. equipo ～ 守備的なチーム. ── 男 女 **1 保守的な人**, 保守主義者；保守党員. **2** 保管員；（博物館などの）学芸員.

con·ser·va·du·ris·mo [kon.ser.ba.ðu.rís.mo] 男 保守主義, 保守性, 保守的傾向.

con·ser·van·te [kon.ser.bán.te] 形 保存する, 腐

敗を防ぐ. ―男 (化学) 保存料；防腐剤.

con·ser·var [kon.ser.bár]他 **1** 保つ, とどめる. ~ la tradición 伝統を維持する. ~ la calma 平静さを保つ. ~ la salud 健康を維持する. ~ la línea 体形を保つ. ~ la amistad 友情を保つ. Esta tela *conserva* el calor. この生地は熱を逃さない. Esta ciudad *conserva* magníficas colecciones de arte gótico. この街にはゴシック美術のすばらしいコレクションの数々が残されている.
2 保存する, 保管する；取っておく. ~ los restos arqueológicos 考古学的遺跡を保存する. ~ los alimentos en la nevera 食べ物を冷蔵庫にしまっておく. *Conservamos* todas las postales que nos mandaste desde Japón. 君が日本から送ってくれた絵はがきは全部取ってある.
3 《+形容詞・副詞およびその相当語句 …の状態に》保つ, 維持する. *Conserva* la habitación *intacta*. 彼 [彼女] はその部屋をそのままにしている (▶ 形容詞は目的語の性数に一致する).
4 〈慣習・美徳・能力などを〉守り続ける, 維持する. Todavía *conservo* las costumbres adquiridas durante mi estancia en España. 私はスペイン滞在中に身につけた習慣を今でも守っている.
5 《まれ》《瓶詰め》にする. ~ frutas en almíbar 果物をシロップ漬けにする.
― ~·se 再 **1** 存続する, 残っている. En estas cuevas *se conservan* restos de la Edad de Piedra. これらの洞窟には石器時代の遺跡が残っている. **2** 《+形容詞・副詞およびその相当語句 …の状態を》保つ, 維持する. ¿Cómo *te conservas* tan guapa? あなた, どうやってその美しさを保っているの？ Pedro *se conservaba* bien a pesar de la edad. ペドロは高齢にも関わらず健在だった. **3** 《3 人称で》保存される；〈食品などが〉持つ. Estas verduras *se conservan* bien en lugares frescos. これらの野菜は涼しい場所に保てば長持ちする.
Conserve su derecha [izquierda]. 《掲示》右側 [左側] 通行.

[← [ラ] *cōnservāre* (*com-*「完全に」+ *servāre*「監視する；貯蔵する」)；[関連] conserva, conservación, conservador. [英] *conserve*]

con·ser·va·tis·mo [kon.ser.ba.tís.mo] 男《ラ米》保守主義, 保守性.

con·ser·va·ti·vo, va [kon.ser.ba.tí.bo, -.ba] 形 **1** 保存に役立つ, 保存の；保護の.
2 《ラ米》《方》《話》けちな, しみったれの.

con·ser·va·to·rio, ria [kon.ser.ba.tó.rjo, -.rja] 形 保持している.
― 男 **1** (主に公立の) 音楽学校. **2** 《ラ米》(1) 《予科》(私立の) 学校, 塾. (2) 温室.

con·ser·ve·rí·a [kon.ser.be.rí.a] 女 **1** 缶詰製造業, 缶詰 [瓶詰] 食品業. **2** 缶詰 [瓶詰] 工場.

con·ser·ve·ro, ra [kon.ser.bé.ro, -.ra] 形 缶詰 [瓶詰] (業) の. *industria* ~ 缶詰 [瓶詰] 製造業. ― 男女 缶詰 [瓶詰] 製造業者.

con·si·de·ra·ble [kon.si.ðe.rá.ble] 形《+名詞 / 名詞+》〈数量・程度などが〉かなりの, 相当な. *cantidad* ~ かなりの量. *diferencia* ~ 相当な違い. Ha cambiado de forma ~ después de casarse. 彼 [彼女] は結婚してからかなり変わった.

con·si·de·ra·ble·men·te [kon.si.ðe.rá.ble.mén.te] 副 かなり, 相当.

con·si·de·ra·ción [kon.si.ðe.ra.θjón / -.sjón] 女 **1** 考慮, 熟慮；考察. *hacer consideraciones* 熟考する. *Vamos a escuchar tus consideraciones.* 君の考えを聞こう.
2 《con... / hacia... …への》配慮, 思いやり. *tratar a+人 con mucha* ~ 〈人〉をいたわる [思いやる]. No tienes ninguna ~ *con tus padres*. 君は両親のことをちっとも考えていないね.
3 注意, 留意. *con* ~ 注意して.
4 《主に複数で》敬意, 尊重.
de consideración 重要な；相当な.
De mi [nuestra] consideración《ラ米》《手紙で》拝啓, 謹啓.
en consideración a... …を考慮 [配慮] して.
tener [tomar]... en consideración …を考慮に入れる.

con·si·de·ra·do, da [kon.si.ðe.rá.ðo, -.ða] 形
1 《*estar+*》人望のある, 尊敬される.
2 《*ser+* / *estar+*》《*con...* …に》思いやりのある, 理解のある.
3 考慮された, 検討された. *los puntos ~s* 検討された諸点. → considerar.
bien considerado (1) よく考えてみると, すべてを考慮して. (2) 深く尊敬されている, 人望が高い.

con·si·de·ran·do [kon.si.ðe.rán.do] 男《法》(判決・裁定・法令などの) 前文, 『*C~...*』「…にかんがみて」で始まる) 理由 (書).

con·si·de·rar [kon.si.ðe.rár]他 **1** (1) 〈ものごとを〉考慮する, よく考える. *Considera las ventajas y las desventajas de la propuesta.* その提案の長所と短所をよく考えなさい. (2) 《*que* [*si*] + 直説法 …ということを […かどうか]》考慮する, よく考える. ~ *sin* ~ *si es bueno o malo* いいか悪いかも考えずに. *¿Considera que es necesaria la investigación?* 調査が必要だと思いますか. ▼ 平叙否定文では *que* 以下の動詞は接続法となる. ⇒ *El 40 por ciento de la población no considera que sea culpable.* 40 パーセントの住民は彼 [彼女] が悪いとは思っていない.
2 〈人に〉敬意を表する, 〈人を〉敬う. En la escuela lo *consideran* mucho. 学校で彼は大事にされている.
3 《+形容詞・名詞およびその相当語句 …であると》〈人・ものごとを〉みなす (▶ 形容詞・名詞は目的語の性数に一致する). No quiere hablar con nosotros, porque nos *considera tontos*. 彼 [彼女] は私たちのことをばかと思っているので私たちとは話したがらない. *Usted considera prudente que me siente más atrás, ¿verdad?* あなたは私がもっと後ろに座るのが賢明だと思っていますか.
― ~·se 再 **1** 《+形容詞・名詞およびその相当語句 …であると》〈自分自身を〉みなす (▶ 形容詞・名詞は主語の性数に一致する). *Se considera muy estricto.* 彼は自分をとても厳格だと考えている. **2** 《3 人称単数で》《*que*+直説法 …と》みなされる；《3 人称で》《+形容詞・名詞およびその相当語句 …であると》〈ものごとが〉みなされる. *Se considera que eso es innecesario.* それは不必要であるとみなされている. *Ya se considera como un aparato indispensable.* もうそれは不可欠な器具とみなされている.

[← [ラ] *cōnsīderāre* (*sīdus*「星座」より派生)；「(占うため) 星をよく観察する」が原義；[関連] considerable, consideración. [英] *consider*]

consient- 活 → consentir.

consiga(-) / consigá- 活 → conseguir.

con·sig·na [kon.síɡ.na] 女 **1** (駅などの) 手荷物 (一時) 預かり所. Dejaré esta bolsa en la

automática. この袋はコインロッカーに置いておこう.
2 合い言葉, スローガン, 標語.
3 命令, 指示；(特に軍隊の)命令. violar la ~命令に背く.

Consigna LEFT LUGGAGE
consigna (手荷物預かり)

con·sig·na·ción [kon.siɣ.na.θjón / -.sjón] 囡
1 (予算の)割り当て額. ~ para viajes 旅費.
2 (意見・票・データなどの)明記.
3 〖商〗委託；委託販売. mercancías en ~ 委託販売品, 委託貨物. **4** 供託, 供託金. **5** 〖話〗預金.

con·sig·na·dor, do·ra [kon.siɣ.na.ðór, -.ðó.ra] 男 囡 〖商〗(委託販売の)委託者；(荷物の)送り主.

*__con·sig·nar__ [kon.siɣ.nár] 他 **1** (予算を)割り当てる, 配分する. ~ veinte mil yenes para gastos de alimento 食費として2万円割り当てる.
2 明記する, 書き留める；記入する.
3 〈商品を〉委託する, 委託販売する；発送する, 仕向ける. **4** 供託する, 寄託する, 預ける.

con·sig·na·ta·rio [kon.siɣ.na.tá.rjo] 男
1 〖商〗(委託販売の)受託者；(商品・荷物の)荷受人.
2 〖法〗被寄託者, 受託者.
consignatario de buques 船会社代理人〖業者〗.

__con·si·go__¹ [kon.sí.ɣo] 〖前置詞 con と再帰代名詞 sí との結合形〗〖性数不変〗〖3人称〗あなた[彼, 彼女, それ, あなた方, 彼ら, 彼女たち, それら]自身で, あなた[彼, 彼女, それ, あなた方, 彼ら, 彼女たち, それら]自身携えて；あなた[彼, 彼女, それ, あなた方, 彼ら, 彼女たち, それら]自身に対して. La pelea trajo ~ terribles consecuencias. けんかはひどい結果をもたらした. ▶ 強調で *mismo* を伴う. ⇒ Son muy estrictos ~ mismos. 彼らは自分自身にとても厳しい.
[*sigo* (←〔ラ〕*sēcum* ; *sē*「自分自身」+ *cum*「…と共に」) の前にさらに con を重ねた語形；conmigo (←〔ラ〕*mēcum*), contigo (←〔ラ〕*tēcum*) も同じ造語法による]

con·si·go² [kon.sí.ɣo] 活 → conseguir.

*__con·si·guien·te__ [kon.si.ɣjén.te] 形 《a... …の》結果として生じる. cambios ~s al desarrollo de la tecnología 技術の発展に伴う変化. Han hecho una nueva carretera con el ~ crecimiento del pueblo. 新しい道路ができてその村は大きくなった.
— 男 〖論〗結果.
por consiguiente したがって, それゆえ. Llegaste tarde; *por* ~, no tienes derecho a quejarte. 君は遅刻したんだから文句を言う権利はないよ.

con·si·lia·rio, ria [kon.si.ljá.rjo, -.rja] 男 囡 助言者；顧問 (= consejero).

consint- 活 → consentir.

*__con·sis·ten·cia__ [kon.sis.tén.θja / -.sja] 囡 **1** 堅さ；(液体の)濃度, 粘度. adquirir ~ 固くなる. grado de ~ 硬度.
2 (理論などの)堅実さ, 安定性；一貫性；内容.
sin consistencia (1) 実質のない, もろい. argumento *sin* ~ たわいない主張. (2) 濃度の薄い. salsa *sin* ~ さらさらのソース.
tomar consistencia (1) 〈考えが〉具体化する, 形を取る. (2) 〈液体などが〉濃くなる, 粘りが出る.

*__con·sis·ten·te__ [kon.sis.tén.te] 形 **1** 堅い, しっかりした. **2** 〈液体などが〉濃い, 粘りのある.
3 〈議論などが〉確固たる, 一貫性のある；内容のある. **4** 《en... …から》なる, できている, 構成される. una cena ~ *en* platos exóticos 珍しい外国料理からなる晩餐(ばん).

__con·sis·tir__ [kon.sis.tír] 自 **1 《en... …から》成る, 構成される. El regalo *consiste en* un ordenador y una impresora. プレゼントはパソコン1台とプリンター1台です. Mi trabajo *consiste en* comprobar las facturas. 私の仕事は請求書のチェックです. **2** 《en... …に》基づく, 端を発する. El éxito *consiste en* vuestra aplicación. 成功は君たちの勤勉のおかげである.
[←〔ラ〕*cōnsistere*「位置を占める；成り立つ」(*com*-「共に」+ *sistere*「置く」); 〖関連〗consistencia, consistente. 〖英〗*consist*]

con·sis·to·rial [kon.sis.to.rjál] 形 **1** 〖カト〗教皇枢密会議の, 枢機卿(きょう)の.
2 市議会の. casa ~ 市役所, 町役場, 市[町]会堂.

con·sis·to·rio [kon.sis.tó.rjo] 男 **1** 〖カト〗教皇枢機会議, (教皇が行う)枢機卿(きょう)会議. **2** 市議会, 町議会. **3** 市役所, 町役場, 市[町]会堂.

con·so·cio, cia [kon.só.θjo, -.θja / -.sjo, -.sja] 男 囡 **1** 会員同士, 仲間. **2** 〖商〗共同出資〖経営〗者.

con·so·la [kon.só.la] 囡 **1** コンソールテーブル.
2 〖音楽〗コンソール：パイプオルガンの演奏台.
3 (コンピュータ・ゲーム・ビデオなどの)コンソール.

con·so·la·ble [kon.so.lá.βle] 形 慰められうる.

con·so·la·ción [kon.so.la.θjón / -.sjón] 囡 **1** 慰め. **2** 〖スポ〗敗者戦. partido de ~ 敗者復活戦. premio de ~ 残念賞.

con·so·la·dor, do·ra [kon.so.la.ðór, -.ðó.ra] 形 慰めとなる, 元気づける.
— 男 慰める人. — 男 (女性の自慰用の)器具.

*__con·so·lar__ [kon.so.lár] 15 他 慰める, 元気づける, 安堵(ど)させる. No hay nada que pueda ~le a él. 何ものも彼の心を慰めることができない.
— ~·se 再 〈自らを〉慰める. Se *consolará* con el tiempo. 時が経てば彼[彼女]も立ち直るだろう.
[←〔ラ〕*cōnsōlārī* (*com*-「極力」+ *sōlārī*「慰める」); 〖関連〗consolación, consuelo. 〖英〗*console*]

con·so·la·to·rio, ria [kon.so.la.tó.rjo, -.rja] 形 慰めの, 慰める；苦しみなどを和らげる.

con·só·li·da [kon.só.li.ða] 囡 〖植〗コンフリー, ヒレハリソウ. ~ real ヒエンソウ.

*__con·so·li·da·ción__ [kon.so.li.ða.θjón / -.sjón] 囡
1 補強, 強化；〖軍〗強化.
2 長期負債への組み替え.

*__con·so·li·dar__ [kon.so.li.ðár] 他 **1** 強固にする, 強化する. ~ una pared 壁を補強する. ~ los poderes presidenciales 大統領の権限を強化する.
2 〖商〗〈短期負債を〉長期負債に組み替える.
— ~·se 再 強固になる, 強化される.

con·so·mé [kon.so.mé] 男 〖料〗コンソメスープ.
[←〔仏〕*consommé*]

con·so·nan·cia [kon.so.nán.θja / -.sja] 囡 **1** 〖音楽〗協和(音). **2** 〖詩〗子音韻. ▶ 最後尾のアクセントのある母音から後の母音と子音が同一である韻. ⇌ canto-llanto ; viento-sarmiento. → rima, rimar. **3** 調和, 和合.
en consonancia con …と一致[調和]して.

con·so·nan·te [kon.so.nán.te] 形 **1** 〖詩〗子音韻を踏んだ. → rimar. **2** 〖音楽〗子音の. **3** 共鳴する. **4** 《con... …と》調和した, 一致した.
— 囡 〖音声〗子音；子音字. → vocal.
[←〔ラ〕*cōnsonāntem* (*cōnsonāns* の対格) (*cōnsonāre*「共に響く」より派生); 〖関連〗consonancia, so-

con·so·nán·ti·co, ca [kon.so.nán.ti.ko, -.ka] 形 〖音声〗子音の, 子音的な.
con·so·nan·ti·za·ción [kon.so.nan.ti.θa.θjón / -.sa.sjón] 女 〖音声〗(母音の)子音化.
con·so·nan·ti·zar·se [kon.so.nan.ti.θár.se / -.sár.-] 97 再 〖音声〗(母音を, 特に半母音が)子音化する.
con·so·nar [kon.so.nár] 15 自 1 〖詩〗子音韻を踏む[作る]. 2 〖音楽〗協和音となる. 3 一致する, 調和する.
con·sor·cio [kon.sór.θjo / -.sjo] 男 1 団体, 協会; 業界団体, コンツェルン. ~ bancario 銀行家協会. 2 〖商〗(債権団会議などの)国際借款団, コンソーシアム. 3 〖事件・状況などの〗関連, 結びつき, 巡り合わせ. 4 和合, 夫婦仲. vivir en buen ~ うまく[仲よく]やっていく, (夫婦が)仲睦(ﾑﾂ)まじく暮らす.
con·sor·te [kon.sór.te] 共 1 配偶者 (= cónyuge). príncipe ~ 女王の夫君. 2 (運命を共にする)仲間, 相棒. 3 (犯罪の)相棒, ぐる. 4 《複数で》〖法〗共同訴訟当事者; 被告団.
cons·pi·cuo, cua [kons.pí.kwo, -.kwa] 形 1 著名な, 傑出した, 卓越した. 2 貴族の.
cons·pi·ra·ción [kons.pi.ra.θjón / -.sjón] 女 陰謀, 共謀. ~ contra el rey 王に対する謀反の企て.
cons·pi·ra·dor, do·ra [kons.pi.ra.ðór, -.ðo.ra] / **cons·pi·ra·do, da** [kons.pi.rá.ðo, -.ða] 男 女 陰謀者[家], 謀反人.

*__cons·pi·rar__ [kons.pi.rár] 自 1 《contra... …に対して》陰謀を企てる, 共謀する. ~ contra el Estado 国家に対して陰謀をたくらむ.
2 陰口をたたく, 悪口を言う.
3 《a...》(状況が重なりあって)《…に》なる (= concurrir). El mal tiempo y la falta de público conspiraron al fracaso del espectáculo. 悪天候と観客の少なさが重なって興行は失敗に終わった.

*__cons·tan·cia__ [kons.tán.θja / -.sja] 女 1 粘り強さ, 根気. trabajar con ~ 根気よく働く.
2 確実, 明白; 証拠, 証明. No hay ~ de ello. そのような証拠はない. 3 (議事録などの)記録, 記述. dejar ~ de... …の記録を残す; 明確にする. 4 (自然法則などの)恒常性. 5 節操, 忠実, 志操堅固. 6 〖ラ米〗証明書. ~ de trabajo 在職証明書. ~ tributaria 《ラ米》(ｾﾞﾈｸｽ)納税証明書.

Cons·tan·cia [kons.tán.θja / -.sja] 固名 コンスタンシア: 女子の名 (constancia より派生; 関連〘仏〙〘英〙*Constance*. 〘独〙*Konstanze*).

***cons·tan·te** [kons.tán.te] 形 1 《名詞+》不変の, 一定の. temperatura ~ 一定の温度. a precios ~s 固定価格で.
2 《多くは+名詞/名詞+》絶え間ない, 繰り返される. lluvia ~ 降り続く雨. ~ ruido de tráfico 車の絶え間ない騒音. esfuerzo ~ たゆまぬ努力.
3 《en... …において》(人が)堅実な, 確固とした, 不動の. Mario es ~ *en* su investigación. マリオの研究姿勢は堅実だ.
―女 1 恒常的なもの[こと], お決まりのもの[こと].
2 《数》〖物理〗定数, 定量.
[←〘ラ〙*cōnstantem* (*cōnstāns* の対格); 関連 constancia, constar. 〘英〙*constant*]

Cons·tan·ti·no [kons.tan.tí.no] 固名 1 ~ I el Grande コンスタンティヌス1世[大帝]: ローマ皇帝 (在位306-337). 313年ミラノ勅令を発布してキリスト教を公認した. 2 コンスタンティノ: 男子の洗礼名.
[←〘ラ〙*Cōnstantīnus* (*cōnstāns*「不変の」より派生); 関連 〘ポルトガル〙〘伊〙*Constantino*. 〘仏〙*Constantin*. 〘英〙*Constantine*. 〘独〙*Konstantin*]

***cons·tar** [kons.tár] 自 1 《constar*le* (a+》《人》には…が》確かである, 明らかである. *Nos consta* su sinceridad. 私たちは彼[彼女]の誠実さを認めている. ► 主語が que 節のとき, 肯定文では que 以下は直説法, 否定文では接続法. → *Me consta que* ella quiere irse de casa. 私は彼女が家を出たいと思っていると踏んでいる. *No me consta que* ella quiera irse de casa. 私は彼女が家を出たいと思っているかどうかわからない.
2 《en... …に》登録されている, 掲載されている. Su dirección no *consta* en la lista. 彼[彼女]の住所はリストにはない. 3 《de... …から》構成される, 成る. Esta novela *consta de* cuarenta y cuatro capítulos. この小説は44章からなる.
que conste《念を押して》言っておくけど. *Que conste que* yo no lo sabía. 知らなかったんですよ. No estoy criticándole, *que conste*. 彼を批判しているのではないのです, 本当です.
[←〘ラ〙*cōnstāre*「共に立つ; 存続する」; *com-*「共に」+ *stāre*「立っている」(→ estar); 関連 constante. 〘英〙*constant*]

cons·ta·ta·ción [kons.ta.ta.θjón / -.sjón] 女 確認, 検証, 立証.
cons·ta·tar [kons.ta.tár] 他 確認する; 証明する.
[←〘仏〙*constater*]
cons·te·la·ción [kons.te.la.θjón / -.sjón] 女 1 〖天文〗星座. (la ~ de) la Osa Menor こぐま座.
2 〖占星〗星位. 3 (星のような)ちりばめられたもの; 綺羅星(ｷﾗﾎﾞｼ)のごとく並ぶ名士たち. una ~ de manchas 点々と付いた染み.
cons·te·la·do, da [kons.te.lá.ðo, -.ða] 形 1 星をちりばめた, 星の多い. cielo ~ 星空.
2 《de... …を》まき散らされた, ちりばめた.
cons·te·lar [kons.te.lár] 他 (空を)星で覆う; 《比喩的》ちりばめる. las estrellas que *constelan* la bóveda celeste 天空にちりばめられている星々.
cons·ter·na·ción [kons.ter.na.θjón / -.sjón] 女 愕然(ｶﾞｸ)(とさせること), 意気阻喪, 落胆.
cons·ter·nar [kons.ter.nár] 他 (悲しみ・驚きで)打ちのめす, 愕然(ｶﾞｸ)とさせる, 落胆させる.
― ~·se 再 愕然とする.
cons·ti·pa·ción [kons.ti.pa.θjón / -.sjón] 女 1 風邪, 感冒 (= constipado). 2 便秘.
cons·ti·pa·do, da [kons.ti.pá.ðo, -.ða] 形 1 風邪をひいた. estar ~ 風邪をひいている. 2 便秘した.
―男 風邪.
cons·ti·par [kons.ti.pár] 他 風邪をひかせる; 風邪を移す. ― ~·se 再 1 風邪をひく (= resfriarse). 2 《ラ米》便秘する.

***cons·ti·tu·ción** [kons.ti.tu.θjón / -.sjón] 女
1 〖法〗[主に C-] 憲法. promulgar [reformar] la C~ 憲法を発布[改正]する. 2 構成, 構造, 組織; 政体. ~ del nuevo gobierno 新政府の構成. La ~ del país es monárquica y parlamentaria. その国の政体は議会君主制だ. 3 制定, 設立. ~ de una sociedad limitada 有限会社の設立. 4 体質, 体格. ser de ~ fuerte 頑丈な体質[体格]である. 5 《複数で》会則, 規約; 〖カト〗(修道会などの)会憲. ~ *apostólica* 〖カト〗使徒教令. *constitucio-nes papales* 〖カト〗教皇令.

*__cons·ti·tu·cio·nal__ [kons.ti.tu.θjo.nál / -.sjo.-] 形 1 憲法の; 合憲の; 憲法を尊重した [に従った].

護憲の. ley ～ 憲法. monarquía ～ 立憲君主制. régimen ～ 立憲政体. Tribunal *C*～ 憲法裁判所. **2** 本質(性)の, 体質的な；体格の.

cons·ti·tu·cio·na·li·dad [kons.ti.tu.θjo.na.li.ðáð / -.sjo.-] 囡 立憲性, 合憲性.

cons·ti·tu·cio·na·lis·mo [kons.ti.tu.θjo.na.lís.mo / -.sjo.-] 男 立憲主義, 護憲精神；立憲政治, 立憲制.

cons·ti·tu·cio·na·lis·ta [kons.ti.tu.θjo.na.lís.ta / -.sjo.-] 形 立憲主義の, 護憲論(論)の.
— 男 囡 立憲主義者, 護憲論者；憲法学者.

cons·ti·tu·cio·na·li·zar [kons.ti.tu.θjo.na.li.θár / -.sjo.-.sár] 97 他 合憲化する, 合憲性を与える.

※**cons·ti·tuir** [kons.ti.twír] 48 他 **1** 構成する, …の構成要素をなす. Estos tres apartados *constituyen* el primer capítulo. これらの3つのセクションが第一章を構成している. La música *constituye* parte de su vida. 音楽が彼[彼女] (ら)の生活の一部になっている. El comité está *constituido* por cinco miembros. 委員会は5人のメンバーで構成されている.
2 〈…という意味を〉なす, …である. La reunión *constituyó* un auténtico fracaso. その会合は全く失敗だった.
3 設置する, 設立する. Él *constituyó* un impresionante centro de acogida. 彼はすばらしい救済センターを作った.
4 (en...) (〈…に〉任命する, (〈…と〉定める, みなす. Le han *constituido* en uno de los líderes más destacados. 彼は卓越したリーダーのひとりと認められた.
— ～·se 再 **1** 設立される, 組織される. *Se constituyó* una base muy firme. しっかりした土台ができた. **2** (en... …に) なる. La organización *se constituyó* en sociedad anónima. その組織は株式会社になった. **3** (en... …に) 出向く, 赴任する；現れる. El juez *se ha constituido* en el lugar del delito. 判事が犯行現場に足を運んだ.
[← [ラ] *cōnstituere* (*com*-「共に」 + *statuere*「立てる」); 関連 constitución, constituyente. [英] *constitute*]

cons·ti·tu·ti·vo, va [kons.ti.tu.tí.βo, -.βa] 形 (de...) 〈…の〉構成する, 〈…から〉成り立つ, 〈…の〉構成要素である. un elemento ～ *de*… …の構成要素. — 男 構成要素, 成分.

constituyó- 活 →constituir.

*****cons·ti·tu·yen·te** [kons.ti.tu.jén.te] 形
1 (de... …を) 構成する (= constitutivo).
2 〈会議・議会などが〉憲法制定[改正]のための. asamblea ～ 憲法制定[改正]会議.
— 男 構成要素, 構成員. El hidrógeno es un ～ del agua. 水素は水の構成要素である. análisis en ～*s* inmediatos 〖言〗直接構成要素分析.
— 囡 [C-] (複数で) 憲法制定議会. →corte².

cons·tre·ñi·mien·to [kons.tre.ɲi.mjén.to] 男
1 強制, 無理強い. **2** 制限, 制約.

cons·tre·ñir [kons.tre.nír] 4 他 **1** (a... …を) 無理に強いる, 強制する (= obligar). Le *constriñeron* a salir. 彼は無理やり出された.
2 制限する (= limitar), 拘束する. **3** 〖医〗〈筋肉などを〉圧迫する, 〈血管などを〉狭める, 収縮させる.

cons·tric·ción [kons.trik.θjón / -.sjón] 囡 **1** 強制, 無理強い. **2** 制限, 制約. **3** 〖医〗圧迫, 狭窄, 収縮.

cons·tric·ti·vo, va [kons.trik.tí.βo, -.βa] 形

1 強制する, 制限する, 圧迫する, 収縮性の.
2 〖音声〗摩擦(音)の.

cons·tric·tor, to·ra [kons.trik.tór, -.tó.ra] 形 〖解剖〗圧縮する, 収縮性のある. — 男 **1** 〖解剖〗収縮筋, 括約筋. **2** 〖医〗収斂(れん)剤.

※**cons·truc·ción** [kons.truk.θjón / -.sjón] 囡 **1** 建築, 建設, 構築；建設業. en ～ 建築中の. ～ naval 造船. La ～ del edificio llevará un año y medio. その建物の建築には1年半かかるでしょう.
2 建築物, 建造物. **3** 〖言〗(文・語句の)構造, 構文. ～ sintáctica 統語構造.

cons·truc·ti·vis·mo [kons.truk.ti.βís.mo] 男 〖美〗〖演〗構成主義：20世紀初頭ロシアで起こった抽象派前衛芸術運動. 具象性を排し, 工業素材などを作品に取り込んだ.

cons·truc·ti·vis·ta [kons.truk.ti.βís.ta] 形 構成主義の, 構成主義的な.

*****cons·truc·ti·vo, va** [kons.truk.tí.βo, -.βa] 形 建設的な, 発展的な (↔destructivo). crítica *constructiva* 建設的な批判.

*****cons·truc·tor, to·ra** [kons.truk.tór, -.tó.ra] 形 建設の, 建造の. empresa *constructora* 建設会社. — 男 囡 建設(業)者；(大きな機械などの)製造業者, メーカー. ～ naval [de buques] 造船会社. — 囡 建設会社.

※**cons·truir** [kons.trwír] 48 他 **1** 建設する, 建てる. ～ un teatro 劇場を建設する. **2** 組み立てる, 構築する. ～ una teoría 理論を構築する. **3** 〖言〗(語句・文を) 組み立てる.
— ～·se 再 (3人称で) **1** 建設される, 建てられる. Esta catedral *se construyó* en el siglo XIII. このカテドラルは13世紀に建てられた.
2 〖言〗(con... …と / en... …で) 用いられる. En este sentido el verbo *se construye* en subjuntivo. この意味の場合に動詞は接続法になる.
[← [ラ] *cōnstruere* (*com*-「一緒に」 + *struere*「積み重ねる」); 関連 construcción, constructor. [英] *construct*]

construy- 活 →construir.

con·subs·tan·cia·ción [kon.suβs.tan.θja.θjón / -.sja.sjón] 囡 →consustanciación.

con·subs·tan·cial [kon.suβs.tan.θjál / -.sjál] 形 →consustancial.

con·subs·tan·cia·li·dad [kon.suβs.tan.θja.li.ðáð / -.sja.-] 囡 →consustancialidad.

con·sue·gro, gra [kon.swé.gro, -.gra] 男 囡 婿の父親[母親], 嫁の父親[母親].

consuel- 活 →consolar.

con·suel·da [kon.swél.da] 囡 〖植〗コンフリー, ヒレハリソウ.

*****con·sue·lo** [kon.swé.lo] 男 慰め, 安堵(ど). La lectura es su único ～. 読書が彼[彼女]の唯一の慰めである. — 活 →consolar.
Mal de muchos, consuelo de tontos. 〖諺〗多くの人の不幸は愚か者の慰め.
por si te sirve de consuelo 慰めになるかどうかわかりませんが.
sin consuelo 慰めようのないほどに, 容赦なく.

Con·sue·lo [kon.swé.lo] 固名 コンスエロ：女子の洗礼名. 愛称 Chelo. 関連 [伊] *Consolo*. [英] *Consuelo, Consuela.*

con·sue·ta [kon.swé.ta] 男 〖古語〗〖演〗プロンプター (= apuntador).

con·sue·tu·di·na·rio, ria [kon.swe.tu.ði.ná.

rjo, -.rja] 形 慣習の, 慣例的な；常習の. derecho ～ 慣習法.

*cón·sul [kón.sul] 男 1 領事. ～ de España en Londres ロンドン駐在スペイン領事. ➔ general 総領事. ➔ embajador. 2 (古代ローマの) 執政官, コンスル. [←［ラ］*cónsul*「執政官」] [関連] consular, consulado. [英] *consul*]

cón·su·la [kon.su.la] 女 女性領事；領事夫人.

con·su·la·do [kon.su.lá.ðo] 男 1 領事館. 2 領事の職［任期, 管区］. 3 執政官の職［任期］.

con·su·lar [kon.su.lár] 形 1 領事の, 領事館の. 2 (古代ローマの) 執政官の.

con·su·le·sa [kon.su.lé.sa] 女 ➔ cónsula.

*con·sul·ta [kon.súl.ta] 女 1 (特に専門家への) 相談；協議；諮問. hacer una ～ judicial a un asesor 顧問に法律相談をする. elevar una ～ a un consejo 委員会に諮問する.
2 診察 (= ～ médica)；診察室；診療所. pasar ～ 診察をする. pagar una ～ 診察代を払う. horas de ～ 診療時間. ～ a domicilio 往診. abrir una ～ privada 医院を開く.
3 (資料などの) 参照, 調査. libros de ～ (辞書などの) 参考図書. hacer una ～ en un diccionario 辞書で調べる. La ～ de los documentos se realiza en esta sala. 文書はこの部屋で閲覧できます.
4 答申, (専門家の) 意見(書)；(協議による) 診断.
consulta popular 国民投票, 国民審査.
llamar a consultas a＋人 (圧力をかけるために)〈大使など〉を召還する.

con·sul·ta·ble [kon.sul.tá.βle] 形 相談できる, 参考にできる.

con·sul·ta·ción [kon.sul.ta.θjón / -.sjón] 女 (弁護士団・医師団などの) 相談, 協議.

*con·sul·tar [kon.sul.tár] 他 1 (con＋人〈人に〉)〈案件などを〉相談する；〈人に〉助言を求める；〈医師に〉診察を求める. ～ a un socio sobre el tema その件について共同経営者に相談する. ～ problemas mentales con un siquiatra 精神科医に心の問題を相談する. ¿Ya *has consultado* al médico? 君はもう医者に行ったの.
2〈資料などを〉参照する；《*en*...〈資料〉などで》〈案件などを〉調べる. ～ una palabra *en* un diccionario 辞書で単語を引く. ～ el mapa 地図を見る.
― 自 《*con*...／*a*... …に》相談する. ～ *con* un abogado 弁護士に相談する. ～ *al* consejo 審議会に諮問する, 意見を求める.
[←［ラ］*cōnsultāre*；[関連] consulta, consultor(io). [英] *consult*, *consultant*]

con·sult·ing [kon.súl.tin // -.sál.-] [英] 男 ➔ consultoría.

con·sul·ti·vo, va [kon.sul.tí.βo, -.βa] 形 諮問の, 諮問を受ける. consejo ～ 諮問機関.

con·sul·tor, to·ra [kon.sul.tór, -.tó.ra] 形 1 相談役の, 顧問の；コンサルタント業の. ingeniero ～ 技術顧問. 2 助言を与える, 相談する. médico ～ 立ち会い医師. ― 男女 相談役, 助言者, コンサルタント, 顧問.
― 男《カト》(ローマ聖省) 神学顧問；(司教区) 顧問.

con·sul·to·rí·a [kon.sul.to.rí.a] 女 1 コンサルタント会社. 2 コンサルタント業(務) (業務としての) 諮問, 顧問.

*con·sul·to·rio [kon.sul.tó.rjo] 男 1 相談所, 案内所；(弁護士の) 事務所；(コンサルタントの) 相談室, 事務所. 2 医院；診察室 (= consulta). 3 (雑誌・ラジオなどの) 相談室[欄]. ～ sentimental (主に恋愛の) 相談室[欄].

con·su·ma·ción [kon.su.ma.θjón / -.sjón] 女 1 完結, 完了；(犯罪などの) 遂行, 完遂. ～ de la independencia 独立の達成. 2 消滅, 終結.
hasta la consumación de los siglos この世の終わりまで.

con·su·ma·da·men·te [kon.su.má.ða.mén.te] 副 完全に, この上もなく.

con·su·ma·do, da [kon.su.má.ðo, -.ða] 形 1 完結した, 完了した, 完遂された. hecho ～ 既成事実. delito ～ 完遂された犯罪.
2 出来上がった, 完璧(%%)の. bailarín ～ 踊りの名手. una *consumada* obra 完璧な作品.
3《話》全くの, とてつもない. un imbécil ～ 底抜けのばか. un bribón ～ どうしようもない悪党.
― 男《料》様々な肉からとったスープ.

*con·su·mar [kon.su.már] 他 1 仕遂げる, 完遂する, 完了する. ～ el matrimonio 新婚初夜を過ごす. 2〈契約を〉履行する,〈判決を〉執行する,〈裁定を〉実施する.
― ～·se 再 完遂される；〈契約・判決などが〉実行される. No *se* llegó a ～ el robo. 盗みは未遂に終わった.

con·su·me·ris·ta [kon.su.me.rís.ta] 形 消費者保護の, 消費者運動の.

con·su·mi·ble [kon.su.mí.βle] 形 消費できる, 消耗しうる. ― 男 消耗品 (= producto ～).

con·su·mi·ción [kon.su.mi.θjón / -.sjón] 女 1 飲食；飲食費. ～ mínima 席料. entrada con derecho a una ～ ドリンク1杯サービス付きチケット(料金). 2 消費, 消費高；消耗.

con·su·mi·do, da [kon.su.mí.ðo, -.ða] 形 1《話》やつれた, 衰弱した, 憔悴(ょぅ)した；(激情に) 駆られた. ～ por la fiebre 高熱で衰弱した.
2 臆病(ぉく)な, 意気地のない
3〈果物などが〉しなびた, 水分を失った.

*con·su·mi·dor, do·ra [kon.su.mi.ðór, -.ðó.ra] 形 消費する, 消耗する. un país ～ 消費国.
― 男女 消費者. asociación de ～es 消費者団体.

*con·su·mir [kon.su.mír] 他 1 消費する, 消耗する；〈飲食物を〉摂取する. ～ gasolina ガソリンを消費する. ～ batería バッテリーを消耗する. ～ carne 肉類を摂る. ～ bebidas alcohólicas 飲酒する.
2 消滅させる；焼き尽くす；破壊する. ～ la salud 健康に悪影響を与える. El fuego *consumió* toda la casa. 火事は家を全焼させた.
3 (病気・激情などが)〈人を〉憔悴(ょぅ)させる, 弱らせる；さいなむ. Los celos la *consumían*. 彼女は嫉妬(どぅ)にさいなまれていた. 4《カト》〈司祭が〉(ミサで)〈聖体を〉受ける. 5《ラ米》(ﾆｶﾞ)(ﾊﾟﾅ)〈水に〉沈める.
― ～·se 再 1 《3人称で》消費される；摂取される；(燃焼・水分の蒸発によって) 消滅［消耗］する. Se calienta hasta que *se consuma* la salsa. ソースが煮詰まるまで熱します. *Consúmase* en el menor tiempo posible.《掲示》できるだけ早くお召し上がりください.
2《*con*...／*de*... …で》〈人が〉憔悴(ょぅ)する, 弱る；《*en*...〈激情〉などに》駆られる. ～*se de* fiebre 熱でげっそりする. Ella *se consumía en* deseos de ver a su hijo. 彼女は息子に会いたくてたまらなかった. 3《ラ米》(ﾆｶﾞ)(ﾊﾟﾅ)〈水中に〉飛びこむ.
[←［ラ］*cōnsūmere* (*com-*「完全に」＋ *sūmere*「取る」)；[関連] consumo, consumición, consumidor. [英] *consume*]

con·su·mis·mo [kon.su.mís.mo] 男《軽蔑》大量

消費(指向), (過度の・必要のない)消費; 浪費.
con·su·mis·ta [kon.su.mís.ta] 形 **1** 大量消費の. **2** 大量消費傾向にある. ― 男 女 大量消費傾向にある人; 必要もないのにやたらと買い物をする人, 浪費家.

‡**con·su·mo** [kon.sú.mo] 男 **1** 消費, 消耗. bienes de ~ 消費財. sociedad de ~ 消費社会. ~ de energía エネルギー消費. índice de precios al ~ 消費者物価指数. **2** 《複数で》(自治体が課す)消費税 (= impuesto sobre el ~).

con·sun·ción [kon.sun.θjón / -.sjón] 女 **1** 憔悴(ょぅ), 衰弱; 老衰. **2** 消費, 消耗. **3** 《医》肺結核.

con·su·no [kon.sú.no] *de consuno* (全員)一致して, こぞって, 一斉に.

con·sun·ti·vo, va [kon.sun.tí.βo, -.βa] 形 **1** 《医》消耗性の. **2** 消費(性)の; 浪費的な.

con·sus·tan·cia·ción [kon.sus.tan.θja.θjón / -.sja.sjón] 女 《神》共在説, 実体共存説: キリストの肉と血が聖餐(½ん)式のパンとぶどう酒に共存するという説. ルター派の教義.

con·sus·tan·cial [kon.sus.tan.θjál / -.sjál] 形 **1** 《神》(父・子・聖霊の三位が)同質の, 同体の. **2** 本質的な, 生来の (= connatural). La firmeza de carácter es ~ a la educación recibida. その性格の確固としたところは受けた教育のたまものだ.

con·sus·tan·cia·li·dad [kon.sus.tan.θja.li.ðáð / -.sja.-] 女 同質性; 《神》同一実体性: 父子聖霊の三位一体にして同じ本質を有していること.

*con·ta·bi·li·dad** [kon.ta.bi.li.ðáð] 女 簿記, 会計, 経理; 会計学. ~ por partida doble [simple] 複式[単式]簿記. ~ de costos 原価計算. Él lleva la ~ de la empresa. 彼は会社の会計係だ. programa de ~ 会計ソフト.

con·ta·bi·li·zar [kon.ta.bi.li.θár / -.sár] 97 他 記帳する, 帳簿に載せる.

con·ta·ble [kon.ta.ble] 形 **1** 数えうる;《言》可算の (↔incontable). **2** 物語ることのできる. **3** 会計の. ― 男 女 会計係, 帳簿係.

con·tac·tar [kon.tak.tár] 自 《con+人〈人〉と》連絡を取る, 接触する.

‡‡**con·tac·to** [kon.ták.to] 男 **1** 接触. Esta enfermedad no se transmite por simple ~. この病気は接触だけでは伝染しない. lentes de ~ コンタクトレンズ. punto de ~ 接点. **2** 《con... …との》やり取り, 連絡(をとること); つき合い. ponerse [entrar] en ~ *con...* …と連絡を取る. tener [estar en] ~ *con...* …と連絡を取っている. mantenerse en ~ *con...* / mantener el ~ *con...* …との連絡を保つ. perder el ~ *con...* …との連絡が取れなくなる. **3** 《主に複数で》《話》縁故, コネ, つて. Tengo algunos ~s en el mundo de cine. 私には映画の世界に少しコネがある. **4** 《電》接触, 接点; ブレーカー, 遮断器;《ラ米》《車》スターター. **5** 《写》密着印画. **6** 連絡員[係], 仲介者.
[←《ラ》*contactum* (*contingere*「触れる」の完了分詞 *contactus* の対格) 関連 tacto, intacto.《英》*contact*]

con·tac·to·lo·gí·a [kon.tak.to.lo.xí.a] 女 コンタクトレンズ学; コンタクトレンズの製造・適用技術.

con·tac·tó·lo·go, ga [kon.tak.tó.lo.go, -.ga] 男 女 コンタクトレンズ(製造, 処方)専門家.

con·ta·de·ro, ra [kon.ta.ðé.ro, -.ra] 形 数えうる; 起算の. dentro de un plazo de diez días ~s desde esta fecha 本日から数えて10日の期限内に.

con·ta·do, da [kon.ta.ðo, -.ða] 形 **1** わずかな, 数少ない (= raro). en *contadas* ocasiones まれに, たまに. Tiene ~s los días. / Sus días están ~s. 彼[彼女]は余命いくばくもない. **2** 数えた, 計算した. **3** 話された, 語られた. **4** 特定の, 指定の. **5** 《ラ米》(ぽ?)分割払い(の1回分). pagar una deuda en tres ~s 借金を3回払いで払う.
al contado /《ラ米》*de contado* 即金で, 現金で. *por contado* もちろん, 当然だ, 確かに.

con·ta·dor, do·ra [kon.ta.ðór, -.ðó.ra] 形 計算の, 勘定の. ― 男 女 **1** 計算係, (数量の)検査員. **2** 会計係, 経理係. ~ público (titulado) 公認会計士. **3** 話し手, 話者. **4** 《ラ米》(ぽ?)(人として)質屋.
― 男 メーター, カウンター. ~ de agua [gas] 水道[ガス]のメーター. ~ de aparcamiento パーキングメーター. ~ de revoluciones タコメーター. ~ Geiger ガイガー計数管.

con·ta·du·rí·a [kon.ta.ðu.rí.a] 女 **1** 会計, 簿記; 会計業務. **2** 会計係[課], 経理係[課]; 会計事務所. ~ general 会計監査室[部]. **3** (劇場・映画館の)(前売り)切符発売所. **4** 《ラ米》(ぽ?)質屋.

*con·ta·giar** [kon.ta.xjár] 82 他 **1** 〈病気を〉移す, 伝染(½ん)させる. ~ a un país una epidemia ある国に伝染病を流行させる. Mi hermano me *ha contagiado* la gripe. 兄[弟]に流感を移された. **2** 影響を及ぼす,〈考え・精神状態などを〉伝染させる. No me *contagies* la risa, que me van a castigar. 笑わせるなよ, しかられるじゃないか.
― **~·se** 再 **1** 伝染する; 移る. enfermedad que no *se contagia* 移らない病気. Los bostezos *se contagian*. あくびは移りやすい. **2** 《de...》《…を》移される, 《…に》かかる; 影響を受ける.

con·ta·gio [kon.tá.xjo] 男 **1** 《医》接触伝染; 伝染, 感染;(軽度の)伝染病, はやり病. ~ de cólera コレラの伝染. **2** 移ること; 伝播(ぱ°), 感化.

con·ta·gio·si·dad [kon.ta.xjo.si.ðáð] 女 伝染性.

con·ta·gio·so, sa [kon.ta.xjó.so, -.sa] 形 伝染性の. una enfermedad *contagiosa* 伝染病. risa muy *contagiosa* 人から人へ急速に広がる笑い.

con·tain·er [kon.téi.ner] [英] 男 《複 ~es, ~s》(輸送用)コンテナ; ごみ収集容器; コンテナ船.

‡**con·ta·mi·na·ción** [kon.ta.mi.na.θjón / -.sjón] 女 **1** 汚染 (= polución). ~ atmosférica 大気汚染. ~ ambiental 環境汚染. ~ radiactiva 放射能汚染. **2** 伝染, 感染. **3** 堕落, 悪化. **4** 《言》混交, 混成; 混用.

con·ta·mi·na·dor, do·ra [kon.ta.mi.na.ðór, -.ðó.ra] 形 **1** 汚染する. agente ~ 汚染源[物]. **2** 伝染(感染)させる. **3** 堕落させる.

con·ta·mi·nan·te [kon.ta.mi.nán.te] 形 汚染する, 汚染源となる. ― 男 汚染物質.

‡**con·ta·mi·nar** [kon.ta.mi.nár] 他 **1** 《de... / con...》《…で》汚染する, 汚す. ~ el mar *con* productos tóxicos 有毒物質で海を汚染する. **2** 〈悪いことを〉伝染させる, 悪影響を及ぼす,〈人の心を〉汚す. Sus almas han sido *contaminadas* por el odio. 彼らの心は憎悪で一杯になった. **3**《IT》〈コンピュータを〉ウイルスに感染させる.
― **~·se** 再 **1** 《比喩的》《(con...) (de...) …に》染まる. ~*se con* el mal ejemplo 悪例に染まる. **2** 汚染される, 伝染される.

con·tan·te [kon.tán.te] 形 現金の, 即金の. pagar

con·tar [kon.tár] [15] 他 **1** 数える. *Cuenta cuántas personas van a asistir a la fiesta.* 何人の人がパーティーに出席するのか数えなさい.
2 計上する, 見積もる. *Vamos a ～ lo que hemos gastado.* 出費を見積もってみよう.
3 〈出来事などを〉語る, 話す. *¿Puedes ～me lo que pasó?* 何が起こったのかを私に話してくれるかい.
4 (**como…** / **por…** …と)…と》, 同等とする;(**entre…** …に)含める. *Lo cuento como mi mejor amigo.* 私は彼を一番の親友だと思っている.
5 《**que** +直説法 …であることを》考慮する, 念頭に置く. *Cuenta que en julio yo estoy de vacaciones.* 私は7月は休暇だということを考えておいて.
6 《+数 +年齢を表す語》〈歳を〉重ねる, 数える. *Mi abuela cuenta 82 años ya.* 私の祖母はもう82歳になる.
— 自 **1** 数を数える;計算する. *Mi hijo ya sabe ～ hasta cincuenta.* 私の息子はもう50まで数えられる. **2** 〈もの・人が〉重要である. *Aquí lo que cuenta es el resultado final.* ここで重要なのは最終結果である. **3** (**con…** …を) (1) 当てにする;考慮する. *Contaba con su ayuda.* 私は彼[彼女] (ら)の助けを当てにしていた. *Cuenta conmigo para la comida.* 昼食には私の分も入れておいてね. (2) 備えている. *Tu propuesta cuenta con muchas ventajas.* 君の提案は多くの利点を持っている. **4** (**por…** …に) 匹敵する. *El niño come tanto que cuenta por dos.* その子はよく食べる, その量は2人前だ. **5** 〈人・ものが〉 数に入る. *María no cuenta para la excursión.* マリアは遠足の人数には入っていない.
— **～·se** 再 **1** (**entre…** …の仲間に)入る, (…の) 一員になる. *La película se cuenta entre las nominadas al premio.* その映画は賞にノミネートされている. **2** (**por…** …に)匹敵する, 値する. *Sus seguidores se contaban por miles.* 彼[彼女] (ら)のファンは何千にもなっていた.
a contar de [desde]… …から測って, …から数えて (=contando desde…).
¿Qué cuentas [cuenta usted]? 《話》《あいさつ》(久しぶりに)会って)元気でしたか.
¿Qué me cuentas [cuenta usted]? 《驚き》何だって, 何を言うんだい.
sin contar con que… …であるならなおさらだ.
[←[ラ] *computāre* (意味変化: 「数える」→「詳細を数え上げる」→「物語る」);関連[仏] *conte* コント, 小話, [英] *count, computer*]

con·tem·pla·ción [kon.tem.pla.θjón / -.sjón] 女 **1** 凝視, 熟視. *～ del paisaje* 景色を眺めること. **2** 瞑想(%), 黙想. *～ de Dios* 神の瞑想. **3** 《複数》寛大, 甘やかし (=remilgo). *tener demasiadas contemplaciones con* +人 〈人〉に気を遣いすぎる. **4** 《複数》仰々しい振る舞い, 形式ばること. *no andar con contemplaciones* 形式ばらない.

con·tem·pla·dor, do·ra [kon.tem.pla.ðór, -.ðó.ɾa] 形 じっと見つめる;瞑想(%)的な.
— 男 女 瞑想家;熟考する人, 凝視者.

con·tem·plar [kon.tem.plár] 他 **1** 見つめる, 眺める. *～ el paisaje* 景色を眺める. **2** 見据える, 考慮する. *Esta propuesta contempla todas las posibilidades.* この提案はあらゆる可能性を考慮に入れている. **3** 〈人を〉大事にする, 甘やかす. *No contemples demasiado a tu hijo.* 君は息子を大事にしすぎるなよ. **4** 〈神について〉考える, 〈神を〉思う. *～ a Dios* 神のことを考える.
[←[ラ] *contemplāri*;関連 contemplación, templo. [英] *contemplate*]

con·tem·pla·ti·vo, va [kon.tem.pla.tí.ßo, -.ßa] 形 **1** じっと見つめる;瞑想(%)的な, 観想[観照]的な. *vida contemplativa* 観想[観照]生活.
2 寛大な, 甘い. *Es muy ～ con su mujer.* 彼は女房に大変甘い.
— 男 女 瞑想にふける人;観想[観照]家, 瞑想家.

con·tem·po·ra·nei·dad [kon.tem.po.ɾa.nei.ðáð] 女 同時代性;同時性, 同時期に起こること. *obra literaria de constante ～* 時代を超越した文学作品.

con·tem·po·rá·ne·o, a [kon.tem.po.ɾá.ne.o, -.a] 形 **1** 現代の. *historia contemporánea* 現代史. *edad contemporánea* 現代.
2 (**de…** …と》同時代の, 同時期の. *La guerra civil española es contemporánea de la Alemania nazi.* スペイン内戦はナチスドイツと同時代である.
— 男 女 同時代の人. *La grandeza de su obra no fue apreciada por sus ～s.* 彼[彼女]の作品の偉大さは同時代の人に評価されなかった.

con·tem·po·ri·za·ción [kon.tem.po.ɾi.θa.θjón / -.sa.sjón] 女 順応, 適合, 迎合.

con·tem·po·ri·za·dor, do·ra [kon.tem.po.ɾi.θa.ðór, -.ðó.ɾa / -.sa.-] 形 迎合的な, 妥協的な. *una actitud contemporizadora* 歩み寄りの姿勢.
— 男 女 順応[迎合]する人, 日和見主義者.

con·tem·po·ri·zar [kon.tem.po.ɾi.θár / -.sár] [97] 自 (**con…**) (…に) 順応する, 適合する;迎合する;(…と) 妥協する, 折り合う. *Contemporizó con todos.* 彼[彼女]は誰ともうまくやった.

con·tén [kon.tén] 活 → contener.

con·ten·ción [kon.ten.θjón / -.sjón] 女 **1** 抑制;制止. *tener ～* 自己を抑える.
2 争い, 闘争, 論争. **3** 《法》訴訟, 係争. *muro de contención* 《土木》擁壁.

con·ten·cio·so, sa [kon.ten.θjó.so, -.sa / -.sjó.-] 形 係争を好む, 物議をかもす.

con·ten·der [kon.ten.dér] [12] 自 争う. *～ con* +人 *sobre…* 〈人〉と…を競う. *～ en las elecciones* 選挙で戦う. *～ por el primer puesto* 首席を競う. *～ sobre la cuantía de dinero* 財力を競う.

con·ten·dien·te [kon.ten.djén.te] 形 争う, 抗争する, 競争する.
— 男 女 係争者, 対抗者.

contendr- 活 → contener.

con·te·ne·dor, do·ra [kon.te.ne.ðór, -.ðó.ɾa] 形 (**de…** …を)含む, 入れてある. — 男 《輸送用》コンテナ. *camión de ～es* コンテナ車.

con·te·ner [kon.te.nér] [43] 他 **1** 含む, 含有する. *Esta bebida no contiene alcohol.* この飲み物にはアルコールは含まれていません.
2 〈動きなどを〉抑える, 制止する. *～ la risa* 笑いをこらえる. **3** 《ラ米》(%)意味する.
— **～·se** 再 我慢する, 堪える;《**de** +不定詞 …するのを》控える. *Tuve que ～me para no darle una paliza.* 久しぶり堪えて彼[彼女]を殴らないで済んだ. *Mi padre se contiene de fumar.* 父はタバコを控えている.
[←[ラ] *continēre* (「共に置く;囲む, 包む」(*com-*「共に」+ *tenēre* 「保つ」);関連 contenido, continente. [英] *contain*]

conteng- 活 → contener.

con·te·ni·do, da [kon.te.ní.ðo, -.ða] 形 抑えら

れた〔控えめな. persona *contenida* 感情を表に出さない人. risa *contenida* 押し殺した笑い.
― 男 **1** 内容, 中身; 内容物. ~ de un sobre 封筒の中身. discurso de poco ~ 内容のほとんどないスピーチ. **2** 含有量. ~ en sal 塩分含有量. **3** 〖言〗意味, 意味内容(↔expresión).

con·ten·ta [kon.tén.ta] 囡 **1** (相手をなだめるための) 贈り物. **2** 〖商〗手形の裏書き〔譲渡〕(= endoso). **3** 〖海〗譲渡証書. **4** 《ラ米》(1) (ﾁﾘ)(大学の学費免除などの) 特待賞. (2) (ｺﾛ)(ﾍﾟﾙ)負債完済証明書〔裏書き〕. ― 形 →contento.

con·ten·ta·di·zo, za [kon.ten.ta.ðí.θo, -.ða / -.so, -.sa] 形 満足させやすい. mal ~ 喜ばせにくい.

con·ten·ta·mien·to [kon.ten.ta.mjén.to] 男 満足, 喜び.

***con·ten·tar** [kon.ten.tár] 他 **1** 〈人を〉満足させる, 喜ばせる. La llamada *contentó* al profesor. 先生はその電話を受けて喜んだ. Los niños pretenden ~ a su madre con regalos. 子供たちはプレゼントをあげて母親を喜ばせようとしている.
2 〖商〗〈手形に〉裏書きする. **3** 《ラ米》仲裁する.
― ~**se** 再 **1** (**con...**)((…に))満足する; ((…だけで)) 我慢する. *Me contento con* mi trabajo de ahora. 私は今の仕事で十分満足だ. Ella *se contentaba con* mirarlo de lejos. 彼女は彼を遠くから見るだけで満足していた.
2 《ラ米》仲直りする, 和解する.

con·ten·ti·vo, va [kon.ten.tí.βo, -.βa] 形 抑える, 抑制する.

****con·ten·to, ta** [kon.tén.to, -.ta] 形 (**estar**+) **1** (名詞+)《**con**+名詞 / **de**+不定詞 / **de que**+接続法 で》喜んでいる, うれしい, 満足している. Está muy *contenta con* el resultado. 彼女はその結果をとても喜んでいる. Estoy muy ~ *de estar* aquí. 私はここにいることがとてもうれしい. Estoy ~ *de que* mi hijo lo *haya logrado*. 息子がそれを成し遂げてくれて私はうれしい. Los niños se van a casa ~s. 子供たちは喜んで帰宅する. ▶ satisfecho は単に満足している. *contento* は満足してうれしい.
2 《話》〈人が〉ほろ酔い気分の. Este chico se ha tomado un vinito y ya *está* ~. この子はワイン一杯でもう酔っている.
3 《ラ米》(1) 和解した. (2) (ﾒﾋ)あきらめた.
― 男 満足, 喜び. recibirlo con gran ~ 大喜びで彼を迎える.
Contento me tienes. 《話》《怒り》いいかげんにしてくれ.
darse [***tenerse***] ***por contento*** 《話》(完全に満足ではないが)それでよしとする(▶ tenerse +).
más contento que unas pascuas [***castañuelas***] とても楽しい, うれしくてしようがない.
no contento con... …だけでは満足せず. *No* ~ *con* tantos idiomas como dominaba, se lanzó a aprender chino. たくさんの言葉をマスターしているだけでは不足で, 彼は突然中国語を勉強し始めた.
quedarse tan contento 《話》平気である, 顔色一つ変えない.
... y tan contento [***pancho***] 《話》それでも全く平気である.
[←〔ラ〕*contentum*(*continēre* 「一緒に置く」の完了分詞 *contentus* の対格); 関連 contentar. 〔仏〕〔英〕*content*]

con·te·o [kon.té.o] 男 《ラ米》(ｽﾎﾟｰﾂ)計算, (再)集計; カウント.

con·te·ra [kon.té.ra] 囡 **1** (杖(ﾂｴ)・傘などの) 石突き; (刀剣のさやの) 鐺(ｺｼﾞﾘ); (鉛筆の) キャップ.
2 〖詩〗6 行連 6 句からなる sextina の結び句となる 3 行; リフレーン. **3** 終わり, 最後.
por contera なおその上, おまけに. Tienen ocho hijos y, *por* ~, él está en el paro. 彼らには子供が 8 人いるのに, その上彼が失業中さている.

con·tér·mi·no, na [kon.tér.mi.no, -.na] 形 隣り合う, 隣接する.

con·te·ro [kon.té.ro] 男 〖建〗玉縁刳形(ｸﾘｶﾞﾀ).

con·te·rrá·ne·o, a [kon.te.řá.ne.o, -.a] 形 同国の, 同郷の. ― 男 囡 同国人, 同郷人.

con·ter·tu·lia·no, na [kon.ter.tu.ljá.no, -.na] 男 囡 →contertulio.

con·ter·tu·lio, lia [kon.ter.tú.ljo, -.lja] 男 囡 (寄り合い tertulia の)常連, 仲間, メンバー.

con·tes·ta [kon.tés.ta] 囡 《ラ米》(1) 返事, 返答. (2) (ﾁﾘ)(ｱﾙ)会話, おしゃべり. (3) (ｱﾙ)愛の告白.
― 自 →contestar.

con·tes·ta·ble [kon.tes.tá.ble] 形 **1** 問題がある, 異議のある. **2** 返事が出せる, 答えられる.

***con·tes·ta·ción** [kon.tes.ta.θjón, -.sjón] 囡 **1** 返事, 返答, 回答. Todavía no hemos recibido ~. 我々はまだ返事を受け取っていない. dejar una pregunta sin ~ 質問に返事をしないでおく. mala ~ 無礼な返事. **2** 抗議, 反論; 口論. **3** 〖法〗(被告の)答弁, 答弁書(= ~ a la demanda).
en contestación a... …に答えて. ~ *a* su carta del 13 del corriente 本月 13 日付けの貴信にお答えして.

con·tes·ta·dor, do·ra [kon.tes.ta.ðór, -.ðó.ra] 形 **1** 応答する. **2** 《ラ米》生意気な, 口答えする.
― 男 留守番電話 (= ~ automático).

***con·tes·tar** [kon.tes.tár] 他 **1** …に答える, 応える. ~ todas las preguntas すべての質問に答える. ~ la demanda 需要に応える. Pedro no *ha contestado* mi carta. ペドロは私の手紙にまだ返事をくれない.
2 《**que**+直説法 …であると》答える, 返答する. Me *contestaron que* sí. 彼らにそうだと答えてくれた.
3 (まれ)抗議する, 反発する.
― 自 **1** (**a...** …に)答える, 応答する; 返信する. ~ *al* teléfono 電話に出る. Su explicación *no contesta a* nuestra pregunta. 彼(彼女)の説明は私たちの質問に答えていない.
2 (**a...** …に)対応する. No deberías ~ así *a* su amabilidad. 君は彼〔彼女〕の親切に対してあんな態度を取るべきじゃないよ.
3 (**a**+人 〈人〉に)口答えする, 反発する. *No contestes a* tu padre. 君, お父さんに口答えするな.
4 《ラ米》(ｱﾙ)話をする.
[←〔古スペイン〕「証言する」←〔ラ〕*contēstārī*「証人として呼ぶ」; 関連 contestación, testigo. 〔英〕*contest*「論争する; 競う; コンテスト」]

con·tes·ta·ta·rio, ria [kon.tes.ta.tá.rjo, -.rja] 形 既成のもの〔秩序, 体制〕に反対する; 反体制的な.
― 男 囡 反体制者, 既存のものに異議を唱える人.

con·tes·te [kon.tés.te] 形 〖法〗〈意見・証拠などが〉一致した, 合致した.

con·tes·to [kon.tés.to] 男 《ラ米》返事, 答え.
― 自 →contestar.

con·tes·tón, to·na [kon.tes.tón, -.tó.na] 形 《話》よく口答えをする, 反論の好きな.
― 男 囡 口答えをする人, 反論好きな人.

***con·tex·to** [kon.té(k)s.to] 男 **1** 文脈, (文の) 前

後関係. deducir una palabra del ~ 文脈から単語の意味を推し量る.
2 (事柄の) 前後関係, 背景, 状況. el ~ social de la Edad Media 中世の社会的背景.
[←[ラ] *contextum* (*contextus* の対格); 関連 contextual, contextura, texto, tejer. [英] *context*]

con·tex·tual [kon.te(k)s.twál] 形 文脈の, 文脈に関する;前後関係の.

con·tex·tua·li·zar [kon.te(k)s.twa.li.θár / -.sár] 97 他 (特定の) 文脈[状況]に入れる[あてはめる].

con·tex·tuar [kon.te(k)s.twár] 84 他 典拠を示す;引証する, 引用する.

con·tex·tu·ra [kon.te(k)s.tú.ra] 女 **1** 織り合わせ, 織り方; 織物. **2** (人間の) 体格, 造り, 構造. un hombre de ~ recia がっしりした体格の男. **3** 文脈, (文の) 前後関係 (= contexto).

con·ti·ci·nio [kon.ti.θí.njo / -.sí.-] 男 《まれ》深夜, 真夜中.

contien- 活 →contener.

con·tien·da [kon.tjén.da] 女 **1** 小戦闘, 小競り合い. →batalla [類語].

con·ti·go [kon.tí.go] [前置詞 con と人称代名詞 ti の結合形] **1** 君[あなた]と, 君[あなた]と一緒に. Quiero estar ~. 私は君[あなた]と一緒にいたい.
2 君[あなた]に対して. Estoy de acuerdo ~. 私は君[あなた]と同じ意見です.
3 《再帰》君[あなた]自身で, 君[あなた]自身が携えて, 君[あなた]自身に対して. Llévate el paraguas ~. 傘《を》持っていきなさいね. ▶ 再帰の意味を強調する *mismo* を伴うことが多い.
[←[ラ] *tēcum* | 関連 consigo]

con·ti·güi·dad [kon.ti.gwi.ðáð] 女 続いていること, 接続, 隣接.

*con·ti·guo, gua [kon.tí.gwo, -.gwa] 形 隣り合った, 隣接した. la habitación *contigua* 隣室.
[←[ラ] *contiguum* (*contiguus* の対格); 関連 contigüidad. [英] *contiguous*]

con·ti·nen·cia [kon.ti.nén.θja / -.sja] 女 **1** 自制, 克己, 節制. comer con ~ 食事を控えめに取る.
2 禁欲.

*con·ti·nen·tal [kon.ti.nen.tál] 形 大陸の, 大陸的な. clima ~ 大陸性気候. plataforma ~ 大陸棚. ―男 宅配便, 小口貨物輸送;宅配便貨物.

con·ti·nen·te [kon.ti.nén.te] 形 **1** 容器の;内包した, (中に) 含んだ.
2 自制した.
―男 **1** 【地理】**大陸**. antiguo [viejo] ~ 旧大陸(ヨーロッパ, アフリカ, アジア). nuevo ~ 新大陸. ~ blanco 南極大陸. ~ negro アフリカ大陸. **2** 容器;【法】家屋 (↔contenido). **3** 《文章語》容姿. de ~ noble 高貴な顔つきの.
[←[ラ] *continentem* (*continēns* の対格); *continēre* 「共に置く;結合する」(→ contener) より派生; 「つながった陸地」が原義; 関連 continental. [英] *continent*]

con·tin·gen·cia [kon.tiŋ.xén.θja / -.sja] 女
1 【哲】偶然性, 偶発性. **2** 偶発事(件), 不慮の出来事. prever cualquier ~ あらゆる偶発事に備える.
3 危険 (= riesgo).

con·tin·gen·te [kon.tiŋ.xén.te] 形 偶然の, 偶発的な;【哲】(命題について) 偶然的な(な). una cadena de hechos ~s 一連の偶発的な出来事.
―男 **1** 起こりうること, 偶然, 偶発 (= contingencia). **2** 分担額;割当量. **3** 【商】輸出入割当量[額]. **4** 【軍】分遣隊;(召集) 兵. **5** 《ラ米》《だが》協力, 寄与.

continú- 活 →continuar.

con·ti·nua [kon.tí.nwa] 形 →continuo.

con·ti·nua·ción [kon.ti.nwa.θjón / -.sjón] 女 **1** 継続, 続行, 連続.
dar ~ a... ...を続行する.
2 続き, 続編. en la ~ de una carretera 街道の先に. Acaba de salir la ~ de su novela anterior. 彼[彼女]の前作の小説の続編が出たばかりです.
a continuación (*de...*) (...に) 引き続いて. *A de* ellos se sitúa nuestro grupo. 彼らの次に私たちのグループがいます. *A* ~ pasaremos a este problema. 引き続いてこの問題に移りましょう.

con·ti·nua·da·men·te [kon.ti.nwá.ða.mén.te] 副 →continuamente.

con·ti·nua·do, da [kon.ti.nwá.ðo, -.ða] 形 継続的な. un aumento ~ de la temperatura 途切れることのない気温の上昇.

con·ti·nua·dor, do·ra [kon.ti.nwa.ðór, -.ðó.ra] 形 (他人の仕事を) 継承する, 引き継ぐ.
―男 女 継承者, 引き継ぎ人, 継承執筆者.

*con·ti·nua·men·te [kon.tí.nwa.mén.te] 副
1 継続的に. **2** ひんぱんに.

con·ti·nuar [kon.ti.nwár] 84 他 続ける. Los viajeros *continúan* su camino. 旅行者たちは自分たちの行程を続けている.
―自 **1** 続く. La reunión *continuará* después del descanso. 会合は休憩を挟んで続くだろう.
2 《 + 形容詞・副詞およびその相当部分》まだ...である, ...が続いている, 《 + 現在分詞》 (...し) 続ける. ~ *por buen camino* 順調にいっている. Él *continúa trabajando* en la misma empresa. 彼は同じ会社で働いている. ¿*Continúas viviendo* en Barcelona? 君はまだバルセロナに住んでいるのかい. Mañana *continuará lloviendo*. 明日も雨が続くだろう.
3 《*con*...》 ~ を続ける. Él va a ~ *con* sus estudios. 彼は学業を続けるつもりでいる.
4 (地理的に) 続く, 広がる. El recinto *continúa* hasta la orilla del río. 敷地は川岸まで続いている. ▶ 再帰代名詞を用いて強調されることがある.
―**~·se** 再 《...へ》続く, 連なる, 広がる.
[←[ラ] *continuāre* (*continuus* 「連結 (連続) している」より派生); 関連 continuidad. [英] *continue*]

con·ti·nua·ti·vo, va [kon.ti.nwa.tí.βo, -.βa] 形 継続的な, 続きの, 引き続く.

*con·ti·nui·dad [kon.ti.nwi.ðáð] 女 連続 (状態), 継続性;(連続した) 一続き, 連続体. solución de ~ 中断, 断絶. la ~ de la fiebre 継続状態の熱.

con·ti·nuis·mo [kon.ti.nwís.mo] 男 (特に政治などにおける) 現状維持主義[指向], 保守主義.

con·ti·nuis·ta [kon.ti.nwís.ta] 形 現状維持 (主義) の. ―男 女 現状維持主義者.

*con·ti·nuo, nua [kon.tí.nwo, -.nwa] 形
1 《 + 名詞 / 名詞 + 》《ser + 》連続した, 続く;絶え間ない. corriente *continua* 【電】直流. dolor ~ 絶え間ない痛み[苦しみ]. guerras *continuas* 絶えず起こる戦争. horario ~ 昼休みなしの勤務[営業]時間. movimiento ~ 連続運動. ondas *continuas* 【通信】持続波. sesión *continua* 【映】入れ替えなし.
2 つながった. papel ~ ロールペーパー. sierra *continua* 連山, 連峰.
―副 絶えず, 連続して. ―男 **1** 連続体. **2** 【音楽】

通奏低音 (= bajo ～).
de continuo 絶え間なく; 頻繁に. Mis padres reñían *de* ～. 私の両親はいつもけんかしていた.
con·to·ne·ar·se [kon.to.ne.ár.se] 再 (肩・腰を振って) 気取って歩く.
con·to·ne·o [kon.to.né.o] 男 (肩・腰を振る) 気取った歩き方.
con·tor·cer·se [kon.tor.θér.se / -.sér.-] 24 再
 1 身悶(ﾓﾀﾞ)えする, 悶え苦しむ. **2** 百面相をする.
con·tor·nar [kon.tor.nár] 他 → contornear.
con·tor·ne·ar [kon.tor.ne.ár] 他 **1** …の輪郭を描く, スケッチする. **2** 周囲を回る. ～ *una montaña* 山をぐるりと回る. **3** 〖技〗輪郭に沿ってのこぎりを引く.
con·tor·ne·o [kon.tor.né.o] 男 周回, (周りを) ぐるりと回ること; 輪郭 (を描くこと).
***con·tor·no** [kon.tór.no] 男 **1** 輪郭; 周囲, 外周. ～ *nítido* [*borroso*] はっきりした [ぼやけた] 輪郭. *trazar el* ～ *de...* …の輪郭を描く. ～ *de cintura* 胴周り, ウエスト.
 2 (主に複数で) 近郊, 周辺. *Barcelona y sus* ～*s* バルセロナとその周辺. **3** (硬貨などの) ふち, へり. [←〔伊〕*contorno*; 関連 contornear, torno. 〔英〕*contour*]
con·tor·sión [kon.tor.sjón] 女 **1** (発作などによる) ねじれ, ゆがみ, ひきつり. *hacer contorsiones* 激しく体をよじる, 身悶(ﾓﾀﾞ)えする.
 2 (道化師などの) こっけいな身ぶり.
con·tor·sio·nar·se [kon.tor.sjo.nár.se] 再
 1 身をよじる[ねじ曲げる]; 身悶(ﾓﾀﾞ)えする.
 2 (軽業師などが) こっけいな身ぶりをする.
con·tor·sio·nis·ta [kon.tor.sjo.nís.ta] 男 女 道化師, 軽業[曲芸]師.
****con·tra** [kon.trá] 前 **1** 〖衝突・逆方向〗…と衝突して, …に逆らって. *El bebé chocó* ～ *la cama*. 赤ん坊がベッドにぶつかった. *El niño lanzó una piedra* ～ *el cristal*. その子は石をガラスに投げつけた. *Corrimos* ～ *el viento*. 私たちは風に逆らって走った.
 2 〖対立・敵対〗…に対して, 反対して. *No tengo nada* ～ *usted*. 私はあなたに何も反対していません. *Se manifestaron* ～ *el sexismo*. 彼らは性差別に反対してデモを行った. *Tuve que actuar* ～ *mi voluntad*. 私は自分の意志に反して行動せざるをえなかった.
 3 〖違反〗…に反して. *No actúes* ～ *la ley*. 法律に反するような行動はやめなさい. *Es una infracción* ～ *el reglamento de la circulación*. それは交通法規違反だ.
 4 〖予防・防止〗…に備えて, …を防いで. *Ayúdenos en nuestra campaña* ～ *el SIDA*. 私たちのエイズ運動にご協力を. *Tómate unas pastillas* ～ *la tos*. 咳(ｾｷ)止めの薬を何錠か飲みなさい.
 5 〖接触〗…にもたれて, 押しつけて. *Puse la bici* ～ *la pared*. 僕は自転車を壁にもたせかけた.
 6 〖対面〗…と向き合って, 面して. *Mi piso está* ～ *el cine*. 私のマンションは映画館に面している.
 7 〖交換〗…と引き換えに. *Le mandaremos la mercancía* ～ *el pago*. 支払いと引き換えに商品をお送りします. ～ *reembolso* 代金引き換えで.
 8 〖割合〗…に対して. *Te apuesto tres* ～ *uno a que no viene*. 僕は3対1の割合で彼[彼女]が来ない方に賭(ｶ)けている.
 9 〖譲歩〗…にもかかわらず. *Ganamos el partido* ～ *todo pronóstico*. 私たちは大方の予測にもかかわらず, 試合に勝った.
 10 (俗) 〖接続詞的に〗…すればするほど (=cuanto). *C*～ *más tienes, más quieres*. 人は持てばもつほど, もっと欲しくなるものだ.
 —[kón.tra] 男 **1** 反対意見, 不利益. *el pro y el* ～ 賛成と反対. *los pros y los* ～*s del asunto* 問題の利害, 得失. **2** 〖音楽〗パイプオルガンのペダル.
 —[kón.tra] 女 **1** 反革命 (=contrarrevolución). **2** 反対の意見. **3** 障害, 難点, 不都合. **4** 〖スポ〗(ボクシング) カウンター. **5** 〖ラ米〗(1) (ｸﾞｱﾃ)(ﾎﾝｼﾞｭ)解毒剤. (2) (ﾒﾋｺ)(ﾁ)(ｸﾞｱﾃ)(話) おまけ, 景品. (3) (ｺｽﾀ)お守り.
 —男 女 [kón.tra] 反革命分子. —[kón.tra] 間投 〖驚き・怒り〗ちえっ, 何てことだ.
de contra 〖ラ米〗(ｸﾞｱﾃ)(ﾁ)(ﾎﾝ)(話) その上, さらに.
***en contra* (*de...*)** (…に) 反対して, 対立して; (…に) 反対の, 対立の. *opinión en* ～ 反対の意見. *ir en* ～ *de...* …に逆らう, 反対の立場に立つ. *La mayoría se me puso en* ～. 大多数が私に反対した. ▶ en contra + 所有形容詞 (女性形) が口語で用いられるが俗用である. ⇒ *en* ～ *mía*「私に反対して」は正しくは *en* ～ *de mí* である.
hacer* [*llevar*] *la contra a +人 (話) (人) に反対する, 逆らう.
[←〔ラ〕*contrā*; 関連 contrario, 〔英〕*contrary*]
contra- 〖接頭〗「反対, 対立, 逆…」または「…を補う, 補強する, 副…」などの意. ⇒ *contra*decir, *contra*maestre. [←〔ラ〕]
con·tra·a·li·sio [kon.tra.(a.)lí.sjo] 形 〖気象〗反対貿易風の. —男 (主に複数で) 反対貿易風 (=vientos ～s).
con·tra·al·mi·ran·te [kon.tra(.a).l.mi.rán.te] 男 海軍少将.
con·tra·a·mu·ra [kon.tra.(a.)mú.ra] 女 〖海〗プリベンタ: 副索, (帆の) 添え綱.
con·tra·a·ná·li·sis [kon.tra.(a.)ná.li.sis] 男 〖単複同形〗(特にドーピング検査の) 再検査.
con·tra·a·ta·car [kon.tra.(a.)ta.kár] 102 他 〖軍〗反撃する, 逆襲する, 反攻する.
con·tra·a·ta·que [kon.tra.(a.)tá.ke] 男 **1** 〖軍〗反撃, 逆襲. **2** (複数で) 〖築城〗対塁(ﾀﾞ).
con·tra·a·vi·so [kon.tra.(a.)bí.so] 男 取り消し命令, 注文の取り消し (=contraorden).
con·tra·ba·jis·ta [kon.tra.ba.xís.ta] 男 女 〖音楽〗コントラバス奏者.
con·tra·ba·jo [kon.tra.bá.xo] 男 〖音楽〗(1) コントラバス, ダブルベース. (2) (声楽で) バス, 低音; 低音歌手. —男 女 コントラバス奏者.
con·tra·ba·jón [kon.tra.ba.xón] 男 〖音楽〗コントラバスーン, コントラファゴット.
con·tra·ba·lan·ce·ar [kon.tra.ba.lan.θe.ár / -.se.-] 他 **1** (天秤(ﾋﾞﾝ)で) 釣り合わせる, 均衡を取る. **2** 補う, 埋め合わせる.
con·tra·ba·lan·za [kon.tra.ba.lán.θa / -.sa] 女 **1** 平衡錘(ｽｲ), 釣り合い重り. **2** 埋め合わせ, 償い.
con·tra·ban·de·ar [kon.tra.ban.de.ár] 自 密輸入[輸出]する.
con·tra·ban·dis·ta [kon.tra.ban.dís.ta] 男 女 密輸業者[商人].
***con·tra·ban·do** [kon.tra.bán.do] 男 **1** 密輸, 密輸入[輸出] (=matute). **2** 密造; 密売, 密買. **3** 密輸品, 密売品, 密造品, 禁制品.
de contrabando こっそりと, 内密に; 密輸で. *vender de* ～ 密売する. *llevar de* ～ 不法所持する.
[contra + bando 「法, 法令」; 関連 contrabandista]

con·tra·ba·rre·ra [kon.tra.ba.ŕé.ra] 囡 【闘牛】(闘牛場で) 2 列目の座席. → plaza.
con·tra·ba·sa [kon.tra.bá.sa] 囡 【建】(像・柱の) 台座, 台石.
con·tra·ba·te·rí·a [kon.tra.ba.te.rí.a] 囡 【軍】対砲兵射撃;(敵への) 砲戦.
con·tra·ba·tir [kon.tra.ba.tír] 他 【軍】対砲兵戦[対砲兵射撃]を行う;応戦する.
con·tra·bo·li·na [kon.tra.bo.lí.na] 囡 【海】補はらみ綱, 予備ボウライン.
con·tra·bor·do [kon.tra.bór.đo] 男 《ラ米》(鉄道)縁石, へり石.
con·tra·bran·que [kon.tra.bráŋ.ke] 男 【海】副船首材.
con·tra·bra·za [kon.tra.brá.θa / -.sa] 囡 【海】補助ブレース, 補助転桁(ぅ)索.
con·tra·cam·bio [kon.tra.kám.bjo] 男 【商】戻り為替手形.
con·tra·cam·po [kon.tra.kám.po] 男 【映】【TV】リバース・ショット, 切り返し.
con·tra·ca·nal [kon.tra.ka.nál] 男 分岐水路.
con·tra·ca·rril [kon.tra.ka.ŕíl] 男 【鉄道】護輪軌条:脱線防止用の防護レール.
con·tra·car·ta [kon.tra.kár.ta] 囡 (前の文書の) 取り消し文書, 反対証書.
***con·trac·ción** [kon.trak.θjón / -.sjón] 囡 **1** 収縮, 短縮, 縮小;【医】収縮. ~ muscular 筋収縮. ~ ventricular prematura 心室性期外収縮. **2**【文法】縮約. ~ a el が al, de el が del になるなど. **3**【音声】母音融合, 合音:隣り合った母音が重母音化し, …に反する. **4**《ラ米》(勤勉;迅速.
con·tra·cé·du·la [kon.tra.θé.đu.la / -.sé.-] 囡 (前の文書を無効とする) 反対証書.
con·tra·cep·ción [kon.tra.θep.θjón / -.sep.sjón] 囡 【医】避妊 (法).
con·tra·cep·ti·vo, va [kon.tra.θep.tí.bo, -.ba / -.sep.-] 形 避妊用の. — 男 避妊薬, 避妊剤.
con·tra·cha·pa·do [kon.tra.tʃa.pá.đo] 男 合板, ベニヤ板.
con·tra·cha·par [kon.tra.tʃa.pár] 他 〈木材・布などを〉繊維が交差するように合わせる.
con·tra·cha·pe·a·do [kon.tra.tʃa.pe.á.đo] 男 → contrachapado.
con·tra·ci·fra [kon.tra.θí.fra / -.sí.-] 囡 暗号解読の鍵(ぎ), 暗号を解読するコード. → cifra.
con·tra·cla·ve [kon.tra.klá.be] 囡 【建】(アーチの) 要石(ぎ)に添える迫石(ぜ).
con·tra·con·cep·ción [kon.tra.kon.θep.θjón / -.sep.sjón] 囡 → anticoncepción.
con·tra·con·cep·ti·vo, va [kon.tra.kon.θep.tí.bo, -.ba / -.sep.-] 形 → anticonceptivo.
con·tra·co·rrien·te [kon.tra.ko.ŕjén.te] 囡 逆流, 反流. ir a ~ 流れに逆らう;時流に抗する.
con·trac·ti·bi·li·dad [kon.trak.ti.bi.li.đáđ] 囡 収縮性.
con·trác·til [kon.trák.til] 形 収縮する, 収縮性の (ある).
con·trac·ti·li·dad [kon.trak.ti.li.đáđ] 囡 収縮性.
con·trac·ti·vo, va [kon.trak.tí.bo, -.ba] 形 収縮させる, 収縮性の.
con·trac·to, ta [kon.trák.to, -.ta] 形 【文法】縮約された. artículo ~ 縮約冠詞 (al, del).
con·trac·tual [kon.trak.twál] 形 契約(上)の, 契約による.
con·trac·tu·ra [kon.trak.tú.ra] 囡 **1**【医】(筋肉などの) 拘縮(ぷ). **2**【建】柱身の直径が上部で減少していくこと, 先細り.
con·tra·cu·bier·ta [kon.tra.ku.bjér.ta] 囡 【印】**1** 見返し, 表紙の内側部分. **2** 裏表紙.
con·tra·cul·tu·ra [kon.tra.kul.tú.ra] 囡 カウンターカルチャー, 対抗[反体制]文化:1960年代米国から広まった, 既成の文化・価値基準に反抗する若者文化.
con·tra·cul·tu·ral [kon.tra.kul.tu.rál] 形 カウンターカルチャーの.
con·tra·cur·va [kon.tra.kúr.ba] 囡 (一つのカーブのすぐ後に続く) 逆向きのカーブ.
con·tra·dan·za [kon.tra.đán.θa / -.sa] 囡 (2 列で向かい合って踊る) コントラダンス (曲).
***con·tra·de·cir** [kon.tra.đe.θír / -.sír] 52 他 [過分] は contradicho **1** 反対[反論]する, 否定する. Siempre me *estás contradiciendo*. 君はいつも僕の言うことに反対している. **2** …と矛盾する, …に反する. Su conducta *contradice* sus palabras. 彼[彼女]の行動は言葉と一致していない.
— ~·se 再 **1** 反対する, 反対の立場を取る. **2** 《con... …に》反する, 矛盾する.
con·tra·de·cla·ra·ción [kon.tra.đe.kla.ra.θjón / -.sjón] 囡 反駁(読), 反対声明[宣言].
con·tra·de·nun·cia [kon.tra.đe.nún.θja / -.sja] 囡 【法】反訴.
contradic- 語 → contradecir.
***con·tra·dic·ción** [kon.tra.đik.θjón / -.sjón] 囡 **1** 矛盾, 不一致. estar en ~ con... …と矛盾する. Existe una ~ entre... y... …と…の間に一致しない点がある. **2** 反対, 反論. espíritu de ~. pruebas que no admiten ~ 反論の余地のない[明白な] 証拠.
[← 〔ラ〕 *contrādictiōnem* (*contrādictiō* の対格; *contrādīcere*「反論する」の派生語) 【関連】contradictorio. 【英】 *contradiction*]
con·tra·di·cho, cha [kon.tra.đí.tʃo, -.tʃa] [contradecir の過分] 形 **1** 反対された, 否定された. **2** 矛盾した, 一致しない.
con·tra·dic·tor, to·ra [kon.tra.đik.tór, -.tó.ra] 形 反論の;矛盾した. — 男 反対論者.
con·tra·dic·to·ria·men·te [kon.tra.đik.tó.rja.mén.te] 副 矛盾して.
***con·tra·dic·to·rio, ria** [kon.tra.đik.tó.rjo, -.rja] 形 矛盾する, つじつまの合わない, 相反する. — 囡 【論】矛盾命題.
contradig- / contradij- 語 → contradecir.
con·tra·di·que [kon.tra.đí.ke] 男 補助堤防.
con·tra·dri·za [kon.tra.đrí.θa / -.sa] 囡 【海】補助ハリヤード, 補助揚げ綱.
con·tra·dur·mien·te [kon.tra.đur.mjén.te] 男 【海】副梁(だ)受け材, 補強ビーム受け材.
con·tra·en·vi·te [kon.tra.em.bí.te] 男 【遊】(ポーカー) ブラフ:自分の手が強いと思わせること.
***con·tra·er** [kon.tra.ér] 58 他 [現分] は contrayendo **1** 縮める, 収縮させる. ~ la cara 顔をゆがめる. **2** 〈習慣を〉身につける;〈病気に〉かかる. *Contrajo* el hábito de acostarse muy tarde. 彼[彼女]は夜遅く寝る習慣が身についた. **3** 〈義務を〉遂行する, 〈約束などを〉結ぶ. ~ deudas 負債を負う. ~ matrimonio con... …と結婚する. **4** 《a... …に》限る, 限定する.
— ~·se 再 **1** 収縮する;〈筋肉などが〉収斂(�)す

る, 縮まる. **2** 《a... …に》限られる, 限定される. **3** 〖言〗縮約される, 縮まる. **4** 《ラ米》(終)集中する, 専念する.

con·tra·es·car·pa [kon.tra.es.kár.pa] 囡 (城の)堀の)傾斜した外岸, 外崖(跳).

con·tra·es·co·ta [kon.tra.es.kó.ta] 囡 〖海〗プリベンタ, 予備の帆足網.

con·tra·es·cri·tu·ra [kon.tra.es.kri.tú.ra] 囡 → contracarta.

con·tra·es·pio·na·je [kon.tra.es.pjo.ná.xe] 男 対スパイ活動, 防諜(緊急).

con·tra·es·tay [kon.tra.es.tái] 男 〖海〗補助ステー：ステーを補助する太索.

con·tra·fa·got [kon.tra.fa.gót] 男 〖音楽〗コントラファゴット, コントラ[ダブル]バスーン.

con·tra·fa·llar [kon.tra.fa.jár ‖ -.ʎár] 他 〖遊〗(トランプ)(相手よりも)上の[高い]切り札で切る.

con·tra·fa·llo [kon.tra.fá.jo ‖ -.ʎo] 男 〖遊〗(トランプ)(相手よりも)上の[高い]切り札で切ること.

con·tra·fi·gu·ra [kon.tra.fi.gú.ra] 囡 (演劇などの)替え玉, 替え玉人形.

con·tra·fi·lo [kon.tra.fí.lo] 男 (刀剣の)峰側先端部.

con·tra·fo·que [kon.tra.fó.ke] 男 〖海〗前檣(しょう)ステースル：船首に付ける小型の三角帆.

con·tra·fo·so [kon.tra.fó.so] 男 **1** 〖演〗(舞台の)奈落(らく). **2** 〖築城〗対壕(ごう)：壕の外側にめぐらされた幅の狭い壕.

con·tra·fue·go [kon.tra.fwé.go] 男 **1** 消火[延焼防止]活動. **2** (山火事などの延焼防止のために風下に放つ)向かい火.

con·tra·fue·ro [kon.tra.fwé.ro] 男 特権の侵害.

con·tra·fuer·te [kon.tra.fwér.te] 男 **1** 〖建〗控え壁[柱], 扶(ぶ)け壁, バットレス. **2** 山脚：支脈になった尾根. **3** (靴のかかとの)補強革. **4** (馬の)鞍帯(くら).

con·tra·fu·ga [kon.tra.fú.ga] 囡 〖音楽〗反行フーガ, 逆行フーガ.

con·tra·gol·pe [kon.tra.gól.pe] 男 **1** 〖医〗間接性震盪(とう)：打撃箇所と別の場所に衝撃を受けること. **2** 〖技〗〖機〗キックバック：逆方向の推力. **3** 〖スポ〗反撃, 逆襲. jugar muy bien al ~ (チームが)カウンターアタックを得意とする.

contrafuerte (控え壁)

con·tra·guar·dia [kon.tra.gwár.dja] 囡 〖築城〗堡障(ほう), 外塁壁.

con·tra·gue·rri·lla [kon.tra.ge.rí.ja ‖ -.ʎa] 囡 対ゲリラ戦；対ゲリラ部隊.

con·tra·ha·cer [kon.tra.(a.)θér / -.sér] 32 他 [過分] は contrahecho **1** 偽造する, 模造する, 贋造(がん)する (= falsificar). **2** 模倣する, まねる. ~ el canto del gallo 鶏の鳴き声をまねる.
— ~se 再 ふりをする, 装う.

con·tra·haz [kon.tra.áθ / -.ás] 囡 (布・衣類の)裏.

con·tra·he·cho, cha [kon.tra.jér.ba] 形 **1** 偽造の. **2** 〖軽蔑〗猫背の；奇形の. — 男 〖軽蔑〗猫背の人.

con·tra·hier·ba [kon.tra.jér.ba] 囡 **1** 〖植〗コントラエルバ, ドルステニア：南米産クワ科の植物. **2** 解毒の薬草. **3** 〖比喩的の〗予防(措置), 解毒剤.

con·tra·hi·lo [kon.tra.í.lo] 男 a contrahilo (織物の)縦糸と直角に.

con·tra·hue·lla [kon.tra.(g)wé.ja ‖ -.ʎa] 囡 (階段の)蹴込み(の)ん, 垂直面.

contraig- 活 → contraer.

con·tra·in·cen·dios [kon.train.θén.djos / -.sén.-] 形 〖性数不変〗防火の, 消防の.

con·tra·in·di·ca·ción [kon.train.di.ka.θjón / -.sjón] 囡 〖医〗禁忌：病気の悪化を招くため使用を禁じられている薬・治療法.

con·tra·in·di·ca·do, da [kon.train.di.ká.ðo, -.ða] 形 〖医〗禁忌の, 〈薬や療法が〉(特定の症状に対して)不適切な. tratamiento ~ 禁忌療法.

con·tra·in·di·can·te [kon.train.di.kán.te] 形 〖医〗禁忌の, 禁忌を示す.

con·tra·in·di·car [kon.train.di.kár] 102 他 〖医〗禁忌とする.

contraj- 活 → contraer.

con·tral·mi·ran·te [kon.tral.mi.rán.te] 男 〖軍〗海軍少将.

con·tra·lor [kon.tra.lór] 男 《ラ米》(終)会計監査官.

con·tra·lo·rí·a [kon.tra.lo.rí.a] 囡 《ラ米》(主に公的機関の)会計監査局[部].

con·tral·to [kon.trál.to] 男 〖音楽〗コントラルト, アルト：女声低音域.
— 男 囡 コントラルト[アルト]歌手.

con·tra·luz [kon.tra.lúθ / -.lús] 囡 [複 contraluces] 逆光(線). fotografiar a ~ 逆光で写真を撮る.

con·tra·ma·es·tre [kon.tra.ma.és.tre] 男 **1** 職長, 現場監督. **2** 〖海〗甲板長, 水夫長, ボースン；掌帆長, 曹長. ~ de segunda 〖軍〗二等海曹.

con·tra·ma·lla [kon.tra.má.ja ‖ -.ʎa] 囡 (二重漁網の)外側；漁網の先端.

con·tra·man·dar [kon.tra.man.dár] 他 (前と)反対の命令を下す, 〈命令〉を撤回する.

con·tra·man·da·to [kon.tra.man.dá.to] 男 (前の命令の)取り消し命令.

con·tra·ma·ni·fes·ta·ción [kon.tra.ma.ni.fes.ta.θjón / -.sjón] 囡 対抗デモ.

con·tra·ma·ni·fes·tar [kon.tra.ma.ni.fes.tár] 8 自 対抗デモをする.

con·tra·ma·no [kon.tra.má.no] a contramano 進行方向と反対に. circulación a ~ 進行方向と逆に通行すること. actuar a ~ 常軌を逸した[慣習から外れた]行動をとる.

con·tra·mar·ca [kon.tra.már.ka] 囡 **1** 〖梱包(こん)〗・貨物などに付す)添荷礼, 副標. **2** (貨幣などに押す)極印, 検証刻印. **3** 通関印；通関税.

con·tra·mar·cha [kon.tra.már.tʃa] 囡 **1** 〖軍〗回れ右前進, 反対行進, 背面行進. **2** 〖車〗逆進, バック. **3** 〖海〗(艦隊の)方向転換. **4** 後退, 逆行.

con·tra·mar·char [kon.tra.mar.tʃár] 自 回れ右前進する, 背面行進する.

con·tra·mar·co [kon.tra.már.ko] 男 〖建〗(窓・戸などの)内枠, 補助枠.

con·tra·ma·re·a [kon.tra.ma.ré.a] 囡 逆潮.

con·tra·ma·tar [kon.tra.ma.tár] 他 《ラ米》(人を)(何かに)ぶつけて痛めつける.
— ~se 再 《ラ米》(1)(終) 《de... …を》後悔する. (2) 《話》ぶつかってひどく打つ.

con·tra·me·di·da [kon.tra.me.ðí.ða] 囡 対策, 対抗措置；〖軍〗(敵の作戦を無効にするような)対抗戦略, (特に)対電子戦略 (= ~ electrónica).

con·tra·mi·na [kon.tra.mí.na] 囡 **1** 〖軍〗対敵坑道. **2** 〖鉱〗連絡坑道.

con·tra·mi·nar [kon.tra.mi.nár] 他 **1** 〖軍〗…

con·tra·mue·lle [kon.tra.mwé.je ‖ -.ʎe] 男 二重スプリング[ばね].

con·tra·mu·ra·lla [kon.tra.mu.rá.ja ‖ -.ʎa] 女 副壁：主塁の前に建てられる低い壁.

con·tra·mu·ro [kon.tra.mú.ro] 男 →contramuralla.

con·tra·mus·lo [kon.tra.mús.lo] 男 (鶏などの)もも肉のうしろの部分.

contramuralla
(副壁)

con·tra·na·tu·ral [kon.tra.na.tu.rál] 形 自然の法則[おきて]に反する (= antinatural).

con·tra·no·ta [kon.tra.nó.ta] 女 (部下の提案に対する上層部の)反対提案.

con·tra·o·fen·si·va [kon.tra.o.fen.sí.ba] 女 【軍】反攻, 反撃；攻撃転移.

con·tra·o·fer·ta [kon.tra.o.fér.ta] 女 対案, 代案；反対提案.

con·tra·or·den [kon.tra.ór.ðen] 女 [複 contraórdenes]取り消し命令, 命令の取り消し.

con·tra·par [kon.tra.pár] 男 【建】垂木.

con·tra·par·ti·da [kon.tra.par.tí.ða] 女 **1** (会計帳簿の間違いを訂正するための)記帳；記載項目. **2** 相殺. **3** 代償, 埋め合わせ. la ~ de la gloria 栄光の代償. como ~ de... …の代償として, 埋め合わせに.

con·tra·pás [kon.tra.pás] 男 コントラダンス contradanza のステップ.

con·tra·pa·sar [kon.tra.pa.sár] 自 **1** 反対陣営につく. **2** 【紋】2匹の動物像が背中合わせになる.

con·tra·pa·so [kon.tra.pá.so] 男 **1** (ダンスの)バックステップ. **2** 【音楽】対応部.

con·tra·pe·ar [kon.tra.pe.ár] 他 【建】〈板材を〉木目が交差するように(交互に)張り合わせる.

con·tra·pe·lo [kon.tra.pé.lo] *a contrapelo* (1) 毛の生えた方向とは逆に. acariciar un perro *a* ~ 犬の毛を逆なでする. (2) 流れに逆らって, 意に反して, 無理やりに. Todo lo hace *a* ~. 彼[彼女]は何事も反対のことをやる. (3) 時機を失して, 間が悪い, そぐわない. una pregunta hecha *a* ~. 場違いな質問. Intervino muy *a* ~. 彼[彼女]が干渉したのは非常に時機が悪かった.

con·tra·pe·sar [kon.tra.pe.sár] 他 **1** (重さを)釣り合わせる, 平衡する. **2** 相殺する, 埋め合わせる.

con·tra·pe·so [kon.tra.pé.so] 男 **1** 釣り合い重り, 平衡錘(すい). **2** 対して働く力, 釣り合い. Ella hace de ~ a la frivolidad de él. 彼女は彼の軽はずみにブレーキをかける. **3** 曲芸師の平衡棒 (= balancín). **4** 再鋳造貨幣. **5** 《ラ米》《カリ》《話》不安, 心配.

con·tra·pié [kon.tra.pjé] *a contrapié* 利き足とは逆の足で；悪条件で, 折悪しく.

con·tra·pi·las·tra [kon.tra.pi.lás.tra] 女 【建】(柱の両側の)壁の突出部.

con·tra·pla·no [kon.tra.plá.no] 男 【映】【TV】→contracampo.

con·tra·po·ner [kon.tra.po.nér] 41 他 [過分 は contrapuesto] **1** 《*a*... …に》対立[対抗]させる, 対置する. ~ su voluntad *a* la de+人 〈人〉に反対する, 反論する. **2** 比較する, 対比する；《*a*... …と》対照させる. ─ ~·se 再 **1** 対立[対抗]する. **2** 《*a*... …と》対照をなす.

con·tra·por·ta·da [kon.tra.por.tá.ða] 女 【印】 **1** (新聞・雑誌の)最終ページ. **2** 裏表紙. **3** (本の)扉の前にあるページ (通常シリーズ名などが記される).

con·tra·po·si·ción [kon.tra.po.si.θjón / -.sjón] 女 **1** 対立, 対抗；衝突. ~ de intereses 利害の衝突. en ~ に, 反対に. estar en ~ con... …に反する, 全く異なる. **2** 比較, 対比, 対照.

con·tra·po·zo [kon.tra.pó.θo / -.so] 男 【築城】(敵の坑道をも爆破せしめにしかけた)火薬坑.

con·tra·pres·ta·ción [kon.tra.pres.ta.θjón / -.sjón] 女 【法】(契約上の)対価, 約因, 見返り.

con·tra·pro·du·cen·te [kon.tra.pro.ðu.θén.te / -.sén.-] 形 逆効果の, (意に反して)逆の結果を招く. Esta medicina es ~ para enfermedades del corazón. この薬は心臓病には逆効果だ.

con·tra·pro·gra·ma·ción [kon.tra.pro.gra.ma.θjón / -.sjón] 女 【TV】(対抗)番組編成戦略：他局の番組編成(の変化)に応じて番組を編成する戦略.

con·tra·pro·po·si·ción [kon.tra.pro.po.si.θjón / -.sjón] 女 →contrapropuesta.

con·tra·pro·pues·ta [kon.tra.pro.pwés.ta] 女 反対[修正]提案, 代案.

con·tra·pro·yec·to [kon.tra.pro.jék.to] 男 対案, 代案.

con·tra·prue·ba [kon.tra.prwé.ba] 女 **1** 【印】再校. ►「初校」は primera prueba. **2** 【数】検算. **3** 《ラ米》《メキ》《コロナ》《アルゼ》反証.

con·tra·puer·ta [kon.tra.pwér.ta] 女 **1** 内扉, 補助扉, 風よけ戸. **2** (要塞(さい)の)内門.

con·tra·pues·to, ta [kon.tra.pwés.to, -.ta] [contraponer の過分] 形 反対の, 対立する.

con·tra·pun·ta [kon.tra.pún.ta] 女 【機】心押し台：旋盤の工作物の端を支える台.

con·tra·pun·tar·se [kon.tra.pun.tár.se] 再 いがみ合う, ののしり合う.

con·tra·pun·te·ar [kon.tra.pun.te.ár] 他 **1** (人に)嫌みを言う, 皮肉る. **2** 《古語》照合する. **3** 【音楽】対位法で歌う. ─ 自 《ラ米》 (1) (コンクールなどで)即興詩の歌比べをする. (2) 競う, 競争する. ─ ~·se 再 **1** 角を突き合わせる, いがみ合う, ののしり合う. **2** 《*con*... …に》嫌みを言う.

con·tra·pun·teo [kon.tra.pun.té.o] 男 いがみ合い, 口論. en ~ 《ラ米》《カリ》競争して, 張り合って.

con·tra·pun·tis·ta [kon.tra.pun.tís.ta] 男 女 【音楽】対位法作曲家.

con·tra·pun·to [kon.tra.pún.to] 男 **1** 【音楽】対位法, 対(位)旋律. **2** 【文学】(物語の)同時進行, 並置. **3** 《*a*... …と》好対照をなすもの, (*de*... …の中で)唯一異色のもの. La agilidad de su movimiento fue el ~ refrescante *al* aburrido juego de ayer. 彼[彼女]の俊敏な身のこなしは昨日の退屈な試合とは反対にさわやかなものであった. **4** 《ラ米》《ラプ》吟遊詩人による即興詩の競演[大会]. *de contrapunto* 《ラ米》張り合って, 争って.

con·tra·pun·zar [kon.tra.pun.θár / -.sár] 97 他 釘締(ぎし)めで打ち込む.

con·tra·qui·lla [kon.tra.kí.ja ‖ -.ʎa] 女 【海】張り付けキール, 縦キール.

con·tra·ria [kon.trá.rja] 形 →contrario.

con·tra·ria·do, da [kon.tra.rjá.ðo, -.ða] 形 (*estar*+)不機嫌な；困っている.

con·tra·riar [kon.tra.rjár] 81 他 **1** 不快にさせる, うんざりさせる, いらいらさせる. Esto me *contraría* mucho. これには私はとても悩まされている.

2 反対する；妨害する, 阻む. ～ un proyecto 計画を阻止する. No quiero ～ sus inclinaciones hacia la música. 私は音楽をやりたいという彼[彼女]の気持ちに反対するつもりはない.

＊con·tra·rie·dad [kon.tra.rje.ðáð] 囡 **1** 予期せぬ事故, 障害, 妨害. Surgieron varias ～*es* y no pude llegar a tiempo. 色々と思わぬ邪魔が入って私は遅刻した.
2 不快感, 不機嫌. un gesto de ～ 不快な表情. no poder disimular su ～ 思わず不快な表情をしてしまう. mostrar su ～ むっとした顔になる.
3 反対, 対立関係. la ～ de ambas hipótesis 2つの仮説の対立.

＊con·tra·rio, ria [kon.trá.rjo, -.rja] 形 《名詞＋》《ser＋》
1 《a... …に》《a que＋接続法 …するのに》反対の, 《de... …の》逆の；反意語の；(船の進行方向に)逆風の. producir el efecto ～ a... …の逆効果を生む. al lado ～ de... …の反対側に[へ, を]. manifestar su postura contraria a... …に反対の姿勢を示す. invadir el carril ～ 反対車線に飛び出す[入る]. Se mostró absolutamente ～ *a* la propuesta. 彼はその提案に真向から反対した. Soy *contraria a* que se *prohíba*. 私はそれが禁止されることに反対した.
2 相手の, 敵の；《en... …で》対立する. el equipo ～ 相手チーム. llegar al área contraria 相手陣へ攻め込む. la parte contraria 《スポ》敵方；(裁判で)相手側. **3** 《a... …に》有害な, 害になる.
── 男 囡 **1** 対立者, 競争相手, 敵. Su ～ era más fuerte. 彼[彼女]の対戦相手は彼より強かった.
2 《法》訴訟人, 原告, 訴人.
── 男 **1** 反意語. **2** 逆, 反対. **3** 障害, 妨げ.
── 囡 《話》《ユーモラスに》金. Sonó el móvil: mi contraria. 携帯が鳴った. うちのかみさんだ.
al contrario / *por el* [*lo*] *contrario* 反対に, 逆に, それどころか (▶ por lo の使用は少ない). (muy) *al* ～ de lo que pensaban 彼らの思惑に(全く)反して.
de lo contrario / *en caso contrario* でなければ, さもないと.
en contrario 反して, 反対して. salvo prueba *en* ～ 反証がなければ, そうでないと証明されない限り.
llevar [*hacer*] *la contraria a*＋人 〈人〉に反対する, 逆らう.
lo contrario 反対, 逆. hacer todo *lo* ～ de... …の正反対のことをする. Todo el mundo es inocente mientras no se demuestre *lo* ～. 反証が示されない限り人はみな潔白である.
todo lo contrario 全く反対[逆] ¿Te molesta el humo? ― No, *todo lo* ～. タバコは迷惑ですか. ― いいえ, 反対に.
[←[ラ] contrārium (contrārius の対格；contrā より派生)] [関連] contrariedad. [英] contrary]

con·tra·rra·ya [kon.tra.řá.ja] 囡 (版画で) 交差する線.

con·tra·rre·for·ma [kon.tra.ře.fór.ma] 囡 《史》《宗》対抗[反]宗教改革. ◆16世紀のプロテスタントの宗教改革に対抗するためのカトリック側の改革運動.

con·tra·rre·loj [kon.tra.ře.ló(x)] 形 《性数不変》**1** 大至急の, 時を争う. **2** 《スポ》(主に自転車競技で) タイムトライアルの.
── 囡 《複 ～, ～es》《スポ》タイムトライアルレース. ── 副 大至急(で), 大急ぎで.

con·tra·rre·lo·jis·ta [kon.tra.ře.lo.xís.ta] 男 囡 《スポ》(主に自転車競技で) タイムトライアルが得意な[専門の]選手.

con·tra·rré·pli·ca [kon.tra.ře.pli.ka] 囡 **1** (反論に対する) 答弁, 反論. **2** 《法》(裁判での) 第二ащ答.

con·tra·rres·tar [kon.tra.řes.tár] 他 **1** (効果・影響を) 相殺する, 無効にする. Para ～ las pérdidas hay que aumentar las ventas. 損失を埋めるため, 売り上げを増やさなければならない.
2 対抗する, 立ち向かう；反撃する.
── 自 (球技で) ボールを打ち返す.

con·tra·rres·to [kon.tra.řés.to] 男 **1** (効果・影響の) 相殺, 中和. **2** 対抗, 反撃. **3** (球技の) レシーバー, サーブを受ける人.

con·tra·rre·vo·lu·ción [kon.tra.ře.βo.lu.θjón / -.sjón] 囡 反革命(運動).

con·tra·rre·vo·lu·cio·na·rio, ria [kon.tra.ře.βo.lu.θjo.ná.rjo, -.rja / -.sjo.-] 形 反革命の, 反革命的な. ── 男 囡 反革命家, 反動家.

con·tra·rriel [kon.tra.řjél] 男 《鉄道》護輪軌条.

con·tra·rro·da [kon.tra.řó.ða] 囡 《海》副船首材.

con·tra·rron·da [kon.tra.řón.da] 囡 《軍》(逆の道順でする) 2度目の巡邏(ｼﾞﾕﾝﾗ).

con·tra·rro·tu·ra [kon.tra.řo.tú.ra] 囡 《獣医》(骨折・脱臼(ﾀﾞｯｷﾞｭｳ)用の) 膏薬(ｺｳﾔｸ).

con·tra·se·gu·ro [kon.tra.se.gú.ro] 男 掛金払い戻し保険.

con·tra·se·llar [kon.tra.se.jár ‖ -.ʎár] 他 副封印を押す.

con·tra·se·llo [kon.tra.sé.jo ‖ -.ʎo] 男 (偽造防止のため正規の印に添える) 副封印.

con·tra·sen·ti·do [kon.tra.sen.tí.ðo] 男 **1** 誤解, 勘違い. **2** 矛盾, つじつまの合わないこと. Lo que has dicho es un ～. 君の発言はたわ言だ.

con·tra·se·ña [kon.tra.sé.ɲa] 囡 **1** 符丁, 符号；《IT》パスワード. **2** (商品の納税済みを示す) 証標, 証紙. **3** 《軍》合い言葉. **4** (劇場などで再入場用の) 外出券.

con·tras·ta·ble [kon.tras.tá.ble] 形 **1** 対照できる, 対比される. **2** 〈金・銀などが〉試金[検証] できる, 〈度量衡の〉精度が検定できる.

con·tras·tan·te [kon.tras.tán.te] 形 対立する, 対照的な.

＊con·tras·tar [kon.tras.tár] 自 **1** 《con... …と》対照をなす, 対照的である. colores que *contrastan* 対照的な色. hacer ～ 対照させる, 対比する. Su conducta actual *contrasta con* su moderación habitual. 彼[彼女]の今の振る舞いはいつもの慎ましさからは程遠い. **2** 《a... / con... / contra... …に》立ち向かう, 抵抗する.
── 他 **1** (貨幣・貴金属を) 試金[分析] して刻印を押す. **2** 〈度量衡を〉検査[検定] して精度を保証する.
3 試す, 確かめる. Quise ～ su amor. 私は彼[彼女]の愛情を確かめたかった. **4** 抵抗する.

＊con·tras·te [kon.trás.te] 男 **1** 検証, 分析. Hay que hacer un ～ de información. 情報を検証する必要がある. **2** 対照, 対比；照合. formar ～ 対照をなす. por ～ 対照的に. ～ de colores 色のコントラスト. **3** 対立, 差異. ～ de opiniones 意見の対立. **4** (貴金属の) 純度分析, 試金；刻印. ～ del oro 金の純度分析. **5** 鑑定人. **6** 《写》《TV》コントラスト. **7** (ものさし・ます・分銅など度量衡の) 計器器の) 検査；検査所；検査官. **8** 《海》風向きが正反対の方向に突然変わること.
en contraste con... …と対照的に.

[contrastar (← [中ラ] *contrastāre*; [ラ] *contrā* + [ラ] *stāre*「立っている」より派生; 関連 [英] *contrast*]

con·tras·ti·vo, va [kon.tras.tí.βo, -.βa] 形 〖言〗対照的の. lingüística *contrastiva* 対照言語学.

con·tra·ta [kon.trá.ta] 囡 **1** 契約;契約書. firmar una ～ 契約書に署名する. **2** 請負契約, 請負仕事. La obra se llevó a cabo por ～. 工事は請負で行われた.

***con·tra·ta·ción** [kon.tra.ta.θjón / -.sjón] 囡 〖商〗(主に雇用に関する) 契約. la ～ del personal temporero 季節労働者の雇い入れ.
Casa de Contratación (de Indias) 〖史〗カサ·デ·コントラタシオン, (先住民) 通商院. ◆新大陸との交易, 渡航を監督し, 航海士·水先案内人の養成, 海図の製作などにあたった. 1503年 Sevilla に設立. 18世紀の一時期 Cádiz に移る.

con·tra·tan·te [kon.tra.tán.te] 形 契約する, 契約を結ぶ. las partes ～s 契約当事者.
—男囡 契約者.

***con·tra·tar** [kon.tra.tár] 他 **1** 契約する, 契約を結ぶ, 請け負う. Lo *contrataron* por [en] tres millones de euros. 彼を300万ユーロで契約した. **2** 雇う, 雇い入れる. ～ al mes 月極め契約する. ～ como ama de llaves 家政婦として雇う.
—～·se 再 契約이다;雇われる.

con·tra·te·rro·ris·mo [kon.tra.te.ρo.rís.mo] 男 テロに対する [対抗する] 活動).

con·tra·tiem·po [kon.tra.tjém.po] 男 **1** 不慮の出来事, 偶発事件. Tuve un pequeño ～ en el camino. 私は途中でちょっとした災難に出くわした. **2** 〖音楽〗強拍の移動, コントラテンポ. **3** 〖複数で〗〖馬〗馬の足並みの乱れ.
a contratiempo (1) 〖音楽〗コントラテンポで. (2) 折悪く, 時期外れで.

con·tra·tis·ta [kon.tra.tís.ta] 男囡 契約人, 請負人; 請負業者. ～ de obras 建築請負業者. ～ de obras públicas 公共事業請負業者.

****con·tra·to** [kon.trá.to] 男 **1** 契約. ～ bilateral [unilateral] 双務 [片務] 契約. ～ blindado 高額の退職金を保証した契約. ～ de arrendamiento 賃貸借契約. ～ de compraventa 売買契約. ～ consensual [real] 諾成 [要物] 契約. ～ de trabajo 労働契約. ～ de retrovendendo 買戻し条件付き売買契約. ～ enfitéutico 永代借地契約. ～ gratuito [oneroso] 無償 [有償] 契約. ～ leonino 不平等な契約. ～ basura 〖話〗低賃金で有期の雇用契約.
2 契約書. firmar un ～ 契約書に署名する.
[← [ラ] *contractum* (*contrāhere*「縮める」の完了分詞 *contractus* の対格); 関連 contratar, contratista, traer. [英] *contract*]

con·tra·tor·pe·de·ro [kon.tra.tor.pe.ðé.ro] 男 〖軍〗駆逐艦 (= cazatorpedero).

con·tra·tuer·ca [kon.tra.twér.ka] 囡 〖機〗ロックナット, 止めナット.

con·tra·va·lor [kon.tra.βa.lór] 男 〖商〗対価.

con·tra·va·por [kon.tra.βa.pór] 男 (蒸気機関車の) 背圧式制動装置. dar ～ (停止·後退のため) 蒸気を逆流させる.

con·tra·ven·ción [kon.tra.βen.θjón / -.sjón] 囡 (法規などの) 違反.

con·tra·ve·ne·no [kon.tra.βe.né.no] 男 **1** 解毒剤 (= antídoto). **2** 予防 [防御] 手段, 対策.

con·tra·ve·nir [kon.tra.βe.nír] 45 他 〈法律·命令などに〉違反する, 背く. ～ (a) la ley 法を破る.

con·tra·ven·ta·na [kon.tra.βen.tá.na] 囡 (窓の内側の) 戸;(二重窓の) 内側の窓;よろい戸.

con·tra·ven·tor, to·ra [kon.tra.βen.tór, -.tó.ra] 形 違反する, 破る. —男囡 違反者.

con·tra·ve·ros [kon.tra.βé.ros] 囡 〖複数形〗〖紋〗カウンター·ベア:紋章彩色の毛皮模様の一つ.

con·tra·vi·drie·ra [kon.tra.βi.ðrjé.ra] 囡 (二重窓の) 内側の窓.

con·tra·vien·to [kon.tra.βjén.to] 男 〖建〗筋交い, 補強材.

con·tra·vo·lu·ta [kon.tra.βo.lú.ta] 囡 〖建〗付属の渦巻き飾り.

con·tra·yen·te [kon.tra.jén.te] 形 結婚する.
—男囡 婚約者;新婚の夫 [妻].

con·tre [kón.tre] 男 《ラ米》(ｽﾞｱﾘｼﾞｬ) (ｷ) (動物の) 砂嚢 (ﾉｳ).

con·tre·cho, cha [kon.tré.tʃo, -.tʃa] 形 《ラ米》(ｷｼﾞ) 〖話〗矛盾する.

con·tre·ras [kon.tré.ras] 男 囡 〖単複同形〗〖話〗他人に逆らってばかりいる人;他人と反対のことをする [言う] 人, あまのじゃく.

***con·tri·bu·ción** [kon.tri.βu.θjón / -.sjón] 囡
1 《a... …への》貢献, 寄与, 協力. ～ de la tecnología al desarrollo humano 人類の発展への科学技術の貢献. aportar *contribuciones* 貢献する. ～ económica 経済貢献. ～ de sangre 兵役.
2 税金. *contribuciones* directas [indirectas] 直接 [間接] 税. ～ territorial 地租. imponer *contribuciones* 課税する. ～ urbana 都市部の不動産にかかる税金. **3** 拠出 (金), 分担金.
poner a contribución …を用いる. *Puso a ～ todos sus conocimientos para resolver el problema.* 彼 [彼女] はその問題を解決するのに知識を総動員した.

con·tri·bui·dor, do·ra [kon.tri.βwi.ðór, -.ðó.ra] 形 **1** 貢献する;寄付する. **2** 納税する.
—男囡 **1** 貢献者, 寄付者. **2** 納税者.

****con·tri·buir** [kon.tri.βwír] 48 自 [現分] は *contribuyendo*, [過分] は *contribuído*] 《a... / en... …に》寄与する;…の原因となる. *El ha contribuído mucho al triunfo del equipo.* 彼はチームの勝利に大いに貢献した. *Sus palabras contribuyeron a enrarecer el ambiente.* 彼 [彼女] の言葉でその場の雰囲気が張り詰めた. **2** 《a... / para... …に》《con... 〈額〉を》寄付する. ～ *con* 100 mil yenes 10万円の寄付をする. **3** 税金を支払う.
—他 《por... 〈税金〉として》支払う.

con·tri·bu·ti·vo, va [kon.tri.βu.tí.βo, -.βa] 形 租税の, 納税の;出資の.

contribuy- 語 → contribuir.

***con·tri·bu·yen·te** [kon.tri.βu.jén.te] 形 **1** 貢献する, 寄付する. **2** 納税の. las personas ～s 納税者. —男囡 **1** 貢献者, 寄付者. **2** 納税者. señores ～s 納税者のみなさん (▶政治家のよく使う表現).

con·tri·ción [kon.tri.θjón / -.sjón] 囡 〖カト〗痛悔;悔恨, 悔悟. acto de ～ por sus pecados 罪に対する悔恨の祈り.

con·trin·can·te [kon.triŋ.kán.te] 男 競争相手 [者], 対抗者, ライバル (= competitor, rival). ganar a su ～ 競争相手に勝つ.

con·tris·tar [kon.tris.tár] 他 深く悲しませる, 悲痛な思いをさせる. —～·se 再 悲しむ, 悲嘆に暮れる.

con·tri·to, ta [kon.trí.to, -.ta] 形 悔悛(かいしゅん)した；後悔した.

con·trol [kon.tról] 男 **1 管理, 統制；規制；監視. bajo ～ de... …の管理[監視, 統制]下に. llevar el ～ 管理する. ～ de calidad 品質管理. ～ de cambio 為替管理. ～ de natalidad 産児制限. ～ de velocidad 速度規制. torre de ～《航空》管制塔.
2 制御；抑制. barra de ～ 制御棒. botón de ～ 制御ボタン. ～ automático 自動制御(装置). ～ remoto 遠隔操作(装置)；リモコン. ～ de sí mismo 自制. **3** 検査(所), 検問(所) (= puesto de ～). ～ policial 警察の検問所. ～ de frontera 国境検問所. ～ de pasaportes 旅券審査(所), パスポートコントロール. ～ de sanidad 検疫(所). ～ de seguridad (空港などの)身体・所持品検査(所). **4**《話》小テスト.
fuera de control 制御できない；手に負えない.
perder el control 制御できなくなる；自制を失う, (怒りで)我を忘れる.
sin control 制御できずに；大量に, とてもたくさん.

con·tro·la·ble [kon.tro.lá.ble] 形 **1** 確認できる, 検査[検証]できる. **2** 制御[調整, 統制]できる.

con·tro·la·dor, do·ra [kon.tro.la.ðór, -.ðó.ra] 男 女 制御者；管制官. ～ aéreo 航空管制官. ━ 男《IT》ドライバ.

*con·tro·lar [kon.tro.lár] 他 **1** 管理する, 統制する；監視する. ～ la calidad 品質を管理する. ～ a los presos 囚人を監視する. **2** 検査する. **3** 支配する；制する, 制圧する. **4** 制御する；調整[調節]する. ～ la temperatura 温度管理をする.
━ ～·se 再 自制する. *Se controla* muy bien y nunca pierde la paciencia. 彼[彼女]は感情のコントロールが上手で, 決していらいらしない.

con·trol·ler [kon.tró.ler] 《英》男 女〔複 ～s, ～〕《経》(企業の)コントローラー, 経営(統括)管理者；経理部長.

*con·tro·ver·sia [kon.tro.βér.sja] 女 (特に宗教に関する) 論争, 議論. mantener una ～ 論争する.

con·tro·ver·sis·ta [kon.tro.βer.sís.ta] 男 女 論争者, 論客.

con·tro·ver·ti·ble [kon.tro.βer.tí.ble] 形 論争を起こしうる, 議論の余地のある.

con·tro·ver·ti·do, da [kon.tro.βer.tí.ðo, -.ða] 形 論争を産む, 議論の的となる, 異論の多い. *Es un punto controvertido*. それが論争のポイントだ.

con·tro·ver·tir [kon.tro.βer.tír] [27] 他 議論する, 論争する. ━ 自 議論する, 論争する.

con·tu·ber·nio [kon.tu.βér.njo] 男 **1** 共生, 共同生活；同棲(せい), 内縁. **2** 結託, 共謀.

con·tu·ma·cia [kon.tu.má.θja / -.sja] 女 **1** 頑固さ, 強情, 不服従. **2**《法》(被告の)欠席, 懈怠(けたい). juzgar en ～ 欠席裁判を行う.

con·tu·maz [kon.tu.máθ / -.más] 形〔複 contumaces〕反抗的な, 不服従の, 強情な.

con·tu·me·lia [kon.tu.mé.lja] 女 侮辱, 無礼.

con·tu·me·lio·so, sa [kon.tu.me.ljó.so, -.sa] 形 侮辱的な, 無礼な.

con·tu·me·rio·so, sa [kon.tu.me.rjó.so, -.sa] 形《ラ米》(プ)(ミ)気難しい, 不機嫌な.

con·tun·den·cia [kon.tun.dén.θja / -.sja] 女 **1** (論述・論拠が)説得力のあること, 強力であること. **2** 打撃[打撲]を与えること.

con·tun·den·te [kon.tun.dén.te] 形 **1** 説得力のある, 強力な. argumento ～ 説得力のある論述. prueba ～ 決定的な証拠. **2** 打撃[打撲]を与える. un arma [instrumento] ～ 鈍器.

con·tun·dir [kon.tun.dír] 他 打撲傷[挫傷(ざしょう)]を負わせる, (あざができるほど)打つ, 殴る. ━ ～·se 再 打撲[挫傷]を負う.

con·tur·ba·ción [kon.tur.βa.θjón / -.sjón] 女 不安, 狼狽(ろうばい).

con·tur·ba·do, da [kon.tur.βá.ðo, -.ða] 形 不安な, 狼狽した, 動揺した.

con·tur·ba·dor, do·ra [kon.tur.βa.ðór, -.ðó.ra] 形 不安にさせる, 心をかき乱す, 動揺させる.

con·tur·ba·mien·to [kon.tur.βa.mjén.to] 男 → conturbación.

con·tur·bar [kon.tur.βár] 他 狼狽(ろうばい)させる, 不安にさせる. ━ ～·se 再 狼狽する, 不安になる.

con·tu·sión [kon.tu.sjón] 女 挫傷(ざしょう), 打撲傷. ～ cerebral 脳挫傷.

con·tu·sio·nar [kon.tu.sjo.nár] 他《話》打撲傷を負わせる, (あざができるほど)打つ, 殴る.

con·tu·so, sa [kon.tú.so, -.sa] 形《医》挫傷(ざしょう)した, 打撲傷を負った.

con·tu·tor [kon.tu.tór] 男 共同後見人.

contuv- 活 → contener.

co·nu·co [ko.nú.ko] 男《ラ米》(カブ)(コロン)(ネスエラ)小規模農場.

co·nu·que·ro, ra [ko.nu.ké.ro, -.ra] 男 女《ラ米》(カブ)(コロン)(ネスエラ)小自作農, 小規模農場の所有者.

co·nur·ba·ción [ko.nur.βa.θjón / -.sjón] 女 (周辺の都市群を含む)連合[集合]都市, 大都市圏.

con·va·le·cen·cia [kom.ba.le.θén.θja / -.sén.sja] 女 **1** (病後の)回復(期), 本復. **2** (予後の)療養施設, 保養所 (= casa de ～).

con·va·le·cer [kom.ba.le.θér / -.sér] [34] 自 **1** (病後)健康を回復する. ～ de una enfermedad 快方に向かう. **2** (de... …から)脱する, 立ち直る.

con·va·le·cien·te [kom.ba.le.θjén.te / -.sjén.-] 形 回復期の, 予後の. ━ 男 女 回復期の患者.

con·va·le·ci·mien·to [kom.ba.le.θi.mjén.to / -.si.-] 男 → convalecencia.

con·va·li·da·ción [kom.ba.li.ða.θjón / -.sjón] 女 (書類などの)認定, 認可, 承認.

con·va·li·dar [kom.ba.li.ðár] 他〈資格などを〉認定する, 認可する, 承認する (↔ anular).

con·vec·ción [kom.bek.θjón / -.sjón] 女《物理》対流.

con·ve·ci·no, na [kom.be.θí.no, -.na / -.sí.-] 形 近所の, 近隣の；同じ地域に住む.
━ 男 女 隣人, 近所の人；同じ地域の住民.

con·vec·tor [kom.bek.tór] 男 コンベクター, 対流式放熱器[暖房器].

con·ve·ler·se [kom.be.lér.se] 再《医》けいれんを起こす.

con·ven·ce·dor, do·ra [kom.ben.θe.ðór, -.ðó.ra / -.se.-] 形 説得力のある, 納得させる.

con·ven·cer [kom.ben.θér / -.sér] [98] 他 **1 (para [de] que + 接続法 …するように)〈人を〉説得する. *Le he convencido para que vaya* al médico. 医者に行くように彼を説得した.
2 (de... …を / de que + 直説法 …であるということを)〈人に〉わからせる, 納得させる. *Me han convencido de que* continuar *es* inútil. 続けることは無駄だと説得された.
3〈人の〉気に入る,〈人を〉満足させる. *No me convence* tu explicación. 君の説明に私は合点がいかな

い. ▶ 直接目的人称代名詞ではなく, 間接目的人称代名詞が用いられる傾向がある. ▶ 疑問文, 否定文で用いられることが多い.
— ~·se 再 《de... …を / de que+直説法…であることを》納得する；確信する. *Me convencí de que todo era cierto.* 私はすべてが正しいことがわかった. *¡Convéncete!* 《強調》わかって.
[←[ラ] *convincere* 「打ち負かす」；関連 convencimiento, convencente, convicción. [英] *convince*]

con·ven·ci·do, da [kom.ben.θí.ðo, -.ða / -.sí.-] 形 **1** 納得した, 確信を持った. estar ~ de que... …ということを確信している. **2** 自信のある.

*****con·ven·ci·mien·to** [kom.ben.θi.mjén.to / -.si.-] 男 確信, 納得. llegar al ~ de... …を納得する. tener el ~ de que... …ということを納得[確信]している.

*****con·ven·ción** [kom.ben.θjón / -.sjón] 女 **1** (国家間の・商業的な) 協定, 協約, 取り決め, 条約 (= convenio). ~ internacional 国際協約. ~ de Ginebra ジュネーブ協定. →tratado.
2 慣例, しきたり. *convenciones sociales* 社会的慣習. **3** (主に政党内の) 会議；集会. (米国の二大政党の) 大会. **4** (芸術における) 規範, 常識とされる型.

*****con·ven·cio·nal** [kom.ben.θjo.nál / -.sjo.-] 形 **1** 協定 [協約] の, 取り決められた. *signos ~es* 定められた記号；慣用符号. **2** 慣例的な, 在来の, 通常の. *armas ~es* (核・化学兵器に対して) 通常兵器.
— 男 (会議の) 構成員, 議員.

con·ven·cio·na·lis·mo [kom.ben.θjo.na.lís.mo / -.sjo.-] 男 **1** 慣習尊重(主義).
2 [哲] 約束主義, 規約主義.

con·ven·cio·na·lis·ta [kom.ben.θjo.na.lís.ta / -.sjo.-] 共 慣例を重んじる人, 型にはまった人.

convendr- 活 →convenir.
conveng- 活 →convenir.

con·ve·ni·ble [kom.be.ní.ble] 形 **1** 《価格が》適当な, 手ごろな. **2** 人の言いなりになる, 与(くみ)しやすい.
3 →conveniente.

con·ve·ni·do, da [kom.be.ní.ðo, -.ða] 形 同意した, 取り決められた. el día ~ 約束の日 (に).

*****con·ve·nien·cia** [kom.be.njén.θja / -.sja] 女 **1** 都合, 便利さ, 有利さ, a [según] su ~ 各自の都合に合わせて. matrimonio de ~ 打算的な結婚. ser de la ~ de+人 (人) に適する, 合う, 都合がよい.
2 (主に複数で) 合意, 慣習 (= convención).
3 (使用人の) 職, 働き口. buscar ~ 職を探す.
4 《複数で》(使用人の受ける給料以外の) 心付け.

*****con·ve·nien·te** [kom.be.njén.te] 形 《+名詞 / 名詞+》《ser+》
1 都合がよい；《+不定詞 / que+接続法…であることは》好都合だ. creer [juzgar] ~ 好都合だと判断する. precio ~ 手ごろな価格. *Es ~ tenerlo en cuenta.* そのことを考慮に入れるほうがよい. *No es muy ~ que vengan ahora.* 彼らが今来るのはまずい.
2 《para... …に》適した, 適当な. *Es la persona ~ para esta plaza.* 彼[彼女]はこのポストにふさわしい人物だ.

*****con·ve·nio** [kom.bé.njo] 男 (個人間の・組織どうしの) 協定, 協約. *~s colectivos* (de trabajo) 労働協約. *~s comerciales* 通商協定. ~ postal internacional 国際郵便協定. firmar un ~ de intercambio de estudiantes 学生交換交流協定を結ぶ.

*****con·ve·nir** [kom.be.nír] 45 自 **1** 《a+人 (人) にとって》適当である；ふさわしい. *Esta actitud no conviene a una muchacha tan educada como tú.* この態度は君のようにしつけのよい女性にはふさわしくない.
2 《a+人 (人) にとって》《+不定詞 / +que+接続法…するのは》都合がいい, 適当である. *¿No te conviene ir con ellos?* 彼らと一緒に行くのは君には都合が悪いかね. *No nos conviene que ellos lo sepan.* 彼らがそれを知っていると都合が悪い. ▶ 用例中 te, nos が a+人に相当. **3** 《複数主語で》《en... …で》一致する, 合意する. *Hemos convenido en salir fuera.* 私たちは外出することになった.
— 他 …について合意する, 取り決める.
— ~·se 再 《en... …で》合意する.
[←[ラ] *convenīre* (*com-* 「共に」+ *venīre* 「来る」)；関連 convenio, conveniente, convención, convento. [英] *convenient, convention*]

con·ven·tí·cu·la [kom.ben.tí.ku.la] 女 →conventículo.

con·ven·tí·cu·lo [kom.ben.tí.ku.lo] 男 非合法な会合, 秘密集会, 地下集会.

con·ven·ti·lle·o [kom.ben.ti.ĵé.o ‖ -.ʃé.-] 男 《ラ米》《(1)》《話》うわさ話, ゴシップ.

con·ven·ti·lle·ro, ra [kom.ben.ti.ĵé.ro, -.ra ‖ -.ʃé.-] 形 《ラ米》《(ホ)》うわさ[陰口]好きな.

con·ven·ti·llo [kom.ben.tí.ĵo ‖ -.ʃo] 男 《ラ米》《(ネァ)》《(ネフ)》共同住宅, 安アパート.

*****con·ven·to** [kom.bén.to] 男 **1** [宗] 修道院, 僧院. ~ de monjas 女子修道院. ingresar en un ~ 修道士 [修道女] になる.
2 《ラ米》《(ホ)》司祭館.

類語 *convento* は広い意味での「修道院」を指すのに対して, *monasterio* は規模も大きくふつうは人里離れた所にある修道院を指す. *abadía* は大修道院長 abad のいる修道院. 修道士, 修道女は monje, monja.

[←[ラ] *conventum* (*conventus* の対格) 「会合」；*convenīre* より派生. 関連 [英] *convent*]

con·ven·tual [kom.ben.twál] 形 修道院 [女子修道院] の, ~ vida ~ 修道院生活.
— 男 **1** 修道士. **2** (フランシスコ会の一分会である) コンベンツアル会の修道士. **3** 修道院の説教師.

con·ven·tua·li·dad [kom.ben.twa.li.ðáð] 女 修道院内の居住；(修道士の) 修道院への任命.

convenz- 活 →convencer.

*****con·ver·gen·cia** [kom.ber.xén.θja / -.sja] 女
1 (一点への) 集中；収束, 収斂(れん).
2 (意見・考えなどの) 一致.

con·ver·gen·te [kom.ber.xén.te] 形 **1** 一点に集中する；収束[収斂(れん)]する. tiro ~ 集中砲火.
2 (共通の目的・結論に) 向かう, 至る, 一致する.

con·ver·ger [kom.ber.xér] 100 自 《a... / en...》
1 《(一点) に》集中する, 集まる；収束[収斂(れん)]する. el sitio *en que convergen los dos caminos* 2つの道の合流点.
2 《(共通の目的・結論に)》向かう, 至る；一致する.

con·ver·gir [kom.ber.xír] 100 自 →converger.

con·ver·sa [kom.bér.sa] 女 《話》雑談, 無駄話.
— 活 →conversar.

con·ver·sa·ble [kom.ber.sá.ble] 形 親しみやすい, 人付き合いのよい.

*****con·ver·sa·ción** [kom.ber.sa.θjón / -.sjón] 女 **1** 会話 (すること)；談話. tener una ~ 会話する. entablar ~

…と会話を始める. cambiar de ~ (会話の)話題を変える. **2** 話し方, 話しぶり. persona de ~ amena 会話の楽しい人. **3**《複数で》会談. *conversaciones de paz* 平和会談.
dar conversación a... …を会話に誘う,…とおしゃべりする.
sacar la conversación de... …を話題にする.

con·ver·sa·cio·nal [kom.ber.sa.θjo.nál / -.sjo.-] 形 会話[口語]の, 会話的な;会話体の.

con·ver·sa·da [kom.ber.sá.ða, -.ða] 女《ラ米》(ﾁﾘ)(ﾒｷ)(ｴﾝｸﾞ)(話)(長々とした)おしゃべり, 長話.

con·ver·sa·dor, do·ra [kom.ber.sa.ðór, -.ðó.ra] 形 話し上手な. ─ 男女 話し上手.

con·ver·san·te [kom.ber.sán.te] 男女 対話者, 話し相手.

‡con·ver·sar [kom.ber.sár] 自《con... …と》《de... …について》**会話する**. *Siempre que tenemos tiempo, conversamos de distintos temas.* 時間があれば私たちは様々なことについて会話しています. *Nos gusta mucho ~ con ella.* 私たちは彼女と会話をするのが大好きだ. ─ 他《ラ米》**(1)**(ｺﾛﾝ)(話)《人に》言い寄る, 声をかける. **(2)**(ﾒｷ)(ｺﾞﾙ)述べる. [← [ラ] *conversārī*「(人と)付き合う;会話する」;関連 conversación. [英] *converse, conversation*]

con·ver·sa·ta [kom.ber.sá.ta] 女《ラ米》(ｷ)(話)長話.

con·ver·sión [kom.ber.sjón] 女 **1** 転換, 変換, 変化. **2** 改宗, 回心;転向. *~ al cristianismo*(特にイスラム教・ユダヤ教からの)キリスト教への改宗. *~ política* 政治的転向. **3**【商】兌換(ﾀﾞｶﾝ), 両替. **4**【軍】(隊などの)方向転換, 旋回. **5**【修辞】反復法.

con·ver·so, sa [kom.bér.so, -.sa] 形 (特にイスラム教・ユダヤ教から)キリスト教に改宗した, 転向した. ─ 男女(特にイスラム教・ユダヤ教から)キリスト教への改宗者, 転向者(= confeso);【史】コンベルソ. ─ 男(誓願を立てずに修道院の労働に従事する)助修士.

con·ver·so [kom.bér.so] 活 →conversar.

con·ver·són, so·na [kom.ber.són, -.só.na] 形《ラ米》(ｺｽﾀ)(ﾆｶﾗ)(話)おしゃべりな, 話好きな.

con·ver·sor [kom.ber.sór] 男【IT】(データ)コンバータ, 情報データ変換アプリケーション[装置].

con·ver·ti·bi·li·dad [kom.ber.ti.bi.li.ðáð] 女 変えられること, 変換可能性;兌換(ﾀﾞｶﾝ)可能性.

con·ver·ti·ble [kom.ber.tí.ble] 形 **1** 変えられる, 変換[転換]できる. **2**《貨幣が》兌換(ﾀﾞｶﾝ)可能な. *moneda ~* 兌換貨幣. ─ 男【車】コンバーチブル.

con·ver·ti·dor [kom.ber.ti.ðór] 男 **1**【冶】変換炉. **2**【電】変換器, コンバーター;【IT】変換器. *~ de frecuencia* 周波数変換器. *~ de imagen* 映像変換器. **3**(原子力の)転換炉.

‡con·ver·tir [kom.ber.tír] 27 他 **1**《en... …に》**変える**. *~ el hielo en agua* 氷を水にする. *Convirtió la tienda en un restaurante.* 彼[彼ら]はお店をレストランに改装した. *Sus esfuerzos la ha convertido en millonaria.* 彼女は努力で大金持ちになった. **2**《en... …に》改心させる, 改宗させる. *~ a+人 al catolicismo*〈人〉をカトリック信者にする. ─ **~·se** 再 **1**《en... …に》**変わる**, 変化する. *La desesperanza se han convertido en alegría.* 絶望が喜びに変わった. **2**《en... …に》変身する, なる. *Tras su éxito se ha convertido en uno de los actores más famosos.* その成功で彼はもっとも有名な俳優のひとりになった. **3**《a... …に》改心する, 改宗する. [← [ラ] *convertere*「裏返す」;関連 conversión, converso. [英] *convert*]

con·ve·xi·dad [kom.bek.si.ðáð] 女 凸状, 凸面.

con·ve·xo, xa [kom.bék.so, -.sa] 形 凸状の, 凸面の, 中高の(↔cóncavo). [← [ラ] *convexum* (*convexus* の対格)「曲がった」]

‡con·vic·ción [kom.bik.θjón / -.sjón] 女 **1 確信**. *Tengo la ~ de que ella me miente.* 私は彼女が私にうそをついていると確信している. **2**《主に複数で》信念, 信条. *convicciones políticas* 政治的信条. *en contra de sus convicciones* 自分の信念に反して.

con·vic·to, ta [kom.bík.to, -.ta] 形【法】犯行が立証された. *~ y confeso*(犯行の)立証と自白. ─ 男女 有罪を宣告された(人, 受刑者, 既決囚, 囚人.

con·vic·to·rio [kom.bik.tó.rjo] 男(イエズス会の学校の)寄宿舎.

con·vi·da·da [kom.bi.ðá.ða] 女(話)酒をおごること. *dar [pagar] una ~* 酒をおごる.

con·vi·da·do, da [kom.bi.ðá.ðo, -.ða] 男女(パーティーなどの)招待客;客.
estar como el convidado de piedra《話》(石像のように)黙りこくっている人, 無口である. ◆*Tirso de Molina* 作 *El burlador de Sevilla y ~ de piedra*『セビーリャの色事師と石の招客』に出てくる Calatrava の騎士団長 Gonzalo de Ulloa の石像にちなんで用いられる.

‡con·vi·dar [kom.bi.ðár] 他 **1 招待する**, 招く, 誘う(= invitar). *Me ha convidado a cenar.* 彼[彼女]は私を夕食に招いてくれた. *~ a+人 con...*〈人〉の…を差し出す, 提供する.
2《a...》(…へと)誘い込む, 《…する》気を起こさせる. *Los alimentos salados convidan a beber.* 塩辛い食べ物を取ると何か飲みたくなる. *un ambiente que convida al estudio* 勉強する気を起こさせる環境.
─ **~·se** 再 自分から申し出る, 進んでやる;(パーティーなどに)押しかける.

convien- 活 →convenir.
conviert- 活 →convertir.
convin- 活 →convenir.

‡con·vin·cen·te [kom.bin.θén.te / -.sén.-] 形 説得力のある. *testimonios ~s* 決定的証拠.

convirt- 活 →convertir.

con·vi·te [kom.bí.te] 男 **1** 招くこと, 招待. *rehusar un ~* 招待を断る. **2** 饗宴(ｷｮｳｴﾝ), 祝宴, 晩餐(ﾊﾞﾝｻﾝ). **3**《ラ米》**(1)**(ﾌﾟｴ)(見世物・祭りの)触れ込み. **(2)**(ｺﾛﾝ)(ﾊﾞﾗｸﾞ)互助. **(3)**(*ｴﾙ)宣伝ూ.

‡con·vi·ven·cia [kom.bi.ßén.θja / -.sja] 女 **1 共同生活**;同居, 同棲(ﾄﾞｳｾｲ). **2 共存**, 共生.

‡con·vi·vir [kom.bi.ßír] 自 **1**《con... …と》一緒に住む, 同居する, 同居する. ▶ 複数主語で用いることがある. **2 共存する**, 共生する.

con·vo·ca·ción [kom.bo.ka.θjón / -.sjón] 女 招集, 召喚.

con·vo·can·te [kom.bo.kán.te] 形 招集する, 動員をかける.

‡con·vo·car [kom.bo.kár] 102 他 **1**《a... …に》〈人を〉**招集する**, 呼び出す. *~ a los miembros a la junta* 委員会に委員を招集する. *~ al pueblo a las urnas* 国民に選挙を呼びかける.
2(採用試験・選挙などを)公示する;《集会など(の実施)を》知らせる. *~ un premio* 賞への応募を呼びかける. *Las oposiciones a funcionario han sido*

convocadas para el próximo mes. 公務員の採用試験は来月実施されることになった.

3 〈人に〉拍手かっさいする.

*con·vo·ca·to·ria [kom.bo.ka.tó.rja] 囡 **1** 募集, 公募；招集；開催. *acudir a la ~* 募集に応募する. *~ de oposiciones para...* …の採用（試験）の公募. **2** 募集要綱；招集[開催]通知. **3** （特に大学の）試験（期間）. **4** （ストライキの）指令（書）. *una ~ de huelga general* ゼネストの指令.

con·vo·ca·to·rio, ria [kom.bo.ka.tó.rjo, -.rja] 形 呼び集める，招集の.

con·vol·vu·lá·ce·o, a [kom.bol.ƀu.lá.θe.o, -.a / -.se.-] 形《植》ヒルガオ科の.
── 囡 ヒルガオ科の植物；《複数で》ヒルガオ科.

con·vól·vu·lo [kom.ból.ƀu.lo] 男 **1** 《昆》（ブドウにつく）毛虫.
2 《植》ヒルガオ科の総称；サンシキヒルガオ.

convoque(-) / convoqué(-) 活 → convocar.

con·voy [kom.bói] 男 **1** 輸送船団, 輸送自動車隊, 輸送隊. **2** （輸送の）護衛, 警護；護衛隊. **3** 列車. **4** 《話》随員, 同行者, 随行団. **5** （酢・油・塩・コショウなどの）調味料立て, キャスター. **6** 《話》牧畜, 牛飼い.

con·vo·yar [kom.bo.jár] 他 **1** 《まれ》〈輸送部隊を〉護衛する, 護送する. **2** 《ラ米》(1) 《ホキン》(商売で)援助する. (2) 《テテネシ》誘い込む. ── **~·se** 再 《ラ米》《ホキンス》共謀する, 陰謀を企てる.

con·vul·sión [kom.bul.sjón] 囡 **1** 《医》けいれん, 引きつけ. *~ psicomotora* 精神運動発作. *tener convulsiones* けいれんを起こす.
2 （地面などの）震動. **3** （社会的・政治的な）異変, 激変, 騒乱. *convulsiones políticas* 政治的動乱.

con·vul·sio·nar [kom.bul.sjo.nár] 他 **1** けいれんを起こさせる. **2** 混乱させる, 動揺させる. *El terrorismo ha convulsionado al pueblo entero.* テロが国民全体を震撼(ﾅｶﾝ)させた.

con·vul·sio·na·rio, ria [kom.bul.sjo.ná.rjo, -.rja] 形 けいれん性の, 引きつけを起こす.
── 男 囡 けいれんする人, 引きつけを起こした人.

con·vul·si·vo, va [kom.bul.sí.ƀo, -.ƀa] 形 けいれん性の, 発作的な.

con·vul·so, sa [kom.búl.so, -.sa] 形 **1** けいれんした, 引きつけを起こした. *rostro ~ de terror* 恐怖で引きつった顔. **2** 怒りに震える, 激高した.

con·yu·gal [koɲ.ju.gál] 形 結婚の, 婚姻（上）の；夫婦の. *vida ~* 結婚生活.

cón·yu·ge [kóɲ.ju.xe] 男 囡 **1** 配偶者, 連れ合い（= *consorte*）. **2** 《複数で》夫婦.

con·yu·gi·ci·da [koɲ.ju.xi.θí.ða / -.sí.-] 男 囡 配偶者殺しの人.

con·yu·gi·ci·dio [koɲ.ju.xi.θí.ðjo / -.sí.-] 男 配偶者殺し, 夫[妻]殺し.

co·ña [kó.ɲa] 囡 《俗》**1** ざれ言, 冗談, おどけ, ふざけ. *tomar... a ~* …を冗談と取る. *estar siempre de ~* いつもふざけてばかりいる.
2 退屈なもの, うんざりさせるもの. *Esta película es una ~.* この映画は最低だ. *~ coño* の婉曲表現. *ni de coña*《俗》《否定文で》絶対に（…しない）.

co·ñá [ko.ɲá] 男《複 ~s》→ coñac.

co·ñac [ko.nák] 男《複 ~s》コニャック.
[← 《仏》*cognac* ← *Cognac*（産地名）]

co·ña·zo [ko.ɲá.θo / -.so] 男 **1** 《俗》鼻持ちならない人；つまらないもの. *Esta película es una ~.* この映画はつまらない. **2** 《ラ米》《ﾎﾞﾘﾋﾞｱ》《話》強烈な打撃. *dar el coñazo a+人* 〈人〉をうんざりさせる；足を

引っ張る.

co·ñe·te [ko.ɲé.te] 形《ラ米》《ﾁﾘ》《ｺﾞｱ》《話》けちな, しみたれた.

co·ño [kó.ɲo] 男 **1** 《卑》女性性器.
2 *¡C~!*《俗》くそっ, ちくしょう；あれっ. *¡Cierra la puerta, ~!* 何やってるんだ, 早く戸を閉めろ.
3 《疑問詞と共に》《俗》《軽蔑》全体. *¿Qué ~ quieres decir?* いったい何が言いたいんだ？
4 《ラ米》《ﾎﾞﾘﾋﾞｱ》《話》《軽蔑》スペイン人.
el quinto coño《俗》へんぴな所.
estar hasta el coño de...《俗》…にうんざりしている.
ni qué coño《俗》そんなことはない. *¡Qué cansancio ni qué ~!* 疲れただって, ふざけるな.
¡Qué coño!《俗》わかったか；ばかなこと言うな.
ser como el coño de Bernarda《俗》乱雑を極めている.
tener a+人 hasta el coño con...《俗》《主に女性の台詞》…で〈人〉をうんざりさせる. *Me tienes hasta el ~ con tus conductas machistas.* あなたの女性蔑視の言動にはうんざりだわ.

cook·ie [kú.ki] 《英》囡《複 ~s》**1**《ＩＴ》クッキー：ウェブページにアクセスした際に作成され，ユーザのコンピュータに保存される情報ファイル.
2 ビスケット, クッキー.

cool [kúl]《英》形《性数不変》《話》とてもいい, かっこいい, いかした. ── 男《音楽》クールジャズ.

coo·lí [ku.lí] 男 → culi.

coo·lie [kú.li] 《英》男《複 ~s, coolíes》→ culi.

co-op [kó.op]《略》*cooperativa* 協同組合.

*co·o·pe·ra·ción [ko.(o).pe.ra.θjón / -.sjón] 囡 協力, 協同, 協業. *Es necesaria la ~ entre los vecinos.* 近隣住民の協力が必要だ.

co·o·pe·ra·dor, dora [ko.(o).pe.ra.ðór, -.ðó.ra] 形 協力的な, 協調的な, 協同の.
── 男 囡 協力者, 協同者.

co·o·pe·ran·te [ko.(o).pe.rán.te] 形 協力する, 協調的な.

*co·o·pe·rar [ko.(o).pe.rár] 自 《a... / en...に》協力する, 力を合わせる；共同して行う. *~ al buen éxito de...* …の成功に協力[貢献]する. *~ a un mismo fin* 共通の目的のために協力する.

co·o·pe·ra·ti·vis·mo [ko.(o).pe.ra.ti.ƀís.mo] 男 協同組合運動[主義, 制度].

co·o·pe·ra·ti·vis·ta [ko.(o).pe.ra.ti.ƀís.ta] 形《経済》**1** 協同組合（運動）の. **2** 協同組合に参加した. ── 男 囡 協同組合員.

*co·o·pe·ra·ti·vo, va [ko.(o).pe.ra.tí.ƀo, -.ƀa] 形 協力の, 協同による. ── 囡 **1** 協同組合. *cooperativa agrícola* 農業協同組合. *cooperativa de consumo* 生活協同組合. **2** 協同組合の店, 生協；スーパーマーケット.

co·o·po·si·tor, tora [ko.(o).po.si.tór, -.tó.ra] 男 囡 （採用試験などの）競争者, 競争相手.

co·op·ta·ción [ko(.o)p.ta.θjón / -.sjón] 囡 （組合などの団体の構成員が）新会員を選出すること.

co·op·tar [ko(.o)p.tár] 他 互選する, 選出する.

co·or·de·na·do, da [ko(.o)r.ðe.ná.ðo, -.ða] 形《数》座標の. *eje ~* 座標軸. ── 囡《数》座標.

*co·or·di·na·ción [ko(.o)r.ði.na.θjón / -.sjón] 囡
1 （複数のもの・人の）調整, 整理；配列.
2 《文法》等位, 等置法.

co·or·di·na·do, da [ko(.o)r.ði.ná.ðo, -.ða] 形 **1** 調整された；秩序よく配列された；整理された.
2 《文法》等位の.

*co·or·di·na·dor, dora [ko(.o)r.ði.na.ðór,

dó.ra] 形《複数のもの・人を》調整する, 配列の.
— 男 女 調整者, コーディネーター.
co･or･di･na･mien･to [ko(.o)r.ði.na.mjén.to] 男 → coordinación.
co･or･di･nan･te [ko(.o)r.ði.nán.te] 形 → coordinativo.
*co･or･di･nar [ko(.o)r.ði.nár] 他《複数のもの・人を》調整する, 整理し, 連携させる. ～ (los) esfuerzos 力を結集する.
co･or･di･na･ti･vo, va [ko(.o)r.ði.na.tí.ƀo, -.ƀa] 形 **1** 調整用の, 整理用の. **2**《文法》等位の.

co･pa [kó.pa] 女 **1《脚付きの》グラス; グラス1杯分の《の液体, 特に酒》. ～ de champán シャンパン・グラス. una ～ de jerez シェリー酒1杯.
2 酒;《酒類が供される》パーティー, カクテルパーティー. ir de ～s《話》飲みに行く. estar de ～s《話》飲み歩いている. ¿Te apetece una ～? 一杯どう?
3《スポ》優勝杯; 優勝杯争奪戦. ganar la ～ 優勝する. la C～ del Rey 国王杯. ～ mundial ワールドカップ. **4**《植》樹冠. **5**《服飾》(帽子の)山, クラウン;《ブラジャーの》カップ. sombrero de ～ (alta) シルクハット. **6**《遊》《スペイン・トランプ》聖杯(のカード). **7** [C-]《星座》コップ座(= Cráter). **8** コパ: スペインで用いられる液体の体積の単位 (0.126リットル). **9**《主に複数で》馬銜(はみ)の頭部. **10**《ラ米》(ラプラタ)(1)《車》ホイールキャップ. (2) 酒利き(の人).
apurar la copa del dolor [de la desgracia]《文章語》悲哀[悲運]が極まる.
como la copa de un pino《話》ものすごい, はなはだしい, 並外れた. mentira *como la ～ de un pino* とんでもないうそ. un artista *como la ～ de un pino* 大変優れた芸術家.
copa de vino español カクテル・パーティー.
echar por copas《ラ米》(チリ)(ペル)《話》考えすぎる.
tener [llevar] una copa de más 少々酔っている, ほろ酔いである.
[←《俗》*cuppa*;【関連】《英》*cup*]

co･pa･da [ko.pá.ða] 女《鳥》カンムリヒバリ.
co･pa･do, da [ko.pá.ðo, -.ða] 形 **1** 枝葉の茂った, こんもりした. **2**《話》進退きわまった, 困り果てた.
co･pai･ba [ko.pái.ƀa] 女 **1**《植》コパイバ: 南米産マメ科の植物.
2 コパイバ・バルサム: ワニス・ラッカー用の天然樹脂.
[←《ポルトガル》*copaíba*（トゥピ語起源）]
co･pa･í･na [ko.pa.í.na] 女《化》コパイバ・バルサムの成分[樹脂].
co･pal [ko.pál] 男《ラ米》(メ米)(ラプ)(ワニス・ラッカーの原料樹脂)コパル. [←〔ナワトル〕*copalli*「松やに」]
co･pa･mien･to [ko.pa.mjén.to] 男《ラ米》(アリ)(示威行動としての)占拠行為, 座り込み.
co･pan･te [ko.pán.te] 男《ラ米》(メ米)(ペル)小川を渡る飛び石.
co･pa･qui･ra [ko.pa.kí.ra] 女《ラ米》(ペル)(ボリ)硫酸塩, 硫酸銅.

*co･par [ko.pár] 他 **1**《賞・議席などを》独占する; 圧勝する. ～ las medallas メダルを独占する. ～ todos los puestos en una elección 選挙で全議席を占める. **2**《俗》(賭博(とばく)で)賭け金全額に等しい額を賭ける. ～ la banca (トランプ) 親と同額を単独で賭ける. **3**《スポ》大勝[楽勝]する. ～ los primeros puestos 上位を独占する. **4**《軍》《敵の》退路を断つ. **5**《ラ米》(グアテ)阻む, 防ぐ.
co･par･ti･ci･pa･ción [ko.par.ti.θi.pa.θjón / -.si.-.sjón] 女 協同, 参加, 共有; 分配, 分担.
co･par･tí･ci･pe [ko.par.tí.θi.pe / -.si.-] 男 女

1 共同参加[所有]者, 協力者. **2**《共同の》損益分配者.
co･pa･ye･ro [ko.pa.jé.ro] 男《植》コパイバ.
co･pa･zo [ko.pá.θo / -.so] 男《話》(グラス・コップ1杯分の)酒: 通常は一気にあおる酒を指す.
co･pe [kó.pe] 男 **1**《ラ米》(メ米)(隠) 陶酔, 熱中. **2** 漁網の中央部の最も目の細かい部分.
COPE [kó.pe] 女《略》スペインのラジオ局 *Cadena de Ondas Populares Españolas*.
co･pe･ar [ko.pe.ár] 自 **1** 酒を飲み歩く. **2** 飲み物をカップ売りする.
có･pec [kó.pek] / **co･pec** [ko.pék] 男[複 ～s] コペイカ: ロシア・旧ソ連などの通貨制単位ルーブル (= 100コペイカ) の補助単位.
co･pe･ca [ko.pé.ka] 女 → cópec.
co･pe･chi [ko.pé.tʃi]《ラ米》(アルゼ)《昆》ホタル.
co･peck [ko.pék] 男 → cópec.
COPEI [ko.péi]《略》*Comité para la Organización Política y Electoral Independiente* 独立選挙政治組織委員会(キリスト教民主党): ベネズエラの政党.
co･pe･la [ko.pé.la] 女(金・銀精錬用の)灰吹き皿, 骨灰皿.
co･pe･la･ción [ko.pe.la.θjón / -.sjón] 女《冶》灰吹き法: 灰吹き皿を使用する金・銀と鉛の酸化分離法.
co･pe･lar [ko.pe.lár] 他《金・銀を》灰吹き皿で精錬する.
Co･pen･ha･gue [ko.pe.ná.ge] 固名 コペンハーゲン: デンマークの首都.
[原義は「商人の港」（〔デンマーク〕*havn* は「港」の意）]
co･pe･o [ko.pé.o] 男 飲み歩き, はしご酒. Se fue de ～ con sus amigos. 彼[彼女]は友だちと飲みに行った.
co･pé･po･do, da [ko.pé.po.ðo, -.ða] 形《動》橈脚(とうきゃく)類の. — 男《複数で》橈脚類: ミジンコなどを含む甲殻綱の一亜綱.
co･pe･ra [ko.pé.ra] 女 **1** グラス置き場; コップ戸棚. **2**《ラ米》(アルゼ)ウェイトレス.
co･per･ni･ca･no, na [ko.per.ni.ká.no, -.na] 形 コペルニクスの, コペルニクス学派の. *revolución copernicana* コペルニクス的転回(ものの考え方などがらりと正反対になること).
— 男 女 コペルニクス学派の天文学者.
Co･pér･ni･co [ko.pér.ni.ko] 固名 コペルニクス *Nicolás* ～ (1473-1543): 地動説を提唱したポーランドの天文学者. *el sistema de* ～ 地動説(► 「天動説」は *el sistema Tolomeo [Ptolomeo]*).
co･pe･ro, ra [ko.pé.ro, -.ra] 形 **1**《競技などが》優勝カップのかかった. **2**《選手・チームが》優勝した. — 男 **1**《宴席での》酒つぎ係, 酌人. ～ *mayor del rey [de la reina]* 宮廷の宴席での主席酌人.
2（グラス類の）キャビネット, 飾り棚.
co･pe･te [ko.pé.te] 男 **1** 前髪. **2**（鳥の）冠毛;（馬の）前髪. **3**（アイスクリームなどの）容器から盛り上がった部分. **4**（山などの）頂上, 最高部. **5**（家具の）上部縁取り(装飾); 靴の舌革. **6** 高慢, 尊大.
de alto copete 貴族の; 名門の.
estar hasta el copete de...《話》《ラ米》(メ米)(ペル)《話》…にうんざりしている, 食傷している.
co･pe･tín [ko.pe.tín] 男 **1** カクテルパーティー.
2《ラ米》(1) リキュールグラス, 小グラス. (2) 食前酒, カクテル.
co･pe･tón, to･na [ko.pe.tón, -.tó.na] 形 **1**〈鳥が〉冠毛のある. **2**《話》ほろ酔いの. **3**《ラ米》(コロン)《話》臆病(おくびょう)な, 気の弱い.
co･pe･tu･do, da [ko.pe.tú.ðo, -.ða] 形 **1** 冠毛の

ある. **2** 高貴な生まれの, 名門の, 上流の. **3** 高慢な, 横柄な, 尊大な. **4** 《ラ米》《ﾌﾞｴﾉｽ》《話》えらい, 重要な.
— 女 **1** 《鳥》ヒバリ. **2** 《ラ米》《ｴｸｱ》《ｺﾒ》《植》キンセンカ.

co·pey [ko.péi] 男 《ラ米》《ｴｸｱ》《ｺﾛﾝﾋﾞｱ》《ﾍﾞﾈｽﾞｴﾗ》《植》クルシア (ロゼア): オトギリソウ科の植物. 黄色または赤い花をつけ, 実は毒性をもつ.

***co·pia** [kó.pja] 女 **1** 写し, コピー, 複製. sacar una 〜 de... …のコピーを1枚取る. 〜 al carbón / 《ラ米》 〜 carbónica カーボン紙による写し. 〜 del contrato 契約書の写し. 〜 de la llave 合鍵. 〜 en limpio 清書. 〜 legalizada 原本証明のある写し. 〜 de seguridad 【IT】バックアップ. **2** (同時に印刷された本などの) 部, 冊, 枚; (写真・テープなどの) 複製. cien 〜s de este libro 本書100部. hacer una 〜 de la cinta テープをダビングする. 〜 intermedia [lavender] 《映》(複製用の) ポジフィルム. 〜 por contacto 《写》コンタクトプリント, 密着印画. **3** 模写, 模倣. Este cuadro es una 〜 de Dalí. この絵はダリの複製だ. **4** 生き写し. María es una 〜 de su madre. マリアは母親と瓜二つだ. **5** 《文章語》量; 多量, 大量. gran 〜 de... 大量の….
[←〔ラ〕*cópiam* (*cópia* の対格) 「豊富」;「複製」の意味は16世紀ころより; 関連 copiar, copioso. [英] *copy*]

co·pia·dor, do·ra [ko.pja.ðór, -.ðó.ra] 形 複写する, 写しの, コピーの. — 男 女 複写する人, 写字生.
— 男 **1** 複写用機器. **2** 書簡[信書]控え帳.
— 女 コピー機.

co·pian·te [ko.pján.te] 男 女 **1** まねをする人, 模倣者; 他人の宿題などを写す子供. **2** →copista.

***co·piar** [ko.pjár] 82 他 **1** 〈文書などを〉書き写す; 〈画像などを〉複写する; 〈口述などを〉書き取る; 【IT】コピーする. 〜 una carta a máquina [mano] 手紙をワープロ[手]で書き写す. 〜 un examen 他人の答案をカンニングする. 〜 a Goya ゴヤの絵を模写する. 〜 una cinta de vídeo ビデオをダビングする. 〜 lo que le dictan 口述を筆記する. 〜 y pegar 【IT】コピー・アンド・ペーストする.
2 模倣する, まねる. La niña *copia* a su madre en los gestos. 女の子は母親の身のこなしをまねる.
— 自 カンニングする. El estudiante fue sorprendido *copiando* en un examen. その学生はテストでカンニングをしているところを見つかった.

co·pi·chue·la [ko.pi.tʃwé.la] 女 《話》(グラス1杯分の) 酒.

co·pi·hue [ko.pí.(g)we] 男 《ラ米》《ｱﾙｾﾞﾝﾁﾝ》《ﾁﾘ》《植》パキランコ. ◆チリの国花.

co·pi·lar [ko.pi.lár] 他 編纂(ﾍﾝｻﾝ)する.

co·pi·lo·to [ko.pi.ló.to] 男 女 **1** 《航空》副操縦士. **2** (自動車レースなどの) 交替レーサー.

co·pi·na [ko.pí.na] 女 《ラ米》《ｺﾛﾝ》《農》(家畜を) 丸ごとはいだ皮; 衣服, 衣類.

co·pi·nar [ko.pi.nár] 他 《ラ米》《ｺﾛﾝ》〈動物の〉 皮をはぐ; 解く, ほどく.

co·pión, pio·na [ko.pjón, -.pjó.na] 男 女 《話》《軽蔑》(他人の行動や作品を) まねる人, まねっ子.
— 男 (絵画などの) まずい模写.

co·pio·sa·men·te [ko.pjó.sa.mén.te] 副 大量に.

co·pio·si·dad [ko.pjo.si.ðáð] 女 豊富, 大量.

***co·pio·so, sa** [ko.pjó.so, -.sa] 形 **豊富な**, たくさんの, ふんだんにある. una comida *copiosa* 盛りだくさんの食事. lluvias *copiosas* 大雨. 〜 botín 大量の戦利品. *copiosa* cabellera 豊かに波打つ髪.

co·pio·ta [ko.pjó.ta] 形 《軽蔑》模倣の, 真似をす

る. — 男 女 《軽蔑》模倣者, まねしんぼ.

co·pis·ta [ko.pís.ta] 男 女 写本者, 筆耕, 写字生; 複写[謄写]係.

co·pis·te·rí·a [ko.pis.te.rí.a] 女 コピーセンター, コピー屋. ◆簡易製本なども行うことが多い.

co·pla [kó.pla] 女 **1** コプラ: (一般に8音節4行からなる) 韻文作品, 短詩. **2** (主に複数で) 詩, 歌節. hacer 〜s 《話》詩を書く. **3** (Andalucía の) 民謡. **4** (主に複数で) うわさ. **5** 《ラ米》《ｱﾙｾﾞﾝﾁﾝ》《ｷ》《ｳﾙｸﾞｱｲ》 パイプの継ぎ手.
andar en copla 《話》人のうわさになる, 話題の的である.
copla de arte mayor 12音節8行詩.
copla de arte menor 8音節8行詩.
copla de Calaínos 場違いな話; 聞き飽きた話.
copla de ciego 《話》聞くに堪えない歌, へぼ歌.
copla de pie quebrado 音節数の異なる詩行からなる4-12行詩.
echar coplas a+人 《話》〈人〉の悪口を言う.
[←「詩行のまとまり」 ←〔ラ〕*cópula* 「結合」]

co·pla·na·rio, ria [ko.pla.ná.rjo, -.rja] 形 《数》共面の, 同一平面上の. fuerzas *coplanarias* 共面力.

co·ple·ar [ko.ple.ár] 自 歌謡[バラード]を作る, 弾き語りする; 歌う.

co·ple·ro, ra [ko.plé.ro, -.ra] 男 女 **1** 歌謡[バラード]を作って売る人. **2** へぼ詩人, 三流詩人.

co·plis·ta [ko.plís.ta] 男 女 →coplero.

co·po [kó.po] 男 **1** (雪の) ひとひら, 雪片. **2** (麻・毛・亜麻・綿などの) 玉, 房. **3** ふわふわした塊. **4** 袋網, 袋網漁. **5** 《ラ米》(1) 《ｱﾙｾﾞﾝﾁﾝ》積乱雲. (2) 《ｱﾙｾﾞﾝﾁﾝ》《ｳﾙｸﾞｱｲ》木の頂, 樹冠.

co·pón [ko.pón] 男 **1** 《宗》聖体容器, チボリウム. **2** 《ラ米》《ｱﾙｾﾞﾝﾁﾝ》漁網, 筌(ｳｹ).
del copón 《話》すごい.
[copa +増大辞]

co·po·se·sión [ko.po.se.sjón] 女 共同所有; 共有権.

co·po·se·sor, so·ra [ko.po.se.sór, -.só.ra] 男 女 共同所有者, 共有者.

co·po·so, sa [ko.pó.so, -.sa] 形 こんもり茂った.

co·pra [kó.pra] 女 コプラ: ココヤシの胚乳(ﾊｲﾆｭｳ)を乾燥したもので, ヤシ油の原料.

co·prín·ci·pe [ko.prín.θi.pe / -.si.-] 男 アンドラ公国の共同首長: フランス元首およびウルヘル Urgel 司教のそれぞれ. →Andorra.

co·pro·a·ná·li·sis [ko.pro.a.ná.li.sis] 男 《単複同形》検便, 便検査.

co·pro·duc·ción [ko.pro.ðuk.θjón / -.sjón] 女 《映》《TV》共同製作, 合作.

co·pro·du·cir [ko.pro.ðu.θír / -.sír] 37 他 《映》《TV》《音楽》《演》共同で制作する, 合作する.

co·pro·duc·tor, to·ra [ko.pro.ðuk.tór, -.tó.ra] 形 《映》《TV》《音楽》《演》共同製作の.
— 男 女 共同制作者[プロデューサー].

co·pro·fa·gia [ko.pro.fá.xja] 女 食糞, 排泄(ﾊｲｾﾂ)物摂取; 食糞(ﾀﾝ)症, 汚食症.

co·pró·fa·go, ga [ko.pró.fa.go, -.ga] 形 食糞(性)の.

co·pro·li·to [ko.pro.lí.to] 男 **1** 《地質》糞(ﾌﾝ)化石: 動物の糞の化石. **2** 《医》糞石, 腸石.

co·pro·pie·dad [ko.pro.pje.ðáð] 女 共同所有; 共有権; 共有物.

co·pro·pie·ta·rio, ria [ko.pro.pje.tá.rjo, -.rja] 形 共同所有の, 共有の.

—男女 共同所有者, 共有者.
co·pro·ta·go·nis·ta [ko.pro.ta.ɣo.nís.ta] 男女 《映》《演》複数いる主演者のそれぞれ, 共演者.
cóp·ti·co, ca [kóp.ti.ko, -.ka] 形 → copto.
cop·to, ta [kóp.to, -.ta] 形 コプト人[語]の. iglesia *copta* コプト教会(◆キリスト単性説[論]を信じ, 典礼にコプト語を用いる). —男女 コプト人：エジプトの土着キリスト教徒. —男 コプト語：アフロ・アジア語族の一つ. 古代エジプト語の継承形で16世紀に死滅.
co·pu·cha [ko.pú.tʃa] 女《ラ米》(ﾁ)《話》デマ, うそ.
hacer copuchas《ラ米》(ﾁ)《話》ほおを膨らませる.
co·pu·char [ko.pu.tʃár] 自《ラ米》(ﾁ)《話》デマを飛ばす.
co·pu·chen·to, ta [ko.pu.tʃén.to, -.ta] 形《ラ米》(ﾁ)《話》うそつきな, 当てにならない.
co·pu·do, da [ko.pú.ðo, -.ða] 形 こんもり茂った.
có·pu·la [kó.pu.la] 女 1 性交, 交接；交尾(＝carnal). 2《解剖》接合子. 3 結合, 連絡. 4《文法》繫辞(ｼ), (文の主部と述部をつなぐ)連結詞. 5《建》円屋根.
co·pu·la·ción [ko.pu.la.θjón / -.sjón] 女 性交, 交接, 交尾.
co·pu·la·dor, do·ra [ko.pu.la.ðór, -.ðó.ra] 形 交接する；交接[交尾]のための.
co·pu·lar·se [ko.pu.lár.se] 再 性交する, 交接する；交尾する.
co·pu·la·ti·vo, va [ko.pu.la.tí.βo, -.ßa] 形 1 連結的な. 2《文法》連結詞の.
cop·y·right [kó.pi.ɾait]《英》男《複 ～s, ～》著作権, コピーライト(記号ⓒ).
co·que [kó.ke] 男 コークス (= cok).
co·que·ar [ko.ke.ár] 自《ラ米》(ｱﾝﾃﾞｽ)(ｱﾙｾﾞ) コカの葉をかむ.
co·que·fac·ción [ko.ke.fak.θjón / -.sjón] 女 → coquización.
co·que·lu·che [ko.ke.lú.tʃe] 男《医》百日咳(ｾﾞｷ).
co·que·ra [ko.ké.ra] 女 1 独楽(ｺﾏ)の頭.
2 (暖炉わきの)石炭箱.
co·que·rí·a [ko.ke.ɾí.a] 女 コークス(製造)工場.
co·que·ro, ra [ko.ké.ro, -.ra] 男女《ラ米》(ｺﾞﾙ)(ｱﾙｾﾞ) (1)《俗》コカイン中毒者. (2) コカ栽培農民.
co·que·ta [ko.ké.ta] 女 → coqueto.
co·que·te·ar [ko.ke.te.ár] 自 1 (仕草や表情などで)人の気をひく, こびを売る, 火遊びをする.
2 《con...》《〈運動・思想など〉を》もてあそぶ；《〈…に〉》手を出す.
[←《仏》*coquet*(*te*) 形「雄鶏が雌鶏にするように」異性に色目を使う」が原義；《coq「雄鶏」より派生》《関連》*coquetear*；《英》*cock*「雄鶏」]
co·que·te·o [ko.ke.té.o] 男 1 (仕草や表情などで)人の気をひくこと, こびを売ること.
2 おもしろ半分に手を出すこと.
co·que·te·rí·a [ko.ke.te.ɾí.a] 女 1 人の気をひくための仕草[表情・行動], こび, 媚態(ﾋﾞﾀｲ), コケットリー.
2 戯れの恋, 浮気. 3《ラ米》見事さ, 趣味のよさ.
co·que·to, ta [ko.ké.to, -.ta] 形 1 〈人が〉こびる, 色っぽい. 2 かわいらしい, おしゃれな；〈人が〉おしゃれ好きの. —男女 色っぽい人. —女 (等身大の)鏡台. 2《ラ米》(ｱﾙｾﾞ)(ｺﾞﾙ)《話》美人, 魅力的な女性.
co·que·tón, to·na [ko.ke.tón, -.tó.na] 形《話》 1 魅力的な, 気の利いた. un apartamento ～ しゃれたアパート. 2《男が粋な, 女たらしの.
—男《話》伊達(ﾀﾞﾃ)男, 女たらし, ドン・ファン.

co·quí [ko.kí] 男《複 ～es, ～s》《ラ米》(ﾌﾟｴﾙﾄ)《動》コキガエル, コキコヤスガエル：コヤスガエル属.
co·qui·fi·ca·ción [ko.ki.fi.ka.θjón / -.sjón] 女 → coquización.
co·qui·fi·car [ko.ki.fi.kár] 他〈石炭から〉コークスを製造する.
co·qui·na [ko.kí.na] 女《貝》ニッコウガイ類の貝：サクラガイ, ベニガイなど.
co·qui·pe·la·do, da [ko.ki.pe.lá.ðo, -.ða] 形《ラ米》(ﾁﾘ)《話》丸刈りの, 坊主頭にした.
co·qui·to [ko.kí.to] 男 1 (子供をあやす)おかしな表情[身ぶり]. hacer ～s おどける. 2 巻き毛, カール. 3《ラ米》(1)《植》アブラヤシ. (2) (ﾒ*)《鳥》インカバト.
co·qui·za·ción [ko.ki.θa.θjón / -.sa.sjón] 女 コークス製造.
co·qui·zar [ko.ki.θár / -.sár] 自〈石炭から〉コークスを製造する.
co·ra·cán [ko.ra.kán] 男《植》スズメノカタビラ.
co·rá·ce·o, a [ko.rá.θe.o, -.a / -.se.-] 形 → coriáceo.
co·ra·ce·ro [ko.ra.θé.ro / -.sé.-] 男
1《史》胸甲騎兵, 甲冑(ﾁｭｳ)を着けた騎兵. 2《話》強くて品質の悪い葉巻.
co·ra·cha [ko.rá.tʃa] 女 (タバコなどを入れる)革袋.
co·ra·chí·na [ko.ra.tʃí.na / -.si.-] 女 金属製のうろこ状の胸当て：小型のよろいの一種.
co·ra·coi·des [ko.ra.kói.ðes] 形《性数不変》《解剖》烏口(ｳｺｳ)状の.
—男《単複同形》烏口突起, 烏口骨.
co·ra·da [ko.rá.ða] 女 動物の臓物.
***co·ra·je** [ko.rá.xe] 男 1 怒り, 立腹, 激怒. dar ～ a +人《話》〈人〉を怒らせる. Me da mucho ～ que hablen por teléfono en el tren. 電車内で電話されるとすごく腹が立つ. 2 勇気, 気力, 度胸 (= valor). tener ～ 勇気がある.
echar coraje a... …を活気づける, 生気を吹き込む.
¡Qué coraje! うるさいなあ, もう, 頭に来た.
co·ra·ji·na [ko.ra.xí.na]《話》腹立ちち, 怒り.
co·ra·ji·no·so, sa [ko.ra.xi.nó.so, -.sa] /
co·ra·jo·so, sa [ko.ra.xó.so, -.sa] 形 怒った, 憤慨した.
co·ra·ju·do, da [ko.ra.xú.ðo, -.ða] 形 1 怒りっぽい, 短気な. 2《ラ米》(ｱﾙｾﾞ)《話》勇敢な, 勇ましい.
co·ral[1] [ko.rál] 形 1 サンゴの. 2 サンゴ色の.
—男 1《動》サンゴ虫；サンゴ. 2《複数で》(装身具用の)サンゴ, サンゴの首飾り. 3《複数で》(七面鳥の)肉垂れ. 4《植》ステルランディア.
—男《動》サンゴヘビ：南米産の毒ヘビ.
co·ral[2] [ko.rál] 形 合唱(隊)の, 合唱用の. música ～ 合唱音楽. 男 1《音楽》コラール, 賛美歌, 宗教歌. 2 聖歌隊, 合唱隊, 合唱会.
co·ral[3] [ko.rál] 形 心臓の.
co·ra·la·rios [ko.ra.lá.rjos] 男《複数形》《動》(サンゴ・イソギンチャクなどの)花虫綱.
co·ra·le·ro, ra [ko.ra.lé.ro, -.ra] 男女 サンゴ細工職人, サンゴ売り.
co·ra·lí·fe·ro, ra [ko.ra.lí.fe.ro, -.ra] 形 サンゴを含む, サンゴを生じる.
co·ra·li·for·me [ko.ra.li.fór.me] 形 サンゴ状の.
co·ra·lí·ge·no, na [ko.ra.lí.xe.no, -.na] 形 サン

coracero
(胸甲騎兵)

co·ra·li·llo [ko.ra.lí.jo ‖ -.ʝo] 男 **1**《動》サンゴヘビ:中南米の熱帯地方産の毒ヘビ. **2**《ラ米》(ﾆｶ)《植》トボルミトプシス:オトギリソウ科. [coral+縮小辞]

co·ra·li·no, na [ko.ra.lí.no, -.na] 形 **1** サンゴの,サンゴ質の. barrera *coralina* サンゴ礁.
2 さんご色の.
—— 女 **1**《植》サンゴモ, 石灰藻. **2**《動》サンゴ虫.

co·ram·bre [ko.rám.bre] 女 **1** 皮革, 革.
2(ワインなどの)革袋.

có·ram pó·pu·lo [kó.ram pó.pu.lo]《ラ》公然と, 大衆の面前で (= en público).

Co·rán [ko.rán] 男 コーラン:イスラム教の聖典 (= Alcorán). [←[アラビア](al-)*qurʼān*「朗読」]

co·ra·na [ko.rá.na] 女《ラ米》(ﾁﾘ)(ﾍﾟﾙ)鎌(ｶﾏ).

co·rá·ni·co, ca [ko.rá.ni.ko, -.ka] 形 コーランの.

co·ram·vó·bis [ko.ram.bó.bis] 男《単複同形》堂々たる風格(の人).

co·rar [ko.rár] 他《ラ米》耕す, 掘り起こす.

co·ra·za [ko.rá.θa / -.sa] 女 **1** 胸よろい, よろい;防具;《比喩的》盾, 防護. **2**(軍艦, 戦車の)装甲板. **3**《動》甲, 甲羅.

co·raz·na·da [ko.raθ.ná.ða / -.ras.-] 女 **1** 松の木の髄.
2 牛の心臓を使った料理.

**co·ra·zón [ko.ra.θón / -.són] 男
coraza(胴よろい)
1《解剖》心臓. padecer [sufrir] del ～ 心臓を病んでいる. a ～ abierto (手術が)開心の.
2心, ハート;ハート型. blando de ～ 心の優しい. abrir su ～ a 開く. tener un ～ de oro 金のような心をしている. gran ～ 寛大さ, 優しさ. tener un ～ de piedra 心が冷たい. Sus palabras me llegaron al ～. 彼[彼女]の言葉が私の心に響いた. →alma 類語. **3** 中心, 核心. ～ de la manzana リンゴの芯(ｼﾝ). **4**《複数で》《遊》(トランプ)ハート. **5** 中指 (=dedo ～).

clavársele en el corazón《*a*+人》〈人〉を悲しませる, 〈人〉を苦しめる.

¡corazón mío!《呼びかけ》ねえ, おまえ[あなた].

darle el corazón...《*a*+人》〈人〉が…の予感がする. *Me da el ～ que van a llegar tarde.* 私は彼らが遅れそうな気がする.

del corazón(雑誌などが)ゴシップを扱う.

de (todo) corazón 心より.

encogérsele el corazón《*a*+人》〈人〉が身の縮む思いをする.

estar con [tener] el corazón en un puño 心を痛めている, やきもきする.

no caber el corazón en el pecho (1)(喜び・不安などで)落ち着かない, たまらない. (2)〈人〉がいい人である.

partir [romper] corazones a+人 〈人〉を夢中にさせる.

partir [romper] el corazón a+人 〈人〉の心を痛める, 残念がらせる.

[［ラ］*cor*「心」+増大辞(「勇者の大きな心」などの意味より);［ラ］acordar, recordar, discordia, coraje.［スペイン］［仏］cordial.［ポルトガル］*coração*.［仏］*cœur*「心」, *concorde*「心を合わせること, 和合」［伊］*cuore*.［英］*heart, accord, record*.［独］*Herz*]

co·ra·zo·na·da [ko.ra.θo.ná.ða / -.so.-] 女 **1** 予感, 虫の知らせ. Tengo la ～ de que vendrá. [彼女]が来そうな気がする.
2 衝動. **3**《複》(動物の)臓物.

co·ra·zon·ci·llo [ko.ra.θon.θí.jo ‖ -.ʎo / -.son.sí.-] 男《植》オトギリソウ.

co·ra·zo·nis·ta [ko.ra.θo.nís.ta / -.so.-] 形 聖心修道会の, 聖心修道会に属した.
—— 男 女 聖心修道会帰依者[会員, 修道士, 修道女].

cor·ba·cho [kor.bá.tʃo] 男(ガレー船の奴隷・罪人用の)鞭(ﾑﾁ).

*cor·ba·ta [kor.bá.ta] 女 **1** ネクタイ. ponerse la ～ ネクタイを着ける. con ～《レストランでの表示》ネクタイ着用で. ～ de lazo /《ラ米》～ de moñito 蝶(ﾁｮｳ)ネクタイ. **2**(旗竿(ｻｵ)に付ける)飾り章, リボン;(騎士の)記章, 勲章. **3**《ラ米》(ﾒｷ)《話》コネでつかんだ仕事. [←[古伊]*corvatta*←[セルボ・クロアチア]*Hrvat*「クロアチアの(人)」(「クロアチアの騎士が使ったネッカチーフ」との関連から転義);[関連]corbatín.［英］*cravat*]

cor·ba·te·rí·a [kor.ba.te.rí.a] 女 ネクタイ店.

cor·ba·te·ro, ra [kor.ba.té.ro, -.ra] 男 女 ネクタイ製造者, ネクタイ商.

cor·ba·tín [kor.ba.tín] 男 蝶(ﾁｮｳ)ネクタイ;(闘牛士の)細いネクタイ. [corbata+縮小辞]

cor·ba·to [kor.bá.to] 男(蒸留器の)冷却槽.

cor·be·jo [kor.bé.xo] 男《ラ米》(ﾁﾘ)(ﾍﾟﾙ)《俗》簡単に言いなりになる女.

cor·be·ta [kor.bé.ta] 女 コルベット艦(昔の帆装戦艦);高速小型砲艦. capitán de ～ 海軍少佐.

cor·bo·na [kor.bó.na] 女 かご, ざる.

Cór·ce·ga [kór.θe.ga / -.se.-] 固名 コルシカ:イタリア半島西方にあるフランス領の島. [←[ラ]*Corsica*]

cor·cel [kor.θél / -.sél] 男 駿馬(ｼｭﾝﾒ).

cor·ces·ca [kor.θés.ka / -.sés.-] 女(二股(ﾏﾀ)の)矛(ﾎｺ).

cor·cha [kór.tʃa] 女 **1** コルク皮;コルク. **2**(ミツバチの)巣箱. **3**《海》ロープを綯(ﾅ)る[なう]こと.

cor·char [kor.tʃár] 他 **1**《海》〈より糸から〉ロープを綯(ﾅ)る. **2**(ﾒｷ) (1) 栓をする. **2**(ﾒｷ)《俗》落第させる. —— 自《ラ米》(ﾒｷ)《話》失敗する, 試験に落ちる.

cor·che [kór.tʃe] 男 コルク底のサンダル.

cor·che·a [kor.tʃé.a] 女《音楽》8分音符.

cor·che·ro, ra [kor.tʃé.ro, -.ra] 形 コルクの, コルク製造の. —— 女 **1**(コルク製の)ワインクーラー.
2(プールの)コースロープ.

cor·che·ta [kor.tʃé.ta] 女 **1**《服飾》鉤(ｶｷﾞ)ホック「留め金」の受け. **2**(木工)の留め木の受け.

cor·che·te [kor.tʃé.te] 男 **1**《服飾》鉤(ｶｷﾞ)ホック, スナップ, 留め金;ホックの鉤. **2**(木工の作業台の)加工材料の留め木. **3**《印》角かっこ, ブラケット:[ ]の一方.

cor·che·te·ra [kor.tʃe.té.ra] 女《ラ米》ホッチキス.

*cor·cho [kór.tʃo] 男 **1** コルク:コルクガシの樹皮. ～ bornizo [virgen] 最初にはいだコルクガシの外皮.
2(コルク製の)栓, 浮き, 板, 靴底. **3**(コルク製の)ワインクーラー. **4** ミツバチの巣箱. [←[モサラベ]*corch(o)*←?［ラ］*corticem* (*cortex*「樹皮」の対格)]

cor·cho·la·ta [kor.tʃo.lá.ta] 女《ラ米》(ﾎﾟﾘ)(ﾒｷ)(瓶の)栓, 王冠.

¡cór·cho·lis! [kór.tʃo.lis] 間投《驚き・怒り》えっ, おや, まあ, なんだって (= ¡caramba!).

cor·cho·so, sa [kor.tʃó.so, -.sa] 形 コルクのよう

cor·cho·ta·po·ne·ro, ra [kor.tʃo.ta.po.né.ro, -.ra] 形 コルク栓製造(業)の.
cor·ci·no [kor.θí.no / -.sí.] 男 【動】ノロジカの子.
cor·co·ne·ra [kor.ko.né.ra] 女 【鳥】(スペイン北部Cantábrico海に生息する)クロガモ.
cor·cor [kor.kór] 《擬》《ラ米》(タメ)(チキ)(飲むときの)ゴクゴクという音. **beber ~** 一気に飲む.
cor·co·re·ar [kor.ko.re.ár] 自 《ラ米》(チキ)うがいをする.
cor·co·va [kor.kó.ba] 女 **1** こぶ, 脊柱(タサ)後湾. **2** 《ラ米》(タメ)(カ)お祝いが翌日まで[2, 3日]続くこと.
cor·co·va·do, da [kor.ko.bá.ðo, -.ða] 形 猫背の; 脊柱(タサ)後湾の (= jorobado).
— 男女 猫背の人, 脊柱後湾症を患う人.
cor·co·var [kor.ko.bár] 他 曲げる, 湾曲させる, 丸める.
cor·co·ve·ar [kor.ko.be.ár] 自 **1**(動物が)(背を丸め, 頭を下げて)跳ね上がる, 跳躍[騰躍]する. **2** 《ラ米》(1)(タメ)《話》怖がる, おじけづく. (2) (ラ)(ゴル)(メキ)文句を言う.
cor·co·ve·ta [kor.ko.bé.ta] 男女 《話》猫背の人; 脊柱(タサ)後湾症の人.
cor·co·vo [kor.kó.bo] 男 **1** 背を曲げた動物の飛び跳ね, 跳躍, 騰躍. **2** 曲がっていること; 曲げ.
cor·cu·si·do [kor.ku.sí.ðo] 男 《話》下手な縫い方.
cor·cu·sir [kor.ku.sír] 他 雑に縫う.
cor·da·da [kor.ðá.ða] 女 (ザイルで体を結び合った)登山者たち.
cor·da·do, da [kor.ðá.ðo, -.ða] 形 **1** 【動】脊索(タサ)のある, 脊索動物の. **2** 【紋】弓の弦が異なった色で彩色された. — 男 《複数で》【動】脊索動物:原索動物と脊椎(タサ)動物の総称.
cor·da·je [kor.ðá.xe] 男 **1** 綱, ロープ類. **2** 【海】索具装置; 索, 鎖類一式.
cor·dal [kor.ðál] 形 *muela cordel* 知歯, 親知らず.
— 男 【音楽】(弦楽器の)緒止め板.
cor·del [kor.ðél] 男 **1** ひも, 細い綱, 太糸. **2** 5歩の距離. **3** 家畜の道. **4** 《ラ米》(タメ)長さの単位(約20メートル); 農地面積の単位 (約414平方メートル).
a cordel 直線状に.
cor·de·la·do, da [kor.ðe.lá.ðo, -.ða] 形 細ひも状にした.
cor·de·lar [kor.ðe.lár] 他 細ひもを張って測量する.
cor·de·le·jo [kor.ðe.lé.xo] 男 《ラ米》(タメ)遅延.
dar ~ 遅らせる.
dar cordelejo a + 人 〈人〉をからかう.
[cordel + 縮小辞]
cor·de·le·rí·a [kor.ðe.le.rí.a] 女 **1** ひも[ロープ]製造, ひも[ロープ]販売. **2** 《集合的》ひも[ロープ]類. **3** 【海】索具.
cor·de·le·ro, ra [kor.ðe.lé.ro, -.ra] 男女 ひも[ロープ]製造者; ひも[ロープ]販売業.
cor·de·ra [kor.ðe.rá] 女 ➡cordero.
cor·de·ra·je [kor.ðe.rá.xe] 男 《ラ米》(チ)子羊の群れ.
cor·de·rí·a [kor.ðe.rí.a] 女 《集合的》ひも, 綱, ロープ類.
cor·de·ril [kor.ðe.ríl] 形 子羊の; 子羊のような.
cor·de·ri·llo [kor.ðe.rí.jo] 男 (毛のついたままの)子羊のなめし革. [cordero + 縮小辞]
cor·de·ri·no, na [kor.ðe.rí.no, -.na] 形 子羊の.
— 女 子羊の革.

*__**cor·de·ro, ra**__ [kor.ðé.ro, -.ra] 男女 **1**(1歳に満たない)子羊. ~ *lechal* 乳離れのしていない子羊. ▶ 「雄羊」は **carnero**, 「雌羊」は **oveja**. **2** おとなしくて従順な人. — 男 **1** 子羊の肉, 子羊の肉, マトン. **2** 子羊のなめし革.

cordero(子羊の肉)

Ahí está [*Esa es*] *la madre del cordero.* 要点[問題, 原因]はそこなんだ.
cordero pascual 【聖】過越(すごし)祭で食された子羊〈出エジプト記 12 : 3-11〉.
El Divino cordero / cordero de Dios 【カト】神の子羊:キリストの象徴.
[←《俗》*cordarius*←[ラ]*c(h)ordus* 形「(動植物が)時期遅れに生まれた」]
cor·de·roy [kor.ðe.rói] 男 《ラ米》(タメ)【服飾】コーデュロイ, コールテン.
*__**cor·dial**__ [kor.ðjál] 形 **1**(+名詞 / 名詞 +)(*ser* + / *estar* +) 真心のこもった, 心からの; なごやかな. *tono* ~ 穏やかな口調. *saludos* ~*es* 【手紙】敬具. *dar una* ~ *bienvenida a...* ...を温かく歓迎する. *La conversación fue muy* ~. 会話はとてもなごやかだった. *Miguel es muy* ~. ミゲルはとても心の温かい人だ. **2**(薬などが)強壮[強心]作用のある.
— 男 強壮[強心]剤, 気つけ薬.
cor·dia·li·dad [kor.ðja.li.ðáð] 女 真心; 温かい心, 丁重さ. *recibir... con* ~ 〈人〉を手厚く迎える.
cor·dial·men·te [kor.ðjál.mén.te] 副 心を込めて. *C~,* 【手紙】敬具.
cor·di·for·me [kor.ði.fór.me] 形 ハート形の.
cor·di·la [kor.ðí.la] 女 【魚】マグロの稚魚.
cor·di·lla [kor.ðí.ja ‖ -.ʎa] 女 【動】動物の臓物.
*__**cor·di·lle·ra**__ [kor.ði.jé.ra ‖ -.ʎé.-] 女 山脈, 山系(= sierra); 連山. *C~ Cantábrica* カンタブリア山脈. *C~ Pirenaica* ピレネー山脈. *C~ de los Andes* アンデス山脈.
por cordillera 《ラ米》人から人へと.
cor·di·lle·ra·no, na [kor.ði.je.rá.no, -.na ‖ -.ʎe.-] 形 《ラ米》(チ)(ア)アンデス(地方)の. — 男女 《ラ米》(チ)(ア)アンデス(地方)の住民[出身者].
cor·di·lo [kor.ðí.lo] 男 【動】オオヨロイトカゲ.
cor·di·ta [kor.ðí.ta] 女 コルダイト:ひも状無煙火薬.
cór·do·ba [kór.ðo.ba] 男 コルドバ:ニカラグアの貨幣単位(C 1 =100 centavos).
Cór·do·ba [kór.ðo.ba] 固名 コルドバ. (1) スペイン南部の県;県都. ♦フェニキア人が建設. 711年イスラムが征服. 756年からウマイヤ **Omeyas** 朝の首都となり, 300年にわたりサラセン文化が栄え, ギリシア・ローマの文化を中世西欧に伝える窓口となった. イスラム教寺院 **mezquita** を含む旧市街は1984年世界遺産に登録. (2) アルゼンチン中北部の州;州都. (3) メキシコ南東部の都市. (4) コロンビア北西部の県. [←《古スペイン》*Córdova*←[ラ]*Corduba*(ローマ時代)]
cor·do·bán [kor.ðo.bán] 男 コルドバ革, コードバン:ヤギのなめし革.
cor·do·ba·na [kor.ðo.bá.na] *a la cordobana* 素っ裸で. *andar a la* ~ 素っ裸で歩く.
cor·do·ben·se [kor.ðo.bén.se] 形 (コロンビアの)コルドバの. — 男女 【動】コルドバの住民[出身者].

cor·do·bés, be·sa [kor.ðo.bés, -.bé.sa] 形 (スペインの)コルドバの. ── 男 女 コルドバの住民[出身者].

*__cor·dón__ [kor.ðón] 男 **1** ひも, ひも状のもの. *cordones de zapatos* 靴ひも. **2** 飾りひも; リボン, テープ;《複数形で》軍服のモール, 飾り緒. **3** (修道会服の)帯ひも. **4** 【電】コード, 電線, 配線. **5** 【解剖】索状組織, 帯, 綱. ~ *umbilical* へその緒. **6** 【建】綱形装飾, 綱形刳形(ぶらざ), 玉縁(たまぶち). **7** 【海】ストランド:索をより合わせる子縄. **8** 非常線, 警戒線. ~ *de policía* (警察の)非常線. ~ *de tropas* (軍隊の)哨兵(しょう)線, 警戒線. ~ *sanitario* 防疫線. **9** 《ラ米》(1) (ブラ)(歩道の)縁石. (2) (チ)(アルゼ)(ペル)山の連なり, 山脈. (3) (ペル)焼磨(ひやぎ).

cor·do·na·zo [kor.ðo.ná.θo / -.so] 男 ひもで打つこと.
cordonazo de San Francisco 《海》秋分の日のころのあらし. ◆聖フランシスコが体に聖痕(こん)を受けたとされる9月17日ごろに吹くことから.

cor·don·ci·llo [kor.ðon.θí.jo ‖ -.sí.o / -.sí.-] 男 **1** 細い[短い]ひも; ひも状のもの. **2** (織物の)畝, 綾(あや);【服飾】ブレード, ひも飾り. **3** (硬貨・メダルの)縁のぎざぎざ. [*cordón* + 縮小辞]

cor·do·ne·rí·a [kor.ðo.ne.rí.a] 女 **1** ひも製品, 飾りひも類. **2** 組みひも屋[業]; ひも組み工場; ひも(専門)店.

cor·do·ne·ro, ra [kor.ðo.né.ro, -.ra] 男 女 組みひも職人; 組みひも屋[販売人].
── 男 【海】索具職人.

cor·du·ben·se [kor.ðu.bén.se] 形 → *cordobés*.

cor·du·ra [kor.ðú.ra] 女 正気; 分別, 思慮.

co·re·a [ko.ré.a] 女 歌に合わせて踊る昔のスペインの踊り;【医】舞踏病(= *baile de San Vito*). ~ *de Huntington* ハンチントン舞踏病.

*__Co·re·a__ [ko.ré.a] 固名 朝鮮, 韓国. ~ *del Norte* 北朝鮮(*República Democrática Popular de* ~ 朝鮮民主主義人民共和国:首都 Pyongyang); ~ *del Sur* 韓国(*República de* ~ 大韓民国:首都 Seúl). [~【朝鮮・韓国】*Koryo*「高麗(ごうらい)」]

*__co·re·a·no, na__ [ko.re.á.no, -.na] 形 朝鮮の, 韓国の, 朝鮮人[語]の, 韓国人[語]の.
── 男 女 朝鮮人, 韓国人.
── 男 朝鮮語, 韓国語.

co·re·ar [ko.re.ár] 他 **1**【音楽】合唱する;〈合唱曲を〉作曲する. **2** 口をそろえて賛同する. **3**《ラ米》(ペル)…の除草をする.
── 自 合唱する.

co·re·ci·co [ko.re.θí.ko / -.sí.-] 男 → *corezuelo*.

co·re·o [ko.ré.o] 男 **1** (ギリシア・ラテン詩の)長短格, 強弱格, 揚抑格. **2**【音楽】アンサンブル, 合唱.

co·re·o·gra·fí·a [ko.re.o.ɣra.fí.a] 女 (踊りの)振り付け; 舞踏術, 舞踏法.

co·re·o·grá·fi·co, ca [ko.re.o.ɣrá.fi.ko, -.ka] 形 振り付けの, 舞踊の.

co·re·ó·gra·fo, fa [ko.re.ó.ɣra.fo, -.fa] 男 女 (舞踊の)振付師, 舞踊監督.

co·re·pís·co·po [ko.re.pís.ko.po] 男 代理司祭.

co·re·te [ko.ré.te] 男 **1** 円形の革の釘(くぎ)隠し. **2** (影像磨き用の)子ヤギのなめし革.

co·re·zue·lo [ko.re.θwé.lo / -.swé.-] 男 子豚; 子豚の丸焼きの皮. [*cuero* + 縮小辞]

co·ri [kó.ri] 男 【植】オトギリソウ.

co·rí [ko.rí] 男 【動】テンジクネズミ科の一種.

co·riá·ce·o, a [ko.rjá.θe.o, -.a / -.se.-] 形 革の(ような), 強靭(きょうじん)な.

co·riam·bo [ko.rjám.bo] 男 【詩】(古典ギリシア・ラテン語の)長短短長格, 強弱弱強格, コリヤンブス格.

co·ria·na [ko.rjá.na] 女 《ラ米》(1)《スポ》(ボクシング)コーナー. (2) (アルゼ)毛布, 掛け布.

co·rian·dro [ko.rján.dro] 男【植】コエンドロ, コリアンダー, 香菜, パクチー(= *cilantro*).

co·ri·ban·te [ko.ri.bán.te] 男 【ギ神】コリュバント:大地の女神 Cibeles に仕える司祭.

co·ri·fe·o [ko.ri.fé.o] 男 **1** (古代ギリシア悲劇などの)合唱首席歌手, 合唱隊リーダー. **2** リーダー, 代弁者.

co·ri·lá·ce·o, a [ko.ri.lá.θe.o, -.a / -.se.-] 形 【植】(カバノキ科)ハシバミ属の.
── 女 《複数で》ハシバミ属.

co·ri·llo [ko.rí.jo ‖ -.o] 男 《ラ米》(プエルトリコ)《話》不良グループ.

co·rim·bo [ko.rím.bo] 男 【植】散房花序.

co·rin·dón [ko.rin.dón] 男 【鉱】コランダム, 鋼玉:ルビー, サファイアなど.

co·rin·tio, tia [ko.rín.tjo, -.tja] 形 (ギリシアの)コリントの;【建】コリント式の. *orden* ~ コリント式.
── 男 女 コリントの住民[出身者]. *Carta a los C~s*【聖】コリントの信徒への手紙.

co·rin·to [ko.rín.to] 形《性数不変》濃い赤紫色の, ぶどう色の.
── 男 ぶどう色.

Co·rin·to [ko.rín.to] 固名 **1**【史】コリント:古代ギリシアの都市国家. **2** *Istmo de* ~ コリント地峡:ペロポネソス半島とギリシア本土を結ぶ地峡. (コリント式)

co·rio·car·ci·no·ma [ko.rjo.kar.θi.nó.ma / -.si.-] 男【医】絨毛がん.

co·rio·me·nin·gi·tis [ko.rjo.me.niŋ.xí.tis] 女《単複同形》【医】脈絡髄膜炎.

co·rion [kó.rjon] 男【生物】絨毛(じゅうもう)膜.

co·ris·ta [ko.rís.ta] 男 聖歌隊員; 聖歌修道者.
── 男 (オペラの)合唱団員. ── 女 コーラス・ガール.

co·ri·to, ta [ko.rí.to, -.ta] 形 **1** 裸の. **2** 臆病(おくびょう)な, 小心な. ── 男 ぶどう汁[ワイン]運搬人:しぼり器から樽(たる)まで運ぶ人.

co·ri·za [ko.rí.θa / -.sa] 女【医】鼻炎, 鼻カタル, 鼻風邪.

cor·la·du·ra [kor.la.ðú.ra] 女 金色ワニス.

cor·lar [kor.lár] 他 金色ワニスを塗る.

cor·ma [kór.ma] 女 **1** 足かせ. **2** 束縛, 邪魔.

cor·mo·rán [kor.mo.rán] 男【鳥】ウ;ウ科の鳥.

cor·nac [kor.nák] / **cor·na·ca** [kor.ná.ka] 男 象使い.

cor·ná·ce·as [kor.ná.θe.as / -.se.-] 女《複数形》【植】ミズキ科.

cor·na·da [kor.ná.ða] 女 角のひと突き;角で突かれてできた傷. *dar* ~*s* 角で突く; 頭突きを食らわす. *no morir de cornada de burro*《話》用心に用心を重ねる.

cor·na·du·ra [kor.na.ðú.ra] 女 → *cornamenta*.

cor·na·li·na [kor.na.lí.na] 女【鉱】紅玉髄.

cor·na·lón [kor.na.lón] 形 《闘牛》角の大きい.
── 男 角の突き(傷).

cor·na·men·ta [kor.na.mén.ta] 女《集合的》(1匹の動物の)角, 枝角.

cor·na·mu·sa [kor.na.mú.sa] 女 **1**【音楽】(1)

バグパイプ. (2) ホルンの一種.
2 〖海〗クリート, 索止め.

cór·ne·a [kór.ne.a] 女 〖解剖〗角膜 (= ~ transparente). ~ opaca 鞏膜(きょう), 白目.

cor·ne·ar [kor.ne.ár] 他 角で突く; 頭突きをする.

cor·ne·ci·co [kor.ne.θí.ko / -.sí.-] / **cor·ne·ci·llo** [kor.ne.θí.jo ‖ -.ʎo / -.sí.-] / **cor·ne·ci·to** [kor.ne.θí.to / -.sí.-] 男 cuerno + 縮小辞.

cor·ne·ja [kor.né.xa] 女 〖鳥〗 (1) ハシボソガラス. (2) コノハズク.

cor·ne·jal [kor.ne.xál] 男 ハナミズキの林.

cor·ne·jo [kor.né.xo] 男 〖植〗セイヨウミズキ.

cor·ne·li·na [kor.ne.lí.na] 女 〖鉱〗 → cornalina.

cór·ne·o, a [kór.ne.o, -.a] 形 角の, 角のような; 〈葉などが〉角の形をした. — 男 〖植〗ハナミズキ.

cór·ner [kór.ner] [英] 男〖複 ~s〗〖スポ〗(サッカー) コーナーキック (= saque de esquina). tirar un ~ コーナーキックをする.

cor·ne·ri·na [kor.ne.rí.na] 女 〖鉱〗 → cornalina.

cor·ne·ta [kor.né.ta] 女 **1** 角笛; ホルン; コルネット (= ~ de llaves); 〈軍隊の〉らっぱ. toque de ~ 召集らっぱ(の合図). ~ de monte 狩猟ホルン. **2** 連隊旗. **3** 〈ラ米〉(1) 〈メキシコ〉アンプ. (2) 〈メキシコ/エルサ/〉〖車〗クラクション. (3) 〈ウルグアイ〉〖話〗ばか, まぬけ.
— 男 **1** 〖音楽〗コルネット奏者.
2 〖軍〗らっぱ手; 軍旗手.
a toque de corneta 規律正しく, 整然と.
corneta acústica らっぱ型補聴器.

cor·ne·te [kor.né.te] 男 〖解剖〗鼻介骨.

cor·ne·ti·lla [kor.ne.tí.ja ‖ -.ʎa] 女 〖植〗トウガラシの一種.

cor·ne·tín [kor.ne.tín] 男 **1** 〖音楽〗コルネット (の一種). **2** 〖軍〗らっぱ手.

cor·ne·to, ta [kor.né.to, -.ta] 形 〈ラ米〉(1) 〈中米〉〖話〗O脚の, 脚の曲がった. (2) 〈グアテマラ〉〈メキシコ〉〈パナマ〉〈牛が〉角が下向きの.

cor·ne·zue·lo [kor.ne.θwé.lo / -.swé.-] 男 **1** 麦角(ばっ)菌. **2** 細長いオリーブの実. **3** 〖獣医〗シカの角製の外科器具.

corn·fla·ques [korɱ.flá.kes] 男 〈ラ米〉〖複数形〗コーンフレーク. [← 〈英〉 *cornflakes*].

cor·ni·a·bier·to, ta [kor.nja.βjér.to, -.ta] 形 〈牛などが〉角と角の間が広くあいた.

cor·nial [kor.njál] 形 角形の.

cor·ni·a·pre·ta·do, da [kor.nja.pre.tá.ðo, -.ða] 形 〈牛などが〉角と角の間隔が狭い.

cor·ni·ca·bra [kor.ni.ká.βra] 女 〖植〗(1) 細長いオリーブの変種. (2) 〈ウルシ科〉テレピンノキ. (3) 野生のイチジクの木. (4) ガガイモ科の植物.

cor·ni·for·me [kor.ni.fór.me] 形 角形の.

cor·ni·ga·cho, cha [kor.ni.ɣá.tʃo, -.tʃa] 形 〈牛が〉角が下向きの.

cor·ni·ge·ro, ra [kor.ní.xe.ro, -.ra] 形 〖文章語〗角のある, 角の生えた.

cor·ni·ja [kor.ní.xa] 女 〖建〗→ cornisa.

cor·ni·jal [kor.ni.xál] 男 **1** 角, 隅, 端.
2 〖カト〗(ミサのときに司祭が使う) 手ふき, 手帛(しゅはく).

cor·ni·jón [kor.ni.xón] 男 **1** 〖建〗エンタブラチュア. **2** (道に面した建物の) 角.

cor·nil [kor.níl] 男 くびきの綱.

cor·nio·la [kor.njó.la] 女 〖鉱〗→ cornalina.

cor·ni·sa [kor.ní.sa] 女 **1** 〖建〗コーニス, (軒) 蛇腹. **2** 雪庇(せっ), 雪びさし.

cor·ni·sa·m(i)en·to [kor.ni.sa.m(j)én.to] 男 〖建〗(1) エンタブラチュア (= entablamento): 古代建築などの柱頭の上に載っている装飾的な部分. (2) (柱に支えられた) 軒, エンタブラチュア.

cor·ni·són [kor.ni.són] 男 〖建〗→ cornijón 1.

cor·ni·ve·le·to, ta [kor.ni.βe.lé.to, -.ta] 形 〈牛などが〉角がまっすぐに立った.

cor·ni·zo [kor.ní.θo / -.so] / **cor·no**¹ [kór.no] 男 〖植〗→ cornejo.

cor·no² [kór.no] 男 〖音楽〗ホルン. ~ de caza 狩猟ホルン. ~ inglés イングリッシュ・ホルン.

cor·nu·co·pia [kor.nu.kó.pja] 女 **1** 〖ギ神〗豊饒(ほうじょう)の角 (の飾り): Zeus に乳を与えたヤギ Amaltea の角. ♦豊かさの象徴. → abundancia.
2 (金色の彫刻の枠の付いた) 装飾用の鏡. ♦ろうそくをつけられるものもある.

cor·nu·do, da [kor.nú.ðo, -.ða] 形 **1** 角を持った, 角の生えた. **2** 〈俗〉妻に浮気をされた.
— 男 〈俗〉妻に浮気をされた夫 (= cabrón).
tras (de) cornudo apaleado 踏んだりけったりさんざんな目に遭って.

cor·nú·pe·ta [kor.nú.pe.ta] 形 (動物の図柄で) 角で突きかかろうとしている. — 男 闘牛用の牛.

cor·nú·pe·to [kor.nú.pe.to] 男 〖話〗→ cornúpeta.

cor·nu·to [kor.nú.to] 形 〖論〗両刀論法の. argumento ~ 両刀論法.

‡**co·ro**¹ [kó.ro] 男 **1** 〖音楽〗合唱; 合唱曲, (曲の) 合唱部. ~ de voces mixtas 混成合唱. ~ a cuatro voces 4部合唱. cantar a [en] ~ 合唱する.
2 〖音楽〗合唱団, 合唱隊. **3** 〖演〗(古代ギリシャ劇などの) 合唱隊, コロス; 合唱部. **4** 〖宗〗聖歌隊. niño de ~ 少年聖歌隊員. **5** 〈カト〉(1) (教会の) 聖歌隊席, 内陣; 祈禱(きとう)席. (2) (9つある) 天使の階級. (3) 共唱祈禱. **6** (同意見を言う人の) 集まり, 一団.
a coro 声をそろえて, いっせいに:
hacer coro a + 人 〖話〗〈人〉に賛同する. Siempre le hace ~ a la jefa. 彼[彼女]はいつも上司の意見に賛成する.

co·ro² [kó.ro] 男 〖文章語〗北西風 (= cauro).

co·ro·cha [ko.ró.tʃa] 女 〖昆〗(ブドウの葉を食う) ハムシの一種.

co·ro·gra·fí·a [ko.ro.ɣra.fí.a] 女 地方地誌; 地勢図.

co·roi·de [ko.rói.ðe] 男 〖解剖〗脈絡膜.

co·roi·de·o, a [ko.roi.ðé.o, -.a] 形 〖解剖〗(目の) 脈絡膜の.

co·roi·des [ko.rói.ðes] 女 〖単複同形〗〖解剖〗(目の) 脈絡膜.

co·ro·jo [ko.ró.xo] 男 〖植〗(南米産) アブラヤシ.

co·ro·la [ko.ró.la] 女 〖植〗花冠.

co·ro·la·rio [ko.ro.lá.rjo] 男 **1** 必然的結果, 当然の帰結. **2** 〖論〗〖数〗系: 論証された命題からの派生的命題[定理].

co·ro·li·flo·ra [ko.ro.li.fló.ra] 形 〖植〗合弁花冠の. — 女 合弁花; 〖複数で〗合弁花冠類.

‡**co·ro·na** [ko.ró.na] 女 **1** 冠; 王冠 (= ~ real). — 女 ducal 公爵冠. ~ de espinas (キリストが身につけた) イバラの冠. ~ de laurel 月桂冠. rey sin ~ 無冠の帝王.
2 〖時に C-〗王位, 王権; 王室, (立憲) 君主国 (政府); 王制. ceñir(se) la ~ 王位に就く. heredar [abdicar] la ~ 王位を継承する [退く]. *C~ española* スペイン (王室). unión de las ~s de Castilla y Aragón 〖史〗カスティーリャ王国とアラゴン

王国の合体 (1469年).
3 (葬儀などの)花冠, 花輪. **4** (聖像の)円光, 光輪. **5** (1)【天文】コロナ, 光環 (=～ solar), (太陽・月の)かさ. (~) 【星座】C～ austral みなみのかんむり座, C～ boreal かんむり座. **6** 【機】座金, ワッシャー; (時計の)竜頭(ミタ); 【車】差動歯車, デフギア; (自転車の)鎖歯車; 【建】頂冠帯; 【軍】頂塞. **7** 【解剖】歯冠. **8** (ものの)頂上, 最高部; 山頂; (ダイヤモンドの)クラウン; 頭頂部. **9** 【カト】(冠形の)剃髪, トンスラ. **10** (チェコ・デンマーク・スウェーデン・ノルウェー・アイスランドなどの通貨単位)クローネ, クローナ; 【史】(スペインなどで流通した)コローナ貨. **11** 栄冠, 栄光; (徳などの)極み. ~ del martirio 【カト】殉教の栄冠. **12** 【カト】(七連の)ロザリオ.
[←〔ラ〕*corōnam* (*corōna* の対格). 【関連】coronar. 【英】*crown*]

co·ro·na·ción [ko.ro.na.θjón / -.sjón] 囡 **1** 冠をかぶせること, 戴冠(ミミ)(式). **2** 頂点を極めること, 全盛; 完成, 仕上げ. **3** 【建】(建物の)最上部の飾り.

co·ro·na·do, da [ko.ro.ná.đo, -.đa] 形 **1** 冠を戴いた; (栄誉を)受けた. **2** 完成した; 飾った.
— 團 【カト】(剃髪などの)(下級)聖職者.

co·ro·na·dor, do·ra [ko.ro.na.đór, -.đó.ra] 形 冠を授ける. — 團 囡 冠を授ける人.

co·ro·nal [ko.ro.nál] 形 【解剖】前頭骨の.
— 團 前頭骨.

co·ro·na·m(i)en·to [ko.ro.na.m(j)én.to] 團 **1** 完成, 成就; 竣工(ミミミ). **2** 【建】建物の最上部の装飾. **3** 【海】船尾の舷(☆).

‡**co·ro·nar** [ko.ro.nár] 他 **1** …に冠を授ける, 王位に就ける. Intentó ~ a su hermano rey de España. 彼は兄をスペイン国王に推戴(ミミ)しようとした. Le *coronaron* de laurel. 彼は栄誉を与えられた. La *coronaron* con flores. 彼女に花の冠がかぶせられた. **2** (頂上に)立つ, 極める. ~ la cima 頂上を極める. **3** …の最後を飾る, 有終の美を飾る; …に報いる. *Ha coronado* sus estudios con una brillante tesis. 彼[彼女]はすばらしい卒業論文で学業の最後を飾った. **4** …の最上部を飾る. Las nieves *coronaban* la sierra. 山脈は雪を頂いていた. **5** (遊)(チェス)(ポーンが)成る; (こまを)クイーンにする. **6** 〔ラ米〕(タᅵ)(ᅵᅵ)(ᅵᅵ)(話)(配偶者に)不貞を働く.
— ~·*se* 再 **1** 戴冠する, 王位に就く. **2** (**de...** / **con...**) …を)頂く, 上につける. Los árboles *se coronan* de flores. 木々は花をつけている. **3** (胎児が)(産道から)頭をのぞかせる.

co·ro·na·rio, ria [ko.ro.ná.rjo, -.rja] 形 冠状の. arteria *coronaria* 【解剖】冠状動脈.
— 囡 (時計の)秒針用の歯車.

co·ron·del [ko.ron.dél] 團 【印】(1) インテル. (2) 《複数で》(紙に透かした)縦の線縁(ミミ).

‡**co·ro·nel**[1] [ko.ro.nél] 團 【軍】(陸軍・空軍の)大佐. teniente ~ 中佐. *El* ~ *no tiene quien le escriba* 『大佐に手紙は来ない』(García Márquez の小説).
[←〔古仏〕*coronel*←〔古伊〕*colonnello* (原義は「(兵の)縦隊」). 【関連】columna]

co·ro·nel[2] [ko.ro.nél] 團 【建】冠列形(ミミ).

co·ro·ne·la [ko.ro.né.la] 囡 (話)大佐[連隊長]の妻.

co·ro·ne·la·to [ko.ro.ne.lá.to] 團 → coronelía.

co·ro·ne·lí·a [ko.ro.ne.lí.a] 囡 **1** 陸軍[空軍]大佐の職. **2** 【軍】連隊.

co·ro·ni·de [ko.ro.ní.đe] 囡 完成, 仕上げ, 成就.

co·ro·ni·lla [ko.ro.ní.ja ‖ -.ʎa] 囡 **1** 頭頂, 後頭部. **2** 【カト】剃冠(ミミ). **3** 【植】オウガンハギ.
andar [*bailar, ir*] *de coronilla* (話) (人の機嫌を取ろうと)懸命になる, 努力[尽力]する.
estar hasta la coronilla (話)うんざりしている.

co·ron·ta [ko.rón.ta] 囡 《ラ米》(ᅵᅵ)(ᅵᅵ)(ᅵ)トウモロコシの穂軸[芯(ミ)].

co·ro·sol [ko.ro.sól] 團 【植】バンレイシ科(の木・実).

co·ro·ta [ko.ró.ta] 囡 《ラ米》(1) (ᅵᅵ)【植】ケイトウ. (2) (ᅵᅵ)《卑》陰嚢(ᅵ).

co·ro·to [ko.ró.to] 團 《ラ米》(1) (ᅵᅵ)《卑》(男性・女性の)性器. (2) (ᅵᅵ)《話》たわ言(ミ); がらくた. (3) (ᅵᅵ)(ᅵᅵ)(ᅵᅵ)ヒョウタンの器; (漠然と)もの, こと; 《複数で》がらくた. (4) (ᅵᅵ)高い社会的地位. (5) (ᅵᅵ)秘密.

co·ro·za [ko.ró.θa / -.sa] 囡 **1** (昔, 罪人にかぶらせた紙製の)とんがり帽子. **2** 《スペイン》簑(ミ).

co·ro·zo [ko.ró.θo / -.so] 團 【植】(南米産の)アブラヤシ.

cor·pa·chón [kor.pa.tʃón] 團 **1** (話)大きく頑丈な体. **2** (もも・胸のささみ部分を取り除いた)鳥の残り身[胴体]. [cuerpo + 増大辞]

cor·pe·ci·co [kor.pe.θí.ko / -.sí.-]
/ **cor·pe·ci·llo** [kor.pe.θí.jo ‖ -.ʎo / -.sí.-]
/ **cor·pe·ci·to** [kor.pe.θí.to / -.sí.-] 團 → corpiño 1. [cuerpo + 縮小辞]

cor·pi·ño [kor.pí.ɲo] 團 **1** 女性用民族衣装などの袖なしの胴衣. **2** 《ラ米》(ᅵᅵ)【服装】ブラジャー. [cuerpo + 縮小辞]

corpiño

‡**cor·po·ra·ción** [kor.po.ra.θjón / -.sjón] 囡 法人, 団体; (同業)組合; 会社. ~ *municipal* 地方自治体. ~ *de constructores* 建設業者組合.

‡**cor·po·ral** [kor.po.rál] 形 身体の, 肉体的な. *pena* [*castigo*] ~ 体罰; 体刑. *expresión* ~ 肉体表現.
— 團 《主に複数で》【カト】聖体布: ミサの際, 聖体と聖杯を置くための布.

cor·po·ra·li·dad [kor.po.ra.li.đáđ] 囡 肉体性; 有体性.

cor·po·ral·men·te [kor.po.rál.mén.te] 副 **1** 体を使って. **2** 肉体的に.

cor·po·ra·ti·vis·mo [kor.po.ra.ti.bís.mo] 團 【政】【経】協調組合主義.

cor·po·ra·ti·vis·ta [kor.po.ra.ti.bís.ta] 形 協調組合主義の. — 囲 囡 協調組合主義者.

cor·po·ra·ti·vo, va [kor.po.ra.tí.bo, -.ba] 形 団体の, 同業組合の; 法人(組織)の.

cor·po·rei·dad [kor.po.rei.đáđ] 囡 有形性, 物質性, 形体[肉体]的存在.

cor·po·rei·za·ción [kor.po.rei.θa.θjón / -.sa.sjón] 囡 具現, 具象化.

cor·po·rei·zar [kor.po.rei.θár / -.sár] 97 他 (非物質的なもの, 特に概念などを)実現させる, 具象化する; 形を与える.

cor·pó·re·o, a [kor.pó.re.o, -.a] 形 有形の, 物質的な; 肉体の.

cor·po·ri·zar [kor.po.ri.θár / -.sár] 97 他 → corporeizar.

corps [kórps] 〔仏〕 團 スペイン王(室)直属の役職. *guardia de* ~ 近衛隊. *sumiller de* ~ 侍従長, 式部官.

cor·pu·len·cia [kor.pu.lén.θja / -.sja] 囡 体が大きいこと.

cor·pu·len·to, ta [kor.pu.lén.to, -.ta] 形 背が高く肉づきのよい, がっしりした；太い, 大きい.

*__cor·pus__ [kór.pus] 男 [複 ～, corpora] **1** (調査・研究に利用される, 文書・資料の) **集成**, 大全；(特に言語学の) **資料体**, **コーパス**. **2** [主に C-] 【カト】聖体の祝日：キリストの聖体(の秘跡)を祝う祭日, 三位一体の祝日の後の木曜とされるが, 現在ではその次の日曜に祝うことが多い. 聖体行列, 聖体劇などが催される. 5月下旬から6月下旬にあたる.

cor·pus·cu·lar [kor.pus.ku.lár] 形 微小体の, 微粒子の.

cor·pús·cu·lo [kor.pús.ku.lo] 男 【解剖】小体；微粒子. ～ renal 腎小体.

*__co·rral__ [ko.r̃ál] 男 **1** (家畜用・家禽(きん)用・栽培用の) **囲い場**, 飼育場；裏庭. aves de ～ 家禽. **2** 〖演〗(16-17世紀の主に中庭を利用した) (野外) 劇場. **3** 〖闘牛〗(闘牛場の) 牛小屋. **4** ベビーサークル. **5** (魚をとるための) 築(いけす). **6** 非常に不潔な部屋[場所]. **7** 《ラ米》(ヒュた) (飼育場のある) 小農園.
corral de abasto 《ラ米》畜殺場.
corral de gallinas 《話》汚くて乱雑な場所.
corral de vecindad 《話》共同住宅.
hacer corrales 《話》学校をサボる.

co·rra·le·ra [ko.r̃a.lé.ra] 女 〖音楽〗コラレラ：スペイン Andalucía 地方の民謡.

co·rra·le·ro, ra [ko.r̃a.lé.ro, -.ra] 形 囲い場の, 裏庭の. — 男 女 家畜を飼育する人.

co·rra·li·to [ko.r̃a.lí.to] 男 **1** ベビーサークル, ベビーケージ. **2** 《ラ米》(ごく) 《話》(好きな人の気を引くための) 包囲［囲い込み, わな].

co·rra·li·za [ko.r̃a.lí.θa / -.sa] 女 農家の裏庭；(家畜の) 野外飼育場.

co·rra·lón [ko.r̃a.lón] 男 **1** 広い囲い場. **2** 《ラ米》(パハナ) 資材置き場, 倉庫. [corral + 増大辞]

co·rre·a [ko.r̃é.a] 女 **1** 革ひも, バンド.
2 〖機〗ベルト. ～ de transmisión 伝導ベルト. ～ conductora [transportadora] ベルトコンベアー. ～ sin fin 継ぎ目なしベルト. ～ de ventilación ファン・ベルト. **3** 柔軟性, 弾力性. **4** 〖建〗母屋桁(げた), 棟木. **5** 革砥(と). **6** (複数で) (革製の) はたき. **7** 《ラ米》(メジコ) (1) 靴ひも. (2) 《話》米国の入国管理官. *tener correa* 《話》嘲笑(ちょうしょう)にじっと耐える；我慢強い.

co·rre·a·je [ko.r̃e.á.xe] 男 (武具・弾薬をつるす) 革装具；(馬の) ベルト類.

co·rre·ar [ko.r̃e.ár] 他 〈羊毛・織物に〉仕上げ加工をする.

co·rre·a·zo [ko.r̃e.á.θo / -.so] 男 革ベルトで打つこと.

co·rre·ca·lles [ko.r̃e.ká.jes || -.ʎes] 男女 〖単複同形〗 **1** 《話》怠け者, 浮浪者. **2** 《スペイン》〖スポ〗単調でどっちつかずの試合展開.

correaje (革装具)

*__co·rrec·ción__ [ko.r̃ek.θjón / -.sjón] 女 **1** 修正, 訂正；添削；〖印〗校正. ～ de errores 間違いの訂正. ～ de los exámenes 試験の採点. ～ tipográfica 活版の訂正. signos de ～ 校正記号.
2 矯正；叱責(しっせき), 懲戒. ～ de la miopía 近視の矯正. **3** 正しさ, 正確さ；丁重さ. Habla español con toda ～. 彼[彼女] は完璧なスペイン語を話す. tratar con ～ 礼儀正しく扱う.

co·rrec·cio·nal [ko.r̃ek.θjo.nál / -.sjo.-] 形 **1** 修正の, 訂正の. **2** 矯正のための. establecimiento ～ 矯正施設. — 男 少年院.

co·rrec·cio·na·lis·mo [ko.r̃ek.θjo.na.lís.mo / -.sjo.-] 男 (犯罪者の) 矯正(教育).

co·rrec·cio·na·lis·ta [ko.r̃ek.θjo.na.lís.ta / -.sjo.-] 形 (犯罪者に対する) 矯正教育の. — 男 女 矯正(教育)の支持者.

co·rre·co·rre [ko.r̃e.kó.r̃e] 男 《ラ米》(ダリ) 一目散に［クモの子を散らすように] 逃げること.

co·rrec·ta·men·te [ko.r̃ék.ta.mén.te] 副 正しく, しかるべく.

co·rrec·ti·vo, va [ko.r̃ek.tí.bo, -.ba] 形 **1** 矯正[修正]する. **2** (薬などが) 中和する.
— 男 **1** 懲罰. **2** 中和剤. **3** 〖スポ〗惨敗.

*__co·rrec·to, ta__ [ko.r̃ék.to, -.ta] 形 《ser + / estar +》 《+名詞／名詞 +》 **正しい**, 間違いのない；公正な. lenguaje ～ 正しい言葉遣い. respuesta *correcta* 正しい答え. políticamente ～ 《言葉・表現などが》差別的でない, 偏見のない. **2** 《多くは名詞 +》礼儀正しい, 行儀のよい. No *estuvo* muy ～ conmigo. 彼は私に対して無礼な振る舞いをした. [← [ラ] *corrēctum* (*corrigere*「まっすぐにする」の完了分詞 *corrēctus* の対格)；関連 corrección. [英] *correct*]

co·rrec·tor, to·ra [ko.r̃ek.tór, -.tó.ra] 形 訂正 [矯正]する. líquido ～ 修正液. — 男 女 **1** 矯正者, 修正者. **2** 〖印〗校正者. — 男 **1** (歯の) 矯正具. **2** サンフランシスコ・デ・パウラ会の修道院長.

co·rre·de·ro, ra [ko.r̃e.dé.ro, -.ra] 形 横に滑る, スライドする. puerta *corredera* 引き戸.
— 女 **1** (扉・窓の) 溝；引き戸；(蒸気機関の) 滑り弁. de *corredera* スライド式の. **2** 〖スポ〗(競走場の) トラック, 競走場. **3** (競馬場として使われた) 道, 通り. la *corredera* de San Pablo サン・パブロ通り. **4** 《話》売春周旋人. **5** 〖昆〗下剤. **6** 〖昆〗コチニールカイガラムシ, エンジムシ. **7** 〖海〗(船の速さを計る) 測程器. **8** (ひき臼(うす)の) 回転石. **9** 砲台. **10** 《ラ米》(1) (メジコ) 急流, 早瀬. (2) (ごちう) 《話》大忙し.
— 女 **1** (メジコ) (プリ) 旧河床. (2) (メジコ) (メジコ) 競馬場. (3) (メジコ) 行きつけの場所.

co·rre·di·zo, za [ko.r̃e.dí.θo, -.θa / -.so, -.sa] 形 滑る；ほどけやすい. nudo ～ 引き解き結び. puerta *corrediza* 引き戸. techo ～ (自動車の) サンルーフ.

*__co·rre·dor, do·ra__ [ko.r̃e.ðór, -.ðó.ra] 形 **1** よく[速く] 走る. **2** 競走[競馬] (用) の. **3** 〖鳥〗走鳥類の.
— 男 女 **1** ランナー, 走者. **2** 〖馬〗 de fondo 長距離ランナー. ～ de coches (自動車の) レーサー.
2 〖商〗仲買人, ブローカー. ～ de bolsa [de cambios] 株式仲買人. ～ de fincas 土地ブローカー.
— 男 **1** 廊下, 回廊. **2** 〖軍〗斥候.
— 女 (複数で) 〖鳥〗(ダチョウなどの) 走鳥類.
[*correr* より派生；関連 [英] *corridor*「廊下」]

co·rre·du·rí·a [ko.r̃e.ðu.rí.a] 女 仲介業；仲介手数料.

co·rre·fe·ren·cia [ko.r̃e.fe.rén.θja / -.sja] 女 〖言〗同一指示.

co·rre·gen·cia [ko.r̃e.xén.θja / -.sja] 女 共同摂政治, 共同摂政(制, 職, 期).

co·rre·gen·te [ko.r̃e.xén.te] 形 共同で摂政を務める. — 男 女 共同摂政(のそれぞれ).

co·rre·gi·ble [ko.r̃e.xí.ble] 形 直せる, 修正[矯正]可能な.

co·rre·gi·dor [ko.r̃e.xi.ðór] 男 〖史〗コレヒドール. (1) 王室派遣の行政長官, (司法権を備えた) 王室代理官. (2) 王室直轄地の長官.

Co·rre·gi·dor [ko.r̄e.xi.ðór] 固名 コレヒドール：フィリピンのマニラ湾口の小島．[18世紀初頭スペイン人がここを要塞(ᴵᴼ)化して，王室代理官 corregidor が入国管理，徴税などを行ったことに由来する]

co·rre·gi·do·ra [ko.r̄e.xi.ðó.ra] 女 corregidor の妻．

co·rre·gir [ko.r̄e.xír] ② 他 **1** …の誤りを正す，校正する．Tengo que ~ mi trabajo para entregárselo. 彼[彼女]に渡すために私の作品に手を入れなくてはいけない．*Corríge*me si me equivoco. 私が間違っていれば訂正しろ．

2 〈間違いを〉直す，添削する．〈答案を〉採点する．~ los deberes 宿題を添削する．

3 〈a+人〉〈人に〉…の間違いを指摘する．

— **~·se** 再《**de...** …を》矯正する．*Te has corregido* mucho *de* tu falta de puntualidad. 君の時間のルーズさがずいぶん直ったね．

[← [ラ] *corrigere* 「まっすぐにする」(*com-* 「完全に」+ *regere* 「支配する，規定する」)；関連 correcto, corregidor, Corregidor. [英] *correct*]

co·rre·güe·la [ko.r̄e.gwé.la] 女 → correhuela.

co·rre·hue·la [ko.r̄e.(g)wé.la] 女《植》〈野生の〉サンシキヒルガオ属の植物．

co·rrei·na·do [ko.r̄ei.ná.ðo] 男 共同統治．

co·rrei·nan·te [ko.r̄ei.nán.te] 男女 共同統治の．

co·rre·jel [ko.r̄e.xél] 男 靴の底革；車両のサスペンション用の革．

co·rre·la·ción [ko.r̄e.la.θjón / -.sjón] 女 **1** 相関関係．**2** （統計で）相関．coeficiente de ~ 相関係数．

co·rre·la·cio·nar [ko.r̄e.la.θjo.nár / -.sjo.-] 他 相関させる．— **~·se** 再 相関する．

co·rre·la·ti·vo, va [ko.r̄e.la.tí.βo, -.βa] 形 **1** 相関の，相関関係を持つ．fenómenos ~s 相関現象．**2**《文法》相関の．palabras *correlativas* (tal と cual, así と como などの) 相関語．**3**〈数字が〉続きの，連続の．

— 男女 相関者，相互関係を持つもの[人]．

co·rre·la·to [ko.r̄e.lá.to] 男 相関[相互] 関係にあるもの(のそれぞれ)；相関物．

co·rre·li·gio·na·rio, ria [ko.r̄e.li.xjo.ná.rjo, -.rja] 形 **1** 同じ宗教を信じる．**2** 同じ政治思想を持つ．— 男女 **1** 同じ宗教の信者．**2** 同じ政治思想を持つ者．

co·rre·lón, lo·na [ko.r̄e.lón, -.ló.na] 形《ラ米》(1)(シラ)(ミマ)(エヘ)(シテ)《話》臆病(ᵏᴬᴷ)な，気の弱い．(2)(シラ)(ミマ)(ミテ)(シテ)《話》軽快(ᴷᴱᴵ)なの，足の速い．

co·rren·cia [ko.r̄én.θja / -.sja]《話》**1** 下痢．**2** 恥じらい．

co·rren·di·lla [ko.r̄en.dí.ja ‖ -.ʎa] 女《話》ひと走り．

co·rren·ta·da [ko.r̄en.tá.ða] 女《ラ米》(シラ)激流．

co·rren·tí·a [ko.r̄en.tí.a] 女《話》下痢．

co·rren·ti·lí·ne·o, a [ko.r̄en.ti.lí.ne.o, -.a] 形《ラ米》(シテ)流線形の．

co·rren·tí·o [ko.r̄en.tí.o] 形《男性形のみ》**1**〈液体が〉流れる．**2** 闊達(ᵏᴬᴷ)な，のびのびした．

co·rren·tón, to·na [ko.r̄en.tón, -.tó.na] 形 **1** ぶらぶら遊び歩く．**2** 冗談好きの．— 男女 **1** ぶらぶら遊び歩く人．**2** 冗談好き．— 男《ラ米》(シラ)(ミマ)(シテ)急流．

co·rren·to·so, sa [ko.r̄en.tó.so, -.sa] 形《ラ米》急流の，流れの速い．

co·rre·o [ko.r̄é.o] 男 **1** 郵便．por ~ 郵便で．~ electrónico《IT》Eメール；Eメールアドレス．coche ~ 郵便車．~ aéreo 航空便．~ marítimo 船便．~ certificado 書留．~ urgente 速達．~ separado 別便．

2《時に C-》《無冠詞》**郵便局**(=oficina [casa] de ~s)（▶複数形で単数扱い）．central de ~s 中央郵便局．¿Dónde está ~s? 郵便局はどこですか．Aquí hay una oficina de ~s. ここに郵便局があります．escribir a lista de ~s 局留めにする．apartado de ~s 私書箱．**3**《集合的》郵便物．**4** 郵便ポスト．echar una carta al ~ 手紙をポストに投函する．**5** 郵便配達人，《話》運び屋，宅配業者；伝令．**6** 郵便列車(=tren ~)；郵便などの集配・配達用の乗り物．

correos（郵便局：マドリードの中央郵便局）

[← [カタルーニャ] *correu* ← [古プロバンス] *corrieu* 「使者，急使」；関連 correr. [英] *courier* 「急使」]

co·rre·ón [ko.r̄e.ón] 男 **1** 厚い革，太いベルト．**2** (昔の車両の)サスペンション用の革．[correa+増大辞]

co·rre·o·si·dad [ko.r̄e.o.si.ðáð] 女 **1** 柔軟で丈夫なこと．**2** (肉などが)筋っぽいこと．

co·rre·o·so, sa [ko.r̄e.ó.so, -.sa] 形 柔軟で丈夫な；〈パンなどが〉かみ切りにくい；〈肉などが〉固い．

co·rre·pa·si·llos [ko.r̄e.pa.sí.jos ‖ -.ʎos] 男《単複同形》《幼児用》乗用玩具：多くは自動車の形をした，上に乗って足で蹴(ᵏᴱ)って進む幼児玩具．

co·rrer [ko.r̄ér] 自 **1 走る**，駆ける；〈乗り物が〉スピードを出す．~ como un galgo [gamo] 脱兎(ᵈᴬᵀᴼ)のごとく走る．echar a ~ 走り出す．¡Cómo *corre* este coche! この車の走りはすごいぜ．

2 急いで行く；《a+不定詞 …するのを》急ぐ，急(ᴵᴺ)く．Nos fuimos *corriendo* a casa. 私たちは急いで家に帰った．Al oírlo, Isabel *corrió a* llamar a su marido. それを聞くとイサベルは急いで夫に電話した．

3 〈水・空気などが〉流れる，巡る；〈道が〉走る，延びる．Abriré las ventanas para que *corra* el aire. 空気が通るように窓を開けよう．Ha dejado ~ el agua del grifo. 彼[彼女]は蛇口の水を流したままにしておいた．

4 〈機械などが〉動く，作動する；《IT》〈プログラムが〉(コンピュータ上で)作動する．Este programa no *corre* en este sistema operativo. このプログラムはこのOSでは動かない．

5 〈時が〉過ぎる，流れる．el mes que *corre* 今月．en los tiempos que *corren* 現在，この頃．¡Cómo *corre* el tiempo! 時間の経つのはなんて速いんだ．**6** 〈うわさ・ニュースなどが〉広がる，及ぶ．*Corre* el rumor de que va a subir el petróleo. 石油が上がるといううわさが流れている．**7**《通貨などが》有効である．**8**《**con...** …を》請け負う，引き受ける．*Corre* con todos los trámites de la publicación. 彼[彼女]がその出版のすべての手続きを請け負っている．

— 他 **1** 〈距離を〉走破する；〈レースを〉走る．*Corre* diez kilómetros diarios. 彼[彼女]は毎日10キロ走っている．

2 〈人を〉追いたてる，追い払う．Al forastero le *co-*

rrieron a pedradas. そのよそ者は石を投げられ追い払われた. **3** …をずらす, 横すべりさせる, 動かす. ~ la cortina カーテンを閉める. ~ el pestillo かけ金をおろす. **4** 〈馬など動物を〉走らせる. 〈闘牛〉〈牛を〉あしらう. **5** 〈うわさなどを〉流す. **6** 〈危険などを〉冒す；〈運命などに〉身を任す. *Corre* el riesgo de perder su puesto. 彼[彼女]は自分の地位を失う危険性があります. No quiero ~ la misma suerte de mi amiga. 私は友人と同じような目に遭いたくない. **7** 〈物質などを〉(溶かして)流す, 落とす；〈液体などを〉広げる. Las lágrimas le *han corrido* el maquillaje. 涙で彼女の化粧は落ちてしまった. **8** 旅行して回る. **9** 〈人に〉恥ずかしい思いをさせる. **10** (ラ米) **(1)** (話)脅す. **(2)** (ﾒﾋｼ)(ｸﾞｱﾃ)(ｴﾙｻ)追い出す, たたき出す.

— **~·se** 再 **1** 移動する, 横に寄る. *Córrete* un poco, por favor. すみません, ちょっと詰めてちょうだい. **2** 〈物質が〉溶け出す, 落ちる；〈インクなどが〉にじむ. **3** (スペイン)(俗)(特に男性が)オーガズムに達する, いく. **4** 恥ずかしく思う. **5** (ラ米) (話) **(1)** (ｱﾙｾﾞ)あきらめる. **(2)** (ﾁﾘ)(ｳﾙｸﾞ)(ﾍﾞﾈｽ)(ﾒﾋｼ)おじけづく, 逃げる.

a todo correr 一目散に.

correr a cargo de... / correr de cuenta de... …の用意にする. Eso *corre de mi cuenta*. それは私の問題だ(► mi *de*... に相当).

correrla (話)大いに楽しむ, 大いに騒ぐ.

dejar correr …を成り行きにまかせる.

[←[ラ]*currere*「走る」][関連] corriente, correo, curso. [英] *current*, *course*]

co·rre·rí·a [ko.r̃e.rí.a] 囡 **1** 侵攻, 侵略. **2** 旅行, 冒険；歩き回ること, 徘徊(ﾊｲ). **3** ~s nocturnas 夜遊び.

*★**co·rres·pon·den·cia** [ko.r̃es.pon.dén.θja /-.sja] 囡 **1** 対応, 一致；関連. ~ biunívoca 〖数〗1対1対応. **2** (文書による)**通信**；〖商〗取引関係. mantener ~ con... …と文通している[取引がある]. ~ comercial 商業通信文. estudiar por ~ 通信教育を受ける. **3** (集合的)郵便物. **4** (交通手段の)接続, 乗り換え. La estación tiene ~ con la línea 5. その駅は5番線と連絡している.

en correspondencia con [*a*]... …のお礼に, お返しに.

*★★***co·rres·pon·der** [ko.r̃es.pon.dér] 圓 **1** (**a** [**con**]... …に) **相当す る**, ふさわしい；《a + 人 (人)に》〈役割・分け前などが〉当たる. La dirección que me dieron *corresponde a* esta casa. 彼らが渡してくれた住所はこの家のものだ. Se comportó como *corresponde a* una hija de buena familia. 彼女はきちんとした家庭の子女にふさわしい行動をとる. *Te corresponde* la mitad de los bienes. 君には財産の半分が渡される. *Le corresponde a usted* tomar una decisión. 決断を下すのはあなたです. Que cada uno pague lo que *le corresponda*. めいめいが自分に相当する額を払うこと. ► 用例中の te, le が a + 人 に相当. **2** 《*a*... (人の言動・感情)に》《(**con**... …で)》**応える**, 報いる. *Le corresponderé con* una corbata a vuelta del pañuelo. スカーフのお返しにネクタイを贈るつもりだ.

— 他 …に応える, 報いる. ~ las atenciones recibidas 受けた心遣いにお返しをする. ► 形容詞的に用いられることが多い. ⇒ *amor no correspondido* 片思いの恋.

— **~·se** 再 **1** ((**con**... …に))対応する, 合致する. Esta imagen suya no *se corresponde con* lo que es. 彼[彼女]のこのイメージは実際と合致しない. ► 複数主語でも用いる. ⇒ Estos muebles no *se corresponden*. これらの家具はつりあっていない. **2** (複数主語で)(愛情などを)与え合う, 互いの気持ちに応える. Mis padres *se corresponden*. 私の両親は愛しあっている. **3** (複数主語で)文通する. **4** 《(**con**... (場所)に》〈部屋などが〉通じている, つながっている.

A quien corresponda: (手紙)関係者各位.

[←[中ラ]*correspondēre*([ラ]*com*-「互いに」+[ラ]*respondēre*「応答する」)][関連] correspondencia, corresponsal. [英] *corresponsal*]

*★**co·rres·pon·dien·te** [ko.r̃es.pon.djén.te] 形 **1** 《+名詞 / 名詞+》《**ser** +》《**a**... …に》**対応する**, 相当する, めいめいの. sueldo ~ *al* mes de febrero 2月分の給料. Cada uno llevaba a su ~ novia. 各自が自分の恋人を連れていた. ángulo ~ 〖数〗同位角. **2** 《多くは+名詞》当然の, 予想されたとおりの. No nos sorprendió su ~ rechazo. 彼[彼女](ら)が拒絶することはわかっていたので私たちは驚かなかった. **3** 通信の. miembro ~ (学会などの)通信会員.
— 名 通信員, 通信会員.

*★**co·rres·pon·sal** [ko.r̃es.pon.sál] 男 囡 **1** 特派員, 支局員. ~ de periódico 新聞の特派員. ~ de guerra 従軍記者. **2** (商社などの)駐在員, 代理人. **3** 文通の相手. — 名 代理店.

co·rres·pon·sa·lí·a [ko.r̃es.pon.sa.lí.a] 囡 **1** 特派員の職務. **2** 通信部, 支局. jefe de ~

co·rre·ta·je [ko.r̃e.tá.xe] 男 **1** 〖商〗仲介業, 周旋業；仲介手数料. **2** (ラ米)(ｺﾛﾝ)物納による小作料.

co·rre·te [ko.r̃é.te] 男 (ラ米)電子メール, Eメール.

co·rre·te·ar [ko.r̃e.te.ár] 圓 〈子供などが〉駆け[走り]回る；遊び歩く. — 他 (ラ米) **(1)** (ﾁﾘ)急がせる, 急(ﾊﾔ)かす. **(2)** (ﾒﾋｼ)追い払う. **(3)** 追跡する；問い詰める. **(4)** (ｸﾞｱﾃ)遊び歩く.

co·rre·te·o [ko.r̃e.té.o] 男 駆けずり回ること；徘徊(ﾊｲ).

co·rre·tón, to·na [ko.r̃e.tón, -.tó.na] 形 (話) **1** 落ち着かない, じっとしていない. **2** 遊び好きな.
— 男 囡 (年がいもなく)遊び好きな人.

co·rre·to·ra [ko.r̃e.tó.ra] 囡 聖歌隊の指揮修道女.

co·rre·tur·nos [ko.r̃e.túr.nos] 男 囡 (単複同形) (正規の労働者が休んでいる間に働く)補助労働者, 交代要員.

co·rre·vei·di·le [ko.r̃e.bei.ðí.le] / **co·rre·ve·di·le** [ko.r̃e.be.ðí.le] 男 囡 (話)人のうわさ話をして回る人, 陰口屋.
[corre + ve + (y) + dile]

co·rre·ve·rás [ko.r̃e.be.rás] 男 (単複同形) ばね仕掛けのおもちゃ. [corre + (y) + verás]

*★**co·rri·da** [ko.r̃í.ða] 囡 **1** 闘牛 (=~ de toros). ver una ~ 闘牛を見る. **2** 走ること. dar una ~ 駆ける. **3** (主に複数表現で)〖音楽〗コリダス：スペイン Andalucía 地方の民謡. **4** (俗)射精. **5** (ラ米) **(1)** 多量, 山ほど. **(2)** (ｺﾛﾝ)(ストッキングの)伝線. **(3)** (ｺﾛﾝ)(動物や人間を)追うこと. **(4)** (ﾁﾘ)〖鉱〗(鉱脈などの)露出部, 露頭. **(5)** (ｸﾞｱﾃ) (話)どんちゃん騒ぎ, ばか騒ぎ. **(6)** (ﾎﾝ)(ﾆｶ)列.

de corrida 暗記して；すらすらと.

en una corrida 少しの間に[で].

co·rri·do, da [ko.r̃í.ðo, -.ða] 形 **1** (位置が)ずれ

た. Esta mesa está un poco *corrida*. このテーブルは少しずれている.
2 〈程度・日方が〉十分の, 〈量目が〉超過した. un kilo ～ de sal たっぷり1キロ[1キロ強]の塩. barba *corrida* 濃いあごひげ.
3 恥じた. **4** 経験豊かな. mujer *corrida* 世慣れた女. **5**〈建築物などが〉連続した. balcón ～ 連続したバルコニー.
——男《ラ米》**(1)**〈詩〉(ロマンセに似た8音節詩句の)民謡;ロマンセ,バラード,歌謡詩.**(2)**〈ご〉お尋ね者,逃亡者.
de corrido すらすらと. hablar español *de* ～ スペイン語を流暢〈ﾘｭｳﾁｮｳ〉に話す. leer *de* ～ すらすらと読む. saber *de* ～ 精通[熟知]している.

★★★co·rrien·te [ko.ří̯en.te]形 **1**《名詞＋》(**ser＋**)普通の, 平凡な, ありふれた;並の. gente ～ 庶民. salirse de lo ～ 普通でない, 非凡である. Estas palabras son de uso ～. これらの言葉は普通に使われている. Las tormentas *son* ～*s* por la tarde en verano. あらしは夏の午後によくある. gastos ～*s* 経常経費. la balanza ～ 経常収支.
2《＋名詞／名詞＋》現行の, 現在の, 今の;最新の;流通している. cuenta ～ a nombre de... …名義の当座預金(口座). moneda ～ 通貨. el ～ año 本年. el (día) 20 del ～ mes 今月20日. el número ～ de la revista 雑誌の最新号.
3 流れる, 流れている, 流麗な. electricidad y agua ～ 電気と水道. **4**《ラ米》(*ﾋﾞﾙ*)〈ｺﾞﾆ〉安い, 低級な.
——女 **1**（水・空気などの）**流れ**. una ～ de aire frío 冷たい気流[風], すきま風. ～ de lava 溶岩流. ～ de chorro ジェット気流. la ～ sanguínea (体内の) 血流. ～ submarina 深層流. como la ～ de un río 川の流れのように. ～*s* internacionales de capital 国際的な資本の流れ. abandonarse a la ～ 流れに身を任せる.
2 電流 (＝～ eléctrica). ～ alterna 交流. ～ continua 直流. ～ trifásica 三相交流.
3 思潮;風潮, 傾向, 潮流. crear una ～ de simpatía 思いやりの輪を広げる. las nuevas ～*s* artísticas 新たな芸術思潮. una ～ de opinión 世論の動向. las últimas ～*s* de moda 最新流行のモード. una ～ política 政治傾向. **4** 海流 (＝～ marina). ～ fría [cálida] 寒流[暖流]. la ～ del Golfo メキシコ湾流. la ～ de Humboldt フンボルト海流. la ～ de Kuroshio 黒潮.
——男 今月. el (día) diez del ～ 今月の10日.
a favor de (la) corriente 流れに従って;大勢に迎合して (↔contra (la) ～).
al corriente **(1)**〈最新情報を〉よく知っている. estar [ponerse] *al* ～ de [＋名詞／que＋直説法]…をよく知っている[よく知る]. Nadie está *al* ～ *de que* la reforma se está llevando a cabo. 誰も改革が実行されていることを知らない. poner [tener] a＋人 *al* ～ ...... を〈人〉に知らせる. **(2)** 期限通りの. El solicitante deberá estar [encontrarse] *al* ～ del pago. 申請者は支払いが遅れてはならない.
común y corriente ありきたりの, ごく普通の.
contra (la) corriente 流れに逆らって;大勢に逆らう (▶ 無冠詞が多い)(↔a favor de (la) ～). ir *contra (la)* ～ 流れに逆らって行く, 大勢に逆らう.
corriente y moliente〈話〉なんの変哲もない, ごく普通の.
dar la corriente a＋人 〈人〉が感電する.
dejarse llevar por [de] la corriente 流れに任

せる;大勢に従う, 時流に迎合する.
es corriente que＋接続法 ……はふつうである, ……はよくあることだ. *Es* aún ～ *que* los abuelos *vivan* con sus hijos y nietos. 祖父母が子供や孫と暮らすことはまだ見られる.
lo corriente es que《多くは＋接続法》普通は…である. *Lo* ～ *es que* el goleador *eche* a correr. ふつう, ゴールを決めた選手は駆け出すものだ.
normal y corriente ありきたりの, よくある.
seguir [*llevar*] *la corriente a*＋人〈話〉〈人〉にあわせる. *Le seguíamos la* ～ *a* ella. 私たちは彼女にあわせてそれ以上議論しなかった.
[←［ラ］*currentem* (*currēns* の対格, *currere*「走る」の現在分詞) /関連［英］*current*]

co·rrien·te·men·te [ko.ří̯en.te.mén.te] 副
1 一般に, 通常. **2** 普通に.

corrig- 活 →corregir.

co·rri·gen·do, da [ko.ří.xén.do, -.da] 形 矯正すべき. ——男 矯正院に収容されている少年[少女].
——女 正誤表 (＝fe de erratas).

corrij- 活 →corregir.

co·rri·llo [ko.ří.ʎo / -.ɟo] 男 (集まって話をする) 人の輪. [corro＋縮小辞]

co·rri·mien·to [ko.ří.mi̯en.to] 男 **1**【地質】地滑り, 土砂崩れ. **2** 滑ること, 流れること. **3**【農】(ブドウの花の受粉期の) 雨風による被害. **4**【医】排泄〈ﾊｲｾﾂ〉, 分泌. **5** 困惑, きまり悪さ. **6**《ラ米》(ﾀﾞｱ)(ﾊﾟﾘ) リューマチ.

co·rrin·cho [ko.říɲ.tʃo] 男 **1**〈軽蔑〉下層民の集まり. **2**《ラ米》**(1)**(ﾒﾎｯ)興奮. **(2)**(ｺﾛﾝ)〈話〉騒ぎ.

co·rri·va·ción [ko.ří.ba.θi̯ón / -.sión] 女 河川の統合工事.

co·rro [kó.ř̞o] 男 **1** 人の輪, 円陣. entrar en el ～ 人の輪の中に入る. hacer ～〈人々に〉輪になる. hacer ～ aparte 円陣を組む. hacerle ～ (a＋人)〈人〉を取り巻く. el ～ bancario 金融筋.
2 円状のもの;（円状の）部分;わずかばかりの土地[耕地]. **3**〈遊〉(かごめかごめのような) 輪になってする子供の遊び. **4**（証券取引所の）立会所.
en corro になって, 輪状に.

co·rro·bo·ra·ción [ko.ř̞o.bo.ra.θi̯ón / -.sión] 女 確証, 裏づけ.

co·rro·bo·ran·te [ko.ř̞o.bo.rán.te] 形 確証する, 裏づける.

＊co·rro·bo·rar [ko.ř̞o.bo.rár] 他 (証拠・資料などで) 補強する, 確証する. ～ con hechos 事実で裏づける.

co·rro·bo·ra·ti·vo, va [ko.ř̞o.bo.ra.tí.bo, -.ba] 形 確証する, 裏づける.

co·rro·er [ko.ř̞o.ér] 59 他〈金属などを〉腐食させる;むしばむ. Las preocupaciones lo *corroen*. 彼は心労でやつれ果てている. ——～*se* 再 腐食する;（…の）念に駆られる. ～*se de envidia* 羨望〈ｾﾝﾎﾞｳ〉の念に駆られる.

＊co·rrom·per [ko.ř̞om.pér] 他 **1** 損なう, だめにする;〈食べ物などを〉腐らせる. **2** 堕落させる, 腐敗させる;〈言語を〉乱れさせる. **3** 賄賂〈ﾜｲﾛ〉を贈る, 買収する. **4**悩ます, いらいらさせる.
——自〈話〉腐ったにおいがする.
——～*se* 再 **1** だめになる, 堕落する. **2** 腐る, 腐敗する.

co·rrom·pi·do, da [ko.ř̞om.pí.ðo, -.ða] 形
1 だめになった, 腐った. **2** 堕落した, 退廃した.

co·rron·cha [ko.ř̞óɲ.tʃa] 女《ラ米》(ﾁﾘ)(ﾋﾟﾙ)(ﾌﾟｴ) 堅い外皮, 殻, 甲羅.

co·rron·cho, cha [ko.ȓóɲ.tʃo, -.tʃa] 《ラ米》《話》(1) (ﾗﾌﾟ)のろまな，ぐずぐずした，のらくらした． (2) (ﾋﾞﾃﾞ)気難しい，不機嫌な．

co·rron·co·so, sa [ko.ȓoɲ.tʃó.so, -.sa] 形 《ラ米》(ﾋﾟﾃﾞ)(ｷﾞｱﾃ)(ｺﾞﾗﾌﾟ)《話》がさつな，下品な．

co·rron·go, ga [ko.ȓóɲ.go, -.ga] 形 《ラ米》(ﾑﾆ)(ｺﾞﾗﾌﾟ)《話》すばらしい，すてきな，最高の．

co·rro·sal [ko.ȓo.sál] 男 《植》トゲバンレイシ．

co·rro·si·ble [ko.ȓo.sí.ble] 形 腐りやすい．

co·rro·sión [ko.ȓo.sjón] 女 **1** 腐食，浸食．**2** 消耗，衰弱．

co·rro·si·vo, va [ko.ȓo.sí.ɓo, -.ɓa] 形 **1** 腐食する，腐食〔浸食〕性の．**2** 痛烈な，しんらつな．
——男 腐食させる物，腐食剤．

co·rro·to·co, ca [ko.ȓo.tó.ko, -.ka] 形 女 《ラ米》(ﾊﾟﾅ)《話》こびと．

co·rro·yen·te [ko.ȓo.jén.te] 形 →corrosivo.

co·rru·ga·ción [ko.ȓu.ɣa.θjón / -.sjón] 女 収縮，縮み．

*__co·rrup·ción__ [ko.ȓup.θjón / -.sjón] 女 **1** 堕落，違法行為，買収，汚職．～ de menores 《法》未成年者に対する性犯罪．～ de las costumbres 風俗の退廃．**2** 腐敗；悪臭．**3** (原文・文体などの)改悪，改竄(ざん)．**4** (言語・言葉の)訛(なま)り；乱れ．

co·rru·pia [ko.ȓú.pja] 女 →fiera ～.

co·rrup·te·la [ko.ȓup.té.la] 女 **1** (法律に触れる)不正(行為)，悪行，悪事．**2** 腐敗，堕落，汚職．

co·rrup·ti·bi·li·dad [ko.ȓup.ti.ɓi.li.ðáð] 女 腐敗〔堕落〕しやすさ，買収しやすさ．

co·rrup·ti·ble [ko.ȓup.tí.ble] 形 腐敗〔堕落〕しやすい，買収しやすい．

co·rrup·ti·vo, va [ko.ȓup.tí.ɓo, -.ɓa] 形 腐敗〔堕落〕させるような．

*__co·rrup·to, ta__ [ko.ȓúp.to, -.ta] 形 **1** 《ser+/ estar+》堕落した；賄賂(ｶﾞく)の利く．**2** 腐った (= podrido).

co·rrup·tor, to·ra [ko.ȓup.tór, -.tó.ra] 形 腐敗〔堕落〕させる．—— 堕落させる人，(風俗)紊乱(びん)者；贈賄者；《法》(未成年者に対する)性犯罪者．

co·rrus·co [ko.ȓús.ko] 男 (話) 固くなったパンくず．

cor·sa·rio, ria [kor.sá.rjo, -.rja] 形 (戦時下で政府に敵船の捕獲を許可された) 私掠(りゃく)船の，海賊の． buque ～ / nave *corsaria* 私掠船．capitán ～ 私掠船の船長．—— 男 海賊船；私掠船．

cor·sé [kor.sé] 男 コルセット．～ ortopédico 整形外科用コルセット． [←仏 *corset*]

cor·se·te·rí·a [kor.se.te.rí.a] 女 コルセット工場〔販売店〕．

cor·se·te·ro, ra [kor.se.té.ro, -.ra] 男 女 コルセット製造〔販売〕人．

cor·so [kór.so] 男 **1** 《海》私掠(りゃく)船による敵船の捕獲行為．patente de ～ 私掠免状；なんでも自由にできる特権． **2** 《ラ米》(ｷﾞ)(ｺﾞﾗﾌﾟ)パレード．

cor·so, sa [kór.so, -.sa] 形 コルシカ〔コルス〕島 Córcega の．—— 男 女 コルシカ島民．

cor·ta[1] [kór.ta] 女 伐採．
——活 →cortar.

cor·ta[2] [kór.ta] 形 →corto.

cor·ta·a·lam·bres [kor.ta.(a.)lám.bres] 男 《単複同形》ワイヤーペンチ．

cor·ta·ble [kor.tá.ble] 形 切れる，切断可能な．

cor·ta·bol·sas [kor.ta.ból.sas] 男 《単複同形》《話》すり，ひったくり．

cor·ta·ca·llos [kor.ta.ká.jos ‖ -.ʎos] 男 《単複同形》うおのめ〔たこ〕を削る道具．

cor·ta·cés·ped [kor.ta.θés.peð / -.sés.-] 男 芝刈り機．

cor·ta·ci·ga·rros [kor.ta.θi.ɣá.ȓos / -.si.-] 男 《単複同形》葉巻切り，シガーカッター．

cor·ta·cir·cui·tos [kor.ta.θir.kwí.tos / -.sir.-] 男 《単複同形》《電》ブレーカー，(回路)遮断器．

cor·ta·co·rrien·te [kor.ta.ko.ȓjén.te] 男 →cortacircuitos.

cor·ta·da [kor.tá.ða] 女 **1** 切ること；(パンなどの)ひと切れ．**2** 切り傷．**3** 《ラ米》(ｷﾞ)(ｺﾞﾗﾌﾟ)近道．

cor·ta·de·ra [kor.ta.ðé.ra] 女 (鉄棒を打ち切る)たがね．

cor·ta·di·llo [kor.ta.ðí.jo ‖ -.ʎo] 男 (ワイン用の)小さなグラス；小コップ1杯の量．
azúcar (de) cortadillo 角砂糖．

*__cor·ta·do, da__ [kor.tá.ðo, -.ða] 形 **1** 切断された，(道路などが)遮断された．**2** (ser+)内気な，はにかみ屋の；《estar+》恥ずかしがった，困惑した．Se quedó ～. 彼は困惑した．**3** (牛乳などが)分離した．leche *cortada* 腐った牛乳．**4** ぴったりと合った，適切な．**5** (文体が)断片的な．**6** 《紋》(上半分と下半分が異なる)横二分の．**7** 《ラ米》(1) 寒気〔悪寒〕がする．(2) (ｷﾞ)(ｺﾞﾗﾌﾟ)《話》文無しの．
—— 男 **1** ミルクを少量入れたコーヒー (= café ～). **2** (踊りの)飛び跳ねるステップ．
cortado a pico 切り立った，急勾配(こう)の．
dejar cortado... …を中断する，(…の話から)遮る．Eso lo *dejó* ～. そのせいで彼は口をつぐんでしまった．
tener el cuerpo cortado 気分がすぐれない，体調が悪い．

cor·ta·dor, do·ra [kor.ta.ðór, -.ðó.ra] 形 切断〔裁断〕用の．
——男 女 **1** (仕立屋・靴屋の)裁断師．**2** 屠畜(と)夫．——女 カッター，切断〔裁断〕器．*cortadora* de césped 芝刈り機．——男 《解剖》門歯，切歯 (= diente incisivo).

cor·ta·du·ra [kor.ta.ðú.ra] 女 **1** 切断，亀裂(れつ)．**2** 切り傷．Se hizo una ～ en la cara con la cuchilla de afeitar. 彼〔彼女〕はかみそりで顔を切ってしまった．**3** 峡谷，断層．**4** 《複数で》切りくず，裁ちくず；(新聞・雑誌の)切り抜き．

cor·ta·fie·rro [kor.ta.fjé.ȓo] 男 《ラ米》(ｺﾞﾗﾌﾟ)冷間たがね．

cor·ta·frí·o [kor.ta.frí.o] 男 (製鉄用の)冷間たがね．

cor·ta·fue·gos [kor.ta.fwé.gos] 男 《単複同形》(森林・草原の)防火帯〔線〕；《建》防火壁；《ＩＴ》ファイアウォール．

cor·ta·hie·rro [kor.ta.jé.ȓo] 男 →cortafrío.

cor·ta·lá·pi·ces [kor.ta.lá.pi.θes / -.ses] 男 《単複同形》鉛筆削り(器) (= sacapuntas).

cor·ta·le·gum·bres [kor.ta.le.gúm.bres] 男 《単複同形》野菜カッター．

cor·tan·te [kor.tán.te] 形 **1** 鋭利な，よく切れる．**2** (風・寒さが)身を切るような．**3** (語り口・文体が)しんらつな；ぶっきらぼうな．
——男 **1** 肉切り包丁．**2** 肉屋．

cor·ta·pa·pel [kor.ta.pa.pél] 男 → cortapapeles.

cor·ta·pa·pe·les [kor.ta.pa.pé.les] 男 《単複同形》ペーパーナイフ．

cor·ta·pa·ti·llas [kor.ta.pa.tí.jas ‖ -.ʎas] 男 《単

cor·ta·pe·lo [kor.ta.pé.lo] 男 **1** バリカン. **2** 《ラ米》《ごく》《まれ》男の子が初めて髪を切るのを祝う儀式.

cor·ta·pi·cos [kor.ta.pí.kos] 男《単複同形》《昆》ハサミムシ.

cortapicos y callares《話》(子供に向かって)よけいなこと言わないの.

cor·ta·piés [kor.ta.pjés] 男《単複同形》(剣・ナイフでの)足への切りつけ.

cor·ta·pi·sa [kor.ta.pí.sa] 女 **1** 条件, 制約. *poner* ~ *a...* …に制約を設ける, 条件をつける. **2** 障害, 邪魔. **3** 〈衣類の〉へり飾り, 縁取り. **4** 魅力, 愛嬌(きょう).

sin cortapisa 自由に, 気兼ねなく. *hablar sin* ~ 遠慮なく話す.

cor·ta·plu·mas [kor.ta.plú.mas] 男《単複同形》小刀, 小さなナイフ. [cortar+pluma(昔, 鵞(が)ペンを削るために使った)]

cor·ta·pu·ros [kor.ta.pú.ros] 男《単複同形》→ cortacigarros.

cor·tar [kor.tár] 他 **1 〈en... …に〉切る, 切り分ける；切り落とす, 切断する. ~ *un papel en dos por la mitad* 紙を真ん中で2つに切る. ~ *el césped* 芝生を刈る.

2 〈通行などを〉止める；〈行動などを〉阻止する. ~ *la hemorragia* 出血を止める. *La lluvia nos cortó el paso*. 雨で私たちは進めなくなった. ¡*Corten*!《映》(撮影などで)カット！ *Cortada por obras*. 工事中につき通行止め.

3 〈作品などの一部を〉省略する, はしょる；〈費用などを〉切り詰める；〖ＩＴ〗切り取る(↔pegar). ~ *gastos* 費用を切り詰める. ~ *una escena* ワンシーンをカットする.

4 《遊》〈カードを〉切る；《スポ》〈ボールを〉カットする. **5** 〈動体が〉〈風・水などを〉切る. *El avión volaba cortando el aire como una flecha*. 飛行機は矢のように風を切って飛んでいた. **6** 〈冷たい風が〉〈人の肌を〉刺す. *Hace un viento que corta la cara*. 顔を刺すような風です. **7** 〈生地を〉裁断する. **8** 〈飲み物を〉薄める, 割る. ~ *el vino con gaseosa* ワインを炭酸水で割る. ~ *el café con leche* コーヒーにミルクを入れる. **9** 〈陸地などを〉横切る, 二分する. *La avenida corta la ciudad de este a oeste*. その大通りはこの都市を東西に二分している. **10** 〈人を〉困惑させる, どぎまぎさせる. *Me corta cantar en público*. 私は人前で歌うのはあがってしまう.

11 〈クリームなどを〉分離させる.

12《ラ米》(1)《ごく》《話》(酔い覚ましに)〈アルコールを〉飲む. (2)《(*_)》《話》やり込める；けなす. (3)《(*)》出発する. (4)《(*_)》《話》たしかめる.

— 自 **1** 〈刃物などが〉切れる. *Este cuchillo corta muy bien*. このナイフはよく切れる.

2 〈*por*... …を通って〉近道する. *Siempre corto por el parque*. いつも私は公園を通って近道する.

3《遊》〈トランプの〉カードを切る.

4《強調》〈寒さが〉肌を刺す. *Hacía un frío que cortaba*. すごい寒さだった.

— ·*se* 再 **1** 〈自分の髪の毛・爪(っめ)などを〉切る, 切ってもらう. ~*se las uñas* 爪を切る. *Una vez al mes voy a la peluquería para ~me el pelo*. 私は1か月に1回は髪を切りに美容院へ行く.

2 〈人が〉(自分の体に)切り傷を作る.

3 〈*en*... …に〉分かれる. **4** 切れる, 止まる. *Se ha cortado la comunicación*. 通話が切れた. **5** 〈皮膚が〉ひび割れる. **6** 〈クリームが〉分離する. **7** 〈人が〉困惑する, 気後れする. **8**《ラ米》(1)《(キ)》《馬の》息が切れる. (2)《(アルゼ)》《(ごく)》《(うル)》寒気がする. (3)《(うル)》《俗》死ぬ. (4)《(うル)》《話》取り残される.

cortar el rollo《話》無駄話をやめる.

cortarse un pelo 〈人が〉怖(こわ)じ気づく, ひるむ.

[←〔ラ〕*curtāre*「短くする」；*curtus*「短くされた」(→*corto*)より派生；〔関連〕*cortadura*, *cortadera*, *recortar*. 〔英〕*shorten*, *sharp*].

cor·ta·ú·ñas [kor.ta.ú.ɲas] 男《単複同形》爪(っめ)切り.

cor·ta·vi·drios [kor.ta.bí.ðrjos] 男《単複同形》ガラス切り.

cor·ta·vien·to [kor.ta.bjén.to] 男 (乗り物の)風防(ガラス), フロントガラス.

Cor·tá·zar [kor.tá.θar / -.sar] 固名 コルタサル Julio ~ (1914-84)：アルゼンチンの小説家. 作品 *Rayuela*『石蹴(け)り遊び』.

cor·te¹ [kór.te] 男 **1 切ること, 切断；裁断. ~ *y confección*《服飾》洋裁.

2 刃；切り傷, 傷口. ~ *de una navaja* ナイフの刃. *Me he hecho un* ~ *en la mano*. 私は手を切ってしまった. **3** 中断, 遮断. ~ *de agua* 断水. ~ *de luz* [*electricidad*] 停電. **4** 切り口, 断面.《印》(本の)小口. **5** タイプ, スタイル. *vestido de* ~ *elegante* エレガントなドレス. **6** 切ったもの,切り口；(1着[1足]分の)布地[革] (=~ *de tela*)；(ビスケットにはさんだ)アイスクリーム. **7** 髪形, カット. ~ *con navaja*. カミソリカット. **8** (トランプなどを)切ること, シャッフル. **9**《話》痛撃. *dar un* ~ *a...* …をやり込める, ぎゃふんと言わせる. **10**《話》恥ずかしさ, 気後れ. **11**《ラ米》(1)《(アルゼ)》(踊りの)動き, 振り. (2)《(キ)》雑用；報酬.

— 活 → *cortar*.

darse corte《ラ米》《(アルゼ)》《話》気取る.

hacer el corte de caja《ラ米》レジを閉める.

hacer [*dar*] *un corte de mangas*《話》侮辱する；左手で右腕の力こぶをおさえて手を上に曲げる動作をする.

*cor·te² [kór.te] 女 **1** 宮廷. **2** 都, 首都. **3**《集合的》宮廷人, 廷臣；お供, とりまき. → *acompañamiento* 類語. **4** 天国 (=~ *celestial*). **5** [C-] 《複数で》(スペインの)国会. ♦英国, フランス, ドイツ, イタリアなどは *Parlamento*, 米国, メキシコなどは *Congreso*, ポルトガルなどは *Asamblea*, 日本などは *Dieta*. **6**《複数で》〖史〗(スペイン)コルテス (♦カスティリャなどの諸王国で開催されていた身分制議会). *C~s Constituyentes* 憲法制定議会 (♦1810年, Cádizで開催され「1812年憲法」を制定した). **7** 家畜小屋, 囲い場. **8**《ラ米》裁判所, 法廷. ~ *suprema* 最高裁判所.

*hacer la corte a+*人 〈人に〉言い寄る, 〈人を〉口説く；〈人に〉へつらう, 機嫌を取る.

[←〔ラ〕*cohortem* (*cohors*「中庭」の対格)；〔関連〕*cortejar*, *cortés*, *cortesano*, *cortijo*. 〔英〕*court*「宮廷；宮廷の, コート」].

cor·te·dad [kor.te.ðáð] 女 **1** 短いこと.

2 不足, 欠乏. ~ *de genio* 才覚のなさ. **3** 臆病(おくびょう), 恥ずかしがり.

cor·te·jar [kor.te.xár] 他 **1** …の機嫌を取る.

2 〈人に〉言い寄る, 口説く. **3** 〈動物が〉求愛する.

— 自 〈恋人同士が〉付き合う.

*cor·te·jo [kor.té.xo] 男 **1** ご機嫌取り；求愛, 口説き. **2** 愛人. **3** (儀式における)行列, 随行の一行. ~ *fúnebre* 葬列. ~ *nupcial* 結婚披露宴の参加者一同. → *acompañamiento* 類語. **4** 結果, 付随物.

Coruña

5 〖動〗求愛.

*cor·tés [kor.tés] 形 礼儀正しい, 丁重な. Lo ~ no quita lo valiente. 《話》物腰の柔らかさと勇敢さは両立する.

Cor·tés [kor.tés] 固名 コルテス Hernán ~ (1485-1547). ◆スペインのコンキスタドール conquistador. 1521年 Azteca王国を征服し, Nueva España (メキシコ) の初代総督 (1522-26) となる. 著書 *Cartas de Relación*『報告書簡』.

cor·te·sa·na [kor.te.sá.na] 形 女 ⇒cortesano.

cor·te·sa·na·zo, za [kor.te.sa.ná.θo, -.θa / -.so, -.sa] 形 うやうやしい, ばか丁寧な.

cor·te·sa·ní·a [kor.te.sa.ní.a] 女 礼儀正しさ, 優雅[優美]さ.

*cor·te·sa·no, na [kor.te.sá.no, -.na] 形 宮廷の; 丁重な, 上品な. literatura *cortesana* 宮廷文学. — 男 女 宮廷人, 廷臣. — 男 高級娼婦.

*cor·te·si·a [kor.te.sí.a] 女 1 礼儀 (正しさ), 丁重. visita de ~ 表敬訪問. 2 好意, 親切; 厚遇. gracias a la ~ de todos 皆様の御好意のお陰で. 3 敬称; 《手紙》署名の前に添える儀礼的な慣用句. 4 贈り物. 5 〖商〗(期限後の) 支払い猶予期間. 6 〖印〗章と章の間におく余白.

cór·tex [kór.teks] 男 〖単複同形〗〖解剖〗大脳皮質 (＝~ cerebral); (腎臓などの) 皮質.

*cor·te·za[1] [kor.té.θa / -.sa] 女 1 樹皮, (植物の) 皮層. 2 〖解剖〗皮質. ~ cerebral 大脳皮質. ~ cerebelosa 小脳皮質. ~ suprarrenal 副腎皮質. 3 (パンの) 耳, (チーズなどの) 外側の固い部分; (メロン・オレンジなどの) 皮. 4 外부, 外観. Una ~ de frialdad disimula su naturaleza tierna. 彼[彼女]はうわべは冷たいが心は優しい人だ. 5 粗野, 下品. 6 豚の皮のフライ.

corteza terrestre〖地質〗地殻.

cor·te·za[2] [kor.té.θa / -.sa] 男 〖鳥〗オオサケイ.

cor·ti·cal [kor.ti.kál] 形 1 〖解剖〗皮質の. 2 皮層の, 樹皮の.

cor·ti·co·es·te·roi·de [kor.ti.ko.es.te.rói.ðe] 男 〖生化〗〖薬〗⇒corticoide.

cor·ti·coi·de [kor.ti.kói.ðe] 男 〖生化〗〖薬〗コルチコステロイド, コルチコイド: 副腎(ﾌｸｼﾞﾝ)皮質から分泌されるステロイドホルモンや同じ作用をもつ化学物質の総称.

cor·ti·cos·te·roi·de [kor.ti.kos.te.rói.ðe] 男 〖生化〗〖薬〗⇒corticoide.

cor·ti·ja·da [kor.ti.xá.ða] 女 〖集合的〗1 (スペイン Andalucía地方の) 農場, 農園. 2 農場の家屋.

cor·ti·je·ro, ra [kor.ti.xé.ro, -.ra] 男 女 1 (農園に住む) 農夫. 2 (農園の) 監督.

cor·ti·jo [kor.tí.xo] 男 1 (スペイン Andalucía地方の) 農園 (= finca). 2 農場の家, 別荘.

*cor·ti·na [kor.tí.na] 女 1 カーテン; 幕, 緞帳(ﾄﾞﾝﾁｮｳ). correr [descorrir] la ~ カーテンを引く [開ける]; 事を隠す [明かす]. 2 幕状の物, 遮蔽(ｼｬﾍｲ)物. ~ de agua どしゃ降りの雨. ~ de humo 立ちこめた煙. 3 (城の) 幕壁. 4 防塞, 堤防. [← 後ラ] *cortīna*「囲い; カーテン」; 関連 [英] *curtain*.

cor·ti·na·do, de·ja [kor.ti.ná.ðo, -.ða] 形 〖紋〗盾の上部を頂点にして三角形に盾を分けた.
— 男 ⇒cortinaje.

cor·ti·na·je [kor.ti.ná.xe] 男 〖集合的〗カーテン (一式).

cor·ti·ni·lla [kor.ti.ní.ja ‖ -.ʎa] 女 (車窓などの) 小カーテン. [cortina＋縮小辞]

cor·ti·nón [kor.ti.nón] 男 厚手のカーテン. [cortina＋増大辞]

cor·ti·sol [kor.ti.sól] 男 〖生化〗コルチゾール: 副腎(ﾌｸｼﾞﾝ)皮質から分泌される糖質ステロイド (ホルモン).

cor·ti·so·na [kor.ti.só.na] 女 1 〖医〗コーチゾン: 副腎(ﾌｸｼﾞﾝ)皮質から分泌されるホルモン. 2 〖薬〗コーチゾン剤.

**cor·to, ta [kór.to, -.ta] 形 1 (＋名詞／名詞＋) (ser＋／estar＋) (長さ・距離・時間が) 短い (↔largo); 近い; (背丈の) 低い. Es de *corta* estatura ／ Es ~ de estatura. 彼は背が低い. El abrigo se me ha quedado ~. オーバーが短くなってしまった. una novela *corta* 中編小説. armas *cortas* (ピストルなど) 射程の短い武器. a *corta* distancia 近くで [の, から]. el camino más ~ hacia... …へのいちばんの近道. piscina *corta* (競泳の) 短水路. plano ~ (映画・テレビの) クローズアップ. un ~ discurso 簡単なスピーチ. contratos de *corta* duración 短期契約. un ~ espacio de tiempo 短期間. a ~ y medio plazo 短中期の. un ~ número de votos わずかの票. marchas *cortas* (車の1速・2速) ローギア.
2 (ser＋／estar＋) 少ない, 少量の; 足りない, 不足 [欠乏] した; 的に届かない. *Están* ~s *de dinero.* 彼らはお金が足りない. *Es* ~ *de entendederas [luces].* 彼は頭が鈍い, 理解力がない. ~ de vista 近視の; 近視眼的な. ~ de palabras 口数の少ない. 3 知能の低い, ばかな; 臆病な, 内気な. 4 (闘牛士が) 持ち技の少ない.
— 男 1 ⇒cortometraje. 2 (ビール・ワイン・コーヒーなどの) 少量. Un ~ de cerveza, por favor. ビールの小 (ｺ), お願いします. 3 〖電気〗のショート. 4 〖ラ米〗(1) (*総) 《話》拒絶. (2) (ﾁﾘ) (下着の) パンツ. (3) (ﾍﾟﾙｰ) 小グラスのピスコ pisco.
— 女 1 〖主に複数〗(車のヘッドライトの) ロービーム (↔largas). 2 〖ラ米〗*総 短編映画.
— 活 ⇒cortar.

a la corta o a la larga 遅かれ早かれ, 早晩.
corto de alcances 頭の悪い, 才能の乏しい.
en corto 近くから (の).
ir de corto 半ズボンをはいている; まだ幼い, 大人になっていない.
ni corto ni perezoso よく考えずに, 軽々しく. *Ni corta ni perezosa le contesté que sí.* 私は思わず彼[彼女]に「はい」と答えてしまった.
quedarse corto (1) 足りなくなる, 不足する. (2) 低く見積もる; 見積もりも違いあまる. *Nos hemos quedado* ~*s en la dificultad.* 我々はそれほど困難だとは思わなかった. (3) 言い控える, 言い足りないぐらいだ. (4) (鏡などが) 的よりも下に落ちる.
vestir(se) de corto (闘牛士やスポーツ選手が) 闘牛 [試合] のために衣装 [ウエアー] を身につける.
[←[ラ] *curtum* (*curtus* の対格)「短くされた, 切断された」] 関連 *cortedad, acortar.* [英] *short*].

cor·to·cir·cui·tar [kor.to.θir.kwi.tár / -.sir.-] 他 〖電〗短絡させる, ショートさせる.

cor·to·cir·cui·to [kor.to.θir.kwí.to / -.sir.-] 男 〖電〗ショート, 短絡. poner en ~ ショートさせる.

cor·to·me·tra·je [kor.to.me.trá.xe] 男 〖映〗短編映画 (↔largometraje).

cor·tón [kor.tón] 男 〖昆〗ケラ.

co·ru·ja [ko.rú.xa] 〖鳥〗アナホリフクロウ.

co·ru·ña [ko.rú.ɲa] 女 ラ・コルーニャ産の麻布.

Co·ru·ña [ko.rú.ɲa] 固名 La ~ ラ・コルーニャ: スペイン北西部の県, 県都; 港湾都市. ガリシア語では A Coruña. ⇒ *Santiago.*

[← [古スペイン] *Crunia* (ケルト語起源?)]

co·ru·ñés, ñe·sa [ko.ru.ɲés, -.ɲé.sa] 形 ラ・コルーニャの. ― 男 女 ラ・コルーニャの住民[出身者].

co·rus·can·te [ko.rus.kán.te] 形 《文章語》光り輝く, 燦然(た)たる.

cor·va [kór.βa] 女 ひかがみ：ひざ裏のくぼんだ部分.

cor·va·du·ra [kor.βa.ðú.ra] 女 湾曲(部); 【建】(アーチ・円屋根の) 湾曲部.

cor·va·to [kor.βá.to] 男 【鳥】カラスのひな.

cor·ve·jón¹ [kor.βe.xón] 男 (犬・馬などの後肢の) ひざ, 飛節; (雄鶏の) 蹴爪(ピッ).
meter la pata hasta el corvejón 《話》 へまをやらかす, どじを踏む.

cor·ve·jón² [kor.βe.xón] 男 【鳥】カワウ.

cor·ve·jos [kor.βé.xos] 男 《複数形》 (犬・馬の) 飛節.

cor·ve·ta [kor.βé.ta] 女 【馬】クルベット, 騰躍.

cor·ve·te·ar [kor.βe.te.ár] 自 【馬】クルベット跳びをする, 騰躍する.

cór·vi·dos [kór.βi.ðos] 男 《複数形》【鳥】カラス科(の鳥).

cor·vi·llo [kor.βí.jo ‖ -.ʎo] 形 《話》 miércoles ～ 灰の水曜日. → miércoles.

cor·vi·na [kor.βí.na] 女 【魚】ニベ：北米西岸産.

cor·vo, va [kór.βo, -.βa] 形 1 湾曲[屈曲]した. **2** 鉤(ポ)状の. *nariz corva* 鉤鼻.
― 男 鉤, 鉤状のもの.

cor·zo, za [kór.θo, -.θa / -.so, -.sa] 男 女 【動】ノロジカ, ノロ.

cor·zue·lo [kor.θwé.lo / -.swé.-] 男 (脱殻もれの) 殻付きの麦粒.

cos. (略)【数】*cos*eno コサイン.

corzo (ノロジカ)

co·sa [kó.sa] 女 **1 こと, 事柄. Quiero decirte una ～. 君に言いたいことがある. ¡Aquí estas ～s no se hacen! ここではそんなことはしません. No hay ～ mejor que ésta. これ以上いいことはない.
2 もの, 物体. Compramos unas ～s en el mercado. 市場で何か買いましょう.
3 事件, 問題. Eso no es ～ mía. そのことは私には関係ない. La ～ es que ahora no quiero hablar con nadie. 今私は誰とも話したくないということなのです.
4 《主に複数で》(やるべき)こと, 仕事. Tengo muchas ～s que hacer para mañana. 明日までにやることがたくさんあります. **5** 【法】(訴訟)物件. **6** 《主に複数で》(ことの)成り行き. Estos días las ～s no van muy bien. このごろあまりうまくいっていません. **7** 《複数で》道具, 用具. ～s de la limpieza 掃除道具. **8** 《複数で》所有物, 携行品. ¿Dónde dejo mis ～s? 私のものはどこに置いておきましょうか. **9** 《複数で》《de... …の》件, 事項. Déjalos, son ～s de niños. ほっときなさいよ, 子供のことなんだから. **10** 《突拍子もない》考え, 意見. ¡Qué ～! なんていうことなんだい. **11** 《まれ》《軽蔑》(人を指して)やつ. **12** 《ラ米》(ピラ) 《卑》性器.
a cosa hecha 故意に, わざと; (成功を)確信して.
(como) cosa de+数量を表す語句 《話》 ほぼ…, およそ…, …くらい.
como quien no quiere la cosa 《話》 何気なく, すまして.
como si tal cosa 《話》 何事もなかったかのように, いとも簡単に. Les pedí que bajasen la voz, pero seguían hablando *como si tal* ～. 小さい声で話してくれるように頼んだが, 彼らは平気で話しつづけた.
cosa fina 《話》 すばらしい; すばらしい. Es un cantante ～ *fina*. 彼はすばらしい歌手です.
cosa perdida 《話》 どうしようもないこと [やつ].
dar cosa a+人 《話》《人》が気恥ずかしさ[気後れ]を感じる. Me da ～ verla a solas. 彼女とふたりっきりで会うのは気詰まりだ. ▶ *me* は a+人 に相当.
decir cuatro [un par de] cosas a+人 《人》に直言する, しかる.
decir una cosa por otra 心にもないことを言う.
¡habrá cosa igual [parecida]! / ¡habráse visto cosa igual [parecida]! 《驚き・不快》 なんていうことだ.
Las cosas de palacio van despacio. お役所仕事は万事ゆっくりしている.
lo que son las cosas 《注意を喚起》 実は, 奇妙なことに.
ni por una de estas nueve cosas 《ラ米》(ピン) 《話》 決して…で…ない.
no haber tal cosa 《人の発言などを否定》 そんなことはない.
no sea (cosa) que+接続法 …するといけないので.
no ser la cosa para menos 《前言などに言及して》 無理もないことである.
poquita cosa 体の弱い[小柄な]人; つまらないもの[こと].
por una(s) cosa(s) por otra(s) 何だかんだで, しょっちゅう, いつも.
ser cosa de+不定詞 …するのがよい.
una cosa es que... y otra (cosa muy distinta) es que... …であることと…であることは別問題である.
[←[俗ラ]*causa*「問題; 事(柄)」←[ラ]*causa*「原因; 事情」(≒ *causa*). 〖関連〗 [ポルトガル] *coisa*. [仏] *chose*. [伊] *cosa*. [英] *cause* 「原因」, *because*]

co·sa·co, ca [ko.sá.ko, -.ka] 形 コサック人の.
― 男 **1** コサック人, コサック騎兵.
2 《ラ米》(アラセン) 騎馬警官.
beber como un cosaco 大酒飲みである.

co·sa·rio, ria [ko.sá.rjo, -.rja] 形 **1** 人通りの多い. **2** 私掠(約)船の (= corsario).
― 男 **1** 伝達人, 配達人. **2** 猟師. **3** 私掠船.

cos·ca·cho [kos.ká.tʃo] 男 《ラ米》(ピッツ)(ピン) 頭を軽く[こつんと]たたくこと.

cos·car·se [kos.kár.se] 112 再 《de... …に》気付く.

cos·co·ja [kos.kó.xa] 女 **1** 【植】ケルメスナラ：この木に鮮紅色の染料を採るケルメス[エンジムシ]がつく.
2 カシ, ナラなどの枯れ葉.

cos·co·jal [kos.ko.xál] / **cos·co·jar** [kos.ko.xár] 男 ケルメスナラの林, オーク[カシワ, カシ, ナラ]の林.

cos·co·ji·ta [kos.ko.xí.ta] 女 → coxcojita.

cos·co·jo [kos.kó.xo] 男 **1** ケルメスナラの実; ケルメスナラにできる虫こぶ.
2 《複数で》【馬】(馬銜(ぷ)の) 鎖.

cos·co·li·no, na [kos.ko.lí.no, -.na] 形 《ラ米》(ピッ)《話》扱いにくい, ふしだらな.
― 女 《ラ米》(ピッ) 《俗》《軽蔑》売春婦, 娼婦(ジュラ).

cos·co·ma·te [kos.ko.má.te] 男 《ラ米》(ピッ)(トウモロコシの) 貯蔵用のかめ.

cos·cón, co·na [kos.kón, -.kó.na] 形 《話》 抜けめ

cos·co·ro·ba [kos.ko.ró.ba] 囡《ラ米》(ｺｽｺﾛﾊﾞ)《鳥》カモハクチョウ.

cos·co·rrón [kos.ko.rrón] 男 **1** 頭部への強打. darse *coscorrones* 頭をくっつける;《比喩的》痛い目に遭う. **2**《話》失敗,挫折(ざっ). **3**《ラ米》《ｷ》《複数で》白インゲン豆.

cos·cu·rro [kos.kú.ro] 男 → cuscurro.

co·se·can·te [ko.se.kán.te] 囡《数》コセカント,余割(略 cosec.).

＊**co·se·cha** [ko.sé.tʃa] 囡 **1** 収穫,取り入れ,刈り入れ;収穫期. hacer la ~ 収穫する. vino de la ~ del 79 1979年ものワイン. **2** 収穫物;収穫高. buena [mala] ~ 豊作[凶作]. **3**《比喩的》報い,報酬,(努力や偶然の)たまもの.

ser de la última cosecha〈特に酒が〉最新のものである.

ser de SU (*propia*) *cosecha*《話》〈考えなどが〉独自のものである.

［←［古スペイン］*cogecha*; *cogecho*「拾い集められた」(*coger* の過去分詞の古形)の女性名詞化／関連 cosechar, colegir.／英 collect「集める」］

co·se·cha·dor, do·ra [ko.se.tʃa.ðór, -.ðó.ra] 形 刈り入れる. *máquina cosechadora* 刈り取り機.
— 男 囡 収穫する人,生産者.

＊**co·se·char** [ko.se.tʃár] 他 **1** 収穫する;〈果物・花を〉摘む. **2** 産出する. *Aquí se cosecha mucho trigo.* ここでは小麦がたくさん生産される. **3**〈結果などを〉受ける,獲得する. ~ *laureles* 栄冠を得る.
— 自 取り入れ[収穫]をする.

co·se·che·ro, ra [ko.se.tʃé.ro, -.ra] 形 収穫(物)の. — 男 囡 収穫する人,生産者.

co·se·dor, do·ra [ko.se.ðór, -.ðó.ra] 形 縫う.
— 男 囡 縫製者[係]. — 囡 **1**《印》(製本用の)ミシン,とじ機. **2**《話》ホッチキス.

co·se·le·te [ko.se.lé.te] 男 **1**《甲冑(かっちゅう)の》胴鎧(どうがい). **2** 胴鎧をつけた騎兵[歩兵]. **3**《昆》前胸部.
［←《仏》*corselet*］

co·se·no [ko.sé.no] 男《数》コサイン,余弦《略 cos.》.

co·se·pa·pe·les [ko.se.pa.pé.les] 男《単複同形》書類とじ器,ホッチキス (= grapadora).

＊＊**co·ser** [ko.sér] 他 **1** 縫う,縫って,〈a...…に〉縫い付ける. ~ *un vestido en un mes* 1か月で服を縫いあげる. ~ *un botón al abrigo* コートにボタンを縫い付ける. *máquina de* ~ ミシン. **2**《a+人》〈人〉の〉〈傷口を〉縫合する;〈人に〉縫合の処置をする. *Le cosieron la herida en seguida.* 彼[彼女]の傷口はすぐ縫合された (▶ *le* が a+人 に相当). **3**《ホッチキスで》留める. ~ *las hojas con grapas* ホッチキスで紙を綴じる. **4**《話》〈人を〉傷だらけにする,ずたずたにする.
— 自 裁縫をする. *Me gusta* ~. 私は裁縫が好きだ.
— ~**se** 再《a... / con... / contra...…に》くっつく;《3人称で》縫い付けられる.

ser coser y cantar 簡単である,朝飯前である. *Ese trabajo fue* ~ *y cantar.* その仕事はわけもなかった.

［←［ラ］*consuere* (*com*-「一緒に」+ *suere*「縫う」)／関連 costura, descoser.／英 *sew*］

co·se·ta·da [ko.se.tá.ða] 囡 駆け足.

co·se·ta·no, na [ko.se.tá.no, -.na] 形《スペイン Tarragona の旧称》コセタニア *Cosetania* の.
— 男 囡 コセタニア人.

がない,悪賢い. — 男 囡 ちゃっかりした人.

co·sia·ca [ko.sjá.ka] 囡《ラ米》《話》つまらないもの.

có·si·co, ca [kó.si.ko, -.ka] 形《数》等価の.

co·si·co·sa [ko.si.kó.sa] 囡 なぞなぞ (遊び).

co·sí co·sá [ko.sí ko.sá] 形《ラ米》(ｺｼ)《話》普通の.

co·si·do, da [ko.sí.ðo, -.ða] 形 縫った;ぴったりくっついた. ~ *a mano* 手縫いの.
— 男 縫う[縫い合わせる]こと;裁縫.

co·si·fi·ca·ción [ko.si.fi.ka.θjón / -.sjón] 囡《哲》事物化,物象化;ものとして見なすこと.

co·si·fi·car [ko.si.fi.kár] 他〈特に人を〉ものとして扱う[みなす],ものへと貶(おとし)める;物象化する.

co·si·jo [ko.sí.xo] 男 **(1)** 不快感,いらだち. **(2)** 実の子供のように育てられた人;養子.

co·si·jo·so, sa [ko.si.xó.so, -.sa] 形《ラ米》(ﾒｷ)(ｸﾞｱ)《軽蔑》うるさい;文句[不平]の多い.

co·si·ta [ko.sí.ta] 囡《ラ米》(ｺﾛ)《話》かわい子ちゃん,別嬪(べっぴん)さん. ▶ 街頭で女性に投げかけられる言葉.

cos·mé·ti·co, ca [kos.mé.ti.ko, -.ka] 形 化粧用の,美容の. — 男 化粧品. — 囡 美容術,メーク.

＊**cós·mi·co, ca** [kós.mi.ko, -.ka] 形 **1** 宇宙の;全世界の,普遍的な. *polvo* ~ 宇宙塵(じん). *rayos* ~s 宇宙線. **2** とても大きい[重要な].

cosmo-「世界,宇宙」の意の造語要素,母音の前で *cosm*-. ~ *cosmo*nauta, *cosmo*polita. ［←ｷ］

cos·mo·dro·mo [kos.mo.ðró.mo] / **cos·mó·dro·mo** [kos.mó.ðro.mo] 男《主にロシアの》宇宙船発射基地.

cos·mo·go·ní·a [kos.mo.go.ní.a] 囡 宇宙発生[進化]論. *Todos los pueblos tienen su* ~. すべての民族がそれ自身の宇宙発生論を所有している.

cos·mo·gó·ni·co, ca [kos.mo.gó.ni.ko, -.ka] 形 宇宙発生[進化]の.

cos·mo·gra·fí·a [kos.mo.gra.fí.a] 囡 宇宙学,天地学,宇宙構造論,宇宙形状誌.

cos·mo·grá·fi·co, ca [kos.mo.grá.fi.ko, -.ka] 形 宇宙学の,天地学の,宇宙構造論[形状誌]の.

cos·mó·gra·fo, fa [kos.mó.gra.fo, -.fa] 男 囡 宇宙学者,宇宙構造論[形状誌]学者.

cos·mo·lo·gí·a [kos.mo.lo.xí.a] 囡 宇宙論:宇宙を支配する法則を研究する哲学.

cos·mo·ló·gi·co, ca [kos.mo.ló.xi.ko, -.ka] 形 宇宙論の.

cos·mó·lo·go, ga [kos.mó.lo.go, -.ga] 男 囡 宇宙論の専門家.

cos·mo·nau·ta [kos.mo.náu.ta] 男 囡 宇宙飛行士 (= astronauta).

cos·mo·náu·ti·co, ca [kos.mo.náu.ti.ko, -.ka] 形《天文》宇宙飛行の;宇宙航行学の.
— 囡 宇宙飛行;宇宙航行学.

cos·mo·na·ve [kos.mo.ná.be] 囡《天文》宇宙船.

＊**cos·mo·po·li·ta** [kos.mo.po.lí.ta] 形 全世界的な,国際性豊かな. *una ciudad* ~ 国際都市.
— 男 囡 国際人,コスモポリタン.

cos·mo·po·li·tis·mo [kos.mo.po.li.tís.mo] 男 世界主義,国際主義,国際的な感覚,コスモポリタニズム.

cos·mo·ra·ma [kos.mo.rá.ma] 男 コズモラマ:世界風物のぞきめがね.

＊**cos·mos**[1] [kós.mos] 男《単複同形》(万物が秩序と調和の中にある)**宇宙**,万物. → caos.

cos·mos[2] [kós.mos] 男《単複同形》《植》コスモス,アキザクラ.

cos·mo·vi·sión [kos.mo.bi.sjón] 囡 世界観,宇宙観.

co·so[1] [kó.so] 男 **1** 闘牛場. **2** 目抜き通り;《一部

coso 552

の都市の)街路, 大通り. **3** (公的な行事のための)囲い地, 広場;迷い出た家畜を入れておく公共の囲い場.
co·so² [kó.so] 男《昆》キクイムシ.
co·so³ [kó.so] 男《ラ米》(1)《話》(名前のわからない[思い出せない]ものを指して)もの, あれ, それ (▶ 特に指示形容詞を後置して用いられることが多い). ¿Vas a comprar el ~ ese? それ[あれ]買うの? (2)《ｺﾛﾝ》《俗》マリファナのタバコ.
co·so⁴ [kó.so] 活 → coser.
cos·pel [kos.pél] 男 (貨幣の)地板.
cos·que [kós.ke] / **cos·qui** [kós.ki] 男《話》頭部への強打.
cos·qui·llar [kos.ki.jár‖-.ʎár] 他 → cosquillear.
***cos·qui·llas** [kos.kí.jas‖-.ʎa-] 女《複数形》くすぐったさ. tener ~ くすぐったがる.
buscar a+人 las cosquillas〈人〉を怒らせる, 挑発する.
hacer cosquillas a+人〈人〉をくすぐる;(楽しみで)うずうずさせる.
tener malas cosquillas 怒りっぽい人である.
cos·qui·lle·ar [kos.ki.je.ár‖-.ʎe.-] 他 **1** くすぐる. **2** (楽しみなどで)うずうずさせる. *Me cosquillea la idea de irme a España este verano.* 私はこの夏スペインへ行きたくてうずうずしている. **3** (涙・笑いが)〈人〉にこぼれそうになる.
cos·qui·lle·o [kos.ki.jé.o‖-.ʎé.-] 男 **1** くすぐること;くすぐったさ. **2** 落ち着かない気持ち.
cos·qui·llo·so, sa [kos.ki.jó.so, -.sa‖-.ʎó.-] 形 **1** くすぐったい, くすぐったがりの.
2 怒りっぽい, 短気な, 神経質な.
****cos·ta¹** [kós.ta] 女 **1** 海岸, 沿岸, 岸. ir a la ~ de vacaciones バカンスで海に行く. ~ cantábrica カンタブリア海岸. C~ Brava コスタ・ブラバ (スペイン北東端, 地中海岸). C~ del Sol コスタ・デル・ソル (スペイン南部, 地中海岸). C~ Dorada コスタ・ドラーダ (スペイン北東端, 地中海岸). C~ Azul コートダジュール. **2** (靴加工用の)やすり.
[←［ラ］*costma* (*costa* の対格)「肋骨;側」(→ cuesta). [関連] costero, costeño, [ポルトガル][伊] *costa*. [仏] *côte*. [英] *coast*. [独] *Küste*.
cos·ta² [kós.ta] 女《複数で》《法》訴訟費用;《主に複数で》費用. reserva de ~s 訴訟費用の裁定(書). condenar en ~s 訴訟の費用支払いを命じる.
a ~ ajena 他人の費用で.
a costa de... …を犠牲にして, …のおかげで;…の費用で. *a ~ de* su *salud* 健康を犠牲にして.
a toda costa なんとしても;どんな費用[犠牲]を払っても. *Es necesario mantener la paz a toda* ~. なんとしても平和を維持することが必要です.
Cos·ta de Mar·fil [kós.ta de mar.fíl] 固名 コートジボワール:アフリカ西部の共和国. 首都 Yamoussoukro. [[仏] *Côte d'Ivoire* の訳]
***cos·ta·do** [kos.tá.ðo] 男 **1** 横腹, 脇腹. dolor [punto] de ~ 脇腹の痛み. pasar de ~ (狭い所を)横になって通り抜ける. **2** 側面, (部隊の)側面, 翼;舷側(ﾊﾞ). **3**《複数で》祖父母と外祖父母. **4**《ラ米》《野》ホーム.
por los cuatro costados (1) 完全に, どこから見ても. mirar *por los cuatro* ~s 〈人〉をじろじろ見る;詳細に検討する. (2) 祖父母の代からの. *Es español por los cuatro* ~s. 彼は生粋のスペイン人だ.
cos·tal [kos.tál] 形《解剖》肋骨(ﾞ)の.
── 男 **1** (粗布・革製の)大袋. **2**《建》(壁の垂直のための)支持材.

el costal de los pecados《話》人体.
no parecer costal de paja《話》(異性から)気に入られる.
ser [estar hecho] un costal de huesos《話》やせこけている.
vaciar el costal《話》(秘密などを)打ち明ける.
cos·ta·la·da [kos.ta.lá.ða] 女 / **pegarse** [*darse*] *una costalada* (転倒・転落して)横腹[背中]を強く打つ.
cos·ta·lar [kos.ta.lár] 自《ラ米》《ｺﾞﾝ》転がる;横[あおむけ]に倒れる.
cos·ta·la·zo [kos.ta.lá.θo / -.so] 男 → costalada.
cos·ta·le·ro [kos.ta.lé.ro] 男 (聖週間に)受難のイエスや聖母マリアの像を担う人.
cos·ta·na [kos.tá.na] 女 **1** 急な坂道. **2** (荷車の)木枠, 囲い. **3**《海》肋材(㌵). **4**《航空》翼端.
cos·ta·ne·ro, ra [kos.ta.né.ro, -.ra] 形 **1** 傾斜した. **2** 沿岸の, 近海の. navegación *costanera* 沿岸航海. ── 女 **1** 坂. **2** 《複数で》《建》垂木. **3**《ラ米》(1) (湖沼の周囲の)堅い土地. **2**《ﾌﾟｴﾙﾄ》防波堤;沿岸 (舗装)道路.
cos·ta·ni·lla [kos.ta.ní.ja‖-.ʎa] 女 狭い坂道.
****cos·tar** [kos.tár] 15 自 **1** 《+数値などを表す語句》(金額・費用が)〈…〉かかる, (値段・費用が)〈…〉である. *¿Cuánto cuestan estas botas?* このブーツいくらですか. *La máquina costará mucho.* その機械はとても高価だろう.
2《*costarle* (a+人)》〈人〉にとって》《+労力・時間を表す語》〈労力・時間〉がかかる, 要する. *Me costó cuatro horas de cola conseguirlo.* 私はそれを手に入れるのに4時間も並ばなくてはならなかった (▶ 不定詞が主語).
3《*costarle* (a+人)》〈人〉にとって》負担である, 面倒である (=~ trabajo). *Me costó decírtelo.* 君にそれを言うのはとてもつらかった. *No le habría costado nada ayudarnos.* 彼[彼女]は私たちを手伝ってくれたってことなかっただろうに. ▶ 主語はしばしば不定詞で表される.
costarle (a+人) *caro* 〈人〉にとって高くつく. ▶ 比喩的にも用いる.
costarle (a+人) *Dios y ayuda*《話》→ dios.
costarle (a+人) *trabajo* 〈人〉にとって負担である. *Me costará trabajo* acostumbrarme. 私は慣れるのが大変だろう.
costarle (a+人) *un ojo de la cara* [*un riñón*] 〈人〉にとって目が飛び出すくらい高い. *Este reloj me costó un ojo de la cara.* この時計は驚くほど高かった.
cueste lo que cueste 何としてでも, どんな犠牲を払っても.
[← [ラ] *cōnstāre* 「存続する;(費用が)かかる」(→ constar); [関連] costo, coste, costoso. [英] *cost*. [日] コスト.
****Cos·ta Ri·ca** [kós.ta ří.ka] 固名 コスタリカ:中央アメリカ南部の共和国 / 面積:5.1万 km² / 人口:約4,10万 / 首都:San José / 言語:(公用語)スペイン語 / 通貨:colón (¢ 1=100 céntimos) / 住民:白人 (95%), 黒人, 先住民 / 宗教:カトリック (76%).
♦1502年コロンブス Colón が Limón 港近くの海岸に到着. 1524年 Guatemala 総督領に編入され, 総督 Juan Vázquez de Coronado による Cartago 建設 (1563年) 以降, スペイン人の植民が進む. 1821年スペインからの独立宣言を発し, 翌22年メキシコ帝国に編入され, 1848年独立.

[costa + rico (16世紀中ごろからの地名); 先住民が金の装身具をつけていたことから「富のある海岸」と名付けられた]

*cos・ta・rri・cen・se [kos.ta.ri.θén.se / -.sén.-] 形 コスタリカの, コスタリカ人の.
— 男女 コスタリカ人.
— 男 コスタリカのスペイン語.

cos・ta・rri・que・ñis・mo [kos.ta.ri.ke.nís.mo] 男 1 コスタリカ特有のスペイン語法〔表現・語義・単語〕. 2 コスタリカ人気質；コスタリカ的特質 (讚美).

cos・ta・rri・que・ño, ña [kos.ta.ri.ké.ɲo, -.ɲa] 形 男女 →costarricense.

*cos・te [kós.te] 男 1 費用, 経費 (= costo). ~ de flete 輸送費. índice del ~ de la vida 生計費指数. ~s sociales (公共事業などの) 社会的費用.

2 原価, 元値, 仕入れ値, コスト. ~, seguro y flete 〖商〗運賃保険料込み値段〔英 CIF〕. ~ de producción 製造原価, 生産コスト. precio de ~ 原価. compañía de bajo ~ 低コスト〔格安〕の (航空) 会社.

cos・te・ar [kos.te.ár] 他 1 …の費用を支払う, …に出資する. ~ los estudios a un niño 子供の学資を出す. 2 (危険などを) 避ける. 3 〖海〗〈海岸に〉沿って航行する. 4 《ラ米》(1) (ﾆｶ) (話) からかう, ばかにする. (2) (ｺﾞﾝ) 飼育する, 飼い慣らす. (3) (ﾁ) (ﾌﾟﾗ) 出向いて行く；やっとたどり着く.

— ~・se 再 (自分で自分のための) 〈費用を〉まかなう. Ella se costea el viaje con sus propios ahorros. 彼女は自分の貯金で旅行をする.

cos・te・ño, ña [kos.té.ɲo, -.ɲa] 形 海岸〔沿岸〕の.
— 男女 海岸〔沿岸〕の住民.

cos・te・o [kos.té.o] 男 《ラ米》(1) (ﾆｶ) (話) からかい, 冷やかし. (2) (ｺﾞﾝ) 飼育.

cos・te・ro, ra [kos.té.ro, -.ra] 形 海岸沿いの, 近海の. pesca costera 近海〔近海〕漁業.
— 男 1 〘製材〙で背板.
2 〘鉱〙(1) 溶鉱炉の側面の壁. (2) 鉱脈の側面.
— 女 1 〘梱包(ﾊﾟｯ)の〙(1) の側面. 2 海岸, 沿岸. 3 漁の時期. 4 坂道, 斜面.

*cos・ti・lla [kos.tí.ja || -.ʎa-] 女 1 〘解剖〙**肋骨** (ﾛｯ). ~ verdadera 真肋骨. ~ falsa 偽肋骨 (胸骨に連結していない肋骨). ~ flotante 浮肋骨 (胸骨から遊離した最下部の 2 本の肋骨).

2 〘料〙骨つきリブロース.
3 〘海〙肋材；〘航空〙翼小骨；〘建〙(ドーム・穹窿(ｷｭｳ)の)リブ；(いすの背の)横木；(籐(ﾄｳ)かごの)横材；〘植〙(葉の)主脈, 中助；(果実の表面の)筋.

4 (話) 妻 (♦Adán のあばら骨から Eva が作られた聖書の記述から). 5 〘複数で〙(話) 背中；肩. caer sobre las ~s de 〈人〉〈責任などが〉〈人〉の肩に重くのしかかる. llevar sobre las ~s (苦労などを) 背負う.
6 《ラ米》(ｺﾞﾝ) (話) ガールフレンド, 恋人.

a las costillas de… …の費用〔負担〕で.
*medir*le *(a + 人) las costillas* 〈人〉を (棒で) 殴る.

cos・ti・lla・je [kos.ti.ʝa.xe || -.ʎá.-] / cos・ti・llar [kos.ti.ʝár || -.ʎár] 男 〘集合的〙肋骨(ﾛｯ), あばら骨；〘海〙肋材, 骨組.

cos・ti・no, na [kos.tí.no, -.na] 形 1 〘植〙コスタスの. →costo2. 2 《ラ米》(ﾆｶ)→costeño.

*cos・to [kós.to] 男 1 経費, 費用の. ~ de la vida 生活費. ~ de un puente [una carretera] 橋〔道路〕の建設費.

2 〘植〙コスタス：ショウガ科. 3 《ラ米》(ｱﾙｾﾞ)(ﾊﾟﾗ)骨折り, 苦労. 4 (話) 大麻 (= hachís).

cos・to・ma・te [kos.to.má.te] 男 《ラ米》(ﾒﾋ) 〘植〙カ

プリンチェリー (の一種).

cos・to・so, sa [kos.tó.so, -.sa] 形 1 高価な；高くつく. 2 困難な, 骨の折れる.

cos・tra [kós.tra] 女 1 外側の固い部分；(物の表面にできた) 層. la ~ quemada del pan パンが焦げてできた固い表面. ~ de azúcar 製糖の過程でできる砂糖の塊, (カラメルソースなどを作った鍋(ﾅﾍﾞ)にこびりついた) 砂糖. 2 〘医〙かさぶた, 痂皮(ｶ). 3 (ろうそくの) 芯(ｼﾝ)の燃えて黒くなった部分. 4 (ガレー船の奴隷に与えた) 堅パン.

cos・tro・so, sa [kos.tró.so, -.sa] 形 1 表面が堅くなった；かさぶたのできた；汚れがこびりついた.
2 (話) 汚い；卑劣な.

****cos・tum・bre** [kos.túm.bre] 女 1 **習慣, 慣性, 癖.** coger [perder] la ~ de… …する習慣がつく〔抜ける〕. mujer de malas ~s 身持ちの悪い女性. persona de buenas ~s 品行方正な人. según ~ 慣例にしたがって. Tenemos (la) ~ de [Tenemos por ~] levantarnos temprano. 私たちは早起きする習慣だ. La ~ es otra naturaleza.《諺》習慣はもう一つの天性である. La ~ hace [tiene fuerza de] ley.《諺》慣習は法である.

2 〘複数で〙風習, ならわし. Cada país tiene sus usos y ~s. 国によってそれぞれ風俗習慣が異なる. novela de ~s 風俗小説. 3 (まれ) 生理, 月経.
de costumbre いつもの；いつものように. *a la hora de ~* いつもの時間に. *como de ~* いつものように.
[← (古スペイン) *costumne* ← *costudne ← (ラ) *cōnsuētŭdinem (cōnsuētŭdō* の対格)；〖関連〗acostumbrar, consuetudinario. 〔仏〕*costume*「服装」.〔英〕*custom*]

cos・tum・bris・mo [kos.tum.brís.mo] 男 〘文学〙風俗写生主義：19世紀スペイン文学の一潮流.

cos・tum・bris・ta [kos.tum.brís.ta] 形 〘文学〙風俗写生(主義)の. — 男女 風俗写生作家.

*cos・tu・ra [kos.tú.ra] 女 1 裁縫. cesto de ~ 裁縫箱. 2 縫い目. La ~ está deshecha. 縫い目がほころびている. sentar las ~s (アイロンなどで) 縫い目を押さえる. 3 婦人服〔子供服〕の仕立て (業). alta ~ オートクチュール. 4 傷跡. 5 (船体の) 継ぎ目.
meter a + 人 en costura 〈人〉に自覚させる, 道理をわからせる.
sentar las costuras a + 人 〈人〉を厳しく罰する.

cos・tu・rar [kos.tu.rár] 他 《ラ米》縫う.

cos・tu・re・ro, ra [kos.tu.ré.ro, -.ra] 男女 裁縫師；お針子. — 男 裁縫台；裁縫箱；裁縫部屋.

cos・tu・rón [kos.tu.rón] 男 1 粗い縫い目.
2 目立つ傷跡. [costura + 増大辞]

co・ta [kó.ta] 女 1 鎖よろい, 鎖帷子(ｶﾀﾋﾞﾗ) (= ~ de mallas). 2 (伝令の騎士が着た) 君主の紋章入り官服. 3 (イノシシの背の) 皮膚.
4 →cuota. 5 (測量の) 水準点；(一般的に) 基準水. 6 海抜, 標高. 7 重要性, 価値. 8 《ラ米》(1) (ｴｸｱﾄﾞﾙ) 〘服飾〙ブラウス. (2) (ﾒﾋ) (話) 首〔耳〕の垢(ｱｶ).

co・ta・na [ko.tá.na] 女 ほぞ穴；(ほぞ穴を彫る) のみ.

co・tan・gen・te [ko.taŋ.xén.te] 女 〘数〙コタンジェント, 余接の (略 cotg.).

co・tan・za [ko.tán.θa / -.sa] 女 (フランス Coutances 産の) リンネル.

co・ta・rro [ko.tá.ro] 男 1 面倒 (な状況). 2 事, 活

cota
(鎖よろい)

動. **3** 人の集まり. **4** (放浪者を泊めた昔の)宿泊所. *andar [ir] de cotarro en cotarro* 放浪する. *dirigir el cotarro* 《話》支配する,牛耳る.

co·te·ja·ble [ko.te.xá.ble] 形 比較できる;照合できる.

co·te·jar [ko.te.xár] 他 **1** 《con... …と》比較する;照合する. Hay que ~ la copia *con* el original. 写しを原本と照合する必要がある. **2** 《ラ米》(1) (ﾒｷｼｺ)(ﾀﾞﾘ)整える. (2) (ｺﾛﾝﾋﾞｱ)励ます.

co·te·jo [ko.té.xo] 男 **1** 比較;照合. **2** 《ラ米》(ﾒｷｼｺ)(ﾀﾞﾘ)同等,同格.

co·te·jo, ja [ko.té.xo, -.xa] 形 《ラ米》(ﾒｷｼｺ)(ﾀﾞﾘ)同等の. ― 女《ラ米》(ﾒｷｼｺ)(ﾀﾞﾘ)同輩.

co·te·lé [ko.te.lé] 男《ラ米》(ﾁﾘ)(ﾍﾟﾙｰ)《話》《服飾》コーデュロイ,コール天.

co·ten·se [ko.tén.se] 男《ラ米》(ﾁﾘ)(ﾊﾟﾗｸﾞ)(ﾍﾟﾙｰ)粗い麻布.

co·ter·na [ko.tér.na] 女《ラ米》(ｺﾛﾝﾋﾞｱ)帽子.

co·te·rrá·ne·o, a [ko.te.řá.ne.o, -.a] 形 同国の,同郷の. ― 男,女 同国人,同郷人.

co·tí [ko.tí] 男 (マットレスなどに用いる厚い)木綿地.

cotice(-) / coticé(-) 活 → cotizar.

co·ti·dia·nei·dad [ko.ti.dja.nei.ðáð] 女 → cotidianidad.

co·ti·dia·ni·dad [ko.ti.dja.ni.ðáð] 女 日常性,日常茶飯(事).

***co·ti·dia·no, na** [ko.ti.ðjá.no, -.na] 形 **1** 日常の,毎日の. vida *cotidiana* 日常生活. trabajo ~ 日々の仕事. **2** よくある,日常的な. La guerra siempre ha sido algo ~ en ese país. その国では戦争はいつも当たり前のことだった.
[←〚ラ〛*cotīdiānum*(*cotīdiē*の対格);*cotīdiē*「毎日」(*quot*「どれほど多くの」+*diēs*「日」)より派生;関連 cada. 《英》*quotidian*]

co·ti·la [ko.tí.la] 女《解剖》(関節の骨の)窩(ｶ).

co·ti·le·dón [ko.ti.le.ðón] 男《植》子葉.

co·ti·le·dó·ne·o, a [ko.ti.le.ðó.ne.o, -.a] 形《植》子葉の(ある).
― 女《複数形で》顕花植物.

co·ti·lla [ko.tí.ja ‖ -.ʎa] 女(女性用)コルセット.
― 男《話》《軽蔑》陰口屋,うわさ話の好きな人.

co·ti·lle·ar [ko.ti.je.ár ‖ -.ʎe.-] 自《話》陰口を利く,うわさ話をふれ歩く.

co·ti·lle·o [ko.ti.jé.o ‖ -.ʎé.-] 男《話》うわさ話.

co·ti·lle·ro, ra [ko.ti.jé.ro, -.ra ‖ -.ʎé.-] 男,女 **1** うわさ話の好きな人. **2** コルセット職人[商人].

co·ti·llo [ko.tí.jo ‖ -.ʎo] 男 ハンマー[金づち]の頭,(斧,鍬(ｸﾜ))などの刃と反対の部分.

co·ti·llón [ko.ti.jón ‖ -.ʎón] 男 **1** (特に大晦日(ｵｵﾐｿｶ)に開かれる)パーティー. **2** コティヨン:舞踏会を締めくくるワルツ.

co·tín [ko.tín] 男《スポ》バックハンド(ショット).

co·ti·za [ko.tí.θa / -.sa] 女 **1**《紋》中細の斜めの帯. **2**《ラ米》(ｺﾛﾝﾋﾞｱ)(ﾍﾞﾈｽﾞｴﾗ)粗末な)サンダル.
ponerse las cotizas《ラ米》安全な所に身を置く.

co·ti·za·ble [ko.ti.θá.ble / -.sá.-] 形 相場[値段]が付けられる.

***co·ti·za·ción** [ko.ti.θa.θjón / -.sa.sjón] 女 **1**《商》相場[値段],価格を付けられた,見積もられた値. ~ al cierre (株式《市場》で)終わり値. ~ de cambios 為替相場. **2** 割当[分担]金,会費. *cotizaciones* a la seguridad social 社会保険料. **3** (人やものの)社会的評価.

co·ti·za·do, da [ko.ti.θá.ðo, -.ða / -.sá.-] 形 **1**《商》相場[値段],価格を付けられた,見積もられた. **2** 評価の高い;人気のある.

co·ti·zar [ko.ti.θár / -.sár] 97 他 **1**《商》《a... …に》相場[価格]を付ける. **2** 会費[分担金]を支払う. **3** 評価をつける. **4**《ラ米》(1) (ｱﾙｾﾞﾝﾁﾝ)(ｳﾙｸﾞｱｲ)売る. (2) (ﾒｷｼｺ)(ﾁﾘ)比価配分する.
― ~**se** 再《3人称で》**1**《a... …に》相場[値段]が付けられる. valores que *se cotizan* 建値. Antes el dólar *se cotizaba* a 360 yenes. かつて1ドルは360円だった.
2 (ある値段で)売られる. Éstas son las manzanas que *se cotizan* más. これは最高値で売れるリンゴだ. **3** 高く評価される,尊重される.

co·to¹ [kó.to] 男 **1** 囲い地,私有地. ~ redondo 大規模の農園. **2** 禁猟区(= ~ de caza),保護区. **3** 境界石[標識]. **4** 限界,限度;終わり,結末. Tengo que poner ~ a sus excesos. 彼[彼女]の行きすぎをやめさせなくてはならない. **5** 協定価格. **6**《ラ米》(ﾒｷｼｺ)(ﾁﾘ)《医》甲状腺腫(ｼｭ).

co·to² [kó.to] 男 コト:長さの単位. ◆親指を除いた手の指4本分の幅. 約10.5センチ(=4 palmo).

co·to³ [kó.to] 男《魚》カジカ.

co·to·len·go [ko.to.léŋ.go] 男《ラ米》(ｱﾙｾﾞﾝﾁﾝ)(1) 養老院,老人ホーム;老人ばかりいる場所. (2) (ｱﾙｾﾞﾝﾁﾝ)精神病院,養護施設.

co·tón [ko.tón] 男 **1** 木綿のプリント地. **2**《ラ米》(ﾒｷｼｺ)仕事着. (3) (ｺﾛﾝﾋﾞｱ)肌着,シャツ.

co·to·na [ko.tó.na] 女《服飾》(1) (ｺﾛﾝﾋﾞｱ)カモシカ革の上着. (2) (ﾒｷｼｺ)(ｺﾛﾝﾋﾞｱ)(ｺｽﾀﾘｶ)ブラウス. (3) 仕事着. (4) (ｺｽﾀﾘｶ)子供の夜着. (5) (ｺﾛﾝﾋﾞｱ)寝巻き.

co·to·na·da [ko.to.ná.ða] 女 (花柄などの入った)綿布,綿織物.

co·to·ne·ar [ko.to.ne.ár] 他《ラ米》(ﾒｷｼｺ)《話》(下心があって)(人に)取り入る.

co·to·ní·a [ko.to.ní.a] 女 ピケ:畝織りの厚地木綿.

Co·to·pa·xi [ko.to.pák.si] 固名 **1** [el ~]コトパクシ(山):南米のエクアドルの世界で最も活発な活火山.5897 m. **2** コトパクシ:エクアドル中部の州.
[←?〚ｱｲﾏﾗ〛*cotopahksi*(*coto*「峰」+ *pahksi*「月」;「月の峰,白い峰」が原義)]

co·to·rra [ko.tó.řa] 女 **1**《鳥》(1) オウム,インコ. → cotorrera. (2) カササギ. **2**《話》おしゃべりな人. **3**《ラ米》(1) (ｺﾛﾝﾋﾞｱ)老嬢. (2) (ﾒｷｼｺ)(卑) 女性器. (3) (ﾒｷｼｺ)《話》長く退屈な話. (4) (ｺﾛﾝﾋﾞｱ)溲瓶(ｼﾋﾞﾝ).
hablar como una cotorra《話》つまらないことをしゃべる,無駄口をきく.

co·to·rre·ar [ko.to.ře.ár] 自《話》ぺちゃくちゃしゃべる.

co·to·rre·o [ko.to.řé.o] 男《話》おしゃべり,長話.

co·to·rre·ra [ko.to.řé.ra] 女 **1**《鳥》雌オウム. → cotorra. **2** おしゃべりな女.

co·to·rro [ko.tó.řo] 男《ラ米》(ﾒｷｼｺ)すみか,ねぐら.

co·to·rrón, rro·na [ko.to.řón, -.řó.na] 男,女《話》気の若い老人,若者ぶっている人.

co·to·to [ko.tó.to] 男《ラ米》(ﾎﾞﾘﾋﾞｱ)こぶ.

co·to·ví·a [ko.to.bí.a] 女《鳥》→ totovía, cogujada.

co·tral [ko.trál] 形 男 女 → cutral.

co·tú·a [ko.tú.a] 男《ラ米》(ﾍﾞﾈｽﾞｴﾗ)《鳥》アメリカヘビウ.

co·tu·do, da [ko.tú.ðo, -.ða] 形 **1** 綿毛に覆われた,ふわふわした. **2**《ラ米》(1) (ﾒｷｼｺ)《話》ばかな,愚かな. (2) (ﾁﾘ)甲状腺腫を患っている.

co·tu·fa [ko.tú.fa] 女 **1**《植》(1) キクイモの塊茎. (2) 食用カヤツリの塊茎. → chufa.
2 美味なもの,ごちそう. pedir ~*s* en el golfo《話》ないものねだりをする.

3 ポップコーン. **4** 《ラ米》《俗》上品ぶること, しな.

co·tur·no [ko.túr.no] 男 (古代ギリシア・ローマの) 半長靴; 悲劇役者の履いた厚底の靴.
calzar el coturno 荘重な[格調高い]文体で書く.
de alto coturno 身分の高い.

co·tu·za [ko.tú.θa / -.sa] 女 《ラ米》《ホ》【動】アグーチ: テンジクネズミ科.

COU [kóu] 男 《略》*Curso de Orientación Universitaria* (スペインの) 大学準備コース. ▶1990年改正の法施行以後, 大学入学前の1年間のコース.

cou·lomb [ku.lóm] 男 【電】クーロン: 電気量, 電荷の単位 (c) (= culombio).

coun·sel·ing [ko.ún.se.lin] 《英》男 カウンセリング.

coun·try [káun.tri] 《英》男 【音楽】カントリーミュージック.

cou·pé [ku.pé] 《仏》男 【車】クーペ: ツードアのスポーツタイプの自動車.

cou·ri·er [kúk.rjer] 《英》男 《複 ~s, ~》 (特に国際宅配便の) 宅配業者; 宅配便.

co·va·cha [ko.bá.tʃa] 女 **1** 小さな洞窟(ほら).
2 《話》掘っ建て小屋, 仮屋. **3** 《ラ米》《ホ》《アアアドベ[日干しれんが]のベンチ[寝台]. (2)《コロ》階段下の部屋. (3)《ラプ》犬小屋. (4)《メシ》馬車の荷物置き場.
(5)《チリ》八百屋. (6)《カリブ》《ペル》《俗》物置部屋, 納戸.

co·va·chue·la [ko.ba.tʃwé.la] 女 **1** 《話》《軽蔑》省; 役所. ♦スペイン Madrid 王宮の地下に王制時代の中央省庁があったことから. **2** (教会などの地下にある) 小さな店. [covacha + 縮小辞]

co·va·chue·lis·ta [ko.ba.tʃwe.lís.ta] / **co·va·chue·lo** [ko.ba.tʃwé.lo] 男 (女) 《話》《軽蔑》役人.

co·va·de·ra [ko.ba.ðé.ra] 女 《ラ米》(1)《アンデ》採掘. (2)《チリ》《技》鳥糞(ちょう)石 guano の採掘場.

Co·va·don·ga [ko.ba.ðóŋ.ga] 固名 コバドンガ: スペイン北部 Oviedo 県の山間地. ♦この地で722年 Pelayo がイスラム軍を破り, レコンキスタ Reconquista の第一歩となる.

co·va·len·cia [ko.ba.lén.θja / -.sja] 女 【化】共有原子価: 原子が他の原子と共有しうる電子対の数.

co·va·len·te [ko.ba.lén.te] 形 【化】(2つの原子が) 電子対を共有する, 共有結合の.

co·ve·zue·la [ko.be.θwé.la / -.swé.-] 女 cueva + 縮小辞.

co·vín [ko.bín] 男 《ラ米》(ホ) 炒(い)った小麦 [トウモロコシ].

cow·boy [káu.boi, ká.o.-] 《英》男 カウボーイ, 牧童.

co·xa [kók.sa] 女 【昆虫】基節: 昆虫の足の一番上の部分.

Cr·xal [kok.sál] 形 【解剖】腰の, 寛骨部の, 股(こ)関節の.

cox·co·ji·lla [ko(k)s.ko.xí.ʎa ‖ -.ʝa] / **cox·co·ji·ta** [ko(k)s.ko.xí.ta] 女 石けり遊び. ▲ 片足跳びで.

co·xis [kók.sis] 男 《単複同形》【解剖】尾骨.

coy [kói] 男 **1** 【海】ハンモック, つり床. **2** 《ラ米》(エクア) 揺りかご, 簡易ベッド.

co·ya [kó.ja] 男 (女) 《ラ米》(ボリ) (アンデス高原地方の) コリャ人.
— 女 《ラ米》(1) インカ帝国の妃, 皇女. → inca.
(2) 《エクア》《俗》《軽蔑》売春婦; 短気な人.

co·yán [ko.ján] 男 《ラ米》《チリ》【植】ブナの一種.

co·yo·cho [ko.jó.tʃo] 男 《ラ米》【植】カブ; (一般に) 塊根.

co·yol [ko.jól] 男 《ラ米》(グア)《ホ》《メシ》【植】アクロコミア, コヨールヤシ: 実はボタン・数珠玉などになる.

co·yo·lar [ko.jo.lár] 男 コヨールヤシ園.

co·yo·le·o [ko.jo.lé.o] 男 《ラ米》【鳥】ウロコウズラ.

co·yón, yo·na [ko.jón, -.jó.na] 形 《ラ米》《話》《軽蔑》臆病(おくびょう)な, 恐がりの.

co·yo·ta [ko.jó.ta] 女 《ラ米》(1)(メシ) 小麦粉・黒砂糖でつくった菓子パン. (2)《メシ》雌のコヨーテ.

co·yo·te [ko.jó.te] 男 **1** 【動】コヨーテ: 北米西部の草原に生息するオオカミ. **2** 《ラ米》(1)《ホ》《メシ》《話》ずる賢い人, 投機家, 投機家, フィクサー; 白人; 小僧. (2)《メシ》米国への密入国の手配師. — 形 《ラ米》《メシ》薄茶色の. — 男 《ラ米》(メシ) 混血の人, メスティーソ mestizo.
[←[ナワトル]*coyōtl*]

co·yo·te·ar [ko.jo.te.ár] 自 《ラ米》《話》(1)《メシ》ブローカーの商売を営む. (2)《ホ》《メシ》利口に [ずるく] 振る舞う.

co·yun·da [ko.jún.da] 女 **1** (牛をくびきにつなぐ) 綱. **2** 束縛, 重圧. **3** 《話》夫婦の絆(きずな). **4** 《ラ米》《ホ》《メシ》縄, ひも, 鞭(むち).

*co·yun·tu·ra [ko.jun.tú.ra] 女 **1** 【解剖】関節.
2 機会, 好機. Para esclarecerlo todo habrá que esperar una mejor ~. 一切を明らかにするためには, より適切な時期を待たねばならないだろう. **3** (主に経済の) 情勢. — crítica 危機, 重大な局面. en la ~ actual 現状では.

co·yun·tu·ral [ko.jun.tu.rál] 形 状況の; 一時的な, 現在の; 景気の. una medida ~ 応急処置.

co·yu·yo [ko.jú.jo] 男 《ラ米》(ラプ)《ウル》【昆】大セミの一種; 【植物】薬草の一種.

coz [kóθ / kós] 女 《複 coces》 **1** (馬などが) けること; (人が) 後ろ向きにけること. dar [pegar, tirar] *coces* [una *coz*] けとばす. **2** (火器の発射時の) 反動, 火の逆流. **3** 侮辱的な言動. **4** (銃の) 床尾.
dar [tirar] coces contra el aguijón 無駄な抵抗をする.
tratar a+人 *a coces* 〈人〉を粗末に扱う, 木で鼻をくくったような応対をする.

coz- 接 → cocer.

coz·co [kóθ.ko / kós.-] 男 《ラ米》《メシ》《話》悪魔.

cp. 《略》【商】*copia* 写し, コピー.

CP, C.P. 《略》男 *código postal* 郵便番号.
— 男 (女) *Contador Público, Contadora Pública* 公認会計士.

c.p.b., C.P.B. 《略》*cuyos pies beso* 《手紙》敬具.

CPU [θe.pe.ú / se.-] 《英》男 (あるいは 女)《略》【IT】*Central Processing Unit*.

Cr 【化】*cromo* クロム.

cra·brón [kra.brón] 男【昆】スズメバチ.

crac [krák] 男 **1** 破産. **2** (体力などの) 急激な衰え. Antonio trabajaba demasiado y, de repente, tuvo un ~. アントニオは働きすぎて, 突然息切れした. **3** (相場の) 大暴落. — 《擬》(物の割れる音・折れる音) バリッ, ピシッ, ポキン.

-cracia 「…制, …政治, …階級」などの意を表す造語要素. ⇒ demo*cracia*, tecno*cracia*. [←[ギ]]

crack [krák] 男 《複 ~s, ~》(1) (株価や景気の) 暴落, 恐慌, (経済) 破綻; 破産, 倒産 (=crac).
2 (精神的・肉体的) ダウン, 突然体調を崩すこと, やる気をなくすこと. **3** ガチャン, ポキン, メリッ: 何かが壊れる音. **4** クラック: 結晶状のコカイン. あぶってその煙を吸う, 依存性・毒性の高い麻薬. **5** 【スポ】超一流選手, 名選手. **6** 《馬》(競馬の) 人気馬.

crack·er [krá.ker] 《英》男 (女) 《複 ~s, ~》【I

T)]クラッカー；悪ံハッカー.

crack·ing [krá.kin] [英] 男 [化] クラッキング, 分解蒸留.

Cra·co·via [kra.kó.bja] 固名 クラクフ, クラコウ: ポーランド南部の都市.

cram·pón [kram.pón] 男 (登山用の) アイゼン.

cran [krán] [印] ネッキ, ニック: 天地を識別するため活字のボディーの側面につけられたくぼみ.

cra·ne·al [kra.ne.ál] / **cra·ne·a·no, na** [kra.ne.á.no, -.na] 形 [解剖] 頭蓋(ず)(骨)の. bóveda craneana 頭蓋.

cra·ne·ar [kra.ne.ár] 他 1 [ラ米] (ろっ)(きし)(ちらを)よく考える, 熟考する, (計画を) 練る.

crá·ne·o [krá.ne.o] 男 [解剖] 頭蓋(ず)(骨).
 ir de cráneo 〔話〕忙殺される; 誤っている; 困っている, 難しい状況にある. ¡Vas de ～! 君, そんなことをしても無駄だよ.

cra·ne·o·en·ce·fá·li·co, ca [kra.ne.o.en.θe.fá.li.ko, -.ka / -.se.-] 形 [医] 頭蓋(ず)と脳の (両方に関する), 頭蓋脳の.

cra·ne·o·fa·cial [kra.ne.o.fa.θjál / -.sjál] 形 [医] 頭蓋(ず)と顔面の (両方に関する), 頭面の.

cra·ne·o·ló·gi·a [kra.ne.o.lo.xí.a] 女 頭蓋(ず)学.

cra·ne·ó·lo·go, ga [kra.ne.ó.lo.go, -.ga] 男 女 頭蓋(ず)学者.

cra·ne·os·co·pia [kra.ne.os.kó.pja] 女 [医] 頭蓋(ず)診察[検査]; 頭骨相学.

crá·pu·la [krá.pu.la] 女 1 放蕩(とう). 2 酒浸り.
 —— 男 女 1 放蕩者. 2 大酒飲み.

cra·pu·lo·so, sa [kra.pu.ló.so, -.sa] 形 1 放縦な, 遊興にふける. 2 飲んだくれの.
 —— 男 女 放蕩(とう)者; 大酒飲み.

cra·que·ar [kra.ke.ár] 他 [化] 熱分解する.

cra·que·o [kra.ké.o] 男 [化] クラッキング: 沸点の違いを利用した熱分解.

cras·ci·tar [kras.θi.tár / -.si.-] 自 〈カラスが〉カアカア鳴く.

crash [krás // kráʃ] [英] 男 [複 ～, ～es] [経] (株価などの) 暴落, (経済) 破綻, 破産 (=crac).

cra·sis [krá.sis] 女 (単複同形) [文法] (主にギリシア語の) 母音縮合 [縮約].

cra·si·tud [kra.si.túd] 女 (内臓の周りの) 脂肪.

cra·so, sa [krá.so, -.sa] 形 1 《+名詞》間違いなどが》甚だしい. un ～ error 重大な誤り. 2 《文章語》脂肪分の多い. 3 《文章語》まるまると太った. 4 《ラ米》(ブラジル)(ウルグアイ) 〔話〕粗野な, 無骨な, がさつな.

cra·su·lá·ce·as [kra.su.lá.θe.as / -.se.-] 女 《複数形》[植] ベンケイソウ科.

-crata 「政治組織 [理論] の支持者, …階級の人」の意. -cracia からの派生名詞語尾. → autócrata, tecnócrata.

crá·ter [krá.ter] 男 1 クレーター, 噴火口 (=～ de explosión). lago de ～ 火口湖.
 2 [C-] [星座] コップ座 (= la Copa).

crá·te·ra [krá.te.ra] 女 (古代ギリシア・ローマの酒と水を混ぜる) つぼ, 大杯.

cra·tí·cu·la [kra.tí.ku.la] 女 1 (修道女が聖体を拝領するための) 小窓. 2 [光] 分光板.

crawl [król] [英] 男 (水泳の) クロール.

cra·yón [kra.jón] [ラ米] 男 クレヨン (=lápiz de cera). (棒状の) 口紅, 化粧用鉛筆.

cre·a [kré.a] 女 シーツや服に使われた薄い布.

**cre·a·ción [kre.a.θjón / -.sjón] 女 1 創造; [C-] 天地創造, 創世. La C～ tu-vo lugar en siete días. 天地創造は7日間で行われた. 2 〔神の〕創造物, 被造物; 万物. toda la ～ 森羅万象. 3 創設, 創立. ～ de una universidad 大学の創設. 4 (創作) 作品; 創作, 創案. ～ literaria 文学作品. últimas *creaciones* de la temporada 今シーズンの最新作.

cre·a·cio·nis·mo [kre.a.θjo.nís.mo / -.sjo.-] 男 1 [生物][宗] (特殊) 創造説: 世界や生物の種は神が無から創造し, 現在まで変化していないとする考え. 2 [神] [カト] 霊魂創造説: 個人の魂は受胎の瞬間に神が直接創造するという説. 3 [文学] 創造主義, クレアシオニスモ: 詩人は現実を模倣するのではなく創造すべきとする20世紀初頭の詩の前衛運動. チリの Vicente Huidobro が唱えた.

cre·a·cio·nis·ta [kre.a.θjo.nís.ta / -.sjo.-] 形 (特殊) 創造説 [霊魂創造説] [(特殊) 創造説] を信奉する].
 —— 男 女 霊魂創造説 [(特殊) 創造説] 論者; 創造主義詩人.

*cre·a·dor, do·ra [kre.a.dór, -.dó.ra] 形 創造的な, 生み出す. talento ～ 創造の才能.
 —— 男 女 創造者, 創始者.
 El Creador [宗] 創造主, 造物主, 神.

**cre·ar [kre.ár] 他 1 〈神・自然が〉創造する. ～ el Universo 宇宙を創造する.
 2 〈人が〉〈それまで存在していなかったものを〉作り出す; 創作[創立, 創出]する. ～ una teoría 理論を考え出す. ～ una obra de arte 芸術作品を創作する. ～ un ambiente 雰囲気を作り上げる. ～ el hábito de lectura 読書の習慣を作る. ～ empleos 雇用を創出する. Mis vecinos me *crean* muchos problemas. 隣人たちのせいで面倒がたくさん起こる. El escritor *creó* un personaje paradigmático. その作家は代表的な人物像を作り出した. ▶時に再帰代名詞を伴う→再 1.
 3 [カト] 任命する, 叙任する. Fue *creado* cardenal. 彼は枢機卿(きょう)に任ぜられた.
 —— ～se 再 1 (現実には存在しないものを) (頭の中に) 作り上げる; (自ら求めて・自力で) 作り出す. ～se ilusiones 幻想を作り出す. Tú mismo *te estás creando* enemigos. 君はわざわざ自分で憎しみを買っている.
 2 《3人称で》作り出される, 生み出される.
 [←[ラ] *creāre*「創造する」; 関連 creativo, criatura, recrear. [英] *create*].

cre·a·ti·ni·na [kre.a.ti.ní.na] 女 [生化] クレアチニン: 尿や筋肉に含まれる老廃物の一種.

cre·a·ti·vi·dad [kre.a.ti.bi.dád] 女 創造力, 創造性; 独創性.

*cre·a·ti·vo, va [kre.a.tí.bo, -.ba] 形 創造力の豊かな, 創作の, 創造的な. Es un chico con un talento muy ～. 創造力の豊かな子供だ.
 —— 男 女 (広告などの) クリエーター.

cre·ce [kré.θe / -.se] 女 [ラ米] (ブラジル) 増水.
 —— 活 → crecer.

cre·ce·de·ro, ra [kre.θe.dé.ro, -.ra / -.se.-] 形 1 成長しうる, 成育 [発育] する.
 2 〈子供服の〉サイズが成長に合わせて調整できる.

cre·ce·pe·lo [kre.θe.pé.lo / -.se.-] 男 育毛剤.

**cre·cer [kre.θér / -.sér] 34 自 1 〈人・動植物が〉成長 [生長] する, 育つ; 〈髪などが〉伸びる. *He crecido* en esta ciudad. 私はこの町で育った. Tu hija *ha crecido* en belleza. 君のお嬢さんはきれいになったね. Le *ha crecido* la barba. 彼はひげが伸びた.
 2 増大する, 増量する; 広がる. *Crece* el río des-

pués de la tormenta. あらしの後，川が増水している. **Sigue** *creciendo* **el rumor.** うわさは広がり続けている. **Mi ira** *creció* **al oírlo.** それを聞いて私の怒りは増した.
3 〈数値・価値などが〉上昇する；〈活動などが〉伸長する. *Creció* **la economía un cinco por ciento.** 経済が5パーセントの成長を遂げた.
4 〈月・潮が〉満ちる (↔menguar).
—他 (編み物で) 〈目を〉増す.
—**~·se** 再 奮起する；増長する. *~se* **ante las dificultades** 困難に直面して底力を出す. *~se* **con el triunfo** 勝利に調子づく.
[←［ラ］*crēscere*］［関連］**crecimiento, incremento, decrecer.** ［英］*increase*］

cre·ces [kré.θes / -.ses] 女《複数形》**1** 増大；伸び；過剰. **2** 利子.
con creces 十二分に，余分に. **Su éxito compensó** *con* **~ los sacrificios de su madre.** 彼〔彼女〕の成功は母親の払った犠牲を補って余りあるものだった.

cre·ci·do, da [kre.θí.ðo, -.ða / -.sí.-] 形 **1** 多数の，多量の；〈数値の〉高い. **una cantidad** *crecida* かなりの量. **2** 成長した，大きくなった. **3** 〈川が〉増水した，氾濫(はんらん)した. **4** 得意になった，うぬぼれた.
—男《複数で》(編み物で) 目を増やすこと.
—女 **1** (川の) 増水，氾濫(はんらん). **2** (背丈の) 伸び.

*_***cre·cien·te** [kre.θjén.te / -.sjén.-] 形 **成長する，増大［増加］する** (↔decreciente). **una población ~** 増加傾向にある人口. —男《紋》上弦の月.
—女 **1** (川の) 増水，満潮 (= ~ **del mar**). **2** イースト, パン種.
cuarto creciente 半月，上弦の月.
luna creciente 上弦の月.
[［仏］croissant 「三日月／クロワッサン」］

*_{**}**cre·ci·mien·to** [kre.θi.mjén.to / -.si.-] 男
1 (人・動植物などの) 成長, 生育. **el ~ del cabello** 髪の毛が伸びること. **niños en etapa de ~** 成長期の子供.
2 増大, 拡大；(経済などの) 成長(率). **sostener un alto ~ económico** 高い経済成長率を維持する. **~ del interés** 利子の騰貴. **~ cero** ゼロ成長.
3 (川の) 増水. **4** (月が) 満ちること.

cre·den·cia [kre.ðén.θja / -.sja] 女 **1** 《宗》(ミサ用の) 祭具卓. **2** (王侯の飲み物用の) 食器棚[皿].

cre·den·cial [kre.ðen.θjál / -.sjál] 形 信任の, 保証する. **cartas ~es** 信任状.
—女 証明書；《複数で》(大使・使節などの) 信任状.

*_***cre·di·bi·li·dad** [kre.ði.bi.li.ðáð] 女 **信頼性**, 信憑(しんぴょう)性. **dañar la ~** 信頼を損なう.

cre·di·ti·cio, cia [kre.ði.tí.θjo, -.θja / -.sjo, -.sja] 形 信用(貸し)の.

*_{**}**cré·di·to** [kré.ði.to] 男 **1** 《経》《商》**信用貸し, クレジット**；借款, 融資；信用状. **tarjeta de ~** クレジットカード. **a corto [largo] plazo** 短期［長期］貸し付け. **solicitar un ~** 貸し付けを求める. **conceder [dar] un ~** 貸し付ける. **apertura de ~** 信用状の開設. **abrir un ~ a...** …に信用状を開く. **~ blando** ソフトローン, 長期低利貸し付け. **carta de ~** irrevocable 取り消し不能信用状. **~ comercial** 商業信用. **~ inmobiliario** 不動産信用. **~ hipotecario** 担保付き貸し付け.
2 信用, 信望；評判. **tener mucho ~ entre...** …の間に信用がある[評判がよい].
3 (授業の) 単位. **asignatura de tres ~s** 3単位の科目. **4** 《複数で》《映》《演》クレジット (タイトル).

5 《ラ米》(ララ) 〈主に目上の者から見て〉頼もしい存在, よくできる人物, 信頼する部下［生徒・子供］；〈飼い主から見て〉賢い[頼もしい]ペット.
a crédito 掛けで, つけで, クレジットで；分割払いで.
dar crédito a... ~を信用する, 信じる. **No doy ~ a mis ojos.** 私はわが目を疑う.
de crédito 信用[信頼]できる.
[←［ラ］*crēditum*「負債」；*crēdere*「(金を) 貸し付ける；信用する」より派生. ［関連］**acreditar, acreedor.** ［英］*credit*］

cre·do [kré.ðo] 男 **1** 《カト》クレド, 使徒信条《経》.
2 信条；綱領. **Su ~ le prohíbe comer carne.** 彼〔彼女〕は信仰上の理由で肉を食べられない.
en un credo あっという間に.
que canta el credo 途方もない, とんでもない. **mentira** *que canta el* **~** 真っ赤なうそ.

cre·du·li·dad [kre.ðu.li.ðáð] 女 すぐ信じてしまうこと, 軽信.

cré·du·lo, la [kré.ðu.lo, -.la] 形 信じやすい.
—男 女 だまされやすい人, かも.

cre·e·de·ras [kre.(e.)ðé.ras] 女《複数形》《話》信じやすいこと, だまされやすさ. **tener buenas ~s** すぐに信じる. **tener malas ~s** うたぐり深い.

cre·e·de·ro, ra [kre.(e.)ðé.ro, -.ra] 形 信じられる, 本当らしい, ありそうな.

cre·e·dor, do·ra [kre.(e.)ðór, -.ðó.ra] 形 信じやすい, 軽信の.

*_***cre·en·cia** [kre.én.θja / -.sja] 女 **1 信じること**, 確信. **tener la ~ de que...** …と信じている. **en la ~ de que...** …と信じて, …と思い込んで.
2 《主に複数で》**信念, 信条**；《宗》信仰.

*_{**}**cre·er** [kre.ér] 69 他 《現分》は **creyendo**, 《過分》は **creído**] **1 信じる,** 信用する. **~... a pie juntillas** …を盲信する. *Cree* **a Pedro.** 君はペドロの言うことを信じなさい. **No puedo ~ lo que estoy oyendo.** 私は今耳にしていることが信じられません.
2 《*que* +直説法》…であると）**思う, 考える.** *Creo* *que se equivoca usted.* あなたが間違っていると思います. **¿Va a venir Juan mañana? —** *Creo* *que sí.* 明日フアンは来るだろうか. —来ると思いますよ. ► 否定文では *que* 以下の動詞は接続法. → **No** *creo que* **él pueda ir con nosotros.** 彼が私たちと一緒に行けるとは思いません.
3 《+不定詞 …しているように》思える. *Creo oír* **un sollozo.** すすり泣きが聞こえているように思える.
4 《+名詞・形容詞句およびその相当語句 …である と》みなす. **La** *creen* **más** *simpática* **de lo que realmente es.** 彼女は実際よりも愛想よく思われる. ► 形容詞は目的語の性数に一致する.
5 《*de* +人 *que* +直説法》(人を…であると) みなす. *Creo de Juan que es* **muy aplicado.** 私はフアンをとても勤勉だと思っています.
—自 **1** 思う, 考える. **según** *creo* 私が思うに. **Lo que tienes que hacer,** *creo* **yo, es escuchar los consejos de tus compañeros.** 君がしなければならないのはね, 私が思うに, 仲間のアドバイスに耳を傾けることだ. **2** 《*en...* …を》**信じる,** 信用する. 〈神の存在などを〉信仰する. **~** *en* **la bondad** 善意を信じる. **~** *en* **Dios** 神(の存在)を信じる.
—**~·se** 他 《重》**1** 《+名詞・形容詞句およびその相当語句 …であると》《自分自身を》みなす. **Se** *cree al*-*guien*. 彼〔彼女〕は自分のことをひとかどの人物だと思っている. ► 形容詞は主語の性数に一致する.
2 思い込む, 信じる. *Se cree* **todo lo que lee.** 彼

creí(-)

[彼女]は本で読んだことをすべて信じてしまう. **3**《3人称で》思われる,考えられる. 人[世間]が思う,考える.
creérselas うぬぼれる.
dar en creer 思い込む.
¡no (me) lo puedo creer!《強調》信じられないよ.
no (te) creas 断言はできない(が).
¡no (te) creas (que＋直説法*)!*(…だなんて)思わないでくれよ.
¡que te crees tú eso! / ¡que te lo has creído!《驚き》なんていうことだ,まさか,そんなはずないよ.
¡ya lo creo (que…)!《話》もちろん(…である). そのとおりだよ.
[←〔ラ〕*crēdere*;〔関連〕*crédito*.〔英〕*credulous*]

creí(-) 活 →*creer*.

cre·í·ble [kre.í.ble] 形 信じられる,信用[信頼]できる;本当らしい,ありそうな(↔*increíble*).

cre·í·do, da [kre.í.ðo, -.ða] 形 **1** 確信した,信じきった. ～ *de sí mismo* 自信満々の.
2 思い上がった,うぬぼれた.

＊**cre·ma**¹ [kré.ma] 女 **1**(食品の)**クリーム**,乳脂(＝*nata*);カスタードクリーム(＝*natillas*);クリーム状の菓子. ～ *batida* ホイップクリーム. ～ *de leche* 生クリーム. ～ *catalana* クレマ・カタラナ,クレーム・ブリュレ(カタルーニャ地方のデザート. カスタードクリームにカラメルのタレをかけ焼いた菓子).
2【料】クリームスープ;クリーム状のもの(特にクリームチーズなど).
3(化粧品・薬品の)クリーム,乳液. ～ *hidratante* モイスチャークリーム. ～ *dental* 歯磨き(チューブ).
4 靴クリーム. **5** 粋(#),最良の部分;エリート. **6** こくのある[クリーム入りの]リキュール. **7**《ラ米》(劣)金持ち. ～ *y nata* 上流社会.
──形 クリーム色の,淡黄色の.
[←〔仏〕*crème*「乳脂」(ケルト語起源);〔関連〕〔英〕*cream*]

cre·ma² [kré.ma] 女 分音符号:güe, güi の(¨)など(＝*diéresis*). [←〔ギ〕*trêma*「さいころの目」;〔関連〕〔仏〕*tréma*]

cre·ma·ción [kre.ma.θjón / -.sjón] 女 **1** 火葬. **2** 焼却.

cre·ma·lle·ra [kre.ma.jé.ra ‖ -.ʎé.-] 女 **1** ファスナー,チャック. *echar la* ～《話》口を閉ざす. **2**【機】(小歯車*piñón* ピニオンとかみあう)歯車の歯形,ラック,歯棚(#). *ferrocarril de* ～ アプト式鉄道(などのラック式鉄道).

cremallera (歯車の歯板)

cre·mar [kre.már] 他《ラ米》(劣)火葬する.

cre·ma·tís·ti·co, ca [kre.ma.tís.ti.ko, -.ka] 形 経済の,財政[金銭]上の.
──女 **1**【経】理財[経済]学. **2**《話》金銭問題.

cre·ma·to·rio, ria [kre.ma.tó.rjo, -.rja] 形 火葬の,焼却の.
──男 **1** 火葬場. **2** 焼却炉(＝*horno* ～).

cre·me·rí·a [kre.me.rí.a] 女《ラ米》(劣)乳製品製造所.

cre·mó·me·tro [kre.mó.me.tro] 男(牛乳中の乳脂の含有量を測定する)乳脂計.

cre·mo·na [kre.mó.na] 女 (扉・窓用の)落とし錠,クレモン(ボルト):上下同時に締まる金具.

cré·mor [kré.mor] 男 酒石酸(＝～*tártaro*).

cre·mo·si·dad [kre.mo.si.ðáð] 女 クリーム状.

cre·mo·so, sa [kre.mó.so, -.sa] 形 クリーム(状)の,(クリームのように)なめらかで柔らかい.

cren·cha [kréɲ.tʃa] 女 髪の分け目;分けられた各部分.

cre·o·sol [kre.o.sól] 男【化】クレオソール:ブナの木のタール・グアヤク樹脂から採れる油状液体.

cre·o·so·ta [kre.o.só.ta] 女【化】クレオソート:保存防腐剤,殺菌[殺虫]剤. *aceite de* ～ クレオソート油.

cre·o·so·ta·do [kre.o.so.tá.ðo] 男 クレオソート処理.

cre·o·so·tar [kre.o.so.tár] 他 (防腐のために)(木材を)クレオソートで処理する.

crep [krép] 女【料】クレープ.

cre·par [kre.pár] 自《ラ米》(劣)《話》死ぬ,くたばる.

cre·pe [kré.pe]〔仏〕女《複 ～s》【料】クレープ;【服飾】クレープ(生地).

cre·pé [kre.pé] 男 **1**(ナプキン用)ちりめん紙.
2(主に綿・麻の)クレープ,ちりめん(布).
3(靴底に用いる)クレープゴム. *suelas de* ～ クレープゴムの靴底. **4** ヘアピース,入れ毛.

cre·pe·rí·a [kre.pe.rí.a] 女 クレープ店[屋].

cre·pi·ta·ción [kre.pi.ta.θjón / -.sjón] 女 **1** ぱちぱちという音. **2**【医】(1)(折れた骨が触れ合う)ごつごつという音,断骨音.(2)(肺炎の)捻髪(#)音.

cre·pi·tan·te [kre.pi.tán.te] 形 ぱちぱちいう.
Unos leños ～s ardían en la chimenea. 暖炉で薪(#)がぱちぱち音をたてながら燃えていた.

cre·pi·tar [kre.pi.tár] 自 **1**〈火などが〉ぱちぱち音をたてる.
2【医】断骨音をたてる;捻髪(#)音をたてる.

cre·pus·cu·lar [kre.pus.ku.lár] 形 薄明かりの;黄昏(#)時の,夕暮れの;明け方の.

＊**cre·pús·cu·lo** [kre.pús.ku.lo] 男 **1**(日の出前・日没後の)薄明かり;(特に)**黄昏**(#)(時). ～ *matutino* 夜明け,暁. ～ *vespertino* 夕暮れ.
2 衰退期. *el* ～ *de la vida* 晩年.

cres(c). (略)【音楽】*crescendo* クレッシェンド.

cre·sa [kré.sa] 女 **1**《集合的》(昆虫の)卵.
2 幼虫;うじ.

cres·cen·do [kres.θén.do / -.sén.- ‖ kre.ʃén.-]〔伊〕副【音楽】クレッシェンドで,次第に強く.
──男 クレッシェンド《略 *cres(c).*》(記号＜) (↔*decrescendo*).
in crescendo 徐々に程度を増して,だんだん強く[大きく].

cre·so [kré.so] 男【格式】億万長者,富豪. ◆莫大な富を有したと言われるリディア王国最後の王クロイソス(在位前560-546)の名にちなむ.

cre·sol [kre.sól] 男【化】クレゾール.

cres·pi·lla [kres.pí.ja ‖ -.ʎa] 女【菌類】アミガサタケ.

cres·po, pa [krés.po, -.pa] 形 **1** 縮れ毛の. **2**〈文体が〉手の込んだ,技巧的な. **3** いらだった,怒った. ──男 縮れ毛.

cres·pón [kres.pón] 男 **1**【服飾】(絹などの)ちりめん,クレープ. ～ *de China* クレープ・デシン. ～ *tupido* クレポン,厚地縮み. **2** (ちりめんの)喪章.

cres·ta [krés.ta] 女 **1**(鳥の)とさか;冠毛;(魚・爬虫(#)類の)頭部の突起物. **2**(パンクヘアなどに)逆立てた毛髪. **3**(山の)稜線(#;),尾根;波頭. **4**【解剖】(骨の)稜(#). ～ *occipital* 後頭稜. **5**(グラフなどの)頂点.

estar en la cresta de la ola 絶頂期にいる.
cresta de gallo 〖植〗ケイトウ.
dar a+人 *en la cresta* 〘話〙〈人〉の鼻っ柱をへし折る.
sacarse la cresta 〘ラ米〙(^チ) 〘俗〙ひどい目にあう.

cres·te·rí·a [kres.te.rí.a] 囡〖建〗(特にゴシック建築で)塔上空間(^{ぼう}), 鋸壁(^{きょ}), 棟飾り.

cres·to·ma·tí·a [kres.to.ma.tí.a] 囡 (教材用の)名文集, 模範文. ▶ 一般用は antología.

cres·tón [kres.tón] 男 **1** (かぶとの) 前立て, 羽飾り. **2** 〖鉱〗(鉱脈などの) 露出(部), 露頭. **3** 〘ラ米〙(^{コデ}) 〘話〙プレイボーイ, 女たらし.

cres·tón, to·na [kres.tón, -.tó.na] 形 〘ラ米〙(^チ) 〘俗〙ばかな, まぬけな.

cre·ta [kré.ta] 囡 白亜：土質白灰石.

Cre·ta [kré.ta] 固名 クレタ(島)：地中海にあるギリシア領の島. [← 〚ラ〛 *Crēta*←〚ギ〛 *Krḗtē*]

cre·tá·ce·o, a [kre.tá.θe.o, -.a / -.se.-] / **cre·tá·ci·co, ca** [kre.tá.θi.ko, -.ka / -.si.-] 形 〖地質〗白亜紀の；白亜質の. — 男 白亜紀.

cre·ten·se [kre.tén.se] 形 クレタ(島)の.
— 男 囡 クレタ人.

cré·ti·co, ca [kré.ti.ko, -.ka] 形 クレタ(島)の.
— 男 囡 クレタ人.
— 男〖詩〗(ギリシア古典詩の)長短長格, 強弱強格.

cre·ti·nis·mo [kre.ti.nís.mo] 男 **1**〖医〗クレチン病. **2**〘軽蔑〙愚鈍.

cre·ti·no, na [kre.tí.no, -.na] 形 **1** クレチン病(患者)の. **2**〘軽蔑〙愚鈍な, まぬけな.
— 男 囡 **1** クレチン病患者.
2〘軽蔑〙(とくにのっぽで間抜けな人に)ばか野郎, あほう.

cre·to·na [kre.tó.na] 囡 (フランスの村 Creton に由来する) クレトン：カーテン, 壁掛けなどに用いられる大きな花柄などをプリントした綿織物.

crey- 活 →creer.

***cre·yen·te** [kre.jén.te] 形 信じている, 信仰心のある.
— 男 囡 信者, 信奉者.

cre·yón [kre.jón] 男 〘ラ米〙→crayon.

crezc- 活 →crecer.

crí- 活 →criar.

crí·a [krí.a] 囡 **1** (動物の) 飼育, 飼養, 養殖. ~ intensiva 集中飼育. **2**《集合的》(動物の)一腹の子, いちどきに生まれた子. **3** (動物の) 親離れするまでの子. La ~ de la loba se llama lobezno. オオカミの子は lobezno と言う.

cría(-) 活 →criar.

cria·de·ro [krja.dé.ro] 男 **1** 飼育[養殖]場. ~ de cerdos 養豚場. **2** 苗床, 苗木畑 (= plantel). **3**〖鉱〗鉱脈, 鉱床.

cria·di·lla [krja.dí.ʝa ‖ -.ʎa] 囡 **1**〖料〗(食材としての)睾丸(^{こう}). **2** ジャガイモ.
criadilla de tierra〖菌類〗トリュフ, セイヨウショウロ.

***cria·do, da** [krjá.ðo, -.ða] 形 《*bien* [*mal*] を伴い》しつけのよい[悪い]. chico *bien* [*mal*] ~ しつけのいい[悪い]子.
— 男 囡 お手伝い, 使用人. ~ *por horas* 通いのお手伝い. *El vestido del* ~ *dice quién es su señor.* 使用人の服装を見れば主人がわかる.
salirle (a+人) *la criada respondona* 〈人〉が下の立場の者に口ごたえされて悩まされる.
[← 〚古スペイン〛 「住み込みの家来」; *criar* 「育てる, 養う」より派生]

cria·dor, do·ra [krja.ðór, -.ðó.ra] 形 飼育する.
— 男 囡 **1** 飼育者[係], ブリーダー.

2 (ワインの)醸造家 (= vinicultor).
El Criador〖宗〗造物主, 神 (= El Creador).

cria·jo [krjá.xo] 男 〘話〙〘軽蔑〙餓鬼, 子供.

crian·de·ra [krjan.dé.ra] 囡 〘ラ米〙乳母.

crian·za [krián.θa / -.sa] 囡 **1** 飼育；栽培.
2 (ワインの) 熟成. de ~ 1年半から3年熟成した.
3 養育, 保育；授乳(期). **4** (子供の) しつけ, 教育. buena [mala] ~ しつけのよさ[悪さ].

***criar** [krjár] 81 他 **1** (子供を) 育てる, 養育[教育]する, 〈乳児に〉哺乳する. ~ *al bebé con el pecho* [*con biberón*] 母乳[ミルク]で赤ん坊を育てる. ~ *a los hijos en un ambiente tranquilo* 落ち着いた環境で子供たちを育てる. **2** 〈家畜を〉飼育する；〈植物を〉栽培する；〈魚介類などを〉養殖する. ~ *hierbas medicinales* 薬草を栽培する. ~ *ostras* 牡蠣(^き)を養殖する.
3 発生させる, 湧かせる. *El pan empezaba a* ~ *moho.* パンがかびが生えかけていた.
4 〈ワインを〉ねかせる, 熟成させる. *Esta bodega elabora y cría los mejores vinos.* この醸造所は最高のワインを精製および熟成させている.
— 自 (動物が)子を産む；授乳する. *No está permitido cazar cuando los animales están criando.* 動物が子を産む時期には禁猟になる.
~·se 再 **1** 育つ, 成長する；生育する. *Nací en Granada y me crié en Madrid.* 私はグラナダに生まれてマドリードで育った. *Se crió en un colegio católico.* 彼[彼女]はカトリックの学校で教育を受けた. **2** 発生する, 湧く. *Este hongo se cría en las hayas.* このキノコはブナの木に生える.
Cría buena fama y échate a dormir.《諺》よい評判を得れば, あとは楽ができる (いったん得た評価はなかなか変わらない).
criar en estufa〘話〙甘やかして育てる.
[← 〚ラ〛 *creāre*「創造する；生む」；関連 crianza, criatura, cría, crío. [英]*create*]

***cria·tu·ra** [krja.tú.ra] 囡 **1** 幼児, 乳児；胎児. *llorar como una* ~ 赤ん坊のように泣く.
2 (神による)創造物, 被造物；(特に)人間.
3 (想像上の)生き物, 怪物.
ser una criatura まだ若い；《比喩的》子供である；純真だ.
No seas criatura. 子供じみたことはやめなさい.

cri·ba [krí.ba] 囡 **1** ふるい；選別機. *estar como una* ~ 〘話〙穴だらけになる, ハチの巣になる.
2《比喩的》ふるい (になるもの)；選別, 選抜. *hacer una* ~ 〘話〙ふるいにかける, 選別する.

cri·ba·do [kri.bá.ðo] 男 選別, ふるい分け.

cri·ba·dor, do·ra [kri.bá.ðor, -.ðó.ra] 形 選別の, ふるい分けする. — 男 囡 選別する人[もの].

cri·bar [kri.bár] 他 ふるいにかける；選別する.

cri·bo·so [kri.bó.so] 形 〖植〗篩管(^{しかん})[篩部]の. *vaso* ~ 篩管.

cric [krik] 男 〖機〗ジャッキ (= gato).

cri·ca [krí.ka] 囡 〘ラ米〙(^{プエ}) 〘卑〙女性器.

crick·et [krí.ke(t)] 〖英〗〖スポ〗→criquet.

cri·coi·des [kri.kói.ðes] 形 《性数不変》〖解剖〗〈軟骨が〉輪状[環状]の.
— 男 《単複同形》(喉頭の)輪状軟骨.

Cri·me·a [kri.mé.a] 固名 クリミア(半島), クリム(半島)：黒海に突出する半島.

****cri·men** [krí.men] 男 《複 *crímenes*》 **1** (殺人・傷害などの) 犯罪, 重罪 (▶ 宗教上の罪は pecado). *cometer un* ~ 罪を犯す. *autor del* ~ 犯人. *lugar del* ~ 犯行現場. ~ *de guerra* 戦

争犯罪. ~ de lesa majestad 〖法〗大逆罪, 不敬罪. →**culpa**〖類語〗.
2 ひどいこと, 罪悪, 《比喩的》犯罪(的行為). Es un ~ no hacer nada en esta situación. この状況で何もしないのは罪に.
[←〔ラ〕*crimen*「判決；罪」;〖関連〗[スペイン]〔英〕*criminal*.〔英〕*crime*]

cri·mi·na·ción [kri.mi.na.θjón / -.sjón] 囡 告訴, 告発；非難.

*__**cri·mi·nal**__ [kri.mi.nál] 厖 **1** 犯罪の, 罪のある. acción ~ 犯罪行為.
2 刑事上の, 刑法(上)の. proceso ~ 刑事訴訟.
3 ひどい, とんでもない, 罪しがたい.
——囲囡犯人, 犯罪者. ~ de guerra 戦争犯罪人.

cri·mi·na·li·dad [kri.mi.na.li.ðáð] 囡 犯罪性, 犯罪(行為)；犯罪発生件数. La ~ aumenta muy rápidamente. 犯罪発生件数が急激に増加している.

cri·mi·na·lis·ta [kri.mi.na.lís.ta] 厖 犯罪[刑法]学(者)の；刑事訴訟の.——囲囡 **1** 犯罪[刑法]学者. **2** 刑事弁護士 (= abogado ~).

cri·mi·na·li·za·ción [kri.mi.na.li.θa.θjón / -.sa.sjón] 囡 違法化, 非合法化, ある行為・行動を犯罪[違法]とすること.

cri·mi·na·li·zar [kri.mi.na.li.θár / -.sár] 他 違法化[非合法化]する, 犯罪(扱い)にする.

cri·mi·nar [kri.mi.nár] 他 **1** 告訴する, 告発する；罪を着せる. **2** 非難する.

cri·mi·no·lo·gí·a [kri.mi.no.lo.xí.a] 囡 犯罪学.

cri·mi·no·ló·gi·co, ca [kri.mi.no.ló.xi.ko, -.ka] 厖 犯罪学(上)の, 刑事学(上)の.

cri·mi·nó·lo·go, ga [kri.mi.nó.lo.go, -.ga] 厖 犯罪学者の.——囲囡 犯罪学者.

cri·mi·no·so, sa [kri.mi.nó.so, -.sa] 厖 囲囡 → **criminal**.

crim·no [krím.no] 囲 粗びき小麦粉.

crin [krín] 囡 **1**《主に複数で》たてがみ；尾の毛.
2(アフリカハネガヤなどからとる)植物繊維(クッションなどの詰め物にする) (= ~ vegetal).

cri·na·do, da [kri.ná.ðo, -.ða] 厖《文章語》髪の長い.

cri·nar [kri.nár] 他〈毛を〉とかす；〈動物の〉毛をすく.

cri·noi·de·o [kri.noi.ðé.o] 囲〖動〗ウミユリ.

cri·no·li·na [kri.no.lí.na] 囡〖服飾〗クリノリン.
(1) 馬毛などで織った硬い布地. (2) スカートを膨らませるためのペチコート.

cri·nu·do, da [kri.nú.ðo, -.ða] 厖《ラ米》《ラプ》《ムヒ》《話》たてがみの長い；長髪の.

crío [krí.o] 直→ **criar**.

*__**crí·o, a**__ [krí.o, -.a] 囲囡《話》小さな子供；赤ん坊.
cosas de críos たわいないこと, つまらないもの.
estar hecho un crío 《話》(肉体的に)若々しい.
ser (un) crío 《話》子供じみている.

crio·bio·lo·gí·a [krjo.bjo.lo.xí.a] 囡 (超)低温生物学：(超)低温が生物に及ぼす影響や超低温での生物(組織)の保存について研究する学問.

crio·gé·ni·co, ca [krjo.xé.ni.ko, -.ka] 厖 超低温を作り出す；超低温の.

crio·ge·ni·za·ción [krjo.xe.ni.θa.θjón / -.sa.sjón] 囡 生物の冷凍[低温]保存.

crio·ge·ni·zar [krjo.xe.ni.θár / -.sár] 自 他(現在治療不可能な病気の治療法が見つかってから解凍・蘇生させるために)(特に人を)冷凍[低温]保存する.

crió·ge·no [krjó.xe.no] 囲〖化〗冷却剤, 凍結剤.

crio·glo·bu·li·ne·mia [krjo.glo.bu.li.né.mja] 囡〖医〗クリオグロブリン血症.

crio·li·ta [krjo.lí.ta] 囡〖鉱〗氷晶石.

crio·lla·je [krjo.ʝá.xe‖-.ʎá.-] 囲《ラ米》《集合的》クリオーリョ criollo；農民.

crio·llis·mo [krjo.ʝís.mo‖-.ʎís.-] 囲 クリオーリョの特徴[特質, 風習]；クリオーリョ特有の言い回し.

*__**crio·llo, lla**__ [krjo.ʝo, -.ʝa‖-.ʎo, -.ʎa] 厖 **1** イスパノアメリカ(それぞれの国)の(特有の). **2** クリオーリョの. **3** 〈言語・料理などが〉クレオル(風)の.
——囲 **1** クリオーリョ. (1) ヨーロッパ人を両親[先祖]にもつ植民地生まれの人, (特に中南米生まれのスペイン人(► 「本国出身のスペイン人」は peninsular). (2) イスパノアメリカ(それぞれの国)の人. (3) (アフリカ生まれの黒人と区別して)中南米生まれの黒人. **2**《ラ米》(1)《ラプ》《話》臆病(緋)な人, 気の弱い人. (2) 自国の人, 地元の人. *un buen ~* 生粋の自国民.
——囡 **1** 〈言語などが〉クリオーリョ[クレオル]の.
2《ラ米》(1)《ラプ》《話》臆病(緋)な, 気の弱い. (2) 自国の, 地元の.
a la criolla 気取らずに, 気楽に；現地風に.
[←〔ポルトガル〕*crioulo*; *criar*「育てる」]

crió·ni·ca [krjó.ni.ka] 囡 (生物, 特に人体・遺体の)冷凍保存(法).

crio·pre·ser·va·ción [krjo.pre.ser.ḇa.θjón / -.sjón] 囡 冷凍[低温]保存(法)：生体組織・微生物などの状態を保つために行われる.

crio·pro·tec·tor [krjo.pro.tek.tór] 囲 耐冷凍剤, 凍結防止剤.

crios·co·pia [krjos.kó.pja] 囡〖物理〗凝固点降下法；氷点法.

crio·te·ra·pia [krjo.te.rá.pja] 囡〖医〗寒冷療法.

crip·ta [kríp.ta] 囡 **1** 地下納骨堂；地下礼拝堂.
2〖解剖〗陰窩(汎).

críp·ti·co, ca [kríp.ti.ko, -.ka] 厖 難解な, わかりにくい；暗号文[法]の.

crip·tó·ga·mo, ma [kript.tó.ga.mo, -.ma] 厖〖植〗隠花植物の, 花をつけない.——囡〖植〗隠花植物(↔ fanerógama)；《複数で》《集合的》隠花植物類.

crip·to·gra·fí·a [kript.to.gra.fí.a] 囡 暗号法.

crip·to·grá·fi·co, ca [kript.to.grá.fi.ko, -.ka] 厖 暗号の, 暗号で書かれた.

crip·tó·gra·fo, fa [kript.tó.gra.fo, -.fa] 囲囡 暗号使用者；暗号文作成者.

crip·to·gra·ma [kript.to.grá.ma] 囲 暗号文；暗号. →**cifra**.

crip·tón [kript.tón] 囲〖化〗クリプトン(記号 Kr).

crip·to·ni·mia [kript.to.ní.mo] 囡 頭文字表記：人の名前を頭文字で表すこと：GGM (= Gabriel García Márquez) などの類.

crip·tor·qui·dia [kript.tor.kí.ðja] 囡〖医〗停留睾丸.

crip·tos·po·ri·dio·sis [kript.tos.po.ri.ðjó.sis] 囡《単複同形》〖医〗クリプトスポリジウム症：感染性の腸疾患.

cri·quet [krí.ke(t)] 囲〖スポ〗クリケット.
[←〔英〕*cricket*]

cri·sá·li·da [kri.sá.li.ða] 囡〖昆〗さなぎ.

cri·san·te·mo [kri.san.té.mo] 囲〖植〗キク, 菊.

__cri·sis__ [krí.sis] 囡《単複同形》**1** 危機, 難局；(危機的な) 不足. ~ *económica* 経済危機. ~ *de la vivienda* 住宅難. ~ *de mano de obra* 労働力不足. ~ *energética* エネルギー危機. *del*

cristiano

petróleo 石油危機. ~ de fe 信仰の危機. llegar a una ~ 重大な局面に差しかかる. **2**《(容態の)急変, 発作;峠. hacer ~ 重体に陥る. ~ de asma ぜんそくの発作. El paciente ha superado la ~. その患者はもう峠を越した. **3**《検討の末の》判断.
[←[ラ] *crisis*←[ギ] *krísis*「転機,決断」;関連 crítico, crítica. [英] *crisis*]

cris·ma [krís.ma] 男 (ときに女)【カト】聖油, 聖香油. ― 女《話》頭 (= cabeza). romper [partir] la ~ a + 人《脅し文句》〈人〉の頭をかち割る, ひどい目に遭わせる.

cris·mas [krís.mas] 男《単複同形》**1** クリスマスカード. **2**《ラ米》(*)クリスマス;クリスマスプレゼント.

cris·me·ra [kris.mé.ra] 女 聖油入れ.

cris·món [kris.món] 男 **1** キリストの銘:ギリシア文字で書かれたキリストの名前 ΧΡΙΣΤΟΣ の最初の2字 (X(?) と P(ロ)) の組み合わせ. → monograma. **2** 十字と crismón を入れたコンスタンティヌス大帝旗.

cri·so·be·ri·lo [kri.so.βe.rí.lo] 男【鉱】金緑石.

cri·sol [kri.sól] 男 **1**【冶】(1) るつぼ. (2) 炉床. **2**《比喩的》(人種・文化などの) るつぼ. **3**《人・社会を》象徴[凝縮]したもの;《愛・美徳などを》試すもの, 試練.

cri·so·lar [kri.so.lár] 他 → acrisolar.

cri·só·li·to [kri.só.li.to] 男【鉱】橄欖(かん)石.

cri·so·pe·ya [kri.so.pé.ja] 女 錬金術 (= alquimia).

cri·so·pra·sa [kri.so.prá.sa] 女【鉱】緑玉髄.

cris·pa·ción [kris.pa.θjón / -.sjón] 女 **1** いらだち. **2**《筋肉などの》けいれん, 引きつり.

cris·pa·du·ra [kris.pa.ðú.ra] 女《筋肉の》収縮, けいれん.

cris·pa·mien·to [kris.pa.mjén.to] 男 → crispación.

cris·par [kris.pár] 他 **1**《筋肉を》収縮させる, けいれんさせる, 引きつらせる. **2** ゆがめる, しかめる. Tenía el rostro *crispado* por el dolor. 彼[彼女]は苦痛に顔をゆがめていた. **3** いらいらさせる. Ese niño me *crispa*. この子供にはいらいらさせられる. ― ~·se 再 **1**《筋肉が》収縮する, けいれんする. **2**《顔が》ゆがむ, 引きつる. **3**《神経が》いらだつ.

cris·pe·tas [kris.pé.tas] 女《複数形》《ラ米》(コロン)ポップコーン.

cris·tal [kris.tál] 男 **1 クリスタルガラス;ガラス;《窓・扉の》ガラス. vaso de ~ クリスタルグラス. ~ ahumado 曇りガラス. ~ tallado カットグラス. ~ esmerilado すりガラス. ~ de un reloj 時計の風防. ガラス盤. puerta de ~ ガラス戸. **2**【鉱】結晶体;結晶. ~ de roca 水晶. ~ líquido 液晶. **3** レンズ. ~ de aumento 拡大鏡. ~*es* de las gafas めがねのレンズ. **4**《文章語》(澄んだ)水. **5** 鏡. **6**《ラ米》コップ, グラス.
[←[ラ] *crystallum*←[ギ] *krýstallos*;関連 cristalizar, cristalino. [英] *crystal*「水晶」]

cris·ta·le·ra [kris.ta.lé.ra] 女 **1** ガラス戸[窓], ガラス張りの天井. **2** ガラス戸棚;サイドボード. **3** ガラス工場.

cris·ta·le·rí·a [kris.ta.le.rí.a] 女 **1** ガラス工場, ガラス店. **2**《集合的》ガラス器具. **3** ガラス製品, ガラス細工.

cris·ta·le·ro, ra [kris.ta.lé.ro, -.ra] 男 女 ガラス職人, ガラス製造工, ガラス屋 (人).
― 男《ラ米》(メキ)ガラス器具用の戸棚.

cris·ta·li·no, na [kris.ta.lí.no, -.na] 形 **1** クリスタルガラスの(ような);《水晶のように》透明な, 澄みきった. aguas *cristalinas* 澄んだ流れ. **2**【物理】結晶質の. ― 男【解剖】水晶体.

cris·ta·li·za·ble [kris.ta.li.θá.βle / -.sá.-] 形 結晶性の, 結晶可能な.

cris·ta·li·za·ción [kris.ta.li.θa.θjón / -.sa.sjón] 女 **1** 結晶化[作用];結晶体. **2** 具体化,《比喩的》(努力などの)結晶.

cris·ta·li·za·dor, do·ra [kris.ta.li.θa.ðór, -.ðó.ra / -.sa.-] 形 結晶させる. ― 男【化】結晶皿.

cris·ta·li·zan·te [kris.ta.li.θán.te / -.sán.-] 形 結晶化の, 結晶させる.

cris·ta·li·zar [kris.ta.li.θár / -.sár] 自 **1** 結晶する. **2** 具体化する, 形をとる, 実を結ぶ (= concretarse). El descontento de los trabajadores *cristalizó* en una huelga general. 労働者の不満はゼネストという形になって現れた. ― 他 結晶させる.
― ~·se 再 結晶(化)する.

cris·ta·lo·gra·fí·a [kris.ta.lo.ɣra.fí.a] 女 結晶学.

cris·ta·lo·grá·fi·co, ca [kris.ta.lo.ɣrá.fi.ko, -.ka] 形 結晶学の.

cris·ta·loi·de [kris.ta.lói.ðe] 男【化】晶質, クリスタロイド.

cris·ta·loi·de·o, a [kris.ta.loi.ðé.o, -.a] 形 晶質の.

cris·tia·na [kris.tjá.na] 形 → cristiano.

cris·tia·nar [kris.tja.nár] 他《話》洗礼を施す;洗礼名を授ける (= bautizar).

cris·tian·dad [kris.tjan.dáð] 女 **1**《集合的》キリスト教徒;キリスト教国家;キリスト教世界. **2** キリスト教信仰;キリスト教の実践.

cris·tia·nia [kris.tjá.nja] 男【スポ】(スキー) クリスチャニア (回転).

cris·tia·ní·si·mo, ma [kris.tja.ní.si.mo, -.ma] 形 [cristiano の絶対最上級] 非常に敬虔(けん)な:フランス国王の名誉称号.

*cris·tia·nis·mo [kris.tja.nís.mo] 男 **1** キリスト教, キリスト教信仰. **2**《集合的》(全) キリスト教徒, キリスト教世界. **3** 洗礼.

cris·tia·ni·za·ción [kris.tja.ni.θa.θjón / -.sa.sjón] 女 キリスト教化.

cris·tia·ni·zar [kris.tja.ni.θár / -.sár] 自 他 〈人・地域・習慣などを〉キリスト教化する;〈場所に〉キリスト教を布教する, 〈人・地域を〉キリスト教に改宗させる.

cris·tia·no, na [kris.tjá.no, -.na] 形 **1《多くは名詞 +》(ser +) キリスト教の, キリスト教徒の, キリストの. la Democracia *Cristiana* (alemana) (ドイツ) キリスト教民主同盟. la comunidad *cristiana* キリスト教社会. iglesias *cristianas* キリスト教会. la caridad *cristiana* キリストの慈愛. en el año 2005 de la era *cristiana* 西暦2005年に. dar *cristiana* sepultura a + 人《人》をキリスト教に則って埋葬する. **2** 〈ワインが〉水で薄められた.
― 男 女 **1** キリスト教徒, キリスト(信)者. クリスチャン. ~ nuevo 新キリスト教徒 (ユダヤ教・イスラム教からの改宗者). ~ viejo 旧キリスト教徒 (ユダヤ教徒・イスラム教徒を先祖に持たないキリスト教徒). **2** 人, 人間. Por la calle no pasa ni un ~. 通りには人っ子ひとりいない. **3**《ラ米》(*)《話》お人よし, 単純な人.

en cristiano (1) わかりやすく. dicho *en* ~ わか

Cristina

りやすく言うと. (2) スペイン語で, 理解可能な言語で. Habla *en* ～, o no te entendemos. ちゃんと[スペイン語で]話してくれ, じゃないとわからないよ.
o todos moros, o todos cristianos みんな平等に.
[←〔ラ〕*chistiānum* (*christiānus* の対格; *Christus*「キリスト」より派生; 関連 cristianismo, cristianizar. 〔英〕*Christian*〕

Cris.ti.na [kris.tí.na] 固名 クリスティナ: 女子の洗礼名. 関連〔ポルトガル〕〔伊〕*Cristina*.〔仏〕*Christine*.〔英〕〔独〕*Christina*〕

cris.ti.no, na [kris.tí.no, -.na] 形 〔史〕 イサベル 2世=マリア・クリスティナ派の. ━ 男 女 イサベル 2 世=マリア・クリスティナ支持者: カルリスタ戦争でスペイン女王 Isabel 2世および摂政を務めた母 María Cristina de Borbón 側についた人. → carlista.

*__**Cris.to**__ [krís.to] 男 **1** イエス・キリスト. antes de ～ / a. (J.) C. 西暦〔紀元〕前. después de ～ / d. (J.) C. 西暦〔紀元〕後. ━ 称号として用いられるが固有名詞化. → Jesucristo. ▶「救世主」は Salvador. **2** [c～] キリスト磔刑(たっけい)像. un *c*～ de marfil 象牙(ぞうげ)製の十字架像.
como a un Cristo dos [*un par de*] *pistolas* 《話》まったく似合わない, 不釣り合いな; 見当違いの, 場違いな.
Cristo en majestad 〔美〕荘厳のキリスト(像).
donde Cristo dio las tres voces 《話》遠く離れた所に.
donde Cristo perdió el gorro [*la gorra, el mechero, la sandalia*] 《話》遠く離れた場所に.
hecho un Cristo 《話》哀れな様[惨めな姿]で; 傷だらけで; すっかり汚れて.
ni Cristo 《話》誰も…しない (=nadie). No pasa *ni* ～ por aquí. この辺りは人っ子ひとり通らない.
¡Ni Cristo que lo fundó! 《話》絶対にありえない.
*poner a+*人 *como un Cristo* (人)を罵倒(ばとう)する; ひどい目に遭わせる.
¡Por los clavos de Cristo! 《話》ああ驚いた, なんてこった.
todo cristo 《話》誰でも, みんな.
¡Voto a Cristo! おのれ, 見ていろ, くそっ.
[←〔ラ〕*Christus*「キリスト; 聖油を受けた者」←〔ギ〕*Khristós*; 関連 cristiano, cristianismo. 〔英〕*Christ*〕

Cris.tó.bal [kris.tó.bal] 固名 **1** San ～ 聖クリストフォルス: 3世紀ごろの十四救難聖人のひとり. 旅行者の守護聖人.
2 クリストバル: 男子の洗礼名.
[←〔後ラ〕*Christophorus* ←〔後ギ〕*Khristophóros* (*Khristós*「キリスト」+ *-phóros*「運ぶ人」; この人名の祖になる聖クリストフォルスは幼いイエスを背負って川を渡ったと伝えられる); 関連 〔ポルトガル〕 *Cristóvão*.〔仏〕*Christophe*.〔伊〕*Cristoforo*.〔英〕*Christopher*.〔独〕*Christoph*〕

Cris.tó.bal Co.lón [kris.tó.bal ko.lón] 固名 **1** クリストファー・コロンブス. → Colón. **2** [el ～] クリストバル・コロン山: コロンビア北部の山. 5775m.

cris.to.ba.li.ta [kris.to.βa.lí.ta] 女 〔鉱〕 クリストバライト, クリストバル石: ケイ酸鉱物の一つ.

cris.to.lo.gí.a [kris.to.lo.xí.a] 女 〔神〕 キリスト論: 神としてのキリストとその人格性を論ずる神学理論, また広くキリストを扱う神学.

cris.tus [krís.tus] 男 **1** (アルファベット表の最初につけられた)十字架の印; アルファベット. no saber el ～ 無知である. **2** (アルファベット学習用の)初歩読本.

cri.sue.la [kri.swé.la] 女 (カンテラの)油受け皿.

*__**cri.te.rio**__ [kri.té.rjo] 男 **1** (判断・分類などの)基準, 尺度. ～ de selección 選択の基準. juzgar con un ～ tradicional 伝統的基準から判断する.
2 見識, 判断力. persona de mucho ～ 見識の高い人物.
3 意見, 見解. en mi ～ 私の見解では.
[←〔ラ〕*criterium*←〔ギ〕*kritḗrion*; 関連 crítica. 〔英〕*criterion*〕

cri.te.rium / **cri.té.rium** [kri.té.rjum] 〔ラ〕 男 **1** 〔スポ〕(非公式の)選抜競技大会. **2** (競馬で)同年齢の馬によるレース. **3** 〔スポ〕クリテリウム: 比較的短い距離のコースを特定回数周回する自転車ロードレース.

*__**crí.ti.ca**__ [krí.ti.ka] 女 **1** 批評, 評論; 評判. hacer una ～ 批評する. ～ literaria 文芸批評. ～ deportiva スポーツ評論. tener buenas ～s 好評である.
2 (通常定冠詞+) (集合的)批評家.
3 批判, 非難. dirigir [hacer] ～s [una ～] a... …を批判する, とやかく言う.
━ 形 → crítico.
[←〔ギ〕*kritik*; 関連 crisis, criterio. 〔英〕*critic* (*ism*)〕

cri.ti.ca.ble [kri.ti.ká.βle] 形 非難されるべき, 批判の余地のある.

cri.ti.ca.dor, do.ra [kri.ti.ka.ðór, -.ðó.ra] 形 批評[批判]する, あら探しの, 陰口をたたく.
━ 男 女 批評[批判]好きな人.

*__**cri.ti.car**__ [kri.ti.kár] 100 他 **1** 批判する, 非難する. Le *criticaron* su forma de hablar. 彼[彼女]は口の利き方をとやかく言われた.
2 批評する, 評論する. El cronista *criticó* favorablemente la interpretación de la comedia. コラムニストはその芝居の演出を好意的に批評した.

cri.ti.cas.tro [kri.ti.kás.tro] 男 《軽蔑》いい加減な[でたらめな]評論家.

cri.ti.cis.mo [kri.ti.θís.mo / -.sís.-] 男 〔哲〕 批判主義, (カントの)批判哲学.

*__**crí.ti.co, ca**__ [krí.ti.ko, -.ka] 形 **1** (名詞+) (ser+) (con... / ante... / frente a... / hacia... …に) 批判的な; 批評的な, 評論の. el sector ～ del partido 党内の批判勢力. El adolescente *es* ～ *con* sus padres. 若者は両親に批判的である. mantener una actitud *crítica ante*... …に批判的な態度をとる. ver [mirar] con ojos (muy) ～*s* (非常に)批判的な目で見る. surgir [alzarse] voces *críticas* 批判の声が挙がる. su agudo sentido ～ その鋭い批評感覚 〔鑑識眼〕.
2 (多くは名詞+) 〔物理〕臨界の, 危機の, 危篤(きとく)の; 重大な, 決定的な; 絶好の. encontrarse [estar] en estado ～ 危篤状態にある. la edad *crítica* de la mujer 女性の更年期. situación *crítica* 危機的状況. encontrarse [estar] en un momento ～ きわどい時(期)にある. la conciencia *crítica* 危機感.
3 (名詞+) 〔物理〕臨界の. masa *crítica* 臨界質量. el punto ～ 臨界点.
━ 男 女 批評家, 評論家. un ～ de arte [cine] 美術[映画]評論家.

cri.ti.cón, co.na [kri.ti.kón, -.kó.na] 形 《話》 難癖をつけたがる, あら探しの.
━ 男 女 あら捜し屋, 口うるさい人.

cri.ti.qui.zar [kri.ti.ki.θár / -.sár] 97 他 《話》や

cri·z·ne·ja [kriθ.né.xa / kris.-] 囡 **1** 髪の三つ編み, お下げ. **2** (アフリカハネガヤなどで編んだ)ひも, 縄.

Cro·a·cia [kro.á.θja / -.sja] 固名 クロアチア (共和国):旧ユーゴスラビアを構成する共和国の一つ. 首都 Zagreb.

cro·ar [kro.ár] 圓 〈カエルが〉鳴く.

cro·a·ta [kro.á.ta] 形 クロアチア (共和国) の, クロアチア人の. — 男囡 クロアチア人. — 男 クロアチア語. → serbocroata.

cro·can·te [kro.kán.te] (伊) 男 〖料〗(アーモンド) クロカンテ:砕いた焼きアーモンド・カラメルを練りあわせた菓子材, プラリネ (ペースト), アーモンドヌガー.

cro·can·ti [kro.kán.ti] 男 **1** アーモンドクランチとチョコレートをコーティング[トッピング]したアイスクリーム. **2** → guirlache.

cro·ché [kro.tʃé] / **cro·chet** [kro.tʃé(t)] 男 **1** 鉤針編み. **2** 〖スポ〗(ボクシングの) フック.

cro·ci·tar [kro.θi.tár / -.si.-] 圓 〈カラスが〉鳴く.

cro·co [kró.ko] 男 〖植〗クロッカス, サフラン.

crois·sant [krwa.sán] (仏) 男 [複 ~s] 〖料〗クロワッサン (= cruasán).

crois·san·te·rí·a [krwa.san.te.rí.a] 囡 クロワッサン店[屋].

crois·san·te·rie [krwa.san.te.rí] (仏) 囡 → croissantería.

crol [król] 男 〖スポ〗クロール (泳法).

cro·lis·ta [kro.lís.ta] 男囡 〖スポ〗クロール選手.

cro·lo, la [kró.lo, -.la] 形 (ラ米)(ゴ゛)〈隠〉黒い.

cro·ma·do, da [kro.má.ðo, -.ða] 形 クロムめっきを施した. — 男 クロムめっき.

cro·mar [kro.már] 他 クロムめっきを施す.

cro·má·ti·co, ca [kro.má.ti.ko, -.ka] 形 **1** 色(彩)の. **2** 〖音楽〗半音(階)の. escala *cromática* 半音階. **3** 〖光〗色収差の(ある).

cro·má·ti·da [kro.má.ti.ða] 囡 〖生物〗染色分体:有糸分裂の際に染色体が縦に裂けてできる1組の相同の染色体.

cro·ma·ti·dio [kro.ma.tí.djo] 男 → cromátida.

cro·ma·ti·na [kro.ma.tí.na] 囡 〖生物〗染色質, クロマチン.

cro·ma·tis·mo [kro.ma.tís.mo] 男 **1** 色彩;色づかい. **2** 〖光〗色収差. **3** 〖音楽〗半音階主義:半音階を多用する作曲技法.

cromato- 「色, 色素, 色のついた」の意を表す造語要素. 母音の前で cromat-. → *cromat*ina, *cromat*ismo. [←〔ギ〕]

cró·mi·co, ca [kró.mi.ko, -.ka] 形 〖化〗クロムの.

cróm·lech [króm.letʃ] 男 〖考古〗環状列石. [←〔仏〕*cromlech* ←〔ウェールズ〕*cromlech*]

cro·mo [kró.mo] 男 **1** 〖化〗クロム (記号 Cr). **2** 多色石版(術); 多色石版画. **3** (主に人の) 絵[写真]入りカード, ブロマイド. **4** 安っぽくてけばけばしい絵. *hecho* [*como*] *un cromo* (1) (身なりが)きちんとしすぎている, めかし込んだ. (2) とても汚い, 傷だらけの.

cromo- / **-cromo** 「色, 色素, 色のついた」の意を表す造語要素. 母音の前では crom-. → *cromo*soma, mono*cromo*, poli*cromo*. [←〔ギ〕]

cro·mó·ge·no, na [kro.mó.xe.no, -.na] 形 〖生物〗〈微生物が〉色素を作る.

cro·mo·li·to·gra·fí·a [kro.mo.li.to.ɣra.fí.a] 囡 多色石版(術);多色石版画.

cro·mo·li·tó·gra·fo [kro.mo.li.tó.ɣra.fo] 男 多色石版刷り工.

cro·mo·pun·tu·ra [kro.mo.pun.tú.ra] 囡 カラーパンクチャー:鍼(ばり)の代わりにつぼに色のついた光線を当てるヒーリングメソッド.

cro·mos·fe·ra [kro.mos.fé.ra] 囡 〖天文〗彩層:太陽光球のすぐ外側でコロナとの間の白熱ガス層.

cro·mo·so·ma [kro.mo.só.ma] 男 〖生物〗染色体. ~ *sexual* 性染色体.

cro·mo·só·mi·co, ca [kro.mo.só.mi.ko, -.ka] 形 〖生物〗染色体の.

cro·mo·te·ra·pia [kro.mo.te.rá.pja] 囡 色彩療法, カラーセラピー.

cro·mo·ti·pia [kro.mo.tí.pja] 囡 → cromotipografía.

cro·mo·ti·po·gra·fí·a [kro.mo.ti.po.ɣra.fí.a] 囡 カラー印刷術[物].

cro·mo·ti·po·grá·fi·co, ca [kro.mo.ti.po.ɣrá.fi.ko, -.ka] 形 カラー印刷の.

*****cró·ni·ca** [kró.ni.ka] 囡 **1** (新聞などの) 報道記事;(テレビ・ラジオの) ニュース. ~ *deportiva* スポーツ欄[ニュース]. ~ *de sucesos* 社会欄. **2** 〖文学〗〖史〗年代記, 編年史;(アメリカ大陸征服・植民期の) クロニカ. [←〔ラ〕*chronica*←〔ギ〕*khronikḗ* (*khrónos*「時間」より派生);関連 cronista, anacronismo, sincrónico. [英]*chronicle*]

cro·ni·ci·dad [kro.ni.θi.ðáð / -.si.-] 囡 常習, 慢性.

cro·ni·cis·mo [kro.ni.θís.mo / -.sís.-] 男 〖医〗慢性(化).

*****cró·ni·co, ca** [kró.ni.ko, -.ka] 形 **1** 〈悪習などが〉常習的な, 〈悪い状態が〉長期にわたる, 慢性的な. **2** 〖医〗慢性の. *gastritis crónica* 慢性胃炎. **3** 昔からの, 長らくの.

cro·ni·cón [kro.ni.kón] 男 略年代記.

cro·nis·ta [kro.nís.ta] 男囡 **1** 報道記者, コラムニスト, 時事解説者. **2** 年代記作者[編者];記録作家.

cro·nís·ti·co, ca [kro.nís.ti.ko, -.ka] 形 報道記事[番組]の;年代記の;報道記事[年代記]風の;報道記者[年代記作者]の.

crón·lech [krón.letʃ] 男 → crómlech.

cro·no [kró.no] 男 **1** 〖スポ〗(記録としての) タイム. **2** ストップウォッチ.

crono- / **-crono** 「時間」の意を表す造語要素. 母音の前では cron-. → *crono*logía, *crono*metría, isó*crono*. [←〔ギ〕]

cro·no·bio·lo·gí·a [kro.no.βjo.lo.xí.a] 囡 時間生物学:生物の(周期的)リズムを扱う学問.

cro·no·es·ca·la·da [kro.no.es.ka.lá.ða] 囡 〖スポ〗(自転車競技, スキーなどの) 登攀(とうはん)タイムトライアル:上り坂でのタイムを競う競技種目.

cro·no·gra·fí·a [kro.no.ɣra.fí.a] 囡 年代学.

cro·nó·gra·fo [kro.nó.ɣra.fo] 男 **1** 年代学者. **2** クロノグラフ (精密な時間測定記録器);ストップウォッチ.

cro·no·lo·gí·a [kro.no.lo.xí.a] 囡 **1** 年代学. **2** 年代順配列[叙述], 編年体, 年表. **3** 紀年法.

cro·no·ló·gi·ca·men·te [kro.no.ló.xi.ka.mén.te] 副 **1** 年代[時代]順に[で], 年代[起こった]順に並べれば. **2** 年代[時期]的には;年代学的には.

cro·no·ló·gi·co, ca [kro.no.ló.xi.ko, -.ka] 形 年代順の, 編年体の;年代学の. *Aprendí los acontecimientos históricos por orden* ~. 私は歴史事項を年代順で覚えた.

cro·no·lo·gis·ta [kro.no.lo.xís.ta] 男囡 → cronólogo.

cro.nó.lo.go, ga [kro.nó.lo.go,-.ga] 男 女 年代[年表]学者.

cro.no.me.tra.dor, do.ra [kro.no.me.tra.dór, -.dó.ra] 男 女 〖スポ〗計員,タイムキーパー.

cro.no.me.tra.je [kro.no.me.trá.xe] 男 時間測定.

cro.no.me.trar [kro.no.me.trár] 他 (特にスポーツなどで)時間[タイム]を計る.

cro.no.me.trí.a [kro.no.me.trí.a] 女 時間[時刻]測定(法).

cro.no.mé.tri.co, ca [kro.no.mé.tri.ko, -.ka] 形 クロノメーターの;正確な時を刻む.

cro.nó.me.tro [kro.nó.me.tro] 男 クロノメーター(誤差の微小な精密時計);ストップウォッチ.

Cro.nos [kró.nos] 固名 〖ギ神〗クロノス:天空神 Urano と大地神 Gea の子で Zeus の父;農業豊穣(ほうじょう)神で「時」の擬人化された神. ローマ神話の Saturno に当たる.

[←〖ラ〗*Cronos*←〖ギ〗*Krónos*;関連 **crónica**.]

cro.nos.co.pio [kro.nos.kó.pjo] 男 クロノスコープ,極微時間測定器.

cro.que [kró.ke] 男 〖海〗鉤竿(かぎざお):小舟などを引き寄せるのに用いる.

cro.quet [kro.ké(t)] 〖英〗男 〖複 ～s〗〖スポ〗クロッケー.

cro.que.ta [kro.ké.ta] 女 〖料〗コロッケ.

cro.quis [kró.kis] 〖仏〗男 〖単複同形〗1 〖美〗クロッキー,スケッチ. 2 略図,見取図.

cross [krós] 〖英〗男 1 〖スポ〗クロスカントリー(競技). 2 〖スポ〗(ボクシングの)クロスカウンター.

cross-coun.try [kros.káun.tri] 〖英〗男 → **cross 1**.

cros.sis.ta [kro.sís.ta] 男 女 〖スポ〗クロスカントリー選手.

cró.ta.lo [kró.ta.lo] 男 1 〖動〗ガラガラヘビ. 2 《主に複数で》〖音楽〗クロタロ:古代ギリシアのカスタネットに似た楽器;〖文章語〗カスタネット.

cro.to, ta [kró.to, -.ta] 形 〖ラ米〗(アルゼ)〖話〗怠け者の,怠惰な.

cro.tón [kro.tón] 男 〖植〗クロトン.

cro.to.rar [kro.to.rár] 自 〈コウノトリが〉くちばしをカタカタ鳴らす.

crou.pier [kru.pjé(r)] 〖仏〗男 → **crupier**.

crou.ton [kru.tón] 男 〖複 ～es, ～s〗〖ラ米〗(コロ)〖料〗クルトン.

crown glass [kráuŋ.glas] 〖英〗男 〖光〗クラウンガラス:光の分散・屈折率の低い光学ガラス.

crua.sán [krwa.sán] 男 〖料〗クロワッサン.

***cru.ce** [krú.θe / -.se] 男 **1** 交差点,十字路;横断歩道. parar en el ～ 交差点で止まる.
2 横断,交差;交点(= *punto de* ～).
3 (電話などの)混線. Hay un ～. 混線している.
4 (動植物の)交配(種),雑種.
5 〖言〗交差. **6** 〖電〗ショート,短絡. **7** すれ違い.
luces de cruce 〖車〗(下向きにした)ロービーム.

cruce(-) / crucé(-) 活 → **cruzar**.

cru.cei.ro [kru.θéi.ro / -.séi.-] 男 クルゼイロ:ブラジルで用いられた通貨単位.

cru.ce.rí.a [kru.θe.rí.a / -.se.-] 女 〖建〗交差リブ:丸天井の筋交いの骨. *bóveda de* ～ リブ・ボールト.

cru.ce.ro [kru.θé.ro / -.sé.-] 男 **1** 〖海〗クルージング,船旅;巡航. *hacer un* ～ *por* ... …をクルージングする.
2 〖海〗クルーザー;〖軍〗巡洋艦. **3** 〖建〗(教会・寺院の)交差廊;身廊と翼廊の交差する場所. **4** (宗教的行事での)十字架の持ち手. **5** (交差点などの)石の十字架. **6** 交差点,十字路. **7** 〖印〗(紙の)折り目. **8** 〖建〗大梁(おおばり). **9** 〖地質〗劈開:岩石がある特定の方向に割れること. **10** 〖天文〗*C*～ 南十字星(= *Cruz del Sur*). **11** (ラ米)(メヒ)十字架;踏切.
velocidad de crucero 〖航空〗巡航速度.

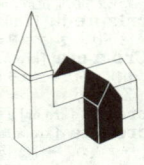

crucero (交差廊)

cru.ces [krú.θes / -.ses] 女 **cruz** の複数形.

cru.ce.ta [kru.θé.ta / -.sé.-] 女 **1** 十字状のもの;十字に交差する場所. **2** クロスステッチのクロス目(のひとつ). **3** 〖機〗クロスヘッド. **4** 〖海〗クロスツリー:マスト上部の横木. **5** 〖建〗大梁(おおばり),横桁(よこげた);《複数で》〖土木〗突っ張り. **6** (ラ米)(1)(メヒ)回転木戸[ドア]. (2)(アルゼ)(タイヤ交換用の)十字レンチ.

cru.cial [kru.θjál / -.sjál] 形 **1** きわめて重要な,決定的な,運命の分かれ目となる. *momento* ～ 決定的瞬間. **2** 十字の,十字形の. *incisión* ～ 十字の切開.

cru.cí.fe.ra [kru.θí.fe.ra / -.sí.-] 女 → **crucífero**.

cru.ci.fe.ra.rio [kru.θi.fe.rá.rjo / -.si.-] 男 (宗教的行事での)十字架の持ち手.

cru.cí.fe.ro, ra [kru.θí.fe.ro, -.ra / -.sí.-] 形 **1** 十字架(の印[記章,旗])をつけた. **2** 〖植〗アブラナ科の. ― 男 十字架の持ち手.
― 女 アブラナ科の植物;《複数で》〖植〗アブラナ科.

cru.ci.fi.ca.do, da [kru.θi.fi.ká.ðo, -.ða / -.si.-] 形 十字架にかけられた.
el Crucificado (はりつけの)キリスト.

cru.ci.fi.car [kru.θi.fi.kár / -.si.-] 102 他 **1** 十字架にかける. **2** 〖話〗(ひどく)苦しめる,悩ます.

cru.ci.fi.jo [kru.θi.fí.xo / -.si.-] 男 キリスト磔刑(たっけい)像[図].

cru.ci.fi.xión [kru.θi.fik.sjón / -.si.-] 女 **1** (特にキリストの)磔刑(たっけい),(十字架への)はりつけ.
2 〖美〗キリスト磔刑(像,図).

cru.ci.fi.xor, xo.ra [kru.θi.fik.sór, -.só.ra / -.si.-] 形 磔刑(たっけい)執行の. ― 男 女 磔刑執行人.

cru.ci.for.me [kru.θi.fór.me / -.si.-] 形 十字形の,十字架状の.

cru.cí.ge.ro, ra [kru.θí.xe.ro, -.ra / -.si.-] 形 〖文章語〗→ **crucífero 1**.

cru.ci.gra.ma [kru.θi.grá.ma / -.si.-] 男 クロスワードパズル.

cru.ci.gra.mis.ta [kru.θi.gra.mís.ta / -.si.-] 形 クロスワードパズルを作成する.
― 男 女 クロスワードパズルの出題者[愛好者].

cru.da [krú.ða] 女 〖ラ米〗(メヒ)(グアテ)〖話〗二日酔い,酔い.

cru.de.lí.si.mo, ma [kru.ðe.lí.si.mo, -.ma] 形 [*cruel* の絶上級]きわめて残酷な,とても残忍な.

cru.de.za [kru.ðé.θa / -.sa] 女 **1** (現実・状況の)過酷さ;(描写の)生々しさ,どぎつさ.
2 (天候の)厳しさ. *la* ～ *del verano* 夏の酷暑.
3 ぶっきらぼう,しんらつ;粗雑さ.
4 生,半煮え. **5** 《複数で》胃のもたれ.

cru.di.llo [kru.ðí.ʎo ‖ -.ʎo] 男 (服の裏地・ライナー・覆いとして用いられる)強くて粗い布地.

***cru.do, da** [krú.ðo, -.ða] 形 **1** 《名詞＋》(*estar*＋)(食べ物が)生の;生焼けの,生煮えの. *pescado* ～ 生魚. *La carne está cruda.* 肉が生焼き

だ. **2**〈食べ物が〉消化の悪い. **3**〈果物が〉熟していない. **4** 未加工の, 未精製の. seda *cruda* 生糸. **5**〈色が〉生成りの. **6**〈多くは+名詞〉〈気候・状況などが〉厳しい, 過酷な. invierno 〜 厳冬. *cruda* realidad 厳しい現実. **7**《+名詞 / 名詞+》表現・描写が〉生々しい, 露骨な. chiste 〜 どぎつい冗談. **8**《話》困難な. Tengo 〜 terminar el trabajo. 私は仕事を終えられずにいる. **9**《ラ米》《話》(1)《ﾑﾘ》二日酔いの. (2)《ﾌﾞﾗｼﾞﾙ》未熟な, 経験の浅い.
━男 **1** 原油 (=petróleo 〜). **2**《ラ米》ズック, 粗布.

en crudo (1) 生の. tomate *en* 〜 生トマト. (2) ずけずけと. hablar *en* 〜 ずけずけものを言う.

tenerlo crudo《話》たいへんな;たいへんなことになる. *Lo tienes* 〜 *si crees que te espera para siempre*. 彼[彼女]がいつまでもお前を待っていると思っていたらひどい目にあう.

[← [ラ] *crūdum* (*crūdu* の対格)「血まみれの; 生の」 (*cruor*「血」より派生);[関連] crudeza, cruel. [英] *crude*「天然の; 粗野な」, *raw*「生の」]

*****cruel** [krwél] 形 **1**〈人などが〉残酷な, 無慈悲な. El padre estuvo muy 〜 con sus hijos. その父親は子供たちに対して非常に冷酷だった.
2〈行為・状況などが〉むごい, つらい, 過酷な. guerra 〜 残酷な戦争. destino 〜 無惨な運命. broma 〜 ひどい冗談.

[← [ラ] *crūdēlem* (*crūdēlis* の対格);(*cruor*「血」より派生);[関連] crueldad, crudo. [英] *cruel*]

*****cruel·dad** [krwel.dáð] 女 ❶ 残酷さ;残虐行為. Sus caricaturas llegan a veces a la 〜. 彼[彼女]のカリカチュアは時には残酷でさえある.

cruen·to, ta [krwén.to, -.ta] 形 **1** 流血の, 血まみれの. **2** 残忍な.

cru·jí·a [kru.xí.a] 女 **1**《建》ベイ: ゴシック教会堂などの四隅の4本の柱で囲まれた空間. **2** 中廊下, 通廊. **3**《病院の》大病室, 大部屋. **4**《海》甲板中央部;舷門(ﾚﾓﾝ). **5**《大聖堂で》聖歌隊席と内陣との間の通路.

pasar [*sufrir una*] *crujía*《話》つらいめに遭う, 苦労に耐える.

cru·ji·de·ro, ra [kru.xi.ðé.ro, -.ra] 形 → crujiente.

cru·ji·do [kru.xí.ðo] 男《割れる・こすれる・曲がる・きしむ物などの》短く乾いた音: ギシギシ, キーキー, カサカサ, パチパチ, ポキン, バタン, メリメリなど.

cru·jien·te [kru.xjén.te] 形 パリパリ[カリカリ, サクサク]とした. pan 〜《焼き立てで》パリパリのパン.

cru·jir [kru.xír] 自《カサカサ, キーキーなどと》短く乾いた音を立てる. El suelo *crujía*. 床がギシギシいっていた. Allí será el llorar y el 〜 de dientes. そこで泣きわめいて歯ぎしりするだろう《マタイ8:12》.

crú·or [krú.or] 男 **1**《文章語》血, 血潮.
2《医》〈凝〉血塊.

cruó·ri·co, ca [krwó.ri.ko, -.ka] 形 血の;〈凝〉血塊の.

crup [krúp] 男《複 〜s》《医》クループ, ジフテリア.

cru·pier [kru.pjé(r)] 《仏》男 女《複 〜es, 〜s》《遊》クルピエ: 賭博(ﾄﾞ)場でゲームを進行し, 賭(ｶ)け金[コイン, 札]を集めたり配当金を払ったりする係.

cru·ral [kru.rál] 形《解剖》大腿(ﾀﾞｲ)の.

crus [krús] 男《解剖》下腿, 大腿(ﾀﾞｲ); 脚.

crus·tá·ce·o, a [krus.tá.θe.o, -.a / -.se.-] 形《動》甲殻類の. ━男 甲殻類の動物;《複数で》甲殻類.

*****cruz** [krúθ / krús] 女《複 *cruces*》**1**《磔刑(ﾀｯｹｲ)用の》十字架;《宗》《キリスト受難を象徴する》十字架. morir en la 〜 十字架にかかって死ぬ. suplicio de la 〜 十字架刑. por esta 〜 / por éstas que son *cruces* この十字架にかけて《誓う》. señal de la 〜《手で切る》十字の印.
2十字《形》; 十字勲章;《紋》十字の総称. 〜 griega《縦と横の線の長さが同じ》ギリシャ十字. 〜 latina《横線の方が短く, 中央より上にある》ラテン十字. 〜 gamada 鉤(ｶｷﾞ)十字. C〜 Roja 赤十字. gran 〜 大十字章. 〜 de Calatrava《四本の腕の長さが等しく, その先端にユリの花模様のついた》カラトラバ十字. 〜 de Santiago《縦の線が剣の》サンティアゴ十字.
3 ×印;《氏名の前につけて故人を示す》十字印 (†). firmar con una 〜《字の書けない人が》×印で署名する. marcar con una 〜《該当欄などに》チェックを入れる. **4** [C-]《天文》十字星. *C*〜 *del Sur* 南十字星 (= el Crucero). **5** 硬貨の裏面 (↔cara). ¿Cara o 〜?《コインを投げて》表か裏か. ♦メキシコでは ¿Águila o Sol? と言う. **6** 苦難, 試練. Cada uno lleva su 〜. 人はみなそれぞれ苦難を背負っている. llevar la 〜 a cuestas 試練に耐える. **7**《動》《馬・牛などの》背峰. **8**《木の》股. **9**《海》錨喉.

cruz y raya《話》二度とごめんだ; それでおしまい.

de la cruz a la fecha 最初から最後まで.

en cruz 十文字形に; 両腕を広げて (= con los brazos en 〜). dos espadas *en* 〜 十字に組んだ2本の剣.

hacerse cruces《驚いて》十字を切る;驚きを表す.

quedarse en cruz y en cuadro 困窮する, 落ちぶれる.

[← [ラ] *crucem* (*crux* の対格)「拷問用の十字架」 [関連] cruzar, cruzada, encrucijada, crucificar, crucigrama. [英] *cross*]

Cruz [krúθ / krús] 固名 **1** San Juan de la 〜 サン・フアン・デ・ラ・クルス, 十字架の聖ヨハネ (1542-91): スペインの神秘詩人・カルメル会修道士. 作品 *Noche oscura*『暗夜』. **2** Sor Juana Inés de la 〜 ファナ・イネス・デ・ラ・クルス尼 (1651-95): 植民地時代のメキシコの詩人・学者. 作品 *Primer sueño*『最初の夢』. **3** Ramón de la 〜 ラモン・デ・ラ・クルス (1731-94): スペインの劇作家.

cru·za [krú.θa / -.sa] 女《ラ米》《動》交配《種》.

cru·za·da [kru.θá.ða / -.sá.-] 女 **1**《史》十字軍; 聖戦;《教皇が聖戦に軍を送る国王らに与える》赦免《状》.
2《改革・撲滅のための》運動, キャンペーン (= campaña). 〜 antialcohólica アルコール中毒撲滅運動.

cru·za·di·lla [kru.θa.ðí.ja ‖ -.ʎa / -.sa.-] 女《ラ米》《ｳﾙ》踏切.

cru·za·do, da [kru.θá.ðo, -.ða / -.sá.-] 形 **1** 交差した, 十字の. fuegos 〜s《軍》十字砲火. palabras *cruzadas* クロスワードパズル.
2《衣服が》ダブルの. abrigo 〜 ダブルのコート.
3《動植物が》交配種の, 雑種の. **4** 十字軍に参加した. **5**《商》《小切手が》線引きの. cheque 〜 横線小切手. **6** 綾(ｱﾔ)織りの. tela *cruzada* 綾織物.
━男 **1** 十字軍の戦士. **2** 交配種. **3** 綾織り. **4**《舞踊で》

cruzado
《十字軍の戦士》

交差. **5** 《複数で》(線画での)ハッチング, 線影. **6** 十字模様のあるスペインの Castilla やポルトガルの昔の銀貨. **7** クルザード：ブラジルの旧通貨単位.

cru·za·mien·to [kru.θa.mjén.to / -.sa.-] 男 **1** 叙勲. **2** 異種交配, 交雑. **3** 交差, すれ違い；横断.

***cru·zar** [kru.θár / -.sár] 07 他 **1** 横切る, 横断する；横たわる. 〜 una calle 通りを横切る. Crucé el río a nado. 泳いで川を渡った. **2** (十字に)交差させる；十字(形)にする. 〜 las piernas 脚を組む. **3** 〈障害物などを〉横たえる. 〜 un camión en una avenida トラックを横において大通りをふさぐ. **4** 横線を引く；《商》線引きする. 〜 un cheque 小切手を線引きする. **5** (服の前を)合わせる. 〜 un lado del kimono sobre el otro 着物の一方の端をもう一方の上に合わせる. **6** 《con... …と》(動物・植物を)交配する, 掛け合わせる. **7** 《con... …と》(言葉などを)交わす. Hace un mes que no *cruzo* ni una palabra *con* ella. 私は彼女とは1か月前から一言も口を聞いていない. **8** [スポ]〈ボールを〉クロスに蹴る. **9** 《ラ米》(ラ・プ)(ラ)(チ)[話]けんかする.
— 自 **1** 《por... / en... …を》(線などが)横切る；横たわる；通る. **2** 〈服の前〉が合う. Este abrigo me está pequeño, no *cruza* bien. このコートは私には小さい, うまく合わせられない.
— 〜·se 再 **1** 《con... …と》交差する；すれ違う；《複数主語で》交差する,〈言葉などを〉(互いに)交わす. Ayer *me crucé con* tu marido. 昨日私はあなたの夫とすれ違いました. Los dos caminos *se cruzan* allí. 2つの道はあそこで交差します. En la reunión *se cruzaron* palabras muy duras. 会合では厳しい言葉の応酬があった.
2 混ざり合う. **3** 〈障害物などが〉横になる. **4** [海]〈航海が〉巡航する.

cruzarse en el camino 〈(運命的な)人が〉現れる.

cruzársele (*a* +人) *por la cabeza* 〈人〉に〈考えなどが〉ひらめく, よぎる.

Cruz·cam·po [kruθ.kám.po / krus.-] 固名 女 クルスカンポ：スペインのビールブランド；またそのビール.

cru·zei·ro [kru.θéi.ro / -.séi.-] 男 → cruceiro.

Cs [化]cesio セシウム.

C.S. 《略》【商】*coste* [*costo*] *y seguro* 保険料込み価格.

c.s.f., C.S.F. 《略》【商】*coste* [*costo*], *seguro y flete.* = C.I.F.

C.S.F.C. e I. 《略》【商】*coste* [*costo*], *seguro, flete, comisión e interés* 運賃, 保険料, 手数料および利子込み価格.

C.S.F. y G. 《略》【商】*coste* [*costo*], *seguro, flete y gastos de cambio* 運賃, 保険料および為替費用込み価格.

CSIC [θe.sík / se.-] 男 《略》*Consejo Superior de Investigaciones Científicas* (スペインの)高等科学研究院.

cta. 女 《略》【商】*cuenta* (*bancaria*) 勘定, 口座.

cta / a. 《略》【商】*cuenta anterior* 前回の勘定[計算].

cta / c., cta. cte. 《略》【商】*cuenta corriente* 当座勘定.

cta. de vta., cta. d / v. 《略》【商】*cuenta de venta.*

cta. en part. 《略》【商】*cuenta en parti-cipación* 共同勘定, プール計算.

cta / m. 《略》【商】*cuenta a medias* [*a mitad*] 共同勘定, プール計算.

cta / n. 《略》【商】*cuenta nueva* 新勘定.

cta. simda. 《略》【商】*cuenta simulada* 見積もり計算(書).

cte. 《略》【商】*corriente* 現時の. el mes *cte.* 今月.

CTNE [θe.te.(e.).ne.é] 女 《略》*Compañía Telefónica Nacional de España* スペイン国営電話会社.

ctra. 女 《略》*carretera* 街道.

cu¹ [kú] 女 《複》*cúes* アルファベットの q の名称.

cu² [kú] 男 《ラ米》(ラ・プ)[史]儀式を行う場所[神殿].

c.u., c / u 《略》*cada uno* 各々.

Cu 【化】*cuprum* [ラ] 銅(= cobre).

cua·car [kwa.kár] 02 自 《ラ米》(ラ・プ)(チ)(環南)[話]気に入る, 好きである.

cuá·ca·ra [kwá.ka.ra] 女 《ラ米》(**1**) (ラ・プ)(メシ) フロックコート. (**2**) (チ)上っ張り, 上着.

cua·cha·la·la·te [kwa.tʃa.la.lá.te] 男 《ラ米》(メシ) [植]クアチャララテ：メキシコ中央部に分布するユリアニア科の落葉高木で, 特に樹皮の薬用効果が知られており, 生薬・お茶として飲まれる.

cua·che [kwá.tʃe] 男 《ラ米》(中米)(メシ)[話](**1**)双子(ふたご), 双生児. (**2**) 友達.

cua·co [kwá.ko] 男 《ラ米》(**1**) (ラ・プ)(ホ)(キ)[動]ウマ, 馬. (**2**) 《複数で》[動]鹿の角(る).

cua·der·na [kwa.dér.na] 女 **1** [海][航空]フレーム, 肋材(がく) (► 一本一本についても, 集合的にも言う). 〜 maestra 主肋材, 中央部フレーム.
2 (昔の西洋碁の一種で)同一駒(まい) 2組.

cuaderna vía クアデルナ・ビア：1行14音節の単韻律四行詩.

cua·der·nal [kwa.ðer.nál] 男 [海]複滑車.

cua·der·ni·llo [kwa.ðer.ní.ʎo / -.ʎó.] 男 **1** 小さなノート；小冊子. 〜 de sellos 切手帳. **2** [印](製本上の) 5 枚重ね折り (5 枚重ねて二つ折りにした1組の折り丁)：mano の 5 分の1. **3** 教会暦 (= añalejo). [cuaderno + 縮小辞]

***cua·der·no** [kwa.ðér.no] 男 **1** ノート, 帳面. 〜 de espiral スパイラルノート. 〜 cuadriculado 方眼ノート. 〜 liso 無地ノート. 〜 de bitácora 【海】航海日誌. 〜 de Cortes 【史】国会議事録.
2 [印] 4 枚重ね折り. **3** トランプのカード一式.

cua·dra [kwá.ðra] 女 **1** 馬小屋, 厩舎(きゅう). **2** 《集合的》(同一厩舎に属する通常競馬用の)馬. **3** 不潔な場所. **4** (病室・兵舎などの)大部屋. **5** クアドラ：中南米での長さの単位. ◆国によって異なる. アルゼンチン129.9メートル, チリ125.39メートル, パラグアイ86.6メートル, エクアドル83.59メートル, ウルグアイ85.9メートル. **6** [海]船首[船尾]から船長1/4の点における船幅. navegar a la 〜 進行方向に向かって直角に吹く風を受けて航行する. **7** 《ラ米》(**1**) (中米)(カ)一区画, ブロック；一区画の一辺の長さ[距離]. Vivo a tres 〜s. 私は 3 街区先に住んでいる. (**2**) (コチ)応接間. (**3**) (ラ・プ)(メシ)小農地, 農園.

cua·dra·da [kwa.ðrá.ða] 女 [音楽]二全音符.

cua·dra·di·llo [kwa.ðra.ðí.ʎo / -.ʎó.] 男 **1** (正方形の)定規, 直定規. **2** (鉄の)角材. **3** [服飾]まち. **4** 角砂糖 (= azúcar (de) 〜). [cuadrado + 縮小辞]

***cua·dra·do, da** [kwa.ðrá.ðo, -.ða] 形 **1** 正方形の, 真四角な, 四角い. vela *cuadrada* 【海】横帆. **2** 2 乗した, 平方の. metros 〜s 平方メートル(㎡). raíz *cuadrada* 平方根.
3 (**estar** +)[話]筋骨隆々の, がっしりした.

4 角ばった. **5** 完全な, きっちりとした. **6** (頭が)かたい. **7** 《ラ米》《話》(1) (ｱﾙｾﾞﾝ) あでやかな, 颯爽(ｻｯｿｳ)とした. (2) (ﾁﾘ)(ﾒｷｼ)粗野な, がさつな.
── 男 **1** 〘数〙正方形, 四角形.
2 〘数〙2 乗, 平方. el ～ de la hipotenusa 直角三角形の斜辺の 2 乗.
3 (鉄の)角材. **4** 直定規. **5** 〘印〙クワタ. → cuadratín. **6** (貨幣・メダルの浮き彫り模様の)打ち型, 金型, 鋳型. **7** 〘天文〙直角離角. → cuadratura. **8** (シャツのわきの下を補強する)小ぎれ, まち.

cua·dra·fo·ní·a [kwa.ðra.fo.ní.a] 囡 〘音響〙4 チャンネルステレオ, 4 チャンネル方式［サウンドシステム］：前後に 2 つずつスピーカー（録音に際してはマイク）を置く音響システム.

cua·dra·ge·na·rio, ria [kwa.ðra.xe.ná.rjo, -.rja] 形 40歳代の. ── 男 囡 40歳代の人.

cua·dra·gé·si·ma [kwa.ðra.xé.si.ma] 囡 → cuaresma.

cua·dra·ge·si·mal [kwa.ðra.xe.si.mál] 形 〘カト〙四旬節の.

cua·dra·gé·si·mo, ma [kwa.ðra.xé.si.mo, -.ma] 形 〘数詞〙**1** 第40（番目）の. **2** 40分（の1）の. ── 男 40分の1.

cua·dral [kwaðrál] 男 〘建〙方杖(ﾂｴ), 筋交い.

cua·dran·gu·lar [kwa.ðraŋ.gu.lár] 形 四角（形）の.

cua·drán·gu·lo, la [kwa.ðráŋ.gu.lo, -.la] 形 四角（形）の. ── 男 四角形.

cua·dran·te [kwa.ðrán.te] 男 **1** 四分円（弧）；象限. **2** 象限儀, 四分儀. **3** 日時計. **4** 〘海〙四方位［東西南北］の一つ. **5** (ラジオなどの)ダイヤル. **6** ローマの銀貨：4分の1 as. **7** 〘法〙遺産の4分の1. **8** 〘建〙方杖(ﾂｴ). **9** 枕(ｸﾗ).

cua·drar [kwa.ðrár] 他 **1** 四角にする, 方形にする. **2** 〘数〙2 乗する；面積を求める. **3** (バランスシートで)収支を合わせる. **4** 碁盤目にする, 方眼を引く. **5** 〘闘牛〙〈牛を〉じっとしたままにする. **6** 〘印〙〈ページを〉割り付ける, レイアウトする.
── 自 **1** 《a... / con...に》似合う, 適する. Esta alfombra cuadra con los muebles. このカーペットは家具とよく合う. **2** 《a... / con...…に》ぴったり合う；(バランスシートで)債務と資産が一致する. Nuestras cuentas no cuadran con las suyas. 当方の勘定が貴社のと合わない. **3** 都合がよい, 快適である. Esa hora no me cuadra. その時間は僕には都合が悪い. **4** 〘闘牛〙〈牛・人が〉不動の体勢をとる.
── ～.se 再 **1** 〘軍〙気をつけ［不動］の姿勢をとる. **2** 〘馬〙(四つ脚をふんばって)立ち止まる. **3** 真剣［真顔］になる, かたくなになる. Se ha cuadrado y no hay nada que hacer. 彼［彼女］はてこでも動かなくなってしまったのでどうしようもない. **4** 《ラ米》(1) (ｱﾙｾﾞﾝ)(話)一財産できる. (2) (ｺﾛﾝﾋﾞｱ)成功する. (3) (ﾁﾘ)(協力する)用意ができている.

cua·drá·ti·co, ca [kwa.ðrá.ti.ko, -.ka] 形 〘数〙〈方程式などが〉二次の. ── 囡 〘数〙二次方程式.

cua·dra·tín [kwa.dra.tín] 男 〘印〙クワタ：字間, 行間をあけるための金属性の込め物.

cua·dra·tu·ra [kwa.ðra.tú.ra] 囡 **1** (まれ)四角［方形］にすること；求積. **2** 〘天文〙直角離角.
la cuadratura del círculo 円積［円正方化］問題；不可能なこと［企て］. ♦円と同面積の方形を求めるのが不可能なことから.

cua·dre·ro, ra [kwa.ðré.ro, -.ra] 形 《ラ米》(ﾒｷｼ)〈馬が〉駿足(ｼｭﾝｿｸ)の. ── 囡 《ラ米》(ｸﾞｱﾃ)概念(ｶﾞｲ).

cuadri- 「4；方形の」の意を表す造語要素. ときに

cuadru-. また母音の前では cuadr-. ⇒ *cuadricular*, *cuadrienio*. ［← ［ラ］]

cua·dri·ce·nal [kwa.ðri.θe.nál / -.se.-] 形 40年ごとの.

cuá·dri·ceps [kwá.ðri.θeps / -.seps] 形 〘性数不変〙〘解剖〙大腿(ﾀｲ)四頭筋の. ── 男 〘単複同形〙大腿四頭筋（＝músculo ～）.

cua·drí·cu·la [kwa.ðrí.ku.la] 囡 方眼, 碁盤状.

cua·dri·cu·la·ción [kwa.ðri.ku.la.θjón / -.sjón] 囡 方眼状に線を引くこと；碁盤目状に区画されていること, 碁盤割り.

cua·dri·cu·la·do, da [kwa.ðri.ku.lá.ðo, -.ða] 形 **1** 方眼の, 碁盤目状の. mapa ～ 基準線網入りの地図. papel ～ 方眼紙.
2 (頭が)堅い, 柔軟性［順応性］に乏しい.
── 男 方眼, 格子縞(ｼﾞﾏ), 碁盤目模様.

cua·dri·cu·lar¹ [kwa.ðri.ku.lár] 形 方眼の, 碁盤目状の.

cua·dri·cu·lar² [kwa.ðri.ku.lár] 他 **1** 四角に区切る, …に方眼を引く, 碁盤目状にする.
2 (決まりきった)枠［型］にはめる.

cua·dri·di·men·sio·nal [kwa.ðri.ði.men.sjo.nál] 形 〘数〙〘物理〙四次元の. ── 男 四次元.

cua·drie·nal [kwa.ðrje.nál] 形 → cuatrienal.

cua·drie·nio [kwa.ðrjé.njo] 男 4 年間.

cua·dri·fo·lio, lia [kwa.ðri.fó.ljo, -.lja] 形 〘植〙四つ葉の.

cua·dri·ga [kwa.ðrí.ga] 囡 四頭馬車. ♦特に古代ローマで凱旋(ｶﾞｲｾﾝ)用・競技用に用いられた四頭立ての馬車について言う.

cua·dri·gen·té·si·mo, ma [kwa.ðri.xen.té.si.mo, -.ma] 形 → cuadringentésimo.

cua·dril [kwa.ðríl] 男 **1** 〘解剖〙寛骨, 座骨.
2 臀部(ﾃﾞﾝ), ヒップ；尻(ｼﾘ).

cua·dri·lá·te·ro, ra [kwa.ðri.lá.te.ro, -.ra] 形 〘数〙四辺形の.
── 男 **1** 四辺形. **2** 〘スポ〙(ボクシングの) リング.

cua·dri·lí·te·ro, ra [kwa.ðri.lí.te.ro, -.ra] 形 四文字の.

cua·dri·lla [kwa.ðrí.ja ‖ -.ʎa] 囡 **1** 組, 一団；一味. **2** 〘闘牛〙クアドリーリャ：正闘牛士の下で働く闘牛士のチーム. 通常は銛(ﾓﾘ)つき闘牛士3人, ピカドール picador 2人で構成される. **3** カドリール：4人組で踊るフランスの舞踊. **4** 〘史〙スペイン民間警察 Santa Hermandad の武装捜索隊.

cua·dri·lla·zo [kwa.ðri.já.θo ‖ -.ʎá.- / -.so] 男 《ラ米》(ﾒｷｼ)大勢でひとりを襲うこと.

cua·dri·lle·ro [kwa.ðri.jé.ro ‖ -.ʎé.-] 男 **1** cuadrilla の一員. **2** 〘史〙スペイン民間警察 Santa Hermandad の武装捜索隊隊員. **3** (フィリピンの)地方警察の警官. **4** 《ラ米》(ｸﾞｱﾃ)(ﾆｶ)(襲撃の)仲間.

cua·dri·lon·go, ga [kwa.ðri.lóŋ.go, -.ga] 形 〘数〙長方形の.
── 男 **1** 長方形, 矩形(ﾌﾞ). **2** 〘軍〙矩形の隊形.

cua·dri·mes·tre [kwa.ðri.més.tre] 形 → cuatrimestre.

cua·dri·mo·tor [kwa.ðri.mo.tór] 形 男 → cuatrimotor.

cua·drin·gen·té·si·mo, ma [kwa.ðriŋ.xen.té.si.mo, -.ma] 形 〘数詞〙第400番目の；400分（の1）の. ── 男 400分の1.

cua·dri·no·mio [kwa.ðri.nó.mjo] 男 〘数〙4 項式.

cua·dri·par·ti·do, da [kwa.ðri.par.tí.ðo, -.ða] / **cua·dri·par·ti·to, ta** [kwa.ðri.par.tí.

cua·dri·pli·ca·do, da [kwa.ðri.pli.ká.ðo, -.ða] 形 ⇒cuadruplicado.

cua·dri·pli·car [kwa.ðri.pli.kár] 他 ⇒ cuadruplicar.

cua·dri·sí·la·bo, ba [kwa.ðri.sí.la.bo, -.ba] 形 ⇒cuatrisílabo.

cua·dri·vio [kwa.ðrí.bjo] 男 **1** (中世の大学の)四学科. *aritmética*, 幾何学 *geometría*, 天文学 *astronomía*[占星学 *astrología*], 音楽 *música*. **2** 四つ辻[].

*cua·dro [kwá.ðro] 男 **1** (ふつう額縁に入った)絵, 絵画. pintar un ~ 絵を描く. ~ de Miró ミロの絵.
2 四角; 四角形のもの;《複数で》格子縞. ~ de flores 花壇. camisa de [a] ~s チェックのシャツ.
3 光景, 情景; 描写. ~ desolador 惨憺(だん)たる光景. ~ de costumbres 風俗描写. ~ vivo 活人画. trazar el ~ de... …を(簡単に)描写する.
4 表, 図表. ~ sinóptico 一覧表; チャート. **5**《集合的》スタッフ, メンバー; 幹部. ~ técnico [médico] 技術[医療]スタッフ. ~ flamenco フラメンコの一団. **6** (自転車・バイクの)フレーム. **7**《演》場. **8** (計器)器, パネル. ~ de mandos 操作パネル. ~ de distribución 配電盤; 電話交換機. ~ de instrumentos 計器盤. **9**《医》病像, 臨床像 (= ~ clínico). **10** 額縁;(窓などの)枠. **11**《軍》方陣. **12**《印》(印刷機の)圧盤. **13**《天文》直角離角. **14**《ラ米》(1)屠畜場. (2)《デア》黒板.
en cuadro 四角に. colocar las mesas *en* ~ 机を四角に並べる. habitación de 5 metros *en* ~ 5メートル四方の部屋.
formar el cuadro 一丸となる.
quedarse [estar] en cuadro〈組織などの人員が減る[少ない].
[←〔ラ〕*quadrum*「四角形」(*quattuor*「4」より派生);〔関連〕cuadrado, cuadrante, encuadrar. 〔英〕*square*「正方形」, *quarter*「地区」]

cua·dru·ma·no, na [kwa.ðru.má.no, -.na] / **cua·drú·ma·no, na** [kwa.ðrú.ma.no, -.na] 形《動》四手の.
— 男 (サルなどの)四手獣.

cua·dru·pe·dal [kwa.ðru.pe.ðál] 形《動》四足の.

cua·drú·pe·do, da [kwa.ðrú.pe.ðo, -.ða] 形《動》四足の, 四足動物の. — 男 四足動物.

cuá·dru·ple [kwá.ðru.ple] 形 4倍の; 4人用の, 4つのものからなる, 四重の.
— 男 4倍.

cua·dru·pli·ca·ción [kwa.ðru.pli.ka.θjón / -.sjón] 女 4倍, 四重; (同一文書の) 4通作成.

cua·dru·pli·ca·do, da [kwa.ðru.pli.ká.ðo, -.ða] 形 4倍にした, 四重にした; 4通作成した. por ~ 4通作成して.

cua·dru·pli·car [kwa.ðru.pli.kár] 他 4倍にする, 四重にする;(文書を) 4通作成する.

cuá·dru·plo, pla [kwá.ðru.plo, -.pla] 形 男 ⇒ cuadruple.

cuai·ma [kwái.ma] 女《ラ米》(ﾍﾞﾈｽﾞ)《動》毒蛇(の一種);《話》悪賢く冷酷な人, 蛇えたいな人.

cua·ja·da [kwa.xá.ða] 女 凝乳 (熱や酸で凝固させた乳);《料》クアハーダ(羊の乳で作ったデザート).

cua·ja·di·llo [kwa.xa.ðí.jo ‖ -.ʎo] 男 (絹地への)精緻(ｾｲﾁ)な刺繍(ｼｼｭｳ).

cua·ja·do, da [kwa.xá.ðo, -.ða] 形 **1** 凝結[凝固]した. leche *cuajada* 凝乳. **2** (驚いて)すくんだ, 呆然(ﾎﾞｳｾﾞﾝ)とした. **3**《*de*... …で》いっぱいの, 覆われた. La Isla de Mallorca está *cuajada* de extranjeros. マジョルカ島は外国人でいっぱいだ. **4** 眠った. quedarse ~ 寝入る. **5**《ラ米》(ｱﾙｾﾞ)《話》かっぷくのよい. — 男《料》ひき肉・野菜・果物・卵などで作る煮込み料理.

cua·ja·du·ra [kwa.xa.ðú.ra] 女 凝乳にすること;(液体の)凝結[凝固].

cua·ja·le·che [kwa.xa.lé.tʃe] 男《植》カワラマツバ.

cua·jar¹ [kwa.xár] 男《動》皺胃: 反芻(ﾊﾝｽｳ)動物の第4胃.

cua·jar² [kwa.xár] 他 **1** 凝固[凝結]させる, 固まらせる. **2**《*de*... …で》覆う, 満たす. ~ un libro *de* ilustraciones 本に挿し絵をふんだんに盛り込む.
— 自 **1** 凝結[凝固]する, 固まる. **2** 具体化する, 実現する; 大成する, 完成する. Tales mentiras no *cuajan*. そんなうそは通らないよ. Sus ideas *cuajaron* en una gran obra. 彼[彼女]の思想は偉大な作品に結実した. **3** 受け入れられる, 好まれる;《a+人 (人)の》気に入る. **4**〈雪が〉積もる.
5《ラ米》《話》(1)(ﾒﾋｺ)(ﾌﾟ)うそをつく, ごまかす. (2)(ﾁﾘ)しゃべりして過ごす, 無駄話をする.
— ~·se 再 **1** 凝結する, 固まる. **2**《*de*... …で》いっぱいになる, 満ちる. **3** 眠り込む.
3《ラ米》(ｸﾞｱﾃ)《話》酔っ払う.

cua·ja·rón [kwa.xa.rón] 男 凝固したもの; 凝血.

cua·ji·co·te [kwa.xi.kó.te] 男《ラ米》(ｸﾞｱﾃ)《昆》クマバチ.

cua·jo [kwá.xo] 男 **1** レンニン, 凝乳酵素: 子牛などの第4胃から抽出した酸性物質. añadir ~ レンニンを加える. **2** 凝固剤. **3**《動》皺胃: 反芻(ﾊﾝｽｳ)動物の第4胃. **4**《話》辛抱; 悠長, 無気力. tener ~ ものぐさである; 辛抱強い.
5《ラ米》(ｸﾞｱﾃ)《話》(1) おしゃべり; 無駄話. (2) (かなわぬ)夢. (3) 学校の休み時間.
de cuajo 根こそぎに, 完全に.

cua·ke·ris·mo [kwa.ke.rís.mo] 男 ⇒ cuaquerismo.

cuá·ke·ro, ra [kwá.ke.ro, -.ra] 形 女 ⇒cuáquero.

*cual [kwál] 代名《関係》▶ 定冠詞を伴って用いられ, 先行詞の性数に一致する. ⇒ el ~, la ~, los ~es, las ~es, lo ~. ▶ 他の関係詞と異なり, 強勢語である.
1《前置詞 + el [la, los, las]+》《制限用法》…するもの[人]. el hombre *del* ~ te hablé el otro día 私が君に先日話した男. la mesa *bajo la* ~ estaba el gato 猫がその下にいたテーブル. ▶ 3音節以上の前置詞や複合前置詞と共に多用される. ⇒ el puerto *a través del* ~ nos comunicamos con el resto del mundo 私たちが世界の他の国々とそこを通じてつながっている港.
2《(前置詞 +) el [la, los, las] +》《非制限用法》そしてそれ[その人]は…. Ayer vi a la madre de un amigo mío, *la* ~ iba al hospital. 昨日ある友人のお母さんに会ったのだが, 彼女は病院へ行くところだった. He comprado una maleta, *con la* ~ voy a salir de viaje a Argentina. 私はスーツケースを買ったのだが, それをアルゼンチンへの旅行に持って出るつもりだ. ▶ 名詞句+de+定冠詞+cual の構文を用いて, 先行詞で表されるもの・人の一部分を説明することがある. ⇒Conocimos a cinco chicos, dos

cualquiera

de los ~es [*de los ~es dos*] eran jugadores prometedores. 私たちは5人の青年と知り合ったが、そのうち2人は有望な選手だった.

3《(前置詞 +) lo +》《非制限用法》《文章語》《先行する文・節を受けて》そのこと. Ella ganó el premio en el concurso, *de lo ~* se alegraron mucho sus padres. 彼女はコンクールで賞を取ったが、そのことを彼女の両親はたいへん喜んだ. *con lo ~* によって、そこで. *De lo ~* podemos inferir que... そのことから…と推論できる. *después de lo ~* その後. *en fe de lo ~* その証拠として. *por lo ~* それゆえに、したがって、だから. *sin lo ~* そのことがなければ.

4《過去分詞 + el [la, los, las, lo] +》《分詞構文》…が…すると (▶ 過去分詞は先行詞の性数に一致する). *dicho lo ~*, así se hizo. そう言うと、そうなった. Asistí a una reunión, *acabada la ~* fui a cenar con mis amigos. 私はある会議に出席したが、それが終わって友人と夕食に出かけた.

5《接続法 + cual + 接続法》《譲歩》…がどれ［どんなもの］であっても (▶ 定冠詞を伴わない). *sea ~ sea* el resultado 結果がどうであっても.

━形《関係》**1** …のような. Necesitábamos hombres *~es* fueron aquellos héroes. あの英雄たちのような男たちが必要だった.

2《文章語》《el [la, los, las] +》その、そのような. *entre los ~es* bienes それらの財産の中で.

━[kwal]副《無強勢》…のように、…のとおりに (=como). ~ *las estrellas* 星のように. *tal* を伴うことがある. ⇒ Ha ocurrido tal ~ se lo cuento. 私が話したとおりのことが起きたんです. Debemos aceptar la realidad tal ~ (es). 私たちは現実をそのまま受け入れなければならない.

A cada cual lo suyo.《諺》各人に応じた取り分を与える（分をわきまえて行動せよ）.

a cual más (+形容詞・副詞) ➔ *a cuál más* (+形容詞・副詞).

Allá cada cual.《諺》蓼(蓼)食う虫も好き好き（←それぞれ勝手にやったらよい）.

cada cual 各々、各自. *Cada ~ puede elegir el libro que le guste.* それぞれ自分の好きな本を選ぶことができる. ▶ de + 名詞などを伴う場合は *cada uno* を用いる.

cual si + 接続法過去［接続法過去完了］まるで…のように［…だったかのように］(=como si). Hablaban de eso ~ *si se tratara* de un negocio. 彼らはまるでビジネスであるかのようにその話をしていた.

cual A tal B AもAなら、BもBだ. *C~ el padre, tal el hijo.*《諺》親も親なら子も子だ.

cual [*tal*] *o cual* 少しの、わずかの.

sea cual fuere(...) (…が) どうであろうとも. Lo aceptará todo *sea cual fuere* el resultado. 彼[彼女]は結果がどうであれすべてを受け入れるだろう.

*‡**cuál** [kwál] 代名 [複 ~es] 疑問 どれ、どちら (▶ もの・人・値の選択を表し、日本語では何、誰、どこ、いくらなどと訳されることもある). *¿C~ es la manera más eficaz?* どれがいちばんいい方法ですか. *¿C~es* son sus zapatos? あなたの靴はどれですか. *¿C~ es tu número de teléfono?* 君の電話番号は何番ですか. *¿C~ es tu nombre?* 名前はなんていうの. *¿C~ de los tres ganará?* 3人のうち誰が勝つだろうか (▶ de 以下の限定修飾句がついているのでquién でなく cuál が用いられる). *¿C~ es la medida [el precio]?* サイズ[値段]はいくらですか. ▶ 間接疑問文でも用いられる. ⇒ No sabemos ~

será su decisión [opinión]. 彼[彼女] (ら)がどういう決断をするか[どういう意見を述べるか]わからない.

━形《疑問》どの、どちらの. *¿C~ tren llegará primero?* どの電車が先に来るのだろうか. ▶ 疑問形容詞としては、今日のスペインでは qué が多い.

━代名《不定》《繰り返して》あるものは (…)、またあるものは (…). *Todos trabajaron:* ~ *trayendo platos,* ~ *preparando comida.* あるものは料理を運び、あるものは飲み物を用意して、皆が働いた.

━副《感嘆文》《文章語》どれ[まで]、なんと (=cómo). *¡C~ gritan!* なんという叫びようだ.

a cuál [*cual*] *más* (+形容詞・副詞) 負けず劣らず、いずれも;競って (▶ 形容詞は単数形で性の一致をする). Hizo tres o cuatro platos, *a ~ más rico*. 彼[彼女]は料理を3,4品作ったが、どれもおいしかった. *Los dos trabajaban a ~ mejor.* ふたりはいずれ劣らずよく働いていた. [*mejor* が *más* +形容詞に相当].

cuál [*cual*] *más, cuál* [*cual*] *menos* 多かれ少なかれ. *Todos contribuyeron,* ~ *más,* ~ *menos, a su éxito.* 全員が多かれ少なかれ彼[彼女] (ら)の成功に貢献した.

¡Cuál no sería...! …はいかばかりだったか. *¡C~ no sería* su sorpresa cuando lo supo! それを知ったときの彼[彼女]の驚きはどんなに大きかったか.

[←［ラ］*quālis*「どんな(種類の)」] 関連 cual, cualidad, calidad, calificar. ［仏］*quel*「どんな;何」. ［英］*qualify*].

cua·les·quier [kwa.les.kjér] 代名《不定》《複数形》➔ cualquier.

cua·les·quie·ra [kwa.les.kjé.ra] 代名《不定》《複数形》➔ cualquiera.

*‡**cua·li·dad** [kwa.li.ðáđ] 女 **1** 性質;特性. *La elasticidad es una de las ~es del caucho.* 弾力性はゴムの特質の一つである. *Creo que su ~ más notable es la generosidad.* 彼[彼女]のいちばんの特性は寛容さだと思う.

2 長所, 美点. *persona de muchas ~es* 長所の多い人物. *La sinceridad es tu mayor ~.* 誠実さが君のいちばんの長所だ.

[←［ラ］*quālitātem* (*quālitās* の対格)「性質」] 関連 calidad, cualitativo. ［英］*quality*].

cua·li·fi·ca·ción [kwa.li.fi.ka.θjón / -.sjón] 女 (職業などによる)熟練, 経験;訓練;資格.

cua·li·fi·ca·do, da [kwa.li.fi.ká.đo, -.đa] 形
1 経験のある, 熟練を積んだ, 熟練した.
2 有能な. **3** 権威のある;尊重すべき.

cua·li·fi·car [kwa.li.fi.kár] 102 他 …に (特に専門的な仕事に必要な) 経験を積ませる, …に資格を与える.

cua·li·ta·ti·vo, va [kwa.li.ta.tí.βo, -.βa] 形
1 質的な, 性質(上)の (↔ cuantitativo).
2《化》定性の. *análisis ~* 定性分析.

*‡**cual·quier** [kwal.kjér] 形《不定》[複 cualesquier]《+男女単数名詞》名詞の前でのcualquiera の語尾消失形. ➔ cualquiera. ~ *día* いつでも. ~ *persona* 誰でも. ~ *otro libro* 他のどんな本も.

*‡‡**cual·quie·ra** [kwal.kjé.ra] 代名《不定》[複 cualesquiera] **1** 誰でも, どれでも. *C~ haría lo mismo.* 誰でも同じことをするだろう. ~ *de ustedes* あなた方のうちのどなたでも. ~ *de esos libros* それらの本のどれでも.

2《反語的》(一体) 誰が. *¡C~ lo creería!* 誰がそんなことを信じるものか. ▶ 意味的には nadie と同義.

━形《単数名詞の前で cualquier となる》**1**《不定》《+名詞》どんな (…でも). *Puedes pedir cual-*

quier vino. どのワインを頼んでもいいよ. a *cualquier* hora いつでも好きなときに. en *cualquier* otra parte 他のどこかで[どこでも]. Vendrá *cualquier* día de estos. 彼[彼女]は近いうちに来るだろうさ.
2《不定冠詞+名詞+》単なる, ありふれた. Es *una* novela ~. それはよくある小説だ. Hoy ha sido *un* día ~. 今日は平凡な一日だった.
3《不定冠詞+名詞+/*otro*+名詞+》《しばしば無関心を表して》どんな(…でも). *Otra* mesa ~ me vale. 他のならどんな机でもかまいません.
—— 男《まれに囡》《不定冠詞+》[複 cualquieras]《軽蔑》ありきたりのつまらない人. Ese abogado es *un* ~. 彼の弁護士はたいしたことない.
—— 囡《不定冠詞+》[複 cualquieras]《軽蔑》売春婦.
cualquiera [*cualquier*+名詞] *que*+接続法 どんな…であっても. ~ *que* lo *diga* そのように言う人は誰でも. *C*~ *que sea* el motivo no te perdono. 理由が何であっても許さないよ. ~ *que quiera* usted あなたの欲しいのはどれでも. Admiro a *cualquier* persona *que sepa* hacerlo. それができる人は誰であれ私は敬服する.
[cual+quiera(quererの接·現)]

cuan [kwan] 副《形容詞·副詞の前での cuanto の語尾消失形》**1**(…の)程度いっぱいに, (…の)限り. Cayó tendido ~ largo era. 彼は大の字に倒れた. → cuanto 副.
2《*tan* と共に》…な(分)だけ, 同じ程度に. El castigo será *tan* grande ~ grave fue la culpa. 罪が深かっただけ罰も厳しいだろう. *C*~ bueno era el padre, *tan* malo es el hijo. 父親が善人だった分だけ息子は悪い.

cuán [kwán] 副《疑問》[形容詞·副詞の前での cuántoの語尾消失形]《感嘆文》《文章語》どれほど, いかに, どんなに. ¡*C*~ pronto pasan los años! 月日のたつのは何と速いことか. ► 現代の口語ではcuán の代わりに qué がよく用いられる.

★★cuan·do [kwan.do]《接続》**1**《時間》**(1)**《+直説法》《すでに実現された事柄や習慣を表す副詞節を導いて》…する[した]とき. *C*~ *salgo*, siempre llevo sombrero. 私は出かけるときはいつも帽子をかぶる. *C*~ *me desperté*, ya era de noche. 目を覚ますともう夜になっていた. Apenas había amanecido ~ *llegamos* al destino. ようやく夜が明けると私たちは目的地についた. ► cuandoの以下が ser+ 名詞·形容詞のとき, ser 動詞による省略される. → *C*~ niño, jugaba mucho en este río. 子供のころよくこの川で遊んだものだ.
(2)《+接続法》《未実現の事柄を表す副詞節を導いて》…するときには, …したら. *C*~ *acabe* este programa, vamos a salir de compras. この番組が終わったら買い物に出よう. *C*~ *seas* mayor, entonces entenderás lo que te estoy diciendo. 君が大人になったら今私が言っていることの意味がわかるだろう. Llámame ~ *puedas*. 手があいたときに電話をしてよ. Partiremos ~ usted *guste*. ご都合のよいときに出発しましょう.
2《条件》《+接続法》もし…すれば, …したら. *C*~ lo *sepa*, se sorprenderá muchísimo. もしそのことを知ったら, 彼[彼女]はとても驚くだろう.
3《譲歩》《+直説法》…だけれども;《+接続法》たとえ…だとしても(=aunque). ~ lo *dijeras* mil veces 君がそれを千回言ったところで[何度言っても].
4《理由》《+直説法》…なのだから. *C*~ él lo *dice*, será verdad. 彼がそう言うのだから, 本当なのだろう.
—— 副《関係》《時を表す名詞(句)·副詞(句)を先行詞として》**1**《制限用法》…する(とき). No me acuerdo del día ~ ocurrió el accidente. 事故の起こった日がいつかよく覚えていません. ► cuando のかわりに (en) que がよく使われる. ► el día *(en) que* ocurrió el accidente 事故の起こった日. ► 先行詞は時に cuando の中に含まれる. → El ambiente de este parque varía mucho de ~ hace sol a ~ llueve. この公園は日が照っているときと雨が降っているときとで雰囲気がとても変わる. ► 次のような強調構文を作る. →Entonces fue ~ sonó el móvil. 携帯電話が鳴ったのはそのときだった.
2《非制限用法》…そしてそのとき…. Mi hijo nació en 1980, ~ vivíamos en Tokio. 息子は1980年に生まれたが, そのとき私たちは東京に住んでいた.
—— 前…のとき(に), …の間(に). ~ la guerra 戦争中. ~ la última huelga この前のストのとき.

aun cuando → aun.
cuando..., cuando... あるときは…, またあるときは….
cuando más [*mucho*] 多くても, せいぜい. *C*~ *más*, costará diez euros. 高くても10ユーロくらいでしょう. *C*~ *más*, te ayudaré a cocinar. せいぜい料理を手伝えるくらいだよ.
cuando menos 少なくとも. Tiene veinte años ~ *menos*. 彼[彼女]は少なくとも20歳にはなっている.
cuando no(...) そうでなければ;(…ということ)でなければ.
de cuando en cuando / de vez en cuando ときどき, 時折.
hasta cuando... …するときまで;…のときでさえ. Quédate aquí *hasta* ~ lleguen tus hermanos. 君の兄弟が来るまでじっとここにいるんだよ.
para cuando... …するときまでに. Tenemos que ordenar la casa *para* ~ venga tu padre. 君のお父さんが来るまでに家をかたづけなければ.

★★cuán·do [kwán.do] 副 **1**《疑問》いつ. ¿*C*~ es la boda? 結婚式はいつですか. ¿*C*~ acaba la clase? 授業はいつ終わりますか. ¿*C*~ fue a la oficina la última vez? あなたが最後に事務所に行ったのはいつですか. ¿Desde ~ ? いつから. ¿Hacia ~ ? いつごろ. ¿Hasta ~ vas a estar aquí? いつまでここにいるの. ¿Para ~ lo quieres? いつまでにそれが欲しいの. ► 間接疑問文でも用いられる. →No sé ~ partirán. 私は彼らがいつ出発するのかわかりません. ► 間接疑問文で従属節内の動詞が不定詞のときは「いつ…すべきか[できるか]」の意味になる. → Tenemos que decidir ~ empezar el tratamiento. いつ治療を始めるかを決めなくてはならない. ► 感嘆文的にも用いられ, 驚き·不快·願望などを表す. → ¡*C*~ llegará el día que ganemos! 僕らが勝つ日はいったいいつになるんだ.
2《不定》《繰り返して》…のときも…のときも. Ella siempre está con nosotros; ~ estamos trabajando, ~ estamos descansando. 彼女は私たちが働いているときも休んでいるときも, いつも一緒にいる.
—— 男 時, 時期. el cómo y el ~ 方法と時期.
¡*Cuándo no!* いつものとおりさ;当然だ, もちろん.
¿*De cuándo acá...?* いつから…なのか;《驚き》どうして…なのか. ¿*De* ~ *acá* decides tú todo? いつから君がすべてを決めるようになったんだ.
[←[ラ] *quandō*「いつ;…の時に」(→cuando)]

cuan·ta[1] [kwán.ta] 男 cuanto 男 の複数形.

cuan・ta[2] [kwan.ta] 形 →cuanto 形.
cuán・ta [kwán.ta] 形 →cuánto.
cuan・tí・a [kwan.tí.a] 囡 **1** 量；金額；程度. Desconocemos la ~ de los daños. 被害額は不明である. **2** 重要性；長所. de mayor ~ 重要な. de menor [poca] ~ 重要でない，取るに足りない.
cuan・tiar [kwan.tjár] 81 他 〈不動産を〉評価する，査定する.
cuán・ti・co, ca [kwán.ti.ko, -.ka] 形【物理】量子［論］の. mecánica *cuántica* 量子力学. teoría *cuántica* 量子論.
cuan・ti・dad [kwan.ti.ðáđ] 囡【哲】【数】量. → cantidad.
cuan・ti・fi・ca・ción [kwan.ti.fi.ka.θjón / -.sjón] 囡 **1** 数や量で表すこと，数値化；【論】【言】数量化，量化. **2**【物理】量子化.
cuan・ti・fi・ca・dor [kwan.ti.fi.ka.đór] 男【言】数量辞［詞］.
cuan・ti・fi・car [kwan.ti.fi.kár] 102 他 **1** 数や量で表す，数値化する. **2**【論】〈命題を〉数量で表す；量化する. **3**【物理】量子化する.
cuan・ti・más [kwan.ti.más] 副【話】なおさら，いっそう (= cuanto más).
cuan・tio・so, sa [kwan.tjó.so, -.sa] 形 豊富な，大量の；相当な.
cuan・ti・ta・ti・vo, va [kwan.ti.ta.tí.ƀo, -.ƀa] 形 **1** 量の，量的な (↔cualitativo). la genética *cuantitativa* 量的遺伝学. **2**【化】定量の. análisis ~ 定量分析.
cuan・to [kwán.to] 男〔複 cuanta, ~s〕【物理】量子.

✶✶cuan・to, ta [kwan.to, -.ta] 形〔複 cuantos, cuantas (後続の名詞に性数一致)〕 **1** 《+名詞》《関係》《文章語》…する全ての，全部の (◆ 後続する名詞が関係節の先行詞となる). Puedes probar *cuantas* veces quieras. 君は試したいだけそれを試してかまわない. La encuesta incluye a *cuantas* personas tengan más de veinte años. 調査は20歳以上の全ての人を対象にしている. ► todo, tanto を伴うことがある. ⇨ Este artículo afecta a todas *cuantas* empresas han participado en el proyecto. この条項は計画に参加した全ての企業に適用される. ► 先行詞は cuanto の前に出ることがある. ⇨ Tienen que repasar tantas lecciones *cuantas* hagan falta. 必要な課は全て復習しないとだめだよ. ► 口語では todo el... que の形がよく用いられる. ⇨ todas las veces que quieras やりたいだけ何回でも.
2《+名詞》《**tanto**+名詞を伴って》…があるだけ (同数[同量]…がある). *Cuantas* cabezas, *tantos pareceres*. 《諺》十人十色 (←頭数だけ意見がある). *Cuantas* veces me escribas, *tantas* te responderé. 君が手紙をくれただけ僕は返事を書こう.
3《unos+》《不定》いくつかの，若干の. Me dieron *unas cuantas* revistas españolas. 私は何冊かのスペインの雑誌をもらった.
— 代名 **1**《関係》…する全てのもの・人 (► 言及する名詞に合わせて性数変化). Obtuvo ~ deseaba. 彼[彼女]は望んでいたもの全てを手に入れた. *C~s* vengan aquí, serán bien acogidos. ここに来る人はみな温かく迎えられるだろう. ► todo を伴うことがある. ⇨ Puedes comer todo ~ quieras. 好きなだけ食べてもいいよ. Perdió todo ~ de bueno tenía. 彼[彼女]は持っているいいもの全てを失った. ► 口語では todo lo que, todo el que の形がよく用いられる. ⇨ Todos los que participaron quedaron satisfechos. 参加した人は皆満足した.
2《**tanto** を伴って》…の分だけ (同量…する). *Tanto* vales ~ tienes. 《諺》人の価値はどれだけ金を持っているかで決まる. *C~* ganas *tanto* gastas. 君は稼いだ分使ってしまう.
3《unos+》《不定》いくつか，若干；何人か. Han venido *unos* ~s. 何人かがやって来た.
— 副《関係》《性数不変》〔形容詞・副詞の前で cuan〕 **1** …の分だけ (可能な限り)；《+形容詞・副詞》できるだけ…に. Me sumergí ~ pude aguantar. 私は息の続く限り水にもぐった. Se irguió *cuan alto* era. 彼は精いっぱい背を伸ばして立った.
2《**tanto, tan** を伴って》…と同じくらい (…する，…である). Estos problemas pueden ser difíciles de solucionar, *tanto* ~ lo son los otros. これらの問題は他のものと同じくらい解決が困難かもしれない. Se mostró *tan* valiente ~ debía. 彼[彼女]は見せるべき勇敢さをすべて見せた.
cuanto antes → antes.
cuanto más+数量 多くても…，せいぜい…. Entre estos dos pueblos hay ~ *más tres* kilómetros. これら2つの村の間はせいぜい3キロくらいだ.
cuanto+比較表現, *(tanto)*+比較表現 《比例》…であればあるほど［…すればするほど］ますます…である. *C~ más* trabajas, *tanto* más podrás ganar. 働けば働くほど稼ぐことができるだろう. *C~ antes, mejor*. 早ければ早いほどよい. *C~ más* deseas, *menos* tienes. 欲張るほど手に入れるものは少なくなる. *Cuantas más* horas leía, *tanto más* quería leer. 何時間も読めば読むほどさらに読みたくなるのだった.
cuanto (y) más なおさら，ましてや. Seguro que lo harán, ~ *y más* si saben que podrán ganar mucho. 彼らはきっとそれをするだろうよ，ましてや稼げると知っているんだから.
en cuanto (1)《+直説法・接続法》…するとすぐに. Partieron *en* ~ *amaneció*. 彼らは夜が明けるとすぐに出発した. ► 未来の事柄を表すときは接続法をとる. ⇨ *En* ~ me *llamen*, acudiré. 電話がかかってきたらすぐに駆けつけます. (2)《+無冠詞名詞》…として. Lo dijo *en* ~ *filósofo*. 彼は哲学者としてそう言った.
en cuanto a... …に関して，…については. *En* ~ *a* su valor, no podemos decir nada. その価値については私たちに異論はない.
en cuanto que... (1) …という限りにおいて. Esa teoría es acertada *en* ~ *que* mantiene su coherencia. その理論は首尾一貫しているという点で妥当なものである. (2) → en cuanto (1).
no tanto A *cuanto* B AというよりはBである. Uno actúa *no tanto* por las causas positivas ~ por las negativas. 人は積極的理由よりも消極的理由によって動く.
por cuanto+直説法 …ゆえに，…だから. Esta obra es la mejor de todas *por* ~ *abrió* nuevos horizontes. この作品は新たな地平を切り開いたという点ゆえに最高の作品である.

✶✶cuán・to, ta [kwán.to, -.ta] 形〔複 cuántos, cuántas (後続の名詞に性数一致)〕《疑問》《+名詞》 **1** いくつの，どれだけの. ¿*Cuántas* mandarinas quieres? いくつミカンがほしいの. ¿*C~s* años tienes? 君の年はいくつ. ¿*C~* tiempo tardaron en terminarlo? それを仕上げるのにどれだけの時間がかかりましたか. ¿A *cuántas* personas afectará? どれくらいたくさんの人に影響を与えるだろうか. ► 間接疑問文でも用いられる. ⇒No sabemos ~ dinero necesita. 彼[彼女]がいくらお金を必要か私たちは知らない. ► 従属節内の動詞が不定詞のときは [debería [できるか]という意味になる. ⇒No sé ~s años esperar. 何年待ったらいいのかわからない.

2《感嘆文》なんと多くの,なんという. ¡*Cuánta* gente! なんてたくさんの人なんだ. ¡C~ tiempo sin vernos! お久しぶりですね.

——[代名]《疑問》(► 言及するもの・人に合わせて性数変化) いくつ, どれだけ, 何人. ¿C~s son en su familia? ご家族は何人ですか. ¿A ~s estamos hoy? —Estamos a uno [primero] de diciembre. 今日は何日ですか. —12月1日です. ¿A ~ está el kilo de tomates? トマトは1キロいくらになっていますか.

——[副]《疑問》《性数不変》[形容詞・副詞の前で cuán]
1 どれだけ, どれほど. ¿C~ es en total? 全部でいくらですか. ¿C~ cuesta esta chaqueta? このジャケットはいくらですか. ¿C~ se tarda? どのくらい時間がかかりますか.

2《感嘆文》《文章語》なんと, どれほど. ¡*C*~ has crecido! 君はなんと大きくなったことか. ¡*Cuán* difícil fue el examen! 試験はなんて難しかったことか. ► 現代の口語では cuán の代わりに qué がよく用いられる. ⇒¡Qué difícil fue el examen!

——[男]数量, 額. Quiero que me lo vendas; no importa el ~. とにかくそれを売ってもらいたい. いくらでもかまわない.

¿Cuánto hace [ha] que＋直説法*?* どれくらい前に[前から] …か. ¿C~ *hace que no se ven?* 彼らはどれくらい会っていないのですか.

cuánto más... …はまして(…である). Conozco muy bien esta ciudad, ~ *más* este barrio. この町はよく知っているし,ましてやこの地区はなおさらだ.

cuánto más que＋直説法 まして…であるのでなおのことである. No vinieron porque llovía, ~ *más que hacía* mucho frío. 彼らは来なかった. 雨が降っていたし,ましてやとても寒かったので.

cuánto menos... …はまして(…でない).

no sé cuánto＋名詞 どれだけかわからない数の…, たくさんの…. Perdió *no sé* ~s *libros*. 彼[彼女]は何冊の本をなくしたかしれやしない.

[←[ラ] *quantus* 「いかに多い」; 関連 cantidad, [英] *quantity*]

cua·pe [kwá.pe] 男《ラ米》(ﾒﾋｺ)《複数で》《話》双子(ﾌﾀｺ), 双生児.

cua·que·ris·mo [kwa.ke.rís.mo] 男《宗》クエーカー教(の教義).

cuá·que·ro, ra [kwá.ke.ro, -.ra] 形《宗》クエーカー教徒の. ——男 女 クエーカー教徒.

cuar·ci·ta [kwar.θí.ta / -.sí.-] 女《鉱》珪岩(ｹｲｶﾞﾝ).

***cua·ren·ta** [kwa.rén.ta] 形《数詞》**1** (＋名詞) 40 の, 40人[個]の. Tengo ~ alumnos. 私には生徒が40人います. **2**《名詞＋》40番目の. ► 定冠詞などを伴って人・ものを指す名詞表現を作る. ⇒Soy el ~ de la lista. 私は名簿で40番目だ.

——男 40；40の数字(ローマ数字 XL)

——女 las ——《遊》(スペイン・トランプ) 組み札の王 rey と馬 caballo を集めて勝ち点の40点を取ること. →naipe.

los (*años*) *cuarenta* 40年代.

los cuarenta 40歳, 40代.

[←[古スペイン] *quaraenta*←[ラ] *quadrāgintā*; 関連 cuatro]

cua·ren·ta·ñe·ro, ra [kwa.ren.ta.ɲé.ro, -.ra] 形 (年齢が) 40代の. ——男 女 40代の人.

cua·ren·ta·vo, va [kwa.ren.tá.βo, -.βa] 形《数詞》 40分の1の. ——男 40分の1.

cua·ren·te·na [kwa.ren.té.na] 女 **1** 40のまとまり, (約) 40; 40人[個]; 40日[年]. una ~ de... 40人[個] (ほど)の…. **2**《カト》四旬節 (＝cuaresma). **3** 検疫；隔離(期間). ◆検疫停船期間が40日間であったことから. **4** (真偽を確かめるまでの) 保留. **5**《ラ米》(*ﾒﾋ*)産後40日.

poner... en cuarentena (1) …を検疫[隔離]する. (2) (ニュースなど) を確認がとれるまで保留する.

cua·ren·tón, to·na [kwa.ren.tón, -.tó.na] 形《軽蔑》40歳ぐらいの, 40歳代の. ——男 女 40歳ぐらいの人, 40歳代の人.

cua·res·ma [kwa.rés.ma] 女《カト》四旬節：灰の水曜日 miércoles de ceniza から復活祭前日の土曜日 sábado santo までの日曜を除く40日間.

cua·res·mal [kwa.res.mál] 形《カト》四旬節の.

cuar·ta [kwár.ta] 女 **1** 4分の1, 四半分.
2《車》四速, トップギア.
3《音楽》(完全)四度.
4 (指を広げて) 親指と小指の間の長さ (＝palana)：4分の1 vara (約21センチ). **5**《海》羅針方位：羅針盤上の32方位の一つ一つ. **6**《遊》(トランプ) 同じ組で数字が連続した4枚のそろい. **7**《天文》象限, 四分円. **8**《スポ》(フェンシング) カルト, 中段の構え. **9**《ラ米》(1)(ﾒﾋ)(ﾁﾘ)(引き馬[牛]を助ける)補助馬[牛]; (馬車の)引き綱. (2) むち.

andar de la cuarta al pértigo《ラ米》(ﾒﾋ)辛酸をなめる.

cuar·ta·da [kwar.tá.ða] 女《ラ米》(ｸﾞｱ)《話》尻(ｼﾘ)のむち打ち.

cuar·ta·na [kwar.tá.na] 女《主に複数で》《医》(四日目ごとに起こる)四日熱 (＝fiebre ~).

cuar·ta·nal [kwar.ta.nál] 形《医》四日熱の.

cuar·ta·na·rio, ria [kwar.ta.ná.rjo, -.rja] 形《医》四日熱にかかった. ——男 女 四日熱の患者.

cuar·ta·zo [kwar.tá.θo / -.so] 男《ラ米》(1)(ｸﾞｱ)尻のむち打ち. (2) (ｸﾞｱ)むち打ち.

cuar·ta·zos [kwar.tá.θos / -.sos] 男《単複同形》《話》身なりのだらしない小太りの男.

cuar·te·a·mien·to [kwar.te.a.mjén.to] 男 ひび割れ；4分割；分断.

cuar·te·ar [kwar.te.ár] 他 **1** 4つに分割する, 4等分する. **2** (動物の肉を) 4つに切り分ける. **3** (坂道を) ジグザグに進む. **4**〈4人でする遊びに〉4人目として加わる. **5**《ラ米》(1) …に補助馬[牛]を付ける. (2) (ｸﾞｱ)(ﾒﾋ)むち打つ.

——自《闘牛》(銛(ｻﾞｸ)打ち闘牛士が)体を反らせて牛の角をかわす.

——~*se* 再 **1**〈壁・天井などに〉ひびが入る. *Se cuarteó* la pared. 壁に亀裂ができた. **2**《ラ米》(1)(ﾒﾋ)妥協する. (2)(ｸﾞｱ)《話》約束を破る. (3)(ﾒﾋ)《話》立ち向かう.

cuar·tel [kwar.tél] 男 **1** 4分(の1), 四半分.
2《軍》兵営[キャンプ] (地)；営舎, 兵舎. ~ *general* (総)司令部；本営；(一般に)本部. vida de ~ 軍隊生活. **3** 休戦；(敵に与える)情け, 容赦. **4** (都市・村町)の区域, 地区, 地域. **5** (四角に区切られた)花壇. **6**《紋》盾形を縦横に4区分したものの一つ. franco ~ クォーター (右上を占める4分の1の方形). **7**《海》(ハッチ・倉口の)ふた, カバー. **8**《詩》(各行11音

節の)四行詩 (= cuarteto).
dar cuartel 息つく暇を与える▶ 通常否定文で用いられる.
estar de cuartel《軍》待命中である.
golpe de cuartel《ラ米》反乱, クーデター.
[←〔カタルーニャ〕*quarter*「区」;「兵営」の意味は〔仏〕*quartier* より;〔関連〕cuarto. 〔英〕*quarter*.]

cuar·te·la·da [kwar.te.lá.ða]囡→cuartelazo.

cuar·te·lar [kwar.te.lár]他《紋》(盾形に)縦横線で四分割する.

cuar·te·la·zo [kwar.te.lá.θo / -.so]男《軽蔑》(軍隊の)反乱, 暴動.

cuar·te·le·ro, ra [kwar.te.lé.ɾo,-ɾa]形 **1** 兵営[兵舎]の. **2**《言葉が》卑俗な, 下品な. ━囡《軍》清掃[雑役]兵, 当番兵. ━男 **1**《海》積み荷番の水夫. **2**《ラ米》(ブブ)(ホテルの)ボーイ, ウェーター.

cuar·te·li·llo [kwar.te.lí.ʝo | -.ʎo]男《軍・治安警備隊・消防などの部隊の)詰め所;派出所, 交番.
dar cuartelillo 助ける, 便宜を図る.

cuar·te·o [kwar.té.o]男 **1** ひび割れ. **2**《ラ米》(ブブ)晴れ間.

cuar·te·rí·a [kwar.te.rí.a]囡《ラ米》(ブブ)(ナ)(主に農園労働者の)共同住宅, 長屋.

cuar·te·ro·la [kwar.te.ró.la]囡 tonel の4分の1の樽(ダ);容量の単位(130リットルに相当).

cuar·te·rón, ro·na [kwar.te.rón, -.ró.na]形(主にアメリカ大陸の混血において)先住民[黒人]の血が4分の1混ざった.
━男囡 メスティーソ mestizo〔ムラート mulato〕と白人の混血の人.
━男 **1** 4分の1. **2** クアルテロン:重さの単位. 4分の1 libra (115グラム). **3** 小窓, のぞき窓;(ドア・窓・家具などの)パネル, 鎧戸(ಔಲ). **4**《ラ米》(ナ)(筋交い方杖(ಓಾ))の)斜material.

cuar·te·ta [kwar.té.ta]囡《詩》(各行8音節の)3行目と4行目で韻を踏む4行詩.

cuar·te·to [kwar.té.to]男 **1**《詩》(各行11音節の)2行目と4行目で韻を踏む4行詩.
2《音楽》四重唱[奏]団, カルテット;四重唱[奏]曲.
~ *de cuerda* 弦楽四重奏.

cuar·til [kwar.tíl]男 四分位数:度数分布を4等分したときの境界値.

cuar·ti·lla [kwar.tí.ja | -.ʎa]囡 **1** 四つ切り(の紙)(= pliego の4分の1, folio の2分の1). **2**《主に複数で》原稿, 草稿. **3** 繋(ೈ),(馬, 牛などの)脚首. **4** クアルティーリャ:重量・体積の単位. 4分の1 arroba (2.876キログラム);4分の1 fanega (13.87リットル);4分の1 cántara (4.022リットル). **5**《古語》メキシコの銀貨.

cuar·ti·llo [kwar.tí.ʝo | -.ʎo]男 クアルティーリョ. (1) 液量・体積の単位:4分の1 azumbre (0.504リットル);4分の1 celemín (1.156リットル). (2) 昔の貨幣:4分の1 real.

cuar·ti·llu·do, da [kwar.ti.ʝú.ðo,-.ða | -.ʎú.-]形 (馬が)繋(ೈ)の長い, 脚首の太い.

cuar·ti·za [kwar.tí.θa / -.sa]囡《ラ米》(ブブ)《話》尻(ಮ)のむち打ち.

cuar·to, ta [kwár.to, -.ta]形《数詞》1**《多くは+名詞/名詞+》《ser+/estar+》第4の, 4番目の. el ~ trimestre 第4四半期. en ~ lugar 第4に. por *cuarta* vez 4度目(に). vivir en el ~ piso 5階に住む(→piso¹). Felipe IV [~]フェリペ4世. Sainz es ~ tras la primera etapa. サインスは第1ステージが終わって第4位である. el partido por el tercer y ~ puestos 3・4位決定戦. ▶ 定冠詞などを伴って人・ものを指す名詞表現を作る. ━ Acabó la *cuarta*. 彼女は4位に終わった.
2 (+名詞) 4分の1の. una [la] *cuarta* parte de la población 人口の4分の1. cumplir las tres *cuartas* partes de la condena 刑期の4分の3をつとめる.
━男 **1** 4分の1 (= la cuarta parte);15分;(1キログラムの)4分の1. un ~ de hora 15分. tres ~s de litro (de leche)(ミルク)4分の3リットル. (en) el último ~ de hora 最後の15分(で). subir un ~ de punto 4分の1ポイント上がる[上げる]. Son las siete y ~ de la mañana. 午前7時15分だ. a la una menos ~ 1時15分前に. La plaza registró tres ~s de entrada. 闘牛場は4分の3の入りだった. El tren sale [llega] a los ~s. 列車は15分と45分に出る[着く]. Dame un ~ [tres ~s] de carne picada. ひき肉を250[750]グラムちょうだい.
2 部屋, 室. Este piso tiene dos ~s y (una) cocina. このマンションは2部屋に台所付きだ. ~ de baño 浴室, トイレ. ~ de estar 居間. ~ oscuro 暗室;《ラ米》(ブブ)(選挙の)投票室. ~ trastero | ~ de los trastos 物置部屋, 納戸. ~ de aseo 洗面所.
3《主に複数で》《話》銭, 現金.
4 スペインの古い銅貨:0.03 peseta 程度に相当.
5 祖父母母[外祖父母], (それぞれの)親戚;家系, 血統.
6 (衣服の)身ごろの前後左右ひとつひとつ.
7 (土地の)一区画. **8**《鳥獣の体の》四半分;骨付き肉. ~ delantero [trasero](動物の)前[後]四半部. **9**《天文》月の満ち欠けの周期の4分の1. ~s de luna, 弦. ~ creciente 上弦. ~ menguante 下弦. **10** (本・紙などの) 四つ折り判. en ~ 四つ折り判. **11**《軍》(夜に prima, modorra, modorrilla, alba の順の4交代で歩哨(ತಾ)に立つための)班;その歩哨時間. estar de ~ 歩哨に立つ. **12**《ホ》(馬のひづめに入る裂け目〔ひび〕. **13** 王(族)の召使い〔従僕〕. **14** 首をはねられた後に刻まれてさらされた罪人の体のひとつひとつ.
cuartos (de final)《スポ》準々決勝. jugar los ~s *de final* ante [contra]... …と準々決勝を戦う. pasar [llegar] a (los) ~s *de final* 準々決勝に進む.
cuatro cuartos わずかの金.
dar tres cuartos [un cuarto] al pregonero《話》内緒のことを人に言い触らす, 秘密を漏らす.
de tres al cuarto《話》安物の;三流の. chorizo *de tres al* ~ 安物のチョリソ. un detective *de tres al* ~ 三流刑事.
echar su *cuarto a espadas*《話》(人の話に)くちばしを挟む, 差し出口をする.
¡Qué+名詞 ni que ocho cuartos! …だなんてばかな. *¡Qué* fantasmas *ni que ocho* ~s! 幽霊だなんて, そんなばかな.
saber con quién se juega [se gasta] los cuartos《話》誰を相手にしているかわかっている. Él cree que no me ha dado cuenta, pero no *sabe con quién se juega los* ~s. 彼は私が気づいていないと思っているが, 相手の私が誰なのかわかっていない.
tres cuartos (1) 4分の3の, 7分の. manga *tres* ~s 七分そで. abrigo *tres* ~s 七分丈のコート. (2)《スポ》(ラグビー)スリークオーターバックス.
tres cuartos de lo mismo [propio]《話》同じこと, 似たり寄ったり.

cuartofinalista　574

[←[ラ] *quārtum* (*quārtus* の対格)「第4の」;「部屋」の意味は17世紀初めころより; 関連 cuarteto, cuatro. [英] *quarter, quartet*]

cuar·to·fi·na·lis·ta [kwar.to.fi.na.lís.ta] 男 女 準々決勝出場者[チーム].

cuar·to·gé·ni·to, ta [kwar.to.xé.ni.to, -.ta] 形 4番目に生まれた. ― 男 女 第4子.

cuar·tón [kwar.tón] 男 **1** (建築用の)角材. **2** (四角形の)畑, 耕地. **3** (昔の)液量の単位(2.2リットル).

cuar·tu·cho [kwar.tú.tʃo] 男 《話》粗末な小部屋; あばら屋.

cuar·zo [kwár.θo / -.so] 男 〖鉱〗石英; 水晶. ~ ahumado 煙水晶. ~ hialino (無色透明の)水晶. ~ rosado ばら水晶.

cuar·zo·so, sa [kwar.θó.so, -.sa / -.só.-] 形 〖地質〗石英質の, 石英を含む.

cuá·sar [kwá.sar] 男 〖天文〗準星, クエーサー, 恒星状天体.

cua·si [kwá.si] 副 《まれ》ほとんど (= casi).

cua·sia [kwá.sja] 女 〖植〗ニガキ.

cua·si·con·tra·to [kwa.si.kon.trá.to] 男 〖法〗準契約.

cua·si·de·li·to [kwa.si.ðe.lí.to] 男 〖法〗準犯罪: 過失[不注意]による違法行為.

Cua·si·mo·do [kwa.si.mó.ðo] 男 〖カト〗復活祭後の第一日曜日, 白衣の主日 (= domingo de ~). [この祝日のミサの入祭文 [ラ] *quasi modo genitī infantēs*…「生まれたばかりの子供たちのように…」の最初の部分が祝日名となる]

cuasia (ニガキ)

cua·ta·cho, cha [kwa.tá.tʃo, -.tʃa] 形 《ラ米》《話》非常に仲のよい.

cua·te, ta [kwá.te, -.ta] 形 《ラ米》《話》(ﾒｷｼ)(ｸﾞｱﾃ) 双子の, 双生の. ― 男 女 《ラ米》《話》(1)(ﾒｷｼ)(ｸﾞｱﾃ) 双子(きょ), 双生児. (2)(ﾒｷｼ)(ｸﾞｱﾃ) 仲間, 友達;《呼びかけ》おい, 君.

cua·te·co·ma·te [kwa.te.ko.má.te] 男 ノウゼンカズラ科フクベノキ属の木: 実は皿などの食器やマラカスの材料になる.

cua·ter·na·rio, ria [kwa.ter.ná.rjo, -.rja] 形 **1** 4つの要素からなる. **2** 〖地質〗第四紀の. *era cuaternaria* 第四紀. ― 男 〖地質〗第四紀.

cua·ter·ni·dad [kwa.ter.ni.ðáð] 女 4個[人]組.

cua·ter·nio [kwa.tér.njo] / **cua·ter·nión** [kwa.ter.njón] 男 〖数〗(英)国の数学者W.R.Hamilton 1805–65が考案した)四元数.

cua·ter·no, na [kwa.tér.no, -.na] 形 4桁(けた)の, 4つの数字からなる.

cua·te·zón, zo·na [kwa.te.θón, -.θó.na / -.són, -.só.-] 形 《ラ米》《話》(1)(牛などが)角のない. (2)つるつるにはげた; 臆病(ﾍﾟｷ)問はいる.

cua·tí [kwa.tí] 男 《ラ米》(ﾍﾟﾙ)〖動〗ハナグマ.

cua·tral·bo, ba [kwa.trál.ɓo, -.ɓa] 形〈馬などが〉四脚が白色の. ― 男 (4 隻のガレー船団の司令官.

cua·tra·tuo, tua [kwa.trá.two, -.twa] 形 → cuarterón.

cua·tre·ño, ña [kwa.tré.ɲo, -.ɲa] 形〈牛が〉4歳の.

cua·tre·re·ar [kwa.tre.re.ár] 他《ラ米》(ﾗﾌﾟ)〈牛などを〉盗む. ― 自《ラ米》(ﾗﾌﾟ)《話》悪業を行う.

cua·tre·ro, ra [kwa.tré.ro, -.ra] 形 **1** 家畜(特に馬)泥棒の. **2**《ラ米》(ﾍﾟﾙ)《話》裏切りの, 不実な. ― 男 女 **1** 馬泥棒, 牛泥棒. **2**《ラ米》《話》(1)(ｸﾞｱﾃ) でたらめを言う人. (2)(ｺﾛﾝ) 悪党.

cuatri- 「4」の意を表す造語要素. 母音の前では cuatr-. ← *cuatra*lbo, *cuatri*mestre. [←[ラ]]

cua·tri·a·nual [kwa.trja.nwál] 形 四半期ごとの; 年に4回起こる[開催される, 刊行される].

cua·tri·bor·le·a·do, da [kwa.tri.ɓor.le.á.ðo, -.ða] 形 男 女《ラ米》(ﾒｷｼ)《話》多才な人, 各方面で活躍する人.

cua·tri·cro·mí·a [kwa.tri.kro.mí.a] 女 〖印〗四色刷り(印刷).

cua·tri·dua·no, na [kwa.tri.ðwá.no, -.na] 形 4日(間)の.

cua·trie·nal [kwa.trje.nál] 形 **1** 4年ごとに起こる[催される]. **2** 4年(間)の, 4年続く.

cua·trie·nio [kwa.trjé.njo] 男 4年間.

cua·tri·lli·zo, za [kwa.tri.ʝí.θo, -.θa ‖ -.ʎí.- / -.so, -.sa] 形 四つ子の. ― 男 女 四つ子のひとり;《複数で》四つ子.

cua·tri·llo [kwa.trí.jo ‖ [o.] 男 〖遊〗4人でするトランプ遊び.

cua·tri·llón [kwa.tri.jón ‖ -.ʎón] 男 〖数詞〗100万の4乗(10^{24}).

cua·tri·mes·tral [kwa.tri.mes.trál] 形 4か月ごとの; 4か月間の.

cua·tri·mes·tre [kwa.tri.més.tre] 形 4 か月(間)の. ― 男 4か月(間).

cua·tri·mo·tor [kwa.tri.mo.tór] 形 〖航空〗四基の発動機を備えた. ― 男 4発(飛行)機.

cua·trín·ca [kwa.tríŋ.ka] 女 **1** 4人[個]組 (のリスト). **2** (カルタ遊びで) 4枚そろえ.

cua·tri·par·ti·to, ta [kwa.tri.par.tí.to, -.ta] 形 4分された, 4つの[要素, 人]から成る.

cua·tri·rre·ac·tor [kwa.tri.r̃e.ak.tór] 形 〖航空〗4発ジェットの. ― 男 4発ジェット機.

cua·tri·sí·la·bo, ba [kwa.tri.sí.la.ɓo, -.ɓa] 形 4音節の. ― 男 4音節語.

****cua·tro** [kwá.tro] 形 **1** 〖数詞〗(1)《+名詞》4の, 4人[個]の. (2)《名詞+》4番目の. *Alejandro nació el día* ~ *de marzo.* アレハンドロは3月4日に生まれた.
2《+名詞》《話》わずかな, 少しばかりの. *pronunciar* ~ *palabras* あまり口をきかない.
― 男 **1** 4; 4の数字(ローマ数字IV). *el* ~ *de oros* (スペイン・トランプ) 金貨の4.
2 〖音楽〗四重唱[奏]曲.
3《ラ米》(1)(ｺﾛﾝ) 〖音楽〗4弦のギター. (2)(ｸﾞｱﾃ)《話》でたらめ, でたらめな言葉; 偽り, 策略. (3)(ﾌﾟｴﾙﾄ) 〖音楽〗複弦ギター.

cuatro por cuatro 〖車〗四輪駆動(の自動車).
de cuatro en cuatro 4個[人]ごとに; 4個[人]ずつ.
más de cuatro《話》かなりの, 少なからぬ. *Más de* ~ *se equivocan.* かなりの人が間違っている.
trabajar por cuatro (*reales*)《話》あくせく働く, わずかな金で働く.

[←[俗]《ラ》 *quatro*←[ラ] *quattuor*; 関連 cuarto, catorce, cuadro. [英] *four, quarter*]

cua·tro·cen·tis·ta [kwa.tro.θen.tís.ta / -.sen.-] 男 女《特にイタリアの芸術家で》1400年代の人, 15世紀の人.

***cua·tro·cien·tos, tas** [kwa.tro.θjén.tos, -.tas / -.sjén.-] 形 〖数詞〗400の; 400番目の. ― 男 400 (の数字) (ローマ数字CD).

cua·tro·do·blar [kwa.tro.ðo.ƀlár] 他 4倍[四重]にする (= cuadruplicar).

cua·tro·la·tas [kwa.tro.lá.tas] 男《単複同形》《話》(燃費のいい)小型自動車.

cua·tro·pe·a [kwa.tro.pé.a] 女 1 四足動物.
2 家畜市.

Cuauh·té·moc [kwaw.té.mok] 固名 クアウテモク, クアテモシン (1495 ? - 1525) : azteca 王国最後の王 (1520-21). スペイン人征服者 Cortés に捕らえられて殺された. ▶「落ちる鷲(ʷ)」の意.

cu·ba [kú.ƀa] 女 1 樽(ᵗ); 桶(ᵗ); ひと樽の量(の液体).
2 《話》太鼓腹 (の人).
3 《話》飲んだくれ, 大酒飲み. 4 液体輸送用のタンク;《車》タンクローリー;《鉄道》タンク車. 5 《ラ米》(ᵈᵉᵢ)《話》末っ子.
beber como una cuba《話》大酒を飲む.
Cada cuba huele al vino que tiene.《諺》樽は中の酒でのにおいがする(人間の中身はその言動からわかる).
estar como [hecho] una cuba《話》へべれけに酔っ払っている.

cuba de fermentación (醸造樽)

Cu·ba [kú.ƀa] 固名 キューバ : カリブ海にある共和国 / 面積 : 11.9万 km² / 人口 : 約1127万 / 首都 La Habana / 言語 : スペイン語 (公用語) / 通貨 : peso ($ 1 = 100 centavos) / 住民 : メスティーソ (50%), 白人 (25%), 黒人 (25%) / 宗教 : カトリック (42%) ; 守護聖人 — Caridad の聖母.
♦1492年コロンブス Colón 到着後, スペインの植民が進む. 1898年米西戦争の結果, 米国の保護国となるが, 1902年に独立. 1959年 Fidel Castro の革命により社会主義国となる.
[← 先住民語] *Cuba, Coba*]

cu·ba·li·bre [ku.ƀa.lí.ƀre] 男 クーバリブレ : ラム酒 [ジン] をコーラで割ったカクテル.

cu·ba·nis·mo [ku.ƀa.nís.mo] 男 1 キューバ特有のスペイン語法 [表現・語彙・単語].
2 キューバ人気質 ; キューバの特質 (讃美).

*cu·ba·no, na** [ku.ƀá.no, -.na] 形 キューバの, キューバ人の.
—— 男 女 キューバ人.
—— 男 キューバのスペイン語.

cu·ba·ta [ku.ƀá.ta] 男《話》→ cubalibre.

cu·be·ba [ku.ƀé.ƀa] 女《植》(コショウ科の) ヒッチョウカ, クベーバ.

cu·be·rí·a [ku.ƀe.rí.a] 女 樽(ᵗ)[桶(ᵗ)] 製造 ; 樽 [桶] 屋の仕事場 [店].

cu·be·ro [ku.ƀé.ro] 男 桶(ᵗ)職人, 桶屋, 樽(ᵗ)類製造者.

cu·ber·te·rí·a [ku.ƀer.te.rí.a] 女《集合的》(ナイフ・フォーク・スプーンなどの) 食器具セット, カトラリー.

cu·ber·tu·ra [ku.ƀer.tú.ra] 女 1 覆い.
2 (昔の) 王室儀式.

cu·be·ta [ku.ƀé.ta] 女 1 小樽(ᵗ). 2 手桶(ᵗ), バケツ. 3 《物理》(気圧計などの) 水銀槽. 4 (実験用・写真現像用の) 水洗皿, トレイ (調理用の) バット, 焼き皿. 5 《音楽》(ペダルのばねを収めた) ハープの台座.
6 《ラ米》(ᵐᵉˣ) 山高帽子.

cu·be·to [ku.ƀé.to] 男 小型の桶(ᵗ). ▶ cubeta より も小さい. [cubo + 縮小辞]

cu·bi·ca·ción [ku.ƀi.ka.θjón / -.sjón] 女 1 体積 [容積] の算出. 2 《数》3乗すること.

cu·bi·ca·je [ku.ƀi.ká.xe] 男《車》排気量.

cu·bi·car [ku.ƀi.kár] 他 《数》(1) 3乗する. Al ～ dos se obtiene ocho. 2を3乗すると8になる. (2) …の体積 [容積] を算出する.

*cú·bi·co, ca** [kú.ƀi.ko, -.ka] 形 1 立方体の, 立方体状の. 2 立方の ; 3乗の. metro ～ 立方メートル. raíz *cúbica* 立方根.

cu·bí·cu·lo [ku.ƀí.ku.lo] 男 小部屋 ; 寝室.

*cu·bier·ta** [ku.ƀjér.ta] 女 1 覆い, カバー. poner una ～ a... …にカバーをかぶせる. ～ para el colchón クッションカバー. 2 (本・雑誌の) 表紙. 3 《建》屋根. 4 《車》(タイヤの) トレッド, 外皮 ; (広い意味で) タイヤ. 5 《海》甲板, デッキ. ～ principal メインデッキ. ～ de popa [de船尾] 甲板. ～ de proa [船首] 甲板. ～ de vuelo (航空母艦の) 飛行甲板. ¡Todos a ～! 総員甲板へ. 6 封筒. bajo esta ～ 同封にて. bajo ～ separada 別便にて. 7 口実, 見せかけ. —— 形 → cubierto.

*cu·bier·to, ta** [ku.ƀjér.to, -.ta] [cubrir の 過分] 形《名詞+》《estar+》
1 《de... …で》 覆われた ; いっぱいの. La carretera *está cubierta* de nieve. 道路は雪に覆われている. piscina *cubierta* 室内プール. estadio ～ 屋内競技場. 2 曇った. cielo ～ 曇り空. 3 《欠員などが》埋まった. De 10 plazas, hay ocho *cubiertas* y dos vacantes. 定員10のうち8は埋まっていて空きは2だ. 4 帽子をかぶった. 《de... …を》着た.
—— 男 1 《複数で》《集合的》スプーン・ナイフ・フォーク, カトラリー ; それぞれの食器具. juego de ～s スプーン・ナイフ・フォークのセット. poner los ～s 食卓の用意をする. 2 (ひとり分の) 食器, テーブルセット (▶ テーブルに置かれるナイフ・フォーク・グラス・皿・ナプキンの一式). precio del ～ 席料, サービス料. precio medio del ～ (レストランなどでの) ひとり当たりの平均予算. 3 コース料理, 定食. 4 覆い, 屋根 ; 庇護, 保護.
a [bajo] cubierto 屋根の下で ; 避難して. ponerse *a* ～ 雨宿りする.
a cubierto de... …から守られて. Tiene una coartada y está *a* ～ *de* cualquier posible sospecha. 彼 [彼女] にはアリバイがあり, どんな疑いを受ける心配もない.
estar a cubierto《商》貸方勘定に貸越残高がある.

cu·bil [ku.ƀíl] 男 1 (野生動物の) ねぐら, 巣, 穴.
2 隠れ場所, アジト. 3 河床.

cu·bi·lar [ku.ƀi.lár] 男 (野生動物の) 巣, ねぐら ; (家畜・牧畜の) ねぐら. —— 自 (家畜が) ねぐらに集まる.

cu·bi·le·te [ku.ƀi.lé.te] 男 1 (料理用の) 円筒形の流し型, 焼き型 ; それで作った料理.
2 (さいころ遊びなどに用いる) カップ ; さいころ壺(ᵗ).
3 (金属製の) 酒杯. 4 《ラ米》(1) (ᶜᵃᶜ)(ᵈᵒᵐ)(ᴾᵘⁿ)(政治的) 陰謀, たくらみ. (2) (ᵐᵉˣ)(ᴾᵘⁿ)(ˢᵃˡᵛ) 山高帽子.

cu·bi·le·te·ar [ku.ƀi.le.te.ár] 自 1 いかさまをする, 陰謀をたくらむ. 2 (壺(ᵗ)で) さいころを振る.

cu·bi·le·te·o [ku.ƀi.le.té.o] 男 たくらみ, いかさま.

cu·bi·lla [ku.ƀí.ʝa ǁ -.ja] 女《昆》→ cubillo.

cu·bi·llo [ku.ƀí.ʝo ǁ -.jo] 男 1 冷水器. 2 (昔の劇場の) 前舞台仕切り席. 3 《昆》ツチハンミョウ.

cú·bi·lo [kú.ƀi.lo] 男《ラ米》(ᵈᵒᵐ) 山高帽子.

cu·bi·lo·te [ku.ƀi.ló.te] 男《冶》キューポラ, 溶銑炉.

cu·bis·mo [ku.ƀís.mo] 男《美》キュビスム, 立体派.

cu·bis·ta [ku.ƀís.ta] 形《美》キュビスム [立体派] の.
—— 男 女 キュビスム [立体派] の芸術家.

cu·bi·tal [ku.ƀi.tál] 形《解剖》1 ひじの.
2 《解剖》尺骨の, 前腕の.

cu·bi·te·ra [ku.βi.té.ra] 囡 **1** 製氷皿；製氷機. **2** アイスペール，氷入れ.

cu·bi·to [ku.βí.to] 男 角氷，アイスキューブ (= de hielo)；小さい立方体. ~ de caldo スープキューブ.

cú·bi·to [kú.βi.to] 男〘解剖〙尺骨.

* **cu·bo**¹ [kú.βo] 男 **1** バケツ，桶(鍔)． ~ de madera 木桶． ~ de (la) basura ゴミバケツ．
  2（車輪の）ハブ，こしき．**3**（鉄剣・槍の穂の）柄受け，（懐中時計の）ぜんまい箱．**5** 水車池，水車用貯水池[井戸]．**6**（城壁の）円塔．
  「手桶は cuba (←[ラ] *cūpa*) より派生」

* **cu·bo**² [kú.βo] 男 **1** 立方体，正六面体.
  2〘数〙立方，3乗. El ~ de 2 es 8. 2の3乗は8だ. elevar al ~ 3乗する.
  3〘建〙（格天井(쪏)の）六面体の格間.
  [←[ラ] *cubus*「立方体」←[ギ] *kýbos*「さいころ；立方体」] 関連 cúbico, cubismo. 英 *cube*]

cu·boi·des [ku.βói.des] 形〘性数不変〙〘解剖〙立方骨の. ——男〘単複同形〙立方骨 (= hueso ~).

cu·bre·ba·ñe·ra [ku.βre.ba.ɲé.ra] 男〘時に〙囡〘スポ〙スプレースカート：カヤックなどで水が入ってこないように操舵席を覆うもの．

cu·bre·bo·tón [ku.βre.bo.tón] 男〘服飾〙ボタンカバー．

cu·bre·ca·de·na [ku.βre.ka.ðé.na] 囡（自転車の）チェーンカバー．

cu·bre·ca·ma [ku.βre.ká.ma] 男 ベッドカバー．

cu·bre·cor·sé [ku.βre.kor.sé] 男 女性がコルセットの上につけていた下着．

cu·bre·cos·tu·ras [ku.βre.kos.tú.ras] 囡〘単複同形〙〘服飾〙（装飾も兼ねた）継ぎ当て用の細い布，鉤裂(鍔)補修テープ．

cu·bre·jun·tas [ku.βre.xún.tas] 男〘単複同形〙〘技〙継ぎ目板．

cu·bre·me·sa [ku.βre.mé.sa] 男《ラ米》テーブル掛け．

cu·bre·ob·je·tos [ku.βre.oβ.xé.tos] 男〘単複同形〙（プレパラートの）カバーガラス．

cu·bre·piés [ku.βre.pjés] 男〘単複同形〙（ベッドに掛けて足を暖める）小型の上掛け；足掛け布団．

cu·bri·ción [ku.βri.θjón / -sjón] 囡（動物の）交尾．

cu·bri·mien·to [ku.βri.mjén.to] 男 **1** 覆うこと；（特に屋根・外装などの）覆い．
  2（屋根ふき材など）覆いをするために使われるもの．
  3 サービスエリア，電波やサービスなどの及ぶ範囲．

* **cu·brir** [ku.βrír] 73 他 過分 は cubierto 〗
  1《con... …で》覆う；〈建物の〉屋根をふく． ~ el suelo *con* la alfombra 床をじゅうたんで覆う．
  2《con... …で》〈表面を〉つくろう；（仮面などをかぶって）隠す． Él *cubría* su malicia *con* amabilidad. 彼は見せかけの優しさの下に悪意を隠していた．
  3 かばう，守る；援護する． Este método nos *cubrirá* contra cualquier accidente. この方法で私たちはどんな事故からも守られるだろう．
  4《de... …で》〈表面を〉いっぱいにする；（穴などを）埋める．
  5〈仕事のポストを〉埋める，補充する；…に就く． Hay más de treinta solicitudes para ~ una plaza. ひとつのポストをめぐって30以上の応募があります．
  6《de... …を》浴びせる． La *cubrieron* de alabanzas. 彼女はべたぼめされた．**7**（新聞記者が）〈事件などを〉追う，取材する． ~ unas elecciones 選挙を取材する．**8**〘行程〙走破する，進む． El atleta *cubrió* los primeros 10 kilómetros en un tiempo récord. その走者は最初の10キロを記録的なタイムで進んだ．**9**（費用などを）まかなう，カバーする；（必要・要求を）満たす． No sé si el presupuesto va a ~ todas las necesidades del proyecto. 私は予算がプロジェクトの経費をすべてカバーするかどうか知りません．**10**〘スポ〙〈相手（チーム）の選手を〉マークする；〈守備範囲を〉守る．**11**〈雌と〉交尾する．**12**（サービスなどについて）〈場所を〉カバーする．
  —— ~**se** 再 **1**《de... …を》浴びる，たくさん受け取る． ~*se de* gloria 栄光に輝く．**2** 帽子をかぶる[かぶりなおす]．**3**〈自分の体（の一部）を〉覆う；《de... / con... …を》身にまとう，羽織る． *Se cubrió* la cara con las manos. 彼[彼女]は手で顔を覆った． *Cúbrase* ya, por favor. もう洋服を着てください．**4**（空が）曇る；《3人称単数・無主語で》曇る． De repente *se ha cubierto* el cielo. 突然空が曇った．**5**《con... …で》覆われる．**6**〈仕事のポストが〉埋まる．[←[ラ] *cooperīre* (*com*-「完全に」+ *operīre*「覆う」) 関連 cubierta, cobertura, descubrir, encubrir. 英 *cover*]

cu·ca [kú.ka] 囡 **1**《話》ペセタ，お金．**2**〘昆〙毛虫．**3**〘植〙カヤツリグサ類，シペルス類 (= chufa)；球根を飲み物にする．**4**《複数で》ドライフルーツ入り菓子．**5** 賭(か)け事の好きな女．**6**《ラ米》《ペル》《俗》女性器．

cu·cam·bé [ku.kam.bé] 男《ラ米》《コロン》《ﾒｷｼｺ》〘遊〙隠れんぼう．

cu·ca·mo·nas [ku.ka.mó.nas] 囡《複数形》《話》甘え；へつらい，追従．

cu·ca·ña [ku.ká.ɲa] 囡 **1**〘遊〙宝棒：脂・石けんなどを塗った棒の先に賞品を付け，よじ登って取った者にその賞品が与えられる．
  2《話》もうけもの，授かりもの；思わぬ幸運．

cu·ca·ñe·ro, ra [ku.ka.ɲé.ro, -.ra] 形 抜けめのない，如才ない． ——男 囡 如才ない人，抜けめのない人．

cu·car [ku.kár] 102 他 **1** ウインクする，目配せする (= guiñar)．**2**（猟師等に）〈仲間に〉獲物が近いことを知らせる． ——自 〈アブ・ハチに刺された動物が〉驚いて跳ね回る[走り出す]．

cu·ca·ra·cha [ku.ka.rá.tʃa] 囡 **1**〘昆〙ゴキブリ，アブラムシ．**2**〘動〙ワラジムシ．**3**《ラ米》(1)《ｱﾙｾﾞﾝ》《ﾎﾟﾘﾋﾞｱ》（路面電車の）牽引(鎛)車両． (2)《ｱﾙｾﾞﾝ》《*ﾁﾘ*》《ｳﾙｸﾞ》《話》ぽんこつ車．[cuca より派生？]

cu·ca·ra·che·ro, ra [ku.ka.ra.tʃé.ro, -.ra] 形《ラ米》《話》(1)《ﾒｷｼｺ》ご機嫌取りの． (2)《ｺﾛﾝ》《ﾁﾘ》ずるい，悪賢い． (3)《ｸﾞｱﾃ》の． ——男《ラ米》《*ﾁﾘ*》ゴキブリの巣． ——囡 ゴキブリ取り器．

cu·car·da [ku.kár.ða] 囡 **1** 花形帽章．**2** 馬勒(ば)飾り．**3**（石工用の）鉄槌(鎛)．

cu·ca·rro [ku.ká.ro] 形《修道士が》生臭の，俗世にまみれた；〈子供が〉修道服姿の．

cu·cha [kú.tʃa] 囡《ラ米》《ｺﾛﾝ》(1)《親愛》ママ，お母さん．(2)《話》女性の教師．

Cu·cha [kú.tʃa] 固名《ラ米》《ｱ》《ｺﾛﾝ》クーチャ：Agustina の愛称．

* **cu·cha·ra** [ku.tʃá.ra] 囡 **1** スプーン，さじ；スプーンに入る量． ~ sopera / ~ de sopa スープ用のスプーン． ~ de palo 木製のさじ． una ~ de azúcar 砂糖スプーン一杯． → cucharilla．
  2 玉じゃくし，柄杓(鎛)；スプーン形の道具．
  3〘機〙（動力シャベルなどの）バケット．**4**〘海〙（船の）あかくみ．**5**《ラ米》(1)（左官の）こて．(2)

《話》すり, かっぱらい. (3)《中》(なん)(ちり)泣き出しそうな顔, 泣きべそ. hacer ~《話》泣きべそをかく, 泣き出しそうな顔をする. (4)《ラプ》《話》仕事, 職.

cuchara de viernes《ラ米》(*)《口語》お節介な人, しゃばり.

meter... a+人 con cuchara (de palo)《話》〈人〉にーを詳しく教える. ***Me metieron con*** ~ **el latín clásico.** 私は古典ラテン語をたたきこまれた.

meter la cuchara en... …に余計なお節介を焼く, でしゃばる.

[←《古スペイン》*cuchar(e)*←《ラ》*cochleār*.《関連》cucharada, cucharón]

cu·cha·ra·da [ku.tʃa.rá.ða]《女》大さじ[スプーン] 一杯(の量). una ~ de aceite スプーン一杯分の油. una ~ colmada [rasa] スプーン山盛り[すり切り] 一杯.

cu·cha·ra·di·ta [ku.tʃa.ra.ðí.ta]《女》小さじ一杯(の量). dos ~s de harina 小さじ2杯分の小麦粉.

cu·cha·re·ar [ku.tʃa.re.ár]《他》《ラ米》《口語》〈情報を〉聞き出す. ─《自》→ cucharetear.

cu·cha·re·ro [ku.tʃa.ré.ro]《男》→ cucharetero.

cu·cha·re·ta [ku.tʃa.ré.ta]《女》**1**《植》(スペインAndalucía 地方産の)小麦の一種. **2**《鳥》ヘラサギ. **3**《獣医》(羊の)肝炎. [cuchara +縮小辞]

cu·cha·re·te·ar [ku.tʃa.re.te.ár]《自》《話》**1**(スプーンで)かき回す. ~ en... …をスプーンでかき混ぜる. **2** 他人のことにくちばしを入れる, いらぬ世話を焼く.

cu·cha·re·te·ro [ku.tʃa.re.té.ro]《男》スプーンラック.

cu·cha·ri·lla [ku.tʃa.rí.ja ‖ -.ʎa] / **cu·cha·ri·ta** [ku.tʃa.rí.ta]《女》**1** ティー[コーヒー]スプーン, 小さじ; 小さじ一杯(の量). una ~ de sal 小さじ一杯の塩. **2** (川釣り用の)スプーン. **3**《鉱》(削岩機用の)かき出し棒. **4**《獣医》(豚の)肝臓病.

cu·cha·rón [ku.tʃa.rón]《男》(盛り付け用の)大きなスプーン, おたま; おたま一杯(の量).
[cuchara +増大辞]

cu·che [kú.tʃe]《男》《ラ米》《動》ブタ.

cu·ché [ku.tʃé]《形》アート紙の. papel ~ アート紙.

cu·che·ta [ku.tʃé.ta]《女》《ラ米》(船)二段ベッド.

cu·chí [ku.tʃí]《男》《ラ米》《口語》《動》ブタ.

cu·chi·che·ar [ku.tʃi.tʃe.ár]《自》(de... …について)ささやく, ひそひそ話をする.

cu·chi·che·o [ku.tʃi.tʃé.o]《男》ささやき, ひそひそ話. Se oyó un ~ detrás de la puerta. ドア越しにひそひそ話が聞こえた.

cu·chi·chí [ku.tʃi.tʃí]《男》ヤマウズラ[イワシャコ]の鳴き声.

cu·chi·chiar [ku.tʃi.tʃjár]《81》《自》〈ヤマウズラ・イワシャコが〉鳴く.

cu·chi·fri·to [ku.tʃi.frí.to]《男》《ラ米》《口語》豚の内臓の揚げ物; (一般に)揚げ物.

cu·chi·lla [ku.tʃí.ja ‖ -.ʎa]《女》**1** (大型の)ナイフ, 包丁, 肉切り包丁. **2** (包丁・かみそり・武器などの)刃. **3**《ラ米》(1) 山・山脈の尾根, 稜線. (2)《中》丘陵. (3)《ラプ》《話》帯状に伸びた土地の先端の狭いところ. (4) ナイフ, 小刀. (5)《カリ》《服飾》(衣服の)あき. (6)《カリ》山頂.

cuchilla
(肉切り包丁)

cara cortada con una cuchilla やせてとがった顔.

pantalones de cuchilla《ラ米》(*)《服飾》ベルボトムのズボン.

cu·chi·lla·da [ku.tʃi.já.ða ‖ -.ʎá-]《女》**1** (刃物で)切ること, 刺すこと. dar una ~ 突く, 刺す. dar de ~s a+人〈人〉を刺す. matar a+人 a ~s 〈人〉を刺し殺す. **2** 切り傷, 刺し傷. **3** (衣服の)スラッシュ, 切れ込み. **4**《複数で》けんか. andar a ~s にらみ合う, 激しい敵意を抱く.

cu·chi·llar [ku.tʃi.jár ‖ -.ʎár]《形》ナイフの(ような).

cu·chi·lla·zo [ku.tʃi.já.θo ‖ -.ʎá- / -.so]《男》→ cuchillada **1**.

cu·chi·lle·rí·a [ku.tʃi.je.rí.a ‖ -.ʎe.-]《女》刃物製造所; 刃物屋; 刃物屋の多い地区[通り].

cu·chi·lle·ro, ra [ku.tʃi.jé.ro, -.ra ‖ -.ʎé.-]《男》《女》**1** 刃物職人; 刃物売り. **2**《ラ米》けんか好き, すぐ刃物を使う人. ─《男》**1** (金属製の)だが留め金. **2**《建》(真束(ばん)と梁(はり)を固定する)留め金.

cu·chi·llo [ku.tʃí.jo ‖ -.ʎo]《男》1** ナイフ. afilar un ~ ナイフを研ぐ. ~ de monte ハンティングナイフ. ~ de cocina 包丁. ~ de mesa テーブルナイフ. ~ de pescado [carne] 魚[肉]用ナイフ. ~ de trinchar カービングナイフ. ~ de postre デザートナイフ. ~ de pan パン切りナイフ. ~ mangorrero 切れ味の悪いナイフ. **2**《主に複数で》《服飾》ゴア, まち. **3**《建》トラス(=~ de armadura). **4** イノシシのきば. **5** (冷たい)すき間風 (=~ de aire). **6** 三角形のもの; 三角地. **7**《鳥》(タカの)次列風切り羽. **8**《ラ米》《口語》外科医.

pasar a cuchillo a+人〈占領[征服]した土地の人々・捕虜などを〉殺す.

tener el cuchillo en la garganta 脅迫されている.

[←《ラ》*cultellum* (*cultellus* の対格; *culter* 「小刀」+縮小辞);《関連》cuchillada. 《仏》*couteau*. 《英》*cut*]

cu·chi·pan·da [ku.tʃi.pán.da]《女》《話》ごちそう; 宴会, どんちゃん騒ぎ. ir de ~ ごちそうを食べる; どんちゃん騒ぎをする.

cu·chi·tril [ku.tʃi.tríl]《男》**1** むさくるしい家, 狭く汚い部屋. **2** 豚小屋.

Cu·cho [kú.tʃo]《固名》《ラ米》(*)《ペ》クーチョ: Agustín の愛称.

cu·cho, cha [kú.tʃo, -.tʃa]《形》《ラ米》(1) 背骨の湾曲した. (2)《ラプ》口蓋裂の. ─《男》《女》《ラ米》《話》(1)《中》ネコ, ネコちゃん; (猫を呼ぶときなどの)ニャンニャン. (2)《ラプ》《軽蔑》猫背の人, 背中の湾曲した人. (3)《ラプ》鼻ぺちゃ; 兎唇(ミッ)の. (3)《ラプ》兎唇の人.
─《男》《ラ米》(1)《話》《親愛》パパ, お父さん. (2)《カリ》《ラプ》穴; 不潔な場所; 巣窟. (3)《カリ》《ラプ》狭苦しい部屋; 部屋の隅っこ.

cu·chu·che·ar [ku.tʃu.tʃe.ár]《自》**1** → cuchichear. **2**《話》陰口をたたく.

cu·chu·flé [ku.tʃu.flé]《男》《ラ米》(チリ)《話》(1) むさくるしい場所. (2) 刑務所, 監獄.

cu·chu·fle·ta [ku.tʃu.flé.ta]《女》《話》冗談, からかい. gastar ~s a+人〈人〉をからかう, 冗談を言う.

cu·chu·fle·te·ro, ra [ku.tʃu.fle.té.ro, -.ra]《男》《女》《話》冗談を飛ばす人, ふざけ屋.

cu·chu·gos [ku.tʃú.gos]《男》《複数形》《ラプ》《カリ》《ラプ》《馬》鞍嚢(あんのう).

cu·chum·bo [ku.tʃúm.bo]《男》《ラ米》(*)《カリ》さいころつぼ; さいころ遊び. (2)(*)《じょうご》《ラプ》桶.

cu·cli·llas [ku.klí.jas ‖ -.ʎas] *en cuclillas* しゃがんで. ponerse *en* ~ しゃがむ, うずくまる.

cu·cli·llo [ku.klí.jo ‖ -.ʎo]《男》**1**《鳥》カッコウ(=cuco). **2** 不貞な妻の夫, 妻を寝取られた男.

cu·co [kú.ko] 男《ラ米》(1)(話)(子供を脅す)おばけ. (2)(ｺﾞﾘ)《複数で》《服飾》パンティー.

Cu·co [kú.ko] 固名 ククロ：Enrique の愛称.

cu·co, ca [kú.ko, -.ka] 形《話》 **1**《女性語》(ser+ / estar+) すてきな, かわいい. **2** ずるい, 腹黒い.
— 男 女《話》ずるいやつ, 腹黒いやつ.
— 男 **1**《鳥》カッコウ. reloj de ~ はと時計. **2** いかさま師, ぺてん師. **3** 赤ん坊を載せるかご. **4**《昆》毛虫. **5**《遊》トランプゲームの一種.
*hacer*le *cuco (a...)*《ラ米》(ｺﾞﾘ)《話》…をからかう, ばかにする.

cu·cú [ku.kú] 男《擬》 **1** (カッコウの鳴き声) カッコー. **2** カッコウ[ハト]時計.

cu·cu·fa·to, ta [ku.ku.fá.to, -.ta] 形《ラ米》《話》(1)(ﾌﾞｴﾉｽ)(ﾁﾘ)信心ぶった. (2)(ｷ)ほろ酔い気分の；頭がおかしい. — 男 女《ラ米》(ﾌﾞｴﾉｽ)(ﾁﾘ)《話》信心ぶった人, 偽善者.

cu·cui·za [ku.kwí.θa / -.sa] 女《ラ米》リュウゼツランの繊維[糸].

cu·cu·lla [ku.kú.ja ‖ -.ʎa] 女《服飾》ずきん；ずきん付き修道服.

cu·cúr·bi·ta [ku.kúr.bi.ta] 女 **1**《化》蒸留器, レトルト (= retorta). **2**《植》カボチャ.

cu·cur·bi·tá·ce·o, a [ku.kur.bi.tá.θe.o, -.a / -.se.-] 形《植》ウリ科の.
— 女 ウリ科の植物；《複数で》ウリ科.

cu·cu·ru·cho [ku.ku.rú.tʃo] 男 **1** (食べ物を入れる円錐(ｽｲ)形の) 紙袋；円錐形のもの；アイスクリームのコーン. **2** (聖週間の行列でかぶる) 顔まで覆うとんがりずきん. **3**《ラ米》(1)(ｺﾛ)(ｺｰﾝに載せた)アイスクリーム. (2)(ﾁﾘ)(ｺﾞﾘ)(ﾍﾟﾙｰ)山頂；頂.

cu·cuy [ku.kúi] / **cu·cu·yo** [ku.kú.jo] 男《ラ米》(ﾒｷ)→cocuyo.

cue·ca [kwé.ka] 女《ラ米》(ﾁｽ)クエカ：ボリビア・ペルー・チリの舞踊.

cuece(-) 活 →cocer.

cue·cho [kwé.tʃo] 男《ラ米》(ｺﾞﾘ)《複数で》《話》かけら, 小片, 端切れ.

cue·co [kwé.ko] 男《ラ米》(ｺﾞﾘ)《俗》女性っぽい男性.

cuel- 活 →colar².

cuelg- 活 →colgar.

cuel·ga [kwél.ga] 女 **1** (果物などを) つるして干すこと；《集合的》つるしてある物《野菜》. de ~《果物》つるし干しに適した. **2**《ラ米》(1)(ﾒｷ)(ﾎﾝｼﾞｭｰﾗｽ)《話》誕生日の贈り物. (2)(ｺﾞﾘ)(ｷ)滝.

cuel·ga·ca·pas [kwel.ga.ká.pas] 男《単複同形》コート掛け.

cuel·gue [kwél.ge] 男《話》 **1** (麻薬などによる)トリップ, 陶酔. **2**《*por*... …に》首ったけなこと, 夢中になっていること.

cuelgue(-) 活 →colgar.

cue·lli·cor·to, ta [kwe.ji.kór.to, -.ta ‖ -.ʎi.-] 形 首の短い (↔cuellilargo).

cue·lli·er·gui·do, da [kwe.jjer.gí.ðo, -.ða ‖ -.ʎjer.-] 形 首をぴんと伸ばした.

cue·lli·lar·go, ga [kwe.ji.lár.go, -.ga ‖ -.ʎi.-] 形 首の長い (↔cuellicorto).

cue·llo [kwé.ʎo / -.ʎo] 男 **1**《解剖》首, 頸部(ｹｲﾌﾞ). Llevaba un pañuelo al ~. 彼[彼女]は首にスカーフを巻いていた.
2 (衣服の) **首周り**, ネック, カラー. ~ alto ~ (de) cisne ハイネック. ~ a (la) caja クルーネック. ~ de marinero セーラーカラー. ~ de pico V ネック. ~ vuelto タートルネック.
3 首状のもの；(容器などの)くび, くびれの部分. Agarra el ~ de la bombilla. 電球のくびれた部分をつかみなさい. ~ uterino / ~ de útero《解剖》子宮頸管 (= cérvix). **4**《建》(柱頭下の) 頸部. **5**《ラ米》(ﾒｷ)《話》不満, 失望.

cortar [*retorcer*] *el cuello a*+人《人》をひどい目に遭わせる, 懲らしめる；首をはねる. Si no vienes mañana, *te cortaré el* ~. 明日来なかったら, ただじゃおかないからね.
cuello de botella (1) 障害, 進行を防げるもの[人], ボトルネック. (2) 狭い通路；交通渋滞(部分).
de cuello blanco ホワイトカラーの.
hablar para el cuello de la camisa《話》小さな声で話す.
jugarse [*apostar*(*se*)] *el cuello a que*+直説法《確信》…であることを誓う (► 1 人称・現在形で用いることが多い). *Me apuesto el* ~ *a que* él *va a* llegar tarde. 彼は絶対に遅刻するよ.
levantar el cuello 立ち直る；襟を立てる.
meterse hasta el cuello en...《話》…にどっぷりつかる, はまる.
salirse por el cuello de la camisa《話》(人が)がりがりにやせている.
[←[ラ] collum.[関連] collar, descollar. [ポルトガル] colo. [仏] cou. [伊] collo. [英] collar「カラー」]

cue·llón, llo·na [kwe.jón, -.na ‖ -.ʎón, -.ʎo.-] 形《ラ米》(ﾒｷ)《話》実現不可能な, 高望みの.

cuel·mo [kwél.mo] 男 たいまつ.

cuen·ca [kwén.ka] 女 **1**《地理》流域, 沿岸. la ~ del Ebro エブロ川流域. (2) (鉱物の)埋蔵地帯, 鉱床 (= ~ minera). ~ petrolífera 油田. (3) 盆地. **2**《解剖》眼窩(ｶﾞﾝ) (= órbita). **3** (物ごい・托鉢(ﾀｸ)の) 椀(ﾜﾝ), 木鉢.

Cuen·ca [kwén.ka] 固名 クエンカ. (1) スペイン中東部の県；県都. 旧市街は世界遺産に指定 (1996年登録). (2) エクアドル南部の都市.

cuen·ca·no, na [kwen.ká.no, -.na] 形 (エクアドルの)クエンカの. — 男 女 クエンカの出身者[住民].

cuen·co [kwén.ko] 男 **1** ボウル, 鉢.
2 くぼみ. el ~ de la mano くぼめた手のひら.

cuen·da [kwén.da] 女 (かせ糸を結わえる) 糸.

cuent- 活 →contar.

cuen·ta [kwén.ta] 女 **1 計算**, 数えること. echar [hacer] ~s de... …の計算をする. ~ atrás 秒読み, カウントダウン.
2 勘定, 会計；請求書, 勘定書. ¿Nos puede traer la ~, por favor? 会計をお願いします. Cargue los gastos en mi ~. 出費は私の勘定につけておいてください.
3《商》貸借勘定；口座；《主に複数で》収支会計. abrir una ~ en el banco 銀行に口座を開く. ~ de caja キャッシュアカウント. ~ de pérdidas y ganancias 損益勘定. ~ de crédito 信用取引, つけ. ~ corriente [de ahorro] 当座[貯蓄]預金.
4 弁明, 釈明. pedir ~s 説明を求める. rendir ~s 釈明する. Tienes que darle ~ de tus actos. 彼[彼女]に君の行動を説明しなくてはならない.
5 考慮, 配慮. También tenemos que tener en ~ su edad. 彼[彼女]の年齢も考慮しなくてはいけません. **6** (人の)注意, 責任. Lo hice por mi ~. 私はそれを自分の(責任)でした. Eso es ~ nuestra. それは私たちの問題だ. Este encargo corre de mi ~. その依頼は私の担当だ.
7 利益, 利. No me trae ~ ir a la reunión. 私

は会合へ行ってもあまり意味がない. trabajar por ～ ajena [propia] 雇われている[フリーで働く].

8 《主に複数で》プラン, 計画；仕事, やるべきこと. ～s galanas 夢物語. Nos salieron mal las ～s. 私たちの計画はうまく行かなかった. **9** 《ネックレスなどの》珠. un collar de ～s de cristal ガラス珠のネックレス. **10**〖IT〗アカウント. ～ de correo メールアカウント. ～ de usuario ユーザーアカウント.

― 活 → contar.

a cuenta 手付けで, 前金で.
a cuenta de... …の代わりに, …の代償で.
ajustar cuentas 〈何人かの人が〉勘定を精算する.
ajustar las cuentas a+人 〈脅し〉断固とした対応をする, 〈人〉と話をつける, 決着をつける. Ya les *ajustaremos las cuentas*. いまにみていろ.
caer en la cuenta de+名詞／*que*+直説法…に［…であることに］気づく. ¿Cuándo *caíste en la cuenta del* error? 君, いつ間違いに気づいたの.
con cuenta y razón 用心深く.
con su *cuenta y razón* 〈人〉の欲得ずくで.
cuenta a la vista 一覧払いの預金.
cuenta a plazo 定期預金.
dar cuenta de... (1)…について釈明する. (2)《話》…を始末する, 平らげる.
darse cuenta de... **…に気づく**, …を認識する. sin *darse* ～ 気づかずに. *darse* ～ *de que*+直説法 …であると気づく.
echar cuentas 考える, 熟考する.
en resumidas cuentas 要するに.
estar fuera de cuentas 〈妊婦が〉出産予定日を過ぎている, 出産真近である.
habida cuenta de... …を考慮して. *habida* ～ *de* todo esto このこと全てを考慮すると.
hacer las cuentas de la lechera 皮算用をする.
la cuenta de la vieja 《話》指を使う計算. Podrías saber cuánto cuesta en total haciendo *la* ～ *de la vieja*. 指で数えても, それがいくらになるのか分かるだろう.
las cuentas del Gran Capitán 皮算用；夢物語.
más de la cuenta 過度に, あまりに(も多く). Pesa *más de la* ～. (それは)重すぎる.
no querer cuentas con+人 〈人〉との付き合いを控える.
perder la cuenta de... (数が多くて)…の数がわからなくなる；《古ず》…を思い出せない.
por cuenta propia 自営で[の].
por cuenta (*y riesgo*) *de*+人 〈人〉の責任で. ▶ *de*+人 は所有形で現れる場合がある.
por la cuenta que le *trae* (*a*+人) 〈人〉の都合で, 〈人〉の利益のために. Te lo digo, *por la* ～ *que te trae*. 君のためを思えばこそ君にそう言っているのだからな.
por mi cuenta 私の考えでは.
rendir cuentas a+人 〈人〉に(状況を)説明する.
salir a cuenta 都合のいい, 価値がある.
tener [*tomar*]*... en cuenta* …を考慮に入れる.

cuen·ta·chi·les [kwen.ta.tʃí.les] 男女《単複同形》《ラ米》《ﾒｷｼ》《話》うわさ好きな人；けちん坊, しみったれ.

cuen·ta·co·rren·tis·ta [kwen.ta.ko.r̃en.tís.ta] 男女 当座預金者.

cuen·ta·cuen·tos [kwen.ta.kwén.tos] 男女《単複同形》(聴衆を前にして)物語を聞かせる人. ― 男 お話をする出し物, 語り聞かせ, 講談.

cuen·ta·dan·te [kwen.ta.dán.te] 形 受託人の. ― 男女 (財産などの)受託者, 被ม託者.

cuen·ta·go·tas [kwen.ta.gó.tas] 男《単複同形》スポイト；点眼器.
con [*a*] *cuentagotas* (ほんの)少しずつ；けちけち[ちびちび]と.

cuen·ta·hí·los [kwen.ta.í.los] 男《単複同形》(織物の糸の本数を数えるための)拡大鏡.

cuen·ta·ki·ló·me·tros / cuen·ta·qui·ló·me·tros [kwen.ta.ki.ló.me.tros] 男《単複同形》〖車〗(1) 走行距離計. (2) 速度計(= velocímetro).

cuen·ta·mu·sa [kwen.ta.mú.sa] 女《ラ米》《ｸﾞｱﾃ》《話》うそつき.

cuen·ta·pa·sos [kwen.ta.pá.sos] 男《単複同形》歩数計；万歩計(= podómetro).

cuen·ta·rre·vo·lu·cio·nes [kwen.ta.r̃e.βo.lu.θjó.nes / -.sjó.-] 男《単複同形》〖機〗〖車〗タコメーター, 積算回転計.

cuen·ta·vuel·tas [kwen.ta.βwél.tas] 男《単複同形》→ cuentarrevoluciones.

cuen·ta·zo [kwen.tá.θo / -.so] 男《ラ米》《ﾁﾘ》《話》大うそ, おおぼら.

cuen·te·ar [kwen.te.ár] 自《ラ米》(1)《話》うわさする, 陰口を言う. (2)《ﾒｷｼ》《話》うそをつく. ― 他《ラ米》《ｴｸｱ》《話》言い寄る；ちゃほやする.

cuen·te·ci·to [kwen.te.θí.to / -.sí.-] 男 お話 (→ cuento.) ～ de hadas おとぎ話.

cuen·te·re·te [kwen.te.ré.te] 男《ラ米》《ﾁﾘ》《話》うわさ話；うそ, 作り話.

cuen·te·ro, ra [kwen.té.ro, -.ra] 男女 **1** うわさ好きの人. **2**《ラ米》《ｷ》《ｴｸｱ》詐欺師, ぺてん師.

cuen·tis·ta [kwen.tís.ta] 形 **1**《話》《軽蔑》うわさ好きな. **2**《話》《軽蔑》ほらふきの；大げさな. **3** 短編作家の. ― 男女 **1**《話》《軽蔑》うわさ好きな人. **2**《話》《軽蔑》ほらふき；大げさな人. **3** 短編作家；(物語などの)語り手. **4**《ラ米》《ｴｸｱ》《話》ぺてん師, 詐欺師, 食わせ者.

cuen·tís·ti·co, ca [kwen.tís.ti.ko, -.ka] 形 短編の, お話[短編]のような.
― 女〖文学〗(ジャンルとしての)短編.

cuen·ti·tis [kwen.tí.tis] 女《単複同形》《話》仮病.

※※cuen·to [kwén.to] 男 **1** 物語；〖文学〗短編小説；お話, 寓話. ～ de hadas おとぎ話. contar un ～ お話をする.

2 作り話, 言い訳. Todo eso es puro ～ para faltar a la clase. それはすべて授業をさぼるための言い訳だ. Se me hace ～. 《ラ米》《ｴｸｱ》《話》信じない, まゆつばのする.

3 (根も葉もない)うわさ話, 告げ口；出任せ. ¡No me vengas con ～s! つまらないうわさ話はもういいよ.
― 活 → contar.

cuento chino 《話》出任せ, 訳のわからない話.
el cuento de la lechera 《話》夢物語, 根拠のない楽観的な計画.
el cuento de nunca acabar 《話》堂々巡り, やってもやっても終わらないこと[もの].
tener (*mucho*) *cuento* / *tener más cuento que Calleja* 〈人が〉話が大げさである.
traer... a cuento …を(話に)持ち出す.
venir a cuento (*de...*) (…に)関連する, 時宜を得ている. Lo dijo sin *venir a* ～. 彼[彼女]は的外れにそれを言った.
vivir del cuento 《話》働かずに生活する.

[← [ラ]*computus*「計算」(動詞 *computāre*「計算

cuentón

する；詳細を数え上げる）に関連して「物語」の意味が生じた．[関連] contar, cuenta．[仏] *conte*「小話」．[英] count「数える」．

cuen·tón, -to·na [kwen.tón, -.tó.na] [形][話] うわさ好きな, おしゃべりな.
━[男][女] うわさ好きな人, おしゃべり.

cue·ra [kwé.ra] [女]《ラ米》(1)（動物の）皮；革ひも. (2)《中米》革の脚絆（きゃはん）, すね当て. (3)《中南米》革の上着. (4)《中南米》むち. (5)《ラプラタ》《中南米》《俗》むち打ち.

cue·ra·zo [kwe.rá.θo / -.so] [男]《ラ米》鞭（むち）打ち.

‡**cuer·da** [kwér.ða] [女] **1** 綱, 縄, ロープ. atar con ～s ロープで固定する. **2**《音楽》弦, ガット；《集合的》弦楽器（パート）；《合唱の》声域, 声部. cuarteto de ～ 弦楽四重奏団. **3**《機》ぜんまい. reloj de ～ ぜんまい仕掛けの時計. **4**《集合的》(縄・鎖でつながれた）囚人. **5**《主に複数で》《解剖》帯, 靭索. ～s vocales 声帯. **6**《数》弦, 曲線上の2点を結ぶ直線. **7**《スポ》リングロープ；（陸上トラックの）内側のトラック；（新体操の）縄. **8**《ラ米》(1)《中米》《俗》《話》《遊》（子供の）縄跳び. (2)《ラプラタ》《話》不良グループ. (3)《中米》ボス, 頭.

bajo cuerda 隠れて, こっそりと.
contra las cuerdas (人が)窮地に立った.
cuerda floja 綱渡りのロープ. en la ～ *floja* ふらふらした, 不安定な. bailar [andar, estar] en la ～ *floja*《話》難しい立場[苦境]に立っている.
dar cuerda a... (1)…にぜんまいを巻く, （機械などを）セットする. (2)…をけしかける, …に水を向ける. (3)…を長びかせる.
por cuerda separada《ラ米》《法》個別に.
ser de la misma cuerda （考えなどが）似たりよったりである, 同じ穴の狢（むじな）である.
tener cuerda para rato《話》(1)（人が）饒舌（じょうぜつ）である. (2) 長続きする, 息が長い.

［← [ラ] *chordam (chorda* の対格) ← [ギ] *khordḗ*「腸線（でできた弦）」；[関連] [英] cord「綱, コード」, *chord*「弦」]

cuer·do, da [kwér.ðo, -.ða] [形] **1**（estar+）正気の（↔*loco*). **2**（ser+）慎重な；分別のある. Es una persona muy *cuerda*, y nos podemos fiar de él. 彼はたいへん慎重な人だから, 信用してもいい.
━[男][女] **1** 正気の人. **2** 慎重な人；分別のある人.

cue·re·a·da [kwe.re.á.ða] [女]《ラ米》(1)《中米》(牛の) 皮はぎ；（皮の）乾燥. (2)《タイプ》《話》打つこと, むち打ち.

cue·re·ar [kwe.re.ár] [他]《ラ米》(1) むち打つ, たたく. (2)《中米》…の皮をはぐ；（皮を）乾燥（処理）する. (3)《中南米》《話》陰口をたたく, さんざん悪く言う.

cue·ri·to [kwe.rí.to] [男] *de cuerito a cuerito*《ラ米》《話》端から端まで；始めから終わりまで.

cue·ri·za [kwe.rí.θa / -.sa] [女]《ラ米》《中南米》《中米》《話》打つこと, むち打ち.

cuer·na [kwér.na] [女]《集合的》角, （シカなどの）枝角.

Cuer·na·va·ca [kwer.na.bá.ka] [固名] クエルナバカ：メキシコ中南部, Morelos 州の州都. 観光都市. ◆San Felipe 号で土佐（高知県）に漂着した（1596年）宣教師 San Felipe de Jesús を含む長崎26聖人殉教の壁画のある大聖堂がある.

［先住民 Tlahuica 人が付けた名称 *Cuauhnahuac*（原義は「林の近くの場所」）のスペイン語的音訳］

cuer·ne·ar [kwer.ne.ár] [他]《ラ米》《タイプ》《話》（特に女性が）浮気する.

‡**cuer·no** [kwér.no] [男] **1**（動物の）角. peine de ～ 角製のくし. **2** 角状のもの；角でできたもの. ～ de Amón アンモナイト. ～ de la abundancia《ギ神》豊穣の角 (→ *cornucopia*). ～ *cutáneo*《医》皮角. **3**（昆虫などの）触角. **4** 角笛. **5** 狩猟用らっぱ, ホルン. **3**《複数で》浮気の象徴；握りこぶしを作り, 人差し指と小指を立てる；妻・恋人を寝取られた男性に対する侮辱のジェスチャー. **6**《主に複数で》《間投詞的に》《怒り》《驚き》くそっ；えっ. **7**《天文》三日月の先端. **8** 側面. **9**《軍》翼, 側面部隊. **9**《ラ米》《中南米》《中米》クロワッサン.

en los cuernos del toro 危険な状態に.
importar un cuerno 全くどうでもよい. Me *importa un ～* lo que piensen de mí. みんなにどう思われようと構うもんか.
irse al cuerno《話》頓挫（とんざ）する, 失敗に終わる.
mandar [echar]... al cuerno《話》〈人〉を追い払う, 無視する, 絶交する；〈仕事など〉をやめてしまう.
oler a cuerno quemado《話》疑わしい, 怪しい.
poner en [levantar hasta] los cuernos de la Luna... …をほめちぎる, もてはやす.
poner los cuernos a+人（夫[妻, 恋人]）に対して浮気する.
romperse los cuernos《話》一生懸命頑張る；苦労する.
saber a cuerno quemado a+人《話》〈人〉を不快にさせる.
¡vete [váyase] al cuerno!《話》とっととうせろ, どけ.
¡(y) un cuerno!《話》まさか；とんでもない.

［← [ラ] *cornū*；[関連] cuerna, cornudo, cornear, corneta. [ポルトガル] [伊] *corno*. [仏] *corne*. [英] *horn*. [独] *Horn*]

‡**cue·ro** [kwé.ro] [男] **1** 革, なめし革 (= ～ *curtido*). chaqueta de ～ 革のジャケット. zapatos de ～ 革靴. ～ *artificial* 人造皮革, レザー. →*piel* [類語]. **2** 皮, 生皮；（人の）皮膚. ～ *en verde* 生皮. ～ *cabelludo*《解剖》頭皮. **3**（ワイン・オリーブ油などを入れる）革袋 (= odre). **4**《スポ》（特にサッカーの) ボール. **5**《ラ米》(1)《ラプ》《話》老婆. (2)《俗》思いうわさされる女性；売春婦. (3) 革鞭（むち). (4)《コロ》厚かましさ, ずうずうしさ. (5)《中南米》色女；情婦. (6)《中米》《ラプ》年寄り. (7)《中南米》《俗》美男, 美女. (8)《ラプラタ》揚げた豚の皮. (9)《中南米》《俗》婚約者, 恋人；仲間.

arriesgar el cuero《ラ米》《中米》《中南米》《話》命をかける.
en cueros (vivos)《話》丸裸で[の]；無一文の[で]. dejar a+人 *en* ～s〈人〉を丸裸にする；破産させる. quedarse *en* ～s すっからかんになる.
hecho un cuero 酔っ払った.

［← [ラ] *corium*；[関連] curtir]

cuer·pa·zo [kwer.pá.θo / -.so] [男] 美しくセクシーな体. →*cuerpo*.

cuer·pe·ar [kwer.pe.ár] [他]《ラ米》(1)《ラプ》《スポ》（人を）体で押し倒す. (2)《ラプ》《話》《困難・殴打から》体をかわす (= odre).
━[自]《ラ米》《ラプ》（ひらりと）体をかわす；巧みに逃れる.

‡**cuer·po** [kwér.po] [男] **1 身体**, 肉体；体付き. por todo el ～ 全身に. de medio ～ *entero*〈写真・肖像が〉全身の. de medio ～〈写真・肖像が〉上半身の. tener buen ～〈特に女性が〉スタイルがいい.

[関連] el cuerpo humano 人体：cabeza 頭. cabello / pelo 頭髪. cara 顔. frente 額. ceja 眉（まゆ). sien こめかみ. pestaña まつげ. ojo 目. mejilla 頬（ほお). nariz 鼻. boca 口. diente

歯. lengua 舌. labio 唇. mandíbula 下あご. barba あご；あごひげ. oreja 耳. cuello 首. garganta のど. nuez (de Adán) のどぼとけ. nuca うなじ, 首筋. espalda 背. hombro 肩. pecho 胸, 乳房. pezón 乳首. cintura 腰, ウエスト. flanco 脇腹. ombligo へそ. abdomen / vientre 腹. bajo vientre 下腹部. genitales 性器. trasero / nalgas 尻(ﾘ). brazo 腕. codo ひじ. mano 手. palma 手のひら. puño こぶし, 握りこぶし. pierna 脚, 下肢. muslo 腿(ﾓﾓ), 大腿. rodilla ひざ. pantorrilla ふくらぎ. pie 足. tobillo くるぶし. talón かかと. uña 爪(ﾂﾒ).

2 物体, 個体, 物質. ~ químico 化学物質.
3（人間・動物の）遺体. de ~ presente 遺体が安置されて. **4** 胴体；〈衣服などの〉身ごろ. **5**（ものの）主要部, 本体；〈書物・論文の〉本文, 本体部. armario de tres ~s 3段のたんす. el ~ de una carta 手紙の本文. formar [hacer] ~ con... …と合体する, …に収まる.
6（職業などの）団体, 集団. ~ diplomático 外交団. ~ de bomberos 消防団. ~ docente 教授陣. ~ de baile（ショーでソロの踊り手を除いた）群舞団. ~ de ejército 軍団. **7**（物体の）厚さ, かさ；（液体の）濃度, こく. vino de mucho ~ こくのあるワイン. **8**《印》（印字の）ポイント. **9**（作品の）集大成. ~ de doctrina 思想体系. ~ de leyes 法令集.
10《数》立方体（= ~ geométrico）；《天文》天体（= ~ celeste）；《解剖》体, 腺. ~ amarillo [lúteo]（卵巣の）黄体. ~ cavernoso 海綿体. ~ ciliar 毛様体. ~ tiroides 甲状腺.

a cuerpo de rey 至れり尽くせりで. *vivir a ~ de rey* 贅(ｾﾞｲ)を尽くした生活をする.
a cuerpo descubierto [limpio] 武器を持たないで, 素手で.
a cuerpo (gentil) コートなどを羽織らないで.
cuerpo a cuerpo 体をぶつけ合って.
cuerpo cortado 《ラ米》(ｸｻﾞ) 二日酔い.
cuerpo del delito 《法》罪体, 犯罪対象の物体.
dar con el cuerpo en tierra 《話》転ぶ, 倒れる.
dar cuerpo a... 〈計画などを〉具体化する, 現実化する.
echarse [meterse]... al cuerpo …をたいらげる, 飲みつくす.
en cuerpo y alma 《話》身も心も, すっかり. *entregarse en ~ y alma a...* …にすっかりはまる.
hacer [ir] de(l) cuerpo 《話》〈婉曲〉排便する.
no tener cuerpo para... 《話》…する気がしない.
*pedir*le... *el cuerpo (a+*人*)* 《話》〈人〉が…をしたいと思う. *Lo que me pide el ~ es ir de vacaciones.* 私がしたいのは休暇に行くことだ.
quedarse con... en el cuerpo …を黙っておく.
*revolvér*se*le el cuerpo (a+*人*)* 《話》〈人〉の気分が悪くなる.
tener cuerpo de jota 〈人が〉上機嫌である.
tener mal cuerpo 〈人が〉不調である.
tomar cuerpo 〈液体が〉濃くなる, 固まる；〈考え・計画などが〉具体化する.
[← [ラ] *corpus*；関連 corporación, corporal. [英] *corps, corpse, corpus, corporation*]

cue·ru·do, da [kwe.rú.ðo, -.ða] 形《ラ米》(**1**)《話》いらだたしい, 迷惑な. (**2**)(ﾀﾞｸ)(ﾌﾟ)形《話》厚かましい, ずうずうしい. (**3**)（馬などが）動きが鈍い；ぐずぐずした. (**4**)(ｾﾝﾀﾞｸ)《話》勇敢な, 勇ましい.

****cuer·vo**[1] [kwér.ßo] 男 **1**《鳥》**カラス**；ワタリガラス. ~ marino カワウ. ~ merino ミヤマガラス.
2 [C-]《星座》からす座.
Cría cuervos y te sacarán los ojos.《諺》飼い犬に手をかまれる（←からすを育てても目をほじくられるぞ）.
[← [ラ] *corvum* (*corvus* の対格)；関連 [ポルトガル] [伊] *corvo*. [仏] *corbeau*]

cuer·vo[2] [kwér.ßo] 男《ラ米》(ｸｻﾞ)《話》《軽蔑》黒人.

Cuer·vo [kwér.ßo] 固名 クエルボ. *Rufino José ~* (1844-1911). コロンビアの文献学者.

cues·co [kwés.ko] 男 **1**《話》大きなおなら.
2（モモなどの）種.

cuest- 活 → costar.

****cues·ta**[1] [kwés.ta] 女 **1** 坂；斜面. *subir [bajar] una ~* 坂を上る[下る].
2《地理》ケスタ, 層崖地形.
a cuestas (**1**) 背負って, おぶって. *llevar a un niño a ~s* 子供を背負っている. (**2**)（問題などを）抱えて. *Ana lleva a ~s la enfermedad de su suegro.* アナは舅(ｼｭｳﾄ)の病気という重荷を抱えている.
cuesta abajo [arriba] 坂を下って[上がって]. *ir ~ abajo* 坂を下って行く；〈調子などが〉下り坂である. *Hay que ir ~ arriba para el supermercado.* スーパーへは坂を上って行かなければならない.
cuesta de enero（クリスマスシーズンの出費の後の）1月の金欠.
en cuesta 傾斜した. *calle en ~* 坂になった通り.
*hacér*se*le cuesta arriba (a+*人*)* 〈人〉にとってつらい；〈人〉に大変な思いをさせる.
[← [古スペイン]「山腹」← [ラ] *costa*「肋骨；側」（→ *costa*「海岸」）；関連 costana, cuesto]

cues·ta[2] [kwés.ta] 活 → costar.

cues·ta·ción [kwes.ta.θjón / -.sjón] 女 募金集め.

****cues·tión** [kwes.tjón] 女 **1** **問題**, 論点；事柄. ~ *salarial* 給与問題. *plantear una ~* 問題を投げかける. *poner una ~ sobre el tapete* ある問題を議題にする. ~ *batallona* 論争点. ~ *candente* 白熱した問題. ~ *de confianza*（政府・内閣の）信任問題. ~ *previa* 先決問題. *Eso es otra ~.* それはまた別の問題だ.

類語 *cuestión* は調査・究明を要する「問題, 案件」で, 英語の *question* (質問) の意味には使われない. *pregunta(s) y respuesta(s)* は「質問と回答」. *hacer una pregunta* 質問をする[出す]. *¿Tiene alguna duda [pregunta]?* 質問はありますか. *preguntas del examen* 試験問題. *interrogatorio* は「尋問」. *cuestionario* は「調査［アンケート］の質問表」.

2 口論, 論争；面倒なこと. *No quiero cuestiones con nadie.* 私は誰ともごたごたを起こしたくない.
3〈古〉尋問, 拷問（= ~ *de tormento*）.
cuestión de... 約…. *En ~ de un mes llegó el paquete.* 約1か月で荷物が届いた.
en cuestión 問題の, 当該の, 例の.
en cuestión de... …に関して. *en ~ de deportes* スポーツに関しては.
la cuestión es (que)... 問題は…だ. *La ~ es encontrarla.* 問題は彼女を見つけられるかどうかだ.
no es cuestión de que+接続法 …というのはおかしい. *No es ~ de que todos tengamos que venir por él.* 彼のためにみんなが来ないといけないのはおかしい.
no sea cuestión que+接続法《話》…するといけないから.

poner... en cuestión …を問題視する.
ser cuestión de... (**1**)問題は…だ;…すればいいだけだ. *Si quieres hablar con ella, es ~ de llamarla.* 彼女と話したいなら電話をすればいい. (**2**)《時間を表す語句+*que*+接続法》…するまでほんの…だ.
[←〚ラ〛*quaestiōnem* (*quaestiō* の対格)「究明(すべき問題)」; *quaerere*「探す, 求める, 探求する」(→*querer*)より派生; 関連 cuestionario. 〚仏〛〚英〛*question*]

cues·tio·na·ble [kwes.tjo.ná.ble] 形 疑問の余地のある, 疑わしい (= discutible).

*****cues·tio·nar** [kwes.tjo.nár] 他 問題にする, 疑問視する. *Cuestionamos la propuesta del gobierno.* 私たちは政府の提案を問題視している.

cues·tio·na·rio [kwes.tjo.ná.rjo] 男 **1** アンケート用紙, 質問表. → *cuestión* 類語.
2 (授業・試験などの)テーマ.

cues·to [kwés.to] 男 丘, 小山.

cues·tor [kwes.tór] 男 **1**〚史〛(古代ローマ時代の)財務官, 執政官. **2** 募金を募る人.

cues·tu·ra [kwes.tú.ra] 女〚史〛(古代ローマ時代の)財務官〔執政官〕の職.

cue·te [kwé.te] 形〚ラ米〛(話)酒に酔った.
— 男《ラ米》(**1**)(メヒ)(ﾎﾝ)(ﾆｶ)(俗)ピストル. (**2**)(ｴﾙｻ)花火. (**3**)(ｱﾙｾﾞ)(俗)酪酊(する). *como cuete*《ラ米》(ﾁ)(話)とても速く.

cue·te·ar [kwe.te.ár] 自《ラ米》(ｴﾙｻ)(話)花火のように跳ぶ.
— **~·se** 再《ラ米》(**1**)(ﾆｶ)(話)酔っ払う. (**2**)(ｴﾙｻ)爆発する, 破裂する;(俗)死ぬ.

cue·to [kwé.to] 男 **1** 要害の地, 砦(とりで).
2 岩山(の頂).

*****cue·va** [kwé.ba] 女 **1** 洞窟, 洞穴. *las ~s de Altamira* (スペイン北部の Santander にある)アルタミラの洞窟. *~ de zorros* キツネの巣穴.
2 地下室;地下貯蔵室. **3**《ラ米》(**1**)(ｱ)(俗)幸運, つき. (**2**)(ｴﾙｻ)(ﾎﾝ)(ﾆｶ)女性便器. (**3**)(ｱ)(俗)尻(しり). *cueva de ladrones* 悪者の巣窟, 無法地帯.
[←〚俗ラ〛**cova*〔くぼみ〕←〚ラ〛*cavus*「穴」; 関連 cóncavo, cavar. 〚英〛*cave*]

cué·va·no [kwé.ba.no] 男 (ブドウなどを運ぶ)大きなかご, 背負いかご.

cuez- → cocer.

cue·za [kwé.θa / -.sa] 女 → cuezo.

cue·zo [kwé.θo / -.so] 男 (左官用の)ふね.
meter el cuezo(話)余計なことを言う〔する〕.

cu·fi·fo, fa [ku.fí.fo, -.fa] 形《ラ米》(ﾁ)(話)酔った.

cui [kúi, kwí] 男《複 ~(e)s》《ラ米》(ﾍﾟｪ)(動)テンジクネズミ, モルモット (= cuy).

cui·ca [kwí.ka] 女《ラ米》(ﾎﾟｯｸ)(**1**)〚動〛ミミズ.
(**2**)やせっぽち.

cui·ca·co·che [kwi.ka.kó.tʃe] 女《ラ米》(ｸﾞｱ)〚鳥〛モリツグミ.

cui·co, ca [kwí.ko, -.ka] 形《ラ米》(**1**)よそ者の. (**2**)先住民〔メスティーソ mestizo〕の. (**3**)(ﾁ)(話)きざな, 上品ぶった;金持ちの. (**4**)(ﾁ)(話)お節介な, でしゃばりの. (**5**)(ﾎﾟｯｸ)(ｱﾙｾﾞ)(話)やせた, やせ細った. (**6**)(ﾎﾟｯｸ)(話)虚弱な, ひ弱な. (**7**)(ﾎﾟｯｸ)(話)高慢な, うぬぼれた. (**8**)(ﾎﾟｯｸ)(話)小太りの.
— 男 女《ラ米》(**1**)よそ者. (**2**)先住民;メスティーソ. (**3**)(ﾁ)(話)きざな, 上品ぶった人;金持ち人. (**4**)(ﾎﾟｯｸ)(俗)(軽蔑)警察官, 巡査.

cui·da [kwí.ða] 女 (学校で)年少者の世話をする女生徒. — 共 → cuidar.

*****cui·da·do, da** [kwi.ðá.ðo, -.ða] 形 入念な, 手入れのよい.
— 男 **1**《*con*... …に対する》注意, 用心, 警戒. *Hay que tener ~ con los coches.* 車に気をつけなさい. *andarse con ~* 用心する.
2 心遣い, 配慮. *tener* [*poner*] *~ en...* …に配慮する. *Los objetos frágiles deben tratarse con ~*. 壊れやすいものは注意して扱わなくてはいけません. **3** 不安, 気がかり, 心配. *sentir* [*estar con*] *~* 心配している. *Pierde ~, que yo lo haré todo.* 君は心配しなくていいよ, 私がすべてやるから. **4** 管理, 監督;保護, 世話. *estar al ~ de...* …を世話している;…を担当している. *~ de la piel* スキンケア. **5** 介護;治療. *unidad de ~s intensivos* 集中治療室《略 UCI》〚英 ICU〛.
— 間投《*con*... …に》気をつけろ. *¡C~ con el perro!* 犬に注意しろ.
¡Allá cuidados! 誰が知るものか, 私には関係ない.
¡Cuidado que+直説法*!*(肯定文を強めて)…なんだよ,…だからな.
de cuidado 要注意の, 危険な. *estar* (*enfermo*) *de ~* (病状が)深刻重篤である. *Es un tacaño de ~*. やつは極めて悪質なけちだ.
tener [*traer*] *sin cuidado a*+人 (人)を心配させない, (人)が気にかからない. *Me trae sin ~ lo que hagas.* 君がやることには心配していない;君が何をしようが私はかまわない.

cui·da·dor, do·ra [kwi.ða.ðór, -.ðó.ra] 形 面倒を見る. — 男 女 **1**〚スポ〛トレーナー;(ボクシングの)セコンド. **2**《ラ米》(**1**)(*ﾒﾋ*)(ｸﾞｱ)子守, ベビーシッター. (**2**)(ｱﾙｾﾞ)守衛, 番人. (**3**)(ｸﾞｱ)(俗)付添人.

cui·da·do·sa·men·te [kwi.ða.ðó.sa.mén.te] 副
1 入念に, 丁寧に, 苦心して.
2 用心して, 注意深く, 慎重に.

*****cui·da·do·so, sa** [kwi.ða.ðó.so, -.sa] 形
1《*ser*+ / *estar*+》《*con*... / *de*... …に》入念な;注意〔用心〕深い;気をつかう. *~ de los detalles* 細かいところまで気がつく. *~ con su ropa* 服装に気をつかっている. **2**《*de*... …が》心配な, 気にかかる. *~ del resultado* 結果が気になる.

*****cui·dar** [kwi.ðár] 他 …に注意を払う;…の世話をする. *Cuida tus palabras.* 君は言葉に気をつけなさい. *Si no cuidas esas botas, no te durarán.* そのブーツの手入れをしないと長持ちしないよ.
— 自 **1**《*de*... …の》世話をする. *~ de un anciano* お年寄りの面倒を見る.
2《*de que*+接続法 …するように》気を配る, 注意する. *Cuide mucho de que el niño no coma demasiado.* 子供が食べすぎないように気をつけなさい.
3《*con*... …に》気をつける, 用心する. *Cuida con esa gente.* その人たちには気をつけなさい.
— **~·se** 再 **1** 体に気をつける, 自分の健康などに気を使う. *Cuídate mucho.* 君, 体に十分に気をつけなさい. **2**《*de*... …に》注意を払う, 気を配る. *Tenemos que cuidarnos mucho de no hacerle daño.* 私たちは彼〔彼女〕を傷つけないようにしなければなりません.
[←〚古スペイン〛*coidar*「考える」←〚ラ〛*cōgitāre*; 関連 cuidado, descuidar, cogitativo]

cui·do [kwí.ðo] 男 注意;世話.
— 共 → cuidar.

cuil·ca [kwíl.ka] 女《ラ米》(ｸﾞｱ)毛布.

cui·ni·que [kwi.ní.ke] 男《ラ米》(**1**)小さくてやせた人. (**2**)(ｸﾞｱ)〚動〛ジリス(の総称), (広く)リス.

cui·rí·a [kwi.rí.a] 囡《ラ米》《カリブ》《話》ビー玉.

cui·ta¹ [kwí.ta] 囡《文章語》悲しみ, 苦悩 (= pena). *Las ~s del joven Werther*《ゲーテ Goetheの》『若きウェルテルの悩み』.

cui·ta² [kwí.ta] 囡《ラ米》(1)《中米》《カリブ》(鳥などの)糞(ふん); 鳥もち. (2)《アンデス》〖遊〗縄跳びの縄.

cui·ta·do, da [kwi.tá.ðo, -.ða] 形 1 苦しんだ, 悲しんだ; 不幸な. 2 恥ずかしがりの, 内気な.
── 男 囡 1 苦しむ人, 受難者. 2 小心者, 内気な人.

cui·ta·mien·to [kwi.ta.mjén.to] 男 気弱さ, 小心.

cuit·la·co·che [kwiṭ.la.kó.tʃe // kwi.tla.-]《ラ米》→ huitlacoche.

cu·ja [kú.xa] 囡 1 寝台の骨組み. 2 (鞍(くら)につけた)革製の軍旗受け. 3《ラ米》(1) ベッド, 寝台. (2)《カリブ》封筒. (3)《コロン》包装紙.

cu·la·da [ku.lá.ða] 囡 1 しりもち.
2《比喩的》《俗》失言, 失態.
darse una culada《ラ米》へまをする, 粗相する.

cu·la·men [ku.lá.men] 男《話》(大きな)尻(しり).

cu·lan·tri·llo [ku.lan.trí.jo || -.ʎo] 男〖植〗ホウライシダ.

cu·lar [ku.lár] 形 1 (特に腸詰めについて)太い, 太い腸[直腸]で作った. 2《まれ》尻(しり)の[肛門(こうもん)の].

cu·la·ta [ku.lá.ta] 囡 1 砲尾; (銃の)床尾, 銃床.
2〖機〗シリンダーヘッド.
3 (馬などの)臀部(でんぶ), 尻(しり). 4《ラ米》(1)(家屋の)側面. (2)《カリブ》(野営の)小屋掛け.
salir el tiro por la culata 裏目に出る.

cu·la·ta·da [ku.la.tá.ða] 囡 (銃砲の)反動, 跳ね返り.

cu·la·ta·zo [ku.la.tá.θo / -.so] 男 1 銃尾での殴打. dar un ~ 銃尾で打つ. 2 (銃の発射の)反動. 3《ラ米》《アンデス》《カリブ》しりもち.

cul·cu·si·do [kul.ku.sí.ðo] 男《話》雑なかがり縫い, 繕い縫い.

cu·lé [ku.lé] 形《話》〖スポ〗(サッカー) FCバルセロナ F. C. Barcelona の.
── 男 囡 FCバルセロナのサポーター[賛助会員].

cu·le·ar [ku.le.ár] 自 1《話》尻(しり)を振る.
2《ラ米》《コロン》《俗》セックスをする.

cu·le·bra [ku.lé.βra] 囡 1〖動〗(一般的に毒を持たない)ヘビ(= serpiente). ~ *de cascabel* ガラガラヘビ. *hacer* ~ 蛇行する. (蒸留器の)らせん管. 3《話》混乱, 騒ぎ. 4 (コルクの)虫食いの穴. 5 新入りじめ. 6〖海〗ウォーム; 帆巻(ほまき)き用の細索. 7《ラ米》(1)《アンデス》《コロン》取り立て金, 勘定. (2)《中米》《カリブ》竜巻. (3) どしゃ降りの(雨).

cu·le·bra·zo [ku.le.βrá.θo / -.so] 男 からかい, 愚弄(ぐろう).

cu·le·bre·ar [ku.le.βre.ár] 自 1 (蛇のように)くねって進む, ジグザグに歩く, 蛇行する. 2《ラ米》《カリブ》《話》面倒なことを避ける.

cu·le·bre·o [ku.le.βré.o] 男 (蛇などが)くねって進むこと; くねるようなジグザグ歩き; 蛇行.

cu·le·bri·lla [ku.le.βrí.ja || -.ʎa] 囡 1〖医〗皮疹(ひしん); ヘルペス, 湿疹など. 2〖動〗小ヘビ; アシナシトカゲ. 3〖植〗テンナンショウの一種. 4〖軍〗(銃身に生じた)割れ目, 亀裂(きれつ).

cu·le·bri·na [ku.le.βrí.na] 囡 1 稲妻, 稲光.
2 (16–17世紀に用いられた)カルバリン砲.

cu·le·brón [ku.le.βrón] 男 1《話》《軽蔑》長編メロドラマ. 2 ずる賢い男, したたか者. 3 毒婦, 悪女. ▶ 男性形で使用. [culebra + 増大辞]

cu·le·co, ca [ku.lé.ko, -.ka] 形 1《ラ米》《話》家にばかりいる, 外出しない. (2) (鶏が)卵を抱こうとする, 巣につきたがる. (3)《アンデス》《中米》《コロン》《話》恋した, ほれた.
estar culeco con...《ラ米》《タリ》《中米》《コロン》《話》…に大喜びしている; 得意になっている.

cu·le·ro, ra [ku.lé.ro, -.ra] 形《ラ米》《カリブ》《俗》いかがわしい, 卑劣な, 卑怯な; 臆病な.
── 男 囡 肛門に麻薬を入れて運ぶ人.
── 男 1 おしめ, おむつ. 2《ラ米》《エクアドル》《中米》《カリブ》《俗》同性愛者, ホモセクシュアルの人.
── 囡 (ズボンの尻(しり)の)継ぎ当て; 汚れ.

cu·le·tín [ku.le.tín] 男 (子供用の)水泳パンツ.

cu·li [kú.li] 男 苦力(クーリー). [←[英] *coolie*]

cu·li·ba·jo, ja [ku.li.βá.xo, -.xa] 形《話》足の短い. ── 男 囡《話》足の短い人.

cu·li·che [ku.li.tʃe] 形《ラ米》《エクアドル》《話》臆病(おくびょう)な, 気の弱い.

cu·li·llo [ku.lí.jo || -.ʎo] 男《ラ米》(1)《ロデン》《話》恐れ. (2)《アルゼ》《まれ》小さな子供, ちょこまかした子供.

cu·li·llu·do, da [ku.li.ju.ðo, -.ða || -.ʎú.-] 形《ラ米》《ロデン》《話》臆病(おくびょう)な, 気の弱い.

cu·li·na·rio, ria [ku.li.ná.rjo, -.rja] 形 料理(法)の.

cu·li·ne·gro, gra [ku.li.né.gro, -.gra] 形《話》(馬などの)尻(しり)の黒い.

cu·li·pan·de·ar [ku.li.pan.de.ár] 自《ラ米》《カリブ》《話》しり込みする, 逃げ腰になる.

cu·li·pan·do, da [ku.li.pán.do, -.da] 形《ラ米》《ロデン》《俗》尻が小さな.

cu·li·pen·de·ar·se [ku.li.pen.de.ár.se] 再《ラ米》《カリブ》《話》おじけづく.

cu·li·rro·to, ta [ku.li.ró.to, -.ta] 形《ラ米》《ロデン》《話》ほろぎれの.

cu·li·sa·do, da [ku.li.sá.ðo, -.ða] 形《ラ米》《カリブ》〈髪が〉カールした, 縮れた.

cu·li·se·co, ca [ku.li.sé.ko, -.ka] 形《ラ米》《ロデン》《俗》尻が小さな.

cul·men [kúl.men] 男 頂, 頂点. *llegar al ~ / alcanzar el ~* 頂点に達する.

cul·mi·na·ción [kul.mi.na.θjón / -.sjón] 囡
1 頂点に達すること; 絶頂; 終わり, 終焉(しゅうえん).
2〖天文〗(天体の)子午線通過.

cul·mi·nan·te [kul.mi.nán.te] 形 1 最高の, 頂点の; 最高に達する. *en el momento ~ de la carrera* 円熟期に. 2〖天文〗〈天体が〉子午線上の.

cul·mi·nar [kul.mi.nár] 自 1 頂点[最高潮]に達する, 全盛を極める; 終わる. *Su carrera culminó en la presidencia.* 大統領になることで彼[彼女]の経歴は最高を極めた. 2〖天文〗〈天体が〉子午線を通過する. ── 他〈仕事などを〉終える.

*‡**cu·lo** [kú.lo] 男 1《話》尻(しり); 《俗》肛門(こうもん). *caer de ~* しりもちをつく. → nalga, trasero.
2《話》(器物の)底; 端. *el ~ de una copa* グラスの底. 3 底に残った液体. *En la botella apenas quedaba un ~ de vino.* 瓶にワインはほとんど残っていなかった.
con el culo al aire《話》(財政的に)逼迫(ひっぱく)して.
con el culo a rastras《話》せっぱ詰まって.
culo de mal asiento《話》尻の落ち着かない人.
culo de pollo《話》(靴下・衣類などの)不器用にかがった[繕った]所.
culo de vaso《話》度のきついレンズ; イミテーションの宝石.
dar por (el) culo a +人《俗》〈人〉をうんざりさせ

culombio 584

る；〈人〉とアナルセックスする.
  enviar [mandar]... a tomar por (el) culo 《俗》《不快・怒り・侮辱》〈人を〉追い出す；…を投げ出す,…と手を切る.
  ir de culo《話》〈人・ものごとが〉うまくいかない；〈人が〉急いでいる.
  lamer el culo a+人《俗》《軽蔑》〈人〉にへつらう, へいこらする.
  mojarse el culo《俗》危険を冒す.
  perder el culo《話》あわてふためく；《軽蔑》ぺこぺこする.
  ¡vete [váyase] a tomar por (el) culo!《俗》《不快・怒り・侮辱》向こうへ行け, 失せろ.

cu·lom·bio [ku.lóm.bjo] 男 【電】クーロン：電気量, 電荷《略 C》(= coulomb).

cu·lón, lo·na [ku.lón, -.ló.na] 形 **1**《話》《軽蔑》尻(½)の大きい. **2**《ラ米》(⅗)運のいい.
  ── 男《古語》傷病兵, 廃兵.

cu·lo·te¹ [ku.ló.te] 男 **1**《女性用下着の》ボクサーショーツ. **2**《自転車選手用》ショートパンツ,（ひざ丈の）スパッツ.

cu·lo·te² [ku.ló.te] 男 炉の底に残った溶解物.

cu·lot·te [ku.ló.te // -.ló(t)] 《仏》男〖複 ~s〗→culote¹.

****cul·pa** [kúl.pa] 女 **1**（過ちの）**責任**, 落ち度；罪. tener la ~ de... …の責任がある. pagar las ~s 罪を償う. pagar las ~s ajenas 他人の罪をかぶる. ~ grave 重罪, 大罪. ~ leve 小罪. ¿De quién es la ~? いったい誰のせいだ. No es ~ mía. それは私の責任ではない.
  ── culpar.

  〖類語〗*culpa* は広く法的・道徳的な違反. 刑法上の「罪」, 違約, 契約の不履行, 個人の道徳的責任に帰せられる過失・落ち度も含む. *falta* は「過失」. *delito* は広く刑法に触れる「罪」. *crimen* はふつう殺人など流血を伴う重大な「犯罪」について言う. *pecado* は神の教えに反する「罪」. los siete *pecados* capitales 七つの大罪.

  2（損害の）原因. La baja temperatura tiene ~ de la mala cosecha. 気温が低いのが不作の原因だ. **3**《法》過失.
  echar la(s) culpa(s) a+人 〈人〉に罪を着せる. Me echó la ~ de su retraso. 彼[彼女]は遅刻を私のせいにした.
  por culpa de... …のせいで.

cul·pa·bi·li·dad [kul.pa.βi.li.ðáð] 女 罪のあること；《法》有罪(↔ inocencia). declaración de no ~ 無罪判決. solicitar la declaración de ~（被告側が）有罪を認めて答弁する.

cul·pa·bi·lí·si·mo, ma [kul.pa.βi.lí.si.mo, -.ma] 形 culpable の絶対最上級.

cul·pa·bi·li·zar [kul.pa.βi.li.θár / -.sár] 97 他 →culpar.

***cul·pa·ble** [kul.pá.βle] 形 **1**（de... …について）罪がある；《法》有罪の. declararse ~ 有罪を認める. **2**（過ちの）責任がある. sentirse ~ のことで責任を感じる, うしろめたく思う. **3** 犯罪の.
  ── 男 女 **1** 罪のある人；《法》被告人；犯罪人.
  2 責任のある人. Él es el ~ de todo. すべて彼が悪いのだ.

cul·pa·ción [kul.pa.θjón / -.sjón] 女 罪[責任]を負わせること.

cul·pa·do, da [kul.pá.ðo, -.ða] 形 **1** 罪を犯した, 有罪の. **2** 非難された；訴えられた (= acusado). ── 男 女 被告人, 訴えられた人, 犯罪人.

cul·par [kul.pár] 他 (**de...** / **por...**) 〈…の〉罪[責任]を負わせる；〈…を〉責める, 非難する. Lo han culpado de homicidio. 彼は人殺しの罪で訴えられた. Los culpamos de nuestra derrota. 我々は負けたのを彼らのせいにした.
  ── ~·se 再 自らを責める, 責めを負う. Se culpa de negligencia por su parte. 彼[彼女]は自らの怠慢を自責している.

cul·pe·o [kul.pé.o] 男《ラ米》【動】クルペオ：Andes 一帯に生息するキツネ. [← (アラウカノ) culpen]

cul·po·so, sa [kul.pó.so, -.sa] 形 過失のある, 責任ある.

cul·ta [kúl.ta] 形 →culto.

cul·ta·la·ti·ni·par·la [kul.ta.la.ti.ni.pár.la]《話》気取った［文飾的な］文体；知ったかぶり（の話し方）.

cul·te·dad [kul.te.ðáð] 女 教養人ぶること；気取り, 文飾.

cul·te·ra·nis·mo [kul.te.ra.nís.mo] 男 **1**《文学》文飾［詩飾］主義. ♦ 17 世紀のスペインの詩人 Góngora の作風. 古典的教養をちりばめた華麗で晦渋(於)な文体. →gongorismo.
  2 気取った[きざな]文体[様式].

cul·te·ra·no, na [kul.te.rá.no, -.na] 形 文飾[詩飾]主義（作家）の. ── 男 女 文飾[詩飾]主義の作家.

cul·ti·par·lar [kul.ti.par.lár] 自 気取った言い方をする.

cul·ti·par·lis·ta [kul.ti.par.lís.ta] 形 気取った言葉遣いをする.

cul·ti·pi·ca·ño, ña [kul.ti.pi.ká.ɲo, -.ɲa] 形 教養人ぶった, 頭でっかちの.

cul·ti·va·ble [kul.ti.βá.βle] 形 耕作[栽培, 養殖]できる, 培養できる；（能力などを）育成できる.

cul·ti·va·ción [kul.ti.βa.θjón / -.sjón] 女 耕作, 栽培.

cul·ti·va·do, da [kul.ti.βá.ðo, -.ða] 形 **1** 耕作された, 栽培された, 培養された. perlas *cultivadas* 養殖真珠. **2** 教養のある；洗練された.

cul·ti·va·dor, do·ra [kul.ti.βa.ðór, -.ðó.ra] 形 耕作する, 栽培する. ── 男 女 耕作[栽培]者；励行者. ── 男 【農】耕耘(汶)機.

***cul·ti·var** [kul.ti.βár] 他 **1**〈土地を〉耕す；開墾[開拓]する. ~ el yermo 荒地を耕す.
  2〈作物を〉栽培する. En esta región se *cultivan* naranjas. この地方ではオレンジが栽培されている. **3** 養殖する；培養する. ~ ostras カキを養殖する. ~ bacterias 細菌を培養する. **4**（能力などを）育てる. ~ el talento 才能を磨く. ~ la amistad 友情を育む. **5**（学問などに）励む. ~ la poesía 詩作にいそしむ.
  [←《中ラ》*cultivāre*（《ラ》*cultus*「耕された」より派生）；関連 cultivación, cultura.《英》*cultivate*]

***cul·ti·vo** [kul.tí.βo] 男 **1** 耕作；栽培. poner en ~ 開墾[開拓]する. ~ de hortalizas 野菜栽培. ~ frutícola 果実栽培. rotación de ~s 輪作. ~ de regadío 灌漑農業. ~ de secano 乾地農法. ~ en bancales 階段耕作. terrazas de ~ 段々畑. ~ migratorio 移動耕作. ~ extensivo [intensivo] 粗放[集約]農業.
  2 養殖；培養. ~ de perlas 真珠の養殖. ~ de tejidos 組織培養. caldo de ~ 培養液. medio de ~ 培養基. **3** 育成, 養成；（芸術・学問の）実践, 修業. ~ de las artes 芸術の育成；情操教育.

****cul·to, ta** [kúl.to, -.ta] 形 **1**（多くは名詞＋）(**ser**＋) 教養のある；文化的な (↔ inculto). una persona *culta* 教養のある人.

2《多くは名詞+》教養のある人が使う；教養のある人にふさわしい. palabras *cultas* 教養語. **3** 文飾的な, 気取った (=culterano). **4** 耕作された；栽培された (↔inculto).
— 男 **1**〔宗〕崇拝, 礼拝. ~ a los dioses 神の崇拝. ~ a la Virgen 聖母崇拝. ~ de los antepasados 祖先崇拝. ~ de dulía 聖人〔天使〕への崇拝. ~ de hiperdulía 聖母への特別崇拝.
2 信仰. ~ católico カトリック信仰. libertad de ~s 信教の自由. disparidad de ~s 信仰の違いにより結婚が認められないこと. **3** 礼賛, 崇拝；熱中, 流行. ~ a la personalidad 個人崇拝. ~ a la belleza 美の礼賛. **4** カルト, カルト的集団. película de ~ カルト映画.
rendir [dar, tributar] culto a... …を崇拝する，たたえる.

cul·tor, to·ra [kul.tór, -.tó.ra] 形 崇拝する.
— 男 女 崇拝者, 礼拝者；〔古語〕耕作者.
-cultor, tora「栽培〔飼育〕に関連する〔携わる〕(人)」の意. -cultura の派生形容詞・名詞語尾. ⇒ agri*cultor*, olei*cultor*.

cul·trún [kul.trún] 男《ラ米》(ʦ) マプーチェ人 mapuche の儀式に用いられる太鼓.

cul·tual [kul.twál] 形 **1** 信仰の, 礼拝の. **2** 《まれ》文化の.

cul·tu·ra [kul.tú.ra] 女 **1 文化. ~ latinoamericana ラテンアメリカ文化. ~ clásica (ギリシャ・ローマの) 古典文化. ~ paleolítica 旧石器文化. nivel de ~ 文化水準.
2 教養. tener mucha ~ 教養の高い. ~ general 一般教養. **3** 修練, 鍛錬. ~ intelectual 知育. ~ física 体育. ~ moral 徳育.
[← 〔ラ〕 *cultūram* (*cultūra* の対格)「耕作」(*colere*「耕す」より派生)；関連 cultural, cultivar, culto. 〔英〕 *culture*〕

-cultura「耕作, 栽培, 飼育」の意を表す造語要素. ⇒ agri*cultura*, vitivini*cultura*. [← 〔ラ〕]

**cul·tu·ral [kul.tu.rál] 形《名詞+》(*ser* +》文化の, 文化的な；教養の. política ~ 教育政策. actividades ~*es* 文化的活動. bienes ~*es* 文化財. programas ~*es* 教養番組.

cul·tu·ra·lis·ta [kul.tu.ra.lís.ta] 形 文化主義の, 文化主義的な；(特に文学作品・芸術家などについて) 博覧強記の〔を誇示した〕.
— 男 女 文化主義者；博覧強記の〔を誇示する〕人.

cul·tu·re·ta [kul.tu.ré.ta] 男 女《話》《軽蔑》インテリ.

cul·tu·ris·mo [kul.tu.rís.mo] 男 ボディビル.

cul·tu·ris·ta [kul.tu.rís.ta] 形 ボディビルの.
— 男 女 ボディビルダー.

cul·tu·ri·za·ción [kul.tu.ri.θa.θjón / -.sa.sjón] 女 文明化, 開化.

cul·tu·ri·zar [kul.tu.ri.θár / -.sár] 97 他 文明化する, 先進化させる, 文化的な生活をもたらす.
~·se 再 文明化する, 教養を身につける.

cu·ma [kú.ma] 女《ラ米》(1)(ᴾ*) なた, 山刀. (2) (ᴳᵛ)(ᴵᶜ)(ᴬʳ)《俗》代母, 名付け親；隣近所の女友達.

cu·ma·ri·na [ku.ma.rí.na] 女《化》クマリン：植物系の芳香成分で, 香料などの原料になる.

cum·ban·cha [kum.báɲ.tʃa] 女《ラ米》(ᴴʳ)《話》酒盛り, どんちゃん騒ぎ.

cum·ban·che·ar [kum.baɲ.tʃe.ár] 自《ラ米》(ᴶʳ)《話》酒盛りをする, どんちゃん騒ぎをする.

cum·be·ar·se [kum.be.ár.se] 再《ラ米》《話》互いに誉め合う.

cum·bia [kúm.bja] 女《音楽》クンビア：コロンビアのカリブ沿岸地帯発祥の 4 分の 2 拍子のダンス [音楽].
cum·biam·ba [kum.bjám.ba] 女 → cumbia.
cúm·bi·la [kúm.bi.la] 男《ラ米》(ᴷᵘ) 同僚, 仲間.
cum·bo [kúm.bo] 男《ラ米》(1) (ᴾ*) 器, 椀 (ʷ). (2) (ᴾ*) 山高帽子. (3) (ᴳᵛ)(ʜᵒ) 水の容器.

cum·bre [kúm.bre] 女 **1 頂上, 山頂 (=cima). alcanzar [llegar a] la ~ 山頂に到達する. **2** 絶頂, 頂点. El futbolista está en la ~ de su carrera. そのサッカー選手は今キャリアのピークにいる. **3** 首脳会談, サミット. celebrar una ~ サミットを開催する. C~ Iberoamericana イベロアメリカ・サミット.
[← 〔俗〕 *culmine*；関連 culminación. 〔英〕 *culminate*〕

cum·bre·ra [kum.bré.ra] 女 **1**〔建〕(1) (屋根の) 棟木. (2) 楣 (ᵐᵃᵈ). **2** 山頂, 頂, 峰.

cu·me [kú.me] 男《ラ米》(ᴾ*)《話》末っ子.

cú·mel [kú.mel] 男 キンメル：キャラウェーの実のリキュール. [← 〔独〕 *Kümmel*]

cumbrera (棟木)

cu·mi·nar [ku.mi.nár] 他《ラ米》(ᴺᵢᶜ)(ᴾᵃ)《話》盗む, 横取りする.

cum·pa [kúm.pa] 男《ラ米》《話》仲間, 相棒.

cum·par·ci·ta [kum.par.θí.ta / -.sí.-] 固名 *La ~*『ラ・クンパルシータ』(► Gerardo Matos Rodríguez が作曲したタンゴの名曲).

cúm·pla·se [kúm.pla.se] 男《ラ米》遵守されるべきこと：発布する法令などの末尾に大統領などが記入する言葉.

cum·ple·a·ñe·ro, ra [kum.ple.a.ɲé.ro, -.ra] 男 女《ラ米》誕生日を迎えた人.

*cum·ple·a·ños [kum.ple.á.ɲos] 男《単複同形》**誕生日**；誕生日パーティー (=fiesta de ~). celebrar el ~ 誕生日を祝う. regalo de ~ 誕生日プレゼント. ¡Feliz ~! お誕生日おめでとう (ございます). ¿Cuándo es tu ~? 誕生日はいつですか.

cum·pli·da·men·te [kum.plí.ða.mén.te] 副 **1** 正しく, きちんと, しかるべく. Me ha devuelto el favor ~. 彼 [彼女] は私にきちんと返した.
2 完全に.

cum·pli·de·ro, ra [kum.pli.ðé.ro, -.ra] 形 **1** 期限が切れる, 満期になる. **2** 都合のよい, ふさわしい.

cum·pli·do, da [kum.plí.ðo, -.ða] 形 **1** 完了した；実現した；完全な. pago ~ 完済. una profecía *cumplida* 実現した予言. soldado ~ 兵役完了者. tener veinte años ~s 満 20 歳である.
2 礼儀正しい (=correcto). persona muy *cumplida* たいへん礼儀正しい人. un ~ caballero 非の打ち所のない紳士. **3** 大きめの, ゆったりした. un abrigo demasiado ~ だぶだぶのコート.
— 男 **1** 言葉, お世辞 (= alabanza). Basta de ~s. お世辞はもうたくさんだよ. **2** 礼儀；儀礼；堅苦しさ (= cortesía) (↔ grosería). andar(se) con ~s / hacer ~s 形式ばる, 融通が利かない. deshacerse en ~s 礼の限りを尽くす. devolver el ~ a+人〈人〉に返礼〔答礼〕する. Es una señora de mucho ~. 彼女は礼儀正しい女性だ.
de cumplido 儀礼上の, 名目上の. visita *de* ~ 儀礼 [表敬] 訪問.
por cumplido 礼儀として, 儀礼的に, 義理で.

cum·pli·dor, do·ra [kum.pli.ðór, -.ðó.ra] 形

cumplimentar

1 信頼できる. Es muy ~ en su trabajo. 彼の仕事は実に確かだ. **2** 務めを果たす. persona *cumplidora* de sus obligaciones 義務を果たす人.
—*圐* 信頼できる人. 義務を果たす人.

cum·pli·men·tar [kum.pli.men.tár] *他* **1** 儀礼訪問する, 表敬に行く. El ministro fue *cumplimentado* por el gobernador. 大臣は知事の表敬訪問を受けた.
2 〈命令を〉実行する；〈手続きを〉行う. ~ la orden del superior 上官の命令を遂行する. ~ un trámite 手続きをする. **3** 〈用紙に〉記入する.

cum·pli·men·te·ro, ra [kum.pli.men.té.ro, -.ra] *形* 〖話〗ばか丁寧な. —*男 女* 〖話〗ばか丁寧な人.

cum·pli·mien·to [kum.pli.mjén.to] *男* **1** (義務・責務の) 実行, 遂行. ~ de una orden 命令の遂行. ~ de los requisitos legales 法規の遵守. el ~ de un decreto 法令の施行. dar ~ a los nuevos estatutos 新しい法令を実施する. **2** (期限の) 満了, 満期. **3** 礼儀 (= cumplido) (↔ descortesía)；ほめ言葉. de ［por］~ 礼儀として, 義理で. sin ~s 無礼講で；気を遣わずに. **4** 補完物.
cumplimiento pascual 〖カト〗復活祭の義務：復活祭のころに果たすべき懺悔(げ), 聖体拝領など.

★★cum·plir [kum.plír] *他* **1** 〈基準などを〉満たす；〈任務・約束などを〉果たす. ~ una promesa 約束を果たす. Este producto *cumple* todos los requisitos técnicos. この製品はすべての技術的な条件を満たしている.
2 〈年令に〉なる, 満…歳になる. ~ ... años …歳になる (= hacer... años). ¡Que *cumplas* muchos más! これからもますますお元気で.
—*自* **1** 《con...〈任務・約束など〉を》果たす. ~ con su palabra 約束を果たす.
2 《con... ...に》敬意を払う. Acudió a la fiesta por ~ con su hermano. 彼[彼女]はパーティーに出席して兄への義理を果たした.
3 《a...》《...にとって》都合がいい；《...に》見合う. Esa conducta no *cumple a* su manera de ser. その行為は彼[彼女]の人となりにあわない. si *te cumple* 君の都合がよければ (▶ te は a... に相当). **4** 兵役を終える. Me queda un año y medio para ~. 私は兵役が終わるのに後1年半ある. **5** 〈期間などが〉終了する；満期になる. ¿Cuándo *cumplirá* la matrícula? いつ登録は終わるのでしょうか.
—**~·se** *再* **1** 〈期間などが〉終了する, 〈期限が〉切れる. Ayer *se cumplió* el plazo de la presentación de solicitudes. 昨日で願書の提出期間は終わりました.
2 《3人称で》〈約束などが〉満たされる, 果たされる；〈年が〉満ちる. Finalmente *se cumplió* su deseo. やっと彼[彼女]の望みがかないました.
por cumplir 義理で, 礼儀として.
[←〖ラ〗*complēre* (*com-*「完全に」+ *plēre*「満たす」)；関連 cumplimiento, complemento, completo. 〖英〗accomplish, complete]

cum·qui·bus [kuŋ.kí.bus] *男* 〖話〗銭, 金.

cu·mu·cho [ku.mú.tʃo] *男* 《ラ米》(^チ)山積み (の物)；群衆；掘っ建て小屋, バラック.

cu·mu·lar [ku.mu.lár] *他* → acumular.

cu·mu·la·ti·va·men·te [ku.mu.la.tí.ba.mén.te] *副* 〖法〗累積[追加]的に.

cu·mu·la·ti·vo, va [ku.mu.la.tí.bo, -.ba] *形* 累積[累加]的な (= acumulativo).

cú·mu·lo [kú.mu.lo] *男* **1** 山積, 積み重なり. un ~ de problemas 山積する諸問題. ~ estelar 星雲. **2** 〖気象〗積雲.

:cu·na [kú.na] *女* **1** 揺りかご. ~ colgante つり揺りかご. canción de ~ 子守歌. desde la ~ hasta la tumba 揺りかごから墓場まで.
2 出生地, 発祥(はっ)の地. Grecia, ~ de la civilización 文明発祥の地, ギリシア.
3 血筋, 家柄 (= estirpe, linaje). criarse en buena ~ 良家に育つ. de ilustre ~ 名門の.
4 乳児[幼児]期. Ha sido músico desde su misma ~. 彼は生まれながらの音楽家だ.
5 (牛の) 角と角の間. **6** 孤児院 (= casa [hogar] ~, inclusa). **7** (進水用の) 船架；(大砲の) 揺架.
8 (粗木な) つり橋. **9** 〖遊〗綾(あ)取り.
[←〖ラ〗*cūnam* (*cūna* の対格)；関連 acunar]

cu·nar [ku.nár] *他* 〈子供を〉揺りかごで揺する.

cun·ca·ba [kuŋ.ka.na] *女* 《ラ米》(1) (^{コロン}) 〖鳥〗カワラバトの一種. (2) (^チ) 毛虫.

cun·cu·no, na [kuŋ.kú.no, -.na] *形* 《ラ米》(^{コロン}) 〈動物が〉尾のない[短い].

cun·da [kún.da] *男* 〖隠〗何人かの麻薬常用者が車で麻薬を買いに行くこと；麻薬の売人のところに連れていってくれる車.

cun·de·ro, ra [kun.dé.ro, -.ra] *男 女* 〖隠〗麻薬常用者を売人のところまで車で運ぶ人.

cun·di·do [kun.dí.ðo] *男* (羊飼いに与える塩などの)調味料；(子供がおやつに食べるパンにつける)チーズ・ジャムの類.

cun·dir [kun.dír] *自* **1** 広がる, 広まる (= extenderse). *Cunde* la voz de que.... …というもっぱらのうわさだ. Las manchas de aceite *cunden* rápidamente. 油の染みはすぐににじむ.
2 膨れる；増加する. El arroz *cunde* al cocer. 米は炊くとかさが増える.
3 《a + 人》《人に》〈仕事などが〉はかどる；効率的である (= rendir). Por la mañana *le cunde* el trabajo. 彼[彼女]は午前中のほうが仕事がはかどる.

cu·ne·ar [ku.ne.ár] *他* 〈子供を〉揺りかごで揺する (= cunar). —**~·se** *再* 揺れのバランスをとる；肩を揺り動かして[腰を振って]歩く.

cu·ne·co, ca [ku.né.ko, -.ka] *男 女* 《ラ米》(^{ベネズ})〖話〗末っ子.

cu·nei·for·me [ku.nei.fór.me] *形* くさび形の；くさび形 [楔形(けっ)] 文字の. escritura ~ くさび形文字.

cu·ne·ne, na [ku.né.ne, -.na] *男 女* 《ラ米》(^{ベネズ})〖話〗末っ子.

cu·ne·o [ku.né.o] *男* 揺り動かすこと, 揺れ.

cu·ne·ro, ra [ku.né.ro, -.ra] *形* **1** 孤児院育ちの.
2 〈闘牛が〉養牧場不明の.
3 〈候補者が〉選挙区出身ではない.
—*男 女* **1** 孤児. **2** 選挙区出身ではない候補者.
—*男* 養牧場不明の闘牛.
—*女* (王子・王女の) 養育係, 揺籠(かご)係.

cu·ne·ta [ku.né.ta] *女* (道路の) 側溝, 溝.

cu·ni·cul·tor, to·ra [ku.ni.kul.tór, -.tó.ra] *形* 〖畜〗養兎(と)業の. —*男 女* 〖畜〗養兎業者.

cu·ni·cul·tu·ra [ku.ni.kul.tú.ra] *女* 〖畜〗養兎(と)(業).

cun·ni·lin·gus [kun.ni.líŋ.gus] *男* 《単複同形》クンニリングス.

cu·ña [kú.ɲa] *女* **1** くさび (= calce). sujetar con ~ (s) くさびで止める. **2** くさび状のもの；車輪止め；舗装用の石. ~ anticiclónica 〖気象〗くさび形高気圧部. ~ esférica 〖数〗球形くさび形. **3** (病人のための) 室内用便器. **4** 強引に割り込むもの[人]；

邪魔(者). **5** (新聞などの)埋め草. ~ publicitaria〖ラジオ〗〖TV〗スポット (CM). **6** 〘印〙(版面組み付け用)くさび. **7** 〘解剖〙楔(ｹﾂ)状骨. **8** 〘ラ米〙(1) (ﾀﾞｶ)(ﾌﾟ)〘車〙一人乗り自動車. (2) (ｺﾞﾝ)(ﾌﾟ)〘話〙コネ, うしろだて. tener ~ 顔が利く, コネがある.

meter cuña 不和を引き起こす.

No hay peor cuña que la de la misma madera. 〘諺〙同じ木材のくさびより悪いくさびはない(敵に回った身内や友人ほど恐ろしい者はいない).

ser buena cuña 〘話〙(太っていて)場所をとる.

*****cu·ña·do, da** [ku.ɲá.ðo, -.ða] 圐 義兄弟, 小舅(ｺｼﾞｭｳﾄ). ― 囡 義姉妹, 小姑(ｺｼﾞｭｳﾄﾒ). ― 囡 〘ラ米〙(ｾﾝ)(ｱﾒ)〘隠〙(親しみのこもった呼びかけ) 君.
[← 〘古スペイン〙「縁戚(ｴﾝｾｷ)」← 〘ラ〙*cōgnātus*「近親者」(*com-*「共に」+ *gnātus*「生まれた」); 関連 cognación. 〘英〙*cognate*]

cu·ñar [ku.ɲár] 他 (貨幣・メダルを)鋳造する.

cu·ñe·te [ku.ɲé.te] 圐 (オリーブなどを保存する)小さい樽(ﾀﾙ), 小樽(ｺﾀﾞﾙ).

cu·ño [kú.ɲo] 圐 **1** (貨幣・メダルなどの)打ち型, 金型; 刻印. **2** 〘軍〙くさび形隊形. **3** 〘ラ米〙(ﾁﾘ)印, スタンプ.

de nuevo cuño 新しく生まれた, 最近の. *palabra de nuevo* ~ 新語.

cuo·cien·te [kwo.θjén.te / -.sjén.-] 圐 → cociente.

cuod·li·be·to [kwoð.li.βé.to] 圐 **1** 専門的な議論. **2** (昔の大学で)自由題の卒業論文試験[論述]. **3** (面白半分・からかいの)嫌み.

*****cuo·ta** [kwó.ta] 囡 **1** 料金, 費用; 会費. ~ de enseñanza 授業料. ~ de entrada 入会金. carretera de ~ 有料道路. **2** 割り当て; 分担額. pagar su ~ 割り当てで額を払う. **3** 〘ラ米〙分割払い込み金. venta por ~s 割賦販売.

cuota de pantalla テレビ視聴率.

cuo·ti·dia·no, na [kwo.ti.djá.no, -.na] 形 (まれ) → cotidiano.

cup- 圉 → caber.

cu·pé [ku.pé] 圐 **1** 〘車〙クーペ(型自動車). **2** 4輪箱型馬車(2人[4人]乗り 4輪有蓋(ﾕｳｶﾞｲ)馬車 [= berlina]). **3** (まれ)乗合馬車の上前部にある座席.

Cu·pi·do [ku.pí.ðo] 固名 〘ロ神〙キューピッド: 恋愛の神. ギリシア神話の Eros に当たる.
[← 〘ラ〙*Cupīdō* (*cupīdō*「欲望」より派生); 関連 〘ポルトガル〙〘伊〙*Cupido*. 〘仏〙*Cupidon*. 〘英〙*Cupid*. 〘独〙*Cupido*]

cu·pla [kú.pla] 囡 〘ラ米〙一対, 一組.

cu·plé [ku.plé] 圐 20世紀初めに流行した短く軽快な歌謡 (= copla). [← 〘仏〙*couplet*]

cu·ple·tis·ta [ku.ple.tís.ta] 共 cuplé の歌手.

cu·po [kú.po] 圐 **1** 配当分, 割り当て分; 分担部分 (= cuota). El gobierno asignó a cada empresa el ~ de importación de carne bovina. 政府は各企業に牛肉の輸入割り当てを指定した. **2** 〘軍〙(市・町・村ごとに割り当てられた)徴兵人数. **3** 〘ラ米〙(ﾁﾘ) (1) 〘話〙監獄. (2) 容量.

*****cu·pón** [ku.pón] 圐 **1** クーポン券, 半券. ~ de descuento 割引チケット. ~ de pedido (切り取り)の注文[申込]用紙. ~ de cartilla de racionamiento 配給券. ~ de respuesta internacional 国際返信切手券. **2** 宝くじ券. **3** (債券の)利札, (証券から切り取る)配当券.

cu·po·na·zo [ku.po.ná.θo / -.so] 圐 〘話〙(スペイン盲人協会 ONCE が発行する)高額当選宝くじ.

cu·pre·sá·ce·o, a [ku.pre.sá.θe.o, -.a / -.se.-] 形 〘植〙ヒノキ科の[に属した].
― 囡 〘植〙ヒノキ科の植物; (複数形で)ヒノキ科.

cú·pri·co, ca [kú.pri.ko, -.ka] 形 〘化〙第二銅の. óxido ~ 酸化第二銅. sales *cúpricas* 塩化第二銅.

cu·prí·fe·ro, ra [ku.prí.fe.ro, -.ra] 形 銅を含む; 銅を産する.

cu·pri·ta [ku.prí.ta] 囡 〘鉱〙赤銅鉱.

cu·pro·ní·quel [ku.pro.ní.kel] 圐 **1** 〘化〙キュプロ・ニッケル, 白銅: 銅とニッケルとの合金. **2** 白銅貨.

cu·pro·so, sa [ku.pro.so, -.sa] 形 〘化〙第一銅の.

cú·pu·la [kú.pu.la] 囡 **1** 〘建〙丸屋根, ドーム; 天文台のドーム. la ~ de una iglesia 教会の円蓋. **2** 執行部, 本部. **3** 〘植〙殻斗(ｶｸﾄ): どんぐり・シイなど実の(下部の)堅い総包. ~s de bellota どんぐりの殻斗. **4** 〘海〙〘軍〙(旋回式)砲塔.

cúpulas de bellota (どんぐりの殻斗)

cu·pu·lí·fe·ras [ku.pu.lí.fe.ras] 囡 〘複数形〙〘植〙ブナ[殻斗(ｶｸﾄ)]科の植物.

cu·pu·li·no [ku.pu.lí.no] 圐 〘建〙(丸屋根上に設けた)頂塔.

cu·que·ar [ku.ke.ár] 他 〘ラ米〙(1) (ｷｭｰﾊﾞ)〘話〙(人に)迷惑をかける, うんざりさせる. (2) (ﾁﾘ)(ｺﾛﾝ)(ｴｸｱ)〘話〙けしかける, そそのかす.

cu·que·ra [ku.ké.ra] 囡 〘ラ米〙(ｴｸｱ)〘話〙かわいらしいもの[こと, 人].

cu·que·rí·a [ku.ke.rí.a] 囡 **1** 〘親愛〙かわいらしいもの. **2** ずる賢さ, 腹黒さ.

cu·que·ro [ku.ké.ro] 圐 腹黒い人間, 悪漢.

cu·qui·llo [ku.kí.ʝo ‖ -.ʎo] 圐 〘鳥〙カッコウ (= cuclillo). [cuco + 縮小辞]

cu·quí·si·mo, ma [ku.kí.si.mo, -.ma] 形 〘ラ米〙(ｴｸｱ)〘話〙とてもかわいい, きれいな.

*****cu·ra** [kú.ra] 圐 **1** 〘カト〙司祭. ~ párroco 主任司祭. ~ ecónomo 主任司祭代理. casa del ~ 司祭館.

2 〘話〙神父. Los casó el ~. 彼らは結婚式をその神父さんにあげてもらった. ▶ 呼びかけでは señor を付ける. ▶ 〘ラ米〙(ﾁﾘ)(ﾎﾞﾘﾋﾞｱ)〘植〙アボカド.

― 囡 **1** 治療; 処置; (治) 療法. ~s médicas 治療, 治療法. ~ primera 応急手当. hacer una ~ de aguas 水療法を受ける. ponerse en ~ 治療を受ける. **2** 治癒. una ~ milagrosa 奇跡的な回復. **3** (傷の)手当用品. **4** 〘ラ米〙(ﾁﾘ)〘話〙酔い.

― 圉 → curar.

cura de almas 魂の救済; 主任司祭としての務め.

este cura 〘話〙(ユーモアを交えて)我が輩, 小生.

no tener cura 〘話〙手の施しようがない.

[← 〘古スペイン〙「世話」← 〘ラ〙*cūra*; 関連 curar, curable, curioso. 〘英〙*cure*]

cu·ra·ble [ku.rá.βle] 形 治療できる, 治せる; 治癒しうる.

cu·ra·ca [ku.rá.ka] 圐 〘ラ米〙(ﾍﾟﾙｰ)〘史〙クラカ. ◆inca の村落共同体 Ayllu の首長. スペイン統治時代もその地位を保持した. inca 以外では cacique が一般的. inca の(ﾁﾘ) 司祭付き家政婦.

cu·ra·ción [ku.ra.θjón / -.sjón] 囡 **1** 治療, 手当. **2** 治癒, 回復. **3** (食品の)保存処理. **4** 〘ラ米〙(ﾁﾘ) 迎え酒.

cu·ra·di·llo [ku.ra.ði.ʝo ‖ -.ʎo] 圐 **1** 〘魚〙タラ; 干ダラ. **2** さらしリンネル.

cu·ra·do, da [ku.rá.ðo, -.ða] 形 **1** 治癒した, 治った. **2** 《de... …に》平気な, 慣れっこの. Estoy ~

curador 588

de espanto. 私はめったなことでは驚かない. **3** 《燻製(訟)・塩漬けなどの》保存処理された. jamón ～ 熟成した生ハム. **4** 《皮が》なめされた. **5** 《ラ米》《方》《(話)》酔っ払った. ―囲 保存処理. **2** 皮のなめし.

cu·ra·dor, do·ra [ku.ra.ðór, -.ðó.ra] 男女 《法》後見する, 保護する.
―男女 **1** 《法》後見人. ～ ad bona 《法》《禁治産者の》法定保護人. ～ ad lítem 《法》《未成年者の》法定後見人. **2** 《博物館の》学芸員, キュレーター.

cu·ra·du·rí·a [ku.ra.ðu.rí.a] 女 《法》後見人の職務, 保護者の任務.

cu·ra·lo·to·do [ku.ra.lo.tó.ðo] 男 《話》万能薬, 万病薬.

cu·ran·de·ris·mo [ku.ran.de.rís.mo] 男 民間療法, 呪術療法.

cu·ran·de·ro, ra [ku.ran.dé.ro, -.ra] 男女 民間療法師.

cu·ran·to [ku.rán.to] 男 《ラ米》《方》石焼き料理: 地面に穴を掘って石を焼き, その上で肉・魚・野菜を蒸し焼きにしたもの. チリ南部沿岸に浮かぶチロエ島の名物.

***cu·rar [ku.rár] 他 **1** 《a... 〈人・動物〉の》《病気・傷・体の部位を》**治療する**, 治す;《de... 〈病気・傷〉から》《人・動物を》回復させる,《人・動物に》治療を施す. El médico *me curó* la herida. その医師は私の傷の手当てをしてくれた (► me は a... に相当). Esta medicina te va a ～ pronto *de tu* enfermedad. この薬で病気はすぐに治りますよ.
2 《a + 人〈人〉の》《悪い状態・性向などを》矯正する, 正常化する;《de... 悪い状態・性向などから》〈人を〉回復させる. ～ la depresión うつ病を治す. ～ la adicción al tabaco 喫煙の習慣を断たせる. Su padre trató de ～*lo de* su miedo. 彼の父親は彼の恐れを取り除いてやろうと試みた.
3 《肉・魚などを》保存食《薫製》にする;《皮を》なめす;《木材などを》乾燥させる;《麻布などを》漂白する.
4 《ラ米》(1) 《*俗》《方》《人の》のろい[魔法]を解く. (2) 《ラミ》《ラミ》《話》酒に酔う.
―自 治療する, 治る. El enfermo *curó* en unos días. 病人は2・3日でよくなった. ► 再帰代名詞を伴って用いられることが多い. → 囲 **1**, **2**.
―～·**se** 再 **1** 《a... 〈人・動物〉の》《病気・傷などが》治癒する, 治る. Por fin *se me ha curado* la gripe. 私はやっと風邪が治った (► me は a... に相当).
2 《de...》《病気・傷など》から》〈人・動物が〉回復する;《…の》治療を受ける. El equipo ya *se había curado* de la derrota. チームはもう敗戦から立ち直っていた.
3 《話》酔っ払う. **4** 《ラ米》《*俗》《方》《話》《迎え酒で》悪酔いを覚ます.
curar de espanto a+人 《話》〈人〉を慣れっこにさせる, 驚かなくさせる.
curarse en salud 〈人が〉早めに手を打つ, 予防策を講じる. Por si acaso *me curo en salud*. 私は万が一のために手を打っておく.
[←〚ラ〛*cūrāre* 「世話をする; 看護する」;|関連| cura, (in)curable, procurar. 〚英〛*cure*.]

cu·ra·re [ku.rá.re] 男 クラーレ: アマゾンの先住民が矢の先にぬって用いる毒. まひ作用がある.

cu·ra·sa·o [ku.ra.sá.o] 男 キュラソー: オレンジの皮で味付けしたリキュール. ◆キュラソー島 Curazao 産のオレンジを原料としたのでこの名がある.

Cu·ra·sa·o [ku.ra.sá.o] 固名 →Curazao.

cu·ra·te·la [ku.ra.té.la] 女 →curaduría.

cu·ra·ti·vo, va [ku.ra.tí.βo, -.βa] 形 治療効果のある, 病気に効く, 治療用の.

cu·ra·to [ku.rá.to] 男 《カト》 **1** 司祭職.
2 《小》教区, 司祭管区 (= parroquia).

cu·ra·za·o [ku.ra.θá.o / -.sá.-] 男 →curasao.

Cu·ra·zao [ku.ra.θá.o / -.sá.-] 固名 キュラソー *Curaçao*: オランダ領アンティル諸島の島.

cur·co, ca [kúr.ko, -.ka] 形 《ラ米》《方》《軽蔑》《話》猫背の.

cúr·cu·ma [kúr.ku.ma] 女 《植》クルクマ, ウコン: インド産ショウガ科の植物で根茎を粉にしてカレー粉, 染料, 医薬などに用いる.

cur·cun·cho, cha [kur.kúŋ.tʃo, -.tʃa] 形 《ラ米》(1) 《方》《話》打ちひしがれた; 腹が立った. (2) 《ラ米》《ラ米》猫背の, 背中の湾曲した人. ―男 《ペ》《話》背中のこぶ.

cur·da [kúr.ða] 形 《話》酔った, 酔っ払った. Estoy ～. 僕は酔っ払った. ―女 《話》酔い, 酩酊(沈). *coger una* ～ 酔っ払う.

cur·de·a·do, da [kur.ðe.á.ðo, -.ða] 形 《ラ米》《ラプラ》《ラ米》《話》酒に酔った.

cur·do, da [kúr.ðo, -.ða] 形 クルドの (= kurdo).
―男女 クルド人: トルコ・イラン・イラクの国境地帯に住む遊牧民族. ―男 クルド語: イラン諸語の一つ.

cu·re·ña [ku.ré.ɲa] 女 **1** 砲架, 砲車.
2 銃床. **3** 石弓の木の部分.

cu·re·pa [ku.ré.pa] 形 **/ cu·re·pí** [ku.re.pí] 男 女 《ラ米》《ラプラ》《話》アルゼンチン人.

cu·rí [ku.rí] 男 《ラ米》(1) 《タ》《ラプラ》《メキ》《動》テンジクネズミ, モルモット. (2) 《ベネ》《方》《植》ナンヨウスギ.

cu·ria [kú.rja] 女 **1** 《法》《集合的》法曹, 法曹界. *gente de* ～ 法曹界の人々.
2 《カト》(1) *C*～ Romana [pontificia] ローマ教皇庁. (2) ～ diocesana 司教補佐.
3 《史》クリア: 古代ローマの社会組織の一つ.

cu·rial [ku.rjál] 形 ローマ教皇庁の. ―男 **1** 《史》ローマ教皇庁の聖職者. **2** 裁判所の事務職員.

cu·ria·les·co, ca [ku.rja.lés.ko, -.ka] 形 《軽蔑》法律尊重主義の, お役所的な, 形式主義の.

cu·ria·na [ku.rjá.na] 女 《昆》ゴキブリ.

cu·ria·ra [ku.rjá.ra] 女 《南米先住民の》細長い帆掛け船.

cu·ri·che [ku.rí.tʃe] 男 《ラ米》(1) 《チ》《話》《軽蔑》黒人, 肌の浅黒い人. (2) 《ボリ》沼, 湖.

cu·riel [ku.rjél] 男 《ラ米》《キ》《動》テンジクネズミ, モルモット.

cu·rio [kú.rjo] 男 《化》(1) キュリウム: 超ウラン元素《記号 Cm》. (2) キュリー: 放射能の単位.

cu·rio·sa [cu.rjó.sa] 形 →curioso.

cu·rio·sa·men·te [ku.rjó.sa.mén.te] 副 **1** 興味ありげに. **2** 《文頭で》奇妙にも;《+形容詞・副詞》不思議なくらいに. *C*～, ella llegó tarde ayer. 奇妙なことに彼女は昨日遅刻した. Sobre este asunto está ～ callado. 彼はこの件については不思議なくらい寡黙だ.

cu·rio·se·ar [ku.rjo.se.ár] 自 **1** 詮索(姉)する, かぎ回る (= fisgonear). *Está curioseando* por toda la casa. 彼[彼女]は家中をかぎ回っている. **2** 《軽蔑》首を突っ込む, お節介を焼く. **3** 《*por...*》《店など》を》冷やかす, 物色する. ～ *por* una librería 本屋で本をあさる. ―他 詮索する, かぎ回る. Los chicos *curioseaban* los cuartos de la casa. 子供たちは家の部屋部屋を珍しそうに見て回っていた.

cu·rio·si·dad [ku.rjo.si.ðáð] 女 **1 《*de...* / *por...*》…に対する》**好奇心**, 詮索好き. *sentir* ～ 好奇心を覚える. *despertar la* ～ *a...* …の好奇心をかきたてる. *con* ～ 物珍しく

に. por ～ 好奇心から，物好きで. Tengo ～ *por* saber en qué consiste el nuevo proyecto. 新しい計画がどういうものなのか知りたい. Mi hija está muerta de ～ *por* conocer al nuevo profesor. うちの娘は新しい先生のことが早く知りたくてしかたがない.
2 《主に複数で》おもしろいもの［こと］，珍しいもの［こと］；骨董品.
3 入念さ，きちょうめん；清潔さ. Todo lo hace con ～. 彼[彼女]はなんでもきちんとする.

***cu·ri·o·so, sa** [ku.rjó.so, -.sa]形 1《多くは名詞+》《ser+》**好奇心の強い**. Mi hermano *es* ～ por naturaleza. 私の兄[弟]は生まれつき好奇心が強い.
2《+名詞 / 名詞+》《ser+》**好奇心をそそる，珍しい**. anécdota *curiosa* おもしろいエピソード.
3《estar+》《por+不定詞 / de+名詞 …を》したがる；知りたがる. *estar* ～ *de noticias* 情報を得たがっている. La gente *está curiosa* por conocer la verdad. 人々は真実を知りたがっている.
4《estar+》清潔な，きちんとした. Su habitación siempre *está curiosa*. 彼[彼女]の部屋はいつもきちんとしている.
5《ser+》入念な，きちょうめんな；清潔好きな. Son muy ～*s* en su trabajo. 彼らはきちんとする.
6《軽蔑》詮索好きな. **7**《ラ米》(﹡﹡)(ﾒﾁﾞ)器用な，たくみな.
——男 女 **1**《軽蔑》詮索好きな人；野次馬.
2《ラ米》呪医，民間療法医，祈祷(ｷﾄｳ)師.
[←［ラ］*cūriōsum* (*cūriōsus* の対格) 「注意深い；知識欲のある」 < *cūra*「注意，世話」より派生, [関連] curiosidad. [英]*curious*]

cu·ri·ta [ku.rí.ta] 女《ラ米》(ｺﾞﾌ)絆創膏(ﾊﾞﾝｿｳ).
cu·ri·yú [ku.ri.jú] 男《ラ米》(ｱﾊﾞ)(ｳﾞ)動 大型のボア.
curl·ing [kúr.lin] [英] カーリング：氷上で円盤状の石を滑走させるスポーツ.
cu·rran·te, ta [ku.rán.te, -.ta] 形《話》働き者の，よく働く；働いている.
——男 女 労働者，サラリーマン；働き者.
cu·rrar [ku.rár] 自《俗》**1** 働く，仕事する.
2 圧勝する. **3** 殴る.
cu·rre [kú.re] 男《俗》仕事；職場.
cu·rre·la [ku.ré.la] 男 女 →currante.
cu·rre·lan·te, ta [ku.re.lán.te, -.ta] 男 女《話》→currante.
cu·rre·lar [ku.re.lár] 自《俗》働く (= currar).
cu·rre·le [ku.ré.le] 男《話》仕事.
cu·rre·lo [ku.ré.lo] 男《俗》→curre.
cu·rri·cán [ku.ri.kán] 男 **1**《海》トローリング用の釣り道具. pesca al ～ トローリング.
2《ラ米》(ﾁﾘ)(ｸﾞｱﾃﾏ)ひも.
cu·rri·cu·lar [ku.ri.ku.lár] 形 カリキュラムの；履歴書の.
cu·rrí·cu·lo [ku.rí.ku.lo] 男 **1** カリキュラム；シラバス. **2** 履歴書 (= currículum vitae).
cu·rrí·cu·lum [ku.rí.ku.lum] /
cu·rrí·cu·lum vi·tae [ku.rí.ku.lum̃ bí.t(a.)e] [ラ] 男 [複 currículos あるいはラテン語の表現を用いて currículum vitae, でも単複同形] 履歴書 (= currículo, historia personal).
cu·rrin·che [ku.rín.tʃe] 男 女《話》《軽蔑》**1** 三流の人. **2** 駆け出しの新聞記者.
cu·rri·to, ta [ku.rí.to, -.ta] 男 女《話》平社員.
——男《話》**1**《親愛》お仕事.
2 握りこぶしで頭をたたくこと，げんこつ.

cu·rro [kú.ro] 男《話》仕事(場).
Cu·rro [kú.ro] 固名 クロ：Francisco の愛称.
cu·rro, rra [kú.ro, -.ra] 形 ハンサムな；（外見に）うぬぼれた.
cu·rru·ca [ku.rú.ka] 女《鳥》ズグロムシクイ属の鳥の総称.
cu·rrus·co [ku.rús.ko] 男 → corrusco.
cu·rru·ta·co [ku.ru.tá.ko] 男《ラ米》(ﾌﾟｴ)《複数で》《俗》下痢.
cu·rru·ta·co, ca [ku.ru.tá.ko, -.ka] 形 取るに足りない. ——男 女 **1**《話》《軽蔑》(特に服装について)過度に流行を追う人. **2** 取るに足りない人.
cur·ry [kú.ri] [英]《料》カレー(料理)，カレー粉. arroz al ～ カレーライス.
cur·sa·do, da [kur.sá.ðo, -.ða] 形《estar+》《en…》熟達した，経験を積んだ. una chica muy *cursada en* historia de religión 宗教史に非常に精通した女性.
cur·sar [kur.sár] 他 **1**〈科目・講座などを〉受講する，履修する. ～ el doctorado 博士課程を修める.
2〈書類などの〉手続きをする. ～ una solicitud 申請書を提出する.
3〈命令を〉伝える，伝達する.
4〈手紙・電報を〉送る，発送する. ～ un telegrama 電報を打つ.
cur·se·ra [kur.sé.ra] 女《ラ米》(ｱﾙｾﾞ)《話》下痢.
cur·si [kúr.si] 形 **1**《話》《軽蔑》上品ぶった，気取った. **2**《話》これ見よがしの，わざとらしい. un piso muy ～ 悪趣味なマンション.
——男 女 上品ぶった人，気取った人.
cur·si·la·da [kur.si.lá.ða] 女 趣味の悪い言動.
cur·si·le·rí·a [kur.si.le.rí.a] 女 **1** 趣味の悪さ，悪趣味なもの. **2** 趣味の悪い言動.
cur·si·lí·si·mo, ma [kur.si.lí.si.mo, -.ma] 形 cursi の絶対最上級.
cur·si·llis·ta [kur.si.jís.ta ‖ -.ʎís.-] 男 女 **1**（短期講習の）聴講生，受講生.
2 研修生，職業訓練生. profesor ～ 教育実習生.
***cur·si·llo** [kur.sí.jo ‖ -.ʎo] 男 短期講座，講習会，実習. ～ de catalán カタルーニャ語講座. ～ de formación profesional 職業訓練コース.
cur·si·lón, lo·na [kur.si.lón, -.ló.na] 形 男 女 cursi + 増大辞.
cur·si·vo, va [kur.sí.βo, -.βa] 形《書体が》イタリック体の，草書体の. ——女 イタリック体（活字），草書体 (= letra *cursiva*).

***cur·so** [kúr.so] 男 **1**（連続）**講座，課程，コース；教科；学年**. ～ intensivo 集中講義. el primer ～ de la facultad 大学課程の 1 年. ¿Cuándo empieza el ～ académico? 学期はいつ始まるのですか.
2（集合的）受講者. Este ～ es brillante. この受講者たちはすばらしい.
3 (ことの)推移，進行. ～ postoperatorio 手術後の経過.
4（時間の）流れ，経過. en el ～ de un año 1 年の間で. en el ～ de la vida 生涯にわたって.
5（川などの）流れ. ～ alto[bajo] 上流[下流].
6〈天体の〉軌道.
7 流通，普及. moneda de ～ legal 法定通貨.
dar curso a… …を処理する，扱う；…に身を任す.
dar libre curso a…（感情などの）赴くままにする，…にひたる.
en curso 進行中の. año *en* ～ 今年.
en curso de… …が進行［処理］中の.

cursor

seguir su *curso* 順調に進む.
[←［ラ］*cursum*（*cursus* の対格）「走ること；走路, 進路」（*currere*「走る」より派生）；関連 cursar, cursivo. ［英］*course*］

cur·sor [kur.sór] 男 **1**【IT】カーソル；（計算尺などの）滑り子, カーソル. **2**《古語》飛脚.
cursor de procesiones《カト》行列の監督［責任者］.

cur·ti·do, da [kur.tí.ðo, -.ða] 形 **1**（**estar**＋）日に焼けた, 風雨にさらされた. Tiene la cara *curtida* por el sol. 顔がすっかり日に焼けている. **2**《estar＋》鍛えられた. *estar* ~ *contra el frío* 寒さに強い. **3**《estar＋》経験を積んだ, 老練な. *militar* ~ *un古参兵*. una persona *curtida* en negocios 商売に熟達した人. **4**《皮が》なめされた. **5**《ラ米》(_{ラプラ})（_{エクア}）よごれた, 色あせた.
━━男 女《皮の》ほこりまみれの, よごれた人；経験者.
━━男《皮の》なめし；《主に複数で》なめし革. industria de ~s 皮なめし業.

cur·ti·dor, do·ra [kur.ti.ðór, -.ðó.ra] 男 女 皮なめし職人.

cur·ti·du·rí·a [kur.ti.ðu.rí.a] 女 皮なめし工場.

cur·tiem·bre [kur.tjém.bre] 女《ラ米》→ curtiduría.

cur·tien·te [kur.tjén.te] 形 皮をなめす.

cur·ti·mien·to [kur.ti.mjén.to] 男 **1**（皮の）なめし. **2** 日焼け. **3** 慣れ, 鍛練.

cur·tir [kur.tír] 他 **1**《皮を》なめす. **2**《皮膚を》日に焼く, 鍛える. Los turistas dejaban ~ su piel tendidos en la arena. 観光客たちは砂の上に寝そべって肌を焼いていた. **3**《仕事・辛苦に》慣れさせる, 耐えさせる；《困難などが》人を強くする, 鍛える.
━━~**se** 再 **1**《皮膚が》日に焼ける, 風雨で鍛えられる. **2**《仕事・辛苦に》慣れる, 耐える. **3** 経験を積む, 熟達する. **4**《ラ米》(_{ラプラ})(_{中米})(_{ボリ})(_{コチ}) 汚れる, 汚くなる；染みる［ほこり］だらけになる.

cu·ru·bi·to [ku.ru.βí.to] 男《話》（組織や分野の）中枢, 頂点, 大きな影響を与えうる地位.

cu·ru·ca [ku.rú.ka] 女 → curuja.

cu·ru·cu·te·ar [ku.ru.ku.te.ár] 他《ラ米》(_{ラプラ})《話》《人の》心をつかむ.
━━自《ラ米》(_{コスタ}) 移動する.

cu·ru·ja [ku.rú.xa] 女【鳥】フクロウ.

cu·rul [ku.rúl] 形《古代ローマの》大官いすに座る資格のある；高位高官の.

cu·ru·ro [ku.rú.ro] 男《ラ米》(_チ)【動】コルロ［クルロ］ネズミ：テグー科の小型のネズミ. 穴を掘りながら地中を動くため, 畑などでは害獣とされる.

cu·ru·ro, ra [ku.rú.ro, -.ra] 男 女《ラ米》(_チ)《話》《軽蔑》黒人.

*cur·va [kúr.ba] 女 **1** 曲線（↔recta）；グラフ曲線. ~ *de nivel* 等高［等深］線. ~ *de natalidad* 出生率グラフ. ~ *de temperatura* 気温曲線.
2（道路などの）カーブ, 湾曲部. *coger [tomar] una curva* カーブを切る, カーブに入る. *sortear una* ~ カーブを巧みに曲がる. ~ *cerrada* 急カーブ. ~ *muy cerrada* ヘアピンカーブ. ~ *abierta* 緩いカーブ.
3《複数で》《話》（女性の）ボディーライン. **4**【海】肘材.
[*curvo*（←［ラ］*curvus*）の女性形の名詞化；関連 corvo. ［英］*curve*］

cur·va·do, da [kur.βá.ðo, -.ða] 形 湾曲した, カーブした.

cur·var [kur.βár] 他 曲げる, 湾曲［カーブ］させる（= arquear）. ~ *las cejas* まゆをつり上げる.
━━~**se** 再 曲がる, 湾曲する（= arquearse）. El peso de los años hacía que su espalda *se curvara* al andar. 寄る年波で, 彼［彼女］も歩くときに前かがみになっていた.

cur·va·tu·ra [kur.βa.tú.ra] 女 湾曲, カーブすること.

cur·vi·lí·ne·o, a [kur.βi.lí.ne.o, -.a] 形 曲線の, 曲線からなる.

cur·ví·me·tro [kur.βí.me.tro] 男（曲線の長さを計る）曲線計.

*cur·vo, va [kúr.βo, -.βa] 形 **1** 曲がった, たわんだ. *línea curva* 曲線.
2《ラ米》(_{メヒ})（_{ラプラ}）《話》X脚の, 足が曲がった. **(2)** (_{ラプラ})《話》左利きの.

cus·ca [kús.ka] 女《ラ米》**(1)** (_{ラプラ}) タバコの吸い殻. **(2)** (_{ラプラ})《話》酔い. **(3)**《俗》《軽蔑》売春婦, 娼婦（_{しょう}）. **(4)** (_{中米})《話》浮気な女.
hacer la cusca a＋人《人》に迷惑をかける, うんざりさせる.

cus·cha [kús.tʃa] 女《ラ米》(_{中米}) 安酒, 焼酎（_{しょうちゅう}）.

Cus·co [kús.ko] 固名 → Cuzco.

cus·cu·rro [kus.kú.řo] 男 パンの両端；【料】クルトン.

cus·cu·rrón [kus.ku.řón] 男 → cuscurro.

cus·cús [kus.kús] 男【料】クスクス：蒸した小麦の粗粒に肉・野菜を添えスープをかけた北アフリカの料理.

cus·cu·ta [kus.kú.ta] 女【植】ネナシカズラ.

cu·sir [ku.sír] 他《話》下手に繕う（つがう）.

cus·ma [kús.ma] 男《ラ米》→ cuzma.

cús·pi·de [kús.pi.ðe] 女 **1** 山頂, 頂上. **2** 絶頂, 極致. *llegar a la* ~ *de la gloria* 栄光の頂点に達する. **3**【数】頂点, 先端. ~ *de la pirámide* 角錐（_{かくすい}）の頂点. **4**【解剖】（歯の）咬頭（_{こうとう}）.

cus·qui [kús.ki] 女《話》*hacer la cusqui a*＋人《人》をいらいらさせる.

cus·to·dia [kus.tó.ðja] 女 **1** 保管, 保護；監視. *bajo la* ~ *de...* …の保護監督のもとで. *Depositó las joyas en el banco para su* ~. 保管の目的で宝石を銀行に預けた. **2**《まれ》管理者, 保護者, 監視人. **3**《カト》**(1)** 聖体顕示台：礼拝のために聖別されている聖体を飾る容器. **(2)** 聖櫃（_{ひつ}）.

cus·to·diar [kus.to.ðjár] 82 他 **1** 保護する, 管理する. **2** 見張る, 監視する. *Una pareja de guardias custodiaban al preso.* ふたりの警護が囚人を監視していた. **3** 守る, 保護する.

cus·to·dio [kus.tó.ðjo] 形《男性形のみ》保護する, 守護の. *ángel* ~ 守護天使.
━━男 保護者；管理者, 監視者.

cu·su·co [ku.sú.ko] 男《ラ米》(_{中米})【動】アルマジロ. → armadillo.

cu·sum·be [ku.súm.be] 男《ラ米》(_{コロン})【動】ハナグマ.

cu·sum·bo [ku.súm.bo] 男《ラ米》(_{ラプラ}) → cusumbe.

cu·su·sa [ku.sú.sa] 女《ラ米》(_{中米}) サトウキビ酒.

cu·ta·ma [ku.tá.ma] 女（時に男）《ラ米》**(1)** (_チ) だ袋, 背負い袋；薄のろ, のろま. **(2)** (_{ラプラ}) 毛布.

custodia
(聖体顕示台)

cu·tá·ne·o, a [ku.tá.ne.o, -.a] 形 皮膚の. erupción *cutánea* 発疹(しん).

cu·ta·ras [ku.tá.ras] / **cu·ta·rras** [ku.tá.ras] 女 《複数形》《ラ米》(ニカ)(中米)(チリ)サンダル, 草履(ぞう).

cu·ta·to, ta [ku.tá.to, -.ta] 形《話》《ラ米》(ごと)黒色人種の. ── 男 女 黒人.

cú·ter [kú.ter] 男［複 ~s, ~, ~es] **1**《海》カッター；1本マストの小型帆船. **2** →cutter.

cu·tí [ku.tí] 男［複 ~es, ~s］マットレスのカバーなどに使う厚く丈夫な主に綿(き)織りの綿布.

cu·tí·cu·la [ku.tí.ku.la] 女《動》《植》（1）表皮, 外皮 (= epidermis). （2）角皮, キューティクル.

cu·ti·cu·lar [ku.ti.ku.lár] 形《動》《植》表皮の；角皮の.

cu·ti·na [ku.tí.na] 女《植》クチン：表皮に含まれる蝋(ろう)状物質. 細胞内の水分が減るのを防ぐ.

cu·tio [kú.tjo] 男 絶えず, 引き続き.
día de cutio 平日 = día de trabajo).

cu·tir [ku.tír] 他 《物》で)たたく.

cu·tis [kú.tis] 男《単複同形》（人間の, 特に顔の）皮膚.

cu·to, ta [kú.to, -.ta] 形《ラ米》（1）(エクア)(エルサル)《話》小柄な. （2）(中米)(ミゲ)《話》片腕の.

cu·tra [kú.tra] 女《話》《ラ米》(ごと)賄賂(わい).

cu·tral [ku.trál] 形《牛ぶ》老いぼれた.
── 男 女 老いぼれ牛, 畜殺場行きの牛.

cu·tre [kú.tre] 形《話》《軽蔑》みすぼらしい, 薄汚い；けちな.
── 男 女 みすぼらしい人, 薄汚い人；けちな人.

cu·tre·rí·a [ku.tre.rí.a] 女 **1** 汚らしさ, あか抜けていないこと. **2** みすぼらしいこと, けち.

cu·trez [ku.tréθ / -.trés] 女 →cutrería.

cut·ter [kút.ter] [英] 男［複 ~s, ~] カッター(ナイフ). (► 商標オルファ・カッターから).

cuy [kúi] 男《ラ米》《動》テンジクネズミ, モルモット.

cu·ya¹ [kú.ja] 女《ラ米》（1）(中米)(ニコスタ)ヒョウタン（の容器）. （2）(コロン)(ベネ)多産な女.

cu·ya² [ku.ja] 形 →cuyo.

cu·ya·no, na [ku.já.no, -.na] 形《ラ米》(中米)《話》《軽蔑》アルゼンチンの.

****cu·yo, ya** [ku.jo, -.ja] 形《関係》《文章語》《先行詞を受けてその所有関係を表し, 後続の名詞に性数一致》(+名詞) **1**《制限用法》その人［もの］の…が…する（ところの）. la novela ~ autor ha ganado el premio その作者が賞を受賞した小説. Conozco a un chico *cuya* hermana trabaja en la embajada. お姉さんが大使館で働いている少年を私は知っている. Ha venido aquí una señora de *cuyo* nombre no puedo acordarme. 名前を思い出せないのだがある女性がここにやってきた.

2《非制限用法》そしてその人［それ］の…は. Empecé a trabajar en una oficina, *cuyas* ventanas da-ban a la calle principal. 私はある事務所に勤め始めたのだが, その窓はメインストリートに面していた. ► 名詞（句）+ de+cuyos+ 複数名詞（句）の構文を用いて複数名詞（句）の一部分を説明することがある. La propuesta la entregó el comité, uno de *cuyos* miembros [de *cuyos* miembros uno] fue detenido ayer. 提案は委員会が提出したのだが, きのうその委員会のメンバーのひとりが逮捕された.
── 男［kú.jo, -.ja］《強勢語》《話》《まれ》恋人, 愛人.
a cuyo efecto / *con cuyo objeto* / *para cuyo fin* その目的で.
en cuyo caso その場合には.
por cuya causa そうした理由で, それゆえに.
[← [ラ] *cujus*「誰の」；その人の」(疑問・関係代名詞 quis (quī)の属格)]

cú·yo, ya [kú.jo, -.ja]代《疑問》《まれ》《古語》誰の(もの). ¿C~ es este castillo? この城は誰のものか. ► 一般に現代では ¿De quién? を用いる.

cuz·co [kúθ.ko / kús.-] 男 子犬.

Cuz·co [kúθ.ko / kús.-] 固名 クスコ：ペルー南部の県；県都. ► 標高3500メートルにある県都で, 中央アンデス一帯を支配した inca 帝国の首都として栄えたが, 1533年スペイン人 Pizarro に征服された. 1983年世界遺産に登録.

¡cuz, cuz! [kúθ kúθ / kús kús] 間投《犬を呼ぶとき》こい, こい；こっちへ来い.

cuz·cuz [kuθ.kúθ / kus.kús] 男《料》→cuscús.

cuz·ma [kúθ.ma / kús.-] 女《ラ米》(ペス)《服飾》（先住民の）そでなしのシャツ.

cuz·que·ar [kuθ.ke.ár / kus.-] 他《ラ米》(アルゼン)求愛する, 口説く.

cuz·que·ño, ña [kuθ.ké.ɲo, -.ɲa / kus.-] 形 クスコ Cuzco の. ── 男 女 クスコの住民[出身者].

cy·ber·es·pa·cio [θi.ßer.es.pá.θjo / si.-.sjo] 男 →ciberespacio.

cy·ber·nau·ta [θi.ßer.náu.ta / si.-] 男 女 → cibernauta.

cy·ber·punk [θi.ßer.púnk / si.-] [英] 男［複 ~s, ~] →ciberpunk.

cy·borg [θí.ßor / sí.-] ∥ [sái.-] [英] 男［複 ~s, ~] サイボーグ.

cy·cling [θí.klin / sí.-] ∥ [sái.-] [英] 男 サイクリング.

czar [θár / sár] 男 (ロシア・ブルガリアの) 皇帝, ツァーリ, 専制君主. ► czar, czarevitz (帝位継承者, 皇太子), czarina (皇后)よりも zar, zarevitz, zarina のほうが一般的. →zar.

czar·da [θár.ða / sár.-] 女 チャルダシュ：ハンガリーの民族舞曲.

cza·re·vitz [θa.re.ßíθ / sa.-.bís] 男 (ロシアの)帝位 [王位]継承者, 皇太子. →czar, zarevitz.

cza·ri·na [θa.rí.na / sa.-] 女 (ロシアの)皇后；女帝. →czar, zarina.

Dd

日本語の「ダ,デ,ド」の子音でよいが(di は「ディ」, du は「ドゥ」,正確には2種の発音がある.休止,l, n の後では舌先と前歯が密着する閉鎖音 [d],その他の位置では摩擦音 [đ].語末ではきわめて弱い発音になる.

D, d [dé; đé] 囡 **1** スペイン語字母の第4字. **2** (ローマ数字の) 500. ⇒ DC (600). **3**《音楽》レ re.

d / 《略》*d*ía 日.

D 1《化》deuterio 重水素,ジュウテリウム. **2**《略》《数》*d*iferencial 微分.

D. 《略》*D*on.

da [dá; đá] 活 → dar.

D.ª 《略》*D*oña.

D/A 《略》《商》*d*ocumentos contra *a*ceptación 手形引受渡し,DA手形.

da·ba [dá.ba; đá.ba] 活 → dar.

da·ble [dá.ble; đá.-] 形 可能な,できる,実現しうる. en lo que sea ~ できる限り.

da·bu·ten [da.bú.ten; đa.-] 形《性数不変》《話》すばらしい. — 副 すばらしく.

da·bu·ti [da.bú.ti; đa.-] 形 副《話》→ dabuten.

da·ca [dá.ka; đá.-] [da acá の縮約形]《古語》こちらへ渡せ.

da capo [da ká.po; đa -]《伊》副《音楽》《楽譜の指示語》初めから繰り返して,ダ・カーポ.

da·cha [dá.tʃa; đá.-]《露》囡 ダーチャ:東欧に見られる菜園やサウナの付いた別荘.

da·cio, cia [dá.θjo, -.θja; đá.-/ -.sjo, -.sja]《古代ローマの属州,ほぼ現在のルーマニアに当たる》ダキア Dacia の. — 男 囡 ダキア人.

da·ción [da.θjón; đa.- / -.sjón] 囡《法》譲与,譲渡.

da·crio·a·de·ni·tis [da.krjo.a.đe.ní.tis; đa.-] 囡《単複同形》《医》涙腺炎.

dac·ti·la·do, da [dak.ti.lá.đo, -.đa; đak.-] 形 指の形をした,指状の.

dac·ti·lar [dak.ti.lár; đak.-] 形 指 の. huellas ~*es* 指紋.

dac·tí·li·co, ca [dak.tí.li.ko, -.ka; đak.-] 形《詩》長短短格の,強弱弱格の.

dac·ti·li·for·me [dak.ti.li.fór.me; đak.-] 形 ヤシの形をした,ヤシをあしらった.

dác·ti·lo [dák.ti.lo; đák.-] 男《詩》(ギリシア・ラテン詩の) 長短短格, (スペイン詩の) 強弱弱格.

dactilo- / -dáctilo, la 「指」の意を表す造語要素.時に dactili-.また母音の前では dactil-. ⇒ *dac*tilar, *dactilo*scopia, pentadáctilo. [←ギ]

dac·ti·lo·gra·fí·a [dak.ti.lo.ǥra.fí.a; đak.-] 囡《文章語》タイプライティング (技術).

dac·ti·lo·grá·fi·co, ca [dak.ti.lo.ǥrá.fi.ko, -.ka; đak.-] 形《文章語》タイプライターの;タイプライターで打った.

dac·ti·ló·gra·fo, fa [dak.ti.ló.ǥra.fo, -.fa; đak.-] 男 囡《文章語》タイピスト.

dac·ti·lo·gra·ma [dak.ti.lo.ǥrá.ma; đak.-] 男 (押捺された) 指紋, (犯罪者などの) 指紋ファイル. ► 「指紋」は huellas dactilares.

dac·ti·lo·lo·gí·a [dak.ti.lo.lo.xí.a; đak.-] 囡 (聾唖者が用いる) 指話術.

dac·ti·lo·ló·gi·co, ca [dak.ti.lo.ló.xi.ko, -.ka; đak.-] 形 指話術の.

dac·ti·los·co·pia [dak.ti.los.kó.pja; đak.-] 囡 指紋鑑定[照合]法;指紋分類.

dac·ti·los·có·pi·co, ca [dak.ti.los.kó.pi.ko, -.ka; đak.-] 形 指紋鑑定[照合]法の.

dac·ti·los·co·pis·ta [dak.ti.los.ko.pís.ta; đak.-] 男 囡 指紋鑑定士.

-dad《接尾》形容詞に付いて「性質,状態」の意を表す女性名詞語尾. ► 通例,2音節形容詞の場合は -edad,それ以上の綴りの場合は -idad. -ble で終わる形容詞は -bilidad. ⇒ ama*bilidad*, generosi*dad*.

da·dá [da.đá; đa.-] 形 ダダイズムの. — 男 囡 ダダイスト (=dadaísta). — 男 ダダイズム.

da·da·ís·mo [da.đa.ís.mo; đa.-] 男 ダダイズム, ダダ. ◆第1次大戦末期から戦後にかけてヨーロッパを中心に起こった芸術運動.

da·da·ís·ta [da.đa.ís.ta; đa.-] 形 ダダイズムの. — 男 囡 ダダイスト.

da·dis·ta [da.đís.ta; đa.-] 男 囡《ラ米》(骰子)さいころ賭博(と)師,博打(ばく)打ち.

dá·di·va [dá.đi.ba; đá.-] 囡 贈与,寄贈;贈り物.

da·di·vo·si·dad [da.đi.bo.si.đáđ; đa.-] 囡 気前のよさ,物惜しみしないこと.

da·di·vo·so, sa [da.đi.bó.so, -.sa; đa.-] 形 気前のよい,物惜しみしない.

da·do [dá.đo; đa.-] 男 **1** さいころ. echar los ~*s* さいころを振る. cargar los ~*s* さいころにいかさまの細工をする. **2** さいころ形 (のもの). cortar en ~*s* さいの目に切る. ~*s* de queso さいの目に切ったチーズ. **3**《機》(方形の) ナット. **4**《建》(円柱台座などの) 方形部. **5** (旗の地色と異なる) 方形模様. **6**《海》スタッド,鋲柱.

da·do, da [dá.đo, -.đa; đá.-] 形 **1** 特定の,定められた. en un momento ~ ある瞬間に,いざというときに. **2**《ser +》《a... ...の》の傾向がある;好きな. *Es muy ~ a* criticar a sus amigos. 彼はやたらに友人を批判する癖がある. *Es dada a* la literatura. 彼女は文学に向いている. **3**《ser +》可能な,許された. **4**《ラ米》(翻)(人が)社交的な,気さくな. *dado +* 名詞 (句) ...を考慮すると, ...なので. *dadas estas circunstancias* こうした状況を考えると,こうした状況から. ► dado は名詞に性数一致. *dado que* (1)《+直説法》...だから;*D~ que* no *hay* presupuesto, no podremos realizar el proyecto. 予算がないのでその計画は実現できないだろう. (2)《+接続法》...ならば. *D~ que* no *haya* entradas, nos quedaremos en casa. チケットがなければ家にいることにしよう.

da·dor, do·ra [da.đór, -.đó.ra; đa.-] 形 与える,もたらす. — 男 囡 **1** 与える人,贈与者. **2** (書状の) 持参者[人]. **3**《商》(手形の) 振出人. **4**《遊》(トランプ) カードを配る人,ディーラー.

Daf·ne [dáf.ne; đáf.-] 固名《ギ神》ダフネ:Apolo に恋され追われていたところを父が月桂樹(けっ)に変えて救ったというニンフ. [←[ラ] *Daphnē* ←[ギ] *Dáphnē* (*dáphnē*「月桂樹」より派生)]

Daf·nis [dáf.nis; đáf.-] 固名 【ギ神】ダフニス：Hermesの息子. [←[ラ] *Daphnis*←[ギ] *Dáphnis*]

dag 《略》*decagramo* デカグラム：10グラム.

da·ga [dá.ga; đá.-] 女 **1** (両刃の) 短剣, 短刀. **2** 《ラ米》《(종)》山刀, マチェテ machete.

da·ga·me [da.gá.me; đa.-] 男 《ラ米》《(종)》《(종)》《(종)》【植】カルコフィルム, ガヨボ：アカネ科の植物.

da·ga·zo [da.gá.θo; đa.- / -.so] 男 《ラ米》短剣の突き；短剣の刺し傷.

da·gue·rro·ti·par [da.ge.r̄o.ti.pár; đa.-] 他 【写】銀板写真に撮る.

da·gue·rro·ti·pia [da.ge.r̄o.tí.pja; đa.-] 女 【写】銀板写真術.

da·gue·rro·ti·po [da.ge.r̄o.tí.po; đa.-] 男 【写】銀板写真；銀板写真機；銀板写真術.

da·gues·ta·ní [da.ges.ta.ní; đa.-] 形 男 女 [複 ～es, ～s] → daguestano

da·gues·ta·no, na [da.ges.tá.no, -.na; đa.-] 形 (ロシア南部にある) ダゲスタン共和国の. —— 男 女 ダゲスタン人.

da·ho·me·ya·no, na [da.o.me.já.no, -.na; đa.-] 形 ダオメー (アフリカ西部のベナン Benín の旧称)の. —— 男 女 ダオメー人, ベナン人.

dai·fa [dái.fa; đái.-] 女 めかけ, 情婦；売春婦.

dai·qui·ri [dai.kí.ri; đai.-] 男 ダイキリ (カクテルの一つ). ◆キューバ南部のラム酒の産地名にちなむ.

dais [dáis; đáis] 活 → dar.

dal 《略》*decalitro* デカリットル：10リットル.

da·lai-la·ma [da.lái.lá.ma; đa.-] 男 【宗】ダライ・ラマ：チベットのラマ教教主の呼称.

da·la·si [da.lá.si; đa.-] 男 ダラシ：ガンビア共和国の通貨単位.

Da·lí [da.lí; đa.-] 固名 ダリ Salvador ～ (1904-89)：スペインの画家.

da·lia [dá.lja; đá.-] 女 【植】ダリア (の花)：メキシコ・南米原産.

Da·li·la [da.lí.la; đa.-] 固名 【聖】デリラ：Sansón を裏切った愛人.

da·li·nia·no, na [da.li.njá.no, -.na; đa.-] 形 Salvador Dalí (風)の.

da·lla [dá.ja; đá.-] 女 ‖ -.ʎa 大鎌.

da·lla·dor [da.ja.đór; đa.-] ‖ -.ʎa.- 男 草刈り人.

da·llar [da.jár; đa.-] ‖ -.ʎár 他 草刈り鎌で刈る.

da·lle [dá.je; đá.-] ‖ -.ʎe → dalla.

Dal·ma·cia [dal.má.θja; đal.- / -.sja] 固名 ダルマチア：クロアチアのアドリア海沿岸地方.

dál·ma·ta [dál.ma.ta; đal.-] 形 ダルマチアの. —— 男 女 ダルマチア人. —— 男 **1** 【動】ダルメシアン：中型犬. **2** ダルマチア語：バルカン・ロマンス語の一つ. 19世紀末に消滅.

dal·má·ti·ca [dal.má.ti.ka; đal.-] 女 【カト】ダルマティカ：助祭, 副助祭が着る祭服. **2** ダルマチカ：古代ローマ人が用いたそでの広いチュニック. 中世期に皇帝, 国王などが式服として着用.

dal·má·ti·co, ca [dal.má.ti.ko, -.ka; đal.-] 形 —— 男 → dálmata **2**.

dal·to·nia·no, na [dal.to.njá.no, -.na; đal.-] 形 / **dal·tó·ni·co, ca** [dal.tó.ni.ko, -.ka; đal.-] 形 【医】先天性色覚異常の. —— 男 女 先天性色覚異常の人.

dal·to·nis·mo [dal.to.nís.mo; đal.-] 男 【医】先天性色覚異常.

dalmática
(ダルマチカ)

dam 《略》*decámetro* デカメートル：10メートル.

da·ma [dá.ma; đá.-] 女 **1 貴婦人；〖丁寧〗女性, 婦人 (▶ 紳士は caballero). Las ～s primero. レディーファースト. primera ～ ファーストレディー. la D～ de Elche エルチェの貴婦人像. D～s 〖トイレなどの表示〗女性用. **2** 〖文章語〗愛する女性, (特に騎士が忠誠を誓った) 意中の女性. **3** (女王・王女の) 侍女. **4** 【演】主演女優 (= primera ～). segunda ～ 助演女優. ～ joven 娘役の女優. **5** (チェスの) クイーン. **6** (チェッカーの) 成り駒；《複数系》チェッカー (= juego de ～s). tablero de ～s チェッカー盤. **7** 妾(めかけ), 情婦. **8** 【冶】溶鉱炉のスラグよけ.

dama de compañía 老人の付き添いをする女性.

dama de honor (1) 侍女, 女官. (2) (結婚式での) 花嫁の付き添いの女性. (3) (美人コンテストなどの) 準ミス, 入賞者. (4) 儀式などで主となる女性の補佐をする女性.

dama de noche 【植】ヤコウカ；ゲッカビジン.

dama gris 《ラ米》《(종)》《俗》パトカー.

¡Damas y caballeros! 〖スピーチなどの始めの呼びかけ〗紳士・淑女のみなさん.
[←[古仏] *dame*←[ラ] *domina* 「女主人, (貴) 婦人」 (→ doña, dueña)；関連 doncella, dominar. [仏] *madame*, [伊] (*ma*)*donna*, [英] *madam, dame*. [日] マダム]

da·ma·ce·no, na [da.ma.θé.no, -.na; đa.- / -.sé.-] 形 → damasceno.

da·ma·jua·na [da.ma.xwá.na; đa.-] 女 (柳枝細工でくるんだ) 細首の大瓶. [←[仏] *dame-jeanne*]

da·mán [da.mán; đa.-] 男 【動】ハイラックス, イワダヌキ：イワダヌキ科動物の総称.

da·ma·sa·na [da.ma.sá.na; đa.-] 女 《ラ米》→ damajuana.

damajuana
(細首の大瓶)

da·mas·ca·do, da [da.mas.ká.đo, -.đa; đa.-] 形 緞子(どんす)状の, ダマスク織りに似た.

da·mas·ce·no, na [da.mas.θé.no, -.na; đa.- / -.sé.-] 形 (シリアの) ダマスカスの. —— 男 女 ダマスカスの住民[出身者].

ciruela damascena 【植】スモモ.

da·mas·co [da.más.ko; đa.-] 男 **1** 緞子(どんす), ダマスク (織り). **2** 《ラ米》《(克종)》《(종)》《(종)》【植】アンズ, アプリコット.

Da·mas·co [da.más.ko; đa.-] 固名 ダマスカス：シリアの首都. Camino de ～ 【聖】回心 (◆ダマスカスへの道で, Saulo (San Pablo の前名) が神の啓示を受けて回心した 〈使徒言行録 9〉).
[←[ラ] *Damascus*←[ギ] *Damaskós*]

da·ma·se·na [da.ma.sé.na; đa.-] 女 《ラ米》→ damajuana.

da·ma·si·na [da.ma.sí.na; đa.-] 女 → damasquillo.

da·ma·so·nio [da.ma.só.njo; đa.-] 男 【植】サジオモダカ.

da·mas·qui·llo [da.mas.kí.jo; đa.- ‖ -.ʎo] 男 ダマスクより薄手の織物. [damasco + 縮小辞]

da·mas·qui·na [da.mas.kí.na; đa.-] 女 【植】マンジュギク, フレンチマリーゴールド.

da·mas·qui·na·do [da.mas.ki.ná.đo; đa.-] 男 金[銀]象眼細工.

da·mas·qui·na·dor, do·ra [da.mas.ki.na.đór, -.đó.ra; đa.-] 男 女 金[銀]象眼細工職人.

da·mas·qui·nar [da.mas.ki.nár; đa.-] 他 金[銀]の象眼を施す.

da·mas·qui·no, na [da.mas.kí.no, -.na; đa.-] 形 **1** ダマスカスの. **2** 緞子(どんす)の, ダマスク(織り)の. **3** 金[銀]象眼細工の. **4** (波形模様のある)ダマスカス鋼の. sable 〜 ダマスカス鋼のサーベル.

da·me·rí·a [da.me.rí.a; đa.-] 女 (女性の)気取り, 上品ぶること.

da·me·ro [da.mé.ro; đa.-] 男 《遊》チェッカー盤. →dama **6**.

da·me·ro·gra·ma [da.me.ro.grá.ma; đa.-] 男 《遊》ナンバークロスワードパズル.

da·me·sa·na [da.me.sá.na; đa.-] 女 《ラ米》→damajuana.

da·mi·se·la [da.mi.sé.la; đa.-] 女 **1** 気取った娘;《俗》お嬢さん. **2** 娼婦(しょうふ).

dam·ni·fi·ca·do, da [dam.ni.fi.ká.đo, -.đa; đam.-] 形 傷ついた, けがをした;損傷した, 損害を受けた. ― 男 女 犠牲者, 被災者, 被災者. los 〜s por la inundación 洪水の被災者たち.

dam·ni·fi·ca·dor, do·ra [dam.ni.fi.ka.đór, -.đó.ra; đam.-] 形 有害な, 危険な.

dam·ni·fi·car [dam.ni.fi.kár; đam.-] 102 他 傷つける, 損なう, 痛める.

Da·mó·cles [da.mó.kles; đa.-] 固名 ダモクレス:前4世紀のシラクサの僭主(せんしゅ)ディオニュシオス Dionisio の廷臣.

Da·món [da.món; đa.-] 固名 〜 y Pitias ダモンとピュティオス. ◆シラクサ王 Dionisio にピュティオスが死刑を言い渡されたとき, 友人のダモンが約束の時刻まで身代わりに人質となり, ピュティオスが約束を果たしてふたりは許された. (2) 信義に篤いふたりの友, 二無の友. [←《ラ》*Dāmon*←《ギ》*Dámōn*]

dan [dán; đán] 《日》《日》段 (柔道やその他の武道の) 段. primer [tercer] *dan* 初[三]段.

dan [dán; đán] 活 →dar.

Dá·na·e [dá.na.e; đá.-] 固名《ギ神》ダナエ:アルゴス王 Acrisio の娘で Perseo の母.

Da·nai·des [da.nái.đes; đa.-] 固名《複数形》《ギ神》ダナイデス:エジプト王 Dánao の50人の娘たち.

dánc·ing / danc·ing [dán.θin; đán.- / -.sin] 《英》男 ダンスホール, ナイトクラブ.

dan·di [dán.di; đán.-] 《英》男 ダンディー, しゃれ者, めかし屋.

dan·dis·mo [dan.dís.mo; đan.-] / **dan·dys·mo** [dan.dís.mo; đan.-] 男 ダンディズム, おしゃれ, 伊達(だて).

dando [dán.do; đán.-] 現分 →dar.

da·nés, ne·sa [da.nés, -.né.sa; đa.-/-.] 形 デンマークの, デンマーク人[語]の (=dinamarqués).
― 男 女 デンマーク人.
― 男 デンマーク語:北ゲルマン語の一つ.
gran danés グレートデーン:デンマーク原産の大型犬.

dan·go [dán.go; đán.-] 男 《鳥》シロカツオドリ.

dá·ni·co, ca [dá.ni.ko, -.ka; đá.-] 形 →danés.

Da·niel [da.njél; đa.-] 固名 **1**《聖》(1) 預言者ダニエル:紀元前7世紀の四大預言者のひとり. (2) (旧約の) ダニエル書 (略 Dan). **2** ダニエル:男子の洗礼名. [←《ラ》*Daniēl*←《ヘブライ》*Dāni'ēl*;「神(エル)はわが審判者」が原義]

da·no·ne [da.nó.ne; đa.-] 男 《商標》《話》ヨーグルト (=yogur).

Da·no·ne [da.nó.ne; đa.-] 固名 ダノン, Groupe Danone, S. A. ジェルベダノン株式会社:フランスに本社をおく国際的な食品関連企業. 1919年にバルセロナで創設.
cuerpo Danone ダノン・ボディー:細くてしまったモデルのような体.

dan·ta [dán.ta; đán.-] 女《動》(1) ヘラジカ. (2) バク.

dan·te[1] [dán.te; đán.-] 形 与える, 付与する.
― 男 授与者, 付与者.

dan·te[2] [dán.te; đán.-] 男《動》ヘラジカ.

dan·te·lla·do, da [dan.te.já.đo, -.đa; đán.-‖-.śá.-] 形 《紋》鋸歯(きょし)状の.

dan·tes·co, ca [dan.tés.ko, -.ka; đan.-] 形 **1** ダンテの, ダンテ風の. **2** 恐ろしい, ぞっとする.

dan·tis·mo [dan.tís.mo; đan.-] 男 **1** ダンテの作風[影響]. **2** ダンテ研究[批評].

dan·tis·ta [dan.tís.ta; đan.-] 形 ダンテ(研究)に関する, ダンテを専門とした. ― 男 女 ダンテの専門家.

dan·tza·ri [dan.θá.ri; đan.- / -.sá.-,-.tsá.-] 《バスク》男 女 ダンツァリ:Vasco 地方の伝統舞踊の踊り手.

da·nu·bia·no, na [da.nu.bjá.no, -.na; đa.-] 形 ドナウ川(流域)の.

Da·nu·bio [da.nú.bjo; đa.-] 固名 el 〜 ドナウ川, ダニューブ川.
[←《ラ》*Dānuvius*←《ケルト》*Danuvius*]

:**dan·za** [dán.θa; đán.- / -.sa] 女 **1** ダンス, 踊り;舞踊曲 (=música de 〜);舞踊団. 〜 clásica 古典舞踊, クラシックダンス. 〜 folklórica 民俗舞踊. 〜 regional 郷土舞踊. 〜 de cintas 連舞. 〜 ritual 儀式[儀礼]舞踊. 〜 del vientre ベリーダンス. 〜 de la muerte 《文学》《美》死の舞踏(◆死神が骸骨(がいこつ)の姿に扮して人間を墓場へ導くことを表した象徴的な踊り. 中世美術・文学に見られる主題). **2** 《話》ことがら, 厄介事, 面倒. estar metido en una 〜 ごたごたに巻き込まれている.
en danza《話》(1) 動き回って. estar *en* 〜 大忙しである. (2) 流行の, 今日的な.
que siga la danza 勝手にやってくれ.
[《古スペイン》*dançar*「踊る」←《古仏》*dancier*より派生;《関連》《ポルトガル》*dança*.《仏》*danse*.《伊》*danza*.《英》*dance*.《独》*Tanz*]

dan·za·dor, do·ra [dan.θa.đór, -.đó.ra; đan.-/ -.sa.-] 形 《まれ》踊りの, 踊り好きな.
― 男 女 踊り手, ダンサー.

dan·zan·te, ta [dan.θán.te, -.ta; đan.-/ -.sán.-] 形 踊りの, 踊る. ― 男 女 **1** 踊り手. **2** 《話》精力家, やり手. **3** 《話》落ち着きのない人, まぬけ. **4** 《話》お節介焼き, 出しゃばり.

*****dan·zar** [dan.θár; đan.-/ -.sár] 97 自 **1** 踊る, 舞う, ダンスをする;〈木の葉などが〉揺れる. **2** 《話》(en... …に) よけいな口を出す, お節介を焼く. Me parece que *danzas* demasiado *en* este asunto. 君はこの件に口を挟みすぎだと思うよ.
3 《話》動き回る;渡り歩く, 巡り歩く;かぎ回る. Va *danzando* por las bibliotecas. 彼[彼女]はあちこちの図書館を巡り歩いている. Ahora la tienen *danzando* de un servicio a otro. 現在, 彼女は次々と部署をたらい回しにされている.
4 《話》無造作に置いてある, 転がっている. No me gusta que mis libros *estén danzando* por aquí. 私の本がこの辺に散らかっているのは嫌だ.
― 他 踊る. *Danzan* unos bailes regionales. 彼らは地方の踊りをいくつか踊る.

dan·za·rín, ri·na [dan.θa.rín, -.rí.na; đan.-/ -.sa.-] 男 女 **1** 舞踊家, ダンサー;踊りのうまい人. **2** →danzante 男 女 **4**.

dan·zón [dan.θón; đan.- / -.són] 男 ダンソン：19世紀末にキューバで生まれた4分の2拍子の舞曲.

da·ña·ble [da.ɲá.ble; đa.-] 形 有害な；負担になる.

da·ña·do, da [da.ɲá.đo, -.đa; đa.-] 形 **1** 破壊された, 損なわれた, 被害を受けた；〈果物などが〉傷んだ. ciudades *dañadas* por la guerra 戦災を受けた都市. **2** 邪悪な, 意地悪な.

da·ña·dor, do·ra [da.ɲa.đór, -.đó.ra; đa.-] 形 害を与える, 有害な, 危険な.

＊da·ñar [da.ɲár; đa.-] 他 **1** 損なう, …に害を与える, 傷つける. ～ las cosechas 収穫に損害を与える. ～ la reputación 評判を傷つける. ～ el plan 計画を台無しにする. ～ la relación 関係を壊す. ～ a un amigo en su honra 友人の名誉を傷つける. ▶直接目的語がものであっても前置詞の a を伴うことがある. ⇌Este trabajo puede ～ (a) la salud. この仕事は健康を損なう危険性がある. **2**《古語》〈人に〉有罪判決を下す (=condenar). ━**～·se** 再 **1**《(自分の)体の部位を》痛める. *Se dañó* la muñeca jugando. 彼[彼女]は遊んでいて手首を痛めた. **2** 害を受ける, だめになる；傷つく.

da·ñe·ro, ra [da.ɲé.ro, -.ra; đa.-] 男 女《ラ米》《ラ米》《話》人を呪う人, 呪術師.

da·ñi·ne·ar [da.ɲi.ne.ár; đa.-] 他《ラ米》(1)《チリ》害する, 〈人に〉被害を与える. (2)《チリ》《話》盗む.

da·ñi·no, na [da.ɲí.no, -.na; đa.-] 形 有害な. animales ～*s* 害獣. ━ 男 女《ラ米》《メキシコ》物盗り.

＊＊da·ño [dá.ɲo; đá.-] 男 **1** 被害, 損害. los enormes ～*s* provocados por el terremoto 地震による大被害. ～*s* y perjuicios 損害賠償(金). **2** 損傷, けが, 病気, (肉体的・精神的)苦痛. Juan se hizo ～ en el pie. フアンは足にけがをした. **3**《ラ米》(1)《アルゼンチン》〈車の〉故障. (2) 呪(ﾉﾛ)い, 魔術. *hacer daño a...* …に危害を加える, 痛める；〈食物などが〉…に合わない. Tus palabras le *hacen* mucho ～. 君の言葉に彼[彼女]はとても傷ついている.
[← (ﾗ) *damnum*；関連 condenar, demonio. [英] *damage, damn*. [日] ダメージ]

da·ño·so, sa [da.ɲó.so, -.sa; đa.-] 形《para...》…に有害な, 害になる. ～ *para* la salud 健康に有害な.

＊＊dar [dár; đár] 62 他 **1**《a+人〈人〉に》**与える, 渡す**. *Le di* un bolso *a* mi sobrina como regalo. 私はめいにバッグをプレゼントした (▶ le が a+人に相当).
2《a+人〈人〉に》支払う, 支給する. ¿Cuánto *te dieron* por las obras? 君はそれらの作品にいくら支払ってもらったの.
3《a+人〈人〉に》(代価として)与える；〈便宜などを〉与える. *Le han dado* el premio. 彼[彼女]には賞が与えられた. *Me dieron* una semana para presentar el informe. 報告書提出のために私は1週間時間をもらった.
4《a+人〈人〉に》伝える. *dar* la bienvenida a+人〈人〉を歓迎する. *dar* el pésame a+人〈人〉にお悔やみを述べる. *dar* las gracias por... …について礼を言う. *Dale* recuerdos de mi parte. 彼[彼女]に私がよろしくと言っていたと伝えてね.
5《a...》…に》施す；塗る. *dar* barniz *a* una banqueta スツールのニスを塗る. *dar* un barrido *a*+人〈人〉. Su padre hizo mucho esfuerzo por *darle* estudios universitarios. 彼[彼女]の父親は彼[彼女]に大学教育を受けさせるために大変な努力をした.
6《a...》…に》〈意味・意義などを〉与える. *Le dieron* carácter publicitario *a* este proyecto. このプロジェクトに広告的な性格を持たせた. Yo no *le daría* tanta importancia *a* ese asunto. 私ならその点についてそれほど重要視しないだろう.
7《a+人〈人〉に》〈理由・弁解などを〉示す；説明する. *dar* explicaciones 説明する.
8〈授業などを〉行う；〈行事を〉開催する. *dar* historia 歴史を教える. Ayer *dimos* una fiesta de bienvenida. 昨日私たちは歓迎会を開いた.
9《スペイン》〈授業を〉受ける, 受講する. *Doy* clases de violín con una profesora particular. 私は個人教授についてバイオリンを習っている.
10《スペイン》《話》《a+人〈人〉の》〈時間などを〉台無しにする. Los mosquitos *me dieron* la noche. 私は蚊に一晩中悩まされた (▶ me が a+人に相当).
11〈水道・ガスなどを〉つなぐ, 開く. *dar* la luz 電気をつける. *dar* el gas ガス栓を開ける.
12〈作品を〉上演する；上映する. ¿Qué programa *dan* en la tele esta noche? 今晩テレビはどんな番組をやっているの.
13(自然現象または物理的作用の結果として)生む, 産する；〈結果を〉もたらす；〈実などを〉放つ. Esta vaca *da* mucha leche. この牛は乳の出がいい. La inversión *da* un 5 por ciento de interés. その投資は5パーセントの利子を生む.
14《a...》…に》《+打撃などを表す名詞 (打撃など)を》与える, 食らわせる. *dar* una *patada a* la pelota ボールを蹴る. *Le di* una *bofetada*. 私は彼[彼女]を平手打ちした.
15《a+人〈人〉に》〈感情などを〉引き起こす, 誘発する. *Me da* mucho miedo el profesor. 私は先生が怖い. *Me da* mucha risa. 笑っちゃうよ. *Me da* mucha rabia que nos hagan esperar tanto. こんなに私たちを待たせるとは私は頭にくる. *Da* gusto charlar contigo. 君とおしゃべりをするのは楽しい. ▶用例中の me が a+人に相当.
16《+行為を表す名詞》(1) …する；〈活動を〉行う. *dar* un *paseo* 散歩する. *dar* un *grito* 叫ぶ. *dar* un *suspiro* ため息をつく. (2)《a...》…を》…する. *dar* un *vistazo a...* …をチラッと見る. *dar* una *lectura a...* …を一読する, 読み上げる. *dar crédito a...* …を信じる.
17《(+定冠詞＋数字〈時刻〉を》〈時計などが〉告げる. El reloj acaba de *dar las doce*. 時計がたった今12時を告げた. ▶ 定冠詞および数字は女性形. 1時は la una, 2時以降は las ～. ▶ 時間を主語にした自動詞表現もある. → 図 1.
18《por+形容詞およびその相当語句 …と》みなす, 判断する. *Hemos dado* la discusión *por terminada*. 私たちは議論は終わったと判断した.
19《遊》(トランプ) 〈札を〉配る.
━ 自 **1** …時になる. Ya *han dado* las dos. もう2時を過ぎた. **2**《a... …を》操る, 使う. *Dale a* la tecla de retorno. リターンキーを押しなさい (▶ le が a... に相当).
3《a... …に》面している, 向いている. Mi dormitorio *da a* la calle. 私の寝室は通りに面している.
4《en... …に》命中する；陥る；〈太陽・風が〉差す, 当たる. *dar en* el blanco 的に当たる. ～ *en* el error 間違いを犯す. El sol me *da* de lleno *en* la cara. 太陽が私の顔にまともに当たる.
5《con... / contra... …に》当たる, ぶつかる. Por fin *hemos dado con* la solución. 私たちはやっと解決に行き着いた. **6**《3人称単数で》《a+人〈人〉を》〈感情・痛みなどが〉襲う. *Le dio* un infarto. 彼[彼

女〉は心臓発作を起こした. **7** 《*para...* …(する)に》十分である, 足りている. ¡Eso no te *da* ni *para* pipas! それじゃ全然足りないよ. **8** 《a+人 〈人〉にとって》重要である. ¿Qué más te *da*? 君は何が引っかかるんだ, 君にはどうでもいいことだ (▶ te が a+人に相当).

——.se 再 **1** 《a... …に》捧げる；没頭する. *Se dio a* la bebida. 彼[彼女]は酒におぼれた.

2 《a+人〈人〉に》適している. *Se me dan* muy bien las matemáticas. 私は数学が得意である (▶ me が a+人に相当).

3 〈ことが〉起こる, 生じる. Eso *se da* pocas veces. そんなことはめったに起こらない.

4 〈植物などが〉産する, 生育する. Esta planta no *se da* en el sur. この植物は南部では育たない.

5 《con... / contra... …に》ぶつかる；《en... …を》ぶつける. Al entrar, él *se ha dado con* la puerta. 彼は入るところでドアにぶつかった. *Me di en* la cabeza. 私は頭をぶつけた.

6 《複数主語で》与え合う, 交換する. *Nos dimos los regalos*. 私たちはプレゼント交換をした.

7 《再帰》(1) *darse* una ducha [un baño] シャワーを浴びる[お風呂に入る]. *darse* prisa 急ぐ. (2) 《*por*+形容詞およびその相当語句 …と》自分をみなす. *darse por vencido* 降参する. *darse por aludido* 自分のことと思う. ▶ 形容詞は主語に性数一致.

a todo dar (ラ米)(話) すばらしい, すごい.

¡dale que dale! / ¡dale que te pego! しつこく, お構いなしに. Te hemos dicho que no hables mal de ella, pero tú, *dale que te pego*. 私たちは君に彼女のことを悪く言わないように言ったのに, 君はそんなお構いなしなのだから.

dar de... (1) 《+打撃などを表す語》何度もたたく. (2) 《+体の一部》[[*dar*]] (3) 《+**comer** [**beber, mamar**]》えさをやる, 食べさせる[飲ませる, 授乳する]. *dar de beber al* ganado 家畜に水を飲ませる.

dar de sí (1) 〈特に生地が〉伸びる. (2) 〈人・ものが〉大いに役立つ, 活躍する. Este viejo aparato no *da más de sí*. この古い装置はこれ以上役に立たない.

dar en... (1) …に気づく, …を理解する. No podemos *dar en* la solución. 私たちは解決策が思いつかない. (2) …にふける, …に没頭する. Don Quijote *dio en* leer libros de caballerías. ドン・キホーテは騎士道物語を読みふけった. (3) …に倒れる.

darle (a+人) por... 〈人〉が…したくなる, …にはまる. ¿Él juega al golf? — Sí, estos días *le da por ahí*, y no me hace caso. 彼はゴルフやるの. — ええ, このごろ彼はそれにはまってて, 私のことを気にかけてくれないのよ.

*dar que+*不定詞 *a+人* 〈人に〉…させる. *dar que decir a+人* 〈人〉のうわさの種になる. Este asunto *me dio que pensar*. この件で私は考えさせられた.

dársela a+人 (話) 〈人〉をだます, 欺く.

*dárselas de+*形容詞 (話) …を気取る. *Se las da de intelectual*, pero no sabe nada. 彼[彼女]はインテリをきどっているが, 何も知らない. ▶ 形容詞は主語に性数一致.

no dar ni la hora (話) 〈人が〉けちである.

no dar ni una (話) 失敗ばかりしている.

para dar y tomar 《話》《名詞+》たくさんの.

¡(y) dale! (話) 《しつこい行為を制して》またかよ, いい加減にしろよ.

[←[ラ] *dare*. [関連] donar, dativo, dato. [サンス

クリット] *dāna*「施主」. [日] 檀那(だんな)]

dar·bou·ka [dar.bóu.ka; ðar.-] 安 アフリカ起源の打楽器.

dar·da·ba·sí [dar.ða.ba.sí; ðar.-] 男 〖鳥〗 ハヤブサ属の猛禽(きん).

Dar·da·ne·los [dar.ða.né.los; ðar.-] 固名 Estrecho de los ～ ダーダネルス海峡：マルマラ Mármara 海と Egeo 海を結ぶ.

dar·da·nio, nia [dar.ðá.njo, -.nja; ðar.-] 形 男 安 ➡ dárdano.

dar·da·nis·mo [dar.ða.nís.mo; ðar.-] 男 〖商〗 (余剰品の)廃棄処分.

dár·da·no, na [dár.ða.no, -.na; ðar.-] 形 トロヤ(人)の (= troyano). —— 男 安 トロヤ人.

dar·do [dár.ðo; ðar.-] 男 **1** 投げ槍(やり)；(細く短い)矢, 〖遊〗ダーツ. **2** 皮肉, 当てこすり；(…に envenenado). **3** 〖魚〗 ヨーロッパ産のコイ科の淡水魚. **4** 〖動〗 毒針, 毒牙(が). ～ de la aveja 蜂の針.

da·res [dá.res; ðar.-] 男 《複数形》 *dares y tomares* (1) 持ちつ持たれつ, ギブ・アンド・テーク.

(2) 口論, 議論 (= dimes y diretes). andar en ～ *y tomares* 口論する, 言い争いをする.

da·ri [dá.ri; ðá.-] 男 ダリー(一)語：アフガニスタンで話されているペルシア語の呼称.

Da·rí·o [da.rí.o; ða.-] 固名 **1** ～ I ダレイオス[ダリウス] 1 世：アケメネス朝ペルシアの王 (在位前522-486). **2** Rubén ～ ルベン・ダリオ：本名 Félix Rubén García (1867-1916). ニカラグアの詩人. 作品 *Azul* 『青』. **3** ダリオ：男子の名. [←[ラ] *Dārīus*←[ギ] *Dāreîos*←(古代ペルシア) *Dārayavauš*]

dár·se·na [dár.se.na; ðar.-] 安 **1** (船舶が荷揚げ・荷下ろしをする)繋留地. **2** (バスターミナルの)乗り場.

dar·vi·nia·no, na [dar.ßi.njá.no, -.na; ðar.-] 形 ➡ darwiniano.

dar·vi·nis·mo [dar.ßi.nís.mo; ðar.-] 男 ➡ darwinismo.

dar·vi·nis·ta [dar.ßi.nís.ta; ðar.-] 形 男 安 ➡ darwinista.

dar·wi·nia·no, na [dar.ßi.njá.no, -.na; ðar.-] 形 ダーウィン Darwin (1809-82, 英国の博物学者. 進化論の提唱者)の, ダーウィンの, 進化論の.

dar·wi·nis·mo [dar.ßi.nís.mo; ðar.-] 男 進化論, ダーウィニズム；進化論的な「考え方」.

dar·wi·nis·ta [dar.ßi.nís.ta; ðar.-] 形 進化論の, ダーウィニズムの.

—— 男 安 進化論者, ダーウィニズムの信奉者.

das [dás; ðás] 活 ➡ dar.

da·so·cra·cia [da.so.krá.θja; ða.- / -.sja] 安 営林学[術].

da·so·no·mí·a [da.so.no.mí.a; ða.-] 安 林学；森林管理.

da·ta [dá.ta; ðá.-] 安 **1** (手紙・書類の)日付と発信地[作成地]；日取り[日時]と場所. **2** 〖商〗 項目, 貸方. **3** (水量調節用)排出[放出]口. **4** データ, 資料. *de larga data* はるか昔(から)の.

da·ta·ción [da.ta.θjón; ða.- / -.sjón] 安 年号[年代]の特定；日付[年号]の記入.

da·tá·fo·no [da.tá.fo.no; ða.-] 男 〖IT〗 データフォン：電話回線を使ってデータを送信する方式[装置].

da·ta·glove [da.ta.glóß; ða.-] [英] 男 〖IT〗 データグローブ：テレビゲームなどで用いられる手袋型の操作端末.

***da·tar** [da.tár; ða.-] 他 **1** 日付を記入する. **2** 《*en...*》《…のものと》 年号[年代]を定める, 《…のことと》 特定する. **3** 〖商〗 貸方に記入する.

— 自 《de... …に》 さかのぼる, 起源を持つ. Este castillo *data de*l siglo XV. この城の築造は15世紀にさかのぼる.

da·ta·rí·a [da.ta.rí.a; đa.-] 囡 《カト》教皇庁掌璽(しょうじ)院：ここで聖職禄(ろく)授与の教皇書簡を発行する.

da·ta·rio [da.tá.rjo; đa.-] 男 教皇庁掌璽院長.

da·te·ro, ra [da.té.ro, -.ra; đa.-] 形 《ラ米》情報を提供する(ための).
— 男囡 情報提供者, インフォーマント.

dá·til [dá.til; đá.-] 男 **1** 《植》ナツメヤシ(の実). **2** 《貝》ニオガイ (= ~ de mar). **3** 《主に複数で》《話》(手の)指.

da·ti·la·do, da [da.ti.lá.đo, -.đa; đa.-] 形 ナツメヤシ色[茶色]の.

da·ti·le·ra [da.ti.lé.ra; đa.-] 囡 ナツメヤシの.
— 囡 ナツメヤシ (= palmera).

da·tis·mo [da.tís.mo; đa.-] 男 《修辞》(不必要な)同義語反復.

da·ti·vo, va [da.tí.bo, -.ba; đa.-] 形 **1** 《文法》与格の. **2** 《法》選定の. tutor ~ 選定後見人.
— 男 《文法》与格 (= caso ~). en ~ 与格の. → acusativo.

da·to [dá.to; đá.-] 男 **1 資料, データ, 情報；《IT》データ. 活用する. recoger ~s 資料[データ]を集める. ~s estadísticos 統計資料. ~s personales 個人情報[データ]. por falta de ~s データ不足のために. procesamiento de ~s データ処理. base de ~s データベース. banco de ~s データバンク.
2 証拠(書類). **3** 《数》既知数.
[←《ラ》*datum*「贈物, 与えられたもの」(*dare*「与える」の派生語)] 関連 data, datar. 《英》*datum, data, date*]

da·tu·ri·na [da.tu.rí.na; đa.-] 囡 《化》ダツリン, ヒヨスチアミン：毒性アルカロイドの一種.

dau·dá [dau.đá; đau.-] 囡 《ラ米》(*i*)《植》ドルステニア：クワ科.

Da·vid [da.bíđ; đa.-] 固名 **1** 《聖》ダビド, ダビデ(前1010? - 975?)：Saúl につぐイスラエル第2代の王. **2** ダビー(ド)：男子の洗礼名.
lágrimas de David《植》ジュズダマ.
[←《ラ》*Dāvid*←《ヘブライ》*Dāwidh*；関連《ポルトガル》《仏》《英》《独》*David*. 《伊》*Davide*]

da·ví·di·co, ca [da.bí.đi.ko, -.ka; đa.-] 形 **1** 《聖》ダビデの. **2** ダビデ風の詩[文体]の.

da·za [dá.θa; đá.- / -.sa] 囡 《植》モロコシ(属).

dB 《略》《物理》*d*eci*b*el, *d*eci*b*elio デシベル.

DBE [de.ße.é; đe.-] 男 《略》*D*iploma *B*ásico de *E*spañol スペイン語基礎免状.

d. C. 《略》*d*espués de *C*risto 西暦紀元, AD. (↔a. C.).

D.C. 《略》《音楽》《伊》*d*a *c*apo 初めから繰り返して, ダ・カーポ.

Dcha., dcha., dcha 囡 《略》*d*erecha.

d. de J.C. 《略》*d*espués de *J*esucristo 西暦紀元.

DDT [de.đe.té; đe.-] 男 《略》*d*icloro-*d*ifenil-*t*ricloroetano ディーディーティー (DDT)：殺虫剤.

de[1] [dé; đé] 囡 アルファベットの d の名称.

**de[2] [de; đe] 前 [定冠詞 el とは縮約されて del となる]

1 《所属》

1 《所属》…の. casa *de* mis padres 私の両親の家. ¿*De* quién es este coche? — Es *de* Manuel. この車は誰の. —マヌエルのだよ.

2 《所属》…の. los muebles *de*l dormitorio 寝室の家具. los diputados *de* la oposición 野党の議員. compañeros *de* clase クラスメート.

3 《性質・特徴》…を持った[備えた]▶ 形状・色彩・性質・年齢・数量を表す名詞およびその相当語句とともに用いる). el hombre *de* las gafas めがねの男. un billete *de* diez dólares 10ドル紙幣. Es un hombre *de* pocas palabras. 彼は口数の少ない男だ. Es *de* suma importancia. それはきわめて重要だ. Es una niña *de* ocho años. 彼女は8歳の女の子だ.

4 《場所・時代》…にある, 《場所》の；〈…(時代)》の. la catedral *de* Burgos ブルゴスの大聖堂. la casa *de* al lado 隣の家. la carretera *de* La Coruña ラコルーニャ街道 (▶ de は到達点を意味する). los amigos *de* mi infancia 幼友達. *de* joven 若いころに. Yo, *de* pequeña, quería ser pianista. 私は小さいころピアニストになりたかった. ▶ de に後続する名詞・形容詞は主語の性数に一致する.

5 《職業・役割・性格》…として, …でして. Actúa *de* príncipe en el teatro. 彼は劇で王子の役をしている. Trabaja *de* camarera. 彼女はウェートレスとして働いている. La califican *de* extrovertida. 彼女は外向的だと評されている. ▶ de に続く名詞・形容詞は主語・目的語の性数に一致する.

6 《目的・対象》の, …による, …のための. aparato *de* pilas 電池式の器具. cocina *de* gas ガスコンロ. copas *de* champán シャンパングラス. bolso *de* mujer 女性用バッグ. ropa *de* hombre 紳士服.

7 《状態》…中の, …をして. estar *de* moda 流行っている. ir *de* compras 買い物に出かける. Están *de* vacaciones. 彼らは休暇中である.

8 《同格》…という (▶ 市町村・地理的呼称・施設・建造物・組織・団体・年月など). la calle *de* Alcalá アルカラ通り. el aeropuerto *de* Barajas バラハス空港. el año (*de*) 2006 2006年. el día *de* hoy 本日.

2 《起源・出所》(↔a)

1 《出身》…出身の. ¿*De* dónde es usted? — Soy *de* Valencia. どちらのご出身ですか. —バレンシアです. La gente *de* esta tierra es muy cerrada. ここの土地の人々はとても閉鎖的だ.

2 《出発点・出所》…から (= desde). Este tren viene *de* Córdoba. この電車はコルドバ発です. Viajamos en coche *de* Madrid a Zaragoza. 私たちはマドリードからサラゴサまでドライブします (▶ 到達点は a で表す). Lo pagué *de* mi dinero. 私は自分のお金からそれを払った. Hizo *de* su hija una gran violinista. 彼[彼女]は娘を立派なバイオリニストにした.

3 《時間・出来事の開始点》…から (= desde) (▶ 終点は a. de... a... で用いることが多い). *de* mañana en ocho días 1週間したら. Viajaré *de*l lunes al sábado. 私は月曜日から土曜日まで旅行します.

4 《材質》…からできた, …(製)の. un abrigo *de* piel 革のコート. Esta camisa es *de* seda. このシャツはシルク製だ.

5 《内容・構成》…からなる, …の入った. una jarra *de* cerveza ジョッキ1杯のビール. un equipo *de* jugadores 1チームの選手. Esta obra consta *de* dos partes. この作品は2部で構成される.

6 《原因》…で, …から. protegerse *de*l frío 寒さから身を守る. Me muero *de* sueño. 眠くて死にそうだ. Estoy agotado *de* trabajar. 私は働いて疲れている. ▶ 直接起因する原因を表す場合に de を用いる.

7 《根拠》…から. *De* esto se deduce que se oponen a la propuesta. このことから彼らが提案に

反対していることがわかる.
8《手段》…によって, …を. dar *de* bofetadas 平手打ちを食わす. servir *de*... …を利用する. Lo sé *de* oídas. それは聞いて知っている. ¿*De* qué vives? 何をして生活しているの. Mi abuelo vive *de* la pensión. 祖父は年金生活者です.

3 《部分》
1《部分》(1) …の, …の中の. Algunos *de* ellos ya lo saben. 彼らのうちの何人かはもうそれを知っている. Cuénteme usted algo *de* lo que ha pasado. 起こったことを何か話してよ. Ella vive en una casa *de* esas. 彼女はその手の家に住んでいる. (2)《特定のものの一部》…から, 少し (► 部分冠詞と呼ばれる). Han bebido *de* mi vino. みんなが僕のワインを飲んだ. Aquí se vende *de* todo. ここには何でも売っている.
2《単位など》…の. una docena *de* huevos 1ダースの卵.
3《時間》…の時間帯で. las dos *de* la tarde 午後2時. *de* madrugada 夜明けに. Era *de* noche. 夜だった. Ya es *de* día. もう夜が明けている.
4《全体の一部》〈体の部位など〉で, …のところで. Está enfermo *del* hígado. 彼は肝臓を病んでいる. Pasean *de* la mano. 彼ら[彼女ら]は手をつないで散歩している. Me cogió *de* la mano. 私は腕をつかまれた.

4 《関係・関連》
1《題材・テーマ》…について, …の. un libro *de* bioquímica 生化学の本. Hablan *del* nuevo proyecto. 彼らは新しいプロジェクトについて話す.
2《範疇》…の点で;…において. Soy japonés *de* nacionalidad. 私の国籍は日本です. Es médico *de* profesión. 彼の職業は医師だ. ¿Qué hay *de* postre? デザートは何がありますか. Pedimos pescado *de* primer plato. 私たちは1皿目の料理に魚を注文した.
3《限定》《形容詞およびその相当語句+》(1)〈体の部位など〉の点で, …のところで (…である). Es ancho *de* espaldas. 彼の背中は広い. Es corto *de* vista. 彼は近視だ. (2)《*de*+不定詞…する》のは (…である) (► 難易を表す. difícil, fácil, posible, imposibleなどの形容詞を用いることが多い). Este libro es *difícil de entender*. この本は理解しにくい. (3) …の. el *tonto de* Pepe. ペペのばか (► 性質の強調). ¡*Pobre de* ti! かわいそうなおまえ. ¡*Ay de* mí! (つらさ・悲しさを表して) 何ということか. ¡*Qué de* gente! 人の何て多いことだ.

5 《比較の参照点》
1《比較級》(1)《+数値》〈数値〉より. *más de* cien 100以上. Don Antonio tiene *más de* noventa años. アントニオさんは90歳を超えている. (2)《+定冠詞 que+比較対象》…《する》よりも. Tienes que gastar menos dinero *del* que ganas. 君は稼ぎよりも支出を少なくしなくてはいけないよ. Parece más guapo *de* lo que pensaba. 彼は思っていたよりハンサムだ. ► 定冠詞は比較しているものの性数に一致させる. 形容詞などが比較対象の場合には中性形.
2《最上級+》《比較範囲を表して》…の中で. Es el *más alto de* la clase. 彼はクラスで一番背が高い.

6 《文法関係・役割》
1《行為主体》…の;《作者》…による. la llegada *del* presidente a la capital 大統領の首都への到着. un libro *de* Borges ボルヘスの本.
2《行為の対象》…の, …への. la construcción *del* edificio ビルの建設. el asesinato *del* político そ

の政治家の暗殺. el amor *de* Dios 神への愛. Mi hija tiene miedo *de* los perros. 私の娘は犬が怖い. ► *de* の後ろに文を続ける場合には *de que*... となる. ⇒ Es una prueba *de* que no estaba allí. それは彼[彼女]がそこにいなかったことの証明です.
3《受動態の動作主》…によって, …に. Es respetado *de* todos. 彼は皆に尊敬されている. La ciudad está rodeada *de* montañas. その市は山に囲まれている.

4(1)《動詞+》*acabar de*+不定詞…し終える;…したばかりである. *dejar de*+不定詞…するのを止める. ► 動作からの離脱を表す動詞句を構成する. (2)《形容詞+》…で, …の. ser *capaz de*... …のできる. Estoy *seguro de* que vienen. 彼らは必ず来ます. (3)《+名詞およびその相当語句》*de golpe* 突然. *de hecho* 実際に. (4)《副詞+》《+前置詞句を作る》. *cerca de*... …の近くに. *alrededor de*... …の周りに.
(5)《副詞+*de que*》《+接続詞句を作る》. *antes de que*+接続法 …する以前に.
de+不定詞《条件》もし…するなら. *De tener* tiempo, iré contigo. もし時間があれば, 君と行きます.
... de a+数詞 …ずつの….
de... en... (1)《名詞を繰り返して》…から…に. *de puerta en puerta* 一軒一軒. *de mal en peor* さらに悪く. (2)《数詞を繰り返して》…ずつ. Entraron *de dos en dos*. 彼らは2人ずつ入っていった.
[←[ラ] *de*;[関連] [ポルトガル] [仏] *de*. [伊] *di*]

dé [dé; đé] 活 → **dar**.
de- [接頭]「下降, 分離, 否定, 低下, 由来」や「強め」の意. ⇒ *de*ducir, *de*finir, *de*formar, *de*mostrar, *de*pender [←[ラ]]
de·a [dé.a; đé.-] 女《詩》女神 (＝diosa).
DEA [dé.a; đé.-] 女 (時に 略) *Drug Enforcement Administration* (米国) 麻薬取締局.
de·ad·je·ti·val [de.ađ.xe.ti.bál; đe.-] 形《文法》〈語が〉形容詞から派生した.
dead·line [déđ.lain; đéđ.-] [英] 男 締切り日[時間], 最終期限, デッドライン.
de·ad·ver·bial [de.ađ.ber.bjál; đe.-] 形《文法》〈語が〉副詞から派生した.
deal·er [dí.ler; đí.-] [英] 男 女 卸 (売り) 業者, 達人, 販売代理人 (＝distribuidor).
de·am·bu·la·ción [de.am.bu.la.θjón; đe.-/ -.sjón] 女 ぶらぶら歩くこと, 徘徊(誌).
de·am·bu·lar [de.am.bu.lár; đe.-] 自 ぶらつく, 散歩する, さまよう.
de·am·bu·la·to·rio [de.am.bu.la.tó.rjo; đe.-] 男《建》(教会の中央祭壇裏の) 周歩廊.
de·án [de.án; đe.-] 男 **1**《カト》司教地方代理;参事会長.
2 (昔のスペインの Alcalá 大学で卒業生中の) 最長在籍年数者.
de·a·na·to [de.a.ná.to; đe.-] / **de·a·naz·go** [de.a.náθ.go; đe.- / -.nás.-] 男 司教地方代理[大聖堂主任司祭]の職務[管轄教区].
de·ba·cle [de.bá.kle; đe.-] [仏] 女 崩壊, 壊滅, 惨憺(然)たる結末.
de·ba·je·ro [de.ba.xé.ro; đe.-] 男《ラ 米》(1)(ラテアツ)(ラテ)《馬》(馬の鞍(ら)の擦れを防ぐための) 鞍下革. (2)(ラテアツ)《服飾》アンダースカート, スリップ. (3)(テ)《複数形》.

*de·ba·jo [de.bá.xo; đe.-] 副《場所》下に, 下側に;《比喩的》下位に (↔ encima). Pulsa el botón que está ～. その下にあるボタンを押しなさい. Quité la almohada y saqué lo que había ~. 私は枕をどけて下にあったものを取った.

[類語] **debajo** は2つのもののうち, 一方が他方より下にあることを示し, **abajo** は2つの比較がなく, 何かあるものが下の方にあることを示す. El servicio está *abajo*. トイレは下です. Aquí hay dos documentos. El mío es el de *debajo*. ここには2つの書類がある. 私のは下の方です.

debajo de... …の下に; …の下側に; …の下位に. Hay un perro ~ *de* la mesa. テーブルの下に犬がいる. Su oficina está ~ *de* la nuestra. 彼[彼女](ら)の事務所は私たちのところの下にある. esconder algo ~ *del* abrigo コートの下に何かを隠す. ▶ de, desde, hasta, por などの前置詞に後続して用いられる. ⇒sacar la maleta de ~ *de* la cama ベッドの下からスーツケースを引っぱり出す.

[類語] ***debajo de*** と同義で用いられる前置詞に ***bajo*** があるが, ***bajo*** のほうが文語的であり,「…のもとで」「…の統治下で」など抽象的, 比喩的な意味で用いられやすい. また ***debajo de*** は基準となるものと接触していてもよいが, ***bajo*** はそうではない.

por debajo 下を; 下回って.

por debajo de... (1) …の下を, …の下から. pasar *por* ~ *del* puente 橋の下を通る. pasar un sobre *por* ~ *de* la puerta ドアの下から封筒を入れる. (2) …を下回って, …以下で. Ahora su valor está *por* ~ *del* precio del mercado. 今その価値は市場価格を下回っている.

‡**de·ba·te** [de.bá.te; ðe.-] 男 議論, 論争; 討論, ディベート.

‡**de·ba·tir** [de.ba.tír; ðe.-] 他 討論[討議]する. ~ un asunto ある件を議論する.

─ 自 (**de...** / **sobre...** …について) 討論[討議]する. ~ acaloradamente 激論を交わす.

2 (**por...** …のために) 戦う, 苦闘する.

─ ~·**se** 再 **1** (**en...** / **entre...** …で) 戦う, 苦闘する, もがく. ~*se entre* la vida y la muerte 生死の境をさまよう. **2** 《3人称で》討論[討議]される. El proyecto *se debatió* punto por punto. その計画は事細かに議論された.

de·be [dé.be; ðé.-] 男 《商》借方, 借方勘定; 借方記入. el ~ y el haber 借方と貸方. una partida del ~ 借方記入[項目].

─ 活 → deber.

de·be·la·ción [de.βe.la.θjón; ðe.- / -.sjón] 女 (敵側の) 敗北, 敗退, 降伏.

de·be·lar [de.βe.lár; ðe.-] 他 敗北させる, 打ち破る, 屈服させる.

‡‡**de·ber** [de.βér; ðe.-] 他 **1** 《+不定詞》(…する) べきである; 《否定で》(…しては) いけない. *Debes pedirle* perdón. 君は彼[彼女]に謝るべきだ. No *deberías fumar* tanto. そんなにタバコを吸ってはいけないよ. No *deberías haberlo* dejado solo. 彼をひとりにしておくべきではなかっただろう. una obra como *debe ser* しかるべき作品.

2 《a+人 〈人〉に》借りがある; 負っている (=adeudar). ¿Cuánto *te debo*? 私は君にいくら借りがあるの. Este éxito *os* lo *debo* a vosotros. 私のこの成功は君たちのおかげだ. ▶用例中の te, os が a+人に相当.

─ 自 《**de**+不定詞 …する》**に違いない**, はずである. *Debe de hacer* mucho frío allí. あそこはとても寒いに違いない. *Deben de haber llegado* ya a Madrid. 彼[彼女]らはもうマドリードに到着したはずだ. ▶ de を省略することもある.

─ ~·**se** 再 (**a...**) **1** (…に対して) 義務がある. *Se deben a* sus alumnos. 彼らには自分の生徒たちに対して責任がある.

2 (…に) 原因がある. ¿A qué *se debe* su mal humor? 彼[彼女]の機嫌の悪さは何が原因ですか. El accidente *se debió a* que algunos pasajeros no guardaron cola. 事故は乗客の何人かが列を乱したために起こった.

─ 男 **1** 義務, 本分; 《時に複数で》務め. cumplir con SU ~ 自分の義務を遂行する. Es un ~ de ciudadano pagar impuestos. 税金を支払うのは市民の務めだ. ⇒obligación [類語]. **2** 《複数で》宿題. hacer los ~*es* 宿題をする.

no deber nada a otra 他に引けを取らない.

[← [ラ] *dēbēre* (*dē*-「離れて」+ *habēre*「持つ」); [関連] deuda, débito. [英] *debt*]

‡**de·bi·da·men·te** [de.βí.ða.mén.te; ðe.-] 副 **1** 適切に, 妥当に, ふさわしく. portarse ~ 礼儀正しく振る舞う.

2 しかるべく, 定められたとおりに.

‡**de·bi·do, da** [de.βí.ðo, -.ða; ðe.-] 形 **1** しかるべき, 適した; 正しい, 正当な. con el ~ respeto 十分に敬意を払って. comportamiento ~ 礼儀正しい振舞い. en *debida* forma しかるべきやり方で; 正式に. **2** 借りている. la suma *debida* 負債額.

como es debido しかるべく, 適切に, 正統に. Habla *como es* ~. 彼[彼女] はきちんと話す. Vamos a hacer una fiesta *como es* ~. ちゃんとしたパーティーを開こう.

debido a (que)... …が原因で, …によって. *D*~ *a* la lluvia no pude salir. 私は雨のため出かけられなかった. No ha salido bien ~ *a que* cuando lo hicimos ya era de noche. それをしたのが夜だったのでうまくいかなかった.

más de lo debido 必要以上に, 度を越して, あまりにも.

‡‡**dé·bil** [dé.βil; ðe.-] 形 **1** 《+名詞 / 名詞+》 弱い. niño ~ 体の弱い子供. voz ~ 弱々しい声. luz ~ かすかな光. cuerda ~ 弱いロープ. punto ~ 弱点. sexo ~ 女性. ~ crecimiento わずかな成長.

2 《+名詞 / 名詞+》 《**estar**+》 弱っている, 衰弱した. *Está* ~ desde que dio a luz. 彼女は出産以来体が弱っている. **3** 意志 [気] が弱い; (**con**+人 〈人〉に) 甘い. tener carácter ~ 意志の弱い. Es muy ~ *con* sus alumnos. 彼[彼女]は生徒にとても甘い. **4** 《音声》 (音節・母音が) アクセントのない.

─ 男 弱者; 意志 [気] の弱い人. ~ mental 精神遅滞者.

[← [ラ] *dēbilem* (*dēbilis* の対格); *dē*-(否定) + *habilis*「有能な」); [関連] debilitar. [英] *debility*]

‡**de·bi·li·dad** [de.βi.li.ðáð; ðe.-] 女 **1** 弱さ, もろさ, 虚弱, 衰弱; 意志薄弱. la ~ de un convaleciente 回復期患者の弱さ. ~ mental 《医》精神遅滞症, 知的障害. caerse de ~ 衰弱して倒れる.

2 特別な好み; 《**por...** …への》 偏愛, 熱中. La música de jazz es su ~. 彼[彼女] はジャズに目がない. Tengo ~ *por* mi hijo menor. 私は末っ子に特に弱い. **3** 弱点, 欠点; 失敗. **4** 《話》空腹.

de·bi·li·ta·ción [de.βi.li.ta.θjón; ðe.- / -.sjón] 女 **1** 衰弱, 弱化, 弱まり. **2** 《音声》弱勢化, 非強勢化, 弱化. **3** (相場などの) 弱含み, 軟調.

de·bi·li·ta·dor, do·ra [de.βi.li.ta.ðór, -.ðó.ra;

đe.-] 形 弱める, 衰弱させる, 弱体化させる.
de·bi·li·ta·mien·to [de.bi.li.ta.mjén.to; đe.-] 男 → debilitación.
de·bi·li·tan·te [de.bi.li.tán.te; đe.-] 形 → debilitador.
*__de·bi·li·tar__ [de.bi.li.tár; đe.-] 他 弱める；衰弱させる；『音声』弱音化する, 非強勢化する. La enfermedad lo *ha debilitado*. 彼は病気で衰弱してしまった.
— ~·se 再 弱くなる, 弱まる；衰弱する. *Me he debilitado* mucho con la enfermedad. 私は病気のためにひどく衰弱した.

de·bi·lu·cho, cha [de.bi.lú.tʃo, -.tʃa; đe.-] 形 《軽蔑》虚弱な, 病弱な；弱々しい.
— 男 女 虚弱者, 病身者；弱虫.
de·bi·tar [de.bi.tár; đe.-] 他 『商』借方に記入する (= adeudar).
dé·bi·to [dé.bi.to; đé.-] 男 1 『商』借方. 2 借金, 負債. 3 夫婦の務め (= ~ conyugal): 性関係の義務など.
de·bo·car [de.ɓo.kár; đe.-] 102 自 (または他) 《ラ米》(ｹﾞﾛ)〈ﾊﾞﾘ〉嘔吐し(ﾊﾞﾘ)をする, 吐く.
de·bre·ci·na [de.ɓre.θí.na; đe.- / -.sí.-] 女 《ラ米》(ｹﾞﾛ)〈ﾊﾞﾘ〉(焼いて食べる) 豚肉のソーセージ.
de·but [de.ɓú(t); đe.-] 《仏》男 (複 ~s) 初出演, デビュー；初公開, 新登場. hacer su ~ en sociedad 社交界にデビューする.
de·bu·tan·te [de.ɓu.tán.te; đe.-] 形 初登場 [初舞台]の：新人の. — 男 女 新人, 初心者；初登場 [初舞台]の人. El ~ tuvo una brillante actuación. 初舞台でその新人は見事な演技をした. — 女 初めて社交界に出る女性.
[← 仏 *débutant(e)*]
de·bu·tar [de.ɓu.tár; đe.-] 自 デビューする, 初舞台を踏む, 初登場する；初めて社交界に出る.
deca- 「10」の意を表す造語要素. ⇒ *decálogo*, *decasílabo*. [← ギ]

*__dé·ca·da__ [dé.ka.đa; đé.-] 女 1 10年 (間). la de los (años) ochenta 80年代. cinco ~s 50年間. la última ~ 過去10年. 2 10からなるひと組 [ひと続き].

*__de·ca·den·cia__ [de.ka.đén.θja; đe.- / -.sja] 女 1 衰退, 衰え, 退廃；退歩. está en ~ 衰えている. caer en ~ 衰退する. ~ moral 道徳的退廃. 2 衰退期. en la ~ del Imperio Romano ローマ帝国の衰退期に.

*__de·ca·den·te__ [de.ka.đén.te; đe.-] 形 1 《ser + / estar +》衰退した, 活力を失った；退廃的な.
2 デカダン (ス) 派の. 3 古臭いものが好きな.
— 男 女 1 退廃的な人. 2 デカダン (ス) 派の作家 [芸術家].
de·ca·den·tis·mo [de.ka.đen.tís.mo; đe.-] 男 (19世紀末の) デカダン (ス) (主義).
de·ca·den·tis·ta [de.ka.đen.tís.ta; đe.-] 形 デカダン (ス) 主義の.
— 男 女 デカダン (ス) 派の作家 [芸術家].
de·ca·e·dro [de.ka.é.đro; đe.-] 男 『数』十面体.
*__de·ca·er__ [de.ka.ér; đe.-] 56 自 1 《en... / de...》が〉衰える, 弱まる；落ちぶれる. Su ánimo no *decae* a pesar de tantas dificultades. 多くの困難に出会いながら彼 [彼女] の気力は衰えることを知らない. *Ha decaído* en belleza [inteligencia]. 彼 [彼女] は容色 [知力] が衰えた.
2 『海』〈船が〉進路からそれる.
de·ca·go·nal [de.ka.go.nál; đe.-] 形 『数』十角形の, 十辺形の.
de·cá·go·no [de.ká.go.no; đe.-] 男 『数』十角形, 十辺形.
de·ca·gra·mo [de.ka.grá.mo; đe.-] 男 デカグラム：重さの単位. 10グラム.
decaí(-) 活 → decaer.
de·ca·í·do, da [de.ka.í.đo, -.đa; đe.-] 形 《estar +》衰えた, 元気のない, 意気消沈した；『商』〈市況が〉活気のない.
decaig- 活 → decaer.
de·cai·mien·to [de.kai.mjén.to; đe.-] 男 1 衰退, 衰微；下降. 2 (体力の) 衰え；意気消沈, 気落ち. 3 『商』証券市況の軟化, 下押し.
de·cal·ci·fi·ca·ción [de.kal.θi.fi.ka.θjón; đe.- / -.si.-.sjón] 女 → descalcificación.
de·cal·ci·fi·car [de.kal.θi.fi.kár; đe.- / -.si.-] 102 他 → descalcificar.
de·ca·li·tro [de.ka.lí.tro; đe.-] 男 デカリットル：容積の単位 (記号 Dl.). 10リットル.
de·cá·lo·go [de.ká.lo.go; đe.-] 男 『聖』(Moisés の) 十戒 (= los Diez Mandamientos) 〈出エジプト 20:1-17〉.
de·cal·va·ción [de.kal.ɓa.θjón; đe.- / -.sjón] 女 (懲罰としての) 丸刈り.
de·cal·var [de.kal.ɓár; đe.-] 他 (懲罰として) 丸刈りにする.
de·cá·me·tro [de.ká.me.tro; đe.-] 男 デカメートル：長さの単位. 10メートル.
de·cam·par [de.kam.pár; đe.-] 自 『軍』宿舎を撤収する, キャンプを畳む.
de·ca·na·to [de.ka.ná.to; đe.-] 男 1 (大学の) 学部長の地位 [職務, 執務期間]；学部長室. 2 (団体などの) 長老の地位 [職務, 執務期間]；長老の執務室.
de·ca·nia [de.ká.nja; đe.-] 女 (修道院所属の) 地所, 教会.
*__de·ca·no, na__ [de.ká.no, -.na; đe.-] 形 長老の, 最古参の. — 男 女 1 (大学の) 学部長. 2 長老, 最年長者, 最古参者.
de·can·ta·ción [de.kan.ta.θjón; đe.- / -.sjón] 女 1 上澄みを移し取ること；『化』傾瀉(ｹｲｼｬ)(法). pósito de ~ 浄化槽.
2 《hacia... / por...》ある理論・思考への》偏向, 傾倒.
de·can·ta·dor [de.kan.ta.đór; đe.-] 男 『化』傾瀉(ｹｲｼｬ)器：上澄みを移し取るのに用いる容器.
de·can·tar[1] [de.kan.tár; đe.-] 他 静かに注いで上澄みを移し取る, 沈殿させる. — ~·se 再 《hacia... / por...》…に》肩入れする, 傾倒する.
de·can·tar[2] [de.kan.tár; đe.-] 他 称賛する. ▶ 現在では過去分詞の形でのみ使われる.
de·ca·pa·do [de.ka.pá.đo; đe.-] 男 『冶』(金属の表面の) 酸洗い.
de·ca·pan·te [de.ka.pán.te; đe.-] 形 『冶』さび取りの. producto ~ さび取り剤. — 男 1 (金属の) さび取り剤, 研磨剤. 2 (ペンキなどの) 剝離(ﾊｸﾘ)剤.
de·ca·par [de.ka.pár; đe.-] 他 1 『冶』〈金属の表面を〉酸洗いする, 酸化物を除去する. 2 〈ペンキなどを〉はぎ落とす, 削り落とす.
de·ca·pi·ta·ción [de.ka.pi.ta.θjón; đe.- / -.sjón] 女 打ち首, 斬首(ｻﾞﾝｼｭ).
de·ca·pi·tar [de.ka.pi.tár; đe.-] 他 首を切る, 打ち首にする (= degollar).
de·cá·po·do, da [de.ká.po.đo, -.đa; đe.-] 形 『動』十脚 [十腕] 類の；脚の10本ある. — 男 (エビ・カニなどの) 十脚類動物；(イカなどの) 十腕類動物.
de·cá·re·a [de.ká.re.a; đe.-] 女 デカール：面積の

単位. 10アール.
de·ca·sí·la·bo, ba [de.ka.sí.la.βo, -.βa; ðe.-] 形《詩行が》10音節の.
— 男 10音節の行，1行10音節からなる詩.

de·cat·lón [de.kat.lón; ðe.-] 男《スポ》十種競技，デカスロン：100, 400, 1500メートル走，110メートル障害，走り幅跳び，砲丸投げ，走り高跳び，円盤投げ，棒高跳び，槍(ᡛᡄ)投げの10種目で競う男子陸上競技種目.

decay- 話 → decaer.

de·ce·le·ra·ción [de.θe.le.ra.θjón; ðe.- / -.se.-.sjón] 女 減速 (= desaceleración).

de·ce·le·rar [de.θe.le.rár; ðe.- / -.se.-] 他 減速させる，速度を落とす (= desacelerar).

*__de·ce·na__ [de.θé.na; ðe.- / -.sé.-] 女 **1** 10のまとまり，(約)10；10人[個]一組；10年[日]. una ~ de personas 10人ほどの人. hace una ~ de años 10年ほど前に. la primera ~ de junio 6月上旬(に). ¿Cuántas ~s tiene la centena? 100には10がいくつ含まれるか. **2**《音楽》第10度.
por decenas 10ずつ，10個単位で.

de·ce·nal [de.θe.nál; ðe.- / -.se.-] 形 10年続く；10年ごとの. período ~ 10年期間.

de·ce·na·rio, ria [de.θe.ná.rjo, -.rja; ðe.- / -.se.-] 形 10の；10年の，10年目の.
— 男 **1** 10年間 (= decenio). **2** (10個の小珠と1個の大珠からなる) ロザリオ.

de·cen·cia [de.θén.θja; ðe.- / -.sén.sja] 女 品位，節度，つつましさ. la ~ de una mujer 女性としてのつつましさ. con ~ 慎み深く，控えめに.

de·ce·nio [de.θé.njo; ðe.- / -.sé.-] 男 10年間.
[← 〔ラ〕 *decennium (decem*「10」+ *annus*「年」+ 名詞語尾);〔関連〕〔英〕*decennium*]

de·ce·no, na [de.θé.no, -.na; ðe.- / -.sé.-] 形 → décimo.

de·cen·tar [de.θen.tár; ðe.- / -.sen.-] 78 他
1〈食べ物などに〉手をつける，食べ[飲み]始める.
2 損ね始める，だめにし始める；〈貯えに〉手をつける. ~ la salud 健康を損ねていく.
— ~·se 再 床擦れができる.

*__de·cen·te__ [de.θén.te; ðe.- / -.sén.-] 形 **1** 品位のある，慎みのある. una familia ~ まともな家庭. un bañador ~ おとなしい形の水着. **2** 人並みの，まずまずの. un sueldo ~ なんとかやっていけるだけの給料. un nivel de vida ~ 人並みの生活水準. **3** 社会的地位のある；ふさわしい，相応の. **4**《estar+》きちんとした，こぎれいな. Este abrigo *está* todavía ~. このコートはまだ着られる.

de·cen·vir [de.θem.bír; ðe.- / -.sem.-] / **de·cen·vi·ro** [de.θem.bí.ro; ðe.-] 男《史》(古代ローマの法典，十二表法 Doce Tablas 制定に携わった) 十人委員会の委員.

*__de·cep·ción__ [de.θep.θjón; ðe.- / -.sep.sjón] 女 失望，落胆 (= desilusión). En su vida se llevó grandes *decepciones*. 彼[彼女]は生涯に幾度か深い絶望の淵(ᡘᡃ)に立たされた.

de·cep·cio·nan·te [de.θep.θjo.nán.te; ðe.- / -.sep.sjo.-] 形 失望[落胆]させる，がっかりさせる.

*__de·cep·cio·nar__ [de.θep.θjo.nár; ðe.- / -.sep.sjo.-] 他 幻滅させる，失望[落胆]させる. El resultado me *ha decepcionado*. 私はその結果にがっかりした.
— ~·se 再 がっかりする，落胆する.

de·ce·so [de.θé.so; ðe.-] 男 死，死亡.

de·cha·do [de.tʃá.ðo; ðe.-] 男 **1** 手本，見本，ひな型. **2**(裁縫・刺繍(ᡘᡄᡃ)の)見本作品，見本集. **3** 模範，典型，鑑(ᡄᡃ). ~ de virtudes 美徳の鑑. Este libro es un ~ de armonía. この本は調和の取れている点で模範的である.
ser un dechado de perfecciones《皮肉》全く非の打ち所がない.

deci-「10分の1」の意を表す造語要素. ⇒ *decigramo, decímetro*. [←〔ラ〕]

de·ci·á·re·a [de.θi.á.re.a; ðe.- / -.sjá.-] 女 デシアール：面積の単位. 10分の1アール，10平方メートル.

de·ci·bel [de.θi.βél; ðe.- / -.si.-] / **de·ci·be·lio** [de.θi.βé.ljo; ðe.- / -.si.-] 男《物理》デシベル：音の強さなどの単位（記号 dB）. 10分の1ベル.

de·ci·bé·li·co, ca [de.θi.βé.li.ko, -.ka; ðe.- / -.si.-] 形《物理》デシベルの.

de·ci·ble [de.θí.βle; ðe.- / -.sí.-] 形《主に否定文で》言い表せる，口に出せる. No es ~ lo que me aburrí. 僕がどんなに退屈したかロでは言えない.

de·ci·de·ro, ra [de.θi.ðé.ro, -.ra; ðe.- / -.si.-] 形 口に出して言える，はばかることなく言える.

de·ci·di·da·men·te [de.θi.ði.ða.mén.te; ðe.- / -.si.-] 副 決然として，断固として；間違いなく. lanzarse ~ 思いきって事に当たる.

*__de·ci·di·do, da__ [de.θi.ðí.ðo, -.ða; ðe.- / -.si.-] 形 **1** 決定した，決意した. Está ~ a hacerlo. 彼はそうしようと心に決めている. **2** 決然とした，きっぱりした. adversario ~ 勇猛果敢な敵. apoyo ~ 断固たる支援. con paso ~ 決然とした足取りで.

__de·ci·dir__ [de.θi.ðír; ðe.- / -.si.-] 他 **1 決める；《+不定詞 …することを》決断する，決意する. Todavía no *hemos decidido* lo que vamos a hacer. 私たちはまだすることを決めていません. *Decidimos* no *ir*. 私たちは行かないことにした.
2 決定づける，決定的なものにする. Este examen no *decidirá* tu futuro. この試験が君の未来を決定づけるのではありません.
3《a [para]+不定詞 …しようと》決断[決心]させる. ¿Qué fue lo que te *decidió a casarte*? 君に結婚を決断させたものは何ですか.
4《que+接続法 …させるよう》決定する. El profesor *decidió que* los alumnos *escribieran* una composición. 先生は生徒に作文をさせることを決めた. **5** 結論を下す，判断する. El profesor *decidió que* su alumno no tenía culpa. 先生は自分の学生には非がないと判断をした.
— 自 《de... / sobre... …について》決断する. Eres tú el que *decide*. 決めるのは君だからね.
— ~·se 再《a+不定詞》(熟考の末)《…する》決心をする，《por... …に》決める. *si me decido a marcharme* de aquí 私がここを去る決心をすれば. ¡*Decídete*, que se hace tarde! 遅くなるのでもう決心しなさい. *Me decidí por* este último modelo. 私はこの最新型に決めた.
[←〔ラ〕 *dēcīdere*「切り離す；決定する」(*dē-*「離れて」+ *caedere*「切る，打ち倒す」)；〔関連〕decisión, decisivo. 〔英〕 *decide*]

de·ci·dor, do·ra [de.θi.ðór, -.ðó.ra; ðe.- / -.si.-] 形 話し上手な. — 男 女 話のうまい人. Es un ~. 彼は口が達者だ.

de·ci·gra·mo [de.θi.grá.mo; ðe.- / -.si.-] 男 デシグラム：重量の単位. 10分の1グラム.

de·ci·li·tro [de.θi.lí.tro; ðe.- / -.si.-] 男 デシリットル：容量の単位. 10分の1リットル.

dé·ci·ma [de.θí.ma; ðe.- / -.si.-] 女 **1** 10分の1. (= décimo). **2**《史》十分の一税 (= diezmo). **3**《詩》(各行8音節の) 10行の詩句. **4** (体温計の) 分，10分の1度. tener ~s / estar con ~s《話》微熱

がある. ―形 → décimo.
de·ci·mal [de.θi.mál; ðe.- / -.si.-] 形 **1** 十進法の; 10分の1の; 小数の. **2** 《史》十分の一税の.
― 男 小数; 小数点以下の数字.
de·ci·me·tro [de.θí.me.tro; ðe.- / -.sí.-] 男 デシメートル: 長さの単位. 10センチメートル.

déc·i·mo, ma [dé.θi.mo, -.ma; ðé.- / -.si.-] 形 《数詞》(多くは＋名詞／名詞＋) **1** 10番目の, 第10の. Alfonso X [〜] アルフォンソ10世. **2** 10分の1の. la *décima* parte 10分の1. ―男 **1** 10分の1 (＝la *décima* parte, *décima*). **2** 〈宝くじの〉10分の1券. ◆宝くじは同組同番号の券が10枚1綴(3)りになっていて, これを tabla と言う. *décimo* はその1枚で分売される.
[← [ラ] *decimum* (*decimus* の対格; *decem* 「10」の派生語)] 関連 diezmo, decilitro. [スペイン] [英] *decimal*]

de·ci·moc·ta·vo, va [de.θi.mok.tá.bo, -.ba; ðe.- / -.si.-] 形 **1** 第18(番目)の. **2** 18分の1の.
―男 18分の1.

de·ci·mo·cuar·to, ta [de.θi.mo.kwár.to, -.ta; ðe.- / -.si.-] 形 **1** 第14(番目)の. **2** 14分の1の.
―男 14分の1.

de·ci·mo·nó·ni·co, ca [de.θi.mo.nó.ni.ko, -.ka; ðe.- / -.si.-] 形 **1** 19世紀の. **2** 時代遅れの, 古臭い.

de·ci·mo·no·no, na [de.θi.mo.nó.no, -.na; ðe.- / -.si.-] / **de·ci·mo·ve·no, na** [de.θi.mo.bé.no, -.na; ðe.- / -.si.-] 形 **1** 第19(番目)の. **2** 19分の1の. ―男 19分の1.

de·ci·mo·quin·to, ta [de.θi.mo.kín.to, -.ta; ðe.- / -.si.-] 形 **1** 第15(番目)の. **2** 15分の1の.
―男 15分の1.

de·ci·mo·sép·ti·mo, ma [de.θi.mo.sép.ti.mo, -.ma; ðe.- / -.si.-] 形 **1** 第17(番目)の. **2** 17分の1の. ―男 17分の1.

de·ci·mo·sex·to, ta [de.θi.mo.sé(k)s.to, -.ta; ðe.- / -.si.-] 形 **1** 第16(番目)の. **2** 16分の1の.
―男 16分の1.

de·ci·mo·ter·ce·ro, ra [de.θi.mo.ter.θé.ro, -.ra; ðe.- / -.si.-.-sé.-] / **de·ci·mo·ter·cio, cia** [de.θi.mo.tér.θjo, -.θja; ðe.- / -.si.-.sjo, -.sja] 形 **1** 第13 (番目)の. **2** 13分の1の. ―男 13分の1.

de·ci·mo·che·no, na [de.θi.mo.tʃé.no, -.na; ðe.- / -.sjo.-] 形 → decimoctavo.

de·cir [de.θír; ðe.- / -.sír] 51 他 [現分] は diciendo, [過分] は dicho] **1** 言う. 〈意見などを〉述べる. ～ mentiras うそを言う. sin ～ palabra 何も言わずに. para ～lo con otras palabras それを言い換えると. Me alegro de verle. ― Lo mismo *digo*. お会いできてうれしいです. ―私もです. ¿Qué te *dice* tu familia del suceso? その出来事について家族は君に何と言っていますか.
2 《que＋直説法 …であると》言う. *Dicen que* mañana *viene* Juan. 明日フアンが来るそうです. ▶ 否定では que＋接続法. ⇒ *No digo que* hagas trampas. 君がいんちきしているとは言っていない.
3 《a＋人(人)に》《que＋接続法 …するように》言いつける, 命ずる. *Dile que venga* a verme. 彼[彼女]に私に会いに来るように言いなさい (▶ le が a＋人に相当).
4 《書物などに》書いてある. como *dice* el refrán ことわざにもあるように. El contrato *dice* lo siguiente. 契約書には次のように書いてある.
5 表明する, 指摘する. Su cara lo *dice* todo. 彼

[彼女]の顔がすべてを物語っている. Su reacción *dice* mucho sobre su personalidad. 彼[彼女]の反応を見ると人格がよくわかる.
6 朗詠する, 唱える. ～ misa ミサを唱える.
7 《＋名前およびその相当語句 …と》名づける, 呼ぶ. Generalmente le *dicen Manolo*. ふつう彼はマノーロと呼ばれている.
―自 **1** 言う, 話す, しゃべる; ぶつぶつ言う. Usted *dirá*. 《話を切り出させて》さあ, どうぞ; 《飲み物などを注ぎながら》ちょうどいいところを言ってください; 《店員が客に》何でしょうか.
2 《＋bien》《con... …と》(よく)合う, 合致する. La bufanda *dice muy bien con* el abrigo. そのマフラーはコートによく合っている.
―**～·se** 再 **1** 自分に言う, 独り言を言う.
2 《3人称で》言われる; 〈人が〉言う. ¿Cómo *se dice* esto en español? これをスペイン語で何と言いますか. Guapa, lo que *se dice* guapa, no es. 彼女はいわゆる美人かというと, そうではない. Eso *se dice pronto*. 言うは易し.
―男 言葉; 言い習わし, 格言.
al decir de＋人 〈人〉の話によると.
¿cómo diríamos? 《言葉に詰まって》何と言いましょうか.
como quien dice / *como aquel que dice* 言わば, 言ってみれば. Es, *como quien dice*, su jefe. 彼はいわば上司みたいなものだ.
como quien no dice nada 《皮肉》いとも簡単に. Se gastó cien euros para la ocasión *como quien no dice nada*. 彼[彼女]はなんとその機会に100ユーロを使ってしまった.
como si dijéramos 言わば, 言ってみれば.
como si no hubiera [hubiéramos] dicho nada 《前言を取り消して》何も言わなかったのだからね.
con decir [decirte, decirle a usted] que... 《強調》…なのだから.
¡cualquiera diría que...! 《驚き》…なんて信じられない.
dar en decir... …を言い出す, 言いふらす.
dar que decir a＋人 〈人〉のうわさの的となる, うわさの種になる.
decir a＋人 *cuántas son cinco [tres y dos]* 〈人〉を叱る, 〈人〉に耳の痛いことを言う, 面と向かって不平を言う.
decir bien de＋人 〈人〉をほめる.
decirlo todo 〈人が〉おしゃべりである, 口が軽い.
decir por decir 何気なく口にする, つまらないことを言う.
decir que no [nones] 拒否する, 否定する.
decir que sí 認める, 肯定する.
decírselo todo (人の言葉を) 先んじる.
decir y hacer 言うが早いか, すぐさま. ▶ *dicho y hecho* とも.
dejar a＋人 *sin saber qué decir* 〈人〉を戸惑わせる.
¡Diga! / ¡Dígame! 《かかってきた電話に応えて》もしもし.
Dime con quién andas [vas] y te diré quién eres. 《諺》朱に交われば赤くなる (←人は付き合っている人を見ればどんな人かわかる).
el qué dirán 世論, うわさ.
es decir すなわち, つまり.
estar diciendo cómeme 〈食べ物が〉おいしそうである.
estar pendiente de lo que dice otro 人の言い

es un decir そうも言える, ある意味ではそうである.
¡haberlo dicho! 言ってくれればよかったのに.
¡He dicho! 《演説などの終わりで》以上です, 終わります.
lo que se dice... 言わば…, いわゆる….
ni que decir tiene (que...) (…は)言わずもがなである.
no decirle **nada** (*a*+人)〈人〉の興味を引かない, つまらない.
no he [hemos] dicho nada 《前言を取り消して》何も言わなかったことにしてね. Si no te interesa, *no he dicho nada.* 君が興味ないなら, 聞かなかったことにしておいて.
no irás [irá usted] a decir que+直説法《驚き・意外性》まさか…とは言わないでしょうね.
¡No me digas [diga]!《驚き・意外性》まさか.
o por mejor decir というより, むしろ.
para que luego [después] digan que+直説法《驚き・意外性》…なんてとんでもない.
por decirlo así 言わば.
que digamos《否定文と共に》言うほど(…でない). No es alta *que digamos.* 彼女は取り立てて背が高いというわけではない.
¡Qué me dices [dice usted]!《驚き》何だって, 何を言うのだ.
querer decir 意味する. ¿Qué *quiere decir* con eso? それであなたは何が言いたいのですか. Esto *quiere decir* que nadie está contento. つまり誰も満足していないというわけだ.
¡Quién lo diría!《驚き》なんてこと, 信じられない.
se diría que... …とも言えるだろう, まるで…であろう.
y no digamos...《先行の文を受けて》…は言うまでもない.
y (tú) que lo digas 君の言うとおりだ.
y [que] ya es decir《先行の文を受けて》言うまでもないことだが, 推して知るべし.
[←[ラ] *dícere*;[関連] dictar, diccionario, predecir. [英] *predict, dictation*]

de·ci·sión [de.θi.sjón; ðe.- / -.si.-] 囡 **1 決断, 決定. tomar una ～ 決心[決断]する. forzar una ～ 決断を迫る. ～ por mayoría 多数決. **2**《性格の》毅然とした姿勢, きっぱりとした態度. tener mucha ～ 毅然としている. **3**《法》判決.

**de·ci·si·vo, va [de.θi.sí.βo, -.βa; ðe.- / -.si.-] 形 (+名詞 / 名詞+)《ser +》決定的な, 決定づける. momento ～ 決定的瞬間. acontecimiento ～ en la vida 人生の決定的な出来事. victoria *decisiva* 圧倒的勝利. Tengo motivos ～s para marcharme. 私にはどうしても行かざるを得ない訳がある.

de·ci·so·rio, ria [de.θi.só.rjo, -.rja; ðe.- / -.si.-] 形 決断のための, 決定の権限を持った.

de·cla·ma·ción [de.kla.ma.θjón; ðe.- / -.sjón] 囡 **1** 弁説, 雄弁, 熱弁. **2** 朗唱, 吟唱. **3** 吟詠法, 朗読術.

de·cla·ma·dor, do·ra [de.kla.ma.ðór, -.ðó.ra; ðe.-] 形 熱弁を振るう; 朗読の.
— 男囡 **1** 熱弁[雄弁]家;大げさな話し方をする人. **2** 朗読者, 吟唱者.

de·cla·mar [de.kla.már; ðe.-] 他 **1** 朗唱する, 吟唱する. ～ versos 詩を朗唱する. **2** 演説する.
— 自 雄弁を振るう, 演説調で話す;騒ぎ立てる.

de·cla·ma·to·rio, ria [de.kla.ma.tó.rjo, -.rja; ðe.-] 形 演説調の, 朗読調の;大げさな, 誇張した.

de·cla·ra·ción [de.kla.ra.θjón; ðe.- / -.sjón] 囡 **1 声明, 宣言;公表;宣告. hacer una ～ sobre... …について声明を発表する. El presidente ha hecho una ～ sobre el desarme nuclear a la prensa. 大統領は核軍縮についての声明を記者団に発表した. ～ de guerra 宣戦布告. ～ de guerra 破産宣告. D～ de Derechos (英国の) 権利章典 (1689年). *D*～ Universal de los Derechos del Hombre 世界人権宣言 (1948年). ～ de inocencia 無罪宣告.
2 申告. ～ de la renta /《ラ米》(税)～ fiscal 所得申告. ～ de aduana 税関申告. ～ del patrimonio 財産申告.
3 告白;愛の告白 (= ～ de amor). **4** 発生;発症. ～ de un incendio 火災の発生. **5**《法》供述, 証言. ～ jurada 宣誓供述. prestar ～ 供述[証言]する. tomar ～ (被告・証人などから)供述を取る.

de·cla·ra·do, da [de.kla.rá.ðo, -.ða; ðe.-] 形 明白な, 公然の. una *declarada* enemistad むきだしの敵意.

de·cla·ran·te [de.kla.rán.te; ðe.-] 形 **1** 宣言[公表]する;申し立てる, 申告する. **2**《法》宣誓証言する. — 男囡 **1** 言明者, 宣告者;申告人. **2**《法》証人, 供述人.

de·cla·rar [de.klarár; ðe.-] 他 **1《権限を持つ人・機関が》宣言する; (+名詞・形容詞・副詞およびその相当語句) …が《…であることを》宣告する(► 形容詞は目的語の性数に一致する). ～ la guerra a un país ある国に宣戦布告する. ～ su independencia 独立を宣言する. El tribunal *declaró ilegales* los contratos. 法廷は契約が違法であるという判断を下した.
2 表明する;《que+直説法 …と》言明する;供述する. ～ su amor 愛を告白する. ～ su intención 意図を表明する. El presidente *declaró* que va a apoyar el acuerdo. 大統領は協定を支持すると表明した. Él *declaró* ante el juez que no *escuchó* ningún ruido. 彼は裁判官に何の音も聞こえなかったと供述した. **3**《課税品などを》申告する. ～ los ingresos 収入を申告する. ¿Tiene usted algo que ～? 何か申告するものがありますか.
— 自 **1** 供述をする, 証人に立つ. El acusado se negó a ～. 被告は供述を拒否した.
2《立場・意見などを》表明する.

— ～·se 再 **1** (+名詞・形容詞・副詞およびその相当語句)《自分が》(…であると) 宣言する, 表明する. ～*se inocente [culpable]* 無実を主張する [有罪を認める]. ～*se en favor de un candidato* ある候補者への支持を表明する. ～*se en huelga* ストライキを宣言する. **2**《*a*+人〈人〉に》愛を告白する, 気持ちを打ち明ける. Ese día él *se me declaró* y empezamos a salir juntos. その日に彼は私に告白して, 私たちは付き合い始めた (► *me* は *a*+人に相当). **3**〈現象・出来事などが〉発生する, 現れる. **4**《海》〈風が〉出る, 発生する. **5**《ラ米》(話) 音を上げる, 降参する.

de·cla·ra·ti·vo, va [de.kla.ra.tí.βo, -.βa; ðe.-] 形 **1** 明確にする, 明示する. **2**《文法》言明する. oración *declarativa* 平叙文.

de·cla·ra·to·rio, ria [de.kla.ra.tó.rjo, -.rja; ðe.-] 形 **1** 明白にする, 明示する. **2**《法》宣告的な.

de·cli·na·ble [de.kli.ná.ble; ðe.-] 形《文法》語形変化する, 屈折[格変化]する.

de·cli·na·ción [de.kli.na.θjón; ðe.- / -.sjón] 囡

de·cli·nan·te [de.kli.nán.te; đe.-] 形 傾く, 衰える, 没落する. poder ～ 下り坂の権勢.

de·cli·nar [de.kli.nár; đe.-] 自 **1** 衰える, 終わりに近づく, 低下する. ～ la fiebre 熱が下がる. *Declinaba la batalla.* 戦闘は下火になっていった. *Ha declinado mucho en salud desde la última vez que lo vi.* この前に会ったときから比べると彼はずいぶん体が弱っている. **2** 傾く, 傾斜する; ⟨太陽が⟩沈む. *Declinaba el sol.* 太陽が西に傾いていった. **3** それる, 逸脱する. ～ del camino derecho 正道から外れる. ～ en el vicio 悪の道に入る. **4**〖文法〗語形変化する, 格変化する.
— 他 **1** 断る, 却下する, 拒否する. ～ la invitación 招待を断る. **2**〖文法〗語形変化させる, 屈折[格変化]させる.
— ～·se 再〖文法〗語形変化する, 格変化する.

de·cli·na·to·ria [de.kli.na.tó.rja; đe.-] 女〖法〗裁判権の否認[担当判事の忌避]申し立て.

de·cli·na·to·rio [de.kli.na.tó.rjo; đe.-] 男〖天文〗赤緯儀;偏差儀;(偏差儀の)磁気偏角, 偏差.

de·cli·ve [de.klí.be; đe.-] 男 **1** 坂, 斜面, 傾斜, 勾配(ぶ). en ～ 傾斜した, 坂になった. **2** 衰退, 凋落(ちょう). un artista en ～ 落ちめの芸術家.

de·coc·ción [de.kok.θjón; đe.-/ -.sjón] 女 **1** 煎(せん)じること; 煎じ薬. **2**〖医〗切断(術).

de·co·di·fi·ca·ción [de.ko.đi.fi.ka.θjón; đe.-/-.sjón] 女 → descodificación.

de·co·di·fi·ca·dor, do·ra [de.ko.đi.fi.ka.đór, -.đo.ra; đe.-] 形 男 → descodificador.

de·co·di·fi·car [de.ko.đi.fi.kár; đe.-] 102 他 → descodificar.

de·co·la·je [de.ko.lá.xe; đe.-] 男〖航空〗《ラ米》(ﾒｷｼ)(ｸﾞｱﾃ)(ｺﾛﾝ)(ﾁﾘ)(ｱﾙｾﾞﾝ)(ｳ)(ﾊﾟﾗ)離陸.

de·co·lar [de.ko.lár; đe.-] 自〖航空〗《ラ米》(ﾒｷｼ)(ｺﾛﾝ)(ﾁ)(ｱﾙｾﾞﾝ)離陸する.

de·co·lo·ra·ción [de.ko.lo.ra.θjón; đe.-/ -.sjón] 女 **1** 色あせること, 変色. **2** 脱色, 色抜き.

de·co·lo·ran·te [de.ko.lo.rán.te; đe.-] 形 脱色させる; 色抜き(用)の — 男 脱色剤.

de·co·lo·rar [de.ko.lo.rár; đe.-] 他 **1** 退色させる, 色あせさせる. cortinas *decoloradas* por el sol 日に当たって変色したカーテン. **2** 脱色する. pelo *decolorado* 脱色した髪の毛. — ～·se 再 **1** 色があせる, 変色する. **2** (漂白されて)白くなる.

de·co·mi·sar [de.ko.mi.sár; đe.-] 他 没収する, 差し押さえる.

de·co·mi·so [de.ko.mí.so; đe.-] 男 **1** 没収, 押収; 差し押さえ. **2** 没収品, 押収品.

de·co·mi·sos [de.ko.mí.sos; đe.-] 男 《単複同形》押収品を販売する店[会場].

*****de·co·ra·ción** [de.ko.ra.θjón; đe.-/ -.sjón] 女 **1** 装飾, 飾り付け; 室内装飾 (法); 装飾法. ～ de escaparates ショーウインドの飾り付け. *Me gusta la ～ de tu casa.* 私は君の家のインテリアが好きだ. estudiar ～ 装飾美術を学ぶ. **2** 装飾品[物]. *decoraciones* navideñas クリスマス用の飾り. **3**〖演〗舞台装置, 舞台美術, 大道具.

de·co·ra·do [de.ko.rá.đo; đe.-] 男 **1**〖演〗舞台装置. **2** 装飾, 飾りつけ; 装飾品[物].

de·co·ra·dor, do·ra [de.ko.ra.đór, -.đó.ra; đe.-] 形 男 女 **1** 装飾家, 室内装飾家, インテリアデザイナー. ～ de escaparates ショーウインドー装飾家. pintor ～ 塗装兼室内装飾家. **2**〖演〗舞台美術家, 美術監督.

*****de·co·rar** [de.ko.rár; đe.-] 他 **1** (con... で)飾る; 装飾する. ～ el balcón *con* macetas de flores バルコニーを植木鉢で飾る. *Un tapiz antiguo decoraba el dormitorio.* 古いタペストリーが寝室を飾っていた. → adornar [類語]. **2**〈家などの〉調度をあつらえる, 室内装飾する. *Decoró su piso con buen gusto.* 彼[彼女]はマンションをセンスよく飾った. **3**〖文章語〗栄誉をたたえる, 勲章を授ける.

*****de·co·ra·ti·vo, va** [de.ko.ra.tí.bo, -.ba; đe.-] 形 **1** 装飾(用)の, 装飾的な. artes *decorativas* 装飾芸術. **2** きらびやかな, 華美な; 見栄えのする. *hacer de figura decorativa*《話》引き立て役になる.

de·co·ro [de.kó.ro; đe.-] 男 **1** 気品, 品格; 威厳, 尊厳. **2** 慎み, 節度. **3** 〈建物の〉仕上げの装飾. *con decoro* (1) 立派に, 堂々と. *Con menos dinero no se puede vivir con ～.* これ以下のお金ではまともな生活はできません. acabar *con* ～ 有終の美を飾る. (2) きちんと, 作法に従って. comportarse *con* ～ 折り目正しく振る舞う. una mujer *con* ～ つつましやかな婦人.
sin decoro 下品な[に], 恥も外聞もない[なく].

de·co·ro·so, sa [de.ko.ró.so, -.sa; đe.-] 形 **1** 気品のある, 品格のある; 名誉ある, 立派な. una profesión *decorosa* きちんとした職業. **2** 清潔な, こぎれいな. un traje ～ 清潔な服. **3** 一応の, 恥ずかしくないほどの. un sueldo ～ そう悪くない賃金. **4** 慎み深い, 礼節をわきまえた.

de·cre·cer [de.kre.θér; đe.-/ -.sér] 34 自 **1** 徐々に減る, 減少する. **2** 弱まる, 衰える, 下がる. *El ruido ha decrecido en intensidad.* 騒音が弱まった. **3** 〈水位が〉引く, 下がる. **4** 〈日が〉短くなる.

de·cre·cien·te [de.kre.θjén.te; đe.-/ -.sjén.-] 形 減少[低下, 下降]していく (↔creciente).

de·cre·ci·mien·to [de.kre.θi.mjén.to; đe.-/ -.si.-] 男 **1** 減少, 減退, 下降. **2** 水が引くこと, 水位の低下.

de·cre·men·to [de.kre.mén.to; đe.-] 男 **1**〖数〗減分; 〖電〗減衰率. **2** → decrecimiento.

de·cre·pi·tar [de.kre.pi.tár; đe.-] 自 パチパチ音をたてて焼ける, (焼けて)パチパチはじける.

de·cré·pi·to, ta [de.kré.pi.to, -.ta; đe.-] 形 **1**《*estar*＋》老いぼれた, 老衰[老化]した. **2** 衰退[衰微]した.

de·cre·pi·tud [de.kre.pi.túđ; đe.-] 女 **1** 老化, 老衰. **2** 衰退, 衰微.

de·cres·cen·do [de.kres.θén.do; đe.-/ -.sén.-// -.kre.ʃén.-] 〖伊〗副〖音楽〗デクレッシェンドに, 徐々に弱く (↔*crescendo*).
— 男 デクレッシェンド, 漸次弱声[音], 漸弱楽節.

de·cre·tal [de.kre.tál; đe.-] 形 教皇教令の.
— 女 **1** 教皇教令. **2**《複数で》教会法.

*****de·cre·tar** [de.kre.tár; đe.-] 他 **1** (法令・布告などで)命令する; 布告する. **2** (欄外に)決裁内容を書き込む. **3** 裁定する, 判定する.

de·cre·ta·zo [de.kre.tá.θo; đe.-/ -.so] 男 強行採決された法案[法律], 国民に支持されない悪法.

*****de·cre·to** [de.kré.to; đe.-] 男 **1** 法令; 指令, 命令. ～ ley 政令. real ～ 勅令. dar [promulgar] un ～ 法令を出す. aprobar un ～ 政令を承認する. **2**〖カト〗教皇令.

dedocracia

por real decreto 《話》(理由なく)義務的に, 鶴(ミハ)の ひと声で.

de·cú·bi·to [de.kú.bi.to; ðe.-] 男 〖医〗平臥位; 横たわった姿勢. ~ lateral 側臥位. ~ prono 伏臥位. ~ supino 背臥位. úlcera de ~ 床擦れ.

de·cu·plar [de.ku.plár; ðe.-] 他 10倍にする.
— **~se** 再 10倍になる, 10倍に増える.

de·cu·pli·car [de.ku.pli.kár; ðe.-] 他 → decuplar.

dé·cu·plo, pla [dé.ku.plo, -.pla; ðé.-] 形 10倍の. — 男 10倍(の量). Cuarenta es (el) ~ de cuatro. 40は4の10倍である.

de·cu·ria [de.kú.rja; ðe.-] 女 **1** (古代ローマの) 10人組;〖軍〗(古代ローマの) 100人部隊の10分の1;(古代ローマの文法学校の) 生徒の10人組.
2 〖古語〗ミツバチの巣箱.

de·cu·rión [de.ku.rjón; ðe.-] 男 〖史〗(古代ローマの)10人隊の隊長;(古代ローマの) デクリオネス, 都市参事会議員;(古代ローマの文法学校で) 10人組の組長.

de·cu·rren·te [de.ku.řén.te; ðe.-] 形 〖植〗(葉が) 翼状の, 下方に伸びた.

de·cur·so [de.kúr.so; ðe.-] 男 (時の) 経過, 推移 (= transcurso). el ~ de los años 歳月の流れ.

de·da·da [de.ðá.ða; ðe.-] 女 **1** 一つまみの量;少量, ほんの少し. una ~ de mermelada ごくわずかなジャム. **2** 指跡, 指でつけた汚れ.

dedada de miel《話》残念賞.

de·dal [de.ðál; ðe.-] 男 **1** (裁縫用のキャップ型の) 指ぬき. **2** 少量.

de·da·le·ra [de.ða.lé.ra; ðe.-] 女 〖植〗ジギタリス.

dé·da·lo [dé.ða.lo; ðé.-] 男 **1** 迷路, 迷宮 (= laberinto). **2** 錯綜(ミラ), 紛糾, 混乱.

Dé·da·lo [dé.ða.lo; ðé.-] 固名 〖ギ神〗ダイダロス: Minos 王に命じられてクレタ島の迷宮を造ったアテネの建築家・発明家. [← 〔ラ〕 *Daedalus* ← 〔ギ〕 *Daídalos* (「発明的才のある(人)」が原義)]

de·da·zo [de.ðá.θo; ðe.- / -.so] 男〖ラ米〗(ミ゙ッ)《話》(選挙での) 強力な助力[後ろ盾]. ser nombrado a ~ por + 人〈人〉のお墨付きをもらう.

de·de·o [de.ðé.o; ðe.-] 男 〖音楽〗(楽器演奏の) 指さばき.

de·de·té [de.ðe.té; ðe.-] 男 〖略〗殺虫剤 (= DDT).

***de·di·ca·ción** [de.ði.ka.θjón; ðe.- / -.sjón] 女 **1** 献身, 傾倒;専心. su ~ al partido 党への彼 [彼女] の献身ぶり. **2** ある目的に当てること, 充当. Le consagra una ~ completa. 彼は自分のすべてをそれに振り向けている. **3** (教会堂などの) 奉献, 献納(式), 献堂式.

de dedicación exclusiva / de plena dedicación 常勤の, 正社員の.

****de·di·car** [de.ði.kár; ðe.-] 他 **1**《a... …に》〈時間・空間などを〉割り当てる, つぎ込む. *Dediqué* todo el día *a* ordenar los documentos. 書類をそろえるのに私は丸一日を費やした.
2《a... …に》〈捧げる〉;寄付[寄進]する. Quisiera ~ unas palabras de agradecimiento *a*... …に感謝の言葉を捧げたいと思います.
3《a〈人〉に対して》〈作品などに〉献辞を書く.
— **~se** 再《a... …に》従事する;打ち込む, 専念する. ¿*A* qué *se dedica* usted? 《職業をたずねて》あなたはしていらっしゃるのですか.
[← 〔ラ〕 *dēdicāre* 「奉納する, (神に) ささげる」;関連 dedicación. 〔英〕 *dedicate*]

de·di·ca·to·ria [de.ði.ka.tó.rja; ðe.-] 女 **1** 献詞, 献辞. **2** (由緒ある教会・建物の正面入り口横の)記念板.

de·di·ca·to·rio, ria [de.ði.ka.tó.rjo, -.rja; ðe.-] 形 奉納の, 奉献の, 献呈の.

de·dil [de.ðíl; ðe.-] 男 指サック.

de·di·llo [de.ðí.jo; ðe.- ‖ -.ʎo] 男 *al dedillo* 完全に, 隅から隅まで. saber... *al* ~ …に精通している.

dedique(-) / dediqué(-) 活 → dedicar.

****de·do** [dé.ðo; ðé.-] 男 **1** (手・足の) 指. indicar con el ~ 指で示す. hacer ~s (ピアノで) 指の練習をする. ~ anular 薬指. ~ corazón 中指. ~ gordo [grande, pulgar] 親指. ~ índice 人差し指. ~ meñique 小指.
2 (幅・長さの尺度として) 指1本分;少量. La botella contenía apenas dos ~s de vino. 瓶にはわずかしかワインが入っていなかった.
3〖ラ米〗(ミ゙ッ)《話》腹心.

a dedo (1) 指のさすまま, 出任せで. (2) 指一本で, 他人に相談なしに. nombrar [elegir] *a* ~ 一存で任命する[選ぶ]. La nueva secretaria ha entrado *a* ~. 今度の秘書はコネで入った. (3) ヒッチハイクで.

chuparse el dedo《話》〈人が〉無邪気な, 愚かな.

chuparse los dedos《話》(おいしくて) 指をしゃぶる, 堪能する;喜ぶ. Vamos a comer en mi casa, que hay una paella que *te chupas los* ~s. 私の家で昼食を食べましょう, すごくおいしいパエリャがあるから.

cogerse [pillarse] los dedos《話》ひどい目に遭う, 失敗する.

contarse con los dedos de la mano 数が少ない.

cruzar los dedos《願い事をして》指を交差させる;成功を祈る.

cuando San Juan baje el dedo《話》決して.

dar un dedo por... …を切望する.

de chuparse los dedos すてきな;おいしい.

estar a dos dedos de... (1) …と目と鼻の先である. (2)《+不定詞 …する》寸前である. Estuvo a dos ~s de ser aplastado. もう少しで彼は押しつぶされるところだった.

hacer dedo〖ラ米〗(ミ゙ッ)《話》ヒッチハイクをする.

hacérsele los dedos huéspedes (a+人) 〈人〉が疑い深くなっている.

más que comer con los dedos《話》とても. Me gustas *más que comer con los* ~s. 私は君のことがとっても好きだよ.

meterle (a+人) *los dedos en la boca* 〈人〉から白状させる, 口を割らせる.

morder dos dedos 臍(Գソ)をかむ, 後悔する.

no mover un dedo por...《話》…のために何もしない.

no tener dos dedos de frente《話》〈人が〉思慮のない, 無分別である.

poner el dedo en la llaga 痛いところをつく.

ponerle los cinco dedos en la cara (a+人) 〈人〉の顔を平手打ちする.

señalar con el dedo a+人《話》後ろ指をさす, 〈人〉を批判する.

tener los dedos largos 〈人が〉手が長い, 盗癖のある.

tirar el dedo〖ラ米〗(ごァ)《俗》警察に告発する.

[← 〔ラ〕 *digitum*(*digitus* の対格);関連〔スペイン〕 〔英〕 *digital*. 〔日〕 デジタル (「指で数えられる」が原義)]

de·do·cra·cia [de.ðo.krá.θja; ðe.- / -.sja] 女

de·do·crá·ti·co

《話》独断,（選挙での）独断的な任命［指名］,（競売での）独占的な競り落とし.

de·do·crá·ti·co, ca [de.ðo.krá.ti.ko, -.ka; ðe.-] 形《話》独断的な,独断的に任命［指名］された.

de·do·lar [de.ðo.lár; ðe.-] 19 他《医》斜めに切開する.

de·duc·ción [de.ðuk.θjón; ðe.- / -.sjón] 女 1 推論,推測,推定. 2《論》演繹(えき)(法). ▶「帰納(法)」は inducción. 3《商》差し引き,控除. ~ impositiva 税額控除. 4《音楽》全音階.

de·du·ci·ble [de.ðu.θí.ble; ðe.- / -.sí.-] 形 1 推論できる,導き出される. 2《商》差し引きできる,控除可能な.

‡**de·du·cir** [de.ðu.θír; ðe.- / -.sír] 37 他 1《de...》〈原則など〉から〉〈結果などを〉**推論する**,演繹(えき)する. *De todo esto pudimos ~ su peculiar carácter.* このことから彼［彼女］の特異な性格が分かった. 2《de... …から》《que＋直説法 …であると》推論する,推測する. *De este mensaje podemos ~ que va* a ocurrir algo mañana. このメッセージから察すると明日何かが起こるようだ. 3《de... …から》差し引く,控除する. *El importe oscila entre ochenta y cien euros, de los cuales se deben ~ los gastos de combustible.* 料金は80から100ユーロぐらいですから,そこから燃料費を差し引かなくてはなりません. 4《法》〈証拠・理由・権利を〉申し立てる.

— ~·se 再 《3人称で》《＋名詞 / que＋直説法 …（であること）が》《de... …から》推論できる. *De aquí se deducen dos consecuencias.* ここから2つの結果が推論できます. *Del texto se deduce que él se ha negado* a hacerlo. 本文から彼はそれをやるのを拒否したことがわかる.

de·duc·ti·vo, va [de.ðuk.tí.bo, -.ba; ðe.-] 形 演繹(えき)の,演繹的な (↔inductivo). método [procedimiento] ~《論》演繹法.

deduj- 活 →deducir.
deduzc- 活 →deducir.

de fac·to [de.fák.to; ðe.-] [ラ] 事実上,実際に (= de hecho) (↔ de jure).

de·fal·car [de.fal.kár; ðe.-] 102 他 →desfalcar.

de·fa·sa·do, da [de.fa.sá.ðo, -.ða; ðe.-] 形《電》位相が異なる［ずれた］.

de·fa·sa·je [de.fa.sá.xe; ðe.-] 男 1《電》移相,位相差. 2 ずれ,ギャップ,食い違い.

de·fa·sar [de.fa.sár; ðe.-] 他《電》移相する,位相をずらす.

de·fe·ca·ción [de.fe.ka.θjón; ðe.- / -.sjón] 女 1 浄化. 2 排便;便.

de·fe·car [de.fe.kár; ðe.-] 102 他 浄化する,〈不純物を〉取り除く.— 自 排泄(はい)する,排便する.

de·fec·ción [de.fek.θjón; ðe.- / -.sjón] 女 離党,脱会,背信.

de·fec·ti·ble [de.fek.tí.ble; ðe.-] 形 欠点［欠陥］の多い,不完全な,絶対的でない.

de·fec·ti·vo, va [de.fek.tí.bo, -.ba; ðe.-] 形 不完全な,不備な;欠点［欠陥］のある.
2《文法》〈動詞の活用が〉欠如の,不完全な.
— 男《文法》欠如動詞. ▶ 意味や慣行から特定の人称・時制のみが使われる動詞. ⇒ abolir, balbucir, soler など.

‡‡**de·fec·to** [de.fék.to; ðe.-] 男 1 **欠点,欠陥**;不備,瑕疵(か). *El trabajo tiene pocos ~s.* そのレポートにはほとんど欠点がない. *persona con muchos ~s.* 欠点の多い人. *precio reba*-*jado por tener ~s* 欠陥特価. ~ *de pronunciación* 言語［発音］障害. ~ *físico* 肉体の欠陥. *coches con ~s* 欠陥車. 2 不足,欠如. ~ *del tabique* ~ *del tabique ventricular* 心室中隔欠損症. 3《印》《複数で》落丁［乱丁］した折り.

en defecto de... …のない場合には;…がないために. *Se puede echar leche en ~ de la nata.* 生クリームがない場合には牛乳を入れてもよい. *Hay que presentar el pasaporte, o en su ~ el carné de conducir.* パスポート,それがない場合には運転免許証を提示しなければならない.

por defecto (1) わずかに;不足して,欠けて. *calcular por ~* 少なめに見積もる. (2)《IT》デフォルトで,初期設定［初期値］で.

[←[ラ] *défectum* (*défectus* の対格)「эмваий;不足」;関連 defección, defectivo, deficiente.［英］*defect*]

de·fec·tuo·si·dad [de.fek.two.si.ðáð; ðe.-] 女 不完全,欠陥,不備.

de·fec·tuo·so, sa [de.fek.twó.so, -.sa; ðe.-] 形《ser＋ / estar＋》欠陥［欠点］のある;不十分な,完全でない (= imperfecto). *producto* [artículo] ~ 傷物［欠陥商品］.

de·fen·de·dor, do·ra [de.fen.de.ðór, -.ðó.ra; ðe.-] 形 守る,防御する. — 男 女 防御者;擁護者;《スポ》（タイトルなどの）防衛者.

‡‡**de·fen·der** [de.fen.dér; ðe.-] 12 他 1《de... / contra... 〈敵・攻撃など〉から》**守る**,防御する (↔atacar). ~ la Tierra de la contaminación 汚染から地球を守る. ~ a los niños *contra* la violencia 暴力から子供たちを守る.

2 〈思想などを〉擁護する,…の正当性を主張する. ~ *una teoría* ある理論を擁護する. ~ *la existencia de otros seres* 他の生物の存在を主張する. ~ *SU tesis doctoral* 博士論文の口頭試問を受ける.

3《法》〈被告を〉弁護する. *Lo va a ~ un abogado de oficio.* 国選弁護人が彼の弁護をする予定だ.

— ~·se 再 1《de... / contra... 〈敵・攻撃など〉から》身を守る,自己防衛する. ~*se del* frío 寒さから身を守る. ~*se contra* las críticas 非難に対して抗弁する. 2《話》《con... …に関して / en... …において》何とかうまくやる,切り抜ける. ~*se con poco sueldo* 少ない給料でやりくりする. *Te defiendes bien con el inglés.* 君はなかなかうまく英語を使いこなしてるね.

[←[ラ] *défendere*「かわす,避ける;守る」;関連 defensa, defensivo.［英］*defend*]

de·fen·di·ble [de.fen.dí.ble; ðe.-] 形 1 防御［防衛］可能な. 2 擁護［弁護］しうる.

de·fen·di·do, da [de.fen.dí.ðo, -.ða; ðe.-] 形《法》弁護された. — 男 女 被告人,被疑者,被弁護人（弁護を依頼した人［顧客］）.

de·fe·nes·tra·ción [de.fe.nes.tra.θjón; ðe.- / -.sjón] 女 1（突然の）解雇［解任］,除名［除籍］処分,追放. 2〈人を〉窓から突き落とすこと.

de·fe·nes·trar [de.fe.nes.trár; ðe.-] 他 1（突然）解雇［解任］する,除名［除籍］する,追放する.
2〈人を〉窓から突き落とす.
— ~·se 再 1 辞める. 2 窓から飛び降りる.

‡‡**de·fen·sa** [de.fén.sa; ðe.-] 女 1 **防御**,防衛 (↔ataque);防衛手段. *actuar en legítima ~* 正当防衛に基づいて行動する. *Ministro de D~* 防衛大臣. ~ *personal* 護身（術）. *Es*

deflacionario

la mejor ～ contra el cáncer. それががんから身を守る最高の防衛策である. **2** 擁護, 弁護. hacer ～ de una política ある政策を擁護する. salir en ～ de un amigo ある友人の弁護に立つ. luchar en ～ de la libertad 自由を擁護するために闘う. realizar la ～ de la tesis doctoral 博士論文の口頭試問を受ける.
3〖法〗(被告側の)答弁；弁護人. El abogado basó su ～ en la falta de pruebas. 弁護士は証拠不十分という方針で答弁を行った. La ～ presentó un testimonio al tribunal. 弁護側は法廷に証拠を提出した. **4**〖スポ〗ディフェンス, 守備(陣). La ～ jugó bien. ディフェンスはいいプレーをした. **5**〖医〗《複数で》(体内の)防御機構. desarrollar ～s contra el virus ウイルスに対する防御機構を強める. **6**〖海〗防舷材. **7**〖軍〗《複数で》防衛基地, 防衛施設. **8**《複数で》(牛などの)角；(象などの)きば. **9**〖ラ米〗(ᴹ)(ᶜʰ)〖車〗バンパー.
── 男 女〖スポ〗ディフェンダー, 後衛, 守備の選手 (=zaguero). ～ libre [escoba] (サッカーなどの) スィーパー. ～ central (サッカーなどの) センターバック.

de·fen·si·va [de.fen.sí.ba; đe.-] 女 守勢, 防衛態勢；受け身[待ち]の姿勢. estar [ponerse] a la ～ 守勢にいる[立つ]; 身構えている.
jugar a la defensiva〖スポ〗(試合で) 押されている.

de·fen·si·vo, va [de.fen.sí.bo, -.ba; đe.-] 形 守備の, 防御(用)の, 防備の. táctica *defensiva* 守備作戦. ── 男 **1** 防御, 防衛, 守備. **2** 湿布用の布.

de·fen·sor, so·ra [de.fen.sór, -.só.ra; đe.-] 形 **1** 守る, 防御の. **2** 弁護する. abogado ～〖法〗(被告側) 弁護士. ── 男 女 **1** 守護者, 防衛者, 擁護者. **2**〖法〗弁護士.
Defensor de la fe 信仰の擁護者. ♦1521年教皇レオ León 10世がヘンリー Enrique 8世に与えた称号で, 英国王の伝統的な正式称号となる.
defensor del pueblo オンブズマン.

de·fe·ren·cia [de.fe.rén.θja; đe.- / -.sja] 女 **1** 服従, 敬服；譲歩；敬意. por [en] ～ a... …に敬意を表して. **2** 尊重, 応諾. tener ～ de+ 不定詞 快く[わざわざ, さっそく] …してくださる.

de·fe·ren·te [de.fe.rén.te; đe.-] 形 **1** 敬意を表する, 謙虚な；丁重な. **2**〖解剖〗輸送[排泄(ᴴᴱᴺ)]の. conducto ～ 輸精管.

de·fe·rir [de.fe.rír; đe.-] 27 自 **1** 従う, 追従する. ～ a un dictamen ajeno 他人の意見を容れる. Creo que será mejor ～ en este asunto. この件に関しては相手を立てた方がいいと思う. **2** (**con...**〈目下の人〉と) 同等に扱う. ── 他〖法〗〈権限などを〉移譲[移管]する, ゆだねる. ～ una causa al tribunal 事件を裁判(所)にゆだねる.

de·fer·ves·cen·cia [de.fer.bes.θén.θja; đe.- / -.sén.sja]〖医〗解熱(期)；発熱停止.

de·fi·cien·cia [de.fi.θjén.θja; đe.- / -.sjén.sja] 女 **1** 欠点, 弱点, 短所. ～s de un equipo チームの弱点. **2** 不足, 不十分, 欠乏；不完全. ～ inmunológica〖医〗免疫不全. ～ mental〖医〗精神遅滞(症). ～ de salud 不健康.

de·fi·cien·te [de.fi.θjén.te; đe.- / -.sjén.-] 形 **1** 不完全な；欠点[欠陥]のある. alumno ～ 出来の悪い生徒. trabajo ～ 欠陥の多い作品. salud ～ 優れない健康. **2** 不十分な, 足りない. ventilación ～ 換気不足. ── 男 女〖医〗障害者. ～ mental 精神遅滞者. → discapacidad.

de·fi·cien·te·men·te [de.fi.θjén.te.mén.te; đe.- / -.sjén.-] 副 **1** 不十分に, 不完全に. **2** 下手に, まずく. trabajo hecho ～ 出来の悪い作品.

dé·fi·cit [dé.fi.θi(t); đé.- / -.si(t)] 男 [複 ～, ～s] **1**〖経〗赤字, 欠損；不足額. ～ fiscal [público] 財政赤字 (↔superávit). **2** 不足量. ～ vitamínico ビタミン欠乏(症).

de·fi·ci·ta·rio, ria [de.fi.θi.tá.rjo, -.rja; đe.- / -.si.-] 形 **1** 欠損を出す, 赤字の. balance ～ 赤字の収支決算. **2** 不足した, 欠乏した.

defend- ▷ *defender*.

de·fi·ni·ble [de.fi.ní.ble; đe.-] 形 定義[規定]できる；限定可能な.

de·fi·ni·ción [de.fi.ni.θjón; đe.- / -.sjón] 女 **1** 定義；定義付け. dar una ～ a... …を定義する. por ～ 定義上, 本来. **2**〖辞書などの〗語義, (言葉や表現の) 意味. **3** (権威者による) 決定, 規定 (▶ 特に教義と照らし合わせたものを指す). **4**〖TV〗鮮明度, 解像度. alta ～ 高解像度；ハイビジョン. televisión de alta ～ 高品位テレビ.

de·fi·ni·do, da [de.fi.ní.đo, -.đa; đe.-] 形 **1** 定義された, 限定された；明確な, はっきりした. un concepto bien ～ 明確に定義された概念.
2〖文法〗限定的な (= determinado). artículo ～ 定冠詞.

de·fi·nir [de.fi.nír; đe.-] 他 **1** 定義する, (語の) 意味を明確にする, 〈概念を〉明確にする, 〈権利などを〉規定する. ～ con precisión los límites 正確に境界を定める.
2 《**como**... …であると》特徴づける. El crítico la *define como* una obra maestra. その批評家はそれを傑作であるとした. **3** 〈態度・立場を〉明らかにする. Todo esto *definió* su interés posterior. このことすべてがその後の彼[彼女] (ら) の興味を決定づけた. **4** 〈絵画に〉仕上げの筆を入れる.
── ～·se 再 **1** (自分の) 立場をはっきりさせる. El gobierno aún no *se ha definido* a este respecto. 政府はこの点に関してまだ立場を明確にしていない. **2** 《3人称で》定義される. ¿Cómo *se define* esa palabra? その語はどのように定義されますか.
[← [ラ] *definire*「境をつける」；関連 definición, definitivo. [英] *define*].

de·fi·ni·ti·va [de.fi.ni.tí.ba; đe.-] 形 → definitivo.

de·fi·ni·ti·va·men·te [de.fi.ni.tí.ba.mén.te; đe.-] 副 **1** きっぱりと；決定的に. Dime ～ si me quieres o no. 愛しているのかいないのか, ひと思いに言ってくれ. **2** 最終的に. Se fue ～. 彼[彼女] はとうとう立ち去ってしまった. **3** 間違いなく, 絶対に. D～ ella está en lo cierto. 絶対に彼女は正しい.

de·fi·ni·ti·vo, va [de.fi.ni.tí.bo, -.ba; đe.-] 形 《多くは名詞+》 (ser+) 決定的な, 最終的な. sición *definitiva* 最終決定する. llegar a un acuerdo ～ con... …との最終合意に至る. victoria *definitiva* 決定的勝利. versión [edición] *definitiva* 決定版. resultados ～s de las elecciones 選挙の最終結果.
en definitiva 結局, つまり.
sacar en definitiva... …を結論として導き出す.

de·fi·ni·to·rio, ria [de.fi.ni.tó.rjo, -.rja; đe.-] 形 定義を下す. ── 男 (修道会の) 最高会議(場).

de·fla·ción [de.fla.θjón; đe.- / -.sjón]〖経〗デフレ(ーション), 通貨収縮 (↔inflación).

de·fla·cio·na·rio, ria [de.fla.θjo.ná.rjo, -.rja;

deflacionista

ðe.- / -.sjo.-] 形 〖経〗デフレの, デフレを引き起こす, デフレに関する (↔inflacionario).

de·fla·cio·nis·ta [de.fla.θjo.nís.ta; ðe.- / -.sjo.-] 形 〖経〗デフレの, 通貨収縮の, デフレ政策の. ― 共 デフレ政策論者.

de·flac·ta·ción [de.flak.ta.θjón; ðe.- / -.sjón] 女 〖経〗デフレ政策の実施.

de·flac·tar [de.flak.tár; ðe.-] 他 〖経〗〈通貨を〉収縮させる, デフレ政策をする.

de·fla·gra·ción [de.fla.gra.θjón; ðe.- / -.sjón] 女 〖化〗突燃, 爆燃.

de·fla·gra·dor [de.fla.gra.ðór; ðe.-] 男 起爆装置, 点火装置.

de·fla·grar [de.fla.grár; ðe.-] 自 突燃する, 爆燃する.

de·flec·tor [de.flek.tór; ðe.-] 男 1 〖技〗デフレクター, 反らせ板:流体の方向を変える装置. 2 〖車〗三角窓.

de·fleg·mar [de.fleg.már; ðe.-] 他 〖化〗分留する, 分別蒸留する.

de·fo·lia·ción [de.fo.lja.θjón; ðe.- / -.sjón] 女 (天候不順・薬剤などによる)落葉;葉枯れ.

de·fo·lian·te [de.fo.ljan.te; ðe.-] 男 枯葉剤, 落葉剤.

de·fo·liar [de.fo.ljár; ðe.-] 82 他 (人為的に)葉を枯らす[落とす].

de·fo·res·ta·ción [de.fo.res.ta.θjón; ðe.- / -.sjón] 女 樹木の伐採;森林破壊.

de·fo·res·tar [de.fo.res.tár; ðe.-] 他 〈樹木を〉伐採する;〈森林を〉破壊する.

de·for·ma·ble [de.for.má.ble; ðe.-] 形 変形する, 型崩れしやすい, すぐつぶれる.

***de·for·ma·ción** [de.for.ma.θjón; ðe.- / -.sjón] 女 1 変形, ゆがみ;奇形. ~ profesional 職業的習癖. 2 〖機〗ひずみ, 応力変形. 3 〖美〗デフォルマシオン, デフォルメ.

de·for·ma·dor, do·ra [de.for.ma.ðór, -.ðó.ra; ðe.-] 形 ゆがんだ, ゆがませる, 本来の姿とは違う

***de·for·mar** [de.for.már; ðe.-] 他 1 変形させる, 不格好にする, 型崩れさせる;奇形にする. El flemón le *ha deformado* la cara. 歯茎が腫(は)れて彼[彼女]の顔は形が変わってしまった.
2 〈性質・事実などを〉ゆがめる, 歪曲(わいきょく)する. ~ el carácter de una persona 人の性格をゆがめる. ~ la verdad 事実を歪曲する. 3 〖美〗デフォルメする. ― ~·se 再 変形する, 歪曲される;デフォルメされる;ゆがむ. Los zapatos *se deformaron* con la lluvia. 雨にぬれて靴の形が崩れてしまった.

de·for·ma·to·rio, ria [de.for.ma.tó.rjo, -.rja; ðe.-] 形 変形する, 不格好にする.

de·for·me [de.fór.me; ðe.-] 形 1 〔ser+ / estar+〕形の崩れた, 奇形の;醜悪な. 2 歪曲(わいきょく)された, ゆがんだ.

de·for·mi·dad [de.for.mi.ðáð; ðe.-] 女 1 ゆがみ, 奇形;(精神的な)異常, 欠陥. una ~ física 体の奇形. 2 〔比喩的〕ひずみ, ゆがみ.

de·frau·da·ción [de.frau.ða.θjón; ðe.- / -.sjón] 女 1 期待外れ, 落胆, 失望. 2 ごまかし, 詐欺, 不正. ~ fiscal 脱税.

de·frau·da·do, da [de.frau.ðá.ðo, -.ða; ðe.-] 形 期待外れの, がっかりした, 失望した.

de·frau·da·dor, do·ra [de.frau.ða.ðór, -.ðó.ra; ðe.-] 形 1 期待外れの, がっかり[失望]させる. 2 人を欺く, 不正のごまかす. ― 男 女 1 ごまかす人. ~ fiscal 脱税者. 2 詐欺師, ぺてん師.

***de·frau·dar** [de.frau.ðár; ðe.-] 他 1 **失望させる**, 落胆させる;裏切る. Su respuesta me *defraudó*. 私は彼[彼女](ら)の返答にがっかりした.
2 **だます**;だまし取る, 詐取する. ~ a sus acreedores 債権者を欺く. 3 〈税などを〉逃れる, ごまかす. ~ al fisco 脱税する.

de·fue·ra [de.fwé.ra; ðe.-] 副 外に[へ], 外側に, 外部に. por ~ 外へ[に], 外側に.

de·fun·ción [de.fun.θjón; ðe.- / -.sjón] 女 (人間の)死, 死亡, 逝去 (=fallecimiento). esquela de ~ 死亡通知状. partida de ~ 死亡証明書. cerrado por ~ 忌中につき休業.

DEG [de.(e.)xé; ðé.-] 〘略〙 *Derechos Especiales de Giro*(国際通貨基金の)特別引き出し権.

de·ge·ne·ra·ción [de.xe.ne.ra.θjón; ðe.- / -.sjón] 女 1 堕落, 退廃. 2 〖生物〗退化. 3 〖医〗変性;変質.

de·ge·ne·ra·do, da [de.xe.ne.rá.ðo, -.ða; ðe.-] 形 退廃した, 堕落した;退化した. ― 男 女 堕落者, 退廃した人.

de·ge·ne·ran·te [de.xe.ne.rán.te; ðe.-] 形 1 退廃する, 堕落する. 2 〖建〗〈アーチが〉偏平な. arco ~ 平アーチ, 陸追持(ろくついじ).

de·ge·ne·rar [de.xe.ne.rár; ðe.-] 自 1 堕落する, 退廃する. 2 悪化する;落ちぶれる. 3 〔**en**... …に〕悪化する, 変質する. El partido de fútbol *degeneró en* batalla campal. サッカーの試合は大荒れに荒れた. 4 〖生物〗退化する.

de·ge·ne·ra·ti·vo, va [de.xe.ne.ra.tí.bo, -.ba; ðe.-] 形 1 退化の, 退行的な;変性した. 2 堕落的な, 退廃的な.

de·glu·ción [de.glu.θjón; ðe.- / -.sjón] 女 飲み下す[込む]こと, 嚥下(えんげ).

de·glu·tir [de.glu.tír; ðe.-] 他 自 飲み下す[込む], 嚥下(えんげ)する.

de·go·lla·ción [de.go.ja.θjón; ðe.- || -.ʎa.- / -.sjón] 女 打ち首, 斬首(ざんしゅ). la ~ de los Santos Inocentes 〖聖〗(ヘロデ王による)罪なき嬰児(えいじ)の大虐殺(マタイ2:16).

de·go·lla·de·ro [de.go.ja.ðé.ro; ðe.- || -.ʎa.-] 男 1 (畜殺される動物の)首, 首部. 2 畜殺場. 3 刑場, 首切り場.
llevar a+人 al degolladero 〈人〉を危険な目に遭わせる, 試練にさらす.

de·go·lla·dor, do·ra [de.go.ja.ðór, -.ðó.ra; ðe.- || -.ʎa.-] 形 1 首を切る, 斬首(ざんしゅ)する;畜殺する. ― 男 女 首をはねる人, 死刑執行人.

de·go·lla·du·ra [de.go.ja.ðú.ra; ðe.- || -.ʎa.-] 女 1 首の切り口 2 〖医〗目地, 継ぎ目 (=llaga). 3 〖婦人服の〗襟ぐり, 胸あき.

de·go·lla·mien·to [de.go.ja.mjén.to; ðe.- || -.ʎa.-] 男 → degollación.

de·go·llar [de.go.jár; ðe.- || -.ʎár;] 18 他 1 首をはねる, 打ち首にする. 2 〖服飾〗襟ぐりをつける. 3 〘話〙(特に劇などでひどい演技をして)だめにする, 台無しにする, ぶち壊しにする. 4 〖闘牛〗牛を刺す, 下手な殺し方をする. 5 〖海〗(荒天時に船を救うために)〈帆を〉切り裂く.

de·go·lli·na [de.go.jí.na; ðe.- || -.ʎí.-] 女 〘話〙 1 皆殺し, 大虐殺 (=matanza). 2 〘話〙(試験で)大量の落第点をつけること. El profesor hizo una ~ en los exámenes. 教師は試験で大量に落第点をつけた.

de·gra·da·ble [de.gra.ðá.ble; ðe.-] 形 〈有害物質・化学物質などが〉分解されやすい, 環境にやさしい.

de·gra·da·ción [de.gra.ða.θjón; ðe.- / -.sjón] 囡 **1** 位階剝奪(ﾁﾂ), 降格. **2** 低俗, 悪化. **3** 【美】〈色・光の〉漸減効果, ぼかし, グラデーション.

de·gra·da·dor [de.gra.ða.ðór; ðe.-] 男【写】ぼかし枠, ビニェッター: 画像の縁を背景に溶け込むようにぼかす装置.

de·gra·dan·te [de.gra.ðán.te; ðe.-] 圏 品位を落とす, 体面を傷つける. conducta ～ 醜態.

de·gra·dar [de.gra.ðár; ðe.-] 他 **1** 位階を剝奪(ﾊﾂ)する, 地位[階級]を下げる. ～ a un militar 軍人を降等する. **2** 堕落させる, 品格を落とす. El abuso del alcohol *degrada* al hombre. 酒浸りは人間を堕落させる. **3**【美】ぼかす, 〈遠近画法などで〉〈色・形を〉徐々に淡く[小さく]する. **4**【物理】〈エネルギーを〉散逸させる.

— ～**·se** 再 身を持ち崩す, 品位を落とす, 堕落する.

dé·gra·dé / de·gra·dé [de.gra.ðé; ðe.-]〔仏〕〔ﾌﾗ語は囡〕 *en dégradé* [*degradé*] 徐々に, (色の)グラデーションを用いて.

degüell- 活 ⇒degollar.

de·güe·lle [de.gwé.ʝe; ðe.-‖-.ʎe] 男 ワインの澱(ｵﾘ)を取り去ること, 澱引き.

de·güe·llo [de.gwé.ʝo; ðe.-‖-.ʎo] 男 **1** 首切り, 打ち首. **2** 大虐殺, 大量殺戮(ﾘｸ). **3**〖話〗混乱, 騒ぎ; 破壊. **4**〈投げ槍(ﾔﾘ)などの〉最も細い部分.

— 活 ⇒degollar.

a degüello 非情に, 残酷に.

tirar a＋人 *a degüello*〈人〉を酷評する.

de·gus·ta·ción [de.gus.ta.θjón; ðe.- / -.sjón] 囡 試飲, 試食. ～ de vinos ワインの試飲.

de·gus·tar [de.gus.tár; ðe.-] 他 味見する, 試飲[試食]する (＝probar).

de·he·sa [de.é.sa; ðe.-] 囡 牧草地, 放牧場.

de·his·cen·cia [deis.θén.θja; ðe.- / -.sén.sja] 囡【植】〈蒴(ｻｸ)・莢(ｻﾔ)などの〉裂開, 披裂.

de·his·cen·te [deis.θén.te; ðe.- / -.sén.-] 圏【植】裂開性の (↔indehiscente).

dei·ci·da [dei.θí.ða; ðei.- / -.sí.-] 圏 神[キリスト]を殺した. — 囡 キリストを磔刑(ﾊﾘﾂ)にした者; 神を殺す[殺した]人.

dei·ci·dio [dei.θí.ðjo; ðei.- / -.sí.-] 男 キリストの磔刑(ﾊﾘﾂ); 神を殺すこと, 神殺し.

de·íc·ti·ca·men·te [de.ík.ti.ka.mén.te; ðe.-] 副【言】直示的に.

de·íc·ti·co, ca [de.ík.ti.ko, -.ka; ðe.-] 圏【言】直示的な. — 男【言】直示的な要素: este などの指示詞や ahora, hoy, aquí など話者・発話時点を基準にする要素.

dei·dad [dei.ðáð; ðei.-] 囡 **1**〈異教の〉神. las ～*es griegas* ギリシャの神々. **2** 神性, 神格, 神位.

dei·fi·ca·ción [dei.fi.ka.θjón; ðei.- / -.sjón] 囡 神格化, 神として祭ること, 神聖視.

dei·fi·car [dei.fi.kár; ðei.-] 72 他 神としてあがめる, 神に祭り上げる; 神格化する, 神聖視する.

— ～**·se** 再 神と一体化する.

de·í·fi·co, ca [de.í.fi.ko, -.ka; ðe.-] 圏 神の, 神として祭る.

dei·for·me [dei.fór.me; ðei.-] 圏【詩】神に似た, 神々しい.

de·ís·mo [de.ís.mo; ðe.-] 男【哲】理神論, 自然神論.

de·ís·ta [de.ís.ta; ðe.-] 圏【哲】理神論の, 自然神論の. — 男 囡【哲】理神論者, 自然神論の信奉者.

dei·xis [déi*k*.sis; ðéi*k*.-] 囡〖単複同形〗【言】ダイクシス, 直示.

de·ja·ción [de.xa.θjón; ðe.- / -.sjón] 囡 **1**【法】放棄, 譲渡; 放任. ～ de bienes 財産放棄. **2** 自己放棄. **3**《ラ米》《ｽﾍﾟｲﾝ》《ﾌﾟｴﾙﾄﾘｺ》《ﾁﾘ》ほったらかし, 無頓着(ﾄﾝﾁｬｸ).

de·ja·da [de.xá.ða; ðe.-] 囡 **1**〈権利などの〉放棄, 譲渡. **2**〖スポ〗〈ペロータ pelota〉ストップボレー; 〈テニス〉ドロップボレー.

de·ja·dez [de.xa.ðéθ; ðe.- / -.ðés] 囡 **1** 不注意, 怠慢; 投げやり, 無頓着(ﾄﾝﾁｬｸ) (＝abandono). **2** 倦怠(ｹﾝﾀｲ)感, けだるさ.

de·ja·do, da [de.xá.ðo, -.ða; ðe.-] 圏 **1** 怠慢な, 不注意な; 無精な. **2** 気だるい, 物憂げな. **3** 自己放棄した. — 男 囡 だらしない人.

de·ja·mien·to [de.xa.mjén.to; ðe.-] 男 **1** 怠慢, 不注意; 投げやり. **2** 意気消沈. **3** 放棄, 譲渡.

de·jan·te [de.xán.te; ðe.-] 前《ラ米》《ｺﾞﾛﾝ》《ｴｸｱﾄﾞﾙ》《ﾁﾘ》…の他に.

*de·jar [de.xár; ðe.-] 他 **1**〈en... …に〉置く; 置いておく, 置き忘れる. *He dejado* la llave *en* el coche. キーを車に置いてきた. **2** あきらめる, 捨てる; 〈人との関係を〉絶つ. ¿Vas a ～ tu trabajo después de casarte? 君は結婚したら仕事をやめるの. ⇒abandonar[類語].
3 ほうっておく; (後に) 取っておく. *Déja*me. ほっといてくれよ. Lo *dejamos* para mañana. それは明日にしよう.
4《a＋人〈人〉に》残す, 委ねる; 貸す. ¿*Me dejas* un boli? ボールペンを貸してくれるかい (► me は a＋人に相当). **5** (後に)残す, (結果として)残す, 残む. *Deje* su mensaje después de la señal. 合図の後にメッセージを残してください. Este negocio nos *ha dejado* un dineral. この仕事で私たちは大もうけした. **6**《a＋人〈人〉が》《＋不定詞／que＋接続法》《…を》容認する, 《…》させてよい. Mi padre *no me deja salir* por la noche. 父は私を夜外出させてくれない. **7**《＋形容詞・副詞およびその相当語句 …のままにして》《…して》おく.
dejando al margen estas diferencias これらの違いはさておき. *Dejé* a la niña *sola*. 私は子供をひとりにしてきた.

— 自《de＋不定詞 …するのを》**1** やめる. El bebé no *dejó de llorar*. 赤ん坊は泣きやまなかった. ► 再帰代名詞を伴って用いることがある. ⇒ **4**.
2《否定で》必ず…する. ¡No *dejes de llamar*me si tienes algún problema! 何か問題があったら必ず私に電話しなさいね.

— ～**·se** 再 **1** 身なりを構わない, だらしなくする; 〈ひげなどを〉伸ばしたままにする. *Se ha dejado* mucho desde que se le murió la mujer. 奥さんが亡くなってから彼は身なりを気にしなくなった.
2 〈所持品などを〉置き忘れる, 置いたままにする. *Me he dejado* la mochila en el colegio. 学校にリュックを置いてきた. **3**《＋不定詞 …される》ままにする. ～*se engañar* だまされる. **4**《de... …を》《きっぱり》やめる. ¡*Déjate* de rodeos! 持って回った言い方はよせよ.

dejar atrás... …に先んじる, 〈人を〉しのぐ. ～ *atrás* a un rival ライバルに差をつける. *Dejé atrás* mis preocupaciones. 私は心配を振り払った.
dejar fuera... …を脇に置いておく.
dejar saber《ラ米》知らせる, 教える.
dejarse comer [*beber*] 〈食べ物・飲み物が〉おいしい, 味がいい.
dejarse llevar por... (1) …に左右される. (2) …に夢中になる.
dejarse querer por... (1)〈人の〉〈親切などを〉

容認する，受け入れる．(2)〈人に〉ちやほやされるがままになる．
dejarse ver 《話》現れる；姿を見せる．
[←［古スペイン］*lexar*←［ラ］*laxāre*「緩める」；関連［英］*relax, slack(s)*]

de·je [dé.xe; đé.-] 男 → dejo.
— 岡 → dejar.

de·ji·llo [de.xí.jo; đe.- ‖ -.ʎo.-] 男 dejo + 縮小辞．

de·jo [dé.xo; đé.-] 男 **1**（地方・人による）訛(なま)り，アクセント，口調；末尾が下がる口調． **2** 後味，風味；《比喩的》後味，余韻 (= regusto). una victoria con un ~ amargo 後味の悪い勝利．
— 岡 → dejar.

de·jón, jo·na [de.xón, -.xó.na; đe.-] 形《ラ米》(쥔)《話》人の言いなりになる．

de ju·re [de.xú.re; đe.- // -.jú.-]［ラ］正当に，法律上（= de derecho）(↔de facto).

***del** [děl; děl]《前置詞 de と定冠詞 el の縮約形》(→de²). tranquilidad *del* mar 海の静けさ. cerca *del* hospital 病院の近くに. ▶定冠詞が固有名詞の一部のときには縮約が起こらない. ⇒la casa de *El* Greco エル・グレコの家. Soy de *El* Escorial. 私はエル・エスコリアルの出身だ．

dél [dél; đél]《古語》前置詞 de と人称代名詞 él の縮約形．

de·la·ción [de.la.θjón; đe.- / -.sjón] 女 密告，たれ込み；告発．

*de·lan·tal** [de.lan.tál; đe.-] 男 **1 前掛け，エプロン**；上っ張り，仕事着. llevar ~ エプロンを掛けている． **2**（子供用の）よだれ掛け．

de·lan·te [de.lán.te; đe.-] 副《場所》**前に，前方に**；《比喩的》**先に；前部に**（↔detrás). ir ~ 先を行く. la parte de ~ 前方. inclinarse hacia ~ 前にかがむ. falda que se abre por ~ 前開きのスカート. Tienes el bolígrafo ~. 君，目の前にボールペンがありますでしょ. Tenemos tres horas por ~. まだ3時間余裕があるよ. → ante 類語.

delante de... …の前に；…の先に. Hay una plaza ~ *del* ayuntamiento. 市役所の前に広場があります. Ellos siempre están ~ *de* nosotros en los concursos musicales. 音楽コンクールでは私たちはいつも彼らにかなわない．
llevarse por delante a +人《ラ米》(쥔)〈人〉を侮辱する，ひどい扱いをする．
[←［古スペイン］*denante* (*de* + *enante*); *enante* は［後ラ］*inante* (［ラ］*in* + *ante*) より；関連 adelante, delantal]

de·lan·te·ra [de.lan.té.ra; đe.-] 女 **1**（車・家などの）**前部**；（劇場での）**前列〔席〕**；（衣服の）**前身ごろ**；（書物の）前小口． **2 先んじること，先行**. tomar la ~ 先行［リード］する. llevar mucha ~ 大きく先行［リード］している. coger [tomar] la ~ a+人〈人〉の先を越す；（競争で）〈人〉を引き離す． **3**《話》**女性の胸**． **4**《スポ》フォワード［前衛］（のライン）． **5**《複数で》（ガウチョgaucho などが身につける）革の前ズボン．

de·lan·te·ro, ra [de.lan.té.ro, -.ra; đe.-] 形 **1 前の，前部の，前方の**. asiento ~（車の）前のシート. parte [fila, rueda] *delantera* [列，輪]. patas *delanteras*（動物の）前脚． **2**《スポ》フォワードの，前衛の． — 男 女《スポ》フォワード（の選手），前衛. ~ centro センターフォワード． — 男 **1**（衣服の）前，前面． **2**（騎馬の）先導者．

de·la·tar [de.la.tár; đe.-] 他 **1 密告する，暴く，告発する. ~ a los cómplices** 共犯者を密告する. El ruido que hizo lo *delató* y lo cogieron. たてた物音でばれてしまい，彼は捕まった． **2 明らかにする，表明する**．
— ~**·se** 再 うっかり口をすべらせる．

de·la·tor, to·ra [de.la.tór, -.tó.ra; đe.-] 形 密告する，告発する． — 男 女 密告者，告発者．

del·co [děl.ko; đél.-] 男《車》ディストリビューター．

de·le [dé.le; đé.-] / **de·le·á·tur** [de.le.á.tur; đe.-] 男《印》《校正の》「トル」のしるし，削除記号．

DELE [dé.le; đé.-] 男《略》*Diploma de Español como Lengua Extranjera* DELE（デレ），外国語としてのスペイン語検定試験［免状］．

de·le·ble [de.lé.ble; đe.-] 形（簡単に）消すことができる，消えそうな，はかない．

de·le·ción [de.leʧ.θjón; đe.- / -.sjón] 女《生物》（染色体やDNAの一部の）欠失．

de·lec·ta·ción [de.lek.ta.θjón; đe.- / -.sjón] 女 歓喜，楽しみ，喜び（= deleite).

de·le·ga·ción [de.le.ga.θjón; đe.- / -.sjón] 女 **1**（権限などの）**委任，委託**. actuar por ~ del presidente 社長から権限を委任されて行動する．
2 代表団，派遣団；（会などの）代表(者). El alcalde recibió a una ~ de la asociación de consumidores. 市長は消費者団体の代表を迎えた．
3（公的機関などの）**地方支所，支署；出張所，連絡事務所，支店**. ~ de Hacienda 財務省出先機関，地方財務局. ~ de la jefatura de policía 警察署． **4**《ラ米》(쥔)(1) 警察署. (2) 市役所．
delegación sindical (1) 組合の代表. (2)（スペインの）組合地方支部（事務所）．

de·le·ga·do, da [de.le.gá.đo, -.đa; đe.-] 形 委任［委託］された，代理［代表］の． — 男 女 **1 代表者，代議員；使節，派遣員**． **2**《商》**代理人，駐在員**．
delegado de Hacienda 地方財務局長官．

de·le·gar [de.le.gár; đe.-] [10:3] 他 **1**〈**en...** / **a...**...に〉〈権限を〉**委任［委託］する**. ~ sus poderes *a*[*en*]+人〈人〉に権限を委任する．
2 代理権を与える，代表として派遣する．

de·le·ga·to·rio, ria [de.le.ga.tó.rjo, -.rja; đe.-] 形 委任の，委託された．

de·lei·ta·ble [de.lei.tá.ble; đe.-] 形 **1** 快い，楽しい． **2** おいしい，美味な．

de·lei·ta·ción [de.lei.ta.θjón; đe.- / -.sjón] 女 歓喜，快楽．

de·lei·ta·mien·to [de.lei.ta.mjén.to; đe.-] 男 → deleitación.

de·lei·tan·te [de.lei.tán.te; đe.-] 形 → deleitable.

de·lei·tar [de.lei.tár; đe.-] 他 楽しませる，喜ばせる（= agradar). La música *deleita* el oído. 音楽が耳に快い．
— ~**·se** 再〈**con...** / **en...**…を〉楽しむ，喜ぶ．~*se en* la lectura 読書を楽しむ. ~*se con* [*en*] la contemplación de... …を見て喜びを覚える．

de·lei·te [de.léi.te; đe.-] 男 **喜び，楽しみ**；快楽. leer con ~ 楽しんで読む. los ~*s* de la carne 性的な快楽. El clima de Mallorca es un verdadero ~. マジョルカ島の気候は快適そのものだ．

de·lei·to·so, sa [de.lei.tó.so, -.sa; đe.-] 形 楽しい，喜ばしい；快適な．

de·le·té·re·o, a [de.le.té.re.o, -.a; đe.-] 形 有毒な，有害な. gas ~ 有毒ガス．

de·le·tre·ar [de.le.tre.ár; đe.-] 他 **1**〈語の〉綴(つづ)りを言う，一字［一音節］ずつ声に出して言う. *Deletree* su apellido. あなたの姓の綴りを言ってください． **2**

解読する, 判読する. ～ jeroglíficos 象形文字を解読する. **3**《ラ米》《ᐩ》詳しく観察する, じろじろ見る.

de·le·tre·o [de.le.tré.o; ðe.-] 男 **1**（語の）綴(つづ)りを一字［一音節］ずつ読むこと. **2** 解読, 判読.

de·lez·na·ble [de.leθ.ná.ble; ðe.- / -.les.-] 形 **1** 卑劣な, 軽蔑すべき. **2** もろい, 砕けやすい. arcilla ～ もろい粘土. **3**〈道路などが〉滑りやすい, つるつるした. **4** 一時的な, はかない. un amor ～ はかない恋. **5** 弱い; 不安定な. razones ～s 薄弱な理由.

dél·fi·co, ca [dél.fi.ko, -.ka; ðél.-] 形（ギリシアの古代都市）デルフォイ Delfos の, アポロンの神託の.

*__del·fín__ [del.fín; ðel.-] 男 **1**【動】**イルカ**. ♦雄イルカは el ～ macho, 雌イルカは el ～ hembra. **2**［D-］【星座】いるか座.

del·fín, fi·na [del.fín, -.fí.na; ðel.-] 男 **1**（フランスの）第一王位継承者, 第一王子. **2**（組織での）後継者, あとがま. ━ 女（フランスの）第一王位継承者の妻, 第一王子妃.

del·fi·na·rio [del.fi.ná.rjo; ðel.-] 男（動物園や水族館などの）イルカの展示場［飼育場］.

Del·fos [del.fos; ðél.-]固名 デルフォイ: ギリシア中部の古代都市. ♦Apolo 信仰の中心地. 神殿を中心とする多数の古代建造物が近代に入って発掘され, 1987年世界遺産に登録. ［← ［ラ］*Delphōs* (*Delphī* の対格) ← ［ギ］*Delphoí*］

del·ga·da [del.gá.ða] 形 → delgado.

del·ga·dez [del.ga.ðéθ; ðel.- / -.ðés] 女 すらりとしていること, ほっそりしていること; やせ細り, やつれ.

__del·ga·do, da__ [del.gá.ðo, -.ða; ðel.-] 形 **1**《＋名詞／名詞＋》《ser＋/estar＋》〈体つきが〉**やせた**, 細い（↔gordo）. hombre ～ やせた男性. ponerse [quedarse] ～ やせる. **2** 薄い, 細い（↔grueso）. labios ～s 薄い唇. pared *delgada* 薄い壁. **3**〈土地が〉やせた. **4** 鋭い; 気の利いた. **5** 繊細な.
━ 男 **1**【海】船首［船尾］の狭部. **2**《複数で》（動物の）わき腹, わき腹肉; 小脳.
estar [verse] en las delgaditas《ラ米》《ᐩ》困っている; 困窮している.
intestino delgado【解剖】小腸.
［← ［ラ］*dēlicātum* (*dēlicātus* の対格)「優美な, 魅力的な」（→ delicado）; 関連 ［英］*delicate*. ［日］デリケート］

del·ga·du·cho, cha [del.ga.ðú.tʃo, -.tʃa; ðel.-] 形《estar＋》《ᐩ》やせっぽちの, やせぎすの; ひ弱な. niño ～ やせっぽちの子供.

*__de·li·be·ra·ción__ [de.li.ße.ra.θjón; ðe.- / -.sjón] 女 **1** 審議, 討議. **2** 熟考, 熟慮.

de·li·be·ra·da·men·te [de.li.ße.rá.ða.mén.te; ðe.-] 副 故意に, わざと; 慎重に.

de·li·be·ra·do, da [de.li.ße.rá.ðo, -.ða; ðe.-] 形 **1** 熟慮された, 討議された. **2** 故意の, 意図的な.

de·li·be·ran·te [de.li.ße.rán.te; ðe.-] 形 審議［討議］する, コミション ～ 審議会.

de·li·be·rar [de.li.ße.rár; ðe.-] 自《sobre... …について》**1** 熟考する. **2** 審議する, 討議する.
━ 他〈重要事項を〉熟考する; 審議する.

de·li·be·ra·ti·vo, va [de.li.ße.ra.tí.ßo, -.ßa; ðe.-] 形 審議する, 審議権のある.

De·li·bes [de.lí.ßes; ðe.-] 固名 デリベス Miguel ～ (1920-): スペインの小説家. 作品 *Cinco horas con Mario*『マリオとの五時間』.

de·li·ca·da [de.li.ká.ða; ðe.-] 形 → delicado.

de·li·ca·dez [de.li.ka.ðéθ; ðe.- / -.ðés] 女 **1** 繊細さ. **2**（肉体・性格の）弱さ, 虚弱. **3** 敏感さ, 過敏.

*__de·li·ca·de·za__ [de.li.ka.ðé.θa; ðe.- / -.sa] 女 **1** 繊細さ; もろさ. con ～ そっと, 注意して. **2** 微妙さ; デリケートであること. **3** 心遣い, 思いやり; デリカシー. falta de ～ デリカシーの欠如, 鈍感. Fue una ～ de su parte. それは彼［彼女］の心遣いだった. **4** 鋭敏; 過敏. ～ de juicio 判断力の鋭さ. **5** 優美さ, しなやかさ.
tener la delicadeza de ＋不定詞 親切にも…する.
tener mil delicadezas con... …に細かな気配りをする.

*__de·li·ca·do, da__ [de.li.ká.ðo, -.ða; ðe.-] 形 **1**《＋名詞／名詞＋》《ser＋》**繊細な**, 壊れやすい. máquina *delicada* 精巧な機械. pieza *delicada* 壊れやすい部品. **2**《ser＋》体の弱い, 虚弱な;《estar＋》病気の. tener el estómago ～ 胃が弱い. Su padre *es* ～ de salud. 彼［彼女］(ら)の父親は体が弱い. **3** 微妙な, デリケートな. color ～ 微妙な色合い. sentimiento ～ 微妙な感情. **4** 扱いにくい, 難しい. operación *delicada* 難しい手術. tema ～ デリケートなテーマ. **5** 洗練された; 上品な. sabor ～ 洗練された味. modales ～s 上品なマナー. **6** 敏感な; 気難しい. Eres *demasiado* ～. 君は神経質すぎるよ. **7** 細やかな; よく気のつく, 心優しい. **8** 快い; おいしい. **9** 細工のこまかい.
［← ［ラ］*dēlicātus*「優美な, 魅力的な」（→ delgado）; 関連 delicadez(a). ［英］*delicate*］

de·li·ca·du·cho, cha [de.li.ka.ðú.tʃo, -.tʃa; ðe.-] 形《ᐩ》ひ弱な, 病弱な.

de·li·ca·tes·sen [de.li.ka.té.sen; ðe.-]［英］女（または男）《複数形》調理済み高級食品;《単複同形》調理済み高級食品店.

*__de·li·cia__ [de.lí.θja; ðe.- / -.sja] 女 **1** 歓喜, 喜悦; 無上の喜び［楽しみ］; 喜びを与えるもの. Juanito es la ～ de sus padres. ファニートは両親の大事な宝物だ. Su casa es una ～. 彼［彼女］(ら)の家はとても住み心地がいい.
2《主に複数で》【料】ひと口サイズの魚のフライ.
el jardín de las delicias 地上の楽園, 桃源郷.
hacer las delicias de ＋人 〈人を〉楽しませる.
［← ［ラ］*dēliciae*《複数で》「快楽」; 関連 delicioso, deleitar. ［英］*delight*「大喜び」, *delicious*］

*__de·li·cio·so, sa__ [de.li.θjó.so, -.sa; ðe.- / -.sjó-.] 形 **1**《＋名詞／名詞＋》**おいしい**, 美味な. plato ～ おいしい料理.
2《＋名詞／名詞＋》心地よい, 快い. noche *deliciosa* 心地よい夜. lugar ～ 気持ちのいい場所. ritmo ～ 快いリズム.
3 魅力的な. mujer *deliciosa* 魅力的な女性. sonrisa *deliciosa* すてきなほほえみ. **4**《話》おもしろい. historia *deliciosa* おもしろい話.

de·lic·ti·vo, va [de.lik.tí.ßo, -.ßa; ðe.-] 形 犯罪の; 罪の, 罪深い.

de·li·cues·cen·cia [de.li.kwes.θén.θja; ðe.- / -.sén.sja] 女 **1**【化】潮解, 潮解性. **2**（芸術・社会の）退廃, 衰退.

de·li·cues·cen·te [de.li.kwes.θén.te; ðe.- / -.sén.-] 形 **1**【化】潮解性の. **2**〈芸術・社会が〉退廃的な, 衰退の.

de·li·mi·ta·ción [de.li.mi.ta.θjón; ðe.- / -.sjón] 女 **1** 境界画定, 線引き. **2** 限定, 限界.

de·li·mi·ta·dor, do·ra [de.li.mi.ta.ðór, -.ðó.ra; ðe.-] 形 区切る, 仕切る, 分かつ, 線引きのための.

de·li·mi·tar [de.li.mi.tár; ðe.-] 他 **1** …の境界を

定める,…を区切る(=limitar). **2** (権限などを)限定する. Vamos a ~ las funciones de cada uno de nosotros. 我々ひとりひとりの役割をはっきり決めておこう.

delinc- 圐 →delinquir.

de·lin·cuen·cia [de.liŋ.kwén.θja; đe.- / -.sja] 囡 **1** 犯罪(行為),非行;違反. ~ juvenil 青少年犯罪,少年非行. **2** 犯罪件数,犯罪発生率.

*de·lin·cuen·te [de.liŋ.kwén.te; đe.-] 形 罪を犯した,違反した,非行の.
— 男 囡 **犯罪者**,違反者,非行少年[少女]. ~ principal 《法》(共犯・間接正犯における)正犯者;共同正犯. ~ sin antecedentes penales 初犯者. ~ juvenil / joven ~ 少年犯罪者.

de·li·ne·a·ción [de.li.ne.a.θjón; đe.- / -.sjón] 囡 輪郭描写,製図;アウトライン.

de·li·ne·a·dor, do·ra [de.li.ne.a.đór, -.đó.ra; đe.-] 圐 製図作業の. — 男 囡 製図工.

de·li·ne·a·mien·to [de.li.ne.a.mjén.to; đe.-] 男 製図[作図]作業. ▶delineamento の形もある.

de·li·ne·an·te [de.li.ne.án.te; đe.-] 圐 製図工,図案工. ~ proyectista 設計者,図案家.

de·li·ne·ar [de.li.ne.ár; đe.-] 他 輪郭を描く,線で描く. relieve bien *delineado* 輪郭のくっきりしたレリーフ. ~ el boceto 下絵を描く.

de·lin·qui·mien·to [de.liŋ.ki.mjén.to; đe.-] 男 犯罪,違反.

de·lin·quir [de.liŋ.kír; đe.-] 104 自 罪を犯す,違反する.

de·li·quio [de.lí.kjo; đe.-] 男 **1** 軽い失神,気絶. **2** 忘我,エクスタシー(=éxtasis).

de·li·ran·te [de.li.rán.te; đe.-] 圐 **1** 錯乱した,うわ言を言う;錯乱を伴う. imaginación ~ **2** ひどく興奮した,熱狂的な. ovaciones ~s 熱狂的な歓迎.

de·li·rar [de.li.rár; đe.-] 自 **1** 錯乱する,狂乱状態に陥る. **2** 《話》わめき立てる,たわ言を言う. ¡Ladrón! Éste fue el que me robó. — ¡Usted *delira*, señora! 泥棒、この人は私からものを盗みました. —めっそうもない、奥さん. **3** (**por**... …に)ひどく興奮する,無我夢中になる.

*de·li·rio [de.lí.rjo; đe.-] 男 **1 精神錯乱**,妄想;熱狂. ~(s) de grandeza(s) 誇大妄想. estar en ~ 夢中である,熱狂している. tener ~ por... 《話》…に夢中になっている.
2《医》譫妄(カム)状態,うわ言.
con delirio 《話》非常に,とても;熱烈に.
¡El delirio! 《話》そいつはすごい.

de·lí·rium tre·mens [de.lí.rjum tré.mens; đe.-] 男 〔ラ〕《医》振顫譫妄(カムタ):アルコール中毒による手足の震え・幻覚などを伴う症状.

de·li·tes·cen·cia [de.li.tes.θén.θja; đe.- / -.sén.sja] 囡 **1**《化》風解:結晶が空気にさらされて水分を失うこと. **2**《医》(1)(局部炎症の)消滅,消炎. (2)潜伏期.

*de·li·to [de.lí.to; đe.-] 男 **1**《法》**犯罪**(行為),違法(行為). cometer un ~ 犯罪を犯す. ~ político 政治犯. ~ flagrante 現行犯. ~ de lesa majestad 大逆罪,不敬罪. ~ común 普通犯. ~ consumado 既遂犯. ~ frustrado 未遂犯. ~ de prevaricación 背任罪. cuerpo del ~《法》犯罪構成事実,犯罪の証拠. lugar del ~ 犯行現場. ~ de sangre 殺傷犯罪[事件]. →culpa 類語.
2 罪悪,犯罪の行為. ¿Qué ~ he cometido? 私がどんなひどいことをしたというのか.
[←〔ラ〕*dēlictum* (*dēlinquere*「罪を犯す」より派生);関連 delincuencia, delincuente.〔英〕*delict*「犯罪」,*delinquent*「非行者」]

del·ta [dél.ta; đél.-] 囡 デルタ(Δ, δ):ギリシア語アルファベットの第4字. ala ~《スポ》ハンググライダー. ala en ~《航空》三角翼.
— 男《地理》三角州,デルタ.

del·tai·co, ca [del.tái.ko, -.ka; đel.-] 圐 三角州の,デルタの;三角形の.

del·toi·de·o, a [del.toi.đé.o, -.a; đel.-] 圐 三角形の;《解剖》三角筋の. músculo ~ 三角筋.

del·toi·des [del.tói.đes; đel.-] 圐《性数不変》《解剖》三角筋の. — 男《単複同形》《解剖》三角筋.

de·lu·dir [de.lu.đír; đe.-] 他《文章語》欺く,だます.

de·lu·si·vo, va [de.lu.sí.ƀo, -.ƀa; đe.-] 圐 →delusorio.

de·lu·so·rio, ria [de.lu.só.rjo, -.rja; đe.-] 圐 偽りの.

de·ma·cra·ción [de.ma.kra.θjón; đe.- / -.sjón] 囡 やつれ,憔悴(キォェ).

de·ma·cra·do, da [de.ma.krá.đo, -.đa; đe.-] 圐 憔悴(キォェ)した,病み衰えた. rostro ~ やつれた顔.

de·ma·crar·se [de.ma.krár.se; đe.-] 再 (病気・苦悩などで)やつれる,憔悴(キォェ)する.

de·ma·go·gia [de.ma.gó.xja; đe.-] 囡 扇動,悪宣伝,デマ.

de·ma·gó·gi·co, ca [de.ma.gó.xi.ko, -.ka; đe.-] 圐 扇動的な,デマの;扇動家の.

de·ma·go·go, ga [de.ma.gó.go, -.ga; đe.-] 圐 民衆扇動する,デマゴーグの.
— 男 囡 民衆扇動家,扇動政治家,デマゴーグ.

*de·man·da [de.mán.da; đe.-] 囡 **1**《法》請求,訴え;告訴;申立書. ~ de pago 支払い要求. presentar una ~ contra... …に対して訴訟を起こす. reconocer una ~ 申し立てを認める. contestar la ~ 〈被告が〉申し立てに答える.
2《経》**需要**,注文. tener mucha ~ 需要が多い. la ley de la oferta y la ~ 需要と供給の法則. **3** 質問. **4** 探索,捜索. **5** 企図,企て. **6** 喜捨,寄付.
en demanda de... …を求めて.

de·man·da·do, da [de.man.dá.đo, -.đa; đe.-] 圐《法》被告側の. parte *demandada* 被告側.
— 男 囡《法》被告(人).

de·man·da·dor, do·ra [de.man.da.đór, -.đó.ra; đe.-] / **de·man·dan·te** [de.man.dán.te; đe.-] 圐 **1**《法》原告側の. parte *demandadora* 原告側. **2** (**de**... …を)要求する. persona *demandadora* de empleo 職を求める人.
— 男 囡《法》原告.

*de·man·dar [de.man.dár; đe.-] 他 **1 請求する**,要求する,求める. *Demandaron* un trato equitativo. 彼らは公平な処遇を要求した. **2**《法》**訴える**,訴訟を起こす. ~ por daños y perjuicios 損害賠償で訴える. **3** 願う,望む. **4** 質問する. [←〔ラ〕*dēmandāre*「任せる」(*dē*-「完全に」+ *mandāre*「命じる;ゆだねる」); 関連 demanda. 〔英〕*demand*]

de·ma·qui·lla·dor [de.ma.ki.ʎa.đór; đe.- ‖ -.ʎa.-] 男 クレンジングクリーム[ミルク,ローション].

de·mar·ca·ción [de.mar.ka.θjón; đe.- / -.sjón] 囡 **1** 境界画定,線引き;区画. línea de ~ 境界線. **2**《法》管轄区域,管内. **3**《スポ》守備範囲. **4** [D-]《史》(教皇)分界線,教皇子午線. ♦教皇アレクサンデル Alejandro 6世が14

93年, Verde 岬諸島と Azores 諸島の西100レグアの地点に引いた分界線. その東側をポルトガルの, 西側をスペインの独占航海域と設定した. この分界線は1494年, トルデシリャス条約で Verde 岬諸島の西370 leguaへ移動したため, ブラジルがポルトガル領になった.

de·mar·ca·dor, do·ra [de.mar.ka.ðór, -.ðó.ra; ðe.-] 男 女 境界画定の, 線引きの.

de·mar·car [de.mar.kár; ðe.-] 102 他 **1** 境界を定める. ~ la frontera 国境線を定める.
2《海》方位[自船位置]を測定する.

de·mar·ra·je [de.ma.řá.xe; ðe.-] 男 急激な追い上げ, (マラソンなどでの) スパート.

de·ma·rrar [de.ma.řár; ðe.-] 自 急激に追い上げる, (マラソンなどで) スパートをかける.

＊de·más [de.más; ðe.-] 形《不定》《性数不変》《+名詞》その他の. los ~ países その他の国々. Andrés y ~ alumnos アンドレスと他の生徒たち. ● demás はふつう定冠詞を伴うが, 列挙するとき接続詞 y の後では定冠詞を伴わないことが多い.
——代名《不定》《性数不変》他のもの; 《複数で》他の人たち, 他人. Poco importa lo que piensen los ~. 他人がどう思おうと少しも構わない.
——副 その他に, さらに (=además).
lo demás その他のこと, 残り. No quiso oír *lo* ~. 彼[彼女]は他のことには耳を貸そうとしなかった.
por demás (1) 無駄に[で] (=en vano). Está *por* ~ que le escribas. 彼[彼女] に手紙を書いても無駄だ (● que 以下が主語, その節内の動詞は接続法). (2) あまりにも. Es *por* ~ cobarde. 彼[彼女]は臆病(ミミミネミ)すぎる.
por lo demás (1) それはそれとして, それを除けば. *Por lo* ~ me parece bien. その点を除けば, よいと思います. (2) その上, さらに.
y demás 《話》 …など. Visitamos el Palacio Real, el Museo del Prado *y* ~. 私たちは王宮やプラド美術館などを訪れた.
[de + más; 関連 demasía, demasiado]

de·ma·sí·a [de.ma.sí.a; ðe.-] 女 **1** 過剰, 過多, 過度. En comer y beber, toda ~ es mala. 暴飲暴食にはとかく体に悪い. **2** 無法(行為), 職権乱用, 行きすぎ; 悪行. cometer ~s 乱暴を働く, 行きすぎた行為をする. **3** 無礼, 不遜(ポ), ふてぶてしさ.
en demasía 過度に, 必要以上に.

＊de·ma·sia·do, da [de.ma.sjá.ðo, -.ða; ðe.-] 形 **1**《ser+》《+名詞》あまりに多くの, 必要以上の. Hay *demasiada* gente. 人が多すぎる. Llevo ~ tiempo aquí. ここに長く住みすぎた. ¡*Es* ~! それはやりすぎだ, あんまりだ. **2**《話》すばらしい. ¡Tú *eres* ~! 君はすばらしい.
——副 **1** あまりに, 過度に. beber [comer] ~ 飲み[食べ] すぎる. saber ~ 知りすぎている. Es ~ tarde (para...). (…(する)には) 遅すぎる. **2**《ラ米》非常に, たいへん; たくさん.

de·ma·siar·se [de.ma.sjár.se; ðe.-] 81 再 度を越す; ずうずうしくなる.

de·ma·sié [de.ma.sié; ðe.-] 形《性数不変》《スペイン》《話》すばらしい. ——副 すばらしく.

de·me·diar [de.me.ðjár; ðe.-] 82 他 **1** 半分に分ける, 折半する. **2** 半ばに達する. **3** 半分使う.
——自 半分になる.

de·men·cia [de.mén.θja; ðe.- / -.sja] 女 **1** 認知症; 精神錯乱. ~ precoz [senil]《医》早発[老年]認知症. ~ multiinfarto 脳血管性認知症.
2 支離滅裂な言動.

de·men·cial [de.men.θjál; ðe.- / -.sjál] 形 錯乱した, 支離滅裂な. La organización de esta empresa es ~. この企業の組織はでたらめだ.

de·men·te [de.mén.te; ðe.-] 形《ser+ / estar+》 認知症の; 錯乱した.
——男 女 認知症患者; 心神喪失者.

de·men·ti·za·do, da [de.men.ti.θá.ðo, -.ða; ðe.- / -.sá.-] 形《話》気のふれた, 理性を失った.

de·mé·ri·to [de.mé.ri.to; ðe.-] 男《話》デメリット, マイナス面; 短所 (↔mérito). **2**《ラ米》軽視.

de·me·ri·to·rio, ria [de.me.ri.tó.rjo, -.rja; ðe.-] 形《価値・長所・功績を》貶(ポ)める.

De·mé·ter [de.mé.ter; ðe.-] 固名《ギ神》デメテル: 豊穣(ポポッ)と大地の女神, ローマ神話の Ceres に当たる. [← 〔ギ〕 *Dēmétēr*; (ドーリス方言) *dâ*「大地」+ *mátēr*「母」]

de·miúr·gi·co, ca [de.mjúr.xi.ko, -.ka; ðe.-] 形《哲》 デミウルゴスの, 神 〔創造主〕 の, 大きな影響 〔創造〕 力を持った.

de·miur·go [de.mjúr.go; ðe.-] 男 **1**《哲》(プラトン哲学でいう) デミウルゴス, 世界の形成者. **2** (グノーシス派などで) 創造神.

de·mo [dé.mo; ðé.-] 女《IT》デモ版, サンプル.

demo- 「民衆, 民主, 人口」の意を表す造語要素. 母音の前で dem-. → *demagogo*, *democracia*, *demografía*. [← 〔ギ〕]

＊de·mo·cra·cia [de.mo.krá.θja; ðe.- / -.sja] 女 **1** 民主主義, デモクラシー. ~ cristiana キリスト教民主主義. ~ parlamentaria 議会制民主主義. ~ popular 人民民主主義. **2** 民主主義国家; 民主政体; 民主政治; (国・地域の) 民主政治期. ~s europeas ヨーロッパの民主主義国家. ~ directa 直接民主制. **3** (意思決定への) 全員参加, (構成員の) 平等.
[← 〔後ラ〕 *dēmocratia* ← 〔ギ〕 *dēmokratía* (*dêmos*「人民」 + *-kratía*「支配, 統治」); 関連 democrático, demócrata, demagogia.《英》*democracy*. 〔日〕デマ]

＊de·mó·cra·ta [de.mó.kra.ta; ðe.-] 形 民主主義(者)の, 民主党の.
——男 女 民主主義者, 民主党員.

de·mo·cra·ta·cris·tia·no, na [de.mo.kra.ta.kris.tjá.no, -.na; ðe.-] 形 キリスト教民主主義 (者)の, キリスト教民主党員の.
——男 女 キリスト教民主主義者, キリスト教民主党員.

＊de·mo·crá·ti·co, ca [de.mo.krá.ti.ko, -.ka; ðe.-] 形《名詞+》《ser+》民主主義の, 民主的な. sistema ~ 民主的なシステム. estado ~ 民主主義国家.

de·mo·cra·ti·za·ción [de.mo.kra.ti.θa.θjón; ðe.- / -.sa.sjón] 女 民主化. ~ de postguerra 戦後の民主化.

de·mo·cra·ti·za·dor, do·ra [de.mo.kra.ti.θa.ðór, -.ðó.ra; ðe.- / -.sa.-] 形 民主化のための, 民主化を促進する.

de·mo·cra·ti·zar [de.mo.kra.ti.θár; ðe.- / -.sár] 97 他 民主化する, 民主主義 (者) にする. ~ un país ある国を民主化する. ——~·se 再 民主化する, 民主的になる; 民主主義者になる.

de·mo·cris·tia·no, na [de.mo.kris.tjá.no, -.na; ðe.-] 形 男 女 → democratacristiano.

De·mó·cri·to [de.mó.kri.to; ðe.-] 固名 デモクリトス (前460? – 370?): ギリシアの哲学者.

de·mo·dé [de.mo.ðé; ðe.-] 形《話》流行が過ぎた, 時代遅れの, 古臭い.

de·mo·du·la·dor [de.mo.ðu.la.ðór; ðe.-] 男 アナログ信号をデジタル化する装置, ＡＤコンバーター.

de·mo·gra·fí·a [de.mo.gra.fí.a; ðe.-] 女 人口(統計)学, 人口(統計)研究.

*****de·mo·grá·fi·co, ca** [de.mo.grá.fi.ko, -.ka; ðe.-] 形 **1** 人口(統計)学の. estudio 〜 人口(統計)研究. explosión *demográfica* 人口の爆発的急増. concentración *demográfica* 人口の集中. crecimiento 〜 人口増加.

de·mó·gra·fo, fa [de.mó.gra.fo, -.fa; ðe.-] 男女 人口(統計)学者.

de·mo·le·dor, do·ra [de.mo.le.ðór, -.ðó.ra; ðe.-] 形 **1** 取り壊す, 解体用の. **2** 破壊的な; 痛烈な. crítica *demoledora* 痛烈な批判.
— 男女(建物などの)取り壊し業者, 解体作業員.

de·mo·ler [de.mo.lér; ðe.-] 22 他 **1** 取り壊す, 解体する. **2** 崩壊させる, 滅ぼす. La corrupción *demolió* la sociedad romana. 腐敗がローマの社会を滅ぼした.

de·mo·li·ción [de.mo.li.θjón; ðe.- / -.sjón] 女 **1** 取り壊し, 破壊, 解体. **2** 瓦解(がかい), 崩壊.

de·mon·che [de.món.tʃe; ðe.-] 男《話》→ demonio.

de·mo·nia·co, ca [de.mo.njá.ko, -.ka; ðe.-] / **de·mo·ní·a·co, ca** [de.mo.ní.a.ko, -.ka; ðe.-] 形 悪魔のような, 悪魔の; 悪魔に取り憑(つ)かれた. culto 〜 悪魔信仰[崇拝].
— 男女 悪魔に取り憑かれた人.

*****de·mo·nio** [de.mó.njo; ðe.-] 男 **1** 悪魔 (= diablo), 悪鬼, サタン. estar poseído por el 〜 悪魔に取りつかれている. **2** 精霊; 守護神;《ギ神》ダイモン. 〜 familiar (個人の)守り神. **3** いたずらっ子;《強調》恐ろしい人. **4** ずる賢い人; 小賢しい人.
— 間投《主に複数で》《驚き・怒り》おや, まあ, なんだって. ¡Qué 〜s! なんてことだ, しまった. ¡〜 con...! ...には[聞きあきれた]. ¿Quién 〜s será? いったい誰だって言うんだい.
a demonios《話》すごく嫌な. oler [saber, sonar] a 〜 すごく嫌なにおい[味, 音]がする.
al demonio (con)...《話》...なんてうんざりだ. *Al* 〜 *con* los deberes. 宿題なんてたくさんだ.
como un [el] demonio《話》すごく. Está salado *como un* 〜. すごく塩辛い.
darse a (todos) los demonios 憤慨する.
de mil demonios / de todos los demonios《話》すごく.
demonio de＋名詞およびその相当語句 ...のやつが. ese 〜 *de niño* あの悪がきが.
llevárse los demonios [el demonio] *a*＋人《話》(人)がかっとなる, 怒る.
no sea el demonio que＋接続法《話》...するといけないから (＝ no sea que＋接続法).
ser el mismo [mismísimo] demonio ひどい悪人[いたずら, ずる賢いやつ]である.
tener el demonio [los demonios] (metido(s)) en el cuerpo《話》(特に子供が)落ち着きのない; じっとしていない.
[← [後ラ] *daemonium* ← [ギ] *daimónion*「神; 悪霊」(*daímōn*「神」+縮小辞; 関連] [英] *demon*]

de·mo·ni·zar [de.mo.ni.θár; ðe.- / -.sár] 97 他〈人・ものを〉悪者に仕立て上げる, 悪者と決め付ける.

de·mo·nó·la·tra [de.mo.nó.la.tra; ðe.-] 男女 悪魔信仰[崇拝]者.

de·mo·no·la·trí·a [de.mo.no.la.trí.a; ðe.-] 女 悪魔信仰[崇拝].

de·mo·no·lo·gí·a [de.mo.no.lo.xí.a; ðe.-] 女 悪魔[魔女]研究, 鬼神学, デモノロジー.

de·mo·nó·lo·go, ga [de.mo.nó.lo.go, -.ga; ðe.-] 男女 悪魔[魔女]研究の研究者[専門家], 鬼神学者.

de·mon·tre [de.món.tre; ðe.-] 男《話》→ demonio.

¡Qué demontre!《話》くそ, ちくしょう.

*****de·mo·ra** [de.mó.ra; ðe.-] 女 **1** 遅れ, 遅延;《法》(支払いなどの)延滞. 〜 en la entrega de un pedido 注文品引き渡しの遅れ. El tren llegó con tres horas de 〜. 列車は３時間遅れで到着した. **2**《海》(標識から計測した物体の)方位, 方角.
sin demora 遅れずに, すぐに.

*****de·mo·rar** [de.mo.rár; ðe.-] 他 **1** 遅れさせる, 遅延させる. Tuve que 〜 el viaje. 私は旅行を延期しなければならなかった. No quiero 〜 te más. これ以上君に手間を取らせたくない. El barco fue *demorado* por el mal tiempo. 船は悪天候のために遅れた. **2**《ラ米》(1)(時間を)かける. (2)(33)(警察に)拘置する.
— 自 **1** 留まる, 滞留する; 手間取る. **2**《海》(標識から計測して)...の方位[方角]にある.
— **〜se** 再 遅れる; 手間取る, ぐずぐずする. Perdóname, *me he demorado* un poco. ごめん, ちょっと遅れた.
[← [ラ] *dēmorārī*; 関連] demora, morada]

de·mo·rón, ro·na [de.mo.rón, -.ró.na; ðe.-] 形《ラ米》(ゴルビア)(ラ)(ゴル) → demoroso.

de·mo·ro·so, sa [de.mo.ró.so, -.sa; ðe.-] 形《ラ米》(ゴルビア)(ラ)《話》とろい, のろまな.

de·mos·co·pia [de.mos.kó.pja; ðe.-] 女 (世論調査による)動向[嗜好(しこう), 意見]の分析.

de·mos·có·pi·co, ca [de.mos.kó.pi.ko, -.ka; ðe.-] 形 (世論調査による)動向[嗜好(しこう), 意見]分析のための.

de·mós·te·nes [de.mós.te.nes; ðe.-] 男《単複同形》弁がたつ人, 口達者.

De·mós·te·nes [de.mós.te.nes; ðe.-] 固名 デモステネス (前384-322): アテネの政治家・雄弁家.

de·mos·tra·ble [de.mos.trá.ble; ðe.-] 形 証明[論証]しうる, 示すことのできる.

*****de·mos·tra·ción** [de.mos.tra.θjón; ðe.- / -.sjón] 女 **1** 明示, 表示; 表明; 誇示. 〜 de cariño 愛情の表現. 〜 de fuerza 力の誇示. Las lágrimas no siempre son 〜 de dolor. 涙はいつも悲しみの表れとは限らない. **2** 実演, デモンストレーション. una 〜 de cómo funciona el aparato 装置がいかに作動するかについての実演. 〜 gimnástica 体操の公開演技. **3** 証明; 論証, 立証. hacer la 〜 de... ...を示す. **4**《軍》陽動作戦.

de·mos·tra·dor, do·ra [de.mos.tra.ðór, -.ðó.ra; ðe.-] 形 示す; 証明する.
— 男女 論証者, 証明者; 実演者.

******de·mos·trar** [de.mos.trár; ðe.-] 15 他 **1**〈ことを〉明らかにする, 示す;《＋不定詞 / que＋直説法 ...であることを[...することを]〉示す, 明示する. 〜 a las claras 明解に示す. Este resultado *demuestra* lo siguiente. この結果から次のことがわかります. Él *demostró* ser un verdadero entrenador. 彼は真の監督であることを示した. Estos datos *demuestran que* su explicación *está* equivocada. これらの資料が彼[彼女](ら)の説明が間違っていることを示しています.
2 示す, 表す. 〜 el talento 才能を示す. Procuré no 〜 mi sorpresa. 私は驚きを表さないようにした.

Mi hermana nunca *demostró* interés en hacerlo. 私の姉[妹]は一度もそれをすることに興味を示さなかった. **3** 〈機能・手順などを〉示す, (実際に示して)説明する. Nos *demostrarán* cómo funciona la máquina. その機械がどのように作動するか説明してもらえるだろう.

[← 〔ラ〕*dēmōnstrāre*「明示する, 確証する」(*dē-*「徹底的に」+ *mōnstrāre*「示す」); 関連 demostración. [英] *demonstrate, demonstration*]

de·mos·tra·ti·vo, va [de.mos.tra.tí.bo, -.ba; đe.-] 形 **1** 証明する; 明示する, 表す. **2** 〘文法〙指示の. pronombre ～ 指示代名詞 (éste, ése, aquél など). adjetivo ～ 指示形容詞 (este, ese, aquel など). ── 男 〘文法〙指示詞.

de·mó·ti·co, ca [de.mó.ti.ko, -.ka; đe.-] 形 (古代エジプトの)民衆文字[デモティック]の.
── 男 現代ギリシア口語.

de·mu·da·ción [de.mu.ða.θjón; đe.- / -.sjón] 女 顔色[表情]の変化.

de·mu·da·mien·to [de.mu.ða.mjén.to; đe.-] 男 → demudación.

de·mu·dar [de.mu.ðár; đe.-] 他 〈顔色・表情などを〉変える. La cólera le *demudó* el rostro. 怒りで彼[彼女]の形相が変わった. ── ~·**se** 再 〈顔色・表情などが〉変わる, 血相を変える.

demuestr- 活 → demostrar.

de·mul·cen·te [de.mul.θén.te; đe.- / -.sén.-] 形 〘医〙〈皮膚などを〉軟化する, 〈炎症を〉緩和する.
── 男 皮膚軟化剤, 緩和剤.

den[1] [dén; đén] 男 → denier.
den[2] [dén; đén] 活 → dar.

de·nan·tes [de.nán.tes; đe.-] 副 《古語》→ antes.

de·nar [de.nár; đe.-] 男 ディナール: セルビア・マケドニア共和国の貨幣単位.

de·na·rio, ria [de.ná.rjo, -.rja; đe.-] 形 10の, 十進法の.
── 男 デナリウス: 古代ローマの銀貨[金貨].

den·dri·for·me [den.dri.fór.me; đen.-] 形 樹木型の, 樹木状の.

den·dri·ta [den.drí.ta; đen.-] 女 **1** 〘鉱〙樹枝状結晶, 模樹(ぼじゅ)石, 化石樹. **2** 〘解剖〙〈神経の〉樹状突起.

de·ne·ga·ción [de.ne.ga.θjón; đe.- / -.sjón] 女 拒否, 否定, 否認. ～ de demanda 訴え[申し立て]の却下. ～ de paternidad 嫡出否認.

de·ne·gar [de.ne.gár; đe.-] 他 **1** 拒絶する, 拒否する, 否定する. **2** 〘法〙否認する, 却下する. ～ una demanda a+人 〈人〉の請求を却下する.

de·ne·ga·to·rio, ria [de.ne.ga.tó.rjo, -.rja; đe.-] 形 却下[棄却, 否認, 不許可]を伝える.

de·ne·gre·cer [de.ne.gre.θér; đe.- / -.sér] 34 他 黒くする, 黒ずませる; 暗くする.
── ~·**se** 再 黒くなる, 黒ずむ; 暗くなる.

de·ne·gri·do, da [de.ne.grí.ðo, -.ða; đe.-] 形 黒っぽい, 灰黒い.

de·ne·grir [de.ne.grír; đe.-] 他 → denegrecer.
► 不定詞, 過去分詞, 現在分詞の形でのみ用いる.

den·go·so, sa [den.gó.so, -.sa; đen.-] 形 **1** 上品ぶった, 気取った. **2** 《ラ米》《コア》《話》腰を振って歩く.

den·gue [déŋ.ge; đéŋ.-] 男 **1** 気取り, もったいぶること; 斜に構えること. No me vengas con ～*s* y cómetelo. 文句を言わずに食べなさい. **2** 上品ぶった男. **3** (女性用の)ショールの一種. **4** 〘医〙デング熱. **5** 《ラ米》(1) 《ク》〘植〙オシロイバナ. (2) 《コア》《話》

気取った歩き方. (3) 《コア》病気. (4) (*米)身振り, ジェスチャー.

den·gue·ar [deŋ.ge.ár; đeŋ.-] 自 **1** 上品ぶる, もったいぶる. **2** 《ラ米》《コア》《メ》(体を揺すって)気取って歩く.

den·gue·ro, ra [deŋ.gé.ro, -.ra; đeŋ.-] 形 → dengoso.

Deng Xiao-ping [dén ∫ja.o.pín; đén - // déŋ -. pín; đéŋ -] 固名 鄧小平 (1904-97): 中国共産党の指導者・政治家.

de·nier [de.njér; đe.-] 男 デニール, 繊度: 糸の太さの単位.

de·ni·gra·ción [de.ni.gra.θjón; đe.- / -.sjón] 女 中傷; 侮辱.

de·ni·gra·dor, do·ra [de.ni.gra.ðór, -.ðó.ra; đe.-] 形 中傷的な; 名誉を傷つける.
── 男 女 侮辱する人; 中傷家.

de·ni·gran·te [de.ni.grán.te; đe.-] 形 男 女 → denigrador.

de·ni·grar [de.ni.grár; đe.-] 他 **1** 名誉[信用]を傷つける, 中傷する. **2** 侮辱する, ののしる.

den·im [dé.nim; đe.-] 〔英〕男 デニム. en [de] ～ デニム生地の.

de·no·da·do, da [de.no.ðá.ðo, -.ða; đe.-] 形 勇敢な, 大胆な; 決然とした, 断固とした. un hombre ～ 勇敢な人. un esfuerzo ～ 性根を据えたひとふんばり.

***de·no·mi·na·ción** [de.no.mi.na.θjón; đe.- / -. sjón] 女 **1** 名称, 名前. Se ha popularizado la nueva ～. 新しい名称が一般化した.
2 命名, 名づけ.
denominación de origen 原産地証明[表示].
denominación social 《ラ米》《コア》会社名.

de·no·mi·na·da·men·te [de.no.mi.ná.ða. mén.te; đe.-] 副 明確に, はっきりと, 判然と.

de·no·mi·na·do, da [de.no.mi.ná.ðo, -.ða; đe.-] 形 **1** 命名された, 呼ばれた; いわゆる.
2 〘数〙複名数の. número ～ 複名数(► dos horas diez minutos treinta segundos (2 時間10分30秒) のように2つ以上の単位で示される数).

de·no·mi·na·dor, do·ra [de.no.mi.na.ðór, -. ðó.ra; đe.-] 形 命名する. ── 男 女 命名者. ── 男 〘数〙分母. numerador y ～ 分子と分母. el mínimo común ～ 最小公分母.

de·no·mi·nal [de.no.mi.nál; đe.-] 形 〘文法〙〈語が〉名詞から派生した.

****de·no·mi·nar** [de.no.mi.nár; đe.-] 他 《+名称を表す語句 …と》名づける, 命名する; 呼ぶ (► 目的語がものの場合でも前置詞 a を伴って表される). Eso es lo que *han denominado* algunos *un sistema nuevo*. それが何人かの人が新システムと名づけたものである.
── ~·**se** 再 《3 人称で》《+名前を表す語句 》 (…と) 呼ばれる, (…という)名称である. *¿Cómo se denominan* estos objetos? これらの物体は何という名称でしょうか.

de·no·mi·na·ti·vo, va [de.no.mi.na.tí.bo, -. ba; đe.-] 形 **1** 命名の, 名称的な. **2** 〘文法〙名詞派生の. ── 男 名詞派生語: 名詞から派生した形容詞, 動詞, 名詞. → constitucional, tallar, bocado.

de·nos·ta·da·men·te [de.nos.tá.ða.mén.te; đe.-] 副 侮辱して, 無礼にも.

de·nos·ta·dor, do·ra [de.nos.ta.ðór, -.ðó.ra; đe.-] 形 侮辱的な, 無礼な.

de·nos·tar [de.nos.tár; đe.-] 15 他 侮辱する, 非難

de·nos·to·sa·men·te [de.nos.tó.sa.mén.te; ðe.-] 副 → denostadamente.
de·no·ta·ción [de.no.ta.θjón; ðe.- / -.sjón] 女 【言】【論】外延 (↔connotación); (明示的な) 意味.
de·no·tar [de.no.tár; ðe.-] 他 示す, 表す; 意味する. Su manera de hablar *denota* una baja cultura. 彼[彼女]の話し方は教養の低さを示している.
de·no·ta·ti·vo, va [de.no.ta.tí.βo, -.βa; ðe.-] 形【言】外延【概念, 明示】的な; 辞書の定義による; 文脈から独立した.
*****den·si·dad** [den.si.ðáð; ðen.-] 女 **1** 濃さ, 濃度, 密度. ~ de población 人口密度. **2** 【物理】密度, 比重. El hierro tiene una alta ~. 鉄は比重が大きい.
den·si·fi·ca·ción [den.si.fi.ka.θjón; ðen.- / -.sjón] 女 密集[高密]化, 高濃度化.
den·si·fi·car [den.si.fi.kár; ðen.-] 102 他 濃くする, 密にする, ぎっしり詰める.
— ~.se 再 濃くなる, 密になる.
den·sí·me·tro [den.sí.me.tro; ðen.-] 男【物理】【化】密度計, 比重計.
den·si·to·me·trí·a [den.si.to.me.trí.a; ðen.-] 女 濃度計. ~ ósea 骨密度計.
den·so, sa [dén.so, -.sa; ðén.-] 形 **1** (+名詞／名詞+)(ser+ / estar+) 濃い. humo ~ 濃い煙. miel *densa* 濃厚な蜂蜜. niebla *densa* 濃い霧. noche *densa* 闇夜(やみ). **2** (+名詞／名詞+) 密な, 密生[密集]した. bosque ~ 密林. circulación *densa* 交通過密[渋滞]. **3** (+名詞／名詞+) 難解な; 内容の濃い. discurso ~ 内容の濃い講演. **4** 《ラ米》(話)しつこい, うんざりさせる.
[←ラ] *dēnsum* (*dēnsus* の対格); 【関連】densidad, condensar.【英】*dense, condense*.【日】コンデンス（ミルク）.
den·ta·do, da [den.tá.ðo, -.ða; ðen.-] 形 **1** 歯のある, 鋸歯(きょし)状の, ぎざぎざのついた. rueda *dentada* 歯車. **2** 【紋】〈仕切り線・縁が〉ぎざぎざの.
— 男 ミシン目, 目打ち. el ~ de un sello 切手の目打ち. **2** 《ラ米》(話) かみ傷.
den·ta·du·ra [den.ta.ðú.ra; ðen.-] 女 《集合的》歯; 歯並び. ~ postiza 総入れ歯. Tiene una ~ bonita. 彼[彼女]はきれいな歯並びをしている.
den·tal [den.tál; ðen.-] 形 **1** 歯の. prótesis ~ 義歯術. cepillo ~ 歯ブラシ. crema ~ 練り歯磨き. alvéolo ~ 歯槽(►「piorrea alveolar」 ピオレア・アルベオラル」→ スケーリング, 歯石を取ること). **2** 【音声】歯音の. — 男【農】(1) 鋤(すき)の刃をはめ込む（木の）部分. (2) 脱穀機の歯. — 女 【音声】歯音 (= consonante) ~: d, t など.
den·ta·men [den.tá.men; ðen.-] 男《複 den·támenes》 (話) 歯舌; 口の周辺.
den·tar [den.tár; ðen.-] 2 他 **1** 〈歯車・刃などに〉歯を付ける, 〈のこぎりなどに〉目立てをする. **2** 〈切手などに〉ミシン目[目打ち]を入れる.
— 自 〈子供の〉 歯が生える (= endentecer).
den·ta·rio, ria [den.tá.rjo, -.rja; ðen.-] 形 歯の. pulpa *dentaria* 歯髄.
den·te [dén.te; ðen.-] 男【伊】*al dente* 〈パスタが〉アルデンテの, 歯ごたえのある.
den·te·la·ria [den.te.lá.rja; ðen.-] 女【植】ルリマツリ.
den·te·lla·da [den.te.já.ða; ðen.- ‖ -.ʎá.-] 女 かむこと; かみ傷; 歯形. morder a ~s 歯でかむ. darle [sacudirle] ~s a+人 〈人〉にかみつく; (比喩的)〈人〉に食ってかかる, かみつく.
den·te·lla·do, da [den.te.já.ðo, -.ða; ðen.- ‖ -.ʎá.-] 形 **1** 歯のある, 歯のような; かみ傷を受けた. **2** → dentado.
den·te·llar [den.te.jár; ðen.- ‖ -.ʎár.-] 自 歯をがちがち鳴らす.
den·te·lle·ar [den.te.je.ár; ðen.- ‖ -.ʎe.-] 他 かじる, もぐもぐかむ.
den·te·llón [den.te.jón; ðen.- ‖ -.ʎón.-] 男 **1** 【建】【土木】(1) 待歯(まち)石: 壁から突き出したままの接ぎ石 やれんが. **2** 歯飾り, 歯状装飾. **2** （かんぬきの）舌, ピン.
den·te·ra [den.té.ra; ðen.-] 女 **1** （酸味・嫌な音による）歯の浮く感じ, 不快感. **2** 《話》羨望(せん); 切望. *dar dentera a+人* (1) 《話》〈人〉をうらやましがらせる. (2)〈人〉を歯の浮く感じにさせる. Ese ruido *me da* ~. その音を聞くと歯が浮いてしまう.
den·ti·ción [den.ti.θjón; ðen.- / -.sjón] 女 **1** 歯の発生, 生歯(せいし). **2** 歯列, 歯列期. primera ~ 第一生歯, 乳歯. segunda ~ 第二生歯, 永久歯.
den·ti·cu·la·do, da [den.ti.ku.lá.ðo, -.ða; ðen.-] 形【建】【土木】歯飾りの付いた, 歯状装飾の.
den·tí·cu·lo [den.tí.ku.lo; ðen.-] 男【建】【土木】歯飾り, 歯状装飾.
den·tí·fri·co, ca [den.tí.fri.ko, -.ka; ðen.-] 形 歯磨きの.
— 男 練り歯磨き (= pasta *dentífrica*), 歯磨き粉; 口内洗剤.
den·ti·na [den.tí.na; ðen.-] 女 **1**【解剖】(歯の)象牙(ぞうげ)質. **2** 《ラ米》(ジプ)(話)悪臭.
den·ti·rros·tros [den.ti.rós.tros; ðen.-] 男《複数形》【鳥】(カラス・ハヤブサ・モズなど) 歯嘴(は)類の鳥.
*****den·tis·ta** [den.tís.ta; ðen.-] 男 女 歯科医, 歯医者. ir al ~ 歯医者に行く.
den·tis·te·rí·a [den.tis.te.rí.a; ðen.-] 女《ラ米》**1** 歯科医院. **2** 【医】歯科学.
den·tís·ti·ca [den.tís.ti.ka; ðen.-] 女《ラ米》【医】歯科学.
den·tón, to·na [den.tón, -.tó.na; ðen.-] 形 男 女 → dentudo. 男【魚】ヨーロッパマダイ.
den·tre·ra [den.tré.ra; ðen.-] 女《ラ米》(ジプ)奉公人, 家政婦.
*******den·tro** [dén.tro; ðén.-] 副 **1**（場所）**中に[で]**; 内側に; 屋内に (↔ fuera). Todos están ~. 皆中にいます. Lo he visto ahí ~. 私はそれを[彼]をそこの中で見た. Entremos ~. 中へ入ろう. ir para ~ 中へ入る. la parte de ~ 内側. **2**《比喩的》心[胸]の内で. La nostalgia se lleva muy ~. 彼[彼女]は心の奥底に生まれ故郷への郷愁を持っている.
a dentro 中へ, 奥へ (= adentro).
dentro de...（場所）**...の中に[で]**; 心の中で. Sintió un rencor ~ *de* sí. 彼[彼女]は胸のうちに恨みを感じた. ~ *de* su alma 心の中で. (2) (+時間を表す表現 ··· +) 後に; (+期間を表す表現 ···+) の期間内に. ~ *de una semana* [*ocho días*] 1週間後に. ~ *de este año* [*esta semana*] 今年[今週]中に. ~ *de los 15 días siguientes* 15日[2週間]以内に.
dentro de lo posible できるだけ, 極力.
dentro de nada すぐに.
dentro de poco まもなく, じきに. Nos trasladaremos ~ *de poco*. 私たちはもうすぐ引っ越します. ¡Hasta ~ *de poco*! (あいさつ) また近いうちに.
dentro en...〈古語〉→ *dentro de...*

¡Dentro o fuera! 《話》どちらかはっきりしろ.
hacia dentro 中へ, 内側へ. ir *hacia* ～ 中に入る. meter el estómago *hacia* ～ (腹を引っ込めて)姿勢を正す. tener los pies *hacia* ～ 内股(╬)である.
por dentro 内部で;心の中で. sentirse triste *por* ～ 内心寂しく思う. La taza está sucia *por* ～. その茶碗は内側が汚れている.
[de + [古スペイン] *entro*「中に」(← [ラ] *intrō*「中へ」)]

den·tu·do, da [den.tú.ðo, -.ða; ðen.-] 形 歯の大きい. ─ 男 女 歯の大きい人. ─ 男《ラ米》(╬)《魚》アオザメ.

de·nu·da·ción [de.nu.ða.θjón; ðe.- / -.sjón] 女【地質】(浸食作用による岩石の)露出, 剥削(╬)作用;浸食.

de·nu·dar [de.nu.ðár; ðe.-] 他【地質】(浸食によって)〈岩・地面を〉削剥(╬)する, 削る.
─ ～·se 再 露出する.

de·nue·do [de.nwé.ðo; ðe.-] 男 勇気, 勇敢な行為.

de·nues·to [de.nwés.to; ðe.-] 男《主に複数で》無礼, 侮辱的な言動.

*****de·nun·cia** [de.nún.θja; ðe.- / -.sja] 女 **1** 告発, 密告, 通告. ～ del robo 盗難の通報. ～ falsa 誣告(╬), **2** 表明, 公表. **3**(条約などの)廃棄通告. **4** 非難, 弾劾. **5**【法】告訴. presentar una ～ contra+人〈人〉を告訴する. ─活 → denunciar.

de·nun·cia·ble [de.nun.θjá.ble; ðe.- / -.sjá.-] 形 告発されるべき.

de·nun·cia·ción [de.nun.θja.θjón; ðe.- / -.sja.sjón] 女 → denuncia.

de·nun·cia·dor, do·ra [de.nun.θja.ðór, -.ðó.ra; ðe.- / -.sja.-] 形 **1** 告発する, 通告[密告]の. **2** 非難を込めた, 弾劾する.
─ 男 女 告発者. ～ del robo 盗難の通報者.

de·nun·cian·te [de.nun.θján.te; ðe.- / -.sján.-] 形 男 女 → denunciante.

******de·nun·ciar** [de.nun.θjár; ðe.- / -.sjár] 82 他 **1** (**a**... 〈当局〉に)〈犯罪を〉告発する, 通報する, (**por**... …で)訴える. ～ a la policía 警察に訴える. ～ el robo 窃盗を告発する. La mujer *ha denunciado* a su marido *por* malos tratos. その女性は虐待で夫を告発した. También hay gente que no *denuncia*. また告発しない人もいる (▶目的語を伴わない場合がある).
2 非難する, 弾劾する. Estos días se *denuncia* repetidas veces la política del gobierno en la prensa. このごろは新聞で何度も政府の政策が問われている. **3** 現す, 示す. Esta cifra *denuncia* un cambio importante de la situación actual. この数字は現状の大きな変化を示している. **4** 公布する. ～ la ley 法律を公布する. **5**《契約などの》破棄を宣言する. **6**【鉱】〈鉱山の〉採掘権を宣言する.

de·nun·cia·to·rio, ria [de.nun.θja.tó.rjo, -.rja; ðe.- / -.sja.-] 形 告発する, 通告[密告]の.

de·nun·cio [de.nún.θjo; ðe.- / -.sjo] 男 **1**【鉱】鉱山発見の届け出, 鉱山採掘権の申請;申請中の鉱山採掘権. **2**《話》→ denuncia 2.
─ 活 → denunciar.

de·o·da·ra [de.o.ðá.ra; ðe.-] 男【植】ヒマラヤスギ (= cedro ～).

de·o grá·cias [dé.o grá.θjas; ðé.- / -.sjas]《副詞句》《他人の家へ入る時に》ごめんください.
─ 男《話》うやうやしさ, しおらしさ.
[← [ラ] *deō grātiās*「神に感謝を」]

de·on·to·lo·gí·a [de.on.to.lo.xí.a; ðe.-] 女【哲】

(職業上の)義務論;職業倫理.

de·on·to·ló·gi·co, ca [de.on.to.ló.xi.ko, -.ka; ðe.-] 形【哲】義務論の. ética *deontológica* 義務的倫理(学).

de·o vo·len·te [dé.o βo.lén.te; ðé.-] [ラ] 神意にかなえば, 事情が許せば (= si Dios quiere).

de·pa·rar [de.pa.rár; ðe.-] 他 **1** 与える, 授ける, 提供する. **2** もたらす, 持ってくる;引き起こす. Su enfermedad me *deparó* un disgusto. 彼[彼女]の病気は私に深い悲しみをもたらした.
¡Dios te la depare buena! 君の幸運を祈るよ;せいぜいがんばりたまえ.

de·par·ta·men·tal [de.par.ta.men.tál; ðe.-] 形 区分の, 部門の.

*****de·par·ta·men·to** [de.par.ta.mén.to; ðe.-] 男 **1** 部門;(官庁・企業などの)部. ～ de recursos humanos 人事部. ～ de deportes スポーツ用品売り場. **2**(大学などの)学科. ～ de español スペイン語学科. **3** 区画, 仕切り;【鉄道】コンパートメント. ～s de un cajón 引き出しの仕切り. ～ de primera 一等車室. **4**(フランス・コロンビアなどの)県. **5**《ラ米》(╬)(╬)(╬) アパート.

de·par·tir [de.par.tír; ðe.-] 自 話す, 対話する. Ellos *departían* en la cafetería. 彼らは喫茶店で話していた.

de·pau·pe·ra·ción [de.pau.pe.ra.θjón; ðe.- / -.sjón] 女 **1** 貧窮, 困窮, 貧困化. **2**【医】衰弱.

de·pau·pe·rar [de.pau.pe.rár; ðe.-] 他 **1** 貧しくする, 貧乏にする. **2**【医】(肉体的・精神的に)衰弱させる. ─ ～·se 再 貧しくなる;衰弱する.

*****de·pen·den·cia** [de.pen.dén.θja; ðe.- / -.sja] 女 **1** 《**de**...》 (…への)依存, 《…に》頼ること. Hay demasiada ～ de la tecnología. 技術に依存しすぎている. **2**《**de**...》…の》支局, 支店;(大きい建物・宮殿などの)部屋. ～ policial 警察署. Hemos corrido todas las ～s *del* palacio. 私たちは宮殿のすべての部屋を巡った. **3**【医】依存(症). fármaco que crea ～ 依存症を起こす薬物. **4** 関係;関連(性). **5**《主に複数で》付属機関, 別館, 離れ. **6**(集合的)従業員.

*****de·pen·der** [de.pen.dér; ðe.-] 自《**de**...》《…に》頼る, 《…を》あてにする. Al parecer ella *depende* por completo *de* tu ayuda. 見たところ彼女は君の援助をすっかりあてにしている.
2《…》次第である, 《…に》依存する. La hora de la llegada *dependerá del* tráfico. 到着時間は交通次第である.
[← [ラ] *dēpendēre*「ぶら下げる;依存する」;*pendēre*「垂れ下がる」より派生) [関連] (in)dependencia, perpendicular. [英] *depend*]

*****de·pen·dien·te, ta** [de.pen.djén.te, -.ta; ðe.-] 男 女 店員. ～ de unos grandes almacenes デパート店員.

de·pi·la·ción [de.pi.la.θjón; ðe.- / -.sjón] 女 脱毛, 除毛;抜け毛.

de·pi·la·do·ra [de.pi.la.ðó.ra; ðe.-] 女 脱毛器具.

de·pi·lar [de.pi.lár; ðe.-] 他 毛を抜く, 脱毛する.
─ ～·se 再〈体毛を〉抜く, 脱毛する. Las mujeres *se depilan* las cejas. 女性はまゆ毛を抜く.

de·pi·la·to·rio, ria [de.pi.la.tó.rjo, -.rja; ðe.-] 形 脱毛効果のある, 脱毛用の. crema [cera] *depilatoria* 脱毛クリーム[ワックス]. ─ 男 脱毛剤.

de·plo·ra·ble [de.plo.rá.ble; ðe.-] 形 痛ましい,

deplorar

哀れな；嘆かわしい (= lamentable). La situación política y social de ese país es ~. その国の政治的・社会的の状況は悲惨である.

de·plo·rar [de.plo.rár; đe.-] 他 **1** 嘆き悲しむ, 残念に思う (= lamentar). *Deploramos su muerte*. 私たちは彼[彼女]の死をとても残念に思います. **2** 悔やむ, 後悔する.

de·po·nen·te [de.po.nén.te; đe.-] 形 **1**〖法〗証言の, 供述の. **2**〖文法〗(ギリシア語・ラテン語における)異態の. ─男〖法〗証人, 供述者. ─男〖文法〗異態動詞 (= verbo ~)：形は受動態だが意味は能動のラテン語の動詞.

de·po·ner [de.po.nér; đe.-] 41 他〖過分〗は depuesto **1** 下に置く, 降ろす. ~ las armas 武器を捨てる. **2** 解任する, 罷免する；退位させる. ~ a un cónsul de su cargo consular を罷免する. **3**〖法〗証言する, 供述する. **4** 追い払う, 払いのける. ~ el temor 恐怖を払いのける. **5** (ラ米) 趣味として, 好きで. (￼)(￼)吐く, 戻す. ─自 **1**〖法〗証言する, 供述する. ~ ante el tribunal 法廷で証言する. **2** 排便する.

de·por·ta·ción [de.por.ta.θjón; đe.- / -.sjón] 女 流刑, 追放.

de·por·ta·do, da [de.por.tá.đo, -.đa; đe.-] 形 追放された, 流刑に処せられた. ─男 女 被追放者, 流刑囚.

de·por·tar [de.por.tár; đe.-] 他 追放する, 流刑に処する.

＊＊de·por·te [de.pór.te; đe.-] 男 **1** スポーツ, 運動. hacer [practicar] ~ スポーツをする. campo de ~s 運動競技場. ~s de competición 競技スポーツ. ~s de invierno ウィンタースポーツ. ~s náuticos マリンスポーツ. ~ de remo 漕艇. ~ de vela 帆走. traje de ~ スポーツウェア. bolsa de ~ スポーツバッグ. palacio de ~s 総合競技場. **2** (通常は屋外で行う)娯楽, 趣味. *por deporte* [話] 趣味として, 好きで.
[← [古スペイン] 「楽しみ」；*deportarse* 「楽しむ」(← [ラ] *deportāre* 「運び去る」より派生；この間に「運び去る」→「気を紛らす」→「娯楽」への転義が生じる；[英] *sport* 「スポーツ」(*disport* の語頭音消失形)の訳語としての使用は20世紀に入ってから. 関連 deportivo, deportista]

de·por·tis·mo [de.por.tís.mo; đe.-] 男 スポーツ, 競技；スポーツ愛好[熱].

＊de·por·tis·ta [de.por.tís.ta; đe.-] 形 スポーツ愛好の, スポーツの. ─男 女 **1** スポーツマン[ウーマン], スポーツ選手. **2** スポーツファン.

de·por·ti·vi·dad [de.por.ti.βi.đáđ; đe.-] 女 スポーツマンシップ, スポーツマン精神.

de·por·ti·vis·mo [de.por.ti.βís.mo; đe.-] 男 → deportividad.

de·por·ti·vis·ta [de.por.ti.βís.ta; đe.-] 形 (La Coruña のサッカーチーム)レアル・クルブ・デポルティーボ Real Club Deportivo の, デポルティーボ・ラ・コルーニャの. ─男 女 デポルティーボ・ラ・コルーニャの選手[ファン, 関係者].

＊de·por·ti·vo, va [de.por.tí.βo, -.βa; đe.-] 形 **1** スポーツの, スポーツに関する. periódico ~ スポーツ新聞. club ~ スポーツクラブ；運動部. coche ~ スポーツカー. campo ~ 運動競技場. chaqueta *deportiva* スポーツジャケット. **2** スポーツ愛好の, スポーツ好きな；〈態度・身なりが〉スポーツマンらしい. ─男 **1**〖車〗スポーツカー. **2**《ラ米》スポーツセンター, 総合運動場. **3** スポーツシューズ.

de·po·si·ción [de.po.si.θjón; đe.- / -.sjón] 女 **1** (王の)廃位, 王位剥奪(はく). **2** 罷免, 解任, 免職. **3**〖法〗(宣誓)証言, 供述. **4** 排便.

de·po·si·ta·dor, do·ra [de.po.si.ta.đór, -.đó.ra; đe.-] 形 預金者の；供託者の, 寄託者の. ─男 女 預金者；供託者, 寄託者.

de·po·si·tan·te [de.po.si.tán.te; đe.-] 形 預ける, 預金する；供託する, 寄託する. ─男 女 預金者；供託者, 寄託者.

＊de·po·si·tar [de.po.si.tár; đe.-] 他 (*en* ...に) **1** 〈財産などを〉**預ける, 託す**. ~ fondos *en* el banco 資金を銀行に預ける. ~ *en* manos de... ...の手にゆだねる.
2 置く, 収める. ~ mercancías *en* un almacén 商品を倉庫に保管する. *Depositamos* los libros *en* el suelo. 我々は本を床に置いた.
3〈信頼などを〉寄せる. *Depositaron* toda su confianza *en* mí. 彼らは私に全幅の信頼を寄せてくれた.
4〈遺体を〉安置する. **5** (特に裁判所の判断で)保護する, かくまう, 庇護する. **6**〈水などが〉沈殿させる.
─~·se 再 沈殿する；堆積する.

de·po·si·ta·rí·a [de.po.si.ta.rí.a; đe.-] 女 **1** 保管所, 受託所, 倉庫；金庫. **2** 委託[受託]業務.

de·po·si·ta·rio, ria [de.po.si.tá.rjo, -.rja; đe.-] 形 保管の, 委託の, 受託の. ─男 女 **1** 保管者, 受託者, 預かり人. **2** 口の堅い人, 信頼などを寄せられる人. hacer de+人 ~ de un secreto〈人〉を見込んで秘密を打ち明ける.

＊de·pó·si·to [de.pó.si.to; đe.-] 男 **1** 預け入れ；寄託, 供託.
2 預金；預かり金, 保証金. hacer un ~ 預金する. dejar un ~ de cincuenta dólares / dejar cincuenta dólares *en* ~ 50ドルの手付け金を積む. cuenta de ~ 預金口座. ~ bancario 銀行預金. ~ a plazo 定期預金. **3** 保管所；貯蔵所；倉庫；保管されているもの. ~ de armas 武器庫. ~ de equipajes 荷物預かり所. ~ de cadáveres 遺体安置所. ~ franco 保税倉庫. **4** タンク, 槽. ~ de gasolina ガソリンタンク. ~ de agua 水槽, 貯水タンク. ~ de decantación 沈殿槽. **5** 沈殿物；堆積物.
depósito legal〖印〗国立図書館への法定納本(本やレコードなどを公的機関に3部納めること[義務])；法定納本コード.
en depósito 委託[寄託]してある；供託して, 保管中の. mercancías *en* ~ 保税貨物.
[← [ラ] *depŏsitum*「預けたもの」；*depōnere*「捨てる；預ける」(→ deponer) より派生. 関連 depositar. [英] *deposit*]

de·pra·va·ción [de.pra.βa.θjón; đe.- / -.sjón] 女 堕落, 退廃. ~ de la moral 道徳の退廃.

de·pra·va·do, da [de.pra.βá.đo, -.đa; đe.-] 形 堕落した；邪悪な. un tipo ~ 堕落したやつ. ─男 女 堕落した人, 退廃的な人.

de·pra·va·dor, do·ra [de.pra.βa.đór, -.đó.ra; đe.-] 形 堕落させる, (道徳的に)有害な. revistas *depravadoras* 有害な雑誌. ─男 女 堕落させる人.

de·pra·var [de.pra.βár; đe.-] 他 悪くする, 堕落させる. ─~·se 再 堕落する.

de·pre [dé.pre; đé.-] 形 [話] 気が滅入っている, ふさいでいる；うつ気味である. ─男 女 うつ気味の人. ─自 晴れない気持ち, ブルーな気分.

de·pre·ca·ción [de.pre.ka.θjón; đe.- / -.sjón] 女 嘆願, 哀願.

de·pre·car [de.pre.kár; đe.-] 102 他 嘆願する, 哀願する (= suplicar).

de·pre·ca·to·rio, ria [de.pre.ka.tó.rjo, -.rja;

de·pre·cia·ción [de.pre.θja.θjón; đe.- / -.sja. sjón] 女〈価値・価格の〉低下, 下落；減価償却. ~ de la moneda 平価切り下げ (→ devaluación).

de·pre·ciar [de.pre.θjár; đe.- / -.sjár] 82 他 価値を下げる, 価格を下げる. **— ~·se** 再 価値［価格］が下がる. ~se el dólar ドルの価値が下落する.

de·pre·da·ción [de.pre.đa.θjón; đe.- / -.sjón] 女 **1** 強奪, 略奪. **2**〈税などの〉搾取, 公金の不正使用. **3**〈動物の〉捕食.

de·pre·da·dor, do·ra [de.pre.đa.đór, -.đó.ra; đe.-] 形; 男 女 強奪的な, 略奪する；捕食性の. **—** 男 女 強奪者, 略奪者；捕食者.

de·pre·dar [de.pre.đár; đe.-] 他 **1** 強奪する, 略奪する. **2**〈動物が〉捕食する.

de·pre·da·to·rio, ria [de.pre.đa.tó.rjo, -.rja; đe.-] 形〈ラ米〉(形)(1) 危害を及ぼす. (2)〈動物が〉捕食性の.

*__de·pre·sión__ [de.pre.sjón; đe.-] 女 **1**【医】うつ病, 抑うつ症；意気消沈, ふさぎ込み. ~ nerviosa 神経衰弱. **2** 沈下, 陥没；低下. ~ del terreno 地盤沈下. **3**【経】不況, 不景気. **4**【地理】低地, くぼ地. **5**【気象】低気圧 (= ~ atmosférica).

de·pre·si·vo, va [de.pre.sí.bo, -.ba; đe.-] 形 **1** 押し下げる, 抑制的な. **2** 意気消沈させる, 気がめいるような. **3**【医】抑うつの.

de·pre·sor, so·ra [de.pre.sór, -.só.ra; đe.-] 形 意気消沈させる, 気をめいらせる；抑制の, 低下させる. **—** 男 **1**【医】(1) 抑うつ剤, 抑圧剤. (2) 圧抵器. ~ de lengua 舌圧子. **2**【解剖】下制筋, 抑制筋；減圧［抑制］神経.

de·pri·men·te [de.pri.mén.te; đe.-] 形 **1** 意気消沈させる, 気のめいるような. **2** 低下させる, 抑制の.

de·pri·mi·do, da [de.pri.mí.đo, -.đa; đe.-] 形〈気分・経済が〉落ち込んでいる；【医】うつ状態の.

*__de·pri·mir__ [de.pri.mír; đe.-] 他 **1** 意気消沈させる, 打ちのめす. **2**〈経済などを〉衰退させる, 不況にする. **3** 低下させる, 押し下げる；圧迫する；へこませる. El golpe le *deprimió* el cráneo. その衝撃で彼［彼女］の頭蓋骨(ずがい)が陥没してしまった. **— ~·se** 再 **1** 低下する；へこむ, くぼむ. **2** 気がめいる, 打ちひしがれる. **3**【医】うつ病になる.

*__de·pri·sa__ [de.prí.sa; đe.-] 副 急いで (= de prisa). ir muy ~ 非常に急いで行く. Ven ~. 急いで来い. ¡D~!《間投詞的に》急げ, 早く.

de·pri·va·ción [de.pri.ba.θjón; đe.- / -.sjón] 女 **1** 取り除くこと, 削減. ~ de nicotina ニコチンの除去. **2** 追放. ~ sociocultural 社会文化的排斥.

de pro·fun·dis [de.pro.fún.dis; đe.-] 男〈ラ〉デ・プロフンディス, 哀願歌.♦詩編130 (ラテン語訳129) の最初の言葉「深い淵(ふち)の底から」の意. 特に死者のミサで唱えられた.

de·pues·to, ta [de.pwés.to, -.ta; đe.-] 過分 → deponer.

de·pu·ra·ción [de.pu.ra.θjón; đe.- / -.sjón] 女 **1** 純化, 浄化. **2** 粛清, 追放. **3** 洗練；精錬. **4**【IT】デバッグ.

de·pu·ra·do, da [de.pu.rá.đo, -.đa; đe.-] 形 入念［丁寧］に仕上げられた［行われた］.

de·pu·ra·dor, do·ra [de.pu.ra.đór, -.đó.ra; đe.-] 形 浄化する. planta [estación] *depuradora* 浄水プラント［場］. **—** 女 浄化装置.

de·pu·rar [de.pu.rár; đe.-] 他 **1** 純化する, 浄化する. ~ el agua 水を浄化する. **2** 粛清する, 追放する；〈政治犯などを〉再教育する. **3** 洗練する.

— ~·se 再 浄化する, 純化する.

de·pu·ra·ti·vo, va [de.pu.ra.tí.bo, -.ba; đe.-] 形 浄化［浄血］作用のある. **—** 男 浄化剤, 浄血剤.

de·pu·ra·to·rio, ria [de.pu.ra.tó.rjo, -.rja; đe.-] 形 → depurativo.

de·que [dé.ke; đé.-]【接続】《話》**1** …する［した］とき, …してから (= después que). **2** …するや否や (= en cuanto, luego que).

de·que·ís·mo [de.ke.ís.mo; đe.-] 男【文法】デケイスモ（用法）：従属節を導く接続詞 que の前に不要な de を入れてしまうこと. Dijo de que... や Pienso de que... のような用法.

de·que·ís·ta [de.ke.ís.ta; đe.-] 形【文法】デケイスモ dequeísmo を使う. **—** 男 女 デケイスモを使う人.

der·bi [dér.bi; đér.-]〈英〉男【スポ】《サッカー》ダービーマッチ：同じ都市に本拠地を置くクラブ［団体］同士の対戦.

der·by [dér.bi; đér.-]〈英〉男 **1** → derbi. **2**（競馬の）ダービーレース.

__de·re·cha__ [de.ré.tʃa; đe.-] 女 **1** 右, 右側 (↔izquierda). girar [doblar, torcer] a la ~ 右に曲がる. circular por la ~ 右側通行する. Conserve su ~.《標識》右側通行. Vivimos en el quinto ~. 私たちは（マンションの）6階の右側に住んでいる (→ piso 1).
2 右手；右足. escribir con la ~ 右手で書く. **3**【政】右翼, 右派. de ~(s) 右派［保守派］の. extrema ~ 極右. **4**《間投詞的に》《号令》右向け右, かしら右.
— 男 → derecho.
a derechas《主に否定文で》うまく, ちゃんと. No haces nada *a* ~*s*. 君は何一つまともにできないね.
a la derecha (de...) (…の)右に［へ］. *a la* ~ *del río* 川の右手に.

de·re·cha·men·te [de.ré.tʃa.mén.te; đe.-] 副 どこにも寄らずに, 直接に；(話などが)脱線せずに.

de·re·cha·zo [de.re.tʃá.θo; đe.-] 男 **1**【闘牛】右手によるパセ pase：ムレータ muleta 技の一つ. **2**【スポ】（ボクシングの）ライト, 右のパンチ；（サッカーなどの）右のキック［シュート］.

de·re·chis·mo [de.re.tʃís.mo; đe.-] 男 右派［保守］の政治理念.

de·re·chis·ta [de.re.tʃís.ta; đe.-] 形 右翼［右派］の, 右寄りの；保守的な.
— 男 女 右派(の人)；保守主義者.

de·re·chi·za·ción [de.re.tʃi.θa.θjón; đe.- / -.sa. sjón] 女【政】(革新派の) 保守派への転向, (演説の) 内容を保守的にすること.

de·re·chi·zar [de.re.tʃi.θár; đe.- / -.sár] 97 他 保守派に転向させる. **— ~·se** 再 保守派になる.

__de·re·cho__¹ [de.ré.tʃo; đe.-] 男 **1** 法, 法律, 法規. según ~ 法に従って；正しく, 当然(に). conforme al ~ 法に則って. ~ administrativo 行政法. ~ canónico 教会法, カノン法. ~ civil 民法. ~ consuetudinario 慣習法. ~ escrito 成文法. ~ fiscal [tributario] 税法. ~ internacional 国際法. ~ laboral / ~ del trabajo 労働法. ~ mercantil [comercial] 商法. ~ natural 自然法. ~ penal 刑法. ~ positivo 実定法. ~ procesal (civil, penal) (民事, 刑事) 訴訟法. ~ privado [público] 私[公]法. ~ societario / ~ de sociedades 会社法. → ley [類語].
2 法学, 法律学. estudiar ~ 法律(学)を学ぶ. facultad de ~ 法学部.
3 権利；(正当な)要求, 請求(権) (▶「所有権」は

propiedad). el ~ y el deber [la obligación] 権利と義務. despojar [privar] de su ~ …の権利を剥奪(陰)する. ejercer [garantizar, violar] el ~ 権利を行使[保障, 侵害]する. con todo [pleno] ~ 当然の権利をもって, 当然のこととして. con ~ a... …に対する権利をもって. por ~ propio 独自の権限で. ~ adquirido 既得権. ~ a la libertad de expresión 表現の自由の権利. ~ al trono 王位継承権. ~ a la propia imagen 肖像権. ~ a sindicarse 労働組合結成権. ~ al trabajo 労働権, 勤労権. ~ al voto / ~ de sufragio 選挙権. ~ de acceso アクセス権. ~ de asilo 庇護権(亡命者などに対する). ~ de asociación 結社の権利. ~ de gracia 恩赦権. ~ de huelga スト権. ~ de marca 商標権. ~ de modelo de utilidad 実用新案権. ~ de paso 通行権. ~ del más fuerte 強者の権(利). ~ de petición 請願権. ~ de posesión 占有権. ~ de sucesión 王位継承権. ~ divino 神権;(国王に対する)神授の権利. ~ habiente 権利所有者. ~ personal [relativo] 債権. ~ real [absoluto] 物権. ~s de autor [reproducción, copia] 著作権. ~s editoriales 出版権. ~s especiales de giro (国際通貨基金ＩＭＦの)特別引出し権[英 SDR]. ~s fundamentales 基本的人権. ~s humanos / D~s del Hombre 人権. Declaración Universal de los D~s Humanos 世界人権宣言. los ~s civiles [cívicos] 市民権, 公民権.
4《主に複数で》税, 関税; 手数料, 料金. ~s de autor 印税. ~s de importación [entrada] 輸入税. ~s de matrícula 登記料, 登録料. ~s de peaje 通行料[料]. ~s de puerto 入港税. ~s sucesorios 相続税. ~s aduaneros [arancelarios] / ~s de aduana 関税. **5** 正当性, 正義, 道理. con [sin] ~ 正当[不当]に. **6** 〈布・紙などの〉表側(► [裏側]は revés);(表である)奇数ページ(► [偶数ページ]は reverso). el ~ de una tela [un calcetín] 生地[靴下]の表側. **7** 小道, 道.
¿Con qué derecho? 何の権利で;*¿Con qué ~ has hecho eso?* 何の権利があって君はそんなことをしたのだ.
dar derecho (a...) (…の)権利を与える. *Este billete da ~ a viajar por toda Europa.* この切符でヨーロッパを一周できる.
de derecho 正当に, 当然(に). *Te corresponde de ~.* それは当然, 君のものだ.
de pleno derecho 正式の. *miembro de pleno ~* 正会員.
estar en su derecho 正当である. *Están en su ~ de hacerlo.* 彼らにはそうする権利がある.
No hay derecho. それはない, それは不当だ.
no hay derecho a[＋不定詞／*que*＋接続法]…するのは不当だ. *No hay ~ a que ocurra esto.* こんなことが起こるなんてひどい話だ.
Reservado el derecho de admisión.《掲示》(他のお客様の迷惑になるような方の)ご来店[入場]をお断りすることがあります.
reservados todos los derechos 版権所有[英 copyright, ⓒ].
tener derecho (a...) (1) (…の)権利がある. *Cada uno de los niños tiene ~ a una porción de pastel.* どの子もケーキをひと切れもらえる権利がある. (2) (…の)正当な理由がある. *Tengo ~ a quejarme.* 私には文句を言うだけの理由がある.
usar de su derecho (自分の)権利を行使する.

de·re·cho² [de.ré.tʃo; ðe.-] 副 まっすぐに(＝directamente). Fue ~ a su casa. 彼[彼女]はまっすぐ家に帰った. Siga (todo) ~. まっすぐ行きなさい.

de·re·cho, cha [de.ré.tʃo, -.tʃa; ðe.-] 形 **1《名詞＋》右の, 右側の(↔izquierdo). mano *derecha* 右手. brazo ~ 右腕. **2**《名詞＋》《*ser*＋/*estar*＋》まっすぐの[な]; 直立の. *camino* ~ まっすぐな道. ~ *como una vela* まっすぐに立った. **3** 正しい, 公正な. *hombre* ~ 公正な人. **4**《ラ米》《話》運がいい, 恵まれた, 幸せな.
[← [ラ] *dīrēctum* (← *dīrigere*「まっすぐにする」の完了分詞 *dīrēctus* の対格);右利きの人には右手のほうが「正しく」指示できるところから「右の」の意味が生じたと考えられる; 関連 derecha, derecho¹, derecho², derechista. [英] *right, direct*]

de·re·cho·na [de.re.tʃó.na; ðe.-] 囡《軽蔑》極右, 右派(政党) (＝derecha).

de·re·chu·ra [de.re.tʃú.ra; ðe.-] 囡 **1** まっすぐなこと, 公正さ, 真っ正直. **2** 直立. **3**《ラ米》(ネ)(ｼﾞ)《話》幸運.
en derechura まっすぐに, 直接に.

de·ri·va [de.rí.ba; ðe.-] 囡 **1**《海》漂流, 風に流されること. ángulo de ~ 偏流角. **2**《航空》偏流, 横滑り. plano de ~ 方向舵(ﾀﾞ). **3** 迷走.
a la deriva 成りゆきまかせに;統率力を失って. *Este matrimonio va a la ~.* この夫婦はうまくいっていない. *Dejaron el barco a la ~.* 彼らは船が漂流するに任せた.
deriva continental / *deriva de continente* 大陸移動(説).

de·ri·va·ble [de.ri.bá.ble; ðe.-] 形 **1** 導き出せる. **2** 派生[分流]できる.

*de·ri·va·ción [de.ri.ba.θjón; ðe.- / -.sjón] 囡 **1** 由来, 起源. **2** 誘導;移行, 変移. **3** (道路・水路などの)分岐, 分流. **4**《言》派生. **5**《数》(1)(定理などの)誘導. (2) 微分. **6**《電》分路;短絡, ショート. *en ~* 分路の.

de·ri·va·da [de.ri.bá.ða; ðe.-] 囡《数》導関数, 微分係数.

de·ri·va·do, da [de.ri.bá.ðo, -.ða; ðe.-] 形 **1** 派生した, 誘導による. **2** 誘導された, 分路の.
— 男 **1** 副産物, 二次的産物(＝productos ~s).
2《複数形》《商》金融派生商品, デリバティブ.
3《言》派生語; 接辞を添加してできた語.
4《化》誘導体.

*de·ri·var [de.ri.bár; ðe.-] 自 **1**《**de...** …から》由来する, 生じる. **2**《言》派生する. *Esta fiesta deriva de una tradición europea.* この祭りはヨーロッパのある伝統に由来する. **2**《**hacia...** / **a...** …(の方向)に》(ものが)向きを変える, 向かう;《**en...** …に》(結果として)なる. *Nuestro interés fue derivando hacia otros terrenos.* 私たちの関心は別の分野へ向かっていった. *La charla derivó en una discusión.* おしゃべりは言い合いに変わった. **3**《海》《**hacia...** …の方へ》〈船〉が流される. ~ *cien millas hacia* el norte 北へ100マイル流される.
— 他 **1**《**hacia...** / **a...** …(の方向)に》(差し)向ける, そらす. ~ *la conversación hacia* otros temas 別の話題に話をそらせる. ~ *a un paciente a un especialista* 患者を専門医へ送る.
2 〈水路・通路などを〉誘導する, 分流させる. ~ *de un río un canal* 川から水路を引く.
3《言》〈単語を〉派生させる.
4《数》〈関数から〉導関数を求める, 微分する.

—~·se 再 **1**《de...   ...から》生じる, 由来する; 〖言〗派生する. Todos los problemas *se derivan de* la ignorancia. すべての問題点は無知から発している. **2**《hacia... / a...   ...(の方向)に》向きを変える, それる.
[←〔ラ〕*dērīvāre*「導く；...から派生する」；*dē-*「...から離れて」+ *rīvus*「小川」(→ *río*) +動詞語尾, 関連 derivación, derivado. 〔英〕*derive*←〔自〕**3**←〔仏〕*dériver*←〔英〕*drive*「追いやる」]

de·ri·va·ti·vo, va [de.ri.ba.tí.βo, -.βa; ðe.-] 形 派生の, 引き出された, 導かれた.
—男 **1** 〖言〗派生語. **2** 〖薬〗吸い出し, 誘導剤.

der·ma·ti·tis [der.ma.tí.tis; ðer.-] 女《単複同形》〖医〗皮膚炎. ~ atópica アトピー性皮膚炎. ~ de contacto (alérgica)(アレルギー性)接触皮膚炎.

dermato-「皮膚」の意を表す造語要素. 母音の前では dermat-, derm-. ⇨ *dermatología*.
[←〔ギ〕]

der·ma·to·es·que·le·to [der.ma.to.es.ke.lé.to; ðer.-] 男 〖動〗〖昆〗甲殻(ミミ).

der·ma·to·he·lio·sis [der.ma.to.e.ljó.sis; ðer.-] 女《単複同形》皮膚光老化(ミミミネン): 紫外線にさらされることによって引き起こされる肌の老化現象.

der·ma·to·lo·gí·a [der.ma.to.lo.xí.a; ðer.-] 女 〖医〗皮膚病学, 皮膚科学.

der·ma·to·ló·gi·co, ca [der.ma.to.ló.xi.ko, -.ka; ðer.-] 形 〖医〗皮膚科学の, 皮膚病学の.

der·ma·tó·lo·go, ga [der.ma.tó.lo.go, -.ga; ðer.-] 男女 〖医〗皮膚科(専門)医, 皮膚病学者.

der·ma·to·mio·si·tis [der.ma.to.mjo.sí.tis; ðer.-] 女《単複同形》〖医〗皮膚筋炎.

der·ma·to·sis [der.ma.tó.sis; ðer.-] 女《単複同形》〖医〗皮膚病.

der·mes·to [der.més.to; ðer.-] 男 〖昆〗オビカツオブシムシ.

-dermia → dermato-.

dér·mi·co, ca [dér.mi.ko, -.ka; ðér.-] 形 〖解剖〗皮膚に関する, 皮膚の；真皮の.

der·mis [dér.mis; ðér.-] 女《単複同形》〖解剖〗真皮.

der·mi·tis [der.mí.tis; ðer.-] 女《単複同形》→ dermatitis.

-dermo / dermo- → dermato-.

der·mo·hi·dra·tan·te [der.moi.ðra.tán.te; ðer.-] 形 〈クリーム・ローションなどが〉保湿成分を配合した.

der·mo·pro·tec·tor, to·ra [der.mo.pro.tek.tór, -.tó.ra; ðer.-] 形 〈クリーム・ローション・衣服などが〉紫外線から肌を守る.

der·mo·rre·ac·ción [der.mo.ře.ak.θjón; ðer.- / -.sjón] 女 〖医〗皮膚反応: 特にツベルクリン反応.

-dero, ra《接尾》**1** 場所・道具を表す名詞語尾. ⇨ freg*adero* 流し台；tap*adera* (鍋(♣)の)ふた. **2** 可能性を表す形容詞語尾. ⇨ llev*adero* 我慢できる, hac*edero* 実行可能な.

de·ro·ga·ble [de.ro.gá.ble; ðe.-] 形〈法律などが〉廃止[廃棄, 破棄]できる.

de·ro·ga·ción [de.ro.ga.θjón; ðe.- / -.sjón] 女 〖法〗(法律などの)廃止, 廃棄, 破棄.

de·ro·gar [de.ro.gár; ðe.-] 103 他 **1**〈法律を〉廃止する, 撤廃する. **2**〈契約などを〉破棄する, 無効にする. **3** 破壊する, 取り壊す. **4** 改める, 改正する.

de·ro·ga·to·rio, ria [de.ro.ga.tó.rjo, -.rja; ðe.-] 形 廃止する, 廃棄[破棄]する.

de·rra·bar [de.řa.βár; ðe.-] 他〈動物の〉しっぽを切る.

de·rra·be [de.řá.βe; ðe.-] 男 (炭鉱や鉱山での)突発的な崩落[落盤, 天板崩落].

de·rra·ma [de.řá.ma; ðe.-] 女 (分担金・税などの)割り当て, 配分；特別分担金〖税〗.

de·rra·ma·du·ra [de.řa.ma.ðú.ra; ðe.-] 女 → derramamiento.

de·rra·ma·mien·to [de.řa.ma.mjén.to; ðe.-] 男 **1** こぼれること. **2** あふれ出し, 溢出(ネヘ), 流出. ~ de sangre 流血. **3** (情報などの)広まり, 流布.

***de·rra·mar** [de.řa.már; ðe.-] 他 **1**〈液体・粉など を〉こぼす, まき散らす. ~ el aceite [la sal]油[塩]をこぼす. ~ lágrimas [sangre] 涙[血]を流す.
2〈分担金などを〉割り当てる, 課する.
3〈恩恵・好感などを〉十分に与える, 振りまく. ~ favores 好意を振りまく. **4**〈情報などを〉広める.
—~·se 再 **1**〈液体・粉などが〉こぼれる；散らばる. *Se ha derramado* el vinagre 酢がこぼれた.
2〈情報などが〉広まる. **3**〈川が〉注ぐ, 流れ込む.
[←〔俗ラ〕**dīrāmāre*「枝分かれする」(〔ラ〕*rāmus*「枝」より派生]

de·rra·me [de.řá.me; ðe.-] 男 **1** こぼれること；まき散らすこと, 流出. **2** 〖医〗(1)(体内からの)分泌物, 排出物. (2)(血液・リンパ液などの)溢出(ネニシ), 滲出(ネネ); 滲出液. ~ cerebral 脳溢血. ~ pleural 胸水. ~ sinovial 滑液の溢出. **3** 〖建〗(扉・窓を広く開けるための)壁の隅切り.

derrame
(壁の隅切り)

de·rra·mo [de.řá.mo; ðe.-] 男 〖建〗(窓・ドアを広く開けるための)壁の隅切り.

de·rra·pa·je [de.řa.pá.xe; ðe.-] 男 → derrape.

de·rra·par [de.řa.pár; ðe.-] 自 **1**〈自動車などが〉横滑りする, スリップする. **2**《ラ米》(ニミ♣)《話》自由奔放に行動する. **—~·se** 再《ラ米》(ニミ♣)《話》無礼な態度を取る. [←〔仏〕*déraper*]

de·rra·pe [de.řá.pe; ðe.-] 男 (車輪の)スリップ.

de·rre·dor [de.ře.ðór; ðe.-] 男 周囲, 付近, 近所. *al* [*en*] *derredor* 回りに, 周囲に；近くに.

de·rre·lic·ción [de.ře.lik.θjón; ðe.- / -.sjón] 女 放棄, 遺棄.

de·rre·lic·to, ta [de.ře.lík.to, -.ta; ðe.-] 形 放棄された, 遺棄された.
—男 〖海〗漂流物；漂流[難破]船, 遺棄船.

de·rre·ne·gar [de.ře.ne.gár; ðe.-] 9 自《話》《de...   ...を》憎む, 嫌う.

de·rren·ga·do, da [de.řeŋ.gá.ðo, -.ða; ðe.-] 形 (肉体的に)疲れきった, くたくた[へとへと]である.

de·rren·ga·du·ra [de.řeŋ.ga.ðú.ra; ðe.-] 女 **1** 疲労, 疲弊. **2**(腰・背中などを)痛めること.

de·rren·gar [de.řeŋ.gár; ðe.-] 9 他 **1**〈人・動物の〉腰・背中などを痛める. **2** 傾ける；曲げる, ねじる. **3** 疲労困憊(ミミ)させる.
—~·se 再 **1** 腰・背中などを痛める. **2** 疲労困憊する.

de·rre·pen·te [de.ře.pén.te; ðe.-] 男 en un ~《ラ米》(ミ♣)突然, 出し抜けに(= de repente).

de·rre·ti·do, da [de.ře.tí.ðo, -.ða; ðe.-] 形 **1** 溶けた, 溶解した, 融解した. sebo ~ 溶けた獣脂. plomo ~ 溶解した鉛. **2** ほれこんだ, 恋した. Está

~ por ella. 彼はあの娘にぞっこんだ.

de・rre・ti・mien・to [de.r̄e.ti.mjén.to; ðe.-] 男 **1** 溶解, 融解. **2** 恋い焦がれること, 恋慕.

*__de・rre・tir__ [de.r̄e.tír; ðe.-] ① 他 **1** (熱で) **溶かす**, 溶解する. ~ la mantequilla バターを溶かす. **2** 浪費する, 乱費する. **3** 〈賭〉け金の支払いに〉金をくずす. ── ~・se 再 **1** (熱で) 溶ける, 溶解する. La nieve *se derrite* con el sol. 雪が日に当たって溶ける. **2** (**por...** …に) 恋い焦がれる, 身を焦がす. **3** (**de...** …に) いらいら[じりじり]する.

*__de・rri・bar__ [de.r̄i.βár; ðe.-] 他 **1** 〈建築物を〉**取り壊す**, 打ち壊す. ~ un edificio ビルを取り壊す. ~ una puerta ドアを突き破る. → romper [類語]. **2** (地に) 引き倒す; 落とす. ~ a un jinete 騎手を振り落とす. ~ un avión 飛行機を撃墜する. una vaca con la garrocha 牛を突き棒で引き倒す. El viento *derribó* unos árboles. 風が木を数本なぎ倒した. **3** 〈人を〉失墜させる; 〈政府などを〉転覆させる. ~ a un dictador 独裁者を打倒する. **4** 〈人を〉殴り倒す, 打ちのめす; 〔スポ〕ノックアウトする. Fue *derribado* en el último asalto. 彼は最終ラウンドでノックアウトされた.

── ~・se 再 (地面に) 倒れる, 落ちる. *Se derribó* el muro. 塀が崩れ落ちた.

de・rri・bo [de.r̄í.βo; ðe.-] 男 **1** 破壊, 倒壊. **2** 取り壊し現場; 《複数で》瓦礫(がれき)(= materiales de ~). construir con ~s 廃材を利用して建築する. **3** 〔スポ〕わざと倒れること[転ぶこと].

de・rris・co [de.r̄ís.ko; ðe.-] 男 《ラ米》(なまず)峡谷; 崖(がけ).

derrit- 活 → derretir.

de・rro・ca・de・ro [de.r̄o.ka.ðé.ro; ðe.-] 男 (危険な) 岩場, 断崖(だんがい), 急斜面.

de・rro・ca・mien・to [de.r̄o.ka.mjén.to; ðe.-] 男 **1** 転落させる[する]こと. **2** 〈建物の〉破壊, 取り壊し. **3** 〈王の〉廃位; 〈政府などの〉転覆, 打倒. **4** 〈大臣の〉罷免.

de・rro・car [de.r̄o.kár; ðe.-] 102 他 **1** 転落させる, 投げ落とす. **2** 〈建物を〉破壊する, 取り壊す. **3** 〈政府・政体などを〉打倒する, 転覆する. ~ la monarquía [el gobierno] 王制[政府]を打倒する. **4** 〈大臣などを〉失脚させる. ▶16に従って活用することもある.

de・rro・cha・dor, do・ra [de.r̄o.tʃa.ðór, -.ðó.ra; ðe.-] 形 浪費する, 乱費する. ── 男女 浪費家.

de・rro・char [de.r̄o.tʃár; ðe.-] 他 **1** 浪費する, 乱費する. ~ su fortuna 財産を乱費する.

2 〈健康・精力・愛情などを〉豊富に持っている. María *derrochaba* buen humor. マリアはまさに上機嫌そのものだった.

de・rro・che [de.r̄ó.tʃe; ðe.-] 男 **1** 浪費, 乱費. hacer un ~ de energía en... …に無駄な精力を使う. **2** 潤沢, 豊富. un ~ de luces 煌々(こうこう)と輝く明かり.

*__de・rro・ta__[1] [de.r̄ó.ta; ðe.-] 女 **1** 敗北, 負け (↔ triunfo, victoria). Su ~ en las elecciones fue un golpe duro para el partido. 彼[彼女]の落選は党にとって大きな痛手だった. sufrir una ~ 敗北を喫する. **2** 挫折. llevarse ~s en la vida 人生の挫折. **3** 〔軍〕壊走, 総崩れ.

de・rro・ta[2] [de.r̄ó.ta; ðe.-] 女 **1** 道, 小道. **2** 〔海〕針路, 航路. **3** 収穫後の放牧の解禁.

de・rro・ta・do, da [de.r̄o.tá.ðo, -.ða; ðe.-] 形 **1** 敗北した. **2** (**estar＋**) 疲れ果てた; 意気消沈した. **3** ぼろをまとった; 〈服が〉ぼろぼろの, 着古した.

*__de・rro・tar__ [de.r̄o.tár; ðe.-] 他 **1** 打ち負かす, 敗北させる; 敗走させる. En las elecciones el candidato de la oposición *derrotó* al del gobierno. 選挙で野党候補が与党候補を倒した. El Real Madrid *derrotó* a su oponente por 2 a 1. レアル・マドリードが相手を 2 対 1 で破った.

2 〈土気・希望などを〉くじく, 覆す.

3 〈服・家具などを〉壊す, 傷める; 〈健康を〉損なう.

── 自 〔闘牛〕〈牛が〉角を突き上げる. toro que *derrota* por la izquierda 左側から突き上げてくる牛.

de・rro・tar・se [de.r̄o.tár.se; ðe.-] 再 〔海〕〈船が〉針路をそれる.

de・rro・te [de.r̄ó.te; ðe.-] 男 〔闘牛〕角の突き上げ.

*__de・rro・te・ro__ [de.r̄o.té.ro; ðe.-] 男 **1** 〔海〕**航路, 針路;** 航海案内書. **2** 《主に複数で》《比喩的》**進路**, コース, 道. **3** 《ラ米》(1) (うずめた)秘宝. (2) (うずめた)鉱山への地図[案内書].

de・rro・tis・mo [de.r̄o.tís.mo; ðe.-] 男 《軽蔑》(戦争などに関して) 敗北主義, 悲観主義.

de・rro・tis・ta [de.r̄o.tís.ta; ðe.-] 形 敗北主義の, 悲観主義の. ── 男女 敗北主義者, 悲観主義者.

de・rru・biar [de.r̄u.βjár; ðe.-] 82 他 浸食する. El agua *derrubia* las orillas. 水が岸を浸食している. ── ~・se 再 浸食を受ける.

de・rru・bio [de.r̄ú.βjo; ðe.-] 男 〔地質〕 (1) 浸食. (2) (浸食作用によって堆積(たいせき)した) 沖積層, 沖積物.

de・rruir [de.r̄wír; ðe.-] 48 他 〈建物などを〉取り壊す, 破壊する.

de・rrum・ba・de・ro [de.r̄um.ba.ðé.ro; ðe.-] 男 **1** 断崖(だんがい), 絶壁. **2** 危険, 危機.

de・rrum・ba・mien・to [de.r̄um.ba.mjén.to; ðe.-] 男 **1** 〈建物などの〉倒壊, 崩壊; 破壊. ~ de tierra 地滑り. **2** 〈崖(がけ)などからの〉転落, 墜落. **3** 《比喩的》(精神的) 堕落, 転落; 落胆. **4** 〈政府・国などの〉転覆, 瓦解(がかい); 〈文明などの〉滅亡. **5** 〈価格などの〉暴落. **6** 〔鉱〕落盤.

*__de・rrum・bar__ [de.r̄um.bár; ðe.-] 他 **1** 〈建築物を〉倒す, 壊す. → romper [類語]. **2** 突き落とす, ほうり投げる; ひっくり返す. **3** (精神的に) 打ちのめす.

── ~・se 再 **1** 崩壊する, 倒壊する. **2** 転落する, 墜落する. **3** (いすなどに) 倒れる; ひっくり返る. **4** 〈夢などが〉破れる. *Se derrumbaron* todas mis esperanzas. 私の期待はすべて崩れ去った. **5** 《比喩的》堕落する; がっかりする, 意気消沈する.

de・rrum・be [de.r̄úm.be; ðe.-] 男 → derrumbamiento.

der・vi・che [der.βí.tʃe; ðer.-] 男 (イスラム教の) 托鉢(たくはつ)僧, デルビッシュ.

des [dés; dés] 活 → dar.

des- 〔接頭〕「正反対, 否定」または「分離」の意. 否定的な意味を持つ語に付くと「強意」. ── *des*confianza, *des*gastar, *des*viar. [← 〔ラ〕]

des・a・bas・te・cer [de.sa.βas.te.θér; ðe.- / -.sér] 34 他 (**de...** …の) 供給を絶つ; 糧道を絶つ. ── ~・se 再 (**de...** …の) 供給が絶たれる.

des・a・bas・te・ci・mien・to [de.sa.βas.te.θi.mjén.to; ðe.- / -.si.-] 男 供給[補給]停止; (品)不足.

des・a・be・jar [de.sa.βe.xár; ðe.-] 他 〈巣箱から〉ミツバチを追い出す.

des・a・bi・llé [de.sa.βi.ʎé; ðe.- ‖ -.ʝé] 男 部屋着; ネグリジェ. [← 〔仏〕*déshabillé*]

des・a・bo・llar [de.sa.βo.ʎár; ðe.- ‖ -.ʝár] 他 〈金属器などから〉凸凹を取る.

des・a・bo・nar・se [de.sa.βo.nár.se; ðe.-] 再 〈定期

des・a・bo・no [de.sa.bó.no; đe.-] 男 **1** (予約の)取り消し, 解約. **2** 不信用, 不面目；名誉毀損(き).

de・sa・bor [de.sa.bór; đe.-] 男 **1** 味のないこと；味気なさ, まずさ；無味乾燥. **2** 《古語》不快.

des・a・bor・dar・se [de.sa.ƀor.đár.se; đe.-] 再 《海》(接舷(ば)した船から)離れる, 遠ざかる.

des・a・bo・ri・do, da [de.sa.ƀo.rí.đo, -.đa; đe.-] 形 **1** 味気ない, 無味乾燥な. **2** 無愛想な, かわいげのない. — 男女 無愛想な人, かわいげのない人.

des・a・bo・to・nar [de.sa.ƀo.to.nár; đe.-] 他 〈衣服の〉ボタンを外す. ~ la chaqueta 上着のボタンを外す. — 自 〈花が〉開く, 咲く.
— ~・se 再 **1** 〈自分の服の〉ボタンを外す. Él se desabotonó la camisa. 彼はシャツのボタンを外した. **2** 〈服の〉ボタンが外れる. ▶ 主語は服.

de・sa・bri・da・men・te [de.sa.ƀrí.đa.mén.te; đe.-] 副 味もそっけもなく, 無味乾燥に；つっけんどんに. contestar ~ つっけんどんな返事をする.

de・sa・bri・do, da [de.sa.ƀrí.đo, -.đa; đe.-] 形 **1** 《ser+ / estar+》〈食べ物が〉まずい, 味がない. **2** 《ser+ / estar+》〈天候が〉不順な. **3** 《ser+ / estar+》〈人が〉無愛想な, つっけんどんな. Tiene un carácter ~. 彼[彼女]は無愛想な性格だ. **4** 〈文体が〉味のない；〈音が〉耳障りな. **5** 〈議論などが〉しんらつな, 痛烈な.

des・a・bri・ga・do, da [de.sa.ƀri.gá.đo, -.đa; đe.-] 形 **1** 見捨てられた, 寄る辺ない；無防備な. **2** 〈土地が〉吹きさらしの.

des・a・bri・gar [de.sa.ƀri.gár; đe.-] 103 他 **1** 上に着ているものを脱がせる；覆いを取る. **2** 保護をやめる, 見捨てる.
— ~・se 再 上に着ているものを脱ぐ；布団[毛布]をはいでしまう.

des・a・bri・go [de.sa.ƀrí.go; đe.-] 男 **1** 上に着ているものを脱ぐこと. **2** 見捨てられること, 保護されないこと；放棄.

des・a・bri・mien・to [de.sa.ƀri.mjén.to; đe.-] 男 **1** (味の)まずさ. **2** 味気なさ, 無味乾燥. **3** 天候不順. **4** 無愛想, つっけんどん. contestar con ~ つっけんどんな答え方をする. **5** (議論などの)痛烈さ, しんらつさ. **6** (文体の)無味乾燥. **7** (音などの)調子外れ, 耳障り. **8** 不愉快, 腹立ち.

de・sa・brir [de.sa.ƀrír; đe.-] 他 **1** 〈食物の味を〉まずくする. **2** 味気なくする, 味を殺す. **3** 不愉快な気分にさせる；怒らせる. — ~・se 再 腹を立てる. ▶ 不定詞と過去分詞のみ用いられる.

des・a・bro・cha・dor [de.sa.ƀro.tʃa.đór; đe.-] 男 《ラ米》《(ᵦ)》《服飾》ホック.

des・a・bro・char [de.sa.ƀro.tʃár; đe.-] 他 **1** 〈(a+人〈人〉の)〉〈衣服の〉ホック[ボタン]を外す. ~ la camisa a un niño 子供のシャツのボタンを外す ▶ 直接目的語を省略することもある. → *Desabrochó al niño.* 子供の服[シャツ]のボタンを外した. **2** ほどく, 開ける. — ~・se 再 〈自分の服の〉ホック[ボタン]を外す. Los niños no saben ~se el vestido. 子供たちは自分でボタンが外せない. **2** 〈衣服の〉ボタンなどが外れる. 〈ボタンなどが〉外れる. **3** 《話》《con... …に》胸の内を打ち明ける.

des・a・ca・lo・rar・se [de.sa.ka.lo.rár.se; đe.-] 再 涼む, 涼をとる.

des・a・ca・ta・dor, do・ra [de.sa.ka.ta.đór, -.đó.ra; đe.-] 形 無礼な；礼儀をわきまえない；法を遵守(ど)しない. — 男女 無礼な人；礼儀知らず.

des・a・ca・ta・mien・to [de.sa.ka.ta.mjén.to; đe.-] 男 → desacato.

des・a・ca・tar [de.sa.ka.tár; đe.-] 他 **1** 敬わない, 不謹慎である. ~ a sus padres 両親をばかにしている. **2** 〈法・規則などに〉背く, 服従しない. ~ las órdenes 命令に背く.

des・a・ca・to [de.sa.ká.to; đe.-] 男 《a...》 **1** (…を)敬わないこと, (…に)無礼なこと. **2** 《法》不敬罪, 侮辱罪. ~ a la autoridad 官憲侮辱罪.

des・a・cei・tar [de.sa.θei.tár; đe.- / -.sei.-] 他 油を取り去る, 油を抜く；〈羊の毛・布を〉脱脂する.

des・a・ce・le・ra・ción [de.sa.θe.le.ra.θjón; đe.- / -.se.-.sjón] 女 減速(↔aceleración).

des・a・ce・le・rar [de.sa.θe.le.rár; đe.- / -.se.-] 他 減速[失速]させる, 勢いを落とす. — 自 減速[失速]する, 勢いが落ちる.

des・a・ce・rar [de.sa.θe.rár; đe.- / -.se.-] 他 〈道具の〉鋼鉄部分をすり減らす.
— ~・se 再 〈道具の〉鋼鉄部分がすり減る, 刃が減る.

des・a・cer・ta・do, da [de.sa.θer.tá.đo, -.đa; đe.- / -.ser.-] 形 **1** 的を射ていない, 不適切な. respuesta *desacertada* 的外れな返答. **2** 誤った, 失敗した. una jugada *desacertada* de la defensa ディフェンスのまずいプレー. **3** 思慮のない, 無分別な；時宜を得ていない. Sería ~ que fuese a verlo ahora. いま彼に会いに行ったらまずいだろう.

des・a・cer・tar [de.sa.θer.tár; đe.- / -.ser.-] 8 自 **1** 誤る, 間違える. **2** へまをする, 的外れなことをする.

des・a・ci・di・fi・car [de.sa.θi.đi.fi.kár; đe.- / -.si.-] 102 《化》脱酸性化する, 酸(性)度を減少させる.

des・a・cier・to [de.sa.θjér.to; đe.- / -.sjér.-] 男 的外れ, 誤り；失敗, 失策. Ha sido un ~ comprar la casa. その家を買ったのは間違いだった. cometer un ~ en... …で誤りを犯す.

des・a・cli・ma・tar [de.sa.kli.ma.tár; đe.-] 他 〈生活環境・習慣を〉変える, 順応[適応]させる, 〈動物などを〉しつけ直す.

des・a・co・bar・dar [de.sa.ko.ƀar.đár; đe.-] 他 勇気[元気]づける, その気にさせる, 自信を与える.

des・a・co・me・di・do, da [de.sa.ko.me.đí.đo, -.đa; đe.-] 《ラ米》失礼[無礼]な, 愛想がない.

des・a・co・mo・da・do, da [de.sa.ko.mo.đá.đo, -.đa; đe.-] 形 **1** (お金に)困っている, 生活が苦しい；不自由な, 不便な. **2** 職のない, 失業中の. **3** 《ラ米》《(ᵦ)》《話》乱雑な, だらしない.

des・a・co・mo・da・mien・to [de.sa.ko.mo.đa.mjén.to; đe.-] 男 **1** 不快；不便, 不自由. **2** 貧困, 窮乏；失業.

des・a・co・mo・dar [de.sa.ko.mo.đár; đe.-] 他 **1** 不快[不便]な思いをさせる, 不自由をかける. **2** 解雇する, 首にする. **3** 《ラ米》《(ᵦ)》散らかす, 乱す.
— ~・se 再 失職する, 失業する.

des・a・co・mo・do [de.sa.ko.mó.đo; đe.-] 男 **1** 不快, 心地悪さ；不便. **2** 面倒, 迷惑. **3** 解雇.

des・a・com・pa・sar [de.sa.kom.pa.sár; đe.-] 他 → descompasar.

des・a・con・di・cio・nar [de.sa.kon.di.θjo.nár; đe.- / -.sjo.-] 《ラ米》順応できなくする.

des・a・con・se・ja・ble [de.sa.kon.se.xá.ƀle; đe.-] 形 勧められない；得策でない, 不適当な.

des・a・con・se・ja・do, da [de.sa.kon.se.xá.đo, -.đa; đe.-] 形 **1** 賢明でない, 勧められない. Está ~ bañarse después de comer. 食事の後で泳ぐのはよした方がよい. **2** 思慮のない, 軽率な.
— 男女 分別[思慮]のない人, 愚か者, ばか者.

des・a・con・se・jar [de.sa.kon.se.xár; đe.-] 他 思い

とどまらせる，断念させる，やめるように説得する. Quería marcharse a América pero se lo *desaconsejé*. 彼[彼女]はアメリカに行くつもりだったが，私はやめるように説得した.

des·a·co·pla·mien·to [de.sa.ko.pla.mjén.to; đe.-] 男（対になっているものの）取り外し，(完成されたものの) 分解.

des·a·co·plar [de.sa.ko.plár; đe.-] 他 **1**〈組・対のものを〉離し，別々にする；〈列車などの〉連結を切り離す. **2**〖技〗〈機〉取り外す；接続を絶つ；〖電〗電源を切る，電流を遮断する. ~ una rueda del eje 軸から車輪を取り外す.

des·a·cor·da·do, da [de.sa.kor.đá.đo, -.đa; đe.-] 形 **1**〖音楽〗調子外れの，音程の外れた；耳障りな. **2** 不調和な，不一致の.

des·a·cor·dar [de.sa.kor.đár; đe.-] 15 他 **1**〖音楽〗〈楽器の〉音を狂わす，音程を外す. **2** 調和を乱す. ── 自 (楽器の) 調子が狂う；意見の不一致を見る. ── ~·se 再 **1** 音程が狂う. **2** 忘れる，度忘れする；忘れっぽくなる.

des·a·cor·de [de.sa.kór.đe; đe.-] 形 **1** 調子外れの，音の合わない；耳障りな. instrumentos ~s 音の狂った楽器. **2** 意見の合わない，対立する，不仲な. **3**〈色が〉不調和な，しっくりしない.

des·a·cos·tum·bra·do, da [de.sa.kos.tum.brá.đo, -.đa; đe.-] 形 見[聞き]慣れない，珍しい.

des·a·cos·tum·brar [de.sa.kos.tum.brár; đe.-] 他《a... / de... …の》習慣をやめさせる. ── ~·se 再 **1** (a... / de... …の) 習慣をやめる[捨てる]. *Me he desacostumbrado de* la bebida [*de* hacer la siesta]. 酒を[昼寝をするのを]やめているんだ. **2**《a... …に》慣れない；耐えられなくなる. *Me he desacostumbrado a*l calor. 暑さにはもう耐えられなくなった.

des·a·co·tar [de.sa.ko.tár; đe.-] 他 禁猟区指定を解除する；拒絶する.

de·sa·cra·li·zar [de.sa.kra.li.θár; đe.- / -.sár] 97 他 神聖でないものにする，〈聖域を〉汚(けが)す.

des·a·cre·di·ta·do, da [de.sa.kre.đi.tá.đo, -.đa; đe.-] 形 評判の悪い，信用を失った.

des·a·cre·di·tar [de.sa.kre.đi.tár; đe.-] 他 名誉を汚す，評判を落とす，信用を失墜させる. Este producto *desacredita* al fabricante. こんな製品はメーカーの信用を損なう. ── ~·se 再 評判を落とす，信用を失う.

des·ac·ti·va·ción [de.sak.ti.ba.θjón; đe.- / -.sjón] 女 **1** (爆発物の) 解体，処理. **2** (活動・エンジンの) 停止；(計画の) 凍結.

des·ac·ti·var [de.sak.ti.bár; đe.-] 他 **1**〈爆発物を〉解体[処理]する. **2**〈活動・エンジンを〉停止する；〈計画を〉凍結する.

des·ac·tua·li·za·do, da [de.sak.twa.li.θá.đo, -.đa; đe.- / -.sá.-] 形 (内容が) 現状に合っていない，更新されていない，古い.

des·a·cuar·te·lar [de.sa.kwar.te.lár; đe.-] 他 〖軍〗撤退[撤兵]する.

*des·a·cuer·do [de.sa.kwér.đo; đe.-] 男 **1**《con... …との / entre... …の間の》**不一致**, 食い違い；不同意，不賛成. estar en ~ *con*... …と一致しない，同意していない. Hay un ~ *entre* las dos fuentes de información. 2つの情報源の間には食い違いがある. Esta copia está en ~ *con* el original. この写しは原本と一致しない. Su conducta está en ~ *con* lo que predica. 彼[彼女]のやってることは人に説教していることと違う.

2 誤り，失敗. **3** 健忘；無記憶. **4** 失神，気絶.

des·a·de·re·zar [de.sa.đe.re.θár; đe.- / -.sár] 97 他〈身支度・化粧を〉台無しにする，めちゃくちゃにする. ── ~·se 再〈身支度・化粧が〉台無しになる，めちゃくちゃになる.

des·a·deu·dar [de.sa.đeu.đár; đe.-] 他 債務を免除する，借金から解放する. ── ~·se 再 債務から解放される.

des·a·do·rar [de.sa.đo.rár; đe.-] 他 熱愛しなくなる，崇拝をやめる.

des·a·dor·me·cer [de.sa.đor.me.θér; đe.- / -sér] 34 他 **1** 起こす. **2** (手足の) しびれを取る. ── ~·se 再 **1** 起きる. **2** (手足の) しびれが取れる.

des·a·dor·nar [de.sa.đor.nár; đe.-] 他 飾りを取り去る；飾り気をなくす，質素にする.

des·ad·ver·ti·do, da [de.sađ.ber.tí.đo, -.đa; đe.-] 形 不注意な，うかつな；軽率な (= inadvertido).

des·ad·ver·ti·mien·to [de.sađ.ber.ti.mjén.to; đe.-] 男 不注意，うかつ；軽率.

des·ad·ver·tir [de.sađ.ber.tír; đe.-] 27 他 見過ごす，見落とす；注意を怠る.

des·a·fe·ar [de.sa.fe.ár; đe.-] 他 醜さを消す，美化する.

des·a·fec·ción [de.sa.fek.θjón; đe.- / -.sjón] 女 愛想尽かし，冷淡；(政府への) 不満，不信.

des·a·fec·ta·do, da [de.sa.fek.tá.đo, -.đa; đe.-] 形 **1** 気取らない，素朴な. **2**〈建物・施設などが〉人気(にんき)のない，使われなくなった.

des·a·fec·to, ta [de.sa.fék.to, -.ta; đe.-] 形 (a... …に対して) 冷淡な，無関心な；離反している；不満を抱く. las personas *desafectas a*l gobierno 政府に不満を抱く人々. ── 男女 (a... …に対して) 反対する人，不満を抱く人. los ~s *a*l régimen 反体制分子. ── 男 愛情[温かみ]のなさ，冷たさ. mostrar ~ a+人〈人〉を冷たくあしらう.

des·a·fe·rrar [de.sa.fe.řár; đe.-] 他 **1** 解き放つ，ほどく，外す. **2**〖海〗〈錨(いかり)を〉上げる. **3** 翻意させる. ── ~·se 再 信条を変える. ▶ 古くは8に従って活用.

desafí- 活 → desafiar.

de·sa·fia·dor, do·ra [de.sa.fja.đór, -.đó.ra; đe.-] 形 挑戦的な，挑発的な. ── 男女 挑戦者；決闘者.

de·sa·fian·te [de.sa.fján.te; đe.-] 形 挑戦的な，挑発的な；反抗的な. actitud ~ けんか腰.

*de·sa·fiar [de.sa.fjár; đe.-] 81 他 **1 挑戦する**；(a... …に) 挑む. Nos *desafiaron a* un partido de fútbol. 彼らは私たちにサッカーの試合を挑んできた. **2** (a+不定詞 …するように) けしかける，挑発する. **3** 立ち向かう，対決する. ~ el peligro 危険に敢然と立ち向かう. *Desafió* la ira de su padre. 彼[彼女]は父親の怒りにもたじろがなかった. ── ~·se 再《主に複数主語で》決闘する.

des·a·fi·cio·nar [de.sa.fi.θjo.nár; đe.- / -.sjo.-] 他 (de... …への) 興味を失わせる；(…を) 嫌いにさせる. ~ a+人 *de*l tabaco 〈人〉をタバコ嫌いにする. ── ~·se 再 (de... …に) 興味を失う；(…を) 嫌いになる.

des·a·fi·lar [de.sa.fi.lár; đe.-] 他〈刃物の〉刃を落とす，刃を鈍らせる；なまくらにする. ── ~·se 再 刃が鈍る[丸くなる].

des·a·fi·na·ción [de.sa.fi.na.θjón; đe.- / -.sjón] 女〖音楽〗(**1**) 調子外れ；調子を狂わすこと，音程を外

すこと．(2) 不調和な音，不協和音．

des·a·fi·na·do, da [de.sa.fi.ná.ðo, -.ða; ðe.-] 形 調子外れの．

des·a·fi·na·mien·to [de.sa.fi.na.mjén.to; ðe.-] 男【音楽】➡ desafinación．

des·a·fi·nar [de.sa.fi.nár; ðe.-] 自 **1** 調子が外れる[狂う]，調子外れな音を出す．Este piano *desafina*. このピアノは調子が狂っている．
2 《話》いらぬことを言う，場違いなことを言う．
— 他【音楽】…の調子を狂わす．
— **~·se** 再【音楽】調子が狂い出す．

***des·a·fí·o** [de.sa.fí.o; ðe.-] 男 **1 挑戦**, 挑発. aceptar el ~ 挑戦に応じる.
2 決闘, 果たし合い (= duelo).
3 勇気ある行動, 大胆な試み. **4** 競争, 張り合い.

des·a·fo·ra·da·men·te [de.sa.fo.rá.ða.mén.te; ðe.-] 副 限度を超えて; 猛烈に狂って. comer ~ むちゃ食いする. gritar ~ 絶叫する.

des·a·fo·ra·do, da [de.sa.fo.rá.ðo, -.ða; ðe.-] 形 **1** 限度を超えた, 法外な; 抑制の利かない. ambición *desaforada* 途方もない野心. dar voces *desaforadas* すさまじい声を上げる.
2 権限[特権]を失った.

des·a·fo·rar [de.sa.fo.rár; ðe.-] 15 他 **1** 権利[特権]を犯す, 侵害する. **2** (罰として) 特権を剥奪(はくだつ)する. — **~·se** 再 **1** むちゃなことをする, 無法なことをする. **2** 激高する.

des·a·for·tu·na·do, da [de.sa.for.tu.ná.ðo, -.ða; ðe.-] 形 **1** 運のない, 不幸な (= desgraciado).
2 不適当な, 不適切な, 的外れの.

des·a·fue·ro [de.sa.fwé.ro; ðe.-] 男 **1** 法律違反, 不法行為, 法の蹂躙(じゅうりん). cometer un ~ 法を犯す; 越権行為をする. **2** 権利の侵害; 権利[特権]の剥奪(はくだつ). **3** 乱暴, 狼藉(ろうぜき).

des·a·gra·cia·do, da [de.sa.gra.θjá.ðo, -.ða; ðe.- / -.sjá.-] 形 優美さに欠ける, 不細工な.

des·a·gra·ciar [de.sa.gra.θjár; ðe.- / -.sjár] 82 他 美しさを損なう, 醜くする; 興趣を削(そ)ぐ.

***des·a·gra·da·ble** [de.sa.gra.ðá.ble; ðe.-] 形 《ser+ / estar+》**不快で**, いやな, 《+不定詞 / que+接続法 …するのが》不愉快である. olor ~ いやなにおい. persona ~ いやな人. hombre ~ つっけんどんな男. sensación ~ 不快な感覚. tener aspecto ~ 見た目のよくない. ~ al paladar (味が) まずい. Tus padres *son* a veces ~*s* conmigo. 君の両親は私に対してときどき感じが悪い. Fue una experiencia ~ de contar. それは話すのもいやな経験だった.

des·a·gra·dar [de.sa.gra.ðár; ðe.-] 自 《a+人 (人)が》不快である, 気に入らない. El olor de gasolina *me desagrada*. 私はガソリンの臭いが嫌いだ. *Me desagrada* hacerlo. それをするのは気が進まない. palabra que *desagrada* 嫌な言葉. ▶ 用例中の me が a+人 に相当.

des·a·gra·de·cer [de.sa.gra.ðe.θér; ðe.- / -.sér] 34 他 感謝しない, ありがたく思わない, 恩を忘れる. *Desagradece* todo el bien que se le ha hecho. 彼 [彼女] はよくしてもらったことに何ら感謝の気持ちを示さない.

des·a·gra·de·ci·do, da [de.sa.gra.ðe.θí.ðo, -.ða; ðe.- / -.sí.-] 形 **1** 恩知らずの, 忘恩の, 感謝の意を示さない (= ingrato). ~ con [para] su bienhechor 恩人に感謝しない. mostrarse ~ 恩を忘れる.
2 (労働・苦労が) 報われない, 努力に値しない.
— 男 女 恩知らず, 忘恩者.

des·a·gra·de·ci·mien·to [de.sa.gra.ðe.θi.mjén.to; ðe.- / -.si.-] 男 恩知らず, 感謝の気持ちのないこと (= ingratitud).

des·a·gra·do [de.sa.grá.ðo; ðe.-] 男 不快, 不機嫌, 不満 (= disgusto). mostrar ~ 不快を表す. Esta noticia me causó ~. この知らせで私は嫌な気分になった.
con desagrado いやいやながら, しぶしぶ.

des·a·gra·viar [de.sa.gra.βjár; ðe.-] 82 他 **1** 《de… …について》詫(わ)びを言う, 謝罪する. ~ a+人 *de* una ofensa 〈人〉に無礼を詫びる. Aunque intente ~la, no lo conseguirá. 彼女に謝罪しようとしても聞き入れてはもらえないだろう. **2** 《por… / de… …の》埋め合わせをする; 弁償する, 賠償する.

des·a·gra·vio [de.sa.grá.βjo; ðe.-] 男 **1** 償い, 謝罪. **2** 埋め合わせ; 弁償, 賠償. exigir un ~ 弁償[賠償]を要求する. acto de ~ 賠償行為.
en desagravio de… …の償いとして.

des·a·gre·ga·ción [de.sa.gre.ga.θjón; ðe.- / -.sjón] 女 分解, 分裂, 崩壊.

des·a·gre·gar [de.sa.gre.gár(.se); ðe.-] 103 他 分解する, 分裂させる, 崩壊させる.

des·a·gua·de·ro [de.sa.gwa.ðé.ro; ðe.-] 男 **1** 排水路 [管], 排水口, 流出口. **2** 《比喩的》金銭をやたらに食うもの; 食らい虫.

des·a·gua·dor [de.sa.gwa.ðór; ðe.-] 男 **1** 導管; パイプ, ダクト. **2** 排水溝; 排水路 [管, 口].

des·a·guar [de.sa.gwár; ðe.-] 86 他 **1** 排水する, 排出する; 〈液体の容器を〉空(から)にする. ~ la piscina プールの水を抜く. **2** 浪費する, 乱費する.
— 自 **1** 〈液体が〉はける, 流れ出る. **2** 《en… …に》流れ込む, 注ぐ. El Ebro *desagua en* el Mediterráneo. エブロ川は地中海に流れ込む. **3** 排尿する.
— **~·se** 再 **1** 〈液体が〉はける, 流れ出る. **2** 嘔吐(おうと)する.

des·a·gua·zar [de.sa.gwa.θár; ðe.- / -.sár] 97 他 水たまりをなくする, 乾燥させる; 排水する.

des·a·güe [de.sá.gwe; ðe.-] 男 排水, 放水; 排水溝, 流出口. conducto [tubo] de ~ 排水溝[管]. ~ directo 未処理排水, 垂れ流し.

des·a·gui·sa·do, da [de.sa.gi.sá.ðo, -.ða; ðe.-] 形 不法な, 違法の; 理不尽な, むちゃな.
— 男 **1** 違反, 犯罪, 反則; 不正. **2** 侮辱 (的言動), 無礼; 暴力. **3** 《話》 損害, 支障; (子供の) いたずら. hacer ~ いたずらをする. hacer ~ en… …に損害を与える.

des·a·hi·jar [de.sai.xár; ðe.-] 他 《ラ米》(樹木の)剪定(せんてい)する.

des·a·hi·tar·se [de.sai.tár.se; ðe.-] 88 再 胃のもたれ消化不良が治る.

des·a·ho·ga·da·men·te [de.sa.o.gá.ða.mén.te; ðe.-] 副 **1** ゆったりと, 広々と. Aquí caben ~ dos coches. ここには車が2台ゆったりと入る.
2 豊かに; 安楽に. Viven ~ con su sueldo. 彼[彼女]の給料では決して不自由なく暮らしている.

des·a·ho·ga·do, da [de.sa.o.gá.ðo, -.ða; ðe.-] 形 **1** 広々とした; のびのびした; 〈服などが〉ゆったりとした. habitación *desahogada* 広々とした部屋.
2 《estar+》裕福な, 〈収入などが〉十分な. existencia [vida] *desahogada* ゆとりのある生活.

des·a·ho·gar [de.sa.o.gár; ðe.-] 103 他 **1** 楽にする, 安心させる; 〈痛みなどを〉和らげる. Las lágrimas *desahogan* el corazón. 泣くと気持ちが落ち着く. **2** 〈感情などを〉あらわにする, 表出する. ~ su

desahogo

ira con＋人〈人〉に怒りをぶちまける. ～ su corazón 心情を打ち明ける. **3**〈空間を〉作る,片付ける.
— **～.se** 再 **1** くつろぐ,息抜きをする;気が楽になる. Después de haber trabajado mucho hace falta ～*se*. 忙しく働いた後には休息が必要だ.
2《**de...**〈義務・悩みなど〉から》解放される;(経済的に)楽になる. **3**《**con... / a...**…に》心中を打ち明ける. Todo esto lo hace para ～*se*. それもこれもみんなうっぷん晴らしにやっている.

des·a·ho·go [de.sa.ó.go; đe.-] 男 **1** 安心, 慰め; 解放感;息抜き. El viaje le sirvió de ～. 旅は彼[彼女]の息抜きに役立った. **2** 生活のゆとり. vivir con ～ 悠々自適に暮らす. **3** (自由な)空間. quitar un mueble para tener más ～ 家具を1つ取り除いて部屋を広くする. **4** (感情などの)表出,吐露. Le sirve de ～. それは彼[彼女]のうっぷんのはけ口になっている. **5** 厚かましさ,ずうずうしさ.

des·a·hu·ciar [de.sau.θjár; đe.- / -.sjár] 82 他 **1**〈借家人などを〉立ち退かせる. **2**〈医者が〉〈病人を〉見放す. **3**《まれ》絶望させる. **4**《ラ米》(*)《話》解雇する,首にする.
— **～.se** 再 断念する.

des·a·hu·cio [de.sáu.θjo; đe.- / -.sjo] 男 **1** (借家人などに対する)追い立て;立ち退き. **2** 不治の宣告. **3**《ラ米》(*)解雇,免職.

des·a·hue·var [de.sa.(g)we.βár; đe.-] 他《ラ米》《俗》眠気を取り去る,(たたき)起こす.

des·ai·ra·do, da [de.sai.rá.đo, -.đa; đe.-] 形 **1** 侮辱された,疎んじられた;屈辱的な,不面目な. pretendiente ～ ふられた求婚者.
2 不作法な,粗野な. **3**〈状況などが〉具合の悪い. situación *desairada* 厄介な事態.

des·ai·rar [de.sai.rár; đe.-] 88 他 無視する,冷たくあしらう. Acepté su invitación para no ～le. 彼の感情を害さないために招待を受けた.

des·ai·re [de.sái.re; đe.-] 男 軽んじること,無視; (言動の)そっけなさ. Nos hizo el ～ de rechazar una oferta. 彼[彼女]は私たちの申し出をにべもなくはねつけた. hacer un ～ a＋人〈人〉をそでにする. sufrir un ～ 軽くあしらわれる,ひじ鉄を食らう.

des·a·jus·tar [de.sa.xus.tár; đe.-] 他 **1** (機械などの)調子を狂わせる. **2** (合わさっていたものを)引き離す;〈調和していたものを〉壊す. **3** (計画などを)台無しにする. Esto *desajusta* mis planes. このせいで僕の計画はだめになった.
— **～.se** 再 **1** (機械などの)調子が狂う. **2** (複数のものが)うまく合っていない,ずれている.

des·a·jus·te [de.sa.xús.te; đe.-] 男 **1** (機械などの)故障,調整不良. **2** 分離;不均衡,格差. **3** (契約などの)破棄;決裂. **4** 混乱.

des·a·la·bar [de.sa.la.βár; đe.-] 他 欠点をあげつらう,けなす,非難する.

des·a·la·be·ar [de.sa.la.βe.ár; đe.-] 他 (材木の反りなどを)とる,ゆがみをとる,平らにする.

des·a·la·ción [de.sa.la.θjón; đe.- / -.sjón] 女 **1** 塩出し,塩抜き. **2** (海水の)淡水化.

des·a·la·do, da¹ [de.sa.lá.đo, -.đa; đe.-] 形 塩を抜いた,塩出しした. bacalao ～ 塩抜きしたタラ.

des·a·la·do, da² [de.sa.lá.đo, -.đa; đe.-] 形 あわてた;焦った. correr ～ a un sitio ある場所へ急行する. ir ～ 焦っている.

des·a·lar¹ [de.sa.lár; đe.-] 他 **1** 塩を抜く,塩出しする. **2** (海水を)淡水化する,真水にする.

des·a·lar² [de.sa.lár; đe.-] 他 …の羽[翼]を取る.
— **～.se** 再 **1** 急ぐ,焦る. **2**《**por...** …を》切望する,しきりに…したがる. Se *desalaba* por conseguir una buena colocación. 彼[彼女]はよい職を得たいと切に望んでいた.

des·al·bar·dar [de.sal.βar.đár; đe.-] 他 (馬などから)荷鞍(*)を外す.

des·a·len·ta·dor, do·ra [de.sa.len.ta.đór, -.đó.ra; đe.-] 形 気力を失わせる,がっかりさせる. una respuesta *desalentadora* 期待はずれの返答.

des·a·len·tar [de.sa.len.tár; đe.-] 8 他 **1** 意気消沈させる,落胆させる. El fracaso le *ha desalentado*. 彼は失敗して気力をなくした. **2** 息切れさせる.
— **～.se** 再 くじける,意気消沈する. No debemos ～*nos* ante la adversidad. 我々は逆境にくじけてはならない.

des·al·fom·brar [de.sal.fom.brár; đe.-] 他 じゅうたん[カーペット]を取り払う. ～ una casa 家中のじゅうたんをはがす.

des·al·for·jar [de.sal.for.xár; đe.-] 他 …を鞍(*)袋から取り出す;(馬から)鞍袋を外す.

des·al·ha·jar [de.sa.la.xár; đe.-] 他〈部屋から〉装飾品[家具]を取り去る.

desalentar 活 → desalentar.

des·a·lien·to [de.sa.ljén.to; đe.-] 男 気落ち,落胆.

des·a·li·ne·a·ción [de.sa.li.ne.a.θjón; đe.- / -.sjón] 女 列が乱れること[乱れ].

des·a·li·ne·ar [de.sa.li.ne.ár; đe.-] 他 …の列を乱す. — **～.se** 再 列を乱す;列が乱れる.

des·a·li·ni·za·ción [de.sa.li.ni.θa.θjón; đe.- / -.sa.sjón] 女 **1** → desalación. **2**〔農〕塩類除去,除塩.

des·a·li·ni·za·dor, do·ra [de.sa.li.ni.θa.đór, -.đó.ra; đe.- / -.sa.-] 形 淡水化する.
— 女 海水淡水化装置[施設].

des·a·li·ni·zar [de.sa.li.ni.θár; đe.- / -.sár] 97 他 塩分を抜く;淡水化する.

des·a·li·ña·do, da [de.sa.li.ŋá.đo, -.đa; đe.-] 形 **1**〈身なりなどが〉だらしのない,無精な. Tiene un aspecto ～. 彼[彼女]はだらしない格好をしている. Es una persona *desaliñada*. 彼[彼女]は無精な人である. **2** (文章が)ぞんざいな,いい加減な. **3**〈食べ物が〉味つけしていない,味のない.

des·a·li·ñar [de.sa.li.ŋár; đe.-] 他〈服装などを〉だらしなくする;乱す,汚らしくする;しわをつける. ～ un vestido 服をしわくちゃにする.
— **～.se** 再 だらしのない格好をする;乱す.

des·a·li·ño [de.sa.lí.ŋo; đe.-] 男 **1** だらしなさ,無精. ir vestido con ～ だらしない格好をしている. **2** (文章などの)いい加減さ,ぞんざい.

des·al·ma·do, da [de.sal.má.đo, -.đa; đe.-] 形 邪悪な,たちの悪い;残酷な,非道な.
— 男 女 悪党,悪人;残酷な人,冷酷な人.

des·al·mar·se [de.sal.már.se; đe.-] 再《**por...** …を》熱望[切望,渇望]する.

des·al·me·nar [de.sal.me.nár; đe.-] 他 (城などの)銃眼胸壁を取り去る[壊す].

des·al·mi·do·nar [de.sal.mi.đo.nár; đe.-] 他〈衣類の〉糊(*)を落とす.

des·a·lo·ja·do, da [de.sa.lo.xá.đo, -.đa; đe.-] 形〈借家人などが〉追い立てを食わされた;宿なしの.
— 男 女 宿なし.

des·a·lo·ja·mien·to [de.sa.lo.xa.mjén.to; đe.-] 男 **1** 追い立て;〔軍〕撃退. **2** 明け渡し,退去;立ち退き.

des·a·lo·jar [de.sa.lo.xár; đe.-] 他 **1**《**de...** …か

ら》立ち退かせる, 追い出す. ~ a+人 *de* su casa〈人〉を家から立ち退かせ[追い立]て. **2** 明け渡す; 一掃する. ~ una casa 家を引き払う. **3**〖軍〗撃退する; 退去する, 放逐する. ~ al enemigo del fortín 陣地から敵を駆逐する. ~ un pueblo 村から撤退する. **4**〖物理〗〖海〗〈…の〉排水量をもつ. El barco *desaloja* diez mil toneladas de agua. この船は1万トンの排水量がある.

des·a·lo·jo [de.sa.ló.xo; đe.-] 男 → desalojamiento.

des·al·qui·la·do, da [de.sal.ki.lá.ðo, -.ða; đe.-] 形 借り手[住む人]がない, 賃貸されていない.

des·al·qui·lar [de.sal.ki.lár; đe.-] 他〈家・部屋の〉賃貸をやめる;〈家・部屋の〉賃借をやめて引き払う. ── ~·**se** 再〈借家・部屋などが〉空く, 借り手がなくなる.

des·al·te·rar [de.sal.te.rár; đe.-] 他 (気持ちを)静める, 落ち着かせる, 和らげる (= sosegar). ── ~·**se** 再 落ち着く, 平静になる.

des·a·mar [de.sa.már; đe.-] 他 **1** 愛することをやめる, 愛さなくなる. **2** 憎む, 厭(いと)わしく思う.

des·a·ma·rrar [de.sa.ma.rrár; đe.-] 他 **1**〖海〗〈船の〉舫(もや)い綱[纜(ともづな)]を解く. **2** 解く, ほどく. ── ~·**se** 再 舫い糸を解かれる.

des·a·bien·ta·do, da [de.sam.bien.tá.ðo, -.ða; đe.-] 形 **1** 場違いな, 不適当な. En un país extranjero uno se encuentra ~. 人は外国に行くと違和感を覚えるものだ. **2** 雰囲気のない, ムードがない.

des·am·bien·tar [de.sam.bjen.tár; đe.-] 他〈人を〉遠ざける, 仲間はずれにする, (新しい環境に) なじませない.

des·am·bi·gua·ción [de.sam.bi.gwa.θjón; đe.- / -.sjón] 女 (文や語の意味の)明確化.

des·am·bi·guar [de.sam.bi.gwár; đe.-] 87 他〈文や語の意味を〉明確にする.

des·a·mo·blar [de.sa.mo.blár; đe.-] 15 他 → desamueblar.

des·a·mor [de.sa.mór; đe.-] 男 **1**《文章語》無愛想; 愛情のなさ. ~ a los padres 両親に対する冷淡な態度. **2** 毛嫌い, 嫌気.

des·a·mo·ra·da·men·te [de.sa.mo.rá.ða.mén.te; đe.-] 副 冷淡に, 冷酷に.

des·a·mo·ra·do, da [de.sa.mo.rá.ðo, -.ða; đe.-] 形 冷淡な, 無関心な; 冷酷な, 無情な.

des·a·mor·ti·za·ción [de.sa.mor.ti.θa.θjón; đe.- / -.sa.sjón] 女 **1**〖法〗移転, 譲渡;〈限嗣(げんし)相続 mayorazgo の〉解除. **2**〖史〗永代所有財産の解放[売却].

des·a·mor·ti·zar [de.sa.mor.ti.θár; đe.- / -.sár] 97 他 **1**〖法〗譲渡[移転]する, 限嗣(げんし)相続を解除する. **2**〖史〗(教会・貴族の所有する永代所有財産を)解放する, 売却する.

des·a·mo·ti·nar·se [de.sa.mo.ti.nár.se; đe.-] 再 (反乱・暴動が)治まる, 鎮(しず)まる.

des·am·pa·ra·do, da [de.sam.pa.rá.ðo, -.ða; đe.-] 形 **1** 見捨てられた, 放置された; 保護(者)のない. niño ~ 孤児. **2** 吹きさらしの, さびれた.

des·am·pa·rar [de.sam.pa.rár; đe.-] 他 **1** 見捨てる, 保護しない. ~ a un niño 子供を置きざりにする. **2**〈ある場所を〉放棄する, 離れる. **3**〖法〗〈地位・権利などを〉放棄する, 拒絶する.

des·am·pa·ro [de.sam.pá.ro; đe.-] 男 **1** 頼るものないこと, 孤立無援状態. **2** 放棄, 放任. *en desamparo* 見放された, 身寄りのない, 放棄された

た. un anciano *en* ~ 寄る辺のない老人.

des·a·mue·bla·do, da [de.sa.mwe.blá.ðo, -.ða; đe.-] 形 (部屋などに) 家具が備えられていない. piso ~ 家具付きではないマンション.

des·a·mue·blar [de.sa.mwe.blár; đe.-] 他〈家・建物などから〉家具を取り払う.

des·an·clar [de.saŋ.klár; đe.-] / **des·an·co·rar** [de.saŋ.ko.rár; đe.-] 他〖海〗〈船の〉錨(いかり)を上げる; 出帆する.

des·an·dar [de.san.dár; đe.-] 68 他〈来た道を〉引き返す, 戻る. ~ el camino / ~ lo andado もと来た道を引き返す.

des·an·ge·la·do, da [de.saŋ.xe.lá.ðo, -.ða; đe.-] 形 **1** 無味乾燥な, 退屈な (= soso). **2** 居心地の悪い, 快適でない.

des·an·gra·do, da [de.saŋ.grá.ðo, -.ða; đe.-] 形 大出血した, 放血した. morir ~ 出血多量で死ぬ. Está ~. 彼はだいぶ出血している.

des·an·gra·mien·to [de.saŋ.gra.mjén.to; đe.-] 男 **1** 出血, 瀉血(しゃけつ). **2**〈池・湖を〉干すこと, 干拓.

des·an·grar [de.saŋ.grár; đe.-] 他 **1**〈人・動物から〉血を抜く, 瀉血(しゃけつ)する. **2**〈池・湖から〉水を抜く. **3**〈人から〉〈財産などを〉徹底的に絞り取る. ~ a los contribuyentes 納税者から膏血(こうけつ)を絞る. ── ~·**se** 再 **1** 血を失う; 出血多量で死ぬ. **2** 破産への道をたどる.

de·san·gre [de.sáŋ.gre; đe.-] 男 出血; 瀉血(しゃけつ).

des·a·ni·dar [de.sa.ni.ðár; đe.-] 自〈鳥が〉巣立ちする. ── 他 追い出す.

des·a·ni·ma·do, da [de.sa.ni.má.ðo, -.ða; đe.-] 形 **1** 悄然(しょうぜん)とした, 意気消沈した. **2**〈パーティーなどが〉活気のない, 盛り上がらない.

des·a·ni·mar [de.sa.ni.már; đe.-] 他 **1** 意気消沈させる, がっかりさせる; 勇気[気力]を失わせる. Este tiempo me *desanima*. こんな天気だと気分がめいってくる. **2** 断念させる (= disuadir). ── ~·**se** 再《**con**...》…で〉意気消沈する, がっかりする; 勇気[気力]をなくす. *Me he desanimado con este frío, ya no quiero salir.* この寒さで私は気がそがれてしまった. もう外出したくありません.

des·á·ni·mo [de.sá.ni.mo; đe.-] 男 **1** 意気消沈, 失望, 落胆. Cundió el ~ entre soldados. 兵士たちの間に無力感が広がった. **2** (パーティーなどの)盛り上がりのなさ; 生気のなさ.

des·a·nu·dar [de.sa.nu.ðár; đe.-] 他 **1** (結び目を)ほどく; 解く, 緩める. ~ una corbata ネクタイをほどく. **2**〈混乱した状況・問題などを〉解きほぐす, 解決する. ~ el malentendido 誤解を解く.

des·a·o·ja·de·ra [de.sa.o.xa.ðé.ra; đe.-] 女 (悪魔の目のろしを解く)まじない師.

des·a·pa·ci·bi·li·dad [de.sa.pa.θi.bi.li.ðáđ; đe.- / -.si.-] 女 **1** 感じの悪さ, 付き合いにくさ. **2** 天候不順, 嫌な天気. **3** 耳障り; ざらざらした感触.

des·a·pa·ci·ble [de.sa.pa.θí.ble; đe.- / -.sí.-] 形 **1** 気難しい; 感じの悪い. **2**〈天候が〉不順な. **3** 耳障りな; ざらざらした.

des·a·par·car [de.sa.par.kár; đe.-] 102 他〈車を〉移動させる.

des·a·pa·re·a·do, da [de.sa.pa.re.á.ðo, -.ða; đe.-] 形 一対の片方が欠けた. calcetín ~ 片方だけの靴下.

des·a·pa·re·ar [de.sa.pa.re.ár; đe.-] 他〈一対のものを〉片方だけにする, 切り離す.

*****des·a·pa·re·cer** [de.sa.pa.re.θér; đe.- / -.sér] 34 自《*de*... …から》見えなくなる; 消滅する (↔

desaparecido

aparecer). ~ *de* la vista 視界から消える. ~ entre la multitud 人ごみの中に消える. hacer ~ la duda 疑いを取り除く. Me *desapareció* el dolor. 私は痛みがなくなった. Esa costumbre *desapareció* hace tiempo. その習慣はずっと前に途絶えた.
— 他 《古語》《ラ米》消滅[失踪(とっ)]させる;見失う. Lo secuestraron y lo *desaparecieron*. 彼は誘拐されて行方不明になった.
— ~·se 再 《ラ米》姿を消す, なくなる. *Se me desapareció* la bicicleta. 私の自転車がなくなった.
desaparecer del mapa 跡形もなく消える.

des·a·pa·re·ci·do, da [de.sa.pa.re.θí.ðo, -.ða; ðe.- / -.sí.-] 形 姿を消した, 見えなくなった;消失した.
— 男 女 行方不明者. Hay veinte ~*s*. 行方不明者が20名いる. ▶ 特にアルゼンチンの軍事政権下 (1976-84) での行方不明者, 政治的に暗殺された人を指す.

des·a·pa·re·ci·mien·to [de.sa.pa.re.θi.mjén.to; ðe.- / -.si.-] 男 → desaparición.

des·a·pa·re·jar [de.sa.pa.re.xár; ðe.-] 他 **1** 〈馬・ロバの〉引き具を取り外す. **2** 《海》艤装(髪)を解く, 索具類を外す.

desaparezc- 活 → desaparecer.

:**des·a·pa·ri·ción** [de.sa.pa.ri.θjón; ðe.- / -.sjón] 女 消滅;見えなくなること;失踪;《婉曲》死亡. ~ de los dinosaurios 恐竜の絶滅. ~ de los recursos naturales 天然資源の消失. superar la ~ de un familiar 家族の死を乗り越える. La mayor parte de las *desapariciones* ha ocurrido en este período. 失踪事件の大部分がこの時期に起こった.

des·a·pa·sio·na·do, da [de.sa.pa.sjo.ná.ðo, -.ða; ðe.-] 形 冷静な, 沈着な;客観的な, 公平な. árbitro ~ 公平な審判.

des·a·pa·sio·nar [de.sa.pa.sjo.nár; ðe.-] 他 〈情熱・熱意を〉冷まさせる, 興ざめさせる.
— ~·se 再 熱意 [情熱, 興味] を失う. ~*se por* +人 〈人〉への情熱が冷める. ~*se de...* …への興味をなくす.

des·a·pe·gar [de.sa.pe.gár; ðe.-] 103 他 **1** 興味 [愛情] を失わせる. **2** 引きはがす, 引き離す.
— ~·se 再 **1** 興味 [愛情] を失う;疎遠になる. **2** はがれる, 離れる.

des·a·pe·go [de.sa.pé.go; ðe.-] 男 冷淡, 無関心;疎遠 (=despego). mostrar ~ 冷たくあしらう. ~ a los estudios 勉強嫌い.

des·a·per·ci·bi·da·men·te [de.sa.per.θi.βí.ða.mén.te; ðe.- / -.si.-] 副 気づかれないように;出し抜けに. aproximarse ~ そっと近づく.

des·a·per·ci·bi·do, da [de.sa.per.θi.βí.ðo, -.ða; ðe.- / -.si.-] 形 **1** 準備のできていない, 出し抜けの. coger ~ 不意打ちする. **2** 気づかれない (=inadvertido). pasar ~ 見落とされる. No me ha pasado ~ lo que ha dicho. 私は彼[彼女]が言ったことを聞き逃さなかった.

des·a·per·ci·bi·mien·to [de.sa.per.θi.βí.mjén.to; ðe.- / -.si.-] 男 準備のないこと, 不意.

des·a·pes·tar [de.sa.pes.tár; ðe.-] 他 〈ペストの患者・保菌者を〉消毒する, 殺菌する.

des·a·pla·ci·ble [de.sa.pla.θí.ble; ðe.- / -.sí.-] 形 不快な, 不愉快な.

des·a·pli·ca·ción [de.sa.pli.ka.θjón; ðe.- / -.sjón] 女 怠慢, やる気のなさ.

des·a·pli·ca·do, da [de.sa.pli.ká.ðo, -.ða; ðe.-] 形 怠惰な, やる気のない. alumno ~ やる気のない生徒. — 男 女 怠け者, ぐうたら.

des·a·po·de·ra·do, da [de.sa.po.ðe.rá.ðo, ða; ðe.-] 形 抑えようのない, 激しい;奔放な.

des·a·po·de·rar [de.sa.po.ðe.rár; ðe.-] 他 《**de...** …を》〈人から〉剝奪(髭)する, 没収する.
— ~·se 再 手放す.

des·a·po·li·llar [de.sa.po.li.ʝár; ðe.-] ‖ [.ʎár.-] 他 紙魚を取り除く, 虫干しする. ~ la ropa 衣服についた紙魚を取り除く. — ~·se 再 《話》(長い間部屋などに閉じこもった後に) 外気を吸いに外に出る.

des·a·po·sen·tar [de.sa.po.sen.tár; ðe.-] 他 **1** (部屋などから) 追い出す, 追い立てる. **2** (疑念などを) 払いのける.

des·a·pre·ciar [de.sa.pre.θjár; ðe.- / -.sjár] 82 他 過小評価する, 見くびる, 軽視する.

des·a·pren·der [de.sa.pren.dér; ðe.-] 他 〈学んだことを〉忘れる.

des·a·pren·sar [de.sa.pren.sár; ðe.-] 他 **1** (アイロンがけでついた) 光沢を取る. **2** (体の締めつけを) 緩める.

des·a·pren·sión [de.sa.pren.sjón; ðe.-] 女 無遠慮, 無分別, 破廉恥.

des·a·pren·si·vo, va [de.sa.pren.sí.βo, -.ba; ðe.-] 形 無遠慮な, 無分別な, 破廉恥な, ずうずうしい.
— 男 女 無遠慮な人, 破廉恥な人.

des·a·pre·tar [de.sa.pre.tár; ðe.-] 8 他 緩める.
— ~·se 再 緩む.

des·a·pro·ba·ción [de.sa.pro.βa.θjón; ðe.- / -.sjón] 女 不承認, 反対;非難.

des·a·pro·ba·dor, do·ra [de.sa.pro.βa.ðór, -.ðó.ra; ðe.-] 形 **1** 不賛成の, 不満な;非難の. mirada *desaprobadora* とがめるような目つき. **2** 不利な. juicio ~ 不利な判定.

des·a·pro·bar [de.sa.pro.βár; ðe.-] 15 他 **1** …に同意しない, 不満を持つ;非難する. *Desaprueba* mi conducta. 彼 [彼女] は私の行いを不満に思っている. *Desaprueba* que yo vaya. 彼[彼女]は私が行くことに反対だ. **2** 断る, 拒否する.

des·a·pro·ba·to·rio, ria [de.sa.pro.βa.tó.rjo, -.rja; ðe.-] 形 → desaprobador.

des·a·pro·piar [de.sa.pro.pjár; ðe.-] 82 他 《**de...**》〈権力機関が〉(…を) 取り上げる, 接収する.
— ~·se 再 《**de...** …を》手放す, 放棄する. ~*se de* bienes 財産を手放す.

des·a·pro·ve·cha·do, da [de.sa.pro.βe.tʃá.ðo, -.ða; ðe.-] 形 **1** 〈能力・才能などが〉眠ったままになっている, 生かされていない. alumno ~ やればできるのにやらない生徒. **2** 浪費された;実りのない, 成果が上がらない. un esfuerzo ~ 無駄な努力.

des·a·pro·ve·cha·mien·to [de.sa.pro.βe.tʃa.mjén.to; ðe.-] 男 十分に生かされないこと;浪費. ~ de los recursos energéticos エネルギー資源の浪費.

des·a·pro·ve·char [de.sa.pro.βe.tʃár; ðe.-] 他 **1** 十分に生かさない [活用しない]. ~ el buen tiempo せっかくのいい天気を活用しない. ~ sus dotes 天賦の才能を眠らせたままにしておく. **2** 浪費する, 無駄遣いする. ~ una ocasión チャンスをみすみす逃がす. ~ el tiempo 時間を空費する. ~ la mitad del pescado 魚を半分食べ残す.
— 自 成果が上がらない;後退する.

des·a·pun·tar [de.sa.pun.tár; ðe.-] 他 **1** 縫い目 [とじ目] をほどく.
2 〈銃などの〉照準を外す [狂わせる].

des·ar·bo·lar [de.sar.βo.lár; ðe.-] 他 **1** 《海》(悪天候などで) マストを折る;マストを倒す. **2** 《比喩的》打倒する. — ~·se 再 (船が) マストを失う.

des·ar·bo·lo [de.sar.ƀó.lo; đe.-] 男 【海】ディスマスト.

des·a·re·nar [de.sa.re.nár; đe.-] 他 砂を取り除く.

des·ar·ma·de·ro [de.sar.ma.đé.ro; đe.-] 男 《ラ米》(ʒ́)(車・機材などの)解体所.

des·ar·ma·do, da [de.sar.má.đo, -.đa; đe.-] 形 **1** 武装解除された. ir ～ 丸腰で行く. **2** 分解された；台座に固定されてない. **3** 反論できない, 無力な.

des·ar·ma·dor [de.sar.ma.đór; đe.-] 男 **1** 《銃などの》引き金. **2** 《ラ米》(*㌻)(ʒ́)ねじ回し, ドライバー.

des·ar·ma·mien·to [de.sar.ma.mjén.to; đe.-] 男 → desarme.

des·ar·mar [de.sar.már; đe.-] 他 **1** 武装解除する, 武器を取り上げる；軍備を縮小[撤廃]する. ～ a los terroristas テロリストから武器を取り上げる. **2** (機械などを)分解する, 解体する. ～ un reloj 時計を分解する. **3** 【海】(艤装を(ʒ́)解いて)係留する. **4** (怒り・敵意を)和らげる. Su sonrisa me *desarmó.* あなたの笑顔を見て私の気持ちは和らいだ. **5** (議論で)やり込める. Tu explicación me *desarmó.* 君の説明に私は参った. **6** 【軍】解除する. **7** 【闘牛】(牛が)〈闘牛士から〉ムレータ muleta を奪う. **8** 【スポ】(フェンシングで)〈相手の〉剣を奪う. **9** 《ラ米》(ʒ́)衛解きする.

── (・se) 自 再 **1** 【軍】(自らの)武装を解く；〈国家などが〉軍備縮小[撤廃]する. **2** 分解される, ばらばらになる.

des·ar·me [de.sár.me; đe.-] 男 **1** 武装解除；軍備縮小, 軍備撤廃. conferencia sobre [para] el ～ 軍縮会議. **2** (機械の)分解, 解体.

des·ar·mo·ní·a [de.sar.mo.ní.a; đe.-] 女 不調和, 合っていないこと, ぎこちなさ.

des·ar·mo·ni·zar [de.sar.mo.ni.θár; đe.- / -.sár] 97 他 …の調和を乱す.
── 自 **(con...** …と)なじまない, しっくり行かない.

des·a·ro·ma·ti·zar [de.sa.ro.ma.ti.θár; đe.- / -.sár] 97 他 …の香りを取る. ── ～se 再 香りが抜ける.

des·a·rrai·ga·do, da [de.sa.rai.ɣá.đo, -.đa; đe.-] 形 (場所・置かれた環境に)愛着のない.

des·a·rrai·gar [de.sa.rai.ɣár; đe.-] 103 他 **1** 根から引き抜く, 根こそぎにする. **2** 追い払う, 追放する. ～ un pueblo ある民族を追放する. **3** 根絶する；絶滅させる. ── ～se 再 **(de...)** (〈祖国・故郷など〉を)捨てる；(〈…を〉やめる, 断つ；〈…から〉抜ける. ~*se de* su patria 祖国を捨てる.

des·a·rrai·go [de.sa.rái.ɣo; đe.-] 男 **1** 根から引き抜くこと, 根こそぎ. **2** 離郷；祖国喪失. **3** (悪習などの)根絶, 撲滅, 一掃.

des·a·rra·jar [de.sa.ra.xár; đe.-] 他 《ラ米》…の錠を壊して開ける, こじ開ける.

des·a·rra·pa·do, da [de.sa.ra.pá.đo, -.đa; đe.-] 形 女 → desharrapado.

des·a·rre·bo·za·da·men·te [de.sa.re.ƀo.θá.đa.mén.te; đe.- / -.sá-] 副 明確に, あからさまに, ざっくばらんに.

des·a·rre·bo·zar·se [de.sa.re.ƀo.θár.se; đe.- / -.sár.-] 97 再 ベールを外す；正体を見せる[明かす].

des·a·rre·bu·jar [de.sa.re.ƀu.xár; ђe.-] 他 **1** (もつれなどを)解きほぐす；〈着物を〉はぎ取る, 〈毛布・シーツなどを〉しわを伸ばす. **2** 解明する, 明らかにする, 解決する. ── ～se 再 着物を脱ぐ.

des·a·rre·gla·do, da [de.sa.re.ɣlá.đo, -.đa; đe.-] 形 **1** 乱雑な (= desordenado). una habitación *desarreglada* 散らかった部屋. **2** (身なりなどが)だらしのない, 乱れた. chica *desarreglada* だらしのない服装の女の子. **3** (習慣・生活・行動が)無秩序な, 不節制な. vida *desarreglada* 乱れた生活. **4** 調子が狂った, 故障した. reloj ～ 合っていない時計. **5** (胃などが)具合が悪い, 不調な.

des·a·rre·gla·da·men·te [de.sa.re.ɣlá.đa.mén.te; đe.-] 副 雑然と；無秩序に.

des·a·rre·glar [de.sa.re.ɣlár; đe.-] 他 **1** 混乱させる, 無秩序にする, 乱雑にする. ～ la casa 家を散らかす. ～ el peinado 髪を乱す. **2** (計画などを)狂わせる. La lluvia *ha desarreglado* mis planes. 雨で私の計画が狂った. ～ el reloj 時計を狂わせる.
── ~se 再 乱れる, 狂う, 不調になる.

des·a·rre·glo [de.sa.ré.ɣlo; đe.-] 男 **1** 無秩序, 乱雑, 混乱；(服装の)だらしなさ, 乱れ. en el más completo ～ 無秩序きわまりない状態で. **2** (装置・機械の)不調, 故障；(胃などの)不調, 異常.

des·a·rren·dar [de.sa.ren.dár; đe.-] 51 他 **1** (家・土地などの)賃貸をやめる. **2** (馬の)手綱をとく.

des·a·rre·vol·ver [de.sa.re.ƀol.ƀér; đe.-] 23 他 (巻いたものを)解く, ほどく. ── ~se 再 ほどける.

des·a·rri·mar [de.sa.ri.már; đe.-] 他 **1** 引き離す, 離す. ～ el armario de la pared 衣装戸棚を壁から離す. **2** 思いとどまらせる, 断念させる.

des·a·rri·mo [de.sa.ri.mo; đe.-] 男 (愛情・支持が)ないこと；無関心.

des·a·rro·lla·ble [de.sa.ro.já.ƀle; đe.- ‖ -.ʝá.-] 形 **1** (数式・立体・理論などが)展開できる. **2** 発展性のある, 拡大[拡張]の可能性のある；成長[成育]できる. **3** (土地が)開発可能な.

＊**des·a·rro·lla·do, da** [de.sa.ro.já.đo, -.đa; đe.- ‖ -.ʝá.-] 形 発展[発達]した；発育した；展開した. país ～ 先進国 (→ desarrollo).

＊＊**des·a·rro·llar** [de.sa.ro.jár; đe.- ‖ -.ʝár] 他 **1** 発展させる, 発達させる；促進する. ～ una industria 産業を発展させる. ～ la cultura 教養を高める. ～ los músculos 筋肉を鍛える. ～ una semilla 種子を発育させる. ～ las exportaciones de vino ワインの輸出額を伸ばす.
2 (理論・活動などを)展開する；(計画などを)実行する. ～ un movimiento 運動を繰り広げる. ～ una política 政策を推し進める. ～ un tema 問題を詳しく論じる.
3 (製品・方法などを)開発する. ～ un nuevo tipo de vehículo 新しいタイプの車を開発する. ～ una tecnología 技術を開発する.
4 (傾向・能力・病気などを)発現させる. ～ interés por la música 音楽への関心を持つようになる. ～ un talento especial 特別な才能を発揮する. Este modelo *desarrolla* una velocidad máxima de 210 km/h. この車種は最高時速210キロのスピードを出す. Una de cada quince mujeres *desarrolla* esta enfermedad. 15人に1人の女性がこの病気にかかる. **5** (巻いたもの・たたんだものを)広げる. ～ un mapa 地図を広げる. ～ un cono 円錐(㌃)を展開する. **6** 【写】〈フィルムを〉現像する. **7** 【数】〈数式・関数を〉展開する. **8** 【音楽】〈主題を〉展開する.

── ~se 再 **1** 発展する；発育する；展開する. Esta cultura *se desarrolló* en Asia. この文化はアジアで発展した. El primer día *se desarrolló* con normalidad. 最初の日は何事もなく過ぎていった. **2** 発生する. La epidemia *se desarrolló* en un santiamén. その疫病はあっという間に発生した.

desarrollismo

[des-〈反義語を示す〉+ arrollar.〔関連〕desarrollo, rollo, enrollar.〔英〕*roll*「転がる;巻く」]

des·a·rro·llis·mo [de.sa.r̄o.jís.mo; ðe.- ‖ -.λís.-] 男〔経〕〔軽蔑〕経済優先主義.

des·a·rro·llis·ta [de.sa.r̄o.jís.ta; ðe.- ‖ -.λís.-] 形〔経〕〔軽蔑〕経済優先主義の.
— 男 女 経済優先主義者.

des·a·rro·llo [de.sa.r̄ó.jo; ðe.- ‖ -.λó.-] **1 発達, 発育. ~ muscular 筋肉の発達. edad del ~ 成長期. **2** 発展, 開発. ~ económico 経済発展. índice de ~ 成長率. ~ sostenible 持続可能な［環境などに影響の少ない］開発. país en vías de ~ 発展途上国. plan de ~ 開発計画. **3**〈議論などの〉展開;〈交渉などの〉進展. ~ de un tema テーマの展開. **4**〔数〕展開. **5**〔スポ〕自転車のペダル1回転で進む距離. **6**〔音楽〕展開(部).
— 活 → desarrollar.
en pleno desarrollo 成長している. niño *en pleno* ~ 育ち盛りの子供. compañía *en pleno* ~ 成長企業.

des·a·rro·par [de.sa.r̄o.pár; ðe.-] 他 …から毛布などをはぐ, 衣服を脱がせる;軽装にする.
— ~·se 再 **1** 毛布などをはぐ. **2** 上着を脱ぐ, 薄着になる;衣服を脱ぐ. No *te desarropes*, que hace frío. 寒いから上着を脱がないように.

des·a·rru·gar [de.sa.r̄u.gár; ðe.-] 103 他 …のしわを伸ばす, アイロンをかける. ~ el entrecejo [la frente] 表情を緩める.
— ~·se 再 〈服の〉しわが伸びる.

des·ar·ti·cu·la·ción [de.sar.ti.ku.la.θjón; ðe.- / -.sjón] 女 **1** 関節が外れること, 脱臼(キュゥ). **2**〈機械などの〉継ぎ目を外す［が外れる］こと, 分解. **3** 解体, 解散. ~ de un partido 政党の解体.

des·ar·ti·cu·la·do, da [de.sar.ti.ku.lá.ðo, -.ða; ðe.-] 形 関節の外れた, 脱臼(キュゥ)した;継ぎ目の切れた;ずたずたになった.

des·ar·ti·cu·lar [de.sar.ti.ku.lár; ðe.-] 他 **1** 関節を外す, 脱臼(キュゥ)する. **2**〈組織などを〉解体［分裂］させる;〈計画などを〉だめにする. ~ un plan terrorista テロの陰謀を砕く. **3**〈接続・連結部分を〉外す;〈機械などを〉分解する.
— ~·se 再 関節が外れる, 脱臼する. *Se me ha desarticulado* la mandíbula. 私のあごの関節が外れた.

des·a·se·a·do, da [de.sa.se.á.ðo, -.ða; ðe.-] 形 **1** 汚らしい, 不潔な (= sucio). **2** むさくるしい, 乱れた. — 男 女 不潔な人;むさくるしい人.

des·a·se·ar [de.sa.se.ár; ðe.-] 他 汚くする, 汚す;散らかす.

des·a·se·o [de.sa.sé.o; ðe.-] 男 **1** 汚さ, 汚れ, 不潔. **2** むさくるしさ;乱れ.

des·a·si·mien·to [de.sa.si.mjén.to; ðe.-] 男 **1** 解放;放棄;離脱. **2** 私心のないこと.

des·a·si·mi·la·ción [de.sa.si.mi.la.θjón; ðe.- / -.sjón] 女〔生物〕異化(作用)(↔asimilación).

des·a·si·mi·lar [de.sa.si.mi.lár; ðe.-] 他〔生物〕異化する (↔asimilar).

des·a·sir [de.sa.sír; ðe.-] 39 他 放す, 解放する.
— ~·se 再 **(de...)** **1**〈…から〉離れる, 身を解き放つ. Por fin pudo ~*se del* grupo. 彼は〔ラ〕ついにそのグループから抜けることができた. **2**〈…を〉放棄する, 捨てる.

des·a·sis·ten·cia [de.sa.sis.tén.θja; ðe.- / -.sja] 女 見捨てること, 遺棄, 放置. estar en total ~ 完全にほうっておかれる.

des·a·sis·ti·do, da [de.sa.sis.tí.ðo, -.ða; ðe.-] 形 見捨てられた,〈介護・援助が〉与えられていない.

des·a·sis·tir [de.sa.sis.tír; ðe.-] 他 〈人を〉見捨てる, ほうっておく. Estaba muy *desasistido* en el hospital. 彼は病院ではとんど看護をしてもらえなかった.

des·as·nar [de.sas.nár; ðe.-] 他《話》〈しつけて〉あか抜けさせる, 上品にする;教育する. — ~·se 再 あか抜ける, 上品になる;教養を身につける.

des·a·so·ciar [de.sa.so.θjár; ðe.- / -.sjár] 82 他 **1** 分裂させる;分離する, 引き離す. **2**〈結社を〉解散する. — ~·se 再 離脱する, たもとを分かつ.

des·a·so·se·gar [de.sa.so.se.gár; ðe.-] 9 他 気をもませる, 不安にする.
— ~·se 再 気をもむ, 不安になる.

des·a·so·sie·go [de.sa.so.sjé.go; ðe.-] 男 落ち着かなさ, 不安, 動揺 (= inquietud).

des·as·tra·do, da [de.sas.trá.ðo, -.ða; ðe.-] 形 **1** 汚い, 不潔な. **2** だらしがない, 乱れた. llevar una vida *desastrada* 乱れた生活をする. **3** ぼろぼろの, みすぼらしい, 惨めな. traje ~ みすぼらしい服.
— 男 女 不潔でだらしない人;ふしだらな人.

*de·sas·tre [de.sás.tre; ðe.-] 男 **1** 大災害, 大惨事. ~s de la guerra 戦禍. ~ aéreo 航空大惨事. ~ natural 天災. producir [causar] un ~ 惨事をもたらす. correr al ~ 自ら惨事を招く. **2** ひどいもの［こと］, 大失敗, 散々な結果. La conferencia fue un ~. 講演会はさんざんだった. ¡Qué ~! なんてひどい. **3** ひどい人, できの悪い［不器用な］人;ついてない人. Soy un ~ para ordenar cosas. 私は整理整頓がまったくだめだ. **4**〔軍〕惨敗.
[←〔古プロバンス〕*desastre*「不運」; *astre*「運命の星」(←〔ラ〕*astrum*「天体」) より派生;〔英〕*disaster*]〔関連〕desastrado, desastroso.

des·as·tro·sa·men·te [de.sas.tró.sa.mén.te; ðe.-] 副 壊滅的に, 無惨にも;さんざんに.

des·as·tro·so, sa [de.sas.tró.so, -.sa; ðe.-] 形 壊滅的な;ひどい, 惨憺(ないな)たる. un resultado ~ 最悪の結果. Mi hermana es *desastrosa* para cocinar. 私の姉の料理の腕はひどいものだ. **2** 災難の, 災難をもたらす. sequía *desastrosa* 大干魃(なっ).

des·a·ta·do, da [de.sa.tá.ðo, -.ða; ðe.-] 形 **1** ほどけた, 解けた. **2** 手に負えない, したい放題の. **3**〈感情が〉爆発した.

des·a·ta·du·ra [de.sa.ta.ðú.ra; ðe.-] 女 **1** 解くこと, 解放. **2** 解明, 解決. **3** 突発, 爆発;猛威.

des·a·ta·len·ta·do, da [de.sa.ta.len.tá.ðo, -.ða; ðe.-] 形 無分別な, でたらめな.

des·a·tan·car [de.sa.taŋ.kár; ðe.-] 102 他〈管の〉詰まりを取り除く. — ~·se 再 行き詰まりを打開する, 困難を切り抜ける (= desatascarse).

*des·a·tar [de.sa.tár; ðe.-] 他 **1** 解く, ほどく, 緩める. ~ un nudo 結び目をほどく. ~ los cordones de los zapatos 靴ひもをほどく.
2 放す, 自由にする. ~ el perro 犬を放してやる. El vino me *desató* la lengua. ワインのせいで私はおしゃべりになった.
3〈感情などを〉爆発させる. **4** 解明する, 解決する. ~ una intriga 陰謀を解明する. **5** 溶かす, 薄める.
— ~·se 再 **1** ほどける, 解ける.
2 身を解き放つ, 自由になる;〈動物が〉逃げる.
3 激高する;爆発する;勃発(ほっ)する. La tempestad *se desató*. 突然あらしになった.
4 したい放題する. ~*se* en injurias [impropes

rios] 言いたい放題の悪口を言う.
atar y desatar 〖カト〗赦免の保留.
*desatarse*le *la lengua* (a+人) 〈人〉が口を開く, 話をする. *Se le desató la lengua*. 彼[彼女]は(重い口を開いて)しゃべり始めた.

des·a·tas·ca·dor [de.sa.tas.ka.ðór; ðe.-] 男 (トイレや流し台の詰まりを取る)ラバーカップ, 吸引カップ.

des·a·tas·car [de.sa.tas.kár; ðe.-] 102 他 **1** ぬかるみから引き上げる. *Nos costó mucho ~ las ruedas del carruaje*. 馬車の車輪をぬかるみから引き出すのにたいへん苦労した. **2** 《配管などの》詰まりを除く. ~ *la tubería* 配管の詰まりを取る. **3** 〖話〗窮地から救う. — ~·**se** 再 **1** ぬかるみから出る. **2** 詰まりがなくなる. ~*se la carretera* 道路の流れがよくなる. **3** 〖話〗困難[窮地]から脱出する.

des·a·ta·viar [de.sa.ta.βjár; ðe.-] 81 他 装飾(品)を取る, 衣装を脱がせる.

des·a·ta·ví·o [de.sa.ta.βí.o; ðe.-] 男 (身なりの)乱れ, だらしなさ, 無頓着(とんちゃく).

des·a·ten·ción [de.sa.ten.θjón; ðe.- / -.sjón] 女 **1** 不注意, 上の空, 無関心. **2** 無礼, 失礼. *Es una ~ marcharse sin decir nada*. 何も言わずに立ち去るのは失礼だ. **3** 無視, なおざり.

des·a·ten·der [de.sa.ten.dér; ðe.-] 12 他 おろそかにする, 軽んじる, 怠る. *El médico desatendió al paciente*. 医者はその患者を放置した. *dejar una tienda desatendida* 店を空にする. ~ *lo que se dice* 人の言うことに取り合わない.

des·a·ten·ta·do, da [de.sa.ten.tá.ðo, -.ða; ðe.-] 形 **1** 分別をなくした, 無鉄砲な. **2** 法外な, 極端な. — 男 女 無分別な人, 無鉄砲な人.

des·a·ten·to, ta [de.sa.tén.to, -.ta; ðe.-] 形 **1** 《*estar*+》ぼんやりした, 上の空の. *Está ~ en clase*. 彼は授業中ぼんやりしている[注意力に欠ける]. **2** 《*ser* / *estar*+》不注意な, うかつな; 無礼な, 不作法な.

de·sa·tie·rre [de.sa.tjé.r̃e; ðe.-] 男 《ラ米》廃石捨て場.

des·a·ti·na·do, da [de.sa.ti.ná.ðo, -.ða; ðe.-] 形 **1** 愚かな, 思慮の足りない. **2** 無謀な, 乱暴な.

des·a·ti·nar [de.sa.ti.nár; ðe.-] 他 《ラ米》(話) 怒らせる. — 自 **1** たわ言を言う; ばかげたことをする. **2** 失敗する, へまをする.

des·a·ti·no [de.sa.tí.no; ðe.-] 男 **1** 思慮[分別]のなさ, 無謀. **2** 大失敗, 見当外れ. *cometer un ~* へまをする. **3** 要領[手腕]の悪さ. **4** 《複数で》たわ言; 失言; ばかげた振る舞い. *decir ~s* たわ言を言う. *cometer ~s* ばかなことを仕出かす. *discurso lleno de ~s* 失言だらけの演説.

des·a·to·llar [de.sa.to.jár; ðe.- ‖ -.ʎár] 他 ぬかるみから引き出す. — ~·**se** 再 ぬかるみから出る.

des·a·to·lon·drar [de.sa.to.lon.drár; ðe.-] 他 正気に戻す, 意識を取り戻させる.
— ~·**se** 再 正気に戻る, 我に返る.

des·a·ton·tar·se [de.sa.ton.tár.se; ðe.-] 再 正気に戻る, 我に返る.

des·a·to·rar [de.sa.to.rár; ðe.-] 他 (詰まって[ふさがって]いるものを)取り除く.

des·a·tor·ni·lla·dor [de.sa.tor.ni.ja.ðór; ðe.- ‖ -.ʎa.-] 男 ねじ回し, ドライバー(= *destornillador*).

des·a·tor·ni·llar [de.sa.tor.ni.jár; ðe.- ‖ -.ʎár] 他 ねじを抜く[外す] (= *destornillar*).

des·a·tra·car [de.sa.tra.kár; ðe.-] 102 他 〖海〗《船が》舫(も)いから解く, 岸壁から離す.
— 自 〖海〗《船が》岸[船着場]から離れる.

des·a·tra·er [de.sa.tra.ér; ðe.-] 58 他 引き離す, 遠ざける.

des·a·trai·llar [de.sa.trai.jár; ðe.- ‖ -.ʎár] 88 他 〈犬を〉綱から放す, 〈犬の〉綱を解く.

des·a·tram·par [de.sa.tram.pár; ðe.-] 他 …から障害[邪魔]を除く, …の詰まりを掃除する.

des·a·tran·car [de.sa.traŋ.kár; ðe.-] 102 他 **1** 〈戸の〉かんぬきを外す. **2** 〈パイプ・管の〉詰まりを除く.

des·a·tu·far·se [de.sa.tu.fár.se; ðe.-] 再 **1** 頭を冷やす, 怒りを静める. **2** 新鮮な空気を吸う, 頭をすっきりさせる.

des·a·tur·dir [de.sa.tur.ðír; ðe.-] 他 正気に戻す, 意識を取り戻させる.
— ~·**se** 再 正気に戻る, 我に返る.

des·au·to·ri·dad [de.sau.to.ri.ðáð; ðe.-] 女 権威[権限]の不在, 威信[信用]の欠如.

des·au·to·ri·za·ción [de.sau.to.ri.θa.θjón; ðe.- / -.sa.sjón] 女 否認, 却下; 不承認, 不認可.

des·au·to·ri·za·do, da [de.sau.to.ri.θá.ðo, -.ða; ðe.- / -.sá.-] 形 **1** 権限[権威]を失った, 信用を失った. **2** 否認された, 否定された. **3** 禁止された, 不認可[許可]の.

des·au·to·ri·zar [de.sau.to.ri.θár; ðe.- / -.sár] 97 他 **1** 否認[否定]する. *El ministro desautorizó el rumor*. 大臣はうわさを否認した.
2 却下する; 許可[承認, 認可]しない.
3 権威[信用, 評判]を落とさせる.
— ~·**se** 再 権威[信用, 評判]を落とす.

de·sa·va·ha·do, da [de.sa.βa.á.ðo, -.ða; ðe.-] 形 霧[もや]のかかっていない.

de·sa·va·har [de.sa.βa.ár; ðe.-] 他 湯気が出なくなるまで冷ます; 風に当てる.
— ~·**se** 再 発散して気分を入れかえる.

des·a·ve·cin·dar·se [de.sa.βe.θin.dár.se; ðe.- / -.sin.-] 再 《*de*... 〈場所〉から》引っ越す, 転出する.

des·a·ve·nen·cia [de.sa.βe.nén.θja; ðe.- / -.sja] 女 **1** 不一致, (意見の)相違. **2** 不和, 不仲.

des·a·ve·ni·do, da [de.sa.βe.ní.ðo, -.ða; ðe.-] 形 **1** 一致しない, 相いれない.
2 不和の, 仲の悪い; 対立する. *familias desavenidas* 反目し合う家族. *países ~s* 敵対する国家.

des·a·ve·nir [de.sa.βe.nír; ðe.-] 45 他 不和[不仲]にする, 仲たがいさせる. — ~·**se** 再 《*con...* …と》意見を異にする; 仲たがいする.

des·a·ven·ta·ja·do, da [de.sa.βen.ta.xá.ðo, -.ða; ðe.-] 形 **1** 不利な, 劣勢の. **2** 損な, 不都合な.

des·a·viar [de.sa.βjár; ðe.-] 81 他 **1** 道を間違えさせる, 道に迷わせる (= *desviar*). **2** …から必要なものを奪う; 不便な思いをさせる. — ~·**se** 再 **1** 道に迷う. **2** 《必要なものを》なくす.

des·a·ví·o [de.sa.βí.o; ðe.-] 男 **1** 迷惑, 不都合. *hacer ~* 迷惑をかける, 不都合を生む. **2** 道をそれること, 逸脱. **3** 必要物の不足.

des·a·yu·na·do, da [de.sa.ju.ná.ðo, -.ða; ðe.-] 形 《話》朝食を済ませた. *Estoy ~*. 私は朝食を済ませました.

**des·a·yu·nar [de.sa.ju.nár; ðe.-] 他 …を朝食にとる. *Desayuno café y tostadas*. 私はコーヒーとトーストを朝食に食べる.
— 自 朝食をとる; 《*con*... …を》朝食にとる. *Esta mañana he desayunado muy temprano*. 今朝はとても早くに朝食を食べた. ~ *fuerte* 朝食をしっかりとる.

—~.se 再 1 朝食をとる；《con... ...を》朝食にとる. Todavía no *me he desayunado*. 私はまだ朝食を食べていません. **2** 《話》《de... ...を》初めて知る. Ahora *me desayuno* de eso. 今初めてこれを知りました(▶ 特に他の人がずいぶん前から知っていたことについて言う).
[← 《俗ラ》*disjejunare「断食を破る」；〔ラ〕*dis-(反意語を示す)＋《後ラ》*jējūnāre「断食する」(〔ラ〕*jējūnus* 形「断食の」より派生)；語源の異なる〔英〕*breakfast* も原義は同じ；関連 desayuno. 〔仏〕*déjeuner* 「昼食を取る」]

***des·a·yu·no** [de.sa.jú.no; ðe.-]男 朝食. tomar el ~ 朝食をとる. ~ fuerte しっかりした朝食. —活→desayunar.

des·a·zo·gar [de.sa.θo.ɣár; ðe.- / -.so.-] 103 他 ...から水銀を除去する.

de·sa·zón [de.sa.θón; ðe.- / -.són] 女 1 気まずさ；不安，懸念. Le causa ~ no saber dónde va a trabajar. 働くところがないで彼[彼女]は気がかりでいる. **2** ちくちくする[むずがゆい]こと；不快感. sentir una ~ en el estómago なんとなく胃の具合が悪い. **3** 味がないこと；まずさ. **4** 《農》(土地が)乾燥して耕作に不適なこと.

de·sa·zo·na·do, da [de.sa.θo.ná.ðo, -.ða; ðe.- / -.so.-] 形 1 《estar＋》落ち着かない，不安でいられにくい. **2** 味のない，まずい.

de·sa·zo·nar [de.sa.θo.nár; ðe.- / -.so.-] 他 1 嫌な気持ちにする，不快にする；不安にする，いらいらさせる. **2** 味[風味]を失わせる.
—~.se 再 1 怒る，いらだつ. **2** 心配する，気をもむ. **3** 味[気分]が悪くなる.

des·ba·bar [des.ba.βár; ðes.-] 他 (料理用のカタツムリの)ぬめりを取る.
—(·se) 自(再) よだれを出す[垂らす].

des·ba·je·rar [des.ba.xe.rár; ðes.-] 他 《ラ米》《ラ米》(タバコの木の下の方の枝を)剪定する.

des·ba·la·gar [des.ba.la.ɣár; ðes.-] 103 他 《ラ米》(1) ちりちりにする，分散させる. (2) 《話》無駄遣いする，浪費する. **—~.se** 再 《ラ米》ちりちりになる，分散する；(腫物が)つぶれる.

des·ban·car [des.baŋ.kár; ðes.-] 102 他 1 (トランプで) (親 banca を)破産させる；(賭博で)賭け金をさらう. **2** ...に取って代わる，代わって地位[愛情]を得る.

des·ban·da·da [des.ban.dá.ða; ðes.-] 女 四散，ちりぢり(ばらばら)になること；《軍》敗走，総崩れ. *a la desbandada* / *en desbandada* ちりぢりに，くもの子を散らすように.

des·ban·dar·se [des.ban.dár.se; ðes.-] 再 四散する；《軍》敗走する，総崩れになる.

des·ba·ra·jus·tar [des.ba.ra.xus.tár; ðes.-] 他 散らかす；混乱させる. Está todo *desbarajustado*. 何もかもちゃくちゃだ. **—~.se** 再 混乱する.

des·ba·ra·jus·te [des.ba.ra.xús.te; ðes.-] 男 散乱；混乱，無秩序(＝ desorden, confusión). Hay tal ~ en la casa que no encuentro nada. 家の中がこう散らかっていては何も見つけ出せない. ¡Qué ~! なんてめちゃくちゃなんだ.

des·ba·ra·ta·da·men·te [des.ba.ra.tá.ða.mén.te; ðes.-] 副 支離滅裂に，でたらめに；ふしだらに.

des·ba·ra·ta·do, da [des.ba.ra.tá.ðo, -.ða; ðes.-] 形 1 だめになった，損なわれた，壊れた. **2** 《話》放埓な，ふしだらな. **3** 《軍》総崩れの，混乱した.

des·ba·ra·ta·mien·to [des.ba.ra.ta.mjén.to; ðes.-] 男 1 無秩序，混乱. **2** 破壊，損壊. **3** (計画・陰謀などの) 挫折，阻止. **4** 浪費. **5** 《軍》敗北，総崩れ，壊滅.

des·ba·ra·tar [des.ba.ra.tár; ðes.-] 他 1 だめにする；壊す，損なう. ~ un reloj 時計を壊す. El viento *desbarató* su peinado. 風が彼[彼女]の髪を乱した. **2** (計画・陰謀などを) 挫折させる，阻止する. ~ una intriga 陰謀を失敗させる. **3** 論破する，やり込める. **4** 使い果たす，浪費する(＝derrochar). **5** 《軍》敗走させる，壊滅させる. ~ a los adversarios 敵を壊滅させる.
—~.se 再 1 だめになる，壊れる. **2** かっとなる，我を失う.

des·bar·ba·do, da [des.bar.βá.ðo, -.ða; ðes.-] 形 あごひげのない，ひげをそった.
—男 《技》(成品品にできた)ばりを取り除くこと.

des·bar·bar [des.bar.βár; ðes.-] 他 1 《植物の》ひげ根[支根]を切る. **2** (紙のへりからはみ出した繊維を取り除く，へりを整える. **3** 《技》ばり取りをする.

des·bar·bi·llar [des.bar.βi.jár; ðes.- ‖ -.ʎár;] 他 《農》《ブドウの》支根を切る.

des·ba·rran·ca·de·ro [des.ba.raŋ.ka.ðé.ro; ðes.-] 男 《ラ米》《ラ米》《ラ米》《ラ米》《ラ米》断崖淵(ぷち)，絶壁.

des·ba·rran·car [des.ba.raŋ.kár; ðes.-] 102 他 《ラ米》(1) 《ラ米》《ラ米》《ラ米》〈人を〉蹴落(おと)とす，(高い地位から)引きずり下ろす. (2) 《ラ米》《ラ米》《ラ米》《ラ米》《ラ米》(断崖から) 突き落とす.
—~.se 再 《ラ米》転げ落ちる，転落する.

des·ba·rrar [des.ba.rár; ðes.-] 自 1 でたらめを言う；ばかげたことをする. **2** 《まれ》滑る，滑って転ぶ(＝resbalar).

des·ba·rri·gar [des.ba.ri.ɣár; ðes.-] 103 他 1 腹部を破る[傷つける]. **2** 《ラ米》《ラ米》出産する.

des·bas·ta·dor [des.bas.ta.ðór; ðes.-] 男 《技》(荒削り用の)のみ，たがね；粗圧延機.

des·bas·ta·du·ra [des.bas.ta.ðú.ra; ðes.-] 女 《技》→desbaste.

des·bas·tar [des.bas.tár; ðes.-] 他 1 《技》荒削りする；滑らかにする，平らにする. **2** (まれ) 洗練させる，あか抜けさせる.
—~.se 再 (まれ) 洗練される，あか抜けする.

des·bas·te [des.bás.te; ðes.-] 男 1 《技》荒削り，荒仕上げ. en ~ 荒く仕上げた. **2** 洗練，あか抜け.

des·bau·ti·zar [des.bau.ti.θár; ðes.- / -.sár] 97 他 名前を消す；新たに命名する，改名する.
—~.se 再 怒る，狂う.

des·be·ber [des.be.βér; ðes.-] 自 《話》おしっこをする，小便をする.

des·be·ce·rrar [des.be.θe.rár; ðes.- / -.se.-] 他 (子牛を)離乳させる，母牛から引き離す.

des·blo·que·ar [des.blo.ke.ár; ðes.-] 他 1 《商》凍結を解除する. **2** 《軍》封鎖を解除する. **3** (機械などの)閉鎖[ブロック]を解除する.
—~.se 再 解除される.

des·blo·que·o [des.blo.ké.o; ðes.-] 男 1 《商》凍結解除. ~ de los precios 価格統制解除. **2** 《軍》封鎖解除. **3** (機械などの)閉鎖[ブロック]の解除.

des·bo·ca·da·men·te [des.bo.ká.ða.mén.te; ðes.-] 副 ずうずうしく；下品に.

des·bo·ca·do, da [des.bo.ká.ðo, -.ða; ðes.-] 形 1 《馬が》(暴走して)制御できない. **2** 《人が》奔放な，手のつけられない，《川が》氾濫しているimaginación *desbocada* とっぴな想像. **3** 《容器の》口が欠けた；《襟ぐり・そで口が》開きすぎた；《鉄砲が》広口の. **4** 《話》口汚い，言葉遣いが下品な. **5** 《ラ米》《液体が》口からあふれた.

―男女 口の悪い人, 言葉遣いの下品な人.
des·bo·ca·mien·to [des.ḃo.ka.mjén.to; đes.-] 男 **1** (馬の)逸走, 暴走.
2 《話》下品な言葉遣い; ののしり.
des·bo·car [des.ḃo.kár; đes.-] 102 他 **1** 〈容器の〉口を壊す. ~ un jarro 水差しの口を欠く.
2 〈襟ぐり・そでロを〉大きく開ける.
― ~.se 再 **1** 〈馬が〉暴走する. **2** 口汚くなる. **3** 〈容器の〉口が欠ける. **4** 襟ぐりが開きすぎる.

des·bo·la·do, da [des.ḃo.lá.đo, -.đa; đes.-] 形 《ラ米》《ラ米》(乱暴[無茶苦茶]に)振る舞う.
―男女 不良, ならず者, 放蕩者.

des·bo·le [des.ḃo.le; đes.-] 男 《ラ米》《話》混乱, 騒ぎ.

des·bor·da·mien·to [des.ḃor.đa.mjén.to; đes.-] 男 **1** 氾濫. el ~ del río 川の氾濫.
2 暴走; 興奮, 熱狂.
3 〖IT〗オーバーフロー (= ~ de capacidad).

des·bor·dan·te [des.ḃor.đán.te; đes.-] 形 **(de...で)**いっぱいの, あふれんばかりの. El cine estaba ~ de gente. 映画館は満員だった. persona ~ de entusiasmo 熱狂的な人.

*__des·bor·dar__ [des.ḃor.đár; đes.-] 自 **1** **(de...で)いっぱいである**. El cesto desbordaba de naranjas. かごはオレンジでいっぱいだった.
2 あふれる; 氾濫する. La caridad desborda de su corazón. 慈愛が彼[彼女]の心からあふれる. El río desbordó por los campos. 川が氾濫して畑が水びたしになった.
3 〈喜び・激情が〉沸き立つ, ほとばしる. Su alegría desborda en risas. 彼[彼女]は喜びにあふれている.
―他 **1** …からあふれ出る; あふれ出させる. El río desbordó su cauce. 川が氾濫した.
2 乗り越える, 突破する. Desbordaron las líneas enemigas. 彼らは敵の前線を突破した.
3 限界[範囲]を越える[上回る] (= exceder). Esto desborda mi capacidad de comprensión. これは私の理解力を上回る.
― ~.se 再 **1** あふれる, いっぱいになる; 氾濫する. Se desborda el agua del vaso. コップから水があふれる. La piscina se desborda. プールが満水になる. **2** 興奮する, 高揚する (= exaltarse). **3** **(de...で)**いっぱいになる. Su corazón se desborda de alegría. 彼[彼女]の心は喜びであふれている.

des·bor·de [des.ḃór.đe; đes.-] 男 《ラ米》(液)(氾)氾濫; 〈感情の〉ほとばしり.

des·bo·ro·nar [des.ḃo.ro.nár; đes.-] 他 徐々に崩す.

des·bo·rra·dor [des.ḃo.řa.đór; đes.-] 男 《ラ米》消しゴム.

des·bo·rrar [des.ḃo.řár; đes.-] 他 **1** 〈織物の〉毛くず[節]を取る, 剪毛する. **2** 《ラ米》(*墨)(液)消す, 抹消する.

des·bo·to·nar [des.ḃo.to.nár; đes.-] 他 《ラ米》
(1) (タバコの葉を大きくするため) 芽を摘む.
(2) (パナマ)(チリなど)…のボタンを外す.

des·bra·gue·ta·do, da [des.ḃra.ge.tá.đo, -.đa; đes.-] 形 (ズボンの)前開き[チャック]が開いている.

des·bra·va·dor [des.ḃra.ḃa.đór; đes.-] 男 (野生の子馬を)ならす人, 手なずける人; 調馬師.

des·bra·var [des.ḃra.ḃár; đes.-] 他 〈動物・特に馬を〉ならす, 手なずける.
― ~(·se) 自 再 **1** 〈野生動物が〉なれる, 扱いやすくなる. **2** 鎮まる, 勢いがなくなる. El mar se desbrava. 海が穏やかになる.

des·bra·var(·se) [des.ḃra.ḃar(.se); đes.-] 自 再 〈酒の〉気が抜ける, 〈アルコール分が〉蒸発する.

des·bra·ve·cer(·se) [des.ḃra.ḃe.θér(.se); đes.- / -.sér(.-)] 34 自 再 → desbravar, desbravar(se)

des·bra·zar·se [des.ḃra.θár.se; đes.- / -.sár.-] 97 再 両腕を思い切り伸ばす; 両腕をやたらに振り回す.

des·bri·dar [des.ḃri.đár; đes.-] 他 **1** 馬勒(ばろく)を外す. **2** 〖医〗(1) 〈壊疽(えそ)組織を〉除去する. (2) 〈膿瘍(のうよう)〉などを切開する.

des·briz·nar [des.ḃriθ.nár; đes.- / -.ḃris.-] **1** 粉々にする, みじん切りにする. **2** 〈インゲン豆のさやなどの〉筋を取る. **3** 〈サフランの〉雄蕊(おしべ)を摘み取る.

des·bro·ce [des.ḃró.θe; đes.- / -.se] 男 → desbrozo.

des·bro·za·do·ra [des.ḃro.θa.đó.ra; đes.- / -.sa.-] 女 草刈り機.

des·bro·zar [des.ḃro.θár; đes.- / -.sár] 97 他 **1** 雑草[落ち葉]を取り除く. **2** 地ならし[整地]する; 〈溝などを〉さらう. **3** 《比喩的》予備作業をする.

des·bro·zo [des.ḃró.θo; đes.- / -.so] 男 **1** 雑草[枯れ葉]の除去. **2** 整地, 地ならし. **3** 〈溝などの〉ごみ. **4** 《比喩的》予備作業, 基礎作業.

des·bu·lla [des.ḃú.ja; đes.- ‖ -.ʎa] 女 カキの貝殻; カキの殻開け.

des·bu·lla·dor [des.ḃu.ja.đór; đes.- ‖ -.ʎa.-] 男 生ガキ用のフォーク; カキの殻をこじ開けるナイフ.

des·bu·llar [des.ḃu.jár; đes.- ‖ -.ʎár] 他 〈カキなどの〉殻を開ける, 〈カキを〉殻から取り出す.

des·ca·bal [des.ka.ḃál; đes.-] 形 → descabalado.

des·ca·ba·la·do, da [des.ka.ḃa.lá.đo, -.đa; đes.-] 形 不完全な, ふぞろいの, 半端になった. guante ~ 片方だけの手袋.

des·ca·ba·la·mien·to [des.ka.ḃa.la.mjén.to; đes.-] 男 不完全(にすること), 損なうこと; 半端.

des·ca·ba·lar [des.ka.ḃa.lár; đes.-] 他 **1** 不完全にする, ふぞろいにする, 半端物にする. **2** 乱す, 混乱させる. **― ~.se** 再 **1** 不完全になる; 半端になる. **2** 混乱する.

des·ca·bal·gar [des.ka.ḃal.gár; đes.-] 103 他 〈砲身を〉降ろす. **―**自 (馬から)降りる.

des·ca·be·lla·do, da [des.ka.ḃe.já.đo, -.đa; đes.- ‖ -.ʎá.-] 形 **1** 髪の乱れた. mujer descabellada 髪の乱れた女. **2** 思慮を欠いた, 常軌を逸した. ideas [teorías] descabelladas 途方もない考え[理論]. Es ~ hacer tal cosa. そんなことをするのはばかげている.

des·ca·be·lla·mien·to [des.ka.ḃe.ja.mjén.to; đes.- ‖ -.ʎa.-] 男 めちゃくちゃ, でたらめ; 雑言 (= despropósito).

des·ca·be·llar [des.ka.ḃe.jár; đes.- ‖ -.ʎár] 他 **1** …の髪を乱す. **2** 〖闘牛〗(首の急所を剣で突いて)とどめを刺す. **3** 《話》やっつけ仕事をする.
― ~.se 再 髪を乱す.

des·ca·be·llo [des.ka.ḃé.jo; đes.- ‖ -.ʎo] 男 **1** 〖闘牛〗(1) デスカベーリョ: 第一頸椎(けいつい)と第二頸椎の間の急所を剣で突き刺し即死させる技. (2) デスカベーリョに用いる剣. **2** 《話》やっつけ仕事.

des·ca·be·za·do, da [des.ka.ḃe.θá.đo, -.đa; đes.- / -.sá.-] 形 **1** 頭を切り落とされた; (ものの)頭部[上部]の取れた. **2** ばかげた; 無分別な. **3** 忘れっぽい.
―男女 思慮の足りない人.

des·ca·be·za·mien·to [des.ka.ḃe.θa.mjén.to; đes.- / -.sa.-] 男 **1** 斬首(ざんしゅ), 頭を切り落とすこと.

des·ca·be·zar [des.ka.be.θár; ðes.- / -.sár] 97 他 **1** 頭を切り落とす;〈ものの〉上部を除去する. ~ un clavo 釘(ﾂ)の頭を欠く. **2**《樹木の》上部を刈り込む;《植物の》先端[芽]を摘み取る. **3** 指導者を免職にする. ~ una organización 組織の長を免職にする. **4**《ラ米》(ｺﾞﾃﾞｨ)(ｻﾙﾊﾞ)《酒の》アルコール度を弱くする. ── **~·se** 再 **1**《穀物の穂から》実がこぼれる. **2** 頭を悩ます.
descabezar un sueño《話》うとうとする.

des·ca·bri·tar [des.ka.bri.tár; ðes.-] 他〈子ヤギを〉離乳させる.

des·ca·bu·yar·se [des.ka.bu.ʝár.se; ðes.-] 再《ラ米》(ｺﾞﾃﾞｨ)(ｻﾙﾊﾞ)《手から》すり抜ける, ずり落ちる;はかなく消える.

des·ca·cha·lan·dra·do, da [des.ka.tʃa.lan. drá.ðo, -.ða; ðes.-] 形《ラ米》《身なりに》無頓着(ﾑﾄﾝﾁｬｸ)な.

des·ca·cha·lan·drar·se [des.ka.tʃa.lan.drár. se; ðes.-] 再《ラ米》身なりを構わない.

des·ca·char [des.ka.tʃár; ðes.-] 他《ラ米》…の角(ﾂﾉ)を(切り)取る.

des·ca·cha·rra·do, da [des.ka.tʃa.řá.ðo, -.ða; ðes.-] 形《ラ米》(ﾌﾟｴ)《話》身なりがだらしない.

des·ca·cha·rrar [des.ka.tʃa.řár; ðes.-] 他 壊す;〈計画などを〉台無しにする.

des·ca·che [des.ká.tʃe; ðes.-] 男《ラ米》(ｺﾞﾃﾞｨ)《話》無礼, 不作法.

des·ca·de·rar [des.ka.ðe.rár; ðes.-] 他…の腰を痛める. ── **~·se** 再 腰を痛める.

des·ca·di·llar [des.ka.ði.ʝár; ðes.- ‖ -.ʎár;] 他〈羊毛の〉についたごみを取り去る.

des·ca·e·cer [des.ka.e.θér; ðes.- / -.sér] 34 自 → decaer.

des·ca·e·ci·mien·to [des.ka.e.θi.mjén.to; ðes.- / -.si.-] 男 → decaimiento.

des·ca·fei·na·do, da [des.ka.fei.ná.ðo, -.ða; ðes.-] 形 **1**〈コーヒーが〉カフェインを抜いた. **2** にせもの[まがいもの]の;刺激[迫力]が無い.
── 男 カフェイン抜きのコーヒー.

des·ca·fei·nar [des.ka.fei.nár; ðes.-] 88 他 **1**〈コーヒーから〉カフェインを取り除く. **2** 有害な[危険な]ものを取り除く.

des·ca·la·ba·zar·se [des.ka.la.βa.θár.se; ðes.- / -.sár.-] 97 再《話》→ descabezarse 2.

des·ca·la·bra·do, da [des.ka.la.βrá.ðo, -.ða; ðes.-] 形 **1** 頭にけがをした;負傷した. **2** 痛手を受けた, 損害を被った. salir ~ de un negocio 事業で大損害を被る.

des·ca·la·bra·du·ra [des.ka.la.βra.ðú.ra; ðes.-] 女 頭のけが;頭の傷跡.

des·ca·la·brar [des.ka.la.βrár; ðes.-] 他 **1** 頭にけがをさせる. **2** ひどいめに遭わせる, 虐待する. **3** 損害を与える.
── **~·se** 再 **1** 頭にけがをする. **2** がっかりする.

des·ca·la·bro [des.ka.lá.βro; ðes.-] 男 逆境, 災難;損害. sufrir muchos ~s en la vida 人生の辛酸をなめる. Esta derrota fue un ~. 今度の敗北はさんざんなものだった.

descalce(-) / descalcé(-) 活 → descalzar.

des·cal·ci·fi·ca·ción [des.kal.θi.fi.ka.θjón; ðes.- / -.si.-.sjón] 女《医》脱灰, 石灰質除去法.

des·cal·ci·fi·car [des.kal.θi.fi.kár; ðes.- / -.si.-] 102 他《医》〈骨などから〉石灰質を除去する.

des·ca·li·fi·ca·ción [des.ka.li.fi.ka.θjón; ðes.- / -.sjón] 女 **1** 資格剝奪(ﾊｸﾀﾞﾂ), 失格. ~ de un equipo チームの出場資格剝奪. **2** 信用の失墜.

des·ca·li·fi·car [des.ka.li.fi.kár; ðes.-] 102 他 **1** 資格を奪う, 失格させる. **2** 信用を失墜させる.

des·cal·za [des.kál.θa; ðes.- / -.sa] 女《ラ米》(ﾆｶﾗｸﾞｱ)《話》地方警察.

des·cal·zar [des.kal.θár; ðes.- / -.sár] 97 他 **1**〈履き物を〉脱がせる, 素足[はだし]にさせる. ~ las botas al niño 子供のブーツを脱がせる.
2《車輪・家具の》支(ｻｻ)い物 calza を取り除く.
── **~·se** 再 **1** 履き物を脱ぐ, 素足[はだし]になる. **2**〈馬が〉蹄鉄(ﾃｲﾃﾂ)を失う.

des·cal·zo, za [des.kál.θo, -.θa; ðes.-, -.so, -.sa] 形 **1** はだしの, 素足の. ir ~ 素足で歩く. **2**《話》《俗》極貧の, 無一文の. **3**《修道者が》跣足(ｾﾝｿｸ)の.
── 男 女《カト》跣足修道会の修道士[修道女].

des·ca·ma·ción [des.ka.ma.θjón; ðes.- / -.sjón] 女 **1**《医》《表皮の》剝離(ﾊｸﾘ), 落屑(ﾗｸｾﾂ). **2**《魚の》うろこをとること.

des·ca·mar [des.ka.már; ðes.-] 他《魚の》うろこをとる.
── **~·se** 再《医》〈皮膚が〉剝離(ﾊｸﾘ)する, かさぶたになって落ちる.

des·cam·biar [des.kam.bjár; ðes.-] 82 他 **1** 交換を取り消す. **2**《話》返品する, 〈他のものと〉交換する. **3**《話》両替.

des·cam·bu·ra·dor, do·ra [des.kam.bu.ra. ðór, -.ðó.ra; ðes.-] 男 女《ラ米》(ｺﾞﾃﾞｨ)代理人, 代行人.

des·cam·bu·rar [des.kam.bu.rár; ðes.-] 他《ラ米》(ｺﾞﾃﾞｨ)解任[更迭]する.

des·ca·mi·na·do, da [des.ka.mi.ná.ðo, -.ða; ðes.-] 形〈道・方向などが〉誤った, 迷った;間違った. 見当外れ[的外れ]の. andar [estar, ir] ~ 道を誤る, 間違った考えを抱く, 間違ったやり方をする. No andas muy ~. 君はそれほど間違ってはいない.

des·ca·mi·nar [des.ka.mi.nár; ðes.-] 他 **1** 間違った方向に導く, 道に迷わせる.
2 堕落させる, 悪の道に引き入れる. Las malas compañías lo *descaminaron*. 悪い仲間が彼を堕落させた. ── **~·se** 再 **1** 道を間違える, 道に迷う. **2** 正道を踏み外す.

des·ca·mi·no [des.ka.mí.no; ðes.-] 男 **1** 道を間違えること, 道に迷うこと (= desorientación). **2** 邪道に走ること. **3** 間違い, 誤り, 見当外れ, でたらめ.

des·ca·mi·sa·do, da [des.ka.mi.sá.ðo, -.ða; ðes.-] 形 **1**《話》シャツを着ていない, ボタンを留めないでシャツを着た, 上半身裸の. **2**《話》《軽蔑》ぼろを着た;ひどくみすぼらしい.
── 男 女 **1** ぼろを着た人;みすぼらしい人. **2**《ラ米》(ｱﾙｾﾞﾝ)《複数で》《労働者が》ペロン Juan Domingo Perón 大統領(在任1946-55, 73-74)支持者.
── 男《複数で》《史》デスカミサドス:スペインで1820年の革命に参加した自由主義者たち.

des·ca·mi·sar [des.ka.mi.sár; ðes.-] 他《ラ米》(ﾁ) **(1)**〈果物の〉皮をむく. **(2)** 身ぐるみはがす;破滅[破産]させる.
── **~·se** 再 (上着を脱いで)シャツ姿になる.

des·cam·pa·do, da [des.kam.pá.ðo, -.ða; ðes.-] 形 原っぱの, 空き地の. ── 男 空き地, 原っぱ. al [en] ~ 野外で, 広々とした所で.

des·cam·par [des.kam.pár; ðes.-] 自《3人称単数・無主語で》〈空が〉晴れる, 雨が上がる (= escampar).

des·can·ga·ya·do, da [des.kaŋ.ga.ʝá.ðo, -.ða; ðes.-] 形《話》《ラ米》鈍感な, 優雅さ[気品]が感じられない

des·can·sa·da·men·te [des.kan.sá.ða.mén.te; ðes.-] 副 **1** 苦労せずに, 難なく. **2** ゆったりと, のんびりと.

des·can·sa·do, da [des.kan.sá.ðo, -.ða; ðes.-] 形 **1** 《estar+》休養した, 疲れの取れた；くつろいだ；心配のない；穏やかな. Ya *estoy* ~. もう元気になりました. Puede usted *estar* ~, que... …ということですからご安心ください.
2 《ser+》たやすい. Este trabajo *es* mucho más ~ que el otro. この仕事はあれよりずっと楽だ.

des·can·sa·piés [des.kan.sa.pjés; ðes.-] 男《単複同形》足載せ台 (= reposapiés).

˟˟˟des·can·sar [des.kan.sár; ðes.-] 自 **1** 休む, 休息する；《de... …の》疲れを取る. ~ de un viaje 旅の疲れをいやす. *Descansemos* un rato. ちょっと休憩をとろう. Mañana pienso ~ en casa. 明日は家でゆっくりするつもりだ.
2 眠る, 横になる. No entréis, que papá *está descansando*. 今お父さんが寝ているから入ったらだめですよ. ¡Que *descanses*! ゆっくり休んでください, お休みなさい.
3 ほっとする,（痛みが収まって）楽になる. Cuando termine todo esto, podré ~. これが全部終わったらひと息つける. En esta posición *descanso* mejor. この姿勢のほうが私はよく休まる. Si tomas esta pastilla, *descansarás*. この錠剤を飲んだら痛みが収まるよ.
4 〈死者が〉永眠する. Aquí *descansa* un héroe de la patria.《墓碑銘》祖国の英雄ここに眠る.
5 《sobre... / en... …に》…が載っている, 支えられる；基づく. Sus manos *descansaban sobre* las rodillas. 彼〔彼女〕の両手はひざの上に置かれていた. Nuestro éxito *descansa sobre* tus hombros. 私たちの成功は君の肩にかかっている.
6 《en... …を》頼りにする, 信頼する. La madre *descansa en* sus hijos. 母は子供たちを頼りにしている. ▶ 時に再帰代名詞を伴う. → 再.
7 〈土地が〉休耕中である. dejar ~ la tierra hasta el próximo año 来年まで土壌を休ませる.

—他 **1** 《sobre... / en... …に》載せる, もたせかける. ~ los pies *sobre* un sillón ひじ掛けいすの上に足を投げ出す. ~ la espalda *en* la puerta 背中をドアにもたせかける. ¡*Descansen* armas!《軍》《号令》立て銃⟨3⟩, 銃を下ろせ.
2 〈人・体の部位を〉休ませる, …の疲れを取る. Una ducha caliente te *descansará*. 熱いシャワーを浴びたら疲れが取れますよ. Los árboles me *descansan* la vista. 木々を見ると目が休まる.
3 《en+人〈人〉に》〈苦しみなどを〉打ち明ける；〈仕事などを〉委ねる. No tengo a nadie *en* quien ~ mis preocupaciones. 私には悩みを打ち明ける人がいない. **4** 〈人を〉手助けさせる, 手伝う.

—~·se 再《en+人 / con+人〈人〉を》頼りにする, 当てにする. *Me descanso en* mi hermano tratándose de estos temas. こういう問題になると私は兄〔弟〕を当てにしている.

..., *que en paz descanse* 今は亡き…, 故…. Esto me lo dio mi padre, *que en paz descanse*. これは亡くなった父が私にくれたものです.

des·can·si·llo [des.kan.sí.ʝo; ðes.- ‖ -.ʎo] 男（階段の）踊り場 (= rellano).

˟des·can·so [des.kán.so; ðes.-] 男 **1** 休み, 休憩；休止. día de ~ 休日；安息日；休演日. ~ semanal 週休. ~ de maternidad 出産休暇. tomar un ~ 休憩を取る. trabajar sin ~ 休みなしに働く. solicitar un ~ 休暇を願い出る. ¡En su lugar, ~!《軍》《号令》休め.
2《演》休憩時間, 幕間(まくあい)；《スポ》ハーフタイム.
3 安らぎ, 慰め；よりどころ. Tu compañía me da ~. 君と一緒にいると心が休まる.
4（階段の）踊り場 (= descansillo). **5** 支柱, 台. una mecedora con ~ para la cabeza ヘッドレストのついたロッキングチェア. **6**《ラ米》《俗》便所, トイレ；公衆便所.

eterno descanso 永眠. celebrar una misa por el *eterno* ~ del alma de+人〈故人〉の魂の冥福のためにミサを挙げる.

des·can·ti·llar [des.kan.ti.ʝár; ðes.- ‖ -.ʎár] 他 **1** 縁を欠く, 角を壊す. ~ un vaso コップの縁を欠く. **2** 値引きする. **3** 横領する.
—~·se 再 縁[角]が欠ける.

des·can·to·nar [des.kan.to.nár; ðes.-] 他 → descantillar.

des·ca·ño·nar [des.ka.ɲo.nár; ðes.-] 他 **1**〈鳥の〉羽毛をむしり取る. **2**（ほお・あごの）ひげをきれいにそる, 逆ぞりする. **3**《話》〈賭博(とばく)で〉金をすっかり巻き上げる, 裸にする.

des·ca·pa·char [des.ka.pa.tʃár; ðes.-] 他《ラ米》《ヨウン》…の皮をむく.

des·ca·pe·ru·zar [des.ka.pe.ru.θár; ðes.- / -.sár] 97 他 ずきんを脱がせる.
—~·se 再 ずきんを取る［脱ぐ］.

des·ca·pi·ru·zar [des.ka.pi.ru.θár; ðes.- / -.sár] 97 他《ラ米》《ヨウン》…の毛をくしゃくしゃにする.

des·ca·pi·ta·li·za·ción [des.ka.pi.ta.li.θa.θjón; ðes.- / -.sa.sjón] 女 **1**（企業・団体での）資金〔資産〕の損失. **2**（国家・自治体での）歴史〔文化〕的産物〔財産〕の損失〔消滅〕.

des·ca·pi·ta·li·zar [des.ka.pi.ta.li.θár; ðes.- / -.sár] 97 他 **1**〈企業・団体の〉資金を食いつぶす, 資産に損失を与える. **2**〈国家・自治体の〉歴史〔文化〕的な財産を破壊する.
—~·se 再 **1**〈企業・団体が〉資金〔資産〕を失う. **2**〈国家・自治体が〉歴史〔文化〕的な財産を失う.

des·ca·po·ta·ble [des.ka.po.tá.ble; ðes.-] 形《車》幌(ほろ)付きの, コンバーチブル型の.
—男 コンバーチブル, 幌付きのオープンカー (= coche ~, convertible).

des·ca·po·tar [des.ka.po.tár; ðes.-] 他 幌(ほろ)を取り外す, 折り畳む.

des·ca·pu·llar [des.ka.pu.ʝár; ðes.- ‖ -.ʎár] 他〈つぼみを〉だめにする, もぎ取る.

des·ca·ra·char [des.ka.ra.tʃár; ðes.-] 他《ラ米》《ヨウン》〈縁(ふち)・へりを〉割る〔欠く〕.
—~·se 再〈縁(ふち)・へりが〉割れる［欠ける］.

des·ca·ra·da·men·te [des.ka.rá.ða.mén.te; ðes.-] 副 厚かましく, ずうずうしく.

des·ca·ra·do, da [des.ka.rá.ðo, -.ða; ðes.-] 形 ずうずうしい, 厚かましい；破廉恥な, 恥知らずの. niño ~ こましゃくれた子供. mentira *descarada* しらじらしいうそ.
—男女 **1** ならず者. **2** 無礼な〔傲慢(ごうまん)な〕やつ.

des·ca·rar·se [des.ka.rár.se; ðes.-] 再《con... …に対して》ずうずうしく〔無礼に〕振る舞う, 恥知らずな言動をする. Se *descaró* a pedirme que le invitara. 彼はずうずうしくも私におごれと言った.

des·car·bo·na·tar [des.kar.bo.na.tár; ðes.-] 他《化》脱炭酸する, 二酸化炭素を除く.

des·car·bu·ra·ción [des.kar.bu.ra.θjón; ðes.- / -.sjón] 囡〚技〛脱炭, 炭素除去法.

des·car·bu·rar [des.kar.bu.rár; ðes.-] 他〚技〛炭素を除去する, 〚冶〛脱炭する.

des·car·ga [des.kár.ga; ðes.-] 囡 **1** 荷降ろし. ~ de un barco 船の荷揚げ. **2** (精神的負担・心配事からの)解放. **3** 発射, 発砲; 一斉射撃 (= ~ cerrada). **4**〚電〛放電. tubo de ~ 放電管. **5** 分娩.

des·car·ga·de·ro [des.kar.ga.ðé.ro; ðes.-] 男 荷降ろし[荷揚げ]場; 波止場, 埠頭(ぅ).

des·car·ga·do, da [des.kar.gá.ðo, -.ða; ðes.-] 形〈電池が〉切れた, 〈バッテリーが〉上がった.

des·car·ga·dor, do·ra[1] [des.kar.ga.ðór, -.ðó.ra; ðes.-] 囡 沖仲仕; 積み降ろし作業員.
— 男〚電〛放電器.

des·car·ga·dor, do·ra[2] [des.kar.ga.ðór, -.ðó.ra; ðes.-] 男 (ラ米)(*口*)寄食者, 居候, たかり屋.

des·car·ga·du·ra [des.kar.ga.ðú.ra; ðes.-] 囡 (背肉やあばら肉を売るときに取り除く)骨.

***des·car·gar** [des.kar.gár; ðes.-] 103 他 **1** …から荷を降ろす; 〈de... …から〉〈積荷を〉降ろす. ~ una barcaza はしけから荷揚げする. ~ el azúcar de un barco 船から砂糖を陸揚げする. **2**〈de... (義務・負担・心配事など)を〉取り除く. ~ a+人 de la responsabilidad (人)を義務から解放する. ~ a+人 de la culpa (人)の罪を晴らす. **3**〚軍〛(1)〈sobre... / en... / contra... …に向かって〉発砲する. (2)〈火薬・弾薬を〉放つ. **4**〈contra... …に〉〈打撃などを〉加える, 浴びせる. ~ un golpe contra el atracador [la puerta] 強盗に一発くらわせる[ドアを強打する]. **5**〈contra... / en... …に〉〈感情などを〉ぶちまける. ~ el malhumor en los niños (機嫌が悪くて)子供たちに当たる. **6**〈不要なもの・余分なものを〉取り除く. **7**〚電〛放電させる. para no ~ la batería del coche 車のバッテリーが上がらないように. **8**〈雨・あられなどを〉降らせる. Las nubes descargaron lluvia. 雲は雨を(激しく)降らせた. **9**〚IT〛ダウンロードする.
— 自 **1**〈en... …に〉〈川が〉注ぐ, 流れ込む. **2** 雨[あらし, ひょう, あられ]になる. Una tempestad descargó sobre Madrid. あらしがマドリードを襲った. **3** 発砲する; 猛打を浴びせる. **4**〚電〛放電する.
— ~·se 再 **1**〚電〛放電する. **2**〈en... / sobre... …に〉〈de... 〈責任など〉を〉転嫁する, 負わせる, ゆだねる. ~se de sus obligaciones en [sobre] un colega 自分の責任を同僚に押しつける. **3** 辞職[辞任, 退職]する (= dimitir). **4**〈de... 〈苦しみなど〉から〉楽になる; 〈en... / contra... …に〉怒りをぶちまける. Me descarguéen la niña. 私は娘に当たり散らした. **5**〚法〛〈de... …の〉疑いを晴らす.
descargar la conciencia (告白して)心を軽くする; 悔い改める.
descargar la mano a+人 (人)を罰する, ひどい仕打ちをする.

des·car·go [des.kár.go; ðes.-] 男 **1** 荷降ろし, 荷揚げ (= descarga). **2** (精神的負担からの)解放, 安堵(ぁ); (義務の)免除. en ~ de conciencia 気休めに. **3**〚法〛(1)〈容疑・告発に対する〉無罪〖釈放, 放免〗. (2)(被告側の)答弁, 抗弁. en ~ de+人 (人)を弁護して, (人)の弁護側にたって. pliego de ~ 弁護側の証拠. testigo de ~ 弁護側証人. **4**〈複数で〉弁解, 弁明.

des·car·gue [des.kár.ge; ðes.-] 男 荷降ろし, 荷揚げ (= descarga).

des·car·gue(-) / **des·car·gué**(-) 活 → descargar.

des·car·na·da·men·te [des.kar.ná.ða.mén.te; ðes.-] 副 率直に, あからさまに, 手っ取り早く.

des·car·na·do, da [des.kar.ná.ðo, -.ða; ðes.-] 形 **1** 肉の落ちた, やせた. cara *descarnada* やせ細った顔. **2**〈骨〉肉のついていない, 肉をきれいにはぎ取った. **3** むき出しの; 〈表現が〉率直な, 露骨な, 生々しい. estilo ~ 直截(ちょく)な文体. **4** 磨滅した.
— 囡 死.

des·car·na·dor [des.kar.na.ðór; ðes.-] 男 (歯科医の用いる)スクレーパー, 擦過器.

des·car·na·du·ra [des.kar.na.ðú.ra; ðes.-] 囡 **1** 肉を骨からはぎ取ること. **2** やせ細ること. **3** 磨滅. **4** すり傷.

des·car·nar [des.kar.nár; ðes.-] 他 **1**〈骨・皮から〉肉をそぐ, はぎ取る. **2** あらわ[むき出し]にする. **3** 磨滅させる; やせ衰えさせる.
— ~·se 再 **1** 肉が落ちる, やせ細る. **2** あらわ[むき出し]になる, 裸になる. **3** 磨滅する, すり減る.
descarnar por otro 他人のために財産をすり減らす, 身投を切る.

des·car·ne [des.kár.ne; ðes.-] 男 (ラ米)(牛の)皮の内側, (牛の)皮の内側に付着した肉[脂肪].

des·ca·ro [des.ká.ro; ðes.-] 男 ずうずうしさ, 厚かましさ; 恥知らず, 無礼. Tuvo el ~ de venir a mi casa. 彼[彼女]は厚かましくも私の家までやって来た.

des·ca·ro·zar [des.ka.ro.θár; ðes.- / -.sár] 97 他 (ラ米)(*口*)〈果物の〉芯(し)を取る, 種を抜く.

des·ca·rria·mien·to [des.ka.rja.mjén.to; ðes.-] 男 → descarrío.

des·ca·rriar [des.ka.rjár; ðes.-] 81 他 **1** 道から外れさせる, 道を間違えさせる (= desviar). **2** 堕落させる. **3** 群れから引き離す. oveja *descarriada* 迷える羊. — ~·se 再 **1** 道に迷う, 道を間違える. **2** 正道を踏み外す. **3**〈動物が〉群れからはぐれる.

des·ca·rri·la·du·ra [des.ka.ri.la.ðú.ra; ðes.-] 囡 → descarrilamiento.

des·ca·rri·la·mien·to [des.ka.ri.la.mjén.to; ðes.-] 男 脱線. No hubo heridos en el tren Madrid-Zaragoza. マドリード・サラゴサ間の列車の脱線事故では負傷者はいなかった.

des·ca·rri·lar [des.ka.ri.lár; ðes.-] 自 **1**〈列車が〉脱線する. **2**〈議論などが〉本題を外れる.
— ~·se 再 (ラ米)脱線する.

des·ca·rrí·o [des.ka.rí.o; ðes.-] 男 **1** 道に迷うこと. **2**〈動物が〉群れからはぐれる[えり出される]こと. **3** 正道を踏み外すこと.

des·car·ta·ble [des.kar.tá.ble; ðes.-] 形 (ラ米)(ぐ*)(ぷ*)使い捨ての.

***des·car·tar** [des.kar.tár; ðes.-] 他 **1**〈不要なものを〉捨てる, 放棄する; 〈むげに〉拒絶する. ~ un proyecto 計画を取りやめる. ~ una posibilidad 可能性を認めない[退ける]. quedar *descartado* 除外されている. **2**〚遊〛(トランプ)〈不要な札を〉捨てる.
— ~·se 再〈de...〉**1**〚遊〛(トランプ)〈(不要な札)を〉捨てる. **2**〈…を〉避ける, 逃れる; 辞退する.

des·car·te [des.kár.te; ðes.-] 男 **1** (不要なものの)除外, 廃棄; 取り止め. **2**〚遊〛(トランプ)捨て札. **3** 退けること, 拒絶. **4** 弁解, 口実. **5**〚スポ〛ラインナップから除外された選手. **6** (ラ米)(^ゲ)(廉価で売られる)傷物.

des·ca·sa·mien·to [des.ka.sa.mjén.to; ðes.-] 男 婚姻関係の解消; 離婚, 離縁.

des·ca·sar [des.ka.sár; ðes.-] 他 **1** 結婚を無効と

des·ca·sar する；別居させる；離婚させる. **2**〈整然としたものを〉めちゃめちゃにする；不ぞろいにする. ~ los sellos de una colección コレクションの切手をごちゃごちゃにする. **3**【印】面付けする. **4**《ラ米》(ダ)(ﾌｨﾘ)(ｺﾞｱ)反故(ﾎｺﾞ)にする, 解消する.
— ~**se** 圓 離婚する, 別居する.

des·cas·car [des.kas.kár; ðes.-] 102 他 〈クルミ・ゆで卵などの〉殻を割る[むく]；〈オレンジなどの〉皮をむく.
— ~**se** 圓 **1** 殻が割れる[はぜる]. **2** 威張りくさる, 大ぼらを吹く.

des·cas·ca·rar [des.kas.ka.rár; ðes.-] 他 **1** → descascar. **2** 《ラ米》(ｴｸﾄﾞ)…の皮をはぎ取る；こき下ろす. — ~**se** 圓 殻が割れる[はぜる]；〈ペンキ・樹皮などが〉はがれ落ちる, めくれる.

des·cas·ca·ri·lla·do [des.kas.ka.ri.ʎá.ðo; ðes.- ‖ -.ʎá.-] 形 **1** 薄皮をむく[取る]こと. **2**〈絵・ペンキ・七宝などの〉剝落(ﾊｸﾗｸ), 剝離. una pared con ~s ペンキのあちこちはげている壁.

des·cas·ca·ri·llar [des.kas.ka.ri.ʎár; ðes.- ‖ -.ʎár] 他 **1** 薄皮をむく[取る]. arroz descascarillado 精米. **2** こそげ落とす, 〈爪(ﾂﾒ)などで〉はがす.
— ~**se** 圓 剝落(ﾊｸﾗｸ)する, 剝離する.

des·cas·ta·do, da [des.kas.tá.ðo, -.ða; ðes.-] 形 **1**（家族・友人などに対して）冷たい, そっけない, 薄情な. **2** 恩知らずな.
— 男 女 家族・友人などに対して薄情な人；恩知らず.

des·ca·ta·lo·ga·do, da [des.ka.ta.lo.ɣá.ðo, -.ða; ðes.-] 形 カタログから削除された；旬を過ぎた.

des·ca·ta·lo·gar [des.ka.ta.lo.ɣár; ðes.-] 103 他 カタログから削除する.

des·ca·to·li·za·ción [des.ka.to.li.θa.θjón; ðes.- / -.sa.sjón] 女 非カトリック化.

des·ca·to·li·zar [des.ka.to.li.θár; ðes.- / -.sár] 97 他 カトリック的特質を失わせる, 非カトリック化する.

des·cau·da·la·do, da [des.kau.ða.lá.ðo, -.ða; ðes.-] 形 破産した, 没落した.

des·ce·bar [des.θe.βár; ðes.- / -.se.-] 他〈銃の〉点火薬を取り除く；雷管を外す.

des·cen·den·cia [des.θen.dén.θja; ðes.- / -.sen.-.sja] 女 **1** 家系, 血統(= linaje). **2**《集合的》子孫. Su ~ vive en Madrid. 彼[彼女]の子孫はマドリードに住んでいる.

***des·cen·den·te** [des.θen.dén.te; ðes.- / -.sen.-] 形 **1** 下降する, 下向きの, 下りの (↔ascendente). curva ~ 下降曲線；下りカーブ. tren ~ 下り列車. (…の)血筋の, 流れをくむ. línea ~ 末裔(ﾏﾂｴｲ). **3** 減少する. población ~ 人口減少. **4**〈潮が〉引いている. marea ~ 引き潮, 干潮. **5**【音楽】〈音階が〉下降する.

***des·cen·der** [des.θen.dér; ðes.- / -.sen.-] 12 自 **1** 降りる, 下りる, 下る. ~ la escalera 階段を降りる.
2《de... …から》降ろす, 下げる.
— 自 **1** 降りる. ~ del tren 電車を降りる. ~ al sótano 地下に降りる.
2 下がる. ~ el precio [la temperatura] 価格[気温]が下がる.
3《de... …》出である；由来する. ~ de una familia ilustre 名家の出身である. Su carácter desciende de su niñez. 彼[彼女]の性格は子供時代に原因がある. **4**《de..., ...》が》下がる；《en... …において》衰える. ~ de categoría 降格する；…の格が落ちる. ~ en energías físicas 体力が衰える. **5**【音楽】音を下げる. **6** 垂れ下がる. **7**《a... …まで》至る, 及ぶ.

[← [ラ] dēscendere (dē- 「下へ」+ scandere 「上がる」)]. 関連 descendiente, descendencia, descenso, ascender.〔英〕descend

***des·cen·dien·te** [des.θen.djén.te; ðes.- / -.sen.-] 形《de... …の》流れをくむ, 血を引く. Era ~ de una familia linajuda. 彼[彼女]は由緒ある家柄の出であった.
— 男 女 子孫, 卑属；末裔(ﾏﾂｴｲ).

des·cen·di·mien·to [des.θen.di.mjén.to; ðes.- / -.sen.-] 男 **1** → descenso. **2** 降架. D~ de la Cruz キリスト降架（を主題とする絵画・彫刻）.

des·cen·sión [des.θen.sjón; ðes.- / -.sen.-] 女 → descenso.

***des·cen·so** [des.θén.so; ðes.- / -.sén.-] 男 **1** 降りること, 下降；降下 (↔ascenso). **2**（下り）坂, 傾斜. el ~ hacia el río 川へ降りる道. **3** 低下, 下落；衰退；降格. ~ del nivel de un río 川の水位の低下. ~ a la segunda división 《スポ》2部 [2軍] への降格. **4**【スポ】（スキーの）滑降競技.

des·cen·tra·ción [des.θen.tra.θjón; ðes.- / -.sen.-.sjón] 女 中心からのずれ, 偏心.

des·cen·tra·do, da [des.θen.tra.ðo, -.ða; ðes.- / -.sen.-] 形 **1** 偏心的な, 中心から外れた. **2**（環境に）なじんでいない, 溶け込めないでいる. Me encuentro ~ en esta ciudad. 私はこの町になじめずにいる. **3**（問題などの）焦点がずれた.
— 男 中心からずれること, 偏心.

des·cen·tra·li·za·ción [des.θen.tra.li.θa.θjón; ðes.- / -.sen.-.sa.sjón] 女 地方分権(化)；分散(化).

des·cen·tra·li·za·do, da [des.θen.tra.li.θá.ðo, -.ða; ðes.- / -.sen.-.sa.-] 形 地方分権[分散]化した.

des·cen·tra·li·za·dor, do·ra [des.θen.tra.li.θa.ðór, -.ðó.ra; ðes.- / -.sen.-.sa.-] 形 地方分権の, 分散する. — 男 女 地方分権主義者, 分散主義者.

des·cen·tra·li·zar [des.θen.tra.li.θár; ðes.- / -.sen.-.sár] 97 他〈行政権・機能を〉分散させる, 地方分権にする；分散させる.

des·cen·tra·mien·to [des.θen.tra.mjén.to; ðes.- / -.sen.-] 男 **1** 中心から外れること, 偏心. **2** 不均衡. **3**（環境・場所に）なじまないこと, 疎外感；当惑, いらだち.

des·cen·trar [des.θen.trár; ðes.- / -.sen.-] 他 **1** 中心から外す. **2**〈人を〉（環境・場所に）なじませない. **3** 集中力を失わせる, いらだたせる.
— ~**se** 圓 **1** 中心から外れる.
2《con... …のせいで》（環境に）なじまない, 疎外感を味わう. **3** 集中力を失う, いらだつ.

des·ce·ñir [des.θe.nír; ðes.- / -.se.-] 4 他〈ベルト・帯などを〉緩める. — ~**se** 圓 **1** 緩む, 解ける. **2**〈自分のバンド・帯などを〉緩める, 解く.

des·ce·par¹ [des.θe.pár; ðes.- / -.se.-] 他 **1** 根から[株ごと]引き抜く. **2**〈悪習などを〉根絶する.

des·ce·par² [des.θe.pár; ðes.- / -.se.-] 他【海】抜錨する.

des·ce·rar [des.θe.rár; ðes.- / -.se.-] 他〈ミツバチの巣から〉空の巣室を取り除く.

des·cer·ca·do, da [des.θer.ká.ðo, -.ða; ðes.- / -.ser.-] 形 囲いのない, 包囲の解かれた.

des·cer·car [des.θer.kár; ðes.- / -.ser.-] 102 他 **1**《de + 場所 …から》〈城壁・囲いなどを〉取り払う, 取り壊す. **2** 包囲を解く[解かせる].

des·cer·co [des.θér.ko; ðes.- / -.sér.-] 男【軍】包囲を解く[解かせる]こと；（包囲された町などの）救出,

救援.

des·ce·re·bra·do, da [des.θe.re.βrá.ðo, -.ða; ðes.- / -.se.-] 形《話》《軽蔑》記憶力が悪い,度忘れ[物忘れ]がひどい. ― 男 女 記憶力が悪い人.

des·ce·re·brar [des.θe.re.βrár; ðes.- / -.se.-] 他 **1** 脳に障害を与える,脳の機能を失わせる. **2** (実験のために)〈動物の〉脳を摘出[除去]する.

des·ce·re·zar [des.θe.re.θár; ðes.- / -.se.-sár] 97 他《話》〈コーヒー豆から〉果肉を取り除く.

des·ce·rra·ja·do, da [des.θe.ra.xá.ðo, -.ða; ðes.- / -.se.-] 形 **1** 錠がこじ開けられた. **2**《話》放蕩(ほうとう)な,堕落した.

des·ce·rra·ja·du·ra [des.θe.ra.xa.ðú.ra; ðes.- / -.se.-] 女 こじ開けること,突破すること.

des·ce·rra·jar [des.θe.ra.xár; ðes.- / -.se.-] 他 **1** …の錠をこじ開ける,(錠を壊して)ドアをこじ開ける. **2**《話》〈銃を〉発射する. ~ la puerta (錠を壊して)ドアをこじ開ける. ~ un tiro 一発ぶつ. **3**《話》ぶと口にする.

des·ce·rrar [des.θe.rár; ðes.- / -.se.-] 8 他 開く,開ける.

des·ce·rru·mar·se [des.θe.ru.már.se; ðes.- / -.se.-] 再〈馬などが〉脚首の関節を外す.

des·cer·ti·fi·ca·ción [des.θer.ti.fi.ka.θjón; ðes.- / -.ser.-.sjón] 女 → sanción.

des·cer·ti·fi·car [des.θer.ti.fi.kár; ðes.- / -.ser.-] 102 他 → sancionar.

des·cer·vi·gar [des.θer.βi.ɣár; ðes.- / -.ser.-] 103 他〈動物の〉首をひねる,ひねり殺す.

des·cha·lar [des.tʃa.lár; ðes.-] 他《ラ米》〈トウモロコシの〉皮をむく.

des·cha·par [des.tʃa.pár; ðes.-] 他《ラ米》(1)(ごル)留め金を外す,開ける. (2)(チリ)(チリ)(南)…の錠[錠前]を壊す,錠を取り外す.

des·char·char [des.tʃar.tʃár; ðes.-] 他《ラ米》(中米)解雇する,首にする. [←〖英〗discharge]

des·cha·var [des.tʃa.βár; ðes.-] 他《ラ米》(ラプ)覆いを取り去る,暴く. ― ~·se 再《ラ米》(ラプ)無邪気に振る舞う,ごく自然に体が動く. (2)(ラプ)暴く.

des·cha·ve·ta·do, da [des.tʃa.βe.tá.ðo, -.ða; ðes.-] 形《ラ米》良識[分別]を欠いた,不まじめな,不誠実な.

desciend- 活 → descender.

des·ci·fra·ble [des.θi.frá.βle; ðes.- / -.si.-] 形〈暗号文・文字などが〉解読できる,判読可能な.

des·ci·fra·do [des.θi.frá.ðo; ðes.- / -.si.-] 男 **1** 判読,解読. **2**〖音楽〗視奏,視唱:楽譜を初見で演奏する[歌う]こと.

des·ci·fra·dor, do·ra [des.θi.fra.ðór, -.ðó.ra; ðes.- / -.si.-] 形 判読する,解読する.
― 男 女 判読する人,解読者.

des·ci·fra·mien·to [des.θi.fra.mjén.to; ðes.- / -.si.-] 男 判読,解読;なぞ解き.

des·ci·frar [des.θi.frár; ðes.- / -.si.-] 他 **1**〈読みにくい字などを〉判読する;〈暗号・文字などを〉解読する;〈なぞ・難問を〉解く. ~ un jeroglífico 象形文字を解読する. **2**〈行動・発言などの意味を〉判じる,見抜く.

des·ci·fre [des.θí.fre; ðes.- / -.sí.-] 男 → desciframiento.

des·cim·brar [des.θim.brár; ðes.- / -.sim.-] 他〖建〗〈アーチ・アーチ形天井の〉枠を取り外す.

des·ci·men·tar [des.θi.men.tár; ðes.- / -.si.-] 8 他〈建物などの〉基礎[土台]を取り壊す. ▶ 規則動詞としても用いられる.

des·cin·char [des.θin.tʃár; ðes.- / -.sin.-] 他〈馬の〉腹帯を外す[緩める].

des·cla·sa·do, da [des.kla.sá.ðo, -.ða; ðes.-] 形 **1** (社会集団や組織に)帰属意識を持たない,(社会学で)大衆の. **2** 不相応の集団に属した,場違いな,似つかわしくない. ― 男 女 はみ出し者,場違いな人間.

des·cla·sar·se [des.kla.sár.se; ðes.-] 再 (社会的な)地位[存在意義]を失う[捨てる].

des·cla·si·fi·car [des.kla.si.fi.kár; ðes.-] 102 他〈整理されていたものを〉ばらばらにする.

des·cla·va·dor [des.kla.βa.ðór; ðes.-] 男 釘(くぎ)抜き (= sacaclavos).

des·cla·var [des.kla.βár; ðes.-] 他 **1** 釘(くぎ)を抜く,(釘を抜いて)外す. **2**〈宝石を〉台から外す.

des·co·a·gu·lar [des.ko.a.ɣu.lár; ðes.-] 他 溶かす,液化する,融解させる.

des·co·ba·jar [des.ko.βa.xár; ðes.-] 他〈ブドウの房から〉茎を取る,〈ブドウの実を〉房から取り除く.

des·co·ca·da·men·te [des.ko.ká.ða.mén.te; ðes.-] 副 臆面(おくめん)もなく,厚かましくも.

des·co·ca·do, da [des.ko.ká.ðo, -.ða; ðes.-] 形 恥知らずな,ずうずうしい. una mujer *descocada* 厚かましい女. ― 男 女 厚顔無恥な人.

des·co·ca·mien·to [des.ko.ka.mjén.to; ðes.-] 男 → descoco.

des·co·car [des.ko.kár; ðes.-] 102 他〈害虫のついた枝を〉除去する,〈木から〉害虫を取り除く.

des·co·car·se [des.ko.kár.se; ðes.-] 102 再《話》厚かましく振る舞う,横柄な態度を取る.

des·co·cho·lla·do, da [des.ko.tʃo.ʎá.ðo, -.ða; ðes.- ‖ -.ʎá.-] 形《ラ米》(チリ)《話》ぼろを着た,みすぼらしい身なりの.

des·co·co [des.kó.ko; ðes.-] 男 厚かましさ,ずうずうしさ;無礼.

des·co·co·ro·tar·se [des.ko.ko.ro.tár.se; ðes.-] 再《ラ米》(コスタ)《話》頭を傷つける.

des·co·co·tar [des.ko.ko.tár; ðes.-] 他《ラ米》(ほね)《話》…の首を切る.

des·co·di·fi·ca·ción [des.ko.ði.fi.ka.θjón; ðes.- / -.sjón] 女 (暗号の)解読,デコーディング.

des·co·di·fi·ca·dor [des.ko.ði.fi.ka.ðór; ðes.-] 男 (暗号の)解読装置,デコーダ.

des·co·di·fi·car [des.ko.ði.fi.kár; ðes.-] 102 他 (暗号を)解読する,デコードする,スクランブルをはずす.

des·co·ger [des.ko.xér; ðes.-] 100 他〈折り畳んだ[巻いた]ものを〉開く,伸ばす,広げる.

des·co·go·llar [des.ko.ɣo.ʎár; ðes.- ‖ -.ʎár] 他 芽かき[摘心]をする.

des·co·go·ta·do, da [des.ko.ɣo.tá.ðo, -.ða; ðes.-] 形 **1** 角(つの)を切り落とされた. **2** 襟足がむき出しの.

des·co·go·tar [des.ko.ɣo.tár; ðes.-] 他〈シカの〉角を切り落とす.

des·co·jo·na·mien·to [des.ko.xo.na.mjén.to; ðes.-] 男《卑》ばか笑い.

des·co·jo·nar·se [des.ko.xo.nár.se; ðes.-] 再《卑》ばか笑いする.

des·co·jo·ne [des.ko.xó.ne; ðes.-] / **des·co·jo·no** [des.ko.xó.no; ðes.-] 男《卑》ばか笑い.

des·co·la·da [des.ko.lá.ða; ðes.-] 女《ラ米》(キュバ)無視.

des·co·lar [des.ko.lár; ðes.-] 他 **1**〈動物の〉尾を切る[切り詰める]. **2**〈布地の〉商標などのついていないほうの端を切り取る. **3**《ラ米》(1)(ベネ)《話》解雇する,首にする. (2)(ほね)無視する,鼻であしらう.

des·col·char [des.kol.tʃár; ðes.-] 他〖海〗〈綱の〉よりをほどく.

*des·col·gar [des.kol.gár; đes.-] 17 他 〈掛けてあったものを〉降ろす, 外す, 取り去る. ~ un cuadro de la pared 壁から絵を外す.

2 つり降ろす. *Descolgaron* una cesta con una cuerda de la ventana. 彼らは窓からロープでかごをつり降ろした. **3**〈受話器を〉取る. dejar el teléfono *descolgado* 受話器を外したままにしておく. **4**《スポ》〈他の選手たちを〉引き離す.

— 自《ラ米》(話) 招待されないでパーティーに現れる.

— **~·se** 再 **1**〈掛けてあったものが〉落ちる, 外れる; 急に降りてくる. *Se ha descolgado* el cuadro. 絵が落ちた. Las tropas *se descolgaron* de las montañas. 軍隊が山から押し寄せてきた.

2《**por**＋場所》〈を伝って〉降りる, 滑り降りる. **3**《話》《**por...** …に》突然現れる. A veces *se descuelga por* casa a la hora de comer. 彼[彼女]はよく食事時になるとひょっこり現れる.

4《話》《**con...** …を》突然言い出す;《**con que**＋直説法 / ＋現在分詞 …などと》突拍子もないことを言う. *Se descolgó con* una noticia sensacional. 彼[彼女]はあっと驚くような知らせを口にした. Y ahora *te descuelgas con que* no *quieres* hacerlo. おまえときたら, 今になって嫌だと言いだすんだから.

5《スポ》〈集団から〉脱落する. El ciclista *se descolgó* del pelotón en cabeza. その自転車選手は先頭集団から脱落した.

des·co·li·ga·do, da [des.ko.li.gá.đo, -.đa; đes.-] 形 同盟[連盟]から脱退[離脱]した.

des·co·lla·da·men·te [des.ko.ja.đa.mén.te; đes.- ‖ -.ʎa.-] 副 ずば抜けて, 卓越して, すばらしく.

des·co·lla·mien·to [des.ko.ja.mjén.to; đes.- ‖ -.ʎa.-] 男 優位, 優勢, 卓越.

des·co·llan·te [des.ko.ján.te; đes.- ‖ -.ʎán.-] 形 目立つ; 顕著な, すばらしい.

des·co·llar [des.ko.jár; đes.- ‖ -.ʎár.-] 15 自 **1** 秀でる, 傑出する. Este alumno *descuella* entre los demás. この生徒は皆の中で抜きんでている.

2 高くそびえる, そそり立つ. un castillo que *descuella* sobre la colina 丘にそびえ立つ城館.

3《**sobre...** …より》高さ[幅]がある.

des·col·mar [des.kol.már; đes.-] 他〈升・計量カップの表面を〉ならす, (超えた分を) かき落とす.

des·col·mi·llar [des.kol.mi.jár; đes.- ‖ -.ʎár.-] 他 …の犬歯[牙]を引き抜く[折る].

des·co·lo·ca·ción [des.ko.lo.ka.θjón; đes.- / -.sjón] 女 **1** (本来の位置から)ずれること, (配置が)乱れること. **2**《スポ》(ディフェンスを)押し出すこと.

des·co·lo·ca·do, da [des.ko.lo.ká.đo, -.đa; đes.-] 形 失業した, 失職した;窮迫した, 困窮した.

des·co·lo·car [des.ko.lo.kár; đes.-] 102 他 **1** (本来の位置から)ずらす, (配置を)乱す, ばらばら[ごちゃごちゃ]にする. **2**《スポ》〈ディフェンスを〉押し出す, はねばける, 寄せ付けない.

— **~·se** 再《スポ》押し出される, 近寄れない.

des·co·lón [des.ko.lón; đes.-] 男《ラ米》(話) 無視, 黙殺.

des·co·lo·ni·za·ción [des.ko.lo.ni.θa.θjón; đes.- / -.sa.sjón] 女 (植民地の宗主国からの) 独立.

des·co·lo·ni·zar [des.ko.lo.ni.θár; đes.- / -.sár] 97 他 植民地の状態から解放する[独立させる].

des·co·lo·ra·mien·to [des.ko.lo.ra.mjén.to; đes.-] 男 変色, 退色;脱色, 漂白.

des·co·lo·ran·te [des.ko.lo.rán.te; đes.-] 形 脱色する, 漂白する. —— 男 脱色剤, 漂白剤.

des·co·lo·rar [des.ko.lo.rár; đes.-] 他 **1** 変色させる, 退色させる. El sol *descolora* todos los vestidos. 日に当たるとあらゆる衣類は色あせる.

2 漂白[脱色]する.

— **~·se** 再 **1** 変色する;色があせる. **2** 髪を脱色する.

des·co·lo·ri·do, da [des.ko.lo.rí.đo, -.đa; đes.-] 形 **1** 色あせた, 退色した;変色した. Las cortinas están *descoloridas*. カーテンが色あせている. **2** 青白い, 青ざめた (= pálido). **3** 生彩を欠いた, さえない, ぱっとしない.

— 男 変色, 退色, 漂白. **2** (髪の) 脱色.

des·co·lo·ri·mien·to [des.ko.lo.ri.mjén.to; đes.-] 男 → descolorido.

des·co·lo·rir [des.ko.lo.rír; đes.-] 80 他 → descolorar.

des·com·brar [des.kom.brár; đes.-] 他 → desescombrar.

des·com·bro [des.kóm.bro; đes.-] 男 (障害(物)の)除去;片づけ.

des·co·me·di·da·men·te [des.ko.me.đí.đa.mén.te; đes.-] 副 無礼に;途方もなく. hablar ~ 失礼な話し方をする. beber ~ 大酒を食らう.

des·co·me·di·do, da [des.ko.me.đí.đo, -.đa; đes.-] 形 **1** ぶしつけな, 横柄な, 下品な. **2** 法外な, 途方もない;過度の.

des·co·me·di·mien·to [des.ko.me.đi.mjén.to; đes.-] 男 ぶしつけ, 横柄. **2** 過度, 過剰.

des·co·me·dir·se [des.ko.me.đír.se; đes.-] 1 再 **1** 度を過ごす, 羽目を外す. **2** 礼を欠く, 横柄な態度を取る.

des·co·mer [des.ko.mér; đes.-] 自 (話) 排便する.

des·co·mo·di·dad [des.ko.mo.đi.đáđ; đes.-] 女 窮屈, 不自由, 不便.

des·com·pa·drar [des.kom.pa.đrár; đes.-] 他 《話》仲たがいさせる. —— 自《話》不仲になる.

des·com·pa·gi·nar [des.kom.pa.xi.nár; đes.-] 他 めちゃめちゃにする, 台無しにする. La huelga *descompagina* todos mis proyectos. ストライキで私の計画がすべて台無しになった.

des·com·pás [des.kom.pás; đes.-] 男 不釣り合い, 不均衡.

des·com·pa·sa·do, da [des.kom.pa.sá.đo, -.đa; đes.-] 形 **1** 過度な, とんでもない, ひどい. de tamaño ~ いやに大きい. **2** 拍子[リズム]の外れた.

des·com·pa·sar [des.kom.pa.sár; đes.-] 他《ラ米》(話)〈人に〉無礼なことをする.

— **~·se** 再 **1** 度を過ごす, 羽目を外す. **2** 拍子を外す, リズムを狂わせる.

des·com·pen·sa·ción [des.kom.pen.sa.θjón; đes.- / -.sjón] 女 **1** 不均衡. **2**《医》(心臓の)代償不全.

des·com·pen·sar [des.kom.pen.sár; đes.-] 他 **1** 不均衡にする, 相殺関係を失わせる (= desequilibrar). **2**《医》〈心臓などに〉代償不全を起こさせる.

— **~·se** 再 **1** 不均衡になる. **2**《医》〈心臓などが〉代償不全になる.

des·com·ple·tar [des.kom.ple.tár; đes.-] 他《ラ米》(話)〈…の一部を〉抜き取る.

des·com·po·ne·dor, do·ra [des.kom.po.ne.đór, -.đó.ra; đes.-] 形《無機物に》分解する.

*des·com·po·ner [des.kom.po.nér; đes.-] 41 他 [過分 is descompuesto] **1** 分解する, ばらばらにする, 解体する. ~ el reloj 時計を分解する. ~ en factores 因数に分解する.

2 腐敗させる, 変質させる. El calor *descompuso*

la leche. 暑さで牛乳が腐敗した.
3〈機械・装置の〉調子をおかしくする, 壊す. ～ un motor エンジンを壊す.
4乱す, 崩す, 台無しにする. ～ la habitación 部屋を散らかす. ～ los planes 計画を台無しにする. **5**〈体の〉具合を悪くする. La leche me *ha descompuesto* el vientre. 私は牛乳でおなかを壊してしまった. **6** 心を乱す；いらいらさせる, 立腹させる. Me *descompone* ver tantas injusticias. 私は多くの不正を目の当たりにして憤りを覚える.
━～**.se** 再 **1** ばらばらになる, 分解[解体]される. **2** 腐敗する, 変質する. El pescado *se ha descompuesto*. 魚が腐ってしまった. **3**〈機械が〉壊れる, 動かなくなる. **4** 崩れる, 崩れる. **5**〈人＋en〈人〉の〉〈体の部位の〉具合が悪くなる. *Se me descompuso* el vientre. 私はおなかの具合が悪くなった. **6** いらだつ, 腹を立てる；取り乱す. Me *descompongo* cuando veo todo lo que tengo que hacer. あれもこれもしなければと思うと気が変になりそうだ. **7** 顔色[表情]が変わる. **8**〈ラ米〉(ﾁﾘ)(ﾌﾟｴﾙﾄﾘｺ)脱臼(ﾀﾞｯｷｭｳ)する.

des·com·po·si·ción [des.kom.po.si.θjón; ðes.- / -.sjón] 女 **1** 分解, 解体／故障. **2** 腐敗, 変質. El cadáver está ya en ～. 死体はすでに腐り始めている. **3**《話》下痢 (= ～ intestinal).

des·com·pos·tu·ra [des.kom.pos.tú.ra; ðes.-] 女 **1** 故障, 故障. **2** だらしなさ；厚かましさ, 不作法. **3**〈ラ米〉(1)(ｱﾙｾﾞﾝﾁﾝ)下痢. (2)(機械の) 故障. (3)(ｴｸｱﾄﾞﾙ)脱臼(ﾀﾞｯｷｭｳ).

des·com·pre·sión [des.kom.pre.sjón; ðes.-] 女 減圧, 除圧.

des·com·pre·sor [des.kom.pre.sór; ðes.-] 男 減圧弁，〈エンジンの〉圧力軽減装置, 減圧装置.

des·com·pri·mir [des.kom.pri.mír; ðes.-] 他 減圧する.

des·com·pues·ta·men·te [des.kom.pwés.ta.mén.te; ðes.-] 副 だらしなく；不作法に.

des·com·pues·to, ta [des.kom.pwés.to, -.ta; ðes.-] [descomponerの過分] 形 **1** 腐敗した, 変質した. **2** ばらばらになった；故障した, 壊れた. motor ～ 壊れたエンジン. **3** 混乱した, 動揺した, どぎまぎした. rostro ～ うろたえた顔. **4** 怒った, 憤慨した, 立腹した. gritos ～s 怒鳴り声. ponerse ～ 腹を立てる. **5** 乱雑な, 散らかした. **6** 体調を崩した；胃腸の具合が悪い. estar ～ 下痢をしている. **7**〈ラ米〉(ﾌﾟｴﾙﾄﾘｺ)(ｷｭｰﾊﾞ)(ﾒｷｼｺ)《話》酒に酔った.

des·co·mul·ga·do, da [des.ko.mul.gá.ðo, -.ða; ðes.-] 形 **1**《カト》破門された. **2**〈子供が〉悪たれの, 手に負えない.

des·co·mul·gar [des.ko.mul.gár; ðes.-] 103 他《カト》破門する (= excomulgar).

des·co·mu·nal [des.ko.mu.nál; ðes.-] 形 **1** 並外れた, とてつもない. mentira ～ 途方もないうそ. **2**《話》とてつもなく大きい, 巨大な；異常な.

des·co·mu·nión [des.ko.mu.njón; ðes.-] 女《カト》破門 (= excomunión).

des·con·cen·trar [des.kon.θen.trár; ðes.- / -.sen.-] 他 集中力を奪う, 気を散らさせる.

des·con·cep·tuar [des.kon.θep.twár; ðes.- / -.sep.-] 84 他〈評判を〉落とさせる.

des·con·cer·ta·da·men·te [des.kon.θer.tá.ða.mén.te; ðes.- / -.ser.-] 副 狼狽(ﾛｳﾊﾞｲ)して, 面くらって.

des·con·cer·ta·do, da [des.kon.θer.tá.ðo, -.ða; ðes.- / -.ser.-] 形 混乱した, 当惑した. Quedó ～ al oír una respuesta tan áspera. ひどく冷たい返事を耳にして彼は面くらった.

des·con·cer·ta·dor, do·ra [des.kon.θer.ta.ðór, -.ðó.ra; ðes.- / -.ser.-] 形 当惑させる, 狼狽(ﾛｳﾊﾞｲ)させる. ━ 男 女 当惑[困惑]した人.

des·con·cer·tan·te [des.kon.θer.tán.te; ðes.- / -.ser.-] 形 当惑[困惑]させる.

***des·con·cer·tar** [des.kon.θer.tár; ðes.- / -.ser.-] 8 他 **1** 当惑させる, 困惑させる. 狼狽(ﾛｳﾊﾞｲ)させる. Mi pregunta lo *ha desconcertado*. 私の質問に彼はどぎまぎした. **2**〈調子・調和を〉狂わせる, 乱す. **3** 脱臼(ﾀﾞｯｷｭｳ)させる, 関節をはずす.
━～**.se** 再 **1** 当惑[困惑]する, 狼狽する. Él no *se desconcierta* por cualquier cosa. 彼はいかなることにもうろたえるようなことはない. **2** 調子が狂う[乱れる], 不和になる. **3** 脱臼する, 関節が外れる.

des·con·cha·bar [des.kon.tʃa.βár; ðes.-] 他〈ラ米〉(ｸﾞｱﾃﾏﾗ)(ﾒｷｼｺ)(ﾎﾝｼﾞｭﾗｽ)…の関節を外す. ━～**.se** 再〈ラ米〉(ｸﾞｱﾃ)《話》仲間割れ[仲たがい]する.

des·con·cha·do, da [des.kon.tʃá.ðo, -.ða; ðes.-] 形〈壁・ペンキなどが〉はげ落ちた,〈陶磁器の〉上薬がはげた. ━ 男 → desconchón.

des·con·cha·du·ra [des.kon.tʃa.ðú.ra; ðes.-] 女 → desconchón.

des·con·char [des.kon.tʃár; ðes.-] 他 **1**〈壁などの〉表面をはがす,〈陶磁器の〉上薬をはがす. La humedad *ha desconchado* la pared. 湿気のため壁がはげ落ちた. **2**〈ラ米〉(ｺﾛﾝﾋﾞｱ)…の皮をむく. ━～**.se** 再〈壁が〉はげ落ちる,〈陶磁器の〉上薬がはげる.

des·con·che [des.kón.tʃe; ðes.-] 男《話》〈ラ米〉(ｱﾙｾﾞﾝﾁﾝ)混乱[無秩序] (状態).

des·con·chin·fla·do, da [des.kon.tʃiɱ.flá.ðo, -.ða; ðes.-] 形〈ラ米〉(ｷﾞｱﾃ)《話》ぼろぼろになった, ぽんこつの；めちゃくちゃな, ひどい.

des·con·chin·flar [des.kon.tʃiɱ.flár; ðes.-] 他《話》〈ラ米〉(ｷﾞｱﾃ)(ﾒｷｼｺ)壊す, 分解する.

des·con·chón [des.kon.tʃón; ðes.-] 男 **1**〈ペンキなどの〉塗ってない個所, はげ落ちた部分. La pared tiene *desconchones*. 壁はところどころはげ落ちている. **2**〈陶磁器の〉欠け, 上薬のはげた部分.

des·con·cier·to [des.kon.θjér.to; ðes.- / -.sjér.-] 男 **1** 無秩序, 混乱；不調. sembrar el ～ en el país 国中に混乱の種をまく. **2** 困惑, 当惑.

des·con·cor·dia [des.kon.kór.dja; ðes.-] 女 → desacuerdo.

des·co·nec·tar [des.ko.neк.tár; ðes.-] 他 **1**《電》接続を切る；電源[スイッチ]を切る. ～ el televisor テレビのスイッチを切る. **2**《**de...** …との》連絡[交際]を断つ.
━ 自《話》〈悩み・心配事を〉考えない, 忘れる.
━～**.se** 再 **1**《電》接続が切れる；電源が切れる. **2**《**de...** …との》連絡[交際]が途切れる[途絶える].

des·co·ne·xión [des.ko.neк.sjón; ðes.-] 女 連絡[接続]を断つこと, 断絶.

des·con·fia·do, da [des.koɱ.fjá.ðo, -.ða; ðes.-] 形 **1** 疑い深い, 用心深い. **2** 信用しない, 疑った. estar ～ 疑っている.
━ 男 女 疑い深い人；用心深い人.

***des·con·fian·za** [des.koɱ.fján.θa; ðes.- / -.sa] 女 不信, 疑念, 疑惑. La miró con ～. 彼[彼女]は不信の目で彼女を見つめた.

***des·con·fiar** [des.koɱ.fjár; ðes.-] 81 自 **1**《**de...**》《…を》信用しない, 《…に》不信感を抱く. *Desconfío de* ese hombre. 私はその男を信用しない. **2**《**de que**＋接続法 …を》疑う, 怪しむ；《…で

des·con·for·mar(·se) [des.koɱ.for.már(.se); đes.-] 自他 一致しない, 食い違う; 折り合わない.

des·con·for·me [des.koɱ.fór.me; đes.-] 形 → disconforme.

des·con·for·mi·dad [des.koɱ.for.mi.đáđ; đes.-] 女 → disconformidad.

des·con·ge·la·ción [des.koŋ.xe.la.θjón; đes.- / -.sjón] 女 1 解凍;〈冷蔵庫の〉霜取り. 2〈資金・予算などの〉凍結解除. ~ de salarios 賃金凍結の解除.

des·con·ge·lar [des.koŋ.xe.lár; đes.-] 他 1 解凍する;〈冷蔵庫の〉霜を取る. ~ la carne 肉を解凍する. 2〈資金・予算などの〉凍結を解除する. ~ créditos 資金の凍結を解除する. 3 再開する.
— **~·se** 再 1 解凍する, 溶ける. 2〈資金・予算などの〉凍結が解除される. 3 再開される.

des·con·ges·tión [des.koŋ.xes.tjón; đes.-] 女〈混雑・渋滞などの〉緩和;〈充血・うっ血の〉軽減, 緩和.

des·con·ges·tio·nar [des.koŋ.xes.tjo.nár; đes.-] 他〈混雑・充血などを〉緩和する, 軽減する. ~ la cabeza 頭を冷やす. ~ el tráfico 交通渋滞を緩和する.

des·con·ges·ti·vo, va [des.koŋ.xes.tí.βo, -.βa; đes.-] 形〈炎症・詰まりを〉鎮める;〈渋滞を〉緩和する.

des·co·no·ce·dor, do·ra [des.ko.no.θe.đór, -. đó.ra; đes.- / -.se.-] 形 知らない, 無知な.

*des·co·no·cer [des.ko.no.θér; đes.- / -sér] 34 他 1 知らない, わからない;〈人と〉面識がない. *Mi hija desconoce a su abuela.* 私の娘は祖母に会ったことがない. *Desconocemos dónde viven ellos.* 私たちは彼らがどこに住んでいるか知らない. *Desconozco qué es esta caja.* 私はこの箱が何かわからない.
2 誰[何]であるかわからない, 見違える. *Te desconozco con esa ropa tan elegante.* そんなに上品な服を着ていたらまるで別人だよ.
3 (…との関係を)否定する, 評価しない. *Desconocemos la factura que nos enviaron.* 私たちは送られてきた請求書に覚えがない. *Desconozco a aquella persona.* 私はあの人物とは関係がない.

*des·co·no·ci·do, da [des.ko.no.θí.đo, -.đa; đes.- / -.sí.-] 形 1 未知の, 知られていない; 見知らぬ. estrella *desconocida* 未知の星. un pintor ~ 無名の画家. ~ de [para] todos 誰からも知られていない.
2 (見違えるほど)変わった. *Desde su enfermedad está* ~. 彼は病気をしてからすっかり変わってしまった. **3** ありがたく思わない, 恩知らずの.
— 男 女 知らない人, 見知らぬ人; 無名の人.

des·co·no·ci·mien·to [des.ko.no.θi.mjén.to; đes.-/-.si.-] 男 知らないこと, 無知.

des·con·si·de·ra·ción [des.kon.si.đe.ra.θjón; đes.- / -.sjón] 女 思いやりのなさ; 無遠慮, 無礼.

des·con·si·de·ra·do, da [des.kon.si.đe.rá.đo, -.đa; đes.-] 形 無遠慮な, 無礼な.
— 男 女 無遠慮な人; 思いやりのない人.

des·con·si·de·rar [des.kon.si.đe.rár; đes.-] 他 考慮に入れない, 敬意を払わない.

des·con·so·la·ción [des.kon.so.la.θjón; đes.- / -.sjón] 女 → desconsuelo.

des·con·so·la·da·men·te [des.kon.so.lá.đa. mén.te; đes.-] 副 悲嘆に暮れて, さめざめと, 絶望的に.

des·con·so·la·do, da [des.kon.so.lá.đo, -.đa; đes.-] 形 悲嘆に暮れた; 失意の, 絶望した.

des·con·so·la·dor, do·ra [des.kon.so.la. đór, -.đó.ra; đes.-] 形 悲嘆に暮れさせる; 絶望させる.

des·con·so·lar [des.kon.so.lár; đes.-] 15 他 悲嘆に暮れさせる, 絶望させる. — **~·se** 再 悲嘆に暮れる, 絶望する. *Se desconsolaba al ver a su hijo empeorar día a día.* 彼[彼女]は子供の容態が日増しに悪化していくのを見て嘆き悲しんでいた.

des·con·sue·lo [des.kon.swé.lo; đes.-] 男 1 心痛, 悲嘆, 悲痛. *Esa noticia triste nos sumió en el* ~. その悲報に私たちは深く悲しんだ. 2 胃弱.

des·con·ta·do, da [des.kon.tá.đo, -.đa; đes.-] 形 割引いた, 差し引いた.
dar... por descontado …を当然のことと思う, 疑問を差し挟まない.
por descontado 《話》もちろん, むろん, 当然.

des·con·ta·giar [des.kon.ta.xjár; đes.-] 82 他 消毒する, 殺菌する (= desinfectar).

des·con·ta·mi·na·ción [des.kon.ta.mi.na. θjón; đes.- / -.sjón] 女 汚染の除去, 浄化.

des·con·ta·mi·nar [des.kon.ta.mi.nár; đes.-] 他 汚染を除去する, 浄化する.
— **~·se** 再 汚染が除去される.

*des·con·tar [des.kon.tár; đes.-] 15 他 1 割り引く, 差し引く. *Me han descontado el diez por ciento del precio.* 私は10パーセント値引きしてもらった. *Descontando los domingos sólo quedan ocho días para el examen.* 日曜を除けば試験まであと8日だ.
2 割り引いて聞く, 信用しない. *Hay mucho que* ~ *en las alabanzas que le tributan.* 彼[彼女]への賛辞はかなり割り引いて聞かなければならない.
3【商】〈為替・約束手形を〉割り引く.
4【スポ】〈ロスタイムを〉差し引く.
[des-(否定) (←[ラ]*dis*) + contar (←[ラ]*computāre*);「勘定に入れない」が原義; 関連 descuento.〔英〕*discount*.〔日〕ディスカウント]

des·con·ten·ta·di·zo, za [des.kon.ten.ta.đí. θo, -.θa; đes.- / -.so, -.sa] 形 不平の多い, 気難しい.
— 男 女 不平家, 気難しい人.

des·con·ten·ta·mien·to [des.kon.ten.ta. mjén.to; đes.-] 男 1 不満, 不平. 2 不和, 不仲.

des·con·ten·tar [des.kon.ten.tár; đes.-] 他 不満を抱かせる, 不愉快にする.
— **~·se** 再 不満を抱く, 不機嫌になる.

*des·con·ten·to, ta [des.kon.tén.to, -.ta; đes.-] 形《con... / de... / por... …に》不満な, 不満[不平]を抱いた. estar ~ *con* su propia suerte 自分の運命に不満を抱いている.
— 男 女 不平家, 不満分子. *Los* ~*s declararon una huelga.* 不満分子たちがストライキを宣言した. — 男 不満, 不平; 不快. expresar su ~ 不満の意を表す.

des·con·tex·tua·li·za·ción [des.kon.te(k)s. twa.li.θa.θjón; đes.- / -.sa.sjón] 女 脱文脈化, (適切な)文脈から切り離すこと, (歴史的・文化的な)背景を考慮しないこと.

des·con·tex·tua·li·zar [des.kon.te(k)s.twa. li.θár; đes.- / -.sár] 97 他 (不当に)文脈から切り離す.

des·con·ti·nuar [des.kon.ti.nwár; đes.-] 84 他 → discontinuar.

des·con·ti·nuo, nua [des.kon.tí.nwo, -.nwa; đes.-] 形 → discontinuo.

des·con·trol [des.kon.tról; đes.-] 男 制御[統制]がとれないこと[状態], 混乱.

des·con·tro·la·do, da [des.kon.tro.lá.ðo, -. ða; ðes.-] 形 制御[抑制]を失った; 狼狽(認)した.

des·con·tro·lar·se [des.kon.tro.lár.se; ðes.-] 再 **1** 自制心をなくす, 取り乱す; 落ち着きをなくす. **2**《機械などが》正常でなくなる, 故障する.

des·con·ve·ni·ble [des.kom.be.ní.ble; ðes.-] 形 しっくりしない, 合わない; 不適当な.

des·con·ve·nien·cia [des.kom.be.njén.θja; ðes.- / -.sja] 女 不都合, 不適当.

des·con·ve·nien·te [des.kom.be.njén.te; ðes.-] 形 不都合な, 不適当な.

des·con·ve·nir [des.kom.be.nír; ðes.-] 45 自 **1** 意見が一致しない; 調和しない. **2** 不適当である.

des·con·ver·sa·ble [des.kom.ber.sá.ble; ðes.-] 形 人嫌いの, 非社交的な, 無愛想な.

des·con·vo·car [des.kom.bo.kár; ðes.-] 102 他 〈集会・召集を〉取り消す.

des·con·vo·ca·to·ria [des.kom.bo.ka.tó.rja; ðes.-] 女 《集会・召集の》取りやめ,《ストの》中止[回避].

des·co·or·di·na·ción [des.ko(.o)r.ði.na.θjón; ðes.- / -.sjón] 女 不調和, 連帯[連携]の欠如.

des·co·que [des.kó.ke; ðes.-] 男 → descoco.

des·co·ra·zo·na·da·men·te [des.ko.ra.θo.ná.ða.mén.te; ðes.- / -.so.-] 副 意気消沈して, 気落ちして.

des·co·ra·zo·na·dor, do·ra [des.ko.ra.θo.na.ðór, -.ðó.ra; ðes.- / -.so.-] 形 落胆させる, がっかりさせる.

des·co·ra·zo·na·mien·to [des.ko.ra.θo.na.mjén.to; ðes.- / -.so.-] 男 意気消沈, 落胆, 気落ち.

des·co·ra·zo·nar [des.ko.ra.θo.nár; ðes.- / -.so.-] 他 落胆させる, やる気を失わせる. Ese fracaso lo *descorazonó.* その失敗に彼は落胆した.
— ~·se 再 意気消沈する, 落胆する.

des·cor·cha·dor, do·ra [des.kor.tʃa.ðór, -.ðó.ra; ðes.-] 形 コルクガシの皮を[むく]人.
— 男 コルク抜き, 栓抜き (= sacacorchos).

des·cor·char [des.kor.tʃár; ðes.-] 他 **1** コルク栓を抜く. ~ la botella de champán シャンペンの栓を抜く. **2** コルクガシの樹皮をはぐ. **3** こじ開ける, 無理やり開ける.

des·cor·che [des.kór.tʃe; ðes.-] 男 **1** コルク栓を抜くこと. **2** コルクガシの樹皮をはぐこと. **3** バーで接客する店員が受け取る臨時手当. **4**《ラ米》(認)《レストランなどの》酒の持ち込み料.

des·cor·dar [des.kor.ðár; ðes.-] 15 他 **1**《音楽》〈楽器の〉弦を取り外す. **2**《闘牛》→ descabellar.

des·cor·i·tar [des.ko.ri.tár; ðes.-] 他 服を脱がせる. — ~·se 再 服を脱ぐ, 裸になる.

des·cor·nar [des.kor.nár; ðes.-] 15 他〈動物の〉角(ᄒ)を切り落とす.
— ~·se 再《話》**1** 懸命に働く[努力する]. **2** 殴打する, ぶつかる.

des·co·ro·nar [des.ko.ro.nár; ðes.-] 他 王位を剥奪(ᄒ)する,〈王を〉退位させる.

des·co·ro·tar [des.ko.ro.tár; ðes.-] 他《ラ米》(ᄒ)〈種・卵などを〉割る.

des·co·rrer [des.ko.r̄ér; ðes.-] 他〈カーテン・幕などを〉開ける;〈ベールを〉はぎ取る;〈掛け金を〉外す.
— ~·se 再〈カーテンなどが〉開く.

des·cor·tés [des.kor.tés; ðes.-] 形 無礼な, 礼儀を知らない. — 男女 無礼な人, 礼儀知らず.

des·cor·te·sí·a [des.kor.te.sí.a; ðes.-] 女 無礼, 礼儀知らず, 無作法.

des·cor·te·za·du·ra [des.kor.te.θa.ðú.ra; ðes.- / -.sa.-] 女 樹皮の断片, 樹皮のはぎ跡.

des·cor·te·za·mien·to [des.kor.te.θa.mjén.to; ðes.- / -.sa.-] 男 皮をはぐこと;《果実の》皮むき.

des·cor·te·zar [des.kor.te.θár; ðes.- / -.sár] 97 他 **1**〈木・果実などの〉皮をはぐ[むく];〈パンなどの〉《表面の》堅い部分を取り去る. **2** 洗練する, 教育する.

des·cor·ti·nar [des.kor.ti.nár; ðes.-] 他《軍》〈城壁を〉破壊する, 崩す.

des·co·ser [des.ko.sér; ðes.-] 他〈編み物・縫い物などを〉ほどく.
— ~·se 再 **1** ほどける, ほころびる. **2**《話》口を滑らせる, 秘密をもらす. **3**《話》放屁(ᄒ)する.
no descoser la boca [*los labios*] 黙っている, ひと言も言わない.

des·co·si·do, da [des.ko.sí.ðo, -.ða; ðes.-] 形 **1**《縫い目が》ほどけた, ほころびた. **2**《話》口の軽い, 多弁な. **3** まとまりのない, 首尾一貫しない.
— 男 ほころび, 縫い目[とじ目]のほどけた部分. Este jersey tiene un ~ en la manga. このセーターはそでがほころびている.
como un descosido《話》過度に, 非常に.

des·cos·ti·llar [des.kos.ti.jár; ðes.- ‖ -.ʎár.-] 他〈人の〉背中を強く殴る; どやしつける.
— ~·se 再 背中を強く打つ.

des·co·tar [des.ko.tár; ðes.-] 他 → escotar¹.

des·co·te [des.kó.te; ðes.-] 男 → escote¹.

des·co·yun·ta·mien·to [des.ko.jun.ta.mjén.to; ðes.-] 男 **1**《医》脱臼(ᄒ). **2**《無理な》ねじ曲げ. **3** 極度の疲労[消耗].

des·co·yun·tar [des.ko.jun.tár; ðes.-] 他 **1**《医》脱臼させる, 関節を外す. **2** ねじ曲げる, ゆがめる. **3**《話》へとへとに疲れさせる.
— ~·se 再 **1** 脱臼する, 関節が外れる. ~*se el hombro* 肩の関節が外れる. **2**《話》へとへとに疲れる.

des·co·yun·to [des.ko.jún.to; ðes.-] 男 → descoyuntamiento.

des·cre·cer [des.kre.θér; ðes.- / -.sér] 34 自 → decrecer.

des·cré·di·to [des.kré.ði.to; ðes.-] 男 信用を落とすこと; 不評. *caer en* ~ 評判が悪くなる. *ir en* ~ *de...* …の信用を落とす.

des·cre·en·cia [des.kre.én.θja; ðes.- / -.sja] 女 → descreimiento.

des·cre·er [des.kre.ér; ðes.-] 69 他 疑い出す;〈人を〉信用しない.

des·cre·í·da·men·te [des.kre.í.ða.mén.te; ðes.-] 副 信用しないで, 不信を抱きながら.

des·cre·í·do, da [des.kre.í.ðo, -.ða; ðes.-] 形 信じない, 懐疑的な; 無信仰の.
— 男女 懐疑家; 不信心者, 無信仰者.

des·crei·mien·to [des.krei.mjén.to; ðes.-] 男 不信心, 無信仰.

des·cre·ma·do, da [des.kre.má.ðo, -.ða; ðes.-] 形 スキムミルク[脱脂乳]を使った, 脂肪分のない[少ない]. — 男《牛乳の》脱脂《作業》.

des·cre·mar [des.kre.már; ðes.-] 他〈牛乳を〉脱脂する.

des·cres·ta·da [des.kres.tá.ða; ðes.-] 女《ラ米》(認)《話》詐欺, 騙し.

des·cres·tar [des.kres.tár; ðes.-] 他 **1** とさかを切り取る. **2**《ラ米》(認)《話》だます, 偽る.
— ~·se 再《ラ米》(認)《俗》働きすぎる.

des·criar·se [des.krjár.se; ðes.-] 81 再 発育[成育]不良になる; 虚弱になる.

des‧cri‧bir [des.kri.βír; ðes.-] 75 他 [過分] は descrito] **1** 描写［記述］する，（言葉）で説明する. *Describió* con todo lujo de detalles lo que había ocurrido en el hospital. 彼[彼女]は病院で起こったことを事細かに説明した.
2〈線・図形を〉描く；〈動いて〉〈曲線などを〉描く. Las abejas volaban *describiendo* círculos. ミツバチが円を描いて飛んでいた.
[←［ラ］*dēscrībere* (*scrībere*「書く」より派生）;[関連] descripción.［英］*describe, description*]

des‧crip‧ción [des.kri̞p.θjón; ðes.-/ -.sjón] 女 **1** 描写，記述. hacer ～ de... …を描写する. ～ detallada del contenido 内容の詳しい記述.
2［法］財産目録.

des‧crip‧ti‧ble [des.kri̞p.tí.βle; ðes.-] 形 描写［記述］できる；作図［図示］できる.

des‧crip‧ti‧vo, va [des.kri̞p.tí.βo, -.βa; ðes.-] 形 記述［描写］的な，説明的な；図形的な. geometría *descriptiva* 画法幾何学. gramática *descriptiva* 記述文法.

des‧crip‧tor, to‧ra [des.kri̞p.tór, -.tó.ra; ðes.-] 形 記述者の. — 男 女 記述者.
— 男［IT］記述子.

des‧cris‧mar [des.kris.már; ðes.-] 他 **1**〈人の〉頭を殴る，ガツンとやる. **2** 聖油［聖香油］を拭(ぬぐ)い取る.
— ～‧se 再 **1** 頭をぶつける；頭に傷を負う. **2** 頭を悩ます，一生懸命考える；仕事に没頭する. **3** 激怒する，かっとなる.

des‧cris‧tia‧nar [des.kris.tja.nár; ðes.-] 他 → descrismar.

des‧cris‧tia‧ni‧zar [des.kris.tja.ni.θár; ðes.-/ -.sár] 97 他 非キリスト教化する.

des‧cri‧to, ta [des.krí.to, -.ta; ðes.-]［describir の過分］形 **描写された**，記述された；図示された.
no ser para descrito 言葉では言い表せない.

des‧cru‧zar [des.kru.θár; ðes.-/ -.sár] 97 他〈交差したものを〉解く. ～ los brazos 腕組みを解く.
— ～‧se 再〈交差したものが〉解ける.

des‧cua‧cha‧rran‧gar [des.kwa.tʃa.r̄aŋ.gár; ðes.-] 他 (ラ米)(*)(ジ)（俗）壊す，めちゃめちゃにする.

des‧cua‧der‧nar [des.kwa.ðer.nár; ðes.-] 他 **1**〈本のとじ・結び目などを〉解く，ほどく（= desencuadernar）. **2** 分解する，壊す.
— ～‧se 再〈本のとじが解ける，ばらばらになる.

des‧cua‧drar‧se [des.kwa.ðrár.se; ðes.-] 再 (ラ米)（話）(1) (ジ)（バランスシートで）負債と資産が一致しない. (2) (カ)行儀がすごく悪い.

des‧cua‧dri‧lla‧do, da [des.kwa.ðri.ʝá.ðo, -.ða; ðes.-‖ -.ʎá.-]形［獣医］〈馬が〉股(こ)関節の外れた. — 男 椎間板(ついかんばん)ヘルニア.

des‧cua‧jar [des.kwa.xár; ðes.-] 他 **1**〈凝固物を〉溶解させる，溶かす.
2［農］〈根から〉引っこ抜く，根こぎにする. **3** 根絶する，撲滅する. **4**〈やりたい気を失わせる，気力をなくさせる.

des‧cua‧ja‧rin‧gar [des.kwa.xa.riŋ.gár; ðes.-] 103 他（話）壊す，分解する.
— ～‧se 再 **1** 壊れる. **2** 疲れる，くたくたになる. **3** げらげら笑う.

des‧cua‧je [des.kwá.xe; ðes.-] / **des‧cua‧jo** [des.kwá.xo; ðes.-]男［農］根こぎ，根を抜くこと.

des‧cua‧je‧rin‧ga‧do, da [des.kwa.xe.riŋ.gá.ðo, -.ða; ðes.-] 形（話）(ラ米)(ゴル)だらしない，不恰好の.

des‧cua‧je‧rin‧gar [des.kwa.xe.riŋ.gár; ðes.-] 103 他（話）壊す，ばらばらにする. — ～‧se 再 **1**（話）壊れる，ばらばらになる. **2**（話）くたくたになる，へとへとに疲れる. **3**（話）笑いころげる.

des‧cuar‧ti‧za‧dor, do‧ra [des.kwar.ti.θa.ðór, -.ðó.ra; ðes.-/ -.sa.-] 男 女 ばらばら殺人鬼［犯人］, 切断魔.

des‧cuar‧ti‧za‧mien‧to [des.kwar.ti.θa.mjén.to; ðes.-/ -.sa.-] 男 **1** 四分すること，四つに裂くこと. **2**〈動物を〉切り分けること，解体.

des‧cuar‧ti‧zar [des.kwar.ti.θár; ðes.-/ -.sár] 97 他〈動物などを〉四つに裂く；〈肉を〉ばらばらにする，切り分ける. ～ un ternero 子牛を解体する.

des‧cu‧bier‧ta [des.ku.βjér.ta; ðes.-] 女 **1**［軍］(1) 偵察，斥候. ir a la ～ 偵察に出る. (2)（特に海軍で）（夜明け・日没時の）海上偵察；（檣楼(しょうろう)員による）艦上偵察. **2**［海］索具の点検. **3** パイ［ケーキ］の一種.

des‧cu‧bier‧to, ta [des.ku.βjér.to, -.ta; ðes.-] [descubrir の過分] 形 **1** 露出した，覆いのない，むき出しの. un coche ～ オープンカー. vagón ～ 無蓋(むがい)貨車. **2** 晴れた，雲のない. El cielo estaba ～. 空は晴れ渡っていた. **3** 無帽の. Iban ～ s. 彼らは帽子をかぶっていなかった. **4**〈土地が〉広々とした，開けた. **5**（危険などに）さらされた，（批判などの）矢面に立った.
— 男 **1**［商］赤字，欠損，不足額. en [al] ～ 借り越しの；赤字の. girar en ～（手形などを）過振(ぶ)りする. **2**［カト］聖体の顕示.
al descubierto (1) あからさまに，はっきりと. (2) 野外で，屋外で. (3)（危険・非難などに）さらされて.

des‧cu‧bri‧de‧ro [des.ku.βri.ðé.ro; ðes.-] 男 見張り台，望楼.

des‧cu‧bri‧dor, do‧ra [des.ku.βri.ðór, -.ðó.ra; ðes.-] 形 発見する，発掘する；探索する.
— 男 女 発見者，発掘者；探索者.
— 男［軍］偵察兵.

des‧cu‧bri‧mien‧to [des.ku.βri.mjén.to; ðes.-] 男 **発見**（したもの）；発明. El restaurante al que fuimos ayer es todo un ～. 昨日私たちが行ったレストランは本当に新発見だ.

des‧cu‧brir [des.ku.βrír; ðes.-] 74 他 [過分] は descubierto] **1** 発見する，見つける；《que + 直説法 …ということを》知る，…がわかる. He *descubierto* el secreto de su fuerza. 私は彼[彼女]の強さの秘密を見つけた. Al final *descubrieron* que había sido un error. 結局間違いだったことがわかった.
2 見せる，のぞかせる；覆いを取る. Le *descubrí* el tobillo para ver la cicatriz. 私は傷あとを見るために彼[彼女]のくるぶしをむき出しにした. Su voz *ha descubierto* su alegría. 彼[彼女]（ら）の声からうれしさが伝わった. **3** 暴く，密告する. Ayer fue *descubierto* el crimen. 昨日犯罪が明るみに出た. **4**（遠くに）見る. **5** 発明する.
— ～‧se 再 **1**〈自分の体の部分を〉あらわにする，はだける；〈帽子などを〉脱ぐ.
2《**ante...** …に》脱帽する，驚嘆する. **3** 姿を現す，見える. Se *descubría* el avión entre las nubes. 雲の間から飛行機が垣間見えていた. **4**《**con...** …に》心を開く. **5**［スポ］（格闘技で）すきを見せる.
[←［ラ］*discooperīre*「覆いを取る」；*dis-*（否定）+ *cooperīre*「覆う」；[関連] descubrimiento, descubridor.［英］*discover*]

des‧cuelg- 活 → descolgar.

des・cuel・gue [des.kwél.ge; ðes.-] 男《ラ米》(ｽｽﾞｷ)《話》不適切[無作法]な行為[言動].

des・cue・llo [des.kwé.jo; ðes.-‖ [oʎ.-] 男 **1** 突出；卓越. **2** 横柄, 傲慢(ﾞｺﾞｳ), 尊大.

*__des・cuen・to__ [des.kwén.to; ðes.-] 男 **1**《商》値引き(額), 割引(額);《手形の》割引. hacer (un) ~ 値引きをする. Me hicieron un ~ del diez por ciento. 私は10パーセントの割引をしてもらった. con ~ 額面以下で. tipo de ~ 割引率, 割引率. **2**《スポ》ロスタイム.

des・cue・ra・da [des.kwe.rá.ða; ðes.-] 女《話》《ラ米》(ｺﾛﾝ)陰口.

des・cue・rar [des.kwe.rár; ðes.-] 他 **1**《動物の》皮をはぐ. **2**《ラ米》《話》こき下ろす；信用を落とさせる.

des・cuer・na・ca・bras [des.kwer.na.ká.bras; ðes.-] 男《単複同形》強い北風, 寒風.

des・cuer・nar [des.kwer.nár; ðes.-] 他《ラ米》(ｸﾞｱﾃ)(ﾆｶﾗ)(ﾎ)(ｴﾙｻﾙ)…の角(ﾂﾉ)を(切り)取る.

des・cuer・no [des.kwér.no; ðes.-] 男《話》無礼, 非礼, 侮辱.

des・cue・ve [des.kwé.βe; ðes.-] 男《ラ米》(ﾁ)《俗》とてもよいこと.

des・cui・da・da・men・te [des.kwi.ðá.ða.mén.te; ðes.-] 副 不注意に, いい加減に, 不用意に.

*__des・cui・da・do, da__ [des.kwi.ðá.ðo, -.ða; ðes.-] 形 **1** 不注意な；無頓着(ﾑﾄﾝｼﾞｬｸ)な；身なりを構わない. Es muy ~, y no se preocupa por nada. 彼はとても無精で, 何事にも気を配らない. **2** ぼんやりした, 油断をした. en un momento en que yo estaba ~ 私が油断したすきに. coger [pillar] ~ 〈人の〉不意を突く. Puedes estar ~. 君は何も心配することはないよ. **3** 放置された, ほったらかしの. niño ~ 構ってもらえない子供. jardín ~ 荒れ放題の庭. ── 男 女 不注意な人；身なりを構わない人, だらしのない人.

*__des・cui・dar__ [des.kwi.ðár; ðes.-] 他 **1** 怠る, おろそかにする. ~ sus deberes 義務を怠る. Descuida a sus hijos. 彼[彼女]は子供をほったらかしにしている. **2** 油断させる, …の気をそらせておく.
── 自 心配しない, 気にしない. ▶ 命令形で多用. → Descuida, volveré pronto. 安心して, すぐ戻るから.
── ~・se 再 **1**《de... …を》怠る, おろそかにする. ~se de su trabajo 仕事を怠ける.
2 油断する, ぼんやりする. Si te descuidas, llegarás tarde. ぼんやりしていると遅刻するよ.
3《身の回りのことに》構わない, だらしなくなる. Se ha descuidado y ahora tiene gripe. 彼[彼女]は不摂生だから風邪をひいたのだ.

des・cui・de・ro, ra [des.kwi.ðé.ro, -.ra; ðes.-] 形 置き引きの, すりの. ── 男 女 置き引き, すり.

*__des・cui・do__ [des.kwí.ðo; ðes.-] 男 **1** 不注意；油断；不注意による誤り. El accidente ocurrió por un ~ del automovilista. その事故はドライバーの不注意で起こった. **2** 無頓着(ﾑﾄﾝｼﾞｬｸ)；《身なりの》無精, だらしなさ. con ~ 無頓着に, だらしなく.
al descuido / *como al* [*por*] *descuido* 偶然を装って, 何気なく.
en un descuido《ラ米》思いがけず, 不意に.

des・cu・lar(・se) [des.ku.lár(.se); ðes.-] 他 再 → desfondar(se).

des・dar [des.ðár; ðes.-] 63 他《操作を》逆にする,〈鍵(ｶｷﾞ)などを〉逆に回す.

*__des・de__ [des.ðe; ðes.-] 前 (↔ hasta) **1**《空間の起点》…から. D~ el observatorio se ve toda la ciudad. 展望台から街全体が見える. Me lo trajeron ~ México. それはメキシコから持ってきてもらった. Viajamos en tren ~ París hasta Lisboa. 私たちはパリからリスボンまでずっと電車で旅行しました. ▶ *de* との比較. → Viajamos *de* París *a* Lisboa. 「パリからリスボンまで旅行した」より *desde... hasta...* では, パリから(遠く)リスボンまで(ずっと)旅行した, と途中の経過が強調される.
2《時間・行為の開始点》…から, …以来；《*que* + 主に直説法》…して以来. D~ hoy trabajo en la nueva sección. 私は今日から新しい課で働きます. Te estoy esperando ~ hace dos horas. 2時間前から君を待っているんだ. Trabajamos ~ las ocho hasta las dos. 私たちは8時から2時まで勤務します. D~ que se marchó no sé nada de él. 彼が出て行ってから, 彼に関しては何も聞かない.
3《列挙で》…をはじめとして. Aquí venden de todo, ~ un clavo hasta muebles. ここでは釘(ｸｷﾞ)一本から家具まで何でも売っている.
4《観点・根拠》…から, …に…に基づいて. ~ el punto de vista financiero 財政的観点から言うと.
desde ya (**1**) いますぐに. (**2**)《ラ米》(ｱﾙｾﾞ)もちろん (= ~ luego). (**3**)《ラ米》以後, これからは.
[← 〔古スペイン〕*des* ([ラ] *dē* + [ラ] *ex*；複合して「…の中から」の意) + *de*]

des・de・cir [des.ðe.θír; ðes.- / -.sír] 52 自 [過分は *desdicho*] **1**《**de...**》《…の》値打ちを下げる；《…と比べて》劣る. ~ *de* la familia 家名を汚す. Esta obra no *desdice* de las otras. この作品は他にひけをとらない.
2《**de...** / **con...**》…に》調和しない, そぐわない, 釣り合わない. Su corbata *desdice de* su traje. 彼のネクタイはスーツに合っていない.
── ~・se 再《**de...** …を》取り消す, 撤回する；矛盾したことを言う. ~*se de* sus opiniones 自分の意見を撤回する. ~*se de* su promesa 約束を取り消す.

*__des・dén__ [des.ðén; ðes.-] 男 軽蔑；無関心, 冷淡. hacer una mueca de ~ 軽蔑して顔をしかめる.
al desdén さりげなく；わざと無造作に.

des・den・ta・do, da [des.ðen.tá.ðo, -.ða; ðes.-] 形 **1** 歯がない, 歯が抜けた. **2**《動》(アリクイ・ナマケモノなど)貧歯類の.
── 男 《複数で》《動》貧歯類.

des・de・ña・ble [des.ðe.ɲá.βle; ðes.-] 形 軽蔑すべき；取るに足りない. no ~ ばかにならない, なかなかの. una herencia nada ~ かなりの遺産.

des・de・ña・dor, do・ra [des.ðe.ɲa.ðór, -.ðó.ra; ðes.-] 形 人を見下しがちな, 軽蔑的な.
── 男 女 人を見下す人.

*__des・de・ñar__ [des.ðe.ɲár; ðes.-] 他 **1** 軽蔑する, 軽視する, ばかにする. *Desdeña* a sus compañeros. 彼[彼女]は仲間を軽蔑している.
2 無視する, 顧みない. *Desdeña* mis ofertas. 彼[彼女]は私の提案に見向きもしない.
── ~・se 再《**de +** 不定詞》軽蔑して[ばかにして]…しない. Aquella señora *se desdeña de hablarme*. あの婦人は私に話しかけようともしない.

des・de・ño・so, sa [des.ðe.ɲó.so, -.sa; ðes.-] 形 軽蔑的な, ばかにした；冷淡な. estar ~ *con...* …に冷たい, つれない. ── 男 女 人を見下す[冷淡な]人.

des・de・va・nar [des.ðe.βa.nár; ðes.-] 他〈巻き取った糸・針金などを〉ほどく, ほぐす.

des・di・bu・ja・do, da [des.ði.βu.xá.ðo, -.ða;

ðes.-] 形 〈形・輪郭などが〉ぼんやりした, あいまいな. contornos ~s ぼやっとした輪郭.

des·di·bu·jar [des.ði.bu.xár; ðes.-] 他 (…の形・輪郭を)ぼんやりさせる, ぼかす; 〈記憶などを〉薄れさせる.
— ~·se 再 〈形・輪郭などが〉はっきりしなくなる, ぼやける; 薄れる.

***des·di·cha** [des.ðí.tʃa; ðes.-] 女 **1** 不運, 不幸, 災難. sufrir continuas ~s 次から次へと災難に見舞われる.
2 《話》不運な人; 役立たず. Este niño es una ~. この子は本当に運の悪い子だ.
3 貧窮. vivir en la mayor de las ~s 生活に困窮する.
estar [*quedar*] *hecho una desdicha* 〈衣服が〉ぼろぼろ[泥んこ]である[になる].
por desdicha 不幸にして, 不運にも.

des·di·cha·da·men·te [des.ði.tʃá.ða.mén.te; ðes.-] 副 不幸にも, 不運にも.

***des·di·cha·do, da** [des.ði.tʃá.ðo, -.ða; ðes.-] 形 **1** 不運な, 不幸な [をもたらす]; かわいそうな. un día ~ ついていない日. **2** 臆病な(おく), 意気地のない.
— 男 女 **1** かわいそうな人, 運のない人. ¡*D*~ de mí! 私はなんと不運であることか.
2 恥知らず, 見下げはてた人物. **3** 《ラ米》悪人.

des·di·cho [des.ðí.tʃo; ðes.-] 過分 → desdecir.

des·di·ne·rar [des.ði.ne.rár; ðes.-] 他 財政を悪化させる, 国を疲弊させる.

des·do·bla·mien·to [des.ðo.βla.mjén.to; ðes.-] 男 **1** (畳んだものを)広げること, 伸ばすこと. **2** 分離, 分裂; 分割. ~ de personalidad 《心》分離性性格, 二重[多重]人格. **3** (テキストの)釈義, 解義.

***des·do·blar** [des.ðo.βlár; ðes.-] 他 **1** (畳んだものなどを)広げる, 伸ばす. ~ un mapa 地図を広げる. **2** (ひとつのものを)分離[分裂]させる; 分割する. Estas gafas *desdoblan* la imagen. このめがねは物がダブって見える.
— ~·se 再 **1** 広がる, 伸びる. **2** 〈一つのものが〉分離[分裂]する, 複数化する.

des·do·rar [des.ðo.rár; ðes.-] 他 **1** 金箔(詩)をはがす. **2** 〈名声・名誉などを〉汚す, 傷つける.
— ~·se 再 **1** 金箔がはがれる[落ちる]. **2** 名声を失う, 評判を落とす.

des·do·ro [des.ðó.ro; ðes.-] 男 不名誉, 不面目, 汚点. Puedes hacerlo sin ~ de tu fama. それをしても君の名声には傷がつかないよ.

des·do·ro·so, sa [des.ðo.ró.so, -.sa; ðes.-] 形 不名誉な.

des·dra·ma·ti·zar [des.ðra.ma.ti.θár; ðes.- / -.sár] 97 他 楽観視する, 気楽に構える, 深刻に考えない.

***de·se·a·ble** [de.se.á.βle; ðe.-] 形 **1** 望ましい, 好ましい; 好都合な. Es ~ que consultes a un abogado. 弁護士に相談した方がいいよ (► que 節の動詞は接続法). **2** 性的魅力のある.

de·se·a·dor, do·ra [de.se.a.ðór, -.ðó.ra; ðe.-] 形 望んでいる. — 男 女 望んでいる人.

****de·se·ar** [de.se.ár; ðe.-] 他 **1** 欲する, 望む, 願う. ¿*Desea* algo más? 他に何か欲しいですか. Te *deseo* mucha suerte. 君の幸運を祈っています.
2 《+不定詞 / que +接続法 …することを》望む. *Desearía agradecer*le su ayuda. 私はあなたの援助に感謝いたします (► 過去未来形で婉曲表現する). ¿*Deseas* que te *enseñe* más fotos? 君はもっと写真を見たいですか.
3 〈人に〉強くひかれる, 欲情を抱く. *Te deseo*, no

puedo vivir sin ti. 君が欲しい, 僕は君なしでは生きていけないよ.
dejar mucho [*bastante*] *que desear* 出来がよくない, 満足のいくものではない.
no dejar nada que desear 申し分ない.
ser de desear 望ましい.

de·se·ca·ción [de.se.ka.θjón; ðe.- / -.sjón] 女 乾燥; 干上がること; 干拓. ~ de una marisma 塩沢の干拓.

de·se·ca·dor, do·ra [de.se.ka.ðór, -.ðó.ra; ðe.-] 形 **1** 乾燥させる, 水分を取る. **2** 《化》乾燥剤の. agente ~ 乾燥剤.

de·se·ca·mien·to [de.se.ka.mjén.to; ðe.-] 男 → desecación.

de·se·can·te [de.se.kán.te; ðe.-] 形 乾燥させる, 水分を取る.

de·se·car [de.se.kár; ðe.-] 102 他 **1** 乾燥させる; 干上がらせる; 干拓する. El calor *deseca* la tierra. 暑さで土地がからからに乾く. ~ un estanque 池を干す. **2** 《化》乾燥させる, 脱水する.
— ~·se 再 乾く, 干上がる.

de·se·ca·ti·vo, va [de.se.ka.tí.βo, -.βa; ðe.-] 形 乾燥させる, 乾燥用の.

de·se·cha [de.sé.tʃa; ðe.-] 女 《ラ米》《25》回り道; 近道.

de·se·cha·ble [de.se.tʃá.βle; ðe.-] 形 使い捨ての, 捨てられる. mechero ~ 使い捨てライター.

***de·se·char** [de.se.tʃár; ðe.-] 他 **1** 捨てる, 処分する. ~ un traje viejo 古着を捨てる.
2 〈考えなどを〉捨てる, 放棄する. ~ las ideas pesimistas 悲観的な考えを振り払う.
3 拒絶する, 拒否する. ~ un consejo [una proposición] 助言[提案]を聞き入れない.

de·se·cho [de.sé.tʃo; ðe.-] 男 **1** くず; 廃品, 廃棄物. El desván está lleno de ~s. 屋根裏部屋はがらくたでいっぱいだ. ~s industriales 産業廃棄物.
2 残り物, 不要物. **3** 《話》《軽蔑》役立たず; 人間のくず. **4** 軽蔑, さげすみ. **5** 一級品[極上]の葉タバコ.
6 《ラ米》迂回(うんか)路, 回り道; 近道.
de desecho 不良品の, 廃棄処分の; スクラップ用の.

de·s·e·di·fi·ca·ción [de.se.ði.fi.ka.θjón; ðe.- / -.sjón] 女 悪例, 悪い見本.

de·s·e·di·fi·car [de.se.ði.fi.kár; ðe.-] 102 他 悪い見本[手本]を示す.

de·s·e·lec·tri·za·ción [de.se.lek.tri.θa.θjón; ðe.- / -.sa.sjón] 女 《電》放電.

de·s·e·lec·tri·zar [de.se.lek.tri.θár; ðe.- / -.sár] 97 他 《電》放電させる.

de·se·llar [de.se.jár; ðe.- || -.ʎár] 他 封を切る, 開封する.

des·em·ba·la·je [de.sem.ba.lá.xe; ðe.-] 男 荷を解くこと.

des·em·ba·lar [de.sem.ba.lár; ðe.-] 他 荷を解く, (荷を解いて)中身を取り出す.

des·em·bal·do·sar [de.sem.bal.do.sár; ðe.-] 他 〈床などから〉れんがを[タイル]をはがす.

des·em·bal·sar [de.sem.bal.sár; ðe.-] 他 〈貯水池・沼地・ダムから〉水が流れるようにする, 放水させる.

des·em·ba·nas·tar [de.sem.ba.nas.tár; ðe.-] 他 **1** (かごの)〈中身を〉取り出す. **2** おしゃべりをする, 無駄口をたたく. **3** 《話》〈剣などを〉抜く.

des·em·ba·ra·ña·dor [de.sem.ba.ra.ɲa.ðór; ðe.-] 男 《ラ米》(ポ)櫛(し).

des·em·ba·ra·za·da·men·te [de.sem.ba.ra.θá.ða.mén.te; ðe.- / -.sá.-] 副 ゆったりと, 気楽に

des·em·ba·ra·za·do, da [de.sem.ba.ra.θá. ðo, -.ða; ðe.- / -.sá.-] 形 **1** 〈道路が〉空いている, 混んでいない. **2** 気楽な, のんきな.

des·em·ba·ra·zar [de.sem.ba.ra.θár; ðe.- / -. sár] 97 他 **1** (**de...** …を) 取り除く, 一掃する, 片づける. ～ el camino *de* nieve 道路の除雪をする. **2** 《ラ米》(スペ)(チ)(ホラヘス)(ボラ) 〈子を〉産む, 出産する.
― **～·se** 再 (**de...**) 〈…から〉自由になる, 《邪魔物[者]から》解放される.

des·em·ba·ra·zo [de.sem.ba.rá.θo; ðe.- / -.so] 男 **1** よどみなさ, 自信; 自由闊達(ネワ). **2** 《ラ米》(スペ)(チ)(ホラヘス)(ボラ)出産, 分娩(ベミ).

des·em·bar·ca·de·ro [de.sem.bar.ka.ðé.ro; ðe.-] 男 埠頭(ちょ), 波止場; 上陸地点.

*****des·em·bar·car** [de.sem.bar.kár; ðe.-] 102 他 《**de...**》〈船・飛行機〉から》降ろす, 上陸させる, 〈荷物を〉陸揚げする. ～ mercancías *de*l barco 船から商品を荷揚げする.
― 自 **1** 《**de...**〈船・飛行機〉から》《**en...**…に》降りる, 上陸する. Los viajeros *desembarcarán en* este puerto. 旅人たちはこの港で下船する予定だ. El pasajero *desembarcó de*l avión *en* Narita. その乗客は成田で飛行機を降りた.
2 《話》(**en...**〈ある場所・機関〉に)(目的をもって)やって来る, 乗り込む.

des·em·bar·co [de.sem.bár.ko; ðe.-] 男 **1** 下船; 荷揚げ. **2** 《軍》上陸; 上陸作戦. el ～ de Normandía ノルマンディー上陸作戦. **3** (階段の) 踊り場, 昇降口. **4** (人々の) 出現, 登場.

des·em·bar·ga·da·men·te [de.sem.bar.gá. ða.mén.te; ðe.-] 副 思う存分, のびのびと.

des·em·bar·gar [de.sem.bar.gár; ðe.-] 103 他 《法》差し押さえを解く; 障害を取り除く.

des·em·bar·go [de.sem.bár.go; ðe.-] 男 《法》差し押さえ解除.

des·em·bar·que [de.sem.bár.ke; ðe.-] 男 **1** 下船, 上陸; (飛行機などから) 降りること. tarjeta de ～ 入国カード. **2** (船荷・積み荷の) 陸揚げ, 荷揚げ.

desembarque(-) / desembarqué(-) 活 → desembarcar.

des·em·ba·rran·car [de.sem.ba.raŋ.kár; ðe.-] 102 他 〈船を〉(暗礁から) 離す, 離礁させる.
― 自 〈船が〉(暗礁から) 脱出する, 離礁する.

des·em·ba·rrar [de.sem.ba.r̄ár; ðe.-] 他 泥をふく, 泥を落とす.

des·em·bau·lar [de.sem.bau.lár; ðe.-] 93 他 **1** (トランクなどから) 〈ものを〉取り出す, 中身を出す. **2** 《話》〈秘密などを〉打ち明ける, ぶちまける.

des·em·be·be·cer·se [de.sem.be.be.θér.se; ðe.- / -.sér.-] 34 再 → desembelesarse.

des·em·be·le·sar·se [de.sem.be.le.sár.se; ðe.-] 再 我に返る, 現実に返る.

des·em·blan·tar·se [de.sem.blan.tár.se; ðe.-] 再 顔色を変える; 驚く (= demudarse).

des·em·bo·ca·de·ro [de.sem.bo.ka.ðé.ro; ðe.-] 男 → desembocadura.

des·em·bo·ca·du·ra [de.sem.bo.ka.ðú.ra; ðe.-] 女 河口; (街路の) 出口.

*****des·em·bo·car** [de.sem.bo.kár; ðe.-] 102 自 《**en...**》 **1** (…に) 〈川などが〉流れ込む, 注ぐ. El río Tajo *desemboca en* el Océano Atlántico. タホ川は大西洋に注ぐ. **2** (…に) 〈通りなどが〉通じる, 合流する. Esta avenida *desemboca en* la calle mayor. この通りは大通りに出る. **3** (…に) 至る, (…の) 結果になる. disturbios que pueden ～ *en* la guerra 戦争になりかねない騒乱.

des·em·bo·jar [de.sem.bo.xár; ðe.-] 他 (蔟(ぞク)から) 〈カイコの繭を〉集める.

des·em·bol·sar [de.sem.bol.sár; ðe.-] 他 支払う; 支出する, 費やす.

des·em·bol·so [de.sem.ból.so; ðe.-] 男 支払い; 支出, 出費. ～ inicial 手付金, 頭金.

des·em·bo·que [de.sem.bo.ke; ðe.-] 男 → desembocadura.

des·em·bo·rra·char [de.sem.bo.r̄a.tʃár; ðe.-] 他 酔いを覚まさせる. ― **～·se** 再 酔いから覚める.

des·em·bo·tar [de.sem.bo.tár; ðe.-] 他 〈頭脳を〉活発に働かす; 〈神経を〉鋭敏にする, 研ぎ澄ます. ～ el entendimiento 頭を働かせる.
― **～·se** 再 敏感になる, 鋭くなる.

des·em·bo·zar [de.sem.bo.θár; ðe.- / -.sár] 97 他 **1** 〈覆面などを〉はぐ, 〈ベールを〉脱がせる. **2** 暴露する, 暴く. **3** 〈管の詰まりを取る.
― **～·se** 再 **1** 〈ベール・覆面などを〉取る, 脱ぐ. **2** 暴かれる. **3** 〈管の〉詰まりが取れる.

des·em·bo·zo [de.sem.bó.θo; ðe.- / -.so] 男 **1** 覆面を取ること, 顔をあらわにすること.
2 あからさま, 露骨. con ～ はっきりと.

des·em·bra·gar [de.sem.bra.gár; ðe.-] 103 他 〈自動車などの〉クラッチを切る.

des·em·bra·gue [de.sem.brá.ge; ðe.-] 男 (自動車などの) クラッチを切ること.

des·em·bra·ve·cer [de.sem.bra.βe.θér; ðe.- / -. sér] 34 他 **1** 〈動物を〉飼い慣らす.
2 おとなしくさせる, 落ち着かせる.
― **～·se** 再 **1** 〈動物が〉人になつく, なれる. **2** 穏やかになる, 落ち着く.

des·em·bra·zar [de.sem.bra.θár; ðe.- / -.sár] 97 他 腕の力いっぱいに投げる.

des·em·bria·gar [de.sem.brja.gár; ðe.-] 103 他 酔いを覚まさせる.

des·em·bri·dar [de.sem.bri.ðár; ðe.-] 他 〈馬から〉馬勒(ばく)を外す.

des·em·bro·llar [de.sem.bro.jár; ðe.- ‖ -.ʎár] 他 《話》〈もつれを〉解く, ほぐす; 明らかにする. ～ el malentendido 誤解を解く.
― **～·se** 再 〈もつれが〉解ける; 解明する.

des·em·bro·zar [de.sem.bro.θár; ðe.- / -.sár] 97 他 → desbrozar.

des·em·bru·jar [de.sem.bru.xár; ðe.-] 他 魔法[呪縛(ジュッ)]を解く.

des·em·bu·char [de.sem.bu.tʃár; ðe.-] 他 **1** 《話》〈秘密などを〉告白する, ぶちまける. **2** 〈鳥が〉餌袋(ベミ)から吐き出す.
― **～·se** 再 《ラ米》(チ) 《話》気分が悪い.

de·se·me·jan·te [de.se.me.xán.te; ðe.-] 形 似ていない, 異なった.

de·se·me·jan·za [de.se.me.xán.θa; ðe.- / -.sa] 女 似ていないこと, 相違; 相違点.

de·se·me·jar [de.se.me.xár; ðe.-] 自 (**de...** …と) 違う, 似ていない. Su hijo *desemeja de* él por completo. 彼の息子は彼と全然似ていない.
― 他 〈外形などを〉変える, 変貌させる.

des·em·pa·car [de.sem.pa.kár; ðe.-] 102 他 **1** 〈商品などの荷・梱包(ミス)を〉解く, 中身を出す. **2** 《ラ米》(スペ) 〈手荷物・スーツケースの〉中身を出す.
― **～·se** 再 怒りが静まる, 気持ちが和らぐ.

des·em·pa·char [de.sem.pa.tʃár; ðe.-] 他 胃のもたれを治す, 胃をすっきりさせる.
― **～·se** 再 **1** 胃のもたれが治る. **2** 《話》打ち解け

des・em・pa・cho [de.sem.pá.tʃo; ðe.-] 気後れのなさ，気軽さ．con ～ のびのびと；気安く．

des・em・pa・la・gar [de.sem.pa.la.ɡár; ðe.-] [103] 他 食欲を取り戻させる，胃のむかつきを取る．

des・em・pal・mar [de.sem.pal.már; ðe.-] 他 〈ホース管・電気のケーブルなどを〉切断する，切り離す．

des・em・pa・ñar [de.sem.pa.ɲár; ðe.-] 他 **1**〈ガラスの〉曇りを取る；磨く．**2** おむつを取る．— ～・se 再〈ガラスの〉曇りが取れる．

des・em・pa・pe・lar [de.sem.pa.pe.lár; ðe.-] 他 包装を解く，壁紙をはがす．～ una habitación 部屋の壁紙をはがす．

des・em・pa・que [de.sem.pá.ke; ðe.-] 男 荷を解くこと；包装を解くこと．

des・em・pa・que・tar [de.sem.pa.ke.tár; ðe.-] 他 荷をほどく；包装を解く，包みを開ける．

des・em・pa・re・jar [de.sem.pa.re.xár; ðe.-] 他 〈一対のものを〉ばらばらにする；片方をなくす；一つ［ひとり］にさせる．— ～・se 再 〈一対のものが〉ばらばらになる；差がつく．

des・em・pa・ren・ta・do, da [de.sem.pa.ren.tá.ðo, -.ða; ðe.-] 形 親戚(しんせき)のいない，身寄りのない．

des・em・par・var [de.sem.par.bár; ðe.-] 他 〈刈り広げた麦を〉集めて山積みにする．

des・em・pas・tar [de.sem.pas.tár; ðe.-] 他 〈歯の〉詰め物を取り除く．

des・em・pa・tar [de.sem.pa.tár; ðe.-] 他 **1** 勝敗［勝負］を決する．～ los votos 決選投票をする．**2**《ラ米》(1)(タリ)(ｴｸｱﾄﾞ)〈船の〉もやい綱を解く．(2)(タリ)(ｴｸｱﾄﾞ)(ﾎﾞﾘﾋﾞｱ) 解く，ほどく；離す．— 自 勝敗がつく．*Desempataron* con una ronda de penaltis. (サッカーの)PK戦で勝敗を決めた．

des・em・pa・te [de.sem.pá.te; ðe.-] 男 **1**《スポ》同点決勝（戦），プレーオフ．gol de ～（同点で）勝ち負けを決定するゴール．partido de ～ プレーオフ．**2** 決選投票．

des・em・pe・drar [de.sem.pe.ðrár; ðe.-] [8] 他 **1** 敷石［舗装］をはがす．**2** 素早く走り抜ける．ir *desempedrando* la calle 通りを駆け抜ける．**3**《男性が》〈思いを寄せる女性の家のあたりを〉行きつ戻りつする．

des・em・pe・gar [de.sem.pe.ɡár; ðe.-] [103] 他 〈かめ・革袋などの〉（内側に塗った）タールをはがす．

＊＊des・em・pe・ñar [de.sem.pe.ɲár; ðe.-] 他 **1** 〈役割・任務などを〉遂行する，果たす；〈役を〉演じる．El *desempeñó* un papel muy importante en la negociación. 彼は交渉の中で非常に重要な役割を果たした．El nuevo primer ministro *desempeñará* su cargo desde el próximo lunes. 新首相は次の月曜日から執務することになる．**2**〈担保・抵当・質草などを〉請け出す，回収する，買い戻す．Después de quince años por fin *he desempeñado* el reloj de mi abuelo. 15年も経ってとうとう私は祖父の時計を請け戻した．**3**〈義務・債務などを〉時代わりする．— ～・se 再 (**de...**〈自分の債務を〉) 完済する，免れる．Finalmente esta familia ha logrado ～*se de* su deuda. ついにこの家族は借金から解放された．

des・em・pe・ño [de.sem.pé.ɲo; ðe.-] 男 **1**（任務の）遂行，履行；役を演じること．**2**（質草の）請け出し，（抵当などの）弁済，償還．— 縮 → desempeñar.

des・em・pe・o・rar・se [de.sem.pe.o.rár.se; ðe.-] 再 快方に向かう，回復する．

des・em・pe・re・zar(・se) [de.sem.pe.re.θár(.se); ðe.- / -.sár(.-)] [97] 自 再 怠惰[無精]でなくなる．

des・em・ple・a・do, da [de.sem.ple.á.ðo, -.ða; ðe.-] 形 失業[失職]した．— 男 女 失業者 (= parado).

des・em・ple・o [de.sem.plé.o; ðe.-] 男 **失業**, 失職（状態）(= paro). tasa de ～ 失業率．Está en situación de ～ desde hace un año. 彼[彼女]は1年前から失業状態にある．

des・em・pol・va・du・ra [de.sem.pol.ba.ðú.ra; ðe.-] 女 ほこり[ちり]を払うこと．

des・em・pol・var [de.sem.pol.bár; ðe.-] 他 **1** ほこり[ちり]を払う，ほこりをたたく．～ los muebles 家具のほこりを払う．**2**〈記憶などを〉よみがえらせる．～ viejos recuerdos 昔の思い出をよみがえらせる．**3**〈長く使わなかったものを〉再び使い始める．

des・em・pon・zo・ñar [de.sem.pon.θo.ɲár; ðe.-] 他 …から毒を除去する，解毒する．

des・em・po・trar [de.sem.po.trár; ðe.-] 他〈めり込んだ[はめ込んだ]ものを〉取り出す[取り外す]．

des・em・pu・ñar [de.sem.pu.ɲár; ðe.-] 他 …からつかんでいる手を放す．

des・e・na・mo・rar [de.se.na.mo.rár; ðe.-] 他 愛情を失わせる．— ～・se 再 愛情を感じなくなる．

des・en・ca・bal・gar [de.seŋ.ka.bal.ɡár; ðe.-] [103] 他〈部品などを〉取り外す．

des・en・ca・bes・trar [de.seŋ.ka.bes.trár; ðe.-] 他〈馬の〉(脚に結わえた) 端綱を解く．

des・en・ca・de・na・mien・to [de.seŋ.ka.ðe.na.mjén.to; ðe.-] 男 **1** 鎖から解き放つこと，解放．**2** (感情などの) 爆発；勃発(ぼっぱつ)；突発．

des・en・ca・de・nan・te [de.seŋ.ka.ðe.nán.te; ðe.-] 形 **(de...)** (…を) 引き起こす，(…の) 原因となる．— 男 根源，そもそもの始まり．

＊des・en・ca・de・nar [de.seŋ.ka.ðe.nár; ðe.-] 他 **1**（鎖から）**解き放つ**，解放する．～ al preso 捕虜を釈放する．**2**（感情を）爆発させる；引き起こす，突発させる．～ aplausos [protestas] かっさい[抗議]を巻き起こす．～ la hilaridad 爆笑を誘う．— ～・se 再 **1** 解き放たれる，自由になる．**2** 突発する，荒れ狂う．La tempestad *se desencadenó*. あらしが吹き荒れた．Los aplausos *se desencadenaron*. 大かっさいの渦がわいた．

des・en・ca・ja・do, da [de.seŋ.ka.xá.ðo, -.ða; ðe.-] 形 **1**（顔が）ゆがんだ，(顔が) こわばった，目をむいた．**2**（つなぎ・はめ込み部分が) 外れた；脱臼(だっきゅう)した．

des・en・ca・ja・du・ra [de.seŋ.ka.xa.ðú.ra; ðe.-] 女 (つなぎ・はめ込みが) 外れた部分[箇所]．

des・en・ca・ja・mien・to [de.seŋ.ka.xa.mjén.to; ðe.-] 男 **1**（つなぎ・はめ込み部分の) 外れ；取り外し；脱臼(だっきゅう)．**2**（顔の) こわばり；変貌(へんぼう)．

des・en・ca・jar [de.seŋ.ka.xár; ðe.-] 他 取り外す；脱臼(だっきゅう)させる．— ～・se 再 **1** 外れる，取れる．**2** 変貌(へんぼう)する；(顔が) こわばる，目をむく．

des・en・ca・je [de.seŋ.ká.xe; ðe.-] 男 → desencajamiento.

des・en・ca・jo・nar [de.seŋ.ka.xo.nár; ðe.-] 他 **1**〈中身を〉引き出し[箱]から取り出す．**2**《闘牛》〈牛を〉輸送用の檻(おり)から出す．

des・en・ca・llar [de.seŋ.ka.ʎár; ðe.- ‖ -.ʝár;] 他〈座礁した船を〉離礁させる．— 自〈船が〉離礁する．— ～・se 再 離礁する．

des・en・ca・mi・nar [de.seŋ.ka.mi.nár; ðe.-] 他

des·en·can·ta·mien·to [de.seŋ.kan.ta.mjén.to; ðe.-] 男 魔法からの解放, 幻滅, 興ざめ.

des·en·can·tar [de.seŋ.kan.tár; ðe.-] 他 **1** 魔法を解く (↔encantar). **2** 幻滅を感じさせる, 失望させる. ― **～·se** 再 魔法が解ける; 幻滅する, 失望する. *Me desencanté al verla.* 私は彼女に会ってがっかりした.

des·en·can·ta·rar [de.seŋ.kan.ta.rár; ðe.-] 他 **1** 〔抽選箱から〕(くじを)取り出す. **2** 〔候補者名簿などから〕除外する.

des·en·can·to [de.seŋ.kán.to; ðe.-] 男 **1** 魔法を解く[が解ける]こと. **2** 幻滅, 失望. *sufrir un ～* がっかりする.

des·en·ca·po·tar [de.seŋ.ka.po.tár; ðe.-] 他 **1** マント[外套(がい)]を脱がせる. **2** さらけ出す, 暴く. **3** 〖馬〗〈頭をたれる癖のある馬の〉頭を上げさせる. ― **～·se** 再 **1** マント[外套]を脱ぐ. **2** 〈空が〉晴れる. **3** 〈気分が〉静まる, 怒りを鎮める.

des·en·ca·pri·char [de.seŋ.ka.pri.tʃár; ðe.-] 他 (**de...**) …に〈…を〉思いとどまらせる, 執心をやめさせる. ― **～·se** 再 《**de...** …を》思いとどまる, 執心が覚める.

des·en·car·ce·lar [de.seŋ.kar.θe.lár; ðe.- / -. se.-] 他 出獄させる, 出所させる (= excarcelar).

des·en·ca·re·cer [de.seŋ.ka.re.θér; ðe.- / -.sér] 34 他 値下げする. ― 自 値下がりする. ― **～·se** 再 値が下がる, 値下がりする.

des·en·car·gar [de.seŋ.kar.ɣár; ðe.-] 103 他 …の依頼[注文]を取り消す.

des·en·ca·ri·ñar·se [de.seŋ.ka.ri.ɲár.se; ðe.-] 再 《**de...** …に》愛着を感じなくなる, 飽きる.

des·en·car·nar [de.seŋ.kar.nár; ðe.-] 他 **1** 〖狩〗〈犬を〉〈獲物から〉引き離す. **2** …への情熱[愛着]を失う.

des·en·car·pe·tar [de.seŋ.kar.pe.tár; ðe.-] 他 〈忘れていた[棚上げされた]ことに〉再び取り組む.

des·en·cas·qui·llar [de.seŋ.kas.ki.jár; ðe.- ‖ -. ʎár] 他 〈銃器の〉排出口に詰まった薬莢(やっきょう)を取り出す.

des·en·cas·ti·llar [de.seŋ.kas.ti.jár; ðe.- ‖ -. ʎár] 他 **1** 〈守備隊を〉城から追い出す. **2** 暴く, すっぽ抜く.

des·en·ce·rrar [de.sen.θe.řár; ðe.- / -.se.-] 8 他 〈閉じ込められているもの・人を〉放つ, 解放する.

des·en·chu·far [de.seɲ.tʃu.fár; ðe.-] 他 …の電源プラグをコンセントから抜く. ― **～·se** 再 電源が切れる.

des·en·cla·var [de.seŋ.kla.bár; ðe.-] 他 **1** 釘(くぎ)を抜く. **2** 乱暴に引っ張り出す, どかす.

des·en·cla·vi·jar [de.seŋ.kla.bi.xár; ðe.-] 他 **1** 〈弦楽器の〉糸巻きを外す. **2** 力ずくで引き離す.

des·en·co·fra·do [de.seŋ.ko.frá.ðo; ðe.-] 男 〔コンクリートの〕型枠の撤去.

des·en·co·frar [de.seŋ.ko.frár; ðe.-] 他 〈コンクリートなどの〉型枠を取り除く.

des·en·co·ger [de.seŋ.ko.xér; ðe.-] 100 他 〈畳んだもの・縮んだものを〉伸ばす, 広げる. ― **～·se** 再 打ち解ける, のびのびする.

des·en·co·gi·mien·to [de.seŋ.ko.xi.mjén.to; ðe.-] 男 打ち解けること, のびのびすること.

des·en·co·la·du·ra [de.seŋ.ko.la.ðú.ra; ðe.-] 女 はがす[はがれる]こと.

des·en·co·lar [de.seŋ.ko.lár; ðe.-] 他 〈にかわ・糊(のり)でくっついているものを〉はがす. ― **～·se** 再 はがれる.

des·en·co·le·ri·zar [de.seŋ.ko.le.ri.θár; ðe.- / -.sár] 97 他 〈怒っている人を〉なだめる, 静める. ― **～·se** 再 …の怒りが治まる.

des·en·co·na·mien·to [de.seŋ.ko.na.mjén.to; ðe.-] 男 → desencono.

des·en·co·nar [de.seŋ.ko.nár; ðe.-] 他 **1** …の炎症[腫(は)れ]を抑える. **2** …の怒りを鎮める, なだめる. ― **～·se** 再 **1** 炎症が治まる, 腫れが引く. **2** 怒りが鎮まる. **3** 〈ざらざらしたものが〉柔らかくなる.

des·en·co·no [de.seŋ.kó.no; ðe.-] 男 鎮静, 平静.

des·en·con·trar·se [de.seŋ.kon.trár.se; ðe.-] 15 再 《ラ米》(ﾌﾞﾗｼﾞﾙ)〈会えるはずの人に〉会えない, 〈約束を〉すっぽかされる.

des·en·cor·dar [de.seŋ.kor.ðár; ðe.-] 15 他 〈楽器などの〉弦を外す.

des·en·cor·var [de.seŋ.kor.bár; ðe.-] 他 〈曲がったものを〉まっすぐにする, 伸ばす. ― **～·se** 再 まっすぐになる.

des·en·co·var [de.seŋ.ko.bár; ðe.-] 15 他 〈動物を〉巣穴からおびき出す.

des·en·crip·tar [de.seŋ.krip.tár; ðe.-] 他 → descifrar.

des·en·cua·der·nar [de.seŋ.kwa.ðer.nár; ðe.-] 他 〈本・ノートなどの〉かがりを切る, ばらばらにする. ― **～·se** 再 〈本などの〉かがりが切れる, ばらばらになる. *Este diccionario se desencuadernó de tanto utilizar.* この辞書は使いすぎでばらばらになった.

des·en·cuen·tro [de.seŋ.kwén.tro; ðe.-] 男 **1** 〔意見の〕不一致, 〔気持ちの〕すれ違い. **2** 《ラ米》(ﾌﾞﾗｼﾞﾙ)〈会えるはずの人に〉会えないこと.

des·en·de·mo·niar [de.sen.de.mo.njár; ðe.-] 82 他 〈人の体から〉悪魔を追い出す[払う].

des·en·deu·dar [de.sen.deu.ðár; ðe.-] 他 〈人を〉借金から解放する. ― **～·se** 再 借金を返す, 負債を整理する.

des·en·dia·blar [de.sen.dja.blár; ðe.-] 他 → desendemoniar.

des·en·dio·sar [de.sen.djo.sár; ðe.-] 他 …の慢心をくじく, 鼻を折る.

des·en·fa·da·da·men·te [de.sem.fa.ðá.ða.mén.te; ðe.-] 副 屈託なく, のびのびと.

des·en·fa·da·de·ras [de.sem.fa.ða.ðé.ras; ðe.-] 女《複数形》苦境を切り抜ける才覚, 機知. *Tiene ～.* 彼[彼女]には臨機の才がある.

des·en·fa·da·do, da [de.sem.fa.ðá.ðo, -.ða; ðe.-] 形 **1** 屈託のない, 気兼ねのない. **2** 気楽な, のびのびとした. *hablar con un tono ～* くだけた口調で話す. **3** 〔部屋などが〕ゆったりした, 広い.

des·en·fa·dar [de.sem.fa.ðár; ðe.-] 他 …の怒りを鎮める, なだめる. ― **～·se** 再 怒りを鎮める; 和解する, 仲直りする.

des·en·fa·do [de.sem.fá.ðo; ðe.-] 男 **1** 屈託のなさ, 気楽さ. **2** 厚かましさ, 無遠慮.

des·en·fal·dar·se [de.sem.fal.dár.se; ðe.-] 再 〈(たくし上げた)すそを〉下ろす.

des·en·far·dar [de.sem.far.ðár; ðe.-] / **des·en·far·de·lar** [de.sem.far.ðe.lár; ðe.-] 他 〈包み・荷を〉解く, 解いて中身を出す.

des·en·fi·lar [de.sem.fi.lár; ðe.-] 他 〖軍〗〈兵力などを〉〔敵の目に入らないように〕遮蔽(しゃへい)する, 遮蔽して配置する.

des·en·fo·car [de.sem.fo.kár; ðe.-] 102 他 **1** 〔写真などで〕焦点[ピント]を外す, ぼかす. **2** 〈問題などの〉

焦点を外す. ― ~.se 再 ピントが外れる, ぼける.
des·en·fo·que [de.seɱ.fó.ke; đe.-] 男 焦点[ピント]のずれ, ピンボケ; 見当違い. El ~ es muy grande. ピントが大きく外れている.
des·en·fre·na·da·men·te [de.seɱ.fre.ná.đa.mén.te; đe.-] 副 自由奔放に, 気ままに, 放埒(ほう)に.
des·en·fre·na·do, da [de.seɱ.fre.ná.đo, -.đa; đe.-] 形 抑えのきかない, 抑制のない; 節度のない.
des·en·fre·nar [de.seɱ.fre.nár; đe.-] 他〈馬の〉轡(くつわ)を外す. ― ~.se 再 (情熱・悪徳などに)身を任せる, 節度を失う;〈あらしなどが〉猛威を振るう.
des·en·fre·no [de.seɱ.fré.no; đe.-] 男 抑制[節度]のなさ, (感情の)奔流.
des·en·fun·dar [de.seɱ.fun.dár; đe.-] 他 **1**〈ケースから〉取り出す;〈ピストルなどを〉抜く.
 2〈家具・調度の〉カバー[覆い]を取る.
des·en·fu·re·cer [de.seɱ.fu.re.θér; đe.- / -.sér] 34 他 …の怒りを鎮める, なだめる.
― ~.se 再 怒りを鎮める;〈静まる, 穏やかになる.
des·en·fu·rru·ñar [de.seɱ.fu.r̄u.ɲár; đe.-] 他 …の怒りを鎮める. ― ~.se 再 怒りを鎮める.
des·en·gan·char [de.seŋ.gan.tʃár; đe.-] 他
 1 鉤(かぎ)から外す, 引っかかっているものを外す. ~ un abrigo de una percha コートをコート掛けから外す.
 2〈馬車から〉〈馬を〉放す, 外す.
― ~.se 再 **1**〈引っかかっているものが〉外れる, ほどける. **2**《de... …の》習慣を断つ;(話)麻薬を断つ.
des·en·gan·che [de.seŋ.gán.tʃe; đe.-] 男 **1** 鉤(かぎ)などから外すこと. **2**(話)麻薬を断つこと.
des·en·ga·ña·da·men·te [de.seŋ.ga.ɲá.đa.mén.te; đe.-] 副 はっきりと, あからさまに; 下手(へた)に.
des·en·ga·ña·do, da [de.seŋ.ga.ɲá.đo, -.đa; đe.-] 形 **1** 幻滅した, 失望した. **2**(迷い・幻想などから)覚めた. **3**(ラ米)(メキ)(プ) おぞましい, そっとする.
***des·en·ga·ñar** [de.seŋ.ga.ɲár; đe.-] 他 **1** 幻滅させる, がっかりさせる. Me *desengañó* el resultado. その結果にはがっかりした.
 2 迷いを覚まさせる, 誤りを気付かせる. Le creía incapaz de hacerlo pero sus profesores me *han desengañado*. そんなことはできない子だと思っていたが, 先生たちがそうでないことを教えてくれた.
― ~.se 再 **1**《de... …に》幻滅する, がっかりする.
 2 迷いから覚める, 誤りに気付く. ¡*Desengáñate*! だまされるな.
***des·en·ga·ño** [de.seŋ.gá.ɲo; đe.-] 男 **1** 幻滅, 失望. llevarse [sufrir] un ~ con... …に幻滅を感じる. sufrir un ~ amoroso 失恋する. **2**(複数で)(苦い経験から得た)教訓. **3** 悟り, 迷いから覚めること. ― 📘 → desengañar.
des·en·gar·zar [de.seŋ.gar.θár; đe.- / -.sár] 97 他 **1**〈数珠状につながれたものを〉外す, ばらばらにする. **2**〈宝石類を〉台座[つめ]から外す.
des·en·gas·tar [de.seŋ.gas.tár; đe.-] 他〈宝石を〉台座[つめ]から外す.
des·en·go·mar [de.seŋ.go.már; đe.-] 他 …からゴム[糊(のり)]を取り除く (= desgomar).
des·en·goz·nar [de.seŋ.goθ.nár; đe.- / -.gos.-] 他〈戸・窓を〉蝶番(ちょうつがい)から外す (= desgoznar).
des·en·gra·nar [de.seŋ.gra.nár; đe.-] 他〈連動装置・歯車を〉外す.
des·en·gra·san·te [de.seŋ.gra.sán.te; đe.-] 男 油脂溶解剤, 油染み[油汚れ]専用洗剤.
des·en·gra·sar [de.seŋ.gra.sár; đe.-] 他 油脂[脂肪分]を取り去る; 油汚れを取る.
― 自 **1** やせる. **2**(話)(脂っこいものを食べたあとで)口直しをする. **3**《話》気晴らしになる.
― ~.se 再《話》《con... …で》気晴らしをする.
des·en·gra·se [de.seŋ.grá.se; đe.-] 男 脂肪分[油汚れ]の除去.
des·en·gro·sar [de.seŋ.gro.sár; đe.-] 15 他 やせさせる;〈量を〉減らす. ― 自 やせる;〈量が〉減る.
des·en·gru·dar [de.seŋ.gru.đár; đe.-] 他 糊(のり)を取る.
des·en·guan·tar [de.seŋ.gwan.tár; đe.-] 他 手袋を脱がす. ― ~.se 再 手袋を脱ぐ.
des·en·he·brar [de.sen.e.brár; đe.-] 他〈針の〉糸を抜く. ― ~.se 再〈針から〉糸が抜ける.
des·en·hor·nar [de.se.nor.nár; đe.-] 他 オーブン[かまど, 炉]から取り出す.
des·en·ja·e·zar [de.seŋ.xa.e.θár; đe.- / -.sár] 97 他〈馬から〉馬具を取り外す.
des·en·jal·mar [de.seŋ.xal.már; đe.-] 他〈馬の〉荷鞍(にぐら)[鞍]を外す.
des·en·jau·lar [de.seŋ.xau.lár; đe.-] 他 かご[檻(おり)]から出す.
des·en·la·ce [de.sen.lá.θe; đe.- / -.se] 男 **1**(文学作品などの)結末, 大団円. ~ feliz ハッピーエンド. **2** ほどく[ほどける]こと. **3** 解決; 結果.
des·en·la·dri·llar [de.sen.la.đri.jár; đe.- ‖ -.ʎár] 他〈場所の〉(敷いてある)れんがをはがす[取る].
des·en·la·zar [de.sen.la.θár; đe.- / -.sár] 97 他 **1**〈結び目などを〉ほどく. **2**〈問題を〉解明する, 解決する. **3**〈物語の筋を〉解きほぐす.
― ~.se 再 **1** ほどける. **2**〈問題が〉解明[解決]される. **3**《+副詞およびその相当語句》(結果が)(…に) なる, (…で) 終わる. La obra *se desenlaza muy mal*. その作品の結末は悲惨だ.
des·en·lo·dar [de.sen.lo.đár; đe.-] 他 泥を拭(ふ)う.
des·en·lo·sar [de.sen.lo.sár; đe.-] 他〈タイル敷の床の〉(敷いてある)タイル[敷石, 板石]をはがす.
des·en·lu·tar [de.sen.lu.tár; đe.-] 他 喪を終わらせる, 喪服を脱がせる.
― ~.se 再 喪があける, 喪服を脱ぐ.
des·en·ma·llar [de.sem.ma.jár; đe.- ‖ -.ʎár] 他〈魚を〉網から外す.
des·en·ma·ra·ñar [de.sem.ma.ra.ɲár; đe.-] 他 **1**〈もつれたものを〉解く, 解きほぐす.
 2〈問題・事件を〉解明する, 解決する.
des·en·mas·ca·ra·da·men·te [de.sem.mas.ka.rá.đa.mén.te; đe.-] 副 公然と, あからさまに.
des·en·mas·ca·ra·mien·to [de.sem.mas.ka.ra.mjén.to; đe.-] 男 **1** マスク[仮面]を取る[剥ぎ取る]こと. **2** 暴露, (本性を)暴くこと.
des·en·mas·ca·rar [de.sem.mas.ka.kár; đe.-] 他 **1** …の仮面を取る. **2**〈正体を〉暴露する, 暴く. ~ a un hipócrita 偽善者の正体を暴露する.
― ~.se 再 仮面を取る.
des·en·mo·chi·lar [de.sem.mo.tʃi.lár; đe.-] 他《ラ米》(エク)(うっかり) 秘密を漏らす.
des·en·mo·he·cer [de.sem.mo.e.θér; đe.- / -.sér] 34 他 **1** …のさび[かび]を落とす.
 2〈長い間使わなかった・能力を〉再び使用する, 再び動かす. Di un paseo para ~ las piernas. なまった足を動かすために散歩に出かけた.
― ~.se 再 **1** さび[かび]が落ちる.
 2〈長い間使わなかった能力を〉取り戻す.
des·e·no·jar [de.se.no.xár; đe.-] 他 …の怒りを鎮める, なだめる (= desenfadar).
― ~.se 再 怒りが治まる.

des·e·no·jo [de.se.nó.xo; ðe.-] 男 怒りの治まり, 気持ちの和み[静まり].

des·e·no·jo·so, sa [de.se.no.xó.so, -.sa; ðe.-] 形 怒りを治める[鎮める].

des·en·rai·zar [de.sen.r̄ai.θár; ðe.- / -.sár] 90 他 《ラ米》《口》《木・雑草を》根こそぎ抜く.

des·en·re·dar [de.sen.r̄e.ðár; ðe.-] 他 **1** 《もつれたものを》解く, ほどく. **2** 《もめごと・紛糾などを》整理する; 解決する.
— ~·se 再 **1** 〈もつれたものが〉解ける, ほどける.
2 《de...〈困難・窮地〉から》抜け出る, 脱出する.

des·en·re·do [de.sen.r̄é.ðo; ðe.-] 男 **1** (もつれを)解くこと, ほどくこと. **2** (問題の)解決, 決着. **3** (困難・窮地からの)脱出, 離脱. **4** (劇などの)結末, 大団円 (= desenlace).

des·en·ri·zar [de.sen.r̄i.θár; ðe.- / -.sár] 97 他 → desrizar.

des·en·ro·llar [de.sen.r̄o.jár; ðe.- ‖ -.ʎár] 他 〈巻いたものを〉解く, 広げる (= desarrollar).
— ~·se 再 〈巻いたものが〉解ける, 広がる.

des·en·ros·car [de.sen.r̄os.kár; ðe.-] 102 他 **1** 〈巻いたものを〉ほどく, のばす. **2** 〈ねじを〉緩めて外す.
— ~·se 再 〈巻いたものが〉解ける, のびる; 〈人・動物が〉のびをする; 〈ねじが〉外れる.

des·en·ru·de·cer [de.sen.r̄u.ðe.θér; ðe.- / -.sér] 34 他 礼儀作法を教える; 洗練する.

des·en·sam·blar [de.sen.sam.blár; ðe.-] 他 〈組み立てたものを〉分解する, ばらばらにする.

des·en·sa·ñar [de.sen.sa.ɲár; ðe.-] 他 なだめる, 鎮める.

des·en·sar·tar [de.sen.sar.tár; ðe.-] 他 〈数珠つなぎのものを〉糸から外す, ばらす. ~ un collar ネックレスをばらばらにする.

des·en·se·bar [de.sen.se.βár; ðe.-] 他 《家畜の》脂肪を減らす. — 自 《話》**1** やせる. **2** (脂っこいものを食べた後で)口直しをする. **3** 楽な仕事[職]に変わる. — ~·se 再 高慢な態度が改まる.

des·en·se·ñar [de.sen.se.ɲár; ðe.-] 他 教え直す, 再教育する.

des·en·si·bi·li·zar [de.sen.si.βi.li.θár; ðe.- / -.sár] 97 他 → insensibilizar.

des·en·si·llar [de.sen.si.jár; ðe.- ‖ -.ʎár] 他 《馬から》鞍(ś)を外す.

des·en·so·ber·be·cer [de.sen.so.βer.βe.θér; ðe.- / -.sér] 34 他 謙虚にさせる, 高慢[尊大]な態度を改めさせる. — ~·se 再 高慢な態度が改まる.

des·en·sor·ti·ja·do, da [de.sen.sor.ti.xá.ðo, -.ða; ðe.-] 形 **1** カール[ウエーブ]の取れた. **2** 脱臼(ǵǎó)した, 関節の外れた.

des·en·sor·ti·jar [de.sen.sor.ti.xár; ðe.-] 他 パーマを落とす, 〈髪を〉まっすぐにする.

des·en·ta·bli·llar [de.sen.ta.βli.jár; ðe.- ‖ -.ʎár] 他 《医》《a + 人〈人〉の》〈体の一部から〉添え木をとる.

des·en·ta·ri·mar [de.sen.ta.ri.már; ðe.-] 他 床張りをはがす.

des·en·ten·der·se [de.sen.ten.dér.se; ðe.-] 12 再 《de...》**1** 《...に》関与しない, かかわり合わない. *Me desentiendo* por completo *de* ese negocio. 私はその取引にはいっさい関係していない.
2 《...について》知らないふりをする.

des·en·ten·di·do, da [de.sen.ten.dí.ðo, -.ða; ðe.-] 形 *hacerse el desentendido* 聞こえない[気づかない]ふりをする (▶ el desentendido は主語の性数に一致する).

des·en·ten·di·mien·to [de.sen.ten.di.mjén.to; ðe.-] 男 知らんぷり, 知らないふりをすること.

des·en·te·rra·mien·to [de.sen.te.r̄a.mjén.to; ðe.-] 男 発掘, 掘り起こし.

des·en·te·rrar [de.sen.te.r̄ár; ðe.-] 8 他 **1** 〈地中から〉掘り出す, 掘り起こす, 発掘する.
2 《忘れていたことを》呼び起こす, 蒸し返す. Más vale que no *desenterremos* aquella historia. あの話は蒸し返さない方がいい.

des·en·tie·rra·muer·tos [de.sen.tje.r̄a.mwér.tos; ðe.-] 男 女 《単複同形》死者の悪口を言う者.

des·en·tol·dar [de.sen.tol.dár; ðe.-] 他 **1** 日よけ[天幕, 幌(ś)]を取る. **2** 装飾を取り除く.

des·en·to·na·ción [de.sen.to.na.θjón; ðe.- / -.sjón] 女 → desentono.

des·en·to·na·da·men·te [de.sen.to.ná.ða.mén.te; ðe.-] 副 調子外れに. cantar ~ 調子外れに歌う.

des·en·to·na·mien·to [de.sen.to.na.mjén.to; ðe.-] 男 → desentono.

des·en·to·nar [de.sen.to.nár; ðe.-] 自 **1** 音程を外す, 調子外れに歌う; 〈楽器の〉音程が狂う.
2 《con...》...と》調和しない, 釣り合わない; 場違いである. Esa camisa azul *desentona con* la chaqueta. その青いシャツは上着と合っていない. El chico *desentonó* en la reunión. その少年は会合で場違いな感じだった.
— 他 (体の)調子を狂わせる. Me *desentonó* el frío que hizo la semana pasada. 先週の寒さで私は体調を崩した.
— ~·se 再 **1** 《con...》...で》調子が悪くなる.
2 無礼な態度をとる; 声を荒げる.

des·en·to·no [de.sen.tó.no; ðe.-] 男 **1** 不調和.
2 (声の)怒った調子; 無礼な口調.

des·en·tor·ni·lla·dor [de.sen.tor.ni.ja.ðór; ðe.- ‖ -.ʎa.-] 男 《ラ米》《口》→ destornillador.

des·en·tor·ni·llar [de.sen.tor.ni.jár; ðe.- ‖ -.ʎár] 他 ねじを抜く[外す].

des·en·tor·pe·cer [de.sen.tor.pe.θér; ðe.- / -.sér] 34 他 **1** しびれ[まひ]を取る. ~ el brazo 腕のしびれを治す. **2** ...の動きを円滑にする. — ~·se 再 しびれ[まひ]が取れる; 動きが円滑になる.

des·en·tram·par [de.sen.tram.pár; ðe.-] 他 《話》借金から解放する. — ~·se 再 《話》借金を払い終わる, 債務を完済する.

des·en·tra·ña·mien·to [de.sen.tra.ɲa.mjén.to; ðe.-] 男 (ものごとの)核心, 本質.

des·en·tra·ñar [de.sen.tra.ɲár; ðe.-] 他 **1** 見抜く, 洞察する. Ha conseguido ~ el misterio. 彼[彼女]はついにその謎(ǵ)を解いた. **2** 内臓を取り出す. — ~·se 再 《他人に》自分の持ち物を全て与える.

des·en·tre·na·do, da [de.sen.tre.ná.ðo, -.ða; ðe.-] 形 《estar +》練習不足の, 腕の落ちた.

des·en·tre·na·mien·to [de.sen.tre.na.mjén.to; ðe.-] 男 訓練[練習]不足, 腕が落ちること.

des·en·tre·nar·se [de.sen.tre.nár.se; ðe.-] 再 練習不足で腕が落ちる.

des·en·tro·ni·zar [de.sen.tro.ni.θár; ðe.- / -.sár] 97 他 → destronar.

des·en·tu·bar [de.sen.tu.βár; ðe.-] 他 → desintubar.

des·en·tu·me·cer [de.sen.tu.me.θér; ðe.- / -.sér] 34 他 ...のしびれ[凝り]を取る, 筋肉をほぐす. ~ el brazo 腕の感覚を取り戻す.

— ~・se 再 しびれが取れる，筋肉がほぐれる.
des・en・tu・me・ci・mien・to [de.sen.tu.me.θi.mjén.to; đe.- / -.si.-] 男 筋肉のほぐれ，感覚の回復.
des・en・tu・mir [de.sen.tu.mír; đe.-] 他 → desentumecer.
des・en・vai・nar [de.sem.bai.nár; đe.-] 他 **1**〈刀剣を〉鞘(さや)から抜く. ~ el sable サーベルを鞘から抜く. **2**〈動物が〉〈爪〉をむく.
des・en・ve・le・jar [de.sem.be.le.xár; đe.-] 他《海》帆を外す.
des・en・ven・dar [de.sem.ben.dár; đe.-] 他 → desvendar.
des・en・ver・gar [de.sem.ber.gár; đe.-] 103 他《海》〈帆を〉緩める；帆桁(ほげた)から外す.
des・en・vio・lar [de.sem.bjo.lár; đe.-]〈汚された教会・聖地を〉清める.
des・en・vol・tu・ra [de.sem.bol.tú.ra; đe.-] 女 **1**（動作・態度の）軽やかさ，流暢(りゅうちょう)さ. En la reunión habló con ~. 会合では彼(彼女)はよどみなく話した. **2** 闊達(かったつ)さ；屈託のなさ. **3** 厚顔，ずうずうしさ；（女性の）慎みのなさ.
des・en・vol・ve・dor, do・ra [de.sem.bol.be.đór, -.đó.ra; đe.-] 形 詮索(せんさく)好きな.
— 男 女 詮索好きな人，野次馬.
***des・en・vol・ver** [de.sem.bol.bér; đe.-] 23 他 [過分] は desenvuelto] **1**〈包み・巻いたものなどを〉開ける，広げる. **2**〈思想・理論を〉展開する，進展させる；〈事業を〉発展させる. **3** 明らかにする，解き明かす.
— ~・se 再 **1**〈包みなどが〉解ける，開く.
2 発展する，展開する. Las negociaciones *se desenvolvieron* rápidamente. 交渉は急展開した. **3**（生活の道を）切り開く，（困難・苦境を）切り抜ける. *Me desenvuelvo* con el salario de mi marido. 私は夫の給料で何とかやっている. **4** 巧みに行う，上手くやる；堂々と話す. Él *se desenvolvió* muy bien explicando el tema a los asistentes. 彼は出席者たちに上手くその問題を説明した. **5**〈ことが〉運ぶ，行われる. El partido *se desenvolvió* sin incidente. 試合は支障なく進行した.
des・en・vol・vi・mien・to [de.sem.bol.bi.mjén.to; đe.-] 男 **1**（包みなどを）広げること. **2** 展開；発展，進展. el ~ de los acontecimientos 事の成り行き. **3** 解明，解決.
des・en・vuel・to, ta [de.sem.bwél.to, -.ta; đe.-] [desenvolver の過分] 形 **1** のびのびとした，屈託のない，物おじしない. **2** てきぱきとした；流暢(りゅうちょう)な. **3** ずうずうしい，慎みのない.
desenvuelv- 活 → desenvolver.
des・en・yu・gar [de.seɲ.ju.gár; đe.-] 103《ラ米》軛(くびき)を取り外す，軛から解き放つ.
des・en・zar・zar [de.sen.θar.θár; đe.- / -.sar.sár] 97 他 **1**（イバラの茂みから）引き出す，解き放つ.
2《話》〈けんかをしている人を〉分ける，割って入る.
— ~・se 再 **1**（イバラの茂みから）抜け出る. **2**《話》けんかをやめる.
***de・se・o** [de.sé.o; đe.-] 男 **1** 願い，望み；欲求，欲望. sentir [tener] ~s de [+不定詞 / que+接続法] …したいと思う. conceder ~s 願いをかなえる. Sus ~s *son* órdenes. 何なりとご希望どおりにいたします. **2** 性欲，欲情. No sentía ningún ~ por él. 彼には何にも感じなかった.
— 活 → desear.
arder en deseos《話》熱望する，切に願う.
[← 〖俗ラ〗*desidiu*「放縦；欲望」（〖ラ〗*dēsidia*「怠惰」より派生）; 関連 desear. 〖英〗*desire*]

***de・se・o・so, sa** [de.se.ó.so, -.sa; đe.-] 形 **1** (*estar*+)《de... …を》欲している，望んでいる，切望している. **2** あこがれの，羨望(せんぼう)の. mirada *deseosa* あこがれのまなざし；もの欲しげな目つき.
des・e・qui・li・bra・do, da [de.se.ki.li.brá.đo, -.đa; đe.-] 形 **1** 不均衡な，釣り合いの悪い. **2** 精神が錯乱した，異常な. — 男 女 精神異常者.
des・e・qui・li・brar [de.se.ki.li.brár; đe.-] 他 **1** 平衡［釣り合い］を失わせる. **2** 精神を乱す，錯乱させる. La guerra *ha desequilibrado* las mentes de muchas personas. 戦争は多くの人々の心を狂わせた. — ~・se 再 **1** 平衡を失う，バランスを崩す. **2** 精神異常になる，錯乱する.
***des・e・qui・li・brio** [de.se.ki.lí.brjo; đe.-] 男 **1** 不均衡，アンバランス. Hay que suprimir el ~ entre las importaciones y las exportaciones. 輸出入の不均衡を解消する必要がある. **2** 精神の錯乱，異常.
de・ser・ción [de.ser.θjón; ₫e.- / -.sjón] 女 **1**（軍隊からの）脱走，逃亡. **2**（義務の）放棄. **3** やめること，脱退，脱会. **4**《法》告訴の取り下げ，上告の放棄.
de・ser・tar [de.ser.tár; ₫e.-] 自《de...》**1**（…から）脱走する，逃亡する. ~ *del* ejército 軍隊から脱走する. **2**（義務を）放棄する，怠る. **3**（…を）脱退［脱会］する；（…に）行かなくなる. ~ *de* un círculo サークルを抜ける. **4**《法》《〈告訴〉を》取り下げる，《〈上告〉を》断念する.
de・sér・ti・co, ca [de.sér.ti.ko, -.ka; ₫e.-] 形 **1** 砂漠の，砂漠のような；不毛の. **2** 人気のない，寂れた，荒廃した.
de・ser・ti・fi・ca・ción [de.ser.ti.fi.ka.θjón; ₫e.- / -.sjón] 女 → desertización.
de・ser・ti・fi・car [de.ser.ti.fi.kár; ₫e.-] 102 他 → desertizar.
de・ser・ti・za・ción [de.ser.ti.θa.θjón; ₫e.- / -.sa.sjón] 女 砂漠化.
de・ser・ti・zar [de.ser.ti.θár; ₫e.- / -.sár] 97 他 …を砂漠化する.
— ~・se 再 砂漠化する，砂漠化が進む.
de・ser・tor, to・ra [de.ser.tór, -.tó.ra; ₫e.-] 形 脱走した，逃亡した. — 男 女（義務・職務などの）放棄者；脱退者，離脱者；脱走兵.
de・ser・vi・cio [de.ser.bí.θjo; ₫e.- / -.sjo] 男（義務の）不履行，怠慢.
de・ser・vir [de.ser.bír; ₫e.-] 1 他 義務を怠る，務めを果たさない.
des・es・ca・lar [de.ses.ka.lár; ₫e.-] 他〈程度・規模を〉段階的に縮小する.
des・es・ca・mar [de.ses.ka.már; ₫e.-] 他〈魚の〉うろこをとる (= escamar, descamar).
des・es・com・brar [de.ses.kom.brár; ₫e.-] 他〈場所から〉（がらくたなどを）取り除く，片づける (= escombrar).
des・es・com・bro [de.ses.kóm.bro; ₫e.-] 男（瓦礫(がれき)・廃材・がらくたの）除去［撤去］（作業）.
des・es・la・bo・nar [de.ses.la.ɓo.nár; ₫e.-] 他 **1**（鎖の輪を）切り離す，ばらばらにする. **2** 分割する，分離する.
des・es・pal・dar [de.ses.pal.dár; ₫e.-] 背中に傷を負わせる. — ~・se 再 背中を傷める.
des・es・pa・ño・li・zar [de.ses.pa.ɲo.li.θár; ₫e.- / -.sár] 97 他 非スペイン化させる，スペイン的なものを取り除く. — ~・se 再 非スペイン化する，スペイ

ン的なものが失われる.

*des·es·pe·ra·ción [de.ses.pe.ra.θjón; ðe.- / -.sjón] 囡 **1** 絶望, 失望；自暴自棄. *hundirse en la* ～ 絶望に陥る. *estar loco de* ～ 自暴自棄になっている.
2 いらだちの種, 腹立たしさ. *Este atasco de tráfico es una* ～. この渋滞には腹が立つ.
con desesperación やけくそで；必死に.

des·es·pe·ra·da·men·te [de.ses.pe.rá.ða.mén.te; ðe.-] 副 必死に；絶望的に.

*des·es·pe·ra·do, da [de.ses.pe.rá.ðo, -.ða; ðe.-] 形 **1** 絶望した, やけを起こした.
2 絶望的な, 望みのない；必死の. *una situación desesperada* 絶望的な状況.
――男 囡 絶望した人, 自暴自棄の人, やけになった人. *correr como un* ～ 死に物狂いで走る.
a la desesperada 最後の望みを託して.

des·es·pe·ran·te [de.ses.pe.rán.te; ðe.-] 形
1 いらいらさせる, 腹の立つ. *Es* ～ *tener que ponerme a la cola tan larga*. こんなに長い列に並ばなければならないなんて腹立たしい. **2** 絶望的な, どうしようもない；落胆させる.

des·es·pe·ran·za [de.ses.pe.rán.θa; ðe.- / -.sa] 囡 絶望, 失望；自暴自棄.

des·es·pe·ran·za·dor, do·ra [de.ses.pe.ran.θa.ðór, -.ðó.ra; ðe.- / -.sa.-] 形 失望[絶望]させる.

des·es·pe·ran·zar [de.ses.pe.ran.θár; ðe.- / -.sár] 97 他 絶望させる, 望み[期待]を失わせる.
――～**se** 再 絶望する, 望みを失う.

*des·es·pe·rar [de.ses.pe.rár; ðe.-] 他 **1**《話》〈人を〉いらだたせる, 憤慨させる. *Me desespera que a nadie le importe el orden*. 誰も秩序を尊重しないのにはうんざりだ（▶ 主語は *que* 以下, 節の中の動詞は接続法）. ～ *目的語は直接目的人称代名詞ではなく, 間接目的人称代名詞が用いられることが多い.
2〈人を〉絶望させる, 〈人に〉望みを失わせる.
――自（**de** + 名詞 / **de que** + 接続法）《…することに》**絶望する**；〈…に〉あきらめる. *Ya he desesperado de conseguir ese puesto*. 私はもうその職を得ることはあきらめた. *No debemos* ～ *de que triunfe nuestro equipo*. 私たちのチームが勝利するという希望を捨ててはいけない. ▶ 時に再帰代名詞を伴う. → 图 2.
――**～se** 再 **1**《話》《**de...** / **por...** …で》いらだつ, 憤慨する；《**por** + 不定詞 …したくて》必死になる. ～*se de hacer lo mismo tiempo lo pone cosa acaba* うんざりする. *Se desespera por volver al poder*. 彼[彼女]は権力の座に戻りたくてうずうずしている.
2《**de...**》〈…に〉絶望する, 〈…の〉希望を失う.
～*se de sus habilidades* 自分の能力に絶望する.
[des-(否定) + esperar；関連［英］*despair*]

des·es·pe·ro [de.ses.pé.ro; ðe.-] 男《ラ米》(1)《ｱﾅﾃﾞ》《ｴｸｱﾄﾞ》《ｲ》《話》絶望, 失望. (2)《ｺﾛﾝﾋﾞｱ》いらだち；不安.

des·es·pu·mar [de.ses.pu.már; ðe.-] 他 泡[灰汁(ぁく)]をとる.

des·es·ta·bi·li·za·ción [de.ses.ta.βi.li.θa.θjón; ðe.- / -.sa.sjón] 囡《既存勢力の》打倒, 混乱, 破壊.

des·es·ta·bi·li·zar [de.ses.ta.βi.li.θár; ðe.- / -.sár] 97 他 混乱させる, 不安定にする, 脅かす.
――**～se** 再 混乱する, 不安定になる.

des·es·tan·car [de.ses.taŋ.kár; ðe.-] 102 他 独占[専売]制度を解除する,〈専売商品を〉自由販売にする.

des·es·ta·ñar [de.ses.ta.ɲár; ðe.-] 他 〈めっきされた〉錫(ｽｽﾞ)をはぎ取る. ――**～se** 再 錫が剝離(はくり)する.

des·es·te·rar [de.ses.te.rár; ðe.-] 他《春に》敷物を取り去る.

des·es·te·ro [de.ses.te.ro; ðe.-] 男 敷物を取り去ること；敷物を取り去る時期.

des·es·ti·ma [de.ses.ti.ma; ðe.-] 囡 → desestimación.

des·es·ti·ma·bi·lí·si·mo, ma [de.ses.ti.ma.βi.lí.si.mo, -.ma; ðe.-] 形 desestimable の絶対最上級.

des·es·ti·ma·ble [de.ses.ti.má.ble; ðe.-] 形
1 くだらない, 重要でない. **2** かわいげのない, 憎たらしい.

des·es·ti·ma·ción [de.ses.ti.ma.θjón; ðe.- / -.sjón] 囡 **1** 軽視, 過小評価. **2** 拒絶, 却下.

des·es·ti·mar [de.ses.ti.már; ðe.-] 他 **1** 軽視する, 過小評価する；…に敬意を払わない. **2**《要求・請求を》拒絶する, 却下する. *Han desestimado mi demanda*. 私の請求は拒絶された.

des·e·ti·que·tar [de.se.ti.ke.tár; ðe.-] 他 ラベル[レッテル]を外す[はがす].

des·fa·ce·dor, do·ra [des.fa.θe.ðór, -.ðó.ra; ðes.- / -.se.-] 男 囡《古語》→ deshacedor. ～ *de entuertos* 正義漢, 正義の味方.

des·fa·cha·ta·do, da [des.fa.tʃa.tá.ðo, -.ða; ðes.-] 形《話》ずうずうしい, 厚かましい, 恥知らずな.

des·fa·cha·tez [des.fa.tʃa.téθ; ðes.- / -.tés] 囡《話》ずうずうしさ, 厚かましさ, 恥知らず.

des·fal·ca·dor, do·ra [des.fal.ka.ðór, -.ðó.ra; ðes.-] 形 男 囡 横領者, 着服者.

des·fal·car [des.fal.kár; ðes.-] 102 他 **1** 横領する, 着服する. ～ *fondos públicos* 公金を使い込む.
2〈一部を〉取り去る, 半端にする（= descabalar）.
3〈地位・支持・友情などを〉失わせる.

des·fal·co [des.fál.ko; ðes.-] 男 横領, 着服, 使い込み. *cometer* [*hacer*] *un* ～ 横領する.

des·fa·lle·cer [des.fa.je.θér; ðes.- ‖ -.ʎe.- / -.sér] 34 自 **1** 気を失う, 気絶する, 卒倒する. ～ *de calor* 暑さでふらふらになる. **2** くじける, へこたれる. *sin* ～ くじけずに. ――他 無力にする, 衰弱させる.

des·fa·lle·cien·te [des.fa.je.θjén.te; ðes.- ‖ -.ʎe.- / -.sjén.-] 形 **1** 気を失いそうな, 気絶しかかった.
2 衰弱していく, 衰えつつある.

des·fa·lle·ci·mien·to [des.fa.je.θi.mjén.to; ðes.- ‖ -.ʎe.- / -.si.-] 男 **1** 気絶, 失神. *La fuerte emoción le produjo un* ～. 激しいショックで彼[彼女]は気を失った. **2** 気力・体力の衰え[衰退].

desfallezc- 匧 → desfallecer.

des·fa·sa·do, da [des.fa.sá.ðo, -.ða; ðes.-] 形
1 時代[流行]に遅れた, 現実とずれた；場違いの.
2《電》《物理》位相が異なる[ずれた].

des·fa·sa·je [des.fa.sá.xe; ðes.-] 男《ラ米》《ゴルフ》
→ desfase.

des·fa·sar [des.fa.sár; ðes.-] 他 **1**《電》《物理》位相をずらす. **2**《話》行き過ぎる, 度が過ぎる.
――**～se** 再 時代遅れになる.

des·fa·se [des.fá.se; ðes.-] 男 **1** 食い違い, ずれ；格差. ～ *ideológico* 考え方のずれ. **2**《電》《物理》位相変化, 位相差.

des·fa·vo·ra·ble [des.fa.βo.rá.βle; ðes.-] 形 不利な, 不都合な；好意的でない（↔ favorable）. *informe* ～ 不利な情報. *viento* ～ 逆風.

des·fa·vo·re·cer [des.fa.βo.re.θér; ðes.- / -.sér] 34 他 **1** 不利にする, 不利に働く. **2** 引き立たせない, 似合わない. *Este color te desfavorece*. この色は君には似合わない.

des·fa·vo·re·ci·do, da [des.fa.βo.re.θí.ðo, -.ða; đes.- / -.sí.-] 形 生活の基盤がない, 弱者の, 社会的に虐げられた.

des·fi·bra·do [des.fi.βrá.ðo; đes.-] 男 【技】【機】(1) 繊維質の除去［分離］. (2) （製紙用木材の）粉砕.

des·fi·brar [des.fi.βrár; đes.-] 他 【技】(1) 〈製紙用木材を〉粉砕する. (2) 繊維質を除去［分離］する.

des·fi·bri·la·ción [des.fi.βri.la.θjón; đes.- / -.sjón] 女 【医】（心臓の）細動除去, 心臓が正常な拍動リズムを取り戻すこと.

des·fi·bri·la·dor [des.fi.βri.la.ðór; đes.-] 男 【医】（心臓の）細動除去器［装置］. ～ externo automático 自動体外式除細動器［英 AED］: 心臓に電気ショックを与えて致死性の不整脈を正常な状態に戻す機械.

des·fi·bri·lar [des.fi.βri.lár; đes.-] 他 【医】〈心臓の〉細動を除去する.

des·fi·gu·ra·ción [des.fi.gu.ra.θjón; đes.- / -.sjón] 女 1 形［容姿］を変えること; 醜いさま. 2 歪曲(ねきょく), ゆがめること.

des·fi·gu·ra·mien·to [des.fi.gu.ra.mjén.to; đes.-] 男 ➡ desfiguración.

des·fi·gu·rar [des.fi.gu.rár; đes.-] 他 1 …の形［容姿］を変える, 醜くする. Una cicatriz ancha le *desfigura*. 大きな傷跡が彼の人相を変えてしまっている. 2 歪曲(わいきょく)する, ねじ曲げる. ～ la verdad 真実を歪曲する. 3 (…の形・輪郭などを) ぼんやりさせる, かすませる. 4 変装［偽装］させる. — ～·se 再 …の形［容姿］が変わる［醜くなる］, 変貌(へんぼう)する.

des·fi·jar [des.fi.xár; đes.-] 他 外す, 取り外す.

des·fi·la·de·ro [des.fi.la.ðé.ro; đes.-] 男 狭い道, 隘路(あいろ); 谷あいの小道.

des·fi·lar [des.fi.lár; đes.-] 自 1 列になって歩く, 行進する; 【軍】分列行進をする. Durante la manifestación *desfilaron* dos mil personas. デモで2000人が行進した. 2 次々に出てくる, 次々に通り過ぎる. 3 〈モデルが〉ファッションのステージを歩く. [←［仏］*défiler* (*file*「列」より派生); 関連 desfile]

＊**des·fi·le** [des.fí.le; đes.-] 男 1 行進, パレード. Había un ～ para protestar contra las reformas. 改革案に抗議するデモ行進が行われた. ～ de modelos [modas] ファッションデモ. 2 【軍】分列行進; 観兵式. ～ de la victoria 戦勝パレード. 3 一続き, 一連. un ～ de coches 車の列.

des·fle·car [des.fle.kár; đes.-] 他 102 他 1 …に房飾りをつける, 房かがりをする. 2 (ラ米)(ダ")むち打つ. — ～·se 再 〈布の端が〉ほつれる.

des·fle·mar [des.fle.már; đes.-] 自 【医】痰(たん)を切る［吐く］. — 他 【化】分留する.

des·flo·ra·ción [des.flo.ra.θjón; đes.- / -.sjón] 女 1 処女性を失わせる［失う］こと, 破瓜(はか). 2 簡単な言及. 3 いちばんよい部分を奪うこと.

des·flo·ra·mien·to [des.flo.ra.mjén.to; đes.-] 男 ➡ desfloración.

des·flo·rar [des.flo.rár; đes.-] 他 1 …の処女性を奪う. 2 …に簡単に言及する, 表面的に扱う. 3 …のいちばんよい部分を奪う; 台なしにする.

des·flo·re·cer [des.flo.re.θér; đes.- / -.sér] 34 自 花がしおれ, しおれる, 落花する.

des·fo·gar [des.fo.gár; đes.-] 103 他 1 《en... / con... …に》〈感情・情熱を〉吐露する, ぶちまける. *Desfogó* su cólera *en* [*con*] su hermano. 彼[彼女]は弟に怒りをぶちまけた. 2 〈石灰〉を消和する. — 自 【海】暴風雨となる. — ～·se 再 《en... / con... で》うっぷんを晴らす, 発散する. Después de la bronca que le habían echado *se desfogó con* nosotros. 彼[彼女]は自分の受けた叱責(しっせき)のうっぷんを私たちに向けた.

des·fo·gue [des.fó.ge; đes.-] 男 1 (感情・情熱の) 表出, 吐露, 発散. 2 息抜き, 気晴らし. 3 (消石灰を作るための) 消和. 4 (ラ米)(芽")(水の) 排出口, 放出口.

des·fo·llo·nar [des.fo.ʎo.nár; đes.- ‖ -.ʎo.-] 他 摘芽［摘心］をする.

des·fon·da·mien·to [des.fon.da.mjén.to; đes.-] 男 1 底が抜けること. 2 スタミナ切れ.

des·fon·dar [des.fon.dár; đes.-] 他 1 〈容器などの〉底を壊す, 底を抜く. 2 気力［体力］を失わせる. 3 【農】深く耕す, 掘り起こす. 4 〈船底〉に穴を開ける. — ～·se 再 1 底が抜ける; (船の)底に穴が開く. El cajón *se ha desfondado*. その引き出しの底が抜けてしまった. 2 気力［体力］を失う, スタミナを使い果たす.

des·fon·de [des.fón.de; đes.-] 男 1 底が抜けること; 【海】船底に穴が開くこと. el ～ de un tonel 樽(たる)の底抜け. 2 (競技者などの) スタミナ切れ. 3 【農】深く耕すこと.

des·fo·no·lo·gi·za·ción [des.fo.no.lo.xi.θa.θjón; đes.- / -.sa.sjón] 女 【言】音韻対立の無効化; 中和: 中南米などで [θ] が [s] で発音される seseo などの現象.

des·fo·res·ta·ción [des.fo.res.ta.θjón; đes.- / -.sjón] 女 ➡ deforestación.

des·fo·res·tar [des.fo.res.tár; đes.-] 他 ➡ deforestar.

des·for·mar [des.for.már; đes.-] 他 ➡ deformar.

des·fo·rrar [des.fo.r̄ár; đes.-] 他 …からカバー［裏地］を取る.

des·for·ta·le·cer [des.for.ta.le.θér; đes.- / -.sér] 34 他 【軍】〈要塞(ようさい)・堡塁(ほうるい)を〉取り壊す; 防備を撤去する.

des·fre·nar [des.fre.nár; đes.-] 他 ➡ desenfrenar.

des·frun·cir [des.frun.θír; đes.- / -.sír] 99 他 〈布などの〉ひだ［しわ］を伸ばす.

des·fru·tar [des.fru.tár; đes.-] 他 〈植物から〉（熟す以前の）果実をもぎ取る, 摘果する. — 自 〈植物が〉未熟な果実を落とす.

des·gai·re [des.gái.re; đes.-] 男 1 粗野, がさつ. andar con ～ 粗野に振る舞う. 2 無頓着(むとんちゃく), だらしなさ. vestir con ～ だらしない服装をする; ラフな格好をする. al ～ 無頓着に, だらしなく. 3 軽蔑的な態度.

des·ga·ja·du·ra [des.ga.xa.ðú.ra; đes.-] 女 枝が（付け根から）もげること.

des·ga·ja·mien·to [des.ga.xa.mjén.to; đes.-] 男 ➡ desgaje.

des·ga·jar [des.ga.xár; đes.-] 他 《de...》 1 《…から》折り取る, もぎ取る; 根こぎにする. ～ las ramas *de* un árbol 木の枝を折る. 2 《…から》破り取る, 引きちぎる; 壊す. ～ la hoja *de* un cuaderno ノートを1枚破り取る. 3 《〈なじみの場所〉から》立ち退かせる, 追い立てる. — ～·se 再 1 折れる, 取れる, ちぎれる, 裂ける. 2 《de... 〈なじみの場所〉を》離れる, 去る. ～*se de* su patria 祖国を離れる.

des·ga·je [des.gá.xe; đes.-] 男 引き裂くこと, 決別, 決裂; 脱退.

des·gal·gar [des.gal.gár; đes.-] 103 他 突き落とす, 転落させる. — ～·se 再 転げ落ちる.

des·ga·li·cha·do, da [des.ga.li.tʃá.ðo, -.ða; ðes.-] 形《話》不格好な, 野暮ったい.
des·ga·li·llar·se [des.ga.li.jár.se; ðes.-‖-.ʎár.-] 再《ラ米》→ desgañitarse.
des·ga·na [des.ga.na; ðes.-] 女 **1** 食欲不振. sufrir [tener, sentir] una ~ 食欲不振である. comer con ~ いやいや食べる. **2** 気が進まないこと, 不本意 (↔gana). Lo hizo, pero con [a] ~. いやいやながらが彼[彼女]はそれをやるにはやった.
des·ga·na·do, da [des.ga.ná.ðo, -.ða; ðes.-] 形 **1** 食欲の無い, 食欲不振の. Estoy ~. 私は食欲がない. **2** やる気のない;気の進まない.
des·ga·nar [des.ga.nár; ðes.-] 他 **1** 食欲をなくさせる. **2** 意欲をなくさせる, 興ざめさせる. — ~·se 再 **1** 食欲をなくす. **2**《de... …に》意欲をなくす, 興味を失う.
des·gan·char [des.gaɲ.tʃár; ðes.-] 他 **1** 枝の切り残しを取り除く. **2**《ラ米》(ⁿ⁎)(釣り竿)鉤(⁎)から外す. — ~·se 再 枝が落ちる.
des·ga·no [des.gá.no; ðes.-] 男 → desgana.
des·ga·ñi·far·se [des.ga.ɲi.fár.se; ðes.-] 再 → desgañitarse.
des·ga·ñi·tar·se [des.ga.ɲi.tár.se; ðes.-] 再《話》(大声で) 叫ぶ;声がしわがれる. gritar hasta ~ 声を限りに叫ぶ.
des·gar·ba·do, da [des.gar.bá.ðo, -.ða; ðes.-] 形 不格好な;(身のこなし方などが)ぶざまな, みっともない.
des·gar·bo [des.gár.bo; ðes.-] 男 ぶざまさ;野暮ったさ, がさつさ (↔garbo).
des·gar·gan·tar·se [des.gar.gan.tár.se; ðes.-] 再《話》声を張り上げる.
des·ga·ri·tar·se [des.ga.ri.tár.se; ðes.-] 再 **1** 迷う, 途方に暮れる. **2**〈家畜が〉群れから離れる, 逃げる. **3** 当てが外れる, 思惑が外れる.
des·ga·rra·do, da [des.ga.r̄á.ðo, -.ða; ðes.-] 形 痛々しい;同情を誘う.
des·ga·rra·dor, do·ra [des.ga.r̄a.ðór, -.ðó.ra; ðes.-] 形 **1** 胸を引き裂くような, 悲痛な. gritos ~es 悲痛な叫び. **2** 身の毛もよだつ.
des·ga·rra·du·ra [des.ga.r̄a.ðú.ra; ðes.-] 女 → desgarrón.
des·ga·rra·mien·to [des.ga.r̄a.mjén.to; ðes.-] 男 **1** 引き裂くこと. **2** 悲痛な思い(をさせること). **3** 痰(⁎)を切ること.
des·ga·rrar [des.ga.r̄ár; ðes.-] 他 **1** 引き裂く, びりっと破る. La tos le *desgarraba* el pecho. 彼[彼女]は激しく咳(⁎)き込んでいた. **2**〈心を〉かき乱す, 嘆き悲しませる. Sus desgracias me *desgarran* el corazón. 彼[彼女]の不幸には胸が痛む. — 自 痰(⁎)を切る, (痰を切るために)咳をする. — ~·se 再 **1** 裂ける, びりっと破れる. **2**《話》心を痛める.
des·ga·rre [des.gá.r̄e; ðes.-] 男《ラ米》(ﾁﾘ)(ｱﾙｾﾞﾝﾁﾝ)(ｳ) 痰(⁎)(▶(ｴｽﾊﾟ)では《話》).
des·ga·rria·te [des.ga.r̄já.te; ðes.-] 男《話》《ラ米》(ﾒﾋｺ) さんざんな結果, 大失敗.
des·ga·rro [des.gá.r̄o; ðes.-] 男 **1** 引き裂くこと;(筋肉などの)断裂, 裂傷. **2** (布などの)裂け目, ほころび. **3** 悲痛, 悲嘆. **4** 厚かましさ, ずうずうしさ. **5** 残酷さ. **6**《ラ米》痰(⁎) (= esputo, flema).
des·ga·rrón [des.ga.r̄ón; ðes.-] 男 **1** (大きな)裂け目, ほころび. **2** (布の)切れ端. **3** 裂傷.
des·ga·si·fi·ca·ción [des.ga.si.fi.ka.θjón; ðes.- / -.sjón] 女《化》(液体などからの) ガスの抽出[分離].

des·ga·si·fi·car [des.ga.si.fi.kár; ðes.-] 102 他《化》〈液体などから〉ガスを抜く[抽出する, 分離する]. — ~·se 再〈液体などから〉ガスが抜ける.
des·gas·ta·mien·to [des.gas.ta.mjén.to; ðes.-] 男 浪費, 無駄遣い.
*****des·gas·tar** [des.gas.tár; ðes.-] 他 **1** すり減らす, 摩耗させる. un niño que *desgasta* mucho la ropa 服をすぐに擦り切れさせてしまう子. **2**〈岩石を〉浸食する, 風化させる;〈金属を〉腐食する. **3** 弱らせる, 衰弱させる. — ~·se 再 **1** 擦り減る, 磨耗する. *Se me ha desgastado* la barra de labios. 私の口紅はすっかり短くなってしまった. **2** 疲れ果てる;消耗する, 衰弱する.
des·gas·te [des.gás.te; ðes.-] 男 **1** 浸食, 風化, 腐食. el ~ de una roca 岩の浸食. **2** 摩滅;擦り切れ, 消耗. ~ de los pantalones ズボンの擦り切れ. **3** (品質·性能の)低下, 劣化. **4** くたびれ, 衰弱. guerra de ~ 消耗戦.
des·gaz·na·tar·se [des.gaθ.na.tár.se; ðes.- / -.gas.-] 再《話》わめく, 叫ぶ.
des·glo·sa·dor, do·ra [des.glo.sa.ðór, -.ðó.ra; ðes.-] 女《映》(フィルム) 編集者.
des·glo·sar [des.glo.sár; ðes.-] 他 **1**〈(文書の)注記[注解]を〉削除する[消す]. **2** (綴じたものから)〈一部を〉抜き出す, 取り出す;切り離す. **3** 区別する, 分類する. **4**《映》(フィルムを)編集する.
des·glo·se [des.gló.se; ðes.-] 男 **1** (注記·注解の) 削除, 消去. **2** (書類の) 抜き出し, 取り出し;切り離し. hacer el ~ de... …を抜き出す. **3** 内訳, 分類. ~ de los gastos 経費の内訳. **4**《映》(フィルム) 編集. **5**《法》(訴訟·審理の) 分離.
des·go·ber·na·do, da [des.go.ber.ná.ðo, -.ða; ðes.-] 形 放縦(⁎)な, 自堕落な.
des·go·ber·nar [des.go.ber.nár; ðes.-] 8 他 **1**《まれ》〈組織·秩序などを〉乱す, 混乱させる. ~ la marcha de la empresa 事業の進行を乱す. **2**《軽蔑》統治を誤る, 悪政を行う;管理[経営]を誤る. **3**《海》(船の) 操縦[舵(⁎)]を誤る. **4** 脱臼(⁎)させる. — ~·se 再 **1**《まれ》秩序が乱れる, 混乱する. **2** 脱臼する.
des·go·bier·no [des.go.bjér.no; ðes.-] 男 統治[監理]不行届き;混乱, 乱脈. En el país hay un ~ total. その国の行政は完全にまひしている.
des·go·lle·tar [des.go.je.tár; ðes.-‖-.ʎe.-] 他《まれ》〈ふたが取れない瓶などの〉首を割る. — ~·se 再 (衣服の) 襟元を開ける.
des·go·mar [des.go.már; ðes.-] 他〈絹を〉精錬漂白する;(布から) 糊(⁎) [ゴム] を抜く.
des·gon·zar [des.gon.θár; ðes.- / -.sár] 97 他 → desgoznar. — ~·se 再《ラ米》(ｴｸｱ) 脱力する.
des·go·rrar·se [des.go.r̄ár.se; ðes.-] 再 帽子を脱ぐ.
des·goz·nar [des.goθ.nár; ðes.- / -.gos.-] 他〈戸などを〉蝶番(⁎)から外す, 蝶番を取る. — ~·se 再 **1** 蝶番から外れる. **2** めちゃくちゃに体を動かす.
des·gra·bar [des.gra.bár; ðes.-] 他〈ハードディスク·テープなどの〉(録音[録画]したものを)消去する.
*****des·gra·cia** [des.grá.θja; ðes.- / -.sja] 女 **1** 不幸, 不運;逆境. labrarse la propia ~ 自ら不幸を招く. Ella ha tenido la ~ de perder a su hijo en la guerra. 彼女は不運にも戦争で息子を失った.
2 災難, 禍(⁎);厄介. Aquel terremoto ha si-

do una verdadera ~. あの地震は本当に災難だった. Este hombre no me trae más que ~s. この男は私に面倒ばかり引き起こす.
3 不名誉, 面汚し. **4** 冷遇, 不興; 無愛想.
desgracias personales (事故などの)死傷者.
En la desgracia se conoce a los amigos. 《諺》困ったときの友こそ真の友(←不幸の中でこそ友人がわかる).
Las desgracias nunca vienen solas. 《諺》泣き面に蜂(㌧)(←不幸は単独でやってくることはない).
por desgracia 不運にも, あいにく.
[des(否定) + gracia「神の恩寵」]

***des·gra·cia·da·men·te** [des.gra.θjá.ða.mén.te; đes.- / -sjá.-] 副 残念ながら, 不運にも(↔ afortunadamente). *D*~ no podremos ir a la fiesta. 残念だが我々はパーティーに行けそうにない.

***des·gra·cia·do, da** [des.gra.θjá.ðo, -.ða; đes.- / -sjá.-] 形 **1** 不幸な, 不運な; 不幸せな. un suceso ~ 痛ましい事件. Ella era *desgraciada* en el matrimonio. 結婚している間彼女は不幸だった. **2** 不適当な, 的外れの, 失敗の. un ~ debate 的外れの議論. **3** 魅力のない, 醜悪な. un aspecto ~ 魅力に欠ける外見. **4** 貧しい, みじめな, 悲惨な. ¡Qué ~ soy! なんてみじめなんだ. **5** 《軽蔑》恥知らずな, ろくでなしの.
── 男 女 **1** 不幸な人, 不運な人; みじめな人. **2** 《軽蔑》恥知らず, ろくでなし. Ese ~ siempre se aprovecha del poder de su padre. そのろくでなしはいつも父親の力を利用している.

des·gra·ciar [des.gra.θjár; đes.- / -sjár] 82 他 **1** だいなしにする, 損なう. Las arrugas *desgracian* su vestido. しわになって服が台無しだ. **2** 〈女性を〉辱める. **3** 《話》〈人を〉負傷させる.
── ~**·se** 再 失敗する, 挫折(㌔)する; 壊れる. Si no *se desgracia*, la cosecha será buena. 順調にいけば豊作になるだろう.

des·gra·mar [des.gra.már; đes.-] 他 ギョウギシバを刈り取る.

des·gra·na·dor, do·ra [des.gra.na.ðór, -.ðó.ra; đes.-] 形 《農》〈殻〉取りの, 脱穀の. ── 男 (エンドウ豆などの)実〔粒〕を取り出す人; 脱穀する人. ── 女 (トウモロコシの)脱粒機; (麦の)脱穀機.

des·gra·na·mien·to [des.gra.na.mjén.to; đes.-] 男 **1** 《農》(エンドウ豆・トウモロコシなどの)実〔粒〕の取り出し, さや〔殻〕取り; (麦の)脱穀. **2** (大砲の内腔や火門にできた)線条.

des·gra·nar [des.gra.nár; đes.-] 他 **1** 《農》〈さや・殻から〉実を取り出す, 種を取り出す; 〈麦を〉脱穀する. **2** 一つずつ順に送る. ~ las cuentas de un rosario ロザリオの玉を一つずつ繰る. **3** 次から次へとロに出す〔唱える〕, 連発する. **4** 《ラ米》(㌔)引き裂く.
── ~**·se** 再 **1** 〈トウモロコシなどの〉粒が取れる; 〈麦の〉穀粒が取れる. **2** 〈数珠玉などが〉糸から抜ける. **3** 《ラ米》(㌣㌔)ばらばらになる.

des·gra·ne [des.grá.ne; đes.-] 男 → desgranamiento.

des·gran·zar [des.gran.θár; đes.- / -sár] 97 他 **1** 《農》もみ殻を取り除く. **2** 固形顔料を砕く.

des·gra·sar [des.gra.sár; đes.-] 他 → desengrasar.

des·gra·se [des.grá.se; đes.-] 男 → desengrase.

des·gra·va·ción [des.gra.ba.θjón; đes.- / -sjón] 女 減税, 免税; 関税の割引〔免除〕. ~ fiscal 租税減免.

des·gra·var [des.gra.bár; đes.-] 他 税金を減免する; 関税を割り引く〔免除する〕. ── ~**·se** 再 《3人称で》〈税金が〉控除される; 減税される.

des·gre·ña·do, da [des.gre.ɲá.ðo, -.ða; đes.-] 形 〈髪が〉乱れた, ぼさぼさの. Tenía el pelo ~. 彼〔彼女〕の髪はしゃくしゃくしゃだった.

des·gre·ñar [des.gre.ɲár; đes.-] 他 〈髪を〉乱す, くしゃくしゃにする(= despeinar). ── ~**·se** 再 〈髪が〉乱れる, くしゃくしゃになる; 髪をほどく.

des·gre·ño [des.gré.ɲo; đes.-] 男 《ラ米》(㌔㌣)(㌔)(㌧)乱雑; 無精, だらしなさ; 髪の乱れ.

des·gua·ce [des.gwá.θe; đes.- / -.se] 男 **1** 《海》(船の)解体; (建物・自動車の)解体, 取り壊し. **2** (スクラップされた)廃材. **3** スクラップ場.

des·gua·le·ta·do, da [des.gwa.le.tá.ðo, -.ða; đes.-] 形 《ラ米》(㌔㌣)《話》だらしない, ぞんざいな.

des·guan·zar [des.gwan.θár; đes.- / -sár] 97 他 《ラ米》(㌔㌣)(㌔)ばらばらにする, 壊す. ── ~**·se** 再 《ラ米》(㌔㌣)(㌣㌔)くたくた〔へとへと〕になる; 気絶〔卒倒〕する.

des·gua·ñan·ga·do, da [des.gwa.ɲaŋ.gá.ðo, -.ða; đes.-] 形 《ラ米》(㌔㌣)《話》元気のない, 疲れた.

des·gua·ñan·gar [des.gwa.ɲaŋ.gár; đes.-] 103 他 《ラ米》 **1** ばらばらにする, 壊す. **2** 被害〔損害〕を与える. ── ~**·se** 再 《ラ米》(㌔㌣)(㌣㌔)(►(㌣㌔)では《話》)(**1**)落ち込む. (**2**)気絶〔卒倒〕する.

des·gua·ram·bi·lar·se [des.gwa.ram.bi.lár.se; đes.-] 再 《話》《ラ米》(㌔㌣)壊れる, ばらばらになる.

des·guar·ne·cer [des.gwar.ne.θér; đes.- / -sér] 34 他 **1** 〈de...〉〈飾り・部品・付属物などを〉取り除く, 外す. ~ *de* cuerdas un violín バイオリンの弦を外す. **2** 馬具を取り外す. **3** 〈都市・要塞(㌔)などの〉防備を撤去する; 兵を撤退させる. **4** 〈子供などを〉無防備にしておく, 放っておく.

des·gua·zar [des.gwa.θár; đes.- / -sár] 97 他 **1** 〈船を〉解体する; 〈建物・自動車を〉解体する, 取り壊す. **2** 《ラ米》(㌣㌔)《話》解体する, 壊す.

des·guin·ce [des.gín.θe; đes.- / -.se] 男 **1** 難しい〔怖い〕顔つき, しかめ面. **2** (製紙用の)ぼろ裁断機.

des·guin·dar [des.gin.dár; đes.-] 他 《海》(帆などを)下ろす. ── ~**·se** 再 《ラ米》(高い所から)降りる.

des·guin·za·do [des.gin.θá.ðo; đes.- / -sá.-] 男 (紙の原料となる)細かく切り刻んだぼろ.

des·guin·za·dor, do·ra [des.gin.θa.ðór; đes.- / -sa.-] 女 《機》ぼろ裁断機.

des·guin·zar [des.gin.θár; đes.- / -sár] 97 他 〈ぼろを〉切り刻む.

des·ha·bi·llé [de.sa.bi.jé; đe.- ‖ -.ʎé] 男 《仏》(女性用の)部屋着, ネグリジェ.

des·ha·bi·ta·do, da [de.sa.bi.tá.ðo, -.ða; đe.-] 形 人の住んでいない, 無人の. una casa *deshabitada* 空き家.

des·ha·bi·tar [de.sa.bi.tár; đe.-] 他 **1** 空き家にする, 空き地にする. **2** 住民をいなくさせる, 無人にする. La guerra *deshabitó* la provincia. 戦争のためその地方は無人地帯と化した.

des·ha·bi·tua·ción [de.sa.bi.twa.θjón; đe.- / -.sjón] 女 習慣〔癖〕をなくすこと, 悪癖が抜けること.

des·ha·bi·tuar [de.sa.bi.twár; đe.-] 84 他 《*de...*》…の〕習慣〔癖〕をなくさせる, 悪癖を捨てさせる.
── ~**·se** 再 《*de...* …の》習慣〔癖〕がなくなる, 悪癖が抜ける.

des·ha·ce·dor, do·ra [de.sa.θe.ðór, -.ðó.ra; đe.- / -.se.-] 形 取り消す, 抹消する. ── 男 女 直す人, 正す人. ~ de agravios〔entuertos〕正義漢, 正義の味方.

des·ha·cer [de.sa.θér; đe.- / -.sér] 32 他 過分 は deshecho. **1** 壊す,解体する;粉々にする. ~ un motor モーター[エンジン]を分解する. ~ la maleta [el equipaje] スーツケース[荷物]の中身を出す. ~ un nudo [una costura] 結び目[縫い目]をほどく.
2 破棄する,無効にする;くじく. ~ un contrato 契約を破棄する. ~ el trato 付き合いをやめる.
3 溶かす,溶解する. El sol *deshace* la nieve. 日差しで雪が解ける.
4 すっかりだめにする,台無しにする;混乱させる. La guerra *ha deshecho* el país. 戦争でその国は荒廃した. **5** 引き返す,やり直す. Esta mañana me he dejado la cartera en casa, así que tengo que ~ todo el camino. 今朝は家に財布を忘れてしまったので,来た道をずっと引き返さなければならなかった. **6** 負かす,敗走させる;壊滅させる. ~ al equipo contrario 相手チームを負かす.
— ~·se 再 **1** 壊れる;粉々になる;ほどける. La taza *se deshizo* al caer al suelo. カップは床に落ちると粉々になった. El rompecabezas *se ha deshecho.* ジグソーパズルがばらばらになってしまった.
2 溶ける,溶解する;液体になる. El hielo *se ha deshecho.* 氷が溶けてしまった. El azúcar *se deshace* en el agua. 砂糖は水に溶ける.
3 だめになる,台無しになる;無効になる. El contrato *se ha deshecho.* 契約は白紙に戻った. La manifestación *se deshizo* al desaparecer su líder. デモは主導者がいなくなるとすぐにばらばらになった.
4 〈身体・健康が〉損なわれる,傷つく;疲れ果てる. Los pies *se me deshicieron* después de todo un día caminando. 一日中歩いて足が棒になった.
5 いらいらする,(精神的に)さいなまれる,参る. *Me he deshecho* esperando el resultado. 私はいらいらして結果を待った.
6 消える,なくなる. ~*se* como el humo 雲隠れする. La nube *se deshizo.* 雲は消えた.
7 〈*por*...〉…に / **por**+不定詞 …することに〉熱中する,没頭する;最善を尽くす. *Se deshizo por terminar*lo pronto. 彼[彼女]はそれを早く切り上げようと頑張った. Mi abuelo *se deshace por* las antigüedades. 私の祖父は骨董[^{こっとう}]品に夢中だ.
8 〈**en**... …を〉極端にする,盛んにする. ~*se en* alabanzas ほめちぎる. ~*se en* cumplidos たっぷりお世辞を言う. ~*se en* excusas くどくどと言い訳をする. ~*se en* insultos 罵倒[^{ばとう}]する.
9 〈*de*... …を〉処分する,捨てる;手を切る. ¿Por qué no *te deshaces de* algunos de los muebles antiguos? 古い家具をいくつか処分してはどうですか. No pudo ~*se de* sus amigos. 彼[彼女]は友人を捨てることはできなかった. *Nos hemos deshecho de* esa costumbre. 私たちはその習慣をやめた.

des·hag- 活 → deshacer.
des·hag- 活 → deshacer.
des·ha·rra·pa·do, da [de.sa.r̄a.pá.đo, -.đa; đe.-] 形 **1** ぼろを着た,身なりのみすぼらしい(= andrajoso). **2** 貧窮した,貧しい. **3** 《ラ米》《話》恥知らずな,ずうずうしい,厚かましい.
— 男 女 **1** みすぼらしい人,身なりのみすぼらしい人. **2** 《ラ米》《話》恥知らずな人,ずうずうしい人.
des·ha·rra·pa·mien·to [de.sa.r̄a.pa.mjén.to; đe.-] 男 **1** ぼろを着た状態,貧窮. **2** 貧困,貧窮.
des·haz [de.sáθ; đe.- / -.sás] 活 → deshacer.
des·he·bi·llar [de.se.bi.jár; đe.- ǁ -.ʎár] 他 〈留め金などを〉外す.
des·he·brar [de.se.brár; đe.-] 他 **1** 〈編み物・織物を〉ほぐす,ほどく;糸を抜く. **2** 〈野菜などの〉筋[繊維]を取る. **3** 〈布・紙などを〉裂く.
des·he·cha [de.sé.tʃa; đe.-] 女 **1** とぼけること.
2 スペイン舞踊のステップの一種. **3** 締めくくりの詩句. **4** 強制退場,追い出されること.
des·he·char [de.se.tʃár; đe.-] 自 《ラ米》《ロプラ》近道を行く.
des·he·chi·zar [de.se.tʃi.θár; đe.- / -.sár] 97 他 〈人の〉魔法[呪縛]を解いてやる.
des·he·cho, cha [de.sé.tʃo, -.tʃa; đe.-] [deshacer の 過分] 形 (**estar**+)
1 ばらばらになった;乱れた,散らかった. costura *deshecha* ほころび. los pelos ~*s* 乱れた髪. un nudo ~ 解けた結び目. una maleta *deshecha* 中身を取り出したスーツケース. **2** 壊れた;役に立たない. el reloj ~ 壊れた時計. **3** 打ちのめされた,力尽きた. Desde la muerte de su mujer el pobre hombre *está* ~. 気の毒に,奥さんに先立たれてすっかり落ち込んでいる. **4** 〈雪・氷などが〉解けた;溶け込んだ. ~ en agua 水に溶けた. helado ~ 溶けたアイスクリーム. **5** すり減った,擦り切れた. zapatos ~s すり減った靴. **6** 《ラ米》《プエル》《話》だらしのない,乱れた.
— 男 《ラ米》《ロプラ》《チリ》《エクア》近道.
des·he·la·dor [de.se.la.đór; đe.-] 男 (自動車・飛行機などの)凍結防止装置;霜取り装置.
des·he·la·mien·to [de.se.la.mjén.to; đe.-] 男 (自動車・飛行機などの)凍結防止;霜取り.
des·he·lar [de.se.lár; đe.-] 8 他 **1** 〈氷・雪などを〉解かす,解凍する;溶かす. ~ una cañería 氷結したパイプを温めて解かす.
2 (自動車・飛行機などで)霜取りをする.
— ~·se 再 〈凍ったものが〉解ける;溶ける.
des·her·ba·je [de.ser.bá.xe; đe.-] 男 草刈り,草取り.
des·her·bar [de.ser.bár; đe.-] 8 他 〈庭・畑の〉雑草を取る.
des·he·re·da·ción [de.se.re.đa.θjón; đe.- / -.sjón] 女 相続資格の剥奪[^{はくだつ}].
des·he·re·da·do, da [de.se.re.đá.đo, -.đa; đe.-] 形 **1** 相続権を奪われた. **2** 貧しい,暮らしに欠く. gente *desheredada* 恵まれない人々.
— 男 女 **1** 相続権を奪われた人. **2** 貧しい人,恵まれない人.
des·he·re·da·mien·to [de.se.re.đa.mjén.to; đe.-] 男 → desheredación.
des·he·re·dar [de.se.re.đár; đe.-] 他 〈人から〉相続権を奪う. **— ~·se** 再 家名に傷をつける.
des·he·ren·cia [de.se.rén.θja; đe.- / -.sja] 女 → desheredación.
des·her·ma·na·do, da [de.ser.ma.ná.đo, -.đa; đe.-] 形 〈一対のものが〉半端な,ちぐはぐな. unos calcetines ~s そろわない靴下.
des·her·ma·nar [de.ser.ma.nár; đe.-] 他 〈一対のものを〉そろわなくする,半端にする.
— ~·se 再 **1** そろわなくなる,半端になる. **2** 兄弟姉妹の関係をやめる.
des·he·rra·du·ra [de.se.r̄a.đú.ra; đe.-] 女 〖獣医〗(蹄鉄[^{ていてつ}]がないために生じる)ひづめの傷,割れたひづめ.
des·he·rrar [de.se.r̄ár; đe.-] 8 他 **1** 〈馬の〉蹄鉄[^{ていてつ}]を外す. **2** 〈囚[^{とら}]われている人を〉鎖から解く,束縛を解く. **— ~·se** 再 **1** 蹄鉄が外れる. **2** 鎖[束縛]から自由になる.
des·he·rrum·bra·mien·to [de.se.r̄um.bra.

mjén.to; đe.-] 男 さび取り作業.

des·he·rrum·brar [de.se.r̄um.brár; đe.-] 他 さびを落とす[取る].

deshic- 活 → deshacer.

des·hi·dra·ta·ción [de.si.đra.ta.θjón; đe.- / -.sjón] 女 1 《化》脱水(作用), 水分除去. 2 《医》脱水症(状), (皮膚)乾燥.

des·hi·dra·ta·do, da [de.si.đra.tá.đo, -.đa; đe.-] 形 1 《化》脱水した, 水分を抜いた. 2 《医》脱水症状の, 乾燥した. ━ → deshidratación.

des·hi·dra·tar [de.si.đra.tár; đe.-] 他 1 《化》脱水する, 水分を取り除く. 2 《医》脱水状態にする, 水分を奪う. ━ ~·se 再 1 《化》水分を失う. 2 《医》脱水症状になる.

des·hi·dro·ge·na·ción [de.si.đro.xe.na.θjón; đe.- / -.sjón] 女 《化》水素の除去.

des·hi·dro·ge·nar [de.si.đro.xe.nár; đe.-] 他 《化》〈水素化合物から〉水素を抽出する.

des·hie·lo [de.sjé.lo; đe.-] 男 1 雪解け, 解凍. 2 (自動車・飛行機の)除氷; 霜取り. 3 (人間関係などの)緊張緩和; 和らぎ.

des·hi·jar [de.si.xár; đe.-] 他 1 (家畜の親から)子を引き離す. 2 《ラ米》(ｺﾛﾝ)(ｺｽﾀﾘ)(ﾒｷ)(ｴﾙｻﾙﾊﾞ)(ﾎﾝｼﾞ) 〈葉タバコなどを〉摘心する, 〈余分な〉芽をつみ取る.

des·hi·la·cha·do, da [de.si.la.tʃá.đo, -.đa; đe.-] 形 布端がほつれた, すり切れた.
━ 男 《服飾》抜きがかり刺繍(ｼｼｭｳ), ドローンワーク.

des·hi·la·cha·du·ra [de.si.la.tʃa.đú.ra; đe.-] 女 → deshilachado.

des·hi·la·char [de.si.la.tʃár; đe.-] 他 〈織物の〉糸をほぐす; 〈布から〉糸を引き抜く.
━ ~·se 再 〈布地の糸が〉抜ける; ほつれる.

des·hi·la·do, da [de.si.lá.đo, -.đa; đe.-] 形 1 1列の, 1線に並んだ. 2 〈端が〉糸が抜けた. La solapa está *deshilada*. 襟が擦り切れている. ━ 男 《服飾》抜きがかり刺繍(ｼｼｭｳ), ドローンワーク. *a la deshilada* 1列になって; こっそりと.

des·hi·la·du·ra [de.si.la.đú.ra; đe.-] 女 (そで口の)ほつれ.

des·hi·lar [de.si.lár; đe.-] 他 1 〈織物の〉糸をほぐす; 〈布から〉糸を引き抜く. 2 〈肉・野菜などを〉細切りにする. 3 〈ミツバチが〉分封する. ━ 自 やせ細る.
━ ~·se 再 ほぐれる, 擦り切れる.

des·hil·va·na·do, da [de.sil.ba.ná.đo, -.đa; đe.-] 形 1 しつけ糸を取った. 2 《ser + / estar +》まとまりのない, 一貫性を欠いた. discurso ~ 支離滅裂な演説. juego ~ 連携を欠いたプレー.

des·hil·va·nar [de.sil.ba.nár; đe.-] 他 しつけ糸を取る. ━ ~·se 再 しつけ糸が抜ける.

des·hin·cha·do, da [de.siɲ.tʃá.đo, -.đa; đe.-] 形 1 空気[ガス]の抜けた, ぺちゃんこの. un balón ~ しぼんだ風船. 2 腫(ﾊ)れが引いた.

des·hin·cha·du·ra [de.siɲ.tʃa.đú.ra; đe.-] 女 1 空気[ガス]の抜き取り; (膨らんだものが)しぼむこと. ~ de un neumático タイヤの空気抜き. 2 腫(ﾊ)れ[こぶ]が引くこと.

des·hin·cha·mien·to [de.siɲ.tʃa.mjén.to; đe.-] 男 → deshinchadura.

des·hin·char [de.siɲ.tʃár; đe.-] 他 1 空気[ガス]を抜き取る, しぼませる. ~ un neumático タイヤの空気を抜く. 2 〈こぶ〉を引かせる. 3 〈うわさなどの〉ほとぼりが冷める; 〈大声などが〉しぼむ.
━ ~·se 再 1 空気[ガス]が抜ける, ぺちゃんこになる. 2 腫[こぶ]が引く. *Se te ha deshinchado* la pierna. 君の足の腫れは引いた. 3 《話》うぬぼれが消

える, (自信を失って)小さくなる. 4 《話》意気消沈する, 元気がなくなる.

des·hin·cha·zón [de.siɲ.tʃa.θón; đe.- / -.són] 女 → deshinchadura.

des·hip·no·ti·zar [de.sip.no.ti.θár; đe.- / -.sár] 97 他 催眠術を解く.

des·hi·po·te·car [de.si.po.te.kár; đe.-] 102 他 抵当権を抹消する, 抵当分を完済する.

des·hi·zo [de.sí.θo; đe.- / -.so] -158 → deshacer.

des·ho·ja·do, da [de.so.xá.đo, -.đa; đe.-] 形 葉の落ちた, 落葉した; 花弁の落ちた.

des·ho·ja·du·ra [de.so.xa.đú.ra; đe.-] 女 落葉; 落花.

des·ho·ja·mien·to [de.so.xa.mjén.to; đe.-] 男 → deshojadura.

des·ho·jar [de.so.xár; đe.-] 他 1 葉を落とす[摘む], 落葉させる; 花弁を取る[摘む]. 2 〈本などの〉ページを破り取る. 3 《ラ米》…の皮をむく.
━ ~·se 再 葉[花弁]が落ちる, 落葉[落花]する.
deshojar la margarita 《話》マーガレットの花びらを1枚ずつ摘んで花占いをする; (決断に)迷う.

des·ho·je [de.só.xe; đe.-] 男 落葉.

des·ho·lle·jar [de.so.je.xár; đe.- ‖ -.ʎe.-] 他 〈果物などの〉皮をむく.

des·ho·lli·na·de·ra [de.so.ji.na.đé.ra; đe.- ‖ -.ʎi.-] 女 (壁・天井用の)長柄のほうき.

des·ho·lli·na·dor, do·ra [de.so.ji.na.đór, -.đó.ra; đe.- ‖ -.ʎi.-] 形 1 煙突掃除の. 2 (詮索(ｾﾝｻｸ)好きの. ━ 男女 1 煙突掃除人. 2 《話》詮索好きな人. ━ 男 煙突掃除具; 長柄のほうき.

des·ho·lli·nar [de.so.ji.nár; đe.- ‖ -.ʎi.-] 他 1 〈煙突の〉掃除をする, すすを払う; 〈壁・天井の〉掃除をする. 2 《話》詮索(ｾﾝｻｸ)する.

des·ho·nes·ta·men·te [de.so.nés.ta.mén.te; đe.-] 副 みだらにも.

des·ho·nes·ti·dad [de.so.nes.ti.đáđ; đe.-] 女 1 不正直, 不誠実(な言動). 2 不作法, 無遠慮; 破廉恥.

***des·ho·nes·to, ta** [de.so.nés.to, -.ta; đe.-] 形 1正直でない, 不誠実な. No te mezcles con ellos, pues tienen fama de gente *deshonesta*. 彼らとは付き合うなよ, 誠実じゃないことで有名なんだから. 2 不作法な, 下品な; 破廉恥な, 不道徳な. palabras *deshonestas* みだらな言葉.

des·ho·nor [de.so.nór; đe.-] 男 1 不名誉, 恥辱 (= deshonra). vivir en el ~ 生き恥をさらす. 2 恥辱を招くもの, 面汚し. Es el ~ de su familia. 彼[彼女]は一家の面汚しだ.

des·ho·no·rar [de.so.no.rár; đes.-] 他 1 面目を失わせる, 名誉を失墜させる. 2 辱める.

des·hon·ra [de.són.r̄a; đe.-] 女 1 不名誉, 名誉失墜 (= deshonor). 2 恥さらすこと; (人を指して)恥さらし, 面汚し. tener a ~ 恥と思う. Tiene a ~ trabajar en esa compañía. 彼[彼女]はその会社で働くのを恥だと思っている.

des·hon·ra·bue·nos [de.son.r̄a.bwé.nos; đe.-] 男女《単複同形》 1 中傷者, 毒舌家. 2 (一家の)厄介者, 面汚し.

des·hon·ra·da·men·te [de.son.r̄á.đa.mén.te; đe.-] 副 不名誉なことに, 不面目にも.

des·hon·rar [de.son.r̄ár; đe.-] 他 1 面目を失わせる, 名誉を傷つける. ~ (a) la familia 家族の名誉を汚す. 2 〈女性を〉辱める, 犯す.
━ ~·se 再 恥をかく, 不名誉に思う.

des·hon·ro·sa·men·te [de.son.r̄ó.sa.mén.te;

des·hon·ro·so, sa [de.son.ŕó.so, -.sa; đe.-] 形 恥ずべき，みっともない；不名誉な．

des·ho·ra [de.só.ra; đe.-] 女 *a deshora(s)* 時ならぬときに，とんでもない時間に．

des·hor·nar [de.sor.nár; đe.-] 他 オーブン［かど，炉］から出す．

des·hue·sa·do, da [de.swe.sá.đo, -.đa; đe.-, des.(g)we.-; đes.-] 形 **1**〈果物の〉種［芯(ん)］を取った．**2**〈魚・肉の〉骨を取った．

des·hue·sa·do·ra [de.swe.sa.đó.ra; đe.-, des.(g)we.-; đes.-] 女 **1**〈果物の〉種［芯(ん)］取り器具．**2**〈魚・肉の〉骨取り器具．

des·hue·sa·mien·to [de.swe.sa.mjén.to; đe.-, des.(g)we.-; đes.-] 男 **1**〈果物の〉種［芯(ん)］を取ること．**2**〈魚・肉の〉骨を取ること．

des·hue·sar [de.swe.sár; đe.-, des.(g)we.-; đes.-] 他 **1**〈果物の〉種［芯(ん)］を取る．**2**〈魚・肉の〉骨を取る．

des·hue·var·se [de.swe.bár.se; đe.-, des.(g)we.-; đes.-] 再《卑》ばか笑いする．

des·hu·ma·ni·za·ción [de.su.ma.ni.θa.θjón; đe.- / -.sa.sjón] 女 人間性の喪失，非人間化． Hay que contrarrestar la ~ de la sociedad actual. 現代社会の非人間化を阻止する必要がある． *La ~ del arte*『芸術の非人間化』(Ortega y Gasset の評論).

des·hu·ma·ni·zan·te [de.su.ma.ni.θán.te; đe.- / -.sán.-] 形 人情［人間味］がない，(関係などが) ぎすぎすした，殺伐とした．

des·hu·ma·ni·zar [de.su.ma.ni.θár; đe.- / -.sár] 97 他 人間らしさ［人間性］を失わせる，非人間化する． Hoy día la medicina ha sido *deshumanizada*. 今日，医学は人間性を失ってしまった．— ~·se 再 人間性を失う．

des·hu·ma·no, na [de.su.má.no, -.na; đe.-] 形 非情な，残酷な；人情的でない (= inhumano).

des·hu·me·de·cer [de.su.me.đe.θér; đe.- / -.sér] 34 他 除湿する．— ~·se 再 湿気が取れる．

des·i·de·o·lo·gi·za·ción [de.si.đe.o.lo.xi.θa.θjón; đe.- / -.sa.sjón] 女 脱イデオロギー化，(それまでの) 思想［信条，観念］を捨てること．

des·i·de·o·lo·gi·zar [de.si.đe.o.lo.xi.θár; đe.- / -.sár] 97 他 (それまでの) 思想［信条，観念］を捨てさせる．

de·si·de·ra·ble [de.si.đe.rá.ble; đe.-] 形 望ましい，当を得た (= deseable).

de·si·de·ra·ta [de.si.đe.rá.ta; đe.-]《ラ》女 希望品目録，(特に図書館の) 購入希望書目．

de·si·de·ra·ti·vo, va [de.si.đe.ra.tí.bo, -.ba; đe.-] 形 願望を表す，願望の．

de·si·de·rá·tum [de.si.đe.rá.tum; đe.-]《ラ》男 (単複同形) 欲しい［望まれる］もの；必要なもの．▶ 複数で用いる場合は desiderata を用いることが多い．

de·si·dia [de.si.đja; đe.-] 女 不注意，無頓着(ょう)；怠惰，やる気のなさ． Le han amonestado por su ~ en el trabajo. 彼は職務怠慢で訓戒を受けた．**2**(身なりの) だらしなさ，無精．

de·si·dio·so, sa [de.si.đjó.so, -.sa; đe.-] 形 **1** 不注意な，そんざいな；怠惰な．**2**(身なりが) だらしない．

‡de·sier·to, ta [de.sjér.to, -.ta; đe.-] (**es·tar +**) **1**（+ 名詞 / 名詞 +）無人の，人気(%)のない，寂しい． calles *desiertas* 人気(%)のない街． isla *desierta* 無人島．**2** 当選［入賞］者のない，空席の． El Premio Nobel de la Paz ha sido declarado ~. ノーベル平和賞は該当者なしと発表された．— 男 **1** 砂漠． el ~ del Sáhara サハラ砂漠．**2** 人気(%)のない場所；荒涼とした所． *predicar* [*clamar*] *en (el) desierto* 馬の耳に念仏．（← 砂漠で説教する［訴える］）．

[形]—［ラ］*dēsertum*（*dēserere*「見捨てる」の完了分詞 *dēsertus* の対格）；男—［後ラ］*dēsertum*「荒野，砂漠」（［ラ］*dēsertus*「荒れた」の中性形より）；[関連] desertar. [英] *desert*「砂漠；見捨てる」

de·sig·na·ción [de.siġ.na.θjón; đe.- / -.sjón] 女 **1** 指名，任命．**2** 指示，表示．**3** 名称，呼称．

de·sig·na·do [de.siġ.ná.đo; đe.-] 男《ラ米》(%) 大統領代理．

‡‡de·sig·nar [de.siġ.nár; đe.-] 他 **1**（**para... / como...**   ...に） 任命する，指名する；指定する． Me *han designado para* jefe de la sección. 私は課長に任命された． *Designamos* la fecha de la salida *para* el próximo domingo. 私たちは出発の日を次の日曜に決めた．

2《**con...** ...と》命名する，名づける；呼ぶ． *Designaron* a este pianista *con* el nombre de «maestro supremo del jazz». このピアニストは「ジャズの神様」という名で呼ばれた．

3 選ぶ，ノミネートする． Lo *han designado* mejor jugador del año. 彼は今年のナンバーワンプレーヤーに選ばれた．

4 指示する，表す． Con la letra mayúscula "M" *designamos* las bocas del metro. 大文字の"M"は地下鉄の出入り口を表します．

[← ［ラ］*dēsignāre*「表示する，指し示す」（*signum*「記号，合図」より派生）；[関連] designación, designio, diseñar． [仏] *dessin*「示す」．[英] *designate*「示す」, *design*「デザイン」]

de·sig·nio [de.síġ.njo; đe.-] 男 **1** 意図，目的． con el ~ de... ...の意図をもって，...のつもりで．**2** 計画，企画．

‡des·i·gual [de.si.ġwál; đe.-] 形 **1**（**ser + / estar +**) 等しくない；不平等な；不均衡な． batalla ~ 一方的な戦い． tratado ~ 不平等条約．**2**（**ser + / estar +**) 不規則な，むらのある（土地・表面が) 平らでない． estilo [letra] ~ 一様でない文体［書体］． un alumno ~ (出席・成績などが) むらのある学生． El terreno *era* muy ~. 地面は凸凹していた．**3**（**ser + / estar +**) 変わりやすい，移り気な． tiempo ~ 変わりやすい天気．**4**《格式》困難な，骨の折れる；ものすごい．

salir desigual《話》(1) うまくいかない．(2) 異なっている．

des·i·gua·lar [de.si.ġwa.lár; đe.-] 他 不ぞろいにする，不釣り合いにする；一方的［不公平］なものにする． ~ una lucha 一方的な戦いに終始する．— ~·se 再 優位に立つ，一歩先んずる，差をつける；不規則になる．

‡des·i·gual·dad [de.si.ġwal.dáđ; đe.-] 女 **1** 不平等，不均衡；相違，格差． ~*es* sociales 社会的不平等． ~ entre los salarios agrícolas e industriales 農業所得と工業所得の格差．**2**（主に複数で）(土地・表面の) 凸凹, 起伏．**3**（天気・気分の) 変わりやすさ, むら気．**4**《数》不等 (式). signo de ~「不等号」. La ~ a<b se lee "a menor que b". 不等式の a<b は「a は b より小さい」と読む．

des·i·gual·men·te [de.si.ġwál.mén.te; đe.-] 副 **1** 不平等に；不ぞろいに． En ese país la renta está dividida ~. その国では所得に格差がある． Esta carretera está asfaltada ~. この道路のアスファルト舗装はでこぼこしている.

2 一貫性がなく. Este futbolista juega muy ~. このサッカー選手のプレーにはむらがある.

*des·i·lu·sión [de.si.lu.sjón; đe.-] 囡 **1** 失望, 期待外れ; 落胆 (= decepción). sufrir [tener] una ~ がっかりする, 気落ちする. **2** 迷いから覚めること, 覚醒(%{}). caer en la ~ 迷いから覚める. **3** 希望のない状態.

des·i·lu·sio·na·do, da [de.si.lu.sjo.ná.đo, -.đa; đe.-] 形 失望した; 迷いから覚めた, 正気に戻った. un matrimonio ~ 互いに幻滅した夫婦.

des·i·lu·sio·nan·te [de.si.lu.sjo.nán.te; đe.-] 形 がっかりさせる, 失望させる.

*des·i·lu·sio·nar [de.si.lu.sjo.nár; đe.-] 他 失望させる, 落胆させる; 迷いを覚す, 幻想を捨てさせる. La vida me *ha desilusionado* profundamente. 私は人生に深い幻滅を味わった.
— ~·se 再 (**con**... / **de**... …に)失望する, 落胆する; 迷いから覚める, 幻想を捨てる.

des·i·ma·na·ción [de.si.ma.na.θjón; đe.- / -.sjón] 囡 消磁, 減磁.

des·i·ma·nar(·se) [de.si.ma.nár(.se); đe.-] 自 再 → desimantar.

des·i·man·ta·ción [de.si.man.ta.θjón; đe.- / -.sjón] 囡 → desimanación.

des·i·man·tar [de.si.man.tár; đe.-] 他 〈物体の〉磁性を消す, 消磁[減磁]させる. — ~·se 再 磁性を失う, 消磁する.

des·im·po·ner [de.sim.po.nér; đe.-] 41 他 [過分 は desimpuesto]《印》〈組み付けた〉版を外す.

des·im·pre·sio·nar [de.sim.pre.sjo.nár; đe.-] 他 幻想を打ち砕く, 誤りに気づかせる (= desengañar). — ~·se 再 迷いから覚める, 真実を悟る.

des·in·cli·nar [de.siŋ.kli.nár; đe.-] 他 興味[関心]を失わせる. — ~·se 再 興味[関心]を失う, 気乗りがしなくなる.

des·in·crus·ta·ción [de.siŋ.krus.ta.θjón; đe.- / -.sjón] 囡 (ボイラーの)湯あかの清掃.

des·in·crus·tan·te [de.siŋ.krus.tán.te; đe.-] 形 (ボイラーの)湯あか防止[清掃]の.

des·in·crus·tar [de.siŋ.krus.tár; đe.-] 他 〈配管・ボイラーの〉湯あかを取る;〈こびりついた汚れを〉取る.

des·in·dus·tria·li·za·ción [de.sin.dus.trja.li.θa.θjón; đe.- / -.sa.sjón] 囡 脱工業化, 工場の撤廃, 産業の衰退.

de·si·nen·cia [de.si.nén.θja; đe.- / -.sja] 囡 《文法》活用語尾, 屈折語尾: 性, 数, 人称, 時制に従って変化する部分.

de·si·nen·cial [de.si.nen.θjál; đe.- / -.sjál] 形 《文法》活用語尾の, 屈折語尾に関する.

de·si·nen·te [de.si.nén.te; đe.-] 形 《文法》完了相の (= perfectivo).

des·in·far·tar [de.sim.far.tár; đe.-] 他 《医》梗塞(%{})を治す.

des·in·fec·ción [de.sim.fek.θjón; đe.- / -.sjón] 囡 消毒, 殺菌, 滅菌.

des·in·fec·tan·te [de.sim.fek.tán.te; đe.-] 形 消毒の, 殺菌[滅菌]用の. rociar un líquido ~ 消毒液を散布する. — 消毒薬, 殺菌[滅菌]剤.

des·in·fec·tar [de.sim.fek.tár; đe.-] 他 消毒する, 殺菌[滅菌]する. ~ la herida 傷口を消毒する. — ~·se 再 〈自分の手・足などを〉消毒する.

des·in·fes·tar(·se) [de.sim.fes.tár(.se); đe.-] 他 再 → desinfectar.

des·in·fi·cio·nar [de.sim.fi.θjo.nár; đe.- / -.sjo.-] 他 → desinfectar.

des·in·fla·cio·nis·ta [de.sim.fla.θjo.nís.ta; đe.- / -.sjo.-] 形 インフレ抑制する, インフレ抑制の.

des·in·fla·da [de.sim.flá.đa; đe.-] 囡 《ラ米》《話》失望, 幻滅, 落胆.

des·in·fla·do [de.sim.flá.đo; đe.-] 男 (タイヤなどの)空気抜き.

des·in·fla·ma·ción [de.sim.fla.ma.θjón; đe.- / -.sjón] 囡 《医》消炎.

des·in·fla·mar [de.sim.fla.már; đe.-] 他 《医》…の炎症を鎮める. — ~·se 再 《医》炎症が鎮まる.

des·in·fla·mien·to [de.sim.fla.mjén.to; đe.-] 男 → desinflado.

des·in·flar [de.sim.flár; đe.-] 他 **1** しぼませる, 空気を抜く. **2** 落胆させる, がっかりさせる.
— ~·se 再 **1** しぼむ, 空気が抜ける. **2** 《話》落胆する; 自信[誇り]をなくす. **3** 力[重要性]を失う.

des·in·for·ma·ción [de.sim.for.ma.θjón; đe.- / -.sjón] 囡 **1** 誤った[偽の]情報(を与えること). **2** 情報の隠蔽(%{}), 情報を知らないこと.

des·in·for·mar [de.sim.for.már; đe.-] 他 (操作された・偽の・不十分な)情報を与える.

des·in·hi·bi·ción [de.si.ni.βi.θjón; đe.- / -.sjón] 囡 〈本能・癖(%{})・習慣の〉抑制[束縛]をしないこと, 自由奔放(%{}).

des·in·hi·bir [de.si.ni.βír; đe.-] 他 抑制[束縛]を解く, 解放する. — ~·se 再 ごく自然[天真爛漫(%{})], 自由奔放]に振る舞う.

des·in·sa·cu·lar [de.sin.sa.ku.lár; đe.-] 他 (抽選・投票用の箱から)〈小玉・紙片を〉取り出す, くじを引く.

des·in·sec·ta·ción [de.sin.sek.ta.θjón; đe.- / -.sjón] 囡 燻蒸(%{})消毒[殺菌], 寄生虫の駆除.

des·in·sec·tar [de.sin.sek.tár; đe.-] 他 〈場所を〉燻蒸(%{})消毒をする;〈寄生虫・害虫を〉駆除する.

des·ins·ta·lar [de.sins.ta.lár; đe.-] 他 《IT》〈プログラムを〉アンインストールする, コンピュータから削除する.

des·in·te·gra·ción [de.sin.te.gra.θjón; đe.- / -.sjón] 囡 **1** 分解, 分裂; 崩壊. la ~ de un sindicato 組合の分裂. **2** 《物理》崩壊, 壊変.

des·in·te·gra·dor, do·ra [de.sin.te.gra.đór, -.đó.ra; đe.-] 形 ばらばらにする, 破壊する, 調和を乱す.

des·in·te·grar [de.sin.te.grár; đe.-] 他 **1** 分解する, 分裂させる; 崩壊させる, 解散させる. ~ una roca 岩を崩す. ~ una sociedad (ある)社会を崩壊させる. **2** 〈原子核を〉崩壊させる. **3** 《ラ米》少なくする, 減らす. — ~·se 再 **1** 分解する, 分裂する; 解散する. El partido *se ha desintegrado* a raíz del fracaso electoral. 選挙の敗北で党は分裂してしまった. **2** 〈原子核が〉崩壊する.

*des·in·te·rés [de.sin.te.rés; đe.-] 男 **1** (**por**... …に対する) 無関心, 冷淡.
2 公平無私; 無欲. **3** 寛大, 気前のよさ.

des·in·te·re·sa·do, da [de.sin.te.re.sá.đo, -.đa; đe.-] 形 私心のない, 無欲な; 公平な.

des·in·te·re·sar·se [de.sin.te.re.sár.se; đe.-] 再 (**de**... …に)関心[興味]をなくす, 無関心になる; 関心を持たない[示さない]. *Se desinteresó* completamente *de* las conversaciones. 彼[彼女]はその話には全く関心を示さなかった.

des·in·to·xi·ca·ción [de.sin.tok.si.ka.θjón; đe.- / -.sjón] 囡 《医》解毒, 毒消し; 中毒の治療.

des·in·to·xi·can·te [de.sin.tok.si.kán.te; ðe.-] 形 《医》解毒作用のある.

des·in·to·xi·car [de.sin.tok.si.kár; ðe.-] 102 他 1 《医》解毒する;《アルコール・麻薬などの》中毒の治療する. 2 《**de**... 《思いこみ・執着など》から》抜け出させる. ― **~·se** 再 1 中毒が治る. 2 (話)《**de**... …から》逃れる, 脱却する. ~ *de la rutina cotidiana* マンネリ化した日常生活から逃れる.

des·in·tu·bar [de.sin.tu.bár; ðe.-] 他 《医》〈患者から〉チューブを抜く.

des·in·ver·sión [de.sim.ber.sjón; ðe.-] 女 《企業や団体による》資産[株]の売却.

des·is·ti·mien·to [de.sis.ti.mjén.to; ðe.-] 男 断念, 放棄;《法》《権利の》放棄,《異議などの》取り下げ.

des·is·tir [de.sis.tír; ðe.-] 自 《**de**...》 1 《…を》やめる, 断念する, 放棄する. *Desistió de* su empresa. 彼[彼女]は計画を断念した. → *abandonar* [類語]. 2 《法》《《権利》を》放棄する,《《異議など》を》取り下げる.

des·ja·rre·tar [des.xa.r̄e.tár; ðes.-] 他 1 《文章語》〈動物の〉膝(ひざ)下の腱(けん)を切って弱らせる. 2 (話)〈人を〉衰弱させる.

des·ja·rre·te [des.xa.r̄é.te; ðes.-] 男 《動物の》膝(ひざ)下の腱(けん)の切断.

des·ju·gar [des.xu.gár; ðes.-] 103 他 …の液汁を絞る. ― **~·se** 再 …の液汁がにじみ出る.

des·jui·cia·do, da [des.xwi.θjá.ðo, -.ða; ðes.- / -.sjá.-] 形 分別のない, 思慮のない;向こう見ずな.

des·jun·tar [des.xun.tár; ðes.-] 他 引き離す, 分離する.

des·la·bo·na·mien·to [des.la.bo.na.mjén.to; ðes.-] 男 《鎖の環を》外すこと;分離, ばらばらにすること.

des·la·bo·nar [des.la.bo.nár; ðes.-] 他 《鎖の環を》外す;分離する, ばらばらにする.
― **~·se** 再 1 《鎖の環が》外れる;ばらばらになる, 分離する. 2 不仲になる, 疎遠になる.

des·la·dri·llar [des.la.ðri.jár; ðes.- ‖ -.ʎár] 他 《床から》れんがを取り外す.

des·las·trar [des.las.trár; ðes.-] 他 …から底荷[バラスト]を降ろす.

des·la·va·do, da [des.la.bá.ðo, -.ða; ðes.-] 形 厚かましい, 不作法な.

des·la·va·du·ra [des.la.ba.ðú.ra; ðes.-] 女 雑に洗うこと.

des·la·var [des.la.bár; ðes.-] 他 1 さっと洗う, すすぐ. 2 《力・活力を》弱める, 衰えさせる.

des·la·va·za·do, da [des.la.ba.θá.ðo, -.ða; ðes.- / -.sá.-] 形 1 支離滅裂な, ちぐはぐな;混乱した. 2 《服が》よれよれの;色あせた.

des·la·va·zar [des.la.ba.θár; ðes.- / -.sár] 97 他 1 さっと洗う, すすぐ. 2 活力を失わせる, 弱らせる.

des·la·ve [des.lá.be; ðes.-] 男 《ラ米》 (1) 侵食. (2) 《メヒ》山津波, 鉄砲水. (3) 《メヒ》地滑り.

des·le·al [des.le.ál; ðes.-] 形 1 《**a**... / **con**... …に》不誠実な, 不実な. ~ *con* su hermano 兄[弟]に対して不誠実な. 2 《やり口が》汚い, 不公正な. *competencia* ~ 不公正な競争.
― 男 女 不誠実な人.

des·le·al·tad [des.le.al.táð; ðes.-] 女 1 不誠実, 不実. *Se comportó con* ~ *al traicionar nuestra vieja amistad*. 彼[彼女]はその誠実のない行動で我々の長い友情を裏切った. 2 《商売のやり口の》汚さ, 不公正.

des·le·char [des.le.tʃár; ðes.-] 他 1 乳を絞る, 搾乳する (= *ordeñar*). 2 《スペイン》〈蚕(かいこ)から〉ごみなどを除く.

des·le·chu·gar [des.le.tʃu.gár; ðes.-] 103 他 1 《農》《ブドウ畑から》雑草を抜き取る;除草する. 2 《ブドウの》無駄芽をつみとる;摘芽[摘心]をする.

des·le·ga·li·zar [des.le.ga.li.θár; ðes.- / -.sár] 97 他 無効にする, 法律の保護を解く;解散させる.
― **~·se** 再 無効になる;解散する.

des·le·gi·ti·mar [des.le.xi.ti.már; ðes.-] 他 非合法にする, 認可を取り消す;正当でないものにする.

des·lei·du·ra [des.lei.ðú.ra; ðes.-] 女 1 溶解. 2 希釈.

des·lei·mien·to [des.lei.mjén.to; ðes.-] 男 → *desleidura*.

des·le·ír [des.le.ír; ðes.-] 5 他 1 《**en**... …に》溶く, 溶かす. ~ *el detergente en el agua* 洗濯石けんを水に溶かす. 2 希釈する, 薄める. ~ *la sopa* スープを薄める. ― **~·se** 再 溶ける;薄まる.

des·len·drar [des.len.drár; ðes.-] 8 他 …からシラミ(の卵)を取る.

des·len·gua·do, da [des.leŋ.gwá.ðo, -.ða; ðes.-] 形 1 《話し方が》生意気な, 無礼な. 2 口の悪い, 口さがない.

des·len·gua·mien·to [des.leŋ.gwa.mjén.to; ðes.-] 男 (話) 1 生意気[無礼]な話し方. 2 口汚い言葉, 雑言.

des·len·guar [des.leŋ.gwár; ðes.-] 86 他 …の舌を切る. ― **~·se** 再 (話) 1 生意気な口をたたく, 乱暴な口を利く. 2 ののしる, 汚い言葉を使う. 3 しゃべりまくる.

des·liar [des.ljár; ðes.-] 81 他 1 ほどく, 緩める;外す. 2 包装を解く, 開ける. 3 《混乱を》解決する.
― **~·se** 再 ほどける, 緩む;外れる.

des·lice(-) / **des·licé**(-) 活 → *deslizar*.

des·li·ga·do, da [des.li.gá.ðo, -.ða; ðes.-] 形 ほどけた, 緩んだ;外れた.

des·li·ga·du·ra [des.li.ga.ðú.ra; ðes.-] 女 1 ほどくこと, 緩むこと. 2 《義務の》免除, 解放. 3 独立;分離. 4 《紛糾・問題の》解決.

des·li·ga·mien·to [des.li.ga.mjén.to; ðes.-] 男 → *desligadura*.

des·li·gar [des.li.gár; ðes.-] 103 他 1 ほどく, 解く, 緩める (= *desatar*). 2 《**de**...》《《義務など》から》解放する,《《…を》》免除する. ~ *a*+人 *de* una *promesa* 〈人〉にその約束はなかったものとする. 3 《**de**... …から》切り離す, 分離する;分けて考える. *No se puede* ~ *el conocimiento de la experiencia*. 知識を経験から切り離すわけにはいかない. 4 解決する, 処理する. 5 《宗》懲戒を免ずる, 罪を許す. 6 《音楽》ピチカートで演奏する.
― **~·se** 再 《**de**...》 1 《…と》別れる, 縁を切る;《…から》独立する. 2 《…を》免れる,《…から》自由になる. ~*se de* un *compromiso* 義務[約束事]から免れる.

des·lin·da·dor, do·ra [des.lin.da.ðór, -do.ra; ðes.-] 男 女 《土地の》測量士.

des·lin·da·mien·to [des.lin.da.mjén.to; ðes.-] 男 → *deslinde*.

des·lin·dar [des.lin.dár; ðes.-] 他 1 境界を定める;限界を定める. ~ *un jardín* 庭の境目を決める. ~ *las actividades de dos organizaciones* 2つの機関の活動範囲を定める. 2 明らかにする, 明確にする.

des·lin·de [des.lín.de; ðes.-] 男 1 境界, 境界画定. 2 性格付け;明確化.

des·li·ñar [des.li.nár; ðes.-] 他 〈布地から〉糸くずなどを取る.

des·lí·o [des.lí.o; ðes.-] 男 (ワインの)おりの分離.

des·liz [des.líθ; ðes.- / -.lís] 男 (複 **deslices**)
1 滑ること；スリップ. **2** 《話》失敗, へま；(異性関係の)過ち. cometer [tener] un ～ 失敗をしでかす. *deslices* de la juventud 若気の至り.

des·li·za·ble [des.li.θá.ble; ðes.- / -.sá.-] 形 滑りやすい；誤りやすい.

des·li·za·de·ro, ra [des.li.θa.ðé.ro, -.ra; ðes.- / -.sa.-] 形 滑りやすい. ― 男 **1** 滑りやすい場所. **2** 《ラ米》《ﾌﾟﾚ》《遊》滑り台. ― 女 《機》滑り金, 滑動部, スライダー.

des·li·za·di·zo, za [des.li.θa.ðí.θo, -.θa; ðes.- / -.sa.-, -.sa] 形 つるつるした, 滑りやすい.

des·li·za·dor [des.li.θa.ðór; ðes.-] 男 《ラ米》《機》(1) 《ｽﾍﾟ》ハンググライダー. (2) 《ｺﾛﾝ》モーターボート.

des·li·za·mien·to [des.li.θa.mjén.to; ðes.- / -.sa.-] 男 滑ること, 滑走. ～ de tierra 地滑り.

des·li·zan·te [des.li.θán.te; ðes.- / -.sán.-] 形 滑る, 滑りやすい；〈ドアなどが〉スライド式の.

*__des·li·zar__ [des.li.θár; ðes.- / -.sár] 97 他 **1** 滑らせる. ～ la mano por el pelo 髪をなでる. Los niños *deslizaron* la piedra sobre el hielo. 子供たちは小石を氷の上で滑らせた.
2 滑り込ませる, こっそり入れる. *Deslicé* un billete en su bolsillo. 私は彼[彼女]のポケットにお札をそっと滑り込ませた. **3** 〈言葉などを〉それとなく言う[書く]. El *deslizó* unas críticas en un discurso. 彼は演説の中に批判を挟んだ.
― 自 滑る.
― ～**se** 再 **1** 滑る；滑る[縫う]ように進む. El coche *se deslizó* sobre la carretera helada. 車が凍った道路でスリップした.
2 《**de...** ...から》こっそり立ち去る；《**entre...** / **en...** ...に》紛れ込む. Los dos *se deslizaron* de la fiesta. 2人はパーティーをこっそり抜け出した. La arena *se deslizó entre* mis dedos. 砂は指の間からこぼれ落ちた. *Se deslizó en* la sala. 彼[彼女]は広間に忍び込んだ.
3 (うっかり)失敗する, しくじる. En la entrevista, ella *se ha deslizado* con aquella pregunta tan indiscreta. 面接で彼女はうかつにもあんな軽率な質問をしてしまった. **4** 〈時が〉経つ；〈川などが〉流れる.

des·lo·ar [des.lo.ár; ðes.-] 他 非難する, とがめる.

des·lo·ma·do, da [des.lo.má.ðo, -.ða; ðes.-] 形 疲れ切った, 疲労困憊(ｺﾝﾊﾟｲ)した.

des·lo·ma·du·ra [des.lo.ma.ðú.ra; ðes.-] 女 極度の疲労, 疲労困憊(ｺﾝﾊﾟｲ).

des·lo·mar [des.lo.már; ðes.-] 他 **1** 背骨を痛めつける. **2** 疲れ果てさせる, 疲労困憊(ｺﾝﾊﾟｲ)させる. **3** たたく, 殴る. ～ a+人 a palos 〈人〉を打ちのめす.
― ～**se** 再 《話》 **1** 一生懸命に働く, 骨を折る.
2 疲れ切る, 弱り果てる. **3** 背中[腰]を痛める.

des·lu·ci·da·men·te [des.lu.θi.ða.mén.te; ðes.- / -.sí.-] 副 地味に；やぼったく. vestir ～ やぼったい服装をする.

des·lu·ci·do, da [des.lu.θí.ðo, -.ða; ðes.- / -.sí.-] 形 **1** さえない, 見栄えのしない. El torero tuvo una *deslucida* actuación. その闘牛士の技はなんともさえなかった.
2 地味な, やぼったい；精彩のない. vestido ～ みすぼらしい服装. **3** 不首尾の, 不成功の.

des·lu·ci·mien·to [des.lu.θi.mjén.to; ðes.- / -.sí.-] 男 **1** 地味, 目立たないこと. **2** やぼったさ；精彩[生気]のなさ. **3** 失敗.

des·lu·cir [des.lu.θír; ðes.- / -.sír] 36 他 **1** 駄目にする, 台無しにする. **2** 色あせさせる, 輝きをなくす. **3** 名声を落とす, 不名誉を招く.
― ～**se** 再 **1** 輝きを失う, 色あせる. **2** 評判を落とす.

des·lum·bra·dor, do·ra [des.lum.bra.ðór, -.ðó.ra; ðes.-] 形 → deslumbrante.

des·lum·bra·mien·to [des.lum.bra.mjén.to; ðes.-] 男 **1** 目がくらむこと, まぶしいこと. **2** 《比喩的》眩惑(ｹﾞﾝﾜｸ), 感嘆；困惑.

des·lum·bran·te [des.lum.brán.te; ðes.-] 形
1 美しい, 目もくらむような. resplandor ～ まばゆいばかりの輝き.
2 圧倒する. diamante ～ 見事なダイヤモンド.

*__des·lum·brar__ [des.lum.brár; ðes.-] 他 **1** 目をくらませる, まぶしくさせる. **2** …の目を奪う, 眩惑(ｹﾞﾝﾜｸ)させる；圧倒する. Nos *deslumbró* con su habilidad. 我々は彼[彼女]のうまさに舌を巻いた.

des·lus·tra·do, da [des.lus.trá.ðo, -.ða; ðes.-] 形 **1** つやのない, さえない. **2** つや消しの；素焼きの；すりガラスの. ― 男 つや消し.

des·lus·trar [des.lus.trár; ðes.-] 他 **1** 光沢を消す, つやを消す. El polvo *deslustró* sus botas. ほこりで彼[彼女]のブーツが汚れた. **2** 〈名声などを〉汚す, 傷つける. ～ su buen nombre 名声を汚す.

des·lus·tre [des.lús.tre; ðes.-] 男 **1** 光沢を消すこと, つや消し. **2** 汚点, 不名誉.

des·lus·tro·so, sa [des.lus.tró.so, -.sa; ðes.-] 形 つやのない；不名誉な, 見苦しい.

des·ma·de·ja·do, da [des.ma.ðe.xá.ðo, -.ða; ðes.-] 形 疲れ切った, 衰弱した.

des·ma·de·ja·mien·to [des.ma.ðe.xa.mjén.to; ðes.-] 男 疲労困憊(ｺﾝﾊﾟｲ), 衰弱；無気力.

des·ma·de·jar [des.ma.ðe.xár; ðes.-] 他 消耗させる, ぐったりさせる. ― ～**se** 再 ぐったりする.

des·ma·dra·do, da [des.ma.ðrá.ðo, -.ða; ðes.-] 形 **1** 〈動物が〉親に育児放棄された, 親から引き離された. **2** 羽目を外した.

des·ma·drar [des.ma.ðrár; ðes.-] 他 **1** 〈動物の子を〉母親から引き離す. **2** 《ラ米》(*ﾒﾒ*)ぶちのめす；ぶち壊す. ― ～**se** 再 **1** 《話》羽目を外す, 度を過ごす. **2** 《ラ米》(*ﾒﾒ*)けがをする.

des·ma·dre [des.má.ðre; ðes.-] 男 《話》羽目を外すこと, どんちゃん騒ぎ；大混乱.

des·mag·ne·ti·za·ción [des.mag.ne.ti.θa.θjón; ðes.- / -.sa.sjón] 女 《電》《物理》消磁.

des·mag·ne·ti·zar [des.mag.ne.ti.θár; ðes.- / -.sár] 97 他 磁気を除く, 消磁する.

des·ma·jo·lar [des.ma.xo.lár; ðes.-] 15 他 〈ブドウの若木を〉根から引き抜く.

des·ma·la·za·do, da [des.ma.la.θá.ðo, -.ða; ðes.- / -.sá.-] 形 → desmazalado.

des·ma·le·za·do·ra [des.ma.le.θa.ðó.ra; ðes.- / -.sa.-] 女 《ラ米》(*ﾘﾖﾌﾟ*)《農》(トラクターに付ける)除草機, 除草カルチ.

des·ma·le·zar [des.ma.le.θár; ðes.- / -.sár] 97 他 《ラ米》雑草を取り除く, 除草する.

des·ma·llar [des.ma.jár; ðes.- ‖ -.ʎár] 他 〈靴下を〉伝線させる；〈網を〉破る；〈編み物を〉ほどく.
― ～**se** 再 〈靴下が〉伝線する.

des·ma·mar [des.ma.már; ðes.-] 他 乳離れ[離乳]させる. ～ un ternero 子牛を母牛から離す.

des·ma·mo·nar [des.ma.mo.nár; ðes.-] 他 〈ブ

desmán

ドウなどの)余分な芽[徒長枝, ひこばえ]を取り除く.

des·mán[1] [des.mán; ðes.-] 男 度を越すこと; 悪用, 権力乱用. cometer *desmanes* 権力を乱用する; 暴行を働く.

des·mán[2] [des.mán; ðes.-] 男 〖動〗デスマン: ロシア産・ピレネー産のモグラ科の一種.

des·ma·nar·se [des.ma.nár.se; ðes.-] 再 群れから離れる.

des·man·char [des.maɲ.tʃár; ðes.-] 他 《ラ米》染みを抜く. **― ~·se** 再《ラ米》(ｱﾝﾃﾞ)(ｺﾛﾝﾋﾞ)(ﾎﾟ*)群れからはぐれる; 逃げ出す.

des·man·da·do, da [des.man.dá.ðo, -.ða; ðes.-] 形 1 行き過ぎの; 手に負えない, 扱いにくい; 勝手な. muchedumbre *desmandada* 統制のとれなくなった群衆. 2 群れから離れた.

des·man·da·mien·to [des.man.da.mjén.to; ðes.-] 男 1 (命令・法規などの)撤回, 取り消し. 2 不順応, 反抗; 無礼, 横柄.

des·man·dar [des.man.dár; ðes.-] 他 〈命令・法規などを〉撤回する, 取り消す. **― ~·se** 再 1 反抗する; 手に負えなくなる, 制しきれなくなる. Como *te desmandes* te metemos en un internado. 言うことを聞かないと寄宿舎に入れてしまうぞ. 2 群れ[集団]から離れる, 逃亡する.

des·ma·ne·ar [des.ma.ne.ár; ðes.-] 他 〈馬などの〉足を縛る綱[足枷(ｶﾞｾ)]を解く.

des·man·ga·do, da [des.maŋ.gá.ðo, -.ða; ðes.-] 形 取っ手のない, 柄が抜けた.

des·man·gar [des.maŋ.gár; ðes.-] 103 他 柄[取っ手]を取り去る. **― ~·se** 再 取っ手が外れる.

des·ma·no [des.má.no; ðes.-] 男 *a desmano* 手の届かない[力の及ばない]ところに; 離れた. Me coge *a ~*. それは私の手に負えない.

des·ma·no·ta·do, da [des.ma.no.tá.ðo, -.ða; ðes.-] 形 不器用な, 間抜けな.

des·man·te·car [des.man.te.kár; ðes.-] 102 他 脱脂する, 脂肪分を取る. leche *desmantecada* スキムミルク, 脱脂乳.

des·man·te·la·do, da [des.man.te.lá.ðo, -.ða; ðes.-] 形 1 取り壊された, 解体された; (家具・備品などを)取り除いた. 2 〖海〗(1) マストが倒れた[折れた]. (2) 索具[ヤード]を外した.

des·man·te·la·mien·to [des.man.te.la.mjén.to; ðes.-] 男 1 取り壊すこと, 解体すること; (部屋から家具・備品などを)取り去ること. 2 〖海〗(1) マストを外すこと. (2) 索具[ヤード]の取り外し.

des·man·te·lar [des.man.te.lár; ðes.-] 他 1 〈要塞(ﾖｳｻｲ)を〉取り壊す; 〈機械・組織などを〉解体する, 分解する. **― una máquina** 機械を分解する. **― una sucursal** 支店を閉める. 2 〈建物の〉家具・備品などを取り払う[運び出す]. 3 〖海〗〈船の〉マストを外す; 索具[ヤード]を外す.

des·ma·ña [des.má.ɲa; ðes.-] 女 不器用, 手際の悪さ.

des·ma·ña·do, da [des.ma.ɲá.ðo, -.ða; ðes.-] 形 不器用な, 下手な. **―** 男 女 不器用[へま]な人.

des·ma·ñar·se [des.ma.ɲár.se; ðes.-] 再 《ラ米》早起きする.

des·ma·ño [des.má.ɲo; ðes.-] 男 無頓着(ﾑﾄﾝﾁｬｸ), 投げやり; 無精.

des·ma·qui·lla·dor, do·ra [des.ma.ki.ja.ðór, -.ðó.ra; ðes.- ‖ -.ʎa.-] 形 クレンジング[化粧落とし]の. **―** 男 クレンジングクリーム.

des·ma·qui·llan·te [des.ma.ki.ján.te; ðes.- ‖ -.ʎán.-] 形 化粧落としのための.

des·ma·qui·llar [des.ma.ki.jár; ðes.- ‖ -.ʎár] 他 〈人の〉化粧を落とす. **― ~·se** 再 〈自分の〉化粧を落とす.

des·ma·ra·ñar [des.ma.ra.ɲár; ðes.-] 他 → desenmarañar.

des·mar·ca·je [des.mar.ká.xe; ðes.-] 男 〖スポ〗ノーマーク, 敵のマークから逃れること. provocar el ~ de un compañero 味方のマークを外させる.

des·mar·car [des.mar.kár; ðes.-] 102 他 1 …から印を剥がす, 別にする. 2 〖スポ〗〈味方を〉敵のマークから外す. **― ~·se** 再 1 〖スポ〗敵のマークから外す. 2 (**de...** 〈仕事・責任〉から) 逃れる. 3 (**de...** …と) 一線を画す.

des·ma·ro·jar [des.ma.ro.xár; ðes.-] 他 〖農〗〈無駄葉・雑草などを〉取り除く.

des·mar·que [des.már.ke; ðes.-] 男 → desmarcaje.

des·ma·rri·do, da [des.ma.r̄í.ðo, -.ða; ðes.-] 形 落胆した; 疲れ切った, 衰弱した.

des·ma·te·ria·li·za·ción [des.ma.te.rja.li.θa.θjón; ðes.- / -.sa.sjón] 女 非物質化.

des·ma·ya·do, da [des.ma.já.ðo, -.ða; ðes.-] 形 1 気を失った, 気絶した. caer ~ 失神して倒れる. 2 落胆した; 疲れ切った; 衰弱した.

***des·ma·yar** [des.ma.jár; ðes.-] 他 気絶させる, 失神させる. La noticia le *desmayó*. その知らせを聞いて彼は失神した. **―** 自 気力が失せる, くじける. **― ~·se** 再 失神する, 気を失う. Así que llegó, *se desmayó* en mis brazos. 彼[彼女]はたどり着いた途端に私の腕の中で気を失った.

[←〔古仏〕*esmaiier*「不安にさせる」←〔俗ラ〕*exmagare「力を奪う」(〔ゲルマン〕*mag*-「力」より派生); 関連 desmayo. 〔英〕*dismay*「仰天させる」]

***des·ma·yo** [des.má.jo; ðes.-] 男 1 失神, 気絶; 意識不明. tener un ~ 失神する. 2 衰弱; 無気力, 元気のなさ. sin ~ 気を抜かずに, へこたれずに. 3 〖植〗シダレヤナギ.

des·ma·za·la·do, da [des.ma.θa.lá.ðo, -.ða; ðes.- / -.sa.-] 形 衰弱した, 衰えた; 落胆した.

des·me·char [des.me.tʃár; ðes.-] 他 《ラ米》〖話〗(ｱﾙｾﾞﾝ)(ｴｸｱ)(ﾍﾞﾈｽ) 〈人の〉髪をかきむしる, 引き抜く; ぐしゃぐしゃにする.

des·me·cho·nar [des.me.tʃo.nár; ðes.-] 他 → desmechar.

des·me·di·do, da [des.me.ðí.ðo, -.ða; ðes.-] 形 過度の, 常軌を逸した. ambición *desmedida* 途方もない野望.

des·me·dir·se [des.me.ðír.se; ðes.-] 1 再 常軌を逸する, 羽目を外す. ~ en las críticas 酷評をする.

des·me·dra·do, da [des.me.ðrá.ðo, -.ða; ðes.-] 形 悪化した, 衰えた, やつれた.

des·me·drar [des.me.ðrár; ðes.-] 自 1 悪化する, 低下する; 落ちぶれる. 2 衰弱する, 消耗する. **―** 他 悪化させる, 損ねる. **― ~·se** 再 《まれ》悪化する; 落ち目になる; 衰弱する.

des·me·dro [des.mé.ðro; ðes.-] 男 衰弱, 消耗, 凋落(ﾁｮｳﾗｸ).

des·me·jo·ra [des.me.xó.ra; ðes.-] 女 → desmejoramiento.

des·me·jo·ra·mien·to [des.me.xo.ra.mjén.to; ðes.-] 男 1 衰弱, 消耗; 凋落(ﾁｮｳﾗｸ). 2 悪化, 質の低下.

des·me·jo·rar [des.me.xo.rár; ðes.-] 他 損なう, だめにする. **― ~(·se)** 自 再 1 健康を害する, 衰え

る. **2** 悪化する, 劣化する.

des·me·lan·co·li·zar [des.me.laŋ.ko.li.θár; đes.- / -.sár] 97 他 元気づける.
— ~·se 再 安心する；元気になる.

des·me·lar [des.me.lár; đes.-] 8 他 〈ミツバチの巣箱から〉蜜(ミツ)を抜き取る.

des·me·le·na·do, da [des.me.le.ná.đo, -.đa; đes.-] 形 髪を振り乱した；狂乱した.

des·me·le·na·mien·to [des.me.le.na.mjén.to; đes.-] 男 ばか騒ぎ, 羽目を外すこと, 大胆(になること).

des·me·le·nar [des.me.le.nár; đes.-] 他 髪を乱れさせる. **— ~·se** 再 **1** 髪を振り乱す. **2**《話》羽目を外す, 自制心を失う. **3**《話》大変な努力をする, 骨を折る. **4** のぼせる, 逆上する；大騒ぎする.

des·me·le·ne [des.me.lé.ne; đes.-] 男 → desmelenamiento.

des·mem·bra·ción [des.mem.bra.θjón; đes.- / -.sjón] 女 **1** 分裂, 解体. ～ del estado 国家の分裂. **2** (手足の) 切断.

des·mem·bra·mien·to [des.mem.bra.mjén.to; đes.-] 男 → desmembración.

des·mem·brar [des.mem.brár; đes.-] 8 他 **1** 解体する, 分裂させる. ～ un imperio 帝国を解体させる. **2** 手足を切断する［もぎ取る］. león *desmembrado*〘紋〙体がばらばらになったライオン.
— ~·se 再 〈組織などが〉解体する, 解散する.

des·me·mo·ria [des.me.mó.rja; đes.-] 女 失念, 忘却, 物忘れ.

des·me·mo·ria·do, da [des.me.mo.rjá.đo, -.đa; đes.-] 形 **1** 忘れっぽい, 忘れやすい (＝olvidadizo). ser ～ 忘れっぽい人［恩知らず］である.
2 記憶を失った；〘法〙心神喪失の, 心神耗弱(こうじゃく)の.
— 男 女 **1** 忘れっぽい人. **2** 記憶を失った人；〘法〙心神喪失者, 心神耗弱者.

des·me·mo·riar·se [des.me.mo.rjár.se; đes.-] 82 再 記憶を失う；忘れっぽくなる.

des·men·guar [des.meŋ.gwár; đes.-] 86 他 少なくする, 小さくする.

des·men·ti·da [des.men.tí.đa; đes.-] 女 否定；反論, 反証. dar una ～ a... …を否定する.

des·men·ti·do [des.men.tí.đo; đes.-] 男 → desmentida.

des·men·ti·dor, do·ra [des.men.ti.đór, -.đó.ra; đes.-] 形 偽りであることを示す, 否定する.

*__des·men·tir__ [des.men.tír; đes.-] 27 他 **1 否定［否認］する**, 反論する. El ministro *desmintió* el rumor. 大臣はそのうわさを否定した. ～ a＋人〈人〉に反論する. **2** 〈評判・期待などを〉裏切る；〈身分・資格に〉反する. Este vino *desmiente* su marca. このワインは銘柄のわりには味がまずい. **3** 隠す, ごまかす.
— 自 (位置などが) 合わない, ずれている.
— ~·se 再 矛盾する；前言を翻す.

des·me·nu·za·ble [des.me.nu.θá.ƀle; đes.- / -.sá.-] 形 もろい, 崩れやすい.

des·me·nu·za·dor, do·ra [des.me.nu.θa.đór, -.đó.ra; đes.- / -.sa.-] 形 細かく砕く［切り刻む］ための.

des·me·nu·za·mien·to [des.me.nu.θa.mjén.to; đes.- / -.sa.-] 男 **1** 細かく砕くこと, 崩すこと. **2** 細かく調べること, 精査.

des·me·nu·zar [des.me.nu.θár; đes.- / -.sár] 97 他 **1** 〈パンなどを〉小さくちぎる；〈肉を〉細かく切り刻む, 小片にする. **2** 細かく調べる, 精査する.
— ~·se 再 細かく砕ける.

des·me·o·llar [des.me.o.ʝár; đes.- ‖ -.ʎár] 他 〈骨から〉髄を抜く.

des·me·re·ce·dor, do·ra [des.me.re.θe.đór, -.đó.ra; đes.- / -.se.-] 形 ふさわしくない, 値しない.

des·me·re·cer [des.me.re.θér; đes.- / -.sér] 34 他 …の資格がない, …に値しない.
— 自 **1**《**de...** / **al lado de...** …と比べて》劣る, 見劣りがする. El cuadro *desmerece de* [*al lado de*] los otros de la exposición. その絵は展覧中の他の絵と比べて見劣りがする.
2 質が落ちる, 価値が下がる. Esta tela no *desmerece* al lavarla. この生地は洗濯しても大丈夫だ.

des·me·re·ci·mien·to [des.me.re.θi.mjén.to; đes.- / -.si.-] 男 欠点, 短所；見劣り；悪化.

des·me·su·ra [des.me.sú.ra; đes.-] 女 **1** 過度, 行き過ぎ. **2** 慎みのなさ, 厚かましさ.

des·me·su·ra·da·men·te [des.me.su.rá.đa.mén.te; đes.-] 副 異常に；過度に, 極端に. ojos ～ grandes とてつもなく大きな目.

des·me·su·ra·do, da [des.me.su.rá.đo, -.đa; đes.-] 形 **1** (程度・大きさなどが) 並外れた. ambición *desmesurada* 桁外(けたはず)れの野望. **2** 横柄な, ずうずうしい. actitud *desmesurada* 尊大な態度.

des·me·su·rar [des.me.su.rár; đes.-] 他 **1** 誇張する；大げさに考える (＝exagerar). **2** 乱す.
— ~·se 再 **1** 度を越す；過度に増える. **2** 節度を失う, 慎みを忘れる.

desmient- 活 → desmentir.

des·mi·ga·jar [des.mi.ga.xár; đes.-] 他 粉々に砕く. **— ~·se** 再 粉々に砕ける.

des·mi·gar [des.mi.gár; đes.-] 103 他 → desmigajar.

des·mi·li·ta·ri·za·ción [des.mi.li.ta.ri.θa.θjón; đes.- / -.sa.sjón] 女 武装解除；非軍事化.

des·mi·li·ta·ri·zar [des.mi.li.ta.ri.θár; đes.- / -.sár] 97 他 武装解除する, 非武装化する；非軍事化する.

des·mi·ne·ra·li·za·ción [des.mi.ne.ra.li.θa.θjón; đes.- / -.sa.sjón] 女〘医〙鉱物質消失, 無機分減少：ミネラル分が欠乏すること.

des·mi·ne·ra·li·zar [des.mi.ne.ra.li.θár; đes.- / -.sár] 97 他〘医〙…から無機分を消失させる.
— ~·se 再〘医〙〈骨などの〉ミネラル分が不足［消失］する.

desmint- 活 → desmentir.

des·mi·rria·do, da [des.mi.r̄já.đo, -.đa; đes.-] 形《話》やせこけた.

des·mi·ti·fi·ca·ción [des.mi.ti.fi.ka.θjón; đes.- / -.sjón] 女 脱神話［神秘］化, 理想視［化］しないこと.

des·mi·ti·fi·car [des.mi.ti.fi.kár; đes.-] 102 他 理想［神話, 神秘］化しない.

des·mo·cha [des.mó.tʃa; đes.-] / **des·mo·cha·du·ra** [des.mo.tʃa.đú.ra; đes.-] 女 → desmoche.

des·mo·char [des.mo.tʃár; đes.-] 他 **1** 先端を切り落とす, 上部を切り取る. **2** 〈作品の〉一部を削除する. La censura *desmochó* algunas escenas. 検閲でいくつかのシーンがカットされた. **3** 中途半端に済ます, おざなりにする；ざっと触れる.

des·mo·che [des.mó.tʃe; đes.-] 男 **1** (先端などの) 切り落とし. **2** (作品の) 部分的削除. **3** 不完全［中途半端］なこと.

des·mo·cho [des.mó.tʃo; đes.-] 男 切り取られた部

D

desmogar

分[枝, 動物の角];(映画などの)カットされた部分.

des·mo·gar [des.mo.gár; ðes.-] 103 国 (動物の)角が生え代わる.

des·mo·la·do, da [des.mo.lá.ðo, -.ða; ðes.-] 形 白歯(ばっ)の抜けた.

des·mo·ler [des.mo.lér; ðes.-] 22 他 **1** すり減らす. **2** 腐らせる. **3** 消化する.

des·mo·ne·ti·za·ción [des.mo.ne.ti.θa.θjón; ðes.- / -.sa.sjón] 囡 通貨の廃止, (貨幣の)流通停止.

des·mo·ne·ti·zar [des.mo.ne.ti.θár; ðes.- / -.sár] 97 他 **1** (通貨を)廃止する, 流通停止する. **2** 《ラ米》(チリ)(アルゼン)(ウルグ)…の平価を切り下げる.

des·mon·ta·ble [des.mon.tá.ble; ðes.-] 形 取り外せる, 分解できる; 組み立て式の. armario 〜 組み立て式のロッカー[洋服だんす].

des·mon·ta·je [des.mon.tá.xe; ðes.-] 男 **1** 取り外し; 解体, 分解. **2** (銃の)撃鉄を下ろすこと, 安全装置をかけること.

des·mon·tar [des.mon.tár; ðes.-] 他 **1** 取り外す; 分解する, 解体する. 〜 una rueda タイヤを外す. 〜 un andamio 足場を外す. 〜 un motor エンジン[モーター]を分解する. **2** (建物などを)壊す, 取り除く. **3** 伐採する, 切り開く; 整地する. **4** (銃に)安全装置をかける, (銃の)撃鉄を下ろす. **5** 反論する.
— 国 《de...》《馬・乗り物》から》降りる.
— 〜·se 再 **1** 《de...》《馬・乗り物》から》降りる. 〜se de la moto オートバイから降りる. **2** ばらばらになる.

des·mon·te [des.món.te; ðes.-] 男 **1** 山林の伐採. **2** 整地. **3** (主に複数で)整地した場所, 開拓地. **4** 《ラ米》(メキシコ)(チリ)(コロンビア)廃石, くず鉱. **5** 解体, 分解; 取り壊し. **6** (法律・規則の)削除, 変更.

des·mo·ñar [des.mo.ñár; ðes.-] 他 《話》束ねた髪[髷(まげ)]をほどく.
— 〜·se 再 束ねた髪[髷]がほどける.

des·mo·ra·li·za·ción [des.mo.ra.li.θa.θjón; ðes.- / -.sa.sjón] 囡 **1** 風紀[道徳]の乱れ. **2** 意気消沈.

des·mo·ra·li·za·dor, do·ra [des.mo.ra.li.θa.ðór, -.ðó.ra; ðes.- / -.sa.-] 形 **1** 風紀を乱し, 退廃的な. **2** 士気を喪失させるような.

des·mo·ra·li·zan·te [des.mo.ra.li.θán.te; ðes.-/-.sán.-] 形 **1** 風紀を乱し, 退廃的な. **2** 士気を阻喪させるような.

des·mo·ra·li·zar [des.mo.ra.li.θár; ðes.- / -.sár] 97 他 **1** 士気をそぐ, 意気消沈させる. **2** 風紀[風俗]を乱す, 退廃させる. — 〜·se 再 **1** 士気をなくす, 意気消沈する. **2** 風俗が乱れる.

des·mo·re·cer·se [des.mo.re.θér.se; ðes.- / -.sér.-] 34 再 **1** 思い焦がれる. **2** (笑いすぎて)息苦しくなる; (泣いて)しゃくり上げる.

des·mo·ro·na·di·zo, za [des.mo.ro.na.ðí.θo, -.θa; ðes.- / -.so, -.sa] 形 崩れやすい, 壊れやすい. un puesto 〜 危うい地位.

des·mo·ro·na·mien·to [des.mo.ro.na.mjén.to; ðes.-] 男 **1** 崩壊; 風化, 浸食. 〜 de un muro 壁の風化[浸食]. 〜 de un régimen 体制崩壊. **2** 落胆, 落ち込み; スランプ.

des·mo·ro·nar [des.mo.ro.nár; ðes.-] 他 崩壊させる; 浸食する. El viento y la lluvia *desmoronaron* el muro. 風と雨のために壁が崩れ落ちた.
— 〜·se 再 崩壊する, (勢力・希望などが)もろくも崩れる. Su fe en los hombres *se desmoronaba*. 彼[彼女]の人間に対する信頼感は崩れていった.

des·mos·tar·se [des.mos.tár.se; ðes.-] 再 (ブドウが)果汁を失う.

des·mo·ta·de·ra [des.mo.ta.ðé.ra; ðes.-] 囡 《機》繰り綿機.

des·mo·ta·dor, do·ra [des.mo.ta.ðór, -.ðó.ra; ðes.-] 男 囡 繰り綿工;(毛織物などの)節取り職人.

des·mo·tar [des.mo.tár; ðes.-] 他 (毛織物などの)節を取り除く;(綿を)繰り綿機にかける.

des·mo·ti·va·ción [des.mo.ti.βa.θjón; ðes.- / -.sjón] 囡 無関心, 無気力, モチベーションをなくすこと.

des·mo·ti·var [des.mo.ti.βár; ðes.-] 他 気力を奪う, モチベーションを下げる.
— 〜·se 再 やる気をなくし, めげる, くじける.

des·mo·vi·li·za·ción [des.mo.βi.li.θa.θjón; ðes.- / -.sa.sjón] 囡 《軍》(部隊の)動員解除, 解散;除隊, 復員.

des·mo·vi·li·zar [des.mo.βi.li.θár; ðes.- / -.sár] 97 他 《軍》〈部隊などの〉動員を解く, 解散する;〈兵隊を〉除隊[復員]させる. El gobierno mandó 〜 el ejército. 政府は軍隊の動員解除を命じた.

des·mu·llir [des.mu.jír; ðes.-‖ -.ʎír] 72 他 (いす・マットなどの詰め物を)固くする, 弾力を失わせる.
— 〜·se 再 (詰め物の)弾力がなくなる.

des·mul·ti·pli·ca·ción [des.mul.ti.pli.ka.θjón; ðes.- / -.sjón] 囡 《機》(被駆動部の)減速, ギアダウン.

des·mul·ti·pli·ca·dor [des.mul.ti.pli.ka.ðór; ðes.-] 形 《機》減速の. engranaje 〜 減速ギア.

des·mul·ti·pli·car [des.mul.ti.pli.kár; ðes.-] 102 他 《機》〈被駆動部の〉回転速度を落とす, 減速する.

des·na·cio·na·li·za·ción [des.na.θjo.na.li.θa.θjón; ðes.- / -.sjo.-.sa.sjón] 囡 民営[非国営]化. 〜 de la red de ferrocarriles 鉄道(網)の民営化.

des·na·cio·na·li·zar [des.na.θjo.na.li.θár; ðes.- / -.sjo.-.sár] 97 他 民営[非国営]化する.

des·na·ri·ga·do, da [des.na.ri.gá.ðo, -.ða; ðes.- / -.sa.-] 形 鼻の欠けた[潰(つぶ)れた];鼻ぺちゃの.

des·na·ri·gar [des.na.ri.gár; ðes.-] 103 他 鼻を削(そ)ぐ;(殴って)鼻をつぶす.

des·na·ta·do, da [des.na.tá.ðo, -.ða; ðes.-] 形 〈牛乳が〉クリームを取り除いた. leche *desnatada* スキムミルク.

des·na·ta·do·ra [des.na.ta.ðó.ra; ðes.-] 囡 (乳製品の)クリーム分離器.

des·na·tar [des.na.tár; ðes.-] 他 〈乳製品から〉クリームを分離する. leche sin 〜 全乳.

des·na·tu·ra·li·za·ción [des.na.tu.ra.li.θa.θjón; ðes.- / -.sa.sjón] 囡 **1** 国籍喪失[剝奪(はくだつ)]. **2** 変質, 変性. **3** 《化》(アルコールなどの)変性.

des·na·tu·ra·li·za·do, da [des.na.tu.ra.li.θá.ðo, -.ða; ðes.- / -.sá.-] 形 **1** (家族としての)愛情に欠ける, 無慈悲な. padre 〜 むごい父親. **2** 変質した, 変性した. alcohol 〜 《化》変性アルコール.

des·na·tu·ra·li·zar [des.na.tu.ra.li.θár; ðes.- / -.sár] 97 他 **1** 国籍を剝奪(はくだつ)する. **2** 本来の性質を変える, 変質させる. Esa educación tan rígida *ha desnaturalizado* el carácter espontáneo de este niño. 厳格な教育がこの子ののびのびした性格をゆがめてしまった. **3** 《化》〈アルコールなどを〉変性させる.
— 〜·se 再 **1** 国籍を捨てる. **2** 変質する.

des·ne·gar [des.ne.gár; ðes.-] 9 他 《まれ》反論する,(人の)言説に反することを言う.
— 〜·se 再 前言を翻す.

des·ner·var [des.ner.βár; ðes.-] 他 → enervar.

des·ni·co·ti·ni·zar [des.ni.ko.ti.ni.θár; ðes.- / -.sár] [97] 他 〈タバコから〉ニコチンの含有量を減らす.

des·ni·trar [des.ni.trár; ðes.-] 他 〖化〗窒素［硝酸塩］を除く.

des·ni·tri·fi·ca·ción [des.ni.tri.fi.ka.θjón; ðes.- / -.sjón] 女 〖化〗脱窒, 脱硝.

des·ni·tri·fi·car [des.ni.tri.fi.kár; ðes.-] [102] 他 〖化〗脱窒する, 脱硝する.

*****des·ni·vel** [des.ni.bél; ðes.-] 男 **1** 凸凹, 高低差；(土地の)起伏. Hay un ~ entre estos puntos. これらの地点間には高低差がある. paso a ~ 立体交差. **2** 格差, ギャップ；不均衡. ~ cultural entre las regiones 地域による文化の格差.

des·ni·ve·la·ción [des.ni.be.la.θjón; ðes.- / -.sjón] 女 **1** 高低差がつくこと, 起伏があること. **2** 不均衡.

des·ni·ve·la·do, da [des.ni.be.lá.ðo, -.ða; ðes.-] 形 **1** 起伏のある, 高低差［段差］のある. terreno ~ 起伏のある土地. **2** 不均衡な, アンバランスの；格差のある.

des·ni·ve·lar [des.ni.be.lár; ðes.-] 他 **1** 起伏をつける, 高低差［段差］をつける. ~ un campo 畑に段差を設ける. **2** 不均衡にする, 格差を付ける.
— **~·se** 再 **1** 平らでなくなる, 段差ができる.
2 均衡が破れる, アンバランスになる；格差ができる.

des·nor·tar·se [des.nor.tár.se; ðes.-] 再 迷う, 方角がわからなくなる.

des·nu·car [des.nu.kár; ðes.-] [102] 他 〈人の〉首の骨を折る, 首の関節を外す；首に一撃を与えて殺す.
— **~·se** 再 首の骨が折れる, 首の関節が外れる；首への一撃で死ぬ.

des·nu·cle·a·ri·za·ción [des.nu.kle.a.ri.θa.θjón; ðes.- / -.sa.sjón] 女 核施設［兵器］の撤廃［全廃, 縮小］.

des·nu·cle·a·ri·zar [des.nu.kle.a.ri.θár; ðes.- / -.sár] [97] 他 核施設［兵器］を撤廃［全廃, 縮小］する.

des·nu·da [des.nú.ða; ðes.-] 形 → desnudo.

des·nu·da·mien·to [des.nu.ða.mjén.to; ðes.-] 男 露出, むき出し.

*****des·nu·dar** [des.nu.ðár; ðes.-] 他 **1** 裸にする, 衣服を脱がす. La madre *desnudó* al bebé para bañarlo. お風呂に入れるために母親は赤ん坊を裸にした.
2 金品［財産］を巻き上げる, はぎ取る, 丸裸にする. Lo han *desnudado* en la partida. 彼はゲームで有り金を全てもっていかれた.
3 《de...》〈飾り・覆いなど〉を》(すっかり)取り去る. El viento *desnudó* los árboles *de* sus hojas. 風で木の葉がすっかりなくなった.
4 〈気持ち・感情を〉さらけ出す, あらわにする. *Desnudé* mi corazón [mis sentimientos] sin quererlo. 私はいつの間にか気持ち［感情］をさらけ出していた.
5 〈刀を〉さやから抜く.
— **~·se** 再 **1** 裸になる, 衣服を脱ぐ. ~*se* de cintura arriba 上半身裸になる. **2** 《de...》…を》なくす, 失う. ~*se de* prejuicios 偏見を捨てる. **3** 〈気持ち・感情を〉さらけ出す, あらわにする. Ella *se desnudó* ante mí. 彼女は私の前で気持ちをさらけ出していた.
[← 〚ラ〛 *dēnūdāre* (*nūdus*「裸の」より派生)；関連] desnudo. 〚英〛 *nude*. 〚日〛ヌード]

des·nu·dez [des.nu.ðéθ; ðes.- / -.ðés] 女〘複 desnudeces〙裸(の状態), 裸体；赤裸々, むき出し；飾りのなさ.

des·nu·dis·mo [des.nu.ðís.mo; ðes.-] 男 《まれ》裸体主義, ヌーディズム (= nudismo).

des·nu·dis·ta [des.nu.ðís.ta; ðes.-] 形 裸体主義(者)の (= nudista).
— 男 女 裸体主義者, ヌーディスト.

*****des·nu·do, da** [des.nú.ðo, -.ða; ðes.-] 形 **1** 《多くは名詞＋》《estar＋》裸の, 裸体の. ~ de la cintura para arriba 上半身裸の. El hombre nace ~. 人は裸で生まれる.
2 《＋名詞／名詞＋》《estar＋》むき出しの, 丸裸の；(飾り・覆いが)ない. una pared *desnuda* 何の飾りもない壁. Este árbol *está* ~. この木には葉がない. **3** 《estar＋》《de...》》(…が)ない, (…を)持っていない. ~ *de* méritos 利点のない. ~ *de* violencia 暴力に訴えない. **4** 《estar＋》一文なしの, 貧乏の；《de...》〈財産など〉を》持っていない. Después de la guerra mis abuelos se quedaron ~s *de* propiedades. 戦争中, 私の祖父母は財産をなくした. **5** ありのままの, 赤裸々な. la verdad *desnuda* 赤裸々な真実.
— 男 〖美〗**裸体画**, 裸体像, ヌード写真. pintar un ~ 裸体画を描く.
al desnudo 裸で[の]；ありのままに[の], むき出しで[の]. el hecho *al* ~ むき出しの事実.

des·nu·tri·ción [des.nu.tri.θjón; ðes.- / -.sjón] 女 栄養不良, 栄養失調.

des·nu·tri·do, da [des.nu.trí.ðo, -.ða; ðes.-] 形 栄養不良の, 栄養失調の；やせこけた.

des·nu·trir·se [des.nu.trír.se; ðes.-] 再 栄養不良[栄養失調]になる.

de·so [dé.so; ðé.-] 男 《ラ米》《話》(漠然と)もの, こと.

des·o·be·de·cer [de.so.be.ðe.θér; ðe.- / -.sér] [34] 他 背く, 逆らう；違反する. ~ a SUS padres 両親の言うことを聞かない. ~ la orden 命令［指示］に背く.

desobedezc- 図 → desobedecer.

des·o·be·dien·cia [de.so.be.ðjén.θja; ðe.- / -.sja] 女 不服従；反則, 違反. ~ a los superiores 上官への不服従.

des·o·be·dien·te [de.so.be.ðjén.te; ðe.-] 形 反抗的な, 手に負えない；違反する.
— 男 女 反抗的[不従順]な人, 違反者.

des·o·bli·ga·do, da [de.so.bli.gá.ðo, -.ða; ðe.-] 形 《ラ米》《話》無責任な.

des·o·bli·gar [de.so.bli.gár; ðe.-] [103] 他 《古語》**1** 義務から解放する, 自由にする. **2** 不快にさせる, 感情を害する.

des·obs·truc·ción [de.soβs.truk.θjón; ðe.- / -.sjón] 女 障害(物)の除去；(パイプなどの)詰まりを取ること.

des·obs·truir [de.soβs.trwír; ðe.-] [48] 他 障害物を取り除く；(パイプなどの)詰まりを取る.

des·o·cu·pa·ción [de.so.ku.pa.θjón; ðe.- / -.sjón] 女 **1** (家などの)明け渡し, 立ち退き. **2** 暇, 余暇. **3** 《ラ米》失業(状態).

des·o·cu·pa·do, da [de.so.ku.pá.ðo, -.ða; ðe.-] 形 《estar＋》**1** 〈時間・人が〉暇な；余暇の, ぶらぶらしている. **2** 失業［失職］した. **3** 空席の, 空室の；空いた. alquilar un piso ~ 空いているマンションを賃貸する.
— 男 女 暇な人；失業者.

des·o·cu·par [de.so.ku.pár; ðe.-] 他 **1** 空ける, 立ち退く；〖軍〗撤退する. ~ una casa 家を引き払う.

desodorante

2 〈障害物を〉排除する; 〈容器などを〉空にする. **3** 《ラ米》(*ᄆ)(ᄎᄒ)解雇する, 首にする.
— 自 **1** 《話》大便をする. **2** 《ラ米》出産する.
— **~·se** 再 **1** 空になる; 空室[空席, 空位]になる. *Se ha desocupado el piso vecino*. 隣のマンションが空いた. **2** 暇になる; 自由になる, 解放される. **3** 《ラ米》(ᄏ)(ᄅᄑ)(ᄌᄑ)出産する.

des·o·do·ran·te [de.so.đo.rán.te; đe.-] 形 脱臭[消臭]効果のある. — 男 脱臭剤, デオドラント, におい消し; 制汗剤.

des·o·do·ri·za·ción [de.so.đo.ri.θa.θjón; đe.- / -.sa.sjón] 女 脱臭, 除臭.

des·o·do·ri·zar [de.so.đo.ri.θár; đe.- / -sár] 他 脱臭する, 悪臭を除去する.

des·o·ír [de.so.ír; đe.-] 50 他 無視する, 〈忠告などを〉聞かない. *Desoí los consejos de mi padre*. 私は父の忠告に耳を貸さなかった.

des·o·jar [de.so.xár; đe.-] 他 〈針などの〉穴を壊す.
— **~·se** 再 **1** 視力を弱める, 目を痛める. **2** 目を皿のようにする, 目を凝らす.

de·so·la·ción [de.so.la.θjón; đe.- / -.sjón] 女 **1** 悲嘆, 嘆き. **2** 荒廃, 壊滅. **3** 人気(ᄒᄃ)のないこと, 孤独.

de·so·la·do, da [de.so.lá.đo, -.đa; đe.-] 形 **1** 荒涼とした, 人気(ᄒᄃ)のない; 荒廃した. *campos ~s* 荒涼とした野原. **2** 嘆き悲しむ, 悲嘆に暮れた.

de·so·la·dor, do·ra [de.so.la.đór, -.đó.ra; đe.-] 形 **1** 荒廃させる, 壊滅的な; 過酷な. **2** 悲惨な, 見るも無残な. *un espectáculo ~* 悲惨な光景.

de·so·lar [de.so.lár; đe.-] 15 他 **1** 嘆かせる, 悲嘆にさせる. **2** 荒廃させる, 壊滅させる.
— **~·se** 再 (**por...** を) 嘆く, 悼む, 悲嘆に暮れる.

de·sol·dar [de.sol.đár; đe.-] 15 他 はんだ付け[溶接]をはぐ, 〈はんだ付けしたもの〉溶接したものを離す.

des·o·lla·de·ro [de.so.ja.đe.ro; đe.- ǁ -.ʎa.-] 男 (畜殺場の)皮はぎ場.

des·o·lla·do, da [de.so.já.đo, -.đa; đe.- ǁ -.ʎá.-] 形 《まれ》厚かましい, 恥知らずな.

des·o·lla·dor, do·ra [de.so.ja.đór, -.đó.ra; đe.- ǁ -.ʎa.-] 形 **1** 皮をはぐ; 法外な金額をとる, むしり取る. — 男 **1** 酷評者, 毒舌家. **2** 強奪者. **3** (畜殺場の)皮はぎ職人. — 男 《鳥》モズ.

de·so·lla·du·ra [de.so.ja.đú.ra; đe.- ǁ -.ʎa.-] 女 **1** 《医》擦過傷, すり傷. **2** (獣の)皮はぎ.

de·so·llar [de.so.jár; đe.- ǁ -.ʎár] 15 他 **1** 〈獣の〉皮をはぐ. *~ un conejo* ウサギの皮をはぐ. **2** 《話》酷評する, こき下ろす. **3** 《話》金品を巻き上げる; 損害を与える. **4** ひどい目に遭わせる.
— **~·se** 再 すり傷を負う.

desollar a+人 vivo 〈人〉から法外な金額を巻き上げる; 〈人〉を手厳しくやっつける. ▶ *vivo* は a+人に性数一致.

desollarla / desollar el lobo / desollar la zorra 眠って酔いを覚ます, 酔いつぶれて眠る.

[←《古スペイン》*desfollar* ←《俗ラ》*exfollare; 〔ラ〕*follis*「革袋」(イベリア半島方言では「皮」)より派生]

des·o·llón [de.so.jón; đe.- ǁ -.ʎón] 男 《話》《派生な》すり傷, すりむけ.

des·o·pi·lar [de.so.pi.lár; đe.-] 他 《医》通じをつける; 通経させる. — **~·se** 再 通じがつく; 通経する.

des·o·pi·la·ti·vo, va [de.so.pi.la.tí.bo, -.ba; đe.-] 形 《医》便通の; 通経の. — 男 下剤; 通経剤.

des·o·pi·nar [de.so.pi.nár; đe.-] 他 〈人の〉信用[評判]を落とす, 侮辱する.

des·or·bi·ta·ción [de.sor.bi.ta.θjón; đe.- / -.sjón] 女 (人工衛星などの)軌道からの除去[回収].

des·or·bi·ta·do, da [de.sor.bi.tá.đo, -.đa; đe.-] 形 **1** 途方もない, 常軌を逸した. *precios ~s* 法外な値段. **2** 大げさな, 誇張した. **3** 〈目が〉飛び出た.

des·or·bi·tar [de.sor.bi.tár; đe.-] 他 **1** 軌道を外させる, 常識の範囲を越えさせる. **2** 誇張する, 大げさに言う. *un periódico que desorbita los hechos* 事実を誇張する新聞. — **~·se** 再 **1** 常軌を逸する, 極端に走る. **2** 〈衛星が〉軌道を外れる.

des·or·den [de.sór.đen; đe.-] 男 [複 *desórdenes*] **1** 無秩序, 混乱; 乱雑, 雑然 (↔*orden*). *trabajar con ~ a su alrededor* 雑然とした状況で働く. *Reinaba gran ~ en la administración*. 経営は全くでたらめだった.

2 《主に複数で》騒動, 不穏 (な状態). *desórdenes estudiantiles* 学生紛争.

3 《医》《主に複数で》(体の)不調, 異常. *Demasiado alcohol puede ocasionar desórdenes en el estómago*. アルコール過多は胃を悪くするもとだ.

4 《主に複数で》不摂生, 無茶; 不品行, 不節制.
en desorden 散らかった, 乱れた, 無秩序な. *La habitación está en ~*. 部屋は散らかり放題だ.

des·or·de·na·ción [de.sor.đe.na.θjón; đe.- / -.sjón] 女 → *desorden*.

des·or·de·na·da·men·te [de.sor.đe.ná.đa. mén.te; đe.-] 副 無秩序に, めちゃくちゃに. *Huyeron ~*. 彼らは蜘蛛(ᄒᄃ)の子を散らしたように逃げた.

des·or·de·na·do, da [de.sor.đe.ná.đo, -.đa; đe.-] 形 **1** (*estar* +) 無秩序な; 散らかった, 雑然とした. *cabellos ~s* くしゃくしゃの髪. **2** (*ser* +) だらしのない; 自制心のない; ふしだらな. *vida desordenada* めちゃくちゃな生活.

des·or·de·na·mien·to [de.sor.đe.na.mjén.to; đe.-] 男 無秩序, 混乱 (= *desorden*).

des·or·de·nar [de.sor.đe.nár; đe.-] 他 乱す, 乱雑にする. *~ un cajón* 引き出しをかき回す.
— **~·se** 再 **1** 散らかる, 乱雑になる. *Los papeles se desordenaron*. 書類がばらばらになってしまった. **2** 混乱に陥る, 無秩序[無規律]になる; ゆきすぎる.

des·o·re·ja·do, da [de.so.re.xá.đo, -.đa; đe.-] 形 **1** 卑しい, 堕落した, 身を持ち崩した. **2** (容器の)耳[取っ手]が欠けた; 取っ手のない. **3** 《闘牛》(闘牛士への賞として)〈牛の〉耳を切り取られた. **4** 《ラ米》《話》(1) (*ᄃ*)ばかな, 愚かな. (2) (*ᄆᄌ*)歌が下手な, 音痴の; 音感のない. (3) (*ᄏᄅ*)乱費する. (4) (*ᄃᄅ*)厚かましい.

des·o·re·jar [de.so.re.xár; đe.-] 他 **1** 《まれ》耳を切り取る. **2** 《ラ米》(*ᄏᄅ*)(*ᄎᄒ*)〈容器の〉耳[取っ手]を壊す.

des·or·ga·ni·za·ción [de.sor.ga.ni.θa.θjón; đe.- / -.sa.sjón] 女 (組織などの)解体, 分裂; 混乱, 無秩序.

des·or·ga·ni·za·da·men·te [de.sor.ga.ni.θá. đa.mén.te; đe.- / -.sá.-] 副 無秩序に, ばらばらに.

des·or·ga·ni·za·dor, do·ra [de.sor.ga.ni.θa. đór, -.đó.ra; đe.- / -.sa.-] 形 組織[秩序]を破壊する.
— 男 女 組織[秩序]の破壊者.

des·or·ga·ni·zar [de.sor.ga.ni.θár; đe.- / -sár] 他 〈組織・秩序を〉乱す, 混乱させる; 解体する. *~ una fábrica* 工場を混乱に陥れる.
— **~·se** 再 〈組織・秩序などが〉乱れる, 混乱する.

des·o·rien·ta·ción [de.so.rjen.ta.θjón; đe.- / -.sjón] 女 **1** 方向を見失う[見誤る]こと; 道に迷うこと. **2** 混乱, 混迷. *~ política* 政治の混乱.

des·o·rien·ta·do, da [de.so.rjen.tá.ðo, -.ða; ðe.-] 形 **1** 方向を見失った；道に迷った. Andaba ～ en sus estudios. 彼は研究の方向を探しあぐねていた. **2** 混乱した、まごついた.

des·o·rien·ta·dor, do·ra [de.so.rjen.ta.ðór, -.ðó.ra; ðe.-] 形 **1** 違った［間違った］方向に導く；道［方角］を迷わせる. **2** 混乱させる、惑わせる.

des·o·rien·tar [de.so.rjen.tár; ðe.-] 他 **1** 誤った方向に導く；道［方角］を誤らせる. El letrero me *desorientó*. 標識のおかげで迷ってしまった. **2** まごつかせる、混乱させる. ― **～·se** 再 **1** 方向を見失う、道に迷う. **2** 混乱する、戸惑う.

des·o·ri·llar [de.so.ri.jár; ðe.- ‖ -.ʎár] 他《布・紙の》縁［へり，耳］を裁つ.

des·or·na·men·ta·do, da [de.sor.na.men.tá.ðo, -.ða; ðe.-] 形 飾りのない.

des·or·ti·jar [de.sor.ti.xár; ðe.-] 他 《農》《芽を出した植物・植え替えた植物に》初めて鍬(ﾅ)を入れる.

des·o·sar [de.so.sár; ðe.-] 21 他《鶏・魚などの》骨を抜く《果物の》種を取る（＝deshuesar）.

des·o·var [de.so.bár; ðe.-] 自《昆虫・魚・両生類が》産卵する.

des·o·ve [de.só.be; ðe.-] 男《昆虫・魚・両生類の》産卵；産卵期.

des·o·vi·llar [de.so.bi.jár; ðe.- ‖ -.ʎár] 他 **1**《毛糸などの》もつれを解く. **2** 解明する、解く. **3**《古語》励ます、元気づける.

des·o·xi·da·ción [de.sok.si.ða.θjón; ðe.- / -.sjón] 女 **1**《化》脱酸、(酸化物の)還元. **2** さび落とし.

des·o·xi·dan·te [de.sok.si.ðán.te; ðe.-] 形 《化》脱酸する、(酸化物を)還元する. ― 男 還元剤；さび落とし.

des·o·xi·dar [de.sok.si.ðár; ðe.-] 他 **1**《化》酸素を除く、(酸化物を)還元する. **2** さびを取る. **3**《忘れかけたことなどを》再び始める、復習する. Tengo que ～ mi inglés, porque hace cuatro años que no lo hablo. もう4年も話していないので私は英語をやり直さなければならない. ― **～·se** 再 還元する、酸素を失う.

des·o·xi·ge·na·ción [de.sok.si.xe.na.θjón; ðe.- / -.sjón] 女 《化》脱酸(素)、(酸化物の)還元.

des·o·xi·ge·nar [de.sok.si.xe.nár; ðe.-] 他 《化》《空気・水から》酸素を分離する、遊離酸素を除く.

des·o·xi·rri·bo·nu·clei·co, ca [de.sok.si.ri.bo.nu.kléi.ko, -.ka; ðe.-] 形《生化》デオキシリボ核酸の. ácido ～《略 ADN》デオキシリボ核酸, DNA.

des·pa·bi·la·de·ras [des.pa.ßi.la.ðé.ras; ðes.-] 女《複数形》ろうそく［ランプ］の芯(ﾋ)切りばさみ.

des·pa·bi·la·do, da [des.pa.ßi.lá.ðo, -.ða; ðes.-] 形 **1** (**estar**＋) すっかり目を覚ました. **2** (**ser**＋) 頭の働きの利く、賢い；抜けめのない. un niño muy ～ 利発な子.

des·pa·bi·la·dor [des.pa.ßi.la.ðór; ðes.-] 男 **1**《昔の劇場の》ろうそく［ランプ］の芯(ﾋ)切り係. **2** ろうそくの芯切りばさみ.

des·pa·bi·lar [des.pa.ßi.lár; ðes.-] 他 **1**《ろうそく・ランプなどの》芯(ﾋ)を切る. **2**《話》目覚めさせる、眠気を覚まさせる. ～ los ojos 油断なく見張る. **3**《話》賢くする、分別をつけさせる；鋭くする. Hay que ～ a ese alumno. その生徒をもっと鍛えねばならない. **4**《話》《食べ物を》平らげる、《金銭などを》浪費する、使い果たす. ～ una fortuna 財産を使い果たす. *Despabiló* dos raciones de calamares fritos. 彼［彼女］はイカのリング揚げを2人分平らげた.

5《話》急いで終わらせる. ～ el trabajo 仕事をさっさと済ます. **6**《話》盗む. **7**《話》殺す. ― **～·se** 再 **1** すっかり目を覚ます、しゃんとする；《主に命令形で》急ぐ. ¡*Despabílate* que nos tenemos que ir! 起きろ［さっさとして］、出かけるんだから. **2**《ラ米》(ｾﾘﾐ)(ﾁﾘ)(ｸﾞｧﾃ)(ﾒｷ)《話》立ち去る、消える、消えうせる.

des·pa·cha·de·ras [des.pa.tʃa.ðé.ras; ðes.-] 女《複数形》《スペイン》**1**《話》つっけんどん、無愛想；厚かましさ、ずうずうしさ. **2** 臨機応変の才、機知. tener buenas ～ 有能である.

des·pa·cha·do, da [des.pa.tʃá.ðo, -.ða; ðes.-] 形 **1** ずうずうしい、厚かましい. **2** 有能な、てきぱきした.

des·pa·cha·dor, do·ra [des.pa.tʃa.ðór, -.ðó.ra; ðes.-] 形《まれ》てきぱきした、まめな. ― 男《ラ米》(ﾒｷ)鉱石を積み込むための鉱山労働者.

des·pa·chan·te [des.pa.tʃán.te; ðes.-] 男《ラ米》(ｱﾙ)店員；通関代行業者（＝ ～ de aduana）.

*des·pa·char [des.pa.tʃár; ðes.-] 他 **1** 処理する、片づける；解決する. ～ la correspondencia 手紙を処理する. ～ los asuntos 問題に対処する. **2**《話》《仕事・食事などを》素早く片づける、さっさと済ます. ～ una botella de vino ワインを1本空にする. El orador *despachó* su conferencia en media hora. 講演者は30分で話を済ませた. **3** 売る；《客に》応対する. ～ localidades 入場券を売る. Me *despachó* este dependiente. この店員が私に応対してくれた. **4** 送る、出荷する；派遣する. Lo *despacharemos* a fines de abril. 4月下旬に発送します. ～ un recadero 使いの者を差し向ける. **5**《話》解雇する；追い払う. *Despachó* a la secretaria. 彼［彼女］は秘書を解雇した. **6**《話》殺す.
― 自 **1** 営業する、仕事をする；取引する〈店員が〉応対する. No *despachamos* los días de fiesta. 祝祭日は営業いたしません. El director *despachará* mañana. 社長は明日出社します.
2 急ぐ；さっさと済ます.
― **～·se** 再 **1**《まれ》《de...》《…から》自由になる；《…を》処理する、処分する. **2** 率直に話す. ～se a su (su) gusto con＋人〈人〉と存分に話す.
[←[プロバンス] *despachar*「取り除く」←[古仏] *despeechier*「障害を取り除く、自由にする」(〔仏〕*dépêcher*「急派する」)]

des·pa·che·ro, ra [des.pa.tʃé.ro, -.ra; ðes.-] 男女《ラ米》(ﾁﾘ)食料品店［よろず屋］の店主.

des·pa·cho [des.pa.tʃo; ðes.-] 男 **1 事務室, 執務室；研究室；書斎. Estaré en mi ～ entre las nueve y las doce. 私は9時から12時まで部屋［オフィス］にいます.
2《集合的》(事務所・仕事場・書斎などの) 備品、家具一式. Aquí se vende un ～ de segunda mano. ここでは事務所用の中古備品を売っている.
3 売り場、店；販売. un ～ de billetes [localidades] 切符［チケット］売り場. Los lunes no hay ～ de pan. 月曜日はパンの販売は行っていない. En esta calle hay un ～ de vino. この通りには酒屋がある. **4**《主に外交上の》公文書、公牒(ﾎﾟﾇ). enviar [recibir] un ～ 公文書を送る［受け取る］. **5**《電信・電報などの》通知、連絡. un ～ de última hora 最新の報告. **6**《仕事などの》処理、解決；業務. tener buen ～ 仕事がよくできる. **7**《ラ米》(**1**)(ﾁﾘ)よろず屋、食料品店. (**2**)(ﾒｷ)《鉱》切り羽、切り場.

des·pa·chu·rra·mien·to [des.pa.tʃu.ra.mjén.to; ðes.-] 男 つぶす［つぶれる］こと、めちゃくちゃにする

despachurrar

こと.

des.pa.chu.rrar [des.pa.tʃu.r̄ár; ðes.-] 他 《話》**1** つぶす, 破裂させる. **2** 〈自分がしている〉話を)もつれさせる, めちゃくちゃにする. **3** やり込める, 返答に窮させる. ― **~.se** 再 つぶれる.

des.pa.chu.rro [des.pa.tʃú.r̄o; ðes.-] 男 → despachurramiento.

des.pa.cio [des.pá.θjo; ðes.- / -.sjo] 副 **1 ゆっくり(と); 落ち着いて. Hable usted más ~. もう少しゆっくり話してください. D~. 《標識》徐行. Vísteme ~, que tengo prisa. 《諺》急がば回れ, せいては事をし損じる.

[類語] 緩慢さを表す語句には, 「スピードがゆっくり」の *a poca velocidad*, 「落ち着いて」の *con tranquilidad*, 「急がずに」の *sin prisa*, 「少しずつ, 徐々に」の *poco a poco*, *paulatinamente* などがあるが, これらの意味を併せ持つのが *despacio*. 同義の *lentamente* は動作の遅さ・鈍さに主眼がある.

2 静かに. entrar ~. そっと入る. **3** しだいに, 徐々に. subir el volumen ~. ボリュームを徐々に上げる. **4**《ラ米》穏やかに, 小声で.
― 形《ラ米》《主に複数で》《話》緩慢, 悠長さ. Andaban con ~s. 彼らはだらだらと歩いていた.
― 間投 落ち着いて, ゆっくり.
[de + espacio 「空間；時間, 余裕」]

des.pa.cio.sa.men.te [des.pa.θjó.sa.mén.te; ðes.- / -.sjó.-] 副 ゆっくり(と).

des.pa.cio.so, sa [des.pa.θjó.so, -.sa; ðes.- / -.sjó.-] 形 《まれ》ゆっくりした, 緩慢な.

*des.pa.ci.to [des.pa.θí.to; ðes.- / -.sí.-] 副 《話》ゆっくり(と); 静かに, そっと. [despacio + 縮小辞]

des.pa.gar [des.pa.gár; ðes.-] 103 自 《ラ米》《話》雑草を取り除く, 除草する.

des.pa.jar [des.pa.xár; ðes.-] 他 〈穀物の〉もみ殻をより分ける, 吹き分ける；…から鉱石をふるい分ける.

des.pal.dar [des.pal.dár; ðes.-] 他 背中[肩]を傷める.

des.pal.di.llar [des.pal.di.ʝár; ðes.- ‖ -.ʎár] 他 〈動物の〉肩の骨を折る[脱臼(ゼッキュゥ)させる].

des.pa.li.llar [des.pa.li.ʝár; ðes.- ‖ -.ʎár] 他 **1** 〈タバコの〉茎[軸]を取り除く；〈ブドウの粒の〉軸[花柄]を取る. **2**《ラ米》《う中》《俗》殺す, 殺害する.

des.pal.mar [des.pal.már; ðes.-] 他 **1** 船底の付着物を取り除いてタールなどを塗る. **2**《獣医》〈馬の(足の)〉ひづめを削る. **3**《農》芝を引き抜く. **4**(木工で)面取りをする.

des.pa.lo.ma.do, da [des.pa.ló.ma.ðo, -.ða; ðes.-] 形 《ラ米》《話》(1)(ラブ)ぼんやりしている；没頭している. (2)(ゴスフ)忘れっぽい；元気のない, 衰えた.

des.pam.pa.na.du.ra [des.pam.pa.na.ðú.ra; ðes.-] 女 《ブドウの》徒長枝の剪定(セッティ).

des.pam.pa.nan.te [des.pam.pa.nán.te; ðes.-] 形 《話》すばらしい, すごく美しい.

des.pam.pa.nar [des.pam.pa.nár; ðes.-] 他 **1** 〈ブドウの〉徒長枝を剪定(セッティ)する. **2** 《話》びっくりさせる, 圧倒する. ― 自 《話》言いたい放題を言う.
― **~.se** 再 《話》ひどい打撲傷を負う.

des.pam.pa.ni.llar [des.pam.pa.ni.ʝár; ðes.- ‖ -.ʎár] 他 → despampanar 1.

des.pam.plo.nar [des.pam.plo.nár; ðes.-] 他 《農》〈ブドウなどの〉新芽を摘む, 間引く.
― **~.se** 再 手を捻挫(ネンザ)する, 手首を脱臼(ダッキュゥ)する.

des.pan.car [des.paŋ.kár; ðes.-] 102 他 《ラ米》(グウ)

〈トウモロコシの〉皮をむく.

des.pan.chu.rrar [des.pan.tʃu.r̄ár; ðes.-] / **des.pan.ci.jar** [des.pan.θi.xár; ðes.- / -.si.-] 他 → despanzurrar.

des.pan.zu.rrar [des.pan.θu.r̄ár; ðes.- / -.su.-] 他 《話》**1** 腹を引き裂く. **2** つぶす, 破裂させる.
― **~.se** 再 **1** 腹が裂ける. **2** つぶれる, 破裂する.

des.pa.par [des.pa.pár; ðes.-] 他 自 《馬が》首を立てすぎる. ― 他 〈馬の〉首を立てすぎる.

des.pa.pa.ye [des.pa.pá.je; ðes.-] 男 《ラ米》(メキ)《話》騒ぎ, 混乱.

des.pa.pu.cho [des.pa.pú.tʃo; ðes.-] 男 《ラ米》(ゴス)《話》でたらめ；ばかげたこと.

des.pa.ra.si.tar [des.pa.ra.si.tár; ðes.-] 他 寄生虫を駆除する.

des.pa.re.cer [des.pa.re.θér; ðes.- / -.sér] 34 自 消える, 見えなくなる. ― 他 見えなくする, 隠す.
― **~.se** 再 **1** 消える. **2** 《古語》区別できる.

des.pa.re.ja.do, da [des.pa.re.xá.ðo, -.ða; ðes.-] 形 対をなさない, 不ぞろいの；(ダンスなどで)相手のいない. un zapato ~ 片方だけの靴.

des.pa.re.jar [des.pa.re.xár; ðes.-] 他 不ぞろいにする, 片方だけにする. ― **~.se** 再 片方だけになる.

des.pa.re.jo, ja [des.pa.ré.xo, -.xa; ðes.-] 形 対をなさない, 不ぞろいの. 手袋が左右ばらばらだ. Los dos guantes son ~s.

des.par.pa.ja.do, da [des.par.pa.xá.ðo, -.ða; ðes.-] 形 《話》機転の利く；のびのびした, 屈託のない；遠慮のない.

des.par.pa.jar [des.par.pa.xár; ðes.-] 他 **1** 台無しにする, めちゃめちゃにする. **2** 《ラ米》(1)(プェ)(ゴス)まき散らす, ばらまく. (2)(メキ)無駄遣いする. (3)(アデ)侮辱的な言葉を浴びせる, ぶしつけなことを言う.
― 自 《ラ米》(ゴス)(チリ)(メキ)眠気を振り払う, 目を覚ます. ― **~.se** 再 **1** 夢中になってしゃべる, しゃべりくる. **2** 《ラ米》(チリ)(ゴス)(メキ)眠気を振り払う, 目を覚ます.

des.par.pa.jo [des.par.pá.xo; ðes.-] 男 **1** 闊達(カッタッ)さ, (言葉の)淀みのなさ；のびのびした様子；無遠慮.
2 《ラ米》(プェ)(メキ)(コス)《話》混乱, 騒ぎ.

des.pa.rra.ma.do, da [des.pa.r̄a.má.ðo, -.ða; ðes.-] 形 **1** ばらまかれた, 散らばった；無秩序に拡大した. **2** (液体が)こぼれた.

des.pa.rra.ma.mien.to [des.pa.r̄a.ma.mjén.to; ðes.-] 男 **1** ばらまくこと, まき散らすこと；分散, 拡散. **2** (液体を)こぼすこと. **3** (ニュースなどの)広まり, 流布.

des.pa.rra.mar [des.pa.r̄a.már; ðes.-] 他 **1** ばらまく, まき散らす. ~ flores en [por] el suelo 床に花をまき散らす.
2 (液体を)こぼす. *Desparramó* la leche por la mesa. 彼[彼女]はミルクをテーブルの上にこぼした.
3 《まれ》〈関心・注意を〉分散させる. ~ la atención 関心を広げすぎる. **4** 《まれ》浪費する, 乱費する. **5** 《ラ米》(プェ)(メキ)〈ニュースなどを〉広める, 〈うわさを〉まき散らす, 流布させる. La radio *desparramaba* las noticias. ラジオからニュースが流れていた.
― **~.se** 再 **1** 散らばる, 拡散する. **2** 〈液体が〉こぼれる. **3** 《話》愉快に過ごす, 羽目を外す.

des.pa.rra.me [des.pa.r̄á.me; ðes.-] 男 《話》**1** → desparramamiento. **2** 羽目を外すこと.

des.pa.rra.mo [des.pa.r̄á.mo; ðes.-] 男 《ラ米》(1)(チリ)(コス)(プェ)ふりまく[まき散らす・こぼす]こと. (2)《話》(プェ)(アデ)混乱, 無秩序.

des·pa·rran·car·se [des.pa.r̄aŋ.kár.se; ðes.-] 再 足を大きく広げる.

des·pa·rrin·gar·se [des.pa.r̄iŋ.gár.se; ðes.-] 再《ラ米》《竹》無駄遣いする.

des·par·ti·mien·to [des.par.ti.mjén.to; ðes.-] 男 **1** 分離, 分割. **2** 仲裁.

des·par·tir [des.par.tír; ðes.-] 他 **1** 分ける, 分割する. **2** 〈けんかの当事者を〉引き分ける, 仲直りさせる.

des·par·var [des.par.báɾ; ðes.-] 他 【農】〈地面に広げた穀物を〉寄せ集める.

des·pa·sar [des.pa.sáɾ; ðes.-] 他 〈ひも・糸を〉引き抜く;【海】〈ロープを〉滑車から引き抜く. — ~·se 再 〈糸・ひもが〉抜ける.

des·pa·ta·rra·da [des.pa.ta.r̄á.ða; ðes.-] 囡《話》(踊りで) 両足を一直線に床に広げる演技.

des·pa·ta·rrar [des.pa.ta.r̄ár; ðes.-] 他《話》**1** 股(訳)[足]を広げさせる. **2** びっくり仰天させる. dejar a+人 *despatarrado* 〈人〉をびっくり仰天させる, 立ちすくませる. — ~·se 再《話》**1** 股を広げる, 足を大きく開く;大の字に倒れる. **2** びっくり仰天する.

des·pa·ta·rro [des.pa.tá.r̄o; ðes.-] 男《ラ米》(ｸﾞｱﾃ)《話》自暴自落.

des·pa·ti·lla·do [des.pa.ti.já.ðo; ðes.- ‖ -.ʎá.-] 男【木工】ほぞ.

des·pa·ti·llar [des.pa.ti.jáɾ; ðes.- ‖ -.ʎáɾ] **1** …にほぞを付ける. **2** 〈人の〉もみ上げをそり落とす. **3** 《ラ米》(ﾁ)摘芽する. — 自《ラ米》(ｺｽﾀ)逃げ出する, 遁走(ｻﾞｳ)する. — ~·se 再 **1** (自分の) もみ上げをそり落とす. **2** 《ラ米》(ｸﾞｱ)股(ﾓﾓ)を開く.

des·pa·triar [des.pa.tɾjár; ðes.-] 他《ラ米》(ｴｸﾄﾞ)(ﾒｷｺ)(ﾍﾞｽ)国外へ追放する.

des·pa·tu·rrar [des.pa.tu.r̄ár; ðes.-] 他《ラ米》(1) (ｴｸﾄﾞ)(ﾒｷ)(ﾁ)(ﾊﾟﾅﾏ)(ｺﾛﾝﾋﾞｱ)➡ despatarrar. (2) (ﾍﾞｽ)➡ despachurrar. — ~·se 再《ラ米》(ｴｸﾄﾞ)(ﾒｷ)(ﾁ)(ｺﾛﾝﾋﾞｱ)➡ despatarrarse.

des·pa·ve·sa·de·ras [des.pa.be.sa.ðé.ɾas; ðes.-] 囡《複数形》ろうそく[ランプ]の芯(し)切り (ばさみ).

des·pa·ve·sar [des.pa.be.sáɾ; ðes.-] 他 **1** 〈ろうそくの〉芯(し)を切る, 〈灯芯を〉切る (=despabilar). **2** 〈炭火の〉灰を吹いて落とす.

des·pa·vo·nar [des.pa.bo.náɾ; ðes.-] 他 【技】〈鉄・鋼鉄から〉さび止め塗料を取り除く.

des·pa·vo·ri·da·men·te [des.pa.bo.ɾí.ða.mén.te; ðes.-] 副 おびえて.

des·pa·vo·ri·do, da [des.pa.bo.ɾí.ðo, -.ða; ðes.-] 形 ひどく恐れた, 恐れおののいた.

des·pa·vo·rir·se [des.pa.bo.ɾíɾ.se; ðes.-] 80 再 (恐怖に) 震え上がる, ひどく恐れる, おびえる.

des·pe·a·do, da [des.pe.á.ðo, -.ða; ðes.-] 形 (歩きすぎで) 足を痛めた, 靴ずれを起こした;ひづめを痛めた.

des·pe·ar·se [des.pe.áɾ.se; ðes.-] 再 (歩きすぎで) 足を痛める, 靴ずれを起こす;ひづめを痛める.

des·pe·cha·do, da [des.pe.tʃá.ðo, -.ða; ðes.-] 形 (**con**...) 〈…を〉恨んだ, 〈…に〉怒った.

des·pe·char[1] [des.pe.tʃáɾ; ðes.-] 他 《まれ》いらだたせる, 怒らせる. — ~·se 再《まれ》**1** 腹を立てる, 怒る, いらだつ. **2** 絶望する, やけになる.

des·pe·char[2] [des.pe.tʃáɾ; ðes.-] 他《話》乳離れさせる.

des·pe·cho[1] [des.pe.pé.tʃo; ðes.-] 男 **1** 恨み;憤り. por ~ 腹いせに. **2** 落胆, やけっぱち. *a despecho de*... …の反対をおして.

a despecho SUYO 不本意ながら, 意志に反して.

des·pe·cho[2] [des.pe.pé.tʃo; ðes.-] 男《話》乳離れ.

des·pe·chu·ga·do, da [des.pe.tʃu.gá.ðo, -.ða; ðes.-] 形 胸をはだけた.

des·pe·chu·gar [des.pe.tʃu.gáɾ; ðes.-] 103 〈(鳥の) 胸肉を切り取る. — ~·se 再《話》胸をはだける;首[胸]のボタンを外す.

des·pec·ti·va·men·te [des.pek.tí.ba.mén.te; ðes.-] 副 さげすんで, 軽蔑して, 見下して.

des·pec·ti·vo, va [des.pek.tí.bo, -.ba; ðes.-] 形 **1** 軽蔑的な, さげすんだ. hablar con tono ~ 軽蔑したような口調で話す. **2** 【文法】軽蔑を示す. sentido ~ 軽蔑的意味. — 男 【文法】軽蔑語. ~ casa に対する casucha など.

des·pe·da·za·mien·to [des.pe.ða.θa.mjén.to; ðes.- / -.sa.-] 男 引き裂く[引きちぎる]こと, 粉砕;ずたずた[粉々]になること.

des·pe·da·zar [des.pe.ða.θáɾ; ðes.- / -.sáɾ] 97 他 **1** ずたずたにする, 細かく引き裂く[裂く];粉々に割る[砕く]. El león *despedazaba* su presa. ライオンは獲物を食いちぎっていた. ➡ romper 類語. **2** 〈心・名誉などを〉打ち砕く. **3** こきおろす. — ~·se 再 ずたずたになる, 粉々に砕ける[壊れる]. *Se despedazó* el vaso al caerse al suelo. コップが床に落ちて砕け散った.

‡**des·pe·di·da** [des.pe.ðí.ða; ðes.-] 囡 **1** 別れ, 別離;別れの言葉, (手紙などの) 結語. saludo de ~ 別れのあいさつ. **2** 送別会. ~ de soltero 結婚直前の男たちのパーティー. ~ de fin de curso 終業式のパーティー. **3** 【IT】ログオフ, ログアウト.

‡**des·pe·dir** [des.pe.ðíɾ; ðes.-] 1 他 **1** 〈人を〉見送る. La *despedí* con la incierta promesa de volvernos a encontrar. 私は再会を漠然と約束して彼女を見送った.
2 〈人を〉解雇する, 追い出す;〈人との〉話を切り上げる. ¿Por qué te *han despedido*? どうして君は解雇されたのですか.
3 (熱・光・においなどを) 放つ, 放出する;噴出する. ~ brillo 輝く. Su mirada *despedía* destellos de orgullo. 彼[彼女]の目は誇らしげに輝いていた.
— ~·se 再 **1** (**de**+人) 〈(人) と〉別れる,《(人) に》別れを告げる;《複数主語で》別れる. Se han ido sin ~*se*. 彼らは別れも告げずに行ってしまった. **2** (**de**...)《(職・ポストなど) を》辞する;《(…) を》あきらめる. ~*se del* ascenso 昇進をあきらめる.
[←[古スペイン]*espedirse*「いとまを請う, 出発の許可を求める」←[ラ]*expetere*「求める」(*petere*「求める」より派生);[関連] despedida, despido]

des·pe·drar [des.pe.ðɾáɾ; ðes.-] 8 他 ➡ despedregar.

des·pe·dre·gar [des.pe.ðɾe.gáɾ; ðes.-] 103 〈地面の〉石を取り除く.

des·pe·ga·do, da [des.pe.gá.ðo, -.ða; ðes.-] 形 **1** はがれた, はぎ取った. un sello ~ はがした切手. **2** 冷淡な, 無愛想な. ser ~ con+人〈人〉に冷淡である.

des·pe·ga·du·ra [des.pe.ga.ðú.ɾa; ðes.-] 囡 **1** 剝離(はくり), はがれる[はがす]こと. **2** 冷淡, そっけなさ.

‡**des·pe·gar** [des.pe.gáɾ; ðes.-] 103 他 **1** はがす, はぎ取る. ~ un sobre sin romper ~ la etiqueta de una botella 瓶のラベルをはがす. **2** 〈縫いつけたものなどを〉ほどく;外す. ~ una manga del vestido 洋服のそでを取り去る. **3** 《ラ米》(ﾒｷ)(ｸﾞｱ)〈馬を〉馬車から外す, 〈牛を〉軛(ｸﾋﾞｷ)から放

す.

— 自 **1** 【航空】**離陸する**;〈ロケットが〉発射する. El avión para Tokio *despega* en seguida. 東京行きの便は間もなく離陸をする. **2** 調子が上がる, 順調に進む. Su negocio va muy bien, parece que *ha despegado*. 彼[彼女]の事業はうまく行っている. どうやら順調のようだ.

— ~·se 再 **1** はがれる, めくれる, 外れる. Este esparadrapo *se despega* fácilmente. このばんそうこうはすぐはがれてしまう. **2** 《**de...**》〈…から〉離れる;〈…に〉執着しなくなる, 捨てる; 独立する. ~*se de* sus padres 親元を離れる. ~*se del* mundo 世を捨てる.

des·pe·go [des.pé.go; ðes.-] 男 **1** 分離, 離別; 疎遠. **2** 冷淡, 冷たさ. **3** 無関心, 超然.

des·pe·gue [des.pé.ge; ðes.-] 男 **1** 【航空】離陸;〈ロケットの〉発射. pista de ~ 滑走路. **2** 急成長[発展]の始まり,（活動などの）着手; 【経】テイクオフ.

despegue(-) / despegué(-) 活 → despegar.

des·pei·na·do, da [des.pei.ná.ðo, -.ða; ðes.-] 形〈髪が〉ぼさぼさの.

des·pei·nar [des.pei.nár; ðes.-] 他〈人の〉髪[髪形]を乱す. El viento me *despeinó*. 風で髪がくしゃくしゃになってしまった.

— ~·se 再 髪が乱れる, 髪形が崩れる.

***des·pe·ja·do, da** [des.pe.xá.ðo, -.ða; ðes.-] 形 **1** 《estar+》〈空が〉**晴れた**, 雲のない. un día muy ~ 快晴の日. **2** 広い, 遮るもののない. un campo ~ 広々とした野原. La habitación ya está *despejada*. 部屋はもうすっきりとかたづいている. la frente *despejada* 広い額. **3** 頭のさえた, さえた; きびきびとした. la mente *despejada* 明晰（ﾒﾑﾋ）な頭脳. **4** 《estar+》目がさえた, 眠気のない.

***des·pe·jar** [des.pe.xár; ðes.-] 他 **1** 邪魔なものを取り除く, 片づける, 立ち退かせる. La policía *despejó* el local [la calle]. 警察はその場所を立入禁止[通りを通行禁止]にした. ~ el terreno《比喩的》準備する.

2 〈場所を〉**立ち去る**, 立ち退く. El público *despejó* la sala de reunión. 人々は集会所から引き上げた.

3《**de...** …を》〈場所から〉取り除く, 排除する. ~ la calle *de* escombros 通りの瓦礫（ｶﾞﾚｷ）を片づける. **4** 目覚めさせる;〈頭を〉はっきりさせる, しゃんとさせる;〈疲れ・酔いを〉とる. Un café cargado me *ha despejado*. 濃いコーヒーを飲んで頭がすっきりした. **5** 〈問題・疑問などを〉解明する, はっきりさせる; 解決する. ~ las dificultades 難問を解決する. **6** 【スポ】〈ボールを〉クリアする. ~ el balón. ゴールキーパーはボールをクリアした. **7**【数】解を求める. ~ la incógnita 未知数を求める.

— 自 **1** 立ち去る. ¡*Despejen*! そこをどいてください. **2** 【スポ】〈ボールを〉クリアする.

— ~·se 再 **1** 〈天気・空が〉**晴れる**. El cielo empezó a ~*se*. 空が晴れ始めた. **2** 眠気を払う, 頭がすっきりする, 気持ちが引き締まる; 気分を一新する. dar un paseo para ~*se* 気分転換のために散歩に出る. **3**〈疑問・なぞが〉解明される, 明らかになる.

[← [ポルトガル] *despejar*「空にする,（邪魔物を）取り除く」(*peia*「家畜の足をくくるひも」より派生) [関連] despejo]

des·pe·je [des.pé.xe; ðes.-] 男 【スポ】クリア, ボールの進行を遮ること, 自陣から遠ざけること. evitar el gol con un ~ de puños（キーパーが）パンチングでゴールを阻む.

des·pe·jo [des.pé.xo; ðes.-] 男 **1** 排除, 除去. **2** 明敏, はつらつ; 屈託のなさ. **3** 闘牛開始前に競技に関係のない人々を闘技場から退去させること.

des·pe·lle·ja·du·ra [des.pe.je.xa.ðú.ra; ðes.- ‖ -.ʎe.-] 女 **1** 皮をはぐこと. **2** すり傷. **3**（皮革製品の表面がはがれてできた）傷.

des·pe·lle·jar [des.pe.je.xár; ðes.- ‖ -.ʎe.-] 他 **1**〈動物の〉皮をはぐ. ~ un conejo ウサギの皮をはぐ. **2** こき下ろす, 酷評する, 悪ふざけ. **3** 破産させる, 一文無しにする. — ~·se 再 すりむく; 革（製品）が傷む.

des·pe·lo·ta·do, da [des.pe.lo.tá.ðo, -.ða; ðes.-] 形 《スペイン》《話》丸裸の, 素っ裸の.

des·pe·lo·tar·se [des.pe.lo.tár.se; ðes.-] 再 **1**《スペイン》《話》丸裸になる, 素っ裸になる. **2**《話》大笑いする;（ざっくばらんに）打ち解ける. **3**《ラ米》（ﾁﾘ）混乱する.

des·pe·lo·te [des.pe.ló.te; ðes.-] 男 《俗》**1** どんちゃん騒ぎ,（度を越した）悪ふざけ. **2**《スペイン》全裸（になること）. **3**《ラ米》（ﾒﾑ）（ﾁﾘ）（ﾗﾌﾟ）《話》無秩序, 混乱状態.

des·pe·lu·ca·do, da [des.pe.lu.ká.ðo, -.ða; ðes.-] 形《ラ米》（ﾁﾘ）髪がぼさぼさの.

des·pe·lu·car [des.pe.lu.kár; ðes.-] 他《ラ米》《話》〈人から〉金を巻き上げる, 一文無しにする.

des·pe·lu·char [des.pe.lu.tʃár; ðes.-] 他 **1** 毛髪を抜く; ひっかいて傷つける. **2**〈人の〉髪を乱す.

— 自 毛が生えかわる.

— ~·se 再〈人の〉髪の毛［動物の毛］が抜ける;〈布地の〉表面がいたんで糸くずが落ちる.

des·pe·lu·zar [des.pe.lu.θár; ðes.- / -.sár] 97 他 **1**〈人の〉髪を乱す. **2** ぞっとさせる, 総毛立たせる. **3**《ラ米》(1)（ﾒﾑ）《話》〈人から〉金を巻き上げる, 一文無しにする. (2)〈果実などの〉繊毛を抜く.

— ~·se 再 **1** 髪が乱れる. **2** ぞっとする,（恐怖で）髪が逆立つ.

des·pe·luz·nan·te [des.pe.luθ.nán.te; ðes.- / -.lus.-] 形 ぞっとさせる, 身の毛のよだつ.

des·pe·luz·nar [des.pe.luθ.nár; ðes.- / -.lus.-] 他 → despeluzar.

des·pe·na·li·za·ción [des.pe.na.li.θa.θjón; ðes.- / -.sa.sjón] 女 合法化, 罰則の軽減, 法規制の緩和. la ~ de las drogas 麻薬の合法化.

des·pe·na·li·zar [des.pe.na.li.θár; ðes.- / -.sár] 97 他 合法化する, 罰則を軽減する, 法規制を緩和する.

des·pe·nar [des.pe.nár; ðes.-] 他 **1** 慰める.

2《話》殺す. **3**《ラ米》（ﾁﾘ）絶望させる, がっかりさせる.

des·pen·der [des.pen.dér; ðes.-] 他 浪費する, 空費する.

des·pen·do·lar·se [des.pen.do.lár.se; ðes.-] 再 《話》見境なく行動する, 羽目をはずす.

des·pen·do·le [des.pen.dó.le; ðes.-] 男《話》羽目をはずすこと, ばか騒ぎ, 収拾がつかない状態.

des·pen·sa [des.pén.sa; ðes.-] 女 **1** 食料貯蔵室, 食料置き場; 貯蔵食料, 糧食. **2**《ラ米》（ﾗﾌﾟ）貿易商.

des·pen·se·ría [des.pen.se.rí.a; ðes.-] 女 食料管理係の職.

des·pen·se·ro, ra [des.pen.sé.ro, -.ra; ðes.-] 男 女 食事係, 食料係.

des·pe·ña·da·men·te [des.pe.ɲá.ða.mén.te; ðes.-] 副 あわてて, 大急ぎで.

des·pe·ña·de·ro, ra [des.pe.ɲa.ðé.ro, -.ra;

des·pe·ña·di·zo, za [des.pe.ɲa.ðí.θo, -.θa; ðes.- / -.so, -.sa] 形 険しい, 切り立った, 転落しやすい.

des·pe·ña·mien·to [des.pe.ɲa.mjén.to; ðes.-] 男 →despeño.

des·pe·ñar [des.pe.ɲár; ðes.-] 他 突き落とす, 投げ落とす, 転落させる. ~ por un precipicio 崖から突き落とす.
── ~·se 再 1 **(por...** …を**)** 転げ落ちる; **(en...** …に**)** 身を投げる. ~se por una roca 岩場から転落する. 2 **(en...** 〈悪事・悪癖など〉に**)** 走る, 身を投じる.

des·pe·ño [des.pé.ɲo; ðes.-] 男 1 転落, 墜落; 飛び降り[飛び込み]. 2 没落, 破産. 3 《医》下痢.

des·pe·pi·tar [des.pe.pi.tár; ðes.-] 他 《まれ》〈果実から〉種を取り除く. ── ~·se 再 《まれ》 1 わめく, まくし立てる. 2 **(por...** …が**)** 好きでたまらない, 《…に》目がない; **(por + 不定詞** …し**)** たくてたまらない. Se despepita por los dulces. 彼[彼女]は甘いものには目がない. 3 笑い転げる.

des·per·cu·di·do, da [des.per.ku.ðí.ðo, -.ða; ðes.-] 形 《ラ米》《話》明敏な; 物知りの.

des·per·cu·dir [des.per.ku.ðír; ðes.-] 他 1 きれいにする, 洗う. 2 《ラ米》(ｱﾝﾃﾞｽ)(ｾﾞﾙ)(ﾁｮﾝ)《話》励ます, 元気づける.

des·per·di·cia·do, da [des.per.ði.θjá.ðo, -.ða; ðes.- / -.sjá.-] 形 1 浪費的な, 不経済な, 無駄遣いされた. 2 《ラ米》(ﾒｷｼ)ろくでなしの, 放蕩(ほう)な.

des·per·di·cia·dor, do·ra [des.per.ði.θja.ðór, -.ðó.ra; ðes.- / -.sja.-] 形 《古語》浪費する, 無駄遣いする, 無駄の多い, 不経済な.
── 男 女 《古語》浪費家, 放蕩者.

*__des·per·di·ciar__ [des.per.ði.θjár; ðes.- / -.sjár] 82 他 無駄にする; **浪費する**; 〈機会を〉見逃す. ~ el tiempo 時間を無駄にする. ~ la comida 食べ物を無駄にする. Ha desperdiciado todos mis consejos. 彼[彼女]は私の忠告をすべて無にした.

des·per·di·cio [des.per.ðí.θjo; ðes.- / -.sjo] 男 1 浪費, 無駄. ~ de tiempo 時間の空費. 2 《主に複数で》残り物, 役に立たないもの; ごみ. ~s de comida 残飯. ~s de papel 紙くず. ~s de cocina 生ごみ.
no tener desperdicio (1) 無駄がない, 捨てるところがない; すばらしい. Esta película *no tiene* ~. この映画は実にすばらしい. (2) 《軽蔑》いいところがひとつもない.

des·per·di·ga·mien·to [des.per.ði.ga.mjén.to; ðes.-] 男 1 隔離, 離散. 2 (エネルギーの)分散[拡散], (注意力・集中力などの)散漫.

des·per·di·gar [des.per.ði.gár; ðes.-] 103 他 1 四散させ, 散らばらせる. Mis hermanos andan *desperdigados* por el mundo entero. 私の兄弟たちは世界中に散らばっている. 2 〈活動・エネルギーなどを〉分散させる.
── ~·se 再 1 四散する, 散らばる, ちりぢりになる; 散漫になる. 2 《ラ米》(ﾒｷｼ)《話》道に迷う.

des·pe·re·cer·se [des.pe.re.θér.se; ðes.- / -.sér.-] 34 再 **(por...** 〈…を〉渇望する, 《…に》あこがれる.

des·pe·re·zar·se [des.pe.re.θár.se; ðes.- / -.sár.-] 97 再 伸びをする.

des·pe·re·zo [des.pe.ré.θo; ðes.- / -.so] 男 伸び(をすること).

des·per·fec·cio·nar [des.per.fek.θjo.nár; ðes.- / -.sjo.-] 他 《ラ米》(ﾒｷｼ)(ﾁﾘ)傷める, 害する, だめにする.

des·per·fec·to [des.per.fék.to; ðes.-] 男 1 (軽い)傷, 損傷. sufrir ~s 傷がつく. sin ~s なんの損傷もなく. Hay un ~ en la tela. 布地に損傷がある. 2 欠陥, 不備; 汚点. No tiene ni un ~. 彼[彼女]には欠点というものが見当たらない. 3 損害, 被害.

des·per·fi·lar [des.per.fi.lár; ðes.-] 他 1 《美》輪郭をぼやかす. 2 《軍》〈要塞(ょう)などを〉擬装する.

des·per·na·do, da [des.per.ná.ðo, -.ða; ðes.-] 形 《話》歩き疲れた; 足を痛めた. 2 (踊りで)両足を一直線に床に広げる演技.

des·per·nan·car·se [des.per.naŋ.kár.se; ðes.-] 102 再 《ラ米》脚を開く, 股(ま)を広げる; 足腰を痛める.

des·per·nar [des.per.nár; ðes.-] 8 他 〈…の〉足[脚]を切断する; 足を痛める.

des·pe·ro·lar [des.pe.ro.lár; ðes.-] 他 《話》《ラ米》(ｺﾞｽﾀﾘｶ)壊す, 台無しにする.
── ~·se 再 《話》《ラ米》(ｺﾞｽﾀﾘｶ)死ぬ.

des·pe·rrar [des.pe.r̃ár; ðes.-] 他 《スペイン》〈金をせびり取る, ねだる, せがむ; 丸裸にする.
── ~·se 再 一文無しになる, 金がなくなる.

des·pe·rrin·din·gar·se [des.pe.r̃in.diŋ.gár.se; ðes.-] 103 再 《ラ米》(ｺﾛﾝ)《話》無駄遣いする, ふんだんに使う.

des·per·so·na·li·za·ción [des.per.so.na.li.θa.θjón; ðes.- / -.sa.sjón] 女 1 個性がなくなること, 没個性化. 2 人間らしさがなくなる[ない]こと. 3 《医》離人症.

des·per·so·na·li·zar [des.per.so.na.li.θár; ðes.- / -.sár] 92 他 没個性化する, 個性を奪う; 匿名化する. ── ~·se 再 個性をなくす.

*__des·per·ta·dor, do·ra__ [des.per.ta.ðór, -.ðó.ra; ðes.-] 形 目覚ませる, 刺激する, 喚起する.
── 男 1 目覚まし時計 (= reloj ~). poner el ~ 目覚まし時計をセットする. 2 (燃料切れなどを示す)警報装置. ── 男 女 (人を)起こして歩く人.

des·per·ta·mien·to [des.per.ta.mjén.to; ðes.-] 男 目覚め, 覚醒(かくせい); 喚起.

✱✱des·per·tar [des.per.tár; ðes.-] 8 他 1 〈人を〉**目覚めさせる**, 起こす; **(de...** 〈夢・誤りなど〉から**)** 目を覚まさせる. *Despiérte*me a las siete. 7時に起こしてください. El viento lo *despertó de* su siesta. 彼は風で昼寝から目覚めた. El suceso *despertó* al país *de* su engaño. その事件は国を幻想から目覚めさせた.
2 〈記憶などを〉呼び覚ます; 〈感情・欲望・反応などを〉呼び起こす. ~ el interés 興味をかきたてる. ~ el apetito 食欲を刺激する. ~ una polémica 議論を呼ぶ. Esas fotos me *despertaron* el recuerdo de mi niñez. それらの写真を見て私は子供時代の記憶がよみがえった. (▶ me *despertaron* の代わりに *despertaron* en mí も用いられる).
── 自 1 目を覚ます; **(de...** 〈夢・誤りなど〉から**)**《**a...** 〈現実・本能など〉に**)** 目覚める. *Despierta*, que ya es tarde. もう遅いから起きなさい. El joven *despertó a* la sociedad con ese libro. 若者はその本を読んで社会に目を開いた. ▶ 時に再帰代名詞を伴う. → 再 1. 2 賢くなる.
── ~·se 再 1 目を覚ます; **(de...** 〈夢・誤りなど〉から**)** 目覚める. *Me desperté* con un ruido. 物音で私は目が覚めた. Ella *se despertó de* sus ilusiones. 彼女は幻想から我に返った. 2 《3人称》呼び覚まされる, 呼び起こされる. Con ese olor *se me despertó* el hambre. そのにおいで私は空腹を覚えた.

despesar

—男 **1** 目覚め, 覚醒(%%). Tiene (un) buen [mal] ～. 彼[彼女]は寝起きがいい[悪い]. el ～ al amor 愛に目覚めること. **2** (活動・思想などの)始まり. el ～ de la primavera 春の訪れ. el ～ de la civilización 文明の夜明け.

des·pe·sar¹ [des.pe.sár; ðes.-] 他《まれ》販売する.

des·pe·sar² [des.pe.sár; ðes.-] 男《古語》不快, 苦痛, 悲しみ.

des·pes·ta·ñar [des.pes.ta.nár; ðes.-] 他〈人の〉まつげを引き抜く. —～·se 再 **1**《話》目を皿のようにして[目を凝らして]見る. **2**《まれ》全力を注ぐ; 一生懸命に勉強する; 熟考する. **3**《ラ米》(%%)(%%)寝ずに勉強する; 夜を徹して働く.

des·pe·zar [des.pe.θár; ðes.- / -.sár] 10 他 **1**(別の管に差し込めるように)〈管の〉端を細める. **2**【建】〈アーチなどを〉ブロックに分割する.

des·pe·zo [des.pé.θo; ðes.- / -.so] 男 **1**【建】(石材の)組み積み; 石材の接合面. **2** 管の先を細めること. **3** 丸太の切れ端.

des·pe·zo·nar [des.pe.θo.nár; ðes.- / -.so.-] 他 **1** へた[葉柄, 花柄]を取る. **2** もぎ取る, 引きちぎる.

des·pe·zu·ñar·se [des.pe.θu.nár.se; ðes.- / -.su.-] 再 **1** ひづめが割れる. **2**《ラ米》(%%)(%%)(%%)急いで行く[逃げる]; (…したくて)うずうずする, 奮闘する.

des·pia·da·do, da [des.pja.ðá.ðo, -.ða; ðes.-] 形 情け容赦のない, 無慈悲な, 思いやりのない. una crítica *despiadada* しんらつな批評.

des·pi·car [des.pi.kár; ðes.-] 102 他 **1**〈人を〉なだめる, 静める. **2**《ラ米》(%%)(%%)〈鳥・特に鶏の〉くちばしを切る[折る]. —～·se 再 **1** 恨み[うっぷん]を晴らす. **2**《ラ米》(1)(%%)(%%)(特に闘鶏用の鶏が)くちばしを折る;〈くちばしが〉折れる. (2)(%%)災難に遭う.

des·pi·char [des.pi.tʃár; ðes.-] 他 **1**《古語》〈水分・湿気を〉放出する. **2**《ラ米》(%%)(%%)(%%)つぶす, ぺちゃんこにする. —自《話》死ぬ, くたばる.

despid- 活 → despedir.

des·pi·dien·te [des.pi.ðjén.te; ðes.-] 男【建】壁塗りのつり足場を壁から離しておくための丸太棒.

*__des·pi·do__ [des.pí.ðo; ðes.-] 男 **1** 解雇, 解職. dar el ～ 解雇を言い渡す. notificación previa de ～ 解雇予告. **2** 解雇手当. —活 → despedir.

des·pie·ce [des.pjé.θe; ðes.- / -.se] 男 **1** 解体, ばらばらにすること. **2** 解体図.

despiert- 活 → despertar.

*__des·pier·to, ta__ [des.pjér.to, -.ta; ðes.-] 形 **1**(+名詞/名詞+)(estar+) 目を覚ましている, 眠らずにいる; 覚醒(%%)した. Pasé la noche ～. 私は一晩中起きていた. **2**(多くは名詞+)(ser+) 頭の切れる, 明晰(%%)な; 鋭い. Es un niño muy ～. 彼は非常に利発な子供だ. —活 → despertar.
[de-「完全に」+《俗ラ》*expertus*「目覚めた」(← 〔ラ〕*experrectus*)]

des·pie·zar [des.pje.θár; ðes.- / -.sár] 97 他 解体する, ばらばらにする.

des·pie·zo [des.pjé.θo; ðes.- / -.so] 男 = despiece.

des·pi·la·rar [des.pi.la.rár; ðes.-] 他《ラ米》【鉱】〈坑道の〉枕木を取り除く.

des·pil·fa·rra·do, da [des.pil.fa.řá.ðo, -.ða; ðes.-] 形 **1** 浪費的な; 浪費家の. **2** ぼろをまとった[着た]. **3**《ラ米》(%%)希薄な, まばらな.

des·pil·fa·rra·dor, do·ra [des.pil.fa.řa.ðór, -.ðó.ra; ðes.-] 形 浪費する, 無駄遣いする. —男女 浪費家, 乱費家.

des·pil·fa·rrar [des.pil.fa.řár; ðes.-] 他 浪費する, 無駄遣いする.

des·pil·fa·rro [des.pil.fá.řo; ðes.-] 男 **1** 浪費, 乱費, 無駄遣い. **2**《古語》身なりのむさ苦しさ; ぼろ.

des·pim·po·llar [des.pim.po.ʝár; ðes.- ‖ -.ʎár] 他〈ブドウの木の〉余分な芽を摘む; 芽掻きする.

des·pi·no·char [des.pi.no.tʃár; ðes.-] 他〈トウモロコシの〉皮をむく.

des·pin·tar [des.pin.tár; ðes.-] 他 **1** 塗装をはがす, ペンキを落とす. **2** 変形させる, 歪曲(%%)する. ～ la realidad 事実を歪曲する. **3**《ラ米》(1)(%%)(%%)〈視線・目を〉そらす. Mientras hablaba, no me *despintó* los ojos. 彼[彼女]は話しているあいだ私から目をそらさなかった. (2)(%%)(他の人に)くっついている.
—自 **1**《まれ》(**de...** …に)ふさわしくない, そぐわない (▶ 主に否定形で用いられる). Éste no *despinta* de los demás. この人は他の人に比べて遜色(%%)がない. **2**《ラ米》【鉱】〈鉱石が〉変質する.
—～·se 再 塗装がはげる, 色があせる.
no despintársele (*a*+人)《話》〈人の〉記憶から消えない, 忘れない. Aquel hombre no *se me despintará* nunca. あの人のことは私の記憶から決して消え去ることはないだろう.

des·pin·te [des.pín.te; ðes.-] 男《ラ米》(%%)【鉱】質の低い鉱石.

des·pin·zar [des.pin.θár; ðes.- / -.sár] 97 他(毛織物などの仕上げ工程で)〈布地から〉節玉[ループ, ごみなど]をピンセットで除去する.

des·pin·zas [des.pín.θas; ðes.- / -.sas] 女(複数形)(毛織物の節玉などを取る)ピンセット.

des·pio·jar [des.pjo.xár; ðes.-] 他 **1** …のシラミを取る. **2**〈人を〉貧困から抜け出させる. —～·se 再(自分の体から)シラミを取る.

des·pio·je [des.pjó.xe; ðes.-] 男 **1** シラミ取り. **2** 貧乏から抜け出す[抜け出させる]こと.

des·pi·po·le [des.pi.pó.le; ðes.-] 男《ラ米》(%%)《話》騒ぎ立てること, どんちゃん騒ぎ; 混乱; もめ事.

des·pi·po·rre [des.pi.pó.ře; ðes.-] / **des·pi·po·rren** [des.pi.pó.řen; ðes.-] 男(複〜s / -pipórrenes)騒ぎ立てること, どんちゃん騒ぎ.
ser el despiporre (1) とてもおもしろい. (2) めちゃくちゃである.

des·pi·que [des.pí.ke; ðes.-] 男 恨み[うっぷん]を晴らすこと[もの].

des·pis·ta·do, da [des.pis.tá.ðo, -.ða; ðes.-] 形 **1** ぼんやりした, うっかりした. **2** 困惑した, 途方に暮れた. Estoy ～. 私はどうしたらよいかわからなくなってしまった.
—男女 ぼんやりした人, うっかり者.

des·pis·tar [des.pis.tár; ðes.-] 他 **1**〈追跡・尾行者を〉まく. ～ a la policía 警察をまく. **2** 道から外れさせる, 〈道に〉迷わせる; 惑わせる. El letrero mal puesto me *despistó*. 案内の標識が正しく立っていなかったために私は道に迷った. Lo que me dijiste me *despistó*. 君の言ったことに私は惑わされてしまった.
—～·se 再 **1** 道に迷う, 迷子になる. *Me despisté* por las callejuelas del centro. 中心街のごちゃごちゃした路地で迷ってしまった. **2** うっかりする, ぼんやりする; 間違える. *Se despistó y cogió mi cartera en vez de la suya*. 彼[彼女]はうっかりして自分のかばんの代わりに私のを持って行った. **3**《ラ米》(%%)(%%)《話》気が変になる.

des·pis·te [des.pís.te; ðes.-] 男 **1** うっかり[ぼんやり]していること. tener un 〜 ぼんやり[うっかり]する. momento de 〜 一瞬の油断. **2** 不注意, 失敗.

des·piz·car [des.piθ.kár; ðes.- / -.pis.-] 102 他 → desmenuzar.

desplace(-) 活 → desplazar.
2 → desplacer.

desplacé(-) 活 → desplazar.

des·pla·cer [des.pla.θér; ðes.- / -.sér] 34 他 不快にする, 不機嫌にさせる; 悲しませる.
── 男 不愉快, 不機嫌; 悲しみ.

des·plan·char [des.plaɲ.tʃár; ðes.-] 他 しわ(くちゃ)にする. ── 〜·se 再 しわ(くちゃ)になる.

des·plan·ta·dor, do·ra [des.plan.ta.ðór, -.ðó.ra; ðes.-] 形 根こぎにする, 根を引き抜く.
── 男 【農】移植ごて.

des·plan·tar [des.plan.tár; ðes.-] 他 **1** 【農】(株・根ごと)〈植物を〉引き抜く, 根こぎにする. 〜 tomates トマトを引き抜く. **2** 【建】垂直(鉛直)線からずらす. ── 〜·se 再 **1** 【建】鉛直線からずれる. **2** (フェンシング・ダンスで)姿勢を崩す.

des·plan·te [des.plán.te; ðes.-] 男 **1** (フェンシング・ダンスの)姿勢の悪さ, 構えの乱れ. **2** 尊大[傲慢(ごうまん)]な態度; 横柄な言葉. **3** 【闘牛】デスプランテ: 牛に背を向けて豪胆さを示す adorno の一つ.

des·pla·tar [des.pla.tár; ðes.-] 他 **1** 〈鉱物から〉銀を取り出す[抽出する]. **2** 《ラ米》《話》〈人から〉金を巻き上げる, 一文無しにする.

des·pla·te·ar [des.pla.te.ár; ðes.-] 他 **1** …から銀を除く; 銀めっきをはがす. **2** 《ラ米》《話》〈人から〉金を巻き上げる, 一文無しにする.

des·pla·ya·do [des.pla.já.ðo; ðes.-] 男 《ラ米》(1) 干潟. (2)(都会で)建造物がないところ, 空き地; (森林で)樹木のないところ.

des·pla·yar [des.pla.jár; ðes.-] 自 潮が引く, 干潟になる.

des·pla·za·do, da [des.pla.θá.ðo, -.ða; ðes.- / -.sá.-] 形 場違いな. Me encuentro 〜 aquí. 私はここでは場違いのようだ. ── 男 ⊘ 難民; 場違いな人.

*__des·pla·za·mien·to__ [des.pla.θa.mjén.to; ðes.- / -.sa.-] 男 **1** 移動, 移転; 交替, 変更(すること). 〜 del continente 大陸の移動. **2** 出かける[出向く]こと; 通勤, 通学. 〜 al trabajo 通勤. **3** 【海】排水量.

*__des·pla·zar__ [des.pla.θár; ðes.- / -.sár] 97 他 **1** 移動させる, 動かす, 移す. 〜 una mesa テーブルを移動させる. 〜 un eje tres milímetros 軸を3ミリずらす. **2** 〈人に〉取って代わる, 入れ替わる. En aquella fábrica los jóvenes *han desplazado* a las personas mayores. あの工場では若い人たちが年配者に取って代わった. **3** 【海】排水する, …の排水量を有する. El buque petrolero Globtik Tokyo *desplaza* 235.000 toneladas. 石油タンカー「グローブティク・トウキョウ」号は排水量が約23万5000トンある. ── 〜·se 再 **1** 位置を変える, 移動する. **2** 出掛ける, 出向く. 〜*se* al centro en autobús バスで都心へ出かける.

des·ple·ga·ble [des.ple.gá.ble; ðes.-] 男 (本や雑誌の)折り畳まれた綴じ込み, 折り畳み式パンフレット[広告].

des·ple·ga·du·ra [des.ple.ga.ðú.ra; ðes.-] 女 広げること, 展開.

*__des·ple·gar__ [des.ple.gár; ðes.-] 9 他 **1** 〈畳んだものを〉広げる, 開く. 〜 el mantel テーブルクロスを広げる. 〜 un mapa 地図を広げる. sin 〜 los labios 一言も言わないで. **2** 〈能力・知識などを〉発揮する; 〈感情を〉表に出す. 〜 inteligencia 学のあるところを見せる. 〜 celos 嫉妬(しっと)をあらわにする. **3** 【軍】〈部隊を〉展開させる, 配置する. **4** 解明する, 明らかにする. ── 〜·se 再 **1** 広がる, 開く. **2** 【軍】展開する, 配置につく.

desplegue (-) / desplegué(-) 活 → desplegar.

des·ple·gue·te·ar [des.ple.ge.te.ár; ðes.-] 他 〈ブドウの〉巻きひげを摘み取る.

desplieg- 活 → desplegar.

des·plie·gue [des.pljé.ge; ðes.-] 男 **1** 広げる[開く]こと, 展開. **2** (能力・知識などの)発揮; 披瀝(ひれき), 誇示. **3** 【軍】(部隊の)展開, 配置.

des·plo·mar [des.plo.már; ðes.-] 他 **1** 〈垂直線・鉛直線から〉それさせる, 傾斜させる. **2** 《ラ米》(1)《話》叱りつける, 〈人に〉かみなりを落とす. (2) はがす. ── 〜·se 再 **1** 傾く, 傾斜する. **2** 倒れる; 倒壊する, 崩壊する. La torre *se desplomó*. 塔が倒れた. **3** 卒倒する. Su madre *se desplomó* al oír la noticia. 知らせを聞いて彼[彼女]の母親は卒倒した. **4** 消滅する, 失われる; 〈効力[重要性]は〉失う.

des·plo·me [des.pló.me; ðes.-] 男 **1** 傾斜; 倒壊, 崩壊. **2** 卒倒. **3** 【建】張り出し, 突出(部).

des·plo·mo [des.pló.mo; ðes.-] 男 **1** 【建】傾き; 張り出し, 突出(部). **2** 《ラ米》《話》叱りつけ, 叱責(しっせき), 非難.

des·plu·ma·du·ra [des.plu.ma.ðú.ra; ðes.-] 女 羽毛をむしること; 羽毛の抜け替わり.

des·plu·mar [des.plu.már; ðes.-] 他 **1** 〈鳥の〉羽毛をむしる. 〜 un ganso ガチョウの羽をむしる. **2** 《話》金銭[財産]を巻き上げる, 丸裸にする. **3** 《ラ米》(1)《キ》《ラ米》〈人の〉陰口をたたく. (2)《メ》(競技で)負かす.
── 〜·se 再 羽毛が抜ける; 羽毛が生え替わる.

des·plu·me [des.plú.me; ðes.-] 男 → desplumadura.

des·po·bla·ción [des.po.bla.θjón; ðes.- / -.sjón] 女 **1** 人口の減少, 過疎(化), 住民の流出. 〜 del campo 農村の過疎化. **2** (伐採・捕獲などによる)激減, 絶滅. 〜 forestal 森林伐採. 〜 de un río 川魚の乱獲.

des·po·bla·do, da [des.po.blá.ðo, -.ða; ðes.-] 形 **1** 住民の絶えた; 過疎の. **2** 《*de*…》(…が)取り除かれた, 《以前あったものが》なくなった. 〜 *de* árboles 1本の木もない. ── 男 荒野; 廃村.

des·po·bla·mien·to [des.po.bla.mjén.to; ðes.-] 男 → despoblación.

des·po·blar [des.po.blár; ðes.-] 15 他 **1** 〈土地などの〉人口を減らす; 住民を絶やす; 荒廃させる. La peste *ha despoblado* el país. ペストで国の人口は激減した. **2** 《*de*…》〈土地などから〉なくす, 取り去る, 〈土地を〉丸裸にする. 〜 un bosque *de* árboles 森の木を残さず伐採する.
── 〜·se 再 人口が減る; 無人になる.

des·po·e·ti·zar [des.po.e.ti.θár; ðes.- / -.sár] 97 他 詩的な情緒を取り去る. 〜 la vida 生活を味気なくする.

des·po·jar [des.po.xár; ðes.-] 他 《*de*…》 **1** 《…を》〈人から〉奪う, 奪い取る. 〜 a+人 *de* sus vestidos 〈人の〉衣服をはぎ取る. 〜 a+人 *de* sus derechos 〈人の〉権利を剥奪(はくだつ)する. **2** 《…を》奪う, 取り除く, 除去する. 〜 un árbol *de* su corteza 木の皮をはぐ. ── 〜·se 再 《*de*…》 **1** 《…を》放棄する, 手放す. 〜*se de* sus bienes 財産を手

despojo

放す. **2**《〈衣類〉を》脱ぐ,裸になる;〈木が〉葉を落とす. ~*se de* su abrigo コートを脱ぐ. **3**《…から》解放される,《…を》忘れる. ~*se de* su orgullo プライドをかなり捨てる.

des.po.jo [des.pó.xo; ðes.-] 男 **1** 剝奪(ばつ), 略奪;《時に複数で》略奪品. **2**《文章語》(時や死によって)失われていくもの. La vida es ~ de la muerte. 命なんてはかなく消えるものだ. **3**《複数で》残骸(ざん), 残り物; 瓦礫(がれき);〈鳥獣の内臓·脚·頭など〉肉以外の部分. **4**《複数で》遺体,死体. ~s mortales 遺骸. **5**《複数で》[鉱] 貧鉱.

des.po.la.ri.za.ción [des.po.la.ri.θa.θjón; ðes.- / -.sa.sjón] 女 **1**[物理] 消極,復極. **2**[光] 偏光解消.

des.po.la.ri.za.dor, do.ra [des.po.la.ri.θa.ðór, -.ðó.ra; ðes.- / -.sa.-] 形 [物理] 消極する, 復極する. — 男 [物理] 減極剤, 消極剤.

des.po.la.ri.zar [des.po.la.ri.θár; ðes.- / -.sár] 97 他 **1** [物理] 消極する,復極する. **2** [光] 偏光を解消する.

des.po.li.ti.za.ción [des.po.li.ti.θa.θjón; ðes.- / -.sa.sjón] 女 **1** 政治色を弱める[消す]こと. **2** 政治離れ.

des.po.li.ti.zar [des.po.li.ti.θár; ðes.- / -.sár] 97 他 政治色を取り除く; 政治意識を失わせる. — **~.se** 再 政治色がなくなる.

des.pol.var [des.pol.βár; ðes.-] 他 **1** ちり[ほこり]を払う. **2**《休止していた事業などを》再開する. — **~.se** 再 〈体〉からちり[ほこり]を払う.

des.pol.vo.re.ar [des.pol.βo.re.ár; ðes.-] 他 **1** ちり[ほこり]を払う. **2** 排除する, 拒否する; 捨てる. **3**《ラ米》振りかける, まぶす.

des.po.pu.la.ri.za.ción [des.po.pu.la.ri.θa.θjón; ðes.- / -.sa.sjón] 女 人気が落ちること,評判が悪くなること.

des.po.pu.la.ri.zar [des.po.pu.la.ri.θár; ðes.- / -.sár] 97 他 不人気にする, 人気[評判]を落とさせる. — **~.se** 再 人気がなくなる, 評判が落ちる; 廃れる.

des.po.rron.din.gar.se [des.po.r̄on.diŋ.gár.se; ðes.-] 103 再 《ラ米》《話》**(1)**《ゆっくり》座る, くつろぐ. **(2)**《ラテンアメリカ》《ラ米》〈演説で〉長々と話をする. **(3)**《ラテンアメリカ》へばばる, ぐったりする. **(4)**《ラテンアメリカ》《中米》《エクアドル》《カリブ》大盤振る舞いする, 浪費する.

des.por.ti.lla.du.ra [des.por.ti.ja.ðú.ra; ðes.- ‖ -.ʎa.-] 女 《まれ》〈容器などの〉縁が欠けたところ;破片, かけら.

des.por.ti.lla.mien.to [des.por.ti.ja.mjén.to; ðes.- ‖ -.ʎa.-] 男 → desportilladura.

des.por.ti.llar [des.por.ti.jár; ðes.- ‖ -.ʎa.-] 他 《まれ》〈容器などの〉縁を欠く[割る]. — **~.se** 再 《まれ》〈容器の〉縁が欠ける.

des.po.sa.do, da [des.po.sá.ðo, -.ða; ðes.-] 形 (*estar*+) **1** 新婚の. **2** 手錠をかけられた (= esposado). — 男 女 **1** 新婚の人. los ~s 新婚夫婦. **2** 手錠をかけられた人.

des.po.san.do, da [des.po.sán.do, -.da; ðes.-] 男 女 結婚間近の人.

des.po.sar [des.po.sár; ðes.-] 他 [格式] 〈司祭が〉結婚させる, 結婚式を執り行う. — **~.se** 再 [格式] 《con... …と》結婚する;《まれ》婚約する. Teresa *se ha desposado con* un japonés. テレサは日本人と婚約[結婚]した.

des.po.se.er [des.po.se.ér; ðes.-] 69 他 [格式] 《de... …を》〈人〉から取り上げる, 剝奪(ばつ)する. ~ a un propietario *de* su casa 所有者に家を明け渡させる. — **~.se** 再《de... …を》手放す, 放棄する.

des.po.se.í.do, da [des.po.se.í.ðo, -.ða; ðes.-] 形 **1** 《de...》《…の》ない,《…を》剝奪(ばつ)された. **2** 貧困の. — 男 女 《主に複数で》生活困窮者, 恵まれない人. los ~s 恵まれない人々.

des.po.sei.mien.to [des.po.sei.mjén.to; ðes.-] 男 [所有権の] 剝奪(ばつ); 放棄.

des.po.so.rio [des.po.só.rjo; ðes.-] 男 《主に複数で》結婚; 結婚式; 婚約.

des.pos.tar [des.pos.tár; ðes.-] 他 《ラ米》〈動物を〉〈食用に〉解体する, 肉を切り分ける.

dés.po.ta [dés.po.ta; ðés.-] 形 [政] 専制的な. — 男 **1** [政] 専制君主, 独裁者. Nerón fue un ~ cruel. ネロは残虐な専制君主であった. ~ ilustrado 啓蒙(けいもう)専制君主. **2**《軽蔑》暴君, 横暴な人. El niño era un verdadero ~. あの子は本当にあばれん坊だった. — 男 [史] デスポテス: ビザンティン皇帝の称号の一つ.

des.pó.ti.ca.men.te [des.pó.ti.ka.mén.te; ðes.-] 副 専制的に; 傍若無人に.

des.pó.ti.co, ca [des.pó.ti.ko, -.ka; ðes.-] 形 **1**《政》専制的な, 独裁的な. un gobierno ~ 独裁政権, 専制政府. **2**《軽蔑》横暴な, 暴虐的な; ワンマンな. un marido ~ 横暴な夫.

des.po.tis.mo [des.po.tís.mo; ðes.-] 男 **1** [政] 専制政治[主義], 独裁制. el ~ ilustrado [史] 啓蒙(けいもう)専制主義. **2**《軽蔑》横暴, 暴虐.

des.po.ti.zar [des.po.ti.θár; ðes.- / -.sár] 97 他 《ラ米》《アルゼンチン》《チリ》《ウルグアイ》独裁政治[圧政]を行う, 圧制する.

des.po.tri.car [des.po.tri.kár; ðes.-] 102 自 《話》(**contra...** / **de...**)〈…の〉悪口をさんざん言う, 言いたい放題を言う;《…を》けなす.

des.po.tri.que [des.po.trí.ke; ðes.-] 男 《話》悪口, ののしり.

des.pre.cia.ble [des.pre.θjá.ble; ðes.- / -.sjá-] 形 **1** 軽蔑(べっ)に値する, 見下げはてた. Mentir es, para mí, la cosa más ~ que hay en el mundo. 私にとって, うそをつくのはこの世で一番卑しむべきことだ. **2** 取るに足りない, つまらない. un error ~ ささいなミス. una suma nada ~ ばかにできない額.

des.pre.cia.dor, do.ra [des.pre.θja.ðór, -.ðó.ra; ðes.- / -.sja.-] 形 軽蔑(べっ)に満ちた, 見下すような.

‡**des.pre.ciar** [des.pre.θjár; ðes.- / -.sjár] 82 他 **1** 軽蔑(べっ)する, 軽視する, 見下す. *Desprecia* profundamente la telenovela. 彼[彼女]はその連続テレビドラマを見下している. **2**〈申し出·贈り物·親切などを〉突き返す, 拒絶する. Ellos *despreciaron* el regalo. 彼らは贈り物を突き返した. **3** 意に介さない; 軽んじる, 無視する. ~ los peligros 危険を見くびる. — **~.se** 再 《まれ》《**de...** …を》さげすむ, ばかにする.

des.pre.cia.ti.vo, va [des.pre.θja.tí.βo, -.βa; ðes.- / -.sja.-] 形 軽蔑的な, さげすむような. un gesto ~ 人をばかにしたような仕草.

des.pre.cin.tar [des.pre.θin.tár; ðes.- / -.sin.-] 他 …の封印を解く, 〈タクシーメーターなどの〉封印用の鉛玉を外す.

‡**des.pre.cio** [des.pré.θjo; ðes.- / -.sjo] 男 **1** 軽蔑(べっ), さげすみ. hablar con ~ de... …のことを軽蔑して話す. **2** 無視, 軽視. con ~ de su propia vida 自分の命をも顧みないで. **3** 失礼な言動, 無礼. hacer a+人 un ~〈人〉に失礼な行いをする, 〈人〉をばかにする.

‡**des.pren.der** [des.pren.dér; ðes.-] 他 **1**《**de**...

…から》はがす, 外す;切り離す. ~ un sello *del sobre* 封筒から切手をはがす. **2**〈におい・ガス・火花などを〉発する,放つ. Esta flor *desprende* un aroma muy fuerte. この花は強烈な香りを放つ. **3** 《ラ米》(ラブラタ)(コリ)ボタン[ホック]を外す.

— ~**se** 再 《**de**...》 **1**《…から》はがれる,外れる,取れる. La etiqueta *se ha desprendido* de la botella. ラベルが瓶からはがれた.
2《…から》〈におい・ガス・水蒸気などが〉出る,〈火花などが〉飛び散る. *Se desprende* un olor horrible *de este tubo*. このパイプから嫌なにおいが出ている. **3**《…を》手放す, 放棄する;あきらめる. Ella tuvo que —*se de* sus hijos. 彼女は子供たちを手放さざるを得なかった. **4**《…を》免れる,《…から》自由になる,《…を》ふり払う. Él *se desprende de* lo que no le interesa. 彼は自分に興味のないことはしない. **5**《…から》導かれる;考えられる,推論できる. *De* todo esto *se desprenden* dos conclusiones. こうしたことから2つの結論が導き出される. *De aquí se desprende que*+直説法 このことから~が考えられる.

des·pren·di·ble [des.pren.dí.ble; ðes.-] 形 はがしやすい,外れやすい. — 男《ラ米》(ラブラタ)(切り取り線の入った)領収書;半券.

des·pren·di·do, da [des.pren.dí.ðo, -.ða; ðes.-] 形 気前のよい,物惜しみしない;欲のない.

des·pren·di·mien·to [des.pren.di.mjén.to; ðes.-] 男 **1** はがす[はがれる]こと, 分離. **2** 山崩れ, 落石. ~ **de tierras** 地滑り,落盤. **3**『医』剝離(はくり),脱離. ~ **de la retina** 網膜剝離. **4** 気前のよさ,物惜しみしないこと;無欲. **5**『美』キリスト降架.

des·pre·o·cu·pa·ción [des.pre.o.ku.pa.θjón; ðes.- / -.sjón] 女 **1** 安心,気楽(さ). **2** 不注意;いいかげん;無頓着(むとんちゃく). **3**(宗教的)無関心,無信仰.

des·pre·o·cu·pa·do, da [des.pre.o.ku.pá.ðo, -.ða; ðes.-] 形 **1** 無頓着(むとんちゃく)な,自分の外見や行動に気を配らない. ~ **en el vestir** 服装に無頓着な. **2** だらしない,不注意な. **3**(宗教などに)興味のない.

des·pre·o·cu·par·se [des.pre.o.ku.pár.se; ðes.-] 再 《**de**...》 **1**《…に》気にかけない,構わない;忘れる,安心する. **2**《〈子供など〉に》手をかけない,心配しない.

des·pres·ti·giar [des.pres.ti.xjár; ðes.-] 82 他〈人の〉権威を失墜させる, 評判[信用]を落とす. Su comportamiento lo *ha desprestigiado*. 彼は自分の行状が災いして評判を落とした.

— ~**se** 再 権威[名声]を失墜する,評判[信用]を落とす.

des·pres·ti·gio [des.pres.tí.xjo; ðes.-] 男 **1** 権威[評判・信用]の失墜;不評. **2** 不名誉.

des·pre·su·ri·zar [des.pre.su.ri.θár; ðes.- / -.sár] 97 他 減圧する,圧力をかける前の状態に戻す.

des·pre·ven·ción [des.pre.ben.θjón; ðes.- / -.sjón] 女 不用意;油断.

des·pre·ve·ni·da·men·te [des.pre.ße.ní.ða.mén.te; ðes.-] 副 予告なく,思いがけずに;突然に.

des·pre·ve·ni·do, da [des.pre.ße.ní.ðo, -.ða; ðes.-] 形《**estar**+》 **1** 準備のできていない,用意な. **2** 予期せぬ,突然の. **coger** [**pillar**] **a**+人 ~〈人の〉不意をつく (▶ 目的語の性・数に一致する).

des·pri·var [des.pri.ßár; ðes.-] 他《古語》寵愛(ちょうあい)を失わせる. — 自《古語》寵愛を失う.

des·pro·gra·ma·ción [des.pro.gra.ma.θjón; ðes.- / -.sjón] 女 **1** 初期設定に戻すこと,リセットすること. **2** 価値観を変えること,呪縛を解くこと.

des·pro·gra·mar [des.pro.gra.már; ðes.-] 他 **1** 初期設定に戻す,リセットする. **2** 価値観を変える,呪縛を解く. — ~**se** 再 **1** 初期設定に戻る. **2** 価値観が変わる.

des·pro·por·ción [des.pro.por.θjón; ðes.- / -.sjón] 女 不均衡,アンバランス.

des·pro·por·cio·na·do, da [des.pro.por.θjo.ná.ðo, -.ða; ðes.- / -.sjo.-] 形 不釣り合いな,不相応な;不均等な.

des·pro·por·cio·nar [des.pro.por.θjo.nár; ðes.- / -.sjo.-] 他 不釣り合いにする,均衡を破る;不均等にする.

des·pro·pó·si·to [des.pro.pó.si.to; ðes.-] 男 的外れ,見当違い. **decir muchos** ~**s** 場違いなことばかり言う. **con** ~ 見当違いにも,関係ないのに.

des·pro·tec·ción [des.pro.tek.θjón; ðes.- / -.sjón] 女 無防備,保護[防御,防犯]されていないこと;支援を受けないこと,冷遇.

des·pro·te·ger [des.pro.te.xér; ðes.-] 100 他 無防備にする,保護[防御,防犯]しない,支援を与えない. — ~**se** 再 無防備になる,孤立無援になる.

des·pro·te·gi·do, da [des.pro.te.xí.ðo, -.ða; ðes.-] 形 無防備な,保護[防御,防犯]されていない,孤立無援の.

des·pro·ve·er [des.pro.ße.ér; ðes.-] 70 他《過分》は **desprovisto, desproveído**《**de**...必須のものを》〈人から〉奪う,取り上げる.

*[*]**des·pro·vis·to, ta** [des.pro.bís.to, -.ta; ðes.-] [**desproveer**の過分]《**de**...》《…が》**ない**,《…を》持っていない. ~ **de interés** 興味のない.

des·pue·ble [des.pwé.ßle; ðes.-] 男 / **des·pue·blo** [des.pwé.ßlo; ðes.-] 男 人口の流出,過疎化;絶滅.

***^{***} **des·pués** [des.pwés; ðes.-] 副 **1**《時間》**後で**;その後 (↔ **antes**). Volveré aquí ~. 後でここに戻ってきます. *D*~ fuimos al parque de atracciones. それから私たちは遊園地に行った. ¡Hasta ~! (あいさつ)じゃまた,さようなら. ▶ 時間を表す語(句)の後に置かれると「…後」という意味になる. → **poco, mucho** (**tiempo**) その後すぐ[ずっと]後で. **varios días** [**años**] ~ 数日[数年]後(に). **un año** [**día**] ~ 翌年[翌日] (▶ 基準となる時点が含意されてその次の年[日]という意味).

2《順序・位置》次いで,次に. En esta calle hay un banco y ~ está su oficina. この通りには銀行があって,次に彼[彼女](ら)のオフィスがある. Primero participe, ~ pregunte. まず参加して質問はそれから.

después de... (**1**)《時間》…の後で. ~ *de la guerra* 戦後. ~ *de las ocho* 8時以降. ~ *de Cristo* [*Jesucristo*] 紀元後(略 d. de C., d. de J.C.). *D*~ *de la comida tomé la siesta*. 昼食の後,私は昼寝をした. (**2**)《順序・位置》…に次いで,…の後ろに. *Osaka es la segunda ciudad más grande de Japón* ~ *de Tokio*. 大阪は東京に次いで日本で第2の都市である. *Mi viene* de*l tuyo en la lista*. 名簿では僕の名前は君の名前の後に来る. (**3**)《譲歩》…にもかかわらず. ¿Cómo pueden hacerme esto ~ *de todo lo que he hecho por ellos?* 彼らのためにあんなにしてあげたのにどうしてこんな仕打ちができるのか.

después de+不定詞 …した後で. *D*~ *de hacer*lo [*haber*lo *hecho*], *dimos un paseo por el pueblo*. それをした後で,私たちは村を散歩した.

después de+過去分詞 (+名詞) (…が) …したら,

(…を)…すると. ～ *de comenzado* el *partido* いったん試合が始まると. ▶過去分詞は名詞の性・数に一致する.

después (de) que＋直説法・接続法 …した後で. *D*～ *de que se fueron* ellos, empezamos a trabajar. 彼らが行ってしまった後で私たちは仕事を開始した. ⇒*D*～ *de que deje* de llover, saldremos de compras. 雨がやんだ後で買い物に出かけましょう. ▶すでに実現された事柄を表すときでも接続法が用いられることがある. ⇒*D*～ *de que* lo *supiera* todo el mundo, tuvo que dejar el pueblo. 皆にそのことを知られた後, 彼[彼女]は村を去らなければならなかった.

después que＋名詞・主語代名詞 …より後で, …に続いて. Ella entró ～ *que yo*. 彼女は私の後から入った.

[←? [古スペイン] *depués*←[俗ラ] *de post*]

des·pue·si·to [des.pwe.sí.to; đes.-] 副《ラ米》(ﾒｷｼ)(ｸﾞｧﾃ)(ﾌﾟｴﾙﾄ)(ﾄﾞﾐ) すぐ後で.

des·pul·gar [des.pul.gár; đes.-] 103 他《ラ米》(ｺﾛﾝﾋﾞ)…からノミ[シラミ]を取る. (2)(ﾒｷ)(ﾎﾝｼﾞ)〈コーヒーの実から〉果肉を取り除く.

des·pul·mo·nar·se [des.pul.mo.nár.se; đes.-] 再 1《話》声をからす. 2《ラ米》(ﾒｷ)よく働く, 働きすぎる.

des·pul·pa·dor [des.pul.pa.đór; đes.-] 男 果肉を取る器具.

des·pul·par [des.pul.pár; đes.-] 他 …の果肉を取る; 果肉をつぶす.

des·pul·sar·se [des.pul.sár.se; đes.-] 再 1 失神する; 脈拍がなくなる. 2《まれ》興奮する. 3《*por*…》…を切望する.

des·pu·mar [des.pu.már; đes.-] 他 → espumar.

des·pun·ta·do, da [des.pun.tá.đo, -.đa; đes.-] 形 先の折れた[丸い], とがっていない.

des·pun·ta·dor [des.pun.ta.đór; đes.-] 男《ラ米》(ｺﾛ)砕鉱槌(ｽｲ)[ハンマー]; 砕鉱選別機.

des·pun·tar [des.pun.tár; đes.-] 他 1 先端を折る[欠く]. 2〈蜜蜂(ﾊﾁ)で〉空の巣房を切り取る. 3《古語》《海》岬を回る.

— 自 1 芽を出す, つぼみをつける. 2〈夜が〉明ける,〈日・月が〉出る. al ～ el alba 夜明けに. 3《*en*… / *por*… …で》傑出する, ぬきんでる. Despuntó *por* sus cualidades de orador. 弁の立つことでは彼[彼女]はずば抜けていた.

— ～·se 先が折れる.

des·pun·te [des.pún.te; đes.-] 男 1 …の先端を折る[欠く・丸くする]こと. 2〈夜が〉明けること,〈日・月が〉出ること. 3《ラ米》(ﾁﾘ)(ｱﾙｾﾞﾝ)枝葉を刈り取ること; 刈り取った枝葉, そだ.

des·que [dés.ke; đés.-] 副《文章語》…して以来, …するや否や, …と同時に.

des·que·bra·jar [des.ke.bra.xár; đes.-] 他 ひびが割れさせる, ひびを入れる.

des·que·jar [des.ke.xár; đes.-] 他《農》〈接ぎ木用に〉〈若枝から〉接ぎ穂を切り取る.

des·que·je [des.ké.xe; đes.-] 男《農》接ぎ穂[挿し穂](を切り取ること).

des·qui·cia·do, da [des.ki.θjá.đo, -.đa; đes.- / -.sjá.-] 形 常軌を逸した, 混乱した; 取り乱した.

des·qui·cia·dor, do·ra [des.ki.θja.đór, -.đó.ra; đes.- / -.sja.-] 形 かき乱す, 動揺を与える.

des·qui·cia·mien·to [des.ki.θja.mjén.to; đes.- / -.sja.-] 男 1 不安定, 混乱. 2 動揺, 錯乱; 不安. 3 蝶番(ﾁｮｳﾂｶﾞｲ)が外れること.

des·qui·ciar [des.ki.θjár; đes.- / -.sjár] 82 他 1〈組織・生活などを〉混乱に陥れる, めちゃめちゃにする. Las sucesivas luchas políticas han desquiciado a toda la nación. 相次ぐ政治抗争のため国内全体が大混乱に陥った. 2〈人・動物を〉錯乱させる, 狂わす. 3〈戸などを〉蝶番(ﾁｮｳﾂｶﾞｲ)から外す, …の蝶番を外す.

— ～·se 再 1〈組織・生活などが〉おかしくなる, 調子が狂う. 2〈人・動物が〉動揺する, 錯乱する; 気が変になる. 3〈戸が〉蝶番から外れる.

des·qui·cio [des.kí.θjo; đes.- / -.sjo] 男《ラ米》(ｺﾞﾀｲ)(ﾆｶﾗ) → desquiciamiento.

des·qui·je·rar [des.ki.xe.rár; đes.-] 他 ほぞを作る, ほぞでつなぐ.

des·qui·tar [des.ki.tár; đes.-] 他 1《*de*… / *por*…》〈…を〉〈人に〉償う, 《…の》埋め合わせをする. ～ a＋人 *por* [*de*] los estropicios〈人に〉損害を償う. 2《まれ》報復をする; 仕返しする.

— ～·se 再《*de*…》 1《…の》取り戻す, 《…の》埋め合わせをする. ～*se de* una pérdida 損失を取り戻す. 2《…の》報復をする; 仕返しする.

des·qui·te [des.kí.te; đes.-] 男 1 仕返し, 報復. tomar el ～ 報復する. 2 償い, 埋め合わせ. 3《スポ》リターンマッチ, 雪辱戦 (= partido de ～).

des·ra·bar [des.ra.bár; đes.-] / **des·ra·bo·tar** [des.ra.bo.tár; đes.-] 他〈子羊などの〉尾を切る.

des·ra·mar [des.ra.már; đes.-] 他 枝を払う, 剪定(ｾﾝﾃｲ)する.

des·ra·ti·za·ción [des.ra.ti.θa.θjón; đes.- / -.sa.sjón] 女 ネズミ駆除[退治].

des·ra·ti·zar [des.ra.ti.θár; đes.- / -.sár] 97 他〈ある場所の〉ネズミ駆除を行う. Han desratizado las alcantarillas. 下水道のネズミ駆除が行われた.

des·ra·yar [des.ra.jár; đes.-] 他〈畑に〉排水の溝を付ける.

des·ra·zo·na·ble [des.ra.θo.ná.ble; đes.- / -.so.-] 形《話》道理[理屈]に合わない, 納得しがたい.

des·re·gla·da·men·te [des.re.glá.đa.mén.te; đes.-] 副 → desarregladamente.

des·re·gla·men·ta·ción [des.re.gla.men.ta.θjón; đes.- / -.sjón] 女 → desregulación.

des·re·gla·men·ta·do, da [des.re.gla.men.tá.đo, -.đa; đes.-] 形 → desregulado.

des·re·gla·men·ta·dor, do·ra [des.re.gla.men.ta.đór, -.đó.ra; đes.-] 形 → desregulador.

des·re·gla·men·tar [des.re.gla.men.tár; đes.-] 他 → desregular.

des·re·gu·la·ción [des.re.gu.la.θjón; đes.- / -.sjón] 女 組織[制度]の撤廃; 正常でないこと.

des·re·gu·la·do, da [des.re.gu.lá.đo, -.đa; đes.-] 形〈制度などが〉撤廃された; 規制のない; 正常でない.

des·re·gu·la·dor, do·ra [des.re.gu.la.đór, -.đó.ra; đes.-] 形〈制度などを〉撤廃する, 規制をなくす; 異常な事態を引き起こす[引き起こしかねない].

des·re·gu·lar [des.re.gu.lár; đes.-] 他 1〈組織・制度・規制を〉撤廃する, なくす. 2 異常な事態を引き起こす, 正常でなくする.

des·re·gu·la·ri·za·ción [des.re.gu.la.ri.θa.θjón; đes.- / -.sa.sjón] 女 → desregulación.

des·re·gu·la·ri·za·do, da [des.re.gu.la.ri.θá.đo, -.đa; đes.- / -.sá.-] 形 → desregulado.

des·re·gu·la·ri·zar [des.re.gu.la.ri.θár; đes.- / -.sár] 97 他 → desregular.

des·rie·lar(·se) [des.r̃je.lár(.se); đes.-] 自 再 《ラ米》《バラ》《パラ》脱線する.

des·ri·ño·nar [des.r̃i.ɲo.nár; đes.-] 他 《人の》腰を痛める, 腰骨をくだく; へとへとにさせる.
— **~·se** 《人が》腰を痛める; 疲れ果てる.

des·ri·zar [des.r̃i.θár; đes.- / -.sár] 97 他 1 《髪の》カールをまっすぐにする. 2 《海》《帆を》広げる.
— **~·se** 《髪の》カールが取れる.

des·ta·ca·ble [des.ta.ká.ble; đes.-] 形 特筆すべき, 秀でている.

*__des·ta·ca·do, da__ [des.ta.ká.đo, -.đa; đes.-] 形 際立った, 傑出した; 優れた, 著名[有名]な. una obra *destacada* すばらしい作品. persona *destacada* 名士. los hechos más ~s 最も顕著な出来事. ocupar un lugar ~ en la jerarquía eclesiástica 教会[聖職者]のなかできわめて高い位に就く.

des·ta·ca·men·to [des.ta.ka.mén.to; đes.-] 男 【軍】(特別任務への)派遣[分遣]隊.

**__des·ta·car__ [des.ta.kár; đes.-] 102 他 1 強調する, 際立たせる, 目立たせる. El *destacó* la importancia de la decisión. 彼はその決定の重要性を強調した. El pintor quiso ~ a sus personajes. 画家は人物を際立たせようとした.
2 《軍》《部隊・兵を》派遣する, 分遣する.
— 自 《por... …で / en... …において》際立つ, 傑出[突出]する, 目立つ. El chico *destaca* entre los compañeros *por* su inteligencia. その少年の頭のよさは仲間の中では群を抜いている.
— **~·se** 1 《por... …で / en... …において》際立つ, 傑出[突出]する, 目立つ. Mi hermano *se destacaba en* la música. 私の兄[弟]は音楽に秀でていた.
2 (目的・任務遂行のために)出かけていく.
[語 2 ← 《仏》*détacher* (atacar の形が影響); 他 1, 自 ←《伊》*staccare* (関連 《英》*detach*]

des·ta·co·nar [des.ta.ko.nár; đes.-] 《靴の》かかとをすり減らす.

des·ta·ja·dor [des.ta.xa.đór; đes.-] 男 (鍛冶屋の)金づち, ハンマー.

des·ta·jar [des.ta.xár; đes.-] 他 1 《仕事の》条件を決める, 契約する. 2 《トランプを》切る.
3 《ラ米》《エクア》《グアテ》《ボリビ》《ペルー》切り分ける[刻む].

des·ta·je·ro, ra [des.ta.xé.ro, -.ra; đes.-] / **des·ta·jis·ta** [des.ta.xís.ta; đes.-] 男 女 出来高払い[歩合制]の労働者, 請負企業[業者].

des·ta·jo [des.tá.xo; đes.-] 男 出来高払いの仕事, 請負, 請負仕事.
a destajo (1) 出来高払いで, 請負で. pagado *a* ~ 出来高払いの. trabajo [precio] *a* ~ 請負仕事[額]. (2) 休まずに, 大急ぎで, 熱心に. hablar *a* ~ まくし立てる. (3)《ラ米》《キ》目分量で, 適当に.

des·ta·llar [des.ta.jár; đes.- || -.ʎár.] 他 無駄な芽[芯(ᄉ)]を摘み取る.

des·ta·lo·nar [des.ta.lo.nár; đes.-] 他 1 《靴の》かかとをすり減らす. 2 《小切手帳などのとじ込みから》一枚切り取る, (とじ込みから)切り取る. 3 【獣医】《馬の》ひづめの後部を削る.

des·tan·te·o [des.tan.té.o; đes.-] 男 《ラ米》《コロ》《話》混乱, 不ぞろい.

des·ta·pa·do [des.ta.pá.đo; đes.-] 男 → destapadura.

des·ta·pa·dor [des.ta.pa.đór; đes.-] 男 《ラ米》《コロン》《メヒ》《パラ》栓抜き.

des·ta·pa·du·ra [des.ta.pa.đú.ra; đes.-] 女 栓を抜くこと, ふたを開けること.

des·ta·par [des.ta.pár; đes.-] 他 1 《容器の》栓を抜く, ふたを取る. ~ una botella de cerveza ビールの栓を抜く. 2 《隠されている》ものから》覆いを取る; 暴く, 服装を取る. ~ la cama ベッドカバーを取る.
3 《人の》服を脱がせる. 4 《ラ米》《詰まった下水管などの》流れをよくする.
— 自 《ラ米》《パラ》《家畜などが》逃げ出す.
— **~·se** 1 《身に着けているものを》脱ぐ; 布団[毛布]をはぐ. 2 《俳優が》(舞台・映画で)裸になる. 3 暴露される, 露呈する. 4 《ラ米》秘密[考え]を打ち明ける. *Se destapó con* su amigo. 彼[彼女]は友人に本心を打ち明けた. 5 《con... …で / + 現在分詞 …して》驚かす, びっくりさせる. *Se destapó con* un regalo estupendo. 彼[彼女]はすばらしい贈り物で皆をあっと言わせた.

des·ta·pe [des.tá.pe; đes.-] 男 1 《話》(映画・ショーなどでの)体の露出; ヌード. 2 《ラ米》(1)《パラ》《話》候補者の発表. (2)《アルゼ》(レストランなどで)酒の持ち込み料.

des·ta·pia·do [des.ta.pjá.đo; đes.-] 男 塀を取り壊した跡地.

des·ta·piar [des.ta.pjár; đes.-] 82 他 …の塀を取り壊す.

des·ta·po·nar [des.ta.po.nár; đes.-] 他 …の栓を抜く; 詰まりを取る.

destaque(-) / destaqué(-) 活 → destacar.

des·ta·rar [des.ta.rár; đes.-] 他 …から風袋(ᠹᠣᡠ)の重さを差し引く.

des·tar·ta·la·do, da [des.tar.ta.lá.đo, -.đa; đes.-] 形 1 壊れそうな; まとまりのない; 荒れ果てた. una habitación *destartalada* 雑然とした部屋.
2 がたがたの, 老朽化した. *coche* ~ おんぼろ車.

des·tar·ta·lar [des.tar.ta.lár; đes.-] 他 1 《まれ》壊す, だめにする. 2 《ラ米》《メキ》《必要なものを》設置しない[取り払う].
— **~·se** 再 《まれ》壊れる, だめになる.

des·tar·ta·lo [des.tar.ta.lo; đes.-] 男 雑然とした有り様.

des·ta·zar [des.ta.θár; đes.- / -.sár] 97 他 細かく切り分ける[刻む].

des·te [des.te; đes.-] 《古語》 de este の縮約形. ► 他に desta, desto, destos, destas の形がある.

des·te·char [des.te.tʃár; đes.-] 他 《建物の》屋根[天井]をはがす, 覆いを取り外す.

des·te·jar [des.te.xár; đes.-] 他 1 《建物(の屋根)から》屋根瓦(ᠭᠠᠸᡠᡵᠠ)をはがす. 2 無防備にする.

des·te·jer [des.te.xér; đes.-] 他 1 《織物・編み物を》ほどく, 解きほぐす. 2 元に戻す, 取り消す, 覆す. tejer y ~ 《計画・意見などを》ころころと変える, あれこれ迷う.

des·te·llar [des.te.jár; đes.- || -.ʎár.] / **des·te·lle·ar** [-.ʎe.ár.] 自 閃光(ᠰᡠᡠ)を放つ, 明滅[点滅]する; 《宝石・星などが》輝く, きらめく. — 《光を》放つ. ~ rayos de luz ぴかっ[きらり]と光る.

des·te·llo [des.té.jo; đes.- || -.ʎo.] 男 1 《星・宝石などの》きらめき, 輝き; 閃光(ᠰᡠᡠ). 2 ひとかけら, 微塵(ᠯᡵᠠ); ひらめき. No tiene un ~ de verdad. ひとかけらの真実もない. ~ de genio 機知のひらめき.

des·tem·pla·do, da [des.tem.plá.đo, -.đa; đes.-] 形 1 《estar +》《楽器・声が》調子の外れた; 耳障りな. La guitarra *está destemplada*. そのギターは音が外れている. 2 不機嫌な; 怒りっぽい, 気難しい. con voz *destemplada* 声を荒げて. 3 《estar +》気分がすぐれない, 微熱がある; 《脈が》不整の.

Hoy me siento algo ~. 今日はなんだか体の調子が悪い. **4** 《天候が》不良の, 荒れた. **5** 《鋼が》もろい, 鍛えていない.
des・tem・plan・za [des.tem.plán.θa; ðes.- / -.sa] 囡 **1** 調子外れ, 耳障り[不快]な音; 不調和. **2** つっけんどん, (言動の)節度[慎み]のなさ, いらだち. **3** 体の不調, 微熱, 不整脈. **4** 《天候の》荒れ, 不良. por la ~ del tiempo 天候不良のため.

des・tem・plar [des.tem.plár; ðes.-] 他 **1** 《楽器の》調子を狂わせる;《人の》体調を狂わせる. **2** 《天候を》悪くする, 不良にする. **3** 《鋼を》なまくらにする, 焼きなます. **4** 《まれ》煎(せん)じる.
— ~・se 再 **1** 調子が外れる. **2** 体の不調を訴える; 微熱が出る; 脈拍が乱れる. **3** 《天候が》荒れる, 不順になる. **4** いらだつ, 平静を失う. **5** 《鋼が》強度を失う, なまる. **6** 《ラ米》《con... …で》不快感を催す.

des・tem・ple [des.tém.ple; ðes.-] 男 **1** 調子が外れること, 《楽器の》音の狂い. **2** 《鋼の》強度[硬度]の低下.

des・ten・sar [des.ten.sár; ðes.-] 他 ゆるめる.
— ~・se 再 ゆるむ.

des・ten・tar [des.ten.tár; ðes.-] 8 他 《古　語》《de... …を》思いとどまらせる.

des・te・ñi・do, da [des.te.ɲí.ðo, -.ða; ðes.-] 形 **1** 色あせた, 色落ちした, 脱色された. **2** 《ラ米》《軽蔑》《信念・思想が》ころころ変わる, 首尾一貫していない.

des・te・ñir [des.te.nír; ðes.-] 4 他 …の色をあせさせる; …を変色させる. El sol *ha desteñido* la cortina. 日光でカーテンが色あせた. La camisa roja *ha desteñido* la sábana. 赤いシャツの色がシーツについた.
— 自 色があせる[落ちる].
— ~・se 再 色があせる[落ちる]. ~*se* con el uso 使っているうちに色落ちする.

des・ter・ni・llar・se [des.ter.ni.jár.se; ðes.- ‖ -.ʎár.-] 再 大笑いする.
desternillarse de risa 笑いころげる, 腹をかかえて笑う. *Es cosa de ~ de risa.* 全くのお笑いぐさだ.

des・te・rra・de・ro [des.te.r̄a.ðé.ro; ðes.-] 男 僻地(へきち), 辺境.

des・te・rra・do, da [des.te.r̄á.ðo, -.ða; ðes.-] 形 《国外に》追放された, 流刑に処された.
— 男 囡 《国外に》追放された人, 流刑者.

*des・te・rrar [des.te.r̄ár; ðes.-] 8 他 **1** 国外追放にする, 流刑にする. ~ a + 人 por razones políticas 政治的理由で《人》を国外追放する. ~ a una isla 島流しにする. **2** 《植物の根・鉱石の》土を落とす. **3** 《悲しみ・考えなどを》捨てる, 払いのける. ~ la tristeza 悲しみを拭い去る. **4** 《習慣などを》捨てる, 止める; 捨てさせる. Fue difícil ~ su manía de morderse las uñas. 彼[彼女]が爪(つめ)をかむ癖を直すのは難しかった.
— ~・se 再 亡命する.
[des-(分離) + [ラ] *terra*「土地」+ 動詞語尾][関連] destierro]

des・te・rro・na・mien・to [des.te.r̄o.na.mjén.to; ðes.-] 男 土くれを砕くこと, 鍬(くわ)を入れること.

des・te・rro・nar [des.te.r̄o.nár; ðes.-] 他 《畑の》土くれを砕く, 鍬を入れる.

des・te・tar [des.te.tár; ðes.-] 他 **1** 離乳[乳離れ]させる. **2** 《話》《子供を》独り立ちさせる.
— ~・se 再 **1** 離乳[乳離れ]する. **2** 《話》《子供が》独り立ち[親離れ]する. **3** 《de... 《悪癖・悪習》を》やめる.
destetar con... 《幼時から》…になじんで育つ.

des・te・te [des.té.te; ðes.-] 男 離乳, 乳離れ.

des・tiem・po [des.tjém.po; ðes.-] *a destiempo* 時機を逸して, 時機外れに. Lo hace todo *a* ~. 彼[彼女]は何をするにもタイミングがずれている.

destierr- 活 → desterrar.

des・tie・rre [des.tjé.r̄e; ðes.-] 男 《鉱物の》土落とし.

***des・tie・rro** [des.tjé.r̄o; ðes.-] 男 **1** 国外追放, 流刑; 亡命. vivir en el ~ 流浪の生活を送る. Fue condenado a cinco años de ~. 彼は5年の流刑を言い渡された. **2** 追放先, 流刑地; 流刑期間. **3** 廃止, 廃棄. **4** へんぴな所, 僻地(へきち).

des・ti・la・ble [des.ti.lá.ble; ðes.-] 形 蒸留可能な.

des・ti・la・ción [des.ti.la.θjón; ðes.- / -.sjón] 囡 **1** 蒸留. ~ fraccionada 分留. ~ destructiva 分解蒸留. **2** 滴り, 分泌.

des・ti・la・de・ra [des.ti.la.ðé.ra; ðes.-] 囡 **1** 蒸留器; ランビキ (= alambique). **2** 《古語》巧妙な手段. **3** 《ラ米》《プ》《カリ》濾過(ろか)器, フィルター.

des・ti・la・do [des.ti.lá.ðo; ðes.-] 男 留出物, 蒸留液[水].

des・ti・la・dor, do・ra [des.ti.la.ðór, -.ðó.ra; ðes.-] 形 蒸留用の; 蒸留する.
— 男 囡 蒸留酒製造者, 酒造家.
— 男 **1** 蒸留器. **2** 濾過(ろか)器, フィルター.

des・ti・lar [des.ti.lár; ðes.-] 他 **1** 蒸留する. ~ vino ワインを蒸留する.
2 滴らせる, にじみ出させる. ~ veneno 毒液を分泌する. **3** 濾過(ろか)する, 濾(こ)す. **4** 《愛・感情などを》にじみ出させる, 発散させる, 表す. Este libro *destila* una profunda amargura. この本には深い苦渋の念がにじみ出ている.
— 自 滴る, 滴り落ちる; 染み出る. El sudor *destilaba* por su frente. 額に汗をにじませていた.

des・ti・la・to・rio, ria [des.ti.la.tó.rjo, -.rja; ðes.-] 形 蒸留用の. — 男 蒸留所; 蒸留器.

des・ti・le・rí・a [des.ti.le.rí.a; ðes.-] 囡 蒸留所, 蒸留酒製造所.

des・ti・na・ción [des.ti.na.θjón; ðes.- / -.sjón] 囡 **1** 目的; 指定, 割り当て. **2** 任命, 赴任, 配属. **3** 《古語》目的地; あて先, 任地.

****des・ti・nar** [des.ti.nár; ðes.-] 他 **1** 《**a...** / **para...**》(1) 《ものなどを》《用途・目的に》割り当てる, 向ける. Mis padres *destinaron* la habitación *para* dormitorio. 両親はその部屋を寝室に割り当てた. (2) 《人などを》《用途・目的に》配属する, 派遣する, 赴任させる. Lo *han destinado* a la sucursal de Tokio. 彼は東京支店に配属された.
2 《荷物・手紙などを》送る, 宛(あ)てる. *Hemos destinado* un paquete de alimentos a los refugiados. 私たちは難民に食糧の小包を送った. Esta carta está *destinada* a ti. この手紙は君宛てだ.
[← [ラ] *dēstināre*「定める」][関連] destinación, destino. [英] *destine, destination*]

***des・ti・na・ta・rio, ria** [des.ti.na.tá.rjo, -.rja; ðes.-] 男 囡 《手紙・手形・荷物などの》受取人, 名宛(あ)て人, 受信者. ~ no encontrado 受取人不明.

****des・ti・no** [des.tí.no; ðes.-] 男 **1** 宿命, 運命. El ~ los condenó a no verse nunca más. 運命のいたずらで彼らはついに再会できなかった.
2 目的地, 行き先; 宛先. estación de ~ 到着

駅. lugar de ～目的地. Las cartas llegarán a su ～ en un par de días. 手紙は普通2・3日で宛先(ｱﾃｻｷ)に着きます. **3** 用途, 使途, 目的. Esta máquina ha cambiado de ～. この機械の用途が変わった. **4** 進むべき道, 前途. El ～ de tu hijo no es éste. 君の息子の進むべき道はこれじゃない. **5** 職;職場, 任地. Nos dieron ～ en la sucursal de Kioto. 私たちは京都支店に配属された.
── 囲 → destinar.
con destino a... …行きの, …に向けて;…宛ての. salir *con* ～ *a...* …に向けて出発する. El tren *con* ～ *a* Madrid sale a las once. マドリード行きの列車は11時に出発する.
dar destino a... …を使う, …利用する.
unir SUS *destinos* 《複数主語で》結婚する.

des·ti·ño [des.tí.ɲo; đes.-] 男 (ミツバチの巣の)蜜(ﾐﾂ)のない巣房.

des·ti·tu·ción [des.ti.tu.θjón; đes.- / -.sjón] 女 解任, 免職, 罷免. ～ de un ministro 大臣の罷免.

des·ti·tui·ble [des.ti.twí.βle; đes.-] 形 罷免できる, 解任できる.

des·ti·tui·do, da [des.ti.twí.đo, -.đa; đes.-] 形 《*de...*》《…を》欠いた, 《…の》ない.

des·ti·tuir [des.ti.twír; đes.-] 48 他 《*de...*》**1** 《…から》罷免[免職]する,《職》を解任する. ～ a un jefe de Estado 国家元首を解任する. **2** 《…を》…から奪う, 取り上げる.
[← [ﾗ] *dēstituere* 「わきに置く」(*dē-*「離して」+ *statuere*「据える」);関連 destitución. [英] *destitute* 形 「欠乏した」]

des·ti·tu·la·do, da [des.ti.tu.lá.đo, -.đa; đes.-] 形 肩書きの, 肩書き[資格]を奪われた.

destituy- 活 → destituir.

des·to·car [des.to.kár; đes.-] 102 他 髪を乱れさせる, 髪のセットを解く.
── ～**·se** 再 **1** 帽子を脱ぐ, (スカーフなどの)かぶりものを取る. **2** 髪が乱れる, (自分の)髪のセットを解く.

des·to·pe [des.tó.pe; đes.-] 男 実質賃金を基礎とした社会保障制度に対する負担額の調整.

des·tor·cer [des.tor.θér; đes.- / -.sér] 24 他 よじれ[ねじれ]を元に戻す[伸ばす], 歪みなどを正す. ～ un cable ケーブルのよじれを直す.
── ～**·se** 再 **1** 縒(ﾖ)りが戻る, まっすぐになる. **2** 《海》航路から外れる.

des·tor·lon·ga·do, da [des.tor.loŋ.gá.đo, -.đa; đes.-] 形 《ラ米》《話》役に立たない, だらしない;乱暴な.

des·tor·lon·go [des.tor.lóŋ.go; đes.-] 男 《ラ米》《話》でたらめ, 乱雑.

des·tor·ni·lla·do, da [des.tor.ni.já.đo, -.đa; đes.- ‖ -.ʎá.-] 形 《話》頭のおかしい, 抜けている.
── 男 女 頭のおかしい人, 抜けている人.

des·tor·ni·lla·dor [des.tor.ni.ja.đór; đes.- ‖ -.ʎa.-] 男 **1** ねじ回し, ドライバー. ～ ordinario マイナスドライバー. ～ en cruz プラスドライバー.
2 《《カクテルの》》スクリュードライバー.

des·tor·ni·lla·mien·to [des.tor.ni.ja.mjén.to; đes.- ‖ -.ʎa.-] 男 ねじを抜くこと.

des·tor·ni·llar [des.tor.ni.jár; đes.- ‖ -.ʎár.-] 他 …のねじを抜く, 外す. ～ una bisagra 蝶番(ﾁｮｳﾂｶﾞｲ)のねじを抜く. ── ～**·se** 再 《話》 → desternillarse.

des·to·rren·ta·do, da [des.to.r̄en.tá.đo, -.đa; đes.-] 形 《ラ米》《プ米》《ｼﾞｭ》金遣いの荒い, だらしのない.

des·to·rren·tar·se [des.to.r̄en.tár.se; đes.-] 再 《ラ米》《話》 (1) 《プ米》ばかなことをする. (2) 《プ米》《ｼﾞｭ》

ごつく, 迷う;道から外れる, 堕落する.

des·to·ser·se [des.to.sér.se; đes.-] 再 咳(ｾｷ)払いをする.

des·tra·bar [des.tra.βár; đes.-] 他 **1** …の足かせを外す, …を解放する. **2** 離す, 分離する;外す, ほどく.
── ～**·se** 再 **1** 解放される, 自由になる. **2** 離れる, 分離される.

des·tral [des.trál; đes.-] 男 手斧(ﾁｮｳﾅ), 鉈(ﾅﾀ).

des·tra·mar [des.tra.már; đes.-] 他 《織物の》横糸を抜く, ほぐす.

des·tra·tar [des.tra.tár; đes.-] 他 《ラ 米》(ｺﾛﾝﾋﾞｱ)(ｳﾙｸﾞｱｲ)《話》《契約や取引を》破棄する, 白紙に戻す.

des·tre·jar [des.tre.xár; đes.-] 自 うまくやる[処理する].

des·tren·zar [des.tren.θár; đes.- / -.sár] 97 他 《三つ編みを》ほどく.

*__**des·tre·za**__ [des.tré.θa; đes.- / -.sa] 女 《*con...* / *en...* …の》巧みさ, 器用さ, 見事な腕前. obrar con ～ 手際よく行う.

des·trin·car [des.triŋ.kár; đes.-] 102 他 《海》《綱などを》ほどく.

des·tri·pa·cuen·tos [des.tri.pa.kwén.tos; đes.-] 男 女 《単複同形》《話》話の腰を折る人.

des·tri·pa·dor, do·ra [des.tri.pa.đór, -.đó.ra; đes.-] 形 内臓(ﾊﾗﾜﾀ)を抜く, 腹を裂く;首を切る.
── 男 女 《話》切り裂き魔.

des·tri·par [des.tri.pár; đes.-] 他 **1** …の内臓[はらわた]を抜く;腹を裂く. **2** …から中のものを取り出す, びりびりに切り裂く. ～ un colchón マットレスの中身を出す. **3** 押しつぶす, ぺちゃんこにする. ～ los terrones 土くれを砕く. **4** 《話》《話の》腰を折る;《スペイン》《笑い話の》落ちを先に言ってしまう.
── 自 《ラ米》《ｼﾞｭ》《話》中退[退学]する.

des·tri·pa·te·rro·nes [des.tri.pa.te.r̄ó.nes; đes.-] 形 《性数不変》《話》《軽蔑》教養のない, 粗野な.
── 男 女 《単複同形》《話》《軽蔑》教養のない人, 粗野な人. ── 男 《単複同形》《話》《軽蔑》農夫, 作男.

des·trí·si·mo, ma [des.trí.si.mo, -.ma; đes.-] 形 [diestro の絶対最上級] 非常に巧みな, たいへん器用な.

des·triun·far [des.trjum.fár; đes.-] 他 《遊》《トランプ》《相手に》切り札を出させるように仕向ける.

des·tri·zar [des.tri.θár; đes.- / -.sár] 97 他 ずたずたにする, 粉々に砕く. ── ～**·se** 再 悲しみに打ちひしがれる, 悲憤慷慨(ｺｳｶﾞｲ)する;激怒する.

des·tro·car [des.tro.kár; đes.-] 16 他 交換を取り消す, 元に戻す.

destroce(-) / destrocé(-) 活 → destrozar.

des·trón [des.trón; đes.-] 男 盲人の手引き.

des·tro·na·mien·to [des.tro.na.mjén.to; đes.-] 男 **1** 廃位, 王位剥奪(ﾊｸﾀﾞﾂ). **2** 《権威・権力の》失墜;打倒, 転覆.

des·tro·nar [des.tro.nár; đes.-] 他 **1** 廃位する. **2** 《地位・権力の座から》引きずり下ろす.

des·tron·car [des.troŋ.kár; đes.-] 102 他 **1** 《木を》切り倒す. **2** 《人を》不具にする. **3** 《人・動物を》くたくたに疲れさせる. **4** 《計画などを》挫折(ｻﾞｾﾂ)させる, 《進展・発展の》邪魔をする, 《話を》遮る. **5** 《ラ米》根こそぎにする.
── ～**·se** 再 《人・動物が》疲れ果てる.

des·tron·que [des.tróŋ.ke; đes.-] 男 《ラ 米》(ﾁ) (ｺﾛﾝﾋﾞｱ)(ｳﾙｸﾞｱｲ)根こそぎ.

*__**des·tro·zar**__ [des.tro.θár; đes.- / -.sár] 97 他 **1** 粉々に砕く, ずたずたに引き裂く, 破壊する. ～ el cristal ガラスを粉々に割る. → romper 類語.

2 だめにする, 壊す, 損なう, 台なしにする; …に損傷を与える. ~ la salud 健康を損なう. ~ la carrera 経歴に傷をつける. **3** (精神的に) 苦しめる, 参らせる, 打ち砕く. ~ el corazón de+人〈人〉の気持ちをずたずたにする. La triste noticia lo *ha destrozado*. その悲報を聞いて彼はすっかり参ってしまった. **4** ひどく疲れさせる. Estoy *destrozado* de tanto andar. 歩きすぎてへとへとだ. **5** 〖軍〗〈敵を〉撃破する, 壊滅させる; 言い負かす.
— ~**se** 再 **1** 粉々に砕ける, 粉々に壊れる, ずたずたになる. **2** だめになる, つぶれる.

des·tro·zo [des.tró.θo; ðes.- / -.so] 男 **1** 分断, 寸断. **2** 破壊, 全滅. **3** 憔悴(しょう). **4** (複数で) 被害, 損害, 損傷. **5** (複数で) 破片, 残骸(ざん).

des·tro·zón, zo·na [des.tro.θón, -.θó.na; ðes.- / -.són, -.só.-] 形 よく壊す, すぐだめにする; 〈衣服などを〉破ってばかりいる.
— 男 女 (ものを) よく壊す人.

*__des·truc·ción__ [des.truk.θjón; ðes.- / -.sjón] 女 破壊, 破損; 滅亡, 壊滅. ~ de la ozonosfera オゾン層の破壊. ~ de la civilización cretense クレタ文明の滅亡.

des·truc·ti·ble [des.truk.tí.ble; ðes.-] 形 破壊できる; 壊れやすい, もろい (= destruible).

des·truc·ti·vi·dad [des.truk.ti.βi.ðáð; ðes.-] 女 破壊性, 破壊力.

des·truc·ti·vo, va [des.truk.tí.βo, -.βa; ðes.-] 形 破壊的な, 破壊する.

des·truc·tor, to·ra [des.truk.tór, -.tó.ra; ðes.-] 形 破壊的な, 破壊する. — 男 女 破壊者. — 男 〖海〗駆逐艦; 護衛艦.

des·truc·to·rio, ria [des.truk.tó.rjo, -.rja; ðes.-] 形 → destructivo.

des·true·co [des.trwé.ko; ðes.-] / **des·true·que** [des.trwé.ke; ðes.-] 男 交換の取り消し.

des·trui·ble [des.trwí.ble; ðes.-] 形 破壊できる; 壊れやすい, もろい.

des·trui·ción [des.trwi.θjón; ðes.- / -.sjón] 女 → destrucción.

des·trui·do, da [des.trwí.ðo, -.ða; ðes.-] 形 破壊された, 壊れた.

des·trui·dor, do·ra [des.trwi.ðór, -.ðó.ra; ðes.-] 形 男 女 → destructor.

****des·truir** [des.trwír; ðes.-] 48 他 **1** 破壊する; 〈敵・地域などを〉壊滅させる; 〈文書などを〉破棄する. ~ un puente con dinamita ダイナマイトで橋を破壊する. ~ un país lo 国を滅ぼす. ~ una carta 手紙を破り捨てる. El terremoto *destruyó* la ciudad. 地震で都市は壊滅状態に陥った. Me *han destruido* tus palabras. 君の言葉で私はぼろぼろになった. → romper 類語.
2 〈計画・希望・理論・関係などを〉打ち砕く; 〈機能・価値を〉台無しにする. ~ los argumentos 議論を打ち破る. ~ la reputación 評判を地に落とす. **3** 〈財産を〉浪費する; 処分する. Él *destruyó* la fortuna de su familia. 彼は家族の財産を食いつぶした.
— ~**se** 再 **1** 〈3人称で〉破壊される; 壊滅する; 打ち砕かれる. Esta vitamina *se destruye* con el calor. このビタミンは熱で壊れる. **2** 〖数〗相殺される. [← 〚ラ〛 *dēstruere* 「取り壊す」; *dē-* (反対語を示す) + *struere* 「建造する」; 関連 destrucción, construir. 〚英〛 *destroy, destruction*]

destruy- 活 → destruir.

des·tru·yen·te [des.tru.jén.te; ðes.-] 形 破壊的な, 破滅させる.

des·tu·sar [des.tu.sár; ðes.-] 他 《ラ米》(エケアド)(ザ米) 〈トウモロコシの〉皮をむく.

des·tu·ta·nar [des.tu.ta.nár; ðes.-] 他 《ラ米》(チ) 〈骨から〉髄を引き出す [取り出す], 骨髄を抜く.
— ~**se** 再 《ラ米》(チ)(エケアド)《話》 ぶちのめされる, ひどいめに遭う; 苦労する.

des·u·bi·car·se [de.su.βi.kár.se; ðe.-] 122 再 《ラ米》(ぷエ) **1** 道に迷う. **2** 《話》振る舞い方を誤る.

de·subs·tan·ciar [de.suβs.tan.θjár; ðe.- / -.sjár] 82 他 → desustanciar.

de·su·dar [de.su.ðár; ðe.-] 他 〈人の〉汗を拭く [ぬぐう]. — ~**se** 再 汗をぬぐう.

desuell- 活 → desollar.

de·sue·lla·ca·ras [de.swe.ja.ká.ras; ðe.- ‖ .ʎa.-] 男女 (単複同形) 《話》下手な理髪師.
— 男 女 《話》厚かましい人, 恥知らず.

de·sue·llo [de.swé.jo; ðe.- ‖ -.ʎo] 男 **1** 皮をはぐこと. **2** 厚かましさ. **3** (金銭などの) ふんだくり; 法外な値段.

des·un·cir [de.sun.θír; ðe.- / -.sír] 99 他 〈動物を〉軛(くびき)から外す.

des·u·ni·da·men·te [de.su.ní.ða.mén.te; ðe.-] 副 分かれて, 別々に, ばらばらに.

des·u·nión [de.su.njón; ðe.-] 女 **1** 分離, 分裂. **2** 不和, 不統一. la ~ de los países [de una familia] 国家間 [家族内] の不和.

des·u·nir [de.su.nír; ðe.-] 他 **1** 《de... …から》引き離す, 分裂させる. **2** 不和にする, 反目させる. Las cuestiones *desunieron* a los dos. それらの問題が2人を仲違いさせた. — ~**se** 再 **1** 分裂する, 離れる. **2** 不和になる, 不統一を生じる.

des·u·ñar [de.su.nár; ðe.-] 他 **1** …の爪(つめ)を引きはがす. **2** 〖農〗古い根を取り除く. — ~**se** 再 **1** 手仕事に精を出す. **2** (悪習・悪事に) 手を染める.

de·sur·car [de.sur.kár; ðe.-] 102 他 〈畑の〉畝をならす.

de·sur·dir [de.sur.ðír; ðe.-] 他 **1** 〈縦糸を抜いて〉〈布を〉ほぐす. **2** (陰謀などを) 失敗させる, 覆す.

de·sur·ti·do, da [de.sur.tí.ðo, -.ða; ðe.-] 形 《ラ米》〈店やスーパーなどが〉品ぞろえの悪い, 商品を卸してもらえない.

des·u·sa·da·men·te [de.su.sá.ða.mén.te; ðe.-] 副 **1** 古めかしく, 廃れて. **2** 非常に, 異様に.

des·u·sa·do, da [de.su.sá.ðo, -.ða; ðe.-] 形 **1** 使用されていない, 廃れた; 昔の, 古い. modos ~s 昔のやり方. palabra *desusada* 廃語. **2** 普通ではない, 変わった, 珍しい. hablar en tono ~ 妙な調子で話す.

des·u·sar [de.su.sár; ðe.-] 他 …の使用をやめる.
— ~**se** 再 使われなくなる, 廃れる.

de·su·so [de.sú.so; ðe.-] 男 **1** 不使用; 廃止. caer en ~ 廃れる. expresión caída en ~ もう使われない表現. **2** 〖法〗(法律の) 廃用, 失効.

de·sus·tan·ciar [de.sus.tan.θjár; ðe.- / -.sjár] 82 他 本来の性質を損なう [失わせる]. — ~**se** 再 本質が損なわれる [失われる].

des·va·har [des.βa.ár; ðes.-] 他 …の枯れ葉 [枝] を取り除く.

des·va·í·do, da [des.βa.í.ðo, -.ða; ðes.-] 形 **1** 〈色が〉薄い, 不鮮明な. **2** 〈形・輪郭が〉ぼんやりした, あいまいな. **3** 明確でない, あいまいな. **4** 〈人が〉個性的でない. **5** 〈人が〉ひょろひょろした.

des·vai·nar [des.βai.nár; ðes.-] 他 〈豆の〉さやをむく.

des·va·li·do, da [des.βa.lí.ðo, -.ða; ðes.-]

desvergonzado

《estar+》恵まれない, 哀れな；貧しい；身寄りのない.
— 男 女 貧窮者；寄る辺のない人. socorrer a los ~s 貧しい人々を救済する.

des·va·li·ja·dor, do·ra [des.ba.li.xa.ðor; -.ðó.ra; ðes.-] 男 女 泥棒, 強盗；略奪者.

des·va·li·ja·mien·to [des.ba.li.xa.mjén.to; ðes.-] / **des·va·li·jo** [des.ba.li.xo; ðes.-] 男 盗み, 窃盗, 強盗；盗難；持ち物全てを盗むこと.

des·va·li·jar [des.ba.li.xár; ðes.-] 他 **1** …から金品を奪う, 身ぐるみはぐ, 略奪する. 〈家などを〉荒らす, 空っぽにする. Cuando vienen sus nietos le *desvalijan* el frigorífico. 孫たちが来ると彼[彼女]の家の冷蔵庫はいつも空になってしまう.

des·va·li·mien·to [des.ba.li.mjén.to; ðes.-] 男 貧窮, 困窮；寄る辺なさ.

des·va·lo·rar [des.ba.lo.rár; ðes.-] 他 **1** 〈通貨の〉平価を切り下げる (= devaluar).
2 …の価値［評価］を減じる；減価見積もりをする. **3** …の信用［評判］を落とさせる.

des·va·lo·ri·za·ción [des.ba.lo.ri.θa.θjón; ðes.- / -.sa.sjón] 女 価値の下落；減価見積もり.
2 (通貨の) 平価切り下げ (= devaluación).

des·va·lo·ri·zar [des.ba.lo.ri.θár; ðes.- / -.sár] 97 他 **1** …の価値［評価］を減じる；減価見積もりをする. **2** 〈通貨の〉平価を切り下げる (= devaluar).
— ~·se 再 価値が下がる, 通貨の価値が下がる.

*des·ván** [des.ʙán; ðes.-] 男 屋根裏, 屋根裏部屋.

des·va·ne·ce·dor, do·ra [des.ba.ne.θe.ðór, -dó.ra; ðes.- / -.se.-] 形 かすます, かすませる.
— 男 『写』(画像の縁などを) ぼかす装置, (ビグネット写真用の) 焼き枠.

*des·va·ne·cer** [des.ba.ne.θér; ðes.- / -.sér] 34 他 **1** 消散させる, 散らす. El viento *desvanece* el humo. 風が煙を吹き払う.
2 〈色・輪郭などを〉ぼかす；かすませる, 『写』ぼかしにする；『映』『ラジオ』『TV』〈映像・音量を〉徐々に暗く [小さく] する. **3** 〈心配・記憶などを〉頭から消し去る. La respuesta *desvaneció* mis dudas. その回答で私の疑いはすっかり消えた.
— ~·se 再 **1** 〈雲・霧・煙などが〉消えてなくなる, 晴れる. **2** 消える, 姿を消す. **3** 気を失う. **4** 〈記憶が〉薄らぐ；〈風味・香り・色が〉抜ける, 消える. **5** うぬぼれる, 得意になる.

des·va·ne·ci·do, da [des.ba.ne.θí.ðo, -.ða; ðes.- / -.sí.-] 形 **1** 気絶した, 気を失った. Caí ~. 私は気を失って倒れた. **2** うぬぼれ[虚栄心]の強い.

des·va·ne·ci·mien·to [des.ba.ne.θi.mjén.to; ðes.- / -.si.-] 男 **1** 消散, 霧消；消滅. **2** 〈色・輪郭の〉ぼかし. **3** 気絶. **4** うぬぼれ, 尊大. **5** 『映』『ラジオ』『TV』フェードアウト.

desvanezc- 活 → desvanecer.

des·va·ra·da [des.ba.rá.ða; ðes.-] 女 《ラ米》(ラテ゛)〈車の〉応急修理.

des·va·ra·dar [des.ba.ra.ðár; ðes.-] 他 《ラ米》(ラテ゛)〈車の〉応急修理をする.

des·va·ra·de·ro [des.ba.ra.ðé.ro; ðes.-] 男 《ラ米》(ラテ゛)(簡単に) 金が稼げる場所, (すぐに) 仕事が見つかる場所.

des·va·ra·do, da [des.ba.rá.ðo, -.ða; ðes.-] 形 《ラ米》(ラテ゛)就職した.

des·va·rar [des.ba.rár; ðes.-] 他 **1**『海』離礁させる：暗礁に乗り上げた船をそこから離し浮かばせること. **2** 《ラ米》(ラテ゛)〈車の〉応急修理をする.
— ~ (·se) 自 再 **1** 滑る (= resbalar). **2** 《ラ米》(ラテ゛)《話》〈難局を〉打開する.

des·va·ria·do, da [des.ba.rjá.ðo, -.ða; ðes.-] 形 **1** うわ言を言う；譫妄(ｾﾝ)性の. **2** でたらめな, 支離滅裂な, 錯乱した. **3** 〈枝が〉飛び出た, 徒長枝の.

des·va·riar [des.ba.rjár; ðes.-] 81 自 **1** うわ言を言う. **2** ばかげたこと［うわ言, 無茶なこと］を言う.

des·va·rí·o [des.ba.rí.o; ðes.-] 男 **1** (病気などによる一時的な) 精神錯乱, 譫妄(ｾﾝ)；うわ言. **2** 無意味な言葉, たわ言；ばかげた考え；愚行. La compra de esta casa ha sido un ~. この家を買ったのは狂気のさただった.

des·vas·ti·gar [des.bas.ti.ɣár; ðes.-] 103 他 剪定(ｾﾝ)する.

des·ve·la·do, da [des.be.lá.ðo, -.ða; ðes.-] 形 眠らずにいる；眠れないでいる.

des·ve·la·mien·to [des.be.la.mjén.to; ðes.-] 男 暴露, 公表.

*des·ve·lar**¹ [des.be.lár; ðes.-] 他 眠れなくする；眠気を払う. Las preocupaciones *desvelan* a todo el mundo. 心配のあまり誰も眠れないでいる.
— ~·se 再 **1** 眠らない；眠れない. **2** 《por... に, …できるように》心を砕く, 専念[専心]する. Se *desvela por* que todo esté bien. 彼[彼女] は万事うまくいくように配慮している.

des·ve·lar² [des.be.lár; ðes.-] 他 明らかにする, 暴露する. ~ el secreto 秘密をばらす.

des·ve·lo [des.bé.lo; ðes.-] 男 **1** 不眠, 眠れないこと. **2** 警戒, 心配. **3** (主に複数で) 苦労, 努力；献身, 専念. merced [gracias] a sus ~s 努力のかいあって［おかげで］.

des·ve·nar [des.be.nár; ðes.-] 他 **1** 〈肉の〉筋を取り除く；〈タバコの〉葉脈を取る. **2** 『鉱』〈鉱脈から〉掘り出す, 採掘する. **3** 『馬』馬銜(ｸﾂﾜ)を緩める.

des·ven·ci·ja·do, da [des.ben.θi.xá.ðo, -.ða; ðes.- / -.si.-] 形 ぐらぐらする, 倒れ [崩れ] そうな；壊れた. una silla *desvencijada* がたがたする椅子(ｲｽ). una casa *desvencijada* 今にも崩れ落ちそうな家.

des·ven·ci·jar [des.ben.θi.xár; ðes.- / -.si.-] **1** ばらばらにする, 壊す；がたがた [ぐらぐら] にする. El niño *desvencijó* el juguete. 子供はおもちゃをだめにしてしまった. **2** へとへとにさせる.
— ~·se 再 〈家具・機械などが〉ばらばらになる, 壊れる.

des·ven·dar [des.ben.dár; ðes.-] 他 包帯を取る.

*des·ven·ta·ja** [des.ben.tá.xa; ðes.-] 女 **不利**, 不都合；欠点；不利益, ハンディキャップ. en su ~ 不利な条件［劣勢］で. estar en ~ 不利な立場に立つ. las ~s de una política 政策の欠点. tener una ~ de dos goles 2 ゴールリードされている.

des·ven·ta·jo·so, sa [des.ben.ta.xó.so, -.sa; ðes.-] 形 不利な, 不都合な.

des·ven·tu·ra [des.ben.tú.ra; ðes.-] 女 不運, 不幸, 災難；逆境 (= desgracia).

des·ven·tu·ra·do, da [des.ben.tu.rá.ðo, -.ða; ðes.-] 形 **1** 不運な, 恵まれない. **2** 意気地のない, おどおどした. **3** 不尾屑の, あいにくの；いまわしい. un día ~ 厄日. **4** けちな, しみたれた.
— 男 女 不運な人, 不幸せな人；意気地のない人. socorrer a los ~s 恵まれない人々を救う.

des·ver·gon·za·da·men·te [des.ber.gon.θá.ða.mén.te; ðes.- / -.sá.-] 副 厚かましく, 恥ずかしげもなく.

des·ver·gon·za·do, da [des.ber.gon.θá.ðo, -.ða; ðes.- / -.sá.-] 形 **1** 厚かましい, 恥知らずの. **2** 横柄な, 傲慢(ｺﾞｳ)な. — 男 女 **1** 厚かましい人. **2** 横柄

な人,傲慢(翁)な人.

des·ver·gon·zar·se [des.ber.gon.θár.se; ðes.-/-sár.-] ⑲ 再 **1** 恥知らずな言動をする. **2**《a＋不定詞》厚かましくも[生意気に]…する. **3**《con...に対して》失礼な態度を取る,無礼に振る舞う.

des·ver·güen·za [des.ber.gwén.θa; ðes.-/-sa] 囡 **1** 厚顔無恥,厚かましさ. Tuvo la ～ de pedírmelo. 彼[彼女]はずうずうしくも私にそれを頼んだ. **2** 傲慢(翁),生意気. **3** 放縦,ふしだら;みだら,下品. decir ～s いやらしいことを口にする.

des·ves·tir [des.bes.tír; ðes.-] ① 他 覆いをはぐ,裸にする;衣服を脱がす.
— ～·**se** 再《文章語》衣服を脱ぐ,裸になる.

desví· 話 → desviar.

***des·via·ción** [des.bja.θjón; ðes.-/-sjón] 囡 **1**（進路・方針・常軌・原則から）**外れること**,逸脱,ずれ,偏り (= desvío). **2** 脇道,間道. **3** 迂回(氵)路,回り道. Hay una nueva ～ en la carretera. 自動車道に新しい迂回路ができている. **4**（鉄道の）転轍(氵),分軌. **5**《物理》屈折,錯行. ～ de la luz 光の屈折. **6**《海》偏差. ～ de la aguja imantada 羅針の偏差. **7**《医》（骨などの）ゆがみ,溢出(氵),溢血. ～ de la columna vertebral 背骨のずれ. **8**《鉱》鑓(ガ)押し坑道. **9**《数》偏差.

des·via·cio·nis·mo [des.bja.θjo.nís.mo; ðes.-/-sjo.-] 男 偏向,逸脱.

des·via·cio·nis·ta [des.bja.θjo.nís.ta; ðes.-/-sjo.-] 形 偏向した,逸脱した.
— 男 囡 偏向者,逸脱者.

***des·viar** [des.bjár; ðes.-] ㊁ 他 **1**《進路・道から》そらす,逸脱させる;《流れを》変えさせる. ～ la mirada 視線をそらす. ～ la conversación 話題を変える. La policía *ha desviado* el tráfico para evitar atascos. 警察は渋滞を避けるために車を迂回(氵)させた.

2《de...》〈計画・意図など〉を》思いとどまらせる,断念させる. El mal tiempo me *desvió* de mis planes. 悪天候によって私は計画の断念を余儀なくされた.
— ～·**se** 再《de...》**1**《〈進路・道〉から》**それる**,逸脱する. Él *se desvió* de la carretera para ir al servicio. 彼はトイレに行くために道路から外れた. **2**《〈本筋・正しい進路〉から》外れる,わきへそれる. ～*se del* tema テーマから外れる.
[←〔後ラ〕*dēviāre*;〔ラ〕*dē*-（分離）+〔ラ〕*via*「道」+ 動詞語尾;〔関連〕desviación, desvío.〔英〕*deviate*「それる,外れる」]

des·vin·cu·la·ción [des.biŋ.ku.la.θjón; ðes.-/-sjón] 囡 **1**（義務・責任からの）解放,免除. **2** 分離,絶縁.

des·vin·cu·lar [des.biŋ.ku.lár; ðes.-] ⑬ 他 **1**（義務・責任から）解放する,自由にする. ～ a＋人 de un compromiso 人を約束から解き放つ.
2 つながりを切る,離す.
— ～·**se** 再《con... / de... …との》つながりを切る,関係を絶つ. *Se ha desvinculado de* su familia. 彼[彼女]は家族と縁を切った.

***des·vío** [des.bí.o; ðes.-] 男 **1**（方針・進路・常軌・原則から）外れること,逸脱,偏向,ずれ.
2 迂回(氵)路,回り道.（鉄道の）転轍(氵),分軌,《ラ米》《ドジ》《ドジ》待避線. **4** 無関心,無愛想,冷淡.

des·vi·rar¹ [des.bi.rár; ðes.-] 他（靴の）底革の縁を切り落とす;（製本で）〈本の縁〉を裁ち落とす.

des·vi·rar² [des.bi.rár; ðes.-] 他《海》〈綱を緩めるために〉〈巻き上げ機を〉逆に回す.

des·vir·gar [des.bir.gár; ðes.-] ⑬ 他 **1** …の処女（性）を奪う. **2**《俗》初めて使う.

des·vi·ro·la·do, da [des.bi.ro.lá.ðo, -.ða; ðes.-] 形《ラ米》《ドジ》《話》頭のおかしい,気が変な.

des·vir·tua·ción [des.bir.twa.θjón; ðes.-/-sjón] 囡 **1** 長所が見えなくなること,粗(穩)が目立つこと. **2** 本質が失われること.

des·vir·tuar [des.bir.twár; ðes.-] ⑭ 他 損なる,だめにする;…の価値を落とす,…の効果を消す,弱める.
— ～·**se** 再 価値[効果,特徴]を失う;《ワイン・コーヒーなどが》朽ちる,香りが飛ぶ.

des·vi·ta·li·zar [des.bi.ta.li.θár; ðes.-/-sár] ⑰ 他 **1**《医》〈歯神経を〉まひさせる. **2** …の活力[気力]を奪う[弱める].

des·vi·tri·fi·car [des.bi.tri.fi.kár; ðes.-] ⑫ 他〈ガラスを〉不透明にする.

des·vi·vir·se [des.bi.bír.se; ðes.-] 再《por...》（…を）熱望する;（…のために,…しようと）一生懸命になる;尽くす. ～ *por* ir al teatro 芝居を見に行きたくてうずうずする. una madre que *se desvive por* sus hijos 子供のためには苦労をいとわない母親.

des·vol·ca·nar·se [des.bol.ka.nár.se; ðes.-] 再《ラ米》《ドジ》倒れる;転げ落ちる.

des·vol·ve·dor [des.bol.be.ðór; ðes.-] 男 スパナ,レンチ.

des·vol·ver [des.bol.bér; ðes.-] ㉓ 他［過分は desvuelto］**1** 変形させる. **2**《農》耕す.
— ～·**se** 再 変形する.

des·ye·mar [des.je.már; ðes.-] 他《農》…の芽を摘み取る.

des·yer·ba [des.jér.ba; ðes.-] 囡 除草,草取り.

des·yer·bar [des.jer.bár; ðes.-] 他〈畑の〉雑草を抜く,除草する (= desherbar).

des·yer·bo [des.jér.bo; ðes.-] 男《ラ米》→ desyerba.

des·yu·gar [des.ju.gár; ðes.-] ⑬ 他〈動物を〉軛(翁)から外す.

des·zo·car [des.θo.kár; ðes.-/-so.-] ⑫ 他〈人の〉手足を使いものにならなくする.
— ～·**se** 再〈手足が〉使いものにならなくなる.

de·tall [de.táʎ; ðe.-//-.tái]/**de·tal** [de.tál; ðe.-] 男《スペイン》小売り. al ～ 小売りで[の] (= al por menor). → detalle.

de·ta·lla·da·men·te [de.ta.já.ða.mén.te; ðe.-//-.ʎá.-] 副 詳細に,詳しく.

***de·ta·lla·do, da** [de.ta.já.ðo, -.ða; ðe.-//-.ʎá.-] 形 詳細な,詳しい. un informe ～ 詳細なレポート. de forma *detallada* 詳しく.

***de·ta·llar** [de.ta.jár; ðe.-//-.ʎár] ⑬ 他 **1** 詳しく説明する［述べる］. *Detalló* las razones de su decisión. 彼[彼女]は自分の決心の理由を詳しく述べた. **2**《商》小売りをする.

****de·ta·lle** [de.tá.je; ðe.-//-.ʎe] 男 **1 細かい点,詳細,細部**. dar ～s 詳細に述べる. no meterse en ～s 細部にこだわらない[わたらない]. no perder ～ 細かいことも見逃さない. sin entrar en ～s 細かい点にこだわらず,大まかに.

2 配慮,心遣い,親切. Él tuvo el ～ de traerme flores. 彼は私に親切にも花を持ってきてくれた. ¡Qué ～! お心遣いありがとうございます. **3**《美》ディテール. **4**《ラ米》《ドジ》地方税.
— 男 囡《ラ米》《ドジ》細かなことに気がつく人.
al detalle (1) 詳細に. (2) 小売りの,小売りで.
con (todo) detalle 詳細に,つぶさに.
en detalle 詳細な,詳細に.
[←〔仏〕*détail*（*détailler*「細かく切り分ける;詳述す

de·ta·llis·ta [de.ta.jís.ta; ðe.- ‖ -.ʎís.-] 形 **1** 細部にこだわる. 気のつく. ― 名 **1** 細部にこだわる人, 細かい人. **2** よく気のつく人. **3** 小売商人 (→ 「卸売り業者」は mayorista).

de·ta·llo·so, sa [de.ta.jó.so, -.sa; ðe.- ‖ -.ʎó.-] 形 《ラ米》(ごう)うぬぼれの強い, きざな.

de·ta·sa [de.tá.sa; ðe.-] 女 (運賃超過分の) 払い戻し.

de·tec·ción [de.te*k*.θjón; ðe.- / -.sjón] 女 探知, 発見; 検出.

de·tec·ta·ble [de.te*k*.tá.ble; ðe.-] 形 検出 [探知] できる.

*__de·tec·tar__ [de.te*k*.tár; ðe.-] 他 **1** 探知する, 見つけ出す; 検出する. ~ aviones enemigos 敵機を探知する. **2** 感じとる, 気づく.

de·tec·ti·ve [de.te*k*.tí.be; ðe.-] 男 女 (私立) 探偵, 情報員; 刑事.

de·tec·ti·ves·co, ca [de.te*k*.ti.βés.ko, -.ka; ðe.-] 形 探偵 [刑事] の [による, に関する].

de·tec·ti·vis·mo [de.te*k*.ti.βís.mo; ðe.-] 男 《ラ米》(ラブ)探偵(業), 刑事.

de·tec·tor [de.te*k*.tór; ðe.-] 男 探知器, 検出器; 検波器, 検電器. ~ de incendios 火災報知器. ~ de mentiras うそ発見器. ~ de minas 鉱脈探知器.

de·tén [de.tén; ðe.-] 活 → detener.

*__de·ten·ción__ [de.ten.θjón; ðe.- / -.sjón] 女 **1** 〖法〗逮捕; 拘留, 留置. **2** 停止, 休止, 中止; 制止, 遅滞, 遅れ (= dilación). Lo llamé y vino sin ~. 彼を呼ぶと時を移さずやって来た. **4** 周到, 慎重. examinar con ~ 綿密に調査する.

detendr- → detener.

__de·te·ner__ [de.te.nér; ðe.-] 43 他 **1 止める, 制止する; 引き留める. La policía *detuvo* el autobús. 警察はバスを停止させた. El gobierno *detuvo* la manifestación. 政府はデモを阻止した.
2 逮捕する; 勾留(ここ)する, 拘束する. *Han detenido* a los terroristas en este hotel. このホテルでテロリストたちが捕まった.
— ~·se 再 **1** 止まる, 停止する; 《a+不定詞 …するために》立ち止まる. Ella *se detuvo* un momento a la puerta. 彼女は戸口で一瞬立ち止まった. *Nos detuvimos* en casa de un amigo. 私たちは友達の家に立ち寄った.
2 《en...…に》時間をかける, 入念にする; じっくりと考える. No *te detengas* tanto *en* cosas minuciosas. 細かいことにあまりこだわるな.
[←[ラ] *dētinēre*「妨げる」;[ラ] *dē-*「離れて」 + *tenēre*「保持する」(→ tener); 関連 detención. [英] *detain*]

deteng- 活 → detener.

de·te·ni·da·men·te [de.te.ní.ða.mén.te; ðe.-] 副 注意深く, じっくりと, 慎重に, 綿密に.

*__de·te·ni·do, da__ [de.te.ní.ðo, -.ða; ðe.-] 形 **1** 《estar+》中断された, 止まった. **2** 拘留 [留置] された; 逮捕された. Queda Vd. ~. あなたを逮捕します. **3** 綿密な, 念入りな. un estudio ~ 念入りな研究. **4** 《ser+》臆病(おく)な, おどおど [びくびく] した. **5** けちな.
— 男 女 **1** 逮捕者, 拘留者. Al ~ se le sometió a un largo interrogatorio. 逮捕者は長時間の尋問を受けた. **2** 《ラ米》(『*)たかり屋, 居候.

de·te·ni·mien·to [de.te.ni.mjén.to; ðe.-] 男 **1** 逮捕; 拘留. **2** 停止, 休止.
con detenimiento 慎重に.

de·ten·ta·ción [de.ten.ta.θjón; ðe.- / -.sjón] 女 〖法〗不法占有, 不法使用.

de·ten·ta·dor, do·ra [de.ten.ta.ðór, -.ðó.ra; ðe.-] 男 女 **1** 不法占有者, 不法使用者. **2** (記録の) 保持者.

de·ten·tar [de.ten.tár; ðe.-] 他 〖法〗不法に占有 [使用] する;〈ある地位・権利を〉不法に行使する.

de·ten·te [de.tén.te; ðe.-] 男 〖史〗(カルロス党の)標章布. ♦キリストの心臓と "detente, bala"「弾よ, 止まれ」の語を縫い取った布片を胸に縫いつけた.

de·ten·tor, to·ra [de.ten.tór, -.tó.ra; ðe.-] 男 女 〖法〗不法占有 [使用] 者.

de·ter·gen·te [de.ter.xén.te; ðe.-] 形 洗浄性の, 浄化する. ― 男 合成 [中性] 洗剤, 洗浄剤.

de·ter·ger [de.ter.xér; ðe.-] 100 他 洗浄する, 洗い落とす. ~ una herida 傷口を洗う.

de·te·rio·ra·ción [de.te.rjo.ra.θjón; ðe.- / -.sjón] 女 → deterioro.

*__de·te·rio·rar__ [de.te.rjo.rár; ðe.-] 他 (徐々に) 傷める, 損なう.
— ~·se 再 **1** (徐々に) 傷む. **2** 〈機械などが〉すり減る, 摩耗する. **3** 悪化する, 低下する. El nivel de la enseñanza universitaria *se ha deteriorado* bastante. 大学教育の水準はかなり低下している.

de·te·rio·ro [de.te.rjó.ro; ðe.-] 男 **1** 傷めること, 損なうこと; 損傷, 損害. sin ~ de su prestigio 威信を傷つけることなく. **2** 擦り切れ, 傷み. **3** 退廃, 低下, 悪化. Ha habido un ~ en nuestras relaciones. 我々の関係は悪化してしまった.

de·ter·mi·na·ble [de.ter.mi.ná.ble; ðe.-] 形 決定できる, 確定できる.

*__de·ter·mi·na·ción__ [de.ter.mi.na.θjón; ðe.- / -.sjón] 女 **1** 決定, 確定. La ~ de la fecha depende de ustedes. 日取りの決定はあなた方次第です.
2 決心, 決断; 決断力. tomar una ~ 決心する, 決断を下す. mostrar ~ 決意を示す. tener poca ~ 決断力に欠ける. **3** 特定, 識別; 規定. Nos costó muchos esfuerzos la clara ~ de la naturaleza de la enfermedad. 私たちはその疾病の性質を明確に識別するのに多くの努力を費やした.

*__de·ter·mi·na·do, da__ [de.ter.mi.ná.ðo, -.ða; ðe.-] 形 **1** 特定の, 一定の; 明確な. en un día ~ 特定の [決まった] 日に.
2 《estar+》決定した, 決まった; 指定された. disposiciones *determinadas* de antemano あらかじめ決められた処置. Ellos *están* ~*s* a acusar al jefe de apropiación indebida. 彼らは上司の不当な横領を告発することに決めている.
3 《ser+》意志の固い, 大胆とした. Mi madre es indecisa, y mi padre *es* muy ~. 私の母は優柔不断で, 父は非常に決断力がある.
4 〖文法〗限定の. los artículos ~*s* e indeterminados 定冠詞と不定冠詞.

de·ter·mi·nan·te [de.ter.mi.nán.te; ðe.-] 形 決定する, 決定的な. un factor ~ 決定的な要因.
— 男 女 〖言〗限定辞 [詞]; 〖数〗行列式.

__de·ter·mi·nar__ [de.ter.mi.nár; ðe.-] 他 **1 決定する, 規定する. Por fin *determinaron* los límites de cada área. ついにそれぞれの領域の境界が画定された.
2 取り決める, 定める. Esta mañana *hemos determinado* la fecha del congreso. 今朝, 私たち

は学会の日取りを決めた. La ley *determina* que... 法律は…と定めている.
3 《+不定詞 …することに》**決める**, 決心[決意]する. El gobierno *determinó firmar* la paz. 政府は和平条約に調印することを決意した.
4 《a+不定詞 …することに》**決心[決定]させる**. El mal tiempo me *determinó a estar* en casa. 悪天候のため私は家に残ることにした.
5 識別する, 特定する；推定する. Después del análisis la policía *determinó* las causas del accidente. 分析の結果, 警察は事故原因を特定した.
6 引き起こす, 原因となる. El escándalo *determinó* la quiebra de la compañía. そのスキャンダルが原因で会社は倒産した.
7 〖法〗宣告する, 判決を下す. **8** 〖文法〗限定する.
9 〈ラ米〉〈俗〉注目する.
— **~.se** 再 《a+不定詞 …することに》**決める**, 決心[決意]する. Mi padre *se ha determinado a dejar* de beber. 私の父は酒をやめる決心をした.
[← 〔ラ〕*dēterminā́re*「境界を定める」(*terminus*「境界」より派生)／関連 determinación, determinado. 〔英〕*determine*]

de·ter·mi·na·ti·vo, va [de.ter.mi.na.tí.βo, -.βa; ðe.-] 形 決定づける；〖文法〗限定的な. adjetivo ～ 限定形容詞.

de·ter·mi·nis·mo [de.ter.mi.nís.mo; ðe.-] 男 〖哲〗決定論：宇宙のすべての事象はそれを必然的に決定する原因により生ずるとする説.

de·ter·mi·nis·ta [de.ter.mi.nís.ta; ðe.-] 形 〖哲〗決定論的な. ― 男 女 決定論者.

de·ter·sión [de.ter.sjón; ðe.-] 女 洗浄, 浄化.

de·ter·si·vo, va [de.ter.sí.βo, -.βa; ðe.-] 形 洗浄性の, 浄化する. ― 男 洗剤, 洗浄剤.

de·ter·so·rio, ria [de.ter.só.rjo, -.rja; ðe.-] 形 男 → detersivo.

de·tes·ta·ble [de.tes.tá.βle; ðe.-] 形 **1** 嫌悪[憎悪]すべき, 憎んでたまらない, 忌まわしい. una persona ～ ひどい嫌われ者.
2 ひどく悪い, ものすごい. una película ～ 最低の映画. un efecto ～ おぞましい効果.

de·tes·ta·ción [de.tes.ta.θjón; ðe.- / -.sjón] 女 嫌悪, 憎悪, 激しい不快感.

*__de·tes·tar__ [de.tes.tár; ðe.-] 他 嫌悪する, 憎む. Los viejos *detestan* el baile moderno. 年寄りたちは今風の踊りに背を向ける.

detien- 活 → detener.

de·tie·ne·buey [de.tje.ne.βwéi; ðe.-] 男 〖植〗ハリモクシュク.

de·to·na·ción [de.to.na.θjón; ðe.- / -.sjón] 女 爆発, 爆音；(特に内燃機関の)爆燃. Antes de producirse el incendio se oyeron varias *detonaciones*. 火事の起こる前に何度か爆発音が聞こえた.

de·to·na·dor, do·ra [de.to.na.ðór, -.ðó.ra; ðe.-] 形 爆発を起こす. ― 男 起爆装置[剤].

de·to·nan·te [de.to.nán.te; ðe.-] 形 **1** 爆発の, 起爆の. mezcla ～ 爆発性混合気体. **2** 調和しない, 合わない. ― 男 爆発物, 起爆剤, 誘因.

de·to·nar [de.to.nár; ðe.-] 他 爆発させる；《まれ》〈人を〉驚かせる.
― 自 爆発する, 轟音(ごうおん)を発する.

de·tor·sión [de.tor.sjón; ðe.-] 女 ねじれ.

de·trac·ción [de.trak.θjón; ðe.- / -.sjón] 女 **1** 中傷, 誹謗(ひぼう), 悪口. **2** 引き離し, 除去.

de·trac·tar [de.trak.tár; ðe.-] 他 批判する；信用を失わせる, 中傷する, 誹謗(ひぼう)する.

de·trac·tor, to·ra [de.trak.tór, -.tó.ra; ðe.-] 形 批判する, 中傷の, 誹謗(ひぼう)する. ― 男 女 中傷者, 誹謗者. No hagas caso de tus ～*es*. 君を悪く言う連中がいても気にすることはないよ.

de·tra·er [de.tra.ér; ðe.-] 58 他 **1** 〈ものの一部を〉抜き取る, 盗む. **2** 引き離す, 取り除く. **3** 信用を失わせる.

de·trás [de.trás; ðe.-] 副 〖場所〗**後ろに**, 後方に；裏に (↔ delante). Las chicas caminaban delante y los chicos, ～. 女子は前を歩き, 男子が後ろを歩いていた. La etiqueta lleva el precio ～. 値札の裏に金額がある. salida de ～ 後ろ[裏]の出口.

類語 *detrás* のほうが *atrás* よりも空間の指し方がはっきりしている. ⇒Ella está *detrás* de ti. 彼女らは君の後ろにいる. Están más *atrás*. 彼らはもっと後ろの方にいる.「…の後ろに」の意味で *tras* が使われる場合は, 主として次に続く名詞によって視界が遮られている場合である. ⇒*Tras* unos árboles estaba la pequeña casa del portero. 木立の陰に守衛の小さな家があった.

detrás de... …の後ろに, …の後方に. Tengo un jardín ～ de la casa. 家の裏に庭があります. Me escondí ～ del pilar. 私は柱の後ろに隠れた. Salió de ～ del sofá. 彼[彼女]はソファーの後ろから出てきた.
por detrás 後ろに[から]；裏で, 当人のいないところで. Lo critican duramente *por* ～. 彼は陰で酷評されている. Entraron *por* ～ del edificio. 彼らは建物の裏から入った.
[de+tras]

de·tri·men·to [de.tri.mén.to; ðe.-] 男 損害, 損失, 損傷, 被害. en ～ de... …を損なって, 傷つけて. ir en ～ de... …を損う, に損傷を与える. sin ～ de... …を損なわずに.

de·trí·ti·co, ca [de.trí.ti.ko, -.ka; ðe.-] 形 〖地質〗岩屑(がんせつ)の, 砕屑(さいせつ)質の.

de·tri·to [de.trí.to; ðe.-] 男 《主に複数で》**1** 〖地質〗岩屑(がんせつ), 砕屑(さいせつ)(物).
2 残骸(ざんがい), がらくた, くず.

de·tri·tus [de.trí.tus; ðe.-] 男 《単複同形》→ detrito.

detuv- 活 → detener.

deu·da [déu.ða; ðéu.-] 女 **1 借金**, 負債, 債務. contraer ～*s* 借金をする. pagar [saldar] una ～ 借金を返す. ～ a largo plazo 長期負債[借入金]. Tengo una ～ de 2 millones de yenes. 私は200万円の借金がある. ～ acumulada 累積債務. ～ consolidada (利付き) 長期負債. ～ externa 対外債務. ～ flotante 流動負債, 一時借入金. ～ interior [exterior] 内債[外債]. ～ morosa 不良貸し付け. ～ pública 国債, 公債.
2 借り, 恩義, 義理. Tengo una ～ de gratitud con el señor Martínez. 私はマルティネス氏に恩がある. Estamos en ～ contigo por salvar al perro. 私たちは君に犬を助けてもらった借りがある. **3** 〖宗〗過ち, 罪. Perdónanos nuestras ～*s*. 〖聖〗わたしたちの負い目をおゆるしください〈マタイ 6：12〉.
[← 〔ラ〕*dēbita* (*dēbitum*「借金, 負い目」の複数形；*dēbēre*「…しなければならない」より派生) ／関連 deudor, adeudar. 〔英〕*debt*]

deu·do, da [déu.ðo, -.ða; ðéu.-] 男 女 親戚(しんせき), 親族, 血縁. ― 男 血縁[親族]関係.

deu·dor, do·ra [deu.ðór, -.ðó.ra; ðeu.-] 形 負債[借金]がある (↔ acreedor). saldo ～ 借方残高.

devorar

ser ～ de＋人〈人〉に借り[恩義]がある．
——男女 借主，債務者，負債者；恩を受けている人．

deus ex ma·chi·na [déus eks.má.ki.na; déus -]〔ラ〕急場の救いの神，思いがけぬめでたい結末[大団円]（=dios por medio de la máquina）．◆古代ギリシア劇で機械仕掛けで舞台に登場させた神から．

deu·te·rio [deu.té.rjo; đeu.-] 男〖化〗重水素，デューテリウム．

deu·te·rón [deu.te.rón; đeu.-] 男〖物理〗重陽子；重水素の原子核．

Deu·te·ro·no·mio [deu.te.ro.nó.mjo; đeu.-] 固名〖聖〗（旧約の）申命記〖略 Dt〗．

deu·tó·xi·do [deu.tók.si.đo; đeu.-] 男〖化〗二酸化物．

de·va·lar [de.ba.lár; đe.-] 自〖海〗航路から外れる，針路からそれる．

***de·va·lua·ción** [de.ba.lwa.θjón; đe.- / -.sjón] 女〖経〗平価切り下げ．

de·va·luar [de.ba.lwár; đe.-] 84 他〖経〗平価を切り下げる，…の価値を下げる（=desvalorizar）．
——～·se 再 平価[価値]が下がる．

de·va·na·de·ra [de.ba.na.đé.ra; đe.-] 女 1 糸巻き，糸枠；糸巻き装置，糸繰り器．2（ロープ・ホースなどの）巻き取り機．3〖演〗舞台回転装置．

de·va·na·do [de.ba.ná.đo; đe.-] 男 1 巻き取り，巻き付け．2〖電〗巻き線，コイル．

de·va·na·dor, do·ra [de.ba.na.đór, -.đó.ra; đe.-] 形（糸などを）巻く，巻き取る；巻き線の，コイル状にする．——男女 巻く人[もの]．——男 1 糸巻き，糸枠，ボビン．2〈ラ米〉糸巻き装置，糸繰り器．

de·va·na·ga·ri [de.ba.na.gá.ri; đe.-] 男 デーバナーガリー文字：サンスクリット，およびヒンディー語などの近代インド諸語に用いられる文字．

de·va·nar [de.ba.nár; đe.-] 他（糸・ロープなどを）糸巻きに巻く，巻き取る；（コイル状に）巻く．——～·se 再〈ラ米〉(口)(俗)(話)身をよじる，身悶(もだ)えする．~se de risa 笑いころげる．~se de dolor 悶え苦しむ．

de·va·ne·ar [de.ba.ne.ár; đe.-] 自 うわ言[たわ言]を言う，取り留めもないことを口走る．

de·va·ne·o [de.ba.né.o; đe.-] 男 1 戯れ，お遊び．2 暇つぶし．

de·vas·ta·ción [de.bas.ta.θjón; đe.- / -.sjón] 女 荒らすこと，荒廃；破壊．

de·vas·ta·dor, do·ra [de.bas.ta.đór, -.đó.ra; đe.-] 形 1 荒らす，荒廃させる；破壊的な．2 圧倒的な，すごい．——男女 破壊者，蹂躙(じゅうりん)者．

de·vas·tar [de.bas.tár; đe.-] 他 荒廃させる；破壊する．casa *devastada* 廃屋．regiones *devastadas*（爆撃などで）荒廃した地域．

de·ve·lar [de.be.lár; đe.-] 他〈ラ米〉(口)(俗)(銅像や記念碑の)幕を取り除く，除幕する．

de·ven·ga·do, da [de.beŋ.gá.đo, -.đa; đe.-] 形〖商〗未払いの．intereses ~s 未払い利子．

de·ven·gar [de.beŋ.gár; đe.-] 103 他 1（利子を）生む．El depósito a plazo *devenga* más intereses. 定期預金にすれば利回りが上がる．
2〈支払い〉を受け取る，徴収する．

de·ven·go [de.béŋ.go; đe.-] 男 未収額，支払いを受けるべき金額．

de·ve·nir[1] [de.be.nír; đe.-] 45 自 1 **(en... …に)** なる．2〖哲〗生成する．2〈事が〉起こる，生じる（=suceder）．

de·ve·nir[2] [de.be.nír; đe.-] 男〖哲〗生成，転化．

de·ver·bal [de.ber.bál; đe.-] / **de·ver·ba·ti·vo, va** [de.ber.ba.tí.bo, -.ba; đe.-] 形〖文法〗動詞から派生した．sustantivo ～ 動詞から派生した名詞（→reconocimiento←reconocer など）．

de·via·ción [de.bja.θjón; đe.- / -.sjón] 女 → desviación．

de·vi·sar [de.bi.sár; đe.-] 他〈ラ米〉(古)(文)見渡す．

de vi·su [de.bí.su; đe.-]〔ラ〕（この目で）見て（= por haberlo visto）．

***de·vo·ción** [de.bo.θjón; đe.- / -.sjón] 女

1 《por... …への》献身．～ *por* la Virgen María 聖母マリアへの献身[信仰]．

2 敬虔(けん)，崇拝；尊敬；信仰，信心．Con gran ～ oyó el sermón. 彼[彼女]は非常に敬虔な面持ちで説教に耳を傾けた．**3** 熱意，専念；傾倒，心酔；忠誠．Miguel no es santo de mi ～. / A Miguel no le tengo mucha ～. 私はミゲルをそれほど好きではない．**4**《複数で》祈禱(きとう)，礼拝，勤行．
estar a la devoción de ＋人〈人〉の言いなりになる，〈人〉に一身をささげる．

de·vo·cio·na·rio [de.bo.θjo.ná.rjo; đe.- / -.sjo.-] 男 祈禱(きとう)書．

de·vo·lu·ción [de.bo.lu.θjón; đe.- / -.sjón] 女

1 返却，返送，返還；返品．～ *al* remitente 差出人あて返送．No se admiten *devoluciones*.（商品の）返品には応じられません．sin ～ 返却のできない；返す必要のない．**2** 払い戻し，返済金．～ del importe de una entrada 入場料の払い戻し．**3** お返し．**4**〖スポ〗返球．**5**(話) 嘔吐(おうと)．

de·vo·lu·ti·vo, va [de.bo.lu.tí.bo, -.ba; đe.-] 形〖法〗返却の．

***de·vol·ver** [de.bol.bér; đe.-] 23 他 [過分]は devuelto]

1 《a... …に》返す，返却する；返品する．～ el libro prestado *a* la biblioteca 図書館に借りた本を返す．

2〈釣り銭を〉返す；払い戻す．～ el importe de la entrada 入場料を払い戻す．

3 《a... 《元の状態・位置に》》戻す，返す；取り戻させる．El descanso me *ha devuelto* la tranquilidad. 私は休みを取って少し落ち着いた．～ un mueble *a* su sitio 家具を元の位置に戻す．**4**（好意・訪問などに）報いる，返礼する；（悪意などに）報復する．～ bien por mal 善をもって悪に報いる．**5**〖スポ〗返球する．**6**(話)〈食べ物などを〉吐く，戻す．
——自(話) 吐く，戻す．
——～·se 再〈ラ米〉帰る，戻る．
devolver la pelota a＋人 **(1)**〈人〉に返球する．**(2)**〈人〉に言い返す，仕返しをする．
[←〔ラ〕*dēvolvere*「転がして下ろす」（*dē*-「下へ」＋ *volvere*「転がす」）]

de·vo·nia·no, na [de.bo.njá.no, -.na; đe.-] / **de·vó·ni·co, ca** [de.bó.ni.ko, -.ka; đe.-] 形〖地質〗デボン紀[系]の．——男〖地質〗デボン紀[系]．

de·vo·ra·dor, do·ra [de.bo.ra.đór, -.đó.ra; đe.-] 形 1 がつがつした，むさぼり食う．hambre *devoradora* 猛烈な空腹．**2**（財産などを）むやみに使わせる，食いつぶす．**3** 破壊的な．**4** 心をかき乱す；熱烈な，激しい．**5**（関心などが）貪欲(どんよく)な，熱心な．
——男女 がつがつした人，むさぼり食う人．

de·vo·ran·te [de.bo.rán.te; đe.-] 形 → devorador．

***de·vo·rar** [de.bo.rár; đe.-] 他 **1 むさぼる**，がつがつ食べる．El lobo *devoró* al cordero. オオカミは子羊をむさぼり食った．
2〈財産などを〉使い果たす，蕩尽(とうじん)する．El juego

devotamente 686

ha devorado toda mi fortuna. 賭(か)け事で全財産を失った. **3** 破壊し尽くす. El fuego lo *devoró* todo. 火事がすべてを焼きつくした. **4** 〈心を〉狂わす. esta pasión que me *devora* 僕の身を焼くこの情熱. **5** 没頭する, 打ち込む. ～ una novela 小説をむさぼり読む. ～ a+人 con los ojos [la mirada] 〈人〉を食い入るような目で見る.

de·vo·ta·men·te [de.bó.ta.mén.te; đe.-] 副 敬虔に, 信仰篤く.

de·vo·to, ta [de.bó.to, -.ta; đe.-] 形 **1** 敬虔(ﾊﾞ)な, 信仰の篤い, 信心深い. **2** 〈礼拝所・聖像などが〉信仰をかきたてる, ありがたい. imagen *devota* 礼拝像. **3** 《*de...* …に対して》献身的な; 忠実な. ～ *de* su amo 主人に忠実な. **4** 心酔した, 熱中[傾倒]した. ——男 **1** 信者, 帰依者, 献身的な人. **2** 熱中[傾倒]する人, 心酔者. Es una *devota* del feminismo. 彼女はフェミニズムの熱狂な信奉者である. *su muy devoto* 《手紙》あなたの心からの(友). [←〔ラ〕*dēvōtum* 「没頭した」(*dēvovēre*「ささげる, 専念する」の完了分詞 *dēvōtus* の対格); 関連 devoción, voto. 英 *devoted*「献身的な」]

de·vuel·to, ta [de.bwél.to, -.ta; đe.-] [devolver の過分] 形 返却された, 返還された, 戻された.
——男 《話》(路上の) 嘔吐(ﾄ)物, ヘど.
——女 《ラ米》(ｵﾂﾘ, ｶﾞｴｼ)お釣り, 釣り銭.

devuelv- 直 →devolver.

de·xio·car·dia [dek.sjo.kár.dja; đek.-] 女 【医】右心症, 心臓右側転位, 心臓右位.

dex·tri·na [de(k)s.trí.na; đe(k)s.-] 女 【化】デキストリン, 糊精(ﾊｱ).

dex·tro [dé(k)s.tro; đé(k)s.-] 男 (聖域として認められた) 教会周囲の土地.

dex·tró·gi·ro, ra [de(k)s.tró.xi.ro, -.ra; đe(k)s.-] 形 【物理】右旋(性)の.

dex·tror·so, sa [de(k)s.trór.so, -.sa; đe(k)s.-] 形 **1** 【植】(つるなどが) 右巻きの. **2** 【物理】右回りの, 右旋回.

dex·tro·sa [de(k)s.tró.sa; đe(k)s.-] 女 【生化】デキストロース: 右旋単糖類の一種.

de·yec·ción [de.ɟek.θjón; đe.- / -.sjón] 女 **1** 【医】排便, 排泄(ﾊﾞ); 《複数で》排泄物, 糞便(ﾊﾞ). **2** 《複数で》【地質】(1) 岩屑(ﾊﾞ). (2) (火山の) 噴出物.

de·yec·tor [de.ɟek.tór; đe.-] 男 (ボイラーなどの) 湯あか除去装置.

dez·me·ro, ra [deθ.mé.ro, -.ra; đeθ.- / des.-; đes.-] 形 【史】十分の一税の.
——男 女 十分の一税の納税者.

DF. 《略》*D*istrito *F*ederal 連邦特別区. México ～ メキシコ(市)連邦区.

dg 《略》*d*eci*g*ramo デシグラム: 10分の1グラム.

Dg 《略》*d*eca*g*ramo デカグラム: 10グラム.

Dhul [dúl; đúl] 《略》*D*e *Hu*evo y *L*eche: スペインの食品関連企業.

di [dí; đí] 直 **1** →dar. **2** →decir.

di-¹ ⇒ dar.

di-² (接頭) 「分離, 起源, 外[へ]」または「反対, 否定」の意. ⇒ *di*fundir, *di*sentir. [←〔ラ〕]

di-³ (接頭) 「2」の意を表す. ⇒ *di*atómico, *di*ptongo.

dia- (接頭) 「分離, 区別」または「横切って, …の間に」の意. 母音の前では di-. ⇒ *dia*gnosis, *dia*gonal, *dió*ptrico. [←〔ギ〕]

***dí·a [dí.a; đí.-] 男 **1** 日, 一日; (天体の) 一日. todo el *día* 一日中. todos los *días* 毎日. en el *día* その日に, 一日で. ¿A qué *día* estamos? 今日は何日ですか. tarea de cada *día* 毎日の仕事. dos veces al *día* 一日に2回. *día* civil 暦日.

2 (日の出から日の入りまでの) 日中, 昼間 (↔noche). abrir [despuntar, romper, rayar] el *día* / hacerse de *día* 夜が明ける. antes del *día* 夜明け(前)に. al caer el *día* 日暮れに. en pleno *día* 白昼(に). *día* y noche 昼夜をおかず, 絶えず.

3 (ある特定の) 日; 記念日; 時, 時期. *día* lectivo 授業日. *día* laborable 平日, ウイークデー. *día* festivo 祝日. *día* libre 非番の日, 休日. *día* de autos 【法】犯行当日. *día* azul 青の日 (スペイン国営鉄道RENFEの乗車割引デー). *día* del Señor 日曜日, 主日. *día* D (軍隊などの) 作戦決行日.

4 《+天候などを表す形容詞》の日, 天気. un *día* lluvioso 雨模様の日[天気]. Hace un *día* estupendo. すばらしい日[天気]です.

5 《複数で》生涯, 人生; 時代. en aquellos *días* あのころ. Los *días* no pasan por ella. 彼女は全然年を取らないね. *días* de vino y rosas (ふたりの) 幸せな日々.

a días 日によって, 時折.

al día (1) 時機を得た, 時流に乗った, 最新の. (2) 遅れずに.

al otro día 翌日 (=al *día* siguiente).

buenos días 《あいさつ》おはようございます; よい日を(► 別れ際に用いる). dar los *buenos días*「おはよう」のあいさつをする.

coger el día a+人 *en...* 〈人〉が…で夜明けを迎える.

como del día a la noche / *como el día y la noche* 全く異なって. Sus dos hijos se parecen *como el día y la noche*. 彼[彼女] (ら) のふたりの子供たちは全然似ていない.

dar el día a+人 〈人〉を悩ます, てこずらせる.

de día 昼間に (↔de noche).

de día en día 日に日に.

de días 日を経た, 長い間の.

del día その日の, 新鮮な; 流行の.

de un día a otro すぐさま, 近いうちに.

día a [*por*] *día* 日ごとに, 日を追って, 毎日. esfuerzo del *día a día* 不断の努力.

Día de la Raza 民族の日: 10月12日, *Día* de la Hispanidad と呼ぶ地域もある. ◆いわゆるコロンブス Colón のアメリカ大陸「発見」の記念日.

el día de mañana 将来.

el día menos pensado ある日突然, 思いがけないときに.

el otro día 先日.

en su día しかるべきときに, 時機を見て.

entrado en días 年を取った.

entre día 昼間に.

en un día 一日で.

estos días 近ごろ, このごろ.

haber más días que longanizas [*olla*]. 《スペイン》《話》日にちがある.

hoy (*en*) *día* 今日, 現在.

llevarse el día 一日がかりである.

los otros días 《ラ米》先日, この間.

no verse [*oírse*] *todos los días* 珍しい, 滅多に見られない[聞けない].

otro día いつか, そのうち. Hasta *otro día*. 《別れのあいさつ》いずれまた.

ser el día de+人 〈人〉の誕生日[霊名日]である.

ser el [*su*] *día* 幸運な日である (► 主に否定で用いられる). Hoy no *es mi día*. 今日は私はついてない.

tener los [SUS] **días contados** 〈人・ものが〉先が短い, 寿命が短い.
(**todo**) **el santo día**《不快》一日中. Estuve todo el santo día atendiendo reclamaciones. クレームの対処で丸一日を費やした.
un buen día ある日突然.
un día es un día《言い訳で》(今日は)特別な日である, 一日限りのことである.
un día sí y otro no 一日おきに.
un día sí y otro también《話》毎日.
vivir al día その日暮らしをする.
[←《俗 ラ》*día←［ラ］*diēs；【関連】diario, mediodía, dios.［ポルトガル語］dia.［仏］jour.［伊］giorno.［英］diary「日記」

di·a·ba·sa [dja.bá.sa; đja.-] 囡【鉱】輝緑岩.
di·a·be·tes [dja.bé.tes; đja.-] 囡【医】《単複同形》【医】糖尿病. ~ juvenil 若年性糖尿病. ~ mellitus no insulinodependiente《略 DMNID》インスリン非依存性糖尿病.
di·a·bé·ti·co, ca [dja.bé.ti.ko, -.ka; đja.-] 形【医】糖尿病の；糖尿病にかかった.
━男糖尿病患者.
dia·bla [djá.bla; đja.-] 囡 **1**《話》女の悪魔；やり手の女. → diablo. **2** 二輪(馬)車. **3** 梳毛(ぞう)[梳綿]機. **4** (舞台上部のボーダーライト, 一文字照明.
a la diabla ぞんざいに, いい加減に.
dia·ble·ar [dja.ble.ár; đja.-] 自〈子供が〉いたずらをする.
dia·ble·jo [dja.blé.xo; đja.-] 男《親愛》(子供に対して)小悪魔.［diablo + 縮小辞］
dia·ble·sa [dja.blé.sa; đja.-] 囡《話》女の悪魔.
dia·bles·co, ca [dja.blés.ko, -.ka; đja.-] 形悪魔的な, 魔性の；邪悪な.
dia·bli·llo [dja.blí.jo; đja.- ‖ -.ʎo] 男 **1**《話》《親愛》小悪魔；いたずら小僧[者]. **2**(カーニバルなどで)悪魔に仮装した人.［diablo + 縮小辞］
* **dia·blo** [djá.blo; đja.-] 男 **1** 悪魔 (= demonio), 悪鬼, サタン. **2** いたずらっ子；人騒がせな人, たちの悪い人. Es un auténtico ~. 本当にあいつは嫌なやつだ. **3**《強調》《主に複数で》(疑問詞+)いったい全体. ¿Qué ~s quieres que te diga? 君はいったい僕に何を言ってもらいたいんだ. ¡Qué ~s! Yo también quiero irme. 何だよ, 僕だって帰りたいんだ. ¡Por todos los ~s! しまった, 参った, なんてことだ.
━男ちくしょう, くそ.
a diablos《話》すごく嫌な. oler [saber, sonar] a ~s すごく嫌なにおい[味, 音]がする.
al diablo (con)...《話》…もうたくさんだ, うんざりだ. Al ~ tus excusas. 君の言い訳なんかもうたくさんだ.
andar [estar] el diablo suelto ひどい状態である, 大混乱している.
como el [un] diablo《話》ひどく, すごく.
Cuando el diablo no tiene que hacer, mata moscas con el rabo.《諺》小人閑居して不善をなす（←悪魔はすることがないとしっぽでハエを殺している).
darse a (todos) los diablos ひどく怒る, 憤慨する.
del diablo / de mil diablos《話》すごい, ひどい；すごく, ひどく.
diablo de Tasmania【動】タスマニアデビル.
diablo marino【魚】カサゴ, フサカサゴ.
diablos azules《ラ米》(ぺ)(ダ)(プ)(アルコール中毒に伴う)振顫譫妄(ばんかんせん)症.

donde el diablo perdió el poncho《ラ米》(えん)(ぷ)(コ)(ベ)人里離れたところに, 遠くに.
el diablo de+名詞およびその相当語句 …のやつが.
irse al diablo《話》だめになる, 失敗に終わる.
llevarse el diablo... …が消えうせる, なくなる. El dinero se lo ha llevado el ~. お金があったという間になくなった. (2)《a+人〈人〉》が亡くなる.
llevarse los diablos a+人〈人〉がかっとなる, 怒る. Al oírlo, a él se lo han llevado los ~s. それを聞くと, 彼はかっかとなり, 絶交でした.
mandar... al diablo《話》(1) …をあきらめる, 捨てる. (2)《a+人》《〈人〉を》解雇する, 追い出す；無視する；《〈人〉と》仲たがいする, 絶交する.
más que el [un] diablo たくさん, すごく. Él sabe más que el ~. 彼はすごく物知りだ.
Más sabe el diablo por viejo que por diablo.《諺》亀の甲より年の功.
no sea el diablo que+接続法 …するといけないので.
ser un pobre diablo《話》つまらない[かわいそうな]人間である.
tener el diablo [los diablos] (metido(s)) en el cuerpo《話》(特に子供が)落ち着きのない；じっとしていない.
[←［後］*diabolus*←［ギ］*diábolos*「中傷する人；悪魔」【関連】［英］devil]

dia·blu·ra [dja.blú.ra; đja.-] 囡 **1** いたずら, からかい；向こうみずな行為. las ~s de los niños 子供たちのいたずら. hacer ~s いたずらをする. **2** 神技, 驚異. Este malabarista hace ~s con sus aros. この奇術師は驚異を使って見事な技を見せている.
* **dia·bó·li·co, ca** [dja.bó.li.ko, -.ka; đja.-] 形 **1** 悪魔のような, 魔性の. posesión *diabólica* 悪魔にとりつかれること. **2**《話》ひどい, 悪らつな. Hace un tiempo ~. ひどい天気だ. **3** 込み入った, 難しい. crucigrama ~ 難しいクロスワードパズル.

diá·bo·lo [djá.bo.lo; đja.-] 男《遊》ディアボロ, 空中独楽(こま)：2本の棒に張った糸の上であやつる独楽.
dia·ci·trón [dja.θi.trón; đja.- / -.si.-] 男 シトロンの皮の砂糖漬け.
dia·cla·sa [dja.klá.sa; đja.-] 囡【地質】(岩に生じる)亀裂.
dia·co·na·do [dja.ko.ná.đo; đja.-] 男【カト】助祭の職.
dia·co·nal [dja.ko.nál; đja.-] 形【カト】助祭の.
dia·co·nar [dja.ko.nár; đja.-] 自【カト】助祭として務める.
dia·co·na·to [dja.ko.ná.to; đja.-] 男【カト】助祭の職務, (プロテスタントの)執事の職務.
dia·co·ní·a [dja.ko.ní.a; đja.-] 囡【カト】助祭の受け持つ教区；助祭の住居.
dia·co·ni·sa [dja.ko.ní.sa; đja.-] 囡【カト】教会に奉仕する女性；司祭のいない所で助祭の仕事をする女性.
diá·co·no [djá.ko.no; đja.-] 男【カト】助祭；(プロテスタントの)執事. ordenar de ~ 助祭に任命する.
dia·crí·ti·co, ca [dja.krí.ti.ko, -.ka; đja.-] 形 **1**【音声】発音の区別を表す. signo ~ 区分符号. **2**【医】診断[鑑別](上)の；(症状が)特有の.
━男【音声】発音区別符号. ► güe, güi の u の上につく diéresis (¨) や ñ の上の tilde (~) など.
dia·cro·ní·a [dja.kro.ní.a; đja.-] 囡【言】通時態, 通時論 (↔ sincronía).
dia·cró·ni·co, ca [dja.kró.ni.ko, -.ka; đja.-] 形【言】通時的な, 通時論の.

di·a·cús·ti·ca [dja.kús.ti.ka; ðja.-] 囡 【物理】屈折音響学.

dia·da [djá.ða; ðjá.-] [カタルーニャ] 囡 ディアダ：カタルーニャ自治州の日 (9月11日).

di·a·del·fo, fa [dja.ðél.fo, -.fa; ðja.-] 形 【植】二体おしべ[雄蕊(ﾙ)]の.

dia·de·ma [dja.ðé.ma; ðja.-] 囲 **1** 王冠；宝冠. **2**（古代の王位・帝位を表すための）白い鉢巻き；王位, 帝位. **3**（女性用の半円形の）髪飾り, ティアラ.

di·a·fa·ni·dad [dja.fa.ni.ðáð; ðja.-] 囡 透明性, 透明度.

di·a·fa·ni·zar [dja.fa.ni.θár; ðja.- / -.sár] 97 他 透明にする, 透き通らせる.

(ティアラ)

*diá·fa·no, na [djá.fa.no, -.na; ðjá.-] 形 **1** 透き通った, 透明な, 澄んだ；（空・空気が）曇りのない, 明るい (↔opaco). voz *diáfana* 澄んだ声.
2 明白な, よどみのない；何も隠さない. explicación *diáfana* 明確な説明.

dia·fí·si·co, ca [dja.fí.si.ko, -.ka; ðja.-] 形 【言】言語使用域に関する, 文体の違いによって生じる.

diá·fi·sis [djá.fi.sis; ðjá.-] 囡 【単複同形】【解剖】骨の長く伸びた中間部, 骨幹(ﾙ).

dia·fo·re·sis [dja.fo.ré.sis; ðja.-] 囡 【単複同形】【医】発汗, 汗.

dia·fo·ré·ti·co, ca [dja.fo.ré.ti.ko, -.ka; ðja.-] 形 汗の；【医】発汗を促す. — 囲 【医】発汗剤.

dia·frag·ma [dja.fráɣ.ma; ðja.-] 囲 **1** 【解剖】横隔膜. **2** 隔膜, 仕切り. **3** 【物理】【化】振動板. **4** 【植】（果実などの）薄膜. **5** 【写】（カメラなどの）絞り. **6**（避妊具の）ペッサリー.

dia·frag·mar [dja.fraɣ.már; ðja.-] 他 **1** 隔膜[仕切り板]をつける. **2** 【写】絞りを調節する.

dia·frag·má·ti·co, ca [dja.fraɣ.má.ti.ko, -.ka; ðja.-] 形 **1** 隔膜の, 仕切りの. **2** 【解剖】【医】横隔膜の. **3** 【写】絞りの.

dia·gé·ne·sis [dja.xé.ne.sis; ðja.-] 囡 【単複同形】【地質】続成作用, 堆積岩形成のプロセス.

dia·ge·né·ti·co, ca [dja.xe.né.ti.ko, -.ka; ðja.-] 形 続成作用による, 堆積岩形成に関する.

diag·nós·ti·co [djaɣ.nós.sik; ðja.-] 囡 【単複同形】 **1** 【医】診断. **2** 【生物】（異種である特徴を圧縮記述した）記相(文), 記載.

diag·nos·ti·car [djaɣ.nos.ti.kár; ðja.-] 122 他 〈病気を〉診断する. Le *han diagnosticado* una hepatitis. 彼[彼女]は肝炎だと診断された.

*diag·nós·ti·co, ca [djaɣ.nós.ti.ko, -.ka; ðja.-] 形 診断の；〈生物〉特徴的な.
— 囲 **1** 【医】（病気の）診断. esperar el ~ del médico 医者の診断（結果）を待つ. **2** 【医】（病気の）徴候, 特有の症状. **3** 【比喩】診断. hacer un ~ sobre la política 政治について分析を加える.

dia·go·nal [dja.ɣo.nál; ðja.-] 形 **1** 【数】対角線の. **2** 斜めの, 綾(ﾆ)（織り）の. en ~ 斜めに.
— 囡 **1** 【数】対角線. trazar una ~ 対角線を引く. **2** 斜め模様；綾織り. **3**（街区を対角線でつなぐ）斜め通り.

dia·go·nal·men·te [dja.ɣo.nál.mén.te; ðja.-] 副 対角線に, はすかいに, 斜め（状）に.

diá·gra·fo [djá.ɣra.fo; ðjá.-] 囲 パントグラフ, 写図器.

dia·gra·ma [dja.ɣrá.ma; ðja.-] 囲 図, 図表, グラフ, 図式；図形. ~ de flujo フローチャート. ~ en sectores 円グラフ. ~ arbóreo (枝分かれの) 系図. [←〔ギ〕*diágramma* (*diagráphein* 「線を引く」の生語)；関連 〔英〕*diagram*]

dia·gra·ma·ción [dja.ɣra.ma.θjón; ðja.- /-.sjón] 囡 【印】レイアウト[配置]（の技術）.

dia·gra·mar [dja.ɣra.már; ðja.-] 他 【印】〈記事やスペースを〉レイアウト[配置]する.

dial¹ [djál; ðjál] 囲（ラジオなどの）ダイヤル.

dial² [djál; ðjál] 形 1日の.
— 囲 【複数で】天体位置表 (= efemérides).

diá·la·ga [djá.la.ga; ðjá.-] 囡 【鉱】異剝(ﾊ)石.

dia·lec·tal [dja.lek.tál; ðja.-] 形 方言の, 方言特有の, 訛(ﾅ)りの.

dia·lec·ta·lis·mo [dja.lek.ta.lís.mo; ðja.-] 囲 方言としての特質；方言特有の語法.

dia·léc·ti·ca [dja.lék.ti.ka; ðja.-] 囡 **1** 【哲】弁証法, 弁証法の考察；論法, 論理. ~ hegeliana ヘーゲルの弁証法 (→tesis). **2** 【話】詭弁(ﾍ).

*dia·léc·ti·co, ca [dja.lék.ti.ko, -.ka; ðja.-] 形 弁証法的な. materialismo ~ 弁証法的唯物論.
— 囲 囡 弁証家.

dia·lec·tis·mo [dja.lek.tís.mo; ðja.-] 囲 → dialectalismo.

*dia·lec·to [dja.lék.to; ðja.-] 囲 **1** 方言；お国訛(ﾅ)り. **2**（同じ系列に属する）言語, 地域言語（♦ラテン語に対してロマンス系諸語など）.

dia·lec·to·lo·gí·a [dja.lek.to.lo.xí.a; ðja.-] 囡 【言】方言学, 方言研究.

dia·lec·tó·lo·go, ga [dja.lek.tó.lo.go, -.ga; ðja.-] 形 【言】方言学の, 方言学を専攻している.
— 囲 囡 方言学者.

dia·li·pé·ta·lo, la [dja.li.pé.ta.lo, -.la; ðja.-] 形 【植】離弁（花類）の, 分離した花弁[花びら]を持つ.

dia·li·sé·pa·lo, la [dja.li.sé.pa.lo, -.la; ðja.-] 形 【植】離弁萼(ﾞｸ)の, 萼片が一枚ずつ離れている.

diá·li·sis [djá.li.sis; ðjá.-] 囡 【化】【医】透析.

dia·lí·ti·co, ca [dja.lí.ti.ko, -.ka; ðja.-] 形 【化】【医】透析（治療）の.

dia·li·za·dor [dja.li.θa.ðór; ðja.- / -.sa.-] 囲 【化】【医】透析装置.

dia·li·zar [dja.li.θár; ðja.- / -.sár] 97 他 透析する.

dia·lo·gal [dja.lo.ɣál; ðja.-] 形 → dialogístico.

dia·lo·gan·te [dja.lo.ɣán.te; ðja.-] 形 対話による, 対話を受け入れる.

*dia·lo·gar [dja.lo.ɣár; ðja.-] 103 自 **1**（sobre... …について）対話する, 話し合う. **2**（国家間で）協議する.
— 他 会話体で書く, 対話体にする. novela *dialogada* 対話体の小説.

dia·lo·gis·mo [dja.lo.xís.mo; ðja.-] 囲 【修辞】対話法, 会話形式.

dia·lo·gís·ti·co, ca [dja.lo.xís.ti.ko, -.ka; ðja.-] 形 対話の, 対話形式の；会話体の.

^{**}diá·lo·go [djá.lo.go; ðjá.-] 囲 **1** 対話, 会話, 対談. mantener [tener] un ~ 対話[対談]する. los *D~s* de Platón プラトンの『対話篇』. **2** 話し合い, 会談. El ~ entre la patronal y los sindicatos ha fracasado. 労使会談は失敗に終わった. **3**【文学】(小説などの)対話部分, 対話体；【映】【演】台詞(ﾌ). ~ de la película 映画の台詞.

diálogo de besugos 内容のない会話, めちゃくちゃな内容の会話.

diálogo de sordos 相手の主張を無視した会話[話し合い].

dia·lo·guis·ta [dja.lo.ǵis.ta; đja.-] 男 女 **1** 対話者, 対談者. **2** 対話(劇)作者.

dia·mag·né·ti·co, ca [dja.maǵ.né.ti.ko, -.ka; đja.-] 形《物理》反磁性の.

dia·mag·ne·tis·mo [dja.maǵ.ne.tís.mo; đja.-] 男《物理》反磁性.

dia·man·ta·do, da [dja.man.tá.đo, -.đa; đja.-] 形 ダイヤモンドのような, ダイヤモンド状の.

dia·man·tar [dja.man.tár; đja.-] 他 (ダイヤモンドのように)輝かせる, きらめかせる.

*__dia·man·te__ [dja.mán.te; đjá.-] 男 **1** ダイヤモンド, 金剛石. ~ (en) bruto ダイヤモンドの原石；磨かれていないダイヤモンド；磨かれていない資質. ~ brillante ブリリアントカット・ダイヤモンド. ~ rosa ローズカット・ダイヤモンド. ~ tabla テーブルカット・ダイヤモンド. ~ sintético 合成ダイヤモンド. bodas de ~ (結婚後75年または60年目の)ダイヤモンド婚式. ▶「ダイヤの指輪」は anillo de brillantes.
2 ガラス切り, ダイヤモンド・ポイント (= punta de ~). **3**《遊》(トランプ)ダイヤの札；《複数で》ダイヤの組み札.
edición diamante ダイヤ版：小さな活字を用いた小型本.
[←《俗ラ》*diamantem* (*diamas*の対格) ←《ラ》*adamās*, *-antis*「鋼鉄；ダイヤモンド」←《ギ》*adámas*, *-antos*.《関連》《英》*diamond*.《日》ギヤマン]

dia·man·tí·fe·ro, ra [dja.man.tí.fe.ro, -.ra; đja.-] 形 ダイヤモンドを産出する.

dia·man·ti·no, na [dja.man.tí.no, -.na; đja.-] 形 **1** ダイヤモンドの(ような)；非常に堅い. **2** 堅固な, 揺るがぬ.

dia·man·tis·ta [dja.man.tís.ta; đja.-] 男 女 ダイヤモンド細工師；ダイヤモンド商人.

dia·me·tral [dja.me.trál; đja.-] 形 **1** 直径の, 差し渡しの. *línea* ~ 直径. **2** 絶対の, 全くの. *Su opinión está en oposición* ~ *a la tuya.* 彼[彼女]の意見は君のとは正反対だ.

dia·me·tral·men·te [dja.me.trál.mén.te; đja.-] 副 **1** 直径の線にそって, 直径の方向に. **2** (*opuesto, diferente* などの形容詞の前で)完全に, 全く. *Nuestras posiciones son* ~ *opuestas.* 我々の立場は全く逆である.

*__diá·me·tro__ [djá.me.tro; đjá.-] 男 **直径**, 差し渡し；内径. ~ *aparente*《天文》視直径. *La rueda de mi bicicleta tiene sesenta centímetros de* ~. 私の自転車の車輪は直径60センチである.
[←《ラ》*diametros* ←《ギ》*diámetros* (*dia-*「渡して」+ *métron*「測った長さ」+ 名詞語尾)；《関連》《英》*metro, métrico*.《英》*diameter*]

*__dia·na__ [djá.na; đjá.-] 女 **1** (射的・ダーツなどの)的の中心；的. *hacer* ~ / *dar en la* ~ 的の中心を射る[に当たる]；予想[解答]が当たる.
2《軍》起床らっぱ. *tocar* ~ 起床らっぱを吹く.

Dia·na [djá.na; đjá.-] 固名《ロ神》ディアナ：月の女神. ギリシア神話の Artemis に当たる. [←《ラ》*Diāna*.《関連》*día, dios*.《ポルトガル》《伊》《英》《独》*Diana*.《仏》*Diane*]

¡dian·che! [dján.tʃe; đján.-] 間投 → ¡diantre!

dian·dro, dra [dján.dro, -.dra; đján.-] 形《植》二雄蕊(ずゐ)の, おしべが2つある.

dia·né·ti·co, ca [dja.né.ti.ko, -.ka; đja.-] 形 ダイアネティックスの, サイエントロジー教会の.
—女 ダイアネティックス：1950年代にロン・ハバードによって開発された心理療法.

¡dian·tre! [dján.tre; đján.-] 間投《話》ちくしょう, しまった；おやまあ. ▶ *diablo* の婉曲語法.

dia·pa·són [dja.pa.són; đja.-] 男 **1**《音楽》(1) 音叉(さ). (2) 全音域, 全声域；1オクターブの音程. (3) (バイオリンなどの)指板(ばん). (4) ディアパゾン：管楽器などで管哨孔の間隔を定める規準.
2 (声の)調子. *bajar* [*subir*] *el* ~ (声の)調子を下げる[上げる].

dia·pé·de·sis [dja.pé.đe.sis; đja.-] 女《医》漏出, 遊出, 滲出(しゅつ)；(血球の)血管外遊出.

dia·po·ra·ma [dja.po.rá.ma; đja.-] 男《写》ディアポラマ：(複数の)プロジェクターを用い, 音響効果を交えながら, ストーリーを展開してゆくスライドショー.

dia·po·si·ti·va [dja.po.si.tí.ba; đja.-] 女《写》スライド, 透明陽画.

dia·que·nio [dja.ké.njo; đja.-] 形《植》二痩果(しゅか)の. —男 二痩果の果実.

dia·re·ro, ra [dja.ré.ro, -.ra; đja.-] 形《ラ米》新聞販売[配達]の. —男 女 新聞販売[配達]員.

dia·ria [dja.rja; đja.-] → *diario*.

dia·ria·men·te [djá.rja.mén.te; đjá.-] 副 日ごとに, 毎日.

dia·rie·ro, ra [dja.rjé.ro, -.ra; đja.-] 男 女《ラ米》新聞販売[配達]員.

**dia·rio, ria [djá.rjo, -.rja; đjá.-] 形 (名詞+)(*ser*+) 日ごとの, 毎日の. *vida diaria* 日常生活. *trabajo* ~ 日々の労働. *prensa diaria* 日刊新聞.
—男 **1** 日刊新聞. ~ *de la mañana* / ~ *matutino* [*matinal*] 朝刊. ~ *de la noche* / ~ *vespertino* 夕刊. ~ *hablado* [*televisado*] ラジオ[テレビ]のニュース. *el* ~ *The New York Times*『ニューヨークタイムズ』紙. **2** 日記, 日誌. *escribir un* ~ 日記を書く. ~ *a bordo* [*de navegación*] 航海日誌. **3**《商》仕訳帳. **4** (毎日の)出費, 支出. ~ *de la casa* 家計の出費.
—副《ラ米》毎日, 日々.
a diario 毎日, 日ごと. *Nos vemos a* ~. 私たちは毎日顔を合わせる.
de [*para*] *diario* ふだんの. *ropa de* ~ ふだん着.
[←《ラ》*diārium*「1日分の食糧」 (*diēs*「日」より派生)；《関連》《仏》《英》*journal*.《英》*diary*]

dia·ris·mo [dja.rís.mo; đja.-] 男《ラ米》ジャーナリズム.

dia·ris·ta [dja.rís.ta; đja.-] 男 女 **1** 日記を付ける人, 日記を出版する人. **2**《ラ米》ジャーナリスト；新聞社主[発行者].

diar·quí·a [djar.kí.a; đjar.-] 女 両頭[二頭]政治(国家).

*__dia·rre·a__ [dja.r̃e.a; đja.-] 女《医》下痢.
tener una diarrea mental《話》頭が混乱している, 考えがまとまっていない.

dia·rrei·co, ca [dja.r̃éi.ko, -.ka; đja.-] 形《医》下痢の, 下痢性の.

dia·rru·cho [dja.r̃ú.tʃo; đja.-] 男《ラ米》《話》《軽蔑》赤新聞, 三流紙.

diar·tro·sis [djar.tró.sis; đjar.-] 女《単複同形》《解剖》可動関節, 可動結合.

diás·pe·ro [djás.pe.ro; đjás.-] 男 → *diaspro*.

diás·po·ra [djás.po.ra; đjás.-] 女 **1** ディアスポラ：紀元前3世紀以降のユダヤ人のパレスチナからの離散. **2** (民族の)離散, 四散. **3**《比喩的》人の大量移動.

diás·po·ro [djás.po.ro; đjás.-] 男 → *diaspro*.

dias·pro [djás.pro; đjás.-] 男《鉱》碧玉(へきぎょく), ダイ

アスポア.
dias·ta·sa [djas.tá.sa; ðjas.-] 囡【生化】ジアスターゼ, でんぷん糖化酵素.
diás·to·le [djás.to.le; ðjás.-] 囡 **1**【医】心臓拡張(期). **2**【詩】音節延長: 古典詩で, アクセントの位置を後に移して短母音を長母音化する(特殊な)語形変異. ⇒ Fr*a*ncia→Franc*í*a. ▶ 前に移動させる場合はsístole.
dias·tó·li·co, ca [djas.tó.li.ko, -.ka; ðjas.-] 形 **1**(心臓)拡張期の. **2** 音節延長の.
dias·trá·ti·co, ca [djas.trá.ti.ko, -.ka; ðjas.-] 形【言】社会階層[教養レベル]に関する, 社会階層[教養レベル]の差によって生じる.
dias·tro·fia [djas.tró.fja; ðjas.-] 囡【医】脱臼(きゅう), 捻挫(ねん).
dia·tér·ma·no, na [dja.tér.ma.no, -.na; ðja.-] 形【物理】透熱性の(↔atérmano).
dia·ter·mia [dja.tér.mja; ðja.-] 囡【医】透熱療法, ジアテルミー.
dia·tér·mi·co, ca [dja.tér.mi.ko, -.ka; ðja.-] 形【医】透熱治療の, 高周波透熱による.
dia·té·si·co, ca [dja.té.si.ko, -.ka; ðja.-] 形【医】(病的)素質[体質]の.
diá·te·sis [djá.te.sis; ðjá.-] 囡(単複同形)【医】(病的)素質, 体質.
dia·to·má·ce·o, a [dja.to.má.θe.o, -.a; ðja.- / -.se.-] 形【植】珪藻(けい)類の. ━囡 珪藻.
dia·to·me·a [dja.to.mé.a; ðja.-] 囡【植】珪藻(けい);《複数で》珪藻類.
dia·tó·mi·co, ca [dja.tó.mi.ko, -.ka; ðja.-] 形【化】 **1** 2原子の; 2価の.
dia·tó·ni·co, ca [dja.tó.ni.ko, -.ka; ðja.-] 形【音楽】全音階の.
dia·to·pí·a [dja.to.pí.a; ðja.-] 囡【言】地理言語学.
dia·tó·pi·co, ca [dja.tó.pi.ko, -.ka; ðja.-] 形【言】話者の出身地に基づく, 方言(差)の, 通域的な.
dia·tri·ba [dja.trí.ba; ðja.-] 囡 酷評, 痛烈な批判. lanzar [dirigir] una ~ 酷評を浴びせる.
diá·vo·lo [djá.bo.lo; ðjá.-] 男 ⇒ diábolo.
Dí·az [dí.aθ; ðí.- / -.as] 固名 ディアス. (1) Porfirio ~ (1830–1915): メキシコの軍人・政治家. (2) ディアス・デル・カスティーリョ Bernal ~ del Castillo (1496 ? –1581): Cortés のメキシコ遠征に同行したスペイン人征服者・記録者.
di·a·zói·co, ca [dja.θói.ko, -.ka; ðja.- / -.sói.-] 形 ジアゾの, 二窒素の.
di·bá·si·co, ca [di.bá.si.ko, -.ka; ði.-] 形【化】二塩基(性)の.
dibre. (略) *diciembre* 12月.
di·bu·jan·te [di.bu.xán.te; ði.-] 形 スケッチする, 素描をする. ━男囡 **1** スケッチ[素描]をする人. **2** 図案家;デザイナー;(アニメーションの)原画家;製図工[者], 図工.
*__di·bu·jar__ [di.bu.xár; ði.-] 他 **1** 描く, …の絵[図]を描く;デッサン[スケッチ]する. ~ a mano alzada フリーハンドで描く. ~ con [a] pluma ペンで描く. ~ del natural 写生する.
2 (言葉・文章で)描写する, 表現する. Ella trató de ~ la situación con exactitud. 彼女は状況を正確に描写しようと努めた. **3** 構想する, 計画する.
━~·se 再 現れる, 浮かび上がる;表面化する. A lo lejos *se dibuja* una torre contra el cielo. 遠くの空に塔がそびえ立っている. En su cara *se dibujaba* el dolor de vez en cuando. 彼[彼女]の顔にはときどき苦悩の色がうかがわれた.
*__di·bu·jo__ [di.bú.xo; ði.-] 男 **1** 線画;素描, デッサン. academia de ~ 絵をかく学校. papel de ~ 画用紙. hacer un ~ 絵をかく. ~ artístico [técnico, lineal] 幾何学模様の線画. ~s animados アニメ(ーション), 動画. ~ a mano alzada 自在画. ~ a pluma [lápiz]ペン[鉛筆]画. ~ del natural 写生画. **2** デザイン;模様. con ~ 柄入りの. **3** 図面, 設計図.
di·bus [dí.bus; ðí.-] 男《複数形》《話》動画, アニメ(= dibujos animados).
dic., dicbre. (略) *diciembre* 12月.
dic- 語 ⇒ decir.
di·cas·te·rio [di.kas.té.rjo; ði.-] 男【カト】(集合的に)教皇庁内の各組織.
dic·ción [di*k*.θjón; ði*k*.- / -.sjón] 囡 **1** 書き方, 話し方;言葉遣い, 語法, (表現上の)スタイル.
2 発音(法), 発声法(= pronunciación).
3《まれ》言葉, 単語. ⇒ palabra.
*__dic·cio·na·rio__ [di*k*.θjo.ná.rjo; ði*k*.- / -.sjo.-] 男 辞書, 辞典;事典. consultar el ~ 辞書を引く. ~ español-japonés 西和辞典. ~ bilingüe 2か国語[対訳]辞典. ~ de bolsillo ポケット辞典. ~ de sinónimos 同義語辞典. ~ de uso 用法辞典. ~ etimológico 語源辞典. ~ inverso 逆引き辞典. ~ electrónico 電子辞書. ~ ideológico 概念辞典. ~ enciclopédico 百科辞典(= enciclopedia).

> 類語 *diccionario* は「辞書, 辞典」で, ある言語の言葉を一定の配列に並べ, その発音・意味・用法などを説明したもの. *enciclopedia* は「百科事典, 百科全書」で学問・芸術・その他, 人間の知識全般にわたる事項を説明したもの (→ *enciclopedia* ilustrada 図解百科事典). *glosario* は「語彙(ご)解説, 用語解説」で, 難語・古語・稀語に説明を加えたもの. 本の巻末につけられることが多い. *léxico* は「語彙集」でふつう古典ギリシア語などの古典語辞書をさす. *terminología* は *término*「専門用語, 術語」を集めたもので一定の専門分野での用語(→ *términos* taurinos闘牛用語). *vocabulario* は「用語集, 単語集」で簡易な辞書. *nomenclador* は「地名, 人名などのリスト」.
> [←［中ラ］*dictionarium*（［ラ］*dicere*「言う」の派生語 *dictiō*「発言」より造語）. 関連［仏］*dictionnaire*. ［英］*dictionary*]

dic·cio·na·ris·ta [di*k*.θjo.na.rís.ta; ði*k*.- / -.sjo.-] 男囡 辞書編纂(さん)者.
di·cen·te [di.θén.te; ði.- / -.sén.-] 形 言う, 述べる, 発話する. ━男囡 発話者.
di·ce·res [di.θe.res; ði.- / -.se.-] 男《複数形》《ラ米》《話》うわさ, ゴシップ, 風評(= habladurías).
*__di·cha__ [dí.tʃa; ðí.-] 囡 **1** 幸福, 幸せ;満足. Es una ~ poder hacer lo que uno quiere. やりたいことをできるなんて幸せなことだ. ¡Qué ~！ それはよかったなあ;まあ, うれしい. **2** 幸運, 運. ser un hombre de ~ 幸運に恵まれている人.
━形 ⇒ dicho.
Nunca es tarde si la dicha es buena.《諺》喜ばしいことに遅すぎることはない.
por dicha 幸い, 運よく.
[←[古スペイン]「運命」←[俗ラ] *dicta*「神託」, 運命」(［ラ］(神によって)言われたこと」の複数形より). 関連 dichoso, desdichado, decir]
di·cha·ra·che·ro, ra [di.tʃa.ra.tʃé.ro, -.ra; ði.-] 形 **1** 冗談[しゃれ]のうまい, おもしろい. **2**

di·cha·ra·cho [di.tʃa.rá.tʃo; đi.-] 男《話》下品な[汚い]言葉, きわどい冗談.

di·cho, cha [dí.tʃo, -.tʃa; đi.-] [decir の過分] 形 **1 (+名詞)《無冠詞で》前述の, 前記の. *dicha* ciudad 前記の都市.
2 《名詞+》(**estar**+) 言われた, 口に出された. Lo ~ ayer vale todavía. 昨日言ったことは今でも有効だ. Está bien ~.《言い方・言葉が》正しい.
— 男 **1** 言葉, 表現;〈言ったこと, 言い~ de Cicerón キケロの言葉. ~ de las gentes うわさ, 陰口.
2 格言, 諺(ことわざ). Como dice el ~, "lo caro no siempre es bueno". 格言にあるように「高いものが必ずしもいいものだとは限らない」よ.
Del dicho al hecho hay mucho [gran] trecho.《諺》言うは易(やす)く行うは難(かた)し(←言ってから実行に移すまでには長い距離がある).
dicho y hecho《話》言うやいなや.
Lo dicho, dicho. 言ったことはあくまで言ったことだ.
mejor dicho むしろ. Alto, o *mejor* ~ *gigantesco*. 背が高いというよりもむしろ巨人のようだ.
propiamente dicho 本来の意味の, いわゆる.
[←[ラ] *dictum* (*dīcere*「言う」の完了分詞 *dictus* の対格)]

*di·cho·so, sa [di.tʃó.so, -.sa; đi.-] 形 **1** 幸せな, うれしい, 満足した. Ella se sentía *dichosa* de poder salir por fin del hospital. 彼女はやっと退院できるという喜びを感じていた.
2 幸運な, 喜ばしい. suceso ~ 喜ばしい出来事. **3** 適切な; 成功した, 上出来の. Esa obra de teatro fue la más *dichosa* de cuantas escribió el autor. その劇作品は作者が書いたもののうち最も優れたものであった. **4**《話》(+名詞) いやな, やっかいな, うんざりする. ese ~ individuo あのいやなやつ. Ese ~ trabajo me impide salir. 私はあのいまましい仕事のおかげで外出ができない.

**di·ciem·bre [di.θjém.bre; đi.- / -.sjém.-] 男 12月《略 dibre., dic., dicbre.》. el 25 de ~ 12月25日. En ~, leña y duerme.《諺》12月は薪を用意して寝るに限る.
[←[ラ] *Decembrem* (*December* の対格)「(ローマ古暦の)第10月」(当時は3月を年始として数えた; *decem*「10」より派生);[関連][ポルトガル] *dezembro*. [仏] *décembre*. [伊] *dicembre*. [英] *December*. [独] *Dezember*]

di·cli·nis·mo [di.kli.nís.mo; đi.-] 男《植》雌雄異花.
di·cli·no, na [di.klí.no, -.na; đi.-] 形《植》雌雄異花の, 単性の.
di·co·ti·le·dón [di.ko.ti.le.đón; đi.-] / **di·co·ti·le·dó·ne·o, a** [di.ko.ti.le.đó.ne.o, -.a; đi.-] 形《植》双子葉の. — 女《複数で》双子葉植物.
di·co·to·mí·a [di.ko.to.mí.a; đi.-] 女 **1** 二分, 両分, 二分裂. **2**《論》二分法.
di·co·tó·mi·co, ca [di.ko.tó.mi.ko, -.ka; đi.-] 形 2分法に関する, 2分法による.
di·có·to·mo, ma [di.kó.to.mo, -.ma; đi.-] 形 2つに割れた, 2分できる.
di·cro·i·co, ca [di.krói.ko, -.ka; đi.-] 形《物理》2色性の.
di·cro·ís·mo [di.kro.ís.mo; đi.-] 男《物理》2色性.
di·cro·má·ti·co, ca [di.kro.má.ti.ko, -.ka; đi.-] 形 2色(性)の.
di·cro·ma·tis·mo [di.kro.ma.tís.mo; đi.-] 男 2色性.

*dic·ta·do [dik.tá.đo; đik.-] 男 **1**(書き取りを前提にした)口述, 口授. hacer un ~ 口述する.
2 書き取り, ディクテーション; 書き取られた文章. **3** 肩書き, 称号; あだ名. **4**《複数で》(良心・理性などの)示唆, 啓示, 命令. los ~s de la conciencia 良心の命じるところ.
al dictado de... …の(勧め[命令])に従って.
escribir al dictado 口述筆記する.

*dic·ta·dor, do·ra [dik.ta.đór, -.đó.ra; đik.-] 形 独裁的な.
— 男 **1** 独裁者, 僭主(せんしゅ); 暴君. **2**(古代ローマの)臨時独裁執政官. **3**(横暴な)支配者, 独裁的な人.

*dic·ta·du·ra [dik.ta.đú.ra; đik.-] 女 **1** 独裁(制, 政治), 専制; 独裁政権. D~ de Franco (スペインの)フランコ独裁政権(1939-75). D~ de Díaz (メキシコ革命前の)ディアス独裁政権(1877-80, 1884-1911). ~ militar 軍部独裁. bajo una ~ 独裁政権下で, 独裁下の. **2** 独裁権, 絶対権力. **3** 専横, 暴虐.

dic·tá·fo·no [dik.tá.fo.no; đik.-] 男《商標》ディクタフォン: 口述を録音・再生する速記用機械.

dic·ta·men [dik.tá.men; đik.-] 男《複 dictámenes》(専門家・公的な組織の)意見, 判断. ~ médico (医師の)診断. ~ pericial 鑑定書. ~ de las comisiones 委員会報告. ~ facultativo 診療報告. ~ contable《ラ米》(きん)監査報告.

dic·ta·mi·nar [dik.ta.mi.nár; đik.-] 他〈主に専門家が〉判断を下す; 意見を述べる. El grafólogo *dictaminó* que era la letra de un tímido. 筆跡学者はそれを小心な人間の文字だと判断した.

díc·ta·mo [dík.ta.mo; đik.-] 男《植》ハナハッカの一種, オレガノ:シソ科.

*dic·tar [dik.tár; đik.-] 他 **1** 書き取らせる, 口述する. El profesor nos *ha dictado* una poesía de García Lorca en la clase de español. 先生はスペイン語の授業で私たちにガルシア・ロルカの詩を書き取らせた. Mi jefe me *dictó* una carta. 上司は私に手紙を口述した.
2〈法令などを〉公布する, 定める;〈判決などを〉言い渡す. El juez *dictó* un auto de detención. 判事は逮捕状を出した.
3〈講演・授業などを〉する. El profesor *dictó* una conferencia sobre el calentamiento global. 先生は地球温暖化について講演した.
4 指示する, 命ずる. Hizo lo que le *dictó* su conciencia. 彼[彼女]は良心の命ずることをやった.
[←[ラ] *dictāre* (*dīcere*「言う」より派生);[関連] *dictado, dictador.* [英] *dictate, dictation, dictator*]

dic·ta·to·rial [dik.ta.to.rjál; đik.-] 形 独裁的な, 尊大な, 傍若無人な.

dic·te·rio [dik.té.rjo; đik.-] 男《主に複数で》ののしり, 悪口雑言.

di·dac·ti·cis·mo [di.đak.ti.θís.mo; đi.- / -.sís.-] 男 → didactismo.

*di·dác·ti·co, ca [di.đák.ti.ko, -.ka; đi.-] 形 教育的な, 教育の; 教育目的の. material ~ 教材.
— 女 教授法. Siguió un cursillo sobre *didáctica* de la lengua española. 彼[彼女]はスペイン語教授法の講習を受けた.

di·dác·ti·lo, la [di.đák.ti.lo, -.la; đi.-] 形 2本指の.

di·dac·tis·mo [di.đak.tís.mo; đi.-] 男 **1** 教え方,

教育法. **2** 教育的側面, 教育の目的.
di·das·ca·lia [di.ðas.ká.lja; ði.-] 囡〖演〗セリフによる状況説明.
di·das·cá·li·co, ca [di.ðas.ká.li.ko, -.ka; ði.-] 形 ➔ didáctico. ━ 囡 ➔ didáctica.
di·del·fo, fa [di.ðél.fo, -.fa; ði.-] 形〖動〗二子宮の. ━ 男 囡 有袋目の動物. ━ 男〖複数で〗有袋目.
did·ge·ri·do·o [di.je.ri.ðú; ði.-] 男 ディジェリドゥー：竹やユーカリを使ったオーストラリアの先住民の吹奏楽器.
di·di·me·o, a [di.ðí.me.o, -.a; ði.-] 形〖文章語〗アポロの.
di·di·mio [di.ðí.mjo; ði.-] 男〖化〗ジジミウム, ジジム.
dí·di·mo, ma [dí.ði.mo, -.ma; ði.-] 形〖植〗双生の, 対の. ━ 男〖解剖〗（動物の）睾丸(がん).
Di·do [dí.ðo; ði.-] 固名〖ギ神〗ディド：フェニキアのテュロス Tiro 王の娘. カルタゴの建設者といわれる女王. [← 〖ラ〗*Dīdō* ← 〖ギ〗*Dídō*; 関連〖ポルトガル〗*Dido*. 〖独〗*Didon*. 〖伊〗*Didone*]

die·ci·nue·ve [dje.θi.nwé.ße; dje.- / -.si.-] 《数詞》**1**《＋名詞》19 の, 19人〖個〗の. **2**《名詞＋》19番目の.
━ 男 19；19の数字（ローマ数字 XIX）.
die·ci·nue·ve·a·vo, va [dje.θi.nwe.ße.á.ßo, -.ßa; dje.- / -.si.-] 形《数詞》19分の1の, 19等分した. ━ 男 19分の1.
die·ci·o·cha·vo, va [dje.θjo.tʃá.ßo, -.ßa; dje.- / -.sjo.-] 形 男 ➔ dieciochoavo.
die·cio·ches·co, ca [dje.θjo.tʃés.ko, -.ka; dje.- / -.sjo.-] 形 18世紀の, 18世紀的な. *pintura diecio-chesca* 18世紀の絵画.
die·cio·chis·mo [dje.θjo.tʃís.mo; dje.- / -.sjo.-] 男 18世紀的様式〖性格〗.
die·cio·chis·ta [dje.θjo.tʃís.ta; dje.- / -.sjo.-] 形 18世紀（風）の.

die·cio·cho [dje.θjó.tʃo; dje.- / -.sjó.-] 形 [diez y ocho の縮約形]《数詞》**1**《＋名詞》18 の, 18人〖個〗の. **2**《名詞＋》18番目の. ━ 男 18；18の数字（ローマ数字 XVIII）.
die·cio·cho·a·vo, va [dje.θjo.tʃo.á.ßo, -.ßa; dje.- / -.sjo.-] 形《数詞》18分の1の, 18等分した. ━ 男 18分の1.

die·ci·séis [dje.θi.séis; dje.- / -.si.-] 形 [diez y seis の縮約形]《数詞》**1**《＋名詞》16 の, 16人〖個〗の. **2**《名詞＋》16番目の. ━ 男 16；16の数字（ローマ数字 XVI）.
die·ci·sei·sa·vo, va [dje.θi.sei.sá.ßo, -.ßa; dje.- / -.si.-] 形《数詞》16分の1の, 16等分した. ━ 男 16分の1. *en* ～ [16°] 16折り判の.

die·ci·sie·te [dje.θi.sjé.te; dje.- / -.si.-] 形 [diez y siete の縮約形]《数詞》**1**《＋名詞》17 の, 17人〖個〗の. **2**《名詞＋》17番目の. ━ 男 17；17の数字（ローマ数字 XVII）.
die·ci·sie·te·a·vo, va [dje.θi.sje.te.á.ßo, -.ßa; dje.- / -.si.-] 形 17分の1の, 17等分した. ━ 男 17分の1.
die·dro [djé.ðro; djé.-] 形〖男性形のみ〗2平面を持つ, 2面角の. *ángulo* ～ 2面角.
━ 男 **1** 2面角. **2**〖航空〗上反角.
die·go [djé.go; djé.-] 男〖植〗➔ dondiego.
Die·go [djé.go; djé.-] 固名 **1** ディエゴ *Gerardo* ～ (1896–1987)：スペインの詩人. **2** ディエゴ：男子の洗礼名. [← 〖古スペイン〗*Diago*; *Sandiago* (← *Sant Iago*; *Iago* は〖後ラ〗*Jacōbus*「ヤコブ」より) が誤って *San Diago* と解釈された；関連 *Jaime*]
di·e·léc·tri·co, ca [dje.lék.tri.ko, -.ka; dje.-] 形〖電〗不伝導性の, 絶縁の, 誘電性の.
━ 男 誘電体, 絶縁体.
di·en·cé·fa·lo [djen.θé.fa.lo; djen.- / -.sé.-] 男〖解剖〗間脳.

dien·te [djén.te; djén.-] 男 **1** 歯；前歯 (▶ 奥歯は *muela*). *salirle los ～s* (a＋人) / *echar los ～s* 〈人に〉歯が生える. ～ *de leche* / ～ *primario* 乳歯. ～ *permanente* 永久歯. ～ *cariado* 虫歯. *palillo de ～s* 爪楊枝(ずまうじ). *postizos* 入れ歯.

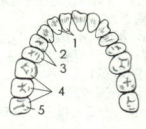

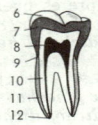

diente（歯）
1 incisivos 門歯, 切歯. 2 canino 犬歯. 3 premolares 小臼歯（きゅうし）. 4 molares 大臼歯. 5 muela del juicio 親知らず. 6 corona 歯冠. 7 esmalte エナメル質. 8 cámara pulpar 歯髄腔. 9 cuello 歯頸(しい). 10 marfil 象牙質. 11 cemento セメント質. 12 raíz 歯根.

2 歯状のもの；ぎざぎざ（模様）；《比喩的》小刻みな変動. ～*s de sierra* のこぎりの歯.
3〖建〗待ち歯：建物や石塀などの増築用の突出部 (＝～ *de perro*)；〖動〗歯嘴.
aguzar los dientes《話》食べたくてうずうずする.
alargar los dientes largos a＋人 ➔ *poner los dientes largos* a＋人.
armarse hasta los dientes 完全武装する.
con todos los dientes がぶりと.
dar a diente a... …を食べる.
dar diente con diente《強調》（寒さ・怖さで）震える.
de dientes (para) afuera《話》誠意のない. *reírse de ～s para afuera* 作り笑いをする. *una faena de ～s afuera* 心のこもっていない仕事.
dejarse los dientes en... …に精を出す, 根を詰める.
diente de ajo ニンニクのひとかけ.
diente de león〖植〗（セイヨウ）タンポポ.
diente par diente 目には目を.
enseñar [mostrar] los dientes a...《話》…に敵意を見せる.
estar a diente 食べないでいる, 腹ぺこである.
estar que ECHAR los dientes〈人が〉（怒りで）かんかんである.
hablar [decir] entre dientes《話》つぶやく；ぼやく.
hincar [meter] el diente a... (1)〈硬いものなどに〉食らいつく；〈困難などに〉立ち向かう. (2)〈他人のものを〉自分のものにする.
no tener [llegar] (ni) para un diente〈食べ物が〉わずかである.
pelar el diente《ラ米》《話》(1)（にこっと）(*にっこ*)ほほえむ, 色っぽく笑う；よく笑う. (2)(おべっか)(お世辞)ごまをする, ぺこぺこする.
poner los dientes largos a＋人《話》〈人〉をうらやましがらせる.

ponérsele *los dientes largos* (*a*+人)《話》〈人〉がうらやむ, ねたむ.
rechinar *los dientes de*+人 / **rechinar**le *los dientes* (*a*+人)《話》〈人〉が歯ぎしりする, 〈人〉がねたむ, うらやむ. *Le rechinan los dientes* cada vez que ve a la pareja. ふたりを見るたびに彼[彼女]は嫉妬(ど)の念を抱く.
tener buen diente《話》〈人〉が健啖(な)である.
[←[ラ] *dēntem*(*dēns*「歯」の対格);[関連]dentista. [英]*dentist*「歯医者」, *tooth*「歯」, *eat*「食べる」]

dié·re·sis [djé.re.sis; djé.-] 囡《単複同形》**1**《文法》(1)〈母音〉分立: 通常, 連続する2母音を別音節に属させること; またその発音 (↔sinéresis). sua·ve → su·a·ve. (2) 分音符号, ウムラウト(¨) (= crema): 母音の上につけられる符号, スペイン語では güe, güi の場合に u の上に用いる.
2《医》分離, 切断.

dié·sel [djé.sel; djé.-] 男 **1** ディーゼルエンジン, ディーゼル機関 (= motor ~). locomotora ~ ディーゼル機関車. **2** ディーゼル車.

die·si [djé.si; djé.-] 囡《音楽》嬰(ネ)記号, シャープ (♯).

di·es i·rae [dí.es í.r(a.)e; dí.-] 〔ラ〕《カト》ディエス·イレ, 怒りの日, 最後の審判の日: 死者ミサ誦唱の冒頭語.

dies·tra [djés.tra; djés.-] 囡 右手.

dies·tra·men·te [djés.tra.mén.te; djés.-] 副 器用に, 巧みに; 如才なく.

dies·tro, tra [djés.tro, -.tra; djés.-] 形 **1** 右利きの(↔zurdo). Es *diestra*. 彼女は右利きだ.
2 右の, 右側の (= siniestro). la mano *diestra* 右手. **3**《**en**... / **con**...が》巧みな, 熟練した (= hábil). ~ *en* hablar 話がうまい. ~ *en* su oficio 仕事に熟練した, 腕のよい. **4**《商売などに》抜けめのない, あくどい. **5** 幸運な, 好都合な. **6**《紋》盾を持つ側から見て右側の.
── 男 右利きの人.
── 男 **1**《闘牛》マタドール matador. **2** 手綱, 端綱. **3** 剣士, 剣術家.
a diestro y siniestro あちらこちらに; 手当たりしだいに. golpear *a* ~ *y siniestro* 所構わずたたく.

*****die·ta**[1] [djé.ta; djé.-] 囡 **1** 食餌(ヒょ)療法; 規定食. poner a ~ 食餌生活を始める ~ alta en calorías 高カロリーのミルクによる食事療法. **2** ダイエット, 節食, 絶食. estar a ~ ダイエット中である.
3 習慣的な食事. ~ mediterránea 地中海料理.
[←[ラ] *diaeta*←[ギ] *díaita*「生き方; 食餌療法」; [関連][英]*diet*. [日]ダイエット]

die·ta[2] [djé.ta; djé.-] 囡 **1**(日本などの)議会, 国会.
→corte[2].
2《複数で》(議員などの)歳費, 報酬; (出張の)日当.

die·ta·rio [dje.tá.rjo; dje.-] 男 家計簿, 会計帳簿.

die·té·ti·co, ca [dje.té.ti.ko, -.ka; dje.-] 形 食餌(じ)療法の. médico ~ 栄養学者.
── 囡 食餌(じ)療法(学), 応用栄養学, 食養学.

die·tis·ta [dje.tís.ta; dje.-] 男囡 食餌(じ)療法家.

die·tó·lo·go, ga [dje.tó.lo.ɣo, -.ɣa; dje.-] 男囡 食餌(じ)療法の専門医[研究]家.

die·to·te·ra·pia [dje.to.te.rá.pja; dje.-] 囡 食餌(じ)療法法; ダイエットセラピー.

*****diez** [djéθ; djéθ] dés.-] 形《数詞》**1**《+名詞》10の, 10人[個]の. Son las ~. 10時だ. **2**《名詞+》10番めの. el siglo X [~] 10世紀.
── 男 **1** 10; 10の数字(ローマ数字X). el (día) ~ de mayo 5月10日. el ~ de oros(スペイン·トランプの)金貨の10 (→naipe).
2(ロザリオの)一連; 10個の小珠(ホェ)ごとにある大珠.
3《ラ米》《話》10センタボ(コイン).
hacer las diez de últimas《話》(1) 自分でチャンスをつぶす, 自分の首を絞める. (2)(トランプに勝って)卓上のを全部さらう.
[←[ラ] *decem*;[関連]década, décimo, decena, deci-. [伊] *Decamerone*『デカメロン(10日物語)』.]
[英]*decade*「10年」, *decimal*「10進法の」]

diez·mar [djeθ.már; djeθ.-] 他 **1** ···の10から1つを取る[選ぶ]; 10人につき1人を選んで罰する[殺す]. **2**〈疫病·戦争が〉多くの〈人·動植物を〉壊滅させる; 大幅に減少させる.
── 自《史》十分の一税を納める.

diez·me·ro, ra [djeθ.mé.ro, -.ra; djeθ.- / djes.-; djes.-] 男囡《史》十分の一税の納税者; 十分の一税徴収人.

diez·me·si·no, na [djeθ.me.sí.no, -.na; djeθ.- / djes.-; djes.-] 形 10ヵ月の.

diez·mi·lé·si·mo, ma [djeθ.mi.lé.si.mo, -.ma; djeθ.- / djes.-; djes.-] 形《数詞》**1** 1万番目の. **2** 1万分の1の, 1万等分した. ── 男 1万分の1.

diez·mi·lí·me·tro [djeθ.mi.lí.me.tro; djeθ.- / djes.-; djes.-] 男 10分の1ミリメートル《略 dm-m》.

diez·mi·llo [djeθ.mí.jo; djeθ.- ǁ -.ʎo / djes.-; djes.-]《ラ米》腰肉, サーロイン.

diez·mi·llo·né·si·mo, ma [djeθ.mi.ʎo.né.si.mo, -.ma; djeθ.- ǁ -.ʎo.- / djes.-; djes.-] 形《数詞》**1** 1000万番目の. **2** 1000万分の1の, 1000万等分した. ── 男 1000万分の1.

diez·mo [djéθ.mo; djéθ.- / djés.-; djes.-] 男 **1**《史》十分の一税. (1) 中世に教会に納められた収穫の1割に当たる税. (2) スペイン王室に支払われた商品の1割に相当する関税. **2**《古語》10分の1.

di·fa·ma·ción [di.fa.ma.θjón; di.- / -.sjón] 囡 中傷, 誹謗(ひぼ), 名誉毀損(きそん).

di·fa·ma·dor, do·ra [di.fa.ma.ðór, -.ðó.ra; di.-] 形 中傷者, 名誉毀損(きそん)者, 誹謗(ひぼう)者.
── 形 →difamatorio.

di·fa·man·te [di.fa.mán.te; di.-] 形 →difamatorio.

di·fa·mar [di.fa.már; di.-] 他 名誉を毀損(きそん)する, 中傷する, 誹謗(ひぼう)する. Nos *han difamado* diciendo que éramos unos ladrones. 我々は泥棒呼ばわりされて名誉を傷つけられた.

di·fa·ma·to·rio, ria [di.fa.ma.tó.rjo, -.rja; di.-] 形 中傷の, 名誉毀損(きそん)の, 誹謗(ひぼう)する.

di·fá·si·co, ca [di.fá.si.ko, -.ka; di.-] 形《物理》二相の, 二相性の.

*****di·fe·ren·cia** [di.fe.rén.θja; di.- / -.sja] 囡 **1** 違い, 差, 相違. ~ de edad 年齢の差. ~ horaria 時差. pagar la ~ 差額を支払う. ¿Cuántas horas de ~ hay entre Tokio y Lima? 東京とリマの時差は何時間ですか.
2《主に複数で》意見の相違, 食い違い; 対立. Los socios tuvieron sus ~*s*. メンバーの意見は食い違った.
3《数》差. Si le resto 10 a 35, la ~ es 25. 35から10を引くと差は25だ.
── 囲 →diferenciar.
a diferencia de... ···とは異なり, ···と違って.
partir la(*s*) *diferencia*(*s*) 折り合う, 妥協する.

di·fe·ren·cia·ción [di.fe.ren.θja.θjón; di.- / -

diferenciado, da [di.fe.ren.θjá.ðo, -.ða; ði.- / -.sjá.-] 形 **(de...)** 1 〈…とは〉異なる, はっきりと違う; 異色の. 2 〈…と〉別格扱いの; 特別扱いの.

diferencial [di.fe.ren.θjál; ði.- / -.sjál] 形 1 区別の目安となる, 相違の, 差を示す. característica ～ 弁別的な特徴. 2 差別的な. 3 [数]微分の. cálculo ～ 微分. ecuación ～ 微分方程式. 4 【機】差動の.
―― 囡 【数】微分.
―― 男 1 【機】差動装置[歯車]. 2 【経】格差, 差額, マージン.

diferenciar [di.fe.ren.θjár; ði.- / -.sjár] 他 1 **(de... ...と)** …を区別する; 差別する. ～ el bien *del* mal 善悪を区別する. Lo que más *diferencia* a los dos coches es la fuerza del motor. この2台の車の大きな違いはエンジンのパワーである.
2 見分ける, 識別する. El estilo del pelo *diferencia* a las dos hermanas claramente. 2人の姉妹は髪型ではっきりと見分けることができる.
3 【数】微分する.
―― **～se** 再 1 **(en... ...で / de... ...と)** 異なる, 違う; 際立つ. *En* este punto *nos diferenciamos* mucho. この点については我々の意見は大きく食い違っている. Esta chica *se diferencia* mucho *de* sus compañeras. この女の子は仲間の中でも特に目立っている. 2 【生物】分化する.

diferendo [di.fe.rén.do; ði.-] 男 《ラ米》(コデン)(ヾ)(ぢ)(ヾ) 〘話〙不和, 紛争.

diferente [di.fe.rén.te; ði.-] 形 1 《+名詞 / 名詞+》《ser+ / estar+》**(de... / a... ...と)** 異なる, 違った. de forma [manera] ～ 違った形で. La situación *es* muy ～. 状況は非常に違っている. Mi opinión *es* ～ *a [de]* la tuya. 私の意見は君とは違う.
2 《複数で》《+名詞》さまざまな, いくつかの. ～s puntos de vista さまざまな観点. por ～s motivos さまざまな動機で.
―― 副 異なって, 違って. pensar ～ 違う考え方をする.
[←〘ラ〙*differēntem*(*differre*「引き離す」の現在分詞 *differēns* の対格); 関連 diferencia. 〘英〙*different*]

diferible [di.fe.rí.ble; ði.-] 形 延期できる, 延期可能な.

diferido, da [di.fe.rí.ðo, -.ða; ði.-] 形 延期された.
emisión diferida [*en diferido*] 録音[録画]放送. ▶「生放送」は emisión en directo.

diferimiento [di.fe.ri.mjén.to; ði.-] 男 延期, 延滞, 先送り.

diferir [di.fe.rír; ði.-] 27 他 **延期する**, 延ばす; 延長する. *Han diferido* la reunión. 会議は延期になった. ～ el fallo 〘法〙判決を留保する. → prolongar〔類語〕.
―― 自 **(de... ...と)(en... ...で)** 異なる, 相違する; 意見を異にする. *Difiere de* sus hermanos *en* todo. 彼[彼女]はあらゆる点で兄弟たちと異なる. Estas piezas *difieren entre sí*. これらの部品は互いに異なっている.
[←〘ラ〙*differre*「引き離す; 異なる」(*dis-*「離れて」+ *ferre*「運ぶ」); 関連 diferente. 〘英〙*differ*]

difícil [di.fí.θil; ði.- / -.sil] 形 1 《+名詞 / 名詞+》《ser+ / estar+》**難しい, 困難な**(↔*fácil*); 《+不定詞 / que+接続法 …することは》ありそうにない. hacer ～ 難しくする. situación ～ 難しい状況. momentos [tiempos] ～*es* 困難な時. *Es* ～ *que venga*. 彼[彼女]は来そうもない. *Es* muy ～ *encontrarlo*. それを見つけるのは難しい.
2 《名詞+》《ser+ / estar+》**(de+不定詞 …するのが)** 難しい. La máquina *es* ～ *de manejar*. その機械は操作しにくい.
3 気難しい, 扱いにくい. 4 奇妙な, 変わった.
[←〘ラ〙*difficilem*(*difficilis* の対格); *dis-*(反対語を示す) + *facilis*「容易な」); 関連 dificultad. 〘英〙*difficult*]

difícilmente [di.fí.θil.mén.te; ði.- / -.sil.-] 副 1 《+動詞・形容詞》まず(…そうにない). una conducta ～ *admisible* 許しがたい行為. Si te comportas de ese modo, ～ *podrás* casarte con ella. そんなふうにしていては彼女との結婚は難しいだろう. ▶否定的なニュアンスで用いる.
2 かろうじて(…する), やっと(…できる)(= con dificultad).

dificultad [di.fi.kul.táð; ði.-] 囡 1 **難しさ, 困難, 難儀**. sin ～ たやすく, 楽々と. un asunto de mucha ～ 非常に難しい問題, 難事件. Tengo mucha ～ para pronunciar la z. 私にはZを発音するのがとても難しい.
2 苦悩, 窮地; 困窮. superar [vencer] las ～*es* 苦境を克服する. Nos vimos en ～*es* después de que nuestro padre perdió el trabajo. 父が仕事を失ってから私たちは窮地に立たされた.
3 障害, 支障; 邪魔. Se retrasó el tren por ～*es técnicas*. 技術的なトラブルで列車が遅れた.
4 異議, 反対. poner ～*es* a+人〈人〉に異議を唱える.

dificultador, dora [di.fi.kul.ta.ðór, -.ðó.ra; ði.-] 形 邪魔になる, 厄介な, 骨の折れる.
―― 男 囡 わざと邪魔する人; 難しく考えたがる人.

dificultar [di.fi.kul.tár; ði.-] 他 **難しくする**, 困難にする, 妨げる. La fuerte lluvia *dificultaba* el control del coche. 豪雨で車の運転がしづらくなっていた.

dificultosamente [di.fi.kul.tó.sa.mén.te; ði.-] 副 やっとのことで, 苦労して.

dificultoso, sa [di.fi.kul.tó.so, -.sa; ði.-] 形 1 困難な, 骨の折れる. trabajo ～ 難儀な仕事.
2 〈人が〉面倒をかける, 始末の悪い.

difidación [di.fi.ða.θjón; ði.- / -.sjón] 囡 宣戦布告; 宣戦布告の声明書.

difidencia [di.fi.ðén.θja; ði.- / -.sja] 囡 不信, 疑心; 不信心.

difidente [di.fi.ðén.te; ði.-] 形 信じない, 疑い深い.

difier- 活 → diferir.

difilo, la [dí.fi.lo, -.la; ði.-] 形 【植】二葉性の, 二枚葉のある.

difir- 活 → diferir.

difluir [di.flwír; ði.-] 48 自 散らばる, 拡散する.

difosfonato [di.fos.fo.ná.to; ði.-] 男 骨粗鬆(ヾ)症の治療に使う薬品.

difracción [di.frak.θjón; ði.- / -.sjón] 囡 【物理】【光】回折.

difractar [di.frak.tár; ði.-] 他 【物理】〈電波・光線・音波などを〉回折させる.

difractivo, va [di.frak.tí.βo, -.βa; ði.-] → difrangente.

di·fran·gen·te [di.fraŋ.xén.te; đi.-] 形〘物理〙回折の, 回折させる.

dif·te·ria [dif.té.rja; đif.-] 女〘医〙ジフテリア.

dif·té·ri·co, ca [dif.té.ri.ko, -.ka; đif.-] 形〘医〙ジフテリア性の, ジフテリアにかかった.

di·fu·mar [di.fu.már; đi.-] 他 ➜ difuminar.

di·fu·mi·na·ción [di.fu.mi.na.θjón; đi.- / -.sjón] 女〘美〙擦筆によるぼかし.

di·fu·mi·nar [di.fu.mi.nár; đi.-] 他 擦筆でぼかす；かすませる, ぼやかす. La niebla *difuminaba* los árboles. 霧で木々もぼんやり見えた.

— **~·se** 再 (次第に) かすむ, ぼやける.

di·fu·mi·no [di.fu.mí.no; đi.-] 男 **1** 擦筆：パステル画, 木炭画などのぼかしに用いる筆. **2** 擦筆でぼかすこと. dibujo al ～ 擦筆画.

di·fun·di·do, da [di.fun.dí.đo, -.đa; đi.-] 形 拡散した；広まった. la información *difundida* por el diario... …紙で報じられた情報.

***di·fun·dir** [di.fun.dír; đi.-] 他 **1 拡散する**, 放散する. Las ratas *difunden* las epidemias. ネズミは伝染病を広げる. ～ la luz 光を放散させる.
2 広める, 流布させる, 普及させる. ～ la noticia ニュースを伝える. ～ una emisión radiofónica ラジオで放送する.

— **~·se** 再 **1** 発散する, 拡散［放散］する. La transpiración *se difunde* por los poros. 発汗は気孔から行われる. **2** 伝播(でんぱ)する, 普及する.

***di·fun·to, ta** [di.fún.to, -.ta; đi.-] 形 **死亡した**, 今は亡き, 故人となった. mi ～ padre 亡父. *La Habana para un infante* ～『亡き王子のためのハバーナ』(Cabrera Infante の小説). **—** 男 女 **故人**.
— 男 遺体, 亡骸(なきがら).

Día de* (*los*) *Difuntos 〘カト〙死者の日, 万霊節 (11月2日).

oler a difunto 《話》(**1**)〈部屋などが〉かび臭い, むっとする. (**2**) 死期が近づいている, 死相が現れている.

toque de difuntos 弔鐘.

[← 〔ラ〕*dēfūnctum* (*dēfungī*「全うする；死ぬ」の完了分詞 *dēfūnctus* の対格)；関連 función. 〔英〕*defunct*]

di·fu·si·ble [di.fu.sí.ƀle; đi.-] 形 拡散できる, 普及できる, 広がる.

***di·fu·sión** [di.fu.sjón; đi.-] 女 **1** (光・熱・水の) **拡散**, 放散, 散乱. **2 伝播**(でんぱ), 流布, 普及. Sus libros han tenido una gran ～. 彼［彼女］(ら)の書物は広く読まれてきた. **3** (伝染病などの) 蔓延(まんえん), 流行. **4** 放送.

***di·fu·so, sa** [di.fú.so, -.sa; đi.-] 形 **1** (見え方が) **あいまいな**, ぼけた. la imagen *difusa* de la cara de una mujer 女性の顔のぼんやりとしたイメージ. **2** 〈文章が〉冗長な, しまりのない. **3** 広く知られた, 普及した.

di·fu·sor, so·ra [di.fu.sór, -.só.ra; đi.-] 形 広める, 流布［普及］させる；放散［拡散］する.
— 男 女 普及者, 伝播(でんぱ)者. ～ de la nueva estética 新しい美学を伝える者.
— 男〘機〙(**1**) 拡散器；散光器. (**2**) (サトウダイコンの) 絞り機. **—** 女 放送局.

dig- 活 ➜ decir.

di·ge·ri·ble [di.xe.rí.ƀle; đi.-] 形 消化のよい, 消化されやすい.

***di·ge·rir** [di.xe.rír; đi.-] 27 他 **1 消化する**. Si no masticas bien los alimentos, no puedes ～los. 食べ物をよくかまないと消化できないよ. **2** 《話》会得する, 吸収する. No *ha digerido* la lección. 彼［彼女］は授業がよく飲み込めなかった. **3** 〈不幸などから〉立ち直る；耐える, こらえる. no poder ～ a＋人《話》〈人〉に我慢がならない. **4**〘化〙温浸する, 蒸解する.
[← 〔ラ〕*dīgerere*「(体の各部に) 分配する」(*dis-*「離れて」＋ *gerere*「運ぶ」)；関連 digestión. 〔英〕*digest*. 〔日〕ダイジェスト]

di·ges·ti·bi·li·dad [di.xes.ti.ƀi.li.đáđ; đi.-] 女 消化のよさ, 消化率.

di·ges·ti·ble [di.xes.tí.ƀle; đi.-] 形 消化のよい.

***di·ges·tión** [di.xes.tjón; đi.-] 女 **1 消化**. Tiene una mala ～. 彼［彼女］は消化不良を起こしている.
2 会得, 吸収. **3**〘化〙温浸, 蒸解.

***di·ges·ti·vo, va** [di.xes.tí.ƀo, -.ƀa; đi.-] 形 **消化の**, 消化力のある, 消化を促進する. aparato ～ 消化器官. **—** 男 **1 消化剤；食後酒**.
2〘医〙化膿(かのう)剤, 打膿剤.

di·ges·to [di.xés.to; đi.-] 男 **1** 要約, ダイジェスト. **2**〘史〙〘法〙(ローマ法の) 学説彙纂(いさん), 学説集.

di·ges·tó·ni·co, ca [di.xes.tó.ni.ko, -.ka; đi.-] 形 消化を助ける［促進する］. **—** 男 消化剤.

digier- 活 ➜ digerir.

digir- 活 ➜ digerir.

di·gi·ta·ción [di.xi.ta.θjón; đi.- / -.sjón] 女〘音楽〙運指法, 指使い.

di·gi·ta·do, da [di.xi.tá.đo, -.đa; đi.-] 形 **1**〘植〙〈葉が〉掌状の. **2**〘動〙指状突起のある, 有指の.

***di·gi·tal** [di.xi.tál; đi.-] 形 **1 指の**, 指状の. huellas ～*es* 指紋.
2 数字で表示される, 計数型の, **デジタル(型)の** (↔analógico). reloj ～デジタル時計. red ～ de servicios integrados 統合サービスデジタル網〔英 ISDN〕.
— 女 **1**〘植〙ジギタリス, キツネノテブクロ. **2**〘医〙ジギタリス：強心剤.

digital
(ジギタリス)

di·gi·ta·li·na [di.xi.ta.lí.na; đi.-] 女〘薬〙ジギタリン.

di·gi·ta·li·za·ción [di.xi.ta.li.θa.θjón; đi.- / -.sa.sjón] 女〘ＩＴ〙デジタル化.

di·gi·ta·li·za·dor [di.xi.ta.li.θa.đór; đi.- / -.sa.-] 男〘ＩＴ〙デジタル化するためのシステム［機器］.

di·gi·ta·li·zar [di.xi.ta.li.θár; đi.- / -.sár] 97 他〘ＩＴ〙〈情報や映像を〉デジタル化する.

di·gi·tal·men·te [di.xi.tál.mén.te; đi.-] 副 **1**〘ＩＴ〙(情報や映像を) デジタル化して. **2** 指を使って.

di·gi·ti·for·me [di.xi.ti.fór.me; đi.-] 形 指状の, 指の形に似た.

di·gi·tí·gra·do, da [di.xi.tí.gra.đo, -.đa; đi.-] 形〘動〙(四足獣がかかとをつけないで) 足指で歩く, 指行(しこう)性の. **—** 男 (イヌ・ネコなどの) 指行動物.

dí·gi·to [dí.xi.to; đí.-] 男 **1**〘数〙(0-9までの) アラビア数字 (＝número ～). **2**〘天文〙ディジット：太陽［月］の直径の12分の1. **3**〘ＩＴ〙数字, 桁, ディジット. ～ binario ビット, 2進数字.
— 形〘数〙(0-9までの) アラビア数字の.

di·gi·to·pun·tor, to·ra [di.xi.to.pun.tór, -.tó.ra; đi.-] 男 女 指圧師.

di·gi·to·pun·tu·ra [di.xi.to.pun.tú.ra; đi.-] 女 指圧.

di·glo·sia [di.gló.sja; đi.-] 女〘言〙ダイグロシア：同一話者が2つの言語［方言］を使い分けること.

dig·na [díg.na; đíg.-] 形 ➜ digno.

dignarse

*__dig・nar・se__ [diɡ.nár.se; ðíɡ.-] 再 (＋不定詞)
1《敬語》《…》してくださる. No *se dignó contestar*me. あの方は私に答えてくださらなかった. Señor, *dígnate aceptar* este sacrificio.《カト》主よ, この生贄(にえ)［ささげ物］をお受けください：ミサの祈りの一節. **2**《皮肉》《(すべきこと)を》してくれる. Por fin *se han dignado contestar*me. やっと私は答えてもらった.

dig・na・ta・rio [diɡ.na.tá.rjo; ðíɡ.-] 男 高官, 高僧.

*__dig・ni・dad__ [diɡ.ni.ðáð; ðíɡ.-] 女 **1** 威厳, 尊厳. comportarse con ～ 威厳ある振る舞いをする. Vas a perder tu ～ si te mezclas con esa gente. あんな連中と付き合っていると君は威厳を失うよ.
2 自尊心, 誇り, 品位. Tu ～ te impidió aceptar ayudas. 君は自尊心から援助を受け入れなかった.
3 卓越, すばらしさ. **4** 高位, 要職；高官.

dig・ni・fi・ca・ción [diɡ.ni.fi.ka.θjón; ðíɡ.- / -.sjón] 女 権威付け, 格式［品格］を高めること.

dig・ni・fi・can・te [diɡ.ni.fi.kán.te; ðíɡ.-] 形 威厳を添える, 貫禄(かんろく)を与える.

dig・ni・fi・car [diɡ.ni.fi.kár; ðíɡ.-] 102 他 威厳を添える, いかめしくする, 貫禄(かんろく)を与える.
— ～・se 再 威厳が備わる, 貫禄がつく.

***__dig・no, na__** [díɡ.no, -.na; ðíɡ.-] 形 **1**《名詞＋》《ser＋》《de...…に》値する, ふさわしい. ～ *de* admiración 感嘆［賞賛］すべき. ～ *de* compasión 同情に値する, 哀れむべき. ～ *de* ser mencionado 言及されてしかるべき. ～ *de* verse 一見に値する. Tu abuelo es una persona *digna de* respeto. 君のおじいさんは尊敬に値する人物だ.
2《＋名詞／名詞＋》《ser＋》立派な, 価値のある；尊敬に値する. conducta *digna* 立派な振る舞い. hombre ～ 人格者. muerte *digna* 尊厳死. Él *es* tan ～ que rehusó la oferta de ayuda. 彼はとても毅然としていて援助の申し出を断った. **3** 相応の, 見合った；まあまあの. Se llevó su ～ castigo. 彼[彼女]はそれ相応の罰を受けた.
［← [ラ] *dignum* (*dignus* の 変化);関連 dignidad, indignante.［英］*dignity*「尊厳」

dí・gra・fo [dí.ɡra.fo; ðí.-] / **di・gra・ma** [di.ɡrá.ma; ðí.-] 男 [言] 複文字, 二重字：スペイン語の ch, ll, rr のように2文字で書かれるが, 1音を表す文字.

di・gre・sión [di.ɡre.sjón; ðí.-] 女 (話・文章の)脱線, 余談. Su ～ fue motivada por la pregunta que le hice. 私の質問が元で彼[彼女]は脱線した.

dij- 話 →decir.

di・je [dí.xe; ðí.-] 男 **1**（腕輪・首飾り・鎖などに下げる）飾り, 宝石, ロケット.
2《話》優秀な人；器用な人. Esta criada es un ～. このお手伝いさんはなんでもできる.
— 形《ラ米》《(人)が》魅力的な, かっこいい.

di・la・ce・ra・ción [di.la.θe.ra.θjón; ðí.- / -.se.-.sjón] 女 **1** (肉が)裂ける[裂かれる]こと. **2**（名誉など)の毀損(きそん).

di・la・ce・rar [di.la.θe.rár; ðí.- / -.se.-] 他 **1** (肉を)裂く, 引きちぎる. Los azotes le *dilaceraron* la espalda. 鞭(むち)で彼[彼女]の背中の肉が裂けた.
2（名誉などを)傷つける, 損なう.

di・la・ción [di.la.θjón; ðí.- / -.sjón] 女 延期, 繰り延べ；遅延, 遅滞. La ～ del proyecto fue de seis meses. 計画の延期は6か月に及んだ. sin ～ 遅滞なく, 即刻, ぐずぐずしないで.

di・la・pi・da・ción [di.la.pi.ða.θjón; ðí.- / -.sjón] 女 浪費, 乱費.

di・la・pi・da・dor, do・ra [di.la.pi.ða.ðór, -.ðó.ra; ðí.-] 形 浪費する, 金遣いの荒い.
— 男 女 浪費家.

di・la・pi・dar [di.la.pi.ðár; ðí.-] 他 浪費する, 乱費する. *Ha dilapidado* la herencia en poco tiempo. 彼[彼女]は, あっという間に遺産を使い果たしてしまった.

di・la・ta・bi・li・dad [di.la.ta.βi.li.ðáð; ðí.-] 女 [物理]膨張性[率]. **2** [医](瞳孔(どうこう)の)拡張性.

di・la・ta・ble [di.la.tá.βle; ðí.-] 形 **1** 膨張力のある, 膨張性の. **2** 拡張する.

di・la・ta・ción [di.la.ta.θjón; ðí.- / -.sjón] 女
1 [物理]膨張. **2** (瞳孔(どうこう)の)拡張, 散大. **3** [医] 拡張(-に). ～ gástrica [del estómago] 胃拡張. **4** 延期, 延長. **5** 平静, 落ち着き.

di・la・ta・da・men・te [di.la.tá.ða.mén.te; ðí.-] 副 **1** 広々と, 広範囲に. **2** 長長と. hablar ～ de... …について延々と話す.

di・la・ta・do, da [di.la.tá.ðo, -.ða; ðí.-] 形
1 広々とした, 広大な；無限の. horizontes ～s 果てしない地平線. **2** 長時間の. un ～ período de tiempo 長期間. **3**（金属などが)膨張した. **4**〈瞳(ひとみ)が〉開いた. con los ojos ～s 目を丸くして.

di・la・ta・dor, do・ra [di.la.tá.ðor, -.ðó.ra; ðí.-] 形 **1** [医] 拡張させる. **2** 膨張させる, 膨張性の.
— 男 **1** [解剖]拡張筋[散大]筋. **2** [医]拡張器.

*__di・la・tar__ [di.la.tár; ðí.-] 他 **1** 広げる, 拡張する；膨張させる. ～ los dominios 版図を広げる. El calor *dilata* los metales. 熱で金属は膨張する.
2 延期する, 長引かせる. *Dilató* su regreso por un año. 彼[彼女]は帰国を1年延ばした. ～ la sesión 会議をだらだらと長く引き延ばす.
3〈名声などを〉広める. **4** [医]拡張する.
— 自《ラ米》時間がかかる；遅れる.
— ～・se 再 **1** 広がる, 拡大する；膨張する. El agua *se dilata* al congelarse. 水は凍るとき膨張する. **2** 長引く；遅れる. *Se dilató* la conferencia hasta las seis de la tarde. 会議は午後6時まで長引いた. **3** 展開する, 広がる. La llanura *dilataba* hasta el horizonte. 平原は地平線までずっと広がっていた. **4**〈名声などが〉広まる. **5** [医]拡大する. **6**〈瞳(ひとみ)が〉開く. **6**《ラ米》ぐずぐずする, もたつく.

di・la・to・rio, ria [di.la.tó.rjo, -.rja; ðí.-] 形 [法]延期の, 延期させる. excepción *dilatoria* 延期[遷延]的抗弁. — 女（複数で)ぐずぐずすること, 引き延ばし戦術. traer a＋人 en *dilatorias*〈人〉に引き延ばし戦術をする.

dil・do [díl.do; ðíl.-] [英] 男 ディルドー, 張形(はりがた) (＝consolador).

di・lec・ción [di.lek.θjón; ðí.- / -.sjón] 女 愛情, 好意, 親愛の情. sentir ～ por＋人〈人〉に愛情[好意]を抱く.

di・lec・to, ta [di.lék.to, -.ta; ðí.-] 形《詩》愛する, 最愛の, いとしい. mi ～ amigo いとしいわが友.

*__di・le・ma__ [di.lé.ma; ðí.-] 男 ジレンマ, 板挟み；[論] 両刀論法. estar [verse, encontrarse] en un ～ 板挟みになる. [← [中ラ] *dilemma*← [ギ] *dílēmma*; *di*-「2つの」＋ *lêmma*「前提；主題」(→ lema)] 関連 [英] *dilemma*

dí・ler [dí.ler; ðí.-] 男 →dealer.

di・le・tan・te [di.le.tán.te; ðí.-] 形 芸術好きの, ディレッタントの. — 男 女 素人芸術家；好事家, (芸術

di·li·gen·cia [di.li.xén.θja; đi.- / -.sja] 囡 **1** 勤勉, 精励. con 〜 熱心に. **2** 手続き；処置, 扱い. hacer 〜s para... …のための手続きをする. **3** やるべき仕事, 用事, 業務. hacer una 〜 用事をする；《婉曲》排便する. **4** 急ぎ；機敏, 迅速. ir con 〜 急いで行く. **5** 乗合馬車, 駅馬車.

diligencia
(乗合馬車)

di·li·gen·ciar [di.li.xen.θjár; đi.- / -.sjár] 82 他 …の手続きをする；《書類などを》処理する. 〜 un pasaporte パスポートの申請をする.

di·li·gen·te [di.li.xén.te; đi.-] 厖 **1** 勤勉な, 熱心な, 入念な. Es muy 〜 en su trabajo. 彼[彼女]はとても仕事熱心だ. **2** 素早い, 機敏な, 迅速な.

di·lo·gí·a [di.lo.xí.a; đi.-] 囡 両義性, 曖昧さ[性].

di·lu·ci·da·ción [di.lu.θi.đa.θjón; đi.- / -.si.-sjón] 囡 (事情の)説明, 解明.

di·lu·ci·da·dor, do·ra [di.lu.θi.đa.đór, -.đó.ra; đi.- / -.si.-] 厖 (事情を)明らかにする, 説明的な.
—— 男 囡 解説者, 説明者.

di·lu·ci·dar [di.lu.θi.đár; đi.- / -.si.-] 他 〈事情を〉明らかにする, 解明する, 説明する (= aclarar).

di·lu·ción [di.lu.θjón; đi.- / -.sjón] 囡 溶解, 融解；希釈.

di·luen·te [di.lwén.te; đi.-] 厖 薄める；溶解力のある.

di·luir [di.lwír; đi.-] 48 他 **1 (en...** …に) 溶かす, 溶解する. 〜... en el agua …を水に溶かす.
2（水などで）薄める, 希釈する；〈色・光などを〉淡く[薄く]する. **3** 弱める, 和らげる.
—— 〜·se 再 **(en...** …に) 溶ける；薄まる；弱まる. Este nuevo preparado *se diluye* fácilmente *en* el agua. この新薬は水に容易に溶ける.

di·lu·vial [di.lu.bjál; đi.-] 厖 **1** 大洪水の. **2**《地質》洪積層の. —— 男 洪積層.

di·lu·via·no, na [di.lu.bjá.no, -.na; đi.-] 厖 **1** ノアの大洪水の；大洪水のような. lluvia *diluviana* 豪雨. **2** 大昔の.

di·lu·viar [di.lu.bjár; đi.-] 82 自《3人称単数・無主語で》大雨が降る.

di·lu·vio [di.lú.bjo; đi.-] 男 **1** 大洪水；豪雨. el *D*〜 universal《聖》ノア *Noé* の大洪水.
2（比喩的）洪水, あらし, 渦. un 〜 de injurias 罵声(ばせい)の渦. un 〜 de protestas 抗議のあらし.

di·luyen·te [di.lu.jén.te; đi.-] 厖 → diluente.
—— 男 溶剤.

di·ma·na·ción [di.ma.na.θjón; đi.- / -.sjón] 囡 発生, 出現；(温泉や水の)湧出(ゆうしゅつ).

di·ma·nar [di.ma.nár; đi.-] 自 **1** 〈水が〉湧(わ)き出る, 湧出(ゆうしゅつ)する. **2**《de...》（…から）生じる, 出てくる, (…に)由来する.

di·men·cio·nar [di.men.θjo.nár; đi.- / -.sjo.-] 他《文章語》…の正確な規模「寸法」を測定する；真価を見極める.

*****di·men·sión** [di.men.sjón; đi.-] 囡 **1**《主に複数で》寸法；大きさ；規模. *dimensiones* exteriores 外寸, 外のり. tomar las *dimensiones* de... …の寸法を測る. un edificio de grandes *dimensiones* 大規模な建築物. las *dimensiones* de la catástrofe 災害の規模. Esta habitación tiene una 〜 de 50 metros cuadrados. この部屋は50平方メートルの広さだ. → magnitud [類語].
2《物理》《数》次元, ディメンジョン. espacio de tres *dimensiones* 3次元の空間. cuarta 〜 (第) 4次元. 〜《ものごとの》側面, 様相. 〜 personal del problema 問題の個人的な側面.
[←［ラ］*dīmēnsiōnem* (*dīmēnsiō* の対格)「測量, 計測」 (*dīmētīrī*「計測する」より派生)；関連 medir. 〔英〕 *dimension*]

di·men·sio·nal [di.men.sjo.nál; đi.-] 厖 **1** 寸法の, 大きさの. **2**《数》《物理》次元の.

di·mes [dí.mes; đi.-] 男《複数形》*dimes y diretes*《話》言い争い, 口論；くだらぬ批判；うわさ話. andar en [con] 〜 *y diretes* 言い争いをする, 口げんかをする. [(decirの命・2・単 + me)の複数形+ y + (decirの未・1・単 + te)の複数形]

di·mi·dium [di.mi.djúm; đi.-] 男 ［ラ］半分, 半期, 30分.

di·mi·nu·ción [di.mi.nu.θjón; đi.- / -.sjón] 囡 → disminución.

di·mi·nuen·do [di.mi.nwén.do; đi.-] 厖《音楽》ディミヌエンドの, しだいに弱くなる.
—— 男［伊］《音楽》ディミヌエンド(の楽節)(記号＞) (→crescendo).

di·mi·nuir [di.mi.nwír; đi.-] 48 他 → disminuir.

di·mi·nu·ti·vo, va [di.mi.nu.tí.bo, -.ba; đi.-] 厖《文法》縮小[示小]の；(語尾に)縮小辞[示小辞]の付いた.
—— 男《文法》**1** 縮小辞, 示小辞 (↔aumentativo). **2** 縮小語, 示小語：縮小辞[示小辞]の付いた語.
▶ (1) 縮小辞[示小辞]は主に名詞・形容詞に付く接尾辞で, スペイン語では非常によく用いられる.「小」「少」の意味を含意するほか, 「親愛」(much*ach*ito < muchacho) の意を表すことが多い. また, 場合によっては「軽蔑」(aboga*dillo* < abogado) の意になることもある. (2) 副詞 (ahor*ita* < ahora) や現在分詞 (call*andito* < callando) にも付くこともあるが, 地域差, 個人差が大きい. (3) -ito (poqu*ito* < poco) が最も一般的であるが, -illo (poqu*illo*), -ico (poqu*ico*), -ín (peque*ñín* < pequeño) などがよく用いられる地域もある. また, 使用される縮小辞[示小辞]によってニュアンスに差が出ることもある (pobre*cillo*, pobr*ete* < pobre). (4) 縮小辞が付く語によって, 同じ -ito でも -cito, -ecito, -ececito など異なる形態を取る. たとえばスペインのスペイン語のおおまかな派生規則は次のとおりである：2音節以上の語で -n, -r で終わる場合は -cito (sillon*cito*, amor*cito*)；子音で終わる単音節語, -e で終わる2音節語, 強勢のある二重母音または語末に二重母音を持つ2音節語の場合は -ecito (sol*ecito*, coch*ecito*, puert*ecita*, indi*ecito*)；母音で終わる単音節語には -ececito (pi*ececito*)；上記にあてはまらない場合は -ito (mes*ita*, libr*ito*, español*ito*).

di·mi·nu·to, ta [di.mi.nú.to, -.ta; đi.-] 厖 **1** とても小さい, 微小の, ちっぽけな. un hermoso bebé con sus grandes ojos y su *diminuta* nariz 大きな目と小さな鼻のかわいい赤ちゃん.
2 不完全な, 不備な.

*****di·mi·sión** [di.mi.sjón; đi.-] 囡 辞職, 辞任；辞

表. hacer ~ de un cargo 辞職する, 辞任する. presentar su ~ 辞表を提出する.

di·mi·sio·na·rio, ria [di.mi.sjo.ná.rjo, -.rja; đi.-] 形 辞表を提出した. el ministro ~ 辞任した大臣.

di·mi·so·rias [di.mi.só.rjas; đi.-] 女《複数形》《宗》(他教区での) 受品 [受階] 許可状.

di·mi·ten·te [di.mi.tén.te; đi.-] 形 男 女 → dimisionario.

*__di·mi·tir__ [di.mi.tír; đi.-] 自 (**de...** …を) **辞職する**, 辞任する, 退く. ~ *de* presidente de la Cámara de Comercio e Industria 商工会議所会頭を辞任する. ~ en pleno 総辞職する.
— 他 辞職する, 辞任する. ~ la presidencia 総裁の職を辞する.

di·mór·fi·co, ca [di.mór.fi.ko, -.ka; đi.-] 形 → dimorfo.

di·mor·fis·mo [di.mor.fís.mo; đi.-] 男 1 《生物》《植》二形化. 2 《鉱》同質二像.

di·mor·fo, fa [di.mór.fo, -.fa; đi.-] 形 1 《生物》(同種) 二形の. 2 《鉱》同質二像の.

din [dín; đín] 男 《*don* との組み合わせのみで》銭, 金. el *din* y el don 富と名誉.
Poco importa el don sin el din.《諺》貧すれば鈍する (←金があれば, 名誉も気にならない).

DIN [dín; đín] 男《略》*Deutsche Industrie Normen* (ドイツ工業規格) …判. ~ A4 A4判.

di·na [dí.na; đi.-] 女《物理》ダイン: 力の単位.

Di·na·mar·ca [di.na.már.ka; đi.-] 固名 デンマーク (王国): 首都 Copenhague.

di·na·mar·qués, que·sa [di.na.mar.kés, -.ké.sa; đi.-] 形 デンマークの, デンマーク人 [語] の.
— 男 女 デンマーク人 (= danés).
— 男 デンマーク語 (= danés): ノルド語の一つ.

di·na·mia [di.ná.mja; đi.-] 女《物理》キログラムメートル: エネルギーの単位.

***di·ná·mi·co, ca** [di.ná.mi.ko, -.ka; đi.-] 形 1 **活動的な**, 精力的な, 力強い. un joven ~ バイタリティーのある若者. 2 動的な, 動力を生じる; 力学(上)の, 動力の. — 女《物理》力学, 動力学.

***di·na·mis·mo** [di.na.mís.mo; đi.-] 男 1 **活力**, 力強さ. Me contagió su ~. 彼 [彼女] (ら) のバイタリティーに私も引きずられた.
2 《哲》力動説, ダイナミズム.

di·na·mis·ta [di.na.mís.ta; đi.-] 形 《哲》力動説の.
— 男 女 ダイナミズムの信奉者, 力動説論者.

di·na·mi·ta [di.na.mí.ta; đi.-] 女 1 ダイナマイト. volar... con ~ ダイナマイトで…を破壊する.
2 《比喩的》《話》火薬, トラブルメーカー.

di·na·mi·tar [di.na.mi.tár; đi.-] 他 1 ダイナマイトで破壊する.
2 《比喩的》こっぱみじんに破壊する, 台無しにする.

di·na·mi·ta·zo [di.na.mi.tá.θo; đi.- /-.so] 男 ダイナマイトによる爆破.

di·na·mi·te·ro, ra [di.na.mi.té.ro, -.ra; đi.-] 形 〈人が〉ダイナマイトで破壊する. — 男 女 ダイナマイト使用者; (ダイナマイトを使う) 爆弾犯.

di·na·mi·za·ción [di.na.mi.θa.θjón; đi.- /-.sa.sjón] 女 活性化, 効率の向上, 活気を与えること.

di·na·mi·zar [di.na.mi.θár; đi.- /-.sár] 97 他 活性化 [促進] する, 効率を上げる, 活気を与える.
— **~·se** 再 (**con...** …によって) 活性化 [促進] される, 活気を得る.

di·na·mo [di.ná.mo; đi.-] / **dí·na·mo** [dí.na.mo; đi.-] 女《電》発電機, ダイナモ.

dinamo-「力, 動力」の意を表す造語要素. ▶ 母音の前で dinam-. ⇒ *dinámico*, *dinamómetro*. [← ギ]

di·na·mo·e·léc·tri·co, ca [di.na.mo.e.lék.tri.ko, -.ka; đi.-] 形 機械 [電気] エネルギーを電気 [機械] エネルギーに変える.

di·na·mo·me·trí·a [di.na.mo.me.trí.a; đi.-] 女《物理》動力測定法.

di·na·mo·mé·tri·co, ca [di.na.mo.mé.tri.ko, -.ka; đi.-] 形 1 動力測定に関する. 2 力量計 [検力計, 動力計] の.

di·na·mó·me·tro [di.na.mó.me.tro; đi.-] 男 力量計, 検力計; 動力計.

di·nar [di.nár; đi.-] 男 ディナール. (1) アルジェリア, イラク, クウェート, チュニジア, バーレーン, リビア, ユーゴスラビアの通貨単位. (2) イランの補助貨幣. (3) 7世紀末から数世紀間イスラム教国の基本貨幣とされた金貨.

di·nas·ta [di.nás.ta; đi.-] 男 (世襲の) 君主, 支配者.

dinamómetro (力量計)

***di·nas·tí·a** [di.nas.tí.a; đi.-] 女 1 **王朝**, 王家. la ~ borbónica ブルボン王朝. 2 (ある分野の) 名家, 名門. la ~ de los Domecq (スペインを代表するワイン醸造業者) ドメック一門.

di·nás·ti·co, ca [di.nás.ti.ko, -.ka; đi.-] 形 1 王朝の, 王家の. 2 代々受け継がれてきた, 名門の.

di·ne·ra·da [di.ne.rá.đa; đi.-] 女 → dineral.

di·ne·ral [di.ne.rál; đi.-] 男 大金, 巨額; 一財産. gastar un ~ en... …に大枚をはたく.

di·ne·ra·men [di.ne.rá.men; đi.-] 男《話》金銭, お金.

di·ne·ra·rio, ria [di.ne.rá.rjo, -.rja; đi.-] 形 金銭の, 資金の. problemas ~s 金銭問題.

di·ne·ri·llo [di.ne.rí.jo; đi.- || -.ʎo.-] 男《話》小金. Tiene sus ~s. 彼 [彼女] は小金をため込んでいる. [*dinero* + 縮小辞]

****di·ne·ro** [di.né.ro; đi.-] 男 1 (集合的) **お金**, **金銭**; 貨幣, 通貨. ~ contante y sonante / ~ (en) efectivo / ~ en metálico / ~ al contado 現金. ~ de plástico クレジットカード. ~ electrónico 電子マネー. ~ de bolsillo ポケットマネー. ~ de curso legal 法貨. ~ negro ブラックマネー. ~ suelto 小銭. blanqueo de ~ マネーロンダリング. andar [estar] mal de ~ 金に困っている.
2 財産, 富. tener mucho ~ 金持ちである. 3 貨幣の単位. (1) 古代ローマの銀貨, デナリウス. (2) 14世紀スペイン Castilla の貨幣. (3) ペルーの銀貨.
de dinero 〈人が〉裕福な.
Dinero llama (*a*) *dinero.* / *El dinero llama al dinero.*《諺》金が金を呼ぶ.
estar podrido en dinero《ラ米》《話》金持ちである.
estrujar el dinero 財布のひもが固い; 気前の悪い.
ganar dinero a espuertas 大もうけする.
hacer dinero《話》財を成す, 金持ちになる.
pasar el dinero 金を数え直す.
Poderoso caballero es don Dinero.《諺》地獄の沙汰 (さた) も金次第 (←力のある紳士は「お金氏」だ).
[← [ラ] *dēnārium* (*dēnārius* の対格)「(古代ローマで銅貨10枚分の) 銀貨」; *dēnī*「10ずつ」(*decem*「四

dios

の派生語)より派生；[関連] [英] *denarius*「(古代ローマの)銀貨」.

din·ga [díŋ.ga; díŋ.-] 囡《ラ米》(うらがた) 《話》欠点.

din·go [díŋ.go; díŋ.-] 男【動】ディンゴ：オーストラリアの野生の犬.

din·go·lon·dan·gos [diŋ.go.lon.dáŋ.gos; díŋ.-] 男《複数形》《話》かわいがること，甘やかし.

di·nor·nis [di.nór.nis; ði.-] 男【古生】恐鳥，モア.

di·no·sau·rio [di.no.sáu.rjo; ði.-] 男【古生】恐竜，ディノサウルス；《複数形》恐竜類.

di·no·te·rio [di.no.té.rjo; ði.-] 男【古生】恐獣，ディノティリウム.

din·tel [din.tél; ðin.-] 男 **1**【建】(1) 楣(まぐさ)：窓，扉の上部に渡す横木. (2) 戸口上部の装飾. **2**《ラ米》敷居，入口，戸口.

din·tor·no [din.tór.no; ðin.-] 男 (図面・図形などの)輪郭内に描かれた線.

di·ñar [di.ɲár; ði.-] [ロマ] 他《俗》与える，やる. *diñarla*《俗》死ぬ，くたばる.

dio·ce·sa·no, na [djo.θe.sá.no, -.na; djo.- / -.se.-] 形《カト》(1) 司教(管)区の，教区の. (2) 教区の司教の. —— 男 教区の司教[大司教]. —— 男 囡 司教区[教区]の信徒.

dió·ce·si [djó.θe.si; djó.- / -.se.-] 囡 ➔ diócesis.

dió·ce·sis [djó.θe.sis; djó.- / -.se.-] 囡《単複同形》《カト》教区，司教(管)区.

dio·do [djó.ðo; djó.-] 男【電】二極(真空)管；ダイオード(整流素子の総称). ~ *emisor de luz* 発光ダイオード[英 LED].

Dió·ge·nes [djó.xe.nes; djó.-] 固名 ディオゲネス. ~ *el Cínico* (前404-323?)：ギリシアの哲学者.

dioi·co, ca [djói.ko, -.ka; djói.-] 形【植】雌雄異株の.

dio·ne·a [djo.né.a; djo.-] 囡【植】ハエジゴク，ハエトリソウ.

dio·ni·sia [djo.ní.sja; djo.-] 囡 血玉髄，血石：水にワインの味をつけると信じられていた石.

dio·ni·sia·co, ca [djo.ni.sjá.ko, -.ka; djo.-] / **dio·ni·sí·a·co, ca** [djo.ni.sí.a.ko, -.ka; djo.-] 形 ディオニソスの，バッカス Baco の；熱狂的な，酔っ払った. —— 男《複数形》バッカス祭，酒神祭.

Dio·ni·sio [djo.ní.sjo; djo.-] 固名 **1** San ~ Areopagita 聖ディオニシオス・アレオパゴス：使徒パウロの弟子；1世紀ごろのアテネの初代司教. **2** ディオニシオ：男子の洗礼名. [← [ラ] *Dionýsius*← [ギ] *Dionýsios*(「(酒神)ディオニソスの」が原義) ；[関連] [ポルトガル] *Dionísio*. [仏] *Denis*. [伊] *Dionigi*. [英] *Den(n)is*. [独] *Dionysius*]

Dio·ni·so [djo.ní.so; djo.-] / **Dio·ni·sos** [djo.ní.sos; djo.-] 固名【ギ神】ディオニソス：多産と酒と演劇の神. ローマ神話の Baco に当たる. [← [ラ] *Dionýsus*← [ギ] *Diónýsos*；[関連] [ポルトガル] [伊] *Dioniso*. [仏] [独] *Dionysos*. [英] *Dionysus*]

diop·tra [djóp.tra; ðjóp.-] 囡【光】(1) ジオプター：天体の視直径，遠くの物体の大きさ，高さを測る装置. (2) アリダード：平板測量に用いる方向視準装置.

diop·trí·a [djop.trí.a; ðjop.-] 囡【光】ジオプトリー：レンズの屈折率[度の強さ]の単位.

dióp·tri·co, ca [djóp.tri.ko, -.ka; ðjóp.-] 形【光】屈折術に関する，屈折光学の. —— 囡 屈折光学.

dio·ra·ma [djo.rá.ma; ðjo.-] 男 **1** ジオラマ. **2** 透視画.

dio·ri·ta [djo.rí.ta; ðjo.-] 囡【鉱】閃緑(せんりょく)岩.

dios [djós; ðjós] 男 **1 [D-] (一神教，特にユダヤ教・キリスト教の) 神，創造主，造物主 (▶「女神」は diosa). *D~ Todopoderoso* 全能の神. *D~ hijo* [*hecho, Hombre*] イエス・キリスト. **2** (キリスト以外の)神. *los ~es del Olimpo* オリンポスの神々. *jurar por todos los ~es* 天地神明に誓う.

[関連] ギリシア [ローマ] 神話の主な神の名：Zeus [Júpiter] (神々の)最高神. Apolo [Apolo] 太陽神，詩・音楽の神. Hermes [Mercurio] 商業・発明の神. Poseidón [Neptuno] 海の神. Hades [Plutón] 冥府(めいふ)の神. Dioniso(s) [Baco] 酒神. Eros [Cupido] 恋愛の神. Ares [Marte] 軍神，戦(いくさ)の神. Cronos [Saturno] 農業の神.

—— [間投]《話》(驚き・恐怖など) おやおや，なんてこと.

acordarse Dios de + 人《婉曲》〈人〉が亡くなる.

A Dios rogando y con el mazo dando.《諺》神は自ら助けるものを助く，人事を尽くして天命を待つ(←神に祈りつつ槌(つち)を振るう).

a la buena de Dios《話》ぶっつけ本番で，直ちに；適当[いい加減]に.

ande [*vaya*] *con Dios*《あいさつ》ごきげんよう，さようなら，お元気で.

A quien Dios se la dé, San Pedro se la bendiga.《諺》自分の運命を受け入れなくてはいけない.

A quien madruga Dios le ayuda.《諺》早起きは三文の徳(←早起きをする人を神は助ける).

armar(*se*) *la de Dios* (*es Cristo*) 大騒ぎになる，大議論する.

como Dios《話》大変よく，すばらしく. *Hoy estoy como ~*. 今日はとても気分がいい.

como Dios le da a entender (*a* + 人) 〈人〉が精一杯，一生懸命. *Hágalo como ~ le da a entender*. 最善を尽くしなさい.

como Dios manda《話》きちんと，適切に. *hacer las cosas como ~ manda*. ものごとをきちんとやる.

como Dios trajo al mundo a + 人 〈人〉が生まれたままの姿で.

costar [*necesitarse*] *Dios y ayuda*《話》ひどく面倒である，厄介である.

Dios aprieta, pero no ahoga.《諺》どんなにつらい状態でも常に望みは残っている.

Dios da pañuelo a quien no tiene narices [*mocos*].《諺》猫に小判(←鼻[鼻水]のない人にハンカチを与える).

Dios dirá. あとは天に任せよう.

Dios es testigo. / *Pongo a Dios por testigo.* 神に誓うよ.

Dios los cría y ellos se juntan.《諺》《軽蔑》類は友を呼ぶ.

Dios me [*te...*] *coja confesado*《話》(悪いことが起こらないように願って) 神の御加護がありますように. ▶ confesado は me [te...] と性・数一致する.

Dios mediante 神の思し召しがあれば，事情が許せば.

Dios me perdone, pero... 言わせていただきたいのですが….

¡Dios mío!《話》(驚き・不快) なんてこと，おやおや.

Dios proveerá.《話》(問題が) 解決しますように.

¡Dios Santo! / *¡Santo Dios!*《驚き》おやおや，おやおや.

Dios te [*se, os*] *lo pague*《感謝を表して》君に[あなたに，君たちに] 幸運がありますように.

Dios te [*le*] *oiga*《話》(相手の願いを受けて) そうなればいいね.

hablar con Dios 祈る.
llamar a Dios de tú 〈人が〉大胆である, 〈人の〉態度が大きい.
llamar Dios a+人 (*a juicio* [*a su seno*]) 〈婉曲〉〈人が〉…に召される.
ni Dios [*dios*]《話》《否定》誰も (…ない).
ni para Dios《話》《否定》決して, 絶対 (…ない). Mañana no vengo *ni para D*~. 明日は私は絶対来ません.
no llamar Dios a+人 por el camino de... 〈人〉が…に向いていない.
por Dios お願いだから.
que Dios te [*le...*] **bendiga** 神の御加護がありますように.
quiera Dios que+接続法 …であればいいのになあ.
si Dios quiere 神の思し召しがあれば, 事情が許せば.
sin encomendarse a Dios ni al diablo《話》よく考えず, 無思慮に.
tener Dios a+人 de su mano 〈人〉が庇護されている, 守られている.
Todo Dios / todo dios《話》みんな, 大勢.
¡válgame Dios!〈不快・驚き〉ああなんていうことだ.
¡vaya por Dios!〈不快〉なんていうことだ, おおいやだ; かわいそうに.
venir Dios a ver a+人〈人〉に(突然)幸運が訪れる.
vivir como Dios《話》安楽に暮らす.
[←[ラ]*deus*; 関連 divino, adivinar, adiós, teología, día[ポルトガル]*deus*.[仏]*dieu*.[仏][英]*adieu*.[伊]*dio*.[英]*divine, theology*]

***di‧o‧sa** [djó.sa; djó.-] 囡 **女神**(「神」は dios).
 関連 ギリシア[ローマ]神話の主な女神: Hera [Juno]最高の女神. Artemisa [Diana] 月の女神. Atenea [Minerva] 知恵の女神. Afrodita [Venus] 愛と美の女神. Eos [Aurora] 暁の女神. Eris / Éride [Discordia] 不和・争いの女神.

dios‧co‧re‧á‧ce‧o, a [djos.ko.re.á.θe.o, -.a; djos.-/-.se.-] 形《植》ヤマノイモ科の.
 ― 囡《複数で》ヤマノイモ科の(植物).

dios‧te‧dé [djos.te.ðé; djos.-] 男《ラ米》(墨)《鳥》オニオオハシ.

di‧ó‧xi‧do [djók.si.ðo; djók.-] 男《化》二酸化物. ~ de carbono 二酸化炭素.

di‧o‧xi‧na [djok.sí.na; djok.-] 囡《化》ダイオキシン.

di‧pé‧ta‧lo, la [di.pé.ta.lo, -.la; ði.-] 形《植》二花弁の.

di‧plo‧cla‧mí‧de‧o, a [di.plo.kla.mí.ðe.o, -.a; ði.-]《植》両花被の.

di‧plo‧co‧co [di.plo.kó.ko; ði.-] 男《生物》双球菌.

di‧plo‧do‧co [di.plo.ðó.ko; ði.-] 男《古生》ディプロドクス(属): 草食性の巨大な恐竜.

di‧plo‧do‧cus [di.plo.ðó.kus; ði.-] 男《単複同形》→ diplodoco.

di‧plo‧fa‧se [di.plo.fá.se; ði.-] 囡《生物》複相: 染色体が2倍体の相.

di‧ploi‧de [di.plói.ðe; ði.-] 形《生物》二倍体の.

***di‧plo‧ma** [di.pló.ma; ði.-] 男 **1**(学位・資格の)**免状**; 卒業[修了]証書. **2** 賞状, 褒状; 勅許状. [←[ラ]*diploma*「公文書」←[ギ]*díploma*(「2つ折りの用紙」が原義). 関連 diplomacia, diplomático.[英]*diploma*]

***di‧plo‧ma‧cia** [di.plo.má.θja; ði.-/-.sja] 囡 **1 外交**; 外交官の職; 外交機関, 外交団. **2** 外交手腕, 外交辞令; 付き合いのうまさ. Es un hombre que sabe actuar con ~. 彼はそつのない付き合いができる男だ.

di‧plo‧ma‧do, da [di.plo.má.ðo, -.ða; ði.-] 形 資格のある, 免状[卒業資格]を持った. enfermera *diplomada* 正看護師.
 ― 男 囡 **1** 有資格者, 資格取得者. ~ en belleza 免状を持つ美容師. **2**(大学・各種学校の)修了者.

di‧plo‧mar [di.plo.már; ði.-] 他 …に免状[称号, 学位]を与える, 卒業証書を授与する.
 ― ~·se 再 (**en...** …の)学位[資格]を取得する; 大学を卒業する, 学士号を取得する.

***di‧plo‧má‧ti‧co, ca** [di.plo.má.ti.ko, -.ka; ði.-] 形 **1 外交の, 外交上の**; 外交官の. conducto ~ 外交ルート. cuerpo ~ 外交団. documento ~ 外交文書. estrategia *diplomática* 外交戦略. pasaporte ~ 外交官旅券. problema ~ 外交問題. valija *diplomática* 外交用郵便袋: 本国政府と大使館との間の通信文書(の入った袋). 税関などの検査を免除される. **2**《話》外交手腕のある, 如才ない; 付き合い上手な. de una manera *diplomática* 如才なく, そつなく. lenguaje ~ 外交[社交]辞令.
 ― 男 囡 **外交官**.
 ― 囡 **1** 外交, 外交術. **2** 古文書学, 公文書学.

di‧plo‧ma‧tu‧ra [di.plo.ma.tú.ra; ði.-] 囡 学士号; 大学の卒業資格.

di‧plo‧pí‧a [di.plo.pí.a; ði.-] 囡《医》複視.

dip‧ne‧o, a [díp.né.o, -.a; ðíp.-] 形《魚》肺魚類の. ― 男 肺魚亜綱の魚.

dip‧sa‧cá‧ce‧o, a [dip.sa.ká.θe.o, -.a; ðíp.-/-.se.-] / **dip‧sá‧ce‧o** [dip.sá.θe.o, -.a; ðíp.-/-.se.-] 形《植》マツムシソウ科の.
 ― 囡《複数で》マツムシソウ科の(植物).

dip‧so‧ma‧ní‧a [dip.so.ma.ní.a; ðíp.-] 囡《医》飲酒癖, 渇酒症, アルコール中毒.

dip‧so‧ma‧ni‧a‧co, ca [dip.so.ma.njá.ko, -.ka; ðíp.-] / **dip‧so‧ma‧ní‧a‧co, ca** [dip.so.ma.ní.a.ko, -.ka; ðíp.-] / **dip‧só‧ma‧no, na** [dip.só.ma.no, -.na; ðíp.-] 形《医》飲酒癖[渇酒症]の, アルコール中毒の. ― 男 囡 アルコール中毒者[患者].

dip‧te‧ro, ra [díp.te.ro, -.ra; ðíp.-] 形 **1**《建》(古代ギリシア神殿の)二重柱式の. **2**《昆》双翅(ど)目の. **3**《昆》双翅目の昆虫;《複数で》双翅目.

díp‧ti‧co [díp.ti.ko; ðíp.-] 男《美》ディプティク: 祭壇背後などの二つ折りの画像. → tríptico.

dip‧ton‧ga‧ción [dip.toŋ.ga.θjón; ðip.-/-.sjón] 囡《音声》二重母音化.

dip‧ton‧gar [dip.toŋ.gár; ðip.-] 他《音声》二重母音化する. ― ~(·se) 自 再 二重母音になる.

dip‧ton‧go [dip.tóŋ.go; ðip.-] 男《音声》二重母音. ⇒ 連続した2音節で1音節を構成するものをさす. 現代スペイン語の二重母音は ai [ay], ei [ey], oi [oy], au, eu, ou, ia, ie, io, ua, ue, uo, iu, ui [uy] の綴(り)で表される14種類.

di‧pu‧ta‧ción [di.pu.ta.θjón; ði.-/-.sjón] 囡 **1**(国会・県議会の)議員団; 議員の職務[任期]. ~ permanente (国会の)常任委員会. durante su ~ 議員の任期中. **2** 地方議会; 県議会(= ~ provincial); 県議会議事堂;《ラ米》市役所, 町役場.

[di.pu.tá.ðo, -.ða; ði.-] 形

****di‧pu‧ta‧do, da** 囡 **1**(国会・県議会の)**議員**, 代議士; 下院議員. ~ a Cortes(スペインの)国会議員. ~ provincial 県議会議員. ~ por Barcelona バルセロナ(地区)選出議員. Congreso de los

D~s / Cámara de D~s 下院. **2** 代表者，代議員，代表委員. ~ de delegación 派遣団の代表.
[diputar (←［後3］*dēputāre*「割り当てる」より派生；［英］*deputy*「代理人；議員」]

di·pu·tar [di.pu.tár; đi.-] 他 **1** 選出する，任命する. **2** 判断する，見なす. Le *diputé* por hombre de gran cultura. 彼は深い教養の持ち主だと私は思った.

***di·que** [dí.ke; đí.-] 男 **1** 堤防，防波堤；（オランダの干拓地の）締め切り堤防. ~ de contención ダム，堰堤(えんてい).
2 ドック，船渠(せんきょ)；乾ドック. ~ flotante 浮きドック. ~ seco [de carena] 乾ドック. ~ de marea 係船ドック. entrar en ~ （船が）ドックに入る.
3 制止，抑制. ~ contra... …に対する歯止め. poner (un) ~ a... …を抑制する. **4**［地質］岩脈.
estar en el dique seco (**1**)〈スポーツ選手などが〉休養中である. (**2**)〈計画したことが〉滞っている.

di·que·lar [di.ke.lár; đi.-] 他《俗》感づく，気がつく.

dir- 活 → decir.

dir·ce·o, a [dir.θé.o, -.a; đír.- / -.sé.-] 形（古代ギリシアの都市）テーベの（= tebano）.

****di·rec·ción** [di.rek.θjón; đi.- / -.sjón] 女
1 指導，指揮；運営. bajo la ~ de + 人 （人）の指導下に. llevar la ~ de un hotel ホテルを経営する.
2 方向，方角；（航空機・船舶の）針路. calle de única ~ 一方通行の街路. cambiar de ~ 方向［向き］を変える. ~ prohibida《交通標識》進入禁止. en ~ a... …に向かって. en todas *direcciones* 四方八方に. tomar una ~ equivocada 誤った方向に進む. perder la ~ 方向がわからなくなる. ¿En qué ~ vas? 君はどっちに行くの. Subí a un tren con ~ a Bilbao. 私はビルバオ行きの列車に乗った.
3 住所；［IT］（メールなどの）アドレス. Dame tu ~. 君の住所［メールアドレス］を教えておくれよ. Escriba su ~. 住所をご記入下さい.
4 執行部；経営陣；指導者の職［執務室］. D~ General （官公庁の）局，庁. **5**［映］［演］監督，演出；［音楽］指揮. **6** 操縦；ハンドル（操作）. ~ asistida パワーステアリング.

[←［ラ］*dīrēctiōnem* (*dīrēctiō* の対格); *dīrigere*「まっすぐにする；向ける」(→ dirigir) より派生；
関連 directo, director.［英］*direction*]

di·rec·cio·nal [di.rek.θjo.nál; đi.- / -.sjo.-] 形 方向の，指向性の. ── 男 (時に ~es)《ラ米》《ラプ》《話》《車》方向指示器，ウインカー.

di·rec·ta [di.rék.ta; đi.-] 形 → directo.

***di·rec·ta·men·te** [di.rék.ta.mén.te; đi.-] 副 **直接に**，じかに；まっすぐに. Fuimos allí ~. 我々は直接そこに行った.

di·rec·ti·vo, va [di.rek.tí.βo, -.βa; đi.-] 形 指導的な；経営(者)の，理事の. principio ~ 指導原理. junta *directiva* 取締役会，理事会，役員会.
── 男 女 役員，幹部.
── 女 **1** 役員会，理事会，取締役会. **2**《主に複数で》指針，指図，司令.

****di·rec·to, ta** [di.rék.to, -.ta; đi.-] 形 **1**《名詞+》《ser+》**まっすぐな**；直進の，直系の. línea *directa* 直線. camino ~ まっすぐな道. descendiente ~ 直系の子孫.
2《多くは名詞+》《ser+》**直接の**，直接的な，じかの (↔ indirecto). comunicación *directa* じかに連絡を取ること. impuesto ~ 直接税. orden *directa* 直接の指示. traducción *directa* 直訳. venta *directa* 直接販売.
3［鉄道］［航空］（乗り物などが）**直通の**，直行の. tren ~ 直通列車. vuelo ~ （航空機の）直行便.
4〈発言・性格などが〉率直な，単刀直入の. carácter ~ 率直な性格. pregunta *directa* 露骨な質問.
5［文法］直接の. estilo ~ 直接話法. objeto ~ 直接目的語.
── 男 **1**［鉄道］直通列車. **2**［スポ］（ボクシング）ストレート. pegar [dar] un ~ de izquierda [derecha] 左［右］ストレートパンチを与える.
── 女［車］トップギア. meter la *directa* ギアをトップに入れる.
── 副 まっすぐに，直接に. Volví ~ a casa para no perder tiempo. 私は時間を無駄にしないようにまっすぐ家に帰った.
en directo［TV］［ラジオ］生（放送）の，ライブの. emisión *en* ~ 生放送. transmitido *en* ~ 生中継.

[←［ラ］*dīrēctum* (→ derecho); *dīrigere*「まっすぐにする；向ける」(→ dirigir) の完了分詞 *dīrēctum* の対格；関連 director, directivo.［英］*direct*]

***di·rec·tor, to·ra** [di.rek.tór, -.tó.ra; đi.-] 男 女 **1 長**；取締役，理事；（官公庁の）部長，局長，局長，長官；（ホテルなどの）総支配人；社長. ~ general （官公庁の）局長，長官. ~ gerente 専務［常務］取締役. ~ representante 代表取締役. ~ de redacción 編集局長.
2 校長，所長；管理者. ~ de fábrica 工場長. ~ del colegio 小学校の校長. **3**［映］［演］［TV］［ラジオ］**監督**，ディレクター，演出家. ~ de cine 映画監督. ~ de escena 舞台監督. ~ de producción プロデューサー. **4** 指導者，指揮者. ~ espiritual［カト］指導司祭，霊的指導者. **5**［音楽］指揮者.
── 形 **1** 指導的な，指導の；管理の. **2** 基準の；［数］準線の. ▶ この意味のとき女性形は directriz.

di·rec·to·ral [di.rek.to.rál; đi.-] 形 指導者［役職者］の；指揮［監督］の.

Di·rec·to·rio [di.rek.tó.rjo; đi.-] 男［史］（フランス革命末期の）総裁政府（時代）.

***di·rec·to·rio, ria** [di.rek.tó.rjo, -.rja; đi.-] 形 指導上の，指示的の.
── 男 **1** 手引き書；規定. El nuevo gerente estableció el ~. 今度の取締役は業務規定を定めた. **2** 指導，管理（体制）. el ~ de la fábrica 工場の管理体制. **3** 理事会，評議会，運営協議会. **4**［IT］（コンピュータの）**ディレクトリ**. **5** 住所録，名簿. un ~ de agencias de viajes 旅行代理店一覧（表）. **6**《ラ米》電話帳（= ~ de teléfonos）.

di·rec·triz [di.rek.tríθ; đi.- / -.trís] 形《複 directrices》《女性形のみ》**1** 基準の，基本的な. línea ~ 方針；基準. **2**［数］準線の.
── 女 **1**《主に複数で》基準，指針，指示，指令. Les he dado *directrices* perfectamente claras. 私は彼らにきわめて明確な指示を与えた. **2**［数］準線.

di·re·tes [di.ré.tes; đi.-] 男《複数形》→ dimes.

dir·ham [dír.xam; đír.- // -.ham]［アラビア］男《複 ~s, -*es*》ディルハム：アラブ首長国連邦やモロッコなどの通貨単位.

dir·hem [dír.xem; đír.- // -.hem]［アラビア］男
1 → dirham. **2** ディルヘム銀貨：イスラム帝国サーマン朝の銀貨.

***di·ri·gen·te** [di.ri.xén.te; đi.-] 形《名詞+》指導［支配］する. clase ~ 支配者層.
── 男 女 **指導者**. ~s sindicales 労働組合幹部.

di·ri·gi·ble [di.ri.xí.ble; đi.-] 形 操縦できる.
— 男 飛行船.

di·ri·gir [di.ri.xír; đi.-] 100 他 **1** 〈組織・活動などを〉統率する, 運営する；指導する, 指揮する, 監督する. ~ una reunión 会合の進行をする. ~ una película 映画の監督をする. ~ una empresa 会社を経営する. ~ una orquesta オーケストラを指揮する. ~ una revista 雑誌を編集する. ~ el tráfico 交通[流通]を統制する.

2 《a... / hacia...》〈…(の方向)に〉〈もの・視線などの先を〉向ける；《…に》〈努力・関心などを〉注ぐ. ~ la mirada *hacia* una ventana 窓のほうに視線を向ける. ~ sus pasos *hacia* el centro 中心街へ足を向ける. ~ todos sus esfuerzos *a* alcanzar el objetivo 目標を達成するために全力を傾ける.

3 《a+人〈人〉に》〈言葉などを〉向ける；〈手紙などを〉宛てる,《…に》献じる. ~〈本などを〉献じる. ~ unas palabras *a* los alumnos 生徒たちに話しかける. ~ una pregunta *al* ministro 大臣に質問をする. Estas críticas van *dirigidas al* presidente. これらの批判は大統領に向けられている.

4 教え導く；道案内する. El mejor entrenador lo va a ~. 最高のコーチが彼につくだろう. **5** 〈乗り物を〉操縦する. ~ un avión 飛行機を操縦する.

— ~·se 再 **1** 《a... / hacia...》 …（の方向）に向かう. *Me dirigí al* parque. 私は公園に向かった.

2 《a+人〈人〉に》話しかける；〈手紙などを〉書く. *Me dirijo a* usted para hacerle una cordial invitación. 《手紙》心よりのご招待を申し上げて書面にてご案内いたします.

[← [ラ] *dīrigere*「まっすぐにする」(ある方向に)向ける]；[関連] dirección, directo. [英] *direct*]

di·ri·gis·mo [di.ri.xís.mo; đi.-] 男 《政》（政府など権力機関による）統制（↔liberalismo）. el ~ político [informativo] 政治[報道]統制.

di·ri·gis·ta [di.ri.xís.ta; đi.-] 形 統制経済の. política ~ 統制経済(政)策.
— 男女 統制経済推進者.

dirij- 活 → dirigir.

di·ri·men·te [di.ri.mén.te; đi.-] 形 《法》（契約などを）無効にする. impedimento ~ （教会法で）絶対的婚姻障害.

di·ri·mir [di.ri.mír; đi.-] 他 **1** 〈論争などに〉決着[けり]をつける, 〈問題を〉解決する.
2 無効にする, 取り消す. ~ el matrimonio 婚姻を解消する. ~ un contrato 契約を取り消す.

dis-¹ [接頭]「否定, 反対, 分離」の意. → *disculpar, distraer*. [←[ラ]]

dis-² [接頭]「欠陥, 不良, …困難」などの意. 主に医学・科学用語で用いる. → *disentería, disfagia, disnea*. [←[ギ]]

di·sa·cá·ri·do [di.sa.ká.ri.đo; đi.-] 男 《化》二糖類.

di·san·to [di.sán.to; đi.-] 男 宗教上の祝祭日.

dis·ar·mo·ní·a [di.sar.mo.ní.a; đi.-] 女 **1** 〈音楽〉不協和音[音程]. **2** 不調和, 不協和. **3** 〈医〉体調[内臓]不良.

dis·ar·mó·ni·co, ca [di.sar.mó.ni.ko, -.ka; đi.-] 形 **1** 〈音楽〉不協和音[音程]による. **2** 調和が取れていない.

dis·cal [dis.kál; đís.-] 形 〈医〉椎間板の.

dis·can·tar [dis.kan.tár; đís.-] 他 **1** 〈詩を〉作る, 朗唱する. **2** 〈テクストに〉注釈をつける (= glosar).

dis·can·te [dis.kán.te; đís.-] 男 《ラ米》(ぐ)ばかげた[間違いだらけの, 軽率な]こと[発言, 行動].

dis·ca·pa·ci·dad [dis.ka.pa.θi.đáđ; đís.- / -.si.-] 女〈身体的・精神的な〉障害. persona con ~ 障害を抱えた人. ▶ persona con discapacidad の方が deficiente, discapacitado, disminuido, minus-válido より推奨されている.

dis·ca·pa·ci·ta·do, da [dis.ka.pa.θi.tá.đo; đis.- / -.si.-] 形〈身体的・精神的な〉障害を抱えた.
— 男女 障害を抱えた人. → discapacidad.

dis·car [dis.kár; đís.-] 他 《ラ米》(アグ)(ペ)(チリ) 〈電話番号を〉回す.

dis·cen·te [dis.θén.te; đís.- / -.sén.-] 形 教育を受けている, 学生の. el cuerpo ~ 《集合的》学生.
— 男女 学生 (= estudiante).

dis·cer·ni·ble [dis.θer.ní.ble; đís.- / -.ser.-] 形 識別できる, 見分けがつく.

dis·cer·ni·dor, do·ra [dis.θer.ni.đór, -.đó.ra; đís.- / -.ser.-] 形 識別力のある, 眼力のある.

dis·cer·ni·mien·to [dis.θer.ni.mjén.to; đís.- / -.ser.-] 男 **1** 見分け, 識別. **2** 分別, 識見, 判断力. actuar con ~ 分別をもって行動する. **3**《法》(後見人の)指定, 選定.

dis·cer·nir [dis.θer.nír; đís.- / -.ser.-] 14 他 **1**《de...…から》識別する, 見分ける. ~ el bien *del* mal 善悪を見分ける. **2**《法》後見人に指定する. **3**《賞・称号・勲位などを》与える, 授与する.

disciern- 活 → discernir.

dis·ci·ne·sia [dis.θi.né.sja; đís.- / -.si.-] 女 《医》ジスキネジア. ~ tardía 遅発性ジスキネジア.

dis·ci·pli·na [dis.θi.plí.na; đís.- / -.si.-] 女 **1** 秩序, 風紀. con mucha ~ とても厳格に. mantener la ~ 秩序を守る. tener ~ 秩序がある.
2 規則, 規律. ~ colegial 校則. ~ militar 《軍》軍規. seguir [observar] la ~ 規則に従う.
3 学問分野, 学科. Las ~s que mi hijo prefiere son las de ciencias. 私の息子の好きな分野は理系科目だ. **4** 訓練, しつけ. ~ mental 精神修養.
5 《スポ》種目. **6** 《主に複数で》鞭(むち)；鞭で打つこと.
[← [ラ] *disciplīna*「教育, しつけ；学識」 (*discipulus*「生徒, 弟子」の派生語)]；[関連] disciplinar. [英] *discipline*]

dis·ci·pli·na·da·men·te [dis.θi.pli.ná.đa.mén.te; đís.- / -.si.-] 副 規律正しく, 整然と.

dis·ci·pli·na·do, da [dis.θi.pli.ná.đo, -.đa; đís.- / -.si.-] 形 **1** 規律正しい, 訓練された. los alumnos ~s しつけの行き届いた生徒たち. **2**《植》〈花が〉斑(ふ)入りの.

dis·ci·pli·nan·te [dis.θi.pli.nán.te; đís.- / -.si.-] 男女 （スペインの厳格な修道会での）鞭(むち)打ち苦行者；（聖週間に）自ら鞭打ち歩く苦行者. → flagelante.

dis·ci·pli·nar¹ [dis.θi.pli.nár; đís.- / -.si.-] 他
1 訓練する；規律に服させる. Tienes que ~ más a tus hijos. 君は子供たちをもっと良くしつけなければならない. **2** 鞭(むち)で打つ.
— ~·se 再 自分を鍛える；自らに鞭打つ.

dis·ci·pli·nar² [dis.θi.pli.nár; đís.- / -.si.-] 形 教会の規律の.

dis·ci·pli·na·rio, ria [dis.θi.pli.ná.rjo, -.rja; đís.- / -.si.-] 形 規律上の；懲戒の. castigo ~ 懲戒, 懲罰. batallón ~ 《軍》懲治隊.

dis·ci·pu·la·do [dis.θi.pu.lá.đo; đís.- / -.si.-] 男 **1**《集合的》弟子, 生徒. **2** 修業, 養成期間；養成[訓練]課程.

dis·ci·pu·lar [dis.θi.pu.lár; đís.- / -.si.-] 形 弟子[門下生]の, 師弟関係の.

dis·cí·pu·lo, la [dis.θí.pu.lo, -.la; đis.- / -.sí.-] 男女 **1** 弟子, 門弟；信奉者. ～ de Platón プラトンの弟子. ～ de Cristo キリスト教信者；(特に)十二使徒(のひとり). **2** 生徒. ━形 estudiante 類語.
[← [ラ] *discipulum* (*discipulus* の対格)「生徒」(*discere*「学ぶ」より派生); 関連 disciplina. [英] *disciple*「弟子, 門人」]

disc-jock·ey [dis(k).jó.kei; đis(k).- // dis*k*.jó.ki, đis*k*.-] [英] 男女 ディスクジョッキー.

disc·man [dísk.man; đis.-] [英] 男 [複 ～s, ～] 〖商標〗携帯用CDプレイヤー.

*****dis·co** [dís.ko; đís.-] 男 **1**〖音楽〗**レコード, ディスク**. poner un ～ レコードをかける. casa de ～s レコード会社. ～ compacto コンパクトディスク, CD. ～ de platino プラチナディスク. ～ sencillo シングルレコード, シングルCD. ～ de vídeo digital デジタルビデオディスク, DVD.
 2〖IT〗**ディスク**. ～ duro [rígido] ハードディスク. ～ flexible フロッピーディスク (= disquete). ～ magnético 磁気ディスク. ～ óptico 光ディスク.
 3 円盤(状のもの), 円板. ～ volador 空飛ぶ円盤. ～ giratorio (ルーレットの)回転盤. ～ del Sol (太陽神を中心に構成される) azteca の祭式暦. frenos de ～〖車〗〖機〗ディスクブレーキ.
 4 (電話・車/庫などの)ダイヤル. **5**〖スポ〗円盤投げ；円盤. lanzamiento de ～ 円盤投げ. **6** 信号(機), (鉄道の)信号板 (= de señales). ～ rojo [verde, amarillo] 赤[青, 黄]信号. pasar con el ～ rojo [cerrado] 赤信号を無視して渡る. **7** (太陽・月などの)表面. ～ solar 太陽面. **8** 〖話〗いつもの話；退屈なこと. cambiar el ～ 話題を変える. **9**〖解剖〗椎間板(ついかんばん) (= ～ intervertebral). **10**〖植〗盤状組織. **11**〖話〗ディスコ, クラブ. → discoteca **2**.
 ━形《主に性数不変》〖話〗ディスコ(音楽)の, クラブの. música ～ クラブ[ディスコ]ミュージック.
 disco de oro ゴールドディスク (大賞)：50万枚以上販売された音楽ディスクに与えられる賞.
 parecer un disco rayado〖話〗同じ話を繰り返す, くどくど同じことを言う.
[← [ラ] *discum* (*discus* の対格) ← [ギ] *dískos*「(輪投げの)輪」; 関連 discoteca, tocadiscos. [仏] *disque*]

dis·co·bar [dis.ko.ßár; đis.-] 男 → discopub.

dis·có·bo·lo [dis.kó.ßo.lo; đis.-] 男 (古代ギリシアの)円盤投げ選手；円盤を投げる人の像.

dis·có·fi·lo, la [dis.kó.fi.lo, -.la; đis.-] 男女 レコード[CD]収集家；レコード[CD]音楽ファン.

dis·co·gra·fí·a [dis.ko.gra.ff.a; đis.-] 女 **1** レコード[CD]製作；**2** (ジャンル・作曲家・演奏家別の)レコード[CD]目録, レコード[CD]アルバム.

dis·co·grá·fi·co, ca [dis.ko.grá.fi.ko, -.ka; đis.-] 形 レコード[CD]の(製作・目録)の.

dis·coi·dal [dis.koi.đál; đis.-] 形 円盤状の.

dís·co·lo, la [dís.ko.lo, -.la; đís.-] 形〈子供・若者などが〉反抗的な, 不従順な. hijo ～ 反抗的な息子. ━男女 手に負えない人.

dis·co·lo·ro, ra [dis.ko.ló.ro, -.ra; đis.-] 形〖植〗〈葉の〉表裏の色が違う.

dis·con·for·me [dis.kom.fór.me; đis.-] 形 (*estar*+) **1** 不一致の, 異なる. **2**《*con...*》(…と)意見が合わない, 《…に》不満の. *Estoy* ～ *contigo*. 僕は君の意見に不賛成だ.
 ━男女 意見を異にする人；不満分子.

dis·con·for·mi·dad [dis.kom.for.mi.đáđ; đis.-] 女 **1** 不一致, 違い. ～ de opiniones 意見の相違. **2** 不承知, 不満.

dis·con·ti·nua·ción [dis.kon.ti.nwa.θjón; đis.- / -.sjón] 女 中断, 中絶；不連続.

dis·con·ti·nuar [dis.kon.ti.nwár; đis.-] 84 他 自 中断する, 中止する, やめる.

dis·con·ti·nui·dad [dis.kon.ti.nwi.đáđ; đis.-] 女 不連続(性), 断続性, 断絶.

dis·con·ti·nuo, nua [dis.kon.tí.nwo, -.nwa; đis.-] 形 とぎれた；不連続の；一貫性のない. línea *discontinua* 断続的な線.

dis·con·ve·nir [dis.kom.be.nír; đis.-] 45 自 → desconvenir.

dis·co·pub [dis.ko.páß; đis.-] [英] 男 [複 ～s] ディスコパブ：音楽を聞いたり, 踊ることのできる大衆酒場.

dis·cor·dan·cia [dis.kor.đán.θja; đis.- / -.sja] 女 **1** 不調和, 不一致, 不整合. ～ entre los dichos y los hechos 言行の不一致.
 2 不和, 仲たがい. **3**〖音楽〗不協和(音).

dis·cor·dan·te [dis.kor.đán.te; đis.-] 形 **1** 一致しない；折り合わない. opiniones ～s ばらばらな意見. **2**〖音楽〗不協和の；耳障りな.
 nota discordante (1)〖音楽〗不協和音. (2) 場違いな言動.

dis·cor·dar [dis.kor.đár; đis.-] 15 自 **1**《*de...* …と》《*en...* …について》一致しない；調和しない. *Discordamos en* pareceres. 我々は考え方が違う. **2** 調和しない. **3**〖音楽〗調子が合わない.

dis·cor·de [dis.kór.đe; đis.-] 形 **1** 調和しない, 合致[一致]しない；意見が異なる. *Estamos* ～s. 我々は意見が違う. **2**〖音楽〗不協和の, 音[調子]の外れた；耳障りな (= disonante).

dis·cor·dia [dis.kór.đja; đis.-] 女 不和, 反目；軋轢(あつれき)；意見[判定]の不一致. sembrar la ～ 不和の種をまく. manzana de la ～ 不和のもと, もいめの種 (→ manzana). tercero en ～ 仲裁人, 調停者. *Están siempre en* ～. 彼らは常に反目している.
[← [ラ] *Discordiam* (*Discordia* の対格); *dis-*「離れて」+ *cor*「心」+ 名詞語尾); 関連 corazón. [英] *discord*]

Dis·cor·dia [dis.kór.đja; đis.-] 固有名〖ロ神〗ディスコルディア：不和・争いの女神. ギリシア神話のエリス Eris, Éride に当たる.
[← [ラ] *Discordia* (*discordia*「不和」より派生)]

*****dis·co·te·ca** [dis.ko.té.ka; đis.-] 女 **1** レコード[CD]のコレクション；レコード[CD]・ライブラリー；レコード[CD]収納棚. **2** ディスコ (テーク), クラブ. *ir a la* ～ *a bailar* ディスコに踊りに行く.

dis·co·te·que·ro, ra [dis.ko.te.ké.ro, -.ra; đis.-] 形 **1**〖音楽や雰囲気が〉ディスコ (風・向き)の, クラブ(風・向き)の. **2** ディスコ[クラブ]が好きな. ━男女 ディスコ[クラブ]が好きな人.

dis·cra·sia [dis.krá.sja; đis.-] 女〖医〗異混和症.

dis·cre·ción [dis.kre.θjón; đis.- / -.sjón] 女 **1** 分別, 思慮深さ；慎み, 控えめ；秘密にしておくこと.
 2 機知(に富んだ言葉), 機転.
 a discreción (de...) (…の)意のままに, 好きなだけ；無条件で. *Vino a* ～. (レストランなどで)ワイン飲み放題. ¡*Descanso a* ～!〖軍〗〖号令〗休め. *rendirse* [*entregarse*] *a* ～ 無条件降伏する.

dis·cre·cio·nal [dis.kre.θjo.nál; đis.- / -.sjo.-] 形 自由裁量の, 任意の. poder ～ 自由裁量権. parada ～ 乗降客のあるときだけ停車する停留所. autocar de servicio ~ 貸切バス.

dis·cre·cio·nal·men·te [dis.kre.θjo.nál.mén.te; đis.-/-.sjo.-] 副 意のままに, 任意に, 自由に.

dis·cre·pan·cia [dis.kre.pán.θja; đis.-/-.sja] 囡 **不一致**;意見の相違. 不和, 仲たがい. ~ de ideas 考え方の食い違い.

dis·cre·pan·te [dis.kre.pán.te; đis.-] 形 一致しない, 食い違う;意見を異にする.

dis·cre·par [dis.kre.pár; đis.-] 自《de... / con... と》《en... の点で》異なる, 食い違う;意見が異なる;調和[一致]しない. Nuestras opiniones *discrepan*. 僕たちの意見は異なる. *Discrepo de* usted [*de* su opinión] *en* este punto. 私はこの点であなたと意見が違います.

dis·cre·te·ar [dis.kre.te.ár; đis.-] 自 **1** 慎み深そうに振る舞う. **2**《話》こっそり耳打ちする.

***dis·cre·to, ta** [dis.kré.to, -.ta; đis.-] 形 **1** 慎み深い, 控えめな;思慮のある, **慎重な**;秘密を守る. **2**（常識的に）まずまずの,（金額の）適度の. una inteligencia *discreta* まあまあの知能. Gana un sueldo ~. 彼[彼女]はそこそこの給料をもらっている. **3**〈服装・色が〉地味な, 目立たない. **4**《医》分離性の, 散在性の. **5**《数》離散的, 不連続の.
—— 男 囡 **1** 控えめな人. **2** 思慮深い人;賢人, 利口な人;口の堅い人. **3**（修道院長の）相談役, 評議員. *a lo discreto* 慎重に, 控えめに.

dis·cri·men [dis.krí.men; đis.-] 男〘複 discrímenes〙 **1** 相違, 差違;多様（性）. **2** さし迫った危険.

***dis·cri·mi·na·ción** [dis.kri.mi.na.θjón; đis.-/-.sjón] 囡 **1** 差別, 差別待遇. ~ racial 人種差別. **2** 識別, 区別.

dis·cri·mi·na·dor, do·ra [dis.kri.mi.na.đór, -.đó.ra; đis.-] 形 差別的な. —— 男〘電〙弁別回路.

dis·cri·mi·nan·te [dis.kri.mi.nán.te; đis.-] 形〘数〙判別式.

***dis·cri·mi·nar** [dis.kri.mi.nár; đis.-] 他 **1** 差別する, 分け隔てる. Lamentablemente, todavía hay gente *discriminada* por motivos raciales. 残念なことにまだ人種差別を受けている人々がいる. **2** 識別する, 区別する. Le es difícil ~ entre lo propio y lo ajeno. 彼[彼女]は自分のものと他人のものとの区別がつかない.

dis·cri·mi·na·to·rio, ria [dis.kri.mi.na.tó.rjo, -.rja; đis.-] 形. un trato ~ 差別的な扱い.

dis·cro·ma·top·sia [dis.kro.ma.tóp.sja; đis.-] 囡〘医〙先天性色覚異常.

dis·cro·mí·a [dis.kro.mí.a; đis.-] 囡〘医〙(肌の)色素異常（症）.

***dis·cul·pa** [dis.kúl.pa; đis.-] 囡 **1** 許し, 容赦, 勘弁. pedir ~*s* a + 人〈人〉に（過failuresなどの）許しを請う. **2** 弁解, 言い訳. Esta falta no tiene ~. このミスは弁解の余地はない. dar ~*s* 言い訳する.

dis·cul·pa·ble [dis.kul.pá.ble; đis.-] 形 許される, 許してもよい;妥当な. error ~ 無理からぬ誤り.

***dis·cul·par** [dis.kul.pár; đis.-] 他 **1** 許す, 容赦する, 大目に見る. *Disculpe* mi retraso. 遅れてすみません. Tenga a bien ~me. どうか失礼をお許しください. **2** 弁護[弁解]する;〈事情が〉…の弁明[言い訳]になる. Su inexperiencia le *disculpa*. 不慣れだったことが彼の言い訳になる.
—— ~·se 再 **1**《por... / de... …を》詫びる, 謝る. ~*se por* su retraso 遅れたことを詫びる. **2**《de...》(…の）弁解をする;（…を）辞退する.

***dis·cu·rrir** [dis.ku.r̃ír; đis.-] 自 **1**《por... …を》歩き回る. La gente *discurría por* la calle charlando animadamente. 人々はにぎやかにしゃべりながら通りをぞろぞろ歩いていた. **2**〈川が〉流れる,〈時間などが〉経過する;推移する. Las horas *discurrían* tranquilas y serenas. 時が静かに穏やかに過ぎ去っていった. **3**《en... …について》熟考する, 思案する. **4**《sobre... …について》論ずる. 話す.
—— 他 考え出す, 思いつく. Siempre anda *discurriendo* qué travesura va a cometer. どんないたずらをしてやろうかと, 彼[彼女]はいつも考えている.

dis·cur·sar [dis.kur.sár; đis.-] 自《sobre... …について》論じる, 話をする.

dis·cur·se·ar [dis.kur.se.ár; đis.-] 自《話》熱弁をふるう, 一席ぶつ.

dis·cur·se·ro, ra [dis.kur.sé.ro, -.ra; đis.-] 囡〘ラ米〙〘軽ア〙〘キ〙〘ほうラ〙〘メキ〙→ discursista.

dis·cur·sis·ta [dis.kur.sís.ta; đis.-] 男 囡 熱弁をふるう[議論好きな]人.

dis·cur·si·vo, va [dis.kur.sí.bo, -.ba; đis.-] 形 **1** 思索にふける;思索的な. **2** 論証的な. método ~ 論証法. charlas *discursivas* 議論.

***dis·cur·so** [dis.kúr.so; đis.-] 男 **1** 演説, スピーチ;講演. dar [pronunciar] un ~ 演説[スピーチ]をする. ~ de apertura 開式の辞. ~ de bienvenida [agradecimiento] 歓迎[お礼]の言葉. **2** 話, 談話;言説. **3** 思考（能力）, 思索;推理. **4** 論考, 論文. **5**〘言〙談話, ディスコース. **6**（時の）経過, 推移. en el ~ del tiempo 時が経つにつれて.
[←〘後ラ〙*discursus*「会話」(〘ラ〙では「走り回ること」);〘ラ〙*discurrere* (dis-「離れて」+ *currere*「走る」; → discurrir) より派生.〘関連〙discursar. 〘英〙*discourse*]

***dis·cu·sión** [dis.ku.sjón; đis.-] 囡 **1** 議論, 討論. ~ acalorada 白熱した討論. Eso no admite ~. それは議論の余地はない. **2** 反論, 反対意見.
sin discusión 間違いなく.

***dis·cu·ti·ble** [dis.ku.tí.ble; đis.-] 形 (否定的に) 議論[疑問]の余地のある, 問題がある;疑わしい (= cuestionable). La legitimidad de esta sucesión es ~. この相続が合法性には問題がある.

dis·cu·ti·do, da [dis.ku.tí.đo, -.đa; đis.-] 形 議論の的となっている, 話題[評判]となっている. un libro muy ~ 話題をさらっている本, 議論沸騰の書物.

dis·cu·ti·dor, do·ra [dis.ku.ti.đór, -.đó.ra; đis.-] 形 議論好きな, 理屈っぽい.
—— 男 囡 議論好きな人.

***dis·cu·tir** [dis.ku.tír; đis.-] 他 **1** 議論する, 討論する. *Hemos discutido* entre todos este problema. 私たちはみんなでこの問題を議論した. **2**《a + 人〈人〉に対して》反対する, 逆らう. No *le discutas a* tu padre lo que dice. 君のお父さんが言うことに反対をするな.
—— 自 **1**《de... / sobre... …について》論じる, 議論する. Pasamos toda la tarde *discutiendo de* diversos temas. 私たちはいろいろな問題について議論して午後をずっと過ごした. **2** 争う, けんかする. Los dos *discutieron* mucho tiempo por la herencia paterna. ふたりは父の財産をめぐって長い間争った.
[←〘後ラ〙*discutere* (〘ラ〙では「追い散らす;打ち砕く」);〘関連〙discusión. 〘英〙*discussion*]

di·se·ca·ción [di.se.ka.θjón; đi.-/-.sjón] 囡 剝製

di·se·ca·do [di.se.ká.đo; đi.-] 男 → disecación.

di·se·ca·dor, do·ra [di.se.ka.đór, -.đó.ra; đi.-] 男 女 剝製(はぎ)製作者.

di·se·car [di.se.kár; đi.-] 102 他 **1** 剝製(はぎ)にする; 押し花[葉]にする. la cabeza *disecada* de un ciervo シカの頭部の剝製. **2** 切り裂く; 解剖する.

di·sec·ción [di.sek.θjón; đi.- / -.sjón] 女 **1** 解剖, 切開. **2** 細かい分析[調査].

di·sec·cio·nar [di.sek.θjo.nár; đi.- / -.sjo.-] 他 **1** 解剖する, 切開する. **2** 丹念に調査する.

di·se·ce·a [di.se.θé.a; đi.- / -.sé.-] 女 【医】難聴.

di·sec·tor, to·ra [disek.tór, -.tó.ra; đi.-] 男 女 解剖医.

di·se·mi·na·ción [di.se.mi.na.θjón; đi.- / -.sjón] 女 まき散らすこと; 種まき; 普及; 散布.

di·se·mi·nar [di.se.mi.nár; đi.-] 他 〈種子を〉ばらまく;〈説・意見などを〉広める, 普及させる; まき散らす, 拡散させる; 散布する. ~ las semillas en un terreno 畑に種をまく. ~ la fe cristiana por el mundo entero キリスト教を全世界に広める.

di·sen·sión [di.sen.sjón; đi.-] 女 **1** 不同意, 意見の相違. **2** 論争, 争い, けんか. **3**《複数で》不和, 反目. *disensiones* entre hermanos 兄弟間の反目.

di·sen·so [di.sén.so; đi.-] 男 不同意, 意見の相違. *por mutuo disenso*《法》(契約・義務について) 双方の合意により失効.

di·sen·te·rí·a [di.sen.te.rí.a; đi.-] 女 【医】赤痢.

di·sen·té·ri·co, ca [di.sen.té.ri.ko, -.ka; đi.-] 形 【医】赤痢(性)の. ── 男 女 赤痢患者.

di·sen·ti·mien·to [di.sen.ti.mjén.to; đi.-] 男 不同意, 意見の相違; 異議表示.

di·sen·tir [di.sen.tír; đi.-] 27 自 **1**《de... …と》意見が異なる,《…に》異議を唱える, 反対する. *Disentimos* de los demás en esto. 我々はこの点で他者と意見を異にする. ~ de la opinión general 皆の意見に反対する.
 2 異なる, 相違する. Nuestras opiniones *disienten*. 私たちの考え方は一致しない.

****di·se·ña·dor, do·ra** [di.se.ɲa.đór, -.đó.ra; đi.-] 形 設計する, 図案を作る; 素描の.
 ── 男 女 設計者; デザイナー, 図案家. ~ de modas ファッション・デザイナー. ~ gráfico グラフィック・デザイナー.

****di·se·ñar** [di.se.ɲár; đi.-] 他 **1** 設計する, デザインする. **2**《美》素描(スケッチ, デッサン)する;…の下図を描く. **3** …の概略を述べる.

****di·se·ño** [di.sé.ɲo; đi.-] 男 **1** 設計図, 見取り図, 図面. ~ asistido por computador コンピュータによる設計〔英 CAD〕.
 2 デザイン, 意匠, 図案. ~ de modas ファッション・デザイン. ~ gráfico グラフィック・デザイン. ~ industrial 工業デザイン. **3** 線画, デッサン, 素描. **4** 構想, 概略, あらまし. Me hizo un ~ de la situación política del país. 彼[彼女]は私にその国の政情の概略を話してくれた.

di·sé·pa·lo, la [di.sé.pa.lo, -.la; đi.-] 形【植】二萼片(がく)の.

di·ser·ta·ción [di.ser.ta.θjón; đi.- / -.sjón] 女 論述, 論考; 論文; 講演.

di·ser·ta·dor, do·ra [di.ser.ta.đór, -.đó.ra; đi.-] 形 **1** 論述する, 論究する. **2** 持論をひけらかす.
 ── 男 女 論述者; 講演者.

di·ser·tan·te [di.ser.tán.te; đi.-] 形 男 女 → disertador.

di·ser·tar [di.ser.tár; đi.-] 自《sobre... / de... …を》論ずる, 論述[論評]する; 講演する. *Disertó sobre* filosofía. 彼[彼女]は哲学について講演した.

di·ser·to, ta [di.sér.to, -.ta; đi.-] 形 弁舌さわやかな, 能弁な.

di·ses·te·sia [di.ses.té.sja; đi.-] 女 【医】知覚不全, 感覚異常.

dis·fa·gia [dis.fá.xja; đis.-] 女 【医】嚥下(えん)困難.

dis·fa·sia [dis.fá.sja; đis.-] 女 【医】不全失語症.

dis·fa·vor [dis.fa.βór; đis.-] 男《recibir》**1** 不興, 不愉快. ganar el ~ de... …の不興を買う.
 2《hacia... / a... …に対する》無礼, 不親切. hacer el ~ a... …を冷遇する.

dis·fe·mis·mo [dis.fe.mís.mo; đis.-]【言】軽蔑表現.

dis·fo·ní·a [dis.fo.ní.a; đis.-] 女 【医】発声異常[障害], 声のかすれ.

dis·for·mar(·se) [dis.for.már(.se); đis.-] 他 再 → deformar(se).

dis·for·me [dis.fór.me; đis.-] 形 **1** 不格好な, 均整の取れていない (= deforme). **2** 醜い, 醜悪な. **3** 桁(けた)外れの, 途方もない. error ~ 常識では考えられない間違い.

dis·for·mi·dad [dis.for.mi.đáđ; đis.-] 女 → deformidad.

dis·for·zar [dis.for.θár; đis.- / -.sár] 20 自《ラ米》(ぶ)気取る, 上品ぶる.

disfrazé(-) / disfracé(-)活 → disfrazar.

****dis·fraz** [dis.fráθ; đis.- / -.frás] 男 [複 disfraces] **1** 変装, 仮装. baile de *disfraces* 仮装舞踏会. **2** 仮面; 変装[仮装]用衣装. **3** 見せかけ, カムフラージュ;【軍】偽装, 迷彩. ponerse [llevar] el ~ de... …のふり[仮装]をする, …に見せかける. **4**《話》場違い[不釣合い]なこと[もの].
 bajo el disfraz de... …と見せかけて[偽って]; …を口実として.

dis·fra·za·do, da [dis.fra.θá.đo, -.đa; đis.- / -.sá.-] 形 **1**《de... …に》変装した; 見せかけた. asesinato ~ de suicidio 自殺に見せかけた殺人.
 2【軍】迷彩を施した.

****dis·fra·zar** [dis.fra.θár; đis.- / -.sár] 97 他 **1**《de... …に》変装[仮装]させる.
 2〈事実を〉隠蔽(いん)する;〈意図・感情を〉隠す. ~ la voz 作り声をする. Intentaba ~ sus sentimientos con sus palabras. 彼[彼女]は感情を言葉で隠そうとしていた. **3**【軍】迷彩を施す.
 ── **~·se** 再《de... …に》変装する, 仮装する; 仮面をかぶる. ~*se de* payaso ピエロに変装する.

******dis·fru·tar*** [dis.fru.tár; đis.-] 自 **1**《de... / con...》《…を》楽しむ,《…で》楽しく過ごす. ~ *de* una buena comida おいしい食べ物に舌鼓を打つ. ~ *con* la música 音楽を聴いて楽しむ.
 2《de...〈特権・利益など〉を》享受する. ~ *de* buena salud 健康に恵まれる. ~ *de* un buen sueldo いい給料をもらっている. La economía *disfrutó de* un crecimiento rápido. 経済は急成長を遂げた.
 ── 他 **1**…を楽しむ, 味わう. ¡Que *disfrutes* tus vacaciones! 休暇を楽しんできてね.
 2〈特権・利益などを〉享受する.

dis·fru·te [dis.frú.te; đis.-] 男 **1** 享受, 享有, 恵まれること. **2** 楽しみ, 喜び, 愉快.
 ── 活 → disfrutar.

dis·fuer·zo [dis.fwér.θo; đis.- / -.so] 男《ラ米》(ぶ)厚顔; 気取り, こび; 強がり.

dis·fu·mar [dis.fu.már; đis.-] 他 → esfumar.
dis·fu·mi·no [dis.fu.mí.no; đis.-] 男 → esfumino.
dis·fun·ción [dis.fun.θjón; đis.- / -sjón] 女 **1**《医》(体・臓器の)不調, 異変, 機能不全. **2** 不調和, 混乱.
dis·ge·ne·sia [dis.xe.né.sja; đis.-] 女《医》発育異常.
dis·gra·fía [dis.grá.fja; đis.-] 女《医》失書症；字が書けなくなる障害, 失語症の一種.
dis·gre·ga·ción [dis.gre.ga.θjón; đis.- / -sjón] 女 離散, 解散；解体, 崩壊；分裂.
dis·gre·ga·dor, do·ra [dis.gre.ga.đór, -.đó.ra; đis.-] 形 分裂させるための, 引き裂く.
dis·gre·gan·te [dis.gre.gán.te; đis.-] 形 離散[解体]した；解体[崩壊, 分裂]させる.
dis·gre·gar [dis.gre.gár; đis.-] 103 他 離散させる, 解散させる；解体[分解, 分裂]させる. rocas *disgregadas* por las heladas 氷結して崩れた岩. ~ la muchedumbre 群衆を(追い)散らす.
 ― ~·se 再 離散する；解体する, ばらばらになる. ~*se* en varios estados いくつもの国家に分裂する.
dis·gre·ga·ti·vo, va [dis.gre.ga.tí.bo, -.ba; đis.-] 形 分裂[解体]させる.
dis·gus·ta·do, da [dis.gus.tá.đo, -.đa; đis.-] 形 **1**《estar +》《con... / de...》(…に)腹を立てた, (…で)不快な. *Estoy* ~ *con* este coche. この車にはもううんざりだ. **2**《estar +》《con... ...に》失望した, 幻滅した；気落ちした, 苦悩する. ~ *con* la actitud del ministro 大臣の姿勢に失望した. **3** 味気ない. **4**《ラミ米》(*)(ﾎ)(ﾒｼﾞ) 《話》気難しい, 不機嫌な.
*****dis·gus·tar** [dis.gus.tár; đis.-] 他 **不快にさせる**, 怒らせる；がっかりさせる. Me *disgusta* este olor. このにおいはむかむかする. Me *disgusta* que te vayas ya. 君がもう行ってしまうとは残念だ (▶ que 以下が主語. 節内の動詞は接続法).
 ― ~·se 再 **1**《con... / de... / por...》(…で)不愉快になる, 怒る；(…に)うんざりする. ~*se con* un comentario insolente 失礼なコメントに不快になる. **2**《con... ...と》仲たがいする, 絶交する, けんかする. ~*se con*+人 por una tontería つまらないことで(人)と気まずくなる.
*****dis·gus·to** [dis.gús.to; đis.-] 男 **1 苦悩**；不安, 心痛. tener un ~ con... …のことを心配する. Mi hijo le dio un gran ~ a la familia con sus negocios. 私の息子は商売のことで家族を大変心配させた. **2 不快**；不満, いらだち. llevarse un gran ~ ひどく気分を害する. sentir ~ 不快に思う. trabajar con ~ いやいや働く. **3** 不幸, 不運, 悩み. Mi abuelo ha tenido muchos ~s. 私の祖父はさんざん苦労してきた. **4** 対立, 仲たがい.
a disgusto いやいや, しぶしぶ. estar [hallarse, encontrarse] *a* ~ うんざりしている；居心地が悪い.
dis·gus·to·so, sa [dis.gus.tó.so, -.sa; đis.-] 形《まれ》味わいのない, おもしろみのない；嫌気だしい.
di·si·den·cia [di.si.đén.θja; đi.- / -.sja] 女 **1** 不一致, (意見などの)相違, 分裂.
 2 (政治・宗教などの団体からの)分離, 脱退.
di·si·den·te [di.si.đén.te; đi.-] 形 意見を異にする, 異論のある；少数派の, 反主流の；分離した.
 ― 男 女 意見を異にする人, (体制などへの)反対者；少数派, 反主流派；分離派.
di·si·dir [di.si.đír; đi.-] 自 **1** 異なる意見[見解]を持つ. **2**《de... ...から》離脱[離党]する.
di·si·lá·bi·co, ca [di.si.lá.bi.ko, -.ka; đi.-]

/ di·sí·la·bo, ba [di.sí.la.bo, -.ba; đi.-] 形《言》二音節からなる, 二音節の. ― 男 二音節語.
di·si·me·trí·a [di.si.me.trí.a; đi.-] 女 非対称, 不均整, 不対称 (= asimetría) (↔simetría).
di·si·mé·tri·co, ca [di.si.mé.tri.ko, -.ka; đi.-] 形 非対称の, 不均整の；反対称の.
di·sí·mil [di.sí.mil; đi.-] 形 似ていない, 異なる.
di·si·mi·la·ción [di.si.mi.la.θjón; đi.- / -.sjón] 女《音声》異化：近接[隣接]する類似[同種]の言語音の一方が, より類似性の少ないものに変わること. ⇒ ラテン語 arbor からスペイン語 árbol への変化など.
di·si·mi·lar [di.si.mi.lár; đi.-] 他《音声》異化する.
di·si·mi·li·tud [di.si.mi.li.túđ; đi.-] 女 不同, 相違；相違点. la ~ de caracteres 性格の不一致.
di·si·mu·la·ble [di.si.mu.lá.ble; đi.-] 形 **1** 隠しうる, ごまかせる. **2** 見逃せる, 許容できる.
di·si·mu·la·ción [di.si.mu.la.θjón; đi.- / -.sjón] 女 **1** 偽装, ごまかし, 隠蔽. **2** 黙認, 見逃し.
di·si·mu·la·da·men·te [di.si.mu.lá.đa.mén.te; đi.-] 副 ひそかに, 知らぬふりをして.
di·si·mu·la·do, da [di.si.mu.lá.đo, -.đa; đi.-] 形 偽装した, ごまかした, ひそかな.
a lo disimulado / a la disimulada ひそかに, こっそりと.
hacerse el disimulado 知らぬ[気づかぬ]ふりをする. ▶ el disimulado は主語の性数に一致する.
di·si·mu·la·dor, do·ra [di.si.mu.la.đór, -.đó.ra; đi.-] 形 偽り隠す. ― 男 女 猫かぶり, 偽善者.
*****di·si·mu·lar** [di.si.mu.lár; đi.-] 他 **1**《欠点・感情などを》**隠す**, ごまかす. ~ la alegría 喜びをさとられないようにする. ~ la risa 笑いを押し殺す. ~ la edad [los años] 年齢をごまかす.
 2 見て見ぬふりをする, 大目に見る, 見逃す.
 ― 自 とぼける, しらばくれる.
di·si·mu·lo [di.si.mú.lo; đi.-] 男 **1** 偽装, ごまかし；ひそか. hablar sin ~ 包み隠さず[率直]に話す. **2** 大目に見ること, 見逃し.
con disimulo 空とぼけて, 素知らぬ顔で；こっそり.
di·si·pa·ble [di.si.pá.ble; đi.-] 形 消散しやすい, すぐ消えている.
di·si·pa·ción [di.si.pa.θjón; đi.- / -.sjón] 女 **1** 消散, 消失. **2** 浪費, 無駄遣い. la ~ de la hacienda 資産の浪費. **3** 放埒(ほう), 放蕩(ほう).
di·si·pa·do, da [di.si.pá.đo, -.đa; đi.-] 形 **1** 消散[消失]した. **2** 放蕩(ほう)な；浪費家の. **3** 落ち着きのない, 上の空の. ― 男 女 放蕩者, 道楽者. pandilla de ~s 放蕩者のグループ[仲間].
di·si·pa·dor, do·ra [di.si.pa.đór, -.đó.ra; đi.-] 形 浪費家の；放蕩(ほう)な.
 ― 男 女 浪費家, 放蕩者, 道楽者.
*****di·si·par** [di.si.pár; đi.-] 他 **1** (徐々に) 追い払う；(大気中の煙などを)四散させる；一掃する. Este viento *disipará* las nubes. この風で雲もなくなるだろう. ~ la delincuencia 犯罪を一掃する.
 2〈希望などを〉砕く；〈財産を〉浪費する；〈活力を〉弱らせる. En tres meses *disipó* su hacienda. 彼[彼女]は 3 か月で資産を使い果たしてしまった.
 ― ~·se 再《雲・煙・期待・疑い・財産などが》消え失せる, 霧散する. Mis dudas tardaron mucho en ~*se*. 私の疑念が消え去るまでかなりかかった.
disk·ette [dis.ké.te; đis.- // -.két] 〘英〙男 → disquet.
dis·la·lia [dis.lá.lja; đis.-] 女《医》構音障害, 発音不全.

dis·la·te [dis.lá.te; đis.-] 男 でたらめ, ナンセンス.

dis·le·xia [dis.lék.sja; đis.-] 女 〖医〗失読症, 読書障害.

dis·lé·xi·co, ca [dis.lék.si.ko, -.ka; đis.-] 形 失読症の. ― 男 女 失読症の人.

dis·lo·ca·ción [dis.lo.ka.θjón; đis.- / -.sjón] / **dis·lo·ca·du·ra** [dis.lo.ka.đú.ra; đis.-] 女 **1**(本来の場所・位置からの)取り出し, はずすこと; 解体. **2** 脱臼(_きゅう_), 関節の転位. **3**(秩序の)崩壊, 解体, 混乱. **4** 歪曲(_わいきょく_)させる, 曲解. **5** 〖地質〗断層.

dis·lo·car [dis.lo.kár; đis.-] 102 他 **1**(本来の場所・位置から)取り出す, はずす; 解体する. **2** 脱臼(_きゅう_)させる. La caída le *dislocó* el hombro. 彼[彼女]は倒れて肩を脱臼した. **3** ゆがめる, 歪曲(_わいきょく_)する. ― ~·**se** 再 脱臼する, 関節が外れる. ~*se* el brazo 腕を脱臼する.
estar dislocado de alegría (話)喜びに気も狂わんばかりである.

dis·lo·que [dis.ló.ke; đis.-] 男《話》**1** 最高, 最上. Esta película es el ~. この映画は実に傑作だ. **2** 限界, 限度; 狂気のさた. Es el ~. もうたくさんだ.

dis·mem·bra·ción [dis.mem.bra.θjón; đis.- / -.sjón] 女 → desmembración.

dis·me·no·rre·a [dis.me.no.řé.a; đis.-] 女 〖医〗月経困難(症).

***dis·mi·nu·ción** [dis.mi.nu.θjón; đis.- / -.sjón] 女 **1** 減少, 削減, 軽減; 短縮, 縮小. ir en ~ 減少する. **2**(価値・価格の)下落, 下降;(体力・名声の)低下, 衰え. **3**〖医〗(痛みの)緩和, 鎮静; 解熱.

dis·mi·nui·do, da [dis.mi.nwí.đo, -.đa; đis.-] 形 **1** 価値のない, つまらない. Me sentí notablemente ~ al lado de ese hombre tan culto. その教養豊かな人と比べて自分がひどくつまらない人間に思われた. **2** 身体障害の.
― 男 女 身体障害者, 体の不自由な人. → discapacidad.

***dis·mi·nuir** [dis.mi.nwír; đis.-] 48 他 減らす; 低下させる, 弱める. ~ el dolor 痛みを和らげる. ~ el entusiasmo 盛り上がった雰囲気に水をさす. ~ el precio 価格を下げる. ~ la velocidad 減速する.
― 自 減る;《en... / de... ...が》減る; 弱まる. Este año he logrado ~ de peso. 今年私は減量に成功した. El calor de este verano poco a poco *está disminuyendo en* intensidad. この夏の暑さは少しずつその勢いを弱めている.
― ~·**se** 再 減る, 縮小する; 低下する, 弱まる.
[←〚ラ〛*deminuere* (*minus*「より小さい」より派生); 関連 disminución. 〚英〛*diminish*].

disminuy- 活 → disminuir.

dism·ne·sia [dism.né.sja; đism.-] 女 〖医〗記憶障害.

dis·mor·fia [dis.mór.fja; đis.-] 女 〖医〗内臓の形成異常[奇形, 逆位].

dis·ne·a [dis.né.a; đis.-] 女 〖医〗呼吸困難.

dis·néi·co, ca [dis.néi.ko, -.ka; đis.-] 形 〖医〗呼吸困難の. ― 男 女 呼吸困難の患者.

di·so·cia·ble [di.so.θjá.ble; đi.- / -.sjá.-] 形 分離可能な.

di·so·cia·ción [di.so.θja.θjón; đi.- / -.sja.sjón] 女 **1** 分離, 乖離(_かいり_). **2**〖化〗解離.

di·so·ciar [di.so.θjár; đi.- / -.sjár] 82 他 **1** 分離する, 切り離す; 別個のものとして考える.
2 〖化〗解離させる.

― ~·**se** 再 **1**《de...》《...から》分離する, 分かれる; 脱会する, (...との)交際をやめる.
2 〖化〗《en... ...に》解離する, 電離する.

di·so·cia·ti·vo, va [di.so.θja.tí.βo, -.βa; đi.- / -.sja.-] 形 **1** 分離[分解]の(ための), 分離[分解]に関する. **2** 〖化〗解離のための

di·so·lu·bi·li·dad [di.so.lu.βi.li.đáđ; đi.-] 女 〖化〗溶解[可溶]性, 可溶度. **2** 解消[解散]の可能性.

di·so·lu·ble [di.so.lú.βle; đi.-] 形 **1** 溶ける, 溶解性の. **2** 解消[解散]できる. Un contrato es ~ por mutuo acuerdo de las partes. 契約は当事者双方の合意により解消可能である. **3** 解決できる, 解明できる.

***di·so·lu·ción** [di.so.lu.θjón; đi.- / -.sjón] 女 **1**(組織の)解散;解消,(社会・秩序の)崩壊. la ~ de una empresa de construcción naval ある造船会社の解散. **2** 〖化〗**溶解**, 融解, 分解; 溶液. ~ acuosa 水溶液. **3** 風紀の乱れ, 退廃. **4** 〖車〗(タイヤ・チューブ用の)ゴム糊(_のり_).
[←〚ラ〛*dissolūtiōnem* (*dissolūtiō* の対格; *dissolvere*「溶かす」より派生); 関連〚英〛*dissolution, dissolve*]

di·so·lu·ti·vo, va [di.so.lu.tí.βo, -.βa; đi.-] 形 溶解する, 解消力のある. el factor ~ de la sociedad 社会崩壊の要因.

di·so·lu·to, ta [di.so.lú.to, -.ta; đi.-] 形 自堕落な, 身を持ちくずした. ― 男 女 放蕩(_ほうとう_)者.

di·sol·ven·te [di.sol.βén.te; đi.-] 形 **1** 溶かす, 溶解力のある. **2** 風紀を乱す, 退廃的な.
― 男 〖化〗溶剤, 溶媒; シンナー, 希釈液.

***di·sol·ver** [di.sol.βér; đi.-] 23 他[過分]は disuelto] **1** 溶かす, 溶解する. ~ el terrón de azúcar en el café コーヒーに角砂糖を溶かす.
2〈集団などを〉解散する;〈契約・人間関係などを〉解消する, 無効にする. ~ las Cortes 国会を解散させる. ~ las amistades 絶交する. ~ un matrimonio 婚姻を解消する. ― ~·**se** 再 **1** とける, 溶解する. La vitamina B *se disuelve* en aceite. ビタミンBは油に溶ける. **2**〈集団などが〉解散する;〈契約・人間関係などが〉解消する.

di·són [di.són; đi.-] 男 → disonancia **1**.

di·so·nan·cia [di.so.nán.θja; đi.- / -.sja] 女 **1** 〖音楽〗不協和音(↔ consonancia). **2** 不調和, 不釣り合い; 場違い. **3** 不一致, 足並みの乱れ, 不和.

di·so·nan·te [di.so.nán.te; đi.-] 形 **1** 〖音楽〗不協和音の; 耳障りな. nota ~ 不協和音. **2** 調和しない; 不釣り合いな; 場違いな. **3** 不一致の, 異論の.

di·so·nar [di.so.nár; đi.-] 15 自 **1** 〖音楽〗不協和音になる, 調子[音]が外れる; 耳障りな音を立てる.
2《de... / con... ...と》調和[一致]しない; 相いれない. ~ *de* los demás 他人と合わない.
3 意外[不審]に思える (= chocar).

dí·so·no, na [dí.so.no, -.na; đi.-] 形 → disonante.

di·so·re·xia [di.so.řék.sja; đi.-] 女 〖医〗食欲減退.

di·sor·to·gra·fí·a [di.sor.to.ɣra.fí.a; đi.-] 女 正書法ができていないこと[文書], 表記ミス, スペル間違い.

di·sos·mia [di.sós.mja; đi.-] 女 〖医〗嗅覚(_きゅうかく_)障害, 嗅覚不全(症).

di·sos·to·sis [di.sos.tó.sis; đi.-] 女《単複同形》〖医〗骨形成不全.

dis·par [dis.pár; đis.-] 形 同じでない, 等しくない,(全く)違った; ちぐはぐな.

dis·pa·ra·da [dis.pa.rá.ða; ðis.-] 囡 → disparado.

dis·pa·ra·de·ro [dis.pa.ra.ðé.ro; ðis.-] 男 (銃の)引き金.
poner a+人 *en el disparadero*《話》〈人〉をけしかける.

dis·pa·ra·do, da [dis.pa.rá.ðo, -.ða; ðis.-] 形 発射された；飛び出した，駆け出した. *salir ～ de asiento* 突然席を立つ.
── 囡《ラ米》(ﾁﾘ)(ﾍﾟﾙｰ)(ﾌﾟ) 《話》逃走，遁走 (ｿｳ)；発砲. *a la disparada*《ラ米》(ﾁﾘ)(ﾍﾟﾙｰ)(ﾌﾟ) 《話》大急ぎで. *tomar la disparada*《ラ米》(ｸﾞｱﾃﾞ) 《話》飛び出す.

dis·pa·ra·dor, do·ra [dis.pa.ra.ðór, -.ðó.ra; ðis.-] 形《ラ米》(ｸﾞｱﾃﾞ) 《話》気前のいい，物惜しみしない.
── 男 **1** (銃の) 引き金. **2** (カメラなどの) シャッター. **3** (時計の) 脱進機構. **4**《海》投錨 (ﾀﾞﾋ) 装置.
disparador atómico エアゾール.

*__dis·pa·rar__ [dis.pa.rár; ðis.-] 他 **1** 発射する，撃つ. ～ *el arco* 弓を射る. ～ *un cohete* ロケットを発射する；花火を打ち上げる. *Esta ametralladora dispara* más de 100 *balas por segundo.* この機関銃は1秒に100発以上発射できる. *El ladrón disparó la pistola.* 泥棒はピストルを発射した.
2 投げつける；《スポ》シュートする.
3 《写》(カメラの) シャッターを切る. *¡Ahora! ¡Dispara* la *cámara!* 今だ！ カメラのシャッターを押せ. **4** 《話》〈質問などを〉投げつける，浴びせる. **5** 急増させる，急上昇させる.
── 自 **1** 発砲する，発射する. ～ *contra el enemigo* 敵に発砲する. ～ *al aire* 空に向けて撃つ. **2** 《スポ》シュートする. ～ *a puerta* ゴールに向かってシュートする. **3** 《写》(カメラの) シャッターを押す. **4** 《話》質問攻めにする. **5** 《ラ米》(ｸﾞｱﾃﾞ) 《話》おごる.
── ～*se* 再 **1** 暴発する；発射される. *Se le disparó el fusil, pero afortunadamente no hirió a nadie.* 彼 [彼女] の銃が暴発したが，幸いに誰にもけがはなかった.
2 《まれ》飛び出す，駆け出す.
3 急増する，急上昇する. *Se ha disparado* el *desempleo debido a la crisis económica existente.* 近ごろの経済危機によって失業が急増した.
4 激怒する，切れる. *Mi padre es muy susceptible. Si le dices algo, se dispara.* 私の父はとても怒りっぽい. 何か言えばすぐにかっとする.
5 作動する. *La alarma se dispara* automáticamente. アラームは自動的に作動します. **6**《ラ米》(ｸﾞｱﾃﾞ) 《話》おごる，気前よく金を使う；浪費する.
[← 〔ラ〕*disparāre*「引き離す」「〈弓から〉離す」「発射する」へ転義；関連 disparo, disparate]

dis·pa·ra·ta·da·men·te [dis.pa.ra.tá.ða.mén.te; ðis.-] 副 むちゃくちゃに，でたらめに，ばかみたいに.

dis·pa·ra·ta·do, da [dis.pa.ra.tá.ðo, -.ða; ðis.-] 形 でたらめな，非常識な；法外な，途方もない. *una idea disparatada* ばかげた考え.

dis·pa·ra·ta·dor, do·ra [dis.pa.ra.ta.ðór, -.ðó.ra; ðis.-] 形 でたらめをしでかす，ばかなことをする人.
── 男 囡 でたらめな人，ばかなことをする人.

dis·pa·ra·tar [dis.pa.ra.tár; ðis.-] 自 たわ言 [でたらめ] を言う；非常識な [ばかげた] ことをする.

*__dis·pa·ra·te__ [dis.pa.rá.te; ðis.-] 男 **1** ばかげた [非常識な] 言動；誤り，ばかげた意見；でたらめ，間違い. *soltar un ～* 暴言を吐く.
2 (複数で) ナンセンス，とんちんかん，支離滅裂.
3 (金額などが) 過度 [法外] なこと. *Gasta un ～ en vestirse.* 彼 [彼女] は服装に法外な金をかけている.
4《ラ米》(ﾒﾋｺ) つまらないこと，くだらないこと.
un disparate すごく，たくさん.

dis·pa·re·jo, ja [dis.pa.ré.xo, -.xa; ðis.-] 形 → dispar.

dis·pa·ri·dad [dis.pa.ri.ðáð; ðis.-] 囡 不等，不同；相違，不一致，不均衡. ～ *de cultos* 《カト》信仰の違いによる結婚不能.

*__dis·pa·ro__ [dis.pá.ro; ðis.-] 男 **1** 発射，発砲；銃声. **2**《スポ》シュート. ～ *a puerta* ゴールへのシュート. **3** ばかげた言動，暴言，非難. *Los ～s de los periodistas se centraron en él.* 記者たちの非難は彼に集中した.
disparo de aviso [*advertencia*] 威嚇砲撃，警砲.

dis·pen·dio [dis.pén.djo; ðis.-] 男 無駄遣い，浪費.

dis·pen·dio·so, sa [dis.pen.djó.so, -.sa; ðis.-] 形 高価な，高くつく.

dis·pen·sa [dis.pén.sa; ðis.-] 囡 **1** 免除. ～ *de edad* 年齢 (規定) による適用免除. **2**《カト》(教会法からの) 特別免除，特免.

dis·pen·sa·ble [dis.pen.sá.ble; ðis.-] 形 **1** 免除できる，許しうる，容赦できる. **2**《カト》特免可能な.

dis·pen·sa·ción [dis.pen.sa.θjón; ðis.- / -.sjón] 囡 **1** (適用) 免除；容赦. **2**《カト》特免.

dis·pen·sa·dor, do·ra [dis.pen.sa.ðór, -.ðó.ra; ðis.-] 形 恩恵 [恩寵，名誉，加護] を与える [もたらす]. ── 男 囡 恩恵 [恩寵，名誉] を与える人 [もの].

*__dis·pen·sar__ [dis.pen.sár; ðis.-] 他 **1** (*de*... …を) 免除する，免ずる. *La dispensaron de pagar la multa.* 彼女は罰金の支払いを免ぜられた.
2 許す，容赦する，許容する. *Dispénse*me *por llegar tan tarde.* たいへん遅れてきまして申し訳ございません.
3 授ける，与える. ～ *elogios* 賞賛する. ～ *interés* [*atención*] 興味 [関心] を示す. ～ *asistencia médica* 手当を施す. ～ *un entusiasta recibimiento* 熱烈な歓迎をする.
── 自 許す. *Dispense* usted. すみません，申し訳ありません. ── ～*se* 再 免れる，免除される. *no poder ～se de*... …せずにはいられない.
[← 〔ラ〕*dispēnsāre*「分配する」「分類する」「管理する」；関連 (in)dispensable. 〔英〕*dispense*]

dis·pen·sa·rí·a [dis.pen.sa.rí.a; ðis.-] 囡《ラ米》(ﾒﾋｺ) → dispensario.

dis·pen·sa·rio [dis.pen.sá.rjo; ðis.-] 男《まれ》無料診療所.

dis·pep·sia [dis.pép.sja; ðis.-] 囡《医》消化不良.

dis·pép·ti·co, ca [dis.pép.ti.ko, -.ka; ðis.-] 形 消化不良の. ── 男 囡 消化不良の人.

dis·per·san·te [dis.per.sán.te; ðis.-] 形 分散するための. ── 男 (洗浄) 分散剤.

dis·per·sar [dis.per.sár; ðis.-] 他 **1** 分散させる，散らす；解散させる，追い払う. ～ *la manifestación* デモ隊を追い散らす. ～ *las sospechas* 疑いを晴らす. ～ *la atención* 注意力を散漫にする.
2 《軍》(1) 壊走 [敗走] させる. (2) 散開させる.
── ～*se* 再 **1** 分散する，散らばる，解散する；消散する. **2** 《軍》(1) 敗走する. (2) 散開する.
3 気が散る，注意散漫になる.

dis·per·sión [dis.per.sjón; ðis.-] 囡 **1** 分散，散乱；離散，散逸. **2**《物理》《化》分散，分光. **3**《軍》敗走，壊走；散開，分散配置.

dis·per·si·vo, va [dis.per.sí.ßo, -.ßa; ðis.-] 形《まれ》分散 [散乱] する，分散的な.

dis·per·so, sa [dis.pér.so, -.sa; ðis.-] 形 《**en...** / **por...** …に》散らばった，ちりぢりになった. casas *dispersas en* el valle 谷間に点在する家々. familia *dispersa* 離散した家族. en orden ～《軍》散開隊形で；てんでんばらばらに. [←［ラ］*dispersum* (*dispergere*「散乱させる」の完了分詞 *dispersus* の対応). [関連] dispersar, dispersión, esparcir. [英] *disperse*「散らばる」]

dis·pla·cer [dis.pla.θér; ðis.- / -.sér] 34 (または 35) 他 《まれに》→ desplacer.

dis·pla·sia [dis.plá.sja; ðis.-] 女 《医》（骨格・臓器の）発達不全，異形成症. ～ fibromuscular 繊維筋性異形成症. ～ fibrosa 繊維性骨異形成症.

dis·plá·si·co, ca [dis.plá.si.ko, -.ka; ðis.-] 形 《医》（骨格・臓器の）発達不全の，未発達の.

dis·plás·ti·co, ca [dis.plás.ti.ko, -.ka; ðis.-] 形 → displásico.

dis·play [dis.pléi; ðis.-] [英] 男 《複 ～s, ～》 **1** 《ＩＴ》ディスプレー，表示装置. **2** 陳列棚，展示品. **3** 折りたたんだパンフレット.

dis·pli·cen·cia [dis.pli.θén.θja; ðis.- / -.sén.sja] 女 **1** 気乗り薄，投げやり；無頓着(とんちゃく)；冷淡，無愛想. trabajar con ～ しぶしぶ働く. **2** 落胆，気力［戦意］の喪失，あきらめ.

dis·pli·cen·te [dis.pli.θén.te; ðis.- / -.sén.-] 形 **1** 不（愉）快な，気に障る. tono ～ 耳障りな口調. **2** 気乗り薄な，嫌そうな；よそよそしい，冷淡な.

dis·pón [dis.pón; ðis.-] 活 → disponer.

dispondr- 活 → disponer.

dis·po·ner [dis.po.nér; ðis.-] 41 他 ［過分］は dispuesto] **1** 並べる，配置する. *Dispuso* las revistas por orden alfabético. 彼［彼女］は雑誌をアルファベット順に並べた.
2 準備する，支度する. Tenemos que ～ *lo* todo para la fiesta. パーティーの準備をすべて整えなくてはなりません. **3** 〈役所・役人・法令などが〉《+不定詞 / que+接続法 …するように》の，指示を出す. *Dispusieron abrir* todas las ventanas. 彼らはすべての窓を開けるように命じた. El médico *dispuso que guardara* cama durante dos días. 医者は2日間寝ているように指示した.

── 自 《**de...**》 **1** 《…を》持つ，備える. *Disponemos de* muy poco tiempo. 私たちには少しの時間しか与えられていない. **2** 《（人の助け）を》借りる，利用する. Usted puede ～ *de* mí a su gusto. 何なりとご遠慮なくお申しつけください.

── **～·se** 再 **1** 《**para...** …に》備える，準備を整える. *～se para* la presentación 発表に備える.
2 《**a**+不定詞》《まさに》《…する》ところである. En ese momento mi padre *se disponía a salir*. そのとき父はまさに出かけようとしていた.
[←［ラ］*dispōnere*「配分する」 (*dis-*「別々に」 + *pōnere*「置く」). [関連] disposición. [英] *dispose*]

dispong- 活 → disponer.

dis·po·ni·bi·li·dad [dis.po.ni.bi.li.ðáð; ðis.-] 女 **1** 自由に使用［処分］できること；使用権，処分権. **2** 《商》流動性；《複数で》（手持ちの）資金，財力；《複数で》（現金・預金などの）流動資産；在庫.
en disponibilidad 〈軍人・公務員が〉待命中の，辞令待ちの.

dis·po·ni·ble [dis.po.ní.ble; ðis.-] 形 **1** 自由に使用［処分］できる；手元にある，在庫の. Mañana tengo tiempo ～. 明日なら都合のつく時間があります. La mercancía no se encuentra ～. 商品は在庫がございません. valores ～s 流動資産. renta ～ 可処分所得.
2 空席の，欠員のある. dos plazas ～s 空席2つ，欠員2名. **3** 〈軍人・公務員が〉待命中の，辞令待ちの.

dis·po·si·ción 女 **1** 配置，配列；（部屋の）レイアウト. Cambiamos la ～ de los muebles. 家具の配置を変えましょう.
2 自由裁量，利用. tener... a su ～ …を自由に利用できる. Estoy a su ～. 私に何なりとお申し付けください.
3 命令，規程. según las *disposiciones* del código 法典の規程によると. última ～ 遺言書，遺言.
4 気分，状態. ～ de ánimo 機嫌，気分. estar en ～ de+不定詞 …する気分［状態］である.
5 《**para...** …に対する》素質，姿勢. No tengo mucha ～ *para* la pintura. 私に絵画の素質はあまりない. **6** 《主に複数で》手段，方策. Tengo tomadas mis *disposiciones* para rechazarlo. 私はそれを拒絶する方策は講じてある.

dis·po·si·ti·vo, va [dis.po.si.tí.bo, -.ba; ðis.-] 形 配置した，配列した. ── 男 （機械的）装置，仕掛け. ～ de seguridad 安全装置.

dis·pro·por·ción [dis.pro.por.θjón; ðis.- / -.sjón] 女 不適合.

dis·pro·sio [dis.pró.sjo; ðis.-] 男 《化》ジスプロシウム（記号 Dy）.

dis·pues·to, ta [dis.pwés.to, -.ta; ðis.-] [disponer の過分] 形 **1** 《**estar** +》準備［用意］ができた；決心［覚悟］ができている；向いている，傾向がある. *estar* ～ a+不定詞 …する準備［用意］ができている，…するつもりがある. *estar poco* ～ a+不定詞 …することに気乗りがしない. ～ *para* la marcha 出発の準備ができている. **2** 有能な；巧みな；てきぱき仕事をする. **3** 容姿の整った，端正な.
bien [mal] dispuesto 機嫌が良い［悪い］；都合が良い［悪い］；体の調子がいい［悪い］.
lo dispuesto 定め，規定. en cumplimiento de *lo* ～ en el artículo その条項（の規定）に従って.

dispus- 活 → disponer.

dis·pu·ta [dis.pú.ta; ðis.-] 女 **1** 口論，言い争い；論争，議論. Ese muchacho es, sin ～, el mejor de la clase. その少年は文句なくクラスで一番である. Sobre gustos no hay ～. (諺)蓼(たで)で食う虫も好き好き (←人の好みに関しては議論できない).
2 《**por...** …を求めての》競争.

dis·pu·ta·ble [dis.pu.tá.ble; ðis.-] 形 議論の余地がある，問題［異論］のある，不確かな.

dis·pu·ta·dor, do·ra [dis.pu.ta.ðór, -.ðó.ra; ðis.-] 論争好きな，議論好きな. ── 男 女 論争家，議論好きな人，口論する人.

dis·pu·tar [dis.pu.tár; ðis.-] 他 **1** 《**a**+人 〈人〉》と》〈賞などを〉競う，争う. Carmen *le disputó* el premio *a* su compañera de clase en el concurso de oratoria. カルメンは弁論大会で級友と賞を競った. **2** 議論する，論じる. ～ una cuestión ある問題を議論する. **3** 《スポ》（試合などを）行う. ～ el torneo de tenis テニスのトーナメント試合を行う. **3** 容姿の整った，端正な.

── 自 **1** 《**sobre...** / **por...** / **acerca de...** …について》論争する，議論する. Los políticos *disputaron acerca de* la necesidad de las fuerzas militares. 政治家たちは軍隊の必要性について議論した.
2 《**por...** …を求めて》争う；競う. Los dos *disputan por* la copa europea de tenis. ふたりはテニスのヨーロッパ杯を争っている.

disquería

—～se 再《複数主語で》競い合う；奪い合う. Los participantes *se disputan* el premio. 参加者たちは賞を目指して競い合っている.
[←［ラ］*disputāre*「論究する, 討議する」；関連［英］*dispute*]

dis·que·rí·a [dis.ke.ɾí.a; ðis.-] 女《ラ米》(ラク)CDショップ, レコード店.

dis·quet [dis.két; ðis.-] / **dis·que·te** [dis.ké.te; ðis.-] 男 〖IT〗フロッピーディスク.

dis·que·te·ra [dis.ke.té.ɾa; ðis.-] 女 〖IT〗ディスクドライブ.

dis·qui·si·ción [dis.ki.si.θjón; ðis.- / -.sjón] 女
1 論究, 研究, 精査.
2《複数で》余談, 本題からそれた話.

dis·rup·tor [dis.ruр.tór; ðis.-] 男 〖電〗遮断器, 安全器.

dis·tan·cia [dis.tán.θja; ðis.- / -.sja] 女 **1（時間的・空間的）**距離**, 隔たり；間隔. de larga ～ 長距離の. ¿Qué ～ hay de aquí al mar? ここから海までどのくらいの距離がありますか. Entre los dos sucesos existe una ～ de 50 años. ふたつの出来事の間には50年の隔たりがある.
2 違い, 差異 (= diferencia). Hay una gran ～ entre decir y actuar. 言うとやるでは大違いである.
3 冷淡, 疎遠.
acortar las distancias 歩み寄る, 距離を縮める.
a distancia 遠くに, 遠くから. enseñanza *a* ～ 通信教育. control *a* ～ 遠隔操作, リモートコントロール.
guardar las distancias 距離を保つ；(身分上の)立場の違いをわきまえる.
*mantener**a (respetuosa) distancia* …を敬遠する, …と距離を置く.

dis·tan·cia·do, da [dis.tan.θjá.ðo, -.ða; ðis.- / -.sjá.-] 形 **1** 遠く離れた；隔てられた；昔の. **2** 疎遠になっている, 付き合いが薄い. estar ～ de su familia 家族と疎遠になっている. **3** 大きくかけ離れている, 差の大きい.

dis·tan·cia·mien·to [dis.tan.θja.mjén.to; ðis.- / -.sja.-] 男 **1** 隔てること, 間隔を置くこと, 遠ざけること. **2** 隔絶, 孤立. **3** 疎遠, よそよそしく［冷たく］すること.

*dis·tan·ciar [dis.tan.θjáɾ; ðis.- / -.sjáɾ] 82 他
1 遠ざける, 遠く離す. Acompañarte a tu casa me *distancia* de mi camino. 君を家まで送っていくと僕が遠回りになる.
2 疎遠にする, 引き離す. **3**（競走などで）引き離す, 大差をつける.
—～se 再《de...》**1**（…から, …と）距離［間隔］を置く, 離れる, 遠ざかる. **2**（…から, …と）疎遠になる. *Se ha distanciado de* sus amigos. 彼[彼女]は友人たちと付き合わなくなった. **3**（…を）(競争などで) 引き離す, リードする.

*dis·tan·te [dis.tán.te; ðis.-] 形 **1**（距離的に）**離れた**, 遠くの. en un lugar ～ 遠い場所で[に]. La ciudad no está muy ～ de aquí. 街はここからそれほど遠くない.
2（時間的に）**遠い**, 昔の. en época ～ 遠い昔に.
3《ser＋／ estar＋》よそよそしい, 冷淡な. mostrarse ～ con... …に冷たい態度を取る.

*dis·tar [dis.táɾ; ðis.-] 自《de... から》**1** 離れている, 距離がある. ～ dos kilómetros 2キロ離れている. **2**（時間的に）差がある, 違う. **3** 隔たっている, かけ離れている. *Dista* mucho *de* ser bueno. 彼は善人というにはほど遠い.
[←［ラ］*distāre*「離れて立つ」(*dis-*「離れて」＋*stāre*「立つ」)；関連 distancia, distante. ［英］*distance*「距離」]

dis·ten·der [dis.ten.déɾ; ðis.-] 12 他 **1** 緩める, ほぐす；緩和する. **2**〖医〗(1)〈筋肉などを〉たがえる, 無理をして痛める. (2)〈皮膚などを〉腫(は)らす, 膨らませる. **—～se** 再 **1** 緩む, ほぐれる, 緩和される.
2〖医〗(1)〈筋肉などが〉つる, 引きつる；捻挫(ねん)する. (2) 腫れ上がる, 腫れる.

dis·ten·sión [dis.ten.sjón; ðis.-] 女 **1** 膨張, 拡大, 伸張；腫(は)れ. **2**（筋肉などの）引きつり. tener [sufrir] una ～ 筋をたがえる. **3** 緩和, 弛緩(しかん).

dís·ti·co, ca [dís.ti.ko, -.ka; ðis.-] 形 〖植〗対生の, 二列性の. **—**男 〖詩〗二行による節.

dis·ti·co·so, sa [dis.ti.kó.so, -.sa; ðis.-] 形《ラ米》(ラク)《話》食べ物にこだわる.

*dis·tin·ción [dis.tin.θjón; ðis.- / -.sjón] 女 **1** 識別, 区別；対照, 差別. hacer una ～ [*distinciones*] (entre... y...) (…と…を) 区別する. a ～ de... …と対照的に. sin ～ de edad(es) 年令に関係なく. **2** 優秀さ, 卓越性, 品位. Iba vestida con ～. 彼女は上品な身なりをしていた. **3** 特別待遇, 特権. ～ honorífica 栄誉. **4** 配慮, 思いやり. hacer ～ con＋人 〈人〉に敬意を払う.
sin distinción 分け隔てなく.

dis·tin·go [dis.tíŋ.go; ðis.-] 男 **1** 制限,（留保）条件；異議, 不服. **2** 弁別；違い, 特徴.
—活 → distinguir.

dis·tin·gui·ble [dis.tiŋ.gí.βle; ðis.-] 形 区別できる, 見分けられる；顕著な, 明らかな.

dis·tin·gui·do, da [dis.tiŋ.gí.ðo, -.ða; ðis.-] 形
1 卓越した；著名な. un ～ científico 傑出した科学者. *D*～ señor《手紙》拝啓.
2 上品な, 気品のある；紳士的な, 淑女らしい.

dis·tin·guir [dis.tiŋ.gíɾ; ðis.-] 106 他 **1《de... …から》**区別する**. Por teléfono no *distingo* tu voz *de* la de tu hermana. 電話では君と君の姉さんの声を区別できない. ¿*Distingues* cuál es tu paraguas? 君はどれが自分の傘(ﾅﾔ)かわかるかい.
2 見分ける, 聞き分ける. *Distinguieron* el llanto. 泣き声がきこえた.
3〈人を〉特別扱いする；〈人を〉一目置く. Él te *distingue* claramente. 彼は明らかに君を特別視しているよ. **4**《con...》〈人を〉《…で》称える. La *distinguieron con* el premio. 彼女には賞が贈られた.
5 特徴づける, 区別する. Esta función especial *distingue* ambos modelos. この特別な機能でこの2つのモデルは特徴づけられる. **6**《de... …から》より分ける, 目立たせる.
—自 **1** 目立つ, 抜きん出る. **2**《話》違いがわかる. Estudiando mucho aprenderás a ～. 勉強を一生懸命すれば違いがわかるようになるさ. **3**《entre... y...…と…を》区別する. No *distingues entre* lo bueno *y* lo malo de la obra. 君はその作品のいいところと悪いところがわかっていない.
—～se 再《複数主語で》区別される, 異なっている. Los dos *se distinguen* perfectamente. 2つは完全に区別される. **2**《3人称で》見える, 聞こえる. En la niebla apenas *se distinguía* la silueta del guardia. 霧の中では守衛の姿がほとんど見えなかった. **3**《por... …(という点)で》際だっている, 抜きん出ている. *Se distingue por* su testarudez. 頑固という点で彼[彼女]は際だっている.

[←〚ラ〛*distinguere*「多様に彩る，変化を与える；区別する」；〚関連〛distinto．〚英〛*distinguish*〛

dis·tin·ta [dis.tín.ta; dis.-] 形 → distinto．
dis·tin·ta·men·te [dis.tin.ta.mén.te; dis.-] 副
 1 異なって，違って．**2** 明瞭に，際立って．percibir clara y 〜 はっきりと感じる．
dis·tin·ti·vo, va [dis.tin.tí.ƀo, -.ƀa; dis.-] 形 区別する；特徴的な，示差[弁別]的な．signo 〜 目印．
——男 **1** 象徴，表象，シンボル．El caduceo es el 〜 del comercio. メルクリウスの杖(〓)は商業の象徴である．
 2 バッジ，記章；目印．**3** 特徴，特色，特質．

dis·tin·to, ta [dis.tín.to, -.ta; dis.-] 形 **1** 《+名詞／名詞+》《ser＋／estar＋》《a... ／ de... …と》異なる，違う；別の（＝diferente）．Me tratan de un modo muy 〜 al que estoy acostumbrado. 彼らの私の扱いは私が慣れているのとはずいぶん違っている．
 2 《複数形》《+名詞》さまざまな，いろいろな．En la reunión se discutieron 〜s temas. 会合ではさまざまなテーマが論じられた．
 3 際立った，目立つ，独特なにおい．un olor 〜
——副 異なって，違って．Tú hablas 〜 delante de las chicas. 君は女の子の前だと話し方が変わるね．
[←〚ラ〛*distinctum*「区分された」（*distinguere* の完了分詞 *distinctus* の対格）；〚関連〛distintivo, distinción．〚英〛*distinct*「別個の；明瞭な」]

dis·to·cia [dis.tó.θja; dis.-／-.sja] 女〚医〛難産．
dis·tó·ci·co, ca [dis.tó.θi.ko, -.ka; dis.-／-.si.-] 形〚医〛難産の［に関する］．
dís·to·mo, ma [dís.to.mo, -.ma; dís.-] 形 2つの口を持つ．——男〚動〛ジストマ：二生目の吸虫類の総称．
dis·to·ní·a [dis.to.ní.a; dis.-] 女〚医〛筋肉不調［萎縮］．
dis·tó·ni·co, ca [dis.tó.ni.ko, -.ka; dis.-] 形〚医〛筋肉の不調の［萎縮した］．
dis·tor·sión [dis.tor.sjón; dis.-] 女 **1** ゆがみ，ねじれ；捻挫(〓〓)．**2** 歪曲(〓〓)，ねじ曲げること，曲解．**3**〚光〛（レンズの）ひずみ，収差；（電波の）ひずみ．
dis·tor·sio·nar [dis.tor.sjo.nár; dis.-] 他 **1** ゆがめる，よじる；捻挫(〓〓)させる．**2** 歪曲(〓〓)する，ねじ曲げる，曲解する．
——〜·se 身体をよじる，ねじる；捻挫する．

*__dis·trac·ción__ [dis.trak.θjón; dis.-／-.sjón] 女 **1** 気晴らし，息抜き．Mi 〜 favorita es la pesca. 私のいちばんの息抜きは釣りです．
 2 楽しみ，娯楽．El cine sigue siendo una de las *distracciones* más populares del mundo. 映画は今なお世界で最も大衆的な娯楽の一つである．
 3 注意散漫（＝descuido）．Lo hizo por 〜. 彼[彼女]はそれを上の空でやった．
 4 放縦，放蕩(〓〓)．**5** 横領，着服．

*__dis·tra·er__ [dis.tra.ér; dis.-] 58 他 **1** 楽しませる，気晴らしをさせる．Cuando estoy triste me *distrae* pasear en coche. 悲しいとき私はドライブで気晴らしをする．
 2 《de... …から》《人の》注意をそらす，気を散らせる；気を紛らす．No podía concentrarme en el trabajo, porque me *distraían* mis hermanos pequeños. 弟たちがうるさくて仕事に集中できなかった．La televisión *distrae* al niño *de* sus estudios. テレビが気になって子供が勉強をしない．
 3《話》盗む；横領する．
——〜·se 再 **1**《con... …で》楽しむ，気晴らしをする；暇をつぶす．〜 *se con* la lectura 読書を楽しむ．**2**《con... …で》気が散る，ぼやっとする．*Me he distraído con* el ruido y se me ha olvidado lo que tenía que decir. 物音に気を取られて言うべきことを忘れてしまった．
[←〚ラ〛*distrahere*「引き離す」（*dis*-「離れて」＋*trahere*「ひきつける」；「気を紛らす」から「楽しませる」へ転義）；〚関連〛distracción．〚英〛*distract*]

*__dis·traí·do, da__ [dis.tra.í.ðo, -.ða; dis.-] 形 **1** 楽しんでいる．una película *distraída* 楽しい映画．**2** ぼんやりした，上の空の．una mirada *distraída* うつろな目つき．**3** うかつな，不注意な．**4**《ラ米》(〓)(〓)だらしない．
——男 女 ぼんやり者，不注意な人，うかつな人．
hacerse el distraído 見て見ぬ振りをする，知らん振りをする．

distraig- 活 → distraer．
dis·trai·mien·to [dis.trai.mjén.to; dis.-] 男 → distracción．
distraj- 活 → distraer．

*__dis·tri·bu·ción__ [dis.tri.ƀu.θjón; dis.-／-.sjón] 女 **1** 分配，配給；割り当て．〜 de la ganancia 利益の分配．〜 de premios 賞の授与．**2**（商品の）流通，販売；（水道・ガスなどの）供給．〜 de películas [del cine] 映画の配給．mecanismo [sistema] de 〜 流通機構［システム］．red de 〜 流通網．**3** 配達，配布．〜 a domicilio 宅配．**4** 配置，配列；レイアウト．〜 simétrica 左右対称の配置．**5** 分布．〜 complementaria〚言〛相補的分布．〜 de frecuencias〚数〛度数分布．**6**〚機〛〚車〛配電，ディストリビューション．cuadro de 〜 配電盤．
dis·tri·bu·cio·na·lis·mo [dis.tri.ƀu.θjo.na.lís.mo; dis.-／-.sjo.-] 男〚言〛分布主義．
dis·tri·bu·cio·na·lis·ta [dis.tri.ƀu.θjo.na.lís.ta; dis.-／-.sjo.-] 形〚言〛分布主義の．
——男 女 分布主義者．
dis·tri·bui·dor, do·ra [dis.tri.ƀwi.ðór, -.ðó.ra; dis.-] 形 分配する，分配の；配給の．casa *distribuidora* de películas 映画の配給会社．
——男 **1** 分配者，配給者；配達人．**2** 販売者，販売代理人；卸売り業者．——男 **1**（各部屋への）通り廊下．**2**〚機〛配電器，分配器．——女 肥料散布機．
distribuidor automático 自動販売機．

*__dis·tri·buir__ [dis.tri.ƀwír; dis.-] 48 他 **1**《a... …に／entre... …の間で》分配する，分配する．〜 el trabajo a los empleados 社員に仕事を割り当てる．〜 la responsabilidad *entre* todos 全員で責任を分け合う．〜 los premios *a* los ganadores 勝利者に賞を授与する．**2**《a... …に／entre... …の間に》（商品・郵便などを）配達する，配布する；（水道・ガスなどを）供給する．〜 alimentos *a* los supermercados スーパーに食品を配る．〜 películas 映画を配給する．**3**《en... ／por... ＜場所＞に》配置する，配列する．〜 los muebles *en* la habitación 部屋に家具を配置する．**4**〚印〛解版する．
[←〚ラ〛*distribuere*；〚関連〛distribución．〚英〛*distribute*]

dis·tri·bu·ti·vo, va [dis.tri.ƀu.tí.ƀo, -.ƀa; dis.-] 形 **1** 分配の，配給の，配布の．**2**〚文法〛配分の．conjunción *distributiva* 配分の接続詞．〜 o... o..., o... a..., ya... ya... など．
dis·tri·bu·tor, to·ra [dis.tri.ƀu.tór, -.tó.ra; dis.-] 形 分配する，配給する．
——男 女 分配者，配給者．
distribuy- 活 → distribuir．

dis·tri·bu·yen·te [dis.tri.ƀu.ǰén.te; ðis.-] 形 男 女 →distributor.

‡**dis·tri·to** [dis.trí.to; ðis.-] 男《行政・司法上の》地区, 区域; 地方. ~ electoral 選挙区. ~ escolar 学区. ~ postal 郵便集配地区. ~ federal 連邦区《略 D.F.》. *D*~ Federal de México メキシコ連邦特別区. [←〔中ラ〕*districtus*《*distringere*「引き離す」より派生》; 関連〔英〕*district*]

dis·tro·fia [dis.tró.fja; ðis.-] 女《医》ジストロフィー, 異栄養（症）, 栄養失調（症）. ~ muscular (progresiva)《進行性》筋ジストロフィー.

dis·tur·bar [dis.tur.ƀár; ðis.-] 他 かき乱す, 妨害する, 混乱させる (=perturbar).

dis·tur·bio [dis.túr.ƀjo; ðis.-] 男 騒ぎ, 騒動; 混乱, 妨害.

di·sua·dir [di.swa.ðír; ði.-] 他 《**de**... …を》思いとどまらせる, 断念させる. La *disuadieron de* que vendiera el chalet. 彼女はその別荘を売却することを断念させられた.

di·sua·sión [di.swa.sjón; ði.-] 女 思いとどまらせること, 抑止, 抑制. fuerza de ~ 《軍》抑止力.

di·sua·si·vo, va [di.swa.sí.ƀo, -.ƀa; ði.-] 形 思いとどまらせる, 制止的な. fuerza *disuasiva* / poder ~ 《軍》抑止力.

di·sua·so·rio, ria [di.swa.só.rjo, -.rja; ði.-] 形 →disuasivo.

di·suel·to, ta [di.swél.to, -.ta; ði.-] 形 [disolver の過分] 溶けた, 解散［解消］した, 解決した.

disuelv- 活 →disolver.

di·su·ria [di.sú.rja; ði.-] 女《医》（排尿時に痛みや残尿感を伴う）排尿障害.

di·sú·ri·co, ca [di.sú.ri.ko, -.ka; ði.-] 形《医》排尿障害の. — 男 女 排尿障害患者.

dis·yun·ción [dis.jun.θjón; ðis.- / -.sjón] 女 **1** 分離, 分裂. **2**《論》選言的判断.

dis·yun·ta [dis.jún.ta; ðis.-] 女《音楽》跳躍進行.

dis·yun·ti·vo, va [dis.jun.tí.ƀo, -.ƀa; ðis.-] 形 **1** 分離の, 分離的な. conjunción *disyuntiva* 分離の接続詞《o, u など》. **2**《論》選言的な, 離接的な. — 女 二者択一; 代案. No tengo otra *disyuntiva*. 私にはほかに手がない.

dis·yun·tor [dis.jun.tór; ðis.-] 男《電》遮断器, ブレーカー.

di·ta [dí.ta; ðí.-] 女 **1** 保証, 担保; 保証人. **2** 高利の金. **3**《ラ米》(1)《ｸﾞｱﾃﾏﾗ》(ヒョウタンの) 器. (2)《ｸﾞｱﾃﾏﾗ》(*)(ﾆｶﾗｸﾞｱ)(ｴﾙｻﾙﾊﾞﾄﾞﾙ) 借り, つけ. vender a ~ 掛け売りする. (3)《ｸﾞｱﾃﾏﾗ》〔話〕借金.

di·ta·í·na [di.ta.í.na; ði.-] 女 ジタイン：解熱剤の一種.

di·ti·rám·bi·co, ca [di.ti.rám.bi.ko, -.ka; ði.-] 形 **1** 酒神［バッカス］賛歌の. **2** 絶賛の; 熱狂的な.

di·ti·ram·bo [di.ti.rám.bo; ði.-] 男 **1** 酒神［バッカス］賛歌. **2** 熱狂的な詩〔文〕. **3** 絶賛, べたほめ.

dí·to·no [dí.to.no; ði.-] 男《音楽》二全音, 長三度.

DIU [dí.ú] 男〔複 ~, ~s〕〔略〕*d*ispositivo *i*ntra*u*terino 子宮内避妊器具〔英 IUD〕.

diu·ca [djú.ka; ðjú.-] 女《ラ米》(ｱﾙｾﾞﾝﾁﾝ)(ﾁﾘ) (1)《鳥》ジュウカチョウ. (2)《比喩的》先生のお気に入り. *al canto de la diuca* 夜明けに, 明け方に.

diu·re·sis [dju.ré.sis; ðju.-] 女〔単複同形〕《医》利尿.

diu·ré·ti·co, ca [dju.ré.ti.ko, -.ka; ðju.-] 形《医》利尿の. — 男 利尿薬［剤］.

diur·no, na [djúr.no, -.na; ðjúr.-] 形 **1** 昼間の, 日中の (↔nocturno). luz *diurna* 自然光. **2**《植》昼間に開く. **3**《動》昼行性の. — 男《カト》日中聖務日課書.

diu·tur·no, na [dju.túr.no, -.na; ðju.-] 形 永続する, 永続的な; 長持ちする; 長期の.

di·va [dí.ƀa; ðí.-] 女 **1**《文章語》女神 (=diosa). **2** プリマドンナ; 《女性》花形歌手. →divo.

di·va·ga·ción [di.ƀa.ɣa.θjón; ði.- / -.sjón] 女 **1** （話の）逸脱, 脱線; 余談. **2**〔複数で〕さすらい, 放浪.

di·va·ga·dor, do·ra [di.ƀa.ɣa.ðór, -.ðó.ra; ði.-] 形 **1**（話が）本題［本筋］からそれた, 脱線した. **2** 放浪の, さすらいの.

di·va·gar [di.ƀa.ɣár; ði.-] 103 自 **1**〈話が〉本題［本筋］からそれる, 逸脱する, 脱線する. **2** さまよう, 放浪する (=vagar).

di·ván [di.ƀán; ði.-] 男 **1**（クッション付き）長いす, カウチ. **2**（昔のオスマン・トルコなどで）枢密院. **3**（主にアラビア語・トルコ語・ペルシア語の）詩集.

di·ver·gen·cia [di.ƀer.xén.θja; ði.- / -.sja] 女 **1** 分岐, 分散 (↔convergencia). **2**（意見・趣味などの）食い違い, 相違;（党派内などの）分裂.

di·ver·gen·te [di.ƀer.xén.te; ði.-] 形 **1** 分岐する, 分散する. **2** 相違する, 不一致の. opiniones ~*s* まちまちな意見.

di·ver·gir [di.ƀer.xír; ði.-] 101 自 **1** 分岐する, 分かれる. De esta plaza *divergen* seis calles en forma radial. この広場から6本の道が放射状に延びている. **2**（意見などが）分かれる, 対立する; 異なる, 相違する. *Divergen* el uno del otro. 彼らはひとりひとり異なる.

di·ver·sa [di.ƀer.sa; ði.-] 形 →diverso.

‡**di·ver·si·dad** [di.ƀer.si.ðáð; ði.-] 女 多様性, 多角性; 相違, 差異. ~ de opiniones 様々な意見.

di·ver·si·fi·ca·ción [di.ƀer.si.fi.ka.θjón; ði.- / -.sjón] 女 多様化, 多角化; 差異化.

di·ver·si·fi·car [di.ƀer.si.fi.kár; ði.-] 102 他 多様化する, 多角化する; 異なったものにする. — ~·**se** 再 多様化する, 多角的になる; さまざまに異なる.

di·ver·si·for·me [di.ƀer.si.fór.me; ði.-] 形 多種多様な, 種々の形状の.

‡**di·ver·sión** [di.ƀer.sjón; ði.-] 女 **1** 楽しみ, 娯楽. tener una ~ 楽しむ. por ~ 趣味で, 気晴らしで. El baile es mi ~ preferida. ダンスは私のお気に入りの娯楽です. **2**《軍》陽動（作戦）, 牽制(ｹﾝｾｲ).

di·ver·si·vo, va [di.ƀer.sí.ƀo, -.ƀa; ði.-] 形《医》誘導する. — 男 誘導剤.

***di·ver·so, sa** [di.ƀér.so, -.sa; ði.-] 形 **1**《多くは+名詞 / 名詞+》〔複数で〕いくつかの; 多種多様な, 色々な. artículos ~*s* 雑貨. en *diversas* oportunidades 何度も. heridos de *diversa* consideración 重軽傷者〔の〕. Siempre hablamos sobre temas ~*s*. 我々はいつも色々なテーマについて話をしている. **2**《名詞+》《ser+》《**de**... …とは》異なった, 異質の. Ese autor tiene un estilo muy ~. その作家は非常に特異な文体を持っている. [←〔ラ〕*diversum*「対立した; さまざまの」; *divertere*「引き離す; 異なる」(→divertir) の完了分詞 *diversus* の対格; 関連 *diversidad*. 〔英〕*diverse*].

di·ver·tí·cu·lo [di.ƀer.tí.ku.lo; ði.-] 男《医》憩室：消化管壁の一部が袋状に膨隆, 突出したもの.

di·ver·ti·cu·lo·sis [di.ƀer.ti.ku.ló.sis; ði.-] 女〔単複同形〕《医》憩室炎.

*** di·ver·ti·do, da** [di.ƀer.tí.ðo, -.ða; ði.-] 形 **1** おもしろい, 楽しい, 愉快な; こっけいな. una película *divertida* 面白い映画.

divismo

2 《ラ米》《アルゼ》《ウルグ》《チリ》《ゼル》《話》ほろ酔いの.
di·ver·ti·men·to [di.ber.ti.mén.to; ði.-] 《伊》男【音楽】嬉遊(きゆう)曲, ディベルティメント.
di·ver·ti·mien·to [di.ber.ti.mjén.to; ði.-] 男 **1** 娯楽, 楽しみ, 気晴らし. **2** 注意［関心］をそらすもの, 気を散らせるもの. **3** 【軍】陽動, 牽制(けんせい). ~ estratégico 陽動作戦.

※**di·ver·tir** [di.ber.tír; ði.-] 27 他 **1** 〈人を〉楽しませる, 愉快にする. Me *divierte* escuchar tus cosas. 君の話を聞くのはおもしろい. Ella siempre nos *divierte* con sus bromas. 彼女はいつも冗談を言って私たちを楽しませてくれる.
2【軍】〈敵などの〉気をそらす.
— ~·se 再 《con... …で》楽しむ, 気晴らしをする. ~ *se con* un espectáculo ショーを見て楽しむ. ~*se* hablando con los amigos 友人と話して気晴らしをする. Pues entonces que *te diviertas*. それじゃあ楽しんでいらっしゃい.
[←［ラ］*divertere*「引き離す」(「気を紛らす」から「楽しませる」へ転義).［関連］diversión, diverso.［英］*divert*「そらす；楽しませる」]

di·vi·den·do [di.bi.ðén.do; ði.-] 男 **1**【数】被除数. **2**【商】配当金, 配当. ~ acumulado 未払い配当. ~ provisional [provisorio] 中間配当. sin ~*s* 配当落ちで[の].

※**di·vi·dir** [di.bi.ðír; ði.-] 他 **1** 分ける, 分割する；分配する. ~ el premio en metálico entre los participantes 参加者で賞金を分配する. ~ la herencia entre los dos hermanos 遺産を兄弟2人で分け合う. ~ responsabilidades 責任を分担する. ~ por mitad 半分にする. ~ por la mitad 真ん中で分ける. *Hemos dividido* el pastel en cuatro partes [porciones]. 私たちはケーキを4つに分けた.
2 《de... …から》分離する, 区切る. Los Pirineos *dividen* España *de* Francia. ピレネー山脈はスペインとフランスの境界になっている.
3【数】《entre... / por... …で》割る, 割り算する (↔multiplicar). ~ sesenta por seis 60を6で割る. Si *dividimos* diez *entre* dos, da cinco. 10割る2は5だ. **4** 〈人を〉分裂させる, 不和にさせる. El asunto *ha dividido* la clase en dos grupos. その件でクラスは2つに割れた.
— 自【数】割り算をする.
— ~·se 再 **1** 《en... …に》分かれる, 分離する；分配される. Al final este río *se divide en* tres ramales. 最終的にこの川は3つの支流に分かれている. **2** 〈党, グループなどが〉分裂する, 分かれる.
[←［ラ］*dividere*;［関連］división, dividendo, divisor, individuo.［英］*divide*]

di·vi·di·vi [di.bi.ði.bí; ði.-] 男《植》ジビジビ：熱帯アメリカ産マメ科の低木. さやは皮なめしや染料に用いられる.［カリブ語起源？］
diviert- 活 → divertir.
di·vier·ta [di.bjér.ta; ði.-] 女《ラ米》《クラブ》《話》下層の人たちのダンスパーティー. — 活 → divertir.
di·vie·so [di.bjé.so; ði.-] 男【医】癰(よう), 根本.
di·vi·na [di.bí.na; ði.-] 形 → divino.
di·vi·na·to·rio, ria [di.bi.na.tó.rjo, -.rja; ði.-] / **di·vi·na·ti·vo, va** [di.bi.na.tí.bo, -.ba; ði.-] 形 占いの, 未来を予見する.
di·vi·ni·dad [di.bi.ni.ðáð; ði.-] 女 **1** 神性, 神格. la ~ de Jesucristo キリストの神性. **2**（非キリスト教の）神. la ~ marina 海の神. **3** 非常に美しい人［もの］, 優れたもの. ¡Qué ~! すばらしい, すてきだ. ¡Es una ~! とてもすてき！, すごい美人だ.
di·vi·ni·za·ción [di.bi.ni.θa.θjón; ði.- / -.sa.sjón] 女 **1** 神格化. **2** 賞賛, 賞美.
di·vi·ni·zar [di.bi.ni.θár; ði.- / -.sár] 97 他 **1** 神格化する,（神聖なものとして）あがめる. **2** 賞賛する, 賞美する.

※**di·vi·no, na** [di.bí.no, -.na; ði.-] 形 **1**（多くは名詞＋）《ser＋》神の, 神聖な；神のような. castigo ~ 天罰. gracia *divina* 神の恩寵(おんちよう). inspiración *divina* 霊感. oficio ~ 【カト】聖務日課. *Divina Comedia*『神曲』(ダンテ作).
2（＋名詞／名詞＋）《ser＋ / estar＋》すばらしい, 見事な. tener un gusto ~ とても趣味がいい. sonrisa *divina* 美しいほほえみ.
[←［ラ］*divinum*（*divinus* の対格, *divus*「神の」より派生）［関連］divinidad, Dios, adivinar.［仏］*divin*.［伊］*divino*.［英］*divine*]

divirt- 活 → divertir.
di·vi·sa [di.bí.sa; ði.-] 女 **1** 表徴, 記章, 印. El águila es la ~ de ese país. ワシはその国の象徴である. **2**《主に複数で》【商】外国通貨, 外貨. El pago de esa maquinaria importada se efectuará en ~*s*. それらの輸入機械の支払いは外貨で行われる. control de ~*s* 外国為替管理. **3**【紋】紋章のモットー. **4**【闘牛】（牛の肩口につける, 出身牧場を示す）色リボン. **5**《ラ米》《アルゼ》展望, 見晴らし.

※**di·vi·sar** [di.bi.sár; ði.-] 他 **1**〈遠くのものなどを〉見分ける, 識別する；見える, 認める. Desde aquí se *divisa* todo el pueblo. ここからは町全体が見渡せる. **2**〈武器に〉家紋をつける.
di·vi·si·bi·li·dad [di.bi.si.bi.li.ðáð; ði.-] 女 **1** 分けられること, 分割できること, 可分性. **2**【数】割り切れること,（被）整除性.
di·vi·si·ble [di.bi.sí.ble; ði.-] 形 **1** 分けられる, 分割できる, 可分の. **2**【数】割り切れる, 整除できる.

※**di·vi·sión** [di.bi.sjón; ði.-] 女 **1** 分割, 分配；分けること. ~ celular 細胞分裂. ~ de poderes 権力分立.
2 区分, 区切り；分けられた部分. ~ administrativa [territorial] 行政区画. poner una ~ 仕切りを作る, 区切る.
3 対立, 分裂；（意見などの）不一致. sembrar la ~ 不和の種をまく. Había ~ de opiniones entre los miembros del jurado. 審査員の間に意見の相違があった.
4【数】割り算, 除法. signo de ~ 除法記号 (÷). hacer [resolver] una ~ 割り算をする［解く］. ~ 割り算の読み方. → 8 ÷ 2 = 4 ocho dividido por dos son cuatro / ocho entre dos a dos.
5【軍】師団. ~ acorazada 機甲師団. *D*~ Azul 【史】青の旅団：Franco 将軍が1941年7月に独ソ戦線に派遣した約2万人の義勇兵.
6 部門, 部門. ~ de producción 生産部門.
7《スポ》部, クラス, 級. primera ~ de la liga de fútbol サッカーの1部リーグ. ~ de honor 選抜[代表]チーム. **8**【動】部門；【植】門.

di·vi·sio·nal [di.bi.sjo.nál; ði.-] 形 → divisionario.
di·vi·sio·na·rio, ria [di.bi.sjo.ná.rjo, -.rja; ði.-] 形 分割の, 区分の；師団の.
moneda divisionaria 補助貨幣.
di·vis·mo [di.bís.mo; ði.-] 男（芸能人や芸術家に見られがちな）自己陶酔［満足］；うぬぼれ.

di·vi·so, sa [di.bí.so, -.sa; ði.-] 形 分割された, 分けられた；分裂した (↔indiviso).

di·vi·sor, so·ra [di.bi.sór, -.sóra; ði.-] 形 1 分ける, 分割する. 2 除数の.
— 男 1 分ける人［もの］, 分割者. 2 《数》除数；約数. (máximo) común ～ (最大) 公約数.
▶「倍数」は múltiplo. 3 分割器, ディバイダー.

di·vi·so·rio, ria [di.bi.só.rjo, -.rja; ði.-] 形 分ける, 分割する, 境界となる. pared *divisoria* 境界壁. línea *divisoria* de las aguas 分水嶺［線］.
— 女 分水界［線］, 分水線；境界線.

di·vo, va [dí.bo, -.ba; ðí.-] 形 《文章語》神なるごとき (= divino).
— 男 女 1 (オペラの)花形歌手. 2 (非キリスト教, 特に)古代ローマの)神. 3 《話》うぬぼれ屋.

di·vor·cia·do, da [di.bor.θjá.ðo, -.ða; ði.- / -.sjá.-] 形 離婚した, 離縁した. — 男 女 離婚者.

*__di·vor·ciar__ [di.bor.θjár; ði.- / -.sjár] 82 他 1 離婚させる, 婚姻を解消する. 2 離す, 引き離す (= separar). — ～·se 再 1 (de+人〈人〉と) 離婚する. *Se ha divorciado* de ella. 彼は彼女と離婚した. ▶ 複数主語で用いることもある. 2 合致しない, 乖離(ホシ)する, 背離する.

*__di·vor·cio__ [di.bór.θjo; ði.- / -.sjo] 男 1 離婚, 離縁；離婚制度. ～ por mutuo consentimiento 協議離婚. pedir el ～ 離婚を申し出る. 2 不一致, 相違. ～ entre el aspecto y el carácter 見た目と性格とのギャップ. 3 《ラ米》(汚?) 《俗》1日分の採掘権；ただ取り, ただもうけ. [← 《ラ》*divortium*「分離；離婚」(*divertere*「引き離す；離れる, 別れる」より派生)；［関連］divorciar. 〔英〕*divorce*].

di·vul·ga·ble [di.bul.gá.ble; ði.-] 形 流布できる, 普及できる；公にできる.

*__di·vul·ga·ción__ [di.bul.ga.θjón; ði.- / -.sjón] 女 1 普及, 伝播(ﾃﾝ)；流布. ～ de la cultura 文化の普及. 2 (秘密の)暴露, 漏洩(ﾛｳ).

di·vul·ga·dor, do·ra [di.bul.ga.ðór, -.ðó.ra; ði.-] 形 1 広める, 普及させる. 2 (秘密などを)流布させる, 触れ回る. — 男 女 1 広める人, 普及員. 2 流布する人, 触れ回る人；機密漏洩(ﾛｳ)者, 暴露者.

*__di·vul·gar__ [di.bul.gár; ði.-] 103 他 1 広める, 普及させる. ～ una noticia ある情報を広める. La radio *ha divulgado* la música clásica. ラジオがクラシック音楽を普及させた.
2 〈秘密などを〉暴露する, 漏らす.
— ～·se 再 1 広まる. 2 〈秘密などが〉暴露される.

divulgue(-) / divulgué(-) 活 → divulgar.

di·vul·sión [di.bul.sjón; ði.-] 女 《医》裂開.

dix·ie [dík.si; ðík.-] 男 〔英〕《音楽》デキシーランドジャズ.

diz [díθ; ðíθ / dís; ðís] [dice, dícese の語尾消失形] *Diz* que va a haber guerra. 戦争が起きるという話だ.

diz·que [díθ.ke; ðíθ.- / dís.-; ðís.-] 副《ラ米》見たところ, おそらく.

d. J.C. 《略》*d*espués de *J*esucristo 西暦紀元.

Dji·bu·ti [ji.bú.ti] 固名 → Yibuti.

djil·bab [jil.báb] 男《服飾》ジュラバ：北アフリカのマグレブ地方の民族衣装.

dl 《略》*d*eci*l*itro デシリットル.

dm 《略》*d*ecí*m*etro デシメートル.

D. m. 《略》*D*ios *m*ediante 神のご加護で；もしできれば.

DMID [de.(e.)me.i.ðé; ðe.-] 女 《略》*d*iabetes *m*e-*ll*itus *in*sulino *d*ependiente 《医》インスリン依存性糖尿病.

DNA [de.(e.)ne.á; ðe.-] 男 《略》*d*eoxyribo*n*ucleic *a*cid 〔英〕→ ADN.

DNI [de.(e.)ne.í; ðe.-] 男 《略》［複 ～, ～s］*D*ocumento *N*acional de *I*dentidad (スペインの) 身分証明書. número de(1) ～ 国民身分証明書番号.

do¹ [dó; ðó] 〔伊〕男 《音楽》ド, ハ音, C音. *do* de pecho テノールの最高音のド. → nota.
dar el do de pecho《話》最高の技を見せる；異常な努力をする.

do² [do; ðo] 副《関係》《文章語》…であるところの, …である場所に［で］(= donde). 2《古語》(…から)するところの, そこから (= de donde).

dó·ber·man [dó.ber.man; ðó.-] ［複 ～, ～s］形《動》ドーベルマン. — 男 ドーベルマン.

do·bla [dó.bla; ðó.-] 女 1 中世 Castilla の金貨.
2 (賭(ｶ)け金を) 2倍にすること, 倍加. jugar a la ～ 倍々で賭ける. 3《ラ米》(ﾒﾋ) 1日分の採鉱権；ただ取り, ただもうけ.

do·bla·di·llar [do.bla.ði.jár; ðo.- ‖ -.ʎár] 他 〈布・衣服の〉縁を折り返して縫う, …の縁取りをする, …のへり縫いをする.

do·bla·di·llo [do.bla.ðí.jo; ðo.- ‖ -.ʎo] 男 1 (布・衣服の端の)三つ折りぐけ, 折り返し. sacar el ～ 折り返しを開いて大きく［長く］する. 2 (靴下を織る)強い糸.

do·bla·do, da [do.blá.ðo, -.ða; ðo.-] 形 1 曲がった, 湾曲した；畳んだ, 折り重ねた. 2 二重の, 二重にした. 3 ずんぐりした, がっちりした. 4 〈地面が〉凸凹の. 5 二心のある, 表裏のある. 6《話》疲れきった, へとへとになった. 7 (映画やテレビで) 吹き替えの, 吹き替えされた. — 男 (布地の) ダブル幅.

do·bla·du·ra [do.bla.ðú.ra; ðo.-] 女 1 折り目, 畳み目；折り畳むこと, 折り畳んだ部分. 2 (戦場に連れていく)替え馬, 予備馬.

do·bla·je [do.blá.xe; ðo.-] 男《映》《TV》アテレコ, 吹き替え.

do·bla·mien·to [do.bla.mjén.to; ðo.-] 男 1 折り曲げること, 曲げること；折り目. 2 曲がり, 湾曲, 迂回(ｳｶｲ). 3 倍増, 倍加；重複, ダブり.

*__do·blar__ [do.blár; ðo.-] 他 1 折る, 曲げる；折り曲げる. ～ el periódico 新聞を折る. ¡No ～! (郵便などで) 折り曲げ厳禁. ～ el papel por la línea 線に沿って紙を折る. ～ las rodillas [los dedos] ひざ［指］を曲げる.
2 2倍にする, 2重にする (= duplicar). Te *doblo* la [en] edad. 私の年齢は君の倍だ.
3 曲がる, 迂回(ｳｶｲ)する. Al ～ la esquina, podrá ver el mar. 角を曲がれば海が見えますよ.
4《映》《TV》吹き替えをする；翻訳をする. ～ una película al japonés 映画を日本語に吹き替える.
5《映》《TV》代役を演じる. 6《スポ》(a... …に対して) (競争・レースなどで) 1周分リードする. 7《話》(精神的・肉体的に) 痛めつける, つらい思いをさせる. ～ a palos a+人〈人〉を打ちのめす. 8 屈服させる；〈意見・考えを〉変えさせる. 9《ラ米》(1)(ﾒﾋ)射殺する. (2)(ﾁﾘ)恥をかかせる.
— 自 1 曲がる, 折れる. Siga todo recto y *doble* a la derecha en la tercera esquina. まっすぐ行って3つ目の角を右に曲がってください. 2《闘牛》〈致命傷を負った牛が〉ばったりと倒れる. 3 (por... …のために) 弔いの鐘が鳴る. 4 (俳優が) 2役を演じる.
— ～·se 再 1 折れる, 曲がる. Las ramas *se do-*

***do·ble** [dó.ble; đó.-] 形 (多くは+名詞／名詞+) **(ser+) 1 2倍の；2つ(分)の.** de ~ tamaño [tamaño-] の大きさの. ~ de ancho [alto] 幅[高さ]が2倍の. habitación ~ 2人用の部屋. a ~ espacio ダブルスペースで. ~ falta 《スポ》《テニス》ダブルフォルト. ~ bogey《ゴルフ》ダブルボギー. whisky [café] ~ ウイスキー[コーヒー]のダブル. arma de ~ filo 両刃の剣. paso ~《音楽》パソ・ドブレ(=pasodoble). aparcar en ~ fila 2重列駐車する. **2 二重の**, 裏表のある. ~ ventana 二重窓. espía [agente] ~ 二重スパイ. ~ sentido (de la palabra) (言葉の)二重の意味. hombre de ~ faz 裏表のある人.
— 男 女 **1**《映》《TV》代役, スタントマン. **2** 瓜(うり)二つの人；分身.
— 男 **1** 2倍, 倍量, 倍額. el ~ del año pasado 昨年の2倍. aumentar al ~ 2倍に増える. trabajar el ~ よりいっそう働く, 2倍の量働く. **2** 写し, 複製. ~ de una llave 合鍵. **3**(飲み物の)ダブル. un ~ de whisky ウイスキーのダブル一杯. **4** 弔鐘. **5**(主に複数で)《スポ》(テニスなどの)ダブルス《「シングルス」は individual(es)》. partido de ~s ダブルスの試合. ~s masculinos [femeninos, mixtos] 男子[女子, 混合]ダブルス. **6**(主に複数で)《スポ》《バスケット》ダブルドリブル. **7**(株式の)逆日歩, 逆ざや, 株式引渡延期(金). **8**《ラ米》(エクアドル)2リットルの計量単位.
— 女《遊》(ドミノの)ダブル. — 副 2倍に, 二重に. pagar ~ 倍額を払う. — 活 →doblar.
doble contra sencillo (賭(か)けが)2対1の, 2人対1人の.
doble o nada 一か八か.
estar a tres dobles y un repique《ラ米》(メキシコ)(プエルトリコ)《話》無一文である；落ちぶれている.
jugar doble 二枚舌を使う.
[← [ラ] *duplum* (*duplus* の対格) (→ duplo)；関連 doblar, doblez, dos. [ポルトガル] *doble*. [仏] [英] *double*. [伊] *doppio*. [独] *doppelt*]

do·ble·ga·ble [do.ble.ga.ble; đo.-] 形 **1** 折り畳みできる, 曲げやすい. **2** 従順な, 扱いやすい；言いなりになる. carácter muy ~ 感化されやすい性格.

do·ble·ga·di·zo, za [do.ble.ga.đí.θo, -.θa; đo.-/-.so, -.sa] 形 曲げやすい；言いなりになりやすい.

do·ble·gar [do.ble.gár; đo.-] 他 **1** 曲げる, 折り畳む. **2**〈剣を〉振り回す, 振りかざす. **3**〈ひざまずかせ, 服従させる；〈貧困・逆境などが〉説[主義]を曲げさせる, 観念させる.
— **~·se 1** 曲がる, 折り畳まれる. **2** 屈服する；ひざまずく；折れる.

do·ble·te [do.blé.te; đo.-] 男 **1**《言》双生語, 姉妹語, 二重語：語源を共にしながら, 形, 語義の異なる一組の語の片方. → cosa と causa. **2**(2枚のガラスを張り合わせた)まがいの宝石. **3**《遊》(ビリヤード)カラ・クッション. **4** 一人二役. **5**《スポ》2連勝.

do·ble·tro·que [do.ble.tró.ke; đo.-] 男《ラ米》(メキシコ)《車》トレーラー.

do·blez [do.bléθ; đo.-, -.blés] 男 [複 *dobleces*] 折り目, ひだ, 折り返し. — 女 表裏のあること, 二枚舌.

do·blón [do.blón; đo.-] 男《古語》ドブロン金貨：1497年から1868年までスペイン, 中南米で流通した.

do·blo·na·da [do.blo.ná.đa; đo.-] 女 大金.

do·bra [dó.bra; đo.-] 男 ドブラ：サントメ・プリンシペの通貨単位.

doc. (略) *docena*(s) ダース.

***do·ce** [dó.θe; dó.-/-.se] 形《数詞》**1**(+名詞) 12の, 12人[個]の. los ~ apóstoles (キリストの)十二使徒 ●12という数字は神の民を象徴するイスラエルの12部族に基づく). Son las ~. 12時です. **2**(名詞+)12番目の. Pío XII ピウス12世. el (día) ~ de agosto 8月12日.
— 男 **12**；12の数字(ローマ数字XII).
[← [ラ] *duodecim* (*duŏ*「2」+ *decem*「10」)；関連 docena, duodécimo. [英] *dozen*]

do·ce·a·ñis·ta [do.θe.a.ɲís.ta; đo.-/-.se.-] 形《史》1812年のスペイン憲法を支持する.
— 男 女 1812年のスペイン憲法支持[制定]者.

do·ce·a·vo, va [do.θe.á.bo, -.ba; đo.-/-.se.-] 形《数詞》12等分した, 12分の1の. — 男 12分の1.

‡**do·ce·na** [do.θé.na; đo.-/-.sé.-] 女 **ダース**《略 doc., también dna.》, 12のまとまり, (約)12；12人[個]；12年[日]. una ~ de huevos 卵1ダース. media ~ 半ダース；いくつか. por ~s ダース単位で. ● 必ずしも正確に12個とは限らず,「およそ12個」といった意味で用いられることも多い.
la docena del fraile 13個からなる1組；1ダースに1個addってくるおまけ.
no entrar en docena con +人《話》〈人〉と同じではない, 同類ではない.

do·ce·nal [do.θe.nál; đo.-/-.se.-] 形 ダース売りの.

do·cen·cia [do.θén.θja; đo.-/-.sén.sja] 女 教育活動, 教職.

do·ce·no, na [do.θé.no, -.na; đo.-/-.sé.-] 形 **1** 第12の, 12番目の(=duodécimo). **2**〈布地が〉縦糸1200本織りの.

‡**do·cen·te** [do.θén.te; đo.-/-.sén.-] 形 **教育の**, 教育に関する. cuerpo [personal] ~ 教員スタッフ. centro ~ 教育施設.

do·ce·tis·mo [do.θe.tís.mo; đo.-/-.se.-] 男 キリスト仮現説.

*dó·cil** [dó.θil; đó.-/-.sil] 形 **1 従順な, 素直な**, おとなしい；御しやすい. Me gustan los niños ~*es*. 私は素直な子供が好きだ.
2〈金属・石などが〉加工しやすい, 扱いやすい.

do·ci·li·dad [do.θi.li.đáđ; đo.-/-.si.-] 女 **1** 従順, 素直さ, おとなしさ. **2** 加工しやすさ, 扱いやすさ.

dó·cil·men·te [dó.θil.mén.te; đó.-/-.sil.-] 副 素直に, おとなしく.

do·ci·ma·sia [do.θi.má.sja; đo.-/-.si.-] / **do·ci·más·ti·ca** [do.θi.más.ti.ka; đo.-/-.si.-] 女 **1**《冶》鉱物分析(術). **2**《医》(死産児の)検査.

dock [dók; đók] 男《英》[古] **1** ドック, 船渠(せんきょ). **2** 波止場, 埠頭(ふとう). **3** 港湾倉庫, 陸揚貨物倉庫.

dóck·er / dock·er [dó.ker; đo.-] 男《英》男 沖仲仕, 港湾労働者(= estibador).

doc·ta·men·te [dók.ta.mén.te; đók.-] 副 学者らしく, 学究的に.

*doc·to, ta** [dók.to, -.ta; đók.-] 形 **博学な**, 学究的な, 学識豊かな. muy ~ en historia 歴史に精通した. — 男 女 学者, 識学の人, 博識家.

‡**doc·tor, to·ra** [dok.tór, -.tó.ra; đok.-] 男 女 (略 Dr., Dra.) **1 博士**. ~ en Filosofía 哲学博士. ~ en Letras [Ciencias] 文学[理学]博士. ~ honoris causa 名誉博士. ▶

口語では博士号の有無とは無関係に学識や技術を持つ人に対する敬称として用いられることもある.
2《話》医師, 医者(=médico);《医師への呼びかけ》先生. El consultorio del ~ Fernández está en el tercer piso. フェルナンデス先生の診察室は3[4]階です. ▶ 博士号の有無とは無関係に用いられる. **3**《カト》(教会が学徳に秀でた成人に与える)博士の称号. ~ de la Iglesia 教会博士. ~ de la Ley ユダヤ教の律法博士.
[←[中ラ]*doctor*「教える人」;[関連] docto. [英]*doctor*]

***doc·to·ra·do** [dok.to.rá.ðo; ðok.-] 男 **1**(大学院の)博士課程. **2** 学位, 博士号.
doc·to·ral [dok.to.rál; ðok.-] 形 **1** 博士の, 博士課程の, 学位の. tesis ~ 博士論文. **2** 学者ぶった, 衒学(がく)的の.
doc·to·ran·do, da [dok.to.rán.do, -.da; ðok.-] 男 女 博士号取得希望者, 学位申請者.
doc·to·rar [dok.to.rár; ðok.-] 他 **1** 博士号を与える, 学位を授与する. ━ ~·se 再 **1** 博士課程を修める. **2** 博士号を取得する.

****doc·tri·na** [dok.trí.na; ðok.-] 女 **1** 教義, 教え;経典. ~ cristiana キリスト教要理. ~ budista 仏教の教義.
2 学説, 理論;主義. ~ aristotélica アリストテレスの学説. ~ Monroe《史》モンロー主義.
3 知識, 教養. hombre de mucha ~ 博識な人.
4《カト》教理問答(書), 公教要理. **5**《ラ米》《史》(先住民にキリスト教を布教した)布教村, カトリック村.
[←[ラ]*doctrinam (doctrīna* の対格)「教えること;学識」(*docēre*「教える」より派生);[関連][スペイン][英]*doctor*. [英]*doctrine*]

doc·tri·nal [dok.tri.nál; ðok.-] 形 教義の, 教理上の, 教義上の. ━ 男 公教要理の書.
doc·tri·nar [dok.tri.nár; ðok.-] 他 **1** 教える, 教育する. **2**〈考えを〉吹き込む, 植えつける.
doc·tri·na·rio, ria [dok.tri.ná.rjo, -.rja; ðok.-] 形 **1** 理論的な, 理論派の. **2** 教条的な.
━ 男 女 **1** 理論家. **2** 教条主義者.
doc·tri·na·ris·mo [dok.tri.na.rís.mo; ðok.-] 男 **1** 教条主義. **2**《史》正理論:フランス王制復古期に立憲王制の基盤となった理論.
doc·tri·ne·ro [dok.tri.né.ro; ðok.-] 男 **1** 教理問答の教師. **2**《ラ米》(先住民にキリスト教を説いた)布教村司祭, 伝道師.
doc·tri·no [dok.trí.no; ðok.-] 男 **1**(孤児院に預けられた)孤児. **2**《話》恥ずかしがり屋.
do·cu·dra·ma [do.ku.ðrá.ma; ðo.-] 男《映》《TV》史実[事実]に基づくドラマ, ドキュメンタリードラマ[映画].

***do·cu·men·ta·ción** [do.ku.men.ta.θjón; ðo.-/-.sjón] 女 **1** 文書[文献]調査, 考証.
2《集合的》関係[必要]書類, 身分証明書類;(ある人物[事柄]に関する)情報. ~ del buque 船積書類. ~ del coche 自動車登録証.
3 文書化, 文書[資料]整理.
do·cu·men·ta·do, da [do.ku.men.tá.ðo, -.ða; ðo.-] 形 **1** 資料に基づいた;身分が証明された. una causa bien *documentada* 証拠書類が十分に整っている訴訟. **2** 知っている, 通じている.

***do·cu·men·tal** [do.ku.men.tál; ðo.-] 形 文書の, 記録の;文献の. prueba ~ 証拠書類, 証書.
━ 男《映》《TV》記録映画, ドキュメンタリー.
do·cu·men·ta·lis·mo [do.ku.men.ta.lís.mo; ðo.-] 男 文献[情報]収集[蒐集]のノウハウ, 文書の整理, 情報の加工術.
do·cu·men·ta·lis·ta [do.ku.men.ta.lís.ta; ðo.-] 男 女 **1** 情報収集家, 記録保管所[史料館]の管理人. **2** ドキュメンタリー(映画)の製作者[監督].
do·cu·men·tal·men·te [do.ku.men.tál.mén.te; ðo.-] 副 文書で, 書類[資料]を添付して.
do·cu·men·tar [do.ku.men.tár; ðo.-] 他 **1** 証拠書類で立証する, 資料で裏づける.
2 情報を与える, 資料[データ]を提供する.
━ ~·se 再 **1** 証拠書類を集める, 資料を集める. ~*se sobre un tema* あるテーマに関連する資料に当たる.

***do·cu·men·to** [do.ku.mén.to; ðo.-] 男 **1** 書類, 文書, 証書(書類). ~ *privado* 私文書. ~ *público* 公式文書. ~ *secreto* 秘密文書. ~ *falso* 偽造文書. ~ *justificativo* 証拠書類. *D*~ Nacional de Identidad (略 *DNI*)(スペイン・アルゼンチンなどの)国民身分証明書. Los [Sus] ~s, por favor. 身分証明書をお見せください. **2** 資料;文献, 記録文書. ~ *histórico* 史料. **3**《商》証券, 手形. [←[後ラ] *documentum*「公文書」([ラ]では「教訓;証拠」);[関連] documentar. [英]*document, documentary*]

dodeca-「12」の意を表す造語要素. → *dodecaedro, dodecágono*. [←[ギ]]
do·de·ca·e·dro [do.de.ka.é.ðro; ðo.-] 男《数》十二面体.
do·de·ca·fo·ní·a [do.ðe.ka.fo.ní.a; ðo.-] 女《音楽》ドデカフォニー, 12音音楽[技法].
do·de·ca·fó·ni·co, ca [do.ðe.ka.fó.ni.ko, -.ka; ðo.-] 形《音楽》十二音音楽の.
do·de·ca·fo·nis·mo [do.ðe.ka.fo.nís.mo; ðo.-] 男《音楽》十二音音楽.
do·de·cá·go·no, na [do.ðe.ká.go.no, -.na; ðo.-] 形《数》十二角の, 十二角形の.
━ 男 十二角形, 十二辺形.
do·de·ca·sí·la·bo, ba [do.ðe.ka.sí.la.bo, -.ba; ðo.-] 形 12音節からなる. ━ 男 12音節の詩行.
do·do [dó.ðo; ðó.-] 男《鳥》ドードー:かつてインド洋や太平洋の島に生息していた飛べない鳥. ▶ 雄は el dodo macho, 雌は el dodo hembra.
do·do·tis [do.ðó.tis; ðo.-] 男《単複同形》《商標》紙おむつ.
do·gal [do.gál; ðo.-] 男 **1**(馬具の)端綱(はづな).
2 絞首刑用の縄.
estar con el dogal al cuello《話》窮地に立っている.

***dog·ma** [dóg.ma; ðóg.-] 男 **1** 教義, 教理, 信条, 教条. el ~ *católico* カトリックの教義.
2 原理, 公理;定説, 定論.
dog·má·ti·ca·men·te [dog.má.ti.ka.mén.te; ðog.-] 副 教条的に, 独断的に, 独善的に.
dog·má·ti·co, ca [dog.má.ti.ko, -.ka; ðog.-] 形 **1** 教義上の, 教理に関する. teología *dogmática* 教義神学. **2** 原理[公理]の;定説となった. **3** 独断的な, 教条的な, 独善的で押しつけがましい.
━ 男 女 教条主義者;独断論者;教義論者.
━ 女 教義学, 教理学.
dog·ma·tis·mo [dog.ma.tís.mo; ðog.-] 男 **1** 教義至上主義;教条主義;独断的態度, 独断論.
2《集合的》教条, 教理.
dog·ma·tis·ta [dog.ma.tís.ta; ðog.-] 男 女《カト》新たな教義を唱える人.
dog·ma·ti·za·dor, do·ra [dog.ma.ti.θa.ðór, -.ðó.ra; ðog.- / -.sa.-] / **dog·ma·ti·zan·te** [dog.ma.ti.ðán.te; ðog.- / -.sán.-] 男 女 独断的な

人；教条主義的な人.
dog・ma・ti・zar [doɡ.ma.ti.θár; doɡ.- / -.sár] 97 圄 **1** 独断的な主張をする.
2 偽り〖反カトリック〗の教義を説く.
do・go [dó.go; ðó.-] 男 ブルドッグ（= perro ～）.
[←〖英〗*dog*]
do・gón [do.gón; ðo.-] 形 マリ共和国の，マリ人の.
——男女 マリ人.
do・la・de・ra [do.la.ðé.ra; ðo.-] 女 〖樽(た)〗大工が用いる〗手斧(ちょうな).
do・la・dor [do.la.ðór; ðo.-] 男 木材や石材を削る職人，大工.
do・la・je [do.lá.xe; ðo.-] 男 〖寝かせているあいだに〗樽(た)に吸収されたワイン.
＊**dó・lar** [dó.lar; ðó.-] 男 ドル：米国・カナダ・オーストラリアその他の国の通貨単位（記号 $, $). la caída [subida] del ～ ドル安[高]. ～ canadiense [australiano] カナダ[オーストラリア]ドル. pagar [comprar] en ～*es* ドルで払う[買う].
estar montado en el dólar 《話》大金持ちである.
do・la・ri・za・ción [do.la.ri.θa.θjón; ðo.- / -.sa.sjón] 女 〖経〗 **1** 米ドル化，米ドルの承認.
2 米ドルと等価にすること.
do・la・ri・zar [do.la.ri.θár; ðo.- / -.sár] 97 他 〖経〗 米ドルを承認する；米ドルと等価にする.
—— ～**・se** 再 米ドル化する；米ドルと等価になる.
dol・by [dól.bi; ðól.-] 男 〖商標〗ドルビー（方式），ノイズの除去機能，ノイズリダクションシステム.
do・len・cia [do.lén.θja; ðo.- / -.sja] 女 病，病気；疾病，慢性疾患. →*enfermedad* 〖類語〗.
＊**do・ler** [do.lér; ðo.-] 22 圄 **1**（dolerle (a+人)）《〈人〉に》痛む，《〈人〉は》…が痛い. *Me duele mucho la garganta.* 私はのどがとても痛い. *¿Todavía te duele la herida?* 君はまだ傷が痛むかい.
▶主語は動詞の後ろに来る傾向がある.
2（dolerle (a+人)/〈人〉の…が）痛む，《〈人〉が》悲しむ. *A mí me duele mucho su traición.* 私は彼[彼女] (ら)の裏切りがこたえている.
3（dolerle (a+人)…の)〖+不定詞 / que+接続法 …するのを〗つらく思う，悔やむ. *¿No te duele no haberla tratado con más amabilidad?* 君は彼女にもっと親切にしなかったことを悔やまないのかい. *Me duele mucho que no me entiendan.* 私は理解してもらえないことがつらい.
—— ～**・se** 再 **1**（de...）《が》痛む. *Se dolía del golpe.* 彼[彼女]は殴られたところが痛かった.
2（de+不定詞 / de que+接続法）《…することに》心を痛める，《…することを》嘆く，悔やむ. *Se duele de haber dormido mal.* 彼[彼女]はよく眠れなかったことを悔やんでいる. **3**（de... / por... …を）不快に思う，不満に思う. *No se duela por lo que pasó; no es culpa suya.* 起こったことを嘆かないでください，あなたのせいではないのですから.
ahí le duele 《話》（問題・弱点を指して）問題はそこだ.
[←〖ラ〗*dolēre*；〖関連〗 dolor, condolencia. 〖英〗*condolence* 「哀悼の意」]
do・li・co・ce・fa・lia [do.li.ko.θe.fá.lja; ðo.- / -.se.-] 女 〖人類〗長頭；〖医〗長頭 (症).
do・li・co・cé・fa・lo, la [do.li.ko.θé.fa.lo, -.la; ðo.- / -.sé.-] 形 長頭の.
——男女 長頭の人，長頭症患者.
do・lien・te [do.ljén.te; ðo.-] 形 **1** 病んでいる，病身の. **2**（肉体的に）痛い，苦しい. **3**（つら

い，痛ましい；〖肉親に〗先立たれた.
——男女 **1**（親戚(しんせき)の）会葬者，葬送者；〖肉親に〗先立たれた人. **2**〖医〗病人，患者.
dol・mán [dol.mán; ðol.-] 男 →*dormán*.
dol・men [dól.men; ðól.-] 男 ドルメン，巨石墳.
do・lo [dó.lo; ðó.-] 男 **1**〖法〗（契約などでの）故意の不実表示. **2** 詐欺，ごまかし，ぺてん.
do・lo・bre [do.ló.bre; ðo.-] 男 〖石工用の〗つるはし.
do・lo・mí・a [do.lo.mí.a; ðo.-] 女 〖鉱〗ドロマイトからできた堆積岩，苦灰岩，白雲岩.
do・lo・mi・ta [do.lo.mí.ta; ðo.-] 女 〖鉱〗ドロマイト，苦灰石，白雲石.
do・lo・mí・ti・co, ca [do.lo.mí.ti.ko, -.ka; ðo.-] 形 〖鉱〗ドロマイト[苦灰石，白雲石]の，ドロマイトによる.
＊＊**do・lor** [do.lór; ðo.-] 男 **1**（肉体的な）**痛み**，苦痛．～ *sordo* 鈍痛．～ *de cabeza* 頭痛. *parto sin* ～ 無痛分娩(ぶんべん). *tener* ～ *de garganta [estómago, muelas]* のど[胃, 歯]が痛い. *Sentí un ～ agudo en la espalda.* 私は背中に鋭い痛みを感じた. *Mi abuela sufre mucho ～ de caderas.* 祖母は腰のひどい痛みに苦しんでいる.
2（精神的な）**苦痛**，苦悩. *La noticia le causó sorpresa y ～.* その知らせに彼[彼女]は驚き苦しんだ.
como un dolor ひどく醜い，最悪の.
más... que un dolor ひどく…な
[←〖ラ〗*dolor* (*dolēre*「苦しむ」より派生)；〖関連〗doloroso, doliente, adolecer]
do・lo・ra [do.ló.ra; ðo.-] 女 ドローラ：哲学的な主題を含む短い詩.
Do・lo・res [do.ló.res; ðo.-] 固名 ドローレス：女子の洗礼名. 愛称 Lola, Loli, Lolita.
＊**do・lo・ri・do, da** [do.lo.rí.ðo, -.ða; ðo.-] 形 **1** 痛む，痛んでいる. *Tengo la pierna dolorida del golpe de ayer.* 昨日ぶつけた足が痛い.
2 痛々しい，悲しんでいる；苦しげな，悲痛な.
＊**do・lo・ro・so, sa** [do.lo.ró.so, -.sa; ðo.-] 形 **1**（肉体的に）**痛い**，痛みを伴う. *parto ～* 難産.
2（精神的に）苦しい，つらい；痛ましい. *decisión dolorosa* 苦渋の決断. *separación dolorosa* つらい別れ. *muerte dolorosa* 悲惨な死.
——女 **1**《話》《皮肉》（支払わなくてはならない料金の）勘定書，請求書. **2**〖美〗（キリストの死を悼む）悲しみの聖母マリア像.
do・lo・so, sa [do.ló.so, -.sa; ðo.-] 形 詐欺の，ごまかしの.
dom. 《略》*domingo* 日曜日.
do・ma [dó.ma; ðó.-] 女 **1**（動物を）慣らすこと，手なずけること；訓練，しつけ.
2（感情などの）抑制，コントロール，自制.
do・ma・ble [do.má.ble; ðo.-] 形 飼い慣らせる；調教できる，仕込める.
do・ma・dor, do・ra [do.ma.ðór, -.ðó.ra; ðo.-] 男女（動物を）慣らす人，手なずける人. ～ *de caballos* 馬の調教師；調教師. ～ *de leones* ライオン使い.
do・ma・du・ra [do.ma.ðú.ra; ðo.-] 女 →*doma*.
do・mar [do.már; ðo.-] 他 **1**（動物を）慣らす；調教[訓練]する，仕込む. ～ *fieras* 猛獣を手なずける.
2〈人を〉服従させる，言うことを聞かせる. **3**〈靴などを〉履き慣らす. ～ *unos zapatos nuevos* 新しい靴を慣らす. **4**〈感情を〉抑える，抑制する.
dom・be・ya [dom.bé.ja; ðom.-] 女 〖植〗ドンベヤ：アフリカ東部やマダガスカル島原産のアオギリ科の花木. 高さは8mくらいまでになる.
dom・bo [dóm.bo; ðóm.-] 男 〖建〗丸屋根，ドーム.

do·me·ña·ble [do.me.ɲá.ble; ðo.-] 形 **1** 飼い慣らせる;調教できる,仕込める. **2** 〈人・感情を〉抑えられる,抑制できる.

do·me·ñar [do.me.ɲár; ðo.-] 他 **1** 慣らす,手なずける. **2** 従わせる,屈服させる;制御する. ~ la resistencia de＋人〈人〉の抵抗を抑え込む.

do·mes·ti·ca·ble [do.mes.ti.ká.ble; ðo.-] 形 **1** 飼い慣らせる,家畜化できる. **2** 調教できる,仕込める.

do·mes·ti·ca·ción [do.mes.ti.ka.θjón; ðo.- / -.sjón] 女 **1** 飼い慣らし,馴致(じゅんち),家畜化. **2** 調教,訓練,仕込み.

do·mes·ti·car [do.mes.ti.kár; ðo.-] 102 他 **1** 飼い慣らす,家畜化する. ~ un conejo ウサギを飼育する. **2** 手なずける,調教する. ~ un elefante 象を訓練する. **3** 服従させる;〈人を〉しつける.
—~**se** 再 **1** 飼い慣らされる,慣れる. **2** 世間に順応する,社交的になる.

do·mes·ti·ci·dad [do.mes.ti.θi.ðáð; ðo.- / -.si.-] 女 (動物の) 飼い慣らされている状態.

***do·més·ti·co, ca** [do.més.ti.ko, -.ka; ðo.-] 形 **1** 家庭の,家の. economía *doméstica* 家計. para el uso ~ 家庭用の. servicio ~ / quehaceres [trabajos] ~*s* / tareas *domésticas* 家事. vídeo ~ ホームビデオ. violencia *doméstica* ドメスティックバイオレンス, DV.
2 〈動物などが〉飼いならされた,人に慣れた. animal ~ 家畜;ペット. **3** 国内の;国内産の. vuelo ~ 国内便 (▶ nacional を用いる方が一般的). mercado ~ 国内市場.
—男 女 《ラ米》《まれ》召使い,奉公人.
[←〔ラ〕*domesticum* (*domestico* の対格;*domeño* 「家」より派生]; 関連 domesticar, domicilio. 〔英〕*domestic*]

do·mi·ci·lia·ción [do.mi.θi.lja.θjón; ðo.- / .si.-.sjón] 女 (手形などの)支払い場所,支払い[自動引落し]口座. ~ bancaria 銀行支払いの指定.

do·mi·ci·lia·do, a [do.mi.θi.ljá.ðo, -.ða; ðo.- / -.si.-] 形 《**en...**に》住む,在住の.

do·mi·ci·liar [do.mi.θi.ljár; ðo.- / -.si.-] 82 他 **1** 居住させる,定住させる. **2** 銀行支払いにする,支払い[引き落とし]口座を指定する. **3** 《ラ米》《ぞく》〈手紙に〉あて名を書く. —~**se** 再 居住する,定住する.

do·mi·ci·lia·rio, ria [do.mi.θi.ljá.rjo, -.rja; ðo.- / -.si.-] 形 **1** 住所の,住居の. **2** 住居での,自宅の. arresto ~ 自宅拘禁;軟禁.
—男 女 居住者,定住者,住人.

***do·mi·ci·lio** [do.mi.θí.ljo; ðo.- / -.sí.-] 男 住居,住所,居住地. ~ particular 現住所, 私邸. ~ legal 法定住所, 本籍. sin ~ fijo 住所不定の. ¿Cuál es su ~? 住所はどちらでしょうか.
a domicilio (1) 家庭で[に],自宅で[に]. cobro *a* ~ 集金. entrega [servicio] *a* ~ 宅配. pizza *a* ~ 宅配ピザ. (2) 《スポ》相手チームの地元,アウェー. jugar *a* ~ アウェーで試合をする.
[←〔ラ〕*domicilium* (*domus*「家」より派生)]; 関連 doméstico. 〔英〕*domicile*]

***do·mi·na·ción** [do.mi.na.θjón; ðo.- / -.sjón] 女
1 支配,統制;優勢.
2《軍》見晴らしの利く高地,高台. **3** 懸垂運動. **4**《複数で》《カト》主天使:天使の第4階級.

do·mi·na·dor, do·ra [do.mi.na.ðór, -.ðó.ra; ðo.-] 形 **1** 支配的な,優勢な. **2** 威圧的な,威張る.
—男 女 支配者;威張りちらす人.

do·mi·nan·cia [do.mi.nán.θja; ðo.- / -.sja] 女 **1**《生物》遺伝の優位性. **2**《動》《植》(特定の種の)繁盛,占有.

***do·mi·nan·te** [do.mi.nán.te; ðo.-] 形 **1** 支配する,統治する. clase ~ 支配階級. astro ~《占星》支配星. el poder ~ 支配権. el partido político ~ 第一政党.
2 支配的な,優勢な,主要な. carácter ~《生物》優性形質. viento ~《気象》卓越風. 威圧的な,威張る,指図する. Tiene una mujer muy ~. 彼は奥さんの尻(しり)に敷かれている. **4** 見下ろす,そびえ立つ. **5**《音楽》(音階中の)第5度音の,属音の.
—女 **1** 主な特徴,目立つ特色. **2**《生物》優性遺伝(形)質. **3**《音楽》第5度音,属音.

***do·mi·nar** [do.mi.nár; ðo.-] 他 **1** 支配する,統治する;優位に立つ. ~ un país 国を支配する. ~ un caballo 馬を御する. ~ un barco 船を操る. ~ el mar [aire] 制海[制空]権を握る. ~ la situación 状況を把握する,事態を収める.
2 熟達する,マスターする;意のままに操る. ~ cinco lenguas 5つの言語を使いこなす. ~ la química 化学に詳しい. Este futbolista *domina* muy bien la pelota. このサッカー選手はボールさばきが見事だ. **3** 抑制する,鎮圧する. ~ el incendio 鎮火する. ~ la epidemia 伝染病の蔓延(まんえん)を食い止める. ~ los nervios 感情を抑える. **4** 見渡す,見下ろす;そびえ立つ. La casa *domina* toda la bahía. その家から入り江全体が見下ろせる.
—自 **1** 優勢である,目立つ. **2** 君臨する,支配する.
—~**se** 再 〈感情などを〉抑制する,こらえる.
[←〔ラ〕*dominārī*「(主人・首長として)支配する」;*dominus*「主人,支配者」(→ *dueño*)より派生]; 関連 dominante, dominación, dominio, dominó. 〔英〕*dominate*]

dó·mi·ne [dó.mi.ne; ðó.-] 男 **1** ラテン語教師.
2《軽蔑》衒学(げんがく)者,知ったかぶりをする人.

do·min·ga [do.míŋ.ga; ðo.-] 女《俗》女性の胸.

do·min·ga·da [do.miŋ.gá.ða; ðo.-] 女 (日曜日に行う) お祭り騒ぎ.

***do·min·go** [do.míŋ.go; ðo.-] 男 **1** 日曜日,安息日 (略 dom.). (todos) los ~*s* 毎週日曜日(に). el ~ pasado 前の日曜日(に). el ~ que viene / el próximo ~ 次の日曜日(に). Vendré el ~ por la mañana. 日曜日の朝うかがいます. **2**《ラ米》(日曜日に子供に渡す)小遣い.
Domingo de Ramos《カト》棕梠(しゅろ)[枝]の主日(復活祭直前の日曜日).
Domingo de Resurrección [*Pascua*]《カト》復活の主日.
[←〔ラ〕(*diēs*) *dominicus*「主の(日)」;*dominus*「主人」(→ *dueño*)より派生]; 関連 〔ポルトガル〕*domingo*. 〔仏〕*dimanche*. 〔伊〕*domenica*]

Do·min·go [do.míŋ.go; ðo.-] 固名 **1** 聖ドミニクス Santo ~ de Guzmán (1170-1221): スペインの説教師;ドミニコ会の創設者. **2** ドミンゴ: 男子の洗礼名. [←〔中ラ〕*Dominicus* (原義は「主の,日曜の」;日曜生まれの子によくつけられた名前); 関連 〔ポルトガル〕*Domingo*. 〔仏〕*Dominique*. 〔伊〕*Domenico*. 〔英〕*Dominic*. 〔独〕*Dominikus*]

do·min·gue·jo [do.miŋ.gé.xo; ðo.-] 男 **1** 起き上がりこぼし. **2**《ラ米》(1)(こぞう) 取るに足りない人,つまらぬやつ. (2)(こぞう)かかし.

do·min·gue·ro, ra [do.miŋ.gé.ro, -.ra; ðo.-] 形《話》日曜日用の;日曜日・祝日に着飾る.
—男 女《話》日曜・祭日に盛装[気晴らし]する人,日曜ドライバー.

do·min·gui·llo [do.miŋ.gí.ʝo; ðo.-ǁ-.ʎo] 男 起き上がりこぼし (= tentetieso).
traer [*llevar*] *a+人 como un dominguillo* 〘話〙〈人〉を意のままに操る; 〈人〉をあごで使う.

Do·mi·ni·ca¹ [do.mi.ni.ka; ðo.-] 固名 ドミニカ: 女子の洗礼名.

Do·mi·ni·ca² [do.mi.ni.ka; ðo.-] 固名 ドミニカ (国): カリブの島国; 首都 Roseau.

do·mí·ni·ca [do.mí.ni.ka; ðo.-] 女 〘カト〙主日; 日曜祈禱(とう)書.

do·mi·ni·cal [do.mi.ni.kál; ðo.-] 形 **1** 日曜日の;〘カト〙主日の, 主(イエス・キリスト)の. *la oración* ~ 主の祈り, 主禱(とう) *Colón* が到着. メキシコの征服 (1521) まで, スペインの新大陸植民統治の中心 (首都1496年建設) となる. フランス領 (1795-1814), ハイチ領 (1822-44) を経て, 1844年独立. 1861年スペインと合併したが, 1865年独立を回復する.
[dominicano より派生]

Do·mi·ni·ca·na [do.mi.ni.ká.na; ðo.-] 固名 **República ~ ドミニカ共和国**: カリブ海のエスパニョーラ島の東側を占める共和国／面積: 4.9万 km²／人口: 約860万／首都 Santo Domingo／言語: (公用語)スペイン語／通貨: peso (1＄=100 centavos)／住民: ムラート (73%), 白人 (16%), 黒人 (11%)／宗教: カトリック (95%). ◆1492年コロンブス

do·mi·ni·ca·nis·mo [do.mi.ni.ka.nís.mo; ðo.-] 男 **1** ドミニカ共和国特有のスペイン語法〘表現・語義・単語〙. **2** ドミニカ人気質; ドミニカ的特質 (讃美).

*****do·mi·ni·ca·no, na** [do.mi.ni.ká.no, -.na; ðo.-] 形 **1** ドミニカ共和国の; ドミニカ(国)の, ドミニカ人の. **2** サント・ドミンゴ Santo Domingo 島の. **3** ドミニコ会の. *la orden dominicana* ドミニコ会.
― 男 女 **1** ドミニカ人, ドミニカ共和国の人, ドミニカ(国)の人. **2** →dominico.
― 男 ドミニカ共和国のスペイン語.

do·mi·ni·co, ca [do.mí.ni.ko, -.ka; ðo.-] 形 ドミニコ会の, 聖ドミニクスの.
― 男 女 ドミニコ会修道士 (神父). ― 男〘ラ米〙**(1)**〘(諸)〙〘(中米)〙小形のバナナ(の一種). **(2)**〘(ラ米)〙〘(中米)〙〘鳥〙エリフコウカンチョウ.

do·mí·ni·co, ca [do.mí.ni.ko, -.ka; ðo.-] 形 男 女 〘ラ米〙→dominico.

*****do·mi·nio** [do.mí.njo; ðo.-] 男 **1 支配, 統治**; 支配権[力], 優位. *ejercer* [*tener*] ~ *sobre*... …を支配する, 掌握している. *estar bajo el* ~ *de*... …の支配下にある. *tener*... *bajo su* ~ …を手中に収める. ~ *del aire* [*de los mares*] 制空[制海]権. **2 熟知, 習得**. ~ *del francés* フランス語の習得. *Mi amigo tiene un gran* ~ *de las matemáticas*. 私の友人は数学に精通している. **3** 〘主に複数で〙**領土, 領域**; 勢力範囲. *los* ~*s romanos* ローマの支配地域. **4**〘学問・科学などの〙**範囲, 分野. 5** 〘IT〙ドメイン. **6**〘旧英連邦内の〙自治領. **7**〘法〙**所有権**. ~ *público* 公共財産.
ser de(*l*) *dominio público* [*común*] よく知られた, 周知の; 常例の.

do·mi·nó [do.mi.nó; ðo.-] / **dó·mi·no** [dó.mi.no; ðo.-] 男 **1**〘遊〙ドミノ遊び; ドミノ牌(はい). **2** ドミノ: 仮面舞踏会用のフード付き黒マント. →右段に図.

do·mo [dó.mo; ðo.-] 男〘建〙円屋根, 丸天井, ドーム.

do·mó·ti·co, ca [do.mó.ti.ko, -.ka; ðo.-] 形〘家〙の情報化された, インテリジェントハウスの, 電化製品が統一管理されている. ― 男 家の情報化[インテリジェントハウス]の研究.

dom·pe·dro [dom.pé.ðro; ðom.-] 男 **1** 〘植〙オシロイバナ. **2** 〘話〙便器, おまる, 尿器.

*****don**¹ [don; ðon] 男 **1**〘成人男性の洗礼名につける敬称〙**ドン, 様, 卿** (略 D.) (→doña, señor). *don Fernando* フェルナンドさん[様]. *don Fulano de Tal* 何のだれかし. ▶前に冠詞をつけない. 元来は貴族に対する敬称であったが, 現在は年配の男性に向けて使われる他, 公文書で名前, 苗字につけて用いることがある. **2**〘皮肉〙〘＋性格などを表す形容詞・名詞〙**…さん**. *don terco* 頑固屋さん. **3** [dón; dón]〘ラ米〙**(1)**〘(ラ米)〙〘男性に呼びかけて〙**おじさん**. *Don, ¿me puede decir la hora?* すみません, おじさん, 何時かわかりますか. **(2)** 〘(ラ米)〙〘(中)〙**主人, 親方** (= patrón).

don Juan (伝説・文芸上の人物にちなんで)**ドン・フアン**; プレイボーイ, 女たらし. ◆スペインの Tirso de Molina の戯曲 *El burlador de Sevilla y convidado de piedra*『セビリャの色事師と石の招客』の主人公 don Juan Tenorio に由来する.
don nadie 取るに足りない人物.
Señor Don / *Sr. D.* / *Sr. Dn.* 〘手紙・公文書で〙…様, …殿.
[← 〔中ラ〕 *domnus* 「主人, 支配者」(→ *dueño*); 関連 *doña*, *dominar*. 〔英〕 *dominate* 「支配する」]

*****don**² [dón; ðón] 男 **1 天の恵み**, 贈り物;〘おとぎばなしなどの〙**願い, 望み**. *hacer* [*conceder*] *un don* 贈り物を授ける. **2**〘天賦の〙**才能, 適性**. *don de mando* リーダーとしての資質. *Tiene el don de convencer*. 彼[彼女]は説得がうまい. ▶皮肉で欠点などについて用いる場合がある.
don de gentes **(1)** 人をひきつける能力, 魅力. **(2)**〘ラ米〙〘(ラ米)〙礼儀作法.
[← 〔ラ〕 *dōnum* (*dare* 「与える」より派生); 関連 *donar*, *donación*. 〔英〕 *donation* 「寄付」]

do·na [dó.na; ðó.-] 女 **1** 〘古語〙〘まれ〙**女, 奥さん, 奥方**. **2** 〘ラ米〙**(1)**〘(中)〙贈り物; 〘複数で〙〘新郎が新婦に贈る〙結婚の贈り物. **(2)** 〘(中米)〙〘(ラ米)〙ドーナツ, 揚げ菓子.

*****do·na·ción** [do.na.θjón; ðo.- / -.sjón] 女 **1 寄贈, 寄付**, 贈与; 遺贈. ~ *entre vivos* 〘法〙生前贈与. ~ *de órganos* 臓器の提供. **2** 寄贈品, 贈り物.

do·na·do, da [do.ná.ðo, -.ða; ðo.-] 形 (誓願を立てずに)修道院の労働に従事する. ― 男 女 〘カト〙助修士, 助修女.

do·nai·re [do.nái.re; ðo.-] 男 **1** 優雅な物腰; 優美, 魅力. *andar con mucho* ~ あでやかに歩く. **2** 才気, 機知. **3** 警句, しゃれ.

do·nai·ro·so, sa [do.nai.ró.so, -.sa; ðo.-] 形 ひょうきんな, ユーモラスな, 機転の利く.

*****do·nan·te** [do.nán.te; ðo.-] 形 寄贈する, 贈与の, 提供する. ― 男 女 **1** 寄贈者, 贈与者 (↔donatario). **2** (組織・器官・血液などの)**提供者, ドナー**. ~ *de sangre* 献血者.

*****do·nar** [do.nár; ðo.-] 他 **寄贈する**, 贈与する, 提供する.

do·na·ta·rio, ria [do.na.tá.rjo, -.rja; ðo.-] 男 女 受贈者 (↔donante).

do·na·ti·vo [do.na.tí.βo; ðo.-] 男 寄付; 寄贈品.

don·cel [don.θél; đon.- / -.sél] 形 甘美な, おいしい. vino ~ 口当たりのいいワイン.
— 男 **1** 貴族の若い子息. **2** 童貞. **3** (王侯に仕えた) 侍童, 小姓. **4** 王直属軍隊の若い貴族.

don·ce·lla [don.θé.ja; đon.- ‖ -.ʎa / -.sé.-] 女
1 《文章語》処女；乙女, 少女. **2** 侍女, 腰元. **3** 〖魚〗ベラ. **4** 《ラ米》(1) 《ﾌﾟｴﾙﾄ》《医》瘰癧(るいれき). (2) 《ｺﾛﾝﾋﾞｱ》〖植〗ネムリグサ, オジギソウ.
la Doncella de Orleáns オルレアンの少女《ジャンヌ・ダルク Juana de Arco のこと》.

don·ce·llez [don.θe.jéθ; đon.- ‖ -.ʎéθ / -.se.jés] **/ don·ce·lle·rí·a** [don.θe.je.ri.a; đon.- ‖ -.ʎe.- / -.se.-] 女 処女 (性), 童貞《であること, 処女性, 童貞》.

***don·de [don.de; đon.-] 副《関係》**1**《場所を表す名詞 (句)・副詞 (句) を先行詞として》(1)《制限用法》…する (ところの)《場所》. Es una ciudad ~ abundan los monumentos históricos. そこは歴史的建造物の多い都市だ. Buscamos una sociedad ~ podamos vivir en paz. 我々は平和に生きることができる社会を求めている. ▶ 前置詞を伴って用いられる. → *el pueblo de* ~ *viene* 彼［彼女］の出身の村. *la puerta por* ~ *entraron* 彼らの入った門. *la casa (en)* ~ *nací* 私の生まれた家 (▶ *en* を伴うとややくどい表現). ▶ 関係節内の動詞が不定詞のとき,「…するべき［…することの］《場所》」という意味になる. → Hoy no tengo ningún lugar ~ *pasar* la noche. きょう私には泊まるところがない. (2) 《非制限用法》…すてそこで…. Eva se trasladó a Madrid, ~ estudió arquitectura. エバはマドリードへ移り, そこで建築を学んだ.
2《先行詞を中に含んで》《場所》(に, で). No tenemos ~ guardarlo. 私たちはそれをしまっておく場所がない. Pon el diccionario ~ estaba. 辞書はあった場所に戻してくれ. Iré ~ me ordenen. 私は命じられた場所にどこでも行こう (▶ *me adonde* の代わりに *donde* が用いられることがある). ▶ 次のような強調構文を作る. → En este río era ~ nadábamos cuando niños. 私たちが子供のころ泳いでいたのはこの川だった.
3 (**de...** / **por...**) ~《前文の内容を受けて》そのこと (から). *De [Por]* ~ *se deduce que...* そこから…と推定される.
4《前置詞的に》…のいるところに［へ］；…の家に［へ］. Vamos ~ Emilio. エミリオの家に行こう.
5《(接続法+) *donde* + 接続法》《譲歩》どこで…しようとも, ~ *sea* [*estés*] どこにいようとも；とにかく. *estés* ~ *estés* 君がどこにいようとも. *D*~ *fueres* haz como vieres. (諺) 郷に入っては郷に従え (←どこに行こうと見たとおりのことをしなさい). ▶《+接続法》《条件》…ならば (= *como*). *D~ vuelvas* a hacerlo, te mato. もう一回やったらひどい目にあわせてやる. **7** 《ラ米》…のので, …なので.
aquí [*ahí*] *donde* VER. …… こう見えても. *Aquí* ~ *me ven*, soy mucho mayor que ustedes. こう見えても私は皆さんよりもずっと年上です.
donde no さもなくば, そうでなければ.

dón·de [dón.de; đón.-] 副《疑問》1** どこ, どこにるの. *¿D~ vas?* どこへ行くの (▶《話》では *adónde* [*a dónde*] の代わりに *dónde* が用いられることがある). ▶ 前置詞を伴って用いられる. → *¿De ~ eres?* 君はどこの出身なの. *¿Por ~ se va a la estación?* 駅へはどうやって行けばいいですか. ▶ 間接疑問文でも用いられる. → *¿Sabes* ~ *está su tienda?* 彼［彼女］(ら) の店がどこにあるか知ってるかい.
▶ 間接疑問文で従属節内の動詞が不定詞のとき「どこで…すべきか［できるか］」という意味になる. → *No sabemos* ~ *quedar.* どこで待ち合わせたらいいのかわかりません.
2 《ラ米》どのようにして. *¿D~ van a creer tal cosa?* そんなことをどうやって人が信じるというんだ.
— 男 間. aclarar el ~ y el cómo de un accidente 事故の場所と原因を明らかにする.
¡Mira por dónde...! 《驚き》なんと…とは, そんなことがあるなんて.
¿Por dónde...? どのようにして；いったいなぜ.
［←《古スペイン》*de* +《古スペイン》*onde* (←《ラ》*unde*「どこから」)］

don·de·quie·ra [don.de.kjé.ra; đon.-] 副 どこにでも, 至る所に, あらゆる所に. ~ *que* + 接続法 …する［である］所ならどこでも.

don·die·go [don.djé.go; đon.-] 男〖植〗オシロイバナ (= ~ *de noche*). ~ *de día* アサガオ, ヒルガオ.

dong [dóŋ; đóŋ] 男 ドン：ベトナムの通貨単位.

don·juán [doŋ.xwán; đoŋ.-] 男 **1** ドン・フアン, プレイボーイ. → *don juan* (*don*¹). **2** 〖植〗オシロイバナ.

don·jua·nes·co, ca [doŋ.xwa.nés.ko, -.ka; đoŋ.-] 形 ドン・フアン的な, 女たらしの, 漁色家の.

don·jua·nis·mo [doŋ.xwa.nís.mo; đoŋ.-] 男 ドン・フアン的性格, ドン・フアンぶり；遊蕩(ゆうとう)の生活.

do·no·sa·men·te [do.nó.sa.mén.te; đo.-] 副 しゃれた《気の利いた》言い方で；優雅に, 粋に.

do·no·si·dad [do.no.si.đáđ; đo.-] 女 → donosura.

Do·no·so [do.nó.so; đo.-] 固名 ドノソ José ~ (1924-96)：チリの小説家. 作品 *El obsceno pájaro de la noche* 『夜のみだらな鳥』.

do·no·so, sa [do.nó.so, -.sa; đo.-] 形 **1** しゃれた, おもしろい, 気の利いた. una observación *donosa* うがった意見. **2**《文体》軽妙な, 肩の凝らない. **3** 優雅な, 品のよい, 粋(いき)な. **4**《名詞の前について》《皮肉》お見事な, 結構な. *¡Donosa pregunta!* ご立派な質問だ. *¡Donosa ocurrencia!* 結構な思いつきだよ.
Donosa cosa es que... …いちばんいいことは…だ.

do·nos·tia·rra [do.nos.tjá.ra; đo.-] 形 サン・セバスティアン San Sebastián (バスク語 Donostia) の.
— 男女 サン・セバスティアンの住民《出身者》.

do·no·su·ra [do.no.sú.ra; đo.-] 女 **1** 機知, 才気, エスプリ. **2** 警句, しゃれ, 名言. **3** 優雅, 優美, 粋(いき). **4**《文体の》軽快さ, 軽妙さ.

Don Qui·jo·te [doŋ ki.xó.te; đoŋ] 固名 → Quijote.

do·nut [dó.nu(t); đó.-] 〚英〛男 〚複 ~s, ~〛ドーナッツ.

do·ña [do.ɲa; đo.-] 女 **1《既婚女性・未亡人の洗礼名につける敬称》ドニャ, …夫人, 奥様《略 Da.》(→ *don*¹, *señora*). *D*~ *Juana la Loca*《史》フアナ狂女王. ~ *Clara* クララ奥様. **2**《皮肉》《+接続法なとを表す形容詞・名詞》…さん. ~ *perfecta* 完璧やさん. **3** [dó.ɲa; đo.-]《ラ米》(1)《ﾌﾟｴﾙﾄ》《女性に呼びかけて》おばさん. (2)《ﾒﾋｺ》妻.
Señora doña《手紙》…様, …殿.
［←《ラ》*dominam* (*domina* の対格)「女主人」(= *dueña*)；関連 *don*¹, *dominar*］

do·ñe·ar [do.ɲe.ár; đo.-] 自《話》《男が》女性の間を渡り歩く.

do·ñe·gal [do.ɲe.gál; đo.-] **/ do·ñi·gal** [do.ɲi.gál; đo.-] 形 (イチジクが) 果肉の赤い.
— 男 果肉の赤いイチジク.

do·pa·je [do.pá.xe; ðo.-] 男 → doping 1.

do·pa·mi·na [do.pa.mí.na; ðo.-] 女 ドーパミン：興奮の伝達に重要な役割を果たす脳内物質.

do·par [do.pár; ðo.-] 他 〈競走馬・競技者に〉興奮剤［増強剤］を与える［飲ませる］. **— ~·se** 再 興奮剤［増強剤］を飲む［使用する］. [←英]*dope*]

dop·ing [dó.pin; ðo.-] [英] 男 1 ドーピング, 興奮剤投与［使用］. 2 (半導体での)ドーピング.

dop·pler [dó.pler; ðo.-] 男 [医]（超音波）ドップラーエコー.

do·quier [do.kjér; ðo.-] / **do·quie·ra** [do.kjé.ra; ðo.-] 副 [*dondequiera* の縮約形]どこにでも, どこでも. por ~ どこにでも, 至る所に.

-dor, dora 〔接尾〕動詞に付いて「行為者, 道具, 場所」の意を表す名詞・形容詞語尾. ≃ amenaza*dor*, come*dor*, habla*dor*.

do·ra·da [do.rá.ða; ðo.-] 女 [魚]ヘダイ, クロダイ.

do·ra·di·lla [do.ra.ðí.ja; ðo.-‖-.ʎa; ðo.-] 女 1 [植]シダ類の一種. 2 [魚]ヨーロッパヘダイ. [*dorada*+縮小辞]

dorada (ヘダイ)

do·ra·di·llo, lla [do.ra.ðí.jo, -.ja; ðo.-‖-.ʎo, -.ʎa; ðo.-] 形 《ラ米》(ｸﾞｧﾃ)(ﾆｶﾗ)(ﾒﾋｺ)〈馬が〉飴(あめ)色の. **—** 男 1 真鍮(しんちゅう)の針金. 2 [鳥]セキレイ.

Do·ra·do [do.rá.ðo; ðo.-] 固名 El ~ エル・ドラド：新大陸の征服者たちがアマゾン川 el Amazonas の流域ったと探し求めた伝説の黄金郷.

__do·ra·do, da__ [do.rá.ðo, -.ða; ðo.-] 形 1 金色の, 黄金色の, 日焼けした. arrozal ~ 黄金色に輝く稲田. 2 金めっきした, 金箔(きんぱく)をかぶせた, 金粉を塗った. libro de cantos ~s 三方金の本. 3 黄金の, 全盛の, 幸福な. edad *dorada* 黄金時代, 全盛期. el siglo ~ 黄金世紀. 4 《ラ米》(ｺﾛﾝ)〈馬が〉栗毛(くりげ)の.

— 男 1 金めっき, 金箔張り. 2 （複数で）金めっき［金箔］製品. 3 [魚]ドラド：南米産のカラシン類の淡水魚. 4 [D-][星座]かじき座. (=el Pez espada).

do·ra·dor, do·ra [do.ra.ðór, -.ðó.ra; ðo.-] 男 金箔(きんぱく)をかぶせる；金めっきする.

— 男 女 金めっき工；金箔師.

do·ra·du·ra [do.ra.ðú.ra; ðo.-] 女 金箔(きんぱく)押し, 金泥塗り；金めっき.

do·ral [do.rál; ðo.-] 男 [鳥]キタヤナギムシクイ.

__do·rar__ [do.rár; ðo.-] 他 1 金箔(きんぱく)をかぶせる, 金箔を塗る, 金粉を付ける；金めっきをする. 2 金色にする. El sol *doraba* el horizonte. 太陽が地平線を黄金色に染めていた. 3 [料]焼き色に［こんがりと］焼く［揚げる］. → asar [関連] 4 うわべを飾る, 見栄えをよくする.

— ~·se 再 1 きつね色になる, こんがりと焼ける［揚がる］. 2 金色になる（を帯びる）；日焼けする.

dó·ri·co, ca [dó.ri.ko, -.ka; ðó.-] 形 1 ドーリスの, ドーリス人の. 2 [建]ドーリス式の. orden ~ ドーリス式. **—** 男 (ギリシア語の)ドーリス方言.

Dó·ri·da [dó.ri.ða; ðó.-] / **Dó·ri·de** [dó.ri.ðe; ðó.-] 固名 ドーリス：古代ギリシア中部の一地方.

do·rí·fo·ra [do.rí.fo.ra; ðo.-] / **do·rí·fe·ra** [do.rí.fe.ra; ðo.-] 女 [昆]コロラドハムシ.

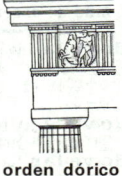

orden dórico (ドーリス式)

do·rio, ria [dó.rjo, -.rja; ðó.-] 形 ドーリスの, ドーリス人の. **—** 男 女 ドーリス人.

dor·mán [dor.mán; ðor.-] 男 ドルマン：軽騎兵のケープ風ジャケット. [←[トルコ]*dōlāman*]

dor·mi·ción [dor.mi.θjón; ðor.- / -.sjón] 女 [カト]永眠；(聖母の)最後の眠り.

dor·mi·da [dor.mí.ða; ðor.-] 女 1 うたた寝, 仮眠；（カイコの)休眠. echar una ~ ひと眠りする. 2 (動物・野鳥の)ねぐら, 巣；《ラ米》寝床, 寝場所.

dor·mi·de·ro, ra [dor.mi.ðé.ro, -.ra; ðor.-] 形 眠りを誘う；眠くなるような.

— 男 家畜の寝場所.

— 女 1 [植](1) ケシ. (2) 《ラ米》(ｸﾞｧﾃ)(ｺｽﾀ)(ﾒﾋｺ)オジギソウ. 2 (複数で) [話]寝つき. Juan tiene buenas *dormideras*. フアンは寝つきがいい.

__dor·mi·do, da__ [dor.mí.ðo, -.ða; ðor.-] 形 1 眠っている, 睡眠中の. estar medio ~ うとうとしている. quedarse ~ 眠り込む；寝過ごす. 2 眠っているような；ぼんやりした, 寝ぼけた. 3 〈手・足などが〉しびれた, 無感覚の. Tengo la pierna *dormida*. 足がしびれている.

dor·mi·lón, lo·na [dor.mi.lón, -.ló.na; ðor.-] 形 眠たがり屋の, 寝坊な. **—** 男 女 寝坊, 寝ぼすけ. **—** 女 1 大型の(宝石付き)イヤリング, ピアス. 2 (昼寝用の)デッキチェア, 寝いす. 3 《ラ米》(ﾌﾟｴ)(ｸﾊﾞ)[植]オジギソウ. 4 《ラ米》[鳥]カワグロイワタイワンチョウ.

__dor·mir__ [dor.mír; ðor.-] 28 自 1 眠る, 寝る；休む. ~ bien よく眠る. ~ mal よく眠れない. ~ de un tirón ぶっ続けに眠る. ganas de ~ 眠気. ser de mal ~ 寝つきが悪い. Esta noche *he dormido* ocho horas. 昨夜は8時間寝た. *Duerme* con [como] los angelitos. 〈子供に〉ゆっくり寝なさい. Su ira ahora *duerme*. 彼[彼女]の怒りは今は収まっている. ¡A ~! さあ, 寝なさい. 2 泊まる, 夜を過ごす. *Dormimos* en un hotel de Madrid. 私たちはマドリードのあるホテルに泊まった. 3 …が放置される, 忘れられる. dejar ~ un asunto 問題をそのままにしておく. 4 [話] [婉曲] (**con**+人 〈人〉と)肉体関係を持つ, 寝る.

— 他 1 眠らせる, 寝かしつける. ~ al niño 子供を寝かしつける. 2 退屈させる, 眠気を誘う. Esta música me *duerme*. 私はこの音楽を聞くと眠くなる. 3 (昼寝・仮眠などを)する, とる. ~ la siesta 昼寝をする. 4 麻酔をかける. 5 《ラ米》(ｸﾞｧ)(ﾒﾋｺ)(ﾌﾟｴ)[話]誘惑する, だます.

— ~·se 再 1 眠りにつく, 眠り込む；（退屈して)うとうとする. Mira, el niño *se está durmiendo* en el sofá. ご覧よ, 子供がソファーで寝ているよ. 2 (**a**+人 〈人〉の)〈体の一部が〉まひする, しびれる. Se me ha *dormido* la pierna. 足がしびれてしまった. (▶ me が a+人 に相当). 3 (悪天候などが)穏やかになる. ~se el viento 風が静まる.

dormir la mona [話] 酔っ払って寝てしまう.

[←[ラ]*dormire*；関連 *dormitorio*, *adormecer*.
 [英]*dormitory*「寮」]

dor·mir·las [dor.mír.las; ðor.-] 男 《単複同形》 [遊]隠れんぼう.

dor·mi·tar [dor.mi.tár; ðor.-] 自 うとうとする, まどろむ, 居眠りする.

dor·mi·ti·vo, va [dor.mi.tí.βo, -.βa; ðor.-] 形 [医]眠らせる, 催眠性の. **—** 男 催眠剤.

__dor·mi·to·rio__ [dor.mi.tó.rjo; ðor.-] 男 1 寝室, ベッドルーム. Mi casa tiene tres ~s y dos

baños. 私の家には寝室が3つと浴室が2つある. **2** (寝室用の)家具類. **3** (学校などの)寄宿舎.
ciudad dormitorio ベッドタウン.

dor·na·jo [dor.ná.xo; đo.-] 男 桶(熔), 鉢.

dor·ni·llo [dor.ní.jo; đo.- ‖ -.λo] 男 **1** → dornajo. **2** 椀(袋); たん壺(段).

do·ron·dón [do.ron.dón; đo.-] 男 【気象】冷たい濃霧.

Do·ro·te·a [do.ro.té.a; đo.-] 固名 **1** Santa ~ de Alejandría アレクサンドリアの聖女ドロテア: 310年ごろに殉教した.
 2 *La ~*『ドロテア』: スペインの劇作家 Lope de Vega の対話体小説(1632年).
 3 ドロテア: 女子の洗礼名.
 [← 〔ラ〕 *Dōrothea*←〔ギ〕 *Dōrothéa* (*dôron*「贈り物」+ *theós*「神」+名詞語尾;「神から授かったもの」が原義). 〔関連〕〔ポルトガル〕*Dorotéia*. 〔仏〕*Dorothée*. 〔伊〕*Dorotea*. 〔英〕*Dorothy*. 〔英〕〔独〕*Dorothea*. 〔独〕*Dorothee*]

dor·sal [dor.sál; đor.-] 形 **1** 背部の, 背中の; 裏の. *músculos ~es* 背筋. **2** 〖音声〗舌の背面で調音される, 舌背(音)の.
 ── 男 **1** 背番号. **2** 〖音声〗舌背音.

dor·so [dór.so; đór.-] 男 **1** 背, 背中, 背部. **2** 裏, 裏面. *el ~ de una carta* 手紙の裏面. *Véase al ~*. 裏面をご覧ください. **3** 〖解剖〗舌背. **4** 〔ラ米〕背泳ぎ.

dos [dós; đós] 形 〖数詞〗 **1 (+名詞) 2の, 2つの, ふたりの, 2個の. *dos veces* 2度, 2回. *cada dos días* 2日ごとに, 1日おきに. *Los dos chicos son estudiantes.* そのふたりの男の子は学生だ. *Vinieron los dos.* 彼らふたりとも来た. *Son las dos.* 2時だ. **2** (名詞+) 2番目の. *el tomo dos* 第2巻.
 ── 男 **2**; 2の数字(ローマ数字 Ⅱ); ふたり, 2個. *Dos y dos son cuatro.* 2足す2は4である. *el dos de bastos* (スペイン・トランプ)こん棒の2 (→ naipe). *el dos de enero* 1月2日. *hacer un trabajo entre dos* 仕事をふたりがかり[共同]でする.
 cada dos por tres たびたび, 頻繁に.
 de dos en dos 2つずつ, ふたりずつ.
 dos a dos 2つずつ, ふたりずつ.
 dos por dos 2かける2; 2個[ふたり]ずつ; 2つ[ふたり]一組になって.
 en un dos por tres 〘話〙たちまち, あっと言う間に.
 No hay dos sin tres. 〘諺〙二度あることは三度ある.
 una de dos 2つに1つ, どちらか1つ.
 [← 〔ラ〕 *duōs* (*duo*「2」の対格); 〔関連〕 dual, doble, doce. 〔ポルトガル〕*dois*. 〔仏〕*deux*. 〔伊〕*due*. 〔英〕*two, dual, duet*. 〔独〕*zwei*]

DOS [dós; đós] 〔英〕 男 〖略〗〖IT〗 *d*isk *o*perating *s*ystem.

do·sa·je [do.sá.xe; đo.-] 男 〔ラ米〕 (麻薬の)(ゅキャラセ)体内の麻薬[アルコール分]の検出(薬).

do·sal·bo, ba [do.sál.bo, -.ba; đo.-] 形 〈馬の〉 2本の足が白い.

do·sa·ñal [do.sa.ɲál; đo.-] 形 2歳の; 2年間の, 隔年の.

*dos·cien·tos, tas [dos.θjén.tos, -.tas; đos.- / -. sjén.-] 形 〖数詞〗 **1** (+名詞) 200の, 200人[個]の. *Había doscientas personas en la sala.* 部屋には200人の人がいた. **2** (名詞+) 200番目の.
 ── 男 200; 200の数字(ローマ数字 CC).

do·sel [do.sél; đo.-] 男 **1** (祭壇・王座・ベッドなどの)天蓋(熔), 天蓋状のもの. **2** 扉のカーテン.

do·se·le·ra [do.se.lé.ra; đo.-] 女 天蓋(熔)の縁飾り, ひだ飾り.

do·si·fi·ca·ción [do.si.fi.ka.θjón; đo.- / -.sjón] 女 **1** (薬の)調合; 投薬. **2** (量の)加減. **3** 〖化〗滴定.

do·si·fi·ca·dor [do.si.fi.ka.đór; đo.-] 男 薬量計; (X線の)線量計.

do·si·fi·car [do.si.fi.kár; đo.-] 他 **1** (薬を)調合する, 服用量に分ける; 投薬する. **2** 〖化〗滴定する. **3** 配分する, 分量を決める.

do·si·llo [do.sí.jo; đo.- ‖ -.λo] 男 (ふたりでする)トランプゲームの一種.

do·si·me·trí·a [do.si.me.trí.a; đo.-] 女 〖医〗線量法.

*do·sis [dó.sis; đó.-] 女 〖単複同形〗 **1** 〖医〗(薬の1回分の)**服用量**, 一服; (X線の)線量, 照射量.
 2 〖化〗含有量. **3** 適量, 分量, 程度.
 a [*en*] *pequeñas dosis* 少しずつ, 少量ずつ.
 dosis de recuerdo 〖医〗(予防接種などの)追加接種.
 una buena dosis de... (人の性格・態度に関して)かなりの…, 相当な….

dos·sier [do.sjér; đo.-] 〔仏〕男 〖複〗 **~es** 報告書, (必要)書類一式(= informe).

*do·ta·ción [do.ta.θjón; đo.- / -.sjón] 女 **1** 寄贈, **寄付**; 基金; 寄贈品. *dar doscientos mil euros como ~* 20万ユーロの寄付をする. **2** 《集合的》 (船・軍艦の)**乗組員**, (組織の)**人員, 職員**. **3** (嫁入りの)持参金, 婚資; 充当金.

*do·ta·do, da [do.tá.đo, -.đa; đo.-] 形 《*de...* を》 **付与された, 持っている**. *una persona dotada de sensibilidad* 感受性を備えた人.
 bien [*mal*] *dotado* 才能のある[ない].

do·tal [do.tál; đo.-] 形 (嫁入りの)持参金の, 婚資の.

*do·tar [do.tár; đo.-] 他 **1** 《*con...* …を》**持参金[婚資]として与える**. *Dotó a su hija con cincuenta mil euros.* 彼[彼女]は娘に5万ユーロの持参金を持たせた.
 2 《*con... / de...* …を》(素質・能力として)**与える**, 付与する. *La naturaleza le ha dotado de buena vista.* 彼は生まれつき視力がよい.
 3 《*con... / de...* …を》**寄付する**, 寄贈する; (賞金として)与える. *~ a un pueblo de una escuela* 村に学校を寄付する.
 4 〈資金を〉**提供する**, 〈予算を〉割り当てる, 〈給与を〉与える. **5** 〈…に〉**設備する**, 装備する. *~ la fábrica de la maquinaria moderna* 工場に最新の機械類を備えつける. **6** 《*con... / de...*》《〈人員〉を》配置[配属]する; 〈(船員)を〉乗り組ませる.

*do·te [dó.te; đó.-] 男 (または女) (嫁入り・修道院入りの)**持参金**, 婚資, 財産. *cazador de ~s* 持参金付きの娘をねらう男.
 ── 女 《複数で》 **素質**, 天賦の才. *Tiene ~s para la música.* 彼[彼女]には音楽の才能がある. *Es un niño de excelentes ~s.* 彼はすばらしい天分に恵まれた子供だ. ── 男 トランプゲームの得点札.

do·ve·la [do.bé.la; đo.-] 女 〖建〗(1)(アーチの)迫石(懸), ブッソアール. (2)(アーチボールトの)ソフィット.

do·ve·la·je [do.be.lá.xe; đo.-] 男 〖建〗《集合的》迫石(懸).

do·ve·lar [do.be.lár; đo.-] 他 〖建〗迫石(懸)に切る, 〈石を〉くさび形に切る.

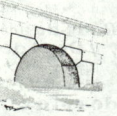

dovela (迫石)

down·load [dáun.loď; đáun.-] [英] [男] 〖ＩＴ〗ダウンロード.

-doxia 「意見, 見解」の意を表す造語要素. → heterodoxia, ortodoxia. [←〔ギ〕]

doy [dói; đói] [活] → dar.

do·za·vo, va [do.θá.bo, -.ba; đo.- / -.sá.-] [形] 〖数詞〗12分の1の, 12等分した (=doceavo).
— [男] 12分の1.
en dozavo [印]12取り判の, 四六判の.

dpto. [男]〖略〗*departamento*.

Dr., Dra. [男] [女]〖略〗*Doctor, Doctora*.

dra·ba [drá.ba; đrá.-] [女]〖植〗マメグンバイナズナ属〔イヌナズナ属〕の一種.

drac·ma [drák.ma; đrák.-] [女] **1** ドラクマ. (1) 古代ギリシアの銀貨. (2) ギリシアの旧通貨単位 (1 Dr=100 lepta). ◆現在はユーロ euro. ► **1** では時に [男]. **2** ドラム: 薬用衡量単位. 8分の1薬用オンス, 3.594ミリグラム.

dra·co·nia·no, na [dra.ko.njá.no, -.na; đra.-] [形] 〈前7世紀のアテネの立法家〉ドラコン *Dracón* の;〈法律・命令などが〉過酷な, きわめて厳しい.

dra·cu·li·no, na [dra.ku.lí.no, -.na; đra.-] [形] 嫌味っぽい, 皮肉たっぷりの.

DRAE [dra.e; đrá.-] [男]〖略〗*Diccionario de la Real Academia Española* スペイン王立アカデミーの辞書.

draft [dráft; đráft] [英] [男] [複 ~s, ~] → boceto.

dra·ga [drá.ga; đrá.-] [女] **1** 浚渫(しゅんせつ)機 (水底の土砂などをさらう機器); 浚渫船. **2** (海底などから) 探り機(ぎ), 引き網.

dra·ga·do [dra.gá.đo; đra.-] [男] 浚渫(しゅんせつ), 泥さらい.

dra·ga·dor, do·ra [dra.ga.đór, -.đó.ra; đra.-] [形] 浚渫(しゅんせつ)する, 水底をさらう. — [男] 浚渫船.

dra·ga·je [dra.gá.xe; đra.-] [男] → dragado. [←〔仏〕*dragage*]

dra·ga·mi·nas [dra.ga.mí.nas; đra.-] [男]〖単複同形〗〖軍〗掃海艇.

dra·gan·te [dra.gán.te; đra.-] [男]〖紋〗口を開け何かを飲み込もうとしている竜の模様.

dra·gar [dra.gár; đra.-] [103] [他] **1** 浚渫(しゅんせつ)する, 海底〔川底〕をさらう.
2〖軍〗…から機雷を除去する, 掃海する.

dra·go [drá.go; đrá.-] [男]〖植〗リュウケツジュ, ドラセナ.

***dra·gón** [dra.gón; đra.-] [男] **1** 竜, ドラゴン: 翼と爪(つめ)を持ち口から火を吐くという想像上の怪獣.
2〖軍〗竜騎兵.
3〖動〗トビトカゲ.
4〖魚〗北大西洋産のトゲミシマ科の魚.
5〖植〗キンギョソウ. **6**〖機〗(反射炉の) 地金装入口.
7〖獣医〗眼underscore の白い斑点(はんてん). **8** [D-]〖星座〗りゅう座.

dra·go·na [dra.gó.na; đra.-] [女] **1**〖軍〗(将校の制服の) 肩章. **2** 雌の竜. → dragón. **3** 〈ラ米〉(1) (サーベル)(けん)(剣)の下げ緒. (2) (シャツ)袖口(そでぐち)の房飾り; フード付きマント.

dra·gon·ci·llo [dra.gon.θí.jo; đra.- ‖ -.ło / -.sí.-] [男]〖植〗(1) タラゴン, エストラゴン. (2) キンギョソウ. [dragón + 縮小辞]

dra·go·ne·ar [dra.go.ne.ár; đra.-] [自] 〈ラ米〉(1) もぐりで営業する; 代理の仕事をする. ~ *de médico* 医者になりすます. (2) 偉ぶる, 自慢する.
— 〈ラ米〉(他)〈人に〉言い寄る, 口説く.

dra·gon·te·a [dra.gon.té.a; đra.-] [女]〖植〗ドラクンクルス: サトイモ科.

drag queen [drág kwín; đrág -] [男] (または [女]) [複 ~s, ~] ドラッグクイーン: 女装する男性.

Drake [drá.ke; đrá.- ‖ dréik; đréik] [国名] ドレーク Francis ~ (1543?-96): 英国の海賊・提督. 主にカリブ海で活躍, 1588年スペインの無敵艦隊を撃破.

dra·lón [dra.lón; đra.-] [男] ドラロン: アクリル製の人工繊維.

dram [drám; đrám] [男] ドラム: アルメニア共和国の通貨単位.

***dra·ma** [drá.ma; đrá.-] [男] **1**〖文学〗〖演〗戯曲, 演劇 (作品); 劇文学. オペラ. ~ *lírico* 音楽劇, オペラ. ~ *histórico* 史劇. ~ *litúrgico* (中世の) 典礼劇.
2〖ＴＶ〗〖映〗**ドラマ**. ~ *de televisión* [*radio*] テレビ〔ラジオ〕ドラマ. ~ *familiar* ファミリー [ホーム] ドラマ. **3** 劇的な出来事〔状況〕; 悲劇, 惨事. ~ *sangriento* 血なまぐさい事件.
hacer un drama a+人〈人に〉興奮して食って掛かる;〈人に〉ヒステリックに振る舞う.
hacer un drama de... …を大げさに騒ぎ立てる〔受け止める〕.
[←[後7] *drāma*←〔ギ〕*drâma*. [関連] dramático, dramaturgo. [英] *drama*]

***dra·má·ti·co, ca** [dra.má.ti.ko, -.ka; đra.-] [形] **1** 演劇の, 戯曲の; ドラマに関する. *crítico* ~ 演劇評論. *autor* ~ 劇作家. *obra dramática* 演劇作品. **2** 劇的な; 感動的な, 悲劇的な. *escena dramática* 感動的な場面. **3** わざとらしい, 芝居がかった.
— [男] [女] 劇作家, 戯曲作家.
— [男] 劇作法〔術〕;〖集合的〗劇, 劇詩, 戯曲.

dra·ma·tis·mo [dra.ma.tís.mo; đra.-] [男] 劇的であること, 劇的感興, ドラマ性.

dra·ma·ti·za·ción [dra.ma.ti.θa.θjón; đra.- / -.sa.sjón] [女] 劇化, 脚色; 誇張.

dra·ma·ti·zar [dra.ma.ti.θár; đra.- / -.sár] [97] [他] **1**〈小説・事件などを〉劇化する, 脚色する. ~ *una novela de Mario Vargas Llosa* マリオ・バルガス・リョサの小説を脚色する. **2** 劇的に表現する, 誇張する. ~ *un suceso* ある出来事を大げさに語る.

dra·ma·tur·gia [dra.ma.túr.xja; đra.-] [女] 劇作法〔術〕, ドラマツルギー (= dramática).

dra·ma·tur·go, ga [dra.ma.túr.go, -.ga; đra.-] [男] [女] 劇作家, 脚本家.

dra·món [dra.món; đra.-] [男]〖話〗大衆受けをねらった通俗劇. [drama + 増大辞]

dra·pe·a·do [dra.pe.á.đo; đra.-] [男]〖美〗ドラペリー: 絵画・彫刻などに表現される優美な着衣のひだ, またその手法.

dra·pe·ar [dra.pe.ár; đra.-] [他] (布に) ドレープ [縫いひだ] をつける; (絵画・彫刻で) 衣服や布のひだを描く.

dra·que [dra.ke; đra.-] [男]〈ラ米〉ナツメグを原料とした蒸留酒.

drás·ti·co, ca [drás.ti.ko, -.ka; đrás.-] [形] **1** 激越な, 徹底な; 思い切った, 徹底的な. *Hay que tomar medidas drásticas para combatir la contaminación.* 汚染を防止するためには思い切った手段を取らなければならない.
2〖医〗〈下剤などが〉強烈な.
— [男]〖医〗峻(しゅん)下剤.

drá·vi·da [drá.bi.đa; đrá.-] [男] [女] ドラビダ人: インド南部およびスリランカの一部に住む民族.
— [男] ドラビダ語族: 南インド, スリランカ, パキスタンの言語の総称.

dren [drén; đrén] [男] 排水溝. [←〔英〕*drain*]

dre·na·je [dre.ná.xe; ðre.-] 男 **1** 排水; 排水装置 [施設]. colector de ～ 下水本管. tubo de ～ 下水管, 排水管. **2**〖医〗排液 [排膿(ﾉｳ)] (法); 排膿管;《ラ米》(*塩)カテーテル. [←〖仏〗*drainage*]

dre·nar [dre.nár; ðre.-] 他 〈土地の〉排水をする. **2**〖医〗排液 [排膿(ﾉｳ)]する.

Dres., Dras. 男 女《略》《複数形》*Doctores, Doctoras*.

Dres·de [drés.ðe; ðrés.-] 固名 ドレスデン:ドイツ東部の都市.

drí·a [drí.a; ðrí.-] / **drí·a·da** [drí.a.ða; ðrí.-] / **drí·a·de** [drí.a.ðe; ðrí.-] 女〖ギ神〗ドリュアス:木の精のニンフ.

drib·bler [drí.bler; ðrí.-] 〖英〗男 女〖スポ〗ドリブラー, ドリブルの名人.

drib·bling [drí.blin; ðrí.-] 男 → dribling.

dri·blar [dri.blár; ðri.-] 他〖スポ〗ドリブルでかわす.

dri·ble [drí.ble; ðrí.-] 男 → dribling.

dri·bling [drí.blin; ðrí.-] 〖英〗男〖スポ〗ドリブル.

dril [dríl; ðríl] 男 太綾(ｱﾔ)の綿織物, ドリル織り, 雲斎(ｳﾝｻﾞｲ)織り, かつらぎ織り. [←〖英〗*drill*]

drive [dráib / dráiβ] 〖英〗男〖スポ〗(テニス・ゴルフの) ドライブ.

driv·er [drái.ber; ðrái.-] 〖英〗男《複～s》**1**〖スポ〗(ゴルフクラブの) ドライバー. **2**〖IT〗ドライバ: 周辺機器を作動させるためのプログラム.

dri·za [drí.θa; ðrí.- / -.sa] 女〖海〗ハリヤード: 帆・旗を上げ下げする綱.

dri·zar [dri.θár; ðri.- / -.sár] 97 他〖海〗〈ヤード・帆・旗などを〉揚げる, 上げ下げする.

＊**dro·ga** [dró.ga; ðró.-] 女 **1** 薬品, 薬剤; 試薬. **2** 麻薬, 興奮剤; 麻酔剤. ～ dura (ヘロインなどの) 依存性の強い麻薬. ～ blanda (マリワナなどの) 依存性の弱い麻薬. **3**〘比喩的〙麻薬, 中毒させるもの. El cine es su ～. 彼 [彼女] (ﾗ) は映画のとりこになっている. **4**《話》ごまかし; かつぐこと; でっちあげ. **5**《話》嫌なこと [人], 迷惑なこと [人]. **6**《ラ米》(1)(ｷﾞ)(ｺﾛ)(ﾒｼｺ)借金; 貸し倒れ. hacer ～ (1)(ｼﾞｶ)踏み倒す. (2)(ｺﾛ)売れ足の遅い品物.
mandar a la droga 《ラ米》(ｺｽﾀ)(ﾋﾟﾙ)追い出す.

dro·ga·dic·ción [dro.ga.ðik.θjón; ðro.- / -.sjón] 女〖医〗(麻薬・薬品) 中毒; 依存症.

dro·ga·dic·to, ta [dro.ga.ðík.to, -.ta; ðro.-] 形 麻薬中毒になった, 麻薬常用の.
— 男 女 麻薬中毒者, 麻薬常用者.

dro·ga·do, da [dro.gá.ðo, -.ða; ðro.-] 形 麻薬を常用する. — 男 女 麻薬常用者. — 男 麻薬常用; 興奮剤の使用 (= doping).

dro·gar [dro.gár; ðro.-] 103 他 麻薬を使わせる, 麻酔薬を与える.
— ～·se 再 麻薬にふける; 麻酔薬を使う.

dro·ga·ta [dro.gá.ta; ðro.-] 男 女《話》麻薬中毒 [常用] 者.

dro·go·de·pen·den·cia [dro.go.ðe.pen.dén.θja; ðro.- / -.sja] 女《ラ米》〖医〗麻薬 [覚せい剤]への依存.

dro·go·de·pen·dien·te [dro.go.ðe.pen.djén.te; ðro.-] 男 女 麻薬中毒 [常用] 者.

dro·go·ta [dro.gó.ta; ðro.-] 男 女 → drogata.

＊**dro·gue·rí·a** [dro.ge.rí.a; ðro.-] 女 **1** (水廻り用品・大工用具などの) 雑貨店. **2**《ラ米》薬屋, ドラッグストア.

dro·gue·ro, ra [dro.gé.ro, -.ra; ðro.-] 男 女 **1** 雑貨商 (人); 薬品販売者. **2**《ラ米》(ｸﾞｱﾃ)(ｷ)(ﾆｶ)(ｻﾙ)《話》借金をごまかす人, 支払いの悪い人.

dro·gue·te [dro.gé.te; ðro.-] 男 浮き綾(ｱﾔ)織り.

dro·gui [dró.gi; ðró.-] 男《ラ米》(ﾒｼｺ)(1) アルコール類, 酒. (2) 飲んだくれ.

dro·guis·ta [dro.gís.ta; ðro.-] 男 女 **1** 雑貨商 (人);《ラ米》薬屋. **2** ぺてん師. **3**《ラ米》(ﾒｼｺ)酒飲み.

dro·me·da·rio [dro.me.ðá.rjo; ðro.-] 男〖動〗ヒトコブラクダ. ► 「フタコブラクダ」は camello.

dro·me·o [dro.mé.o; ðro.-] 男〖鳥〗エミュー.

-dromo 「(競) 走路」の意を表す造語要素. → ae-ró*dromo*, hipó*dromo*. [←〖ギ〗]

dro·pa·cis·mo [dro.pa.θís.mo; ðro.- / -.sís.-] 男 脱毛クリームの一種.

dro·par [dro.pár; ðro.-] 他〖スポ〗(ゴルフで) 〈ボールを〉ドロップする.

dro·pe [dró.pe; ðró.-] 男《話》見下げたやつ, げす.

dro·pe·ar·se [dro.pe.ár.se; ðro.-] 再《ラ米》(ｸﾞｱﾃ)《話》落第する.

dro·se·ra [dro.sé.ra; ðro.-] 女〖植〗モウセンゴケ.

dro·se·rá·ce·as [dro.se.rá.θe.as; ðro.- / -.se.-] 女《複数形》モウセンゴケ科(の植物).

dro·só·fi·la [dro.só.fi.la; ðro.-] 女〖昆〗ショウジョウバエ.

dro·só·me·tro [dro.só.me.tro; ðro.-] 男〖気象〗露量計.

drosera
(モウセンゴケ)

drug [drág; ðrág] 〖英〗男 → drugstore.

drug·store [drá.ges.tor; ðrá.- // drá*g*s.tor; ðrá*g*s.-] 〖英〗男《複～s, ～》ドラッグストア: さまざまな商品を売っているスーパーで, 軽食も取ることができる.

drui·da [drwí.ða; ðrwí.-] 男〖宗〗ドルイド教の司祭.

druí·di·co, ca [drwí.ði.ko, -.ka; ðrwí.-] 形 ドルイド教(司祭)の.

drui·dis·mo [drwi.ðís.mo; ðrwi.-] 男 ドルイド教: キリスト教化以前のガリア, ブリタニアなどで信仰されていた古代ケルト人の宗教.

dru·pa [drú.pa; ðrú.-] 女〖植〗(桃・サクランボなどの) 核果, 石果.

dru·pá·ce·o, a [dru.pá.θe.o, -.a; ðru.- / -.se.-] 形 〖植〗核果(状)の, 核果のある.

dru·sa [drú.sa; ðrú.-] 女〖鉱〗晶洞, がま.

dru·so, sa [drú.so, -.sa; ðrú.-] 形 (レバノン・シリアに住む, シーア派の過激派から派生した) ドルーズ派の.
— 男 女 ドルーズ派の人.

DSE [de.(e.)se.é] 男《略》*Departamento de Seguridad del Estado* 国家治安部.

dse·da [sé.ða // dzé.-] / **dse·ta** [sé.ta // dzé.-] 〖ギ〗女 → zeta **2**.

dto. 男《略》*descuento* 値引き.

Dtor., Dtora. 男 女《略》*Director, Directora*.

DTP [de.te.pé] 女《略》三種混合ワクチン: ジフテリア (*di*fteria), 破傷風 (*tétanos*), 百日咳 (*pertussis*) のワクチン〖英 DPT〗.

dú·a [dú.a; ðú.-] 女 築城工事の労役; 坑夫の一組.

dual [dwál; ðwál] 形 **1** 2つの, 2部分からなる; 二重の, 二元的な. **2**〖文法〗双数の, 両数の. **3**《ラ米》(ｷﾞ)同数得票の. — 男 **1**〖文法〗双数, 両数: サンスクリット, ギリシア語などで「2」の概念を表す屈折語尾. **2**《ラ米》(ｷﾞ)(同数得票による2名の) 当選者.

dua·li·dad [dwa.li.ðáð; ðwa.-] 女 **1** 二重性, 二元性, 二面性. ～ del hombre 人間の二面性.

2 〘鉱〙同質二像. 3 《ラ米》(チ)同数得票当選.

dua·lis·mo [dwa.lís.mo; đwa.-] 男 1 二重性, 二元性. ～ del bien y el mal 善悪の二元性.
2 〘哲〙〘神〙〘宗〙二元論, 二元説. ►「一元論」は monismo,「多元論」は pluralismo.

dua·lis·ta [dwa.lís.ta; đwa.-] 形 二元論の, 二元説の. ― 男 女 二元論者, 二元説信奉者.

dua·lís·ti·co, ca [dwa.lís.ti.ko, -.ka; đwa.-] 形 二元論の, 二元説の.

duat·lón [dwat.lón; đwat.-] 男 〘スポ〙デュアトロン：長短距離走, 自転車レース, 長短距離走を1人で行なう複合種目.

du·ba [dú.ƀa; đú.-] 女 土塀.

du·bio [dú.ƀjo; đú.-] 男 (主に宗教裁判での) 疑惑, 疑点.

du·bi·ta·ble [du.ƀi.tá.ƀle; đu.-] 形 疑わしい, 疑問の余地がある (= dudable).

du·bi·ta·ción [du.ƀi.ta.θjón; đu.- / -.sjón] 女
1 疑い, 疑惑. 2 〘修辞〙疑惑法.

du·bi·ta·ti·vo, va [du.ƀi.ta.tí.ƀo, -.ƀa; đu.-] 形
1 疑いの, 疑いを示す. un carácter ～ 疑い深い性格. 2 〘文法〙疑いを表す. oración *dubitativa* 懐疑文：quizá(s), tal vez などを含む文.

du·blé [du.ƀlé; đu.-] 男 金張り, 金めっきの品.
[←〔仏〕*doublé*]

du·bles [dú.ƀles; đú.-] 男 《複数形》《話》(縄跳びの) 二重跳び. saltar ～ 二重跳びをする.

Du·blín [du.ƀlín; đu.-] 固名 ダブリン：アイルランド共和国の首都. [←〔英〕*Dublin*←〔古アイルランド〕*Dublinn* (*dub*「黒い」+ *linn*「池」)]

du·ca·do [du.ká.đo; đu.-] 男 1 公爵領, 公国. el ～ de Alba アルバ公国. El Gran *D*～ de Luxemburgo ルクセンブルク大公国.
2 公爵の身分[位階]. 3 ドゥカド：昔ヨーロッパ各国で用いられた金貨. スペインでは16世紀まで使われた.

du·cal [du.kál; đu.-] 形 公爵の. palacio ～ 公爵邸.

-ducción -ducir で終わる動詞から派生した名詞語尾. ⇒con*ducción*, intro*ducción*.

du·ce [dú.θe; đú.- / -.se] 〔伊〕男 《軽蔑》独裁者. ♦ ファシスト党党首ムッソリーニに付けられた称号に由来.

du·cen·té·si·mo, ma [du.θen.té.si.mo, -.ma; đu.- / -.sen.-] 形 《数詞》 1 第200 (番目) の. 2 200分 (の1) の. ― 男 200分の1.

*__du·cha__[1] [dú.tʃa; đú.-] 女 1 シャワー；シャワー設備, シャワー室. tomar [darse] una ～ シャワーを浴びる. habitación con ～ シャワー付きの部屋.
2 〘医〙灌注(かんちゅう), 洗浄；灌注器.
ducha (de agua) fría 《話》水を差すもの, 熱を冷ますもの. Esto vino como una ～ *de agua fría*. まるで頭から冷たい水をぶっかけられたみたいだった.
recibir una ducha 《話》にわか雨に遭う；ずぶぬれになる.
[←〔仏〕*douche*←〔伊〕*doccia*「水道管」(〔ラ〕*dūcere*「導く」より)；関連 duchar]

du·cha[2] [dú.tʃa; đú.-] 女 1 (布地を織る際にできる) 縞(しま), 筋. 2 (一条の) 畝.

du·cha·dor [du.tʃa.đór; đu.-] 男 《ラ米》(アルゼ)(ウルグ)シャワーの散水口, シャワーヘッド.

*__du·char__ [du.tʃár; đu.-] 他 1 シャワーを浴びさせる, 灌水(かんすい)浴をさせる. 2 〘医〙灌注法を施す, 洗浄する.
3 《話》〈人に〉水を浴びせる[かける], ぬらす.
― ～**·se** 再 1 シャワーを浴びる. 2 灌水する, 注水する.

du·che·ro [du.tʃé.ro; đu.-] 男 《ラ米》(ウルグ)(アイ) シャワーの散水口, シャワーヘッド.

du·cho, cha [dú.tʃo, -.tʃa; đú.-] 形 《en... …に》熟練した, 精通した.

du·co [dú.ko; đú.-] 男 (吹き付け塗料用の) ラッカー.

dúc·til [dúk.til; đúk.-] 形 1 (金属などが) 引き延ばせる, 可延性の；変形しやすい, 可塑性の. 2 《比喩的》柔軟性のある, 従順な.

duc·ti·li·dad [duk.ti.li.đáđ; đuk.-] 女
1 (可) 延性, 可塑性. 2 柔軟性, 従順さ.

***__du·da__ [dú.đa; đú.-] 女 1 疑い, 疑惑, 疑念；〘宗〙懐疑. un hecho que no admite ～*s* 疑いようもない事実. En caso de ～, consulte a su farmacéutico. ご不審な点がある場合にはかかりつけの薬剤師にお問い合わせください. Yo tengo todavía ～*s* sobre ella. 私はまだ彼女を疑っています.
2 質問, 疑問. ¿Queda alguna ～? 何か質問がありますか. 3 迷い, ためらい.
― 活 ➜dudar.
estar en duda de... …を疑っている. *Estoy en duda de* si le he entregado el documento. 私は書類を彼[彼女]に手渡したかどうかはっきりしない.
no caber duda de... …は疑いない[はっきりしている]. *No cabe* ～ *de* que ha sido un gran éxito. 大成功だったことは間違いない.
no dejar lugar a dudas 疑う余地がない.
poner en duda... …を疑う, 問題視する. Nadie *pone en* ～ su fidelidad. 彼[彼女](ら)の忠誠心を誰も疑っていない.
sacar a＋人 ***de dudas*** 〈人〉の疑いを晴らす.
salir de dudas 〈人の〉疑問が解ける.
sin duda (alguna) / sin (ninguna) duda (何の) 疑いもなく, 必ず, もちろん.

du·da·ble [du.đá.ƀle; đu.-] 形 疑わしい, 不確かな.

***__du·dar__ [du.đár; đu.-] 他 1 疑問に思う, 疑う. Ella dijo que vendría, pero yo lo *dudo*. 彼女は来ると言ったけど, 私はそれを疑っている. *Dudo* si vendrán todos. みんなが来るかどうか疑問だ. 2 《que＋接続法 …でないと》思う, 疑う. *Dudo que pueda* salir de casa tan temprano. 私は彼[彼女]がそんなに早く家を出られるわけがないと思っている.

> 類語 ***dudar*** は肯定形でありながら,「…とは思えない」と言う否定の意味になるのに対し, ***sospechar*** は疑惑にかられて「…なのではなかろうか」という肯定の意味になる. 従って que 以下は直説法になる. ⇒*Sospecho* que no llegará a tiempo. 彼はひょっとして時間までに来ないんじゃないか. 「嫌疑をかける」と言う場合 ***dudar de*** と ***sospechar de*** は同義である. ⇒*Dudan* [*Sospechan*] *de* la criada. 彼らは召使いが怪しいとにらんでいる. ➜自 2.

― 自 1 迷う, 疑う, 不審に思う. ～ entre el sí o el no イエスかノーかで迷う. *Dudó* un instante antes de responder. 彼[彼女]は返答する前に一瞬ためらった. *Dudo* en salir. 私は出かけるかどうか迷っている.
2 《de... …に》不信感を抱く.
[←〔古スペイン〕*dubdar*←〔ラ〕*dubitāre*；*dubius*「不確かな」(*duo*「2」より派生；「2つの可能性がある」が原義) の派生語；関連 duda, dudoso, indudable. 〔英〕*doubt*]

*__du·do·so, sa__ [du.đó.so, -.sa; đu.-] 形 1 《ser＋ / estar＋》〈ものごとが〉疑わしい；不確かな；《que＋接続法 …することは》疑わしい. La participación de ese jugador *es dudosa*. その選手の出

D

場は微妙だ. Me parece ~ *que exista* tal sistema. そのようなシステムがあるのかははっきりしないように思える. **2**〈**estar**+〉〈**de...** / **sobre...** …について〉〈人が〉疑っている, 迷っている. *estar* ~ *de la existencia* 存在を疑っている. *Estoy* ~ *sobre la decisión.* 私は決定に迷っている. **3**《多くは+名詞 / 名詞+》いかがわしい, 怪しげな. conducta *dudosa* 不審な行動. de ~ *gusto* いかがわしい趣味の, 下劣な.

DUE [dú.e; ðú.-] 囡《略》*D*iplomatura *u*niversitaria de *E*nfermería 看護学士.

duel- 屈→doler.

due・la [dwé.la; ðwé.-] 囡 **1** 樽(宮)板, 桶(宮)板. **2**《動》ジストマ. →*dístomo.*

due・la・je [dwe.lá.xe; ðwe.-] 男 →dolaje.

due・lis・ta [dwe.lís.ta; ðwe.-] 男 決闘者, 決闘好き;《決闘の》立会人.

***due・lo**¹ [dwé.lo; ðwé.-] 男 **決闘**, 果たし合い. batirse en ~ 決闘する. ~ *a muerte* 死闘.

***due・lo**² [dwé.lo; ðwé.-] 男 **1** 悲嘆, 苦悩. **2** お悔やみ；喪, 服喪. presidir el ~ 喪主を務める. **3** 会葬者, 送葬者；葬列. **4**《複数で》骨折り, 苦労. *duelos y quebrantos*《料》動物の脳みそや脂身を入れた卵焼き. ◆昔, スペイン Castilla 地方で小斎のため土曜日に食べた.
Los duelos con pan son menos [*buenos*].《諺》生活の心配がなければ苦労や悩みもそれだけ軽くなる (←心労もパンがあれば少なくなる).

***duen・de** [dwén.de; ðwén.-] 男 **1** 抗しがたい[妖(魯)しい]魅力, 魔力. el ~ *de una persona* ある人の言い表せない魅力. los ~s *del flamenco* フラメンコの魅惑.
2 小悪魔;〈家つきの〉小鬼, 座敷わらし, 小妖精(蕊).
3 いたずらっ子, 腕白小僧.
andar como un duende / *parecer un duende* 突然現れては忽然(蕊)と消える, 神出鬼没である.
tener duende (1) 気がかりである, 心配している. (2) 妖しい魅力を持つ, 魅力的である.
[←〔古スペイン〕「家長」=*duen*(←*dueño*) *de casa*]

duen・do, da [dwén.do, -.da; ðwén.-] 形 飼い慣らされた, 人に慣れた.

****due・ño, ña** [dwé.no, -.na; ðwé.-] 男 囡 **1 所有者**, 持ち主；経営者. ~ *de la casa* 家主, 家長. ~ *de una empresa* 企業のオーナー. ~ *de la pensión* 下宿の大家さん.
2 雇い主. ~ *y dependientes* 店主と店員.
3〈動物の〉飼い主.
4《比喩的》支配者, 中心人物. **5**《呼びかけ》愛する人, あなた. mi dulce *dueña* 私の愛する人.
──囡 **1**《古語》奥方, ご夫人；女将. **2**《古語》女中頭；女官長；付き添いの老婦人. **3**《比喩的》女王.
dueña de honor〈女王・王女の〉侍女・女官.
dueño y señor / *dueña y señora* 領主；支配者.
hacerse dueño de... …を掌握[支配]する.
poner a+人 *cual* [*como*] (*no*) *digan dueñas*《話》〈人〉をののしる, 悪く言う.
ser dueño de... …を掌握している. *ser* ~ *de la situación política* 政情に通じている. *ser* ~ *de sí mismo* 自分の(行っている)ことをよくわかっている, 自制心を持っている.
ser (*muy*) *dueño de*+不定詞《話》自由に…できる. Cada uno *es muy* ~ *de hacer* lo que quie-

ra. 人は好きなことをする自由がある.
[←〔ラ〕*dominum* (*dominus*「主人」の対格); dueña←〔ラ〕*domina*「女主人」(共に〔ラ〕*domus*「家」より派生); 関連 adueñarse, dominar, don. 〔英〕*dominate*]

duerm- 屈→dormir.

duer・me・ve・la [dwer.me.bé.la; ðwer.-] 囡《話》うたた寝, 居眠り, 仮眠.

duer・no [dwér.no; ðwér.-] 男 **1**《パン生地の》こね桶(?). **2**《印》2枚を重ねて折った印刷物.

Due・ro [dwé.ro; ðwé.-] 固名 el ~ ドゥエロ川：スペイン・ポルトガル北部の川で, 大西洋に注ぐ. [←〔ラ〕*Doriu*←〔ラ〕*Durius*←? 〔ケルト〕*dubro*「水」]

due・to [dwé.to; ðwé.-] 男《音楽》デュエット, 二重唱[奏]. [←〔伊〕*duetto* (*due*「2」より派生)]

du・go [dú.go; ðú.-] 男《ラ米》《話》手助け, 援助. echar [correr, hacer] ~*s* 手助けする.
de dugo《ラ米》("*)《話》ただで, 無料で.

du・la [dú.la; ðú.-] 囡 **1** 灌漑(蕊)を受ける田畑の各区画, 放牧地の各区画, 村の共同牧草地. **2** 共同牧草地の家畜の群れ.

dul・ca・ma・ra [dul.ka.má.ra; ðul.-] 囡《植》(イヌホオズキなど)ナス属の総称).

****dul・ce** [dúl.θe; ðúl.- / -.se] 形 **1** 《+名詞 / 名詞+》〈ser+ / estar+〉甘い, 甘味の. un pastel ~ 甘いケーキ. Este melón *está* muy ~. このメロンはとても甘い.
2《名詞+》甘口の；塩分[苦み, 酸味]のない. vino ~ 甘口ワイン (►「辛口ワイン」は vino seco). pimentón ~《香辛料の》パプリカ. agua ~ 淡水, 真水 (►「海水」は agua del mar).
3《+名詞 / 名詞+》〈ser+ / estar+〉心地よい, 快い, 楽しい, 甘美な. voz ~ やさしい声. ~ *hogar* スイートホーム.
4《名詞+》〈性格などが〉優しい, 穏やかな. Tiene un carácter muy ~. 彼[彼女]は大変素朴な性格の持ち主だ. **5** 幸運な. momento ~ 幸せの絶頂期.
──男 **1** 甘い菓子, キャンディー, ケーキ. A mí me gustan los ~*s*. 私は甘いものが好きだ. ~ *de leche* カラメル化したコンデンスミルク. ~ *de palito*《ラ米》(ヲリ)("*) 棒つきキャンディー. **2**《果物の》砂糖づけ, 砂糖煮, コンポート. en ~ 砂糖で煮た. **3**《ラ米》黒砂糖.
──副 穏やかな調子で, 甘く, やさしく. hablar ~ ソフトに話す.
A nadie le amarga un dulce.《諺》得になるのは何でも受け入れたほうがよい (←誰も甘いものを苦いとは思わない).
[←〔ラ〕*dulcem* (*dulcis*「美味な」の対格); 関連 dulcería, dulzura. 〔英〕*indulge*「甘やかす」]

dul・ce・a・bri・go [dul.θe.a.ßrí.go; ðul.- / -.se.-] 男《ラ米》(芸") 《服飾》下着用の生地.

dul・cé・me・le [dul.θé.me.le; ðul.- / -.sé.-] 男《音楽》プサルテリウム (=*saltero*)：14-15世紀に用いられたチター型の弦楽器. チェンバロの前身.

dul・ce・ra [dul.θé.ra; ðul.- / -.se.-] 囡《砂糖漬けの果物用の》盛り皿, 菓子皿.

dul・ce・rí・a [dul.θe.rí.a; ðul.- / -.se.-] 囡 菓子屋, 菓子工場.

dul・ce・ro, ra [dul.θé.ro, -.ra; ðul.- / -.sé.-] 形 甘い物好きの, 甘党の.
──男 囡 菓子職人, 菓子屋[業者].

dul・ci・fi・ca・ción [dul.θi.fi.ka.θjón; ðul.- / -.si.-.sjón] 囡 **1** 甘味をつけること, 甘くする[なる]こと. **2** 緩和, 温和になること, 鎮静.

dul·ci·fi·can·te [dul.θi.fi.kán.te; đul.- / -.si.-] 形 **1** 甘味を加える, 甘くする. **2** 和らげる, 鎮静させる.
dul·ci·fi·car [dul.θi.fi.kár; đul.- / -.si.-] 122 他 **1** 甘味をつける, 甘くする. **2** 和らげる, 穏やかにする; 緩和する. ~ la ira 怒りを静める. ~ la situación 事態を緩和する.

—~·se 再 《事態・天候などが》穏やかになる, 和らぐ, 鎮静化する.

dul·ci·ne·a [dul.θi.né.a; đul.- / -.si.-] 囡 **1** あこがれの女性, 最愛の女性, 恋人. ◆ドン・キホーテの意中の女性 D~ del Toboso の名から. **2** 夢想, 理想. [[ラ] *dulcis*「甘美な」より派生]
du·le·ro [du.lé.ro; đu.-] 男 共同牧草地の牧夫 [番人].
du·lí·a [du.lí.a; đu.-] 囡《カト》聖人崇敬.
du·li·mán [du.li.mán; đu.-] 男 トルコ人の長衣.
dul·zai·na¹ [dul.θái.na; đul.- / -.sái.-] 囡《音楽》ドゥルサイナ: チャルメラに似た中世の木管楽器.
dul·zai·na² [dul.θái.na; đul.- / -.sái.-] 囡 大量[過度]の甘味.
dul·zai·ne·ro, ra [dul.θai.né.ro, -.ra; đul.- / -.sai.-] 男囡《音楽》ドゥルサイナの演奏家.
dul·zai·no, na [dul.θái.no, -.na; đul.- / -.sái.-] 形《話》甘ったるい, 甘すぎる.
dul·za·ma·ra [dul.θa.má.ra; đul.- / -.sa.-] 囡 → *dulcamara*.
dul·za·rrón, rro·na [dul.θa.r̃ón, -.r̃ó.na; đul.- / -.sa.-] / **dul·zón, zo·na** [dul.θón, -.θó.na; đul.- / -.són, -.só.-] 形《話》甘ったるい, 甘すぎる.
dul·zor [dul.θór; đul.- / -.sór] 男 → *dulzura*.
***dul·zu·ra** [dul.θú.ra; đul.- / -.sú.-] 囡 **1** 甘さ, 甘味. la ~ de la miel 蜜(な)の甘さ. **2** 甘美, 快さ; 愛らしさ, 優美さ. la ~ de su sonrisa 彼[彼女]のほほえみの愛くるしさ. la ~ del primer beso 初めての口づけの甘美さ.
3《性格の》優しさ, 温和, 柔和.
4《複数》温(«)情, 穏やかさ. **5**《主に複数で》甘い言葉, 愛の言葉.
du·ma [dú.ma; đu.-] 囡《史》ドゥーマ: ロシア帝政の国会. 1906年から1917年にわたり存続した.
dum·dum [dum.đúm; đum.-] 男 ダムダム弾. ◆この弾丸が造られたインドの町 Dum-Dum に由来する.
dum·per [dám.per; đám.-] [英] 男 [複 ~s, ~] ダンプカー (= *volquete*).
dump·ing [dám.pin / đám.-] [英] 男《経》ダンピング, 投げ売り, 安値輸出.
du·na [dú.na; đu.-] 囡《主に複数で》小さな砂丘.
Du·nas [dú.nas; đu.-] 圖名 las ~ ダウンズ: イギリス南西端の丘陵地帯. オランダ独立戦争中の1639年, その沿岸でスペイン艦隊が英・蘭連合軍により撃破された.
dun·de·co, ca [dun.đé.ko, -.ka; đun.-] 形《ラ米》(デブデ)(»«) 男 → *dundo*.
dun·de·ra [dun.đé.ra; đun.-] 囡《ラ米》(»«) 《話》愚かさ, ばかげたこと, 愚行.
dun·do, da [dún.do, -.da; đún.-] 形《ラ米》(デブデ)(»«) 《話》ばかな, 愚かな.
***dú·o** [dú.o; đu.-] 男《音楽》二重唱 [奏] 曲; 二人組, **デュオ**. cantar a *dúo* ふたりで歌う. [←*duo*]
duo·de·ci·mal [dwo.đe.θi.mál; đwo.- / -.si.-] 形 十二進法の. **2** 12分の1の, 12等分した.
duo·dé·ci·mo, ma [dwo.đé.θi.mo, -.ma; đwo.- / -.si.-] 形《数詞》**1** 第12の, 12番目の. en ~ lugar 12番目に. **2** 12分の1の. **—** 男 12分の1.

đwo.-] 形 12倍の. **—** 男 12倍.
duo·de·nal [dwo.đe.nál; đwo.-] 形《解剖》十二指腸の. úlcera ~ 十二指腸潰瘍(ヨ).
duo·de·na·rio, ria [dwo.đe.ná.rjo, -.rja; đwo.-] 形《勤行学》12日間続く, 12日行の.
duo·de·ni·tis [dwo.đe.ní.tis; đwo.-] 囡《単複同形》《医》十二指腸炎.
duo·de·no, na [dwo.đé.no, -.na; đwo.-] 形 12番目の; 12分の1の (= *duodécimo*).
— 男《解剖》十二指腸.
duo·me·si·no, na [dwo.me.sí.no, -.na; đwo.-] 形 2か月の, 2か月間の.
du·pla [dú.pla; đu.-] 囡 (寮・学校の食堂で特定日に出された) 特別料理.
dú·plex [dú.pleks; đu.-] 形《単複同形》**1** 複式の, 二重方式の. **2** 二重電信の, 同時送受信の. enlace ~ 二重電信回線.

— 男 **1** メゾネット型住宅, 複階住居. **2** 同時送受信方式; 同時接続. **3**《冶》複式冶金(キン)法.
dú·pli·ca [dú.pli.ka; đu.-] 囡《法》(原告の第二の訴答に対する被告の) 第二の訴答.
du·pli·ca·ción [du.pli.ka.θjón; đu.- / -.sjón] 囡 **1** 複製, 複製, 二重に作ること. **2** 倍加, 倍増. la ~ de la producción 生産の倍増.
du·pli·ca·do, da [du.pli.ká.đo, -.đa; đu.-] 形 **1** 副の, 写しの, 複写の. **2** 2倍 [二重] にした. **3** 重複番地の. Calle Miracruz número 17 ~. ミラクルス通り17番地2. ▶ *duplicado* を付加することで, 本来の番号と区別して使う. → *bis*.

— 男 **1** (正本の予備とする) 副本, 控え. el ~ de un acta 証書の写し. el original y un ~ 原本と副本. **2** 複製コピー. el ~ de una llave 合鍵(キ). *por duplicado* 正副2通にして.
du·pli·ca·dor, do·ra [du.pli.ka.đór, -.đó.ra; đu.-] 形 複写する, 二重にする; 2倍にする.
— 男 複写機, ダビング機 (= *copiadora*).
***du·pli·car** [du.pli.kár; đu.-] 122 他 **1** 正副2通作る, 複写する, 写しを作る. ~ un documento 書類を正副2通にする.
2 2倍 [二重] にする, 倍増する. ~ la producción 生産を倍増する.
3《法》〈原告に〉抗弁する.

—~·se 再 2倍 [二重] になる, 倍増する. La población *se ha duplicado*. 人口が2倍になった.
du·pli·ca·ti·vo, va [du.pli.ka.tí.bo, -.ba; đu.-] 形 広重の, 2倍にする.
dú·pli·ce [dú.pli.θe; đu.- / -.se] 形 **1** 二重の, 2倍の. **2** (中世の修道院で) 男女共棲(ホ₂₀)の.
du·pli·ci·dad [du.pli.θi.đáđ; đu.- / -.si.-] 囡 **1** 二重性, 二面性. **2** 裏表があること, 二枚舌.
du·plo, pla [dú.plo, -.pla; đu.-] 形 2倍の.
— 男 2倍. Ocho es el ~ de cuatro. 8は4の2倍である.
***du·que, du·que·sa** [dú.ke, du.ké.sa; đú.-, đu.-] 男囡 **1** 公爵 (の称号). el señor ~ 公爵閣下. **2** (ヨーロッパの公国の) 君主, el Gran D~ de Luxemburgo ルクセンブルグ大公. **3** 将官, 地方長官.
— 囡 **1** 公爵夫人. **2** (ヨーロッパの公国の) 君主夫人, 公妃.
— 男 (女性用マントの頭部の) 折り返し.
duque de alba《集合的》港湾 [船着き場] の舫(も)杭.
[←[古スペイン] *duc* ← [古仏] *duc* ← [ラ] *ducem* (*dux*「案内者」の対格); 関連 *duquesa*, *ducado*. [英] *duke*]

du·que [dú.ke; đú.-] 男 〖鳥〗ワシミミズク(= gran ～, búho real).

du·que·sa [du.ké.sa; đu.-] 女 → duque.

du·ra [dú.ra; đú.-] 女 継続[時]期間.

du·ra [dú.ra; đú.-] 形 → duro.

-dura 《接尾》→ -ura. añadi*dura*, cerra*dura*, quema*dura*,

du·ra·bi·li·dad [du.ra.βi.li.đáđ; đu.-] 女 耐久性, 耐久力, 永続性.

du·ra·ble [du.rá.βle; đu.-] 形 → duradero.

*__du·ra·ción__ [du.ra.θjón; đu.- / -.sjón] 女 **1** 期間, 継続時間. La ～ de esta película es de cien minutos. この映画の上映時間は100分です. una ～ de año y medio 1年半の期間. una ～ superior a cinco horas 5時間以上のあいだ. poca ～ de la batería バッテリーの持続時間の短さ. **2** 耐久性, 持続性, 寿命. prueba de ～ 耐久試験.

de corta [*poca*] *duración* 短期間の. felicidad de poca ～ つかの間の幸せ. moda de corta ～ 一時的な流行.

de larga duración 長期にわたる；長時間の. vuelo de larga ～ 長時間のフライト.

duración media de la vida 平均寿命.

du·ra·de·ra·men·te [du.ra.đé.ra.mén.te; đu.-] 副 永続的に, 恒久的に.

*__du·ra·de·ro, ra__ [du.ra.đé.ro, -.ra; đu.-] 形 **1** 耐久性のある, 長持ちする. zapatos ～s 持ちのよい靴. **2** 恒久的な, 長く続く. paz duradera 永続的な平和.

du·ra·lex [du.ra.léks; đu.-] 男 〖商標〗《単複同形》デュラレックス製の調理器具[食器].

du·ra·lu·mi·nio [du.ra.lu.mí.njo; đu.-] 男 ジュラルミン. [商標名 *Duralumin* から]

du·ra·ma·dre [du.ra.má.đre; đu.-] / **du·ra·má·ter** [du.ra.má.ter; đu.-] 女 〖解剖〗脳脊髄(ずい)硬膜.

du·ra·men [du.rá.men; đu.-] 男 〖植〗(樹木の)心材, 赤身, 赤材；中心木質.

du·ra·men·te [dú.ra.mén.te; đú.-] 副 厳しく, 激しく；一生懸命に.

Du·rán [du.rán; đu.-] 固名 ドゥラン Diego ～ (1537-88). スペインの年代記作者.

__du·ran·te__ [du.ran.te; đu.-] 前 **1 《継続》…の間中, …の間(ずっと). Aquella noche hablamos ～ cuatro horas. その夜私たちは4時間も話した. No lo supe ～ muchos años. 私は長年そのことを知らなかった.

2 《期間》《出来事・時間》の間に. Estuvimos en la playa ～ las vacaciones. 私たちは休暇中は海辺にいました. Me desperté dos veces ～ la noche. 私は夜中に2回目を覚ました. Me encontré una vez con ella ～ mi estancia en Madrid. 私はマドリード滞在中に一度彼女と出会った.

__du·rar__ [du.rár; đu.-] 自 **1 持続する, 続く. ¿Cuánto dura el curso? その講座の期間はどのくらいですか. Su discurso ha durado más de treinta minutos. 彼[彼女]の演説は30分以上続いた.

2 持ちこたえる, 耐える. Estos zapatos me han durado mucho tiempo. この私の靴はずいぶん長いこと持った.

[← 〖ラ〗 *dūrāre* 「固くする, 強くする；耐える」 (*dūrus* 「堅い」より派生). 関連 duración, durante. 〖英〗 *duration, during, endure*]

du·ra·ti·vo, va [du.ra.tí.βo, -.βa; đu.-] 形 〖文法〗《動詞・時制の》継続を表す, 継続相の. aspecto ～ 継続相.

du·raz·ne·ro [du.raθ.né.ro; đu.- / -.ras.-] 男 〖植〗桃の木.

du·raz·ni·llo [du.raθ.ní.jo; đu.- ‖ -.ʎo / -.ras.-] 男 〖植〗ハルタデ. [durazno + 縮小辞]

du·raz·no [du.ráθ.no; đu.- / -.rás.-] 男 **1** モモ(の実・木). **2** 《ラ米》《アルゼン》ペソ紙幣.

du·raz·no, na [du.ráθ.no, -.na; đu.- / -.rás.-] 形 《ラ米》《メキシコ》《話》頭が鈍い.

Du·re·ro [du.ré.ro; đu.-] 固名 デューラー Alberto ～ (1471-1528)：ドイツの画家.

*__du·re·za__ [du.ré.θa; đu.- / -.sa] 女 **1** 硬さ, 硬度. ～ del diamante ダイヤモンドの硬さ. **2** 堅牢(ろう), 頑丈, 耐久性. **3** 《音・色・光などの》硬調, コントラストの強さ. **4** 非情, 冷酷；強情；しんらつ；困難. ～ de corazón 非情さ. ～ de mirada 視線の厳しさ. ～ del clima 気候の厳しさ. ～ de oído 難聴. Trata a sus hijos con una ～ excesiva. 彼[彼女]は子供たちを厳しく扱いすぎる. **5** 硬くなった皮膚, たこ.

dureza de vientre 便秘.

-duría 《接尾》「行為, 職業, 場所」の意を表す女性名詞語尾. ▶ -dor(人)が付加される名詞に付く. ⇒ conta*duría*, habla*duría*.

du·ri·llo [du.rí.jo; đu.- ‖ -.ʎo] 男 **1** 〖植〗イタリアガマズミ：スイカズラ科の植物. **2** 昔の小金貨.

durm- 活 → dormir.

dur·mien·te [dur.mjén.te; đur.-] 形 眠っている. *La bella ～ del bosque*（ペロー作の）『眠れる森の美女』(1697).

── 男 **1** 〖建〗土台となる角材, 転ばし根太；窓枠. **2** （線路の）まくら木.

*__du·ro, ra__ [dú.ro, -.ra; đú.-] 形 **1** 《+名詞 / 名詞+》《ser+ / estar+》固い, 硬質の. El diamante es ～. ダイヤモンドは硬い. La carne está *dura*. 肉が固くなっている. colchón ～ 固いマットレス. huevo ～ 堅ゆでの卵.

2 《+名詞 / 名詞+》《ser+ / estar+》厳しい；激しい；非情な, 冷酷な. clima ～ 厳しい気候. *dura* mirada 厳しい目つき. *duras* críticas 厳しい批評. *dura* batalla 激しい戦闘. línea *dura* 強硬路線. ～ de corazón 心の冷たい. La profesora *es* muy *dura* con los alumnos. 女の先生は学生にとても厳しい.

3 《+名詞 / 名詞+》《ser+》困難な, 難しい；《de... …に》困難がある. subida *dura* 苦しい登り道. problema ～ 難問. ～ de oído 耳が遠い. ～ de pelar 頑として譲らない. **4** 《+名詞 / 名詞+》強い, 耐久性のある. coche ～ 頑丈な車. **5** 《名詞+》《ser+》《人が》強情な, 頑固な. ～ de cabeza [casco]頭が固い, 頑固[強情]である. **6** 《+名詞 / 名詞+》《ser+》硬調の, コントラストの強い, 荒い. luz *dura* どぎつい明かり. sonido ～ 耳をつんざくような音. de facciones *duras* いかつい人相の. **7** 《ラ米》(1) 酔っぱらった. (2) 《コロ》けちな. (3) 《コロ》《俗》コカイン漬けの.

── 副 **1** 激しく, ひどく. pegar ～ 強く殴る. Así no, más ～. そうじゃない, もっときつく. **2** 一生懸命に. trabajar [estudiar] muy ～ 一生懸命に働く[勉強する].

── 男 《スペインの》旧5ペセタ硬貨.

── 男 女 ハードボイルド型の俳優.

── 活 → durar.

duro y parejo 《ラ米》懸命に, 執拗(よう)に.

estar a las duras y a las maduras《話》よいことも悪いことも受け入れる, どんなことも受け止める.
estar [*quedarse*] *sin un duro*《スペイン》《話》金が全くない.
¡Lo que faltaba para el duro! 泣きっ面に蜂だ, 踏んだり蹴(ｹ)ったりだ.
no tener (*ni*) *un duro*《スペイン》《話》金が全くない.
que le den dos duros《話》《拒絶・不快・無関心》もうたくさんだ, いい加減にしてくれ; どうでもいい.
[← [ラ] *dūrum* (*dūrus*「堅い」の対格); 関連 dureza, durar. [英] *endure*「耐え抜く」, *durable*「耐久性のある」]

DYA [dí.a; dí.-] 囡《略》*Detente y Ayuda*(スペインの)ドライバー救助協会.

du·un·vi·ra·to [du(.u)m.bi.rá.to; ɖu(.u)m.-] 男
1《史》(古代ローマの)二頭政治[統治], 二頭制.
2 二人連帯職[制]; その任期.

du·un·vi·ro [du(.u)m.bí.ro; ɖu(.u)m.-] 男《史》(古代ローマの)二人官.

dux [dúks; ɖúks] 男《単複同形》《史》ドージェ: 昔のベネチア共和国およびジェノバ共和国の統領[元首].

duz [dúθ; ɖúθ / dús; ɖús] 形《複 duces》《話》**1** 甘い (= dulce). caña *duz* サトウキビ. palo *duz* カンゾウの根.
2 甘美な, 柔らかな, 優しい.

d / v《略》《商》… *d*ías *v*ista 一覧後…日(払い).

DVD [de.u.be.ɖé; ɖe.-] 男《略》*d*isco *v*ersatil *d*igital デジタル多用途ディスク, DVD.

Dy《化》*d*isprosio ジスプロシウム.

Ee

音価は常に「エ」であり、英語のように ea をイーと読んだりすることはない。前後の音によって多少口が開き気味になったり閉じ気味になったりするが、意識する必要はなく、日本語の「エ」の要領で発音すればよい。

E, e [é] 囡 **1** スペイン語字母の第5字；e の名称. **2**《音楽》≒ mi.

*e 《略》*e*ste 東.

*e 《接続》[y の異形]…と…(►i-, hi- で始まる語の前で y に代わって使われる). español *e* inglés スペイン語と英語. literatura *e* historia 文学と歴史. José *e* [y] Ignacio ホセとイグナシオ. ►hie- や固有名詞の前, 疑問文・感嘆文の冒頭では y のまま. piedra *y* hierro 石と鉄. ¿*Y* Irene? で, イレーネは.

E 《略》*e*ste 東.

e- 《接頭》「外に, 外へ」および「拡散, 分離, 除去」などの意. ⇒ *e*manar, *e*migrar, *e*numerar. [←[ラ]]

-e 《接尾》「行為, 結果」の意を表す名詞語尾. ⇒ debat*e*, embarqu*e*.

¡e·a! [éa] 間投《強調・督促・激励》さあ, それ, いいかい, そうだろう.

ea·gle [í.gel] 《英》男《スポ》(ゴルフ) イーグル (= dos bajo par).

e·a·so·nen·se [e.a.so.nén.se] 形 (スペイン País Vasco の都市) サン・セバスティアン San Sebastián の (= donostiarra).
— 男囡 サン・セバスティアンの住民[出身者].

Eas·ter Is·land [ís.ter ái.lan(d)] 《英》固名 イースター島：南太平洋上のチリ領の島. → Pascua.

e·ba·nis·ta [e.ba.nís.ta] 男囡 指物師, 家具職人.

e·ba·nis·te·rí·a [e.ba.nis.te.rí.a] 囡 指物師の職, 家具製作；指物工房；《集合的》指物類, 家具類.

é·ba·no [é.ba.no] 男 コクタン, 黒檀材.
ébano vivo《史》(アフリカからの) 黒人奴隷.

e·be·ná·ce·o, a [e.be.ná.θe.o, -.a / -.se.-] 形《植》カキノキ科の. — 男《複数で》カキノキ科の植物.

e·bio·ni·ta [e.bjo.ní.ta] 形《宗》エビオン派の：初期キリスト教分派. — 男囡 エビオン派の人.

e·bit·da [e.bít.đa, -.ta]《略》《経》金利・税金・償却前利益：企業の利益水準を表す指標の一つ.

é·bo·la [é.bo.la] 男《医》エボラ出血熱.

e·bon·ics [e.bo.níks] 《英》男 エボニックス：黒人の話す英語.

e·bo·ni·ta [e.bo.ní.ta] 囡 エボナイト, 硬質ゴム.

e·bo·ra·rio, ria [e.bo.rá.rjo, -.rja] 形 象牙(ぞう)(細工)の.

e·brie·dad [e.brje.đáđ] 囡 酩酊(めいてい), 酔い；陶酔感, 夢見心地.

e·brio, bria [é.brjo, -.brja] 形 (**estar +**) **1** 酔った. **2** 陶酔した, 有頂天な, 目がくらんだ. ~ *de ira* 怒り狂った. ~ *de poder* 権力におぼれた. *Estaba* ~ *de alegría.* 狂喜していた.
3《ラ米》(ｺﾞｸ)《話》弱々しい, 病弱な.
— 男囡 酔っ払い, 飲んだくれ；陶酔者.

E·bro [é.bro] 固名 el ~ エブロ川：スペイン北東部の川. ♦カンタブリア山脈中部に源を発し, 地中海に注ぐ. [←[ラ]*Ibērus*←[ギ]*Ibērós*；半島名 Iberia に関連？]

e·bu·lli·ción [e.bu.ji.θjón ǁ -.ʎi.- / -.sjón] 囡 **1** 沸騰. punto de ~ 沸(騰) 点.
2 熱狂, 狂乱, 騒然. estar en ~ 沸き返っている.

e·bu·llir [e.bu.jír ǁ -.ʎír] 72 自 → bullir.

e·bu·lló·me·tro [e.bu.jó.me.tro ǁ -.ʎó.-] / **e·bu·llos·co·pio** [e.bu.jos.kó.pjo ǁ -.ʎos.-] 男《物理》沸点測定装置.

e·búr·ne·o, a [e.búr.ne.o, -.a] 形 象牙(ぞう)の, 象牙製の, 象牙のような.

ec·ce·ho·mo [ek.θe.ó.mo / -.se.-] 男 **1** イバラの冠をいただいたキリスト像. ♦Pilato が群衆にキリストを指して言ったラテン語 '*ecce homo*'「この人を見よ」から. **2**《比喩的》痛々しい人, みすぼらしく哀れな人. *estar hecho un eccehomo* 傷だらけになっている.

ec·ce·ma [ek.θé.ma / -.sé.-] 男《医》湿疹(ひ).

ec·ce·ma·to·so, sa [ek.θe.ma.tó.so, -.sa / -.se.-] 形《医》湿疹(ひ)性の.

ec·co [é(k).ko] 《伊》間投《ラ米》(ｸﾞｽ)そのとおりだ, それだ (= ¡Eso!, ¡Exacto!).

-ecer 《接尾》名詞・形容詞に付いて「…にする」などの意を表す動詞語尾. ⇒ envejec*er*, favorec*er*.

e·cha·can·tos [e.tʃa.kán.tos] 男《単複同形》《話》役立たず, つまらない男.

e·cha·cuer·vos [e.tʃa.kwér.bos] 男《単複同形》《話》**1** ぽん引き, 売春斡旋(あっせん)人. **2** ぺてん師, ほら吹き. **3** 聖戦[勅書] を説いて歩いた人.

e·cha·da [e.tʃá.đa] 囡 **1** 投げること, 投げ入れ, ほうり投げ；ほうり出し. **2** 一馬身, 一艇身, 人ひとり分の長さ. ganar por una ~ 一馬身[一艇身]の差で勝つ. **3**《ラ米》(1)《ﾒｷｼｺ》(ﾆｶﾗ)(ｺﾞｸ)(ｸﾞｱﾃ)ほら, はったり. (2) (ｳﾙ)(ﾌﾟﾗﾀ)卵を抱いている雌鳥.

e·cha·de·ro [e.tʃa.đé.ro] 男 仮眠所, 休憩室.

e·cha·di·llo, lla [e.tʃa.đí.jo, -.ja ǁ -.ʎo, -.ʎa] 形 男囡《話》→ echadizo 形 **3**, 男囡 **2**.

e·cha·di·zo, za [e.tʃa.đí.θo, -.θa / -.so, -.sa] 形 **1** スパイの, 密偵の. **2** 廃物の, くずの. **3**(親に) 捨てられた. — 男囡 **1** スパイ. **2** 捨て子.

e·cha·do, da [e.tʃá.đo, -.đa] 形 **1**(**estar +**) 横たわった, 寝そべった. **2** 投げられた, 見捨てられた. **3**《ラ米》(1)《話》(ﾒｷｼｺ)(ｸﾞｱﾃ)(ｺﾞｸ)(ｸﾞｱﾃ)割のいい[楽な] 仕事についた. (2) (ﾎﾞﾘ)怠け者の, 怠惰な.
echado para adelante《話》度胸のある, 大胆不敵な.

e·cha·dor, do·ra [e.tʃa.đór, -.đó.ra] 形 **1** 投げる, 投げ出す. **2**《ラ米》(ﾒｷ)(ｸﾞ)(ﾎﾟ)《話》ほら吹きの, はったり屋の；うぬぼれた. — 男囡 投げる人.
— 男(コーヒーやミルクを注いで回る) ボーイ.
echadora de buenaventura [*cartas*] 囡 (トランプ) 占い師.

e·cha·mien·to [e.tʃa.mjén.to] 男 **1** 投げること；投げ出し, 横たえる ことと. **2** 子を捨てること.

e·cha·pe·rros [e.tʃa.pé.r̃os] 男《単複同形》(教会の) のら犬を追い払う人.

*e·char [e.tʃár] 他 **1**(**a... / en... / sobre...** に) 投げる, ほうる. ~ *una pelota a...* …にボールを投げる. ~ *el abrigo sobre la cama* ベッドの上にコートを投げ捨てる. *Échelos a* la basura. それらをごみ箱に捨ててください. → tirar [類語]

echón

2 〈a... / en... ...に〉入れる, 加える, 注ぐ, 〈外用薬などを〉つける. ~ una carta a*l* [*en* el] buzón 手紙を投函する. No *eches* tanta sal. そんなに塩をかけないで. Tenemos que ~ gasolina. ガソリンを入れなくてはなりません.
3 〈a... / hacia... ...(の方向)へ〉〈体の部位を〉向ける, 動かす. *Echa* la cabeza *hacia* atrás. 頭を後ろへ傾けなさい.
4 〈衣服を〉羽織らせる. ¿Te *echo* otra manta? 君にもう一枚毛布をかけてあげましょうか.
5 〈a... ...に〉〈食べ物などを〉与える. ~ agua *a* las plantas 植物に水をやる. Tengo que ~ de comer *al* perro. 私は犬に餌をやらなくてはならない.
6 〈言葉などを〉発する, 言う. ~ un piropo お世辞を言う. ~ un bando 布告する. ~ una maldición *a*... ...をののしる.
7 〈話〉〈a... ...に〉〈文書などを〉提出する. ~ una solicitud *a*... ...に願書を提出する. *Ha echado* el currículo *a* todas partes. 彼[彼女]は方々に履歴書を出した.
8 〈煙・匂いなどを〉放つ;〈話〉吐く. ~ chispas 火花が散る. Mira, el microondas *echa* humo. ほら, 電子レンジから煙が出ているよ. *Ha echado* todo lo que comió. 彼[彼女]は食べたものを全て戻してしまった.
9 〈歯などが〉生え始める, 〈芽などを〉出す. ~ raíces 根を張る. ~ barriga 腹が出る. ~ mal genio たちが悪くなる. Mi niña *ha echado* su primer diente. 私の娘は最初の歯が生えた. Los cerezos *están echando* flores. 桜が花をつけ始めている.
10 〈de... ...から〉追い出す; 解雇する, 押す. La *echaron de*l trabajo. 彼女は仕事を辞めさせられた. Me *echaron* a un lado. 私は脇へ押しやられた.
11 〈a+人〈人〉に〉課す, 〈責任・刑罰を〉負わせる. ~ una multa 罰金を課す. ~ la culpa *a*+人〈人〉のせいにする. *Le echaron* seis años de cárcel. 彼[彼女]には懲役6年の刑が言い渡された (▶ le が a+人に相当).
12 〈話〉〈作品を〉上映[上演]する, 放映する. ¿Qué programa *echan* en la tele? テレビではどんな番組をやっていますか.
13 〈計算を〉行う, 概算する. ~ una cuenta 計算する. ¿Cuántos años le *echáis*? 君たちは彼[彼女]がいくつだと思いますか.
14 〈a... / en... ...に〉〈時間などを〉費やす. Hay que ~ muchas horas *en* este trabajo. この仕事は何時間もかけなければいけません.
15 〈a... ...と〉受け止める, みなす. ~ *a* broma 冗談と受け止める. ~ *a* risa 一笑に付す.
16 〈a...〉〈+行為を表す名詞〉...する. ~ un *trago a*... ...を飲む. ~ un *vistazo a*... ...に目を通す, ...をちらっと見る. ▶ 再帰代名詞を伴って強調表現を作る場合がある. ➡ 再 **6**.
17 〈a... / en... ...に(対して)〉〈+態度・感情を表す名詞〉...を持って行動する, ...の態度を示す. ~ un *esfuerzo a* la tarea 仕事に精を出す. Si *le echas* un poco de *fantasía a* la vida cotidiana, todo se ve diferente, ¿no? 日常生活に少しでも夢を持てば, 全てが違って見えませんか.
18 〈a... ...に〉〈操作を〉する. ~ la llave *a* la puerta ドアに鍵をかける. ~ el freno ブレーキをかける. ~ las botellas de vino en el cajón 木箱にワインの瓶を寝かせて置く.
20 〈a...〈雌[雄]〉に〉〈雄[雌]を〉交配する. **21** 〈賭(か)け事を〉する. **22** 〈ラ米〉(1)〈(ネミッ)〉〈(ドカミゥ)〉〈(バ)〉競わせる, 闘わせる;〈動物を〉けしかける. (2)〈(?)〉〈(ラ)〉身に着ける. ~ zapatos 靴を履く.

——自 **1** 〈a... ...の方へ〉進む, 行く. *Eche por* [*a*] la izquierda. 左の方へ進んでください. **2** 〈a... ...に〉賭ける.
3 〈a+不定詞 ...し〉始める. ▶ 再帰代名詞を伴って用いられることもある. 特に感情に関わる動詞が続く場合は再帰代名詞を伴うことが多い. ➡ 再 **3**.

——~·se 再 **1** 〈a... / en... / sobre... ...に〉跳びかかる, 飛び込む. *Se echaron a*l agua. 彼らは水に飛び込んだ. **2** 横になる, 寝る. *Échate* un rato. 少し横になりなさい. **3** 〈a+不定詞 ...し〉始める, 突然...し出す. *Se echó a* reír. 彼[彼女]は(突然)笑い出した. **4** 〈衣服を〉羽織る;(自分に)〈外用薬などを〉つける. ~*se* laca al [en el] pelo 髪にヘアスプレーをかける. **5** 〈a... / hacia... ...(の方へ)〉よける, 動く. *Échate* un poco *a* [*hacia*] la derecha. ちょっと右によけてね. **6** 〈強調〉〈+行為を表す名詞〉...する. ~*se* una *siestecita* ちょっと昼寝する. ~*se* un *trago* 飲む. **7** 〈恋人・友達を〉得る. ¿Te has *echado* novia? 君は恋人ができたかい. ▶ 時に再帰代名詞なしで用いる場合もある. **8** 〈軽蔑〉〈a... ...に〉落ちぶれる; はまる. ~*se a* pedir limosna 物ごいをすることになる. ~*se a* la bebida 酒におぼれる. **9** 〈鳥が〉卵を温める. **10** 〈まれ〉風が凪(な)ぐ.

echar abajo... / *echar por tierra...* 〈建物などを〉倒す; ...に打撃を与える. *Echaron abajo* nuestro proyecto. 私たちのプロジェクトはだめにされた.
echar... a cara o cruz ...をコイントスで決める, ...を運に任す.
echar a volar a+人〈話〉〈人〉を独り立ちさせる.
echar de largo ...をふんだんに使う.
echar de menos... / *echar en falta...* ...を懐かしむ, ...がなくて寂しく思う. Te *echamos mucho de menos*. 君がいなくて僕たちはとても寂しいよ.
echar de ver... ...に気づく.
echar flores a+人〈人〉に花を持たせる;〈人〉に言い寄る.
echarlas 〈ラ米〉〈ヨ〉〈話〉逃げ去る, 遁走(とんそう)する.
echar rayos [*centellas, fuego*] 〈人が〉かんかんである.
echarse a dormir 油断する, 気を抜く.
echarse a rodar... ...がだめになる.
echárselas de... ...を装う, ...のふりをする.
echarse (*para*) *atrás* 前言を翻す, 取り消す.
echarse todo encima 〈ラ米〉〈(¿?)〉〈話〉衣服にぜいたくをして金銭を費やす, 着倒れする.
echar(*se*) *tras*+人〈人〉を追う.

[← [ラ] *jactāre*「(何度も)投げる」(*jacere*「投げる」より派生) [関連] [英] *jet*, *eject*「噴出する」]

e·char·pe [e.tʃár.pe] 男 [服飾] 肩掛け, ショール.
e·cha·zón [e.tʃa.θón / -.són] 女 **1** 投げ捨てること, 投げ込むこと, 投下. **2** [海] 〈海難など緊急時の〉投げ荷.
E·che·ga·ray [e.tʃe.ɣa.rái] [固名] エチェガライ José ~ (1832–1916): スペインの劇作家・数学者・政治家; ノーベル文学賞(1904). 作品 *El gran galeoto*『恐ろしき媒(なかだち)』.
E·che·ve·rrí·a [e.tʃe.βe.ří.a] [固名] エチェベリア Esteban ~ (1805–51): アルゼンチンの作家. 作品 *El matadero*『畜殺場』.
e·chi·ná·ce·a [e.tʃi.ná.θe.a / -.se.-] 女 [植] エキナセア: キク科の薬用植物.
e·chón, cho·na [e.tʃón, -.tʃó.na] 形 〈ラ米〉〈(シネヘ)〉〈(ラチ)〉偉ぶった, 虚勢を張る.

—— 囡 《ラ米》(アルゼ)(チリ)(ニカ)(ニグア) 鎌(かま).
e.chu.na [e.tʃú.na] 囡 → echona 囡.
-ecico, ca / -ecillo, lla / -ecito, ta 〘接尾〙縮小辞 -ico, -illo, -ito の異形.▶原則的に子音で終わる単音節の語,第1音節に ei, ie, ue を持つ2音節の語,第2音節の ia, io, ua を持つ2音節の語,e で終わる2音節の語に付くが,地域差がある.⇒ pan*eci*llo, hierb*eci*lla, lengü*eci*ta, coch*eci*to.
e.ci.ja.no, na [e.θi.xá.no, -.na / -.si.-] 形 《スペイン Sevilla 県西部の町》エシハ Écija の.
—— 男 囡 エシハの住民〔出身者〕.
ECLA [é.kla] 《略》*Economic Commission for Latin America* 〘英〙エクラ,(国連) ラテンアメリカ経済委員会.→ CEPAL.
e.clamp.sia [e.klámp.sja] 囡 〘医〙(妊婦の) 子癇 (かん);(小児の) 急癇痛,引き付け.
e.clec.ti.cis.mo [e.klek.ti.θís.mo / -.sís.-] 男 折衷主義,折衷方式.
e.cléc.ti.co, ca [e.klék.ti.ko, -.ka] 形 折衷主義の.—— 男 囡 折衷主義者.
e.cle.sial [e.kle.sjál] 形 〘カト〙教会の.
E.cle.sias.tés [e.kle.sjas.tés] 〘聖〙(旧約の) コヘレトの言葉,伝道の書〘略 Ecl〙.
*__e.cle.siás.ti.co, ca__ [e.kle.sjás.ti.ko, -.ka] 形 聖職者の,教会の.
—— 男 **1** (キリスト教の) 聖職者,司祭.
2 [E-] 〘聖〙(旧約の) シラ書,集会の書〘略 Eclo〙.
e.cle.sio.lo.gí.a [e.kle.sjo.lo.xí.a] 囡 〘神〙教会研究.
e.clí.me.tro [e.klí.me.tro] 男 〘測〙クリノメータ―,傾斜計.
e.clip.sa.ble [e.klip.sá.ble] 形 〈天体が〉食を受けやすい〔受けうる〕.
e.clip.sar [e.klip.sár] 他 **1** 〘天文〙〈1つの天体が〉〈他の天体を〉食する,光を遮る. La luna *eclipsó* parcialmente el sol. 月が部分的に太陽を食した.
2 …の影を薄くさせる,見劣りさせる;驚嘆(ёゥ)させる. Ella *ha eclipsado* a todas sus rivales en el concurso de belleza. 彼女は美人コンテストで競争相手のすべてを圧倒した.
—— ~.se 再 **1** 〘天文〙食になる. **2** 雲隠れする,姿を消す;消える,欠ける;影が薄くなる.
e.clip.se [e.klíp.se] 男 **1** 〘天文〙食.~ lunar / ~ de luna 月食.~ solar / ~ de sol 日食.~ total [parcial, anular] 皆既[部分, 金環]食.
2 〘話〙一時的に姿を消すこと,雲隠れ.
3 衰退,かげり;消失. Su fama ha sufrido un ~. 彼[彼女] (ら) の名声はすたれてしまった.
e.clip.sis [e.klíp.sis] 囡 〘単複同形〙→ elipsis.
e.clíp.ti.co, ca [e.klíp.ti.ko, -.ka] 形 〘天文〙(1) 食の. (2) 黄道の.—— 囡 黄道.
e.cli.sa [e.klí.sa] 囡 〘鉄〙(レールの) 継ぎ目板,添接板.
e.clo.sión [e.klo.sjón] 囡 **1** 開花. **2** 孵化(ふか).
3 出現,登場;勃興(ぼっこう). ~ del romanticismo ロマン主義の勃興.
e.clo.sio.nar [e.klo.sjo.nár] 自 **1** 開花する.
2 孵化(ふか)する.
*__e.co__ [é.ko] 男 **1** こだま,反響 (音),共鳴;残響音. Se oye el *eco*. こだまが聞こえる. Todavía me dura el *eco* de sus palabras. まだ彼[彼女] (ら) の言葉の響きが私の心に残っている. **2** 〘物理〙(レーダーなどの) 反射波;〘文学〙同音[同韻]の反復. **3** 風の便り,うわさ(= rumor). **4** 〘比喩的〙反響,影響. tener *eco* 反響がある. **5** 受け売り,模倣;付和雷同する人. **6** 〘ギ神〙Eco エコー: Narciso に恋いこがれて

死に,その声だけが残った森の精.
—— 囡 《話》〘医〙エコー,超音波検査(= ecografía).
ecos de sociedad (新聞雑誌の) 社交界欄.
hacerse eco de... …を広める.
[←〘ラ〙*ēchō*←〘ギ〙*ēkhó*;[関連]〘英〙*echo*]
e.co.car.dio.gra.fí.a [e.ko.kar.djo.gra.fí.a] 囡 〘医〙超音波心臓診断.
e.co.car.dio.gra.ma [e.ko.kar.djo.grá.ma] 男 〘医〙超音波心臓診断図.
e.co.ci.dio [e.ko.θí.djo / -.sí.-] 男 (深刻な) 環境破壊.
e.co.en.ce.fa.lo.gra.fí.a [e.ko.en.θe.fa.lo.gra.fí.a / -.se.-] 囡 〘医〙超音波脳診断.
e.co.e.ti.que.ta [e.ko.e.ti.ké.ta] 囡 エコマーク:環境に配慮した商品に付けられるラベル.
e.co.gra.fí.a [e.ko.gra.fí.a] 囡 〘医〙超音波診断,電磁波測定[検査]器.
e.co.gra.fis.ta [e.ko.gra.fís.ta] 形 超音波診断専門医の.—— 男 囡 超音波診断専門医[医,技士.
e.có.gra.fo [e.kó.gra.fo] 男 〘医〙超音波画像診断装置,エコー検査機器.
e.co.in.dus.tria [e.koin.dús.trja] 囡 環境優先企業.
e.co.la.lia [e.ko.lá.lja] 囡 〘医〙反響言語(聞いたことばを機械的に反復する症状);おうむ返し.
e.co.lo.gí.a [e.ko.lo.xí.a] 囡 **1** 生態学,エコロジー;(社会) 生態学. **2** 環境[自然] 保護論.
*__e.co.ló.gi.co, ca__ [e.ko.ló.xi.ko, -.ka] 形 生態学の,生態上の;環境に優しい,環境保護の.
e.co.lo.gis.mo [e.ko.lo.xís.mo] 男 環境保全[自然保護]運動.
e.co.lo.gis.ta [e.ko.lo.xís.ta] 形 生態学の;環境[自然] 保護を主張する.—— 男 囡 環境[自然]**保護主義者**(運動家);生態学者,エコロジスト.
e.co.lo.gi.zar [e.ko.lo.xi.θár / -.sár] 97 他 環境に配慮したものにする,エコロジー化する.
e.có.lo.go, ga [e.kó.lo.go, -.ga] 男 囡 生態学者,エコロジスト.
e.co.mar.ket.ing [e.ko.már.ke.tin] 〘英〙男 エコマーケティング:環境保護に重きを置いた商業戦略.
e.có.no.ma [e.kó.no.ma] 囡 → ecónomo.
e.co.no.ma.to [e.ko.no.má.to] 男 **1** 協同組合マーケット,生活協同組合店舗.
2 管財人 ecónomo の職.
e.co.no.me.trí.a [e.ko.no.me.trí.a] 囡 計量経済学. especialista en —— 計量経済学者.
e.co.no.mé.tri.co, ca [e.ko.no.mé.tri.ko, -.ka] 形 計量経済学の,計量経済学に関する[による].
__e.co.no.mí.a__ [e.ko.no.mí.a] 囡 **1 経済,経済状態[活動, 構造]. ~ abierta [cerrada] 開放[閉鎖] 経済. ~ capitalista 資本主義経済. ~ de mercado 市場経済. ~ de escala 規模の経済. ~ dirigida 統制経済. ~ de subsistencia 自給自足経済. ~ doméstica 家政 (学);家計. ~ familiar [casera] 家計. ~ feudal 封建経済. ~ planificada 計画経済. ~ sumergida 闇経済.
2 節約,倹約. ~ de tiempo 時間の節約. ~ de veinte minutos 20分の節約. hacer ~s 節約[倹約] する. vivir con mucha ~ 質素に暮らす. por ~ 節約のために,倹約して. **3 経済学**. ~ clásica 古典経済. ~ política 政治経済 (学). ~ social 社会経済学. ~ marxista マルクス主義経済 (学). estudiar ~ 経済 (学) を学ぶ. **4** 〘複数で〙貯金,貯蓄. Compré un videojuego con mis ~s.

僕は貯金でテレビゲームを買った. **5**《組織・構造の》有機的統一，《自然界の》秩序. ～ animal [vegetal] 動物[植物]の有機的営み. **6** 不足，困窮.
economías del chocolate del loro / economías de chicha y nabo 役に立たない倹約.
[← [ラ] *oeconomiam* (*oeconomia* の対格) ← [ギ] *oikonomía*「家計」(*oîkos*「家」より派生；「家政，家計」が本来の意味)]

e‧co‧nó‧mi‧ca [e.ko.nó.mi.ka] 形 → económico.

e‧co‧nó‧mi‧ca‧men‧te [e.ko.nó.mi.ka.mén.te] 副 経済上；経済的に.

e‧co‧no‧mi‧cis‧mo [e.ko.no.mi.θís.mo / -.sís.-] 男 経済第一主義.

e‧co‧no‧mi‧cis‧ta [e.ko.no.mi.θís.ta / -.sís.-] 形 経済第一主義の. ― 男女 経済第一主義者.

****e‧co‧nó‧mi‧co, ca** [e.ko.nó.mi.ko, -.ka] 形 **1**《名詞＋》経済の；経済学の. política *económica* 経済政策. situación *económica* 経済情勢. ayuda *económica* 経済援助. crecimiento ～ 経済成長. desarrollo ～ 経済発展. bloqueo ～ 経済封鎖. mundo ～ 経済界. recesión [recuperación] *económica* 景気後退[回復]. problemas ～s 経済問題. sanciones *económicas* 経済制裁. **2**《＋名詞／名詞＋》《ser＋》経済的な，安上がりな，買い得な. **3**《名詞＋》《ser＋》倹約[節約]する，つましい.

Facultad de Ciencias Económicas (経済学部)

e‧co‧no‧mis‧ta [e.ko.no.mís.ta] 男女 経済学者；エコノミスト；経済学学士[修士，博士].

e‧co‧no‧mi‧zar [e.ko.no.mi.θár / -.sár] 97 他 節約[倹約]する；抑える，省く；惜しむ. ― 自 節約する；貯蓄する，蓄える；けちけちする. ～ para las vacaciones バカンスのために金を蓄える.

e‧có‧no‧mo, ma [e.kó.no.mo, -.ma] 形《カト》教区司祭代理の. ― 男女 **1** 教会財産の管理人. **2** 禁治産者の財産管理人. **3** 聖務代行司祭.
― 女《ラ米》(汀)家計アドバイザー.

e‧co‧pa‧ci‧fis‧ta [e.ko.pa.θi.fís.ta / -.si.-] 形 反戦環境保護者の，反戦エコロジストの.
― 男女 反戦環境保護者，反戦エコロジスト.

e‧co‧pun‧to [e.ko.pún.to] 男 エコポイント：石油・石炭・天然ガス・風力などエネルギー源の環境汚染度.

e‧co‧sis‧te‧ma [e.ko.sis.té.ma] 男《生物》生態系.

e‧co‧so‧cia‧lis‧ta [e.ko.so.θja.lís.ta / -.sja.-] 形 エコ社会主義の. ― 男女 エコ社会主義者.

e‧co‧son‧da [e.ko.són.da] 女《または用》魚群探知機.

e‧co‧ta‧sa [e.ko.tá.sa] 女 環境税：環境に負荷を与えるものに対する課税制度.

e‧co‧tó‧xi‧co, ca [e.ko.tók.si.ko, -.ka] 形 環境に有害な，環境に配慮していない.

e‧co‧tu‧ris‧mo [e.ko.tu.rís.mo] 男 エコツアー：環境に悪影響を与えずに自然を体験し満喫する観光.

éc‧ta‧sis [ék.ta.sis] 女《単複同形》《詩》音節延長：音節を長くすること.

ec‧ti‧ma [ek.tí.ma] 女《医》膿痂疹(のうかしん)：伝染性の皮膚病，とびひ.

ec‧to‧der‧mo [ek.to.ðér.mo] 男《生物》外胚葉(ﾖｳ).

ec‧to‧pa‧rá‧si‧to, ta [ek.to.pa.rá.si.to, -.ta] 形《動》外部寄生体の. ― 男《シラミ・ダニなど》外部寄生生物，外部寄生体 (↔endoparásito).

ec‧to‧pia [ek.tó.pja] 女《医》転位，偏位：器官の先天的位置異常.

ec‧tó‧pi‧co, ca [ek.tó.pi.ko, -.ka] 形《医》異所性の，偏位の，本来の位置とは違う. embarazo ～ 子宮外妊娠.

ec‧to‧plas‧ma [ek.to.plás.ma] 男 **1**《生物》外(部原)形質，細胞質外層.
2《霊媒の体から発するという》心霊体，エクトプラズム.

ECU [é.ku]《略》*European Currency Unit*[英]欧州通貨単位，エキュー.

e‧cua‧ble [e.kwá.ble] 形《医》《運動が》一様な，一定間隔の.

***e‧cua‧ción** [e.kwa.θjón / -.sjón] 女 **1**《数》等式，方程式. ～ de primer grado 一次方程式. ～ cuadrática / ～ de segundo grado 二次方程式. ～ diferencial 微分方程式. raíz [solución] de una ～ 方程式の根[解]. sistema de ～ con varias incógnitas 連立方程式.
2《天文》均時差 (＝ ～ del tiempo).
3《化》化学方程式 (＝ ～ química)；化学反応式.

e‧cua‧dor [e.kwa.ðór] 男 赤道 (＝ ～ terrestre). pasar el ～ 赤道を通過する.
el paso del ecuador 赤道祭，《話》教育課程の中間点を折り返すこと；そのときのパーティー.

****E‧cua‧dor** [e.kwa.ðór] 固名 エクアドル：南米大陸北西部，太平洋岸の共和国／面積：28.4万km²／人口：約1300万／首都：Quito／言語：スペイン語(公用語)，ケチュア語／通貨：dólar ($1=100 centavos)／住民：メスティーソ(65%)，先住民(25%)，白人，黒人／宗教：カトリック(95%)；守護聖人＝キトの悲しみの聖母.
♦15世紀末にキト王国はインカ帝国に併合される. 1533年キト王でもあるインカ皇帝 Atahualpa は Pizarro によって処刑される. 同年キトは Sebastián de Benalcázar に征服され，Perú 副王領に. 1822年大コロンビア共和国の一部として独立，1830年共和国となる.
[← *ecuador*「赤道」← [後ラ] *aequator*；領土内を赤道が通過していることに由来する；関連 igual]

e‧cua‧li‧za‧ción [e.kwa.li.θa.θjón / -.sa.sjón] 女《音響》原音に近づけること，周波数の調整.

e‧cua‧li‧za‧dor [e.kwa.li.θa.ðór / -.sa.-] 男《音響》イコライザー.

e‧cua‧li‧zar [e.kwa.li.θár / -.sár] 97 他《音響》《録音した音》原音に近づける，周波数を調整する.

e‧cuá‧ni‧me [e.kwá.ni.me] 形 **1** 沈着な，平静な，落ち着いた. **2** 公平な，偏らない.

e‧cua‧ni‧mi‧dad [e.kwa.ni.mi.ðáð] 女 **1** 沈着，平静，落ち着き. **2** 公平，不偏. la ～ de un juez 裁判官の不偏不党.

e‧cua‧to‧gui‧ne‧a‧no, na [e.kwa.to.gi.ne.á.no, -.na] 形 赤道ギニア Guinea Ecuatorial の，赤道ギニア人の (＝guineano). ― 男女 赤道ギニア人.

e‧cua‧to‧rial [e.kwa.to.rjál] 形 赤道の；赤道地帯[付近]の. línea ～ 赤道. clima ～ 赤道気候.
― 男《天文》赤道儀.

e‧cua‧to‧ria‧nis‧mo [e.kwa.to.rja.nís.mo] 男
1 エクアドル特有のスペイン語法[表現・語彙・単語].
2 エクアドル人気質；エクアドル的特質(讃美).

***e‧cua‧to‧ria‧no, na** [e.kwa.to.rjá.no, -.na] 形 エクアドル Ecuador の，エクアドル人の.
― 男女 エクアドル人.

— 男 エクアドルのスペイン語.

e·cues·tre [e.kwés.tre] 形 馬の, 馬術の; 乗馬の, 騎馬の; 騎士の. estatua ~ 騎馬像. carrera ~ 競馬.

e·cú·me·ne [e.kú.me.ne] 女 (または男) **1** (人の住む)全世界, エクメネ. **2**【カト】全キリスト教徒.

e·cu·mé·ni·co, ca [e.ku.mé.ni.ko, -.ka] 形 全世界の (= universal); 全キリスト教会の. concilio ~（ローマカトリック教会の）公会議.

e·cu·me·nis·mo [e.ku.me.nís.mo] 男 (キリスト教の教派を超えた)世界教会主義[運動].

e·cuó·re·o, a [e.kwó.re.o, -.a] 形《文章語》海の, わだつみの. llanura eucórea 大海原.

ec·ze·ma [ek.θé.ma / -.sé.-] 男 → eccema.

ec·ze·ma·to·so, sa [ek.θe.ma.tó.so, -.sa / -.se.-] 形 → eccematoso.

ed.（略）(1) edición 出版; 版. (2) editor 編者.

-eda（接尾）「…の集まった場所」の意を表す女性名詞語尾. ▶ -ar を付加した -areda の形もある. → ala*meda*, arbol*eda*, hum*areda*.

＊＊e·dad [e.ðáð] 女 **1** (人・動植物の)**年齢**, 年. desde temprana ~ 早い時期から. un hombre de cierta ~ ある程度年のいった男性. una mujer de ~ (avanzada) 年配の女性. una niña de corta ~ 幼い女の子. ~ mental 精神年齢. mayor [menor] ~ 成年[未成年]. a mi ~ 私の年では. ¿Qué ~ tienes? 君は年はいくつかね.
2（ものの）できてからの年数[時間], 経年数. Este edificio va a cumplir 80 años de ~. この建物は築80年を迎えようとしています.
3世代,（一生の）一時期. ~ del pavo《話》思春期. tercera ~《婉曲》老齢, 第３世代. estar en ~ de merecer《話》結婚適齢期である. estar en la más tierna ~《話》幼少期にある.
4時代, 時期. E~ de Piedra 石器時代. E~ del Hierro 鉄器時代. E~ Antigua 古代. Alta [Baja] E~ media 中世前期[後期]. E~ Moderna 近代. E~ Contemporánea 現代.
edad de oro / edad dorada 黄金時代.
no tener edad（活動などが）年齢を問わない.
[←［ラ］*aetātem* (*ae*(*vi*)*tās* の対格) (*aevum*「時の長さ」より派生)]【関連】[英］*age*]

e·dá·fi·co, ca [e.ðá.fi.ko, -.ka] 形 土の, 地質の.

e·da·fo·lo·gí·a [e.ða.fo.lo.xí.a] 女 地質学.

e·da·fó·lo·go, ga [e.ða.fó.lo.go, -.ga] 男 女 地質学者.

e·dam [e.ðám] 男 エダムチーズ.

e·de·cán [e.ðe.kán] 男 **1**（将官付きの）副官.
2《話》助手, 補佐役.

e·del·weiss [e.ðél.(g)weis] 男【植】エーデルワイス. [←［独］*Edelweiss*]

e·de·ma [e.ðé.ma] 男【医】浮腫（ﾋ。）, 水腫. ~ pulmonar 肺水腫.

e·de·ma·to·so, sa [e.ðe.ma.tó.so, -.sa] 形【医】浮腫（ﾋ。）の, 水腫の.

e·dén [e.ðén] 男 **1** 主に E-】【聖】エデン（の園）: 神が人類の始祖 Adán と Eva を住まわせた楽園.
2（比喩的）楽園, 楽土.

e·dé·ni·co, ca [e.ðé.ni.ko, -.ka] 形 エデンの園の, 楽園のような.

-edero, ra（接尾）→ -dero.

e·de·ta·no, na [e.ðe.tá.no, -.na] 形【史】(前ローマ時代における)エデタニアの.

e·di·ble [e.ði.ßle] 形《ラ米》食用の, 食べられる.

＊e·di·ción [e.ði.θjón / -.sjón] 女 **1**（刊行物の）発行, 出版, 刊行; 出版業. ~ de un periódico 新聞の発行. *Ediciones Larousse* ラルース社.
2（刊行物の）版; 制作. primera ~ 初版（▶「再版」は reimpresión). última ~ 最新[最終]版. ~ agotada 絶版. ~ aumentada 増補版. ~ crítica 校訂本［版］. ~ de bolsillo ポケット版. ~ diamante コンパクト版. ~ electrónica [digital] 電子版. ~ especial 特集版. ~ facsímil ファクシミリ版, 復刻版. ~ internacional (新聞などの) 国際版. ~ príncipe (版を重ねられた本の) 初版, 第一版. ~ revisada [corregida] 改訂版. ~ en rústica ペーパーバック版.
3（催し物や祭りなどの）回,（テレビやラジオの連続番組の）一回分. la última ~ del *Telediario* 本日最後の『テレディアリオ』(スペイン RTVE のニュース番組). la décima ~ de la Feria Internacional de Muestras 第10回国際見本市.
ser la segunda edición de... …の二番煎じ[焼き直し]だ.
[←［ラ］*ēditiōnem* (*ēditiō* の対格) (原義は「出産, 産出」; *ēdere*「産む, 作り出す」より派生)]

e·dic·to [e.ðík.to]（†）男 **1** 勅令, 布告, 公示. E~ de Nantes ナントの勅令. **2**（裁判所の）公告.

e·dí·cu·lo [e.ðí.ku.lo] 男 **1** 小建築物.
2（ローマ時代の聖像を安置するための）壁龕（へき）.

e·di·fi·ca·bi·li·dad [e.ði.fi.ka.ßi.li.ðáð] 女【建】**1** 建設のための条件, 建設可能性. **2** 建ぺい率.

e·di·fi·ca·ble [e.ði.fi.ká.ßle] 形 建設可能な. terreno ~ 建設地.

e·di·fi·ca·ción [e.ði.fi.ka.θjón / -.sjón] 女 **1** 建築, 建設, 建造; 建築物. **2** 教化, 模範を示すこと.

e·di·fi·ca·dor, do·ra [e.ði.fi.ka.ðór, -.ðó.ra] 女 建築者, 建設者. — 男 **1** 建築する, 建設する. **2** 教化する, 啓発的な, 感化する.

e·di·fi·can·te [e.ði.fi.kán.te] 形 **1** 教化的な, 模範的な; 善導する, ためになる. un ejemplo ~ 有益なお手本. **2**《ラ米》(†)《話》けしからぬ, 不正の.

＊e·di·fi·car [e.ði.fi.kár] 100 他 **1** 建築[建造]する, 建てる;（比喩的）築き上げる. ~ una vivienda 住居を建設する. ~ un palacio 宮殿を建造する. ~ un imperio económico 経済帝国を築く. **2**（会社・団体などを）設立する. ~ una sociedad ある団体を創設する. **3**（人を）教化する. ~ al prójimo con un ejemplo 回りの人に模範を示し感化する.
— **·se** 再 《3人称で》建つ, 築きあげられる.

e·di·fi·ca·ti·vo, va [e.ði.fi.ka.tí.ßo, -.ßa] 形 教化のための, 教導的な, ためになる, 模範となる.

＊e·di·fi·cio [e.ði.fí.θjo / -.sjo] 男 **1** 建物, ビル（ディング）. ~ de nueva planta 新築の建物. ~ inteligente インテリジェントビル. ~ monumental 歴史的建築物. ~ multiusos 多目的ビル. ~ público 公共建造物. ¿Cuántos pisos tiene ese ~? そのビルは何階建てですか.
2 構造, 組織. ~ social 社会構造.
[←［ラ］*aedificium* (*aedificāre*「建築する」より派生)]

edifique(-) / edifiqué(-) 活 → edificar.

e·dil [e.ðíl] 男 **1**【史】(古代ローマの) 按察 (あんさつ)官, 造営司. **2** 市会議員, 町会議員. ▶ 女性形 edila が用いられることがある.

e·di·li·cio, cia [e.ði.lí.θjo, -.θja / -.sjo, -.sja] 形 市会[町会]議員の, 市会[町会]議員職に関する.

E·dim·bur·go [e.ðim.búr.go] 固名（英国の）エディンバラ.

e·dí·pi·co, ca [e.ðí.pi.ko, -.ka] 形《ギ神》《心》オイディプス Edipo の.

E·di·po [e.ðí.po] 固名《ギ神》オイディプス：父ライオス Layo を殺し, 母イオカステ Yocasta を妻としたテーベの王. complejo de ～《心》エディプス・コンプレックス（息子が母親に対して無意識に抱く性的思慕.）→ Electra.

*__e·di·tar__ [e.ði.tár] 他 **1** 出版する, 発行する；（注釈などを付けて・校訂して）刊行する, 編纂する, 編集する. ～ una revista semanal 新しい週刊誌を創刊する. ～ un disco レコードを発売する.
2《IT》編集する.
[← 〖仏〗éditer（〖ラ〗ēdere「産む, 作り出す」の完了分詞 ēditus より派生）；関連〖スペイン〗〖英〗*editor, editorial*]

e·dit·ing [é.ði.tin]〖英〗編集〖印刷〗作業.

*__e·di·tor, to·ra__ [e.ði.tór, -.tó.ra] 形 出版の, 刊行する. casa *editora* 出版社. ― 男 女 発行人［者］, 編集人, 編集主幹. ― 女 出版業者, 出版社.
― 男《IT》エディター.

*__e·di·to·rial__ [e.ði.to.rjál] 形 **1** 出版の, 出版業の；発行者の. actividad ～ 出版活動. casa ～ 出版社. **2** 社説［論説］としての. ― 男 社説, 論説.
― 女 出版社.

e·di·to·ria·lis·ta [e.ði.to.rja.lís.ta] 男 女 論説委員.

e·di·to·ria·li·zar [e.ði.to.rja.li.θár / -.sár] 97 自（社説・論説で）意見を述べる, 取り上げる.

-edo「…の集まった場所」の意を表す男性名詞語尾. ▶ -al と結合して -edal の形になるときもある. → robl*edal*, robl*edo*, viñ*edo*.

-edor, dora《接尾》→ -dor.

e·drar [e.ðrár] 他（ブドウ畑を）二度鋤きする.

e·dre·dón [e.ðre.ðón] 男 **1** ケワタガモの羽毛.
2（羽）布団. **3**《ラ米》〖寝〗〖ゴル〗ベッドカバー.

-edro「面, 面体」の意を表す造語要素. → dodecaedro, poliedro. [← 〖ギ〗]

E·duar·do [e.ðwár.ðo] 固名 エドゥアルド：男子の洗礼名. [← 〖中英〗*Edward* ← 〖古英〗Ēadweard（ēad「財産」+ weard「保管者」；「財産保有者」の原義）；関連〖ポルトガル〗Eduardo.〖仏〗Édouard.〖伊〗Edoardo.〖英〗Edward.〖独〗Eduard]

e·du·ca·bi·li·dad [e.ðu.ka.ßi.li.ðáđ] 女 教育し［しつけ, 更生］が可能であること.

e·du·ca·ble [e.ðu.ká.ßle] 形 教育できる, しつけられる, 訓練できる.

*__e·du·ca·ción__ [e.ðu.ka.θjón / -.sjón] 女 **1** 教育；しつけ. dar [recibir] una buena ～ いい教育を与える［受ける］. Mi madre tiene una ～ alta. 私の母は高い教育を受けている. ～ de los hijos en la familia 家庭内の子供のしつけ. ～ intelectual [moral, física] 知育［徳育, 体育］. ～ especial（障害児への）特殊教育. ～ primaria [secundaria, superior] 初等［中等, 高等］教育. ～ infantil 幼児教育. ～ universitaria 大学教育. ～ obligatoria 義務教育. ～ sexual 性教育. ～ profesional [vocacional] 職業教育. Ministerio de E～ y Ciencia（スペイン）文部科学省.
類語 *educación* は知育, 徳育の両面にわたって人格の形成を目指す「教育」, *enseñanza* は英語の *teaching* に相当し, 知識の獲得を目指す「教授」, *instrucción* は一般に特定分野の知識を得るための「指導, 教示」. *formación* は職業の訓練をも含む, 広い意味での「人間形成, 人間陶冶」.
2 行儀, 礼儀. contestar con ～ 礼儀正しく答える. hacer gala de una mala ～ 無作法さを見せつける. ¡Qué falta de ～! なんて行儀が悪いんでしょう. Ten ～. 行儀よくしなさい.

e·du·ca·cio·nal [e.ðu.ka.θjo.nál / -.sjo.-] 形 教育上の, 教育的な, 教育に関する（= educativo）.

e·du·ca·cio·nis·ta [e.ðu.ka.θjo.nís.ta / -.sjo.-] 男 女 教育者, 教育研究家.

e·du·ca·do, da [e.ðu.ká.ðo, -.ða] 形 **1**（よく）しつけられた, 礼儀正しい, 育ちのよい. bien [mal] ～ しつけのよい［悪い］, 行儀のよい［悪い］.
2 教育を受けた, 教育［教養］のある；洗練された.

e·du·ca·dor, do·ra [e.ðu.ka.ðór, -.ðó.ra] 形 教育する, 教育上の. ― 男 女 教育者, 教師, 教育家.
― 女《ラ米》〖幼〗保母.

e·du·can·do, da [e.ðu.kán.do, -.da] 男 女 生徒, 学生.

*__e·du·car__ [e.ðu.kár] 102 他 **1**（人を）教育する, 育成する；しつける. ～ a los hijos en la fe cristiana 子供たちをキリスト教の信仰に基づいて育てる. Sus padres lo *educaron* para ser un músico. 彼の両親は彼に音楽家になるための教育を施した.
2〈体の機能・能力などを〉鍛える；〈感覚などを〉鋭くする. ～ el oído 耳をよくする. ～ el gusto estético 美的感覚を洗練させる. ～ la inteligencia 知性を養う.
3（動物を）調教する, 訓練する. Has *educado* bien a tu perro. 君は犬をうまくしつけている.
― ～se 再 教育を受ける. Me *eduqué* en los Estados Unidos. 私は米国で教育を受けた. [← 〖ラ〗ēducāre「導き出す；育てる」（ex-「外へ」+ dūcere「導く」）；関連 educación. 〖英〗educate「教育する」, education「教育」]

*__e·du·ca·ti·vo, va__ [e.ðu.ka.tí.ßo, -.ßa] 形 教育上の；教育的な, 教育に役立つ. reforma *educativa* 教育改革. actividades *educativas* 教育的活動.

e·duc·ción [e.ðuk.θjón / -.sjón] 女 **1** 引き出すこと, 抽出（物）. **2** 推論, 推断, 演繹. **3**《機》排気.

e·du·cir [e.ðu.θír / -.sír] 37 他 推論する, 引き出す.

e·dul·co·ra·ción [e.ðul.ko.ra.θjón / -.sjón] 女 甘味をつけること.

e·dul·co·ra·do, da [e.ðul.ko.rá.ðo, -.ða] 形 **1** 甘くした. **2** 和らげた, オブラートに包んだ.

e·dul·co·ran·te [e.ðul.ko.rán.te] 形 甘味をつける. ― 男 甘味料. ～ artificial 人工甘味料.

e·dul·co·rar [e.ðul.ko.rár] 他 甘味をつける.

eduque(-) / eduqué(-) 活 → educar.

-edura《接尾》→ -dura.

EEB [e.(e.)ßé] 女《略》Encefalopatía Espongiforme Bovina 牛海綿状脳症〖英 BSE〗.

EE.UU. / EEUU [es.tá.ðos u.ní.ðos] 男《略》《複数形》Estados Unidos（de América）アメリカ合衆国.

e·fe [é.fe] 女 アルファベットの f の名称.

e·fe·bo [e.fé.ßo]〖文章語〗青年, 若者.

e·fec·tis·mo [e.fek.tís.mo] 男 **1** 奇抜, 奇を衒うこと. **2**（芸術・文学上の）扇情主義.

e·fec·tis·ta [e.fek.tís.ta] 形 効果満点の, 劇的効果をねらった, あっと思わせる. decorado ～ 奇抜な装飾. ― 男 女 奇を衒う人.

*__e·fec·ti·va·men·te__ [e.fek.tí.ßa.mén.te] 副 **1** 実際に, 本当に. si ～ es tal como dices もし実際に君の言うとおりだったら. contar las horas ～ trabajadas 実際に働いた時間数を数える.

2《あいつちのように用いて》そのとおり, 確かに. *E*~, ése es el problema político al que nos enfrentamos. そうです, それが我々の直面している政治課題なのです. ¿Entonces ya tenía usted esa idea? — Sí, ~. 当時もうその考えを持っていらしたのですか. —はい, そのとおりです.

e・fec・ti・vi・dad [e.fek.ti.bi.ðáð] 囡 **1** 有効性, 効力, 効果, 効能. **2** 現実性, 実際性.

e・fec・ti・vis・mo [e.fek.tí.βís.mo] 男 → efectismo.

*e・fec・ti・vo, va [e.fek.tí.βo, -.βa] 形 **1** 有効な, 実効のある, 効果的な. hacerse ~ 発効する, 実施される. potencia *efectiva*《技》実動力. **2** 真の, 本当の, 実際の. **3**《役職などが》正式の, 正規の.
— 男 **1** 現金 (= dinero ~). ~ en caja 手元現金. pagar en ~ 現金で支払う.
2《複数で》《軍》部隊.
hacer efectivo... …を実効化する;《現金で》受け取る[支払う]. *hacer* ~ *un cheque* 小切手を現金化する.

e・fec・to [e.fék.to] 男 **1 結果. *causa y* ~ 原因と結果. *relación causa-*~ 因果関係. ~ *pretendido [deseado]* 期待どおりの結果. *No hay* ~ *sin causa*. 原因のない結果はない.
2 (方策・薬などの) **効果**;(法律などの) 効力;影響. *bajo los* ~*s de la droga* 麻薬のせい[影響]で. *aumentar la pensión con* ~ *retroactivo* 過去にさかのぼって年金を増額する. *dejar la licencia sin* ~ 免許を無効にする. *medicamento de* ~ *inmediato [retardado]* 効き目の早い[遅い]薬. ~ *cascada* 雪だるま効果. ~ *de demostración*《経》デモンストレーション効果. ~ *secundario* 副作用. *golpe de* ~ 劇的効果をねらった行為.
3 印象, 心的影響. *hacer [causar, producir] buen [mal]* ~ よい[悪い]印象を与える. *ser de mal* ~ 印象[体裁]が悪い. *Su conducta me hizo un gran* ~. 彼[彼女] (ら) の振る舞いに私は感銘を受けた.
4 目的, 趣旨. *a este [tal]* ~ この[このような]目的のために. *realizar una encuesta a* ~*s de conocer la tendencia* 傾向を知るために調査を行う.
5《商》手形, 証券. ~*s a cobrar [pagar]* 受取[支払]手形. ~*s a corto plazo* 短期手形. ~*s comerciales* 有価証券. ~ *negociable* 融通手形. ~*s bancarios* 銀行手形, 手形債券. ~*s públicos* 国債, 公債. **6**《複数で》財産; 商品. ~*s de consumo* 消費財. ~*s estancados* 専売品. ~*s mobiliarios* 動産, 家具. ~*s inmobiliarios* 不動産. ~*s personales* 身の回りのもの. **7**《演》《映》(音響や照明などの)効果. ~*s especiales* 特殊効果. ~*s sonoros* 音響効果. ~ *de eco* 共鳴効果. **8**(物理的・化学的な)効果. ~ *fotoeléctrico* 光電効果. **9**《スポ》(ボールに与える)スピン, ひねり. *dar* ~ *a la bola* ボールにスピンをかける. *lanzar con* ~ *la pelota* ボールを回転させて投げる. ~ *hacia atrás* バックスピン. **10**《美》トロンプ・ルイユ, だまし絵.
con efecto(s) de... …(の日付)から.
en efecto 事実;そのとおり. *En* ~, *no sabíamos nada de sus antecedentes académicos*. 事実, 私たちは彼[彼女](ら)の学歴について何も知らなかった.
hacer [surtir] efecto 予想どおりの結果をもたらす.
llevar... a efecto / poner... en efecto …を実行する.

para los efectos 実際[現実]には.
tener efecto《法》(規則などが)発効する;《行事などが)催される. *Mañana tendrá* ~ *la inauguración de la autopista.* 明日は高速道路の開通式が行われる.
[← [ラ] *effectum* (*efficere* 「作り出す」の完了分詞 *effectus* の対格); 関連 efectivo, efectuar. [英] *effect*]

efectú- 活 → efectuar.

e・fec・tua・ción [e.fek.twa.θjón / -.sjón] 囡 実施, 実行, 遂行, 実現, 計算.

e・fec・tuar [e.fek.twár] 84 他《行為・行事・契約などを》実施する, 実行する.** ~ *una visita oficial* 公式訪問を実現する. ~ *un matrimonio* 結婚する. ~ *un pago mediante tarjeta de crédito* カードで支払いをする. *Efectuaremos una corta parada para el almuerzo.* 昼食のためにしばらく停車します. *El disparo fue efectuado desde ese edificio.* 発砲はそのビルから行われた. — ~*.se* 再 (3人称で) 実施される, 実現する. *El robo se efectuó hacia las tres.* 盗難は3時ごろ起こった.

e・fe・drá・ce・o, a [e.fe.ðrá.θe.o, -.a / -.se.-] 形《植》マオウ(麻黄)科の.
— 囡《複数で》マオウ科(の植物).

e・fe・dri・na [e.fe.ðrí.na] 囡《薬》エフェドリン.

e・fé・li・de [e.fé.li.ðe] 囡 そばかす.

e・fe・mé・ri・de [e.fe.mé.ri.ðe] / **e・fe・mé・ri・des** [e.fe.mé.ri.ðes] 囡 **1** 同日記録(過去の同月同日に起きた事件・事実を記した表または新聞の欄); 記録される重要な事件, **2** 記念日. **3** 暦, 日誌. **4**《複数で》《天文》天体位置表, 天体暦.

e・fé・me・ro [e.fé.me.ro] 男《植》ニオイアヤメ.

e・fen・di [e.fén.di] 男 エフェンディ, 閣下, 先生:トルコで大臣・学者・高僧などに用いる敬称.

e・fe・ren・te [e.fe.rén.te] 形《解剖》(血管などが)輸出性の, 導出性の;(神経が)遠心性の (↔aferente). *nervios* ~*s* 遠心性神経.

e・fer・ves・cen・cia [e.fer.bes.θén.θja / -.sén.sja] 囡 **1** 発泡, 泡立ち;沸騰. **2** 熱狂, 興奮;騒乱. **3**《医》発疹(ヒン).

e・fer・ves・cen・te [e.fer.bes.θén.te / -.sén.-] 形 **1** 泡立つ, 発泡性の, ガスの入っている. *vino* ~ 発泡性ワイン. **2** かっとなる, 興奮した;激しやすい.

e・fe・sio, sia [e.fé.sjo, -.sja] 形 (小アジアの西海岸に栄えた古代都市)エフェソス Efeso の.
— 男 エフェソス人. *Carta a los* ~*s*《聖》(新約の)エフェソスの信徒への手紙(略 Ef).

e・fe・tá [e.fe.tá] 間投《聖》開けよ. — 男 (話) 意地っ張り.

e・fe・te・pe・ar [e.fe.te.pe.ár] 他 (話)《IT》〈ファイルなどを〉インターネットで送信する. ► FTP (*File Transfer Protocol* ファイル転送プロトコル) より.

e・fi・ca・ces [e.fi.ká.θes / -.ses] 形《複数形》→ eficaz.

*e・fi・ca・cia [e.fi.ká.θja / -.sja] 囡 **1** 効力, 有効性. ~ *de un medicamento* 薬の効能. ~ *de la publicidad* 宣伝効果. *ser de gran* ~ とても有効である. **2** 効率, 能率. *con* ~ 効率よく. *aumentar [disminuir] la* ~ 能率を上げる[下げる]. *un motor de gran* ~ 高性能エンジン. **3** 能力. *persona [hombre] de gran* ~ とても有能な人[男].

e・fi・caz [e.fi.káθ / -.kás] 形《複 *eficaces*》(+名詞/名詞+)(*ser*+) **1 (*contra*-...に対して)**効果[効力]のある, 効率がよい.**

un fármaco ～ *contra* esa enfermedad その病気に効く薬品. enseñanza ～ 効果ある教育. **2** 役に立つ, 有能な. una colaboradora ～ 有能な協力者. [←〔ラ〕*efficācem* (*efficax* の対格; *efficere*「作り出す」より派生)]

e·fi·cien·cia [e.fi.θjén.θja / -.sjén.sja] 囡 **有効性**, 効能; 能率; **能力**, 性能, 実力. sueldo a ～ 能率給.

e·fi·cien·te [e.fi.θjén.te / -.sjén.-] 厖 **効果的な**, 能率的な, 効率的な. medios ～s 効果的な手段. secretaria ～ てきぱきと仕事をする秘書.

e·fi·cien·te·men·te [e.fi.θjén.te.mén.te / -.sjén.-] 副 効果的に, 能率的に, 効率よく.

e·fi·gie [e.fí.xje] 囡 **1** 像, 彫像; 肖像; 画像. ～ de un héroe ある英雄の肖像. **2** 化身, 権化. Satán es la ～ del mal. サタンは悪の化身である.

e·fí·me·ro, ra [e.fí.me.ro, -.ra] 厖 はかない, つかの間の, 短命の; 一日限りの. belleza *efímera* de las flores 花のはかない美しさ. ― 男 [昆] カゲロウ.

e·flo·res·cen·cia [e.flo.res.θén.θja / -.sén.sja] 囡 **1**〖医〗発疹(しん), 吹き出物. **2**〖化〗風解, 風化; 白華(ポッ)(コンクリートなどしっくいの表面の白色発出物). **3**(果実の表皮に出る)白い粉.

e·flo·res·cen·te [e.flo.res.θén.te / -.sén.-] 厖 〖化〗風解性の, 白華(ガッ)で覆われた.

e·flo·res·cer·se [e.flo.res.θér.se / -.sér.-] 34 再〖化〗風解[風化]する.

e·fluir [e.flwír] 48 自〈液体・ガスが〉流れ出る, 放出[流出]する.

e·flu·vio [e.flú.bjo] 男 **1** 香気, におい; 発散(物), 放出(物), 流出(物); 気配, 雰囲気. los primeros ～s de la primavera 春の息吹. **2**(感情などの)発露, 表出, 発散.

e·fod [e.fód] 男 エポデ: ユダヤ教大祭司の祭服.

é·fo·ro [é.fo.ro] 男〖史〗(スパルタで毎年選出された)民選五人執政官(のひとり).

ef/p. 〖略〗〖商〗*e*fectos a *p*agar 支払〔約束〕手形.

ef/r. 〖略〗〖商〗*e*fectos a *r*ecibir 受取手形.

e·frac·ción [e.frak.θjón / -.sjón] 囡 **1**(不法な)破壊, 損壊, 毀損;〖法〗不法侵入. robo con ～ 押し込み強盗. **2** 暴力, 暴行.

e·frac·tu·ra [e.frak.tú.ra] 囡 → efracción 1.

e·fra·te·o, a [e.fra.té.o, -.a] 厖 (ベツレヘム Belén の旧称)エフラタ Efrata の. ― 男 囡 エフラタ人.

e·fu·gio [e.fú.xjo] 男 逃げ道, 口実, 言い逃れ.

e·fu·sión [e.fu.sjón] 囡 **1**(液体の)流出, 放出, 噴出; 漏れ. ～ de sangre 出血, 流血. ～ volcánica 溶岩の噴出. **2**(喜び・親愛の情などの)発露, ほとばしり. con ～ 熱狂的に. El la abrazó con ～. 彼は彼女を思いきり抱きしめた.

e·fu·si·vi·dad [e.fu.si.bi.ðáð] 囡 熱狂; 強い愛情表現.

e·fu·si·vo, va [e.fu.sí.bo, -.ba] 厖 **1** すぐに感激する; 愛情表現が強い; 熱狂的, 熱烈な, 感極まった. **2**〖地質〗噴出岩の, 火成岩の.

e·ga·bren·se [e.ɣa.βrén.se] 厖 (スペイン Córdoba 県南部の町)カブラ Cabra の. ― 男 囡 カブラの住民[出身者].

e·ga·ren·se [e.ɣa.rén.se] 厖 (スペイン Barcelona 県の都市 Tarrasa の旧称)エグラ Egara の. ― 男 囡 エグラの住民[出身者].

EGB [e.xe.βé] 囡〖略〗*E*ducación *G*eneral *B*ásica 一般基礎教育. ◆アルゼンチン, チリなどの 8 年～9 年の初等教育. スペインでも1990年改正の法施行以前に使われていた.

E·ge·o [e.xé.o] 固名〖ギ神〗アイゲウス: アテネ王, テセウス Teseo の父.
Mar Egeo エーゲ海. ◆息子テセウスが死んだと思い込み, アイゲウスが身を投じて死んだことから.
[←〔ラ〕*Aegeus*←〔ギ〕*Aigeús*]

e·ge·o, a [e.xé.o, -.a] 厖 エーゲ(海)の. Civilización *egea* エーゲ文明.

E·ge·ria [e.xé.rja] 固名〖ロ神〗エゲリア: 泉の女神. ヌマ Numa 王ポンピリウス Pampilio の妻で相談役. *tener* SU *ninfa Egeria*《比喩的》(他人から)霊感[インスピレーション]を受ける.
[←〔ラ〕*Ēgeria*←〔ギ〕*Egería*]

e·ge·ta·no, na [e.xe.tá.no, -.na] 厖 (スペイン Almería 県の町)ベレス Vélez Rubio, Vélez Blanco の. ― 男 囡 ベレスの住民[出身者].

é·gi·da [é.xi.ða] / **e·gi·da** [e.xí.ða] 囡 **1**〖ギ神〗アイギス: Zeus が Atenea に授けた盾. **2** 保護, 庇護(ど), 後援. bajo la ～ de... …の保護[後援]の下に.

e·gí·lo·pe [e.xí.lo.pe] 囡〖植〗野生カラスムギ.

e·gi·pán [e.xi.pán] 男〖ギ神〗アイギパン, 牧羊神.

e·gip·cia·co, ca [e.xip.θjá.ko, -.ka / -.sjá.-] / **e·gip·cí·a·co, ca** [e.xip.θí.a.ko, -.ka / -.sí.-] / **e·gip·cia·no, na** [e.xip.θjá.no, -.na / -.sjá.-] 厖 男 囡 → egipcio.

e·gip·cio, cia [e.xíp.θjo, -.θja / -.sjo, -.sja] 厖 エジプトの, エジプト人[語]の. ― 男 囡 エジプト人. ― 男 古代エジプト語: コプト語の基層言語.

e·gip·ta·no, na [e.xip.tá.no, -.na] 厖 男 囡 → egipcio.

E·gip·to [e.xíp.to] 固名 República Árabe de ～ エジプト・アラブ共和国: 首都 El Cairo.
[←〔ラ〕*Aegyptus*←〔ギ〕*Aígyptos*]

e·gip·to·lo·gí·a [e.xip.to.lo.xí.a] 囡 古代エジプト学.

e·gip·to·ló·gi·co, ca [e.xip.to.ló.xi.ko, -.ka] 厖 古代エジプト学の.

e·gip·tó·lo·go, ga [e.xip.tó.lo.ɣo, -.ɣa] 男 囡 古代エジプト学者.

E·gis·to [e.xís.to] 固名〖ギ神〗アイギストス: Agamenón の后(きさき)クリュタイムネストラ Clitemestra と通じ, 王を殺したが, 王子 Orestes に殺害された.
[←〔ラ〕*Aegisthus*←〔ギ〕*Aígisthos*]

e·glan·ti·na [e.ɡlan.tí.na] 囡〖植〗バラの一種.

é·glo·ga [é.ɡlo.ɡa] 囡 牧歌, 田園詩.

e·go [é.ɡo] 男〖哲〗《si》自我, エゴ.

ego- 「自己, 自分自身」の意を表す造語要素. *ego*centrismo, *eg*oísmo, *eg*olatría. [←〔ラ〕]

-ego, ga〔接尾〕→ -iego.

e·go·cén·tri·co, ca [e.ɡo.θén.tri.ko, -.ka / -.sén.-] 厖 自己中心的な, 自分中心の, わがままな. ― 男 囡 自己中心主義者, わがままな人.

e·go·cen·tris·mo [e.ɡo.θen.trís.mo / -.sen.-] 男 自己中心主義; 自分中心, わがまま.

e·go·ís·mo [e.ɡo.ís.mo] 男 **1** エゴイズム, 利己主義, 自分本位(↔altruismo). **2**〖哲〗自我主義, 主観的観念論.
[←〔仏〕*égoïsme*←〔ラ〕*ego*「私は」よりの造語)]

e·go·ís·ta [e.ɡo.ís.ta] 厖 **1** 利己的な, 利己主義の, わがままな. **2**〖哲〗自我主義の. ― 男 囡 エゴイスト, 利己主義者.

e·gó·la·tra [e.ɡó.la.tra] 厖 自己崇拝の, 自画自賛の, 手前みその.

e·go·la·trí·a [e.ɡo.la.trí.a] 囡 自己崇拝, 自画自賛.

e·go·lá·tri·co, ca [e.go.lá.tri.ko, -.ka] 形 自己崇拝の, 自画自賛の.

e·go·tis·mo [e.go.tís.mo] 男 自我主義；自己強調癖, 自己主義.

e·go·tis·ta [e.go.tís.ta] 形 自己中心癖の, 自分中心に語りたがる, 我意の.
— 男 女 自我主義者；我意の人, 自己本位の人.

e·gre·gio, gia [e.gré.xjo, -.xja] 形 **1** 高貴な, やんごとなき. **2** 傑出した, 優れた；著名な.

e·gre·sa·do, da [e.gre.sá.ðo, -.ða] 形《ラ米》卒業[修了]した. — 男 女《ラ米》卒業生, 修了者.

e·gre·sar [e.gre.sár] 自《ラ米》(1)〈金が〉出る；出発する, 出ていく.(2)〈人が〉卒業する, 学業を終える.

e·gre·so [e.gré.so] 男 **1** 支出, 支払い.
2《ラ米》(1) 卒業, 修了. (2) 出て行くこと, 出発.

****eh** [é] 間投 **1**《呼びかけ》**ねえ, ちょっと**. ¡*Eh*! Aquí estoy. おいっ, 僕はここだよ. ¡*Eh*, usted, que se le ha caído el pañuelo! もしもし, ハンカチが落ちましたよ. **2**《疑問のイントネーションで》(1)《確認》… (だ) ね. ¡Qué tranquilidad, *eh*! なんて静かなんだろうね. Hace mucho calor, ¿*eh*? 暑いよね.(2)《叱責・警告・軽い命令》そうだろう, わかったな. Ya te vas a la cama, ¿*eh*? もう寝なさい, いいね. **3**《聞き返して》えっ, なんですって.

ei·der [ei.ðér] 男《鳥》ケワタガモ.

ei·dó·gra·fo [ei.ðó.gra.fo] 男 写図器.

eins·te·nio [eins.té.njo] 男《化》アインスタイニウム（記号 Es）.

ei·rá [ei.rá] 男《ラ米》(㸐)《動》ジャガランディ：野生ネコの一種.

***e·je** [é.xe] 男 **1**〈天体・回転体の〉**軸**. *eje* de la Tierra 地軸. *eje* de rotación 回転軸. girar sobre el *eje* 軸を中心に回転する. **2**《機》軸, シャフト, 心棒. caja del *eje* 軸箱. chaveta del *eje* 軸ピン. *eje* de las ruedas 車軸, 心棒. *eje* de levas クランクシャフト. *eje* delantero [trasero]（自動車の）前[後]車軸. manga del *eje* 車軸頸(ﾆﾝ). **3**《比喩的》核心，中心人物. *eje* de la conversación 会話の中心テーマ. *eje* de la intriga 陰謀の中心人物. **4** el *Eje*（第二次世界大戦中の）枢軸（国）. los países del *Eje* 枢軸国（▶日本・ドイツ・イタリアをさす．連合国は los Aliados）. **5**《数》《物理》軸. *eje* coordenado / *eje* de coordenadas 座標軸. *eje* de abscisas / *eje* de las equis x 軸. *eje* de ordenadas / *eje* de las íes y 軸. *eje* de simetría 対称軸. **6**《植》《解剖》軸. *eje* cerebroespinal 脳神経系.
partir por el eje a+人《話》〈人〉を困らせる；〈人〉の計画をだめにしてやる.
[←《ラ》*axem* (*āxis* の対格)；関連《英》*axis*]

e·ject [e.jékt // i.-]《英》(CDやビデオなどの) 取り出しボタン[装置].

***e·je·cu·ción** [e.xe.ku.θjón / -.sjón] 女 **1** 実施, 実行, 遂行. la ~ de un proyecto 計画の実施. poner en ~ 実行に移す, 実施する. **2**《法》(1)（判決などの）執行；死刑執行, 処刑. pelotón de ~（銃殺刑を執行する）銃殺隊. (2) 差し押さえ. **3**《音楽》〈演〉演奏；公演, 上演.

e·je·cu·ta·ble [e.xe.ku.tá.βle] 形 **1** 実施[実行]可能な, 実行できる. **2**《音楽》〈演〉演奏可能な, 上演できる. **3**《法》差し押さえうる, 強制処分できる.

e·je·cu·tan·te [e.xe.ku.tán.te] 形 **1** 実施する, 執行する. **2**《法》強制執行する, 差し押さえる.
— 男 女 **1** 実施者, 実行者, 執行者. **2**《音楽》〈演〉演奏者[家]；〈演〉演技者. **3**《法》執行人, 差押権利者.

***e·je·cu·tar** [e.xe.ku.tár] 他 **1**〈命令・計画・職務などを〉**実行する**, 遂行する；《法》〈決定・刑などを〉執行する. ~ una obra 工事を実現する. ~ una reforma 改革を実行する. ~ una sentencia 判決を執行する. ~ una transacción 取引を行う. ~ una ley 法律を施行する. ~ archivos〚IT〛ファイルを実行する.
2〈人を〉**処刑する**. ~ a un rebelde a balazos 反逆者を銃殺刑に処する. **3**〈楽曲を〉演奏する；〈舞踊を〉踊る. ~ una melodía メロディを奏でる. **4**〈技を〉行う, こなす. ~ un salto 跳躍をする. ~ trucos de magia 手品をする. **5**《法》強制執行する. ~ la hipoteca 担保を差し押さえる.
[←《中ラ》*exsecūtāre*(《ラ》*exsequī*「追求する，実行する」の完了分詞 *exsecūtus* より派生)；関連 ejecución.《英》*execute*「実行する」]

e·je·cu·ti·va·men·te [e.xe.ku.tí.βa.mén.te] 副 **1** 迅速に, 速やかに. **2**《法》差し押さえをして.

***e·je·cu·ti·vo, va** [e.xe.ku.tí.βo, -.βa] 形 **1** 実行[実施] する, 遂行[執行]する. consejo ~ 執行委員会. el poder ~ 行政権. **2** 迅速な, 緊急の；てきぱきとした. un procedimiento ~ 緊急の処置. una orden *ejecutiva* 緊急命令.
— 男 女 重役, 役員, 経営陣. — 男 執行部；行政府, 行政機. — 女 執行[執行]委員会, 理事会.

e·je·cu·tor, to·ra [e.xe.ku.tór, -.tó.ra] 形 実行する, 執行する, 手を下す.
— 男 女 執行人, 実行者, 遂行者. ~ de la justicia 死刑執行人. ~ testamentario 遺言執行者.

e·je·cu·to·ria [e.xe.ku.tó.rja] 女 **1** 貴証明書 (=~ de nobleza). **2** 誉れ, 手柄, 功績. **3**《法》確定判決；令状.

e·je·cu·to·rí·a [e.xe.ku.to.rí.a] 女 執行者［人］の職階[地位].

e·je·cu·to·riar [e.xe.ku.to.rjár] 83 他 **1**《法》確定判決を下す. **2** 確定する, 確認する, 確かめる.

e·je·cu·to·rio, ria [e.xe.ku.tó.rjo, -.rja] 形《法》〈判決が〉確定した；執行を命ずる.

¡e·jem! [e.xém] 間投《注意を引くための軽い咳(ｾｷ)い》えへん, へん, おほん.

****e·jem·plar** [e.xem.plár] 形 **1**《多くは名詞＋〈ser＋〉》**模範的な**, 手本とすべき. comportamiento [conducta] ~ 模範的な行い. ciudadano ~ 模範的市民.
2《＋名詞 / 名詞＋〈ser＋〉》戒めとなる, 見せしめの. castigo ~ 見せしめの罰.
— 男 **1**（印刷・刊行物の）部, 冊. 100 millones de ~*es* vendidos en todo el mundo 世界中で売れた1億部. **2**（種を代表する）見本, 標本；典型. un magnífico ~ de foca 極めて典型的なアザラシ.
sin ejemplar 前代未聞の.

e·jem·pla·ri·dad [e.xem.pla.ri.ðáð] 女 **1** 模範になること. **2** 見せしめになること.

e·jem·pla·rio [e.xem.plá.rjo] 男 用例集.

e·jem·pla·ri·zan·te [e.xem.pla.ri.θán.te / -.sán.-] 形 模範[手本]を示すための.

e·jem·pla·ri·zar [e.xem.pla.ri.θár / -.sár] 97 他〈人に〉模範[手本]を示す, 範を垂れる；例証する.

e·jem·pli·fi·ca·ción [e.xem.pli.fi.ka.θjón / -.sjón] 女 例解, 例証；事例化, 用例化.

e·jem·pli·fi·car [e.xem.pli.fi.kár] 102 他（例を挙げて）明らかにする, 実証する；事例[用例]化する.

****e·jem·plo** [e.xém.plo] 男 **1 例**, 実例. poner [dar] un ~ de... …の例をあげる. ~ casero 卑近な例. Póngame un ~ típico de

la cocina japonesa. 日本料理の代表例をあげてください. **2** 模範, 手本；戒め. servir de ～ a+人〈人〉の手本[見せしめ]となる. dar (buen) ～ a+人〈人〉に(よい)お手本を示す. Quiero ser un buen ～ para mis hijos. 私は息子たちにとってのよい模範となりたい. **3** 典型, 見本. Su vida es un vivo ～ de la resistencia al poder. 彼[彼女](ら)の人生は権力への抵抗の生きた見本である.
a ejemplo de... …にならって, …を見本として.
poner... por ejemplo …を例としてあげる.
por ejemplo たとえば (略 p.e., p.ej.). Tuve que vender muchas cosas, *por* ～ el coche. 私はたくさんの物を売らねばならなかった. たとえば車だ.
predicar con el ejemplo 模範を示して説教する, 手本を示す.
seguir el ejemplo de... …の例に従う.
sin ejemplo 前例[先例]のない, 前代未聞の.
tomar como [por] ejemplo a... …を見習う, …を手本とする.
tomar ejemplo de+人 〈人〉を見習う.
[←[古スペイン]*exemplo*←[ラ]*exemplum* (*eximere* 「取り出す」より派生)；[関連] ejemplar.「英] *example*「例」, *exemplify*「例示する」]

e·jer·cer [e.xer.θér / -.sér] 98 他 **1** 〈専門職を〉営む, 開業する. ～ la medicina 医者として働く. Empezó a ～ su profesión en 1980. 彼[彼女]は1980年に専門家として働き始めた.
2 〈任務・役割を〉果たす, 遂行する. ～ un papel importante en la empresa 会社で重要な役割を果たす. ～ una administración efectiva 効率的な運営を行う. Esta planta *ejerce* una función sedante. この植物には沈静作用がある.
3 《sobre... / en...》…に〉〈影響力・権力などを〉及ぼす, ふるう. ～ un control sobre la política政治を支配下に置く. ～ una gran fascinación *sobre* los niños 子供たちをひきつける. **4** 〈権利などを〉行使する. ～ el derecho al [de] voto 投票権を行使する. ～ una opción 選択権を行使する.
——自 〈専門職の資格を持つ人が〉職務につく, 開業する. ～ de [como] periodista 新聞記者として働く.
[←[ラ]*exercēre*「駆りたてる；実行する」]

e·jer·ci·cio [e.xer.θí.θjo / -.sí.sjo] 男 **1** 運動, 鍛練. ～ físico 体操. ～ práctico 実技. hacer ～(s) 運動する. El ajedrez es un buen ～ para el cerebro. チェスはよい頭の運動だ. ～s espirituales 〖宗〗心霊修業；『霊操』(イエズス会の創始者 Ignacio de Loyola の著書).
2 練習問題；課題, 宿題. hacer los ～s de la gramática 文法の練習問題をする.
3 〈職業への〉従事；業務. ～ de la medicina 医者の仕事, 医療業務. ～ de la abogacía 弁護士業.
4 試験, 審査. ～ escrito [oral, práctico] 筆記[口頭, 実技]試験. el segundo ～ 2次試験. poner un ～ a+人 〈人〉に試験を課す. **5** 〈権力・影響力の〉行使. **6** 〖軍〗訓練, 演習. ～s militares 軍事訓練, 教練. ～ en el campo 野外演習. ～ de tiro(s) 射撃訓練. **7** 〖商〗会計年度；事業年度. ～ económico 営業年度. ～ fiscal 会計年度.
en ejercicio〈医者・弁護士などが〉現役の；業務中の.
precio de ejercicio 〖商〗(オプションを行使して売買のできる)契約価格.
[←[ラ]*exercitium* (*exercēre*「実行する」の派生語)；[関連] [仏]*exercice*「練習」[英]*exercise*]

e·jer·ci·ta·ción [e.xer.θi.ta.θjón / -.si.-.sjón] 女 **1** 練習, 訓練, 修行. ～ mental 精神修業. **2** 〈医師・弁護士などが〉開業すること；営業；実践. **3** 〈権利・権限・影響力などの〉行使, 運用, 発揮.

e·jer·ci·ta·do, da [e.xer.θi.tá.đo, -.đa / -.si.-] 形 訓練を受けた；修行を積んだ.

e·jer·ci·tan·te [e.xer.θi.tán.te / -.si.-] 形 練習中の, 訓練中の；修行中の. ——共 勤行僧, 修行僧.

*e·jer·ci·tar [e.xer.θi.tár / -.si.-] 他 **1** 〈権利・権限・影響力などを〉**行使する**, **振るう**. ～ el derecho 権利を行使する. **2** 〈専門の仕事・職業を〉営む, 行う. ～ la medicina 医業を営む. **3** 実践する, 実際に行う. **4** 《en...》を〉教え込む, 習得させる. ～ a un alumno *en* latín 生徒にラテン語を教える. **5** 〖軍〗訓練する, 教練する, 鍛える.
——～*·se* 再 練習する, けいこする, 修行する. ～*se* en el tiro de arco アーチェリーの練習をする.

e·jér·ci·to [e.xér.θi.to / -.si.-] 男 **1 軍隊**；陸軍. entrar [ingresar] en el ～ 入隊する. estar en el ～ 兵役中である. ～ del aire 空軍. ～ de mar 海軍. ～ de tierra 陸軍. ～ de ocupación 占領軍. ～ enemigo 敵軍. ～ permanente 常備軍. ～ popular 人民軍. cuerpo de ～ 軍団, 師団. *E*～ de Salvación 〖宗〗救世軍.
2 《比喩的》群れ；大勢の人. un ～ de hormigas アリの大軍.
[←[ラ]*exercitum* (*exercitus* の対格；*exercēre*「実行する」より派生)]

ejerz- 図 ⇒ejercer.

e·ji·da·ta·rio, ria [e.xi.đa.tá.rjo, -.rja] 男 女 共有地を使用している人.

e·ji·do [e.xí.đo] 男 村の共有地, 共有牧草地, 入会地, エヒード.

e·jión [e.xjón] 男 〖建〗母屋桁(絶)、棟木.

-ejo, ja 〈接尾〉「軽度」「縮小」を表す接尾辞. caballo➝caball*ejo*, malo➝mal*ejo*, regalo➝regal*ejo*.

e·jo·te [e.xó.te] 男 《ラ米》《(ミ)》《(絃)》〖植〗サヤインゲン.

el [el] 冠 〖定冠詞男性単数形〗[男性複数形 los, 女性単数形 la, 女性複数形 las, 中性形 ⇒ lo] アクセントのある a-, ha- で始まる女性名詞の直前では la ではなく el となる. ⇒ *el* agua 水. *el* aula 教室. ▶ 前置詞 de, a と結合して a+el➝ al, de+el➝ del となる. ⇒ ir *al* colegio 学校へ行く. venir *del* colegio 学校から来る. ただし ir a *El* Salvador エルサルバドルに行く (▶ 定冠詞が固有名詞の一部になっている場合).

I 《既知のものについて述べる》
1《すでに話題になった名詞について》**その, あの**. Había una botella en la mesa de la cocina. En *la* botella quedaba un poco de líquido. キッチンのテーブルに一本の瓶があった. その瓶の中には少し液体が残っていた.
2《社会常識・共通知識・文脈から既知とみなされる名詞について》ir a *la* universidad 大学へ行く. ir al cine 映画に行く. leer *el* periódico 新聞を読む. ver *la* televisión テレビを見る. tocar *el* piano ピアノを弾く. jugar *al* tenis テニスをする. ¿Dónde están *los* niños? 子供たちはどこ？ Ha colgado dos cuadros en *la* pared. 彼[彼女]は壁に絵を2枚掛けた. Está en *el* hospital. 彼[彼女]は入院中です.
3《身体部分や身につけるものについて》Metí *la* mano en *el* bolsillo. 私はポケットに手を入れた. Me duele *la* cabeza. 私は頭が痛い. Quítate *el* som-

brero. 帽子を脱ぎなさい. **4**《自然現象・時・方位》bajo *la* lluvia 雨に打たれて. en *el* norte 北部では. a *los* veinte años 20歳の. por *la* tarde 午後に. Llegó *la* primavera. 春が来た. ► 女性定冠詞+基数詞で時刻を表す. → a *la* una 1時に. Son *las* cinco. 5時です. **5**《唯一のものとみなされるものについて》*el* Sol 太陽. *la* Luna（天体の）月. *el* cielo 空. *la* Tierra 地球.

2《限定語句が付いて》en *el* año 1989 1989年に. ir en *el* tren de las ocho 8時の列車で. en *el* tercer piso 3階に. Caracas es *la* capital de Venezuela. カラカスはベネズエラの首都である. ► 限定語句のついた固有名詞は定冠詞を伴う. → *la* España contemporánea [de hoy] 現代のスペイン. *la* bella Inés 麗しのイネス.

3《総称で》…というもの. *la* gente 人々. Me gusta mucho *la* cerveza. 私はビールが好きだ. *Los* hombres no son inmortales. 人間というものは不死である. *El* tiempo vuela como una flecha.《諺》光陰矢のごとし.

4《固有名詞と共に》

1《川・海・山などの名前と共に》*el* Ebro エブロ川. *los* Pirineos ピレネー山脈. *los* Andes アンデス山脈.

2《国・地方・都市などの名前の一部として》*El* Salvador エルサルバドル. *La* Paz. ラパス. *La* Mancha ラ・マンチャ. ► 国名には定冠詞を時に伴うものがある. →（*el*）Perú ペルー.（*el*）Japón 日本.

3《固有名詞として用いられる普通名詞と共に》*el* Ayuntamiento 市役所. *la* Catedral 大聖堂, カテドラル. *la* República Dominicana ドミニカ共和国. *el* Archipiélago de Japón 日本列島.

4《人名に付けて愛称・蔑称, また著名人や文学作品の俗称》*El* Manolo me llamó ayer. マノロのやつ, 昨日電話してきたよ. *el* Quijote『ドン・キホーテ』(Cervantes の小説). Alfonso X *el* Sabio 賢王アルフォンソ10世. *el* Cordobés エル・コルドベス: スペインの闘牛士. *el* Dante ダンテ. la sala dedicada a *los* Goya ゴヤの作品にあてられている展示室.

5《敬称を表す語と共に》*el* señor Martínez マルティネス氏. *la* profesora Fernández フェルナンデス先生. *los* señores Torres トーレス夫妻. ► 呼びかけのときは無冠詞.

6《複数形+姓》…家の人々. *los* Álvarez アルバレス一家. *las* García ガルシア家の女[娘]たち.

5《単位》…につき. a dos euros *el* kilo 1キロ2ユーロで.

6《曜日・月日・週などにつけて副詞句を作る》*el* 15 de mayo 5月15日に. *el* mes [*el* año] que viene 来月[来年]. Suele venir aquí *los* viernes por la tarde. 彼[彼女]は金曜日の午後, ここへよく来る. ► 前置詞をつけない.

7《形容詞・過去分詞・副詞・文などの名詞化》*el* invitado 招待客. *los* ricos 金持ち（階級）. *el* pobre de Jaime かわいそうなハイメ. *el* no de las mujeres 女性たちの拒絶. ¿Dónde está *el* tuyo? 君のはどこですか. *los* sin techo ホームレス. ► 不定詞や名詞節の前で名詞的な特徴を際立たせるために定冠詞が用いられることがある. → *El* ver es creer.《諺》百聞は一見にしかず（←見ることは信じること）. Me preocupa *el* que no lleguen todavía. 彼らがまだ着かないなんて心配だ.

8《比較表現とともに最上級をつくる》El fútbol es *el* deporte más popular de España. サッカーはスペインでもっとも人気のあるスポーツです. Marta es *la* más alta de la clase. マルタはクラスでいちばん背が高い.

9《(el de...)》《代名詞的に》…の人;《既出の名詞を指して》…の（もの）. *el* de la barba ひげを生やした方の人. Aquí tengo mi diccionario. ¿Dónde está *el* del profesor? ここに私は自分の辞書を持っている. 先生のはどこですか. *Los de* aquí son del mismo pueblo. ここの人たちは同じ村の出身だ. *los de* arriba [abajo] 上層[下層]の人々.

el cual → cual 代名（関係）.
el que → que 代名（関係）.

[←[ラ] *ille*「あの」(指示形容詞); 男性単数形以外も同源: la←*illa*, lo←*illud*, los←*illōs*（対格形）, las←*illās*（対格形）]

él [él]代名《人称》[3人称男性単数, 複数形は ellos] **1《主語》彼は[が];《指示代名詞》. *El* trabaja más que yo. 彼は私より働き者だ. ► 他と対比させる場合, 主語を強調する場合, あいまいさを避ける場合を除いては省略されることが多い. Creo que no va a venir *él* sino su esposa. 彼ではなくて彼の奥さんが来ると思います.

2《前置詞+》彼;《男性単数名詞を指して》それ. No hay nadie que hable mal de *él*. 彼のことを悪く言う人は誰もいない. Desearía ver al señor Moreno. — ¿Tiene cita con *él*? モレノ氏にお会いしたいのですが. —彼とお約束がありますか.

ser más él (*mismo*) より彼らしい.

[←[ラ] *ille*「あれ, 彼」(指示代名詞); 男性単数形以外も同源: ella←*illa*, ello←*illud*, ellos←*illōs*（対格形）, ellas←*illās*（対格形）]

-ela《接尾》《集合》の意を表す女性名詞語尾. → client*ela*, parent*ela*.

*e·la·bo·ra·ción [e.la.βo.ra.θjón / -.sjón] 女 **1** 加工, 細工, 精製, 調製;加工品, 製品. de ~ casera 自家製の. **2**《生物》生成, 分泌;同化, 合成. la ~ de la miel (ハチが花の蜜(⅔)を使って) 蜂蜜(⅜)を作ること. ~ de los jugos gástricos 胃けの分泌. **3**《計画・法案などの》作成, 立案, 考案;入念な仕上げ, 精巧な出来.

*e·la·bo·ra·do, da [e.la.βo.rá.ðo, -.ða] 形 **1** 加工された. **2** (estar +) 考え抜かれた, よく練られた, 手の込んだ. un plan ~ 周到な計画.

e·la·bo·ra·do, da [e.la.βo.rá.ðo, -.ða] 形 **1**（構想・計画などが）よく練られた,（製品などが）丁寧な作りの. **2**（原料のままではなく）精製された, 手を加えた.

*e·la·bo·rar [e.la.βo.rár] 他 **1**〈製品を〉（手を加えて）作り上げる;〈原料に〉加工[細工]する. ~ un nuevo tipo de vino 新種のワインを作る. ~ azúcar de la caña サトウキビから砂糖を精製する. artesanía *elaborada* con madera 木材を使った手工芸品. **2**〈生物が〉〈物質を〉生成する. ~ la hormona ホルモンを分泌する. Allí *elabora* una araña su tela. あそこにクモが巣を張っている. **3**〈計画・文章・理論・システムなどを〉練り上げる, 構想する. ~ una hipótesis 仮説を練り上げる. ~ un informe 報告書を書き上げる.

— ~se《3人称で》作り上げられる, 構想される. Este perfume *se elabora* con jazmín. この香水はジャスミンから作られている.

[←[ラ] *elabōrāre* (*labor*「労働」の派生語)]

e·la·ción [e.la.θjón / -.sjón] 女 **1** 尊大;仰々しさ, てらい. **2** 気持ちの高まり, 歓喜.

e·lan vi·tal [é.lam bi.tál] 男《哲》エラン・ビタル, 生命の飛躍: Bergson (1859-1941, フランスの哲学

e·léctrico

者)が『創造的進化』で用いた用語.

e·las·mo·bran·quio [e.las.mo.bráŋ.kjo] 男 〖魚〗(エイ・サメなどの)軟骨[板鰓(ばんさい)]魚;《複数形で》軟骨(板鰓)魚類.

e·las·tán [e.las.tán] 男 エラスタン：ポリウレタンの一種で,弾力のある繊維.

e·las·ta·no [e.las.tá.no] 男 弾力繊維の原料.

e·lás·ti·ca [e.lás.ti.ka] 女 〖服飾〗 **1** 肌着用のニットシャツ;運動用のシャツ. **2** 《複数形で》サスペンダー.

e·las·ti·ci·dad [e.las.ti.θi.ðáð / -.si.-] 女 **1** 弾力性,弾性,しなやかさ. **2** (織物などの)伸縮性. **3** (規則・時間などの)柔軟性,融通性.

e·lás·ti·co, ca [e.lás.ti.ko, -.ka] 形 **1** 弾力性のある,しなやかな. cama *elástica* トランポリン. goma *elástica* 弾性ゴム. cuerpo ～ 弾性体. **2** 伸縮性のある,cinturón ～ 伸縮ベルト. **3** 柔軟性のある,弾力的な,融通の利く. carácter ～ 順応性に富む性格. un horario ～ 自由勤務時間制,フレックス・タイム. ― 男 **1** ゴムひも,(靴下などの)ゴム編み. **2** 《複数形で》サスペンダー. **3** (ラ米)(ジジジ)ゴムバンド,輪ゴム. [← 〔近ラ〕 *elasticus* ← 〔ギ〕 *elastós*「動かしうる；柔軟な」]

e·las·ti·fi·ca·ción [e.las.ti.fi.ka.θjón / -.sjón] 女 **1** 弾力化,しなやかになること. **2** 柔軟化,融通が利くようになること.

e·las·ti·na [e.las.tí.na] 女 〖生化〗エラスティン：コラーゲンと共に肌の弾力性を維持するためのたんぱく質.

e·las·tó·me·ro [e.las.tó.me.ro] 男 エラストマー：天然ゴムや合成ゴムのような弾力性をもつ高分子物質.

e·las·to·sis [e.las.tó.sis] 女 《単複同形》〖医〗弾性線維症：肌の弾力性繊維に異常が起こる病気.

e·la·té·ri·do, da [e.la.té.ri.ðo, -.ða] 形 〖昆〗コメツキムシ科の.

e·la·ti·vo [e.la.tí.ƀo] 男 〖文法〗絶対最上級形容詞：altísimo, jovencísimo のように -ísimo で終わり,「極めて」という意味が元の形容詞に加わる.

e·la·to, ta [e.lá.to, -.ta] 形 《詩》うぬぼれた,傲慢な,高飛車な.

e·la·yó·me·tro [e.la.jó.me.tro] 男 油比重計.

El·ba [él.ƀa] 固名 **1** el ～ エルベ川：チェコからドイツを経て北海に注ぐ. **2** エルバ島：地中海のイタリア領の島.

El·ca·no [el.ká.no] / **El Cano** [el ká.no] 固名 エル・カノ Juan Sebastián ～ (1476?-1526)：スペインの航海者. Magallanes の死後, Victoria 号を率いて世界周航 (1519-21) を完成.

el·che [él.tʃe] 男 (モーロ人の)改宗者;(キリスト教からの)背教者.

El·che [él.tʃe] 固名 エルチェ：スペイン南東部の都市. la Dama de ～ エルチェの貴婦人像(♦紀元前5-4世紀の石灰岩の女性胸像).

El Dorado [él.do.] 固名 → Dorado.

e·le [é.le] 女 アルファベットの l の名称.

¡e·le! [é.le] 間投 いいぞ,そうそう (= ¡olé!).

e·le·ag·ná·ce·o, a [e.le.aǥ.ná.θe.a / -.se.-] 形 〖植〗グミ科の;《複数形で》女 〖植〗グミ科.

e·le·á·ti·co, ca [e.le.á.ti.ko, -.ka] 形 **1** (南イタリアにあった古代ギリシアの植民市)エレア Elea の. **2** 〖哲〗(Zenón らの)エレア学派の.
― 男 女 エレアの住民[出身者].

e·lé·bo·ro [e.lé.ƀo.ro] 男 〖植〗 (1) クリスマスローズ：キンポウゲ科. (2) シュロソウ：ユリ科.

e·lec·ción [e.lek.θjón / -.sjón] 女 **1 選択,選ぶこと. la ～ de [entre] una u otra teoría どちらかの理論の選択. No hay ～. 選択の余地はない. **2** (主に複数で)選挙. *elecciones* generales 総選挙. *elecciones* autonómicas 自治州選挙. convocar a *elecciones* 選挙を行う. presentarse a las *elecciones* 選挙に立候補する.
a elección de... …の選択で,…の好みで.
[← 〔ラ〕 *ēlēctiōnem* (*ēlēctiō* の対格) (*ēligere*「選ぶ」の派生語);〖関連〗〖英〗*election*]

e·lec·cio·na·rio, ria [e.lek.θjo.ná.rjo, -.rja / -.sjo.-] 形 (ラ米)選挙の,選挙による,選挙人の.

e·lec·ti·vo, va [e.lek.tí.ƀo, -.ƀa] 形 選挙の,選挙で選ばれる;選択する,選択による.

e·lec·to, ta [e.lék.to, -.ta] 形 選出された,当選した. el presidente ～ 選出された大統領(♦当選し,任につく前の呼び方).

***e·lec·tor, to·ra** [e.lek.tór, -.tó.ra] 形 選出する,選挙する. ― 男 女 選挙人,有権者. ― 男 〖史〗(神聖ローマ帝国の)選帝侯,選帝侯.

e·lec·to·ra·do [e.lek.to.rá.ðo] 男 **1** 《集合的》選挙民,有権者(全員),選挙母体. **2** 〖史〗選挙侯領,選挙侯の資格.

***e·lec·to·ral** [e.lek.to.rál] 形 選挙の,選挙人の. censo ～ 選挙人名簿. colegio ～ 選挙区の有権者;投票場. discurso ～ 選挙演説.

e·lec·to·ra·lis·mo [e.lek.to.ra.lís.mo] 男 〖政〗(軽蔑)(選挙などで)当選第一主義.

e·lec·to·ra·lis·ta [e.lek.to.ra.lís.ta] 形 〖政〗《軽蔑》(選挙などで)当選第一主義の,票に目がくらんだ.

e·lec·to·re·ro, ra [e.lek.to.ré.ro, -.ra] 男 女 選挙参謀.

E·lec·tra [e.lék.tra] 固名 〖ギ神〗エレクトラ：Agamenón とクリュタイムネストラ Clitemestra の娘;弟 Orestes と共に母を殺し父のあだを討った. complejo de ～ 〖心〗エレクトラ・コンプレックス.
[← 〔ラ〕 *Ēlectra* ← 〔ギ〕 *Ēlektra*「輝く(もの)」が原義);〖関連〗*eléctrico*]

e·léc·tri·ca [e.lék.tri.ka] 形 → eléctrico.

***e·lec·tri·ci·dad** [e.lek.tri.θi.ðáð / -.si.-] 女 **1** 電気;電力;電気料金. carecer de ～ 電力が不足する. cortarse la ～ 電力が切れる. subir la demanda de ～ 電力需要が高まる. pagar la ～ 電気料金を払う. ～ estática 静電流. ～ positiva [negativa]陽[陰]電気. escasez [falta] de ～ 電力不足. compañía [empresa] de ～ 電力会社. generación [producción] de ～ 発電. suministro de ～ 電力供給. **2** (話)緊張,興奮. El ambiente entre los ponentes estaba muy cargado de ～. 発表者たちのあいだの空気は張り詰めていた. **3** 電気学.

e·lec·tri·cis·ta [e.lek.tri.θís.ta / -.sís.-] 形 電気の,電気関係の. ingeniero ～ 電気技師.
― 男 女 電気工,電気係;電気技術者.

****e·léc·tri·co, ca** [e.lék.tri.ko, -.ka]形 **1** (名詞+)《ser+》電気の,電気で動く. Debido al apagón tuvimos que pasar la noche sin luz *eléctrica*. 停電のせいで電気の光なしに夜を過ごさなければならなかった. aparatos ～s 電気器具. carga *eléctrica* 充電. contador ～ 電力計. descarga *eléctrica* 放電. circuito ～ 電気回路. corriente *eléctrica* 電流. energía *eléctrica* 電気エネルギー. central *eléctrica* 発電所. manta *eléctrica* 電気毛布. tensión *eléctrica* 電圧. marcador ～ (競技場などの)電光掲示板.
2 (ラ米)(*mx)(俗)酔った.
― 男 **1** (話)電気工. **2** 電光掲示板.
[← 〔近ラ〕 *ēlectricus* (原義は「琥珀(こはく)のような」；琥

electrificación

珀の摩擦によって静電気が生じることより転義）←［中ラ］「琥珀の」；［ラ］*ēlectrum*「琥珀」（←［ギ］*élektron*）より派生

e·lec·tri·fi·ca·ción [e.lek.tri.fi.ka.θjón / -.sjón] 囡 電化；電気を引くこと．

e·lec·tri·fi·ca·do, da [e.lek.tri.fi.ká.ðo, -.ða] 形 電化された，電気を引いた．

e·lec·tri·fi·car [e.lek.tri.fi.kár] 100 他 電化する；電気を引く． ～ un ferrocarril 鉄道を電化する．

e·lec·triz [e.lek.tríθ / -.trís] 囡 [複 electrices]《史》選帝侯夫人．

e·lec·tri·za·ble [e.lek.tri.θá.ble / -.sá.-] 形 **1** 帯電性の；感電しやすい．**2** 興奮[感動]しやすい．

e·lec·tri·za·ción [e.lek.tri.θa.θjón / -.sa.sjón] 囡 **1** 帯電，通電；感電．**2** 感動[感激]させること．

e·lec·tri·za·dor, do·ra [e.lek.tri.θa.ðór, -.ðó.ra / -.sa.-] 形 **1** 帯電させる．**2** 感動させる，興奮させる．

e·lec·tri·zan·te [e.lek.tri.θán.te / -.sán.-] 形 → electrizador.

e·lec·tri·zar [e.lek.tri.θár / -.sár] 97 他 **1** 帯電させる，通電する；感電させる．**2**《比喩的》感動させる，興奮させる． ～ una asamblea 会場を熱狂させる．

e·lec·tro [e.lék.tro] 男 **1** 琥珀（ﾆﾊｸ）．(= ámbar). → eléctrico 語源．**2** 琥珀金：古代に珍重された金と銀の天然合金．

electro- 「電気の，電気を帯びた」の意を表す合成語の造語要素． ⇒ *electro*bomba, *electro*dinamómetro.

e·lec·tro·a·cús·ti·ca [e.lek.tro.a.kús.ti.ka] 囡 電気音響学．

e·lec·tro·a·ná·li·sis [e.lek.tro.a.ná.li.sis] 男《単複同形》《化》電気分析．

e·lec·tro·car·dio·gra·fí·a [e.lek.tro.kar.ðjo.gra.fí.a] 囡《医》心電図描画法，心電計による診断[検査](法)．

e·lec·tro·car·dió·gra·fo [e.lek.tro.kar.ðjó.gra.fo] 男 心電計．

e·lec·tro·car·dio·gra·ma [e.lek.tro.kar.ðjo.grá.ma] 男《医》心電図．

e·lec·tro·cau·te·rio [e.lek.tro.kau.té.rjo] 男 **1**《医》電気焼灼(ｼｮｳｼｬｸ)(法)．**2** 電気焼灼器．

e·lec·tro·cho·que [e.lek.tro.tʃó.ke] 男《医》電気ショック，電撃療法．

e·lec·tro·ci·né·ti·ca [e.lek.tro.θi.né.ti.ka / -.si.-] 囡 動電学：電ית流の運動の研究．

e·lec·tro·co·a·gu·la·ción [e.lek.tro.ko.a.gu.la.θjón / -.sjón] 囡《医》電気凝固（法）．

e·lec·tro·cro·mo [e.lek.tro.kró.mo] 男 通電変色ガラス：電気的刺激で色を変えるガラス．

e·lec·tro·cu·ción [e.lek.tro.ku.θjón / -.sjón] 囡 感電死；(電気椅子による) 電気処刑．

e·lec·tro·cu·tar [e.lek.tro.ku.tár] 他 感電死させる；電気椅子で処刑する． — ～·se 再 感電死する．

e·lec·tro·diag·nós·ti·co [e.lek.tro.djag.nós.ti.ko] 男《医》電気機器による医療診断，電子診断．

e·lec·tro·diá·li·sis [e.lek.tro.djá.li.sis] 囡《単複同形》《物理》《化》電気透析．

e·lec·tro·di·ná·mi·co, ca [e.lek.tro.ði.ná.mi.ko, -.ka] 形《物理》電気力学の． — 囡 電気力学．

e·lec·tro·do [e.lek.tró.ðo] / **e·léc·tro·do** [e.lék.tro.ðo] 男 **1**《物理》電極．**2**《医》電導子．

e·lec·tro·do·més·ti·co, ca [e.lek.tro.ðo.més.ti.ko, -.ka] 形 家庭電気の，家庭電化の． aparatos ～s 家庭電化製品．
— 男《複数で》家電製品，家庭用電気器具．

[関連] 家電製品：aire acondicionado エアコン. altavoz スピーカー. aspirador / aspiradora 掃除機. auriculares イヤホン. bombilla 電球. cadena [equipo] de música システムコンポ. calefacción 暖房装置. calefactor de aire ファンヒーター. calefactor eléctrico 電気ヒーター. cascos ヘッドホン. CD portátil ポータブルCDプレーヤー. congelador 冷凍庫. estéreo ステレオ. estufa ストーブ. fluorescente 蛍光灯. frigorífico / nevera / refrigerador 冷蔵庫. horno オーブン. humidificador 加湿機. lavadora 洗濯機. lavaplatos / lavavajillas 食器洗い機. microondas 電子レンジ. plancha アイロン. purificador de aire 空気清浄機. radiador 放熱機，ラジエーター. radiocasete ラジカセ. reproductor de DVD DVDプレーヤー. secador ヘアドライヤー. secadora 乾燥機. televisión / televisor テレビ. tostador トースター. ventilador 扇風機. vídeo ビデオデッキ．

e·lec·tro·en·ce·fa·lo·gra·fí·a [e.lek.tro.en.θe.fa.lo.gra.fí.a / -.se.-] 囡 脳波記録法．

e·lec·tro·en·ce·fa·ló·gra·fo [e.lek.tro.en.θe.fa.ló.gra.fo / -.se.-] 男 脳波計，脳波記録装置[器]．

e·lec·tro·en·ce·fa·lo·gra·ma [e.lek.tro.en.θe.fa.lo.grá.ma / -.se.-] 男 脳波図，脳電図．

e·lec·tro·es·cul·tu·ra [e.lek.tro.es.kul.tú.ra] 囡《医》(しみ取りや脱毛などの) 電気を使った美顔[整体]治療．

e·lec·tro·fo·re·sis [e.lek.tro.fo.ré.sis] 囡《単複同形》《化》電気泳動．

e·lec·tró·fo·ro [e.lek.tró.fo.ro] 男《物理》電気盆，起電盤．

e·lec·tró·ge·no, na [e.lek.tró.xe.no, -.na] 形 電気を発生させる，発電の． grupo ～ 発電装置． — 男 発電機．

e·lec·tro·i·mán [e.lek.troi.mán] 男《物理》電磁石．

e·lec·tró·li·sis [e.lek.tró.li.sis] 囡《化》電気分解，電解．

e·lec·tro·lí·ti·co, ca [e.lek.tro.lí.ti.ko, -.ka] 形《化》電気分解の，電気分解による，電解質の．

e·lec·tró·li·to [e.lek.tró.li.to] 男《化》電解液，電解質．

e·lec·tro·li·za·ción [e.lek.tro.li.θa.θjón / -.sa.sjón] 囡《化》電気分解，電解．

e·lec·tro·li·zar [e.lek.tro.li.θár / -.sár] 97 他 電気分解する，電解する．

e·lec·tro·mag·né·ti·co, ca [e.lek.tro.mag.né.ti.ko, -.ka] 形《物理》電磁石の，電磁気の． onda *electromagnética* 電磁波．

e·lec·tro·mag·ne·tis·mo [e.lek.tro.mag.ne.tís.mo] 男《物理》電磁気（学）．

e·lec·tro·me·cá·ni·co, ca [e.lek.tro.me.ká.ni.ko, -.ka] 形 電気機械の，電気機械に関する． — 男 囡 電気機械工． — 囡 電気機械工学．

e·lec·tro·me·di·ci·na [e.lek.tro.me.ði.θí.na / -.sí.-] 囡《医》電子[電気]医学．

e·lec·tro·me·ta·lur·gia [e.lek.tro.me.ta.lúr.xja] 囡 電気冶金(ｶﾞ)法，電気冶金学．

e·lec·tro·me·trí·a [e.lek.tro.me.trí.a] 囡《物理》電気計測術，電位計による計測．

e·lec·tró·me·tro [e.lek.tró.me.tro] 男 電位計．

e·lec·tro·mio·gra·fí·a [e.lek.tro.mjo.gra.fí.a]

elegido

女 → electromiograma.

e·lec·tro·mio·gra·ma [e.lek.tro.mjo.grá.ma] 男『医』筋電図.

e·lec·tro·mo·tor, to·ra [e.lek.tro.mo.tór, -.tó.ra] 形『物理』電動の, 起電の, 動電の.
—— 男 電動モーター, 電動機.

e·lec·tro·mo·triz [e.lek.tro.mo.tríθ / -.trís] 形 [複 electromotrices]《女性形のみ》電動の, 起電の, 動電の. fuerza ～ 起電力. ▶ electromotor の女性形.

e·lec·tro·mus·cu·la·ción [e.lek.tro.mus.ku.la.θjón / -.sjón] 女 電気刺激による筋肉増強.

e·lec·trón [e.lek.trón] 男『物理』電子, エレクトロン.

e·lec·tro·ne·ga·ti·vo, va [e.lek.tro.ne.ga.tí.βo, -.βa] 形『物理』陰電気の, 陰電性の, 電気的負性の.

e·lec·tro·neu·ro·gra·fí·a [e.lek.tro.neu.ro.gra.fí.a] 女『医』神経伝達[伝導]速度測定装置.

＊**e·lec·tró·ni·co, ca** [e.lek.tró.ni.ko, -.ka] 形 電子の, 電子工学の. haz ～ 電子ビーム. microscopio ～ 電子顕微鏡. tubo ～ 電子管. música electrónica 電子音楽. correo ～ Eメール.
—— 女 電子工学.

e·lec·tro·nis·tag·mo·gra·fí·a [e.lek.tro.nis.tag.mo.gra.fí.a] 女『医』眼球運動検査機器[装置].

E·lec·tro·nor [e.lek.tro.nór] 固名 エレクトロノル: (スペインの)清掃器具製造会社.

e·lec·tron·volt [e.lek.trom.ból(t)] / **e·lec·tron·vol·tio** [e.lek.trom.ból.tjo] 男 電子ボルト, エレクトロンボルト: 原子核エネルギーの単位《略 eV》.

e·lec·tro·po·si·ti·vo, va [e.lek.tro.po.si.tí.βo, -.βa] 形『物理』陽電気の, 陽電性の.

e·lec·tro·quí·mi·co, ca [e.lek.tro.kí.mi.ko, -.ka] 形『化』電気化学の. —— 女 電気化学.

e·lec·tros·co·pio [e.lek.tros.kó.pjo] 男『物理』検電器.

e·lec·tro·shock [e.lek.tro.ʃók] [英] 男 → electrochoque.

e·lec·tros·tá·ti·co, ca [e.lek.tros.tá.ti.ko, -.ka] 形『物理』静電気の. —— 女 静電学.

e·lec·tro·tec·nia [e.lek.tro.ték.nja] 女『物理』電気工学.

e·lec·tro·téc·ni·co, ca [e.lek.tro.ték.ni.ko, -.ka] 形 電気工学の. —— 男 女 電気工学技術者.

e·lec·tro·te·ra·pia [e.lek.tro.te.rá.pja] 女『医』電気療法.

e·lec·tro·ter·mia [e.lek.tro.tér.mja] 女 電熱化学.

e·lec·tro·tér·mi·co, ca [e.lek.tro.tér.mi.ko, -.ka] 形『物理』電熱化学の, 電気熱の. —— 女 電熱化学.

e·lec·tro·ti·pia [e.lek.tro.tí.pja] 女『印』電鋳(ちゅう), 電気製版(法).

e·lec·tro·ti·po [e.lek.tro.tí.po] 男『印』 **1** 電気製版機. **2** 電気版.

e·lec·tro·trén [e.lek.tro.trén] 男 **1** 電気で動く列車. **2**《スペイン》電車.

e·lec·tro·va·len·cia [e.lek.tro.βa.lén.θja / -.sja] 女『物理』原子価.

e·lec·tro·vol·tio [e.lek.tro.ból.tjo] → electronvolt.

e·lec·tua·rio [e.lek.twá.rjo] 男 (蜜(みつ)を混ぜて甘くした)舐剤(しざい), 練り薬.

e·le·fan·cí·a [e.le.fan.θí.a / -.sí.-] 女『医』象皮病.

e·le·fan·cí·a·co, ca [e.le.fan.θí.a.ko, -.ka / -.sí.-] / **e·le·fan·cía·co, ca** [e.le.fan.θjá.ko, -.ka / -.sjá.-] 形 象皮病の, 象皮病にかかった.

＊**e·le·fan·te, ta** [e.le.fán.te, -.ta] 男 女 **1**『動』ゾウ, ～ asiático / ～ de Asia インドゾウ. ～ africano / ～ de África アフリカゾウ. colmillos de ～ ゾウの牙(きば). marfil de ～ 象牙(ぞうげ). ～ marino『動』ゾウアザラシ.
2《比喩的》(特に男の)太った人; まぬけな人.
de pata de elefante『服飾』ベルボトムの.
ser un elefante blanco 無用の長物である.
tener una memoria de elefante 抜群の記憶力を持っている.
[← [ラ] elephantem (elephās の対格) ← [ギ] eléphas]

e·le·fan·tiá·si·co, ca [e.le.fan.tjá.si.ko, -.ka] 形『医』象皮病の, 象皮病にかかった.

e·le·fan·tia·sis [e.le.fan.tjá.sis] 女《単複同形》『医』象皮病.

＊**e·le·gan·cia** [e.le.gán.θja / -.sja] 女 **優雅さ, 上品さ**; 趣味のよさ. adquirir ～ 気品を身につける. hombre con ～ 気品ある男性. ～ del estilo literario 洗練された文体. ～ en el hablar 洗練された話し方.
con elegancia 上品に, 優雅に.

＊＊**e·le·gan·te** [e.le.gán.te] 形 **1**《+名詞 / 名詞+》《ser+》**上品な**, 優美な;〈文体などが〉気品のある. mujer ～ 上品な[品のある]女性. estilo ～ 洗練された文体. frase ～ 気の利いた文. gesto ～ 優美な身振り.
2《+名詞 / 名詞+》《ser+ / estar+》**おしゃれな**, エレガントな; 上質の. blusa ～ おしゃれなブラウス. ～ bolsa de cuero あか抜けした革のかばん. ～ barrio 高級な地区. casa ～ 瀟洒(しょうしゃ)な住まい.
3〈態度などが〉見事な, 鮮やかな; 慎みのある. una actitud ～ 見事な振る舞い. Es ～ no criticar a nadie en esta situación. この状況では誰をも批判しないことが慎み深い態度である.
—— 男 女 上品な人, おしゃれな人.
[← [ラ] ēlegantem (ēlegāns の対格)] [関連] [英] elegant]

e·le·gan·to·so, sa [e.le.gan.tó.so, -.sa] 形《ラ米》《俗》《話》しゃれた; あか抜けした.

e·le·gí·a [e.le.xí.a] 女 **1** 挽歌(ばんか), 悲歌, エレジー. **2** (古代ギリシア・ローマの)挽歌[哀歌]調の詩.

e·le·gí·a·co, ca [e.le.xí.a.ko, -.ka] / **e·le·gia·co, ca** [e.le.xjá.ko, -.ka] 形 **1** 挽歌の, 悲歌の. **2** 哀悼の, 哀惜の; 哀愁の, 哀切な. con tono ～ 悲痛な調子で.

e·le·gi·bi·li·dad [e.le.xi.βi.li.ðáð] 女 **1** 被選挙権, 被選挙資格; 被任命資格. **2** 選択性.

e·le·gi·ble [e.le.xí.βle] 形 **1** 選ぶことのできる, 選択可能な. **2** 被選挙権[資格]のある.

＊**e·le·gi·do, da** [e.le.xí.ðo, -.ða] 形 **1 選ばれた**, 選出された; **精選された**, えり抜きの. ～ por la mayoría 過半数の支持を受けて選ばれた. el presidente ～ 大統領当選者. pueblo ～ de Dios 神に選ばれた民. Estas manzanas han sido muy bien elegidas. このリンゴはえりすぐったものばかりだ. **2** 大好きな, 気に入った.
—— 男 女 選ばれた人[もの], 当選者.
—— 男 女《時に複数で》『宗』選民, 神に選ばれた人.

e·le·gir [e.le.xír] ② 他 **1**〈**de**... / **entre**...〈選択肢〉から〉**選ぶ**, 選択する. ~ un nombre *de* la lista リストから1つの名前を選び出す. ~ *entre* carne y pescado 肉か魚かを選ぶ. → escoger [類語]. **2**〈人を〉(投票などによって)選出[任命]する;《+名詞およびその相当語句 …として》選出[任命]する. La abogada fue *elegida diputada*. その弁護士は議員に選出された.
dar a elegir a+人〈人〉に選択権を与える.
[←〔ラ〕*ēligere* (*ex*-「…から」+ *legere*「拾い集める, 選び出す」);[関連]〔仏〕*élite*「エリート」.〔英〕*elect*「選挙する」]

é·le·go, ga [é.le.go, -.ga] 形 → elegíaco.

e·le·men·ta [e.le.mén.ta] 女 → elemento **2**.

e·le·men·ta·do, da [e.le.men.tá.ðo, -.ða] 形〈ラ米〉(グ)(チ)〔話〕ぼうっとした.

e·le·men·tal [e.le.men.tál] 形 **1**(多くは名詞+)《**ser**+》**基本的な**, 基礎の, 初歩の(=fundamental). cometer un error ~ 初歩的なミスを犯す. decir de la manera más ~ 最も基本的な言い方をする. curso ~ 初級[入門]コース. noción ~ 基本概念. principios ~*es* 基本原理, 基本原則. gramática ~ 初級文法. **2**(+名詞/名詞+)《**ser**+》易しい, 簡単な. un problema ~ 理解できる問題. **3** 当然の, わかりきった. deber ~ 当然の義務. cortesía ~ 当然わきまえるべき礼儀. Eso es ~. そんなこと当たり前さ. **4** 構成要素の;元素の. análisis ~ 要素分析. partícula ~ 素粒子.

e·le·men·ta·li·dad [e.le.men.ta.li.ðáð] 女 **1** 基礎[初歩]的なこと[内容,事柄]. **2**(理論・話し方の)わかりやすさ.

e·le·men·tar·se [e.le.men.tár.se] 再〈ラ米〉(グ)(チ)〔話〕ぼうっとする, ぼんやりする.

e·le·men·to [e.le.mén.to] 男 **1 要素**, 成分, 部品. ~ clave 重要要素, 要点. Otro ~ del éxito fue la buena suerte. 成功のもう一つの要因は幸運であった. los ~*s* importantes en la educación 教育における重要要素. ~*s* de la máquina 機械の部品. mueble por ~*s* ユニット家具. una biblioteca de siete ~*s* 7点セットの書斎用家具.
2 メンバー, 構成員;〔話〕やつ. ~*s* de una junta 委員会の委員. reunirse con ~*s* sospechosos うさんくさいやつらと徒党を組む. ~ revolucionario 革命分子. ¡Vaya ~! なんて野郎だ. ▶女性形 elementa が使われることもある. ¡Menuda *elementa*! あきれた女だ.
3 基礎, 初歩. ~*s* de la gramática española スペイン語文法の初歩. ~*s* de geometría 幾何学の基礎知識. **4**〚化〛〚物理〛元素. tabla de ~*s* 元素表. ~*s* radiactivos 放射性元素. **5**(万物を構成する)元素. los cuatro ~*s* 四元素,四大元素(●tierra, 水 agua, 火 fuego, 風 viento). el líquido ~《文章語》水, 海. **6** 自然力;暴風雨,悪天候. furia de los ~*s* 自然の猛威. **7**〚数〛(集合の)元,要素;(図形の)要素. **8**〚天文〛(軌道決定などの)要素. **9**〚文法〛(文・語の)要素. **10**(バッテリーの)セル, 単電池. batería de seis ~*s* 6極バッテリー. **11**〈ラ米〉(1)(タ)〔話〕とっぴな人, 変人. (2)(タ)(チ)(コル)〔話〕まぬけ, 薄のろ. **2**(タ)某, ある人.
elementos de juicio 判断材料.
estar [*encontrarse*] *en* su *elemento* 自分の本領が発揮できるところにいる, 自分の好きな場所にいる.
[←〔ラ〕*elementum*「要素;基礎」]

e·le·mí [e.le.mí] 男 エレミ:カンラン属の木から採れる芳香性樹脂.

E·le·na [e.lé.na] 固名 女 エレナ:女子の洗礼名.
[←〔ラ〕*Helena*;〔ギ〕*Helénē*(原義は「たいまつ;光り輝くもの」);[関連]〔ポルトガル〕*Helena*. 〔仏〕*Hélène*. 〔伊〕*Elena*. 〔英〕*Helen, Ellen*. 〔独〕*Helena*]

e·len·co [e.léŋ.ko] 男 **1** 目録, 一覧表. **2**〚映〛〚演〛配役, キャスト;《集合的》座員, 劇団員. **3** 共同で仕事をする人たち, ある分野を代表する人たち.

e·le·ó·me·tro [e.le.ó.me.tro] 男 → elayómetro.

e·le·pé [e.le.pé] 男〔話〕LPレコード.

*****e·le·va·ción** [e.le.ßa.θjón/-.sjón] 女 **1 上げる[上がる]こと**, 持ち上げること;高まること;(建物の)建立, 建造. ~ del nivel de vida 生活水準の向上. **2**(物価の) 高騰, 上昇. **3** 標高, 海抜;高地, 高くなった所; 隆起. **4**(異議などの)申し立て. **5** 昇進, 昇任, 登用. ~ al trono 王位に就くこと. **6**(精神・文体の)高揚, 荘重さ;激化. la ~ del tono en una discusión 討論で語気が強まること. **7** 有頂天, 恍惚(ミミ);うぬぼれ, 高慢. **8**〚数〛累乗;仰角. **9**〚建〛立面図. **10**〚天文〛星の高度. **11**〚カト〛聖体の奉挙.

e·le·va·do, da [e.le.ßá.ðo, -.ða] 形 **1 高い, 上昇した**. temperatura *elevada* 高温. un precio ~ 高値. a velocidad *elevada* 高速で. conseguir un puesto ~ en la empresa 会社で昇進する. **2**(精神・文体などが) 崇高な, 荘重な;気高い, 高尚な. pensamientos ~*s* 高尚な思想. **3**〚数〛(*a*... に)累乗した. Diez ~ *a* tres es mil. 10の3乗は10 00である. ~ *al* cuadrado 平方の, 2乗した.
──男〈ラ米〉(ニカ)高架線路.

e·le·va·dor, do·ra [e.le.ßa.ðór, -.ðó.ra] 形 持ち上げる, 高く上げる. músculo ~〚解剖〛挙筋.
──男 **1**(貨物用の) 昇降機, リフト. **2**〚解剖〛挙筋. **3**〚電気〛遷層変圧器. ~ reductor 昇降変圧器. ~ de voltaje 昇圧器, ブースター. **4**〚機〛(ジャッキ・起重機などの)持ち上げ装置. ~ de rosca [tornillo] ねじジャッキ. ~ hidráulico 油圧リフト. **5**〈ラ米〉エレベーター.

e·le·va·do·ris·ta [e.le.ßa.ðo.rís.ta] 男 女《ラ米》エレベーター係.

e·le·va·lu·nas [e.le.ßa.lú.nas] 男《単複同形》〚車〛窓の上げ下ろしの仕組み. ~ eléctrico パワーウインドー.

e·le·va·mien·to [e.le.ßa.mjén.to] 男《まれ》→ elevación.

*****e·le·var** [e.le.ßár] 他 **1 上げる, 引き上げる**;高める. ~ el brazo 手を上げる. ~ los precios 価格を上げる. ~ el nivel de vida 生活レベルを上げる. ~ el tono de la voz 声を高める. ~ la reputación 名声を高める. La grúa *elevó* el contenedor y lo cargó en el barco. クレーンはコンテナを持ち上げ, それを船に積み込んだ. **2 昇進させる**, 登用する. ~ a+人 a un alto cargo〈人〉を昇進させる. **3** 建設する, 建立する. ~ la casa un piso más 1階建て増しをする. ~ la torre más alta del mundo 世界一高い塔を建設する. **4**〈異議・苦情などを〉提出する, 上申する. ~ protestas 異議を申し立てる. **5**〈文体・精神などを〉向上させる, 高尚にする. ~ el lirismo 叙情性が増す. **6**〚数〛累乗する. ~ al cuadrado 2乗する. ~ al cubo 3乗する. ~ a la enésima potencia n 乗する.
──~·*se* 再 **1** 上がる, 上昇する;《*a*... …に》達す

る. El euro *se ha elevado* mucho desde hace unos meses. 数か月前からユーロがとても値上がりした. el total *se eleva a*... 合計で…に達する. **2** 立つ,そびえる. En el centro de la ciudad *se eleva* el Ayuntamiento. 市の中心地には市役所がそびえ立っている. **3** 昇進する,出世する. *~se* en la jerarquía 地位が向上する. **4** (精神的に)高尚になる,向上する.
[←〔ラ〕*elevāre*「揚げる;軽くする」(*levis*「軽い」より派生).〔関連〕levantar.〔英〕elevate.〔日〕エレベーター]

e·le·va·vi·drio [e.le.ba.βí.ðrjo] 男《車》《ラ米》→elevalunas.

e·le·vón [e.le.βón] 男《航空》エレボン:昇降舵と補助翼を兼ねた動翼.

el·fo [él.fo] 男《神話》エルフ:超自然的な精霊,妖精(蒄).

e·li·dir [e.li.ðír] 他 **1** 弱くする;骨抜きにする. **2**《文法》〈母音・音節などを〉省略する. ⇒ de el → del, nuestro amo →nuestramo. **3**〔言わなくても[書かなくても]わかる単語を〕省略する.

elig-/elij- 語 →elegir.

e·li·jar [e.li.xár] 他《薬》〈薬草を〉煎(ê)じる.

***e·li·mi·na·ción** [e.li.mi.na.θjón/-.sjón] 女 **1** 除去,除外;排除,排出. ~ de toxinas 毒素の排出. **2** (競技などで)ふるい落とし,勝ち抜き. lograr la ~ 勝ち進む. **3**《数》消去(法).

e·li·mi·na·dor, do·ra [e.li.mi.na.ðór, -.ðó.ra] 形 除去する,排除する. ━ 男 女 除去する人.

***e·li·mi·nar** [e.li.mi.nár] 他 **1** 除去する,取り除く. ~ la posibilidad 可能性を排除する. Este producto *elimina* las sustancias dañinas del agua corriente. この製品は水道水中の有害物質を除去する. **2** (競技・ゲームなどで)ふるい落とす,失格にする. Me *han eliminado* en la primera prueba. 僕は1次選考で落ちた. **3**《医》〈老廃物・毒物などを〉排泄する. **4**《数》消去する. **5**《話》(婉曲)殺す,消す. ━ *~se* 再 **1** 消える,なくなる. **2**《ラ米》(徐)いなくなる.
[←〔ラ〕*ēlīmināre*「(家の外へ)追い出す」(*ex-*「外へ」+ *līmen*「しきい」+動詞語尾)]

e·li·mi·na·to·rio, ria [e.li.mi.na.tó.rjo, -.rja] 形 予選の,勝ち抜きの. ━ 女《スポ》予選.

e·lin·var [e.lim.bár] 男《商標》エリンバ:鉄,ニッケル,クロームなどの合金.

e·lip·se [e.líp.se] 女《数》楕円(蛗),長円.

e·lip·sis [e.líp.sis] 女《単複同形》《文法》(語句・文の)省略.

e·lip·soi·dal [e.lip.soi.ðál] 形《数》楕円(蛗)の,長円の.

e·lip·soi·de [e.lip.sói.ðe] 男《数》楕円(蛗)面,長円面.

e·líp·ti·ca·men·te [e.líp.ti.ka.mén.te] 副 省略して.

e·líp·ti·co, ca [e.líp.ti.ko, -.ka] 形 **1** 楕円(蛗)の,長円の. **2** 省略の,省略された.

e·li·sa·be·tia·no, na [e.li.sa.βe.tjá.no, -.na] 形 (英国の)エリザベス女王の,エリザベス女王時代(1558-1603)の.

E·lí·se·o [e.lí.se.o] 固名 **1**《ギ神》エリシオン:至福の地,天国. **2** (パリの)エリゼ宮(= Palacio del ~):フランス大統領官邸. [←〔ラ〕*Ēlysium*←〔ギ〕*Ēlýsion*.〔関連〕《仏》*Champs-Élysées*「シャンゼリゼ」(原義は「極楽浄土」)]

e·lí·se·o, a [e.lí.se.o, -.a] / **e·li·sio, sia** [e.lí.sjo, -.sja] 形《ギ神》エリシオンの,天国の.
Campos Elíseos (**1**)《ギ神》エリシオン Elíseo. (**2**) (パリの)シャンゼリゼ街.

e·li·sión [e.li.sjón] 女《文法》(母音・音節)の省略.

é·li·te [é.li.te] / **e·li·te** [e.lí.te] 女《集合的》選良,エリート. la ~ de la nación 国家のエリートたち. [←《仏》*élite*]

e·li·tis·mo [e.li.tís.mo] 男 **1** エリートに見られがちな態度〔言葉遣い,身振り〕. **2** エリート優遇政策〔措置〕,エリート至上主義.

e·li·tis·ta [e.li.tís.ta] 形 エリート優遇政策〔至上主義〕の. ━ 男 女 **1** エリート優遇政策の信奉者. **2** エリート面する人.

é·li·tro [é.li.tro] 男《昆》(甲虫類の固い)翅鞘(は),さや羽.

e·li·xir [e.li.ksír] / **e·lí·xir** [e.lík.sir] 男 **1** (卑金属を金に変えると言われた)錬金薬剤,エリキサ(= piedra filosofal);不老不死の霊薬(= ~ de la vida). **2** 妙薬,万能薬. **3**《薬》エリキシル剤. **4** 精髄,エッセンス.

élitro (翅鞘)

****e·lla** [é.ja ‖ -.ʎa] 代名《人称》[3人称女性単数,複数形は ellas] **1**《主語》彼女は[が]. ¿De dónde es ~? — ~ es de Sevilla, y yo soy de Cádiz. 君たちはどこの出身なの. —彼女はセビーリャで私がカディス出身です. ▶他と対比させる場合,主語を強調する場合,あいまいさを避ける場合を除いては省略されることが多い. **2**《前置詞+》彼女;《女性単数名詞を指して》それ. ¿Estáis de acuerdo *con* ~? 君たちは彼女に賛成かい. ¿Quién se lo ha dicho *a* ~? 誰が彼女にそれを言ったのだ.
ser más ella (*misma*) より彼女らしい.

****e·llas** [é.jas ‖ -.ʎas] 代名《人称》[3人称女性複数,単数形は ella] **1**《主語》彼女らは[が]. Entonces ~ estudiaban música. 当時彼女たちは音楽を勉強していた. ▶他と対比させる場合,主語を強調する場合,あいまいさを避ける場合を除いては省略されることが多い. **2**《前置詞+》彼女ら;《女性複数名詞を指して》それら. No hables mal *de* ~. 君は彼女たちのことを悪く言うなよ. Hay muchas propuestas interesantes, y *entre* ~ tenemos que elegir una. たくさんの興味深い提案があるが,その中から1つを選ばなくてはならない.
ser más ellas (*mismas*) より彼女らしい.

e·lle [é.je ‖ -.ʎe] 女 旧アルファベット ll の名称. →che.

****e·llo**[1] [é.jo ‖ -.ʎo] 代名《人称》[3人称単数,中性] **1**《前置詞+》それ,そのこと. *por* ~ それゆえに,だから. Estábamos pensando *en* ~. 私たちはそのことを考えていたところだった. ▶聞き手が了解していること,前に述べた事柄などを指して用いる. **2**《主語》そのことが[は],それが[は]. Todo ~ resultó indudable. 事はそれ全てが疑いようのないこととなった. *E*~ es que... 事実は…である. *¡A ello!* さあ,やるぞ.

e·llo[2] [é.jo ‖ -.ʎo] 男《心》イド:精神の奥底にある本能的エネルギーの源泉.

****e·llos** [é.jos ‖ -.ʎos] 代名《人称》[3人称男性複数,単数形は él] **1**《主語》彼らは[が]. No vienen ~ sino sus padres. 彼らではなく両親が来ます. ▶他と対比させる場合,主語を強調する場合,あいまいさを避ける場合を除いては省略されることが多い. **2**《前置詞+》彼ら;《男性複数名詞を指して》それら. Lo hice *para* ~. 私は彼らのためにそれをしたのだ.

ser más ellos (***mismos***) より彼ららしい.

e·lo·cu·ción [e.lo.ku.θjón / -.sjón] 囡 (効果的な)言葉の使い方, 演説法, 文章構成法; 話術, 話し方. Tiene la ～ fácil. 彼[彼女]は弁がたつ.

e·lo·cuen·cia [e.lo.kwén.θja / -.sja] 囡 雄弁, 弁; 雄弁術.

*__e·lo·cuen·te__ [e.lo.kwén.te] 形 **雄弁な**, 弁舌さわやかな; 説得力のある, 効果的な. un silencio ～ 意味深長な沈黙. [←〔ラ〕*ēloquentem* (*ēloquēns* の対格) (*ēloquī*「語りつくす」の現在分詞) 【関連】〔英〕*eloquent*]

e·lo·cu·ti·vo, va [e.lo.ku.tí.βo, -.βa] 形 話し方[表現の仕方]に関する.

e·lo·gia·ble [e.lo.xjá.ble] 形 賞賛に値する, 感心な.

e·lo·gia·dor, do·ra [e.lo.xja.ðór, -.ðó.ra] 形 ほめたたえる, 賛美の. ━男囡 賞賛者, ほめそやす人.

*__e·lo·giar__ [e.lo.xjár] 82 他 **賞賛する**, ほめたたえる. Me *elogiaron* por el esfuerzo. 人々は私の努力をたたえてくれた.

*__e·lo·gio__ [e.ló.xjo] 男 **賞賛, 賛美**; ほめ言葉, 賛辞. Está por encima de todo ～. 実にすばらしくてほめる言葉もない. deshacerse en ～*s* 賞賛を惜しまない. hacer ～*s* de... ...をほめたたえる. hacer un caluroso ～ de... ...を絶賛する.
[←〔中ラ〕*elogium*「銘; 賛辞」←〔ギ〕*eulogía*「賛賛; 賛辞」]

e·lo·gio·so, sa [e.lo.xjó.so, -.sa] 形 **1** 賞賛の. Habló de él en términos ～*s*. 彼[彼女]は彼のことをほめたたえた. **2** 賞賛に値する, あっぱれな. una acción *elogiosa* 賞賛に値する行為.

E·lo·í·sa [e.lo.í.sa] 固名 **1** エロイーズ (1101-64): フランスの修道女. 師Abelardoとの往復書簡で有名. **2** エロイーサ: 女子の洗礼名. 【関連】〔仏〕*Héloïse*. 〔伊〕*Eloisa*. 〔英〕*Eloise*. 〔独〕*Heloise*.

e·lon·ga·ción [e.loŋ.ga.θjón / -.sjón] 囡 **1** 〔天文〕離角, 離隔. **2** 〔医〕〔物理〕延長, 伸長.

e·lo·ta·da [e.lo.tá.ða] 囡 〘ラ米〙(メキ)(グテ)〔集合的〕トウモロコシ; トウモロコシのおやつ.

e·lo·te [e.ló.te] 男 〘ラ米〙(1)(メキ)(グテ)(穂の柔らかい) トウモロコシ.(2)(グテ) なにがし: 名前を出したくない人物を指す.
ciertos elotes 〘ラ米〙(メキ) なにがし(たち).
[←〔ナワトル〕*élotl*]

e·lo·te·ar [e.lo.te.ár] 自 〘ラ米〙(メキ)(グテ)〔農〕(トウモロコシの) 穂が出る.

*__El Sal·va·dor__ [el sal.βa.ðór] 固名 **エルサルバドル**: 中米の太平洋岸の共和国 / 面積: 2.1万 km² / 人口: 約642万 / 首都: San Salvador / 言語: スペイン語 (公用語), ナワトル語 / 通貨: colón (c 1 = 100 centavos) / 住民: メスティーソ (84%), 白人 (10%), 先住民 / 宗教: カトリック (91%).
◆先住の maya 人は 7世紀にグアテマラ北部, ユカタン半島へ移り, 12世紀からはナワトル語を話す諸部族が移住してきた. 14世紀に pipil 人の部族国家 Cuscatlán が誕生したが, 1524年 Pedro de Alvarado によって征服され Nueva España 副王領に入る. 1821年独立. [el Salvador「救世主キリスト」にちなむ]

e·lu·ci·da·ción [e.lu.θi.ða.θjón / -.si.-.sjón] 囡 解明, 説明.

e·lu·ci·dar [e.lu.θi.ðár / -.si.-] 他 解明[説明]する.

e·lu·ci·da·rio [e.lu.θi.ðá.rjo / -.si.-] 男 注釈書, 解説書.

e·luc·ta·ble [e.luk.tá.ble] 形 打ち勝つことのできる, 克服できる.

e·lu·cu·bra·ción [e.lu.ku.βra.θjón / -.sjón] 囡 思索, 思案; 熟考; 空想.

e·lu·cu·brar [e.lu.ku.βrár] 他 **1** ...について思索[思案]する; 思い巡らす, 熟考する. **2** 空想する. ━自 熟考する; 空想を巡らせる.

e·lu·di·ble [e.lu.ðí.ble] 形 免れられる; 回避できる.

*__e·lu·dir__ [e.lu.ðír] 他 **1 かわす**, うまくよける; 辞退する, 逃げる. ～ una pregunta 質問をうまくかわす. **2** 回避する; ...しないように努める. *Eludió* mirarme a la cara. 彼[彼女]は私の顔を見ないようにした.

e·lu·sión [e.lu.sjón] 囡 (困難・問題を) かわすこと, (罪の) 否認, (責任・義務を) 免れること.

e·lu·si·vo, va [e.lu.sí.βo, -.βa] 形 言い逃れする, 逃げ口上の.

e·lu·vión [e.lu.βjón] 男 〔地質〕残積層, 残積地.

el·ze·vi·rio [el.θe.βí.rjo / -.se.-] / **el·ze·vir** [el.θe.βír / -.se.-] 男 エルゼビル版本: 16-17世紀のオランダの印刷業者 Elzevir に由来.

Em. 〖略〗〔カト〕*Eminencia* (枢機卿への敬称) 猊下.

E.M. 〖略〗〔軍〕*Estado Mayor* 参謀部.

em- 〖接頭〗en- の異形. ⇒ *em*borrachar, *em*papelar.

e·ma·cia·ción [e.ma.θja.θjón / -.sja.sjón] 囡 〔医〕るいそう, 憔悴.

e-mail [i.méil ∥ í.meil] 〔英〕男 〖複 ～s, ～〗〔IT〕E メール, 電子メール.

e·mai·le·ar [i.mei.le.ár] 自 〖話〗〔IT〕 (ファイル・メールを) インターネットで送る, 電子メールのやり取りをする.

e·ma·na·ción [e.ma.na.θjón / -.sjón] 囡 **1** 発散, 放出; 発散物, におい; 発端. **2** 〔化〕エマナチオン: radón の別名.

e·ma·nan·te [e.ma.nán.te] 形 発散[放出]する.

e·ma·nan·tis·mo [e.ma.nan.tís.mo] 男 〔哲〕〔神〕流出説[論]: 世界は一者[神]から流出して生まれたとする考え.

e·ma·nan·tis·ta [e.ma.nan.tís.ta] 形 〔哲〕〔神〕流出説についての.
━男囡 流出説の信奉者, 流出説を唱える学者.

*__e·ma·nar__ [e.ma.nár] 自 《*de...*》**1**《...から》発する, 発散[放出]する. el olor que *emana* de la panadería パン屋から漂ってくるにおい. **2**《...から》発生する;《...に》由来[起因]する. Esta obligación *emana de*l contrato. この義務は契約から生じる.

e·man·ci·pa·ción [e.man.θi.pa.θjón / -.si.-.sjón] 囡 **1** 解放, 独立. **2** 脱却, 離脱.

e·man·ci·pa·do, da [e.man.θi.pá.ðo, -.ða / -.si.-] **1** 解放された; 独立した. **2** 脱却[離脱]した.

e·man·ci·pa·dor, do·ra [e.man.θi.pa.ðór, -.ðó.ra / -.si.-] 形 解放する, 自由にする.
━男囡 解放者.

e·man·ci·par [e.man.θi.pár / -.si.-] 他 **1**《*de...*》〈隷属・束縛など〉から) 解放する, 自由にする; 独立させる. **2**《*de...*》〈迷信・因習など〉から) 脱却[離脱]させる. ━～*se* 解放される, 自由になる; 独立する; 脱却[離脱]する.

e·mas·cu·la·ción [e.mas.ku.la.θjón / -.sjón] 囡 去勢; 〔植〕除雄 (花の雄蕊を取ること).

e·mas·cu·la·dor [e.mas.ku.la.ðór] 男《畜》《獣医》去勢用のペンチ.

e·mas·cu·lar [e.mas.ku.lár] 他 去勢する.

E·ma·ús [e.ma.ús] 固名 エマオ：キリストが復活後，最初に姿を現したエルサレム郊外の場所.

em·ba·bia·mien·to [em.ba.bja.mjén.to] 男《話》放心状態, 陶酔；驚嘆.

em·ba·bu·car [em.ba.bu.kár] 102 他 → embaucar.

em·ba·char [em.ba.tʃár] 他 (毛を刈り取るために) 〈綿羊を〉囲いに入れる.

em·ba·chi·char [em.ba.tʃi.tʃár] 他《ラ米》(ｺﾞﾘｱ)《話》騙す, たぶらかす.

em·ba·dur·na·dor, do·ra [em.ba.ður.na.ðór, -.ðó.ra] 形 塗りたくる, 汚くする.
— 男 女 ヘぼ絵かき.

em·ba·dur·nar [em.ba.ður.nár] 他《con... / de...》《…を》塗りたくる；《…で》汚す. ~ *con* [*de*] pintura ペンキをべたべた塗る.
— ~·**se** 再《con... / de... …で》べたべたになる，汚れる. ~*se de* barro 体じゅう泥だらけになる.

em·ba·ír [em.ba.ír] 50 他 だます, ぺてんにかける.
► 直説法現在形の単数形と3人称複数形, 接続法現在形の全ての活用, および命令法の1人称複数形・2人称単数形・3人称単数形・3人称複数形は用いられない. → 80.

***em·ba·ja·da** [em.ba.xá.ða] 女 **1** 大使館；大使公邸. *E*~ del Japón en España スペイン日本大使館. ► 「公使館」は legación, 「領事館」は consulado. **2** 大使の職務[地位]. **3**《集合的》大使館員. **4**（大使からの）親書, メッセージ；使節. **5**《話》厚かましい要求, 無理難題. No me vengas ahora con esa ~. そんな無理なことを言わないでくれ.
[← (古プロバンス) *ambaissada*「(大使の) 任務」；関連 embajador.〔英〕*embassy*〕

****em·ba·ja·dor, do·ra** [em.ba.xa.ðór, -.ðó.ra] 男 女 **1** 大使. ~ *de España en Japón* 駐日スペイン大使. ►「公使」は ministro,「領事」は cónsul. **2** 使節, 使者. ~ *extraordinario* [*especial*] 特派大使；特別使節. — 女《話》大使夫人.

em·ba·la·do, da [em.ba.lá.ðo, -.ða] 形 **1** 大胆な, きびきびした. **2**《ラ米》《話》(1)《ｺﾞﾘｱ》麻薬で錯乱した. (2)《ﾁﾘ》猛スピードの[で].
— 男 荷造り, 梱包(はう).

em·ba·la·dor, do·ra [em.ba.la.ðór, -.ðó.ra] 女 荷造り人, 梱包(はう)業者.

em·ba·la·du·ra [em.ba.la.ðú.ra] 女《ラ米》→ embalaje.

em·ba·la·je [em.ba.lá.xe] 男 **1** 荷造り, 梱包(はう), 包装；包装材, 荷箱. papel de ~ 包装紙. **2** 荷造り費, 梱包費. tarifa de ~ 荷造り料.

em·ba·lar¹ [em.ba.lár] 他 梱包(はう)する, 荷造りする, 包装する. — 自《海》(魚を網に追い込むため) 海面をたたく.[bala「梱包」より派生]

em·ba·lar² [em.ba.lár] 他 **1**〈エンジンなどを〉急速回転させる. **2**《ラ米》(ｺﾞﾘｱ)(火薬なしに) 弾丸を詰め込む. — 自 **1**〈エンジンなどが〉急速回転する. **2** スピードを出す. **3**《ラ米》(ｺﾞﾘｱ)《話》逃げる, 逃走する.
— ~·**se** 再 **1**〈エンジンなどが〉急速回転する. **2** スピードを出す. **3** 早口でしゃべる, まくしたてる. **4** 夢中になる；《俗》(性的に) 熱くなる, 興奮する. Ya el primer día *se embaló* y le pidió que se casara con él. 彼は最初の日から夢中になり, 彼女に結婚を申し込んだ. **5**《ラ米》(ｺﾞﾘｱ)《話》逃げる, 逃走する.
[← 〔仏〕*emballer*；関連 embalar¹]

em·bal·do·sa·do, da [em.bal.do.sá.ðo, -.ða] 形 タイル張りの, 板石[敷石]を並べた. — 男 **1** タイル張りの[敷石を敷いた]床. **2** タイルを張ること.

em·bal·do·sar [em.bal.do.sár] 他〈床に〉タイルを張る, 板石[敷石]を並べる.

em·ba·le [em.bá.le] 男《ラ米》(ｺﾞﾘｱ)《話》(1) 猛スピード, 全速力. (2) やる気, エネルギー, 積極性.

em·ba·lle·na·do, da [em.ba.je.ná.ðo, -.ða ‖ -.ʝe.-] 形《服飾》鯨のひげを入れた, 芯を入れて張りをつけた. — 男《服飾》鯨のひげを入れること；(コルセットなどの) 鯨のひげの芯(ん), (針金などの) 芯.

em·ba·lle·nar [em.ba.je.nár ‖ -.ʝe.-] 他《服飾》〈コルセットなどに〉鯨のひげを入れる, (針金などの) 芯を入れる.

em·bal·sa·de·ro [em.bal.sa.ðé.ro] 男 沼[湿]地.

em·bal·sa·do [em.bal.sá.ðo] 男《ラ米》(ｺﾞﾘｱ)水生植物の群落.

em·bal·sa·ma·dor, do·ra [em.bal.sa.ma.ðór, -.ðó.ra] 形 **1** (死体を) 防腐する. **2** 香りをつける. — 男 (死体に) 防腐処理を施す人.

em·bal·sa·ma·mien·to [em.bal.sa.ma.mjén.to] 男 **1** 死体の防腐処理. **2** 香りをつけること.

em·bal·sa·mar [em.bal.sa.már] 他 **1**〈死体に〉防腐処理を施す. **2** 香りをつける.

em·bal·sar¹ [em.bal.sár] 他〈水を〉せき止める, ためる. — 自《ラ米》(ｺﾞﾘｱ)(船で) 横断する.
— ~·**se** 再〈水が〉せき止められる, 水たまりになる.

em·bal·sar² [em.bal.sár] 他《海》つり索[鎖]にぶら下げる, くくりつける.

***em·bal·se** [em.bál.se] 男 **1** (水を) せき止めること, 貯水. **2** ダム, 貯水池；堰(ぎ) (= pantano).

em·ba·lu·mar [em.ba.lu.már] 他〈大きな荷物を〉背負わせる.
— ~·**se** 再 厄介な難問[仕事]をしょい込む.

em·ba·lur·dar [em.ba.lur.ðár] 他《ラ米》(ｺﾞﾘｱ)だます；だまし取る.

em·ba·nas·tar [em.ba.nas.tár] 他 **1** かご[バスケット]に入れる. **2**〈人を〉詰め込む, すし詰めにする.

em·ban·car·se [em.baŋ.kár.se] 102 再 **1**《海》座礁する. **2**《ラ米》(1)(ｺﾞﾘｱ)《冶》〈鉱滓(ｺﾞｳ)が〉炉壁にたまる. (2)(ﾁﾘｱ)(ﾀﾞﾘ)(ﾒｷ)(ｺﾞﾘｱ)〈川・湖が〉土砂で埋まる.

em·ban·de·rar [em.ban.de.rár] 他《海》〈船を〉旗で飾る, 旗を飾りつける. — ~·**se** 再《ラ米》(ｺﾞﾘｱ)〈主義・思想を〉信奉する,〈チームを〉ひいきにする.

em·ban·que·ta·do [em.baŋ.ke.tá.ðo] 男《ラ米》(ｺﾞﾘｱ)歩道.

em·ban·que·tar [em.baŋ.ke.tár] 他《ラ米》(ｺﾞﾘｱ)〈道路に〉歩道をつける.

em·ba·ra·do, da [em.ba.rá.ðo, -.ða] 形《ラ米》(ｺﾞﾘｱ)消化不良の.

em·ba·ra·za·do, da [em.ba.ra.θá.ðo, -.ða / sá.-] 形 **1** 妊娠した. estar *embarazada* de seis meses 妊娠6か月である. quedarse *embarazada* 妊娠する. dejar *embarazada* a una mujer 女性を妊娠させる. **2** (*estar* +) 困惑した. **3** 邪魔[妨害]された. — 女 妊婦.

***em·ba·ra·zar** [em.ba.ra.θár / -.sár] 97 他 **1** 妊娠させる. **2** 困惑させる. **3** 邪魔する, 妨げる. ~ *el paso* 通路をふさぐ.
— ~·**se** 再 **1** 妊娠する. **2** 困惑する. **3** 混乱する.

***em·ba·ra·zo** [em.ba.rá.θo / -.so] 男 **1** 妊娠；妊娠期間. ~ *ectópico* 子宮外妊娠. **2** 困惑；面倒. **3** 邪魔；障害(物).

em·ba·ra·zo·sa·men·te [em.ba.ra.θó.sa.mén.

em·ba·ra·zo·so, sa [em.ba.ra.θó.so, -.sa / -.só.-] 形 **1** 厄介な, 面倒な. una pregunta *embarazosa* 人を面食わせる質問. **2** 妨害［障害］となる, 邪魔な.

em·bar·bar [em.bar.βár] 他 〖闘牛〗角をつかんで押さえる.

em·bar·bas·car [em.bar.βas.kár] 102 他 〘ラ米〙 **1** 紛糾させる, 混乱させる. ━ **～·se** 再 **1** 〘釧〙 などに）木の根に食い込む. **2** 《比喩的》(混乱して）支離滅裂なことを言う.

em·bar·be·cer [em.bar.βe.θér / -.sér] 34 自 あごひげが生える.

em·bar·bi·lla·do [em.bar.βi.ʝá.ðo ‖ -.ʎá.-] 男 〖建〗(板の）実矧(ぎ).

em·bar·bi·llar [em.bar.βi.ʝár ‖ -.ʎár] 他〈2枚の板を〉実矧(ぎ)にする.

em·bar·ca·ción [em.bar.ka.θjón / -.sjón] 女 **1** 船, 船舶. ～ de recreo 遊覧船. → barco 類語. **2** 乗船, 搭乗；積み込み. **3** 航海日数.

em·bar·ca·de·ro [em.bar.ka.ðé.ro] 男 **1** 桟橋, 埠頭(ちょう); 乗船場. **2** 〘ラ米〙(1) 〘カリブ〙〖農〗(家畜の）積み込み用の囲い. (2) 貨物駅, 積荷用プラットホーム.

em·bar·ca·do, da [em.bar.ká.ðo, -.ða] 形 〘ラ米〙〘ラブ〙《話》捕らえられた, 収監された.

embarcadero (乗船場: メキシコ市)

em·bar·car [em.bar.kár] 102 他 **1** 乗船［乗車, 搭乗〕させる. ～ a los pasajeros 旅客を乗船させる. Embarcando 搭乗中: 空港の掲示. **2** 積み込む; 発送する. ～ las maletas en el avión 飛行機に荷物を積み込む. **3** 《話》巻き込む. ～ a＋人 en... 〈人を〉…に巻き込む. **4** 〘ラ米〙〘ラプ〙〘カリブ〙〘ニカ〙〘メシ〙誘い込む, だます.
━ 自 乗船［搭乗〕する.
━ **～·se** 再 **1** 乗船［乗車・搭乗〕する; 乗り込む. Mañana *me embarco* a las nueve. 明朝私は9時に乗船する. **2** 《en...》《話》〈事業・訴訟などに〉乗り出す, 着手する. 《…に》かかわる.

em·bar·co [em.bár.ko] 男 乗船, 搭乗；積み込み.

em·bar·ga·ble [em.bar.ɣá.βle] 形 〖法〗差し押さえ可能な.

em·bar·ga·dor [em.bar.ɣa.ðór] 男 **1** (船舶に）出港［入港〕の禁止を命じる人；〖法〗差押人.

em·bar·gan·te [em.bar.ɣán.te] 形 まひさせる；差し押さえの；妨害の.
no embargante それにもかかわらず (= sin embargo).

em·bar·gar [em.bar.ɣár] 103 他 **1** 妨げる, 邪魔する. **2** 〖法〗差し押さえる. Si no paga el alquiler del piso, le *embargarán* los muebles. 家賃を払わないと, 彼［彼女〕は家具を差し押さえられるだろう. **3** 〈人の心・時間を〉奪う, 夢中にさせる；〈感動・痛みなどが〉〈人の心を〉いっぱいにする, まひさせる. La gestión del banco me *embargó* toda la mañana. 銀行の手続きに午前中いっぱいかかった. **4** 〖海〗(船に）出港［入港〕禁止を命じる.

em·bar·go [em.bár.ɣo] 男 **1** 〖法〗差し押さえ, 押収. ejecución de ～ 差し押さえの執行. ～ de bienes litigiosos 係争物の差し押さえ. **2** 〖商〗輸出［通商〕禁止；〖海〗出港［入港〕禁止. ～ económico 経済封鎖. **3** 〖医〗消化不良.
sin embargo しかしながら, にもかかわらず. Ella siempre dice que no tiene dinero y, *sin* ～, todos los días sale de compras. 彼女はいつもお金がないと言いながら毎日買い物に出かける.
［《古スペイン》では「妨げにはならず」の意味があり, そこから sin embargo (←「妨げにはならず」) の句が作られた］

em·bar·ni·za·mien·to [em.bar.ni.θa.mjén.to / -.sa.-] 男 ワニスを塗ること, ニス塗り.

em·bar·ni·zar [em.bar.ni.θár / -.sár] 97 他 …にワニス［ニス〕を塗る (= barnizar).

em·bar·que [em.bár.ke] 男 **1** 積み込み. **2** 乗船, 搭乗. tarjeta de ～ 搭乗券. **3** 〘ラ米〙〘メシ〙(1) 待ちぼうけ. (2) 騙(だま)かし, 詐欺.

embarque(-) / embarqué(-) 活 → embarcar.

em·ba·rra·da [em.ba.řá.ða] 女 〘ラ米〙〘アチ〙〘タプ〙〘チリ〙〘ニカ〙へま, 失敗, 間違い.

em·ba·rra·do, da [em.ba.řá.ðo, -.ða] 形 泥んこの, 泥だらけの. ━ 男 〖塀・壁の〗土塗り.

em·ba·rra·dor, do·ra [em.ba.řa.ðór, -.ðó.ra] 形 **1** 土〔泥〕を塗りつける. **2** ゴシップ好きな. ━ 男 女 **1** (土壁の）上塗り職人. **2** ゴシップ好きな人.

em·ba·rra·du·ra [em.ba.řa.ðú.ra] 女 **1** 泥塗り, 壁土を塗ること. **2** 汚れ, 汚すこと.

em·ba·rran·ca·mien·to [em.ba.řaŋ.ka.mjén.to] 男 〖海〗座礁.

em·ba·rran·car [em.ba.řaŋ.kár] 102 自 〖海〗座礁する. **2** 《比喩的》暗礁に乗り上げる, 行き詰まる.
━ **～·se** 再 **1** 〖海〗座礁する. **2** 行き詰まる, 困難に直面する.

em·ba·rrar¹ [em.ba.řár] 他 **1** 泥を塗る; 塗りたくる; 汚す. **2** 〘ラ米〙(1) 〘メシ〙〘ラプ〙(悪事などに）巻き込む, 引き入れる. (2) 〈人の〉顔に泥を塗る, けなす. (3) 〘ラプ〙〘ラブ〙〘メシ〙〈問題を〉引き起こす. (4) 〘メシ〙壁土を塗る. (5) 〘ラプ〙まき散らす, ばらまく. (6) 〘メ中〙〈人を〉車でひく.
━ 自 〘ラ米〙〘メシ〙(ニカ)《話》しくじる, 失敗する.
━ **～·se** 再 泥で汚れる, 泥だらけになる.
embarrarla 〘ラ米〙《話》台無しにする, 失敗させる.
embarrar la mano 〘ラ米〙《話》〈人から〉賄賂(ろ)を取る, 〈人に〉袖(そで)の下を強いる.

em·ba·rrar² [em.ba.řár] 他 てこを差し込む, てこで動かす. ━ **～·se** 再 〖狩〗〈シャコが〉梢(こずえ)に逃げ込む.

em·ba·rria·lar·se [em.ba.řja.lár.se] 再 〘ラ米〙(1) 〘メ中〙〘カリブ〙泥まみれになる. (2) 〘メシ〙泥にはまる.

em·ba·rri·la·do [em.ba.ři.lá.ðo] 男 樽(たる)詰め.

em·ba·rri·la·mien·to [em.ba.ři.la.mjén.to] 男 → embarrilado.

em·ba·rri·lar [em.ba.ři.lár] 他 **1** 樽(たる)詰めにする. **2** 〘ラ米〙〘ニカ〙〈人を〉殺す.

em·ba·rro·tar [em.ba.řo.tár] 他 〈板などに〉添え木を打ちつけて補強する.

em·ba·ru·lla·do, da [em.ba.ru.ʝá.ðo, -.ða ‖ -.ʎá.-] 形 混乱した, もつれた, ごちゃごちゃの.

em·ba·ru·lla·dor, do·ra [em.ba.ru.ʝa.ðór, -.ðó.ra ‖ -.ʎá.-] 形 **1** 混乱させる. **2** 《話》ぞんざいな, 雑な. ━ 男 女 **1** 頭の混乱した人. **2** ぞんざいな, 雑な人.

em·ba·ru·lla·mien·to [em.ba.ru.ja.mjén. to ‖ -.ʎa.-] 男 混乱, 無秩序, 支離滅裂.

em·ba·ru·llar [em.ba.ru.jár ‖ -.ʎár] 他 **1** 《話》混乱させる；もつれさせる. **2** 急いでいい加減にする. **― ~·se** 再 こんがらかる, 訳がわからなくなる.

em·ba·sa·mien·to [em.ba.sa.mjén.to] 男 《建》土台, 基礎.

em·bas·tar [em.bas.tár] 他 **1** 仮縫いする, …にしつけをかける. **2** 〈布を〉刺繍(ししゅう)枠に取り付ける. **3** 〈布団などに〉とじをする. **4** 《古》下準備をする.

em·bas·te [em.bás.te] 男 仮縫い, しつけ縫い.

em·bas·te·cer [em.bas.te.θér / -.sér] 34 自 太る；大まか[粗野]になる. ▶時に再帰代名詞を伴う.

em·ba·te [em.bá.te] 男 **1** 《海》(激しい波の)打ちつけ；大荒れ. **2** 暴風；時化. **3** 《比喩的》(感情などの)激しさ, あらし. Los ~s de celos convirtieron aquel matrimonio en un infierno. 嫉妬(しっと)のあらしであの夫婦の間は地獄と化した.

em·bau·ca·dor, do·ra [em.bau.ka.ðór, -.ðó.ra] 形 **1** だます, 欺く. **2** 甘言で釣る, 口先の上手な. **―** 男 女 **1** 詐欺師, ぺてん師. **2** 口先の上手な人.

em·bau·ca·mien·to [em.bau.ka.mjén.to] 男 **1** いかさま, 詐欺. **2** 甘言で釣ること, たぶらかし.

em·bau·car [em.bau.kár] 94 他 **1** だます, ぺてんにかける. **~ a + 人 con promesas** 〈人〉に約束しておいてだます. **2** 口車に乗せる, たぶらかす.

em·bau·la·do, da [em.bau.lá.ðo, -.ða] 形 ぎっしり詰まった；すし詰めの.

em·bau·lar [em.bau.lár] 93 他 **1** トランクに詰める. **2** 《話》〈人・ものを〉ぎっしり詰める, 詰め込む. **3** 《話》〈食べ物を〉腹に詰め込む, がつがつ食う.

em·ba·sa·mien·to [em.bau.sa.mjén.to] 男 呆然(ぼうぜん), 放心, 上の空.

em·ba·yar·se [em.ba.ʝár.se] 再 《ラ米》《話》ぷりぷり怒る, むかっ腹を立てる.

em·ba·zar¹ [em.ba.θár / -.sár] 97 他 褐色に染める.

em·ba·zar² [em.ba.θár / -.sár] 97 他 《話》**1** あきれさせる, 呆然(ぼうぜん)とさせる. **2** 妨げる, 邪魔する；抑制する, 止める. **―** 自 仰天する, 呆然とする. **― ~·se** 再 **1** うんざりする, げんなりする. **2** 胃にもたれる, 食傷する.

em·be·be·cer [em.be.βe.θér / -.sér] 34 他 うっとりさせる, 魅惑する；楽しませる. **― ~·se** 再 うっとりする.

em·be·be·ci·mien·to [em.be.βe.θi.mjén.to / -.si.-] 男 うっとりすること, 恍惚(こうこつ).

em·be·ber [em.be.βér] 他 **1** 吸い込む, 吸い取る. **2** (**en...**) (…に)浸す, つける；(…を)浸み込ませる. **~... en agua** …を水に浸す. **3** 内にしまい込む, 取り込む. **4** 〈衣服などを〉縮める, つめる. **―** 自 **1** 縮む, つまる. **2** 〈布地が〉吸収する. **― ~·se** 再 **1** (**con... / en...** …に)夢中になる, 熱中する. **~se en** un libro 本に熱中する. **2** (**de...** …を)完全に習得[理解]する. **3** 没頭する, 没入する.

em·be·bi·do, da [em.be.βí.ðo, -.ða] 形 **1** 没頭した, 熱中した. **2** 《IT》埋め込まれた. **lenguaje ~** 埋め込み言語.

em·be·bi·mien·to [em.be.βi.mjén.to] 男 収縮, 縮み.

em·be·ca·du·ra [em.be.ka.ðú.ra] 女 《建》三角小間, スパンドレル：屋根の様式.

em·be·ju·car [em.be.xu.kár] 102 他 《ラ米》(1) (ぎょう)つる[籐(とう)]をかぶせる. (2) (ぶか)戸惑いさせる, 困らせる.

em·be·le·ca·dor, do·ra [em.be.le.ka.ðór, -.ðó.ra] 形 まやかしの, 詐欺の. **―** 男 詐欺師.

em·be·le·ca·mien·to [em.be.le.ka.mjén.to] 男 詐欺；口車, 甘言.

em·be·le·car [em.be.le.kár] 102 他 欺く, だます；甘言で釣る, たぶらかす.

em·be·le·co [em.be.lé.ko] 男 **1** 口車, 詐欺；だますこと, 甘言. **2** 気に障る人[物]；邪魔者. **3** 《ラ米》(ぶか)栄養のない食事.

em·be·le·ñar [em.be.le.ɲár] 他 **1** (毒草の)ヒヨス beleño で眠らせる. **2** 魅了する, うっとりさせる.

em·be·le·que·rí·a [em.be.le.ke.rí.a] 女 《ラ米》(ぶか)(うこ)(かい)(ぎょう)→ **embeleco 1**.

em·be·le·que·ro, ra [em.be.le.ké.ro, -.ra] 形 **1** 人をだますのがうまい. **2** 《ラ米》《話》大げさな.

em·be·le·sa·mien·to [em.be.le.sa.mjén.to] 男 → **embeleso**.

em·be·le·sar [em.be.le.sár] 他 うっとりさせる, 魅了する. **― ~·se** 再 (**con... / en...** …に)うっとりとする. **~se con** un espectáculo ショーに見とれてうっとりとする.

em·be·le·so [em.be.lé.so] 男 **1** うっとりすること, 魅了. **2** 魅了するもの, 魅力的なもの, 魔力.

em·be·lla·que·cer·se [em.be.ja.ke.θér.se ‖ -.ʎa.- / -.sér.se] 再 ぐれる, 不良になる.

em·be·lle·ce·dor, do·ra [em.be.je.θe.ðór, -.ðó.ra ‖ -.ʎe.- / -.se.-] 形 美しくする, 化粧用の. **―** 男 《装飾用部品》ハブキャップ, ホイールキャップ；(車体の)モールディング.

em·be·lle·cer [em.be.je.θér ‖ -.ʎe.- / -.sér] 34 他 **1** 美しくする, 飾り立てる. **2** 美化する, (実際よりも)美しく描く. **― ~·se** 再 (**con...** …で)美しくなる, 身を飾る.

em·be·lle·ci·mien·to [em.be.je.θi.mjén.to ‖ -.ʎe.- / -.si.-] 男 美化, 飾り立て；化粧.

em·ber·me·jar [em.ber.me.xár] 他 → **embermejecer**.

em·ber·me·je·cer [em.ber.me.xe.θér / -.sér] 34 他 **1** 朱色にする, 赤くする. **2** 赤面させる. **―** 自 **1** 朱色になる, 赤くなる. **2** 赤面する. **― ~·se** 再 赤面する.

em·be·ro [em.bé.ro] 男 《植》アフリカ原産のセンダン科の高木：その材木はアフリカンドウフとして知られ, 家具や木琴などに使われる.

em·be·rren·chi·nar·se [em.be.r̃eɲ.tʃi.nár.se] 再 《話》→ **emberrincharse**.

em·be·rre·ti·nar·se [em.be.r̃e.ti.nár.se] 再 《ラ米》(ぶか)《話》たまらなく…したい, …に固執する.

em·be·rrin·char·se [em.be.r̃iɲ.tʃár.se] 再 **1** 〈子供が〉ぐずる；〈子供のように〉へそを曲げる, 泣きじゃくる. **2** 《ラ米》(ぶか)においのきついもので汚れる.

em·bes·ti·da [em.bes.tí.ða] 女 **1** 攻撃, 襲撃. **2** 突進, 猛攻. **la ~ del toro** 雄牛の突進. **3** 《話》(金などの)無心, たかり.

em·bes·ti·dor, do·ra [em.bes.ti.ðór, -.ðó.ra] 形 **1** 攻撃する, 襲いかかる. **2** 突進する, 猛進する. **―** 男 女 金を無心する人.

em·bes·ti·du·ra [em.bes.ti.ðú.ra] 女 → **embestida**.

em·bes·tir [em.bes.tír] 1 他 **1** 攻撃する, 襲いかかる. **2** 突進する, 猛進する. **El toro** *embistió* **al matador**. 牛はマタドールめがけて突進した. **3** 《話》〈人に〉(金などを)無心する, せびる. **―** 自 襲いかかる；激突する.

em·be·tu·nar [em.be.tu.nár] 他 **1** 靴墨をつける

[で磨く]；タールを塗る. ～ los zapatos 靴を磨く. **2** 《ラ米》《タバコの葉を》タバコの煎汁(せんじゅう)で湿らす［色をつける］.

em·bi·car [em.bi.kár] 他 **1**《海》〈船首を〉風上に向ける. (2)(弊意を表して)帆桁(ほげた)の1本を斜めにする. **2**《ラ米》(1)(エク)〈穴に〉差し込む. (2)(ガテ)〈容器を〉逆さにする, 傾ける. (3)(ガテ)(ホンズ)〈船首を〉陸へ向ける.

em·bi·char·se [em.bi.tʃár.se] 再《ラ米》(ウルグ)うじがわく, 虫がたかる.

em·bi·jar [em.bi.xár] 他 **1** 紅染料する, 朱色に塗る. **2**《ラ米》(中米)(カリブ)汚す, 塗りたくる.

em·bis·te [em.bís.te] 男《ラ米》(コスタ)突進, 猛攻.

em·biz·car [em.biθ.kár / -.bis.-] 102 他 横目でにらむ. — ～(·se) 自 再 斜視になる.

em·blan·de·cer [em.blan.de.θér / -.sér] 34 他 柔らかくする；和らげる (= ablandar). — ～·se 再 柔らかくなる；優しくなる；同情的になる.

em·blan·que·cer [em.blaŋ.ke.θér / -.sér] 34 他 白くする；漂白する. — ～·se 再 白くなる.

em·blan·que·ci·mien·to [em.blaŋ.ke.θi.mjén.to / -.si.-] 男 白くすること；漂白.

em·ble·ma [em.blé.ma] 男 **1** エンブレム, 寓意(ぐう)画：絵の意味を補う格言・詩句が添えられている. **2** (時に銘句などを添えた) 標章；(紋章などの) 印, 記章. **3** 象徴, 表象. La paloma es el ～ de la paz. ハトは平和のシンボルである.

em·ble·má·ti·co, ca [em.ble.má.ti.ko, -.ka] 形 標章の；象徴的な；重要な.

em·bo·ba·do, da [em.bo.βá.ðo, -.ða] 形 **1** 唖然(あぜん)とした, ぼおっとした. **2** うっとりした.

em·bo·ba·mien·to [em.bo.βa.mjén.to] 男 **1** 呆然(ぼうぜん), 驚嘆；当惑. **2** 陶酔.

em·bo·bar [em.bo.βár] 他 **1** 驚嘆させる, 唖然(あぜん)とさせる. **2** うっとりさせる, 陶酔させる.
— ～·se 再《con... ...に》びっくり仰天する；うっとりする. ～se con un espectáculo ショーにみとれる.

em·bo·be·cer [em.bo.βe.θér / -.sér] 34 他 ぼうっとさせる, 愚かにする.
— ～·se 再 ぼうっとする, ばかになる.

em·bo·be·ci·mien·to [em.bo.βe.θi.mjén.to / -.si.-] 男 仰天, 呆然(ぼうぜん)；ばかになること.

em·bo·ca·de·ro [em.bo.ka.ðé.ro] 男 細い水路, (排水などの) 放出口.

em·bo·ca·do, da [em.bo.ká.ðo, -.ða] 形 〈ワインが〉口当たりのよい, 中辛口の.

em·bo·ca·du·ra [em.bo.ka.ðú.ra] 女 **1** (狭い所に) 入ること, 入り込むこと. **2** (港・川・水路の) 入り口；河口, 流出口. **3**《音楽》(楽器の) 吹き口. **4** (ワインの) 口当たり, 風味. **5**《演》舞台前部, かぶりつき. **6** 馬銜(はみ).

em·bo·car [em.bo.kár] 102 他 **1** (口・穴の中に) 入れる, 押し込む；《スポ》(ゴルフ・バスケットで) 〈ボールを〉 ホール［ゴールに］ 入れる. **2** (狭い場所に) 入る, 進入する. **3**《音楽》〈楽器を〉吹き口に当てる. **4** (投げられたものを) 口で受ける. **5** 信じ込ませる, うのみにさせる. **6** 〈商売などを〉 始める, 着手する. **7**《ラ米》(ウルグ)出発する. — 自《ラ米》(ウルグ)(チリ)うまくゆく, 成功する. — ～·se 再 **1** (狭い所へ) 入り込む. **2**《話》がつがつ食う.

em·bo·chin·char [em.bo.tʃin.tʃár] 他《ラ米》混乱させる, 騒ぎを起こす.
— ～·se 再《ラ米》《話》混乱する, 大騒ぎする.

em·bo·ci·na·do, da [em.bo.θi.ná.ðo, -.ða / -.si.-] 形 らっぱ形の, らっぱ状の (= abocinado).

em·bo·de·gar [em.bo.ðe.ɣár] 103 他 《ワイン・油などを》倉に貯蔵する.

em·bo·jar [em.bo.xár] 他 (蚕棚に) 蔟(まぶし)を入れる.

em·bo·jo [em.bó.xo] 男 (蚕に繭を作らせるためのわらなどの) 蔟(まぶし)；蔟を入れること.

em·bo·jo·tar [em.bo.xo.tár] 他 《ラ米》(ベネズ)《話》包む, 包装する. — ～·se 再 (マントなどで) 身を包む.

em·bo·la·do, da [em.bo.lá.ðo, -.ða] 形 **1**《闘牛》角に防護用の木球をはめた. **2**《ラ米》(中米)《話》酒に酔った. — 男 **1**《闘牛》角に防護用の木球をはめた牛. **2**《話》うそ, 作り話. **3**《演》端役. **4** 損な役, 割の合わない仕事. ¡Pues vaya un ～! なんて仕事だ. **5**《話》問題, やっかいなこと.

em·bo·la·dor [em.bo.la.ðór] 男《ラ米》(コロン)靴磨き(の人).

em·bo·lar [em.bo.lár] 他 **1**《闘牛》〈牛(の角)に〉防護用の木球をつける. **2**《ラ米》(1)(中米)(コロン)《話》酔わせる. (2)(コロン)〈靴を〉磨く. (3)(チリ)混乱させる. — ～·se 再《ラ米》(1)(中米)(コロン)酔う. (2)(チリ)混乱する.

em·bo·la·tar [em.bo.la.tár] 他《ラ米》(コロン)《話》だます, 欺く. — 自《ラ米》(コロン)道に迷う.

em·bo·lia [em.bó.lja] 女《医》塞栓(そくせん)症.

em·bo·lis·mar [em.bo.lis.már] 他 **1**《話》...のうわさ話をする, 陰口を言う. **2**《話》(を)あおる, 扇動させる.

em·bo·lis·mo [em.bo.lís.mo] 男 **1** 混乱, もつれ；障害. **2** うわさ話, 陰口. **3** (異なる暦を合わせるための) 閏(うるう)日 [閏月] の追加.

ém·bo·lo [ém.bo.lo] 男 **1**《機》ピストン, プランジャ. **2**《医》塞栓(そくせん).

em·bol·sar [em.bol.sár] 他 **1** 財布［袋］に入れる, 袋にしまう. **2** 〈金を〉 もうける［手に入れる］. — ～·se 再 **1**《en... ...で》金をもうける. **2**《ラ米》(コロン)着服する.

em·bol·si·car [em.bol.si.kár] 102 他《ラ米》財布［袋］に入れる.

em·bol·so [em.ból.so] 男 (利益の) 獲得, もうけること.

em·bo·nar [em.bo.nár] 他 **1** 改良［改善］する. **2** 調整する, 適合させる. **3**《海》〈船体を〉板で被覆する. **4**《ラ米》(1)(キューバ)(チリ)(コロン)施肥する. (2)(メキ)(コロン)...によく似合う. (3)(メキ)(コロン)しっかりとつなぎ合わせる.

em·bo·ñi·gar [em.bo.ɲi.ɣár] 103 他 (...に) 牛糞(ぎゅうふん)を塗る, 牛糞で汚す.

em·bo·que [em.bó.ke] 男 **1** (狭い場所の) 通り抜け, くぐり抜け. **2**《話》ごまかし, 策略.

em·bo·qui·lla·do, da [em.bo.ki.ʝá.ðo, -.ða || -.ʝá.-] 形 〈タバコが〉 フィルター［吸い口］付きの. — 男 フィルター［吸い口］付きタバコ.

em·bo·qui·llar [em.bo.ki.ʝár || -.ʝár] 他 **1** 〈タバコに〉 フィルター［吸い口］をつける. **2** 〈地下道・トンネルなどに〉 出入り口を付ける. **3**《ラ米》(ウルグ)(チリ)〈れんが積みの〉 継ぎ目［目地］にしにくい［セメント］を詰める.

em·bo·rra·cha·dor, do·ra [em.bo.ra.tʃa.ðór, -.ðó.ra] 形 酔わせる.

em·bo·rra·cha·mien·to [em.bo.ra.tʃa.mjén.to] 男 酔い (= embriaguez).

*__em·bo·rra·char__ [em.bo.ra.tʃár] 他 **1** 酔わせる, 酩酊(めいてい)させる. Una copita de tequila me *emborracha*. 私はテキーラ一杯で酔ってしまう. **2** めまいを起こさせる, もうろうとさせる；陶酔させる. Me *emborracha* el perfume de la señora. その婦人の香水をかぐとくらくらする. **3** (色を) 混ぜる, にじませる. **4**

em·be·rrar [em.be.r̄ár] 他 **1** 毛くずを詰める. **2** 〈羊毛などを〉すく;〈布地に〉毛羽を立てる. **3** 信じ込ませる,だます.

em·bo·rras·car·se [em.bo.r̄as.kár.se] 再 **1** 〈天気が〉荒れ模様になる. **2** 〈事業が〉不景気になる,悪化する. **3** いらだつ,激高する. **4** 《ラ米》〈鉱脈が〉枯れる,掘りつくされる.

em·bo·rri·car·se [em.bo.r̄i.kár.se] 102 再 **1** 《話》呆然(ぼうぜん)となる. **2** 強情を張る. **3** 恋に狂う.

em·bo·rri·zar [em.bo.r̄i.θár / -.sár] 97 他 **1** 〈羊毛を〉すく. **2** (揚げ物にするために)〈食べ物に〉衣をつける.

em·bo·rro·na·dor, do·ra [em.bo.r̄o.na.ðór, -.ðó.ra] 形 殴り書きの. — 女 へぼ文士,書き殴り屋. — de cuartillas [papeles] 雑文家.

em·bo·rro·nar [em.bo.r̄o.nár] 他 **1** 〈書面を〉(インクなどで)汚す. **2** 走り書きする. **3** 落書きする. — **~·se** 再 (落書きなどで)汚れる.

em·bo·rru·llar·se [em.bo.r̄u.ʝár.se ‖ -.ʎár.-] 再 《話》大声で言い争う,大げんかをする.

em·bo·ru·jar [em.bo.ru.xár] 他 《ラ米》《プエルトリコ》《話》紛糾させる,めちゃくちゃにする.

em·bo·ru·jo [em.bo.rú.xo] 男 《ラ米》《プエルトリコ》《話》混乱,騒ぎ.

em·bos·ca·da [em.bos.ká.ða] 女 **1** 待ち伏せ,伏兵. **2** わな;陰謀.

em·bos·ca·do [em.bos.ká.ðo] 男 『軍』伏兵.

em·bos·car [em.bos.kár] 102 他 『軍』〈兵を〉茂みに隠す,待ち伏せさせる. — **~·se** 茂みに隠れる;待ち伏せする;潜伏する.

em·bos·que·cer [em.bos.ke.θér / -.sér] 34 自 森になる.

em·bos·tar [em.bos.tár] 他 **1** (畑に)堆肥(たいひ)を施す. **2** 《ラ米》〈壁に〉家畜の糞(ふん)・土を混ぜ合わせたもので塗り固める.

em·bo·ta·do, da [em.bo.tá.ðo, -.ða] 形 **1** 〈刃物が〉切れ味が落ちた. **2** 《ラ米》〈動物が〉黒毛の脚の.

em·bo·ta·du·ra [em.bo.ta.ðú.ra] 女 刃こぼれ,切れ味の悪さ.

em·bo·ta·mien·to [em.bo.ta.mjén.to] 男 (感覚が)鈍ること,衰え;〈刃物の〉切れ味が悪くなること.

em·bo·tar¹ [em.bo.tár] 他 **1** 〈刃物などの〉先を丸くする,刃を落とす. **2** 〈感覚を〉鈍らせる. **3** 無気力にする. — **~·se** **1** 切れ味が悪くなる. **2** 気力がなくなる;〈興奮が〉冷める,弱まる. **3** 〈感覚が〉鈍くなる,鈍感になる. **4** 《話》長靴[ブーツ]をはく.

em·bo·tar² [em.bo.tár] 他 〈タバコなどを〉缶に入れる.

em·bo·te·lla·do, da [em.bo.te.já.ðo, -.ða ‖ -.ʎá.-] 形 **1** 瓶詰めの. **2** 〈道路などが〉渋滞した. La avenida se quedó *embotellada* a causa de la manifestación. 通りはデモで渋滞した. **3** 丸暗記した,〈演説・詩歌などが〉前もって準備された. **4** 『軍』(海上)封鎖された. — 男 瓶詰め(作業).

em·bo·te·lla·dor, do·ra [em.bo.te.ja.ðór, -.ðó.ra ‖ -.ʎa.-] 形 瓶詰めの工. — 女 瓶詰め機.

em·bo·te·lla·mien·to [em.bo.te.ja.mjén.to ‖ -.ʎa.-] 男 **1** 瓶詰め. **2** (交通などの)渋滞. un ~ de coches 車の渋滞. **3** 丸暗記,詰め込み.

em·bo·te·llar [em.bo.te.jár ‖ -.ʎár] 他 **1** 瓶に入れる,瓶詰めにする. **2** 〈道路などを〉渋滞させる,混乱させる. **3** 〈仕事などを〉妨害する,妨げる. **4** 丸暗記する,詰め込む. **5** 『軍』(海上)封鎖する. — **~·se** 再 **1** 〈交通などが〉渋滞する. **2** 丸暗記する. *Se embotelló* todo el código civil. 彼[彼女]は民法を全部暗記した.

em·bo·ti·car [em.bo.ti.kár] 102 他 《ラ米》(チリ)(ウルグアイ)薬づけにする. — **~·se** 再 《ラ米》(チリ)(ウルグアイ)薬づけになる.

em·bo·ti·jar [em.bo.ti.xár] 他 **1** 水がめに入れる. **2** (湿気よけに)床下につぼの砕片を敷く. — **~·se** 再 **1** 《話》膨れる,膨らむ. **2** 腹を立てる,怒る.

em·bo·ve·dar [em.bo.βe.ðár] 他 **1** 『建』アーチ形天井[丸天井]をつける. **2** 丸天井の部屋に入れる.

em·bo·za·da·men·te [em.bo.θá.ða.mén.te / -.sá.-] 副 隠して,こっそりと.

em·bo·za·lar [em.bo.θa.lár / -.sa.-] 他 **1** 〈犬・馬に〉口輪をはめる. **2** 《ラ米》(プエルトリコ)抑える,たしなめる.

em·bo·zar [em.bo.θár / -.sár] 97 他 **1** (マントなどで)〈顔を〉覆う;(con... …で)隠す. *Embozó* su rostro hasta los ojos. 彼[彼女]は目元まで顔を覆った. **2** 隠しておく,秘密にする. **3** 〈パイプなどを〉詰まらせる. Las hojas muertas *embozaron* los canalones. 枯れ葉が樋(とい)を詰まらせた. — **~·se** 再 **1** 顔を覆う. *~se* en la capa マントに顔を埋める. *~se* con la sábana シーツで顔を隠す. **2** 〈パイプが〉詰まる.

em·bo·zo [em.bó.θo / -.so] 男 **1** (マントの)立て襟. **2** (スペイン風ケープの)縁取り. **3** 〈シーツの〉折り返し. **4** 遠回しな言い方,口ごもり. hablar con ~(話)〈わざと〉曖昧(あいまい)な話し方をする,言葉を濁す. *quitarse el embozo* 『話』正体を見せる.

em·bra·ci·la·do, da [em.bra.θi.lá.ðo, -.ða / -.si.-] 形 《乳幼児が〉抱き癖のついた.

em·bra·gar [em.bra.ɣár] 103 他 **1** 『機』〈部品を〉つなぐ,連結する. **2** 〈荷物などを〉(綱で)縛る,とめる. — 自 『機』クラッチを入れる.

em·bra·gue [em.brá.ɣe] 男 『機』(原動軸と従動軸の)接続;クラッチ. ~ automático 自動クラッチ, 『車』オートマチック. ~ de disco 円盤クラッチ. ~ de fricción 摩擦クラッチ. ~ magnético 磁気クラッチ. ~ hidráulico 流体クラッチ.

em·bra·gue·tar·se [em.bra.ɣe.tár.se] 再 《ラ米》(エジプト)〈話〉《俗》勇気を持つ,(危険な人物[状況]に)立ち向かう.

em·bra·ve·cer [em.bra.βe.θér / -.sér] 34 他 怒らせる,荒れさせる. — 自 〈植物が〉たくましく成長する,繁茂する. — **~·se** 再 **1** (con... …に)怒り狂う,狂暴になる. **2** 〈海が〉荒れ狂う. **3** 〈植物が〉たくましく成長する,繁茂する.

em·bra·ve·ci·do, da [em.bra.βe.θí.ðo, -.ða / -.sí.-] 形 **1** 怒り狂った,荒れた. **2** 〈海が〉荒れ狂った,荒天の. **3** 〈風が〉激しい,猛烈な.

em·bra·ve·ci·mien·to [em.bra.βe.θi.mjén.to / -.si.-] 男 激怒,狂暴.

em·bra·za·du·ra [em.bra.θa.ðú.ra / -.sa.-] 女 **1** (盾の)腕通し,取っ手. **2** (盾などに)腕を通すこと.

em·bra·zar [em.bra.θár / -.sár] 97 他 (盾などに)腕を通す.

em·bre·a·do [em.bre.á.ðo] 男 → embreadura.

em·bre·a·du·ra [em.bre.a.ðú.ra] 女 タール[瀝青(れきせい)]を塗ること.

em·bre·ar [em.bre.ár] 他 タール[瀝青(れきせい)]を塗る.

em·bre·gar·se [em.bre.ɣár.se] 103 再 けんか[口論]を始める.

em·bre·tar [em.bre.tár] 他 《ラ米》(1) 《⁽ﾋﾟ米⁾》〈動物を〉柵(き)[囲い]の中に入れる. (2) 《ｸﾞｱﾃ》《話》〈人を〉困難に陥れる. ── **~·se** 再 《ラ米》(1) 《ｺﾛﾝﾋﾞｱ》励む, 精を出す. (2) 《ｸﾞｱﾃ》(問題に)巻き込まれる.

em·bria·ga·do, da [em.brja.gá.ðo, -.ða] 形 酔った, 陶酔した. **~ por el éxito** 成功に酔いしれて.

em·bria·ga·dor, do·ra [em.brja.ga.ðór, -.ðó.ra] 形 酔わせる; 陶酔させる.

em·bria·ga·mien·to [em.brja.ga.mjén.to] 男 **1** 酔い. **2** 陶酔, 有頂天.

em·bria·gan·te [em.brja.gán.te] 形 → embriagador.

em·bria·gar [em.brja.gár] 103 他 **1** 酔わせる (= emborrachar). **2** 《比喩的》酔わせる, うっとりさせる. **La música *embriaga* el alma.** 音楽は心を酔わせる. **3** 得意にさせる, 有頂天にさせる.
── **~·se** 再 **1** 《con... …で》酔う. **Con sólo medio vaso de cerveza *se embriagó*.** たったコップ半分のビールで彼[彼女]は酔っ払ってしまった. **2** 《de... / con... …に》有頂天になる, 酔いしれる. **Por el más mínimo elogio *se embriaga* de satisfacción.** ちょっとほめられただけで彼[彼女]はうれしくてたまらなくなる.

em·bria·gue [em.brjá.ge] 男 《ラ米》《ﾒﾋｼｺ》《車》クラッチ.

*em·bria·guez [em.brja.géθ / -.gés] 女 [複 embriagueces] **1** 酔い. **conducir en estado de ~** 酔っ払い運転をする.

em·bri·dar¹ [em.bri.ðár] 他 **1** 馬勒(ぼく)をつける; 馬の頭を正しく動かさせる. **2** 〈感情などを〉抑える, 抑制する.

em·bri·dar² [em.bri.ðár] 他 〈パイプに〉フランジ[継手]を取り付ける.

em·brio·gé·ne·sis [em.brjo.xé.ne.sis] 女 → embriogenia.

em·brio·ge·nia [em.brjo.xé.nja] 女 **1** 《医》受胎. **2** 《生物》胚(はい)発生, 胚形成.

em·brio·gé·ni·co, ca [em.brjo.xé.ni.ko, -.ka] 形 **1** 《医》受胎の(ための). **2** 《生物》胚(発生・形成)の(ための).

em·brio·lo·gí·a [em.brjo.lo.xí.a] 女 《生物》発生学; 《医》胎生学.

em·brio·ló·gi·co, ca [em.brjo.ló.xi.ko, -.ka] 形 発生[胎生]学の.

em·brió·lo·go, ga [em.brjó.lo.go, -.ga] 男 女 発生[胎生]学者.

em·brión [em.brjón] 男 **1** 《生物》胚(はい), 胚子; (3か月目の終わりまでの) 胎児. **2** 《比喩的》初期, 萌芽(ぼう). **en ~** 初期の, 萌芽期の.

em·brio·na·rio, ria [em.brjo.ná.rjo, -.rja] 形 **1** 胚(はい)の, 胎児の. **2** 萌芽(ぼう)的な, 初期の.

em·brio·pa·tí·a [em.brjo.pa.tí.a] 女 《医》胎児の異常[障害]; 胎芽病.

em·bro·ca [em.bró.ka] 女 → embrocación.

em·bro·ca·ción [em.bro.ka.θjón / -.sjón] 女 《医》塗り薬, 塗布剤; (塗り薬を)塗布すること.

em·bro·car¹ [em.bro.kár] 102 他 **1** 〈液体を〉容器から容器へ移す. **2** 《ﾒﾋｼｺ》(1) 〈ｻﾞｸﾞ米〉(ポンチョなどを) 伏せる, 逆さにする. (2) 〈ポンチョなどを〉頭からかぶって着る. ── **~·se** 再 《ラ米》(1) 〈ポンチョなどを〉頭からかぶって着る. (2) うつぶせになる. (3) 《ｸﾞｱﾃ》〈企てなどが〉失敗する, つまずく.
embrocar las ollas 《ラ米》《ｸﾞｱﾃ》《話》(パーティーで)お開きまで居残る.

em·bro·car² [em.bro.kár] 102 他 **1** 〈糸を〉糸巻きに巻き取る. **2** 〈靴底を〉鋲(びょう)で打ちつける. **3** 《闘牛》〈牛が〉〈闘牛士を〉両角で捕らえる.

em·bro·cha·lar [em.bro.tʃa.lár] 他 《建》〈梁(はり)を〉ヘッダー[補強材]で支える.

em·bro·lla·da·men·te [em.bro.já.ða.mén.te / -.ʎá.-] 副 混乱して, こんがらかって.

em·bro·lla·do, da [em.bro.já.ðo, -.ða || -.ʎá.-] 形 **1** 複雑な, ややこしい, 困難な. **2** 《ラ米》《ﾒﾋｼｺ》《話》借金に苦しむ.

em·bro·lla·dor, do·ra [em.bro.ja.ðór, -.ðó.ra || -.ʎa.-, -.ða.-] 形 混乱[紛糾]させる. ── 男 女 悶着(もんちゃく)を起こす人, 事を混乱[紛糾]させる人.

em·bro·llar [em.bro.jár | -.ʎár] 他 **1** もつれさせる, 混乱[紛糾]させる. **2** 巻き込む.
── **~·se** 再 **1** 混乱[紛糾]する. **2** 巻き込まれる.

em·bro·llis·ta [em.bro.jís.ta || -.ʎís.-] 男 女 《ラ米》《ﾒﾋｼｺ》《ｸﾞｱﾃ》《ｺﾛﾝﾋﾞｱ》→ embrollón.

em·bro·llo [em.bró.jo || -.ʎo.-] 男 **1** もつれ, 絡まり. **un ~ de hilo** 糸のもつれ. **2** 混乱[紛糾]; 窮地. **No sé como salir de este ~.** この紛糾をどう切り抜けてよいのかわからない. **3** うそ, 中傷.

em·bro·llón, llo·na [em.bro.jón, -.jó.na || -.ʎón, -.ʎó.-] 形 混乱[紛糾]させる. ── 男 女 **1** 悶着(もんちゃく)を起こす人, 事を混乱[紛糾]させる人, トラブルメーカー. **2** 《ラ米》《ﾒﾋｼｺ》《話》借金に苦しむ人.

em·bro·ma·do, da [em.bro.má.ðo, -.ða] 形 《ラ米》《話》苦境に立たされた; 貧窮の; 重病の.

em·bro·ma·dor, do·ra [em.bro.ma.ðór, -.ðó.ra] 形 冗談好きな, ひょうきんな.
── 男 女 冗談を言う人, ひょうきん者.

em·bro·mar [em.bro.már] 他 **1** 〈人に〉冗談を言う. **2** からかう, かつぐ. **3** 《ラ米》(1) 〈人に〉害を及ぼす. (2) 《話》困らせる, 悩ませる. (3) 遅らせる; 引き留める. ── 自 《ラ米》《ｸﾞｱﾃ》《話》遅くなる.
── **~·se** 再 《ラ米》《話》(1) 害を被る; 失敗する. (2) 困る, うんざりする.

em·bron·car·se [em.broŋ.kár.se] 102 再 《ラ米》《⁽ﾋﾟ米⁾》《話》怒る.

em·bro·que·lar·se [em.bro.ke.lár.se] 再 → aboquelarse.

em·bro·que·tar [em.bro.ke.tár] 他 〈鳥を〉串刺しにする.

em·bru·ja·do, da [em.bru.xá.ðo, -.ða] 形 **1** 魔法にかけられた. **2** 幽霊の出る. **casa ~** お化け屋敷.

em·bru·ja·dor, do·ra [em.bru.xa.ðór, -.ðó.ra] 形 魔法をかける, 魔法使いの.
── 男 女 妖術師, 魔法使い.

em·bru·ja·mien·to [em.bru.xa.mjén.to] 男 魔法をかけること, 魔法にかかること.

em·bru·jar [em.bru.xár] 他 **1** 〈人に〉魔法をかける. **2** 心を奪う, 魅惑する.

em·bru·jo [em.brú.xo] 男 **1** → embrujamiento. **2** 呪文(じゅもん), のろい. **3** 魅力, 魔力.

em·bru·te·ce·dor, do·ra [em.bru.te.θe.ðór, -.ðó.ra || -.se.-] 形 粗暴にする, 狂暴にする.

em·bru·te·cer [em.bru.te.θér / -.sér] 34 他 **1** 粗暴[狂暴]にする. **2** 〈感覚・思考を〉鈍らせる.
── **~·se** 再 **1** 粗暴[狂暴]になる. **2** 鈍くなる.

em·bru·te·ci·mien·to [em.bru.te.θi.mjén.to / -.si.-] 男 **1** 狂暴[粗暴]化. **2** 鈍化.

embrutezc- 活 → embrutecer.

em·bu·cha·car·se [em.bu.tʃa.kár.se] 102 再 《ラ米》《⁽ﾋﾟ米⁾》《ｸﾞｱﾃ》《話》ポケットに入れる; 着服する.

em·bu·cha·do, da [em.bu.tʃá.ðo, -.ða] 形 《ラ米》《ｸﾞｱﾃ》《話》消化不良の. ── 男 **1** ソーセージ, 腸詰

eminentemente

め. **2** アドリブ, 即興の台詞(ぜりふ). **3** 不正, ごまかし; 不正投票. **4**《見落としがち》大事な事柄, 厄介こと. **5**《雑誌・本の》とじ込み. **6**《話》秘めた怒り. **7**《ラ米》《タバコ》《エクア》《話》胃もたれ, 消化不良.

em·bu·char [em.bu.tʃár]〚他〛**1** 腸詰めにする,〈肉を〉詰める. **2**〈家禽(ぎん)に〉餌(えさ)を詰め込ませる. **3**《話》〈食べ物を〉〈かまずに〉がつがつ食べる. **4**〈本・雑誌に〉とじ込む. ━ **~·se**〚再〛《ラ米》《メキシコ》《ラプ》《チ》《話》怒ったふりをする.

em·bu·dar [em.bu.ðár]〚他〛**1**〈革袋などの容器の口に〉じょうごをさす. **2** だます. **3**〈獲物を〉追い込む.

em·bu·dis·ta [em.bu.ðís.ta]〚形〛うそつきの, 人をぺてんにかける. ━〚男〛〚女〛ぺてん師.

em·bu·do [em.bú.ðo]〚男〛**1** じょうご, 漏斗(ろうと). verter un líquido con un ~ 液体をじょうごで注ぐ. **2** 策略, わな. **3** 停滞, 行き詰まり. **4** 漏斗形のくぼ地.

em·bu·llar [em.bu.jár‖-.ʎár]〚他〛《ラ米》騒ぎに駆り立てる. ━〚自〛《ラ米》《コロン》《ベネズ》騒ぎ立てる, はしゃぎ回る. ━ **~·se**〚再〛どんちゃん騒ぎをする.

em·bu·llo [em.bú.jo‖-.ʎo]〚男〛《ラ米》(1)《カリブ》興奮; 騒ぎ, お祭り騒ぎ. (2)《キュ》《話》恋愛のもつれ.

em·bu·ru·jar [em.bu.ru.xár]〚他〛**1**〈糸などで〉塊[毛玉]を作る;〈糸などを〉もつれさせる. **2**《ラ米》《カリブ》《メキシコ》〈人を〉困らせる, 当惑させる.
━ **~·se**〚再〛**1** 塊[毛玉]ができる; もつれる. **2**《ラ米》《コロン》《パナマ》《エクア》《ペルー》《ボリビア》《チ》〈ポンチョなどを〉身にまとう.

em·bu·ru·jo [em.bu.rú.xo]〚男〛《ラ米》《プ》《話》ごまかし.

em·bus·te [em.bús.te]〚男〛**1** うそ, ごまかし. **2**《複数で》安物の装身具.

em·bus·te·rí·a [em.bus.te.rí.a]〚女〛大うそ.

em·bus·te·ro, ra [em.bus.té.ro, -.ra]〚形〛うそ(つき)の, 虚偽の. Nadie creyó lo que dijo porque todos le tenían por persona ~. 皆は彼のことをうそつきだと思っていたので言うことを信じなかった. **2**《ラ米》《話》(1)《グアテ》気どった. (2)《ホ》(よく)書き間違いをする.
━〚男〛〚女〛大うそつき, ぺてん師.

em·bu·ti·ción [em.bu.ti.θjón / -.sjón]〚女〛(金属を)打ち抜くこと, プレス加工.

em·bu·ti·de·ra [em.bu.ti.ðé.ra]〚女〛(金属板の)型打ち機.

em·bu·ti·do [em.bu.tí.ðo]〚男〛**1** ソーセージ, 腸詰め. **2** 詰め込み, はめ込み. **3** 象眼細工, 寄せ木細工, はめ込み細工. **4**(金属を)打つこと, プレス成型. **5**《ラ米》《服飾》インサーション.

em·bu·ti·dor, do·ra [em.bu.ti.ðór, -.ðó.ra]〚男〛〚女〛ソーセージ[腸詰め]職人. ━〚男〛**1** ソーセージ[腸詰め]製造工場. **2** ソーセージ[腸詰め]生産機.

em·bu·tir [em.bu.tír]〚他〛**1** ソーセージ[腸詰め]を作る. **2**《de... ...を》《en... ...に》詰め込む. ~ algodón *en* el cojín クッションに綿を詰める. ~ *de* plumas una almohada まくらに羽毛を詰める. **3** はめ込む, 差し込む; 象眼する. **4**(金属を)打つ, プレス成型する. **5**《話》がつがつ食べる.
━ **~·se**〚再〛《話》→ **emmental**.

e·me [é.me]〚女〛**1** アルファベットの m の名称. **2**《話》糞(ふん): mierda の婉曲語法.

e·mel·ga [e.mél.ga]〚女〛(畑の)畝.

e·me·na·go·go [e.me.na.gó.go]〚形〛《医》月経促進の. ━〚男〛月経促進剤.

e·men·tal [e.men.tál]〚男〛〚形〛→ **emmental**.

***e·mer·gen·cia** [e.mer.xén.θja / -.sja]〚女〛**1** 緊急事態, 突発事件. en caso de ~ 緊急[非常]の場合には. estado de ~ 非常事態. salida de ~ 非常口. solución de ~ 緊急措置. **2** 浮上; 出現.

e·mer·gen·te [e.mer.xén.te]〚形〛**1** 浮かび出る, 現れ出る. **2** 新生の, 新興の.

***e·mer·ger** [e.mer.xér]〚100〛〚自〛**1** 浮上する. **2** 出現する. **3** 突出する. La roca *emerge* en medio del río. 岩が川の真ん中に突き出ている.

e·me·ri·ten·se [e.me.ri.tén.se]〚形〛(スペイン Badajoz 県の町)メリダ Mérida の.
━〚男〛〚女〛メリダの住民[出身者].

e·mé·ri·to, ta [e.mé.ri.to, -.ta]〚形〛**1**(辞任後も在職中と同じ礼遇を受ける)名誉待遇の. profesor ~ 名誉教授. **2**(古代ローマの退役兵士が)褒賞金をもらう.

e·me·rre·tis·ta [e.me.r̄e.tís.ta]〚形〛(ペルーの)トゥパク・アマル革命運動 Movimiento Revolucionario Túpac Amaru の.
━〚男〛〚女〛トゥパク・アマル革命運動のメンバー.

e·mer·sión [e.mer.sjón]〚女〛《天文》食の状態からの出離[出現].

e·me·sis [e.mé.sis]〚女〛(単複同形)嘔吐(おうと).

e·mé·ti·co, ca [e.mé.ti.ko, -.ka]〚形〛〈医薬などが〉嘔吐(おうと)を促す. ━〚男〛《薬》催吐剤.

e·mé·tro·pe [e.mé.tro.pe]〚形〛《医》正視(眼)の.
━〚男〛〚女〛正視者.

e·me·tro·pí·a [e.me.tro.pí.a]〚女〛《医》正視(眼).

e·mí·di·dos [e.mí.ði.ðos]〚男〛《複数形》《動》イシガメ科.

e·mi·do·sau·rio [e.mi.ðo.sáu.rjo]〚形〛《動》〈爬虫(はちゅう)類が〉硬い鱗板(りんぱん)に覆われた, ワニ目の.
━〚男〛爬虫類ワニ目の動物;《複数形》ワニ目.

e·mi·gra·ción [e.mi.gra.θjón / -.sjón]〚女〛**1**(国外・他の土地への)移住, 移民; 出稼ぎ; 出国;(集合的)移民, 移住者. fomentar la ~ a Australia オーストラリアへの移民を促進する. **2**(国外への)流出, 逃避. ~ de capitales 資本の流出.

e·mi·gra·do, da [e.mi.grá.ðo, -.ða]〚形〛移住[移民]した.
━〚男〛〚女〛(特に政治的な理由による)亡命者, 移住者. los ~s de la guerra civil 内戦による亡命者.

***e·mi·gran·te** [e.mi.grán.te]〚形〛(国外へ)移住する;〈動物が〉移動する,〈鳥が〉渡り,〈魚が〉回遊の.
━〚男〛〚女〛移民, 出稼ぎ労働者, **移住者**. los ~s españoles en Alemania 在ドイツのスペイン人移民.

***e·mi·grar** [e.mi.grár]〚自〛**1**《**a...** 〈国外・域外〉へ》**移住する**, 出稼ぎに行く. ~ *a* (la) Argentina アルゼンチンへ移住する. **2**〈動物が〉移動する,〈鳥が〉渡る,〈魚が〉回遊する. **3**《話》立ち去る.
[←〚ラ〛*ēmigrāre* (*ex*-「外へ」+ *migrāre*「移住する」)]〚関連〛*emigrante*. [英]*emigrate*]

e·mi·gra·to·rio, ria [e.mi.gra.tó.rjo, -.rja]〚形〛移民[移住]の, 出稼ぎの.

E·mi·lia [e.mí.lja]〚固名〛エミリア: 女子の洗礼名.

e·mi·lio [e.mí.ljo]〚男〛《ＩＴ》《話》電子メール, Eメール.

E·mi·lio [e.mí.ljo]〚固名〛エミリオ: 男子の洗礼名.

e·mi·nen·cia [e.mi.nén.θja / -.sja]〚女〛**1** 卓越, 秀逸. **2** 丘, 高台. **3**《枢機卿などに対する尊称》猊下(げいか). Su [Vuestra] *E*~ 枢機卿猊下. **4** 傑出[卓越]した人, 大物. ~ gris 陰の実力者, 黒幕. **5**《解剖》突出した器官.

***e·mi·nen·te** [e.mi.nén.te]〚形〛**1 傑出[卓越]**した, 著名な. **2**〈場所が〉高い.

e·mi·nen·te·men·te [e.mi.nén.te.mén.te]〚副〛

とりわけ,優れて.

e・mi・nen・tí・si・mo, ma [e.mi.nen.tí.si.mo, -.ma] 形 [eminente の絶対最上級]《枢機卿などに対する尊称》きわめて徳高き. el ~ señor cardenal 枢機卿猊下(ﾞﾞ).

e・mir [e.mír] 男 アミール.(1)イスラム教国の首長,王子,司令官.(2)マホメットの子孫の尊称.

e・mi・ra・to [e.mi.rá.to] 男 アミールの地位［在位期間］;アミールの領土,首長国. E~s Árabes Unidos アラブ首長国連邦.

e・mi・sa・rio, ria [e.mi.sá.rjo, -.rja] 男 女 使者,密使.
— 男 排水路.

***e・mi・sión** [e.mi.sjón] 女 **1** 放出,放射;排出. ~ de calor 放熱.
2《TV》《ラジオ》放送;放送時間,放送番組. ~ en directo [vivo] 生中継. ~ por (vía) satélite 衛星放送[中継]. director de ~ ディレクター. ▶テレビ放送は teledifusión,ラジオ放送は radiodifusión. **3**《経》(紙幣・小切手などの)発行,発券;発行物. banco de ~ 発券銀行. **4**(判決などの)宣告;(意見などの)表明,宣言.

***e・mi・sor, so・ra** [e.mi.sór, -.só.ra] 形 **1** 発する,放送［送信］する. centro ~ / estación emisora 放送局. **2** 発行する,振り出す. banco ~ 発券銀行. — 男 **1** 発行人;送信人. **2**《ラジオ》《TV》《通信》送信機;送信所［局］;送信人. ~ receptor トランシーバー. — 女 **1**《ラジオ》《TV》放送局.

***e・mi・tir** [e.mi.tír] 他 **1**〈熱・光などを〉発する,放出する. ~ luz 光を放つ. ~ radiación 放射能を出す. ~ un grito 大声を出す. ~ un olor horrible 恐ろしい悪臭を放つ. **2**《TV》《ラジオ》放送する. ~ un programa de música 音楽番組を放送する,振り出す. **3**《経》〈紙幣・小切手などを〉発行［発券］する,振り出す. ~ bonos del Estado 国債を発行する. **4**〈意見などを〉表明する,明らかにする. ~ opiniones 意見を述べる. ~ un juicio 見解を述べる. — 自《TV》《ラジオ》放送する.
［←［ラ］ēmittere「放つ;送り出す」(ex-「外へ」+ mittere「投げる;送る」);関連 emisión.［英］emit]

em・men・tal / **em・men・thal** [em.men.tál]［仏］形 エメンタルチーズの. — 男 エメンタルチーズ:スイス・エメンタル地方原産の半硬質のチーズ.

****e・mo・ción** [e.mo.θjón / -.sjón] 女 感動,感激;感情. exteriorizar sus emociones 感情を表に出す. ~ pasajera 一時的な感情. con ~ 感激[興奮]して,わくわくして. ¡Qué ~! なんてすごいんだ,すばらしい. No encontré palabras para expresar la ~ que sentí en aquel momento. あのときの感動をうまく表す言葉が見つからない.［←［仏］émotion; émouvoir「感動させる」(←［ラ］ēmovere「外へ出す」) より派生 関連 mover, conmover.［英］emotion]

e・mo・cio・na・ble [e.mo.θjo.ná.ble / -.sjo.-] 形 情にもろい,感受性の強い.

e・mo・cio・na・do, da [e.mo.θjo.ná.ðo, -.ða / -.sjo.-] 形 **1** 感動した,心を動かされた. ~ con sus lágrimas 彼[彼女](ら)の涙にほろりとさせられて.
2 取り乱した,動揺した.

***e・mo・cio・nal** [e.mo.θjo.nál / -.sjo.-] 形 感情の;感情的な.

***e・mo・cio・nan・te** [e.mo.θjo.nán.te / -.sjo.-] 形 **1** 感動的な. **2** 興奮させる.

***e・mo・cio・nar** [e.mo.θjo.nár / -.sjo.-] 他 **1** 感動させる,心を動かす. Me emocionó su bondad. 私は彼[彼女](ら)の親切に感動した. **2** 興奮させる,わくわくさせる. Una excursión al mar siempre emociona a los niños. 海への遠足はいつも子供たちの心をわくわくさせる. **3** 動揺させる. Le emociona ver sangre. 彼は血を見ると気が動転する.
— ~・se 再 **1**(con... / de... / por... …で)感動する. **2** 興奮する,わくわくする. Se emocionó de júbilo. 彼[彼女]は大喜びした. **3** 動揺する.

e・mo・lien・te [e.mo.ljén.te] 形《医》(医薬品が)(腫瘍(ｷｭｳ)・皮膚を)緩和する,軟化する.
— 男 緩和剤,皮膚軟化剤.

e・mo・lu・men・to [e.mo.lu.mén.to] 男《主に複数で》報酬,手数料,謝礼.

e・mo・ti・cón [e.mo.ti.kón] / **e・mo・ti・co・no** [e.mo.ti.kó.no] 男《IT》顔文字.

e・mo・ti・vi・dad [e.mo.ti.bi.ðáð] 女 感動;感受性.

e・mo・ti・vo, va [e.mo.tí.bo, -.ba] 形 **1** 感情[情緒]の. **2** 感情的な,情にもろい. una niña emotiva 感受性の強い女の子. **3** 感動的な,心を動かす.

em・pa・ca・da [em.pa.ká.ða] 女 **1**《ラ米》(ﾁﾞﾘ)(ｱﾙｾﾞﾝ)しり込み;強情,頑固.(2)(ﾒｷｼ)(ﾄﾞﾐﾆ)梱包(ﾎﾟｳ).

em・pa・ca・di・zo, za [em.pa.ka.ðí.θo, -.θa / -.so, -.sa] 形《ラ米》(ﾒｷｼ)(動物が)動くのを嫌がる.

em・pa・ca・do・ra [em.pa.ka.ðó.ra] 女 梱包[梱包(ﾎﾟｳ)]機.

em・pa・ca・mien・to [em.pa.ka.mjén.to] 男《ラ米》(1)(動物が)動こうとしないこと.(2)《話》頑固,強情.(3)梱包(ﾎﾟｳ),荷造り.

em・pa・car [em.pa.kár] 102 他 **1** 梱包(ﾎﾟｳ)[包装]する. **2** スーツケースにつめる,荷造りする. **3**《ラ米》(ﾒｷｼ)満腹になるまで食べる;(ﾒｷｼ)《俗》食べる.
— ~・se 再 **1**《話》頑固になる,強情を張る. **2** 困惑する,当惑する. **3**《ラ米》(ﾒｷｼ)(動物が)動かない;しり込みする.(2)(ｱﾙｾﾞﾝ)《話》怒る,憤慨する.(3)(ﾒｷｼ)腹いっぱいになる.

em・pa・cha・do, da [em.pa.tʃá.ðo, -.ða] 形 **1** ぎこちない,不器用な. **2** 消化不良を起こした. estar ~ 消化不良を起こしている;うんざりしている. **3** おどおどした,臆病な(ﾋﾞｮｳ)な.

em・pa・char [em.pa.tʃár] 他 **1** 消化不良を起こさせる. Cenar tanto me empachó. 夕飯を食べすぎて私は胃がおかしくなった. **2** うんざりさせる. **3** 困惑させる. — ~・se 再 **1**(con... / de... …で)消化不良を起こす. **2** 困惑する,恥じる. **3** 飽き飽きする,うんざりする.

em・pa・cho [em.pá.tʃo] 男 **1** 消化不良. **2** 困惑,狼狽(ｽｲ),当惑. ¡Qué ~ de niño! なんて面倒な子供だろう. **3** 恥ずかしさ.
tener un empacho de... …を腹いっぱい食べる,…に飽きる.

em・pa・cho・so, sa [em.pa.tʃó.so, -.sa] 形 **1** 消化の悪い,もたれる. **2** うんざりさせる,当惑させる. **3** 押しつけがましい.

em・pa・cón, co・na [em.pa.kón, -.kó.na] 形《ラ米》(ﾒｷｼ)《話》(1)強情な,かたくなな.(2)むずがる;(動物が)立ち止まって動かない.

em・pa・drar [em.pa.ðrár] 他《ラ米》(ﾒｷｼ)〈特に種馬を〉交配させる,種付けする.
— ~・se 再 父親[父母]に過度に甘える.

em・pa・dro・na・dor, do・ra [em.pa.ðro.na.ðór, -.ðó.ra] 男 女 **1** 選挙人名簿作成者. **2**(国勢調査などの)調査員.

em・pa・dro・na・mien・to [em.pa.ðro.na.mjén.

em·pa·dro·nar [em.pa.ðro.nár] 他 **1** 国勢調査を行う. **2**〈人を〉(国勢調査表・選挙人名簿に)登録する. **3**《ラ米》(ダテン)〈動物を〉かけ合わせる, つがいにする.
— **~se** 再 (国勢調査表・選挙人名簿に)登録する.
em·pa·jar [em.pa.xár] 他 **1** わらで覆う;わらを詰める. **2**〈座席に〉わらを敷く. **3**《ラ米》(1) (アテン)(ウルグ)〈屋根を〉わらでふく. (2)(キ)〈壁土に〉わらを混ぜる. (3) (アテン)(ウルグ)強くしかる. — **~se** 再 《ラ米》(1)(キ)(ニカ)〈穀物が〉(実らず)わらばかりできる. (2) (ウルグ)(ダテン)(コネア)(アテン)《話》空腹をごまかす.
em·pa·la·ga·mien·to [em.pa.la.ga.mjén.to] 男 → empalago.
em·pa·la·gar [em.pa.la.gár] 103 他 **1**〈特に甘い食べ物が〉げんなりさせる, 食傷させる. **2**《軽蔑》うんざりさせる, あきあきさせる.
— **~se** 再 食傷する, うんざりする.
em·pa·la·go [em.pa.lá.go] 男 **1**〈食べ物に〉げんなりすること, 食傷. Esta tarta me produce ~. このケーキは甘ったるい. **2**《軽蔑》うんざりすること.
em·pa·la·go·so, sa [em.pa.la.gó.so, -.sa] 形 **1** げんなりする, うんざりする. **2**〈人が〉おせっかいな, 押しつけがましい.
em·pa·la·mien·to [em.pa.la.mjén.to] 男〈人・動物を〉突き刺すこと, 串刺しにすること.
em·pa·lar [em.pa.lár] 他〈罪人を〉串(ﾋヒ)刺しの刑にする,〈人・動物を〉串刺しにする. — **~se** 再《ラ米》(1)(キ)(ニカ)《話》かたくなになる, 強情を張る. (2)(キ)まひする, しびれる;硬直する, 固くなる.
em·pa·li·de·cer [em.pa.li.ðe.θér / -.sér] 34 他 青ざめさせる;見劣りさせる. — 自 青ざめる.
em·pa·li·za·da [em.pa.li.θá.ða / -.sá.-] 女 **1**《軍》防御柵. **2** 柵, 囲い.
em·pa·li·zar [em.pa.li.θár / -.sár] 97 他 **1**《軍》防御柵(ｻｸ)を設ける. **2** 杭垣(ﾜｷ)[柵]を巡らす.
em·pa·lle·ta·do [em.pa.je.tá.ðo ‖ -.ʎe.-] 男《海》(防弾用に船側に取り付ける)ネット.
em·pal·ma·do, da [em.pal.má.ðo, -.ða] 形《ラ米》(ｶﾘﾌ)《話》たくさん着込んでいる.
em·pal·ma·du·ra [em.pal.ma.ðú.ra] 女 → empalme.
em·pal·mar [em.pal.már] 他 **1** つなぎ合わせる, 連結する. ~ la manguera a la boca de riego ホースを消火栓につなぐ. **2**〈考え・計画などを〉関連づける, 結びつける. **3**《スポ》(サッカー)〈受けたパスを〉直接[ボレー]シュートする. **4**《ラ米》(キ)積み重ねる, 積み上げる.
— 自(**con...**) **1**(…に)適合する, ぴったり合う. **2**〈道路・鉄道が〉(…に)接続する,〈列車・バスなどが〉(…と)連絡する. Este tren va sólo hasta Sevilla, pero allí *empalma con* el que va hasta Granada. この列車はセビーリャまでしか行かないが, そこでグラナダ行きに連絡している. **3**(…に)引き続く, 続いて起こる.
— **~se** 再 **1** ナイフを手中に隠し持つ. **2**《俗》勃起(ﾎﾞ)する. **3**《ラ米》(ｶﾘﾌ)たっぷり着込む, 着膨れる.
em·pal·me [em.pál.me] 男 **1** 接合[結合]箇所, 継ぎ目. **2**《建》(突き合わせ)継ぎ手. **3**〈列車・バスの〉連絡, 接続;連絡駅. **4**〈道路の〉交差点. **5**《スポ》(サッカー)ボレー・キック.
em·pa·lo·ma·do [em.pa.lo.má.ðo] 男《石積みの》堰(ｾｷ), 堤防.
em·pam·par·se [em.pam.pár.se] 再《ラ米》(南米)草原[荒野]で迷う, 方向を見失う;ぼうっとする.

em·pam·pi·ro·la·do, da [em.pam.pi.ro.lá.ðo, -.ða] 形《話》うぬぼれた, 鼻にかかった.
em·pa·na·da [em.pa.ná.ða] 女 **1**《料》エンパナダ:肉・野菜・魚介などを詰めたパイ. ~ mallorquina マジョルカ風エンパナダ. ~ (a la) gallega ガリシア風エンパナダ. ~ de salmón サケのエンパナダ. **2**《話》隠蔽(ﾍｲ). **3**《ラ米》(ｾﾝﾄﾛ)半円形のゼリーロール[ドーナツ].
empanada mental《話》動揺.
em·pa·na·di·lla [em.pa.na.ðí.ja ‖ -.ʎa] 女《料》エンパナディジャ:ひき肉・魚などを包んで揚げた半円形のパイ. ~ de bonito カツオのエンパナディジャ. [empanada+縮小辞]
em·pa·na·do, da [em.pa.ná.ðo, -.ða] 形《料》パン粉をまぶした;パイ皮で包んだ.
em·pa·nar [em.pa.nár] 他 **1**〈食べ物に〉パン粉をまぶす. **2**〈具を〉パイ生地で包む, エンパナダに詰める. **3** 小麦をまく.
— 自〈土地が〉非常に肥沃(ﾖｸ)である.
— **~se** 再〈畑などが〉種のまきすぎでだめになる.
em·pan·ci·na·do, da [em.pan.θi.ná.ðo, -.ða / -.si.-] 形《ラ米》(ｾﾝﾄﾛ)《話》腹一杯の.
em·pan·dar [em.pan.dár] 他〈梁(ﾊﾘ)・柱・壁などを〉曲げる, ゆがめる.
em·pa·ni·za·do [em.pa.ni.θá.ðo / -.sá.-] 男《ラ米》(ｶﾘﾌ)粗糖の塊.
em·pa·ni·zar [em.pa.ni.θár / -.sár] 97 他《ラ米》パンではさむ, パン生地で包む.
em·pan·ta·na·do, da [em.pan.ta.ná.ðo, -.ða] 形 浸水した, 水浸しの;行き詰まった, 停滞した. Está ~ el plan. 計画は行き詰まっている.
dejar empantanado a+人《話》〈人に〉仕事などを押しつける.
em·pan·ta·na·mien·to [em.pan.ta.na.mjén.to] 男 **1** 浸水, 洪水, 氾濫. **2** 中断, 延期.
em·pan·ta·nar [em.pan.ta.nár] 他 **1** 氾濫(ﾊﾝ)させる, 水浸しにする. **2** 泥沼にはまり込ませる. **3**《話》行き詰まらせる. ~ un asunto 事態を行き詰まらせる. **4**《話》散らかす, めちゃくちゃにする, かき回す. — **~se** 再 **1** 水浸しになる. La carretera *se empantanó*. 道路は水浸しになった. **2** 泥沼にはまり込む. **3** 行き詰まる;前進しない, はかどらない.
em·pan·zar [em.pan.θár / -.sár] 97 他《ラ米》(ｾﾝﾄﾛ)《話》食べ過ぎる.
em·pan·zu·rrar [em.pan.θu.r̄ár / -.su.-] 他 → empanzar.
em·pa·ña·do, da [em.pa.ɲá.ðo, -.ða] 形 **1**〈ガラスなどが〉曇った. **2**〈色・音・光が〉ぼんやりした, 不鮮明な. voz *empañada* por la emoción 感動のために詰まった声. **3** 名声[評判]が落ちた, 傷ついた.
em·pa·ña·mien·to [em.pa.ɲa.mjén.to] 男 **1**〈ガラスなどの〉曇り, 汚れ. **2**〈名声などの〉陰り.
em·pa·ñar [em.pa.ɲár] 他 **1**〈子供に〉おしめをつける, 布でくるむ. **2** 蒸す, 曇らせる. El vapor *empañó* el cristal. 蒸気がガラスを曇らせた. **3**〈光・色などを〉ぼんやりさせる, 曇らせる.〈つやを〉落とす. **4**〈名声・名誉などを〉汚す, 傷つける. ~ el honor de+人〈人〉の名誉に汚点をつける. — **~se** 再 **1**〈… *se* las gafas めがねが曇る. **2** 口ごもる, 言いよどむ. **3** 涙目になる.
em·pa·ñe·ta·do [em.pa.ɲe.tá.ðo] 男《ラ米》(ｱﾝﾃﾞ)壁のしっくい.
em·pa·ñe·tar [em.pa.ɲe.tár] 他《ラ米》(1)〈壁などを〉白く塗る, しっくいを塗る. (2)(ｱﾝﾃﾞ)(ｼﾞﾞﾛ)(ｴｸｱ)〈壁などを〉泥とわらで覆う.

em·pa·pa·mien·to [em.pa.pa.mjén.to] 男
1 〈洗濯物を〉水に浸す[つける]こと. 2 ずぶぬれ[汗びっしょり]になること; 吸収. 3 ふき取り, ぬぐうこと.

***em·pa·par** [em.pa.pár] 他 1 《en... 〈水など〉に》浸す, 浸(つ)ける; 染み込ませる. ~ una esponja en agua スポンジに水を含ませる. 2 ずぶぬれにする. La lluvia me *empapó*. 私は雨でびしょぬれになった. La lluvia *empapa* la tierra. 雨が大地を湿らせる. 3 〈水などを〉吸収する. La tierra *empapa* el agua. 地面が水分を吸い取る. 4 ふく, ぬぐう. ~ la leche vertida con un trapo こぼれたミルクをふきんでふき取る.
— **~·se** 再 1 《en... 〈水など〉に》つかる. 2 ずぶぬれになる. *Me empapé* con la lluvia. 私は雨でずぶぬれになった. 3 《de... …を》吸い取る. 4 《de... / en... 〈思想など〉に》取り換(つ)かれる, 傾倒する; 詳しい. ~*se de* ideas nuevas 新思想に染まる. ~ *en* marxismo マルキシズムに心酔する. 5 《de... …を》《話》〈話〉にたたき込む; (よく) 知る. *Empápate bien de* lo que te digo. 私が言うことをちゃんと覚えておけ. 6 《話》たらふく食べる, 満腹になる.

em·pa·pe·la·do [em.pa.pe.lá.ðo] 男 壁紙[壁布] (を張ること); 裏張り, 裏打ち.

em·pa·pe·la·dor, do·ra [em.pa.pe.la.ðór, -.ðó.ra] 男 女 壁紙[壁布]張り職人.

em·pa·pe·lar [em.pa.pe.lár] 他 1 …に壁紙[壁布]を張る; 紙で包む. 2 《話》起訴する.

em·pa·pi·ro·tar·se [em.pa.pi.ro.tár.se] 再 《話》着飾る, 盛装する.

em·pa·pu·ciar [em.pa.pu.θjár / -.sjár] 83 他 《話》→ empapuzar.

em·pa·pu·jar [em.pa.pu.xár] 他 《話》→ empapuzar.

em·pa·pu·zar [em.pa.pu.θár / -.sár] 97 他 《話》飽食させる, たらふく食べさせる.
— **~·se** 再 たらふく食べる.

em·pa·que[1] [em.pá.ke] 男
1 荷造り, 包装; 包装材料. 2 《ラ米》(1) (エクア)(*ニ)(ベネ)詰め物. (2) (*ニ)(俗)食べ物.

em·pa·que[2] [em.pá.ke] 男 1 《話》外見, 堂々とした風貌. 2 《話》気まじめ, 深刻[真剣]さ, もったいぶり. con ~ もったいぶって. 3 《ラ米》(1) (ニカ)(馬などが)頑として動かないこと. (2) (アルゼ)(チリ)(ウルグ)(ニカ) 図太さ, ずうずうしさ.

em·pa·que·ta·do, da [em.pa.ke.tá.ðo, -.ða] 形 《ラ米》(エクア)《話》着飾った, おしゃれな. — 男 1 荷造り, 包装. 2 《ラ米》(農作物を扱う) 食料品店.

em·pa·que·ta·dor, do·ra [em.pa.ke.ta.ðór, -.ðó.ra] 形 包装する, 包装用の.
— 男 女 荷造り人, 包装係.

em·pa·que·ta·du·ra [em.pa.ke.ta.ðú.ra] 女
1 荷造り, 包装. 2 (継ぎ目・すき間の) 詰め物, パッキング.

em·pa·que·ta·mien·to [em.pa.ke.ta.mjén.to] 男 → empaquetado.

***em·pa·que·tar** [em.pa.ke.tár] 他 1 荷造りする, 梱包(こんぽう)する, ひとまとめにする. 2 《en... …に》押し込む, 詰め込む. Nos *empaquetaron* a los doce *en* una furgoneta. 私たち12人は1台のワゴン車に詰め込まれた. 3 《a+人〈人〉に》〈面倒なことを〉押しつける. *Me empaquetó* al niño. 彼[彼女]は私に子供の世話を頼んだ (▶ me が a+人に相当). 4 《話》罰する. 5 (1) 《ラ米》(アルゼ)(チリ)(パラグ)詰め物をする. (2) (コゴ)《話》だます.
— **~·se** 再 《ラ米》《話》着飾る, めかし込む.

em·pa·ra·mar·se [em.pa.ra.már.se] 再 《ラ米》(メヒ)(コロ)(ベネ)《話》びしょぬれになる; かじかむ, 凍える, 凍え死ぬ.

em·pa·ra·men·tar [em.pa.ra.men.tár] 他 〈壁面を〉飾り (衣裳) で飾る; 〈壁面を〉タペストリー[掛け布]で飾る.

em·pa·rar [em.pa.rár] 他 《ラ米》(ニカ)受け止める.

em·pa·rar·char [em.par.tʃár] 他 〈継ぎ布を〉貼り付ける.

em·par·dar [em.par.ðár] 他 《ラ米》(アルゼ)《話》引き分けに持ち込む. — **~·se** 再 引き分ける.
ser de lo que no se emparda 〈人・ものが〉抜きんでている, 唯一無二である.

em·pa·re·da·do, da [em.pa.re.ðá.ðo, -.ða] 形 監禁された; 閉じこもった. — 男 女 1 囚人. 2 隠遁者, 世捨て人. — 男 サンドイッチ.

em·pa·re·da·mien·to [em.pa.re.ða.mjén.to] 男 1 監禁 (状態), 隠すこと. 2 隠遁(いんとん); 隠遁所.

em·pa·re·dar [em.pa.re.ðár] 他 1 壁で囲い込む; [隠す]. 2 監禁する, 閉じ込める.
— **~·se** 再 閉じこもる, 隠遁(いんとん)する.

em·pa·re·ja·du·ra [em.pa.re.xa.ðú.ra] 女
1 対[組]にする[なる]こと. 2 高さ[レベル]をそろえること, 平らにすること; 地ならし.

em·pa·re·ja·mien·to [em.pa.re.xa.mjén.to] 男 → emparejadura.

em·pa·re·jar [em.pa.re.xár] 他 1 対[組, ペア, カップル]にする. ~ dos candelabros 2つの燭台(しょくだい)を対にする. 2 高さ[レベル]をそろえる, 平らにする. 3 〈両開きの窓・ドアを〉半開きにする.
— 自 《con... …と》 1 対[組]になる. 2 調和する, マッチする. Su blusa *empareja* con su falda. 彼女のブラウスはスカートとマッチしている. 3 対等になる, 拮抗(きっこう)する. El coche aceleró y *emparejó* con la moto. 車はスピードを上げてオートバイに追いついた. — **~·se** 再 1 対[組, ペア, カップル]になる. 2 対等[同等]になる.

em·pa·ren·ta·do, da [em.pa.ren.tá.ðo, -.ða] 形 親戚[血縁]の. estar bien ~ 有力な親戚(しんせき)を持っている.

em·pa·ren·tar [em.pa.ren.tár] 8 自 1 《con... …と》姻戚(いんせき)になる, 縁続きになる. 2 類似性[関連]がある, 類似点を見出す[示す], 関連づける.

em·pa·rra·do [em.pa.řá.ðo] 男 1 (ブドウなどの) つる棚. 2 (横の髪をかき上げて) はげを隠すこと.

em·pa·rran·dar·se [em.pa.řan.dár.se] 再 《ラ米》(コロ)《話》どんちゃん騒ぎをする.

em·pa·rrar [em.pa.řár] 他 〈ブドウなどのつるを〉棚にはわせる, 棚に仕立てる.

em·pa·rri·lla·do [em.pa.ři.já.ðo ‖ -.ʃá.-] 男
1 《建》 (土台・基礎の) 鉄枠. 2 網焼き肉, グリル.

em·pa·rri·llar [em.pa.ři.jár ‖ -.ʃár] 他 1 焼き網で焼く[焙(あぶ)る]. 2 〈地盤を〉鉄枠で補強する.

em·par·var [em.par.βár] 他 《農》(脱穀のために) 〈穀類を〉束にして干す.

em·pas·ta·da [em.pas.tá.ða] 女 《ラ米》(チリ)牧草.

em·pas·ta·dor, do·ra [em.pas.ta.ðór, -.ðó.ra] 形 〈絵の具などを〉塗る; 詰め物をする.
— 男 女 絵の具を厚塗りする画家.
— 男 1 糊刷毛(のりはけ). 2 《ラ米》製本工.

em·pas·tar[1] [em.pas.tár] 他 1 (虫歯に) 詰め物をする, 充塡(じゅうてん)する. 2 〈絵の具・糊状のものを〉…に塗る. *Empastó* su cara con cremas. 彼[彼女]は顔にクリームを塗りたくった. 3 〈布・革・厚紙で〉装丁する.

—自 《音楽》〈声・音が〉一つになる，ぴったりと重なりあう． — ~・se 再 虫歯に詰め物をする．

em·pas·tar² [em.pas.tár] 他 《ラ米》(ﾁﾘ)(ｸﾞｱﾃ)(ｳﾙ) 〈土地を〉牧草地[放牧地]にする．
— ~・se 再 《ラ米》(1) 〈家畜が〉鼓腸(ｺﾁｮｳ)症になる．(2) 雑草で覆われる，草が生い茂る．

em·pas·te [em.pás.te] 男 **1** (虫歯の) 充填(ｼﾞｭｳﾃﾝ)(材)．**2** 製本．**3** 糊(ﾉﾘ)状のものの塗布，糊づけ．**4** 《美》調和のとれた色．**5** 《ラ米》(ﾁﾘ)(ｸﾞｱﾃ) 〈家畜の〉鼓腸(ｺﾁｮｳ)(症)．

em·pas·te·lar [em.pas.te.lár] 他 **1** 《話》取り繕う．**2** 《印》〈活字を〉組み違える；〈書体の異なる活字を〉まぜこぜにする． — ~・se 再 《印》〈活字の〉順序が狂う；〈活字の〉書体がまぜこぜになる．

em·pa·tar [em.pa.tár] 自 (試合・選挙などで) 引き分ける，同点になる．*empatados* a cero 0 対 0．estar *empatados* 互角である．salir [quedar] *empatados* 引き分ける．Gómez *empató* en el minuto dieciséis. ゴメスが試合開始後17分で同点ゴールを決めた．— 他 《ラ米》(1) 《話》〈人に〉迷惑をかける，うんざりさせる．(2) (ﾀﾞｯ)(ｺﾛﾝ)(ﾌﾟｴ)(ﾍﾞﾈｽﾞ)(ﾄﾞﾐ) くっつける，結び[つなぎ] 合わせる．(3) (ｺﾛﾝ) 〜から影響を受ける．— ~・se 再 **1** 引き分ける，混乱させる．**2** 《ラ米》(ﾍﾞﾈｽﾞ) 恋愛関係になる．
empatar el tiempo 《ラ米》(ﾁﾘ) 時間を無駄にする．
empatarlo a＋人《ラ米》(ﾌﾟｴ)〈人〉にうそを信じ込ませる．

em·pa·te [em.pá.te] 男 **1** 引き分け，同点．el gol de ~ (サッカーなどで) 同点ゴール．a dos 2対2の同点[引き分け]．~ a quince (テニスで) フィフティーン・オール．**2** 《ラ米》(1) (ｺﾛﾝ) ペン軸．(2) (ﾍﾞﾈｽﾞ) 《話》暇つぶし．(3) (ﾎﾝｼﾞ)(ｺﾛﾝ)(ﾁﾘ)(ﾌﾟｴ)(ｳﾙ)(ﾍﾞﾈｽﾞ) 接合，結合；接続．

em·pa·tí·a [em.pa.tí.a] 女 《心》感情移入．por ~ con... につられて，から影響を受けて．

em·pa·tu·car [em.pa.tu.kár] 他 《ラ米》《話》(ﾍﾞﾈｽﾞ)(1)〈人の〉名誉を傷つける．(2) めちゃくちゃにする，混乱させる．(3) 汚す，汚くする．
— ~・se 再 **1** 汚れる．**2** 〈名声が〉消える．

em·pa·var [em.pa.bár] 他 《ラ米》《話》(1) 〈人に〉悪運をもたらす．(2) (ﾍﾟﾙ) 辱める，からかう．(3) (ﾍﾟﾙ) 怒らせる，いらだたせる，不快にする．
— ~・se 再 不幸な目にあう．

em·pa·ve·sa·da [em.pa.ﾞbe.sá.ða] 女 《海》(1) (満艦飾の) 旗，幔幕(ﾏﾝﾏｸ)．(2) 舷牆(ｹﾞﾝｼｮｳ)：波よけ用に舷側に張る防水布．**2** 《軍》大盾を並べた防御．

em·pa·ve·sa·do, da [em.pa.ﾞbe.sá.ðo, -.ða] 形 **1** (船が) 満艦飾の；〈街路が〉旗などで飾られた．**2** 〈記念碑などが〉幔幕(ﾏﾝﾏｸ)で覆われた．**3** 大盾を持った．— 男 **1** (大盾などで) 身を固めた兵士．**2** 《海》《集合的》満艦飾．

em·pa·ve·sar [em.pa.ﾞbe.sár] 他 **1** 〈船・街路を〉旗などで飾る，満艦飾を施す．**2** 〈記念碑などを〉幔幕(ﾏﾝﾏｸ)で覆う．**3** 《軍》大盾を並べて守りを築く．

em·pa·vo·na·do [em.pa.ﾞbo.ná.ðo] / **em·pa·vo·na·mien·to** [em.pa.ﾞbo.na.mjén.to] 男 《冶》金属表面に青い酸化皮膜を形成させること．

em·pa·vo·nar [em.pa.ﾞbo.nár] 他 **1** 〈金属に〉青い酸化皮膜をつくる．**2** (ｺﾛﾝ) ベタベタしたものを塗る．— ~・se 再 《ラ米》(ﾌﾟｴ)《話》着飾る．

em·pe·ca·ta·do, da [em.pe.ka.tá.ðo, -.ða] 形 **1** 手に負えない，いたずらな，性悪な．**2** 嫌な，いまいましい．

em·pe·cer [em.pe.θér / -.sér] 34 自 妨げる．► ふつう3人称および否定文で使われる．

em·pe·ci·na·do, da [em.pe.θi.ná.ðo, -.ða / -.si.-] 形 頑固な，固執した．

em·pe·ci·na·mien·to [em.pe.θi.na.mjén.to / -.si.-] 男 頑固さ，固執．

em·pe·ci·nar [em.pe.θi.nár / -.si.-] 他 …に松やにを塗る．— ~・se 再 《en... …に》固執する（= obstinarse）．*Se empecinó en* no salir de casa. 彼[彼女]はどうしても家を出ようとはしなかった．

em·pe·dar·se [em.pe.ðár.se] 再 《ラ米》(ﾁﾘ)(ﾒﾋ)《話》酔っ払う．

em·pe·der·ne·cer [em.pe.ðer.ne.θér / -.sér] 34 他 →empedernir．

em·pe·der·ni·do, da [em.pe.ðer.ní.ðo, -.ða] 形 **1** 改めがたい，常習的な．fumador ~ ヘビースモーカー．odio ~ 宿怨(ｼｭｸｴﾝ)．**2** 非情[冷酷]な．

em·pe·der·nir [em.pe.ðer.nír] 80 他 **1** 硬化させる（= endurecer）．**2** 〈体を〉鍛える．**3** 非情[冷酷]にさせる．— ~・se 再 **1** 固くなる；強靭(ｷｮｳｼﾞﾝ)になる．**2** 非情[冷酷]になる．► 語尾に i が残る活用形以外は empedernecer で代用する．

em·pe·dra·do, da [em.pe.ðrá.ðo, -.ða] 形 **1** 敷石[舗石] で舗装した．**2** 〈馬の毛色が〉まだらの，ぶちの．**3** 《話》〈空が〉うろこ雲で覆われた．
— 男 石畳み (の道路)；舗石工事．

em·pe·dra·mien·to [em.pe.ðra.mjén.to] 男 → empedrado．

em·pe·drar [em.pe.ðrár] 8 他 **1** (敷石・舗石で) 舗装する．**2** 《de... …を》盛り込む，ちりばめる．~ un discurso *de* galicismos スピーチにフランス語的表現をやたらに挟む．**3** …に振りかける．~ con almendras un pastel ケーキの上にアーモンドを散らす．

em·pe·drat [em.pe.ðrát] 男 [複 ~s] エンペドゥラット：タラ，米，白インゲンマメを使ったスペインの Levante 地方の料理．

em·pe·ga [em.pé.ga] 女 **1** ピッチ，タール；松やに (= pez²)．**2** (羊の背などにピッチでつけた印．

em·pe·ga·do [em.pe.gá.ðo] 男 ピッチ[タール] 塗りの防水布[革]．

em·pe·gar [em.pe.gár] 103 他 **1** …にピッチ[タール，松やに] を塗る．**2** 〈羊などに〉ピッチで印をつける．

em·pei·ne¹ [em.péi.ne] 男 足[靴] の甲．

em·pei·ne² [em.péi.ne] 男 **1** 《医》膿加疹(ﾉｳｶ)，湿疹．**2** 《植》ミズゴケ．

em·pe·le·char [em.pe.le.tʃár] 他 …に大理石(板) を張る．

em·pe·lla¹ [em.pé.ja ǁ -.ʎa] 女 (靴の) 甲の部分，甲革．

em·pe·lla² [em.pé.ja ǁ -.ʎa] 女 《ラ米》(ｺﾛﾝ)(ﾁﾘ)(ﾒﾋ) 豚脂，ラード．

em·pe·llar．

em·pe·lle·jar [em.pe.je.xár ǁ -.ʎe.-] 他 …に革を張る．

em·pe·ller [em.pe.jér ǁ -.ʎér] 71 他 → empellar．

em·pe·llón [em.pe.jón ǁ -.ʎón] 男 体で押すこと，体当たり．dar *empellones* 体でぐいぐい押す．
a empellones ぐいぐい押して；ぶっきらぼうに，不意に，突然．hablar *a empellones* まくしたてる．

em·pe·lo·ta·do, da [em.pe.lo.tá.ðo, -.ða] 形 《ラ米》(1) (ｸﾞｱﾃ)《話》混乱した，紛れ討した．(2) (ｷｭｰ)《話》怠け者の，怠惰な．(3) (ﾆｶ)(ｺﾛﾝ)(ﾁﾘ)(ﾒﾋ)《俗》裸の，丸裸の．(4) (ｸﾞｱﾃ)《話》恋した，ほれた．

em·pe·lo·tar·se [em.pe.lo.tár.se] 再 《話》**1** 口論[けんか] で人が群がる．**2** 《ラ米》(1) (ﾆｶ)(ｺﾛﾝ)(ﾁﾘ)(ﾒﾋ)《俗》丸裸になる．(2) (ｸﾞｱﾃ)《話》ほれる，夢中

em・pel・tre [em.pél.tre] 男《農》スペード[盾]芽接ぎ(法).

em・pe・na・cha・do, da [em.pe.na.tʃá.ðo, -.ða] 形 羽飾りをつけた.

em・pe・na・char [em.pe.na.tʃár] 他 〈かぶと・帽子・馬の頭など〉羽で飾る.

em・pe・ña・do, da [em.pe.ɲá.ðo, -.ða] 形 **1** 質入れした. **2** 借金のある. estar ~ hasta los ojos 借金で首が回らない. estar ~ en una guerra 戦地にいる. estar ~ en (+不定詞 / que +直説法) …すると言ってきかない. **4** 相譲らない, 熾烈(ﾚつ)な. una discusión *empeñada* 激論.

***em・pe・ñar** [em.pe.ɲár] 他 **1** 質に入れる, 抵当に入れる. Fue a ~ sus joyas a un prestamista. 彼[彼女]は担保にする宝石を持って金貸しのもとへ行った. **2** …にかけて誓う. ~ SU honor 名誉にかけて誓う. ~ SU palabra / la fe 天地神明にかけて誓う. **3** 《en...》〈人生・時間など〉を投じる. El director *empeñó* diez años *en* la producción de esta obra. 監督はこの作品の製作に10年を費やした. **4** 《en... …に》巻き込む. ~ el país *en* una guerra 戦争に国を巻き込む. **5** 〈戦闘・口論などを〉始める. **6** 強制する, 強いる. **7** 仲裁者に立てる, 仲介人にする.

── ~・**se** 再 **1** 《en...》《…に》固執する, 《…と》言い張る;《…しようと》努力する. Me *empeñaba en* hacerlo lo mejor posible. 私はできるだけうまくやろうと頑張った. Si *te empeñas*, intentaré hablar con ellos de nuevo. もし君がどうしてもと言うんだったら僕はもう一度彼らと話してみるよ. **2** 《con...》《…に》借金をする. ~*se* en tres mil euros 3000ユーロ借金する. ~*se* por un gasto extra 臨時の出費をまかなうために借金をする. Me *empeñé con* mi padre para comprarme un coche. 車を買うために父親に借金をした. **3** 《en...》〈口論などを〉始める. ~*se en* una discusión 言い争いになる. **4** 《por...》…に代わって》とりなす, 仲裁する.
[［古スペイン］*peños*「担保」(←［ラ］*pĭgnus*) より派生]

em・pe・ñe・ro, ra [em.pe.ɲé.ro, -.ra] 男 女 《ラ米》《話》質屋の主人, 金貸し.

***em・pe・ño** [em.pé.ɲo] 男 **1** 担保, 抵当;人質. en ~ 抵当として. casa de ~s 質屋. papeleta de ~ 質札. **2** 切望;熱意;根気. con ~ 熱心に, 根気よく. poner [tomar] ~ en +不定詞 …するように努力を払う. ~ en acabarlo 何が非でもそれを終えようとする決意. Tengo ~ en que este trabajo esté acabado hoy. どうしても この仕事を終わらせたい. **3** 目的, 意図. morir en el ~ 志半ばにして逝く. **4** 約束, 義務. **5** 《複数で》《話》後うだて, コネ.

em・pe・ño・so, sa [em.pe.ɲó.so, -.sa] 形 《ラ米》《話》忍耐強い, 根気のある, 粘り強い.

em・pe・o・ra・mien・to [em.pe.o.ra.mjén.to] 男 悪化, 劣化. ~ del tiempo 天候の悪化.

***em・pe・o・rar** [em.pe.o.rár] 他 悪化させる. ~ la salud 体調を悪くする.
── ~・(se) 自 再 悪化[劣化]する. La situación *se ha empeorado* rápidamente. 事態は急速に悪化した. El enfermo *empeora* día a día. 患者の病状は日ごとに悪くなっている.

em・pe・pa・do, da [em.pe.pá.ðo, -.ða] 形 《ラ米》《コﾛ》《話》麻薬で錯乱した.

em・pe・que・ñe・cer [em.pe.ke.ɲe.θér / -.sér] 34 他 **1** 小さくする, 小さく見せる. El nuevo rascacielos *empequeñece* los demás edificios. 新しい高層ビルのために他のビルが小さく見える. **2** 〈価値・重要性を〉減少させる. Nos *empequeñece* con todas sus hazañas. 彼〔彼女〕の偉業の前では我々はかすんでしまう. ── 自 小さくなる. ── ~・**se** 再 減少する.

em・pe・que・ñe・ci・mien・to [em.pe.ke.ɲe.θi.mjén.to / -.si.-] 男 小さくすること;見劣り.

***em・pe・ra・dor** [em.pe.ra.ðór] 男 **1** 皇帝, 帝王;(日本の) 天皇. el *E*~ Trajano トラヤヌス帝. el *E*~ Showa 昭和天皇. ▶女性形は emperatriz. **2**《魚》(1) メカジキ. ▶一般には pez espada とも言う. (2) アマシイラ:スズキ科.
[←［ラ］*imperātōrem* (*imperātor* の対格)「命令者;皇帝」. *imperāre*「命令する」より派生;[関連] imperio.]

em・pe・ra・do・ra [em.pe.ra.ðó.ra] 女 《話》**1** (特に芸術界で) トップの座についた女性, 女王. **2** 女性への呼びかけ.

***em・pe・ra・triz** [em.pe.ra.tríθ / -.trís] 女 《複 emperatrices》女帝, 皇后. la ~ Catalina II de Rusia ロシア女帝エカテリーナ2世. → emperador.

em・per・cha・do [em.per.tʃá.ðo] 男 (生木で作った) 柵(さく).

em・per・char [em.per.tʃár] 他 〈フック・ハンガーなど〉に掛ける. ── ~・**se** 再 **1** 〈獲物が〉わなにかかる. **2** 《ラ米》《ﾁﾘ》盛装する.

em・per・cu・dir [em.per.ku.ðír] 他 《ラ米》《ﾎﾞﾘ》《ﾁﾘ》《ﾍﾟﾙ》〈衣服に〉染みをつける, (ひどく) 汚す.

em・pe・re・ji・la・do, da [em.pe.re.xi.lá.ðo, -.ða] 形 《話》めかし込んだ.

em・pe・re・ji・lar [em.pe.re.xi.lár] 他 《話》〈人を〉飾りつける. ── ~・**se** 再 《話》めかし込む.

em・pe・ren・den・gar・se [em.pe.ren.deŋ.gár.se] 103 再 《ラ米》《ﾒｷｼ》《話》安物で身を飾る.

em・pe・re・zar [em.pe.re.θár / -.sár] 97 他 遅らせる. ── ~・**se** 再 怠ける, 無精になる.

em・per・ga・mi・nar [em.per.ga.mi.nár] 他 …に羊皮紙を張る, 羊皮紙で装丁する.

em・pe・rri・car・se [em.pe.ri.kár.se] 102 再 《ラ米》(1)《ｶﾘﾌﾞ》《ﾁﾘ》顔を赤らめる, 赤面する. (2)《ﾒｷｼ》《ｺﾞﾃﾞ》《話》酔う, 酔っ払う. (3)《ﾒｷｼ》《ﾁﾘ》《話》上がる, 登る.

em・pe・rri・fo・llar・se [em.pe.ri.fo.jár.se / -.ʎár.-] 再 →emperejilarse.

em・per・nar [em.per.nár] 他 ボルトで留める.

em・pe・ro [em.pé.ro] [接続] 《まれ》しかし, だが (= pero);とはいえ, にもかかわらず (= sin embargo). ▶ 主に文章語として文中・文尾に用いられる. ── Puede ser una ley dura, ~, es justa. 厳しい法律かもしれないが, しかし公平だ.

em・pe・rra・mien・to [em.pe.ra.mjén.to] 男 《話》**1** 強情, 固執. **2** いらだち.

em・pe・rrar・se [em.pe.rár.se] 再 **1** 《話》《en...》《…と》言い張る, 《…に》固執する. *Se emperró en* hacerlo como él quería. 彼は自分流のやり方でやると言って譲らなかった. **2** 《con...》《…に》熱心になる;《…を》欲しがる. **3** いらいらする, 腹を立てる. **4** 《ラ米》《ｺﾞﾃﾞ》《ｴｸｱ》《ﾍﾟﾙ》泣き出す.

em・pe・rre・chi・nar・se [em.pe.re.tʃi.nár.se] 再 《ラ米》《ｺﾞﾃﾞ》固執する, こだわる.

em・per・ti・gar [em.per.ti.gár] 103 他 《ラ米》《ﾁﾘ》〈牛馬を〉轅(ながえ)につなぐ.

em・pe・ta・tar [em.pe.ta.tár] 他 《ラ米》《ﾒｷｼ》《ﾎﾝ》《床に》ござを敷く, ござで覆う.

em・pe・tro [em.pé.tro] 男 《植》セリ科クリスマスの

em·pe·zar [em.pe.θár / -.sár] ⑩ 他 **1** 始める, 開始する (=comenzar). Todavía no *han empezado* el curso. 5月まだ学期は始まっていない. ¿Cuándo *empezaste* este libro? 君はこの本をいつ読み始めたの. *Han empezado* bien este año. 今年彼[彼女]らはいいスタートを切った. **2** 使い始める, おろす. Si quieres más, *empieza* esta botella. もっと欲しければこの瓶を開けてね. ─ 自 **1** 始まる. El programa *empezó* con una escena muy violenta. 番組はとても暴力的なシーンから始まった. **2** 《a+不定詞 …し》**始める**. En mayo ya *empieza a hacer* calor. 5月にはもう暑くなり始める. **3** 《por+不定詞 …することから》始める. *Empezamos por leer* el texto en voz alta. 本文を声に出して読むことから始めた. **4** 《a+打撃などを表す名詞〈打撃〉を》《con… …に》(急に)始める. *Empezó a golpes con* su compañero. 彼[彼女]は突然仲間に殴りかかった. ─ ~·se 再 始まる. *para empezar* まず始めに.

Por algo se empieza. 始めは小さくて構わない, 始めることが肝心(► 慣用表現).

¡Ya empezamos!《話》《不快》また始まった, またか, うんざりだ.

[*pieza* より派生；「一片を切り取って使い始める」が原義]

em·pi·car·se [em.pi.kár.se] 102 再《por… / en… …に》夢中になる.

em·pi·char [em.pi.tʃár] 他《ラ米》《_{カリブ}》《話》汚す. ─ ~·se 再《ラ米》《_{カリブ}》(食べ物が)腐る, (植物が)枯れる.

em·pi·co·tar [em.pi.ko.tár] 他 **1**〈罪人などを〉さらし台にかける. **2** さらし者[笑い者]にする.

em·pie·ce [em.pjé.θe / -.se] 男《話》初め, 開始 (=comienzo).

empiece(-) 活 → empezar.

em·pie·ma [em.pjé.ma] 男《医》蓄膿(のう); 膿胸. **~ maxilar** 蓄膿症.

empiez- 活 → empezar.

em·pie·zo [em.pjé.θo / -.so] 男《ラ米》《_{中央ア}》《_{ペルー}》初め, 最初. ─ 活 → empezar.

em·pi·lar [em.pi.lár] 他 積み重ねる, 積み上げる.

em·pil·char [em.pil.tʃár] 他《ラ米》《_{リオプラタ}》上等な服を着せる. ─ ~·se 再《ラ米》《_{リオプラタ}》《話》着飾る, めかし込む.

em·pi·lo·nar [em.pi.lo.nár] 他《ラ米》《_{キューバ}》《_{ベネズエラ}》〈タバコの葉などを〉積み重ねる.

em·pil·trar·se [em.pil.trár.se] 再《話》寝る, 床につく.

em·pi·na·do, da [em.pi.ná.ðo, -.ða] 形 **1** 急勾配(こうばい)の, 険しい. camino ~ 急な坂道. **2** 非常に高い, そびえ立った. **3** 高慢な, うぬぼれた.

irse a la empinada〈馬が〉後ろ脚で立つ.

em·pi·nar [em.pi.nár] 他 **1** まっすぐに立てる[起こす], 垂直にする. **2** 高く上げる, 持ち上げる. **3**〈酒瓶を〉持ち上げる, 傾ける. **4**《話》大酒を飲む. ─ ~·se 再 **1** つま先立ちする. **2**〈動物が〉後ろ脚で立つ. **3** そびえる, そびえ立つ. **4**《俗》勃起する. **5**《ラ米》《_{キューバ}》《話》食べすぎる.

em·pin·go·ro·ta·do, da [em.piŋ.go.ro.tá.ðo, -.ða] 形 **1**《軽蔑》《話》成り上がりの, 出世した. **2** 生意気な, 高慢な.

em·pin·go·ro·tar [em.piŋ.go.ro.tár] 他 **1** 上に乗せる. **2** 出世させる, 成り上がらせる. ─ ~·se 再 **1** 上に乗る. **2**《軽蔑》《話》出世する, 成り上がる. **3** 思い上がる, 高慢になる.

em·pi·ño·na·do, da [em.pi.ɲo.ná.ðo, -.ða] 形 松の実を散りばめた. ─ 男 松の実を散りばめた菓子, 松の実が入った菓子.

em·pi·pa·da [em.pi.pá.ða] 女《ラ米》《_{チリ}》《_{中央ア}》《_{エクアドル}》《話》満腹, 飽食, 食べすぎ.

em·pi·par·se [em.pi.pár.se] 再《話》《*de…* …を》たらふく食べる, 飽食する.

em·pí·re·o, a [em.pí.re.o, -.a] 形 (古代の宇宙論で)五天界の最高天の; 天空の. ─ 男 最高天 (火と光の世界);《神》(神・天使・聖人が住む) 天空.

em·pi·reu·ma [em.pi.réu.ma] 男 異臭, 悪臭.

em·pí·ri·co, ca [em.pí.ri.ko, -.ka] 形 経験的な; 経験主義の. filósofo ~ 経験論派の哲学者. ─ 男 女 経験論者.

[←《ラ》*empiricus* (*empíricus* の対格) ←《ギ》*empeirikós* (*peîra*「試み, 経験」の派生語); 関連 experiencia, experimento. [英] *empirical*.]

em·pi·ris·mo [em.pi.rís.mo] 男 **1** 経験的手法, 経験主義. **2**《哲》経験論.

em·pi·ris·ta [em.pi.rís.ta] 形《哲》経験論の. ─ 男 女《哲》経験主義を唱える学者[人].

em·pi·to·nar [em.pi.to.nár] 他《闘牛》〈牛が〉〈闘士を〉角で突く.

em·pi·za·rra·do, da [em.pi.θa.řá.ðo, -.ða sa.-] 形 スレートぶきの. ─ 男 スレートぶきの屋根.

em·pi·za·rrar [em.pi.θa.řár / -.sa.-] 他〈屋根を〉スレートでふく.

em·plan·ti·llar [em.plan.ti.ʝár ǁ -.ʎár] 他《ラ米》(1)《_{チリ}》《_{ボリビア}》《_{ニカラグア}》〈靴に〉敷き革を入れる. (2)《_{チリ}》《_{ニカラグア}》〈壁・建物の基礎に〉粗石を詰める.

em·plas·ta·dor, do·ra [em.plas.ta.ðór, -.ðó.ra] 男 女《ラ米》製本工. ─ 男《美》厚塗り用の筆.

em·plas·tar [em.plas.tár] 他 **1**《医》…に膏薬(こうやく)を貼(は)る; 湿布をする. **2** 厚化粧する. **3** べとべとしたものを貼る. **4**〈商売・仕事などを〉妨げる. ─ ~·se 再 **1** 膏薬〔湿布〕を貼る. **2** べとべとしたものがくっつく.

em·plas·te [em.plás.te] 男《美》パテ.

em·plas·te·cer [em.plas.te.θér / -.sér] 34 他《美》〈カンバスを〉平らに下塗りする, …に漆喰(しっくい)などを下塗りする.

em·plás·ti·co, ca [em.plás.ti.ko, -.ka] 形 **1** ねばねばする, 粘着性のある. **2**《医》(皮膚・腫瘍の)緩和剤の.

em·plas·to [em.plás.to] 男 **1**《医》膏薬(こうやく), 硬膏. **2**《話》(一時しのぎの)いい加減な仕事, 下手な修理. **3**《話》病弱な人. **4**《話》《軽蔑》ぶよぶよしたまずそうなもの. **5**《ラ米》《軽蔑》煩わしい人.

em·pla·za·mien·to [em.pla.θa.mjén.to / -.sa.-] 男 **1**(建物などの)位置, 配置. ~ arqueológico 遺跡. **2**《法》召喚, 出廷[出頭]命令. **3** 期日, 締め切り.

em·pla·zar [em.pla.θár / -.sár] 97 他 **1**《法》〈被告・証人を〉召喚する, 出廷[出頭]させる;〈場所・日時を指定して〉呼び出す. **2**〈建物などを〉配置する. *Emplazaron* el circo en las afueras de la ciudad. サーカスの小屋は市の郊外に建てられた.

em·ple·a·do, da [em.ple.á.ðo, -.ða] 男 女 **1** 従業員, 社員; 職員. ~ bancario / ~ de banco 銀行員. ~ de correos 郵便局員. ~ de un supermercado スーパーの店員. ~ del Estado (国家) 公務員. ~ público (地方) 公務員.

[類語] *empleado* はホワイトカラーの「会社員」.

「公務員」は *empleado* あるいは *funcionario* (*público*), 「工場労働者」は *obrero*.
2 使用人；家政婦 (=~ de hogar). ~ doméstico (住み込み)の使用人.
— 形 **1** 用いられる, 使用される. **2** 費やされる. **3** 雇われる.
dar por bien empleado... ・・・のかいがあったと満足する, 〈労力などが〉報われたとみなす (▶ *empleado* は・・・に相当する語句に性数一致する). Si apruebo el examen de conducir, *daré por bien* ~ todo el dinero invertido. もし運転免許試験にパスしたら, 出費したお金は十分報われたことになる.
estar bien empleado a+人 《話》〈人〉の自業自得である, 〈人〉には当然の報いである.
em·ple·a·dor, do·ra [em.ple.a.ðór, -.ðó.ra] 形 使用[利用]する, 雇用する. — 男 女 使用者, 雇用者.

****em·ple·ar** [em.ple.ár] 他 **1** 《**para...**》・・・のために)〈手段・道具・言語などを〉用いる, 使用する. ~ trucos para conseguir un objetivo 目的を達するために策略を用いる. ~ un lenguaje expresivo 表現力豊かな言葉を用いる.
2 《**en...** / **para...**》・・・に〉〈時間・労力・消耗品などを〉費やす；〈お金を〉投資する. ~ dos litros de leche *para* hacer queso チーズを作るのに牛乳を2リットル使う. ~ cien mil euros *en* la compra de la tierra 土地の購入に10万ユーロをつぎ込む.
3 〈人を〉雇用する；働かせる. Esta empresa *emplea* a cien personas anualmente. この会社は毎年100人を採用する.
— **~·se** 再 **1** 《**como...** / **de...**》・・・として)《**en...**》〈場所〉で)職に就く；働く. *Me he empleado en* un banco. 私は銀行に就職した. **2** 《3人称で》《**para...**》・・・のために)用いられる. Este término *se emplea para* designar un tipo de vivienda. この語はある種の住居を意味するために用いられる.
[⇐〔古仏〕*emploiier*（〔仏〕*employer*)⇐〔ラ〕*implicāre*「巻き込む」] 関連 [英] *employ*]

****em·ple·o** [em.plé.o] 男 **1** 職, 仕事；勤め口. buscar un ~ 職を探す. perder el ~ 失業する. solicitud de ~ 求職. Mi amigo tiene un buen ~. 私の友人はいい職に就いている. Estoy sin ~. 私は失業中だ. **2** 雇用, 雇うこと. fomentar el ~ 雇用を促進する. contrato de ~ 雇用契約. pleno ~ 完全雇用. regulación de ~ 雇用調整. **3** 使用, 利用；用法. ~ excesivo de una medicina 薬の過剰投与. hacer buen ~ de... ・・・を有効に使う. modo de ~ 使用法. **4** 投資；運用. **5**『軍』階級. — 直 → emplear.

em·ple·o·ma·ní·a [em.ple.o.ma.ní.a] 女 《話》(事大主義的な)公務員志望.
em·plo·ma·do [em.plo.má.ðo] 男 鉛の覆い；(窓・ガラスの)鉛枠；鉛板ぶき屋根.
em·plo·ma·du·ra [em.plo.ma.ðú.ra] 女 **1** 鉛を張る[かぶせる]こと. **2** 《ラ米》《㌘》(虫歯の)充填(㌜)(材), 詰め物.
em·plo·mar [em.plo.már] 他 **1** ・・・に鉛を張る[かぶせる]. ~ las vidrieras (ステンドグラスなどの)ガラスを鉛枠でつなぐ. **2** 鉛で封印する. **3** 《ラ米》《㌘》(虫歯に)詰め物をする.
em·plu·mar [em.plu.már] 他 **1** 羽で飾る；〈矢に〉羽をつける. **2** 《話》罰する. **3** 《ラ米》《話》**(1)** 《㌍》(㌣)だます, 欺く. **(2)** 《㌍》《話》殴る, 打つ. **(3)** 《㌍》《話》刑務所に入れる, 収監する. **(4)** 《㌍》《話》首にする. **(5)** 《㌍》《㌣》《㌣》追放する, 流刑にする. — 自 **1** 羽が生える. **2** 《ラ米》《話》**(1)** 《㌣》

(㌣)(㌔)(㌣)逃げる, 逃走する. **(2)** 《㌣》年をとる, 老人になる.
emplumarlas 《ラ米》雲隠れをする, 逃げうせる.
emplumárselas 《ラ米》《㌍》《話》逃げる, 逃走する.
serpiente emplumada『神話』羽毛のある蛇：アステカ神話のケツァルコアトル. → Quetzalcóatl.
em·plu·me·cer [em.plu.me.θér / -.sér] ③④ 自 羽が生える.
em·po·bre·ce·dor, do·ra [em.po.βre.θe.ðór, -.ðó.ra / -.se.-] 形 貧しくする, 衰えさせる.
em·po·bre·cer [em.po.βre.θér / -.sér] ③④ 他 貧しくする；衰えさせる. *Empobreció* a su familia con tantos gastos. 彼[彼女]は金を湯水のように使って一家を零落させてしまった.
— 自 《**·se**》 自 再 貧乏になる, 困窮する；衰退[衰microphone]する. La tierra *se ha empobrecido* por falta de abono. 肥料不足で土地はやせてしまった.
em·po·bre·ci·mien·to [em.po.βre.θi.mjén.to / -.si.-] 男 貧困(化)；衰退.
em·po·de·ra·mien·to [em.po.ðe.ra.mjén.to] 男 (劣勢だった集団が)力を持つこと, 巻き返し；自立.
em·po·dre·cer [em.po.ðre.θér / -.sér] ③④ 自 腐敗する, 朽ちる.
em·po·lla·do, da [em.po.ʝá.ðo, -.ða || -.ʎá.-] 形 《話》《**en...**》(・・・に) 精通した, (・・・が)得意な. Está ~ *en* matemáticas. 彼は数学がよくできる.
em·po·lla·du·ra [em.po.ʝa.ðú.ra || -.ʎa.-] 女 **1** 《集合的》ミツバチの幼虫. **2** (知識の)詰め込み.
em·po·llar [em.po.ʝár || -.ʎár] 他 **1** (親鳥が)〈卵を〉抱く, 孵化(㌠)する. **2** 《話》詰め込み勉強をする. ~ química 化学を猛勉強する. **3** (皮膚に)水疱(㌻)[まめ]を作る. — 自 **1** 〈ひな・昆虫が〉卵から孵る. **2** 《話》(試験直前などに)猛勉強をする. — **~·se** 再 **1** 《話》猛勉強をする. **2** 《ラ米》水膨れができる.
em·po·llón, llo·na [em.po.ʝón, -.ʝó.na || -.ʎón, -.ʎó.-] 男 女 《話》ガリ勉. — 形 ガリ勉の.
em·pol·va·do, da [em.pol.βá.ðo, -.ða] 形 ほこりまみれの；粉だらけの.
em·pol·var [em.pol.βár] 他 **1** ほこりまみれにする；粉だらけにする. El viento *empolva* la ropa con arena. 風で服に砂ぼこりがいっぱい付く. **2** (顔に)パウダー[おしろい]をはたく.
— **~·se** 再 **1** ほこりまみれになる；粉だらけになる.
2 パウダー[おしろい]をはたく. **3** 《ラ米》**(1)** 《㌍》仕事の腕が鈍る, さえなくなる. **(2)** 《㌍》《話》逃げる, 逃走する.
em·pol·vo·ra·mien·to [em.pol.βo.ra.mjén.to] 男 ほこりまみれになること；ほこりの山.
em·pol·vo·rar [em.pol.βo.rár] 他 → empolvar.
em·pol·vo·ri·zar [em.pol.βo.ri.θár / -.sár] ⑨⑦ 他 → empolvar.
em·pon·cha·do, da [em.poɲ.tʃá.ðo, -.ða] 形 《ラ米》《㌍》《㌣》《㌔》**(1)** ポンチョを着た. **(2)** 怪しい, 狡猾(㌃)な；偽善的な. — 男 女 偽善者.
em·pon·char·se [em.poɲ.tʃár.se] 再 《ラ米》《㍊》ポンチョを着る.
em·pon·zo·ña·dor, do·ra [em.pon.θo.ɲa.ðór, -.ðó.ra / -.so.-] 形 **1** 有毒な, 毒の入った. **2** 有害な. — 男 女 毒を盛る人, 毒殺者.
em·pon·zo·ña·mien·to [em.pon.θo.ɲa.mjén.to / -.so.-] 男 **1** 毒を入れる[塗る]こと；毒殺.
2 損なう[害する]こと, 堕落[腐敗]すること.
em·pon·zo·ñar [em.pon.θo.ɲár / -.so.-] 他

em·po·par [em.po.pár] 他 (1) 追い風を受ける,潮流に乗る. (2) 船尾が深く沈む.

em·por·car [em.por.kár] 16 他 汚す; 汚物[糞(ﾌﾝ)]で汚す. **━~·se** 再 〈自分の体・服を〉汚す. ~*se* las manos [el vestido] 手[服]を汚す.

em·po·rio [em.pó.rjo] 男 **1** 貿易[交易]の中心(地); 集散地. **2** (富・文化の)中心地. ~ de las artes 芸術の中心地. **3** 《ラ米》(ﾒｷ)百貨店.

em·po·rra·do, da [em.po.rá.ðo, -.ða] 形 《俗》 **1** マリファナ[ハシッシュ]をやっている. **2** 勃起した.

em·po·rrar [em.po.rár] 他 《ラ米》(ｺﾞﾛﾝ)《話》〈人に〉迷惑をかける,うんざりさせる. **━~·se** 再 《俗》 **1** マリファナ[ハシッシュ]をやる. **2** 勃起する.

em·po·rro·so, sa [em.po.ró.so, -.sa] 形 《ラ米》(ﾁｭ)(ﾎﾟﾘ)《話》煩わしい, 厄介な, 面倒な.

em·po·tra·do, da [em.po.trá.ðo, -.ða] 形 (壁・床に)埋め込んだ,はめ込み式の,作り付けの. armario ~ 作り付けの戸棚[洋服だんす].

em·po·tra·mien·to [em.po.tra.mjén.to] 男 埋め込むこと; (家具などの)作り付け; (衝突して)めり込むこと.

em·po·trar [em.po.trár] 他 (壁・床などに)埋め込む,はめ込む. Quiero que *empotren* la estantería en la pared. 私は本棚を壁に作り付けにして欲しい. **━~·se** 再 (衝突して)めり込む. El coche *se empotró* en la tienda. 車が店に突っ込んだ.

em·po·tre·rar [em.po.tre.rár] 他 《ラ米》(1) 〈土地を〉放牧地にする. (2) 放牧する.

em·po·zar [em.po.θár / -.sár] 97 他 **1** 井戸に入れる[投げ込む]. **2** 〈亜麻・大麻などを〉水に浸す. **3** 《ラ米》供託する. **4** 《ラ米》〈水が〉たまる, よどむ. **━~·se** 再 **1** 〈手続きなどが〉棚上げされる, 放置される. **2** 《ラ米》水たまりになる.

em·pra·di·zar [em.pra.ði.θár / -.sár] 97 他 〈土地を〉牧場にする.

em·pren·de·dor, do·ra [em.pren.de.ðór, -.ðó.ra] 形 積極的な, 進取の.
━男 女 進取の気性に富む人.

****em·pren·der** [em.pren.dér] 他 **着手する**, 取りかかる, 企てる. ~ un viaje 旅に出る. ~ el vuelo 飛び立つ, 離陸する. ~ el (camino de) regreso 帰途につく, 引き返す. El profesor *ha emprendido* la nueva traducción de *la Divina Comedia*. 先生は『神曲』の新しい翻訳に取りかかった.
emprenderla a +攻撃などを表す語《話》…で襲い[殴り]かかる. El chico *la emprendió a* bofetadas conmigo. その少年は私に殴りかかった.
emprenderla con... 《話》…につらく当たる;…にうるさい.

em·pre·ñar [em.pre.nár] 他 **1** 妊娠させる, はらませる. **2** 《話》うんざりさせる, 怒らせる. No me *empreñes* más con tus exigencias. ああしろこうしろとこれ以上うるさく言わないでくれ.
━~·se 再 **1** 妊娠する, はらむ. **2** 怒る, 立腹する.

****em·pre·sa** [em.pré.sa] 女 **1企業, 会社**. fundar una ~ 会社を設立する. ~ de transportes 運送会社. ~ privada 民間企業. ~ pública 公営企業. ~ nacional / ~ del Estado 国営企業. ~ multinacional [transnacional] 多国籍企業. gran ~ 大企業. pequeña [mediana] ~ 小[中]企業. ~ de pompas fúnebres《ラ米》(ﾒｷ)(ﾁﾘ)葬儀社 (=funeraria).
2事業, 企て; 冒険. ~ difícil 難事業. ~ de servicios públicos 公共事業. realizar una ~ ある企画を実現させる. **3** 事業者(側), 事業者組織. La ~ no es responsable de los objetos perdidos. 当館は遺失物について責任を負いません. **4** (勲章・記章などの)図案.

em·pre·sa·ria·do [em.pre.sa.rjá.ðo] 男 **1** 《集合的》事業者, 経営陣. **2** 企業(家)集団, 企業連合.

***em·pre·sa·rial** [em.pre.sa.rjál] 形 **経営の, 企業の**; 経営者の, 企業家の. dificultades ~*es* 経営上の困難. la clase ~ 管理職.
━男 《複数で》経営学.

***em·pre·sa·rio, ria** [em.pre.sá.rjo, -.rja] 男 女 **1企業主**, 事業者; 雇用者. el convenio laboral entre el ~ y el sindicato 雇用主と労働組合との労働協約. **2** (工事などの)請負業者. ~ de obras públicas 公共事業の請け負い業者. **3** 興行主, プロモーター.

em·pres·tar [em.pres.tár] 他 《俗》貸す; 借りる.

em·prés·ti·to [em.prés.ti.to] 男 **1** 貸し付け, 融資, 貸付金; 借り入れ, 借入金. un ~ al tres por ciento 利子3パーセントの貸付金[ローン]. **2** 公債, 国債; 借款. ~ de guerra 戦時公債. lanzar [hacer] un ~ 債券を発行する. **3** (銀行の)貸付業務.

em·pri·mar [em.pri.már] 他 **1** 〈羊毛を〉2度梳(ｽ)きする. **2** 《話》だます, たかる. **3** 《古語》…の方を好む. **4** 《美》下塗りをする.

em·prin·gar [em.priŋ.gár] 103 他 (油など)べとべとしたものを塗る;油で汚す.

em·pu·ja·da [em.pu.xá.ða] 女 《ラ米》(ﾒｷ)(ｺﾞﾛﾝ)(ﾁﾘ)(ﾌﾟｴﾙ)押すこと, 突くこと.

****em·pu·jar** [em.pu.xár] 他 **1押す**, 押しやる; 突き飛ばす. ~ el coche [botón] 車[ボタン]を押す. ~ la puerta ドアを押す. ¡No me *empujes*! 押さないでよ. "~"《ドアの表示》押す(⇔"tirar").
2 (*a...* …に)駆り立てる;(*a*+不定詞 / *a que*+接続法 …するように)せきたてる; 圧力をかける. La necesidad me *empujó a* trabajar desde muy joven. 必要に迫られて私は若いころから働かねばならなかった. El niño nos *ha empujado a que compremos* el juguete. 子供にせがまれておもちゃを買わされた. **3**《*de...* …の地位から》引きずり下ろす. Le *empujaron de* la presidencia. 彼は大統領の地位を追われた.
━自 **1** 押す. **2** 進歩する, 向上する; 突き進む. **3** 《俗》交尾する (=copularse).

em·pu·je [em.pú.xe] 男 **1** 押すこと, 突くこと.
2 突き上げ, 圧力. ~ de los de abajo 下の者からの突き上げ. **3** 意気, 気力; 押しの強さ. con mucho ~ 意気満々で. Tiene mucho ~. 彼[彼女]は元気いっぱいだ. hombre de ~ 積極的な人, 押しの強い人. **4** 影響力; コネ. **5**《機》《物理》《航空》推力;《車》駆動力. **6**《建》《壁・柱にかかる》重力, (horizontal)圧力. Las columnas soportan el ~ del techo. 柱が天井の重みを支える. ━活 ➡ empujar.
centro de empuje 浮力の中心.

***em·pu·jón** [em.pu.xón] 男 **1押すこと, 突くこと**. dar un ~ a+人〈人〉を突き飛ばす. dar *empujones* 乱暴に押す. **2** 《話》(仕事などの急速な)進捗(ﾁｮｸ), 前進. dar un ~ a... …を推し進める. **3** 《話》奮起, ひと押し. Con un ~ podrías acabarlo en un mes. もうひと頑張りすれば1か月でそれを終わらせられるのに.

empulgar 762

a empujones (1)《人を》押しのけて；荒々しく. *abrirse paso a empujones* 押しのけて道を開く. (2) 間を置いて，とぎれとぎれに.
de un empujón 一気に.

em·pul·gar [em.pul.ɣár] 他 大弓で武装する.

em·pun·tar [em.pun.tár] 他 **1** 立ち去らせる. **2**《ラ米》《ﾃｷｱ》差し向ける，向かわせる. (2)《ｺﾞﾛﾝ》《話》頭から離れない，考え続ける.
—自《ラ米》《ﾃｷｱ》出発する.
—**~·se** 再《ラ米》《ﾒｷｼｺ》《ﾎﾟﾘﾋﾞｱ》《話》固執する.
empuntarlas《ラ米》《ﾒｷｼｺ》《ﾎﾞﾘﾋﾞｱ》《話》消える，逃げる，雲隠れする.

em·pu·ña·du·ra [em.pu.ɲa.ðú.ra] 女 **1**《刀・短剣の》柄. *Me clavó la daga hasta la ~.* 彼[彼女]は短剣の柄まで私に突き差した. **2**《傘・杖(ﾂｴ)などの》柄，握り；《道具の》取っ手. **3**《話・演説などの出だしの》決まり文句.

em·pu·ñar [em.pu.ɲár] 他 **1** 握る，つかむ. *~ un arma* 武器を取る. *~ un bastón* ステッキを握る. **2**《職・地位を》得る，獲得する. *~ el cetro* 王位に就く.

em·pu·ñi·du·ra [em.pu.ɲi.ðú.ra] 女《海》イヤリング，耳索(ｼﾞｬｸ)：帆桁(ｶﾞｹｫ)につけた《帆をたたむための》ロープの総称.

em·pu·rar [em.pu.rár] 他《話》罰を与える，懲らしめる.

em·pu·rrar·se [em.pu.řár.se] 再《ラ　米》《ﾌﾟｴ》《話》かんかんに怒る，怒鳴りちらす.

em·pu·tar·se [em.pu.tár.se] 再《話》怒る. ▶ときに再帰代名詞なしで用いられる.

em·pu·te [em.pú.te] 男《ラ米》《ｺﾛﾝ》《話》怒り. *cogerse un ~* 怒る.

em·pu·te·cer [em.pu.te.θér / -.sér] 34 他《俗》**1** 売春させる. **2**《名誉・能力などを》《金のために》売る，汚す. **3** 悪化させる. **4** いらいらさせる，むかつかせる. **5**《ラ米》《ﾁﾘ》《話》怒らせる.
—**~·se** 再 **1** 売春する. **2**《自分の名誉・能力などを》《金のために》売る，汚す. **3** 悪化する. **4**《ラ米》《ﾁﾘ》《俗》怒る，憤慨する.

em·pu·te·ci·mien·to [em.pu.te.θi.mjén.to / -.si.-] 男 売春《行為》.

e·mú [e.mú] 男《鳥》エミュー：オーストラリアの大型の走鳥類.

e·mu·la·ción [e.mu.la.θjón / -.sjón] 女 **1** 競争[対抗]《心》，張り合うこと. *fomentar [estimular] la ~* 競争心をあおる. **2**《IT》エミュレーション.

emú（エミュー）

e·mu·la·dor, do·ra [e.mu.la.ðór, -.ðó.ra] 形 張り合う，向こうを張る.
—男 女 対抗者，ライバル.
—男《IT》エミュレータ.

e·mu·lar [e.mu.lár] 他 **1** …と張り合う，競う. **2**《張り合って》同じことをする，同じくらい上手にする；手本とする.

e·mul·gen·te [e.mul.xén.te] 形《解剖》腎血管の. *arteria [vena] ~* 腎動脈[静脈]. —男 腎血管.

é·mu·lo, la [é.mu.lo, -.la] 形《de...に》対抗する，競う.
—男 女 競争相手，ライバル. *~ en erudición* 博識にかけての好敵手.

e·mul·sión [e.mul.sjón] 女《化》乳液，乳剤；《写》感光乳剤.

e·mul·sio·nar [e.mul.sjo.nár] 他 乳化する，乳剤にする.

e·mul·si·vo, va [e.mul.sí.ƀo, -.ƀa] 形 乳状の，乳剤の.

e·mul·sor [e.mul.sór] 男 乳化機，乳液製造機，脂肪質添加器.

e·mun·ción [e.mun.θjón / -.sjón] 女《医》排出，排泄(ﾊｲｾﾂ).

en [en] 前 **1《空間》
1《場所》…に，…で，…のところに. *Nací en Málaga.* 私はマラガで生まれた. *Mi piso está en la quinta planta.* 私のマンションは5[6]階にあります. *Mi amigo vive en Quito, Ecuador.* 私の友人はエクアドルのキトに住んでいます. *Te esperamos en la parada.* 僕たちは君をバス停で待っているよ. *Tiene un gorro puesto en la cabeza.* 彼[彼女]は頭に帽子をかぶっている. *Está en casa de sus padres.* 彼[彼女]は実家にいる.
2《さまざまな広さ・形状の場所》…で. *Hemos quedado en la estatua del oso.* 熊(ｸﾏ)の像のところで会う約束をした. *Los niños no se comportan bien en la mesa.* 子供たちは食卓で行儀が悪い. *Vi la película en la televisión.* 私はその映画をテレビで見た. *Cuelga tu chaqueta en una percha.* ジャケットをハンガーに掛けなさい. *El coche chocó en un poste de electricidad.* 車は電柱にぶつかった.
3《平面》…の上に. *Tu agenda está en la mesa.* 君の手帳はテーブルの上にあるよ. *Se tumbaron en el suelo.* 彼[彼女]らは地面に寝転んだ. *Cuelga este cuadro en la pared.* この絵を壁に掛けなさい. ▶ 表面から離れている上方には en ではなく sobre を使う. ⇒*El avión voló sobre la ciudad.* 飛行機は都市の上を飛んだ. → *encima*〖類語〗.
4…の中に[で]. *Tiene escondido algo en la mano.* 彼[彼女]は手の中に何か隠している. *Lo tengo en el bolsillo.* 私はそれをポケットの中に持っています. *Los papeles están en el segundo cajón.* 書類は2番目の引き出しにあるよ. *La bandera está flotando en el aire.* 旗は空にはためいている.
5…の中へ. *Mucha gente entró en la iglesia.* 大勢の人が教会に入っていった. *La niña metió una mano en el agua.* 女の子は手を水につけた.

2《時間》
1《時点》…に，…のときに. *en invierno* 冬に. *en el siglo XXI* 21世紀に. *en ese momento* そのとき. *en esto* このとき. *en mi juventud* 私の青春時代に. *Mi padre volverá en cualquier momento.* 父はすぐにでも帰ってくるでしょう. *Mi tío nació en 1950.* おじは1950年生まれです.
2《期間・期限》…で，…かかって. *Te llamaré en ocho días.* 1週間のうちに電話するよ. *Acabó el trabajo en dos horas.* 彼[彼女]は2時間で仕事を終えた. *No he dormido en toda la noche.* 私はひと晩中眠らなかった. *No podré trabajar en un mes.* これから1か月は働けないだろう. ▶ *dentro de* は「…後に」を表す. ⇒*dentro de ocho días* 1週間後に.

3《関連・分野》
1《領域》…においては，…の点では，…における. *Buscamos un especialista en derecho civil.* 我々は民法の専門家を探している. *Este modelo supera a los demás en calidad.* この商品は他に比べて品質が勝っている. *No me ayudaron en nada.* 彼らは何も手伝ってくれなかった.

2《範疇》…で. Es prudente *en* su manera de hablar. 彼[彼女]は慎重な話し方をする. Es constante *en* sus objetivos. 彼[彼女]は自分の目標はしっかりと守る.

4《様態・状況》
1《状態・様態》…で. Cuando llegamos, el tren ya estaba *en* marcha. 私たちが着いたときには,電車はもう動き出していた. Lo dije *en* broma. それは冗談で言ったんだよ. Siempre hablan *en* voz alta. 彼らはいつも大声で話す.
2《服装》…で,…を着て. Los domingos me paso el día *en* pijama. 日曜日は一日中パジャマで過ごします.
3《変化後の状態》…に. Quiero cambiar estos cheques *en* euros. この小切手をユーロに換えたいの. Se convirtió *en* un político excelente. 彼はすばらしい政治家になった. Corta el pastel *en* seis partes. ケーキを6切れに分けなさい.
4《色・形状》…に,…状に. La torre termina *en* espiral. その塔の先端はらせん状になっている. Pinté el dormitorio *en* color beige. 私は寝室をベージュ色に塗った.

5《手段・方法》
1《言語手段》…で. En el congreso el presidente saludó *en* tres idiomas. 会議で議長は3か国語であいさつした.
2《交通手段》…で. *en* avión [metro, barco, autobús, bicicleta] 飛行機[地下鉄, 船, バス, 自転車]で. Viajamos *en* tren. 私たちは列車で旅をした.
3《材料》…で. Está hecho *en* madera. それは木製です.
4《道具》…で. Calienta la carne *en* el microondas. 肉を電子レンジで温めなさい.

6《単位・割合》
1《単位》…で. En España miden *en* centímetros. スペインではセンチメートルで測る. Hay que pagar sólo *en* billetes. 紙幣でしか払えません.
2《価格・数量》…で. Me dejaron la falda *en* 70 euros. そのスカートを70ユーロにしてもらった. Al final lo vendí *en* menos de la mitad. 結局半額以下で売った.
3《割合》…の割合で. Los precios han subido *en* un dos por ciento. 物価は2パーセント上昇した. El presupuesto aumentó *en* dos millones de yenes. 予算が200万円増えた.

en+現在分詞 …するとすぐに. *En acabando* esta tarea, voy con vosotros. この仕事を終えたらすぐに君たちと行くよ.

[← | *in*；[関連][ポルトガル]*em*.[仏]*en*.[伊][英][独]*in*]

en-〔接頭〕「…の中に」の意. b, pの前ではem-. 名詞,形容詞に付いて「…に入れる,…にする」などの意の動詞を作る. また動詞に付く場合は意味を強める. ⇒ *en*cajonar, *en*marañar, *en*vejecer.
[← ラ]

-ena〔接尾〕「数の集合」の意を表す女性名詞語尾. ⇒ cent*ena*, doc*ena*.

en·a·cei·tar [e.na.θei.tár / -.sei.-] 他 **1** 鋼(のよう)にする. **2** 硬くさせる,丈夫にする；たくましくする.

— ~·se 再 油だらけになる,油で汚れる.

en·a·ce·rar [e.na.θe.rár / -.se.-] 他 **1** 鋼(のよう)にする. **2** 硬くさせる,丈夫にする；たくましくする.

e·na·gua [e.ná.gwa] 囡 **1**《服飾》《主に複数で》ペチコート,アンダースカート；スリップ. **2**《ラ米》(ﾒｷｼ)《複数で》スカート.

en·a·gua·char [e.na.gwa.tʃár] 他 **1** …に余分な水を入れる. **2** (多量の水などで) …の胃をだぶつかせる.

en·a·guar [e.na.gwár] [86] 他 → enaguachar **1**.

en·a·gua·zar [e.na.gwa.θár / -.sár] [97] 他〈地面を〉水浸し[水たまり]にする.

e·na·güi·llas [e.na.gwí.jas ‖ -.ʎas] 囡《複数形》**1** 短いペチコート[アンダースカート]. **2**(ギリシア・スコットランドの民族衣装)男性用の短いスカート. **3** 十字架上のキリスト(像)の腰巻き.

enagüillas
(民族衣装の短いスカート)

en·a·je·na·ble [e.na.xe.ná.ble] 形 譲渡[移転, 割譲]可能な.

en·a·je·na·ción [e.na.xe.na.θjón / -.sjón] 囡 **1**(財産・権利などの)譲渡, 移転. **2** 錯乱, 発狂. ~ mental 狂気. **3** 恍惚(こうこつ),放心.

en·a·je·na·do, da [e.na.xe.ná.ðo, -.ða] 形 気がふれた, 心神喪失した. ~ por el furor 憤激のあまり我を忘れて.
— 男 囡 気のふれた人.

en·a·je·na·dor, do·ra [e.na.xe.na.ðór, -.ðó.ra] 形 譲渡する. **—** 男 囡 譲渡者.

en·a·je·na·mien·to [e.na.xe.na.mjén.to] 男 → enajenación.

en·a·je·nar [e.na.xe.nár] 他 **1**〈財産・権利などを〉譲渡[移転]する. ~ la finca 農地を譲渡する. **2** 錯乱させる, 我を忘れさせる. **3** 夢中にさせる, うっとりさせる. *enajenado* por el éxito 成功に酔いしれて. **4**〈同情・友情などを〉失わせる；遠ざける.
— ~·se 再 **1** 錯乱する, 放心する. **2** 酔いしれる；夢中になる, うっとりする. **3**《*de...*》…と〉疎遠になる,遠ざかる；断つ. *Nos hemos enajenado de Carlos.* 私たちはもうカルロスと付き合いはない.

e·ná·la·ge [e.ná.la.xe] 囡《修辞》《文法》転用語法：予期される文法形式(人称・数・時制・品詞など)の代わりに別の形を用いること. 未来形の代わりに現在形, 副詞の代わりに形容詞を用いるなど. ⇒ *Este coche corre rápidamente.* とするところを *Este coche corre rápido.* とすること.

en·al·bar·dar [e.nal.bar.ðár] 他 **1**〈馬に〉荷鞍(にぐら)を置く. **2**《料》(1)〈揚げ物に〉衣をつける. (2)〈ローストする鳥に〉豚の脂肪[ベーコン]を巻く.

en·al·te·ce·dor, do·ra [e.nal.te.θe.ðór, -.ðó.ra / -.se.-] 形 名誉[地位]を高める(ための), 名声を得る(ための).

en·al·te·cer [e.nal.te.θér / -.sér] [34] 他 **1** …の品位[名声]を高める. **2** 称揚[賞賛]する. **3**〈感情などを〉かき立てる.

en·al·te·ci·mien·to [e.nal.te.θi.mjén.to / -.si.-] 男 **1** 名声[評判]を上げること, 面目を施すこと. **2** 賞賛, 賛美.

en·a·mo·ra·di·zo, za [e.na.mo.ra.ðí.θo, -.θa / -.so, -.sa] 形 ほれっぽい, 恋の多い.

⋆en·a·mo·ra·do, da [e.na.mo.rá.ðo, -.ða] 形 **1**《*de...*…に》恋をしている. Está ~ *de* ella. 彼は彼女を愛している. **2** 熱愛[愛好]する. Está ~ *de* la música. 彼は音楽が大好きだ. **3**《ラ米》(ｱﾝﾃﾞｽ)(ﾁﾘ)(ﾒｷｼ) → enamoradizo.
— 男 囡 **1** 恋する人；恋人. una pareja de ~*s* 愛し合っているふたり. **2**《*de...*…の》愛好者. Es un ~ *de* Bach. 彼はバッハのファンだ.

en·a·mo·ra·dor, do·ra [e.na.mo.ra.ðór, -.ðó.ra] 形 **1** 相手を惚(ほ)れさせる, 魅力のある. **2** 言い寄

る，求愛する． ― 男 色男．
e·na·mo·ra·mien·to [e.na.mo.ra.mjén.to] 男 恋すること，恋愛；愛好．

***en·a·mo·rar** [e.na.mo.rár] 他 **1**〈人に〉恋心を抱かせる；〈人の〉心をとらえる． *Me enamoraste* con tu delicadeza. 私は君の優しさにまいってしまった．La novela le *enamoró* desde el comienzo. 私は読み初めからその小説に心を奪われた．**2**〈人に〉言い寄る，くどく（=cortejar）．
― **~·se** 再 **1**《de+人〈人〉に》恋をする；《複数主語で》互いに好きになる．*Me enamoré* a primera vista *de* una chica. 私はある女の子にひと目ぼれした．*Nos enamoramos* en una fiesta. 私たちはあるパーティーで恋に落ちた．**2**《de...》《…に》夢中になる，《…が》好きになる．*Me enamoro* cada vez más *de* este país. 私はどんどんこの国が好きになる．

e·na·mo·ri·car·se [e.na.mo.ri.kár.se] /
e·na·mo·ris·car·se [e.na.mo.ris.kár.se] 102 再《話》《de...》《…に》淡い恋心を抱く，《…を》好きになりかける．

en·an·car [e.naŋ.kár] 102 他《ラ米》(ﾒｷ)(ｺﾛ)馬の尻(ｼﾘ)に乗せる．
― **~·se** 再《ラ米》(1)(ﾒｷ)(ｺﾛ)馬の尻に乗る．(2)(ｱﾙｾﾞ)〈馬が〉竿(ｻｵ)立ちになる．(3)(ﾌﾞﾗﾌﾟ)引き続いて起こる，(呼ばれていないところへ)首を突っ込む．

e·na·nis·mo [e.na.nís.mo] 男【医】矮小(ｼｮｳ)(発育)，小人症．

*e·na·no, na** [e.ná.no, -.na] 形 背のひどく低い，小人の；〈動植物が〉矮性(ｱｲ)の．
― 男 女 **1** 小人；《愛称》ちび．~ pituitario【医】下垂体性小人症．**2**《神話・伝説中の》小人，こびと．*como un enano*《話》とてもたくさん；とてもよく．
[⇐[古スペイン] *nano*⇐[ラ] *nānus*「小人」⇐[ギ] *nânos*]

e·nan·te [e.nán.te] 男【植】ドクゼリ．

en·ar·bo·la·do [e.nar.bo.lá.ðo] 男【建】(塔・丸天井などの)木組み．

en·ar·bo·lar [e.nar.bo.lár] 他 **1**〈旗などを〉揚げる；高くかざす．~ la bandera argentina アルゼンチン国旗を掲揚する．**2**〈剣・ステッキなどを〉振りかざす，振り回す．**3**〈地位などを〉振りかざす，脅しに使う．
― **~·se** 再 **1**〈馬が〉後ろ脚で立つ．**2** 激怒する．

en·ar·car [e.nar.kár] 102 他 **1** アーチ状にする，弓なりにする．**2**〈まゆを〉上げる．~ las cejas（驚き・不快・疑いなどで）まゆを上げる．**3**〈樽(ﾀﾙ)などに〉たがをはめる．
― **~·se** 再 **1** 弓なりになる，湾曲する．**2** おびえる，おじけづく．**3**《ラ米》(ﾒｷ)〈馬が〉竿(ｻｵ)立ちになる．

en·ar·de·ce·dor, do·ra [e.nar.de.θe.ðór, -.ðó.ra / -.se.-] 形 興奮させる，燃え立たせる．

en·ar·de·cer [e.nar.ðe.θér / -.sér] 34 他〈感情・議論などを〉かき立てる，熱狂[興奮]させる．~ los ánimos 気持ちを奮い立たせる．
― **~·se** 再 **1**〈感情・欲情が〉熱狂[興奮]する．**2**【医】炎症を起こして，腫(ﾊ)れ上がる．

en·ar·de·ci·mien·to [e.nar.ðe.θi.mjén.to / -.si.-] 男 **1** 興奮，熱狂．**2**【医】炎症．

en·a·re·na·ción [e.na.re.na.θjón / -.sjón] 女 しっくい．

en·a·re·nar [e.na.re.nár] 他 **1**（スリップ防止などのために）路面をまく，砂で覆う．~ las calles 通りに砂をまく．**2**【鉱】〈銀を含む鉱泥に〉砂を混ぜる．
― **~·se** 再【海】浅瀬[暗礁]に乗り上げる．

en·ar·mó·ni·co, ca [e.nar.mó.ni.ko, -.ka] 形【音楽】エンハーモニックの，異音同音の：嬰(ｴｲ)ハと変ニ

のように名称は異なるが平均律では同音である音についていう．

en·ar·tro·sis [e.nar.tró.sis] 女《単複同形》【解剖】球窩(ｷｭｳｶ)関節，球状関節．

en·as·ta·do, da [e.nas.tá.ðo, -.ða] 形 取っ手[柄，握り]の付いた，；〈動物が〉角のある．

en·as·tar [e.nas.tár] 他〈道具などに〉取っ手[柄，握り]を付ける．

en·ca·bal·ga·mien·to [eŋ.ka.bal.ga.mjén.to] 男 **1**【技】(支えとなる) 木組みの台座．**2**【軍】砲架．**3**【詩】句またがり：詩句の意味[構文]が2行にまたがって続くこと．

en·ca·bal·gar [eŋ.ka.bal.gár] 103 他 **1** 重ねる．**2** …に馬を与える．**3**【詩】〈詩句を〉2行にまたがらせる．― 自 **1**【技】〈梁(ﾊﾘ)・桁(ｹﾀ)などが〉重なっている，載っている．**2** 馬に乗る．

en·ca·ba·lla·do [eŋ.ka.ba.já.ðo ‖ -.ʃá.-] 男【印】活字の配列[組み，行間]の乱れ．

en·ca·ba·llar [eŋ.ka.ba.jár ‖ -.ʃár] 他 **1**〈屋根板・瓦(ｶﾜﾗ)などを〉重ね合わす．**2**【印】〈活字の配列を〉乱す．― 自【技】〈梁(ﾊﾘ)などが〉重なっている，載っている．― **~·se** 再【印】〈活字の配列が〉乱れる．

en·ca·bar [eŋ.ka.bár] 他〈道具などに〉柄[取っ手]を付ける．

en·ca·bes·trar [eŋ.ka.bes.trár] 他 **1**〈馬に〉端綱を付ける．**2**【闘牛】〈闘牛を〉先導の去勢牛に導かせる．**3**〈人を〉牛耳る．
― **~·se** 再〈馬が〉端綱で脚をからませる．

en·ca·be·za·do [eŋ.ka.be.θá.ðo / -.sá.-] 男《ラ米》(1)(ｳﾙｸﾞ)監督，親方．(2)(ｺﾞｻ)(ﾋﾞｹ)(ｺﾛ)標題，見出し．

en·ca·be·za·mien·to [eŋ.ka.be.θa.mjén.to / -.sa.-] 男 **1** (手紙・文章の) 書き出しの形式[文句]；前置き；序文．**2**（課税台帳への）記載，登録．

*en·ca·be·zar** [eŋ.ka.be.θár / -.sár] 97 他 **1**〈名簿などの〉筆頭にくる．~ una lista 名前がリストの最初に載る．**2**〈手紙・文章の〉前置きを書く，《con... …で》書き始める．*Encabezó* su libro *con* la frase siguiente. 彼[彼女]は自分の作品を次の文で始めた．**3**…の先頭に立つ；統率する．~ la expedición 遠征隊を指揮する．**4**（課税人名簿に）登録[記入]する．**5**《con... …とブレンドして》〈ワインなどの〉アルコール分を増す．

en·ca·bres·tar·se [eŋ.ka.bres.tár.se] 再《ラ米》《話》強情を張る；固執する．

en·ca·briar [eŋ.ka.brjár] 82 他【建】…に垂木をつける．

en·ca·bri·llar [eŋ.ka.bri.jár ‖ -.ʃár] 他〈海面を〉白く波立たせる．

en·ca·bri·tar·se [eŋ.ka.bri.tár.se] 再 **1**〈馬が〉後ろ脚で立つ．**2** 機首[船首]を上げる，〈車体の〉前部が浮く．**3**《俗》怒る，腹を立てる．

en·ca·bro·nar [eŋ.ka.bro.nár] 他《俗》怒らせる，いらだたせる．― **~·se** 再《俗》怒る，いらだつ．

en·ca·bu·yar [eŋ.ka.bu.jár] 他《ラ米》(ﾀﾞﾘ)リュウゼツランのひもでくくる[結わえる]；包む，くるむ．

en·ca·cha·do, da [eŋ.ka.tʃá.ðo, -.ða] 形《ラ米》(ﾁ) 風変わりなよい；立派な，偉い；魅力的な．
― 男 **1** (川底・水路の) 砂利敷き；コンクリート床．**2** (道路舗装の) 砂利の基礎．**3** 線路の道床．

en·ca·char [eŋ.ka.tʃár] 他 **1** 〈川底・水路に〉砂利を敷く，コンクリートを打つ．**2**〈ナイフに〉折り畳み式の柄を付ける．**3**《ラ米》(1)(ﾁ)〈襲いかかる牛などが〉頭を下げる．(2)(ｺﾛ)〈人に〉取り入る．
― **~·se** 再《ラ米》(1)(ｴｸｱ)強情[意地]を張る．

en·ca·chi·lar·se [eŋ.ka.tʃi.lár.se] 再 《ラ米》《ｽﾍﾟｲﾝ》《話》怒り狂う, 激怒する.

en·ca·cho·rrar·se [eŋ.ka.tʃo.řár.se] 再 《ラ米》《話》(1)《ﾍﾞﾈｽﾞ》《ﾌﾟｴﾙﾄﾘｺ》《ﾒﾋｺ》強情を張る; 固執する. (2) 《ｺﾛﾝ》怒る, 腹を立てる.

en·ca·de·na·ción [eŋ.ka.ðe.na.θjón / -.sjón] 女 → encadenamiento.

en·ca·de·na·do, da [eŋ.ka.ðe.ná.ðo, -.da] 形 鎖でつながった. |《詩》前の語句の繰り返しから始まる. ― 男 1 《建》控え壁, 扶壁(ふへき), バトレス. 2 《映》フェード・イン［アウト］. 3 《鉱》坑木の列.

en·ca·de·na·mien·to [eŋ.ka.ðe.na.mjén.to] 男 1 鎖でつなぐこと; 束縛, 監禁. 2 連鎖, つながり.

en·ca·de·nar [eŋ.ka.ðe.nár] 他 1 《a... ...に》鎖でつなぐ; 《囚人に》枷(かせ)をはめる. Encadenó el perro *a* un árbol. 彼［彼女］は犬を木に鎖でつないだ. 2 身動きできなくさせる; 束縛［拘束］する. Sus tareas domésticas la *encadenan* a la casa. 彼女は家事のために家に縛りつけられている. 3 《事実・資料などを》結びつける, 関連させる. 4 《映》フェード・イン［アウト］させる.
― ~·se 再 1 鎖で体を縛る. 2 《仕事などに》束縛［拘束］される. 3 結びつく, 関連する.

en·ca·ja·ble [eŋ.ka.xá.ble] 形 はめ込める, はめ込み式の, はめ込み可能な.

en·ca·ja·dor [eŋ.ka.xa.ðór] 男 1 はめ込むための道具. 2 《話》打たれ強いボクサー.

en·ca·ja·du·ra [eŋ.ka.xa.ðú.ra] 女 1 はめ込み, 接合. 2 ほぞ穴, 受け口.

en·ca·ja·mien·to [eŋ.ka.xa.mjén.to] 男《医》胎児の頭が骨盤に進入した状態, 嵌入(かんにゅう).

*__en·ca·jar__ [eŋ.ka.xár] 他 1 《en... ...に》はめ込む, 差し込む. ~ la llave *en* la cerradura 錠前に鍵(かぎ)を差し込む. 2 接合する, ぴったり合わせる. La puerta no está bien *encajada*. 扉がぴったり閉まらない. 3 《話》《一発・一撃を》食らわす, 投げつける. Le *encajó* un golpe. 彼［彼女］はやつに一撃食らわせた. 4 無理に聞かせる. Nos *encajó* un sermón. 彼［彼女］は我々に説教をして殴られる. 5 《話》《厄介事などを》押しつける. Le *encajaron* billetes falsos. 彼［彼女］は偽札をつかまされた. 6 《話》冷静に受けとめる, 耐え忍ぶ. ~ un golpe 殴打を平然と受けとめる. 7 《話》合わない服を無理にきせる. 8 《ラ米》《ﾁﾘ》非難する.
― 自 1 ぴったり合う, はまる. La puerta no *encaja* bien con la humedad. 湿気のために扉がうまく閉まらない. dos piezas que *encajan* perfectamente ぴったり合う 2 つの部品. 2 《en...》/《con... ...と［に］》一致する, つじつまが合う; 調和［順応］する. Este ejemplo *encaja* con mi hipótesis. この例は私の仮説と一致する. Pedro no *encaja* en el grupo de amigos que tengo. ペドロは私の仲間に溶け込めない. Eso *encaja* en mis proyectos. それは私の計画にぴったりだ. Ese atavío no *encaja* con la solemnidad del acto. そんな身なりは儀式の厳粛さにふさわしくない. 3 《スポ》《ボクシング》強打に耐える.
― ~·se 再 1 はまる; 挟まる, 動かなくなる. La rueda *se encajó* entre dos piedras. 車輪が 2 つの石の間にはまり込んでしまった. 2 《en...》《ふさわしくない場所へ》押しかける, 《《話》など》へ）口を挟む. 3 《話》《衣服などを》身に着ける. ~*se* un gabán コートを羽織る. 4 《状況などに》適応する, 身を落ち着ける. 5 《ラ米》《ﾁﾘ》《人に》おぶさる, 寄りかかる.

en·ca·je [eŋ.ká.xe] 男 1 レース（編み）. una blusa de ~ レースのブラウス. ~ de blonda ブロンドレース. 2 挿入, はめ込み; 《製本で》入紙; 《新聞の》折り込み広告. 3 結合, 接合; かみ合わせ, 裁ち合わせ. 4 象眼［寄せ木］細工. 5 《複数で》《紋》山形の組み合わせ. 6 《技》受け口, ほぞ穴. 7 《商》《銀行の》準備金, 引当金. ~ de oro 金の準備金.

en·ca·je·ro, ra [eŋ.ka.xé.ro, -.ra] 男 女 レース職人［販売業者］.

en·ca·je·tar [eŋ.ka.xe.tár] 他 《ラ米》《ｷ》《話》《面倒なことを》押し付ける, 無理強いする.
― ~·se 《ラ米》《ｺﾛﾝ》《話》《con... ...を》熱愛する.

en·ca·je·ti·llar [eŋ.ka.xe.ti.ʝár ‖ -.ʎár] 他 《巻きタバコ・刻みタバコを》箱詰めにする.

en·ca·jo·na·do, da [eŋ.ka.xo.ná.ðo, -.ða] 形 両側が迫った. un río profundamente ~ 切り立った崖(がけ)に挟まれた川. una calle *encajonada* entre edificios altos 高い建物に挟まれた通り.
― 男 《建》《土》囲壁; 土塀, 泥壁.

en·ca·jo·na·mien·to [eŋ.ka.xo.na.mjén.to] 男 1 《狭い場所に》詰め込むこと. 2 箱詰め, 梱包(こんぽう). 3 《建》囲壁の［板枠］で囲むこと, 板枠で強化すること. 4 《闘牛》《闘牛用の牛を》《輸送用の》檻(おり)に入れること.

en·ca·jo·nar [eŋ.ka.xo.nár] 他 1 箱に詰める. 2 《en... 狭い場所に》押し込む. 3 《建》囲壁(いへき)［板枠］で囲む; 《溝・坑道などを》控え壁で強化する. 4 《闘牛》《闘牛用の牛を》《輸送用の》檻に入れる.
― ~·se 再 1 狭い場所に入り込む, ぎゅうぎゅう詰めになる. 2 《川などが》狭くなる, 狭い場所を流れる.

en·ca·la·bri·na·mien·to [eŋ.ka.la.bri.na.mjén.to] いら立ち; 有頂天, 夢中.

en·ca·la·bri·nar [eŋ.ka.la.bri.nár] 他 1 いらいらさせる, 怒らせる. 2 《香り・酒が》酔わせる.
― ~·se 再 《con...》 1 《...に》いら立つ. 2 《...に》ほれる.

en·ca·la·do [eŋ.ka.lá.ðo] 男 1 しっくい塗り（の壁）; 石灰で壁を白くすること. 2 《皮革の脱毛のための》石灰漬け.

en·ca·la·dor [eŋ.ka.la.ðór] 男 1 しっくい［白壁］塗り職人. 2 《皮革の脱毛用の》石灰液槽.

en·ca·la·du·ra [eŋ.ka.la.ðú.ra] 女 → encalado.

en·ca·lam·brar·se [eŋ.ka.lam.brár.se] 再 《ラ米》(1)《ｺﾛﾝ》《ﾁﾘ》《ﾒﾋｺ》《手足などが》まひする, しびれる, かじかむ. (2) けいれんする, ひきつる.

en·ca·la·mo·car [eŋ.ka.la.mo.kár] 自他 《ラ米》《ｺﾛﾝ》《ﾍﾞﾈｽﾞ》《ｴｸｱ》《ﾎﾟﾘ》《話》酔わせる; 困惑させる, ぼうっとさせる. ― ~·se 《ラ米》《ｺﾛﾝ》《ﾍﾞﾈｽﾞ》《ｴｸｱ》《ﾎﾟﾘ》《話》酔う; 困惑する, ぼうっとする.

en·ca·lar[1] [eŋ.ka.lár] 他 1 《壁に》しっくい［石灰］を塗る; 白くする. 2 《皮革を》《脱毛のために》石灰液に浸す.

en·ca·lar[2] [eŋ.ka.lár] 他 1 《狭い場所に》押し込む. 2 取りに行けない［手の届かない］所に投げる.

en·ca·la·tar·se [eŋ.ka.la.tár.se] 再 《ラ米》《ﾍﾟﾙ》《話》裸になる; 無一文になる, 破産する.

en·ca·le·ta·do, da [eŋ.ka.le.tá.ðo, -.ða] 形 《ラ米》《ｺﾛﾝ》金のある, 裕福な.

en·ca·le·tar [eŋ.ka.le.tár] 他 《ラ米》《話》(1)《ｺﾛﾝ》《ﾍﾞﾈｽﾞ》隠す. (2) 《ﾍﾞﾈｽﾞ》盗む.

en·ca·lla·de·ro [eŋ.ka.ʝa.ðé.ro ‖ -.ʎa.-] 男 《海》船が座礁しやすい場所.

en·ca·lla·du·ra [eŋ.ka.ʝa.ðú.ra ‖ -.ʎa.-] 女 座礁, 座州.

en·ca·lla·mien·to [eŋ.ka.ʝa.mjén.to ‖ -.ʎa.-]

男 → encalladura.
en·ca·llar [eŋ.ka.jár ‖ -.ʎár] 自 **1**【海】座礁する. **2**《話》行き詰まる. ― **~·se** 再 **1**【海】座礁する. **2**《調理を中断したため》〈食べ物が〉固くなる.
en·ca·lle·cer [eŋ.ka.je.θér / -.ʎe.- / -.sér] 34 他 **1**〈皮膚を〉固くする, たこを作る. **2** 無感覚にする. ― 自 **1**〈皮膚に〉たこができる. **2** 無感動[無感覚]になる. **3**《en...》《〈仕事・試練などに〉鍛えられる, 慣れる;《〈悪習〉〉に》染まる. **4**〈食べ物が〉固くなる.
en·ca·lle·ci·do, da [eŋ.ka.je.θí.ðo, -.ða ‖ -.ʎe.- / -.sí.-] 形 **1** 硬くなった. **2** 無感動[無感覚]な. **3** 鍛えられた, 慣れた, 常習の.
en·ca·lle·jo·nar [eŋ.ka.je.xo.nár ‖ -.ʎe.-] 他 狭い所[通り]に入れる[追い込む].
en·cal·mar [eŋ.kal.már] 他 静める, 落ち着かせる. ― **~·se** 再 **1**〈天候が〉静まる, 凪ぐ. **2** 落ち着く, 平静になる. **3**〈馬などが〉暑さでへばる.
en·ca·lo·mar [eŋ.ka.lo.már] 他《隠》 **1**〈面倒なことを〉押し付ける. **2** 警察に突き出す, 法の裁きを受けさせる. ― **~·se**《隠》〈盗みのために〉身を隠す.
en·cal·ve·cer [eŋ.kal.be.θér / -.sér] 34 自〈頭が〉はげる.
en·ca·ma·do, da [eŋ.ka.má.ðo, -.ða] 形 長期入院を強いられた, 病床にある.
en·ca·mar [eŋ.ka.már] 他 **1**《まれ》〈病人を〉床につかせる. **2** 床[地面]に並べろ[並べる]. **3**【鉱】〈鉱穴の床に〉木の枝を敷く. **4**《ラ米》(1)(ニカ)【農】〈家畜に〉寝場所を作る. (2)(ﾌﾟｴ)(ﾄﾞﾐ) 入院させる. ― **~·se** 再 **1** 病床につく. **2**〈動物が〉ねぐらに戻る. **3**〈猟の獲物が〉身を潜める. **4**【農】〈小麦などが〉倒れる. **5**《ラ米》(ｸﾞｱﾃ)(ﾎ)(ﾆｶ)《俗》同衾する.
en·cam·bro·nar [eŋ.kam.bro.nár] 他 鉄条網を張り巡らす;〈畑に〉イバラの垣を巡らす.
en·cam·bu·rar·se [eŋ.kam.bu.rár.se] 再《ラ米》(ｺﾞｽﾀ) 役所の仕事に就く.
en·ca·mi·lla·do, da [eŋ.ka.mi.já.ðo, -.ða ‖ -.ʎá.-] 男 女《ラ米》(ﾌﾟｴ)(ﾄﾞﾐ)《担架に乗せられた》急病人, 負傷者.
en·ca·mi·na·do, da [eŋ.ka.mi.ná.ðo, -.ða] 形 目的意識を持った.
en·ca·mi·na·mien·to [eŋ.ka.mi.na.mjén.to] 男 道案内; 方向づけ; 指導.
*****en·ca·mi·nar** [eŋ.ka.mi.nár] 他 **1** (a... / hacia...)《〈…への〉道を教える, 《…へ》向かわせる. **2** 指導する; 正しい道を示す. *asuntos bien encaminados* 順調に進んでいる事柄. **3** (a... / hacia... に)〈注意・努力などを〉向ける, 差し向ける. ~ sus esfuerzos *hacia...* …に努力を傾ける. ― **~·se** 再 (a...) **1**《…に》向かって進む. **2**《…を〉目指す, 意図する.
en·ca·mi·sar [eŋ.ka.mi.sár] 他 **1**《人に》シャツを着せる. **2** …にカバー[覆い]をつける. **3** 変装させる.
en·ca·mi·so·na·do [eŋ.ka.mi.so.ná.ðo] 男《ラ米》(ﾌﾟｴ)《話》異性装《嗜好》.
en·ca·mo·na·do, da [eŋ.ka.mo.ná.ðo, -.ða] 形 *bóveda encamonada*【建】《石組みを用いない》簡易ドーム.
en·ca·mo·ta·do, da [eŋ.ka.mo.tá.ðo, -.ða] 形《ラ米》《話》恋した, ほれた.
en·ca·mo·tar·se [eŋ.ka.mo.tár.se] 再《ラ米》(ｱﾙｾﾞ)(ｳﾙｸﾞ)(ﾁ)(ﾎﾞﾘ)《話》《de... …に》恋する, 夢中になる.
en·cam·pa·na·do, da [eŋ.kam.pa.ná.ðo, -.ða] 形 釣り鐘形の.

2〈鉄砲が〉内腔の奥が狭くなった.
dejar a+人 *encampanado*《ラ米》(ｺﾛﾝ)(ﾆｶ)(ﾒﾌ)《話》〈人を〉見捨てる.
en·cam·pa·nar [eŋ.kam.pa.nár] 他《ラ米》(1)(ﾀﾞｸ)(ｴｸｱ)(ﾊﾞ)《高い地位に》引き上げる, 昇進[出世]させる. (2)(ｺﾛﾝ)(ﾆｶ)(ﾒﾌ) 見捨てる. (3)(ｺﾛﾝ)(ｴｸｱ) 送り込む, 捜しに行かせる. ― 自《ラ米》(ｺﾛﾝ)《話》遠い場所に引っ込む. ― **~·se** 再 **1** 尊大[高慢]になる. **2**【闘牛】〈牛が〉頭をぐっと持ち上げる. **3**《ラ米》(1)(ｺﾛﾝ)(ﾆｶ)(ﾒﾌ)窮地に陥る. (2)(ｺﾛﾝ)人里離れたところに分け入る. (3)(ｺﾛﾝ)《話》恋に落ちる.
en·ca·na·lar [eŋ.ka.na.lár] 他〈水を〉運河[溝, 管]に流し入れる;〈川に〉運河[溝]を切り開く.
en·ca·na·li·zar [eŋ.ka.na.li.θár / -.sár] 97 他 → encanalar.
en·ca·na·lla·mien·to [eŋ.ka.na.ja.mjén.to ‖ -.ʎa.-] 男 堕落, 不良化.
en·ca·na·llar [eŋ.ka.na.jár ‖ -.ʎár] 他 堕落させる. ― **~·se** 再 不良になる, 堕落する.
en·ca·nar [eŋ.ka.nár]《ラ米》(ｱﾙｾﾞ)(ｺﾛﾝ)(ﾁ)《俗》逮捕する, 投獄する. ― **~·se** 再《激しい笑い・号泣などで》息が詰まる.
en·ca·nas·tar [eŋ.ka.nas.tár] 他 籠に入れる.
en·can·de·cer [eŋ.kan.de.θér / -.sér] 34 他 白熱させる.
en·can·de·lar [eŋ.kan.de.lár] 自【植】〈ハンノキ・カバノキなどが〉尾状花序をつける, 花序が垂れていく. ― 他《ラ米》(ｺﾛﾝ)《話》困らす, 悩ます, 怒らせる.
en·can·de·li·llar [eŋ.kan.de.li.jár ‖ -.ʎár] 他《ラ米》(1)(ﾀﾞｸ)(ｴｸｱ)(ﾎ)(ｺﾛﾝ)(ﾒﾌ)〈人の〉目をくらませる, 眩惑させる. (2)(ｺﾛﾝ)(ﾀﾞｸ)(ｴｸｱ)(ﾎ)〈布を〉まつる, へりをかがる.
en·can·de·llar [eŋ.kan.de.jár ‖ -.ʎár] 他《ラ米》(ｺﾛﾝ)(ﾆｶ) 火を起こす; 点火する.
en·can·di·la·de·ra [eŋ.kan.di.la.ðé.ra] 女 → encandiladora.
en·can·di·la·do, da [eŋ.kan.di.lá.ðo, -.ða] 形 **1**《話》直立した, つっ立った. **2** 目のくらんだ, 眩惑されした. **3**《欲望などで〉燃え上がった. *mirar con ojos ~s*ぎらぎらした目で見つめる. **4**《ラ米》(*ﾁ*)《話》疲れた.
en·can·di·la·dor, do·ra [eŋ.kan.di.la.ðór, -.ðó.ra] 形 目をくらませるような. ― 女《話》《女性の〉売春斡旋人, 女街.
en·can·di·la·mien·to [eŋ.kan.di.la.mjén.to] 男 **1** 愛着, 見とれること. **2** (特に車のヘッドライトに) 目がくらむこと.
en·can·di·lar [eŋ.kan.di.lár] 他 **1** 惑わす; 驚嘆させる. **2**《光が》目をくらませる. *Me encandilaron los faros del coche.* 車のライトで私は目がくらんだ. **3**〈欲望などを〉刺激する, かき立てる. **4**《話》火をかき立てる. **5**《ラ米》(1)(ｺﾛﾝ)(ﾆｶ)目覚めさせる. (2)(*ﾁ*)疲れさせる; 誘惑する. ― **~·se** 再 **1** 目がくらむ. **2**《酔い・欲望で》目が血走る, ぎらぎらする. **3**《ラ米》(1)(ｺﾛﾝ)(ｴｸｱ)(ﾆｶ)《話》驚く, びくつく. (2)(ｺﾛﾝ)(ｻﾙ)《話》怒る, 憤慨する. (3)(*ﾁ*)疲れる.
en·ca·ne·cer [eŋ.ka.ne.θér / -.sér] 34 自 **1**〈人が〉白髪になる;〈髪が〉白くなる. **2** 老け込む; 熟練する, 経験を積む. ~ *en el oficio* 仕事で年功を積む. ― **~·se** 再 **1**〈髪などが〉白くなる, 白髪になる. **2** かびが生える.
en·ca·ne·ci·mien·to [eŋ.ka.ne.θi.mjén.to / -.si.-] 男 白髪, 髪が白くなること.

en·ca·ni·ja·do, da [eŋ.ka.ni.xá.ðo, -.ða] 形 やせ衰えた, 衰弱した.

en·ca·ni·ja·mien·to [eŋ.ka.ni.xa.mjén.to] 男 やせ衰え, 衰弱.

en·ca·ni·jar·se [eŋ.ka.ni.xár.se] 再 **1** やせ衰える, 衰弱する. **2**《ラ米》《ジン》かじかむ.

en·ca·ni·llar [eŋ.ka.ni.jár ‖ -.ʎár] 他〈糸を〉ボビン[糸巻き]に巻く.

en·can·ta·ción [eŋ.kan.ta.θjón / -.sjón] 女 → encantamiento.

*__en·can·ta·do, da__ [eŋ.kan.tá.ðo, -.ða] 形 **1**《con...…に》喜んでいる, 満足した, うっとりした. Estoy ~ con tu regalo. 僕は君のプレゼントがたいへんうれしいです. **2**《あいさつ》初めまして, お会いできてうれしいです (► 話し手が女性のときは encantada) (► 初対面の人と別れる際にも用いられる. → Adiós, encantado. さようなら, お知り合いになれて光栄です.). **3** ぼんやりした, ぼうっとした. mirar las nubes como ~ ぼんやり雲を眺める. **4**《話》〈建物が〉〈人けがなくて〉妖怪[ばけもの]が出そうな. casa *encantada* お化けでも出そうな家.

*__en·can·ta·dor, do·ra__ [eŋ.kan.ta.ðór, -.ðó.ra] 形 魅力[魅惑]的な, すばらしい. una niña *encantadora* 愛くるしい少女. una voz *encantadora* うっとりするような声. → hermoso 類語. —男 女 魔法使い, 魔術師. ~ de serpientes 蛇使い.

en·can·ta·mien·to [eŋ.kan.ta.mjén.to] 男 **1** 魔法にかける[かかる]こと; 魔法, 魔術. como por ~ 魔法にかけられた[かかった]ように. **2** 魅惑, 魅了.

**__en·can·tar__ [eŋ.kan.tár] 自《encantarle (a + 人)〈人〉が》大好きである. ¿Te gusta el chocolate? —Sí, *me encanta*. 君はチョコレート好きですか. —ええ, 大好きです. *A mí me encanta* estudiar. 私は研究するのが大好きです. *Me encantaría* ir, pero tengo otro compromiso. 私はとても行きたいのですが, 他の約束があるのです. ► 主語は動詞の後ろに来る傾向がある. → gustar 類語.
— 他 **1**〈人に〉魔法をかける. **2**〈人を〉魅了する. El cantante *encantó* a todo el público. その歌手は観衆を魅了した.
—~·se 再 呆然とする, ぼうっとする.
[← [ラ] *incantāre*「魔法にかける」; *cantāre*「呪文(じゅもん)を唱える; 歌う」(→ cantar) より派生; 関連 [仏] *enchanter*. [英] *enchant*]

en·can·te [eŋ.kán.te] 男 **1** 競り売り, 競売. vender muebles al ~ 家具を競りに出す. **2** 競りの会場, 競売場.

*__en·can·to__ [eŋ.kán.to] 男 **1** 魅惑, 魅力. ¡Qué ~ tiene esta mujer! なんとこの女性は魅力的なんだろう. el ~ de una puesta del sol 夕暮れのすばらしさ. **2** 魔法, 魔力; 魔法にかけること. como por ~ 魔法にかけたように. **3**《複数で》肉体的魅力. **4**《呼びかけ》《親愛》おまえ. ¡Ven aquí, ~! ねえ君, ここにおいでよ. —— 古 → encantar.

en·can·to·so, sa [eŋ.kan.tó.so, -.sa] 形《ラ米》《話》魅力的な, うっとりする.

en·can·tu·sar [eŋ.kan.tu.sár] 他 → engatusar.

en·ca·nu·tar [eŋ.ka.nu.tár] 他 **1** 管状にする. **2** 管に入れる;〈タバコに〉吸い口をつける.
—~·se 再 管状になる.

en·ca·ña·da [eŋ.ka.ɲá.ða] 女 峡谷, 谷間; 山あいの道.

en·ca·ña·do [eŋ.ka.ɲá.ðo] 男 **1** 水道管, 配管. **2** 格子垣[柵], 葦(あし)を編んだ垣根. **3**《ラ米》《ジン》(山地の) 割れ目, クレバス.

en·ca·ñar [eŋ.ka.ɲár] 他 **1**〈水を〉管で通す, パイプで送る. **2**《農》(**1**)〈土地の〉排水をする. (**2**)〈植物に〉添え木をする. **3**〈糸を〉ボビン[糸巻き]に巻く. **4**〈炭焼きの原木を〉積み上げる.
—自〈麦などの〉茎が成長する.

en·ca·ñi·za·da [eŋ.ka.ɲi.θá.ða / -.sá.-] 女 **1** (葦(あし)で作った)〈魚を捕るための〉簗(やな). **2**《農》〈植物を支える〉格子棚.

en·ca·ñi·za·do [eŋ.ka.ɲi.θá.ðo / -.sá.-] 男 (小枝・葦(あし)などで編んだ) 垣根, 柵; 金網.

en·ca·ñi·zar [eŋ.ka.ɲi.θár / -.sár] 97 他 (編んだ)葦[枝]でふさぐ.

en·ca·ño·na·do, da [eŋ.ka.ɲo.ná.ðo, -.ða] 形〈煙・風などが〉吹き抜ける.

en·ca·ño·nar [eŋ.ka.ɲo.nár] 他 **1**〈水などを〉管で導く. **2**〈糸を〉ボビン[糸巻き]に巻く. **3**〈銃口を〉向ける, ねらう. **4**〈アイロンなどで〉ひだ[折り目]をつける. **5**《製本で》〈紙を〉差し込む, 折り込む.
—自〈鳥が〉羽が生える.

en·ca·pa·do, da [eŋ.ka.pá.ðo, -.ða] 形《鉱》〈鉱脈が〉露出していない.

en·ca·pe·ru·za·do, da [eŋ.ka.pe.ru.θá.ðo, -.ða / -.sá.-] 形 フード[ずきん]をかぶった.

en·ca·pe·ru·zar [eŋ.ka.pe.ru.θár / -.sár] 97 他 …にフード[ずきん]をかぶせる.
—~·se 再 フード[ずきん]をかぶる.

en·ca·pi·lla·du·ra [eŋ.ka.pi.ja.ðú.ra ‖ -.ʎa.-] 女《海》(マストの)索具, 操帆装置.

en·ca·pi·llar [eŋ.ka.pi.jár ‖ -.ʎár] 他 **1**《海》〈帆桁(ほげた)に〉索具を装着する, 輪にした索端をひっかける. **2**《鉱》〈支坑道を掘るために〉〈坑道を〉広げる. **3**〈鷹(たか)狩りの鷹に〉目隠しをかぶせる.
—~·se 再 **1**《話》頭を頭からかぶる. **2**《海》(**1**)〈索具などが〉絡み合う. (**2**)〈甲板が〉波をかぶる.

en·ca·pi·ro·tar [eŋ.ka.pi.ro.tár] 他 ずきんをかぶせる.

en·ca·po·ta·do, da [eŋ.ka.po.tá.ðo, -.ða] 形 **1** 曇天の. cielo ~ 曇り空. tiempo ~ どんよりした空模様. **2** マントをつけた.

en·ca·po·ta·du·ra [eŋ.ka.po.ta.ðú.ra] 女 **1** しかめ面(=ceño). **2** 曇天; 暗雲が垂れこめること.

en·ca·po·ta·mien·to [eŋ.ka.po.ta.mjén.to] 男 → encapotadura.

en·ca·po·tar [eŋ.ka.po.tár] 他 マントを着せる.
—~·se 再 **1** マントを着る. **2** 空が曇る, 雲行きが怪しくなる. **3** 顔をしかめる, 眉(まゆ)をひそめる. **4**〈馬が〉頭を下げる.

en·ca·pri·cha·mien·to [eŋ.ka.pri.tʃa.mjén.to] 男 **1** 夢中, 執心. **2** 気まぐれ.

en·ca·pri·char·se [eŋ.ka.pri.tʃár.se] 再《con...…に》固執する, 執心する;《de...…を》欲しがる, 気に入る. El niño *se ha encaprichado* con ir al circo. その子はサーカスに行きたいとだだをこねた. **2**《話》《con... / de... …に》のぼせあがる.

en·cap·su·lar [eŋ.kap.su.lár] 他 カプセルに入れる.

en·ca·pu·cha·do, da [eŋ.ka.pu.tʃá.ðo, -.ða] 形 (頭や顔を) フードで覆った.

en·ca·pu·char [eŋ.ka.pu.tʃár] 他 …にフード[ずきん]をかぶせる. —~·se 再 フード[ずきん]をかぶる.

en·ca·pu·lla·do, da [eŋ.ka.pu.já.ðo, -.ða ‖ -.ʎá.-] 形 つぼみの状態の; …の内側に内包した[閉じこもった].

en·ca·ra·do, da [eŋ.ka.rá.ðo, -.ða] 形 **1**《**bien** [**mal**]**を伴い》顔だちのよい[悪い]. *bien* ~ 顔だちのよい, 美貌(ぼう)の. *mal* ~ 顔の醜い.《ラ米》恐ろしい形相をした.〈部品などが〉ぴったり合う, 同一の.

en·ca·ra·mar [eŋ.ka.ra.már] 他 **1** 上に上げる, 高い位置に置く. *Me encaramó sobre los hombros para que viera la procesión.* 彼[彼女]は行列が見えるように私を肩車してくれた.
2《話》高い地位につける, 昇進[昇格]させる. *Le encaramaron en un puesto importante.* 彼は要職に抜擢(てき)された. **3** 賞賛する. **4**《ラ米》(1)《(テ∮゙)》《(チ∮゙)》《(ア∮゙)》《話》殴る, 打つ. (2)《(テ∮゙)》《(ア∮゙)》赤面させる.
— ~·**se** 再 **1** 登る, 上がる. ~*se a* [*en*] *un árbol* 木に登る. **2**《話》昇進[昇格]する;のし上がる. **3**《ラ米》《(テ∮゙)》《(ア∮゙)》《話》恥ずかしがる.

en·ca·ra·mien·to [eŋ.ka.ra.mjén.to] 男 **1** 対決, 直面. **2**《銃器での》ねらい, 照準.

en·ca·ra·pi·tar·se [eŋ.ka.ra.pi.tár.se] 再《ラ米》《(テ∮゙)》《(ア∮゙)》《(ミ∮゙)》登る, 上がる.

***en·ca·rar** [eŋ.ka.rár] 他 **1**〈困難・問題に〉直面する, 立ち向かう. *Tienes que* ~ *la realidad sin huir de ella.* 君は現実から逃げずに正面から立ち向かうべきだ. **2** 面と向かわせる, 対置する. **3**〈銃などで〉…にねらいをつける, 照準を合わせる. **4**《ラ米》(1) 対処する, 検討する. (2)《(プ∮゙)》むかむかさせる, げんなりさせる. — ~·**se** 再 **1** 面と向かう, 対決する. — ~·**se** 再《**con**... / **a**...》に》立ち向かう, 面と向かう;直面する. *Nos encaramos con un problema muy grave.* 我々は一つの難問に直面した.

en·car·ca·vi·nar [eŋ.kar.ka.βi.nár] 他 **1** 墓穴に入れる. **2**〈悪臭で〉息を詰まらせる.

en·car·ce·la·mien·to [eŋ.kar.θe.la.θjón / -.se.-sjón] 女 → encarcelamiento.

en·car·ce·la·mien·to [eŋ.kar.θe.la.mjén.to / -.se.-] 男 投獄, 収監;監禁. *registro* [*asiento*] *de* ~ 囚人名簿. *Lleva dos años de* ~. 彼[彼女]は刑務所暮らしが2年になる.

en·car·ce·lar [eŋ.kar.θe.lár / -.se.-] 他 **1** 投獄[収監]する;監禁する. *estar encarcelado* 刑務所に入っている. **2**《建》しっくいで固める;〈接着させるめ〉締め具にはさむ.

en·car·ce·dor, do·ra [eŋ.ka.re.θe.ðór, -.ðó.ra / -.se.-] 形 ほめそやす;大げさな.
— 男 女 賞賛者;大げさに言う人.

en·ca·re·cer [eŋ.ka.re.θér / -.sér] 34 他 **1** 値上げする (↔abaratar). *Los países de la OPEP han encarecido el precio del petróleo.* オペック加盟国は石油価格を引き上げた.
2 ほめそやす;大げさに言う. *Encarecieron mucho la perfección de su interpretación.* 彼[彼女](ら)の完璧(ぺき)な演奏は絶賛を博した.
3 力説する;熱心に勧める[頼む]. *Nunca encareceré suficientemente la necesidad de la independencia.* 自立の必要性は何度説いても説きすぎることはない.
— ~(·**se**) 自 再 値上がりする. *La vida ha encarecido.* 生活費が高騰した.

en·ca·re·ci·da·men·te [eŋ.ka.re.θí.ða.mén.te / -.sí.-] 副 切に. *Se lo ruego* ~. 切にお願いします. *elogiar* ~ 盛んに褒める.

en·ca·re·ci·do, da [eŋ.ka.re.θí.ðo, -.ða / -.sí.-] 形 **1** 大いに賞賛された. **2** 熱烈な.

en·ca·re·ci·mien·to [eŋ.ka.re.θi.mjén.to / -.si.-] 男 **1** 値上がり. *el* ~ *del pan* パンの値上がり. *el* ~ *de la vida* 生活費の上昇. **2** 賞賛, ほめそやすこと. **3** 力説;懇願. *con* ~ 熱心に;切に.

encarezc- 活 → encarecer.

‡**en·car·ga·do, da** [eŋ.kar.gá.ðo, -.ða] 形《**de**...を》担当している;代理の. *Tú serás la persona encargada de darle la mala noticia.* 彼[彼女]に悪い知らせを告げる役は君だよ.
— 男 女 **1** 担当者, 係. ~ *de relaciones públicas* 渉外[広報]担当者. *Pilar fue la encargada de la comida.* ピラールは食事係だった. **2** 代理人. ~ *de negocios* 代理公使. **3** 従業員, 店員.

‡**en·car·gar** [eŋ.kar.gár] 44 他 **1**《**a**+《人》《人》に》〈仕事などを〉委任する;〈…の管理・調達を〉任せる. ~ *a un hijo* la *dirección de la empresa* 息子のひとりに会社の経営を任せる. ~ *la llave al portero* 管理人に鍵を預ける. *Me encargaron la bebida para la fiesta.* 私はパーティーの飲み物の用意を任された.
2《**a**+《人》《人》に》《+不定詞 / **que**+接続法 …することを》依頼する;指示する. *Mi vecino me encargó que cuidara su jardín.* 私は隣人に庭の手入れを頼まれた. **3** 注文する. ~ *un libro a la librería* 本屋に本を注文する.
— ~·**se** 再 **1**《**de**+名詞 …を》引き受ける, 自分の責任下におく;《**de**+不定詞 / (**de**) **que**+接続法 …することを》引き受ける. ~*se de un niño* 子供の面倒をみる. ~*se de la venta* 販売を担当する. *Ya me encargaré yo de conseguir el billete.* 私が切符を手配しましょう.
2《+名詞 …を》注文する. ~*se un traje en una sastrería* 仕立て屋でスーツをあつらえる.

‡**en·car·go** [eŋ.kár.go] 男 **1** 用事;依頼, 委任. *hacer* ~*s* 使い走りをする. *Tengo algunos* ~*s que hacer.* 私はしなければならない用事がある.
2 任務;使命, 責任. *cumplir un* ~ 任務を果たす. *tener* ~ *de*+不定詞 …の任務[責任]がある. **3**《商》注文(品). *hacer un* ~ 注文を出す. *cancelar el* ~ 注文を取り消す. **4**《ラ米》《(キ)》《(ºテ∮゙)》妊娠.
— 活 → encargar.
como (*hecho*) *de* [*por*] *encargo* / *que ni hecho de encargo* おあつらえ向きな, ぴったりした.
de encargo オーダーメードの, 注文による. *muebles de* ~ 特注の家具. *traje de* ~ あつらえの服. *estar de encargo*《ラ米》《(ミ∮゙)》妊娠している.

en·car·gue [eŋ.kár.ge] 男《ラ米》《(ºテ∮゙)》《(ア∮゙)》任務;責任. *estar de encargue*《ラ米》《(ºテ∮゙)》《話》妊娠している.

encargue(-) / encargué(-) 活 → encargar.

en·ca·ri·ña·do, da [eŋ.ka.ri.ɲá.ðo, -.ða] 形 愛着を感じる, 慕っている.

en·ca·ri·ñar [eŋ.ka.ri.ɲár] 他 愛着を抱かせる, いとおしくさせる. — ~·**se** 再《**con**...を》好きになる. *Me he encariñado mucho con él.* 私はあの人がとてもいとおしくなった.

en·car·na·ción [eŋ.kar.na.θjón / -.sjón] 女 **1** 権化, 化身;具現(化). ~ *del mal* 悪の権化. *Es la* ~ *de la bondad.* 彼[彼女]は善意そのものだ.
2《宗》(キリストの)受肉, 御托身(たく).**3**《美》《印》肉色, うすだいだい[ペールオレンジ]色. ~ *de pulimento* 光沢のある肉色. ~ *de mate* [*paletilla*] くすんだ肉色.

en·car·na·di·no, na [eŋ.kar.na.ðí.no, -.na] 形 血赤(色)の, 肉色の.

en·car·na·do, da [eŋ.kar.ná.ðo, -.ða] 形 **1** 肉体を授けられた;具現化した, 化身の. *el Verbo* ~ 受肉したロゴス (◆イエス・キリストのこと). *el diablo*

〜 悪魔の化身. **2** 肉色[うすだいだい]の; 赤い, 血の色をした. Tenía la cara *encarnada* por el esfuerzo. 彼[彼女]は力んで顔を紅潮させていた. **3** 〈ある人物を強調して〉その人 (自身). Era Felipe II 〜. フェリーペ2世その人だった.
——男 赤色; 肉色, うすだいだい.

en·car·na·du·ra [eŋ.kar.na.ðú.ra] 女 **1** 傷の治癒力. tener buena [mala] 〜 傷(口)の治りがよい[悪い]. **2** 〈武器による〉傷. **3** 〈猟犬が〉獲物に食らいつくこと.

***en·car·nar** [eŋ.kar.nár] 他 **1** 具現化する, 体現する. personaje que *encarna* la justicia 正義の権化である人. **2** 〈俳優が〉〈役を〉演じる. **3** 〈彫像などに〉肌の色を塗る, 肉色で着色する.
——自 **1** 《**en...** …の》姿をとる; 〖宗〗〈神が〉受肉する. **2** 〈刀剣・矢などが〉体に食い込む, 突き刺さる; 〈爪(2)が〉肉に食い込む. **3** 〈傷が〉治る, ふさがる. **4** 心に焼きつく.
——〜·**se** 再 **1** 〖宗〗〈神が〉肉身する; 化身する. **2** 〈爪が〉食い込む. **3** 合体する.

en·car·na·ti·vo, va [eŋ.kar.na.tí.βo, -.βa] 形 〖薬〗瘢痕(%)形成促進の.
——男 瘢痕形成促進剤.

en·car·ne·cer [eŋ.kar.ne.θér / -.sér] 34 自 太る, 肉がつく (= engordar).

en·car·ni·za·da·men·te [eŋ.kar.ni.θá.ða.mén.te / -.sá.-] 残忍に, 激しく, 血も涙もなく.

en·car·ni·za·do, da [eŋ.kar.ni.θá.ðo, -.ða / -.sá.-] 形 **1** 真っ赤な, 充血した. ojos 〜s 赤く充血した目. **2** 〈戦いなどが〉激しい; 残忍な. una batalla *encarnizada* 肉弾戦.

en·car·ni·za·mien·to [eŋ.kar.ni.θa.mjén.to / -.sa.-] 男 **1** 残忍[残酷]さ. **2** (議論などでの)興奮, 激高.

en·car·ni·zar [eŋ.kar.ni.θár / -.sár] 97 他 **1** 〈猟犬に〉獲物の味を覚えさせる. **2** 残忍[残酷]にする. La guerra *encarniza* a los hombres. 戦争は人間を残虐にする.
——〜·**se** 再 **1** 激しくなる; 激高する, 怒り狂う. **2** 残忍[残酷]になる. **3** 《戦闘で》激しくぶつかる. **4** en la lucha 激しく争う. **4** 〈動物が〉〈獲物を〉むさぼり食う. **5** 《**con...** 〈敗者・捕虜など〉に対して》残虐にふるまう.

en·ca·ro [eŋ.ká.ro] 男 **1** 〈人を〉注視[凝視]すること. **2** ねらいをつけること, 照準. **3** 銃床の頬(2)に当てる部分.

en·car·pe·tar [eŋ.kar.pe.tár] 他 **1** 〈書類を〉ファイルする. **2** 《ラ米》(チリ)(ラス)(バラ)(ウルグ) 〈ある事柄を〉棚上げにする, 〈文書を〉未処理のままにしておく.

en·ca·rri·la·do, da [eŋ.ka.r̄i.lá.ðo, -.ða] 形 目的意識を持った; 〈議論・交渉などが〉収束[成功]に向かっている.

en·ca·rri·lar [eŋ.ka.r̄i.lár] 他 **1** 〈列車を〉線路[レール]に乗せる. **2** 軌道に乗せる, 向かわせる. *Hemos encarrilado* mal el asunto. 私たちはその件の軌道に乗せ損ねた. 〜 su vida 人生の方向づけをする. ——〜·**se** 再 **1** 〖比喩的〗軌道[レール]に乗る, うまくいく. El negocio ya *se ha encarrilado*. 事業は今や順調に進んでいる.

en·ca·rri·llar [eŋ.ka.r̄i.jár ‖ -.ʎár] 他 → encarrilar. ——〜·**se** 再 〈滑車の綱が〉外れる, 絡まる.

en·ca·rro·ñar [eŋ.ka.r̄o.ɲár] 他 腐らせる (= pudrir). ——〜·**se** 再 腐る.

en·ca·rru·jar [eŋ.ka.r̄u.xár] 他 〈紙・布などに〉ひだ[フリル]をつける.

——〜·**se** 再 〈糸・毛などが〉縮れる, カールする.

en·car·ta·do, da [eŋ.kar.tá.ðo, -.ða] 形 《スペイン Vizcaya県》エンカルタシオネス Encartaciones地方の.
——男 女 エンカルタシオネス地方の住民[出身者].

en·car·tar [eŋ.kar.tár] 他 **1** 〖法〗(1) 起訴する. (2) 召喚する. **2** 仲間に入れる. **3** 巻き込む. las personas *encartadas* en este asunto この事件に巻き込まれた人々. **4** 〖遊〗(トランプ)〈相手に札を捨てさせるために〉同じ組札を出す.
——〜·**se** 再 〖遊〗(トランプ)〈相手が集めている札を捨てさせるために〉同じ種類の札を取る.

en·car·te [eŋ.kár.te] 男 **1** 〖遊〗(トランプ)(1) 牽制(繁)するために相手と同じ種類の札を取ること. (2) ゲーム終了時の持ち札の順位. **2** 〖印〗(本・新聞に入れる)投げ[折り]込み.

en·car·to·nar [eŋ.kar.to.nár] 他 厚紙で装丁する; ボール紙で包む.

en·car·tu·char [eŋ.kar.tu.tʃár] 他 《ラ米》(チリ) 〈紙などを〉円錐(%)形に巻く, 三角の袋にする.

en·ca·sar [eŋ.ka.sár] 他 〖医〗〈脱臼(霧)した骨を〉元に戻す, 整骨する.

en·cas·ca·be·lar [eŋ.kas.ka.βe.lár] 他 …に鈴をつける.

en·cas·co·tar [eŋ.kas.ko.tár] 他 〖建〗(穴に)割栗(%)石などを詰める.

en·ca·si·lla·ble [eŋ.ka.si.já.βle ‖ -.ʎá.-] 形 分類可能な.

en·ca·si·lla·do, da [eŋ.ka.si.já.ðo, -.ða ‖ -.ʎá.-] 形 **1** 分類された, 区分けされた. **2** …と見なされた, 評価された. **3** 〈与党の〉候補者の. **4** 《ラ米》(チリ)(アルゼ)(ベネ) 碁盤の目のような.
——男 **1** 升目. 〜 de un crucigrama クロスワードパズルの升目. **2** 〈与党の〉候補者名簿.

en·ca·si·lla·mien·to [eŋ.ka.si.ja.mjén.to ‖ -.ʎa.-] 男 (あやふや[短絡的]な根拠[基準]による) 格付け[評価].

en·ca·si·llar [eŋ.ka.si.jár ‖ -.ʎár] 他 **1** 表[升目]に入れる, 整理棚に入れる; 分類する. 〜 el correo 郵便物を仕分けする. **2** 決めつける, 評価する. **3** 〈立候補者に〉割り当てる.
——〜·**se** 再 **1** 〈政党・イデオロギーに〉同調する, 与(%)する, 〈ある役割を〉担おうとする.

en·cas·que·tar [eŋ.kas.ke.tár] 他 **1** 〈帽子を〉深くかぶせる, しっかりとかぶせる. **2** 〈考えを〉植えつける, 押しつける. Él me *ha encasquetado* esas ideas absurdas. 彼が私にそんなばかげた考えを教えたのだ. **3** 〈話〉〈退屈な話・煩わしい話などを〉聞かせる. Nos *encasquetó* un discurso interminable. 長ったらしい演説に我々はうんざりした. **4** 〈話〉〈煩わしい仕事などを〉押しつける. Me *encasqueta* a sus niños siempre que va de viaje. 彼[彼女]は旅行に行くときはいつも私に子供を預ける. **5** 〈話〉殴打する.
——〜·**se** 再 **1** 〈帽子を〉深くかぶる, しっかりとかぶる. Me *encasqueté* el sombrero para protegerme del frío. 寒さをしのぐため深々と帽子をかぶった. **2** 〈考えが〉こびりつく.

en·cas·qui·lla·dor [eŋ.kas.ki.ja.ðór ‖ -.ʎa.-] 男 《ラ米》蹄鉄(&)工.

en·cas·qui·llar [eŋ.kas.ki.jár ‖ -.ʎár] 他 **1** はめ輪[口金]をはめる. **2** 《ラ米》〈馬に〉蹄鉄(&)を打つ. ——〜·**se** 再 **1** 〈銃身に〉弾丸が詰まる, 不発に終わる. **2** 話をやめる, 言葉がつかえる. **3** 《ラ米》(メキ) 〈話〉ひるむ, おじけづく.

en·cas·ta·do, da [eŋ.kas.tá.ðo, -.ða] 形 〈闘牛の牛などが〉血統に固有の性格[特徴]を持った.

en·cas·tar [eŋ.kas.tár] 他 (交配で)〈家畜を〉品種改良する. ― 自 繁殖する.

en·cas·ti·lla·do, da [eŋ.kas.ti.já.ðo, -.ða‖-.ʎá.-] 形 **1** 城を築いた. **2** 高慢な, 尊大な.

en·cas·ti·lla·mien·to [eŋ.kas.ti.ja.mjén.to‖-.ʎá.-] 男 **1** 築城. **2** 籠城(ﾛｳｼﾞｮｳ), 立てこもり. **3**〈意見・考えなどの〉固執, 固持.

en·cas·ti·llar [eŋ.kas.ti.jár‖-.ʎár] 他 **1**〈城を築く. **2**〈木材などを〉積み上げる. **3** 足場を組む. **4**〈ミツバチが〉〈女王蜂の王台を〉作る.
― **~·se** 再 **1** 籠城(ﾛｳｼﾞｮｳ)する, 立てこもる. **2**《en...…に》固執する, 固持する.

en·cas·trar [eŋ.kas.trár] 他 **1**〈ものなどを〉(配置よく)はめ込む. ~ el armario en la habitación たんすを部屋の空いているところに置く. **2** 〘技〙〈歯車などを〉かみ合わせる.

en·ca·tra·do [eŋ.ka.trá.ðo] 男〘ラ米〙(1)(ｶﾞﾗｽ)(ｷ)(家具の)格子; (果物などを載せる)簀(ｽ)の子の台. (2)(ｷ)がたがたの構造.

en·ca·tri·nar·se [eŋ.ka.tri.nár.se] 再〘ラ米〙(ﾁﾘ)《話》着飾る, めかし込む.

en·cau·cha·do, da [eŋ.kau.tʃá.ðo, -.ða] 形 ゴムを引いた, ゴム張りの. ― 男 **1** ゴム引きの布, 防水布. **2** 雨合羽;〘ラ米〙(ｺﾛﾝ)(ｴｸｱ)(ﾒｷｼｺ)防水合羽[ポンチョ].

en·cau·char [eŋ.kau.tʃár] 他 …にゴムを引く, ゴムを染み込ませる.

en·cau·sa·do, da [eŋ.kau.sá.ðo, -.ða] 形〘法〙告訴[起訴]された. ― 男 女 被告(人).

en·cau·sar [eŋ.kau.sár] 他 告訴する, 起訴する.

en·caus·te [eŋ.káus.te] 男 ⇒ encausto.

en·cáus·ti·ca [eŋ.káus.ti.ka] 女〘美〙蠟画(ﾛｳｶﾞ)法.

en·caus·ti·car [eŋ.kaus.ti.kár] 102 他 蠟(ﾛｳ)を塗る, ワックスがけをする.

en·cáus·ti·co, ca [eŋ.káus.ti.ko, -.ka] 形〘美〙蠟画(ﾛｳｶﾞ)の. ― 男 蠟, ワックス.

en·caus·to [eŋ.káus.to] 男〘美〙蠟画(ﾛｳｶﾞ)(法);蠟引. pintura al ~ 蠟画. pintar al ~ 蠟画を描く.

en·cau·za·mien·to [eŋ.kau.θa.mjén.to / -.sa.-] 男 **1** 水路をつけること. **2** 誘導;調整.

en·cau·zar [eŋ.kau.θár / -.sár] 97 他 **1** 水路をつける[開く]. Fue necesario ~ la crecida del río. 川の増水をうまく導く必要があった. **2**〈議論などを〉誘導する,〈人を〉導く;〈進行を〉調整する.
― **~·se** 再 軌道に乗る, 順調に進展する.

en·ca·var·se [eŋ.ka.bár.se] 再〈獲物が〉穴に隠れる.

en·ce·ba·da·mien·to [en.θe.ba.ða.mjén.to / -.se.-] 男〘獣医〙鼓腸(症):馬が飽食し, 水を飲みすぎて起こす症状.

en·ce·bo·lla·do,da [en.θe.bo.já.ðo, -.ða‖-.ʎá.- / -.se.-] 形 タマネギがふんだんに入った, タマネギで煮込んだ. ― 男 タマネギをふんだんに用いた煮込み料理.

en·ce·bo·llar [en.θe.bo.jár‖-.ʎár / -.se.-] 他 たっぷりタマネギを入れて料理する.

en·ce·fa·lal·gia [en.θe.fa.lál.xja / -.se.-] 女〘医〙頭痛, 偏頭痛.

en·ce·fá·li·co, ca [en.θe.fá.li.ko, -.ka / -.se.-] 形〘解剖〙脳髄の, 脳の. masa encefálica 脳髄.

en·ce·fa·li·tis [en.θe.fa.li.tis / -.se.-] 女《単複同形》〘医〙脳炎. ~ japonesa 日本脳炎. ~ letárgica 嗜眠(ｼﾐﾝ)性脳炎.

en·cé·fa·lo [en.θé.fa.lo / -.se.-] 男〘解剖〙脳, 脳髄 (= masa encefálica).

en·ce·fa·lo·ce·le [en.θe.fa.lo.θé.le / -.se.-.sé.-] 男〘医〙脳ヘルニア.

en·ce·fa·lo·gra·fí·a [en.θe.fa.lo.ɣra.fí.a / -.se.-] 女〘医〙脳造影[撮影]法, 脳写.

en·ce·fa·lo·gra·ma [en.θe.fa.lo.ɣrá.ma / -.se.-] 男〘医〙脳造影[撮影]図, 脳写図 (= electroencefalograma). ~ plano 脳死を示す脳波図.

en·ce·fa·lo·ma·la·cia [en.θe.fa.lo.ma.lá.θja / -.se.-] 女〘医〙脳軟化症.

en·ce·fa·lo·mie·li·tis [en.θe.fa.lo.mje.lí.tis / -.se.-] 女《単複同形》〘医〙脳脊髄(ｾｷｽﾞｲ)炎.

en·ce·fa·lo·pa·tí·a [en.θe.fa.lo.pa.tí.a / -.se.-] 女〘医〙〘解剖〙脳[脳髄]の病気の総称. ~ espongiforme bovina 牛海綿状脳症[英 BSE].

en·ce·gue·cer [en.θe.ɣe.θér / -.se.-.sér] 34 他 盲目にする, 目をくらませる; 判断力を失わせる.
― **~(·se)** 自(再) 盲目になる; 判断力を失う.

en·ce·gue·ci·mien·to [en.θe.ɣe.θi.mjén.to / -.se.-.si.-] 男《話》⇒ ceguera.

en·ce·la·jar·se [en.θe.la.xár.se / -.se.-] 再〈空が〉薄雲で覆われる, 曇る. ▶ 時に3人称単数・無主語.

en·ce·la·mien·to [en.θe.la.mjén.to / -.se.-] 男 **1** 嫉妬(ｼｯﾄ) (= celos). **2**〘闘牛〙牛が闘牛士のあしらいに対して繰り返し行う攻撃.

en·ce·lar [en.θe.lár / -.se.-] 他 嫉妬(ｼｯﾄ)させる. La encelan las más nimias cosas. 彼女はほんのちょっとしたことで嫉妬する.
― **~·se** 再 **1** 嫉妬する. **2**〈動物が〉発情する.

en·cel·dar [en.θel.dár / -.sel.-] 他 独房[個室]に入れる. ― **~·se** 再 独房[個室]に入る.

en·ce·lla [en.θé.ja‖-.ʎa / -.sé.-] 女 チーズの流し型.

en·ce·na·ga·do, da [en.θe.na.ɣá.ðo, -.ða / -.se.-] 形 **1** 泥だらけの. **2** 悪事にふける, 堕落した.

en·ce·na·ga·mien·to [en.θe.na.ɣa.mjén.to / -.se.-] 男 **1** 泥だらけになること. **2** 悪事にふけること, 堕落.

en·ce·na·gar·se [en.θe.na.ɣár.se / -.se.-] 103 再 **1** 泥だらけになる;ぬかるみに足を取られる. **2**〈土地が〉ぬかる. **3** 悪事にふける, 堕落する.

en·cen·da·jas [en.θen.dá.xas / -.sen.-] 女《複数形》〈木切れなどの〉焚(ﾀｷ)つけ.

***en·cen·de·dor, do·ra** [en.θen.de.ðór, -.ðó.ra / -.sen.-] 形 発火する, 点火用の. un dispositivo ~ 点火装置. ― 男 ライター, 点火器 (= mechero). ~ de bolsillo (喫煙用) 携帯ライター.

****en·cen·der** [en.θen.dér / -.sen.-] 12 他 **1** …に点火する, 火をつける (↔apagar). ~ el fuego 火をつける. ~ el gas ガスに点火する. ~ un cigarrillo タバコに火をつける.

2 点灯する, …のスイッチを入れる. ~ la luz 明かりをつける. ~ el televisor テレビをつける. ~ el motor モーター[モーター]を始動させる.

3〈感情などを〉かきたてる;〈人を〉興奮させる;〈状況を〉活気づける. ~ el odio 憎しみを燃え上がらせる. ~ los ánimos 気持ちを奮い立たせる. Ese gol *encendió* el partido. そのゴールで試合に火がついた.

4〈体の部位を〉熱くする; ほてらせる. ~ las mejillas ほおを紅潮させる. ~ la sangre 血を沸き立たせる. La sopa me *encendió* la lengua. スープで舌が焼けついた.

5〈争いなどを〉挑発する, 起こす. ~ un debate 論争に火をつける. ~ protestas 抗議を巻き起こす.

6《ラ米》(ユミネ)懲らしめる, 殴る.
— 自 〈器具などが〉点火［点灯］する. Mi ordenador no quiere ～. 私のコンピュータのスイッチが入らない. ▶時に再帰代名詞を伴う. → 再 **1**.
— **～.se** 再 **1** 発火する; 〈器具などが〉点火［点灯］する. **2**〈感情などが〉燃え上がる; 〈体の部位などが〉熱くなる; 〈人が〉興奮する. *Se me encendió* el rostro de vergüenza. 私は恥ずかしさで顔が真っ赤になった. *Me encendía* en deseos de saberlo. 私はそれを知りたくてたまらなかった.
[←［ラ］*incendere*（*candēre*「赤々と燃える」より派生）; 関連 candela, incendio.［英］*candle*]

en·cen·di·da [en.θen.dí.ða / -.sen.-] 女（ユミネ）《話》殴打し, なぐりつけ. — 形 → encendido.

en·cen·di·da·men·te [en.θen.dí.ða.mén.te / -.sen.-] 副 熱烈に, 情熱的に, 熱狂的に.

*__en·cen·di·do, da__ [en.θen.dí.ðo, -.ða / -.sen.-] 形 **1** 火がついた, 点火された. una colilla *encendida* 火のついている吸い殻.
2 スイッチが入った; 明かりのついた. La televisión está *encendida*. テレビがついている. dejar la luz *encendida* 明かりをつけたままにしておく.
3〈感情などが〉かきたてられた, 興奮した. un discurso ～ 高揚した演説.
4 熱くなった, ほてった; 赤くなった. mejillas *encendidas* ほてったほお. Tiene la cara *encendida* por la ira. 怒りで彼［彼女］の顔は真っ赤である.
— 男 **1** 点火; 点灯. ～ automático 自動点火. punto de ～ 発火点. el ～ de los faroles (車の) ライトの点火. **2** (エンジンの) 点火, 着火; 点火装置. bobina de ～ 〖機〗イグニッションコイル. **3**《ラ米》(*) マッチ.

en·cen·di·mien·to [en.θen.di.mjén.to / -.sen.-] 男 **1** 燃焼. **2** 激情, 熱情; 熱心. **3** 赤面.

en·ce·ne·gar·se [en.θe.ne.gár.se / -.se.-] 9 再 → encenagarse.

en·ce·ni·zar [en.θe.ni.θár / -.se.-sár] 97 他 …に灰をかぶせる.

en·cen·tar [en.θen.tár / -.sen.-] 8 他 〈食べ物などに〉手をつける; 使い始める.
— **～.se** 再 床ずれができる.

en·cen·trar [en.θen.trár / -.sen.-] 他 → centrar.

en·ce·par [en.θe.pár / -.se.-] 他 **1** 枷(セ)をはめる. **2**〈銃身に〉銃床を取り付ける. **3** 横木でつなぎ留める. **4**〖海〗〈錨(ﾋﾎ)に〉横木を取り付ける.
— 自〈植物が〉根を張る. — **～.se** 再 **1** 根が張る. **2**〖海〗〈ケーブル・鎖が〉錨の横木に絡まる.

en·ce·pe [en.θé.pe / -.sé.-] 男 根が張ること.

en·ce·ra·do, da [en.θe.rá.ðo, -.ða / -.se.-] 形 **1** ワックスを塗った. suelo ～ ワックスがけした床. **2** 蠟(ｳ)色の.
— 男 **1** ワックスがけ. **2** 画布; 黒板. **3** (昔, 窓に張り付けた) 油布; 防水布. **4**〖薬〗絆創膏(ﾊﾞﾝｿｳｺｳ). **5** (木製のものに塗られた) 薄いワックス［蠟］の膜.

en·ce·ra·dor, do·ra [en.θe.ra.ðór, -.ðó.ra / -.se.-] 男 女 ワックスをかける人. — 女 ワックスがけ機.

en·ce·ra·mien·to [en.θe.ra.mjén.to / -.se.-] 男 ワックスがけ.

en·ce·rar [en.θe.rár / -.se.-] 他 **1** ワックスをかけて磨く. ～ el suelo 床にワックスがけをする. **2** (ろうそくの) 蠟(ｳ)で汚す.
— **～(·se)** 自 再 〈穀物が〉黄色に色づく.

en·cer·ca·mien·to [en.θer.ka.mjén.to / -.ser.-] 男《ラ米》取り巻くこと, 包囲, 囲い込み.

en·cer·car [en.θer.kár / -.ser.-] 102 他《ラ米》取り巻く, 取り囲む, 包囲する.

en·ce·rra·de·ro [en.θe.r̄a.ðé.ro / -.se.-] 男 **1** (家畜の) 囲い場. **2**〖闘牛〗(闘牛場内の) 牛の囲い場.

en·ce·rra·do, da [en.θe.r̄á.ðo, -.ða / -.se.-] 形 **1**《古語》→ resumido. **2** 閉じこもった, 引きこもった. **3** 隠遁した.

en·ce·rra·du·ra [en.θe.r̄a.ðú.ra / -.se.-] 女 → encerramiento.

en·ce·rra·mien·to [en.θe.r̄a.mjén.to / -.se.-] 男 閉じ込め, 囲い込み; (家畜などの) 立入禁止区域.

***__en·ce·rrar__ [en.θe.r̄ár / -.se.-] 8 他 **1**《en...》〈場所〉に）閉じ込める, 監禁する. ～ a un niño *en* la casa 子供を家に閉じ込める.
2《en...〈場所〉に》〈鍵をかけて〉収納する, しまい込む. ～ las cartas *en* un cajón 引き出しに手紙をしまい込む. **3** 内包する, 含む. La carta *encerraba* un mensaje oculto. その手紙にはメッセージが隠されていた. Sus palabras *encerraban* agravios. 彼［彼女］(ら) の言葉には侮辱の響きがあった. **4**《entre...》 **en...**《符号》で》〈字句を〉囲む, 枠で囲む. ～ una palabra *entre* paréntesis 単語を括弧に入れる. **5**〖遊〗〈相手の駒(ｺﾏ)を〉封じ込める.
— **～.se** 再《en...》〈場所〉に〉閉じこもる; 《思考・行動などに》固執する. ～*se en* la sede 本部に立てこもる. ～*se en* sí mismo 自分の殻に閉じこもる. ～*se en* una idea ある考えにとらわれる.
[en-「中に」+ cerrar「閉じ込める」（←［後ラ］*serrāre*）]

E

en·ce·rro·na [en.θe.r̄ó.na / -.se.-] 女 **1**《話》引きこもること, 閉じこもること. **2** わな, おとし穴, 仕掛け. Le prepararon una ～. 彼［彼女］はわなにはめられた. **3**〖闘牛〗(素人が行う・非公式の) 闘牛. **4**〖遊〗(ドミノ) 多くの牌(ﾊｲ)を残して終わること. **5**《話》採用試験などで, 志願者を決められた時間一室に入れてあるテーマについて準備させ, その後試験官の前で発表させるという形式の試験.

en·ces·pe·da·mien·to [en.θes.pe.ða.mjén.to / -.ses.-] 男 芝張り, 芝植え.

en·ces·pe·dar [en.θes.pe.ðár / -.ses.-] 他 芝を張る, 芝で覆う.

en·ces·ta·dor, do·ra [en.θes.ta.ðór, -.ðó.ra / -.ses.-] 男 女〖スポ〗(バスケット) シュートをよく決める選手, ポイントゲッター; フォワード.

en·ces·tar [en.θes.tár / -.ses.-] 他《話》〈ものを〉うまく (容器に) 入れる.
— 自〖スポ〗(バスケット) シュートする.

en·ces·te [en.θés.te / -.sés.-] 男〖スポ〗(バスケット) シュート, 得点. marcar un ～ 1 ゴール入れる.

en·cha·le·car [eɲ.tʃa.le.kár] 102 他 **1**《話》くすねる. **2**《ラ米》(ﾁﾘ)拘束服を着せる.
— **～.se** 再《話》着服する.

en·cha·ma·rrar·se [eɲ.tʃa.ma.r̄ár.se] 再《話》けんかになる, 紛糾する.

en·cham·bra·nar [eɲ.tʃam.bra.nár] 自《ラ米》(ｴｸｱ)騒ぎになる. — **～.se** 再 紛糾する.

en·cha·cle·tar [eɲ.tʃa.kle.tár] 他 **1** スリッパを履かせる. **2**〈靴を〉（スリッパのように）つっかけて履く. — **～.se** 再 スリッパを履く; つっかけて履く.

en·cha·pa·do [eɲ.tʃa.pá.ðo] 男 **1** 化粧板, ベニヤ; 化粧張り. **2** 板金をかぶせること.

en·cha·par [eɲ.tʃa.pár] 他 **1** 化粧板［ベニヤ板］を張る; 板金をかぶせる. **2**《ラ米》(ﾒｷｼ)錠を取り付ける.

en·cha·que·tar·se [eɲ.tʃa.ke.tár.se] 再 《ラ米》(1) (ｺﾛﾝ)(ｱﾙｾﾞﾝ)(ﾍﾞﾈ)上着を着る. (2) (ｺﾛﾝ)正装する.

en·char·ca·do, da [eɲ.tʃar.ká.ðo, -.ða] 形 水浸しになった；水たまりになった.
— 男 《ラ米》(*米)誤り.

en·char·ca·mien·to [eɲ.tʃar.ka.mjén.to] 男 水浸し.

en·char·car [eɲ.tʃar.kár] 他 1 水浸しにする；水たまりをつくる. La lluvia *ha encharcado* los campos. 雨で畑が水浸しになった. 2 《水分の取りすぎで》〈胃を〉だぼだぼにする. 3 【医】〈血液などが〉〈器官などを〉満たす. — ~·se 再 1 水浸しになる；水たまりになる. 2 (**con**... …で)水腹になる. 3 【医】〈器官などが〉(血液などで) いっぱいになる. 4 《ラ米》(1) 泥だらけになる, 泥で汚れる. (2) (ｺﾞﾙｽ)水たまりにはまる. (3) (*米)《話》間違える.

en·cha·rra·lar·se [eɲ.tʃa.ra.lár.se] 再 《ラ米》(*米)待ち伏せする.

en·chas·tar [eɲ.tʃas.tár] 他 《ラ米》汚す.

en·chas·trar [eɲ.tʃas.trár] 他 → enchastar.

en·chau·cha·do, da [eɲ.tʃau.tʃá.ðo, -.ða] 形 《ラ米》(ﾒｷ)金のある, 裕福な.

en·chi·bo·lar·se [eɲ.tʃi.βo.lár.se] 再 《ラ米》(ｾﾝﾄﾗﾙ)《話》混乱する, 紛糾する.

en·chi·car·se [eɲ.tʃi.kár.se] 102 再 《ラ米》(ｷｭｰﾊﾞ)《話》怒る, 不機嫌になる.

en·chi·char [eɲ.tʃi.tʃár] 他 《ラ米》(ｺﾛﾝﾋﾞ)《話》腐る, 発酵する. — ~·se 再 《ラ米》(1)(ｺﾛﾝ)チチャ chicha で酔っ払う. (2) (ｱﾙｾﾞﾝ)(ｺﾛﾝ)(*米)《話》怒る, 憤慨する.

en·chi·la·do, da [eɲ.tʃi.lá.ðo, -.ða] 形 《ラ米》(1) (*米)(ｸﾞｱ)チリトウガラシで味つけした. (2) (ｸﾞｱ)〈牛などが〉赤毛の. (3) (*米)(ｸﾞｱ)《話》怒った, 不機嫌な.
— 男 《ラ米》(ﾒｷｼ)(ｸﾞｱ)(料) エンチラダ：トルティージャ tortilla に具を入れ, チリソースで味つけした食べ物.

en·chi·lar [eɲ.tʃi.lár] 他 《ラ米》(1)(ﾒｷｼ)(ｸﾞｱ) チリトウガラシで味つけする. (2) (ｺﾞﾙｽﾀ)(ｸﾞｱ)刺激する；いらだたせる. (3) (ﾁﾘﾒｷ)がっかりさせる；一杯食わせる. (4) (*米)〈舌を〉やけどさせる.
— 自 《ラ米》(ｺﾞﾙｽﾀ)〈辛さに〉ぴりぴり[ひりひり]する. — ~·se 再 《ラ米》(1) (ｺﾞﾙｽﾀ)(ｺﾞﾙｽﾀ)《話》いらいらする, 怒る. (2) (*米)舌をやけどする.

en·chi·lo·so, sa [eɲ.tʃi.ló.so, -.sa] 形 《ラ米》(*米)(ｸﾞｱ)〈味が〉辛い.

en·chi·lo·tar·se [eɲ.tʃi.lo.tár.se] 再 《ラ米》(ｺﾞﾙｽﾀ)《話》怒る, 憤慨する.

en·chi·nar [eɲ.tʃi.nár] 他 1 小石を敷く. 2 《ラ米》(ﾒｷｼ)〈髪の毛を〉カールさせる.

en·chin·cha·do, da [eɲ.tʃiɲ.tʃá.ðo, -.ða] 形 《ラ米》(ｺﾞﾙｽﾀ)《話》怒った, 不機嫌な.

en·chin·char [eɲ.tʃin.tʃár] 他 《ラ米》(1) (ｺﾞﾙｽﾀ)(ｸﾞｱ)(ｸﾞｱ)嫌がらせをする, 困らせる. (2) (ｸﾞｱ)遅らせる, 手間取らせる. — ~·se 再 《ラ米》(1) (ｺﾞﾙｽﾀ)(ｺﾞﾙｽﾀ)(*米)(ﾍﾞﾈ)ナンキンムシにかまれる. (2) (ｺﾞﾙ)《話》不機嫌になる；怒る.

en·chi·par [eɲ.tʃi.pár] 他 《ラ米》(ｺﾛﾝ)(ｺﾞﾙ)編みかごに入れる；包む, くるむ.

en·chi·que·ra·mien·to [eɲ.tʃi.ke.ra.mjén.to] 男 1 【闘牛】(出場前の牛を) 囲い場に入れること. 2 《話》刑務所に入れること.

en·chi·que·rar [eɲ.tʃi.ke.rár] 他 1 【闘牛】〈出場前の牛を〉囲い場に入れる. 2 《話》刑務所に入れる.

en·chi·ro·nar [eɲ.tʃi.ro.nár] 他 《話》刑務所に入れる (= encarcelar).

en·chis·mar (**·se**) [eɲ.tʃis.már(.se)] 自 再 《ラ米》(ｺﾞﾙｽﾀ)《話》怒る, 憤慨する.

en·chis·par·se [eɲ.tʃis.pár.se] 再 《ラ米》《話》酔っ払う, ほろ酔い機嫌になる.

en·chi·var·se [eɲ.tʃi.βár.se] 再 《ラ米》(1) (ｺﾞﾙ)〈車が〉立ち往生する. (2) (ﾒｷｼ)(ｺﾛﾝ)《話》かんかんに怒る.

en·chu·cha·do, da [eɲ.tʃu.tʃá.ðo, -.ða] 形 《ラ米》(ﾍﾞﾈ)《俗》体だけが目当ての.

en·chue·car [eɲ.tʃwe.kár] 他 《ラ米》(ｷ)(ｺﾞﾙｽﾀ)《話》ねじる, (弓なりに) 曲げる.

en·chu·fa·do, da [eɲ.tʃu.fá.ðo, -.ða] 形 1 《話》コネ〔縁故〕のある, コネなどで地位〔仕事〕を得た. estar ~ コネがある. 2 《ラ米》(ｺﾞﾙ)《話》熱心に(ある活動に) 参加する.
— 男 《話》コネでうまくやった者；コネのある者.

*****en·chu·far** [eɲ.tʃu.fár] 他 1 つなぐ, 接続する. ~ dos cañerías de gas 2 本のガス管をつなぎ合わせる. ~ la televisión テレビのプラグをコンセントに差し込む. 2 (ｺﾞﾙ)〈水・光などをほどしるものを〉…に向ける. Me *ha enchufado* la linterna a la cara. 彼[彼女]は私の顔に懐中電灯を向けた. 3 《話》《軽蔑》顔を利かせる, コネを使う. Lo *enchufaron* en el ayuntamiento. 彼はコネで市役所に職を得た. 4 《ラ米》(ｺﾞﾙ)《話》(**a**... …に) 罰を与える, 制裁を加える.
— 自 〈管などが〉はまる, つながる.
— ~·se 再 1 《話》《軽蔑》(コネなどで) いい仕事にありつく. 2 《ラ米》(ｺﾞﾙｽﾀ)きっとなる, 真顔になる.
[chuf (温水暖房などの配管の接合部から出る音) より造語]

*****en·chu·fe** [eɲ.tʃú.fe] 男 1 【電】ソケット, コンセント, 差し込み；差し込みプラグ. ~ para la luz relámpago フラッシュランプ用ソケット. ~ fusible ブレーカー. 2 〈管などの〉接続 (部). ~ flexible アダプター, 接続部品. ~ y espiga 〈鋼管の〉印籠(ｲﾝﾛｳ)継ぎ手, はめ込み継ぎ手. 3 《話》コネ, つて, 縁故；(コネで得た) いい仕事. tener ~ コネがある；(コネで) いい仕事にありついている. por ~ コネを利かせて. 4 《話》(人に対して抱く) 特別な好意.

en·chu·fis·mo [eɲ.tʃu.fís.mo] 男 《軽蔑》コネによる就職[利益]；その慣習. recurrir al ~ コネに頼る.

en·chu·fis·ta [eɲ.tʃu.fís.ta] 男 女 《話》《軽蔑》コネを使う人.

en·chu·lar·se [eɲ.tʃu.lár.se] 再 《話》1 〈男が〉ヒモになる. 2 〈特に売春婦が〉男を養う.

en·chu·le·tar [eɲ.tʃu.le.tár] 他 〈木材の穴に〉詰め物をする.

en·chum·ba·do, da [eɲ.tʃum.bá.ðo, -.ða] 形 《ラ米》湿気の多い, 濡れた, 湿った.

en·chum·bar [eɲ.tʃum.bár] 他 《話》〈液体を〉染み込ませる, 〈人・ものを〉濡らす.
— ~·se 再 〈液体が〉染み込む, 〈人・ものが〉濡れる.

en·chu·tar [eɲ.tʃu.tár] 他 《ラ米》(*米)(ｺﾞﾙ)入れる, はめ込む.

en·chu·te [eɲ.tʃú.te] 男 《ラ米》【遊】(1) (*米)(ｺﾞﾙ)けん玉. (2) (*米)(ｺﾞﾙｽﾀ)ボウリング.

en·cí·a [en.θí.a / -.sí.-] 女 【解剖】歯茎, 歯肉.

-encia (接尾) → -ncia.

en·cí·cli·co, ca [en.θí.kli.ko, -.ka / -.sí.-] 形 〔カト〕(教皇の) 回勅の.
— 女 回勅. ♦ローマ教皇が全司教にあてて出すラテン語の書簡. ときには全世界の善意の人々に訴えることもある.

enciclopedia — encizañador

＊en・ci・clo・pe・dia [en.θi.klo.pé.ðja / -si.-] 囡 **1** 百科事典, 百科全書；事典, 全書. ～ ilustrada 図解百科事典. ～ médica 医学百科事典. E～ (18世紀フランスで編纂(%ǎ)された)百科全書. → diccionario [類語].
2 博学, 博識, 物知り. El viejo es una ～ (viviente). あの老人は生き字引だ.
[← [ラ] *encyclopaediam* (*encyclopaedia* の対格)「広い知識(の教育)」← [ギ] *enkýklios paideía* ; *enkýklios*「広範な」は *kýklos*「輪, 円」(→ ciclo)より派生]

en・ci・clo・pé・di・co, ca [en.θi.klo.pé.ði.ko, -.ka / -.si.-] 形 **1** 百科事典[全書]的な. obras *enciclopédicas* 百科全書. diccionario ～ 百科事典.
2 諸学に通じた, 博識の. el saber ～ 博学知識.
en・ci・clo・pe・dis・mo [en.θi.klo.pe.ðís.mo / -.si.-] 男 (18世紀フランスの)百科全書主義.
en・ci・clo・pe・dis・ta [en.θi.klo.pe.ðís.ta / -.si.-] 形 百科事典[全書]の；(特にフランスの)百科全書派の. —男囡 **1** 百科事典の寄稿家[編集者]. **2** 百科全書家.
en・ci・e・lar [en.θje.lár / -.sje.-] 他 《ラ米》(1) 《コロ》《ﾍﾞﾈ》《ﾁﾘ》《ﾒﾋ》…に屋根をつける, 天井を張る. (2) 《コロ》…に蓋をする.
encien- 囲 → encender.
en・cie・rra [en.θjé.ra / -.sjé.-] 囡 《ラ米》《ﾒﾋ》(1) 畜殺場に追い込むこと；畜殺用の家畜. (2) 冬場用の牧場. — 囲 → encerrar.
en・cie・rre [en.θjé.re / -.sjé.-] 男 《ラ米》《ｺﾞｲｱﾅ》(畜殺用の家畜を)囲いに閉じ込めること.
— 囲 → encerrar.
＊en・cie・rro [en.θjé.ro / -.sjé.-] 男 **1** 閉じ込め, 監禁. **2** 引きこもり, 隠遁(%ᴀ), 籠城. **3** 隠れ家, 隠遁場所；〈牛・羊などを〉囲いに入れること；囲い場. **4** 【闘牛】(1) (闘牛の始まる前に)牛を檻(⁽ʀ⁾)へ追い込むこと；囲い場. (2)《集合的》その日に出場する雄牛. (3) エンシエロ, 牛追い. ◆スペインの Pamplona の San Fermín 祭 (7月7日)で, 牛の囲い場より約1キロ, 街の間をぬって闘牛場まで牛を追い込む行事が特に有名. — 囲 → encerrar.

＊＊en・ci・ma [en.θí.ma / -.sí.-] 副 **1** 上に, 上の方に；《比喩的》上位に (► 基準となるものを想定しておかれた(離れて, あるいは接触して)ある ことを表す) (↔ debajo). aquí [ahí, allí] ～ ここの[そこの, あそこの]上に. queso con una loncha de jamón ～ 上にハムのせたチーズ. El elefante llevaba ～ a dos niños. そのゾウは上に2人の子供を乗せていた. Teníamos ～ la Cruz del Sur. 私たちの頭上には南十字星が輝いていた. una señora con sesenta años ～ 60 (歳)を過ぎたご婦人. Tengo a dos superiores ～. 私には上に2人の上司がいる. Laura llevaba un jersey ～. ラウラはセーターをはおっていた.
2 さし迫って. Tengo una oposición ～. 採用試験が近づいている. Tenemos demasiados problemas ～. 私たちは多くの問題を抱えている. Ya están ～ las vacaciones. もう休みが間近だ.
3 おまけに. Me dio cien euros y ～ otros veinte. 彼[彼女]は私に100ユーロのほかにさらに20ユーロくれた. Estas manzanas son muy caras y ～ feas. これらのリンゴはとても高いうえに見栄えがよくない.
de encima (1) (いちばん)上の. un libro *de* ～ 上にある本. (2)《ラ米》付け加えの, おまけの.
de encima de... …の上から.
echarse encima (1)《**a...** / **de...**》《…を》(不意に)襲う；《…に》(間近に)差し迫る；《…に》(激しく)反論する. (2)《仕事・責任を》引き受ける.
encima de... (1) …の上 (の方) に. E～ *de* la mesa había muchos platos sucios. テーブルの上には汚れた皿がたくさんあった. ～ de mí 私の上に(► encima mía のように所有代名詞をつけるのは俗語用法). (2)《＋不定詞》…であるうえに, …することに加えて. (3)《que＋直説法》…することに加えて.
[類語]「…の上に」を表す前置詞 (句) には *encima de* のほかに *en, sobre* がある. これらは壁などの垂直面に接している場合にも用いられるが encima de は水平面上しか表せない. また en は基準となるものと接触している場合にしか用いられないが, sobre, encima de は離れている場合も用いられる.
estar encima de... …を監視している, …に注意を払っている.
llevar encima... (1) …を身につけている, 所持している. (2)《責任・感情を》負っている.
poner por encima A *a* B B よりAのほうを上に見る. *poner por* ～ la honradez *a* la amabilidad 親切心よりも誠実さをより重視する.
por encima (1)《**de...**》(…の)上(の方)に. El helicóptero volaba *por* ～ *del* palacio. ヘリコプターは宮殿の上空を飛んでいた. (2) 表面的に, 急いで. leer un periódico *por* ～ 新聞にざっと目を通す. (3)《**de...**》《比喩的》《…を》越えて. Este problema está *por* ～ de mi inteligencia. この問題は私には理解できない. (4)《**de...** …に》逆らって.
por encima de todo (1) 何よりも, 特に. (2) 何
venirse encima a＋人 〈困難などが〉〈人〉の身にふりかかる.

en・ci・mar [en.θi.már / -.si.-] 他 **1** いちばん上に置く；上に重ねて置く. **2**【遊】(トランプ) 賭(ᵏ)け金を追加する. **3**《ラ米》(1)《ｺﾞｲｱﾅ》〈人を〉有利にする. (2)《ｺﾞｲｱﾅ》《ｶﾞｲｱﾅ》《ｺﾞ》上乗せする, 余分に加える.
— ～**・se** 再 **1** (他より)上にあがる, 上になる. **2**《ラ米》《*ﾒﾋ*》厄介者になる, 招かれざる客である.

en・ci・me [en.θí.me / -.sí.-] 男《ラ米》《ｺﾞｲｱﾅ》《話》おまけ, 余分.
en・ci・me・ro, ra [en.θi.mé.ro, -.ra / -.si.-] 形 上の. la sábana *encimera* 上掛けのシーツ.
— 囡 **1** ワークトップ(キッチンの調理台の天板部分)；洗面台の天板部分. **2**《ラ米》《ｺﾞｲｱﾅ》【馬】(革の)鞍敷(%).

en・ci・na [en.θí.na / -.sí.-] 囡【植】カシの類.
En・ci・na [en.θí.na / -.sí.-] 固名 エンシナ Juan del 〜 (1468?–1529)：スペインの戯曲作家・音楽家.
en・ci・nal [en.θi.nál / -.si.-] 男 → encinar.
en・ci・nar [en.θi.nár / -.si.-] 男 カシの林[森].
en・cin・char [en.θin.tʃár / -.sin.-] 他《ラ米》【馬】〈馬の〉腹帯を締める.
en・ci・no [en.θí.no / -.sí.-] 男 → encina.
en・cin・ta [en.θín.ta / -.sín.-] 形《女性形のみ》妊娠した, 妊娠中の.
en・cin・ta・do [en.θin.tá.ðo / -.sin.-] 男 (歩道の)縁石, へり石 (= bordillo). ～ de la acera 歩道の縁石；《ラ米》《ｺﾞｲｱﾅ》《ﾒﾋ》道路脇の)排水溝, どぶ.
en・cin・tar [en.θin.tár / -.sin.-] 他 **1** リボンで飾る. **2** (歩道に)縁石を並べる.
en・cis・mar [en.θis.már / -.sis.-] 他 分裂を起こさせる, 不和にする.
en・ci・za・ña・dor, do・ra [en.θi.θa.ɲa.ðór, -.ðó.ra / -.si.sa.-] 形 仲たがいさせる, 敵意をあおる.

—男女 仲たがいさせる人, 敵意をあおる人.
en·ci·za·ñar [eṇ.θi.θa.ɲár / -.si.sa.-] 他 《話》不和にする, 仲たがいさせる (= cizañar).
en·claus·tra·mien·to [eŋ.klaus.tra.mjén.to] 男 修道院に入る[入れる]こと; 修道院生活.
en·claus·trar [eŋ.klaus.trár] 他 修道院に入れる; 潜伏させる, 隠す. ― ~·se 再 修道院に入る; 身を隠す; 引きこもる, 隠遁する.
en·cla·va·ción [eṇ.kla.ba.θjón / -.sjón] 女 釘(ﾞ)で固定すること, 釘付け.
en·cla·va·do, da [eṇ.kla.bá.ðo, -.ða] 形 1 位置する. 2 はめ込まれた.
en·cla·var [eŋ.kla.bár] 他 1 釘(ﾞ)を打つ, 釘で打ちつける. 2 貫く, 突き通す. 3 (蹄鉄(ｴﾞ)の釘の打ち込みすぎで) ひづめを傷つける. 4 《話》だます, 欺く. 5 配置する. ― ~·se 再 位置する.
en·cla·ve [eŋ.klá.be] 男 1 飛び地, 飛び領土. Llivia es un ~ español en Francia. リビィアはフランス国内にあるスペインの飛び領土である. 2 孤立した少数集団. 3 配置, 設置, 据え付け.
en·cla·vi·jar [eŋ.kla.bi.xár] 他 1 はめ合わす, はめ込む. 2 〖音楽〗〈弦楽器に〉糸巻きをつける.
en·clen·cle [eŋ.kléŋ.kle] 形 《ラ米》《話》やせた, やせ細った.
en·clen·co, ca [eŋ.kléŋ.ko, -.ka] 形 《ラ米》(ｺﾞｽ)(ﾁﾘ) →enclenque.
en·clen·que [eŋ.kléŋ.ke] 形 《話》《軽蔑》病弱な (= enfermizo); やせこけた, 骨と皮ばかりの.
—男女 病弱な人; やせこけた人.
en·cli·sis [eŋ.kli.sis] / **én·cli·sis** [éŋ.kli.sis] 女 (単複同形) 〖言〗前接. → enclítico.
en·clí·ti·co, ca [eŋ.klí.ti.ko, -.ka] 形 〖言〗〈語が〉前接的, 前の語につく. pronombre ~ 前接的代名詞. —男 前接語. ▶ Tráemelo の me, o vete の te のように, 直前の語の一部に発音および表記される語.
en·clo·car [eŋ.klo.kár] 16 自 〈家禽(ｷﾝ), 特に雌鶏(ﾒﾝﾄﾞﾘ)が〉卵を抱く.
en·clo·char [eŋ.klo.tʃár] 他 《ラ米》(ｺﾞｽ) 〖車〗クラッチを踏む.
en·clo·que·cer [eŋ.klo.ke.θér / -.sér] 34 自 → enclocar.
en·clue·car·se [eŋ.klwe.kár.se] 102 再 《ラ米》病気になる.
-enco, ca (接尾) 1 出身地を表す. ← ibic*enco*. 2 類似性を表す. ← azul*enco*.
en·co·bar(·se) [eŋ.ko.bár(.se)] 自 再 〈家禽(ｷﾝ)が〉卵を抱く; (抱卵するために) 巣につく, 巣に入る.
en·co·bi·jar [eŋ.ko.bi.xár] 他 → cobijar.
en·co·brar¹ [eŋ.ko.brár] 他 …に銅板を張る; 銅めっきを施す.
en·co·brar² [eŋ.ko.brár] 他 安全な場所に置く.
en·co·cha·do, da [eŋ.ko.tʃá.ðo, -.ða] 形 車を常用的する, 車で行きたがる.
en·co·chi·nar [eŋ.ko.tʃi.nár] 他 《ラ米》(ｺﾞｽ)(ｳﾙ)(俗) 犯罪に巻き込む.
en·co·clar [eŋ.ko.klár] 15 自 → enclocar.
en·co·co·rar [eŋ.ko.ko.rár] 他 《話》いらいらさせる, うんざりさせる. Me *encocora* oírla cantar. 彼女が歌うのを聞くと私はいらいらする. ― ~·se 再 《ラ米》(ｺﾞｽ)(ﾎﾟ) 《話》虚勢を張る.
en·co·di·llar·se [eŋ.ko.ði.jár.se || -.ʝár.-] 再 〖狩〗〈ウサギなどが〉穴の隅に身を隠す.
en·co·fra·do [eŋ.ko.frá.ðo] 男 1 (コンクリートを流し込む) 型枠. 2 (坑道・トンネルの) 土留め. 3 (土留めされた) 坑道.

en·co·fra·dor, do·ra [eŋ.ko.fra.ðór, -.ðó.ra] 男女 コンクリートを流し込む作業員.
en·co·frar [eŋ.ko.frár] 他 1 (コンクリートを流し込むための) …の型枠を作る. 2 (坑道などに) (土留めの) 板張りをする.
'en·co·ger [eŋ.ko.xér] 100 他 1 縮める, 収縮させる. El lavado *encoge* ciertos tejidos. 洗濯で縮む繊維がある. 2 萎縮(ｲｼｭｸ)させる, すくませる. La oscuridad *encogió* el corazón del niño. 暗闇でその子の心臓はすくんだ. ―自 〈布地が〉縮む.
—~·se 再 1 〈布地が〉縮む. 2 (体を) すくめる, 縮める; 萎縮させる, おじける; 気力を失う. ~*se de frío* 寒さで身を縮める. ~*se de hombros* 肩をすくめる.
en·co·gi·do, da [eŋ.ko.xí.ðo, -.ða] 形 1 縮んだ, 収縮した. 2 萎縮(ｲｼｭｸ)した, 気落ちした, 打ちひしがれた. 3 臆病(ｵｸﾋﾞｮｳ)な, 恥ずかしがり屋の, 内気な. → tímido [類語].
—男女 臆病者, 内気な人, 恥ずかしがり屋.
—男 (糸をひっかけるなどしてできた) 布[衣類]の欠陥.
en·co·gi·mien·to [eŋ.ko.xi.mjén.to] 男 1 収縮, 縮み; 萎縮(ｲｼｭｸ). 2 臆病(ｵｸﾋﾞｮｳ)さ, びくつき; 内気, 恥ずかしさ. mostrar ~ 恥ずかしがる.
en·co·go·lla·do, da [eŋ.ko.go.já.ðo, -.ða || -.ʝá.-] 形 《ラ米》《話》高慢な, うぬぼれた.
en·co·go·llar·se [eŋ.ko.go.jár.se || -.ʝár.-] 再 1 〖狩〗〈獲物が〉木の頂上までに逃げ登る. 2 《ラ米》《話》威張る.
en·co·he·tar [eŋ.ko.e.tár] 他 〈雄牛などを〉爆竹[花火] で追い回す. ―~·se 再 《ラ米》(1) (ｺﾞｽ) 酔っ払う. (2) (ｺﾞｽ)(ﾎﾟ) 怒る, 憤慨する.
encoj- 活 → encoger, encojar.
en·co·jar [eŋ.ko.xár] 他 〈人の〉(片足を) 不自由にさせる, (片足を) 引きずらせる.
—~·se 再 1 (片足が) 不自由になる, (片足を) 引きずる. 2 病気になる, 仮病をつかう.
en·co·la·do, da [eŋ.ko.lá.ðo, -.ða] 形 1 膠(ﾆｶﾜ)付けされた; 膠を塗られた. 2 《ラ米》(ﾒﾎ)(ｸﾞｱ)《話》気取った, 上品ぶった. ―男 1 ワインの濁りを取ること. 2 膠で付けること; 膠を塗ること.
en·co·la·du·ra [eŋ.ko.la.ðú.ra] 女 1 膠(ﾆｶﾜ)付け; テンペラ画の下地の膠塗り. 2 ワインの清澄化.
en·co·lar [eŋ.ko.lár] 他 1 糊[膠(ﾆｶﾜ)] 付けする; (テンペラ画の下地用に) 膠を塗る. 2 〈ワインの〉濁りを取る. 3 《話》〈ボールなどを〉手の届かない所にはうる.
en·co·le·ri·za·do, da [eŋ.ko.le.ri.θá.ðo, -.ða / -.sá.-] 形 怒っている.
en·co·le·ri·zar [eŋ.ko.le.ri.θár / -.sár] 97 他 激怒させる, 憤慨させる (= enfurecer).
—~·se 再 激怒する, かっとなる, 憤慨する.
en·co·men·da·mien·to [eŋ.ko.men.da.mjén.to] 男 〖古語〗委託, 依頼 (= encargo).
ːen·co·men·dar [eŋ.ko.men.dár] 8 他 1 〈a + 人 (人) に〉託す, 任せる; 〈que + 接続法 …するように〉頼む (= encargar). *Le encomiendo a usted mi hijo mientras estoy trabajando*. 私が仕事をしている間, 息子のことはあなたにお願いします. *Le hemos encomendado al abogado que utilice todos los procedimientos legales*. 私たちは弁護士にすべての法的手続きをするように頼んだ.
2 〖史〗(1) (新大陸で) 〈先住民を〉委託する, エンコミエンダ *encomienda* を授ける. (2) (中世において) 〈騎士領を〉与える, 騎士団長にする.

—~se 再《**a...** …に》頼る，身をゆだねる．*~se a la bondad de...* …の善意にすがる．*~se a Dios* 神にすがる．*~se en manos de*+人〈人〉の手に身をゆだねる．

en·co·men·de·rí·a [eŋ.ko.men.de.rí.a] 囡《ラ米》食料品店，乾物屋．

en·co·men·de·ro [eŋ.ko.men.dé.ro] 男 **1**《史》エンコメンデーロ：エンコミエンダ encomienda の所有者．**2** 代理人．**3**《ラ米》(1)（話）肉の卸商．(2)（話）食料品店店主．

en·co·mia·ble [eŋ.ko.mjá.ble] 形 賞賛に値する．

en·co·mia·dor, do·ra [eŋ.ko.mja.dór, -.dó.ra] 形 ほめる，賞賛する．— 男囡 賞美者．

en·co·miar [eŋ.ko.mjár] 82 他 ほめる，ほめちぎる，ほめたたえる．

en·co·mias·ta [eŋ.ko.mjás.ta] 男囡 賞賛者．

en·co·miás·ti·co, ca [eŋ.ko.mjás.ti.ko, -.ka] 形 賞賛の，賛辞の．

encomiend- 活 → encomendar．

en·co·mien·da [eŋ.ko.mjén.da] 囡 **1** 委任，依頼（= encargo）．**2** 推奨，賞辞；保護，後援．**3**《複数で》ことづけ，（よろしくとの）伝言．**4**《史》エンコミエンダ．(1) レコンキスタの過程でスペイン王室が家臣や騎士団などに下賜した恩賞地；騎士団長の身分；騎士団の十字記章．(2) 新大陸の征服の過程でスペイン王室が征服者たちに一定数の先住民を割り当て，その教化を義務づける代わりに徴税権と労役権を与えた制度．**5**《ラ米》(郵便)小包 (= ~ postal)．

en·co·mio [eŋ.kó.mjo] 男 賞賛，絶賛 (= elogio, alabanza)．digno de ~ 賞賛に値する．

en·co·mio·so, sa [eŋ.ko.mjó.so, -.sa] 形《ラ米》（話）賞賛的，賛辞の．

en·com·pa·drar [eŋ.kom.pa.ðrár] 自（話）**1** 親しくなる，親密になる．**2** 代父と実父(母)の関係になる．

en·co·na·do, da [eŋ.ko.ná.ðo, -.ða] 形 **1** 炎症が起きた；熱烈な，熱心な．bibliófilo ~ 大の本好き．**3** 激しい，ひどい；厳しい，過酷な．lucha *enconada* 激しい闘い．**4** 激怒した，憤慨した．

en·co·na·mien·to [eŋ.ko.na.mjén.to] 男 **1**《医》炎症；化膿（のう）；悪化．**2** 恨み，憎悪．

en·co·nar [eŋ.ko.nár] 他 **1** 炎症を起こさせる；悪化させる．**2**（争い・議論・口論を）激しくする；怒らせる，敵意を抱かせる．Su intervención *enconó* los ánimos. 彼［彼女］が干渉したためにみんなは気分を害した．**3**《ラ米》(話)（…を）かすめ取る，くすねる．**— ~·se** 再 **1** 炎症が起こる；悪化する．**2**〈争い・議論・口論が〉激しくなる；怒る，憤激する．**3**《**con...** / **en...**》（…に）狂暴性を発揮する，（…に）乱暴する，（…を）ひどく攻める．**4** 不正を働く，横領する．**5**（良心の）呵責（かしゃく）を感じる．

en·con·char·se [eŋ.kon.tʃár.se] 再《ラ米》（話）(1)（話）自分の殻に閉じこもる．(2)（話）逃げる，逃走する．

en·co·no [eŋ.ko.no] 男 **1** (強い)恨み，敵意，憎しみ．**2**（争い・もめごとの）激しさ，激高．**3**《ラ米》（話）炎症；化膿（のう）；おでき．

en·co·no·so, sa [eŋ.ko.nó.so, -.sa] 形 **1** すぐに憎む，恨みっぽい．**2**《ラ米》(1)〈植物が〉毒のある．(2)《ラ米》炎症を起こした，化膿した．

en·con·tra·di·zo, za [eŋ.kon.tra.ðí.θo, -.θa / -.so, -.sa] 形 偶然に出会う．hacerse el ~ con+人〈人〉と偶然に出会ったふりをする．

en·con·tra·do, da [eŋ.kon.trá.ðo, -.ða] 形 **1** 見つかった．**2** 対立した；正反対の，逆の．intereses ~s 対立した利害．

****en·con·trar** [eŋ.kon.trár] 15 他 **1**（探して）見つける，所在をつきとめる，発見する．Primero tenemos que ~ una solución a este problema. まずはこの問題の解決策を見つけねばなるまい．Tras la denuncia la policía *encontró* al ladrón en un parque cercano. 通報後，警察は付近の公園で泥棒を見つけた．→ hallar **2**（偶然）見つける，出会う，遭遇する．*Encontré* varios obstáculos antes de llegar al refugio. 避難小屋にたどり着くまで，さまざまな困難に出会った．► 時に再帰代名詞を伴う．→ **4** (1)．**3**《+形容詞・副詞およびその相当語句 …と》判断する，思う，感じる（► 形容詞は目的語と性数一致）．Lo *encuentro* demasiado difícil para mí. これは僕には難しすぎるようです．¿Qué te pasa? *Te encuentro distraída*. どうかしたの．心ここにあらずって感じだけど．**— ~·se** 再 **1**（場所に）ある，いる，存在する．¿Dónde *se encuentra* la sede principal de esta organización? この組織の本部はどこにありますか．Mi marido *se encuentra* fuera de casa. 夫は留守にしている．→ hallarse [類語]

2《+形容詞・副詞およびその相当語句 …の状態で》ある．¿Qué tal te *encuentras* hoy? 今日の調子はどうだい．Las carreteras *se encuentran* despejadas a estas horas de la mañana. 朝のこの時間は道路が空いている．**3**《複数主語で》〈互いに〉会う，落ち合う．Vamos a ~*nos* en la entrada del cine. 映画館の入り口で会うことにしよう．**4** (1)《+名詞》(偶然)（…を）見つける，（…に）出会う．El otro día *me encontré* a tu jefe en la calle. この前，君の上司に道で出会ったよ．(2)《**con...**》(偶然)（…に）見つける，（…に）出会う，出くわす；《**con que**+直説法 …であることに》気づく．De camino a casa *nos encontramos* con un atasco horrible. 帰り道，ひどい渋滞に出くわした．Empecé a ducharme y *me encontré con que no había* agua caliente. シャワーを浴び始めて，お湯が出ないことに気づいた．**5**《複数主語で》合流する，接触する；〈複数の意見・立場・好みなどが〉一致する．Estas dos rutas de senderismo *se encuentran* justo antes de la cima. この2つのトレッキングルートは頂上直前で合流している．En esta cuestión los intereses de ambos países *se encuentran*. この問題においては両国の利害関係は一致している．**6**《複数の意見・立場などが》〈互いに〉対立する，衝突する．Sus opiniones *se encontraban* continuamente. 彼らの意見はことあるごとに対立した．

encontrárselo todo hecho《話》全てが楽に思いどおりになる．努力せず何でも手に入る環境を享受する．
no encontrarse《話》居心地が悪い，場違いに感じる．*No me encuentro* en ese tipo de fiestas. その手のパーティーは私には場違いだ．
［← ［古スペイン］「衝突する，遭遇する」←［俗ラ］ *incontrāre, [関連][英] *encounter*「出会う，遭遇する」］

en·con·trón [eŋ.kon.trón] 男 → encontronazo．

en·con·tro·na·zo [eŋ.kon.tro.ná.θo / -.so] 男 (話) 衝突，激突．**2** 口論．

en·co·ña·do, da [eŋ.ko.ɲá.ðo, -.ða] 形《俗》《**con...** …に》恋い焦がれた；夢中な，執心の．

en·co·ñar·se [eŋ.ko.ɲár.se] 再 **1**《俗》《**con...** …に》恋い焦がれる，夢中になる．*Se ha encoñado*

en·co·par·se [eŋ.ko.pár.se] 再《ラ米》(ﾁ)《話》酔う.

en·co·pe·ta·do, da [eŋ.ko.pe.tá.ðo, -.ða] 形《軽蔑》**1** 名門の, 上流社会の. **2** 思い上がった, 高慢な. ━男《建》小屋束(ﾐﾂｶ).

en·co·pe·tar [eŋ.ko.pe.tár] 他 上げる; 高くする. ━ **~·se** 再 うぬぼれる, 思い上がる.

en·co·pe·to·nar·se [eŋ.ko.pe.to.nár.se] 再《ラ米》(ﾒｷﾞｭﾗ)《話》ほろ酔いになる.

en·co·pre·sis [eŋ.ko.pré.sis] 女《単複同形》《医》排便障害.

en·co·ra·char [eŋ.ko.ra.tʃár] 他 革袋に入れる.

en·co·ra·jar [eŋ.ko.ra.xár] 他 勇気づける, 奮い立たせる. ━ **~·se** 再 腹を立てる, 激怒する.

en·co·ra·ji·nar [eŋ.ko.ra.xi.nár] 他 激怒させる, 立腹させる. ━ **~·se** 再 **1** 激怒する, 腹が立つ. **2** 奮い立つ, 元気づく. **3**《ラ米》(ﾒｷﾞｭﾗ)〈商売が〉行き詰まる, 失敗する.

en·co·rar [eŋ.ko.rár] 15 他 **1** 革で覆う, 革張りにする; 革袋に入れる. **2**〈傷口を〉癒(ｲ)やす, なおす. ━ 自〈傷口が〉癒合(ﾕｺﾞｳ)する.

en·co·ra·za·do, da [eŋ.ko.ra.θá.ðo, -.ða / -.sá.-] 形 革張りの; 胴鎧(ﾄﾞｳﾖﾛｲ)で身を固めた.

en·cor·ba·ta·do, da [eŋ.kor.ba.tá.ðo, -.ða] 形 ネクタイを締めている.

en·cor·ba·tar·se [eŋ.kor.ba.tár.se] 再《話》ネクタイを締める.

en·cor·cha·dor, do·ra [eŋ.kor.tʃa.ðór, -.ðó.ra] 形 コルク栓をする. ━ 女 コルク栓を詰める機械[道具].

en·cor·char [eŋ.kor.tʃár] 他 **1**〈ミツバチを〉巣箱に集める. **2**〈瓶に〉コルク栓をする.

en·cor·che·tar [eŋ.kor.tʃe.tár] 他 **1** ホック[留め金]を付ける; ホックで留める. **2**《建》〈石を〉かすがいで留める.

en·cor·da·do [eŋ.kor.ðá.ðo] 男 **1**（楽器の）弦. **2**《ラ米》《音楽》(1)(ｸﾞｧﾃ)(ｳﾙｸﾞ)(ﾒｷﾞｭﾗ)（楽器の）弦. (2)(ｳﾙｸﾞ)ギター.

en·cor·da·du·ra [eŋ.kor.ða.ðú.ra] 女《音楽》弦楽器の弦. afinar la ~ 調弦する.

en·cor·dar [eŋ.kor.ðár] 15 他 **1**〈楽器に〉弦を張る;〈ラケットに〉ガットを張る. **2** ひもで（ぐるぐると）縛る. **3**〈弔いの鐘を〉鳴らす. ▶ 自動詞でも用いられる. ━ **~·se** 再〈登山者が〉体をロープで結ぶ.

en·cor·do·nar [eŋ.kor.ðo.nár] 他 ひもで縛る; ひもを付ける.

en·co·re·cer [eŋ.ko.re.θér / -.sér] 34 他〈傷口を〉癒合(ﾕｺﾞｳ)させる. ━ 自〈傷口が〉癒合する.

en·co·ria·ción [eŋ.ko.rja.θjón / -.sjón] 女〈傷口の〉癒合(ﾕｺﾞｳ).

en·cor·na·do, da [eŋ.kor.ná.ðo, -.ða] 形 (**bien** [**mal**]を伴い)角(ﾂﾉ)が立派な[貧弱な].

en·cor·na·du·ra [eŋ.kor.na.ðú.ra] 女 **1**（牛・シカなどの一対の）角. **2**《闘牛》角の形状[生え具合].

en·cor·nar [eŋ.kor.nár] 15 他 角で突く[突っかける]. ━ 自《ラ米》(ﾒｷﾞｭﾗ)角が生える.

en·cor·nu·dar [eŋ.kor.nu.ðár] 他 不貞を働く, 密通する.

en·co·ro·zar [eŋ.ko.ro.θár / -.sár] 97 他 **1**〈囚人に〉とんがり帽子をかぶせる. **2**《ラ米》(ﾁ)(ｱﾙｾﾞﾝ)〈壁を〉磨き直す, 塗り替える, 穴をふさぐ.

en·co·rra·lar [eŋ.ko.řa.lár] 他〈家畜を〉囲い[飼育場]に入れる[追い込む].

en·cor·se·lar [eŋ.kor.se.lár] 他《ラ米》→ encorsetar.

en·cor·se·ta·do, da [eŋ.kor.se.tá.ðo, -.ða] 形 規則に縛られた, 厳格すぎる, 融通の利かない.

en·cor·se·tar [eŋ.kor.se.tár] 他 **1** コルセットを着ける, コルセットで締める. **2** 動きが取れなくする, 拘束する. ━ **~·se** 再 コルセットを着ける; 窮屈な思いをする.

en·cor·ti·nar [eŋ.kor.ti.nár] 他 …にカーテンを付ける.

en·cor·va·da [eŋ.kor.bá.ða] 女 **1** 体を曲げること, 前かがみ. **2**《植》コロニラ: マメ科の低木. *hacer* [*fingir*] *la encorvada* 仮病を使う.

en·cor·va·do, da [eŋ.kor.bá.ðo, -.ða] 形 **1** 曲がった, 湾曲した. **2** 腰の曲がった; 腰をかがめた. Tiene la espalda *encorvada* por la edad. 彼[彼女]は老齢のため背中が曲がっている.

en·cor·va·du·ra [eŋ.kor.ba.ðú.ra] 女 曲げる[曲がる]こと; 湾曲, カーブ.

en·cor·va·mien·to [eŋ.kor.ba.mjén.to] 男 → encorvadura.

en·cor·var [eŋ.kor.bár] 他 曲げる, 湾曲させる. ━ **~·se** 再 **1** 湾曲する;（背・腰が）曲がる. *Se había encorvado* tanto que apenas veía más que el suelo. 彼[彼女]は腰が曲がって, ほとんど地面しか見えなかった. **2** かがむ, うずくまる. **3**（馬が）（騎手を落とそうとして）頭を下げる.

en·cos·ti·lla·do [eŋ.kos.ti.ljá.ðo ‖ -.ʎá.-] 男《鉱》《集合的》坑木.

en·cos·tra·du·ra [eŋ.kos.tra.ðú.ra] 女《建》（板石・大理石などの）化粧張り; 石灰を塗って白くすること.

en·cos·trar [eŋ.kos.trár] 他 外皮[外殻]で覆う, (パイなどに）外側の層をつくる. ━ **~·se** 再 外皮[外殻]ができる;〈傷口に〉かさぶたができる.

en·co·var [eŋ.ko.bár] 15 他 **1** 洞穴に入れる[隠す]. **2** しまい込む, 隠す. **3** 閉じ込める, 監禁する. ━ **~·se** 再 洞穴に隠れる; 身を隠す.

en·cra·sar [eŋ.kra.sár] 他 **1**〈液体を〉濃くする. **2**《農》〈土地に〉肥料を施す.

en·cres·pa·do, da [eŋ.kres.pá.ðo, -.ða] 形 **1**〈髪の毛が〉縮れた, カールした. *cabello* ~ 縮毛. **2**〈海が〉波立った, 時化(ｼｹ)ている.

en·cres·pa·du·ra [eŋ.kres.pa.ðú.ra] 女 髪をカールすること, カール.

en·cres·pa·mien·to [eŋ.kres.pa.mjén.to] 男 **1**（髪の）縮れ, カール. **2**（髪・羽毛が）逆立つこと. **3** 海が荒れること, 波立つこと. **4** かっかすること, いらだち, 激怒. **5**（議論などの）もつれ, 紛糾.

en·cres·par [eŋ.kres.pár] 他 **1**〈髪を〉縮らせる, カールさせる (= rizar). **2**〈髪・羽毛を〉逆立たせる. **3**〈波を〉立てる, 波立たせる. **4**〈人の気持ちを〉かき立てる, 興奮させる; いらだたせる, 激怒させる. ━ **~·se** 再 **1**〈髪が〉縮れる, カールする. **2**〈髪・羽毛が〉逆立つ. **3**〈海が〉荒れる, 波立つ. **4** いらだつ, 激怒する. **5**〈議論などが〉紛糾する, こじれる.

en·cres·ta·do, da [eŋ.kres.tá.ðo, -.ða] 形 **1** 鶏冠(ﾄｻｶ)をもたげた. **2** 思い上がった, 高慢な.

en·cres·tar·se [eŋ.kres.tár.se] 再 **1** 自慢する, 思い上がる, 天狗になる. **2**〈波が〉高くなる,〈海が〉荒れる. **3**〈おんどりが〉鶏冠(ﾄｻｶ)を立てる.

en·cris·ta·lar [eŋ.kris.ta.lár] 他〈窓・扉に〉ガラスをはめる, ガラス張りにする (= acristalar).

en·cru·ci·ja·da [eŋ.kru.θi.xá.ða / -.si.-] 女 **1** 交差点, 十字路. **2** 岐路, 分かれ道. la ~ de la vi-

en·cru·de·cer [eŋ.kru.ðe.θér / -sér] 34 他 **1** 残酷[残忍]にする. **2** 激しくさせる. ― ～(·se) 自 再 **1** 残酷[残忍]になる. **2** 激しくなる.

en·cru·de·le·cer [eŋ.kru.ðe.le.θér / -sér] / **en·crue·le·cer** [eŋ.krwe.le.θér / -sér] 34 他 残酷[残忍]な感情[行動]をそそる.
― ～·se 再 残酷[残忍]になる.

en·cua·der·na·ble [eŋ.kwa.ðer.ná.ble] 形 製本可能な.

en·cua·der·na·ción [eŋ.kwa.ðer.na.θjón / -sjón] 女 **1** 製本. **2** 装丁. ～ en tela [cuero] 布[革]装丁. ～ en rústica 紙装丁, ペーパーバック版. **2** 表紙. **3** 製本所(= taller de ～).

en·cua·der·na·dor, do·ra [eŋ.kwa.ðer.na.ðór, -.ðó.ra] 男 女 製本工.
― 男 (紙をとじる)ピン, クリップ.

en·cua·der·nar [eŋ.kwa.ðer.nár] 他 製本する; 装丁する. sin ～ 未製本の, とじていない. ～ en cuero 革で装丁する.

en·cua·dra·mien·to [eŋ.kwa.ðra.mjén.to] 男 **1** 枠に入れること; 囲み; 枠組み. **2** 〖映〗(構図を決めるための)フレーミング. **3** 〖TV〗(画像の)垂直同期の調整. **4** 〖軍〗配属, 編入.

en·cua·drar [eŋ.kwa.ðrár] 他 **1** 枠[額縁]に入れる, はめ込む. ～ una obra de pintura 絵を額に入れる. **2** (家畜を)小屋に入れる. **3** 縁取る; 背景となる. **4** (集団に)入れる, 組み込む; 〖軍〗配置する. **5** 〖映〗フレーミングをする; 構図を決める. **6** 〖TV〗画像を調整する.
― 自 《ラ米》(スペ)(ピチレ)合う, 適合する.
― ～·se 再 **1** 枠[範疇]に入る. **2** (en... …に)入会[加盟]する. ～se en un partido ある党に入る.

en·cua·dre [eŋ.kwá.ðre] 男 **1** 〖映〗構図, フレーミング. **2** 〖TV〗画像を調整する装置. **3** 枠; 背景. **4** 〖軍〗配属.

en·cuar·tar [eŋ.kwar.tár] 他 《ラ米》(車を引くために)(馬を)つなぐ.
― ～·se 再 《ラ米》(メキシ)(セッニ) (1) 端綱(セッ)を馬に付ける. (2) 会話を遮る. (3) 面倒に巻き込まれる.

en·cuar·te·lar [eŋ.kwar.te.lár] 他 《ラ米》(ピチレ)宿営させる, 兵営にとどまらせる.

en·cua·tar [eŋ.kwa.tár] 他 《ラ米》〈同じ[似たも]のを〉合わす, ペアにする.

en·cu·bar [eŋ.ku.bár] 他 **1** 〈ワインを〉樽(なる)に詰める. **2** 〖鉱〗(立て坑に)丸く枠を組む. **3** (刑罰で)樽に詰めて水の中にほうり込む.

en·cu·ber·tar [eŋ.ku.ßer.tár] 8 他 布地で覆う; (喪中に)〈馬を〉黒い布地で覆う; 〈馬に〉武具をつける.
― ～·se 再 武具を身につける.

en·cu·bier·ta [eŋ.ku.bjér.ta] 女 詐欺, 不正行為.

en·cu·bier·ta·men·te [eŋ.ku.bjér.ta.mén.te] 副 **1** こっそりと, 秘密に; ひそかに, つつましく. **2** 不正に, 偽って.

en·cu·bier·to, ta [eŋ.ku.bjér.to, -.ta] [encubrir の過分] 形 **1** 隠された, 秘密の. acciones encubiertas 隠密行動. hablar con palabras encubiertas それとなく話す, 他人にわからないように話す. **2** 詐欺の, 不正の, ぺてんの.
paro encubierto 不完全就業.

en·cu·bri·dor, do·ra [eŋ.ku.bri.ðór, -.ðó.ra] 形 隠し, 秘密の. ― 男 女 **1** 隠す人(特に罪・過失や犯罪者を隠す人); 従犯者: 犯罪を手伝った者, 共犯者. **2** 売春斡旋(殺)人 (= alcahuete).

en·cu·bri·mien·to [eŋ.ku.bri.mjén.to] 男 **1** 隠す[秘密にする]こと, 隠蔽. **2** 〖法〗(1) 故買(ﾌﾞｲ). (2) 従犯, 幇助(劈). (3) 犯人をかくまうこと.

en·cu·brir [eŋ.ku.brír] 73 他 [過分] はencubierto] **1** 隠す; 覆い隠し, 秘密にする (= ocultar). *Encubrió el robo que hizo su hermano.* 彼[彼女]は弟が犯した盗みをかくした. (2) 従犯になる. (3) 〈犯人を〉かくまう.

en·cu·cu·ru·char·se [eŋ.ku.ku.ru.tʃár.se] 再 《ラ米》(コロンビ)(ペル)頂上に登る, 高いところに上(%)がる.

en·cue·llar [eŋ.kwe.jár | -.ʎár] 他 《ラ米》(アドル)〈人に〉圧力をかける, 脅す.

encuentr– 活 → encontrar.

en·cuen·tro [eŋ.kwén.tro] 男 **1** 会うこと; 出会い, 遭遇. ～ casual 偶然の出会い. ～ inesperado con un antiguo amigo 旧友との思いがけない出会い. el ～ de los astronautas en el espacio 宇宙での宇宙飛行士たちのランデブー. hora de ～ 待ち合わせの時間. lugar de ～ 待ち合わせ場所.

2 会談, 会見; 会合. *El primer ministro tuvo un ～ con el presidente de Estados Unidos en Okinawa.* 首相はアメリカ大統領と沖縄で会談をした.

3 (偶然の)発見; 見つけもの. tener un ～ afortunado 思わぬ拾い物をする. **4** 合流, 接触. punto de ～ de los dos ríos 2つの川の合流地点. **5** 対立, 衝突. tener un ～ con +人 〈人〉と対立する. **6** 〖スポ〗対抗試合, 対戦 (= ～ deportivo). ～ amistoso 親善試合. → batalla 〔類語〕. **7** 〖軍〗遭遇戦, 小戦.

― 活 → encontrar.

ir [salir] al encuentro de... (1) …を出迎える. (2) …に対抗する, …と対決する. (3) …に先んじる.
llevarse a +人 de encuentro 《ラ米》(メキシ)(グアテ)〈人〉を倒す; 〈人〉を破滅に追い込む.

en·cue·ra·do, da [eŋ.kwe.rá.ðo, -.ða] 形 《ラ米》(コニカ)(グアテ)ぼろをまとった; 裸(同然)の, 肌もあらわな.

en·cue·rar [eŋ.kwe.rár] 他 **1** 《ラ米》(話)裸にする. **2** 《ラ米》(コニカ)(タ)(グアテ)(話)〈人から〉金を巻き上げる, 一文無しにする. ― ～·se 再 **1** 裸になる. **2** 《ラ米》(コニカ)(グアテ)(話) 同棲(殷)する.

en·cue·ra·triz [eŋ.kwe.ra.tríθ / -.trís] / **en·cue·ris·ta** [eŋ.kwe.rís.ta] 女 [複 encueratrices / ～s] 《ラ米》(ｺﾆｶ)(グアテ)(話)ストリッパー.

*****en·cues·ta** [eŋ.kwés.ta] 女 **1** 調査, アンケート; 世論調査. hacer una ～ アンケート調査をする. ～ del Instituto Nacional de Estadística (スペイン)統計局による世論調査.

2 アンケート用紙, 質問表. rellenar una ～ アンケート用紙に書きこむ. **3** 捜査, 聞き込み. *La policía ha realizado ～s entre los vecinos.* 警察は隣近所で聞き込み捜査をした.

encuesta ómnibus オムニバスアンケート.

punto de encuentro
(待ち合わせ場所)

en·cues·ta·dor, do·ra [en.kwes.ta.ðór, -.ðó.ra] 男女 アンケート[世論]調査員.

en·cues·ta·li·tis [eŋ.kwes.ta.lí.tis] 女 《ユーモラスに》アンケート依存症,アンケート結果を過度に重視すること.

en·cues·tar [eŋ.kwes.tár] 他 …にアンケート調査をする.

en·cui·tar·se [eŋ.kwi.tár.se] 再 **1** 苦悶(ん)する,嘆き悲しむ. **2**《ラ米》《プデ》借金する.

en·cu·ja·do [eŋ.ku.xá.ðo] 男《ラ米》《ラデ》《コッキ》(木の)枠組み, 格子.

en·cu·lar [eŋ.ku.lár] 他《卑》《俗》 **1** 獣姦[男色,少年愛]を行う. **2** 不快にさせる. ― ～**se** 再《ラ米》《ラデ》(**1**)《ラデ》激怒する. (**2**)《ラデ》恋する.

en·cu·le·car·se [eŋ.ku.le.kár.se] 自 再《ラ米》《俗》〈鳥が〉卵を抱く,巣ごもる.

en·cu·li·llar·se [eŋ.ku.li.ʎár.se ‖ -.ʝár.-] 再《ラ米》《コッキ》《話》恐がる, びくびくする.

en·cum·bra·do, da [eŋ.kum.brá.ðo, -.ða] 形 **1** 地位の高い; 立派な. **2** 高い, そびえた.

en·cum·bra·mien·to [eŋ.kum.bra.mjén.to] 男 **1**(地位の)上がること; 高い地位. Desde su ～ se ha vuelto muy orgulloso. 昇進してから彼はとても高慢になった. **2** 賞賛, 賞揚.

en·cum·brar [eŋ.kum.brár] 他 **1** 高く上げる, 高くする. **2** 偉くする, 地位を高める; 賞揚する, ほめたえる. ～ hasta las nubes 激賞する, ほめちぎる.
― **～se** 再 **1**(高く)上がる, そびえる. **2** 高い地位につく, 偉くなる. **3** 高慢になる, 思い上がる.

en·cu·nar [eŋ.ku.nár] 他 **1**〈幼児を〉揺りかごに入れる. **2**《闘牛》〈牛が〉〈闘牛士に〉角の間に引っかける.

en·cur·dar·se [eŋ.kur.ðár.se] 再《隠》酔っ払う.

en·cu·re·ñar [eŋ.ku.re.ɲár] 他〈大砲を〉砲架に据える.

en·cu·rru·car·se [eŋ.ku.r̄u.kár.se] 自 再《ラ米》しゃがむ, かがむ (= acurrucarse).

en·cur·ti·do [eŋ.kur.tí.ðo] 男《主に複数で》《料》ピクルス.

en·cur·tir [eŋ.kur.tír] 他 **1**〈野菜などを〉ピクルス[酢漬け]にする. **2**《ラ米》《チカヌ》…の皮をなめす.

en·de [én.de] 副《古語》そこに. por ～ したがって, それゆえ.

en·de·ble [en.dé.ble] 形 **1** (体が)弱い, 病弱な. una niña ～ 体の弱い女の子. **2** (論拠などが)弱い, 薄弱な. **3** (ものが)壊れやすい, もろい.

en·de·blez [en.de.bléθ / -.blés] 女 (体の)弱さ, 病弱, 虚弱; (論拠などの)薄弱; もろさ.

en·de·blu·cho, cha [en.de.blú.tʃo, -.tʃa] 形 → endeble.

en·dé·ca·da [en.dé.ka.ða] 女 11年.

en·de·cá·go·no, na [en.de.ká.go.no, -.na] 形《数》十一角形の. ― 男 十一角形.

en·de·ca·sí·la·bo, ba [en.de.ka.sí.la.bo, -.ba] 形 11音節の, 11音節の詩行の. ― 男 11音節の詩行.

en·de·cha [en.dé.tʃa] 女 **1** もの悲しい歌; 葬送歌, 哀悼歌. **2**《詩》各行6または7音節からなる類音韻の4行詩. ～ real 7音節の詩行3つと11音節の詩行1つからなる4行詩.

en·de·char [en.de.tʃár] 他 葬送[哀悼]歌を歌う; 〈葬儀で〉〈故人の〉徳をたたえる.
― **～se** 再 嘆く, 悲嘆に暮れる.

en·de·he·sar [en.de.(e.)sár] 他〈家畜を〉牧草地に放す.

en·de·ja [en.dé.xa] 女《建》待歯(ほ): 建築物の追加工事のための突出部.

en·de·mia [en.dé.mja] 女《医》風土病.

en·dé·mi·co, ca [en.dé.mi.ko, -.ka] 形 **1**《医》風土病の, ある地方特有の. enfermedad endémica 風土病. **2** 慢性的な, 繰り返し起こる[広まる]. El terrorismo está convirtiéndose en un mal ～ del país. テロはその国の慢性的な悪弊になりつつある. **3**《動植物の種が》特定の地域に固有の.

en·de·mo·nia·do, da [en.de.mo.njá.ðo, -.ða] 形 **1** 悪魔にとりつかれた, 悪魔つきの. **2**《話》(子供がいたずらな, 邪悪な, 腹黒い. genio ～ ねじけた性分. **3**《話》ひどい, 最悪の. un olor ～ 悪臭. **4** 煩わしい, 手間のかかる.
― 男女 悪魔つき; 極悪非道な人, 性悪な人.

en·de·mo·niar [en.de.mo.njár] 82 他 **1** 悪魔をとりつかせる. **2**《話》激怒させる.
― **～se** 再 逆上する, 激怒する.

en·de·nan·tes [en.de.nán.tes] 副《ラ米》《話》(**1**)《ラデ》以前, かつて. (**2**) ちょっと前, ほんの今しがた.

en·den·ta·do, da [en.den.tá.ðo, -.ða] 形〈縁などが〉歯状になった三角の歯形が並んだ.

en·den·tar [en.den.tár] 8 他 **1**《技》歯をつける, 歯車にする; 〈縁などに〉ぎざぎざをつける. **2**〈歯車を〉嚙(か)み合わせる, はめ込む.

en·den·te·cer [en.den.te.θér / -.sér] 34 自 歯が生え(始め)る.

enderece(-) / enderecé(-) 活 → enderezar.

en·de·re·char(·se) [en.de.re.tʃár(.se)] 他 再 → enderezar.

en·de·re·za·do, da [en.de.re.θá.ðo, -.ða / -.sá.-] 形 好都合な; ふさわしい. una medida enderezada a reducir la inflación インフレ緩和のための妙案.

en·de·re·za·mien·to [en.de.re.θa.mjén.to / -.sa.-] 男 **1** まっすぐにする, まっすぐ立てること. **2** 正しくする[直す]こと, 矯正; 立て直し.

en·de·re·zar [en.de.re.θár / -.sár] 97 他 **1**〈曲がったものを〉まっすぐにする. ～ un alambre 針金をまっすぐにする. **2**〈倒れたもの・傾いたものを〉立て直す, 起こす. ～ la antena アンテナをまっすぐにする. **3** 正す, 直す; 矯正する. Enderezó el negocio. 彼[彼女]は商売を立て直した. Él tiene que ～ a sus hijos. 彼は息子たちの行いを正さねばならない. **4**《a…/ hacia…》…の方向へ》向ける. **5**〈手紙などを〉送る, 差し向ける.
― 自 向かう. ― **～se** 再 **1** まっすぐになる, 〈倒れたもの・傾いたものが〉立つ, 立ち直る; 〈人が〉(悪習などを)改める. **2** (人が)直立する, 背筋を伸ばす. **3** 向かう, 目指す. ～se a la meta ゴールを目指す.

en·der·mo·lo·gí·a [en.der.mo.lo.xí.a] 女 エンダーモロジー: マッサージによって血液やリンパ液の循環を促進し, 老廃物を排泄(はい)させることで痩身(そうしん)を目指す治療方法.

en·des·pués [en.des.pwés] 副《ラ米》《ラデ》《チカヌ》→ después.

en·deu·dar [en.deu.ðár] 他 借金だらけにする.
― **～se** 再 **1** 借金をする, 負債を負う; 借金だらけになる. **2**《con…》…に》借りができる.

en·de·ve·ras [en.de.bé.ras] 副《ラ米》《俗》本当に, まじめに (= de veras).

en·dia·bla·da [en.dja.blá.ða] 女 (悪魔などに変装して楽器を打ち鳴らした昔の) 悪魔祭り.

en·dia·bla·do, da [en.dja.blá.ðo, -.ða] 形 **1**

en·dia·blar [en.dja.blár] 他 悪魔をとりつかせる.
── ~·**se** 再 《話》激怒する；憤慨する.

en·dí·a·dis [en.dí.a.ðis] 女 《修辞》二詞一意：1つの内容を接続詞 y で結んだ2語で表現する修辞法. ⇀ beber en páteras de oro (黄金の杯で飲む) の代わりに beber en páteras *y* oro.

en·di·bia [en.dí.βja] 女 《植》(1) キクヂシャ, エンダイブ. (2) チコリー. ◆植物学上は縮れたレタス状のものが「エンダイブ」, 白菜の芯(ù)状のものが「チコリー」だが, 混同されて使われることが多い.

en·dien·tar [en.djen.tár] 他 《ラ米》《コスタ》《ニカ》 …に歯をつける；かみ合わせる.
── 自 《ラ米》《コスタ》《ニカ》歯が生える (始める).

en·di·ja [en.dí.xa] 女 《ラ米》《プ米》《ドミカ》亀裂(ホっ).

en·dil·gar [en.dil.ɣár] 103 他 1 《話》《軽蔑》〈嫌なことを〉押しつける. No me *endilgues* ese trabajo. そんな仕事をおれに押しつけるな. 2 《a... …に》否定的な評価をする. 3 送る, 発送する, 差し向ける. 4 《話》《軽蔑》やっつけ仕事をする.

En·di·mión [en.di.mjón] 固名 《ギ神》エンデュミオン：月の女神 Selene に愛され永遠の眠りで不老不死を保った羊飼いの若者.
[← [ラ] *Endymión* ← [ギ] *Endymíōn*]

en·di·no, na [en.dí.no, -.na] 形 《話》しゃくにさわる, いまいましい, 憎らしい.
── 男 女 《話》しゃくにさわる人.

en·di·ñar [en.di.nár] 他 《話》 1 〈平手打ちなどを〉食わす, ぶん殴る. 2 押しつける, 強制する.

en·dio·sa·do, da [en.djo.sá.ðo, -.ða] 形 1 傲慢(ぶぅ)な, 威張った. 2 神に祭り上げられた, 神格化された.

en·dio·sa·mien·to [en.djo.sa.mjén.to] 男 1 傲慢(ぶぅ), 高慢, 空威張り. 2 呆然(ぼぅ)自失, 忘我.

en·dio·sar [en.djo.sár] 他 1 神に祭り上げる, 神格化する. 2 《話》《軽蔑》思い上がらせる.
── ~·**se** 再 1 《話》《軽蔑》傲慢(ぶぅ)になる, 思い上がる. Es fácil ~*se* con el éxito. 成功すると有頂天になりやすい. 2 呆然(ぼぅ)自失する, 我を忘れる.

en·di·tar·se [en.di.tár.se] 再 《ラ米》《プ米》《ドミカ》《ニカ》借金して回る.

en·di·via [en.dí.βja] 女 → endibia.

endo- 「中に, 内部に」の意を表す造語要素. ⇀ *endo*crino, *endo*térmico [← [ギ]]

en·do·ble [en.dó.βle] 男 二交替勤務.

en·do·car·dio [en.do.kár.ðjo] 男 《解剖》心内膜.

en·do·car·di·tis [en.do.kar.ðí.tis] 女 《単複同形》《医》心内膜炎. ~ bacterianas (subagudas) (亜急性) 細菌性心内膜炎.

en·do·car·pio [en.do.kár.pjo] / **en·do·car·po** [en.do.kár.po] 男 《植》内果皮.

en·do·cén·tri·co, ca [en.do.θén.tri.ko, -.ka / -.sén.-] 形 《言》求心的な, 内心的な (↔exocéntrico).

en·do·cri·no, na [en.do.krí.no, -.na] 形 《解剖》内分泌の内分泌腺の. glándula *endocrina* 内分泌腺. ── 男 女 《医》内分泌専門医 [学者].

en·do·cri·no·lo·gí·a [en.do.kri.no.lo.xí.a] 女 《医》内分泌学.

en·do·cri·no·ló·gi·co, ca [en.do.kri.no.ló.xi.ko, -.ka] 形 《医》内分泌学の, 内分泌に関する.

en·do·cri·nó·lo·go, ga [en.do.kri.nó.lo.ɣo, -.ɣa] 男 女 《医》内分泌専門医 [学者].

en·do·cri·no·pa·tí·a [en.do.kri.no.pa.tí.a] 女 《医》内分泌障害.

en·do·dér·mi·co, ca [en.do.ðér.mi.ko, -.ka] 形 《生物》内胚葉の, 内胚葉に関する.

en·do·der·mis [en.do.ðér.mis] 女 《単複同形》《植》内皮.

en·do·der·mo [en.do.ðér.mo] 男 《生物》内胚葉(ぶぅ).

en·do·don·cia [en.do.ðón.θja / -.sja] 女 《医》歯内 [歯髄] 治療 (学).

en·do·es·que·le·to [en.do.es.ke.lé.to] 男 《解剖》内骨格.

en·do·ga·mia [en.do.ɣá.mja] 女 1 同族結婚. 2 他人 [よそ者] を疎外すること. 3 《生物》同系交配.

en·do·gá·mi·co, ca [en.do.ɣá.mi.ko, -.ka] 形 《生物》《人類》同族結婚 [族内婚] の, 同族結婚 [族内婚] に関する.

en·do·gé·ne·sis [en.do.xé.ne.sis] 女 《単複同形》《生物》(芽胞などの) 内生, 内因性発育.

en·dó·ge·no, na [en.do.xe.no, -.na] 形 内生の, 内因性の.

en·do·lin·fa [en.do.lím.fa] 女 《解剖》内耳リンパ液.

en·do·me·trio [en.do.mé.trjo] 男 《解剖》子宮内膜.

en·do·me·trio·sis [en.ðo.me.trjó.sis] 女 《単複同形》《医》子宮内膜症.

en·do·me·tri·tis [en.do.me.trí.tis] 女 《単複同形》《医》子宮内膜炎.

en·do·min·gar [en.do.miŋ.ɣár] 103 他 よそ行き [晴れ着] を着せる. La *endomingaron* para la fiesta. 彼女は祭りの晴れ着を着せてもらった.
── ~·**se** 再 よそ行き [晴れ着] を着る.

en·do·pa·rá·si·to, ta [en.do.pa.rá.si.to, -.ta] 形 内部 [体内] に寄生する.
── 男 内部寄生生物, 体内寄生虫.

en·do·plas·ma [en.do.plás.ma] 男 《生物》内部原形質, 内質.

en·dor·fi·na [en.dor.fí.na] 女 《生化》エンドルフィン：鎮痛作用を持つ物質.

en·do·rrei·co, ca [en.do.r̄éi.ko, -.ka] 形 《地質》水が湖 [沼地] に流入してきた.

en·do·rre·ís·mo [en.do.r̄e.ís.mo] 男 《地質》水の湖 [沼地] への流入.

en·dor·sar [en.dor.sár] 他 → endosar.

en·dor·so [en.dór.so] 男 → endoso.

en·do·sa·ble [en.do.sá.βle] 形 《商》裏書き可能な.

en·do·san·te [en.do.sán.te] 形 《商》裏書きする, (裏書き) 譲渡する.

en·do·sar [en.do.sár] 他 1 《商》裏書きする, (裏書き) 譲渡する. ~ las letras de cambio 為替手形に裏書きする. 2 《話》〈責任・面倒などを〉押しつける. Me *han endosado* doble tarea. 私はふたり分の仕事を押しつけられた. 3 《ラ米》《プ米》《ドミカ》《メキ》是認する, 支持する.

en·do·sa·ta·rio, ria [en.do.sa.tá.rjo, -.rja] 男 女 《商》被裏書き人；(裏書き) 譲受人.

en·dos·co·pia [en.dos.kó.pja] 女 《医》内視鏡検査法.

en·dos·co·pio [en.dos.kó.pjo] 男 《医》内視鏡.

en·do·se [en.dó.se] 男 裏書き (= endoso).

en·do·se·lar [en.do.se.lár] 他 天蓋(ぶぃ) を付ける.

en·dos·fe·ra [en.dos.fé.ra] 女 《地質》内核.

en·dos·mó·me·tro [en.dos.mó.me.tro] 男 《物》

en·dós·mo·sis [en.dós.mo.sis] / **en·dos·mo·sis** [en.dos.mó.sis] 囡 〖物理〗内浸透 (↔ exósmosis).

en·do·so [en.dó.so] 男 〖商〗(手形の)裏書き, (裏書き)譲渡；保証.

en·dos·per·ma [en.dos.pér.ma] / **en·dos·per·mo** [en.dos.pér.mo] 男 〖生物〗胚乳(はいにゅう), 内乳.

en·dos·que·le·to [en.dos.ke.lé.to] 男 → endoesqueleto.

en·do·te·lio [en.do.té.ljo] 男 〖解剖〗(細胞·脈管などの)内皮.

en·do·tér·mi·co, ca [en.do.tér.mi.ko, -.ka] 形 〖化〗吸熱性の, 吸熱反応の.

en·do·ve·no·so, sa [en.do.ße.nó.so, -.sa] 形 〖医〗静脈内の. inyección *endovenosa* 静脈注射.

en·dow·ment [en.dóu.men(t)] [英] 〖経〗長期ローン.

en·dria·go [en.drjá.go] 男 (人間と野獣の両特徴を持つ空想上の)怪物.

en·dri·nal [en.dri.nál] 男 〖植〗リンボクの生息地.

en·dri·no, na [en.drí.no, -.na] 形 青黒い. — 男 〖植〗リンボク. — 囡 〖植〗リンボクの実.

en·dro·gar·se [en.dro.ɣár.se] 100 再 〖ラ米〗〖話〗(1) (ﾁ)(ｺﾛ)(ﾒｼ) (あちこちに)借金をこしらえる. (2) (ﾀﾞﾌ)(ﾌﾞﾗ) 麻薬を服用する, 麻薬中毒になる.

en·dui·do [en.dwí.ðo] 男 〖ラ米〗(ｱﾙｺﾞ)〖建〗化粧しっくい.

en·dul·za·du·ra [en.dul.θa.ðú.ra / -.sa.-] 囡 → endulzamiento.

en·dul·za·mien·to [en.dul.θa.mjén.to / -.sa.-] 男 〖料〗甘み付け, 甘くすること.

en·dul·zan·te [en.dul.θán.te / -.sán.-] 男 〖ラ米〗(ﾂﾞ)砂糖, 甘味料.

en·dul·zar [en.dul.θár / -.sár] 97 他 **1** 甘くする, 甘みをつける. ~ con miel 蜂蜜(はちみつ)で甘くする. **2** (苦しみなどを)和らげる, 穏やかにする；楽しくする. *Endulzó* mi sufrimiento. 彼[彼女]は私の苦痛を和らげてくれた. Las visitas de sus nietos *endulzaron* su vejez. 孫たちが訪ねてくるおかげで彼[彼女]の老後は楽しいものになった. **3** 〖美〗〈色調を〉和らげる.
— ~·se 再 **1** 甘くなる. **2** 和らぐ, 穏やかになる. Su carácter *se ha endulzado* con el tiempo. 彼[彼女]の性格は時と共に穏やかになった.

en·du·rar [en.du.rár] 他 **1** 固く〖硬く〗する. **2** 耐える. **3** 遅らせる. **4** けちる, 節約する.

en·du·re·ce·dor, do·ra [en.du.re.θe.ðór, -.ðó.ra / -.se.-] 形 硬くする〖固める〗ための. — 男 硬くする〖固める〗もの, 補強剤. ~ de madera 木材の補強材. ~ de uñas 爪(つめ)の補強液.

en·du·re·cer [en.du.re.θér / -.sér] 34 他 **1** 固くする；固める, 固まらせる. **2** (体を)強靱(きょうじん)にする；(危険などに)耐えられるように鍛える. **3** 硬化させる；冷酷にさせる, 無感覚〖無慈悲〗にさせる.
— ~·se 再 **1** 固くなる, 硬化する；固まる. **2** 強靱になる, 鍛えられる. **3** 冷酷になる, 態度が硬化する.

en·du·re·ci·mien·to [en.du.re.θi.mjén.to / -.si.-] 男 **1** 固く〖硬く〗なること；固いこと, 硬質. **2** 鍛練, 強靱(きょうじん)になること. **3** 硬化；冷酷, 酷薄.

endurezc- 活 → endurecer.

e·ne [é.ne] 形 (不定·未知数を表して)いくつかの. hace *ene* años n 年前. — 男 **1** アルファベットのnの名称. **2** (不定·未知数などを表す)n.

ene de palo 絞首台.

ene. (略) enero 1 月.

ENE (略) estenordeste 東北東.

e·nea [é.ne.a] 囡 〖植〗ガマ, ヒメガマ.

e·ne·á·go·no, na [e.ne.á.ɣo.no, -.na] 形 〖数〗九角形の. — 男 九角形.

e·ne·a·gra·ma [e.ne.a.ɣrá.ma] 男 エニアグラム：人間の性格を9つの基本的なタイプに分類する. カウンセリングやビジネスにおいて自己開発の方法のひとつとして用いられる.

e·ne·al [e.ne.ál] 男 〖植〗ガマの生息地.

E·ne·as [e.ne.as] 固名〖ギ神〗アイネイアス, アエネアス：トロヤ戦争におけるトロヤ側の英雄, 後にローマの建国者. ウェルギリウスの長編叙事詩で知られる.

e·ne·a·sí·la·bo, ba [e.ne.a.sí.la.ßo, -.ßa] 形 〖詩〗9音節の. — 男 〖詩〗9音節の詩行.

e·ne·bral [e.ne.ßrál] 男 〖植〗ネズの生息地.

e·ne·bri·na [e.ne.ßrí.na] 囡 〖植〗ネズの実.

e·ne·bro [e.ne.ßro] 男 〖植〗トショウ；トショウの木材.

E·nei·da [e.néi.ða] 固名『アエネイス』：ウェルギリウスの未完の長編叙事詩.

en·e·jar [e.ne.xár] 他 〈車に〉軸をつける；軸にはめる.

e·nel·do [e.nél.do] 男 〖植〗イノンド, ディル.

e·ne·ma [e.né.ma] 男 また囡 〖医〗浣腸(かんちょう)(液).

enebro (トショウ)

e·ne·mi·ga [e.ne.mí.ɣa] 囡 **1** → enemigo. **2** 敵意, 敵対心, 反感. tener ~ a + 人(人)に敵意を抱く.

e·ne·mi·go, ga [e.ne.mí.ɣo, -.ɣa] 形 **1 〖名詞+〗敵の, 敵対する. país ~ 敵国. **2** 〖名詞+〗〖ser+〗〖de...〗…が嫌いな. ~ *del* tabaco タバコ嫌い.
— 男 囡 敵, かたき. ~ jurado 不倶戴天(ふぐたいてん)の敵. ~ natural 天敵. crearse ~s 敵を作る.
— 男 〖集合的〗敵軍.
A enemigo que huye, puente de plata. (諺) 去る者は追わず(← 逃げ行く敵には銀の橋).
el enemigo (malo) 悪魔.
[← 〖ラ〗*inimicum (inimicus* の対格；*in-* (否定) + *amicus*「友人」)；関連 〖英〗*enemy*]

e·ne·mis·tad [e.ne.mis.táð] 囡 敵意, 敵対心；敵対関係, 反目.

e·ne·mis·tar [e.ne.mis.tár] 他 敵対させる, 不仲にする. ~ a dos personas ふたりを不仲にする.
— ~·se 再 〖con...〗と〗敵対する, けんかする.

é·ne·o, a [é.ne.o, -.a] 形 〖文章語〗銅の, 青銅の.

e·ne·o·lí·ti·co, ca [e.ne.o.lí.ti.ko, -.ka] 形 〖考古〗青銅器時代の. — 男 青銅器時代.

*e·ner·gé·ti·co, ca [e.ner.xé.ti.ko, -.ka] 形 **1** エネルギーの, エネルギーに関する. problema ~ エネルギー問題. **2** エネルギーを作り出す. **3** 〖ラ米〗精力的な. — 囡 〖物理〗(不可算)エネルギー論.

e·ner·gí·a [e.ner.xí.a] 囡 **1 〖物理〗エネルギー. ~ atómica (nuclear) 原子力, 核エネルギー. ~ cinética 運動エネルギー. ~ eléctrica 電気エネルギー. ~ hidráulica 水力. ~ potencial 位置エネルギー. ~ solar 太陽エネルギー. fuente de ~ エネルギー源. ~ renovable (太陽風など)再生可能エネルギー.
2 活力, 精力；気力. con ~ 精力的に, 力強く. per-

sona de mucha ～ エネルギッシュな人. tomar ～ エネルギーを蓄える. Ya no tengo ～ para levantarme. もう立ち上がる元気もない.
[←〔後ラ〕*energīa*←〔ギ〕*enérgeia*「活動」(*en* + *érgon*「仕事」+名詞語尾)]

*e.nér.gi.co, ca [e.nér.xi.ko, -.ka] 形 **1** 精力的な, エネルギッシュな; 気力のある, 意気軒昂(ﾋﾞｳ)たる. un temperamento ～ 激しい気性. un hombre ～ たくましい男. **2** 断固たる, きっぱりした. una decisión *enérgica* 断固たる決心. ponerse ～ con+人(人に)きっぱりした態度を取る. **3** 効きめのある, 効力の強い；効果的な.

e.ner.gi.zan.te [e.ner.xi.θán.te / -.sán.-] 形 エネルギー[精力, スタミナ]を与える.

e.ner.gú.me.no, na [e.ner.gú.me.no, -.na] 男女 **1** 悪霊にとりつかれた人. **2** 〖侮辱〗狂乱した人, 激高した人.

**e.ne.ro [e.né.ro] 男 1月《略 ene.》. el cinco de ～ 1月5日. Pollo de ～, la pluma vale dinero.《諺》1月の鶏は一羽値千金(鳥肉は1月が一番うまい).
[←〔古スペイン〕*yenair*←〔俗ラ〕*Jenuarius*←〔ラ〕*Jānuārius*「双面神 *Jānus*(門や戸口を守護し, ものの初めと終わりを司(ﾂｶｻﾄﾞ)る神)の月」；関連〔ポルトガル〕*janeiro*.〔仏〕*janvier*.〔伊〕*gennaio*.〔英〕*January*.〔独〕*Januar*]

e.ner.va.ción [e.ner.ba.θjón / -.sjón] 女 **1** 元気[気力]喪失；〖医〗(神経の)衰弱, 消耗.
2 いらつき, 神経にさわること.

e.ner.va.dor, do.ra [e.ner.ba.ðór, -.ðó.ra] 形 元気[気力]を失わせる, 意気阻喪させる.

e.ner.va.mien.to [e.ner.ba.mjén.to] 男 → enervamiento.

e.ner.van.te [e.ner.bán.te] 形 → enervador.

e.ner.var [e.ner.bár] 他 **1** 元気[気力]を奪う；衰弱させる, くたくたにする. **2**〖話〗いらいらさせる.
— ～.se 再 **1** 気力[やる気]をなくす；衰弱[消耗]する. **2**〖話〗いらいらする.

e.né.si.mo, ma [e.né.si.mo, -.ma] 形 **1**〖数〗n 番目の, n 倍の, n 次の. elevar a la *enésima* potencia n 乗する.
2〖不快・怒り〗何回[番]目かの. Os lo digo por *enésima* vez. 何度言わせれば気が済むんだ.

en.fa.da.di.zo, za [eɱ.fa.ða.ðí.θo, -.θa / -.so, -.sa] 形 怒りっぽい, 短気な.

*en.fa.da.do, da [eɱ.fa.ðá.ðo, -.ða] 形《estar+》怒っている, 立腹している.

*en.fa.dar [eɱ.fa.ðár] 他 **1** 怒らせる, いらだたせる, 不快にさせる. No le *enfades*. 彼を怒らせるな. **2**〖ラ米〗退屈させる.
— ～.se 再 **1**《con... / por...》…に)怒る, 立腹する, いらだつ. Se *enfada por* cualquier cosa. 彼[彼女]はちょっとしたことですぐに腹を立てる.
2《con...》…と)仲たがいをする, 不和になる.
3〖ラ米〗〖話〗退屈する, うんざりする.
[←〔古スペイン〕〔ガリシア〕*enfadarse*「落胆する, 退屈する」；〔ラ〕*fātum*「運命」(→ hado)より派生したとする説が有力.「何事も運命とあきらめる」の原義か？]

*en.fa.do [eɱ.fá.ðo] 男 **1** 怒り, 立腹. con ～ 怒って. **2** いらだち, 不愉快. causar ～ むっとさせる. **3**〖話〗疲労感.

en.fa.do.sa.men.te [eɱ.fa.ðó.sa.mén.te] 副 むっとして；腹立たしく.

en.fa.do.so, sa [eɱ.fa.ðó.so, -.sa] 形 腹立たしい；不愉快な, 迷惑千万な.

en.fa.e.na.do, da [eɱ.fa.e.ná.ðo, -.ða] 形 仕事に集中している, 仕事で忙しい, 仕事で手が離せない.

en.fa.jar [eɱ.fa.xár] 他 **1** 〈人に〉帯[ガードル]を巻いてやる, おしめを付けてやる. **2** 〈本などに〉帯封を付ける. **3** 〈帯状のものが〉取り巻く.
— ～.se 再 帯[ガードル]を巻く.

en.fa.ji.llar [eɱ.fa.xi.ʝár | -.ʎár] 他《ラ米》(ｻﾞｯ)(ﾐｼ)(郵送のため)帯封をかける, 帯封する.

en.fal.da.do, da [eɱ.fal.dá.ðo, -.ða] 形 お母さんっ子の, 母親に甘えた；マザコンの.

en.fal.dar [eɱ.fal.dár] 他 **1** 〈スカートの〉すそをたくし上げる. **2** 〈木の〉下枝を払う. **3** 〖ラ米〗(ﾁ)山のふもと[山すそ]伝いに行く.
— ～.se 再 (スカートを)たくし上げる.

en.fal.do [eɱ.fál.do] 男 すそのたくし上げ；たくし上げたスカート；(ものを運ぶために)スカートのすそをたくし上げて作ったくぼみ.

en.fan.gar [eɱ.faŋ.gár] 他 泥で汚す.
— ～.se 再 **1** 泥だらけになる. **2**〖話〗汚い仕事に手を染める, 身を落とす；評判を落とす.

en.far.dar [eɱ.far.ðár] 他 梱包(ｺﾝﾎﾟｳ)する, 荷造りする.

en.far.de.lar [eɱ.far.ðe.lár] 他 (一つにまとめて)包む, くるむ, 荷造りする.

*én.fa.sis [éɱ.fa.sis] 男《単複同形》**1** 強調；強意, 力点. dar ～ a... …を強調する；…に力点を置く. poner ～ en... …を強調する.
2 誇張. **3**〖修辞〗強勢法.

en.fá.ti.co, ca [eɱ.fá.ti.ko, -.ka] 形 強調的な, 強い調子の, 力を込めた；〖言〗強調の.

en.fa.ti.zan.te [eɱ.fa.ti.θán.te / -.sán.-] 形 強調した, (表現の)力強い.

*en.fa.ti.zar [eɱ.fa.ti.θár / -.sár] 97 他 強調する, 力説する. — 自 強調[誇張]して言う.

en.fe.bre.ci.do, da [eɱ.fe.βre.θí.ðo, -.ða / -.sí.-] 形〖話〗熱狂的な, 興奮した.

en.fer.ma [eɱ.fér.ma] 形 → enfermo.
— 活 → enfermar.

*en.fer.mar [eɱ.fer.már] 自 病気になる, 病気にかかる. ～ del pecho 胸を患う. — 他 **1** 病気にする, 患わせる. **2**〖話〗いらだたせる, むかむかさせる. Las injusticias me *enferman*. 私は不正には我慢がならない. **3** 弱める, 弱らせる. — ～.se 再 〖ラ米〗**(1)** (ﾁ)(ｶﾘﾌﾞ)(ﾒｷ)〖話〗月経が始まる. **(2)** (ｺﾛﾝ) 妊娠する. **(3)** 病気になる. **(4)** (*ﾒ*)陣痛が始まる.

en.fer.me.dad [eɱ.fer.me.ðáð] 女 **1〖医〗病気, 疾患. ausentarse por ～ 病気で休む. salir de una ～ 病気から回復する. tener [sufrir] una ～ 病気にかかっている. contraer una ～ 病気になる. contagiarse de una ～ 病気に感染する. ～ congénita 先天性疾患. ～ contagiosa [infecciosa] 伝染病. ～ endémica 風土病. ～ genética [hereditaria] 遺伝性疾患. ～ grave 重病. ～ incurable 不治の病. ～ mental [nerviosa] 精神性疾患. ～ mortal 生命にかかわる病気. ～ profesional 職業病. ～ de Alzheimer アルツハイマー病. ～ de Down ダウン症. ～ de las alturas 高山病. ～ de transmisión sexual 性行為感染症. ～ de las vacas locas ウシ海綿状脳症(ＢＳＥ), 狂牛病. ～ del colágeno 膠原病. ～ del legionario レジオネラ病. ～ del suero 血清病. ～ periodontal 歯周病. ～ psicosomática 心身症. ～ renal poliquística (ERP) 多発性囊胞腎(ﾉｳﾎｳｼﾞﾝ). ～ venérea 性病.

[類語] **enfermedad** はもっとも広く「病気」を指す. 《話》では **mal** も用いられる. **achaque, dolencia** は「慢性の病気」, **afección** はふつう体の部分を表す形容詞を伴って「疾患」を指す (→ *afección cardíaca* 「心臓疾患」など), **epidemia** は「伝染病」, **indisposición** は気分がすぐれないなどの「不調」や「ちょっとした病気」, **padecimiento** は病気が原因の「痛み」, *morbo* は専門用語として「…病」を表す以外にはほとんど用いられない.

2 (精神的・社会的な)病(ぺい); 退廃, 不健全.

en·fer·me·ría [eṃ.fer.me.rí.a] 囡 **1** 医務室, 保健室. **2** 看護師の職; 看護学. **3** 《話》病人の巣 [たまり場].

*__en·fer·me·ro, ra__ [eṃ.fer.mé.ro, -.ra] 男 囡 看護師. *enfermera en jefe* 婦長.

en·fer·mi·zo, za [eṃ.fer.mí.θo, -.θa / -.so, -.sa] 囮 **1** 病弱な, 病気がちな. *persona enfermiza* 病弱な人. **2** 病的な; 病気になりそうな. 健常でない.

☆en·fer·mo, ma [eṃ.fér.mo, -.ma] **1** 圁 《名詞+》《*estar*+》《*de* [*con*]+無冠詞病名 / *de*+定冠詞+患部名》病気の, 病んだ. *ponerse* [*caer*] ~ 病気になる. *gravemente* ~ 重症の. *estar* ~ *de cáncer* がん[インフルエンザ]にかかっている. *estar* ~ *del corazón* 心臓が悪い. **2** 《ラ米》《ぞん話》《話》ばかな, 愚かな.

—男 囡 **病人**, 患者. ~ *ingresado* 入院患者. ~ *terminal* 末期患者.
poner enfermo a+人〈人〉をうんざりさせる, いらだたせる.

[← [ラ] *infīrmum* (*infīrmus* の対格)「弱い」; *in-* (否定)+*fīrmus*「固い」; [関連] enfermedad. [英] *infirm*]

en·fer·mo·so, sa [eṃ.fer.mó.so, -.sa] 囮 (1) → enfermizo. (2) 《メアア》《コロン》《中米》《ﾎﾞﾘﾋﾞｱ》《ｳﾙｸﾞｱｲ》《話》病弱な, ひ弱な.

en·fer·mu·cho, cha [eṃ.fer.mú.tʃo, -.tʃa] 囮 病気がちの, 病弱な.

en·fer·vo·ri·zar [eṃ.fer.bo.ri.θár / -.sár] 他 **1** 熱狂させる; 鼓舞する. **2** 【宗】宗教的情熱[信仰心]を抱かせる. —~·**se** 国 熱狂する.

en·feu·da·ción [eṃ.feu.ða.θjón / -.sjón] 囡 【史】封土授与.

en·feu·dar [eṃ.feu.ðár] 他 封土を授ける.

en·fie·lar [eṃ.fje.lár] 他 (計量する前に)〈秤(はかり)〉を調整する.

en·fies·tar·se [eṃ.fjes.tár.se] 国 《ラ米》《コロン》《中米》《ｸﾞｱﾃ》《話》お祭り騒ぎをする, 楽しむ.

en·fi·lar [eṃ.fi.lár] 他 **1** 数珠つなぎにする, …に糸を通す. ~ *perlas* 真珠を数珠状につなぐ. **2** 1列に並べる. **3** (ある)方向に向ける, …を通って進ませる. **4** 〈視線などを〉向ける, ねらいを定める. ~ *un cañón* 大砲の照準を定める. **5**【軍】縦射する, 掃射する. **6**《話》《*a*... …に》反感をもつ, 嫌悪する.
—国 …に向かう.

en·fi·se·ma [eṃ.fi.sé.ma] 男 【医】気腫(きしゅ). ~ *pulmonar* 肺気腫.

en·fis·to·lar·se [eṃ.fis.to.lár.se] 国【医】瘻管(ろうかん)が生じる.

en·fi·teu·sis [eṃ.fi.téu.sis] 囡〔単複同形〕【法】永代[長期](不動産)賃貸借契約.

en·fi·teu·ta [eṃ.fi.téu.ta] 男 囡 【法】永代[長期](不動産)借主.

en·fi·téu·ti·co, ca [eṃ.fi.téu.ti.ko, -.ka] 囮 【法】永代[長期](不動産)賃貸借契約の.

en·fla·car [eṃ.fla.kár] 102 国 細くなる, やせる (= adelgazar).

en·fla·que·cer [eṃ.fla.ke.θér / -.sér] 34 他 やせさせる; 衰えさせる, 弱らせる. —~(·**se**) 国 再 **1** やせる. **2** 衰える, 弱る; 元気を失う.

en·fla·que·ci·mien·to [eṃ.fla.ke.θi.mjén.to / -.si.-] 男 **1** やせること; 痩身(そうしん). **2** 衰弱; 意気阻喪, 意気消沈.

en·fla·tar·se [eṃ.fla.tár.se] 再 《ラ米》(1) 《メキ》《ｸﾞｱﾃ》《話》かっとなる. (2) 《ﾌﾟｴﾙﾄ》《ｺｽﾀ》《ｸﾞｱﾃ》もの悲しくなる.

en·flau·ta·da [eṃ.flau.tá.ða] 囡 《ラ米》《ﾌﾟｴﾙﾄ》《ｺﾛﾝ》《話》ばかげたこと, でたらめ, むちゃ.

en·flau·ta·do, da [eṃ.flau.tá.ðo, -.ða] 囮 大げさな, 誇大な.

en·flau·tar [eṃ.flau.tár] 他 **1** ふくらます. **2** 《話》だます, 欺く. **3** (男女の仲を)斡旋(あっせん)する. **4** 《ラ米》《ﾒｷ》《ｺﾛﾝ》《ｸﾞｱﾃ》押しつける, 強いる.

en·fle·cha·do, da [eṃ.fle.tʃá.ðo, -.ða] 囮 (弓に)矢をつがえた.

en·fle·tar [eṃ.fle.tár] 国 《ラ米》《ﾒｷ》《ｺﾞﾄﾞﾐ》急いで逃げる, 逃走する.

en·fo·rar [eṃ.flo.rár] 他 花で飾る.

en·flo·re·cer [eṃ.flo.re.θér / -.sér] 34 国 → florecer.

*__en·fo·car__ [eṃ.fo.kár] 102 他 **1 光を当てる**, 照らし出す. *Lo enfocó con los faros del coche.* 彼[彼女]は車のヘッドライトでその男を照らした.
2 焦点を合わせる. ~ *los gemelos* 双眼鏡の焦点を合わせる. *Enfocó con su cámara a los corredores.* 彼[彼女]はカメラのピントを走者に合わせた. **3**〈問題などを〉取り上げる, 分析する. ~ *un asunto desde el punto de vista religioso* 宗教的見地から問題を分析する.
—~(·**se**) 国 再 《*a*... / *sobre*... …に》〈光・レンズなどが〉焦点が集まる[合う].

en·fo·go·nar·se [eṃ.fo.go.nár.se] 再 《ラ米》《ｶﾘﾌﾞ》怒る, 憤慨する.

*__en·fo·que__ [eṃ.fó.ke] 男 **1** (写真などの) **焦点**, ピント; ピント合わせ.
2 (対象の)とらえ方, 焦点の当て方; 視点.

enfoque(-) / enfoqué(-) [活] → enfocar.

en·fos·ca·do [eṃ.fos.ká.ðo] 男 **1** モルタル, しっくい.**2** モルタル[しっくい]加工.

en·fos·car [eṃ.fos.kár] 102 他 壁面の穴をふさぐ; (モルタル・セメントなどで)上塗りする.
—~·**se** 再 **1** 不機嫌になる, まゆをひそめる. **2** 〈空が〉かき曇る. **3** (仕事などに)のめり込む, 没頭する.

en·frai·lar [eṃ.frai.lár] 他 修道士にする.
—(·**se**) 国 再 修道士になる.

en·fran·que [eṃ.fráŋ.ke] 男 靴底の土踏まず.

en·fran·que·cer [eṃ.fraŋ.ke.θér / -.sér] 34 他 自由にする, 解放する.

en·fras·ca·mien·to [eṃ.fras.ka.mjén.to] 男 没頭, 没入.

en·fras·car [eṃ.fras.kár] 102 他 フラスコに入れる; 瓶に詰める.
—~·**se** 再 **1** 茂みに入る. **2** 《*en*... …に》没頭する. ~ *se en la lectura* 読書に没頭する.

en·fre·nar [eṃ.fre.nár] 他 **1**〈馬〉馬銜(はみ)をつける; (馬銜をつけて)調教する. **2** 馬銜を引く; 〈車などに〉ブレーキをかける. **3**〈欲望を〉抑える, 抑制する.
—~·**se** 再 自分を抑える, 自制する.

en·fren·ta·mien·to [eṃ.fren.ta.mjén.to] 男 対立, 討論, 論争.

en·fren·tar [eṃ.fren.tár] 他 **1** 対立させる, 対抗させる. La diferencia de los valores morales *enfrenta* a los dos amigos. 価値観の違いによってふたりの友人は対立してしまった. **2** 立ち向かう, 向き合う. ~ la enfermedad 病気と向き合う. **3** 《con... …と》向かい合わせる. ~ una persona *con* otra ふたりを面と向かわせる.

— **~·se** 再 **1** 《con... …と》対立する, 対抗する; 対戦する. Nuestro equipo *se enfrenta* con el campeón del año pasado. 我々のチームは昨年の優勝チームと対戦する. **2** 《a... / con...》《…に》直面する, 向き合う;《…と》遭遇する. Para alcanzar la meta tendrás que *~te con* muchas dificultades. 目標に到達するには君はたくさんの困難に立ち向かわなければならないだろう.

en·fren·te [eṃ.frén.te] 副 **1** 《場所》正面に; 反対側に. la casa de ~ 向かいの家. en la página de ~ (左右)向かい合わせのページに. El hombre entró en esta habitación y se sentó aquí ~. その男はこの部屋に入り, この正面に座った. Aparcó el coche en la acera de ~. 彼[彼女]は向かい側の歩道に車を止めた. **2** 反対して. Incluso su propia madre se le puso ~. 彼[彼女]の母親さえ反対した. No me gusta tener a aquel tío. 私はあいつを敵にまわしたくない.

enfrente de... (1) …の正面に. ~ *de* mí 私の前に[▶ enfrente mía のように所有詞をつけるのは俗語用法]. El banco está ~ *de* la estación. その銀行は駅の正面にある. Nos sentamos uno ~ *de* otro. 私たちは向かい合わせに座った. → ante [類語]. (2) …に反対して. Todos estaban ~ *de* mi propuesta. みんなが私の提案に反対だった.

en·frí·ar 活 → enfriar.

en·fria·de·ra [eṃ.frja.ðé.ra] 女 (飲み物の)冷却用容器.

en·fria·de·ro [eṃ.frja.ðé.ro] 男 冷蔵室.

en·fria·dor, do·ra [eṃ.frja.ðór, -.ðó.ra] 形 冷やす, 冷却用の. — 男 冷蔵室[所].

en·fria·mien·to [eṃ.frja.mjén.to] 男 **1** 冷却; (熱意・感情などが)冷めること, (勢い・力などが)減少すること. ~ por aire 空冷. **2** 《医》風邪. coger [pillar] un ~ 風邪をひく.

*en·friar [eṃ.frjár] 81 他 1 冷やす, 冷却する. ~ un líquido 液体を冷やす. Pon a ~ agua en el frigorífico. 冷蔵庫で水を冷やしてくれ.
2 (熱意・感情などを)冷まさせる, 白けさせる. ~ los ánimos de los asistentes 出席者を白けさせる.
3 《ラ米》《俗》《俗》殺す, 抹殺する.
— 自 **1** 冷える, 冷める;寒くなる.
2 (熱意・感情が)冷める, 冷静になる.
— **~·se** 再 **1** 冷える, 冷たくなる. El té *se está enfriando*. 紅茶が冷める.
2 風邪をひく(= resfriarse).
3 (熱意・感情が)冷める, 〈人間関係が〉冷める.

en·fri·jo·lar·se [eṃ.fri.xo.lár.se] 再 《ラ米》《メキ》(取引などが)紛糾する, もつれる.

en·fron·tar [eṃ.fron.tár] 他 …に直面する, …に立ち向かう.

en·fros·car·se [eṃ.fros.kár.se] 102 再 → enfrascarse.

en·fuer·tar(·se) [eṃ.fwér.tar(.se)] 自 再 《ラ米》《メキ》《メキ》(飲食物が)発酵する, 醸造される.

en·fu·llar [eṃ.fu.jár ‖ -.ʎár] 他 《話》(ゲームで)いかさまをする.

en·fu·lli·nar·se [eṃ.fu.ji.nár.se ‖ -.ʎi.-] 再 《ラ米》《メキ》《話》怒る, 腹を立てる.

en·fun·dar [eṃ.fun.dár] 他 **1** (ケース・袋などに)収める. ~ la espada 剣をさやに納める.
2 〈家具などに〉覆いをかける. **3** 〈衣類を〉着せる.
— **~·se** 再 着る, 身につける.

en·fu·ñar·se [eṃ.fu.ɲár.se] 再 《ラ米》《タリ》《話》怒る, 腹を立てる.

en·fu·re·cer [eṃ.fu.re.θér / -.sér] 34 他 激怒させる, 憤慨させる. — **~·se** 再 **1** 《con... / contra...》…に対して》《de... / por...》…の理由で》激怒する, 憤慨する. **2** 〈海などが〉荒れる. mar *enfurecido* 荒海, 時化(しけ)の海.

en·fu·re·ci·do, da [eṃ.fu.re.θí.ðo, -.ða / -.sí.-] 形 怒った, 激怒した.

en·fu·re·ci·mien·to [eṃ.fu.re.θi.mjén.to / -.si.-] 男 激怒, 憤怒; 時化(しけ).

en·fu·rru·ña·mien·to [eṃ.fu.ru.ɲa.mjén.to] 男 《話》少し腹を立てること, すねること.

en·fu·rru·ñar·se [eṃ.fu.ru.ɲár.se] 再 《話》**1** 少し腹を立てる, ふくれる. **2** 〈空が〉曇る.

en·fu·rrus·car·se [eṃ.fu.ruːs.kár.se] 102 再 《ラ米》《チリ》→ enfurruñarse **1**.

en·fur·ti·do [eṃ.fur.tí.ðo] 男 **1** (毛織物の)縮絨(しゅくじゅう). **2** フェルト状にすること;フェルト製造.

en·fur·tir [eṃ.fur.tír] 他 **1** 〈毛織物を〉縮絨(しゅくじゅう)する. **2** フェルト(状)にする.

en·fus·car·se [eṃ.fus.kár.se] 102 再 《ラ米》《ミカラ》《話》一目惚れする.

en·ga·ce [eŋ.gá.θe / -.se] 男 → engarce.

en·ga·far [eŋ.ga.fár] 他 **1** 《海》鉤(かぎ)で引っかけて[止める]. **2** (銃に)安全装置をかける. **3** (弩(いしゆみ)の)弦を鉤で引き寄せ) 矢をつがえる.

en·gai·tar [eŋ.gai.tár] 他 《話》口車にのせる.

en·ga·ja·do, da [eŋ.ga.xá.ðo, -.ða] 形 《ラ米》《プエル》《話》巻き毛の, カールした.

en·ga·la·ber·nar [eŋ.ga.la.ber.nár] 他 《ラ米》《プエル》はめ込む, 組み合わせる.

en·ga·la·na·mien·to [eŋ.ga.la.na.mjén.to] 男 装飾, 飾りつけ.

en·ga·la·nar [eŋ.ga.la.nár] 他 **1** 《con... / de... …で》飾る, 装飾を施す. → adornar [類語]. **2** 着飾らせる. Está muy *engalanada*. 彼女はひどくめかし込んでいる.
— **~·se** 再 着飾る, 盛装する.

en·gal·gar [eŋ.gal.gár] 103 他 **1** (車輪を固定するために)車軸に支(か)い物をする.
2 《狩》〈獲物を〉猟犬に追わせる.

en·ga·lla·do, da [eŋ.ga.já.ðo, -.ða ‖ -.ʎá.-] 形 横柄な, 尊大な; 空威張りする.

en·ga·lla·dor [eŋ.ga.ja.ðór ‖ -.ʎa.-] 男 (馬の)止め手綱.

en·ga·lla·du·ra [eŋ.ga.ja.ðú.ra ‖ -.ʎa.-] 女 (受精した鶏卵の)胚盤(はいばん).

en·ga·llar·se [eŋ.ga.jár.se ‖ -.ʎár.-] 再 **1** 威張る, 偉そうにする, 尊大に構える. **2** 〈馬が〉首を立てる.

en·ga·lle·tar [eŋ.ga.je.tár ‖ -.ʎe.-] 他 《ラ米》《プエル》《話》混乱させる. — **~·se** 再 《ラ米》《プエル》混乱する; (交通が)渋滞する.

en·gan·cha·do, da [eŋ.gaɲ.tʃá.ðo, -.ða] 形 **1** フックに吊るされた. **2** 《話》《a... …に》熱中した. **3** 《話》…に恋した. — 女 《話》(特に殴り合い・取っ組み合いに発展するような)言い争い, 口論.

en·gan·char [eŋ.gaɲ.tʃár] 他 **1** 《en...》《…に》掛ける, つるす;《(鉤(かぎ)・フック状のもの)で[に]》引っかける. ~ un pez 魚を釣り上げる. ~ la gabardi-

enganche

na *en* la percha コートをハンガーに掛ける. **2**《**a...**…に》〈馬を〉つなぐ;〈車両を〉連結する. ~ el caballo *al* carro 馬を馬車につなぐ. **3**《話》〈人を〉釣る,(だまして)勧誘する;〈異性の〉心をとらえる. **4**《話》捕らえる;つかむ. Lo *enganché* del brazo. 私は彼の腕をつかんだ. **5**《話》〈病気に〉かかる. ~ un resfriado 風邪を引く. **6**《軍》入籍させる, 兵籍に加える. **7**〖闘牛〗〈牛が〉角で引っかける.
── 自 (鉤などに) 引っかかる. ── **~･se** 再 **1** (鉤などに)引っかかる;〈衣類を〉引っかけ, かぎ裂きを作る. *Me he enganchado* las medias en un clavo. 私はストッキングを釘(ﾀ)で引っかけてしまった. **2**《軍》入隊する, 兵籍に入る. **3**《話》〈病気に〉かかる. **4**《**a...**》〈麻薬などの〉中毒になる. **5**《話》けんかする, 対決する. **6**《ラ米》(1)(ﾁﾘ)上がる, 昇る, 登る. (2)(ｱﾙ)契約を結ぶ. (3)(*米)結婚[婚約]する.

en･gan･che [eŋ.gán.tʃe] 男 **1** (鉤(ｶｷﾞ)などで) 引っかけること, (鉤状のものに)つるすこと. **2** 留め金, フック. **3** 連結, 結合, つなぐこと. **4**〖機〗(歯車の後戻りを防ぐ)歯止め, つめ;結合[連結]部. **5**〖軍〗徴兵, 募兵. banderín de ~ 志願兵登録所;(ある思想・活動への)同調者を引きつけるのに役立つ考え, スローガン. **6**《話》(強い)愛着. tener ~ con... …がとても好きである. **7**《ラ米》(1)(*米)(ﾁﾘ)契約, 頭金, 手付金. (2)(*米)結婚, 婚約.

en･gan･chón [eŋ.gaṇ.tʃón] 男 **1**〈衣服の〉かぎ裂き, 破れ. **2** けんか, いさかい.

en･ga･ña･bo･bos [eŋ.ga.ɲa.βó.βos] 男 女《単複同形》**1**《話》詐欺師, ぺてん師. **2**〖鳥〗ヨーロッパヨタカ. ── 男《単複同形》詐欺, ぺてん.

en･ga･ña･di･zo, za [eŋ.ga.ɲa.ðí.θo, -.θa / -.so, -.sa] 形 だまされやすい.

en･ga･ña･dor, do･ra [eŋ.ga.ɲa.ðór, -.ðó.ra] 形 だます, 欺く. **2** へつらう, 機嫌取りの. ── 男 女 だます人, うそつき, ぺてん師.

en･ga･ña･mun･do(s) [eŋ.ga.ɲa.mún.do(s)] 男 → engañador.

en･ga･ña･pi･chan･ga [eŋ.ga.ɲa.pi.tʃáŋ.ga] 《ラ米》(ｷ)(ｳﾙ)(ｱﾙ)《話》ごまかし, 偽り.
── 男《ラ米》(ｱﾙ)(ｷ)(ｳﾙ) 安物売り(の人), 口先吹き.

***en･ga･ñar** [eŋ.ga.ɲár] 他 **1** だます, 欺く;うつ. A él nadie lo *engaña*. 彼をだます人はいない. ¡A mí no me *engañan*!《話》だまされるもんか. Me *han engañado* en la cuenta. 私は勘定をごまかされてしまった. **2** 惑わす, 誤らせる;誘惑する. No *ha engañado* la buena presencia de la mujer. 我々はその女性の美貌に惑わされた. **3** 紛らわせる, 注意をそらす. ~ el hambre con un caramelo 空腹を紛らす. Me *engaña* la vista. 目の錯覚だ. **4** 偶者・交際相手を〉裏切る, 浮気する. Su marido la *engaña* con una compañera de trabajo. 彼女の夫は同僚と浮気する.
── 自 だます, 欺く.
── **~･se** 再 **1** 思い違う, 《**con...** …を》誤解する, 見損う. si no *me engaño*... 私の思い違いでなければ. **2** 現実を直視しない, 真実に目をつぶる. No *te engañes* a ti mismo. 自分にうそをつくな.
Las apariencias engañan.《諺》人は見かけによらぬもの.
[── [1](俗)] **ingannare*「あざける」([ﾗ] *in-*「に向かって」+ *gannīre*「ほえる」);[関連] engaño.

en･ga･ñi･fa [eŋ.ga.ɲí.fa] 女《話》ごまかし;詐欺;見かけ倒しのもの.

***en･ga･ño** [eŋ.gá.ɲo] 男 **1** 思い違い, 勘違い, 錯覚. salir del ~ 間違いに気づく. deshacer un ~ 錯覚を正す. **2** いんちき, まやかし, ぺてん(師). **3** ごまかし, 一時的にまぎらすこと[もの]. **4**〖闘牛〗(1) ムレータ (= muleta). (2) カパ (= capa). **5** 擬餌鉤(ﾊﾞﾘ):釣りに用いるえさに似たもの[しかけ]. **6**《ラ米》(ﾁﾘ)下心のある贈り物. ── 圀 → engañar.
llamarse a engaño だまされていたと嘆く.

en･ga･ño･so, sa [eŋ.ga.ɲó.so, -.sa] 形 **1** 偽りの, ごまかしの, 欺瞞(ﾏﾝ)的な. apariencia *engañosa* 外見. palabras *engañosas* 偽りの言葉. **2** 誤解を招く, 人を迷わす.

en･ga･ra･ba･tar [eŋ.ga.ra.βa.tár] 他 **1** 鉤(ｶｷﾞ)で引っかける. **2** 鉤状にする.
── **~･se** 再 鉤状に曲がる.

en･ga･ra･bi･tar [eŋ.ga.ra.βi.tár] 自《まれ》はい登る, よじ登る. ── 他《まれ》(寒さなどで)〈指などを〉鉤状にする. ── **~･se** 再 **1** はい登る, 登る. **2**〈指などが〉(寒さなどで)鉤(ｶｷﾞ)状になる, かじかむ. **3**《ラ米》(ｴｸｱﾄﾞﾙ)(ｱﾙ)《話》けんか, 争い.

en･ga･ra･tu･sar [eŋ.ga.ra.tu.sár] 他《ラ米》(ｴｸｱﾄﾞﾙ)(*米)(ｶﾘﾌﾞ)《話》→ engatusar.

en･gar･bar･se [eŋ.gar.βár.se] 再〈鳥が〉木のてっぺんにとまる.

en･gar･bu･llar [eŋ.gar.βu.jár ‖ -.ʎár] 他《話》ごちゃまぜにする, こんがらからせる.

en･gar･ce [eŋ.gár.θe / -.se] 男 **1** 数珠つなぎ. **2** 関連づけ, つなぎ合わせ. **3** (宝石などの)象眼, はめ込み;台座. **4**《ラ米》(ｴｸｱﾄﾞﾙ)《話》けんか, 争い.

en･gar･gan･tar [eŋ.gar.gan.tár] 他 **1**〈鳥の〉のどに餌(ｴｻ)を押し込む. **2** 〈歯車などを〉連動させる. ── 自 **1**〈歯車などが〉かみ合う, 連動する. **2**〈鐙(ﾄﾞｳ)に〉足首まで入れる.

en･gar･gan･te [eŋ.gar.gán.te] 男 (歯車などの) かみ合い.

en･gar･go･la･do [eŋ.gar.go.lá.ðo] 男 **1**〖技〗ほぞ(継ぎ). **2** (敷居の)溝.

en･gar･go･lar [eŋ.gar.go.lár] 他 **1**〖技〗ほぞ継ぎをする. **2**《ラ米》(ｴｸｱﾄﾞﾙ)絡ませる, もつれさせる.

en･ga･ri･po･lar･se [eŋ.ga.ri.po.lár.se] 再《ラ米》(ｺﾛﾝﾋﾞｱ)着飾る, めかし込む.

en･ga･ri･tar [eŋ.ga.ri.tár] 他 **1**〈城壁に〉望楼をつける. **2**《話》うまくだます, ぺてんにかける.

en･gar･nio [eŋ.gár.njo] 男 使いものにならない人[もの], 役立たず.

en･ga･rra･far [eŋ.ga.r̄a.fár] / **en･ga･rrar** [eŋ.ga.r̄ár] 他 しっかりつかむ.

en･ga･rriar(･se) [eŋ.ga.r̄jár(.se)] [82] 自 再 よじ登る, はい上がる.

en･ga･rro･tar [eŋ.ga.r̄o.tár] 他 **1** (寒さなどで)〈体を〉しびれさせる. **2**《ラ米》しびれさせる.
── **~･se** 再 **1** (寒さなどで)〈体が〉しびれる, かじかむ. **2**《話》とても寒い.

en･ga･rru･ñar･se [eŋ.ga.r̄u.ɲár.se] 再《ラ米》(ｴｸｱﾄﾞﾙ)(ﾎﾞﾘﾋﾞｱ)(*米) 縮こまる, 縮む.

en･gar･za･dor, do･ra [eŋ.gar.θa.ðór, -.ðó.ra / -.sa.-] 男 女 鎖状につなぐ, 数珠つなぎにする. **2** (宝石を)はめ込む, 象眼する.

en･gar･zar [eŋ.gar.θár / -.sár] [97] 他 **1** 鎖状につなげる. **2** 〈宝石などを〉はめ込む, 象眼する. **3** 〈髪に〉ウエーブをつける. **4** 〈概念などを〉関連づけ, 結びつける. **5**《ラ米》(ｴｸｱﾄﾞﾙ)(*米) フックをかける.
── **~･se** 再《ラ米》(ｴｸｱﾄﾞﾙ)(*米) もつれ合う, いがみ合う, 言い争う.

en･gas･ta･dor, do･ra [eŋ.gas.ta.ðór, -.ðó.ra] 男 女 宝石細工職人.

en·gas·ta·du·ra [eŋ.gas.ta.ðú.ra] 囡 → engaste.

en·gas·tar [eŋ.gas.tár] 他 《**en...** …に》〈宝石など を〉はめ込む, 象眼する. ～ un diamante *en* una sortija 指輪にダイヤをはめ込む.

en·gas·te [eŋ.gás.te] 男 **1** はめ込み, 象眼. **2** 宝石の台座. **3** (裏面が平らな) 半円形の真珠, マベパール.

en·ga·tar [eŋ.ga.tár] 他 《話》丸め込む, 甘言でだます.

en·ga·ti·llar [eŋ.ga.ti.jár ‖ -.ʎár] 他 **1** 《建》かすがいでとめる, 留め金で補強する. **2** 《建》リベットでつなぎ合わせる. **3** 〈板金を〉たたいてつなぎ合わせる.
——～**se** 再 〈銃などの〉火器の発射装置が壊れる.

en·ga·tu·sa·dor, do·ra [eŋ.ga.tu.sa.ðór, -.ðó.ra] 形 取り入る, 籠絡(ろうらく)するような, たぶらかす.
—— 男 囡 《話》おべっか使い.

en·ga·tu·sa·mien·to [eŋ.ga.tu.sa.mjén.to] 男 《話》取り入ること, 籠絡すること.

en·ga·tu·sar [eŋ.ga.tu.sár] 他 《話》口車に乗せる, 丸め込む; 甘言でつる. *Engatusó a sus acreedores.* 彼(女)は借金取りをうまくごまかした.

en·ga·viar [eŋ.ga.βjár] 82 他 高い所へ上げる.

en·ga·vi·llar [eŋ.ga.βi.jár ‖ -.ʎár] 他 〈刈った穀物を〉束にする, 束ねる.

en·ga·yo·lar [eŋ.ga.jo.lár] 他 《ラ米》(ラプ)《話》刑務所にぶち込む.

en·ga·zar [eŋ.ga.θár / -.sár] 97 他 **1** 数珠つなぎにする. **2** 《海》ひもを通す, 絡ませる. **3** 〈布地を〉(織りあげた後で)染める.

en·gen·dra·dor, do·ra [eŋ.xen.dra.ðór, -.ðó.ra] 形 〈子を〉生む; 生ずる, 引き起こす.

en·gen·dra·mien·to [eŋ.xen.dra.mjén.to] 男 **1** 〈子を〉生むこと. **2** 生起, 惹起(じゃっき), 発生.

en·gen·drar [eŋ.xen.drár] 他 **1** 〈子を〉もうける, 子孫を作る. **2** 生じさせる, 発生させる, 引き起こす. ～ la duda en+人 〈人に〉疑念を起こさせる. ～ una corriente eléctrica 電流を起こす.
——～**se** 再 生まれる, 生じる, 発生する.
[←〔ラ〕*ingenerāre*; *genus*「出生, 由来; 種族」(→ *género*) より派生. 〖関連〗〔英〕*engender*「引き起こす」]

en·gen·dro [eŋ.xén.dro] 男 **1** 胎児. **2** 奇形児. **3**《軽蔑》怪物, 化け物. **4**《軽蔑》ひどい失敗作.
¡*Mal engendro*!《話》この野郎, 悪党め.

en·ge·ri·do, da [eŋ.xe.rí.ðo, -.ða] 形 《ラ米》(ラプラ)(チリ)(メキシ)萎縮(いしゅく)した, 萎(な)えた; しょげた.

en·ge·rir·se [eŋ.xe.rír.se] 27 再 《ラ米》(ラプラ)(メキシ)(チリ)萎縮(いしゅく)する; しょげる.

en·ges·ta·do, da [eŋ.xes.tá.ðo, -.ða] 形 《ラ米》《話》嫌な顔つき[表情]をした, しかめ面の.

en·ges·tar·se [eŋ.xes.tár.se] 再 《ラ米》《話》嫌な顔をする, しかめ面をする.

en·glan·ta·do, da [eŋ.glan.tá.ðo, -.ða] /
en·glan·da·do, da [eŋ.glan.dá.ðo, -.ða] 形 《紋》ドングリのついたカシの木の.

en·glo·ba·do, da [eŋ.glo.βá.ðo, -.ða] 形 《ラ米》(ラプラ)《話》ぼんやりした.

en·glo·bar [eŋ.glo.βár] 他 含む; 一括する.
——～**se** 再 《ラ米》(ラプラ)《話》気晴らしをする, 楽しむ.

en·go·do [eŋ.gó.ðo] 男 《ラ米》(メキシ)(ラプラ)(釣り・狩りの) 餌(え), 生餌(なまえ).

en·go·la·do, da [eŋ.go.lá.ðo, -.ða] 形 **1** (よろい の) 頸甲(けいこう)をつけた. **2**《軽蔑》〈文体・話し方などが〉 もったいぶった, 大げさな;〈人が〉偉そうな, 尊大な.
3《紋》(帯などの両端が)ライオンなどにくわえられた.
♦「2頭のライオンにくわえられた斜め帯」はスペインの Franco 総統の紋章で あった.
—— 男《軽蔑》尊大な人, 偉そうな人.

en·go·la·mien·to [eŋ.go.la.mjén.to] 男 **1** 傲慢(ごうまん), 尊大, 思い上がり. **2** 口の奥[のど] で声を響かせること.

en·go·lar [eŋ.go.lár] 他〈声を〉響かせる, 通らせる.
—— 自〈声が〉響く, 通る.

en·gol·far [eŋ.gol.fár] 他 **1**〈船を〉湾内に入れる. **2** 没頭させる, 夢中にさせる. —— 自〈船が〉沖に乗り出す. ——～**se** 再 **1**《en... …に》没頭する, 夢中になる. ～*se en* la meditación 瞑想(めいそう)にふける. **2** 堕落する, 不良になる.

en·go·li·lla·do, da [eŋ.go.li.já.ðo, -.ða ‖ -.ʎá.-] 形 古風な, 懐古趣味の.

en·go·lla·mien·to [eŋ.go.ja.mjén.to ‖ -.ʎa.-] 男 得意がること, うぬぼれ.

en·go·lle·tar·se [eŋ.go.je.tár.se ‖ -.ʎe.-] 再 《話》うぬぼれる, 思い上がる.

en·go·lon·dri·nar·se [eŋ.go.lon.dri.nár.se] 再
1 うぬぼれる, 鼻にかける. **2**《**de...** …に》浮気心を抱く.

en·go·lo·si·na·dor, do·ra [eŋ.go.lo.si.na.ðór, -.ðó.ra] 形 誘惑する, そそる.

en·go·lo·si·na·mien·to [eŋ.go.lo.si.na.mjén.to] 男 やる気にさせる[なる]こと, 欲がでること.

en·go·lo·si·nar [eŋ.go.lo.si.nár] 他 誘惑する, そそる. ——～**se** 再 《**con...**》〈…が〉欲しくてたまらなくなる,〈…を〉欲しがる;〈…を〉好きになる. *De pequeña se engolosinaba con los helados.* 彼女は小さいころからアイスクリームには目がなかった.

en·go·ma·do, da [eŋ.go.má.ðo, -.ða] 形 **1** 糊(のり)を引いた. *papel* ～ (裏に)糊の引いてある紙. **2** 《ラ米》(チリ)《話》めかし込んだ. —— 男 **1** ゴム糊を塗ること; (布の)糊引き. **2**《ラ米》(グア)むかつき.

en·go·ma·du·ra [eŋ.go.ma.ðú.ra] 囡 → engomado 男 **1**.

en·go·mar [eŋ.go.már] 他 (ゴム糊(のり)で) 糊付けする; 〈織物に〉糊を引く.

en·go·mi·nar·se [eŋ.go.mi.nár.se] 再 ヘアクリーム[ムース]を髪に塗る.

en·go·rar [eŋ.go.rár] 18 他 空にする, あける.

en·gor·da [eŋ.gór.ða] 囡 《ラ米》 (1) (ラプラ)(チリ)(メキシ) 《農》(家畜の) 肥育. (2) (チリ)(メキシ)《集合的》肥育された家畜; 肥育場.

en·gor·da·de·ras [eŋ.gor.ða.ðé.ras] 囡 《複数で》《話》乳腺[新生児]湿疹.

en·gor·da·de·ro [eŋ.gor.ða.ðé.ro] 男 肥育豚舎; 肥育期間; (家畜の肥育のための) 餌(えさ).

****en·gor·dar** [eŋ.gor.ðár] 1 他 太らせる, 肥育する. ～ *los pavos* 七面鳥を太らせる. **2**《話》増やす, 大きくする.
—— 自 **1** 太 る, 肥 え る (↔*adelgazar*). *Has engordado mucho*. 君, ずいぶん太ったね. **2** 《話》金をもうける, 豊かになる; 増える. ——～**se** 再 太る.

en·gor·de [eŋ.gór.ðe] 男 (家畜の) 肥育, 飼育.

en·go·ri·la·do, da [eŋ.go.ri.lá.ðo, -.ða]
形《ラ米》(メキシ)(チリ)《話》酒に酔った.

en·go·rrar [eŋ.go.rár] 他 **1**《スペイン》遅らせる, 引きとめる. **2**《ラ米》(ベネズ)(コロ)(メキシ)悩ます, 困らせる.
——～**se** 再 **1** 遅れる, 手間取る. **2** 鉤(かぎ)にかかる[引っかかる]. **3**〈とげなどが〉食い込む, 深く刺さる.

en·go·rro [eŋ.gó.ro] 男 **1** 面倒, 厄介. **2**《話》

en·go·rro·so, sa [eŋ.go.r̄ó.so, -.sa] 形 面倒な，厄介な，うるさい．asunto ～ 面倒な問題．

en·goz·nar [eŋ.goθ.nár / -.gos.-] 他 蝶番(ちょうつがい)をつける．

en·gra·ma [eŋ.grá.ma] 男《心》エングラム，記憶痕跡．

en·gram·pa·do·ra [eŋ.gram.pa.đó.ra] 女《ラ米》(ラフプ)ホッチキス．

en·gram·par [eŋ.gram.pár] 他《ラ米》(アルゼ)(ウルグ)(パラグ)(チリ)(ペルー)ホッチキスで留める．

en·gra·na·je [eŋ.gra.ná.xe] 男 1《機》歯車，歯車(伝動)装置．～ diferencial 差動歯車，ディファレンシャル・ギア．～ de distribución《車》タイミング・ギア．2〈歯車の〉かみ合い，連動．3 つながり，関連，絡み合い．
estar preso en el engranaje〈人が〉一層困難になっていく状況から逃れられない．

en·gra·nar [eŋ.gra.nár] 他 1〈歯車を〉かみ合わせる，〈ギアを〉入れる．2《話》関連づける．
── 自 1〈歯車が〉かみ合う，ギアが入る．2 つながりがある，関連する．── ～**se** 再 1 つながりがある，関連する．2《ラ米》(1)(アルゼ)(パラグ)〈機械的に〉動かなくなる，故障する．(2)(パラグ)《話》怒る，憤慨する．

en·gran·dar [eŋ.gran.dár] 他 → agrandar．

en·gran·de·ce·dor, do·ra [eŋ.gran.de.θe.đór, -.đó.ra / -.se.-] 形 1 大きくする(ための)．
2 品位[名誉]を高める．

en·gran·de·cer [eŋ.gran.de.θér / -.sér] 34 他 1 大きくする，拡大する．La lectura *engrandece* el espíritu. 本を読むと心が豊かになる．2 ほめる，賞賛する．3 大げさに言う．4 地位を上げる，昇進させる．── ～**se** 昇進[昇任]する，地位が上がる．

en·gran·de·ci·mien·to [eŋ.gran.de.θi.mjén.to / -.si.-] 男 1 大きくすること，拡大，増大．2 立派にする[なる]こと，高まること，高尚化．3 賞賛，賛揚．4〈地位の〉向上，昇進．5 誇張．

en·gra·ne [eŋ.grá.ne] 男《ラ米》(アルゼ)(パラグ)〈機械の〉故障，停止．

en·gra·ne·rar [eŋ.gra.ne.rár] 他〈穀物を〉穀倉に入れる．

en·gra·nu·jar·se [eŋ.gra.nu.xár.se] 再 1 吹き出物に[にきび]だらけになる．
2 ごろつき[はみだし者]になる．

en·gra·pa·do·ra [eŋ.gra.pa.đó.ra] 女《ラ米》ホッチキス．

en·gra·par [eŋ.gra.pár] 他 1 かすがいで固定する．
2《ラ米》(ホッチキスで)留める，綴じる．

en·gra·sa·ción [eŋ.gra.sa.θjón / -.sjón] 女 1 油をさすこと，グリースを塗ること，注油．2 油汚れ．

en·gra·sa·do [eŋ.gra.sá.đo] 男 油をつける[さす]こと，塗油．

en·gra·sa·dor, do·ra [eŋ.gra.sa.đór, -.đó.ra] 形 油をつける[さす]，油を塗る．

en·gra·sar [eŋ.gra.sár] 他 1《機》油をつける[さす]，油を塗る．～ un coche 自動車に油をさす．2 油で汚す．3 肥料を施す．4《ラ米》(1)(チリ)(エスパ)《話》買収する．(2)(*ラ米)靴墨を塗る．── 再 1 油で汚れる．2《ラ米》(パラグ)鉛(中毒)症にかかる．

en·gra·se [eŋ.grá.se] 男 1《機》油[グリース]をつけること，潤滑化．2 潤滑油．3《ラ米》(*ラ米)靴墨をつけること．

en·gra·ve·cer [eŋ.gra.ḇe.θér / -.sér] 34 他 重くする．── ～**se** 再 重くなる．

en·gre·dar [eŋ.gre.đár] 他 粘土を塗る．

en·gre·í·do, da [eŋ.gre.í.đo, -.đa] 形 1《軽蔑》思い上がった，尊大な．～ de sí mismo うぬぼれきった．2《ラ米》〈子供が〉甘やかされた；〈動物が〉なついた．── 男《軽蔑》思い上がった人，うぬぼれた人．

en·grei·mien·to [eŋ.grei.mjén.to] 男 思い上がり，うぬぼれ，尊大．

en·gre·ír [eŋ.gre.ír] 5 他 1 思い上がらせる，傲慢(ごうまん)[尊大]にする．2《ラ米》〈子供を〉甘やかす．
── ～**se** 再 1 うぬぼれる，自負する，思い上がる．2《ラ米》甘やかされる，わがままになる．(2)《a... / con...》〈…が〉好きになる，〈…に〉愛着を覚える；〈動物が〉なつく．

en·gre·ña·do, da [eŋ.gre.ɲá.đo, -.đa] 形 1〈髪などが〉乱れた，くしゃくしゃの．
2《ラ米》(メヒ)《話》不機嫌な，怒った．

en·gres·car [eŋ.gres.kár] 102 他 1 けんか[対立]させる，口論させる，あおりたてる．2〈騒ぎに〉引き入れる，誘う．── ～**se** 再 けんか[対立]する，口論する．

en·gri·fa·do, da [eŋ.gri.fá.đo, -.đa] 形《ラ米》(パラグ)《話》麻薬で錯乱した．

en·gri·far [eŋ.gri.fár] 他〈髪の毛を〉縮れさせる，逆立てる，くしゃくしゃにする．── ～**se** 再 1〈髪の毛が〉縮れる，逆立つ，くしゃくしゃになる．2〈馬が〉後足で立つ．3《話》《隠》マリファナを吸う，マリファナでいい気分になる．4《ラ米》(メヒ)《話》威張る，おごりたかぶる．(2)(メヒ)腹を立てる，不機嫌になる．

en·gri·llar [eŋ.gri.jár ‖ -.ʎár] 他 1 足かせをはめる；拘束する，自由を奪う．2《ラ米》《話》《話》だまして一杯食わす．── ～**se** 再 1〈ジャガイモなどが〉芽を吹く．2《ラ米》(1)(コキバ)〈馬が〉首を上げる．(2)(アルゼ)〈馬が〉首を垂れる．(3)(アルゼ)(パラグ)《話》思い上がる，うぬぼれる．(4)(アルゼ)(パラグ)借金を背負う．

en·grin·gar·se [eŋ.griŋ.gár.se] 103 再《ラ米》外国(特に米国)かぶれにする．

en·grin·go·lar·se [eŋ.griŋ.go.lár.se] 再《ラ米》《話》(1)(アルゼ)興奮する；傲慢(ごうまん)になる．(2)(アルゼ)〈着飾る，めかし込む．(3)(アルゼ)(パラグ)怒る．

en·gri·pa·do, da [eŋ.gri.pá.đo, -.đa] 形《ラ米》風邪をひいた．

en·gri·par·se [eŋ.gri.pár.se] 再《ラ米》(ララフ)風邪をひく，風邪で寝込む．

en·gro·sa·mien·to [eŋ.gro.sa.mjén.to] 男 1 太ること，肥満．2 増大，増加，拡大．3 厚く[太く]すること．

en·gro·sar [eŋ.gro.sár] 15 他 1 増やす，拡大する；〈河川を〉増水させる．2 太くする，太らせる，分厚くする．3〈土地を〉肥やす．
── 自 1 太る，肥える．2 増える；〈河川が〉増水する．── ～**se** 再 1 増大[増加]する，大きくなる，増える．2 太くなる，厚くなる．

en·gru·da·mien·to [eŋ.gru.đa.mjén.to] 男 糊(のり)づけ，接着，接合．

en·gru·dar [eŋ.gru.đár] 他 糊(のり)を塗る，糊で貼(は)る．── ～**se** 再 糊状になる，ねっとりする．

en·gru·do [eŋ.grú.đo] 男 1(小麦粉などで作った)糊(のり)；接着剤．2 糊状の液体．

en·grue·sar [eŋ.grwe.sár] 自《量・数などが》増える，大きくなる（= engrosar）．

en·gru·me·cer·se [eŋ.gru.me.θér.se / -.sér.-] 34 再 凝固する，固まる．～ la sangre 凝血する．

en·gru·pir [eŋ.gru.pír] 自 見えをはる，(人目を引くために)でかいことを言う．── 他《ラ米》《話》騙(だま)す；〈文書を〉偽造する；でっち上げる．

en·gua·car [eŋ.gwa.kár] 102 他《ラ米》(パラグ)《話》隠す．

en·gua·char·se [eŋ.gwa.tʃár.se] 再 《ラ米》(ﾎﾟﾝ) 粗野になる, がさつに振る舞う.

en·gua·chi·nar [eŋ.gwa.tʃi.nár] 他 **1** 《話》…に水を混ぜる[入れる]. **2** 《話》(多量の水分などで)〈胃を〉もたれさせる. **—~·se** 再 《話》胃がもたれる.

en·gua·dar [eŋ.gwa.ðár] 他 《ラ米》(ｺﾛﾝ) → engatusar.

en·gual·dra·par [eŋ.gwal.dra.pár] 他 〈馬に〉馬衣を着せる.

en·gua·li·char [eŋ.gwa.li.tʃár] 他 《ラ米》(ｱﾙｾﾞﾝ) 魔法にかける, 悪魔[悪霊]を憑(ﾂ)かせる; とりこにする.

en·guan·dos [eŋ.gwán.dos] 男 《複数形》《ラ米》(ｺﾛﾝ) **(1)** 無駄なこと[こと]. **(2)** 言い逃れ, 口実.

en·guan·du·jar [eŋ.gwan.du.xár] 他 《ラ米》(ｺﾛﾝ)安物で飾る, ごてごてと飾りたてる.

en·guan·ta·do, da [eŋ.gwan.tá.ðo, -.ða] 形 手袋をはめた. una mano *enguantada* 手袋をはめた手. Iban todos ~s. みんな手袋をしていた.

en·guan·tar [eŋ.gwan.tár] 他 …に手袋をはめる. **—~·se** 再 手袋をはめる, 手袋をする.

en·gua·ra·car·se [eŋ.gwa.ra.kár.se] 102 再 《ラ米》(ﾒｷ)潜む, 身を隠す.

en·gua·ra·par·se [eŋ.gwa.ra.pár.se] 再 《ラ米》(ﾒｷ)〈サトウキビなどが〉腐りかける, 発酵する.

en·gua·rrar [eŋ.gwa.r̄ár] 他 《話》〈書画・絵・デッサンなどを〉汚くする. **—~·se** 再 《話》汚れる.

en·gua·si·mar [eŋ.gwa.si.már] 他 《ラ米》(ｺﾞﾗ)絞首刑にする.

en·guа·tar [eŋ.gwa.tár] 他 〈綿などの〉詰め物[パッド]を入れる. **—**自 《ラ米》(ﾁ) 《話》太る.

en·gua·ya·ba·do, da [eŋ.gwa.ja.βá.ðo, -.ða] 形 《ラ米》《話》**(1)** (ｺﾛﾝ)(ﾍﾞﾈｽ)二日酔いの. **(2)** (ｺﾞﾗ)悲しい, メランコリックな.

en·gue·de·ja·do, da [eŋ.ge.ðe.xá.ðo, -.ða] 形
1 長い髪の; 〈髪が〉長い.
2 〈長髪・三つ編みを〉絶えず気にする.

en·gui·ja·rrar [eŋ.gi.xa.r̄ár] 他 砂利を敷く, 砂利で舗装する.

en·gui·llo·tar·se [eŋ.gi.ʎo.tár.se ‖ -.ʎo.-] 再 熟中する, 没頭する.

en·guir·nal·dar [eŋ.gir.nal.dár] 他 花冠[花輪]で飾る.

en·guiz·gar [eŋ.giθ.gár / -.gis.-] 103 他 そそのかす, けしかける.

en·gu·llir [eŋ.gu.jír ‖ -.ʎír] 72 他 丸飲みする, (かまずに)飲み込む; がつがつ食べる.

en·gu·rrio [eŋ.gú.r̄jo] 男 悲しみ, 憂愁.

en·gu·rru·ñar [eŋ.gu.r̄u.ɲár] 他 《話》縮める; しわにする, しわくちゃにする.
—~·se 再 縮まる; しわになる.

en·ha·ci·nar [e.na.θi.nár / -.si.-] 他 → hacinar.

en·ha·ri·nar [e.na.ri.nár] 他 …に小麦粉を振りかける[まぶす].
—~·se 再 小麦粉をかぶる, 粉まみれになる.

en·has·ti·llar [e.nas.ti.jár ‖ -.ʎár] 他 〈矢を〉箙(ﾗﾔ)に差す.

en·he·bi·llar [e.ne.βi.jár ‖ -.ʎár] 他 〈革ひも・ベルトを〉尾錠で止める.

en·he·bra·dor [e.ne.βra.ðór] 男 糸通し.

en·he·brar [e.ne.βrár] 他 **1** 〈針の穴に〉糸を通す. **2** 〈数珠つなぎにする. **3** 《話》立て続けに言う, 〈出まかせなどを〉並べたてる.

en·he·nar [e.ne.nár] 他 干し草で覆う.

en·her·bo·lar [e.ner.βo.lár] 他 〈矢・吹き矢・槍(ｶﾘ)などに〉毒を塗る.

en·hes·tar [e.nes.tár] 8 他 立てる, 直立させる; 高く掲げる. ~ la bandera 旗を高く掲げる.
—~·se 再 まっすぐになる; 高く掲げられる.

en·hies·to, ta [e.njés.to, -.ta] 形 まっすぐに立った; そびえ立った.

en·hi·lar [e.ni.lár] 他 **1** 〈糸を〉針穴に通す. **2** 〈思考などを〉筋道を立てる, 理路整然とさせる. **3** 〈物事を〉秩序立てる, 整える. **4** …を列に並べる.
—自 (目的・地点に)向かう, 向かっていく.

en·ho·lli·nar·se [e.no.ji.nár.se ‖ -.ʎi.-] 再 〈煙突・壁が〉すすで汚れる.

*__en·ho·ra·bue·na__ [e.no.ra.βwé.na] 女 (主に成功・達成したことに対する) 祝辞, お祝いの言葉. dar a+人 la ~ por... 〈人〉に…に対するお祝いを言う. ¡E~! おめでとうございます, よかったね.
—間 **1** 都合よく; めでたく. ¡Ya se ha ido ~! うまい具合に出て行ったぞ. ¡Que sea ~! おめでとう, お幸せに. **2** 《是認・承認》…してもよい, …してください. Venga usted ~. どうぞお越しください.
[en+ hora+ buena 「よき時に」]

en·ho·ra·ma·la [e.no.ra.má.la] 副 **1** 悪いときに, あいにく, 折悪(ｱｼ)しく. E~ habló. 彼[彼女]はタイミングの悪いときに発言した. ~ haber nacido ~ 不幸な星の下に生まれた. **2** (特に **ir** の命令形と共に) …しやがれ. ¡*Vete* ~! 出て行っちまえ.

en·hor·car [e.nor.kár] 102 他 〈タマネギ・ニンニクなどを〉縄で一連につるす.

en·hor·nar [e.nor.nár] 他 かまどにかける, オーブンに入れる (= hornear).

en·hor·que·tar [e.nor.ke.tár] 他 《ラ米》(ｸﾞｱ)(ｺﾞﾗ)(ﾘﾞｵ)またがらせる.
—~·se 再 《ラ米》(ｸﾞｱ)(ｺﾞﾗ) 《話》またがる.

en·hue·car [e.nwe.kár] 102 他 《ラ米》(ﾁ) 《話》隠す.

en·hue·rar [e.nwe.rár] 他 《古語》空にする, 空洞にする. ~le (a+人) la cabeza 〈人〉の頭を空っぽにする, 呆然(ﾎﾞｳ)とさせる. **—**自 空になる, 空洞になる.

*__e·nig·ma__ [e.níɡ.ma] 男 **1** なぞ, 不可解なこと, 意味不明な言葉. resolver un ~ なぞを解く. Su comportamiento es un ~ para mí. 彼[彼女]の行動は私にはわからない.

2 なぞめいた人, 得体の知れない人.
[←[ラ] *aenigma*←[ギ] *aínigma*「なぞめいた言葉」]

e·nig·má·ti·ca·men·te [e.niɡ.má.ti.ka.mén.te] 副 なぞめいて, なぞのように.

*__e·nig·má·ti·co, ca__ [e.niɡ.má.ti.ko, -.ka] 形 なぞの, 不思議な, 不可解な.

e·nig·mís·ti·ca [e.niɡ.mís.ti.ka] 女 《集合的》(一国・一時代・一作家の)なぞ, 不可思議.

en·ja·bo·na·da [eŋ.xa.βo.ná.ða] 女 《ラ米》(ｺﾛﾝ)(ﾒｷ) 叱りつけ, 叱責(ｼｯｾｷ), 非難.

en·ja·bo·na·do [eŋ.xa.βo.ná.ðo] 男 石けんで洗うこと, 石けんをつけること.

en·ja·bo·na·du·ra [eŋ.xa.βo.na.ðú.ra] 女 → enjabonado.

en·ja·bo·nar [eŋ.xa.βo.nár] 他 **1** 石けんを(こすり)つける, 石けんで洗う. **2** 《話》へつらう, おもねる, ごまをする. **3** 《話》《まれ》非難する, 叱責(ｼｯｾｷ)する.
—~·se 再 石けんで洗う.

en·ja·e·zar [eŋ.xa.e.θár / -.sár] 97 他 〈馬に〉馬具[引き具]をつける.

en·ja·guar [eŋ.xa.ɡwár] 86 他 **1** すすぐ, 水洗いする. **2** 《ラ米》(ｺﾛﾝ)だます.

en·jal·be·ga·do [eŋ.xal.be.ɡá.ðo] 男 → enjalbe-

en·jal·be·ga·dor, do·ra [eɲ.xal.be.ga.ðór, -.ðó.ra] 男 女 左官, しっくい職人, 塗装工.

en·jal·be·ga·du·ra [eɲ.xal.be.ga.ðú.ra] 女《壁などを》しっくいで白く塗ること, 白色塗装.

en·jal·be·gar [eɲ.xal.be.ɣár] 103 他《壁などを》しっくいで白く塗る.

en·jal·ma [eɲ.xál.ma] 女 荷鞍(にう): 荷を積むために馬の背につける鞍.

en·jal·mar [eɲ.xal.már] 他〈牛・馬に〉荷鞍(にう)をつける.

en·jam·bra·de·ro [eɲ.xam.bra.ðé.ro] 男《ミツバチの》分封(ぶう)のための場所.

en·jam·brar [eɲ.xam.brár] 他 **1**〈ミツバチを〉巣に集める. **2** 分封(ぶう)させる,《ミツバチが増えたときに》新しい巣を作らせる. ── 自《ミツバチが》分封する.

en·jam·bra·zón [eɲ.xam.bra.θón / -.són] 男 **1**《ミツバチを》巣に集めること. **2** 分封(ぶう).

en·jam·bre [eɲ.xám.bre] 男 **1** ミツバチの群れ, 群蜂(ぐぅ). **2**《軽蔑》群れ, 大群, 大集団.

en·ja·qui·mar [eɲ.xa.ki.már] 他〈馬に〉端綱(はなっな)をつける.

en·ja·ra·na·do, da [eɲ.xa.ra.ná.ðo, -.ða] 形《ラ米》(ぶう)《話》ごまかしの多い.

en·ja·ra·nar·se [eɲ.xa.ra.nár.se] 再《ラ米》(ペ゚)借金する, 負債を負う.

en·jar·ciar [eɲ.xar.θjár / -.sjár] 82 他《海》〈船を〉艤装(ぎょ)する,〈船に〉船具を整える.

en·jar·di·nar [eɲ.xar.ði.nár] 他 **1**《庭園のように》〈木々を〉整える. **2**《狩》〈鳥を〉草地に放つ.

en·ja·re·ta·do [eɲ.xa.re.tá.ðo] 男 格子, 格子戸[窓].

en·ja·re·tar [eɲ.xa.re.tár] 他 **1**《服飾》《折り返しに》リボン[ひも]を通す. **2**《話》勢い込んで言う, 早口に述べる; 素早く《あわてて》する. **3**《話》《嫌なことを》押しつける. ~ a+人 un trabajo molesto〈人〉に面倒な仕事を押しつける. **4** 含める, 入れる. **5**《話》…を殴打する. **6**《ラ米》(ちゅう)(ぺぅ)(ぷゎ)間に入れる, 挿入する.

en·jau·lar [eɲ.xau.lár] 他 **1** 檻(おり)[かご]に入れる. **2**《話》牢屋(ろぅ)に入れる.

en·je·bar [eɲ.xe.bár] 他 **1**《染め付け前に》〈布地を〉灰汁(あく)などに入れて漂白する. **2**《壁に〉しっくいを塗って白くする.

en·je·be [eɲ.xé.be] 男 **1**《化》明礬(みょうばん). **2** 灰汁(あく), 漂白剤. **3**《布地の》漂白;《しっくいを塗って壁を》白くすること.

en·jer·gar [eɲ.xer.ɣár] 103 他 始める, 着手する.

en·jer·tar [eɲ.xer.tár] 他 → injertar.

en·je·ta·do, da [eɲ.xe.tá.ðo, -.ða] 形《ラ米》(ぅぅ)《話》怒った, 不機嫌な.

en·je·tar·se [eɲ.xe.tár.se] 再《ラ米》(ぅぅ)(ぅぅ)《話》怒る, 不機嫌になる.

en·jo·yar [eɲ.xo.jár] 他 **1** 宝石で飾る, 宝石を身につけさせる. **2**《まれ》飾る, 美しくする. **3**《装身具に》宝石をはめ込む. ── ~·se 再 宝石を身につける.

en·jo·ye·la·do, da [eɲ.xo.je.lá.ðo, -.ða] 形《金・銀を》装身具に加工した;宝石で飾りたてた.

en·jua·ga·dien·tes [eɲ.xwa.ɣa.ðjén.tes] 男《単複同形》うがい薬, 口内洗浄剤.

en·jua·ga·du·ra [eɲ.xwa.ɣa.ðú.ra] 女 **1**《洗濯物の》すすぎ;すすぎ水. **2** うがい, うがい薬.

en·jua·gar [eɲ.xwa.ɣár] 103 他 **1** すすぐ, すすぎ落とす. ~ la boca 口をゆすぐ. **2** 石けんで洗う;軽く洗う. **3**《ラ米》(ぶう)突き刺す.

── ~·se 再 うがいをする.

[← [古スペイン] *enxaguar* ← [俗ラ] *exaquare「(水で)洗い落とす」([ラ] *ex*-「外へ」+ *aqua*「水」+動詞語尾)]

en·jua·ga·to·rio [eɲ.xwa.ɣa.tó.rjo] 男 うがい;うがい薬(= enjuague).

en·jua·gue [eɲ.xwá.ɣe] 男 **1** 水洗い, すすぎ;すすぎ水. **2** うがい, うがい水[薬];うがいコップ. **3**《軽蔑》卑劣な行い, 策略, 陰謀.

enjuague(-) / enjuagué(-) 活 → enjuagar.

en·ju·ga·dor, do·ra [eɲ.xu.ɣa.ðór, -.ðó.ra] 形 乾燥させる, 水を切る. ── 男 乾燥台, 干し物掛け.

en·ju·ga·ma·nos [eɲ.xu.ɣa.má.nos] 男《単複同形》《ラ米》タオル, 手ふき.

en·ju·gar [eɲ.xu.ɣár] 103 他 **1**《水気を》ふき取る;ふく, ぬぐう. ~ los platos lavados 洗った皿をふく. ~ el llanto de+人〈人〉の涙をぬぐってやる. **2** 軽く乾かす, ざっと洗う. **3**《負債を》清算する. ~ un déficit 赤字を埋める. ── ~·se 再 **1**《自分の体を》ふく,《汗・涙などを》ぬぐう. ~*se* la frente 額(の汗)をふく. **2**《人が》やせる.

en·jui·cia·ble [eɲ.xwi.θjá.ble / -.sjá.-] 形 告訴に値する, 起訴しうる.

en·jui·cia·mien·to [eɲ.xwi.θja.mjén.to / -.sja.-] 男 **1**《法》起訴, 提訴;裁判, 公判. **2** 判断, 判定, 裁定.

en·jui·ciar [eɲ.xwi.θjár / -.sjár] 82 他 **1**《法》裁判にかける[訴える]. **2** 判断[裁定]を下す;調査する, 検討する.

en·ju·lio [eɲ.xú.ljo] / **en·ju·llo** [eɲ.xú.jo ‖ -.ʎo] 男《織機の》縢(ちきり):経糸(たて)を巻く円柱.

en·jun·car [eɲ.xuŋ.kár] 102 他 **1** イグサで覆う. **2**《海》《帆を》イグサのロープで縛る;ガスケットを外してロープで縛る.

en·jun·dia [eɲ.xún.dja] 女 **1**《特に鳥の》脂肪, 脂身. **2** 中身, 実質, 本質. un libro de mucha ~ 読みごたえのある本. **3** 力, 活力. **4** 価値, 重要性, 完成度.

en·jun·dio·so, sa [eɲ.xun.djó.so, -.sa] 形 **1** 脂身のある, 脂肪の多い, 肥った. **2** 実質のある, 中身の濃い, 本質的な. **3** たくましい, 活力のある.

en·jun·que [eɲ.xúŋ.ke] 男《海》バラスト《を積むこと》.

en·ju·ta [eɲ.xú.ta] 女《建》(1) スパンドレル, 三角小間(ま):2つのアーチに挟まれた部分. (2) ペンデンティブ, 穹隅(きぅ):ドームの円形面から多角形面への移行部の四隅の球面三角形部分.

en·ju·tar[1] [eɲ.xu.tár] 他《建》《スパンドレル・ペンデンティブに》止める.

en·ju·tar[2] [eɲ.xu.tár] 他 **1**《しっくいなどを》乾かす. **2**《ラ米》(ぅぅ)ふく, ぬぐう. ── ~·se 再《ラ米》(ぅぅ)《話》おびえる, おどおどする.

en·ju·tez [eɲ.xu.téθ / -.tés] 女 乾燥, 乾ききった状態.

en·ju·to, ta [eɲ.xú.to, -.ta] 形 **1** 乾いた;干からびた, しなびた. **2** やせた, ひょろひょろの. **3** 控えめな. ── 男《飲み物が欲しくなるような》菓子パン, 食べ物.

en·la·biar [en.la.βjár] 82 他 口車にのせる, 甘言でつる.

en·la·bio [en.lá.βjo] 男 甘言, お世辞;口車.

***en·la·ce** [en.lá.θe / -.se] 男 **1** 関連, つながり;結びつけるもの[人]. ~ lógico 論理的つながり. familiar 家族のきずな. Ese episodio sirve de

~ entre las dos historias principales de la novela. そのエピソードは小説の中の2つの主要な物語を結びつける働きをしている.
2 (交通機関の) **接続**, 連絡; (線路の) 連結. estación de ~ 接続駅. vía de ~ 接続通路.
3 接続, 連絡; 接続されたもの. **4** 連絡係; (地下組織などの) 連絡員. ~ sindical (労働組合の) 職場委員, 組合代表. **5** 結婚. ~ matrimonial 結婚(式). **6**【化】化学結合. **7**【IT】リンク.

enlace(-) / enlacé(-) 活 ➡ enlazar.

en·la·ciar [en.la.θjár / -.sjár] 82 他 しおれさせる, ぐったりさせる.
——~·**se** 再 しおれる, ぐったりする.

en·la·dri·lla·do [en.la.ðri.ʝá.ðo ‖ -.ʎá.-] 男 れんがを敷いた床; れんが舗装.

en·la·dri·lla·dor, do·ra [en.la.ðri.ʝa.ðór, -.ðó.ra ‖ -.ʎa.-] 男女 れんがを敷く職人[工].

en·la·dri·llar [en.la.ðri.ʝár / -.ʎár] 他 〈床・壁に〉れんがを敷きつめる, タイルを貼る.

en·la·gu·na·do [en.la.gu.ná.ðo] 男《ラ米》(ｺﾞｼﾞｬ)飲酒による記憶喪失.

en·la·gu·nar [en.la.gu.nár] 他 沼にする.
——~·**se** 再 沼になる.

en·lar·dar [en.lar.ðár] 他【料】(動物の)脂肪(特にラードやヘット)を塗る.

en·la·ta·do, da [en.la.tá.ðo, -.ða] 形 **1** 缶詰の. **2** 生中継で放送しない. —— 男 **1** 缶詰にすること, 缶詰製造. **2**【TV】放送前に収録された番組.
música enlatada《話》《軽蔑》録音された音楽, 録音テープの音楽.

en·la·tar [en.la.tár] 他 **1**〈缶に〉詰める, 保存する; 缶詰にする.
2《ラ米》(ｺﾞｼﾞｬ)(ﾎﾝｼﾞｭ)〈屋根に〉トタンを張る.

en·la·za·ble [en.la.θá.ble / -.sá.-] 形 連絡可能な, つなぐことができる.

en·la·za·du·ra [en.la.θa.ðú.ra / -.sa.-] 女 ➡ enlace.

en·la·za·mien·to [en.la.θa.mjén.to / -.sa.-] 男 ➡ enlace.

*__en·la·zar__ [en.la.θár / -.sár] 97 他 **1** つなぐ, 留める; 連結する. ~ los zapatos 靴のひもを結ぶ. La vía subterránea *enlaza* los dos edificios. 地下通路が2つの建物をつないでいる. **2** 関連づける, 結びつける. **3**〈動物を〉(投げ縄で)捕らえる.
—— 自 **1**〈交通機関が〉**接続する**, 連絡する. Este tren *enlaza* con el tren bala para Osaka en la próxima estación. この電車は次の駅で大阪行きの特急に接続する. **2**《con...》〈…と〉つながる. Esta avenida *enlaza* con la Plaza Mayor. この大通りはマヨール広場につながっている. —— ~·**se**《con...》**1**〈…と〉結びつく; つながる, 関連する. **2**〈…と〉親戚(ｼﾝｾｷ)になる, 姻戚(ｲﾝｾｷ)関係を結ぶ.

en·le·ga·jar [en.le.ga.xár] 他〈書類などを〉束ねる, 一件書類にする; 分類する.

en·le·ga·mar [en.le.ga.már] 他 ➡ entarquinar.

en·le·jiar [en.le.xjár] 81 他 **1**〈衣類などを〉漂白液につける. **2**【化】アルカリ溶液処理する.

en·len·te·cer [en.len.te.θér / -.sér] 34 他 ペースを落とす, ゆっくりにする, 減速させる. —— ~·**se** ペースが落ちる, ゆっくりになる, 減速する.

en·len·zar [en.len.θár / -.sár] 10 他〈木製品に〉麻布を張る, 麻布を詰める.

en·ler·dar [en.ler.ðár] 他 遅らせる, 阻害する.

en·le·vi·ta·do, da [en.le.bi.tá.ðo, -.ða] 形 モーニング[フロック]コートを着た.

en·li·gar [en.li.gár] 103 他 鳥もちを塗る.
—— ~·**se** 再 鳥もちにかかる.

en·lis·tar [en.lis.tár] 他《ラ米》(ﾀﾞﾘ)(ﾒﾋｼｺ)(ｺﾞｼﾞｬ)名簿に記載する, 兵籍に入れる (= alistar).

en·lis·to·na·do [en.lis.to.ná.ðo] 男【建】木舞(ﾏｲ) [細長い木材] (を張ったもの).

en·lis·to·nar [en.lis.to.nár] 他【建】木舞(ﾏｲ) [細長い木材]を張る.

en·li·zar [en.li.θár / -.sár] 97 他〈織機に〉綜絖(ｿｳｺｳ)を取りつける.

en·llan·tar [eɲ.ʝan.tár ‖ -.ʎan.-] 他〈車輪に〉リム[金輪]をつける.

en·llen·te·cer [eɲ.ʝen.te.θér ‖ -.ʎen.- / -.sér] 34 他 柔らかくする.

en·llo·car(·se) [eɲ.ʝo.kár(.se) ‖ -.ʎo.-] 16 自 再 ➡ enclocar.

en·lo·bre·gue·cer [en.lo.bre.ge.θér / -.sér] 34 他 暗くする. —— ~·**se** 再 暗くなる.

en·lo·dar [en.lo.ðár] 他 **1**〈塀などに〉泥を塗る; 泥まみれにする, 泥で汚す. **2**〈名声などに〉泥を塗る, 傷をつける. **3**【鉱】〈発破孔を〉泥で埋める.
—— ~·**se** 再 **1** 泥だらけ[まみれ]になる. **2** 名誉を失う, 評判を落とす.

en·lo·da·zar [en.lo.ða.θár / -.sár] 97 他 ➡ enlodar.

en·lo·mar [en.lo.már] 他〈本に〉背表紙を付ける.

en·lo·que·ce·dor, do·ra [en.lo.ke.θe.ðór, -.ðó.ra / -.se.-] 形 気を狂わせる(ような), 猛烈な.

*__en·lo·que·cer__ [en.lo.ke.θér / -.sér] 34 他 **1** 正気を失わせる, 理性[平静]を失わせる. **2** 夢中にさせる, 熱狂させる. Me *enloquece* la pintura. 僕は絵に夢中なんだ. —— ~·(·**se**) 自 再 **1** 正気を失う, 《de... …で》気が変になる; 《con... …に》夢中になる. **2**【農】〈木が〉果実をつけなくなる.

en·lo·que·ci·mien·to [en.lo.ke.θi.mjén.to / -.si.-] 男 精神障害, 錯乱; 熱中.

enloquezc- 活 ➡ enloquecer.

en·lo·sa·do [en.lo.sá.ðo] 男 石畳, 石の舗装.

en·lo·sar [en.lo.sár] 他 (コンクリート板・石などで)舗装する, 〈板石・タイルを〉敷く, 張る.

en·lo·za·do, da [en.lo.θá.ðo, -.ða / -.sá.-] 形《ラ米》ほうろう引きをした.

en·lo·za·nar·se [en.lo.θa.nár.se / -.sa.-] 再 はつらつとしている, みずみずしい.

en·lo·zar [en.lo.θár / -.sár] 97 他《ラ米》ほうろう引きにする, 〈表面に〉透明な合成樹脂を塗る.

en·lu·ci·do, da [en.lu.θí.ðo, -.ða / -.sí.-] 形 **1**〈壁などが〉白壁でした, 上塗りした, しっくいを塗った. **2**〈武器などが〉光沢を出した, 磨いた.
—— 男 しっくい, プラスター; 上塗り.

en·lu·ci·dor, do·ra [en.lu.θi.ðór, -.ðó.ra / -.si.-] 男女 **1** (白壁塗りの) 左官. **2** (金属器を) 磨く人.

en·lu·ci·mien·to [en.lu.θi.mjén.to / -.si.-] 男 **1** (壁などの) 上塗り, 白塗り. **2** (金属製品を) 磨くこと, つや出し.

en·lu·cir [en.lu.θír / -.sír] 36 他 **1**〈壁などを〉白塗りする, 上塗りをする. **2**〈金属製品を〉磨く.

en·lus·tre·cer [en.lus.tre.θér / -.sér] 34 他 つやを出す, ぴかぴかにする.

en·lu·ta·do, da [en.lu.tá.ðo, -.ða] 形 喪服を着た, 喪に服した. —— 男女 喪服を着た人.

en·lu·tar [en.lu.tár] 他 **1** 喪服を着せる, 喪に服させる; 喪章をつける. **2** 悲しみに沈ませる, もの悲しく

en·ma·bi·tar [em.ma.ƀi.tár] 他《ラ米》(ほきみ)不幸にする. ― ~·se 再 不幸になる.

en·ma·de·ra·do, da [em.ma.ðe.rá.ðo, -.ða] 形 木張りの. ― 男 1 木組み, 木骨, 木造部分. 2 板張り; 床板.

en·ma·de·ra·mien·to [em.ma.ðe.ra.mjén.to] 男 → enmaderado.

en·ma·de·rar [em.ma.ðe.rár] 他 1〈壁・床などに〉板を張る. 2〈建物の〉木造部分を作る.

en·ma·dra·do, da [em.ma.ðrá.ðo, -.ða] 形〈子供が〉母親にまとわりついた, 母親にべったりの.

en·ma·drar·se [em.ma.ðrár.se] 再〈子供が〉母親べったりになる.

en·ma·gre·cer [em.ma.gre.θér / -.sér] 34 他 やせさせる. ― 自 やせる.

en·ma·le·cer [em.ma.le.θér / -.sér] 34 他 悪くする, 害する. ― ~·se 再 悪くなる, だめになる.

en·ma·le·cer·se [em.ma.le.θér.se / -.sér.-] 34 再 雑草だらけになる, 草木に覆われる.

en·ma·le·zar·se [em.ma.le.θár.se / -.sár.-] 97 再《ラ米》(キウ)(ほきみ)(コル) 雑草だらけになる, 草木に覆われる (= enmalecerse).

en·ma·llar·se [em.ma.jár.se || -.ʎár.-] 再〈魚が〉網に引っかかる.

en·man·gar [em.maŋ.gár] 103 他 柄(ぇ)[取っ手]をつける.

en·ma·ni·guar·se [em.ma.ni.gwár.se] 86 再《ラ米》(タʏ) 森[雑草地]になる, 低木[雑草]が生い茂る; 田舎になじむ.

en·man·tar [em.man.tár] 他 毛布をかける. ― ~·se 再 1 毛布をかぶる. 2 落ち込む, 憔悴(ほうすい)する. 3〈鳥が〉翼をたらせている.

en·ma·ra·ña·mien·to [em.ma.ra.ɲa.mjén.to] 男 1 (髪などの)もつれ, 絡まり. 2 錯綜(さくそう), 紛糾, 混乱.

en·ma·ra·ñar [em.ma.ra.ɲár] 他 1〈髪などを〉もつれさせる, 絡ませる. 2 錯綜(さくそう)させる, 紛糾させる, 混乱させる. ― ~·se 再 1 もつれる, 絡まる. 2 錯綜する, 紛糾する, 混乱する.

en·ma·rar·se [em.ma.rár.se] 再《海》〈船が〉沖に出る.

en·mar·car [em.mar.kár] 102 他 1 枠にはめる, 額縁に入れる. 2 縁取る, 囲む. 3〈en... …の中に〉位置づける, 含める, 入れる. ― ~·se 再《en... …の中に〉位置づけられる; 含む.

en·ma·ri·dar(·se) [em.ma.ri.ðár(.se)] 自 再〈女性が〉結婚する.

en·ma·ri·lle·cer·se [em.ma.ri.je.θér.se || -.ʎe.- / -.sér.-] 34 再 黄色くなる, 黄ばむ; 青ざめる.

en·ma·ro·mar [em.ma.ro.már] 他〈牛などを〉太綱で縛る.

en·mas·ca·ra·do, da [em.mas.ka.rá.ðo, -.ða] 形 仮面をかぶった, 覆面をつけた. ― 男 女 仮面[覆面]をつけた人.

en·mas·ca·ra·mien·to [em.mas.ka.ra.mjén.to] 男 カムフラージュ, 偽装.

en·mas·ca·rar [em.mas.ka.rár] 他 1 仮面[覆面]をつけさせる; カムフラージュ[偽装]する. 2 隠す. ― ~·se 再 1 仮面[覆面]をかぶる. 2《de... …の》変装[扮装(ふんそう)]をする.

en·ma·si·llar [em.ma.si.jár || -.ʎár.-] 他 パテを塗る, パテでふさぐ, パテで留める.

en·ma·tar·se [em.ma.tár.se] 再(狩りで)茂みに隠れる.

en·me·lar [em.me.lár] 8 他 1 蜜(みつ)をつける. 2 甘くする, 和らげる. ― 自〈ミツバチが〉蜜をつくる.

en·men·da·ble [em.men.dá.ble] 形 1 修正[矯正]可能な, 改められる. 2 償いうる, 補償できる.

en·men·da·ción [em.men.da.θjón / -.sjón] 女 修正; 矯正; 修正個所.

en·men·da·dor, do·ra [em.men.da.ðór, -.ðó.ra] 形 直す, 修正する, 訂正する.

en·men·da·du·ra [em.men.da.ðú.ra] 女 修正; 矯正.

***en·men·dar** [em.men.dár] 8 他 1 修正する; 矯正する, 正す (= corregir). ~ un texto本文を訂正する. ~ un defecto [error] 欠陥[誤り]を正す. ~ la conducta 行いを改める. 2 償う, 補償する, 埋め合わせる. 3《海》〈針路・停泊地を〉変更する. ― ~·se 再 1 行いを改める, 改心する, 更生する. Era un criminal pero *se ha enmendado*. 彼は罪を犯したが今では前非を悔いている. 2《de... …の》改める, 正す. ~*se de* una equivocación 自らの過失を正す.

[←〔ラ〕*ēmendāre* (*ex*-「外へ」+ *mendum*「誤り」+ 動詞語尾); 関連〔英〕*amend, mend*「繕う」]

en·men·thal [em.men.tál] 形 男 → emmental.

en·men·dar 自 → enmendar.

‡**en·mien·da** [em.mjén.da] 女 1 修正, 訂正. hacer muchas ~s en un texto 原文に数多くの修正を施す. poner ~ a 訂正を加える. 2《法》(法律・議案などの)修正案; 修正条項. sin ~ ni raspadura 修正および削除個所なし. 3 改心, 悔悛(かいしゅん), 更生. ~ de la vida 性根を入れ替えること. tener propósito de ~ 心を入れ替える気である. 4 補償, 弁償, 埋め合わせ. 5《農》施肥, 土地改良;《複数で》肥料. *no tener enmienda*〈人が〉何の役にも立たない.

en·mo·ce·cer [em.mo.θe.θér / -.se.sér] 34 自《古語》→ rejuvenecerse.

en·mo·chi·la·do, da [em.mo.tʃi.lá.ðo, -.ða] 形《ラ米》(ほきみ)《話》隠し持っている.

en·mo·he·cer [em.mo.e.θér / -.sér] 34 他 1 さびつかせる, 錆びさせる; かびさせる. 2 使いものにならなくする;〈才能・腕などを〉鈍らせる. ― 自 さびる, かびる; 〈才能・腕などが〉さびつく. ― ~·se 再 1 さびつく, さびる, かびる. 2 使い物にならなくなる;〈才能・腕などが〉だめになる.

en·mo·he·ci·mien·to [em.mo.e.θi.mjén.to / -.si.-] 男 1 さびつき. 2 かびること, かびていること. 3 (才能・腕などの)鈍り, 衰え.

en·mo·lle·cer(·se) [em.mo.je.θér(.se) || -.ʎe.- / -.sér(.-)] 34 他 再 柔らかくする.

en·mo·nar·se [em.mo.nár.se] 再《ラ米》(コル)(キウ)《話》酔っ払う, 酔いが回る.

en·mon·dar [em.mon.dár] 他〈織物の〉糸くずなどを取る.

en·mon·tar·se [em.mon.tár.se] 再《ラ米》(コロン)(ぺルー)〈畑が〉雑草[茂み]で覆われる.

en·mo·que·tar [em.mo.ke.tár] 他 モケット織で覆う, モケット織を敷き詰める.

en·mos·tar [em.mos.tár] 他 ブドウの搾り汁で汚す.

en·mu·de·cer [em.mu.ðe.θér / -.sér] 34 他 1 言葉を失わせる, 言葉に詰まらせる. 2 沈黙させる, 黙らせる. ― 自 1 口が利けなくなる, 言葉を失う, 言葉に詰まる. 2 黙る; 沈黙を守る.

en·mu·de·ci·mien·to [em.mu.ðe.θi.mjén.to / -.si.-] 男 1 話せなくなること, 口がきけなくなるこ

en・mu・grar [em.mu.grár] 他 《ラ米》(認³)(ヱヌ)(ヱス) 汚し, あかだらけにする.

en・mu・gre・cer [em.mu.gre.θér / -.sér] 34 他 (ほこり・油などで)汚す. ━ **~・se** 再 垢[ほこり, 油]まみれになる.

en・mu・gren・tar [em.mu.gren.tár] 他 《ラ米》(ホ) → enmugrar.

en・mu・lar [em.mu.lár] 自 《ラ米》(ヱス) (話) 頑固になる.

en・mus・tiar [em.mus.tjár] 82 他 しおれさせる, 意気消沈させる. ━ **~・se** 再 しおれる.

en・ne・gre・cer [en.ne.gre.θér / -.sér] 34 他 黒くする; 暗くする, 陰気にする. El humo *ennegrece* la pared. 煙で壁が黒ずむ. ━ 自 黒くなる; 暗くなる. ━ **~・se** 再 黒くなる; 暗くなる, 陰気になる.

en・ne・gre・ci・mien・to [en.ne.gre.θi.mjén.to / -.si.-] 男 黒くすること, 黒ずみ; 暗くすること.

en・no・ble・ce・dor, do・ra [en.no.ble.θe.ðór, -.ðó.ra / -.se.-] 形 〈言動などが〉名声[威厳]を与える, 上品にする.

en・no・ble・cer [en.no.ble.θér / -.sér] 34 他 **1** 貴族に叙する, 爵位を授ける. **2** 高貴にする, 気品を与える, 上品にする. **3** 威厳を与える, 名声を高める. Esa actitud la *ennoblece*. そうした態度が彼女の声価を高めている.
━ **~・se** 再 爵位を得る; 高貴になる, 品位が高まる.

en・no・ble・ci・mien・to [en.no.ble.θi.mjén.to / -.si.-] 男 **1** 貴族に叙すること, 爵位授与. **2** 品位を高めること; 上品; 名誉.

en・no・viar・se [en.no.bjár.se] 82 再 恋人ができる, (恋人として)付き合う.

en・nu・de・cer [en.nu.ðe.θér / -.sér] 34 自 〈木などが〉生成しない, 成長が止まる.

-eno, na 《接尾》「序数詞」および「…に似ている, …の性質を有する, …の出身の」の意を表す形容詞語尾. → mor*eno*, nov*eno*, sarrac*eno*.

e・no・dio [e.nó.djo] 男 3–5歳の雄ジカ.

e・no・gra・fí・a [e.no.gra.fí.a] 女 ワインの研究[記述], ワイン学.

e・no・ja・di・zo, za [e.no.xa.ðí.θo, -.θa / -.so, -.sa] 形 怒りっぽい, 短気な.

*__e・no・ja・do, da__ [e.no.xá.ðo, -.ða] 形 怒った, 立腹した, 憤然とした; 機嫌が悪い (= enfadado). estar ~ con + 人 〈人〉に腹を立てている.
━ 女 《ラ米》(ｷｭｰﾊﾞ)(ｴﾇ)(ｴｽ) (話) 立腹.

*__e・no・jar__ [e.no.xár] 他 **1** 怒らせる, 立腹させる, 逆上させる. La suspensión del espectáculo *enojó* al público. 公演の中止は観客を怒らせた. **2** いらだたせる, 不快にさせる.
━ **~・se** 再 **1** 〈con... / contra...〉…に怒る, 腹を立てる. *Me enojé con* él porque se portó muy mal. 彼があまりに行儀が悪かったので, 私は彼に腹を立てたのだ. **2** いらだつ, いらいらする. **3** 〈海・風が〉荒れる, 荒れ狂う, 猛威を振るう.
[←〔古プロバンス語〕*enojar*←〔俗ラ〕*inodiāre*「嫌悪感を与える」(〔ラ〕*in* +〔ラ〕*odium*「嫌悪」+動詞語尾)]

*__e・no・jo__ [e.nó.xo] 男 **1** 怒り, 憤怒. causar ~ a + 人〈人〉を怒らせる. **2** 《主に複数で》いらだち, 不快, 迷惑.

e・no・jón, jo・na [e.no.xón, -.xó.na] 形 《ラ米》(ﾒｷｼｺ)(ｷｭｰﾊﾞ)(ｴｽ)→ enojadizo.

e・no・jo・sa・men・te [e.no.xo.sa.mén.te] 副 怒って, 腹立たしげに.

e・no・jo・so, sa [e.no.xó.so, -.sa] 形 不快な, 腹立たしい; 厄介な.

e・no・lo・gí・a [e.no.lo.xí.a] 女 ワイン醸造(学).

e・no・ló・gi・co, ca [e.no.ló.xi.ko, -.ka] 形 ワイン醸造(学)の.

e・nó・lo・go, ga [e.nó.lo.go, -.ga] 男 女 ワイン醸造の専門家.

en・or・gu・lle・cer [en.or.gu.je.θér ǁ -.ʎe.- / -.sér] 34 他 誇り[自慢]に思わせる; 思い上がらせる.
━ **~・se** 再 〈de [con, por]〉[+名詞 / +不定詞]…を〉自慢する, 得意になる. *~se de [con]* SUS éxitos 成功を自慢する.

en・or・gu・lle・ci・mien・to [en.or.gu.je.θi.mjén.to ǁ -.ʎe.- / -.si.-] 男 思い上がり, 慢心, 高慢.

****e・nor・me** [e.nór.me] 形 **1** (多くは+名詞 / 名詞+) 《ser + / estar + / -》巨大な, 莫大(ばく)な; 並外れた, 大変な. ciudad ~ 巨大都市. estatua ~ 巨大な像. ~ esfuerzo 並外れた努力. La diferencia *es* ~. その差は大変大きい. **2** 《es-tar+》(話) 〈人が〉すばらしい. **3** 《+名詞 / 名詞+》ひどい, すごい. insulto ~ ひどいののしり.
[←〔ラ〕*ēnŏrmem* (*ēnōrmis*) の対格; *ex-*「の外に」+ *nōrma*「規則」+形容詞語尾]; 関連〔英〕*enormous*]

e・nor・me・men・te [e.nór.me.mén.te] 副 すごく.

e・nor・mi・dad [e.nor.mi.ðáð] 女 **1** 巨大さ, 莫大(ばく)さ, 多大. **2** でたらめ, 見当違い, 論外なこと. Es una ~ dejar a los niños solos en casa. 子供のちだけを家に残しておくなんてとんでもないことだ.
una enormidad (話) 非常に, とても.

e・no・sis [e.nó.sis] 女 《単複同形》〔史〕エノシス[回帰, 併合]運動: キプロスで起きたギリシャへの併合を求める運動.

e・no・tec・nia [e.no.ték.nja] 女 ワイン醸造法.

e・no・téc・ni・co, ca [e.no.ték.ni.ko, -.ka] 形 ワイン製造技術の, ワイン醸造法の.

en・qué [eŋ.ké] 男 《ラ米》(ﾒｷ ﾌ)(ｴｽ)(ｺﾛﾝﾋ) (俗) 入れ物, 容器, 袋.

en・que・sar・se [eŋ.ke.sár.se] 再 《ラ米》(ｺﾛﾝﾋ) 《公金を》横領する.

en・qui・ciar [eŋ.ki.θjár / -.sjár] 82 他 **1** 〈ドア・窓に〉枠組みにはめる. **2** 《比喩的》軌道に乗せる; きちんとさせる.

en・qui・llo・trar [eŋ.ki.jo.trár ǁ -.ʎo.-] 他 思い上がらせる. ━ **~・se** 再 **1** うぬぼれる, 思い上がる. **2** 恋する, 夢中になる, 熱を上げる.

en・qui・ri・dión [eŋ.ki.ri.ðjón] 男 要覧, 手引書.

en・quis・ta・do, da [eŋ.kis.tá.ðo, -.ða] 形 **1**〔生物〕被嚢(のう)した, 被胞した; 嚢胞状の. **2** はめ込みの, はめ込んだ.

en・quis・ta・mien・to [eŋ.kis.ta.mjén.to] 男 **1**〔生物〕包嚢(のう)形成. **2** (話) 停滞, 行き詰まり.

en・quis・tar・se [eŋ.kis.tár.se] 再 **1**〔生物〕嚢胞(のう)ができる, 包嚢に包まれる. **2** はめ込まれる; 居座る. estar *enquistado* en... …に深く入りこむ, 定着する. **3** (話) 行き詰まる, 停滞する.

en・ra・bar [en.ra.bár] 他 **1** (積み荷・荷下ろしのために) 後退させる; (車の後部の)〈積み荷を〉綱で縛りつける. **2** 《ラ米》(ｱﾙｾﾞ) 〈馬などの〉しっぽを縛りつける.

en・ra・biar [en.ra.bjár] 82 他 (話) 怒らせる, 激高させる. ━ **~・se** 再 怒る, 激怒する, 立腹する.

en・ra・bie・tar [en.ra.bje.tár] 他 いらいら[むかむか]させる, かんしゃくを引き起こす. ━ **~・se** 再 いらいら[むかむか]する, 〈幼児が〉ぐずる.

en·ra·cha·do, da [en.r̄a.tʃá.ðo, -.ða] 形 ラッキーな, ついている.

en·ra·ci·mar·se [en.r̄a.θi.már.se / -.si.-] 再 鈴なりになる, 房になる. (＝arracimarse).

en·rai·za·mien·to [en.r̄ai.θa.mjén.to / -.sa.-] 男 (習慣などの) 定着, 固定.

en·rai·zar [en.r̄ai.θár / -.sár] 89 自 根付く, 根を下ろす. ― **~·se** 再 根付く；（**en...** …に）定着する.

en·ra·ma·da [en.r̄a.má.ða] 女 1 〖集合的〗枝, 茂み. 2 （木の枝でふいた）小屋, ひさし. 3 枝飾り.

en·ra·ma·do [en.r̄a.má.ðo] 男 〖海〗〖集合的〗肋材（な）；船の肋骨（な）をくみたてる材木, フレーム.

en·ra·mar [en.r̄a.már] 他 1 木の枝で飾る［覆う］；枝を茂らす. 2 〖海〗肋材（な）を組む. ― 自 枝が伸びる, 枝を張る. ― **~·se** 再 枝の陰に隠れる.

en·ram·blar [en.r̄am.blár] 他 〈布地を〉張り枠にかける.

en·ra·me [en.r̄á.me] 男 1 （飾り・日陰作りのために）枝を絡み合わせること；枝が出ること. 2 〖海〗肋材（な）の据え付け.

en·ran·ciar [en.r̄an.θjár / -.sjár] 82 他 〈食べ物を〉腐らせて〉だめにする. ― **~·se** 再 1 （腐って）悪臭を放つ, 嫌な味がする. 2 〈ワインなどが〉（古くなって）味にこくが出る, 味がなれる. 3 古臭くなる, 古めかしくなる.

en·ra·re·cer [en.r̄a.re.θér / -.sér] 34 他 1 〈ガス・空気などを〉希薄にする；汚染する. 2 乏しくする, 少なくする. 3 〈状況・人間関係などを〉悪化させる. ― **~(·se)** 自 再 1 〈ガス・空気などが〉希薄になる. 2 少なくなる；稀になる. 3 〈状況・人間関係などが〉悪化する.

en·ra·re·ci·do, da [en.r̄a.re.θí.ðo, -.ða / -.sí.-] 形 〈ガス・空気などが〉希薄になった, 少なくなった.

en·ra·re·ci·mien·to [en.r̄a.re.θi.mjén.to / -.si.-] 男 1 （ガス・空気などの）希薄化. 2 欠乏, 不足, 減少. 3 （人間関係の）なごやかな気分が失われること.

en·ra·sa·do [en.r̄a.sá.ðo] 男 〖建〗(丸天井の) 三角小間をふさぐこと.

en·ra·sa·mien·to [en.r̄a.sa.mjén.to] 男 → enrase.

en·ra·sar [en.r̄a.sár] 他 1 同じ高さにする. ~ una cosa con otra 他のものと高さをそろえる. 2 平らにする, ならす；滑らかにする. 3 〈液体を〉目盛りのところまで入れる. ― 自 同じ高さにする.

en·ra·se [en.r̄á.se] 男 高さをそろえること；平らにすること.

en·ras·tro·jar·se [en.r̄as.tro.xár.se] 再 《ラ米》低木［雑草］で覆われる.

en·ra·to·nar·se [en.r̄a.to.nár.se] 再 《ラ米》《俗》《話》二日酔いになる.

en·ra·ya·do [en.r̄a.já.ðo] 男 〖建〗垂木.

en·ra·yar [en.r̄a.jár] 他 〈馬車の車輪に〉輻（や）［スポーク］を付ける；歯止めをかける.

en·ra·za·do, da [en.r̄a.θá.ðo, -.ða / -.sá.-] 形 1 血統書付きの, 純血種の. 2 《ラ米》〖家畜〗混血の；雑種の.

en·ra·zar [en.r̄a.θár / -.sár] 97 他 《ラ米》〖家畜〗混血にする；交配させる, かけ合わせる.

en·re·da·de·ra [en.r̄e.ða.ðé.ra] 形 つるのある. planta ~ つる性植物.
― 女 〖植〗(1) ヒルガオ科の植物. (2) つる植物.

en·re·da·dor, do·ra [en.r̄e.ða.ðór, -.ðó.ra] 形 1 ごたごた［悶着（など）］を起こす；いたずら好きの. un niño ~ いたずらっ子. Es una mujer *enredadora*. 彼女はよく悶着を起こす女だ. 2 《話》うわさ好きの；うそつきの. ― 男 女 悶着を起こす人；《話》うわさ好きの人；うそつき.

*__en·re·dar__ [en.r̄e.ðár] 他 1 〈糸・髪などを〉絡ませる, もつれさせる. El gato *enredó* todos los hilos. 猫が糸を絡ませてしまった.
 2 紛糾させる, もつれさせる, 面倒にする. ~ un asunto 事を面倒にする.
 3 〈**en...**〈面倒なこと）に〉巻き込む, 引きずり込む；〈人を〉丸めこむ. ~ a + 人 *en* un negocio peligroso 〈人〉を危険な仕事に巻き込む. 4 〈家族などに〉不和, 不和の種をまく. *Enredó* a su familia. 彼[彼女]は家族に不和の種をまいた. 5 時間をとらせる, 〈人を〉引きとめる. 6 網を張る, 網で捕らえる.
― 自 1 いたずらをする, ふざける. 2 〈**con...** / **en...**〉いじる, もてあそぶ；めちゃくちゃにする. No *enredes* con esos papeles. その書類を散らかさないように. 3 悶着を起こす.
― **~·se** 再 1 絡まる, 絡みつく. *Se enredaron* los hilos. 糸が絡まった. 2 紛糾する；口論になる；〈**en...**〈面倒なこと〉に〉巻き込まれる. 3 〈植物が〉はい登る, はう. 4 《話》《軽蔑》〈不倫〉関係をもつ.

en·re·di·jo [en.r̄e.ðí.xo] 男 《話》(糸などの) もつれ, こんがらがり.

en·re·dis·ta [en.r̄e.ðís.ta] 形 《ラ米》うわさ好きの（＝enredador）；不和の種をまく.

*__en·re·do__ [en.r̄é.ðo] 男 1 （糸などの）**もつれ**. un ~ de alambres 針金のもつれ. 2 紛糾, 混乱（《考えなどの〉まとまらない》. 3 いたずら, 悪巧み；うそ. 4 （物語などの）複雑な筋［プロット］. comedia de ~ 筋立ての込み入った劇. 5 《話》《軽蔑》情事, 愛人関係. 6 〖複数〗がらくた.

en·re·do·so, sa [en.r̄e.ðó.so, -.sa] 形 1 もつれた, こんがらがった. 2 面倒を引き起こす, 厄介な；いたずら好きの. 3 《ラ米》《俗》《話》うわさ好きの.

en·re·ja·do [en.r̄e.xá.ðo] 男 1 〖集合的〗(鉄) 格子, 格子窓, (鉄) 柵（な）. 2 フェンス. 3 （基礎の）骨組み. 4 レース編み.

en·re·jar¹ [en.r̄e.xár] 他 1 (鉄) 格子をはめる, (鉄) 柵（な）で囲む；フェンスを張る.
 2 〈れんがなどを〉隙間を空けながら積む.
 3 《話》〈権限を持った人が〉〈人を〉牢に入れる.
 4 《ラ米》(1) 〈靴を〉繕う, かがる. (2) 〈ミシン〉〈ロープ〉〈プラスチック〉〈動物に〉革ひも［綱］をかける, 足をしばりつける.

en·re·jar² [en.r̄e.xár] 他 〖農〗(1) 〈鋤（な）に〉刃をつける. (2) 〈家畜〉の足を犂（な）で傷つける.

en·re·ve·sa·do, da [en.r̄e.be.sá.ðo, -.ða] 形 1 もつれた, こんがらがった. un nudo ~ もつれた結び目. 2 難しい, 複雑な, 厄介な.

en·ria·do [en.r̄já.ðo] 男 → enriamiento.

en·ria·mien·to [en.r̄ja.mjén.to] 男 （繊維を取るために）（麻などを）水につけること.

en·riar [en.r̄jár] 81 他 〈麻などを〉（柔らかくするために）水につける.

en·rie·lar [en.r̄je.lár] 他 1 インゴット［塊状］にする, インゴット型に入れる. 2 《ラ米》《俗》(1) レールを敷く；レールに乗せる. (2) 〈仕事を〉軌道に乗せる.
― **~·se** 《ラ米》《俗》〈自動車のタイヤが〉路面電車のレールにはまる.

en·ri·piar [en.r̄i.pjár] 82 他 〖建〗割栗（な）石ですき間をふさぐ.

En·ri·que [en.r̄í.ke] 固名 1 ~ el Navegante エンリケ航海王子（1394–1460）: ポルトガル王子. アフリカ探検と開発の推進者. 2 エンリケ: 男子の洗礼名. 愛称 Quico, Quique, Cuco.
［←［後ラ］Henricus← ［古高地ドイツ］*Heimerich*

(*heime* 「家」+ *rich* 「支配者」；「家長」が原義)
関連 [ポルトガル] *Henrique*. [仏] *Henri*. [伊] *Enrico*, *Arrigo*. [英] *Henry*. [独] *Heinrich*]

en·ri·que·ce·dor, do·ra [en.r̃i.ke.θe.ðór, -. ðó.ra / -.se.-] 形 (人生・技能などを)豊かにするような.

***en·ri·que·cer** [en.r̃i.ke.θér / -.sér] 34 他 **1** 豊かにする, 裕福にする；富ませる. ~ el vocabulario español スペイン語のボキャブラリーを豊富にする. **2** 立派にする, 飾る. **3** 肥やす, 肥料を与える. ~ la tierra 土地を肥沃(ひよく)にする.
— ~·**se** 自 再 **1** 金持ちになる, 繁栄する. **2** 富む, 豊かになる. ~(*se*) en la cultura 文化的に豊かになる. Este diccionario (*se*) *enriquece* con neologismos. この辞書は新語が充実している.

***en·ri·que·ci·mien·to** [en.r̃i.ke.θi.mjén.to / -.si.-] 男 豊かになること；繁栄, 豊富.

enriquezc- 活 →enriquecer.

en·ris·ca·do, da [en.r̃is.ká.ðo, -.ða] 形 **1** 岩だらけの；ごつごつした. **2** 岩間に入り込む[潜む].

en·ris·car [en.r̃is.kár] 102 他 上げる, 高くする.
— ~·**se** 再 岩の間に隠れる[潜む].

en·ris·trar¹ [en.r̃is.trár] 他 〈ニンニク・タマネギなどを〉数珠つなぎにする.

en·ris·trar² [en.r̃is.trár] 他 **1** 〈槍(やり)を〉よろいの槍受けで支える；(攻撃するために)〈槍〉を小脇にかかえる. **2** …に直進する, 突進する. **3** …に的中する, …を見抜く.

en·ris·tre [en.r̃ís.tre] 男 〈槍(やり)を〉胸に構える[小脇にかかえる]こと.

en·ri·za·do, da [en.r̃i.θá.ðo, -.ða / -.sá.-] 形 《ラ米》(プ) 〈髪が〉縮れた, カールした.

en·ri·zar(·se) [en.r̃i.θár(.-) / -.sár(.-)] 97 他 再 →rizar.

en·ro·car¹ [en.r̃o.kár] 102 他 《遊》(チェス) キャスリングする：キングを2升動かしてルークをその内側に移す. — ~·**se** 再 キャスリングする.

en·ro·car² [en.r̃o.kár] 16 他 〈糸玉を〉糸巻き棒に巻き取る.
— ~·**se** 再 〈釣り具が〉海底の岩にからまる.

en·ro·dar [en.r̃o.ðár] 15 他 車責めの刑にかける.

en·ro·de·la·do, da [en.r̃o.ðe.lá.ðo, -.ða] 形 円盾を持った.

en·ro·dri·gar [en.r̃o.ðri.gár] 103 他 〈植物に〉支柱を立てる.

en·ro·dri·go·nar [en.r̃o.ðri.go.nár] 他 →enrodrigar.

en·ro·jar [en.r̃o.xár] 他 赤くする；〈炉を〉熱する.

en·ro·je·cer [en.r̃o.xe.θér / -.sér] 34 他 **1** 赤くする. ~ el carbón 炭をおこす. **2** 〈羞恥(しゅうち)などで〉〈顔を〉赤くする. — 自 〈顔が〉赤くなる, 赤面する.
— ~·**se** 再 **1** (熱・火などで) 赤くなる. **2** 〈顔が〉(羞恥などで) 赤くなる, 赤面する.

en·ro·je·ci·do, da [en.r̃o.xe.θí.ðo, -.ða / -.sí.-] 形 赤みがかった；真っ赤になった.

en·ro·je·ci·mien·to [en.r̃o.xe.θi.mjén.to / -.si.-] 男 **1** 赤くなる[する]こと. **2** 赤面.

en·ro·la·mien·to [en.r̃o.la.mjén.to] 男 **1** 船員登録. **2** 入会, 登録.

en·ro·lar [en.r̃o.lár] 他 **1** 《海》(船員名簿に) 登録する. **2** 《軍》兵籍に入れる. **3** 入会[加入]させる.
— ~·**se** 再 **1** 《海》(船員名簿に)登録する. **2** 《軍》入隊する. **3** 入会[加入]する.

en·ro·lla·ble [en.r̃o.já.ble ‖ -.λá.-] 形 巻ける, 巻き上げる. persiana ~ 巻き上げブラインド.

en·ro·lla·do, da [en.r̃o.já.ðo, -.ða ‖ -.λá.-] 形

1 《話》《*estar*+》《*con*...》…に専念している, 凝っている, こだわっている.
2 《話》《*ser*+》人づきあいのうまい, (性格の)明るい.
3 《話》《*estar*+》恋愛[肉体]関係を持った；《*ser*+》遊び好きの, 《口《男》》たらしの. **4** 筒状の, ねじった.

en·ro·lla·mien·to [en.r̃o.ja.mjén.to ‖ -.λa.-] 男 (紙・糸・電線などの) 巻き上げ, 巻き取り.

en·ro·llar [en.r̃o.jár ‖ -.λár] 他 **1** 〈紙・糸・電線などを〉巻く, 巻き上げる；包む. **2** 《話》〈人を〉(ある事に)巻き込む；言いくるめる.
— 自 《話》《*a*+人〈人〉に》気に入る. Me *enrolla* esa película. 私はその映画が大好きだ.
— ~·**se** 再 **1** 《話》長々と話す[書く]. **2** 《話》《*en*... / *con*...》…に〉夢中になる. **3** 《話》《*con*...》…と) 恋愛関係になる；遊び半分の (性的) 関係を結ぶ. **4** 《話》環境に順応する, 誰とでもうまくつきあう. **5** 《話》《*en*... / *con*...》(…の) 仲間入りをする, (…に) 参加する. **6** 《話》親切である. **7** 《ラ米》(ﾒﾋｼ)困惑する, 当惑する.
enrollarse bien [*mal*] 《話》話が上手[下手]である, 口達者[口下手]である；つき合いのよい[悪い].

en·ro·lle [en.r̃ó.je ‖ -.λe] 男 《話》**1** 《*con*... …に対する》興味, 関心, こだわり. **2** よくしゃべること.

en·ro·mar [en.r̃o.már] 他 〈刃物の刃先を〉鈍くする；角を丸くする. — ~·**se** 再 鈍くなる, 丸くなる.

en·ron·que·cer [en.r̃oŋ.ke.θér / -.sér] 34 他 しわがれ[かすれ]声にする. — ~·(**se**) 自 再 しわがれ[かすれ]声になる. (*Se*) *ha enronquecido* de tanto hablar. 彼[彼女]はしゃべりすぎて声がかすれた.

en·ron·que·ci·mien·to [en.r̃oŋ.ke.θi.mjén.to / -.si.-] 男 しわがれ[かすれ]声；声がかすれること.

en·ro·ñar [en.r̃o.ɲár] 他 さびさせる；汚れがこびりつく. — ~·**se** 再 さびる.

en·ro·que [en.r̃ó.ke] 男 《遊》(チェス) キャスリング：キングを2升動かしてルークをその内側に動かす手.

en·ros·ca·do, da [en.r̃os.ká.ðo, -.ða] 形 《ラ米》(ﾒﾋｼ) 《話》怒った, 不機嫌な.

en·ros·ca·du·ra [en.r̃os.ka.ðú.ra] 女 ぐるぐる巻くこと, ねじれ.

en·ros·ca·mien·to [en.r̃os.ka.mjén.to] 男 → enroscadura.

en·ros·car [en.r̃os.kár] 102 他 **1** ぐるぐる巻く, 巻きつける. **2** 〈ねじなどを〉締める. — ~·**se** 再 ぐるぐる巻きとなる；〈蛇が〉とぐろを巻く.

en·ros·trar [en.r̃os.trár] 他 《ラ米》非難する, 叱責する.

en·rua·nar·se [en.r̃wa.nár.se] 再 《ラ米》(ﾒﾋｼ) (ｺﾛﾝ) 《話》ポンチョを着る.

en·ru·biar [en.r̃u.bjár] 82 他 金髪にする[染める]. — ~·**se** 再 金髪になる.

en·ru·bio [en.r̃ú.bjo] 男 金髪用の毛染め.

en·ru·de·cer [en.r̃u.de.θér / -.sér] 34 他 粗野[愚鈍]にする. — ~·**se** 再 粗野[愚鈍]になる.

en·rui·ne·cer [en.r̃wi.ne.θér / -.sér] 34 自 さもしくなる, 下卑る, 卑劣になる.

en·ru·la·do, da [en.r̃u.lá.ðo, -.ða] 形 《ラ米》(ﾒﾋｼ)(ｱﾙｾﾞ)(ｳﾙｸﾞ)巻き毛の, 〈髪が〉カールした.

en·ru·lar [en.r̃u.lár] 他 《ラ米》(ﾒﾋｼ)(ｱﾙｾﾞ)(ｳﾙｸﾞ)巻き毛にする, カールさせる.

en·rum·bar [en.r̃um.bár] 自 《ラ米》《*a*... / *hacia*...》(…へ)向かう, (…に向けて)進路を取る.

en·ru·ta·mien·to [en.r̃u.ta.mjén.to] 男 ルート[道順]の決定[指定], コースの方角を決めること.

en·sa·ba·na·do, da [en.sa.ba.ná.ðo, -.ða] 形 **1** シーツのかかった. **2** 《闘牛》〈牛が〉胴体が白くて

頭と四肢が黒い. **3**《ラ米》(ﾁﾘ)《話》(1) 自由になった. (2) 満足した. ━回 **1**《闘牛》胴体が白く頭と四肢が黒い牛. **2** しっくいの下塗り.
en·sa·ba·nar [en.sa.ba.nár] 他 **1** シーツで包む. **2**《建》(壁を)白く塗る. ━ ～·se 再《ラ米》(ﾒｼｺ)自由を宣言する; 蜂起(ﾎｳ)する.
en·sa·car [en.sa.kár] 102 他 **1** 袋に入れる[詰める].
en·sa·i·ma·da [en.sai.má.ða] 女 エンサイマダ(パイに似た Mallorca のらせん状の菓子パン.
*__en·sa·la·da__ [en.sa.la.ða] 女 **1** サラダ. ～ de atún ツナサラダ. ～ mixta ミックスサラダ(レタス・タマネギ・トマトのサラダ). ～ rusa (ジャガイモ・ニンジン・ビート・ハムなどをマヨネーズであえた)ポテトサラダ. ～ de frutas フルーツサラダ.
2 ごちゃまぜ, 混交, 混在. armar una ～ ごちゃごちゃにする. una ～ mental 精神の混乱. **3**《ラ米》《話》... (ﾛﾌﾟﾗ)混ぜ物. (2)《ｺﾛﾝﾋﾞｱ》混乱, 騒ぎ.
en ensalada (冷やして) ドレッシングであえた.
ensalada de tiros [balas] 銃撃戦.
[[ラ] *sāl* 「塩」より派生. [関連]《仏》*salade*. [英] *salad*, *salt* 「塩」]
en·sa·la·de·ra [en.sa.la.ðé.ra] 女 サラダボウル.
en·sa·la·di·lla [en.sa.la.ðí.ja ‖ -.ʎa] 女 **1** ポテトサラダ(＝ ～ *rusa*). **2** 種々の宝石がちりばめられた装身具. **3**《ラ米》(ﾒｼｺ)(ｺﾛﾝﾋﾞｱ)風刺詩.
[ensalada＋縮小辞]
en·sa·li·var [en.sa.li.βár] 他 **1** 噛(ｶ)んで〈食べ物に〉唾液(ﾀﾞｴｷ)を混ぜる; 唾液で湿らす.
en·sal·ma·dor, do·ra [en.sal.ma.ðór, -.ðó.ra] 男女 **1** 接骨医, 整骨医. **2** (祈禱(ｷﾄｳ)で病気を治す)呪師(ｼﾞｭ).
en·sal·mar [en.sal.már] 他 **1** 祈禱(ｷﾄｳ)で病気を治す, 呪術(ｼﾞｭｼﾞｭﾂ)を施す. **2**〈祈禱師が〉〈骨を〉接ぐ, 接骨[整骨]する.
en·sal·me [en.sál.me] 男《ラ米》(ﾒｷｼｺ)→ ensalmo.
en·sal·mo [en.sál.mo] 男 祈禱(ｷﾄｳ)療法; まじない, 呪文(ｼﾞｭﾓﾝ).
(como) por ensalmo たちどころに; 魔法のように.
en·sal·za·mien·to [en.sal.θa.mjén.to / -.sa.-] 男 称揚, 賞賛, 賛美.
en·sal·zar [en.sal.θár / -.sár] 97 他 **1** 称揚[賞賛]する, ほめたたえる. **2** 名声[地位]を高める. ━ ～·se 再 自慢する, 自賛する.
en·sam·be·ni·tar [en.sam.be.ni.tár] 他《史》(異端審問で)〈火刑の異端者に〉地獄服[悔罪服]を着せる. → sambenito **3**.
en·sam·bla·do [en.sam.blá.ðo] 男 組み合わせ, 組み立て, 継ぎ合わせ.
en·sam·bla·dor, do·ra [en.sam.bla.ðór, -.ðó.ra] 形 組み立てる. ━ 男 組み合わせる人, 組み立て工. ━ 男《ＩＴ》アセンブラ.
en·sam·bla·du·ra [en.sam.bla.ðú.ra] 女 (木工)組み合わせ, 組み立て.
en·sam·bla·je [en.sam.blá.xe] 男 **1** (木工)組み合わせ, 組み立て, 継ぎ合わせ. **2**《スペイン》(小口の寸法が12cm× 5 cmの)材木.
en·sam·blar [en.sam.blár] 他 (木工で)組み合わせる, 組み立てる, 継ぎ合わせる.
en·sam·ble [en.sám.ble] 男 → ensambladura.
en·san·cha·dor, do·ra [en.san.tʃa.ðór, -.ðó.ra] 形 広げる, 拡張する. ━ 男 手袋の伸張具.
en·san·cha·mien·to [en.san.tʃa.mjén.to] 男 拡張, 拡大, 伸長.
*__en·san·char__ [en.san.tʃár] 他 **1** 広げる, 拡張する, 大きくする. ～ una carretera 道路を広げる. **2**

〈布を〉伸ばす, 〈服を〉大きくする, 長くする. ━ 回 広る. ━ ～·se 再 **1** 広がる, 大きくなる; 伸びる. *Este jersey se ha ensanchado*. このセーターは伸びてしまった. **2** 得意気になる, 大人(ｵﾄﾅ)ぶる. **3**《話》間をあけて座る. [← [ﾛﾌﾟﾗ] *examplare*([ラ] *amplus* 「広大な」より派生]
en·san·che [en.sán.tʃe] 男 **1** 拡張, 拡大; 広がり; 拡張部分. ～ de la acera 歩道の拡幅. **2** (都市の)新開発地区, 新開地. **3**《服飾》タック, 縫いしだ.
en·san·de·cer [en.san.de.θér / -.sér] 34 自 ばかになる, ぼける.
en·san·gos·tar [en.saŋ.gos.tár] 他 **1** 狭める. **2** 苦悩させる.
en·san·gren·tar [en.saŋ.gren.tár] 8 他 血まみれにする, 血で汚す; 惨事を引き起こす.
━ ～·se 再 **1** 血まみれになる, 血に染まる, 血を見る. **2** 頭に血が上る, 激怒する, 激高する. ～*se con* [*contra*]... …に残虐の限りを尽くす.
en·san·ña·do, da [en.san.pá.ðo, -.ða] 形 **1** 残忍な, 怒り狂った. **2**《古語》勇敢な.
en·sa·ña·mien·to [en.sa.ɲa.mjén.to] 男 **1** 残忍さ, 無慈悲. **2** 激怒, 逆上. **3**《法》加重情状.
en·sa·ñar [en.sa.pár] 他 怒らせる, 激怒させる, 激高させる. ━ ～·se 再 (*con...* / *en...* …を)残酷に扱う. ～*se con su víctima* 手中に落ちた相手を徹底的に痛めつける.
en·sar·men·tar [en.sar.men.tár] 8 他《農》〈ブドウを〉取り木する. → acodo.
en·sar·nar·se [en.sar.nár.se] 再《ラ米》(ﾁﾘ)(ｱﾙｾﾞﾝﾁﾝ)疥癬(ｶｲｾﾝ)[皮癬]にかかる.
en·sar·ta·dor [en.sar.ta.ðór] 男《ラ米》(ｸﾞｱﾃﾏﾗ)焼き串(ｸｼ).
en·sar·tar [en.sar.tár] 他 **1** …に糸[針金]を通す. ～ perlas 真珠に糸を通す. ～ una aguja 針に糸を通す. **2** 突き刺し, 貫き通す. *El toro le ensartó el cuerno en el muslo*. 牛の角が彼[彼女]のももを突き刺した. **3** たて続けに言う. ～ una serie de disparates くだらないことを次から次にしゃべる. **4**《ラ米》(1)《ﾒｷｼｺ》(ｺﾛﾝﾋﾞｱ)《ﾁﾘ》(ｱﾙｾﾞﾝﾁﾝ)わな[ぺてん]にかける. (2)《ﾁﾘ》《卑》〈性器を〉挿入する.
━ ～·se 再《ラ米》《話》(1)《ｱﾙｾﾞﾝﾁﾝ》(ｺﾛﾝﾋﾞｱ)《ﾒｷｼｺ》ごたごた[面倒なこと]に巻き込まれる. (2)《ﾁﾘ》だまされる.
en·sa·ya·dor, do·ra [en.sa.ja.ðór, -.ðó.ra] 男女 **1** 試す人. **2** (貴金属の)検査官, 鑑定人.
en·sa·ya·lar·se [en.sa.ja.lár.se] 再《古語》粗ラシャをまとう.
*__en·sa·yar__ [en.sa.jár] 他 **1**《演》《音楽》稽古(ｹｲｺ)する, リハーサルをする. ～ la nueva obra será い作品を稽古する. ～ los pasos de baile ダンスのステップを練習する.
2《品質・性能》〈品を〉試験する, 試す. ～ un nuevo sistema 新システムを試す. **3**(**a**＋不定詞 …する)練習をする, 試しにやってみる. ～ *a cantar con la orquesta* (試しに)オーケストラと一緒に歌ってみる **4** 練習させる. ～ *a los alumnos el salto de altura* 生徒たちに高跳びの練習をさせる.
━ 自 **1**《演》《音楽》リハーサルをする. **2**《スポ》(ラグビー)トライする.
━ ～·se 再 (*a...* / *en...* / *para...* …を)練習する, 稽古する. ～*se a* [*para*] cantar 歌の練習をする.
en·sa·ye [en.sá.je] 男 試金, 金属の分析試験.
en·sa·yis·mo [en.sa.jís.mo] 男 (文学ジャンルとしての)随筆.
en·sa·yis·ta [en.sa.jís.ta] 男女 随筆家, エッセイ

ensoñación

スト.

en·sa·yís·ti·co, ca [en.sa.jís.ti.ko, -.ka] 形 エッセイ[随筆]の.

en·sa·yo [en.sá.jo] 男 **1** 試み；(性能などの)試験, 試運転. a modo [título] de ~ 試験的に. ~ de un nuevo método 新方式の試行. ~ de resistencia 耐久実験. ejemplo de ~ テストケース. vuelo de ~ テスト飛行. tubo de ~『化』試験管. **2** 練習；リハーサル, 舞台げいこ. ~ general『演』(衣装などをつけての)本げいこ, ゲネプロ. **3**『文学』**随筆, エッセイ**；試論. escribir [leer] un ~ 随筆を書く[読む]. ~ filosófico 哲学的なエッセイ. **4**『スポ』(ラグビーで)トライ.
[← (後ろ) *exagium*「計量」；〔ラ〕*exigere*「正確に測る」(→ exigir) より派生．[関連]〔仏〕*essai*. 〔英〕*essay*〕

-ense (接尾) 地名に付けて「…の場所の, …の人[もの]」の意を表す名詞・形容詞語尾. ▶ -iense となることもある. ⇒canad*iense*, londin*ense*, vascu*ence*.

en·se·bar [en.se.bár] 他 …に脂を塗る.

en·se·gui·da [en.se.gí.ða] 副 **ただちに, すぐに** (= en seguida). Ven ~. すぐに来なさい. Voy ~. 今行きます.

en·sel·var [en.sel.bár] 他 茂みに隠す, (兵を)待ち伏せさせる. ―**~·se** 再 茂みに隠れる, 待ち伏せする.

en·se·na·do, da [en.se.ná.ðo, -.ða] 形 懐に入れた；入り込んだ. ―女 **1**『地理』入り江. **2**(ラ米)(ラブラタ)小牧場.

en·se·nar [en.se.nár] 他 **1** 懐に入れる. **2**『海』〈船を〉入り江に入れる.

en·se·ña [en.sé.ɲa] 女 記章；旗印.
―活 → enseñar.

en·se·ña·do, da [en.se.ɲá.ðo, -.ða] 形 しつけられた. un niño bien ~ しつけの良い子供. mal ~ しつけの悪い. perro ~ しつけられた犬.

en·se·ñan·te [en.se.ɲán.te] 形 教育に従事している. ―共 教育者.

en·se·ñan·za [en.se.ɲán.θa / -.sa] 女 **1 教育 (課程)**, 指導；教職. dedicarse a la ~ 教職に就く. recibir una ~ 教育を受ける. ~ infantil 幼児教育. primera ~ / ~ primaria 初等教育. segunda ~ / ~ secundaria [media] 中等教育. ~ superior 高等教育. ~ universitaria 大学教育. ~ laboral [técnica] 職業教育. ~ obligatoria 義務教育. escuela de primera ~ 小学校. nivel de ~ 教育水準. → educación[類語]. **2** 教授法, 教授法. ~ a distancia / ~ por correspondencia 通信教育. ~ audiovisual 視聴覚教育. **3** 教訓, 戒め. servir de ~ 教訓となる. **4**《複数で》教義, 教え.

en·se·ñar [en.se.ɲár] 他 **1**〈知識・技術などを〉**教える**, 教育する. El profesor me *enseñó* español. 先生は私にスペイン語を教えてくれた. La manera de ~ de mi maestro ha sido muy buena. 私の先生の教え方はとてもよかった. **2**《a+不定詞 …の仕方》に〉**教える**, 指導する. ¿Podría usted ~me *a nadar*? 泳ぎ方を教えてくれませんか. **3 見せる**, 示す；提示する. ~ el camino a... …への道を教える. ~ la ciudad 町を案内する. ¿Quieres ~me cómo funciona? どうやって動くか見せてくれないかい. **4** (経験などが) 教訓となる. **5** (意図せずに) 見せる, のぞかせる. ~ la combinación por detrás de la falda スカートからスリップをのぞかせる.
―自 教育する, 教える. En esta academia en*señan* muy bien. この学校は教え方がとてもうまい.
―**~·se** 再 《ラ米》《**a**...…に》慣れる.
[← (俗ラ) **insignāre*「(印を付けて)示す」([ラ]*signum*「目印」より派生；[関連] seña. [仏]*enseigner*「教える」, *signe*「印」. [英]*sign*)

en·se·ño·re·ar·se [en.se.ɲo.re.ár.se] 再《**de**...…を》わが物とする, 主(*) になる；威圧する.

en·se·rar [en.se.rár] 他 かごで覆う, かごに入れる.

en·se·res [en.sé.res] 男《複数形》**1** 道具[工具]類, 商売道具. **2** 家具調度, 用品, 備品. ~ domésticos 家財道具.

en·se·riar·se [en.se.rjár.se] 82 再《ラ米》(タ)(ぷぅ)(ラブ) 真剣になる, 本気になる, まじめになる.

ENSIDESA [en.si.ðé.sa] 女 (略) *E*mpresa *N*acional de *Si*derurgia, *S. A.* (スペイン) 国営製鉄会社.

en·si·for·me [en.si.fór.me] 形『植』〈葉が〉剣形の. hojas ~s 剣状の葉.

en·si·la·do [en.si.lá.ðo] / **en·si·la·je** [en.si.lá.xe] 男『農』(穀物を) サイロに入れること, 貯蔵.

en·si·lar [en.si.lár] 他『農』〈穀物を〉サイロに入れる, 貯蔵する.

en·si·lla·do, da [en.si.ʝá.ðo, -.ða ‖ -.ʎa.-] 形 **1** 鞍(´ら)をつけた. **2**〈馬が〉背のへこんだ.
―女 (山の) 鞍部(´ら).

en·si·lla·du·ra [en.si.ʝa.ðú.ra ‖ -.ʎa.-] 女 **1** 鞍(´ら)をつけること. **2** (馬の背中の) くぼみ. **3**『医』(脊椎(ぱ)の) 鴻曲, 屈曲.

en·si·llar [en.si.ʝár ‖ -.ʎár] 他〈馬に〉鞍(´ら)をつける.

en·si·mis·ma·do, da [en.si.mis.má.ðo, -.ða] 形 もの思いにふけっている, 考え込んだ,《**en**...…に》没頭している. ~ *en* la lectura 読書に没頭している.

en·si·mis·ma·mien·to [en.si.mis.ma.mjén.to] 男 **1** もの思いにふけること, 考え込み, 没頭. **2**《ラ米》うぬぼれ, 思い上がり.

en·si·mis·mar·se [en.si.mis.már.se] 再 **1** もの思いにふける,《**en**...…に》没頭する. El anciano *se ensimismaba en* recuerdos de su juventud. 老人は昔の追憶にふけっていた. **2**《ラ米》(ダ)(ミラブ)(ザ) 傲慢(ぎぅ) になる, 思い上がる.

en·so·ber·be·cer [en.so.ber.be.θér / -.sér] 34 他 傲慢(ぎぅ)[高慢]にする, 思い上がらせる.
―**~·se** 再 **1** 傲慢になる, 思い上がる, 天狗(てぐ)になる. **2**〈海が〉荒れる.

en·so·ber·be·ci·mien·to [en.so.ber.be.θi.mjén.to / -.si.-] 男 傲慢(ぎぅ) [高慢车] になること.

en·so·gar [en.so.gár] 103 他 縄で結わえる[縛る].

en·sol·ver [en.sol.bér] 23 他 **1** 含む. **2** 縮める. **3**『医』〈腫物(ぱぅ) などを〉散らす.

en·som·bre·cer [en.som.bre.θér / -.sér] 34 他 **1** 暗くする, 影にする. El árbol *ensombrece* este jardín. その木がこの庭を暗くしている.
2 …に暗影を投げかける；寂しくする. Esta desgracia *ensombreció* su vida. この不幸が彼[彼女]の人生に影を落とした. **3**『美』(絵に) 陰影をつける.
―**~·se** 再 **1** 暗くなる, 影になる. El cielo *se ensombreció* al caer la tarde. 日が暮れると空が暗くなった. **2** 陰気になる, 寂しくなる.

en·som·bre·ra·do, da [en.som.bre.rá.ðo, -.ða] 形 帽子をかぶった.

ensombrezc- 活 → ensombrecer.

en·so·ña·ción [en.so.ɲa.θjón / -.sjón] 女 夢見ること；夢想, 夢物語. ¡Ni por ~! 決してそんなことはない.

en·so·ña·dor, do·ra [en.so.ɲa.ðór, -.ðó.ra] 形 夢見る, 夢想家の; 夢のような.
— 男 女 夢想家, 空想家.

en·so·ñar [en.so.ɲár] 15 自 他 夢見る, 夢想する. ~ el futuro 未来を空想する.

en·so·par [en.so.pár] 他 (**en...**〈液体〉に)つける, 浸す; 《ラ米》(プエトリコ)(メヒコ)(ホンジュラス)ぬらす. **— ~·se** 再 (**en...**〈液体〉に)つかる;《ラ米》びしょびしょにぬれる.

en·sor·de·ce·dor, do·ra [en.sor.ðe.θe.ðór, -.ðó.ra / -.se.-] 形 騒音などが耳をつんざくような.

en·sor·de·cer [en.sor.ðe.θér / -.sér] 34 他 **1**〈人の〉耳を聞こえなくする, 耳をつんざく. Nos *ensordeció* con sus gritos. 彼[彼女]の叫び声が耳をつんざいた. **2**〈音を〉消す, 弱くする. ~ un sonido 音を小さくする. **3**〖音声〗〈有声子音を〉無声化する.
— 自 **1** 耳が聞こえなくなる. **2**〖音声〗〈有声子音が〉無声化する.
— ~·se〖音声〗〈有声子音が〉無声化する.

en·sor·de·ci·mien·to [en.sor.ðe.θi.mjén.to / -.si.-] 男 **1** 耳が聞こえなくなること, 耳が聞こえないこと. **2** 消音, 弱音化. **3**〖音声〗〈有声子音の〉無声化. *absurdo*, obtener.

en·sor·ti·jar [en.sor.ti.xár] 他 **1**(特に髪を)巻く, カールする. **2** 渦巻き状にする, らせん状に巻く. **3**〈牛などに〉鼻輪をつける. **— ~·se** 再 **1** 巻き毛になる. **2** 指輪[宝石]を身につける.

en·so·tar·se [en.so.tár.se] 再 茂みに入り込む.

en·su·cia·mien·to [en.su.θja.mjén.to / -.sja.-] 男 汚す[汚れる]こと; 汚れ.

***en·su·ciar** [en.su.θjár / -.sjár] 82 他 **1** 汚す, 汚くする. ~ con lodo 泥で汚す. El humo de la fábrica *ensucia* los cristales. 工場の煙でガラスが汚れる. **2**〈名誉・名声を〉傷つける, 汚す. *Ensució* su reputación con su perversa conducta. 彼[彼女]はとんでもない不祥事を起こして評判を落とした.
— 自《話》粗相をする, 便をもらしてしまう.
— ~·se 再 **1**(**de... / con...** …で)〈自分の体・服などを〉汚す; 汚くなる, 汚れる. No *te ensucies* el vestido. 服を汚さないでね. Las manos *se me ensuciaron* de tinta. インクで手が汚れた. **2**〈名誉・名声が〉傷つく. **3**〈婉曲〉粗相をする, 便をもらしてしまう. **4**《話》(悪事に)手を染める.

en·sue·ño [en.swé.ɲo] 男 夢; 夢想, 夢物語; 理想(のもの). vivir de ~s 夢のようなことを考えて暮らす.
de ensueño すばらしい, 夢のような.
¡Ni por ensueño! とんでもない.

en·su·llo [en.sú.jo || -.ʎo-] 男 (織機の)経糸ビーム, 緒巻(おまき).

en·ta·bi·car [en.ta.bi.kár] 102 他 《ラ米》(*)(メヒコ)《俗》投獄する.

en·ta·bla·ción [en.ta.bla.θjón / -.sjón] 女 **1** 板囲い. **2**〖宗〗(教会の由緒・心得などの)銘板への書き込み.

en·ta·bla·do, da [en.ta.bláðo, -.ða] 形 板を張った. — 男 板(寄せ木)張りの床.

en·ta·bla·men·to [en.ta.bla.mén.to] 男〖建〗エンタブレチュア: 柱頭の上の水平部分. cornisa, friso, arquitrabe よりなる. →右段に図.

en·ta·blar [en.ta.blár] 他 **1** 始める, 開始する, 取りかかる. ~ negociaciones 交渉を開始する. ~ conversaciones 話し合いに入る. ~ amistad con... …と友情を結ぶ. **2**〖法〗(訴訟を)起こす. ~ un pleito 提訴する. **3**〖遊〗(チェスなどの)〈駒(こま)を〉並べる. **4** 板を張る, 板で囲う. **5**〖医〗添え木を

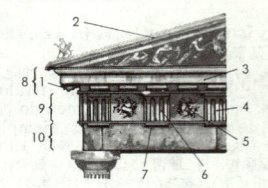

entablamento(エンタブレチュア)
1 mútulo ムトゥルス. **2** frontón ペディメント. **3** salidizo 張り出し. **4** tríglifo トリグリュフォス. **5** metopa メトープ. **6** estrías 縦溝. **7** gotas 滴状装飾, ガッタ. **8** cornisa コーニス. **9** friso フリーズ. **10** arquitrabe アーキトレーブ.

あてる. **6**《ラ米》(1)(グアテマラ)〖農〗〈家畜を〉群れに入れて慣らす. (2)〈ラ米〉〈自分の考えを〉押しつける.
— 自《ラ米》(1)〈試合・勝負が〉引き分ける, 勝負がつかない. (2)(コロンビア)空威張りをする.
— ~·se 再 **1** 始まる, 開始する. **2** 風の方向が定まる. **3**〈馬が〉旋回するのを嫌がる. **4**《ラ米》(アルゼンチン)(ウルグアイ)定着する; 本格化する.

en·ta·bla·zón [en.ta.bla.θón / -.són] 男《ラ米》(グアテマラ)(1) 重い風邪. (2) 大きな障害.

en·ta·ble [en.tá.ble] 男 **1**〖遊〗(チェスなどの)駒(こま)の配置[並べ方]. **2**《ラ米》(1) 配置, 配列. (2)(コロンビア)事業, 商売. (3)(メヒコ)開墾, 土地開発.

en·ta·ble·rar·se [en.ta.ble.rár.se] 再〖闘牛〗〈牛が〉板囲いにへばりついて離れない.

en·ta·bli·llar [en.ta.bli.jár || -.ʎár] 他〖医〗添え木を当てる. ~ un brazo 腕に添え木を当てる.

en·ta·blo·na·da [en.ta.blo.ná.ða] 女《ラ米》(メヒコ)《話》自慢, 空威張り, 強がり.

en·ta·do, da [en.tá.ðo, -.ða] 形〖紋〗雲形の線の.

en·ta·la·ma·du·ra [en.ta.la.ma.ðú.ra] 女 (荷車の)幌(ほろ).

en·ta·le·gar [en.ta.le.gár] 103 他 **1** 袋に入れる. **2**〈隠〉投獄する. **3**〈金を〉ため込む.

en·ta·lin·gar [en.ta.lin.gár] 103 他〖海〗(錨索(いかりづな)を)錨環に固定する.

en·ta·lla·do, da [en.ta.já.ðo, -.ða || -.ʎá.-] 形〈衣服の〉ウエストが引き締まった, ウエストを絞った.

en·ta·lla·dor, do·ra [en.ta.ja.ðór, -.ðó.ra || -.ʎa.-] 男 女 彫刻師, 彫金師; 裁断師.

en·ta·lla·du·ra [en.ta.ja.ðú.ra || -.ʎa.-] 女 刻み目, 切り目; 切り込み, ほぞ穴.

en·ta·llar [en.ta.jár || -.ʎár] 他 **1** 刻み目を付ける;〈板に〉切り込みを入れる; (樹脂を採るために)切り目を入れる. **2** 彫る, 彫刻する. **3**〈服を〉体に合うようにする, フィットさせる. **4**《ラ米》(キューバ)飾りたてる.
— ~·se 再〈服が〉体に合う, フィットする.

en·ta·lle·cer(·se) [en.ta.je.θér(.se) || -.ʎe.- / -.sér(.-)] 34 自 再〖植〗新芽が出る.

en·ta·mar [en.ta.már] 他 毛羽(ほこり, 塵(ちり))だらけにする.

en·tam·bar [en.tam.bár] 他《ラ米》(メヒコ)《話》逮捕する.

en·ta·par [en.ta.pár] 他《ラ米》(キューバ)製本[装丁]する.

en·ta·pi·za·da [en.ta.pi.θá.ða / -.sá.-] 女《古語》(花などを敷きつめた)じゅうたん.

en·ta·pi·za·do [en.ta.pi.θá.ðo / -.sá.-] 男《ラ米》(1)(キューバ)(プエトリコ)(グアテマラ)敷物, じゅうたん, カーペット. (2)(キューバ)《集合的》壁掛け, タペストリー.

en·ta·pi·zar [en.ta.pi.θár / -.sár] 97 他 **1**〈壁などに〉タペストリーを掛ける. *sala ricamente entapizada* タペストリーで豪華に飾られた部屋. → tapizar. **2**《con... / de...…で》一面を覆う,覆いつくす. ~ *la pared con carteles* 壁をポスターで埋める. **3**《ラ米》(㌘)…にじゅうたんを敷く.

en·ta·pu·jar [en.ta.pu.xár] 他 覆い隠す,隠蔽(??)する.

en·ta·ras·car·se [en.ta.ras.kár.se] 102 再 ごてごてとめかし込む〖飾りたてる〗.

en·ta·ri·ma·do [en.ta.ri.má.ðo] 男《建》板張りの床,寄せ木張り(の床). ~ *de espinapez* 矢はず敷.

en·ta·ri·ma·dor, do·ra [en.ta.ri.ma.ðór, -.ðó.ra] 男女 寄せ木張り職人.

en·ta·ri·mar [en.ta.ri.már] 他《建》〈床を〉板張りにする,〈床などに〉寄せ木を張る.

en·tar·qui·nar [en.tar.ki.nár] 他 **1** 泥だらけにする,泥で汚す. **2**《農》沈泥で肥沃(??)にする. **3**〈湿地を〉沈泥で干拓する.

en·ta·ru·gar [en.ta.ru.ɣár] 103 他 木れんがで舗装する.

én·ta·sis [én.ta.sis] 女《単複同形》《建》エンタシス:円柱の膨らみ.

en·te [én.te] 男 **1** 実体,実在;《哲》存在. ~ *de razón* 論理的の存在. **2** 機関,組織,団体. ~ *público* 公的機関. **3**《話》《軽蔑》風変わりな人,変わり者.

-ente〖接尾〗→ -nte.

en·te·car·se[1] [en.te.kár.se] 102 再《ラ米》(㌔)《まれに《スペイン》)《話》執着する,固執する;意地〖強情〗になる.

en·te·car·se[2] [en.te.kár.se] 102 再 病弱になる.

en·te·char [en.te.tʃár] 他《ラ米》…に屋根をふく.

en·te·co, ca [en.té.ko, -.ka] 形 病弱な,弱々しい.

en·te·jar [en.te.xár] 他《ラ米》瓦(??)で…の屋根をふく.

en·te·je [en.té.xe] 男《ラ米》瓦(??)ぶき.

en·te·lar [en.te.lár] 他〈壁を〉布で覆う.

en·te·le·quia [en.te.lé.kja] 女《哲》(アリストテレス哲学・生気論の)エンテレキー,エンテレケイア,妄想.

en·te·le·ri·do, da [en.te.le.rí.ðo, -.ða] 形 **1**(恐怖・寒さで)震え上がった;凍えた,凍りついた. **2**《ラ米》《話》病弱な,ひ弱な.

en·te·na [en.té.na] 女 **1**《海》(三角帆の)帆桁(??). **2** 長い丸太.

en·te·na·do, da [en.te.ná.ðo, -.ða] 男女 継子(??) (= hijastro).

en·ten·de·de·ras [en.ten.de.ðé.ras] 女《複数形》《話》理解力,頭の回転力. *ser duro de* ~ 飲み込みが悪い,頭の働きが鈍い.

en·ten·de·dor, do·ra [en.ten.de.ðór, -.ðó.ra] 形 精通している. ― 男女 精通者,熟知している人. *A buen entendedor con pocas palabras basta. / A buen entendedor, pocas palabras bastan.*〖諺〗一を聞いて十を知る(←理解力のある人にはわずかな言葉で足りる).

en·ten·der [en.ten.dér] 12 他 **1** 理解する,了解する. ~ *alemán* ドイツ語がわかる. *¿No entiendes lo que te digo?* 君は私が言っていることがわかりませんか. *¿Qué entiendes por amor?* 君にとって愛とはどんなものですか. *No te entiendo.* 私は君の(言っている)ことが理解できないよ.
2《que + 直説法…であると》思う,理解する;推察する. *Entiendo que sería mejor no decir nada.* 何も言わないほうがいいと思います.
3〈…の知識を〉持っている. *No entiendo los aparatos digitales.* デジタル機器は理解できないよ.
― 自 **1** 了解する,わかる. *Tenemos que esperar, ¿entiendes?* 私たちは待たなくてはならないのよ,わかるよね. **2**《de... …の》知識を持っている. *No entiendo nada de informática.* 情報処理のことは全然わからない. **3**《en... …を》担当する. *el juez que entiende en esta causa* この訴訟に関わっている判事. **4**《話》同性愛者である,ホモセクシュアルである.

― **~·se** 再 **1** (自分自身を)理解する,わかる. *Ya me entiendo.* もう自分のことはわかっています.
2《複数主語で》わかり合う,《con... …と》うまく行く,うまが合う. *Ellos se entienden en francés.* 彼らはフランス語で理解し合っている. *No hay quien se entienda con ese tipo.* あいつとうまくやれる人なんていないよ.
3《con... …と》合意する,折り合う. *Por fin los dos se entendieron.* やっとふたりは合意に達した. **4**《婉曲》《con... …と》愛人関係にある. **5**《3人称で》理解される,解される. *¿Cómo se entiende?* 一体どういうことですか.
― 男 判断,意見.

a mi [tu, su...] entender 私〖君,あなた…〗の見解では.

dar a entender... a + 人〈人〉に…をほのめかす,それとなくわからせる.

darse a entender / hacerse entender(自分の言っていることを)わかってもらう.

entendérselas con...《話》…に(どうにか)対処する.

[←〖ラ〗*intendere*「注意を向ける」(*in-*「の方へ」+ *tendere*「向ける,張る」);〖関連〗*intento, intentar, intención.*〖仏〗*entendre*「聞く」.〖英〗*intend*「意図する」, *intention*]

en·ten·di·ble [en.ten.dí.ble] 形 理解可能な.

＊**en·ten·di·do, da** [en.ten.dí.ðo, -.ða] 形 **1**《en... …に》精通している,詳しい,明るい. *Es muy* ~ *en matemáticas.* 彼は数学に強い.
2 理解された,わかった. *palabras mal entendidas* 誤解された言葉.
― 男女 精通者,熟知している人,専門家. *según* ~ *s* 専門家〖その筋〗によれば.
bien entendido que... …という条件で.
¡Entendido! わかったよ,オーケー.
no darse por entendido 知らないふりをする.

＊**en·ten·di·mien·to** [en.ten.di.mjén.to] 男
1 理解;理解力;判断(力),分別.
2 合意,協調. *buen* ~ 合意,一致. *ser corto de* ~ / *tener el* ~ *limitado* 頭の働きが鈍い.

en·te·ne·bre·cer [en.te.ne.bre.θér / -.sér] 34 他 **1** 暗闇(??)にする,闇にする. **2**〈性格・雰囲気などを〉暗くする. ― (**·se**) **1** 暗闇になる,闇になる. **2**〈性格・雰囲気などが〉暗くなる.

en·ten·te [en.tén.te] 女 **1** 協定,協約;《政》協商. *E~ cordial* 和親協商 (1904). *Triple E~* (英・仏・露の)三国協商 (1907).
2 合意,了解;談合. ~ *tácita* 暗黙の了解.

en·ter [en.ter]〖英〗〖IT〗エンターキー.

en·te·ra [en.té.ra] 形 → entero.
― 自 → enterar.

＊**en·te·ra·do, da** [en.te.rá.ðo, -.ða] 形 **1**《de... …について》知っている,精通している,熟知している. *estar* ~ *de...* …を知っている. ~ *de historia* 歴史に精通している. **2**《話》《軽蔑》物知りの. **3**

《ラ米》《(+)》《話》思い上がった,高慢な；ぶしつけな.
— 男 1 有識者,専門家.
2 《話》《軽度》物知り顔をする人,博識ぶる人.
darse por enterado de... …を知っていることを示す；《否定文で》…を知らないふりをする. *Dése por ~.* 二度も同じことを言わせないでください. *No se ha dado por ~.* 彼は知らなかった[聞かなかった]ふりをした.

en·te·ral·gia [en.te.rál.xja] 囡《医》腸痛,腸疝痛(ツウ).

en·te·rar [en.te.rár] 69 他 **1** 《*de...* …について》知らせる,通知する（=informar）. *Me enteraron de lo sucedido.* 私は起こったことについて知らされた.
2 《ラ米》(1) 《(アデデ)》《(+)》《(コ⋀)》《(+ラ)》完全なものにする,満たす. (2) 《(エクア)》《(+)》《(+)》《(+ラ)》《話》支払う,納める.
— 自 《ラ米》《(+)》病気がよくなる；月日がたつのにまかせる.
— **~·se** 再 **1** 《*de...* …を》知る,わかる；《(+)に》気づく. *¿Te enteraste?* わかったかい. *No me enteré de lo que pasó allí.* 私はあそこで何が起こったか知らなかった. **2** 《*de...* …に》注意を払う. *Entérate de lo que te digo.* 私の言うことをよく聞きなさい. **3** 《ラ米》取り戻す,払い戻しを受ける.
para que te enteres [*se entere*]《念を押して》わかったね；念のために言っておくが.
te vas a enterar / se va a enterar《脅し文句》覚えていろよ,今に見ていろ.

en·ter·ciar [en.ter.θjár / -.sjár] 82 他 《ラ米》《(+)》《(+ラ)》《(コ⋀)》梱包(ホス)する,荷造りする.

en·te·rec·to·mí·a [en.te.rek.to.mí.a] 囡《医》腸の摘出手術.

en·te·re·za [en.te.ré.θa / -.sa] 囡 **1**（意志・性格の）堅固さ,不屈,不動. ~ *de carácter* 性格の強さ. **2** 毅然(キザ)さ,断固たる態度. **3** 完全さ,無欠さ,全幅. **4**（規律などを）厳格に守ること,厳正,厳格.

en·té·ri·co, ca [en.té.ri.ko, -.ka] 形《医》腸の.

en·te·ri·tis [en.te.rí.tis] 囡《単複同形》《医》腸炎. *~ regional* 局部性腸炎.

en·te·ri·to, ta [en.te.rí.to, -.ta] 形 《ラ米》《(コ⋀)》《話》同じ,よく似た.
— 男 《ラ米》《服飾》つなぎ,ワンピース,遊び着.

en·te·ri·zo, za [en.te.rí.θo, -.θa / -.so, -.sa] 形 **1** 1つ[1枚,1本]からできて,継ぎ目なしの. *columna enteriza* 一本柱.

en·ter·ne·ce·dor, do·ra [en.ter.ne.θe.ðór, -.ðó.ra / -.se.-] 形 ほろりとさせる,人の心を打つ.

en·ter·ne·cer [en.ter.ne.θér / -.sér] 34 他 **1** 優しい気持ちにする,ほろりとさせる,人の心を打つ. **2** 柔らかくする. — **~·se** 再 **1** 優しい気持ちになる,ほろりとする. **2** 柔らかくなる.

en·ter·ne·ci·da·men·te [en.ter.ne.θí.ða.mén.te / -.sí.-] 副 優しく.

en·ter·ne·ci·mien·to [en.ter.ne.θi.mjén.to / -.si.-] 男 優しさ,同情.

en·te·ro, ra [en.té.ro, -.ra] 形 **1**《名詞＋》《*ser*＋》 **全体の**,全部の. *comerse un pollo ~* 鶏を1羽まるごと平らげる. *leer el libro ~* その本を一冊読みきる. *viajar por el mundo ~* 世界中を旅行する. *un saco ~ de naranjas* 1袋全部分. *un día ~* 丸一日.
2《＋名詞》完全に,全部の. *entera confianza* 全幅の信頼. *a mi entera satisfacción* 私には申し分のない形で.
3《*estar*＋》無傷の；全部そろった. *La familia está entera.* 家族は皆そろっている.

4《*ser*＋》（意志・性格などが）強固な,不屈の；毅然(ネゕ)とした. *persona entera* 強い性格の人.
5《名詞＋》厳正な,厳格な,公正無私な. *árbitro ~* 厳正な審判員.
6（身の幹が）丈夫な,（体調が）万全な.
7（果実が）まだ熟していない. **8**（米飯などが）芯(ミン)がある. **9**（布地が）厚い,目が詰んだ. **10**（動物が）去勢されていない. **11**《数》整数の. **12**《植》（葉が）縁に切れ込みのない,全縁の.
13《ラ米》《(+)》《(ウゕ)》《(ブゕ)》《(+)》《話》同じ,よく似た.
— 男 **1**《数》整数（=*número ~*）. **2**《経》（相場の単位の）ポイント. **3**《ラ米》(1)《(+)》残高. (2)《(アデデ)》《(エクア)》《(+)》《(+)》払い込み,納入. (3)《話》（ある額・数に）達すること. — 自 → *enterar*.
de cuerpo entero〈肖像が〉全身の；申し分のない. *por entero* 完全に,すっかり. *darse por ~ a...* …に専念する,かかりっきりになる.
[←［ラ］*integrum* (*integer* の対格)「触れられていない,損われていない；完全た」（→ *íntegro*）; *in-*（否定）＋*ta(n)gere*「触れる」＋形容詞語尾；関連［仏］*entier*.〔英〕*entire*]

entero- 「腸」の意を表す造語要素. ▶母音の前で *enter-*. → *enteralgia, enteropatía*. [←［ギ］]

en·te·ro·co·co [en.te.ro.kó.ko] 男《生物》（主に腸にいる）連鎖球菌.

en·te·ro·co·li·tis [en.te.ro.ko.lí.tis] 囡《単複同形》《医》全腸炎.

en·te·ro·pa·tí·a [en.te.ro.pa.tí.a] 囡《医》腸の変形[攣縮(ホルク), 陥没].

en·te·ros·ta·sis [en.te.ros.tá.sis] 囡《医》腸閉塞.

en·te·ro·to·mí·a [en.te.ro.to.mí.a] 囡《医》腸切開(術).

en·te·ro·vi·rus [en.te.ro.bí.rus] 男《医》腸に感染するウイルス.

en·te·rra·de·ro [en.te.r̄a.ðé.ro] 男 《ラ米》《(アデデ)》墓地；盗品の隠し場所.

en·te·rra·dor, do·ra [en.te.r̄a.ðór, -.ðó.ra] 男 囡 墓掘り人.
— 男 **1**《昆》シデムシ. **2**《闘牛》（マタドール*matador*が刺した牛が早く倒れるように周りでカポーテ*capote*を使う）助手闘牛士.

en·te·rra·mien·to [en.te.r̄a.mjén.to] 男 **1** 埋葬. *asistir al ~* 埋葬式に参列する.
2 墓,墓地,埋葬地. **3** 埋蔵,埋設.

en·te·rrar [en.te.r̄ár] 8 他 **1** 埋める,埋葬する. *El rey enterró el tesoro en esta montaña.* 王はこの山の中に財宝を埋めた.
2 埋葬する,墓に埋める. *Enterramos al anciano donde descansan sus antepasados.* 我々はその老人を彼の先祖が眠る場所に埋葬した.
3 忘れる,葬り去る. *~ sus ilusiones* 夢を捨てる. **4**（人より）長生きする；（人の）死を乗り越える. *Los hijos van a ~nos a todos.* 子供たちは我々の誰よりも長生きするだろう. **5**（何かの下に）埋めて隠す. **6**（針などを）打ち込む,突き刺す.
— **~·se** 再 **1**（地中に）潜る,隠れる. **2** 引きこもる. ~ *en vida* 隠遁(イント)生活を送る.

en·te·rra·to·rio [en.te.r̄a.tó.rjo] 男 《ラ米》《(+ラ)》先住民の墓地；遺跡.

en·te·sar [en.te.sár] 8 他 **1** ぴんと張る,伸ばす. **2** 強くする.

en·tes·ta·do, da [en.tes.tá.ðo, -.ða] 形 **1** 帽子を目深にかぶった. **2** かたくなな,強情な.

en·tes·te·cer [en.tes.te.θér / -.sér] 34 他 固く締

en·ti·ba·ción [en.ti.ba.θjón / -.sjón] 囡 **1** 〖鉱〗坑木を組むこと；〈道道の〉補強. **2** 〈井戸などの〉板枠.
en·ti·ba·do [en.ti.bá.ðo] 男 → entibación.
en·ti·ba·dor [en.ti.ba.ðór] 男 坑木を組む鉱夫.
en·ti·bar [en.ti.bár] 他 **1** 〖鉱〗坑木を組む.〖建〗支柱で支える. **2** 〈土止めのため〉〈井戸に〉板枠を作る. ━自 寄りかかる, 重みがかかる.
en·ti·biar [en.ti.bjár] 82 他 **1** 生ぬるくする. ～ el café コーヒーを冷ます. **2** 〈比喩的〉冷やす, 気まずくさせる；白けさせる.
━～se 再 **1** 生ぬるくなる. **2** 冷める；気まずくなる, 白ける.
en·ti·bo [en.tí.bo] 男 〖建〗支柱, 支え；〖鉱〗坑木.
✱✱en·ti·dad [en.ti.ðáð] 囡 **1** 機関, 団体；企業. ～ de seguros 保険会社. ～ financiera [bancaria] 金融機関. ～ local 地域団体, 地方自治体. ～ privada 民間企業.
2 意義, 重要性. un problema de gran [poca] ～ 重要な[どうでもいい]問題. **3** 本質, 本性. ～ de un pueblo 国民性. **4** 〖哲〗実在(物), 実体.
[←〖中ラ〗*entitātem*(*entitās* の対格)；〖ラ〗*esse*「存在する」の現在分詞 *ēns, entis* (→ ente) より造語；〖関連〗〖英〗*entity*「実在者；実体」]
entiend- → entender.
entierr- 活 → enterrar.
✱en·tie·rro [en.tjé.ro] 男 **1** 埋葬；葬儀, 葬列. Asistí al ～. 私は葬式に参列した. Ayer un ～ pasó por esta calle. きのう葬列がこの通りを通った.
2 墓, 墓地, 埋葬地. Mis padres descansan en aquel ～. あの墓地に私の両親が眠っている. **3** 埋もれた財宝. ━男 → enterrar.
entierro de la sardina イワシの埋葬：灰の水曜日に行われる祭り.
¿Quién te dio vela en este entierro? よけいな世話は焼くなよ.
en·tie·sar [en.tje.sár] 他 ぴんと張る；緊張させる.
en·ti·gre·cer·se [en.ti.gre.θér.se / -.sér.-] 34 再 激怒する, 憤激する.
en·ti·lar [en.ti.lár] 他 〈ラ米〉(ホホミ)…にすすをつける；黒くする.
en·ti·me·ma [en.ti.mé.ma] 男 〖論〗〖哲〗省略三段論法：大前提, 小前提, 結論のいずれかを省略した論法.
en·tin·tar [en.tin.tár] 他 インクで汚す；染める, 色をつける.
en·ti·sar [en.ti.sár] 他 〈ラ米〉(キキシ)〈容器に〉網をかぶせる.
en·ti·zar [en.ti.θár / -.sár] 97 他 〈ラ米〉(キキシ)(ラテ)(テ)(ゴ゙ア)〈ビリヤードのキューに〉チョークをつける.
en·tiz·nar [en.tiθ.nár / -.tis.-] 他 …にすすをつける；黒くする.
en·tol·da·do [en.tol.dá.ðo] 男 日よけ, 覆い；日よけを掛けた場所.
en·tol·dar [en.tol.dár] 他 **1** …に日よけをつける, テントを張る. ～ una calle 街路に日よけをつける.
2 〈壁に〉掛け物[タペストリー]で飾る.
━～se 再 曇る.
en·to·mi·zar [en.to.mi.θár / -.sár] 97 他 〖建〗(しっくいのつきをよくするため)〈木鋼に〉縄を巻きつける.
entomo- 「昆虫」の意を表す造語要素. → *entomológico, entomología.* [← 〖ギ〗]
en·to·mó·fi·lo, la [en.to.mó.fi.lo, -.la] 形 **1** 昆虫好きな, 虫の好きな. **2** 〖植〗虫媒の. *flor entomófila* 虫媒花. ━男 囡 昆虫好き.

en·to·mo·lo·gí·a [en.to.mo.lo.xí.a] 囡 昆虫学.
en·to·mo·ló·gi·co, ca [en.to.mo.ló.xi.ko, -.ka] 形 昆虫学の.
en·to·mó·lo·go, ga [en.to.mó.lo.go, -.ga] 男 囡 昆虫学者.
en·to·mos·trá·ce·os [en.to.mos.trá.θe.os / -.se.-] 男 〖複数形〗〖動〗切甲類.
✱en·to·na·ción [en.to.na.θjón / -.sjón] 囡 **1** 〖音声〗抑揚, イントネーション；語調. **2** 〖音楽〗(1) イントナチオン：調子や声に合った一定の高さの音を出す法. (2) (聖歌の)先唱. (3) 調音.
en·to·na·do, da [en.to.ná.ðo, -.ða] 形 **1** 傲慢(ごう)な, うぬぼれの強い. **2** 〈声・楽器が〉調子[音程]が合っている, 調律された. **3** 〈ラ米〉(*.*メキ)酔っぱらった.
en·to·na·dor, do·ra [en.to.na.ðór, -.ðó.ra] 形 歌の先唱をする, 音合わせ[調律]する.
━男 〖音楽〗オルガンの送風係.
en·to·na·mien·to [en.to.na.mjén.to] 男 → entonación.
✱en·to·nar [en.to.nár] 他 **1** 〖音楽〗(1) 歌う；音を合わせて歌う. ～ un salmo 聖歌を歌う. ～ el yo pecador (祈りの言葉)「罪深き我」を詠唱する. (2) 〈パイプオルガンの〉ふいごを動かす. (3) 〈楽器・声の〉音の高さを決める, 音程を合わせる. (4) 〈歌を〉先導する, 先唱する. **2** 元気づける, 活気[生気]を与える. Este ponche me *ha entonado*. このパンチを飲んだら元気が出た. **3** (詩歌などで)ほめたたえる, 讃美する. **4** 色調をつける.
━自 **1** 〖音楽〗(特定の音調で)歌う；音程正しく歌う. **2** **(con...** …と)色調が合う；調和する, なじむ. *Este azul no entona con el rojo.* このブルーは赤とは合わない. **3** 元気づく.
━～se 再 **1** 〈話〉**(con...** …で)ほろ酔い気分になる. **2** 活気[生気・元気]を取り戻す.
entonar el mea culpa 〈話〉(まれ)自分の過失を認める.

✱✱en·ton·ces [en.tón.θes / -.ses] 副 **1** (時間)そのとき, あのとき, 当時. *desde ～* そのとき以来. *hasta ～* そのときまで. *la gente de ～* 当時の人々. *Mi padre ～ vivía solo en Madrid.* 父は当時ひとりでマドリードに住んでいた. *E～ fue cuando vi su coche.* 彼[彼女](ら)の車を見たのはそのときでした. ► 未来時にも言及できる. *Tendremos el trabajo hecho para ～.* そのときまでには仕事を終わらせているだろう. ► 形容詞的に用いられることがある. ━*el ～ presidente* その当時の大統領.
2 それなら, それでは. *Tengo clase esta tarde. —E～ no podrás ver el programa.* 今日は午後授業があるんだ. —それじゃ, その番組は見られないね. *Si no puedes venir a trabajar hoy, ～ tienes que venir mañana.* 今日仕事に来られないというなら, 明日は来ないとだめだよ.
3 それから, すると. *Primero cenamos y ～ fuimos al cine.* 私たちはまず夕食をし, それから映画へ行った. *¿E～?* それで, それから.
en [por] aquel entonces あの時は, あのころは.
¡(Pues [Y]) entonces! 〈話〉それならそういうことでいいじゃない, それなら仕方がないじゃない.
[← 〖古スペイン〗*estonces*← 〖俗ラ〗 *intunce；〖ラ〗 *in*「…に」+ 〖古ラ〗 *tunce「その時」(〖ラ〗 *tunc*)]
en·to·ne·lar [en.to.ne.lár] 他 樽に詰める.
en·ton·ga·do, da [en.toŋ.gá.ðo, -.ða] 形 〈ラ米〉(キキシ)(ラテ)〈話〉不機嫌な, 怒った；ぼやっとした, のろまな.
en·ton·gar [en.toŋ.gár] 103 他 **1** 積み上げる, 積み

重ねる. **2** 《ラ米》《(ﾋﾟﾙ)》気を狂わせる,ぼうっとさせる; いらだたせる.

en·to·no [en.tó.no] 男 **1** 高慢, うぬぼれ. **2** 音調.
en·ton·tar [en.ton.tár] 他 《ラ米》→ entontecer.
en·ton·te·cer [en.ton.te.θér / -.sér] 34 他《軽蔑》
愚かにする. ── ~(·se) 自 再 《軽蔑》愚かになる.
en·ton·te·ci·mien·to [en.ton.te.θi.mjén.to / -.si.-] 男 愚かになること.
en·tor·cha·do [en.tor.tʃá.ðo] 男 **1** 《服飾》(1)（金糸などの）組みひも, モール. (2)（軍服などに金糸・銀糸で刺繍（ぬい）された等級・所属を表す）そで口飾り. **2**【音楽】金属線を巻いた弦, 低音弦.
en·tor·char [en.tor.tʃár] 他 **1**（ひも・糸に）（金糸などで）上巻きする. **2**（ろうそくなどを）束ねてねじり合わせる. columna *entorchada* ねじり柱. **3**《ラ米》《(ﾒｷｼ)》《(ｸﾞｱﾃ)》巻きつける, からげる.
en·to·ri·lar [en.to.ri.lár] 他《闘牛》〈牛を〉闘牛場内の牛舎[囲い場]に入れる.

*****en·tor·nar** [en.tor.nár] 他 **1**〈ドア・窓などを〉半ば閉じる, 少しだけ開ける. ~ los ojos 薄目を開ける. *Entornamos* la puerta para que no entrara mucha luz. 光があまり入らないようにドアを半分閉めた. **2** 傾ける, 斜めにする. ── ~·se 再 傾く.
en·tor·ni·llar [en.tor.ni.jár ‖ -.ʎár] 他 らせん形にする; ねじでとめる.

*****en·tor·no** [en.tór.no] 男 周囲の状況, 環境, 雰囲気.

en·tor·pe·ce·dor, do·ra [en.tor.pe.θe.ðór, -.ðó.ra / -.se.-] 形 **1**（動きを）鈍らせる, まひさせる. **2** 厄介な, 邪魔な. **3**〈人を〉愚鈍にする, のろまにする.
en·tor·pe·cer [en.tor.pe.θér / -.sér] 34 他 **1** …の動きを鈍らせる, まひさせる. El frío *entorpece* las manos. 寒さで手がかじかんでいる. **2** 妨害する, 邪魔をする; 遅らせる. **3**〈思考力・知力などを〉弱める, 鈍らす. ── ~·se 再 **1**〈手足などが〉しびれる. **2** 鈍る, 弱まる. **3** 遅れる;〈機械が〉動かなくなる.
en·tor·pe·ci·mien·to [en.tor.pe.θi.mjén.to / -.si.-] 男 **1**（動きの）鈍り, まひ. **2**（理解力などの）減退, 弱まり. **3** 妨害, 邪魔; 遅れ.
en·tor·tar [en.tor.tár] 15 他 **1** 曲げる, ねじる. **2**〈人を〉片目にする. **3**《ラ米》《(ﾒｷｼ)》借金漬けにする. ── ~·se 再 ねじれる.
en·tor·ti·jar·se [en.tor.ti.xár.se] 再《ラ米》《(ｸﾞｱﾃ)》（痛みに）身をよじる, 身悶（もだ）えする.
en·to·si·gar [en.to.si.ɣár] 他《ラ米》…に毒を入れる.
en·to·to·ro·tar [en.to.to.ro.tár] 他《ラ米》《(ｺﾛﾝ)》《話》〈人を〉誘う;（**para**＋不定詞 …する）気にさせる.
en·tou·ra·ge [en.tou.ráʒ]〔仏〕男 顧問団,《集合的》コンサルタント.
en·to·zo·a·rio [en.to.θo.á.rjo / -.so.-] 男 体内寄生虫［寄生虫］.
en·tra·bar [en.tra.bár] 他《ラ米》《(ｺﾛﾝ)》《(ﾁﾘ)》《(ﾒｷｼ)》妨げる, 邪魔する.

******en·tra·da** [en.trá.ða] 女 **1** 入ること, 入場, 入会 (↔salida). ~ gratuita [libre] 入場無料. Prohibida la ~. 進入禁止. Hicieron una ~ espectacular. 彼らは華々しく登場した.
2 入り口; 玄関. ~ principal 表玄関. ~ de servicio 通用口. Te esperamos a la ~ del cine. 映画館の入り口で君を待っているよ. →右段に図. **3** 入場券. sacar una ~ 入場券を手に入れる. No hay ~s. 入場券は売り切れです.
4（人の）入り,《集合的》入場者; 興行収入. ¿Cuánta ~ registró el teatro ayer? 昨日劇場はどのくらいの入りだったのかね.
5《時に複数で》入金; 収入. la ~ de este mes 今月の収入. **6**（分割払いの）頭金, 内金. dar la ~ a... …の頭金を払う. Hay que pagar medio millón de ~s. 50万を頭金として支払わなくてはなりません. **7**《主に複数で》（額の）髪の後退した部分. tener ~s 額の髪が後退している. **8**（辞書の）見出し語, 収録語. un diccionario de 80 mil ~s 見出し語8万の辞書. **9**（事の）開始, 始めの部分. la ~ del invierno 初冬. **10**【料】前菜 (= entrante). **11**【スポ】(1)（アメフト・ラグビー）タックル. hacer una ~ タックルする. (2)（野球）イニング. **12**【IT】入力, インプット. **13**【音楽】（特にラテン音楽などで声部の）導入部. **14**《ラ米》《(ｸﾞｱﾃ)》《(ﾒｷｼ)》《(ﾍﾞﾈ)》襲撃; 殴打.
── 形 → entrado.
dar entrada a＋人 *en...*〈人を〉…に受け入れる.
de entrada まず, 始めに; 最初は.
entrada general 天井桟敷の座席.
tener entrada en... …に自由に出入りできる.

entrada（入り口）

en·tra·di·lla [en.tra.ðí.ja ‖ -.ʎa] 女《スペイン》（新聞・ラジオ・テレビなどの）ニュースの見出し.
*****en·tra·do, da** [en.trá.ðo, -.ða] 形 **1**（時間帯が）遅い, もう始まった. muy *entrada* la noche 夜も更けて.
2《ラ米》《(ﾁﾘ)》《話》お節介な, 余計な世話を焼く.
en·tra·dor, do·ra [en.tra.ðór, -.ðó.ra] 形《ラ米》《話》(1)《(ｱﾙｾﾞ)》お節介で, しゃべりな. (2)《(ﾒｷｼ)》《(ｺﾛﾝ)》《(ﾋﾞｱ)》ほれっぽい. (3)《女性своでのみ》《(ｸﾞｱﾃ)》色っぽい. (4)《(ﾁﾘ)》親しい, 親密な. (5)《(ｸﾞｱﾃ)》魅力的な. (6)《(ｱﾙｾﾞ)》《(ﾋﾞｱ)》《(ﾒｷｼ)》勇敢な, 勇ましい.
en·tra·ma·do [en.tra.má.ðo] 男 **1**【建】（セメントなどを流し込むための）木の枠組み, 桁（けた）組み. **2** 絡み合ったもの.
en·tra·mar [en.tra.már] 他（基礎工事で）〈枠組み［桁（けた）組み, 格子］を〉作る, 組み立てる.
en·tram·bos, bas [en.trám.bos, -.bas] 形《複数形》《格式》《文章語》双方の, 両方の, 二つとも. Lo hicieron ~ hermanos. 兄弟ふたりでそれをやった. ── 代名《指示》《複数形》双方, 両方, 二つ［ふたり］とも. *E*~ vinieron. ふたりともやって来た.
en·tram·par [en.tram.pár] 他 **1** 借金を負わせる. **2** わなにかける, だます;〈動物を〉わなにかけて捕らえる. **3** 紛糾させる, こじらせる.
── ~·se 再 **1** 借金を負う, 負債を抱える. **2** わなにかかる.
en·tran·te [en.trán.te] 形 **1** 入ってくる.
2 次の, 来るべき. el año ~ 来年. el presidente ~ 後継大統領. guardia ~ 交代の守衛.
── 男 **1** 入りこんだ部分. **2** 前菜, オードブル (= entremés).
*****en·tra·ña** [en.trá.ɲa] 女 **1**《主に複数で》内臓, はらわた. **2**《複数形》深部, 奥底. las ~s de la tierra 地球の内部. **3** 核心, 本質, 根本. Vayamos a

la ~ del asunto. 問題の核心に入りましょう. **4** 《複数で》心, 情, 本性. no tener ~s 薄情である. de malas ~s ひねくれた, 腹黒い. ser de buenas ~s 心根がよい. arrancársele (a+人) las ~s 〈人〉が断腸の思いをする.

... de sus entrañas 愛する…. ¡Hijo *de mis* ~s! いとしいわが子.
echar (hasta) las entrañas《話》《反吐(½)を》吐く.
sacar las entrañas a+人《話》(1)〈人〉を殺す, 傷つける. (2) 浪費させる, 一文無しにする.

en·tra·ña·ble [en.tra.ná.ble] 形 **1** いとしい, 親愛なる, 最愛の. amigo ~ 親愛なる友. Soria, lugar ~ de Castilla. カスティーリャの真髄, ソリア. **2** 深い, 深遠な, 心の底からの. los más ~s deseos 心からの願い.

en·tra·ña·ble·men·te [en.tra.ná.ble.mén.te] 副 優しく, 愛情をもって; 深く.

en·tra·ñar [en.tra.nár] 他 **1** 含む, 含有する, 内包する. ~ *peligros* 危険性をはらむ. **2** 深く埋め込む. ━ ~·**se** 再《con... …と》親密になる, 愛情で結びつく.

en·tra·ñu·do, da [en.tra.pú.ðo, -.ða] 形《ラ米》(プエルトリコ)《話》向こう見ずな, 大胆な.

en·tra·pa·da [en.tra.pá.ða] 女 緋毛氈(ৢৣ).

en·tra·pa·jar [en.tra.pa.xár] 他〈傷口などを〉布切れで巻く. ━ ~·**se** 再 ほこりだらけになる, 汚れる.

en·tra·par [en.tra.pár] 他 **1**《古語》〈髪に〉髪粉をつける. **2** 濁す, 曇らせる. ━ ~·**se** 再 **1** ほこりだらけになる, 汚れる. **2**〈切れ味・書き味などが〉鈍る.

en·tra·pa·zar [en.tra.pa.θár /-.sár] 97 自 うそをつく, ごまかす.

en·trar [en.trár] 自 **1《en... …に》《por... …から》入る, 入場する. *Entró en* la empresa que deseaba. 彼[彼女]は希望していた会社に入社した. *Hemos entrado en* el verano. もう夏になった. *El aire entra por* la ventana. 窓から風が入る. **2**《en... …に》入会する; 参加する, 介入する; 侵攻する. *No quiero* ~ *en* polémicas. 私は議論には参加したくない. **3**《en... …に》〈容量として〉〈人・ものが〉入る, 収まる. *En* esta habitación no *entra* la cama. この部屋にはベッドは入りません. **4**《en... …に》含まれる, 入っている. ¿*En* este precio *entra* el transporte? この値段に交通費は含まれていますか. **5**〈季節などが〉始まる. *Ha entrado* ya la temporada de lluvias. もう雨の季節に入った. **6**《a+不定詞 …し》始める. *Entraron a trabajar* hace una semana. 彼らは1週間前から働き始めた. **7**《entrarle (a+人)〈人〉に》〈感情・感覚が〉生じる; 理解される. *Me entró* sueño nada más empezar a leer. 読み始めるとすぐに眠くなった. **8**〈食べ物などが〉口当たりがよい, おいしい. *la bebida que entra muy bien* のど越しのよい飲み物. **9**《en+感情・感覚を表す名詞およびその相当語句《感情・感覚》に〉不意に襲われる. *en curiosidad* 好奇心に駆られる. **10**《entrarle (a+人)〈人〉に》〈衣類などが〉入る, 〈サイズが〉合う. *Este anillo no me entra.* この指輪は私には入らない. **11**《音楽》〈演奏が〉始まる. **12**賭(゚)ける. **13**《闘牛》〈牛が〉闘牛士に向かう. **14**《por... …》〈習慣などを〉受け入れる,《…に》なじむ. ━ 他 **1**《en... /a... …に》入れる, 通す. *Entra la ropa por si acaso llueve.* 雨が降るかもしれないので洗濯物を入れておいて. **2**〈人・ものに〉接近する; 侵入する; 侵攻する. **3**《スポ》〈サッカーなどで〉〈相手に〉タックルする.

no entrarle (en la cabeza) (a+人)《話》〈人〉に理解できない.
no entrar (ni salir) en...《話》…に関与しない.
[← [ラ] *intrāre* [関連]《仏》*entrer*. 〔英〕*enter*]

en·tra·za·do, da [en.tra.θá.ðo, -.ða /-.sá.-] 形《ラ米》(プエルトリコ)《話》《*bien* [*mal*] を伴って》身なりがよい[悪い].

en·tre [en.tre] 前 ▶人称代名詞を従えるときは, sí を除いて主格形. **1〈場所・時間〉…の間に, …の中に. Mi casa está ~ la estación y el parque. 私の家は駅と公園の間にあります. Estaré allí ~ las dos y las tres. 私は2時から3時の間にそこに行くよ. Nos metimos ~ los árboles. 私たちは木々の中に入っていった. La arenita se me cayó de ~ las manos. 砂は私の手から落ちていった (▶ de entre は「…の間から」). Está siempre ~ amigos. 彼[彼女]はいつも友達に囲まれている. **2**《2つ以上の選択肢》〈2つの〉どちらかから; …の中からで]. semejanza ~ éste y aquél これとあれの類似点. Escoge ~ la sierra o la playa. 山にするのか海にするのか選びなさい. Tuvimos que decidir ~ varias posibilidades. 私たちはいくつかの可能性の中から決めなくてはならなかった. Es la más estudiosa ~ nosotros. 私たちの中では彼女が一番勉強好きだ. **3**〈性質・程度〉…の中間の. Cuesta ~ diez y quince euros. 10から15ユーロ間ぐらいの値段です. El color del coche es ~ verde y azul. その車の色は緑と青の中間ぐらいです. **4**〈協力・共有〉一緒に, 共同で. *E*~ tú y yo lo terminaremos. 君と僕とで一緒にそれを終わらせよう. Lo hicieron ~ todos. みんなで一緒にそれをした. **5**〈相互〉互いに. Debemos mantener el respeto ~ los amigos. 友人同士尊重しあわなければならない. **6**〈原因などの列挙〉…やら…やらのせいで. *E*~ las letras de la casa y los gastos del coche estoy sin dinero. 家のローンやら車の経費やらで僕は無一文だ. **7**《+前置詞格代名詞》…の(心の)中で. Dije ~ *mí* que nunca más lo haría. 私は二度とそれをやらないと心の中でつぶやいた. **8**《割り算》…で割って. Treinta ~ cinco son seis. 30割る5は6.

entre nosotros [vosotros, ellos] 自分たちだけで; ここだけの話だが….
entre que+直説法 …する間.
[← [ラ] *inter* [関連]《仏》*entre*「…の間に」.[スペイン]《仏》〔英〕*inter*-]

entre-《接頭》「中間, 半分, 半ば, 相互, 交互」などの意. →*entreabierto*, *entretejer*. [← 〔ラ〕]

entre(-) 活 →entrar.

en·tre·a·bier·to, ta [en.tre.a.bjér.to, -.ta] [entreabrir の過分] 形〈ドア・窓などが〉半開した, 半開きの.

en·tre·a·brir [en.tre.a.brír] 73 他 [過分] は entreabierto]〈ドア・窓などを〉少し開ける, 半開きにする. ~ *los ojos* 薄目を開ける.
━ ~·**se** 再 半開きになる.

en·tre·ac·to [en.tre.ák.to] 男 **1** 幕間(␛); 幕間の劇[踊り, 演奏]. **2** 短い葉巻タバコ.

en·tre·ba·rre·ra [en.tre.ba.ré.ra] 女《主に複数で》《闘牛》フェンスと最前列の座席の間の通路.

en·tre·ca·lle [en.tre.ká.je ǁ -.λe] 女《建》刳形

entrecanal

en·tre·ca·nal [en.tre.ka.nál] 女【建】(2つの剥形(ఠఠ)の間の)平縁.

en·tre·ca·no, na [en.tre.ká.no, -.na] 形 白髪混じりの. pelo ～ 白髪混じりの髪.

en·tre·ca·rril [en.tre.ka.r̄íl] 男《ラ米》(ｺﾞﾑﾘｱ)【鉄道】軌間, ゲージ.

en·tre·ca·var [en.tre.ka.ßár] 他【農】(土を)軽く掘る.

en·tre·ce·jo [en.tre.θé.xo / -.sé.-] 男 **1** 眉間(みけん). **2** しかめ面, 渋面. fruncir [arrugar] el ～ 顔をしかめる, まゆをひそめる. mirar con ～ こわい顔[しかめ面]をして見る.

en·tre·ce·rrar [en.tre.θe.r̄ár / -.se.-] 8 他《ラ米》(ﾘｵﾌﾟﾗﾀ)(ドア・窓などを)半分だけ閉じる, 半開きにする.

en·tre·cho·car [en.tre.tʃo.kár] 102 他〈2つのものを〉ぶつけ合う;(繰り返し)ぶつける.
— ～·se 再 衝突する, ぶつかり合う.

en·tre·cin·ta [en.tre.θín.ta / -.sín.-] 女【建】つなぎ小梁(ば).

en·tre·cla·ro, ra [en.tre.klá.ro, -.ra] 形 薄明るい.

en·tre·co·ger [en.tre.ko.xér] 100 他 **1** 取り押さえる. **2**(脅し・理詰めで)強いる, せきたてる, 有無を言わさない.

en·tre·co·mar [en.tre.ko.már] 他(語句を)コンマ[括弧]の中に入れる.

en·tre·co·mi·lla·do [en.tre.ko.mi.ʝá.ðo || -.ʎá.-] 男 引用符(" ")によって挟まれた文[文字].

en·tre·co·mi·llar [en.tre.ko.mi.ʝár || -.ʎár] 他 引用符(" ", 《 》)を前後につける, 引用符で囲む.

en·tre·co·ro [en.tre.kó.ro] 男 (教会の)内陣.

en·tre·cor·ta·do, da [en.tre.kor.tá.ðo, -.ða] 形〈声・音などが〉とぎれとぎれの.

en·tre·cor·tar [en.tre.kor.tár] 他 **1** 切れ目を入れる. **2** 妨げる;とぎれさせる, 口ごもらせる.
— ～·se 再 とぎれる;とぎれとぎれに話す.

en·tre·cor·te·za [en.tre.kor.té.θa / -.sa] 女 (材木の)木部に樹皮が入り込む欠陥.

en·tre·cot [en.tre.kó(t)] [複 ～es, ～s] 男 (牛の肋骨(ろっこつ)間の)ばら肉, リブロース. [← 〔仏〕*entrecôte*].

en·tre·criar·se [en.tre.krjar.se] 81 再〈植物が〉他の植物に混じって生える.

en·tre·cru·za·mien·to [en.tre.kru.θa.mjén.to / -.sa.-] 男 (線・糸などの)交差, 交錯.

en·tre·cru·zar [en.tre.kru.θár / -.sár] 97 他〈線・糸などを〉交差[交錯]させる.
— ～·se 再 交差する.

en·tre·cu·bier·ta [en.tre.ku.ßjér.ta] 女《主に複数》【海】中甲板:貨物などを積み込む甲板間の場所.

en·tre·cues·to [en.tre.kwés.to] 男 **1**(動物の)背骨. **2** 腰肉上部.

en·tre·de·cir [en.tre.ðe.θír / -.sír] 52 他[過分]は entredicho] **1**《古語》付き合いを禁じる. **2**【カト】聖務に就くことを禁じる.

en·tre·di·cho [en.tre.ðí.tʃo] [entredecir の[過分]] 男 **1** 疑い, 不信. estar en ～ 疑わしい. poner en ～ 疑う;保留する. **2**【カト】聖務禁止[制裁]. poner en ～ a+人〈人〉が聖務に就くことを禁ずる;(秘跡などを)授けない. **3** 禁止. levantar el ～ ... ～の禁止を解除する. **4**《ラ米》(1)(ｸﾞｱﾃﾏﾗ)警鐘. (2)(ｳﾙｸﾞｱｲ)決裂, 物別れ;不和.

en·tre·do·ble [en.tre.ðó.ßle] 形〈布地が〉中ぐらいの厚さの.

en·tre·dós [en.tre.ðós] 男 **1**【服飾】インサーション:布と布を縫いつなぐレースや刺繍(ししゅう). **2** 上が大理石の板の飾りだんす;キャビネット. **3**【印】10ポイント活字.

en·tre·fi·le·te [en.tre.fi.lé.te] 男 (新聞の)小記事, 短評, 寸評. [←〔仏〕*entrefilet*]

en·tre·fi·no, na [en.tre.fí.no, -.na] 形 中ぐらいの太さ[大きさ, 粗さ, 品質]の.

en·tre·fo·rro [en.tre.fó.r̄o] 男 → entretela.

en·tre·fuer·te [en.tre.fwér.te] 形《ラ米》〈タバコが〉中ぐらいの強さの.

*;**en·tre·ga** [en.tré.ga] 女 **1** 渡すこと, 授与(式);渡したもの. hacer ～ de... ...を引き渡す, 授与する. ～ a domicilio 宅配. ～ contra reembolso 代金引換え渡し. ～ de premios 賞の授与. fecha de ～ 引き渡し期日. **2**《a... ...への》献身, 没頭;心酔. ～ a una causa ある主義への傾倒. con ～ 献身的に. **3** (連載の)1回分;分冊. novela por ～s 連載小説. **4** (分割して渡すものの)1回分. en tres ～s 3分割で, 3分割で. **5** (城・町の)明け渡し;投降, 降伏. **6**【建】枘(ほぞ).
— 活 → entregar.

*;**en·tre·ga·do** [en.tre.gá.ðo] 形《a... ...に》没頭した, 専念した. Está ～ a sus estudios. 彼は研究に没頭している.

en·tre·ga·dor, do·ra [en.tre.ga.ðór, -.ðó.ra] 形 受け渡す(ための), 授ける(ための).
— 男 女 与える[受け渡す]人.

*;**;en·tre·gar** [en.tre.gár] 103 他 **1**《a+人〈人〉に》渡す, 引き渡す. ～ en persona 手渡す. ～ a domicilio 宅配する. ¿Quién le entrega el premio? 誰が彼[彼女]に賞を渡すのですか. *Entregaron* al ladrón *a* la policía. 泥棒は警察に引き渡された.
2《a... ...に》〈意志・運命などを〉任せる, 委ねる. Ha *entregado* toda su vida *a* la lucha. 彼[彼女]は全生涯をその闘いに捧げた. **3**【建】はめ込む.
— ～·se 再 **1** 屈する, 従う;投降する. El secuestrador *se entregó a* la policía. 誘拐犯は警察に自首した. **2** 従事する, 専念する. ～*se al* estudio 学業に専念する. **3** 身を任せる, 頼る. *Se ha entregado al* alcohol para olvidarlo todo. 彼[彼女]は全てを忘れるためにアルコールに頼った. *entregarla*《話》死ぬ.
[←〔古スペイン〕*entregar*「手渡す;戻す」←〔ラ〕*integrāre*「新たにする」;[関連] entero]

entregue(-) / entregué(-) 活 → entregar.

en·tre·gue·rras [en.tre.gé.r̄as] *de entreguerras* 2つの戦争の端境期の, 戦間期の, 両大戦間の.

en·tre·guis·mo [en.tre.gís.mo] 男《軽蔑》(実際には負けていないのに)負けたと感じること, 敗北感.

en·tre·jun·tar [en.tre.xun.tár] 他【建】(窓・戸を)組み立てる.

en·tre·la·za·mien·to [en.tre.la.θa.mjén.to / -.sa.-] 男 交差させること, 組み合わせること.

en·tre·la·zar [en.tre.la.θár / -.sár] 97 他 交錯させる, 織り合わせる, 組み合わせる.
— ～·se 再 絡み合う.

en·tre·lí·ne·a [en.tre.lí.ne.a] 女 行間;行間の書き込み.

en·tre·li·ne·ar [en.tre.li.ne.ár] 他 行間に書き込む, 行間に挿入する.

en·tre·li·ño [en.tre.lí.ɲo] 男 (ブドウ畑などの)樹列の間の土地[道].

en·tre·lis·ta·do, da [en.tre.lis.tá.ðo, -.ða] 形

en·tre·lu·cir [en.tre.lu.θír / -.sír] 36 自 かいま見える, 透けて見える.

en·tre·me·diar [en.tre.me.djár] 82 他 (…の)間に入れる, 挿入する.

en·tre·me·dias [en.tre.mé.djas] 副 中間に; その間に. ～ de... …の間に. Fui a hacer compras y ～ le telefoneé. 買い物に行く途中で彼に電話した.

en·tre·me·dio [en.tre.mé.djo] 副 → entremedias.

***en·tre·més** [en.tre.més] 男 1 【料】《主に複数で》前菜, オードブル. Pedimos unos *entremeses* de mariscos. 我々は海の幸の前菜をいくつか頼んだ. 2【演】幕間(まくあい)狂言[喜劇], 寸劇.
[←〔カタルーニャ〕*entremès*←〔古仏〕*entremés*〔仏〕*entremets*)「アントルメ(肉料理とデザートの間に出る料理);(食事中の)間狂言」←〔ラ〕*intermissus* 形「二つのものの間に置かれた」;【関連】entremeter]

en·tre·me·ter [en.tre.me.tér] 他 1 《con... / entre... …に》混入させる. ～ las naranjas malas *con* las buenas 悪いオレンジをよいオレンジと混ぜる. 2 《entre... / en... …に》挿入する, 間に入れる, はさみ込む. *Entremetí* la foto *entre* las hojas del libro. 私は本の中に写真をはさんでおいた.
— ～·se 再 《en...》 1 《列などに》割り込んだ. 2 (…に)干渉[介入]する; 口出しをする. No *te entremetas* en eso. よけいなお節介をするな.

en·tre·me·ti·do, da [en.tre.me.tí.ðo, -.ða] 形 男 女 → entrometido.

en·tre·me·ti·mien·to [en.tre.me.ti.mjén.to] 男 → entrometimiento.

en·tre·mez·clar [en.tre.meθ.klár / -.mes.-] 他 混ぜる, 混合する. — ～·se 再 混ざる.

en·tre·mo·rir [en.tre.mo.rír] 29 自 《過分》は entremuerto]消えかかる. *Entremuere* la vela del comedor. 食堂のろうそくが消えそうだ.

en·tre·na·dor, do·ra [en.tre.na.ðór, -.ðó.ra] 男 女 トレーナー, コーチ; 監督.

***en·tre·na·mien·to** [en.tre.na.mjén.to] 男 トレーニング, 訓練, 練習. partido de ～ 練習試合.
[←〔仏〕*entraînement*]

***en·tre·nar** [en.tre.nár] 他 訓練する, コーチする; 〈馬などを〉調教する. ～ el equipo para el campeonato 選手権大会のためにチームを鍛える. estar *entrenado* 調子[コンディション]がいい; 訓練[調教]されている. — ～(·se) 自 再 トレーニングする, 練習する, 鍛える.
[←〔仏〕*entraîner*「引いて行く; 訓練する」(*traîner*「引く」より派生);【関連】tren. 〔仏〕〔英〕*train*「列車」〔英〕*train*「訓練する」, *trainer*, *training*.〔日〕トレーニング]

en·tren·car [en.treŋ.kár] 102 他 〈ミツバチの巣箱に〉桟を入れる.

en·tre·ner·vio [en.tre.nér.βjo] 男 《主に複数で》とじ[かがり]糸の間.

en·tre·no [en.tré.no] 男 《話》 → entrenamiento.

en·tre·nu·do [en.tre.nú.ðo] 男 【植】節間: 植物の節と節の間.

en·tren·zar [en.tren.θár / -.sár] 97 他 → trenzar.

en·tre·o·ír [en.tre.o.ír] 50 他 かすかに聞こえる.

en·tre·pal·ma·du·ra [en.tre.pal.ma.ðú.ra] 女 【獣医】ひづめの裏の腫物(はれもの).

en·tre·pa·nes [en.tre.pá.nes] 男《複数形》【農】(畑の中の)未耕地, 休閑地.

en·tre·pa·ño [en.tre.pá.ɲo] 男 1 【建】柱間(壁), 窓間(壁); 鏡胴の間. 2 ドアパネル. 3 棚板.

en·tre·pa·re·cer·se [en.tre.pa.re.θér.se / -.sér.-] 34 再 ほのかに[かすかに]見える, 透けて見える.

en·tre·pa·so [en.tre.pá.so] 男 (馬の)軽駆け; 側対歩.

en·tre·pe·chu·ga [en.tre.pe.tʃú.ga] 女 (鳥の)胸肉の一部.

en·tre·pei·nes [en.tre.péi.nes] 男《複数形》織機のおさにかかった毛くず.

en·tre·pe·la·do, da [en.tre.pe.lá.ðo, -.ða] 形 《馬の毛色が》まだらの, ぶちの.

en·tre·pe·lar(·se) [en.tre.pe.lár(.se)] 自 再 《馬が》毛色の混ざっている.

en·tre·per·nar [en.tre.per.nár] 8 自 人の脚の間に自分の脚を入れる.

en·tre·pier·na [en.tre.pjér.na] 女 1 (人体・ズボンの)股(また). 2【服飾】(ズボンなどの)股当て. 3 《俗》性器. 4《ラ米》(男)海水パンツ;(運動用の)ショートパンツ.
pasarse... por la entrepierna《俗》…を軽蔑する; 無視する.

en·tre·pi·so [en.tre.pí.so] 男 1 【鉱】坑道と坑道の間の空間. 2 (建物の)中間階;《ラ米》中2階.

en·tré·pi·to, ta [en.tré.pi.to, -.ta] 形《ラ米》(ミナ系)《話》何にでも[他の分野のことに]口を出す, でしゃばる. — 男 女 でしゃばり屋.

en·tre·plan·ta [en.tre.plán.ta] 女 (店舗・事務所の)中間階, 中2階.

en·tre·puen·te [en.tre.pwén.te] 男《主に複数で》【海】中甲板.

en·tre·pun·zar [en.tre.pun.θár / -.sár] 97 他 ちくちく刺す; 刺すような痛みを与える.

en·tre·rra·í·do, da [en.tre.řa.í.ðo, -.ða] 形 所々すり切れた, 着古した.

en·tre·rren·glo·na·du·ra [en.tre.řeŋ.glo.na.ðú.ra] 女 行間の書き込み.

en·tre·rren·glo·nar [en.tre.řeŋ.glo.nár] 他 〈語句を〉行間に書き込む[挿入する].

en·tre·sa·car [en.tre.sa.kár] 102 他 1 《de... …から》選び出す. *Entresacó* unas frases *de* un libro. 彼[彼女]は1冊の本の中からいくつかの語句を拾い出した. 2 〈木を〉剪定(せんてい)する;〈植物・森林などを〉間引く, 間伐する. 3 〈髪の毛を〉切って少なくする.

en·tre·si·jo [en.tre.sí.xo] 男《主に複数で》秘密, なぞ; 難解な部分. conocer todos los ～s 何もかも知りつくしている. 2 《話》腸間膜.
tener muchos entresijos《話》なぞめいている; 複雑である. Él *tiene muchos* ～s. 彼は理解しがたい.

en·tre·sue·lo [en.tre.swé.lo] 男 中2階; 半地下(室); 劇場の2階正面席.

en·tre·sur·co [en.tre.súr.ko] 男【農】畝と畝の間.

en·tre·ta·lla [en.tre.tá.ja ‖ -.ʎa] / **en·tre·ta·lla·du·ra** [en.tre.ta.ja.ðú.ra ‖ -.ʎa.-] 女 浅浮き彫り.

en·tre·ta·llar [en.tre.ta.jár ‖ -.ʎár] 他 1 浅浮き彫りを施す; 彫刻する, 彫る. 2 〈布などに〉(きれいに)透かし模様を施す. 3 道をふさぐ, 行く手を阻む.
— ～·se 再 はまり込む, 割り込む.

en·tre·tan·to [en.tre.tán.to] 副 **その間に**, そうこうするうちに. Entró a tomar un café y ～ le robaron el coche. 彼[彼女]はコーヒーを飲みに行っている間に車を盗まれてしまった.
— 男 合間, 間の時間. en el ～ そうこうする間に.

en·tre·te·cho [en.tre.té.tʃo] 男 《ラ米》《(器)》《(珍)》屋根裏 (部屋).

en·tre·te·jer [en.tre.te.xér] 他 **1** 〈糸を〉織り込む, より合わす. **2** 交差[交錯]させる; 混ぜる, 組み合わせる. ～ los dedos 指をからめる. **3** 〈文章を〉組み込む[入れる], 挿入する.

en·tre·te·la [en.tre.té.la] 女 **1** 《服飾》芯地(ビ゙). **2** 《複数で》《話》心底, 心の奥.

en·tre·te·lar [en.tre.te.lár] 他 **1** 《服飾》〈衣服に〉芯(ピ)を入れる.
2 《印》(印刷面に)つや出し[面仕上げ]する.

en·tre·tén 活 → entretener.

en·tre·ten·ción [en.tre.ten.θjón / -.sjón] 女 《ラ米》娯楽, 楽しみ, 気晴らし.

entretendr- 活 → entretener.

en·tre·te·ne·dor, do·ra [en.tre.te.ne.ðór, -.ðó.ra] 形 おもしろがらせる, 楽しませる.
— 男女 (人を)楽しませる人.

*****en·tre·te·ner** [en.tre.te.nér] 43 他 **1 楽しませる**, おもしろがらせる; 注意を引く. Tu hermano me *entretiene* con los chistes. 君のお兄さんは笑い話で私を楽しませてくれる. Mientras uno le *entretenía*, el otro le robó la cartera. ひとりが相手の気を引いているすきにもうひとりが財布を盗んだ.
2 引き留める; 引き延ばす; 保持する. *Entretenía* el fuego echándole más leña. 彼[彼女]はたらに薪をくべて火を長持ちさせていた. Estas gestiones me *han entretenido* toda la mañana. この問題の処理に午前中いっぱいかかってしまった.
3 紛らわす, 和らげる. ～ el hambre con un té 紅茶で空腹を紛らす.
— ～**se** 再 **1** 楽しむ, 気晴らしをする. ～*se* con los crucigramas クロスワードパズルで気晴らしをする. por ～*se* 暇つぶしに.
2 だらだらと過ごす, ぐずぐずする; 長居する. ～*se* en casa de + 人 〈人〉の家に長居する.

entreteng- 活 → entretener.

en·tre·te·ni·do, da [en.tre.te.ní.ðo, -.ða] 形 **1** 楽しい, おもしろい; 気の紛れる. película *entretenida* おもしろい[肩のこらない]映画. **2** 手間暇のかかる. — **1** 愛人. **2** 売春婦.

*****en·tre·te·ni·mien·to** [en.tre.te.ni.mjén.to] 男 **1 楽しみ**, 気晴らし; 娯楽. película de ～ 娯楽映画. **2** 管理, 維持; 扶養. ～ del coche 車の維持費.

en·tre·tiem·po [en.tre.tjém.po] 男 間(ﾏ)の季節: 春と秋. traje de ～ 合着, 合服.

entretien- 活 → entretener.

entretuv- 活 → entretener.

en·tre·un·tar [en.treun.tár] 他 薄く塗る.

en·tre·ve·nar·se [en.tre.be.nár.se] 再 血管[静脈]から入る, 〈アルコール分などが〉血管によって体内に広がる.

en·tre·ven·ta·na [en.tre.ben.ta.na] 女 《建》窓間(ﾏﾄ)壁.

*****en·tre·ver** [en.tre.bér] 61 他 《過分》は entrevisto) **1 かすかに見える**, かいま見る. Allá *entreveía* unos árboles. 向こうの方に木が2, 3本かすかに見えていた. **2** 予感する, 予見[推測]する.

en·tre·ve·ra·do, da [en.tre.be.rá.ðo, -.ða] 形 混じった, 混合[混成]の; 縞(ﾏ)模様の入った. tocino ～ 三枚肉のベーコン.
— 男 《ラ米》《(器)》(酢と塩で味付けした)子羊の焼き肉.

en·tre·ve·rar [en.tre.be.rár] 他 混ぜる, 混ぜ合わせる. — ～**se** 再 **1** 混ざる. **2** 《ラ米》《(珍)》《(器)》入り乱れる; 騎馬戦となる.

en·tre·ve·ro [en.tre.bé.ro] 男 《ラ米》《(器)》《(珍)》《話》混乱, 騒ぎ.

en·tre·ví·a [en.tre.bí.a] 女 《鉄道》ゲージ, (レールの)軌間.

*****en·tre·vis·ta** [en.tre.bís.ta] 女 **1** (取材のための) **会見, インタビュー**; インタビュー記事. ～ de prensa 記者会見. hacer una ～ インタビューする.
2 会見, 会談. pedir una ～ 会見を求める. celebrar una ～ sobre... …についての会談を行う.
3 (就職などの)面接試験. hacer una ～ 面接試験をする. tener una ～ 面接を受ける.
[《仏》*entrevue*「会見」を基にした造語; 《関連》《英》*interview*]

en·tre·vis·ta·dor, do·ra [en.tre.bis.ta.ðór, -.ðó.ra] 男女 インタビュアー, 会見者, 面接官.

*****en·tre·vis·tar** [en.tre.bis.tár] 他 **会見する**, 面接する, インタビューする.
— ～**se** 再 《**con...** …と, …に》インタビューする, 会談[会見]する, 取材訪問する. El presidente *se entrevistó con* el ministro. 大統領は大臣と会談した. El periodista *se entrevistó con* el actor. 新聞記者が俳優にインタビューした.

en·tre·vis·to, ta [en.tre.bís.to, -.ta] 《過分》→ entrever.

en·tri·pa·do, da [en.tri.pá.ðo, -.ða] 形 **1** 腸の, 腹の. dolor ～ 腹痛. **2** 〈死んだ動物が〉内臓を取り除かれていない.
— 男 **1** 《話》憤激(ｹﾞｷ), 恨み. **2** 《話》(食べすぎによる)腹痛. **3** 《ラ米》《(珍)》隠し事.
— 女 《ラ米》《(珍)》《(器)》ずぶぬれ.

en·tri·par [en.tri.pár] 他 《ラ米》(1) 《(器)》《(珍)》浸す, ぬらす. (2) 《(珍)》《(兄)》《(ﾗ)》《話》怒らせる, いらだたせる, 不快にする. — ～**se** 再 《ラ米》《(器)》(1) 《(タ)》《(珍)》ぬれる. (2) 《(珍)》《(兄)》《(ﾗ)》怒る, 不機嫌になる.

en·tris·te·ce·dor, do·ra [en.tris.te.θe.ðór, -.ðó.ra / -.se.-] 形 悲しませる, ゆううつにする.

*****en·tris·te·cer** [en.tris.te.θér / -.sér] 34 他 **悲しませる, 陰気にする**; 暗くする. Las nubes *entristecían* el paisaje. 分厚い雲が風景を陰うつなものにしていた. — ～**se** 再 《**con... / de... / por...** …を》悲しむ, 悲嘆に暮れる; 暗くなる.

en·tris·te·ci·mien·to [en.tris.te.θi.mjén.to / -.si.-] 男 **1** 悲しみ, わびしさ, もの悲しさ (= tristeza). **2** (表情などの)陰り, 曇り.

en·tro·jar [en.tro.xár] 他 〈穀物を〉〈倉に〉蓄える, 貯蔵する.

en·tro·me·ter [en.tro.me.tér] 他 → entremeter. — ～**se** 再 《話》《**en... / en...**》口出しする, でしゃばる; 入りこむ. ～*se en* la conversación 会話に割り込む. ～*se entre* marido y mujer 夫婦の問題に口を挟む.

en·tro·me·ti·do, da [en.tro.me.tí.ðo, -.ða] 形 《軽蔑》お節介な. una persona *entrometida* お節介な人. — 男女 お節介 (な人), でしゃばり.

en·tro·me·ti·mien·to [en.tro.me.ti.mjén.to] 男 《軽蔑》お節介, 口出し, 干渉.

en·trom·par·se [en.trom.pár.se] 再 **1** 《話》酩酊(ﾒｲ)する, 酔っ払う (= emborracharse).

2 《ラ米》《話》怒る, 不機嫌になる.

en.trón, tro.na [en.trón, -.tró.na] 形 《ラ米》《話》(1) 《ｺﾛﾝ》お節介な, でしゃばりな. (2) 《ｸﾞｱﾃ》意気盛んな; 色っぽい. 《ﾒｷｼｺ》浮気な.

en.tro.nar [en.tro.nár] 他 王位に就かせる, 即位させる (= entronizar).

en.tron.ca.mien.to [en.troŋ.ka.mjén.to] 男 **1** 〔血縁の〕 結びつき, つながり; 親戚(ｾｷ)関係. **2** 関係, 間柄. **3** 鉄道の接続(地点).

en.tron.car [en.troŋ.kár] 他 **1** 《con... …と》関連を生じさせる, 結びつける. **2** 《con... …と》血筋 [血統] であることを立証する, 〈婚姻により〉親戚関係を生じさせる. **3** 《ラ米》《ﾒｷｼｺ》〈同体型・同系色の引き馬を〉2頭一対 [一組] にする.
— 自 **1** 《con... …と》つながる; 血縁である, 親族関係にある. Sus familias *entroncaron* en el siglo XVIII [dieciocho]. 彼らの家は18世紀に婚姻によって同族となった. **2** 〈鉄道などが〉接続する; 関連する.

en.tro.ne.rar [en.tro.ne.rár] 他 《遊》(ビリヤード) 〈玉を〉ポケットに入れる.

en.tro.ni.za.ción [en.tro.ni.θa.θjón / -.sa.sjón] 女 **1** 即位; 司教推戴(ﾀｲ). **2** 賞賛, 称揚. **3** 思い上がり, うぬぼれ.

en.tro.ni.zar [en.tro.ni.θár / -.sár] 97 他 **1** 王位に就かせる; 高位に就かせる; 〈教皇に〉推戴(ﾀｲ)する. **2** 賞賛する, 称揚する. — ～.se 再 《軽蔑》得意になる, 思い上がる, うぬぼれる.

en.tron.que [en.tróŋ.ke] 男 → entroncamiento.

en.tro.pí.a [en.tro.pí.a] 女 《物理》《経》エントロピー (熱力学的状態を表す量) エントロピー.

en.tro.pi.llar [en.tro.pi.jár ‖ -.ʎár] 他 《ラ米》《ｸﾞｱﾃ》《ｱﾙｾﾞﾝ》〈馬を〉群れに慣らす.

en.tro.pión [en.tro.pjón] 男 《医》眼瞼(ｹﾝ)内反(症).

en.tru.cha.da [en.tru.tʃá.da] 女 **1** → entruchado. **2** 《ラ米》《ﾒｷｼｺ》〈言葉の〉応酬; 歓談, 談笑.

en.tru.cha.do [en.tru.tʃá.do] 男 《話》たくらみ, わな, 陰謀. armar un ～ 陰謀をたくらむ.

en.tru.char [en.tru.tʃár] 他 《話》口車に乗せる, 甘言でつる. — ～.se 再 《ラ米》《ｸﾞｱﾃ》《話》しゃしゃりでる; ほれ込む.

en.tru.jar [en.tru.xár] 他 **1** → entrojar. **2** 《話》〈金を〉ため込む.

en.tru.llar [en.tru.jár ‖ -.ʎár] 他 《隠》投獄する, しょっぴく.

en.tu.ba.ción [en.tu.ba.θjón / -.sjón] 女 **1** 《技》管の取りつけ. **2** 《医》管を挿入すること.

en.tu.bar [en.tu.bár] 他 **1** 《技》(1) …に管を取り付ける. (2) ケーシング用鋼管を入れる.
2 《医》…に管を挿入する. **3** 《隠》処罰する.

en.tuer.to [en.twér.to] 男 **1** 悪, 不正. deshacer un ～ 《話》不正を正す.
2 《複数で》《医》産後陣痛.

en.tu.lle.cer [en.tu.je.θér ‖ -.ʎe.- / -.sér] 34 他 〈動き・活動を〉止める, 妨げる. — ～(.se) 自 再 〈手足が〉まひする, 利かなくなる (= tullirse).

en.tu.me.cer [en.tu.me.θér / -.sér] 82 他 《a+人〈人〉の》〈体の〉感覚を失わせる, まひさせる, しびれさせる. El frío *le entumeció* los dedos. 彼[彼女]は寒さで指がかじかんだ. — ～.se 再 **1** 〈寒さなどで〉感覚を失う, まひする, しびれる. **2** 〈川が〉増水する.

en.tu.me.ci.do, da [en.tu.me.θí.do, -.ða / -.sí.-] 形 **1** 感覚を失った, まひした, しびれた. un brazo ～ 感覚を失った腕. **2** 〈川が〉増水した.

en.tu.me.ci.mien.to [en.tu.me.θi.mjén.to / -.si.-] 男 **1** 感覚を失うこと, まひ, しびれ. ～ muscular 筋肉のしびれ. **2** 増水.

en.tu.mi.do, da [en.tu.mí.ðo, -.ða] 形 《ラ米》《話》(1) 《ｸﾞｱﾃ》臆病(ﾋﾞｮｳ)な, 気の弱い. (2) 手足がまひした.

en.tu.mir.se [en.tu.mír.se] 再 **1** 《まれ》感覚を失う, しびれる. **2** 《ラ米》(1) 《ｸﾞｱﾃ》《話》臆病(ﾋﾞｮｳ)になる. (2) 《ﾒｷ》おじけづく, 恥ずかしがる.

en.tu.nar.se [en.tu.nár.se] 再 《ラ米》《ｸﾞｱﾃ》《話》怒る, 憤慨する.

en.tu.pir [en.tu.pír] 他 **1** 〈管などを〉詰まらせる. **2** 〈編み目などを〉密にする.

en.tur.bia.mien.to [en.tur.bja.mjén.to] 男 濁る[濁らせる]こと, 混濁; 混乱.

en.tur.biar [en.tur.bjár] 82 他 **1** 濁らせる, 曇らせる. ～ el agua con barro 水を泥で濁らせる. **2** 〈気分を〉損なわせる, 水を差す; 〈正常な理性を〉乱す. — ～.se 再 **1** 濁る, 曇る. **2** 気分[気力]を損う.

‡**en.tu.sias.mar** [en.tu.sjas.már] 他 熱狂させる, 興奮[感激]させる. Me *entusiasma* la música. 私は音楽に夢中だ.
— ～.se 再 《con... / por... …に》熱狂[熱中]する, 夢中になる. *Se entusiasma* con el teatro. 彼[彼女]は芝居に熱中している.

‡**en.tu.sias.mo** [en.tu.sjás.mo] 男 **1** 熱狂, 感激, 興奮; 歓喜. con ～ 熱烈に, 大喜びで. oleadas de ～ 歓喜のあらし. La princesa fue acogida con ～. 王女は熱狂的に迎えられた. **2** 熱意, 熱情. **3** 高まり, 高揚. ～ artístico 芸術的高揚.
[← 〈後〉*enthūsiasmus*←〈ギ〉*enthousiasmós*, *éntheos*「神が乗り移った」(*theós*「神」より派生; 関連 〈英〉*enthusiasm*]

‡**en.tu.sias.ta** [en.tu.sjás.ta] 形 熱烈な, 熱狂的な. un público muy ～ とても熱狂的な観衆.
— 男 女 ファン, …マニア, 熱狂者. un ～ de la música clásica クラシック音楽ファン.

en.tu.siás.ti.co, ca [en.tu.sjás.ti.ko, -.ka] 形 熱烈な, 熱狂的な. recibimiento ～ 熱狂的な歓迎.

e.nu.clea.ción [e.nu.kle.a.θjón / -.sjón] 女 《医》摘出(術). ～ de un tumor 腫瘍(ﾖｳ)の摘出.

*‡**e.nu.me.ra.ción** [e.nu.me.ra.θjón / -.sjón] 女 **1** 列挙, 枚挙, 数え上げること. hacer ～ de … を列挙する. **2** 目録, 一覧表. **3** 《修辞》列挙法; 要約, 摘要.

‡**e.nu.me.rar** [e.nu.me.rár] 他 列挙する, 数え上げる. *Enumeró* las dificultades del proyecto. 彼[彼女]はその計画の難点を列挙した.

e.nu.me.ra.ti.vo, va [e.nu.me.ra.tí.bo, -.ba] 形 列挙的な, 数え上げる. lista *enumerativa* 一覧表.

e.nun.cia.ción [e.nun.θja.θjón / -.sja.sjón] 女 表明, 言明; 《数》定理の提示.

e.nun.cia.do [e.nun.θjá.do / -.sjá.-] 男 **1** → enunciación. **2** 《言》発話.

*‡**e.nun.ciar** [e.nun.θjár / -.sjár] 82 他 **1** 〈考え・理論などを〉表明する, 明確に述べる; 講じる.
2 《数》設問する.
[←〈ラ〉*ēnūntiāre*; *ex-*「外へ」+ *nūntiāre*「知らせる」(*nūntius*「使者」より派生; 関連 *anunciar*. 〈英〉*announce*, *enunciate* 「明言する」]

e.nun.cia.ti.vo, va [e.nun.θja.tí.bo, -.ba / -.sja.-] 形 **1** 陳述の, 明確に述べる, 言明的な.
2 《文法》平叙文の (= aseverativo).

e.nu.re.sis [e.nu.ré.sis] 女 《単複同形》《医》夜尿

en·va·go·nar [em.ba.go.nár] 他 《ラ米》(ｱﾙｾﾞﾝ)(ｳﾙｸﾞ)(ﾊﾟﾗｸﾞ) 貨車に積み込む.

en·vai·na·dor, do·ra [em.bai.na.ðór, -.ðó.ra] 形 鞘(さや)型[状]の. hoja *envainadora*【植】葉鞘(ようしょう).

en·vai·nar [em.bai.nár] 他 **1**〈剣を〉鞘(さや)に収める. No me saques sin razón, ni me *envaines* sin honor. 理由なく私を抜くな, また名誉なく私を鞘に収めるな(▶ 昔の騎士がよく刀身に刻んだ言葉). **2** 〈鞘のように〉包み込む. **3** 《ラ米》《ｴｸｱ》《ｺﾛﾝ》〈話〉〈人に〉迷惑をかける, 窮地に陥れる. — 自 《ラ米》《ｱﾙｾﾞﾝ》負ける, 屈服する, 譲歩する. — ~·**se** 再 《ラ米》《ｴｸｱ》《ｺﾛﾝ》《ｳﾙｸﾞ》(**en...**)〈厄介なことに〉巻き込まれる.

en·va·len·to·na·mien·to [em.ba.len.to.na.mjén.to] 男 **1** 大胆, 強気. **2** 励まし, 激励, 鼓舞.

en·va·len·to·nar [em.ba.len.to.nár] 他 **1** 大胆にさせる, 強気にさせる. **2** 励ます, 勇気づける. — ~·**se** 再 強気になる, 奮い立つ, 勇気づく.

en·va·li·jar [em.ba.li.xár] 他 旅行かばん[スーツケース]に詰める.

en·va·ne·cer [em.ba.ne.θér / -.sér] 34 他 思い上がらせる；得意にさせる, 自慢させる. — ~·**se** 再 **1** (**a + 人**)(**con... / de... / por...**)〈…に[で]〉思い上がる；〈…を〉自慢する. ~·*se con* [*de, por*] sus *éxitos* 成功に得意満面になる. **2** 《ラ米》〈植物が〉実らない.

en·va·ne·ci·mien·to [em.ba.ne.θi.mjén.to / -.si.-] 男 **1** 思い上がり, うぬぼれ. **2** 傲慢(ごうまん), 自慢.

en·va·ra·do, da [em.ba.rá.ðo, -.ða] 形 **1** 威張った, 傲慢(ごうまん)な, 高飛車な. **2** 〈人の〉影響力のある, 強力なコネ[有力な知人]を持つ. — 男女 **1** いばった[傲慢な, 高飛車な]やつ. **2** 知人の力をちらつかせるやつ.

en·va·ra·mien·to [em.ba.ra.mjén.to] 男 **1** 体がこわばること, 硬直. **2** 高慢な態度.

en·va·rar [em.ba.rár] 他 **1** 〈a + 人〉〈人の〉〈体を〉硬直させる, こわばらせる (= entumecer). **2** 《ラ米》〈植物に〉添え木をする. — ~·**se** 再 **1** 〈体が〉硬直する, こわばる. **2** 傲慢(ごうまん)になる.

en·va·ro·nar [em.ba.ro.nár] 自 たくましく育つ.

en·va·sa·do [em.ba.sá.ðo] 男 容器に詰めること. ~ al vacío 真空パック.

en·va·sa·dor, do·ra [em.ba.sa.ðór, -.ðó.ra] 形 容器に詰める. — 男女 缶詰[瓶詰]職工. — 男 〈缶詰·瓶詰用の〉じょうご.

en·va·sar [em.ba.sár] 他 **1** 容器などに入れる, 詰める；〈小麦などを〉袋に入れる. ~ zumo de naranja en lata オレンジジュースを缶詰にする. **2** 〈話〉〈酒を〉大量に飲む.

en·va·se [em.bá.se] 男 **1** 容器, 入れ物, パック. ~ desechable 使い捨て容器. leche en ~ de cartón 紙パック入りの牛乳. **2** 容器に詰めること.

en·va·si·jar [em.ba.si.xár] 他 《ラ米》《ｷｭ》《ｸﾞｱﾃﾏ》《ﾌﾟｴﾙ》→ envasar 1.

en·ve·di·jar·se [em.be.ði.xár.se] 再 **1** 〈髪·羊毛などが〉絡まる, もつれる, くしゃくしゃになる. **2** つかみ合いのけんかになる.

en·ve·gar·se [em.be.gár.se] 103 再 《ラ米》《ﾁﾘ》ぬかるむ.

***en·ve·je·cer** [em.be.xe.θér / -.sér] 34 他

1 老けさせる；老朽化させる. Este vestido oscuro te *envejece*. この黒っぽい服だと君は老けて見える. **2** 〈ワインを〉熟成させる. — 自 **1** 年を取る；老朽化する；老けて見える. Ha *envejecido* mucho por la enfermedad. 彼[彼女]は病のためすっかり老け込んでしまった. **2** 古臭くなる, 流行遅れになる. **3** 長くとどまる.

en·ve·je·ci·do, da [em.be.xe.θí.ðo, -.ða / -.sí.-] 形 **1** 年老いた；老けて見える. **2** 古臭い, 流行遅れの.

***en·ve·je·ci·mien·to** [em.be.xe.θi.mjén.to / -.si.-] 男 老化；老朽化；熟成.

en·ve·jezc- činní → envejecer.

en·ve·lar (·se) [em.be.lár(.se)] 自 再 《ラ米》《ﾁﾘ》〈話〉立ち去る, 逃げる (= ~las, *envelárse*las).

en·ve·ne·na·do, da [em.be.ne.ná.ðo, -.ða] 形 **1** 中毒を起こした. **2** 悪意のある, 毒のある.

en·ve·ne·na·dor, do·ra [em.be.ne.na.ðór, -.ðó.ra] 形 有毒な, 毒を持った. — 男女 毒殺者, 毒を盛る人.

en·ve·ne·na·mien·to [em.be.ne.na.mjén.to] 男 **1** 毒を盛ること, 毒殺；中毒. **2** 汚染, 害すること. el ~ del aire 大気汚染.

en·ve·ne·nar [em.be.ne.nár] 他 **1** 毒殺する, 毒を盛る；中毒を起こさせる. Un plato de pescado *envenenó* a toda mi familia. 魚料理で私の家族全員が中毒を起こした. **2** 〈大気などを〉汚す, 汚染する. Las aguas residuales de la fábrica han *envenenado* las potables. 工場廃水が飲み水を汚染した. **3** 毒する, 損なう, 害する. La envidia ha *envenenado* su vida. 嫉妬(とう)が彼[彼女]の人生を台無しにした. **4** 悪く取る, 悪意に解釈する. — ~·**se** 再 **1** 毒をあおる, 服毒自殺する；中毒(死)する. **2** 損なわれる.

en·ve·rar [em.be.rár] 自 〈ブドウなどが〉熟し始める, 色づき始める.

en·ver·de·cer [em.ber.ðe.θér / -.sér] 34 自 〈野原·樹木などが〉緑になる, 若葉が茂る.

en·ver·ga·du·ra [em.ber.ga.ðú.ra] 女 **1**【海】〈帆の〉幅, 上縁幅；【鳥】【航空】翼幅. **2** 〈ボクサーの〉リーチ, 腕の長さ. **3** 重要性；規模. de mucha ~ たいへん重要な. de poca ~ さして重要でない. un plan de gran ~ 大がかりな計画.

en·ver·gar [em.ber.gár] 103 他【海】〈帆を〉帆桁(ほげた)に結びつける.

en·ver·gue [em.bér.ge] 男【海】(**1**) 〈帆を〉帆桁(ほげた)に結ぶこと. (**2**) ロバンド：帆を帆桁に結ぶ短い索.

en·ver·ja·do [em.ber.xá.ðo] 男 鉄柵(さく), 鉄格子.

en·ve·ro [em.bé.ro] 男 〈果実·特にブドウの〉色づき；熟した色；色づいたブドウ.

en·vés [em.bés] 男 **1** 〈葉の〉裏；〈もの·事の〉裏側, 裏面. **2** 背(中), 背面.

en·ve·sa·do, da [em.be.sá.ðo, -.ða] 形 裏返しにした. cuero ~ 裏革.

en·ves·tir [em.bes.tír] 1 他 → investir.

***en·via·do, da** [em.bjá.ðo, -.ða] 形 送られた, 派遣された. — 男女 派遣された人；使者, 使節. ~ extraordinario 特使, 特命大使. ~ especial 〈報道の〉特派員. — 女 → envío.

en·via·ja·do, da [em.bja.xá.ðo, -.ða] 形【建】斜めの, 傾いた.

***en·viar** [em.bjár] 81 他 **1** 送る, 発送する. ~ una carta 手紙を出す. ~ dinero 送金する. Te *enviaré* el paquete hoy mismo. 今日中に君に荷物を送りましょう. Le *envío* un cordial saludo.《手紙の結句》あなたに心よりのごあいさつをお送りします.

2 行かせる, 派遣する. Él me *envió* por los li-

bros. 彼は私に本を取りに行かせた. *Hemos enviado a nuestro hijo a Japón.* 我々は息子を日本に送り出した. *Le enviaron de embajador.* 彼は大使として派遣された.
[←[ラ]*inviāre*「(道を)進む;(人を)派遣する」([ラ]*via*「道」より派生);[関連][仏]*envoyer*]

en·vi·ciar [em.bi.θjár / -sjár] 他《con...》《(悪癖)に》染まらせる. ~ a un adolescente *con* el juego 若者を賭(^か)け事におぼれさせる. — ~·se 再 1 《con... / en...》《(…)の》悪癖にふける, 《…に》おぼれる. *Se ha enviciado con la bebida.* 彼[彼女]は酒におぼれた. 2 《con... / en...》《…に》夢中になる, 《(…)の》とりこになる. 3 ゆがむ, 傾く.

en·vi·dar [em.bi.ðár] 他 自 《遊》賭(^か)け金を上乗せする.

*****en·vi·dia** [em.bí.dja] 女 羨望(^{せん}), ねたみ, 嫉妬(^し). dar ~ うらやましがらせる. comerse de la ~ 嫉妬に狂う. comerse de ~ por... 《話》…したくてたまらない. tener ~ a+人〈人〉をねたむ. con una mirada de ~ 羨望のまなざしで. *Te tengo* ~ *de haber hecho este viaje.* そんな旅行ができた君がうらやましいよ. ◆envidia は七つの大罪の一つ. → pecado.
[←[ラ]*invidiam*(*invidia* の対格);*invidēre*「敵意を持って見る;ねたむ」(*in-*+*vidēre*「見る」)より派生;[関連][仏]*envie*. [英]*envy*]

en·vi·dia·ble [em.bi.ðjá.ble] 形 うらやむべき, うらやましい. una posición ~ うらやましい地位.

*****en·vi·diar** [em.bi.ðjár] 82 他 うらやむ;ねたむ. *Envidio tu tranquilidad.* 君の落ち着きがうらやましい. ~ el cargo a+人 / ~ a+人 por su cargo 〈人〉の身分をねたむ.
Más vale ser envidiado que envidioso.《諺》人をうらやむよりは人にうらやまれるほうがいい.
no tener (nada) que envidiar a... / tener poco que envidiar a... …と比べて劣らない.

*****en·vi·dio·so, sa** [em.bi.ðjó.so, -.sa] 形 うらやましがる, ねたんでいる. estar ~ de la felicidad ajena 他人の幸福をうらやましがる.
— 男 女 羨望(^{せん})する人, 嫉妬(^し)深い人.

en·vi·do [em.bí.do] 男 《遊》(スペイン・トランプ) (mus で) 2 ポイント賭(^か)けること.

en·vi·ga·do [em.bi.ɣá.ðo] 男 《建》《集合的》梁(^{はり}), 桁(^{けた}).

en·vi·gar [em.bi.ɣár] 103 他 自 梁(^{はり})[桁(^{けた})]を架ける.

en·vi·le·ce·dor, do·ra [em.bi.le.θe.ðór, -.ðó.ra / -.se.-] 形 卑しくする, 品(位)を落とす, 下品な.

en·vi·le·cer [em.bi.le.θér / -sér] 34 他 1 卑しくする, 品(位)を落とす. 2 《経》《まれ》価値を下げる.
— ~·se 再 1 卑しくなる, 品(位)が落ちる.
2 《経》《まれ》価値が下がる.

en·vi·le·ci·mien·to [em.bi.le.θi.mjén.to / -.si.-] 男 《品性の》低下, 堕落.

en·vi·na·do, da [em.bi.ná.ðo, -.ða] 形 《ラ米》(1) (^{コロ})ワインに酔った. (2) (^{コロ})ワインレッドの.

en·vi·na·grar [em.bi.na.ɣrár] 他 …に酢をかける, 酢漬けにする.

en·vi·nar [em.bi.nár] 他〈水に〉ワインを入れる.
— ~·se 再 《ラ米》(1) (^{コロ})(^{コス})(ワインに)酔いしれる. (2) (^{コス})痛飲する.

*****en·ví·o** [em.bí.o] 男 1 送ること, 派遣. ~ de un comisario 代表者の派遣. 2 発送, 送付;発送荷物, 送金. ~ contra reembolso 受取人払い. ~ por correo 郵送. ~ por avión 空輸. gastos de ~ 送料. — 活 → enviar.

en·vión [em.bjón] 男 → empujón.

en·vis·car[1] [em.bis.kár] 102 他 …に鳥もちを塗る.
— ~·se 再 〈鳥が〉鳥もちにかかる.

en·vis·car[2] [em.bis.kár] 102 他 1 〈犬などを〉けしかける, そそのかす. 2 怒らせる, 興奮させる.

en·vi·te [em.bí.te] 男 1 《遊》賭(^か)け金のつり上げ. aceptar el ~ 賭け金のつり上げに応じる. 2 押すこと. 3 申し出, 招待.
acortar [ahorrar] envites かいつまんで話す, 要点のみを言う.
al primer envite 最初から, 初めに, いきなり.

en·viu·dar [em.bju.ðár] 自 未亡人になる, 妻[夫]を亡くす;やもめになる.

en·vo·la·ta·do, da [em.bo.la.tá.ðo, -.ða] 形 《ラ米》(^{コロ})《話》ぼんやりした.

en·vol·ti·jo [em.bol.tí.xo] 男 《軽蔑》無造作に巻いた物.

en·vol·to·rio [em.bol.tó.rjo] 男 1 包み, くくったもの. 2 包装;包装紙, カバー.

en·vol·tu·ra [em.bol.tú.ra] 女 1 包装, 包み;包装紙. 2 外見, 外層.

en·vol·ve·de·ro [em.bol.ße.ðé.ro] 男 → envolvedor.

en·vol·ve·dor [em.bol.ße.ðór] 男 1 包むもの, 包装紙. 2 (乳児のおむつなどを替えるための) 台, 小寝台.

en·vol·ven·te [em.bol.ßén.te] 形 包む, 囲む;包む. movimiento ~ 包囲行動.
— 女 《数》包絡線(= línea ~).

*****en·vol·ver** [em.bol.ßér] 23 他 [過分] は envuelto] 1 《en... …に / con... …で》包む, 包装する;覆う. ~ una avellana *en* chocolate ヘーゼルナッツをチョコレートでくるむ. ~ al bebé *con* la toalla 赤ちゃんをタオルでくるむ. papel de ~ 包装紙. el misterio que *envuelve* el asunto 事件を覆うなぞ. *Envuélva*me este libro para regalo. この本をプレゼント用に包んでください. *La niebla envolvió la ciudad.* 霧が街をすっぽり包んだ.
2 包み込む, 守る. *Pronto te envolverá la felicidad.* まもなく君を幸福が包み込むだろう. 3 《en... …に》巻く, 巻きつける. ~ hilo *en* un carrete 糸を糸巻きに巻く. 4 《軍》包囲する. ~ la plaza 広場を包囲する. 5 (論争で) やり込める, 困惑させる. ~ con buenas razones もっともらしい理由をつけて言いくるめる. 6 《en... …に》巻き込む, 巻き添えにする. *Me han envuelto en* el proceso. 私は裁判に巻き込まれた. 7 含む, 内包する.
— ~·se 再 1 《en... …に / con... …で》身を包む;巻く. ~*se en [con]* una manta 毛布にくるまる. 2 《en... …に》巻き込まれる, 巻き添えになる.
[←[ラ]*involvere*; *in-*「中へ」+ *volvere*「転がす」 (→ volver). [関連] envoltura. [英] *involve*「巻き込む;含む」]

*****en·vuel·to, ta** [em.bwél.to, -.ta] [envolver の 過分] 形《en... …に》包まれた, くるんだ;巻きつけられた. ~ *en* papel 紙で包まれた. — 男《ラ米》(^{メキ}) トルティーリャ tortilla に卵・トマトなどの具を包んで巻いたもの. — 女《複数で》おくるみ, 産着.

envuelv- 属 → envolver.

en·xe·bre [eɲ.ʃé.bre]〔ガリシア〕形 混じり気のない, 純粋な.

en·yer·bar [eɲ.jer.bár] 他《ラ米》(1)《ラプラタ》《カリブ》魅了する, うっとりさせる. (2)《中米》魔法にかける. ― ～·se 再《ラ米》(1)《話》(商売に)行き詰まる, 失敗する. (2)《アンデス》《農》〈家畜が〉毒草で中毒を起こす. (3)《カリブ》《話》ほれる, 夢中になる. (4) 雑草で覆われる, 草が生い茂る.

en·ye·sa·do, da [eɲ.je.sá.ðo, -.ða] 形 石膏(せっこう)で固定した. Lleva el brazo ～. 彼[彼女]は腕にギプスをしている. ― 男 1 しっくいを塗ること. 2【医】石膏で固めること, ギプス(をはめること).

en·ye·sa·du·ra [eɲ.je.sa.ðú.ra] 女 → enyesado 男.

en·ye·sar [eɲ.je.sár] 他 1 …にしっくいを塗る. ～ una pared 壁にしっくいを塗る. 2【医】石膏で固める, ギプスをはめる. ～ una pierna rota 骨折した足を石膏で固める.

en·ye·tar [eɲ.je.tár] 他《ラ米》《カリブ》悪影響を及ぼす, 不幸をもたらす.

en·yu·gar [eɲ.ju.gár] 103 他 1 〈牛・ロバなどに〉くびきを掛ける, くびきでつなぐ. 2 〈鐘などを〉横木につなぐ.

en·yun·tar [eɲ.jun.tár] 他 1 → enyugar. 2《ラ米》一緒にする, 合わせる.

en·yu·yar·se [eɲ.ju.jár.se] 再《ラ米》《カリブ》《ラプラタ》〈土地が〉雑草[雑木]に覆われる.

en·za·ca·tar·se [en.θa.ka.tár.se / -.sa.-] 再《ラ米》(1)《中米》《カリブ》牧草で覆われる. (2)《メキシコ》粗野になる.

en·zai·nar·se [en.θai.nár.se / -.sai.-] 88 再 1 (悪意・恨みなどを込めて)横目で見る. 2 裏切る, 欺く.

en·za·la·mar [en.θa.la.már / -.sa.-] 他 けしかける.

en·zar·zar¹ [en.θar.θár / -.sar.sár] 97 他 1 〈人・動物に〉(争い・けんかを)けしかける. 2 イバラで覆う. ― ～·se 再 1 イバラに絡まる[ひっかかる]. 2 《en...》〈厄介ごと〉に巻き込まれる, かかわり合う;《議論など》に引き込まれる.

en·zar·zar² [en.θar.θár / -.sar.sár] 97 他 〈カイコ棚に〉簧(う)の子を敷く.

en·zi·ma [en.θí.ma / -.sí.-] 男(または女)【生化】酵素. ～ digestiva 消化酵素.

en·zi·má·ti·co, ca [en.θi.má.ti.ko, -.ka / -.si.-] 形【生化】酵素の.

en·zi·mo·lo·gí·a [en.θi.mo.lo.xí.a / -.si.-] 女【生化】酵素学.

en·zi·mo·te·ra·pia [en.θi.mo.te.rá.pja / -.si.-] 女【医】(腫瘍(しゅよう)発生を阻止する)酵素治療.

en·zo·car [en.θo.kár / -.so.-] 102 他《ラ米》《カリブ》はめる入れる, 差し込む.

en·zol·var [en.θol.bár / -.sol.-] 他《ラ米》《中米》〈管などを〉詰まらせる.

en·zo·o·tia [en.θo.ó.tja / -.so.-] 女【獣医】(家畜の)風土病.

en·zo·que·tar [en.θo.ke.tár / -.so.-] 他 (木組みのがたつきを抑えるため)木片[くさび]を差し込む.

en·zun·char [en.θuɲ.tʃár / -.suɲ.-] 他 鉄たが[金環]で留める[はめる].

en·zu·rro·nar [en.θu.r̄o.nár / -.su.-] 他 1 革袋に入れる. 2 入れる, 包み込む.

e·ñe [é.ɲe] 女 アルファベットの ñ の名称.

-eño, ña《接尾》1 名詞に付いて「…の性質を持った, …に似ている」の意を表す形容詞語尾. 2 地名に付いて「…の場所の, …の人[もの]」の意を表す名詞・形容詞語尾. ⇒ abrileño, aguileño, madrileño.

eo-「初め, 原始」の意を表す造語要素. ⇒ eolito. [←〔ギ〕]

-eo《接尾》「動作, 状態」の意を表す男性名詞語尾. ► -ear で終わる動詞から派生. ⇒ mareo, paseo.

-eo, a《接尾》「…の性質を持つ, …に関する」の意を表す形容詞語尾. ⇒ espontáneo, idóneo.

e·o·ce·no [e.o.θé.no / -.sé.-] 形【地質】(第三紀の)始新世の. ― 男 始新世: 約5400万～3700万年前.

e·ó·li·co, ca¹ [e.ó.li.ko, -.ka] 形 (古代小アジアの)アイオリス Eolia の. ― 男 女 アイオリス人.

e·ó·li·co, ca² [e.ó.li.ko, -.ka] 形【ギ神】(風の神)アイオロス Eolo の; 風の, 風による.

e·o·lio, lia [e.ó.ljo, -.lja] 形 男 → eólico¹·².

e·o·li·to [e.o.lí.to] 男 原石器, 曙(あけぼの)石器.

E·o·lo [e.ó.lo] 固名【ギ神】アイオロス: 風の神. [←〔ラ〕*Aeolus*←〔ギ〕*Aíolos*「速く動く(もの)」が原義]

e·ón [e.ón] 男 1【宗】(グノーシス派で)アイオーン: 至高の神より流出した, 永遠の霊的存在. 2【哲】測り知れない長年月, 永劫(えいごう).

e·o·si·na [e.o.sí.na] 女【医】エオジン染色(液), 赤血球[筋肉]の染色試薬.

e·o·si·no·fi·lia [e.o.si.no.fí.lja] 女【医】好酸球増加.

e·o·si·nó·fi·lo [e.o.si.nó.fi.lo] 男【医】エオジン好性の組織[細胞, 物質].

e·o·si·no·pe·nia [e.o.si.no.pé.nja] 女【医】好酸球減少.

e·o·zoi·co, ca [e.o.θói.ko, -.ka / -.sói.-] 形【地質】先カンブリア期の.

e·pa [é.pa] 間投《ラ米》《話》(1)《カリブ》《コル》さあ, がんばれ. (2)《ボリビア》《コル》《カリブ》《カリブ》やあ. (3)《カリブ》気をつけて, 止まれ.

e·pac·ta [e.pák.ta] 女 1 太陽年と太陰年の日数差. 2【カト】教会暦 (= añalejo).

e·pac·ti·lla [e.pak.tí.ja ‖ -.ʎa] 女 → epacta 2.

é·pa·le [é.pa.le] 間投《驚き・不快》なんとまあ, まったく.

e·pa·na·di·plo·sis [e.pa.na.ði.pló.sis] 女【修辞】首尾同語.

e·pa·ná·fo·ra [e.pa.ná.fo.ra] 女【修辞】行頭[首句]反復 (= anáfora).

e·pa·na·lep·sis [e.pa.na.lép.sis] 女【単複同形】隔語句反復.

e·pa·nás·tro·fe [e.pa.nás.tro.fe] 女【修辞】(1) 反復法. (2) 連鎖.

e·pa·nor·to·sis [e.pa.nor.tó.sis] 女【単複同形】【修辞】換語, 訂正論法.

e·pa·tar [e.pa.tár] 他 驚嘆させる, たまげさせる. [←〔仏〕*épater*]

e·pa·zo·te [e.pa.θó.te / -.só.-] 男《ラ米》《中米》【植】アリタソウ (= pazote): 芳香性植物で食用, 薬用.

e·pén·te·sis [e.pén.te.sis] 女【単複同形】【音声】語中音添加. ⇒ crónica を corónica と発音するなど.

e·pen·té·ti·co, ca [e.pen.té.ti.ko, -.ka] 形【音声】語中音添加の, 語中挿入音の.

e·per·la·no [e.per.lá.no] 男【魚】(ニシ)キュウリウオ.

epi-「…の上[表面]」の意を表す造語要素. ► 母音の前で ep-. ⇒ epéntesis, epicentro. [←〔ギ〕]

*****é·pi·ca** [é.pi.ka] 女【詩】叙事詩. ～ medieval 中世叙事詩. ►「叙情詩」は lírica.

e·pi·car·dio [e.pi.kár.djo] 男【解剖】心筋.

e·pi·car·pio [e.pi.kár.pjo] 男 【植】外果皮.

e·pi·ce·dio [e.pi.θé.ðjo / -.sé.-] 男 葬送歌, 哀歌, 挽歌.

e·pi·ce·no [e.pi.θé.no / -.sé.-] 形 【文法】両性通用の, 通性の.
━男【文法】両性通用語, 通性名詞：1つの名詞で動物の雌雄両方を表すもの. ━**la rata, el cuervo**.

e·pi·cen·tro [e.pi.θén.tro / -.sén.-] 男 【地質】震央：地震の震源の真上の地点.

e·pi·ce·yo [e.pi.θé.jo / -.sé.-] 男 → epicedio.

e·pi·ci·clo [e.pi.θí.klo / -.sí.-] 男 【天文】周転円, 複円.

e·pi·ci·cloi·de [e.pi.θi.klói.ðe / -.si.-] 女 【数】外擺線(はいせん), 外(転)サイクロイド.

é·pi·co, ca** [é.pi.ko, -.ka] 形 **1** 【詩】**叙事詩(体)の**；叙事詩的な. **El *Cantar de Mio Cid* es un poema ~**.『わがシッドの歌』は叙事詩である. **2** 英雄的な, 雄々しい. **hazaña *épica 英雄の武勲. **3** 壮大な, 記録に残る. ━男女 叙事詩人.

e·pi·cu·re·ís·mo [e.pi.ku.re.ís.mo] 男 **1** 【哲】エピクロス主義 [哲学]. **2** 快楽 [享楽] 主義.

e·pi·cú·re·o, a [e.pi.kú.re.o, -.a] 形 **1** エピクロス主義 [派] の. **2** 快楽主義の. ━男女 **1** エピクロス主義者. **2** 快楽主義者, エピキュリアン.

E·pi·cu·ro [e.pi.kú.ro] 固名 エピクロス (前342 ? - 270)：ギリシアの哲学者.

e·pi·de·mia [e.pi.ðé.mja] 女 **1** 流行病 (の流行), 疫病 (の蔓延(まんえん)). **~ de cólera** コレラの流行. → **enfermedad** [類語]. **2** 流行, はやり, 蔓延.

e·pi·dé·mi·co, ca [e.pi.ðé.mi.ko, -.ka] 形 〈病気が〉流行性の, 伝染性の.

e·pi·de·mio·lo·gí·a [e.pi.ðe.mjo.lo.xí.a] 女 疫病学, 伝染病研究の.

e·pi·de·mio·ló·gi·co, ca [e.pi.ðe.mjo.ló.xi.ko, -.ka] 形 疫病学に関する, 伝染病研究に関する.

e·pi·de·mió·lo·go, ga [e.pi.ðe.mjó.lo.go, -.ga] 男女 疫病学者, 伝染病の研究者.

e·pi·dér·mi·co, ca [e.pi.ðér.mi.ko, -.ka] 形 表皮の, 上皮の.

e·pi·der·mis [e.pi.ðér.mis] 女 《単複同形》【解剖】【植】【動】表皮, 上皮.

e·pi·der·mó·li·sis [e.pi.ðer.mó.li.sis] 女 《単複同形》【医】表皮剝離(はくり). ━ **ampollar** 表皮水疱症.

e·pi·diás·co·po [e.pi.ðjás.ko.po] 男 【光】エピディアスコープ, 反射映写 [投映] 機.

e·pi·dí·di·mo [e.pi.ðí.ði.mo] 男 【解剖】精巣上体, 副睾丸(こうがん).

e·pi·du·ral [e.pi.ðu.rál] 形 【医】脊髄(せきずい)麻酔の.
━女 脊髄麻酔 (= anestesia ~).

E·pi·fa·ní·a [e.pi.fa.ní.a] 女 【カト】救世主の公現；主の御公現の祝日 (1月6日). → **mago**. [←[後ラ]*epiphania*←[後ギ]*epiphánia*([ギ]*epiphaínein*「表す, 示す」より派生)]

e·pi·fe·nó·me·no [e.pi.fe.nó.me.no] 男 【心】随伴現象；【医】付帯徴候.

e·pí·fi·sis [e.pí.fi.sis] 女 《単複同形》【解剖】**1** (脳の) 松果体：日周リズムなど, 生命のリズムに深い関係があるとされる. **2** 骨端.

e·pi·fi·to, ta [e.pi.fí.to, -.ta] 形 【植】着生植物の.

e·pi·fo·ne·ma [e.pi.fo.né.ma] 男 (または女) 【修辞】感嘆を感じ入ってくくる) 感嘆的結語.

e·pí·fo·ra [e.pí.fo.ra] 女 【医】流涙 (症), 涙漏.

e·pi·gás·tri·co, ca [e.pi.gás.tri.ko, -.ka] 形 上腹部の, 前胃部の.

e·pi·gas·trio [e.pi.gás.trjo] 男 【解剖】上腹部.

e·pi·ge·o, a [e.pi.xé.o, -.a] 形 【植】地上 [地表] 性の, 地上茎の.

e·pi·glo·tis [e.pi.gló.tis] 女 《単複同形》【解剖】喉頭蓋(こうとうがい).

e·pí·go·no [e.pí.go.no] 男 (一流の思想家・作家などの) 追随者, 亜流, エピゴーネン.

e·pí·gra·fe [e.pí.gra.fe] 男 **1** (巻頭・章・新聞の) 題辞, タイトル. **2** 碑銘, 碑文. [←[ギ]*epigraphē*; *epigráphein* (*epi-*「上に」+ *gráphein*「書く, 刻む」) より派生；[関連][英]*epigraph*]

e·pi·gra·fí·a [e.pi.gra.fí.a] 女 碑銘研究, 金石学, 題銘学.

e·pi·grá·fi·co, ca [e.pi.grá.fi.ko, -.ka] 形 **1** 碑銘の, 題銘の, 題辞の. **2** 碑銘 [碑文] 研究の.

e·pi·gra·fis·ta [e.pi.gra.fís.ta] 男女 碑銘 [碑文] 学者, 金石学者.

e·pi·gra·ma [e.pi.grá.ma] 男 **1** 警句, しんらつな言葉, エピグラム. **2** (警句的な短い) 風刺詩, 寸鉄詩. **3** 碑銘, 碑文.

e·pi·gra·ma·ta·rio, ria [e.pi.gra.ma.tá.rjo, -.rja] 形 警句の；風刺詩の.
━男女 風刺詩人. ━男 風刺詩集.

e·pi·gra·má·ti·co, ca [e.pi.gra.má.ti.ko, -.ka] 形 警句の；風刺詩の, 風刺的な.
━男女 警句家；風刺詩人.

e·pi·gra·ma·tis·ta [e.pi.gra.ma.tís.ta] /
e·pi·gra·mis·ta [e.pi.gra.mís.ta] 男女 警句家；風刺詩人.

e·pi·lep·sia [e.pi.lép.sja] 女 【医】てんかん. **~ gran mal** 大発作てんかん.

e·pi·lép·ti·co, ca [e.pi.lép.ti.ko, -.ka] 形 【医】てんかん (症) の. **tener un ataque ~** てんかんの発作を起こす. ━男女 てんかん患者.

e·pi·lo·ga·ción [e.pi.lo.ga.θjón / -.sjón] 女 (小説・戯曲などの) 終章, エピローグ.

e·pi·lo·gal [e.pi.lo.gál] 形 要約された, 概略の.

e·pi·lo·gar [e.pi.lo.gár] 103 他 要約する, あらましを述べる.

e·pi·lo·gis·mo [e.pi.lo.xís.mo] 男 【天文】計算.

e·pí·lo·go [e.pí.lo.go] 男 **1** (小説・戯曲などの) 終章, エピローグ；(演説の) 結び (↔ prólogo). **2** (事件の) 終局, 結末. **3** 要約, 梗概(こうがい).

E·pi·me·te·o [e.pi.me.té.o] 固名【ギ神】エピメテウス：Prometeo の弟で Pandora の夫. [←[ラ]*Epimētheus*]

e·pí·mo·ne [e.pí.mo.ne] 女 【修辞】反復語法.

e·pi·ni·cio [e.pi.ní.θjo / -.sjo] 男 凱歌(がいか), 祝勝歌.

e·pi·pe·lá·gi·co, ca [e.pi.pe.lá.xi.ko, -.ka] 形 【海】水深が200m前後の, 表海水層の.

e·pi·que·re·ma [e.pi.ke.ré.ma] 男 【論】省証証式.

e·pi·que·ya [e.pi.ké.ja] 女 【法】状況に応じた法解釈, (法律の) 拡大解釈.

e·pi·ro·gé·ne·sis [e.pi.ro.xé.ne.sis] 女 《単複同形》【地質】造陸運動.

e·pi·ro·ta [e.pi.ró.ta] 形 (古代ギリシア北西部の地方) エピルス [エペイロス] の.
━男女 エピルス人, エペイロス人.

e·pis·co·pa·do [e.pis.ko.pá.ðo] 男 【カト】**(1)** 司教の職 [任期]. **(2)** 《集合的》司教団.

e·pis·co·pal [e.pis.ko.pál] 形 【カト】司教の. **dignidad ~** 司教の位. **asamblea ~** 司教会議.
━男 【カト】(司教用の) 典礼書.

e·pis·co·pa·lia·no, na [e.pis.ko.pa.ljá.no, -.na] 形 【カト】司教首位説の, 司教制主義の.

—男女 司教制主義者.
e·pis·co·pa·lis·mo [e.pis.ko.pa.lís.mo] 男 『カト』司教団首位説, 司教制主義.
e·pis·co·pio [e.pis.kó.pjo] 男 反射投影機.
e·pis·co·po·lo·gio [e.pis.ko.po.ló.xjo] 男 (教会の)歴代司教名簿.
e·pi·só·di·ca·men·te [e.pi.só.ði.ka.mén.te] 副 挿話風に;偶発的に.
e·pi·só·di·co, ca [e.pi.só.ði.ko, -.ka] 形 **1** 挿話の,エピソード風の.**2** 一時的な,偶発的な.
*__e·pi·so·dio__ [e.pi.só.ðjo] 男 **1** 挿話, エピソード;挿話的な出来事. Esta película consta de tres ～s. この映画は3つのエピソードからできている. Este accidente fue el ～ más triste de mi vida. この事故は私の人生でもっとも悲惨な出来事であった. **2** 『ラジオ』『TV』(連続ものの)一回分. **3** ちょっとした事件, ささいな事柄. **4** 『話』思いがけない事件, やっかいな出来事.
[←[ギ] *epeisódion*「(悲劇の中で) 2つの合唱の間に挟まれた対話の部分」(「余分に入り込んだもの」が原義);[関連][英]*episode*]
e·pis·pás·ti·ca [e.pis.pás.ti.ko, -.ka] 形 『医』発疱(ﾎｳ)の;皮膚刺激性の.
e·pis·te·me [e.pis.té.me] 女 『哲』エピステーメー:ある時代, ある世代に共通の認識の基盤.
e·pis·té·mi·co, ca [e.pis.té.mi.ko, -.ka] 形 『哲』エピステーメー[認識(論)]に関する.
e·pis·te·mo·lo·gí·a [e.pis.te.mo.lo.xí.a] 女 『哲』認識論.
e·pis·te·mo·ló·gi·co, ca [e.pis.te.mo.ló.xi.ko, -.ka] 形 認識論の, 認識論的な.
e·pís·to·la [e.pís.to.la] 女 **1** 〖文章語〗書簡, 書状, 手紙. Dirigió una larga ～ a su amigo. 彼[彼女]は友人に長い手紙を出した. **2** 〖聖〗(新約の)使徒書簡;(ミサで)使徒書簡の朗読. **3** 〖詩〗書簡体詩. **4** 〖カト〗副助祭会.
e·pis·to·lar [e.pis.to.lár] 形 〖格式〗書簡(体)の, 書簡集の. una novela ～ 書簡体小説.
e·pis·to·la·rio [e.pis.to.lá.rjo] 男 書簡集;〖カト〗(ミサで朗読する)使徒書簡.
e·pis·to·le·ro [e.pis.to.lé.ro] 男 〖古語〗副助祭,(荘厳ミサで)使徒書簡を歌う司祭.
e·pis·to·lio [e.pis.tó.ljo] 男 → *epistolario*.
e·pís·tro·fe [e.pís.tro.fe] 女 〖修辞〗結句反復.
e·pi·ta·fio [e.pi.tá.fjo] 男 墓碑銘, 墓誌.
e·pi·ta·lá·mi·co, ca [e.pi.ta.lá.mi.ko, -.ka] 形 祝婚歌の.
e·pi·ta·la·mio [e.pi.ta.lá.mjo] 男 祝婚歌.
e·pi·ta·sis [e.pi.tá.sis] 女 〖単複同形〗〖文学〗(ギリシア古典劇で前提部に続く)展開部, エピタシス.
e·pi·te·lial [e.pi.te.ljál] 形 上皮の. tejidos ～*es* 〖解剖〗上皮組織.
e·pi·te·lio [e.pi.té.ljo] 男 〖解剖〗上皮(組織).
e·pi·te·lio·ma [e.pi.te.ljó.ma] 男 〖医〗上皮腫(ｼｭ).
e·pi·te·li·za·ción [e.pi.te.li.θa.θjón / -.sa.sjón] 女 〖医〗皮膚[上皮]の再生.
e·pi·te·li·zan·te [e.pi.te.li.θán.te / -.sán.-] 形 〖医〗皮膚[上皮]の再生を促すための. —男 皮膚再生ジェル[クリーム] (= pomada).
e·pí·te·ma [e.pí.te.ma] 女 → epítima **1**.
e·pí·te·to [e.pí.te.to] 男 **1** 〖文法〗特徴形容詞:名詞の持つ本来の性質を示す. ⇒ la *blanca* nieve 白雪. **2** (強い調子の)侮辱[賛美]の形容. Con fuertes ～*s* calificó la conducta de su enemigo. 彼[彼女]は敵の行為を激しい言葉で非難した.

e·pí·ti·ma [e.pí.ti.ma] 女 **1** 〖医〗湿布, パップ. **2** 慰め, 慰安.
e·pí·to·me [e.pí.to.me] 男 **1** 〖格式〗要約, 梗概(ｶﾞｲ), 概説. **2** 〖修辞〗(全体を要約した)結びの辞, 締めくくりの文節[文彩].
e·pí·tro·pe [e.pí.tro.pe] 女 〖修辞〗譲歩仮説法:相手の言い分を認めたふりをする話法.
e·pi·zo·a·rio [e.pi.θo.á.rjo / -.so.-] 男 〖動〗外部[外皮]寄生虫.
e·pi·zo·o·tia [e.pi.θo.ó.tja / -.so.-] 女 〖獣医〗(1) 動物間の流行病, 獣疫. (2) 〖ラ米〗(ﾒｷ)口蹄(ﾃｲ)病.
e·pi·zo·o·tio·lo·gí·a [e.pi.θo.(o.)tjo.lo.xí.a / -.so-] 女 〖獣医〗〖家畜[動物間]〗流行病研究, 獣疫学.
__é·po·ca__ [é.po.ka] 女 **1** 時代, 年代;(歴史的な)期間. la ～ de los Reyes Católicos カトリック両王時代. la ～ de Felipe Ⅱ フェリペ2世の時代. en la ～ romana ローマ時代には. ～ medieval 中世. ～ colonial 植民地時代. ～ moderna 近代. ～ contemporánea [actual] / nuestra ～ 現代. la bella ～ ベル・エポック, 古き良き時代. **2** 時期 (= temporada);季節. ～ de la siembra 種まきの季節. ～ lluviosa / ～ de (las) lluvias 雨期. ～ veraniega 夏期. ～ de celo 発情期. en esta ～ del año 一年のこの時期には. en su ～ 全盛期には, (人)の若いころは. **3** 〖地質〗世, 期. ～ glacial 氷河期.
de época 時代ものの, 年代物の. coche *de* ～ ビンテージカー. con sabor *de* ～ 年代物風の.
de los [las] que hacen época 〖話〗(出来事が)ものすごい. una nevada *de las que hacen* ～ 記録的な雪.
hacer [formar] época 一世を風靡(ﾋﾞ)する, 一時代を画す.
[←[後つ] *epocha*←[ギ] *epokhḗ*「時代, 時間の区切り;休止」;[関連][英]*epoch*]
e·po·da [e.pó.ða] 女 → epodo.
e·po·do [e.pó.ðo] 男 (1) エポード:長短の行が交互する古代叙情詩の一形式. (2) ギリシアの古い叙情詩の第3[最終]節. (3) 何度も繰り返される詩節の最終行.
e·pó·ni·mo, ma [e.pó.ni.mo, -.ma] 形 名祖(ｵﾔ)の. —男 名祖:民族・土地・姓などの名の起こりとなった実在または伝説上の人物, 祖.
*__e·po·pe·ya__ [e.po.pé.ja] 女 **1** 〖詩〗**叙事詩** (= épica). una ～ homérica *la Odisea* ホメロスの叙事詩『オデュッセイア』. **2** 英雄的行為, 偉業. **3** 艱難(ｶﾝ)辛苦. La operación de salvamento fue una verdadera ～. 救助作業はまさに至難の業だった.
ép·si·lon [é*p*.si.lon] 女 エプシロン, イプシロン (Ε, ε):ギリシア語アルファベットの第5字.
ep·so·mi·ta [e*p*.so.mí.ta] 女 〖鉱〗エプソム塩, 瀉利(ｼｬ)塩.
e·pu·lón [e.pu.lón] 男 美食家, 大食漢.
equi- 「等しい」の意を表す造語要素. ⇒ *equi*librio, *equi*valente. [←[ラ]]
e·qui·án·gu·lo, la [e.kjáŋ.gu.lo, -.la] 形 〖数〗等角の. triángulo ～ 等角三角形.
e·qui·dad [e.ki.ðáð] 女 **1** 公平, 公正. juzgar con ～ 公正に裁く. **2** 平静, (精神の)均衡. **3** (価格・契約条件などの)適正, 妥当性.
e·qui·dis·tan·cia [e.ki.ðis.tán.θja / -.sja] 女 等距離.
e·qui·dis·tan·te [e.ki.ðis.tán.te] 形 等距離の.
e·qui·dis·tar [e.ki.ðis.tár] 自 《*de...* …から》等距

離にある.
e·quid·na [e.kíd.na] 男《動》ハリモグラ.
é·qui·do, da [é.ki.ðo, -.ða] 形《動》ウマ科の.
—— 男《動》ウマ科.
e·qui·lá·te·ro, ra [e.ki.lá.te.ro, -.ra] 形《数》等辺の, すべての辺が等しい. triángulo ~ 正三角形.
e·qui·li·bra·do, da [e.ki.li.βrá.ðo, -.ða] 形 **1** 均衡［平衡］の取れた, バランスの取れた. espíritu ~ 安定した精神. presupuesto ~ バランスの取れた予算. **2** 分別のある, 落ち着きのある. una persona *equilibrada* 分別のある人.
—— 男 バランスを取ること.
*__e·qui·li·brar__ [e.ki.li.βrár] 他 **1** 釣り合わせる, 平衡を保たせる. ~ la carga de un camión トラックの荷のバランスを取る. ~ un peso con un contrapeso 分銅を載せて釣り合わせる.
2 均衡させる, 均整を取る.
—— ~·se 再 釣り合う, バランスが取れる.
*__e·qui·li·brio__ [e.ki.lí.βrjo] 男 **1** 釣り合い, バランス, 平衡. mantener [guardar] el ~ バランスを保つ. perder el ~ バランスを失う. permanecer en ~ 平衡［状態］を保つ. sentido del ~ 平衡感覚. barra de ~ 平均台.
2 均衡, 調和. ~ político 政治的均衡. mantener el ~ entre la demanda y la oferta 需要と供給のバランスを取る. ~ de la balanza de pagos internacionales 国際収支の均衡.
3（行動などの）節度；（精神的な）平静, 落ち着き. juzgar con ~ 公平に判断する. ~ mental 精神の安定. perder el ~ 平静を失う. **4**《複数で》妥協策. hacer ~s 妥協策をとる, うまく立ち回る. **5**《物理》均衡, 平衡. ~ estable 安定均衡.
［←《伊》*equilibrio*←《ラ》*aequilībrium* (*aequus*「等しい」+ *libra*「リーブラ（重さの単位）」+ 名詞語尾)；関連 *igual*. 〔英〕*equilibrium*］
e·qui·li·bris·mo [e.ki.li.βrís.mo] 男 曲芸, 軽業, 綱渡り.
e·qui·li·bris·ta [e.ki.li.βrís.ta] 形 曲芸師［軽業師］の. —— 男女 **1**（綱渡りなどの）曲芸師, 軽業師.
2《ラ米》《政治で》風見鶏；日和主義者.
e·qui·li·cuá [e.ki.li.kwá] 間投《問題が解決したときなどに》わかった！；《（なくしたものが）見つかったときに》やっと見つけた.
e·qui·mo·sis [e.ki.mó.sis] 女《単複同形》《医》斑状出血, (内出血による)あざ.
e·qui·no, na [e.kí.no, -.na] 形 馬の；馬のような.
—— 男 **1**《動》ウマ科. **2**《動》ウニ (= erizo de mar). **3**《建》エキナス：ドーリス式柱頭の列形(ŠA).
e·qui·noc·cial [e.ki.nok.θjál / -.sjál] 形《天文》春分［秋分］の；昼夜平分の. línea ~ 昼夜平分線.
e·qui·noc·cio [e.ki.nók.θjo / -.sjo] 男《天文》春分, 秋分, 昼夜平分点. ~ de primavera 春分. ~ de otoño 秋分.
e·qui·no·co·co [e.ki.no.kó.ko] 男《動》胞虫：サナダムシの幼虫.
e·qui·no·co·co·sis [e.ki.no.ko.kó.sis] 女《単複同形》《医》エキノコックス症.
e·qui·no·der·mo, ma [e.ki.no.ðér.mo, -.ma] 形《動》棘皮(ŠA)動物の. —— 男《複数で》(ヒトデ・ウニ・ナマコなどの)棘皮動物.
e·qui·pa·ción [e.ki.pa.θjón / -.sjón] 女《ス ポ》(特にサッカーチームなどの)オフィシャルスーツ.
*__e·qui·pa·je__ [e.ki.pá.xe] 男《集合的》荷物. facturar el ~ チェックインで荷物を預ける. hacer el ~ 荷造りする. viajar con mucho ~ たくさんの荷物を持って旅行する. ~ de mano 手荷物. exceso de ~ 手荷物の制限重量超過.
［←〔仏〕*équipage*；関連 equipo. 〔英〕*equipment* 装備］
e·qui·pal [e.ki.pál] 男《ラ米》(メキシコ)(革・棕櫚(ろょ)を張った)いす, 腰掛け.
e·qui·pa·mien·to [e.ki.pa.mjén.to] 男 **1** 備品の補給, 施設の充実化, 装備すること. **2** 必要な設備［サービス］, インフラ.
*__e·qui·par__ [e.ki.pár] 他 **1**《con... / de... …を》装備させる, 備える. ~ el ejército *de* [*con*] armamento moderno 軍隊に近代兵器を装備させる.
2《海》(航海に必要な食料を）積み込む；(人員を)乗り組ませる；艤装(キょ)する. —— ~·se《con... / de... …を》備える；装備を整える.
e·qui·pa·ra·ble [e.ki.pa.rá.βle] 形《con... / a... …に》比較できる；匹敵する.
e·qui·pa·ra·ción [e.ki.pa.ra.θjón / -.sjón] 女 比較, 同一視.
e·qui·pa·rar [e.ki.pa.rár] 他《a... / con... …と》(同等のものとして)比較する, 同等に扱う. ~ Alejandro *a* [*con*] César アレクサンドロス大王をカエサルと並べてみる.
*__e·qui·po__ [e.kí.po] 男 **1** チーム；グループ, 班. compañero de ~ チームメイト. jefe de ~ 班長, チームリーダー. ~ de colaboradores 協力者グループ. ~ de fútbol サッカーチーム. ~ de salvamento [rescate] 救助隊. ~ médico 医師団. ~ nacional [local]《スポ》ナショナル[地元]チーム.
2《集合的》装備（一式）, 設備. ~ de submarinismo ダイビング用具一式. ~ de música システムコンポ；音響設備. ~ eléctrico 電気設備. ~ físico ハードウェア. bienes de ~《経》資本財. ~ periférico《ＩＴ》周辺機器.
3 持ちもの一式, 身の回りの品；ひとそろいの衣装. ~ para un viaje 旅行の持ちもの一式. **4**《スポ》(種目で)団体. deporte por ~s 団体競技.
caerse con todo el equipo《話》ひどい失敗をする, とんでもない誤りをする.
en equipo 集団で, チームの. trabajar *en* ~ チームで働く. decidir *en* ~ 相談して決める.
e·qui·po·la·do, da [e.ki.po.lá.ðo, -.ða] 形《紋》puntos ~s 9（または15）分割のチェックの図形.
e·qui·po·len·cia [e.ki.po.lén.θja / -.sja] 女《論》《数》等価, 等値 (= equivalencia).
e·qui·po·len·te [e.ki.po.lén.te] 形《論》《数》等値の, 等価の.
e·qui·pon·de·ran·te [e.ki.pon.de.rán.te] 形 同一重量の.
e·qui·pon·de·rar [e.ki.pon.de.rár] 自 重さが同じである, 同重量である.
e·qui·po·ten·te [e.ki.po.tén.te] 形《数》〈2つの集合が〉同値である, (集合の濃度が)対等である.
e·quis [é.kis] 形《性数不変》不定の. un número ~ de personas X人の人々.
—— 女《単複同形》 **1** アルファベットの X の名称. **2** X字形のもの. **3**《数》未知数. **4** 未知のもの, 確認できないもの.
estar en la equis《ラ米》(メキシコ)(コロン)(パナマ)《話》やせすぎている；文無しである.
hecho una equis《話》酔って.
e·qui·se·tá·ce·o, a [e.ki.se.tá.θe.o, -.a / -.se.-] 形《植》トクサ科の.
—— 女 トクサ科の植物；《複数で》トクサ科.

e·qui·se·to [e.ki.sé.to] 男【植】(スギナなどの)トクサ科の植物の総称.

e·qui·ta·ción [e.ki.ta.θjón / -.sjón] 女 馬術, 乗馬. Al niño le gusta la ～. その子は乗馬が好きだ.

e·qui·ta·ti·vo, va [e.ki.ta.tí.bo, -.ba] 形 公平な, 公正な. trato ～ 公平な扱い.

é·qui·te [é.ki.te] 男 (古代ローマの) 騎士.

equivaldr- 活 →equivaler.

e·qui·va·len·cia [e.ki.ba.lén.θja / -.sja] 女 同等, 等価, 等値.

E **e·qui·va·len·te** [e.ki.ba.lén.te] 形 1 《a... / de...…と》同等の, 等価値の. una pintura ～ a un millón de euros 100万ユーロ相当の絵画. 2 《数》同値の, 等積の. figuras ～s 等積図形. proyección ～ 等積図法.
— 男 1 同等のもの, 同量, 等価. 2 【化】(分子の) 当量. ～ mecánico del calor 熱の仕事当量. ～ gramo グラム分子量. ～ de Joule (熱力の) ジュールの当量. 3 《数》(数式の)同値; (図形の) 等積.

E **e·qui·va·ler** [e.ki.ba.lér] 47 自 《a...》 1 《…と》同等である, 《…に》相当する. Un metro equivale a cien centímetros. 1メートルは100センチに相当する. Su silencio equivale a decir que ella no quiere salir conmigo. 彼女が何も言わないのは僕と出かけたくないと言っているのと同じだろう. Su conducta equivale a un insulto. 彼(彼女)の行為は侮辱も同然だ. 2 《数》《…と》同値[等値] である. Tres más cinco equivale a ocho. 3たす5は8.

equivalg- 活 →equivaler.

E **e·qui·vo·ca·ción** [e.ki.bo.ka.θjón / -.sjón] 女 間違い, 誤り; 誤解. cometer una ～ 間違う. por ～ 間違って. lleno de equivocaciones 間違いだらけの.

e·qui·vo·ca·da·men·te [e.ki.bo.ká.ða.mén.te] 副 間違って, 誤って.

E **e·qui·vo·ca·do, da** [e.ki.bo.ká.ðo, -.ða] 形 間違った, 誤りをした, 間違いをした. un juicio ～ 間違った判断. Está Ud. ～. あなたは間違っていますよ.

e·qui·vo·ca·men·te [e.kí.bo.ka.mén.te] 副 あいまいに, 紛らわしく.

** **e·qui·vo·car** [e.ki.bo.kár] 92 他 1 《con... …と》間違える, 取り違える. ～ su carrera (比喩的) 進路を誤る. En la fiesta equivocaron mi nombre con el de mi hermano. パーティーで私の名前が弟のものと間違えられた. 2 混乱させる, 誤らせる. No hables cuando estoy contando, que me equivocas. 計算をしているときに話しかけないでよ. 間違っちゃうじゃない.
— ～se 再 1 《de... / en... …を》間違える, 誤る. si no me equivoco 私の思い違いでなければ. ～se de habitación 部屋を間違える. Si crees que eres el mejor, te equivocas. 君は自分が一番だと思っているなら大間違いだ. Parece que nos equivocamos en el cálculo. 私たちは計算を間違ったようだ. 2 《con... …を》誤解する, 思い違いをする. Me equivocaba con el jefe. 私は上司のことを誤解していた.
[equívoco (←[後ラ] aequivocus; [ラ] aequus 「同種の(意味の)の」+ vōx「声; 言葉」+形容詞語尾) より派生, [関連][英] equivocal「あいまいな」]

e·qui·vo·ci·dad [e.ki.bo.θi.ðáð / -.si-] 女 誤解を招くような言動.

e·qui·vo·co, ca [e.kí.bo.ko, -.ka] 形 1 あいまいな; 両義の, 多義の. frase equívoca 紛らわしい文; あいまいな言葉遣い. respuesta equívoca どうにでも取れる返事. 2 疑わしい. conducta equívoca 不審な行状.
— 男 1 思い違い, 間違い, 誤解. Hubo un ～ entre nosotros. 私たちの間には誤解があった. 2 あいまいな話[表現]; 【修辞】両義語, 多義語. discurso lleno de ～s あいまいな表現ばかりの演説.
— 活 →equivocar.

equivoque(-) / equivoqué(-) 活 →equivocar.

Er 【化】 erbio エルビウム.

E **e·ra**¹ [é.ra] 女 1 時代, 時期. era paleolítica [neolítica] 旧[新]石器時代. era de la informática 情報の時代. era (de explotación) espacial 宇宙(開発)の時代. 2 紀元. era cristiana (キリスト) 紀元, 西暦. era española / era de César スペイン紀元: 紀元前38年等. 3 【地質】代. era cenozoica [terciaria] 新生代, 第三紀. era mesozoica [secundaria] 中生代, 第二紀. era paleozoica [primaria] 古生代, 第一紀.

e·ra² [é.ra] 女【農】(まれ) (1) 脱穀場. (2) (1区画の) 菜園, 畑. (3) [ラ米](ミテン)花壇.

era(-) / éra- 活 →ser.

-era (接尾) 1「容器, 場所」の意を表す女性名詞語尾. ⇒ cantera, jabonera. 2「…の木」の意を表す女性名詞語尾. ⇒ morera. 3「体質, 肉体的特徴」の意を表す女性名詞語尾. ⇒ borrachera.

e·ral, ra·la [e.rál, -.rá.la] 男 女 (2歳未満の)子牛.

e·ra·rio [e.rá.rjo] 男 1 公庫, 国庫; 公金 (= ～ público). 2 (銀行などの) 大金庫.

e·ras·mia·no, na [e.ras.mjá.no, -.na] 形 (古代ギリシア語の発音法) エラスムス式発音の.
— 男 女 エラスムス式発音採用者.

e·ras·mis·mo [e.ras.mís.mo] 男 エラスムス学派, エラスムス主義.

e·ras·mis·ta [e.ras.mís.ta] 形 エラスムス主義の.
— 男 女 エラスムス学派[主義]の人.

E·ras·mo [e.rás.mo] 固名 エラスムス Desiderio ～ (1466?–1536): オランダの人文主義者・神学者.

É·ra·to [é.ra.to] 固名【ギ神】エラト: 恋愛詩を司(ﾂｶｻﾄ)る女神. →musa. [←[ラ] Erato←[ギ] Erató (eratós「最愛の」より派生); [関連] Eros]

er·bio [ér.bjo] 男【化】エルビウム: 金属元素 (記号 Er).

Er·ci·lla [er.θí.ʝa | -.ʎa / -.sí.-] 固名 エルシリャ Alonso de ～ (1533–94): スペインの詩人・軍人. 作品 La Araucana 『ラ・アラウカナ』で先住民アラウコ人との戦争を描いた. →araucano.

e·re [é.re] 女 アルファベットのrの名称.

e·re·bo [e.ré.bo] 男【文章語】【ギ神】冥府(ﾒｲﾌ), 地獄.

e·rec·ción [e.rek.θjón / -.sjón] 女 1 【格式】建立, 建設; 設立. 2 昇格. 3 (性器の) 勃起(ﾎﾞｯｷ).

e·réc·til [e.rék.til] 形 起立性の, 勃起(ﾎﾞｯｷ)性の.

e·rec·to, ta [e.rék.to, -.ta] 形 直立した; 硬直した;【植】垂直の.

e·rec·tor, to·ra [e.rek.tór, -.tó.ra] 形 硬直させる, 建てる; 勃起させる.
— 男 女 建設者, 創設者.

e·re·mi·ta [e.re.mí.ta] 男 女 隠者, 世捨て人.

e·re·mí·ti·co, ca [e.re.mí.ti.ko, -.ka] 形 隠者の, 世捨て人の. vida eremítica 隠遁(ｲﾝﾄﾞﾝ)生活.

e·re·mi·to·rio [e.re.mi.tó.rjo] 男 隠者のいおりのある場所.

e·res [é.res] 活 →ser.

e·re·tis·mo [e.re.tís.mo] 男【医】神経過敏症, (刺

erg¹ [érɡ] 男【地理】砂丘に続く大砂漠.

erg² [érɡ] 男【物理】エルグ. →ergio.

er·gás·tu·la [er.ɡás.tu.la] 女 (古代ローマの奴隷用の)牢獄.

er·gio [ér.xjo] 男【物理】エルグ：エネルギー, 仕事量の国際単位(記号 erg).

er·go [ér.ɡo] [ラ] 接続 それ故に, だからこそ (= por tanto, luego, pues).

er·go·gra·fo [er.ɡó.ɡra.fo] 男 エルゴグラフ, (筋肉)疲労測定器.

er·go·me·trí·a [er.ɡo.me.trí.a] 女 筋肉の運動量, 筋力測定.

er·go·no·mí·a [er.ɡo.no.mí.a] 女 人間工学, エルゴノミクス.

er·go·nó·mi·co, ca [er.ɡo.nó.mi.ko, -.ka] 形 人間工学[エルゴノミクス]に関する.

er·gó·no·mo, ma [er.ɡó.no.mo, -.ma] 男 女 人間工学[エルゴノミクス]の専門家.

er·go·ti·na [er.ɡo.tí.na] 女【薬】エルゴチン, 麦角エキス.

er·go·tis·mo¹ [er.ɡo.tís.mo] 男【医】麦角[エルゴチン]中毒.

er·go·tis·mo² [er.ɡo.tís.mo] 男【哲】詭弁術；詭弁癖.

er·go·tis·ta [er.ɡo.tís.ta] 形【哲】三段論法を多用するような. ― 男 女 三段論法を多用する人.

er·go·ti·zar [er.ɡo.ti.θár / -.sár] 自【哲】三段論法を多用する.

er·gui·do, da [er.ɡí.ðo, -.ða] 形 直立した, そびえ立った, ぴんと立った.

er·gui·mien·to [er.ɡi.mjén.to] 男 立てること, 持ち上げること.

***er·guir** [er.ɡír] 7 他 立てる, 上げる, 〈頭などを〉もたげる. Al oír el ruido, el gato *irguió* las orejas. その物音を聞くと猫は耳をぴんと立てた. ― ~·se 再 1 直立する, 立つ. 2 そびえる, そびえ立つ. La montaña *se yergue* a lo lejos. 遠くに山がそびえている. 3 思い上がる, うぬぼれる.

erguir la cabeza 恥ずかしがらない, 臆しない, 堂々と胸を張る.

e·rial [e.rjál] 形 未開拓の. un terreno ~ 荒れ地. ― 男 未開拓地, 荒れ野.

e·ri·cá·ce·as [e.ri.ká.θe.as / -.se.-] 女《複数形》【植】ツツジ科(の植物).

E·ri·ce [e.rí.θe / -.se] 固名 エリセ Víctor ~ (1940－)：スペインの映画監督. 作品 *El espíritu de la colmena* 『ミツバチのささやき』.

E·rí·da·no [e.rí.ða.no] / **E·ri·da·nus** [e.ri.ðá.nus] 固名【星座】エリダヌス座.

e·ri·gir [e.ri.xír] 10 他 1 建立する, 建てる, 建設する. ~ un monumento 記念碑を建てる. ~ un templo 神殿を建立する. 2 創設する, 設置する. ~ una escuela 学校を創設する. 3 任命する, 昇格させる. ~ (en) presidente del comité 委員長に任命する.

― ~·se 再 (**en...**)〈…の地位に〉自ら就く；〈…を〉自任する. ~*se en juez* 裁判官を気取る.

e·ri·na [e.rí.na] 女【医】鉗子.

e·rin·ge [e.ríŋ.xe] 女【植】セリ科エリンジウム属の一種.

E·ri·nias [e.rí.njas] 固名【ギ神】エリニュエスたち：Alecto, Tisífone, Mégera の復讐の三女神. ローマ神話の Furias に当たる.

e·ri·si·pe·la [e.ri.si.pé.la] 女【医】丹毒.

erogación

e·ri·te·ma [e.ri.té.ma] 男【医】紅斑. ~ *infeccioso* 伝染性紅斑. ~ *nodoso* 結節性紅斑.

e·ri·te·ma·to·so, sa [e.ri.te.ma.tó.so, -.sa] 形【医】紅斑の, 紅斑に似た.

E·ri·trea [e.ri.tré.a] 固名 エリトリア：アフリカ北東部の紅海に面した国. 首都 Asmara. [← [ラ] *Erythraea* [ギ] *erythraíos* 「エリトリアの；紅海の」より派生；原義は「赤みがかった」；関連 *rojo*. [英] *red*]

e·ri·tre·o, a [e.ri.tré.o, -.a] 形 1《文章語》紅海の. 2 エリトリアの, エリトリア人の. ― 男 女 エリトリア人.

e·ri·tro·ci·to [e.ri.tro.θí.to / -.sí.-] 男【生物】赤血球.

e·ri·tro·der·ma [e.ri.tro.ðér.ma] 女【医】皮膚の紅潮, 紅皮病, 剥脱性皮膚炎.

e·ri·tro·der·mia [e.ri.tro.ðér.mja] 女【医】紅皮症.

e·ri·tro·fo·bia [e.ri.tro.fó.bja] 女【医】赤面恐怖症, 恐紅病.

e·ri·tro·po·ye·sis [e.ri.tro.po.jé.sis] 女【単複同形】【医】赤血球形成.

e·ri·tro·po·ye·ti·na [e.ri.tro.po.je.tí.na] 女【医】造血刺激ホルモン, エリスロポエチン.

e·ri·za·do, da [e.ri.θá.ðo, -.ða / -.sá.-] 形 (**de...**) 1 〈…で〉〈毛が〉逆立った；〈(とげ・針)で〉覆われた. ~ *de espinas* とげだらけの. 2 〈(問題・困難)で〉いっぱいの. problema ~ *de dificultades* 困難に満ちた問題.

e·ri·za·mien·to [e.ri.θa.mjén.to / -.sa.-] 男 (恐怖などで)髪の毛[体毛]が逆立つこと.

e·ri·zar [e.ri.θár / -.sár] 10 他 1 〈毛を〉逆立てる；〈とげ・針状のものを〉立てる, 突き立てる. El miedo le *erizó* el pelo. 彼[彼女]は恐怖で髪の毛が逆立った. 2 〈困難・障害などで〉満たす, いっぱいにする. ― ~·se 再 1 (恐怖・寒さなどで)〈毛が〉逆立つ, 鳥肌が立つ. Se me *erizó* el pelo del susto. 私は驚きのあまり髪の毛が逆立った. 2 おどおどする, 不安になる.

e·ri·zo [e.rí.θo / -.so] 男 1【動】ハリネズミ. 2 (クリなどの)いが. 3《話》気難し屋；手に負えないやつ；髪を逆立てた人. 4【建】忍び返し. 5【植】とげの多いマメ科の植物. 6【魚】ハリセンボン.

erizo de mar / *erizo marino*【動】ウニ.

e·ri·zón [e.ri.θón / -.són] 男【植】ゲニスタ；ヒトツバエニシダ.

er·mi·ta [er.mí.ta] 女 隠者のいおり, 人里離れた礼拝堂.

er·mi·ta·ño, ña [er.mi.tá.ɲo, -.ɲa] 男 女 1 世捨て人, 隠遁者；隠修士. 2 孤独な生活を好む人. ― 男【動】ヤドカリ (= *cangrejo* ~).

Er·nes·to [er.nés.to] 固名 エルネスト：男子の洗礼名. [←[古高地ドイツ] *Ernst* (原義は「まじめさ」)；関連 [ポルトガル][伊] *Ernesto*. [仏][英] *Ernest*. [英] *earnest*「真剣な」, [独] *Ernst*]

-ero (接尾) 1「容器, 場所」の意を表す男性名詞語尾. ⇒*llavero*. 2「…の木」の意を表す男性名詞語尾. ⇒*limonero*.

-ero, ra (接尾) 1「…の性質を持った, …の, …好きの」の意を表す形容詞語尾. ⇒*futbolero, habanero*. 2「職業」の意を表す名詞語尾. ⇒*cartero, peluquera*.

e·ro·ga·ción [e.ro.ɡa.θjón / -.sjón] 女 1 (資産の)分配, 配分. 2《ラ米》(1)(メキシコ)(パラグアイ)(プエルトリコ)(ウルグアイ)借金の返済；支出, 支払い. (2)(チリ)(メキシコ)(ニカラグア)寄付, 贈与.

e·ro·gar [e.ro.gár] 配 他 **1**〈資産を〉分配する, 配分する. **2**《ラ米》(1)《チリ》《ホ》寄付する, 献金する. (2)《グアテ》《ぺ》《話》支払う, 出費する;《アル》借金を返す.

e·ró·ge·no, na [e.ró.xe.no, -.na] 形 性的興奮を引き起こす. zonas *erógenas* 性感帯.

e·ros [é.ros] 男《単複同形》《心》生の本能, エロス; 性愛.

Eros [é.ros] 固名 **1**《ギ神》エロス:Afrodita の息子で恋愛の神;ローマ神話の Cupido に当たる. **2**《天文》エロス:第433番の小惑星.
[←〔ラ〕*Erōs*←〔ギ〕*Érōs* (*érōs*「愛, 欲望」より派生);関連] erótico]

e·ro·sión [e.ro.sjón] 囡 **1**《地質》浸食, 磨耗, 磨滅. ～ glacial [pluvial] 氷河[雨]による浸食. ～ eólica 風化. **2**《威信などの》下落, 喪失. **3**《医》糜爛(びらん), ただれ.

e·ro·sio·nar [e.ro.sjo.nár] 他 **1** 浸食する;風化[磨耗]させる. **2**〈威信などを〉喪失させる.
— ～·se 再 **1** 浸食する;磨耗する. **2**〈威信などが〉損なわれる.

e·ro·si·vo, va [e.ro.sí.βo, -.βa] 形 浸食(性)の;風化の.

e·ros·tra·tis·mo [e.ros.tra.tís.mo] 男 売名偏執狂.

e·ro·te·ma [e.ro.té.ma] 囡《修辞》疑問.

e·ró·ti·ca·men·te [e.ró.ti.ka.mén.te] 副 官能的に.

*****e·ró·ti·co, ca** [e.ró.ti.ko, -.ka] 形 **官能的な**, エロティックな;性愛の. novela *erótica* 官能小説.
—囡 **1** 心を引きつけるもの, 魅力. la *erótica* del poder 権力の誘惑. **2** 恋愛詩.

e·ro·tis·mo [e.ro.tís.mo] 男 **1** 好色, エロティシズム. **2** 性的興奮, 性衝動, 性欲.

e·ro·ti·za·ción [e.ro.ti.θa.θjón / -.sa.sjón] 囡 官能的[エロティック]になる[する]こと.

e·ro·ti·zar [e.ro.ti.θár / -.sár] 97 他 **1** 官能的なものにする, 官能的に解釈する. **2** 官能的なメッセージを送る.

e·ro·to·ma·ní·a [e.ro.to.ma.ní.a] 囡《医》色情狂.

e·ro·tó·ma·no, na [e.ro.tó.ma.no, -.na] 形 色情狂の, 好色な. —囡囡 色情狂の人, 好色家.

e·rra·bun·do, da [e.ra.βún.do, -.da] 形 放浪[流浪]の;遊牧の.

e·rra·da·men·te [e.řá.ða.mén.te] 副 間違えて, 誤って.

e·rra·di·ca·ción [e.řa.ði.ka.θjón / -.sjón] 囡 根絶, 撲滅.

e·rra·di·car [e.řa.ði.kár] 103 他 **1** 根こそぎにする. **2** 根絶[撲滅]する, 皆無にする. ～ un vicio 悪習を一掃する.

e·rra·do, da [e.řá.ðo, -.ða] 形 **1** 間違った, 誤った. estar ～ 間違っている. **2** 見当はずれの.

e·rraj [e.řá(x)] 男《ラ》(オリーブの種をつぶした)粉炭.

e·rran·te [e.řán.te] 形 放浪[流浪]の, 渡り歩く. mendigo ～ 浮浪者.

***e·rrar** [e.řár] 11 自 **1**《格式》(en... …を)**間違える**, 誤る;的を外す. *E*～ es humano. 人間は過ちを犯すものだ. *Erró* en la elección de su profesión. 彼[彼女]は職業の選択を誤った. **2**《格式》さまよう, 放浪する. **3** 本筋から外れる, 逸脱する;(考えなどが)散漫になる.
—他 **1** 間違える. ～ el camino 道を間違える. ～ la respuesta 返答を誤る. **2**〈的を〉外す. ～ el blanco 標的を外す. ～ el golpe 殴り損ねる.
[←〔ラ〕*errāre*;関連][スペイン][英] *error*.〔英〕 *err*]

e·rra·ta [e.řá.ta] 囡 誤字, 誤植. fe de ～s 正誤表.

e·rrá·ti·co, ca [e.řá.ti.ko, -.ka] 形 **1** 放浪の;移動性の. animal ～ 移動性の動物. **2** 異常な, 変わった. **3**《医》迷走性の. dolor ～《リューマチなどの》迷走性の痛み.

e·rrá·til [e.řá.til] 形 不確定の, 変わりやすい.

e·rre [é.ře] 囡 アルファベット rr の名称.
erre que erre《話》頑固に, しつこく.

-érri·mo, ma（接尾）絶対最上級 -ísimo の異形. ある特定の形容詞にのみ付く. ⇒ libérrimo, paupérrimo.

e·rrón [e.řón] 形《ラ米》《コンゴ》《話》(闘鶏で)反則の攻撃[蹴り]を行った.

e·rro·na [e.řó.na] 囡《ラ米》《チリ》(賭けで)外れ.

e·rró·ne·a·men·te [e.řó.ne.a.mén.te] 副 間違って.

e·rró·ne·o, a [e.řó.ne.o, -.a] 形 間違った, 誤りの. identificación *errónea* 誤認.

*****e·rror** [e.řór] 男 **1 間違い, 誤り;過失**. cometer [incurrir en] un ～ 誤る, ミスをする. caer en un ～ 失敗する;過失をする. por ～ 誤って. salvo ～ u omisión《契約書などで》誤記・脱落はその限りにあらず. ～ de imprenta / ～ tipográfico 印刷ミス, 誤植. ～ judicial《法》誤審. ～ de cálculo 計算ミス. ～ de máquina / ～ de tecla タイプミス. ～ médico 医療過誤. **2** 思い違い, 考え違い;誤解. una teoría llena de ～*es* 誤りだらけの理論. Estás en un ～ si crees que ella te ayudará. 彼女が手伝ってくれると思ったら大間違いだよ. **3**《数》誤差. ～ absoluto [relativo] 絶対[相対]誤差. **4**〖IT〗エラー. ～ del sistema システムエラー. **5**（宗教上の）過ち.
error de (mucho) bulto 重大な誤り.

ERT [éřt] 男《略》*E*xplosivos *R*ío *T*into (スペイン) リオティント爆薬会社.

er·tzai·na [er.tʃái.na // -.tsá.na]〔バスク〕男囡 (スペイン)バスクの警察官.

er·tzain·tza [er.tʃá(i)n.tʃa // -.tsán.tsa]〔バスク〕囡 (スペイン)バスク州[地方]警察.

e·ru·bes·cen·cia [e.ru.βes.θén.θja / -.sén.sja] 囡 赤面, 羞恥(しゅうち).

e·ru·bes·cen·te [e.ru.βes.θén.te / -.sén.-] 形 赤くなる, 赤面する.

e·ruc·tar [e.ruk.tár] 自 げっぷが出る.

e·ruc·to [e.rúk.to] 男 げっぷ, おくび.

***e·ru·di·ción** [e.ru.ði.θjón / -.sjón] 囡 **学識**, 博識. ～ filosófica 哲学についての学識. Es un hombre de vasta ～. 彼の学識はたいへんなものだ.

e·ru·di·ta·men·te [e.ru.ðí.ta.mén.te] 副 博学に, 博識をもって;学者らしく.

***e·ru·di·to, ta** [e.ru.ðí.to, -.ta] 形 **博識な**, 博学な, 物知りの. un hombre muy ～ 博学多識の人.
—男囡 **学者**, 識者, 物知り. ～ a la violeta えせインテリ, 半可通. ～ en... …に精通している.
[←〔ラ〕*ērudītum* (*ērudītus* の対格);*ērudīre*「教える」(*ex*-「外へ」+ *rudis*「粗野な」+動詞語尾;「粗暴さ・無知を取り除く」が原義)の完了分詞]

e·ru·gi·no·so, sa [e.ru.xi.nó.so, -.sa] 形 さびた, さびのある.

e·rup·ción [e.rup.θjón / -.sjón] 囡 **1**《医》発疹(はっしん);吹き出物. ～ polimorfa lumínica 多形日光

疹. **2**〖地質〗噴気. estar en ～ 噴火している. **3** 噴出；勃発.
e·rup·ti·vo, va [e.ruf.tí.βo, -.βa] 形 **1**〖地質〗噴火による，噴出物の. rocas *eruptivas* 火成岩.
2〖医〗発疹(ほっしん)性の.
e·rup·to [e.rúp.to] 男 (ラ米)(ふん)(げっぷ), おくび.
e·ru·ta·ción [e.ru.ta.θjón / -.sjón] 女 → eructo.
er·va·to [er.βá.to] 男〖植〗カワラボウフウ属の一種.
er·vi·lla [er.βí.ja ‖ -.ʎa.] 女〖植〗カラスノエンドウ，ヤハズエンドウ.
es [és] 活 → ser.
es- (接頭)「分離，除去」の意. ⇒ *es*capar, *es*coger. ▶ しばしば des- と混同される. ⇒ *es*campar (*des*campar), *es*pabilar (*des*pabilar).
Es 〖化〗einstenio アインスタイニウム.
-és, -esa (接尾)国名，地方[都市]名などに付いて「…の，…に属する，…の人[もの]」の意を表す名詞・形容詞語尾. ▶ 男性形は言語名も表す. ⇒ aragon*és*, franc*és*.
e·sa [é.sa] 形 → ese.
é·sa [é.sa] 代名 → ése.
-esa (接尾)「…の職[地位]にある女性，…の職[地位]にある人の夫人」の意を表す女性名詞語尾. ⇒ abade*sa*, conde*sa*.
e·sas [é.sas] 形 → ese.
é·sas [é.sas] 代名 → ése.
E·sa·ú [e.sa.ú] 固名〖聖〗エサウ：Isaac の息子. 弟のヤコブ Jacob に一杯の羹(あつもの)と引き替えに家督相続権を譲った.
es·ba·ti·men·tar [es.βa.ti.men.tár] 他〖美〗…に陰影をつける. ━ 自〖美〗影を投じる.
es·ba·ti·men·to [es.βa.ti.mén.to] 男〖美〗陰，陰影.
es·bel·tez [es.βel.téθ / -.tés] 女 すらりとしていること.
***es·bel·to, ta** [es.βél.to, -.ta] 形 ほっそりした，すらりとした.
es·bi·rro [es.βí.ro] 男 **1**〖軽蔑〗手先，用心棒，子分. **2**〖軽蔑〗(法の)執行人. **3**〖史〗執行吏.
es·bo·zar [es.βo.θár ‖ -.sár] 97 他 **1** スケッチ[素描]する. ～ un dibujo a lápiz 鉛筆でスケッチをする. **2** 概略[アウトライン]を述べる，略述する. **3** (表情などに)かすかに表す.
es·bo·zo [es.βó.θo / -.so] 男 **1** 素描，スケッチ，下絵. **2** 素案，試案；概略. **3** かすかな表情.
es·ca·be·cha·do, da [es.ka.βe.tʃá.ðo, -.ða] 形 **1**〖料〗マリネ[酢漬け]した. atún ～ マグロのマリネ. **2**〖話〗白髪を染めた；化粧を塗りたくった.
es·ca·be·char [es.ka.βe.tʃár] 他 **1**〖料〗マリネ[酢漬け]にする. **2**〖話〗(試験で)落とす. **3**〖話〗(刀剣で)殺す. **4**〖話〗(白髪を)染める.
es·ca·be·che [es.ka.βé.tʃe] 男〖料〗 **(1)** マリネード：酢・油・香辛料を混ぜたマリネ用漬け汁. **(2)** (魚・肉などの)マリネ. trucha en ～ マスのマリネ.
es·ca·be·chi·na [es.ka.βe.tʃí.na] 女〖話〗 **1** 大量の落第生. **2** 大被害，大破壊.
es·ca·bel [es.ka.βél] 男 **1** 足載せ台；スツール，(背のない)腰掛け. **2** 《比喩的》踏み台として利用される人.
es·ca·bio [es.ká.βjo] 男 (ラ米)(アルゼ)〖話〗アルコール飲料.
es·ca·bio·sa [es.ka.βjó.sa] 女〖植〗マツムシソウ.
es·ca·bio·so, sa [es.ka.βjó.so, -.sa] 形〖獣医〗疥癬(かいせん)の，疥癬にかかった.
es·ca·bro [es.ká.βro] 男 **1**〖獣医〗(羊の)疥癬(かいせん).
2〖植〗樹皮がかさぶた状になる病気.
es·ca·bro·si·dad [es.ka.βro.si.ðáð] 女 **1** (土地の)険しさ. **2** 困難，難しさ. **3** 卑猥(ひわい)さ，猥褻(わいせつ)さ. **4** (性格の)粗暴さ.
es·ca·bro·so, sa [es.ka.βró.so, -.sa] 形 **1** 〈土地が〉険しい. **2** 難しい，困難な. **3** 卑猥(ひわい)な. historia *escabrosa* きわどい話. **4** (性格の)粗暴さ.
es·ca·bu·che [es.ka.βú.tʃe] 女 (除草用の) 小鍬(ぐわ)，草削り.
es·ca·bu·llar·se [es.ka.βu.jár.se ‖ -.ʎár.-] 再《ラ米》→ escabullirse.
es·ca·bu·lli·mien·to [es.ka.βu.ji.mjén.to ‖ -.ʎi.-] 男 〈物の〉滑り落ちること；こっそり立ち去ること.
es·ca·bu·llir·se [es.ka.βu.jír.se ‖ -.ʎír.-] 72 再〖話〗 **1** (手から)滑り落ちる；すり抜ける.
2 こっそり抜け出す；(義務などから)逃れる.
es·ca·ca·do, da [es.ka.ká.ðo, -.ða] 形 → escaqueado.
es·ca·cha·lan·dra·do, da [es.ka.tʃa.lan.drá.ðo, -.ða] 形 (ラ米)(エク)(チリ)〖話〗だらしない，ぞんざいな.
es·ca·char [es.ka.tʃár] 他 つぶす，砕く，壊す. ━ ～·se 再〖まれ〗つぶれる.
es·ca·cha·rrar [es.ka.tʃa.rár] 他〖話〗壊す，だめにする，台無しにする.
━ ～·se 再〖話〗壊れる，だめになる.
es·ca·chi·fo·llar [es.ka.tʃi.fo.jár ‖ -.ʎár] / **es·ca·chi·fu·llar** [es.ka.tʃi.fu.jár ‖ -.ʎár] 他〖話〗壊す. ━ ～·se 再〖話〗壊れる.
es·ca·fan·dra [es.ka.fán.dra] 女 **1**〖海〗潜水具，潜水服. ～ autónoma スキューバ，アクアラング.
2〖航空〗宇宙服.
es·ca·fan·dris·ta [es.ka.fan.drís.ta] 男 女 潜水夫；スキューバダイバー.
es·ca·fan·dro [es.ka.fán.dro] 男 → escafandra.
es·ca·foi·des [es.ka.fói.ðes] 形〖解剖〗舟状の.
━ 男 (単複同形)〖解剖〗舟状骨 (= hueso ～).
es·ca·ga·rru·zar·se [es.ka.ga.ru.θár.se / -.sár.-] 再〖俗〗おもらしをする.
es·ca·jo [es.ká.xo] 男 荒地.
****es·ca·la** [es.ká.la] 女 **1** 段階，等級；尺度. ～ de colores 色度表. ～ de salarios 賃金レベル[表]. ～ de valores 価格帯；価値観. ～ móvil 〖経〗スライド制，スライディングスケール. ～ móvil salarial 〖経〗賃金のスライド制.
2 規模，重要度；スケール. a ～ internacional [mundial] 世界的な規模で. en [a] gran ～ 大規模に[な]. en [a] pequeña ～ 小規模に[な].
3 目盛り. ～ de termómetro 温度[体温]計の目盛り. ～ (de) Mercalli メルカリスケール(地震の震度を12段階で表示する目盛り). ～ (de) Richter リヒタースケール(地震の規模(マグニチュード)を10段階で表示する目盛り). ～ sismológica / ～ del sismógrafo 地震計の目盛り.
4 (地図の)縮約；比例. a ～ natural 実物大の. un mapa a ～ de uno a veinticinco mil 2万5000分の1の地図. dibujar a ～ 縮約して描く.
5 はしご；(船・飛行機の)タラップ. ～ de cuerda 縄ばしご. ～ de tijera 脚立. ～ plegable 折り畳み式のはしご. ～ real 〖海〗タラップ. **6** (飛行機・船の)経由(地)，給油(地). hacer [realizar] ～ en... …に寄港する，立ち寄る. vuelo sin ～ 直行便. ～ técnica 燃料補給のための着陸[寄港]. **7**〖音楽〗音階. ～ mayor [menor] 長[短]音階. ～ diatóni-

es·ca·la·brar [es.ka.la.brár] 他 → descalabrar.

es·ca·la·da [es.ka.lá.ða] 囡 **1** よじ登ること, 登攀(とうはん), 登山. ~ en paredes ロッククライミング. ~ artificial 人工登攀. ~ libre 自然登攀. **2** 急騰; 急増. **3** (早い)昇進.

es·ca·la·dor, do·ra [es.ka.la.ðór, -.ðó.ra] 形 じ登る. ― 男 囡 **1** 登山者, 登山家. ~ en rocas ロッククライマー. **2** 《スポ》(自転車競技で)山地に強い選手, マウンテンバイク競技の選手. → llaneador.

es·ca·la·fón [es.ka.la.fón] 男 (等級・階級・勤続年数などの)順位, 序列.

es·ca·la·mien·to [es.ka.la.mjén.to] 男 **1** 登ること; 昇進. **2** 《法》家宅侵入.

es·cá·la·mo [es.ká.la.mo] 男 《海》オール受け, 櫓(ろ)べそ, 櫂(かい)座.

es·ca·lar[1] [es.ka.lár] 他 **1** よじ登る, 登攀(とうはん)する;(はしごを登って)…に入る. ~ una montaña 山に登る. **2** 《法》(家などに)侵入する, 押し入る. **3** 高位[要職]に登る, 出世する. **4** 《スポ》(自転車競技で)〈山を〉登る. **5** 〈水門を〉開く.
― 自 出世[出世]する.

es·ca·lar[2] [es.ka.lár] 形 《数》スカラーの. magnitud ~ (方向を持たない)スカラー量. → vector.

es·ca·la·do, da [es.ka.lá.ðo, -.ða] 形 **1** 熱湯に通した, 湯がいた. **2** (やけど・日焼けで)(皮膚が)真赤にただれた. **3** 《話》ひどいめに遭った, こりた, おじけづいた. **4** 〈女が〉ふしだらな, すれっからしな.

es·ca·la·du·ra [es.kal.da.ðú.ra] 囡 **1** (熱湯による)やけど. **2** 熱湯に通すこと, 湯がくこと.

es·cal·dar [es.kal.dár] 他 **1** 熱湯に通す, 湯がく. **2** 真っ赤に熱する[焼く]. **3** (熱湯で)やけどを負わす. **4** 〈人の〉自尊心を傷つける. ― ~·se 再 **1** (熱湯で)やけどする; 炎症を起こす. **2** (自尊心が)傷つく.

es·cal·do [es.kál.do] 男 スカルド: 古代スカンジナビアの英雄伝説や叙事詩を歌った詩人.

es·ca·le·no, na [es.ka.lé.no, -.na] 形 **1** 《数》(1) 〈三角形が〉不等辺の. triángulo ~ 不等辺三角形. (2) (円錐(すい)の軸が)(底辺に対して)斜めの. cono ~ 斜円錐. **2** 《解剖》斜角筋の.
― 男 《解剖》斜角筋.

***es·ca·le·ra** [es.ka.lé.ra] 囡 **1** (手すりなども含めた全体としての)階段; はしご. ~ doble / ~ de tijera 脚立. ~ extensible [telescópica] (消防のはしご車などの)はしご. ~ de caracol らせん階段. ~ de emergencia [incendios] 非常階段, 避難ばしご. ~ de mano はしご. ~ de servicio 裏階段. ~ mecánica [automática] エスカレーター. subir [bajar] la ~ 階段を上る[下りる]. ~ arriba [abajo] 階段を上がって[降りて]. correr [caer] ~s abajo 階段をかけ降りる[転げ落ちる]. Anoche mi padre se cayó por la ~. 昨夜, 父が階段から落ちた.

[関連] barandilla / pasamanos 手すり. descansillo 踊り場. escalón / peldaño (個別の)段.

2 《遊》(トランプ)(数字が連なる)連続カード, (ポーカーの)ストレート. ~ de color ストレートフラッシュ. ~ real ロイヤルフラッシュ. **3** (下手なカットによる)不ぞろいの段(ができた髪), 虎(とら)刈り. **4** 《ラ米》(*国)《ユーモラスに》背の高い人, 足の長い人.

[← [ラ] *scālāriam*(*scālāria* の対格; *scālae* 「階段」より派生); [関連] [仏] *escalier* 「階段」. [英] *escalator*]

es·ca·le·ri·lla [es.ka.le.rí.ja ǁ -.ʎa] 囡 **1** 小階段; 小ばしご; (飛行機の)タラップ. **2** 《遊》(トランプ)(同組の)3枚の連続札. **3** 《獣医》馬の口を開かせておく器具. [escalera + 縮小辞]

es·ca·lé·tric [es.ka.lé(k).s.trik] 男 《複 ~s》 **1** 《遊》スロットカー: 溝の入ったプラスチックのコースを電流で走るミニカー. **2** 立体交差.

es·cal·fa·do, da [es.kal.fa.ðo, -.ða] 形 **1** 落とし卵[ポーチドエッグ]にした. **2** 〈壁などの表面が〉気泡のできた.

es·cal·fa·dor [es.kal.fa.ðór] 男 **1** (卓上用)こんろ付き料理保温器. **2** (昔のひげそり用の)湯沸かし器. **3** (ペンキを落とすのに用いる)バーナー.

es·cal·far [es.kal.fár] 他 《料》 (1) 落とし卵[ポーチドエッグ]を作る. (2) 〈パンを〉焼きすぎて皮の表面に気泡を生じさせる.

es·cal·fa·ro·te [es.kal.fa.ró.te] 囡 裏張りした防寒用長靴.

es·cal·fe·ta [es.kal.fé.ta] 囡 → chofeta.

es·ca·li·na·ta [es.ka.li.ná.ta] 囡 (玄関前などの)階段.

es·ca·li·va·da [es.ka.li.bá.ða] [カタルーニャ] 男 《料》エスカリバーダ: オリーブ油を塗った野菜をオーブンや炭火で焼いた料理.

es·cal·mo [es.kál.mo] 男 **1** → escálamo. **2** くさび.

es·ca·lo [es.ká.lo] 男 **1** 押し入ること. robo con ~ 押し込み強盗. **2** 抜け穴.

es·ca·lo·frian·te [es.ka.lo.frján.te] 形 身の毛がよだつ, ぞっとする. una escena ~ 恐ろしい光景.

es·ca·lo·friar [es.ka.lo.frjár] 81 他 ぞっとさせる, 震え上がらせる. Me *escalofría* pensarlo. それを考えるだけで身震いがする. ― ~·se 再 ぞっとする, 震え上がる.

***es·ca·lo·frí·o** [es.ka.lo.frí.o] 男 《主に複数で》(寒さ・驚きなどによる)震え; 悪寒, おののき. Sintió ~s de miedo. 彼[彼女]は恐怖におののいた.

[← [古スペイン] *calofrío* (*calor* + *frío*)]

***es·ca·lón** [es.ka.lón] 男 **1** (階段・はしごなどの)段, ステップ; 段差のある地面. **2** (昇進などへの)足掛かり, 踏み台. **3** (地位の)等級; 段階. **4** 《話》(下手なカットで)段になった髪. **5** 《軍》梯形(ていけい)編成, 梯陣.

es·ca·lo·na [es.ka.ló.na] 囡 《植》→ chalote.

es·ca·lo·na·do, da [es.ka.lo.ná.ðo, -.ða] 形 段になった; 段階的な. aprendizaje ~ 段階的な習得.

es·ca·lo·na·mien·to [es.ka.lo.na.mjén.to] 男 間隔を置くこと, (段階的に行う)配置, 割り振り. ~ de las vacaciones 休暇の調整.

es·ca·lo·nar [es.ka.lo.nár] 他 一定間隔をおいて配置する, 時間をずらす, 段階的に行う. ~ las dosis 薬の投量を段階的に増減する.
― ~·se 再 間隔をおいて配置に就く.

es·ca·lo·nia [es.ka.ló.nja] 囡 《植》 **1** エシャロット (=chalote). **2** エスカロニア: 南米原産のユキノシタ科の植物.

es·ca·lo·ña [es.ka.ló.ɲa] 囡 《植》エシャロット.

es·ca·lo·pa [es.ka.ló.pa] 囡 《ラ米》→ escalope.

es·ca·lo·pe [es.ka.ló.pe] 男 《料》エスカロップ: 薄くパン粉をまぶしたビーフカツ.

es·cal·pe·lo [es.kal.pé.lo] 男 **1** 《医》解剖用メス. **2** 《格式》(著者の)批評眼.

es·ca·ma[1] [es.ká.ma] 囡 **1** (魚などの)うろこ, こけ

ら. **2** うろこ状のもの；(うろこ状に剝脱(賢)する) 鱗片(笠);【医】(皮膚の)板状鱗屑(笠);【植】鱗片. jabón en ～s フレーク状の石けん. **3** よろいの鋼の薄葉, 小札(髭). [←[ラ] *squāmum* (*squāma* の対格)]

es·ca·ma[2] [es.ká.ma] 囡 疑惑, 不信.

es·ca·ma·do [es.ka.má.ðo] 男《集合的》うろこ；うろこ装飾を施したもの.

es·ca·ma·do, da [es.ka.má.ðo, -.ða] 形 **1** 不信[疑惑]を持った. **2**《ラ米》(髭)《話》飽きた, うんざりした.

es·ca·mar[1] [es.ka.már] 他 **1**〈魚の〉うろこを取る. **2** …にうろこ装飾を施す.

es·ca·mar[2] [es.ka.már] 他 疑わせる, 警戒させる. *Esto me ha escamado siempre.* 私はいつもこういうことを恐れていた. — ～·se 再《de... …を》疑う, 警戒する.

es·ca·me [es.ká.me] 男《ラ米》(髭)《話》怖れ, 恐怖.

es·ca·mo·cha [es.ka.mó.tʃa] 囡《ラ米》(髭)《話》食べ残し, 残り物, 残飯.

es·ca·mo·char [es.ka.mo.tʃár] 他 **1**《話》無駄遣いする. **2**《まれ》〈野菜の〉食べられない葉を捨てる.

es·ca·mo·les [es.ka.mó.les] 男《複数形》食用のアリの卵.

es·ca·món, mo·na [es.ka.món, -.mó.na] 形《話》疑い深い；用心深い. — 男 囡 用心深い人.

es·ca·mon·da [es.ka.món.da] 囡 剪定(髭), 枝打ち.

es·ca·mon·da·du·ra [es.ka.mon.da.ðú.ra] 囡《集合的》枝打ちされた枝.

es·ca·mon·dar [es.ka.mon.dár] 他 **1** 剪定(髭)する, 枝打ちする. **2**〈余分なものを〉取り去る.

es·ca·mon·do [es.ka.món.do] 男 → escamonda.

es·ca·mo·ne·a [es.ka.mo.né.a] 囡【植】スカモニア.

es·ca·mo·ne·ar·se [es.ka.mo.ne.ár.se] 再 → escamarse.

es·ca·mo·so, sa [es.ka.mó.so, -.sa] 形 **1** うろこに覆われた, 有鱗(髭)の；うろこ状の. **2**《ラ米》(*)恐ろしい.

es·ca·mo·tar [es.ka.mo.tár] 他 → escamotear.

es·ca·mo·te·a·dor, do·ra [es.ka.mo.te.a.ðór, -.ðó.ra] 男 囡 **1** 奇術師, 手品師. **2** こそ泥, すり；詐欺師.

es·ca·mo·te·ar [es.ka.mo.te.ár] 他 **1**〈手品などで〉さっと隠す, ぱっと消す. *El prestidigitador escamoteó las cartas.* 手品師はトランプをさっと隠した. **2**《話》くすねる, 巻き上げる, 盗む. **3**《話》(意図的に)隠す, 回避する. ～ *la verdad* 真実を隠す.

es·ca·mo·te·o [es.ka.mo.té.o] 男 **1**〈手品などで〉ぱっと消す[隠す]こと. **2** くすねること, ピンはね.

es·cam·pa·da [es.kam.pá.ða] 囡《話》晴れ間.

es·cam·par [es.kam.pár] 自《3人称単数·無主語》雨が上がる, 晴れる. *Espera que escampe.* 雨がやむまで待ちなさい. **2** 雨宿りをする. — 他〈場所を〉片づける, あける.

es·cam·pa·ví·a [es.kam.pa.ßí.a] 囡【海】(1)沿岸警備艇, 巡視艇；税関監視船の偵察用の)小型帆船, 哨戒(髭)艇.

es·ca·mu·jo [es.ka.mú.xo] 男 オリーブの切り枝；オリーブの枝の剪定(髭)枝.

es·can·cia·dor, do·ra [es.kan.θja.ðór, -.ðó.ra / -.sja.-] 〈酒を〉つぐ. — 男 囡《宴席の》酌人, 酒をつぐ人. → 右段に図.

es·can·cia·no [es.kan.θja.no / -.sja.-] 男《まれ》→ escanciador.

es·can·ciar [es.kan.θjár / -.sjár] 82 他《酒を》(高い所から)つぐ, 注ぐ.

es·can·da·le·ra [es.kan.da.lé.ra] 囡《話》→ escándalo.

es·can·da·li·za·dor, do·ra [es.kan.da.li.θa.ðór, -.ðó.ra / -.sa.-] 形 男 囡 → escandaloso.

es·can·da·li·zar [es.kan.da.li.θár / -.sár] 97 他 **1** 衝撃を与える, あきれさせる, 憤慨させる. *La noticia escandalizó al público.* そのニュースは皆に衝撃を与えた. **2** …に騒ぎを引き起こす, 混乱させる. — 自 騒ぎ立てる, 騒々しくする. ～ *por nada* なんでもないことで騒ぐ. — ～·se 再《de... …に》衝撃を受ける；あきれ返る, 憤慨する. *Se escandalizó de los resultados.* 彼[彼女]はその結果に憤慨した.

es·can·da·llo [es.kan.dá.ʎo ‖ -.λo-] 男 **1**《商》価格の査定, 価格付け；品質検査, 抜き取り検査. **2**《海》測(深)鉛の先端部, 測深機.

***es·cán·da·lo** [es.kán.da.lo] 男 **1**《話》騒ぎ, 騒動. *armar* [*promover*] *un* ～ 騒ぎを起こす. **2**《軽蔑》スキャンダル, 醜聞；汚職. ～ *financiero* 金融汚職. ～ *político* 政治疑獄. *causar* [*dar*] *un* ～ スキャンダルを引き起こす. **3**《軽蔑》ひんしゅく, 悪評；物議；反感を買う. *con gran* ～ *de...* …のひんしゅくを買って. **4** 言語道断, あきれること. *Es un* ～ *cómo suben los precios.* こんなに物価が上がるなんてひどい話だ. *¡Qué* ～! 何てことだ.

de escándalo 過度の, 法外な, 無茶苦茶な.

piedra de escándalo スキャンダルの種；非難の的.

[←[後ラ] *scandalum*「不名誉；わな」←[ギ] *skándalon*「わな」；[関連][英] *scandal*]

es·can·da·lo·sa[1] [es.kan.da.ló.sa] 囡【海】ガフ·トップスル；斜桁(髭)の上に張る縦帆. *echar la escandalosa* 口汚くののしる.

es·can·da·lo·sa[2] [es.kan.da.ló.sa] 囡《ラ米》(髭)【植】チューリップ.

es·can·da·lo·sa·men·te [es.kan.da.ló.sa.mén.te] 副 言語道断にも；大騒ぎして.

es·can·da·lo·so, sa [es.kan.da.ló.so, -.sa] 形 **1** 言語道断な, 破廉恥な, けしからん. *injusticia escandalosa* 許せない不正. *crimen* ～ 極悪犯罪. *película escandalosa* スキャンダラスな映画. **2** 騒々しい, うるさい. *una risa escandalosa* けたたましい笑い. **3** 法外な；派手な, けばけばしい. *precio* ～ 法外な値段. *una camisa de colores* ～*s* 派手な色のシャツ. **4**《ラ米》(*)びくついた. — 男 囡 騒ぎ立てる人.

Es·can·di·na·via [es.kan.di.ná.ßja] 固名 スカンディナビア, 北欧：デンマーク, ノルウェー, スウェーデンの便宜的総称. フィンランド, アイスランドを含めることもある.

es·can·di·na·vo, va [es.kan.di.ná.ßo, -.ða] 形 スカンディナビアの. — 男 囡 スカンディナビアの住民

escanciador de sidra
（リンゴ酒をつぐ人）

[出身者].

es·can·dio [es.kán.djo] 男 【化】スカンジウム：希土類元素(記号Sc).

es·can·dir [es.kan.dír] 他 〈詩の〉韻律[音節]を調べる.

es·ca·ne·a·do [es.ka.ne.á.ðo] 男 → escaneo.

es·ca·ne·ar [es.ka.ne.ár] 他 1 【ＩＴ】〈画像・文書を〉スキャナーで取り込む. 2 【医】ＣＴスキャンにかける.

es·ca·ne·o [es.ka.né.o] 男 1 【ＩＴ】(画像・文書を)スキャナーで取り込むこと. 2 【医】ＣＴスキャナー検査.

es·cá·ner [es.ká.ner] / **es·ca·nó·gra·fo** [es.ka.nó.ɣra.fo] 男 【医】ＣＴスキャナー. 【ＩＴ】スキャナー. [← 英 *scanner*]

es·ca·no·gra·ma [es.ka.no.ɣrá.ma] 男 【医】ＣＴスキャン画像.

es·can·sión [es.kan.sjón] 女 (詩の)韻律[音節]を調べること, 韻脚分け.

es·can·ti·llón [es.kan.ti.ʝón ‖ -.ʎón] 男 1 【技】【機】(寸法測定・線引き用)定規, 型板. 2 (木材の)木口の寸法.

es·ca·ño [es.ká.ɲo] 男 1 議員席；議席. obtener cien ∼s en las elecciones 選挙で100議席を獲得する. 2 (背もたれの長い す)〈ラ米〉ベンチ, 腰掛け. 3 (解剖用死体を運ぶ)担ぎ台.

es·ca·pa·da [es.ka.pá.ða] 女 1 《話》さぼり；ちょっとした遠出[外出]. hacer una ∼ al campo ちょっと田舎へ旅行する. 2 逃亡, 遁走(とんそう). 3 《スポ》(自転車競技などで)逃げ切り, 振り切り.
en una escapada すばやく, ちょっとの間；暇を盗んで.

es·ca·pa·do, da [es.ka.pá.ðo, -.ða] 形 急いだ, あわただしい. *irse* ∼ 急いで[あわてて]立ち去る.

es·ca·par [es.ka.pár] 自 1 《de...》(束縛・危険・閉所など)から)逃れる, 脱出する. ∼ *de la cárcel* 脱獄する. ∼ *de los perseguidores* 追っ手から逃れる. ∼ *de un incendio* 火事から逃れる. ∼ *de la realidad* 現実から逃避する. ▶時に再帰代名詞を伴う. → 自 1, *huir* [類語].
2 《a...》〈災難・不快など〉を(未然に)免れる. ∼ *de [a] la muerte* 死を免れる. ∼ *de la infección* 感染を免れる. ∼ *de la influencia* 影響を免れる. ∼ *a la justicia* 法の目を逃れる.
3 《a...》…の範囲の及ばないところにある. *Este fenómeno escapa a mi comprensión.* この現象は私の理解の範囲外にある.
— 他 1 〈馬を〉飛ばす, 酷使する. 2 《de...》〈危険・不快など〉から〉〈人を〉逃れさせる, 解放する.
— **se** 再 1 《de... …から》〈人・動物が〉逃げ出す, 脱出する；《de... / a... …から》逃れる. ∼*se de casa* 家を飛び出す. ∼*se del trabajo* 仕事を抜け出す. ∼*se a la razón* 理性の範囲を超える.
2 《a+人 〈人〉から》〈声などが〉もれる；…がすり抜ける；《por... 〈すき間など〉から》〈液体・気体が〉漏れ出す. *Se le escapó un suspiro.* 彼[彼女]はため息をもらした. *Se me escapó la lengua.* 私はつい口を滑らせた. *El plato se me escapó de las manos.* 皿は私の手から滑り落ちた. ▶用例中の *le, me* が a+人 に相当.
3 《a+人 〈人〉から》〈機会・乗り物から〉行ってしまう；〈もの・事柄が〉(記憶・認識などから)抜け落ちる. *Se me ha escapado el tren.* 私は電車を逃した. *Es muy atento y no se le escapa nada.* 彼はとても注意深くて何にでも気がつく. ▶用例中の *me, le* が

a+人 に相当.
4 《スポ》(集団から)抜け出す, 振り切る. *El ciclista se escapó en las primeras vueltas.* 最初の何周かでその自転車選手が集団を抜け出た.
dejar escapar... …をうっかりもらす；…を取り逃がす, 逸する.
[←〔俗ラ〕*excappāre 「束縛から逃れる」(〔ラ〕*ex*-「外へ」+ *cappa* 「マント」+動詞語尾；「外套(がいとう)を脱ぐ」が原義)；関連 〔英〕*escape*]

†**es·ca·pa·ra·te** [es.ka.pa.rá.te] 男 1 ショーウインドー, 陳列窓. *decorador de* ∼*s* ショーウインドー装飾家[デコレーター].
2 ショーケース, 陳列ケース (= vitrina).
3 《話》宣伝手段；兼目の的. *Le gusta mucho estar en el* ∼. 彼[彼女]は目立ちたがり屋だ.
4 〈ラ米〉(キューバ)(チリ)(ニカラグア) 衣装戸棚, 洋服だんす. [←〔中オランダ〕*schaprade* 「食器戸棚」]

es·ca·pa·ra·tis·mo [es.ka.pa.ra.tís.mo] 男 ショーウインドーの飾り付け(の技術).

es·ca·pa·ra·tis·ta [es.ka.pa.ra.tís.ta] 男女 ショーウインドーの飾り付けをする人, デコレーター.

es·ca·pa·to·ria [es.ka.pa.tó.rja] 女 1 逃げ道, 抜け穴. *Es la única* ∼. 逃げ道はそこしかない.
2 言い逃れ, 口実. *No me venga usted con* ∼*s*. 私には逃げ口上は通用しませんよ.
3 (日常の生活・仕事から)逃げ出すこと, ちょっとした外出[遠出] (= escapada). 4 逃走, 逃亡.

***es·ca·pe** [es.ká.pe] 男 1 《ガス・液体の》漏れ, 漏出. ∼ *de gas* ガス漏れ. 2 逃れる方法, 逃げ道；逃亡. *no haber [tener]* ∼ 逃げ道がない, 避けられない. *puerta de* ∼ 抜け道, 逃げ道. 3 【機】(1) 排気, 排出. *tubo de* ∼ 排気管, (車の)エキゾースト・パイプ. (2) 排気弁. (3) (時計の)エスケープ, 脱進装置. 4 【ＩＴ】エスケープ(キー). — 間 → escapar.
a escape 大急ぎで, 全速力で.

es·ca·pe·ro [es.ka.pé.ro] 男 〈ラ米〉(ジャマイカ)〈隠〉泥棒.

es·ca·pis·mo [es.ka.pís.mo] 男 1 現実逃避, 問題の先送り；ことなかれ主義. 2 (マジックなどの)脱出.

es·ca·pis·ta [es.ka.pís.ta] 形 現実逃避の；ことなかれ主義の.
— 男女 1 ことなかれ主義者. 2 脱出マジシャン.

es·ca·po [es.ká.po] 男 1 【建】(円柱の)柱身. 2 【植】花葶.

es·cá·pu·la [es.ká.pu.la] 女 【解剖】肩甲骨.

es·ca·pu·lar[1] [es.ka.pu.lár] 形 【解剖】肩甲骨の.

es·ca·pu·lar[2] [es.ka.pu.lár] 他 【海】〈岬・浅瀬・暗礁などを〉迂回(うかい)する, 避けて通る.

es·ca·pu·la·rio [es.ka.pu.lá.rjo] 男 【カト】スカプラリオ：肩から前後に垂らす修道士の肩衣(けんい). 修道会によって大きさ, 色が異なる.

es·ca·que [es.ká.ke] 男 1 (チェス盤などの)升目；《複数で》チェス. 2 【紋】(紋章の)小区画.

es·ca·que·a·do, da [es.ka.ke.á.ðo, -.ða] 形 格子縞(じま)の, 市松模様の, チェックの.

es·ca·que·ar·se [es.ka.ke.ár.se] 再 《話》《de... …から》こっそり逃げ出す, 〈義務などを〉投げ出す.

es·ca·que·o [es.ka.ké.o] 男 《話》こっそり逃げ出すこと, 無責任な言動, 最後までやり遂げないこと.

es·ca·ra [es.ká.ra] 女 【医】痂皮(かひ), かさぶた.

es·ca·ra·ba·je·ar [es.ka.ra.ba.xe.ár] 他 煩わせる. *Este problema me escarabajea.* 私はこの問題で悩んでいる. — 自 1 うずうずする；うごめく, うようよする. 2 殴り書きをする；(幼児が)いたずら書きをする.

es·ca·ra·ba·je·o [es.ka.ra.ba.xé.o] 男 悩み, 心

配.
es·ca·ra·ba·jo [es.ka.ɾa.ƀá.xo] 男 **1**〖昆〗(一般に)甲虫;(特に)コガネムシ. ~ **de la patata** コロラドハムシ. ~ **pelotero** オオタマオシコガネ. **2**〖話〗不格好な人. **3**〖横糸の〗縮み, 織りそで. **4**〖鋳造の時などにできた砲身の〗内部の傷. **5**〖複数で〗殴り書き. **6**〖話〗〖車〗(フォルクスワーゲン社の)ビートル.
es·ca·ra·ba·jue·lo [es.ka.ɾa.ƀa.xwé.lo] 男 〖昆〗(ブドウにつく)ノミハムシの類.
es·ca·ra·mu·ce·ar [es.ka.ɾa.mu.θe.áɾ / -.se.-] 自 → escaramuzar.
es·ca·ra·mu·jo [es.ka.ɾa.mú.xo] 男 **1**〖植〗ノイバラ(ノイバラの実. **2**〖貝〗エボシガイ (= perce-be). **3**〖ラ米〗(ﾒｷｼｺ)魔力, 魔術.
es·ca·ra·mu·za [es.ka.ɾa.mú.θa / -.sa] 女 **1**〖軍〗小戦闘, 小競り合い. **2** ささいな口論, いざこざ. **3**〖古語〗騎馬戦(の一種).
es·ca·ra·mu·zar [es.ka.ɾa.mu.θáɾ / -.sáɾ] 97 自 **1** 小競り合いをする. **2**〈馬が〉あちこち向きを変える.
es·ca·ra·pe·la [es.ka.ɾa.pé.la] 女 **1**(帽子・胸などに付ける円形・花形の)リボン飾り. **2**(特に女性同士の)けんか, ののしり合い.
es·ca·ra·pe·lar [es.ka.ɾa.pe.láɾ] 自〈特に女性が〉けんかをする, 口論する.
— 他〖ラ米〗(1)〈ｺﾛﾝﾋﾞｱ〉〈ﾍﾞﾈｽﾞｴﾗ〉〈ﾍﾟﾙｰ〉〈ﾁﾘ〉殻をむく, 皮をはぐ, 削り取る. (2)〈ｴｸｱﾄﾞﾙ〉いじくり回す, だめにする.
— ~·**se** 再 **1**〖複数主語で〗〈特に女性同士が〉けんかをする. **2**〖ラ米〗(1)〈ｺﾛﾝﾋﾞｱ〉〈ﾍﾞﾈｽﾞｴﾗ〉〈ﾁﾘ〉皮がむける, はがれる. (2)〈ｺﾛﾝﾋﾞｱ〉〈ﾁﾘ〉鳥肌が立つ, 身の毛がよだつ.
es·car·ba·dien·tes [es.kaɾ.ƀa.ðjén.tes] 男〖単複同形〗〖まれ〗爪楊枝(ﾖﾌｼﾞ) (= mondadientes).
es·car·ba·dor, do·ra [es.kaɾ.ƀa.ðóɾ, -.ðó.ɾa] 形 引っかく;ほじる;〈火を〉かき立てる.
— 男 **1** 火かき棒. **2**〖鳥〗馬鍬(ﾏｸﾞﾜ).
es·car·ba·du·ra [es.kaɾ.ƀa.ðú.ɾa] 女 引っかくこと;ほじること;〈火を〉かき立てること.
es·car·ba·o·re·jas [es.kaɾ.ƀa.o.ɾé.xas] 男〖単複同形〗〖古語〗耳かき.
es·car·bar [es.kaɾ.ƀáɾ] 他 **1**〈地面などを〉引っかく, 掘り返す. **Las gallinas** *escarban* **la tierra.** 鶏が地面を引っかいている. **2**〈歯・耳を〉ほじる, ほじって掃除する. **3**〈傷口などを〉何度も触る, いじる. **4**〈火を〉かき立てる. **5** 究明する;詮索(ｾﾝｻｸ)する.
— 自 **1** 引っかく, 掘り返す. **2**〖**en**… …を〗究明する;詮索する. ~ **en los archivos** 古文書を調査する. ~ *en vidas ajenas* 他人の生活を詮索する.
es·car·bo [es.káɾ.ƀo] 男 引っかくこと, 掘る[ほじる]こと;詮索(ｾﾝｻｸ).
es·car·ce·ar [es.kaɾ.θe.áɾ / -.se.-] 自〖ラ米〗〖ｱﾙｾﾞﾝ〗(ｳﾙｸﾞｱｲ)〈馬が〉跳ね回る.
es·car·ce·la [es.kaɾ.θé.la / -.sé.-] 女 **1**(猟師の)網状の獲物入れ, (腰に下げる)袋, 巾着(ｷﾝﾁｬｸ). **2**(女性の)髪押さえ, 帽子, キャップ. **3**(よろいの)腿(ﾓﾓ)当て, 草摺(ｸｻｽﾞﾘ).
es·car·ce·o [es.kaɾ.θé.o / -.sé.-] 男 **1** さざなみ, 小波. **2**〖主に複数で〗ちょっと手を出してみること, 小手調べ;余技. **3**〖主に複数で〗戯れの恋, 浮気. **4**〖複数で〗(馬の)跳ね回り. **5**〖話〗の脱線, 余談.
es·car·cha [es.káɾ.tʃa] 女 **1** 霜. **cubierto de** ~ 霜に覆われた. **2**〖ラ米〗(ﾒｷｼｺ)〖ﾆｶﾗｸﾞｱ〗冬, 冬場;寒い天気.
es·car·cha·da [es.kaɾ.tʃá.ða] 女〖植〗アイスプラント:マツバギク属の草.
es·car·cha·do, da [es.kaɾ.tʃá.ðo, -.ða] 形 **1** 霜が降りた, 霜で覆われた. **árbol** ~ 樹氷, 霧氷. **2** 砂糖をまぶした. **fruta** *escarchada* 果物の砂糖

漬け. **pastel** ~ 白く粉砂糖をまぶしたケーキ.
— 男 金箔(ｷﾝﾊﾟｸ)[銀箔]刺繍(ｼｼｭｳ).
aguardiente escarchado 瓶の中に入れたアニスなどの小枝に糖分が結晶化していついている蒸留酒.
es·car·char [es.kaɾ.tʃáɾ] 自〖3人称単数・無主語で〗霜が降りる. **Anoche** *escarchó*. 昨夜霜が降りた.
— 他 **1**〈砂糖漬けにする;砂糖などを振りかける;〈糖分の強い蒸留酒に入れたアニスなどの小枝に〉糖分を結晶させる. **2** 霜に見えるもので覆う, 白い粉を振りかける.
es·car·chi·lla [es.kaɾ.tʃí.ja ‖ -.ʎa] 女〖ラ米〗(ｱﾙｾﾞﾝ)(ｳﾙｸﾞｱｲ)(ﾎﾞﾘﾋﾞｱ)(ﾁﾘ)ひょう, あられ.
es·car·cho [es.káɾ.tʃo] 男〖魚〗ホウボウ.
es·car·ci·na [es.kaɾ.θí.na / -.sí.-] 女 反り身の短剣.
es·car·ci·na·zo [es.kaɾ.θi.ná.θo / -.si.-.so] 男 反り身の短剣での一突き.
es·car·da [es.káɾ.ða] 女 **1** 除草, 草取り. **2** 除草の時期. **3**(除草用の)小鍬(ｸﾜ), 手鍬.
es·car·da·de·ra [es.kaɾ.ða.ðé.ɾa] 女 **1** 小鍬(ｸﾜ), 手鍬. **2** 草取り女.
es·car·da·dor, do·ra [es.kaɾ.ða.ðóɾ, -.ðó.ɾa] 男女 除草する人, 草取り人.
es·car·da·du·ra [es.kaɾ.ða.ðú.ɾa] 女 草取り, 除草.
es·car·dar [es.kaɾ.ðáɾ] 他 **1**〈畑などを〉除草する. **2**〖**de**… …から〗〈有害・無用なものを〉取り除く.
es·car·di·lla [es.kaɾ.ði.ja ‖ -.ʎa] 女 小鍬(ｸﾜ), 手鍬. [escarda + 縮小辞]
es·car·di·llar [es.kaɾ.ði.jáɾ ‖ -.ʎáɾ] 他 → escardar **1**.
es·car·di·llo [es.kaɾ.ðí.jo ‖ -.ʎo] 男 **1** 小鍬(ｸﾜ), 手鍬. **2**〖植〗アザミの冠毛. **3**(遊びで鏡などで)反射させた光. **hacer** ~ **un espejo** 鏡がきらりと光る.
es·ca·ria·dor [es.ka.ɾja.ðóɾ] 男〖機〗リーマー:穴の拡大・仕上げに用いる工具.
es·ca·riar [es.ka.ɾjáɾ] 82 他〖機〗(リーマーで)〈穴を〉広げる.
es·ca·ri·fi·ca·ción [es.ka.ɾi.fi.ka.θjón / -.sjón] 女 **1**〖医〗乱切法, 切皮法. **2**〖医〗痂皮(ｶﾋ)化. **3**〖農〗土かき.
es·ca·ri·fi·ca·dor [es.ka.ɾi.fi.ka.ðóɾ] 男 **1**〖医〗乱切刀. **2**〖農〗土かき機.
es·ca·ri·fi·car [es.ka.ɾi.fi.káɾ] 102 他 **1**〖農〗〈土を〉かきならす. **2**〖医〗〈皮膚を〉乱切する;かさぶたを除去する.
es·ca·rio·so, sa [es.ka.ɾjó.so, -.sa] 形〖植〗乾膜質の, 薄膜状の.
es·ca·ri·zar [es.ka.ɾi.θáɾ / -.sáɾ] 97 他〖医〗痂皮(ｶﾋ)[かさぶた]を取り除く.
es·car·la·ta [es.kaɾ.lá.ta] 形 深紅色の, 緋色の, スカーレットの. **mejillas** ~**s** 真っ赤なほお. — 男 深紅色, スカーレット. — 女 **1** 緋色の布;紅絹(ﾓﾐ). **2**〖医〗猩紅(ｼｮｳｺｳ)熱.
es·car·la·ti·na [es.kaɾ.la.tí.na] 女 **1**〖医〗猩紅(ｼｮｳｺｳ)熱. **2** 緋(ﾋ)色のラシャ[毛織物].
es·car·me·na·dor [es.kaɾ.me.na.ðóɾ] 男(毛・羊毛などを)すく人;梳毛(ｿﾓｳ)器具.
es·car·me·nar [es.kaɾ.me.náɾ] 他 **1**〈髪の毛・羊毛などを〉すく, とかす (= carmenar). **2**〖鉱〗洗鉱する. **3**(ものを取り上げて)懲らしめる. **4** 少しずつ巻き上げる, せびり取る.
es·car·men·ta·do, da [es.kaɾ.men.tá.ðo, -.ða] 形 懲らしめられた, 痛いめに遭った.
es·car·men·tar [es.kaɾ.men.táɾ] 8 他 懲らしめ

る, 説教する. ～ a un niño 子供を厳しく叱る.
—[自] 懲りる, 教訓を得る.
escarmentar en cabeza ajena 他人の過ちから学ぶ, 他山の石とする.

es·car·mien·to [es.kar.mjén.to] [男] **1** 教訓, 訓戒; 懲らしめ. servir de ～ a+人 〈人〉の戒めとなる. **2** 懲りること.

es·car·ne·ce·dor, do·ra [es.kar.ne.θe.ðór, -.ðó.ra / -.se.-] [形] 愚弄する, 嘲笑(ちょうしょう)的な.
—[男] [女] 冷やかす人, 嘲笑者.

es·car·ne·cer [es.kar.ne.θér / -.sér] [34] [他] 愚弄(ぐろう)する, あざ笑う, 冷やかす. Me *han escarnecido* con esa difamación. 彼らはそんな悪口を言って私をばかにした.

es·car·ne·ci·mien·to [es.kar.ne.θi.mjén.to / -.si.-] [男] → escarnio.

es·car·nio [es.kár.njo] [男] 愚弄(ぐろう), 嘲笑(ちょうしょう).

es·ca·ro [es.ká.ro] [男] 【魚】ブダイ科の魚.

es·ca·ro, ra [es.ká.ro, -.ra] [形] 〈人が〉足の曲がった.

es·ca·ro·la [es.ka.ró.la] [女] 【植】エンダイブ, キクヂシャ.

es·ca·ro·la·do, da [es.ka.ro.lá.ðo, -.ða] [形] 〈髪などが〉エンダイブのように縮れている.

es·ca·ró·ti·co, ca [es.ka.ró.ti.ko, -.ka] [形] 【薬】〈薬品などが〉痂皮(かひ)性の, かさぶたを作る.

es·car·pa [es.kár.pa] [女] **1** 急斜面, 急勾配. **2** 【築城】堀の内側の急斜面. **3** 《ラ米》(ぶっ)歩道.

es·car·pa·do, da [es.kar.pá.ðo, -.ða] [形] 険しい, 切り立った; 〈坂が〉急勾配(きゅうこうばい)の. orillas *escarpadas* 切り立った海岸[河岸].

es·car·pa·du·ra [es.kar.pa.ðú.ra] [女] 急斜面, 急勾配(こうばい).

es·car·par[1] [es.kar.pár] [他] 〈堀を〉切り立たせる; 〈岩・山などを〉切り崩して絶壁にする, 垂直に切る.

es·car·par[2] [es.kar.pár] [他] 【技】(目の粗いやすりで)こする, 研磨する.

es·car·pe[1] [es.kár.pe] [男] 急斜面, 急勾配.

es·car·pe[2] [es.kár.pe] [男] (甲冑(かっちゅう)の)鉄靴.

es·car·pe·lo [es.kar.pé.lo] [男] **1** 【医】解剖メス. **2** 【技】粗やすり.

es·car·pia [es.kár.pja] [女] L字型の釘(くぎ), フック.

es·car·pia·dor [es.kar.pja.ðór] [男] (管・樋(とい)を壁に固定する)留め具, 受け具.

es·car·pi·dor [es.kar.pi.ðór] [男] 目の粗いくし.

es·car·pín [es.kar.pín] [男] **1** (軽くて柔らかい)ルームシューズ風の靴. **2** (防寒用)オーバーソックス. **3** パンプス. **4** 《ラ米》(ラテン)(こちら)(うち)(乳児用の)毛糸の靴下; (たび)(たび)靴下, ソックス. [←[伊] *scarpino*]

es·ca·rra·ma·na·do, da [es.ka.r̄a.ma.ná.ðo, -.ða] [形] ごろつき風の, チンピラのような.

es·ca·rran·char·se [es.ka.r̄aɲ.tʃár.se] [再] 股(また)を開く, 脚を広げる.

es·car·ti·va·na [es.kar.ti.bá.na] [女] → cartivana.

es·car·za [es.kár.θa / -.sa] [女] 【獣医】(小石・釘(くぎ)などがひづめに刺さって生じる)潰瘍(かいよう)性疾患.

es·car·zo [es.kár.θo, -.so] [男] 【建】弓形の, 穹窿(きゅうりゅう)形の. arco ～ セグメントアーチ. bóveda *escarzana* 穹窿形のドーム.

es·car·zar[1] [es.kar.θár / -.sár] [97] [他] 〈棒などを〉弓形に曲げる.

es·car·zar[2] [es.kar.θár / -.sár] [97] [他] 間引く.

es·car·zo [es.kár.θo / -.so] [男] 汚れのついたハチの巣.

es·ca·sa [es.ká.sa] [形] → escaso.

ˈes·ca·sa·men·te [es.ká.sa.mén.te] [副] かろうじて; わずかしか (…ない). libro ～ vendido 売れ行きの悪い本. alcanzar ～ かろうじて到達する.

es·ca·se·ar [es.ka.se.ár] [他] **1** けちる, 切り詰める. *Escasea* las visitas a su tía. 彼[彼女]は叔母への足が遠のいた. **2** 【技】斜めに切る. —[自] 不足する, 少なくなる. En el mercado *escasean* las verduras. 市場では野菜が品薄になっている.

ˈes·ca·sez [es.ka.séθ / -.sés] [女] 〖複 escaseces〗 **1** 不足, 欠乏(↔abundancia). año de ～ 凶年, 不作の年. ～ de agua 水不足. ～ de mano de obra 人手不足. ～ de recursos 資金[資源]の乏しさ. **2** 貧困, 窮乏. vivir con ～ / vivir en la ～ 暮らし向きがよくない. **3** けち, 吝嗇(りんしょく).

***es·ca·so, sa** [es.ká.so, -.sa] [形] **1** 《多くは+名詞》《ser+》わずかな, 少しの; 乏しい. ～ tiempo わずかな時間. región de *escasas* lluvias 雨の少ない地方. ～s visitantes わずかな訪問客; まばらな見物人. recursos ～s 乏しい資金. comida *escasa* 少しばかりの食事. Su ayuda ha sido *escasa*. 彼[彼女] (ら)の援助はわずかなものだった.
2 《名詞+》《estar+》《de... …が》不足した, 足りない. Ando ～ de dinero. 私はお金に困っている. Mi marido siempre dice que *está* ～ *de tiempo*. 私の夫はいつも時間がないと言っている. **3** 《多くは名詞+》たったの, ぎりぎりの. dos días ～s ほんの2日. una hora *escasa* 1時間足らず.
[←[俗ラ] *excarsus*←[ラ] *excerptus* 「えり抜かれた」; [関連] [英] *scarce*]

es·ca·ti·mar [es.ka.ti.már] [他] 出し惜しむ; 切り詰める. ～ la comida 食事を切り詰める. no ～ esfuerzos [gastos] 努力[出費]を惜しまない. ～ SUS energías 力を残しておく. Hay que ～ el azúcar porque ya no queda mucho. 砂糖が残り少ないので節約しなければならない.

es·ca·ti·mo·so, sa [es.ka.ti.mó.so, -.sa] [形] けちの; 悪賢い.

es·ca·to·fa·gia [es.ka.to.fá.xja] [女] 【動】食糞(しょくふん)性.

es·ca·tó·fi·lo, la [es.ka.tó.fi.lo, -.la] [形] 【昆】〈幼虫が〉糞便(ふんべん)の中に生育する.

es·ca·to·lo·gí·a[1] [es.ka.to.lo.xí.a] [女] 【神】終末論; 終末観, 来世観.

es·ca·to·lo·gí·a[2] [es.ka.to.lo.xí.a] [女] 糞尿(ふんにょう)趣味, スカトロジー; 糞便学.

es·ca·to·ló·gi·co, ca[1] [es.ka.to.ló.xi.ko, -.ka] [形] 【神】終末論の; 終末観の.

es·ca·to·ló·gi·co, ca[2] [es.ka.to.ló.xi.ko, -.ka] [形] 糞便(ふんべん)趣味の; 糞便学の.

es·cau·pil [es.kau.píl] [男] 《ラ米》(メキシコ) 【史】(先住民がスペイン人との戦いで矢を防ぐために着用した)綿入れの胴着, 防着. **(2)** (メキシコ) 〈猟師の〉雑嚢(ざつのう).

es·ca·ba·nar [es.ka.ba.nár] [他] 【農】(除草のために)〈畑に〉軽く鍬(くわ)を入れる.

es·ca·var [es.ka.bár] [他] (鎌などを使って)雑草を抜く, 〈土の表面を〉掘り返す.

es·cay [es.kái] [男] 人造皮革, ビニール[イミテーション]レザー.

es·ca·yo·la [es.ka.jó.la] [女] **1** 石膏(せっこう); 石膏像. **2** 【医】ギプス.

es·ca·yo·lar [es.ka.jo.lár] [他] 【医】石膏(せっこう)[ギプス]で固定する. ～ un brazo 腕にギプスをはめる.

es·ca·yo·lis·ta [es.ka.jo.lís.ta] [男] [女] しっくい[石

膏(ぎょう)]職人.

es·ce·na [es.θé.na / -.sé.-] 囡【演】舞台, ステージ; 舞台装置. salir a 〜 舞台に立つ; 登場する. salir de 〜 退場する. llamar a 〜 カーテンコールをする. director de 〜 舞台監督, 演出家.
2【演】【映】場面, 場; シーン. cambio [mutación] de 〜 場面の転換. 〜 de amor ラブシーン. 〜 final ラストシーン. 〜 retrospectiva 【映】フラッシュバック. 〜 tercera del segundo acto 第2幕第3場. gran 〜 山場, 見せ場. **3** 演劇, 芝居, 舞台芸術. dedicarse a la 〜 演劇界に身を投じる. **4**（劇的な）場面, 光景;（事件などの）現場. 〜 conmovedora 感動的な場面. 〜 del crimen 犯行現場. **5** 舞台, 活躍の場. 〜 política 政界. desaparecer de 〜 舞台を去る, 引退する; 死ぬ. volver a la 〜 カムバックする. **6** 大げさな身ぶり［態度］, 大騒ぎ. hacer una 〜（泣いたりわめいたりして）大騒ぎをする. *entrar en escena*（1）舞台に立つ, 登場する.（2）（話）（議論などに）参加する, 口を出す.
poner... en escena …を上演する; 舞台化する.
［←［ラ］*scaenam* (*scaena* (*scēna*) の対格) 「舞台; 劇場」←［ギ］*skēnē*「テント,（芝居）小屋」 関連 [英] *scene*]

*****es·ce·na·rio** [es.θe.ná.rjo / -.se.-] 男 **1**【演】舞台（装置）, ステージ;【映】セット. 〜 giratorio 回り舞台. estar en el 〜 舞台に出ている;《比喩的》俳優をしている. salir al 〜 舞台に出る. pisar un 〜 舞台を踏む.
2【映】撮影現場,（舞台となる）場所. 〜 para el rodaje de una película 映画の撮影現場. **3**（事件などの）現場, 場所. 〜 de batalla 戦場. 〜 del accidente 事故現場. **4** 環境, 周囲の状況.

es·cen·cia·lis·mo [es.θen.θja.lís.mo / -.sen.sja.-] 男【哲】本質主義.

es·cé·ni·co, ca [es.θé.ni.ko, -.ka / -.sé.-] 形【演】舞台上の, 演劇の. *arte* 〜 舞台芸術. *efectos* 〜*s* 舞台効果. *director* 〜 舞台監督. *miedo* 〜 舞台負け.

es·ce·ni·fi·ca·ción [es.θe.ni.fi.ka.θjón / -.se.-.sjón] 囡【演】（文学作品などの）脚色, 劇化; 上演.

es·ce·ni·fi·car [es.θe.ni.fi.kár / -.se.-] 102 他【演】脚色する, 劇化する; 上演する. 〜 *una novela* 小説を脚色する.

es·ce·no·gra·fí·a [es.θe.no.ɣra.fí.a / -.se.-] 囡 **1**【演】舞台装置; 舞台美術;《比喩的》舞台背景.
2【美】遠近画法.

es·ce·no·grá·fi·co, ca [es.θe.no.ɣrá.fi.ko, -.ka / -.se.-] 形 **1**【演】舞台装置の; 舞台美術の.
2【美】遠近画法の.

es·ce·nó·gra·fo, fa [es.θe.nó.ɣra.fo, -.fa / -.se.-] 男 囡 **1**【演】舞台美術家, 舞台監督. **2** 背景画家.

es·cep·ti·cis·mo [es.θep.ti.θís.mo / -.sep.-.sís.-] 男【哲】懐疑論;《一般》懐疑的態度, 懐疑.

es·cép·ti·co, ca [es.θép.ti.ko, -.ka / -.sep.-] 形 **1**【哲】懐疑論の; 懐疑論者の. **2** 懐疑的な, 疑い深い. ― 男 囡 **1**【哲】懐疑論者; 懐疑主義者. **2** 懐疑的な人, 疑い深い人.

es·cho·re·tar [es.tʃo.re.tár] 他（ラ米）(ﾒｷｼｺ)（話）ゆがめる, ぶちこわす.

es·cien·te [es.θjén.te / -.sjén.-] 形 物知りの, 知識のある.

es·ci·fo·zo·o [es.θi.fo.θó.o / -.si.-.só.-] 形【動】腔腸(ｸｳﾁｮｳ)動物の, クラゲ類の. ― 男《複数で》（クラゲ・イ

ソギンチャクなどの）腔腸動物.

es·ci·la [es.θí.la / -.sí.-] 囡【植】カイソウ（海葱）.

Es·ci·la [es.θí.la / -.sí.-] 固名 **1**【ギ神】スキュラ: カリュブディスに面する洞穴に住む(ﾏｳ)む6頭12足の海の怪物. **2**【地理】シッラ *Scilla*: イタリア半島とシチリア島の間の *Mesina* 海峡に突き出ている岩.
estar entre Escila y Caribdis 進退窮まる. ◆シッラとカリュブディス（シッラと向かいあう海上の渦巻き）の間を航行するのはほとんど不可能であるという故事より.
［←［ラ］*Scylla*←［ギ］*Skýlla*「引き裂くもの」が原義］

es·cin·co [es.θíŋ.ko / -.síŋ.-] 男【動】**(1)** 水生爬虫(ﾊﾁｭｳ)類の一種. **(2)**（スキンク属の）トカゲの一種.

es·cin·di·ble [es.θin.dí.ble / -.sin.-] 形 **1** 分割しうる, 切り離せる. **2**【物理】核分裂する, 核分裂性の.

es·cin·dir [es.θin.dír / -.sin.-] 他 **1** 分割する, 分ける. **2**【物理】核分裂させる.
― 〜·*se* 再 分かれる, 分裂する;【物理】核分裂する.

Es·ci·pión [es.θi.pjón / -.si.-] 固名 **1** 〜 *el Africano* スキピオ・大アフリカヌス（前235－183）: ローマの将軍. イベリア半島からカルタゴ勢力を一掃しローマの支配を確立. **2** 〜 *Emiliano* スキピオ・小アフリカヌス（前185－129）: ローマの将軍. *Numancia*（現スペイン *Soria* 県）の住民反乱（前143–前133）を鎮圧.
［←［ラ］*Scīpiōnem* (*Scīpiō* の対格)］

es·ci·sión [es.θi.sjón / -.si.-] 囡 **1** 分離, 分割; 分裂. 〜 *de un partido político* 政党の分裂.
2【物理】核分裂(＝ 〜 *nuclear*). **3**【医】切除, 摘出. **4**【生物】分裂繁殖. 〜 *celular* 細胞分裂.

es·ci·ta [es.θí.ta / -.sí.-] 形 スキュティアの,（スキュティアに居住した）スキタイ人の. ― 男 囡 スキタイ人.

Es·ci·tia [es.θí.tja / -.sí.-] 固名 スキュティア: 古代ギリシア人による黒海北岸の呼称.
［←［ラ］*Scythia*←［ギ］*Skythía*]

es·cí·ti·co, ca [es.θí.ti.ko, -.ka / -.sí.-] 形 →*escita*.

es·cla·re·a [es.kla.ré.a] 囡【植】オニサルビア.

es·cla·re·ce·dor, do·ra [es.kla.re.θe.ðór, -.ðó.ra / -.se.-] 形 明らかにするための, 解明するための.

***es·cla·re·cer** [es.kla.re.θér / -.sér] 34 他 **1** 明らかにする, 解明する; はっきりさせる. 〜 *un crimen* 犯行を解明する. **2**（まれ）品位を与える; 有名にする. **3**《文章語》明るくする, 照らす.
― 自《3人称単数・無主語で》空が白む, 夜が明ける. *En verano esclarece a las cuatro*. 夏は4時頃には空が白んでくる.

es·cla·re·ci·do, da [es.kla.re.θí.ðo, -.ða / -.sí.-] 形 **1** 明らかにされた. **2**（格式）（＋名詞）傑出した, 著名な, 卓越した. *esclarecida familia* 名家.

es·cla·re·ci·mien·to [es.kla.re.θi.mjén.to / -.si.-] 男 **1** 解明. **2** 輝かしさ; 高貴にすること. **3**（明るく）照らすこと, 光を当てること.

es·cla·va [es.klá.ba] 囡 →*esclavo*.

es·cla·va·tu·ra [es.kla.ba.tú.ra] 囡（ラ米）【史】奴隷制; 奴隷制時代;《集合的》奴隷.

es·cla·vi·na [es.kla.bí.na] 囡 **1**（昔, 巡礼者などが用いた）短いマント, ケープ. **2**（肩を覆う）肩マント.

es·cla·vis·mo [es.kla.bís.mo] 男 **1** 奴隷制擁護主義, 奴隷制の支持. **2**【経】奴隷経済.

es·cla·vis·ta [es.kla.bís.ta] 形 奴隷制擁護の.
― 男 囡 奴隷制支持［擁護論］者.

***es·cla·vi·tud** [es.kla.bi.túð] 囡 **1** 奴隷の身分. *Vivía en la* 〜. 彼[彼女]は奴隷であった.
2 奴隷制度. **3** 隷属, 束縛.

es·cla·vi·zar [es.kla.bi.θár / -.sár] 97 他 **1** 奴隷にする, 隷属させる; 支配する. **2** 酷使する, こき使う.

El jefe *esclaviza* a todos los empleados. 上役が社員みんなをこき使う。

‡es·cla·vo, va [es.klá.βo, -.βa] 形 《de... 《に》》 **1** 縛られた，隷属した。ser ~ *de* SU deber 義務に束縛される。Mi madre es *esclava de la casa*. 私の母は家に縛られている。**2** 夢中になった，とりこになった。El niño está ~ *de los* videojuegos. 子供はテレビゲームにはまっている。**3** 忠実な，献身的な。ser ~ *de* SU palabra 約束を忠実に守る。
— 男女 **1** 奴隷。Guerra de los *E*~*s* 《史》《古代ローマの》奴隷反乱。comercio de ~*s* 奴隷売買。libración [emancipación] de ~*s* 奴隷解放。
2 《de...》《…の》とりこ，《…に》夢中になった人。~ *de* la bebida 酒におぼれた人。~ *de* la ambición 野望に取りつかれた男。~ *del* trabajo 仕事に縛られている人。Soy tu ferviente ~. 僕は君の恋の奴隷だ。— 男 ブレスレット，腕輪；ネームプレートの付いたチェーンブレスレット（＝nomeolvides）。
［←《中ラ》*sclāvus*（←*Sclāvus*「スラブ人」；多くのスラブ人が奴隷にされていたため）←《後ギ》*Sklabós*「スラブ人」；関連 eslavo。［英］*slave, Slav*］

es·cla·vón, vo·na [es.kla.βón, -.βó.na] 形 《クロアチアの》スラボニアの。Eslavonia 地方の。
— 男女 スラボニアの住民[出身者]。

es·cla·vo·nio, nia [es.kla.βó.njo, -.nja] 形 男女 → esclavón。

es·cle·rén·qui·ma [es.kle.réŋ.ki.ma] 男 《植》厚膜[厚壁]組織。

es·cle·ri·tis [es.kle.rí.tis] 女 《単複同形》《医》強膜炎。

es·cle·ro·der·mia [es.kle.ro.ðér.mja] 女 《医》強皮症。

es·cle·ró·fi·lo, la [es.kle.ró.fi.lo, -.la] 形 《植》乾燥した土地での育つ，乾燥に強い。

es·cle·ro·ma [es.kle.ró.ma] 男 《医》硬化症。

es·cle·ro·sis [es.kle.ró.sis] 女 《単複同形》 **1** 《医》硬化（症）。~ arterial 動脈硬化。~ lateral amiotrófica 筋萎縮性側索硬化症（ELA）。~ múltiple 多発性硬化症。**2** 《比喩的》硬直化，まひ状態。

es·cle·ro·so, sa [es.kle.ró.so, -.sa] 形 《医》硬化した，硬化症にかかった。

es·cle·ró·ti·ca [es.kle.ró.ti.ka] 女 《解剖》（目の）鞏膜。

es·cle·ró·ti·co, ca [es.kle.ró.ti.ko, -.ka] 形 《医》硬化症の，硬化状態の。

es·cle·ro·ti·zar [es.kle.ro.ti.θár / -.sár] 97 他 （機能を）大幅にまひさせる。

es·clu·sa [es.klú.sa] 女 （運河・水路の）閘門，水門。~ de aire エアロック，気閘。

es·clu·se·ro, ra [es.klu.sé.ro, -.ra] 男女 閘門監視[操作]員，水門番。

-esco, ca 《接尾》「…風の，…流の，…調の」の意を表す形容詞語尾。しばしば軽蔑の意を含む。⇒ caballeresco, soldadesco。

‡es·co·ba [es.kó.βa] 女 **1** ほうき；手ぼうき，（床）ブラシ。pasar la ~ ほうきで掃く。
2 《植》エニシダ；（屋根ふきなどに用いる）植物の枝の束。**3** トランプ遊びの一種。
coche escoba 《スポ》（リタイア選手の）収容車。
defensa escoba 《スポ》（サッカー）スイーパー。
no vender (ni) una escoba 《話》しくじる，失敗する。
［「エニシダ」←「ほうき」←《ラ》*scōpae*「小枝；ほうき」］

es·co·ba·da [es.ko.βá.ða] 女 ほうきのひと掃き。dar una ~ a... …をさっと掃く。

es·co·ba·jo [es.ko.βá.xo] 男 （粒をもぎとった）ブドウの軸。

es·co·bar¹ [es.ko.βár] 男 エニシダ林。

es·co·bar² [es.ko.βár] 他 （床を）ほうきで掃く。

es·co·ba·zo [es.ko.βá.θo / -.so] 男 **1** ほうきで殴ること。dar un ~ en la cabeza 頭をほうきで殴る。**2** ほうきのひと掃き。dar un ~ a... …をさっと掃く。
echar a + 人 *a escobazos* 《話》（人）をたたき出す，追い出す。

es·co·bén [es.ko.βén] 男 《海》錨鎖孔，ホーズホール。

es·co·be·ra [es.ko.βé.ra] 女 《植》レダマ。

es·co·be·ro, ra [es.ko.βé.ro, -.ra] 男女 ほうき職人[商人]。

es·co·be·ta [es.ko.βé.ta] 女 **1** ブラシ。**2** 《ラ米》（メキシコ）（1）ほうき。（2）老いた七面鳥ののどにできる肉垂。

es·co·bi·lla [es.ko.βí.ja || -.ʎa] 女 **1** 短いほうき；ブラシ，刷毛；《音楽》（パーカッションの）ブラシ。**2** （ワイパーの）ゴム。**3** 《植》（1）ナベナ草，オニナズナ（の穂）。（2）ヒース。**4** 《電》（発電機・モーターの）ブラシ，刷子。**5** 金銀細工工房の掃きくず。**6** 《ラ米》（メキシコ）《話》おべっか使い，ごますり。
escobilla amarga 《ラ米》（メキシコ）《植》キンレンカ。
escobilla de ámbar 《植》コハクアザミ。
［escoba＋小辞］

es·co·bi·lla·do [es.ko.βi.já.ðo || -.ʎá.-] 男 《ラ米》すり足の速いステップで踊る踊り。

es·co·bi·llar [es.ko.βi.jár || -.ʎár] 他 **1** ブラシをかける，刷毛で掃く。**2** 《ラ米》（ラプラタ）（メキシコ）（チリ）《話》こびる，へつらう。— 自 《ラ米》（ダンスで）すり足の速いステップで踊る。

es·co·bi·lle·ro [es.ko.βi.jé.ro || -.ʎé.-] 男 （トイレなどの）ブラシ置き。

es·co·bi·llón [es.ko.βi.jón || -.ʎón] 男 **1** （銃口・砲口の）掃除具，洗桿。**2** デッキブラシ。

es·co·bi·na [es.ko.βí.na] 女 やすりくず；錐（きり）くず；金くず。

es·co·bo [es.kó.βo] 男 深い茂み。

es·co·bón [es.ko.βón] 男 **1** 大ほうき；長柄のほうき，すすばらい。**2** 手ぼうき。**3** 《植》エニシダ。**4** 《ラ米》（メキシコ）《俗》ギター。［escoba＋増大辞］

es·co·ce·du·ra [es.ko.θe.ðú.ra / -.se.-] 女 ひりひりすること；《医》かぶれ。

es·co·cer [es.ko.θér / -.sér] 24 自 **1** ひりひり痛む。Me *escuece* la herida. 傷がひりひりする。**2** 不愉快にさせる，感情を害す。Tu falta de respeto le *escoció*. 君の無礼が彼[彼女]を不愉快にさせた。
— ~*se* 再 **1** 炎症を起こす，ひりひり痛む。**2** 感情を害す。Se *escoció* por lo que le dije. 彼[彼女]は私の言ったことで気分を害した。

es·co·cés, ce·sa [es.ko.θés, -.θé.sa / -.sés, -.sé.-] 形 スコットランドの，スコットランド人の。whisky ~ スコッチウイスキー。**2** 格子縞の，タータン（チェック）の。tela *escocesa* タータンチェックの布地。
— 男女 スコットランド人。— 男 スコットランド語。

es·co·cia [es.kó.θja / -.sja] 女 《建》（イオニア式の柱の台座に見られる）凹状の刳型装飾，スコティア。

Es·co·cia [es.kó.θja / -.sja] 固名 （英国の）スコットランド。［←《ラ》*Scōtia*］

es·co·ci·do, da [es.ko.θí.ðo, -.ða / -.sí.-] 形 **1** ひりひりする，（肌などが）かぶれた。
2 いらいらしている，怒っている。

es·co·ci·mien·to [es.ko.θi.mjén.to / -.si.-] 男 → escocedura.

es·co·co·tar·se [es.ko.ko.tár.se] 再 《ラ米》《プエルトリコ》《話》倒れる.

es·co·da [es.kó.ða] 女 (石工などの)鉄槌(づち), ハンマー.

es·co·dar [es.ko.ðár] 他 〈石などを〉ハンマーで刻む[彫る].

es·co·fia [es.kó.fja] 女 《古語》→ cofia.

es·co·fie·ta [es.ko.fjé.ta] 女 《ラ米》《ダリ》(幼児の)帽子.

es·co·fi·na [es.ko.fí.na] 女 鬼目[荒目]やすり, 粗やすり. ～ de mediacaña 半円形の[凸面]やすり.

es·co·fi·nar [es.ko.fi.nár] 他 粗やすりをかける, (やすりで)粗削りをする.

es·co·fión [es.ko.fjón] 男 (昔の女性の)ヘアネット.

es·co·gen·cia [es.ko.xén.θja / -.sja] 女 《ラ米》《コロンビア》《エクアドル》選択; 《エクアドル》選挙.

＊＊es·co·ger [es.ko.xér] 100 他 《de... / entre...〈選択肢〉から》選ぶ, 選び取る. ～ un vestido adecuado *del* vestuario 衣装の中から適当な服を選ぶ. ～ *entre* los dos caminos 2つの道から1つを選ぶ. ～ un número al azar 1つの数字を無作為に選ぶ. En esta tienda tenemos (*de*) donde ～. この店は品ぞろえがよい. *escogieron* los candidatos y después los eligieron. 初めに候補者を選んでから投票によって選出した.

|類語| 二者択一, いくつかのものの中から「選ぶ, 選択する」は *escoger, elegir*,「選り分ける」は *seleccionar*. 人を選ぶ場合, *elegir* は選挙などによって「選出する」, *seleccionar* は「選抜する」.

dar a escoger a+人 〈人〉に選ばせる. *Me dieron a* ～ *la bebida*. 私は好きな飲み物を選ばせてもらった.

[ex-「の中から」+ coger「取る」]

es·co·gi·do, da [es.ko.xí.ðo, -.ða] 形 選ばれた; えり抜きの, 上質の. *obras escogidas* 選集. *mercancías escogidas* 極上品.

Muchos son llamados y pocos escogidos. 《聖》招かれた人は多いが, 選ばれる人は少ない〈マタイ 22：14〉.

es·co·gi·mien·to [es.ko.xi.mjén.to] 男 選択, 選別, 選抜, 選出.

escoj- 活 → escoger.

es·co·la·ní·a [es.ko.la.ní.a] 女《集合的》(教会付属の)少年聖歌隊.

es·co·la·no [es.ko.lá.no] 男 (教会付属の)少年聖歌隊員.

es·co·la·pio, pia [es.ko.lá.pjo, -.pja] 形 《カト》エスコラピアス会 (Escuelas Pías) の, ピアリスト会(士)の.
—— 男 女 エスコラピアス会[ピアリスト会]の修道士[修道女]; エスコラピアス会[ピアリスト会]の学校の生徒.

＊＊es·co·lar [es.ko.lár] 形《名詞＋》学校の, 学校教育に関する; 学生の. *actividades* ～*es* 学校行事. *año* [*curso*] ～ 学年. *edad* ～ 学齢, 就学年齢. *libro* ～ 教科書, 通信簿.
—— 男 女 (特に義務教育における)生徒, 学生; 小学生.
→ estudiante |類語|
[← 〔後7〕*scholāris* 形；〔7〕*schola*「学校」より派生, |関連| 〔英〕*scholar*「学者, 学徒」]

es·co·la·ri·dad [es.ko.la.ri.ðáð] 女 1 修学, 就学；学校教育. ～ *obligatoria* 義務教育. *Se exige un mínimo de* ～. 最低限の教育を要す. 2 就学年限, 在学期間；学歴. 3 学業, 学業成績. *libro de* ～ 成績表, 通信簿.

es·co·la·rie·go, ga [es.ko.la.rjé.go, -.ga] 形 生徒らしい, 学生らしい.

es·co·la·ri·za·ción [es.ko.la.ri.θa.θjón / -.sa.sjón] 女《義務的》学校教育の普及；(児童の)就学.

es·co·la·ri·zar [es.ko.la.ri.θár / -.sár] 97 他 〈子供に〉義務教育を受けさせる；必要な教育[訓練]を施す.

es·co·lás·ti·ca [es.ko.lás.ti.ka] 女 《哲》スコラ哲学.

es·co·las·ti·cis·mo [es.ko.las.ti.θís.mo / -.sís.-] 男 1 → escolástica. 2 《格式》学風固執, 伝統尊重.

＊es·co·lás·ti·co, ca [es.ko.lás.ti.ko, -.ka] 形 1 《哲》スコラ哲学の. *doctrina escolástica* スコラ派学説. 2 衒学(がく)的な, 学者ぶった.
—— 男 女 スコラ学者, スコラ哲学者.

es·co·le·ta [es.ko.lé.ta] 女《ラ米》《メキシコ》(1) 素人の楽団, アマチュアバンド. (2) アマチュアバンドの練習, リハーサル. (3) ダンスのレッスン[講習会].

es·co·liar [es.ko.ljár] 82 他 注釈[注解]する. ～ *una obra filosófica* 哲学書に注釈をつける.

es·co·lias·ta [es.ko.ljás.ta] 男 女 注釈者, 注解者.

es·co·li·ma·do, da [es.ko.li.má.ðo, -.ða] 形 ひ弱な, 病気がちの.

es·co·li·mo·so, sa [es.ko.li.mó.so, -.sa] 形 不平の多い, 怒りっぽい.

es·co·lio [es.kó.ljo] 男 注釈, 注解.

es·co·lio·sis [es.ko.ljó.sis] 女《単複同形》《医》(脊椎(ずい)の)側彎(わん)(症).

es·co·llar [es.ko.ʎár ‖ -.ɟár] 自 1 《海》暗礁に乗り上げる, 座礁する. 2 失敗する, 挫折(ざつ)する.

es·co·llar(·se) [es.ko.ʎár(.se) ‖ -.ɟár(.-)] 自 再 目立つ, 秀でる, ぬきんでる.

es·co·lle·ra [es.ko.ʎé.ra ‖ -.ɟé.-] 女 (波消しブロックなどの)波除け.

es·co·llo [es.kó.ʎo ‖ -.ɟo] 男 1 《海》礁, 暗礁. 2 障害；危険. *tropezar en un* ～ 難事にぶつかる.

es·co·lo·pen·dra [es.ko.lo.pén.dra] 女 1 《動》オオムカデ. 2 《植》コタニワタリ：ウラボシ科のシダ.

es·col·ta [es.kól.ta] 女 男 1 護衛(の人). 2 《スポ》(バスケット) ガード. 3 《集合的》お供, エスコート；護衛団. *dar a*... ～ を護衛する. 2 《集合的》お供, エスコート；護衛団. 4 《軍》護衛艦. *buque rápido de* ～ 護衛巡洋艦. → acompañamiento |類語|.

es·col·tar [es.kol.tár] 他 1 護衛[護送]する. ～ *a un prisionero* 囚人を護送する. 2 お供する, 随行する. 3 〈女性を〉送り届ける, エスコートする；〈女性に〉付き添う.

es·com·bra [es.kóm.bra] 女 瓦礫(がれき)[がらくた]の除去.

es·com·brar [es.kom.brár] 他 1 (場所から)瓦礫(がれき)・がらくたなどを取り払う[かたづける]. 2 〈ブドウの房から〉くず粒を取り除く.

es·com·bre·ra [es.kom.bré.ra] 女 1 瓦礫(がれき)捨て場. 2 ぼた山, くず鉱捨て場.

es·com·bri·do [es.kom.brí.ðo] 形《魚》スズキ目の, 青緑[黒い]色をした. 《複数で》(サバ・マグロなどの)スズキ目の魚類の総称.

＊es·com·bro¹ [es.kóm.bro] 男《主に複数で》1 瓦礫(がれき), 残骸(ざん). 2 鉱滓(さい), スラグ. 3 くずの山.

es·com·bro² [es.kóm.bro] 男《魚》サバ.

es·co·mer·se [es.ko.mér.se] 再 すり減る, 磨耗する；腐食する.

es·cón [es.kón] 男《ラ米》(菓)スコーン.
es·con·ce [es.kón.θe / -.se] 男 隅, 角.
es·con·de·de·ro [es.kon.de.ðé.ro] 男 隠し場所.
es·con·der [es.kon.dér] 他 **1(**en...**（場所）**に**)隠す. 〜 las manos en los bolsillos 両手をポケットにしまう. 〜 a un fugitivo en la casa 家の中に逃亡者をかくまう. **2**（視界から）遮断する, 見えなくする. El árbol nos *escondía* a [de] la vista de la gente. 木が私たちを人々の視線からさえぎっていた. **3** 秘める, 内包する. Su mirada *escondía* una gran tristeza. 彼[彼女]のまなざしの奥には大きな悲しみが秘められていた.
— 〜·se 再 **1**(**en...**（場所）**に**)(**de...** 〈追っ手など〉**から**)隠れる, 身を隠す. 〜*se en* el desván 屋根裏部屋に隠れる. 〜*se de* la policía 警察の目を逃れる. **2**（3人称で）潜む, 隠されている. Tras estas palabras *se escondía* un secreto. これらの言葉の裏にはある秘密が隠されていた.
[← 〔古スペイン〕asconder ← 〔ラ〕abscondere (abs-「離れて」+ condere「隠す」)]
es·con·di·da·men·te [es.kon.dí.ða.mén.te] 副 こっそりと, 隠れて, ひそかに.
es·con·di·do, da [es.kon.dí.ðo, -.ða] 形 **1** 隠された, 隠れた. tesoro 〜 秘宝. Vive 〜 en un convento. 彼はさる修道院に身を隠している. **2** 人里離れた, へんぴな. — 男《ラ米》(1)〔単数形は複数で〕(遊) 隠れん坊. (2) (ジジ) 舞曲の一種. — 男〔複数形で〕(遊) 隠れん坊.
a escondidas ひそかに, こっそりと. Fumé *a escondidas* de mis padres. 私は両親に隠れてこっそりタバコを吸った.
es·con·di·mien·to [es.kon.di.mjén.to] 男 隠匿, 秘匿；潜伏.
*es·con·di·te [es.kon.dí.te] 男 **1** 隠れ場所, 隠し場所. Había buscado un buen 〜 debajo del armario. 洋服だんすの下に格好の隠し場所を見つけておいた. **2**(遊) 隠れん坊.
es·con·dri·jo [es.kon.drí.xo] 男 隠し場所, 隠れ場所.
es·co·ñar [es.ko.ɲár] 他（俗）壊す, 台なしにする.
— 〜·se 再（俗）**1** 壊れる. **2** けがをする.
*es·co·pe·ta [es.ko.pé.ta] 女 猟銃(= 〜 *de caza*), 散弾銃. 〜 *de los cañones* 二連発銃. 〜 *de aire comprimido* / 〜 *de viento* 空気銃. 〜 *de salón*（射的用で射程の短い）銃. 〜 *negra*（プロの）狩猟者, 猟師. 〜 *rifle*.
Aquí te quiero (*ver*), *escopeta*.（物事などの危険や問題が迫る場面で）さあ, ここだ；さあ, 来た.
[←〔古伊〕schioppetta ; schioppo「銃」+ 縮小辞]
es·co·pe·ta·do, da [es.ko.pe.tá.ðo, -.ða] 形（話）急いでいる, 大急ぎの, 一目散の.
es·co·pe·ta·zo [es.ko.pe.tá.θo / -.so] 男 **1**（猟銃による）発砲, 射撃；銃声. Mató un ciervo de un 〜. 彼[彼女]は鹿を一発で射とめた. **2**（猟銃による）銃創. **3**（思いがけない）悪い知らせ[出来事], 凶報.
es·co·pe·te·a·do, da [es.ko.pe.te.á.ðo, -.ða] 形（話）→ escopetado.
es·co·pe·te·ar [es.ko.pe.te.ár] 他 **1** ...に猟銃を連射する. **2**《ラ米》(ジジ)（話）当てこする, けちをつける.
— 自 **1** 猟銃を連射する. **2**《ラ米》(ジジ)（話）つっけんどんな返事をする. — 〜·se 再〔複数主語で〕お世辞[侮辱の言葉など]を浴びせ合う.
es·co·pe·te·o [es.ko.pe.té.o] 男 **1**（猟銃の）連発射撃. **2** やり合い, 浴びせ合い. 〜 *de insultos* [*cortesías, preguntas*] 悪口[お世辞, 質問]の連発.

es·co·pe·te·rí·a [es.ko.pe.te.rí.a] 女 **1** 銃声の連続, 一連の射撃. **2** 猟銃隊；小銃兵の一団.
es·co·pe·te·ro [es.ko.pe.té.ro] 男 **1** 猟銃を持った男；猟師；（軍）小銃兵. **2** 鉄砲鍛冶(⌒), 猟銃職人. **3**（昆）ホソクビゴミムシ（属の甲虫）：ヘッピリムシの一種.
es·co·pe·ti·lla [es.ko.pe.tí.ja ‖ -.ʎa] 女（火薬・弾の入った）小さい砲身. [escopeta + 縮小辞]
es·co·pla·du·ra [es.ko.pla.ðú.ra] / **es·co·ple·a·du·ra** [es.ko.ple.a.ðú.ra] 女（のみによる）彫り込み, 刻み；ほぞ穴.
es·co·ple·ar [es.ko.ple.ár] 他 のみで彫る, ほぞ穴を開ける.
es·co·plo [es.kó.plo] 男 のみ, たがね. 〜 *de cantería* 石切用のたがね.
es·cor [es.kór] 男《ラ米》得点, 点数. [←〔英〕score]
es·co·ra [es.kó.ra] 女（海）(1)（船の）横傾斜. (2)（建造時に船腹を支える）支柱. (3)（船体の）船腹線.
es·co·rar [es.ko.rár] 他（海）〈建造中・修理中の船を〉支柱で支える.
— 自（海）（船が）傾く, ヒールする. *Escora* a estribor. 右舷(⌒)に傾く. **2**（潮位が）いちばん下がる.
— 〜·se 再 **1**（船が）傾く, ヒールする. **2** 偏る, 片寄る；身を傾ける. **3**《ラ米》(1) (⌒) (⌒)（物陰に）身を隠す. (2) (ジジ) 責任をなすりつける.
es·cor·bú·ti·co, ca [es.kor.bú.ti.ko, -.ka] 形（医）壊血病の, 壊血病にかかった.
es·cor·bu·to [es.kor.bú.to] 男（医）壊血病.
es·cor·cha·pín [es.kor.tʃa.pín] 男（昔の）戦時輸送船.
es·cor·char [es.kor.tʃár] 他 **1** ...の皮膚をすりむく. **2**《ラ米》(ジジ)（話）うんざりさせる,〈人に〉迷惑をかける.
es·cor·dio [es.kór.ðjo] 男（植）シソ科ニガクサ属の植物.
es·co·ria [es.kó.rja] 女 **1**（冶）スラグ, 鉱滓(⌒). **2** 石炭殻. **3**（地質）火山岩滓. **4**〔集合的〕（軽蔑）かす, くず. 〜 *de la sociedad* 社会のくず.
es·co·ria·ción [es.ko.rja.θjón / -.sjón] 女（皮膚の）すりむき, 表皮剥離(⌒)；すり傷.
es·co·rial [es.ko.rjál] 男 スラグ捨て場, 鉱滓(⌒)の山, ぼた山.
Es·co·rial [es.ko.rjál] 固名 (San Lorenzo de) El 〜 エル・エスコリアル：スペインの Felipe 2世が建造した Madrid 北西にある王宮・僧院・王廟・聖室. 1984年世界遺産に登録. ♦1584年, 日本の天正遣欧使節が訪問した. [escorial より派生]
es·co·riar(·se) [es.ko.rjár(.se)] 82 他 再 → excoriar(se).
es·cor·nar [es.kor.nár] 15 他（畜）〈動物の〉角を切り落とす[矯(⌒)める]. — 〜·se 再（話）**1**（ある目的のために）身を粉にして働く. **2** 強打する.
es·cor·pe·na [es.kor.pé.na] 女 → escorpina.
es·cor·pi·na [es.kor.pí.na] 女（魚）フサカサゴ（科の魚）.
es·cor·pio [es.kór.pjo] 形〔主に性数不変〕さそり座生まれの. *mujeres* 〜 さそり座の女性たち.
— 男[E-]（星座）さそり座(= Escorpión)；（占星）天蠍(⌒)宮：黄道十二宮の第8宮.
— 男〔主に単複同形〕さそり座生まれの人. Soy 〜. 私はさそり座だ.
es·cor·pioi·de [es.kor.pjói.ðe] 形（植）（実の形がサソリの尾に似た）マメ科の植物.
*es·cor·pión [es.kor.pjón] 形〔主に性数不変〕さそ

り座の. ━ 男 1 【動】 サソリ. 2 [E-]【星座】さそり座；【占星】天蠍(てんかつ)宮 (= escorpio). 3 【魚】オニカサゴ. 4 (古代に武器として使われた) 大きな石弓. 5 さそり型(がた) : 鎖の先に金属のつめを付けた昔の刑具.
lengua de escorpión 毒舌(家).

es·co·rren·tí·a [es.ko.r̃en.tí.a] 囡 1 (1) (道路・地面を流れる). (2) 雨水が通ってできた跡[筋], 侵食. 2 (ダム・水のための) 余水路, 余水吐(はき)(施設).

es·co·rro·zo [es.ko.r̃ó.θo / -.so] 男 《話》喜び, 楽しみ.

es·cor·za·do [es.kor.θá.ðo / -.sá.-] 男 → escorzo.

es·cor·zar [es.kor.θár / -.sár] 97 他 《美》遠近短縮法で描く.

es·cor·zo [es.kór.θo / -.so] 男 《美》(遠近法による) 短縮(画)法；短縮法で描いた絵.

es·cor·zón [es.kor.θón / -.són] 男 → escuerzo.

es·cor·zo·ne·ra [es.kor.θo.né.ra / -.so.-] 囡 【植】フタナミソウ.

es·cos·car [es.kos.kár] 102 他 (…から) ふけを取る.
━ (·se 再) (むずむずして) 体を動かす；(心配事などで) 落ち着かない.

es·co·ta [es.kó.ta] 囡 【海】帆脚索(はんきゃく).

es·co·ta·do, da [es.ko.tá.ðo, -.ða] 形 襟開きの大きい, 襟ぐりの深い. *Iba muy escotada.* 彼女は胸元のぐっと開いた服を着ていた. ━ 男 襟開き, 襟ぐり.

es·co·ta·du·ra [es.ko.ta.ðú.ra] 囡 1 襟開き, 襟ぐり；そでぐり；(よろいの) 腕(うで)下の切り込み. 2 【演】(舞台の) 迫り出し.

es·co·tar¹ [es.ko.tár] 他 《服飾》…の襟[そで] ぐりを裁つ[大きくする]. *~ un vestido* 服の襟ぐりを大きくする.

es·co·tar² [es.ko.tár] 他 1 〈割り前を〉支払う. *Todos escotaron su parte.* 全員がおのおの負担分を支払った. 2 〈川の水を〉引き込む.
━ (·se 再) 自 割り前を出す, 割り勘にする. *Vamos a ~nos para comprarle un regalo.* 彼[彼女]に贈り物を買うために皆でお金を出そう.

es·co·te¹ [es.kó.te] 男 1 《服飾》襟開き, 襟あき, そでぐり. *~ redondo* 丸首. *~ en pico* Vネック. 2 襟元, 胸もと. 3 (襟元の) ひだ飾り.

es·co·te² [es.kó.te] 男 割り前, 分担額. *Cada uno pagó su ~.* 各自がそれぞれ自分の分を払った.
a escote 割り勘で. *pagar a ~* 割り勘にする.

es·co·te·ro, ra [es.ko.té.ro, -.ra] 形 1 荷物を持たない, 手ぶらの. 2 【海】単独航行の.

es·co·ti·lla [es.ko.tí.ja ‖ -.ʎa] 囡 1 【海】【航空】【軍】ハッチ, 昇降口, 艙口(そうこう). 2 (洗濯機の) 投入口.

es·co·ti·llón [es.ko.ti.jón ‖ -.ʎón] 男 1 (床の) はね上げ戸, 上げぶた. 2 【演】迫(せ)り口.
aparecer [desaparecer] (como) por escotillón 不意に現れる[ばっと消える].

es·co·tis·mo [es.ko.tís.mo] 男 【哲】スコトゥス説：英国のスコラ哲学・神学者 Duns Escoto (1266?-1308) の学説.

es·co·zor [es.ko.θór / -.sór] 男 1 ひりひりする痛み；(汗・衣類などによる) かぶれ. 2 傷心, 悲しみ；不愉快, いらだち.

es·cra·cha·do, da [es.kra.tʃá.ðo, -.ða] 形 (ラ米)(ちゃんこう)《話》(1) ひどい様子の. (2) 服装がだらしない.

es·cra·char [es.kra.tʃár] 他 (ラ米)(ちゃんこう)(ちぎ)《話》(1) 壊す. (2) たくさん[思いきり] 叩く.

es·cri·ba [es.krí.ba] 男 1 (ユダヤ教の) 律法学者.
2 (古代の) 写字生, 書記.

es·cri·ba·ní·a [es.kri.ba.ní.a] 囡 1 書き物机；(筆箱・ペン皿にセットされた) 筆記用具一式. 2 公証人の職[地位]；公証役場. 3 (公証) 書記官の職[身分]；(公証) 書記官の執務室.

es·cri·ba·no, na [es.kri.bá.no, -.na] 男女 1 字の上手な人. 2 (ラ米) 公証人.
━ 男 1 《古語》書記, 筆記者；写字生, 筆耕者. 2 (公証) 書記官.
escribano del agua (1) 【昆】ミズスマシ (2) (ラ米)(らみ) 【鳥】ホオジロ属の一種.

es·cri·bi·do, da [es.kri.bí.ðo, -.ða] 形 *ser muy leído y escribido* 博識ぶっている；学のあるところを見せる.

es·cri·bi·dor, do·ra [es.kri.bi.ðór, -.ðó.ra] 男女 《話》三流作家, 三文文士.

es·cri·bien·te [es.kri.bjén.te] 男女 筆耕者, 写字生；書記.

**es·cri·bir [es.kri.bír] 75 他 [過分] は escrito 1 〈文字・文章などを〉書く. *~ una postal a una amiga* 友人に絵はがきを書く. *~ una novela* 小説を書く. *~ a máquina un informe* 報告書をワープロ[タイプ]で打つ.
2 〈曲を〉作曲する, 楽譜にする. *~ música* 作曲をする. 3 〈a+人〈人〉に〉《que+直説法 …であると / que+接続法 …するように》(手紙などで) 書く, 伝える. *Mi madre me ha escrito que vendrá mañana.* 母が明日来ると書いてきた.
━ 自 1 《a+人〈人〉に》手紙を書く. *Mi alumno me escribió desde China.* 生徒が中国から手紙をくれた. 2 文章を書く. *~ sobre literatura* 文学について著述する. *¿Sabes leer y ~ en español?* 君はスペイン語で読み書きができますか. 3 〈ペンなどが〉書ける. *Este bolígrafo escribe muy bien.* このボールペンはとても書きやすい.
━ ~·se 再 1 (複数主語で) 文通する. *Nos escribimos cada mes.* 私たちは毎月手紙のやりとりをしている. 2 《3人称で》書かれる, 綴られる. *"Hielo" se escribe con "h".* "hielo" という語は "h" のついた綴りで書かれる. 3 入会する.
[←[ラ] *scríbere*, 関連 describir, inscribir. [仏] *écrire*. [英] *describe* 「記述する」, *scribe*]

es·cri·ño [es.krí.ɲo] 男 1 わら製のかご.
2 (宝石・貴重品を入れる) 小箱, 手箱.

**es·cri·to, ta [es.krí.to, -.ta] [escribir の 過分] 形 1 書かれた, 文書による, 筆記の. *examen ~* 筆記試験. *una carta escrita a máquina [mano]* タイプで打った[手書きの] 手紙. *avaricia escrita en su cara* 彼[彼女]の顔に表れた貪欲(どんよく)さ. 2 (メロンなど) 網目模様の入った.
━ 男 1 文書；手紙；書かれたもの. *tomar por ~* 書き留める. *Mándame un ~ cuando llegues allí.* あちらに着いたら手紙をください. *Mi niño ha dejado un ~ debajo de su almohada.* 私の子供は枕の下にメモを残した. 2 作品, 著作. *~s de Ortega* オルテガの著作. *~ póstumo* 遺作. 3 【法】申請, 請願；起訴状. *~ de conclusiones* (一審の) 最終申立書. *~ de agravios* 控訴状, 上告状.
estar escrito 宿命[運命] である. *Estaba escrito que eso ocurriría.* それが起きることは定めであった.
lo arriba escrito 上述[前述] のこと, 前記.
Lo escrito escrito está. 一度書かれたことは取り消せない.
por escrito 文書で, 書面で. *poner por ~* 書面に記す, 文書にする.

escritor

[← [ラ] *scrīptum* (*scrībere*「書く」の完了分詞 *scrīptus* の対格); 関連 [英] *script*「手書き; 台本」]

es·cri·tor, to·ra [es.kri.tór, -.tó.ra] 男 女 作家, 文筆家; 執筆者.
～ de novelas 小説家. ～ fantasma ゴーストライター.

es·cri·to·rio [es.kri.tó.rjo] 男 **1** 事務机, 書き物机. gastos de ～ 事務用品費. objetos de ～ 文房具. **2** 事務室, 事務所. **3** (引き出しのついた)書類入れ; アクセサリー入れ. **4** 〖IT〗デスクトップ.

es·cri·tor·zue·lo, la [es.kri.tor.θwé.lo, -.la / -.swé.-] 男 女 《軽蔑》三流作家, 三文文士.

es·cri·tu·ra [es.kri.tú.ra] 女 **1** 表記法, 文字. ～ alfabética アルファベット(表記). ～ griega [árabe] ギリシア[アラビア]文字. ～ fonética 表音[音標]文字.
2 書くこと; 書き方, 習字. ejercicio de lectura y de ～ 読み書き方と書き方の練習. ～ de una carta 手紙の書き方. **3** 筆跡, 書体. Mi padre tiene muy mala ～. 私の父はとても字が下手だ. **4** 〖法〗(1) 証書, 証文. ～ de propiedad 権利証書, 権利書. ～ notarial 公正証書. (2) 契約書. ～ de venta 売渡証. **5** 文書, 記録. ～s antiguas 古文書. ～ [E-] 《主に複数で》聖書 (= la(s) Sagrada(s) E～(s)). **7** 〖IT〗書き込み, 記録.
a escuadra 直角に. labrar *a* ～ 直角に切る[削る].
fuera de escuadra 斜角に.

es·cri·tu·ra·ción [es.kri.tu.ra.θjón / -.sjón] 女 (契約書の)発行, (義務・約束事などの)文書[明文]化.

es·cri·tu·rar [es.kri.tu.rár] 他 **1** (契約などを)文書化する. **2** 〈俳優などと〉出演契約を結ぶ.

es·cri·tu·ra·rio, ria [es.kri.tu.rá.rjo, -.rja] 形 公正証書の[による]. ― 男 女 聖書学者.

es·cri·tu·ris·ta [es.kri.tu.rís.ta] 男 女 聖書学家.

es·cró·fu·la [es.kró.fu.la] 女 〖医〗腺病(㌝), (頸部(㌪))リンパ節結核, 瘰癧(㌻).

es·cro·fu·la·ria [es.kro.fu.lá.rja] 女 〖植〗ゴマノハグサ.

es·cro·fu·la·riá·ce·as [es.kro.fu.la.rjá.θe.as / -.se.-] 女 《複数形》〖植〗ゴマノハグサ科.

es·cro·fu·lis·mo [es.kro.fu.lís.mo] 男 → *escrófula*.

es·cro·fu·lo·so, sa [es.kro.fu.ló.so, -.sa] 形 〖医〗腺病(㌝)の, 瘰癧(㌻)性の. ― 男 女 瘰癧(㌻)[腺病]患者.

es·cro·to [es.kró.to] 男 〖解剖〗陰嚢(㌧).

es·cru·pu·li·zar [es.kru.pu.li.θár / -.sár] 97 自 《en... …に》こだわる, くよくよする; ためらう. ～ *en* nimiedades 些事(㌻)にこだわる.

es·crú·pu·lo [es.krú.pu.lo] 男 **1** 《主に複数で》ためらい; 後ろめたさ. ～ de conciencia 良心の呵責(㌢). ～ de monja つまらない気がかり. tener ～s 気がひける. un hombre de negocios sin ～s 厚かましい商売人. **2** 《主に複数で》嫌悪感, 不潔感. Me da ～ beber en el vaso de otro. 他人のコップで飲むのは気が悪い. **3** 綿密さ, 細心さ, 周到さ. con ～ 細心の注意を払って. **4** 靴に入った小石. **5** 〖薬〗エスクルプロ: 薬量の単位, 1.198グラム. **6** 〖天文〗分 (= minuto).

es·cru·pu·lo·si·dad [es.kru.pu.lo.si.ðáð] 女 細心さ, 綿密さ, 用意周到.

es·cru·pu·lo·so, sa [es.kru.pu.ló.so, -.sa] 形
1 《en... …において》細心の, 綿密な; きちょうめんな. con *escrupulosa* atención 細心の注意を払って. ～ *en* el trabajo 仕事をきちんとする.
2 小うるさい, 気難しい; 潔癖症の.

― 男 女 きちょうめんな人; 潔癖症の人.

es·cru·ta·dor, do·ra [es.kru.ta.ðór, -.ðó.ra] 形 詮索(㌢)的な, じろじろと眺める. mirada *escrutadora* 詮索するするどい目つき.
― 男 女 投票集計人, 開票立会人.

es·cru·tar [es.kru.tár] 他 **1** 《格式》詳しく調査する, 詮索(㌢)する, じろじろ見る.
2 〈票を〉集計する, 開票する.

es·cru·ti·nio [es.kru.tí.njo] 男 **1** 票の集計, 開票. efectuar [hacer] el ～ 得票を計算[審査]する.
2 精査, 吟味; 詮索(㌢). hacer el ～ de... …を詳しく調査する.

es·cua·dra [es.kwá.ðra] 女 **1** 直角定規, 三角定規. ～ de agrimensor (測量用の) 直角儀. falsa ～ / ～ móvil 角度定規. **2** L字金具; アングル材, 角材, 山型金物. **3** 〖軍〗(1) 分隊. (2) (水) 兵長の位. **4** (労働者などの) 一団, 班. **5** 〖海〗艦隊. **6** 〖スポ〗(サッカーなどのゴールの) コーナー. **7** [E-]〖星座〗ぎょしゃ座 (= Norma). **8** 《ラ米》(1) (㌣)(㌻)拳銃(㌻). (2) (㍊)正直者.
a escuadra 直角に. labrar *a* ～ 直角に切る[削る].
fuera de escuadra 斜角に.

es·cua·drar [es.kwa.ðrár] 他 直角[四角]にする.

es·cua·dre·o [es.kwa.ðré.o] 男 直角にすること.

es·cua·drí·a [es.kwa.ðrí.a] 女 (角材の)木口寸法.

es·cua·dri·lla [es.kwa.ðrí.ja ‖ -.ʎa] 女 **1** 〖海〗小艦隊. **2** 〖航空〗飛行隊. [*escuadra* + 縮小辞]

es·cua·dro [es.kwá.ðro] 男 〖魚〗ガンギエイ科の魚.

es·cua·drón [es.kwa.ðrón] 男 〖軍〗(1) 騎兵中隊. (2) (空軍の)飛行中隊.

es·cua·li·dez [es.kwa.li.ðéθ / -.ðés] 女 **1** やせこけていること. **2** 汚らしさ, 不潔さ.

es·cuá·li·do, da [es.kwá.li.ðo, -.ða] 形 **1** 《格式》やせこけた, やせ細った. **2** 汚い. **3** 〖魚〗板鰓(㌠)類の. ― 男 《複数で》〖魚〗(サメなどの)板鰓類.

es·cua·lo [es.kwá.lo] 男 〖魚〗サメ.

es·cu·cha [es.kú.tʃa] 女 **1** 聞くこと, 聴取.
2 傍受, 盗聴. ～ telefónica 電話の盗聴. servicio de ～ 〖軍〗(敵の無電などの)傍受所.
3 (修道院の面会室で傍聴する)付き添いの修道女; (女主人の寝室近くにはべる)小間使い.
4 《複数で》要塞(㌣)の斜堤の前の放射状の地下道.
― 男 〖軍〗斥候, 夜間偵察兵. ― 男 女 〖ラジオ〗モニター; 傍聴者. ― 共 → *escuchar*.
ponerse [*estar*] *a la escucha* 傾聴する[している], 聞き耳を立てる[立てている].

es·cu·cha·dor, do·ra [es.ku.tʃa.ðór, -.ðó.ra] 男 女 聞く人, 聞き手; (ラジオの)聴取者.

es·cu·char [es.ku.tʃár] 他 **1** 聴く, 傾聴する. ～ música 音楽を聴く. *Escuchó* la noticia en la radio. 彼[彼女]はラジオでそのニュースを聴いた.

[類語] *oír* が聴力によって知覚する意味で用いる「聞く」なのに対して, *escuchar* は聞こえてくるもの(音を出すもの)に注意を向けて「聴く」の意味である.

2 〈人のことに〉耳を傾ける, 聞き入れる, 従う. ～ consejos 忠告に従う. He hablado con él, pero no me *escucha*. 私は彼と話したけど, 彼は私を相手にしてくれません. **3** 《ラ米》聞く, 聞こえる (= *oír*). No se *escucha* bien. よく聞こえません.
― 自 聴く, 耳を澄ます. No *escuches* detrás de la puerta. ドアの後ろで聞き耳を立てるんじゃない.
― ～*·se* 再 《自分に》聞きほれる.

[←［古スペイン］*ascuchar*←［俗］*ascultare←［ラ］*auscultāre*=［関連］［仏］*écouter*］

es·cu·chi·mi·za·do, da [es.ku.tʃi.mi.θá.ðo, -.ða / -.sá.-]［話］やせた，ひ弱な．

es·cu·cho [es.kú.tʃo] 男 《ラ米》(ﾃﾞｨｯ) 耳打ち，内緒話，ささやき．— 話 → escuchar.
a(l) escucho こっそり耳もとで．

es·cu·chón, cho·na [es.ku.tʃón, -.tʃó.na] 形 詮索(ｾﾝｻｸ)好きな，でしゃばりな．
— 男 女 お節介，でしゃばり．

es·cu·dar [es.ku.ðár] 他 盾で守る；保護する，守る，かばう．*La gallina escuda los polluelos bajo sus alas.* 鶏はひなを羽の下に入れて守る．
— **~·se** 再 (**en...** / **con...** …を)言い訳［口実］にする．*Siempre se escuda en el trabajo para no ayudarme.* 彼［彼女］はいつも仕事を口実にして手伝ってくれない．

es·cu·de·lla [es.ku.ðé.ja‖-.ʎa]女［料］エスクデーリャ：肉の入ったCataluñaのスープ．

es·cu·de·rí·a [es.ku.ðe.rí.a]女 **1**［スポ］レーシングチーム．**2**（騎士の）従者［盾持ち］の身分［職］．

es·cu·de·ril [es.ku.ðe.ríl] 形 盾持ちの；従者の．

es·cu·de·ro, ra [es.ku.ðé.ro, -.ra] 形 盾持ちの；従者の．— 男 **1**（騎士の）盾持ち；従者．*Don Quijote y su ~ Sancho Panza* ドン・キホーテとその従者サンチョ・パンサ．**2** 郷士．**3**（貴婦人の）侍者．**4** 盾職人．

es·cu·de·rón [es.ku.ðe.rón] 男 空威張り屋，見えっ張り．

es·cu·de·te [es.ku.ðé.te] 男 **1** 小さい盾；(小さな)盾形のもの．**2**（鍵穴の）飾り庇．**3**［服飾］（ほつれ止めの）小さい三角形の当て布．**4**［農］接ぎ穂．*injerto de ~* 芽接ぎ．**5**［植］スイレン (= nenúfar).
[escudo + 縮小辞]

es·cu·di·lla [es.ku.ðí.ja‖-.ʎa]女 ボウル，椀(ﾜﾝ)；ボウル1杯分；《ラ米》(ﾒﾋｼｺ) カップ，茶碗．

***es·cu·do** [es.kú.ðo] 男 **1**（大砲の）防盾(ﾎﾞｳｼﾞｭﾝ). *protegerse con el ~* 盾で身を守る．
2［紋］盾；盾形紋章 (= ~ de armas).
3（比喩的）盾，守り；庇護．*El estrecho fue ~ de la gente contra el enemigo.* 海峡は敵から人々を守る盾であった．
4 エスクード．**(1)** ポルトガルの旧通貨単位（略 Esc.）. ► 現在は euro. **(2)**（スペインの昔の）金貨，銀貨．**(3)** チリの旧通貨単位(1960-75). ► 現在は peso. **5**（鍵穴の）飾り庇．**6** 盾形地域 (= ~ continental). **7**［海］（船尾の）盾形船名板．**8**［服飾］（ほつれ止めの）小さい三角形の当て布．**9** イノシシの肩(肉). **10**［星座］*E~* ［ラ語］たて(盾)座．

es·cu·dri·ña·dor, do·ra [es.ku.ðri.ɲa.ðór, -.ðó.ra] 形 **1** 細かく調べる，調査する．
2 詮索(ｾﾝｻｸ)好きな，好奇心の強い．
— 男 女 **1** 調査する人，調査員［官］．
2 詮索好きな人，好奇心の強い人．

es·cu·dri·ña·mien·to [es.ku.ðri.ɲa.mjén.to] 男 調査，探究；注意深く観察すること，じっと見つめること．

es·cu·dri·ñar [es.ku.ðri.ɲár] 他 **1** 詳しく調べる，調査する；詮索する．*~ un mapa para encontrar un pequeño pueblo* 小さな村を見つけるため地図を細かく見る．**2** 目を皿にして見る，凝視する．

****es·cue·la** [es.kwé.la] 女 **1** 学校，(特に) 小学校；各種学校. *ir a la ~* 学校に行く. *faltar a la ~* 学校を欠席する. *~ primaria* [*de primera enseñanza*] 小学校. *~ secundaria* [*de segunda enseñanza*] 中学校. *~ privada* [*pública*] 私立［公立］学校. *~ nocturna* 夜間学校. *~ automovilista* / *~ de conducir* 自動車教習所 (= autoescuela). *~ de bellas artes* 美術学校. *~ de comercio* ビジネススクール. *~ de teología* 神学校. *~ militar* 士官学校. *~ normal* 師範学校.
2（学部に相当する）**高等専門学校**，単科大学；（大学院の）研究室．*E~ Superior de Ingenieros Agrónomos* 農学部．*~ de Anatomía Patológica*（医学部の）病理学解剖教室．
3 教育，訓練．*tener buena ~* きちんと訓練を受けている．*buque ~*（海軍の）練習船．*A Juan le falta ~ para ser un músico profesional.* ファンがプロの音楽家になるには修行が必要だ．
4（集合的）学校の教員と生徒（と生徒の親），学校関係者．*Toda la ~ se opuso al nuevo reglamento escolar.* 全校生徒が新しい校則に反対した．
5（学問・芸術などの）**流派**，学派；（立場を同じくする）一派．*E~ de París* エコール・ド・パリ．*~ flamenca* フランドル派．*~ freudiana* フロイト学派．*~ impresionista* 印象派．*~ racionalista* 合理主義の信奉者グループ．*E~ de Traductores de Toledo*［史］トレドの翻訳家グループ (♦Alfonso 6世 (1065–1109) のトルコ奪還以後，ギリシア，アラビアの文献をラテン語やスペイン語に翻訳し，ヨーロッパに広めた).
6（比喩的）学びの場，学校．*aprender en la ~ de la vida* 人生という教育の場に学ぶ．**7** 学風，教育方針．*~ moderna* 新時代の教育方針，近代教育．
Escuelas Pías［カト］エスコラピアス修道会 (San José de Calasanz (1556–1648) が創設した教育事業にあたる修道会).
[←［ラ］*scholam (schola* の対格）「暇；講義；学校」←［ギ］*skholḗ*=［関連］*escolar*. ［仏］*école*「学校」. ［英］*school, scholar*「学者，学徒」]

es·cue·lan·te [es.kwe.lán.te] 男 女 《ラ米》**(1)** (ﾘｵﾌﾟ)(ﾍﾞﾈｽﾞ)生徒，学生．**(2)** (ｸﾞｱﾃ)先生，教師．

es·cue·le·ro, ra [es.kwe.lé.ro, -.ra] 形 《ラ米》学校の，学校に関する．— 男 女《ラ米》**(1)**（初等教育の）教師．**(2)**(ﾘｵﾌﾟ)(ｴｸｱ)(ﾎﾟﾘﾋﾞ)(ｺﾞｽﾀ)生徒，学生．

es·cue·lis·ta [es.kwe.lís.ta] 男 女《ラ米》(ﾎﾞﾘ)生徒，学生．

es·cue·li·ta [es.kwe.lí.ta] 女《ラ米》(ﾃﾞｨｯ) 幼稚園．

es·cuer·zo [es.kwér.θo / -.so] 男 **1**［動］ヒキガエル (= sapo). **2**［話］やせた人．

es·cue·to, ta [es.kwé.to, -.ta] 形 **1** 簡潔な，手短な．*informe ~* 簡潔な報告書．**2** 飾り気のない，平易な；そっけない，むき出しの．*lenguaje* [*estilo*] *~* 飾り気のない言葉遣い［文体］．*verdad escueta* 正真正銘の事実．**3**《ラ米》(*ﾁ)(ｸﾞｱﾃ) 閑散とした．

es·cuin·cle, cla [es.kwín.kle, -.kla] 男 女《ラ米》(ﾒﾋｼｺ)［話］子供，幼児；若者．

es·cuin·tle, tla [es.kwín.tle, -.tla] 形《ラ米》とても若い［話］子供，幼児；若者．

es·cu·la·pio [es.ku.lá.pjo] 男（ユーモラスに）名医殿，(医者の)大先生．

Es·cu·la·pio [es.ku.lá.pjo] 固名［ロ神］アエスクレピウス：医薬と医術の神．ギリシア神話の Asclepios に当たる．[←［ラ］*Aesculāpius*←［ギ］*Asklēpiós*]

es·cul·car [es.kul.kár] 他《ラ米》詳しく調べる，入念［徹底的］に調べる；《ラ米》(ﾒﾋｺ) 捜索する．

es·cu·llar [es.ku.jár‖-.ʎár] 他〈スープを〉注ぐ，つぐ．

es·cul·pi·dor, do·ra [es.kul.pi.ðór, -.ðó.ra] 男

女 彫刻家.

***es·cul·pir** [es.kul.pír] 他 **1**〈**en...** …に〉彫る, 彫刻する. ~ una estatua *en* piedra 石に像を彫刻する. **2** 刻み込む, 刻みつける(＝grabar).

es·cul·tis·mo [es.kul.tís.mo] 男 ボーイ[ガール]スカウトの活動.

es·cul·tis·ta [es.kul.tís.ta] 形 ボーイ[ガール]スカウトに関する. ── 男 女 ボーイ[ガール]スカウトの一員. ▶ scout とも言う.

***es·cul·tor, to·ra** [es.kul.tór, -.tó.ra] 男 女 **彫刻家**. ~ en mármol 大理石の彫刻家.
── 男《星座》[E-]ちょうこくしつ(彫刻室)座.

es·cul·tó·ri·co, ca [es.kul.tó.ri.ko, -.ka] 形 彫刻の.

***es·cul·tu·ra** [es.kul.tú.ra] 女 (石・木などの)**彫刻**; 彫刻作品. ~ de bronce ブロンズ像. La ~ da vida al mármol. 彫刻は大理石に命を吹き込む. [← ラ *sculptūram* (*sculptūra* の対格; *sculpere*「彫刻する」より派生); 関連 escultor. [英] *sculpture, sculptor*].

es·cul·tu·ral [es.kul.tu.rál] 形 **1** 彫刻の, 彫刻に関する. materia ~ 彫刻の材料. arte ~ 彫刻芸術. **2** 彫像のような. Ella tiene medidas ~*es*. 彼女はじつに均整の取れた体をしている.

es·cu·pe·ti·na [es.ku.pe.tí.na] 女 → escupidura.

es·cu·pi·da [es.ku.pí.ða] 女《ラ米》つば, 痰(たん).

es·cu·pi·de·ra [es.ku.pi.ðé.ra] 女 **1** 痰壺(たんつぼ). **2**《ラ米》**(1)**《チリ》《ラプ》《ラプラタ》溲瓶(しびん). **(2)**《南米》ピストル, 銃.
pedir la escupidera《ラ米》《話》**(1)** おじけづく. **(2)**《スポ》タイムをかける.

es·cu·pi·de·ro [es.ku.pi.ðé.ro] 男 **1** つば[痰(たん)]を吐く所. **2** 唾液(だえき)すべき人; 恥ずべき状況[立場].

es·cu·pi·do, da [es.ku.pí.ðo, -.ða] 形 瓜(うり)二つの, 生き写しの. Es *escupida* a su madre. 彼女は母親にそっくりだ. ── 男 (吐き出された)つば[痰(たん)].

es·cu·pi·dor, do·ra [es.ku.pi.ðór, -.ðó.ra] 形 いつもつば[痰(たん)]を吐く. ── 男 女 つば[痰]を吐く人. ── 男《ラ米》**(1)**《チリ》《ラプ》痰壺(たんつぼ). **(2)**《中米》花火. **(3)**《ラプ》丸ござ, 円座.

es·cu·pi·du·ra [es.ku.pi.ðú.ra] 女 **1** (吐き出した)つば, 痰(たん), 血. **2** (熱で生じる)発疹(ほっしん).

es·cu·pir [es.ku.pír] 自 **1** つば[痰(たん)]を吐く. Se prohíbe ~. つばを吐くべからず. **2**〈液体・インクなどが〉にじみ出る.
── 他 **1** 吐く, 吐き出す. ~ sangre 血を吐く. **2** 発射する, 噴き出す. El volcán *escupía* lava. 火山は溶岩を噴き出していた. **3** 〈にじみ出る〉. Esta pluma *escupe* tinta. この万年筆はインクが漏れる. **4**〈水分などを〉はじき返す, 受けつけない. **5**《話》白状する. **6** 軽蔑する, 侮辱する.
escupir a la cara a ＋人〈人〉につばを吐きかける; 軽蔑[侮辱]する.
Si escupes al cielo, en la cara te caerá.《諺》天に唾する(＝他人を害しようとして逆に自分に災いを招く).

es·cu·pi·ta·jo [es.ku.pi.tá.xo] 男《話》**1** (吐き出された)つば, 痰(たん), 血.
2 瓜(うり)二つ, 生き写し. Este chico es un ~ de su padre. この子は父親にそっくりだ.

es·cu·pi·ti·na [es.ku.pi.tí.na] 女 → escupitajo.

es·cu·pi·ti·na·jo [es.ku.pi.ti.ná.xo] 男 → escupitajo.

es·cu·ra·na [es.ku.rá.na] 女《ラ米》《ラプ》《中》暗闇(くらやみ); 黒雲の空.

es·cu·rar [es.ku.rár] 他 (縮絨(しゅくじゅう)する前に)〈毛織物の〉脂質を洗い落とす.

es·cu·ria·len·se [es.ku.rja.lén.se] 形 (スペインの)エル・エスコリアル El Escorial の.
── 男 女 エル・エスコリアルの住民[出身者].

es·cu·rra [es.kú.ra] 女 (＝ bufón).

es·cu·rra·ja [es.ku.řá.xa] 女 **1** 無駄, 浪費.
2 役に立たないもの, ばらばらになったもの.

es·cu·rre·pla·tos [es.ku.ře.plá.tos] 男《単複同形》(食器の)水切りかご.

es·cu·rri·ban·da [es.ku.ři.bán.da] 女 **1**《話》そそくさと立ち去ること, わっと逃げること. **2** 下痢; (体液の)過剰な分泌. **3** 殴ること, めった打ち.

es·cu·rri·de·ro [es.ku.ři.ðé.ro] 男 (食器などの)水切り(棚), 水切りかご[台].

es·cu·rri·di·zo, za [es.ku.ři.ðí.θo, -.ða / -.so, -.sa] 形 **1** 滑りやすい. *escurridiza* anguila ぬるぬる滑るウナギ. El suelo estaba muy ~. 床がとても滑りやすくなっていた. **2** とらえ難い, とらえどころのない. idea *escurridiza* わかりにくい考え. persona *escurridiza* とらえどころのない人; つかまえにくい人.
hacerse el escurridizo《話》(こっそり)逃げる.

es·cu·rri·do, da [es.ku.ří.ðo, -.ða] 形 **1**〈特に女性が〉細い. *escurrida* de pecho 胸がぺちゃんこな. **2** タイトスカートをはいた. **3**《ラプ》《話》恥じ入った; 当惑した, どぎまぎした.

es·cu·rri·dor [es.ku.ři.ðór] 男 **1** (洗った皿などの)水切りかご. **2** (野菜・パスタ用の)水切り網. **3** (洗濯機の)脱水槽.

es·cu·rri·do·ra [es.ku.ři.ðó.ra] 女 → escurridor.

es·cu·rri·du·ras [es.ku.ři.ðú.ras] / **es·cu·rrim·bres** [es.ku.řím.bres] 女《複数形》
1 (グラス・瓶に残った)水滴. **2** 残り物, かす.

es·cu·rri·mien·to [es.ku.ři.mjén.to] 男 **1** (水などが)滴ること; 滴ること. **2** 滑ること.

***es·cu·rrir** [es.ku.řír] 他 **1** 水を切る; (容器などを)空ける; (洗濯物などを)絞る. ~ bien la verdura 野菜をよく水切りする.
2 滴らせる. Esta ropa *escurre* mucha agua todavía. この洗濯物はまだぼたぼた水が垂れる.
3 滑らせる, 滑り込ませる. *Escurrí* la mano por encima de la tela de seda. 私は絹地をすっとなでてみた. *Escurrió* un billete en la mano del portero. 彼[彼女]は管理人の手にお札を握らせた.
── 自 **1** 滴がたれる, 滴り落ちる. El sudor *escurría* de mi rostro. 顔から汗がぼたぼた垂れていた. **2** 滑りやすい.
── ~·se 再 **1** 滑る; 滑り落ちる. ~*se* en el hielo 氷の上で滑る. El pez *se escurrió* de [entre] mis manos. 魚はするりと私の手から逃げた.
2 うまく抜け出す; 逃げる. El ladrón *se escurrió* entre la gente antes de que lo detuvieran. 泥棒は捕まる前に人込みの中に姿を消した. **3** 口を滑らす. **4**《**en...** …において》度を越す, ゆきすぎる.
escurrir el bulto 危険[責任, 仕事]から逃れる.

es·cu·sa·do, da [es.ku.sá.ðo, -.ða] 形《まれ》〈場所が〉専用[私用]の. ── 男《まれ》トイレ.

es·cu·sa·lí [es.ku.sa.lí] 男 小さなエプロン.

es·cu·són [es.ku.són] 男 **1** (盾の模様のある)硬貨の裏面. **2**《紋》小盾. ~ en abismo 盾の中央に小盾がはめ込まれている図柄.

es·cú·ter [es.kú.ter] 男 (または女) [複 ~es, ~]スクーター.

es·cu·ti·for·me [es.ku.ti.fór.me] 形 〈葉などが〉盾形の.

es·cu·tis·mo [es.ku.tís.mo] 男 → escultismo.

Es·dras [és.ðras] 男 【聖】(旧約の) エズラ記 (略 Ed).

es·dru·ju·li·zar [es.ðru.xu.li.θár / -.sár] 97 他 〈単語の〉終わりから3番目の音節にアクセントを置く.

es·drú·ju·lo, la [es.ðrú.xu.lo, -.la] 形 〈単語が〉終わりから3番目の音節にアクセントのある;〈詩が〉終わりから3番目の音節にアクセントのある語で終わる.
— 男 (または 女) 【文法】終わりから3番目の音節にアクセントのある語. ⇒águila, pétalo など.

e·se [é.se] 男 **1** アルファベットのSの名称.
2 蛇行, ジグザグ. andar haciendo *eses* 千鳥足で歩く. La carretera hace *eses*. 道路は曲がりくねっている. **3** S字形をしたもの. S字型鉤(_{かぎ});【音楽】(バイオリンなどの)響孔, f字孔.

※e·se, e·sa [é.se, é.sa] 形〈指示〉[複 esos, esas] その, そういう;あの (▶ 多くは十分話し手から少し離れたもの、あるいは聞き手の近くにあるもの・人を示す) (↔ este, aquel). Dame *ese* lápiz. その鉛筆をとってくれ. ¿Quiénes son *esos* dos chicos que acaban de salir? 今出て行ったの少年たちは誰なのか (▶ 日本語では話し手と聞き手の両方から離れているものを「あの」で用いられる). No quiero traicionarla de *esa* manera. そういうやり方で彼女を裏切りたくはない. ▶ 過去、未来の時点を指すことがある. *Ese* día llovió mucho. その日は大雨だった. ▶ 名詞に後置されると強調や軽蔑のニュアンスが加わる. ⇒El hombre *ese* es muy rudo. その男はとても下品だ.
— 代名〈指示〉→ ése.

※é·se, é·sa [é.se, é.sa] 代名 《指 示》[複 ésos, ésas] ▶ 指示形容詞と混同するおそれのないときにはアクセント符号をつけなくてもよい.
1 《話し手から少し離れた場所、あるいは聞き手の近くにあるものを指して》それ;あれ (↔ éste, aquél). Me gusta este jersey más que *ése*. 私はそれよりこのセーターのほうが好き. ▶ 直前に話題になったものを指すことができる. ⇒Quisimos pasar la Navidad en una isla desierta. *Ésa* fue una idea absurda. 私たちはクリスマスを無人島で過ごしたいと思ったが、それはばかな考えだった.
2 その人;あの人. *Ésa* es la hija del director. そちらが監督の娘さんです. No conozco a *ésos* que vinieron ayer. 私はきのう来たあの人たちのことは知らない (▶ 話し手と聞き手が共有する知識は「あの」で訳される). ▶ しばしば軽蔑的に用いられる. ⇒No quiero hablar con *ésos*. そんなやつとは話したくない. No es una chica de *ésas*. 彼女はそんな連中とは違う.
— 女《手紙で》貴地, そちら. Visitaremos *ésa* el próximo mes de enero. 来たる1月にそちらにお伺いいたします.
¡A ése! 《追いかけながら》そいつをつかまえてくれ.
en una de ésas 近いうちに;不意に.
Ésa es otra. 《不快・怒り》困ったものだ.
ni por ésas どうやっても…ない.
No me vengas [salgas] con ésas. そんな話、もうたくさんだ.
[← ése (ese) ← [ラ] *ipse*「自分自身, それ自身」; ésa (esa) ← *ipsa*; eso ← *ipsum*]

ESE 《略》*este*sudeste 東南東.

※e·sen·cia [e.sén.θja / -.sja] 女 **1** 本質, 真髄;核心. ~ del liberalismo 自由主義の本質. ~ de la música española スペイン音楽の精髄. en ~ 本質的に, 実質的に;要点だけ. por ~ 本質的に.
2 【哲】実在, 実体. la ~ divina 神.
3 エッセンス, エキス;香水. ~ de vainilla バニラエッセンス. **4** 【化】精油, ガソリン.
quinta esencia (1) 【哲】第五元素, エーテル. (2) (錬金術で) 物質の基本要素. (3)《比喩的》精髄 (= quintaesencia).
[← [ラ] *essentiam* (*essentia* の対格; *esse*「存在する」の派生語) | 関連|【英】*essence*]

※e·sen·cial [e.sen.θjál / -.sjál] 形 **1** (名詞+) (ser+) **本質的な**, 本質の. característica ~ 本質的な特徴. en lo ~ 本質的な点では. no ~ 非本質的の.
2 重要な;不可欠の, 必須の. El agua es ~ para la vida. 水は生命に不可欠である. Habla sólo lo ~. 要点だけ話しなさい.
3 エッセンスの, エキスの. aceite ~ エッセンシャルオイル;精油.

e·sen·cia·lis·mo [e.sen.θja.lís.mo / -.sja.-] 男 【哲】本質主義.

e·se·nio, nia [e.sé.njo, -.nja] 形 【宗】エッセネ派の. — 男 エッセネ派の人:ユダヤ教の一派で、厳格な規律の下に禁欲的な宗教生活を送った集団.

es·fe·noi·dal [es.fe.noi.ðál] 形 【解剖】蝶形(_{ちょう})骨の.

es·fe·noi·des [es.fe.nói.ðes] 形 〈単複同形〉【解剖】蝶形(_{ちょう})骨の. — 男 蝶形骨 (= hueso ~).

※es·fe·ra [es.fé.ra] 女 **1 球**, 球体. ~ armilar 天球儀. ~ celeste 天聖. ~ terrestre 地球.
2 範囲, 領域. ~ de actividad 行動範囲. salirse de su ~ 自分の殻から抜け出る.
3 階級, 身分. altas ~s 上流社会.
4 (時計・計器の) 文字盤.
5《文章語》地球;《時に複数で》天空, 蒼穹(_{そうきゅう}).
[← [ラ] *sphaeram* (*sphaera* の対格) ← [ギ] *sphaíra*「ボール;球」;|関連| *atmósfera, hemisferio*. 【英】*sphere*「球」]

es·fe·ri·ci·dad [es.fe.ri.θi.ðáð / -.si.-] 女 球体, 球形.

es·fé·ri·co, ca [es.fé.ri.ko, -.ka] 形 球の;球形[状]の. — 男《スポ》(サッカーなどの) ボール.

es·fe·ro [es.fé.ro] 男《ラ米》(_{ラペル})(_{エクア})ボールペン.

es·fe·ro·ci·to·sis [es.fe.ro.θi.tó.sis / -.si.-] 女〈単複同形〉【医】球状赤血球症.

es·fe·ro·grá·fi·ca [es.fe.ro.grá.fi.ka] 女《ラ米》万年筆, ボールペン (= bolígrafo).

es·fe·ro·grá·fi·co [es.fe.ro.grá.fi.ko] 男《ラ米》→ esferográfica.

es·fe·ro·gra·fo [es.fe.ró.gra.fo] 男《ラ米》(_{エクア}) ボールペン.

es·fe·roi·dal [es.fe.roi.ðál] 形 【数】回転楕円(_{だえん})体の, 偏球体の, 偏球体の.

es·fe·roi·de [es.fe.rói.ðe] 男 【数】回転楕円(_{だえん})体, 長球体, 偏球体.

es·fe·ró·me·tro [es.fe.ró.me.tro] 男 球面計.

es·fig·mó·me·tro [es.fig.mó.me.tro] 男 【医】脈拍計.

es·fin·ge [es.fín.xe] 女 **1** 【神話】スフィンクス:頭と胸が女でライオンの体にワシの翼を持ち, 通行人に謎(_{なぞ})をかけ解けない者を殺す古代エジプトの怪物. Edipo に謎を解して滅んだ. **2** 得体の知れない人物, 謎めいた人. **3** 【昆】スズメガ (科). → 次ページに図.

es·fín·ter [es.fín.ter] 男 【解剖】括約筋.

esforc- 活 → esforzar.

es·fo·rro·ci·nar [es.fo.r̄o.θi.nár / -.si.-] 他 (ブド

esfor·za·do, da [es.for.θá.ðo, -.ða / -.sá.-] 形 勇ましい, 勇敢な. ánimo — 勇敢な心意気.

es·for·zar [es.for.θár / -.sár] 20 他 **1** 無理に使う, …に無理をさせる. ~ el motor エンジンを無理にふかす. ~ la vista 目を酷使する. ~ la voz 声をふりしぼる. **2** 励ます.

— **~·se** 再 《**en...** / **para...** / **por...** …(するよう)に》**努力する, 頑張る**. *Me esforzaré en [para, por]* darle satisfacción a usted. あなたに喜んで頂けるよう精一杯頑張ります. *El niño tuvo que ~se para* levantar la piedra. その子は石を持ち上げるために力一杯踏ん張らなければならなかった.
[← 〔俗う〕*exfortiāre 「力を示す」([ラ] *ex-*「外へ」+ *fortis* 「強い」動詞語尾); 〔関連〕esfuerzo. [英] *effort*]

esfuerce(-) 活 → esforzar.
esfuerz- 活 → esforzar.

es·fuer·zo [es.fwér.θo / -.so] 男 **1 努力, 骨折り; 頑張り**. con ~ 精一杯に, 努力して. sin ~ 努力せずに, 労せずして. hacer un ~ [~s] 努力する. no ahorrar ~(s) para... …するための努力を惜しまない.
2 特別な出費, 経済的犠牲. He hecho grandes ~s económicos para realizar el viaje. 私は旅行を実現するために大奮発した.
3【機】【物理】応力. ~ de cizallamiento 剪断(せん)応力. ~ de torsión ねじりモーメント. ~ de tracción 引っ張り応力.
4(器官・機能の)酷使; 亢進.
— 他 → esforzar.

es·fu·ma·ción [es.fu.ma.θjón / -.sjón] 女 (色調の)ぼかし.

es·fu·mar [es.fu.már] 他 《美》ぼかす; 〈色調・トーンを〉和らげる. *Esfumé* el paisaje para que tuviera un aire romántico. ロマンチックな雰囲気をかもし出すために風景をぼかした. *La niebla esfumaba* los árboles. 樹々は霧にかすんでいた.

— **~·se** 再 **1**(徐々に)かすむ, ぼやける. *El barco se ha esfumado* en el horizonte. 船は水平線のかなたに姿を消した. **2** 《話》(不意に)消える. *Ese tío se ha esfumado* con una deuda de un millón. やつは100万もの借金を残して姿をくらました.

es·fu·mi·nar [es.fu.mi.nár] 他 《美》〈色調を〉ぼかす.

es·fu·mi·no [es.fu.mí.no] 男 《美》擦筆.

es·ga·rrar [es.ga.r̄ár] 他 〈痰(たん)を〉切る.
— 自 (痰を切るために)咳(せき)払いする.

es·gra·fia·do [es.gra.fjá.ðo] 男 《美》**1** エスグラフィアード (色の違う二層の上塗りの上側を搔(か)き取って模様をつけること), スクラッチ. **2** エスグラフィアード模様, スクラッチ[引っ搔き]画, 刻画.

es·gra·fiar [es.gra.fjár] 83 (または 82) 他 …にスクラッチ[引っ搔(か)き]画を描く, 搔き取り仕上げをする.

es·grí·ma [es.grí.ma] 女 **1**【スポ】フェンシング. practicar la ~ フェンシングをする. **2** 剣術.

es·gri·mi·dor, do·ra [es.gri.mi.ðór, -.ðó.ra] 男女 フェンシングをする人; 剣士.

es·gri·mir [es.gri.mír] 他 **1** 〈剣などを〉手にする, 振るう. ~ un palo 棒を振り回す.
2 (論拠などを)武器[手段]に使う.

es·gri·mis·ta [es.gri.mís.ta] 男女 《ラ米》**(1)**(ブラ)(ブエ)(チ)(ウラ)フェンシングをする人, 剣士. **(2)** (チ) 《話》ぺてん師, 詐欺師, 食わせ者.

es·guar·da·mi·llar [es.gwar.ða.mi.jár ‖ -.ʎár] 他 《話》壊す, 崩す, ばらばらにする.

es·gua·zar [es.gwa.θár / -.sár] 97 他 〈浅瀬を〉歩いて渡る, 徒渉する.

es·guín [es.gín] 男 《魚》サケの稚魚.

es·guin·ce [es.gín.θe / -.se] 男 **1**【医】捻挫(ねんざ). El accidente le produjo un ~ en el tobillo. その事故で彼[彼女]はくるぶしを捻挫した.
2 身をかわす[そらす]こと. De un ~, el torero evitó los cuernos del toro. 闘牛士は体をひねって牛の角先をかわした. **3** (会話などで)ひねりの利いた言葉[言い回し]. **4** 渋面.

es·guin·zar·se [es.gin.θár.se / -.sár.-] 97 再 捻挫[ねんざ]する, くじく.

es·guí·za·ro, ra [es.gí.θa.ro, -.ra / -.sa.-] / **es·gui·za·ro, ra** [es.gi.θá.ro, -.ra / -.sá.-] 形 スイスの; スイス人の. — 男女 スイス人.

es·gun·fiar [es.gun̪.fjár] 82 他 《ラ米》(アル)(ウル) 《話》〈人に〉いやがらせをする, けしかける.

es·kay [es.kái] 男 → escay.

es·la·bón [es.la.ßón] 男 **1 鎖の環, 輪**.
2 結合, つながり; 結合させるもの.
3 火打ち金; (肉屋の)鋼砥(はがねと).
4【動】サソリの一種. **5**【獣医】(馬の)管骨がん.
[← 〔古スペイン〕*esclavón* 「(鎖の)環; 奴隷」 (*esclavo* より派生; 鎖につながれた奴隷からの連想)]

es·la·bo·na·mien·to [es.la.ßo.na.mjén̪.to] 男 連鎖, 連結, つながり.

es·la·bo·nar [es.la.ßo.nár] 他 **1** 環でつなぐ, 結合する. **2** 結びつける.
— **~·se** 再 つながる, 結合する.

es·la·lon [es.lá.lon] 男 《スポ》(スキー) スラローム競技.

es·la·vis·mo [es.la.ßís.mo] 男 **1** スラブ語 (文学) の研究. **2** スラブ的なものへの憧れ[思い入れ]. **3** 汎スラブ主義.

es·la·vis·ta [es.la.ßís.ta] 形 スラブ語 (文学) の研究に関する. — 男女 **1** スラブ語 (文学) の研究者.
2 スラブ好き. **3** 汎スラブ主義の信奉者.

es·la·vo, va [es.lá.ßo, -.ßa] 形 スラブの; スラブ人 [語]の. — 男女 スラブ人.
— 男 スラブ語(派): インド・ヨーロッパ語族の一つ.

es·li·lla [es.lí.ja ‖ -.ʎa] 女 《ラ米》(メシ)鎖骨.

es·lin·ga [es.líŋ.ga] 女 荷引帯, 吊り索; 《海》巻き上げ用帆桁(ほげた)の支持鎖. [← 〔英〕*sling*]

es·lip [es.líp] 男 → slip.

es·lo·gan [es.ló.gan] 男 [複 eslóganes, ~s] スローガン, モットー, 標語. lanzar un ~ スローガンをかかげる. [← 〔英〕*slogan*]

es·lo·ra [es.ló.ra] 女 《海》**(1)** (船の) 全長 (= ~ total). **(2)** (複数で) 縦梁(じゅうりょう)(ハッチと次のハッチの間の甲板に張られる縦通厚板), ケタ (ガーダー), カーリング.

es·lo·ti [es.ló.ti] 男 → zloty.

es·lo·va·co, ca [es.lo.ßá.ko, -.ka] 形 スロバキア Eslovaquia 共和国の, スロバキア人[語]の.
— 女 スロバキア人.
— 男 スロバキア語: 西スラブ語の一つ.

Es·lo·va·quia [es.lo.ßá.kja] 固名 スロバキア (共和国): 首都 Bratislava.

Es·lo·ve·nia [es.lo.ßé.nja] 固名 スロベニア (共和国): 旧ユーゴスラビアを構成した共和国の一つ. 首都 Liubliana.

es·lo·ve·no, na [es.lo.bé.no, -.na] 形 スロベニア Eslovenia 共和国の, スロベニア人[語]の. ― 男 女 スロベニア人. ― 男 スロベニア語：南スラブ語の一つ.

es·ma·char [es.ma.tʃár] 自《スポ》スマッシュする.

es·ma·che·tar·se [es.ma.tʃe.tár.se] 再《ラ米》(ﾏﾓﾙ)《話》あわてる, 急ぐ.

es·mal·ta·do, da [es.mal.tá.ðo, -.ða] 形 エナメル[ほうろう]をかけた, 七宝焼きの.
― 男 ほうろう引き；エナメル[ほうろう]細工.

es·mal·ta·dor, do·ra [es.mal.ta.ðór, -.ðó.ra] 男 女 エナメル工, ほうろう引き職人.

es·mal·tar [es.mal.tár] 他 **1** エナメル[ほうろう]引きにする；〈陶器に〉釉薬(ﾕｳﾔｸ)をかける；七宝を施す. **2** 〈爪(ﾂﾒ)に〉マニキュアを塗る. **3** (とりどりの色で)飾る；(**con...** / **de...** …を)ちりばめる, 盛り込む. *Flores de varios colores esmaltan el prado.* 色とりどりの花が牧場一面に咲き乱れている. ～ *una conversación con [de] citas latinas* 話にラテン語の引用を交える.

es·mal·te [es.mál.te] 男 **1** エナメル, ほうろう；釉薬(ﾕｳﾔｸ). *pintura al* ～ エナメルペイント.
2 七宝(細工). ～ *campeado* 象眼七宝.
3 【解剖】(歯の)エナメル[ほうろう]質.
4 マニキュア(= ～ *de* [*para*] *uñas*).
5 スマルト, 花紺青：主としてコバルトとカリウムとのケイ酸塩ガラス, 青色顔料(= ～ *azul*). **6** 【紋】紋章に使用する金属色・原色・毛皮模様の総称.

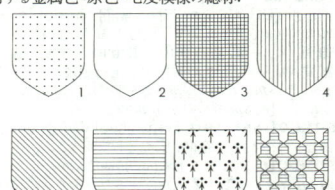

esmalte (紋章の色)
1 oro 金色, 黄色. **2** plata 銀色, 白色. **3** sable 黒色. **4** gules 赤色. **5** sinople 緑色. **6** azur 青色. **7** armiño アーミン模様. **8** veros ベア(毛皮模様の一つ). (Petra Sancta の方法による)

es·mal·tín [es.mal.tín] 男 スマルト, 花紺青.

es·man·da·do, da [es.man.dá.ðo, -.ða] 形《ラ米》(ｺﾛﾝﾋﾞｱ)急いでいる.

es·man·dar·se [es.man.dár.se] 再《ラ米》(ｺﾛﾝﾋﾞｱ)急ぐ.

es·ma·ya·do, da [es.ma.já.ðo, -.ða] 形《ラ米》(ｺﾛﾝﾋﾞｱ)自己中心の.

es·méc·ti·co, ca [es.mék.ti.ko, -.ka] 形 洗浄用の, 浄化用の.

es·me·ra·do, da [es.me.rá.ðo, -.ða] 形 **1** 入念な, 丹念な, 注意深い. *trabajo* ～ 念の入った仕事.
2 勤勉な. *secretaria esmerada* よく気がつく秘書.

es·me·ra·dor [es.me.ra.ðór] 男 研磨工.

es·me·ral·da [es.me.rál.da] 形《主に性数不変》エメラルドグリーンの, 鮮緑色の. ― 男 エメラルドグリーン, 鮮緑色. ― 女 **1** エメラルド, 緑玉石. **2** (ｲｷﾞﾘｽ)(ﾁﾘ)【植】パイナップルの一種. **(2)** (ﾁﾘ)(ｴｸｱﾄﾞﾙ)【鳥】ハチドリ.

es·me·ral·di·no, na [es.me.ral.dí.no, -.na] 形〈色などが〉エメラルドのような.

es·me·rar [es.me.rár] 他 磨く, 磨き上げる.
― ～·*se* 再《**en...** / **por...** …に》念を入れる, 励む. ～ *se en la limpieza de la casa* 家を入念に掃除する. ～ *se por satisfacer a los invitados* 招待客を満足させるために一生懸命になる.

es·me·re·jón [es.me.re.xón] 男【鳥】コチョウゲンボウ：ハヤブサの一種の猛禽(ﾓｳｷﾝ)類.

es·me·ril [es.me.ríl] 男 エメリー, 金剛砂；砥石. *papel de* ～ 紙やすり.

es·me·ri·la·do, da [es.me.ri.lá.ðo, -.ða] 形 金剛砂で磨いた, 金剛砂で加工した. *vidrio* ～ すりガラス. ― 男 (やすりで)磨く[研ぐ]こと.

es·me·ri·lar [es.me.ri.lár] 他 金剛砂で研磨する. ～ *vidrio* ガラスをすりガラスにする.

es·me·ro [es.mé.ro] 男 入念さ, 配慮, 細心さ. *con* ～ 細心の注意を払って. *poner* ～ *en...* …に気を配る.

es·mi·lá·ce·o, a [es.mi.lá.θe.o, -.a / -.se.-] 形【植】ユリ科の, 球根を持つ.
― 女 (広義の)ユリ科の植物, サルトリイバラ亜科の植物；《複数で》(広義の)ユリ科.

es·mi·rria·do, da [es.mi.rrjá.ðo, -.ða] 形《話》やせこけた, ひょろ長い；元気のない, 衰えた. *árbol* ～ 生育の悪い木.

es·mo·la·de·ra [es.mo.la.ðé.ra] 女 研磨具.

es·mo·quin [es.mó.kin] 男《複 *esmóquines*, ～s》《服飾》タキシード. [← 英 *smoking*]

es·mo·re·cer(·se) [es.mo.re.θér(.se) / -.sér(.-)] 34 自 再《ラ米》(ｱﾙｾﾞﾝﾁﾝ)(ｳﾙｸﾞｱｲ)(ﾊﾟﾗｸﾞｱｲ)気を失う, 気が遠くなる；力が抜ける, 気力がなくなる.

es·ni·fa·da [es.ni.fá.ða] 女《隠》(麻薬を)鼻から吸引すること；鼻から吸引する一回分の量.

es·ni·far [es.ni.fár] 他《隠》(麻薬を)鼻から吸引する.

es·nob [es.nóβ] 形《複 ～s》《軽蔑》俗物(根性)の；きざな, 新しがりの. ― 男 女《軽蔑》スノッブ, (上流気取りの)俗物. [← 英 *snob*]

es·no·bis·mo [es.no.βís.mo] 男 スノビズム, (上流気取りの)俗物根性；きざっぽさ, 新しがり.

es·no·bis·ta [es.no.βís.ta] 形 男 女 = *esnob*.

es·nór·quel [es.nór.kel] 男【海】シュノーケル.

e·so [é.so] 代名《指示》《中性》それ, そのこと；あいは聞き手の近くにある名前や実体のわからないものやことがらをまとめて指し示す. または直前の発言内容を指す) (↔ *esto, aquello*). *¿Qué es eso?* ― *Es una calabaza.* それは何ですか. ― カボチャです. *a pesar de eso* それにもかかわらず. *antes de eso* その前に. *¡Eso* (*es*)! / *¡Eso mismo!*《話》そのとおり. *¿Cómo es eso?*《話》《驚き》なんだって. *¡Nada de eso!*《話》そんなことじゃないよ. *¿Y eso?*《話》《説明を求めて》どういうこと, それで.

a eso de... …時ごろに. *La fiesta empezará a eso de las nueve.* パーティーは9時ごろ始まるだろう.
aun con eso それにもかかわらず.
con eso...《ラ米》(ﾁﾘ)(ﾒｷｼｺ)…するために.
en eso そのとき.
eso de...《相手の発言や相手との共通知識に言及して》…のこと, …なんて. *Eso de tu enfermedad no es nada serio.* 君のいう病気なんて大したことない.
eso sí もちろん.
eso sí (*que...*) (…は)もちろんだ, そのとおりだ. *Eso sí que no.* とんでもない.
para eso そのために；そんなことに. *Para eso te invitan.* それでわざわざ君を招待するというわけか.

*por eso*だから, それゆえ. *Por eso* debes tener toda la responsabilidad. だから君は全責任を取るべきだ. Te lo digo *por eso* mismo. だからこそ君にそう言ってるんだ.
y eso porque [*si, cuando*]... それは…ゆえのこと[…であればということ]だ. Ganaron el partido, *y eso porque* la estrategia del enemigo no funcionó bien. 彼らは試合に勝ったが, それは相手の戦術がうまくいかなかったからだ.
y eso que... しかも…だというのに, …にもかかわらず. Llegó tarde, *y eso que* había salido mucho antes que de costumbre. 彼[彼女]は遅刻した, いつもよりずっと早く出たのに.

ESO [éso]《略》*Enseñanza* [*Educación*] *Secundaria Obligatoria*(スペインの)中等義務教育.

e·so·fa·gi·tis [e.so.fa.xí.tis] 囡《医》《単複同形》食道炎.

e·só·fa·go [e.só.fa.go] 男《解剖》食道.

e·só·pi·co, ca [e.só.pi.ko, -.ka] 形 イソップ(物語)の.

E·so·po [e.só.po] 固名 イソップ, アイソポス(前620？- 560？): ギリシアの寓話(ぐうわ)作家.
[←〔ラ〕*Aesōpus*←〔ギ〕*Aísōpos*]

e·sos [ésos] 形 → ese.

é·sos [é.sos] 代名 → ése.

e·so·té·ri·co, ca [e.so.té.ri.ko, -.ka] 形 **1** 秘教の, 秘伝の; 秘教[密教]的な. **2** (一般人には)難解な.

e·so·te·ris·mo [e.so.te.rís.mo] 男 秘教, 密教, 秘伝, 奥義; 神秘性, 難解さ.

e·so·tro, tra [e.só.tro, -.tra] 形《古語》《指示》[ese と otro の縮約形]その他の, もう一方の.
——代名 その他の人. ▶ ese と同じく esotro は軽蔑的意味を持つことがある.

e·so·tro·pí·a [e.so.tro.pí.a] 囡《医》内斜視.

es·pa·bi·la·da [es.pa.bi.lá.ða] 囡《ラ米》《タナ》瞬き. en una ～瞬く間に, あっという間に.

es·pa·bi·la·de·ras [es.pa.bi.la.ðé.ras] 囡《複数形》ろうそくの芯(しん)切りばさみ.

es·pa·bi·la·do, da [es.pa.bi.lá.ðo, -.ða] 形 → despabilado.

es·pa·bi·lar [es.pa.bi.lár] 他 **1** 眠気をさます, 目覚めさせる. El café me *espabiló*. コーヒーで眠気が覚めた. **2** 奮起させる, 活を入れる. **3** 急いでやる. **4**《話》盗む, かっぱらう; 殺す. **5**〈ろうそくなどの〉芯(しん)を切る.
——自 **1** 急ぐ. **2** 奮起する, 元気になる. **3** 眠気を払う. **4**《ラ米》《タナ》瞬く.
—— ～·se 再 **1** 眠気を払う, すっきりする.
2 奮起する, 元気を出す; 急ぐ.

es·pa·chu·rra·mien·to [es.pa.tʃu.ra.mjén.to] 男 → despachurramiento.

es·pa·chu·rrar [es.pa.tʃu.rár] 他《話》〈やわらかいものを〉押しつぶす, たたきつぶす.
—— ～·se 再 押しつぶされる.

es·pa·cia·do [es.pa.θjá.ðo / -.sjá.-] 男(空間・時間的に)仕切ること, 分けること.

es·pa·cia·dor [es.pa.θja.ðór / -.sja.-] 男〖IT〗(キーボードの)スペースキー.

*****es·pa·cial** [es.pa.θjál / -.sjál] 形 **1** 宇宙の. vuelo ～ 宇宙飛行. estación ～ 宇宙ステーション. nave ～ 宇宙船. vehículos ～*es* (スペースシャトルの)宇宙輸送手段. traje ～ 宇宙服. **2** 空間の.

es·pa·cia·mien·to [es.pa.θja.mjén.to / -.sja.-] 男(時間的・空間的に)間をおくこと, 間隔.

*****es·pa·ciar** [es.pa.θjár / -.sjár] 82 他 **1** (時間的・空間的に)**間隔をおく**, 間をおく. ～ las sillas 椅子の間隔をあける. ～ los pagos 間をおいて支払う. ～ las visitas 訪問を疎にする.
2〖印〗語間[行間]を空ける, スペースを取る. ～ los renglones 行間を空ける. **3** 広める, 流布させる. ～ las noticias ニュースを流す.
—— ～·se 再 **1** 間隔があく. **2** 広まる, 普及する. **3** 長々と述べる[書く]. ～*se* en una carta 長ったらしい手紙を書く. **4** 気晴らしをする, 楽しむ.

******es·pa·cio** [es.pá.θjo / -.sjo] 男 **1** (時間に対する)**空間**, 広がり. ～ aéreo 領空. ～ de tres dimensiones 3次元空間. ～-tiempo 時空. geometría del ～ 立体幾何学.
2 宇宙, 宇宙空間. ～ sideral 大気圏外の空間. explotación del ～ 宇宙探査. nave del ～ 宇宙船. viaje por el ～ / viaje al ～ 宇宙旅行.
3 (物の占める)**場所**, スペース; 空き地. Este armario ocupa mucho ～. この洋服だんすはひどく場所を取る. dejar un ～ entre dos cosas 2つの物の間をあける. ～*s* abiertos オープンスペース. ～ libre 余地. ～ muerto 死角; デッドスペース. ～ vital 生活空間, 生活圏.
4 余白, 余地; 空欄(= ～ en blanco). dejar ～ 余白を残す. llenar los ～*s* con... …で空欄を埋める. **5** 期間, 時間. En el ～ de diez años ha cambiado todo. 10年の間にすべてが変わってしまった. **6**〖印〗スペース, 行間; 語間. a doble ～ ダブルスペースで. **7**〖TV〗〖ラジオ〗(番組)枠;(新聞の)紙面, スペース. ～ publicitario 広告欄. **8**〖音楽〗線間, スペース. **9**(車などの)走行距離.
[←〔ラ〕*spatium*. 〖関連〗〔ポルトガル〕*espaço*. 〔仏〕*espace*. 〔伊〕*spazio*. 〔英〕*space*]

es·pa·cio·si·dad [es.pa.θjo.si.ðáð / -.sjo.-] 囡 ゆったり[広々]とした空間, 広々としていること.

*****es·pa·cio·so, sa** [es.pa.θjó.so, -.sa / -.sjó.-] 形
1 広々とした, 広大な, ゆったりした. cuarto ～ 広々とした部屋. **2** (まれ)のんびりした, 悠長な.

*****es·pa·da** [es.pá.ða] 囡 **1 剣**, **刀**;〖スポ〗(フェンシング用の)剣) エペ. ～ blanca 刃のついた剣. ～ negra 刃のない剣; フェンシングのエペ(= ～ de esgrima). ～ de Bernardo 役に立たないもの[人]. asentar la ～ 剣を置く; ぐずをやめる. blandir [esgrimir] la ～ 剣を振り回す. ceñir ～ 剣を身につける; 軍人である. ceñir la ～ a+人〈人〉を騎士にする. cruzar la ～ con... …と剣を交える. desenvainar [desnudar, sacar] la ～ 剣を抜く; 戦いに備える. envainar [enfundar] la ～ 剣を収める; 戦いをやめる. ⇒次ページに図.
2〖遊〗(スペイン・トランプの)剣の札;《複数で》剣(の組札). ♦ 一般のトランプのスペードに当たる. → naipe.
3〖魚〗メカジキ(= pez ～).
——男〖闘牛〗マタドール(= primer ～, matador).
——男囡 **1** 剣士, 剣客. ser buena ～ 剣の達人である. **2** 名人, 大家. primer ～ (その分野の)権威, 第一人者.
defender a capa y espada 必死に守る, 死守する.
entre la espada y la pared《話》進退きわまって, 絶体絶命の.
espada de Damocles〖ギ神〗ダモクレスの(頭上の)剣: 幸福の中にも常に身に迫る危険があること.
espada de dos filos / espada de doble filo 両刃(りょうば)の剣.
presentar la espada〖軍〗(王や旗に)剣を捧げて敬礼する.

敬礼する.
[←[ラ] *spatham* (*spatha* の対格)「へら, 両刃の刀剣」←[ギ] *spáthē*;[関連][英] *spade*(スペードは「剣」の印)]

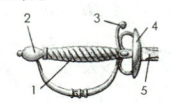

espada (剣)
1 puño グリップ.
2 pomo 柄尻.
3 gavilán 十字形鍔(つば).
4 guarnición 鍔.
5 hoja 刃.

es·pa·da·chín [es.pa.ða.tʃín] 男 **1** 剣客. **2** けんか好きな人.

es·pa·da·ña [es.pa.ðá.ɲa] 女 **1** [植] ガマ, ヒメガマ. ~ fina ショウブ (= gladio). **2** [建] (教会の屋上などにある一枚壁の)破風鐘楼.

es·pa·dar·te [es.pa.ðár.te] 男 [魚] メカジキ.

es·pa·de·ro [es.pa.ðé.ro] 男 刀鍛冶(か), 刀匠, 刀剣商.

es·pa·di·lla [es.pa.ðí.ja‖-.ʎa] 女 **1** 小さな剣; 剣の形のもの. **2** サンティアゴ騎士団の記章. **3** [遊] (スペイン・トランプ) 剣のエース. → naipe. **4** (昔の)飾り櫛(ぐ), かんざし. **5** 麻打ち棒. **6** [海] (舵(か)の代用の)大型のオール. [espada + 縮小辞]

es·pa·dín [es.pa.ðín] 男 **1** (礼装用の)短剣. **2** [魚] スプラットイワシ.

es·pa·dis·ta [es.pa.ðís.ta] 男·女 [話] 合鍵[工具]を使って侵入する泥棒, ピッキング式.

es·pa·dón¹ [es.pa.ðón] 男 [話] (時に軽蔑)高級将校; 重要人物, 名士, 有力者. [espada + 増大辞]

es·pa·dón² [es.pa.ðón] 男 宦官(かん).

es·pa·dra·po [es.pa.ðrá.po] 男 → esparadrapo.

es·pa·gí·ri·ca [es.pa.xí.ri.ka] 女 冶金(や?)術.

es·pa·gue·ti [es.pa.ɣé.ti] 男 [複 ~s, ~] (主に複数で) スパゲッティー. [←[伊] *spaghetti*]

es·pa·hí [es.pa.í] 男 [史] トルコの騎馬兵; (アルジェリアの)フランス騎兵.

es·pa·lar [es.pá.lar] 他 [雪を]かく.
— 自 雪かきをする.

＊＊es·pal·da [es.pál.da] 女 **1** (時に複数で)(人·動物の)背, 背中; (衣服の)背; (いすの)背, 背もたれ. Me pica la ~. 背中がかゆい. volverse de ~s 振り返る. Es un chico alto de anchas ~s. 彼は広い背中をした背の高い男の子です. **2** (主に複数で)後ろ, 背部. ~s de un edificio 建物の裏手. **3** [スポ] 背泳. prueba de doscientos metros ~ 200メートル背泳競技. **4** (ラ米)(メヒアフ)運, 宿命.
a espaldas de+人 〈人〉に隠れて, 〈人〉の陰で.
cargado de espaldas 背中の曲がった, 猫背の.
cubrirse [guardarse] las espaldas [話] (もしものことに備えて)防護策をとる.
dar la espalda a... 〈人〉に背を向ける, 〈人〉を冷たくあしらう; …を無視する.
de espaldas a... …に背を向けて.
donde la espalda pierde su honesto nombre [婉曲] (ユーモラスに)尻.
echar [tirar, tumbar] de espaldas a+人 [話]〈人〉を仰天させる. Es un olor que *te tumba de* ~s. あれは気分が悪くなるにおいだ(▶ te が a+人に相当).
echarse... a la(s) espalda(s) [話] …を心配しなくなる.
espalda mojada (ラ米)(*)(メキシコから米国への)不法入国者. → mojado.
guardar las espaldas a+人 〈人〉を護衛する.
medir las espaldas a+人《スペイン》[話]〈人〉を殴る.
por la espalda ひそかに, 隠れて; 背後から.
tener las espaldas cubiertas [guardadas] 後ろ盾がしっかりしている.
volver la(s) espalda(s) 逃げる, 去る.
volver la(s) espalda(s) a+人 〈人〉に背を向ける, 〈人〉を冷たくあしらう.
[←[後ラ] *spathula*「へら, 平たいもの; 肩甲骨」([ラ] *spatha*「サーベル」+縮小辞);[関連][ポルトガル] *espádua*.[仏] *épaule*.[伊] *spalla* (いずれも「肩」の意)]

es·pal·dar [es.pal.dár] 男 **1** 背, 背中; (家畜の)背肉. **2** (椅子などの)背, 背もたれ. **3** (甲冑(っ)の)後胴, 背甲. **4** (植物をはわせるための)垣, 格子. **5** (ラ米)(*)(ベッドの)頭板.

es·pal·da·ra·zo [es.pal.da.rá.θo / -.so] 男 **1** (騎士の叙任式で)剣による肩の軽打. **2** (職業などでの)認知. **3** 後援, 支援.
dar el espaldarazo a+人 〈人〉を騎士に任ずる; 〈人〉を適格であると承認する.

es·pal·de·ar [es.pal.de.ár] 他 **1** [海]〈波が〉激しく船尾を打つ. **2** (ラ米)(*)守護する, 後援する.

es·pal·de·ra [es.pal.dé.ra] 女 **1** [農] (植物をはわせる)格子, 垣; (果樹の苗木を寄せかけて風から守る)壁. **2** (複数で) [スポ] (体操用具の)肋木(る).

es·pal·de·ro [es.pal.dé.ro] 男 (ラ米)(*ベネ*)ボディーガード, 取り巻き; 部下.

es·pal·di·lla [es.pal.dí.ja‖-.ʎa] 女 **1** (主に動物の)肩甲骨 (= omóplato). **2** (羊·豚などの)肋肉. **3** 胴衣の背. [espalda + 縮小辞]

es·pal·dis·ta [es.pal.dís.ta] 男·女 [スポ] 背泳ぎの選手.

es·pal·dón, do·na [es.pal.dón, -.dó.na] 形 (ラ米)(*ペルー*) espaldudo. — 男 **1** (木工) 柄(か). **2** [軍] 防壁, 防塁(ほう). **3** 堰(せ), 止水め.

es·pal·du·do, da [es.pal.dú.ðo, -.ða] 形 背中の大きい, 肩幅の広い.

es·pal·mar [es.pal.már] 他 → despalmar.

es·pal·to [es.pál.to] 男 (ぼかし用の)上塗り絵の具.

es·pan·glish [es.páŋ.glis, -.gliʃ] 男 → spanglish.

es·pan·ta·ble [es.pan.tá.ßle] 形 → espantoso.

es·pan·ta·da [es.pan.tá.ða] 女 **1** (動物が)急に逃げ出すこと. **2** (恐れをなして)急にやめる[手を引く]こと.
pegar [dar] una espantada 突然逃げ出す.

es·pan·ta·di·zo, za [es.pan.ta.ðí.θo, -.ða / -.so, -.sa] 形 臆病(おく)な, びくびくした, 小心な. → tímido [類語].

es·pan·ta·do, da [es.pan.tá.ðo, -.ða] 形 **1** おびえた, 怖がった. **2** (ラ米) (**1**) (アルゼ)(*ウル*) 〈子供が〉発育不良の. (**2**) (*キュ*) [話] 疑い深い.

es·pan·ta·dor, do·ra [es.pan.ta.ðór, -.ðó.ra] 形 **1** 怖がらせる, 驚かせる. **2** (ラ米)(*アル*)(*ウル*)(*パラ*)[話] びくびくする, おじけづく.

es·pan·ta·gus·tos [es.pan.ta.ɣús.tos] 男 [単複同形] 座を白けさせる人, 人の楽しみに水をさす人.

es·pan·ta·jo [es.pan.tá.xo] 男 **1** かかし. **2** おかしな格好の人; くだらないやつ. **3** [話] (軽蔑)脅し, こけ脅し.

es·pan·ta·lo·bos [es.pan.ta.ló.ßos] 男 [単複同形] [植] ボウコウマメの一種.

es·pan·ta·mos·cas [es.pan.ta.mós.kas] 男《単複同形》ハエ払い, ハエ取り紙.

es·pan·ta·pá·ja·ros [es.pan.ta.pá.xa.ros] 男《単複同形》**1** かかし. **2**《話》《軽蔑》おかしな格好の人. **3**《話》《軽蔑》こけ脅し.

‡**es·pan·tar** [es.pan.tár] 他 **1** 怖がらせる, ぞっとさせる; 驚かせる (=asustar). Me espantan los exámenes. 試験のことを考えると僕はぞっとされる. **2**(驚かせて)追い払う, 追い散らす. ～ a las moscas ハエを追い払う. La alarma de seguridad espantó a un ladrón. 警報に驚いて泥棒が逃げ出した. **3**〈恐怖・眠気などを〉振り払う. Logré ～ el sueño bebiendo café. コーヒーを飲んで眠気を払うことができた.
—自《話》(a +人(人))に)迷惑である, 不快である. Me espantaba estar a solas con él. 私は彼とふたりきりでいるのは嫌だった(▶ Me が a +人に相当).
—～·se 再 **1**(驚いて)逃げる. El caballo se espantó con el tiro. 馬は銃声にびっくりして逃げた. **2** 《de... ／ por... …に》おびえる, 驚く, びっくりする. Los niños se espantan por el trueno. 子供たちは雷の音におびえている. **3** 驚嘆する, 驚きいる. **4** 《ラ米》《話》疑い深くなる.
espantar el lomo《ラ米》《話》立ち去る.
[←《俗》* *expaventare*《ラ》*expavēre*「恐れる」の現在分詞 *expavēns* より派生)]

es·pan·ta·sue·gras [es.pan.ta.swé.gras] 男《単複同形》(玩具の)蛇腹笛.

‡**es·pan·to** [es.pán.to] 男 **1** 恐怖, 戦慄; 驚き. causar ～ 恐れを感じさせる. **2** 驚かすもの, 脅かすもの. **3**《話》いやなこと, 醜いこと; ぎょっとするようなもの. **4**《ラ米》《話》(1) 幽霊, お化け. (2)《ﾒﾋｺ》《ｱﾝﾃｨ》臆病(ﾋｮｸ)風, 気弱.
de espanto《話》途方もない, ひどい, すごい.
estar curado de espanto(s)《話》(さんざん同じめに遭ったので)もう怖いものはない.
ser un espanto《話》《軽蔑》, 驚異的である.

es·pan·to·sa·men·te [es.pan.tó.sa.mén.te] 副 **1** 恐ろしく, ぞっとする程に. **2** ものすごく, とても.

es·pan·to·si·dad [es.pan.to.si.ðáð] 女《ラ米》《ｺﾞｱﾃ》《ｱﾝﾃｨ》《ﾒﾋｺ》《話》恐怖, 恐ろしさ.

‡**es·pan·to·so, sa** [es.pan.tó.so, -.sa] 形 **1** 恐ろしい, 怖い. Fue un terremoto ～. 恐ろしい地震だった. **2**《話》ものすごい, すさまじい. ruido ～ ものすごい音. **3**《話》醜悪な, 変な.

‡‡**Es·pa·ña** [es.pá.ɲa] 固名 スペイン: ヨーロッパ南西部, イベリア半島の立憲君主国 / 面積: 50.5万 km² / 人口: 4319万7684 (2004年1月1日) / 首都: Madrid / 言語: カスティーリャ語, カタルーニャ語, バスク語, ガリシア語 / 通貨: euro (1 euro=100 céntimos) / 宗教: カトリック (90%); 守護聖人=ヤコブ (サンティアゴ).
♦ローマの属州 Hispania の時代 (紀元前1-5世紀), 西ゴート王国時代 (6-8世紀), イスラム・スペイン時代 (8-15世紀) を経て, カトリック両王 Reyes Católicos の治世にレコンキスタ reconquista が完結 (1492) し, 近代スペインが成立する. Carlos 1 世 (神聖ローマ皇帝カール 5 世), Felipe 2 世(ポルトガル王を兼ねる) の時代, ヨーロッパ, アメリカ, アジアにまたがる「太陽の没することなき帝国」'el Imperio en que nunca se pone el sol' を建設するが, 16世紀後半以降, オランダの独立 (1579), 無敵艦隊の壊滅 (1588), スペイン王位継承戦争 (1701-14), ナポレオンのイベリア半島侵入 (1808), ラテンアメリカの独立 (1820年代), 米西戦争 (1898) での敗北などで, かつての面影を失っていく.

♦スペイン内戦 (1936-39) 後 Franco 政権が誕生したが, 1975年 Franco 総統の死とともに Juan Carlos 1 世が即位し, 立憲君主国となる. 1986年に EC (現EU) に加盟.
[←[中ラ]*Spānia, Espānia*←[ラ]*Hispānia*; 関連[英]*Spain*]

‡**es·pa·ñol, ño·la** [es.pa.ɲól, -.ɲó.la] 形《名形+》《ser+》スペインの, スペイン人[語]の. gobierno ～ スペイン政府. cine ～ スペイン映画. a la española スペイン風[式]の[に]. tortilla (a la) española スペイン風オムレツ.
— 男 女 スペイン人. — 男 スペイン語.

es·pa·ño·la·da [es.pa.ɲo.lá.ða] 女《軽蔑》スペインの特質を誇張したもの. **2** スペイン人的な思考[行動].

es·pa·ño·le·ar [es.pa.ɲo.le.ár] 自《軽蔑》スペインを売り込む, スペイン的なものを過度に宣伝[賞賛]する.

es·pa·ño·le·rí·a [es.pa.ɲo.le.rí.a] 女 → españolada.

es·pa·ño·li·dad [es.pa.ɲo.li.ðáð] 女 スペイン性, スペイン的なもの.

es·pa·ño·lis·mo [es.pa.ɲo.lís.mo] 男 **1** スペイン人的性格, スペイン的特質. **2** スペイン趣味, スペイン好き. **3** スペイン語特有の語法; (他言語で用いられる)スペイン語の単語[表現]. **4** (スペインの)中央集権主義.

es·pa·ño·lis·ta [es.pa.ɲo.lís.ta] 形 **1** スペインびいきの. **2** (スペインのサッカーチーム)レアル・クラブ・デポルティボ・エスパニョール Real Club Deportivo Español の. **3** (スペインの)中央集権主義[支持]の.
— 男 女 **1** スペインびいきの人. **2** レアル・クラブ・デポルティボ・エスパニョールのファン. **3** (スペインの)中央集権主義[支持]者.

es·pa·ño·li·zar [es.pa.ɲo.li.θár / -.sár] 97 他 スペイン的にする, スペイン(語)化する.
— ～·se 再 スペイン風になる.

es·pa·ra·dra·po [es.pa.ra.ðrá.po] 男【医】絆創膏(ばんそうこう).

es·pa·ra·ván [es.pa.ra.bán] 男 **1**【鳥】ハイタカ, コノリ. **2**【獣医】飛節内腫(しゅ): 馬の飛節[かかと]の内側が腫れる病気.

es·pa·ra·vel [es.pa.ra.ßél] 男 **1** 投網. **2** (左官用の)こて板.

es·par·ce·ta [es.par.θé.ta / -.sé.-] 女【植】(牧草用)イガマメ.

es·par·cia·ta [es.par.θjá.ta / -.sjá.-] 形 男 女 → espartano.

es·par·ci·da·men·te [es.par.θí.ða.mén.te / -.sí.-] 副 散発的に, 時折; 広く (行き渡って).

es·par·ci·do, da [es.par.θí.ðo, -.da / -.sí.-] 形 **1** 散らばった, ばらまかれた. flores *esparcidas* por el campo 野原一面に咲く花. **2** 広く行き渡った, 流布した. **3** 〈人が〉愉快な, 陽気な.

es·par·ci·mien·to [es.par.θi.mjén.to / -.si.-] 男 **1** まき散らすこと, 散布; (液体などが)こぼれる[あふれる]こと; 【農】種まき, 播種(はしゅ). **2** (ニュースなどの)流布, 伝播(でんぱ). **3** 気晴らし, 娯楽; 休息, くつろぎ. tomarse unas horas de ～ 数時間くつろぐ.

‡**es·par·cir** [es.par.θír / -.sír] 99 他 **1** まく, ばらまく, まき散らす; 〈液体などを〉流す, こぼす. ～ las semillas por el campo 畑に種をまく.
2 〈ニュースなどを〉広める, 流布させる. *Esparcieron* el rumor de la próxima dimisión del presidente. 近々大統領が辞職するといううわさが流された.

まった. **3** 気晴らしさせる；楽しませる. **4** 【農】〈肥料を〉散布する.
― **~・se** 再 **1** 散らばる, 散乱する；〈液体などが〉こぼれる, 流れだす. *El petróleo crudo se esparció por el golfo.* 原油が湾内に流出した.
2 広まる, 流布する. *La noticia se esparció rápidamente.* そのニュースは瞬く間に広まった.
3 くつろぐ, 休息する；気晴らしをする.
es・pá・ri・do [es.pá.ri.ðo] 男 【魚】タイ科の.
― 男 タイ科の魚（複数で）タイ科.
es・pa・rra・gal [es.pa.r̃a.gál] 男 アスパラガス畑.
es・pá・rra・go [es.pá.r̃a.go] 男 **1** 【植】アスパラガス. **~** triguero 野生のアスパラガス. **2** 【機】植え込み［スタッド］ボルト. **3** 支柱, ポール. 【鉱】柱ばしご.
mandar a＋人 *a freír espárragos* (話)〈人〉にべもなく追い返す, すげなく追い払う；〈人〉にあっちへ行け［くたばれ］と言う.
¡Vete [*Que se*] *vaya*] *a freír espárragos!* (話)消えうせろ, くたばれ.
es・pa・rra・gue・ra [es.pa.r̃a.ɣé.ra] 女 **1** 【植】アスパラガス；アスパラガス畑. **2** アスパラガス用の皿.
es・pa・rra・gui・na [es.pa.r̃a.ɣi.na] 女 【鉱】リン灰石.
es・pa・rra・mar [es.pa.r̃a.már] 他 (話) → desparramar.
es・pa・rran・ca・do, da [es.pa.r̃aŋ.ká.ðo, -.ða] 形 **1** 股(ま)［足］を広げた. **2** 散らばった, まばらな.
es・pa・rran・car・se [es.pa.r̃aŋ.kár.se] 102 再 (話)股(ま)を広げる, 足を広げる.
es・pa・rrin [es.pá.r̃in] 男 → sparring.
Es・par・ta [es.pár.ta] 女 【史】スパルタ：古代ギリシアの都市. → Lacedemonia.
［← ［ラ］*Sparta*←［ギ］*Spártē*］
Es・pár・ta・co [es.pár.ta.ko] 固名 スパルタクス (?‐前71)：トラキア出身の剣闘士. 前73年に起こった奴隷反乱の指導者.
es・par・tal [es.par.tál] 男 → espartizal.
es・par・ta・no, na [es.par.tá.no, -.na] 形 **1** 【史】スパルタの. **2** 厳格な, スパルタ式の.
― 男 女 スパルタ人.
es・par・ta・quis・mo [es.par.ta.kís.mo] 男 【史】 (ドイツにおける)スパルタクス団.
es・par・te・í・na [es.par.te.í.na] 女 【化】スパルテイン：有毒アルカロイド.
es・par・te・ña [es.par.té.ɲa] 女 (アフリカハネガヤで編んだ底の)サンダル, エスパドリーユ.
es・par・te・rí・a [es.par.te.rí.a] 女 アフリカハネガヤ細工；アフリカハネガヤ細工の工場［店］.
es・par・te・ro, ra [es.par.té.ro, -.ra] 男 女 アフリカハネガヤ細工職人；アフリカハネガヤ細工を売る人.
es・par・ti・llo [es.par.tí.jo ‖ -.ʎo] 男 【ラ米】【植】スパルティーヨ：イネ科.
es・par・ti・zal [es.par.ti.θál / -.sál] 男 アフリカハネガヤの群生地.
es・par・to [es.pár.to] 男 【植】アフリカハネガヤ：スペイン・北アメリカ産のイネ科の草. 葉を綱やかごなどの材料として用いる.
es・par・var [es.par.ƀár] 他 → emparvar.
esparz- → esparcir.
es・pas・mo [es.pás.mo] 男 【医】けいれん, ひきつけ, 発作. **~** hemifacial 半側(はん)けいれん.
es・pas・mó・di・co, ca [es.pas.mó.ði.ko, -.ka] 形 けいれん(性)の, 発作性の. *tos espasmódica* 発作のなせき込み.
es・pa・ta [es.pá.ta] 女 【植】 (ミズバショウなどの)仏炎苞(ほう).
es・pa・ta・rrar・se [es.pa.ta.r̃ár.se] 再 (話)足［股(ま)］を開く.
es・pa・ti・co, ca [es.pá.ti.ko, -.ka] 形 【鉱】〈鉱物が〉薄く剝離する.
es・pa・to [es.pá.to] 男 【鉱】スパー：結晶面や割れ口に光沢のある結晶性鉱物の総称. **~** de Islandia 氷州石(無色透明の方解石). **~** flúor 蛍石. **~** calizo 方解石. **~** pesado 重晶石.
es・pá・tu・la [es.pá.tu.la] 女 **1** (薬剤師などが用いる)へら, スパチュラ；【美】パレットナイフ. **~** de madera 木ベラ. **~** de modelar (石工が用いる)荒削りのみ. **2** 【鳥】ヘラサギ.
es・pa・tu・lo・man・cia [es.pa.tu.lo.mán.θja / -.sja] 女 ト骨(ぼ)：獣骨などを焼き吉凶を占う.
es・pa・vien・to [es.pa.ƀjén.to] 男 → aspaviento.
es・pe・ce・rí・a [es.pe.θe.rí.a / -.se.-] 女 → especiería.
es・pe・cia [es.pé.θja / -.sja] 女 香辛料, スパイス.
la ruta de las especias 【史】スパイス・ルート.
es・pe・cia・do, da [es.pe.θjá.ðo, -.ða / -.sjá.-] 形 香辛料を入れた, 薬味を利かせた.

*es・pe・cial [es.pe.θjál / -.sjál] 形 **1** (＋名詞／名詞＋)(ser＋) **特別な**, **特殊な**；例外的な. *No hay nada ~.* 特に変わったことはない. *de un modo* ~ 特別なやり方で. *enviado* ~ 特派員；特使. *impuestos ~es* 特別税. *efectos ~es* 特殊効果. *hacer ~ hincapié en…* …をことさら主張する. **2** (名詞＋)(ser＋) 最適な, 専用の. *herramienta ~* 特殊工具. *tela ~ para cortinas* カーテン用布地. **3** (ser＋ / estar＋) 風変わりな, 変わった. *carácter ~* 一風変わった性格.
― 男 **1** (特別列車・特別番組など)特別なもの. **2** 【ラ米】(特价)セール, 大売り出し.
en especial 特に, 特別に.
［←［ラ］*speciālem* (*speciālis* の対格) *speciēs*「外観；特殊（例）」(→ especie) より派生.【関連】【英】(e)*special*］
especialice(-) / **especialicé**(-) 活 → especializar.

‡**es・pe・cia・li・dad** [es.pe.θja.li.ðáð / -.sja.-] 女 **1** (学問, 特に医学の) **専門分野**, 専攻. ~ *profesional* 専門職. *Mi ~ es la ginecología.* 私の専門は婦人科です. *¿Cuál es tu ~?* 君の専攻は何ですか.
2 (店・レストランなどの) **自慢の品**, お勧め品；名物. *El cochinillo asado es la ~ de la casa.* 子豚の丸焼きが当店のお勧め料理です. **3** 特殊性, 特性. *La ~ de este tejido es su impermeabilidad.* この織物の特性は防水性にある. **4** 得意なこと, 特技. **5** 【薬】売薬, 特許製剤(＝~ *farmacéutica*).

‡**es・pe・cia・lis・ta** [es.pe.θja.lís.ta / -.sja.-] 形 **1** 専門の, 専門家の. *médico* ~ 専門医.
2 (*en*… …が) 得意な, うまい.
― 男 女 **1** (*en…* / *de…* …の) **専門家**, スペシャリスト；熟練者. *Mi* ~ *en neurología* 神経科専門医. ~ *del corazón* 心臓の専門医. ~ *de latín* ラテン語の専門家. **2** (*en…*) (…を)得意とする人, (…の)名人. *Es* ~ *en los videojuegos.* 彼[彼女]はテレビゲームの天才だ. **3** 【映】【TV】スタントマン.
es・pe・cia・li・za・ción [es.pe.θja.li.θa.θjón / -.sja.-.sa.sjón] 女 専攻, 専門化. **2** 特殊化, 専門化.
es・pe・cia・li・za・do, da [es.pe.θja.li.θá.ðo, -.ða / -.sja.-.sá.-] 形 (*en*… …が)専門の；専門化した. *centro* ~ *en rehabilitación* リハビリ専門施設. *obrero* ~ 技能労働者.

es·pe·cia·li·zar [es.pe.θja.li.θár / -.sja.-.sár] 97
他 特殊化する；専門化する. *Han especializado* la fábrica en tintes y acabados. その工場では染色と仕上げ工程のみ行うことにした.
— **~·se** 再 (**en...** ...を)専門にする，専攻する. ~ *se en* historia romana ローマ史を専攻する.

‡es·pe·cial·men·te [es.pe.θjál.mén.te / -.sjál.-] 副 **1** 特に，とりわけ. *Me preocupan mis hijos*, ~ *el menor, que es muy mimado*. 私は息子たちのことが心配で，特に一番下はとても甘っこれなのです.
2《否定文で》特に…であるという訳ではない. ¿*Hay alguna obra de ese novelista que te interese?* — *No* ~. その小説家の作品の中でどれか興味のあるものはありますか. —いいえ，特には.
3 非常に，とても. ~ *waざわざ*の計らいで.

‡es·pe·cie [es.pé.θje / -.sje] 女 **1** 種類；性質，タイプ. *La manzanilla es una* ~ *de jerez*. マンサニージャはシェリー酒の一種だ. *Somos de la misma* ~. 私たちは同類だ.
2《生物》種 (→ taxón) (▶ *raza* よりも上位のカテゴリー). ~ *humana* 人類. *El origen de las* ~*s* (Darwin の)『種の起源』. *descubrir una nueva* ~ 新種を発見する. **3**《文章語》こと，物事；情報，うわさ；話題. *Está difundida una falsa* ~. にせ情報が広まっている. **4**《主に複数で》《カト》秘跡の形色：キリストの肉体と血に聖変化したパンとぶどう酒 (= ~*s sacramentales*). **5**《スポ》(フェンシング)フェイント. **6**《音楽》(曲を構成する)パート，声部.
bajo especie de... ...に見せかけて. *Se me acercó bajo* ~ *de bondad*. 彼[彼女]は親切なふりをして私に近づいた.
en especie 現物で.
especie química《化》単体 (= cuerpo puro).
[← 〔ラ〕*speciem* (*speciēs* の対格)「見ること；外観；特殊(例)」(*specere*「見る」より派生)；関連 especial, espectador, aspecto. 〔英〕*species*]

es·pe·cie·rí·a [es.pe.θje.rí.a / -.sje.-] 女 **1** 香料店. **2**《集合的》香辛料，スパイス.

es·pe·cie·ro, ra [es.pe.θjé.ro, -.ra / -.sjé.-] 男 女 香辛料商人. —男 香辛料入れ；スパイスラック.

es·pe·ci·fi·ca·ción [es.pe.θi.fi.ka.θjón / -.si.-.sjón] 女 **1** 明記，詳述；仕様 (書)，スペック.
2《法》使用許諾，(特許申請用の)発明明細書.

‡es·pe·ci·fi·car [es.pe.θi.fi.kár / -.si.-] 112 他 明記する，明示する，詳述する；列挙する. *Especifícame la dirección del hotel*. ホテルの住所を詳しく教えてくれ.

es·pe·ci·fi·ca·ti·vo, va [es.pe.θi.fi.ka.tí.βo, -.βa / -.si.-] 形 **1** 明示的な.
2《文法》限定的な. *adjetivo* ~ 限定形容詞.

es·pe·ci·fi·ci·dad [es.pe.θi.fi.θi.ðáð / -.si.-.si.-] 女 **1** 特徴，特性，特質. **2** 適性，妥当性，正確さ.

‡es·pe·cí·fi·co, ca [es.pe.θí.fi.ko, -.ka / -.sí.-] 形 **1** 特有の；特定の，明確な. *cantidad específica* 具体的な金額 [量]. *caso* ~ 特定のケース. *problema* ~ 明確な問題. *rasgo* [*carácter*] ~ 特異性.
2《医》(症状が)特有の，特異な；(薬が)特効性の.
3《物理》比の，比関係の. *calor* ~ 比熱. *peso* ~ 比重. *población específica* 人口密度.
4《言葉の意味が》特定の.
—男《医》特効薬；売薬，(製法特許)医薬品.

es·pé·ci·men [es.pé.θi.men / -.si.-] 男 《複 *especímenes*》見本，ひな形；(代表)例. ~ *de insectos* 昆虫標本. ~ *de tejido muscular* 筋肉組織の標本.

es·pe·cio·so, sa [es.pe.θjó.so, -.sa / -.sjó.-] 形 見かけだけの，うわべだけの，目を欺く.

es·pe·cio·ta [es.pe.θjó.ta / -.sjó.-] 女《話》作り話，ほら；まゆつばもの. *soltar una* ~ ほらを吹く.

‡es·pec·ta·cu·lar [es.pek.ta.ku.lár] 形 **1** 壮観な，人目を引く，見ものの. *accidente* ~ 派手な事故. *obra* ~ 華やかな作品. **2** 興行の，ショーの.

es·pec·ta·cu·la·ri·dad [es.pek.ta.ku.la.ri.ðáð] 女 **1** 華々しさ，壮観. **2** 興行性，見世物らしさ.

‡es·pec·tá·cu·lo [es.pek.tá.ku.lo] 男 **1** 興行，見世物，**ショー**，公演. ~ *teatral* 劇場公演. *Ayer asistimos a un* ~ *flamenco*. 昨日私たちはフラメンコショーを見た.
2 光景，壮観. *el* ~ *grandioso de las cataratas del Niágara* ナイアガラの滝の壮大な景観.
3 (人前での)突飛な行動，妙なまね，大騒ぎ. *dar el* [*un*] ~ 突拍子もないことをする，見世物になる. ¡*Qué* ~ *fue veros luchando cuerpo a cuerpo en medio de la calle!* 君たちは道の真ん中で取っ組み合いのけんかなんかして，とんだ見世物だったよ.
[← 〔ラ〕*spectāculum* (*spectāre*「眺める」より派生)；関連 aspecto, espejo. 〔英〕*spectacle*]

es·pec·ta·dor, do·ra [es.pek.ta.ðór, -.ðó.ra] 形 見物の，観客の.
—男 女 **1** 観客，見物人. *Esta sala tiene cabida para dos mil* ~*es*. この劇場は2000人の観客を収容することができる.
2 傍観者. *Miraba como* ~. 彼は一傍観者だった.
[← 〔ラ〕*spectātōrem* (*spectātor* の対格；*spectāre*「眺める」より派生)；〔英〕*spectator*]

es·pec·tral [es.pek.trál] 形 **1** 幽霊(のような)，不気味な. *luz* ~ 怪しげな光.
2《物理》スペクトルの，スペクトル分析の.

es·pec·tro [es.pék.tro] 男 **1** 幽霊，亡霊 (= fantasma)；不吉な影，恐怖. *No creo en* ~*s*. お化けなど信じない. ~ *de la guerra* 忍び寄る戦争の影.
2 骨と皮ばかりの人. *Después de la grave enfermedad se quedó como un* ~. 大病後彼[彼女]はがりがりになってしまった.
3 領域，範囲；《医》スペクトル. *antibiótico de amplio* ~ 有効範囲の広い抗生物質.
4《物理》スペクトル. ~ *atómico* 原子スペクトル. ~ *continuo* 連続スペクトル. ~ *de absorción* [*emisión*] 吸収[発光]スペクトル. ~ *de bandas* 帯(状)スペクトル. ~ *solar* 太陽スペクトル.

es·pec·tro·gra·fí·a [es.pek.tró.gra.fí.a] 女《物理》分光写真術[法].

es·pec·tró·gra·fo [es.pek.tró.gra.fo] 男
1《物理》分光写真器，スペクトログラフ.
2《音声》音響スペクトログラフ，サウンドスペクトル.
espectrógrafo de masa 質量分析器.

es·pec·tro·gra·ma [es.pek.tro.grá.ma] 男
1《物理》スペクトル写真，分光写真.
2《音声》音響スペクトル図.

es·pec·tros·co·pia [es.pek.tros.kó.pja] 女《物理》分光学.

es·pec·tros·có·pi·co, ca [es.pek.tros.kó.pi.ko, -.ka] 形《物理》スペクトロスコープの，分光器の.

es·pec·tros·co·pio [es.pek.tros.kó.pjo] 男《物理》分光器.

‡es·pe·cu·la·ción [es.pe.ku.la.θjón / -.sjón] 女
1 思索，熟考；推測. *No pierdas el tiempo en vanas especulaciones*. つまらぬ考えごとに時間をつぶすな. **2**《商》投機，思惑(買い). ~ *en la bolsa*

株式投機.

es·pe·cu·la·dor, do·ra [es.pe.ku.la.ðór, -.ðó.ra] 形 **1** 思索する, 熟考する. **2** 《商》投機する. ── 男女 **1** 《商》投機師, ブローカー.

es·pe·cu·lar¹ [es.pe.ku.lár] 他 **1** 検討する, 調査する. **2** 熟考する. ── 自 **1** 《sobre... …について》思索する；推測する. **2** 《en... …に》投機をする, 相場を張る；《con... …を利用して》利益を得る. ~ *en* la bolsa 株に手を出す. *Especula con* la concesión de los permisos. 認可に絡んで彼[彼女]は甘い汁を吸っている.

es·pe·cu·lar² [es.pe.ku.lár] 形 鏡の.

es·pe·cu·la·ti·vo, va [es.pe.ku.la.tí.βo, -.βa] 形 **1** 投機的な. **2** 思索的な, 瞑想(%)的な. **3** 思弁的な, 机上の (↔ práctico). ── 女 理解力, 思考力.

es·pé·cu·lo [es.pé.ku.lo] 男 《医》(耳鏡・膣(%)鏡などの)検鏡, スペキュラ.

es·pe·jar [es.pe.xár] 他 〈場所を〉あける, かたづける. **2** ~·se 再 《en... …に》(鏡像のように)映る, 反映する.

es·pe·je·ar [es.pe.xe.ár] 自 鏡のように光る, きらきら輝く. La superficie del mar *espejeaba* bajo la luz de la luna. 海面は月の光を浴びて輝いていた.

es·pe·je·o [es.pe.xé.o] 男 **1** 輝き, きらめき；反射. **2** 蜃気楼(%).

es·pe·je·ras [es.pe.xé.ras] 女《複数形》《ラ米》(%)(%) 《馬》鞍(%)ずれ, 拍車ずれ.

es·pe·je·rí·a [es.pe.xe.rí.a] 女 鏡店.

es·pe·je·ro, ra [es.pe.xe.ro, -.ra] 男女 鏡職人；鏡商人.

es·pe·jis·mo [es.pe.xís.mo] 男 **1** 蜃気楼(%). **2** まぼろし, 幻影, 幻覚.

es·pe·ji·to [es.pe.xí.to] 男 《ラ米》(%)《遊》エスペヒート：壁に向かってカードを投げる遊び.

＊＊es·pe·jo [es.pé.xo] 男 **1** 鏡. mirarse en el [al] ~ 鏡を見る, 自分の姿を鏡に映す. ~ cóncavo 凹面鏡 ~ convexo 凸面鏡. ~ *de* cuerpo entero / ~ *de* vestir 姿見. ~ retrovisor バックミラー. letras en ~ 鏡文字. **2** (鏡のように)滑らかな面, 反射面. las montañas reflejadas en el ~ de las aguas 鏡のような水面に映った山々. **3** (現実・実態をありのままに)映し出すもの, 反映, 反映像. La cara es el ~ del alma. 心の内面が顔に表れる. La serie de "las pinturas negras" de Goya es un ~ de su desesperación. ゴヤの一連の「黒い絵」には彼の絶望が反映されている. **4** 鑑(%), 手本, 模範.
como un espejo (鏡のように)ピカピカの, とても清潔な.
espejo de falla (断層の)鏡肌.
espejo de los Incas 黒曜石(= obsidiana).
espejo de popa 《海》(船舶の)肋材, トランサム.
mirarse en+人 *como en un espejo* 《話》〈人〉を模範にする；愛しく思う.
mirarse en ese [*este*] *espejo* それ[これ]を手本にして自戒する.
[← 《ラ》*speculum* (*specere* 「見る」より派生)；関連 espejismo, aspecto, inspección]

es·pe·jue·lo [es.pe.xwé.lo] 男 **1** 《鉱》(1) 透(明)石膏(%). (2) 滑石の薄片.
2 (客などに知れる)さくら, おとり, 客寄せ；(ヒバリをおびき寄せる)鏡罠(%%). **3** 採光窓. **4** (ミツバチの)巣板の汚れ. **5** シトロン[カボチャ]のシロップ漬け. **6** 《獣医》夜目：馬の脚の内側にできるたこ. **7** 《ラ米》(1) 《複数形》めがねのレンズ. (2) (%)(%) 《複数形》

めがね. ~s *de sol* サングラス.

es·pe·le·o·lo·gí·a [es.pe.le.o.lo.xí.a] 女 **1** 《スポ》ケービング, 洞窟探検. **2** 洞窟学.

es·pe·le·o·ló·gi·co, ca [es.pe.le.o.ló.xi.ko, -.ka] 形 **1** 《スポ》ケービング[洞窟探検]の(ための). **2** 洞窟学の.

es·pe·le·ó·lo·go, ga [es.pe.le.ó.lo.go, -.ga] 男女 **1** 《スポ》ケービング愛好家, 洞窟探検家. **2** 洞窟学者.

es·pel·ta [es.pél.ta] 女 《植》スペルト小麦.

es·pe·lu·car [es.pe.lu.kár] 102 他 《ラ米》髪を乱す；ぞっとさせる.
── ~·se 再 《ラ米》髪が乱れる；ぞっとする.

es·pe·lun·ca [es.pe.lúŋ.ka] 女 洞穴, 洞窟.

es·pe·lu·zar [es.pe.lu.θár / -.sár] 97 他 → espeluznar.

es·pe·luz·nan·te [es.pe.luθ.nán.te / -.lus.-] 形 身の毛のよだつ, ぞっとする, 恐ろしい.

es·pe·luz·nar [es.pe.luθ.nár / -.lus.-] 他 **1** ぞっとさせる, 震え上がらせる. La idea de la muerte me *espeluzna*. 死を思うと私は背筋が寒くなる. **2** 髪の毛を逆立たせる.
── ~·se 再 震え上がる, ぞっとする, 身の毛がよだつ.

es·pe·luz·no [es.pe.lúθ.no / -.lús.-] 男 《話》(恐怖による)震え, おののき；悪寒.

es·pe·pi·tar [es.pe.pi.tár] 他 《ラ米》(%)《話》白状する.

es·per·que [es.pé.ke] 男 **1** (木の)てこ棒. **2** (壁の)支柱, 突っ張り.

＊es·pe·ra [es.pé.ra] 女 **1** 待つこと, 待機；待ち時間. La ~ fue muy larga. 待っている時間は非常に長かった. sala de ~ 待合室. lista de ~ キャンセル待ちリスト. **2** 忍耐, 我慢. tener ~ 辛抱する. **3** 《狩》待ち伏せ場所. cazar a ~ 獲物を待ち伏せて捕らえる. **4** 《法》猶予(期間), (裁判所の取り決める)期限, 期間. **5** (木材を組み合わせる)切り目, 切欠(%%). ── 同 → esperar.
a la espera de... …を待って, 待機して.
en espera de... …を待ちながら. *en* ~ *de* SU respuesta (手紙)お返事をお待ちして.

es·pe·ra·do, da [es.pe.rá.ðo, -.ða] 形 待ち望んだ, 待ちに待った.

es·pe·ran·tis·ta [es.pe.ran.tís.ta] 形 エスペラントの. ── 共 エスペランティスト, エスペラント使用者, エスペラント主義者.

es·pe·ran·to [es.pe.rán.to] 男 エスペラント：ポーランドの眼科医 Zamenhof (1859-1917) が考案した国際語. ♦ Zamenhof の筆名 Dr.Esperanto「希望する者」はスペイン語の esperando に基づく.

＊＊es·pe·ran·za [es.pe.rán.θa / -.sa] 女 **1** 希望, 期待. poner la ~ en... …に望みを託す. con la ~ de que+接続法 …するという希望を持って. Hay pocas ~s de que lleguen a tiempo. 彼らが間に合うとはほとんど期待できない. **2** 希望[望み]を与える[持たせる]もの, 頼み(の綱), 期待の星. Esta fábrica es la última ~ para que siga vivo el pueblo. この工場は村が存続するための最後の望みだ. la nueva ~ de la literatura española スペイン文学のホープ. **3** 信仰；《カト》(三対神徳の)望徳.
alimentarse [*vivir*] *de esperanzas* 一縷(%)の望みにすがる.
dar esperanza(*s*) *a...* …に期待[望み]を抱かせる.

esperanza de vida 平均寿命.
¡Qué esperanza! 《ラ米》(*₅₅)《話》とんでもない.
es·pe·ran·za·do, da [es.pe.ran.θá.ðo, -.ða / -.sá.-] 形 期待している,希望を持った.
es·pe·ran·za·dor, do·ra [es.pe.ran.θa.ðór, -.ðó.ra / -.sa.-] 形 有望な,期待の持てる.
es·pe·ran·zar [es.pe.ran.θár / -.sár] 97 他 希望を与える,期待を抱かせる.
— **~·se** 再 希望を持つ,期待を抱く.

*****es·pe·rar** [es.pe.rár] 他 **1** 待つ. Te *espero* a las seis a la entrada. 6時に入り口で君を待っているよ. No sabíamos qué futuro nos *esperaba*. どんな未来が私たちを待ち受けているかわからなかった. ▶再帰代名詞を伴って強調の意味を持つ場合がある. → 再 **1**.
2 望む,期待する. ~... como agua de mayo …を熱望する.
3 《que+接続法 …であろうと》**期待する**;願う;《que+直説法 …だと》思う,予測する. *Espero que salga* muy bien. うまくいくように願っています.
4 〈子供を〉妊娠中である,〈子供が〉近々出産する. Ella *espera* un hijo. 彼女には近々子供が生まれる.
— 自 **1** 待つ;《a que+接続法 …するのを》待つ. hacer ~ a+人〈人〉を待たせる. *Espera* un momento, ese paraguas no es el tuyo. ちょっと待って,その傘(㆑)は君のではないよ. Me parece que no puedes hacerlo. — *Espera* y verás. 私は君にはそれはできないと思うよ. 一今に見ていろ. *Esperemos a que* nos *llame*. 私たちは彼[彼女]が電話してくるのを待っている. ▶再帰代名詞を伴って強調の意味がある場合がある. → 再 **1**.
2 妊娠中である,お産が近い. Ella *espera* desde hace cinco meses. 彼女は妊娠5か月だ.
3 《en...》を信頼する. ~ *en Dios* 神を信じる.
— **~·se** 再 **1** 《強調》(じっと)待つ,期待する. ¡Espérate un momento! ちょっと待ってて.
2 《3人称》予測する,期待する. como podía *~se* 予測できたように. No fue tan malo como *se esperaba*. 思ったほど悪くなかった.
de aquí te espero とてつもない,すごい. Hace un calor *de aquí te espero*. ひどい暑さだ.
esperar sentado 待ちぼうけを食う,期待ははずれになる. Si crees que alguien te echará la mano, puedes ~ *sentado*. もし誰かが手助けしてくれるなんて思っているなら,思い違いだよ.
hacerse esperar 時間取る,時間を要する.
Quien espera desespera. 《諺》期待するものは落胆する.
ser de esperar que+接続法 …であるのは当然である[もっともである].
[← [ラ] spērāre「望む,期待する」;関連 esperanto, desesperar. [仏] espérer. [英] despair]

es·pe·re·zar·se [es.pe.re.θár.se / -.sár.-] 97 再 伸びをする (= desperezarse).
es·pe·rie·go, ga [es.pe.rjé.go, -.ga] 形 〈リンゴが〉強い酸味の.
es·per·ma [es.pér.ma] 男(または 女) **1**【生物】精液 (= semen). **2** 鯨蠟(⁅⁌⁆),鯨油 (= ~ *de ballena*). **3** 《ラ米》(ﾒｷｼ)(ﾊﾞｽﾗｲ)ろうそく.
es·per·ma·ce·ti [es.per.ma.θé.ti / -.sé.-] 男 鯨蠟(⁅⁌⁆),鯨油.
es·per·ma·fi·to, ta [es.per.ma.fí.to, -.ta]【植】顕花[種子]植物の.
— 女 《複数で》顕花[種子]植物.
es·per·má·ti·co, ca [es.per.má.ti.ko, -.ka] 形【生物】精液の. conducto ~【解剖】輸精管.
es·per·má·ti·da [es.per.má.ti.ða] 女【生物】精娘[第2精母]細胞,精子細胞.
es·per·ma·to·ci·to [es.per.ma.to.θí.to / -.sí.-] 男【生物】精母細胞.
es·per·ma·to·fi·tas [es.per.ma.to.fí.tas] 女《複数形》【植】種子[顕花]植物.
es·per·ma·to·fi·to, ta [es.per.ma.to.fí.to, -.ta] 形 女 → espermafito.
es·per·ma·to·gé·ne·sis [es.per.ma.to.xé.ne.sis] 女《単複同形》【生物】精子形成.
es·per·ma·to·go·nia [es.per.ma.to.gó.nja] 女【生物】精祖細胞.
es·per·ma·to·zoi·de [es.per.ma.to.θói.ðe / -.sói.-] 男【生物】【植】精子,精虫.
es·per·ma·to·zoo [es.per.ma.to.θó.o / -.só.-] 男【生物】【植】精子,精虫.
es·per·mi·ci·da [es.per.mi.θí.ða / -.sí.-] 形 殺精子の. — 男 殺精子剤.
es·per·mio·lo·gí·a [es.per.mjo.lo.xí.a] 女【生物】精子研究,精子学.
es·per·na·da [es.per.ná.ða] 女 鎖の先端の鉤(⁅)状の環.
es·pe·rón [es.pe.rón] 男 《ラ米》(ﾌﾟﾄﾘ)長時間待つこと,待ちぼうけ.
es·per·pén·ti·co, ca [es.per.pén.ti.ko, -.ka] 形 **1**【文学】エスペルペント esperpento の.
2 ばからしい,こっけいな;ぞっとする.
es·per·pen·to [es.per.pén.to] 男 **1** 《話》醜い人,異様な人. **2** 《話》ばかげたこと,ナンセンス (= disparate). **3**【文学】エスペルペント:スペインの作家 Valle-Inclán (1866 — 1936) の不条理劇の呼称.
es·pe·sa·mien·to [es.pe.sa.mjén.to] 男《液体などを》濃くさせること.
es·pe·san·te [es.pe.sán.te] 形《液体などを》濃くするための,粘らせる. — 男 増粘剤,糊料.
es·pe·sar¹ [es.pe.sár] 男《山の》茂み,やぶ.
es·pe·sar² [es.pe.sár] 他 **1** 〈液体を〉濃くする,濃厚にする. ~ *la salsa* ソースを濃くする.
2 密にする;〈布などの〉目を詰めて織る.
— **~·se** 再 **1**〈液体が〉濃くなる,濃厚になる.
2〈草木が〉茂る,〈森·林が〉深くなる.

***es·pe·so, sa** [es.pé.so, -.sa] 形 **1**《+名詞 / 名詞+》《ser+ / estar+》〈液体が〉**濃い**,とろみのある;〈練り物が〉固めの. Me gusta el café ~. 私は濃いコーヒーが好きだ.
2《多くは+名詞 / 名詞+》《ser+ / estar+》密な,すき間がない;〈織り目·編み目などが〉詰まった;〈草木などが〉密生した. el bosque ~ うっそうとした森. la niebla *espesa* 濃霧. **3**《特に壁が》厚い. La cárcel está rodeada de murallas *espesas*. その刑務所中は分厚い壁に囲まれている. **4**《動き·働きが》(通常よりも)緩慢である. **5** 《ラ米》(ﾗﾌﾟ)《話》〈人·ものが〉薄汚れた,汚らしい.
[←[ラ] spissus]
es·pe·sor [es.pe.sór] 男 **1**（固体の）厚み,厚さ;深さ. de mucho ~ 分厚い. El muro tiene treinta centímetros de ~. その壁は厚さ30センチである. ~ *de nieve* 積雪の深さ. **2**（液体などの）濃度,濃さ. ~ *de la atmósfera* 大気濃度.
es·pe·su·ra [es.pe.sú.ra] 女 **1** 厚み,厚さ. ~ *del muro* 壁の厚み. nubes de gran ~ 厚い雲.
2（織物などの）目の詰んでいること,密であること.
3（液体などの）濃度,濃さ.
4 やぶ,茂み. → bosque 類語. **5** 濃い頭髪. **6** 汚

さ, だらしなさ.
es·pe·tar [es.pe.tár] 他 **1** 〈肉に〉串を刺す; 刺し貫く. **2** 《話》〈耳の痛いことなどを〉聞かせる. Me *espetó* un sermón. 私は彼 [彼女] に説教をくらった. **3** 出し抜けに言う. Nos *espetó* una pregunta. 彼 [彼女] はいきなり私たちに質問した. ━ ~·se 再 **1** 威張る. **2** (en… …に) 落ち着く, 居つく.
es·pe·te·ra [es.pe.té.ra] 女 **1** 《キッチンの》吊り下げフック. **2** 《吊り下げフックに掛ける》調理器具. **3** 《話》〈女性の〉胸.
es·pe·to [es.pé.to] 男 **1** 焼き串(ぐし), 鉄串.
es·pe·tón [es.pe.tón] 男 **1** 焼き串(ぐし), 鉄串. **2** 火かき棒. **3** 大きなピン. **4** 〖魚〗カマス.
espí- 活 → espiar.
*__es·pí·a__¹ [es.pí.a] 男 女 スパイ, 間諜(ちょう). ~ doble 二重スパイ. hacer de ~ スパイを働く. ✦ 名詞に後置して形容詞的にも使われる. avión ~ 偵察機. ━ 活 → espiar.
 [←〖ゲルマン〗*speha;【関連】espiar.〖英〗*spy*]
es·pí·a² [es.pí.a] 女 **1** 〖海〗曳航(えいこう); 引き綱. **2** 《柱・杭(くい)などの》支索, 支え綱.
es·pian·tar [es.pjan.tár] 他 **1** 《ラ米》《俗》盗む; まきあげる. ━ ~·(se) 自 再 《ラ米》《俗》逃げる, ずらかる. [←〖伊〗*spiantare*]
es·piar¹ [es.pjár] 81 他 **1** スパイする, こっそり調べる; 偵察する. ~ las acciones de los demás 他人の行動をこっそり調べる.
 2 《ラ米》《俗》見る, 見つめる.
━ 自 スパイを働く, スパイ活動をする.
es·piar² [es.pjár] 81 他 〖海〗〈引き綱で〉引く, 曳航(えいこう)する. ━ 自 曳航する.
es·pi·bia [es.pí.bja] 女 〖獣医〗馬の斜頸(しゃけい).
es·pi·bio [es.pí.bjo] / **es·pi·bión** [es.pi.bjón] 男 → espibia.
es·pi·cha [es.pí.tʃa] 女 **1** シードル sidra の樽(たる)を開けること. **2** シードルの開樽を祝う宴.
es·pi·char¹ [es.pi.tʃár] 他 **1** 《針などで》刺す, 穴をあける. **2** 押しつぶす. **3** 《ラ米》(1) 〈タイヤなどから〉空気 [ガス] を抜く. (2) 〈樽(たる)〉〈容器に〉樋口(といぐち)をつける. (3) 〈舌〉出す.
━ 自 **1** 《話》死ぬ. **2** 《ラ米》〈水などが〉底につく, なくなる. ━ ~·se 再 《ラ米》(1) 〈タイヤが〉パンクする. (2) 〈ヒモを〉しぼむ. (3) 《ラ米》《話》びくつく. (4) 《ラ米》《話》やせる, やつれる. (5) 《ラ米》《話》恥じる.
espicharla 《話》死ぬ.
es·pi·char² [es.pi.tʃár] 自 《ラ米》スピーチをする.
es·pi·che¹ [es.pí.tʃe] 男 **1** 《管・樽(たる)に用いる》栓. **2** 《槍・杖》などの先のとがった武器 [道具].
es·pi·che² [es.pí.tʃe] 男 《ラ米》スピーチ, 演説.
es·pi·ci·for·me [es.pi.θi.fór.me / -.si.-] 形 〖植〗穂状の.
es·pí·cu·la [es.pí.ku.la] 女 〖植〗《イネ科の植物の》小穂(しょうすい), 穂状花序(かじょ).
es·pí·di·co, ca [es.pí.ði.ko, -.ka] 形 《話》**1** いらいらした. **2** エネルギッシュな, 精力的な.
es·pi·dó·me·tro [es.pi.ðó.me.tro] 男 《ラ米》速度計, スピードメーター.
es·pie·do [es.pjé.ðo] 男 《ラ米》《オーブン用の》鉄串, 焼き串.
*__es·pi·ga__ [es.pí.ga] 女 **1** 〖植〗《麦などの》**穂**; 花などの》穂状花序. **2** 杉綾(すぎあや)模様, 矢筈(やはず)柄. **3** 《刀剣の》小身(こみ), 中子. **4** 《木材の》ほぞ; 木釘(きくぎ); 栓. **5** 〖軍〗《爆弾の》信管. **6** 〖海〗檣頭(しょうとう).
 [←〖ラ〗*spīcam* (*spīca* の対格); 【関連】〖英〗*spike*]

「穂」]
es·pi·ga·de·ra [es.pi.ga.ðé.ra] 女 → espigadora.
es·pi·ga·do, da [es.pi.gá.ðo, -.ða] 形 **1** 〈植物が〉穂の出た; 〈若木が〉高く伸びた.
 2 〈子供・若者が〉すらりと背の高い.
 3 語りつくされた. **4** 穂の形をした.
es·pi·ga·dor, do·ra [es.pi.ga.ðór, -.ðó.ra] 男 女 落ち穂拾いをする人. ━ 女 ほぞ作り用工具.
es·pi·gar [es.pi.gár] 103 他 **1** 〈畑から〉落ち穂を拾う. **2** 〈情報を〉集める. **3** 〖技〗…にほぞを作る.
━ 自 **1** 穂が出る. **2** 落ち穂拾いをする. **3** 資料集めをする.
━ ~·se 再 **1** 背がぐんと伸びる. Ella *se ha espigado* mucho este año. 彼女は今年ずいぶん背が伸びた. **2** 《野菜が》とうが立つ; 穂が出る.
es·pi·gón [es.pi.gón] 男 **1** 《ドリル・釘(くぎ)などの》先端. ~ del cuchillo ナイフの先.
 2 《トウモロコシの》穂; 《ざらざらでとげのある》穂.
 3 突堤, 防波堤; 堤防. **4** 《とがった形の小さな》はげ山, 岩山. **5** らせん階段の中心の柱.
es·pi·gue·o [es.pi.gé.o] 男 **1** 落ち穂拾い.
 2 穂の出る時期.
es·pi·gue·ro [es.pi.gé.ro] 男 《ラ米》《古風》穀倉.
es·pi·gui·lla [es.pi.gí.ʝa ‖ -.ʎa] 女 **1** 杉綾(すぎあや)模様, 矢筈(やはず)柄. tela de ~s 杉綾模様の布地. **2** 〖植〗《米・カラス麦などの》小穂(しょうすい). **3** ポプラの花. **4** 《縁飾りに使う》細いテープ. [espiga+縮小辞].
es·pín¹ [es.pín] 男 〖動〗ヤマアラシ (=puerco ~).
es·pín² [es.pín] 男 〖物理〗スピン.
*__es·pi·na__ [es.pí.na] 女 **1** とげ, いばら. clavarse una ~ en el dedo 指にとげがささる.
 2 《魚の》骨. Cuidado con las ~s del pescado. 魚の骨に気をつけて.
 3 〖解剖〗棘(きょく)突起; 脊柱(せきちゅう). ~ dorsal 背骨, 脊椎(せきつい). ~ bífida 〖医〗二分脊椎 (症).
 4 悩み事, 心配事;《複数で》苦労. tener clavada una ~ en el corazón 心に悩みを抱いている. problema lleno de ~s 実に厄介な問題. **5** 〖史〗《古代ローマの円形競技場の》中仕切りの低い壁. ◆オベリスクや彫像で飾られ, この周りを馬や馬車が競走した.
dar a+人 *mala espina* 〈人〉に危惧(きぐ)の念を抱かせる. Eso *me da mala* ~. それは私には気がかりだ.
espina blanca 〖植〗オオヒレアザミ.
espina santa 〖植〗《ハマナツメの一種》キリストノイバラ.
sacarse una espina (1) 《ゲームなどで》失点 [損] をとり返す. (2) 胸につかえていたことを一気に吐き出す; 今まで控えていたことを一気にする.
 [←〖ラ〗*spīnam* (*spīna* の対格);【関連】〖英〗*spine* 「背骨; とげ」]
es·pi·na·ca [es.pi.ná.ka] 女 〖植〗ホウレンソウ.
es·pi·nal [es.pi.nál] 形 脊柱(せきちゅう)の, 脊椎(せきつい)の, 背骨の. médula ~ 脊髄.
es·pi·na·pez [es.pi.na.péθ / -.pés] 男 《床の》矢筈(やはず)柄. entarimado de ~ 矢筈張りの床.
es·pi·nar¹ [es.pi.nár] 男 **1** サンザシの茂み; 《とげの多い》植物のやぶ [茂み]. **2** 厄介な問題; 困難.
es·pi·nar² [es.pi.nár] 他 **1** とげで刺す [傷つける]. **2** 《言葉で》傷つける, 害する. **3** 〖農〗《保護のために》〈若木に〉とげのあるものを巻きつける.
━ 自 〖軍〗《騎兵中隊が》槍を巡らせた編隊を組む.
es·pi·na·zo [es.pi.ná.θo / -.so] 男 **1** 〖解剖〗脊柱(せきちゅう), 脊椎(せきつい), 背骨.
 2 〖建〗《ドーム・アーチの》かなめ石, くさび石.

doblar el espinazo《話》(1) 屈服する；こびへつらう．(2) 懸命に働く．
romperse el espinazo《話》骨が折れる；一生懸命働く．

es·pi·ne·la¹ [es.pi.né.la] 囡《詩》8 音節10行の詩形 (= décima). ◆スペインの作家 Espinel (1550-1624)が最初に用いた詩形．

es·pi·ne·la² [es.pi.né.la] 囡《鉱》スピネル，尖晶(ﾄﾞぅ)石．**rubí ～** ルビースピネル，紅尖晶石．

es·pí·ne·o, a [es.pi.né.o, -.a] 形 とげの(ある)．

es·pi·ne·ra [es.pi.né.ra] 囡《植》サンザシ．

es·pi·ne·ta [es.pi.né.ta] 囡《音楽》スピネット：チェンバロに似た細長い箱型の古楽器．

es·pin·gar·da [es.piŋ.gár.da] 囡 **1** 長距離砲の一種；(銃身の長い) アラビア銃．
2 やせて背の高い女性．

espineta (スピネット)

es·pi·ni·lla [es.pi.ní.ja ‖ -.ʎa-] 囡 **1**《解剖》脛骨(ﾚｨこつ)の前面, むこうずね. **Me dio una patada en la ～ y vi estrellas.** やつに向こうずねをけられて目から火が出たよ. **2** 吹き出物, にきび. [espina + 縮小辞]

es·pi·ni·lle·ra [es.pi.ni.jé.ra ‖ -.ʎé.-] 囡 **1**（甲冑(ﾁｭぅ)の)すね当て.
2《スポ》レガーズ：防護用のすね当て.

es·pi·ni·llo [es.pi.ní.jo ‖ -.ʎo-] 男《ラ米》《ｺﾙ》《ﾎﾟｰﾄﾞ》《植》マメ科のトゲのある低木, アカシア：白色か黄色の芳しい花をつける.

es·pi·no [es.pí.no] 男 **1**《植》(1) サンザシ：バラ科．**～ albar [blanco]** セイヨウサンザシ．**～ cerval** クロウメモドキ．**～ negro** ブラックソーン (バラ科)．(2)《ラ米》《ﾁﾘ》コメ科の植物；《ｺﾛ》アカネ科の植物.
2 有刺鉄線 (= **～ artificial**, **alambre de ～**).

es·pi·no·char [es.pi.no.tʃár] 他《トウモロコシの》をむく．

espino albar (セイヨウサンザシ)

es·pi·no·sis·mo [es.pi.no.sís.mo] 男《哲》スピノザ説：オランダの Spinoza (1632-77) の哲学．

es·pi·no·so, sa [es.pi.nó.so, -.sa] 形 **1**《植物が》とげの多い, とげだらけの. **2**《魚が》骨の多い. **3** 厄介な, 面倒な. **Yo, en tu lugar, no me metería en un asunto tan ～.** 僕が君だったら, そんな面倒なことに首を突っ込まないな.

es·pi·nu·do, da [es.pi.nú.ðo, -.ða] 形《ラ米》= espinoso.

es·pio·cha [es.pjó.tʃa] 囡 つるはしの一種．

es·pión [es.pjón] 男 スパイ, 回し者, 内通者．

es·pio·na·je [es.pjo.ná.xe] 男 スパイ行為[活動]；諜報機関．**— industrial** 産業スパイ．**red de ～** スパイ網．[←《仏》*espionnage*]

es·pi·ra [es.pí.ra] 囡 **1**《建》柱礎の上部．**2**《数》らせんの一回転, らせん (形), 渦巻き線．**3**《貝》螺塔(ﾗﾄぅ), 殻塔．**4**《電》(コイルの)一巻き．

es·pi·ra·ción [es.pi.ra.θjón / -.sjón] 囡 **1** 息を吐くこと, 呼気 (↔aspiración).
2（においなどの）発散, 放出．

es·pi·rá·cu·lo [es.pi.rá.ku.lo] 男 **1**《動》(鯨の)噴気孔；《魚》(サメの)噴水孔．**2**《昆》気門．

es·pi·ra·dor, do·ra [es.pi.ra.ðór, -.ðó.ra] 形 息を吐く, 呼気の. **músculo ～**《解剖》呼気筋．

es·pi·ral [es.pi.rál] 形 らせん形の. **escalera ～** らせん階段. **nebulosa ～**《天文》渦巻き星雲．
— 囡 **1** らせん形[構造]；らせん形のもの. **2**《数》らせん, 渦巻き線. **3**《比喩的》スパイラル構造. **～ de violencia** 暴力の悪循環. **4**《ラ米》《ﾒｷ》蚊取線香.
en espiral らせん状に[の]. **rabo *en* ～** (犬などの) 丸くなったしっぽ.

es·pi·ran·te [es.pi.rán.te] 形《音声》摩擦音の．
— 囡 摩擦音 (= fricativa)．

es·pi·rar [es.pi.rár] 他 **1**〈息を〉吐く, 吐き出す (↔aspirar). **2**〈においなどを〉発散する, 放つ. **3**《神》精気を吹き込む；〈父と子が〉(永遠の愛としての) 聖霊を生み出す.
— 自 **1** 息を吐く；呼吸する；《魚が》えらから水を吐き出す. **2**《文章語》《風が》そよそよと吹く.

es·pi·ra·to·rio, ria [es.pi.ra.tó.rjo, -.rja] 形 息を吐く(際の), 呼気の.

es·pi·ri·lo [es.pi.rí.lo] 男《医》らせん菌．

es·pi·ri·ta·do, da [es.pi.ri.tá.ðo, -.ða] 形 **1** 悪魔に取り憑(ﾂ)かれた. **2**《話》やせこけた.

es·pi·ri·tar [es.pi.ri.tár] 他 **1** 悪霊を取り憑(ﾂ)かせる. **2**《話》怒らせる, いらいらさせる.
～～se 再 **1**《話》悪霊に取り憑かれる. **2**《話》いらいらする. **3**《話》げっそりやせる.

es·pi·ri·te·ro, ra [es.pi.ri.té.ro, -.ra] 男 囡《ラ米》《ﾒｷ》呪術師.

es·pi·ri·tis·mo [es.pi.ri.tís.mo] 男 交霊術, 心霊術, 降霊術.

es·pi·ri·tis·ta [es.pi.ri.tís.ta] 形 交霊術の, 心霊[降霊]術の. **—** 男 囡 交霊術者.

es·pi·ri·to·so, sa [es.pi.ri.tó.so, -.sa] 形 **1**（飲み物が）アルコール分の強い；アルコール性の.
2 元気のよい, 生き生きした.

es·pi·ri·trom·pa [es.pi.ri.tróm.pa] 囡《昆》（蝶(ﾁﾖウ)の）らせん状の口吻(ｺｳﾌﾝ).

＊**es·pí·ri·tu** [es.pí.ri.tu] 男 **1** 精神, 心. **con amplio ～** 広い心で. **pobre de ～** 心の貧しい. → **alma**【類語】
2 霊, 霊魂. **los ～s de los antepasados** 先祖の霊.
3 気質, 気性；(その気質を持つ)人. **～ de contradicción** 反抗心；へそ曲がり. **～ de justicia** 正義感. **Es un ～ aventurero.** 彼は冒険心が旺盛だ.
4（時代・主義などの）特質, 意図, 趣旨. **el ～ del Renacimiento** ルネッサンス精神.
5 意気, 気骨. **una chica que tiene mucho ～.** 芯(ｼﾝ)から強い女の子.
6《文章語》真髄, 真意. **el ～ de la ley** 法の精神.
7《宗》精霊；聖霊 (= E～ Santo).
8 帰属意識, 忠誠心. **～ de cuerpo** 連帯感. **～ de compañerismo** 仲間意識. **9** 超自然的な力, 霊力. **～ de profecía** 予知能力. **10**《主に複数で》悪霊, 亡霊. **～ maligno** 悪霊. **11**《言》（ギリシア語の）気音符 (ʼ)(ʽ). **12**《化》エキス；アルコール. **～ de sal** 塩酸. **～ de vino** 酒精, エチルアルコール.
exhalar el espíritu 《文章語》《婉曲》《人が》亡くなる, 天に召される.
levantar el espíritu (*a*+人)〈人〉を励ます.
quedarse en el espíritu 《人が》やせ細る.
ser el espíritu de la golosina 《話》《強意》《人が》か弱い, 虚弱である.
[←ラ *spiritus* (*spiritus* の対格；原義は「風, 空気」；*spirāre*「息を吐く」より派生). 【関連】**respi-**

rar, aspirar. [仏] *esprit*. [英] *spirit*]

es·pi·ri·tual [es.pi.ri.twál] 形 《名юр+》《ser+》 **1** 精神の, 精神的な, 心の; 霊的な, 霊の. pasto ~ 心の糧. patria ~ 心のふるさと. salud ~ 精神衛生. La memoria es una facultad ~ del hombre. 記憶は人間の精神的な営みである.
2 宗教の, 信仰の, 教会の. poderes ~*es* 教権.
3 〈人が〉精神的なものを重視する, 富や権力に執着しない. Es una mujer ~, y es inútil intentar seducirla con dinero. 彼女は非世俗的な女性だからお金で釣ろうとしてもむだだ.
— 男《音楽》黒人霊歌(= ~ negro).

es·pi·ri·tua·li·dad [es.pi.ri.twa.li.ðáđ] 女 **1** 精神性, 内面性. **2** 霊性; 宗教性.

es·pi·ri·tua·lis·mo [es.pi.ri.twa.lís.mo] 男 **1** 〔哲〕唯心論. **2** 精神主義(↔materialismo).

es·pi·ri·tua·lis·ta [es.pi.ri.twa.lís.ta] 形 唯心論の; 精神主義の. — 共 唯心論者; 精神主義者.

es·pi·ri·tua·li·za·ción [es.pi.ri.twa.li.θa.θjón / -.sa.sjón] 女 **1** 霊性[精神性]の付与, 精神化.
2 蒸留, 純粋成分の抽出. **3** 〔叙階者の財産を法的権威によって〕教会のものにすること.

es·pi·ri·tua·li·zar [es.pi.ri.twa.li.θár / -.sár] 97 他 **1** 精神[魂]を与える, 霊性を付与する; 精神的にする, 霊的にする. **2** 蒸留する. **3** 〔叙階された者の財産を〕教会のものにする.
— ~·se 再《話》やせる, 細くなる.

es·pi·ri·tuo·so, sa [es.pi.ri.twó.so, -.sa] 形 → espiritoso.

es·pi·ri·tu·san·to [es.pi.ri.tu.sán.to] 男《ラ米》〔植〕 (1) (ｺﾛﾝ)(ｳ*)(ﾒ*)ラン(の花). (2) (ﾁｭ*)エキノカクタス: サボテン科.

es·pi·roi·dal [es.pi.roi.ðál] 形 らせん形の, らせん状の.

es·pi·ró·me·tro [es.pi.ró.me.tro] 男〔医〕肺活量計, スパイロメーター.

es·pi·ro·que·ta [es.pi.ro.ké.ta] 女〔生物〕スピロヘータ.

es·pi·ta [es.pí.ta] 女 **1** 〈樽(ﾀﾙ)などの〉コック, 栓. ~ del gas ガス栓. **2** 1パルモの長さ. → palmo.
3《話》大酒飲み, 飲んだくれ.

es·pi·tar [es.pi.tár] 他 〈樽(ﾀﾙ)などに〉コック[栓]を取り付ける.

es·plac·no·lo·gí·a [es.plak.no.lo.xí.a] 女 内臓学.

es·pla·ya·do, da [es.pla.já.ðo, -.ða] 形《ラ米》(ｱﾙｾﾝ)《話》自分勝手な.

es·plen·den·te [es.plen.dén.te] 形〔詩〕輝く, きらきら光る.

es·plen·der [es.plen.dér] 自〔文章語〕輝く.

es·plen·di·da·men·te [es.plén.di.ða.mén.te] 副 **1** すばらしく, 見事に; 豪華に. **2** 気前よく.

es·plen·di·dez [es.plen.di.déθ / -.dés] 女 **1** 見事さ, すばらしさ. **2** 気前のよさ(= generosidad).

*es·plén·di·do, da** [es.plén.di.ðo, -.ða] 形 **1** 見事な, すばらしい, 壮麗な. Se compró un coche ~. 彼[彼女]はすばらしい車を買った. cosecha *espléndida* 見事な収穫. → magnífico 類語. **2** 気前のよい. Se muestra muy ~ sólo con las chicas guapas. 彼は美人にだけはたいそう気前のよいところを見せる. **3** 輝かしい. **4**《ラ米》(ｺﾛﾝ)寛大な.
[← [ラ] *splendidus* (*splendēre*「輝く」より派生);
関連 esplendor. [英] *splendid*]

*es·plen·dor** [es.plen.dór] 男 **1** 見事, すばらしさ; 豪奢(ｺﾞｳｼｬ). ~ del día すばらしい日和. ~ de la ceremonia 儀式の華麗さ. **2** 全盛, 絶頂期. **3** 輝き, 光彩(= resplandor). ~ del sol 太陽の輝き.

es·plen·do·ro·so, sa [es.plen.do.ró.so, -.sa] 形 **1** 輝かしい, まばゆい. **2** すばらしい, 見事な.

es·ple·nec·to·mí·a [es.ple.nek.to.mí.a] 女〔医〕脾臓(ﾋｿﾞｳ)の摘出(手術).

es·ple·né·ti·co, ca [es.ple.né.ti.ko, -.ka] 形 → esplénico.

es·plé·ni·co, ca [es.plé.ni.ko, -.ka] 形〔解剖〕脾臓(ﾋｿﾞｳ)の. arteria *esplénica* 脾動脈.

es·ple·nio [es.plé.njo] 男〔解剖〕板状筋.

es·ple·ni·tis [es.ple.ní.tis] 女〔医〕脾臓(ﾋｿﾞｳ)炎.

es·ple·no·me·ga·lia [es.ple.no.me.gá.lja] 女〔医〕脾腫大.

es·ple·no·me·ga·mia [es.ple.no.me.gá.mja] 女〔医〕脾臓(ﾋｿﾞｳ)肥大.

es·plie·go [es.pljé.go] 男〔植〕ラベンダー(= lavanda); ラベンダーの種子.

es·plín [es.plín] 男 ゆううつ状態. Pasaba largas horas sumido en un profundo ~. 彼は長時間, 深いゆううつ状態に沈み込んでいた.
[← [英] *spleen*「立腹; ゆううつ」]

es·po·la·da [es.po.lá.ða] 女〔馬に〕拍車をかけること.

espolada de vino ワインのひと口.

es·po·la·zo [es.po.lá.θo / -.so] 男 → espolada.

es·po·le·a·du·ra [es.po.le.a.ðú.ra] 女〔馬の〕拍車による傷; 拍車ずれ.

es·po·le·ar [es.po.le.ár] 他 **1** 〈馬に〉拍車をかける. **2** 刺激する, 激励する. Su amigo lo *espoleaba* para que buscara un nuevo empleo. 彼の友達は新しい仕事を探すようにとさかんに彼に言っていた.

es·po·le·o [es.po.lé.o] 男 拍車をかけること; 刺激すること.

es·po·le·ta[1] [es.po.lé.ta] 女〔爆弾などの〕信管, 導火線. ~ de percusión (爆弾の)着発信管.

es·po·le·ta[2] [es.po.lé.ta] 女〔鳥〕鴨思(ｵﾓｲ)骨.

es·po·lia·ción [es.po.lja.θjón / -.sjón] 女 → expoliación.

es·po·liar [es.po.ljár] 83 他 → expoliar.

es·po·lín[1] [es.po.lín] 男 **1** 〔靴に固定された〕拍車. **2** 〔植〕ボウキハネガヤ: イネ科.

es·po·lín[2] [es.po.lín] 男 **1** 〔絹織物に花模様を織り込むための〕杼(ﾋ), シャトル. **2** 花柄の織物.

es·po·lio [es.pó.ljo] 男 **1** 略奪; 略奪品. **2** 《話》騒ぎ, 混乱 **3** 〔死後教会に帰属する〕司教の所有財産.

es·po·li·que [es.po.lí.ke] 男 **1** 馬丁, 馬の口取り. **2** (馬跳びで)跳ぶ人が馬になっている人の尻(ｼﾘ)を踵(ｶｶﾄ)でけること.

es·po·lón [es.po.lón] 男 **1** 〔鶏などの〕蹴爪(ｹﾂﾒ). **2** 〔馬などの〕蹴爪突起. **3** 〔船首の〕水切り, 波切り, 〔橋脚の〕水よけ. **4** 〔建〕扶壁, 控え壁. **5** 堤防, 防波堤; (海辺などの)遊歩道. **6** 〔海〕船嘴(ｾﾝｼ), 衝角. **7** (山の)支脈, 山脚. **8** (かかとの)しもやけ. **9** 《ラ米》(ﾁﾘ)〔話〕いたずらっ子.

tener espolones 《話》年老いている.

es·po·lo·na·zo [es.po.lo.ná.θo / -.so] 男 〔鳥の〕蹴爪(ｹﾂﾒ)でのけり.

es·pol·vo·re·ar [es.pol.bo.re.ár] 他 **1**《sobre...に》〈粉末などを〉ふりかける; 《con... に》~ かける. ~ azúcar glaseado *sobre* la tarta / ~ la tarta *con* azúcar glaseado ケーキに粉砂糖をふりかける. **2** …のちり[ほこり]を払う.

es·pol·vo·ri·zar [es.pol.bo.ri.θár / -.sár] 97 他

〈粉などを〉ふりかける.

es·pon·dai·co, ca [es.pon.dái.ko, -.ka] 形【詩】〈古典詩が〉長長格の.

es·pon·de·o [es.pon.dé.o] 男【詩】(古典詩の)長長格.

es·pón·dil [es.pón.dil] / **es·pón·di·lo** [es.pón.di.lo] 男【解剖】脊椎(ｾｷﾂｲ).

es·pon·di·li·tis [es.pon.di.lí.tis] 女【単複同形】【医】脊椎(ｾｷﾂｲ)炎. ～ anquilosante 強直性脊椎炎.

es·pon·di·lo·lis·te·sis [es.pon.di.lo.lis.té.sis] 女【単複同形】【医】脊椎(ｾｷﾂｲ)(分離)すべり症.

es·pon·di·lo·sis [es.pon.di.ló.sis] 女【単複同形】【医】脊椎(ｾｷﾂｲ)の炎症, 脊椎分離症.

es·pon·gia·rio, ria [es.poŋ.xjá.rjo, -.rja] 形【動】海綿の. — 男【複数で】【動】海綿動物.

es·pon·gi·for·me [es.poŋ.xi.fór.me] 形【医】海綿状の, スポンジのような encefalopatía ～ bovina 牛海綿状脳症〔英 BSE〕.

*__es·pon·ja__ [es.póŋ.xa] 女 **1** スポンジ；海綿状[質]のもの. ～ sintética 合成樹脂のスポンジ. ～ de platino【冶】白金海綿. **2**《複数で》【動】海綿動物. **3** スポンジクロス, タオル地. **4**《話》大酒飲み. **5**《話》飲み込みの早い人. **6**《話》甘い汁を吸う人, たかる人.
beber como una esponja《話》大酒飲みである.
pasar la esponja(ものごとを)水に流す.
tirar [arrojar] la esponja 負けを認める.
[← [ラ] *spongiam* (*spongia* の対格) ← [ギ] *spogiá*; 関連 esponjoso. [英] *sponge*]

es·pon·ja·do, da [es.poŋ.xá.ðo, -.ða] 形 **1** スポンジ状の, 海綿状[質]の. **2**《話》思い上がった, 得意になった. — 男 カルメラ状の砂糖菓子.

es·pon·ja·du·ra [es.poŋ.xa.ðú.ra] 女 **1** (鋳鉄に入った)スポンジ鉄. **2** 海綿状[質]；ふんわりしている[させる]こと. **3** 思い上がり, 得意な様子.

es·pon·ja·mien·to [es.poŋ.xa.mjén.to] 男 スポンジのようになること, 空洞化.

es·pon·jar [es.poŋ.xár] 他 **1** 海綿状[質]にする, スポンジ状にする. **2** 柔らかくする；ふんわり膨らませる. ～ las toallas タオルをふっくらさせる.
— ～·se 再 **1** 海綿状になる. **2** (パンなどが)膨らむ；(タオルなどが)ふんわりする. **3** 得意になる, 思い上がる. **4** 生き生きする.

es·pon·je·ra [es.poŋ.xé.ra] 女 スポンジ置き.

es·pon·jo·si·dad [es.poŋ.xo.si.ðáð] 女 海綿状[質], スポンジ状；ふんわりしていること.

es·pon·jo·so, sa [es.poŋ.xó.so, -.sa] 形 海綿状の, スポンジ状の, 多孔質の.

es·pon·sa·les [es.pon.sá.les] 男【複数形】婚約；婚約式. contraer ～ 婚約する.

es·pon·sa·li·cio, cia [es.pon.sa.lí.θjo, -.θja / -.sjo, -.sja] 形 婚約(のため)の.

es·pón·sor [es.pón.sor] 男 スポンサー.

es·pon·so·ri·za·ción [es.pon.so.ri.θa.θjón / -.sa.sjón] 女 支援, 後援 (= patrocinio).

es·pon·so·ri·zar [es.pon.so.ri.θár / -.sár] 97 他 支援する, …のスポンサーになる (= patrocinar).

es·pon·tá·ne·a·men·te [es.pon.tá.ne.a.mén.te] 副 自然に；自発的に.

es·pon·ta·ne·ar·se [es.pon.ta.ne.ár.se] 再 **1** 意中[秘密]を打ち明ける, 告白する. **2** 自白する.

*__es·pon·ta·nei·dad__ [es.pon.ta.nei.ðáð] 女 自発性. comportarse con ～ ごく自然にふるまう.

*__es·pon·tá·ne·o, a__ [es.pon.tá.ne.o, -.a] 形 **1** 自然な, 素直な. Es una persona muy *espontánea*. 彼[彼女]は飾らない人だ.
2 自発的な. ayuda *espontánea* 自発的援助.
3 自然発生の. generación *espontánea*【生物】自然発生(論). combustión *espontánea* 自然発火.
4〈植物などが〉自生の, 野生の.
— 男〈闘牛などの〉飛び入り. En la corrida hubo tres ～s. 闘牛に3人飛び入りが出た.
[← [ラ] *spontáneum* (*spontáneus* の対格)；関連 [英] *spontaneous*]

es·pón·tex [es.pón.teks] 女 → spontex.

es·po·ra [es.pó.ra] 女【植】【生物】胞子, 芽胞.

*__es·po·rá·di·co, ca__ [es.po.rá.ði.ko, -.ka] 形 **1** 散発的な；まばらな. casos ～s 散発例. **2**【医】散発性の；【言】体系的でない.

es·po·ran·gio [es.po.ráŋ.xjo] 男【植】胞子嚢(ﾉｳ).

es·po·ri·dio [es.po.rí.ðjo] 男【植】小生子：第2世代の胞子.

es·po·rio [es.pó.rjo] 男 → espora.

es·po·ro·zo·a·rio [es.po.ro.θo.á.rjo / -.so.-] / **es·po·ro·zo·o** [es.po.ro.θó.o / -.só.-] 男【動】胞子虫.

es·por·ta·da [es.por.tá.ða] 女 かご一杯の分量.

es·por·te·ar [es.por.te.ár] 他 かごで運ぶ.

es·por·ti·lla [es.por.tí.ja ǁ -.ʎa] 女 小さなかご. [espuerta + 縮小辞]

es·por·ti·lle·ro [es.por.ti.jé.ro ǁ -.ʎé.-] 男 **1** (街頭の)運搬人, ポーター. **2** 人夫, 人足.

es·por·ti·llo [es.por.tí.jo ǁ -.ʎo] 男 (食料品を運ぶ)かご, 手提げかご.

es·por·ti·vo, va [es.por.tí.βo, -.βa] 形《ラ米》《話》(1) しゃれた, スポーティーな. (2)(ﾌﾟ)気前のいい.

es·por·tón [es.por.tón] 男 大かご, (特に食肉配達用の)かご. [espuerta + 増大辞]

es·po·ru·la·ción [es.po.ru.la.θjón / -.sjón] 女【植】【生物】胞子形成；胞子分裂.

es·po·sa·do, da [es.po.sá.ðo, -.ða] 形 **1** 手錠をかけられた. **2** 新婚の. — 男 女 新婚の人.

es·po·sal [es.po.sál] 形 → esposo.

es·po·sar [es.po.sár] 他 手錠をかける. Lo *esposaron* y lo golpearon. 彼は手錠をかけられ, 殴られた.

*__es·po·so, sa__ [es.pó.so, -.sa] 男 女 **1** 配偶者；夫, 妻 (▶ スペインでは「私の夫」, 「私の妻」というとき, mi marido, mi mujer というのが一般的). **2**《複数で》夫妻.
— 女 **1**《複数で》手錠. poner las *esposas* a + 人〈人に〉手錠をかける. **2**《ラ米》司教の指輪.
esposa de Cristo【カト】カトリック教会.
[← [ラ] *spônsum* (*spônsus* の対格)「婚約者, 新郎」, *spônsam* (*spônsa* の対格)「婚約者, 新婦」(*spondēre*「誓約する；婚約する」より派生)；関連 res-ponder. [伊] *sposo, sposa*「新郎, 新婦」[英] *spouse*「配偶者」, *sponsor*「スポンサー」]

es·pot [es.pót] 男《複 ～s》 → spot.

es·pray [es.prái] 男 → spray.

es·pres·so [es.pré.so] [伊] 男 エスプレッソコーヒー.

es·prín [es.prín] 男《ラ米》(ﾌﾟ)スプリング, ばね；スプリングのマットレス.

es·print [es.prín(t)] 男《複 ～s》【スポ】スプリント, 短距離競走；(レース終盤の)全力疾走.
[← [英] *sprint*]

es·prin·tar [es.prin.tár] 自 全速力で走る.

es·prín·ter [es.prín.ter] 男 女 スプリンター,短距離選手. [←〖英〗*sprinter*]

Es·pron·ce·da [es.pron.θé.ða / -.sé.-] 固名 エスプロンセダ *José de* ~ (1808–42):スペイン・ロマン主義の代表的詩人. 作品 *Poesías líricas*『抒情詩集』.

es·pue·la [es.pwé.la] 女 **1** 拍車. picar ~s *a...*/ dar de ~s *a...* 〖馬〗に拍車をかける.
2 刺激,激励. poner [tomar] la ~ (仲間と飲んでいて)最後の1杯をひっかける.
4〖植〗距(きょ);短果枝.
5〖ラ米〗**(1)**(ブタデブク)(鳥の)鴨思(きょうし)骨.**(2)**(鳥の)蹴爪(けづめ).**(3)**(コロンビア)女性の魅力,なまめかしさ.**(4)**(コロンビア)〖話〗利口さ,手腕,商才.
calzar espuela 騎士である.
calzar la espuela a+人〈人〉に(騎士となる)帯甲式を施す.
calzarse la espuela 帯甲式をする;騎士になる.
espuela de caballero〖植〗デルフィニウム,ヒエンソウ.

es·pue·le·ar [es.pwe.le.ár] 他〖ラ米〗**(1)** 拍車をかける;駆り立てる.**(2)**(コロンビア)試す,体験する.

es·pue·lón, lo·na [es.pwe.lón, -.ló.na] 形〖ラ米〗**(1)** 蹴爪(けづめ)の大きな.**(2)**(コロンビア)〖話〗抜けめのない,ずる賢い.

es·puer·ta [es.pwér.ta] 女(スパルト・柳などを編んだ)かご;左官などが用いる底浅いもの.
a espuertas〖話〗どっさり,うんと.

es·pul·gar [es.pul.gár] 103 他 **1** ノミを捕る,シラミを捕る.**2** 詳細[綿密]に調べる,精査する.
―**~·se** 再(自分の体の)ノミ[シラミ]を捕る.

es·pul·go [es.púl.go] 男 **1** ノミ捕り,シラミの駆除.**2** 精密な調査,精細な吟味.

‡**es·pu·ma** [es.pú.ma] 女 **1** 泡,あぶく.hacer ~ 泡立てる. ~ *de cerveza* ビールの泡.
2〖料〗あく,浮きかす. sacar [quitar] la ~ *del caldo de gallina* 鶏がらスープのあくをすくい取る.
3(化粧用などの)ムース,フォーム. ~ *de afeitar* シェービングフォーム.**4** スポンジゴム,フォームラバー(= ~ *de caucho*).**5**〖服飾〗ちぢみ(織り),クレープ.**6** 精粋,最上のもの.
crecer como (la) espuma 急に大きくなる[増える]にわかに繁栄する.
[←〖ラ〗*spūmam* (*spūma* の対格);関連 espumoso.〖英〗*foam*]

es·pu·ma·de·ra [es.pu.ma.ðé.ra] 女〖料〗あく取り,スキマー,網杓子(あみじゃくし).

es·pu·ma·dor, do·ra [es.pu.ma.ðór, -.ðó.ra] 男女 あくを取る人.―男〖ラ米〗→ espumadera.

es·pu·ma·je [es.pu.má.xe] 男 大量の泡.

es·pu·ma·je·ar [es.pu.ma.xe.ár] 自(口から)泡を吹く;泡を出す,泡立つ.
espumajear de ira 激怒する.

es·pu·ma·jo [es.pu.má.xo] 男 → espumarajo.

es·pu·ma·jo·so, sa [es.pu.ma.xó.so, -.sa] 形 → espumoso.

es·pu·man·te [es.pu.mán.te] 形 泡の立つ,泡の出る. ―男〖鉱〗泡立て剤;泡を永続させる.

es·pu·mar [es.pu.már] 他〈液体の〉泡[あく]を取る. ~ *la sopa* スープのあくを取る.
―自 **(1)** 泡立つ. *detergente que espuma poco* 泡立ちの少ない洗剤.
2〖まれ〗急に大きくなる[増える];にわかに繁栄する.

es·pu·ma·ra·jo [es.pu.ma.rá.xo] 男〖スペイン〗**1** 汚い泡.**2** 唾液(だえき)の泡,口にたまった大量のつば. *echar [arrojar] espumarajos por la boca*〖話〗(口から泡を飛ばして)激怒する.

es·pu·me·an·te [es.pu.me.án.te] 形 → espumante.

es·pu·me·ar [es.pu.me.ár] 自 泡立つ,泡を出す.

es·pu·me·ro [es.pu.mé.ro] 男 天然塩田.

es·pu·mi·lla [es.pu.mí.ja] 女 **1**〖スペイン〗〖服飾〗薄手のクレープ.**2**〖ラ米〗(エクアドル)(ペルー)メレンゲ菓子 merengue.[espuma + 縮小辞]

es·pu·mi·llón [es.pu.mi.ʎón] 男〖クリスマスツリーを飾るための〗ラメ入りモール糸.

es·pu·mo·so, sa [es.pu.mó.so, -.sa] 形 **1** 泡の多い,泡の出る;発泡性の. *ola espumosa* 泡立つ波. *jabón* ~ 泡立ちのいい石けん.**2** 泡のような,泡状の.
―男 スパークリングワイン (= vino ~).

es·pun·dia [es.pún.dja] 女 **1**〖獣医〗馬の腫瘍(しゅよう)の一種.**2**〖ラ米〗**(1)**(ペルー)〖医〗象皮病;皮膚病.**(2)**(コロンビア)とげ,木片.

es·pú·re·o, a [es.pú.re.o, -.a] 形 → espurio.

es·pu·rio, ria [es.pú.rjo, -.rja] 形〖文章語〗**1** 庶出の,私生の. hijo ~ 嫡出(ちゃくしゅつ)でない子. *raza espuria* 雑種.**2** 偽の,虚偽の. nombre ~ 偽名. *obra espuria* 贋作(がんさく).

es·pu·rre·ar [es.pu.r̃e.ár] 他《*con...*》〈液体,口にした食べ物などを〉…に吐き出す(…で)汚す. *Le entró la risa y espurreó el mantel con el vino.* 彼[彼女]は笑い出し,ワインを吹き出してテーブルクロスを汚してしまった.

es·pu·rriar [es.pu.r̃jár] 81 他 → espurrear.

es·pu·tar [es.pu.tár] 他(つば・痰(たん)を)〖咳(せき)をして〗吐す[吐く].

es·pu·to [es.pú.to] 男 痰(たん),つば. ~ *hemoptoico* 血痰.

es·que·jar [es.ke.xár] 他 挿し木する.

es·que·je [es.ké.xe] 男〖農〗接ぎ穂,挿し穂.

es·que·la [es.ké.la] 女 **1** 死亡通知(状);(新聞などの)死亡広告 (= ~ *mortuoria*, ~ *de defunción*).**2**〖古語〗(印刷した)招待状,通知(状).**3**(三角形に折り畳んだ)短い手紙,短信.

es·que·lé·ti·co, ca [es.ke.lé.ti.ko, -.ka] 形 **1** やせぎすの,骨と皮ばかりの.**2** 骸骨(がいこつ)の;骨格の.

‡**es·que·le·to** [es.ke.lé.to] 男 **1**〖解剖〗骸骨(がいこつ);(人・動物の)骨格.**2**(建造物などの)骨組み,枠組み.**3**(小説・演説などの)概要,骨子,アウトライン. *Me comentó el* ~ *del drama.* 彼[彼女]は私にそのドラマの粗筋をざっと話してくれた.**4**〖話〗やせぎすの人. *estar hecho un* ~ 骨と皮ばかりになっている.**5**〖ラ米〗**(1)**(コロンビア)(プエルトリコ)(チリ)(手続き・申請の)用紙.**(2)**(メキシコ)草案,草稿.
menear [mover] el esqueleto〖話〗踊る;(スポーツなどで)体を激しく動かす.
[←〖ギ〗*skeletón*「骸骨」;ミイラ」(*skeletós*「干からびた」の中性形より);関連〖英〗*skeleton*]

‡**es·que·ma** [es.ké.ma] 男 **1** 図式,図表;見取り図. *dibujar un* ~ 見取り図を描く. *en* ~ 図式的に.**2**(計画・演説などの)概要,草案.
3〖哲〗先験的図式.**4**〖言〗スキーマ:イェルムスレウの命名した用語でソシュールのラングに相当する.
en esquema 図式的に;おおまかに,ざっと.
romper los esquemas a +人〖話〗(予想外のことなどが)〈人〉を困惑させる;既成概念を壊す.
[←〖ラ〗*schēma* ←〖ギ〗*skhêma*「姿,形,状態」;関連〖英〗*schema, scheme*「図式;概要」]

es·que·má·ti·co, ca [es.ke.má.ti.ko, -.ka] 形 **1** 図式の,図式的な. *trazar una figura esque-*

esquematismo 844

mática 略図を描く. **2** 概略の, おおまかな. explicar de forma *esquemática* ざっと説明する.

es·que·ma·tis·mo [es.ke.ma.tís.mo] 男 図式[図表]を使うこと;図式[図表]を多用[乱用]すること.

es·que·ma·ti·za·ción [es.ke.ma.ti.θa.θjón / -.sa.sjón] 女 図式化;概略化, 簡略化.

es·que·ma·ti·zar [es.ke.ma.ti.θár / -.sár] 97 他 **1** 図式化する;図式で説明する. **2** 簡略化する. ~ ideas en pocas palabras 手短に考えを述べる.

es·que·na [es.ké.na] 女 (まれ)背骨;魚の背骨.

es·que·ro [es.ké.ro] 男 (昔の)腰に下げる革袋.

es·quí [es.kí] 男 [複 ~es, ~s]《スポ》**スキー**; スキー板. practicar (el) ~ スキーをする. bastones de ~ スキーストック. botas de ~ スキー靴. campo [estación] de ~ スキー場. pista de ~ ゲレンデ. campeonato de ~ スキー競技大会. ~ acuático [náutico] 水上スキー. gafas de ~ ゴーグル. ~ de fondo クロスカントリー. ~ nórdico ノルディックスキー. ~ alpino アルペンスキー.
[← 仏 *ski* ← ノルウェー *ski* [ʃí] (「棒切れ;雪靴」が原義)] [関連][英] *ski*]

es·quia·dor, do·ra [es.kja.ðór, -.ðó.ra] 男 女 スキーヤー, スキーをする人.

es·quia·fo [es.kjá.fo] 男 (ラ米)(ｽﾞﾙｶﾞ)《話》びんた, 平手打ち.

es·quiar [es.kjár] 81 自 《スポ》**スキーをする**, スキーで滑る.

es·qui·cio [es.kí.θjo / -.sjo] 男 スケッチ, 下絵, 素描.

es·qui·fe [es.kí.fe] 男 **1** (船に搭載する)小舟. **2**《スポ》スキフ(1人乗りカヌー). **3**《建》半円筒ボールト(穹窿(きゅうりゅう)).

es·qui·ja·ma [es.ki.xá.ma] 男 (冬に着る)体にフィットしたニット地のパジャマ.

es·qui·la[1] [es.kí.la] 女 **1** (家畜の首につける)鈴, カウベル (= cencerro). **2** (修道院で用いる召集用の)小さな鐘;呼び鈴.

es·qui·la[2] [es.kí.la] 女 (羊などの)毛の刈り込み, 剪毛(せんもう).

es·qui·la[3] [es.kí.la] 女 **1**《動》エビ (= camarón). **2**《昆》ミズムシ. **3**《植》カイソウ(海葱) (= cebolla albarrana).

es·qui·la·dor, do·ra [es.ki.la.ðór, -.ðó.ra] 形 毛を刈る, 剪毛(せんもう)用の. — 男 女 (羊などの)毛を刈る人, 剪毛工. — 女 (羊用の)剪毛機.

es·qui·lar[1] [es.ki.lár] 自 鈴を鳴らす.

es·qui·lar[2] [es.ki.lár] 他 **1**〈羊などの〉毛を刈る, 剪毛(せんもう)する. **2**《話》《ユーモラスに》髪を切る[刈る].

es·qui·le·o [es.ki.lé.o] 男 **1** 羊毛刈り, 剪毛(せんもう). **2** 剪毛期. **3** 剪毛場.

es·qui·li·mo·so, sa [es.ki.li.mó.so, -.sa] 形《話》気取った, 上品ぶった.

es·quil·mar [es.kil.már] 他 **1**〈植物が〉〈土地を〉やせさせる. **2**〈資源などを〉使い果たす;〈人から〉金などをむしり取る. **3**〈作物を〉収穫する.

es·quil·mo [es.kíl.mo] 男 **1** 収穫物, 産物. **2**《複数で》(ラ米)(ﾁﾘ)(牧畜業の)副産物, 余得.

Es·qui·lo [es.kí.lo] 固名 アイスキュロス(前525-456):ギリシアの悲劇詩人. [← [ラ] *Aeschylus* ← [ギ] *Aiskhýlos*]

es·qui·lón [es.ki.lón] 男 大型のカウベル. [esquila + 増大辞]

es·qui·mal [es.ki.mál] 形 (カナダのハドソン湾・バッフィン周辺に住む)イヌイットの. — 男 女 イヌイット. — 男 **1** イヌイット語.

2《ラ米》(ｺﾛﾝ)《服飾》(子供用の)ロンパース.

es·qui·na [es.kí.na] 女 **1** (街路の)**角**, 曲がり角. doblar [volver] la ~ 角を曲がる. Siguiendo esta calle todo recto hasta la tercera ~, encontrarás el hotel que buscas. この道を3つ目の角までまっすぐ進むと, 君が探しているホテルが見つかるよ.

[類語] *esquina* は 2 つの面が角度をなして接する部分を外側から見た「角」. *rincón* は内側から見た「隅」.

2 …の角, 隅, 隅っこ;(サッカー・ボクシングの)コーナー. las cuatro ~s de la mesa テーブルの四隅. plegar la ~ de la página ページの端を折り曲げる. **3**《ラ米》(ｷｭ)(ｽﾞﾙｶﾞ)(ｱﾙｶﾞ)日曜雑貨店, 万屋(よろずや).
doblar la esquina《ラ米》(ｷｭ)《俗》死ぬ, くたばる.
encontrarse a la vuelta de la esquina どこでも手に入る, ありふれている.
hacer esquina con [a]…の角に位置する.
las cuatro esquinas《遊》(5人で行う)陣取り遊び.

es·qui·na·do, da [es.ki.ná.ðo, -.ða] 形 **1** 角ばった, 角のある. habitación *esquinada* 角部屋. **2**《話》〈人が〉気難しい, 扱いにくい.《**con**... …と気まずくなった.

es·qui·nan·te [es.ki.nán.te] / **es·qui·nan·to** [es.ki.nán.to] 男《植》キャメルグラス.

es·qui·nar [es.ki.nár] 他 **1** 角[隅]に置く. ~ un armario タンスを角[隅]に置く. **2** 敵対させる. ~ a dos personas ふたりを互いに敵対させる. **3**〈木材を〉四角に切る, 直角にする. — 自《**con**...》〈…の〉角にある;《…と》角になる. El hospital *esquina* con la comisaría. 病院は警察署の角にある.
— ~·se《**con**... …と》不仲になる. *Se esquinó con sus colegas*. 彼[彼女]は同僚たちと気まずい関係になった. ▶複数主語で用いることもある.

es·qui·na·zo [es.ki.ná.θo / -.so] 男 **1** (建物の)角. **2**《ラ米》(ｷｭ)(ｽﾞﾙｶﾞ)セレナーデ (= serenata).
dar esquinazo a+人《話》〈人〉との約束をすっぽかす;〈人〉を置き去りにする;〈人〉を避ける.

es·quin·co [es.kíŋ.ko] 男《動》スキンク科のトカゲ.

es·qui·nen·cia [es.ki.nén.θja / -.sja] 女《医》アンギーナ, 扁桃(へんとう)周囲炎 (= angina).

es·qui·ne·ra [es.ki.né.ra] 女《ラ米》(1)(ｷｭ)(三角)コーナー家具. (2) (街角に立っている)売春婦.

es·qui·ne·ro [es.ki.né.ro] 男《ラ米》(ｺﾛﾝ)(ｽﾞﾙｶﾞ)(三角)コーナー家具.

es·quin·zar [es.kin.θár / -.sár] 97 他 (製紙工場で)〈ぼろ布など〉寸断する, 細かくする.

es·qui·ra·za [es.ki.rá.θa / -.sa] 女《海》(昔の輸送用)横帆船.

es·quir·la [es.kír.la] 女 (骨・石・ガラスなどの)裂片, 破片.

es·qui·rol, ro·la [es.ki.ról, -.ró.la] 男 女 **1**《軽蔑》スト破り, ストライキ不参加者. **2** (ストライキ中の)臨時雇い.

es·quis·to [es.kís.to] 男《鉱》片岩. aceite de ~ シェール油, 頁岩(けつがん)油.

es·quis·to·so·mia·sis [es.kis.to.so.mjá.sis] 女《医》住血吸虫症.

es·qui·te [es.kí.te] 男《ラ米》(ﾒｷ)(ｸﾞｱ)ポップコーン.

es·qui·va·da [es.ki.bá.ða] 女《ラ米》回避.

es·qui·var [es.ki.bár] 他 (巧みに)避ける;かわす. ~ las dificultades 困難を回避する. ~ una invitación 招待をそれとなく断る.

—~·se 再 **1** 立ち去る, 逃げる. **2**〈危険などから〉身をかわす；回避する.
es·qui·vez [es.ki.béθ / -.bés] 囡 [複 esquiveces] 冷淡, 無愛想.
es·qui·vo, va [es.kí.bo, -.ba] 形 冷淡な, 無愛想な.
es·qui·zo·fre·nia [es.ki.θo.fré.nja / -.so.-] 囡【医】統合失調症.
es·qui·zo·fré·ni·co, ca [es.ki.θo.fré.ni.ko, -.ka / -.so.-] 形【医】統合失調症の.
— 男 統合失調症患者.
es·qui·zo·gé·ne·sis [es.ki.θo.xé.ne.sis / -.so.-] 囡【生物】(バクテリア・アメーバなどの) 無性生殖.
es·qui·zoi·de [es.ki.ðói.de / -.sói.-] 形【医】統合失調質の. **—** 男囡 統合失調質の人.
es·qui·zo·mi·ce·to [es.ki.θo.mi.θé.to / -.so.-sé.-] 男【生物】分裂菌.
es·ta [és.ta] 形 ➡ este.
está(-) 圃 ➡ estar.
és·ta [és.ta] 代名 ➡ éste.
*__es·ta·bi·li·dad__ [es.ta.bi.li.ðáð] 囡 **1** 安定(性)；着実；持続性. ~ en la bolsa 株式市場の安定. ~ atmosférica 天候の安定. Este florero tiene poca ~. この花瓶は座りが悪い.
2 平静, 落ち着き. Recuperó su ~. 彼[彼女]は落ち着きを取り戻した.
es·ta·bi·lí·si·mo, ma [es.ta.bi.lí.si.mo, -.ma] 形 [estable の絶対最上級] 非常に安定した.
es·ta·bi·li·za·ción [es.ta.bi.li.θa.θjón / -.sa.sjón] 囡 **1** 安定させること, (特に通貨の) 安定(化). **2** 平衡を取ること, 平衡化. planos de ~【航空】水平[垂直] 安定板, 尾翼.
es·ta·bi·li·za·dor, do·ra [es.ta.bi.li.θa.ðór, -.ðó.ra / -.sa.-] 形 安定させる. **—** 男【航空】安定板；【車】【海】スタビライザー. ~ giroscópico ジャイロ[転輪] 安定機. **2**【化】安定剤.
es·ta·bi·li·zan·te [es.ta.bi.li.θán.te / -.sán.-] 形【化】沈殿を防ぐための.
— 男 (食品などに添加し沈殿を防ぐ) 安定剤.
*__es·ta·bi·li·zar__ [es.ta.bi.li.θár / -.sár] 97 他
1 安定させる. ~ los precios 物価を安定させる.
2 (公的に) 〈通貨の価値を〉固定化する. ~ los cambios 為替(レート)を固定する.
—~·se 再 安定する；落ち着く.
*__es·ta·ble__ [es.tá.ble] 形 **1** 安定した, しっかりした；持続性のある. edificio ~ しっかりした建物. gobierno ~ 安定した政府. La fiebre del paciente fue ~ toda la noche. 患者の熱は終夜変わらなかった. **2**【化】安定した.
[-̣- [ラ] *stabilem* (*stabilis* の対格); *stāre*「立っている」(➡ estar) より派生；関連 estabilidad, establecer. [ラ] *stable* 安定した, *establish*]
es·ta·ble·ce·dor, do·ra [es.ta.ble.θe.ðór, -.ðó.ra / -.se.-] 形 設立する, 設置する, 創立する.
— 男囡 創立者, 設立者；創業者, 創始者.
es·ta·ble·cer [es.ta.ble.θér / -.sér] 34 他 **1 〈特定の役割を持つ施設・機関を〉**開設する**, **創設する**, 設立する；〈装置・設備を〉**設置する**；〈人を〉定着させる. ~ una sucursal 支店を開設する. ~ una fortaleza 要塞を築く. El ayuntamiento decidió ~ un hospital municipal. 市議会は市民病院の創設を決定した.
2 〈制度などを〉**確立する**；〈記録を〉樹立する；(習慣として) 定着させる；〈人を〉(地位・職業などに) 就かせる. ~ un régimen 制度を定める. ~ relaciones amistosas 友好関係を築く. Los inmigrantes *establecieron* un nuevo sistema de vida. 入植者は新しい生活システムを確立した.
3 〈人・機関が〉〈法令・規定を〉定める, 制定する；〈法令・規定などが〉命じる. El gobierno reaccionario *estableció* una constitución muy conservadora. 反動政権は非常に保守的な憲法を制定した.
4 〈理論・原理などを〉明らかにする, 確証する；〈理論などを〉構築する；《que＋直説法 …であると / si＋直説法 …かどうか》立証する, 結論づける (► 疑問詞節が続くこともある). Mendel *estableció* las bases de la genética. メンデルは遺伝学の基礎を築いた. No puedo ~ *si está* en lo cierto. 彼[彼女]が正しいかははっきりしない.
—~·se 再 **1** 《en... …に》定住する；定着する. La familia Gómez *se estableció* en Londres. ゴメス一家はロンドンに居を構えた. **2** 《de... / como... …として》開業する；生計をたてる. *Se ha establecido* de abogado. 彼は弁護士として独立した.
es·ta·ble·ci·do, da [es.ta.ble.θí.ðo, -.ða / -.sí.-] 形 **1** 確立した；制定された, 創設された；定住した. conforme a lo ~ en el artículo 43 [cuarenta y tres] 43条の規定に従って. **2** 通例の, 慣行の.
dejar establecido 設立する, 設置する, 制定する.
*__es·ta·ble·ci·mien·to__ [es.ta.ble.θi.mjén.to / -.si.-] 男 **1** (施設・機関などの) **設立**, 創設, 開設；(制度などの) 確立；(法令・規定の) 制定；(記録の) 樹立. el ~ de un gobierno militar 軍事政権の樹立. **2** (教育・研究・公共サービス・商工業の) 施設, 機関, 設備；商業施設, 店舗. ~ académico 学術機関. ~ bancario 金融機関. ~ fabril 工場. ~ penal [penitenciario] 刑務所. **3** 定住地；植民地.
es·ta·ble·ro [es.ta.blé.ro] 男 家畜小屋[馬小屋, 牛小屋]の世話係.
establezc- 圃 ➡ establecer.
es·tab·lish·ment [es.tá.blis.men(t) // -.bliʃ.-] 男 [英] (政界や経済界などの) 権力(支配)体制, 権力者, 支配者層, エスタブリッシュメント.
es·ta·blo [es.tá.blo] 男 厩舎(きゅう), 家畜小屋. *E~s* de Augias 『ギ神』(エリス王) アウゲイアスの牛舎 (3000頭の牛を飼いながら30年間掃除をしなかったのを Hércules が 1 日で掃除した).
es·ta·bu·la·ción [es.ta.bu.la.θjón / -.sjón] 囡 (家畜小屋での) 屋内飼育.
es·ta·bu·lar [es.ta.bu.lár] 他 〈牛・馬を〉厩舎(きゅう)[家畜小屋]で飼う.
es·ta·ca [es.tá.ka] 囡 **1** 杭(くい), 棒, こん棒. **2**【農】挿し木. **3** 鉄の長釘. **4**〈ラ米〉(1) (ラ米)(コロ)(ベネ)鉱区所有権, 鉱山採掘権. (2) (メシ)(コロ)(チリ)(鳥の) 蹴爪(けつ). (3) (コロ)欲.
a (la) estaca 一か所に縛られて, 監禁されて.
es·ta·ca·da [es.ta.ká.ða] 囡 **1** 杭(を打った)柵(さく), 囲い；【軍】砦柵(さいさく). **2** 戦場；決闘場. **3**〈ラ米〉(中米)(コロ)突き傷, 刺し傷.
dejar a ＋人 en la estacada〘話〙窮地に立っている〈人〉を見捨てる.
quedar(se) en la estacada〘話〙見捨てられる；挫折(ざせつ)する；(議論などで) 打ち負かされる；戦死する.
es·ta·ca·do [es.ta.ká.ðo] 男 柵(さく)で囲んだ場所.
es·ta·car [es.ta.kár] 102 他 **1** 〈動物を〉杭(くい)につなぐ. **2** 〈土地を〉杭で仕切る；【軍】砦柵(さいさく)を巡らす.
3〈ラ米〉(1) (メシ)「なめし革を」杭で打ちつけて広げる. (2) (コロ)〈人に〉傷を負わせる, 刺す. (3) (カリブ)杭で打ち付ける；突き刺す. (4) (コロ)(チリ)〘話〙だます.
—~·se 再 **1** 棒立ちになる, 立ちすくむ.

es·ta·ca·zo [es.ta.ká.θo / -.so] 男 **1** 杭(ǎ)〔棒〕での一撃；打撃. **2**〔手厳しい〕非難, 酷評.

2《ラ米》(1)〈とげが〉刺さる. (2)《ﾖﾆ》《ﾊﾟﾗ》《話》してやられる.
estacar el cuero [la zalea]《ラ米》(1)(ｳﾙ)《話》死ぬ. (2)(ｱﾙ)《俗》殺す.

es·ta·cha [es.tá.tʃa] 囡 **1**〔捕鯨用〕銛(ｻﾞﾘ)綱.
2〔海〕大綱.

***es·ta·ción** [es.ta.θjón / -.sjón] 囡 **1** 季節；時季. las cuatro *estaciones* 四季. ~ de las lluvias 雨季. ~ de caza 狩猟シーズン.
2 駅, 停車場. ~ de autobuses バスターミナル. ~ cabecera《ラ米》〔鉄道・バスなどの〕終着駅, ターミナル. ¿Cómo se va a la ~ de metro? 地下鉄の駅へはどのように行けばいいですか.
3 立ち寄り先. hacer ~ en… …に立ち寄る.
4 施設, (サービスをする) 所, 局；放送局. ~ de servicio ガソリンスタンド, サービスステーション. ~ de esquí スキー場. ~ emisora 放送局. ~ de trabajo〔IT〕ワークステーション.
5 観測所. ~ sismológica 地震観測所. ~ meteorológica 測候所. **6**〔カト〕聖木曜日の参詣. (2) 留；留をめぐる間の祈り. *estaciones* del Vía Crucis 十字架の道行きの留（◆キリストの受難を14の場面に描いたもの）. **7**〔生物〕〔動植物の〕生息地.
[← [ﾗ] *statiōnem* (*statiō* の対格)「立っていること；滞在場所；位置」; *stāre*「立っている」（→ *estar*）より派生；「季節」の意味は太陽〔天体〕との関連から；[関連] [伊] *stazione*「駅」, *stagione*「季節」, [英] *station*]

es·ta·cio·nal [es.ta.θjo.nál / -.sjo.-] 形 **1** 季節〔特有〕の, 季節的な, 季節ごとの.
2〔天文〕〈惑星が〉留(ﾘｭｳ)の, 静止した.

es·ta·cio·na·li·dad [es.ta.θjo.na.li.ðáð / -.sjo.-] 囡 天候と消費行動の関連, ウェザーマーチャンダイジング.

***es·ta·cio·na·mien·to** [es.ta.θjo.na.mjén.to / -.sjo.-] 男 **1** 駐車；駐車場（= aparcamiento）. prohibido el ~ 駐車禁止. multa por mal ~ 駐車違反の罰金. ~ en línea [batería] 縦列〔並列〕駐車.
2 停滞. **3**〔軍〕駐屯.

estacionamiento
（駐車）

***es·ta·cio·nar** [es.ta.θjo.nár / -.sjo.-] 他 **1** 駐車させる（= aparcar）. *Estaciné* el coche en la esquina. 私は角に車を停めた. **2** 配置する.
— ~·se 止まる；停滞する. El alza del cambio *se ha estacionado*. 為替相場の騰貴は一段落したというところだ.

es·ta·cio·na·rio, ria [es.ta.θjo.ná.rjo, -.rja / -.sjo.-] 形 **1** 静止している, 変動のない. onda *estacionaria* 定常波. mar ~ 凪(ﾅｷﾞ)の海. **2**〔商〕活気のない. **3**〔天文〕〈惑星が〉留(ﾘｭｳ)の, 静止の.

es·ta·cio·nó·me·tro [es.ta.θjo.nó.me.tro / -.sjo.-] 男《ラ米》(ﾒｷ) パーキングメーター.

es·ta·cón [es.ta.kón] 男《ラ米》(ｷｭｰﾊﾞ)(ｺﾞﾒﾃﾞｨ)(ｴｸ)(ｺﾞﾛ) 突き刺すこと；刺し傷.

es·ta·da [es.tá.ða] 囡 滞在, 逗留(ﾄｳﾘｭｳ).

es·ta·dal [es.ta.ðál] 男 **1** エスタダル：スペインの長さの単位（= 4 varas, 3.334メートル）. **2** 信心のため首にかける祝別されたリボン. **3** 等身大のろうそく.

es·ta·de·ro [es.ta.ðé.ro] 男《ラ米》(ｺﾛ)〔街道沿いの〕モーテル.

es·ta·dí·a [es.ta.ðí.a] 囡 **1** 滞在, 滞留. **2**〔画家・彫刻家などが〕モデルがポーズをとる時間. **3**〔地理学で〕視距標尺；視距儀（経緯儀の一つ）. **4**〔主に複数で〕〔海〕停泊超過日数；停泊超過日数分の割増金.

es·ta·di·llo [es.ta.ði.jo / -.ʎo] 男 **1** データの記入シート. **2** 統計の要約, 要約統計, 簡易統計.

***es·ta·dio** [es.ta.ðjo] 男 **1** 競技場, スタジアム. ~ olímpico オリンピックスタジアム. ~ de fútbol サッカー競技場. **2** 段階, 局面, 〔医〕〔病気の〕第…期（症状）. **3** スタディオン：古代ギリシアの競技用の長さの単位. ◆地方により異なる. Olimpia では192.27メートル. ◆**4** 1スタディオンの長さを持つ競技用の場所.
[← [ﾗ] *stadium*← [ｷﾞ] *stádion*「スタディオン（長さの単位）；競技場」, [関連] [英] *stadium*]

es·ta·dis·ta [es.ta.ðís.ta] 男 囡 **1**〔特に指導級の〕政治家；国の指導者. **2**《まれ》統計学者.

***es·ta·dís·ti·ca** [es.ta.ðís.ti.ka] 囡 **統計学；統計**, 統計資料. ~ económica 経済統計.

***es·ta·dís·ti·co, ca** [es.ta.ðís.ti.ko, -.ka] 形 統計学の, 統計上の. estudio ~ 統計調査.
— 男 囡 統計学者, 統計家.

es·tá·dium [es.tá.ðjum] 男 → estadio **1**.

es·ta·di·zo, za [es.ta.ðí.θo, -.θa / -.so, -.sa] 形
1〈水・空気などが〉よどんだ；停滞した.
2〈食べ物が〉古くなった.

***es·ta·do** [es.ta.ðo] 男 **1** 状態, ありさま；状況. ~ sólido [líquido, gaseoso] 固体〔液体, 気体〕状態. ~ de ánimo 気持ち. estar en buen [mal] ~ よい〔悪い〕状態である；〈食べ物などが〉食べごろの〔鮮度の落ちた〕状態である.
2 階級, 身分, 地位. ~ civil（戸籍上の）身分（► soltero 独身, casado 既婚, divorciado 離婚, separado 別居, viudo 寡夫）.
3 [主に E-] 国家；州. temas de *E*~ 国事, 政務. hombre de ~（大物）政治家. → país [類語].
4〔史〕（社会・政治上の）階級. ~ llano / tercer ~ 平民. **5**〔複数で〕（国王などが統治する）領土. **6** 報告書；答申. ~ de las cuentas 決算報告書.
de Estado 有能な；重要な.
en estado (de buena esperanza, interesante)〈婉曲〉〈女性が〉妊娠中の.
en estado de merecer〈人が〉結婚適齢期の.
estado de excepción 非常事態.
estado de gracia 神の恵を受けた状態；好調, 追い風, 順風（の状態）.
estado mayor〔軍〕参謀幕僚；参謀本部.
Estados Generales（1）（フランス革命前の）三部会：僧侶・貴族・平民によってより構成された身分制議会. (2) 全国家の階級の集まり.
[← [ﾗ] *statum* (*status* の対格); *stāre*「立っている」（→ estar）より派生；[関連] [英] *state*]

***Es·ta·dos U·ni·dos de A·mé·ri·ca** [es.tá.ðos u.ní.ðos ðe a.mé.ri.ka] 固名 (los) ← アメリカ合衆国, 米国（略 E.U.A., EE.UU.）：首都 Washington.

***es·ta·dou·ni·den·se** [es.ta.ðou.ni.ðén.se] 形 アメリカ合衆国の, 米国の, 米国人の. — 男 囡 アメリカ合衆国民, 米国人（= norteamericano）.

es·ta·dual [es.ta.ðwál] 形《ラ米》国の, 国家の, 国営の.

es·ta·fa [es.tá.fa] 囡 **1** 詐欺, 詐取. **2** あぶみ.

es·ta·fa·dor, do·ra [es.ta.fa.ðór, -.ðó.ra] 男 囡 詐欺師, ぺてん師.

es·ta·far [es.ta.fár] 他 **1** 〈a＋人〈人〉から〉〈金品を〉だまし取る，巻き上げる．*Les estafaron* todo lo que tenían. 彼らは何もかもをだまし取られた．
2 〈…を〉ぺてんにかける．~ en el peso（商品などの）分量をごまかす．Me *estafaron* y me quedé sin dinero. 私はぺてんにかけられて一文無しになった．
es·ta·fer·mo [es.ta.fér.mo] 男 **1** 〖史〗〖槍（ゃ)競技の的として使われた〗回転人形．**2**〈軽蔑〉まぬけ．
es·ta·fe·ta [es.ta.fé.ta] 女 **1** 外交文書郵便．
2 郵便馬，（特に）支局（= ~ de correos）．~ móvil 移動郵便局．**3**（昔の）郵便配達人；飛脚．
es·ta·fe·te·ro, ra [es.ta.fe.té.ro, -.ra] 男女（小さな郵便局の）局長，局員．
es·ta·fi·lo·co·co [es.ta.fi.lo.kó.ko] 男〖医〗ぶどう球菌．
es·ta·fi·lo·ma [es.ta.fi.ló.ma] 男〖医〗（眼球の）ぶどう腫（ょ）．
es·ta·ja·no·vis·mo [es.ta.xa.no.bís.mo] 男 スタハノフ運動：1930年代にソビエト政府によって奨励された作業効率を上げるための運動．
es·ta·ja·no·vis·ta [es.ta.xa.no.bís.ta] 形 効率よく働く．— 男女 効率のよい労働者．
es·ta·je [es.ta.xe] 男〈ラ米〉(ᴾ⁺)賃仕事，請負仕事．
es·ta·je·ar [es.ta.xe.ár] 他〈ラ米〉(ᴾ⁺)出来高払いにする；〈請負仕事の〉金額や条件を決める．
es·ta·je·ro [es.ta.xé.ro] 男 出来高払いの仕事をする職人，請負職人．
es·ta·jo [es.ta.xo] 男 請負仕事（= destajo）．
es·ta·la [es.tá.la] 女 **1** 厩舎（きゅう）．**2**〖海〗寄港地．
es·ta·la·ción [es.ta.la.θjón / -.sjón] 女（特に聖職者の）階級，階層．
es·ta·lac·ti·ta [es.ta.la*k*.tí.ta] 女 **1** 鍾乳（ょう）石．**2** 格〘天井の鍾乳石様の装飾物．
es·ta·lag·mi·ta [es.ta.lag.mí.ta] 女 石筍（じゅん）．
es·ta·li·nia·no, na [es.ta.li.njá.no, -.na] 形 男 女 → estalinista.
es·ta·li·nis·mo [es.ta.li.nís.mo] 男 スターリン理論[主義，体制]．
es·ta·li·nis·ta [es.ta.li.nís.ta] 形 スターリン理論[主義，体制]の．
— 男女 スターリン理論[主義，体制]の支持者．

*es·ta·llar** [es.ta.jár ‖ -.ʎár] 自 **1** 爆発する．*Estalló* el cohete en el cielo. ロケットが空中で爆発した．
2 破れる，破裂する，パンクする；（勢いよく）割れる，炸裂（さっ）する．El mar estaba agitado y las olas *estallaban* contra el dique. 海は時化（しけ）っており波が堤防にぶつかって砕けていた．
3 鳴り響く，響き渡る．~ el látigo 鞭（むち）がピシッと鳴る．Al terminar el concierto, *estalló* una salva de aplausos. コンサートが終わると拍手かっさいが沸き起こった．
4〈戦争などが〉勃発（ぼっ）する；〈自然災害などが〉突発する．~ un motín 暴動が勃発する．
5（怒りを抑制できずに）〈**de…** / **en…**〉〈感情を〉爆発させる．~ de emoción 大感激する．~ de risa 大笑いする．~ en llanto わっと泣き出す．~ de ganas [deseos] de… …してうずうずする，今にも…しそうになる．Estas palabras le hicieron ~. 彼はその言葉でかっとなった．
[← 〖古スペイン〗*astellar「割れる，裂ける」（〖後ラ〗*astella*「木くず」より派生）]
es·ta·lli·do [es.ta.ji.ðo ‖ -.ʎí.-] 男 **1** 爆発，破裂．~ de una bomba 爆弾の爆発．**2** 爆発[破裂]音；（鞭）のしなり音．**3**（戦争・火災の）勃発（ぼっ），突発．

~ de la revolución 革命の勃発．**4**（感情などの）爆発．Al final tuvo un ~ de cólera. 彼［彼女］はついに烈火のごとく怒った．
es·tam·brar [es.tam.brár] 他（1本の糸にするために）複数の羊毛を縒（よ）る．
es·tam·bre [es.tám.bre] 男 **1**〖服飾〗（毛足の長い）羊毛，梳毛（そもう）；梳毛糸；梳毛織物，ウーステッド．**2**〖植〗雄蕊（ゆうずい），おしべ．
estambre de la vida 人生の織りなす綾（あや）．
Es·tam·bul [es.tam.búl] 固名 イスタンブール：トルコの都市．旧称 Constantinopla, Bizancio.
[← 〖トルコ〗*Istanbul*← ？〖ギ〗*eis tén pólin*「町へ」]
es·ta·men·tal [es.ta.men.tál] 形 **1** 階級[階層]に関する．**2** 階級[階層]の支配を受けた．
es·ta·men·to [es.ta.mén.to] 男 **1** 階級，身分．sociedad dividida en varios ~s 諸階層から成る社会．**2**〖史〗（Aragón 王国で議会を構成していた）4つの階級（制度）：僧侶（そうりょ），貴族，騎士，都市代表．
es·ta·me·ña [es.ta.mé.ɲa] 女〖服飾〗（僧服用の）梳毛（そもう）織物，ウーステッド．
es·ta·mi·ní·fe·ro, ra [es.ta.mi.ní.fe.ro, -.ra] 形〖植〗雄蕊（ゆうずい）[おしべ]だけの．flores *estaminíferas* 雄花，雄性花．

*es·tam·pa** [es.tám.pa] 女 **1**（印刷された）絵，挿し絵．版画，（宗教的な）肖像画．~ de La Santísima Virgen 聖母マリアの肖像画．grabado de ~s 版画．A los niños les gustan los libros con ~s. 子供は挿し絵入りの本が好きだ．
2 外見，外観，姿形．Tiene ~ de malvado. 彼［彼女］は人相が悪い．mujer de fina ~ きゃしゃな感じの女性．**3** 典型，見本．La película es una ~ de la posguerra. その映画は戦後をよく表している．**4** 印刷（術）．dar... a la ~ …を印刷する，出版する．sección de ~s（図書館などの）プリント室，コピー室．**5** 足跡．
maldecir la estampa de＋人〈話〉〈人〉の悪口を言う．
¡Maldita sea su estampa!〈話〉あのやろうめ．
ser la (*viva*) *estampa de...*〈話〉…に瓜（うり）二つ．
es·tam·pa·ción [es.tam.pa.θjón / -.sjón] 女 **1**（布・紙などへの）印刷，プリント；捺染（なっ）．**2** 型押し，打ち出し．**3** プリント工法；捺染技術．
es·tam·pa·do, da [es.tam.pá.ðo, -.ða] 形 **1**〈布地が〉プリント柄の，捺染（なっ）された．falda *estampada* プリント柄のスカート．
2（型による）押し出しの，打ち出しの．
— 男 **1** → estampación. **2** プリント柄の服[布]．
es·tam·pa·dor, do·ra [es.tam.pa.ðór, -.ðó.ra] 男女 型付けエ，捺染（なっ）工，刷り師．
es·tam·par [es.tam.pár] 他 **1**〈**en…** / **sobre…** …に〉刷る，プリントする；〈布などを〉捺染（なっ）する．~ una foto *en* la camiseta Tシャツに写真をプリントする．~ tejidos 布にプリントする．
2 型を押す，型をつける．~ arandelas ワッシャーを打ち抜く．**3** 書き記す，署名する．El ministro *estampó* su firma al pie del documento. 大臣は書類の末尾に署名した．**4**（印象などを）残す，刻みつける．*Estampé* en mi mente la imagen de ella. 私は彼女の面影を心に刻みつけた．**5**〈**contra…** …に〉投げつける，投げ飛ばす．*Estampó* la botella *contra* la pared. 彼［彼女］は壁に瓶を投げつけた．**6**〈話〉〈キス・平手打ちなどを〉与える，加える．
— **·se** 再 **1**〈**en…** …に〉残る，刻みつく．
2〈**contra…** …に〉ぶつかる．

estampería

[← [ゲルマン] stamp-「踏みつける, 踏みつぶす」; [関連] [英] stamp「踏みつける; 印を押す; スタンプ」]

es·tam·pe·rí·a [es.tam.pe.rí.a] 囡 版画印刷所; 版画販売店[業].

es·tam·pe·ro, ra [es.tam.pé.ro, -.ra] 男囡 版画家; 版画販売業者.

es·tam·pí·a [es.tam.pí.a] *de estampía* 急に, あわてて, 不意に. *Al verme, salió de ~.* 彼[彼女]は私を見るとあわてて出て行った. ▶ *partir, salir, irse, embestir* などの動詞とともに用いられる.

es·tam·pí·da [es.tam.pí.da] 囡 **1** 突然(一斉に)逃げ出すこと. **2** → estampido.

es·tam·pi·do [es.tam.pí.ðo] 男 爆発音, 轟音(ごう). *dar un estampido* 爆発する; 悲惨な結果になる.

es·tam·pi·lla [es.tam.pí.ja ‖ -.ʎa.] 囡 **1** スタンプ, 印. **2**《ラ米》郵便切手; 収入印紙. [estampa + 縮小辞]

es·tam·pi·lla·do [es.tam.pi.já.ðo ‖ -.ʎá.-] 男 **1** 印を押すこと, 捺印(なついん)すること. **2**《ラ米》印紙税.

es·tam·pi·llar [es.tam.pi.jár ‖ -.ʎár] 他 印を押す, 捺印(なついん)する. *~ documentos* 書類に捺印する.

es·tam·pi·ta [es.tam.pí.ta] 囡 (聖人などの)肖像画. *timo de la estampita* 紙幣を差しかえる詐欺. [estampa + 縮小辞]

es·tan·ca·ción [es.taŋ.ka.θjón / -.sjón] 囡 → estancamiento.

es·tan·ca·do, da [es.taŋ.ká.ðo, -.ða] 形 **1**〈水などが〉よどんだ, 流れない. **2**〈問題・事件などが〉停滞した, 行き詰まった.

es·tan·ca·mien·to [es.taŋ.ka.mjén.to] 男 **1**(血・川などの)流れを止めること;(水などの)よどみ. *~ de la sangre* 止血. **2**(問題・事件などの)行き詰まり, 停滞. **3**(国家による)専売.

es·tan·car [es.taŋ.kár] 自他〈川・水などの〉流れを止める. *~ un río* 川をせき止める. **2**〈交渉を〉停滞させる. *El terrorismo estancó el proceso de paz* テロのせいで和平交渉が滞った. **3** 専売にする. *~ sellos y timbres* 切手と印紙を専売品とする.

— *~·se* 再 **1**〈水などが〉よどむ. **2**〈問題・交渉などが〉停滞する, 行き詰まる. *Me he estancado en mis negocios.* 私は商売に行き詰まってしまった.

***es·tan·cia** [es.tán.θja / -.sja] 囡 **1** 滞在, 滞在期間; 入院期間. *Durante un año de mi ~ en Sevilla, frecuenté bares.* セビーリャに1年滞在した間, 私はよくバルに行っていた. **2**(豪邸の)部屋, 居間; 邸宅. **3**《詩》連, 節. **4**《ラ米》(1)《ラプ》(ﾁﾚ》小農園. (2)《ｷｭｰﾊﾞ》《ﾄﾞﾐﾆｶ》農場, 牧場.

es·tan·cie·ro, ra [es.tan.θjé.ro, -.ra / -.sjé.-] 男囡《ラ米》農場主, 牧場主.

es·tan·co, ca [es.táŋ.ko, -.ka] 形 (構造的に)水を通さない, 密閉された; 隔離された. *compartimientos ~s*《海》防水隔室.

— 男 **1**(特にスペインで)タバコ屋; 専売品販売店, 売店. ◆タバコ・切手・絵はがきなどを売っている. **2** 専売. *~ del tabaco* タバコの専売. *mercancías en ~* 専売品. **3**《古語》古記録[古文書]保管所. **4**《ラ米》《ｴｸｱﾄﾞﾙ》《ﾒﾍﾞﾝ》酒屋.

[estancar「(水の)流れを止める;(ある種の商品の)自由な流通を許さない」より派生]

es·tand [es.tán(d)] 男 → stand.

***es·tán·dar** [es.tán.dar] / **es·tan·dard** [es.tán.dar(d)] 形《時に性数不変》標準的な, スタンダードな; 画一的な. *vida ~* 標準的な生活. *coche de tipo ~* スタンダード・タイプ車.

— 男 [複 ~s, ~es / ~, ~es] 水準, 標準. *~ de vida* 生活水準. [← [英] *standard*]

es·tan·dar·di·za·ción [es.tan.dar.ði.θa.θjón / -.sa.sjón] 囡 → estandarización.

es·tan·dar·di·zar [es.tan.dar.ði.θár / -.sár] 97 他 → estandarizar.

es·tan·da·ri·za·ción [es.tan.da.ri.θa.θjón / -.sa.sjón] 囡 標準化, 規格化; 画一化.

es·tan·da·ri·zar [es.tan.da.ri.θár / -.sár] 97 他 規準に合わせる, 標準[規格]化する.

es·tan·dar·te [es.tan.dár.te] 男 **1** 軍旗, 隊旗; 団旗. *~ real* 王旗. **2**《比喩的》旗印, 象徴.

es·tan·fla·ción [es.tan.fla.θjón / -.sjón] 囡《経》スタグフレーション, 不景気とインフレが共存した状況.

es·tan·gu·rria [es.taŋ.gú.rja] 囡《医》尿淋瀝(にょうりんれき), 排尿困難; 導尿管, カテーテル.

es·tan·na·to [es.tan.ná.to] 男《化》錫(すず)酸塩.

es·tán·ni·co, ca [es.tán.ni.ko, -.ka] 形《化》錫(すず)の; 第二錫の.

es·tan·ní·fe·ro, ra [es.tan.ní.fe.ro, -.ra] 形〈鉱物が〉錫(すず)を含んだ.

***es·tan·que** [es.táŋ.ke] 男 (人工の)池; 貯水池, ため池. *~ para el riego* 灌漑(かんがい)用貯水池. *~ de cría* (養魚用)稚魚池.

[estancar「流れを止める」が原義より派生; [関連] [英] *tank*. [日] タンク]

es·tan·quei·dad [es.taŋ.kei.ðáð] 囡 → estanquidad.

es·tan·que·ro [es.taŋ.ké.ro] 男 (貯水池の)番人, 管理人.

es·tan·que·ro, ra [es.taŋ.ké.ro, -.ra] 男囡 **1** タバコ屋 *estanco* の店主[店員]. **2**《ラ米》居酒屋の主人, 女将(おかみ).

es·tan·qui·dad [es.taŋ.ki.ðáð] 囡 防水性, 気密性 (= estanqueidad).

es·tan·qui·lle·ro, ra [es.taŋ.ki.jé.ro, -.ra ‖ -.ʎé.-] 男囡 → estanquero 1.

es·tan·qui·llo [es.taŋ.kí.jo ‖ -.ʎo] 男《ラ米》(1)《ﾒﾍﾞﾝ》(タバコなどの)売店, 雑貨屋. (2)《ｴｸｱﾄﾞﾙ》居酒屋.

es·tan·tal [es.tan.tál] 男《建》控え壁, 扶壁(ふへき), バットレス.

***es·tan·te** [es.tán.te] 形 定住[定着]した; 常駐する. *ganados ~s* 家畜. *guarda ~* 見張り, 監視人.

— 男 **1** (個々の)棚, 棚板; 本棚, 書架. **2** (機械などを支える)台の脚. **3**《カト》(聖週間に)聖母マリアの山車(だし)を担う人. **4**《ラ米》(熱帯地方の高床式家屋の)支え, 支柱.

[男 ← [ラ] *stāns* (*stāre*「立っている, 留まっている」の現在分詞), *estar*. [英] *stand*「立つ; スタンド」]

***es·tan·te·rí·a** [es.tan.te.rí.a] 囡 (家具としての)棚; 本棚, 書棚.

es·tan·ti·gua [es.tan.tí.gwa] 囡 **1** 幽霊. **2**《話》《軽蔑》背が高くやせこけてみすぼらしい身なりの人.

es·tan·ti·llo [es.tan.tí.jo ‖ -.ʎo] 男《ラ米》《ｶﾘﾌﾞ》《ｺﾛﾝﾋﾞｱ》《ｴｸｱﾄﾞﾙ》支え, 支柱, 柱.

es·tan·tí·o, a [es.tan.tí.o, -.a] 形 **1**〈流れが〉よどんだ. **2** 無気力の, だらけた.

es·ta·ña·do [es.ta.ɲá.ðo] 男 錫(すず)めっき; はんだ付け.

es·ta·ña·dor [es.ta.ɲa.ðór] 男 錫(すず)めっき職人; はんだ付けをする人.

es·ta·ña·du·ra [es.ta.ɲa.ðú.ra] 囡 錫(すず)めっき;

はんだ付け.
es·ta·ñar [es.ta.ɲár] 他 **1** 錫(ｽｽﾞ)めっきをする；はんだ付けにする. **2** 《ラ米》(ぞう)〈人に〉傷を負わせる；〈使用人を〉首にする.
es·ta·ñe·ro [es.ta.ɲé.ro] 男 錫(ｽｽﾞ)職人, 錫細工師；錫商人.
es·ta·ño [es.tá.ɲo] 男 〖化〗スズ (記号Sn). papel de ～ 銀紙, アルミホイル. [←〔ラ〕stāgnum]
es·ta·que·a·da [es.ta.ke.á.ða] / **es·ta·que·a·du·ra** [es.ta.ke.a.ðú.ra] 女 《ラ米》**(1)** 〈皮革などを〉杭(ｸｲ)に張って乾かすこと. **(2)** 4本の杭に手足を縛りつけた昔の刑.
es·ta·que·ar [es.ta.ke.ár] 他 《ラ米》**(1)** 〈革を〉杭(ｸｲ)に張って伸ばす. **(2)** 〖史〗〔刑罰で〕〈人の〉手足を4本の杭に縛りつける.
es·ta·que·ro [es.ta.ké.ro] 男 (手すり・長柄などの)棒の受け穴.
es·ta·qui·lla [es.ta.kí.ja ‖ -.ʎa-] 女 **1** (木の)杭(ｸｲ)；(靴のかかとなどの)木釘(ｸｷﾞ). **2** 無頭釘. [estaca + 縮小辞]
es·ta·qui·lla·dor [es.ta.ki.ja.ðór ‖ -.ʎa.-] 男 (靴のかかとに釘(ｸｷﾞ)用の穴をあける)太い錐(ｷﾘ).
es·ta·qui·llar [es.ta.ki.jár ‖ -.ʎár] 他 **1** くさびで留める；〈靴のかかとを〉木釘(ｸｷﾞ)で固定する.
2 挿し木をする.
＊＊es·tar [es.tár] 64 自 **1** 《+場所を表す語句 …に》ある, いる；留まる. ¿*Dónde están* mis gafas? 私のめがねはどこにありますか. A las nueve de la noche *estaré* en casa. 夜の9時には私は家にいます. El punto clave *está* en su credibilidad. ポイントはその信憑(ｼﾝﾋﾟｮｳ)性にある (▶ 比喩的に用いられることがある). El año pasado yo *estuve* en México tres meses. 私は昨年メキシコに3か月いた. → hallarse 類語, quedar 類語.
2 《+形容詞・副詞およびその相当語句》《(…な(状態))である, (…に)なっている. ¡Qué *alto estás*! 君, 背が伸びたね. ¿*Cómo estás*? — Muy bien, gracias. 《あいさつ》どう〔元気〕ですか. — いえ, 元気です, おかげさまで. Este jersey me *está* pequeño. このセーターは私には小さいよ. *Estoy* sin dormir desde ayer. 私は昨日から寝ていない. ▶ ser とは異なり, もの・人などの変化を含意する状態, 発話者の印象などを強調.
3 《de…》《…に》なっている, 《…中》である. ～ de viaje [vacaciones] 旅行〔休暇〕中である. ～ de cinco meses 妊娠5か月である. Durante la ausencia, su hija estuvo de profesora. 留守の間, 彼〔彼女〕の娘が先生役を果たした.
4 《en+季節・月などを表す語 / a+日にちを表す語…で》ある. *Estamos* en otoño. いま秋です. *Estamos* a 27 de marzo. (今日は)3月27日です.
5 《a+数値を表す語句 …で》ある. La universidad *está* a unos cinco minutos de la estación. 大学は駅からおよそ5分くらいのところにあります.
6 《con…》《(…と)》一緒である；《…に》賛成である. Desde hace ya 10 años *estoy con* Miguel. もう10年前からミゲルとつきあっている. Luis no *está* muy bien *con* su mujer. ルイスは上司とうまくいっていない. *Estamos* contigo en lo que dices. 私たちは君の言っていることについては君と同じ立場だ.
7 《en…》《(…に)》従事している；《(…に)》信じている. ¿Habéis terminado el trabajo? — *Estamos* todavía *en* ello. 君たちはもう仕事を終えたの. — まだやっているよ. Yo *estoy en* que es un error muy importante. それは重大な間違いだと私は思う.

8 《para…》《(…向きで)》ある；《(…する)》準備ができている, ところである；《(…に)》役立つ. No *estamos para* bromas. 私たちは冗談を言う気分ではない. Mi padre está en cama y no *está para* ver a nadie. 私の父は病気でふせっておりますので, 誰にも会える状態ではありません. *Para* eso *estamos*. そのために私たちもいるのだからね. **9** 《por+不定詞 まだ…》していない. La novela *está por* terminar. その小説はまだ書き終えられていない. **10** 《por…》(1) 《+不定詞 …する》気持ちになっている. *Estoy por* hablar con ella. 私は彼女と話をする気になっている. (2) 《…に》好意を持っている；支持している. **11** 《スペイン》(*estarle* (a+人) *bien* [*mal*]) 〈服などが〉〈(人に)〉合う〔合わない〕 (＝caer). Esa blusa *te está bien*. そのブラウス君に似合っているよ.
── 助動 **1** 《進行形》《+現在分詞 …している》ところである. *Está sonando* el teléfono. 電話が鳴っているよ. *Estuvimos charlando* toda la tarde. 私たちは午後中ずっとおしゃべりをしていた.
2 《結果状態》《+過去分詞》…している, …されている (▶ 過去分詞は主語の性数に一致する). Esta reunión *está organizada* por el instituto. その会合はその研究所によって企画されている.
── ～**se** 再 じっとしている. *Estáte* ahí; vengo enseguida. そこでじっとしてて, すぐ戻るから.
estar a disposición de… 〈人・ものが〉…の裁量である, …の自由自在である.
estar como quiere (1) 〈人が〉魅力的である. (2) 〈人が〉生き生きしている, 心地よい. En la nueva compañía ella *está como quiere*. 今度の会社では彼女は生き生きしている.
estar de Dios 《話》〈ことが〉必至である. ▶ 主語が que 節の場合には節内の動詞は接続法. ⇒ *Está de Dios* que no me toque nunca la lotería. 私には絶対に宝くじなんて当たらないに決まってる.
estar de fiesta 〈人が〉はしゃいでいる, 陽気である.
estar de más 《話》〈人・ものが〉不要である.
estar en todo 全てを見通している.
estar por ver 〈もの・ことが〉不確かである. Estas cifras *están por ver*. これらの数字は確かめなくてはいけない.
estar que+直説法 《強調》…という有様である. Llevo dos días sin dormir y *estoy que no aguanto* más. 僕は2日間眠っていないのでもうこれ以上我慢できないという状態だ.
estar siempre encima de… 《話》…から目を離せない, …に注意を払う.
[←〔ラ〕stāre「立っている, 留まっている」；関連 estado, estación. 〔英〕*stay, stand*]
es·tar·ci·do [es.tar.θí.ðo / -.sí.-] 男 (刷り込み型・ステンシルで刷り出した)模様, 図版, 文字.
es·tar·cir [es.tar.θír / -.sír] 99 他 〈文字・模様などを〉型を通して〔ステンシルで〕刷り出す.
es·tár·ter [es.tár.ter] 男 → starter.
es·tas [és.tas] 形 → este.
és·tas [és.tas] 代名 → éste.
es·ta·sis [es.tá.sis] 女 〘単複同形〙〖医〗うっ滞(ﾀｲ)；
＊**es·ta·tal** [es.ta.tál] 形 **国家の**, 国営の. compañía ～ 国営会社. política ～ 国政. ley ～ 国法. universidad ～ 国立大学.
es·ta·ta·lis·mo [es.ta.ta.lís.mo] 男 〖経〗国営主義, 国家管理主義.
es·ta·ta·lis·ta [es.ta.ta.lís.ta] 形 国家主義の.
── 男 女 国家主義者.

es・ta・ta・li・za・ción [es.ta.ta.li.θa.θjón / -.sa.sjón] 囡 《企業・サービスなどの》国営化, 国有化.

es・ta・ta・li・zar [es.ta.ta.li.θár / -.sár] 97 他 〈企業・サービスなどを〉国営化する, 国有化する.

*__es・tá・ti・co, ca__ [es.tá.ti.ko, -.ka] 形 **1** 静的な, 静止状態の, 動かない. electricidad *estática* 静電気. superficie *estática* del lago 鏡のような湖面. análisis ～ 静態分析. **2** 《物理》静力学の. **3** 均衡の取れた. sensibilidad *estática* 平衡感覚. **4** 唖然(ぁぜん)とした, 呆然(ぼうぜん)とした. Permaneció ～ por unos segundos. 彼はしばしあっけにとられた.
― 囡 **1** 《物理》静力学 (↔dinámica).
2 安定性, 均衡.

es・ta・ti・fi・ca・ción [es.ta.ti.fi.ka.θjón / -.sjón] 囡 国有化, 国営化.

es・ta・ti・fi・car [es.ta.ti.fi.kár] 102 他 〈企業・サービスなどを〉国有化する, 国営にする. ～ los ferrocarriles 鉄道を国有化する.

es・ta・tis・mo [es.ta.tís.mo] 男 **1** 静止状態, 静態. **2** 国家(主権)主義；国家統制.

es・ta・ti・za・ción [es.ta.ti.θa.θjón / -.sa.sjón] 囡 《ラ米》国営化, 国有化.

es・ta・ti・zar [es.ta.ti.θár / -.sár] 97 他 《ラ米》(37)国有化する, 国営にする.

es・ta・tor [es.ta.tór] / **es・tá・tor** [es.tá.tor] 男 【電】固定子：電気機械の回転部分に対する静止部分.

es・ta・to・rre・ac・tor [es.ta.to.r̃e.ak.tór] 男 【航空】ラムジェット.

es・ta・tos・co・pio [es.ta.tos.kó.pjo] 男 **1** 【物理】微気圧計. **2** 【航空】昇降計.

*__es・ta・tua__ [es.ta.twa] 囡 **1** 像, 彫像. ～ de bronce ブロンズ像. ～ ecuestre 騎馬像. ～ orante 祈禱(きとう)像. ～ sedente 座像. ～ yacente 仰臥(ぎょうが)像. En esa ciudad se encuentran muchas ～s por todas partes. その町のあちこちにたくさんの彫像がある. **2** (彫像のように)無表情な人, 冷たい人. *quedar*(*se*) *hecho* [*como*] *una estatua* (驚嘆・恐怖などで)石のようにじっと立ちすくむ.
[← [ラ] *statuam* (*statua* の対格；*statuere* 「立てる, 建てる」より派生)；[関連] estatuir, estar. [英] *statue*]

es・ta・tua・ria [es.ta.twá.rja] 囡 彫像術, 塑像術.

es・ta・tua・rio, ria [es.ta.twá.rjo, -.rja] 形 **1** 彫像の, 塑像の；彫像[塑像]に適した. mármol ～ 彫像用大理石. **2** 彫像のような. belleza *estatuaria* 彫像のような美しさ. pase ～ 【闘牛】闘牛士が体を動かさないで闘牛をやり過ごすこと. **3** (彫像のように)表情のない, 無表情な. ― 男 囡 彫像家, 塑像家.

es・ta・tui・lla [es.ta.twí.ja | -.ʎa] 囡 (受賞者に渡される)小さな像. [estatua + 縮小辞]

es・ta・tuir [es.ta.twír] 48 他 **1** 〈法・規則などを〉定める, 制定する. **2** 立証[証明]する, 明らかにする.

*__es・ta・tu・ra__ [es.ta.tú.ra] 囡 **1** (人の)**身長**, 背丈.
2 人徳, 人間性の高さ.

es・ta・tus [es.ta.tus] 男 [単複同形] (集団や社会における)立場, ステイタス (=status).

es・ta・tu・ta・rio, ria [es.ta.tu.tá.rjo, -.rja] 形 制定法の；法定の；法にかなった.

*__es・ta・tu・to__ [es.ta.tú.to] 男 **1** 制定法, 法令, 法規. ～ de autonomía (スペインの)自治州法. ～ formal 典礼[儀典]法. ～ real español (1834-36年の)スペイン憲章. ～ municipal 市条例. ～ de funcionarios 公務員法. **2** (団体・法人の)**規約**.

es・tay [es.tái] 男 【海】支索, ステー. ～ mayor メインステー, 大檣(たいしょう)支索. [← [英] *stay*]

*__**es・te**__ [és.te] 男 **1** 東；東部 《略 E.》(=oriente). ir al ～ 東へ行く. del ～ 東の；東からの. estar al ～ de... …の東方にある. hacia el ～ 東のほうへ. provincias del ～ 東部地方.
2 《形容詞的に》東[東部]の, 東から吹く. con rumbo ～ 東方向に向かって. lado ～ 東側. región (del) ～ 東部地方.
3 東風 (=viento (del) ～). **4** el E～ 【政】東側, 旧共産圏. países del E～ 東欧諸国.
[← [仏] *est* ← [中英] *est* ← [古英] *ēast*；[関連] Austria (「東の王国」が原義), ostro-. [英] *east*]

*__**es・te, es・ta**__ [és.te, és.ta] 形 [指示] [複 estos, estas] **1** 《多くは +名詞》**国有化の, こちらの**；**このような** (▶ 話し手に近いもの・人を指す) (↔ese, aquel). *E*～ coche es más caro que *ése*. こっちの車はそっちより値段が高い. *E*～ niño no aprende nunca. この子ったら絶対懲りないんだから. Puedes hacerlo de *esta* manera. こういうふうにやってもいい. ▶ todo 以外のすべての前置形容詞より前に置かれる. ⇒*todas estas* innumerables bellas joyas これら全ての数え切れないほどの美しい宝石. ▶ 定冠詞を伴って名詞の後ろに置かれた場合は, 強調または軽蔑的なニュアンスを持つことが多い. ⇒*¡Qué fresco es el tipo* ～*!* こいつはなんてずうずうしい奴なんだ. ▶ 固有名詞の前前に置かれた場合も, 強調または軽蔑的なニュアンスを持ちやすい. ⇒*E*～ Juanito no tiene remedio. フアンちゃんはどうしようもないな.

2 《+名詞》今の；今度の；この前の. *esta* semana 今週. *estos* días 最近. ～ domingo 今度の日曜日. *Esta* noche no he dormido bien. ゆうべはよく眠れなかった. El director está descansando en ～ momento. 部長はただいま休憩中です.

3 《+名詞》《話題になったもの・人を指して》**その**；《これから話題にするもの・人を指して》このような. Métete bien en la cabeza *estas* palabras que te voy a decir. 今から言うことをよく覚えておけよ. Aquí surge ～ problema. ここで次の問題が生じる. *Estas* experiencias pueden afectar mucho a los niños. そういう経験は子供に大きな影響を与えかねない.

4 《+名詞》(前者 aquel に対する)後者の. Tengo una hermana mayor y otra menor; *esta* última vive ahora en el extranjero. 私には姉と妹がいるが, 妹のほうは今外国に住んでいる.

5 《主にラ米》ええと, あのう (=esto) (▶発話に挿入して話をつなぐ). ¿Cómo se llamaba el perro? ― *E*～... no me acuerdo. あの犬何ていう名前だったっけ. ― *E*～..., 覚えてないなあ.
[este, éste ← [ラ] *iste* 「その；それ」；esta, ésta ← [ラ] *ista*；esto ← [ラ] *istud*]

esté(-) [es.té] → estar.

*__**és・te, és・ta**__ [és.te, és.ta] 代名 《指示》
[複 éstos, éstas]
▶ 指示形容詞と混同のおそれのないときにはアクセント符号をつけなくてもよい.

1 《話し手に近いもの・人を指して》**これ**, **この人** (↔ése, aquél). Esa falda es más bonita que *ésta*. そのスカートの方がこれよりすてきだ. *Ésta* es mi forma de vida. これが私の生き方だ. *É*～ es el señor López. こちらがロペスさんです. *É*～ tiene toda la culpa. こいつが全部悪い. ▶直前に自分が話題にしたもの, これから話題にするものを指すことができる. ⇒*Éstas* son las palabras de mi padre. これが[次に述べるのが]父の言葉である.

2 (前者 aquél に対して) 後者. Mi abuela tuvo un hijo y una hija: *ésta* es mi madre y *aquél*, mi tío, que fue presidente de una gran empresa. 祖母は息子と娘を生んだ. 前者が大企業の社長になった叔父で, 後者が私の母に.
── 囡《手紙で》こちら, 当地; 本状. hecho en *ésta* (Burgos) a tres de abril 4月3日当地(ブルゴス)にて記す. ¿Cuándo llegará usted a *ésta*? こちらにはいつお着きになりますか.

en ésta そのとき.
en una de éstas 不意に；いずれそのうちに.
Ésta y nunca. / Ésta y no más.《話》これで最後だぞ.
por ésta(s)《指で十字を作りキスする動作を伴って》神にかけて. No lo hice, te lo juro *por éstas*. 僕はやってない, 誓うよ.

es·te·á·ri·co, ca [es.te.á.ri.ko, -.ka] 形《化》ステアリンの; ステアリン製の. ácido ～ ステアリン酸.

es·te·a·ri·na [es.te.a.rí.na] 囡 **1**《化》ステアリン：ろうそくや製革に用いる. **2**《ラ米》ろうそく.

es·te·a·ti·ta [es.te.a.tí.ta] 囡《鉱》ステアタイト, 凍石, けん石 (= jabón de sastre). ♦ 裁縫用のチャコとして用いる.

es·te·a·to·es·cul·tu·ra [es.te.a.to.es.kul.tú.ra] 囡 (美容・治療のための) 型どり.

es·te·ba [es.té.βa] 囡《海》起重橇(きご)：荷積みに使う太い円材.

Es·te·ban [es.té.βan] 固名 **1** San ～ 聖ステファノ (?–35?)：最初のキリスト教殉教者.
2 エステバン：男子の洗礼名.
[← [ラ] *Stephanus*← [ギ] *Stéphanos* (原義は「覆うもの, 冠」); 関連 [ポルトガル] *Estêvão*. [仏] *Étienne*. [伊] *Stefano*. [英] *Stephen(s)*. [独] *Stefan*]

es·te·go·sau·rio [es.te.go.sáu.rjo] 男《古生》ステゴサウルス.

es·te·la[1] [es.té.la] 囡 **1** (船・飛行機などの) 航跡, (船舶の) 伴流；(流星などの) 尾；(煙などの) たなびき. ～ de condensación 飛行機雲. ～ luminosa 光の尾. **2** 跡, 余韻, 名残. Dejó una ～ de descontento. 彼［彼女］は不満げな様子だった. **3**《植》(バラ科の) アルケミラ.

es·te·la[2] [es.té.la] 囡 石碑, 石柱. erigir una ～ funeraria 墓石を建てる.

es·te·lar [es.te.lár] 形 **1**《天文》星の. **2** 重要な；スターの, 花形の. horario ～ ゴールデンタイム. combate ～ (ボクシングなどの) メインイベント.

es·te·la·ri·dad [es.te.la.ri.ðáð] 囡《ラ米》(人) 気, 知名度, スター性.

es·te·lí·fe·ro, ra [es.te.lí.fe.ro, -.ra] 形《文語》星をちりばめた, 星原(ぼし) の (= estrellado). cielo ～ (満天の) 星空.

es·te·lión [es.te.ljón] 男 **1**《動》ヤモリ (= salamanquesa). **2**《まれ》ひきがえる石. ♦ ヒキガエルの頭に生じると考えられた石で, 解毒剤に用いた.

es·te·lio·na·to [es.te.ljo.ná.to] 男《史》(ローマ法で) 二重売買詐欺.

es·te·ma [es.té.ma] 男 (文献学の) 写本の関係を示した系統図.

es·tem·ple [es.tém.ple] 男 → ademe.

es·tén·cil [es.ten.θíl / -.síl] 男《ラ米》(ガラ)ステンシル (ペーパー)；謄写版原紙 (= papel ～).
[← [英] *stencil*]

es·te·no·car·dia [es.te.no.kár.ðja] 囡《医》狭心症 (= angina de pecho).

es·te·no·gra·fí·a [es.te.no.gra.fí.a] 囡 速記, 速記法［術］ (= taquigrafía).

es·te·no·gra·fiar [es.te.no.gra.fjár] 81 他 速記する.

es·te·no·grá·fi·co, ca [es.te.no.grá.fi.ko, -.ka] 形 速記の.

es·te·nó·gra·fo, fa [es.te.nó.gra.fo, -.fa] 男囡 速記者 (= taquígrafo).

es·te·nor·des·te [es.te.nor.ðés.te] /
es·te·no·res·te [es.te.no.rés.te] 男 東北東《略 ENE》；東北東の風.

es·te·no·sis [es.te.nó.sis] 囡《単複同形》《医》狭窄(きょう)(症). ～ aórtica 大動脈弁狭窄症. ～ mitral 僧帽弁狭窄. ～ tricuspídea 三尖弁狭窄症.

es·te·no·ti·pia [es.te.no.tí.pja] 囡 **1** (ステノタイプによる) 速記 (法).
2《商標》ステノタイプ：速記用タイプライター.

es·te·no·ti·pis·ta [es.te.no.ti.pís.ta] 男囡 (ステノタイプによる) 速記者.

es·te·no·ti·po [es.te.no.tí.po] 男《商標》ステノタイプ.

es·ten·tó·re·o, a [es.ten.tó.re.o, -.a] 形《声・音が》大きい. ♦ *Ilíada* に出てくるトロヤの伝令ステントール Estentor にちなむ.

es·te·pa[1] [es.té.pa] 囡《地理》ステップ, 温帯草原 (地帯).

es·te·pa[2] [es.té.pa] 囡《植》ハンニチバナ, ゴジアオイ.

es·te·pa·rio, ria [es.te.pá.rjo, -.rja] 形《地理》ステップ (性) の. región *esteparia* 大草原地帯. vegetación *esteparia* ステップ植物.

és·ter [és.ter] 男《化》エステル.

es·te·ra [es.té.ra] 囡 (植物繊維などの) むしろ, 敷物, マット. ～ de junco ござ.
darle [sacudirle] (a+人) más palos que una estera (vieja)《話》〈人〉を何度も叩く.
recibir más palos que una estera (vieja)《話》〈人が〉何度も叩かれる.

es·te·ral [es.te.rál] 男《ラ米》(ラプ)低湿地, 沼地.

es·te·rar [es.te.rár] 他 (床に) むしろ [マット] を敷く. ── se 再《話》早々と冬物を着込む.

es·ter·co·la·du·ra [es.ter.ko.la.ðú.ra] 囡《農》施肥.

es·ter·co·la·mien·to [es.ter.ko.la.mjén.to] 男 → estercoladura.

es·ter·co·lar [es.ter.ko.lár] 他〈土地に〉堆肥(たいひ) を施す, 肥やしをやる. ── 自 (動物が) 糞(ふん)をする.

es·ter·co·le·ro [es.ter.ko.lé.ro] 男 **1** 堆肥(たいひ) 場. **2** 不潔な場所；いかがわしい所. **3** (厩舎から) 糞(ふん)をかき出す馬丁.

es·ter·co·li·zo, za [es.ter.ko.lí.θo, -.θa / -.so, -.sa] 形 (動物の) 糞(ふん)のような.

estereo- 「固い, 堅固な」「立体, 三次元」の意を表す造語要素. ⇒ *estereo*scopio, *estereo*tipo.
[← [ギ] *stereós* 「固い, 堅固な」]

es·te·re·o[1] [es.té.re.o] 男 ステール：薪の容積を表す昔の単位で1立方メートル.

es·te·re·o[2] [es.té.re.o] 形 [estereofónico の省略形]《主に性数不変》《音響》ステレオの, 立体音響の. sonido ～ ステレオの音. ── 男 ステレオ；ステレオプレーヤー. emisión en ～ ステレオ放送.

es·te·re·o·fo·ní·a [es.te.re.o.fo.ní.a] 囡《音響》ステレオ, 立体音響 (効果).

es·te·re·o·fó·ni·co, ca [es.te.re.o.fó.ni.ko, -.ka] 形《音響》ステレオの, 立体音響の. amplificador 〜 ステレオアンプ.

es·te·re·o·gra·fí·a [es.te.re.o.gra.fí.a] 囡 立体画法, 実体画法.

es·te·re·o·gra·ma [es.te.re.o.grá.ma] 男 立体画, 立体写真.

es·te·re·o·me·trí·a [es.te.re.o.me.trí.a] 囡〖数〗体積測定, 求積法.

es·te·re·o·quí·mi·ca [es.te.re.o.kí.mi.ka] 囡 立体化学：化合物中の原子配置の研究.

es·te·re·os·co·pia [es.te.re.os.kó.pja] 囡 **1** 立体鏡学. **2** 立体映像.

es·te·re·os·có·pi·co, ca [es.te.re.os.kó.pi.ko, -.ka] 形 ステレオスコープの；立体映像の.

es·te·re·os·co·pio [es.te.re.os.kó.pjo] 男 ステレオスコープ, 立体鏡.

es·te·re·o·ti·pa [es.te.re.o.tí.pa] 囡 → estereotipia.

es·te·re·o·ti·pa·do, da [es.te.re.o.ti.pá.ðo, -.ða] 形 **1** 定型化した；陳腐な, お決まりの. frases *estereotipadas* 紋切り型の表現. **2**〖印〗ステロ版の.

es·te·re·o·ti·par [es.te.re.o.ti.pár] 他 **1** 型に、形式化する.
2〖印〗ステロ版[鉛版]にする, ステロ版で印刷する.

es·te·re·o·ti·pia [es.te.re.o.tí.pja] 囡 **1**〖印〗ステロ版製版；ステロ版[鉛版]による印刷. **2** ステロ版印刷所[印刷機]. **3**〖医〗常同(症).

es·te·re·o·ti·po [es.te.re.o.tí.po] 男 **1** ステレオタイプ, 固定観念；紋切り型. **2**〖印〗ステロ版[鉛版].

es·te·re·o·to·mí·a [es.te.re.o.to.mí.a] 囡 截石(セッセキ)法：石材などを切り出す技術.

es·te·re·rí·a [es.te.re.rí.a] 囡 (マット・ござなどの)敷物店[工場].

es·te·re·ro, ra [es.te.ré.ro, -.ra] 男囡 **1** (職業として部屋などに)敷物を敷く[置く]人.
2 (マット・ござなどの)敷物職人；敷物販売人[商].

es·te·ri·fi·ca·ción [es.te.ri.fi.ka.θjón / -.sjón] 囡〖化〗エステル化.

es·te·ri·fi·car [es.te.ri.fi.kár] 102 他〖化〗エステル化する.

***es·té·ril** [es.té.ril] 形 **1** 不毛の, やせた (↔ fértil). terreno 〜 不毛の地. año 〜 不作の年, 凶年.
2 不妊の, 生殖力のない.
3 殺菌された, 無菌の. gasas 〜*es* 無菌ガーゼ.
4 実りのない；無益な. esfuerzos 〜*es* 無駄骨.
[←[ラ] sterilem (sterilis の対格). 関連[英] sterile]

es·te·ri·li·dad [es.te.ri.li.ðáð] 囡 **1** (土地の)不毛；不作. **2** 不妊(症). **3** 無菌[殺菌]状態. **4** 無益, 無駄.

es·te·ri·li·za·ción [es.te.ri.li.θa.θjón / -.sa.sjón] 囡 **1** 不妊手術；(植物amp;の)断種. **2** 殺菌, 消毒.

es·te·ri·li·za·dor, do·ra [es.te.ri.li.θa.ðór, -.ðó.ra / -.sa.-] **1** 不妊にする. **2** 殺菌[消毒]する.
——男 殺菌装置.

es·te·ri·li·zar [es.te.ri.li.θár / -.sár] 97 他 **1** 不妊にする；不妊手術をする. **2** 殺菌[消毒]する. 〜 la leche 牛乳を殺菌する. venda *esterilizada* 殺菌包帯. **3** 〈土地などを〉不毛にする, やせさせる.

es·te·ri·lla [es.te.rí.ja ‖ -.ʎa.-] 囡 **1** 小型の敷物；ビーチマット, (キャンプ用の)マット. 〜 de baño バスマット. 〜 eléctrica 電気カーペット. **2** (刺繍などに使う) 目の粗い織物. **3** (金糸・銀糸の) 組みひも.
4《ラ米》(1)（キュポ）(シュロなどの) 編みひも；編んだ物. (2) (タネッ)(ネル)(牛馬の) 鞍(クラ)敷き, 鞍下布. (3) （キョ）

チーズの型枠. [estera + 縮小辞]

es·ter·lín [es.ter.lín] 男〖服飾〗バックラム：リンネルの一種で服地の芯(ネ゙)などに用いる.

es·ter·li·na [es.ter.lí.na] 形 英貨の, ポンドの. libra 〜 ポンド.

es·ter·no·clei·do·mas·toi·de·o [es.ter.no.klei.ðo.mas.toi.ðé.o] 男〖解剖〗胸鎖乳突筋.

es·ter·nón [es.ter.nón] 男〖解剖〗胸骨.

es·te·ro¹ [es.té.ro] 男 **1** マット[敷物]を置くこと.
2（衣類の）冬支度の時期.

es·te·ro² [es.té.ro] 男 **1** (潮が引いて現れる)浜.
2《ラ米》(1)（アヘッ）低湿地, 沼沢地. (2)（チリキカラ）潮入り川. (3)（ライ゙）(クキッ）小川. (4)（ライ゙）(干上がった)川；川床. (5)（ライ゙）水たまり.
estar en el estero《ラ米》(ライ゙）四苦八苦している.

es·te·roi·de [es.te.rói.ðe] 男〖化〗ステロイド.

es·te·rol [es.te.ról] 男〖化〗ステロール.

es·ter·qui·li·nio [es.ter.ki.lí.njo] 男 堆肥(タイ)場；ごみ捨て場.

es·ter·tor [es.ter.tór] 男 **1** (臨終の際の)のど鳴り, 死喘鳴(ウ). estar en los últimos 〜*es* 臨終の床にある, 死に瀕じている. **2**〖医〗ラッセル音.

es·ter·tó·re·o, a [es.ter.tó.re.o, -.a] /
es·ter·to·ro·so, sa [es.ter.to.ró.so, -.sa] 形〖医〗(脳卒中などの中の)大いびきをかく人, 喘鳴(ウ)を出すような；喘鳴(ウ)を出す；ラッセル音を伴う.

es·te·su·des·te [es.te.su.ðés.te] /
es·te·su·res·te [es.te.su.rés.te] 男東南東《略 ESE》；東南東の風.

es·te·ta [es.té.ta] 男囡 耽美(タン)主義者；審美眼のある人, 美的感覚の優れた人.

es·té·ti·ca [es.té.ti.ka] 囡 **1** 美学. 〜 renacentista ルネッサンスの美学. **2** 美観, 美しさ. 〜 de una ciudad 都市の美観. 〜 industrial インダストリアル・デザイン. **3** 美容術.

es·te·ti·cis·mo [es.te.ti.θís.mo / -.sís.-] 男 耽美(タン)主義, 唯美主義.

es·te·ti·cis·ta [es.te.ti.θís.ta / -.sís.-] 形 耽美主義の, 唯美主義の.
——男囡 エステティシャン, エステティック美容師.

***es·té·ti·co, ca** [es.té.ti.ko, -.ka] 形 **1** 美の；美学の, 審美眼のある. juicio 〜 美的判断. En el museo disfruté el placer 〜. その美術館では私は美の快感を味わった. **2** 美術的な, 芸術性の高い. El diseño de la casa es 〜, pero no me gusta. その家の設計は芸術的だが私の好みではない. **3** 美容の. cirugía *estética* 美容整形外科.
——男囡 美学者, 審美眼のある人.

es·te·tos·co·pia [es.te.tos.kó.pja] 囡〖医〗聴診法.

es·te·tos·co·pio [es.te.tos.kó.pjo] 男〖医〗聴診器. 〜 electrónico 電子聴診器.

es·te·va [es.té.βa] 囡 鋤(スキ)の柄 (= mancera).

es·te·va·do, da [es.te.βá.ðo, -.ða] 形 O脚の, がに股の, 内反膝の. ——男 O脚の人.

es·te·zar [es.te.θár / -.sár] 97 他〈皮を〉(乾燥させて)なめす.

es·thé·ti·cien·ne [es.te.θi.θjén / -.sjén]〖仏〗囡 女性のエステティシャン (= esteticista).

es·tia·je [es.tjá.xe] 男 (乾期の川・湖などの) 低水位；枯渇[渇水]期.

es·ti·ba [es.tí.βa] 囡 **1**〖海〗(1) 積み込み作業；載貨, 積み荷. (2) (積み荷重量の偏りを)調整[配分]すること. **2** 羊毛の荷締め場. **3**〖軍〗(砲に火薬を詰める)込め矢.

es·ti·ba·dor, do·ra [es.ti.ba.ðór, -.ðó.ra] 男 女 《海》沖仲仕，港湾荷役労働者．
es·ti·bar [es.ti.bár] 他 **1** (いっぱいに) 詰め込む，押し込む．
2 《海》〈荷を〉積み下ろしする；〈積み荷を〉整える．
es·ti·bio [es.tí.bjo] 男 《化》アンチモン．
es·ti·co·mi·tia [es.ti.ko.mí.tja] 女 《詩》定型切れ；韻文の行末が統語的単位の末尾と一致していること (↔encabalgamiento).
es·tiér·col [es.tjér.kol] 男 **1** 堆肥(たい). jugo de ～ 下肥. **2** 〈動物の〉糞(ふん).
es·ti·gio, gia [es.tí.xjo, -.xja] 形 **1** 《文章語》地獄の，冥界(めい)の． **2** [E-] 《ギ神》ステュクス川の，黄泉(よみ)の国の川の. Laguna *Estigia* ステュクス川 (冥府を七重に取り巻く川).
es·tig·ma [es.tíɡ.ma] 男 **1** 痕跡(こん)，瘢痕(はん)；焼き印，烙印(らく). los ～s de las viruelas 天然痘の跡． **2** 恥辱，汚名 ～ para la familia 家族にとっての汚名． **3** 《カト》聖痕；十字架上のキリストの傷に似た傷跡． **4** 《医》紅斑(こう)，出血斑；(病気の) 症状，徴候． **5** 《植》(めしべの) 柱頭． **6** 《動》気門．
es·tig·ma·tis·mo [es.tiɡ.ma.tís.mo] 男 《光》(レンズの) 無非点収差．
es·tig·ma·ti·za·ción [es.tiɡ.ma.ti.θa.θjón / -.sa.sjón] 女 **1** (動物・奴隷などに) 焼き印(烙き印ごて)を押すこと． **2** 烙印(らく)を押すこと，汚名をきせること． **3** 《カト》聖痕(せい)を生じさせること．
es·tig·ma·ti·zar [es.tiɡ.ma.ti.θár / -.sár] 97 他 **1** 焼き印(烙き印ごて)を押す． **2** 《比喩的》烙印(らく)を押す，汚名をきせる． **3** 《カト》聖痕(せい)を生じさせる．
es·ti·lar[1] [es.ti.lár] 他 《まれ》《法》〈遺言などを〉(書式にのっとって) 書く，作成する．
— 自 (+不定詞 …する) 習慣がある．
— **~·se** 再 (3人称で) 使われる，用いられる. Ese tipo de maquillaje ya no *se estila*. そんなメークはもうはやらない．
es·ti·lar[2] [es.ti.lár] 他 《ラ米》蒸留する，滴らせる．
— 自 《ラ米》滴る．
es·ti·le·te [es.ti.lé.te] 男 **1** 尖筆(せん)；尖筆状のもの． **2** 《軍》の短剣． **3** 《医》探り針，スタイレット． **4** (日時計の) 指針．
es·ti·li·ci·dio [es.ti.li.θí.ðjo / -.sí.-] 男 **1** 滴下蒸留法；(滴下蒸留法で得られる液)．
es·ti·lis·mo [es.ti.lís.mo] 男 **1** 様式の重視，(文筆家が) 文体(形式)に凝ること． **2** スタイリストの仕事．
es·ti·lis·ta [es.ti.lís.ta] 共 **1** 繊細な(凝った) 文体の作家，名文家，名演説家． **2** スタイリスト．
es·ti·lís·ti·co, ca [es.ti.lís.ti.ko, -.ka] 形 文体 (上) の，文体論の. análisis ～ 文体分析．
— 女 文体論．
es·ti·li·ta [es.ti.lí.ta] 形 (柱の上で行をした) 柱頭行者の．— 男 《カト》柱頭行者．
es·ti·li·za·ción [es.ti.li.θa.θjón / -.sa.sjón] 女 **1** (芸術的表現などの) 様式化，定型化． **2** 細くする[見せる]こと．
es·ti·li·za·do, da [es.ti.li.θá.ðo, -.ða / -.sá.-] 形 **1** 様式化された，型にはまった． **2** 細長い，細身の． **3** 気品のある．
es·ti·li·zar [es.ti.li.θár / -.sár] 97 他 **1** 様式化する，型にはめる． **2** 細くする，細く見せる．
— **~·se** 再 細くなる，やせる．
***es·ti·lo** [es.tí.lo] 男 **1** やり方，方法，スタイル．su ～ tan peculiar de andar 彼[彼女]の独特の歩き方． **2** (芸術の) 様式；文体． ～ rococó ロココ様式． ～ narrativo 語りの文体． **3** 方法，様態． ～ de vida 生活様式. al ～ antiguo 古風に(な)． **4** 趣向，流儀． **5** 気品，品格. Tiene mucho ～ vistiendo. 彼[彼女]は着こなしがスマートだ． **6** 《植》花柱． **7** (ろう版に字を書くために用いた) 尖筆． **8** (日時計の) 針． **9** (羅針盤の針を支える) 軸． **10** 《言》話法． ～ directo [indirecto] 直接[間接]話法． **11** 《スポ》スタイル；(水泳の) 泳法． ～ mariposa バタフライ泳法． ～ libre 自由形． **12** 《ラ米》(ラテン)叙情的旋律の風景・愛を詠った民俗歌曲．
del estilo de... 《話》…のような．
por el estilo 類似の，同じような．
[← 〔ラ〕 *stilum* (*stilus* の対格)「尖筆；書体；文体」；〔関連〕estilográfica. 〔英〕 *style, stylus*「尖筆」]
estilo- 「尖筆(せん)，茎状」の意の造語要素．ときにestili-，母音の前で estil-. ⇒ *esti*lista, *estilo*gráfico. [← 〔ラ〕]
es·ti·ló·ba·to [es.ti.ló.ba.to] 男 《建》スチロベート，土台床．
es·ti·lo·grá·fi·co, ca [es.ti.lo.ɡrá.fi.ko, -.ka] 形 万年筆の．
— 女 万年筆 (= pluma estilográfica)． 中南米では pluma fuente を用いる．
[形 ← 〔英〕 *stylographic* (〔ラ〕 *stilus*「尖筆」+ 〔ギ〕 *graphikós*「書くための」)；「万年筆」は pluma estilográfica より]

estilóbato
(スチロベート)

es·ti·ló·gra·fo [es.ti.ló.ɡra.fo] 男 《ラ米》(スペ)万年筆．
es·ti·lo·so, sa [es.ti.ló.so, -.sa] 形 スタイルがいい，エレガントな．
es·ti·lo·zo, za [es.ti.ló.θo, -.θa / -.so, -.sa] 形 《ラ米》《話》自慢する，得意げな．
***es·ti·ma** [es.tí.ma] 女 **1** 敬意，(高い) 評価；愛情，好意. tener... en gran ～ …に多大の敬意を払う；…を高く評価する． **2** 《海》推測船位．
— 男 → estimar.
es·ti·ma·bi·li·dad [es.ti.ma.bi.li.ðáð] 女 尊敬[高い評価]に値すること．
es·ti·ma·bi·lí·si·mo, ma [es.ti.ma.bi.li.sí.mo, -.ma] 形 [estimable の絶対最上級] 大いに尊敬[評価]すべき．
es·ti·ma·ble [es.ti.má.ble] 形 **1** 評価[敬意]に値する[すべき]，賞賛すべき． **2** かなりの，相当な． **3** 評価[見積もり]可能な．
***es·ti·ma·ción** [es.ti.ma.θjón / -.sjón] 女 **1** 尊重すること，敬意を払うこと． ～ propia 自尊 (心)． **2** 好評，高い評価. Ha merecido esta novela la ～ del público. この小説は世間で好評を博した． **3** 評価，見積もり． ～ presupuestaria 予算，見積もり. según ～ común 一般的見解によれば．
estimación de una demanda 《法》請求権認可．
es·ti·ma·do, da [es.ti.má.ðo, -.ða] 形 **1** (手紙) 親愛なる，敬愛する. *E*～ señor 拝啓. Muy ～ Dr. Sánchez 親愛なるサンチェス博士． **2** 評価された，見積もられた．
es·ti·ma·dor, do·ra [es.ti.ma.ðór, -.ðó.ra] 男 女 評価する人，鑑定人，査定官．
***es·ti·mar** [es.ti.már] 他 **1** 評価する，尊重する；〈人に〉尊敬[親愛]の念を抱く (= apreciar). ～ un trabajo 業績を高く評価する. ～ una opinión ある意見を尊重する. Estima mu-

cho a su nieta. 彼[彼女]は孫をとてもカワいがる. **2**《en...》《(…と)見積もる, 査定する;(…の)価値があるとと考える. *No estima en mucho su vida.* 彼[彼女]は自分の人生にはあまり価値がないと思っている. ~ *el costo en cien mil dólares* 費用を10万ドルに見積もる.
3《(+形容詞・副詞およびその相当語句)》《…であると)判断する, みなす. ~ *un problema de mucha importancia* ある問題がとても重要であると判断する. ▶ 形容詞は目的語の性数に一致する. **4**《que+直説法 …であると)判断する;予測する. *Estimamos que vendrán* más de mil personas. 1000人以上来るだろうと私たちは予測している.

— ~·se 再 (1) 自分の価値を認める. *Tienes que ~te más a ti mismo.* 君はもっと自分を大事にするべきだ. (2)《(+形容詞・副詞およびその相当語句)》自分を(…であると)みなす. ▶ 形容詞は主語の性数に一致する.
2《複数主語で)尊重しあう. *Son buenos amigos y se estiman mucho.* 彼らは親友で互いに認め合っている.
3《3人称で)(1) 評価される;《(+形容詞・副詞およびその相当語句)》(…であると)判断される;《en...》と)見積もられる, 査定される. *Se estima indispensable una acción rápida.* すばやい行動が不可欠と思われる. ▶ 形容詞は主語の性数に一致する. (2)《que+直説法 …であると)判断する.
← [古]*aestimāre*. [英]*estimate*]

es·ti·ma·ti·vo, va [es.ti.ma.tí.ßo, -.ßa] 形 **1** 評価の, 判断の. *datos ~s* 判断材料. **2** 概算の. *cantidad estimativa* 概算額.
— 女 **1** 判断力, 思慮. **2**《動物の)本能.
es·ti·ma·to·rio, ria [es.ti.ma.tó.rjo, -.rja] 形 **1** 概算の, 見積もりの. **2** 価格を査定する;鑑定の. **3** 尊重する.

*es·ti·mu·la·ción** [es.ti.mu.la.θjón / -.sjón] 女 刺激(すること), 興奮(させること);鼓舞, 激励.

*es·ti·mu·lan·te** [es.ti.mu.lán.te] 形 **1** 励ましの, 勇気づける, 促進させる. *noticia ~* 励みになる知らせ. **2** 刺激的な. *remedio ~* 興奮剤, 興奮剤.
— 男 **1** 興奮剤, 刺激剤. **2** 刺激, 激励.

*es·ti·mu·lar** [es.ti.mu.lár] 他 **1** 励ます, 促す;《**a** + 不定詞 / **a que** + 接続法 …するように)激励する, 鼓舞する. *Estimula a su hijo a estudiar [a que estudie].* 彼[彼女]は息子に勉強するように励ます. **2** 激励する, 興奮させる;挑発する. ~ *el apetito* 食欲をそそる[増進させる]. — ~·se 再 興奮剤[麻薬]を摂る;《自分を)発奮させる.

*es·tí·mu·lo** [es.tí.mu.lo] 男 **1** 刺激, 刺激するもの. *El buen olor de la comida es un ~ para abrir el apetito.* 食べ物のいいにおいは食欲を刺激する. **2** 激励, 励まし. *La carta de mis padres fue un ~ para que superara dificultades.* 両親からの手紙は私にとって困難を克服するための励ましとなった. **3**《生化)《生体の器官・組織などに反応を引き起こす)刺激;刺激剤, 興奮剤.

es·tin·co [es.tíŋ.ko] 男
《動》《北アフリカ産の)トカゲ (= escinco).
es·tí·o [es.tí.o] 男《文章語》夏. → verano [語源].
es·tió·me·no [es.tjó.me.no] 男《医》潰瘍(かいよう)形成.
es·ti·pen·diar [es.ti.pen.djár] 82 他《人に)報酬を支払う.

estinco

es·ti·pen·dia·rio, ria [es.ti.pen.djá.rjo, -.rja] 男 報酬を受ける人;《古語》納貢者, 納税者.
es·ti·pen·dio [es.ti.pén.djo] 男《格式》報酬, 謝礼.
es·tí·pi·te [es.tí.pi.te] 男 **1**《建》《下部が細くなった逆ピラミッド形の)角柱, 支柱.
2《植》《ヤシのように分枝のない)幹.
es·tip·ti·car [es.tip.ti.kár] 102 他《医》《器官の組織を)収斂(しゅうれん)させる.
es·típ·ti·co, ca [es.típ.ti.ko, -.ka] 形 **1** 収斂(しゅうれん)性の, 止血性の. **2** 便秘症の. **3** けちな, 物惜しみする. — 男《薬》収斂剤, 止血剤.
es·tip·ti·quez [es.tip.ti.kéθ / -.kés] 女《ラ米》便秘.
es·tí·pu·la [es.tí.pu.la] 女《植》托葉(たくよう).
es·ti·pu·la·ción [es.ti.pu.la.θjón / -.sjón] 女《契約などの)約款, 約定, 条項;口頭契約, 口約. *la ~ a favor de tercero*《法》第三者に有利な規定.
es·ti·pu·lar [es.ti.pu.lár] 他 **1**《法》《契約などで)規定する, 条件づける.
2《条件などを)口頭で決める, 口頭契約をする.
es·ti·que [es.tí.ke] 男《技》《ぎざぎざの歯のついた)彫刻用のみ. [← [英]*stick*]
es·ti·ra [es.tí.ra] 女《皮なめし用の)ナイフ.
es·ti·ra·cá·ce·as [es.ti.ra.ká.θe.as / -.se.-] 女《複数形》《植》エゴノキ科の植物.
es·ti·ra·da·men·te [es.ti.rá.ða.mén.te] 副
1 やっと, かろうじて. **2** 力ずくで, 無理やりに.
es·ti·ra·do, da [es.ti.rá.ðo, -.ða] 形 **1** 伸ばした, ぴんと張った. *los brazos ~s* 伸ばした腕. **2** 着飾った, めかし込んだ. **3**《軽蔑》高慢な, 横柄な. *aspecto ~* 高慢そうな顔つき. *andar ~* 威張りくさっている. **4** 堅苦しい, ぎこちない. **5**《話》けちな, しみったれの. — 男女 **1** 高慢な人, 威張りくさった人. **2** けちな人, しみったれ. — 男 **1**《癖毛を)まっすぐにすること. **2**《技》《金属の)引き抜き;《繊維の)延伸. **3**《皮膚の)しわ伸ばし手術. — 女《スポ》《サッカーなどでゴールキーパーが)体を精一杯伸ばしてボールにタッチ[ボールをクリアー]すること.
es·ti·ra·dor, do·ra [es.ti.ra.ðór, -.ðó.ra] 形 引き伸ばす.
es·ti·ra·jar [es.ti.ra.xár] 他《話》《衣服などを)強く引っ張る.
es·ti·ra·mien·to [es.ti.ra.mjén.to] 男 **1** 伸ばすこと, 広げること, 延伸. **2**《スポ》ストレッチ. **3** しわ伸ばしの美容整形). **4**《軽蔑》横柄.

*es·ti·rar** [es.ti.rár] 他 **1** 伸ばす, 長くする. ~ *el brazo* 腕を伸ばす. ~ *el cable hasta el enchufe* コンセントまでケーブルを引っ張る. **2** ぴんと張る. **3**《衣服・皮膚などの)しわを伸ばす. ~ *con la plancha* アイロンをかける. **4**《話・仕事などを)引き延ばす, 持ち越す. **5**《お金を)上手に使う, 倹約する. **6**《ラ米》(1)《グアテ》《メキ》引きよせる. (2)《アルゼ》《俗》殺す, ぶち殺す;射殺する. (3)《コ》むち打つ.
— 自 (1)《特に子供が)成長する, 背が伸びる. **2**《de...》《勢いよく)引く, 引っ張る. **3**《ラ米》《話》死ぬ. — ~·se 再 **1** 伸びをする;寝そべる. **2** 伸びる, 広がる. 《特に子供が)成長する, 背が伸びる.
3《話》《人が)気前よくなる.
estirar la pata《話》死ぬ.

es·ti·re·no [es.ti.ré.no] / **es·ti·ro·le·no** [es.ti.ro.lé.no] 男《化》スチレン.
es·ti·rón [es.ti.rón] 男 **1** 引くこと, 引っ張り.
2 急激な背丈の伸び[成長].
dar [pegar] un estirón《話》急成長をする[遂げ

estoniano

dar [*pegar*] *un estirón de...* 《話》…をぐいと引っ張る[引き寄せる].

es·ti·ro·ne·ar [es.ti.ro.ne.ár] 他 《ラ米》《俗》《話》強く[ぐっと]引っ張る.

es·tir·pe [es.tír.pe] 女 **1**《文章語》家系, 血統, 家柄. Es de buena ~. 彼[彼女]は良家の出身だ. No niega su ~. 血筋は争えないものだ. noble ~ 貴族. rancia ~ 旧家. **2** 同族, 一族, 子孫.

es·ti·ti·co, ca [es.tí.ti.ko, -.ka] 形 《ラ米》《ラ米》《話》便秘をしている.

es·ti·ti·quez [es.ti.ti.kéθ / -.kés] 女 《ラ米》便秘.

es·ti·val [es.ti.bál] 形 夏の. calor ~ 夏の暑さ. solsticio ~ 夏至. vacaciones ~*es* 夏季休暇.

****es·to** [és.to] 代名 《指示》《中性》これ, このこと; ここ (▶ 話し手からもっとも近い場所にある, 名前や実体のわからないものや事柄をまとめて指し示す, または直前・直後の発言内容を指す) (↔ eso, aquello). ¿Qué es ~? — Es un libro de texto. これは[この包みは]なんですか. —教科書です. ¿Cuánto es ~? これはいくらになりますか. con ~ これで, 以上で. E~ es verdad. これは本当のことです. *E*~ es todo. 以上です, これで全部です. Me gusta mucho ~; es un buen lugar. 私はここ[当地]が気に入りました. いい場所ですね.

a todo esto (1) それはそうと, さて, ところで. (2) その間. *A todo* ~, *él seguía comiendo.* その間じゅう彼は食べ続けた.

esto, ...《話》《言いよどんで》ええと, ….

esto de...《話》…のこと. *Ya se ha solucionado* ~ *del problema del otro día.* 先日の問題は解決した.

esto es つまり, いいかえれば.

por esto このために (こういうことなので) (▶ 既述のことだけでなく, これから述べることも指す).

y en esto とそのとき.

es·to·ca·da [es.to.ká.ða] 女 **1** 突き刺すこと;〔闘牛〕(とどめの) 突き, 刺殺. una ~ en lo alto 急所の一突き. **2** 刺し傷, 突き傷.

es·to·ca·fís [es.to.ka.fís] 男 タラの燻製 (なまり). [←〔英〕*stock fish*]

es·to·ca·je [es.to.ká.xe] 男 保管倉庫, 貯蔵庫.

es·to·cás·ti·co, ca [es.to.kás.ti.ko, -.ka] 形
1《数》計算《確率》に関する.
2《文章語》偶然の, 必然でない, 運にまかせた.

es·tock [es.tók] 男 → **stock**.

Es·to·col·mo [es.to.kól.mo] 固名 ストックホルム: スウェーデンの首都. [←〔スウェーデン〕*Stockholm*]

es·to·fa [es.to.fa] 女 (軽蔑)(人の)種類, タイプ, 階層. de baja ~ 下層の, 下等な.

es·to·fa·do, da¹ [es.to.fá.ðo, -.ða] 形 とろ火で煮込んだ, シチューにした. — 男 シチュー, 煮込み. ~ de vaca ビーフ・シチュー.

es·to·fa·do, da² [es.to.fá.ðo, -.ða] 形 キルティングにした. — 男 キルティング.

es·to·far¹ [es.to.fár] 他 煮込む, シチューにする.

es·to·far² [es.to.fár] 他 **1** キルティングにする. **2**（金箔(きんぱく)の上に塗料で）〈図柄を〉彫る, 削って描く. **3**（金地の上に）テンペラ絵の具で描く. **4**（木彫に光沢を与えるために）白い色をかける.

es·to·far·se [es.to.fár.se] 再 《ラ米》《ラプラタ》《話》懸命に働く, がんばる.

es·to·fón, fo·na [es.to.fón, -.fó.na] 形 《ラ米》《ラプラタ》《話》努力家の.

es·toi·cis·mo [es.toi.θís.mo / -.sís.-] 男 **1** ストア哲学, ストア主義. **2** 禁欲(主義), 克己, 平然.

es·toi·co, ca [es.tói.ko, -.ka] 形 **1** ストア学派の, ストア哲学の. escuela *estoica* ストア学派. **2** 禁欲的な, ストイックな; 超然とした. — 男 女 **1** ストア学派の哲学者. **2** 禁欲主義者; ものに動じない人.

es·to·la [es.tó.la] 女 **1**（聖職者用）ストラ, ストール, 頸垂(けいすい)帯. **2**（女性用）肩掛け, ストール. **3**（古代ギリシア・ローマの女性用の）ゆったりした上着, ストラ. **4**《ラ米》《ラプラタ》《服飾》ショール.

estola
(ストラ, ストール)

es·to·li·dez [es.to.li.ðéθ / -.dés] 女 愚鈍, 蒙昧(もうまい)さ.

es·tó·li·do, da [es.tó.li.ðo, -.ða] 形 愚鈍な, 鈍い.

es·to·lón [es.to.lón] 男 〔植〕 匍匐(ほふく)枝〔茎〕, 走出枝, ストロン.

es·to·ma [es.tó.ma] 男 **1** 〔植〕 気孔. **2** 〔動〕 小孔, 小口.

es·to·ma·cal [es.to.ma.kál] 形 **1** 胃の. trastorno ~ 胃の不調. jugo ~ 胃液. **2** 〔消化〕によい. — 男〔薬〕健胃剤, 消化剤.

es·to·ma·gan·te [es.to.ma.gán.te] 形 **1** 消化の悪い, 胃にもたれる. **2** 《話》うんざりさせる.

es·to·ma·gar [es.to.ma.gár] 他 **1** 〈人に〉消化不良を起こさせる, 胃をもたれさせる. **2** 《話》〈人を〉うんざりさせる, あたふかせる.

****es·tó·ma·go** [es.to.ma.go] 男 **1** 〔解剖〕 胃, 胃袋. boca de ~ みぞおち. ardor de ~ 胸焼け. tener un ~ de piedra 丈夫な胃をしている. ¿Le duele el ~? 胃が痛いのですか. **2** 《話》腹部, 腹 (= barriga). Tengo demasiado ~ para ponerme esta chaqueta. 私は腹が出すぎてこのジャケットは合わない. **3** 《話》忍耐強さ, 図太さ. tener buen ~ 辛抱強い. Hay que tener ~ para trabajar con un tipo así. あんな人と働くには神経が太くなくてはいけませんね.

echar... al estómago《話》…を食べる, 飲む.

*levantar*le *el estómago* (*a*+人)〈人〉の胃をむかつかせる, 胃の調子をおかしくする.

*revolver*le *el estómago* (*a*+人)〈人〉をむかつかせる; はらわたが煮えくり返る思いをさせる.

sentar (*a*+人) *como una patada en el estómago*〈人〉をむっとさせる.

tener el estómago en los pies [*talones*] お腹がぺこぺこである.

[←〔ラ〕*stomachum* (*stomachus* の対格)「食道」; 胃」←〔ギ〕*stómakhos*「喉(のど); 食道」;〔関連〕〔英〕*stomach*]

es·to·má·ti·co, ca [es.to.má.ti.ko, -.ka] 形 **1** 胃の. **2** 口[口内]の.

es·to·ma·ti·tis [es.to.ma.tí.tis] 女 《単複同形》〔医〕口内炎.

estomato-「口」の意を表す造語要素. ▶ 母音の前で estomat-. ⇒ *estomático*, *estomatología*. [←〔ギ〕]

es·to·ma·to·lo·gí·a [es.to.ma.to.lo.xí.a] 女 〔医〕口腔(こうこう)(病)学, 口内病学.

es·to·ma·tó·lo·go, ga [es.to.ma.tó.lo.go, -.ga] 男 女《話》口腔(こうこう)病学者〔専門医〕.

Es·to·nia [es.tó.nja] 固名 エストニア(共和国): 首都 Tallinn.

es·to·nia·no, na [es.to.njá.no, -.na] 形 → estonio.

es·to·nio, nia [es.tó.njo, -.nja] 形 エストニア（共和国）の，エストニア人[語]の． ― 男 女 エストニア人．
― 男 エストニア語：フィン・ウゴル諸語の一つ．

es·top [es.tóp] 男《ラ米》《話》《車》ブレーキランプ．

es·to·pa [es.tó.pa] 女 1 〖麻・亜麻の〗梳きくず． 2 バーラップ，黄麻布：袋や梱包(ﾎﾞ)に用いる目の粗い布． 3 〖海〗オーカム，槙肌(ﾏｷﾊﾀﾞ)：ロープをほぐし船板の合わせ目に詰めて漏れを防ぐ． 4 《ラ米》《話》くず綿．
dar [repartir, arrear] estopa (a...)《話》(…を)めった打ちにする．

es·to·pe·rol [es.to.pe.ról] 男 1 〖海〗(頭の丸くきな)鋲(ﾋﾞｮｳ)． 2 《ラ米》(1) (めっきした) 飾り鋲．(2) (ﾁﾘ)鍋(ﾅﾍﾞ)，フライパン．(3) けんか．

es·to·pi·lla [es.to.pí.ʎa‖-.pí.ʝa, -.sí.-] 女 1 細かい麻くず；麻くずを紡いだ糸；その布地． 2 紗(ｼｬ)(の一種)． 3 綿生地． [estopa ＋ 縮小辞]

es·to·por [es.to.pór] 男 〖海〗(錨(ｲｶﾘ)の)止め索，ストッパー． [←〔英〕*stopper*]

es·to·po·so, sa [es.to.pó.so, -.sa] 形 1 麻・亜麻の梳きくずでできた． 2 ざらざら[ぎざぎざ]した．

es·to·que [es.tó.ke] 男 1 〖闘牛〗(とどめを刺すときに用いる)剌殺用剣，エストケ． 2 (仕込み杖(ﾂｴ)などに用いる)細身の剣． 3 〖植〗グラジオラス．
[←〔古仏〕*estoc*「剣先」]

es·to·que·a·dor [es.to.ke.a.ðór] 男 〖闘牛〗(とどめを刺す)闘牛士，マタドール *matador*．

es·to·que·ar [es.to.ke.ár] 他 〖闘牛〗(エストケ *estoque* で) 〈牛を〉刺す，〈牛に〉とどめを刺す．

es·tor [es.tór] 男 薄地のカーテン．

es·to·ra·que [es.to.rá.ke] 男 1 〖植〗エゴノキ属の総称． 2 安息香：芳香を放ち，香料，医薬品に用いる． 3 《ラ米》(ﾒｷｼｺ)《話》長ったらしい文章．

‡**es·tor·bar** [es.tor.bár] 他 1 妨げる，邪魔する；阻む． El abrigo me *estorba* para correr. オーバーが邪魔してうまく走れない． ～ el paso 通行の邪魔になる． La lluvia *estorbó* nuestros planes. 雨で私たちの計画はお流れになった．
2 〈人を〉悩ませる，困らせる；不快にする． Cuando estudio me *estorba* el más leve ruido. 私は勉強中はどんな小さな物音でも気になる． ▶時に直接目的人称代名詞でなく間接目的人称代名詞が用いられる．
― 自 邪魔である，足手まといである． Nos vamos porque parece que *estorbamos*. お邪魔なようだから我々は失礼します．
estorbarle (a + 人) lo negro (人)が読み書きができない；(比喩的)字を見ると頭が痛くなる．
[←〔古スペイン〕*destorvar*←〔ラ〕*disturbāre*「追い散らす；妨げる」(→ *disturbar*) 関連〔英〕*disturb*]

es·tor·bo [es.tór.bo] 男 1 邪魔，妨害；障害物． Este paquete es un ～. この包みは邪魔だ．
2 余計者，お荷物． Eres un ～ en la casa. おまえは家族の厄介者だ．

es·tor·ni·no [es.tor.ní.no] 男 〖鳥〗ムクドリ． ～ pinto ホシムクドリ．

es·tor·nu·dar [es.tor.nu.ðár] 自 くしゃみをする．
▶くしゃみをした人には「お大事に！」¡Jesús! ¡Salud! と言う．言われた当人は Gracias. と答える．

es·tor·nu·do [es.tor.nú.ðo] 男 くしゃみ．

es·tos [és.tos] 形 → *este*.

és·tos [és.tos] 代名 → *éste*.

es·to·tro, tra [es.tó.tro, -.tra] 形 《まれ》(este, esta と otro, otra の縮約形) もう一つの．
― 代名 《まれ》もう一つの．

es·to·var [es.to.βár] 他 〈肉などを〉とろ火で煮込む，ぐつぐつ煮る．

es·toy [es.tói] 活 → *estar*.

es·trá·bi·co, ca [es.trá.βi.ko, -.ka] 形 〖医〗斜視の． ― 男 女 斜視の人（= bizco）．

es·tra·bis·mo [es.tra.βís.mo] 男 〖医〗斜視．

es·tra·ci·lla [es.tra.θí.ʎa‖-.sí.-] 女 1 粗い布切れ． 2 (丈夫な) 褐色包装紙．

es·tra·da [es.trá.ða] 女 1 野道；(生け垣・塀の間の)細道． 2 《ラ米》(ﾒｷｼｺ)ゴム採取の受け持ち区域．

es·tra·dio·te [es.tra.ðjó.te] 男 〖史〗アルバニア軽騎兵． ♦元来ベネツィア共和国の傭兵(ﾖｳﾍｲ)だったが，カトリック両王 los Reyes Católicos から Felipe 2 世の時代までスペインの騎兵隊に編入された．

es·tra·di·va·rio [es.tra.ði.βá.rjo] 男 ストラディバリウス：イタリアの弦楽器製作者 Stradivarius (1644–1737) 製作のバイオリン，ビオラ，チェロ．

es·tra·do [es.trá.ðo] 男 1 (儀式用の) 壇；貴賓席． 2 (昔の女性用の)応接室；応接間の家具調度類． 3《複数で》〖法〗法廷． citar para ～s 召喚する．

es·tra·fa·la·rio, ria [es.tra.fa.lá.rjo, -.rja] 形 1 風変わりな，へんてこな． 2 〈態度・服装が〉だらしない，ずぼらな． ― 男 女 変わり者；だらしない人．

es·tra·ga·do, da [es.tra.ɣá.ðo, -.ða] 形 1 腹をこわした，胃の調子が悪い．
2 退廃[荒廃]した，ぼろぼろの，腐った．

es·tra·ga·dor, do·ra [es.tra.ɣa.ðór, -.ðó.ra] 形 1 荒廃させる，壊滅[破壊]させる．
2 腐敗[堕落]させる．

es·tra·ga·mien·to [es.tra.ɣa.mjén.to] 男 1 荒らすこと，破壊；荒廃(状態)，惨害． 2 堕落，腐敗．

es·tra·gar [es.tra.ɣár] 他 1 (強度の刺激で)まひさせる．～ el apetito 食欲をなくさせる． El exceso de picantes me *estragó* el paladar. 辛すぎて私は舌がしびれてしまった． 2 荒らす，害を与える，荒廃させる． 3 堕落させる，腐敗させる．
― ～**·se** 再 1 (刺激が強すぎて)まひする．
2 *(de...)* …が原因で〉胃を荒らす．

es·tra·go [es.trá.ɣo] 男《主に複数で》 1 荒廃，壊滅． los ～s de los años 歳月の経過による荒廃． El terremoto ha causado muchos ～s. その地震は甚大な被害をもたらした． 2 退廃，堕落． La droga hace ～s. 麻薬は退廃[害悪]をもたらす．
hacer estragos (1)《*en... / entre...* …に》害をもたらす．(2)《*entre...* …の間で》人気である，もてはやされる．

es·tra·gón [es.tra.ɣón] 男 1 〖植〗タラゴン：ヨモギ属． 2 〖料〗エストラゴン，タラゴンの葉：香辛料．

es·tra·ma·dor [es.tra.ma.ðór] 男《ラ米》(ﾒｷｼｺ)すきぐし，粗ぐし．

es·tram·bó·li·co, ca [es.tram.bó.li.ko, -.ka] 形《ラ米》→ *estrambótico*.

es·tram·bo·te [es.tram.bó.te] 男 〖詩〗(ソネットなどの) 追加(詩)節．

es·tram·bó·ti·co, ca [es.tram.bó.ti.ko, -.ka] 形《話》風変わりな，へんてこな．

estragón
(タラゴン)

es·tra·mo·nio [es.tra.mó.njo] 男 〖植〗チョウセンアサガオ．

es·tran·gul [es.traŋ.gúl] 男 〖音楽〗(管楽器の)吹管，リード．

es·tran·gu·la·ción [es.traŋ.gu.la.θjón / -.sjón] 女 1 → *estrangulamiento*.

estrecho

2〖医〗絞扼(ﾋﾞｬｸ), 狭窄(ｷｮｳ), 嵌頓(ｶﾝ).

es·tran·gu·la·dor, do·ra [es.traŋ.gu.la.đór, -.đó.ra] 形 **1** 窒息させる, 絞殺(ｻﾂ)の; 息のふさがるような. **2**〖医〗(血管などを) 絞扼(ﾋﾞｬｸ)[括約] する, 嵌頓(ｶﾝ) 状態にする.
——男 女 絞殺犯. ——男〖車〗チョーク.

es·tran·gu·la·mien·to [es.traŋ.gu.la.mjén.to] 男 **1** 絞殺, 絞頸(刑).
2 (通路などの) 狭まり, 隘路(ｱｲ).

*__**es·tran·gu·lar**__ [es.traŋ.gu.lár] 他 **1** 絞め殺す, 絞殺する. *La estranguló con un cordón.* 彼[彼女]はその女性をひもで絞め殺した.
2〖計画などを〗阻止する, 〖進行を〗阻む.
3〖医〗(管を) 狭める, ふさぐ;〈血行を〉圧止する, 絞扼(ﾋﾞｬｸ)する. *El tumor me estranguló el intestino.* 私は腫瘍(ｼｭﾖｳ)で腸閉塞(ｿｸ)を起こした. ~ la vena para detener la hemorragia 止血のため血管を縛る. **4**〖車〗チョークを絞る.
——**~·se** 再 **1** 首をつって死ぬ.
2 狭窄(ｷｮｳ)する, 閉塞(ｿｸ)する.
[⇐〖ラ〗*strangulāre*; 関連〖英〗*strangle*]

es·tran·gu·ria [es.traŋ.gú.rja] 女〖医〗排尿困難, 尿淋瀝(ﾘﾝﾚｷ) (= estangurria).

es·tra·pa·da [es.tra.pá.đa] 女《古語》つるし首の刑; その柱, ロープ.

es·tra·per·le·ar [es.tra.per.le.ár] 自《con...》…をやみ取引する.

es·tra·per·le·o [es.tra.per.lé.o] 男 やみ取引する.

es·tra·per·lis·ta [es.tra.per.lís.ta] 形 やみ屋の.
——男 女 やみ商人, やみ屋.

es·tra·per·lo [es.tra.pér.lo] 男《話》**1** やみ市, やみ値. vender de ~ やみで売る.
2 やみ製品, 禁制品.

es·tra·pon·tín [es.tra.pon.tín] 男 折り畳みいす.

es·trás [es.trás] 男《単複同形》(人造宝石用の) 高鉛フリント・ガラス, 人造宝石. ◆発明者のドイツ人宝石商J. Strassの名に由来する.

es·tra·ta·ge·ma [es.tra.ta.xé.ma] 女 **1** 計略, 戦略. *Una ~ de la guerrilla confundió al enemigo.* ゲリラの作戦に陥って敵は混乱した.
2 権謀術数, 企み; 裏工作. *Conmigo no te valen tus ~s.* 私にそんな手は通用しないよ.

es·tra·te·ga [es.tra.té.ɣa] 男 女 戦略家, 辣腕(ﾗﾂﾜﾝ) 家.
los estrategas de café [gabinete]《話》机上の戦略家.

*__**es·tra·te·gia**__ [es.tra.té.xja] 女 戦略 (→ táctica); 戦術, 作戦(計画). *La aparición de las armas de fuego modificaron el sentido de la ~.* 火器の出現によって戦術の意味がかわった. ~ de mercado 市場戦略. ~ electoral 選挙作戦.

*__**es·tra·té·gi·co, ca**__ [es.tra.té.xi.ko, -.ka] 形 戦略(上)の; 戦術(上)の; 戦略にたけた. Iniciativa de Defensa *Estratégica*〖軍〗戦略防衛構想 (=〖英〗Strategic Defense Initiative《略 SDI》).
——男 女 戦略家, 戦術家; 策謀家.

es·tra·te·go [es.tra.té.ɣo] 男 → estratega.

es·tra·ti·fi·ca·ción [es.tra.ti.fi.ka.θjón / -.sjón] 女 **1** 層を成すこと, 層状配列. **2**〖地質〗成層.

es·tra·ti·fi·car [es.tra.ti.fi.kár] 012 他 層にする, 層を作る. ——**~·se** 再 層になる; 積み重なる.

es·tra·ti·gra·fí·a [es.tra.ti.ɣra.fí.a] 女〖地質〗堆積学[層序学, 地層学].

es·tra·ti·grá·fi·co, ca [es.tra.ti.ɣrá.fi.ko, -.ka] 形〖地質〗堆積学[層序学, 地層学]の.

*__**es·tra·to**__ [es.trá.to] 男 **1**〖地質〗層, 地層.
2〖生物〗(組織の) 層. **3**〖気象〗層雲. **4** (社会的) 階層, 層. ~s sociales 社会階層.

es·tra·to·cra·cia [es.tra.to.krá.θja / -.sja] 女 軍人政治, 軍政.

es·tra·to·cú·mu·lo [es.tra.to.kú.mu.lo] 男〖気象〗層積雲.

es·tra·tos·fe·ra [es.tra.tos.fé.ra] 女〖気象〗成層圏.

es·tra·tos·fé·ri·co, ca [es.tra.tos.fé.ri.ko, -.ka] 形 成層圏の.

es·tra·ve [es.trá.be] 男〖海〗水押(ｽｲｵｳ); 船首(材), ステム. hélice de ~ 船首プロペラ.

es·tra·za [es.trá.θa / -.sa] 女《集合的》ぼろ, ぼろ切れ, 布切れ. papel de ~ 粗葉紙.

-estre〖接尾〗「…特有の, …の性質を持った」の意を表す形容詞語尾. ⇌ campestre, rupestre.

es·tre·cha·men·te [es.tré.tʃa.mén.te] 副 **1** ぎゅっと, しっかりと. **2** 緊密に, 親密に; 厳密に. estar ~ relacionado con... …に密接に関係している. seguir ~ las instrucciones その指示に厳格に従う. **3** (経済的に) きゅうきゅうとして.

es·tre·cha·mien·to [es.tre.tʃa.mjén.to] 男 **1** 狭まり, 締めつけ. ~ de carretera 道が狭くなること. ~ de manos 握手. **2** 緊密化, 密接化. ~ de los lazos económicos entre ambos países 両国の経済関係の緊密化. **3**〖医〗狭窄(ｷｮｳ).

es·tre·cha [es.tré.tʃa] 形 → estrecho.
——活 → estrechar.

*__**es·tre·char**__ [es.tre.tʃár] 他 **1** 狭くする, 狭める, 細くする. Tengo que ~ el vestido porque me queda un poco grande. このドレスは私には少し大きいので詰めないといけない.
2 (関係・結びつきを) **緊密にする**, 親密にする; 強くする. *Una desgracia común a ambos estrechó su amistad.* 二人に共通の不幸によって友情が強まった. **3** (ぎゅっと) 締め付ける, 〖腕で〗抱きしめる, (手で) 握り締める. ~le la mano (a+人)〈人〉と握手する. *Esta falda me estrecha.* このスカートは私にはきつい. *Al verme, me acercó y me estrechó entre los brazos.* 彼[彼女]は私を見ると引き寄せて抱きしめた. **4**《a+不定詞 …するよう》〈人に〉強要する.
——**~·se** 再 **1** 狭まる, 細くなる. *En el valle se estrecha el río.* 渓谷のところで川は細くなっている.
2 (結びつき・関係が) 緊密になる, 強まる. ~se con+人〈人〉と親密になる.
3《複数主語で》(手を) 握り合う, 握手する; 抱き合う. **4** (空間ができるように) 詰める. ¿*Os molesta estrecharos un poquito para que quepa yo también?* 君たち, 私も入れるようにもう少しだけ詰めてもらえないか. **5**《**en...** …を》切り詰める, 倹約する.

es·tre·chez [es.tre.tʃéθ / -.tʃés] 女《複 estrecheces》**1** 狭さ, 細さ. ~ de la calle 道の狭さ.
2 (空間・時間的) 余裕のなさ, 窮屈. **3**《主に複数で》困窮, 貧窮, 不足. pasar *estrecheces* 金に窮している. **4** 親密さ, 緊密. **5** 厳しさ, 厳格; 狭量. ~ de espíritu [conciencia, miras] 狭量, 了見の狭さ.
6〖医〗(食道・尿道などの) 狭窄(ｷｮｳ)(症).

*__**es·tre·cho, cha**__ [es.tré.tʃo, -.tʃa] 形 **1**《＋名詞/名詞＋》《**ser**＋/**estar**＋》〈幅が〉**狭い, 細い**, 〈場所が〉狭苦しい;〈服などが〉きつい, ぴったりした. falda *estrecha* タイトスカート. *Los zapatos me quedan ~s y me due-*

estrechura

len los pies. 靴がきつくて足が痛い. *Es muy ~ de espaldas.* 彼は肩幅がとても狭い.
2 《ser+ / estar+》《人・ものの状態が》窮屈な, ぎゅうぎゅう詰めの. *Fuimos muy ~s en el tren.* 私たちは電車の中ですし詰め状態だった.
3 《多くは+名詞》《ser+》《関係・間柄が》緊密な, 親密な. *Nos une una estrecha amistad.* 私たちは固い友情で結ばれている.
4 《多くは+名詞 / 名詞+》厳しい, 厳格な;狭量な. *normas estrechas* 厳しい規則. *estrecha vigilancia* 厳しい監視. ~ *de espíritu* 心の狭い.
5 〖経済状態が〗苦しい, 逼迫した;困窮した.
6 〖話〗〖軽蔑〗(性道徳的に)頭が固い, 古い.
── 男 〖地理〗海峡. *el ~ de Gibraltar* ジブラルタル海峡.
[←〚ラ〛*strictum* ; *stringere*「締めつける」(→ *estreñir*)の完了分詞 *strictus* の対格; 関連 *estricto*. 〚仏〛*étoile*. 〚伊〛*stella*. 〚英〛*strait*「海峡」, *strict*「厳しい; 厳密な」]

es·tre·chu·ra [es.tre.tʃú.ra] 女 → *estrechez*.

es·tre·ga·de·ra [es.tre.ɣa.ðé.ra] 女 **1** ブラシ.
2 ドアマット, 靴ふき.

es·tre·ga·de·ro [es.tre.ɣa.ðé.ro] 男 **1** (動物の)水浴場. **2** 洗濯場.

es·tre·ga·du·ra [es.tre.ɣa.ðú.ra] 女 (布・ブラシなどで)こすること, 磨くこと;(研磨剤による)磨き上げ.

es·tre·ga·mien·to [es.tre.ɣa.mjén.to] 男 → *estregadura*.

es·tre·gar [es.tre.ɣár] 他 (手・布・ブラシなどで)こする, 磨く;(研磨剤・磨き粉で)磨きあげる.
── ~·se 再 (自分の体を)ごしごしこする.

es·tre·gón [es.tre.ɣón] 男 ごしごしこすること.

es·tre·lla [es.tré.ja ‖ -.ʎa] 女 〖天文〗星, 恒星**. *levantarse con las ~s* 〖話〗早朝に起きる. ~ *de rabo* 彗星(慧). ~ *fija* 恒星. ~ *fugaz* 流れ星. ~ *errante* 遊星. ~ *matutina* [*del alba*] 明けの明星. ~ *vespertina* 宵の明星. ~ *Polar* [*del Norte*] 北極星. *lluvia de ~s* 流星群.
2 星形のもの;星印, アスタリスク. ~ *de mar* ヒトデ. *sopa de estrellas* ステッリーネ (星形のパスタ) 入りスープ. ~ *de David* ダビデの星 (ユダヤ教のシンボル).
3 〖占星〗(運命を司る)星, 星回り, 運勢. *querer contar las ~s* (運命に逆らって)不可能なことを願う. *tener buena* [*mala*] ~ 〖話〗星のめぐり合わせが良い[悪い]. *nacer con* (*buena*) ~ 幸運の星のもとに生まれる.
4 (映画界の)人気俳優;(スポーツ界などの)スター選手, 花形. ~ *del cine* 映画の花形スター. ▶ 名詞の後ろに置かれ性数変化せずに形容詞的に用いられることもある. *jugadores ~(s) del equipo* チームの花形選手.
5 人目を引く事柄, 目玉. *La ~ de esta exposición es un famoso cuadro de Picasso.* この展覧会の目玉はピカソの有名な絵だ. **6** 〖軍〗(隊内での等級を表す星形の)襟章. **7** (ホテルの等級を表す)星. **8** 星形のLSD〖ドラッグ〗.
9 《ラ米》(ホ)(ホ)(ホハ)(ホハ)(ホハ)〖遊〗星形の凧(ﾞ).
poner... por [*sobre*] *las estrellas* …をほめちぎる.

ver las estrellas 《話》(痛くて)目から火が出る.
[←〚ラ〛*stēllam* (*stēlla* の対格), 関連 *astro* (*nomía*), *constelación*. 〚ポルトガル〛*estrela*. 〚仏〛*étoile*. 〚伊〛*stella*. 〚英〛*star*. 〚独〛*Stern*]

Es·tre·lla [es.tré.ja ‖ -.ʎa] 固名 女 エストレージャ:スペインの大手ビールブランド, またそのビール.

es·tre·lla·de·ra [es.tre.ja.ðé.ra ‖ -.ʎa.-] 女 〖料〗穴あきフライ返し.

es·tre·lla·do, da [es.tre.já.ðo, -.ða ‖ -.ʎá.-] 形 **1** 星の多い, 星明かりの. *El cielo está ~.* 空は満天の星だ. **2** 星形の. **3** 〖料〗目玉焼きの. *huevos ~s* 目玉焼き. **4** 粉々に壊れた.

es·tre·lla·mar [es.tre.ja.már ‖ -.ʎa.-] 女 〖動〗ヒトデ (= *estrella de mar*). 〖植〗オオバコ.

es·tre·llar[1] [es.tre.jár ‖ -.ʎár] 形 星の, 星形の;花形の.

*es·tre·llar[2] [es.tre.jár ‖ -.ʎár] 他 **1** 《*contra*...…に》投げつける,(投げつけて)粉々に砕く;《*en*...…に》投げ入れる. *Estrelló un vaso contra la pared.* 彼[彼女]はコップを壁にたたきつけた.
2 〖料〗(熱した油の中に)〈卵を〉割り入れる. ~ *un huevo en la sartén* フライパンに卵を落とす.
── ~·se 再 **1** 《*contra*...…に》激突する;(ぶつかって)粉々になる, 死ぬ. *Las olas se estrellaban contra el rompeolas.* 波が防波堤に砕け散っていた.
2 《*con... / contra...* …のせいで》《*en...* …に》失敗する, 挫折(ﾞ)する. ~*se en una empresa* 事業に失敗する. **3** (空が)星でいっぱいになる. **4** 《ラ米》(ｷ)気絶する;目から火が出る;卓越する.
*estrellar con+*人 議論で〈人〉と真っ向からぶつかる.

es·tre·lla·to [es.tre.ja.to ‖ -.ʎá.-] 男 (映画などの)スターダム, スターの地位.

es·tre·lle·ro, ra [es.tre.jé.ro, -.ra ‖ -.ʎé.-] 形 《馬が》頭をよくもたげる. ── 男 〖古語〗占星術師.

es·tre·llón [es.tre.jón ‖ -.ʎón] 男 **1** 星形の花火.
2 《ラ米》(ﾘﾌﾟﾗ)(ﾁ)(ﾎﾝｼﾞ)激突, ぶつかり.

es·tre·me·ce·dor, do·ra [es.tre.me.θe.ðór, -.ðó.ra / -.se.-] 形 **1** 驚くべき;身の毛のよだつ.
2 激しい, 猛烈な.

:es·tre·me·cer [es.tre.me.θér / -.sér] 34 他 **1** 揺るがす, 揺り動かす. *El temblor estremeció las casas.* 地震で家々が揺れた.
2 (恐怖・驚きを起こすことから)寒さなどが〉〈人(の身)を〉震え上がらせる, 飛び上がらせる;(飛び上がらせるほど)驚かす. *El trueno me estremeció.* 雷鳴に私は飛び上がった. **3** (精神的に)動揺させる;〈秩序などを〉混乱させる, 震撼(ﾞ)させる. *La noticia de los asesinatos en cadena nos ha estremecido a todos.* 連続殺人のニュースに我々はみな動揺した.
── ~·se 再 **1** 揺れる, 揺れ動く, 振動する. *Las hojas de los árboles se estremecen por el viento.* 木々の葉が風で揺れている.
2 《*de... / con...* …で》震える, 飛び上がる;びっくりする. **3** 動揺する, 混乱する.

es·tre·me·ci·mien·to [es.tre.me.θi.mjén.to / -.si.-] 男 **1** 振り動かすこと, 揺さぶること;震動, 揺れ.
2 震撼(ﾞ), 震え;悪寒;驚愕(ﾞ), びっくり仰天.

estremezc- 活 → *estremecer*.

es·tre·me·zón [es.tre.me.θón / -.són] 男 《ラ米》(ﾘﾌﾟﾗ)(ﾁ)→ *estremecimiento*.

es·tre·na [es.tré.na] 女 **1** (時に複数で)贈り物, 祝儀. **2** 〖まれ〗使い初め (= *estreno*). *la ~ de un nuevo vestido* 服を下ろすこと.

:es·tre·nar [es.tre.nár] 他 **1** 初めて使う, 下ろす. ~ *un nuevo bolígrafo* 新しいボールペンを使

いだす. ～ un piso 新築のマンションに入居する. **2**〖演〗初演する；〖映〗封切る.
── 圓 《ラ米》(ᵃᵏ)〖話〗手付け金を払う.
── ～·se 再〖como...〗...として〗初登場する, デビューする. ～*se como futbolista* サッカー選手としてデビューする.
2〖3人称で〗〖演〗初演される；〖映〗封切られる.
[←〔古スペイン〕「(使い初めをする人のために)贈り物をする」；〔古スペイン〕*estrena*「贈り物」(←〔ラ〕*strēna*)より派生]

es·tre·nis·ta [es.tre.nís.ta] 男女〖演〗欠かさず初日の芝居を見に行く人.

*****es·tre·no** [es.tré.no] 男 **1** 使い初め；(服などを)初めて着ること. ponerse el vestido de ～ 新しいドレスを着る. **2**〖演〗〖映〗**初演, 封切り**；初作上演；役者の初舞台. cine de ～ 封切り館. **3**〖職業などの〗始まり. Su ～ como vendedor fue un desastre. セールスマンとしての第一歩はさんざんだった. **4**《ラ米》手付け金. (2)《ラ米》お返し.

es·tren·que [es.trén.ke] 男〖植〗アフリカハネガヤを編んだ太綱[ロープ].

es·tre·nuo, nua [es.tré.nwo, -.nwa] 形 勇敢な, 強い, 敏捷(ʙ̃ʟ̃ʏ̈)な.

es·tre·ñi·do, da [es.tre.ní.ðo, -.ða] 形 **1**〖医〗便秘の. **2** けちな, 強欲な.

es·tre·ñi·mien·to [es.tre.ɲi.mjén.to] 男〖医〗便秘.

es·tre·ñir [es.tre.ɲír] 65 他〖医〗便秘を起こさせる. ── ～·se 再〖医〗便秘する.

es·tre·pa·da [es.tre.pá.ða] 女 **1**(いっせいに)引っ張ること, 力を入れること.
2〖海〗(オールの)ひと漕(ʒ)ぎ；急速前進.

es·tre·pi·tar·se [es.tre.pi.tár.se] 再《ラ米》(ᵃʀ)〖話〗はしゃぎ回る, お祭り騒ぎをする.

es·tré·pi·to [es.tré.pi.to] 男 **1** 轟音(ᵍᵒ̃ᵘ), 大音響 (=*estruendo*). el ～ de la explosión 爆発音. **2** 見せびらかし, 派手. Lo hace todo con mucho ～. 彼[彼女]は何をするにしても仰々しい.

es·tre·pi·to·sa·men·te [es.tre.pi.tó.sa.mén.te] 副 けたたましく；がけがしい音を立てて.

es·tre·pi·to·so, sa [es.tre.pi.tó.so, -.sa] 形 **1** けたたましい, 轟音(ᵍᵒ̃ᵘ)の；やかましい, una pita *estrepitosa* うるさい野次. **2** はっきりした, 明らかな；仰々しい, 派手な. un ～ éxito 大成功.

es·trep·to·co·co [es.trep.to.kó.ko] 男〖生物〗連鎖球菌.

es·trep·to·mi·ci·na [es.trep.to.mi.θí.na / -.sí.-] 女〖薬〗ストレプトマイシン.

es·trés [es.trés] 男《複～, *estreses*》ストレス, 緊張.

es·tre·sa·do, da [es.tre.sá.ðo, -.ða] 形 ストレスを受けた[感じている].

es·tre·san·te [es.tre.sán.te] 形 ストレスを与える, ストレスがたまる.

es·tre·sar [es.tre.sár] 他 ...にストレスを与える. ── ～·se 再 ストレスを受ける.

es·trí·a [es.trí.a] 女 **1**(1) 溝, すじ (2)〖建〗(柱の)縦溝；〖地質〗条線. **2**(引っかき)傷, みみず腫(ʱ)れ ～ *de embarazo* 妊娠線.

es·tria·ción [es.trja.θjón / -.sjón] 女 **1** 溝を彫ること. **2**〖建〗(柱などに)縦溝を刻むこと. **3**(銃の)旋条. **4**〖地質〗条線.

es·tria·do, da [es.trjá.ðo, -.ða] 形 傷のついた, 引っかき傷がある.

es·triar [es.trjár] 81 他 **1** ...に溝を彫る, 筋を入れる. **2**〖建〗(柱などに)溝を刻む. **3**(銃腔に)旋条をつける. **4**〖地質〗〈氷河が〉〈岩面に〉条線をつける.
── ～·se 再 溝ができる, しわが寄る.

es·tri·ba·ción [es.tri.ba.θjón / -.sjón] 女〖主に複数で〗〖地質〗支脈.

*****es·tri·bar** [es.tri.bár] 自《**en...**》 **1**(...に)**支えられる**, 載っている, 立脚する. El depósito *estriba en* cuatro pilares. タンクは4本の柱に支えられている. **2**(...に)**拠**(ʸ)**る**, 依拠する, 理由がある. La belleza de la sala *estriba en* sus muebles. その広間の優美さは家具のせいだ.

es·tri·be·ra [es.tri.bé.ra] 女 **1** あぶみ.
2(乗り物の)踏み板, 昇降段, ステップ.
3《ラ米》(ᴹᵉˣ)あぶみ革.

es·tri·bi·llo [es.tri.bí.jo ‖ -.ló.-] 男 **1**〖詩〗〖音楽〗(詩歌の)反復句, リフレーン. **2** 口癖, 常套(ʲʲᵒᵘ)語句.

es·tri·bi·tos [es.tri.bí.tos] 男《複数形》《ラ米》(1)(ᴬʳᵍ)(ᶜʰ)気取る[上品ぶる]こと. (2)(ᴬʳᵍ)泣きっ面.

es·tri·bo [es.trí.bo] 男 **1** あぶみ. **2**(馬車・車などの)ステップ, 昇降段. **3**〖比喩的〗基礎, 土台.
4〖解剖〗(中耳の)あぶみ骨. **5**〖建〗(1) 控え壁, バトレス. (2) 補強材, 支柱. (3)(アーチの)迫台(ᶠᵃᵏᵈᵃᵏ), 橋台. **6**〖地質〗支脈 (= *estribación*). **7**《ラ米》(ᴬʳᵍ)〖話〗(飲み仲間の間での)別れ際の一杯.
con el pie en el estribo あぶみに足をかけて；まさに出発しようとして；死にかけて.
estar sobre los estribos 警戒している.
hacer estribo con las manos a... 自分の両手をあぶみにして；...を馬に乗せる；...を援助する.
para el estribo《ラ米》(ᴹᵉˣ)(ᴬʳᵍ)別れの杯を(かわそう).
perder los estribos(うっかり) あぶみから足を外す；堪忍袋の緒が切れる；冷静さを失う.

es·tri·bor [es.tri.bór] 男〖海〗右舷(ᵍᵉ̃)(↔*babor*). virar a ～ 右旋回する.

es·tric·ni·na [es.trik.ní.na] 女〖薬〗ストリキニーネ.

es·tri·co·te [es.tri.kó.te] 男《ラ米》(ᴬʳᵍ)乱れた生活.
al estricote (1) こき使って, ひどい目に遭わせて. (2)《ラ米》あちらこちらへ, ぶらぶらと；(ᴹᵉˣ)日常用に, ふだん用いる.

es·tric·ta·men·te [es.trík.ta.mén.te] 副 厳しく, 厳格に；厳密に.

es·tric·tez [es.trik.téθ / -.tés] 女《ラ米》(ᴮᵉˣ)厳密；厳格.

*****es·tric·to, ta** [es.trík.to, -.ta] 形 **1 厳密な, 厳正な**. un ～ cumplimiento del deber 義務の完全遂行. la *estricta* verdad 厳然たる事実. en el sentido ～ 厳密な意味で.
2《**con...** ...に》**厳しい**, 厳格な. Es demasiado ～ *con* su hija. 彼は娘に厳しすぎる.
[←〔ラ〕*strictum* (*strictus* の対格)「厳格な」〖関連〗〔英〗*strict*]

es·tri·den·cia [es.tri.ðén.θja / -.sja] 女 **1** 甲高い不快な音, 鋭くきんきん響く音.
2(言動の)過激さ, 激烈さ.

es·tri·den·te [es.tri.ðén.te] 形 **1**〈音・声などが〉甲高い, きんきん響く, 鋭い. gritos ～s de los niños 子供たちの甲高い叫び声.
2〈表現・色調などが〉過激な, 激烈な. Llamó la atención de todos con su ～ vestido. 彼[彼女]のけばけばしい服が人目を引いた.

es·tri·dor [es.tri.ðór] 男 耳障りな音, きいきいいう音[声].

es·tri·lar [es.tri.lár] 自《ラ米》(ᶜᵒˡ)(ᴬʳᵍ)〖俗〗腹を立

es·tri·lo [es.trí.lo] 男 〖ラ米〗(^ピ)(^ララ)腹立ち, 不機嫌, 怒り.

es·trin·que [es.tríŋ.ke] 男 〖海〗(アフリカハネガヤ製の)太綱[ロープ].

es·tri·pa·zón [es.tri.pa.θón / -.són] 女 〖ラ米〗(*ᴹᴱ) (1) 窮地, 苦境. (2) 破壊, 廃退, 損害.

es·trip·tís [es.trip.tís] / **es·trip·tis** [es.tríp.tis] 男 [複 estriptises / ~] → striptease.

es·tri·quin [es.trí.kin] 男 ストリーキング.

es·tro [es.tro] 男 **1** インスピレーション, 霊感. poético 詩的霊感. **2** 〖動〗(哺乳類のメスの) 発情(期), さかり(どき). **3** 〖昆〗ウマバエ, ウシバエ.

es·tro·bi·lo [es.tro.βi.lo] 男 **1** 〖植〗(松かさなどの)球花；球果；胞子嚢(⁵⁵)穂. **2** 〖動〗(条虫類の)様分体.

es·tro·bos·co·pio [es.tro.βos.kó.pjo] 男 〖物理〗ストロボスコープ；〖写〗ストロボ.

es·tro·fa [es.tró.fa] 女 詩節, 連.

es·tró·fi·co, ca [es.tró.fi.ko, -.ka] 形 詩節の.

es·tró·ge·no, na [es.tró.xe.no, -.na] 形 〖生化〗発情促進の, 発情させる.
—— 男 〖生化〗エストロゲン：卵胞, 発情ホルモン.

es·tron·cio [es.trón.θjo / -.sjo] 男 〖化〗ストロンチウム(記号 Sr).

es·tron·gi·loi·dia·sis [es.troŋ.xi.loi.djá.sis] 女 〖単複同形〗〖医〗糞(⁵)線虫症.

es·tro·pa·je·ar [es.tro.pa.xe.ár] 他 〖白壁を〗(たわしなどで)こする, 磨く.

es·tro·pa·jo [es.tro.pá.xo] 男 **1** 〖植〗ヘチマ；(食器洗い用)たわし, スポンジ. **2** 役立たず(の人), くず.
lengua de estropajo [*trapo*] 〖話〗(おしゃべりにおける)どもり；舌足らずなしゃべり方.
poner... como un estropajo 〖話〗…をこてんぱんに批判する, こき下ろす.
tratar... como un estropajo 〖話〗…にひどい扱いをする.

es·tro·pa·jo·so, sa [es.tro.pa.xó.so, -.sa] 形 **1** (食べ物などが) 堅い, 筋かんにかめない. carne *estropajosa* すじが多くて食べにくい肉. **2** (人が) ぼろを着た；(服装が) 汚らしい, だらしない. **3** (軽蔑) (言葉が) 聞きとりにくい. tener la lengua *estropajosa* ろれつが回らない.

*****es·tro·pe·ar** [es.tro.pe.ár] 他 **1** 壊す, 損なう, 損傷を与える. ~ los planes 計画をだめにする. Los niños *han estropeado* la máquina de escribir. 子供たちがタイプライターを壊してしまった. Tengo el estómago *estropeado*. 胃の調子が悪い. **2** (外見を) 衰えさせる；(美観を) 損なう. Los años le *han estropeado* mucho. 歳月は彼をすっかり老けさせた. Los edificios modernos *estropean* las calles antiguas. 近代的なビルは古い街並の景観を台無しにする.
—— **~·se** 再 **1** 傷む, 壊れる, だめになる. El coche *se ha estropeado*. 車が故障した. **2** (食べ物が) 腐る. **3** (容姿・容色などが) 衰える, あせる. [←〖伊〗*stroppiare*]

es·tro·pi·cio [es.tro.pí.θjo / -.sjo] 男 **1** ぶち壊すこと, 破壊. Los gatitos me han hecho un ~ en la mesa. 子猫が机の上をめちゃめちゃにした. **2** 〖話〗物の壊れる音, 激しい音, 大音響. **3** 大混乱, 大騒ぎ.

*****es·truc·tu·ra** [es.truk.tú.ra] 女 **1** 構造, 構成；組み立て, 組織；機構. ~ social 社会構造. ~ industrial 産業構造. ~ celular 細胞組織. ~ atómica 原子構造. ~s administrativas 行政組織. ~ principal 〖ＩＴ〗メーンフレーム. ~ profunda [superficial] 〖言〗深層[表層]構造. **2** (建造物の) 骨組み, 枠組み；構造物, 建築物. La ~ de los edificios modernos suele ser de hormigón armado. 近代的な建物の骨組みはたいてい鉄筋コンクリート製だ. [←〖ラ〗*structūra* (*struere*「積み重ねる, 構築する」より派生)；関連 construir, destruir. 〖英〗*structure*]

es·truc·tu·ra·ción [es.truk.tu.ra.θjón / -.sjón] 女 構造化, 組織化, 体系化.

*****es·truc·tu·ral** [es.truk.tu.rál] 形 **1** 構造(上)の, 構造物の.
2 構造に関する；構造主義の. análisis ~ 構造分析. lingüística ~ 構造言語学.

es·truc·tu·ra·lis·mo [es.truk.tu.ra.lís.mo] 男 構造主義.

es·truc·tu·ra·lis·ta [es.truk.tu.ra.lís.ta] 形 構造主義の. —— 男女 構造主義者.

es·truc·tu·rar [es.truk.tu.rár] 他 構造化する, 組織化する, 構成する, 体系化する.
—— **~·se** 構成される, 組織される.

es·truen·do [es.trwén.do] 男 **1** 轟音(⁵ᴼ), 大音響. ~ de las cataratas 滝のすさまじい音. **2** 騒ぎ, 大騒ぎ. ▲比喩的に用いられることもある. ~ Su fracaso levantó un ~ escandaloso. その失敗で大騒ぎとなった. **3** 華やかさ, 派手, 見せびらかし.

es·truen·do·so, sa [es.trwen.dó.so, -.sa] 形 **1** 轟音(⁵ᴼ)の, とどろきわたる. aplausos ~s 万雷の拍手. **2** 騒々しい, やかましい. **3** 華々しい, 派手な.

es·tru·ja·dor, do·ra [es.tru.xa.ðór, -.ðó.ra] 形 絞り出す. —— 女 (レモンなどの) 搾り器, 圧搾器.

es·tru·ja·mien·to [es.tru.xa.mjén.to] 男 **1** (ブドウ・レモンなどを)搾ること, 圧搾. **2** 搾取.

es·tru·jar [es.tru.xár] 他 **1** (果汁などを)搾る, 絞り出す. ~ un limón レモンを搾る.
2 くしゃくしゃにする[丸める]. *Estrujó* la carta con ira. 彼[彼女]は怒って手紙をくしゃくしゃに丸めた. **3** (両腕で) 締めつける, 抱き締める. **4** (比喩的に)絞り取る[出す]；搾取する. El gobierno *está estrujando* al pueblo con impuestos. 政府は国民から税金を絞り取っている. **5** 〖ラ米〗(*ᴹᴱ)強く握る, 揉む.
—— **~·se** (複数主語で) ひしめき合う, 押し合う.

es·tru·jón [es.tru.xón] 男 **1** 絞り出し, 絞り取り. **2** 圧搾, 押しつぶすこと；押し寄せること. **3** 搾取. **4** 〖ラ米〗(*ᴹᴱ)(人を)激しく揺さぶること.

es·tua·ción [es.twa.θjón / -.sjón] 女 上げ潮.

es·tuan·te [es.twán.te] 形 焼けつくような.

Es·tuar·do [es.twár.ðo] 固名 (英国の)スチュアート王朝.

es·tua·rio [es.twá.rjo] 男 河口, 入り江.

es·tu·ca·do [es.tu.ká.ðo] 男 化粧しっくい[スタッコ]塗り[仕上げ].

es·tu·ca·dor, do·ra [es.tu.ka.ðór, -.ðó.ra] 女 化粧しっくい[スタッコ]細工師, スタッコ仕上げ師.

es·tu·car [es.tu.kár] 他 化粧しっくい[スタッコ]を塗る, スタッコで仕上げする.

es·tu·char [es.tu.tʃár] 他 〈商品などを〉ケース[容器]に入れる[詰める].

*****es·tu·che** [es.tú.tʃe] 男 **1** (保管・保護用の) ケース, 容器, 入れ物. ~ de joyas 宝石箱. ~ de peine くしのケース. ~ de tocador 化粧道具箱. ~ de violín バイオリンのケース. ~ para gafas めがね入れ.

estupendamente

[類語] *estuche* はしっかりした材質で作られ,特定の用具入れで用いられる. *funda* は一般に布,皮または柔軟性のある材質でできている場合が多く,カバーの意味でも用いる.

2 鞘(さや), 鞘状のもの.
3 一式, セット. ~ de instrumentos 道具一式. ser un estuche 《話》〈人〉がとても器用である.
[←[古スペイン] *estux*←[古プロバンス] *estug*]

es·tu·co [es.tú.ko] 男 化粧しっくい, スタッコ.

es·tu·cu·rú [es.tu.ku.rú] 男 《ラ米》《沖》《鳥》フクロウ (= búho).

es·tu·dia·do, da [es.tu.ðjá.ðo, -.ða] 形 **1** 入念に検討[計算]された. vehículo bien ~ 念入りに設計された車両. **2** わざとらしい, 故意の; 気取った. un gesto ~ わざとらしい態度.
precio estudiado 精いっぱい値引いた値段, 底値.

es·tu·dian·ta·do [es.tu.ðjan.tá.ðo] 男 **1**〔集合的〕学生, 生徒; 全校生, 全学生. **2**《ラ米》《沖》学校.

**es·tu·dian·te [es.tu.ðján.te] 共 (高校以上の)学生, 生徒. ~ de literatura 文学部の学生. ~ universitario [universitaria] 男子[女子]大学生. ▶《話》では「女子学生」の意で estudianta も用いられる.

[類語] *estudiante* は高校以上の「生徒, 学生」, *escolar* は小学校の「学童, 生徒, 児童」, *colegial* は小中学校の「生徒」, *alumno* は所属する学校や師事する教師から見た「生徒, 学生」. *discípulo* は主に師弟関係で用いるが, 教師から見て「生徒, 学生」と言う場合にも用いられる. *universitario* は「大学生」.

es·tu·dian·til [es.tu.ðjan.til] 形 学生の, 学生用の. vida ~ 学生生活. movimiento ~ 学生運動.

es·tu·dian·ti·na [es.tu.ðjan.tí.na] 女 (伝統的な衣装をまとって練り歩く)学生の楽隊 (= tuna).

es·tu·diar [es.tu.ðjár] 82 他 **1 勉強する; 研究する (▶ 時に再帰代名詞を伴って強調表現を作る→再1). ~ español スペイン語を勉強する. ~ un curso [doctorado] 講座[博士課程]を履修する. ~ piano con una profesora 先生についてピアノを習う. ~ una teoría ある理論を研究する. Mi hijo *estudia* historia en la universidad. 私の息子は大学で歴史学を専攻している. → aprender [類語].

2 検討する, 調査する; 観察する. ~ un caso con detalle ある件を詳細に検討する. ~ un mercado 市場を調査する. ~ la distribución de la población 人口の分布状況を調べる. ~ una obra de arte de cerca 芸術作品を近くから観察する. ~ un mapa 地図をじっくり見る.

3《美》写生する. **4**《まれ》《a+人〈人〉に》〈暗記させるために〉〈台本などを〉読み上げる.
— 自 勉強する, 教育を受ける. ~ sobre un tema あるテーマについて学ぶ. ~ para maestro 教員になるために勉強する. Durante mucho tiempo *estudié* con un profesor de árabe. 長い間私はアラビア語の先生について勉強した.
— ~se 再 徹底的に学ぶ; 暗記する. ~se el guión 台本を覚えこむ.

es·tu·dio [es.tú.ðjo] 男 **1 勉強, 勉学, 学習. ~ del español スペイン語の勉強. Mi madre me obliga a dedicar dos horas diarias al ~. 私は母から毎日2時間勉強するよう義務付けられている.

2〔複数で〕学業, (学位を取得するための)学問; 学んだ事柄. hombre [persona] de ~s 学のある人. Está haciendo sus ~s de medicina en Madrid. 彼[彼女]はマドリードで医学を勉強している.
3 研究, 調査; 研究書, 研究論文. ~ de mercado マーケティング. Voy a la biblioteca para buscar unos ~s sobre la literatura inglesa. 私は英文学に関する文献を探しに図書館へ行く.
4 書斎, 勉強部屋; (芸術家・職人などの)仕事場, アトリエ; ワンルームマンション. ~ de un arquitecto 建築家の仕事場. ~ fotográfico フォトスタジオ.
5《映》《TV》《ラジオ》《主に複数で》スタジオ. ~s cinematográficos 映画の撮影所.
6《音楽》エチュード, 練習曲;《美》スケッチ, 習作.
7《ラ米》《沖》《沖》弁護士事務所.
— 他 → estudiar.
dar estudios a+人〈人〉の学費を出してやる, (学費を出して)〈人〉に勉強させる.
en estudio〈ことが〉検討中の, 研究中の. estar en ~ 検討中である.
tener estudios 学がある, 大学出である.
[←[ラ] *studium* 「熱意」「勉強」 (*studēre* 「熱心に求める」「学ぶ」より派生);[関連] estudiar, estudiante. [英] *study*]

es·tu·dio·sa·men·te [es.tu.ðjó.sa.mén.te] 副 研究熱心に; 慎重に.

es·tu·dio·so, sa [es.tu.ðjó.so, -.sa] 形 よく勉強する, 勉強家の, 学問好きの. jóvenes ~s よく勉強する若者たち. — 男 女 学者, 研究者, 専門家.

es·tu·fa [es.tú.fa] 女 **1** ストーブ, ヒーター, 暖房器具; かまど. ~ eléctrica 電気ストーブ. ~ de gas ガスストーブ. **2** 温室 (= invernáculo). **3** 蒸し風呂(ぶろ), サウナ. Esta habitación es una ~.《比喩的》この部屋は蒸し風呂のようだ. **4** 乾燥器[室], 保温器, (熱)殺菌器. ~ de desinfección 殺菌装置. **5**《ラ米》《沖》《沖》《沖》コンロ, レンジ.
criar en estufa〈子供を〉過保護に育てる.
[←[古スペイン]「(発汗治療のための)温められた密室」; *estufar*「密室を温める」(← estofar) より派生;[関連][英]*stove, stew*「シチュー(にする)」]

es·tu·far [es.tu.fár] 他 **1**〈部屋などを〉暖める. **2**《ラ米》《沖》怒らせる. — ~se 再《ラ米》《沖》怒る.
¡Estufas California! / ¡Ya estufas!《ラ米》(*墨)やめろ, 黙れ.

es·tu·fi·lla [es.tu.fí.ʝa ‖ -.ʎa] 女 **1** 足温器, 足あぶり. **2** (防寒用の毛皮の)マフ. [estufa+-illa 縮小辞]

es·tu·fis·ta [es.tu.fís.ta] 共 ストーブ[暖房器]職人[修理工]; 暖房器の販売者.

es·tul·ti·cia [es.tul.tí.θja / -.sja] 女 愚かさ, ばかげたこと.

es·tul·ti·fi·car [es.tul.ti.fi.kár] 102 他《ラ米》(*墨) 愚かさをさらす, ばかなように見せる.

es·tul·to, ta [es.túl.to, -.ta] 形 愚かな, ばかな.

es·tuo·so, sa [es.twó.so, -.sa] 形《まれ》《文章語》熱い, 灼熱(しゃくねつ)の; 燃えるような.

es·tu·pa [es.tú.pa] 共 (隠)麻薬捜査官.

es·tu·pe·fac·ción [es.tu.pe.fak.θjón / -.sjón] 女 呆然(ぼうぜん), 驚嘆, 驚愕(きょうがく).

es·tu·pe·fa·cien·te [es.tu.pe.fa.θjén.te / -.sjén.-] 形 **1** 呆然(ぼうぜん)とさせるような, 目が飛び出るような. una factura ~ 目が飛び出るような請求書. **2** 麻酔[催眠]性の. — 男 麻薬, 幻覚剤.

es·tu·pe·fac·to, ta [es.tu.pe.fák.to, -.ta] 形 びっくりした, あっけに取られた. dejar a+人〈人〉を驚かせる, びっくり仰天させる.

es·tu·pen·da·men·te [es.tu.pén.da.mén.te] 副 すばらしく, 実によく. ¿Cómo estás? — *E*~. 元気

かい. 一絶好調だよ.

es·tu·pen·do, da [es.tu.pén.do, -.da] 形 《+名詞 / 名詞+》《ser+ / estar+》すばらしい, 見事な, すてきな; ほれぼれするような, きれいな; 驚くべき. un paisaje ~ 美しい風景. Fue un concierto ~. すばらしいコンサートだった. Con ese vestido nuevo *estás estupenda.* その新しいドレスがよく似合ってとてもすてきだ. → magnífico [類語]
——副 すばらしく, 実によく (= estupendamente).
[←[ラ] *stupendum* (*stupēre*「気を失う; 驚く」の動形容詞 *stupendus* の対格); [関連] *estúpido.* [英] *stupendous*「途方もない」, *stupid*「愚かな」]

es·tu·pi·dez [es.tu.pi.ðéθ / -.ðés] 囡 [複 estupideces] 愚かさ; 愚かなこと, ばかげた言動. cometer una ~ 愚を犯す.

es·tú·pi·do, da [es.tú.pi.ðo, -.ða] 形 愚かな, ばかげた, くだらない. una actitud *estúpida* 愚かな行為. un chiste ~ 愚にもつかない小話.
——男囡 1 ばか, まぬけ. ¡*E*~! ばか, いい加減にしろ. 2 うぬぼれ屋, 自信家.
[←[ラ] *stupidum* (*stupidus* の対格)「気を失った; 愚鈍な」(*stupēre*「気を失う; 驚く」より派生); [関連] [英] *stupid*]

es·tu·por [es.tu.pór] 男 1 《話》驚き, びっくり仰天. 2 【医】昏迷(淤); 失神.

es·tu·prar [es.tu.prár] 他 〈特に未成年者を〉強姦(芬)[レイプ]する.

es·tu·pro [es.tú.pro] 男 (特に未成年者への)強姦(芬), レイプ, 婦女暴行.

es·tu·que [es.tú.ke] 男 化粧しっくい, スタッコ.

es·tu·que·rí·a [es.tu.ke.rí.a] 囡 化粧しっくい[スタッコ]技法; スタッコ細工.

es·tu·quis·ta [es.tu.kís.ta] 男 化粧しっくい[スタッコ]細工師.

es·tu·rión [es.tu.rjón] 男【魚】チョウザメ.

estuv- 活 → estar.

é·su·la [é.su.la] 囡 【植】トウダイグサ.

esturión (チョウザメ)

es·vás·ti·ca [es.bás.ti.ka] 囡 鉤(含)十字.

es·via·je [es.bjá.xe] 男【建】(壁面などの)傾斜; 斜切石.

e·ta [é.ta] 囡 イータ (H, η): ギリシア語アルファベットの第7字.

ETA [é.ta] 《略》*E*uskadi *T*a *A*zkatasuna [バスク] バスク祖国と自由, エタ (= Patria Vasca y Libertad). ◆1959年結成のバスク民族主義組織.

e·ta·la·je [e.ta.lá.xe] 男【冶】(高炉の)シャフトの下方傾斜部, 朝顔.

e·ta·no [e.tá.no] 男【化】エタン.

e·ta·nol [e.ta.nól] 男【化】エタノール.

e·ta·pa [e.tá.pa] 囡 1 旅程; (1回分の)行程, 区間; (自転車のツール・自動車のラリーなどの)一走行区間. Vamos a cubrir la primera ~ del viaje en sólo medio día. 最初の旅程を半日でこなしましょう. 2 段階, 時期. cubrir ~s 段階を踏む. La juventud es una ~ de la vida. 青春時代は人生の一段階である. 3 (ロケットの)段.
por etapas 段階を追って, 少しずつ.
quemar etapas 先を急ぐ, 猛進する.
[←[仏] *étape* (原義は「食糧貯蔵所; 市場」) ←[中オランダ] *stapel*「足場; 市場」]

e·ta·rio, ria [e.tá.rjo, -.rja] 形 1 同年齢の. 2 (ある特定の)年齢の, 年齢に関する. variaciones según el grupo ~ 年齢層による違い.

e·ta·rra [e.tá.ra] 形 バスク祖国と自由ETAと関係のある, エタに関する. acción ~ エタの行動.
——男 エタの協力者[シンパ].

etc. 男《略》*etc*étera.

et·cé·te·ra [*et*.θé.te.ra / -.sé.-] 男 …など, 等々, その他 (略 etc.). En esta lista falta un largo ~. このリストには他にも色々と欠けているものがある. En esa tienda se venden ropa, zapatos, bisutería, ~. この店は服, 靴, アクセサリーなどを売っている. ▶ y etcétera とするのは間違い. [←[ラ] *et cétera*「そしてその他(のもの)」]

-ete, ta 《接尾》縮小辞. ← clavete, pobrete. → -ito.

e·te·no [e.té.no] 男【化】→ etileno.

é·ter [é.ter] 男 1 【化】エーテル. 2 《文章語》空, 天空. 3 エーテル: 電気や磁気などを伝える媒質と仮定された物質.

e·té·re·o, a [e.té.re.o, -.a] 形 1 【化】エーテルの. 2 《文章語》天上の, 天界の. la bóveda *etérea* 天球, 天空. 3 霊妙な, とらえがたい, 微妙な.

e·te·rio [e.té.rjo] 男【植】(ブドウの)房状の液果.

e·ter·na [e.ter.na] 形 → eterno.

e·ter·nal [e.ter.nál] 形 → eterno.

e·ter·ni·dad [e.ter.ni.ðáð] 囡 1 永遠, 永久, 永劫(ぶ). la ~ del alma 魂の不滅. la ~ del Dios 神の永遠性. por [para] toda la ~ 未来永劫にわたって. 2 《宗》来世, あの世. ansiar la ~ 来世をひたすら願う. 3 《話》恐ろしく長い時間. Has tardado una ~. 君, ひどく遅れたじゃないか.

e·ter·ni·zar [e.ter.ni.θár / -.sár] 97 他 1 永続させる, 長引かせる. ~ la despedida いつまでも別れを惜しむ. 2 不朽のものにする. Él *eternizó* en sus lienzos la belleza de su mujer. 彼は妻の美しい姿をカンバスの上に永久に留めた.
——**~·se** 1 果てしなく続く. La discusión *se eternizaba*. 議論は果てしなく続いた.
2 長くいる; 暇がかかる, 長時間…し続ける.

e·ter·no, na [e.tér.no, -.na] 形 1 《+名詞 / 名詞+》《ser+》永遠の, 永久の; 終わりのない; 〈価値が〉長く続く, 不朽の. sueño ~ 永眠. Padre *E*~ 神. jurar el amor ~ 永遠の愛を誓う. morada *eterna* 終(②)の棲家(ポ). Dios es ~. 神は永遠の存在だ. La amistad es un valor ~. 友情は永久に価値を持つものだ.
2 《多くは+名詞》《ser+》果てしなく続く, うんざりするような. la *eterna* duda 拭いきれない疑念. Esta película es *eterna*. この映画は果てしないほど長い.
[←[ラ] *ae*(*vi*)*ternum* (*ae* (*vi*) *ternus* の対格)(*aevum*「時の長さ; 永遠」より派生); [関連] eternidad, edad. [英] *eternal*]

é·ti·co, ca[1] [é.ti.ko, -.ka] 形 倫理の, 道徳(上)の; 倫理学の. ——男 道徳家, モラリスト; 倫理学者.
——囡 倫理, 倫理学. *ética* profesional 職業倫理.
[←[ラ] *ēthica* ←[ギ] *ēthiká* (*ēthikós*「倫理の」の中性複数形); [関連] [英] *ethics*]

é·ti·co, ca[2] [é.ti.ko, -.ka] 形 1 【医】肺結核の.
2 骨と皮ばかりの, やせこけた.
——男 囡【医】肺病[結核]患者.

e·ti·le·no [e.ti.lé.no] 男【化】エチレン.

e·tí·li·co, ca [e.tí.li.ko, -.ka] 形 【化】エチル基の, エチル結合を持つ. alcohol ~ エチルアルコール.

e·ti·lis·mo [e.ti.lís.mo] 男【医】アルコール中毒 (= alcoholismo).

e·ti·lo [e.tí.lo] 男【化】エチル(基).

e·ti·ló·me·tro [e.ti.ló.me.tro] 男 アルコール探知

[検知]器, 血中アルコール濃度測定器.
é·ti·mo [é.ti.mo] 男 〖言〗語源核. ⇒ pianista「ピアニスト」の元になる piano「ピアノ」.
e·ti·mo·lo·gí·a [e.ti.mo.lo.xí.a] 女 語源学, 語源研究; 語源, 語の由来. ~ culta (学理にのっとった) 学者語源. ~ popular 民衆語源説.
[←[ラ] *etymologiam* (*etymologia* の対格) ←[ギ] *etymología* (*étymos*「本当の」+*lógos*「言葉」+語尾); ギリシアの語源学は言葉の真の意味 (すなわち, 言葉の本来の意味) を追究した]
e·ti·mo·ló·gi·co, ca [e.ti.mo.ló.xi.ko, -.ka] 形 語源(学)の. diccionario ~ 語源辞典.
e·ti·mo·lo·gis·ta [e.ti.mo.lo.xís.ta] 共 語源学者, 語源研究家.
e·ti·mó·lo·go, ga [e.ti.mó.lo.go, -.ga] 男 女 → etimologista.
e·tio·lo·gí·a [e.tjo.lo.xí.a] 女 **1**〖医〗病因学; 病因. **2** 因果関係研究, 原因論.
e·tio·ló·gi·co, ca [e.tjo.ló.xi.ko, -.ka] 形 **1**〖医〗病因学の. **2** 因果関係研究の, 原因論の.
e·tí·o·pe [e.ti.o.pe] / **e·tio·pe** [e.tjó.pe] 形 エチオピアの, エチオピア[語]の. —共 エチオピア人. —男 エチオピア語.
E·tio·pí·a [e.tjo.pí.a] 固名 エチオピア: アフリカ北東部の共和国. 首都 Addis-Abeba.
[←[ラ] *Aethiopia*←[ギ] *Aithiopía*]
e·tió·pi·co, ca [e.tjó.pi.ko, -.ka] 形 エチオピア(人)の.
e·ti·quen·cia [e.ti.kén.θja / -.sja] 女 《ラ米》(ｱｸﾞ)(ﾁﾘ)〖医〗肺病, 肺結核.
***e·ti·que·ta** [e.ti.ké.ta] 女 **1** ラベル, レッテル; 荷札, 値札, タグ. Pon una ~ a tu maleta para no perderla. 紛失しないようにスーツケースに名札を付けておきなさい. →label.
2 (人・団体などにつける) レッテル, 通り名. Le han puesto la ~ de mentiroso. 彼はうそつきというレッテルをはられた.
3 礼儀作法, 礼法. la ~ de la Corte 宮廷の作法. La ~ no lo permite. それは礼法にかなっていない. ▶日本語の「エチケット」のような軽い意味では buenos modalesを用いる. **4** 儀礼, 典礼; 儀式ばること. recibir con mucha ~ 仰々しく迎える. **5**〖I T〗フラグ: データの特定の項目につける標識.
de etiqueta (服装が) 正装の, 〈こと〉が格式ばった. baile *de* ~ 正装の舞踏会. cena *de* ~ 正餐(戴)(式). vestirse *de* ~ 正装する.
Se ruega etiqueta. (招待状などで) 正装のこと (▶慣用表現).
[←[仏] *étiquette*「張り札」が原義;「(宮廷の) 礼儀作法」の意味は廷臣が席順の札を付けたことから生じた); 関連[英] *ticket, sticker*「ステッカー」, *etiquette*「礼儀作法」]
e·ti·que·ta·do [e.ti.ke.tá.đo] 男 **1** ラベル張り.
2〖I T〗ファイル名を付けること.
e·ti·que·ta·je [e.ti.ke.tá.xe] 男 ラベル張り (=etiquetado).
e·ti·que·tar [e.ti.ke.tár] 他 …にラベルを貼(は)る, 札を付ける. 《*como... que...* …という》 レッテルを貼る,《…と》呼ぶ, あだ名をつける. La etiquetaron como aburrida. 彼女は退屈な人間だと決めつけられてしまった. ▶ como, de の後に置かれる形容詞・名詞は目的語に性数一致する.
e·ti·que·te·ro, ra [e.ti.ke.té.ro, -.ra] 形 儀式[格式]ばった, 正式の, 儀礼的な.
et·moi·des [et̬.mói.đes] 形 《単複同形》〖解剖〗篩骨(とっ)の. —男 篩骨.
et·ne·o, a [et̬.né.o, -.a] 形 (シチリア島の) エトナ Etna 火山の.
et·nia [ét̬.nja] 女 民族, 種族.
***ét·ni·co, ca** [ét̬.ni.ko, -.ka] 形 **民族の**, 種族に関する; 民族[エスニック]調の. grupo ~ 民族集団.
et·no-「民族, 種族」の意を表す造語要素. ⇒ *etno*gráfico, *etn*ólogo. [←[ギ]]
et·no·cén·tri·co, ca [et̬.no.θén.tri.ko, -.ka / -.sén.-] 形 自民族[文化]中心主義の.
et·no·cen·tris·mo [et̬.no.θen.trís.mo / -.sen.-] 男 自民族[文化]中心主義[思想].
et·no·ci·dio [et̬.no.θí.đjo / -.sí.-] 男 民族[文化]殺戮(ਪਤ), 民族浄化.
et·no·gra·fí·a [et̬.no.gra.fí.a] 女 民族誌[学].
et·no·grá·fi·co, ca [et̬.no.grá.fi.ko, -.ka] 形 民族誌[学]の.
et·nó·gra·fo, fa [et̬.nó.gra.fo, -.fa] 男 女 民族誌学者.
et·no·lin·güís·ti·ca [et̬.no.liŋ.gwís.ti.ka] 女 〖言〗言語人類学, 民族言語学.
et·no·lo·gí·a [et̬.no.lo.xí.a] 女 民族学.
et·no·ló·gi·co, ca [et̬.no.ló.xi.ko, -.ka] 形 民族学の, 民族学に関する.
et·nó·lo·go, ga [et̬.nó.lo.go, -.ga] 男 女 民族学者.
e·to·lio, lia [e.tó.ljo, -.lja] 形〖史〗エトリア Etolia (コリント湾北部の古代ギリシアの地方名)の. —男 女 エトリア人.
e·to·lo·gí·a [e.to.lo.xí.a] 女 動物行動学, 比較行動学, エソロジー.
e·to·ló·gi·co, ca [e.to.ló.xi.ko, -.ka] 形 動物行動学の, 比較行動学の.
e·tó·lo·go, ga [e.tó.lo.go, -.ga] 男 女 動物行動学の研究者, 比較行動学の研究者.
e·to·pe·ya [e.to.pé.ja] 女〖修辞〗人物描写, 性格描写.
E·tru·ria [e.trú.rja] 固名〖史〗エトルリア: 古代イタリアの一地域の名. 現在のトスカナ地方にあたる.
[←[ラ] *Etrūria*←[ギ] *Etrouría*]
e·trus·co, ca [e.trús.ko, -.ka] 形 エトルリアの, エトルリア人[語]の.
—男 女 エトルリア人. —男 エトルリア語.
ETS [e.te.é.se] 女 〖略〗 **1** *e*scuela *t*écnica *s*uperior (大学の) 高等技術課程 **2**〖医〗*e*nfermedad de *t*ransimisión *s*exual 性感染症.
ETT [e.te.té] 女 〖略〗*e*mpresa de *t*rabajo *t*emporal (スペインのアルバイトに関する) 職業安定所.
Eu 〖化〗europio ユウロピウム.
EU [e.ú] 〖略〗*E*squerda *U*nida [ガリシア] 左派連合. →IU.
eu-「良, 好, 善」の意を表す造語要素. ⇒ *eu*femismo, *eu*tanasia. [←[ギ]]
eu·be·o, a [eu̯.bé.o, -.a] 形 (ギリシアの) エビア島の. —男 女 エビア島の住民[出身者].
eu·ca·lip·to [eu̯.ka.líp.to] 男〖植〗ユーカリ (の木).
eu·ca·lip·tus [eu̯.ka.líp.tus] 男 《単複同形》〖植〗→eucalipto.
eu·ca·rion·te [eu̯.ka.rjón.te] 形〖生物〗真核生物の.
eu·ca·rio·ta [eu̯.ka.rjó.ta] 形〖生物〗→eucarionte.
eu·ca·ris·tí·a [eu̯.ka.ris.tí.a] 女〖カト〗聖体, 聖体の秘跡 (聖化されたパンとぶどう酒にキリストの体と血の

eu·ca·rís·ti·co, ca [eu.ka.rís.ti.ko, -.ka] 形 〖カト〗聖体の. congreso ～ 聖体大会.

Eu·cli·des [eu.klí.ðes] 固名 ユークリッド, エウクレイデス：紀元前3世紀ごろのギリシアの幾何学者. postulado de ～ ユークリッドの公理. [←〔ラ〕*Euclīdēs*←〔ギ〕*Eukleídēs*（「栄光の人」が原義）]

eu·cli·dia·no, na [eu.kli.ðjá.no, -.na] 形 ユークリッドの（公理を用いた）. la geometría (no) *euclidiana* (非)ユークリッド幾何学.

eu·co·lo·gio [eu.ko.ló.xjo] 男 (日曜祭日のための)祈禱(きとう)書.

eu·crá·ti·co, ca [eu.krá.ti.ko, -.ka] 形 〖医〗(健康状態が)正常な, 健全な.

eu·dió·me·tro [eu.ðjó.me.tro] 男 〖物理〗ユージオメーター, 水電量計.

eu·fe·mis·mo [eu.fe.mís.mo] 男 〖修辞〗婉曲語法, 婉曲語句, 遠回しの表現. ⇒ pecho の代わりに seno, viejo の代わりに anciano など.

eu·fe·mís·ti·co, ca [eu.fe.mís.ti.ko, -.ka] 形 婉曲語法の, 婉曲な, 遠回しの.

eu·fo·ní·a [eu.fo.ní.a] 女 〖修辞〗好音調（↔ cacofonía）：耳に心地よい音の配列. ⇒ la agua と言わずに el agua を用いる.

eu·fó·ni·co, ca [eu.fó.ni.ko, -.ka] 形 好音調の, 口調がいい（↔ cacofónico）.

eu·for·biá·ce·o, a [eu.for.ßjá.θe.o, -.a / -.se.-] 形 トウダイグサ科の. ━ 男 トウダイグサ科の植物；(複数で)トウダイグサ科.

eu·for·bio [eu.fór.ßjo] 男 〖植〗トウダイグサ.

eu·fo·ria [eu.fó.rja] 女 **1** 幸福感, (特に薬物による)陶酔. **2** 〖医〗多幸症. **3** 〖経〗好景気.

eu·fó·ri·co, ca [eu.fó.ri.ko, -.ka] 形 幸福感の, 幸福感に満ちた；〖医〗多幸症の.

Éu·fra·tes [éu.fra.tes] 固名 el ～ ユーフラテス川. [←〔ラ〕*Euphrātēs*←〔ギ〕*Euphrátēs*←〔アヴェスタ〕*Huprthwa*（「渡るのによい」が原義）]

eu·fuis·mo [eu.fwís.mo] 男 〖文学〗ユーフュイズム, 誇飾体, 美文体：16世紀末英国で流行した文飾の多い華麗な表現様式.

eu·ge·ne·sia [eu.xe.né.sja] 女 優生学.

eu·ge·né·si·co, ca [eu.xe.né.si.ko, -.ka] 形 優生学上の, 人種改良の.

Eu·ge·nio [eu.xé.njo] 固名 エウヘニオ：男子の洗礼名. [←〔ラ〕*Eugenius*←〔ギ〕*Eugénios* (*eugenḗs*「家柄のよい」より派生)；〔関連〕〔ポルトガル〕*Genio*. 〔仏〕*Eugène*. 〔伊〕*Eugenio*. 〔英〕*Eugene*. 〔独〕*Eugen*]

Eu·mé·ni·des [eu.mé.ni.ðes] 固名 〖複数形〗〖ギ神〗善意の女たち：エリニュスたち Erinias を指す.

eu·nu·co [eu.nú.ko] 男 **1** (東洋の後宮に仕えた)宦官(かん)；去勢された男子. **2** 〖史〗(東洋で)君主の寵愛(ちょうあい)を受けた臣下, 寵臣. **3** 〈軽蔑〉女々しい男.

eu·pa·to·rio [eu.pa.tó.rjo] 男 〖植〗(フジバカマを含む)ヒヨドリバナ属の植物, ヘンプアグリモニー.

eu·pep·sia [eu.pép.sja] 女 〖医〗消化良好.

eu·pép·ti·co, ca [eu.pép.ti.ko, -.ka] 形〈食物・薬が〉消化を助ける, 消化促進の.

Eu·ra·sia [eu.rá.sja] 固名 ユーラシア, 欧亜(大陸). [Euro-+Asia]

eu·ra·siá·ti·co, ca [eu.ra.sjá.ti.ko, -.ka] 形 → euroasiático.

¡eu·re·ka! [eu.ré.ka] 間投 見つけた, わかった, これだ. ⇒Arquímedes が王冠の純度を測定する方法を入浴中に発見したときの叫び声 *heúrēka*（ギリシア語）「見つけた」に由来する.

eu·ri·bor [eu.ri.ßór] 〔英〕男 〖略〗*Euro Interbank Offered Rate* 〖経〗欧州銀行間取引金利, ユーロ金利指標.

Eu·rí·di·ce [eu.rí.ði.θe / -.se] 固名 〖ギ神〗エウリュディケ：Orfeo の妻.

Eu·rí·pi·des [eu.rí.pi.ðes] 固名 エウリピデス（前484?-406）：ギリシアの悲劇詩人.

eu·rit·mia [eu.rít.mja] 女 **1** 律動感；(芸術作品の)均整, 調和. **2** リズム教育, ユーリズミックス, リトミック. **3** 〖医〗脈拍整斉.

eu·rít·mi·co, ca [eu.rít.mi.ko, -.ka] 形 **1** 快いリズムの, 律動的な；均整[調和]の取れた. **2** ユーリズミックスの. **3** 脈拍の正常な.

eu·ro¹ [éu.ro] 男 〖文章語〗東風. ▶「西風」は céfiro,「南風」は austro,「北風」は bóreas.

※eu·ro² [éu.ro] 男 ユーロ：ヨーロッパ連合 (EU) の統一通貨；その単位.

eu·ro·a·fri·ca·no, na [eu.ro.a.fri.ká.no, -.na] 形 アフリカ（大陸）とヨーロッパ（大陸）の.

eu·ro·a·siá·ti·co, ca [eu.ro.a.sjá.ti.ko, -.ka] 形 ヨーロッパとアジアの混血の；ヨーロッパとアジアに関する；ユーラシア大陸の. ━ 男 ヨーロッパとアジアの混血児；ユーラシア人.

eu·ro·ban·co [eu.ro.ßáŋ.ko] 男 ユーロバンク. ▶本部はフランクフルト.

eu·ro·ba·ró·me·tro [eu.ro.ßa.ró.me.tro] 男 EU市民に対するアンケート.

eu·ro·bo·no [eu.ro.ßó.no] 男 〖経〗ユーロ債.

eu·ro·cal·cu·la·do·ra [eu.ro.kal.ku.la.ðó.ra] 女 ユーロ換算電卓.

eu·ro·cá·ma·ra [eu.ro.ká.ma.ra] 女 欧州議会.

eu·ro·cén·ti·mo [eu.ro.θén.ti.mo / -.sén.-] 男 ユーロセント.

eu·ro·cén·tri·co, ca [eu.ro.θén.tri.ko, -.ka / -.sén.-] 形 ヨーロッパ中心[至上]主義[思想]の.

eu·ro·cen·tris·mo [eu.ro.θen.trís.mo / -.sen.-] 男 ヨーロッパ中心[至上]主義[思想].

eu·ro·che·que [eu.ro.tʃé.ke] 男 〖経〗ユーロチェック.

eu·ro·ciu·da·da·no, na [eu.ro.θju.ða.ðá.no, -.na / -.sju.-] 形 EU市民の. ━ 男 EU市民.

eu·ro·co·mi·sa·rio, ria [eu.ro.ko.mi.sá.rjo, -.rja] 男 女 EU委員会のメンバー.

eu·ro·co·mu·nis·mo [eu.ro.ko.mu.nís.mo] 男 ユーロコミュニズム, 西欧共産主義.

eu·ro·co·mu·nis·ta [eu.ro.ko.mu.nís.ta] 形 ユーロコミュニズム[西欧共産主義]の. ━ 男 女 ユーロコミュニズム[西欧共産主義]を支持する人.

eu·ro·co·nec·tor [eu.ro.ko.nek.tór] 男 〖電〗欧州(向け一般的電源)プラグ(コネクター).

eu·ro·con·ver·sor [eu.ro.kom.ßer.sór] 男 ユーロと他の貨幣単位の対応表[カード].

eu·ro·cra·cia [eu.ro.krá.θja / -.sja] 女〈軽蔑〉EU (エリート) 官僚制度[主義].

eu·ró·cra·ta [eu.ró.kra.ta] 男 女 EU関連機関の職員.

eu·ro·di·pu·ta·do, da [eu.ro.ði.pu.tá.ðo, -.ða] 男 女 欧州議会の議員.

eu·ro·di·vi·sa [eu.ro.ði.ßí.sa] 女 欧州に投じられた[欧州市場で得られた]外貨.

eu·ro·dó·lar [eu.ro.ðó.lar] 男 〖経〗ユーロダラー.

eu·ro·es·cep·ti·cis·mo [eu.ro.es.θep.ti.θís.mo / -.sep.-.sís.-] 男 EU構想への反対意見[主義].

eu·ro·es·cép·ti·co, ca [eu.ro.es.θép.ti.ko, -

ka / -sép.-] 形 EU構想に反対の.
— 男 女 EU構想に反対する人〔政治家〕.
eu·ro·e·ti·que·ta [eu.ro.e.ti.ké.ta] 女 ユーロでの支払いに関する規定の遵守を宣言したマーク.
eu·ro·mo·ne·da [eu.ro.mo.né.ða] 女 欧州通貨.
***Eu·ro·pa**[1] [eu.ró.pa] 固名 ヨーロッパ, 欧州. 〜 occidental [oriental] 西[東]ヨーロッパ, 西欧[東欧]. [←［ラ］*Eurōpa*←［ギ］*Eurṓpē*(「日の沈む土地, 西方」が原義？)]
Eu·ro·pa[2] [eu.ró.pa] 固名《ギ神》エウロペ：フェニキアの王女；雄牛に姿を変えた Zeus に誘拐され, クレタ島に渡った. [*Europa*[1] の擬人化]
eu·ro·par·la·men·ta·rio, ria [eu.ro.par.la.men.tá.rjo, -.rja] 形 欧州議会の.
— 男 女 欧州議会の議員.
eu·ro·pe·a [eu.ro.pé.a] 形 女 → europeo.
eu·ro·pei·dad [eu.ro.pei.ðáð] 女 ヨーロッパ的特質, ヨーロッパ性.
eu·ro·pe·ís·mo [eu.ro.pe.ís.mo] 男 ヨーロッパ主義[精神]；ヨーロッパ統合主義.
eu·ro·pe·ís·ta [eu.ro.pe.ís.ta] 形 ヨーロッパ統合主義(者)の, ヨーロッパ支持[かぶれ]の.
— 男 女 ヨーロッパ統合主義者；ヨーロッパかぶれ.
eu·ro·pei·za·ción [eu.ro.pei.θa.θjón / -.sa.sjón] 女 ヨーロッパ化, 欧化.
eu·ro·pei·zan·te [eu.ro.pei.θán.te / -.sán.-] 形 ヨーロッパ化する, ヨーロッパ風にする.
— 男 女 ヨーロッパ主義者, 欧州派.
eu·ro·pei·zar [eu.ro.pei.θár / -.sár] 90 他 ヨーロッパ化する.
— 〜·se 再 ヨーロッパ化する, 欧化される.
***eu·ro·pe·o, a** [eu.ro.pé.o, -.a] 形《名詞+》(ser+) ヨーロッパの, ヨーロッパ人の. la Unión *Europea* 欧州連合. la Comisión *Europea* 欧州委員会. el Parlamento E〜 欧州議会. países 〜s ヨーロッパ諸国.
— 男 女 ヨーロッパ人.
eu·ro·pio [eu.ró.pjo] 男《化》ユウロピウム：希土類元素（記号 Eu).
eu·ro·so·cia·lis·mo [eu.ro.so.θja.lís.mo / -.sja.-] 男 西欧社会主義.
eu·ro·so·cia·lis·ta [eu.ro.so.θja.lís.ta / -.sja.-] 形 西欧社会主義の.
— 男 女 西欧社会主義を支持する人.
eu·ro·tú·nel [eu.ro.tú.nel] 男 ユーロトンネル, 英仏海峡トンネル.
eu·ro·tur [eu.ro.túr] 男〔複 〜s〕欧州ツアー.
eu·ro·ven·ta·ni·lla [eu.ro.ben.ta.ní.ja ‖ -.ʎa.-] 女 欧州共同市場（の国々）と取引を望む中小企業に対してアドバイスなどを行う公共の窓口.
Eu·ro·vi·sión [eu.ro.ƀi.sjón] 固有 1 ユーロビジョンコンテスト, 欧州歌謡祭：予選を勝ち抜いたヨーロッパ各国の代表が競い合う音楽の祭典.
2 ユーロビジョン：西ヨーロッパテレビ放送網.
eu·ro·vi·si·vo, va [eu.ro.ƀi.sí.ƀo, -.ƀa] 男 女 1 ユーロビジョンコンテストに関する.
2《話》〈楽曲が〉ユーロビジョンコンテストにふさわしい, ユーロビジョンコンテストにありがちな.
eu·ro·zo·na [eu.ro.θó.na / -.só.-] 女 ユーロが使える(全ての)国, ユーロ圏.
eus·kal·dún [eus.kal.dún] / **eus·kal·du·na** [eus.kal.dú.na] 形 男 女 → euskaldún.
éus·ca·ro, ra [éus.ka.ro, -.ra] 形 バスク語の.
— 男 バスク語（= vascuence).
男 ←［バスク］*euskara*]

Eus·ka·di [eus.ká.ði] 固名 バスク(= el País Vasco). [［バスク］*euskara*「バスク語」からの造語；関連 éuscaro]
eus·kal·dún [eus.kal.dún] 形 バスクの；バスク語を話す. — 男 女 バスク語話者（= vasco). ♦ 女性形 euscalduna [euskalduna] を用いることもある.
eus·kal·du·ni·za·ción [eus.kal.du.ni.θa.θjón / -.sa.sjón] 女 バスク語の普及（運動）［採択].
eus·ka·ra [eus.ká.ra] / **eus·ke·ra** [eus.ké.ra] / **eus·que·ra** [eus.ké.ra] 男 バスク語の(= vasco). — 男 バスク語(= vascuence).
[男 ←［バスク］*euskara*「バスク語」]
Eus·ta·quio [eus.tá.kjo] 固名 エウスタキオ(1500?-74) : イタリアの解剖学者. trompa [válvula] de 〜《解剖》耳管, エウスタキー管, 欧氏管.
eu·ta·na·sia [eu.ta.ná.sja] 女 安楽死, 安楽死術. defensor de la 〜 安楽死擁護論者. 〜 pasiva(延命治療をしない)消極的安楽死.
eu·ta·ná·si·co, ca [eu.ta.ná.si.ko, -.ka] 形 尊厳死[安楽死]の, 尊厳死[安楽死]に関する.
Eu·ter·pe [eu.tér.pe] 固名《ギ神》エウテルペ：音楽を司(つかさど)る女神. → musa. [←［ラ］*Euterpe*←［ギ］*Eutérpē*(「よく楽しませてくれる(女性)」が原義)]
eu·tra·pe·lia [eu.tra.pé.lja] 女《文章語》 1 (遊びなどにおける)節度, 中庸. 2 軽い娯楽, 遊び. 3 罪のない冗談, しゃれ.
eu·tra·pé·li·co, ca [eu.tra.pé.li.ko, -.ka] 形 節度ある, 羽目を外さない.
eu·tro·fi·za·ción [eu.tro.fi.θa.θjón / -.sa.sjón] 女 富栄養化(ふえいようか) : リンなどを含む排水が流入することで藻類が異常繁殖する現象.
E·va [é.ƀa] 固名 1《聖》エバ, イブ：人類最初の女性で Adán の妻. las hijas de *Eva* 女性. traje de *Eva* 裸, 裸体. ♦ エバは聖母マリアのアンチテーゼとして「世俗の女」を意味する. 2 エバ：女子の洗礼名. 愛称 Evita. [←［ラ］*Ēva*←［ヘブライ］*Ḥawwā*；「人類の母として」「生命を与える者」が原義；関連 ［ポルトガル］［伊］［独］*Eva*. ［仏］*Ève*. ［英］*Eve*]
e·va·cua·ción [e.ƀa.kwa.θjón / -.sjón] 女 1 疎開, 避難；立ち退き, 明け渡し. 2《軍》撤退, 退陣. 3《医》排便, 排泄.

Plan de evacuación（避難図）

e·va·cua·do, da [e.ƀa.kwá.ðo, -.ða] 男 女 避難者, 疎開者；撤退兵.
e·va·cuan·te [e.ƀa.kwán.te] 形 1 排出する, 排除する, 撤去させる. 2 → evacuativo.
— 男 → evacuativo.
***e·va·cuar** [e.ƀa.kwár] 87 他 1〈場所を〉あける, 〈場所から〉いなくなる, 避難［疎開］する；《軍》撤退する(= desocupar). Los habitantes *evacuaron* el pueblo después de la inundación. 洪水の後, 住民たちは町を引き払った.
2 《de+場所 …から》立ち退かせる, 避難[疎開]させる. 3《婉曲》排便する, 排泄する(►「(お腹を)空にする」の意から). 〜 el vientre 大便をする. ► 直

evacuativo

接目的語を伴わず自動詞として用いることがある. **4** 〈手続きなどを〉遂行する, 処理する, 手続きをする. **~ un traslado** 移転する.

e·va·cua·ti·vo, va [e.ba.kwa.tí.bo, -.ba] 形 〖医〗排泄する, 排泄促進の, 排便する；排泄促進の.
— 男 〖薬〗排泄促進剤, 下剤, 利尿剤；吐剤.

e·va·cua·to·rio, ria [e.ba.kwa.tó.rjo, -.rja] 形 →evacuativo.
— 男 **1**→evacuativo. **2** 公衆トイレ.

e·va·di·do, da [e.ba.dí.ðo, -.ða] 形 逃げた, 脱走した. — 男 女 逃亡者, 脱走者；脱獄者.

***e·va·dir** [e.ba.ðír] 他 **1** 〈特に困難などを〉避ける, 逃れる, 免れる, 〈回答・責任などを〉はぐらかす. ~ responsabilidades 責任逃れをする. *Evadió* hablar del asunto. 彼[彼女]はその件について話すのを避けた. **2** 〈お金を〉国外に不法に持ち出す.
— **~·se** 再 **1 (de...** …から**)** 逃げ出す, 脱出する, 逃亡[脱出]する. El preso *se evadió de* la cárcel. 囚人が脱獄した. **2** 注意をそらす, 気を散らす.

e·va·lua·ble [e.ba.lwá.ble] 形 (高く)評価された, 値を付けられる.

***e·va·lua·ción** [e.ba.lwa.θjón / -.sjón] 女 **1** 評価；〖商〗見積もり, 値踏み；評価[見積もり]額. **2** (学業・行動などの)評価, 採点.

***e·va·luar** [e.ba.lwár] 84 他 **1** 評価する；見積もる. ~... en diez mil euros …を 1 万ユーロと見積もる. **2** 採点する, 点数をつける.

e·va·nes·cen·cia [e.ba.nes.θén.θja / -.sén.sja] 女 ぼやけていること, はかなさ.

e·va·nes·cen·te [e.ba.nes.θén.te / -.sén.-] 形 〖格式〗ぼやけた, うっすらとした, ぼんやりとした.

e·van·ge·lia·rio [e.baŋ.xe.ljá.rjo] 男 〖カト〗助祭用福音集.

e·van·gé·li·ca·men·te [e.baŋ.xé.li.ka.mén.te] 副 福音書の教えに従って；謙虚に.

e·van·gé·li·co, ca [e.baŋ.xé.li.ko, -.ka] 形 **1** 福音(書)の, 福音書に関する. **2** プロテスタントの；(特に)ルター派の, カルバン派の.
— 男 女 プロテスタント, 新教徒 (= protestante).

***e·van·ge·lio** [e.baŋ.xé.ljo] 男 **1** [しばしば E-] 福音：キリスト救霊の宣教またはその教え. **2** (新約聖書の一部を成す四つの) 福音書 *(E~s)*：キリストの生涯・教えを 4 人の弟子が記録したもの. el ~ de Mateo [Marcos, Lucas, Juan] マタイ[マルコ, ルカ, ヨハネ]による福音書. **3** キリスト教. convertirse al ~ キリスト教徒になる. predicar el ~ キリスト教を布教する. **4** 〖カト〗福音書朗読；福音書の一部を抜粋した冊子. **5** 《話》ゆるぎない真実, 真理. Cuando habla parece el ~. 彼[彼女]が話すとももらしく聞こえる. **6** 信念, 考え.
palabras del Evangelio 絶対的真理, 金科玉条.
[←[後ラ] *ēvangelium*←[ギ] *euaggélion* 「よき知らせ」] 関連 [英] *evangel*]

e·van·ge·lis·mo [e.baŋ.xe.lís.mo] 男 **1** 福音伝道[説教]. **2** 福音主義.

e·van·ge·lis·ta [e.baŋ.xe.lís.ta] 形 福音史家の.
— 男 **1** 福音史家：福音書を著した Mateo, Marcos, Lucas, Juan の 4 人. **2** (ミサ聖祭で)福音書の奉読者. **3** 〈ラ米〉(俗)(手紙などの)代筆屋[業者].

e·van·ge·li·za·ción [e.baŋ.xe.li.θa.θjón / -.sa.sjón] 女 福音伝道, キリスト教の布教.

e·van·ge·li·za·dor, do·ra [e.baŋ.xe.li.θa.ðór, -.ðó.ra / -.sa.-] 形 福音を説く, 伝道の.
— 男 女 伝道者, 福音伝道者.

e·van·ge·li·zar [e.baŋ.xe.li.θár / -.sár] 97 他 〈人・地域に〉福音を説く, キリスト教に改宗させる.

e·va·po·ra·ción [e.ba.po.ra.θjón / -.sjón] 女 **1** 蒸発, 気化；(蒸発による)脱水. **2** 消滅, 消散.

e·va·po·ra·dor, do·ra [e.ba.po.ra.ðór, -.ðó.ra] 形 蒸発を助ける, 蒸発する.
— 男 蒸発器, 蒸留器.

e·va·po·rar [e.ba.po.rár] 他 **1** 蒸発させる, 気化させる. El sol *evaporó* las gotas de rocío. 日の光で露の滴が蒸発した. **2** 瞬く間に費やす.
— **~·se** 再 **1** 蒸発する, 気化する. **2** 消える, なくなる. *Se ha evaporado* el aroma del café. コーヒーの香りがとんでしまった. **3** 〖話〗逃亡する, (前触れもなく)忽然(こつぜん)と姿を消す.

e·va·po·ri·za·ción [e.ba.po.ri.θa.θjón / -.sa.sjón] 女 →vaporización.

e·va·po·ri·zar [e.ba.po.ri.θár / -.sár] 97 他 **1** 蒸発させる, 気化させる. **2** 〈液体を〉噴霧する.
— **~·se** 再 蒸発する, 気化する.

e·va·sé [e.ba.sé] 〖仏〗 形 《時に性数不変》〈衣服が〉ゆったりした, だぶっとした.

e·va·sión [e.ba.sjón] 女 **1** 脱走, 逃走, 脱出 (= fuga). **2** 逃げ口上, 口実, 弁解. **3** (義務の)回避, 忌避. ~ fiscal 税金逃れ；脱税.
de evasión 〈小説などが〉娯楽用の.

e·va·si·vo, va [e.ba.sí.bo, -.ba] 形 回避的な, 言い逃れの, 責任逃れの. — 女 《主に複数で》言い訳, 逃げ口上, 口実.

e·va·sor, so·ra [e.ba.sór, -.só.ra] 男 女 逃げる人, 脱走者. ~ de impuestos 脱税者.

e·vec·ción [e.bek.θjón / -.sjón] 女 〖天文〗出差(しゅっさ)：太陽による月の軌道の周期的な不等.

e·ven·to [e.bén.to] 男 **1** 出来事, 事件. Ése fue el ~ que determinó el destino del país. それは国の運命を左右する事件だった.
2 イベント, 催し物, 行事；競技.
a todo evento いずれにせよ, とにかく；念のため.

***e·ven·tual** [e.ben.twál] 形 偶発的な, 起こりうる, ありうる；臨時の, 一時的な. circunstancias ~es 予断を許さない状況. ingresos ~es 臨時収入. un viaje ~ たまたま出かけることになった旅. un trabajo ~ 一時的な仕事. — 男 女 臨時社員.

e·ven·tua·li·dad [e.ben.twa.li.ðáð] 女 **1** 偶発的な出来事, 不測の事態. ante cualquier ~ どんな不測の事態でも.
2 《**de...** …の》(ありうる)事態. consejos prácticos en la ~ de un terremoto 地震に備えての実用的なアドバイス. En la ~ de que sucediera eso he tomado precauciones. そういう事が起こるかもしれないと思って私は用心していたのだ (▶ de の後がque で始まる節のとき節内の動詞は接続法).

e·ven·tual·men·te [e.ben.twál.mén.te] 副 **1** 偶然にも, 思いがけず. **2** たぶん, おそらく.

e·ver·sión [e.ber.sjón] 女 **1** 破壊, 荒廃.
2 〖医〗外反, 外転.

e·vic·ción [e.bik.θjón / -.sjón] 女 〖法〗追い立て, 追奪.

***e·vi·den·cia** [e.bi.ðén.θja / -.sja] 女 **1** 明白さ, 明らかなさま, 明白な事実. con toda ~ 明らかに. tener ~ 確信を持つ. **2** 〖法〗証拠 (物件).
poner en evidencia (**1**) 明示する, 明白にする.
(**2**) 〈…の(欠点)を〉白日の下にさらす, 〈人に〉恥をかかせる.
ponerse en evidencia 明らかになる；〈欠点などが〉露呈する；〈人が〉恥をかく, 物笑いになる.

e·vi·den·ciar [e.bi.ðen.θjár / -.sjár] 82 他 明らかにする, 証明する. Esto *evidencia* su inteligencia. これは彼[彼女]の頭の良さを証明している.
— **~·se** 再 《3人称で》明らかになる, 確実とされる. *Se evidencia* la necesidad de ensanchar esa calle. その通りを拡張する必要があるのは明らかだ.

*e·vi·den·te [e.bi.ðén.te] 形 **1** 《+名詞 / 名詞+》《ser +》明らかな, 明白な; 《que +直説法 …であることは》疑う余地がない. ~ fracaso 明らかな失敗. hacerse ~ 明らかになる. *Es ~ que* la culpa la tienes tú. 君が悪いのは明白だ. **2** 《肯定の答え》もちろん.
[← [ラ] *evidentem* (*evidens* の対格); *ex-*「完全に」+ *videns* (*vidēre*「見る」の現在分詞); 関連 evidencia. [英] *evident*]

*e·vi·den·te·men·te [e.bi.ðén.te.mén.te] 副 明らかに; 当然, もちろん. ¿Crees que va a ganar? — E~. 彼[彼女]は勝つと思うかい. —論ずるまでもないよ.

e·vis·ce·ra·ción [e.βis.θe.ra.θjón / -.se.-.sjón] 女 《動物・魚などから》内臓を取り出すこと.

e·vis·ce·rar [e.βis.θe.rár / -.se.-] 他 《動物・魚などから》内臓を取り出す.

E·vi·ta [e.βí.ta] 固名 **1** → Perón (2).
2 エビータ《Eva の愛称》.

e·vi·ta·ble [e.bi.tá.ble] 形 避けられる, 回避できる.

e·vi·ta·ción [e.bi.ta.θjón / -.sjón] 女 回避, 敬遠; 《事故などの》防止, 予防;《危険などからの》逃避. *en evitación de...* …を避けるために.

e·vi·tar [e.bi.tár] 他 **1 避ける, 回避する. ~ *un peligro* 危険を避ける. ~ *el alcohol* 酒を飲まないようにする. ~ *hablar de política* 政治の話を避ける. ~ *a un amigo* ある友人に近づかないようにする. *No pude* ~ *un escalofrío* [la risa] *al oírlo*. 私はそれを聞いて体の震え[笑い]を抑えることができなかった. ▶目的語が que で始まる節のとき, 節内の動詞は接続法を取る. ⇒ Quiero ~ que se complique el problema. 問題が複雑化することは避けたい.
2 防ぐ, 防止する. ~ *una enfermedad* 病気を予防する. ~ *los errores* 間違いを防ぐ.
3 《a+人〈人〉から》免除する. *Esta medicina te evitará* el sueño. / *Esta medicina te evitará* quedarte dormido. この薬を飲めば眠くなりませんよ 《▶ te が a+人に相当》.
— **~·se** 再 **1** 免れる;《+不定詞 …》しないで済む. *Con este sistema me evito ir al banco*. このシステムのおかげで銀行に行かないで済む.
2 《複数主語で》互いに避ける.
[← [ラ] *ēvītāre* (*ex-*「離れて」+ *vītāre*「避ける」)]

e·vi·ter·no, na [e.bi.tér.no, -.na] 形 《神》永遠の, 無限の.

e·vo [é.bo] 男 《文章語》《神》永遠, 永劫(ごう).

*e·vo·ca·ción [e.bo.ka.θjón / -.sjón] 女 **1** 回想, 回顧; 想起. **2** 《死者の霊を》呼び起こすこと, 降霊.

e·vo·ca·dor, do·ra [e.bo.ka.ðór, -.ðó.ra] 形 死者の霊を呼び出す;《思い出を》呼び起こす, 思い起こさせる.

*e·vo·car [e.bo.kár] 102 他 **1** 呼び覚ます, 思い起こす. ~ *recuerdos* 記憶を呼び覚ます. **2** 《a+人〈人〉に》連想［想起］させる, 彷彿(ほう)させる. *una casa que evoca la vida en el siglo XVIII* [dieciocho] 18世紀の生活を彷彿させる家. *¿Qué le evoca a usted esto?* あなたはこのことで何を連想されますか. **3** 《死者の霊を》《古文で》呼び出す.

e·vo·ca·ti·vo, va [e.bo.ka.tí.bo, -.ba] 形 《ラ米》喚起する, 思い起こさせる.

e·vo·ca·to·rio, ria [e.bo.ka.tó.rjo, -.rja] 形 《de... …を》呼び起こす, 思い起こさせる.

¡e·vo·hé! [e.bo.é] 間投 バッカスをたたえる巫女(ご)の叫び声.

*e·vo·lu·ción [e.bo.lu.θjón / -.sjón] 女 **1** 発展, 発達; 展開, 推移, 動向; 変化, 変遷. ~ *científica* 科学の発達. ~ *favorable* 好転. *Está investigando la* ~ *del consumo de tabaco*. 彼[彼女]はタバコの消費の推移を調査している.
2 《生物》進化. *la teoría de la* ~ 進化論. **3** 《軍》《軍隊・艦隊の》機動, 隊形［フォーメーション］の変換, 移動. **4** 《主に複数で》《特にカーブを描きながらの》動き, 運動; 旋回, 回転. *observar las evoluciones de la abeja* ミツバチの動きを観察する.
[← [仏] *évolution* ← [ラ] *ēvolūtiō*「(巻いた物を)広げること, (本を)ひもとくこと」; 関連 [英] *evolution*]

e·vo·lu·cio·na·do, da [e.bo.lu.θjo.ná.ðo, -.ða / -.sjo.-] 形 進展した, 発展した, 発達した.

*e·vo·lu·cio·nar [e.bo.lu.θjo.nár / -.sjo.-] 自 **1** 進化する, 進展する, 発展する, 移り変わる. ~ *favorablemente* 好転する. *La tecnología evolucionó de una manera vertiginosa en pocos años*. 技術はわずか数年でめまぐるしく発展した.
2 旋回する, 回転する.
3 《軍》隊形移動をする, 機動展開を行う.

e·vo·lu·cio·nis·mo [e.bo.lu.θjo.nís.mo / -.sjo.-] 男 《生物》《哲》進化論 (= darwinismo).

e·vo·lu·cio·nis·ta [e.bo.lu.θjo.nís.ta / -.sjo.-] 形 進化論の, 進化論者の. — 男 女 進化論者.

e·vo·lu·ti·vo, va [e.bo.lu.tí.bo, -.ba] 形 進化の, 発展の. *el proceso* ~ *del postoperatorio* 手術患者の回復経過.

e·vó·ni·mo [e.bó.ni.mo] 男 《植》マサキ; マユミ.

*ex [eks] 形 旧の, 前の, 元の. ▶名詞・形容詞に前置して, 前の官職名・地位などを表す. *El Congo ex belga* 旧ベルギー領コンゴ. *ex alumno* 卒業生. *ex ministro* 元［前］大臣. *ex mujer* 別れた女房. — [éks] 男 女 《複~, ~es》元恋人, 元夫・妻.

ex- 《接頭》**1** 「外に[へ], …を超え[離れ]て」の意. ⇒ *exceder*, *excluir*, *exponer*. **2** 「反対, 否定, 除去」の意. ⇒ *exculpar*, *excusar*, *explicar*. **3** 「強意」. *exagerar*, *exaltar*, *exterminar*. [← [ラ]]

evónimo
(マサキ)

ex a·brup·to [ek.sa.ßrúp.to] [ラ] いきなり, 唐突に, 乱暴に (= con brusquedad).

ex·a·brup·to [ek.sa.βrúp.to] 男 《話》唐突[乱暴]な語し方, ぶっきらぼうな口の利き方; ののしり (の言葉). *contestar con (un)* ~ ぶっきらぼうに答える.

ex·ac·ción [ek.sak.θjón / -.sjón] 女 **1** 《税・罰金などの》徴収, 取り立て. ~ *de tributos* 租税の徴収.
2 強制的[不当な]徴収, ゆすり, 恐喝.

ex·a·cer·ba·ción [ek.sa.θer.βa.θjón / -.ser.-.sjón] 女 **1** 憤慨, 憤り, いらだち. **2** (病気などの) 悪化;(感情・悩みなどの) 高揚, 募ること.

ex·a·cer·ba·mien·to [ek.sa.θer.βa.mjén.to / -.ser.-] 男 → exacerbación.

ex·a·cer·bar [ek.sa.θer.βár / -.ser.-] 他 **1** 憤慨させる, いらだたせる. *Me exacerba ver cómo trabaja*. 彼[彼女]の仕事ぶりを見ていると腹が立ってくる.
2《病気などを》悪化させる;《感情・悩みなどを》募らせ

る. ━**se** 再 憤慨する, いらだつ.
e・xac・ta [ek.sák.ta] 形 → exacto.

***e・xac・ta・men・te** [ek.sák.ta.mén.te] 副 **1** 正確に；ちょうど, きっかり；厳密に.
2 《同意を表して》そのとおりだ, 全くだ.

***e・xac・ti・tud** [ek.sak.ti.túđ] 女 **1** 正確さ；厳密さ, 精密さ. con (gran)～(きわめて)厳密に. La ～ de su testimonio sobre el accidente asombró al detective. 事故に関する彼[彼女]の証言の正確さに刑事が驚いた.
2 正しさ, 的確さ, 理にかなっていること.

*****e・xac・to, ta** [ek.sák.to, -.ta] 形 《多くは名詞+》《ser+ / estar+》
1 正確な, 正しい；(事実などに)忠実な, 本当の. una copia *exacta* 正確な写し. Es un hombre ～ en sus palabras. 彼は自分が言ったことは確実に守る人間だ.
2 《名詞+》〈数値が〉きっかりの, ちょうどの. Este niño mide un metro ～ de altura. その男の子の身長は1メートルちょうどだ. **3** 精密な, 厳密な；きちょうめんな. ciencias *exactas* 精密科学.
━ 副 《同意を表して》そのとおりです, おっしゃるとおりです (=exactamente).
para ser exactos 厳密に言うなら, 正確には.
[← [ラ] *exáctum*; *exigere* 「要求する；計量する, 検査する」(→ exigir) の完了分詞 *exāctus* の対格.]
[関連] examem. [英]exact.

***e・xa・ge・ra・ción** [ek.sa.xe.ra.θjón / -.sjón] 女 誇張, 大げさ. Eso es una ～. それは大げさだ.

e・xa・ge・ra・da・men・te [ek.sa.xe.ra.đa.mén.te] 副 **1** 誇張して, 誇大に. **2** 非常に, とても.

e・xa・ge・ra・do, da [ek.sa.xe.rá.đo, -.đa] 形 **1** 誇張された, 仰々しい；オーバーな. relato ～ 誇張された話. confianza *exagerada* 過信. ademanes ～*s* 仰々しい仕草. **2** 過度の, 常軌を逸した. precio ～ 法外な値段. cariño ～ 猫かわいがり. **3** 〈人が〉大げさな, オーバーにする人；度が過ぎた人.

e・xa・ge・ra・du・ra [ek.sa.xe.ra.đú.ra] 女 《ラ米》(話)誇張, 大げさ.

***e・xa・ge・rar** [ek.sa.xe.rár] 他 **1** 誇張する, 大げさに言う, オーバーに考える[受け止める]. Dudo de sus palabras porque *exagera* los hechos. 彼[彼女]の言葉は疑わしい, なぜなら話を誇張するから.
2 やりすぎる, 度を超す, 極端にする. No *exageres* la dieta, que te dañará la salud. ダイエットをし過ぎないように, 体を壊すよ.
━ 自 **1** 大げさに言う, 誇張して話す[考える].
2 《con... / en...》…をやりすぎる, 度を超す.
[← [ラ] *exagerāre*「土盛りする, 積み上げる；誇張する」] [関連] [英]*exaggerate*.

e・xa・go・nal [ek.sa.go.nál] 形 → hexagonal.

e・xá・go・no, na [ek.sá.go.no, -.na] 形 → hexágono.

***e・xal・ta・ción** [ek.sal.ta.θjón / -.sjón] 女 **1** (精神・感情の) 高揚, 興奮, 興奮. **2** 賞賛, 称揚. ～ de la moral 士気の高揚. **2** 賞賛, 称揚. ～ de la virtud 美徳の称揚. *E*～ de la Santa Cruz 〖宗〗聖十字架称賛(式)(9月14日). hacer una ～ de... …を賞賛する. **3** 《a... …へ》(地位・権力などが) 高まること, 昇進. ～ *al* trono 即位, 王座に就くこと. **4** (政治的)過激主義, 極端論.

e・xal・ta・do, da [ek.sal.tá.đo, -.đa] 形 **1** ほめられた, 称揚された. **2** 興奮しやすい. Es un chico muy ～. 非常に激しやすい少年だ. **3** 興奮した, (気持ちの)高ぶった. **4** (政治的)過激な, 急進的な.

━ 男 女 **1** 熱狂的な人, 狂信者. **2** (政治的)過激主義者；(19世紀スペインの自由主義者で)急進派(の人).

e・xal・tan・te [ek.sal.tán.te] 形 刺激的な, 興奮させる.

***e・xal・tar** [ek.sal.tár] 他 **1** 《a... 〈最高の位・身分などに〉》高める, 昇進させる. Fue exaltado *al* papado a la edad de sesenta años. 彼は60歳にして教皇となった. **2** ほめたたえる, 賞揚する. **3** 興奮させる, 高揚させる, 激高させる.
━ **se** 再 興奮する；激高する.

ex・a・lum・no, na [ek.sa.lúm.no, -.na] 男 女 (大学・高校の) 卒業生, 同窓生.

*****e・xa・men** [ek.sá.men] 男 〖複 exámenes〗 **1** 試験, テスト, 考査. ～ de ingreso 入学試験. ～ escrito [oral] 記述[口頭]試験. aprobar [pasar] un ～ 試験に合格する. presentarse a (hacer) un ～ 受験する.
2 検査；調査, 研究；検討, 吟味. someter... a ～ …を検査[調査]する. **3** (1) 〖医〗診断, 診察 (=～ médico); (診断のための)検査. (2) 〖法〗審問, 尋問 (=～ de testigos).
examen de conciencia 自省, 内省；〖カト〗(告解のための)反省.
examen de un cadáver 検死.
libre examen 〖宗〗(カトリック教会の権威に服従しない)聖書・教義の自由な解釈；(プロテスタントの)思想の自由.
[← [ラ] *exāmen*「重さの計量；検査」；*exigere*「計量する, 検査する；要求する」(→ exigir) より派生.]
[関連] exacto, examinar. [英]*exam* (*ination*)]

e・xa・mi・na・dor, do・ra [ek.sa.mi.na.đór, -.đó.ra] 形 試験の, 調査の.
━ 男 女 試験官, 審査官, 調査官.

e・xa・mi・nan・do, da [ek.sa.mi.nán.do, -.da] 男 女 受験者, 受験生；候補者, 志願者.

***e・xa・mi・nar** [ek.sa.mi.nár] 他 **1** 調べる, 調査する；検査する, 検査する. ～ un documento 書類を調べる. ～ a un enfermo 病人を診察する. ～ el proyecto 計画を検討する. ～ los movimientos de los insectos 虫の動きを観察する. *Examinaré* lo que he hecho. 自分がしたことをよく検討してみよう. **2** 《**de...**》(…の)試験を課す, 《…について》試問する. El profesor nos *examinó de* las lecciones que habíamos estudiado en clase. 先生は授業で学習した課を試験に出した.
━ **se** 再 **1** 《**de...**》(…の)試験を受ける, 受験する.
2 自省する；《複数主語で》(互いに)チェックし合う.

e・xan・güe [ek.sáŋ.gwe] 形 《文章語》 **1** 血の気のない. **2** 気力を失った, ぐったりした；疲れ果てた. **3** 息を引き取った.

e・xá・ni・me [ek.sá.ni.me] 形 《文章語》 **1** 息を引き取った, 死んでいる. **2** 気を失った. caer ～ 気絶する. **3** くたくたになった, 衰弱した.

e・xan・te・ma [ek.san.té.ma] 男 〖医〗発疹(ほっしん). ～ súbito 突発性発疹.

e・xan・te・má・ti・co, ca [ek.san.te.má.ti.ko, -.ka] 形 〖医〗発疹(ほっしん)の, 発疹による.

e・xar・ca [ek.sár.ka] / **e・xar・co** [ek.sár.ko] 男 **1** 〖史〗(ビザンティン帝国の)太守, 総督.
2 〖宗〗(ギリシア正教会の)総主教代理.

e・xar・ca・do [ek.sar.ká.đo] 男 **1** 〖史〗(ビザンティン帝国の)太守の管区[行政区].
2 〖宗〗(ギリシア正教会の)総主教代理の職[地位].

e・xas・pe・ra・ción [ek.sas.pe.ra.θjón / -.sjón] 女 いらだち；激高, 憤激.

e·xas·pe·ran·te [e*k*.sas.pe.rán.te] 形 いらいらさせる；腹の立つ，しゃくに障る．

e·xas·pe·rar [e*k*.sas.pe.rár] 他 いらだたせる；激高させる，憤激させる．Me *exasperas* con tus preguntas. 君の質問にはいい加減いらいらしてる．
— ~·**se** 再 いらだつ；激高する，怒り狂う．

ex·can·de·cer [e(k)s.kan.de.θér / -.sér] 34 他 かっとさせる． — ~·**se** 再 かっとなる．

ex·car·ce·la·ción [e(k)s.kar.θe.la.θjón / -.se.-.sjón] 女 《囚人の》釈放，拘留解除．

ex·car·ce·lar [e(k)s.kar.θe.lár / -.se.-] 他 《囚人を》釈放する（↔ encarcelar）．

ex cá·the·dra [e(k)s.ká.te.ðra] [ラ]→excáthedra．

ex·cá·the·dra [e(k)s.ká.te.ðra] 副 **1** 《教皇が》聖座から権威をもって（= desde la cátedra）．**2** 《話》《軽蔑》偉そうに．

ex·ca·va·ción [e(k)s.ka.ba.θjón / -.sjón] 女 **1** 穴掘り，掘削；《考古》発掘．~ de zanjas 溝掘り．**2** 《掘ってできた》穴，くぼみ；発掘地点．

ex·ca·va·dor, do·ra [e(k)s.ka.ba.ðór, -.ðó.ra] 形 穴掘りの，掘削の．— 男 穴掘り人，掘削者；発掘者．— 女 掘削機．*excavadora* de mandíbulas 《泥などをすくう機械の》グラブ．*excavadora* mecánica パワーシャベル．

ex·ca·var [e(k)s.ka.bár] 他 **1** 《地面などを》掘る，《穴などを》掘って作り出す，《遺跡などを》発掘する．~ un túnel トンネルを掘る．~ el suelo 地面を掘り起こす．**2** 《植物を》掘る，掘り起こす．

ex·ce·den·cia [e(k)s.θe.ðén.θja / -.se.-.sja] 女 **1** 《職務からの》休暇，《主に公務員の》休職．pedir la ~ por un año 1年間の休職を願い出る．**2** 《有給休暇中の》給与．

ex·ce·den·ta·rio, ria [e(k)s.θe.ðen.tá.rjo, -.rja / -.se.-] 形 必要量を超えた，余剰の，余った．

***ex·ce·den·te** [e(k)s.θe.ðén.te / -.se.-] 形 **1** 超過した，余分の，過度の，過剰の．**2** 《公務員・教員などが》休職中の．— 男 余り，超過分，剰余．~s agrícolas 余剰農産物．Quédate con el ~. 余った分は取っておきなさい．
excedente (*de cupo*)《くじで募集人数より多い分を引いて》兵役を免れた人．

***ex·ce·der** [e(k)s.θe.ðér / -.se.-] 他 《限度・範囲などを》超える，超過する；《*en*... …の点で》《人・ものに》勝る，優れる．El peso del paquete *excede* 5 kilos. 小荷物の重量は5キロ以上ある．La chica excede *en* belleza a su madre. その娘は母親よりも美しい．
— 自 **1** (1)《*a*... …を》《*en*... …の点で》上回る，超える；《*a*... …に》勝る，優れる．Esa desastrosa escena *excedía a* lo que había imaginado. その惨状は想像していた以上のものだった．Este proyecto *excede a* los demás *en* racionalidad. この企画は他の企画よりも合理性の面で勝っている．
(2)《*a*... …を》《*en*... 《量・程度の》分だけ》上回る，超す．Los ingresos *exceden a* los gastos *en* cien euros. 支出よりも収入が100ユーロ多い．
2 《*de*... 《数量・限度》を》**1** 上回る，超える；余る．El informe no debe ~ *de* diez páginas. 報告書は10ページを超えてはいけない．
— ~·**se** 再 **1**《*en*...》《…の度が》過ぎる；《…において基準を》超える．Hoy *me he excedido en* fumar. 今日私はタバコを吸いすぎた．**2**《*con*...《人》》《*en*...《親切の》度が》過ぎる．
excederse a sí *mismo* 《人が》実力以上の力を発揮する，自己ベストを越える．
[←[ラ] *excēdere*「出ていく」「越える」]，[関連][英] *exceed*]

:**ex·ce·len·cia** [e(k)s.θe.lén.θja / -.se.-.sja] 女 **1** 優秀，卓越．~ de un producto 製品の《品質の》良さ．**2** 《大臣・知事・司教などの尊称として》閣下，猊下(ꜜ)．Su [Vuestra] *E*~ 閣下（▶ Vuestra *E*~ はしばしば vuecencia と短縮される）．
por excelencia 特に，とりわけ．

****ex·ce·len·te** [e(k)s.θe.lén.te / -.se.-] 形 《多くは + 名詞 / 名詞 +》《**ser** + **es·tar** +》すばらしい；優れた，優秀な；上等の，良質の．un estudiante ~ 成績優秀な学生．un vino ~ 極上のワイン．Esta playa posee ~s condiciones para el surfing. この海岸はサーフィンをするのに絶好の条件が整っている．→ magnífico [類語]．
[←[ラ] *excellentem* (*excellens* の対格)《*excellere*「突出する」の現在分詞）], [関連][英] *excellent*]

ex·ce·len·tí·si·mo, ma [e(k)s.θe.len.tí.si.mo, -.ma / -.se.-] 形 [*excelente* の絶対最上級]《尊称》…閣下《略 Excmo, Excma.）．el *E*~（Señor）Ministro 大臣閣下．

ex·cel·si·tud [e(k)s.θel.si.túð / -.sel.-] 女 崇高，荘厳；卓越，傑出．

ex·cel·so, sa [e(k)s.θél.so, -.sa / -.sél.-] 形 《文章語》**1** 崇高な，荘厳な；卓越した，傑出した．un verso ~ 格調高い詩歌．un pintor ~ 卓越した画家．**2** 非常に高い．cima *excelsa* 至高の頂．

ex·cen·tri·ci·dad [e(k)s.θen.tri.θi.ðáð / -.sen.-.si.-] 女 **1** 奇抜さ；奇行．Es un pintor conocido por sus ~*es*. 彼は奇行で有名な画家である．**2** 中心からずれていること；偏心（率）；《数》離心率．

ex·cén·tri·co, ca [e(k)s.θén.tri.ko, -.ka / -.sén.-] 形 **1** 風変わりな，常軌を逸した，エキセントリックな．**2** 偏心の，《軸などが》中心を外れた；《町の》中心地から離れた；場末の．un barrio ~ 場末．— 男 女 変人，変わり者．— 男 《機》偏心器，偏心軸．

****ex·cep·ción** [e(k)s.θep.θjón / -.sep.sjón] 女 **1** 例外，除外．sin ~ 例外なく．La ~ confirma la regla. 《諺》例外のあるのは規則のある証拠．No hay regla sin ~. 《諺》例外のない規則はない．
2 異例，特例；格別．Nevar en noviembre es una ~ en nuestra ciudad. 11月に雪が降るのは私たちの町では異例なことだ．**3** 《法》抗弁．
a[*con*] *excepción de*... …を除いて，…以外は．
de excepción 並外れた，特別の；特例の．estado *de* ~《政》非常事態．
hacer（*una*）*excepción de*... …を例外とする．
[←[ラ] *exceptiōnem* (*exceptiō* の対格)《*excipere*「除外する」より派生)], [関連][英] *exception*]

***ex·cep·cio·nal** [e(k)s.θep.θjo.nál / -.sep.sjo.-] 形 **1** 例外的な，異例の．coincidencia ~ 稀に見る一致．circunstancias ~*es* 異常事態．
2 並外れた，別格の．un libro ~ 非常に優れた本．un pianista ~ 並外れたピアニスト．

ex·cep·cio·na·li·dad [e(k)s.θe.p.θjo.na.li.ðáð / -.sep.sjo.-] 女 例外であること，例外性，特別性．

ex·cep·cio·nal·men·te [e(k)s.θep.θjo.nál.mén.te / -.sep.sjo.-] 副 例外的に；《+形容詞・副詞》並外れて；《たまに》．

***ex·cep·to** [e(k)s.θép.to / -.sép.-] 前 …を除いて，…以外は，…のほかは（= salvo, menos）．*E*~ eso, todo va bien. それ以外はうまくいっている．Vienen todos, ~ Pedro. ペドロを除いて全員

が来ます. ▶ 時・条件を表す副詞節の前に置かれることがある. ⇨Salgo todos los días, ~ cuando llueve. 私は雨の日を除いて毎日外出する.

excepto que... ……ということは. ~ *que se indique lo contrario.* 正反対のことが示されていなければ. *Todo sale perfecto ~ que no aparecen los acentos* アクセント記号が表されないということ以外全てが完璧です. ▶ que... が条件を表している場合に動詞は接続法, 事実を伝えている場合に直説法をとる.

ex·cep·tuar [e(k)s.θe*p*.twár / -.sep.-] 他
1 《**de...** ……から》除外する, 例外とする;はずす, 省く. *Exceptuaron a los niños de esta regla.* その規則は子供たちには適用されない. **2**〖法〗免除する.
— ~·se 再《3人称で》除外される, 例外となる. *Se vacunará a todos los niños, pero se exceptúa a los de menos de un año.* 子供はすべて予防接種を受けること, ただし1歳未満の子供は除外する.

ex·cerp·ta [e(k)s.θér(*p*).ta / -.sér(*p*).-] /
ex·cer·ta [e(k)s.θér.ta / -.sér.-] 女 摘要, 要約, 抜粋.

*__ex·ce·si·vo, va__ [e(k)s.θe.sí.βo, -.βa / -.se.-] 形《多くは＋名詞/名詞＋》過度の, 行き過ぎの;極端な. *carga excesiva* 超過荷重. *reacciones excesivas* 過剰反応. *excesiva concentración* 過度の集中. *Condujo a una velocidad excesiva.* 彼[彼女]はものすごいスピードで車を運転した.

*__ex·ce·so__ [e(k)s.θé.so / -.sé.-] 男 **1** 過剰, 超過, 過多;超過量[分]. ~ *de peso* 重量オーバー. ~ *de poder* 越権行為. *El ~ de precaución puede causar el fracaso de la empresa.* 慎重になりすぎると事業が失敗することもある. **2**《複数形で》行き過ぎ, 度を超えた行為;暴力行為;放蕩(ほう);無茶なこと. *cometer ~s con la bebida y la comida* 暴飲暴食する. *No te perdonamos los ~s por muy joven que seas.* どんなに若いからといって君の無茶な行為を許すことはできない.

en [*con*] *exceso* 過度に.
por exceso 度を越して, 超過して.

[← [羅] *excessum* (*excessus* の対格)「逸脱」(*excēdere*「(消え)去る;度を越す」より派生);[関連][英]*excess*]

ex·ci·pien·te [e(k)s.θi.pjén.te / -.si.-] 男〖薬〗賦形剤, 補形薬.

ex·ci·ta·bi·li·dad [e(k)s.θi.ta.βi.li.ðáð / -.si.-] 女 **1** 激高[興奮]しやすさ. **2** (器官の)興奮性, 被刺激性.

ex·ci·ta·ble [e(k)s.θi.tá.βle / -.si.-] 形 **1** 激しやすい, 興奮しやすい. **2**〈器官が〉反応しやすい, 感じやすい.

ex·ci·ta·ción [e(k)s.θi.ta.θjón / -.si.-sjón] 女
1 興奮, 刺激;活性化. *Su ~ no le permitía articular palabra.* 彼[彼女]は興奮のあまり口も利けなかった. **2**〖電〗励起, 励振, 励磁.

ex·ci·ta·dor, do·ra [e(k)s.θi.ta.ðór, -.ðó.ra / -.si.-] 形 刺激性の, 興奮状態の. — 男 興奮した人.
— 男〖電〗励磁機構, 励振器;放電器.

*__ex·ci·tan·te__ [e(k)s.θi.tán.te / -.si.-] 形 **1** 興奮させる, 刺激的な, 挑発的な. *una novela ~* 非常に興味深い小説. **2**〈食べ物・飲み物が〉刺激性の, 香辛料の効いた. *una bebida ~* 刺激性の飲み物.
— 男 刺激剤, 興奮剤.

*__ex·ci·tar__ [e(k)s.θi.tár / -.si.-] 他 **1**〈感覚・組織などを〉刺激する, 興奮させる. *El café excita el sistema nervioso.* コーヒーは神経を刺激する.
2 興奮させる;〈感情・感覚を〉起こさせる, そそ

る;促す. ~ *el deseo* 欲望をそそる. ~ *a un pueblo a la rebelión* 民衆を反乱へと駆りたてる.
3〖電〗励磁する;〖物理〗〈原子・分子を〉励起する. *una dinamo* 発電機を励磁する.
— ~·se 再 興奮する, 発奮する.

[← [羅] *excitāre*「駆りたてる」;[関連][英]*excite*]

ex·ci·ta·ti·vo, va [e(k)s.θi.ta.tí.βo, -.βa / -.si.-] 形 刺激性の, 興奮させる. — 男 刺激剤.

ex·cla·ma·ción [e(k)s.kla.ma.θjón / -.sjón] 女
1 叫び, 叫び声;感嘆. *lanzar* [*proferir*] *exclamaciones* 叫び声を上げる.
2〖文法〗感嘆符(¡ !)(= *signo de ~*).

*__ex·cla·mar__ [e(k)s.kla.már] 自 叫ぶ, 感嘆[驚き]の声を上げる. *La madre exclamó, '¡Cuidado!'.* 母親は「危ない」と叫んだ.

[← [羅] *exclāmāre*; *clāmāre*「叫ぶ」(→ llamar)より派生;[関連][英]*exclaim*]

ex·cla·ma·ti·vo, va [e(k)s.kla.ma.tí.βo, -.βa] 形 感嘆の, 絶叫調の. *oración exclamativa* 感嘆文.

ex·cla·ma·to·rio, ria [e(k)s.kla.ma.tó.rjo, -.rja] 形 → exclamativo.

ex·claus·tra·ción [e(k)s.klaus.tra.θjón / -.sjón] 女 還俗(げ), 僧籍を離れること.

ex·claus·tra·do, da [e(k)s.klaus.tra.ðo, -.ða] 男・女 還俗(げ)した修道司祭[修道女].

ex·claus·trar [e(k)s.klaus.trár] 他〈修道司祭などを〉還俗(げ)させる. — ~·se 再 還俗する.

ex·clui·ble [e(k)s.klwí.βle] 形 除外[排除]できる.

*__ex·cluir__ [e(k)s.klwír] 48 他 **1**《**de...** ……から》除外する, 排除する;追放する. *Lo han excluido de la lista de aspirantes.* 彼は志願者のリストからはずされた. **2** 拒否する, 退ける.
— ~·se 再《複数主語で》排除しあう, 相いれない, 両立しない.

[← [羅] *exclūdere* (*ex*-「外へ」+ *claudere*「閉じる」)[関連][英]*exclude*] *exclusivo* 形.

*__ex·clu·sión__ [e(k)s.klu.sjón] 女 **1** 除外, 排除, 排斥, 追放. *Nadie esperaba su ~ del equipo.* 誰も彼〈が〉チームから除外されるとは思っていなかった. **2** 退けること, 拒否. *Eso implica la ~ de la oferta.* それは申し出が拒否されたということだ.

con exclusión de... ……を除外して.
por exclusión 例外として.

*__ex·clu·si·va__ [e(k)s.klu.sí.βa] 女 独占権, 占有権;総代理権;独占記事. *dar la ~ a un editor* ある出版社に独占出版権を与える.

en exclusiva 独占的に, 排他的に.

ex·clu·si·va·men·te [e(k)s.klu.sí.βa.mén.te] 副 もっぱら, 全く……(だけ), 排他的に, 独占的に.

ex·clu·si·ve [e(k)s.klu.sí.βe] 副 除外して, 勘定に入れないで(↔*inclusive*). *desde el dos hasta el diez de abril ambos ~* 4月2日から10日まで, ただし2日と10日は含まない.

ex·clu·si·vi·dad [e(k)s.klu.si.βi.ðáð] 女 排他的[独占的]であること;独占権, 占有権.

ex·clu·si·vis·mo [e(k)s.klu.si.βís.mo] 男《軽蔑》排他主義, 排他性;独占主義, 偏狭性.

ex·clu·si·vis·ta [e(k)s.klu.si.βís.ta] 形 排他主義の, 偏狭な. — 男・女 排他主義者.

*__ex·clu·si·vo, va__ [e(k)s.klu.sí.βo, -.βa] 形 **1** 独占的な, 排他的な. *agente ~* 一手販売人. **2** 唯一の, 専らの. *Ha venido con el ~ objeto de verme.* 彼[彼女]はただ私に会うためにやって来た.

ex·clu·so, sa [e(k)s.klú.so, -.sa] 形 除外された.

ex·clu·yen·te [e(k)s.klu.jén.te] 形 除外する, 排他的な.

Excmo., ma. 《略》《尊称》→ excelentísimo.

ex·co·gi·ta·ción [e(k)s.ko.xi.ta.θjón / -.sjón] 女 工夫, 考案.

ex·co·gi·tar [e(k)s.ko.xi.tár] 他 考え出す, 工夫[案出]する.

ex·com·ba·tien·te [e(k)s.kom.ba.tjén.te] 男 退役軍人.

ex·co·mul·ga·do, da [e(k)s.ko.mul.gá.ðo, -.ða] 形 (教会から)破門された; (集団から)除名された, 追放された. ― 男 女 **1** 破門された人; 追放された人. **2**《話》悪党, わる.

ex·co·mul·gar [e(k)s.ko.mul.gár] 103 他 **1**〖宗〗破門する. ~ a un hereje 異端者を破門する. **2** 追放する, 除名[除籍]する.

ex·co·mu·nión [e(k)s.ko.mu.njón] 女 **1**〖宗〗破門; 破門宣告; 破門状. ~ mayor 大破門(教会からの全面的な追放). ~ menor 小破門(ミサ参列の禁止). **2** 追放; 除名, 除籍.

ex·co·ria·ción [e(k)s.ko.rja.θjón / -.sjón] 女 (皮膚·粘膜を)すりむくこと, すり傷, かすり傷.

ex·co·riar [e(k)s.ko.rjár] 82 他 《a+人〈人〉の》〈皮膚·粘膜を〉すりむくこと, すり傷をつける. ― ~·se 再《a+人〈人〉の》〈皮膚·粘膜が〉すりむける, すり傷ができる.

ex·cre·cen·cia [e(k)s.kre.θén.θja / -.sén.sja] 女 (動植物の)異常増殖物, いぼ状突起; いぼ, こぶ.

ex·cre·ción [e(k)s.kre.θjón / -.sjón] 女 排泄(はい)(作用), 分泌; 排泄物, 分泌物.

ex·cre·men·tar [e(k)s.kre.men.tár] 自 排泄(はい)する, 分泌する.

ex·cre·men·ti·cio, cia [e(k)s.kre.men.tí.θjo, -.θja / -.sjo, -.sja] 形 糞便(ふん)の; 排泄(はい)物の.

ex·cre·men·to [e(k)s.kre.mén.to] 男 排泄(はい)物, 分泌物; 糞便(ふん).

ex·cre·men·to·so, sa [e(k)s.kre.men.tó.so, -.sa] 形〈食べ物が〉消化されずに便になる; 排泄(はい)物の, 大便の.

ex·cres·cen·cia [e(k)s.kres.θén.θja / -.sén.sja] 女 → excrecencia.

ex·cre·tar [e(k)s.kre.tár] 他 排泄(はい)する, 分泌する. ― 自 排泄(はい)する, 分泌する.

ex·cre·tor, to·ra [e(k)s.kre.tór, -.tó.ra] / **ex·cre·to·rio, ria** [e(k)s.kre.tó.rjo, -.rja] 形〖解剖〗排泄(はい)の[分泌の]ための.

ex·cul·pa·ción [e(k)s.kul.pa.θjón / -.sjón] 女 免罪;〖法〗無罪放免, 釈放.

ex·cul·par [e(k)s.kul.pár] 他 **1**《de...》〈罪·責任から〉免れさせる, 免罪する. **2**〖法〗無罪放免する, 釈放する. ― ~·se 再 罪が晴れる[解ける];《de...》〈罪·責任から〉免れる.

ex·cul·pa·to·rio, ria [e(k)s.kul.pa.tó.rjo, -.rja] 形 (罪·責任から)免れた, 無罪放免の.

***ex·cur·sión** [e(k)s.kur.sjón] 女 **1** (レクリエーション·見学·研修のための)**小旅行**, 遠足, ピクニック, ハイキング. hacer [ir de] ~ 遠足に行く, 小旅行をする. hacer una en bicicleta サイクリング旅行に出かける. **2** 散歩, 散策.
[⇐〚ラ〛*excursiōnem* (*excursiō* の対格); *excurrere*「走り出る」(*ex-*「外へ」+ *currere*「走る」)より派生, 関連〚英〛*excursion*].

ex·cur·sio·nar [e(k)s.kur.sjo.nár] 自《ラ米》小旅行をする, 遠足[ハイキング]に行く.

ex·cur·sio·nis·mo [e(k)s.kur.sjo.nís.mo] 男 ハイキング活動. club de ~ ハイキングクラブ.

ex·cur·sio·nis·ta [e(k)s.kur.sjo.nís.ta] 男 女 遠足客, ハイカー, 小旅行をする人; 遊覧客, 見物客. → viajero 類意.

ex·cur·so [e(k)s.kúr.so] 男 (話が)脱線すること, 余談 (= digresión).

***ex·cu·sa** [e(k)s.kú.sa] 女 **1 弁解**, 言い訳; 口実, 言い逃れ. dar ~s 弁解する, 言い訳をする. ¡Nada de ~s! 弁解無用. **2**《複数で》陳謝, 詫(わ)び. deshacerse en ~s 平謝りに謝る. **3**〖法〗免罪, 減免. *presentar* [*pedir*] (SUS) *excusas a*+人〈人〉に詫びる, 容赦を願う; 言い訳をする. *Le presento mis* ~s. にどぞご容赦ください.

ex·cu·sa·ble [e(k)s.ku.sá.ble] 形 言い訳のたつ, 弁解できる; 許しうる, 大目に見てやれる; 回避しうる.

ex·cu·sa·ción [e(k)s.ku.sa.θjón / -.sjón] 女 → excusa.

ex·cu·sa·do, da [e(k)s.ku.sá.ðo, -.ða] 形 **1**《de...》〈…を, …から〉免れた, 免除された; 弁解できる, 正当化できる. **2** 必要がない, よけいな. *E*~ es decir [repetir] que... . …であるのは言う[繰り返す]までもない. **3**《義務·税金を》免除された. **4**《まれ》(場所が)専用の, 私用の. puerta excusada 専用門. ― 男〖文章語〗《婉曲》(特に公共の)トイレ, 便所.

***ex·cu·sar** [e(k)s.ku.sár] 他 **1** 《人 (の行為)·ことの》**言い訳をする**, 弁解する. *Excúsa*me con tu madre. お母さんに私のことを謝っておいてください.
2《人·ことを》許す;《de... から》免ずる. Deben ~ las faltas de los jóvenes. 若い人の誤ちは大目に見てやるべきだ.
3 防ぐ, 避ける;《+不定詞 …することを》避ける, 控える. ~ disturbios 争乱を回避する. *Excusas venir*. 君は来るには及ばない.
― ~·se 再 **1**《con+人〈人〉に》《de... / por...》について》謝る, 言い訳をする, 弁解する. *Se excusó con* el profesor *por* haber llegado tarde a clase. 彼[女]は授業に遅刻したことで先生に言い訳をした. **2**《3人称で》許される, 免れる; 回避される.
El que se excusa, se acusa.〖諺〗言い訳するのはやましい questioning.
[⇐〚ラ〛*excūsāre* (*ex-*「離れて」+ *causa*「非難, 告発」+動詞語尾), 関連〚英〛*excuse*].

ex·cu·sión [e(k)s.ku.sjón] 女〖法〗差し押さえ.

ex·cu·so [e(k)s.kú.so] 男 弁解すること; 言い訳.

e·xe·a [ek.sé.a] 男〖軍〗偵察兵, 斥候兵.

e·xe·cra·ble [ek.se.krá.ble] 形 憎むべき, 忌まわしい, 嫌悪すべき. el ~ crimen その忌まわしい犯罪.

e·xe·cra·ción [ek.se.kra.θjón / -.sjón] 女 **1** のろい, のろいの言葉;《修辞》呪詛(じゅ). **2** 嫌悪, 憎悪.

e·xe·crar [ek.se.krár] 他 嫌悪する, 憎悪する; のろう. ~ la guerra 戦争を忌み嫌う.

e·xe·cra·to·rio, ria [ek.se.kra.tó.rjo, -.rja] 形 批判[非難, 酷評]するための.

e·xe·dra [ek.sé.ðra] 女〖建〗〖考古〗エクセドラ: (古代ギリシア·ローマの)座席のある半円形の会合用の空間.

e·xe·ge·sis [ek.se.xé.sis] / **e·xé·ge·sis** [ek.sé.xe.sis] 女《単複同形》(聖書の)釈義; (一般に)解釈, 評釈.

e·xe·ge·ta [ek.se.xé.ta] / **e·xé·ge·ta** [ek.sé.xe.ta] 男 (聖書の)釈義家; 解釈者, 評釈者.

e·xe·gé·ti·co, ca [ek.se.xé.ti.ko, -.ka] 形 (聖書の)釈義に関する; 解釈の, 評釈の.

e·xen·ción [ek.sen.θjón / -.sjón] 女 (義務などの)免除, 解放; 免除の特権[恩典]. ~ de tributos 納

税免除. ~ del servicio militar 兵役免除.

e・xen・tar [ek.sen.tár] 他 **(de...**〈義務・責任など〉を**)免除する, 免じる**(= eximir).

＊e・xen・to, ta [ek.sén.to, -.ta] 形 **1 (de...**〈責任など〉から**)免れた, 免除された**；《《困難など》が**)ない**. ~ *de toda obligación* すべての義務から解放された. *artículos* ~*s de aduanas* 免税品.
2〘建〙他と離れた, 独立した.

e・xe・quá・tur [ek.se.kwá.tur] 男《単複同形》**1** 領事認可状（政府が自国内の外国領事の活動を認可するもの）；外国で出された判決の執行の認可.
2 教書の国家認可（制度）：ローマ教皇の通達に司政者が承認を与えること.

e・xe・quias [ek.sé.kjas] 女《複数形》葬儀, 葬式.

e・xe・qui・ble [ek.se.kí.ble] 形 実現可能な.

e・xer・go [ek.sér.go] 男 (メダルの) 刻銘部分.

ex・fo・lia・ción [e(k)s.fo.lja.θjón / -.sjón] 女 薄片になる[する]こと, 薄くはげる[はがす]こと；剥離(ﾊく)物.

ex・fo・lia・dor [e(k)s.fo.lja.ðór] 男 (ラ米)(ﾒｷｼｺ)(ｳﾙｸﾞｱｲ) (取り外し式用せん(箋), レポート用紙, 便箋.

ex・fo・lian・te [e(k)s.fo.ljánte] 形〈肌の〉古い角質を落とす. — 男 ピーリング[角質除去]化粧品.

ex・fo・liar [e(k)s.fo.ljár] 82 他 薄片にする, 剥離(ﾊく)させる. — ~・se 再 はげ落ちる, 剥離する.

ex・fo・lia・ti・vo, va [e(k)s.fo.lja.tí.ßo, -.ßa] 形 剥離(ﾊく)(性)の.

ex・ha・la・ción [eks.sa.la.θjón / -.sjón] 女 **1**（気体の) 発散；ため息. **2** 流れ星；光線, 稲妻.
como una exhalación 瞬く間に, あっという間に.

＊ex・ha・lar [eks.sa.lár] 他 **1**〈気体・香りを〉**発散する, 放つ**. *El ácido clorhídrico exhala un olor infecto*. 塩酸は刺激臭を発する. **2** (不平・ため息などを) 吐く, もらす. ~ *suspiros* ため息をつく.
— ~・se 再 **1** 息せききって走る.
2 《まれ》切望する, もどかしがる.

ex・haus・ti・vi・dad [eks.saus.ti.ßi.ðáð] 女 徹底さり, やり尽くす[網羅する]こと.

ex・haus・ti・vo, va [eks.saus.tí.ßo, -.ßa] 形 徹底的な, 網羅的な. *tratar un tema de modo* ~ 問題を余すところなく論じる.

ex・haus・to, ta [eks.sáus.to, -.ta] 形 **1** 枯渇した, 使い果たした. *una fuente exhausta* 干上がった泉. *Estoy* ~ *de dinero*. 私は一文無しだ.
2 力尽きた, 疲れ果てた. *Los corredores de maratón llegaron* ~*s a la meta*. マラソンランナーたちはへとへとになってゴールにたどり着いた.

ex・he・re・dar [ek.se.re.ðár] 他 → desheredar.

＊ex・hi・bi・ción [ek.si.ßi.θjón / -.sjón] 女 **1** 展示, 公開. ~ *de la técnica* 技術の披露, 開示.
2 展示会；公演, ショー. *una* ~ *de vestidos de novia* ウェディングドレスのファッションショー.
3 誇示, ひけらかし. *hacer una* ~ *de sus habilidades* 才能をひけらかす.
4〘スポ〙エキシビション, 模範競技.

ex・hi・bi・cio・nis・mo [ek.si.ßi.θjo.nís.mo / -.sjo.-] 男 **1** 誇示癖, 自己宣伝[顕示]癖.
2〘医〙〘心〙露出症.

ex・hi・bi・cio・nis・ta [ek.si.ßi.θjo.nís.ta / -.sjo.-] 形 自己顕示欲の強い；露出症の.
— 男 女 **1** 自己顕示欲の強い人, 自己宣伝家.
2 露出症患者；露出癖のある人.

ex・hi・bi・dor, do・ra [ek.si.ßi.ðór, -.ðó.ra] 形 提示[展示]する；ひけらかす. — 男 女 〘映〙劇場主.

＊ex・hi・bir [ek.si.ßír] 他 **1**（人前に）**見せる；展示する**. ~ *una colección de Dalí* ダリのコレクションを展示する. ~ *muestras* サンプルを陳列する. ~ *una película* 映画を上映する. ~ *una sonrisa* ほほえみを浮かべる. ~ *sus límites* 限界を露呈する. *Su cara exhibía un tono de desprecio*. 彼[彼女]の顔には軽蔑の色が浮かんでいた.
2 誇示する, 見せつける. ~ *su belleza* [*poder*] 自分の美しさ[権力]を見せつける. **3**〘書類などを〙提示する. **4**〘ラ米〙(ﾒｷｼｺ)〘話〙支払う, 〈現金を〉渡す.
— ~・se 再 人前に姿を見せる；人目をひく. *Se exhibe con su nuevo novio por todas partes*. 彼女は新しい恋人とどこにでも現れる.
[← (ラ) *exhibēre*；(関連) (英) *exhibit*]

ex・hor・ta・ción [ek.sor.ta.θjón / -.sjón] 女 **1** 勧告, 奨励. **2**（短い）説教, 訓戒.

ex・hor・tar [ek.sor.tár] 他〈**a**+不定詞 / **a que**+接続法 …するように〉**勧告する, 奨励する；訓戒する**. ~ *a dejar de fumar* タバコをやめるよう勧める.

ex・hor・ta・ti・vo, va [ek.sor.ta.tí.ßo, -.ßa] / **ex・hor・ta・to・rio, ria** [ek.sor.ta.tó.rjo, -.rja] 形 勧告の, 奨励の；訓戒の.

ex・hor・to [ek.sór.to] 男〘法〙(裁判所から他の裁判所・警察への) 司法共助の要請[依頼], 裁判事務嘱託.

ex・hu・ma・ción [ek.su.ma.θjón / -.sjón] 女
1 (死体などの) 発掘, 掘り起こし. **2** 復活, 蘇生(そせい).

ex・hu・mar [ek.su.már] 他 **1**〈死体などを〉発掘する, 掘り起こす.
2〈忘れられていたものを〉復活させる, 蘇生(そせい)させる.

＊e・xi・gen・cia [ek.si.xén.θja / -.sja] 女《主に複数で》(無理な) **要求, 強要；要望, わがまま**. *tener muchas* ~*s* 多くを要求する, 自分本位である. *El empresario no satisfizo las* ~*s de los trabajadores*. 経営者は労働者の要求に応じなかった.
2 必要(性), 必要なもの；切迫.

＊e・xi・gen・te [ek.si.xén.te] 形 要求の多い；厳しい, 口うるさい. ~ *en la comida* 食べ物にうるさい. *Ella es* ~ *con sus hijos*. 彼女は息子たちに厳しい.
— 男 女 要求の多い人；口うるさい人.

e・xi・gi・ble [ek.si.xí.ble] / **e・xi・gi・de・ro, ra** [ek.si.xi.ðé.ro, -.ra] 形 要求しうる, 請求できる.

＊e・xi・gir [ek.si.xír] 101 他 **1**〈**a**+人（人々）に〉(1) **要求する, 要請する, 強要する, せがむ**. *Le exigimos una explicación*. 私たちは彼[彼女]に説明を求めた. (2)〈+不定詞 / **que**+接続法 …するように〉命じる, 要請する. *Me exigieron hablar con el presidente*. 私は会長と話すように命じられた. *Exigimos que presente el certificado*. 証明書を提出していただきます.
2 必要とする, 要する. *Nuestro trabajo exige mucha concentración*. 私たちの仕事は相当な集中力を要する. **3**〘ラ米〙(ﾒｷｼｺ)〘話〙願う, 頼む.
— 自 強いる, (多くを) 要求する. *Nuestro profesor exige mucho*. 私たちの先生はとても厳しい.
[← (ラ) *exigere*；(関連) exigente. (英) *exigent*]

e・xi・güi・dad [ek.si.gwi.ðáð] 女 わずかなこと, 不足；狭さ. *la* ~ *de los recursos* 資源の乏しさ.

e・xi・guo, gua [ek.si.gwo, -.gwa] 形 わずかな, 不足した；狭い. *víveres* ~*s* 乏しい食料.

exij- 活 → exigir.

e・xi・la・do, da [ek.si.lá.ðo, -.ða] 形 男 女 → exiliado.

e・xi・lar [ek.si.lár] 他 → exiliar.

e・xi・lia・do, da [ek.si.ljá.ðo, -.ða] 形 亡命した, (祖国から) 追放された. — 男 女 亡命者, 追放者.

e·xi·liar [ek.si.ljár] 82 他 (祖国から) **追放する**. Lo han exiliado por razones políticas. 彼は政治上の理由で祖国から追放された.
— **~·se** 再 《**a...** / **en...**》亡命する.

e·xi·lio [ek.sí.ljo] 男 **1** (祖国からの) **追放**；亡命. enviar al ~ a+人 〈人〉を追放する. gobierno en el ~ 亡命政権. **2** 亡命地；亡命生活.

e·xi·men·te [ek.si.mén.te] 形 《法》免除する.
— 女 《法》情状酌量 (= circunstancia ~).

e·xi·mio, mia [ek.sí.mjo, -.mja] 形 傑出した, 卓越した；名高い. el ~ poeta 卓越した詩人.

e·xi·mir [ek.si.mír] 他 《**de...**》〈業務・責任など〉を免除する. Lo han eximido del examen. 彼は試験を免除された.
— **~·se** 再 《**de...**》〈業務・責任など〉を免れる. ~ de l servicio militar 兵役を免れる.

e·xis·ten·cia [ek.sis.tén.θja / -.sja] 女 **1 存在, 存在するもの；現存. la ~ real その存在. la esencia y la ~ del hombre 人間の本質と存在. dar (la) ~ a... …を創り出す.
2 人生, 生涯；(人間の) 生命；生活. quitarse la ~ 〘婉曲〙自殺する. a lo largo de la ~ 一生を通じて. La guerra me ha amargado la ~. 戦争によって私の人生は苦々しいものになった.
3 《複数で》《商》在庫品, ストック. renovar las ~s 在庫を補充する. Por efecto de la gran promoción, se nos han acabado las ~s. 大キャンペーンの効果で在庫を一掃できた.
4 《哲》実在.

e·xis·ten·cial [ek.sis.ten.θjál / -.sjál] 形 **1** 存在に関する, 実在の. angustias ~es 存在の苦悩.
2 《哲》実存的な, 実存主義の.

e·xis·ten·cia·lis·mo [ek.sis.ten.θja.lís.mo / -.sja.-] 男 《哲》実存主義.

e·xis·ten·cia·lis·ta [ek.sis.ten.θja.lís.ta / -.sja.-] 形 《哲》実存主義 (者) の.
— 男 女 実存主義者.

*e·xis·ten·te [ek.sis.tén.te] 形 **実在する, 現存する**, 現在の. relación ~ 今ある関係.

e·xis·ti·mar [ek.sis.ti.már] 他 判断する.

e·xis·tir [ek.sis.tír] 自 **1 存在する, 実在する；《**en...** 〈場所〉に》ある, いる. Antes se creía que las brujas existían. 昔, 魔女は存在すると信じられていた. En esta región existen muchos casos de cáncer. この地域にはがんの症例が多い. Pienso, luego existo. 我思う, 故に我あり (◆ フランスの哲学者デカルトの言葉).
2 生存する, 現存する. Mis abuelos ya no existen. 私の祖父母はもうこの世にいない. El escritor dejó de ~ en 1950. その作家は1950年に世を去った.
[← [ラ] exsistere 「出現する；存在する」 (ex-「外へ」 + sistere 「置く；立つ」) 関連 asistir. [英] exist]

é·xi·to [ék.si.to] 男 **1 成功. ~ y fracaso 成功と失敗. un notable ~ 際だった成功, 大成功. salir con ~ 成功を収める, 首尾よくいく. con mal ~ 失敗して. ~ con mal ~ alcanzado [obtenido] 今回の成功を鑑みて. Así nuestra aventura acabó con ~. このように私たちの冒険は成功のうちに終わった.
2 ヒット (作品・商品). gran ~ / ~ clamoroso 大ヒット. ~ de taquilla (興行などの) 大当たり, 上々の売り上げ. de éxito 成功した. canción de ~ ヒットした曲. novelista de ~ 人気小説家.

tener éxito (1) 成功する. no tener ~ / tener mal ~ 失敗する. tener ~ en la vida 立身出世する. tener ~ en el examen 試験に合格する. Esta novela tuvo ~ entre los jóvenes. この小説は若者に受け入れられた. (2) 《**con...** …に》もてる. Ella tiene ~ con los hombres. 彼女は男にもてる.
[← [ラ] exitum (exitus の対格) 「出ること；結果」 (exire 「出る」より派生)]

e·xi·to·sa·men·te [ek.si.tó.sa.mén.te] 副 《ラ米》成功して.

e·xi·to·so, sa [ek.si.tó.so, -.sa] 形 《ラ米》成功した, うまくいった.

ex libris [e(k).slí.bris] [ラ] 〈単複同形〉蔵書票, 蔵書印. E~ Martínez マルティネス蔵書.

exo- 「外, 外部」の意を表す造語要素. ► 母音の前で ex-. ⇔ exósmosis, exotérmico. [← [ギ]]

e·xo·cén·tri·co, ca [ek.so.θén.tri.ko, -.ka / -.sén.-] 形 《言》外心的な (↔ endocéntrico).

e·xo·cri·no, na [ek.so.krí.no, -.na] 形 《解剖》外分泌 (腺) の.

é·xo·do [ék.so.đo] 男 **1** [É-] 《聖》(1) (旧約の) 出エジプト記 〘略 Éx〙. (2) (イスラエル人の) エジプト脱出. Moisés guió el É~ de los hebreos. モーセはヘブライ人のエジプト脱出を導いた.
2 (人々の) 大移動, 移住；(移民団などの) 出国.

e·xo·es·que·le·to [ek.so.es.ke.lé.to] 男 《動》《昆》甲殻 (誌).

ex·of·tal·mí·a [ek.sof.tal.mí.a] / **ex·of·tal·mia** [ek.sof.tál.mja] 女 《医》眼球突出 (症).

ex·of·tál·mi·co, ca [ek.sof.tál.mi.ko, -.ka] 形 《医》眼球突出の.

e·xo·ga·mia [ek.so.gá.mja] 女 **1** 族外婚, 外婚制. **2** 《生物》異系交配.

e·xo·gá·mi·co, ca [ek.so.gá.mi.ko, -.ka] 形 族外 [異族] 結婚の, 外婚 (制) の；異系交配の.

e·xó·ge·no, na [ek.só.xe.no, -.na] 形 **1** 外因的な (↔ endógeno). **2** 《生物》外因の；《植》外生の.

ex·o·ne·ra·ción [ek.so.ne.ra.θjón / -.sjón] 女 **1** (義務・納税などの) 免除；軽減. ~ de base 基礎控除. **2** (権威・職務などの) 剥奪 (蒙).

ex·o·ne·rar [ek.so.ne.rár] 他 《**de...**》 **1** 〈人の〉《負担・義務》を》免除する；軽減する. ~ del servicio militar兵役を免除する.
2 〈人の〉《権威など》を》剥奪 (蒙) する, 解任する. ~ de unos privilegios 特権を剥奪する.
3 〘婉曲〙排泄 (蒙) する (= ~ el vientre).

e·xó·ni·mo [ek.só.ni.mo] 男 外国の国名 [地名] の自国語表記 (London を Londres にするように).

e·xo·pa·rá·si·to, ta [ek.so.pa.rá.si.to, -.ta] 形 (シラミなどの) 外部寄生虫.

ex·o·rar [ek.so.rár] 他 《無理に》せがむ, ねだる.

ex·or·bi·tan·cia [ek.sor.bi.tán.θja / -.sja] 女 (価格・数量などの) 法外なこと, 過度.

ex·or·bi·tan·te [ek.sor.bi.tán.te] 形 〈価格・数量などが〉法外な, 途方もない.

ex·or·bi·tar [ek.sor.bi.tár] 他 大げさに言う [報じる].

ex·or·cis·mo [ek.sor.θís.mo / -.sís.-] 男 悪魔祓 (綴) い (の儀式)；祓魔 (綴) 式.

ex·or·cis·ta [ek.sor.θís.ta / -.sís.-] 男 女 悪魔祓 (綴) いの祈祷 (綴) 師.
— 男 《カト》祓魔 (綴) 師：下級聖品第3段の聖職位.

ex·or·ci·zar [ek.sor.θi.θár / -.si.sár] 97 他 **1** 〈悪霊・悪魔〉を追い払う. **2** 〈人・場所〉を祓 (綴) い清める.

ex·or·dio [ek.sór.ðjo] 男《文章語》序文；(演説などの)前置き, 序論.

ex·or·nar [ek.sor.nár] 他 飾る；文飾を施す.

e·xo·rrei·co, ca [ek.so.réi.ko, -.ka] 形【地理】【地質】水が海へ流出した[流出してきた].

e·xo·rre·ís·mo [ek.so.r̃e.ís.mo] 男【地理】【地質】水の海への流出.

e·xos·fe·ra [ek.sos.fé.ra] 囡【気象】外気[逸出]圏.

e·xós·mo·sis [ek.sós.mo.sis] / **ex·os·mo·sis** [ek.sos.mó.sis] 囡《単複同形》【物理】【化】外浸透 (↔endósmosis).

e·xos·que·le·to [ek.sos.ke.lé.to] 男 → Exoesqueleto.

e·xo·té·ri·co, ca [ek.so.té.ri.ko, -.ka] 形 一般(大衆)向けの, 通俗的な, わかりやすい.

e·xo·tér·mi·co, ca [ek.so.tér.mi.ko, -.ka] 形【物理】【化】放熱の, 発熱する.

‡**e·xó·ti·co, ca** [ek.só.ti.ko, -.ka] 形 1 外国(産)の；異国(風)の, エキゾチックな. un país oriental muy ~ 異国情緒たっぷりの東洋の国. palabra *exótica* 外来語. plantas *exóticas* 外来植物. Ella tiene rasgos ~s. 彼女はエキゾチックな容貌(読)をしている. 2 風変わりな, 奇妙な. una pintura *exótica* 一風変わった絵.
[[ラ] *exóticum* (*exóticos* の対格) ← [ギ] *exōtikós* ← [関連] [英] *exotic*]

e·xo·tis·mo [ek.so.tís.mo] 男 異国趣味, 異国情緒・外来語法. un paisaje tropical pleno de ~ 異国情緒たっぷりの熱帯地方の景観.

e·xo·tro·pí·a [ek.so.tro.pí.a] 囡【医】外斜視.

***ex·pan·dir** [e(k)s.pan.dír] 他 1〈市場などを〉拡大する, 拡張する；〈畳んだものを〉広げる. ~ los servicios サービスを拡大する.
2〈情報などを〉広める, 流布する；〈液体などを〉まき散らす. ~ el rumor うわさを広める.
— ~**se** 再 1 広がる；拡大する, 拡張する. El humo *se expandió* rápidamente a todas las habitaciones. 煙はすぐに全ての部屋に広がった.
2 広まる, 普及する. La noticia *se ha expandido* por todo el país. その知らせは国中に広まった.

ex·pan·si·bi·li·dad [e(k)s.pan.si.βi.li.ðáð] 囡【物理】膨張性, 膨張力.

ex·pan·si·ble [e(k)s.pan.sí.βle] 形【物理】膨張する；拡張できる.

‡**ex·pan·sión** [e(k)s.pan.sjón] 囡 1 拡大, 拡張, 発展, 流布, 展開. ~ industrial 産業発展. ~ económica 経済発展. política de ~ 領土拡張政策.
2 普及, 流布, 展開. ~ de la cultura 文化の伝播(ぷ). 3 心情の吐露. ~ de cariño 愛情表現. 4 気晴らし. tener unas horas de ~ 数時間息抜きする. 5【物理】膨張. ~ del gas 気体の膨張.

ex·pan·sio·nar [e(k)s.pan.sjo.nár] 他 拡大する, 拡張する；【物理】膨張させる.
— ~**se** 再 1 拡大[拡張]する；【物理】膨張する. 2 《con+人〈人〉に》胸の中を打ち明ける. 3 気晴らしをする. ~*se* con el tenis テニスをして楽しむ.

ex·pan·sio·nis·mo [e(k)s.pan.sjo.nís.mo] 男 (領土・経済などの)拡張政策[主義], 拡張論.

ex·pan·sio·nis·ta [e(k)s.pan.sjo.nís.ta] 形 拡張主義[政策]の, 拡張論の. ~ política ~ (領土)拡張政策. — 共 拡張主義者, 拡張論者.

ex·pan·si·vo, va [e(k)s.pan.sí.βo, -.βa] 形 1【物理】膨張性の, 膨張力のある. el poder ~ 膨張力. Los gases son ~s. 気体には膨張性がある.
2 開放的な, あけっぴろげな. carácter ~ 気さくな性格.

ex·pa·tria·ción [e(k)s.pa.trja.θjón / -.sjón] 囡 国外追放；亡命, 国外移住.

ex·pa·tria·do, da [e(k)s.pa.trjá.ðo, -.ða] 形 国外に追放された；亡命した；国外に移住した.
— 男 囡 国外に追放された人；亡命者；国外移住者.

ex·pa·triar [e(k)s.pa.trjár] 83 他 祖国から追放する. — ~·**se** 再 祖国を去る, 亡命する；他国に移住する.

ex·pec·ta·ción [e(k)s.pek.ta.θjón / -.sjón] 囡 1 期待, 待望. estar en ~ de una buena noticia 吉報を待っている. 2 楽しみ, 関心, 興味. Había gran ~ en la ciudad ante la llegada de la reina. 市全体が女王の到着を今か今かと待ち構えた. *Expectación del Parto*【カト】聖母の祭；12月18日に催される聖母マリアを祝うスペインの祭.

ex·pec·tan·te [e(k)s.pek.tán.te] 形 期待している, 待ち構える.

***ex·pec·ta·ti·va** [e(k)s.pek.ta.tí.βa] 囡《**de...**》(…という)予期；期待；(…の)可能性. ~ *de vida* 平均余命. estar a la ~ de... …を待ち構えている, 期待している. ▶ *de* の後が *que* で始まる節のとき節内の動詞は接続法をとる. — No tenía ~s de que le ofrecieran un puesto. 彼[彼女]に職が提供される見込みはなかった.

ex·pec·to·ra·ción [e(k)s.pek.to.ra.θjón / -.sjón] 囡 痰(たん)を吐き出すこと；(吐き出した) 痰, つば.

ex·pec·to·ran·te [e(k)s.pek.to.rán.te] 形 痰(たん)の排出を促す. — 男【薬】袪痰(きたん)剤.

ex·pec·to·rar [e(k)s.pek.to.rár] 他〈痰(たん)・つばを〉吐く[吐き出す]. — 自 痰を吐く.

***ex·pe·di·ción** [e(k)s.pe.ði.θjón / -.sjón] 囡 1 発送, 送付；発送物；交付, 発行. ~ de un paquete 小包の発送. La ~ de un pasaporte exige la presentación de varios documentos. パスポートの発行にはさまざまな書類の提出が求められる.
2 (軍事・探検などを目的とする) 遠征(隊)；(学術上の) 調査(団). ~ militar 軍隊派遣. ~ científica 研究調査(団). organizar una ~ de salvamento 救助隊を結成する. 3 迅速性, 手早さ.

ex·pe·di·cio·na·rio, ria [e(k)s.pe.ði.θjo.ná.rjo, -.rja / -.sjo.-] 形 遠征(隊)の, 探検隊の. cuerpo ~ 遠征軍. — 共 遠征[探検]隊員, 派遣員.

ex·pe·di·dor, do·ra [e(k)s.pe.ði.ðór, -.ðó.ra] 形 発送する. — 男 囡 発送人；差出人.

ex·pe·dien·tar [e(k)s.pe.ðjen.tár] 他 (懲戒処分などの)審査にかける.

***ex·pe·dien·te** [e(k)s.pe.ðjén.te] 男 1 関係書類, 書類一式；調書. el ~ general de gastos 経費関係一覧表. 2《集合的》手続き, 処理. hombre de ~ 弁護士. dar ~ a... …を片づける. 3 経歴, 履歴；実績, 業績. ~ académico 学歴；学業成績. ~ profesional 職歴. 4 審査, 審理；訴訟手続き. formar [instruir] ~ a+人〈人〉審査にかける. 5 急場しのぎ, 窮余の策. recurrir al ~ 一時しのぎの手段を取る.
cubrir el expediente 必要最低限のことだけする, 義理を果たす.
expediente de crisis / expediente de regulación【経】人員削減のための事前手続き.

ex·pe·dien·te·o [e(k)s.pe.ðjen.te.ó] 男《軽蔑》形式的審査；(官僚的な)煩雑な手続き, お役所仕事.

***ex·pe·dir** [e(k)s.pe.ðír] 1 他 1 送る, 発送する, 出荷する. ~ un paquete por correo 小包を郵

で送る. **2**〈証明書などを〉**交付する**, 発行する. pasaporte *expedido* en Madrid マドリードで発行されたパスポート. **3** 処理する, かたづける. **4**〖商〗〈手形などを〉振り出す, 発行する.

ex·pe·di·tar [e(k)s.pe.ði.tár] 他《ラ米》手早くかたづける[処理する];急(ｾﾞ)かす.

ex·pe·di·ti·vo, va [e(k)s.pe.ði.tí.βo, -.βa] 形〈人(の仕事など)が〉速くて能率的な, 迅速な. un hombre ~ てきぱきした人. un recurso ~ 手っ取り早い方法.

ex·pe·di·to, ta [e(k)s.pe.ðí.to, -.ta] 形 **1** 邪魔のない, 障害のない. El camino quedó ~. その道には障害はなくなった. **2** てきぱきした, 素早い, 迅速な. de forma *expedita* 迅速に, てきぱきと.

ex·pe·len·te [e(k)s.pe.lén.te] 形 放出する, 吐き出す. bomba ~ 押し上げポンプ.

ex·pe·ler [e(k)s.pe.lér] 他 吐き出す, 放出[噴出]する. El volcán *expelía* lava. その火山は溶岩を噴出していた.

ex·pen·de·dor, do·ra [e(k)s.pen.de.ðór, -.ðó.ra] 形 小売りの, 販売の. — 男女 小売り業者; 販売員. — 女 販売機(= máquina *expendedora*).

ex·pen·de·du·rí·a [e(k)s.pen.de.ðu.rí.a] 女〈宝くじ・切符などの〉売店. ~ de tabaco タバコ店.

ex·pen·der [e(k)s.pen.dér] 他 **1**〈商品を〉小売りする;〈切符・入場券などを〉販売する. **2**〈偽札・偽金を〉遣う.

ex·pen·di·ción [e(k)s.pen.di.θjón / -.sjón] 女 小売り;代行[取り次ぎ]販売.

expendedora de billetes (自動券売機)

ex·pen·dio [e(k)s.pén.djo] 男《ラ米》(ｾﾞﾙ)(ﾁﾘ)(ｳﾙ)売店.

ex·pen·sar [e(k)s.pen.sár] 他《ラ米》(ﾒｷ)(ﾁﾘ)(ｱ)〖法〗経費を支払う, 費用を負担する.

ex·pen·sas [e(k)s.pén.sas] 女《複数形》費用, 出費;〖法〗訴訟費用.
a expensas de... …の費用[負担]で. Voy a ir a España para estudiar *a mis* ~. 自費でスペイン留学するつもりだ(▶ mis が de... に相当).

★★ex·pe·rien·cia [e(k)s.pe.rjén.θja / -.sja] 女 **1**〈**en...** / **de...** …の〉経験, 体験;経験[体験]によって得た知識[技能]. aprender por ~ 経験から学ぶ. la ~ *de* la guerra 戦争体験. La ~ es la madre de la ciencia. 〈諺〉経験は科学の母である.
2 実験(= experimento), 試み(= prueba). hacer una ~ química 化学の実験をする.
[← 〔ラ〕*experientiam*(*experientia* の対格;*experīrī*「試みる, 体験する」の派生語);関連〔英〕*experience*]

ex·pe·rien·cial [e(k)s.pe.rjen.θjál / -.sjál] 形 体験[経験]した, 経験に基づく, 経験に関する.

ex·pe·rien·ciar [e(k)s.pe.rjen.θjár / -.sjár] 82 他〈経験・思いを〉する, 味わう.

ex·pe·ri·men·ta·ción [e(k)s.pe.ri.men.ta.θjón / -.sjón] 女 **1** 実験, 実験法.
2 経験;経験を積むこと.

ex·pe·ri·men·ta·do, da [e(k)s.pe.ri.men.tá.ðo, -.ða] 形 **1** 経験豊かな, 熟達した;老練な.
2 実験された, 試された.

★ex·pe·ri·men·tal [e(k)s.pe.ri.men.tál] 形 **1** 実験に基づく;実験的な, 試験的な. ciencias ~*es* 実験科学. estar en fase ~ 試験段階にある.
2 経験的な, 経験による.

ex·pe·ri·men·ta·lis·mo [e(k)s.pe.ri.men.ta.lís.mo] 男〖哲〗実験主義.

ex·pe·ri·men·ta·lis·ta [e(k)s.pe.ri.men.ta.lís.ta] 形〖哲〗実験主義の. — 男女 実験主義者.

★ex·pe·ri·men·tar [e(k)s.pe.ri.men.tár] 他 **1 実験する**, 試験する, 試す. **2 体験する**, 経験で知る;感じる. ~ una sensación desagradable 不愉快な感情を抱く. ~ los desastres de la guerra 戦争の悲惨さを体験する. **3**〈変化などを〉被る, 体験する. ~ una renovación completa 全く新しくなる, 一新する. — 自《**con...** …で》実験する. ~ *con* ratones ハツカネズミで実験する.

★ex·pe·ri·men·to [e(k)s.pe.ri.mén.to] 男 **実験**, 試験, 試み. ~ de química 化学実験. hacer ~*s* con el nuevo medicamento 新薬を試験する.
[←〔ラ〕*experīmentum*(*experīrī*「試みる, 実験する」より派生);関連〔英〕*experiment*]

ex·per·ti·za·ción [e(k)s.per.ti.θa.θjón / -.sa.sjón] 女(専門家による)検証, 調査, 検討.

ex·per·ti·zar [e(k)s.per.ti.θár / -.sár] 97 他(専門的に)検証[調査, 検討]する, 報告書を作成する.

★ex·per·to, ta [e(k)s.pér.to, -.ta] 形《**en...** …に》**精通した**, 熟練した;専門の. un abogado ~ *en* conflictos laborales 労働争議専門の弁護士. — 男女《**en...** …の》**専門家**, エキスパート;熟練者. ~ *en* derecho 法律の専門家. ~ *en* grafología 筆跡鑑定人. Es un gran ~ *en* política internacional. 彼は国際政治にとても精通している.
[←〔ラ〕*expertum*「経験のある」(*experīrī*「試みる, 体験する」の完了分詞 *expertus* の対格);関連 experiencia. 〔英〕*expert*]

ex·pia·ción [e(k)s.pja.θjón / -.sjón] 女 **1** 罪の償い, 贖罪(ｼｮｸ). **2**〖宗〗服役.

ex·piar [e(k)s.pjár] 81 他 **1**〈罪・過失を〉あがなう, 償う. ~ los pecados de juventud 若げの過ちの罪滅ぼしをする. **2**〈罪の〉報いを受ける. **3**〈寺院などを〉清める, 浄化する.

ex·pia·ti·vo, va [e(k)s.pja.tí.βo, -.βa] / **ex·pia·to·rio, ria** [e(k)s.pja.tó.rjo, -.rja] 形 贖罪(ｼｮｸｻﾞｲ)の, 罪滅ぼしの.

expid- 活 → expedir.

ex·pi·llo [e(k)s.pí.jo ‖ -.ʎo] 男〖植〗カミツレ.

ex·pi·ra·ción [e(k)s.pi.ra.θjón / -.sjón] 女 **1** 満期, 期限切れ. **2**〖文章語〗臨終, 死亡.

ex·pi·ran·te [e(k)s.pi.rán.te] 形 瀕死(ﾋﾝ)の, 臨終の.

ex·pi·rar [e(k)s.pi.rár] 自 **1**〖格式〗〖婉曲〗息を引き取る, 死ぬ(= morir). *Expiró* al anochecer. 夜になって彼[彼女]は息を引き取った. **2**〈期限が〉切れる, 終わる, 満期になる(= vencer). *Expiró* el plazo del contrato. 契約の期限が切れた.
[←〔ラ〕*exspīrāre*;関連〔英〕*expire*]

ex·pla·na·ción [e(k)s.pla.na.θjón / -.sjón] 女 **1**(地面を)平たくすること, 地ならし. **2** 説明, 解説.

ex·pla·na·da [e(k)s.pla.ná.ða] 女 **1** 平地, 平坦(ﾀﾝ)な場所. **2**(城塞(ｻﾞｲ)の堀の外壁や外廊の前の)斜堤. **3**(城壁で)狭間(ｻﾞﾏ)の下の部分.

ex·pla·nar [e(k)s.pla.nár] 他 **1**〈地面を〉平たく

する，地ならしする． ~ el monte 山を切り崩す．
2 解説する，説明する． ~ los detalles del proyecto プロジェクトの詳細を説明する．

ex·pla·yar [e(k)s.pla.jár] 他 **1** 〈考え・視野を〉広げる，拡大する．*Explayó* su mirada por el mar. 彼[彼女]は海をぐるっと見渡した． **2** 楽しませる．——**~·se** 再 **1** 広がる，展開する．El horizonte *se explaya* sin fin. 水平線が果てしなく広がっている． **2** 長々と話す，くどく話す． ~*se* al gusto 勝手気ままにしゃべる． **3** 《con＋人〈人〉》心を打ち明ける，心を開く． **4** 気晴らしをする，楽しむ．Me *explayé* charlando con los amigos. 友達と雑談してくつろいだ．

ex·ple·ti·vo, va [e(k)s.ple.tí.ßo, -.ßa] 形 《文法》付加的な，付け足しの．palabra [expresión] *expletiva* 冗語（表現）．► 冗語は，単に文章を整えたり，強調するために挿入される語句で，なくても文の意味は変わらない．→ pues, y, mira, ¿no? など．

ex·pli·ca·ble [e(k)s.pli.ká.ßle] 形 説明のつく，弁明できる；もっともな．cosas no ~s 説明のつかない事柄．

＊＊ex·pli·ca·ción [e(k)s.pli.ka.θjón / -.sjón] 女 **1** 説明，解説；（理由などの）解明．dar una ~ clara sobre un hecho ある事実について明確な説明をする．buscar una ~ a un accidente 事故原因を究明する．Ese fenómeno no tiene ~ científica. その現象を科学的に説明することはできない．Le quitaron la vida sin ~. 彼[彼女]は理由もなく命を奪われた．
2 《時に複数で》弁明，釈明．darle *explicaciones* (a＋人)〈人〉に釈明する．Creo que te debo una ~. 私は一つ君に弁解しなくてはならないことがある．

ex·pli·ca·de·ras [e(k)s.pli.ka.ðé.ras] 女 《複数形》《話》説明の仕方．

＊＊ex·pli·car [e(k)s.pli.kár] 102 他 **1**《a＋人〈人〉に》**1** 説明する，解説する；《que＋直説法…》説明する．~ un problema *a* un alumno 生徒に問題を説明する．El ministro *explicó a* los periodistas *que* se abrió la investigación. 大臣は調査が始まったことを記者団に明らかにした．► que で始まる節の代わりに疑問詞で導かれた節が来ることもある．⇒Este plano *explica* dónde está situado el local. この地図はその場所がどこに位置するかを示している．
2 弁明する，釈明する；《que＋接続法…であると》弁明する，説明する． ~ su comportamiento 自分の行動を釈明する． ~ su retraso 遅れた理由を弁解する．Eso *explica que* haya tanta gente en la calle. それでこんなに町に人が出ていることの説明がつく． **3** 〈科目を〉教える．*Explico* matemáticas en un colegio. 私はある学校で数学を教えている．
——**~·se** 再 **1** 納得する，わかる．Ahora *me explico* su ausencia. これで彼[彼女]（ら）がいなかった理由がわかった．
2 （自分の考えなどを）（上手に）表現する．¿*Me explico* (bien)? 私の言っていることがわかりますか．El político *se explicó* muy bien en su discurso. その政治家は演説でとてもわかりやすく自分の考えを表現した． **3** 《3人称で》説明される．Ese suceso *se explica* por sí solo. その事件は明快で説明を要しない． **4** 自分の弁明をする． **5** 《話》金を払う，おごる．
[←［ラ］*explicāre*「開く；説明する」；(*ex*-（反対）＋ *plicāre*「たたむ，巻く」）．関連 explícito．［英］*explicit*「明白な」］

ex·pli·ca·ti·vo, va [e(k)s.pli.ka.tí.ßo, -.ßa] 形 説明的な，解説的な．nota *explicativa* 注釈．

éx·pli·cit [é(k)s.pli.θit / -.sit] 男《単複同形》古文書［手写本，原文］の結びの語句．

ex·plí·ci·ta·men·te [e(k)s.plí.θi.ta.mén.te / -.si.-] 副 明示的に．

ex·pli·ci·tar [e(k)s.pli.θi.tár / -.si.-] 他 明言［表明］する．

ex·plí·ci·to, ta [e(k)s.plí.θi.to, -.ta / -.si.-] 形 明示された，明白な；明記された（↔*implícito*）．intenciones *explícitas* 明白な意図．cláusula *explícita* 明文化された条項．

ex·pli·co·te·ar [e(k)s.pli.ko.te.ár] 他《話》
1 すらすら［よどみなく］説明する． **2**《軽蔑》さらっと説明する，深くは踏み込まない．
——**~·se** 再 すらすら説明する；さらっと説明する．

ex·pli·co·te·o [e(k)s.pli.ko.té.o] 男 流暢(りゅうちょう)な説明．

expli·que(-) / expliqué(-) 動 →explicar.

＊ex·plo·ra·ción [e(k)s.plo.ra.θjón / -.sjón] 女
1 探検，踏査，探査． ~ del polo Sur 南極探検． **2**《医》（精密）検査． ~ interna 内診． **3** 調査，探求． ~ submarina 海底調査． **4** 〖IT〗走査，スキャン．línea de ~ 走査線．

ex·plo·ra·dor, do·ra [e(k)s.plo.ra.ðór, -.ðó.ra] 形 **1** 探検の，踏査の． **2** 探究の，調査の． **3** 〖IT〗走査の．——男女 **1** 探検家，踏査者． **2** ボーイ［ガール］スカウト．——男 〖IT〗ブラウザ；走査装置，スキャナー．——óptico 光学式走査装置．

＊ex·plo·rar [e(k)s.plo.rár] 他 **1** 探検する，踏査［探査］する． ~ la superficie de la luna 月面を踏査する． **2** 《医》精密検査をする． **3** （分析的に）調べる，調査［探究］する． **4** 探りを入れる，詮索(せんさく)する． **5** 〖IT〗走査［スキャン］する．

ex·plo·ra·to·rio, ria [e(k)s.plo.ra.tó.rjo, -.rja] 形 **1** 《医》検査の，探診の． **2** 探検の，踏査の，調査の．

＊ex·plo·sión [e(k)s.plo.sjón] 女 **1** 爆発，炸裂；爆発音． ~ atómica [nuclear] 核爆発． ~ del neumático タイヤの破裂．hacer ~ 爆発する．Las *explosiones* del Vesubio sepultaron la ciudad de Pompeya. ベスビオ火山の噴火によりポンペイの町は埋没した．
2 突発，（感情などの）爆発，激高． ~ de un motín 暴動の勃発． ~ de risa 爆笑． **3** 急増，爆発的な増加． ~ demográfica 人口爆発． **4**《音声》（閉鎖音の）破裂，外破． **5**《機》（エンジンの）内燃．motor de ~ (interna) 内燃機関．
[←［ラ］*explōsiōnem* (*explōsiō* の対格)「（舞台から役者を）野次で引っ込ませること」；*explōdere*「野次で引っ込ませる」(*ex*-「外へ」＋ *plaudere*「拍手する」)；関連 explotar, aplaudir．［英］*explosion*］

ex·plo·sio·nar [e(k)s.plo.sjo.nár] 他 爆発させる，破裂させる．——自 爆発する，破裂する．

＊ex·plo·si·vo, va [e(k)s.plo.sí.ßo, -.ßa] 形 **1** 爆発(性)の，爆発を起こす．artefacto ~ 爆破［爆発］装置．potencia *explosiva* 爆発力． **2** 爆発的な，注目を集める，衝撃的な．declaración *explosiva* 爆弾宣言． **3** 《音声》破裂［外破］音の．——男 爆発物；爆薬．——女《音声》破裂［外破］音．

ex·plo·ta·ble [e(k)s.plo.tá.ßle] 形 開発［開拓］可能な；採算が取れる．

＊ex·plo·ta·ción [e(k)s.plo.ta.θjón / -.sjón] 女
1 （天然資源の）**開発**，開拓；採掘． ~ forestal 森林開発． ~ petrolífera 石油採掘．La ~ de los

recursos natulares no debe ser excesiva para que no se agoten. 天然資源が枯渇しないよう，度を超えた開発をしてはならない．　**2** 経営，営業，操業．～ ganadera 牧畜業．Esa compañía emprendió la ～ de una mina. その会社は鉱山経営に乗り出した．**3** 搾取．la ～ de los jornaleros 日雇い労働者に対する搾取．**4** 《各生産業を営むための》設備，装備，場所．～ industrial 工場設備．～ agrícola 耕地．～ minera 鉱山.

ex·plo·ta·dor, do·ra [e(k)s.plo.ta.ðór, -.ðó.ra] 形 **1** 開発する，開拓の；採掘の．compañía *explotadora* 開発会社．empresa *explotadora* petrolífera 石油採掘会社．**2** 経営する，管理の．**3** 搾取する，搾取の．
—— 男 女 **1** 開拓者；経営者，管理者．**2** 搾取者．

＊**ex·plo·tar**[1] [e(k)s.plo.tár] 他 **1** 開発［開拓］する；採掘する；経営する．～ los recursos submarinos 海底資源を開発する．～ un yacimiento petrolífero 油田を採掘する．**2** 搾取する，搾り取る．～ a los trabajadores 労働者から搾取する．**3** 悪用する，付け込む．*Explota* la bondad de su amigo. 彼［彼女］は友達の好意に付け込んでいる．
［←［仏］*exploiter*；関連［英］*exploit*］

＊**ex·plo·tar**[2] [e(k)s.plo.tár] 自 **1** 爆発する，炸裂（さくれつ）する；《感情が》爆発する．*Explotó* una bomba de relojería. 時限爆弾が炸裂した．**2** 《ラ米》《口語》憤激する．

ex·po·lia·ción [e(k)s.po.lja.θjón / -.sjón] 女 略奪，強奪．

ex·po·lia·dor, do·ra [e(k)s.po.lja.ðór, -.ðó.ra] 形 奪う，略奪した． —— 男 女 略奪者．

ex·po·liar [e(k)s.po.ljár] [82] 他 略奪する，強奪する．

ex·po·li·ción [e(k)s.po.li.θjón / -.sjón] 女 《修辞》同一概念を異なった表現で反復する叙述法．

ex·po·lio [e(k)s.pó.ljo] 男 **1** 略奪，強奪（＝expoliación）．**2** 《話》騒ぎ，口論，興奮状態．

ex·pón [e(k)s.pón] 活 → exponer.

expondr- 活 → exponer.

ex·po·nen·cial [e(k)s.po.nen.θjál / -.sjál] 形 《数》指数の．

＊**ex·po·nen·te** [e(k)s.po.nén.te] 形 表明する，示す．Me gusta esta obra, ～ de la época colonial. 私は植民地時代を描いたこの作品が好きだ．
—— 男 **1** 代表的存在；典型，象徴．Cervantes es el máximo ～ de la literatura española. セルバンテスはスペイン文学における至高の存在である．**2** 《数》指数；べき指数．

＊＊**ex·po·ner** [e(k)s.po.nér] [41] 他 ［過分］は expuesto] **1** 〈作品などを〉展示する；〈品物を〉陳列する．～ los productos en el escaparate 商品をショーウインドウに並べる．
2 〈意見・事実などを〉述べる，表明する；〈理論などを〉発表する．～ la razón 理由を述べる．～ un plan 計画を披露する．～ SU postura 自分の立場を明らかにする．El gobierno *expuso* sus dudas sobre la propuesta. 政府はその提案に対する疑念を表明した．
3 《a... 〈外気・危険など〉に》さらす，あらわにする；危うくする．～ una planta *al* sol 植物を日光に当てる．～ SU vida 生命を危険にさらす．
4 〈乳児を〉遺棄する．**5** 《写》露出する，感光させる．**6** 《カト》〈聖体を〉顕示する．
—— 自 出品する；発表する．～ en una galería de arte 画廊に出品する．

—— ～**·se** 再 《a... 〈外気・危険など〉に》身をさらす；《a＋不定詞／ a que＋接続法 …する》危険をおかす．～*se a* las críticas 批判に身をさらす．Así *me expondré a que* me *quiten* el trabajo. それでは私は職を奪われる危険性がある．
［←［ラ］*expōnere* (*ex-*「外に」＋ *pōnere*「置く」)；関連 exposición, expuesto. ［英］*expose*「さらす；暴露する」］

expong- 活 → exponer.

ex·por·ta·ble [e(k)s.por.tá.ble] 形 輸出できる，輸出向きの．mercancía ～ 輸出向けの商品．

＊**ex·por·ta·ción** [e(k)s.por.ta.θjón / -.sjón] 女 輸出；輸出品（↔importación）．comercio de ～ 輸出業．artículos de ～ 輸出商品．cuota de ～ 輸出割り当て．～ de capitales 資本輸出．fomento de la ～ 輸出振興．Las *exportaciones* han aumentado. 輸出が増えた．

ex·por·ta·dor, do·ra [e(k)s.por.ta.ðór, -.ðó.ra] 形 輸出用の（↔importador）．país ～ 輸出国．industria *exportadora* 輸出産業．Organización de Países *E*～*es* de Petróleo 石油輸出国機構，オペック《略 OPEP》《英 OPEC》．
—— 男 女 輸出業者．

＊**ex·por·tar** [e(k)s.por.tár] 他 **1** 輸出する，国外に送り出す（↔importar）．Japón exporta automóviles al extranjero. 日本は自動車を外国へ輸出している．**2** 《IT》エクスポートする．
［←［ラ］*exportāre* (*ex-*「外へ」＋ *portāre*「運ぶ」)；関連［英］*export*］

＊＊**ex·po·si·ción** [e(k)s.po.si.θjón / -.sjón] 女 **1** 展示，陳列；展示会，展覧会，博覧会．sala de ～ ショールーム，展示会場．*E*～ Universal 万国博覧会．La galería realiza actualmente una ～ de las pinturas de un famoso artista francés. その画廊は現在有名なフランス人芸術家の絵画を展示している．
2 解説，説明；《解説・申請などの》文書．～ de motivos 《法案の》提出理由説明書．
3 《a... 〈光・空気など〉に》さらすこと．La ～ *al* sol durante mucho tiempo puede perjudicar la piel. 長時間の日光浴は肌にダメージを与える．
4 《写》露出（時間）．exceso de ～ 露出オーバー．**5** 《音楽》《フーガ・ソナタなどの主題の》提示部；《演》《序幕の》導入部．**6** 《建物などの》向き，方角．**7** 《危険に》身をさらすこと；危険．sin ～ 危ない目に遭わずに．**8** 《幼児の》遺棄．**9** 《カト》顕示．～ del Santísimo 聖体の顕示．

ex·po·sí·me·tro [e(k)s.po.sí.me.tro] 男 《写》露出計．

ex·po·si·ti·vo, va [e(k)s.po.si.tí.bo, -.ba] 形 説明的な，解説的な．

ex·pó·si·to, ta [e(k)s.pó.si.to, -.ta] 形 捨て子の．
—— 男 女 捨て子．

ex·po·si·tor, to·ra [e(k)s.po.si.tór, -.tó.ra] 形 **1** 出品［展示］する．**2** 解説する，説明する．
—— 男 女 **1** 出品者，展示者，発表者．**2** 解説者．
—— 男 陳列棚，展示棚．

ex·prés [e(k)s.prés] 形 《主に性数不変》 **1** 〈サービスが〉迅速の；速達の．**2** 〈コーヒーが〉エスプレッソの．**3** 圧力釜の．olla ～ 圧力釜．
—— 男 **1** 急行列車（＝ tren ～）．**2** エスプレッソ・コーヒー（＝ café ～）．**3** 《ラ米》《鉄道》輸送会社．
［←［英］*express*］

ex·pre·sa·ble [e(k)s.pre.sá.ble] 形 表現できる，言葉にできる．Lo que siento no es ～ en pala-

ex·pre·sar [e(k)s.pre.sár] 他 **1** 《a... …に》〈感情などを〉表現する；述べる. Quisiera ~*les a todos* mi más sincero agradecimiento. 私は皆さまに心より感謝の意を表します. No sé cómo ~ *esta sensación tan rara*. この奇妙な感覚をどのように表現したらいいか私にはわかりません.
2 表す, 示す. Su rostro *expresaba* una inmensa satisfacción. 彼[彼女]の顔は大満足の表情だった.
— ~·se 再 **1** 〈言葉で〉自分の考えを伝える. *Se expresa* bien en inglés. 彼[彼女]は英語が上手だ.
2 〈身振りなどで〉自分の考えを述べる, 自己を表現する. **3** 《3人称で》〖医〗〈症状などが〉現れる.

ex·pre·sión [e(k)s.pre.sjón] 女 **1** 表現, 表現方法；〈言葉の〉言い回し, 語法；語句. ~ coloquial 口語表現. ~ oral 口頭表現. ~ escrita 文章表現. como ~ de gratitud 感謝の印として.
2 表情, （感情の）現れ. ~ de alegría 喜びの表情. La niña tiene mucha ~. その女の子は表情が豊かだ.
3 〖数〗代数式 (= ~ algebraica).
4 《複数で》あいさつ, よろしくとの伝言. *reducir... a la* [SU] *mínima expresión* …を最小限にする, …を切り詰める.
[← 〖ラ〗 *expressiōnem* (*expressiō* の対格, *exprimere* 「しぼり出す」より派生)；関連〖英〗*expression*]

ex·pre·sio·nis·mo [e(k)s.pre.sjo.nís.mo] 男 表現主義：20世紀初頭の前衛的芸術運動のこと.

ex·pre·sio·nis·ta [e(k)s.pre.sjo.nís.ta] 形 表現主義（派）の. — 男 女 表現主義派（の芸術家）.

ex·pre·si·vi·dad [e(k)s.pre.si.bi.dáð] 女 表現力.

ex·pre·si·vo, va [e(k)s.pre.sí.bo, -.ba] 形 《ser+ / estar+》〈多くは名詞+〉〈表情・言動などが〉表現に富む, 表現力のある. un rostro ~ 表情豊かな顔.
2 〈感情などを〉表す, 意味を込めた. una sonrisa *expresiva* 意味深長な微笑.
3 愛情のこもった, 心からの. Le damos el más ~ agradecimiento. 我々はあなたに心から感謝いたします.

ex·pre·so, sa [e(k)s.pré.so, -.sa] 形 **1** 《estar+》明示された；明白な (= explícito). por orden *expresa* 厳命により. Las condiciones de pago están *expresas* en el contrato. 支払い条件は契約書の中に明記されている.
2 急行の. por correo ~ 急行便で.
3 〈コーヒーが〉エスプレッソの (= exprés). café ~ エスプレッソ・コーヒー.
— 男 **1** 急行列車 (= tren ~). **2** 速達郵便. **3** 特使, 急使.
— 副 わざと, 故意に；わざわざ (= ex profeso). Lo repetí ~ *para que no se te olvide*. 君がそれを忘れてしまわないようにわざともう一度言ったんだよ.
「明白な」← 〖ラ〗 *expressum* 「絞り出された；表現された」 (*exprimere* 「しぼり出す」の完了分詞 *expressus* の対格)；tren ~ の原義は「特別列車」；関連 ex·presión. 〖英〗*express*. 〖伊〗(*caffè*) *espresso*]

ex·pri·me·li·mo·nes [e(k)s.pri.me.li.mó.nes] 男 《単複同形》レモン絞り器.

ex·pri·mi·de·ra [e(k)s.pri.mi.dé.ra] 女 → ex·primidor.

ex·pri·mi·de·ro [e(k)s.pri.mi.dé.ro] 男 → ex·primidor.

ex·pri·mi·dor [e(k)s.pri.mi.ðór] 男 （レモンなどの）搾り器.

ex·pri·mión [e(k)s.pri.mjón] 女 〖ラ米〗 《俗》押しつぶすこと.

ex·pri·mir [e(k)s.pri.mír] 他 **1** 〈果物などを〉搾る, 搾り出す. ~ una naranja オレンジを搾る. **2** 《比喩》…から絞り取る, こき使う. Me *exprimió* tanto que me dejó sin un duro. 彼[彼女]になんだかんだと巻き上げられて手元には一銭も残らなかった. Su patrón trata de ~le al máximo. 親方は彼を徹底的にこき使おうとしている. — ~·se 再 知恵を絞る. ~*se el cerebro* 頭[知恵]を絞る.

ex pro·fe·so [eks.pro.fé.so] 〖ラ〗 特に, わざわざ (= expreso, a propósito).

ex·pro·pia·ción [e(k)s.pro.pja.θjón / -.sjón] 女 **1** （政府などによる）収用, 買い上げ；徴発. **2** 《主に複数で》収用したもの.

ex·pro·pia·dor, do·ra [e(k)s.pro.pja.ðór, -.ðó.ra] 形 収用する, 徴発する.
— 男 女 収用者, 徴発者.

ex·pro·piar [e(k)s.pro.pjár] 82 他 《a... / de...》…から〉〖法〗収用する, 徴発する, 買い上げる. ~ los terrenos para la construcción de una autopista ハイウェー建設のために土地を収用する.

ex·pues·to, ta [e(k)s.pwés.to, -.ta] [exponer の過分] 形 **1** 展示された, 陳列された. Los artículos están ~s en el escaparate. ショーウインドーに商品が陳列されている.
2 《a... …に》さらされた, あらわな. una casa *expuesta al* viento 吹きさらしの家. estar ~ *a las críticas* 批判にさらされている.
3 危ない, 危険な. Es muy ~ pasar por este barrio a altas horas. 夜遅くこの辺を通るのは非常に危険だ. **4** 表明された, 述べられた, 発表された.

ex·pug·na·ble [e(k)s.puɡ.ná.ble] 形 攻略可能な, 奪取できる.

ex·pug·na·ción [e(k)s.puɡ.na.θjón / -.sjón] 女 攻略, 奪取, 陥落.

ex·pug·na·dor, do·ra [e(k)s.puɡ.na.ðór, -.ðó.ra] 形 攻略する, 奪取する.

ex·pug·nar [e(k)s.puɡ.nár] 他 〈場所を〉（武力で）奪取[攻略]する, 占拠する.

ex·pul·sar [e(k)s.pul.sár] 他 **1** 《de... …から》追い出す, 追放する；退場させる. ~ *de la empresa* 会社をやめさせる. Le *expulsaron del* colegio. 彼は退学処分を受けた.
2 排出する, 吐き出す. La chimenea *expulsa* el humo. 煙突が煙を吐き出している.
[← 〖ラ〗*expulsāre*；関連〖英〗*expel*]

ex·pul·sión [e(k)s.pul.sjón] 女 **1** 追放, 放逐, 除籍. orden de ~ 国外追放令. la ~ del colegio debido a la mala conducta 素行不良による退学処分. **2** 排出, 放出. **3** 〖スポ〗(1) 退場. (2) 〖スポ〗（フェンシングの）相手の剣を払い落とす技.

ex·pul·si·vo, va [e(k)s.pul.sí.bo, -.ba] 形 排出する；駆除する；排出性の.

ex·pul·sor, so·ra [e(k)s.pul.sór, -.só.ra] 形 放出する. — 男 （火器・銃の）エゼクター：空の薬莢(きょう)の除去装置. mecanismo ~ del asiento (ジェット機の)座席射出装置.

ex·pur·ga·ción [e(k)s.pur.ɡa.θjón / -.sjón] 女 **1** （不穏当な箇所の）削除. **2** 浄化, 一掃.

ex·pur·gar [e(k)s.pur.gár] ⑩③ 他 **1** 《**de...**》〈不穏当な箇所〉を削除する. ~ una novela *de* lo lo que tiene 小説の不穏当な箇所をカットする. una edición *expurgada* 削除版.
2 浄化する,一掃する,粛清する.

ex·pur·ga·to·rio, ria [e(k)s.pur.ga.tó.rjo, -.rja] 形 **1** 削除の. índice ~ 〘カト〙禁書目録.
2 浄化する,一掃する,粛清する.

ex·pur·go [e(k)s.púr.go] 男 → expurgación.

expus- 語 → exponer.

ex·qui·si·ta·men·te [e(k)s.ki.sí.ta.mén.te] 副 絶妙に, この上なく見事に.

ex·qui·si·tez [e(k)s.ki.si.téθ / -.tés] 女 **1** 美味(なもの), おいしさ; 絶妙. **2** 洗練, 優美, 優雅.

*__ex·qui·si·to, ta__ [e(k)s.ki.sí.to, -.ta] 形 **1** 心地よい, 甘美な; 極めて美しい. belleza *exquisita* 目を見張るような美しさ. música *exquisita* 甘美な音楽. sensación *exquisita* 恍惚(こう)感.
2 〈言動・趣味・センスなどが〉**洗練された**, 上品な, 優美な; 〈芸術家, 特に詩人の才能が〉すばらしい. gusto ~ 洗練された趣味. modales ~s 品のいい物腰. Es un poeta ~. 彼はすばらしい詩人だ.
3 美味な, おいしい. plato ~ おいしい料理.

ex·ta·siar [e(k)s.ta.sjár] ⑧① 他 うっとりさせる, 恍惚(こう)とさせる. — **~·se** 再 **1**《**con...**》…にうっとりする, 恍惚となる. **2**〘宗〙法悦にひたる.

éx·ta·sis [é(k)s.ta.sis] 男〘単複同形〙 **1** 恍惚(こう), 有頂天; エクスタシー. estar (sumido) en ~ うっとりしている, 有頂天になっている. **2**〘宗〙法悦. **3**〘心〙〘医〙恍惚. **4** エクスタシー: 麻薬の一種.

ex·tá·ti·co, ca [e(k)s.tá.ti.ko, -.ka] 形 恍惚(こう)の, うっとりした. alegría *extática* 天にも昇るほどの喜び.

ex·tem·po·ral [e(k)s.tem.po.rál] 形 → extemporáneo.

ex·tem·po·rá·ne·a·men·te [e(k)s.tem.po.rá.ne.a.mén.te] 副 時機を逸して, 季節外れに.

ex·tem·po·ra·nei·dad [e(k)s.tem.po.ra.nei.đáđ] 女 **1** (言動などの) タイミングがずれていること, 的外れ. **2** 季節外れ, その時季にふさわしくない[珍しい]こと.

ex·tem·po·rá·ne·o, a [e(k)s.tem.po.rá.ne.o, -.a] 形 **1** 季節外れの. nieve *extemporánea* 季節外れの雪. **2** 時機を失した, 折の悪い. respuesta *extemporánea* とんちんかんな受け答え.

__ex·ten·der__ [e(k)s.ten.dér] ⑫ 他 **1**〈畳んだもの・集められたものを〉**広げる**, 開く; **伸ばす**. ~ la mano 手を伸ばす. ~ un mantel sobre la mesa テーブルの上にテーブルクロスを掛ける. ~ una sábana [manta] シーツ[毛布]を敷く. ~ el plano [periódico] 市街図[新聞]を広げる. ~ la hierba secada al sol 刈り取った草を下に広げる. ~ la masa (パン) 生地をのばす. *Extendí* un poco el brazo para recoger una hoja caída en el suelo. 私は少し腕を伸ばして床に落ちた紙を拾った.
2 普及させる, 拡大する. ~ la noticia [el rumor] 知らせ[うわさ] を広める. ~ el dominio 支配を広げる. ~ la fe cristiana キリスト教を広める.
3〈…の範囲を〉広げる. ~ el fuego 火災を延焼させる. ~ la ley a otros casos 他の事例に法を適用する. ~ el castigo a todos 全員を罰する.
4 薄く伸ばす, 塗る. ~ mantequilla sobre el pan パンにバターを塗る.
5〈書類などを〉作成する; 発行する. ~ un cheque por diez mil euros 1万ユーロの小切手を切る. ~ un certificado [recibo] 証明書[領収書]を発行する.

— **~·se** 再 《3人称で》**広がる, 広まる**; 散らばる. El aviso *se extendió* rápidamente por todo el pueblo. その告知はすぐさま村中に広まった. Las basuras *se extendieron* por la calle. ごみが路上に散乱した.
2〈風景・地形が〉広がる. Ante nosotros *se extendía* el campo hasta el horizonte. 私たちの目の前に田園地帯が見渡すかぎり広がっていた.
3《**a...** / **hasta...** …まで》及ぶ, 到達する. *Hasta* ahí no *se extienden* mis conocimientos. 私の知識はそこまで及ばない.
4 長々と説明する; 衒学(げん)する. ~*se* mucho en la explicación 長々と説明する. ~*se* sobre un tema あるテーマについて詳述する. **5** 続く, 持続する. el período que *se extiende* de 711 a 1492 711年から1492年まで続く期間. **6** 長びく.
[← 〘ラ〙*extendere* (*ex-*「外へ」 + *tendere*「広げる」); 関連 extensión. 〘英〙*extend*]

ex·ten·di·do, da [e(k)s.ten.dí.đo, -.đa] 形 **1** 広がった, 伸びた; 広げた. con los brazos ~s 腕を広げて. **2** 普及した, 一般的な. una costumbre muy *extendida* 広く見られる習慣.

ex·ten·si·ble [e(k)s.ten.sí.ble] 形 広げられる, 伸ばせる, 伸縮自在な. mesa ~ 伸縮テーブル.

*__ex·ten·sión__ [e(k)s.ten.sjón] 女 **1 伸長**(部分), **拡張**, 拡大(部分); 延長(期間), 更新. la ~ de la vida 寿命の延び. ~ de plazo〘商〙(手形の)期限延長.
2 面積(=superficie), (空間的)広がり; (ものごとが拡がる)範囲. El campo tiene una ~ de 300 hectáreas. その畑の面積は300ヘクタールである. La ~ del español es inmensa. スペイン語圏は非常に広い.
3〘数〙〘論〙〘言〙外延; (語義の)拡張. El concepto "metal" tiene ~ mayor que el concepto "oro". 「金属」という概念は「金」という概念よりも外延が広い.
4 (電話の) 内線. Póngame con la ~ 235 [dos tres cinco]. 内線の235をお願いします.
5〘ＩＴ〙拡張子.
6《主に複数で》(毛髪につける)エクステンション.
en toda la extensión de la palabra あらゆる意味で.
por extensión 広義で.

ex·ten·si·vo, va [e(k)s.ten.sí.βo, -.βa] 形 **1** 広げうる, 拡大できる; 広範の. La ley es *extensiva* a otros casos. その法律は他の事例にも適用される. **2**〘農業・生産が〉粗放の, 粗放性の. cultivo ~ 粗放農業.
hacer extensivo... a + 人 を〈人〉に広げる, 伝える. *Haz* ~s mis saludos *a* toda tu familia. 君のご家族によろしく伝えてくれ. ※ *extensivo* は直接目的語「…を」に相当する語句に性数一致する.

*__ex·ten·so, sa__ [e(k)s.tén.so, -.sa] 形 **1** 広大な, 広い; 広範な. un ~ país 広大な国. una sala *extensa* だだっ広い広間. Es un guitarrista de repertorio muy ~. 彼はレパートリーの非常に広いギタリストだ. **2** 長時間の, 長い. viaje ~ 長い旅.
por extenso 詳細に, こと細かに.

ex·ten·sor, so·ra [e(k)s.ten.sór, -.só.ra] 形 伸びる, 伸張性の. músculo ~〘解剖〙伸筋.
— 男 **1**〘解剖〙伸筋. **2**〘スポ〙エキスパンダー.

ex·te·nua·ción [e(k)s.te.nwa.θjón / -.sjón] 囡 **1** 憔悴(ま,う), 疲弊, 衰弱. hasta la ～ 疲れ果てるまで. **2**《修辞》曲言法(= atenuación).

ex·te·nua·do, da [e(k)s.te.nwá.ðo, -.ða] 形 憔悴(まう)した, 疲れ切った, 衰弱した.

ex·te·nuan·te [e(k)s.te.nwán.te] 形 疲れ[憔悴(まう)]させるような, きつい.

ex·te·nuar [e(k)s.te.nwár] 84 他 疲れ果てさせる; 衰弱させる.
— ～**se** 再 疲れ果てる, ぐったりする; 衰弱する.

ex·te·nua·ti·vo, va [e(k)s.te.nwa.tí.βo, -.βa] 形 憔悴(まう)させる, 疲労[衰弱]させる, ぐったりさせる.

*ex·te·rior 【名詞+】 **1**(ser+)外の, 外部の, 外側の(↔interior). aspecto ～ 外見. dimensiones ～es 外側の寸法. parte ～ 外側, 外部. habitación ～ 表に面した部屋.
2 外国の, 対外的な. el Ministerio de Asuntos E～es 外務省. política ～ 対外政策. comercio ～ 貿易.
— 男 **1** 外側, 外面; 外部. al ～ 外へ[に], 外部へ[に]. **2** 外観, 外見. **3**《複数で》《映》ロケーション; 屋外シーン. Los ～es fueron rodados en Chile. ロケはチリで行われた.
[←〖ラ〗 *exterior* ; *exter(us)* 「外の」の比較級]

ex·te·rio·ri·dad [e(k)s.te.rjo.ri.ðáð] 囡 **1** 外部; 外観, 外見.
2《主に複数で》見せかけ, 虚飾, 形式偏重.

ex·te·rio·ri·za·ción [e(k)s.te.rjo.ri.θa.θjón / -sa.sjón] 囡 態度[表情]に出すこと, 表面化, 外在化.

ex·te·rio·ri·zar [e(k)s.te.rjo.ri.θár / -.sár] 97 他〈感情などを〉態度[表情]に出す. ～ mal humor 不機嫌な顔をする.
— ～**se** 再 **1**（自分の気持ちを）打ち明ける, 心を開く. **2** 表面化する;〈感情などが〉態度[表情]に出る.

ex·te·rior·men·te [e(k)s.te.rjór.mén.te] 副 外部で[に]; 外面的に.

ex·ter·mi·na·ble [e(k)s.ter.mi.ná.βle] 形 絶滅の可能性のある; 撲滅できる.

ex·ter·mi·na·ción [e(k)s.ter.mi.na.θjón / -.sjón] 囡 → exterminio.

ex·ter·mi·na·dor, do·ra [e(k)s.ter.mi.na.ðór, -.ðó.ra] 形 破壊的な, 根絶[絶滅]させる; 撲滅する. ángel ～《聖》(旧約の)滅びの天使(ユダヤ民族の出エジプト後, エジプトの初子を皆殺しにした).
— 男 囡 根絶者, 撲滅者, 破壊者.

ex·ter·mi·nar [e(k)s.ter.mi.nár] 他 **1** 根絶する, 絶滅させる. ～ las ratas ネズミを駆除する. ～ la violencia de la ciudad 街から暴力を一掃する.
2 破壊する, 壊滅させる.

ex·ter·mi·nio [e(k)s.ter.mí.njo] 男 絶滅, 根絶; 壊滅.

ex·ter·na·do [e(k)s.ter.ná.ðo] 男 **1** 通学生だけの学校. ▶「寄宿生のみの学校」は internado.
2 通学生生活,《集合的》通学生.

ex·ter·na·li·za·ción [e(k)s.ter.na.li.θa.θjón / -.sa.sjón] 囡 外部委託[調達], アウトソーシング.

ex·ter·na·li·zar [e(k)s.ter.na.li.θár / -.sár] 97 他 外部委託[調達]する.

*ex·ter·no, na [e(k)s.tér.no, -.na] 形 **1** 外の, 外側の, 外部の. ángulo ～《数》外角. oído ～ 外耳. herida *externa* 外傷. Las lágrimas son una manifestación *externa* de la tristeza. 涙は悲しみを表出せしたものである.
2 外見上の, 表に現れる. signos ～s de riqueza 金持ちらしい外見.
3《政》外国の, 対外的な. deuda *externa* 対外債務. relaciones *externas* 外交関係. **4**（薬が）外用の. **5**（寄宿舎・住み込み従業員に対して）通いの. alumno ～ 通学生.
— 男 囡 通学生(↔interno).
[←〖ラ〗 *externum* (*externus* の対格; *exter* 「外の, 外国の」より派生)][関連][英]*external*]

ex tes·ta·men·to [e(k)s.tes.ta.mén.to] 〖ラ〗《法》遺言によって(= por el testamento).

extiend- 活 → extender.

ex·tin·ción [e(k)s.tin.θjón / -.sjón] 囡 **1** 消す[消える]こと, 消火, 消灯. **2** 消滅; 絶滅; 失効. ～ de la obligación 義務の消滅. los animales en vías de ～ 絶滅寸前の動物.

exting- 活 → extinguir.

ex·tin·gui·dor [e(k)s.tin.gi.ðór] 男〖ラ米〗消火器(= extintor).

*ex·tin·guir [e(k)s.tiŋ.gír] 105 他 **1**（火・明かりを）消す, 消火する. **2**（徐々に）消滅させる; 根絶する, 絶滅させる. ～ la rebelión 反乱を鎮圧する.
— ～**se** 再 **1**（火・明かりが）消える, 鎮火する.
2 消え去る, 絶える; 絶滅する. Mi amor *se extinguió*. 私の愛は冷めた. **3** 失効する, 無効になる.
[←〖ラ〗 *exstinguere*][関連] extinto. [英]*extinguish*]

ex·tin·to, ta [e(k)s.tín.to, -.ta] 形《格式》**1** 消えた, 鎮火した. volcán ～ 死火山. **2** 消え去った, 絶滅した. raza *extinta* 絶滅した種族. **3** 亡くなった.

ex·tin·tor, to·ra [e(k)s.tin.tór, -.tó.ra] 形 消すための, 消火用の.
— 男 消火器(= ～ de incendios).

ex·tir·pa·ble [e(k)s.tir.pá.βle] 形 **1**《医》摘出できる. **2** 根絶できる, 絶滅できる.

ex·tir·pa·ción [e(k)s.tir.pa.θjón / -.sjón] 囡 **1**《医》摘出. **2** 根こそぎ; 根絶, 絶滅, 撲滅.

extintor (消火器)

ex·tir·pa·dor, do·ra [e(k)s.tir.pa.ðór, -.ðó.ra] 形 根こそぎにする; 摘出する; 根絶する.
— 男《農》除草機.

ex·tir·par [e(k)s.tir.pár] 他 **1**《医》摘出する, 切除する. ～un tumor 腫瘍(よう)を摘出する. **2** 根こそぎにする; 根絶する, 絶滅させる, 撲滅する. ～ los vicios 悪習を一掃する.

ex·tor·no [e(k)s.tór.no] 男 保険料の割り戻し.

ex·tor·sión [e(k)s.tor.sjón] 囡 **1** ゆすり, 強要; 強奪. **2** 厄介, 迷惑. causar ～ a +人〈人〉に迷惑をかける.

ex·tor·sio·nar [e(k)s.tor.sjo.nár] 他 **1** ゆすろ, 強要する; 強奪する. **2** 迷惑をかける, 手を煩わせる.

ex·tor·sio·nis·ta [e(k)s.tor.sjo.nís.ta] 男 囡 ゆすり屋.

*ex·tra [é(k).stra] 形《主に性数不変》**1** 極上の, 格別の, 上等の. vino ～ 極上のワイン. **2** 余分の, 臨時の, 割り増しの. horas ～(s) 時間外労働, 残業時間.
— 男 囡《映》《演》エキストラ.
— 男 **1** 臨時手当, 賞与. **2** 臨時出費. **3** 特別料理.
— 囡 **1**《話》ボーナス, 賞与(= paga extraordi-

naria). **2**《ラ米》《 [ ]》スペアタイヤ.

extra-〘接頭〙**1**「…外の, …の範囲外の, …を超えた」の意. → *extra*ordinario, *extra*territorial. **2**「極めて」の意. *extra*fino, *extra*fuerte.

ex·trac·ción [e(k)s.trak̟.θjón / -.sjón] 囡 **1** 引き抜くこと, 摘出; 抜き取り. la 〜 de un diente 抜歯. **2** 抽出, 分離. **3** 採鉱, 採掘. la 〜 del carbón 石炭の採掘. **4**（宝くじの抽選で）数字を引くこと. **5**〘数〙根を求めること. 〜 de una raíz cuadrada 平方根を求めること. **6** 家柄, 血筋. de humilde [baja] 〜 下層階級の出身の.

ex·tra·cha·to, ta [e(k)s.tra.tʃá.to, -.ta] 形《ラ米》(5) (テレビ・腕時計などの) 超薄型の.

ex·tra·co·mu·ni·ta·rio, ria [e(k)s.tra.ko.mu.ni.tá.rjo, -.rja] 形 EU圏外の.
— 男 囡 EU圏外の人.

ex·tra·cor·pó·re·o, a [e(k)s.tra.kor.pó.re.o, -.a] 形 人体の外の, 体外で起こる, 体外からの. concepción *extracorpórea* 体外受精.

ex·trac·tar [e(k)s.trak̟.tár] 他 要約[抜粋]する.

ex·trac·to [e(k)s.trák̟.to] 男 **1** 要約, 抜粋. 〜 del Informe Presidencial 大統領白書の大要. **2** 抽出物; エキス, エッセンス. 〜 de malta 麦芽エキス. **3**〘法〙審理の要約.

ex·trac·tor, to·ra [e(k)s.trak̟.tór, -.tó.ra] 形 抽出する, 取り出す. dispositivo 〜 抽出装置.
— 男 排気装置, 換気扇.

ex·tra·di·ción [e(k)s.tra.ði.θjón / -.sjón] 囡 （国外へ逃亡した）犯人の引き渡し, 送還.

ex·tra·dir [e(k)s.tra.ðír] / **ex·tra·di·tar** [e(k)s.tra.ði.tár] 他 （容疑者の身柄を）引き渡す, （強制）送還する.

ex·tra·dós [e(k)s.tra.ðós] 男〘建〙(アーチ・丸天井の) 外輪, 外弧.

*****ex·tra·er** [e(k)s.tra.ér] 58 他 **1**《**de...** …から》引き抜く, 摘出する; 抜き出す. 〜 una muela 奥歯を抜く. 〜 sangre para el análisis 検査のために採血する. **2**〈エキスなどを〉抽出する, 分離する. 〜 nafta del petróleo 石油からナフサを抽出する. **3**〈結論などを〉引き出す, 推論する. 〜 unas conclusiones いくつかの結論を引き出す. **4** 採掘する, 採鉱する. 〜 diamante ダイヤモンドを採掘する. **5**（宝くじで）〈数字を〉引く. **6**〘数〙根を求める.
[← [ラ] *extrahere*; *ex-*「外 へ」+ *trahere*「引っ張る」（→ traer）;〖関連〗extracción.〖英〗*extract*]

ex·tra·es·co·lar [e(k)s.tra.es.ko.lár] 形 学外の, 課外の. actividades 〜*es* 課外活動.

ex·tra·fi·no, na [e(k)s.tra.fí.no, -.na] 形 最上の, 極上の, 特級の.

ex·tra·í·ble [e(k)s.tra.í.ble] 形 抽出可能な, 引き出すことができる.

extraig- / extraj- 活 → extraer.

ex·tra·ju·di·cial [e(k)s.tra.xu.ði.θjál / -.sjál] 形 裁判外の, 法廷外の.

ex·tra·le·gal [e(k)s.tra.le.ɣál] 形 法の領域外の, 超法規的な.

ex·tra·li·ge·ro, ra [e(k)s.tra.li.xé.ro, -.ra] 形《話》(濃度・厚さが) 非常に薄い.

ex·tra·li·mi·ta·ción [e(k)s.tra.li.mi.ta.θjón / -.sjón] 囡 過度; 乱用, 越権.

ex·tra·li·mi·tar·se [e(k)s.tra.li.mi.tár.se] 再 **1**《**en...** …で》度を越す. **2**《**en...** / **con...**》〈地位・特権などを〉乱用する, 越権行為をする. **3**《**con**+人》〈人に〉なれなれしくする, 礼を失する.

ex·tra·lin·güís·ti·co, ca [e(k)s.tra.liŋ.ɡwís.ti.ko, -.ka] 形〘言〙言語にない, 言語外の.

ex·tra·ma·ri·tal [e(k)s.tra.ma.ri.tál] 形 → extramatrimonial.

ex·tra·ma·tri·mo·nial [e(k)s.tra.ma.tri.mo.njál] 形 結婚相手以外との. relación 〜 不倫関係.

ex·tra·mu·ros [e(k)s.tra.mú.ros] 副 市外[郊外]で[に]. 〘複数形〙敷地（領域）外.

ex·tra·mu·si·cal [e(k)s.tra.mu.si.kál] 形 音楽的でない, 音楽[作曲]活動以外の.

ex·tra·net [e(k)s.tra.nét] 囡〘IT〙エクストラネット：インターネットを使った複数企業間のネットワークシステム.

ex·tran·je·ra [e(k)s.traŋ.xé.ra] 形 囡 → extranjero.

ex·tran·je·rí·a [e(k)s.traŋ.xe.rí.a] 囡 外国人[在留外国人]であること; 外国人[在留外国人]の法的身分. ley de 〜 外国人法.

ex·tran·je·ris·mo [e(k)s.traŋ.xe.rís.mo] 男 **1**〘言〙外来語, 外国語風の言い回し. **2** 外国かぶれ, 外国崇拝.

ex·tran·je·ri·zar [e(k)s.traŋ.xe.ri.θár / -.sár] 97 他 外国風にする, 外国の風習を取り入れる.

*****ex·tran·je·ro, ra** [e(k)s.traŋ.xé.ro, -.ra] 〖名詞+〗〖ser+〗外国の, 外国人の. lengua *extranjera* 外国語. país 〜 外国. moneda *extranjera* 外貨 inversión *extranjera* 外国投資. capital 〜 外国資本.
— 男 囡 外国人. — 男 (**el**+) 外国. en *el* 〜 外国で[に]. ir [viajar] a*l* 〜 外国へ行く[を旅行する].
[← [古] *estrangier* ←《俗 ラ》*extranearius* ← [ラ] *extrāneus*;〖関連〗extraño.〖仏〗*étranger*「外国人」.〖英〗*stranger*「見知らぬ人」]

ex·tran·jis [e(k)s.tráŋ.xis] *de extranjis*〘話〙（**1**）外国の; 思いがけない, 奇妙な.（**2**）こっそりと, 秘密に.

ex·tra·ña [e(k)s.trá.ɲa] 形 囡 → extraño.
— 活 → extrañar.

ex·tra·ña·ción [e(k)s.tra.ɲa.θjón / -.sjón] 囡 → extrañamiento.

ex·tra·ña·mien·to [e(k)s.tra.ɲa.mjén.to] 男 **1** 国外追放. **2** 奇異感, 驚き.

*****ex·tra·ñar** [e(k)s.tra.ɲár] 他 **1**（**1**）〈人を〉不思議に思わせる; 驚かせる. Se fue sin decir nada y no me *extrañó*. 彼[彼女]は何も言わずに行ってしまったが, 私は驚かなかった.
（**2**）《**que**+接続法 …であることが》〈人 を〉驚かせる; 不思議に思わせる. Me *extraña que* tú lo *digas*. 君がそんなことを言うとは私はびっくりする. ▶ 直接目的人称代名詞ではなく, 間接目的人称代名詞が用いられる傾向がある. → *Le extrañará* mucho *que* no *estemos* allí. 彼[彼女]は私たちがそこにいないのを不思議がるだろう.

2〈人・ものが〉(い)ないことを寂しく思う, 懐かしく思う（= echar de menos）. Cuando te vayas, te *extrañaremos*. 君が行ってしまうと, 私たちは君のいないのを寂しく思うよ.

3〈ものなどに〉違和感を持つ; （特に子供が）人見知りする. En el hotel he *extrañado* la cama y no he dormido bien. ホテルで私はベッドが合わなくてよく眠れなかった. Es un niño que no *extraña* a nadie. その子は誰にも人見知りしない子だ. **4**《文章語》(**a...** 〈外国〉に)（処罰として）〈人 を〉追放する.

— 〜**·se** 再 **1**《**de...** …を》不思議に思う, …に驚く. Me *extrañé de* verla llegar tan pronto. 私

は彼女があんなに早く来るのを見て驚いた.
2 《de que+接続法 …であることを》不思議に思う. *Nos extrañamos* mucho *de que tarden* tanto en terminar el trámite. 手続きを終えるのにこんなに手間取っているのが私たちは不思議でならない.

ex·tra·ñez [e(k)s.tra.ɲéθ / -.nés] 囡 → extrañeza.

*****ex·tra·ñe·za** [e(k)s.tra.ɲé.θa / -.sa] 囡 **1** 奇妙なこと, 変なこと, 不思議. **2** 奇異感, 驚き. Me causa mucha ~ tu conducta. 君の振る舞いは私には実に意外だ. **3** 疎遠, 離反.

ex·tra·ño, ña [e(k)s.trá.ɲo, -.ɲa] 形 **1 《多くは+名詞/名詞+》《ser+/estar+》奇妙な, 変な, 不思議な. relación *extraña* 奇妙な関係. *extraña* enfermedad 奇病. sensación *extraña* 奇妙な感覚.
2 《名詞+》外部の, よその. cuerpo ~ 異物.
3 《名詞+》《ser+》《a... …と》無関係の, 無縁の; なじみがない, 不慣れな. *Soy* ~ *a* esta discusión. この議論に私は関係ない. El nuevo sistema *me es* ~. 私は新しいシステムに慣れていない.
── 男 よそ者, 部外者; 知らない人. Está prohibida la entrada de ~s. 部外者の立ち入りを禁止する. Es un ~ en su familia. 彼は家族の中でひとり浮いている.
── 男 不意の動き, 予期しない動作.
── 活 → extrañar.
ser extraño 〔+不定詞 / *que*+接続法〕…するのは不思議である. *Es* ~ *que* nunca me *haya hablado* de usted. 彼[彼女]が一度もあなたのことを私に話さなかったのは意外です.
[← [ラ] *extrāneum* (*extrāneus* の対格); 関連] extrañar, extranjero. [英] *strange*.

ex·tra·ño·so, sa [e(k)s.tra.ɲó.so, -.sa] 形 《ラ米》(ﾒｷｼｺ) 驚いた, びっくりした; 不思議に思う.

ex·tra·o·fi·cial [e(k)s.tra.o.fi.θjál / -.sjál] 形 非公式の, 非公認の. por vía ~ 非公式に.

ex·tra·or·di·na·rio, ria [e(k)s.tra.or.ði.ná.rjo, -.rja] 形 **1 《+名詞/名詞+》《ser+》異常な, 例外的な, 突飛な. un suceso ~ 奇怪な出来事. Ayer hizo un calor ~. 昨日の暑さは異常だった.
2 《+名詞/名詞+》《ser+/estar+》非凡な, すばらしい, 見事な. Su talento como cantante *es* ~. 彼[彼女]の歌手としての才能はずば抜けている. Hoy *estás extraordinaria*. 今日の君はとてもきれいだ.
3 《名詞+》特別な, 臨時の. tren ~ 臨時列車. premio ~ 特別賞. Este mes he hecho treinta horas *extraordinarias*. 今月私は30時間残業した.
── 男 **1** 《不定冠詞+》特別なこと, 異例. hacer *un* ~ 奇妙なことをする. **2** 特別号, 特集号; 号外. **3** 速達, 急行便. **4** 特別料理, 裏メニュー.
── 囡 ボーナス, 賞与(= paga *extraordinaria*).

ex·tra·par·la·men·ta·rio, ria [e(k)s.tra.par.la.men.tá.rjo, -.rja] 形 〈政党などが〉政府の承認を受けていない; 議席を持たない.

ex·tra·pla·no, na [e(k)s.tra.plá.no, -.na] 形 〈テレビ·時計などが〉超薄型の. de diseño ~ 薄型デザインの.

ex·tra·po·la·ble [e(k)s.tra.po.lá.ble] 形 拡大適用可能な.

ex·tra·po·la·ción [e(k)s.tra.po.la.θjón / -.sjón] 囡 **1** (事実·資料からの)推定, (経験などを)当てはめること. hacer una ~ 敷延する. **2** (語句などの)抜粋. **3** 《数》《統計》外挿(法), 補外(法).

ex·tra·po·lar [e(k)s.tra.po.lár] 他 **1** (事実·資料から)〈結論を〉導く; 《a... …に》〈経験·結論などを〉当てはめる. **2** 〈語句などを〉抜粋する. **3** 《数》《統計》外挿する, 補外する.

ex·tra·rra·dio [e(k)s.tra.řá.ðjo] 男 郊外, 町外れ. vivir en el ~ 郊外に住む.

ex·tra·sen·so·rial [e(k)s.tra.sen.so.rjál] 形 知覚器官によらない. percepción ~ (透視·予知·テレパシー·瞑想時の)超感覚的知覚〔英 ESP〕.

ex·tra·sís·to·le [e(k)s.tra.sís.to.le] 囡 《医》(不安などによる)動悸(ﾄﾞｳｷ).

ex·tra·so·lar [e(k)s.tra.so.lár] 形 太陽系外の.

ex·tra·tém·po·ra [e(k)s.tra.tém.po.ra] 囡 《カト》(聖職者の)特別叙任.

ex·tra·te·rre·nal [e(k)s.tra.te.ře.nál] 形 《ラ米》→ extraterrestre.

ex·tra·te·rres·tre [e(k)s.tra.te.řés.tre] 形 地球外の. ── 男 囡 地球外生物, 宇宙人.

ex·tra·te·rri·to·rial [e(k)s.tra.te.ři.to.rjál] 形 《法》治外法権の.

ex·tra·te·rri·to·ria·li·dad [e(k)s.tra.te.ři.to.rja.li.ðáð] 囡 《法》治外法権.

ex·tra·ti·po [e(k)s.tra.tí.po] 男 《経》特別利息, 金利ボーナス.

ex·tra·ur·ba·no, na [e(k)s.traur.bá.no, -.na] 形 **1** 2都市[複都市]間の. **2** 都市の外で行われる.

ex·tra·u·te·ri·no, na [e(k)s.trau.te.rí.no, -.na] 形 《医》子宮外の. embarazo ~ 子宮外妊娠.

ex·tra·va·gan·cia [e(k)s.tra.ba.ɣán.θja / -.sja] 囡 とっぴさ, 常軌を逸した言動, 奇行. decir [hacer] ~s とっぴなことを言う[する].

*****ex·tra·va·gan·te** [e(k)s.tra.ba.ɣán.te] 形 とっぴな, 常軌を逸した. idea ~ とっぴな考え.
── 男 変人, 奇人, 常軌を逸した人.
── 囡 《複数で》《カト》典外の教皇令.

ex·tra·va·sa·ción [e(k)s.tra.ba.sa.θjón / -.sjón] 囡 《医》溢血(ｲｯｹﾂ).

ex·tra·va·sar·se [e(k)s.tra.ba.sár.se] 再 《医》〈血液などが〉溢出(ｲｯｼｭﾂ)する, 溢血する.

ex·tra·ver·sión [e(k)s.tra.ber.sjón] 囡 → extroversión.

ex·tra·ver·ti·do, da [e(k)s.tra.ber.tí.ðo, -.ða] 形 男 囡 → extrovertido.

ex·tra·via·do, da [e(k)s.tra.bjá.ðo, -.ða] 形 **1** なくした. departamento de objetos ~s 遺失物取扱所. **2** はぐれた, 道に迷った. niño ~ 迷子. **3** 道を踏み外した, 堕落した. **4** 人里離れた, 辺鄙(ﾍﾝﾋﾟ)な. **5** 焦点の定まらない, ぼんやりした. ojos ~s うつろな目.

*****ex·tra·viar** [e(k)s.tra.bjár] 81 他 **1** 道に迷わせる(= desorientar). El mapa era tan malo que me *extravió*. 地図が実にいい加減で私は道に迷った.
2 なくす, 紛失する. *He extraviado* las tijeras. はさみをどこかになくしてしまった. **3** 〈目を〉うつろにする, 〈視線を〉そらす. ~ la mirada 目をうつろにする.
4 道を外れさせる, 堕落させる.
── ~·se 再 **1** 道に迷う, はぐれる. *Me extravié* en el bosque. 私は森の中で道に迷った.
2 なくなる, 紛失する. *Se han extraviado* dos libros. 本が2冊なくなった. *Se me han extraviado* los papeles. 私は書類を紛失した.
3 道を踏み外す, 堕落する. **4** 〈目が〉うつろになる.

ex·tra·ví·o [e(k)s.tra.bí.o] 男 **1** 道に迷うこと.

2 紛失, 遺失. **3** 《主に複数で》堕落, 正道を踏み外すこと；過ち. ～s de juventud 青春の過ち, 若気の至り. **4** 《話》面倒, 迷惑. ― 再 ➔ extraviar.

ex·tra·vir·gen [e(k)s.tra.bír.xen] 形 《主に性状不変》〈オリーブ油などの〉品質が極上の. aceite ～ エクストラバージンオイル.

ex·tre·ma·da·men·te [e(k)s.tre.má.ða.mén.te] 副 極端に, 甚だしく, 非常に.

ex·tre·ma·do, da [e(k)s.tre.má.ðo, -.ða] 形 **1** 極端な, 度を越した, 大げさな. frío ～ 極度の寒さ. **2** 最高の, 至高の. una extremada creación artística すばらしい芸術的創作. **3** 極めて慎重な, 用心深い.

*Ex·tre·ma·du·ra [e(k)s.tre.ma.ðú.ra] 固名 エストレマドゥーラ：ポルトガルと接するスペイン中西部の地方；スペインの自治州. ➔ autónomo.
[extremo「端／冬の放牧地」より派生]

ex·tre·ma [e(k)s.tré.ma] 形 ➔ extremo. ― 再 extremar.

ex·tre·mar [e(k)s.tre.már] 他 極端なまでにする, 極端に…する. ～ las precauciones 極端に用心する. ― ～se 再 《en...》《…に》細心の注意を払う, 《…を》入念に行う.

ex·tre·ma·un·ción [e(k)s.tre.maun.θjón / -.sjón] 女 《カト》終油（秘跡）：臨終の際に司祭が聖油を塗ること.

*ex·tre·me·ño, ña [e(k)s.tre.mé.ɲo, -.ɲa] 形 (スペインの)エストレマドゥーラの. ― 男女 エストレマドゥーラの住民［出身者］. ― 男 (スペイン語の)エストレマドゥーラ方言.

ex·tre·mi·dad [e(k)s.tre.mi.ðáð] 女 **1** 端, 先端, 末端. **2** 極端, 極度, 極み. **3** 《複数で》(人の)手足, 四肢；(動物の)頭, 脚, 尾.

ex·tre·mis·mo [e(k)s.tre.mís.mo] 男 過激主義, 極端論.

*ex·tre·mis·ta [e(k)s.tre.mís.ta] 形 過激派の, 過激主義の, 極端論の.
― 男女 過激派, 過激主義者, 極端論者.

****ex·tre·mo, ma** [e(k)s.tré.mo, -.ma] 形 **1** 《+名詞／名詞+》《ser+》極端な, 極度の. frío ～ 極寒. calor ～ 酷暑. extrema derecha [izquierda] 極右［左］. extrema necesidad 緊急の必要性.
2 末端の, 極限の. punto ～ de la península 半島の最先端.
― 男 **1** 端, 先端, 末端. el ～ de un palo 棒の先. **2** 極端, 限度, 限界. estar preocupado hasta el ～ de no comer 食事がのどを通らないほど心配している. los dos ～s 両極端. **3** 《複数で》極端な態度；親切な態度. hacer ～s de dolor 大げさに痛がる. **4** 《スポ》(サッカーなどの)ウイング. ～ derecho ライトウイング, ～ izquierdo レフトウイング. ▶女性形は la ～ derecha [izquierda], または la extrema derecha [izquierda]. **5** 論点, 問題点. sin olvidar ningún ～ 委細もらさずに. **6** 《複数で》《数》(比の)外項.
de extremo a extremo 端から端まで.
(*el*) *Extremo Oriente* 極東.
en caso extremo 最後の手段として.
en extremo 極度に, ひどく.
en último extremo 最後の手段として.
ir [pasar] de un extremo a otro 極端から極端へと走る.
llegar al extremo de... …の限界に達する.
Los extremos se tocan. 《諺》両極端は相通じる.

[← [ラ] *extrēmum* (*extrēmus* の対格)「一番端の」； *exter(us)*「外の」の最上級 [関連] [英] *extreme*]

ex·tre·mo·si·dad [e(k)s.tre.mo.si.ðáð] 女 わざとらしさ, (言動の)大きさ, 節度のなさ.

ex·tre·mo·so, sa [e(k)s.tre.mó.so, -.sa] 形 (感情などが)大げさな, 極端に走る；〈人が〉やたらにべたべたした［大げさな］.

ex·trín·se·co, ca [e(k)s.trín.se.ko, -.ka] 形 外部からの, 外来的な, 付帯的な (↔intrínseco). valor ～ 付帯的な価値.

ex·tro·ver·sión [e(k)s.tro.ber.sjón] 女 (性格の)外向性 (= extraversión).

ex·tro·ver·ti·do, da [e(k)s.tro.ber.tí.ðo, -.ða] 形 外向的な (↔introvertido). carácter ～ 外向的な性格. ― 男女 外向的な人.

ex·tru·dir [e(k)s.tru.ðír] 他 《技》〈金属・合成樹脂を〉押し出し形成[加工]する.

ex·tru·sión [e(k)s.tru.sjón] 女 **1** 《技》(金属・合成樹脂製品などの)押し出し成形. **2** 溶岩などの噴出.

e·xu·be·ran·cia [ek.su.βe.rán.θja / -.sja] 女 豊富, 豊饒, 充満. ～ de vegetación 植物の繁茂.

e·xu·be·ran·te [ek.su.βe.rán.te] 形 豊富な, 豊潤な；溢(あふ)れんばかりの. una alegría ～ 狂喜.

e·xu·da·ción [ek.su.ða.θjón / -.sjón] 女 しみ出ること；《医》滲出(しんしゅつ).

e·xu·da·do [ek.su.ðá.ðo] 男 《医》滲出(しんしゅつ)液.

e·xu·dar [ek.su.ðár] 他 〈器官組織が〉〈液を〉しみ出させる, 滲出(しんしゅつ)する.
― 自 〈液が〉しみ出る, 滲出する.

e·xul·ta·ción [ek.sul.ta.θjón / -.sjón] 女 歓喜, 狂喜, 大喜び. recibir con ～ 大歓迎する.

e·xul·tan·te [ek.sul.tán.te] 形 《*de*...》…で)大喜びの.

e·xul·tar [ek.sul.tár] 自 《*de*... …で》歓喜する, 狂喜する, 大喜びする.

ex·vo·to [eks.βó.to] 男 《宗》(祈願成就の感謝を表す)奉納物. ◆平癒(へいゆ)した体の部分を形どった蠟(ろう)が多い.

e·ya·cu·la·ción [e.ja.ku.la.θjón / -.sjón] 女 (体液の)射出；射精. ～ precoz 早漏.

e·ya·cu·lar [e.ja.ku.lár] 他 〈体液を〉射出する；射精する.

e·ya·cu·la·to·rio, ria [e.ja.ku.la.tó.rjo, -.rja] 形 射精の, 射精に関する.

e·yec·ción [e.jek.θjón / -.sjón] 女 排出(物), 噴出, 射出.

e·yec·ta·ble [e.jek.tá.βle] 形 射出できる. asiento ～ (ジェット機の)射出座席.

e·yec·tar [e.jek.tár] 他 排出する, 射出する. ～ gases (排気)ガスを出す.

e·yec·tor [e.jek.tór] 男 **1** 《機》排出装置. ～ de aire 排気装置. **2** 蹴(け)子；火器, 銃で空薬莢(からやっきょう)をはじき出す装置.

-ez, eza 《接尾》「性質」の意を表す女性名詞語尾. ⇒ *acidez*, *dureza*, *tristeza*.

E·ze·quí·as [e.θe.kí.as / -.se-.] 固名 ヒゼキヤ：紀元前7世紀のユダヤ王. 偶像崇拝の習慣を打破した.

E·ze·quiel [e.θe.kjél / -.se-.] 固名 《聖》(**1**) エゼキエル：紀元前6世紀のユダヤの大預言者. (**2**) エゼキエル書《略 *Ez*》：旧約の預言書の一つ.
[← [ヘブライ] *Jehezkēl*「神はわが力」が原義]

-ezno, na 《接尾》「(動物の)子」の意を表す名詞語尾. ⇒ *lobezno*, *osezno*.

-ezuelo, la 《接尾》縮小辞 -uelo の異形. ⇒ *portezuela*, *reyezuelo*.

Ff

英語などの f と同じく，下唇の内側に前歯をあてる摩擦音の「ファ行」．

F, f [é.fe] 囡 **1** スペイン語字母の第6字． **2**〖音楽〗ファ fa.
f 〘略〙**1**〖音楽〗*forte*〔伊〕フォルテ(で)，強く．
f 〘略〙〖数〗*función* 関数．
f. 〘略〙〖文法〗*femenino* 女性名詞，女性形．
F 1〖化〗*flúor* フッ素． **2**〘略〙〖物理〗*faradio* ファラッド．
°F 〘略〙*grado Fahrenheit* 華氏温度目盛り．
fa[1] [fá] 男〖単複同形〗〖音楽〗ファ，ヘ音，F 音. clave de *fa* ヘ音〔低音部〕記号．
fa[2] [fá] 男《ラ米》(ﾒｷ)《話》パーティー，お祭り騒ぎ．
— 囡《ラ米》(ﾒｷ)《話》酔っ払うこと，泥酔．
fab. 〘略〙*fabricante* 製造元，メーカー．
fa·ba·da [fa.ƀá.ða] 囡〖料〗(スペイン Asturias 地方の)白インゲン豆やソーセージなどの煮込み料理．
fa·bla [fá.ƀla] 囡 (スペイン語の)擬古文．
fa·bor·dón [fa.ƀor.ðón] 男〖音楽〗フォブルドン：定旋律を最高声部におく 14–15 世紀の作曲手法．
***fá·bri·ca [fá.ƀri.ka] 囡 **1** 工場，生産〔加工〕施設． ～ de cerveza ビール工場． ～ de harina 製粉所． ～ de hilados 紡績工場． ～ de moneda 造幣所． ～ de montaje 組み立て工場． ～ de muebles 家具製作所． ～ de papel 製紙工場． ～ siderúrgica 製鉄所．
2 製造，製作．marca de ～ 商標．defecto de ～ 製造上の欠陥．**3** 建造物；(石・レンガ造りの)建築(物)．～ gigantesca 巨大な建物．construcción de ～ 石造り建築．**4** でっちあげ，捏造(ﾈﾂｿﾞｳ)．**5**〖カト〗教会財産．**6**《ラ米》(ｳﾞｪﾈ)(ﾌﾟｴﾙﾄ)(ﾄﾞﾐ)サトウキビ焼酎(ｼｮｳﾁｭｳ)の精留所．
al pie de fábrica 〈価格が〉工場渡しの．
a [en] precio de fábrica 工場渡し価格で，元値で．
[←〚ラ〛*fabricam* (*fabrica* の対格；*faber*「職人，大工」より派生)；〖関連〗fabricar．〔英〕*fabric*]

*fa·bri·ca·ción [fa.ƀri.ka.θjón / -.sjón] 囡 **1** 製造，製作，生産．～ de bicicletas 自転車の製造．de ～ casera 自家製の．de ～ japonesa 日本製の．sistema de ～ 製造工程．estar en ～ 生産中である．～ en serie 量産．**2** 製品．～ defectuosa 欠陥製品．**3** 捏造(ﾈﾂｿﾞｳ)，でっち上げ．
*fa·bri·can·te [fa.ƀri.kán.te] 囲 製造する，製作する，生産する．— 男 囡 製造業者，メーカー，製作〔生産〕者．～ de automóviles 自動車メーカー．
*fa·bri·car [fa.ƀri.kár] 他 **1** 製造する，生産する．*fabricado* en Francia フランス製の．～ en serie 量産する．Este mes *hemos fabricado* tres veces más cerveza que el mes pasado. 今月当社はビールの生産量を先月と比べて3倍に増産した．
2 〈人間・動物(の器官)が〉(体内で分泌して)作る，作り出す．El estómago *fabrica* unos jugos digestivos. 胃の中で消化液ができる．**3** 建造する，建築する．～ un monasterio 修道院を建立する．**4**《比喩的》作る，こしらえる．～ una fortuna 財を成す．～ una mentira うそをでっちあげる．

fa·bril [fa.ƀríl] 囲 製造の，工場の；工員の．industria ～ 製造業．trabajador ～ 工場労働者．
fabrique(-) / fabriqué(-) 〘活〙→ fabricar.
fa·bri·que·ro [fa.ƀri.ké.ro] 男 **1**〖宗〗教会財産管理委員．**2** 製作〔生産〕者；工場主．**3** 炭焼き．**4**《ラ米》(ﾒｷ)サトウキビ焼酎(ｼｮｳﾁｭｳ)を作る人．
*fá·bu·la [fá.ƀu.la] 囡 **1** 寓話(ｸﾞｳ)；物語．～s de Esopo イソップ物語．colección de ～s 寓話集．
2 神話，伝説．La mitología maya tiene muchas ～s sobre los dioses. マヤの神話には神々にまつわる多くの伝説がある．

〖関連〗神話・伝説の獣神・獣神・妖精など：Arpía ハルピュイア，鳥女．Centauro ケンタウロス，半人馬．Cibeles キュベレ，大地母神．Cíclope キュクロプス，一つ目巨人．Dragón ドラゴン，竜．Esfinge スフィンクス．Fauno ファウヌス，牧神；ファウニ，半人半獣神．Fénix フェニックス，不死鳥．Grifo グリフォン．Hidra ヒドラ，七頭大蛇．Hipogrifo ヒッポグリフ．Neptuno ネプチューン，海神．Ninfa ニンフ，妖精．Pegaso ペガソス，天馬．Quimera キマイラ．Sátiro サテュロス．Sirena セイレン．Tritón トリトン．Unicornio ユニコーン，一角獣．

3 作り話，うそ．Esta historia es una ～. この話は作り話だ．**4** うわさ，風説，ゴシップ．**5**(小説・脚本などの)筋，プロット．
de fábula 《話》すばらしい，すばらしく．
[←〚ラ〛*fābulam* (*fābula* の対格；*fārī*「話す」より派生)；〖関連〗fabuloso, hablar．〔英〕*fable, fabulous*]

fa·bu·la·ción [fa.ƀu.la.θjón / -.sjón] 囡 物語の創作，作り話をすること，うそをつくこと．
fa·bu·la·dor, do·ra [fa.ƀu.la.ðór, -.ðó.ra] 男 囡 **1** おもしろい話をする人，即興で物語を創作できる人．**2** 物語〔寓話〕作家；神話研究者．
fa·bu·lar [fa.ƀu.lár] 他〈物語を〉創作する；でっち上げる．— 自 うそをつく．
fa·bu·la·rio [fa.ƀu.lá.rjo] 男 寓話(ｸﾞｳ)集；物語集．
fa·bu·les·co, ca [fa.ƀu.lés.ko, -.ka] 囲 **1** 寓話(ｸﾞｳ)に関する．**2** 物語上の；物語にでてきそうな．
fa·bu·lis·ta [fa.ƀu.lís.ta] 男 囡 寓話(ｸﾞｳ)作者；神話研究者．
fa·bu·lo·sa·men·te [fa.ƀu.ló.sa.mén.te] 副 途方もなく，信じられないくらいに．
*fa·bu·lo·so, sa [fa.ƀu.ló.so, -.sa] 囲 **1** 寓話(ｸﾞｳ)の；神話〔伝説〕の；架空の．relato ～ 寓話．los tiempos ～s 神話の時代．héroe ～ 伝説の英雄．personaje ～ 架空の人物．
2 途方もない，信じられないほどの；すばらしい．una fortuna *fabulosa* 巨万の富．precio ～ 法外な値段．aventura *fabulosa* 奇想天外な冒険．
— 副《話》すばらしく．pasarlo ～ 最高の時を過ごす．
f.a.c., F.A.C.〘略〙〖商〗*franco al costado (de*

facilitón

vapor)船側渡し(価格)〔英 *free alongside ship* 《略 F.A.S.》〕.
fa・ca [fá.ka] 囡 **1** (刃先が湾曲した)大型ナイフ. **2**《ラ米》《話》ナイフ, 小刀.
fac・ción [fak.θjón / -.sjón] 囡 **1** 党派, 派閥;一味, 徒党. una ～ autonomista 自治派. la ～ revolucionaria 革命派. ～ de rebeldes 暴徒の一団. **2**《主に複数で》顔立ち, 容貌(ぼう), 目鼻立ち. *facciones* exóticas エキゾチックな容貌. **3**《軍》戦闘;見張り, 哨戒(よぅ). ～ de marcha ～ を歩哨を務める. [← [ラ] factiōnem (factiō の対格); facere「作る」の派生語)]
fac・cio・so, sa [fak.θjó.so, -.sa / -.sjó.-] 形 **1** 徒党の, 党派的の. **2** 反乱する, 反乱分子の. —男囡 **1** 徒党[一味]のひとり. **2** 反徒, 反逆者;世間を騒がす人.
fa・ce・ta [fa.θé.ta / -.sé.-] 囡 **1**(比喩的)一面, 側面, 様相. una ～ desconocida de España スペインの知られざる一面. otra ～ del asunto 問題の別の側面. **2**(多面体の)面, (宝石の)切り子面. las ～s de un diamante ダイヤモンドの切り子面.
fa・ce・ta・da [fa.θe.tá.ða / -.se.-] 囡《ラ米》おもしろくない[白ける]小咄(読), ギャグ.
fa・ce・to, ta [fa.θé.to, -.ta / -.sé.-] 形《ラ米》《話》(語) を飛ばす, きざな.
fa・cha¹ [fá.tʃa] 囡 **1**《話》外観, 様相, 容姿. tener buena [mala] ～ 容姿端麗である[格好が悪い]. **2**《話》不格好, 不体裁, 不細工な人. estar hecho una ～ みっともない格好をしている.
3《ラ米》(行)《話》見え, 気取り.
ponerse en facha (1)《海》停船する. (2) 準備 [態勢]ができている.
fa・cha² [fá.tʃa] 形《話》《軽蔑》ファシストの;右翼の. —男囡《話》《軽蔑》ファシスト;右翼 (= fascista).
*****fa・cha・do, da** [fa.tʃá.ðo, -.ða] 形 (*bien* [*mal*] を伴って)顔立ちのよい[悪い], 風采(どい)のよい[悪い].
—囡 **1**(建物の)**正面**, 前面, ファサード. la *fachada* de una catedral カテドラルの正面.
2 見せかけ, うわべ. La prosperidad del país era pura *fachada*. その国の繁栄は見かけだけのものであった. **3**(本の)扉.
con fachada a... …に面した, …を見下ろす. una casa *con fachada al* mar 海に面した家.
hacer fachada a [*con*]... …に向いて[面して]いる. El edificio *hace fachada a* la antigua plaza mayor. その建物は昔のマヨール広場に面している. [← [伊] *facciata* ; *faccia* 「顔」(← [ラ] *faciēs*) より派生;関連 faz. [仏] *façade*.[英] *face*]
fa・chen・da [fa.tʃén.da] 囡《話》見え, 気取り;うぬぼれ. —男囡《話》見えっ張り, 気取り屋.
fa・chen・de・ar [fa.tʃen.de.ár] 自《話》見えを張る, 気取る.
fa・chen・dis・ta [fa.tʃen.dís.ta] / **fa・chen・dón, do・na** [fa.tʃen.dón, -.dó.na] 形 男囡 → fachendoso.
fa・chen・do・so, sa [fa.tʃen.dó.so, -.sa] 形《話》うぬぼれの強い, 気取った.
—男囡《話》見えっ張り屋, 気取り屋.
fa・che・rí・o [fa.tʃe.rí.o] 男《話》《軽蔑》ファシズム思想を持った人たち.
fa・chi・nal [fa.tʃi.nál] 男《ラ米》(ラブラ)沼地, 湿地.
fa・chis・ta [fa.tʃís.ta] 形《ラ米》(エンブ)(ボリ)(▶ファブ)で は《軽蔑》ファシズム[全体主義]の (=fascista).
—男囡 ファシズムの信奉者.

fa・cho・so, sa [fa.tʃó.so, -.sa] 形 **1**《話》見た目の悪い, 不格好な. **2**《ラ米》《話》(1)(ブラジ)(ジン)きざな, 上品ぶった. (2)(ホジナ)(チリ)(ウルグ)うぬぼれた, 気取った. (3)(チリ)大げさな, 風変わりな, 気取った.
fa・cial [fa.θjál / -.sjál] 形 顔の, 顔面の. ángulo ～ 顔面角. nervio ～ 顔面神経. parálisis ～ 顔面まひ. técnica ～ 美顔術.
fa・cies [fá.θjes / -.sjes] 囡《単複同形》《医》顔貌(ぼう):病気や病状に特有な顔の表情.
*****fá・cil** [fá.θil / -.sil] 形 (＋名詞 / 名詞＋) (*ser*＋) やさしい, 簡単な;（＋不定詞 / *que* ＋接続法 …すること が）容易な, ありそうである (↔difícil). tarea ～ 簡単な仕事. Criticar *es* ～. 批判するのは簡単だ. cálculo ～ 簡単な計算. libros de ～ lectura 読みやすい本. estilo ～ 平易な文体. *Es* ～ *que venga* hoy. 彼[彼女]は今日来るかもしれない.
2 (名詞＋) (*ser*＋) (*de*＋不定詞 …し)やすい, がちの. un problema ～ *de resolver* 解決の容易な問題. Eso no *es* ～ *de creer*. それは容易に信じられない. *Es* ～ *de decir*. 言うは易し. *Es* ～ *de digerir*. それは消化がいい. *Soy* ～ *de contentar*. 僕は少しのことで満足する.
3 気さくな, こだわらない;素直な, 従順な. Ese niño tiene un carácter ～. その子供は聞き分けがいい. **4** 気楽な. vida muy ～. 気楽な生活.
5《話》《軽蔑》誘惑に弱い. mujer ～ 尻軽(じり)女.
—副 容易に, 簡単に;明白に. Le he convencido tan ～. 私はいとも簡単に彼を納得させた.
[← [ラ] *facilem* (*facilis* の対格;「なしうる」が原義; *facere* 「作る」より派生) 関連 facilidad. [英] *facile*, *facility*]
***fa・ci・li・dad** [fa.θi.li.ðáð / -.si.-] 囡 **1** 容易さ, 簡単;手軽さ (↔dificultad). con ～ 容易に, 楽々と.
2 (*para*... …の)能力, 素質;性向. ～ *de palabra* 能弁. tener ～ *para* los idiomas 語学の才がある. tener ～ *para* acatarrarse 風邪をひきやすい. tener ～ *para* olvidar 忘れっぽい.
3 機会, 好機. Ahora tenemos ～ para visitar España. 今がスペインを訪れるいい機会だ.
4《主に複数で》便宜, 便. ～es de crédito 信用貸し[クレジット]制度. ～es de pago 分割払い. ～es de transporte 交通の便. Me dieron todas las ～es. 彼らは私にあらゆる便宜を与えてくれた.
fa・ci・li・llo, lla [fa.θi.lí.ʝo, -.ʝa ‖ -.ʎo, -.ʎa / -.si.-] 形《話》**1** 本当に簡単な, 手のかからない. **2**《皮肉》難しい. Es un problema ～.《皮肉》それはたやすい問題だよ. [fácil + 縮小辞]
fa・ci・li・ta・ción [fa.θi.li.ta.θjón / -.si.-.sjón] 囡 **1** 容易にすること, 簡易化. **2** 便宜, 提供, 供与.
fa・ci・li・ta・dor, do・ra [fa.θi.li.ta.ðór, -.ðó.ra] 形 手助けになる, 前向きな, 促進的な.
***fa・ci・li・tar** [fa.θi.li.tár / -.si.-] 他 **1** 容易にする, 簡易化する. El puente *facilitó* la comunicación. その橋は交通を容易にした.
2 (*a* +人 〈人〉に) …の便宜を与える, 提供する, 供与 [供給]する. ～ informaciones *a* + 人 〈人〉に情報を提供する. ～ gratuitamente los libros de texto 教科書を無料で支給する. ～ una entrevista 会見の段取りをつける. La agencia *me facilitó* el piso. 私はマンションを不動産屋に斡旋してもらった (▶ me が *a*+人 に相当).
3《ラ米》(ラブラ)簡単に考える, 甘く見る.
fa・ci・li・tón, to・na [fa.θi.li.tón, -.tó.na / -.si.-] 形《話》ものごとを甘くみる, 調子のいい, 楽観的な.

fácilmente

―男女《話》お調子者, 楽天家.

fá·cil·men·te [fá.θil.mén.te / -.sil.-] 副 **1** 容易に, 簡単に, 楽に. Podemos conseguir ese billete ～. そのチケットは簡単に手に入る. Él se enfada ～. 彼はすぐに怒る. **2**《話》おそらく.

fa·ci·lón, lo·na [fa.θi.lón, -.ló.na / -.si.-] 形《話》ごく簡単な, たやすい. una canción *facilona* 覚えやすい歌. un problema ～ 朝飯前の問題.

fa·ci·lon·go, ga [fa.θi.lóŋ.go, -.ga / -.si.-] 形《話》たやすい (=facilón).

fa·ci·ne·ro·so, sa [fa.θi.ne.ró.so, -.sa / -.si.-] 形 (特に窃盗の) 常習犯の. ― 男女 常習犯.

fa·cis·tol [fa.θis.tól / -.sis.-] 男《ラ米》《話》(1)(ﾀﾞﾘ)(ｺﾞﾛﾝ)(ｴｸｱﾄﾞﾙ)(ﾌﾟﾚﾄﾘｺ)見えっ張りの, うぬぼれの強い. (2)(ﾀﾞﾘ)冗談好きの.
― 男 **1** (教会の) 聖書 (朗読) 台, (聖歌の) 楽譜台. **2**《ラ米》《話》(1)(ﾀﾞﾘ)(ｺﾞﾛﾝ)(ｴｸｱﾄﾞﾙ)(ﾌﾟﾚﾄﾘｺ)見えっ張り, うぬぼれ屋, 気取り屋. (2)(ﾀﾞﾘ)冗談[駄じゃれ]を言う人.

fa·cis·to·le·rí·a [fa.θis.to.le.rí.a / -.sis.-] 女《ラ米》(ﾀﾞﾘ)(ｺﾞﾛﾝ)(ｴｸｱﾄﾞﾙ)(ﾌﾟﾚﾄﾘｺ)高慢, うぬぼれ, 気取り.

fa·cón [fa.kón] 男《ラ米》(ﾊﾟﾗｸﾞｱｲ)(ｳﾙｸﾞｱｲ)(ｱﾙｾﾞﾝﾁﾝ)(ガウチョ gaucho が携帯する) 短刀, 合口.

fac·sí·mil [fak.sí.mil] / **fac·sí·mi·le** [fak.sí.mi.le] 形 複写の, 複製の. edición ～ 複製版.
―男 複写, 複製;ファクシミリ.

fac·si·mi·lar [fak.si.mi.lár] 形《複製版などの》原本と同じ, オリジナルに忠実な.

fac·ti·ble [fak.tí.ble] 形 実現できる, 実行可能な. una empresa ～ 実現可能な事業計画.

fac·ti·cio, cia [fak.tí.θjo, -.θja / -.sjo, -.sja] 形 人為的な, 人工的な;不自然な. las necesidades *facticias* en el capitalismo 資本主義における作為的な需要.

fác·ti·co, ca [fák.ti.ko, -.ka] 形《文章語》事実に基づいた, 現実的な. poder ～ (形式的ではない) 実際の権力, 実権.

fac·ti·ti·vo, va [fak.ti.tí.bo, -.ba] 形【文法】使役の;作為の. ― 男【文法】使役動詞.

*fac·tor [fak.tór] 男 **1** 要因, 要素, ファクター. ～ humano 人的要因. La sociabilidad fue el ～ principal de tu éxito. 人付き合いのよさが君の成功の主要因だった.
2【数】(1) 因数, 因子. ～ común 共通因子. ～ primo 素因子. (2) 約数 (=submúltiplo).
3【生物】遺伝因子, 遺伝子. ～ Rhesus Rh因子.
4【商】(商人の) 代理人, 仲買人. **5** (鉄道・運搬会社の) 荷物[貨物]係. trabajar de ～ en una estación 駅で貨物係として働く. ▶ 女性形 factora も用いられる. **6**【物理】【電気】係数, 率. ～ de seguridad 安全率. **7**【軍】物資補給係.
[← [ラ] *factōrem* (factor の対格) 「造る人, 行為者」(*facere*「作る」より派生). 関連] hechor]

fac·to·rí·a [fak.to.rí.a] 女 **1** (植民地での) 在外商館;海外代理店. **2** 代理業, 仲介業, 代理店. **3** 工場. la ～ de construcción de automóviles 自動車組立工場. **4**《ラ米》(ﾒﾋｼｺ)鋳物工場;捕鯨基地.

fac·to·rial [fak.to.rjál] 形 因数の. descomposición ～ 因数分解.
― 男 [数] 階乗. ― 女【数】連乗積.

fac·tor·ing [fák.to.riŋ] [英] 男【商】ファクタリング, 債権買取業.

fac·to·ri·za·ción [fak.to.ri.θa.θjón / -.sa.sjón] 女【数】因数分解.

fac·tó·tum [fak.tó.tum] 男 [複 ～s] **1** 何でも屋, 雑用係;おせっかい焼き. **2** 腹心, 右腕.

fac·tual [fak.twál] 形 事実の, 事実に基づいた.

*fac·tu·ra [fak.tú.ra] 女 **1**【商】**請求書**, **安定書**. recibir la ～ del teléfono 電話代の請求書を受け取る. ¿A cuánto monta la ～? 勘定はどれくらいになりましたか. **2**【商】送り状, インボイス. ～ pro forma [simulada] 仮送り状, プロフォルマ・インボイス. ～ consular 領事送り状. ～ original 正本送り状, オリジナルの送り状. extender una ～ 送り状を作成する. **3** 仕上り, 出来ばえ. Este vestido tiene buena ～. この服は仕立てがいい. **4**《ラ米》(1)(ｱﾙｾﾞﾝﾁﾝ)菓子パン. (2)(ﾒﾋｼｺ)(ｱﾙｾﾞﾝﾁﾝ)《話》口銭, 手数料.
pasar factura a... (1)《話》…に請求書[インボイス]を提出する. (2)《話》…につけを回す. (3)《話》…に見返りを求める.

fac·tu·ra·ción [fak.tu.ra.θjón / -.sjón] 女 **1**【商】請求書[インボイス] の作成;総取引高. **2** (空港・駅などで) 荷物を送る手続き;(空港での) チェックイン. la ～ del equipaje 荷物の託送.

facturación (チェックイン)

*fac·tu·rar [fak.tu.rár] 他 **1**【商】…の請求書[インボイス] を作成する;…の勘定を請求する. ～ a+人 el transporte 〈人〉に交通費を請求する. **2**〈荷物の〉発送手続きをする;(空港でチェックインして)〈荷物を〉預ける.

fá·cu·la [fá.ku.la] 女【天文】(太陽面の) 白斑(はん).

***fa·cul·tad [fa.kul.táð] 女 **1** (精神的・知的)**能力**, 才能, 素質;(身体的) **機能**, 力量. ～ de pensar 思考能力. ～*es* mentales [intelectuales] 知能, 知力. ～*es* físicas 運動能力. Ese actor está en plenitud de sus ～*es*. その俳優は円熟期にある. Tiene muchas ～*es* para el piano. 彼[彼女]はピアノの才能が豊かである.
2 (*para...* / *de...* …する) **権限**, 権利;**資格**, 権能 (=atribuciones). darle ～ *para*... (a+人)〈人〉に…する権限を与える. El presidente tiene ～ *para* nombrar miembros del congreso. 首相は閣僚を任命する権限を持っている. **3** (大学の) **学部**;(学部の) 建物;《集合的》(学部を構成する) 教授, 教員. F～ de Ciencias Económicas 経済学部. F～ de Filosofía y Letras 哲文学部. F～ de Medicina 医学部. ir a la ～ 大学に行く.
[← [ラ] *facultātem* (*facultās* の対格) (*facul*「容易に」より派生). 関連] fácil, hacer. [英] *faculty*]

fa·cul·tar [fa.kul.tár] 他 (*para...*)(…の) 権限を与える;(…を) 許可[認可] する. ～ *para* ejercer de abogado 弁護士の資格を与える.

fa·cul·ta·ti·vo, va [fa.kul.ta.tí.bo, -.ba] 形 **1** 任意の, 随意の (↔obligatorio). asignatura *facultativa* 選択科目. horas extras *facultativas* 自由意志による残業. **2** 医療の, 医師の. cuadro ～ 医療スタッフ. dictamen ～ 診断書. cuerpo ～ 医師団. parte ～ 病状報告, 容態書. prescripción *facultativa* 処方 (箋(せん)). título ～ 医師免許[資格].
3 (大学の) 学部の. **4** (国家機関で働く・大学出の) 専門職の, 技能 (職) の. **5** 責任者の意志による.
― 男女 **1** (国家機関で働く・大学出の) 専門職員.
2 医師;外科医 (=médico).

fa·cul·to, ta [fa.kúl.to, -.ta] 形《ラ米》(ﾒﾋｼｺ)

(ジュク)熟練した.

fa·cul·to·so, sa [fa.kul.tó.so, -.sa] 形 **1**《古語》資産のある,金持ちの. **2**《ラ米》《二サ》《ダラ》権力を振るう乱用である.

fa·cun·dia [fa.kún.dja] 女《文章語》能弁,雄弁,多弁. tener ～ 弁才がある,口達者だ.

fa·cun·do, da [fa.kún.do, -.da] 形《文章語》能弁な,雄弁な,弁が立つ.

fad·ing [féi.ðiŋ] [英] 男《ラジオ》《TV》フェーディング:電界強度の時間的な変動.

fa·do [fá.ðo] [ポルトガル] 男 ファド:ポルトガルの民謡.

***fa·e·na** [fa.é.na] 女 **1** 仕事,労働,作業. las ～s diarias 日々の仕事. las ～s domésticas [de la casa] 家事. las ～s agrícolas [del campo] 農作業. Tengo mucha ～ esta tarde. 今日の午後は用事がたくさんある.
2 卑劣なやり方,汚い手;厄介なこと. hacer una ～ a +人〈人〉に嫌がらせをする. ¡Vaya [Qué] ～! (やり方が)汚いなあ. **3**《闘牛》ファエナ:牛にとどめを刺すかたまでの闘牛士の一連の技. **4**《ラ米》(1)《ラプ》《ラプ》《ホプ》《農園などでの》時間外労働. (2)《ラプ》畜殺時期. (3)《ウル》朝の農作業. (4)《メキ》農業労働者集団;飯場.
meterse en faena《話》仕事を始める.
[←[古カタルーニャ] *faena* ←[ラ] *facienda*「なすべきこと」(→ hacienda)]

fa·e·nar [fa.e.nár] 自 **1** 漁をする. ～ en la zona prohibida 禁漁区で魚を捕る. **2** 農作業をする. **3**《ラ米》《プエ》《ダ》畜殺する.
他《ラ米》《プエ》《ダ》畜殺する;食用に処理する.

fa·e·ne·ro, ra [fa.e.né.ro, -.ra] 形 漁をする.
男 女《ラ米》《チ》農場労働者.

fa·e·tón [fa.e.tón] 男 フェートン:2頭立ての折り畳み幌(キ)付き4輪馬車.

Fa·e·tón [fa.e.tón] 固名《ギ神》パエトン:太陽神 Helios の子. 父の戦車を操り損ねて地を焼き払いそうになったので, Zeus が川に撃ち落とした.

fa·fa·ra·che·ro, ra [fa.fa.ra.tʃé.ro, -.ra] 男 女《ラ米》《メキ》《話》ほら吹き;見えっ張り,うぬぼれ屋.

fa·fa·ra·cho, cha [fa.fa.rá.tʃo, -.tʃa] 形《ラ米》《メキ》《話》見えっ張りの,うぬぼれの強い.

fa·gá·ce·o, a [fa.gá.θe.o, -.a / -.se.-] 形《植》ブナ科の. 女《複数で》ブナ科植物.

fa·gi·na [fa.xí.na] 女《ラ米》《プエ》《ダ》下水道.

fago-「食べる」の意の造語要素. → *fago*citosis. [←[ギ]]

-fago, ga「食べる」の意の形容詞を作る造語要素. 名詞に転用されると「常食にする人」の意. → antrop*ófago*.

fa·go·ci·tar [fa.go.θi.tár / -.si.-] 他 **1**《生化》〈白血球などが〉〈ウイルス[細菌]を〉排除する. **2** 引き付ける,とりこにする. **3**《ラ米》《ラプ》《話》《ユーモラスに》大食いする.

fa·go·ci·ta·rio, ria [fa.go.θi.tá.rjo, -.rja / -.si.-] 形《生物》食細胞の.

fa·go·ci·to [fa.go.θí.to / -.sí.-] 男《生物》食細胞.

fa·go·ci·to·sis [fa.go.θi.tó.sis / -.si.-] 女《単複同形》《生物》食菌作用.

fa·got [fa.gót] [仏] 男《音楽》ファゴット,バスーン.
男 ファゴット[バスーン]奏者.

fa·go·tis·ta [fa.go.tís.ta] 男 女《音楽》ファゴット[バスーン]奏者.

Fah·ren·heit [fa.reŋ.xéit // fá.-.xeit] [独] 形 華氏の. → centígrado.

FAI [fái] 女《略》*Federación Anarquista Ibérica* イベリア・アナーキスト連合.

fai·le·ar [fai.le.ár] 他《ラ米》《チ》《ダ》ファイルする.

fain [fáin] 形《ラ米》《話》すてきな,すばらしい,最高の. [←[英] *fine*]

fai·ná [fai.ná] 女《ラ米》《ラプ》ヒヨコマメで作ったパイ状のもの. ●ピザと一緒に食べる.

fai·na·da [fai.ná.ða] 女《ラ米》《二サ》粗野,不作法.

fa·í·no, na [fa.í.no, -.na] 形《ラ米》《二サ》《話》がさつな,下品な.

fai·sán, sa·na [fai.sán, -.sá.na] 男 女《鳥》キジ.

fai·te [fái.te] 形《ラ米》《話》強い;けんか早い.
男《ラ米》《ラプ》けんか早い人. [←[英] *fighter*]
《二サ》《俗》紳士然とした犯罪者. [←[英] *fighter*]

fai·te·ar [fai.te.ár] 自《ラ米》《話》殴り合いをする,けんかをする. [←[英] *fight*]

fa·ja [fá.xa] 女 **1**《服飾》ガードル;帯,ベルト. ～ abdominal [de embarazo] 腹帯,妊婦用ガードル. ～ braga パンティーガードル. ～ pantalón ロングガードル. **2**(本などの)帯,帯封;帯状のもの. ～ del libro 本の帯. ～ de periódico 新聞の帯封(ホプ). **3**(肩・腰に着ける)飾り帯,懸章. **4**帯状の土地,地帯. ～ de terreno 細長い土地. ～ desértica 砂漠地帯. **5**《建》帯状装飾;胴蛇腹;(窓・戸口の)縁飾り. **6**《紋》横帯. **7**《ラ米》《ラプ》(本の)背.
[←《アラゴン方言》? ←[ラ] *fascia* (*fascis*「束」の派生語) [関連]《スペイン》[伊] *fascismo*「束になること」[関連] という意味.

fa·ja·da [fa.xá.ða] 女《ラ米》(1) 襲撃,強襲. (2)《プエ》(棒による)殴打. (3)《ニサ》的外れ,当て外れ.

fa·ja·do, da [fa.xá.ðo, -.ða] 形 帯を巻いた. ● 《乳児が》布でくるまれた. 男《鉱》坑木,坑内支柱.

fa·ja·dor, do·ra [fa.xa.ðór, -.ðó.ra] 形 **1**《スポ》《ボクサーの》パンチがよく決まる. **2**ガッツのある,困難にくじけない.

fa·ja·du·ra [fa.xa.ðú.ra] 女 **1**(乳児を)細長い布でくるむこと;(包帯などを)巻くこと.
2《海》(網索を保護する)タール塗りの帆布地.

fa·ja·mien·to [fa.xa.mjén.to] 男 → fajadura 1.

fa·jar [fa.xár] 他 **1** …に帯をかける,帯で包む;…に帯封[帯紙]をする. **2**《スポ》〈ボクサーが〉殴る. **3**《ラ米》(1)《プエ》《ダ》《ダ》お仕置きをする,懲らしめる. (2)《ウル》《話》ベルトで殴りつける. (3)《話》殴る,打つ. (4)《二サ》《話》言い寄る. (5)《ホプ》《メキ》《話》攻撃する. (6)《メキ》《話》手に入れる. (7)《*ョ》…の尻(リ)をぶつ;命令に従わせる.
自《ラ米》《ラプ》《話》見事に演じる.
～**se** 再 **1**(自分で)帯を締める[巻く]. **2**《スポ》殴り合う;(ボクシングで)パンチをかわす[よける]. **3** (*en...* …を)一生懸命にする. **4**《ラ米》《話》(1)《二サ》やる気を出す. (2)《ホプ》攻撃する.
fajar con +人〈人〉に襲いかかる.
¡Que lo fajen!《ラ米》《二サ》《話》いい加減にしろ.

fa·jar·do [fa.xár.ðo] 男 ミートパイ.

fa·ja·zón [fa.xa.θón / -.són] 男《ラ米》《二サ》《話》混乱,騒ぎ.

fa·je [fá.xe] 男《ラ米》《ダ》《俗》いちゃつくこと,ペッティング.

fa·je·ro [fa.xé.ro] 男 おくるみ用の布,産着.

fa·ji·lla [fa.xí.ja ‖ -.ʎa] 女《ラ米》《話》帯封.

fa·jín [fa.xín] 男 飾り帯,懸章. [*faja* + 縮小辞]

fa·ji·na [fa.xí.na] 女 **1**《農》穀類の刈り束. **2** 薪(キ)束; (焚(タ)きつけ用の)そだの束. **3** 仕事,雑事. **4**《軍》(1) そだ. (2) 食事[集合]らっぱ. **5**《ラ米》(1)

fajo 〘(ﾒｷｼｺ)〙《話》けんか. (2) 〘(ﾒｷｼｺ)〙共同作業. (3) 〘(ﾒｷｼｺ)〙共同作業者[グループ]. (4) 〘(ﾆｶ)〙時間外労働.

fa·jo¹ [fá.xo] 男 **1** (細長いものの)束. un ～ de billetes de banco 札束. **2** 〘(ﾒｷｼｺ)〙産着.

fa·jo² [fá.xo] 男 (1) 〘(ﾗ米)〙(ﾎﾞﾘ)〘(ﾊﾟﾗ)〙酒をぐいと飲むこと. (2) 〘(ﾎﾟﾘ)〙《俗》(刀剣で)たたくこと. (3) 〘(ﾎﾟﾘ)〙帯, 腰ひも.

fa·jol [fa.xól] 男 → alforfón.

fa·jón [fa.xón] 男 → arco.

fa·kir [fa.kír] 男 → faquir.

fa·la·cia [fa.lá.θja / -.sja] 女 **1** 虚偽, ごまかし. **2** ぺてん, 詐欺. **3** 誤り, 間違い.

fa·la·fel [fa.la.fél] 男 《料》ファラフェル:中近東で食べられるヒヨコマメのコロッケ.

fa·lan·ge [fa.láŋ.xe] 女 **1** [F-] ファランヘ党 (F～ Española, la F～).◆1933年, José Antonio Primo de Rivera が結成したファシズム政党. 翌年 J.O.N.S. (Juntas de Ofensiva Nacional-Sindicalista) と合同. 36年7月, スペイン内戦が始まると, 反乱派 (Franco 派) に与(ｸﾐ)し, 37年4月, C.T. (Comunión Tradicionalista) と再合同し, Franco 派の単一政党 F.E.T. y de las J.O.N.S. となる. 内戦後は Franco 独裁政権の唯一の公認政党となり, 58年 Movimiento「国民運動」と改称, 77年, Franco の死(75年11月)による国内政治の変革のなか解散した. **2** 〘史〙(古代ギリシアの)ファランクス, 方陣盾:盾と槍(ﾔﾘ)を持った重装歩兵密集方陣. **3** 大隊, 大軍. las ～s napoleónicas ナポレオンの大軍. **4** 同志の集まり, 結社. **5** 〘解剖〙指骨, 趾骨(ｼｺﾂ).

fa·lan·ge·ta [fa.laŋ.xé.ta] 女 〘解剖〙第三指[趾(ｱｼﾕﾋﾞ)]骨.

fa·lan·gia [fa.láŋ.xja] 女 〘動〙 → falangio 1.

fa·lan·gi·na [fa.laŋ.xí.na] 女 〘解剖〙第二指[趾(ｱｼﾕﾋﾞ)]骨.

fa·lan·gio [fa.láŋ.xjo] 男 **1** 〘動〙メクラグモ, ザトウムシ. **2** 〘植〙ユリ科の植物.

fa·lan·gis·mo [fa.laŋ.xís.mo] 男 ファランヘ主義.

fa·lan·gis·ta [fa.laŋ.xís.ta] 形 ファランヘ党[主義]の. ― 男女 ファランヘ党員.

fa·lans·te·rio [fa.lans.té.rjo] 男 **1** ファランステール:フランスの空想社会主義者フーリエ Fourier の主唱した生活共同体;その共同住宅. **2** 集合(共同)住宅.

fa·la·ris [fa.lá.ris] 女 〘鳥〙オオバン.

fa·la·sha [fa.lá.sa] 形 エチオピア系ユダヤ人の, ファラーシャの. ― 男女 エチオピア系ユダヤ人, ファラーシャ人.

fa·laz [fa.láθ / -.lás] 形 [複 falaces] **1** 偽りの, 虚偽の. una promesa ～ まことしやかな約束. **2** ごまかしの, 欺く.

fa·laz·men·te [fa.láθ.mén.te / -.lás-.] 副 偽って, 欺いて, ごまかして.

fal·ba·lá [fal.ba.lá] 男 **1** (スカート・カーテンなどの)フリル, すそ飾り. **2** (燕尾服(ｴﾝﾋﾞﾌｸ)などの垂れの開口部の)当て布.

fal·ca [fál.ka] 女 **1** 板の曲がり[反り]. **2** (がたつく机などの脚の下に入れる)支(ｻｻ)い物. **3** 〘海〙防波板. **4** 〘ラ米〙(1) 〘(ｴｸ)〙〘(ｺﾛﾝﾋﾞｱ)〙〘(ﾍﾞﾈ)〙渡し船. (2) 〘(ﾎﾞﾘ)〙小型の蒸留器.

fal·ca·ta [fal.ká.ta] 女 〘史〙イベリア人たちの使っていた三日月状の剣;(中世の)湾曲刀.

fal·ci·for·me [fal.θi.fór.me / -.si-.] 形 三日月型の, 鎌(ｶﾏ)の形の.

fal·ci·ne·lo [fal.θi.né.lo / -.si-.] 男 〘鳥〙ブロンズトキ.

fal·ci·rros·tro, tra [fal.θi.r̃ós.tro, -.tra / -.si-.] 形 〘鳥〙鎌(ｶﾏ)状のくちばしを持つ.

fal·cón [fal.kón] 男 (15-17世紀の)軽砲.

fal·có·ni·do, da [fal.kó.ni.ðo, -.ða] 形 〘鳥〙ハヤブサ科の. ― 男 (複数で) ハヤブサ科の鳥.

fal·co·ni·for·me [fal.ko.ni.fór.me] 形 〘鳥〙猛禽(ﾓｳｷﾝ)類の. ― 男 (複数で) 猛禽類の鳥.

fal·da [fál.da] 女 **1 スカート;(衣服の)ウエストより下の部分. ～ acampanada [de capa] フレアースカート. ～ corta ミニスカート. ～ pantalón キュロット. ～ de tubo タイトスカート. **2** 《主に複数で》(ベッド・火鉢を入れたテーブル mesa camilla などの)垂れ布, バランス. **3** 山すそ, ふもと. Mi chalet está a la ～ de esa montaña. 私の別荘はその山のふもとにある. **4** 《複数で》《話》女性たち. Anda siempre entre ～s. 彼は女好きだ. Está metido en un lío de ～s. 彼は厄介な女性問題で窮地に陥っている. **5** (座った女性の)ひざの部分(=regazo). Mi padre me sentó en las ～s de mi madre. 父は私を母のひざに座らせた. **6** 牛の腹部の肉, フランケ. *estar pegado* [*cosido*] *a las faldas de*+人 《話》(人, 特に母親)に頼りきっている;〈子供が〉母親にべったり甘えている, 乳離れしていない. [← 〘ゲルマン〙*falda「ひだ」, 〘関連〙〘英〙*fold*「折り畳む」]

fal·da·men·ta [fal.da.mén.ta] 女 《話》《軽蔑》長くてだぶだぶのスカート.

fal·de·ar [fal.de.ár] 他 〈山の〉すそ野を通る.

fal·de·llín [fal.de.jín ‖ -.ʎín] 男 **1** ショートスカート:長いスカートの上に重ねてはく短いスカート. **2** 〘ラ米〙(ｸﾞｱ)〘(ｴｸｱﾄﾞﾙ)〙(子供の)洗礼服.

fal·de·o [fal.dé.o] 男 〘ラ米〙(ｱﾙｾﾞﾝ)(ﾁﾘ)(ﾍﾟ)山すそ.

fal·de·ro, ra [fal.dé.ro, -.ra] 形 **1** スカートの. **2** 《話》女好きな. hombre ～ 女好きの男性. ― 男 《話》女好き, 女たらし. *perro faldero* (ｸﾞｱ)犬;《軽蔑》従順な人.

fal·di·llas [fal.dí.jas ‖ -.ʎas] 女 《複数形》(衣服の腰から下の)すそ, ペプラム.

fal·dis·to·rio [fal.dis.tó.rjo] 男 (儀式で用いる)司教用の床几(ｼｮｳｷﾞ).

fal·dón [fal.dón] 男 **1** (衣服の)ウエストから下の部分, 垂れ, テール. **2** (洗礼式などで着せる赤ん坊用の)長いスカート. **3** 〘建〙(1) 切妻. (2) マントルピース. **4** (臼(ｳｽ)の)重石. **5** 〘ラ米〙(ｴｸ)(ﾎﾞﾘ)〘車〙フェンダー. *agarrarse* [*asirse*] *a los faldones de*+人 〈人〉の庇護を求める.

fal·dri·que·ra [fal.dri.ké.ra] 女 → faltriquera.

fal·du·do, da [fal.dú.ðo, -.ða] 形 **1** すそがだぶついた. **2** 〘ラ米〙(ｴｸﾞ)急勾配の.

fal·du·la·rio [fal.du.lá.rjo] 男 《話》《軽蔑》すそを引きずるようなスカート[衣服].

fa·le·na [fa.lé.na] 女 〘昆〙シャクガ.

fa·len·cia [fa.lén.θja / -.sja] 女 **1** 誤り, 誤認. **2** 〘ラ米〙(ｴｸﾞ)〘(ﾍﾟ)〙(ﾁﾘ)〘(ｺﾛﾝﾋﾞｱ)〙(ｱﾙｾﾞﾝ)破産, 倒産. *de falencia* 〘ラ米〙(ｺﾛ)(ﾃﾞｷ)突然, いきなり, にわかに.

fal·fa·llo·ta [fal.fa.jó.ta ‖ -.ʎó-.] 女 〘ラ米〙(ｸﾞｱﾃ)〘医〙流行性耳腺炎, おたふく風邪.

fal·fu·lle·ro, ra [fal.fu.jé.ro, -.ra ‖ -.ʎé-.] 形 《ラ米》《話》空威張りの, 強がりを言う.

fa·li·bi·li·dad [fa.li.bi.li.ðáð] 女 誤りに陥りやすいこと;誤る[間違う]可能性のあること.

fa·li·ble [fa.lí.ble] 形 誤りがちな, 間違えをしそう

fá·li·co, ca [fá.li.ko, -.ka] 形 陰茎の，男根の．
fa·li·mien·to [fa.li.mjén.to] 男 ごまかし，うそ．
fa·lla¹ [fá.ja ‖ -.ʎa] 女 **1** きず，欠陥．Este florero tiene una ~. この花瓶には傷がある．
2〖地質〗断層．**3**《ラ米》(1) 誤り，間違い．(2) 不足，欠乏．(3)《約束の》不履行，違約．(4) 欠席．
fa·lla² [fá.ja ‖ -.ʎa] 女 **1**〖服飾〗(女性用の) 頭巾．
2《ラ米》(ホｿﾝ)幼児用フード．[← 〘仏〙*faille*]
fa·lla³ [fá.ja ‖ -.ʎa] 女 **1** ファリャ：スペイン Valencia の火祭りで町中を引き回される大きな張り子の人形．
2《複数で》[主に F-] (Valencia で San José の日 (3月19日) に行われる) 火祭り．
Fa·lla [fá.ja ‖ -.ʎa] 固名 ファリャ Manuel de ~ (1876-1946)：スペインの作曲家．

falla³ (ファリャ)

fa·lla·da [fa.já.ða ‖ -.ʎá.-] 女 失敗．
fa·llan·ca [fa.ján.ka ‖ -.ʎán.-] 女 (戸口・窓の) 水切り．
fa·llar¹ [fa.jár ‖ -.ʎár] 他 **1** …に失敗する．
2〖トランプ〗〈相手のカードを〉(やむを得ず) 切り札で切る．
── 自 **1** だめになる，弱くなる，機能しなくなる．Me *falló* la memoria. 私にはどうしても思い出せなかった．*Falló* el motor. エンジンがかからなかった．
2 失敗する．Ha *fallado* mi proyecto. 私の計画は失敗した．**3** 期待に背く，予想が外れる．Mi amigo me *ha fallado*. 友人は私の期待に背いた．El pronóstico del tiempo *ha fallado*. 天気予報が外れた．*sin fallar* 必ず，間違いなく．
fa·llar² [fa.jár ‖ -.ʎár] 他 裁定する，宣告する；(審査のうえ)〈賞などを〉与える．~ una sentencia 判決を下す．~ un premio literario 文学賞を授与する．~ a favor de... …に有利な裁定を下す．
fa·lle·ba [fa.jé.βa ‖ -.ʎé.-] 女 (まれ)(両開きの窓用の) 締め金具．**2** (締め金具の) 取っ手．
fa·lle·cer [fa.je.θér ‖ -.ʎe.- / -.sér] 34 自 **1** 亡くなる，逝去する，死ぬ (▶ morir より公的な文脈で用いられる). El gran músico *falleció* en un accidente de tráfico a los cincuenta años. その偉大な音楽家は交通事故に遭い 50歳で亡くなった．**2**(比喩的)終わる，尽きる．
[〘古スペイン〙「欠ける」；〘古スペイン〙*fallir* (← 〘ラ〙 *fallere* 「だます，…の目を欺く」) より派生；〖関連〗〘英〙*fail*「欠ける，〘英〙*fail*「欠ける，失敗する」]

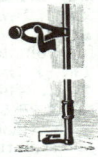

falleba (締め金具)

fa·lle·ci·do, da [fa.je.θí.ðo, -.ða ‖ -.ʎe.- / -.sí.-] 形 死んだ，亡くなった．── 男 故人，死者．
fa·lle·ci·mien·to [fa.je.θi.mjén.to ‖ -.ʎe.- / -.si.-] 男 死亡，死去．
fa·lle·ro, ra¹ [fa.jé.ro, -.ra ‖ -.ʎé.-] 形 (スペイン Valencia の) サン・ホセの火祭りの．→ falla³.
── 男 女 ファリャの製作者；火祭りを組織する人；火祭りに参加する人． *fallera* mayor 火祭りの女王．~ mayor 火祭りの王．
fa·lle·ro, ra² [fa.jé.ro, -.ra ‖ -.ʎé.-] 形《ラ米》(ﾁﾘ)
《話》よく欠勤する，よくサボる (= faltón).
fallezc- 直 → fallecer.
fa·lli·do, da [fa.jí.ðo, -.ða ‖ -.ʎí.-] 形 **1** 失敗した，失敗に終わった．Resultó ~ mi proyecto. 私の計画は失敗に終わった．esfuerzos ~s 無駄な努力．esperanzas *fallidas* 実現しなかった夢．**2**〖商〗破産した；回収不能の．
fa·llir [fa.jír ‖ -.ʎír] 72 自 **1** 尽きる，欠ける．**2** 失敗する；誤る．**3** 約束を破る．**4**《ラ米》(ﾒｷｼｺ)破産する．
fa·llo [fá.jo ‖ -.ʎo.-] 男 **1**〖法〗判決，宣告．emitir un ~ 判決を下す．**2** (賞の) 授与．**3** 決定，決心．echar el ~ 決定を下す．
fa·llo, lla [fá.jo, -.ja ‖ -.ʎo, -.ʎa] 形 **1**〖遊〗(トランプ) 場に出ている組の札が手札にない．
── 男 **1** 失敗；欠点，間違い．no tener ~ 間違いがない，完璧(ｶﾝﾍﾟｷ)である．**2** 機能の停止，減退．~ del corazón 心臓の停止；心不全．tener ~s de memoria 記憶に衰えが見られる．**3**〖遊〗(トランプ) (場に出ている組の札が) 手札にないこと．tener ~ a espadas 〖遊〗(スペイン・トランプ) 剣のカードが手元にない．**4**〖IT〗バグ．**5**《ラ米》(ﾁﾘ)(穀物が) 実らない；(ﾒｷｼｺ)ばかな，まぬけの．
fa·llón, llo·na [fa.jón, -.jó.na ‖ -.ʎón, -.ʎó.-] 形 よく失敗する．── 男 女《話》よく失敗する人．
fa·llu·to, ta [fa.jú.to, -.ta ‖ -.ʎú.-] 形《ラ米》《話》(1)(ﾘｵﾌﾟﾗ)偽りの，不実な．(2) 欠陥のある；失敗した．(ﾘｵﾌﾟﾗ)臆病の(ﾋﾟｮｳ)な．
fa·lo [fá.lo] 男 **1** 陰茎，男根 (= pene).
2 ファルス：自然界の生殖力を象徴する男根像．
fa·lo·cra·cia [fa.lo.krá.θja / -.sja] 女 男性優位 (主義)，男尊女卑の風潮．
fa·ló·cra·ta [fa.ló.kra.ta] 形 男性優位[男尊女卑] を表す[主張する]．
── 男 女 男性優位[男尊女卑] を主張する人．
fa·lon·dres [fa.lón.dres] *de falondres*《ラ米》(ｷｭｰﾊﾞ)突然，いきなり，にわかに．
fa·lo·pa [fa.ló.pa] 女《ラ米》(ﾘｵﾌﾟﾗ)(1)《話》安物．(2)《俗》麻薬．
fa·lo·pe·ar·se [fa.lo.pe.ár.se] 再《ラ米》(ﾘｵﾌﾟﾗ)《俗》麻薬を摂取する．
fal·sa [fál.sa] 形 女 → falso. ── 直 → falsar.
fal·sar [fal.sár] 他 〖哲〗反証[反論]する．
fal·sa·rio, ria [fal.sá.rjo, -.rja] 形 **1** 偽る，歪曲(ﾜｲｷｮｸ)する，うそつきの．**2** 偽造する．
── 男 女 **1** 偽る人，うそつき．**2** 偽造者．
fal·sa·rre·gla [fal.sa.ré.gla] 女 **1** 角度定規．
2 下敷き用罫紙(ｹｲｼ)．
fal·se·a·dor, do·ra [fal.se.a.ðór, -.ðó.ra] 形 偽る，歪曲(ﾜｲｷｮｸ)する；偽造する．
fal·se·a·mien·to [fal.se.a.mjén.to] 男 **1** 捏造(ﾈﾂｿﾞｳ)する；偽り．**2** 偽造，贋造(ｶﾞﾝｿﾞｳ)，変造．
fal·se·ar [fal.se.ár] 他 **1** 捏造(ﾈﾂｿﾞｳ)する，歪曲(ﾜｲｷｮｸ)する；偽る．~ los hechos 事実を歪曲する．**2** 偽造する，贋造(ｶﾞﾝｿﾞｳ)する，変造する (= falsificar).**3**〖建〗〈木材・石を〉斜めに切る．**4**〈よろいを〉刺し貫く．── 自 **1** 強度を失う，耐久力がなくなる．Me han *falseado* las piernas. 私は脚が弱くなった．**2**〖音楽〗弦の調子が狂う．**3** (馬の背を傷つけないために) 馬具に丸みをつける．
fal·se·dad [fal.se.ðáð] 女 **1** 偽り，うそ，本物でないこと．**2** 偽善，不誠実．
falsedad en documento público 〖法〗公文書偽造 (罪).
fal·se·o [fal.sé.o] 男 **1** 捏造(ﾈﾂｿﾞｳ)，変造．**2**(木材・

fal・se・ta [fal.sé.ta] 囡 《音楽》ファルセータ：伴奏ギターの独奏部分．

fal・se・te [fal.sé.te] 男 **1**《音楽》(1) 裏声，ファルセット (= voz de 〜). cantar en [de] 〜 裏声で歌う．(2) → falseta.
2 (樽(な)の)栓．**3**(部屋と部屋の間の)小さな戸．

fal・sí・a [fal.sí.a] 囡《軽蔑》不誠実，偽善，猫かぶり．

*fal・si・fi・ca・ción [fal.si.fi.ka.θjón / -sjón] 囡 **1** 偽造，贋造(%)，変造．〜 de moneda 偽金造り．**2** 偽造物，贋造品，変造品．**3** 歪曲(%)，ゆがめること．la 〜 de la verdad histórica 史実の歪曲．**4**《法》文書偽造(罪)．

fal・si・fi・ca・do, da [fal.si.fi.ká.ðo, -.ða] 形 **1** 偽造の，変造の．**2** 偽りの，虚偽の．

fal・si・fi・ca・dor, do・ra [fal.si.fi.ka.ðór, -.ðó.ra] 形 **1** 偽造する，贋造(%)する，変造する．**2** 歪曲(%)する，ゆがめる．
── 男 囡 **1** 偽造者，贋造者，変造者．**2** 歪曲する人；いかさま師，ペテン師．

fal・si・fi・car [fal.si.fi.kár] 102 他 **1** 偽造する，贋造(%)する，変造する．〜 una firma 署名を偽る．〜 billetes de banco 紙幣を偽造する．**2** 歪曲(%)する，ゆがめる．〜 la verdad 事実をゆがめる．

fal・si・lla [fal.sí.ja] [-.ʎa] 囡 下敷き用罫線紙(%)．

fal・so, sa [fál.so, -.sa] 形 **1(+名詞/名詞+)(ser+)間違った，誤った，不正確な(↔verdadero). *falsa* alarma 間違い警報．información *falsa* 誤情報．*falsa* imagen 誤ったイメージ．dato 〜 不正確なデータ．
2《ser+》(1)(+名詞/名詞+)偽りの，虚偽の，にせの，偽造の．nombre 〜 偽名．billete 〜 にせ札．documento [pasaporte] 〜 偽造書類［パスポート］．〜 testimonio 偽証．(2)(多くは+名詞)見せかけの，うわべだけの．*falsa* promesa 口先だけの約束．*falsa* modestia 見せかけの謙虚さ．
3〈人が〉不誠実な，ずるい，人を欺く．persona *falsa* 偽善者．〜 amigo 不実の友．
4(多くは+名詞)(意図に反して)誤った，不適当な，不自然な．hacer un 〜 movimiento 無理な動作をする．**5**《建》(補強のために)付け足した．**6**〈馬が〉癖のある，御しにくい．
── 男 囡 見せかけだけの人，偽善者．
── 男 **1**(裏当て)布；裏地．**2**《ラ米》(1)(ﾎﾞﾘﾋﾞｱ)偽証．(2)(ﾎﾞﾘﾋﾞｱ)屋根裏部屋．(3)(*メ)(ｾﾝﾄﾞﾐ)虚言．
── 囡《ラ米》罫線(%)の入った下敷き．

en falso (1) 偽って．jurar *en* 〜 偽証する．(2) 誤って．dar un golpe *en* 〜 打ち損ねる，空振りする．dar un paso *en* 〜 つまずく，よろける；しくじる．(3) 頑丈な支えなしに；建て付けの悪い．estar *en* 〜 傾いている．

más falso que Judas 全く当てにならない．

[← [ラ] *falsum* (*fallere*「だます」の完了分詞 *falsus* の対応). 関連 [英] *false*]

fal・ta [fál.ta] 囡 **1 欠乏，不足 (= carencia). 〜 de agua 水不足．〜 de educación 無作法．Ha sido una 〜 de delicadeza comentarlo delante de ella. 彼女の前でそのことを話すのは無神経だった．
2〈人の〉不在．〜 de asistencia 欠席．Nadie se dio cuenta de su 〜. 誰も彼［彼女］(ら)がいないことに気づかなかった．
3 傷，欠陥．Devolví la camisa porque encontré una 〜. 傷があったので，私はシャツを返品した．
4 間違い，ミス；(行動などの)過ち．〜 de ortografía スペルミス．**5**《法》過失；軽罪．→ culpa 類語．**6**《スポ》反則，ファウル．**7**(妊娠による)無月経．
── → faltar.

a falta de... …が(い)ないので，…不足で．
echar... en falta …が(い)ないのを寂しく思う．
hacerle falta (1) (人)にとって)必要である．Si *hiciera* 〜, avísame. もし必要があれば，私に知らせてください．*Me haces* mucha 〜. 私には君がとても必要だ．No te entiendo bien. — Ni 〜 que *hace*. 君の言うことがよくわからないよ．— わかる必要なんてないよ．(2)《3人称単数で》(+不定詞/ *que*+接続法)〈…が〉必要である．No hace 〜 *ser* un experto para llegar a esta conclusión. 素人だってこの結論に行き着く．Hace 〜 *que* se lo *avises*. 君は彼［彼女］(ら)にそれを知らせる必要がある．

por falta(s) de... …不足で．*por* 〜 *de pruebas* 証拠不十分で．
sacar faltas a... …のあらを探す，…にけちをつける．*Le estás sacando* 〜*s a* todo lo que hago. 君は私のやることに文句ばかり言うね．
sin falta 間違いなく，確実に，必ず．

[← [俗ラ] *fallita「不足」関連 *fallecer*, *fallir*. [英] *fault*「欠点，過失」*failure*「失敗」]

fal・tar [fal.tár] 自 **1 欠けている，不足している；〈a+人〈人〉が〉…を持っていない，を欠いている．*Nos falta* dinero. 私たちにはお金がない (▶ *nos* が a+人に相当). Aquí *falta* luz. ここは暗い．Sólo *falta* decirle la verdad. ただ彼［彼女］に真実を話せばいいだけだ．
2《para...》(…するために)必要である；(…までに)(時間が)ある．*Falta* un mes *para* las vacaciones. 休暇まであと1ヵ月だ．
3《a... ...を》欠席する，すっぽかす．〜 *a* clase 授業をサボる．〜 *a* una cita 待ち合わせをすっぽかす．No *faltes a* la fiesta. パーティーに必ず来てね．
4《de...》(いるべきところに)(人)がいない．El chico *falta de* su domicilio desde hace dos semanas. その男の子は 2 週間前から自宅にいない．
5〈婉曲〉〈人〉が亡くなる．Todavía me acuerdo muy bien del día en que *faltó* mi padre. 私は父が亡くなった日のことをまだよく覚えています．
6《en...》〈…を〉しくじる．Si *falté en* algo, no fue voluntariamente. もし私が何かしくじったとしても，それはわざとじゃないって．
7《a...》〈約束・規範などを〉破る．〜 *a* la promesa 約束を破る．〜 *a* la obligación 義務を怠る．
8《a...》〈礼儀などに〉欠く．Si lo explicas así, *faltas al* rigor. 君がもしそれをそのように説明するなら，厳密性に欠けている．*Me faltáis al* respeto. 君たちは私に対して敬意が足りない．
── 他《ラ米》(ｱﾙｾﾞ)懐かしがる，…が(い)ないのを寂しく思う．

faltar poco para... (1) もう少しで…である．*Falta poco para* las doce. もう少しで12時です．(2)《*que*+接続法》もう少しで(…する)ところである．*Falta poco para que lleguen* los invitados. もう少しすると招待客が到着します．*Faltó poco para que le diera* una bofetada. 私はもう少しで彼［彼女］を平手打ちするところだった．

faltar por+不定詞 (これから)…するところである．*Faltaba por comentarlo*. 私はそれを言おうとしていたところだった．

¡no faltaba más! / *¡(no) faltaría más!*

fanático

《話》(1)《承認》もちろん. Claro que puedes usar mi móvil, *no faltaba más*. もちろん私の携帯を使っていいよ, 断る必要なんてないよ. (2)《拒絶》もってのほかだ, 論外だ;《丁寧な断り》とんでもありません.
por si faltaba algo それだけでなく.

fal·to, ta [fál.to, -.ta] 形 **1** 《estar+》《de...》(…の) ない,《…が》不足した, 欠けた. ~ *de cortesía* 礼儀に欠けた. ~ *de recursos* 資源に乏しい. *Estaba* ~ *de dinero*. 私にはお金が足りなかった.
2《ラ米》(ｱﾙｾﾞﾝ)見えっ張りの, 体裁ぶる.
── 副 → faltar.

fal·tón, to·na [fal.tón, -.tó.na] 形 **1**《話》約束を守らない, 義務を怠る, ルーズな. **2**《話》無礼な, 失敬な. **3**《ラ米》(1) よく欠勤する, サボる. (2)《ｴｸｱﾄﾞﾙ》脳みそが足りない, 単純な.
── 男 女《話》ルーズな人;無礼な人.

fal·to·so, sa [fal.tó.so, -.sa] 形 **1**《古語》足りない, 不足した. **2**《話》おつむの弱い, 頭が鈍い. **3**《ラ米》(1)《中米》《ｶﾘﾌﾞ》無礼な. (2)《ｴｸｱﾄﾞﾙ》けんか早い.

fal·tri·que·ra [fal.tri.ké.ra] 女《婦人服の下に下げる》腰内ポケット;内ポケット.

fa·lúa [fa.lú.a] 女《海》→ faluca.

fa·lu·ca [fa.lú.ka] 女《海》ランチ, 小型艇.

fa·lu·cho [fa.lú.tʃo] 男 **1** フェラッカ船:小型帆船. **2**《ラ米》(1)《ｴｸｱﾄﾞﾙ》(将校・外交官などの) 礼服用の帽子. (2)(クローバー形の) イヤリング. (3)《ｱﾙｾﾞﾝ》小凧.

*fa·ma [fá.ma] 女 **1** 名声, 有名 (であること), 名望. *conquistar* [*conseguir, ganar*] *una* ~ 名声を得る, 名をあげる. *tener buena* [*mala*] ~ 名声を博す [悪評を受ける]. *La medalla de oro le dio mucha* ~ *a nivel mundial*. 金メダルによって彼 [彼女] は世界的に大変有名になった.
2 評判, 世評;うわさ. *de buena* [*mala*] ~ 評判のいい [悪い]. *Su* ~ *de ligón le precede*. 彼はプレイボーイであるといううわさがひとり歩きしている. *según es* ~ うわさによると.
de fama 有名な. *Es un futbolista de* ~ *internacional*. 彼は世界的に有名なサッカー選手だ.
ser fama que + 直説法 …といううわさである. *Es que* ~ *ese cantante se va a casar el mes próximo*. うわさではその歌手は来月結婚するらしい.
[← [ﾗ] *fāmam* (*fāma* の対格;*fārī*「話す」の派生語);《関連》*famoso*.《英》*famous*.]

fa·mé·li·co, ca [fa.mé.li.ko, -.ka] 形《格式》《estar+》空腹の, 飢えた;がりがりにやせた.

*fa·mi·lia [fa.mí.lja] 女 **1** 家族, 一家. *la* ~ *real* 王家, 皇室. ~ *nuclear* 核家族. ~ *numerosa* 大家族, 子だくさん.《スペイン》3人以上子供がいて公的扶助を受けている家族. *la Sagrada F*~ 聖家族. *Tengo a mi* ~ *en Estados Unidos*. 私の家族はアメリカにいます. *ser* (*como*) *de la* ~ 家族同然である. **2**《集合的に》子供, 子孫. *No tienen* ~. 彼らには子供がいない. **3** 親族, 一族;家柄, 名門. ~ *acomodada* 裕福な家庭. *de buena* ~ 良家の. **4** (同種の人々の) 集団, グループ. ~ *salesiana* サレジオ会. **5**《生物》(分類上の) 科 (→ *orden, género*);《言》語族. **6**《ラ米》《ｴｸｱﾄﾞﾙ》《話》親友.
en familia 家族 (水入らず) で;内輪で.

pasar [*ocurrir*] *en las mejores familias*《事の深刻さを和らげて》よくあることである.
[← [ﾗ] *familiam* (*familia* の対格;*famulus*「召使い」より派生);「一家に属する召使いや奴隷」が原義);《関連》《英》*family*]

*fa·mi·liar [fa.mi.ljár] 形《名詞+》**1**《ser+》家族の, 家庭の. *planificación* ~ 家族計画. *vida* ~ 家庭生活. *lazos* ~*es* 家族の絆(ｷｽﾞﾅ). *circunstancias* ~*es* 家庭環境.
2《ser+》よく知っている, なじみの. *Su cara me es* ~. 私は彼 [彼女] の顔をよく知っている.
3 親しい, 打ち解けた. *trato* ~ 親しみのこもった扱い. **4**《言葉》が口語体の. *lenguaje* ~ くだけた言葉, 口語. *expresión* ~ くだけた表現. **5** 家庭サイズの. *champú* ~ 家庭サイズのシャンプー. *coche* ~ ファミリーカー.
── 男 **1** 家族, 親戚, 身内. ~ *lejano* [*cercano*] 遠い [近い] 親戚. **2** 友人, 親友. **3**《複数で》側近. **4**《まれ》従者, 従僕. **5**《カト》(司教の) 近習の用人 [聖職者];異端審問の審問官 (= ~ *del Santo Oficio*). **6** 守り神 (= demonio ~).
hacerse familiar 親しくなる, 打ち解ける.

familiarice(-) / **familiaricé**(-) 直 → familiarizar.

fa·mi·lia·ri·dad [fa.mi.lja.ri.ðáð] 女 **1** 親交, 親しみ;なじみ, 習熟. *tomar* ~*es con* +人《人》と懇意にする. *Me habló con* ~. 彼 [彼女] は私に親しげに話しかけた. **2**《複数で》《軽蔑》なれなれしさ.

*fa·mi·lia·ri·zar [fa.mi.lja.ri.θár / -.sár] 97 他 **1**《con... …に》親しませる, 慣れさせる. ~ *a un caballo con los obstáculos* 馬を障害物に慣れさせる. **2** 一般化させる, なじませる.
── ~*se* 再《con... …と》親しくなる;慣れる, なじむ. ~ *se con* las *costumbres extranjeras* 外国の習慣に慣れる.

fa·mi·lión [fa.mi.ljón] 男 大家族. [*familia* + 増大辞]

fa·mo·sa [fa.mó.sa] 形 女 → famoso.

fa·mo·se·o [fa.mo.sé.o] 男《軽蔑》有名人 [芸能人] の集団.

*fa·mo·so, sa [fa.mó.so, -.sa] 形 《+名詞 / 名詞+》
《ser+》**1**《por... …で》有名な, 名高い. *Las* (*famosas*) *ruinas incas de Machu Picchu* 有名なインカの遺跡マチュピチュ. *Esta provincia es famosa por su industria jamonera*. この県は生ハムの生産業で有名である.
2《多くは+名詞》《話》話題の, 例の. *Esa mujer llama la atención con ese* ~ *collar*. その女性は例のネックレスで人目を引いている.
── 男 女 有名人, 著名人, セレブ. *Invitaron a la recepción a unos* ~*s*. 数名の有名人がレセプションに招待された.
[← [ﾗ] *fāmōsum* (*fāmōsus* の対格;);(*fāma*「知らせ;名声」より派生);《関連》*fama*.《英》*famous*]

fá·mu·lo, la [fá.mu.lo, -.la] 男 女 召使い;下僕, 女中.

fan [fán]《英》男 女《複 ~s》ファン, 愛好家.

fa·nal [fa.nál] 男 **1**《海》(港の) 標識灯;舷灯(ｹﾞﾝﾄｳ), ランタン. **2** (ほこりよけのための釣り鐘形の) ガラスぶた.

fa·ná·ti·ca·men·te [fa.ná.ti.ka.mén.te] 副 熱狂的に.

fa·ná·ti·co, ca [fa.ná.ti.ko, -.ka] 形 狂信的な, 熱狂的な;熱心な. *creencia fanática* 狂信.

―男女 狂信者, 熱狂者；ファン. un ～ del fútbol サッカー・ファン.

fa・na・tis・mo [fa.na.tís.mo] 男 狂信 (的行為), 熱狂.

fa・na・ti・zar [fa.na.ti.θár / -.sár] 97 他 狂信させる, 熱狂させる.

fan・dan・go [fan.dáŋ.go] 男 1《音楽》ファンダンゴ：4分の3拍子の動きの激しいスペインの伝統舞踊[舞曲]. 2 ファンダンゴの音楽, 楽曲. 3《話》騒ぎ, 騒動. Se armó un ～. 一騒動があった. 4《ラ米》(ㇲ)《話》お祭り騒ぎ, ダンスパーティー.

fan・dan・gue・ar [fan.daŋ.ge.ár] 自《ラ米》《話》どんちゃん騒ぎをする, 騒ぎを起こす.

fan・dan・gue・ro, ra [fan.daŋ.gé.ro, -.ra] 形 ファンダンゴに熱中した, 踊り好きの；お祭り好きの.
―男女 ファンダンゴを踊る人；どんちゃん騒ぎが好きな人.

fan・dan・gui・llo [fan.daŋ.gí.jo ‖ -.ʎo-] 男《音楽》(8分の3拍子の)ファンダンゴに似た[舞曲].

fan・du・la・rio [fan.du.lá.rjo] 男 → faldulario.

fa・né [fa.né] 形 1 しなびた, たるんだ；台なしの, 使い古した. 2《ラ米》(ㇲ)《話》うらぶれた, 疲れ果てた.

fa・ne・ca [fa.né.ka] 女《魚》ヨーロッパ産のマダラの一種.

fa・ne・ga [fa.né.ga] 女《まれ》1 ファネガ：体積の単位. ◆穀類・豆などの容量の単位. スペイン, 中南米諸国で用いられ, 単位の大きさは国により異なる. スペインでは55.5リットル. 2 ファネガーダ (= ～ de tierra)：面積の単位 (= fanegada).
[←〖アラビア〗*faníqa*「大袋」]

fa・ne・ga・da [fa.ne.gá.ða] 女 ファネガーダ：土地面積の単位. ◆国により大きさは異なる. スペインでは64.4アール.

a fanegada《話》ふんだんに, たっぷり.

fa・ne・ró・ga・mo, ma [fa.ne.ró.ga.mo, -.ma] 形《植》顕花植物の. ―女《複数で》《植》顕花植物 (科) の総称 (↔criptógamo).

fan・fa・rre・ar [faɱ.fa.r̄e.ár] 自 → fanfarronear.

fan・fa・rria [faɱ.fá.r̄ja] 女 1 虚勢, 見え. 2《音楽》ファンファーレ.

fan・fa・rrón, rro・na [faɱ.fa.r̄ón, -.r̄ó.na] 形《軽蔑》《話》(ser+ / estar+) ほらを吹く, 空威張りの. ―男女《軽蔑》《話》ほら吹き, 空威張り屋.

fan・fa・rro・na・da [faɱ.fa.r̄o.ná.ða] 女《軽蔑》《話》見え, 空威張り；ほら.

fan・fa・rro・ne・ar [faɱ.fa.r̄o.ne.ár] 自《軽蔑》《話》虚勢を張る, 見えを張る；ほらを吹く.

fan・fa・rro・ne・rí・a [faɱ.fa.r̄o.ne.rí.a] 女《軽蔑》《話》ほら, 空威張り, 虚勢.

fan・fu・rri・ña [faɱ.fu.r̄í.ɲa] 女《話》腹立ち, むっとすること.

fan・gal [faŋ.gál] / **fan・gar** [faŋ.gár] 男 ぬかるみ, 泥深い土地.

fan・go [fáŋ.go] 男 1 泥, 泥水. 2 不名誉, 不面目. cubrir... de ～ …に泥を塗る.

fan・go・so, sa [faŋ.gó.so, -.sa] 形 (ser+) 泥深い, ぬかるんだ；どろどろした.

fan・go・te [faŋ.gó.te] 男《ラ米》(ㇲ)(特に金が) 多いこと, どっさりあること.

fan・gue・ro, ra [faŋ.gé.ro, -.ra] 形《ラ米》(ㇹ)〈牛・馬が〉泥道に強い.
―《ラ米》(ㇷ)(ㇲ)(ㇹ) ぬかるみ, 泥地.

fan・ta・se・a・dor, do・ra [fan.ta.se.a.ðór, -.ðó.ra] 形 1 夢想にふける；想像力豊かな. 2 気取った,

うぬぼれた.

fan・ta・se・ar [fan.ta.se.ár] 自 1 空想にふける, 夢見る. 2 (de... …だと) 気取る, うぬぼれる.
―他 夢見る, 夢想する.

fan・ta・se・o [fan.ta.sé.o] 男《ラ米》空想, 夢想；白日夢.

❋fan・ta・sí・a [fan.ta.sí.a] 女 1 空想；幻想, (現実離れした) 想像；ファンタジー (↔realismo¹). Vives en un mundo de ～. 君は空想の世界に生きている. Me falta ～ para escribir un cuento. 私には物語を書くような想像力がない. 2《主に複数で》空想の産物, 作り話；夢みたいな話 (↔realidad). Siempre cuenta sus ～s como si fuesen realidades. 彼[彼女]はいつもあたかも現実であるかのように作り話をする. ¡Déjate ya de ～s! 甘い夢ばかり思い描くのはもうやめろ.
3《音楽》幻想曲.

de fantasía (1)《服飾》〈服・小物が〉装飾の多い, 凝ったデザインの. *artículos de ～* ファンシーグッズ. *un bolso de ～* 飾りのたくさんついたバッグ. (2)〈装飾品が〉模造の, イミテーションの. *un collar de ～* イミテーションのネックレス.

por fantasía《ラ米》(ㇷ゚)聴き覚えで. *tocar por ～* 聴き覚えで演奏する.

[←〖後ラ〗*phantasia*←〖ギ〗*phantasía*「幽霊；想像 (力)」] 関連 fantasma, fantástico. 〖英〗*fantasy*]

fan・ta・sio・so, sa [fan.ta.sjó.so, -.sa] 形 1 想像力に富んだ, 夢想的な. 2 うぬぼれの強い, 気取った.
―男女 1 想像力に富んだ人, 夢想家. 2 気取り屋.

‡fan・tas・ma [fan.tás.ma] 男 (ときに性数不変)
1 幻の, 幽霊の；想像上の. *gobierno ～* 影の内閣. *sociedad ～* 幽霊会社.
2〈村・町などが〉人気のない, 見捨てられた.
3《軽蔑》《話》空威張りの, 虚勢を張る.
―男 1 幻, 幻影. *el ～ de la muerte* 死の幻影.
2 幽霊, 亡霊. No creo en ～s. 私は幽霊を信じない. 3《TV》ゴースト, 仮像. 4《ラ米》(車道の) 照明, 誘導灯.
―男女《軽蔑》《話》気取り屋, ほら吹き.

andar como un fantasma ぼけっとしている.
aparecer como un fantasma 幽霊のようにぬうっと現れる.

[←〖ラ〗*phantasma*←〖ギ〗*phántasma*；関連 fantasía. 〖英〗*phantasm, phantom*]

fan・tas・ma・da [fan.tas.má.ða] 女《話》はったり, ほら吹き, 見えを張ること.

fan・tas・ma・go・rí・a [fan.tas.ma.go.rí.a] 女
1 (19世紀に流行した) 魔術幻灯. 2 幻覚, 幻影.

fan・tas・ma・gó・ri・co, ca [fan.tas.ma.gó.ri.ko, -.ka] 形 幻覚の, 幻影の.

fan・tas・mal [fan.tas.mál] 形 1 幻覚の, 幻影の；非現実的な. 2 幽霊の, 幽霊のような.

fan・tas・món, mo・na [fan.tas.món, -.mó.na] 形《話》気取り屋, うぬぼれの強い.
―男女 気取り屋, うぬぼれ屋.

‡fan・tás・ti・co, ca [fan.tás.ti.ko, -.ka] 形 1 空想的な, 空想の；～s 空想上の生き物. *relato ～* おとぎ話. Esa chica huye de la realidad y vive en un mundo ～. その少女は現実から逃避して夢の世界で生きている.
2《話》《+名詞 / 名詞+》《ser+ / estar+》すばらしい, すごい. *una memoria fantástica* すごい記憶力. Este mirador tiene una vista *fantástica* al mar. この展望台からの海の眺めはすばらしい.

farillón

3《ラ米》《話》(1)(3?)気まぐれな.(2)《?》空威張りの, 強がりを言う.
— 副《話》楽しく. Anoche fuimos a la discoteca y lo pasamos ~. 昨夜私たちはディスコに行って楽しく過ごした.

fan·to·cha·da [fan.to.tʃá.ða] 囡 **1** ばかげた言動, 奇行. Es otra ~ del alcalde. また市長がばかなことをやった. **2** 気取り, うぬぼれ.

fan·to·che [fan.tó.tʃe] 形《軽蔑》《話》うぬぼれの強い, 見えっ張りの.
— 男 **1**《話》醜い人, 不格好な人. **2**《軽蔑》《話》うぬぼれ屋, 気取り屋, 見かけ倒しの人.

fan·to·che·rí·a [fan.to.tʃe.ri.a] 囡《ラ米》(クデ?)はったり, ほら, 見え.

fan·zine [fan.θí.ne / -.sí.-] 《英》男 同人誌, ファン雑誌.

fa·ño·so, sa [fa.ɲó.so, -.sa] 形《ラ米》(クリ)(ミエラ?)(ドミ)《話》鼻にかかった, 鼻声の.

FAQ [fák] 女《略》《英》Frequently asked questions よく出る質問; よく出る質問とその回答をまとめた文書.

fa·quí [fa.kí] 男 イスラム(教の)法博士.

fa·quín [fa.kín] 男 荷物運搬人, 人足, ポーター, 走り使い. [←《伊》*facchino*]

fa·quir [fa.kír] 男 **1**(イスラム教・ヒンドゥー教の)苦行僧, 托鉢(たく)僧. **2**(行者の苦行を見せるインドの)芸人. [←《アラビア語》*faqīr*]

fa·ra [fá.ra] 囡《動》(1)アフリカ産のヘビ.(2)《ラ米》(クデ?)《動》オポッサム, フクロネズミ.

fa·ra·bu·te [fa.ra.bú.te] 男《ラ米》(?)《話》悪党, ごろつき;いい加減なやつ, 恥知らず, ろくでなし.

fa·rad [fa.ráð] 男[複 ~s]《電》→faradio.

fa·ra·day [fa.ra.ðái] 《英》男《電》ファラデー:電気分解に現れる電気量の単位.

fa·rá·di·co, ca [fa.rá.ði.ko, -.ka] 形《電》ファラデーの理論の; 誘導電流の.

fa·ra·dio [fa.rá.ðjo] 男《電》ファラッド:静電容量の単位(記号F).

fa·ra·di·za·ción [fa.ra.ði.θa.θjón / -.sa.sjón] 囡《医》感応電流療法.

fa·ra·lá [fa.ra.lá] 男[複 faralaes] **1**《服飾》ひだ飾り, フリル. traje de *faralaes* (スペイン Andalucía 地方の)ひだ飾りつきの衣装.
2《複数で》《話》(衣装の)ごてごてした飾り.

fa·ra·llón [fa.ra.ʎón ‖ -.ʝón] 男 **1**(海面から突き出た)巨岩, 岩島. **2**《ラ米》(メホ)(7?)(?)頂, 頂上.

fa·ra·ma·lla [fa.ra.má.ja ‖ -.a.-] 囡 **1**《話》口車, ぺてん. **2**《ラ米》(?)(コロ)(1) 《話》見かけ倒し, 内容のないもの. (2)《話》空威張り, 見え, ほら.
— 男 囡 口のうまい人, ぺてん師.

fa·ra·ma·lle·ar [fa.ra.ma.je.ár ‖ -.ʎe.-] 自《ラ米》(?)自慢する, 見えを張る, 空威張りする.

fa·ra·ma·lle·ro, ra [fa.ra.ma.jé.ro, -.ra ‖ -.ʎé.-] 形 **1** おしゃべりな, 口先のうまい. **2**《ラ米》(?)(コロ)見えっ張りの, 空威張りの.
— 男 囡 **1** 口のうまい人, ぺてん師. **2**《ラ米》(?)(コロ)《話》気取った人, 上品ぶった人.

fa·rán·du·la [fa.rán.du.la] 囡 **1** 喜劇役者の職業;コメディアンの演技. Se metió en la ~. 彼[彼女]は喜劇の世界に身を投じた. **2**(昔の)旅回りの喜劇一座. **3**(話)口車, ぺてん.

fa·ran·du·le·ar [fa.ran.du.le.ár] 自 虚勢[見え]を張る.

fa·ran·du·le·ro, ra [fa.ran.du.lé.ro, -.ra] 男 囡 **1**(昔の)旅回りの役者, 喜劇役者. **2** 口のうまい人, ぺてん師. **3**《ラ米》《話》虚勢を張る人, はったり屋.

fa·ra·ón [fa.ra.ón] 男 **1**《史》ファラオ:古代エジプト王の称号. **2** トランプ・ゲームの一種.

fa·ra·ó·ni·co, ca [fa.ra.ó.ni.ko, -.ka] 形 **1** ファラオ(時代)の. **2**《話》豪華な, きらびやかな. una mansión de lujo ~ 豪壮な邸宅.

fa·rau·te [fa.ráu.te] 男 **1** 使者, 伝令. **2**《話》お山の大将, 目立ちたがり屋. **3**《演》前口上役.

FARC [fárk] 囡《略》*F*uerzas *A*rmadas *R*evolucionarias *C*olombianas コロンビア革命軍.

far·da¹ [fár.ða] 囡(衣類などの)包み;梱包(こん), 荷物.

far·da² [fár.ða] 囡 ほぞ穴.

far·da·da [far.ðá.ða] 囡《話》 **1** 失礼な[自慢げな]発言[行動]. **2** 派手なこと[もの], 感動させるもの.

far·da·je [far.ðá.xe] 男《集合的》荷, 荷物.

far·dar [far.ðár] 自 **1**《話》かっこいい, スマートである. Tener un coche deportivo *farda* mucho. スポーツカーを持つのはとてもかっこいい.
2《de... …を》自慢する, 見せびらかす. *Farda de* su nuevo coche. 彼は新車を自慢している.

far·de [fár.ðe] 男《話》派手なもの, ぴかぴか[きらきら]光るもの.

far·del [far.ðél] 男 **1**(羊飼い・旅人などの)背負い袋, ずだ袋. **2**《話》だらしのない格好をしたやつ.

far·do [fár.ðo] 男(衣類などの)包み;梱包(こん), 荷物.

far·dón, do·na [far.ðón, -.ðó.na] 形 **1**《話》気取った, 見えっ張りの. **2**《話》人目を引く, 目立つ.
— 男 囡《話》気取り屋, 見えっ張りの人.

fa·re·llón [fa.re.jón ‖ -.ón] 男 →farallón.

fa·re·ro, ra [fa.ré.ro, -.ra] 男 囡 灯台の管理人, 灯台守(もり).

far·fa·lá [far.fa.lá] 囡[複 farfalaes]《服飾》すそ飾り, フリル.

far·fa·llón, llo·na [far.fa.jón, -.jó.na ‖ -.ʎón, -.ʎó.-] 形 することが荒っぽい, ぞんざいな.

far·fan·te [far.fán.te] / **far·fan·tón** [far.fan.tón] 形《男性形のみ》《話》空威張りの, ほら吹きの.— 男《話》はったり屋, ほら吹き.

fár·fa·ra [fár.fa.ra] 囡(卵の)薄皮, 薄膜. en ~〈卵が〉まだ殻のない;未完成の, 不完全な.

far·fo·lla [far.fó.ja ‖ -.ʎa] 囡 **1**(トウモロコシの)皮, 包葉. **2**《軽蔑》《話》見かけ倒しのもの.

far·fu·lla [far.fú.ja ‖ -.ʎa] 囡《話》早口で話すこと, 口ごもること. **2**《ラ米》(メホ)(?)(プエ?)《話》空威張り, 偉ぶり. — 男 囡 早口で話す人.

far·fu·lla·dor, do·ra [far.fu.ja.ðór, -.ðó.ra ‖ -.ʎa.-] 早口で話す人, 口ごもる.
— 男 囡 口ごもる人.

far·fu·llar [far.fu.jár ‖ -.ʎár] 他 **1** 早口でまくしたてる, 興奮しながら話す. **2**《話》〈仕事を〉いい加減にする, …の手を抜く. — 自 早口で話す.

far·fu·lle·ro, ra [far.fu.jé.ro, -.ra ‖ -.ʎé.-] 形 **1**《話》早口で話す. **2**《話》ぞんざいな, いい加減な. **3**《ラ米》(メホ)(ク?)(コロ)《話》空威張りの, 強がりを言う.— 男 囡 **1**《話》早口で話す人. **2** ぞんざいな人, いい加減な人.

far·ga·llón, llo·na [far.ga.jón, -.jó.na ‖ -.ʎón, -.ʎó.-] 形 **1**《話》せっかちな. **2** だらしのない人.— 男 囡 **1**《話》せっかちな人. **2** だらしのない人.

fa·ria [fá.rja] 囡(時に男)《商標》(輸入ものより安い)葉巻.

fa·ri·llón [fa.ri.jón ‖ -.ón] 男 →farallón.

fa·rí·na·ce·o, a [fa.ri.ná.θe.o, -.a / -.se.-] 形 粉状の；でんぷん質の.

fa·rin·ge [fa.rín.xe] 女【解剖】咽頭(いんとう).

fa·rín·ge·o, a [fa.rín.xe.o, -.a] 形【解剖】咽頭(いんとう)の. amigdalitis *faríngea* 咽頭扁桃(いんとうへんとう)炎.

fa·rin·gi·tis [fa.riŋ.xí.tis] 女【単複同形】【医】咽頭(いんとう)炎.

fa·rin·go·to·mí·a [fa.riŋ.go.to.mí.a] 女【医】咽頭(いんとう)切開.

fa·ri·ña [fa.rí.ɲa] 女《ラ米》(ﾁﾘ)(ｳﾙｸﾞｱｲ)タピオカ：キャッサバのでんぷん.

mala fariña《ラ米》(ﾌﾟｴﾙﾄﾘｺ)疑惑, 不信.

fa·rio [fá.rjo] 男《スペイン》運, 兆し.

mal fario 不運

fa·ri·sai·ca·men·te [fa.ri.sái.ka.mén.te] 副 偽善的に.

fa·ri·sai·co, ca [fa.ri.sái.ko, -.ka] 形 **1** パリサイ人の, パリサイ人らしい. **2** 偽善的な, 猫をかぶった.

fa·ri·sa·ís·mo / **fa·ri·se·ís·mo** [fa.ri.se.ís.mo] 男 **1**【宗】(ユダヤ教の一派) パリサイ派の律法［教義］. **2** 偽善, 猫かぶり.

fa·ri·se·o, a [fa.ri.sé.o, -.a] 男 女 **1** (ユダヤ教の一派で厳格な律法を重んじた) パリサイ派の人. → esenio, saduceo. **2** 偽善家.

far·la [fár.la] / **far·lo·pa** [far.ló.pa] 女《隠》コカイン.

far·ma·ceu·ta [far.ma.θéu.ta / -.séu.-] 男 女《ラ米》(ﾒｷｼｺ)(ﾍﾞﾈｽﾞｴﾗ)薬剤師.

*__far·ma·céu·ti·co, ca__ [far.ma.θéu.ti.ko, -.ka / -.séu.-] 形 薬学の, 調剤の. producto ～ 薬品. industria *farmacéutica* 製薬工業.

── 男 女 薬剤師. título de ～ 薬剤師免許.

*__far·ma·cia__ [far.má.θja / -.sja] 女 **1** 薬局, 薬店；調剤室. ～ de guardia / ～ de turno (当番で夜間・休日営業している) 救急薬局. ～ de la clínica universitaria 大学病院の薬局. **2** 薬学；(大学の) 薬学部. estudiar ～ 薬学を専攻する. Estoy en tercero de F～. 私は薬学部の3年生です.

［←［後ｷﾞ］*pharmacía*「薬の調合法」←［ｷﾞ］*pharmakeía*（*phármakon*「薬」より派生）；【関連】［英］*pharmacy*］

fár·ma·co [fár.ma.ko] 男 薬, 医薬品.

far·ma·co·ci·ne·sis [far.ma.ko.θi.né.sis / -.si.-] 女 薬物動態学.

far·ma·co·ci·né·ti·co, ca [far.ma.ko.θi.né.ti.ko, -.ka / -.si.-] 形 薬物動態学的な. análisis ～ 薬物動態解析. ── 男 薬物動態学.

far·ma·co·de·pen·den·cia [far.ma.ko.ðe.pen.dén.θja / -.sja] 女 麻薬［薬物］依存(症).

far·ma·co·de·pen·dien·te [far.ma.ko.ðe.pen.djén.te] 形 麻薬［薬物］依存(症)の. ── 男 女 麻薬［薬物］依存症患者.

far·ma·co·di·ná·mi·ca [far.ma.ko.ði.ná.mi.ka] 女 薬物動態学.

far·ma·co·lo·gí·a [far.ma.ko.lo.xí.a] 女 薬物学, 薬理学.

far·ma·co·ló·gi·co, ca [far.ma.ko.ló.xi.ko, -.ka] 形 薬理学の, 薬物学の.

far·ma·có·lo·go, ga [far.ma.kó.lo.go, -.ga] 男 女 薬理学者, 薬物学者.

far·ma·co·ma·ní·a [far.ma.ko.ma.ní.a] 女 薬物嗜好(しこう), 薬物マニア.

far·ma·co·pe·a [far.ma.ko.pé.a] 女 薬局方, 調剤書.

far·ma·co·te·ra·pia [far.ma.ko.te.rá.pja] 女 薬物療法.

far·ma·le·ta [far.ma.lé.ta] 女《ラ米》(ｺﾛﾝﾋﾞｱ)骨組み, 構造.

*__fa·ro__ [fá.ro] 男 **1** 灯台；(航空) 標識灯, 信号灯. ～ de pista de aterrizaje (飛行機の) 着陸誘導灯.

2《複数で》【車】ヘッドライト. ～s antinieblas フォグランプ. ～s pilotos [traseros] テールライト, 尾灯. ～s de marcha atrás バックライト.

3 手引き, 道しるべ.

［←［ｷﾞ］*Pháros* (昔エジプトのアレクサンドリア湾内にあった *Pháros* 島の灯台に由来)］

*__fa·rol__ [fa.ról] 男 **1** 街灯；カンテラ, ランタン；《複数で》《ラ米》【車】ヘッドライト. ～ a la veneciana ちょうちん. **2**《話》虚勢, 見え；見えっ張り.**3**《スペイン》《話》《遊》はったり, いかさま. **4**【闘牛】ファロール (カポーテを宙に旋回させる技). **5** 刻みタバコの包み. **6**《ラ米》(1) 目. (2) (ｴﾙｻﾙﾊﾞﾄﾞﾙ)(ﾎﾝｼﾞｭﾗｽ)バルコニー. (3) (ﾆｶ)【植】フウリンソウ. (4) (ｺﾛﾝﾋﾞｱ)(リュウゼツラン酒用の)ジョッキ；目立たせかけ.

¡Adelante con los faroles!《話》とことんやれ, 途中でくじけるな.

marcarse [tirarse] un farol《話》虚勢を張る；自慢する.

［←［古スペイン］*far(a)ón* ←［古カタルーニャ］*faró*←［後ｷﾞ］*pháros*「灯台」］

fa·ro·la [fa.ró.la] 女 **1** (farol より大きい) 街灯；(港の) 標識灯；《話》灯台. **2**《複数で》《ラ米》【車】ヘッドライト.

fa·ro·la·zo [fa.ro.lá.θo / -.so] 男 **1** カンテラでの殴打. **2**《ラ米》(ﾍﾟﾙｰ)(ﾒｷｼｺ)(安酒の) いっき飲み, ぐい飲み.

fa·ro·le·ar [fa.ro.le.ár] 自《話》虚勢を張る, 見えを張る.

fa·ro·le·o [fa.ro.lé.o] 男《話》虚勢, 空威張り.

fa·ro·le·rí·a [fa.ro.le.rí.a] 女 **1** カンテラ屋［工場］. **2**《話》虚勢, 空威張り.

fa·ro·le·ro, ra [fa.ro.lé.ro, -.ra] 形《話》虚勢を張る, 気取った. ── 男 女 **1**《話》虚勢を張る人, はったりをかける人. **2** (街灯の) 管理人.

meterse a farolero《話》他人のことに干渉する.

fa·ro·li·llo [fa.ro.lí.jo ‖ -.ʎo] 男 **1** (祭りなどの) ちょうちん. **2**【植】フウリンソウ；アブチロン類.

farolillo rojo《話》【スポ】(競走・順位などの) びり. [farol + 縮小辞]

fa·ro·li·to [fa.ro.lí.to] 男《ラ米》→ farolillo.
[farol + 縮小辞]

fa·ro·ta [fa.ró.ta] 女《話》大胆で軽率な女性.

fa·ro·tón, to·na [fa.ro.tón, -.tó.na] 形《話》軽薄な, 軽はずみな；厚かましい.

── 男 女《話》軽薄な人；厚かましい人.

far·pa [fár.pa] 女 (旗などの) 縁のぎざぎざ.

far·pa·do, da [far.pá.ðo, -.ða] 形 (縁に) ぎざぎざ［刻み目］のある.

fa·rra[1] [fá.r̄a] 女【魚】(スイスのレマン湖に生息する) ニシン目コクチマス科の淡水魚.

fa·rra[2] [fá.r̄a] 女 **1**《話》お祭り騒ぎ. estar [ir] de ～ どんちゃん騒ぎをする. **2**《ラ米》《話》(1) (ｱﾙｾﾞﾝﾁﾝ)からかい, 冷やかし. (2) (ﾍﾟﾙｰ)パーティー.

tomar a + 人 para la farra《ラ米》(ｱﾙｾﾞﾝﾁﾝ)(人)をからかう, 冷やかす.

fá·rra·go [fá.r̄a.go] 男 ごたまぜ, 雑然；支離滅裂. Tengo un ～ en la cabeza. 頭の中が混乱している.

fa·rra·go·sa·men·te [fa.r̄a.gó.sa.mén.te] 副 ごたごたと, 雑駁(ざっぱく)に.

fa·rra·go·so, sa [fa.r̄a.gó.so, -.sa] 形 ごたまぜ

の, 雑然とした；支離滅裂な. un despacho 〜 雑然とした事務所.
fa・rre・ar [fa.r̃e.ár] 圓《ラ米》《話》(1)《アンデス》《リオ》どんちゃん騒ぎをする, 陽気に騒ぐ. (2)《ラプ》からかう, 冷やかす. ─ 他《ラ米》《チリ》祝う. ─ **〜se** 圃《ラ米》《ラプ》《話》散財する.
fa・rre・ro, ra [fa.r̃é.ro, -.ra] 形《ラ米》《チリ》《ラ米》《チリ》《セパ》《話》どんちゃん騒ぎをする, 浮かれ騒ぐ.
fa・rris・ta [fa.r̃ís.ta] 形《ラ米》《チリ》《ラプ》《話》お祭り騒ぎの好きな, 陽気にはしゃぐ.
fa・rro [fá.r̃o] 男 (殻を取って湿らせた後) 半びきにした大麦；《植》スペルト小麦に似た小麦.
Fa・rru・co [fa.r̃ú.ko] 固名 ファルーコ: Francisco の愛称.
fa・rru・co, ca [fa.r̃ú.ko, -.ka] 形 (**estar**+)《話》自信家の, いばっている; 挑戦的な, 頑固な. Se puso 〜. 彼は態度を硬化させた. ─ 男 女 (故郷を出てきたばかりの) ガリシア人, アストゥリアス人.
─ 女 ファルーコ: フラメンコの歌・踊りの一種.
fa・rru・ta [fa.r̃ú.to, -.ta] 形《ラ米》《チリ》《ラプ》《話》病弱な, ひ弱な.
far・sa [fár.sa] 女 1《演》笑劇, ファルス；茶番劇, 道化芝居；《古語》《喜》劇. 2 演劇 (界), 役者稼業. 3 いんちき, ごまかし. Las elecciones presidenciales fueron una 〜. 大統領選挙は茶番だった.
far・san・te, ta [far.sán.te, -.ta] 形 とぼけた；うそつきの. Es un 〜, siempre dice que no tiene dinero al pagar. 彼はとぼけたのがうまくて, 払うときには決まって持ち合わせがないと言う. ▶ 形容詞としては, 男性形・女性形ともに farsante を用いる.
─ 男 女 1 (喜劇) 道化役者.
2 うそつき, 猫かぶり；ほらふき.
far・se・ar [far.se.ár] 圓《ラ米》《ラプ》《チリ》《話》冗談を言う, ふざける.
far・sis・ta [far.sís.ta] 男 女 笑劇作者；《古語》喜劇役者.
fas [fás] *por fas o por nefas*《話》理由があろうとなかろうと, いずれにせよ.
fas・ces [fás.θes / -.ses] 女《複数形》(古代ローマの執政官の権威を象徴する) 権標 (ホショウ).
fas・ci・cu・la・do, da [fas.θi.ku.lá.ðo, -.ða / -.si.-] 形《生物》束になった. zona *fasciculada* (副腎の) 束状帯.
fas・cí・cu・lo [fas.θí.ku.lo / -.sí.-] 男 1 (百科事典・学術誌などの) 分冊, 配本；号. vender en 〜s 分冊で販売する. 2《解剖》(神経・筋肉の) 束. fasces (権標)
fas・ci・na・ción [fas.θi.na.θjón / -.si.na.sjón] 女 魅惑, 魅了；眩惑 (ゲンワク). ejercer una 〜 魅惑する. sentir 〜 目がくらむ.
fas・ci・na・dor, do・ra [fas.θi.na.ðór, -.ðó.ra / -.si.-] / **fas・ci・nan・te** [fas.θi.nán.te / -.si.-] 形 魅惑的な, うっとりさせる；眩惑 (ゲンワク) する.
*__fas・ci・nar__ [fas.θi.nár / -.si.-] 他 魅惑する；目をくらませる, 眩惑 (ゲンワク) する. Los juguetes *fascinan* a los niños. おもちゃは子供の心を引きつける.
─ **〜se** 圃 (**con...** …に) 魅せられる, うっとりする. *Se fascinaba* con las joyas. 彼 [彼女] は宝石に目を奪われていた.
*__fas・cis・mo__ [fas.θís.mo / -.sís-] 男 1 ファシズム, 全体主義. 2 ファシスト党の運動, ファッショ.
*__fas・cis・ta__ [fas.θís.ta / -.sís.-] 形 ファシズムの；ファシストの. ─ 男 女 ファシスト；ファシスト党の党員；ファシズムの信奉者. → facha².

fas・cis・ti・zan・te [fas.θis.ti.θán.te / -.sis.-.sán.-] 形 ファシズム的な, ファシズムに似た.
fas・cis・toi・de [fas.θis.tói.ðe / -.sis.-] 形 《軽蔑》ファシズムにかぶれた, ファシズムに傾倒した.
─ 男 女 ファシズムかぶれ [信奉者].
*__fa・se__ [fá.se] 女 1 (変化・発展の) **段階, 時期** (=etapa)；局面；《生物》…期. 〜s de una enfermedad 病状の各段階. 〜s de un cohete (多段式) ロケットの段. la 〜 larvaria de un insecto 幼虫期. Estáis en 〜 de crecimiento y tenéis que comer bien. 君たちは今成長期なんだからしっかり食べないとね. Las obras de restauración del Ayuntamiento se realizarán en tres 〜s. 市庁舎の修復工事は 3 段階に分けて行われるだろう.
2《天体》(月などの) 位相, 相. las 〜s de la luna 月の位相, 相. 3《物理》位相, 相, フェーズ.
fase final《大会・試合の》終盤, 大詰め.
[← (ギ) *phásis*「天体の相」【関連】《英》*phase*]
fash・ion [fá.sjon // -.ʃon] 女 形《主に性数不変》《流行・ファッションが》最先端の, 新しい.
fa・so [fá.so] 男《ラ米》《ラプ》《話》タバコ.
fast food [fás fúd]《英》1 男 (または 女 〜, 〜s) ファーストフード. 2 ファーストフード店.
fas・tial [fas.tjál] 男《建》(建物の) 最上部の石.
fas・ti・dia・do, da [fas.ti.ðjá.ðo, -.ða] 形 1 体調のすぐれない. 〜 de... …がむかむかする. 〜 con... …でやきもきする. 2 性格がひねくれた [悪い].
*__fas・ti・diar__ [fas.ti.ðjár] 82 他 1 **嫌気を起こさせる, 不快にさせる**. Me *fastidia* este niño con sus gritos. この子はうるさくて参ってしまう. Deja de 〜me. いい加減にしてくれよ. ¡No *fastidies*! / ¡No te *fastidies*!《話》まさか, 冗談だろう.
2 **台無しにする, 損じる**. Esto *fastidia* todos los proyectos. これは全ての計画をだめにする. *He fastidiado* mi traje al caer. 私は転んで服を台無しにしてしまった.
─ **〜se** 圃 1 うんざりする, 嫌気がさす. 〜se con la charla de+人《人》のおしゃべりにうんざりする.
2 我慢する, 辛抱する. Para que tú te vayas él tiene que 〜se. 君が出かけるなら彼があきらめなければならない. 3 だめになる, 台無しになる. El traje *se fastidió* con la lluvia. 雨で服が台無しになった. 4《ラ米》疲れる；退屈する.
¡*Fastídiate*! / ¡*Para que te fastidies*! / ¡*Que se fastidie*!《話》いい気味だ, ざまあみろ.
fas・ti・dio [fas.tí.ðjo] 男 1 **煩わしさ, 厄介, 面倒**. Es un 〜 tener que quedarnos aquí. ここに残っていなければならないなんてまっぴらだ. Este olor me causa 〜. このにおいはたまらない. ¡Qué 〜! 困ったなあ, うんざりだ. 2 倦怠 (ケンタイ), 退屈, 飽き.
fas・ti・dio・sa・men・te [fas.ti.ðjó.sa.mén.te] 副 うるさく, こうるさく.
fas・ti・dio・so, sa [fas.ti.ðjó.so, -.sa] 形 1 (**ser**+,**estar**+) 厄介な, 面倒な；うるさい. niño 〜 手に負えない子供. 2 退屈な, 飽き飽きする. trabajo 〜 うんざりする仕事.
fas・ti・gio [fas.tí.xjo] 男 1 尖頂 (センチョウ). 〜 de la pirámide ピラミッドのてっぺん. 2 頂点, 絶頂. 3《建》破風, 切妻.
fas・to [fás.to] 男 1 華美, 豪奢 (ゴウシャ). 2 豪華な催し, 華麗な儀式.
fas・to, ta [fás.to, -.ta] 形 1 幸運な, 縁起のいい. día 〜 吉日. 2 (古代ローマの暦で) 取引 [公務] に従

fastuosamente

事できる. ━ 男《複数で》**1**(古代ローマで行事を書き込んだ)暦. **2** 年代記.

fas·tuo·sa·men·te [fas.twó.sa.mén.te] 副 きらびやかに.

fas·tuo·si·dad [fas.two.si.ðáð] 女 華麗, 豪華.

fas·tuo·so, sa [fas.twó.so, -.sa] 形 **1** 豪華な, きらびやかな. **2** ぜいたく好きな.

fa·su·lo [fa.sú.lo] 男《ラ米》(ﾌﾞﾗｼﾞﾙ)札, 紙幣.

*__fa·tal__ [fa.tál] 形 **1**(＋名詞／名詞＋)**致命的な**, 命に関わる. herida ～ 致死傷. La recaída en su enfermedad le resultó ～ y ha muerto. 病気の再発が致命的となり彼[彼女]は亡くなった.
2(＋名詞／名詞＋)**不運な**, 不幸;《比喩的》命取りの. ～es circunstancias 不幸な状況. tener una suerte ～ 運に見放されている[ついていない]. Tu arrogancia puede resultar ～. 君の傲慢(ｺﾞｳﾏﾝ)さは命取りになりかねない.
3 宿命的な, 不可避の. destino ～ 宿命.
4《話》(多くは名詞＋(**ser**＋／**estar**＋))ひどい, 最悪の. El concierto de anoche fue ～. 昨夜のコンサートはひどかった. Tengo una memoria ～. 私は記憶力がものすごく悪い.
━ 副《話》(悪い意味で)ひどく. No me gusta ir al karaoke, porque canto ～. 私はひどく音痴なのでカラオケが好きではない.
[←[ラ]*fātālem* (*fātālis* の対格; *fātum*「運命」より派生);[関連][英]*fatal*, *fate*「運命」]

*__fa·ta·li·dad__ [fa.ta.li.ðáð] 女 **1** 運命, 宿命. La ～ lo quiso así. そうなったのも運命だ. **2** 不運, 不幸. tener la ～ de＋不定詞 不幸なことに…する.

fa·ta·lis·mo [fa.ta.lís.mo] 男 【哲】宿命論, 運命論; 宿命論的諦観(ﾃｲｶﾝ).

fa·ta·lis·ta [fa.ta.lís.ta] 形 【哲】宿命論の, 宿命論的な. ━ 共 【哲】宿命論者, 運命論者.

fa·ta·li·zar·se [fa.ta.li.θár.se ／ -.sár.-] 97 再《ラ米》(1)(ｱﾙｾﾞﾝﾁﾝ)重罪を犯す, 人を殺す. (2)(ｷｭｰﾊﾞ)重傷を負う. (3)(ｺﾛﾝﾋﾞｱ)天罰を受ける.

fa·tal·men·te [fa.tal.mén.te] 副 **1** ひどく; 不幸にも. **2** 必然的に.

fa·ti [fa.ti] 形《話》太った. ━ 男 女 太った人.

fa·tí·di·co, ca [fa.tí.ði.ko, -.ka] 形 不吉な, 凶兆を示す, 縁起の悪い. signo ～ 不吉な徴候.

*__fa·ti·ga__ [fa.tí.ga] 女 **1** 疲れ, 疲労(＝cansancio). ～ mental 精神的疲労. caerse de ～ 疲労で倒れる. Me muero de la ～. 疲れて死にそうだ.
2 呼吸困難, 息切れ. **3**【技】(金属)疲労. **4**《複数で》困難, 苦労; 苦痛. pasar muchas ～s おおいに苦労する. **5**《話》(まれ)恥ずかしさ; 気後れ, 遠慮. **6**《ラ米》(ｱﾙｾﾞﾝﾁﾝ・ﾊﾟﾗｸﾞｱｲ)《話》空腹.

fa·ti·ga·da·men·te [fa.ti.gá.ða.mén.te] 副 **1** へとへとになって, 疲労困憊(ｺﾝﾊﾟｲ)して. **2** 息を切らして. **3** 大変な苦労をして.

*__fa·ti·gar__ [fa.ti.gár] 108 他 **1** 疲れさせる, 消耗させる(＝cansar). Este trabajo lo *fatiga* mucho. この仕事は彼にとっては重労働だ.
2 呼吸困難にさせる, 息切れさせる. La altitud me *fatiga*. 私は高い所に登ると息が苦しくなる.
3 悩ます, うんざりさせる. Me *fatiga* con sus quejas. 彼[彼女]の愚痴を聞くのはうんざりだ.
━ ～**·se** 再 疲れる, くたびれる; 息切れする. *Sefatigó* corriendo. 彼[彼女]は走って息が切れた.
[←[ラ]*fatīgāre*;[関連][英]*fatigate*, *fatigue*]

fa·ti·go·sa·men·te [fa.ti.gó.sa.mén.te] 副 うんざりさせるようなしかたで.

fa·ti·go·so, sa [fa.ti.gó.so, -.sa] 形 **1** 疲れる, 骨の折れる; 厄介な. **2** うんざりする, 退屈な. **3** 苦しそうな, あえぐ.

fatigue(-) / fatigué(-) 図 → fatigar.

fa·ti·mí [fa.ti.mí] / **fa·ti·mi·ta** [fa.ti.mí.ta] 形 (イスラムの)ファーティマ朝 Fátima (909-1171)の. ━ 男 女 マホメットの娘ファーティマ (606-633)とアリ (600?-661)の子孫.

fa·to [fá.to] 男《話》《ラ米》(ｱﾙｾﾞﾝﾁﾝ)いかがわしい[違法な]仕事[取引].

fa·tui·dad [fa.twi.ðáð] 女 **1** 愚鈍, 暗愚; 愚行. **2** うぬぼれ, 思い上がり.

fa·tum [fá.tum] 男《ラ》《詩》運命.

fa·tuo, tua [fá.two, -.twa] 形《軽蔑》《格式》**1** 愚かな, ばかげた. **2** 思い上がった, うぬぼれの強い; 中身のない.
fuego fatuo 燐火(ﾘﾝｶ), きつね火; 一時の激情.

fa·tu·to, ta [fa.tú.to, -.ta] 形《ラ米》(ｶﾘﾌﾞ)《話》→ fotuto.

fau·ces [fáu.θes／-.ses] 女《複数形》**1**【解剖】口峡;【動】のど. **2**《ラ米》牙(ｷﾊﾞ), 歯.

*__fau·na__ [fáu.na] 女 **1** (一定地域・時期の)**動物相**, 動物群; 動物誌. ▶「植物相」は flora.
2《軽蔑》《話》集団, グループ.

fáu·ni·co, ca [fáu.ni.ko, -.ka] 形 動物(相・群)に関する.

fau·no [fáu.no] 男【ロ神】(1)ファウニ: 自然の豊かさを象徴する半人半獣の森の神. ギリシア神話では Sátiros. (2)[F-]ファウヌス: 牧畜(民)の守護神. ギリシア神話では Pan. → fábula.

Faus·to [fáus.to] 固名 ファウスト. (1)中世ドイツの民間伝説の主人公. しばしば芸術作品の素材として取り上げられた. (2)ドイツの詩人ゲーテの戯曲. [←[ラ] *Faustus*「幸運な(人)」が原義);[関連] fausto 形]

faus·to, ta [fáus.to, -.ta] 形《文章語》幸いな, 幸運な; 縁起のいい. ━ 男 絢爛(ｹﾝﾗﾝ)豪華, 華麗. con gran ～ とてもきらびやかに.

fau·tor, to·ra [fau.tór, -.tó.ra] 男 女 **1** (主に悪事の)幇助(ﾎｳｼﾞｮ)者; 共犯者. **2** 張本人, 犯人. ▶ 誤用で autor, culpable の代わりに用いられる.

fau·vis·mo [fau.bís.mo] 男【美】野獣派, フォービスム.

fau·vis·ta [fau.bís.ta] 形【美】野獣派[フォービスム]の. ━ 男 女 野獣派[フォービスム]の画家.

fa·ve·la [fa.bé.la] 女 (ブラジルのリオデジャネイロ郊外にある)バラック, あばら屋.

fa·vi·la [fa.bí.la] 女《文章語》火の粉, 火花.

fa·vo [fá.bo] 男【医】黄癬(ｵｳｾﾝ).

fa·vo·nio [fa.bó.njo] 男《文章語》そよ風; 西風.

*__fa·vor__ [fa.bór] 男 **1** 好意, 親切. ¿Me puedes hacer un ～? 君は私の頼みを聞いてくれるかい. **2** (人からの)支援, 援助; ひいき, 特別扱い. gozar del ～ de＋人 (人)に支持されている. Siempre trataba de ganarse el ～ del jefe. 彼[彼女]はいつも上司に目をかけてもらうようにしていた.
3(まれ)《主に複数で》(女性が)体[肌]を許すこと. **4**(女性が男性に向ける)愛情表現; (女性が騎士などに与える)リボン・花などの愛情の印. **5**《ラ米》(1)(ｱﾙｾﾞﾝﾁﾝ)リボン. (2)(ﾒｷｼｺ)贈り物, 景品.
a favor (de...) (1)(…に)賛成して, 味方して; (…と)同じ方向に(↔en contra). votar *a ～ de* …に投票する. ir *a ～ de* la corriente 流れに身をまかせる; 時流に乗る. tener… *a SU ～* …を味方につけている. ¿Estás *a ～* o en contra? 君は賛成なのそれとも反対. (2)(小切手などで)…を受取人にあてた, (…に)あてた.

***en* [*a*] *favor de...** …のために，…に有利に；…を代表して. Este sistema va perdiendo terreno *a* ～ *de* otros métodos más económicos. 他のより効率のよい方法に取って代わられ，このシステムは廃れていきつつある.

***favor de*+不定詞**〈ラ米〉〈俗〉《依頼》《丁寧》…してください.

***hacer el favor de*+不定詞** *a*+人《丁寧》〈人〉に…してあげる. ¿*Me* puedes *hacer el* ～ *de* decir la hora? 時間を教えていただけませんか.

por favor (1)《依頼》**どうぞ**，お願い. Un café, *por* ～. コーヒーをお願いします. ¿Puedes abrir la ventana, *por* ～? 窓を開けていただけませんか. ▶命令文などに添える. (2)《呼びかけ》すみませんが，失礼ですが，あのう. *Por* ～, ¿dónde están los servicios? すみません，トイレはどこでしょうか. (3)《抗議》そんな，お願いだからそんなこと言わないで［しないで］；いい加減にして. Chicos, *por* ～. Estad quietos. ねえ，お願いだから，静かにしてて.

［←〔ラ〕*favōrem* (*favor* の対格); 関連 favorecer, favorito.〔英〕*favor, favorable, favorite*］

favor
Favor de...
「授業が終わったら扇風機を消してください」
（メキシコ）

FAVOR DE APAGAR EL VENTILADOR AL CONCLUIR LA CLASE

fa·vo·ra·ble [fa.ɓo.rá.ble] 形《多くは名詞+》(ser+**) **1**〈**para...** …にとって〉**有利な**，好都合な；順調な. viento ～ 順風. diagnóstico ～ 見通しの明るい診断. Dejar de fumar es ～ *para* la salud. 禁煙は健康によい. **2**〈**a...** …に〉好意的な，賛同する. La mayoría de los diputados se mostraron ～*s al* proyecto presupuestario. 議員の大部分は予算案に賛成した.

fa·vo·re·ce·dor, do·ra [fa.ɓo.re.θe.ðór, -.ðó.ra / -.se.-] 形 **1** 有利な，好都合な；有望な. **2** 似合う，引き立てる；〈実物以上に〉よく見せる. un peinado ～ 見映えのする髪型. un retrato ～ 実物以上によく描かれた肖像画. — 男 女 顧客，得意先.

*fa·vo·re·cer [fa.ɓo.re.θér / -.sér] 34 他 **1**〈状況・条件などが〉**幸いする**，有利に働く，好都合である；〈人を〉助ける，ひいきにする；…に味方する. Si el tiempo no nos *favorece* mañana, aplazaremos el partido. 明日天気が悪ければ試合を延期します. El profesor siempre *favorece* a Pepe. 先生はいつもペペをひいきする.

2 引き立てる，〈人に〉似合う. No te *favorece* ese vestido negro; te hace más vieja. 君にその黒いドレスは似合わない，老けて見えるよ.

— ～·**se** 再 〈**de...** …を〉利用する，役立てる. *Nos hemos favorecido de* la suerte. 我々は幸運に助けられた.

fa·vo·re·ci·do, da [fa.ɓo.re.θí.ðo, -.ða / -.sí.-] 形 恵まれた；特恵の. trato de nación más *favorecida* 最恵国待遇.

— 男 女〈ラ米〉〈俗〉〈古風〉貴信，貴簡；返信.

poco favorecido(運などに）恵まれていない；無器量な.

favorezc- 活 →favorecer.

fa·vo·ri·tis·mo [fa.ɓo.ri.tís.mo] 男《軽蔑》情実，えこひいき.

*fa·vo·ri·to, ta [fa.ɓo.rí.to, -.ta] 形 **1 気に入りの，ひいきの**. mi deporte ～ 私の大好きなスポーツ. fa (**en...** 〈競技など〉で）**本命**. — 男 女 **1** 寵臣(ちょうしん)，寵姫(ちょうき)；お気に入り.

2（競技で）本命. el caballo que se considera como ～ 本命と目されている馬.

*fax [fáks]〔英〕男［複 ～es, ～］**ファクシミリ**，ファックス.

fa·xe·ar [fak.se.ár] 他〈文書などを〉ファックスで送る.

fa·ya [fá.ja] 女 ファイユ：絹，レーヨンなどの横畝のある織物.［←〔仏〕*faille*］

fa·yu·ca [fa.jú.ka] 女〈ラ米〉(1)〈俗〉〈話〉密売［密輸］品市場. (2)〈デア〉つまらないギャグ，中身のない話.

fa·yu·que·ro, ra [fa.ju.ké.ro, -.ra] 男 女〈ラ米〉〈俗〉密輸業者.

fa·yu·to, ta [fa.jú.to, -.ta] 形〈ラ米〉〈ラプラ〉〈話〉不忠な，裏切る，信用できない.

faz [fáθ / fás] 女［複 faces] **1**《文章語》《格式》顔. *faz a faz*(面と)面かって.

2 表面；正面；（貨幣・布地などの)表. la *faz* de la tierra 地表. a la *faz* de … …の正面に.

la Sacra [*Santa*] *Faz* de ... (特に聖骸布(せいがいふ)に残った）キリストの顔の像. → Verónica.

F. C. 男《略》(1) *Fútbol Club* サッカーチーム. (2) *ferrocarril* 鉄道.

fco., f.co, F.co 《略》《商》*franco* 免税の，免除された.

F. de T. 《略》*Fulano de Tal* 誰某(だれそれ)，某氏.

FDN [e.fe.de.é.ne] 女《略》*Fuerza Democrática Nicaragüense* ニカラグア国民主軍.

— 男《略》*Frente Democrático Nacional*（メキシコ・ペルーの）国民民主戦線.

fe [fé] 女 **1《宗》《カト》**信仰**，信仰心. artículo de *fe* 信仰個条. acto de *fe* 信徳. la *fe* cristiana キリスト信仰. *fe* del carbonero《話》純粋な信仰心.

2 信奉；信条，信念. De joven abrazó la *fe* del liberalismo progresista, con lo que le expulsaron de su país. 彼は若いころから進歩的な自由主義を信奉していたために国外追放された.

3 信用，信頼. tener *fe* en... …を信用している. prestar [dar] *fe* a... …を信用する. Esta marca automovilística es digna de *fe*. この自動車のブランドは信頼できる.

4 誓い(の言葉)，誓約；契約；忠誠. *fe* conyugal 夫婦の誓い. a *fe* de caballero. 紳士の名誉にかけて. A *fe* mía [Por mi *fe*] nunca jamás te traicionaré. 私は誓って絶対に君を裏切らない. Los soldados dieron *fe* de su lealtad a la patria. 兵士たちは国家に忠誠を誓った.

5 証明書. *fe* de bautismo [soltería] 洗礼［独身］証明書. *fe* pública 公式証明書.

buena fe 善意，誠意. de *buena fe* 善意で.

dar fe de... (1)〈公的機関が〉…は確かだと認める. (2) …について証言［証明］する.

fe de erratas [*errores*] 正誤表.

mala fe 悪意. Lo dijo de *mala fe*. 彼[彼女]はだますつもりでそれを言った.

［←〔ラ〕*fidem*（*fides* の対格; *fidere*「信じる」より派生）; 関連 fiel.〔英〕*faith*］

Fe 《化》*ferrum*〔ラ〕鉄（= hierro).

FE. 《略》*Falange Española* スペイン・ファランヘ党.

fea

fe·a [fé.a] 形 →feo.
fe·al·dad [fe.al.dáđ] 女 **1** 醜さ, 醜悪さ. **2** 卑劣さ.
feb. 《略》*febr*ero 2月.
fe·be·o, a [fe.bé.o, -.a] 形《文章語》(太陽神)ポイボスの;日輪の.
fe·ble [fé.ble] 形 **1** 弱い, 弱々しい. **2**〈貨幣などが〉目方[量目]不足の.
Fe·bo [fé.bo] 固名《ギ神》ポイボス:太陽神 Apolo の呼称.[←〔ラ〕*Phoebus*←〔ギ〕*Phoîbos*(「輝かしい(人)」が原義)]
febr. 《略》*febr*ero 2月.

✱fe·bre·ro [fe.ßré.ro] 男 **2月**《略 feb., febr.》. el veinte de ~ 2月20日. En los años bisiestos, el mes de ~ tiene 29 días. うるう年には2月は29日まである. *F*~ y las mujeres tienen en un día diez pareceres.《諺》2月と女は日に十の顔. [←〔ラ〕*Februārius* (*februa*「贖(タぐ)いの祭り」がこの月の15日に行われたことから);〔関連〕〔ポルトガル〕*fevereiro*,〔仏〕*février*,〔伊〕*braio*.〔英〕*February*.〔独〕*Februar*]

fe·bri·ci·tan·te [fe.ßri.θi.tán.te / -.si.-] 形《医》熱っぽい, 熱のある.
fe·brí·cu·la [fe.ßrí.ku.la] 女《医》微熱.
fe·brí·fu·go, ga [fe.ßrí.fu.go, -.ga] 形 解熱の. ── 男 解熱剤.
fe·bril [fe.ßríl] 形 **1**《**estar**+》熱のある, 熱っぽい. estado ~ 発熱性脈拍. **2** 激しい, 熱狂的な. actividad ~ 活発な活動.
fe·bri·li·dad [fe.ßri.li.đáđ] 女 **1** 熱があること, 発熱, 熱っぽさ. **2** 熱狂, 興奮.
fe·cal [fe.kál] 形 糞便(ミ)の, 屎尿(½½)の.

✱fe·cha [fé.tʃa] 女 **1 日付**, 年月日;期日, 日取り, 日程. poner la ~ en... …に日付を記す. señalar [fijar] la ~ 日取りを決める. periódico de [con] ~ 5 [cinco] de mayo 5月5日付けの新聞. ~ de caducidad (特に食品の)賞味期限. ~ tope [límite] 締切日. a ~ fija 一定の期日に. ¿Cuál es la ~ de hoy? / ¿Qué ~ es hoy? / ¿En qué ~ estamos? 今日は何日ですか. Se ha anunciado la ~ de las próximas elecciones generales. 総選挙の期日が公示された. **2** 日後. a... días ~ …日後に. de larga ~《商》長期払いの. Mi carta tardó 3 [tres] ~s en llegar. 私の手紙は着くのに3日かかった. **3** 時期, …ころ, 時. en estas ~s このごろ, 今. ~ reciente 最近の. en ~ próxima 近々, 近いうちに. aquellas ~s 当時. El año pasado por estas ~s y hacía bastante frío. 昨年の今ごろはすでにかなり寒くなっていた. **4** 今, 現在. hasta la ~ 今日まで. [←〔古スペイン〕*fecha*「作られた」(*fecho* の女性形) ←〔ラ〕*facta*; *carta fecha*「(…日に)作成された書状」の形容詞部分が「日付」の意の名詞として独立]

fe·cha·dor [fe.tʃa.đór] 男 **1**〈スペイン〉〈ラ米〉(打)日付印, 日付スタンプ. **2**《ラ米》(打)(郵便の)消印;消印用のスタンプ.
fe·char [fe.tʃár] 他 日付を記す;年代[年月日]を確定する.
fe·cho, cha [fé.tʃo, -.tʃa] 形《古語》→hecho. ── 男 (書類に付す)決裁済みの印.
fe·cho·rí·a [fe.tʃo.rí.a] 女 **1** 悪事, 悪行. cometer ~s 悪事を働く. **2**《話》(子供の)悪い, いたずら. Los niños hicieron ~s. 子供たちはいたずらをした.
fé·cu·la [fé.ku.la] 女 でんぷん.

fe·cu·len·cia [fe.ku.lén.θja / -.sja] 女 **1** でんぷんを含んでいること. **2** 汚濁.
fe·cu·len·to, ta [fe.ku.lén.to, -.ta] 形 **1** でんぷん質の, でんぷんを含んだ. **2** 濁った, どろどろの. ── 男 でんぷん(を多く含む食物).
fe·cun·da·ble [fe.kun.dá.ßle] 形《生物》受精可能な;《農》肥沃(½ぐ)にできる.
fe·cun·da·ción [fe.kun.da.θjón / -.sjón] 女 **1**《生物》受胎, 受精. ~ artificial 人工受精. ~ externa [in vitro] 体外[試験管内]受精. **2**《農》肥沃(½ぐ)化.
fe·cun·da·dor, do·ra [fe.kun.da.đór, -.đó.ra] 形《生物》受精させる;《農》肥沃(½ぐ)にする, 豊かにする.
fe·cun·dan·te [fe.kun.dán.te] 形 → fecundador.
fe·cun·dar [fe.kun.dár] 他 **1**《生物》受胎させる, 受精させる. **2**《農》肥沃(½ぐ)にする, 豊かにする. El río *fecunda* sus orillas. 川は流域を肥沃(½ぐ)にする.
fe·cun·da·ti·vo, va [fe.kun.da.tí.ßo, -.ßa] 形 肥沃(½ぐ)にする;繁殖力のある.
fe·cun·di·dad [fe.kun.di.đáđ] 女 **1**《生物》繁殖力, 生殖力. **2**《農》肥沃(½ぐ), 豊穣(ʰʤょう);多産. **3**《比喩的》豊かさ, 有益性.
fe·cun·di·za·ción [fe.kun.di.θa.θjón / -.sa.sjón] 女《農》(土地の)肥沃(½ぐ)化.
fe·cun·di·zar [fe.kun.di.θár / -.sár] 97 他《農》肥沃(½ぐ)にする, 豊かにする. ~ un terreno con abono 肥料を施して土地を肥やす.
fe·cun·do, da [fe.kún.do, -.da] 形 **1**《生物》生殖可能な, 繁殖力のある;多産の. **2**《農》肥沃(½ぐ)な. un campo ~ 沃野(½ぐ). **3** 多産の, 創造力に富んだ. un escritor ~ 多作な作家. **4**《**en...**で》いっぱいの. ~ *en* consecuencias いろいろな問題をはらんだ.
fe·da·ta·rio, ria [fe.đa.tá.rjo, -.rja] 男 女《法》公証人.
fe·da·yin [fe.đá.jin] / **fe·da·yín** [fe.đa.ján]〔アラビア〕男《複数形》パレスチナゲリラ. ▶ 単数形は fadai だが, fedayin を単数形として使うこともある.
FE de las JONS [fé đe las xóns] 男《略》*F*alange *E*spañola *de las J*untas de *O*fensiva *N*acional-*S*indicalistas スペイン・ファランヘと国民サンディカリスト行動隊.
FEDER [fe.đér] 男《略》*F*ondo *E*uropeo de *D*esarrollo *R*egional (EUの)欧州地域開発基金.
fe·de·ra·ción [fe.đe.ra.θjón / -.sjón] 女 **1** 連邦(政府, 制度);連邦化. *F*~ de *M*alaysia マレーシア連邦. ~ *S*indical *M*undial 世界労働組合連合. *R*eal *F*~ *E*spañola de *F*útbol スペインサッカー連盟《略 R.F.E.F.》. *F*~ de las *P*rovincias *U*nidas de *C*entro *A*mérica《史》中米諸州連合 (1824年結成. 中米の完全独立をめざした).
fe·de·ra·do, da [fe.đe.rá.đo, -.đa] 形 連邦を構成する, 連合した. ── 男 連邦の加盟国.
✱fe·de·ral [fe.đe.rál] 形 連邦の, 連邦制の;直合の. estado ~ 連邦国家. gobierno ~ 連邦政府. *R*epública *F*~ de *A*lemania ドイツ連邦共和国. ── 男 女 **1** 連邦主義者. **2**《史》(米国の南北戦争時代の)北部same派支持者;北軍の兵士.
fe·de·ra·lis·mo [fe.đe.ra.lís.mo] 男 連邦主義, 連邦制度.
fe·de·ra·lis·ta [fe.đe.ra.lís.ta] 形 連邦主義の, 連邦制の(↔centralista). ── 男 女 連邦主義者.

fe・de・ra・li・zar [fe.ðe.ra.li.θár / -.sár] 97 他 連邦化する, 連邦組織にする.

fe・de・rar [fe.ðe.rár] 他 連合させる；連邦制にする. **—~(・se)** 再 連合する；連邦に加入する.

fe・de・ra・ti・vo, va [fe.ðe.ra.tí.βo, -.βa] 形 連邦の, 連邦制度の；連合の.

Fe・de・rí・co [fe.ðe.rí.ko] 固名 フェデリコ：男子の洗礼名. [←〔ゲルマン〕*Frithureiks*（*frithu*「平和」＋ *reiks*「首領」；「平和の君主」が原義）；関連〔ポルトガル〕*Frederico*. 〔仏〕*Frédéric*. 〔伊〕*Federico*. 〔英〕*Frederic*(*k*). 〔独〕*Friedrich*〕

feed・back [fíð.bak] 〔英〕男 フィードバック,（アンケートの結果などをもとに）修正をすること.

feel・ing [fí.lin] 〔英〕男 雰囲気,（何となく感じる）気分, フィーリング.

fe・é・ri・co, ca [fe.é.ri.ko, -.ka] 形 妖精の, おとぎの国の.

fé・fe・res [fé.fe.res] 男《複数形》〔ラ米〕(メキシコ)(グアテマラ)(ウルグアイ)(プエルトリコ)〔話〕長石物, くず, 半端物.

fe・ha・cien・te [fe.a.θjén.te / -.sjén.-] 形〔法〕証拠事実の, 反証できない. *prueba* ~ 確かな証拠.

fei・jo・a [fei.xo.á] 女〔植〕フェイジョア, パイナップルグアバ：フトモモ科の亜熱帯果樹. 果実はゼリーやジャムにして食べる.

fei・jo・a・da [fei.xo.á.ða] 女 フェイジョアーダ：黒豆と豚肉で作るブラジルの代表的な煮込み料理.

Fei・jo・o [fei.xó.o] 固名 フェイホー *Benito Jerónimo* ~ (1676-1764)：スペインのベネディクト派修道士・啓蒙(ケイモウ)家. 作品 *Cartas eruditas y curiosas*『博識好奇書簡』.

fe・ís・mo [fe.ís.mo] 男 醜悪主義：醜いものを評価する芸術的傾向.

fe・je [fé.xe] 男 (特に薪(たきぎ)の)束.

fe・la・ción [fe.la.θjón / -.sjón] 女 フェラチオ.

fe・la・tio [fe.lá.tjo] 女 → felación.

fel・des・pá・ti・co, ca [fel.des.pá.ti.ko, -.ka] 形〔鉱〕長石質の, 長石を含む.

fel・des・pa・to [fel.des.pá.to] 男〔鉱〕長石.

feld・ma・ris・cal [feld.ma.ris.kál] 男（ドイツ・オーストリー〔オーストリア〕などの）陸軍元帥.

fe・li・bre [fe.lí.bre] 男 オック〔プロバンス〕語詩人〔作家〕.

fe・li・ce [fe.lí.θe / -.se] 形〔文章語〕幸せな, 幸多き.

fe・li・ces [fe.lí.θes / -.ses] 形《複数形》→ feliz.

fe・li・ci・dad [fe.li.θi.ðáð / -.si.-] 女 幸福, 幸運；満足（のくぼ状態）. *deseos de ~* 人の幸せを祈る気持ち. *poner cara de ~* 幸せそうな顔になる. *vivir en ~* 幸せに暮らす. *¡Qué ~ verte de nuevo!* 君にまた会えて本当にうれしいよ. *Dio a luz con toda ~*. 彼女は無事出産した. ***¡(Muchas) Felicidades!*** 《新年・誕生日・クリスマスなどの》おめでとう. *¡F~es por el nacimiento de tu bebé!* お子さんのご誕生おめでとう. ▶成功・結婚を祝う場合は主に enhorabuena を用いる.

fe・li・ci・ta・ción [fe.li.θi.ta.θjón / -.si.-.sjón] 女 1 祝辞, 祝賀；祝賀の手紙〔言葉〕. *Mis mejores felicitaciones por su éxito*. あなたのご成功を心から祝い申し上げます. *Ha recibido muchas felicitaciones*. 彼〔彼女〕は皆からおめでとうと言われた. 2 賛辞, ほめ言葉. *¡Mis felicitaciones por tu actuación!* すてきなパフォーマンスでしたね.

fe・li・ci・tar [fe.li.θi.tár / -.si.-] 他 1 **(por...)**《…のことで》《人を》祝う；《…について》《人に》おめでとうと言う, 祝辞を述べる. *He ascendido a director de departamento*. —*¡Te felicito!* 僕は部長に昇格したよ. —おめでとう. *Le felicito por su cumpleaños*. お誕生日おめでとうございます. 2 **(a+人《人》の)**《誕生日・霊名祝日・新年などを》祝う. *Mis amigos me felicitaron el día de mi santo*. 友人たちが私の霊名の祝日を祝ってくれた（▶ me が a+人に相当）. 3 **(por...)**《…について》ほめる, 賞賛する. *Todo el mundo le felicitó por su comida*. みんな彼〔彼女〕の料理をほめた. **—~・se** 再 **(de [por]...** …を / **de que**＋接続法 …することを）うれしく思う, 喜ぶ. *Me felicito por tu éxito*. 私は君の成功をうれしく思うよ. *Nos felicitamos de que haya recobrado* el ánimo. 彼〔彼女〕が気力を取り戻してくれてよかった.

fé・li・do [fé.li.ðo] 男〔動〕ネコ科の動物；《複数で》ネコ科.

fe・li・grés, gre・sa [fe.li.grés, -.gré.sa] 男 女 1 教区の信者, 教区民. 2〔話〕常連客.

fe・li・gre・sí・a [fe.li.gre.sí.a] 女《集合的》教区民, 信徒.

fe・li・no, na [fe.lí.no, -.na] 形〔動〕ネコの；ネコのような. **—** 男〔動〕ネコ科の動物.

Fe・li・pe [fe.lí.pe] 固名 1〔聖〕*San* ~ 聖フィリポ：キリストの十二使徒のひとり. 祝日5月1日.
2 ~ II *el Prudente* フェリペ2世慎重王：スペイン王（在位1556-98）◆治世はスペインの黄金時代. スペイン本国, 新大陸植民地, シチリア, ナポリ, ネーデルランド等を相続, 併せポルトガル王も兼ねた). *Se lo ponen como a* ~ II. 彼はなんでもよい顔にされる.
3 ~ V フェリペ5世：ブルボン朝期スペインの初代国王（在位1700-24, 24-46）. ◆フランス王ルイ14世の孫. ハプスブルク家のカルロス2世の死去により断絶したスペイン王位を継承したが, オーストリア, イギリス, オランダがこれを認めず, 王位継承戦争（1701-14）へと発展. 戦争終結後はフランス式の中央集権政策を推進した. 4 フェリペ：男子の洗礼名.
［←〔ラ〕*Philippus*←〔ギ〕*Philippos* (*phil-*「愛する」＋ *hippos*「馬」；「馬好きの人」が原義）；関連〔ポルトガル〕*Filipe*. 〔仏〕*Philippe*. 〔伊〕*Filippo*. 〔英〕*Philip*. 〔独〕*Philipp*〕

fe・li・pi・llo, lla [fe.li.pí.jo, -.ja ‖ -.ʎo, -.ʎa] 形〔ラ米〕(ペルー)裏切り者の, 不実な, 浮気な.

fe・li・pís・mo [fe.li.pís.mo]〔政〕フェリペ社会主義労働者党書記長, 在任1974-97. スペイン首相, 在任1982-96）フェリペ・ゴンサレス *Felipe González* の政治姿勢〔体制, 期間〕.

fe・li・pis・ta [fe.li.pís.ta] 形 フェリペ・ゴンサレス *Felipe González* (支持者)の. **—** 男 女 *Felipe González* の政治姿勢〔体制〕の支持者.

fe・liz [fe.líθ / -.lís] 形〔複 felices〕 1 《＋名詞 / 名詞＋》《ser＋ / estar＋》幸福な, うれしい, 楽しい, 幸運な, 成功した, 順調な. *final [desenlace]* ~ ハッピーエンド. *vida* ~ 幸せな生活. *días [momentos, tiempos] felices* 幸せな日々〔瞬間, 時代〕. *la* ~ *pareja* 幸せなカップル〔夫婦〕. *Estoy* ~ *de estar aquí*. 私はここに居ることが嬉しい. *Soy* ~ *porque me quieres*. 君に愛されているので私は幸せだ.
2 適切な, 的確な；巧妙な. ~ *idea* [*iniciativa*] 適切な考え〔イニシアティブ〕.

desear a＋人 *un Feliz Año Nuevo* 《人》に新年のお祝いを言う.

¡Felices Pascuas! / ¡Feliz Navidad! クリスマスおめでとう.

¡Feliz año! / ¡Feliz Año Nuevo! 《挨拶》新

年おめでとう，明けましておめでとう；よいお年を．
¡Feliz cumpleaños! 誕生日おめでとう．
¡Feliz viaje! よいご旅行を．
no hacer feliz a+人 〈人〉をうれしくさせない．
[← [ラ] felīcem (felīx の対格)；関連 felicidad. [英] felicity「至福」]

fe‧liz‧men‧te [fe.líθ.mén.te / -.lís.-] 副 **1** 幸せに，幸福に．**2** 無事に．**3** 運良く，幸いにも

fe‧lón, lo‧na [fe.lón, -.ló.na] 形 裏切りの；卑劣な．— 男 女 裏切り者；悪党．

fe‧lo‧ní‧a [fe.lo.ní.a] 女 裏切り，悪行．

fel‧pa [fél.pa] 女 **1** フラシ天（ビロードの一種）；パイル［ループ］地. toalla de ～ タオル地．**2**《ラ米》(ラプ)《話》たたく［殴る］こと；叱責(ﾋﾞｯ)，しかりつけること. dar [echar] una ～ a +人〈人〉をしかりつける．

fel‧par [fel.pár] 他 **1**《ラ米》フラシ天［ビロード］で覆う，フラシ天を敷き詰める．《文章語》柔らかなもので覆う，柔らかいものを敷き詰める．— 自《ラ米》死ぬ．
— ～**se** 再《(de...)》（〈フラシ天〉で）覆われる，敷き詰められる；《文章語》〈柔らかなもので〉覆われる．

fel‧pe‧a‧da [fel.pe.á.da] 女《ラ米》(ラプ)(ﾁ)鞭(む)で打ち，たたく［殴る］こと；折檻(ﾑｯ)．

fel‧pe‧ar [fel.pe.ár] 他《ラ米》(ラプ)(ﾁ)《話》ぶつ，たたく；罰する，懲らしめる．

fel‧pi‧lla [fel.pí.ʝa ‖ -.ʎa] 女 シェニール糸，毛虫糸：ビロード状にけば立てた飾り糸．

fel‧pu‧do, da [fel.pú.ðo, -.ða] 形 フラシ天［ビロード］のような；パイル［ループ］地の．— 男 ドアマット．

F.E.M.《略》Fuerza Electromotriz 起電力［英 EMF］．

fe‧me‧nil [fe.me.níl] 形 **1** 女性特有の，女性らしい．**2**《ラ米》(ﾒ)女性の（=femenino）．

‡fe‧me‧ni‧no, na [fe.me.ní.no, -.na] 形 **1**《名詞+》《ser+》女性の，女の（↔masculino）. equipo ～ de fútbol 女子サッカーチーム. empleo ～ 女性の雇用．
2《多くは名詞+》《ser+》《estar+》女性らしい；女のような. gracia *femenina* 女性らしい優しさ. Con pelo largo, *estás* más *femenina*. ロングヘアーだと君は女らしいね．
3《生物》《植》雌の，女の. sexo ～ 女性. flor *femenina* 雌花．(2)《文法》女性（形）の. terminación *femenina* 女性形語尾. nombre ～ 女性名詞．
— 男《文法》女性形．
[← [ラ] fēminīnum (fēminīnus の対格)；fēmina「女性」より派生；関連 男 feminine]

fe‧men‧ti‧do, da [fe.men.tí.ðo, -.ða] 形 **1** 不実な，裏切りの，二心ある．**2** 偽りの，見せかけの．

fé‧mi‧na [fé.mi.na] 女 女性．

fe‧mi‧nei‧dad [fe.mi.nei.ðáð] / **fe‧mi‧ni‧dad** [fe.mi.ni.ðáð] 女 **1** 女性であること，女らしさ．**2**（男の）めそしさ，女性化．

fe‧mi‧nis‧mo [fe.mi.nís.mo] 男 男女同権主義者，女性解放論，フェミニズム．

fe‧mi‧nis‧ta [fe.mi.nís.ta] 形 男女同権主義の，女性解放論の．
— 男 女 男女同権主義者，女性解放論者．

fe‧mi‧ni‧za‧ción [fe.mi.ni.θa.θjón / -.sa.sjón] 女 **1**（名詞・形容詞を文法的に）女性形化すること．→ pianista を una pianista にするなど．**2** 女性的特徴が現れる［発達すること］．

fe‧mi‧noi‧de [fe.mi.nói.ðe] 形（男性のしぐさ・顔が）女性らしい．

fe‧mo‧ral [fe.mo.rál] 形《解剖》大腿(ﾀﾞｲ)骨の．—《昆》腿節の．—女《解剖》大腿動脈（= arteria ～）．

fé‧mur [fé.mur] 男《解剖》大腿(ﾀﾞｲ)骨；《昆》腿節．

fen‧da [fén.da] 女（木材の）ひび，割れ目．

fen‧di [fén.di] 男 →efendi.

fe‧nec [fe.nék] 男《動》フェネック（ギツネ）：砂漠の穴ぐらに棲み，大きな耳を持つイヌ科の動物．

fe‧ne‧cer [fe.ne.θér / -.sér] 34 自 **1**《格式》息をひきとる，死ぬ. El ilustre autor *feneció* a los 70 años. その著名な作家は70歳で死去した．**2** 尽きる，終わる，消滅する. El plazo de suscripción *fenece* dentro de tres días. あと3日で申し込みは締め切りとなります．— 他 終わらせる，終える．

fe‧ne‧ci‧mien‧to [fe.ne.θi.mjén.to / -.si.-] 男《格式》**1** 死去．**2** 終了；（期限などの）締め切り．

fe‧nes‧tra‧ción [fe.nes.tra.θjón / -.sjón] 女《医》（内耳の）開窓術，穿孔(ﾋﾞｯ)術．

fe‧nes‧tra‧do, da [fe.nes.trá.ðo, -.ða] 形 **1**《解剖物》《植》(器官に) 穴のある．**2**《医》(内耳に) 開窓術を受けた．

fe‧nia‧nis‧mo [fe.nja.nís.mo] 男《史》（アイルランド独立を目指す秘密結社の）フェニアン党の主義［運動］．

Fe‧ni‧cia [fe.ní.θja / -.sja] 固名 フェニキア：シリア地方の地中海沿岸にあった都市国家群．◆地中海貿易に活躍し，前12世紀にスペインの Cádiz, 前8世紀に Málaga を建設．アルファベット文字の母体をなすフェニキア文字を創案・使用．[← [ラ] *Phoenīcia*←[ギ] *Phoiníkē*；関連 púnico]

fe‧ni‧cio, cia [fe.ní.θjo, -.θja / -.sjo, -.sja] 形 **1** フェニキアの，フェニキア人の．**2**《軽蔑》商売に長けた；取り引きのうまい．— 男 女 フェニキア人．
— 男 フェニキア語：絶滅した北西セム語の一つ．

fé‧ni‧co [fé.ni.ko] 形《化》石炭酸の. ácido ～ 石炭酸，フェノール．

fe‧ni‧lo [fe.ní.lo] 男《化》フェニル基．

fé‧nix [fé.niks] 男《単複同形》**1** [F-] 不死鳥，フェニックス．**2** 第一人者，筆頭. el ～ de los ingenios 不世出の天才．**3** [F-]《星座》ほうおう座．

fe‧no‧gre‧co [fe.no.gré.ko] 男《植》→alholva.

fe‧nol [fe.nól] 男《化》フェノール，石炭酸．

fe‧nó‧me‧na [fe.nó.me.na] 形 →fenómeno.

fe‧no‧me‧nal [fe.no.me.nál] 形 **1**《話》すごい；すてきな，すばらしい. Fue un viaje ～. ほんとうに楽しい旅行でした．▶ 口語では間投詞的にも用いる．
2《話》ばかでかい，並外れた. un talento ～ 驚くべき才能．**3** 自然現象の，現象の．
— 副《話》すばらしく，見事に. una chica que baila ～ 踊りがとても上手な少女．

fe‧no‧me‧na‧lis‧mo [fe.no.me.na.lís.mo] 男《哲》現象論．

fe‧no‧me‧nal‧men‧te [fe.no.me.nál.mén.te] 副 すばらしく，すごく．

fe‧no‧mé‧ni‧co, ca [fe.no.mé.ni.ko, -.ka] 形 現象の；外見の，見かけの．

fe‧no‧me‧nis‧mo [fe.no.me.nís.mo] 男 →fenomenalismo.

‡fe‧nó‧me‧no, na [fe.nó.me.no, -.na] 形《話》(+名詞 / 名詞+)《ser+ / estar+》すごい，すばらしい（=fenomenal）. Con ese vestido, *estás fenómena*. 君はそのドレスがとても似合っているよ．
— 男 **1** 現象，事象，事件. los ～s de la naturaleza 自然界の現象. ～ físico [atmosférico, meteorológico] 物理［大気，気象］現象. El bajo índice de natalidad es un ～ común en los

países desarrollados. 出生率が低いというのは先進国に共通してみられる現象である.
2《話》並外れた人, 奇才. Este violinista es un ~. このバイオリニストはまさに天才だ.
3 異常な〔特異な〕こと／事柄；怪奇な出来事. ~s sin explicación. 説明できない不思議なこと.
——圃 最高に；見事に. Lo pasé ~ en la fiesta de anoche. 昨夜のパーティーは最高に楽しかった.
——［間投］すばらしい, すごい. He aprobado el examen. —¡F~! 試験に合格したよ. —それはすごい.
［←［後ラ］*phaenomenon*←［ギ］*phaínómenon*「現れるもの」；関連 ［英］*phenomenon*］

fe·no·me·no·lo·gí·a [fe.no.me.no.lo.xí.a] 囡 【哲】現象学.

fe·no·me·nó·lo·go ,ga [fe.no.me.nó.lo.go, -.ga] 圐囡 【哲】現象学派の哲学者.

fe·no·tí·pi·co, ca [fe.no.tí.pi.ko, -.ka] 圏 【生物】表現型の. frecuencia *fenotípica* 表現型頻度.

fe·no·ti·po [fe.no.tí.po] 圐 【生物】表現型：生物を特徴づける形態・生理的形質.

**fe·o, a [fé.o, -.a] 圏 〖＋名詞／名詞＋〗〖ser＋／estar＋〗 醜い. una cara *fea* 醜い顔. El hombre y el oso, cuanto más *feo*, más hermoso. 《諺》男と熊は醜ければ醜いほど美しい（男は外見より中身）. No hay quince años *feos*. 《諺》鬼も十八番茶も出花（←15歳の若さで醜い者などいない）.
2 不快な, ひどい. una película *fea* ひどくて耐えないような）ひどい映画. río de un color *feo* 汚らしい色の川.
3 卑劣な；見苦しい, みっともない, 恥ずべき；不法の. una acción *fea* 卑劣な行為. Es *feo* mentir. うそをつくのはよくない.
4 （成り行きが）悪い；険悪な；厄介な. Ayer fue un día muy *feo*. 昨日の天気は荒れ模様だった. La cosa se está poniendo *fea*. 事態は悪化している.
5《話》くさい, （味が）まずい.
——圐囡 醜い人.
——圐《話》侮辱, 非礼；人を軽んじること.
——圃 ひどく, 下手に. saber [oler] *feo* ひどい味［におい］がする.
dejar feo a＋人〈人（の顔）〉に泥を塗る,〈人〉に恥をかかせる.
de un feo que asusta / más feo que Picio ひどく醜い.
hacer un feo a＋人〈人〉をばか［ないがしろ］にする.
［←［ラ］*foedum* (*foedus* の対格)；関連 fealdad］

fe·o·fí·ce·as [fe.o.fí.θe.as / -.se.-] 囡《複数形》【植】褐藻植物.

fe·ón, o·na [fe.ón, -.ó.na] 圏《ラ米》（ｷｭ)(ﾎｼ)(ﾎﾞﾘ)(ｳﾙ)(ｶﾞﾃ) 醜い, 器量の悪い. medio ~《婉曲》見た目があまりよくない.

fe·o·te, ta [fe.ó.te, -.ta] 圏《時に愛情を込めて》不器量な. [feo＋増大辞]

fe·ra·ci·dad [fe.ra.θi.ðáð / -.si.-] 囡 肥沃（ぴ）.

fe·ral [fe.rál] 圏《まれ》残酷な, 残忍な.

fe·raz [fe.ráθ / -.rás] 圏《複 feraces》肥沃（ぴ）な.

fer·cho, cha [fér.tʃo, -.tʃa] 圐囡《ラ米》(ｺﾛ) バスの運転手.

fé·re·tro [fé.re.tro] 圐《文章語》〖格式〗棺, 柩（ひつぎ）.

fe·ri [fé.ri] 圐《ラ米》→ ferry.

fe·ria [fé.rja] 囡 **1 市（いち）, 定期市；展示会, 品評会. ~ de ganado 家畜品評会. ~ del libro 書籍フェアー. F~ Internacional de Muestras 国際見本市. → mercado 類語.
2 祭り（の休日）, 縁日；フェリア. ◆スペインの各地で毎年決まった時期に開催される祭り. 期間中, 闘牛やコンサートなどが催され, 街中に多くの露天が出てにぎわう. 特にセビーリャの春祭り Feria de Abril de Sevilla, マドリードの聖イシドロの祭り Feria de San Isidro が有名. **3** 《カト》(土曜・日曜を除く) 平日. ~ segunda 月曜日, 週の2日目. **4** 《ラ米》(1) (ﾒｷ) チップ. (2) (ｺｽﾀ)(*ﾑ)(ﾆｶ)《話》小銭, ばら銭.
Cada uno habla [*cuenta*] *de la feria según le va en ella.* 人は誰でも自分の経験に基づいてものごとを見る.
［←［中ラ］*fēria*「市, 縁日；曜日」←［ラ］*fēriae*「祭日」；関連 ［英］*fair*］

fe·ria·do, da [fe.rjá.do, -.ða] 圏 休みの, 公休の. día ~ 休日. ~《ラ米》(ｱﾙｾﾞ) 休日, 祭日.

fe·rial [fe.rjál] 圏 **1** 市の, 市が開催される. **2** 《カト》平日の. ——圐 (市が開かれる) 会場, 場所.

fe·rian·te [fe.rján.te] 圐囡 (売買を目的に) 市に集まる人, (見本市の) 出品者.

fe·riar [fe.rjár] 82 他 **1** 市（いち）で取引する, 物々交換する. **2** (市・祭りで買って) プレゼントする. **3** 《ラ米》(1) (ｸﾞｱﾃ)(ﾎﾝ)(ﾎﾟﾘ)(ﾁﾘ) 安売りする. (2) (ﾒｷ)(*ﾑ)(ﾆｶ) 両替する. ——自 休む, 休業する.
——**~·se** 再 **1** 市で買う. **2** 《話》結婚する.

fe·ri·no, na [fe.rí.no, -.na] 圏 獰猛（ﾄﾞｳﾓｳ）な, 凶暴な.
tos ferina 百日咳（ぜき）.

fer·ma·ta [fer.má.ta] 〖伊〗囡 【音楽】フェルマータ（記号）(⌢または⌣).

fer·men·ta·ble [fer.men.tá.ble] 圏 発酵する.

fer·men·ta·ción [fer.men.ta.θjón / -.sjón] 囡 発酵. ~ alcohólica アルコール発酵.

fer·men·tar [fer.men.tár] 自 **1** 発酵する.
2 〈不満・憎悪などが〉沸き立つ, 醸成される.
——他 発酵させる.

fer·men·ta·ti·vo, va [fer.men.ta.tí.bo, -.ba] 圏 発酵を引き起こす［促進させる］.

fer·men·to [fer.mén.to] 圐 **1** 【化】酵母, フェルメント. **2** (不満・憎悪などを) 沸き立たせるもの. ~ revolucionario 革命を惹起（じゃっき）する原因.

fer·mio [fér.mjo] 圐 【化】フェルミウム：放射性元素 (記号 Fm).

Fer·nán·dez [fer.nán] 固名 **1** ~ González フェルナン・ゴンサレス：初代カスティーリャ伯 (在位930-970). 叙事詩 *Poema de ~ González* 『フェルナン・ゴンサレスの詩』の主人公. **2** フェルナン：男子の洗礼名. [Fernando の語尾消失形]

Fer·nán·dez [fer.nán.deθ / -.des] 固名 **1** (1) Gonzalo ~ de Córdoba ゴンサロ・フェルナンデス・デ・コルドバ, 通称 el Gran Capitán (1453-1515)：スペインの軍人. グラナダ攻略戦に加わったのち, ナポリ戦役へ出陣し, 騎兵と歩兵を巧みに組み合わせた革新的戦法でフランス軍を撃破した. (2) Macedonio ~ (1874-1952). アルゼンチンの作家. 作品 *Museo de la novela de la Eterna*『永遠を扱った小説の博物館』. **2** フェルナンデス：男子の名. [Fernando ＋ -ez「…の子」(「フェルナンドの子」が原義)；関連 Hernández]

Fer·nán·dez de Li·zar·di [fer.nán.deθ de li.θár.ði / -.des - -.sár.-] 固名 フェルナンデス・デ・リサルディ. José Joaquín ~ (1776－1827). メキシコの作家. 作品 *El Periquillo Sarniento*『疥癬（かいせん）病みのオウム』.

fer·nan·di·no, na [fer.nan.dí.no, -.na] 圏 【史】**1** スペイン国王フェルナンド7世 (在位1808, 181

Fernando

4-33))の. **2** フェルナンド7世を支持する.
── 男 女 フェルナンド7世の支援者.

Fer·nan·do [fer.nán.do] 固名 **1** ～ Ⅲ el Santo フェルナンド3世聖王: Castilla 王 (在位1217-52), León 王 (在位1230-52). レコンキスタを大々的に展開し, Córdoba (1236年), Sevilla (1248年) などを奪回した. ◆叔父 Enrique 1世から Castilla 王位を継承した後, 1230年には父 Alfonso 2世から León 王位を受け継いだ. これにより, 両王国が統合された.
2 ～ V el Católico フェルナンド5世カトリック王 (在位1474-1504): アラゴン王フェルナンド2世 (在位1479-1516). カスティーリャ女王 Isabel の夫. 政治家マキャベッリ Maquiavelo の『君主論』のモデルと言われる. シチリア王 (在位1468-1516), ナポリ王 (在位1504-16)を兼ねた. → católico (los Reyes Católicos).
3 ～ Ⅶ フェルナンド7世: スペイン王 (在位1808, 1814-33). Carlos 4世の子. ナポレオンによって父王と共にフランスのバイヨンヌに軟禁される. 独立戦争 (1808-14年) の終結後に帰国し復位するとカディス憲法を無効にするなど自由主義を抑圧した. **4** フェルナンド: 男子の洗礼名. 愛称 Nando, Nano.
[←[中ラ] *Fridenandus*←[ゲルマン] *Fardi-nanth*-(「遠征で勇敢に活躍する人」が原義か); 関連 Hernando. [ポルトガル] *Fernando*. [仏][英] *Ferdinand*. [伊] *Ferdinando*]

fe·ro·ci·dad [fe.ro.θi.ðáð / -.si.-] 女 **1** 残忍さ, 狂暴性. **2** 残虐な行為; 無慈悲な言葉, 暴言.

fe·ro·do [fe.ró.ðo] 男 [商標] フェロード: ブレーキライニング.

fe·ro·és, ·e·sa [fe.ro.és, -.é.sa] 形 (北大西洋のデンマーク自治領) フェロー島の.
── 男 女 フェロー島の出身者[住民].

fe·ro·mo·na [fe.ro.mó.na] 女 [生物] フェロモン.

fe·rós·ti·co, ca [fe.rós.ti.ko, -.ka] 形 [話] 恐ろっぽい, 手に負えない; 醜い.

***fe·roz** [fe.róθ / -.rós] 形 [複 feroces] **1** 〈動物が〉獰猛な. *feroces tigres* 獰猛な虎.
2 〈人が〉残酷な, 残忍な; 〈言動が〉むごい, 無慈悲な. *palabras feroces* 情け容赦のない言葉. *un criminal* ～. 凶悪犯. *el lobo* ～ (童話における) 悪い狼. *Tiene una mirada* ～. 彼[彼女]はとても厳しい目つきをしている. **3** [話] 激しい, 猛烈な. *calor* ～ 厳しい暑さ. *dolor* ～ 激痛. *Tengo un hambre* ～. 私はお腹がぺこぺこだ. **4** [ラ米] 醜い.
[←[ラ] *ferōcem* (*ferōx* の対格); 関連 fiero. [英] *ferocious*「獰猛な」は *fierce*「凶暴な; 激しい」]

fe·rra·do, da [fe.řá.ðo, -.ða] 形 鉄(板)で覆われた, 鉄具で補強した. ── 男 (スペイン Galicia 地方の) 土地の面積単位 (4-6アール), (スペイン Galicia 地方の) 穀物の容量単位 (13-16リットル).

fe·rrar [fe.řár] 8 他 鉄(板)で覆う; 鉄具で補強する.

fe·rra·to [fe.řá.to] 男 [化] 鉄酸塩.

fé·rre·o, a [fé.řé.o, -.a] 形 **1** 鉄の; 鉄道の. *vía férrea* 鉄道. **2** 鉄のような; 不屈の; 厳格な. *voluntad férrea* 鉄の意志. [←[ラ] *ferreum* (*ferreus* の対格; *ferrum* 「鉄」より派生); 関連 [英] *ferro*-]

fe·rre·rí·a [fe.řé.ří.a] 女 製鉄所; 鉄工場.

fe·rre·te[1] [fe.řé.te] 男 [化] 硫酸銅, 胆礬(ばん).

fe·rre·te[2] [fe.řé.te] 男 ポンチ, きり.

fe·rre·te·rí·a [fe.řé.te.ří.a] 女 金物店[商], 金物業.

fe·rre·te·ro, ra [fe.řé.te.řó.ro, -.ra] 男 女 金物商, 金物屋.

fe·rri·cia·nu·ro [fe.řĭ.θja.nú.ro / -.sja.-] 男 [化] ヘキサシアノ鉄(Ⅲ)酸塩; フェリシアン酸塩.

fé·rri·co, ca [fé.řĭ.ko, -.ka] 形 鉄の; [化] 3価の鉄の, 第二鉄の.

fe·rrí·fi·ro, ra [fe.řĭ.fi.ro, -.ra] 形 [化] 鉄を含む.

fe·rri·ta [fe.řĭ.ta] 女 **1** [冶] フェライト: α鉄の一組織. **2** [鉱] フェライト: 磁性材料.

fe·rri·to [fe.řĭ.to] 男 [化] フェライト; 亜鉄酸塩.

fe·ro·bús [fe.řo.bús] 男 [鉄道] 気動車, ディーゼルカー.

***fe·rro·ca·rril** [fe.řo.ka.řĭl] 男 **1** 鉄道; 鉄道会社. *por* ～ (輸送手段として) 鉄道で. Red Nacional de los *F*～*es* Españoles スペイン国有鉄道 (略 RENFE). ～ *de vía sencilla* [*doble*] 単線[複線]. ～ *aéreo* [*teleférico*] ロープウエー. ～ *metropolitano* 地下鉄 (= metro).
2 [ラ米] [学生語] カンニングペーパー.
[←[ラ] *ferrum*「鉄」+ [スペイン] *carril*「軌道」(*carro* より派生)]

ferrocarril (鉄道: スペイン国有鉄道)

fe·rro·ca·rri·le·ro, ra [fe.řo.ka.řĭ.lé.ro, -.ra] 男 女 [ラ米] [鉄] [学] → ferroviario.

fe·rro·cia·nu·ro [fe.řo.θja.nú.ro / -.sja.-] 男 [化] ヘキサシアノ鉄(Ⅱ)酸塩.

fe·rro·mag·né·ti·co, ca [fe.řo.maǥ.né.ti.ko, -.ka] 形 [物理] 強磁性の.

fe·rro·mag·ne·tis·mo [fe.řo.maǥ.ne.tís.mo] 男 [物理] 強磁性.

fe·rro·man·ga·ne·so [fe.řo.maŋ.ǥa.né.so] 男 [冶] フェロマンガン, マンガン鉄.

fe·rro·ní·quel [fe.řo.ní.kel] 男 [冶] フェロニッケル, ニッケル合金.

fe·rro·pru·sia·to [fe.řo.pru.sjá.to] 男 **1** [化] フェロシアン化物. **2** 青焼鉄紙, 青焼き印画.

fe·rro·so, sa [fe.řo.so, -.sa] 形 鉄の, 鉄分を含む; [化] 2価の鉄の, 第一鉄の.

fe·rro·ti·po [fe.řo.tí.po] 男 [写] 鉄板写真 (法), フェロタイプ.

***fe·rro·vial** [fe.řo.bjál] 形 → ferroviario.

***fe·rro·via·rio, ria** [fe.řo.bjá.rjo, -.rja] 形 鉄道の. *red ferroviaria* 鉄道網. ── 男 女 鉄道員.

fe·rru·gi·no·so, sa [fe.řu.xi.nó.so, -.sa] 形 鉄分を含む.

fer·ry [fé.řĭ] / **fer·ry boat** [fé.řĭ bóut] [英] 男 フェリー(ボート).

***fér·til** [fér.til] 形 **1** 肥沃(よく)な, 肥えた. *tierra* ～ 肥えた土地. **2** 生殖能力のある. *mujer en edad* ～ 出産年齢にある女性. **3** 《*en... / de...* …に》富んだ, 豊かな. *año* ～ *en* [*de*] *acontecimientos* 事件の多かった年.
[←[ラ] *fertilem* (*fertilis* の対格) (*ferre*「運ぶ; もたらす」; 実らせる」より派生); 関連 [英] *fertile*]

***fer·ti·li·dad** [fer.ti.li.ðáð] 女 肥沃(よく); 生殖能

fer·ti·li·za·ble [fer.ti.li.θá.ble / -.sá.-] 土地が肥沃(ひよく)化できる.

fer·ti·li·za·ción [fer.ti.li.θa.θjón / -.sa.sjón] 囡 **1**《生物》受胎, 受精. **2** 肥沃(ひよく)化, 施肥.

fer·ti·li·zan·te [fer.ti.li.θán.te / -.sán.-] 形 土地を肥沃にする. ━ 男 肥料.

fer·ti·li·zar [fer.ti.li.θár / -.sár] 97 他〈土地を〉肥沃にする, 肥やす.

fé·ru·la [fé.ru.la] 囡 **1**(教師が生徒の手をたたく体罰用の)木のへら. **2**《医》添え木, 副木. **3**《植》オオウイキョウ:樹脂は薬用.
estar bajo la férula de＋人〈人〉の支配下にある.

fe·ru·lá·ce·o, a [fe.ru.lá.θe.o, -.a / -.se.-] 形 オオウイキョウに似た.

fér·vi·do, da [fér.bi.ðo, -.ða] 形 熱心な, 激しい. *defensor* ～ 熱烈な擁護論者.

fer·vien·te [fer.bjén.te] 形 熱烈な, 熱心な信者. un ～ devoto del budismo 仏教の熱心な信者.
[←〚ラ〛*ferventem* (*fervēns* の対格)「沸騰している」(*fervēre*「沸騰する」の現在分詞)]《関連》hirviente. [英]*fervent*]

*__fer·vor__ [fer.bór] 男 **1** 熱意, 熱中;熱狂. *rezar con* ～ 熱心に祈る.
2 灼熱(しゃくねつ), 炎熱. ～*es estivales* 夏の酷暑.
[←〚ラ〛*fervōrem* (*fervor* の対格;*fervēre*「沸騰する」より派生)]《関連》fiebre. [英]*fervor*「熱情」]

fer·vo·rar [fer.bo.rár] 他 → enfervorizar.

fer·vo·rín [fer.bo.rín] 男《主に複数で》《カト》(一般聖体拝領のときの)短い祈り(の文句).

fer·vo·ri·zar [fer.bo.ri.θár / -.sár] 97 他 → enfervorizar.

fer·vo·ro·sa·men·te [fer.bo.ró.sa.mén.te] 副 熱心に.

fer·vo·ro·so, sa [fer.bo.ró.so, -.sa] 形 熱烈な, 熱心な. un ～ *creyente* 熱心な信者.

fe·sa [fé.sa] 男 囡《ラ米》(メキシコ)《話》お人よし, おばかさん.

*__fes·te·jar__ [fes.te.xár] 他 **1**(パーティーを開いて)祝う. ～ *un aniversario* 記念日を祝う. **2** もてなす, 歓待する;ご機嫌を取る. ～ *a un huésped* 客をもてなす. ～ *a su jefe* 上役に取り入る. **3** 口説く, 言い寄る. **4**《ラ米》(メキシコ)たたく, 鞭(むち)打つ, 懲らしめる. ━ 自 恋愛関係を続ける. ━～*se* 他 **1**《3 人称で》祝われる, 祝典が挙げられる. *Este año se festeja el centenario del nacimiento del poeta*. 今年はその詩人の生誕百年祭が催される. **2** 楽しむ.

*__fes·te·jo__ [fes.té.xo] 男 **1**(客の)もてなし;宴会, 祝宴. **2**《複数で》祭りの行事[催し物]. **3** 口説くこと.

fes·tín [fes.tín] 男 宴会, 祝宴;大盤振る舞い.

fes·ti·na len·te [fes.tí.na lén.te] [ラ] ゆっくり急げ, 急がば回れ(＝*Apresúrate despacio*.).

fes·ti·nar [fes.ti.nár] 他《ラ米》(**1**)(キューバ)(チリ)《話》せかす;手早く片づける, あわててする. (**2**)(プエルトリコ)もてなす.

*__fes·ti·val__ [fes.ti.bál] 男 **1** フェスティバル, 祭典;音楽[演劇, 映画]祭. ～ *de cine* 映画祭. **2** 目を引くこと.

fes·ti·va·le·ro, ra [fes.ti.ba.lé.ro, -.ra] 形《時に軽蔑》どんちゃん騒ぎの, 祭りにありがちな.

fes·ti·va·men·te [fes.tí.ba.mén.te] 副 陽気に, 華やかに;こっけいに.

*__fes·ti·vi·dad__ [fes.ti.bi.ðáð] 囡 **1** 祭典;祝祭, 祭り;祝祭日. **2** 陽気, 楽しさ. **3** 機知, しゃれ.

*__fes·ti·vo, va__ [fes.tí.bo, -.ba] 形 **1** 祭りの, 祝祭の. *día* ～ 祭日. **2** 陽気な, 快活な. *estar de un humor* ～ お祭り気分である. **3** 機知に富んだ, 気の利いた. *hablar en tono* ～ 砕けた調子で話す.

fes·tón [fes.tón] 男 **1** 花綱. **2** スカラップ:衣服のすそなどに用いる波形の縁取り, 刺繡(ししゅう).
3《美》花綱装飾;《建》懸花装飾.

fes·to·nar [fes.to.nár] 他 → festonear.

fes·to·ne·a·do, da [fes.to.ne.á.ðo, -.ða] 形 **1**《服飾》(カーテン・スカートなどの)すそにスカラップ[波形の縁取り]の付いた. **2** 花綱装飾の施された. **3**《植》〈葉が〉ぎざぎざ[鋸歯(きょし)]の.

fes·to·ne·ar [fes.to.ne.ár] 他 **1** 花綱で飾る.
2(波形に)縁取る. *El pinar festonea la costa.* 海岸線にそって松林が続いている.

fe·ta [fé.ta] 囡 **1** フェタチーズ:羊乳で作ったギリシア原産の軟質のチーズ. **2**《ラ米》(ラプラタ)ソーセージ[チーズ]の薄切り.

fe·tal [fe.tál] 形 胎児の. *movimiento* ～《医》胎動.

fe·tén [fe.tén] 形《性数不変》《話》**1** 本物の, 正真正銘の. *un madrileño* ～ 生粋のマドリードっ子.
2 すばらしい, 見事な. *una chica* ～ すごい美人.
━ 囡 **1** 真実, 事実. *Es la* ～. 本当だよ.
━ 副 とてもよく, 見事に.

fe·ti·che [fe.tí.tʃe] 男 **1** 呪物(じゅぶつ), 物神:霊・魔力が宿っているとして崇拝されるもの.
2 マスコット;お守り.

fe·ti·chis·mo [fe.ti.tʃís.mo] 男 **1** 呪物(じゅぶつ)崇拝, 物神崇拝. **2** 盲目的崇拝;熱狂. **3**《心》フェティシズム:異常性欲の一つ.

fe·ti·chis·ta [fe.ti.tʃís.ta] 形 **1** 呪物(じゅぶつ)崇拝の, 物神崇拝の. **2** フェティシズムの.
━ 男 囡 **1** 呪物[物神]崇拝者. **2** フェティシスト.

fe·ti·ci·da [fe.ti.θí.ða / -.sí.-] 形 堕胎[妊娠中絶]の, 流産を引き起こす.
━ 男 囡 堕胎[妊娠中絶]させる人.
━ 囡 堕胎[妊娠中絶]手術を受ける女性.

fe·ti·ci·dio [fe.ti.θí.ðjo / -.sí.-] 男 堕胎, 胎児殺し.

fe·ti·dez [fe.ti.ðéθ / -.ðés] 囡(耐えがたい)悪臭.

fé·ti·do, da [fé.ti.ðo, -.ða] 形 悪臭を放つ, 臭い.

fe·to [fé.to] 男 **1** 胎児. **2**《話》(侮辱で)不細工な人.

fe·tor [fe.tór] 男 → hedor.

fet·tuc·ci·ni [fe.tu.tʃí.ni] [伊] 男 フェットチーネ:幅広のパスタ.

fe·ú·cho, cha [fe.ú.tʃo, -.tʃa] 形 → feúco.

fe·ú·co, ca [fe.ú.ko, -.ka] 形《話》醜い, 不器量な. [*feo*＋縮小辞]

*__feu·dal__ [feu.ðál] 形 封建制の, 封建的な;封土の. *señor* ～ 封建君主.

feu·da·li·dad [feu.ða.li.ðáð] 囡 封建制度;封建性, 封建的性質.

feu·da·lis·mo [feu.ða.lís.mo] 男 封 建 制 度;《史》封建時代.

feu·dar [feu.ðár] 他〈税・貢ぎ物を〉納める.

feu·da·ta·rio, ria [feu.ða.tá.rjo, -.rja] 形 領土[封土]を与えられた. ━ 男 封建家臣, 臣下.

feu·do [féu.ðo] 男 **1**(封建領主の家臣への)領地[封土]授与;領地, 封土. *dar en* ～ 封土として与える. **2**(領主に対する)家臣[封臣]の貢ぎ物[税];忠誠. ～ *ligio* 二君に仕えないこと. **3**(個人・企業などの)勢力範囲;なわばり. **4**《スポ》コート, グラウンド.

fe·ú·ra [fe.ú.ra] 囡《話》醜いこと, 醜悪; 醜い人[もの].

FEVE [fé.βe] 囡《略》*Ferrocarriles de Vía Estrecha*(スペイン)狭軌鉄道.

fez [féθ / fés] 男《複 *feces*》(イスラム教徒がかぶる)トルコ帽.

Fez [féθ / fés] 固名 フェス, フェズ: モロッコの都市.

ff 《略》【音楽】*fortissimo*〔伊〕フォルテイシモ(で), 最も強く.

FF. CC. 男《略》《複数形》*ferrocarril(es)*.

fi [fí] 囡 フィー, ファイ (Φ, φ): ギリシア語アルファベットの第21字.

fí- 活 → fiar.

fia·bi·li·dad [fja.βi.li.dáđ] 囡 信頼性, 信頼度.

fia·ble [fjá.βle] 形 **信頼できる**, 任せられる; 確かな.

fia·ca [fjá.ka] 形《ラ米》《話》怠惰な, 怠け者の.
— 囡 **1** 怠惰. **2** 空腹. **3**《ラ米》《話》面倒くささ, 倦怠感.

fia·do, da [fjá.đo, -.đa] 形 **1** 信頼された[しうた].
2 代金後払いの, 掛けの. al ~ 掛けで, つけで. comprar [vender] al ~ 掛けで買う[売る].

fia·dor, do·ra [fja.đór, -.đó.ra] 形 **1** 掛け売りする人の, 貸し売りする. **2** 保証人の, 保証の.
— 男 囡 **1** 掛け売り[貸し売り]する人. **2** 保証人, 身元引受人. salir ~ por + 人 〈人〉の保証人になる. ser ~ de + 人 〈人〉の(身元)保証人である.
— 男 **1** かんぬき, 差し金, 桟. Cerró la puerta por dentro con el ~. 彼[彼女]はドアに内側からかんぬきを掛けた. **2** (銃などの)安全装置, (撃鉄を留めておく)掛け金. **3** 留め金; (衣服の)ループ; (帽子の)あごひも. **4** 手綱(の一種). **5**《話》(お仕置でたたく)子供の尻.

fiam·bre [fjám.bre] 形《料》**冷たい**, 冷製の. **2**《話》新鮮味のない.
— 男 **1** 冷たい料理: 冷肉, ハム・ソーセージ類. ~s variados コールド・ミートの盛り合わせ. **2**《俗》死体. dejar ~ 殺す, ばらす. **3**《ラ米》《話》盛り上がらないパーティー[会合].
— 副《ラ米》《ズズ》《話》掛けで, 信用売りで.

fiam·bre·ra [fjam.bré.ra] 囡 **1** 弁当箱; 密閉容器. **2** ハム・ソーセージなどを持ち運ぶかご[箱].
3《ラ米》(1)《ア》食器棚, 食品保管庫. (2)《ズズ》ハム・ソーセージをスライスする機械.

fiam·bre·rí·a [fjam.bre.rí.a] 囡《ラ米》(ハム・ソーセージなど)冷肉販売店.

fia·na [fjá.na] 男《話》《ェ》《俗》警察官, パトカー. — 囡《ラ米》《ェ》《俗》警察(組織).

fian·za [fján.θa / -.sa] 囡 **1** 担保[抵当](物件), 保証(金), 保釈金. contrato de ~《法》保証契約.

libertad bajo ~ 保釈. **2** 保証人, 身元引受人.

:fiar [fjár] 81 他 **1** 保証する, 保証人になる. Puedes emplearle con toda confianza, yo le *fío*. 彼を安心して雇っていいよ, この私が保証するから.
2 信用する; 信用して任せる[託す], (信用して)打ち明ける (= *confiar*). ~ a+人 un secreto 〈人〉に秘密を打ち明ける. 掛けで売る; 《ラア》《プ》《ガス》掛け買いする. No se *fía*. 掛け売りお断り.
— 自 **1** (**en...**…を) 信用する, 信じる. No *fíes* tanto *en* la opinión ajena. 人の意見をそんなに信じてはいけないよ. **2** …に掛け売りする.
— ~**·se** 再 (**de...**…を) **信頼する**, 信用する.
~*se de* apariencias 外見を信じる.
ser de fiar 信用に値する.
[←〔俗ラ〕 *fidare「信頼する」←〔ラ〕 *fídere*;〔関連〕 *confiar*, *fiel*.〔英〕 *confide*「信用する」]

fias·co [fjás.ko] 男 失敗, 不成功; 当て外れ. hacer ~ しくじる. La fiesta fue un ~. パーティーは不首尾に終わった.

fí·at [fí.at] 男 認可, 同意. dar el ~ 承認する.

*fi·bra [fí.bra] 囡 **1** 繊維, ファイバー; 繊維質. ~ textil 織物の繊維. ~s artificiales 人造繊維. ~ de vidrio グラスファイバー. ~ óptica 光ファイバー. ~ muscular 筋(肉)線維. **2**【解剖】神経線維, 筋線維; 線維組織. **3**【植】ひげ根. **4** 手腕; 根性; 素質. Este muchacho tiene ~ para los deportes. この少年はスポーツの才能がある. **5**《ラ米》(1)《ズズ》フェルトペン. (2)《チリ》腕力, 力.
tocar la fibra (*sensible* [*sentimental*]) 心の琴線に触れる.

fi·bra·na [fi.brá.na] 囡 ステープル・ファイバー, スフ.

fi·bra·vi·drio [fi.bra.βí.đrjo] 男 ガラス繊維, ファイバーグラス.

fi·bri·la·ción [fi.βri.la.θjón / -.sjón] 囡【医】(心臓の)細動, (筋肉の)線維攣縮(れんしゅく). ~ auricular 心房細動. ~ ventricular 心室細動.

fi·bri·lar [fi.βri.lár]形【解剖】線維の.

fi·bri·lla [fi.βrí.ʝa‖-.ʎa]囡【解剖】原線維.

fi·bri·na [fi.βrí.na] 囡【生化】線維素, フィブリン.

fi·bri·nó·ge·no [fi.βri.nó.xe.no] 男【生化】線維素原, フィブリノゲン.

fi·bro·blas·to [fi.βro.βlás.to] 男【解剖】線維芽細胞.

fi·bro·car·tí·la·go [fi.βro.kar.tí.la.go] 男【解剖】線維軟骨.

fi·bro·ce·men·to [fi.βro.θe.mén.to / -.se.-] 男 石綿セメント.

fi·bro·í·na [fi.βro.í.na] 囡 フィブロイン, シルクプロテイン.

fi·bro·ma [fi.βró.ma] 男【医】線維腫(しゅ).

fi·bro·pla·sia [fi.βro.plá.sja] 囡 線維増殖症.

fi·bros·co·pia [fi.βros.kó.pja] 囡 (内視鏡・光通信に用いる)ファイバースコープ.

fi·bros·co·pio [fi.βros.kó.pjo] 男【医】ファイバースコープ, ファイバー内視鏡.

fi·bro·sis [fi.βró.sis] 囡《単複同形》【医】線維症. ~ pulmonar 肺線維症. ~ quística 嚢胞(のうほう)性線維症.

fi·bro·so, sa [fi.βró.so, -.sa] 形 筋[繊維]の多い. carne *fibrosa* 筋の多い肉.

fí·bu·la [fí.βu.la] 囡《まれ》(古代ローマ・ギリシア人たちが用いた)留め金, ブローチ.

:fic·ción [fik.θjón / -.sjón] 囡 **1** 想像の産物, 作り話;【文学】フィクション; 虚構. ciencia-~ サイエンス・フィクション, S F. la realidad y la ~

実と虚構. **2** 見せかけ, ふり. Todo su llanto es pura ~. あの涙は全てうそだ.
ficción legal [*de derecho*]【法】擬制.
[← [ラ] *fictionem* (*fictio* の対格)「形成」; *fingere* 「形造る」(→ *fingir*) より派生. 関連 [英] *fiction*]

fic·cio·nal [fik.θjo.nál / -.sjo.-] 形 フィクション[作り話, 想像上]の.

fic·cio·so, sa [fik.θjó.so, -.sa / -.sjó.-] 形《ラ米》(^カ)心中を見せない, ポーカーフェースの.

fi·ce [fí.θe / -.se] 男【魚】メルルーサ属の魚.

***fi·cha** [fí.tʃa] 女 **1** (整理・記録・登録用の) カード; 索引カード, 調査票. ~s bibliográficas 蔵書目録カード. ~ policíaca 警察の調書. **2** タイムカード. **3** (電話・遊戯などで用いる) 代用硬貨, メタル, チップ. meter la ~ en la ranura メタルを投入口に入れる. **4** (ドミノ・マージャンの) パイ(牌), 駒(ᓭ). **5** 〖スポ〗契約; 年俸. **6** 〘話〙悪党, ごろつき. **7** 〖映〗〖ＴＶ〗クレジットタイトル. ~ artística キャストのクレジットタイトル. ~ técnica スタッフのクレジットタイトル. **8**《ラ米》(1)《^中米》(^カᓭ)(瓶)の王冠. (2) (^中米)(^南米)〘話〙小銭, ばら銭. (3) (^{ラプ})〘話〙評判のよくない人.
── 形《ラ米》(^中米)一文無しの.
andar ficha《ラ米》(^カᓭ)〘話〙お金がない.
[← [仏] *fiche*]

fi·cha·je [fi.tʃá.xe] 男 (スポーツ選手などの) 入団契約; 契約金; 契約した人.

fi·char [fi.tʃár] 他 **1** カードに記載する, 索引カードを作る; 調書を取る. Todavía no *he fichado* ese libro. まだその本の索引カードを作っていないんだ. estar *fichado* por la policía 警察に調書を取られている.
2 要注意人物と見なす, 目を付ける. La *fichó* su jefe. 彼女は上司ににらまれている. **3** 〖スポ〗《チームが》〈選手と〉契約を結ぶ. **4**《ラ米》(^{メキ})〘話〙だます.
── 自 **1** タイムカードを押す. *Ficha* por mí, por favor. 代わりにタイムカードを押してくださいね.
2 〖スポ〗《*por*... …と》契約する. Aquel jugador *fichó* por el Barcelona por cien millones. あの選手はバルセロナと1億で契約を交わした. **3**《ラ米》(^{ラプ})〘俗〙死ぬ.

fi·che·ra [fi.tʃé.ra] 女 〘話〙《ラ米》(^中米ᓭ)(^カᓭ)〘俗〙ホステス.

fi·che·ro [fi.tʃé.ro] 男 **1** ファイル; (カードの) 整理棚, カードボックス. **2** 《集合的》調査表, 資料カード. **3**〖ＩＴ〗ファイル.

fi·cho [fí.tʃo] 男 〘話〙→ ficha.

fi·cho, cha [fí.tʃo, -.tʃa] 形《ラ米》(^{ラプ})〘話〙《人が》あてにならない, 信用できない.

fi·chú [fi.tʃú] 男 ショール; ネッカチーフ.
[← [仏] *fichu*]

fi·co·lo·gí·a [fi.ko.lo.xí.a] 女〖植〗海藻学.

fi·có·lo·go, ga [fi.kó.lo.go, -.ga] 男 女〖植〗海藻学者.

fi·co·mi·ce·to [fi.ko.mi.θé.to / -.sé.-] 男〖植〗藻菌類.

fic·ti·cio, cia [fik.tí.θjo, -.θja / -.sjo, -.sja] 形 **1** 架空の, 虚構の, 想像上の. nombre ~ 仮名.
2 みせかけの, 虚偽の. amabilidad *ficticia* うわべだけの親切. enfermedad *ficticia* 仮病.

fi·cus [fí.kus] 男〖植〗フィックス, ゴムジュマル.

fi·de·co·mi·so [fi.ðe.ko.mí.so] 男 → fideicomiso.

fi·de·dig·no, na [fi.ðe.ðíɣ.no, -.na] 形 信頼できる. fuentes *fidedignas* 確かな情報筋.

fi·dei·co·mi·sa·rio, ria [fi.ðei.ko.mi.sá.rjo, -.rja] 形 信託された. banco ~ 信託銀行.
── 男 女〖法〗受託者, 被信託人.

fi·dei·co·mi·so [fi.ðei.ko.mí.so] 男〖法〗信託処分, 介立贈与; 〖政〗(国連の) 信託統治. en [bajo] ~ 介立贈与で.

fi·dei·co·mi·ten·te [fi.ðei.ko.mi.tén.te] 男 女〖法〗信託[介立]遺贈者.

fi·de·ís·mo [fi.ðe.ís.mo] 男〖宗〗信仰(第一)主義.

fi·de·le·rí·a [fi.ðe.le.rí.a] 女《ラ米》(^南米)製麵(ᓭ)工場.

***fi·de·li·dad** [fi.ðe.li.ðáð] 女 **1** 忠実, 誠実; (配偶者に対する) 貞節. jurar ~ a... …に忠誠を誓う. **2** 正確さ. **3**〖ラジオ〗〖通信〗忠実度. alta ~ 高忠実度, ハイファイ.

fi·de·lí·si·mo, ma [fi.ðe.lí.si.mo, -.ma] 形 [fiel の絶対最上級] とても忠実な.

fi·de·lis·mo [fi.ðe.lís.mo] 男 カストロ主義: キューバ革命指導者 Fidel Castro 指導下の社会主義革命運動.

fi·de·lis·ta [fi.ðe.lís.ta] 男 女 カストロ主義者.

fi·de·li·za·ción [fi.ðe.li.θa.θjón / -.sa.sjón] 女 得意先の開発, 得意客の獲得.

fi·de·li·zar [fi.ðe.li.θár / -.sár] 97 他《企業が》〈人を〉顧客にする,〈得意客[先]を〉獲得[開発]する.

fi·de·o [fi.ðé.o] 男 **1** ヌードル, バーミセリ: 細長いパスタ. **2** 〘話〙やせた人. estar hecho un ~ やせて骨と皮ばかりである. **3**《ラ米》(^カᓭ) からかい, 冷やかし; 騒ぎ. [← [セサラベ] *fideo*]

fi·deu·á [fi.ðeu.á] 女〖料〗フィデウア, フィデワ: 米の代わりに細いパスタを用いたパエリャ paella.

Fi·dji [fí.ji] 国名 → Fiji.

fid·jia·no, na [fið.xjá.no, -.na] 形 男 女 → fijiano.

fi·du·cia·rio, ria [fi.ðu.θjá.rjo, -.rja / -.sjá.-] 形 信用の, 信託の; 信託された. moneda *fiduciaria* 信用通貨, 紙幣. ── 男 女〖法〗受託者, 被信託人.

***fie·bre** [fjé.bre] 女 **1**〖医〗(病気による) 熱, 発熱. tener mucha [un poco de] ~ 熱がかなり [少し] ある. Le ha subido [bajado] la ~ del bebé la ~. 赤ん坊の熱が上がった[下がった]. **2** (時に複数で)〖医〗熱病. ~ aftosa 口蹄(^{てい})疫. ~ amarilla 黄熱病(→ Guayaquil). ~ del heno 枯草熱, 花粉症. ~ hemorrágica 出 血 熱. ~ de Malta [Mediterránea] マルタ[地中海]熱 (ブルセラ属に属する細菌による感染症). ~ palúdica マラリア熱. ~ tifoidea 腸チフス. ~ láctea 授乳熱. **3** 《*de*... / *por*...》…への, …に対する》熱狂, 興奮;…熱;熱心さ. ~ electoral 選挙の盛り上がり. ~ *del* oro ゴールド・ラッシュ. ~ *del* poder 権力欲. Los obsesiona la ~ *por* comprar una casa propia. 彼らはマイホームを購入しようと必死になりすぎてる. **4**《ラ米》(^{ラプ}ᓭ)(^チ)〘話〙ごろつき; 抜けめのないやつ.
[← [ラ] *febrem* (*febris* の対格); 関連 *fervor, hervir.* 関連 [英] *fever*]

****fiel** [fjél] 形 **1**《+名詞 / 名詞+》《*ser*+》《*a*...に》忠実な, 誠実な; 信心深い (↔infiel). ~ seguidor 忠実な信奉者. ~ amigo 誠実な友. ~ católico 敬虔なキリスト教徒. ser ~ *a* la palabra 約束を守る. **2**《+名詞 / 名詞+》《*ser*+》正確な, 確かな. memoria ~ 確かな記憶. hacer un relato ~ de los hechos 事実の正確な報告をする. **3** 正直な, まじめな. administrador ~ まじめな管理者.
── 男 女 **1** 信者, (特に) キリスト教徒. los ~*es* 信者. **2** 取り巻き. **3** 検察官, 視察官, 監督官.

fielato

——男《秤(はかり)の》針；《はさみの》支軸；《大弓の》金具.
inclinar el fiel de la balanza バランスを一方に傾ける，均衡を破る.
[「忠実な」← *fidēlis* 〈*fidēs*「信頼」より派生〉；[関連] Fidel (人名),fidelidad. [英] *fidelity*, *faith*；「秤の指針」←〈古スペイン〉*fil*←[ラ] *filum*「糸」；両者の混同から「検査官」などの意味が生じた]

fie.la.to [fje.lá.to] 男《まれ》(昔の)入市税関.

fiel.dad [fjel.dáđ] 女 **1** 検査官の職；入市税関.
2 保管，所蔵.

fiel.tro [fjél.tro] 男 フェルト(製品).

fie.mo [fjé.mo] 男 堆肥(たいひ) (= *estiércol*).

fie.ra [fjé.ra] 女 **1** 肉食獣；《複数で》**猛獣類**. *parque de* ～*s* 動物園. **2** 残忍な人，凶悪な人. *Calígula era una* ～. カリグラは残忍な人だった. **3**《闘牛》牛. **4**《ラ米》醜い人，やり手.
——男 女 (**en**～ / **para**～ / **con**～ …に) 長けている人；達人，名人.
fiera corrupia (1) 祭りなどで飾られる怪獣の人形. (2) 残忍な人，獰猛(どうもう)な人.
hecho una fiera (1) 逆上した. ***ponerse hecho una*** ～ 猛り狂う. (2) 猛烈な. *Está hecho una* ～, *ya se ha comido diez empanadas*. 彼は実にすごい，エンパナダを10個も平らげてしまったのだから.

fie.ra.brás [fje.ra.brás] 男 **1** 強い人，反抗的な人. ♦ フランスの12世紀の武勲詩に出てくる巨人 Fierabras から. **2** いたずらっ子.

fie.re.ci.lla [fje.re.θí.ja | -.ʎa / -.sí.-] 女 じゃじゃ馬. *La* ～ *domada* (Shakespeareの)『じゃじゃ馬馴(な)らし』. [*fiera* + 縮小辞]

fie.re.za [fje.ré.θa / -.sa] 女 **1** 獰猛(どうもう)さ，野性. **2** 猛々(たけだけ)しさ，恐ろしさ. **3** 残忍，冷酷. **4** すさまじさ，猛烈. **5** 醜悪.

fie.ro, ra [fjé.ro, -.ra] 形 (*ser* + / *estar* +)
1 獰猛な，野性の. **2** 猛々(たけだけ)しい，恐ろしい. **3** 残忍な，冷酷な. **4** すさまじい，ものすごい；ばかでかい. **5**《ラ米》醜悪な，ひどく醜い. ——男《複数で》虚勢，空威張り. *echar* ～*s* こけ脅しを言う.

fie.rro [fjé.ro] 男《ラ米》(1) 鉄. (2)《うす》刃物，ナイフ；床屋の道具一式；《車の》アクセル. (3)《複数で》小銭. (4)《家畜の》焼き印. (5)《複数で》(カリブ)(中央ア) 道具，用具. (6)(カリブ)《うす》《俗》ピストル.

fies.ta [fjés.ta] 女 **1** パーティー，宴会；集い，会. *Damos una* ～ *para inaugurar la casa*. 私たちは新築祝いのパーティーを開いた.
2（国や地方の行政機関が定める）祝日，休日，公休日；《宗》（カトリック教会が指定する）祝祭日；《複数で》(特にクリスマスと聖週間の)休暇. ～ *fija* [*inmóvil*] 固定祝祭日. ～ *movible* [*móvil*] 移動祝祭日. ～ *de guardar* [*precepto*] 仕事を休んでミサに行くべき日. ～ *regional* 地方の祝日. *El día 24 de junio es la* ～ *de San Juan*. 6月24日は聖ヨハネの祝日です. *¿Qué piensas hacer en las F*～*s de Pascua* [*Navidad*]? 復活祭[クリスマス]の休暇には何をする予定ですか.

[関連] 祝祭日：*el día de Año Nuevo* 元日. *Circuncisión* キリスト割礼の祝日 (1月1日). *la Epifanía* / (*día de los*) *Reyes Magos* 主の御公現の祝日 (1月6日). *Candelaria* 聖母マリアの潔めの祝日 (2月2日). (*día de*) *San José* 聖ヨゼフの祝日 (3月19日). *Anunciación* お告げの祝日 (3月25日). *fiesta del Trabajo* メーデー, 労働者の日 (5月1日). (*día de*) *San Juan* 洗者聖ヨハネの祝日 (6月24日). (*día de los*) *Santos Pedro y Pablo* 聖ペトロ・聖パウロの祝日 (6月29日). *Visitación* 聖母の訪問の祝日 (7月2日). (*día de*) *Santiago* 聖大サンティアゴ[ヤコボ]の祝日 (7月25日). *Asunción* 聖母マリアの被昇天の祝日 (8月15日). *Natividad de la Virgen* 聖マリア御誕生の祝日 (9月8日). (*día de la*) *Raza* 民族の日 (10月12日, いわゆるコロンブス *Colón* の「アメリカ大陸発見」の日). (*día de*) *Todos los Santos* 諸聖人の日 (11月1日). (*día de los*) *Difuntos* 死者の日 (11月2日). *Purísima Concepción* 無原罪の御宿りの祝日 (12月8日). *Navidad* 主キリスト降誕の大祝日, クリスマス (12月25日).
移動祝祭日：*Adviento* 待降節. *Ascensión* 主の昇天の祝日. *Corpus Christi* 聖体の祝日. *cuadragésima* 四旬節の主日. *Cuaresma* 四旬節. *cuasimodo* 白衣の主日. *Domingo de Ramos* 棕櫚(しゅろ)[枝]の主日. *Domingo de Resurrección* / *Domingo de Pascua* 復活の主日, 復活祭. *Jueves Santo* 聖木曜日. *Martes de Carnaval* 灰の水曜日前日の火曜日. *Miércoles de Ceniza* 灰の水曜日. *Pascua Florida* / *Pascua de Resurrección* キリスト復活の主日, 復活祭. *Pentecostés* 聖霊降臨の祝日. *Quincuagésima* 五旬節. *Rogativas* 祈願祭. *Sagrado Corazón* 聖心の祝日. *Semana de Pasión* 受難週. *Semana Santa* 聖週間. *Septuagésima* 七旬節. *Sexagésima* 六旬節. *Témporas* 四季の斎日. *Trinidad* 三位一体の祝日. *Viernes Santo* 聖金曜日.
スペインの主な祭り：*Las Fallas de Valencia* バレンシアの火祭り (3月中旬). *Feria de Sevilla* セビーリャの春祭り (4月). *Fiesta de San Fermín* サン・フェルミン祭（パンプローナの牛追い）. 7月7日.

3《主に複数で》祭り, 祭典. *Las* ～*s de carnaval duran una semana entera*. カーニバルの祭典は丸1週間続く. **4**《闘牛》闘牛の催し. **5** 喜び, 楽しみ；うれしい[楽しい]こと. *Gracias por llamarme, es una* ～ *para mí*. 電話をくれてありがとう, とてもうれしいです. **6**《複数で》喜びの表現, うれしそうな仕草；お世辞, ご機嫌取り. *hacer* ～*s al bebé* 赤ん坊をあやす. *No me hagas* ～*s, que no te daré ni una pela*. おだてたって, おまえには1文すらやらないよ. *El perro hacía* ～*s al amo*. 犬がうれしそうに飼い主にじゃれていた.

aguar la fiesta《話》座をしらけさせる；楽しい気持ちをぶちこわしにする.
arder en fiestas（何かの催しで）盛り上がっている.
no estar para fiestas《話》機嫌が悪い.
Se acabó la fiesta.《話》もうたくさんだ.
Tengamos la fiesta en paz.《話》(口論になりそうなとき間に割って入って) まああせっかくの場なのだから.
tirarse la fiesta《ラ米》(メヒ)《話》パーティーを台無しにする.

[←[後ラ] *festa*「祝祭日」(中性複数形)；[関連] [スペイン] [英] *festival*]

fies.te.ro, ra [fjes.té.ro, -.ra] 形《話》お祭り騒ぎの好きな, 陽気な.

FIFA [fí.fa] [仏] 女《略》*Fédération Internationale de Football Association* (= *Federación Internacional de Fútbol Asociación*) 国際サッカー連盟.

fi.fí [fi.fí] 男《ラ米》(メヒ)(うす)《話》きざな男, プレーボーイ；道楽息子.

fi·fi·ri·che [fi.fi.rí.tʃe] 形 《ラ米》《話》(1)《中米》《ニカ》《ハチ》ひ弱な,病弱な. (2)《中米》《ニカ》《ハチ》しゃれた,きざな.
— 男《ラ米》(1)《中米》《ニカ》《ハチ》→ **fifí**. (2)《ホ淮》《俗》なよなよした男;女役のホモセクシュアルの人.

fí·ga·ro [fí.ga.ro] 男 **1** 床屋, 理髪師. ♦ フランスの劇作家ボーマルシェの『セビーリャの理髪師』の主人公Fígaroから. **2**《服飾》ボレロ.

fi·gle [fí.gle] 男《楽》(金管楽器の)フィグレ, オフィクレイド.
— 男《ラ米》オフィクレイド[オフィクレイド]奏者.

fi·gón [fi.gón] 男《まれ》安食堂, 大衆食堂.

fi·go·ne·ro, ra [fi.go.né.ro, -.ra] 男 女 安食堂の主人[女将(おかみ)].

fi·gue·ral [fi.ge.rál] 男 イチジク畑.

fi·gu·lí·no, na [fi.gu.lí.no, -.na] 形 素焼きの, 陶製の. — 女 素焼き[陶器]の人形.

figle (フィグレ)

****fi·gu·ra** [fi.gú.ra] 女 **1** 姿, 形;人影. Vi pasar la ~ de un hombre. 男の影が横切るのが見えた. El mago tomó la ~ de león. 魔法使いはライオンに姿を変えた.
2 容姿, 体型. Ella tiene una buena ~. 彼女はスタイルがよい.
3(人・動物の)像, 肖像. ~ de frente 正面像. ~ de nieve 雪だるま. ~ de cera ろう人形. ~ incrustada 象眼された人物像.
4 人物, 有名人. ~ gigantesca de la música moderna 現代音楽の巨匠.
5 図, 模様;《数》図形. ~s geométricas 幾何学図形. Véase la ~ 3. 図 3 参照.
6《演》役, 役柄. crear[hacer] una ~ de... ~の役をこなす. **7**《遊》(チェスなどの)駒(こま);(トランプの)絵札. ▶ スペイン・トランプの絵札はジャック sota 11, 馬 caballo 12, 王 rey 13 の 3 枚. → **naipe**. **8**《音楽》音符;音型. **9**(動きの)フォーム, ステップ;《スポ》(スケートなどの)フィギュア. **10**《修辞》あや, 文彩(=~ de dicción). ~ de construcción《文法》破格;《構文上の》変則. ~ retórica 言葉のあや. **11** 顔つき. caballero de la triste ~ うれい顔の騎士.
12 表象, 具現化されたもの. ~ de la muerte 死の象徴. **13**《法》概念.
— 男 女 **1** きざな人;ぶ男, ぶす;奇妙な格好の人.
2 有名人, 名士. Está hecho un ~. 彼は今や有名人だ.
— 活 → **figurar**.

figura decorativa お飾り, 単なる象徴.
[←[ラ]*figuram* (*figūra* の対格)[英]*figure*]

fi·gu·ra·ble [fi.gu.rá.ble] 形 想像できる, 考えられる.

fi·gu·ra·ción [fi.gu.ra.θjón / -.sjón] 女 **1** 形[図]に表すこと;形状, 表象. **2**(主に複数で)想像, 空想の産物. Todos son *figuraciones* tuyas. 何もかも君の想像の産物だ. **3**《映》《TV》脇役間, 重要性.

fi·gu·ra·do, da [fi.gu.rá.ðo, -.ða] 形 **1** 比喩的な;表象[象徴]的の. en sentido ~ 比喩的な意味で. **2**《楽》経過音などで装飾された, 多声音楽の.

fi·gu·ran·te [fi.gu.rán.te] 男 女 **1**《映》《TV》《演》エキストラ, 端役. **2**《軽蔑》下っ端, 重要でない人.

****fi·gu·rar** [fi.gu.rár] 自 **1**(**entre...** / **en...**〈グループ・リスト・場所〉に)(**como...** / **de...** ...として)現れる, 姿を見せる. ~ *en* un diario 新聞に載る. ~ *de* tercero *en* la candidatura 候補者リストの 3 番目に入る. Mi hijo *figura entre* los primeros de la clase. 私の息子はクラスのトップグループに入っている.
2《話》目立つ, 重きを置かれる. Aceptó el cargo sólo para ~. 彼[彼女]はただ目立ちたいというだけでその職務を引き受けた.
— 他 **1** …の姿を写し取る, 描く. Este reloj *figura* la Tierra. この時計は地球をかたどっている.
2 …のふりをする, …を装う. El niño *figuraba* estar mal. その子供は具合が悪いふりをしていた.
3《演》〈…の役を〉演じる. ~ un campesino 農夫の役をする.
— ~**·se** 再 **1** 想像する;《**que** +直説法(多分)…と》思う. Me *figuro que* terminaremos pronto. もうすぐ終わると思います. *Figúrate*, voy a salir yo en la tele. 考えてみてよ, あんたとこの私がテレビに出るのよ. ▶ 否定文では que 以下の動詞は通常接続法を取る. ~ *No me figuraba que* te hicieras médico. 君が医者になるとは思わなかった.
2《3人称で》(**a+**人〈人〉に)想像される, 思われる. *Se le figuraba* que todos la miraban. 彼女は皆に見られているような気がした.

fi·gu·ra·ti·va·men·te [fi.gu.ra.tí.βa.mén.te] 副 表象的に, 象徴的に;比喩的に.

fi·gu·ra·ti·vo, va [fi.gu.ra.tí.βo, -.βa] 形 **1** 表象[象徴]的な;比喩的な. sentido ~ 転義.
2《美》具象の(↔**abstracto**), 形象描写の. arte ~ 具象芸術.

fi·gu·re·rí·a [fi.gu.re.rí.a] 女 おどけた顔[身ぶり].

fi·gu·re·ro, ra [fi.gu.ré.ro, -.ra] 形 おどけた顔[仕草]をする.
— 男 女 おどけた顔[仕草]をする人;人形師[職人].

fi·gu·ri·lla [fi.gu.rí.ja | -.ʎa] 女 小さな像[人形].
— 男 女 体の小さい人;つまらない人.

fi·gu·rín [fi.gu.rín] 男 **1** 服飾[衣装]デザイン;スタイルブック, ファッション雑誌.
2《軽蔑》めかし屋, 伊達(だて)男. ir[estar] hecho un ~ 流行の先端を行く服装をする.

fi·gu·ri·nis·ta [fi.gu.ri.nís.ta] 男 女 服飾[衣装]デザイナー.

fi·gu·ri·ta [fi.gu.rí.ta] 女 《ラ米》《ラプラ》人気キャラクターのカード.

fi·gu·rón [fi.gu.rón] 男 **1**《軽蔑》《話》うぬぼれ屋, 目立ちたがり屋. **2** 風刺喜劇の主役. comedia de ~(17世紀スペインの, 登場人物の性格を戯画化した)風刺喜劇.

figurón de proa《海》船首像, フィギュアヘッド. [figura + 増大辞]

fi·gu·ro·so, sa [fi.gu.ró.so, -.sa] 形《ラ米》《中》《メキ》《俗》派手な身なりの, けばけばしく着飾った.

fi·ja¹ [fí.xa] 女 **1**(左官などが使う目地用の)こて.
2(ある物の)留め金, 鎹(かすがい). (2)《ラプラ》確かな[確実な]こと. a la ~ 確かに, 確実に. (3)《中》《ニカ》《エルサ》《ラプラ》(**una+**)(競馬の)本命(馬).

fi·ja² [fí.xa] 形 → **fijo**.

fi·ja³ [fí.xa] 活 → **fijar**.

fi·ja·car·te·les [fi.xa.kar.té.les] 男 女《単複同形》ビラ張り人.

***fi·ja·ción** [fi.xa.θjón / -.sjón] 女 **1** 固定, 取り付け. ~ del lienzo en el bastidor カンバスを木枠に張ること.
2 決定, 取り決め. ~ de una fecha 日取りの決定. ~ del impuesto 税額の決定.
3《話》強迫観念;固執, 熱狂. **4**《化》凝固, 固定.
5(複数で)《スポ》(スキーの)ビンディング. **6** 定着,

安定；色止め；〖写〗定着液. baño de 〜 定着液.

fi·ja·do [fi.xá.ðo] 男〖写〗定着.

fi·ja·dor, do·ra [fi.xa.ðór, -.ðó.ra] 形 固定させる，留める，定着させる. ― 男 **1** ヘアスプレー，整髪剤. **2** 色止め剤，定着液. **3** 固定器具.

fi·jan·te [fi.xán.te] 形〖軍〗(射撃の)高角(度)の，高射の.

fi·ja·pe·lo [fi.xa.pé.lo] 男 → fijador.

✲✲fi·jar [fi.xár] 他 **1** 固定する，留める，取り付ける. 〜 un cuadro a la pared 壁に額をつける. Prohibido 〜 carteles 貼り紙お断り.
2〈日時・場所などを〉確定する，決定する；〈価格などを〉定める. 〜 la meta 目標を定める. Primero, *fijemos* la fecha. 最初に日にちを決定しましょう.
3《en...に》〈注意・視線を〉注ぐ，向ける. 〜 la atención [mirada] *en*... …に注意する[…をじっと見る]. **4**〖写〗定着させる.
― 〜·se 再 **1** 留まる，固定する. El armario *se ha fijado* en la pared de la derecha. タンスは右側の壁に収まった. **2** 《en...に》気づく；注意する. *¡Fíjese en* lo que le digo! 私があなたに言うことを注意して聞いてください.

fi·ja·ti·vo [fi.xa.tí.βo] 男 **1**〖美〗色止め剤，定着剤. **2**〖写〗定着液.

fi·je·za [fi.xé.θa / -.sa] 女 **1** 不動，確固. mirar... con 〜 …をじっと見つめる. saber... con 〜 …をはっきりと知る. **2** 持続性，永続性，不変. **3**〖化〗不揮発性.

Fi·ji [fí.xi // -.ji] 固名 フィジー：南太平洋の島国. 首都Suva.

fi·jia·no, na [fi.xjá.no, -.na // -.jjá.-] 形 フィジー Fiji[Fiyi]の. ― 男女 フィジーの人.

✲✲fi·jo, ja [fí.xo, -.xa] 形〖名詞＋〗**1**《ser＋ / estar＋》決まった，一定の，固定した，安定した；決定した. sueldo 〜 固定給. empleo 〜 定職. activo 〜 固定資産.
2《ser＋》〈定められたこと・決められたものが〉変わらない；定められた(ままの)；正社員の. El horario de comidas *es* 〜 en el hospital. 病院では食事時間は決まっている. *Soy* 〜 en esta compañía desde hace tres años. 私は3年前からこの会社の正社員です.
3《estar＋》《en [a]...》〈置かれたもの・備えつけられたものが〉《場所》に固定している，安定している；《場所》から》動かない；定住[定着]している. con la mirada *fija en...* …をじっと見つめて. El mueble *está* 〜 *al* suelo. 家具は床に固定されている. *Estoy* 〜 *en* Barcelona. 私はバルセロナに居を構えている. **4**〖化〗凝固した，不揮発性の. un ácido 〜 不揮発酸.
― 男 (携帯電話 el móvil に対して)固定電話.
― 副 **1** じっと. Miraba 〜 las nubes en el cielo. 彼[彼女]は空に浮かぶ雲をじっと眺めていた.
2《話》確かに，きっと(＝ seguro). *F*〜 que mi padre no me deja salir a estas horas. 私の父がこんな時間に外出を許してくれるはずがない.
― 熟 → fijar.
de fijo はっきりと，確実に. No lo sé *de* 〜. 私はそれをはっきりと知っているわけではない.
［←〖ラ〗*fixum* (*fixus* の対格) 関連 fijar.〖英〗*fix*「固定する」］

fi·jón, jo·na [fi.xón, -.xó.na] 形《ラ米》(ｺﾞﾏ)しつこく見ている. ― 男女 しつこく見る人.

fil [fíl] 男 (秤(はかり)の)指針 (＝ fiel).
fil derecho〖遊〗馬飛び.

✝**fi·la** [fí.la] 女 **1** (人・座席などの)列. ponerse en 〜 整列する. aparcar en doble 〜 二重[並列]駐車する.
2 《複数で》〖軍〗兵役；隊(列). estar en 〜*s* 兵役についている. llamar a＋人 a 〜*s* 《人》を入隊させる. ¡Rompan 〜*s*！《号令で》解散！
3《複数で》党派，集団，組. Milita en las 〜*s* de los comunistas. 彼[彼女]は共産主義者のグループで活動している. **4**《話》反感，嫌悪，憎しみ. tener [coger, tomar] 〜 a＋人《人》に反感を抱く. **5**〖数〗行；行列；行列式の横の並び(↔columna).
cerrar [*estrechar*] (*las*) *filas* (1)〖軍〗《隊が》結集する. (2)《集団が》団結する，結束を固める.
de primera [*segunda*] *fila* 一流[二流]の.
en fila india（前後にぴったりと）一列になって，数珠つなぎで.
en primera fila (1)（座席の）最前列に. (2)《比喩的に》第一線で，脚光をあびて.
［←〖仏〗*file*；*filer*「紡ぐ」(←〖後ラ〗*filāre*) より派生 関連 hilo「糸」〖英〗*file*「ファイルする」の原義は「糸で文書をとじて整理する」]

fi·lac·te·ria [fi.lak.té.rja] 女 **1** お守り，魔よけ.
2 (ユダヤ教の)経札，聖句箱. ◆旧約聖書の一節を記した羊皮紙，またはそれを入れる革製の小箱. 左腕と額に結びつけられて用いられる. **3**（絵画・彫刻などで）銘文[碑銘，言葉]が書かれているリボン状の部分.

Fi·la·del·fia [fi.la.ðél.fja] 固名 フィラデルフィア：米国ペンシルベニア州南東部の都市. ―〖英〗*Philadelphia*←？ ［ギ］*philadélpheia*「兄弟愛」

fi·la·diz [fi.la.ðíθ / -.ðís] 男 繭綿，かま糸.

fi·la·men·to [fi.la.mén.to] 男 **1** (細い)糸，線.
2〖電〗フィラメント. **3**〖植〗(おしべなどの)繊維状の部分.

fi·la·men·to·so, sa [fi.la.men.tó.so, -.sa] 形 繊維状の，繊維質の.

fi·lan·dón [fi.lan.dón] 男 縫い物をしたりおしゃべりをするための夜の集会.

fi·lan·dria [fi.lán.drja] 女 (鳥に寄生する)回虫.

fi·lan·tro·pí·a [fi.lan.tro.pí.a] 女《格式》博愛，慈善.

fi·lan·tró·pi·co, ca [fi.lan.tró.pi.ko, -.ka] 形《格式》博愛(主義)の，慈善の.

fi·lán·tro·po, pa [fi.lán.tro.po, -.pa] 男女《格式》博愛主義者，慈善家.

fi·lar [fi.lár] 他《話》魂胆「素性」を見抜く.

fi·la·ria [fi.lá.rja] 女〖獣医〗〖医〗糸状虫，フィラリア.

fi·la·ria·sis [fi.la.rjá.sis] / **fi·la·rio·sis** [fi.la.rjó.sis] 女（単複同形）〖獣医〗〖医〗フィラリア症.

fil·ar·mo·ní·a [fi.lar.mo.ní.a] 女 音楽好き.

fil·ar·mó·ni·co, ca [fi.lar.mó.ni.ko, -.ka] 形 音楽愛好の；交響楽団の.
― 男女 音楽愛好家. ― 女 交響楽団.

fi·lás·ti·ca [fi.lás.ti.ka] 女〖海〗(ロープ・索用の)より糸.

fi·la·te·lia [fi.la.té.lja] 女 切手収集，切手愛好.

fi·la·té·li·co, ca [fi.la.té.li.ko, -.ka] 形 切手収集の，切手愛好の；切手収集家[愛好家].

fi·la·te·lis·ta [fi.la.te.lís.ta] 共 切手収集家，切手愛好家.

fi·la·te·rí·a [fi.la.te.rí.a] 女 饒舌(ｼﾞｮｳｾﾞﾂ)；口車，舌先三寸.

fi·la·te·ro, ra [fi.la.té.ro, -.ra] 男女 饒舌(ｼﾞｮｳｾﾞﾂ)な人；舌先三寸の人.

fi·lá·ti·co, ca [fi.lá.ti.ko, -.ka] 形《ラ米》(ｱﾙｾﾞﾝ)

(ラシ) (1) 〈馬などが〉癖の悪い, 御しがたい. (2) 〈人が〉むら気の;無礼な, 乱暴な;ずる賢い. (3) 難しい言葉を使いたがる, 知ったかぶりの.

fi·le·ar [fi.le.ár] 他《ラ米》《話》食べる.

fi·le·ra [fi.lé.ra] 囡 **1** 袋網を並べて捕る漁法. **2** 《ラ米》《鋨》ナイフ, 小刀.

fi·le·re·ar [fi.le.re.ár] 他《ラ米》《鋨》ナイフで切る.

***fi·le·te** [fi.lé.te] 男 **1**《料》ヒレ肉;(肉・魚の骨なしの)切り身, ステーキ. freír un ～ de salmón サーモンの切り身をソテーする. ↔**carne**.
2《印》(本の背の)装飾線, 輪郭. **3**《建》平縁. **4**(衣服の)縁飾り, へり飾り. **5**《馬》馬銜(はみ). **6**《印》罫(けい), 線. **7** すきま風. **8**《機》ねじ山.
darse el filete《俗》〈カップルが〉いちゃつく.
[「ヒレ肉」←《仏》*filet*;*fil*「糸」(←《ラ》*filum*)+縮小辞;《関連》《英》*fillet*;「平縁」←(《伊》*filetto*;*filo*「糸」]

fi·le·te·a·do, da [fi.le.te.á.ðo, -.ða] 形 (**estar**+) 縁飾りのついた, 装飾線を施された.
━━男 ねじ山.

fi·le·te·ar [fi.le.te.ár] 他 **1** 装飾線を施す, 縁飾りをつける. **2**《機》ねじ山を切る. **3**〈魚・肉を〉おろす, 切り身にする. **4**《ラ米》《罵》《俗》ナイフで切る.

fil·fa [fíl.fa] 囡《話》うそ, デマ;偽物. *hacer correr una* ～ デマをとばす. *¡Eso es pura* ～*!* それは全くのでっちあげだ.

fil·he·lé·ni·co, ca [fi.le.lé.ni.ko, -.ka] 形 → **filheleno**.

fil·he·le·nis·mo [fi.le.le.nís.mo] 男 ギリシア(人)崇拝[賛美].

fil·he·le·no, na [fi.le.lé.no, -.na] 形 ギリシア(人)崇拝[賛美]の.
━━男 囡 ギリシア(人)崇拝[賛美]者.

fi·lia [fí.lja] 囡 愛情, 愛好 (↔**fobia**).

-filia 1 「…の傾向, 親…性, …の(病的)愛好」などの意を表す名詞を作る造語要素. ⇒biblio*filia*, hemo*filia*. **2** 「葉」または「植物内の…色素」の意を表す名詞を作る造語要素. ⇒cloro*filia*. [←ギ]

fi·lia·ción [fi.lja.θjón / -.sjón] 囡 **1** 個人調書, 人物カード. **2** 素姓;由来, 系統. **3** 関連性, 関係. **4** 加入, 入党;党籍. **5** 親子関係. **6**《軍》兵籍簿.

fi·lial [fi.ljál] 形 **1**《格式》(親に対して)子の, 子としての. *amor* ～ 子としての情愛, 孝心. **2**《経》系列の, 支部の. ━━囡 (教会などの)支部;《経》支店, 支社;出張所. *establecer una* ～ *en Buenos Aires* ブエノスアイレスに支店をつくる.

fi·lial·men·te [fi.ljál.mén.te] 副 子としての愛情を持って, 子供が振る舞うように.

fi·liar [fi.ljár] 他 個人調書を作る.
━━～*·se* 再 **1**《軍》入隊する, 兵籍に入る.
2 加入する, 入党する.

fi·li·bus·te·ris·mo [fi.li.bus.te.rís.mo] 男 **1** 海賊行為. **2** スペイン植民地の独立擁護運動. **3**《話》議事進行妨害.

fi·li·bus·te·ro [fi.li.bus.té.ro] 男 **1** (17-18世紀にカリブ海でスペイン船を襲った)海賊, バッカニーア *bucanero*. **2** (19世紀中南米で)スペインからの独立運動に挺身(ていしん)した人. **3**《話》議事進行の妨害者.
[←《古仏》*flibustier*←《オランダ》*vrijbuiter*]

fi·li·ci·da [fi.li.θí.ða / -.sí.-] 共 実子殺害の, 子殺しの. ━━共 実子を殺した親.

fi·li·ci·dio [fi.li.θí.ðjo / -.sí.-] 男 実子殺害, 子殺し(の罪).

fi·li·for·me [fi.li.fór.me] 形 **1** 糸状の, 繊維状の. **2** 糸のように細い;骨と皮ばかりの, ガリガリにやせた.

fi·li·gra·na [fi.li.grá.na] 囡 **1** 金[銀]線細工, フィリグリー. **2** 透かし(模様, 記号). **3** 精巧な細工品. **4**《ラ米》《弘》《植》ランタナ(の一種).

fi·li·lí [fi.li.lí] 男《話》繊細, 精緻(せいち);優雅.

fi·li·pén·du·la [fi.li.pén.du.la] 囡《植》シモツケソウ.

fi·li·pen·se [fi.li.pén.se] 形 (1564年, イタリアの聖フィリッポ・ネリ Felipe Neri が創設した)オラトリオ会の. ━━男 オラトリオ会士.

fi·li·pen·ses [fi.li.pén.ses] 男《複数形》フィリピ[ピリピ]人. *Epístola a los F～*《聖》(新約の)フィリピの信徒への手紙(略 Flp).

fi·lí·pi·ca [fi.lí.pi.ka] 囡《格式》(アテネの雄弁家 Demóstenes がマケドニア王 Filipo 2 世を弾劾したことから) 痛烈な弾劾演説, 個人攻撃.

***Fi·li·pi·nas** [fi.li.pí.nas] 固名 フィリピン: アジア東部のフィリピン諸島からなる共和国 / 面積: 30万 km² / 人口: 約7600万 / 首都: Manila / 言語: (タガログ語を基本とする) フィリピノ語, 英語 (公用語) / 通貨: peso (1 p =100 centavos) / 住民: 主にマレー系 / 宗教: カトリック (83％), プロテスタント (9 ％), イスラム (5 ％).
♦1521年ポルトガルの航海者マゼラン Magallanes 一行が到着. 1565年スペイン人 Legazpi と Urdaneta によって, メキシコとの交通路が開かれ, スペイン人による植民・統治が進む. 1898年米西戦争により米国の統治下に置かれ, 1946年独立.
[人名 Felipe の形容詞 filipino の女性名詞化; 1542年スペイン人 Ruy López de Villalobos がレイテ島を, 時のスペイン皇太子 Felipe (後のフェリペ 2 世) にちなんで Isla Filipina「フェリペ島」と命名. これが後に, 複数形となり, 群島全体を表した]

***fi·li·pi·no, na** [fi.li.pí.no, -.na] 形 フィリピンの. フィリピン人の. ━━男 囡 フィリピン人.
punto filipino《話》意地悪な人;悪党.

Fi·li·po [fi.lí.po] 固名《史》～ II フィリッポス 2 世: マケドニアの王 (在位前359－336). アレキサンドロス大王の父.

fi·lis [fí.lis] 囡《単複同形》**1** 巧みさ, 巧妙さ. *Tiene mucha* ～. 彼[彼女]はとても器用だ.
2 (飾りに用いる) 素焼きの小さな人形.

fi·lis·te·o, a [fi.lis.té.o, -.a] 形《史》フィリステ人の, ペリシテ人の. ━━男 囡《史》フィリステ人, ペリシテ人. **2** 大男.

fill·ing [fí.lin]《英》男《医》皮膚の表面を伸張させるため皮下に脂肪などを充填(じゅうてん)すること.

fi·llo·a [fi.jó.a ‖ -.ʎó.-] 囡 (スペインの) ガリシア地方の小麦・塩・卵黄・牛乳などで作るパンケーキ.

***film** [fílm] 男 → **film**. ► 本来のスペイン語としては *película*.

fil·ma·ción [fil.ma.θjón / -.sjón] 囡 映画撮影, 映画製作 (=*rodaje*).

fil·ma·do·ra [fil.ma.ðó.ra] 囡《ラ米》《弘》(映画の) (小型)撮影機.

***fil·mar** [fil.már] 他 自 映画に撮る, 撮影する. ► ビデオの場合には grabar en vídeo を用いる.

fil·me [fíl.me] 男 → **film**.

fíl·mi·co, ca [fíl.mi.ko, -.ka] 形 映画(界)の, 映画向きの;映画的な.

fil·mi·na [fil.mí.na] 囡《映》スライド.

film·let [fílm.let]《英》男《複 ～s》《映》プロモーションフィルム.

fil·mo·gra·fí·a [fil.mo.gra.fí.a] 囡 (監督・俳優・ジャンル別の)映画作品集;映画作品リスト;映画研究.

fil·mo·lo·gí·a [fil.mo.lo.xí.a] 囡 映画理論[研究],

filmoteca 910

映画論[学];映画技術.

fil·mo·te·ca [fil.mo.té.ka] 囡 フィルム・ライブラリー[コレクション];フィルム保管所.

*__fi·lo__¹ [fí.lo] 男 1 《刃物の》刃. espada [arma] de dos ~s [doble ~] 両刃(ﾘｮｳﾊﾞ)の剣. dar [sacar] ~ a... …に刃をつける;鋭くする;刺激する.
 2 《比喩的》分かれ目,境;頂点.
 3 《ラ米》(1) (ﾁﾘ)(ｸﾞｱﾃ) 《話》空腹,飢え. (2) (ｸﾞｱﾃ)(ﾒﾋｺ) 《俗》恋人,愛人;口説き,色事;騙(ﾀﾞﾏ)り,作り話.
 al filo de... …ちょうど…に. ~ *de la medianoche* 夜中のちょうど12時に. *al ~ del mediodía* ちょうど正午に.
 dar filo a+人 《ラ米》(1)(ﾒﾎｼ)(人)をしかる. (2) (ﾎﾞﾘ)(人)に傷を負わす.
 de filo 《ラ米》(ﾁﾘ)(ｱﾙｾﾞ)思いきって,決然と,きっぱりと.
 por filo 《ラ米》ちょうど,ぴったり.
 tirarse un filo 《ラ米》(ﾁ)議論する,やり合う.
 [←［ラ］*filum*「糸」][関連]*filamento*]

fi·lo² [fí.lo] 男 《動物分類上の》門. ⇒*taxón*.

filo- **1**「愛する」の意の造語要素. 母音の前で fil-. ⇒*filarmonía*, *filología*.
 2「葉」の意の造語要素. ⇒*filoxera*. [←［ギ］]

-filo, la **1**「…を愛する,…に親和的な」の意を表す形容詞を作る造語要素. 名詞に転用されると「…の愛好家」の意. ⇒ hidró*filo*, hispanó*filo*. **2**「葉が…の,…の葉を持った」の意を表す形容詞を作る造語要素. ⇒ anisó*filo*.

fi·lo·co·mu·nis·ta [fi.lo.ko.mu.nís.ta] 形 共産主義[党]支持の. ━男 囡 共産主義[党]の同調者[支持者],共産党のシンパ.

fi·ló·fa·go, ga [fi.ló.fa.go, -.ga] 形《動》葉食の,草食性の. ━男 囡 草食動物.

fi·lo·gé·ne·sis [fi.lo.xé.ne.sis] / **fi·lo·ge·nia** [fi.lo.xé.nja] 囡《複 ~s》《生物》系統発生.

fi·lo·ger·má·ni·co, ca [fi.lo.xer.má.ni.ko, -.ka] 形 ドイツを崇拝する. ━男 囡 ドイツ崇拝者.

fi·lo·lo·gí·a [fi.lo.lo.xí.a] 囡 文献[言語]研究. ~ comparada 比較文献学. ~ románica ロマンス語学. ► 古くは「言語学」の意味でも使用.

[類語] *filología* は今日では「言語学」と区別して,「文献学」という訳語が定着しているが,歴史言語学,文学を含む広い意味での言語研究を指す. スペインの大学の Facultad de Filosofía y Letras (哲文学部) は現在 Facultad de Filología に変わったが,文学・言語学両方を含む. *lingüística* は専門分野としての「言語学」を指す.

[←［ラ］*philologiam* (*philologia* の対格)「学問・文学の愛好,文学研究」←［ギ］*philología*「議論・学問・文学の愛好」; *philo-*「愛する」(不定法 *phileîn*) + *lógos*「言葉」+名詞語尾; [関連][英]*philology*]

fi·lo·ló·gi·co, ca [fi.lo.ló.xi.ko, -.ka] 形 文献学の,文献[言語]研究の.

fi·ló·lo·go, ga [fi.ló.lo.go, -.ga] 男 囡 文献学者,文献[言語]研究家.

fi·lo·ma·ní·a [fi.lo.ma.ní.a] 囡 葉の繁茂.

fi·lo·me·la [fi.lo.mé.la] / **fi·lo·me·na** [fi.lo.mé.na] 囡《鳥》サヨナキドリ,ナイチンゲール.

fi·lón [fi.lón] 男 **1**《鉱》鉱脈,鉱層,鉱床.
 2《話》もうけ口[もの],うまい仕事;宝库.

fi·lon·go [fi.lóŋ.go] 男《ラ米》(ﾒﾎｼ)女友達,恋人.

fi·lo·se·da [fi.lo.sé.ða] 囡 羊毛[木綿]を織り込んだ絹布.

fi·lo·so, sa [fi.ló.so, -.sa] 形 《ラ米》(1) (ﾒﾎｼ)(ｸﾞｱﾃ)(ｱﾙｾﾞ)とがった,鋭い. (2) (ｸﾞｱﾃ)空腹の.

fi·lo·so·fa·dor, do·ra [fi.lo.so.fa.ðór, -.ðó.ra] 形 理論家の,哲学的に思索する. ━男 囡 理論家,哲学好きな人.

fi·lo·so·fal [fi.lo.so.fál] 形《古語》哲学(者)の. *piedra filosofal* 賢者の石. ◆卑金属を金銀に変える力を持つという,特に中世の錬金術師が探し求めた物質. ⇒elixir.

fi·lo·so·far [fi.lo.so.fár] 自 **1** 哲学的に思索[考察]する. **2**《話》(理論立てずに)思いを巡らす.

fi·lo·so·fas·tro, tra [fi.lo.so.fás.tro, -.tra] 男 囡《軽蔑》えせ哲学者,哲学者ぶる人.

fi·lo·so·fí·a [fi.lo.so.fí.a] 囡 **1** 哲学. ~ práctica 実践哲学. ~ moral 倫理学. ~ especulativa 思弁哲学. Facultad de F~ y Letras 哲文学部.
 2 哲学,哲理,根本原理;原理研究. la ~ de Hegel ヘーゲルの哲学体系. la ~ del lenguaje 言語哲学. **3** 人生観,世界観;考え方,信条. ¿Cuál es tu ~ de la vida? あなたの人生観とはどのようなものですか. **4**《話》達観,悟り;諦観,あきらめ. *tomarse... con ~* …を冷静に受け止める.

[←［ラ］*philosophiam* (*philosophia* の対格)←［ギ］*philosophía*; *philo-*「愛する」(不定法 *phileîn*) + *sophía*「知識」「「知識・学問の愛好」が原義」;[関連][英]*philosophy*]

*__fi·lo·só·fi·co, ca__ [fi.lo.só.fi.ko, -.ka] 形 **1** 哲学の;哲学的な. sistema ~ 哲学体系. **2** 冷静な,理性的な;達観した.

fi·lo·so·fis·mo [fi.lo.so.fís.mo] 男 えせ哲学;哲学の乱用.

*__fi·ló·so·fo, fa__ [fi.ló.so.fo, -.fa] 形 哲学的な;達観した,理性的な. Unamuno es un importante ~ español. ウナムーノはスペインの重要な哲学者である. **2** 哲人,賢人;達観した人;理性的な[思慮深い]人.

fi·lo·so·vié·ti·co, ca [fi.lo.so.bjé.ti.ko, -.ka] 形 ソ連を崇拝する. ━男 囡 ソ連崇拝者.

fi·lo·te [fi.ló.te] 男《ラ米》(ﾒﾋｺ)トウモロコシの穂. *en filote*《ラ米》(ﾒﾋｺ)(子供が)髪の毛が生え始めた.

fi·lo·te·ar [fi.lo.te.ár] 自《ラ米》(ﾒﾋｺ)(トウモロコシの)穂が出る,実がつき始める;〈子供の〉頭髪が生える.

fi·lo·te·ra·pia [fi.lo.te.rá.pja] 囡《医》植物の葉などを使う治療法.

fi·lo·xe·ra [fi.lok.sé.ra] 囡 **1**《昆》ブドウネアブラムシ;(この虫による)ブドウの木の病気. **2**《話》酔い,泥酔.

fil·tra·ción [fil.tra.θjón / -.sjón] 囡 **1** 濾過(ｶ)(作用),浸透. **2**《秘密の》漏洩(ｴｲ),漏出. *La decisión se conoció por una* ~. その決定は漏洩により人々の知るところとなった.

filoxera
(ブドウネアブラムシ)
1 macho オス.
2 alado 羽のあるもの.
3 hembra メス.

fil·tra·do, da [fil.trá.ðo, -.ða] 形 **1** 濾過(ｶ)した,濾(ｺ)した. líquido ~ 濾過液. **2**《ラ米》(ﾁﾘ)とても疲れた. ━男 濾過(した液体).

fil·tra·dor [fil.tra.ðór] 男 フィルター,濾過(ｶ)器.

fil·tran·te [fil.trán.te] 形 濾過性の,浸透性の. papel ~ 濾紙.

*__fil·trar__ [fil.trár] 他 **1** 濾過(ｶ)する,フィルターにかける,濾(ｺ)す(= colar). **2**〈データを〉選別する. **3**〈機密を〉漏らす. ━自 浸透する,にじむ.

—~se 再 **1** 濾過される, 浸透する. ~*se* por [a través de] un papel 紙で濾過される.
2（着服などで）〈お金・財産が〉少しずつ減少する；〈秘密・光などが〉漏れる；〈思想などが〉浸透する. Elementos revolucionarios *se han filtrado* en el país. 革命分子が国内に潜入した.

fil·tro¹ [fíl.tro] 男 **1** フィルター, 濾過(ぅ)器［装置］, 濾紙. ~ de aceite オイル・フィルター. ~ de aire エア・フィルター. **2**（タバコの）フィルター. cigarrillo con ~ フィルター付きタバコ. **3**【電】フィルター, 濾波器. **4**【写】フィルター, 濾光板. **4**《比喩的》ふるいに掛けること, 選別. **5**（海岸にわき出る）淡水泉.

fil·tro² [fíl.tro] 男 魔法の薬, ほれ薬, 媚薬(ぴ).

fi·lu·do, da [fi.lú.ðo, -.ða] 形《ラ米》（刃の）鋭い.

fi·lus·tre [fi.lús.tre] 男《話》繊細, 優美.

fim·bria [fím.brja] 女《服飾》（丈の長い婦人服の）すそ, へり, すそ飾り, 縁飾り.

fi·mo [fí.mo] 男（動物の）糞(ふ)；肥やし, 堆肥(たい).

fi·mo·sis [fi.mó.sis] 女［単複同形］【医】包茎.

fin [fín] 男 **1** 終わり, 終止, 結末. *fin* de año [mes]年［月］末. *fin* de semana 週末；《スペイン》小旅行用のカバン. *fin* de curso 学期末. dar [poner] *fin* a...〈会など〉をおしまいにする. llevar... a buen *fin* ...を成功させる.
2 目的, 意図. *fin* último 最終目的. ¿Con qué *fin* vas a organizar esa reunión? どんな意図で君はその会を組織するの.
a fin de +不定詞 / *a fin de que* +接続法 ...するために. No te lo conté *a fin de que* no *te preocuparas*. 君が心配しないようにそのことを話さなかったんだ.
a fin de cuentas つまるところ, 要するに.
a fin(es) de +時などを表す語句 ...の終わりに.
al fin / por fin 結局.
al fin y al cabo / al fin y a la postre 結局, つまるところ.
el fin del mundo《話》辺境, 辺鄙(ぴ)なところ；この世の終わり.
en fin つまり, 結局.
fin de fiesta フィナーレ, 大詰め, 大団円.
sin fin 際限ない, 永久に続く；循環の, （両端をつないで）輪になった. alegrías *sin fin* このうえない喜び.
tocar a SU *fin* 終わりに近付く.
［←《ラ》*finem* (*finis* の対格)；関連 final. ［仏］*fin*. ［英］*final*「最後の」, *finish*「終える」］

fi·na [fí.na] 形 → fino.

fi·na·do, da [fi.ná.ðo, -.ða] 男 女 故人, 死者.
— 形 今は亡き, 故....

fi·nal [fi.nál] 形《名詞 +》（ser +）**1** 終わりの, 最後の；究極の. poner el punto ~ ピリオドを打つ, 終わりにする. resultado ~ 最終結果. decisión ~ 最終決定. fase ~ 最終段階.
2《文法》目的の, 目的を表す. oración ~ 目的を表す文. conjunción ~ 目的を表す接続詞.
— 男 **1** 終わり, 最終；結末. hasta el ~ 最後まで. al ~ de la calle 通りの突き当たりに. al ~ de la guerra 戦争末期に. película con ~ feliz ハッピーエンドの映画. F~ de *l juego*『遊戯の終わり』(Cortázarの短編集). **2** 死, 死亡(ぼう). **3**【音楽】終曲, 終楽章；【演】終幕, フィナーレ.
— 女《スポ》決勝戦. la ~ de copa（優勝杯を争う）優勝決戦. cuartos de ~ 準々決勝. ▶「準決勝」は semifinal.
a finales de... ...の終わりに, ...の末に. *a* ~*es del* mes pasado 先月末に.

al final 最後に, 結局.

finalice(-) / finalicé(-) 活 → finalizar.

fi·na·li·dad [fi.na.li.ðáð] 女 目的, 目標. ¿Qué ~ tiene este libro? この本の意図はなんだろう.

fi·na·lí·si·ma [fi.na.lí.si.ma] 女（競争で）勝者の決まる最後の局面.

fi·na·lis·ta [fi.na.lís.ta] 形 **1** 決勝戦の；最終審査まで残った. el equipo ~ 決勝戦出場チーム. la novela ~ 最終選考まで残った小説, 準入選作.
2【哲】目的論の. — 共 **1** 決勝戦出場選手；最終選考まで残った応募者. **2** 目的論者.

fi·na·li·za·ción [fi.na.li.θa.θjón / -.sa.sjón] 女 終わり, 終了, 決着.

fi·na·li·za·dor [fi.na.li.θa.ðór / -.sa.-] 男 出荷前に家畜を太らせるための化学物質.

fi·na·li·zar [fi.na.li.θár / -.sár] 97 他 終える, 終わらせる, 決着をつける.
— 自 終わる, 終了する；尽きる. *Finalizaba* el invierno. 冬が終わろうとしていた.

fi·nal·men·te [fi.nál.mén.te] 副 ついに；最後に；結局. F~ conseguimos el premio. ついに我々は賞を獲得した.

fi·na·mien·to [fi.na.mjén.to] 男 死亡, 死去.

fi·nan·cia·ción [fi.nan.θja.θjón / -.sja.sjón] 女 出資, 融資, 資金供給［調達］.

fi·nan·cia·mien·to [fi.nan.θja.mjén.to / -.sja.-] 男 → financiación.

fi·nan·ciar [fi.nan.θjár / -.sjár] 82 他 ...の資金を供給［調達］する, ...に出資［融資］する；...の金［費用］を出す. ~ una empresa 企業に融資する.

fi·nan·cie·ro, ra [fi.nan.θjé.ro, -.ra / -.sjé.-] 形 財政［財務, 会計］の；金融の, 財界の. compañía *financiera* 金融会社. — 男 女 金融業者, 融資家；財界人. — 女 金融会社(機関).
［←［仏］*financier*（*finances*「財政」より派生)；関連 ［英］*finance*「財政」, *financial*「財政の」］

fi·nan·cis·ta [fi.nan.θís.ta / -.sís.-] 男 女《ラ米》金融業者, 融資家；財界人.

fi·nan·zas [fi.nán.θas / -.sas] 女《複数形》**1**（国家・企業の）財政, 財務；金融. **2** 会計, 財政, 資産.

fi·nar [fi.nár] 自 死亡［死去］する (= morir).
— **~·se** 再 （*por...*〈...を〉) 熱望［切望］する.

fin·ca [fíŋ.ka] 女 **1** 不動産, 所有地［家屋］. ~ rústica 田舎の地所［家屋］. ~ urbana 都市の地所（ビル）. ~ raíz《ラ米》(認)不動産.
2（田舎・郊外の広い）別荘；農場.
3《ラ米》(認)宝石, 装身具；お金.
［［古スペイン］*fincar*「留まる；固定する」(←《俗ラ》*figicare*「固定する」より派生. 関連 hincar］

fin·car [fíŋ.kár] 102 自 **1** 不動産［地所］を買う；居を定める (= afincar). **2**《ラ米》(1) 根拠がある, 立脚する. (2) (*)建物［ビル］を建てる.
— 他《ラ米》(認)耕す.

fin·de [fín.de] 男《略》《話》週末 (= fin de semana).

fi·nés, ne·sa [fi.nés, -.né.sa] 形 **1** フィン人［語］の. **2** フィンランドの, フィンランド人［語］の.
— 男 女 **1** フィン人. **2** フィンランド人. — 男 **1** フィン語；バルト・フィン諸語, ヴォルガ諸語, ペルム諸語の総称. **2** フィンランド語 (= finlandés).

fi·ne·za [fi.né.θa / -.sa] 女 **1** 上質さ, 上等（なこと)；すばらしさ. Este vestido es una ~. このドレスは見事なものだ.
2 上品さ, 洗練；気配り. **3** やさしい言葉［振る舞い］；親切（な言葉). 賛辞. **4** 贈り物.

fin・ger [fíŋ.ger] ［英］男［複 ～s］『航空』フィンガー（コンコース）.

fin・gi・da・men・te [fiŋ.xí.ða.mén.te] 副 ごまかして, 偽って.

fin・gi・do, da [fiŋ.xí.ðo, -.ða] 形 見せかけの; 偽りの. nombre ～ 偽名.

fin・gi・dor, do・ra [fiŋ.xi.ðór, -.ðó.ra] 形 見せかけの, 偽りの. ━男女 うそつき, いかさま師.

fin・gi・mien・to [fiŋ.xi.mjén.to] 男 見せかけ, 振り, まね; 偽り, ごまかし.

***fin・gir** [fiŋ.xír] 100 他 (偽って) …を装う; 真似る; 《＋不定詞／que＋直説法 …である》**ふりをする**. ～ sorpresa 驚いたふりをする. ～ desinterés 無関心を装う. ～ la voz de la abuela おばあさんの声をまねる. *Fingió estar dormido.* / *Fingió que estaba dormido.* 彼は眠っているふりをした.
━自 自分を偽る, 外観を取り繕う. *Fingía mucho ante su novio.* 彼女は恋人の前では猫をかぶっていた. ━～**se** 再 《＋名詞・形容詞および〈その相当語句（自分が）…である》ふりをする. ～*se un rico* 金持ちのふりをする. ▶ 形容詞は主語の性数に一致する. ⇒*La chica se fingió molesta.* 女の子は不愉快そうなふりをした.

fi・ni・bus・te・rre [fi.ni.bus.té.r̃e] 男 最高点, 絶頂.

fi・ni・qui・tar [fi.ni.ki.tár] 他 **1**〖商〗清算[決算]する. ～ la deuda 負債を清算する.
2《話》《比喩的》片づける; 殺す. ～ las negociaciones 交渉を終わらせる.

fi・ni・qui・to [fi.ni.kí.to] 男 **1**〖商〗清算(書), 決済, 決算. dar ～ a una cuenta 勘定を清算する.
2 解雇通知; 退職金.

fi・ni・se・cu・lar [fi.ni.se.ku.lár] 形 世紀末の.

fi・ní・ti・mo, ma [fi.ní.ti.mo, -.ma] 形 隣接した, 境を接する.

fi・ni・to, ta [fi.ní.to, -.ta] 形 **1** 有限の, 限界[限度]のある. lo ～ y lo infinito 有限と無限.
2〖文法〗(動詞が)定形の.

fi・ni・tud [fi.ni.túð] 女 有限, 終わりのあること.

finj- 活 → fingir.

fin・lan・dés, de・sa [fin.lan.dés, -.dé.sa] 形 フィンランドの, フィンランド人[語]の.
━男女 フィンランド人. ━男 フィンランド語: ウラル語族のバルト・フィン系の言語.

Fin・lan・dia [fin.lán.dja] 固名 フィンランド (共和国)(▶ フィンランド語名 *Suomi*): 首都 Helsinki.

finn [fín] ［英］男 レガッタで使用される全長4.3メートルのセーリング・ボート.

***fi・no, na** [fí.no, -.na] 形 **1**《＋名詞／名詞＋》《ser＋／estar＋》**薄い**; 細い; 細かい（↔grueso）. Este papel es ～ y duro. この紙は薄く固い. ～ hilo 細い糸. talle ～ ほっそりした体つき. lluvia *fina* こぬか雨. *fina* arena 細かい砂. rotulador de punta *fina* de 0,5mm 0.5ミリの細字のサインペン.
2《＋名詞／名詞＋》《ser＋／estar＋》すべすべした, 滑らかな. piel *fina* すべすべした肌.
3《＋名詞／名詞＋》《ser＋》上品な; 上質の; 純度の高い. gusto ～ 洗練されたセンス. oro ～ 純金. azúcar ～ 精糖. persona de ～ modales 上品な人.
4《多くは＋名詞／名詞＋》鋭い, 鋭敏な, 繊細な. oído [olfato, paladar] ～ 鋭い聴覚[嗅覚, 味覚]. *fina* ironía 鋭い皮肉. **5**〖海〗(船が)波切りのよい. buque ～ 船脚の速い船. **6** 優しい, 親切な. amigo ～ 優しい友.
━男 辛口のシェリー酒. → jerez.
ser canela fina とてもすばらしい.
[◄―［ラ］男］*finis*「終わり; 極限」(「(良いことの)極限」の表現から「上質の」の意味が生じた); 関連 fin. ［英］*fine*「上質の」.

fi・no・lis [fi.nó.lis] 形《性数不変》《話》上品ぶった, 気取った人, きざな人.

fin・que・ro [fiŋ.ké.ro] 男《話》田舎の地主.

fin・ta [fín.ta] 女 **1**〖ボクシング・フェンシングなど〗フェイント; 牽制(燬). **2**〖史〗(家臣の差し出す)非常時の上納.

fin・tar [fin.tár] 自〖スポ〗フェイントをかける.

fin・te・ar [fin.te.ár] 自〖ラ米〗→ fintar.

fi・nu・ra [fi.nú.ra] 女 **1** 細さ, 薄さ; なめらかさ.
2 繊細さ, 精巧, 精緻(ち). **3**（感覚の）鋭さ, 鋭敏.
4 上品さ, 礼儀正しさ. comportar con mucha ～ とても礼儀正しく振る舞う. **5** 上等, 上質, 優良.

fi・nús・ti・co, ca [fi.nús.ti.ko, -.ka] 形《話》上品ぶった, 気取った.

fi・ñe [fí.ɲe] 形《ラ米》(᛫ャ)《話》小さい, 虚弱な.
━男女《ラ米》(᛫ャ) (話) 子供, 少年, 少女.

fio・fí・o [fjo.fí.o] 男《ラ米》(᛫) 〖鳥〗シラギクタイランチョウ.

fiord [fjórð] / **fior・do** [fjór.ðo] 男 〖地理〗峡湾, フィヨルド.

fi・que [fí.ke] 男《ラ米》(コウ)(᛫ェネ)(᛫ᄅ)リュウゼツラン科オオマンネンランの繊維(で編んだ綱).

fire・wall [fáir.(g)wol] ［英］男 **1**（森林の）防火帯[線];〖建〗防火壁. **2**《複 ～s, ～》〖IT〗ファイアウォール (=cortafuego).

***fir・ma** [fír.ma] 女 **1** 署名(すること), **サイン**; 調印（▶ 著名人などの「サイン」は autografía）. ～ en blanco 白紙委任. media ～ 姓だけで名前のない署名. poner [echar] una ～ 署名する. recoger ～s 署名を集める. El próximo mes tendrá lugar la ～ de los acuerdos. 来月協定の調印が行われる.
2《集合的》(署名が必要な)書類. Dile a la secretaria que pase la ～ al director general. 局長にその書類を渡すように秘書に伝えてくれ.
3〖商〗商会, 商社; 会社. una prestigiosa ～ 大手会社. Esta ～ es solvente. この会社には支払い能力がある. **4** (芸術家などの) 独特のスタイル, (特徴的な)作風; …らしさ. Esta película lleva la ～ inconfundible del director. この映画にはいかにもその監督らしいスタイルが表れている. **5** 著者, 執筆者 (=autor). **6**〖商〗代表, 代理. Llevo la ～ de la fábrica. 私はその工場の代表を努めている.
━自 → firmar.

fir・ma・men・to [fir.ma.mén.to] 男 (澄みわたった)夜空; 天空, 天球.

fir・man・te [fir.mán.te] 形 署名[調印]した. los países ～s 調印国. ━男女 署名[調印]者 (= signatario). los ～s de un acuerdo 協定の調印者. el abajo ～ 署名者, 下名.

***fir・mar** [fir.már] 他《書類・手紙などに》**署名する**;《条約・法律などに》調印する. ～ un contrato 契約書に署名する. ～ un acuerdo de paz con... …と平和条約を結ぶ. ～ un triunfo 勝利を収める.
━自 署名する;《por... / con...》〈組織など〉と)契約する. El jugador *firmó* por una temporada *con* [*por*] el equipo. その選手はチームと1シーズンの契約を結んだ.
━～**se** 再《＋固有名詞 …と》署名する. *Se firmó*

Duque de Alba. 彼はアルバ公爵と署名した.
firmar en blanco 白紙委任する.
firmar por [+不定詞 / *que*+接続法] …するためなら速かって決断する. *Ahora mismo firmaría yo por casarme con una chica como ella.* 彼女のような人と結婚できるのだったらすぐにでも決断するのに.
▶ 過去未来形で用いられる.
[←〔後う〕 *firmāre*「保証する」—〔ラ〕*firmāre*「強くする；確実にする」(*firmus*「強固な」より派生)；関連 afirmar, confirmar. 〔英〕*affirm*「断言する」, *confirm*「確証する」]

***fir·me** [fír.me] 形 **1** 〈多くは名詞+〉〈*ser* + / *estar* +〉しっかりした, 固定［安定］した, ぐらつかない. *caminar con paso* ～ しっかりした足取りで歩く. *a pie* ～ 踏ん張って. *tierra* ～ 大陸, 陸地. *La pata de la mesa no está* ～. 机の足がしっかりしていない. *dos* ～*s columnas* 2本のしっかりした柱. *La suspensión es* ～. 〈車の〉サスペンションは固い.
2 〈+名詞 / 名詞+〉〈*ser* + / *estar* +〉確固たる, 不動の, くじけない. ～ *voluntad* ［*decisión*］ 確固たる意志［決心］. *sentencia* ～ 《法》確定判決. *mantenerse* ～ 自分の立場を堅持する. *un compromiso* ～ 固い約束.
3 〈名詞+〉〈*ser* +〉《商》確定的な；〈市況・市価が〉堅調な, 手堅い, 安定した. *oferta* (*en*) ～ ファームオファー, 回答期限付き売買申し込み.
4 〈ラ米〉〔俗〕真実, 本当のこと.
— 男 **1** 〈建物の〉土台, 基礎. **2** 〈道路の〉路床. **3** 路面.
— 副 しっかりと, 堅固に. *trabajar* ［*estudiar*］ ～ 一生懸命に［勉強する］. *pegar* ～ 強く殴る.
— 活 ➡ firmar.
de firme 熱心に, たゆまず；しっかりと；強く, 激しく；ずっと. *trabajar* ［*estudiar*］ *de* ～ 一生懸命に［勉強する］. *saber de* ～ 確実に知っている. *llover de* ～ 雨が激しく降る.
en firme 〈商〉確定取引で, 正式に. *vender en* ～ 確定条件で売る.
estar en lo firme ゆるぎない立場にいる.
¡Firmes! 気をつけ (↔*¡Descanso!*).
[←〔俗〕*firmis*—〔ラ〕*firmus*「堅い；確実な」, 関連 〔英〕*firm*「堅い；確実な」, *confirm*「確証する」]

fir·me·men·te [fír.me.mén.te] 副 しっかりと, きっぱりと.

***fir·me·za** [fir.mé.θa / -.sa] 女 堅さ, 堅固, 毅然（さ,）. ～ *de creencias* ［*convicciones*］ 確固たる信仰［信念］. ～ *de carácter* しっかりした性格.

fir·món [fir.món] 形 〈弁護士などが〉署名で［名前を貸して］もうける.
— 男 署名で［名前を貸して］もうける人.

fi·ru·le·tes [fi.ru.lé.tes] 男 〈複数形〉〈ラ米〉〈ﾘｵ〉〈ﾁﾘ〉余計な飾り, ごてごてした装飾；無駄な表現.

fi·ru·lís·ti·co, ca [fi.ru.lís.ti.ko, -.ka] 形 〈ラ米〉〔話〕(1) 〈ﾒﾋｺ〉ばかな, 愚かな. (2) 〈ｺﾛﾝ〉気取った, 上品ぶった.

fis·ca [fís.ka] 女 〈ラ米〉〈ｺﾞｽﾃ〉〔話〕少し, 少量.

***fis·cal** [fis.kál] 形 **1** 財政〈上〉の, 財務の；会計の. *reforma* ～ 財政改革. *fraude* ～ 脱税. *año* ～ 会計年度. **2** 国庫の. *contribuciones* ～*es* 国税. **3** 検事の.
— 男 **1** 《法》検察官, 検事. *El* ～ *interrogó al testigo.* 検察官が証人尋問をした. ▶女性形として *fiscala* が用いられることもある. **2** 会計官；財務官. **3** 〈ラ米〉〈ｺﾞｽﾃ〉交通警察.

fis·ca·lí·a [fis.ka.lí.a] 女 **1** 検察庁, 検事局.
2 検事［検察官］の職.
fiscalía de tasas 課税事務所.

fis·ca·li·dad [fis.ka.li.dáđ] 女 〈国・州などの〉税の徴収；税収.

fis·ca·li·za·ción [fis.ka.li.θa.θjón / -.sa.sjón] 女 **1** 監督, 監査, 査察. **2** 詮索（ｾﾝ）.

fis·ca·li·za·dor, do·ra [fis.ka.li.θa.đór, -.đó.ra / -.sa.-] 形 詮索（ｾﾝ）好きな.
— 男 女 詮索好きな人.

fis·ca·li·zar [fis.ka.li.θár / -.sár] 97 他 **1** 監督［監査, 査察］する；監視する, 見張る.
2 詮索（ｾﾝ）する；非難する. *Siempre está fiscalizando nuestro trabajo.* 彼［彼女］はいつも私たちの仕事ぶりを監視している.

fis·co [fís.ko] 男 **1** 国庫, 〈国家〉財政.
2 〈ラ米〉〈ｺﾞｽﾃ〉銅貨.

fis·cor·no [fis.kór.no] 男 《音楽》コルネット：Cataluña の民俗音楽で使われるトランペットより小型で bugle ビューグルに似た金管楽器.

fis·ga [fís.ga] 女 **1** 〈魚を突く〉銛（ﾓﾘ）, 鋸（ﾔｽ）. **2** からかい, 嘲笑（ﾁｮｳ）. **3** 〈ラ米〉〈ﾒﾋｺ〉〈ﾁﾘ〉《闘牛》銛.

fis·ga·dor, do·ra [fis.ga.đór, -.đó.ra] 形 **1** 詮索（ｾﾝ）好きな. **2** からかう, 嘲笑（ﾁｮｳ）する.
— 男 女 **1** 詮索する人. **2** からかう人, 嘲笑する人.

fis·gar [fis.gár] 回 他 **1** 詮索する, 聞き耳を立てる. *Intenté* ～ *por qué discutían.* 私はいったい何を議論しているのか探ろうとした. **2** 〈魚を〉銛（ﾓﾘ）［鋸（ﾔｽ）］で捕る. ～ *la* (***en*** *...* ～) 詮索する, 首を突っ込む. *Le gusta mucho* ～ *en los asuntos ajenos.* 彼［彼女］は他人のことをあれこれ詮索するのが好きだ. **3** 〈陰で〉あざ笑う, からかう.
— **～·se** 再 〈*de...* ～*se*〉からかう, あざける.

fis·gón, go·na [fis.gón, -.gó.na] 形 **1** 詮索（ｾﾝ）好きな. **2** からかう. — 男 女 **1** 詮索好きな人. **2** からかう人. **3** 〈ラ米〉〈ﾒﾋｺ〉(*ﾒﾋｺ)のぞきをする人.

fis·go·ne·ar [fis.go.ne.ár] 他 詮索（ｾﾝ）する, かぎ回る. — 自 〈他人の私事を〉詮索する.

fis·go·ne·o [fis.go.né.o] 男 詮索（ｾﾝ）, かぎ回り.

fi·sia·tra [fi.sjá.tra] 形 《医》自然療法の.
— 男 女 自然療法を受ける人.

fi·sia·trí·a [fi.sja.trí.a] 女 《医》自然療法.

fi·si·ble [fi.sí.ble] 形 《物理》核分裂する.

***fí·si·ca** [fí.si.ka] 女 物理学. ～ *nuclear* 核物理学. ～ *cuántica* 量子物理学. ～ *matemática* 数理物理学. ～ *experimental* 実験物理学.
— 形 女 ➡ físico.

fí·si·ca·men·te [fí.si.ka.mén.te] 副 **1** 物理的に, 物質的に. **2** 肉体的に, 身体的に.

****fí·si·co, ca** [fí.si.ko, -.ka] 形 **1** 〈名詞+〉〈*ser* +〉 物理学〈上〉の；物理の, 物理的な. *leyes físicas* 物理の法則. *fenómenos* ～*s* 物理現象.
2 〈名詞+〉〈*ser* +〉身体の, 肉体の. *hacer ejercicio* ～ 運動をする. *defecto* ～ 身体的欠陥. *educación física* 体育. *Sufrí mucho dolor, tanto* ～ *como mental.* 私は肉体的にも精神的にもひどい苦痛を味わった.
3 物質の, 物質的な (＝*material*)；有形の, 形而下の (↔*metafísico*). *mundo* ～ 物界. *persona física* 《法》個人. **4** 自然〈界〉の, 自然の法則に従った, 天然の. *geografía física* 自然地理学. **5** 〈ラ米〉〈ﾒﾋｺ〉〈ﾁﾘ〉〔話〕気取った, 上品ぶった.
— 男 女 物理学者.
— 男 体格；顔つき, 容姿. *Ese modelo tiene un* ～ *muy atractivo.* そのモデルは非常に魅力的な体形

fisicoquímico

をしている.
[←⟨ラ⟩ *physicum* (*physicus* の対格)「自然に関する」←⟨ギ⟩ *physikós* (*phýsis*「自然」より派生); 関連⟨英⟩ *physical*]

fi·si·co·quí·mi·co, ca [fi.si.ko.kí.mi.ko, -.ka] 形 物理化学的な. — 女 物理化学.

fí·sil [fí.sil] 形 ⇒ fisible.

fisio-「自然」の意を表す造語要素. ⇒ *fisiografía, fisiología*. [←⟨ギ⟩]

fi·sio·cra·cia [fi.sjo.krá.θja / -.sja] 女 重農主義.

fi·sió·cra·ta [fi.sjó.kra.ta] 男女 重農主義者.

fi·sio·cul·tu·ris·mo [fi.sjo.kul.tu.rís.mo] 男 ボディビル.

fi·sio·gra·fí·a [fi.sjo.gra.fí.a] 女 自然地理学, 地文学.

fi·sió·gra·fo, fa [fi.sjó.gra.fo, -.fa] 男女 自然地理学者, 地文学者.

fi·sio·lo·gí·a [fi.sjo.lo.xí.a] 女 **1** 生理学. **2** 身体[器官]の働き.

*****fi·sio·ló·gi·co, ca** [fi.sjo.ló.xi.ko, -.ka] 形 **生理(学)的な**, 生理学上の. necesidades *fisiológicas* 生理的欲求.

fi·sió·lo·go, ga [fi.sjó.lo.go, -.ga] 男女 生理学者.

fi·sión [fi.sjón] 女【物理】核分裂 (=～ nuclear).

fi·sio·na·ble [fi.sjo.ná.ble] 形 核分裂を起こす.

fi·sio·no·mí·a [fi.sjo.no.mí.a] 女 ⇒ fisonomía.

fi·sio·te·ra·peu·ta [fi.sjo.te.ra.péu.ta] 男女 理学療法士, 物理療法士.

fi·sio·te·ra·pia [fi.sjo.te.rá.pja] 女 理学療法, 物理療法.

fi·sí·pe·dos [fi.sí.pe.ðos] 男《複数形》【動】裂蹄類の動物; ひづめのある動物.

fi·si·rros·tro [fi.si.ŕós.tro] 形【鳥】裂嘴(っ)の, くちばしの裂けた. — 男《複数で》裂嘴類.

fi·so [fí.so] 男《ラ米》《俗》顔面.

*****fi·so·no·mí·a** [fi.so.no.mí.a] 女 顔だち, 容貌(ぼう); 人相; 様相.

fi·so·nó·mi·co, ca [fi.so.nó.mi.ko, -.ka] 形 顔だちの, 容貌(ぼう)の, 人相の. rasgos ～s 人相の特徴.

fi·so·no·mis·ta [fi.so.no.mís.ta] 形 人相学者の, 観相家の. — 男女 **1** 人相学者, 観相家. **2** 人の顔をよく覚えている人. ser buen [mal] ～ 人の顔をよく覚えている[すぐ忘れてしまう].

fi·só·no·mo, ma [fi.só.no.mo, -.ma] 男女 ⇒ fisonomista.

fis·tol [fis.tól] 男 **1**《話》(主にゲームで)ずるい人, 汚い手を使う人. **2**《ラ米》(ザ)ネクタイピン.

fis·tra [fís.tra]【植】⇒ ameos.

fís·tu·la [fís.tu.la] 女 **1**【医】瘻(ろう), 瘻孔, 瘻管. ～ lagrimal 涙管瘻. ～ anal 痔瘻(ろう). ～ arteriovenosa 動静脈瘻. **2** 管, パイプ. **3**【音楽】フィストゥーラ: フルートに似た楽器.

fis·tu·lar [fis.tu.lár] / **fis·tu·lo·so, sa** [fis.tu.ló.so, -.sa] 形 **1**【医】瘻(ろう)の, 瘻孔の[瘻管]のある. **2** 管(状)の.

fi·su·ra [fi.sú.ra] 女 **1** 割れ目, 亀裂. **2**【医】裂, 溝. ～ anal 裂肛(こう). **3**【地質】岩の割れ目.

fit·ness [fít.nés // fít.nes] 〖英〗女《単複同形》フィットネス.

fito-, -fito, ta「植物」の意を表す造語要素. ⇒ *fitófago, sapro*fito, *talo*fita. [←⟨ギ⟩]

fi·tó·fa·go, ga [fi.tó.fa.go, -.ga] 形【動】草食性の. — 男女 草食動物.

fi·to·gra·fí·a [fi.to.gra.fí.a] 女 記述植物学.

fi·to·la·ca [fi.to.lá.ka] 男【植】フィットラッカ.

fi·to·lo·gí·a [fi.to.lo.xí.a] 女 植物学.

fi·to·pa·to·lo·gí·a [fi.to.pa.to.lo.xí.a] 女 植物病理学.

fi·to·planc·ton [fi.to.plánk.ton] 男 植物プランクトン.

fi·to·sa·ni·ta·rio, ria [fi.to.sa.ni.tá.rjo, -.rja] 形 植物衛生の.

fi·to·so·cio·lo·gí·a [fi.to.so.θjo.lo.xí.a / -.sjo.-] 女 植物社会学.

fi·to·tec·nia [fi.to.ték.nja] 女 植物生産技術学.

fi·to·te·ra·peu·ta [fi.to.te.ra.péu.ta] 男女 植物療法の治療士.

fi·to·te·ra·pia [fi.to.te.rá.pja] 女 植物療法.

fi·to·to·mí·a [fi.to.to.mí.a] 女 植物解剖学.

FITUR [fi.túr] 略 *F*eria *I*nternacional del *Tur*ismo 国際観光祭.

fiul [fjúl] 男《ラ米》(*) 燃料, ガソリン.

fix·ing [fík.sin] 〖英〗【経】外国通貨為替レートの終値.

fix·ture [fí(k)s.tur] 〖英〗男《複 ～s》《ラ米》(ザ)《スポ》あらかじめ期日の決まった試合, 競技会; その開催日程.

fi·yia·no, na [fi.jjá.no, -.na] 形 男女 ⇒ fijiano.

fla·be·lí·fe·ro, ra [fla.be.lí.fe.ro, -.ra] 形 (儀式で)扇であおぐ, 扇を支え持つ.

fla·be·li·for·me [fla.be.li.fór.me] 形 扇形の, 扇状の.

fla·be·lo [fla.bé.lo] 男 (教皇の公式行列などの儀式に用いる) 儀礼用扇; 長柄の羽扇.

flac·ci·dez [flak.θi.déθ / -.si.dés] / **fla·ci·dez** [fla.θi.déθ / -.si.dés] 女 (肌・筋肉などに) 張りのないこと, (筋肉の) 弛緩(しん).

flác·ci·do, da [flák.θi.ðo, -.ða / -.si.-] / **flá·ci·do, da** [flá.θi.ðo, -.ða / -.si.-] 形 張り[締まり]のない, 緩んだ. músculos ～s たるんだ筋肉.

:**fla·co, ca**[1] [flá.ko, -.ka] 形 **1** やせた, やせこけた; か細い, きゃしゃな. Tus piernas son muy *flacas*. 君はひょろっとした脚をしている. **2** 弱々しい, もろい. la *flaca* mujer か弱い女性. **3** 〈機能・効果などが〉弱い, 乏しい; 〈根拠などが〉薄弱な. argumento ～ 説得力に欠ける論拠. un carácter de voluntad ～ 意志薄弱な性格. una recompensa muy *flaca* 雀(ガ)の涙ほどの報酬. Últimamente estoy ～ de memoria. 最近私はどうも記憶力があやしい.
— 男 **1** 弱点, ウイークポイント (= punto ～). Conozco tu ～. 私は君の弱点を知っている. **2** 悪癖; 大好物. El vino es mi ～. 私はワインに目がない.
[←⟨ラ⟩ *flaccum* (*flaccus* の対格)「力の抜けた」]

fla·co, ca[2] [flá.ko, -.ka] 形 男女《ラ米》(ザ)《話》(人を呼ぶとき)君, あなた.

fla·cón, co·na [fla.kón, -.kó.na] 形《ラ米》《話》やせた, やせ細った.

fla·cu·chen·to, ta [fla.ku.tʃén.to, -.ta] 形《ラ米》⇒ flacucho.

fla·cu·cho, cha [fla.kú.tʃo, -.tʃa] 形《話》やせっぽちの, やせた.

fla·cu·ra [fla.kú.ra] 女 **1** やせているさま. **2** 弱さ, 薄弱さ; もろさ.

fla·ge·la·ción [fla.xe.la.θjón / -.sjón] 女 鞭(ち)打ち.

fla·ge·la·do, da [fla.xe.lá.ðo, -.ða]【生物】毛(もう)のある. — 男《複数で》【動】鞭毛虫類.

fla·ge·la·dor, do·ra [fla.xe.la.ðór, -.ðó.ra] 形

鞭(5)打つ, 鞭打ちの. ― 男 女 鞭打つ人.
fla·ge·lan·te [fla.xe.lán.te] 形 鞭(5)打つ, 鞭打ちの. ― 男 女 〖宗〗(聖週間の行列の)鞭打ち苦行者. ― 男 〔複数で〕(中世の)鞭打ち苦行団.
fla·ge·lar [fla.xe.lár] 他 1 鞭(5)打つ. *Flagelaron a Cristo antes de crucificarlo.* 十字架にかけられる前にキリストは鞭打たれた. 2 激しく非難する, とがめる. ― ～·se 再 (苦行のため)己の体を鞭打つ.
fla·ge·lo [fla.xé.lo] 男 1 鞭(5). 2 災い, 災難. 3 〖生物〗鞭毛(⅘).
fla·gran·cia [fla.grán.θja / -.sja] 女 1 〖法〗(犯罪が)現行犯であること. 2 明白なこと, 一目瞭然(☆☆). 3 (炎のように)燃え立つこと.
fla·gran·te [fla.grán.te] 形 1 〖法〗現行の. en ～ (delito) 現行犯で. 2 今話題になっている. 3 明白な, 歴然. 4 〖文章語〗燃え上がる.
fla·ma [flá.ma] 女 1 炎の(輝き). 2 〖軍〗(かぶとの前面の)羽飾り. 3 猛暑.
fla·man·te [fla.mán.te] 形 1 まばゆいばかりの, 派手な. *Paseaba con su ～ pañuelo al cuello.* 彼〔彼女〕は首に派手なスカーフを巻いて歩いていた. 2 真新しい, 新品[新調]の. un coche ～ ぴかぴかの新車. 3 〖古語〗→llameante.
flam·be·ar [flam.be.ár] 他 → flamear 2.
flam·bo·yán [flam.bo.ján] 男 〖植〗フランボヤン:ジャケツイバラ科の熱帯花木, 落葉高木.
fla·me·ar [fla.me.ár] 他 1 (消毒の目的で)火にかざす. 2 〖料〗フランベする (= flambear). *plátanos flameados* フランベしたバナナ. ― 自 1 炎が上がる, 燃え上がる. *Miraba fijamente cómo flameaba la lumbre.* 彼〔彼女〕は炎が燃え立つさまをじっと見ていた. 2 〈旗・帆などが〉ぱたぱたとはためく.
fla·men·co [fla.méŋ.ko] 男 〖鳥〗フラミンゴ. [←〔プロバンス〕*flamen*(c) (flama〔炎〕より派生;羽の赤色に関連)]
***fla·men·co, ca** [fla.méŋ.ko, -.ka] 形 1 フランドル[フランダース]Flandes(人)の. 2 〈音楽・舞踊・歌・それらに関わる芸術家などが〉(スペイン Andalucía 地方で生まれ)ロマ[ジプシー]の影響を受けた; **フラメンコ**の. guitarra *flamenca* フラメンコ・ギター. cante ～ フラメンコ歌謡. 3 〈特に女性が〉血色のいい, 的した. 4 生意気な, 粋(1)がった. ponerse ～ 虚勢を張る. 5 〈ラ米〉〖冗〗〖侮〗〖話〗やせた, やせこけた. ― 男 女 1 フランドル人. 2 ならず者, 不良. ― 男 1 フラメンコ. ◆スペイン南部 Andalucía 地方の舞踊と音楽. ロマ[ジプシー]により伝承された. cante(歌謡), baile(舞踊), toque(ギター演奏)からなる. →cante. 2 フラマン語:ベルギーの一部で話されている西ゲルマン語の一つ. 3 フランドル地方のナイフ. 4 〈ラ米〉〖冗〗合口, 短刀. [←〔中オランダ〕*Vlāminc, Vlāming*「フランドルの(人)」; 意味の変化は「フランドル人の」→「血色のいい」→「きらびやかな」→「ジプシーふうの」→「フラメンコの」の順序で起こったと考えられる]
fla·men·co·lo·gí·a [fla.meŋ.ko.lo.xí.a] 女 フラメンコの研究.
fla·men·que·rí·a [fla.meŋ.ke.rí.a] 女 1 (踊りなどの)優雅さ, 粋. 2 (態度などの)横柄さ, 気取り, 生意気.
fla·men·qui·lla [fla.meŋ.kí.ja ǁ -.ʎa] 女 1 (円・楕円(5ん)形の)中皿. 2 〖植〗キンセンカ.
fla·men·quín [fla.meŋ.kín] 男 〖料〗フラメンキン:肉やハムを巻いてフライにしたもの. チーズ, ハム, チョリソなどを中に詰めることが多い.
fla·men·quis·mo [fla.meŋ.kís.mo] 男 1 気取り, 生意気. 2 フラメンコ愛好.
fla·me·ro [fla.mé.ro] 男 かがり火台.
fla·mí·ge·ro, ra [fla.mí.xe.ro, -.ra] 形 1 〖文章語〗燃え上がる. 2 炎を出す. 3 〖建〗火炎式の. →florido.
flá·mu·la [flá.mu.la] 女 (槍(⅞))などの先端部に付ける)三角形の小旗;ペナント.
flan [flán] 男 1 〖料〗(カスタード)プディング. ～ de vainilla バニラプディング. ～ de espinacas ホウレンソウのプディング. 2 (プディングのような)山形のもの. ～ de arena (浜辺で子供の作る)砂山, 泥まんじゅう. 3 (貨幣刻印を押す前の)金属片. *como un flan* びくびくして. [←〔仏〕*flan* ←〔古仏〕*flaon*「チーズケーキの一種」]
flan·co [fláŋ.ko] 男 1 (人・動物の)わき(腹), 横腹. 2 〖軍〗(部隊・艦隊の)側面, (船の)舷側(5½). *Atacaron por el ～ derecho.* 彼らは右側面を攻撃した. 3 〖建〗〖築城〗側壁;側堡(5½). 4 〖紋〗盾の左右の側面.
Flan·des [flán.des] 固名 フランドル:現在のベルギー西部とフランス北部, オランダ南西部にわたる地域. ◆フランドルで生まれ育ったハプスブルグ家の Carlos 1 世が1515年に領有権を継承して以来1714年までスペイン領となる.
fla·ne·ro, ra [fla.né.ro, -.ra] 形 男 プディングの型.
flan·que·a·do, da [flaŋ.ke.á.ðo, -.ða] 形 1 〈de... / por...〉《…が》両わきにある, 《…に》両わきを挟まれた. ～ por montañas 山に挟まれた. 2 〖軍〗側面を守られた[援護された].
flan·que·ar [flaŋ.ke.ár] 他 1 …の両側にある, …を挟んでいる. *Dos policías flanqueaban la entrada.* 入口の両わきを2名の警官が固めていた. 2 〖軍〗…の側面を突く[守る]. 3 〖築城〗〈山・城・防塞が〉〈村・町を〉わきからにらむ位置にある.
flan·que·o [flaŋ.ké.o] 男 側面攻撃[防御].
flap [fláp] 男 〖航空〗(飛行機の)下げ翼, フラップ (= aleta hipersustentadora).
fla·que·ar [fla.ke.ár] 自 1 (1) 〈体力などが〉弱まる, 衰弱する. *Me flaquean las fuerzas.* 体から力が抜けていく. (2) 〈建物などの強度が〉弱くなる. *Flaquea una viga.* 梁(%)が1本ぐらついている. ～ por los cimientos 土台が緩んでいる. 2〈en...〉…の点で〉劣っている. *Sus conocimientos flaquean en física.* 彼〔彼女〕(ら)の知識は物理学に関しては弱い.
fla·quen·cia [fla.kén.θja / -.sja] 女 → flaqueza.
fla·que·za [fla.ké.θa / -.sa] 女 1 やせていること. 2 もろさ;弱点;(弱点ゆえに犯した)過ち, 誤り. la ～ humana 人間の弱さ. *La afición al alcohol es una de sus ～s.* 酒好きが彼〔彼女〕の弱点の一つだ. 3 過度の愛好.
flas [flás] 〖英〗男 〔複 ～es〕→ flash.
flas·back [flás.bak] 〖英〗男 〔複 ～s, ～〕→ flashback.
flash [flás ǁ fláʃ] 〖英〗男 〔複 ～es, ～〕 1 (カメラの)フラッシュ(器具, 光). 2 〖ラジオ〗〖TV〗ニュース速報. 3 〖隠〗(麻薬による)陶酔感. 4 〖話〗ショック, 驚き. 5 〖話〗予想外の反応.
flash·back [flás.bak ǁ fláʃ.-] 〖英〗男 〔複 ～s, ～〕(映画・物語で)フラッシュバック.

fla·to [flá.to] 男 1 【医】膨満,(胃)腸内ガス,それによる痛み,鼓腸. echar ~s げっぷをする. 2 《古語》風. 3 《ラ米》ゆううつ,憂い;不機嫌;心配,不安.

fla·to·so, sa [fla.tó.so, -.sa] 形 《ラ米》《話》ゆううつな;機嫌の悪い;心配な.

fla·tu·len·cia [fla.tu.lén.θja / -.sja] 女 【医】(胃)腸内にガスがたまること,鼓腸,膨満感.

fla·tu·len·to, ta [fla.tu.lén.to, -.ta] 形 【医】鼓腸性の,ガスで下腹の張った;膨満感を与える[で苦しんでいる].

flau·ta [fláu.ta] 女 1 【音楽】フルート,笛. ~ travesera (古楽器の)フラウト・トラベルソ. ~ dulce リコーダー. ~ de Pan 牧神の笛.
 2 《話》細長いパン. 3 《ラ米》(1) ハーモニカ. (2)《ラブ》《ラパ》《俗》《軽度》売春婦,娼婦(きょう).
— 女 フルート奏者(= flautista).
— 形 (病気などの)よく嘆く,愚痴っぽい.
¡La gran flauta! 《ラ米》《こン》《ラパ》/ *¡Por la flauta!* (チ) 《話》これは驚いた.
sonar la flauta (por casualidad) 《話》偶然うまくいく,山が当たる.

flau·ta·do, da [flau.tá.ðo, -.ða] 形 フルートのような. — 男 【音楽】(オルガンの)笛音音栓.

flau·tín [flau.tín] 男 【音楽】ピッコロ(奏者).

flau·tis·ta [flau.tís.ta] 共 【音楽】フルート奏者,笛吹き. el ~ de Hamelín ハメルンの笛吹き.

fla·vo, va [flá.βo, -.βa] 形 蜜(みつ)色の,赤みがかった黄色の.

fla·vo·noi·de [fla.βo.nói.ðe] 男 【化】フラボノイド:フラボン分子に似た構造を持つ植物色素の総称.

flay·er [fláI.(j)er] 《英》 男 [複 ~s, (〜)] = flyer.

flé·bil [flé.βil] 形 《文章語》涙を誘う;痛ましい.

fle·bi·tis [fle.βí.tis] 女 [単複同形] 【医】静脈炎.

flebo- 「静脈」の意を表す造語要素.母音の前で fleb-.
→ *flebitis, flebotomía*. [←〔ギ〕]

fle·bo·to·mí·a [fle.βo.to.mí.a] 女 【医】静脈切開(術),瀉血(しゃけつ).

***fle·cha** [flé.tʃa] 女 1 矢. correr como una ~ (矢のごとく)すばやく走る. 2 矢状のもの(こと). 3 (方向を示す)矢印. 4 【数】矢(= sagita). 5 【建】(アーチの)迫高(せりだか). 6 [F-]【星座】や座(= Saeta). 7 《ラ米》《ラパ》《こン》(1)(石を飛ばす)ぱちんこ. (2)《タダ》《車》ウインカー. (3)《ラブ》一方通行の標識. (4)《ラパ》進入禁止.
[←〔仏〕*flèche*〜?〔フランク〕*fliugika(「飛ぶもの」が原義). [関連] 《英》*fly*「飛ぶ」]

flecha (矢)
1 punta 矢尻. 2 plumas 矢羽.
3 ranura 矢筈(やはず).

fle·cha·do, da [fle.tʃá.ðo, -.ða] 形 《話》大急ぎの.
ir flechado 《話》すっとんで行く.

fle·cha·dor, do·ra [fle.tʃa.ðór, -.ðó.ra] 男 女 (弓の)射手.

fle·char [fle.tʃár] 他 1 〈弓を〉引き絞る;矢で射止める. 2 〈人の〉ハートを射止める. 3 《ラ米》(1)《ラパ》《ラブ》(針で)刺す;〈太陽が〉照りつける. (2)《タダ》〈道を〉一方通行にする. (3)《ラン》(博打(ばくち)で)大胆に賭(か)ける.
— 自 1 〈人が〉弓を引き絞って矢を放つ姿勢をとる.

2 (重みで)弓なりになる,反る.
— ~·se 再 《con ... に》ひと目ぼれする.

fle·chas·te [fle.tʃás.te] 男 【海】ラットライン,段索:縄ばしごの足綱.

fle·cha·zo [fle.tʃá.θo / -.so] 男 1 矢を射る[打ち込まれる]こと. 2 矢傷. 3 《話》ひと目ぼれ. 4 《ラ米》《ラパ》(ぱちんこでの)石の一撃.

fle·che·ra [fle.tʃé.ra] 女 《ラ米》《ラパ》(先住民が戦いに用いた)小舟.

fle·che·rí·a [fle.tʃe.rí.a] 女 《集合的》矢.

fle·che·ro [fle.tʃé.ro] 男 1 (弓の)射手.
2 矢作り(職人).

fle·chi·lla [fle.tʃí.ja / -.ʎa] 女 《ラ米》《ラパ》【植】(矢形の穂をつける)牧草の一種. [flecha + 縮小辞]

fle·co [flé.ko] 男 1 房(飾り),房べり飾り.
2 前髪(= flequillo).
3 擦り切れたすそのほつれ. 4 未解決の問題.

fleg·ma [flég.ma] 女 → flema.

fleg·ma·sí·a [fleg.ma.sí.a] 女 【医】炎症.

fleg·má·ti·co, ca [fleg.má.ti.ko, -.ka] 形 《古語》 → flemático.

fleg·món [fleg.món] 男 《古語》 → flemón.

fle·je [flé.xe] 男 (樽(たる)・桶(おけ)などの)帯金,たが.

fle·ma [flé.ma] 女 1 (古医学の液素説の4体液の一つである)粘液. → humorismo 2. 2 痰(たん). 3 冷着,冷静;鈍重. 4 【化】蒸留残留液.

fle·má·ti·co, ca [fle.má.ti.ko, -.ka] 形 1 粘液質の. 2 沈着冷静な;鈍重な.

fle·me [flé.me] 男 【獣医】(牛馬用の)瀉血(しゃけつ)針.

fle·món [fle.món] 男 【医】(1) フレグモーネ,蜂窩織(ほうかしき)炎,結合織炎. (2) 歯肉炎.

fle·que·te·rí·a [fle.ke.te.rí.a] 女 《ラ米》《ラパ》《話》いんちき,ごまかし.

fle·que·te·ro, ra [fle.ke.té.ro, -.ra] 形 《ラ米》《ラパ》《話》ずるい,狡猾(こうかつ)な,人をだます.

fle·qui·llo [fle.kí.jo / -.ʎo] 男 前髪.

fle·ta [flé.ta] 女 《ラ米》(1)《こン》《ラパ》(罰として)ぶつこと,鞭(むち)打ち. (2)《タダ》《ラブ》《ラパ》こすること,摩擦.

fle·ta·ción [fle.ta.θjón / -.sjón] 女 《ラ米》《ラパ》マッサージ.

fle·ta·dor [fle.ta.ðór] 男 1 【海】用船[賃借]主;【航空】チャーター主. 2 運送主.

fle·ta·men·to [fle.ta.m(j)én.to] 男 【海】用船契約;【航空】チャーター.

fle·tán [fle.tán] 男 【魚】オヒョウ,ハリバット.

fle·tan·te [fle.tán.te] 共 《ラ米》《ラパ》《タダ》《ラブ》(1) 船[賃貸]主. (2) 荷馬を貸す人.

fle·tar [fle.tár] 他 1 〈船・飛行機・車を〉チャーターする,用船[賃借]する,借り上げる. *vuelo fletado* チャーター便.
2 〈旅客・貨物を〉乗[載]せる.
3 《ラ米》(1)《ラパ》〈人に〉こびを売る. (2)《ラブ》《こン》(激しい言葉を)投げつける,〈悪態を〉つく;殴打などを与える. (3)《ラブ》《話》首にする.
— ~·se 再 《ラ米》(1)《ラブ》(パーティーなどに)押しかける,潜り込む. (2)《メ》《話》うんざりする. (3)《こン》《ラブ》《ラパ》出て行く,姿を消す.
ir [salir] fletado 《ラ米》《こン》《ラパ》遁走(とんそう)する.

fle·te [flé.te] 男 1 船積,積み荷.
2 船賃,用船[チャーター]料. *contrato de ~* 用船契約(書). *~ marítimo* 海上運賃.
3 《ラ米》《ラパ》《俗》(街娼(がいしょう)の)客引き. (2)《ラブ》《ラパ》駿馬(しゅんめ). (3)《こン》駄馬. (4)《こン》《話》恋人,つれあい.
salir sin fletes 《ラ米》《ラパ》《ラブ》急いで出かける.

fle·te·ar [fle.te.ár] 自《ラ米》(*囗)〈車が〉パンクする.

fle·te·ra [fle.té.ra] 囡《ラ米》(ネラ)《俗》《軽蔑》売春婦, 娼婦(じょう).

fle·te·ro, ra [fle.té.ro, -.ra] 形《ラ米》〈船・車・荷車などの〉賃貸し用の. ― 男 囡《ラ米》賃貸乗り物の所有者；船主；(乗り物の)賃貸業者. ― 男《ラ米》(1)(ﾁｯ)(ﾁﾗﾝ)ポーター. (2)(ﾍﾞﾈ)馬方, 馬子.

fle·to [flé.to] 男《ラ米》(汁)《俗》ホモセクシュアルの人, 男色者.

*__fle·xi·bi·li·dad__ [flek.si.βi.li.ðáð] 囡 **1** しなやかさ, 柔軟性. **2** 素直さ；融通[適応]性.

fle·xi·bi·li·zar [flek.si.βi.li.θár / -.sár] 97 他 柔軟にする, 軟化させる.

*__fle·xi·ble__ [flek.sí.βle] 形 **1** 曲げやすい, **柔軟な**, しなやかな.
2 素直な；融通の利く, 順応性のある. carácter ～ 素直な性格. **3**〈労働時間などが〉フレックス制の.
― 男 **1**【電】(電気)コード. **2** ソフト帽.

fle·xión [flek.sjón] 囡 **1** 屈曲, 湾曲；屈伸(運動). ejercicios gimnásticos de ～ de cintura 腰を曲げる体操. **2**【文法】屈折, 活用. ～ nominal 名詞の語尾変化. ～ verbal 動詞の活用.
[←〔ラ〕*flexiōnem* (*flexiō* の対格)〈*flectere*「曲げる」より派生;〖関連〗〔スペイン〕〔英〕*flexible*]

fle·xio·nal [flek.sjo.nál] 形【文法】屈折の, 活用の.

fle·xio·nar [flek.sjo.nár] 他〈手足を〉屈伸させる.

fle·xi·vo, va [flek.sí.βo, -.βa] 形【言】屈折の. lengua *flexiva* 屈折語.

fle·xo [flék.so] 男 フレキシブルスタンド：アームが折れ曲がる可動式の電気スタンド.

fle·xor, xo·ra [flek.sór, -.só.ra] 形【解剖】(特に筋が)曲がる, 屈筋の.
― 男 屈筋(= músculo ～).

fle·xuo·so, sa [flek.swó.so, -.sa] 形 波状の, 波を立てる；柔らかな, しなやかな.

fli·che [flí.tʃe] 形《ラ米》(ｸﾞｱﾃ)(ﾎ)《話》やせ細った.

flic·te·na [flik.té.na] 囡【医】水疱(ほ).

fli·pa·do, da [fli.pá.ðo, -.ða] 形 **1**《話》驚いた. Me he quedado ～ con tu apariencia. 私は君の格好に驚いた. **2**《俗》麻薬中毒の.

fli·par [fli.pár] 自 **1**《話》《a+人〈人〉に》…がとても気に入る, 大好きである. *Me flipa* mogollón mi tía Ángela. アンヘラおばちゃんだーいすき.
2《俗》(薬物で)幻覚症状に陥る.

fli·pe [flí.pe] 男 **1**《話》大好きなこと.
2《俗》(薬物を使用した)幻覚症状.

flip·per [flí.per] 〔英〕男〔複〕～s, (～)【遊】ピンボール.

flirt [flírt // flért] 〔英〕男〔複〕～s〕 **1** 戯れの恋, 情事. tener～con... …と戯れの恋[浮気]をする. **2** 情事の相手.

flir·te·ar [flir.te.ár] 自 **1** 戯れの恋をする, 情事にふける. **2**《比喩的》(おもしろ半分に)手を出す, 興味を示す. *Flirteé* con la historia, pero al final me decidí por la economía. 歴史をちょっとかじったこともあったが, 最終的には経済学に決めた.
[←〔英〕*flirt*]

flir·te·o [flir.té.o] 男 戯れの恋, 情事.

flo·ca·du·ra [flo.ka.ðú.ra] 囡 房べり飾り.

flo·cu·la·ción [flo.ku.la.θjón / -.sjón] 囡【化】(沈殿物・雲などが)羊毛状の塊になること；凝結, 凝結.

flo·cu·lar [flo.ku.lár] 自【化】(沈殿物・雲などが)羊毛状の塊になる[凝結する].

flo·cu·len·to, ta [flo.ku.lén.to, -.ta] 形 羊毛状の, 綿毛のような, 羊毛状物質で覆われた.

fló·cu·lo [fló.ku.lo] 男 **1**【化】フロック.
2【天文】羊斑(はん), 綿羊斑.

flo·e·ma [flo.é.ma] 男【植】樹液を運ぶ靱皮(じん)部.

flo·gis·to [flo.xís.to] 男 フロギストン, 燃素.

flo·go·sis [flo.gó.sis] 囡〔単複同形〕【医】→ *flegmasía*.

flo·ja·men·te [fló.xa.mén.te] 副 **1** 緩く, 軽く, 弱く. **2** 意気地なく, 精気[精彩]を欠いて；不注意に. **3** 貧弱に, 下手に. **4** 怠けて.

flo·je·ar [flo.xe.ár] 自 **1** 弱まる, 衰える. El calor empieza a ～. 暑さが和らぎ始める.
2 減少する. La producción *ha flojeado*. 生産が落ちる. **3** 怠ける, 怠る.

flo·je·dad [flo.xe.ðáð] 囡 **1** 弱さ, 衰え. **2** 元気のなさ, 無気力. ～ de voluntad 意志の弱さ. **3** 怠惰, 怠慢.

flo·jel [flo.xél] 男 **1** (鳥の)綿毛.
2 (織物からでる)毛くず, 毛羽.

flo·je·ra [flo.xé.ra] 囡《ラ米》(ﾗﾌﾟﾗ)(汁)《話》怠惰, 面倒くささ.

*__flo·jo, ja__ [fló.xo, -.xa] 形 **1**《estar+》緩い, たるんだ. nudo ～ 緩んだ結び目.
2《ser+ / estar+》弱い, 軟弱な. cerveza *floja* 弱いビール. viento ～ 弱い風. ～ de voluntad 意志薄弱の.
3 (質の)悪い, 粗悪な. excusa *floja* 下手な言い訳. película *floja* つまらない映画. **4** 無気力な, 怠惰な. estudiante ～ 怠惰な学生(= perezoso, holgazán). **5**《ser+ / estar+》《en... …が》苦手な. ～ *en* matemáticas 数学が苦手な. **6** わずかな, 少ない. producción *floja* 低い生産性. **7** 不活発な, 不景気な. La bolsa estaba *floja*. 相場は沈滞していた.
― 男 囡 怠け者, 無精者, たるんだ人.
[←〔ラ〕*flūxum* (*fluere*「流れる」の完了分詞 *flūxus* の対格；〖関連〗*fluido, flujo*]

flop·py [fló.pi] 〔英〕男〔複 floppies, ～s, ～〕【IT】フロッピーディスク(= disquete).

flo·que·a·do, da [flo.ke.á.ðo, -.ða] 形 房飾りを付けた.

__flor__ [flór] 囡 **1**【植】花, 草花. cultivar ～*es* 花を栽培する. el lenguaje de las ～*es* 花言葉.
～ de lis【植】ユリの花；【紋】(フランス王室の)ユリの紋章. Dieron ～*es* los tulipanes del jardín. 庭のチューリップが花をつけた. No se admiten ～*es* ni coronas. 弔花は固くご辞退申し上げます(► 死亡広告などでの慣用表現). →次ページに図.
2 (比喩的)(元気・活力などの)盛り, 盛時. estar en la ～ de la edad [vida] 若い盛りにある, 青春まっただ中である.
3 精華, 精髄；選りすぐりのもの[人]. ～ de harina / harina de [en] ～ 極上の小麦粉. ～ de la cultura española スペイン文化の精髄.
4《主に複数で》賛辞；お世辞, 気を引くための)甘い言葉(= piropo). Echó ～*es* a una chica para ligar con ella. 彼はある女の子を引っかけようと彼女にお世辞を言った.
5 処女性, 純潔. perder su ～ 処女を失う.
6 (ワインなどの表面に浮く)皮膜；(果実の表面につく)白い粉. **7**【化】(昇華の過程でできる粉末状の)結晶, 華(か). ～ de arsénico 砒華(ひ). **8**《ラ米》(1)(汁)(シャワーの)口(= alcachofa). (2)(汁)(爪(の))の半月. (3)《複数で》ポップコーン. (4)(*囗)《俗》ホモクシュアルの人, 同性愛者.

flora

— 形《ラ米》(ホ)《話》すばらしい, すてきな, 最高の.
a flor de... …の（表面）ぎりぎりに, すれすれに. Los peces se veían *a ~ de* agua. 水面近くに魚が見えた. Tiene la sonrisa *a ~ de* labios. 彼[彼女]は今にも口元から笑いがこぼれそうになっている.
a flor de piel （精神的に）もろい, 傷つきやすい. tener los nervios *a ~ de piel* とてもナーバスになっている.
dar en la flor de... …の習慣がつく.
de flor 《ラ米》(ホ)(ﾁﾘ)(ｳﾙ)きわめてよい, 最上の.
en flor (1)〈植物が〉花をつけた, 満開の. (2)〈人生の〉盛りの；年ごろの.
flor de... 《ラ米》最高の…, とびきりの…；すばらしい…. *~ de amigo* 無二の親友.
flor de estufa 《話》温室育ちの人；病弱な人.
flor de la canela 最高級品；すばらしい人.
flor de tigüero 《ラ米》(ｸﾞｱ)日照り雨.
flor y nata 精華. Es la *~ y nata de la* sociedad española. 彼女はスペイン社交界の華だ.
ir de flor en flor 《話》次々と手を出す, 浮気性である.
ni flores 《話》《否定で》少しも, さっぱり（…ない）.
ser flor de un día 一時だけのものである, あっけない.
ser la flor de la maravilla 《話》〈人が〉突然状態が変わる, 具合がよかったり悪かったりする.
[←［ラ］*flōrem* (*flōs* の対格)；[関連] florecer.［ポルトガル］*flor*.［仏］*fleur*.［伊］*fiore*.［英］*flower*.［独］*Blume*]

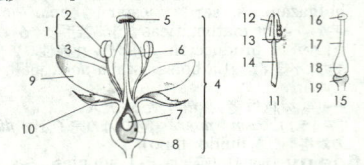

flor（花）
1 estambre 雄しべ. 2 antera 葯（やく）. 3 filamento 花糸. 4 pistilo 雌しべ. 5 estigma 柱頭. 6 estilo 花柱. 7 óvulo 胚珠（はいしゅ）. 8 ovario 子房. 9 pétalo 花弁. 10 cáliz 萼（がく）. 11 estambre 雄しべ. 12 antera 葯. 13 polen 花粉. 14 filamento 花糸. 15 pistilo 雌しべ. 16 estigma 柱頭. 17 estilo 花柱. 18 ovario 子房. 19 receptáculo 花托（かたく）, 花床.

*flo·ra [fló.ra] 囡 1 (一定地域・時期の) **植物相**, 植物区系. ▶ [動物相]は fauna. 2 植物誌. 3 【生物】(体内の)バクテリア. ~ *intestinal* 腸内細菌.

Flo·ra [fló.ra] 固名 ［ロ神］フローラ：花と春の女神. [←［ラ］*Flōra* (*flōs*「花」より派生)]

flo·ra·ción [flo.ra.θjón / -.sjón] 囡 1 開花. *estar en plena ~* 満開である. 2 開花期[期間].

flo·ra·da [flo.rá.ða] 囡 (養蜂(ﾎｳ)で)開花期間.

flo·ral [flo.rál] 形 花の（ような）. *juegos florales* 詩歌［文芸］コンクール. ♦14世紀にフランスのToulouseで設立. 優秀者には金のスミレが贈られた.

flo·rar [flo.rár] 自【植】開花する, 花が咲く.

flor·ci·ta [flor.θí.ta / -.sí.-] 囡 《ラ米》小さな花. *andar de ~* (ｱ)(ﾊﾟﾗ)(ｳﾙ)《話》怠惰な生活を送る. [flor + 縮小辞]

flo·re·a·do, da [flo.re.á.ðo, -.ða] 形 1 花で飾られた；花模様の, 花柄の. *cortinas floreadas* 花模様のカーテン. 2 〈文体などが〉華麗な, 華美な.

flo·re·al [flo.re.ál] 男 花月(ｹﾞﾂ)：フランス革命暦の第8月. 4月20 [21] 日 – 5月19 [20] 日.

flo·re·ar [flo.re.ár] 他 1 花で飾る. *~ el altar* 祭壇に花を飾る. 2 (〈小麦粉〉をふるいにかけ)極上の部分を得る；(比喩的に)いちばんいい所を抜く. 3 〈女に〉…に甘い言葉をささやく. 4 【遊】（トランプ）(いかさま用に)〈札〉を用意する. 5 《ラ米》飾り付ける.
— 自 1 剣先を震わせる. 2 【音楽】（ギターで）アルペッジョ［トレモロ］を弾く. 3 《話》（主に女性に対して）甘い言葉をささやく. 4 《ラ米》花が咲く, 開花する.
— **~·se** 再 《ラ米》(ﾒﾎ)(ｱﾙ)(ｺﾞ)(ﾁﾘ)ぬきんでる, 秀でる.

*flo·re·cer [flo.re.θér / -sér] 34 自 1 〈植物が〉花を咲かせる, 開花する. *El rosal florece en primavera.* バラは春に咲く. 2 栄える, 繁栄する. *Las ciencias florecían en esa época.* その時代には学問が盛んであった. 3 活躍する. *Calderón floreció en el siglo XVIII [diecisiete].* カルデロンは17世紀に活躍した.
— **~·se** 再 〈食べ物に〉かびが生える.

flo·re·cien·te [flo.re.θjén.te / -.sjén.-] 形 1 花の咲いた, 花盛りの. 2 栄える, 繁栄する.

flo·re·ci·mien·to [flo.re.θi.mjén.to / -.si.-] 男 1 開花, 花盛り. 2 隆盛, 繁栄. 3 かび.

Flo·ren·cia [flo.rén.θja / -.sja] 固名 フィレンツェ, フローレンス：イタリア中部の都市.

flo·ren·ti·no, na [flo.ren.tí.no, -.na] 形 フィレンツェ(派)の. — 男囡 フィレンツェの住民[出身者].

flo·ren·tí·si·mo, ma [flo.ren.tí.si.mo, -.ma] 形 [floreciente の絶対最上級] 見事に花咲いた；繁栄を極めた.

flo·re·o [flo.ré.o] 男 1 飾りだらけの言葉[身ぶり]；無駄話. 2 （剣先を）震わせること. 3 【音楽】（ギター）アルペッジョ, トレモロ. 4 (舞踊で)片足で立つこと. *andar con floreos* くだらないことばかり話す；要点に触れない.

flo·re·rí·a [flo.re.rí.a] 囡 花屋, 生花店.

flo·re·ro, ra [flo.ré.ro, -.ra] 形 1 花売りの, 花屋の. 2 言葉巧みな, おべっか使いの.
— 男囡 1 花屋, 花売り. 2 おべっか使い.
— 男 1 花瓶, 花器；花をしまう戸棚. 2 鉢植えの花.

flo·res·cen·cia [flo.res.θén.θja / -.sén.sja] 囡 【植】開花（期）.

flo·res·ta [flo.rés.ta] 囡 1 林[森]や花の咲いた心地よい場所；《ラ米》(ｸﾞｱ)森, 密林. → bosque [類語]. 2 (すばらしいものの)収集, 精選.

flo·res·te·ro [flo.res.té.ro] 男 森林監視人, 森番.

flo·re·ta [flo.ré.ta] 囡 1 （馬の腹帯の）両端の刺繍(ｼｭｳ)飾り. 2 (昔の)ダンスのステップの一種.

flo·re·ta·zo [flo.re.tá.θo / -.so] 男 【スポ】（フェンシング）剣[フルーレ]で打つこと.

flo·re·te [flo.ré.te] 男 1 【スポ】フルーレ（フェンシング用の剣）；礼装用の剣. 2 フルーレを使ったフェンシング；(突きで勝敗を決める)フルーレ種目. → esgrima. 3 (中級品の)亜麻布.

flo·re·te·ar [flo.re.te.ár] 他 花で飾る, 花を供える.
— 自 1 【スポ】（フェンシング）フルーレを使う. 2 《ラ米》(ﾒﾎ)《話》浮気をする, 女遊びをする.

flo·re·tis·ta [flo.re.tís.ta] 男囡 【スポ】（フェンシング）フルーレ競技の選手.

florezc- 活 → florecer.

flo·ri·cul·tor, to·ra [flo.ri.kul.tór, -.tó.ra] 男囡 花作りをする人, 花卉(ｷ)栽培家.

flo·ri·cul·tu·ra [flo.ri.kul.tú.ra] 囡 花卉(芬)［草花］栽培.

flo·ri·da·no, na [flo.ri.ðá.no, -.na] 形 (米国の)フロリダ Florida 半島[州]の.
— 男 フロリダ州の住民[出身者].

flo·ri·dez [flo.ri.ðéθ / -.ðés] 囡 **1** 花が咲き乱れていること, 花盛り. la ～ de la primavera 春爛漫(鬱). **2**〈文章の〉華麗さ.

flo·ri·do, da [flo.rí.ðo, -.ða] 形 **1** 花盛りの, 花でいっぱいの. un jardín ～ 花の咲き乱れた庭. **2** 選び抜かれた, 精選された. lo más ～ 最良の部分[もの, 人], エリート. **3**〈文章・言葉が〉華麗な, 美文調の. un estilo ～ 華麗な文体.
gótico florido【建】フランボワイヤン様式, 火焔式: 15-16世紀にフランスで栄えたゴシック建築.
Pascua florida 復活祭. → pascua.

flo·rí·fe·ro, ra [flo.rí.fe.ro, -.ra] 形 花をつけた, 花の咲く.

flo·ri·le·gio [flo.ri.lé.xjo] 男 選集, アンソロジー, 詞華集 (= antología).

flo·rín [flo.rín] 男 **1** フロリン: オランダの通貨ギルダーの別称. 昔スペインでも使用された.
2 フロリン金貨: アラゴン王国で用いられた金貨.

flo·rión, rio·na [flo.rjón, -.rjó.na] 男囡《ラ米》(ﾗﾌﾟ) → fanfarrón.

flo·ri·pon·dio [flo.ri.pón.djo] 男 **1**〈軽蔑〉(カーテン地などの)趣味の悪い大きな花柄, ごてごてした飾り;〈服を飾る〉大きな花[造花]. **2**【植】ダチュラ, チョウセンアサガオ. **3**《ラ米》(1)(ﾌﾟ)大げさな文飾. (2)(ﾒｷ)(ﾁ)(ﾎﾟｴﾙﾄ)〈話〉なよなよした人. (3)〈話〉ホモセクシュアルの人.

flo·ris·ta [flo.rís.ta] 共 **1** 花屋, 花売り. ～ callejera 街の花売り. **2** 造花製造業者.

flo·ris·te·rí·a [flo.ris.te.rí.a] 囡 → florería.

flo·ri·tu·ra [flo.ri.tú.ra] 囡 **1** 装飾(声楽での)装飾音. **2**〈話〉余計なもの.

flo·rón [flo.rón] 男 **1**【建】フリューロン: 建物の頂点を飾る花形装飾. **2**【紋】(王冠・貨幣などの)花形装飾. **3** 名誉, 勲功.

flós·cu·lo [flós.ku.lo] 男 (キク科植物の)小筒花.

*****flo·ta** [fló.ta] 囡 **1** (一国・一会社に属する) 商船, 漁船, 軍艦. ～ mercante 商船団. ～ pesquera 漁船団. **2**【軍】艦隊; 航空官艦隊. ～ aérea 航空艦隊. **3** (一会社の)全保有航空機, 全保有車両. **4**《ラ米》(1)(ｺ)〈話〉群衆[衆], 群れ. (2)(ﾛﾌﾟ)(ﾁ)(ﾒｷ)〈話〉自慢;空威張り;ほら;ごまかし. (3)(ﾛﾌﾟ)長距離バス.
[← [仏] *flotte* ← [古スカンジナビア] *floti*; 関連 flotar. [英] *fleet*]

flo·ta·bi·li·dad [flo.ta.bi.li.ðáð] 囡 **1** 浮くこと, 浮力. **2** (河川が)木材[いかだ]を流しうること.

flo·ta·ble [flo.tá.ble] 形 **1** 浮く, 浮かぶ. **2** (河川が)木材[いかだ]を流せる.

flo·ta·ción [flo.ta.θjón / -.sjón] 囡 **1** 浮くこと, 浮揚, 浮力. línea de ～ 吃水線. **2** (旗などが)翻ること, はためき. **3** (為替の)変動.

flo·ta·dor, do·ra [flo.ta.ðór, -.ðó.ra] 形 浮いている. — 男 **1** (釣り, 水位測定用の)浮き輪, ブイ, 浮標;浮球. **2** (水泳の)浮き輪, 浮き袋.

flo·ta·du·ra [flo.ta.ðú.ra] 囡 → flotación.

flo·ta·mien·to [flo.ta.mjén.to] 男 → flotación.

*****flo·tan·te** [flo.tán.te] 形 **1** 浮かんだ, 漂っている. ancla ～【海】(荒天時に海中に投じられる)海錨(ﾊﾞﾙﾞ), シーアンカー. dique ～【海】浮きドック. restaurante ～ 水上レストラン.
2 浮動の, 流動的な. costillas ～s【解剖】遊走肋骨(ﾛｯｺﾂ). eje ～【機】浮動軸. riñón ～【医】遊走腎. población ～ 浮動人口. La situación aún está ～. 情況はまだ流動的だ. **3**《商》流動[変動]する. capital ～ 流動資本. deuda ～ 流動負債, 一時借入金. precio ～ 変動価格. **4**《ラ米》(ﾛﾌﾟ)〈話〉空威張りの[自慢する].

*****flo·tar** [flo.tár] 自 **1** 浮く, 浮遊する, 漂う. El corcho *flota* en el agua. コルクは水に浮く. Un olor muy fuerte *flotaba* en el aire. 非常に強い臭いが空気中に漂っていた. **2**〈旗・髪などが〉翻る, なびく. Tu cabellera *flotaba* al viento. 君の髪が風になびいていた. **3** 気配が漂う, 感じがする.
[← [仏] *flotter*; 関連 [英] *float*]

flo·te [fló.te] 男 **a flote** (1) (水面に) 浮かんだ. estar *a* ～ (水に)浮かんでいる. poner un barco *a* ～ 船を浮かばせる. (2) (苦境・危機などを) 脱した. El nuevo presidente sacó *a* ～ la empresa en pocos meses. 新社長は数か月間で会社を立て直した.
salir a flote (危機などを)乗り越える.

flo·te·ar [flo.te.ár] 他《ラ米》(ﾛﾌﾟ)浪費する.

flo·ti·lla [flo.tí.ja || -.ʎa] 囡 船隊;小型船団. [flota+ 縮小辞]

fluc·tua·ción [fluk.twa.θjón / -.sjón] 囡 **1** 変動, 変化, 動き. *fluctuaciones* del mercado de divisas 為替市場の変動. **2** 心の動揺, 気の迷.

fluc·tuan·te [fluk.twán.te] 形 **1** 浮動[浮遊]する;波立った. **2** 変動[上下]する. **3** 迷う, 動揺する.

*****fluc·tuar** [fluk.twár] 84 自 **1** (相場などが) 変動[上下] する. El precio *fluctúa* entre mil y mil doscientos euros. 価格は1000ユーロから1200ユーロの間を上下している.
2 (水に)漂う, 浮遊する;波立つ, 波に揺られる. **3**〈気持ちが〉揺れ動く, 動揺する;迷う. Su humor *fluctúa* entre el abatimiento y la exaltación. 彼[彼女](ら)はうつになったりそうになったりしている.

fluc·tuo·so, sa [fluk.twó.so, -.sa] 形 → fluctuante.

fluen·cia [flwén.θja / -.sja] 囡 流出, わき出し口.

fluen·te [flwén.te] 形 **1** 流れ(出)る. **2** 流動(性)の.

*****flui·dez** [flwi.ðéθ / -.ðés] 囡 **1** 流動性. **2** 流暢(ﾘｭｳﾁｮｳ). con ～ 流暢に.

flui·di·fi·can·te [flwi.ði.fi.kán.te] 形 流れをよくする, 通りをよくする.

*****flui·do, da** [flwí.ðo, -.ða] / **flúi·do, da** [flúi.ðo, -.ða] 形 **1** 流動体[性] の;流れやすい. cuerpo ～ / sustancia *fluida* 流体. La mantequilla está *fluida* por el calor. 暑さでバターが溶けている. **2**〈言葉・文体が〉流暢(ﾘｭｳﾁｮｳ)な, 滑らかな, 流麗な. un estilo ～ 流暢な文体.
— 男 **1**【物理】流体, 流動体. mecánica de ～s 流体力学. **2**【電】電流.

*****fluir** [flwír] 48 自 **1**〈流体が〉流れる, わき出る. **2**〈言葉などが〉すらすら出てくる,〈考えなどが〉わく.

*****flu·jo** [flú.xo] 男 **1** 流れ, 流動;流出. ～ de aire 空気の流れ. ～ de aguas subterráneas 地下水の湧出(ﾕｳｼｭﾂ). ～ de sangre 出血.
2 (考え・言葉などが)よどみなく出ること, わき出ること. ～ de palabras 流暢(ﾘｭｳﾁｮｳ)な弁舌. ～ de ideas 次々と浮かんでくるアイデア.
3 (人・ものの) 流れ. ～ migratorio 移民の流出[流入]. **4** 上げ潮, 満ち潮 (↔reflujo). **5**【医】(体液・

fluminense

分泌液などの)流出. ～ sanguíneo 出血. ～ blanco 白帯下, こしけ. ～ de vientre 下痢. ～ menstrual 月経. **6** 〖化〗融剤, 溶剤. **7** 〖物理〗流束；流量. ～ magnético 磁束. ～ eléctrico 電流. **8** 《ラ米》《民》性向.
flujo y reflujo 潮の干満；盛衰.

flu·mi·nen·se [flu.mi.nén.se] 形 リオデジャネイロ Río de Janeiro の. ― 男女 リオデジャネイロの住民 [出身者]. [← 〔ポルトガル〕*fluminense*(「川の」) が原義; 〔ラ〕*flūmen*「川」による]

flú·or [flú.or] 男 〖化〗(1) フッ素(記号 F). espato ～ 蛍石. (2) 融剤, 溶剤.

fluo·ra·ción [flwo.ra.θjón / -.sjón] 女 フッ化物 [フッ素] 添加 (法).

fluo·ra·do, da [flwo.rá.ðo, -.ða] 形 フッ素を含んだ.

fluo·rar [flwo.rár] 他 フッ素を入れる.

fluo·res·cen·cia [flwo.res.θén.θja / -.sén.sja] 女 蛍光 (性), 蛍光発光.

fluo·res·cen·te [flwo.res.θén.te / -.sén.-] 形 蛍光を放つ, 蛍光性の. lámpara [tubo] ～ 蛍光灯.
― 男 蛍光灯. ▶「電球」は bombilla, 「白熱電球」は lámpara incandescente.

fluor·hi·dra·to [flwo.ri.ðrá.to] 男 〖化〗フッ化水素.

fluor·hí·dri·co, ca [flwo.rí.ðri.ko, -.ka] 形 〖化〗フッ化水素の. ácido ～ フッ化水素酸.

fluo·ri·na [flwo.rí.na] 女 = fluorita.

fluo·ri·ta [flwo.rí.ta] 女 〖鉱〗蛍石.

fluo·ru·ro [flwo.rú.ro] 男 〖化〗フッ化物.

fluo·ta·ne [flwo.tá.ne] 男 フッ素原子を分子の中に持つ麻酔薬.

flus [flús] 男 《ラ米》(ダブ)(コロブ)(ベネズ)(チリ)(背広の) 三つぞろい (= flux).

flu·vial [flu.bjál] 形 川の, 河川の. tráfico ～ 水上交通. vía ～ 水路. residuos ～*es* 沖積土.

flu·vió·me·tro [flu.bjó.me.tro] 男 河川の水位を測るための装置.

flux [flúks] 男 〖単複同形〗**1** 〖遊〗(トランプ) フラッシュ：ポーカーで同じ組の札がそろうこと. **2** 《ラ米》(チリ)(コロブ) 背広の三つぞろい.
estar [*quedarse*] *a flux* 《ラ米》《話》すっからかんになる, 使い果たす.
hacer flux 《話》文無しになって借金を踏み倒す.
tener flux 《ラ米》運をつかむ, つきが向く.

flu·xión [fluk.sjón] 女 〖医〗(1) 充血, (炎症などにより) 体液・膿(ミ)などが器官にたまること. (2) 鼻風邪.

fly·er [flái.(j)er] [英] 男 〖複 ～s, ～〗チラシ, ビラ.

Fm 〖化〗fermio フェルミウム.

FM [e.fe.é.me] [英] 〖略〗〖ラジオ〗*Frecuencia Modulada* 周波数変調, FM放送.

FMI [é.fe.(e.)me.í] [英] 〖略〗*Fondo Monetario Internacional* 国際通貨基金 [英 IMF].

fob [fób] [英] 〖略〗*free on board* 本船甲板渡し(価格).

fo·bia [fó.bja] 女 **1** 病的恐怖, 恐怖症. tener ～ a las alturas 高所恐怖症である. **2** 嫌悪, 反感.

-fobia 「恐れ, 反感, 嫌悪」の意を表す造語要素. claustro*fobia*, hidro*fobia*. [← 〔ギ〕]

fó·bi·co, ca [fó.bi.ko, -.ka] 形 恐怖症の.
― 男女 恐怖症の人.

-fobo, ba 「…嫌いの, …を恐れる」の意を表す造語要素. → aero*fobo*, xenó*fobo*.

fo·ca [fó.ka] 女 〖動〗アザラシ; 非常に太った人.

ser foca 《ラ米》(チリ)《話》流行に遅れる.
echar la foca 《ラ米》(チリ)《話》激怒する.

fo·cal [fo.kál] 形 焦点の. distancia ～ 焦点距離.

fo·ca·li·za·ción [fo.ka.li.θa.θjón / -.sa.sjón] 女 〖物理〗焦点調整, (光などを) 焦点に集めること.

fo·ca·li·zar [fo.ka.li.θár / -.sár] 97 他 〖物理〗焦点を[に]合わせる.

fo·cha [fó.tʃa] 女 〖鳥〗オオバン.

fo·che [fó.tʃe] 形 《ラ米》(チリ)《話》悪臭を放つ, 臭い.
― 男女 《ラ米》(チリ)《話》ふしだらな人, 堕落した人.

fo·chi [fó.tʃi] 間投 《ラ米》(メキシ)《話》出て行け.

*fo·co** [fó.ko] 男 **1** 〖物理〗**焦点**；〖写〗**ピント**. fuera de ～ ピントが外れて, ぼやけて. ～ real [virtual] 実[虚]焦点.
2 《比喩的に》焦点, (関心・活動などの) 中心, 源；(注目の) 的. ～ de la civilización griega ギリシャ文明の中心. ～ de infección 感染源. ～ de un terremoto 震源. **3** (演劇などの) スポットライト. los ～*s* del plató フットライト. **4** 〖医〗病巣, 主患部. **5** 〖数〗(円錐曲線の) 焦点. el ～ de una elipse 楕円の焦点. **6** 〖海〗ヨットの主帆, メインセール. **7** 《ラ米》(1)〖車〗ヘッドライト. (2) (ミメキシ) 街灯. (3) (《複数で》)(チリ)眼鏡. (4) (メキシ)(エクア)(ペル)電球.
[← 〔ラ〕*focum* (*focus* の対格)「炉(の火)」(→ fuego); 関連 hogar. 〔英〕*focus*. 〖日〗フォーカス]

fo·don·go [fo.ðóŋ.go] 男 《ラ米》《話》おんぼろの車.

fo·don·go, ga [fo.ðóŋ.go, -.ga] 形 《ラ米》(メキシ)《話》(1) 汚い, (特に身だしなみが) 不潔な. (2) 怠け者の, (特に家事を) 怠ける.

fo·e·a·zo [fo.e.á.θo / -.so] 男 《ラ米》むち打ち.

fo·e·te [fo.é.te] 男 《ラ米》鞭(ち).

fo·fa·dal [fo.fa.ðál] 男 《ラ米》(ブエル)湿地, 沼地.

fo·fo, fa [fó.fo, -.fa] 形 **1** ぶよぶよした, 柔らかな. carne *fofa* 締まりのない肉. **2** 栄養のない.

fo·ga·je [fo.gá.xe] 男 《ラ米》(1) 灼熱(は)；蒸し暑さ. (2) (メキシ)発疹(は). (3) (ブエル)赤面, 上気. (4) (メキシ)たき火, 炎. (5) (コロブ)微熱.

fo·ga·ra·da [fo.ga.rá.ða] 女 **1** たき火 (= fogata). **2** 炎, 火炎.

fo·ga·ra·ta [fo.ga.rá.ta] 女 《ラ米》炎.

fo·ga·ril [fo.ga.ríl] 男 **1** (金属製のかご型の) カンテラ. **2** (畑仕事に出た人が) 共同で焚き火する場所.

fo·ga·ri·zar [fo.ga.ri.θár / -.sár] 97 他 たき火をする, 火を点ける.

fo·ga·ta [fo.gá.ta] 女 **1** たき火, かがり火. ～ de San Juan 洗者聖ヨハネの祝日 (夏至) に焚くかがり火. **2** 炎, 火炎. **3** (小規模の) 発破孔.

fo·gón [fo.gón] 男 **1** コンロ；かまど；レンジ. un ～ de gas con tres quemadores 火口が3つあるガスレンジ. **2** (ボイラー・機関車などの) 火室, 燃焼室. **3** (大砲の) 火門. **4** 《ラ米》(メキシ)(プエル)(チリ)たき火.

fo·go·na·du·ra [fo.go.na.ðú.ra] 女 **1** 〖海〗帆柱孔：マストを固定するための穴.
2 (支柱を支えるための床の) 開口部.

fo·go·na·zo [fo.go.ná.θo / -.so] 男 **1** (発砲・爆発などの) 閃光(まん). **2** 〖写〗フラッシュ (の光).

fo·go·ne·ro, ra [fo.go.né.ro, -.ra] 男女 **1** (蒸気機関などの) 火夫, ボイラー技師.
2 《ラ米》(チリ)運転手の助手.

fo·go·si·dad [fo.go.si.ðáð] 女 **1** 熱情；(気性の) 激しさ, 性急. **2** (馬が) はやること.

fo·go·so, sa [fo.gó.so, -.sa] 形 熱情的な, 血気盛んな；激しい. carácter ～ 血の気の多い性格. caballo ～ 悍馬(炙), 気質が荒い馬.

fo‧gue‧a‧do, da [fo.ge.á.ðo, -.ða] 形 **1** （苦労などに）慣れた，慣らされた．**2** 《ラ米》(1) (ダリ)(ダラ)熟練した；調教された．(2) (ダラ)《話》疲れきった．

fo‧gue‧ar [fo.ge.ár] 他 **1** 〈新兵・馬などを〉銃砲火［爆発音］に慣れさせる．
2 《en ...》〈苦労などに〉慣れさせる，鍛える．
3 〈少量の火薬を込めて射ち〉火器の掃除をする．
4 《獣医》〈傷などを〉焼灼(しょう)する．**5** 《闘牛》〈牛に〉爆竹つきのバンデリリャ banderilla を突き立てる．
——**~‧se**〈新兵・馬などが〉〈銃砲火・爆発音に〉慣れる；《en ...》〈苦労などに〉慣れる．

fo‧gue‧o [fo.gé.o] 男 **1** 〈新兵・馬などを銃砲火に〉慣れさせること，鍛えること．
2《話》《隠》抜き打ち試験．**3** 空砲（用の弾薬）．cartucho de ~ 空砲．tiro de ~ 空砲の発射．

fo‧gue‧re‧ar [fo.ge.re.ár] 他《ラ米》(ﾒｷ)〈山林を〉焼き払う，焼きつくす；火をつける．

fo‧guis‧ta [fo.gís.ta] 男《ラ米》(ｱﾙｾﾞ)火夫，かまたき．

foie [fwá] / **foie-gras** [fwa.grás]《仏》男《料》フォアグラ．

fo‧ja [fó.xa] 女 **1** 《鳥》オオバン．
2 《法》(公式な文書の) 各ページ，各葉；《ラ米》(書類・書籍などの) 枚，ページ．

fo‧la‧to [fo.lá.to] 男《化》葉酸塩．

fol‧clor [fol.klór] / **fol‧clo‧re** [fol.kló.re] 男
1 （民謡・伝説などの）民間伝承；民俗学，フォークロア．**2**《話》大騒ぎ．

fol‧cló‧ri‧co, ca [fol.kló.ri.ko, -.ka] 形 民俗の，民間伝承の，民俗学の．——男 女 フラメンコなどスペインの伝統的な音楽・舞踊の歌手や舞踏家，そのファン．

fol‧clo‧ris‧ta [fol.klo.rís.ta] 男 女 民俗学者．

fol‧der [fol.dér // fól.der] / **fól‧der** [fól.der]
［英］男（複 folders, folder, fólderes）《ラ米》(まれに《スペイン》) ［ＩＴ］(Windows)のフォルダ，フォルダー（= carpeta）：ファイル (archivo, fichero) を保管する場所．UNIX, MS-DOS では「ディレクトリ」 directorio と呼ぶ．**2** ファイル，紙ばさみ（= carpeta）．

fol‧go [fól.go] 男《服飾》足用のマフ：座っているときに足の上にのせて暖める筒状の毛皮．

fo‧lí‧a [fo.lí.a] 女 **1**《古謡》狂気．**2**（主に複数で）(1) ポルトガルの踊り．(2) カナリア諸島の歌と踊り．(3) 古いスペイン舞踊の振り．**3** 俗謡，軽音楽．

fo‧liá‧ce‧o, a [fo.ljá.θe.o, -.a / -.se.-] 形 **1**《植》葉(状)の．**2** 薄い層状の．

fo‧lia‧ción [fo.lja.θjón / -.sjón] 女 **1**《植》発葉；葉の付き方．**2**《印》(本の) 丁付け，丁数．

fo‧lia‧do, da [fo.ljá.ðo, -.ða] 形《植》葉のある，葉で覆われた，葉の茂った．

fo‧liar¹ [fo.ljár] 形《植》葉(状)の．

fo‧liar² [fo.ljár] 82 他《印》(本に) 丁付けをする，ノンブルを付ける．

fo‧lia‧tu‧ra [fo.lja.tú.ra] 女 → foliación.

fó‧li‧co [fó.li.ko] 形 ビタミンB複合体の．ácido ~《化》葉酸：ビタミンB複合体の一つ．

fo‧li‧cu‧lar [fo.li.ku.lár] 形《解剖》小胞状の．

fo‧li‧cu‧la‧rio [fo.li.ku.lá.rjo] 男《軽蔑》三流の記者，三文文士．

fo‧li‧cu‧li‧tis [fo.li.ku.lí.tis] 女《単複同形》《医》毛穴や分泌腺の炎症．

fo‧lí‧cu‧lo [fo.lí.ku.lo] 男 **1**《植》袋果．
2《解剖》小胞，濾胞(ろ)，卵胞．

fo‧lio [fó.ljo] 男 **1** (本・ノートなどの) 紙葉1枚：裏表2ページ分．~ atlántico《印》アトラス版 (紙を折らない判)；全紙．~ explicativo《印》柱．~ recto 表ページ．~ verso [vuelto] 裏ページ．
2《印》(全紙 pliego の) 二つ折り，フォリオ．edición en ~ 二つ折り版，フォリオ版 (= papel tamaño ~)：縦31.5㎝×横21.5㎝の大きさの紙．→ formato．**3** 標題，タイトル，見出し．**4**《ラ米》(ﾒｷ)(ﾁﾘ)ねじりあめ；お駄賃，心付け．
[←〔ラ〕*folium*「葉」，関連 hoja．〔英〕*folio*]

fo‧lí‧o‧lo [fo.lí.o.lo] / **fo‧lio‧lo** [fo.ljó.lo] 男《植》小葉．

folk [fólk]《英》男《単複同形》**1** フォークソング．
2 民俗音楽．

***fol‧klo‧re** [fol.kló.re]《英》男 **1** 民俗，民間伝承．**2** 民俗学，フォークロア．→ folclore.

fol‧kló‧ri‧co, ca [fol.kló.ri.ko, -.ka] 形 → folclórico.

fol‧klo‧ris‧ta [fol.klo.rís.ta] 男 女 → folclorista.

fo‧lla [fó.ʝa ‖ -.lʎa.-] 女 **1** 馬上の乱戦［混戦］．
2 ごたまぜ，寄せ集め．**3** 喜劇を中心とした音楽入りの古いバラエティーショー．

fo‧lla‧da [fo.ʝá.ða ‖ -.lʎá.-] 女 **1**《料》折り込んだ生地のパイ．**2**《俗》性交．

fo‧lla‧do [fo.ʝá.ðo ‖ -.lʎá.-] 男 **1** (ワイシャツの) そでや胸部の最も膨らんだ部分．
2《ラ米》(ﾒｷ)(ﾁﾘ)《服飾》ペチコート，アンダースカート．

fo‧lla‧dor [fo.ʝa.ðór ‖ -.lʎá.-] 男 ふいご吹き．

fo‧lla‧je [fo.ʝa.xe ‖ -.lʎá.-] 男 **1**（集合的）枝葉．
2《建》枝葉の模様の装飾，ごてごてした飾り．**3**（講演・会議で）むだに冗長過ぎること，冗長．**4**《俗》性交．

fo‧llar [fo.ʝár ‖ -.lʎár] 15 他 葉状にする．
——自 **1**《con ...》〈…と〉性交する．**2** ふいごで風を送る．——**~‧se**《俗》すかしっ屁(へ)をする．

fo‧lle‧ro [fo.ʝé.ro ‖ -.lʎé.-] / **fo‧lle‧te‧ro** [fo.ʝe.té.ro ‖ -.lʎé.-] 男 ふいご職人［売り］．

fo‧lle‧tín [fo.ʝe.tín ‖ -.lʎé.-] 男 **1** (新聞・雑誌の) 連載小説；小説欄．**2** メロドラマ的小説，通俗小説；メロドラマ的な出来事［事件］．
ser de folletín メロドラマ的である．
[folleto + 縮小辞]

fo‧lle‧ti‧nes‧co, ca [fo.ʝe.ti.nés.ko, -.ka ‖ -.lʎé.-] 形 **1** メロドラマ的な，芝居がかった．
2 ありそうもない．

fo‧lle‧ti‧nis‧ta [fo.ʝe.ti.nís.ta ‖ -.lʎé.-] 男 女 連載小説の作者．

fo‧lle‧tis‧ta [fo.ʝe.tís.ta ‖ -.lʎé.-] 男 女 パンフレット［ちらし］の書き手．

***fo‧lle‧to** [fo.ʝé.to ‖ -.lʎé.-] 男 **1** パンフレット，小冊子．~ explicativo (小冊子の) 説明書．~ turístico 観光案内用パンフレット．**2** 広告，ちらし．
[←〔伊〕*foglietto*「小さな紙片」；*foglio*「紙片」(←〔ラ〕*folium*「葉」+縮小辞，関連 folio]

fo‧lle‧tón [fo.ʝe.tón ‖ -.lʎé.-] 男 → folletín.

fo‧llín [fo.ʝín ‖ -.lʎín] 男《ラ米》《話》怒りっぽい人．

fo‧llis‧ca [fo.ʝís.ka ‖ -.lʎís.-] 女《ラ米》(ﾀﾞﾘ)(ｱﾙｾﾞ)(ﾒｷ)(ﾍﾞﾈｽﾞ)《話》けんか，けんか騒動．

fo‧llón, llo‧na [fo.ʝón, -.ʝó.na ‖ -.lʎón, -.lʎó.-] 形 **1** 臆病な；虚勢を張る，卑怯な．
2 怠惰な，無精な．**3**《ラ米》(ﾒｷ)〈服が〉ゆったりした，だぶだぶの．(ﾎﾝｼﾞ)短い．
——男 **1** 怠け者，無精者．
2 臆病者；空威張りする人；卑怯者．
——男 **1** 音のしないロケット花火．**2**《俗》すかしっ屁．**3**《話》騒動，雑答；混乱，無秩序．Armaron un ~ en la calle. 通りで一騒動持ちあがった．**4**

follonarse 922

《ラ米》(1)《複数で》(㌘)〖服飾〗アンダースカート,ペチコート. (2)(㌍)《話》酔い,泥酔.

fo‧llo‧nar‧se [fo.jo.nár.se ‖ -.ʎo.-] 再《ラ米》(㌘)(㌍)《話》すかしっ屁(ペ)をする.

fo‧lle‧ne‧ro, ra [fo.jo.né.ro, -.ra ‖ -.ʎo.-] 形 大騒ぎやもめ事を起こす.
— 男 女 大騒ぎやもめ事を起こす人.

fo‧me [fó.me] 形《ラ米》(㌘)《話》つまらない,退屈な.

fo‧men‧ta‧ción [fo.men.ta.θjón / -.sjón] 女〖医〗(温)湿布;湿布薬[剤].

＊**fo‧men‧tar** [fo.men.tár] 他 **1**〈産業などを〉促進する,振興を図る;〈反乱・憎悪などを〉助長[扇動]する,あおる. ~ el comercio entre dos países 2国間の貿易の振興を図る.
2 温める;温湿布する. **3**《ラ米》興す,創設する.

＊**fo‧men‧to** [fo.mén.to] 男 **1** 振興,推進;《ラ米》(㌘)(㌍)《話》(反乱・憎悪などの)助長,扇動. ~ de las ventas 販売促進. banco de ~ 勧業銀行. Ministerio de F~ 勧業省. **2**《主に複数で》温湿布,温めること;温湿布を施すこと.
[←〖ラ〗*fōmentum*「温湿布」(*fovēre*「温める」より派生)|関連|〖英〗*foment(ation)*]

fon [fón] 男〖物理〗ホン,フォン: 音の強さの単位.

fo‧na‧ción [fo.na.θjón / -.sjón] 女 発声.

fo‧na‧dor, do‧ra [fo.na.ðór, -.ðó.ra] 形 発声(器官)に関する.

＊**fon‧da** [fón.da] 女 **1** 簡易旅館,安宿. alojarse en una ~ 安宿に泊まる. **2** 安食堂. **3**《ラ米》(1)(㌍)飲食店,屋台. (2)(㌫)酒場.

fon‧da‧ble [fon.dá.ble] 形〖海〗(船の) 停泊に適した;座礁しうる.

fon‧da‧do, da [fon.dá.ðo, -.ða] 形 **1**(樽(㌘)の)底を補強した. **2**《ラ米》(㌘)《話》金のある,裕福な.

fon‧de‧a‧de‧ro [fon.de.a.ðé.ro] 男〖海〗停泊地,錨(㌘)地(= ancladero).

fon‧de‧a‧do, da [fon.de.á.ðo, -.ða] 形 **1**(錨(㌘)を下ろした,停泊中の. estar ~ 錨泊(㌘)する.
2《ラ米》(㌘)《話》(1)(ゴチ)金のある,裕福な. (2)(㌍)金のない,貧乏な.

fon‧de‧ar [fon.de.ár] 他 **1**〈船を〉錨(㌘)で固定する,停泊させる. **2**〈水深を〉測る. **3**〈船内を〉探査[検査]する. **4**〈問題を〉徹底的に調べる. **5**《ラ米》(1)(㌮)(㌘)〈女性を〉強姦する. (2)(ゴチ)…の資金を出す. (3)(㌘)《話》隠す.
— 自〖海〗投錨(㌘)する,錨泊する.
— ~‧se 再《ラ米》(㌘)《話》(1) 金持ちになる;資金を得る,蓄える. (2)(ゴチ)酔う,酔っ払う.

fon‧de‧o [fon.dé.o] 男 **1**〖海〗(1) 投錨(㌘),停泊. (2) 水深測量. (3)(積み荷の)検査.
2 詳査,精査;詮索(㌘).

fon‧de‧ro, ra [fon.dé.ro, -.ra] 男 女《ラ米》→ fondista.

fon‧di‧llón, llo‧na [fon.di.jón, -.jó.na ‖ -.ʎón, -.ʎó.-] 形《ラ米》(㌻)(ゴチ)(㌫)《俗》尻の大きな.
— 男 ワインの澱(㌘);スペイン Alicante の年代物のワイン.

fon‧di‧llos [fon.dí.jos ‖ -.ʎos] 男《複数形》**1** ズボンの尻(㌘). **2**《ラ米》(㌘)《俗》尻.

fon‧di‧llu‧do, da [fon.di.jú.ðo, -.ða ‖ -.ʎú.-] 形《ラ米》《俗》尻の大きな;(ゴチ)《話》人の言いなりの.

fon‧dis‧ta [fon.dís.ta] 男 女 **1** 安宿[安食堂]の主人[経営者]. **2**〖スポ〗長距離ランナー.

＊**fon‧do** [fón.do] 男 **1** 底(部);(川などの)底. irse a ~ 〈船などが〉沈む. sin ~ 底なしの. ~ del mar 海底. ~ gástrico 胃底部. ~ ocular 眼底.
2 奥. al ~ de... …の奥に. Está al ~, a la derecha. それなら突き当たりの右側にあります.
3 深さ. tener un metro de ~ 深さが1メートルである.
4 背景,バック;(織物の)地. una tela de flores sobre ~ blanco 白地に花の生地.
5 雰囲気,環境. bajos ~s 社会の底辺[層];暗黒街. **6** 核心,本質;(形式に対して)内容. el problema de ~ 本質的な問題. el ~ de la conferencia 講演の内容. **7**(人の)心根,本性. tener buen [mal] ~ 心の優しい[意地の悪い]. **8**《複数で》(㌘)資金,基金. recaudar ~s 資金を集める. estar mal de ~s〈人・会社などが〉資金不足である. estar en ~s 投金である,投資ファンド. cheques sin ~s 不渡り小切手. F~ Monetario Internacional 国際通貨基金〖英〗IMF]. **9**《主に複数で》(図書館・美術館などの) 蔵書,コレクション. ~ editorial (出版社の) 在庫リスト. **10**(スポーツなどで)根気,スタミナ;持久;〖スポ〗長距離走. Le falta ~. 彼[彼女]にはスタミナがない. carrera de ~ 長距離レース. carrera de medio ~ 中距離レース.
11《主に複数で》〖船〗(特に水線下の)船腹,船底. **12**《ラ米》(㌘)(1)(ゴチ)(持主不明の家畜の)囲い場. (2)(㌍)(㌘)〖服飾〗アンダースカート,スリップ. (3)(㌍)(㌘)(㌢)平釜(㌘),平鍋(㌘),大鍋. (4)(ゴチ)(ゴチ)《俗》便所.

a fondo 徹底に. una lectura *a* ~ 精読. una investigación *a* ~ 徹底的な調査.

a fondo perdido〖経〗回収見込みなしで;捨てたつもりで.

en el fondo 基本的には;本心では,根は. *En el* ~ *no es mala persona.* 彼[彼女]は根は悪くない.

fondo de reptiles 裏金,闇金.

tocar fondo 底を打つ,最低になる. *Mi paciencia ha tocado* ~. 私の堪忍袋の緒が切れた.
[←〖ラ〗*fundum* (*fundus* の対格)|関連|fundar.〖英〗*fund*]

fon‧dón, do‧na [fon.dón, -.dó.na] 形《話》《軽度》男 **1**(ワインの)沈殿物,おり. **2**(浮き織りの)錦(㌘)の下地.

fon‧don‧go [fon.dóŋ.go] 男《ラ米》(㌘)(㌍)《俗》尻(㌘).

fon‧due [fon.dí ‖ -.djú]〖仏〗女《複 ~s》〖料〗フォンデュまたその調理に使う小型の鍋.

fo‧né‧bol [fo.né.bol] 男 (城門破壊用)投石機.

fo‧ne‧ma [fo.né.ma] 男〖言〗音素: 一言語において意味を区別する機能を有する最小の音の単位.

fo‧ne‧má‧ti‧co, ca [fo.ne.má.ti.ko, -.ka] 形〖言〗音素[論]の. — 女 音素論.

fo‧né‧mi‧co, ca [fo.né.mi.ko, -.ka] 形〖言〗音素の;音韻の,音韻論の. — 女 音素論;音韻論.

fo‧nen‧do [fo.nén.do] 男《略》〖医〗聴診器. → fonendoscopio.

fo‧nen‧dos‧co‧pio [fo.nen.dos.kó.pjo] 男〖医〗聴診器.

fo‧né‧ti‧ca‧men‧te [fo.né.ti.ka.mén.te] 副〖言〗音声学では,音声学上.

fo‧né‧ti‧co, ca [fo.né.ti.ko, -.ka] 形 音声[発音,音声学]の. signo ~ 音[表音]記号.
— 女 **1**〖言〗音声学. **2** 音声体系.

fo‧ne‧tis‧mo [fo.ne.tís.mo] 男 **1**《集合的》表音文字;表音式綴(ラ)り字主義.
2 一言語[一方言]で使われる音声の特徴.

fo·ne·tis·ta [fo.ne.tís.ta] 男 音声学者.

-fonía 「音,声」の意を表す名詞の造語要素. ⇒ eu*fonía*, poli*fonía*. [←(ギ)]

fo·nia·tra [fo.njá.tra] 男 女 【医】音声医学の専門医.

fo·nia·trí·a [fo.nja.trí.a] 女 【医】音声医学, 音声治療学.

fó·ni·co, ca [fó.ni.ko, -.ka] 形 音の, 音声の.

fó·nio [fó.njo] 男 【物理】→ fon.

fo·no[1] [fó.no] 男 【物理】→ fon.

fo·no[2] [fó.no] 男 《ラ米》(1) (稀) (電話の) 受話器. (2) ハイキング, 遠足.

fono- 「音, 声, 発音」の意を表す造語要素. 母音の前で fon-. ⇒ *fonética*, *fonógrafo*. [←(ギ)]

-fono, na 1 (特に器械名で)「音, (時に) 電話」の意を表す名詞を作る造語要素. ⇒ gram*ófono*, inter*fono*. 2 ある言語の「話者」の意を表す名詞を作る造語要素. ⇒ franc*ófono*, angl*ófono*.

fo·no·ab·sor·ben·te [fo.no.aβ.sor.βén.te] 形 騒音を低減する, 吸音する.
── 男 騒音低減装置, 吸音装置.

fo·no·cap·tor [fo.no.kap.tór] 男 (レコードプレーヤーの) ピックアップ.

fo·no·gra·fí·a [fo.no.gra.fí.a] 女 録音技術.

fo·no·grá·fi·co, ca [fo.no.grá.fi.ko, -.ka] 形 蓄音機の; 録音の.

fo·nó·gra·fo [fo.nó.gra.fo] 男 蓄音機. → gramófono.

fo·no·gra·ma [fo.no.grá.ma] 男 表音文字; アルファベット文字.

fo·no·li·ta [fo.no.lí.ta] 女 【鉱】響岩(きょう), フォノライト.

fo·no·lo·gí·a [fo.no.lo.xí.a] 女 【言】音韻論.

fo·no·ló·gi·co, ca [fo.no.ló.xi.ko, -.ka] 形 音韻(論)の.

fo·nó·lo·go, ga [fo.nó.lo.go, -.ga] 男 女 音韻論学者[研究者].

fo·no·me·trí·a [fo.no.me.trí.a] 女 音(波)測定, 測音法.

fo·nó·me·tro [fo.nó.me.tro] 男 測音器, 音波測定器.

fo·no·te·ca [fo.no.té.ka] 女 レコード[テープ, カセット]ライブラリー, 録音資料保存所.

fo·no·tec·nia [fo.no.ték.nja] 女 音情報処理学.

fon·sa·de·ra [fon.sa.dé.ra] 女 → fonsado 1.

fon·sa·do [fon.sá.ðo] 男 1 (戦時の) 租税; 夫役(ぶやく), 兵役. 2 塹壕(ざんごう)づくり.

fon·tal [fon.tál] 形 泉の; 源泉の.

fon·ta·na [fon.tá.na] 女 【文語】泉.

fon·ta·nal [fon.ta.nál] 形 泉の. aguas ~es 泉水. ── 男 1 泉. 2 湧水(ゆうすい)地帯.

fon·ta·nar [fon.ta.nár] 男 泉 (= manantial).

fon·ta·ne·la [fon.ta.né.la] 女 1 【解剖】(胎児・乳幼児の頭蓋(ずがい)の) 泉門, ひよめき.
2 【医】潰瘍(かいよう)の切開器具.

fon·ta·ne·rí·a [fon.ta.ne.rí.a] 女 (水道の) 配管技術[業]; 配管系統; 給水設備[用具店].

fon·ta·ne·ro, ra [fon.ta.né.ro, -.ra] 形 泉の.
── 男 女 (水道などの) 配管工, 水道工事人.

fon·tí·cu·lo [fon.tí.ku.lo] 男 【医】排膿(はいのう)口.

foot·ing [fú.tin] 男 [英] ジョギング.

fo·que [fó.ke] 男 1 【海】ジブ, 船首三角帆. ~ volante (いちばん前に張る) フライング・ジブ.
2 《話》(糊(のり)の利いた) 硬いカラー.

fo·ra·do [fo.rá.ðo] 男 《ラ米》(稀) (ごく) 壁穴.

fo·ra·ji·do, da [fo.ra.xí.ðo, -.ða] 形 無法の; 逃亡している. ── 男 女 無法者, アウトロー; 逃亡者.

fo·ral [fo.rál] 形 特権の[による]; 法律の[による]. derecho ~ (中世の都市・商人の) 特権法, (現代スペインの) 地方特別法.

fo·ra·lis·mo [fo.ra.lís.mo] 男 特権を保持する傾向.

fo·ra·men [fo.rá.men] 男 穴; (軸を通すための) 石臼(いしうす)の下部の穴.

fo·rá·ne·o, a [fo.rá.ne.o, -.a] 形 よその土地の, 他国の; 外国の. ── 男 女 よそ者; 外国人.

fo·ra·no, na [fo.rá.no, -.na] 形 → forastero.

‡**fo·ras·te·ro, ra** [fo.ras.té.ro, -.ra] 形 よその土地の, 外部の; 外国の.
── 男 女 1 よそ者, 見知らぬ人; 部外者.
2 外国人 (= extranjero).

(destino) foráneo
(市外: メキシコ)

for·ce [fór.θe / -.se]
《話》 *tour de force* 神業(かみわざ). → tour.

for·cé(-) / **force-** [for.θé-] → forzar.

for·ce·jar [for.θe.xár / -.se.-] 自 → forcejear.

for·ce·je·ar [for.θe.xe.ár / -.se.-] 自 1 奮闘する, 努力する. ~ para +不定詞 …しようと懸命になる.
2 あがく, もがく; 〈意見などが〉対立する.

for·ce·je·o [for.θe.xé.o / -.se.-] 男 頑張り, 努力; あがき, もがき, (意見の) 対立.

for·ce·ju·do, da [for.θe.xú.ðo, -.ða / -.se.-] 形 → forzudo.

fór·ceps [fór.θeps / -.seps] 男 《単複同形》【医】鉗子(かんし).

for·ci·to [for.θí.to / -.sí.-] 男 《ラ米》(フォードの) 小型自動車 (= fotingo).

fo·ren·se[1] [fo.rén.se] 形 法廷[裁判]の; 法律[司法]の. medicina ~ 法医学.
── 男 警察医, 検死官 (= médico ~).

fo·ren·se[2] [fo.rén.se] 形 《ラ米》→ forastero.

fo·re·ro, ra [fo.ré.ro, -.ra] 形 特権の[による]. → fuero. ── 男 女 地所[農地]の所有者.

fo·res·ta·ción [fo.res.ta.θjón / -.sjón] 女 植林.

***fo·res·tal** [fo.res.tál] 形 森林の. guarda ~ 森林警備隊員. patrimonio ~ del Estado 国有林. repoblación ~ 植林.

fo·res·tar [fo.res.tár] 他 〈山などに〉植林する.

for·fait [for.fé] 仏 [複 ~s, ~] 男
1 (スキーリフトなどの) 利用券. 2 パック旅行.

fo·rint [fo.rín(t)] 男 [複 forintos, ~s] フォリント: ハンガリーの通貨単位.

fo·ri·to [fo.rí.to] 男 《ラ米》(フォードの) 小型自動車 (= fotingo).

for·ja [fór.xa] 女 1 【冶】鍛造, 鍛冶(たんや)場, 鍛造工場; 製鉄所. 2 鍛錬, 鍛えること. 3 創出, 育成.

for·ja·do, da [for.xá.ðo, -.ða] 形 1 【冶】鍛造された, 鍛え上げられた. hierro ~ 錬鉄, 鍛鉄.
2 でっち上げた, 捏造(ねつぞう)された; 想像上の.
── 男 【建】床の枠組み.

for·ja·dor, do·ra [for.xa.ðór, -.ðó.ra] 形 鍛える; 捏造(ねつぞう)する, 練り上げる; 思い描く.

forjar

―囲 鍛冶(ã)屋[職人];鍛造工.

for.jar [for.xár] 他 **1** 〖冶〗〈金属を〉鍛える, 鍛造する. ~ una espada 剣を鍛える. ~ en frío 冷鍛する.
2 練り上げる, 創出する;構築する;捏造(ネ゚)する. ~ un complot 共同謀議を巡らす. ~ mentiras [una excusa] うそ[言い訳]をでっち上げる. ~ ilusiones 幻想を抱く. 3 (しっくい・モルタルで)下塗りをする.
―~.se 再 **1** 確立する. ~se una buena reputación 名声を確立する.
2 思い描く. ~se un sueño 夢を抱く.
3 《ラ米》(ﾌﾟﾗ) 《話》大もうけする, 大金持ちになる.

for.lón [for.lón] 男 4人乗りの馬車.

for.ma [fór.ma] 女 **1** 形, 形状, 形態;〖哲〗(質料に対する) 形相, 形式;イデア. ¿Qué ~ tiene? それはどんな形をしていますか. en ~ de H H型に.
2 やり方, 流儀, 方式. ~ de pago 支払い方法. Esto se puede hacer de diversas ~. これはさまざまな方法でやれる. No hay ~ de conciliarse. 和解する方法はない. ¡Qué ~ de nevar! すごい雪だな.
3 表現形式, 文体.
4 (人の)体調, 気分. estar en baja ~ 体調が悪い. estar en (plena) ~ 体調が(すごく)いい. mantenerse en ~ 体調を保つ.
5 《複数で》(人の)体型, 姿態. una mujer de ~s redondeadas ぽっちゃりした体の女性. un cuerpo de ~s armoniosas 調和のとれた体. **6** 《複数で》行儀作法(=modales). guardar las ~s マナーを守る. **7** 原,型, 原型;〖美〗〖印〗鋳型, 型. **8** 〖宗〗聖体;ホスチア(=hostia, sagrada ~). **9** 〖言〗(語などの)音形,語形,形態. en ~ singular 単数形で. **10**〖法〗所定の手続き. **11**《ラ米》(ﾒｼ)申込用紙.
―活 →formar.
dar forma a... …を具体化する, 形にする.
de cualquier forma / de todas formas いずれにしても, とにかく.
de forma que (1) 《結果》《+直説法》だから…である. A ti te avisé de antemano, *de ~ que no puedes* quejarte de nada. 君には事前にそのことを知らせたのだから, 何も文句は言えないよ. (2) 《様態》《+接続法 …する》方法で. Hemos planeado la fiesta *de ~ que todos puedan* venir. 私たちはパーティーをみんなが来られるように計画した.
[←〖ラ〗*fōrmam*（*fōrma* の対格）.〖関連〗formal, formar.〖ポルトガル〗〖伊〗*forma*.〖仏〗*forme*. 〖英〗*form*.〖独〗*Form*]

for.ma.ción [for.ma.θjón / -.sjón] 女 **1** 形成, 構成;構造, 組み立て;形成物, 組成物. ~ del gabinete 組閣. ~ de carácter 人格形成. ~ reticular 網様体.
2 集団, グループ. La ~ de ese partido está dividida. その党は分裂している.
3 教育, しつけ;訓練;知識. ~ profesional 職業訓練. Tiene una buena ~ académica. 彼[彼女]はきちんとした学校教育を受けている. → educación 〖類語〗. **4**〖軍〗隊形, 陣形;部隊. una ~ de paracaidistas パラシュート部隊. **5**〖地理〗層, 層系(=~ geológica);〖植〗群系(=~ vegetal). **6** 〖スポ〗フォーメーション.

for.ma.do, da [for.má.ðo, -.ða] 形 **1** 形づくられた, 形成された. **2** 教育[試練]された. **3** 成熟した.

for.ma.dor, do.ra [for.ma.ðór, -.ðó.ra] 形 (人材を)育成する. ―男 女 (人材の)育成をする者.

for.mal [for.mál] 形 **1** 形式の, 形式的な. requisito ~ 形式上の必要事項.
2 正式の, 正規の手続きをふんだ. noviazgo ~ 正式な婚約(関係). presentar una queja ~ 正式に[公の機関を通じて]苦情を訴える.
3 格式ばった, 儀礼的な. lenguaje ~ 文語的な言葉遣い. ir ~ 正装する.
4 〈人が〉責任感のある, まじめな;行儀がよい, 品行方正な. Es una chica ~. 彼女は礼儀正しい[まじめな]娘だ. Cuando vayas de visita, sé ~. お人のお宅を訪ねるときはお行儀よくしなさい. **5** 〈ものごとが〉堅実な, 信頼できる. Suelo comprar productos de esta marca, que es ~. 私はいつもこのメーカーの製品を購入している, なぜなら信頼できるから. **6** 〖哲〗形式的の, 形相の. lógica ~ 形式論理学. **7**《ラ米》(ﾒｼ)《話》感じのいい, 好感の持てる.

for.mal.de.hí.do [for.mal.de.í.ðo] 男〖化〗ホルムアルデヒド.

for.ma.le.ta [for.ma.lé.ta] 女《ラ米》(ｺﾛﾝ)(*)(ﾍﾞﾈ)(まれに《スペイン》)〖建〗(アーチなどの)枠組み.

for.ma.li.dad [for.ma.li.ðáð] 女 **1** 《主に複数で》正規の手続き, 形式的[法的]手続き. Hay que pasar por muchas ~es para entrar. 入るには多くの手続きを経ねばならない. **2** まじめさ;行儀のよさ. Hablemos con ~. 真剣に話そう.

for.ma.li.na [for.ma.lí.na] 女〖化〗ホルマリン.

for.ma.lis.mo [for.ma.lís.mo] 男 (芸術・哲学などの)形式主義. el ~ administrativo お役所風の形式主義.

for.ma.lis.ta [for.ma.lís.ta] 形 形式主義の, 形式にこだわる. ―男女 形式を重んじる人;形式主義者.

for.ma.li.za.ción [for.ma.li.θa.θjón / -.sjón] 女 正式化, 公式化(すること).

for.ma.li.zar [for.ma.li.θár / -.sár] 97 他 正式[正規]なものにする;具体化する. ~ un noviazgo 正式に婚約する. ~ un tratado 条約を締結する.
―~.se 再 **1** まじめ[真剣]になる.
2 (冗談などを真に受けて)むっとする.

for.mal.men.te [for.mál.mén.te] 副 形式上で;正式に. F~ son muy parecidos. 形式上それらはよく似ている.

for.ma.lo.te [for.ma.ló.te] 形 きまじめな, 几帳面(ﾁﾖｳ)な;堅苦しい.〖formal + 増大辞〗

for.mar [for.már] 他 **1** 形作る, 作る. ~ un círculo 円を作る. ¡Formen filas!《号令》整列.
2 構成する, 組織する. ~ un comité 委員会を組織する. ~ un equipo チームを作る.
3 (人を)鍛える, 養成する, 教育する. **4**〖軍〗整列させる. ~ a los soldados 兵士を整列させる.
―自 **1**《en... / entre... …の》一員である.
2〖軍〗《en... / por... …の形に》整列する, 隊列を組む. ~ *en* columna 部隊を構成する. ¡A ~!《号令》整列!(► 再帰代名詞を伴う場合がある. → 再 **2**).
3《ラ米》(ﾒｼ)金を出す, 各自が自分の分を支払う.
―~.se 再 **1** 鍛えられる, 教育される. Su hijo *se formó* en una universidad de mucho prestigio. 彼[彼女] (ら)の息子は名門大学で教育を受けた.
2〖軍〗《en... / por... …の形に》整列する, 隊列を組む. La tropa *se ha formado por* compañías. 部隊は中隊を作った. **3** 構成される, …の形をなす, 生ずる, できる. *Se ha formado* una fila muy larga. 長い列ができた. **4** (意見などを)まとめる. Al oírte *me formo* una idea de lo que ha ocurrido. 君の話を聞くと, 何が起こったのかがわかるよ.

for·ma·te·ar [for.ma.te.ár] 他 〖ＩＴ〗フォーマットする, 初期化する.

for·ma·te·o [for.ma.té.o] 男 〖ＩＴ〗フォーマットすること, 初期化.

for·ma·ti·vo, va [for.ma.tí.bo, -.ba] 形 **1** 形成する；人間[人格]形成の. los años ～s de la vida 人生の形成期. **2** 教育的な. una película *formativa* 教育映画.

*__for·ma·to__ [for.má.to] 男 **1** (書籍・紙などの) **判型**, サイズ. el ～ en folio 二つ折り判. el ～ en cuatro 四つ折り判. el ～ en dieciséis 16折り判. una foto del ～ de 5 por 4 5×4 サイズの写真. hacer fotocopias en ～ B5 B5判のコピーをとる. **2** 〖ＩＴ〗フォーマット；初期化.

-forme 「…の形の, の形をもつ」の意の形容詞を作る造語要素. 通例 -i- を伴って -iforme. ⇒ cun*eiforme*, fili*forme*. [←[ラ]]

for·men·te·ra·no, na [for.men.te.rá.no, -.na] 形 (バレアレス諸島の)フォルメンテーラ島 Formentera の. ─ 男 女 フォルメンテーラ島の住民[出身者].

for·me·ro [for.mé.ro] 男 〖建〗(アーチの) 交差リブ, 壁付きアーチ (= arco ～).

for·mia·to [for.mjá.to] 男 〖化〗蟻酸(ぎ ん)塩.

for·mi·ca [for.mí.ka] / **fór·mi·ca** [fór.mi.ka] 女 〖商標〗フォーマイカ：家具などの合成樹脂板.

formero
(交差リブ)

for·mi·can·te [for.mi.kán.te] 形 **1** 蟻(あり)の. **2** ゆっくりした, のろい.

fór·mi·co [fór.mi.ko] 形 〖化〗蟻酸(ぎ ん)の. ácido ～ 蟻酸. aldehído ～ 蟻酸アルデヒド.

*__for·mi·da·ble__ [for.mi.đá.ble] 形 **1** 恐るべき, すさまじい. ～s armas nucleares 恐るべき核兵器. **2** 《話》**すごい**, すばらしい (= magnífico). persona ～ すばらしい人. tarea ～ すばらしい仕事. ¡F～! すごい. **3** 巨大な, 並外れた. ruido ～ 轟音(ごう ん). [←[ラ] *formidābilem* (*formidābilis* の対格) (*formidāre* 「恐れる」より派生)；[関連][英] *formidable*]

for·mi·do·lo·so, sa [for.mi.đo.ló.so, -.sa] 形 怖がる, びくびくした；恐ろしい, ものすごい.

for·mio [fór.mjo] 男 〖植〗フォルミウム.

for·mol [for.mól] 男 〖化〗〖商標〗ホルモン：ホルマリン.

for·món [for.món] 男 **1** (木工用の) 薄刃のみ. **2** (円形の)型ぬき, パンチ.

For·mo·sa [for.mó.sa] 固名 台湾(島). [←[ポルトガル] *formosa* 「美しい」]

fór·mu·la [fór.mu.la] 女 **1** 形式, 決まったやり方, 慣習的な方法. por ～ 形式的に, 儀礼的に. **2** (儀式などの) **定式文句**, 決まり文句；書式. "Sinceramente" es una ～ de despedida en las cartas. 「敬具」というのは手紙の結辞として用いられる決まり文句です. **3** 方法, 方策；解決策 (=solución). No es tan fácil encontrar una ～ que contente a todos. 全員を満足させるような解決策を見つけるのは容易ではない. **4** 〖数〗公式, 式 (=～ matemática)；〖化〗化学式 (=～ química). **5** 〖医〗処方, 処方箋；〖料〗調理法 (=receta). ～ magistral 処方薬. **6** 〖車〗(レーシングカーの)公式規格, フォーミュラ. ～ 1 [uno] F 1 (エフワン). ─ 男 〖車〗レースに出場する車. [←[ラ] *fōrmulam* (*fōrmula* の対格)；「鋳型, 定規」が原義)；*fōrma* 「形」より派生；[関連][英] *formula*]

for·mu·la·ción [for.mu.la.θjón / -.sjón] 女 公式[定式]化；表明.

*__for·mu·lar__[1] [for.mu.lár] 他 **1** (決まり・書式・公式に従って) **表す**, 公式化する. ～ una teoría 理論を打ち立てる. **2** (口頭・文書で)表明[表現]する, 述べる. ～ quejas [un deseo] 不満[希望]を表現する. ～ una petición 請願する. ～ una reclamación 異議を申し立てる. ～ votos por... …を切に望む[祈る]. **3** 処方する (= recetar).

for·mu·lar[2] [for.mu.lár] 形 規定の, 型どおりの；書式の；公式の.

for·mu·la·rio, ria [for.mu.lá.rjo, -.rja] 形 型に従った, 規定の；形式[儀礼]的な. ─ 男 **1** 式文[書式]集, 規則[公式]集. **2** 〖医〗処方集, 薬局方 (= ～ médico). **3** (所定の)書き込み用紙, 書式. ～ de inscripción 申し込み用紙. Llene este ～. この用紙に記入してください.

for·mu·lis·mo [for.mu.lís.mo] 男 **1** 形式主義, 公式主義. **2** 形ばかりの儀礼的な振る舞い.

for·mu·lis·ta [for.mu.lís.ta] 形 〖軽蔑〗形式主義の, 上っ面だけの. ─ 共 女 形式主義者.

for·ni·ca·ción [for.ni.ka.θjón / -.sjón] 女 姦淫(かんいん), 不倫.

for·ni·ca·dor, do·ra [for.ni.ka.đór, -.đó.ra] 形 姦淫[不倫]の. ─ 男 女 姦淫者.

for·ni·car [for.ni.kár] 自 他 姦淫(かんいん)の罪を犯す；〈人と〉肉体関係を持つ；不倫関係を結ぶ.

for·ni·ca·rio, ria [for.ni.ká.rjo, -.rja] 形 男 女 → fornicador.

for·ni·cio [for.ní.θjo / -.sjo] 男 → fornicación.

for·ni·do, da [for.ní.đo, -.đa] 形 筋骨隆々とした, たくましい, がっしりした.

for·ni·tu·ra [for.ni.tú.ra] 女 **1** (ボタン・ホックなどの)服の付属品. **2** (複数で) 〖軍〗弾(薬)帯. **3** (複数で) 〖ラ米〗(メキ)(プエルト)(コロン)家具, 「予備部品」. [←[仏] *fourniture*；《ラ米》「家具」←[英] *furniture*]

*__fo·ro__ [fó.ro] 男 **1** 公開討論会, 座談会. **2** 〖史〗(古代ローマの)フォーラム. **3** 法廷；法曹, 弁護士の仕事[活動]. **4** 〖演〗舞台正面奥. **5** (土地の)賃貸契約；賃貸料. desaparecer por el foro 気づかぬうちに姿をくらます.

fo·ro·fo, fa [fo.ró.fo, -.fa] 男 女 《話》(主にスポーツの)熱狂的なファン[サポーター] → hincha.

FORPPA [fór.pa] 男 《略》*Fondo de Ordenación y Regulación de Precios Productos Agrarios* (スペイン) 農産物価格調整金.

fo·rra·je [fo.řá.xe] 男 **1** (家畜の)飼料, 飼い葉, まぐさ. ～ verde 生の飼い葉. carro de ～ 飼い葉運搬車. **2** まぐさ[飼い葉]を刈ること；馬糧徴発. **3** 《話》(価値のないものの)ごたまぜ, 寄せ集め.

fo·rra·je·ar [fo.řa.xe.ár] 他 まぐさを刈る.

fo·rra·je·ro, ra [fo.řa.xé.ro, -.ra] 形 〖植物が〗まぐさ[飼い葉, 飼料]用の. ─ 女 **1** (騎兵が用いた) 飼い葉を鞍(くら)にくくりつけるためのロープ[綱]. **2** (軍人が肩などにつける)飾りひも. **3** (騎兵隊の礼装用)ベルト, サッシュ.

fo·rrar [fo.řár] 他 **1** 《con... / de...》…で) 裏張りする, 裏打ちする. ～ un abrigo con [de] seda コ

forrear

2《表面を》覆う,《カバーを》かぶせる. ~ un libro [sillón] 本[ひじ掛けいす]にカバーをかける.

3《話》《人を》殴る.

──~se 再 **1**《話》たらふく食べる.

2《話》金持ちになる;大もうけする. *Se ha forrado con la venta de comestibles.* 彼[彼女]は食料品販売店でたっぷりもうけた.

3《ラ米》(1)(ゴッ)(ゲッ)《話》(旅の前に)腹ごしらえをする. (2)(ゴッ)試験の準備を十分にしておく.

estar forrado de oro / estar bien forrado たっぷり金がある.

[←? [古仏]*forrer*([仏]*fourrer*)]

fo·rre·ar [fo.r̄e.ár]──他《ラ米》(ゲッ)《話》《人を》からかう.

fo·rro [fó.r̄o] 男 **1**《服飾》裏張り;裏地. ~ de una chaqueta ジャケットの裏地. ~ ártico [polar] 防寒用の裏地[上着].

2 被覆,カバー. ~ de un libro ブックカバー.

3 内面の被覆,ライニング. ~ de un canal 用水路の防水処理. ~s de freno ブレーキ・ライニング.

4《海》(1)《船体の》外板張り. (2)《船底の》(銅板)被覆. **5**《ラ米》(1)(ゴッ)(ゲッ)(ゲッ)《話》いんちき,いかさま. (2)(ガッ)《俗》コンドーム;包皮. (3)(ᵖᴿ)(ᵖᴿ)器量よし,美人. (4)(ゲッ)素質,能力. (5)(ガッ)(ゴッ)問題,困難. (6)《複数で》(ᵖᴿ)《俗》そっくりさん同士.

como el forro《ラ米》(ゲッ)《俗》ひどく,悪く.
de forro(ᴹᴱˣ)(ᴷᴼᴸ)ただで;(ゲッ)そのうえ.
echar [*meter*] *un forro*《ラ米》(ゲッ)《話》困らせる.
ni por el forro《話》全然[少しも]…ない.
pasárselo por el forro (*de los caprichos* [*cojones*])《俗》全く重要でない.

fo·rro, rra [fó.r̄o, -.r̄a] 男女《ラ米》(ゲッ)《俗》ばか.

for·sy·thia [for.sí.tja] 女《植》レンギョウ.

for·ta·cho, cha [for.tá.tʃo, -.tʃa] 形《ラ米》(ゲッ)→fortachón.──男《ラ米》(ゲッ)頑丈な車.

for·ta·chón, cho·na [for.ta.tʃón, -.tʃó.na] 形《話》たくましい,頑丈な.

for·ta·le·ce·dor, do·ra [for.ta.le.θe.ðór, -.ðó.ra / -.se.-] 形 強くする,頑丈[頑強]にする;力づける.

for·ta·le·cer [for.ta.le.θér / -.sér] 34 他 **1** 強化する,丈夫[強健]にする. *a+人 en una idea*〈人〉にある考えを確信させる. ~ *su ánimo* 勇気づける. *Ese ejercicio fortalece los músculos de los brazos.* その運動は腕の筋肉を強化する.

2 励ます,勇気づける. *La conversación con el profesor me fortaleció en mi propósito de estudiar filosofía.* 先生と話し合って私は哲学を勉強する決意を固めた.

3 要塞(ᵞᴼ)化する.

──~se 体を強健[丈夫]にする;強くなる,強化される.

for·ta·le·ci·mien·to [for.ta.le.θi.mjén.to / -.si.-] 男 **1** 強化. *el* ~ *de la economía* 経済の強化. **2** 要塞(ᵞᴼ)化;防備(施設).

★for·ta·le·za [for.ta.lé.θa / -.sa] 女 **1**(身体的な)丈夫さ,(精神的な)強さ(↔debilidad);強さ. ~ *de espíritu* 精神力の強さ. ~ *de ánimo* 意思の強さ. *Para tener* ~ *física, tienes que hacer más ejercicio.* 体を鍛えるには運動しなくちゃだめよ.

2《カト》剛毅:4つの枢要徳 *virtudes cardinales* の一つ. **3** 要塞,砦(ᵞᴼ). ~ *volante* 空飛ぶ要塞(ᵞᴼ):第二次世界大戦中の米国の重爆撃機 B-27. **4**《複数で》(刀剣類の)刃の小さな亀裂. **5**《ラ米》《話》悪臭,鼻をつくにおい.

for·ta·lezc- 辺→fortalecer.

for·te [fór.te] [伊] 副《音楽》フォルテ(で),強く(略 f).──男 フォルテ,強音部.

¡for·te! [闇俗]《海》《作業中止を命じて》やめ.

for·te·pia·no [for.te.pjá.no] 男《音楽》フォルテピアノ:18世紀のピアノ. →piano.

for·ti·fi·ca·ción [for.ti.fi.ka.θjón / -.sjón] 女 **1** 丈夫[頑強]にすること;強化,補強. **2** 防備工事,要塞(ᵞᴼ)(化);《複数で》防御施設,堡塁(ᵞᴼ). **3** 築城術.

for·ti·fi·can·te [for.ti.fi.kán.te] 形 強化する,力づける,元気づける.──男 強壮剤.

for·ti·fi·car [for.ti.fi.kár] 102 他 **1**〈体・精神を〉鍛錬する,強化する. ~ *la salud* 健康を増進する.

2 …に防備工事を施す,要塞(ᵞᴼ)化する. ~ *una ciudad* 都市の防備を固める. **3**《構築物を》補強[強化]する. **4**〈力を〉励ます,力づける.──~**se** 再 **1** 強くなる;強化[補強]される. **2** 防備を固める.

for·tín [for.tín] 男 小さな砦(ᵞᴼ)[要塞(ᵞᴼ)];《軍》トーチカ [fuerte + 縮小辞].

for·tí·si·mo, ma [for.tí.si.mo, -.ma] 形 [fuerte の絶対最上級] きわめて強い.

for·tis·si·mo [for.tí.si.mo] [伊] 副《音楽》フォルティシモ(で),きわめて強く(略 ff).

FORTRAN [fór.tran] (略)《IT》*formula translation* [英](プログラミング言語)→フォートラン.

for·tui·ta·men·te [for.twí.ta.mén.te] 副 偶然に.

for·tui·to, ta [for.twí.to, -.ta] 形 偶然の. *un encuentro* ~ 奇遇. *en un caso* ~ 不可抗力の場合は. *de forma fortuita* 偶然に.

★for·tu·na [for.tú.na] 女 **1** 運,運命;運勢,宿運. *buena* ~ 幸運. *mala* ~ 不運. *caprichos de la* ~ 運命のいたずら.

2 幸運. *la F~* 幸運の女神. *Nos perdimos en el bosque, pero tuvimos la* ~ *de encontrar a un señor que conocía el camino al pueblo.* 我々は森で道に迷ったが,村へ通じる道を知っている人物に運よく出会った.

3 財産,富. *amasar la* ~ 一財産を築く. →bien [頭語]. **4** 成功,好評;流行. *tener* ~ *entre…* …の間で好評を博する. **5** あらし,時化(ᵞᴼ). *correr* ~〈船が〉暴風雨を乗り切る.

hacer fortuna(1)財産を築く,金持ちになる. (2)はやる,好評を博する.
por fortuna 幸運にも.
probar fortuna 一か八かやってみる.

[← [ラ]*fortūnam*(*fortūna* の対格)(*fors*「偶然」の派生語);[関連] [英]*fortune*]

for·tu·nón [for.tu.nón] 男《話》莫大(ᵞᴼ)な財産 [fortuna + 増大辞].

for·tu·no·so, sa [for.tu.nó.so, -.sa] 形《ラ米》運のいい,運のつよい.

fó·rum [fó.rum] / **fo·rum** [fo.rúm] [ラ] 男 [複 ~s, ~] フォーラム,公開討論会(= foro).

fo·rún·cu·lo [fo.rúŋ.ku.lo] 男《医》癤(ᵞᴼ),疔(ᵞᴼ), フルンケル.

for·ward [fór.gwar // fó.ward] [英] 男 早送り(のボタン).

for·za·da·men·te [for.θá.ða.mén.te / -.sá.-] 副 無理に,強制的に;やっとのことで. *sonreír* ~ 作り笑いをする.

for·za·do, da [for.θá.ðo, -.ða / -.sá.-] 形 強い

られた,強制的な. trabajos ~s 強制労働.
2 無理な,不自然な. sonrisa *forzada* 作り笑い,苦笑. un chiste ~ 苦しいしゃれ.
—— 男 《史》(ガレー船の)徒刑囚.

for.za.dor [for.θa.ðór / -.sa.-] 男 暴漢；強姦(ﾞ)者.

for.za.mien.to [for.θa.mjén.to / -.sa.-] 男 強制,無理強い；強姦(ﾞ)；押し入り.

for.zar [for.θár / -.sár] 20 他 **1 《a+不定詞 / a que+接続法 …することを》(人に)強いる,無理強いする. Me *han forzado* a venir. 私は無理やり来させられた.
2 酷使する, …に過度な負担をかける. *Ha forzado* los ojos [la vista] para leer el letrero. 彼[彼女]は掲示板の文字を読もうと目を凝らした.
3 強行する,押し通す. ~ una sonrisa 無理にほほえむ. ~ los acontecimientos ことをせく. ~ la interpretación del texto 本文を曲解する. ~ la salida 〔IT〕強制終了する. **4**〈戸などを〉押し破る,こじ開ける. ~ la cerradura 錠前をこじ開ける.
5(力ずくで)ねじ伏せる,強姦する.

for.zo.sa [for.θó.sa / -.só.-] 女 (スペイン式チェッカーで)持ち駒(ﾞ)が3対1になると勝負ありとなること.

for.zo.sa.men.te [for.θó.sa.mén.te / -.só.-] 副 やむを得ず；無理やり；必然的に. Si lo conocía, ~ debería haber nacido antes del año 1970. 彼[彼女]がそのことを知っていたなら,必然的に1970年以前に生まれていたことになる.

*for.zo.so, sa [for.θó.so, -.sa / -.só.-] 形 **1** やむを得ない,不可避の,必然的な. consecuencia *forzosa* 避けがたい[必然的]結果. aterrizaje ~ 不時着. Es ~〔+不定詞 / que+接続法〕どうしてもしなければならない. Es ~ que vayas al médico. 君は医者に診てもらうべきだ.
2 義務[強制]的な；無条件の. La asistencia es *forzosa*. 出席は義務だ. trabajos ~s 強制労働. heredero *forzoso* 法定推定相続人.

for.zu.do, da [for.θú.ðo, -.ða / -.sú.-] 形 たくましい. —— 男 力持ち.

fo.sa [fó.sa] 女 **1** 墓 (穴). ~ común 共同墓地.
2 穴,溝,濠(ﾞ). ~ oceánica 海溝. ~ séptica 浄化槽. **3**《解剖》(骨などの)くぼみ,窩(ﾞ). ~s nasales 鼻腔. **4**《ラ米》《演》プロンプターボックス.

fo.sal [fo.sál] 男 墓地.

fo.sar [fo.sár] 他〈…の周囲に〉溝を掘る,壕(ﾞ)を巡らす.

fos.ca [fós.ka] 女 もや,霧.

fos.co, ca [fós.ko, -.ka] 形 **1**〈髪が〉くせの強い.
2 不機嫌な,仏頂面の (= hosco).
3〈空が〉曇った,どんよりした.

fos.fa.ta.do, da [fos.fa.tá.ðo, -.ða] 形 リン酸塩の[を含む]；リン酸カルシウムの. harina *fosfatada*《薬》リン酸カルシウムの粉末.
—— 男《農》リン酸肥料散布.

fos.fa.tar [fos.fa.tár] 他 **1** …にリン酸塩を加える.
2《農》…にリン酸肥料をまく.

fos.fa.ti.na [fos.fa.tí.na] 女 *hacer fosfatina*...《話》…を壊す,大打撃を与える. Tirando el móvil, lo *ha hecho* ~. 携帯を放り投げて彼[彼女]はそれを壊してしまった.
hecho fosfatina《話》疲れ切っている；病気である. Después del combate, los soldados llegaron *hechos* ~. 戦闘のあと兵士たちはへとへとになってた着いた.

fos.fa.to [fos.fá.to] 男《化》《薬》リン酸塩；リン酸カルシウム (= ~ de cal).

fos.fe.no [fos.fé.no] 男 光視,眼内閃光(ﾞ).

fos.fo.ra.do, da [fos.fo.rá.ðo, -.ða] 形《化》リンを含む,リンと化合した.

fos.fo.rar [fos.fo.rár] 他《化》リンと化合する,…にリンを加える.

fos.fo.re.cer [fos.fo.re.θér / -.sér] 34 自 燐光(ﾞ)を発する.

fos.fo.re.ro, ra [fos.fo.ré.ro, -.ra] 形 リンの,マッチ(製造)の. industria *fosforera* マッチ製造業.
—— 男 マッチ売り.
—— 女 マッチ箱；マッチ工場.

fos.fo.res.cen.cia [fos.fo.res.θén.θja / -.sén.sja] 女 燐光(ﾞ). emitir ~ 燐光を放つ.

fos.fo.res.cen.te [fos.fo.res.θén.te / -.sén.-] 形 燐光を発する,燐光性の；蛍光性の. pintura ~ 蛍光塗料.

fos.fo.res.cer [fos.fo.res.θér / -.sér] 自 → fosforecer.

fos.fó.ri.co, ca [fos.fó.ri.ko, -.ka] 形《化》(5価の)リンの,(5価の)リンを含む. ácido ~ リン酸.

fos.fo.ri.la.ción [fos.fo.ri.la.θjón / -.sjón] 女《化》リン酸塩を加えること.

fos.fo.ri.to, ta [fos.fo.rí.to, -.ta] 形《話》非常に目立つ,派手な；眩しい,蛍光性の. —— 女 燐灰土.
—— 男 女《ラ米》(ｱﾌﾟﾚﾁﾝ)(ｴｸｱﾄﾞﾙ) 興奮しやすい[激しやすい]人.

*fos.fo.ro [fós.fo.ro] 男 **1**《化》リン (記号 P).
2 マッチ (= cerilla). encender un ~ マッチをする. **3**《ラ米》(1)(ｱﾙｾﾞﾝﾁﾝ)《話》才覚,機知. (2)(ｺﾛﾝﾋﾞｱ)(弾の)信管. (3)(ｸﾞｱﾃﾏﾗ) リキュール入りコーヒー. (4)(ﾒﾋｺ)(ｷｭｰﾊﾞ) 怒りっぽい人.
[← 〔ギ〕*phōsphóros* 形「光を放つ」；関連〔英〕*phosphorus*]

fos.fo.ros.co.pio [fos.fo.ros.kó.pjo] 男《物理》燐光(ﾞ)計.

fos.fo.ro.so, sa [fos.fo.ró.so, -.sa] 形 (3価の)リンの,(3価の)リンを含む. ácido ~ 亜リン酸.

fos.fu.ro [fos.fú.ro] 男《化》リン化物.

fos.ge.no [fos.xé.no] 男《化》ホスゲン.

*fó.sil [fó.sil] 形 **1** 化石の,化石化した. combustibles ~ es 化石燃料. **2**《話》時代遅れの,古臭い.
—— 男 **1** 化石. **2**《話》年取った人,時代遅れの人[もの]. Ya está hecho un ~. 彼はもう年だ.

fo.si.lí.fe.ro, ra [fo.si.lí.fe.ro, -.ra] 形〈土地などが〉化石を含んだ.

fo.si.li.za.ción [fo.si.li.θa.θjón / -.sa.sjón] 女
1 化石化. **2** 時代遅れになること；〈進歩の〉停滞.

fo.si.li.zar.se [fo.si.li.θár.se / -.sár.-] 97 再
1 化石化する. **2** 進歩が止まる,時代遅れになる.

fo.so [fó.so] 男 **1** (地面の)穴,くぼみ. **2** 堀,用水堀. **3** (要塞(ﾞ)周囲の)堀,濠. **4**《車》(整備工場の)ピット. **5**《演》オーケストラボックス (= ~ de orquesta). **6**《スポ》(高跳びなどの)着地用砂場.

fos.tró [fos.tró] 男《ラ米》(ｸﾞｱﾃ)(ｺﾞﾆｶ)《話》けんか,騒動.

fo.te.ro, ra [fo.té.ro, -.ra] 男 女《話》写真マニア.

fo.tin.go [fo.tíŋ.go] 男《ラ米》小型自動車.
▶ forcito, forito と同様にフォード社製の安価な大衆車を指す.

fo.ti.nia [fo.tí.nja] 女《植》フォティニア,カナメモチ.

**fo.to [fó.to] 女 [fotografía の省略形]《話》写真. máquina de ~s カメラ. sacar [hacer] una foto a+人〈人〉の写真を撮る. Vamos a

foto-

sacar una ～ de la clase. クラス写真を撮りましょう.

fo·to- 1「光」の意を表す造語要素. ⇒ *fotografía, fotómetro.* 2「写真」の意を表す造語要素. ⇒ *fotogénico, fotonovela.* [←〔ギ〕]

fo·to·a·ler·gia [fo.to.a.lér.xja] 囡〖医〗光アレルギー.

fo·to·car·ci·no·gé·ne·sis [fo.to.kar.θi.no.xé.ne.sis / -.si.-] 囡《単複同形》〖医〗光発がん: 日光などの光線が原因で発生するがん.

fo·to·cé·lu·la [fo.to.θé.lu.la / -.sé.-] 囡 光電池(ﾃﾞﾝﾁ) (= célula fotoeléctrica).

fo·to·com·po·si·ción [fo.to.kom.po.si.θjón / -.sjón] 囡 写真植字.

fo·to·con·duc·tor, to·ra [fo.to.kon.duk.tór, -.tó.ra] 形 光伝導の.

fo·to·con·trol [fo.to.kon.tról] 男 光制御(装置).

fo·to·co·pia [fo.to.kó.pja] 囡 (フォト)コピー, 写真複写. hacer ～ コピーをとる.

fo·to·co·pia·do·ra [fo.to.ko.pja.đó.ra] 囡 写真複写機, コピー機.

fo·to·co·piar [fo.to.ko.pjár] 82 他 …の(フォト)コピーを取る.

fo·to·de·gra·da·ble [fo.to.đe.gra.đá.ble] 形 光によって分解される[弱められる].

fo·to·dio·do [fo.to.đjó.đo] 男 フォトダイオード.

fo·to·e·lec·tri·ci·dad [fo.to.e.lek.tri.θi.đáđ / -.si.-] 囡〖物理〗光電気(現象).

fo·to·e·léc·tri·co, ca [fo.to.e.lék.tri.ko, -.ka] 形〖物理〗光電気の. corriente *fotoeléctrica* 光電流. tubo ～ 光電管.

fo·to·e·lec·trón [fo.to.e.lek.trón] 男〖物理〗光電子.

fo·to·e·mi·sión [fo.to.e.mi.sjón] 囡〖物理〗光電子放出.

fo·to·en·ve·je·ci·mien·to [fo.to.em.be.xe.θi.mjén.to / -.si.-] 男〖医〗光老化: 紫外線などが原因で起こる老化.

fo·to·fin·ish [fo.to.fí.nis // -.niʃ] 男 → photofinish.

fo·to·fo·bia [fo.to.fó.bja] 囡〖医〗羞明(ｼｭｳﾒｲ), まぶしがり症; 光恐怖症.

fo·tó·fo·no [fo.tó.fo.no] 男 光伝送による電話.

fo·to·gé·nia [fo.to.xé.nja] 囡 写真うつりのよさ.

fo·to·gé·ni·co, ca [fo.to.xé.ni.ko, -.ka] 形 1《話》写真向きの, 写真うつりのよい. 2 光の化学反応を誘発する.

fo·tó·ge·no, na [fo.tó.xe.no, -.na] 形 発光性の. bacterias *fotógenas* 発光バクテリア. órganos ～s 発光器官.

fo·to·gra·ba·do [fo.to.gra.bá.đo] 男 写真製版, グラビア写真[印刷].

fo·to·gra·bar [fo.to.gra.bár] 他 写真製版[グラビア印刷]する.

fotografí- 語 → fotografiar.

*_**fo·to·gra·fí·a** [fo.to.gra.fí.a] 囡 1 写真. ～ en color カラー写真. álbum de ～s 写真アルバム. ～ aérea 航空写真. ～ instantánea スナップ写真. ～ para carné de identidad 身分証明書用の写真. sacar [hacer, tomar] una ～ de... …の写真を撮る. salir bien en las ～s 写真うつりがいい. 2 写真撮影, 写真術; 写真スタジオ. 3 (写真のような)正確な描写. Este libro es una ～ de la actualidad del país. この本はその国の現状を正確に描写している.

— 語 → fotografiar.
[← 〔仏〕*photographie; photo-* (← 〔ギ〕*phôs, phōtós*「光」) + *graphie* (← 〔ギ〕*-graphia*「描くこと」)〔関連〕*photograph(y)*]

*_**fo·to·gra·fiar** [fo.to.gra.fjár] 81 他 1 …の写真を撮る. máquina de ～ カメラ. 2 正確に描写する.

fo·to·grá·fi·co, ca [fo.to.grá.fi.ko, -.ka] 形 写真(術)の. copia *fotográfica* 写真プリント. máquina *fotográfica* カメラ. arte ～ 写真芸術.

*_**fo·tó·gra·fo, fa** [fo.tó.gra.fo, -.fa] 男 囡 写真家, カメラマン. ～ aficionado アマチュアカメラマン. ～ de prensa 報道カメラマン.

fo·to·gra·ma [fo.to.grá.ma] 男〖映〗フィルムのひとこま.

fo·to·gra·me·trí·a [fo.to.gra.me.trí.a] 囡 写真測量法[製図法]. ～ aérea 航空写真測量(法).

fo·to·in·du·ci·do, da [fo.toin.du.θí.đo, -.đa / -.sí.-] 形 光が原因の.

fo·to·li·sis [fo.to.lí.sis] / **fo·tó·li·sis** [fo.tó.li.sis] 囡《単複同形》〖化〗光分解.

fo·to·li·to [fo.to.lí.to] 男〖印〗写真原版.

fo·to·li·to·gra·fí·a [fo.to.li.to.gra.fí.a] 囡 写真石版[平版](画).

fo·to·li·to·gra·fiar [fo.to.li.to.gra.fjár] 81 他 写真石版にする.

fo·to·li·to·grá·fi·co, ca [fo.to.li.to.grá.fi.ko, -.ka] 形 写真石版[平版]術の.

fo·to·lu·mi·nis·cen·cia [fo.to.lu.mi.nis.θén.θja / -.sén.sja] 囡〖物理〗フォトルミネセンス, 光冷光: 光をあてることによって生じる蛍光.

fo·to·ma·tón [fo.to.ma.tón] 男 スピード写真(撮影ボックス).

fo·to·me·cá·ni·co, ca [fo.to.me.ká.ni.ko, -.ka] 形 写真製版印刷の. ━ 囡 写真製版印刷.

fo·to·me·trí·a [fo.to.me.trí.a] 囡〖物理〗光度測定(法), 測光(法).

fo·to·mé·tri·co, ca [fo.to.mé.tri.ko, -.ka] 形 光度計の, 光度測定の.

fo·tó·me·tro [fo.tó.me.tro] 男 光度計; (カメラの)露出計.

fo·to·mi·cro·gra·fí·a [fo.to.mi.kro.gra.fí.a] 囡 顕微鏡写真(法).

fo·to·mon·ta·je [fo.to.mon.tá.xe] 男 モンタージュ写真(製作法).

fo·tón [fo.tón] 男〖物理〗光子, 光量子.

fo·to·no·ve·la [fo.to.no.bé.la] 囡 フォトノベラ: 齣(ｺﾏ)続きの写真に台詞(ｾﾘﾌ)や話の筋が入った小説.

fo·to·pro·tec·ción [fo.to.pro.tek.θjón / -.sjón] 囡 光防御.

fo·to·pro·tec·tor, to·ra [fo.to.pro.tek.tór, -.tó.ra] 形 (主に紫外線などの)太陽光をカットする. ━ 男 紫外線防止効果のある化粧品[医薬品], UVカットの化粧品[医薬品].

fo·to·quí·mi·co, ca [fo.to.kí.mi.ko, -.ka] 形 光化学の. smog ～ 光化学スモッグ. ━ 囡 光化学.

fo·to·rro·bot [fo.to.r̄o.bót] 男 モンタージュ写真.

fo·to·sen·si·bi·li·dad [fo.to.sen.si.bi.li.đáđ] 囡〖医〗光線過敏症.

fo·to·sen·si·ble [fo.to.sen.sí.ble] 形 感光性の.

fo·tos·fe·ra [fo.tos.fé.ra] 囡〖天文〗(太陽・恒星の周縁の)光球.

fo·to·sín·te·sis [fo.to.sín.te.sis] 囡《単複同形》〖生化〗光合成.

fo·to·sin·te·ti·zar [fo.to.sin.te.ti.θár / -.sár] 97

fo.to.tac.tis.mo [fo.to.tak.tís.mo] / **fo.to.ta.xis.mo** [fo.to.tak.sís.mo] 男【生物】走光性.
fo.to.te.ca [fo.to.té.ka] 女 写真資料室, フォトライブラリー.
fo.to.te.ra.pia [fo.to.te.rá.pja] 女【医】光線療法.
fo.to.ti.pia [fo.to.tí.pja] 女【印】コロタイプ.
fo.to.ti.po.gra.fí.a [fo.to.ti.po.gra.fí.a] 女【印】写真凸版(印刷)術.
fo.to.tro.pis.mo [fo.to.tro.pís.mo] 男【植】屈光性.
fo.to.vol.tai.co, ca [fo.to.bol.tái.ko, -.ka] 形 光起電性の.
fo.tu.to, ta [fo.tú.to, -.ta] 形《ラ米》みじめな. —— 男《ラ米》(caracol)ほら貝などで作った楽器.
foul [fául]〔英〕男《複 ～s》《スポ》反則. → falta.
fou.lard [fu.lár]〔仏〕男《服飾》フラール.
fo.vis.mo [fo.bís.mo] 男《美》フォービズム, 野獣派[主義].
fox [fóks] 男 → foxtrot.
fox ter.ri.er / fox.ter.ri.er [foks.te.rjer]〔英〕男《複 ～, ～s》フォックステリア(犬).
fox.trot [foks.tró(t)]〔英〕男《複 ～s》フォックストロット: 4拍子の軽快なステップのダンス.
fo.yer [fo.jér]〔仏〕男《複 ～s》《演》(1) ロビー. (2) 俳優控室, 楽屋.
FP [e.fe.pé] 女《略》Formación Profesional 職業訓練.
Fr 【化】francio フランシウム.
Fr.《略》〔カト〕*Fray*(修道士に用いる称号) …師.
fra.《略》〔商〕*factura* インボイス, 送り状.
frac [frák]〔仏〕男《複 ～s, fraques, ～》燕尾服.
fra.ca.sa.do, da [fra.ka.sá.ðo, -.ða] 形 失敗した. candidato ～ 落選した候補者. —— 男 女 失敗者, 落後者. ～ en la vida 人生の落後者.
*****fra.ca.sar** [fra.ka.sár] 自 **1** (en... …に) 失敗する, 挫折する. ～ en los negocios [el examen] 事業[試験]に失敗する. como escritor 作家として挫折した. El plan *fracasó* a medias. 計画は途中で挫折した. El secretario general *ha fracasado en* su intento de establecer la paz. 書記長は平和を確立しようとして失敗した.
2 〈船などが〉(座礁して)大破する.
[←〔古スペイン〕「粉々になる」←〔伊〕*fracassare*「粉々に砕く」]
*****fra.ca.so** [fra.ká.so] 男 **1** 失敗, 挫折 (↔éxito). acabar en ～ 失敗に終わる. ～ amoroso [sentimental] 失恋. ～ escolar 学業の遅れ, 落ちこぼれ. ～ electoral 選挙の敗北. **2** 失敗した人; 不出来なもの. Mi última novela es un ～. 私の最新の小説は失敗作だ.
frac.ción [frak.θjón / -.sjón] 女 **1** 分割. la ～ del pan【カト】ホスチア hostia を裂くこと: ミサで行う. **2** 部分, 断片, (党内の)一分派. **3**【数】分数(= número quebrado). ～ continua 連分数. ～ decimal (10分の1位の)小数. ～ impropia 仮分数. ～ propia 真分数.
frac.cio.na.mien.to [frak.θjo.na.mjén.to / -.sjo.-] 男 **1** 分割; 分割. **2**【化】分別; 混合物を分別蒸留などで成分に分けること. **3**《ラ米》(reparto)都市近郊の宅地開発, 宅地造成(地).
frac.cio.nar [frak.θjo.nár / -.sjo.-] 他 **1** 分割[細分]する; 分裂させる. El asunto *fraccionó* la opinión pública. その問題で世論が分かれた.
2【化】分別[分留]する. destilación *fraccionada* 分留.
frac.cio.na.rio, ria [frak.θjo.ná.rjo, -.rja / -.sjo.-] 形 分数の; 断片的, 端数の. número ～ 分数. moneda *fraccionaria* 小銭, 補助貨幣.
frac.tal [frak.tál] 形《数》フラクタルの.
frac.tu.ra [frak.tú.ra] 女 **1** 破砕, 分裂.
2【医】骨折. ～ abierta 開放骨折. ～ deprimida 陥没骨折. ～ fisura 亀裂骨折. ～ complicada 複雑骨折. ～ conminuta 粉砕骨折. ～ en tallo verde 若木骨折. ～ por compresión 圧迫骨折. **3**【法】家宅侵入(罪). robo con ～ 押し込み強盗(罪). **4**【地質】(岩石などの)断口, 破面. ～ concoidea 貝殻状断口.
frac.tu.rar [frak.tu.rár] 他 **1** 砕く; 折る, 骨折させる. **2** 〈錠を〉こじ開ける, 押し破る.
—— ～se 再 砕ける; 折れる, 骨折する. ～se la pierna 足を骨折する.
fra.ga[1] [frá.ga] 女【植】キイチゴ(の木).
fra.ga[2] [frá.ga] 女 **1** (岩だらけ・雑草が生い茂った)荒れ地. **2** (製材で)木材の不要部分, 木くず.
*****fra.gan.cia** [fra.gán.θja / -.sja] 女 **1** 芳しさ; 芳香. → perfume 類語. **2** よい評判, 名声.
fra.gan.te [fra.gán.te] 形 **1** 香りのよい, 芳しい.
2 現行(犯)の. en ～ (delito) 現行(犯)で.
fra.gan.ti [fra.gán.ti] *in fraganti* 現行犯で.
fra.ga.ta [fra.gá.ta] 女 **1**【海】(1) フリゲート艦. ～ ligera コルベット艦. (2) (18-19世紀ごろの)海軍快速帆船. **2**【鳥】グンカンドリ.
*****frá.gil** [frá.xil] 形 **1** 壊れやすい, もろい. un vaso ～ 割れやすいコップ. un mecanismo ～ 壊れやすい装置. ¡F～!《張り紙で》壊れ物, 取扱注意.
2 虚弱な, ひ弱な; 弱い. Tenía una naturaleza ～. 彼[彼女]は病弱なたちであった. memoria ～ おぼろげな記憶.
3 意志の弱い, 誘惑されやすい.
4《ラ米》(pobre)貧しい, 貧乏の.
[←〔ラ〕*fragilem*(*fragilis* の対格) (*frangere*「砕く」より派生); 関連〔英〕*fragile*]
fra.gi.li.dad [fra.xi.li.ðáð] 女 **1** もろさ, 壊れやすさ. **2** 虚弱, 弱さ. **3** 意志の弱さ.
frá.gil.men.te [frá.xil.mén.te] 副 もろく; 弱く.
frag.men.ta.ción [frag.men.ta.θjón / -.sjón] 女 分裂, 分割.
*****frag.men.tar** [frag.men.tár] 他 断片にする, ばらばらにする. —— ～se 再 ばらばらになる.
frag.men.ta.rio, ria [frag.men.tá.rjo, -.rja] 形 断片的な; 不完全な. forma *fragmentaria* 断章形式. texto ～ 不完全なテキスト.
*****frag.men.to** [frag.mén.to] 男 **1** 断片, 破片, かけら. ～s de una jarra つぼのかけら. romper un papel en pequeños ～s 紙を細かく裂く.
2 (文章などの)一部分, 抜粋; 断編.
[←〔ラ〕*frāgmentum* (*frangere*「砕く」より派生); 関連 frágil.〔英〕*fragment*]
fra.gor [fra.gór] 男 **1** 大音響, とどろき, 轟音(ごう). en el ～ de la batalla 砲火轟(とどろ)く中で.
2 雷鳴;(風・あらしの)うなり.
fra.go.ro.so, sa [fra.go.ró.so, -.sa] 形 耳をつんざくような, 大音響の.
fra.go.si.dad [fra.go.si.ðáð] 女 **1** (山地の)険しさ, 難路. **2** (石ころ・雑草で)土地が荒れている様子. **3** 轟音, けたたましさ.
fra.go.so, sa [fra.gó.so, -.sa] 形 **1** 〈土地・道が〉

fragua

凸凹の, 険しい；〈石ころ・雑草で〉荒れた. **2** 耳をつんざくような, 大音響の.

fra·gua [frá.gwa] 囡 〈鍛冶(⁄ℷ)屋の〉炉, 鍛造工場.

fra·gua·do [fra.gwá.ðo] 男 〈セメント・石膏(芒ɔ)などの〉硬化.

fra·gua·dor, do·ra [fra.gwa.ðór, -.ðó.ra] 男囡 〈厄介事を〉引き起こす人. ～ de mentiras うそつき. ～ de líos もめ事を起こす人.

fra·guar [fra.gwár] 86 他 **1** 〈鉄などを〉鍛える, 鍛造する. **2** 〈事を〉〈計画を〉練る；〈厄介事を〉引き起こす. ～ quimeras 空想にふける, 夢想する. ～ una conspiración 陰謀を画策する.
— 国 **1** 〈セメント・石膏で〉固まる, 硬化する. **2** 〈考え・計画が〉成功する, 受け入れられる.
— ～**se** 再 〈計画などが〉練られる, 画策される.

fra·güe(-) / **fra·güé**(-) → fraguar.

✱frai·le [frái.le] 男 **1** 《カト》修道士 (▶ 主にフランシスコ会, ドミニコ会などの托鉢(沂)修道会に所属し都市部にある convento に共住している者を指す. 一方, ベネディクト会, シトー会などに所属し monasterio に共住している修道士は monje と呼ばれる). meterse a ～ 修道士になる. ～ de misa y olla 中位を持たない下働きの修道士. **2** 《話》衣服のすその(一部)が裏返ること. hacerse un ～ すそがまくれる. **3** 《印》フライア：印刷の薄い部分. **4** 《ラ米》(1) 《ラ米》サトウキビの搾り滓(杂), バガス. (2) 《ラ米》蚊(⁄″)の一種.
fraile marino 《ラ米》《⁄″》《動》モンクアザラシ. [←《古スペイン》*fraire*～《古プロバンス》*fraire*～《ラ》*fráter* 「兄弟」. 関連 fraternal. 英 friar, fraternal]

frai·le·ci·llo [frai.le.θí.ʝo || -.ʎo / -.sí.-] 男 **1** 《鳥》(1) ニシツノメドリ (= loro de mar). (2) 《ラ米》《⁄″》チドリ. **2** 《ラ米》《*米》《昆》ツチハンミョウ. [fraile + 縮小辞]

frai·len·go, ga [frai.léŋ.go, -.ga] / **frai·le·ño, ña** [frai.lé.ɲo, -.ɲa] 形 《話》→ frailesco.

frai·le·rí·a [frai.le.ri.a] 囡 《集合的》修道士.

frai·le·ro, ra [frai.lé.ro, -.ra] 形 **1** 《話》修道士の；修道士と親しい. **2** 〈窓が〉よろい戸のついた. *sillón frailero* (16–17世紀のスペインの) ひじ掛けいす.

frai·les·co, ca [frai.lés.ko, -.ka] 形 《話》修道士の(ような).

frai·lo·te [frai.ló.te] 男 《軽蔑》坊主. [fraile + 増大辞]

frai·lu·co [frai.lú.ko] 男 《軽蔑》下っ端の修道士. [fraile の蔑称]

frai·lu·no, na [frai.lú.no, -.na] 形 《軽蔑》修道士じみた.

fra·jo [frá.xo] 男 《ラ米》《⁄″》《話》タバコ.

fram·bo·yán [fram.bo.ján] 男 《植》ホウオウボク：マメ科.

fram·bue·sa [fram.bwé.sa] 囡 《植》キイチゴ(の実), ラズベリー(の実).

fram·bue·so [fram.bwé.so] 男 《植》キイチゴ(の木), ラズベリー(の木). → 右段に図.

frame [fréim] 《英》男 《複 ～s》〖IT〗フレーム：複数の領域からなるページを設計するためのウェブページの表現手法の一つ.

fran·ca [fráŋ.ka] 形 → franco.

fran·ca·che·la [fraŋ.ka.tʃé.la] 囡 《話》宴会, ばか騒ぎ；大盤振舞. estar de ～ どんちゃん騒ぎをしている.

fran·ca·chón, cho·na [fraŋ.ka.tʃón, -.tʃó.na] 男囡 《ラ米》《⁄″》《話》あけっぴろげな, なれなれしい人.

fran·ca·men·te [fráŋ.ka.mén.te] 副 率直に言って；明らかに. F～ hablando, está muy mal lo que has hecho. はっきり言って, 君のしたことはとてもひどいよ.

✱fran·cés, ce·sa [fran.θés, -.θé.sa / -.sés, -.sé.-] 形 《名詞+》《ser+》フランスの, フランス人[語]の. *Revolución Francesa* 《史》フランス革命. *a la francesa* フランス風[式]の[に]. *tortilla (a la) francesa* プレーンオムレツ.
— 男囡 フランス人.
— 男 **1** フランス語. **2** 《俗》フェラチオ (= felación). **3** ヘロインとコカインの混合麻薬.
despedirse [*marcharse*] *a la francesa* あいさつしないで帰る.

fran·ce·sa·da [fran.θe.sá.ða / -.se.-] 囡 **1** 《史》ナポレオン軍のスペイン侵入 (1808). **2** フランス風, フランス的言い方[やり方].

fran·ce·si·lla [fran.θe.sí.ʝa || -.ʎa / -.se.-] 囡 **1** 《植》(1) ラナンキュラス, ハナキンポウゲ. (2) 西洋スモモの一種. フランスロール (パン).

fran·chu·te, ta [fran.tʃú.te, -.ta] 男囡 《話》《軽蔑》フランス人, フランス野郎.

✱Fran·cia [frán.θja / -.sja] 固名 フランス(共和国)：首都 París. [←《後ラ》*Francia* (原義は「フランク族の国」)；*Francus* 「フランク人」より派生]

fran·cio [frán.θjo / -.sjo] 男 《化》フランシウム：放射性元素 (記号 Fr).

Fran·cis·ca [fran.θís.ka / -.sís.-] 固名 フランシスカ：女子の洗礼名. 愛称 Paca, Paquita, Frasquita. [*Francisco* より派生；関連 《ポルトガル》*Francisca*.《仏》*Françoise*.《伊》*Francesca*.《英》*Frances*.《独》*Franziska*]

fran·cis·ca·no, na [fran.θis.ká.no / -.sis.-] 形 **1** フランシスコ修道会の. *la orden franciscana* フランシスコ修道会. **2** (フランシスコ会修道士の服の) 黄褐色の. **3** 謙虚な. — 男囡 フランシスコ会修道士[女]. *Orden de los F～s* フランシスコ修道会. — 男 《動》カワイルカ.

Fran·cis·co [fran.θís.ko / -.sís.-] 固名 **1** San ～ de Asís アッシジの聖フランシスコ (1182–1226)：フランシスコ修道会の創立者. イタリアの守護聖人. **2** San ～ Javier 聖フランシスコ・ザビエル (1506–52)：スペインの宣教師. Ignacio de Loyola らとイエズス会を創立. 祝日12月3日. ◆1549年日本に到着し各地で宣教, 日本へのキリスト教伝来の始祖として現在は日本の守護聖人とされている. **3** フランシスコ：男子の洗礼名. 愛称 Paco, Pacorro, Paquito, Pancho, Curro, Frascuelo, Frasquito.
[←《中ラ》*Franciscus* (《後ラ》*Francia* 「フランス」より派生)；関連 《ポルトガル》*Francisco*.《仏》*François*.《伊》*Francesco*.《英》*Francis*.《独》*Franz, Franziskus*]

franc·ma·són, so·na [fraŋk.ma.són, -.só.na] 男囡 フリーメーソン(団員) (= masón).

franc·ma·so·ne·rí·a [fraŋk.ma.so.ne.rí.a] 囡 フリーメーソン団 = masonería.

franc·ma·só·ni·co, ca [fraŋk.ma.só.ni.ko, -.ka] 形 フリーメーソン(団)の, フリーメーソンに関する.

Fran·co [fráŋ.ko] 固名 **1** フランコ Francisco ～ Bahamonde (1892–1975)：スペインの将軍・政治家.

frambueso
(キイチゴ)

スペイン内戦（1936-39）に勝利し独裁制を確立；国家元首（1939-47），総統（1947-75）． → falange.

2 フランコ：男子の洗礼名．

[← 《Francus《フランク人》←《フランク》Frank-; 〖関連〗〖ポルトガル〗Franco．〔英〕Frank〕

***fran·co, ca** [fráŋ.ko, -.ka] 形 **1** 《+名詞／名詞+》《ser+》率直な，隠し立てのない；遠慮のない；おおらかな，気前のいい． *franca amistad* 誠実な友情． *mirada franca* 率直で純粋な眼差(まなざ)し． *Seré ~ contigo.* 君に率直に言おう． *~ con [para] todos* 誰に対してもざっくばらんな［オープンな］．

2《名詞+》自由な，妨げのない；無関税の；《de... …を》免除された． *puerto ~* 自由港，無関税港． *entrada franca* 入場無料． *zona franca* 免税区域． *paso ~* 自由通行． *~ de gastos* 無料で． *golpe ~*〘スポ〙(サッカー)フリーキック．

3《多くは+名詞》明らかな． *franca mejoría* 明らかな回復． *~ deterioro* 明らかな悪化． *franca victoria* 快勝． *franca decadencia* はっきりとした凋落(ちょうらく)の状態．

4〖史〗フランク人の．**5**〘接頭辞・合成語としての〙フランスの．*~-belga* フランス・ベルギー両国の．**6**《ラ米》(ちゅうべい)(チリ)(コロンビア)(メキシコ)(ペルー)非番の，休暇中の．

── 男 女 **1**〖史〗フランク人．**2**（アフリカ沿岸で）ヨーロッパ人，（特に）フランス人．

── 男 **1** フラン：フランス，ベルギーなどの旧通貨単位，スイスの通貨単位（略 Fr., F.）． *~ suizo* スイス・フラン．**2** フランク部族，古フランコニア語：古代ローマの Galia（現在のフランス）に侵入した西ゲルマン部族の言語．── 副〖商〗《de... …を》無料で．

franco a [al lado de] bordo〖商〗本船渡しで［の］〔英 FOB / FAS〕．
franco de porte〖商〗運賃支払い済み．
franco en el almacén〖商〗倉庫渡しで［の］．
franco en el muelle〖商〗岸壁渡しで［の］．
franco en fábrica〖商〗工場渡しで［の］．
franco sobre camión〖商〗トラック渡しで［の］〔英 FOT〕．
franco sobre vagón〖商〗貨車渡しで［の］〔英 FOR〕．
tener mesa franca いつでも訪問者を歓迎する．

〔形←〔中ラ〕*francus*「自由な；率直な」←「フランク」Frank-「フランク族の」（この貴族は租税を免除され，自由身分であった）；〖関連〗franquear, Francia. 〔英〕*frank*；男「フラン」←〔仏〕*franc*〕

fran·co·ca·na·dien·se [fraŋ.ko.ka.na.ðjén.se] 形 フランス系カナダ人の．
── 男 女 フランス系カナダ人．

fran·co·es·pa·ñol, ño·la [fraŋ.ko.es.pa.ɲól, -.ɲó.la] 形 仏西の，フランス・スペイン2国間の． *diccionario ~* 仏西辞典．

fran·co·fi·lo, la [fraŋ.kó.fi.lo, -.la] 形 フランス（人）びいきの．── 男 女 親仏家． ▶ 特にナポレオン戦争や第一次世界大戦の際に用いられた．

fran·co·fo·bo, ba [fraŋ.kó.fo.bo, -.ba] 形 フランス（人）嫌いの．── 男 女 フランス（人）嫌いの人．

fran·có·fo·no, na [fraŋ.kó.fo.no, -.na] 形 フランス語を話す．── 男 女 フランス語を話す人．

fran·co·lín [fraŋ.ko.lín] 男〖鳥〗ムナグロシャコ．
fran·co·te, ta [fraŋ.kó.te, -.ta] 形 ざっくばらんな，打ちとけすぎない人の．〔*franco* + 増大辞〕

fran·co·ti·ra·dor, do·ra [fraŋ.ko.ti.ra.ðór, -.ðó.ra] 男 女 **1** 狙撃(そげき)兵．**2** 単独行動を取る人．

fra·ne·la [fra.né.la] 女 **1** フランネル，フラノ，ネル． **2**《ラ米》(タ)(ビデン)(ニカラグ)(紳士用)肌着；(ニカラグ)Tシャツ．

fra·ne·le·ro, ra [fra.ne.lé.ro, -.ra] 形《ラ米》(ちゅうべい)《俗》おべっか使いの．
── 男 女《ラ米》(ちゅうべい)《俗》おべっかを使う人．

fra·ne·ló·gra·fo [fra.ne.ló.gra.fo] 男 フランネルボード：フランネルなどを使った掲示板．

fra·ne·ló·gra·ma [fra.ne.ló.grá.ma] 男 フランネルボードに貼り付ける絵や文字．

fran·gen·te [fraŋ.xén.te] 男 不運，（予期せぬ）災難．

fran·gir [fraŋ.xír] 101 他 割る，裂く．

fran·glais [fraŋ.glé]〔仏〕男 英語の影響を多大に受けたフランス語．

fran·go·llar [fraŋ.go.ʝár ‖ -.ʎár] 他 **1**《話》〈仕事などを〉ぞんざいにする，いい加減に片づける．**2** 小麦をひく．**3**《ラ米》(キュ)(メキ)〈トウモロコシを〉ひいて粉にする．── 男《ラ米》《話》はじける，しらばくれる．

fran·go·lle·ro, ra [fraŋ.go.ʝé.ro, -.ra ‖ -.ʎé.-] 形《ラ米》(メキ)(ちゅうべい)《話》不器用な，ぞんざいな．

fran·go·llo [fraŋ.gó.ʝo ‖ -.ʎo] 男 **1**〖料〗小麦をひいて煮たかゆ，オートミールのかゆ．
2《話》(仕事などの)不手際；ぞんざいな仕事，粗製品．
3（豆・穀類の）混合粉末飼料．**4**《ラ米》(キュ)（**1**）(プエルトリコ)（トウモロコシ粉で作る）煮込み．(**2**) (キュ)（穀物の）粉．（**3**）(ちゅうべい)あり合わせの料理；(ちゅうべい)（話）下手な料理．(**4**) (ちゅうべい)《話》ごたまぜ，寄せ集め；紛糾，混乱．(**5**) (タ)つぶしたバナナを乾燥させて作った菓子．

fran·go·llón, llo·na [fraŋ.go.ʝón, -.ʝó.na ‖ -.ʎón, -.ʎó.-] 形《ラ米》《話》（まれに《スペイン》）いい加減な，やっつけ仕事をする．

fran·go·te [fraŋ.gó.te] 男 （通常よりも）大きい［小さい］包み．

fran·ja [fráŋ.xa] 女 **1** 縁(ふち)房飾り，フリンジ．
2 帯(状のもの)；縞(模様)．*~ de tierra* 帯状の土地［地帯］．*~ de una bandera* 旗の縞(模様)．*~ de interferencia*〖物理〗(光の)干渉縞．

fran·jar [fraŋ.xár] / **fran·je·ar** [fraŋ.xe.ár] 他 へりをつける，縁取りで飾る，房飾りをつける．

fran·ji·rro·jo, ja [fraŋ.xi.r̄ó.xo, -.xa] 形《話》赤いライン［帯］の入ったシャツを着たチームの．── 男 女《話》赤いライン［帯］の入ったシャツを着たチーム，またはその選手．

fran·klin [fráŋ.klin] 女〖物理〗フランクリン：CGS静電単位の電気量を表す単位の一つ．

fran·que·a·ble [fraŋ.ke.á.ble] 形 **1** 通行[通過，渡河]できる．**2**〈障害などを〉突破[克服]できる．

fran·que·a·do·ra [fraŋ.ke.a.ðó.ra] 女 （切手の代わりに印字で料金を表示する）押印機（= *máquina ~*）．

fran·que·a·mien·to [fraŋ.ke.a.mjén.to] 男 **1** 通行，通過；渡河．**2** (困難の)克服．**3** (郵便)切手をはること．**4**（奴隷の）解放．

fran·que·ar [fraŋ.ke.ár] 他 **1**〈邪魔物を〉取り除く；〈通行を〉自由にする．*~ el pasillo* (通りやすいように) 廊下をかたづける．*~ el paso* 通路を開く．
2 渡る；〈障害物などを〉跳び越える，克服する．*~ el umbral* 敷居をまたぐ．*~ un río a nado* 川を泳いで渡る．*~ un puerto* 峠を越える．
3《de... …を》免除する．*~ a + 人 de un tributo* 〈人に〉対して税を免除する．
4（郵便物に）切手をはる；（切手の代わりに）スタンプを押す．*una carta franqueada* 切手貼付郵便．
5（奴隷を）解放する．**6** 譲る，与える．

── *~·se* 再 **1**《con... …に》心中を打ち明ける．*~se con un amigo* 友人に心中を打ち明ける．
2 簡単に譲歩する，言いなりになる．

fran・que・o [fraŋ.ké.o] 男 **1** 郵便料金, 切手に記載された金額. ～ concertado 郵便料金別納. con ～ insuficiente 郵便料金不足で.
2 切手をはること；スタンプを押すこと.

fran・que・za [fraŋ.ké.θa / -.sa] 女 **1** 率直, 正直. Dispense mi ～. 失礼ながら, 率直に言って. con ～ 率直に, ざっくばらんに.
2 親密, 懇意. Tengo la suficiente ～ con él para decirle la verdad. 彼とは本当のことを言えるほど親しい. **3** 寛大, 気前のよさ.

fran・quí・a [fraŋ.kí.a] 女 《海》操船余地. *estar* [*ponerse*] *en franquía* (危険・困難から) 解放された, 自由である.

fran・qui・cia [fraŋ.kí.θja / -.sja] 女 **1** (税金などの) 免除. ～ aduanera 関税免除. ～ postal 郵送料無料. **2** 《商》フランチャイズ. contrato de ～ フランチャイズ契約.

fran・qui・cia・do, da [fraŋ.ki.θjá.ðo, -.ða / -.sjá.-] 形 フランチャイズの, チェーンの. ― 男 女 フランチャイズ (店) (経営者), チェーン (店) (経営者).

fran・qui・cia・dor, do・ra [fraŋ.ki.θja.ðór, -.ðó.ra / -.sja.-] 形 フランチャイズを持つ, チェーンを持つ. ― 男 女 フランチャイズを持つ店舗 (経営者), チェーンを持つ店舗 (経営者).

fran・quis・mo [fraŋ.kís.mo] 男 フランコ Franco 体制, フランコ主義.

fran・quis・ta [fraŋ.kís.ta] 形 フランコ (支持) 派の. ― 男 女 フランコ支持者. → *falange*.

fra・pé / fra・ppé [fra.pé] 〔仏〕 形 **1** 細かい氷の入った. **2** 《ラ米》《話》とても冷たい.

fra・que [fra.ke] 男 → *frac*.

fras・ca [frás.ka] 女 **1** ワインを入れるガラスの角瓶. **2** 《ラ米》(゙ ゚)(ﾐ³)乱痴気パーティー, お祭り騒ぎ.

fras・co [frás.ko] 男 **1** (香水などを入れる首の細い) 小瓶, その小瓶一杯の量；《ラ米》瓶. un ～ de agua de colonia オーデコロンの小瓶.
2 (実験用の) フラスコ. **3** 《軍》(角製の) 火薬入れ. *¡Toma del frasco!* 《話》(1) 飲め. (2) いい気味だ, ざまあみろ；《驚き》えー, あら.

Fras・cue・lo [fras.kwé.lo] 固名 フラスクエロ：Francisco の愛称.

fra・se [frá.se] 女 **1** 《文法》句；熟語, 言い回し (= locución)；語句, 語群. ～ conjuntiva 接続詞句. ～ hecha 成句. ～ proverbial 諺 (ﾐ³), 格言. **2** 文 (= oración)；文章. escribir ～s 文章を書く. **3** 《主に複数で》美辞麗句, 空疎な文句. gastar ～s 美辞麗句を並べる. **4** 《音楽》楽句, フレーズ (= ～ musical).
[← 〔ラ〕 *phrasem* (*phrasis* の対格)「言い回し, 言葉遣い」 ← 〔ギ〕 *phrásis*「話しぶり」；【関連】〔英〕*phrase*]

fra・se・ar [fra.se.ár] 他 **1** 述べる, 表現する, 言葉に出す. **2** 《音楽》(曲を) 楽句に区切る.

fra・se・o [fra.sé.o] 男 《音楽》フレージング, 楽句の区切り法.

fra・se・o・lo・gí・a [fra.se.o.lo.xí.a] 女 **1** (ある人・言語・時代の) 言葉遣い, 語法, 文体. **2** 多弁, 大言壮語. Menos ～ y más acción. 言葉より実行を.

-frasis「言葉」の意を表す造語要素. → *paráfrasis, perífrasis*. [← 〔ギ〕]

fras・que・ra [fras.ké.ra] 女 (瓶の) 運搬用ケース.

Fras・qui・ta [fras.kí.ta] 固名 フラスキータ：Francisca の愛称.

Fras・qui・to [fras.kí.to] 固名 フラスキート：Francisco の愛称.

fras・te・ro, ra [fras.té.ro, -.ra] 形 《ラ米》他国の, よそ者の. ― 男 外国人, よそ者. → *forastero*.

fra・tás [fra.tás] 男 (左官用の) こて.

fra・ter・na [fra.tér.na] 女 《ラ米》(ﾐ³)過重労働.

fra・ter・nal [fra.ter.nál] 形 **1** 兄弟 [姉妹] の. amor ～ 兄弟 [姉妹] 愛. **2** 友愛の, 感情の深い.

fra・ter・nal・men・te [fra.ter.nál.mén.te] 副 兄弟 [姉妹] らしく；親密に.

fra・ter・ni・dad [fra.ter.ni.ðáð] 女 **1** 兄弟 [姉妹] 関係 [愛]. **2** 友愛, 同胞愛. **3** 《ラ米》(ﾐ³)(大学の) 学友会.

fra・ter・ni・za・ción [fra.ter.ni.θa.θjón / -.sa.sjón] 女 (兄弟・姉妹のように) 親しく交わること.

fra・ter・ni・zar [fra.ter.ni.θár / -.sár] 自 (兄弟・姉妹のように) 親しく交わる, 親交を深める.

fra・ter・no, na [fra.tér.no, -.na] 形 **1** 兄弟 [姉妹] の. luchas *fraternas* 兄弟 [姉妹] げんか. **2** 友愛の, 愛情の深い.

fra・trí・a [fra.trí.a] 女 **1** 《史》(古代ギリシアの) 胞族, フラトリア. **2** 信徒団；協同体, 組合.

fra・tri・ci・da [fra.tri.θí.ða / -.sí.-] 形 兄弟 [姉妹] 殺しの. ― 男 女 兄弟 [姉妹] 殺害者.

fra・tri・ci・dio [fra.tri.θí.ðjo / -.sí.-] 男 兄弟 [姉妹] 殺し (の罪).

frau・de [fráu.ðe] 男 **不正 (行為)**, ごまかし；詐欺. ～ fiscal 脱税.

frau・du・len・cia [frau.ðu.lén.θja / -.sja] 女 詐欺 [不正] 行為.

frau・du・len・ta・men・te [frau.ðu.lén.ta.mén.te] 副 詐欺的に, だまして, 不正に.

frau・du・len・to, ta [frau.ðu.lén.to, -.ta] 形 ごまかしの；詐欺 (行為) の, 不正な. quiebra *fraudulenta* 詐欺破産 (罪).

fray [frái] 〔伊〕 男 [fraile の語尾消失形] (略 Fr.) ...師 (► 修道士の名前に前置する敬称). F～ Bartolomé de Las Casas バルトロメ・デ・ラス・カサス師.

fra・za・da [fra.θá.ða / -.sá.-] 女 (毛足の長い) 毛布.

freak [fríc] 〔英〕 形 《複 ～s》常軌を逸して一つのことに夢中になる. ― 男 女 常軌を逸して一つのことに夢中になる人.

fre・á・ti・co, ca [fre.á.ti.ko, -.ka] 形 地下水の；地下水層の, 浸潤層の. capa *freática* 地下水面.

fre・cuen・cia [fre.kwén.θja / -.sja] 女 **1** 頻繁, しきりであること；しばしば起こること. La joven pareja se cita con mucha ～. その若いカップルは頻繁にデートを重ねている.
2 頻度；回数, 度数. la ～ de los trenes 列車の運行本数. La ～ con que nos vemos no es tanta. 我々はあまり頻繁には会わない.
3 《物理》《ラジオ》《TV》振動数, 周波数；《数》度, 度数. emisora de ～ modulada FM放送局. baja [alta] ～ 低 [高] 周波数.

fre・cuen・cí・me・tro [fre.kwen.θí.me.tro / -.sí.-] 男 《電》周波数計.

fre・cuen・ta・ción [fre.kwen.ta.θjón / -.sjón] 女 頻繁な訪問；繰り返し行うこと.

fre・cuen・ta・do, da [fre.kwen.tá.ðo, -.ða] 形 (人・動物が) 頻繁に訪れる. Es un bar muy ～ por los jóvenes. それは若者たちがよく訪れるバルだ.

fre・cuen・ta・dor, do・ra [fre.kwen.ta.ðór, -.ðó.ra] 形 頻繁に訪れる (行う). ― 男 女 常連, 常客.

fre・cuen・tar [fre.kwen.tár] 他 **1** 頻繁に訪れる [出入りする]. ～ bares バルによく行く.
2 常に交際する；付き合いを続ける. Todavía *frecuenta* a sus antiguos compañeros. まだ彼[彼

freno

女]は昔の同僚と付き合いが多い．
3 頻繁に行う．
frecuentar los sacramentos 〘カト〙告解と聖体拝受を欠かさない．
fre·cuen·ta·ti·vo, va [fre.kwen.ta.tí.βo, -.βa] 形 反復表示の．
── 男 〘文法〙反復形（の動詞）．▶ 動作の反復の意を表す動詞．⇒martillar, golpear など．

fre·cuen·te [fre.kwén.te] 形 《*ser*＋》1** 《多くは＋名詞／名詞＋》 の，しばしばの，**頻繁**な．Estamos hartos de las ~s lluvias. 度々の雨に我々はうんざりしている．
2 《＋名詞／名詞＋》よくある，ありふれた；ありがちな．una expresión ~ ありふれた表現[言い回し]．
ser frecuente ［＋不定詞／*que*＋接続法］…するのはよくあることだ，よく…する．*Es ~ que* lo *vea* en este bar. 私はこのバルで彼をよく見かける．
[←〘ラ〙*frequentem*（*frequens*の対格）/関連〘英〙*frequent*]

fre·cuen·te·men·te [fre.kwén.te.mén.te] 副 頻繁に，しばしば．

free [frí] 〘英〙男 〘音楽〙フリージャズ（＝~ jazz）．

freez·er [frí.θer / -.ser] 〘英〙男 〘複 ~s, ~〙 〘ラ米〙冷凍庫，フリーザー（＝congelador）．

fre·ga·da [fre.gá.ða] 女 〘ラ米〙〘話〙迷惑，厄介；災難，不幸．

fre·ga·de·ra [fre.ga.ðé.ra] 女 〘ラ米〙(1) 〘[地域]〙食器洗い機．(2) 〘話〙大迷惑，厄介至極なこと．

fre·ga·de·ro [fre.ga.ðé.ro] 男 **1** 台所などの流し，シンク．**2** 〘ラ米〙〘話〙(次々と起こる）厄介な事；（たび重なる）災難．

fre·ga·do, da [fre.gá.ðo, -.ða] 形 〘話〙(1) 〘[地域]〙ずうずうしい，厚かましい．(2) 〘[地域]〙ずるい，悪賢い．(3) 〘[地域]〙頑固な，強情な．(4) 〘[地域]〙迷惑な，厄介な；いい加減な．(5) 〘[地域]〙間の悪い，煩わしい．
── 男 **1** 洗う［磨く］こと．**2** 〘話〙厄介［面倒］なこと；騒動．*meterse en un* ~ ごたごたに巻き込まれる．**3** 〘ラ米〙〘[地域]〙〘話〙何の役立たずの（人）．
darle un fregado (*a*＋人) 〘話〙（人）をとっちめる．
tener un fregado con＋人 〈人〉とけんかする，一悶着起こす．

fre·ga·dor, do·ra [fre.ga.ðór, -.ðó.ra] 男 女 皿洗い（人）．
── 男 **1** (台所などの) 流し，シンク．**2** (食器洗い用の)たわし，へちま．

fre·ga·du·ra [fre.ga.ðú.ra] 女 **1** 洗う[磨く，こする]こと．**2** 〘ラ米〙〘話〙→ fregada 女．

fre·ga·mien·to [fre.ga.mjén.to] 男 摩擦．

fre·gan·cia [fre.gán.θja / -.sja] 女 〘話〙〘[地域]〙→ fregada 女．

fre·gan·de·ro, ra [fre.gan.dé.ro, -.ra] 男 女 〘ラ米〙〘[地域]〙清掃員，雑役夫［婦］．

fre·gan·ti·na [fre.gan.tí.na] 女 〘ラ米〙〘[地域]〙→ fregada 女．

fre·gar [fre.gár] 自 他 **1** (汚れを) 磨く，洗うこと．~ las cacerolas 鍋を磨く．~ el suelo 床をふく［磨く］．~ los platos 皿を洗う．
2 〘ラ米〙(1) 〘[地域]〙ぶつ；負かす．(2) 〘[地域]〙〘俗〙殺す；傷つける．(3) 〘[地域]〙〘[地域]〙悩ます，困らす．
fregar la borrega 〘ラ米〙〘[地域]〙〘話〙(1) 悩ます．(2) だます；つけ込む．

[←〘ラ〙*fricāre*；関連 fricción．〘英〙*friction*]

fre·ga·triz [fre.ga.tríθ / -.trís] 女 [複 fregatrices] → fregón 男 **1**, **2**．▶ ユーモラスな言い方．

fre·ga·zón [fre.ga.θón / -.són] 女 〘ラ米〙〘[地域]〙〘話〙厄介，面倒．

fre·gón, go·na [fre.gón, -.gó.na] 形 《ラ米》〘話〙(1) 〘[地域]〙うるさい；愚かな．(2) 〘[地域]〙〘[地域]〙恥知らずの，厚かましい，ずうずうしい．
── 男 女 〘ラ米〙〘*[地域]*〙こぼし屋，不平家；ボス，大物．
── 男 〘[地域]〙布巾，雑巾．
── 女 **1** 〘軽蔑〙床磨き［皿洗い］の女；家政婦；普通の女．**2** 〘軽蔑〙粗野［下品]な女．**3** (床用の)モップ．

fre·go·te·ar [fre.go.te.ár] 他 雑に拭く［洗う，磨く］．

fre·go·te·o [fre.go.té.o] 男 雑に拭く［洗う，磨く］こと．

freí- 活 → freír．

frei·de·ra [frei.dé.ra] 女 **1** → freidora．**2** 〘ラ米〙〘[地域]〙フライパン．

frei·do·ra [frei.dó.ra] 女 揚げ物用鍋(なべ)．

frei·du·ra [frei.dú.ra] 女 油で揚げること．

frei·du·rí·a [frei.ðu.rí.a] 女 (魚の) 揚げ物店［屋台].

frei·mien·to [frei.mjén.to] 男 油で揚げること．

*fre·ír [fre.ír] 他 (過分 は frito または freído)
1 《*con*... ／ *en*... 〈油〉で)揚げる，フライにする；炒める；（フライパンに油をひいて）焼く．~ el pescado 魚を揚げる．~ el huevo 目玉焼きを作る．~ ajos *en* aceite ニンニクを油で炒める．→ cocinar [類語]．**2** 《話》《*con*... ／ *a*... …で》〈人を〉うんざりさせる，悩ます，苦しめる．~ a＋人 *a* [*con*] preguntas 〈人〉を質問攻めにする．**3** 〘話〙殺す．a＋人 a tiros 〈人〉を撃ち殺す．
── ~·*se* 再 **1** 揚がる，フライにされる．**2** 〘話〙ひどく暑い思いをする．~*se de calor* 暑さでうだる．
[←〘ラ〙*frīgere*「あぶる；揚げる」/関連〘英〙*fry*]

fre·jol [fre.xól] **/ fré·jol** [fré.xol] 男 〘ラ米〙〘[地域]〙《複数形》〘植〙インゲンマメ．

fré·mi·to [fré.mi.to] 男 うなり声，怒声．

fre·na·do [fre.ná.ðo] **/ fre·na·je** [fre.ná.xe] 男 ブレーキをかけること，制動．

*fre·nar [fre.nár] 他 **1** ブレーキをかける．~ el coche a tiempo ブレーキが間に合う．~ bruscamente [en seco] 急ブレーキをかける．
2 抑制[抑止]する．~ la inflación インフレに歯止めをかける．~ la producción 生産を抑制する．
── ~·*se* 再 自制[自重]する．Tiene que ~*se* en la bebida. 彼[彼女]は飲酒を控えるべきだ．

fre·na·zo [fre.ná.θo / -.so] 男 急ブレーキ．dar un ~ 急ブレーキをかける．

*fre·ne·sí [fre.ne.sí] 男 **1** 熱狂，逆上，狂乱．Está en un ~ de celos. 彼[彼女]は嫉妬(とつ)に気も狂わんばかりだ．**2** (発作的の) 精神錯乱．

*fre·né·ti·co, ca [fre.né.ti.ko, -.ka] 形 熱狂的な，逆上した．ponerse ~ 逆上する．

fre·ni·llo [fre.ní.jo / -.ʝo-] 男 **1** 〘解剖〙小帯，繫帯(たい)．~ de la lengua 舌小帯．~ del prepucio 包皮小帯．**2** 〘医〙(発音障害の原因となる) 舌小帯短小．**3** (犬の) 口輪．**4** 〘海〙繫索．**5** 〘ラ米〙〘[地域]〙〘[地域]〙凧(たこ)上げ用の糸．
no tener frenillo en la lengua ずけずけ物を言う．
tener frenillo 口ごもる．

*fre·no [fré.no] 男 **1** ブレーキ，制動機．echar [poner] el ~ ブレーキをかける．soltar el ~ ブレー

キを緩める. ~ asistido パワーブレーキ. ~ de aire エアブレーキ. ~ de disco ディスクブレーキ. ~ de mano ハンドブレーキ. ~ de tambor ドラムブレーキ. ~ delantero [trasero] 前輪[後輪]ブレーキ. potencia al ~ 制動力. ~ motor エンジンブレーキ.
2《馬》(馬具の)馬銜(はみ).
3 抑制, 食止め. **4**《ラ米》《話》空腹, 飢え.
meter a+人 en freno〈人〉を抑える, 制止する.
tascar [morder] el freno《話》(1)〈馬〉が(いらいらして)馬銜をかむ. (2) しぶしぶ従う.
[←[ラ] *frēnum*「手綱；(馬の)くつわ」]

fre·no·lo·gí·a [fre.no.lo.xí.a] 囡 骨相学.
fre·nó·lo·go [fre.nó.lo.ɣo] 團 骨相学者.
fre·nó·pa·ta [fre.nó.pa.ta] 男女 精神科医.
fre·no·pa·tí·a [fre.no.pa.tí.a] 囡 精神病学.
fre·no·pá·ti·co, ca [fre.no.pá.ti.ko, -.ka] 形 精神病(学)の. *hospital* ~ 精神科病院.
── 男 精神科病院.

fren·ta·zo [fren.tá.θo / -.so] 男《ラ米》《話》(1)《スポ》頭突き, ヘディング. (2)《話》挫折(ざつ), 失望, 落胆.

fren·te [frén.te] 囡 額, おでこ. *arrugar la* ~ 額にしわを寄せる, 顔をしかめる. *llevar [traer]... escrito en la* ~《話》…が顔に書いてある.
── 男 **1** 前方, 前部；(建物などの)正面. *El* ~ *de la casa está pintado de azul.* 家の正面は青色に塗られている.
2《軍》(戦いの)最前線, 戦地. ~ *de batalla* 戦闘地区. *Murió en el* ~. 彼[彼女]は戦闘で死んだ.
3《気象》前線. ~ *cálido [frío]* 温暖[寒冷]前線.
4 (政治・社会的な)協力態勢, 戦線, 活動領域. *F~ Popular*《史》人民戦線.
al frente (de...) (1) (…の)先頭で；(…を)率いて, 指揮して. *Se ha puesto al* ~ *de la empresa.* 彼[彼女]が会社を率いることになった. (2) 正面に, 前に. *dar un paso al* ~ 前に一歩出る.
con la frente (muy) alta《話》堂々と, 胸を張って.
de frente (1) 正面を向いて. *caminar de* ~ 正面を向いて歩く. *¡De* ~!《号令》前へ進め. (2) 向き合って. (3) 決然と.
en frente (de...) (=*enfrente*) (…の)正面に. *El supermercado está en* ~. スーパーは向かいにある.
frente a... (1)《位置》…の正面に. *La panadería está* ~ *al mercado.* パン屋は市場の正面にある. (2)《対比・対立》…に対して. → *ante*³ 類語.
frente a frente 向かい合って；率直に. *Nos sentamos* ~ *a* ~. 私たちは向き合って座った.
frente por frente 真向かいに, 正面に.
hablar de frente《ラ米》はっきり言う, 単刀直入に話す.
hacer frente a... …に直面する, …と対決する. *Tenéis que hacer* ~ *a este problema.* 君たちはこの問題と向き合わなくてはいけない.
[←[古スペイン] *fruente* ←[ラ] *frontem* (*frōns* の対格)；関連 *afrentar, frontera.* [英] *front, frontier*]

fre·o [fré.o] 男《海》海峡, 瀬戸.
fre·ón [fre.ón] 男《商標》フレオン, フロンガス.
fre·sa¹ [fré.sa] 囡《植》イチゴ(の木・実). *mermelada de* ~*s* イチゴジャム. ~ *silvestre* 野イチゴ.
── 形《性数不変》いちご色の, 赤みがかった.
[←[仏] *fraise*]

fre·sa² [fré.sa] 囡《機》(切削工具の)フライス；《医》(歯科医の)ドリル.
fre·sa·do [fre.sá.ðo] 男《機》フライス加工[削り].
fre·sa·dor, do·ra [fre.sa.ðór, -.ðó.ra] 男女 フライス盤作業員. ── 囡《機》フライス盤.
fre·sal [fre.sál] 男 イチゴ畑.
fre·sar [fre.sár] 他 フライス加工する.

fres·ca [frés.ka] 囡 **1** 涼気；(夏の朝夕の)涼しさ. *tomar la* ~ 涼をとる.
2《話》癇(かん)に触ること, 無礼な言葉.
── 形 囡 → *fresco*.

fres·ca·chón, cho·na [fres.ka.tʃón, -.tʃó.na] 形 血色のよい, いかにも丈夫そうな. *viento frescachón* 涼風；《海》強風.
[*fresco* + 増大辞]

fres·ca·les [fres.ká.les] 男女《単複同形》《話》厚かましい[ずうずうしい]人, 生意気なやつ.

fres·co, ca [frés.ko, -.ka] 形 **1** (+名詞/名詞+)《*ser*+ / *estar*+》涼しい；冷たい；爽快(そうかい)な, さわやかな. *agua fresca* 冷たい水. *viento* ~ 涼風. *brisa fresca* 涼風.
2《多くは名詞+》《*ser*+ / *estar*+》新鮮な, できたての, 取れたての；最新の, 新しい；(食品が)生の, 冷凍でない. *aire* ~ 新鮮な空気. *carne fresca* 新鮮な肉. *pescado* ~ 新鮮な魚. *flores frescas* 生花. *sangre fresca* 鮮血. *verduras frescas* 新鮮な野菜. *noticias frescas* 最新のニュース.
3 鮮明な, 鮮やかな. *recuerdos* ~*s* 記憶に鮮やかな思い出. *estar* ~ *en la memoria* 記憶に新しい.
4《*estar*+》乾いていない, 塗りたての. *Pintura fresca.* ペンキ塗りたて.
5《*estar*+》はつらつとした, 生き生きした. *cutis* ~ みずみずしい肌. *sentirse* ~ *como una rosa* 爽快(そうかい)な気分になる. **6**《人が》落ち着き払った, 冷静な. *Se quedó tan* ~ *con la noticia.* その知らせを聞いても彼は顔色も変えなかった. **7**《*ser*+》《話》《人が》厚かましい, 生意気な. *¡Qué* ~ *eres!* お前はなんてずうずうしいやつだ.
── 男女 **1** 恥知らず, 厚かましい人. **2**《ラ米》《話》大学の1年生.
── 男 **1** 涼気, 冷たさ. *Hace* ~. 涼しい. *tomar el* ~ 涼む. **2**《美》フレスコ画(法). *pintura al* ~ フレスコ画. **3**《ラ米》《話》《(主に)》(ちゅうとう)冷たい飲み物, 清涼飲料水(=*refresco*).
al fresco 涼しい場所に[で]；野外で. *Pon las bebidas al* ~. 飲み物を涼しいところに置きなさい.
echar fresco《ラ米》《話》ありのままに語る.
estar fresco《話》当てがはずれる. *Estás* ~ *si piensas que...* …だと思ったら大間違いだ.
traer a+人 al fresco《話》〈人〉にとってどうでもよいことである. *Su opinión me trae al* ~. 彼[彼女]の意見なんか私にはどうでもいいことだ.
[←[ゲルマン] *frisk*；関連 [英] *fresh*]

fres·cor [fres.kór] 男 **1** 涼しさ. **2**《美》(人物の肌の)健康的な色(に描かれたこと).
fres·co·te, ta [fres.kó.te, -.ta] 形《話》がっしりとして健康そうな, 血色のよい. [*fresco* + 増大辞]
fres·cu·ra [fres.kú.ra] 囡 **1** 涼しさ, さわやかさ；冷たさ. **2** 新鮮さ, みずみずしさ. **3** 平静；無関心, 冷淡. **4**《話》ずうずうしさ. *Con mucha* ~ *me pidió dinero.* 厚かましくも彼[彼女]は私に金を無心した. *soltar* ~*s* ずけずけと失礼なことを言う.
fresh [fréʃ // fréʃ] [英] 形《性数不変》趣味のよい, 格好のよい.
fres·ne·da [fres.né.ða] 囡 トネリコの林.

fres·no [frés.no] 男《植》トネリコ類.
fre·són [fre.són] 男《植》(大粒の) イチゴ.
fres·que·dal [fres.ke.dál] 男 (夏の猛暑の中でも) 草の青々と茂っている土地[場所].
fres·que·ra [fres.ké.ra] 女 (換気がよく涼しい) 食料保管場所[戸棚], 蠅帳(はえちょう).
fres·que·rí·a [fres.ke.rí.a] 女《ラ米》(メキ)(冷たい) 飲み物を売る店.
fres·que·ro, ra [fres.ké.ro, -.ra] 男 女 **1** 鮮魚商人し運送業者.
2《ラ米》(メキ)(冷たい) 飲み物を売り歩く人.
fres·que·te [fres.ke.té] 形 → fresquito.
fres·qui·lla [fres.kí.ja ‖ -.ʎa] 女《植》桃の一種.
fres·quis·ta [fres.kís.ta] 共 フレスコ画家.
fres·qui·to, ta [fres.kí.to, -.ta] 形 fresco + 縮小辞.
freu·dia·no, na [freu.djá.no, -.na] 形 フロイト Freud (オーストリアの精神病理学者 1856–1939) (学派)の. — 男 女 フロイト学派の人.
freu·dis·mo [freu.ðís.mo] 男 フロイト主義[学説].
fre·za [fré.θa / -.sa] 女 **1** (魚の) 産卵(期); 卵, 腹子; 稚魚. **2** (動物が地面に掘った) 穴, 跡; (魚が産卵で水底に作る) くぼみ. **3** (動物の) 糞(ふん), 堆肥(たいひ).
fre·zar¹ [fre.θár / -.sár] 97 自 **1** 〈魚などが〉産卵[放卵]する; 〈魚が〉(産卵のために) 水底を掘る.
2 〈動物が〉(食べ物をあさるために) 鼻で地面を掘る.
3 〈動物が〉糞(ふん)をする.
4 (ミツバチの巣箱から) 排泄(はいせつ)物がこぼれる.
— 他 (ミツバチの巣箱の) 排泄物を掃除する.
fre·zar² [fre.θár / -.sár] 97 自〈蚕が〉桑を食べる.
fri- / **frí-** 語 → freír.
fria·bi·li·dad [frja.bi.li.ðáð] 女 もろさ, 砕けやすさ.
fria·ble [frjá.ble] 形 もろい, 砕けやすい.
frial·dad [frjal.dáð] 女 **1** 寒さ, 冷たさ. ~ de [en] manos 手の冷たさ.
2 無関心, 無頓着(とんちゃく); 冷淡さ. la ~ del público 大衆の無関心. recibir a+人 con ~ 〈人〉を冷たい態度で迎える.
3 性欲がないこと; 《医》冷感症, 不感症.
fri·ca [frí.ka] 女《ラ米》(メキ)(俗) 殴打, なぐりつけ.
fri·ca·ción [fri.ka.θjón / -.sjón] 女《音声》摩擦.
fri·can·dó [fri.kan.dó] 男《料》フリカンドー: 豚の脂身を刺し込んでとろ火で煮た子牛肉の料理.
[← [仏] *fricandeau*]
fri·ca·sé [fri.ka.sé] 男《料》フリカッセ: 鶏肉·子牛肉などをホワイトソースで煮込んだ料理.
[← [仏] *fricassée*]
fri·ca·ti·vo, va [fri.ka.tí.bo, -.ba] 形《音声》摩擦音の.
— 女 摩擦音. → f, j, s, z などの子音.
fric·ción [frik.θjón / -.sjón] 女 **1** 摩擦.
2 マッサージ (= masaje). darse una ~ en el cuero cabelludo 頭皮をマッサージする.
3 不和, 衝突. los puntos de ~ 争点.
fric·cio·nar [frik.θjo.nár / -.sjo.-] 他 こする, 摩擦する; マッサージする.
frieg- 語 → fregar.
frie·ga [frjé.ɡa] 女 **1** マッサージ, もみ療治. dar ~s マッサージする. **2**《ラ米》(メキ)(話) ばかげたこと. (1)(カ)(チリ)(俗) 殴打, なぐりつけ. (3) (コロンビア)(アルゼンチン)(ウルグアイ)《話》叱りつけ, 叱責(しっせき), 非難. (4) (アルゼンチン)(チリ)(エクアドル)(ペルー)(メキ)(ウルグアイ)《話》面倒, 厄介. (5) 冷蔵庫.
frie·ga·pla·tos [frje.ɡa.plá.tos] 男 (単複同形) 皿洗い(をする人). — 男《話》食器洗い機.
frie·ra [frjé.ra] 女 霜焼け (= sabañón).
Fri·gia [frí.xja] 固名 フリギア : 小アジアの古代国家. [← [ロ] *phrygia* ← [希] *phrygía*]
fri·gi·dai·re [fri.xi.ðái.re ‖ -.ʒi.dér] [仏] 男《ラ米》(カ)(コロンビア)(チリ) 冷蔵庫.
fri·gi·der [fri.xi.ðér] 男《ラ米》(ペルー) 冷蔵庫.
fri·gi·dez [fri.xi.ðéθ / -.dés] 女 **1** 冷たさ.
2《医》冷感症, 不感症. **3** 冷淡, 冷酷.
frí·gi·do, da [frí.xi.ðo, -.ða] 形 **1** 冷たい. **2** 性的不感症の. **3** 冷淡[冷酷]な.
fri·gio, gia [frí.xjo, -.xja] 形《地理》《史》フリギア Frigia の. — 男 女《地理》《史》フリギアの人.
fri·go [frí.ɡo] 男《スペイン》《話》(略) 冷蔵庫 (← *frigorífico*).
fri·go·rí·a [fri.ɡo.rí.a] 女《物理》フリゴリー: 冷凍·冷却で用いる熱量の単位.
fri·go·rí·fi·co, ca [fri.ɡo.rí.fi.ko, -.ka] 形 **1** 冷凍[冷却]する. mezcla *frigorífica* 寒剤, 冷却剤. máquina *frigorífica* 冷蔵装置. armario ~ 冷蔵庫. cámara *frigorífica* 冷蔵室. **2** 冷蔵設備の(付いた). vagón [camión] ~ 冷蔵貨車[トラック].
— 男 **1**《スペイン》冷蔵庫 (= nevera). ▶ 口語で frigo と略される. 「冷凍庫」は congelador.
2《ラ米》冷凍工場.
fri·go·ris·ta [fri.ɡo.rís.ta] 男 女 冷凍技術者.
fri·go·ri·za·ción [fri.ɡo.ri.θa.θjón / -.sa.sjón] 女 冷房[冷却] 設備の設置.
fri·jol [fri.xól] / **frí·jol** [frí.xol] 男《ラ米》(1)《植》フリホール (豆) (◆新大陸起源のインゲンマメの総称. 古くからたんぱく源として利用され, 現在も日常の食卓に欠かせない食べ物); インゲンマメ (= *judía*).
(2)《複数で》(メキ)(カ)《話》食事, 食べ物. meterse los ~es (メキ) 食い物を口にする. (3)(カ) あざけり; 《複数で》強がり, 大言. (4) (メキ) 隠しごと. (5)(コロンビア)(カ) 臆病(おくびょう)者, 意気地なし.
¡Frijoles!《ラ米》(メキ)(カ) 冗談じゃない, だめだ.
fri·jón [fri.xón] 男《植》インゲンマメ (= *judía*).
frin·gí·la·go [friŋ.xi.lá.ɡo] 男《鳥》シジュウカラ.
frin·go·le·ar [friŋ.ɡo.le.ár] 他《ラ米》(カ)《話》殴る, 打つ.

frí·o, a [frí.o, -.a] 形 **1 (+名詞 / 名詞+) 《ser + / estar +》寒い, 冷たい; 冷えた, 冷めた (↔ caliente). agua *fría* 冷たい水. un ~ día de invierno 冬の寒い日. tiempos de la guerra *fría* 冷戦の時代. La sopa *está fría*. スープが冷めてしまった. animal de sangre *fría* 変温動物.
2《+名詞 / 名詞+》《ser + / estar +》冷淡な; 冷酷な. asesinato a sangre *fría* 冷酷な暗殺. análisis ~ 冷徹な分析.
3《ser + / estar +》冷静な, 平然とした.
4《ser + / estar +》《話》性的不感症の.
5〈作品などが〉感動や興味を起こさせない, 精彩を欠いた. película *fría* ぱっとしない映画.
6《名詞+》《美》寒色の. **7**《ラ米》死んだ.
— 男 **1** 寒さ, 寒気, 冷気. Hoy hace mucho ~. 今日はとても寒い. Tiene un poco de ~. 彼[彼女]は少し寒がっている. pasar ~ 寒い思いをする. sentir ~ 寒さを感じる.
2 寒१, 風邪. **3**《ラ米》《複数で》間欠熱, マラリア.
— 女《ラ米》(グアテマラ)(ニカラグア)(メキ)(コスタリカ)(カ)(冷えた) ビール.
— 間投 (ゲームで, 隠してあるものや正解から) 遠い, そこじゃない, 全然違う (↔ caliente).
— 語 → freír.

coger frío 風邪をひく.
dejar frío *a*＋人 〈人〉に感銘を与えない；ぞっとさせる, 愕然(がぜん)とさせる.
en frío (1) 冷静に. (2) 《話》準備なしで.
hacer un frío que pela 《話》凍えるほど寒い.
no darle ni frío ni calor (*a*＋人) 〈人〉にとってどうでもよい.
quedarse frío (1) ぞっとする；愕然となる；《話》(死んで)冷たくなる. (2) (驚き・恐怖で)硬直する.
［形］［古スペイン］*frido*（→ *frígido*）＜*frígidus*（→ *frígere*「凍る」より派生. ［関連］［仏］*froid*. ［英］*frigid*「極寒の；冷淡な」

fri･o･len･to, ta [frjo.lén.to, -.ta] ［形］→**friolero**.
fri･o･le･ra [frjo.lé.ra] ［女］**1** 取るに足りない［つまらない］もの. **2** 《皮肉》大金.
fri･o･le･ro, ra [frjo.lé.ro, -.ra] ［形］寒がりの, 寒さに敏感な.
fri･que･ar [fri.ke.ár] ［自］《ラ米》《俗》自制心を失う；どうしたらよいかわからなくなる.
　― **～･se** ［再］《ラ米》《俗》《*米》《俗》《話》驚く.
fri･qui [frí.ki] ［英］［男］［複 ～s］《スポ》(サッカー)フリーキック.
fri･sa [frí.sa] ［女］**1**《服飾》フリース. **2** (城の)乱柵(らんさく), 城柵. **3**《ラ米》(1)《中米》(布地の)毛羽. (2)《ラ米》冷凍庫, フリーザー.
sacar la frisa a... 《ラ米》《話》…から利益を最大限に引き出す.
sacar*le* (*a*＋人) ***la frisa*** 《ラ米》《俗》〈人〉をひどくぶつ.
fri･sa･do [fri.sá.ðo] ［男］玉状に毛羽立てた絹布.
fri･sa･dor, do･ra [fri.sa.ðór, -.ðó.ra] ［男］［女］起毛工.
fri･sar [fri.sár] ［他］**1**〈布地を〉毛羽立てる, 起毛する. **2**《海》(船窓・ハッチなどを)パッキングする. **3**《ラ米》《*米》冷凍する.
　― ［自］**1**（*en*... …歳に）近づく. *Frisa en los ochenta años.* 彼[彼女]は80歳になろうとしている. **2** 気が合う.
fris･bee [frís.bi] ［英］［男］《商標》フリスビー.
frí･ser [frí.ser] ［英］［男］《話》冷凍庫, フリーザー（＝*congelador*）.
Fri･sia [frí.sja] ［固名］フリースラント：オランダ北部の州.
fri･so [frí.so] ［男］《建》(1) フリーズ：彫刻［浮彫り］を施した小壁. (2)（壁の上部の）帯状装飾；腰羽目. *un ～ de madera* 腰板.

friso
（フリーズ）

fri･sol [fri.sól] / **fri･sól** [fri.sól] ［男］《ラ米》《俗》（複数で）《植》インゲンマメ（＝*judía*）.
fri･són, so･na [fri.són, -.só.na] ［形］(オランダ)フリジア［フリースラント］の, フリジア人[語]の. ― ［女］フリジア人. ― ［男］フリジア［フリースラント］語：西ゲルマン語派の一つ. オランダ北部で使用.
fri･ta [frí.ta] ［女］《技》(1) フリット：(溶融した) ガラスや陶器の原料となる混合物. (2)（フリットの）溶融.
fri･sue･lo [fri.swé.lo] ［男］→**frísol**.
fri･ta･da [fri.tá.ða] ［女］《料》**1** 揚げ物, 炒(いた)め物. *～ de pimientos* ピーマンの揚げ物. **2** 揚げた野菜の煮込み.
fri･ta･do･ra [fri.ta.ðó.ra] ［女］《話》フライ鍋, フライヤー（＝*freidora*）.
fri･tan･ga [fri.táŋ.ga] ［女］《ラ米》(1)《中米》携帯用こ

んろ. (2)《中米》調理場. (3)《中米》《話》厄介なこと, もめ事. (4)《ラ米》《*米》《話》揚げ物.
fri･tar[1] [fri.tár] ［他］《技》〈ガラス原料などを〉溶融する, 煆焼(かしょう)する；〈鉱物を〉焼結する.
fri･tar[2] [fri.tár] ［他］《ラ米》《コノ》油で揚げる.
fri･te･ra [fri.té.ra] ［女］《ラ米》《コノ》《話》困ったこと, うんざりすること.
fri･to, ta [frí.to, -.ta]［*freír*の過分］［形］**1** 油で揚げた, フライにした, 炒(いた)めた. *pescaditos ～s* 小魚の空揚げ. *patatas fritas* フライドポテト；ポテトチップ. *huevo ～* (多めの油で揚げるように焼いた)目玉焼き. **2**《話》困り果てた, うんざりした. *Estoy ～ con sus frecuentes visitas.* 彼[彼女]（ら）にちょくちょく来られて僕は参っている. **3**《話》眠り込んだ；死んだ. *Se quedó ～.* 彼は眠り込んでしまった. **4**《ラ米》挫折(ざせつ)した, 絶望的な.
　― ［男］**1**（主に複数で）揚げ物, 炒め物. **2**《ラ米》《中米》日々の糧, 食事.
　― ［女］《ラ米》《コノ》食べ物；食いぶち.
estar frito de calor 《話》暑さにうだる.
estar frito por＋不定詞 《話》…したくてたまらない. *El niño está ～ por ir a nadar.* その子供は泳ぎに行きたくてうずうずしている.
fri･tu･ra [fri.tú.ra] ［女］**1**《料》揚げ物, 炒(いた)め物. *～ de pescado* 魚のフライ. **2**《ラジオ》《TV》雑音.
friu･ra [frjú.ra] ［女］《ラ米》《コノ》冷たさ, 寒さ.
fri･vo･li･dad [fri.bo.li.ðáð] ［女］**1** 軽薄, 不まじめ. **2** 取るに足りない［くだらない］こと.
fri･vo･li･té [fri.bo.li.té] ［女］《ラ米》《中米》手編みレース.
fri･vo･lo, la [frí.bo.lo, -.la] ［形］**1** 軽薄な, 不まじめな. *una conducta frívola* 軽薄な振る舞い. **2** つまらない, 取るに足りない. *una novela frívola* くだらない小説.
fri･za [frí.θa / -.sa] ［女］《ラ米》《コノ》毛布.
fron･da [frón.da] ［女］**1**（植物の）葉；シダ類の葉；（複数で）葉の茂み. **2** 木立.
Fron･da [frón.da] ［固名］《史》フロンドの乱, (1648-53)：フランスの貴族を中心とする反王権運動.
fron･de [frón.de] ［男］《植》シダの葉.
fron･dio, dia [frón.djo, -.dja] ［形］《ラ米》《話》(1)《コノ》不機嫌な. (2)《コノ》《中米》汚い, 不潔な.
fron･dís [fron.dís] ［形］《ラ米》《コノ》《話》汚い, 不潔な.
fron･do･sa･men･te [fron.dó.sa.mén.te] ［副］茂って.
fron･do･si･dad [fron.do.si.ðáð] ［女］**1**（枝）葉が多いこと. **2**《集合的》葉の茂み.
fron･do･so, sa [fron.dó.so, -.sa] ［形］**1**（枝）葉の多い［茂った］. **2**（森林などが）密生した.
fron･tal [fron.tál] ［形］**1** 前頭［前額部］の. *hueso ～* 前頭骨. *músculo ～* 前頭筋. **2** 前面の, 正面(から)の. *la parte ～ del edificio* 建物の正面. *ataque ～* 正面攻撃. **3**《ラ米》《コノ》重要な.
　― ［男］**1**《解剖》前頭骨. **2**《祭壇の》正面装飾(布).
fron･ta･le･ra [fron.ta.lé.ra] ［女］**1**（馬の）額革. **2**（牛の）くびき. **3** 祭壇の幕飾り；その保管場所.
fron･te･nis [fron.té.nis] ［男］《単複同形》《スポ》フロンテニス：3壁面のコートで行うテニスの一種.
****fron･te･ra*** [fron.té.ra] ［女］**1** 国境(線)；辺境. *pasar [violar] la ～* 国境を越える［侵す］. *Los Pirineos son la ～ natural entre España y Francia.* ピレネー山脈はスペインとフランスの間の天然の国境だ. *La amistad no tiene ～s.* 友情に国境はない.

2 境界, 境目, ボーダーライン. ~ lingüística 〖言〗言語境界. Sus ademanes están en la ~ de la locura. 彼[彼女](ら)の態度は狂気じみている. **3** 限界, 限度. No hay ~ para tu generosidad. 君はどこまでも寛大だ. **4** (建物の)正面, 前面.

fron·te·ri·zo, za [fron.te.rí.θo, -.θa / -.so, -.sa] 形 **1** 国境の; 《con... / de... ...と》国境を接する. ciudad [zona] *fronteriza* 国境の町[地帯]. conflicto ~ 国境紛争. España y Portugal son ~*s*. スペインとポルトガルは国境を接する. **2** 反対側の, 向かい合った. las dos casas *fronterizas* 向かい合っている2軒の家.
——男 ウルグアイのブラジルとの国境付近で話されているポルトガル語の影響を受けたスペイン語.

fron·te·ro, ra [fron.té.ro, -.ra] 形 反対側の, 向かい側の, 向かい合った. casa *frontera* a [de] la mía 私の家の向かいの家. ~ a la iglesia 教会の向かいに (▶ 副詞的にも使われる).
——男 (中世の)国境警備隊長. **2** (幼児の)額当て.

fron·ti·no, na [fron.tí.no, -.na] 形 〈牛・馬などが〉額に斑点(はん)のある.

fron·tis [fron.tis] 男 (単複同形) **1** 〖建〗(建物の)正面. **2** 〖スポ〗(フロントン frontón の)壁.

fron·tis·pi·cio [fron.tis.pí.θjo / -.sjo] 男 **1** 〖建〗 (1) (建物の)正面. ➡ fachada. **2** 〖建〗ペディメント, 切妻壁. **2** (本の)扉; 口絵. **3** (話)(人の)顔, 面.

fron·tón [fron.tón] 男 **1** 〖スポ〗フロントン: 球を壁に当てて返すスペイン País Vasco, Valencia 地方起源の球技. ➡ jaialai, pelota.
2 (フロントン球技の)壁[コート].
3 〖建〗ペディメント, 切妻壁.
4 (海岸の)断崖(がい), 絶壁. **5** 〖鉱〗切り羽.

fron·tu·do, da [fron.tú.ðo, -.ða] 形 額の広い.

fro·ta·ción [fro.ta.θjón / -.sjón] 女 **1** こすること.
2 〖物理〗〖機〗摩擦.

fro·ta·dor, do·ra [fro.ta.ðór, -.ðó.ra] 形 こする, 摩擦する.
——男 女 こするもの[人], 磨くもの[人].
——男 〖電〗(発電機・電動機の)ブラシ; (電車の)集電装置, パンタグラフ (= ~ de tranvía).

fro·ta·du·ra [fro.ta.ðú.ra] 女 ➡ frotación.

fro·ta·mien·to [fro.ta.mjén.to] 男 ➡ frotación.

*****fro·tar** [fro.tár] 他 **1** 摩擦する, こする; 磨く.
2 〈マッチを〉する; 〈火打ち石などを〉打つ.
——~·se 再 〈自分の体の部位を〉摩擦する, こする. ~*se* las manos 手をこする; もみ手する.
[← 仏 *frotter*]

fro·te [fró.te] 男 こすり合わせること.

fro·tis [fró.tis] 男 (単複同形) 〖医〗塗抹標本.

frot·tage [fro.táʒ] 〔仏〕 男 〖美〗フロタージュ.

fruc·ti·dor [fruk.ti.ðór] 男 実り月: フランス革命暦の12番目の月: 8月18[19]日～9月16[17]日.

fruc·tí·fe·ro, ra [fruk.tí.fe.ro, -.ra] 形 **1** 実のなる, 実を結ぶ. rama *fructífera* たわわに実をつけた枝.
2 有意義な. un viaje ~ 実り多い旅行.

fruc·ti·fi·ca·ción [fruk.ti.fi.ka.θjón / -.sjón] 女 **1** (植物の)結実. **2** (比喩的)実り.

fruc·ti·fi·car [fruk.ti.fi.kár] 自 **1** 〈植物が〉結実する, 実がなる. **2** (比喩的)実を結ぶ, 好結果をもたらす. Nuestros esfuerzos *fructificaron*. 我々の努力は実を結んだ.

fruc·to·sa [fruk.tó.sa] 女 〖化〗果糖, フルクトース.

fruc·tua·rio, ria [fruk.twá.rjo, -.rja] 形 **1** 〖法〗用益権の[を持つ] (= usufructuario).
2 収穫(物)による. pensión *fructuaria* 収穫物による小作料.

fruc·tuo·sa·men·te [fruk.twó.sa.mén.te] 副 成果を収めて; 有意義に.

fruc·tuo·so, sa [fruk.twó.so, -.sa] 形 よく実のなる; 有意義な.

fru·frú [fru.frú] 男 〖擬〗さらさら: 衣擦(きぬず)れの音.
[← 仏 *froufrou*]

fru·gal [fru.gál] 形 〈食事が〉質素な, つましい; 少食の. una comida [vida] ~ 質素な食事[生活].

fru·ga·li·dad [fru.ga.li.ðáð] 女 質素, つましさ; 少食.

fru·gal·men·te [fru.gál.mén.te] 副 質素に.

fru·gí·fe·ro, ra [fru.xí.fe.ro, -.ra] 形 〖文章語〗結実した, 実がなった.

fru·gí·vo·ro, ra [fru.xí.bo.ro, -.ra] 形 〈動物が〉果物を常食とする.

frui·ción [frwi.θjón / -.sjón] 女 喜び, 楽しみ, 快楽. con ~ 楽しんで.

frui·ti·vo, va [frwi.tí.bo, -.ba] 形 楽しい, 愉快な, 喜ばしい.

fru·men·ta·rio, ria / fru·men·ti·cio, cia [fru.men.tá.rjo, -.rja / fru.men.tí.θjo, -.θja / -.sjo, -.sja] 形 小麦の, 穀物の.

frun·ce [frún.θe / -.se] 男 〖服飾〗シャーリング; ギャザー, ひだ. con ~*s* ギャザーのついた.

frun·ci·do, da [frun.θí.ðo, -.ða / -.sí.-] 形 **1** ギャザー[ひだ]のついた. una falda *fruncida* ギャザースカート. **2** 眉をしかめた. con el ceño ~ まゆをひそめて. **3** (ラ米)(プエルトリコ)(チリ)(話)澄ました, 気取った.
——男 **1** 〖服飾〗ギャザー. **2** しかめっ面.

frunce (シャーリング)

frun·ci·mien·to [frun.θi.mjén.to / -.si.-] 男 **1** 〖服飾〗ギャザー, ひだ飾り.
2 (顔を)しかめること, まゆをひそめること. ~ del entrecejo しかめっ面. **3** 見せかけ, ごまかし.

*****frun·cir** [frun.θír / -.sír] 他 **1** (布に)ギャザーをつける. **2** (不快感で)〈顔の一部に〉しわを寄せる. ~ el entrecejo [el ceño, las cejas] しかめ面をする, まゆをひそめる.
——~·se 再 **1** 〈衣などに〉しわが寄る.
2 内気なふりをする, 取り澄ます. **3** (ラ米)(プエルトリコ)(チリ)(話)驚く; 後悔する; 怖じ気づく.

frus·le·rí·a [frus.le.rí.a] 女 **1** つまらない物.
2 くだらない[たわいない]こと.
3 駄菓子. He comprado unas ~*s* para picar. 私はちょっとつまむ物を買った.

*****frus·tra·ción** [frus.tra.θjón / -.sjón] 女 **1** 挫折(ざせ); 失望, 落胆.
2 〖心〗欲求不満, フラストレーション.

frus·tra·do, da [frus.trá.ðo, -.ða] 形 挫折(ざせ)した; 失望した. quedar ~ がっかりする. sentirse ~ 挫折感を味わう; 欲求不満を覚える. Es un escritor ~. 彼は作家のなりそこないだ. un golpe de estado ~. 彼ら未遂に終わったクーデター.

frus·tran·te [frus.trán.te] 形 フラストレーションを引き起こす.

*****frus·trar** [frus.trár] 他 **1** だめにする, くじく, 挫折(ざせ)させる. El mal tiempo *frustró* la excursión. 悪天候のためハイキングは中止になった.
2 失望させる, 落胆させる, がっかりさせる. Sus esperanzas fueron *frustadas*. 彼[彼女](ら)の希望

はくじかれた.
— ~.se 再 **1** 失敗する，くじける，挫折する. Su intento *se ha frustrado*. 彼[彼女](ら)の試みは失敗に終わった.
2 〈期待などが〉裏切られる. Sus esperanzas *se frustraron*. 彼[彼女](ら)の希望はかなえられなかった.

frus・tre [frús.tre] 男 《話》→ frustración.

fru・ta [frú.ta] 女 **1** 《主に集合的》《特に食用として栽培された》果物, 果実, フルーツ. ~ escarchada 果物の砂糖づけ. ~ seca 《ラ米》ドライフルーツ. ensalada de ~s フルーツサラダ. A mí me gustan mucho las ~s. 私は果物が大好きだ. ▶ fruta は食用になる「果物」, fruto は全ての植物の「実」を指す. → fruto. **2** 《ラ米》(1) 《アルゼ》《植》アンズ《の実》. (2) スイカ. (3) 《獣医》旋毛虫病. (4) 《*軽*》《俗》ホモセクシュアルの人.
fruta del cercado ajeno 他人の芝生(は青い)(←他人の果樹園の果物).
fruta del tiempo 季節[旬]の果物; 《比喩的》(冬の風邪)など)ある季節に特有のもの.
fruta de sartén 《スペイン》(チュロス churros など)の揚げ菓子の総称.
fruta prohibida 《カト》(旧約聖書に記された)禁断の木の実(= fruto prohibido).
[←[後ラ] frūcta「果実; 所産」(中性名詞 frūctum の複数形); 関連 fruto. 〔ポルトガル〕 fruta. 〔仏〕 〔英〕fruit. 〔伊〕frutta. 〔独〕Frucht]

fru・tal [fru.tál] 形 果実がなる, 果物の.
— 男 果樹(= árbol ~).

fru・tar [fru.tár] 自 実がなる, 結実する.

*****fru・te・rí・a** [fru.te.rí.a] 女 果物店[屋].

fru・te・ro, ra [fru.té.ro, -.ra] 形 **1** 果物の, 果実の, 果物用の. industria *frutera* 果物[果樹栽培]産業. plato ~ 果物皿. ~s 果物皿の. 果物好きな.
— 男 女 果物を売る人, 果物屋.

fruteria (果物店)

— 男 **1** 果物皿, 果物かご; 果物皿の(布)カバー.
2 果物の静物画.

fru・tí・co・la [fru.tí.ko.la] 形 果物の; 果物栽培の; 果物のマーケティングの.

fru・ti・cul・tu・ra [fru.ti.kul.tú.ra] 女 果樹栽培[園芸].

fru・ti・lla [fru.tí.ʝa [-.ʎa-] 女 **1** (ロザリオの)珠. **2** 《ラ米》(*ボル*)《*チリ*》(チリ原産の大粒の)イチゴ. (2) 《ウルグ》《獣医》旋毛虫病. [fruta + 縮小辞]

*****fru・to** [frú.to] 男 **1** 《植》果実, (種子を持つ)実. Los ~s sirven de alimento. 実は食用になる. ~s secos ドライフルーツ, ナッツ類. ~ carnoso 多肉果. → fruta.
2 《主に複数で》農産物, 生産物, 収穫. los ~s de la tierra 大地の恵み.
3 成果, 結果, 所産; (努力・労働などの)結実; 利益. ~ del trabajo 労働の所産. ~ de una mala educación 間違った教育の結果.
4 《文章語》子供(= hijo).
5 《ラ米》《ウルグ》穀物, 畜産物.
dar fruto 実を結ぶ; 成果を生む. La reforma no *dio* ningún ~. 改革は何の成果ももたらさなかった.

fruto seco (乾果)
cariópside 穎果(えいか), 穀果. vaina 豆果. cápsula さく果. píxide 蓋果(がいか).

fruto carnoso (多肉果)
pomo ナシ状果. drupa 核果. pepónide ウリ状果.
con receptáculo carnoso 肉質花托(かたく)のある.

fruto (果実)
1 maíz トウモロコシ. **2** trigo コムギ. **3** guisante エンドウ. **4** clavel カーネーション. **5** adormidera ケシ. **6** álsine ツメクサ. **7** verdolaga スベリヒユ. **8** manzana リンゴ. **9** pera ナシ. **10** melocotón モモ. **11** calabaza カボチャ. **12** fresa イチゴ.

fruto prohibido 《カト》(旧約聖書に記された)禁断の木の実; 《比喩的》禁じられているが故に魅力的な歓楽.
sacar fruto de... …から成果をあげる.
sin fruto 成果のない, 無駄な; 無駄に.
[←[ラ] frūctum (frūctus の対格)「収益; 所産, 果実」(fruī「利益をもたらす」の完了分詞より派生); 関連 fruta, disfrutar. 〔英〕fruit]

FSLN [e.fe.(e.)se.(e.)le.é.ne] 略 *F*rente *S*andinista de *L*iberación *N*acional サンディニスタ民族解放戦線: ニカラグアの政党.

fta・le・í・na [fta.le.í.na] 女 《化》フタレイン: 無水フタル酸をフェノールで処理して得られる染料.

FTP [e.fe.te.pé] 〔英〕略 《IT》 *f*ile *t*ransfer *p*rotocol ファイル転送プロトコル: ネットワーク上でファイルを転送するための取り決め.

fu [fú] 擬 (猫うなり声)フー.
¡*Fu*! 《嫌悪・軽蔑》へっ, ふん.
hacer fu... …を避ける, 鼻であしらう.
ni fu ni fa まあまあの, 可もなく不可もない.

fuá・ca・ta [fwá.ka.ta] 女 《ラ米》《カリブ》《キュ-バ》《話》破産, 困窮. estar en la ~ 一文無しだ.

fua・grás [fwa.grás] 〔仏〕男 《話》フォアグラ. → foie-gras.

fu・ca [fú.ka] 女 《ラ米》《ベネ》《俗》ピストル, 拳銃.

fú・car [fú.kar] 男 大金持ち, 億万長者. [15-16世紀のドイツの銀行家 *Fugger* に由来する]

fu・chi [fú.tʃi] 間投 《ラ米》《*メキ*》《話》《嫌悪・不快》うわっ, おお嫌だ.

fu・ci・lar [fu.θi.lár / -.si.-] 自 《文章語》(遠くで)稲妻が光る, 稲光がする.

fu・ci・la・zo [fu.θi.lá.θo / -.si.-.so] 男 《文章語》遠い稲妻, 稲光.

fu・co [fú.ko] 男 《植》ヒバマタ: 緑褐色の海藻.

fuc・sia [fúk.sja] 〔仏〕形 (フクシアの)紫紅色の.
— 女 《植》フクシア: 熱帯アメリカ原産の園芸植物.

—男 紫紅色(= color ～).
fuc·si·na [fuk.sí.na] 女《化》フクシン.
fu·di·ño, ña [fu.ðí.ɲo, -.ɲa] 形《ラ米》(コス)《話》病弱な,ひ弱な.
fue(-) / fué- 活 **1** → ir. **2** → ser.

fue·go [fwé.go] 男 **1** 火;(点火用の)火. poner [dar, pegar, prender] ～ a... …に火をつける,放火する. ¿Me das ～? 火を貸してくれますか. ～ fatuo 鬼火. **2** 火事,火災. controlar el ～ 鎮火させる. ¡F～! 火事だ. **3** コンロの火口部. una cocina de tres ～s 3口のコンロ. a ～ lento とろ火で. a ～ vivo [fuerte, rápido] 強火で. poner... al ～ …を火にかける. bajar el ～ 火を弱める. **4** 射撃,発砲,砲火. ～ cruzado 交差射撃. ¡F～! 《号令》射撃開始. **5** (人の)激情,熱情. el ～ de la envidia 嫉妬(ヒッ)の念. **6** 《複数で》花火(＝～s artificiales). **7** 《まれ》炉火;家,世帯. **8** (体の)ほてり;(唇の回りの)発疹,吹き出物.
abrir [*hacer*] *fuego* 砲撃を開始する.
alto el fuego《号令》砲撃やめ;休戦,停戦.
atizar [*avivar*] *el fuego*《話》(戦闘・怒りなどを)あおる,けしかける.
echar fuego por los ojos《話》怒り心頭に発する.
en fuego《ラ米》(コス)《話》酒に酔った.
entre dos fuegos 進退きわまって.
fuego de Santelmo《気象》セント・エルモの火;船のマストなどの尖状のものの先端に雷雲の作用で起こるコロナ放電. ◆セント・エルモは船乗りの守護聖人.
jugar con fuego 火遊びする.
romper el fuego 仕掛ける, 始める.
[←〖ラ〗*focum* (*focus* の対格)「炉(の火)」(→ fo-co);〖関連〗hogar. 〖ポ〗*fogo*.〖仏〗*feu*.〖伊〗*fuoco*. 〖英〗*focus*「焦点」

fue·gue·ro [fwe.gé.ro] 男《ラ米》(1)(コスタリカ)花火職人,花火師. (2)(ウル)〖鳥〗ベニタイランチョウ.
fue·gui·no, na [fwe.gí.no, -.na] 形 (南米大陸南端の島)フエゴ島 Tierra del Fuego の.
—男 女 フエゴ島の住民(出身者).
fuel [fwél] 男 → fuel-oil.
fue·lle [fwé.je ‖ -.ʎe] 男 **1** ふいご;(オルガン・アコーディオンなどの)送風器;バグパイプの革袋. soplar con el ～ ふいごを吹く. **2** 蛇腹(状のもの);(写真機の)蛇腹;(馬車・列車の連結部などの)幌(ホロ). **3** (スカートなどの)アコーディオンプリーツ;(人体などの)わきひだ,まち. **4**《話》スタミナ. **5**《話》密告者.
tener mucho fuelle 息が長く続く;辛抱強い.
fuel-oil [fwe.lóil]〖英〗男 燃料油,(暖房用)灯油. calefacción por ～ 石油暖房.
fuel·ó·le·o [fwe.ló.le.o] 男 → fuel-oil.

fuen·te [fwén.te] 女 **1** 泉,湧(ヮ)き水(＝ma-nantial);湧き出る源. En el bosque hemos encontrado una ～ cristalina. 我々は森の中で澄んだ泉を見つけた. abrir las ～s de lágrimas とめどなく涙を流す.
2 噴水, 噴水池;水飲み場. En este parque hay varias ～s. この公園には噴水がいくつかある.
3《比喩的》源,源泉;起源,原因. ～ de ingresos 収入源. ～ de enemistades 敵対の起源.
4《主に複数で》(情報の) 出所;原典,資料;着想を与えるもの. de buena [fidedigna] ～ 確かな[信頼できる]筋から. El historiador manejó muchas ～s para escribir un nuevo libro. その歴史家は新しい本の執筆のために多くの史料を駆使した.

5 大皿, 盛り皿;(小皿に取り分ける前の)大皿に盛られた料理. ～ de horno 耐熱皿. una ～ de ensalada 大皿に盛られたサラダ.
6《カト》洗礼盤(＝～ bautismal). **7**〖電〗発電機,ジェネレーター(＝～ de alimentación). **8**〖印〗フォント.
—男《ラ米》(ウル)盆(ボン),トレイ.
fuente de soda《ラ米》(ウル)《話》飲み物のスタンド.
[←〖ラ〗*fontem* (*fōns* の対格);*fundere*「注ぐ;流す」(→ fundir);〖関連〗〖英〗*fountain*]
Fuen·tes [fwén.tes] 固名 フエンテス Carlos ～ (1928-):メキシコの作家. 作品 *La muerte de Artemio Cruz*『アルテミオ・クルスの死』.
fuer [fwér] 男 fuero の語尾消失形.
a fuer de... (+形). *a ～ de hombre honrado* 名誉を重んずる人間として.

fue·ra [fwé.ra] 副《場所・方向》外で[に], 外側に;戸外で;よその土地で, よその国で(↔ dentro). echar ～ a+人〈人〉を外へ放り出す. cenar ～ 外で夕食を食べる, 外食する. ir ～ 外へ出る. jugar ～ 戸外で遊ぶ;《スポ》遠征する, アウェーで試合をする. trabajar ～ 家の外で働く;出稼ぎをする. La bicicleta está ～. 自転車は外にある. salir para ～ 外出する. equipo de ～ アウェーのチーム.
—間投 **1** 出て行け. ¡F～ de aquí! ここから出て行け. ¡F～ de mi vista! 俺(ぉn)の前から消えうせろ.
2 (+名詞)…をなくせ. ¡F～ la depresión! 不況を吹き飛ばせ.
—男《主に複数で》野次,ののしり,怒号.
con la lengua fuera へとへとになって, 息せき切って;のどが渇いて.
dejar fuera a+人〈人〉をのけ者にする.
echarse fuera de... …から手を引く.
estar fuera 留守である.
estar fuera de sí 逆上している.
fuera de... (1) …の外に. vivir ～ *de la ciudad* 郊外に住む. (2) …の範囲外に. ～ *de alcance* 手の届かない;力の及ばない. ～ *de duda* 疑いの余地なく. ～ *de intención* 意図せずに. ～ *de la cuestión* 問題外の. ～ *del contexto* 文脈を離れて. ～ *de línea*〖IT〗オフラインで. ～ *de moda* 流行遅れの. ～ *de peligro* 危険を脱した. ～ *de tiempo* 時期はずれの. ～ *de servicio* 回送の;故障中. estar ～ *de la competencia* 権限[能力]外である. (3) …のほかに, …に加えて;…は別として. ～ *de esto* これに加えて, このこと以外に. F～ *de ti*, nadie debe saberlo. 君以外誰もそのことを知らないはずだ.
fuera de que+直説法・接続法 …する以外に;…であるうえに.
poner a+人 *fuera de sí*〈人〉に正気を失わせる, いらだたせる.
por fuera 外見上は;外側は[から]. Contemplé la catedral sólo *por ～*. 私はカテドラルを外側から眺めただけだ.
[←〖古スペイン〗*fueras*←〖ラ〗*forās*「戸外へ」;〖関連〗forastero.〖英〗*forest*「森林」]
fue·ra·bor·da [fwe.ra.ßór.ða] 男〖海〗船外機;船外機付きボート.
fuerce(-) 活 → forzar.
fue·re·ño, ña [fwe.ré.ɲo, -.ɲa] 形《ラ米》(メヒ) (1)《話》(メキシコ市で)地方出身の, 田舎の. (2) よその, 見知らぬ.
fue·ri·no, na [fwe.rí.no, -.na] 形《ラ米》(チ) よそ

fue・ris・ta [fwe.rís.ta] 形 (中世の地域・都市・個人に与えられる)特権[特別法, 特典]を擁護する;それらに通じている. ― 名 図〖史〗特権[特別法, 特典]を擁護する人;それらに通じている人.

fue・ro [fwé.ro] 男 **1** (中世の, 特定地域・都市・個人に与えられる)特権[特別法, 特典]を擁護する;それらに通じている人. 特権, 特典.
2 法, 法典, 法令集. a 〜 (地域の)法[習慣]に従って. F〜 de los Españoles スペイン国民法典[憲章](1945-78). 〜s municipales 市町[村]法.
3 (司法・裁判に関する)権限, 権利. los 〜s de la justicia 司法[裁判]権. el 〜 eclesiástico 教会権.
4《複数で》《話》うぬぼれ, 横柄, 尊大. No tenga tantos 〜s. そんなに威張りなさんな.
en SU *fuero interno* [*interior*] 心の中では, 心ひそかに.
fuero de la conciencia 良心の命ずるところ.
volver por los fueros de... …を不当な力から守る[擁護する].
volver por SUS *fueros* 本領を取り戻す.

fuer・te [fwér.te] 形 **1**《+名詞 / 名詞+》《ser+ / estar+》強い. hombre 〜 力持ち, 強い男. 〜 viento 強風. nación 〜 強国. empresa 〜 有力企業. moneda 〜 強い通貨. medicamento 〜 強い薬.
2《+名詞 / 名詞+》《ser+ / estar+》丈夫な, 頑丈な;頑健な, 体力がある;気丈な;元気な. Tienes que *ser* 〜 para vencer las dificultades. 困難に打ち勝つためには君も強い意志を持たねばならない. 〜 como un roble [un toro] きわめて頑健な. terreno 〜 険しい土地. puerta 〜 頑丈な扉. caja 〜 金庫. plaza 〜 要塞. alma 〜 強靭(ἶ◌ᓬ)な精神力. voluntad 〜 確固たる意志.
3《+名詞 / 名詞+》《ser+ / estar+》〈味などが〉濃い;〈においなどが〉きつい. café 〜 濃いコーヒー. 〜 olor 強烈なにおい. cigarro 〜 強い葉巻.
4《+名詞 / 名詞+》《ser+ / estar+》〈表現・言葉などが〉乱暴な, どぎつい;〈冗談などが〉きわどい. palabras 〜s (聞くに堪えない)下品な言葉. escena 〜 きわどいシーン.
5 (多くは+名詞)《ser+》〈数量・程度が〉大きい, 莫大な;〈程度が〉激しい. 〜 nevada 大雪. 〜 cantidad de dinero 多額の金. 〜 calor 酷暑, 猛暑. 〜 impresión 強烈な印象. 〜 voz 大声. 〜 carácter 激しい気性. 〜 dolor 激痛. 〜 resfriado ひどい風邪. 〜 crecimiento 急成長. 〜 incremento 激増.
6《estar+》《*en...* …が》得意な. *Está* 〜 *en* matemáticas. 彼[彼女]は数学に強い.
― 男 **1** 得意 (なもの), 得手 (＝punto 〜). La música es su 〜. 音楽は彼[彼女] (ら)の得意とするところだ. **2** 最盛期;真っ最中, 盛り. **3**〖軍〗要塞, 砦(ʇ́)(＝plaza 〜). **4**〖音楽〗フォルテ(略 f). **5**《ラ米》《話》(1)(ʠʭʗ)りりしい若者. (2)(ʞ◌ᓬ)強い酒, 火酒.
― 副 **1** 強く, しっかりと, 力を込めて. apretar 〜 きつく締めつける. pegar muy 〜 力いっぱいぶつ.
2 熱心に, 激しく, ひどく. jugar 〜 全力でプレーする.
3 激しく, 力強く, 大声で. hablar 〜 大声で話す. ¡Más 〜! もっと大きな声で. **4** 多量に, 十分に, ふんだんに. beber 〜 激しく雨が降る. comer 〜 大食する. 〜 de razones なんだかんだと言って.
hacerse fuerte (1) 立てこもる. (2) 自分の考えを頑として守り通す.
[←〖ラ〗*fortem*(*fortis*の対格);【関連】fuerza, for-

taleza. 〖伊〗*forte*〖音楽〗「フォルテ」. 〖英〗*force*, *fortify*]

fuer・te・men・te [fwér.te.mén.te] 副 強く;非常に. El hombre me agarró 〜 del brazo. 男が私の腕を強くつかんだ.

fuerz- 活 →forzar.

fuer・za [fwér.θa / -.sa] 女 **1** 力, 強さ. 〜 de voluntad 意志の強さ. 〜 mayor 不可抗力. las 〜s de la naturaleza 自然界の力. cobrar 〜 力をつける, 強くなる.
2 腕力, 暴力. 〜 bruta 腕力. ceder a la 〜 暴力に屈する. emplear la 〜 暴力を行使する. recurrir a la 〜 暴力に頼る.
3 強さ, 勢い. con 〜 強く, しっかりと;勢いよく.
4〖物理〗力, エネルギー;(特に)電力. 〜 centrípeta [centrífuga] 求心[遠心]力. 〜 de la gravedad 引力. 〜 hidráulica 水力. Han cortado la 〜. 電気が切れた.
5 効力. la 〜 de la costumbre 習慣の力. la 〜 de la ley 法の効力. **6**《複数で》勢力. 〜s sociales 社会的勢力. 〜s vivas 有力者. **7**《主に複数で》〖軍〗兵力, 戦力. 〜 armadas 軍隊. 〜 aérea 空軍. 〜s de orden público 治安部隊.
― 活 →forzar.
a fuerza《ラ米》(*)(ʞ◌ᓬ)必ず, きっと.
a fuerza de... …を使って, 繰り返して. Ha aprobado *a* 〜 *de* mucho estudiar. 彼[彼女]は一生懸命勉強したかいあって合格した.
a la fuerza 必然的に, 必ず, どうしても.
írsele (*a*+人) *la fuerza por la boca*《話》〈人〉が口だけで行動が伴わない, 口先ばかりである.
por fuerza どうしても, 無理にでも.
sacar fuerzas de flaqueza 血のにじむ努力をする.
[←〖俗ラ〗*fortia*(〖ラ〗*fortis*「強い」より派生)]

fuet [fwét] [カタルーニャ] 男〖複 〜s, 〜〗(カタルーニャ特産の)細長いソーセージ.

fue・ta・zo [fwe.tá.θo / -.so] 男《ラ米》むち打ち.

fue・te [fwé.te] 男《ラ米》(ʞ◌ᓬ)(ʞ̂)むち(打ち).
[←〖仏〗*fouet*]

fue・te・ar [fwe.te.ár] 他《ラ米》(ʞ◌ᓬ)(ʞ̂)むち打つ.

fue・te・ra [fwe.té.ra] 女《ラ米》(ʞ◌ᓬ)むち打ち.

fue・ti・za [fwe.tí.θa / -.sa] 女《ラ米》厳しい罰.

fue・ye [fwé.je] 男《ラ米》(ʞ◌ᓬ)〖音楽〗バンドネオン.

fu・far [fu.fár] 自《猫が》うなる.

fu・fo [fú.fo] 男《擬》〈猫のうなり声〉フー.

fu・fú [fu.fú] 男《ラ米》(1)(ʠʭʗ)(ʞ◌ᓬ)バナナピューレと豚肉の煮込み. (2)(ʞ◌ᓬ)呪術.

fu・fu・ru・fo, fa [fu.fu.rú.fo, -.fa] 形《ラ米》(ʠʭʗ)《話》気取った, 上品ぶった.

fu・ga [fú.ga] 女 **1** 逃亡, 逃走;駆け落ち. 〜 de la cárcel 脱獄. poner en 〜 逃走させる, 追い払う. darse a la 〜 / ponerse en 〜 逃げる, 逃走する.
2 (ガスなどが)漏れること, 漏出;〖工〗流出. una 〜 de gas ガス漏れ. 〜 (de corriente) eléctrica 漏電. 〜 de capitales 資本の流出. 〜 de cerebros 頭脳流出. **3** 盛り, 最盛期, 収穫期. **4**〖音楽〗フーガ, 遁走(ʇ́)曲. **5**《ラ米》(1)(ʠʭʗ)(魚群の)回遊. (2)(ʞ◌ᓬ)偏執狂, 奇癖.
[←〖ラ〗*fugam*(*fuga*の対格);【関連】〖英〗*fugue*「〖音楽〗フーガ」]

fu・ga・ces [fu.gá.θes / -.ses] 形《複数形》→fugaz.

fu・ga・ci・dad [fu.ga.θi.ðáđ / -.si.-] 女 はかなさ, 消

fu・ga・do, da [fu.gá.ðo, -.ða] 形 逃亡した, 脱獄した. ― 男女 逃亡者, 脱獄者.

fu・gar・se [fu.gár.se] 再 1 逃げる, 逃亡する; 駆け落ちする. ~ de casa 家出する.

*__fu・gaz__ [fu.gáθ / -.gás] 形《複 fugaces》1 はかない, つかの間の, 消えやすい. un amor ~ うたかたの恋. una felicidad ~ つかの間の幸せ. estrella ~ 流れ星. 2 逃げ足の早い, 素早い. una visita ~ 急ぎ足の訪問.

fu・gaz・men・te [fu.gáθ.mén.te / -.gás.-] 副 はかなく, 一瞬にして.

fu・gi・ti・vo, va [fu.xi.tí.ßo, -.ßa] 形 1 逃げた, 逃亡中の. 2 つかの間の, はかない, 消えやすい. una alegría *fugitiva* つかの間の喜び. ― 男女 逃亡者, 脱走者. ~ de la ley 逃亡犯.

-fugo, ga 「逃げる, …から離れる」の意を表す形容詞を作る造語要素. 名詞に転用されると「離脱[脱出]者, 駆逐[除去]する物」の意. → febrí*fugo*, tráns*fuga*. [← [ラ]]

fugue(-) / fugué(-) 活 → fugar.

fu・gui・llas [fu.gí.jas ‖ -.ʝas] 〖単複同形〗《話》そわそわ[せかせか, いらいら, やきもき]する人, 落ち着かない人, 優柔不断な人.

fui(-) 活 1 → ir. 2 → ser.

fui・na [fwí.na] 女〖動〗テン.

ful [fúl] 形《話》偽の, まがいの, いかさまの; 看板倒れの, 名前負けする. un hombre *ful* 詐欺師. ― 名 偽物, いんちき; 食わせ者.

*__fu・la・no, na__ [fu.lá.no, -.na] 男女 1 〈名前を言う代わりに〉ある人, 某氏, 某婦人. He visto a ~. 私は某氏に会った. Don F~ de Tal なんのなにがし, 某氏. ese ~ そいつ. un ~ やつ. 2 〈知らない相手・想像上の人物に〉だれそれ. ~, mengano y zutano 誰かと誰か, それにもうひとりの誰か. 3 愛人, 情人. ― 女《話》娼婦(ょぅ).

fu・lar [fu.lár] 男 1 フラード, フラール: 柔らかい薄地の絹. 2 フラード製のスカーフ[ネッカチーフ].

fu・las・tre [fu.lás.tre] 形《話》出来の悪い, ぞんざいな造りの. un mueble ~ 見てくれだけの家具. ― 男女 不器用な職人; へまをする人.

fu・las・trón, tro・na [fu.las.trón, -.tró.na] 形 男女 → fulastre.

ful・bi・to [ful.βí.to] 男〖スポ〗→ futbito.

ful・cro [fúl.kro] 男〖てこの〗支点, てこ台.

fu・le・ar [fu.le.ár] 他《*米》《話》たぶらかす.

fu・le・ro, ra [fu.lé.ro, -.ra] 形 1 ぞんざいな, 雑な; 役に立たない. 2 うそつきの, 口先だけの. 3 《ラ米》《話》(1) 〈物〉偽の. (2) 〈物〉醜い, 器量の悪い. ― 男女 1 いいかげんな人; 無能な人. 2 うそつき, ほら吹き.

ful・gen・te [ful.xén.te] / **fúl・gi・do, da** [fúl.xi.ðo, -.ða] 形《文章語》輝く, きらめく.

ful・gir [ful.xír] 自《文章語》輝く, きらめく.

ful・gor [ful.ɡór] 男 1《文章語》きらめき, 輝き. 2 輝かしさ, すばらしさ, 見事さ.

ful・gu・ra・ción [ful.gu.ra.θjón / -.sjón] 女 1 きらめき, 輝き, 閃光(ぜん). la ~ del sol さんさんと降り注ぐ陽光. 2 (落雷などによる) 感電 (事故).

ful・gu・ran・te [ful.gu.rán.te] 形 1 きらめく, 輝く. 2 〈目などが〉きらきらした. 3〖医〗激痛の. 4 迅速ですぐれた.

ful・gu・rar [ful.gu.rár] 自 きらめく, ひらめく; 輝く, 光る; 閃光(ぜん)を発する. Las estrellas *fulguraban.* 星がきらめいていた. Los rayos *fulguraron* en el horizonte. 水平線上に稲妻が走った.

ful・gu・ri・ta [ful.gu.rí.ta] 女〖地質〗フルグライト, 閃電(ぜん)岩.

fú・li・ca [fú.li.ka] 女〖鳥〗オオバン.

fu・li・gi・no・so, sa [fu.li.xi.nó.so, -.sa] 形 すすの, すすけた;《文章語》くすんだ, 黒ずんだ. polvo ~ すす. nubes *fuliginosas* 真っ黒な雲.

full [fúl] [英] 男〖遊〗(ポーカーの) フルハウス.

full・back [fúl.ßak] [英] 男《ラ米》《ヌネク》〖スポ〗ディフェンス陣.

fu・lle・re・ar [fu.je.re.ár ‖ -.ʝe.-] 自《ラ米》《話》(1)〖牛〗すごむ. (2)《ラ米》《ミツ゚ク》空威張りする.

fu・lle・rí・a [fu.je.rí.a ‖ -.ʝe.-] 女 1 (トランプ・博打(ばく)などで) ずる, ごまかし, いかさま. 2 策略, わな, 悪巧み; 悪知恵, 狡猾(ぶっ), ずるさ. 3《ラ米》(1)《話》《話》見え, 気取り. 《ラ米》(2)《キュク》無銭飲食.

fu・lle・ro, ra [fu.jé.ro, -.ra ‖ -.ʝé.-] 形 1 ずるい, 狡猾(ぶっ)な; ぺてん師の, いかさま師の (= trampo-so). 2《ラ米》《話》(1)《ミツ゚ク》《バネク》気取った, 見えっ張りの; 〈子供が〉いたずら好きな. (2)《カツク》そそっかしい. ― 男女 ずるい人, いかさま師, ぺてん師.

fu・llin・gue [fu.jíŋ.ge ‖ -.ʝíŋ.-] 形《ラ米》《オ》(タバコが) 低品質の; 上等でない, 並の; 虚弱な, ひ弱な.

ful・mi・na・ción [ful.mi.na.θjón / -.sjón] 女 1 雷光, 落雷; 電光, 電撃. 2 爆発, 炸裂(ざつ). 3 (破門などの) 宣告; 非難, 叱責(しっ), 激怒.

ful・mi・na・dor, do・ra [ful.mi.na.ðór, -.ðó.ra] 形 1 爆発する, 炸裂(ざつ)する; ぴかっと光る, 閃光(ぜん)を発する. 2 怒鳴りつける, 脅しつける. ― 男女 怒鳴りつける人.

ful・mi・nan・te [ful.mi.nán.te] 形 1 爆発性の; ぴかっと光る, 閃光(ぜん)を発する. pólvora ~ 爆薬, 火薬. 2〖医〗電撃[突発]性の. apoplejía ~ 電撃[突発]性脳卒中. una muerte ~ 即死. 3 突発的な, 突然の. un accidente ~ 突発事故. un cese ~ 突然の解任[解雇]. 4《話》びっくりするような, ものすごい. mirada ~ 人を縮み上がらせるような目つき. ― 男 1 (爆弾などの) 起爆薬[剤]; 雷管, 信管. 2《ラ米》《ジゲ》《話》マッチ.

ful・mi・nar [ful.mi.nár] 他 1 〈雷光を〉放つ. 2 電撃する, 感電 (死) させる. morir *fulminado* 雷に打たれて死ぬ. 3 〈病気などが〉急激に襲う. *fulminado* por la enfermedad 突然病に襲われた. 4 〈爆弾などを〉炸裂(ざつ)させる. 5 〈破門などを〉宣告する, 布告する; 〈非難などを〉浴びせる. 6 にらみつける, にらむ. ~ con la mirada a +人 〈人〉をにらみつける, じろりと見る. ― 自 爆発する; 閃光(ぜん)を発する, ぴかっと光る.

ful・mi・na・to [ful.mi.ná.to] 男〖化〗雷酸塩. ~ de mercurio (起爆剤として用いる) 雷酸水銀.

fúl・mi・ne [fúl.mi.ne] 男《ラ米》《ジゲ》《話》不運を呼ぶ人, ついてない人.

fu・lo, la [fú.lo, -.la] 形《ラ米》《話》(1)《ミツ゚ク》金髪の. (2)《ジゲ》激怒した, 怒り狂った.

fu・ma・ble [fu.má.ßle] 形 (タバコが) 喫煙に適した, 吸える.

fu・ma・da [fu.má.ða] 女 (タバコの) 一服. dar una ~ 一服吸う.

fu・ma・de・ro [fu.ma.ðé.ro] 男 1 喫煙所[室]. 2 (麻薬などの) 吸飲所. ~ de opio あへん窟(くっ).

fu・ma・do, da [fu.má.ðo, -.ða] 形《estar +》(麻薬で) ぼうっとした, 恍惚(こっ)とした.

fu・ma・dor, do・ra [fu.ma.ðór, -.ðó.ra] 形 喫煙する, タバコを吸う習慣のある. → 次ページに図. ― 男女 喫煙家. el vagón de no ~*es* 禁煙車. ~ pasivo 受動喫煙者.

fu·man·te¹ [fu.mán.te] 形 【化】 煙霧を発する, 蒸発する. ácido sulfúrico ~発煙硫酸.

fu·man·te² [fu.mán.te] 男 《ラ米》《ヵリブ》《話》タバコ.

***fu·mar** [fu.már] 自 タバコを吸う, 喫煙する. ~ como una chimenea [un carretero] ヘビースモーカーである. ~ en pipa パイプを吹かす. Prohibido ~. 《掲示》禁煙. No *fumo* ni bebo. 私はタバコもお酒もやらない.
— 他〈タバコ・麻薬などを〉吸う. ~ un cigarro 葉巻を吸う. ~ marihuana マリファナを吸う. ▶ 時に再帰代名詞を伴う. → 再 1.
— ~·se 再 1〈タバコ・麻薬などを〉吸う, 〈…の全量を〉吸う. Mi padre *se fumaba* dos cajetillas diarias. 私の父は毎日2箱吸っていた. **2**《話》〈お金を〉使ってしまう, 浪費する. *Se fumó* la paga del mes en una semana. 彼[彼女]は1週間で1か月分の給料を使ってしまった. **3**《話》サボる. ~*se* una clase 1つ授業をサボる. **4**《ラ米》《ｶﾘﾌﾞ》《ﾆｶ》《ｴﾙｻ》 (**de...** …を) 煙に巻く, からかう, かつぐ.
fumárselo 《ラ米》《ｶﾘﾌﾞ》《ﾆｶ》《ｴﾙｻ》《話》…に勝る, 圧倒する.
[←〔仏〕*fumer*←〔ラ〕*fūmāre*「煙る」(*fūmus* 'humo' より派生); 関連［スペイン］［英］*perfume*. 〔英〕*fume*「(臭気のある)煙り, ガス, 煙」]

fu·ma·ra·da [fu.ma.rá.ða] 女 **1** 煙, 一筋の煙, 噴煙. **2** (タバコの) 一服. (パイプタバコの) 一服分.

fu·ma·re·da [fu.ma.ré.ða] 女 多量のけむり, もうもうたる煙.

fu·ma·ria [fu.má.rja] 女 【植】カラクサケマン; ケシ科.

fu·ma·ro·la [fu.ma.ró.la] 女 (火山の) 噴気孔.

fu·ma·ta [fu.má.ta] 〔伊〕 女 **1** バチカンで新教皇を選出する過程を信者に知らせる煙 (=~ blanca). **2** (話) 麻薬の煙. — 男 女 《話》麻薬中毒者.

fu·me·te·o [fu.me.té.o] 男《話》タバコや麻薬を吸うこと.

fu·mí·fe·ro, ra [fu.mí.fe.ro, -.ra] 形 《文章語》煙を上げる[噴く].

fu·mi·ga·ción [fu.mi.ga.θjón / -.sjón] 女 【医】【農】燻蒸(ﾄﾞ)(消毒), 燻蒸消毒.

fu·mi·ga·dor, do·ra [fu.mi.ga.ðór, -.ðó.ra] 形 燻蒸(ﾄﾞ)消毒する. un producto ~ 燻蒸消毒剤. — 男 女 燻蒸消毒をする人. — 男 燻蒸消毒器.

fu·mi·gar [fu.mi.gár] 103 他 【医】【農】燻蒸(ﾄﾞ)する, 燻蒸消毒[療法]をする.

fu·mi·ga·to·rio, ria [fu.mi.ga.tó.rjo, -.rja] 形 燻蒸(ﾄﾞ)消毒[療法]の, 燻蒸用の. — 男 香炉.

fu·mis·ta¹ [fu.mís.ta] 男 女 暖房[厨房(ﾁｭｳ)]器具の修理工[清掃人]; 暖房[厨房]器具の販売人.

fu·mis·ta² [fu.mís.ta] 男 女 《ラ米》《話》冗談好きの, (人を) からかう, 悪ふざけをする. — 男 女 冗談好きの人.

fu·mis·te·rí·a¹ [fu.mis.te.rí.a] 女 暖房[厨房(ﾁｭｳ)]器具の取扱店, 取り付け業; 暖房[厨房]器具の修理屋[工場].

fu·mis·te·rí·a² [fu.mis.te.rí.a] 女 《ラ米》《ｶﾘﾌﾞ》《話》冗談.

fu·mo [fú.mo] 男 《ラ米》《ｶﾘﾌﾞ》(タバコの) 一服.

fu·món, mo·na [fu.món, -.mó.na] 男 女 《ラ米》《ｶﾘﾌﾞ》《俗》麻薬中毒者.

fu·mo·si·dad [fu.mo.si.ðáð] 女 煙たさ; 煙状であること.

fu·mo·so, sa [fu.mó.so, -.sa] 形 もくもくと煙を出す; 煙の立ちこめる.

fun [fán] 〔英〕男 → funboard.

fu·nam·bu·les·co, ca [fu.nam.bu.lés.ko, -.ka] 形 綱渡り(芸)の; 綱渡り的な.

fu·nám·bu·lo, la [fu.nám.bu.lo, -.la] 男 女 綱渡り芸人.

fun·board [fám.borð] 〔英〕 男 ファンボード (サーフボードの一種で, ロングボードよりも短くノーズが丸いボード); ファンボードによる競技.

fun·car [fuŋ.kár] 102 自 《ラ米》《ｷ》《ｺﾞﾆｶ》《話》作動する, 機能する.

fun·cia [fún.θja / -.sja] 女 《ラ米》《ｺﾞﾐﾝ》《ﾁ》《ｷ》《ｺﾞﾐｮ》上演.

***fun·ción** [fun.θjón / -.sjón] 女 **1** 機能, 作用, 働き; 【生】作用. ~ digestiva del estómago 胃の消化作用. La educación primaria tiene una ~ muy importante en la sociedad. 初等教育は社会の中で非常に重要な機能を果たしている.
2《主に複数で》職務, 役目, 役割; 職能. entrar en *funciones* 職務に就く, 就任する. estar en *funciones* 職務［勤務］中である. ~ pública (一国の) 行政機構.
3【演】公演, 上演; 上映. ~ benéfica チャリティー公演. Hacen dos *funciones* al día, una matinal y otra de noche. 昼の部と夜の部, 一日2回の公演がある.
4（宗教上の）儀式. **5**【言】機能;【数】関数. **6**（個人の家の）宴会, パーティー. **7**【軍】戦闘.
en función de... (**1**) …に応じて, …次第で. (**2**) …に関(連)して.
en funciones 代行の, 代理の.
[←〔ラ〕*functiōnem* (*functiō* の対格)「実行」(*fungī*「実行する」より派生; 関連［英］*function*]

***fun·cio·nal** [fun.θjo.nál / -.sjo.-] 形 **1** 機能の, 機能的な, 職能上の. desorden ~ del organismo 器官の機能障害. **2** 機能本位の; 実用的な, 便利な. la arquitectura moderna ~ 機能主義的な現代建築. **3**【数】関数の.

fun·cio·na·li·dad [fun.θjo.na.li.ðáð / -.sjo.-] 女 機能性.

fun·cio·na·lis·mo [fun.θjo.na.lís.mo / -.sjo.-] 男 機能主義.

fun·cio·na·lis·ta [fun.θjo.na.lís.ta / -.sjo.-] 形 機能主義の, 機能主義者の. 男 女 機能主義者.

fun·cio·nal·men·te [fun.θjo.nál.mén.te / -.sjo.-] 副 機能的に; 機能主義的に. ancianos ~ dependientes 身体機能的に他人の助けを必要とするお年寄り.

***fun·cio·na·mien·to** [fun.θjo.na.mjén.to / -.sjo.-] 男 **1** 機能を果たすこと, 働き. el ~ de las Naciones Unidas 国連の機能. poner en ~

ZONA DE NO FUMADORES

fumador
zona de no... (禁煙席)

Atención: Está prohibido fumar en toda la red de Metro.

fumar
Está prohibido...
(注意：地下鉄全線で禁煙)

fundidor

実施する, 施行する. **2**〚機〛作動, 作用, 運転;性能. mal 〜(機械の)不調. poner en 〜 el motorエンジンを始動させる.

fun·cio·nar [fun.θjo.nár / -.sjo.-] 自 機能する, 作動する, 働く;うまく行く. Este juguete *funciona* con [a] pilas. このおもちゃは電池で動く. No *funciona*.《掲示など》故障中. Conmigo no *funciona* ninguna excusa. 私にはどんな言い訳も通用しない. Mi matrimonio no *funciona*. 私の結婚生活はうまく行っていない.

fun·cio·na·ria·do [fun.θjo.na.rjá.ðo / -.sjo.-] 男《集合的》公務員, 役人.

fun·cio·na·rial [fun.θjo.na.rjál / -.sjo.-] 形 公務員の, 役人の.

*__**fun·cio·na·rio, ria**__ [fun.θjo.na.rjo, -.rja / -.sjo.-] 男女 役人, 《公務に従事する》職員. 〜 del Estado 国家公務員. 〜 municipal 地方公務員. Mi padre trabaja de 〜 en aduanas. 私の父は税関の職員として働いている. → empleado 類語

fun·cio·na·ris·mo [fun.θjo.na.rís.mo / -.sjo.-] 男 官僚主義, 役人根性.

fun·da¹ [fún.da] 女 **1**〚柔らかい布・革などの〛ケース, 保護袋, カバー. 〜 de almohada まくらカバー. 〜 de pistola ピストルのホルスター. → estuche 類語

2《ラ米》〚服飾〛(1)(ぼネズ)《複数で》アンダースカート, スリップ. (2)(ぼア)《複数で》ショートパンツ. (3)(ぼア)スカート.

funda nórdica ダウンジャケット.

fun·da² [fún.da] 活 → fundar.

*__**fun·da·ción**__ [fun.da.θjón / -.sjón] 女 **1**創設, 創立, 設立;発起;(市の)建設. la 〜 de un partido político 政党結成. La 〜 de la ciudad de Burgos data de los finales del siglo IX [nueve, noveno]. ブルゴス市の建設は9世紀末にさかのぼる. **2**(学校・病院・社会事業団体など寄付金をもとに設立された) 財団 (法人), 組織;(財団の) 基金. F〜 Picasso ピカソ財団:1987年設立. ピカソ作品の再版権を管理している.

fun·da·cio·nal [fun.da.θjo.nál / -.sjo.-] 形 創設の, 設立の;財団の;基金の. acta 〜 設立規約書.

fun·da·da·men·te [fun.dá.ða.mén.te] 副 根拠に基づいて.

fun·da·do, da [fun.dá.ðo, -.ða] 形 **1**創設[設立]された. **2**根拠のある, 正当な. lo bien 〜 十分な根拠. razones *fundadas* もっともな理由.

*__**fun·da·dor, do·ra**__ [fun.da.ðór, -.ðó.ra] 形 創立[設立]する. miembro 〜(団体などの)設立委員. socio 〜 発起人.

— 男女 創立者, 創設者, 創業者;(財団などの)設立者;(国家などの)建設者, (学派・宗派の)開祖, 始祖.

fun·da·men·ta·ción [fun.da.men.ta.θjón / -.sjón] 女 **1**(建物などの)基礎を築くこと, 定礎. **2**論拠を置くこと, 論理的基礎付け.

*__**fun·da·men·tal**__ [fun.da.men.tál] 形《名詞+》《ser+》**1**基本的な, 基礎となる. derechos 〜es del hombre 基本的人権. ley 〜(国家の)基本法(▶「憲法」はconstitución). piedra 〜 礎石. principios 〜es 基本原則.

2根本的な, 重要な. una diferencia 〜 決定的な相違点. Lo 〜 para gozar de buena salud es no comer demasiado y hacer ejercicios moderados. 健康であるために肝心なのは食べ過ぎず適度に運動することである.

fun·da·men·ta·lis·mo [fun.da.men.ta.lís.mo] 男 原理主義. 〜 islámico イスラム原理主義.

fun·da·men·ta·lis·ta [fun.da.men.ta.lís.ta] 形 原理主義の. — 男女 原理主義者.

fun·da·men·tal·men·te [fun.da.men.tál.mén.te] 副 基本的に, もともと, 本来. Las fuentes de ambos textos son 〜 las mismas. 両テキストの出典は本来同じである.

2 根本的に. F〜 tenemos que cambiar el sistema. 我々はシステムを根本的に変える必要がある.

*__**fun·da·men·tar**__ [fun.da.men.tár] 他 **1**〚建物などの〛基礎を築く, 土台を据える. **2**建設する, 築き上げる, 確立する. **3**《en... ...に》根拠を置く, 基づかせる. — **·se** 《en... ...に》基づく, よる. Esto *se fundamenta en* principios sólidos. これは確固たる原則に基づいている.

*__**fun·da·men·to**__ [fun.da.mén.to] 男 **1**《de... ...の》(ものごとの)基礎, 基本, 根本;〚建〛基礎(工事), 土台. Los 〜s del nuevo gobierno son débiles. 新政権の基盤は弱い.

2根拠, 理由. un rumor sin 〜 根も葉もないうわさ. **3** まじめさ, 誠実さ(▶主に否定的な表現の中で用いられる). una persona sin 〜 不真面目な人.

4《複数で》(学問・芸術の)基礎的原則, 初歩, 基本. 〜s de la literatura moderna 近代文学の基本.

fun·da·men·to·so, sa [fun.da.men.tó.so, -.sa] 形《ラ米》(ぼネズ)《話》誠実な, 良心的な.

*__**fun·dar**__ [fun.dár] 他 **1**〈共同体・組織などを〉 創設する, 設立する, 〈施設などを〉築く. 〜 una compañía 会社を設立する. 〜 una escuela 学校を創立する. 〜 una ciudad 都市を築く. 〜 una familia 家庭を作る. 〜 una revista 雑誌を創刊する. La asociación fue *fundada* en Londres hace diez años. 協会は10年前にロンドンで設立された.

2《en... / sobre... ...に基づいて》〈人が〉〈意見・印象などを〉築き上げる, 確立する. 〜 su afirmación *en* una creencia ある信念に基づいて発言する. La policía *funda* sus sospechas *en* el siguiente hecho. 警察は次の事実を根拠に疑惑を抱いている.

— **·se** 《en... ...に》基礎[根拠]を置く. Ese método *se funda en* la experiencia. その方法は経験に基づいている. No sé *en* qué *te fundas* para pensar así. どういう根拠で君がそんな風に考えるのか私にはわからない.

[← 〚ラ〛*fundāre* (*fundus*「土台」の派生語); 関連 fundamento, profundo. 〚英〛*found*「設立する」, *fundament(al)*「基礎(の)」]

fun·den·te [fun.dén.te] 形 〚化〛溶ける, 溶解しやすい, 溶解力の強い.

— 男 **1**〚化〛融剤, 溶剤. **2**〚薬〛消炎剤.

fun·di·ble [fun.dí.ble] 形 溶けやすい, 可溶性の, 溶解できる.

fun·di·ción [fun.di.θjón / -.sjón] 女 **1**溶かす[溶ける]こと, 融解, 溶解.

2(金属の)溶解, 鋳解;鋳造;鋳造[鋳物]工場, 製錬所. 〜 de acero 製鋼所. **3** 鋳鉄, 銑鉄(せん). **4** 〚印〛フォント:同一書体, サイズの活字の一そろい.

fun·di·do [fun.dí.ðo] 男 〚映〛溶暗, 溶明, フェードイン, フェードアウト.

fun·di·do, da [fun.dí.ðo, -.ða] 形《ラ米》《話》破産した, 無一文の.

fun·di·dor, do·ra [fun.di.ðór, -.ðó.ra] 男女

製錬工, 鋳造者, 鋳物師.

fun‧di‧llo [fun.dí.jo ‖ -.ʎo] 男《ラ米》(1)《ネオ》《ウ》《*》《服飾》パンツ. (2)《ラプ》《*》《ほま》《ベ》《ニ》尻(し);《ズボンの》ヒップ.

*fun‧dir [fun.dír] 他 **1**《金属・雪などを》《熱で》溶かす;《冶》《鉱物などを》溶解させる;《製品を》鋳造する. ~ hierro 鉄を溶解する. ~ una estatua 像を鋳造する. El sol empezó a ~ el hielo. 太陽熱で氷が解け始めた.
2 融合させる,《en... ...に》溶け込ませる. ~ las dos culturas ふたつの文化を融合させる. ~ los bancos 銀行を合併させる. **3**《電》《ヒューズを》飛ばす;《器具などを》焼け付かせる, だめにする. Un problema de circuito *fundió* el fusible. 回路の不具合でヒューズが飛んだ. **4**《話》《財産などを》浪費する, 散財する. ~ la herencia 遺産を使い果たす. ※時に再帰代名詞を伴う. **5**《映》《音楽》《画面・音声を》フェイドアウトさせる. **6**《ラ米》《話》(1) 破滅《破壊]させる;だます. (2) 困らせる.
── 自《熱で》溶ける;《冶》溶解する. Este metal *funde* a bajas temperaturas. この金属は低温で溶ける. ※時に再帰代名詞を伴う.
── ~‧se 再 **1**《熱で》溶ける;《冶》溶解する.
2《con... と》融合する;《en... ...に》溶け込む. En esta obra lo occidental *se funde* con lo oriental. この作品では西洋的なものが東洋的なものと融合している. ~*se en* un abrazo 互いを抱きしめあう. **3**《電》《ヒューズが》飛ぶ;《器具などが》焼き付きを起こす. *Se fundió* la bombilla. 電球が切れた. **4**《話》《財産などが》浪費される;《人が》《財産などを》使ってしまう. **5**《映》《音楽》《画面・音声が》フェイドアウトする. **6**《ラ米》《話》(1)《con... を》盗む. (2) 倒産する.
[←《ラ》*fundere*「流す;溶かす」/関連 fusión,confundir, difundir. [英]《con》*fuse, fusion*〕

fun‧do¹ [fún.do] 男 **1**《法》農地, 田畑, 地所.
2《ラ米》大農園.

fun‧do² [fún.do] 活 → fundar.

fun‧dón [fun.dón] 男《ラ米》(1)《コブ》《ほま》女性用の乗馬服, 乗馬スカート. ~《ペ》ロングスカート.

*fú‧ne‧bre [fú.ne.bre] 形 **1** 葬式の, 葬儀の. canto ~ 葬送の詠唱. coche ~ 霊柩(きゅう)車, 葬儀馬車. cortejo ~ 葬列. honras ~s 葬儀. pompas ~s 葬儀(社).
2 死を思わせる, 不吉な. un ambiente ~ 不気味な雰囲気. **3** 悲しげな, 陰気な. Estaba tan ~. 彼[彼女]は悲しみにうちひしがれていた.

fu‧ne‧bre‧ro [fu.ne.bré.ro] 男《ラ米》《ぞんざい》葬儀社の経営者[責任者].

*fu‧ne‧ral [fu.ne.rál] 形 葬式の, 埋葬の (= funerario). música ~ 葬送曲. columna ~ 墓標.
── 男《主に複数で》葬儀, 葬式. acudir a ~es 葬式に駆けつける. ~es de Estado 国葬.
2 埋葬(式).
[←《ラ》*fūnerālem* (*fūnerālis* の対格) 形 (*fūnus*「葬儀」より派生)/関連《英》*funeral, funereal*「陰気な」]

fu‧ne‧ra‧la [fu.ne.rá.la] *a la funerala*《軍》(喪を表すために)銃口を下に向けて.
ojo a la funerala《話》(殴打による)青あざのできた目.
tener... a la funerala …が壊れている.

fu‧ne‧ra‧rio, ria [fu.ne.rá.rjo, -.rja] 形 葬式の, 葬式に関する. asistir a las ceremonias *funerarias* 葬儀に参列する. misa *funeraria* 追悼ミサ.

── 女 葬儀社.

fu‧nes‧ti‧dad [fu.nes.ti.ðáð] 女《ラ米》災難, 惨事, 忌まわしい出来事;《複数で》不吉な前兆[予言].

fu‧nes‧to, ta [fu.nés.to, -.ta] 形 **1** 不吉な, 忌まわしい. consejo ~ ろくでもない忠告. *funestas* cuestiones 由々しい問題. influencia *funesta* 悪影響. un día ~ 厄日(ぞく)日. **2**《話》台無しにする, ぶち壊し. un actor ~ 大根役者.

fun‧gi‧ble [fuŋ.xí.ble] 形 **1** 消耗する. material ~ 消耗品. **2**《法》代替可能の, 代替性のある. los bienes ~s《穀物など》代替可能物.

fun‧gi‧ci‧da [fuŋ.xi.θí.ða / -.sí.-] 形 殺菌剤の, 防かび剤の.
── 男 殺菌剤, 防かび剤.

fun‧gir [fuŋ.xír] 自《ラ米》(特に)《*》《ベ》《ボ》《*de...* …の》代わりを務める, …の役をする;でしゃばる.

fun‧go [fúŋ.go] 男《医》菌状腫(しゅ), 海綿腫.

fun‧go‧si‧dad [fuŋ.go.si.ðáð] 女《医》キノコ状増殖;菌状腫(しゅ).

fun‧go‧so, sa [fuŋ.gó.so, -.sa] 形 菌の, 菌による, 菌性の, 菌質の;ぶよぶよした.

fun‧gui‧ci‧da [fuŋ.gi.θí.ða / -.sí.-] 形 男 → fungicida.

fu‧ni‧cu‧lar [fu.ni.ku.lár] 形 綱(索)を用いた, 綱(索)で動く. ── 男 ケーブルカー, 綱索鉄道. ~ aéreo ロープウェー, 空中ケーブル.

fu‧ní‧cu‧lo [fu.ní.ku.lo] 男 **1**《解剖》帯(たい), 索, 束. **2**《植》珠柄(しゅへい). **3**《建》縄彫形(なわほりがた).

funk [fúŋk // fáŋk] / **funk‧y** [fúŋ.ki // fáŋ.-] [英] 形 ファンキーな.
── 男《音楽》ファンク, ファンキージャズ.

fun‧yi [fún.ji] 男《ラ米》《ぞく》《話》(つばのある)帽子 (= sombrero).

fu‧ñi‧do, da [fu.ní.ðo, -.ða] 形《ラ米》(1)《コスタ》《話》けんかっ早い, 短気な. (2)《ミキ》《話》ひ弱な, 虚弱な. (3)《ほま》困難な.

fu‧ñin‧gue [fu.níŋ.ge] 形《ラ米》(1)《コス》《ニ》《話》ひ弱な, 虚弱な. (2)《ほま》《タバコの品質が》並の.

fu‧ñir [fu.nír] 他《ラ米》《話》迷惑をかける, 損害を与える, うんざりさせる.
── ~‧se 再《ラ米》《話》心配する, 気を使う.

fu‧ra‧re [fu.rá.re] 男《ラ米》《ベ》《鳥》ツグミ.

fur‧cia [fúr.θja / -.sja] 女《軽蔑》《俗》売春婦.

fur‧cio [fúr.θjo / -.sjo] 男《ラ米》《ぞく》(役者などの)言い間違い.

fü‧rer [fú.rer // fí.-, fjú.-] [独] 男《軽蔑》独裁者, 総督 《ナチスの指導者としてのヒトラーの称号》.

fur‧gón [fur.gón] 男 有蓋(ゆうがい)トラック;有蓋貨物運搬車, 貨車. ~ de mudanzas 引っ越しトラック. ~ de cola 最後尾. ~ postal 郵便車.

fur‧go‧ne‧ta [fur.go.né.ta] 女《車》ワゴン車, (ライト)バン. ~ familiar ステーションワゴン.

:fu‧ria [fú.rja] 女 **1** 激怒, 憤激;狂乱, 逆上. hablar con ~ まくし立てる. estar hecho una ~ 怒り狂っている. ponerse hecho una ~ 憤激する, 激高する.
2 猛烈, 狂暴. la ~ del mar 荒れ狂う海.
3 激烈, 激情, 熱情. nadar con ~ がむしゃらに泳ぐ. escribir una novela con ~ 一気呵成(かせい)に小説を書く. **4** 絶頂, 頂点, 盛り;ブーム. en la ~ del frío 寒さのいちばん厳しいときに. **5** すぐかっとなる人. **6** [F-]《複数で》《口神》フリアイ:復讐の三女神. ギリシア神話の Erinias に当たる.
a la furia《ラ米》《ぞく》《話》一目散に, 脱兎(だっと)のごとく.
a toda furia 猛烈に;急いで, 大至急.

fuste

como una furia 激怒した.
[← [ラ] *furiam* (*furia* の対格); 関連 furioso. [英] *fury*]

fu·ri·bun·do, da [fu.ri.βún.do, -.da] 形 **1** 激怒した; 怒りを含んだ; 激烈な. una mirada *furibunda* 恐ろしい目つき. batalla *furibunda* 凄絶(せいぜつ)な戦い. **2** 怒りっぽい, 怒りやすい. **3** 熱狂的な, 熱狂な. un ~ seguidor 熱狂的なファン.

fú·ri·co, ca [fú.ri.ko, -.ka] 形 《ラ米》《俗》激怒して, 激しい.

fu·rien·te [fu.rjén.te] 形 → furioso.

fu·rio·sa·men·te [fu.rjó.sa.mén.te] 副 怒り狂って, 激しく.

***fu·rio·so, sa** [fu.rjó.so, -.sa] 形 **1** 猛(たけ)り狂った, 激怒した. ponerse ~ 激高する, 猛り狂う. loco ~ 狂人, 狂乱者. **2** すさまじい, 猛烈な. viento ~ 暴風. *furiosa* tempestad 荒れ狂うあらし. tener celos ~*s* 激しく嫉妬(しっと)する. **3** 莫大(ばくだい)な, とてつもない. un gasto ~ 莫大な出費.

fur·ni·tu·ra [fur.ni.tú.ra] 女 《ラ米》《話》家具.

fu·ror [fu.rór] 男 **1** 激怒, 憤激, 激高. gritar con ~ 激怒して叫ぶ. sentir un ~ 激しい怒りを覚える. **2** 激しさ, 猛烈, 激烈. el ~ de las olas 波のすさまじさ. **3** 激情, 熱情; 熱中, 興奮. el ~ del juego ギャンブル熱. el ~ de la juventud 青春の情熱. con ~ 夢中になって, わき目も振らずに. el ~ poético 詩的興奮. **4** 熱狂, 大流行. Antes el charlestón estaba en el mayor de los ~*es*. かつてチャールストンは一世を風靡(ふうび)していた.
furor uterino 〖医〗ニンフォマニア: 女性の性欲異常亢進(こうしん)症.

fur·qui·na [fur.kí.na] 女 《ラ米》《グワラニー》《衣》(先住民の女性の)短いスカート.

fu·rriel [fu.řjél] / **fu·rrier** [fu.řjér] 男 **1** 〖軍〗(糧食·給与などの係の)下士官. **2** (昔の王室騎兵隊の)主計官.

fu·rrie·la [fu.řjé.la] / **fu·rrie·ra** [fu.řjé.ra] 女 (王宮の)部屋係, 調度係.

fu·rru·co [fu.řú.ko] 男 《ラ米》《ベネズ》〖音楽〗フルーコ: 樽(たる)に皮を張り, 中央に立てた棒を上下させて音を出す民族楽器.

fu·rrus·ca [fu.řús.ka] 女 《ラ米》《コロン》争い, 口論; 騒ぎ.

fur·ti·va·men·te [fur.tí.βa.mén.te] 副 ひそかに, こっそりと.

fur·ti·vis·mo [fur.ti.βís.mo] 男 **1** 禁猟[禁漁]区で猟[漁]をすること. **2** 隠すこと, 隠蔽(いんぺい).

fur·ti·vo, va [fur.tí.βo, -.βa] 形 **1** 人目を忍んだ, ひそかな. mirada *furtiva* 盗み見. **2** 気づかれないような, 隠れた. cazador [pescador] ~ 密猟[密漁]者. — 男 女 密猟[密漁]者.

fu·ru·min·ga [fu.ru.míŋ.ga] 女 《ラ米》《チリ》(1) (1) つれ, 紛糾. (2) 悪巧み, 陰謀.

fu·rún·cu·lo [fu.rúŋ.ku.lo] 男 → forúnculo.

fu·run·cu·lo·sis [fu.ruŋ.ku.ló.sis] 女 《単複同形》〖医〗癤瘡(せっそう)症, 癤症: 皮脂腺の化膿(かのう)が繰り返し起こる病気.

fu·sa [fú.sa] 女 〖音楽〗32分音符.

fus·ca [fús.ka] 女 〖鳥〗**1** クロガモ (= pato negro). **2** 《ラ米》《グワテ》拳銃, ピストル.

fus·co, ca [fús.ko, -.ka] 形 暗い, 黒っぽい.

fu·seau [fu.só] 男 〖仏〗〖服飾〗フュゾー (すそに向かってさらに細くなる細身のパンツのこと); スパッツ.

fu·se·la·do, da [fu.se.lá.ðo, -.ða] 形 〖紋〗縦長菱(ひし)の連続模様の.

fu·se·la·je [fu.se.lá.xe] 男 〖航空〗(飛行機の)胴体.

fu·si·bi·li·dad [fu.si.βi.li.ðáð] 女 **1** 可融性, 融解性. **2** 〖物理〗可融度, 融解度.

fu·si·ble [fu.sí.βle] 形 可融性の, 融解する. metal ~ 可融合金. — 男 〖電〗ヒューズ.

fu·si·for·me [fu.si.fór.me] 形 紡錘形の.

***fu·sil** [fu.síl] 男 銃; 小銃, ライフル銃. echarse el ~ a la cara / encararse el ~ 銃を構える. ~ ametrallador 軽機関銃. ~ automático [de asalto] 自動小銃. ~ con alza automática 自動照準器付きライフル. ~ de aguja (19世紀の)針打ち銃. ~ de chispa 火打ち石銃. ~ de guerra 軍用銃. ~ de pistón ピストン式銃. ~ de repetición 連発銃. ~ subacuático [submarino] 水中銃.
piedra de fusil 火打ち石.
[← [仏] *fusil* ← [古仏]「武器の点火装置」← 「火打ち石」← [俗ラ] *focilis; [ラ] *focus*「炉(の火)」(→ fuego)より派生]

F

***fu·si·la·mien·to** [fu.si.la.mjén.to] 男 **1** 銃殺. **2** 盗作, 剽窃(ひょうせつ), 剽窃行為.

***fu·si·lar** [fu.si.lár] 他 **1** 銃殺する. El emperador Maximiliano fue *fusilado* en 1867. マクシミリアン皇帝は1867年に銃殺された. **2** 《話》盗作する, 剽窃(ひょうせつ)する. **3** 《ラ米》《ボリブ》《俗》殺す.
— 自 《話》盗作する, 剽窃する.

fu·si·le·rí·a [fu.si.le.rí.a] 女 **1** 《集合的》小銃. **2** 銃撃, 射撃. descarga [fuego] de ~ 一斉射撃, 連続射撃. **3** 射撃隊, 銃隊.

fu·si·le·ro, ra [fu.si.lé.ro, -.ra] 形 小銃[銃撃]兵の. — 男 女 射撃兵, 小銃兵. ~ de montaña 遊撃兵.

***fu·sión** [fu.sjón] 女 **1** 溶解, 融解, 溶融; 融解物. el punto de ~ 融点. temperatura de ~ 溶解温度. ~ nuclear 〖物理〗核融合.
2 合併, 併合, 連合; 融合. la ~ de empresas [sociedades] 企業合併 (► 企業の「吸収(合併)」は absorción). la ~ mediante absorción 吸収合併. la ~ mediante [por] creación de una nueva sociedad 新設合併. la ~ de dos partidos políticos 二つの政党の連合. la ~ cultural 文化の融合. la ~ nuclear 核融合. **3** フュージョン: ジャズとロックを融合させた音楽ジャンル.
[← [ラ] *fūsiōnem* (*fūsiō* の対格); *fundere*「流す; 溶かす」(→ fundir)より派生; 関連 [英] *fusion, fuse*]

fu·sio·nar [fu.sjo.nár] 他 **1** 融合させる; 一つにする. ~ el hidrógeno con el litio 水素とリチウムを融合させる. ~ opiniones 意見を一つにまとめる.
2 合併させる, 連合させる. ~ las dos empresas 2つの企業を合併させる.
— **~·se** 再 **1** 融合する, 一つになる.
2 合併する, 連合する.

fus·li·na [fus.lí.na] 女 溶鉱所, 製錬所.

fu·sor [fu.sór] 男 るつぼ, 溶解炉.

fus·ta [fús.ta] 女 **1** (枝下ろしなどで出る)小枝, そだ. **2** (乗馬用の) 鞭(むち). **3** 毛織物の一種. **4** 〖海〗フスタ船: 15-16世紀に用いられた小型ガレー船.

fus·tal [fus.tál] 男 → fustán.

fus·tán [fus.tán] 男 **1** ファスチアン織り: 短い毛羽を立てた綾(あや)織りの厚手の綿布. **2** 《ラ米》(1) (木綿の)アンダースカート. **2** スリップ.

fus·te [fús.te] 男 **1** 材木, 木材, 木. de ~ 木製の. **2** 棒, 竿(さお); 槍(やり)の柄. **3** 〖建〗柱身, 柱体: 柱頭と台石の間の部分. **4** 鞍架(あんか); 《文章語》鞍. **5** 基礎付け, 論拠; 内容, 実質. un discurso carente de

〜 中身のない演説. **6** 重要性. de poco 〜 取るに足りない. gente de 〜 お歴々. un hombre de su 〜 彼ほどの人物. **7**《ラ米》**(1)**《ラブ》《ほプエ》アンダースカート.**(2)**《中米》《ほプエ》尻(も).

fus·te·te [fus.té.te] 男《植》(染料を採るウルシ科の)ケムリノキ.

fus·ti·ga·ción [fus.ti.ga.θjón / -.sjón] 女 **1**〈馬に〉鞭(ち)をくれること. **2** 非難, 叱責(ほ).

fus·ti·gar [fus.ti.gár] 103 他 **1**〈馬に〉鞭(ち)をくれる. **2** 叱責(ぱ)する.

fut·bi·to [fuɾ.bí.to] 男 **1**《スポ》フットサル, ミニサッカー. **2**《ラ米》→ futbolín.

***fút·bol** / **fut·bol** [fúɾ.bol] 男《スポ》**サッカー, フットボール.** 〜 americano アメリカンフットボール. 〜 sala フットサル. La Copa Mundial de F〜 de 2006 se celebró en Alemania. 2006年のサッカーのワールドカップはドイツで開催された. [← 〔英〕*football*]

fut·bo·le·ro, ra [fuɾ.bo.lé.ɾo, -.ɾa] 形 サッカーの. ─ 男 女 サッカーファン.

fut·bo·lín [fuɾ.bo.lín] 男《遊》サッカーゲーム(機).

***fut·bo·lis·ta** [fuɾ.bo.lís.ta] 男 女 **サッカー選手**.

fut·bo·lís·ti·co, ca [fuɾ.bo.lís.ti.ko, -.ka] 形 サッカーの. equipo 〜 サッカーチーム. un torneo 〜 サッカー選手権[トーナメント].

fut·bo·li·to [fuɾ.bo.lí.to] 男《ラ米》**(1)**《グアテ》《ほプエ》サッカーゲーム.**(2)**《グアテ》《スポ》フットサル:室内のサッカー.

fu·te [fú.te] 男《ラ米》《アンデ》むち.

fu·te·ar·se [fu.te.áɾ.se] 再《ラ米》《コプエ》(果物・野菜が)腐る, 傷む.

fu·te·sa [fu.té.sa] 女《話》つまらないこと. discutir por 〜s ばかばかしいことで言い争う.

fú·til [fú.til] 形 でたらめな, くだらない, ささいな. charla 〜 たわいのないおしゃべり, 無駄話.

fu·ti·le·za [fu.ti.lé.θa / -.sa] / **fu·ti·li·dad** [fu.ti.li.ðáð] 女 くだらなさ, 無意味, 無価値;《複数で》つまらないこと. la 〜 de una conversación 会話のくだらなさ. la 〜 del argumento 議論の無意味さ. hablar de *futilidades* つまらないことを話す.

fu·tón [fu.tón]〔日〕男《複 futones》敷き布団.

fu·tre [fú.tɾe] 男《ラ米》(パ*米*)《話》しゃれ者.

fu·tre·rí·a [fu.tɾe.ɾí.a] 女《ラ米》《ブチ》《チ》《話》おしゃれ, きざな振る舞い;しゃれ者たち, きざな連中.

fu·tu·ra [fu.tú.ɾa] 女 → futuro.

fu·tu·ra·rio, ria [fu.tu.ɾá.ɾjo, -.ɾja] 形《法》(将来)相続[継承]することになる, 将来の.

fu·tu·ri·ble [fu.tu.ɾí.ble] 形 将来起こりうる, この先ありうる. un puesto 〜 近い将来予想されるポスト.

─ 男 女 就任予定者, 候補者. Es un 〜 para el presidente siguiente. 彼は次期大統領だと目されている.

fu·tu·ris·mo [fu.tu.ɾís.mo] 男 **1**《美》《文学》未来派:1910年ごろイタリアで始まった前衛の芸術運動. **2**(未来に重点をおく)未来主義;未来志向.

fu·tu·ris·ta [fu.tu.ɾís.ta] 形 **1**《美》《文学》未来派の. **2** 未来主義の, 未来志向の.

─ 男 女 未来派の芸術家;未来主義者.

****fu·tu·ro, ra** [fu.tú.ɾo, -.ɾa] 形 《多くは+名詞/名詞+》**未来の**, 将来の. generaciones *futuras* 未来の世代, 後世の人々. tiempo 〜 未来, 将来. la vida *futura* 来世. 〜 plan 将来の計画.

─ 男 女《話》未来の夫[妻], 婚約者(=〜 esposo, *futura* esposa). Es un 〜 de mi prima. 彼はいとこの婚約者だ.

─ 男 **1** 未来, 将来, 見込み. en el 〜 将来に. en un 〜 próximo / en un 〜 no muy lejano 近いうちに. Piensa en el 〜 del país. 彼[彼女]は国の将来のことを考えている.

2 将来性, 見込み. **3**《複数で》《商》先物, 先物取引[契約]. mercado de 〜s 先物(取引)市場. contrato de 〜s 先物契約. **4**《文法》未来(時制), 未来形(=tiempo 〜).

─ 女《法》継承権, 復帰権

[← 〔ラ〕*futūrum* (*futūrus* の対格) 形「…であろうところの, 未来の」(*esse*「…である」の未来分詞);関連〔英〕*future*]

fu·tu·ro·lo·gí·a [fu.tu.ɾo.lo.xí.a] 女 未来学.

fu·tu·ró·lo·go, ga [fu.tu.ɾó.lo.go, -.ga] 男 女 未来学者.

fu·tu·to, ta [fu.tú.to, -.ta] 形《ラ米》(酒に)酔った. ─ 男《ラ米》《車》クラクション.

Gg

ge, gi は je, ji と同じく「へ、ヒ」、「ガ行」はそれぞれ ga, gui, gu, gue, go と綴(³)る. güe, güi は「グエ、グイ」。「ガ行」音は正確には2種の発音があり、休止または n の後では閉鎖音 [g]、その他の位置では摩擦音 [g].

G, g [xé] 囡 **1** スペイン語字母の第7字. **2** 【音楽】ソ sol.

g. (略) **1** *g*ramo グラム. **2** 【物理】(aceleración de la) *g*ravedad 重力加速度.

Ga 【化】*g*alio ガリウム.

ga‧ba‧cha‧da [ga.ba.tʃá.ða; ga.-] 囡 **1** ピレネー人らしさ. **2** (軽蔑) フランス人臭さ；フランス語風の言葉(遣い).

ga‧ba‧che‧ro, ra [ga.ba.tʃé.ro, -.ra; ga.-] 形 《ラ米》《話》米国びいきの, (米国の)白人びいきの.

ga‧ba‧cho, cha [ga.ba.tʃo, -.tʃa; ga.-] 形 **1** ピレネー山脈に住む, ピレネー山脈の. **2** (話)(軽蔑) フランス人の, フランス語の. **3** 〈ハトが〉大型で足に羽毛の生えた. **4** 《ラ米》《話》(1) (\ueff\ueff)うまくいかない, 逆効果の. (2) (\ueff)(軽蔑)米国の白人の. ── 男 囡 **1** ピレネー山脈に住む人. **2** (話)(軽蔑)フランス人, フランス野郎；フランスかぶれのスペイン人. **3** 《ラ米》(\ueff)(軽蔑)アングロサクソン系白人. ── 男 **1** (話)フランス訛(\ueff)りのスペイン語. **2** 《ラ米》(\ueff)(俗)外国人, よそ者.

ga‧bán [ga.bán; ga.-] 男 **1** 外套(\ueff), コート. **2** 《ラ米》(1) (\ueff\ueff)上着, ジャケット. (2) (\ueff)短いポンチョ.

ga‧ba‧ne‧ar [ga.ba.ne.ár; ga.-] 他 《ラ米》(1) 盗む. (2) (\ueff)逃げる.

ga‧bar‧da [ga.bár.ða; ga.-] 囡 【植】ノバラ；ノバラの実.

ga‧bar‧di‧na [ga.bar.ðí.na; ga.-] 囡 **1** ギャバジン：綾(\ueff)織りの服地. **2** (ギャバジン地の)コート, スリーシーズンコート. ▶「レインコート」は impermeable. 「トレンチコート」は trinchera. **3** (地方の労働者が着るそでを詰めた)長い外套(\ueff). **4** 【料】(話) フライ. **5** 《ラ米》(\ueff\ueff)(\ueff\ueff)(服飾)レインコート. (2) (\ueff)(話)(軽蔑)米国の白人.

ga‧ba‧rra [ga.bá.ra; ga.-] 囡 【海】運搬船, はしけ.

ga‧ba‧rro [ga.bá.ro; ga.-] 男 **1** 織りきず. **2** 【地質】瘤塊(\ueff\ueff), 団塊. **3** 【獣医】(1) (馬の蹄部(\ueff)の)腫瘍(\ueff). (2) 鳥の舌の伝染病. **4** (勘定書の)計算間違い, 水増し. **5** 面倒, 厄介, 重荷.

ga‧ba‧rrón [ga.ba.rón; ga.-] 男 gabarra + 増大辞.

ga‧ba‧to, ta [ga.bá.to, -.ta; ga.-] 男 囡【動】1歳未満のシカ[野ウサギ].

ga‧be‧la [ga.bé.la; ga.-] 囡 **1** 税, 税金. **2** 《ラ米》(1) (\ueff\ueff)(\ueff)(\ueff\ueff\ueff)(話)【スポ】ハンディキャップ. (2) 《話》事, 問題.

ga‧bi‧ne‧te [ga.bi.né.te; ga.-] 男 **1** (古い建築で)居間・寝室に隣接した)小室. ◆昔は貴婦人が客間としても用いた. **2** 書斎, 診察室, 標本室, 陳列室. ~ de lectura 読書室. ~ de historia natural 博物学室. ~ mineralógico 鉱物標本室. **3** [G-]内閣, 政府, 閣議. **4** 《集合的》家具, 調度一式. **5** 《ラ米》(1) (\ueff\ueff)張り出し窓. (2) (\ueff)台所の)流し台.

ga‧ble‧te [ga.blé.te; ga.-] 男 【建】切妻, 破風；切妻形, 切妻壁.

Ga‧bo [ga.ßo; gá.-] 固名 ガボ：Gabriel の愛称.

Ga‧bón [ga.ßón; ga.-] 固名 ガボン：アフリカ中部の共和国. 首都 Libreville.

ga‧bo‧nés, ne‧sa [ga.bo.nés, -.né.sa; ga.-] 形 ガボン共和国(人)の. ── 男 囡 ガボン共和国の人.

Ga‧briel [ga.brjél; ga.-] 固名 **1** 【聖】 大天使ガブリエル. **2** ガブリエル：男子の洗礼名. 愛称 Gabo. [← [ヘブライ] *Gabhrī'ēl*「神はわが守り」が原義]; 関連 [ポルトガル] [仏][英][独] *Gabriel*. [伊] *Gabriello*]

Ga‧brie‧la [ga.brjé.la; ga.-] 固名 ガブリエラ：女子の洗礼名.

ga‧brie‧les [ga.brjé.les; ga.-] 男 《複数形》《話》(煮込み料理用の)ヒヨコマメ (= garbanzo).

ga‧cel, ce‧la [ga.θél, -.θé.la; ga.- / -.sél, -.sé.-] 男 囡【動】ガゼル. ── 囡《比喩的》ほっそりとして優美な女性.

ga‧ce‧ta¹ [ga.θé.ta; ga.- / -.sé.-] 囡 **1** (分野別の)新聞, 定期刊行物. la *G*~ Literaria 文学新報. **2** 《古語》官報. ▶ 現在は Boletín Oficial del Estado. **3** うわさ好きな人, おしゃべりな人；情報通. → correveidile.

mentir más que la gaceta 《話》大うそをつく, うそ八百を並べ立てる. Este libro *miente más que la* ~. この本はうそだらけだ.

[← [伊] *gazzetta* (16世紀のベネチアの貨幣. 新聞代が1ガゼッタであったことから)]

ga‧ce‧ta² [ga.θé.ta; ga.- / -.sé.-] 囡 【技】さや：陶磁器を焼くときに入れる耐火土製の容器.

[← [仏] *cassette*「小箱, カセット」]

ga‧ce‧te‧ro, ra [ga.θe.té.ro, -.ra; ga.- / -.se.-] 男 囡 記者；新聞売り.

ga‧ce‧ti‧lla [ga.θe.tí.ʎa; ga.- ‖ -.ʎa / -.se.-] 囡 **1** ゴシップ欄；コラム. **2** うわさ好きな人, おしゃべり.

ga‧ce‧ti‧lle‧ro, ra [ga.θe.ti.ʎé.ro, -.ra; ga.- ‖ -.ʎé.- / -.se.-] 男 囡 ゴシップ欄の記者；コラムニスト；《話》《軽蔑》新聞記者.

ga‧ce‧tis‧ta [ga.θe.tís.ta; ga.- / -.se.-] 男 囡《話》新聞好き；《古》《話》うわさ]好きな人.

ga‧cha [gá.tʃa; gá.-] 囡 **1** 《複数で》【料】小麦粉などを水やミルクで煮込んだ料理. ~s de avena オートミール. **2** 《複数で》糊(\ueff)状のもの. **3** 《\ueff》泥, 泥んこ. **4** 《複数で》《話》甘言, おべっか, お追従. **5** 《ラ米》(\ueff\ueff)(\ueff\ueff)(\ueff\ueff\ueff)(陶器の)碗(\ueff).

hacerse unas gachas 感傷的になる, 涙もろくなる.

ga‧ché [ga.tʃé; ga.-] [ロマ] **1** (スペイン)アンダルシアの男性. **2** 《話》男, 野郎；愛人, 情夫. un ~ poco recomendable うさんくさいやつ.

ga‧che‧ta [ga.tʃé.ta; ga.-] 囡 **1** 【技】錠前の舌の留め金；歯止め. **2** 糊(\ueff).

ga‧chí [ga.tʃí; ga.-] [ロマ] 囡 《複 ~s》《俗》女, 娘；魅力的な女.

ga‧cho, cha [gá.tʃo, -.tʃa; gá.-] 形 **1** 〈頭・耳・角などが〉下を向いた；〈牛などが〉下向きの角を持つ. sombrero ~ 縁の垂れたソフト帽. con las orejas

gachas(話)うなだれて. **2**(ラ米)(1)(ᴬᶜ)(話)(家畜が)耳が聞こえない[動かない];(ダ)(話)(人・動物が)片耳がない. (2)(ダ)(*ᵃᴹ)(ᴬᶜ)(話)醜い, ひどい;卑劣な. (3)(ᴬᶜ)(話)臭い.

a gachas 四つんばいで.

ga·chó [ga.tʃó; ga.-] [ロマ] 男 [複 ~s](話)野郎, やつ;愛人, 情夫. ➔ *gachí*.

ga·chón, cho·na [ga.tʃón, -.tʃó.na; ga.-] 形 (話) **1** 〈人が〉魅力的な;扇情的な, 色っぽい. **2** 〈子供が〉甘やかされた, 甘ったれた. ― 男 (話) いい女, 色っぽい女. ― 男 (複数で)色男, 優男.

ga·chum·bo [ga.tʃúm.bo; ga.-] 男 (ラ米)(ヤシの実などの)硬い殻:容器などに利用する.

ga·chu·pín, pi·na [ga.tʃu.pín, -.pí.na; ga.-] 男 女 (ラ米)(*ᵃᴹ)(話)(軽蔑)(中南米諸国に移住したスペイン人. ➔ peninsular.

ga·ci·lla [ga.θí.ja; ga.-] ‖ -.ʃa / -.sí.-] 女 《ラ米》(*ᵃᴹ)釣(ᵗᵘ)ホック;安全ピン.

ga·de·jo [ga.ðé.o; ga.-] 男 (ラ米)(ᴬᶜ)(話)うんざりさせること, 迷惑.

gá·di·do, da [gá.ði.ðo, -.ða; ga.-] 形〖魚〗タラ科の. ― 男 タラ科の魚.

ga·di·ta·no, na [ga.ði.tá.no, -.na; ga.-] 形 (スペインの)カディス Cádiz の. ― 男 女 カディスの住民[出身者].

ga·do·li·nio [ga.ðo.lí.njo; ga.-] 男〖化〗ガドリニウム:希土類金属元素(記号 Gd).

ga·é·li·co, ca [ga.é.li.ko, -.ka; ga.-] 形 ゲール(人)の, ゲール諸語の. ― 男 ゲール人:アイルランド, スコットランドのケルト系住民. ゴイデリック語=島嶼(ᵗᵒ)ケルト語の一分派. アイルランド語, スコットランド・ゲール語など. ― 男 ゲール諸語.

*ga·fa** [gá.fa; ga.-] 女 **1** (複数で)めがね(▶ 中南米諸国では anteojos, (ᴬᶜ)lentes), ゴーグル;めがねのフレーム. llevar ~s de oro 金縁がねをかけている. ~s bifocales (遠近両用の)二重焦点めがね. ~s de sol サングラス. **2**〖海〗鉤竿(ʰⁱᵗˢ). **3**(金属製の)かすがい, 締め金. **4**(ラ米)(ᴬᵘ)(複数で)サングラス.
[← [古スペイン]「留め金, 鉤(ᵏⁱ)(のついた道具)」← [古カタルーニャ] *gafa* (関連)[英]*gaff*「魚鉤」]

ga·far [ga.fár; ga.-] 他 **1**(鉤(ᵏⁱ)で・爪(ᵗˢᵘᵐᵉ)などで)引っかける, 引き寄せる;〖海〗鉤竿(ʰⁱᵗˢ)で引き寄せる. **2**〈壊れた陶器などを〉締め具で修繕する, 留め金で留める. **3**(話)…に不運をもたらす. ~le las cartas (a+人)(人)事がまずいカードを引く.

ga·fe [gá.fe; ga.-] 形 (話)〈人が〉不運をもたらす, 縁起の悪い. ser ~ 疫病(ᵏᵘ)神である. ― 男 (話)縁起の悪い人, 疫病神.

ga·fe·dad [ga.fe.ðáð; ga.-] 女 **1** 指神経まひ;鷲手(ᵗᵉ), 歪曲(ʷᵃᵏ)足. **2** 手足の指の神経まひと湾曲化を引き起こす病気(ハンセン病).

ga·fe·te [ga.fé.te; ga.-] 男 ホック, ホック留め.

gaf·fe [gá.fe; ga.-] 女 (ラ米)(ᴬʳᵍ)(不注意による)失敗, へま.

ga·fo [gá.fo; ga.-] 男 (ラ米)(ᵛᵉⁿ)(話)失敗, へま.

ga·fo, fa [gá.fo, -.fa; ga.-] 形 **1**(手足の)指の曲がった指神経のまひした. **2**(話)(ᴬʳᵍ)(ᴾᵃʳ)ひづめの痛めた. **3**(ᴬᶜ)(手足が)かじかんだ. (3)(ᴬᶜ)(話)信用できない.

ga·fo·tas [ga.fó.tas; ga.-] 男 女 (単複同形)(話)(軽蔑)めがねをかけた人(▶ しばしば形容詞的に名詞の後で用いられる). Todos me llamaban Manolito ~. みんな僕のことをめがねのマノリートと呼んでいた.

ga·fu·do, da [ga.fú.ðo, -.ða; ga.-] 形 (話)(軽蔑)めがねをかけた.
― 男 女 (話)(軽蔑)めがねをかけた人.

ga·fu·fa [ga.fú.fa; ga.-] 女 (ラ米)(ᶜᵘᵇ)(話)(軽蔑)めがねをかけている人.

gag [gág; gág] [英] 男 〖映〗〖演〗ギャグ, 入れ台詞(ᶠᵘ), 冗談, 喜劇的な所作[演技].

ga·gá [ga.gá; ga.-] **1**(話)ぼけた, もうろくした. **2**(ラ米)(ᶜᵘ)気品のある.

ga·ga·ku [ga.gá.ku; ga.-] [日]〖音楽〗雅楽.

gag·man [gágɣ.man; gágɣ.-] [英]〖演〗喜劇俳優.

ga·go, ga [ga.go, -.ga; gá.-] (ラ米)(まれに《スペイン》)吃音(ᵏⁱ)の. ― 男 女 (ラ米)(ᵛᵉⁿ)(ᴬʳᵍ)(ᴬᶜ)吃音(ᵏⁱ)者.

ga·go·so, sa [ga.gó.so, -.sa; ga.-] 形 (ラ米)(ᵛᵉⁿ)どもる, 言葉がつかえる.

ga·gue·ar [ga.ge.ár; ga.-] 自 **1** 風邪がたった. **2**(ラ米)(ᵛᵉⁿ)(ᶜᵘᵇ)(話)どもる, 口ごもる.

ga·gue·o [ga.gé.o; ga.-] 男 (ラ米)(ᵛᵉⁿ)(ᶜᵘᵇ)(話)(まれに《スペイン》)どもること.

ga·gue·ra [ga.gé.ra; ga.-] 女 (ラ米)吃音(ᵏⁱ);言語障害.

gai·ca·no [gai.ká.no; gai.-] 男 〖魚〗コバンザメ.

gai·ta [gái.ta; gái.-] 女 **1**〖音楽〗バグパイプ, 風笛 = ~ gallega. (2) フラジョレット:縦笛の一種の古楽器. (3) ハーディガーディ. ➔ zanfonía. (4)(俗称)らっぱ. **2** 首, 首筋. estirar la ~ 首を伸ばす. No me vengas con ~s. そんな面倒なことを持ち込まないでくれ. **4**(話)不平家. **5**(ラ米)(*ᵃᴹ)策略.
― 男 女 (話)(1)(ᴬʳᵍ)(軽蔑)スペインのガリシア(出身)の人;スペイン人. (2)(ᴬᶜ)役立たず. **3**(ᴬᶜ)クリスマスソング.

estar de gaita 陽気である.
ser como una gaita 不満である;不平家である.
templar gaitas 事を丸くおさめる, なだめる.

gai·te·rí·a [gai.te.rí.a; gai.-] 女 派手な服(装), けばけばしい衣装[飾り].

gai·te·ro, ra [gai.té.ro, -.ra; gai.-] 形 **1**〈衣服などが〉けばけばしい, どぎつい色の. **2**〈人が〉おどけた, こっけいな.
― 男 女 ひょうきん者, ふざけた人. **2**〖音楽〗バグパイプ[フラジョレット, ハーディガーディ]奏者.

ga·jes [gá.xes; gá.-] 男 (複数形)(本給以外の)報酬, 報償, 臨時手当.
los gajes del oficio《話》〖皮肉〗仕事の悩み.

ga·jo [gá.xo; gá.-] 男 **1** 折れた枝. **2** ブドウの果穂, 果粒群;(オレンジなどの)果房. **3**(フォーク・刺股などの)先, 先端. **4** 山系, 支脈. **5**(タマネギなどの)鱗茎(ʳⁱⁿ). **6**〖植〗小子葉. **7**(ラ米)(1)(ᴬʳᵍ)一粒のブドウ. **2**(ᴬʳᵍ)間違い, へま. **3**(ᴿᵃᵉ)(ᴬᶜ)(ᵛᵉⁿ)髪の毛の房, 巻き毛. (4)(*ᵃᴹ)綿.

gal [gál; gál] 男〖物理〗ガル:加速度の CGS 単位.

GAL [gál; gál] 男 (略) Grupo Antiterrorista de Liberación (スペインの)反テロリスト解放組織.

*ga·la** [gá.la; gá.-] 女 **1** 晴れ着, **盛装**. de media ~ 略礼で, 略礼服で.
2(盛装で行かなければならない)パーティー, 宴会.
3(複数で)華美な服装, 装身具. ~s de novia 花嫁衣装. **4** 優雅, 上品, 洗練. **5** 花形, 華. la ~ de la sociedad 社交界の花. la ~ de la familia

家の自慢の種. **6**《複数で》(新婚夫婦への)贈り物. **7**《ラ米》(ラ')(ゲアテ)(ﾎﾝｼﾞｭ)チップ,心付け.
de gala (1) 盛装して,晴れ着姿で,礼服で. estar (en gala) *de* ～ 盛装する. función *de* ～《オペラなどの》特別興行;正装の夜会. La ciudad está *de* ～. 町はきらびやかに飾られている. (2)《軍》正装で. con traje [uniforme] *de* ～ 第一種軍装で.
gala de Francia《植》ホウセンカ(＝balsamina).
hacer gala de... …を見せびらかす,自慢する. *hacer* ～ *de* sus riquezas 財産を鼻にかける. *hacer* ～ *de* una gran habilidad 力量をひけらかす.
tener a gala＋不定詞 …するのを自慢にする. Tiene a ～ hacerlo todo por sí mismo. 彼[彼女]はひとりでそれを全部していることが自慢である.
[←〔古仏〕*gale*「祝祭;楽しみ」(*galer*「楽しむ」より派生);関連 galán, galante]

ga·la·bar·de·ra [ga.la.βar.ðé.ra; ga.-] 女 《植》ロシアノイバラ.

ga·lác·ti·co, ca [ga.lák.ti.ko, -.ka; ga.-] 形 《天文》銀河の,銀河系の;大星群の.

galacto-「乳」の意を表す造語要素. 母音の前では galact-. ⇒*galactófago, galactómetro*.
[←〔ギ〕]

ga·lac·tó·fa·go, ga [ga.lak.tó.fa.go, -.ga; ga.-] 形 《動物が》乳養の. ── 男 乳養の動物.

ga·lac·tó·me·tro [ga.lak.tó.me.tro; ga.-] 男 《医》乳比重[濃度]計.

ga·lac·to·sa [ga.lak.tó.sa; ga.-] 女 《化》ガラクトース;単糖の一種.

ga·la·far·do, da [ga.la.fár.ðo, -.ða; ga.-] 男 女《ラ米》(ｺﾛﾝ)《俗》こそ泥.

ga·la·fa·te [ga.la.fá.te; ga.-] 男 **1** 怪盗. **2** 使い走り,伝令.

gá·la·go [gá.la.go; gá.-] 男 《動》ガラゴ;アフリカに生息する小型の霊長類. ロリス科ガラゴ属.

ga·lai·co, ca [ga.lái.ko, -.ka; ga.-] 形 《スペイン》ガリシア Galicia の(＝*gallego*).

ga·lai·co·por·tu·gués, gue·sa [ga.lai.ko. por.tu.gés, -.gé.sa; ga.-] 形 男 女 →*galleoportugués*.

ga·la·li·ta [ga.la.lí.ta; ga.-] 女 《化》ガラリット:カゼインで作ったプラスチック.

ga·lán [ga.lán; ga.-] 形 galano の語尾消失形.
── 男 **1** 美男子,伊達(ﾀﾞﾃ)男. **2**《女性に》言い寄る男;色男. **3**《演》主演男優,主役,二枚目. segundo ～ わき役. ── 副《ラ米》(ﾒｼﾞｺ)《話》良く,うまく.
galán de día《ラ米》《植》シロバナチョウジ.
galán de noche《ラ米》《植》ヤコウカ.
[←〔古仏〕*galant*(*galer*「楽しむ」の現在分詞); 関連 gala]

ga·la·na [ga.lá.na; ga.-] 女《複数で》《ラ米》(ｸﾞｱﾃ)
echar galanas 空威張りする.
hacer galanas いたずらをする.

ga·la·na·men·te [ga.la.na.mén.te; ga.-] 副 華やかに,華麗に;優雅に,優美に. vestir muy ～ 美しく着飾る.

ga·lan·ce·te [ga.lan.θé.te; ga.-/-.sé.-] 男 **1**《軽蔑》色男,優男. **2**《演》色男役の男優.

ga·lan·ga [ga.láŋ.ga; ga.-] 女 **1**《植》ゲットウ;ゲットウの根茎. **2** おまる.

ga·la·ní·a [ga.la.ní.a; ga.-] 女 上品,奥ゆかしさ.

ga·la·no, na [ga.lá.no, -.na; ga.-] 形 《男性単数名詞の前で galán となる》**1** 外見が美しい,感じがいい. **2** 立派な身なりの,ぱりっとした. **3**《言葉遣い・文章が》しゃれた,あか抜けした. **4**《植物が》青々した,みずみずしい. **5**《ラ米》(ﾒｼﾞｺ)《牛が》ぶちの.
[galán より派生;以後,主に galán は名詞, galano は形容詞として用いられる]

ga·lan·te [ga.lán.te; ga.-] 形 **1**《特に女性に》優しい,愛想のよい,慇懃(ｲﾝｷﾞﾝ)な. **2**《女性が》奔放な. **3**《文学作品が》艶笑(ｴﾝｼｮｳ)ものの,風流調(ﾁｮｳ)の.
[←？〔伊〕*galante*;関連 gala, galantería.〔英〕*gallant*「勇ましい;《女性に》優しい」]

ga·lan·te·a·dor [ga.lan.te.a.ðór; ga.-] 形 口説く[誘惑する]. ── 男 女を口説く男,女たらし.

ga·lan·te·ar [ga.lan.te.ár; ga.-] 他 **1**《女性に》愛想よくする;言い寄る,口説く. **2** だる;へつらう.

ga·lan·te·o [ga.lan.té.o; ga.-] 男 **1**《特に女性に対する》愛想,お世辞;求愛,口説き. **2** ねだり;へつらい.

ga·lan·te·rí·a [ga.lan.te.rí.a; ga.-] 女 **1**《特に女性に対する》親切,気配り;慇懃(ｲﾝｷﾞﾝ)な行為[言葉]. **2** 高雅,気品,奥ゆかしさ. **3** 気前のよさ,鷹揚(ｵｳﾖｳ).

ga·lan·ti·na [ga.lan.tí.na; ga.-] 女 《料》ガランティン:骨を抜いた鶏肉などにひき肉などを詰め,蒸し煮して,ゼリーを添えた冷製料理. [←〔仏〕*galantine*]

ga·la·nu·ra [ga.la.nú.ra; ga.-] 女 **1**《文体などが》気が利いていること,洗練されていること. **2** 優美さ,気品,奥ゆかしさ. vestir con ～ 品よく装う.

ga·lá·pa·go [ga.lá.pa.go; ga.-] 男 **1**《動》(淡水に生息する)カメ. **2** 亀(ｶﾒ)の子滑車. **3** 瓦(ｶﾗ)の型. **4**《技》(鉛などの)鋳塊,延べ棒. **5**《農》犂床(ｽｷﾄｺ). **6**《馬》イギリス鞍(ｸﾗ);《ラ米》(ﾌﾟｴﾙﾄ)(ﾆｶ)(ﾊﾞｰ)(ﾍﾟﾙ)女性用の鞍. **7**《建》(地下室壁面の)上固め;(小型の)アーチ枠. **8**《海》綱止め. **9**《医》四尾包帯. **10**《獣医》《馬の》腫炎(ｼｭｴﾝ),水疱(ｽｲﾎｳ)病.
[語源不詳;1の意での文献初出例は9世紀]

Ga·lá·pa·gos [ga.lá.pa.gos; ga.-] 固名 ガラパゴス(諸島):エクアドル西方の太平洋上にある諸島. 世界遺産. 正称はコロン諸島 Archipiélago de Colón.
[スペイン人 Tomás de Berlanga が1535年ヨーロッパ人として初めてこの地を探検し,この地に生息する「巨大なカメ」について報告. これを知ったオランダ人地質学者 A. Oertel が1570年製の地図に「亀(*galápagos*)の諸島」として記載したのが始まり]

ga·lar·dón [ga.lar.ðón; ga.-] 男 褒美,賞;報酬.

ga·lar·do·na·do, da [ga.lar.ðo.ná.ðo, -.ða; ga.-] 形 賞[褒美]を与えられた,報酬を得た. ── 男 受賞者,優勝者.

ga·lar·do·nar [ga.lar.ðo.nár; ga.-] 他 …に賞[褒美]を与える;褒め,報酬を与える. ～ con una medalla メダルを贈る. Ha sido *galardonado* por su novela. 彼は小説で賞をもらった.

gá·la·ta [gá.la.ta; ga.-] 形 《聖》ガラテヤの.
── 男 女 ガラテヤの人.

ga·la·xia [ga.lák.sja; ga.-] 女 **1** 銀河,天の川; [G-] 銀河系. **2**《鉱》ソーダ沸石の一種.

gal·ba·na [gal.bá.na; ga.-] 女 《話》怠惰.

gal·ba·na·do, da [gal.ba.ná.ðo, -.ða; gal.-] 形 ガルバヌム色の,黄色がかった灰色の.

gál·ba·no [gál.ba.no; gal.-] 男 ガルバヌム:芳香性のゴム性樹脂で薬用になる.

gál·bu·la [gál.bu.la; gal.-] 女 《植》(イトスギなどの)実.

gál·bu·lo [gál.bu.lo; gal.-] 男 →*gálbula*.

gal·dón [gal.dón; gal.-] 男 《鳥》モズ(の一種).

gal·do·sia·no, na [gal.do.sjá.no, -.na; gal.-] 形

ガルドスBenito Pérez Galdósの, ガルドス風の(♦スペインの写実主義の小説家1843–1920).
— 男女 ガルドス信奉[研究]者.

gá·le·a [gá.le.a; gá.-] 女《史》(古代ローマ兵の)かぶと.

ga·le·a·za [ga.le.á.θa; ga.-/-.sa] 女 ガレアス船：16-17世紀に地中海で用いられた戦闘用大型帆船.

ga·lem·bo [ga.lém.bo; ga.-] 男《ラ米》(デフ)(ヨラグ)《鳥》ヒメコンドル.

ga·le·na [ga.lé.na; ga.-] 女《鉱》方鉛鉱.

ga·lé·ni·co, ca [ga.lé.ni.ko, -.ka; ga.-] 形 (ギリシアの名医)ガレノスの, ガレノスの学説による.

ga·le·nis·mo [ga.le.nís.mo; ga.-] 男 ガレノスの医学説.

ga·le·nis·ta [ga.le.nís.ta; ga.-] 形 ガレノス派の.
— 男女 ガレノス派の人, ガレノス学説の信奉者.

ga·le·no, na [ga.lé.no, -.na; ga.-] 形《海》(風が)緩やかな, 快い. — 男《話》医者.

ga·le·ón [ga.le.ón; ga.-] 男《海》ガレオン船：スペインの貿易船として15–19世紀に用いられた大型帆船.

ga·le·o·ta [ga.le.ó.ta; ga.-] 女《海》(昔, 地中海で用いた帆と櫂(かい)両用の)小型快速ガレー船. →下に図.

ga·le·o·te [ga.le.ó.te; ga.-] 男 (ガレー船の)漕刑(そうけい)囚, ガレー船奴隷.

ga·le·o·to [ga.le.ó.to; ga.-] 男女 ぽん引き, 女衒(ぜげん). [←〔伊〕galeotto←〔古仏〕Galehaut (アーサー王伝説でランスロットの恋を取り持った円卓の騎士)]

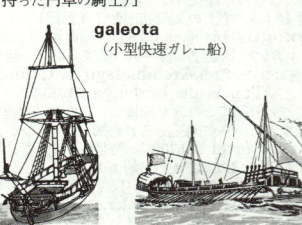

galeón（ガレオン船）

galeota（小型快速ガレー船）

galera（ガレー船）

ga·le·ra [ga.le.ra; ga.-] 女 **1**《海》ガレー船：地中海で用いられた大型船. 帆と囚人[奴隷]が漕(こ)ぐ櫂(かい)で進む. **2**《複数で》《史》漕手(そうしゅ)刑(役). condenar [echar] a ～s 漕手刑に処する. **3** 女囚監獄, 女牢(ろう). **4** 共同病室. **5**《印》組み盆. **6** 4輪の大型幌(ほろ)馬車. **7**《動》シャコ. **8**《数》割り算するときに用いる記号(∟). ♦日本のに当たる. **9** (握り仕上げの)大型仕上げかんな. **10**《鉱》反射炉. **11**《ラ米》(1)(メキ)(グァ)ひさし；小屋, 納屋；大部屋. (2)(カリ)(ウラグ)フラシ天の帽子；山高帽. (3)(ラプ)畜殺場. (4)(ユカ)(カリ)留置場, 豚箱.

ga·le·ra·da [ga.le.rá.ða; ga.-] 女《印》組みゲラ[ゲラ刷り]. **2** 4輪幌(ほろ)馬車1台分の荷.

ga·le·re·ro [ga.le.ré.ro; ga.-] 男 幌(ほろ)馬車の御者[持ち主].

*ga·le·rí·a [ga.le.rí.a; ga.-] 女 **1** 回廊, 柱廊；(通路となる)細長い部屋. En la ～ del palacio real están expuestos los retratos de los reyes. 王宮の回廊には歴代君主たちの肖像画が飾られている. ～ de popa《海》船尾歩廊.
2 画廊, 美術品陳列室, ギャラリー (=～ de arte, ～ de pinturas)；《集合的》(陳列・展示された)美術品, コレクション.
3《鉱》坑道, 地下道 (=camino subterráneo).
4《演》天井桟敷；《集合的》天井桟敷の観客；《スポ》観客, ギャラリー. **5**《集合的》一般大衆, 素人. de cara a la ～ / para la ～〈行動が〉一般向けの, 俗受けを狙った. **6** カーテンボックス. **7**《主に複数で》アーケード街, 商店街；デパート. Vamos de compras a las ～s. アーケード街に買い物に行こう. ～s de alimentación 食料品店街. → mercado《類語》.
galería de tiro 射撃場, 屋内射撃練習場.

ga·le·ris·ta [ga.le.rís.ta; ga.-] 男女 画廊経営者.

ga·le·rís·ti·co, ca [ga.le.rís.ti.ko, -.ka; ga.-] 形 画廊の, 画廊に関する.

ga·ler·na [ga.lér.na; ga.-] 女 (カンタブリア海沿岸で)西あるいは北西から吹く強風.

ga·le·rón [ga.le.rón; ga.-] 男《ラ米》(1)(メキ)(グァ)(牢屋に使う)小屋, 大部屋. (2)(ベネ)伝承歌謡. (3) 納屋, 小屋；(窓・扉の)庇(ひさし).

Ga·les [gá.les; gá.-] 固名 (英国の)ウェールズ (= el país de ～).

ga·lés, le·sa [ga.lés, -.lé.sa; ga.-] 形 (英国の)ウェールズの, ウェールズ人[語]の. — 男女 ウェールズ人.
— 男 ウェールズ語：ケルト語の一つ.

gal·fa·rro [gal.fá.ro; gal.-] 男 **1** 怠け者, のらくら者. **2**《鳥》ハイタカ.

gal·ga¹ [gál.ga; gál.-] 女 (婦人靴の)革帯, 革ひも.

gal·ga² [gál.ga; gál.-] 女《医》(襟首にできる)皮膚発疹(はっしん).

gal·ga³ [gál.ga; gál.-] 女 **1**《技》(ハブに取り付けられた棒状の)ブレーキ. **2** 棺桶(かんおけ), 棺(ひつぎ). **3**《海》補助錨(いかり), 小錨；(係柱と錨のストックを結ぶ)停泊補強の索. **4**《複数で》《鉱》(坑道側面の)添え木, 丸太.

gal·ga⁴ [gál.ga; gál.-] 女 **1** 落石；《地質》漂石, 迷子石. **2** (油砥石(あぶらといし)の)回転石. **3**《昆》大形の黄色いアリ.

gal·ga⁵ [gál.ga; gál.-] 女《技》ゲージ, 計測器.

gal·go, ga [gál.go, -.ga; gál.-] 形 **1** グレーハウンド(犬)の. **2**《ラ米》(1)(デフ)(グァ)《話》甘い物の好きな, 甘党の；食いしん坊の. (2)(ペルー)やせた, 病気の.
— 男女《動》(猟犬)グレーハウンド. carrera de ～s ドッグレース. correr como un ～ 全力で疾走する.
¡*Échale un galgo*!《話》(追いつかないこと・取り戻しのつかないことについて)だめだ；手遅れだ.

gal·gón, go·na [gal.gón, -.gó.na; gal.-] 形《ラ米》(デフ)《話》甘党の.

gal·gue·ar [gal.ge.ár; gal.-] 自《ラ米》(メキ)(グァ)(ラプ)ひどく腹がすいて, 食べ物を求めてうろつく.

gál·gu·lo [gál.gu.lo; gál.-] 男《鳥》オナガ.

Ga·lia [gá.lja; gá.-] 固名 ガリア：古代ローマ人がガリア人と呼んでいた人たち[ケルト人]の居住地域. 現在のフランス, ベルギー, オランダ, スイスに当たる. [←〔ラ〕*Gallia*]

gá·li·bo [gá.li.βo; gá.-] 男 **1** (鉄道の)軌道ゲージ；(重量・高さなどの)積載規準測定器. **2** 列車の最大積載量. **3** (船の)線図, 肋骨図(ろっこつず)[鋳型, 型板]. **4**《建》(円柱の)均整, 調和. **5** 高雅, 優美.

ga·li·ca·do, da [ga.li.ká.ðo, -.ða; ga.-] 形《文体・表現が》フランス語の影響を受けた, フランス語調の.

ga·li·ca·nis·mo [ga.li.ka.nís.mo; ga.-] 男《宗》

ガリカニズム, ガリア主義：フランスのカトリック教会を
ローマ教皇から独立させようとした運動.

ga·li·ca·no, na [ga.li.ká.no, -.na; ga.-] 形 **1** ガ
リア(人)の. **2** フランス(人)の. **3** ガリア主義の,
フランス教会独立主義の. **4** フランス語の言い回し[文]
が含まれた.

***Ga·li·cia** [ga.lí.θja; ga.- / -.sja] 固名 **ガリシア**：
スペイン北西部の地方, スペインの自治州. → autóno-
mo, gallego, galaico. [←[古スペイン]*Gallizia*←
[ラ]*Gallaecia*(古代ローマの属領)]

ga·li·cis·mo [ga.li.θís.mo; ga.- / -.sís.-] 男 ガリシ
スム. フランス語からの借用語[表現]；フランス語的な
発音[語法]. ◆外来語の代名詞的な存在で, 主として19
世紀に大量に流入した. 現在ではすっかりスペイン語に
同化したものもある. → beige, buró, coñac.

ga·li·cis·ta [ga.li.θís.ta; ga.- / -.sís.-] 形 フランス
語調の, フランス語訛(は)りの.
—— 男 女 フランス語調を好む人, フランス語訛りの人.

gá·li·co, ca¹ [gá.li.ko, -.ka; gá.-] 形 ガリアの.
—— 男 [医] 梅毒.

gá·li·co, ca² [gá.li.ko, -.ka; gá.-] 形 没食子(ぼっしょくし)
の, 五倍子の. ácido 〜 [化] 没食子酸.

ga·li·le·a [ga.li.lé.a; ga.-] 女 (教会堂の)柱廊玄関.

Ga·li·le·a [ga.li.lé.a; ga.-] 固名 ガリラヤ：古代パレ
スチナ北部の地方. ◆キリストの宗教活動の主要舞台と
なった. [←[ラ]*Galilaea*(古代ローマの属領) ←[ギ]
Galilaía←[ヘブライ]*Hagālīl*(原義は「地方」)]

ga·li·le·o, a [ga.li.lé.o, -.a; ga.-] 形 ガリラヤ(出
身)の；キリスト教徒の. —— 男 女 ガリラヤ地方の人；
キリスト教徒. el G〜 キリスト.

ga·li·llo [ga.lí.ʎo; ga.-] 男 **1**【解剖】口蓋垂
(こうがいすい), のど彦 (= úvula). **2**《話》のど, のどっ首.

ga·li·ma·tí·as [ga.li.ma.tí.as; ga.-] 男《単複同
形》《話》訳のわからない話, ちんぷんかんぷん.

ga·li·ná·ce·o, a [ga.li.ná.θe.o, -.a; ga.- / -.se.-]
形 女 → gallináceo.

ga·lio¹ [gá.ljo; gá.-] 男【化】ガリウム(記号 Ga).

ga·lio² [gá.ljo; gá.-] 男【植】ヤエムグラ.

ga·li·par·la [ga.li.pár.la; ga.-] 女 フランス語訛(は)
りのスペイン語.

ga·lla [gá.ja; gá.- || -.ʎa] 女《ラ米》《ラ》《話》《名前
を隠して》誰それ.

ga·lla·da [ga.já.ða; ga.- || -.ʎá.-] 女《ラ米》(1)
(ダテン)(ペ*)(ラ)勇敢な行為；空威張り. (2) (ラ)寄り合い,
集まり.

ga·lla·du·ra [ga.ja.ðú.ra; ga.- || -.ʎa.-] 女(卵黄
の)胚点(はいてん), 胚盤.

ga·llar [ga.jár; ga.- || -.ʎár] 他 (雄鶏が)〈雌鶏を〉
受胎[受精]させる.

ga·llar·da [ga.jár.ða; ga.- || -.ʎár.-] 女 **1**【音楽】
ガリアルダ, ガヤルド：16-17世紀に流行した2人で踊
る3拍子の軽快な舞踊曲. **2** 8ポイント活字.

ga·llar·da·men·te [ga.jár.ða.mén.te; ga.- || -.
ʎár.-] 副 りりしく, さっそうと.

ga·llar·de·ar(·se) [ga.jar.ðe.ár(.se); ga.- || -.
ʎar.-] 自 再 さっそうと振る舞う.

ga·llar·de·te [ga.jar.ðé.te; ga.- || -.ʎar.-] 男
1【海】細長い三角旗.
2 (建物の上の)吹き流し, 長旗.

ga·llar·dí·a [ga.jar.ðí.a; ga.- || -.ʎar.-] 女 りり
しさ, さっそうとした振る舞い；勇気, 高潔.

ga·llar·do, da [ga.jár.ðo, -.ða; ga.- || -.ʎár.-] 形
1 りりしい, さっそうとした；優美な. **2** 勇敢な, 高潔
な, 気高い. **3** すばらしい, 優れた.

ga·lla·re·ta [ga.ja.ré.ta; ga.- || -.ʎa.-] 女《ラ米》

【鳥】ナンベイオオバン.

ga·lla·rón [ga.ja.rón; ga.- || -.ʎa.-] 男【鳥】ノガ
ン.

ga·lle·ar [ga.je.ár; ga.- || -.ʎe.-] 他 (雄鶏が)〈雌
鶏と〉交尾する.
—— 自 **1** (鶏が)つがう. **2**《話》空威張りする, うぬぼ
れる. **3**《話》ぬきんでる. **4** (闘牛士が)身をかわす.

ga·lle·ga·da [ga.je.gá.ða; ga.- || -.ʎe.-] 女 **1** ガ
リシア人特有の言葉[訛(なま)り, 振る舞い]. **2** ガリシアの
舞踊と舞曲. **3** ガリシア人の集団. **4**《ラ米》(1)
(ダテン)《話》スペインの人々. (2) (ダテン)《軽蔑》スペイン
人特有の言葉遣い.

***ga·lle·go, ga** [ga.jé.go, -.ga; ga.- || -.ʎé.-] 形 **1**
ガリシアGaliciaの, ガリシア人[語]の. **2** 北西の
風の. **3**《ラ米》(ダテン)《話》《軽蔑》頭の悪い.
—— 男 女 **1** ガリシア人, ガリシア地方の住民[出身
者]. **2**《ラ米》(ペ*)《軽蔑》(中南米に移住してきた)ス
ペイン人.
—— 男 **1** ガリシア語. ◆スペイン北西部で話され, 19
78年憲法によりスペインの公用語の一つに認められた.
ロマンス語の一方言で, 中世ガリシア語が母体. → cas-
tellano. **2** 北西風. **3**《話》荷物運搬人, ポーター.
4《ラ米》(ダテン)《鳥》ワライカモメ.

ga·lle·go·ha·blan·te [ga.je.go.a.blán.te; ga.-
|| -.ʎe.-] 形 (難なく)ガリシア語を話す.
—— 男 女 (難なく)ガリシア語を話す人.

ga·lle·go·por·tu·gués, gue·sa [ga.je.go.
por.tu.gés, -.gé.sa; ga.- || -.ʎe.-] 形 中世ガリシア語
の. —— 男 中世ガリシア語：スペイン Galicia 地方とポ
ルトガルのドウロ川北部で話されていた言語で, ポルトガ
ルの母体となった.

Ga·lle·gos [ga.jé.gos; ga.- || -.ʎé.-] 固名 ガリェゴ
ス. Rómulo 〜 (1884-1969). ベネズエラの作家・政
治家. 作品 *Doña Bárbara*『ドニャ・バルバラ』.

ga·lle·guis·mo [ga.je.gís.mo; ga.- || -.ʎe.-] 男
1 ガリシア語的言い回し, ガリシア語からの借用語
(法). **2** ガリシア地方主義；ガリシア人気質.

ga·lle·guis·ta [ga.je.gís.ta; ga.- || -.ʎe.-] 形 ガリ
シア地方主義の. —— 男 女 ガリシア地方主義者.

ga·lle·gui·to [ga.je.gí.to; ga.- || -.ʎe.-] 男《ラ米》
(ダテン)食物の一時保管所.

ga·lle·gui·zar [ga.je.gi.θár; ga.- || -.ʎe.- / -.sár]
他 (ガリシア(語)的にする, ガリシア(語)風にする.

ga·lle·o¹ [ga.jé.o; ga.- || -.ʎe.-] 男 **1** 自慢, うぬぼ
れ. **2**【闘牛】(カパ capa を用いて行う)かわし技.

ga·lle·o² [ga.jé.o; ga.- || -.ʎe.-] 男【冶】(急冷によ
る)気泡.

ga·lle·ra [ga.jé.ra; ga.- || -.ʎé.-] 女 **1** 闘鶏場.
2 (闘鶏を飼う)小屋, 鶏舎；(闘鶏を運ぶ)かご.

ga·lle·rí·a [ga.je.rí.a; ga.- || -.ʎe.-] 女《ラ米》(1)
(ダテン)闘鶏飼育場；(ダテン)闘鶏. (2) (ダテン)わがまま.

ga·lle·ro, ra [ga.jé.ro, -.ra; ga.- || -.ʎé.-] 形 闘鶏
好きの. —— 男 女 闘鶏好き[愛好家].
—— 男 **1** 闘鶏の飼育家；闘鶏元締め. **2**《ラ米》(ペ*)列
車強盗.

***ga·lle·ta** [ga.jé.ta; ga.- || -.ʎé.-] 女 **1** ビスケッ
ト, クラッカー.
2 堅パン, 乾パン (= bizcocho).
3《話》平手打ち, びんた；衝突, ぶつかり.
4《話》無煙炭の一種. **5**《ラ米》(1) (ダテン)《話》から
かい；ふざけたこと. (2) (ダテン)黒パン. (3) (ダテン)《話》マテ茶用の碗(わん).
(3) 黒パン. (4) (ダテン)《話》混乱, 騒ぎ. (5)
《話》叱りつけ, 叱責(しっせき), 非難.
colgarle [**dar**le] **la galleta** (a+人)《ラ米》(1)
(ダテン)(ダテン)〈人を〉解雇する, 首にする. (2) (ダテン)〈女性が〉

〈男〉を寄せつけない.
galleta del tráfico《ラ米》(ﾁﾘ)《話》交通渋滞.
hacerse una galleta《ラ米》(ｱﾙｾﾞ)《話》頭が混乱する.
[←〔仏〕galette「丸く平らな(船旅用)堅パン」←galet「円平の小石」〈(古仏)gal「小石」+縮小辞)]
ga‧lle‧te‧ar [ga.je.te.ár; ga.‑ ‖ ‑.ʎe.‑]他《話》(1)殴る,打つ.(2)(ﾁﾘ)首にする;しかりつける.
ga‧lle‧te‧ro, ra [ga.je.té.ro, ‑.ra; ga.‑ ‖ ‑.ʎe.‑]
形《ラ米》(ﾁﾘ)《話》(1)お世辞の,へつらいの.(2)怒りっぽい,かんしゃく持ちの.— 男 女 ビスケット製造業者.— 男 ビスケット保存容器;ビスケット用皿.
ga‧lle‧ti‧ca [ga.je.tí.ka; ga.‑ ‖ ‑.ʎe.‑]女《ラ米》(ｷｭｰﾊﾞ)(ﾌﾟｴﾙﾄﾘｺ)クッキー.
ga‧lle‧ti‧ta [ga.je.tí.ta; ga.‑ ‖ ‑.ʎe.‑]女《ラ米》(ｱﾙｾﾞ)砂糖または塩のかかった菓子[クッキー,ケーキ].
ga‧lle‧to‧so, sa [ga.je.tó.so, ‑.sa; ga.‑ ‖ ‑.ʎe.‑]
形《ラ米》(ﾍﾞﾈｽ)混乱した.
gal‧ley [ga.léi; ga.‑ // gá.li; gá.‑]〔英〕男〔複~s〕(船舶·飛行機の)調理室,食糧貯蔵室.
ga‧lli‧for‧me [ga.ji.fór.me; ga.‑ ‖ ‑.ʎi.‑]形 鶏の形の.— 女〔複数で〕〘動〙キジ目.
ga‧lli‧llo [ga.jí.jo; ga.‑ ‖ ‑.ʎi.‑.ʎo]男 のどちんこ,口蓋垂[咽].

***ga‧lli‧na** [ga.jí.na; ga.‑ ‖ ‑.ʎi.‑]女 雌鶏(ﾒﾝﾄﾞﾘ)(►「雄鶏(ｵﾝﾄﾞﾘ)」はgallo,「若鶏」はpollo).~ **clueca** 卵を抱いている雌鶏.~ **ponedora** 卵を産む雌鶏. **caldo de** ~ チキンスープ.~ **de agua**〘鳥〙バン.~ **de río**〘鳥〙オオバン.~ **de Guinea**〘鳥〙ホロホロチョウ.~ **sorda**〘鳥〙ヤマシギ.
— 形《話》〘軽蔑〙臆病な,弱虫の. **No quiero entrar en la cueva, porque me da miedo.— ¡No seas tan** ~**!**恐いからその洞窟に入りたくないよ.—一意気地なしだなあ.
— 男 女 **1**臆病者,弱虫. **Es un** ~. 彼は腰抜けだ.
2(ﾍﾟﾙｰ)《話》《軽蔑》ペルー人.
acostarse con [*como*] *las gallinas* 早寝をする(←雌鶏とともに寝る).
cantar la gallina《話》(仕方なく·強要されて)自分の誤りを認める,白状する.
cuando meen las gallinas《俗》〘否定で〙決して(…ない),絶対に(…ない)(←雌鶏がおしっこをするようなことがあれば).
En casa de Gonzalo más puede la gallina que el gallo. あの家はかかあ天下だ,彼は奥さんの尻に敷かれている(←ゴンサロの家では雌鶏のほうが雄鶏よりも力がある).
estar como gallina en corral anejo 借りてきた猫のようにおとなしい〔神妙にしている〕(←よその囲い場に入れられた雌鶏のようだ).
gallina ciega〘遊〙目隠し鬼ごっこ.
La gallina de arriba ensucia a la de abajo.《ラ米》上の雌鶏が下の雌鶏を汚す(弱者はいつも損をする).
matar la gallina de los huevos de oro《話》元も子もなくす(←金の卵を産む雌鶏を殺す).
paso de gallina 無駄骨,骨折り損.
ponérsele (*a*+人) *la carne de gallina*(寒さ·恐怖で)(人の)鳥肌が立つ.
[←〔ラ〕gallinam(gallinaの対格;gallus「ニワトリ」の派生語);〖関連〗〔ポルトガル〕galinha.〔伊〕gallina]

Ga‧lli‧na Blan‧ca [ga.jí.na βláŋ.ka; ga.‑ ‖ ‑.ʎi.‑]固名 ガジーナ・ブランカ:スペインの食品関連企業.

ga‧lli‧ná‧ce‧o, a [ga.ji.ná.θe.o, ‑.a; ga.‑ ‖ ‑.ʎi.‑ / ‑.se.‑]形〘鳥〙家禽(ｶｷﾝ)の;キジ目の.— 女 キジ目の鳥;〘複数で〙キジ目=キジ目;キジ目.
ga‧lli‧na‧ce‧ra [ga.ji.na.θé.ra; ga.‑ ‖ ‑.ʎi.‑ / ‑.se.‑]女《ラ米》(ﾒﾋｺ)ヒメコンドルの群れ;黒人の集団.
ga‧lli‧na‧za [ga.ji.ná.θa; ga.‑ ‖ ‑.ʎi.‑ / ‑.sa]女 **1**鶏糞. **2**〘鳥〙ヒメコンドル;アメリカオオバン.
ga‧lli‧na‧zo [ga.ji.ná.θo; ga.‑ ‖ ‑.ʎi.‑ / ‑.so]男 **1**〘鳥〙ヒメコンドル;アメリカオオバン. **2**《ラ米》(ｺﾛﾝ)民族舞踊[民謡]の一種.
ga‧lli‧ne‧jas [ga.ji.né.xas; ga.‑ ‖ ‑.ʎi.‑]女〘複数形〙(マドリードの鶏·羊の)モツ料理.
ga‧lli‧ne‧rí‧a [ga.ji.ne.rí.a; ga.‑ ‖ ‑.ʎi.‑]女 **1**《集合的》鶏;鶏販売店. **2**臆病(ｵｸﾋﾞｮｳ),気弱さ.
ga‧lli‧ne‧ro, ra [ga.ji.né.ro, ‑.ra; ga.‑ ‖ ‑.ʎi.‑]
形 鶏の,鶏を扱う.
— 男 女 養鶏家;鶏商人.
— 男 **1**鶏小屋,鶏舎;《集合的》鶏小屋[鶏舎]の鶏;(鶏を運ぶ)かご,鶏かご. **2**〘演〙天井桟敷(=paraíso). **3**騒々しい場所.
alborotar el gallinero 騒動を起こす.
dejar a+人 *como palo de gallinero*《話》(人の)顔に泥を塗る.
ga‧lli‧ne‧ta [ga.ji.né.ta; ga.‑ ‖ ‑.ʎi.‑]女(1)〘鳥〙オオバン.(2)ヤマシギ.(3)《ラ米》(ｳﾙｸﾞｱｲ)(ｺﾛﾝ)(ﾁﾘ)(ﾒﾋｺ)ホロホロチョウ.
ga‧lli‧pa‧to [ga.ji.pá.to; ga.‑ ‖ ‑.ʎi.‑]男 **1**〘生物〙池や泉のほとりに生息するサンショウウオなどの両生類. **2**〘神〙半身が鶏で半身がアヒルの青い怪物.
ga‧lli‧pa‧va [ga.ji.pá.βa; ga.‑ ‖ ‑.ʎi.‑]女(スペインのAndalucíaやMurciaに多い)大型種の鶏.
ga‧lli‧pa‧vo [ga.ji.pá.βo; ga.‑ ‖ ‑.ʎi.‑]男 **1**〘鳥〙シチメンチョウ(=pavo). **2**《話》調子っ外れ,すっとん狂な声を出す人.
ga‧llís‧ti‧co, ca [ga.jís.ti.ko, ‑.ka; ga.‑ ‖ ‑.ʎís.‑]
形 闘鶏の.
ga‧lli‧to [ga.jí.to; ga.‑ ‖ ‑.ʎi.‑]男 **1**若い雄鶏(ｵﾝﾄﾞﾘ). **2**指導者,統率者.~ **del pueblo** ボス,首領. **3**《ラ米》(1)(ｷｭｰﾊﾞ)〘鳥〙スナイロオタテドリ.(2)(ﾍﾞﾈｽ)〘鳥〙カンムリオタテドリ.(3)(ｺﾛﾝ)〘遊〙投げ矢,ダーツ.(4)(ﾒﾋｺ)〘昆〙トンボ.
gallito del rey〘魚〙ベラ科の魚.(の総称).
ponerse gallito 挑戦的な態度をとる.
[gallo+縮小辞]

***ga‧llo** [gá.jo; ga.‑ ‖ ‑.ʎo]男 **1**雄鶏(ｵﾝﾄﾞﾘ),鶏(►「雌鶏(ﾒﾝﾄﾞﾘ)」はgallina).~ **silvestre** [**de monte**]キバシオライチョウ.~ **de riña** [**pelea**]シャモ.~ **de roca** イワドリ. **riñas** [**peleas**] **de** ~**s** 闘鶏.
2《話》(調子外れの)歌声,声. **Soltó un** ~ **en el momento de mayor expectación.** いちばんの聞かせどころで彼[彼女]は音を外してしまった.
3統率者,ボス. **ser engreído como** ~ **de cortijo**《話》尊大である,威張りくさっている.
4うぬぼれ屋,気取り屋.
5《俗》(吐き出された)つば,痰(ﾀﾝ).
6〘魚〙ミナミカガミダイ;ゾウギンザメ. **7**〘建〙棟木. **8**《複数で》(地方の祭りで)鶏を追い回す遊び. **9**《ラ米》(1)(ｺﾛﾝ)(ﾆｶﾗ)(消防の)ホース運搬車.(2)(ｸﾞｧﾃ)(*)(ﾒﾋｺ)(ﾌﾟｴﾙﾄﾘｺ)セレナーデ,恋歌.(3)(ｺﾛﾝ)《話》古着;《冗談で》晴れ着.(4)(ﾒﾋｺ)少量の食べ物.(5)(ﾁﾘ)《話》仲間,相棒.(6)(ｺﾛﾝ)〘遊〙投げ矢,ダーツ.(7)(ｸﾞｧﾃ)《話》美男.(8)《話》勇敢な男.(9)(*)(﹡)《俗》精力的な男.
— 形 威張った,(態度が)挑戦的な,尊大な.

alzar [**levantar**] *el gallo* (1) 傲慢(ぶ)な話し方[態度]をする. (2)《ラ米》(㍍)席を蹴(け)る, 退出する.
bajar el gallo 傲慢な話し方[態度]をやめる.
care gallo《ラ米》(㍍)太陽.
en menos que canta un gallo《話》瞬く間に, あっという間に.
haber comido gallo《ラ米》(㍍)けんか腰である.
Hay gallo tapado.《ラ米》何か裏がある.
matarle (a+人) el gallo en la mano《ラ米》〈人〉を論破する, 一矢に報いる.
misa de gallo〖カト〗(クリスマス前夜から行われる)深夜ミサ.
no irle (a+人) nada en el gallo《ラ米》(㍍)〈人〉が全く関心[興味]がない.
ojo de gallo (足の裏・指などにできる)たこ, うおのめ.
otro gallo (le) cantara [*cantaría*]〈〈人〉にとって〉もっと違ったことになっていただろう.
peso gallo〖スポ〗(ボクシング)バンタム級. → peso.
sacar gallo《ラ米》(㍍)新しい服などを見せびらかす.
tener mucho gallo《話》生意気である, 威張りちっている.
[←[ラ] *gallum* (*gallus* の対格); 関連] gallina. [ポルトガル] *galo*. [伊] *gallo*]

ga·llo, lla [gá.jo, -.ja; gá.- ǁ -.ʎo, -.ʎa]〖男〗〖女〗《ラ米》(㍍)やつ, 仲間.

ga·llo·cres·ta [ga.jo.krés.ta; ga.- ǁ -.ʎo-.]〖女〗〖植〗(1) リナンサス: ゴマノハグサ科の草本. (2) サルビアの一種.

ga·llo·fa [ga.jó.fa; ga.- ǁ -.ʎó-.]〖女〗 1 (フランスからスペインの Santiago de Compostela に向かう巡礼者への)布施の食べ物. 2 (サラダや肉との煮込みに使われる)青野菜. 3 うわさ話, 無駄話. 4 教会暦.

ga·llo·fe·ar [ga.jo.fe.ár; ga.- ǁ -.ʎo-.]〖自〗施しで暮らす.

ga·llo·fe·ro, ra [ga.jo.fé.ro, -.ra; ga.- ǁ -.ʎo-.]〖形〗物ごいの; 放浪の. —〖男〗〖女〗物ごい.

ga·llo·fo, fa [ga.jó.fo, -.fa; ga.- ǁ -.ʎó-.]〖男〗〖女〗→ gallofero.

ga·llón[1] [ga.jón; ga.- ǁ -.ʎón]〖男〗(移植用の)切り芝.

ga·llón[2] [ga.jón; ga.- ǁ -.ʎón]〖男〗〖建〗まんじゅう[卵状]刳形(くりかた).

ga·llón, llo·na [ga.jón, -.jó.na; ga.- ǁ -.ʎón, -.ʎó-.]〖形〗《ラ米》(1)(㍍)→ gallote. (2) (*㍾) 勇敢な; ものすごい.
—〖男〗《ラ米》(1) (㍍)《話》有力者, 実力者. (2) (*㍾)男性的な男, 精力的な男.

ga·llo·te, ta [ga.jó.te, -.ta; ga.- ǁ -.ʎó-.]〖形〗《ラ米》(*㍾)(㍍)(まれに《スペイン》)《話》自信満々の, 物おじしない.
—〖男〗《ラ米》(㍊)《話》市警察官.

gal·lup [gá.lup; gá.- ǁ -.lap] [英]〖男〗ギャラップ(世論)調査.

ga·lo, la [gá.lo, -.la; gá.-]〖形〗〖史〗ガリア[ゴール]の, ガリア[ゴール]人の. —〖男〗〖女〗ガリア人, ゴール人.
—〖男〗ガリア語, ゴール語: 死滅した大陸ケルト語の一つ.

ga·lo·cha [ga.ló.tʃa; ga.-]〖女〗(雪道・泥道用の)木靴, 鉄靴.

ga·lo·cho, cha [ga.ló.tʃo, -.tʃa; ga.-]〖形〗 1 悪党の, 無頼の. 2《話》だらしない, 無精な.

ga·ló·fi·lo, la [ga.ló.fi.lo, -.la; ga.-]〖形〗フランスを崇拝する. —〖男〗〖女〗フランス崇拝者.

ga·ló·fo·bia [ga.ló.fó.bja; ga.-]〖女〗フランス(的なもの)を嫌うこと, フランス嫌い.

ga·ló·fo·bo, ba [ga.ló.fo.bo, -.ba; ga.-]〖形〗フランスを嫌う. —〖男〗〖女〗フランス軽侮者.

ga·lón[1] [ga.lón; ga.-]〖男〗 1 (装身具用の絹・金銀糸の)打ちひも, 飾りひも. 2〖軍〗階級章, 袖章(そでしょう), 肩章; 金モール. 3〖海〗(1) 手すり. (2) 組みひも.

ga·lón[2] [ga.lón; ga.-]〖男〗ガロン: 英米で用いられる液量単位. 英では約4.5リットル, 米では約3.8リットル.

ga·lo·ne·a·du·ra [ga.lo.ne.a.ðú.ra; ga.-]〖女〗モール飾り[刺繍(ししゅう)].

ga·lo·ne·ar [ga.lo.ne.ár; ga.-]〖他〗飾りひもをつける, 金モールでかざる.

ga·lo·nis·ta [ga.lo.nís.ta; ga.-]〖男〗《話》(士官学校の)優等生, 金モール[バッジ]組.

ga·lop [ga.lóp; ga.-]〖男〗〖複 ~s〗ギャロップ: 輪になって踊る軽快な2拍子の踊り[舞曲].

ga·lo·pa·da [ga.lo.pá.ða; ga.-]〖女〗(馬が)ギャロップで走ること, 疾走, 疾駆.

ga·lo·pan·te [ga.lo.pán.te; ga.-]〖形〗 1〈馬などが〉ギャロップで走る, 疾走する. 2 速く動く, 急速に進む, 急進性の. 3〖医〗(病気が)奔馬性の, きわめて急性の. tisis ~ 奔馬性結核.

ga·lo·par [ga.lo.pár; ga.-]〖自〗(馬が)ギャロップで走る, 早駆けする.

ga·lo·pe [ga.ló.pe; ga.-]〖男〗〖馬〗ギャロップ: 最も速い足取り.

[関連]馬の歩態 aire : 以下の順で速くなる. paso 常歩(なみあし), pasitrote 短いトロット. trote トロット, 速歩(はやあし). entrepaso 軽駆け. ambladura / andadura / portante 側対速歩. *galope* sostenido / medio *galope* キャンター. *galope* ギャロップ. *galope* tendido フル・ギャロップ, 疾駆.

a [*de*] *galope* /《ラ米》*al galope* ギャロップで; 大至急. ir *a* [*de*] ~ ギャロップで走る.
a galope tendido フル・ギャロップで; 疾走して.
galope sostenido / medio galope〖馬〗キャンター, ギャロップ.

ga·lo·pe·a·do, da [ga.lo.pe.á.ðo, -.ða; ga.-]〖形〗早駆けの, 大急ぎの; やっつけ仕事の, にわか造りの.
—〖男〗《話》殴りつけ, 殴打.

ga·lo·pe·ar [ga.lo.pe.ár; ga.-]〖自〗→ galopar.

ga·lo·pi·llo [ga.lo.pí.jo; ga.- ǁ -.ʎo]〖男〗(炊事場の)下働き.

ga·lo·pín [ga.lo.pín; ga.-]〖男〗 1 浮浪児; 悪たれ小僧, わんぱく小僧. 2 ごろつき, 悪党, チンピラ. 3〖海〗ケビンボーイ; 見習い水夫; (船の)炊事場の下働き.

ga·lo·pi·na·da [ga.lo.pi.ná.ða; ga.-]〖女〗悪さ; 悪事.

ga·lo·po [ga.ló.po; ga.-]〖男〗悪党, ごろつき, ならず者.

ga·lo·rro·ma·no, na [ga.lo.r̄o.má.no, -.na; ga.-]〖形〗〖言〗(10世紀ごろまでガリア地方で話されていた)ガロ・ロマンス語の.

gal·pón [gal.pón; gal.-]〖男〗《ラ米》(1)(㍊)小屋, 掛け小屋. (2) (㌱)瓦(かわら)焼き場, れんが工場.

ga·lu·cha [ga.lú.tʃa; ga.-]〖女〗《ラ米》(㌃)(㌣)(*㍾)(㌳)(㍍)(馬の)ギャロップ.

ga·lu·char [ga.lu.tʃár; ga.-]〖自〗《ラ米》(㌃)(㌣)(*㍾)(㌳)(㍍)〈馬が〉ギャロップで走る (= galopar).

gal·vá·ni·co, ca [gal.bá.ni.ko, -.ka; gal.-]〖形〗〖物理〗ガルバーニ電気の, 直流電気の.

gal·va·nis·mo [gal.ba.nís.mo; gal.-]〖男〗〖物理〗(化学反応により生じる)ガルバーニ電気, 直流電気(学); 〖医〗直流(通電)療法.

gal·va·ni·za·ción [gal.ba.ni.θa.θjón; gal.- / -sa.sjón] 囡 **1**【化】亜鉛めっき；電気めっき. **2**【物理】直流電気をかけること；【医】直流通電(法). **3** 活性化. la ~ de la empresa 企業の活性化.

gal·va·ni·za·do [gal.ba.ni.θá.ðo; gal.- / -sá.-] 男 → galvanización.

gal·va·ni·zar [gal.ba.ni.θár; gal.- / -sár] 97 他 **1**【化】亜鉛めっきする；電気めっきする. **2**【物理】直流電気をかける[通す]，電流をかけて刺激する；【医】直流通電療法を施す. **3** 元気づける，活気づかせる.

gal·va·no [gal.bá.no; gal.-] 男 **1**【印】電気版. **2** 電気めっきしたもの.

gal·va·no·cau·te·rio [gal.ba.no.kau.té.rjo; gal.-] 男【医】電気焼灼(しょうしゃく)(法).

gal·va·nó·me·tro [gal.ba.nó.me.tro; gal.-] 男【電】ガルバノメーター，検流計.

gal·va·no·plas·tia [gal.ba.no.plás.tja; gal.-] 囡【技】電気めっき法；電気製版法.

gal·va·no·plás·ti·co, ca [gal.ba.no.plás.ti.ko, -.ka; gal.-] 形 電気製版の；電気型取りの. — 囡 → galvanoplastia.

gal·va·no·te·ra·pia [gal.ba.no.te.rá.pja; gal.-] 囡【医】直流電気加熱法.

gal·va·no·ti·par [gal.ba.no.ti.pár; gal.-] 他【印】電気製版する.

gal·va·no·ti·pia [gal.ba.no.tí.pja; gal.-] 囡【印】電気製版.

ga·ma¹ [gá.ma; gá.-] 囡【動】→ gamo.

ga·ma² [gá.ma; gá.-] 囡 **1**【音楽】音階. hacer ~s en el piano ピアノで音階を弾く. **2** 段階, 度合い；色階, グラデーション；(いろいろな種類を含んだ)ひとそろい, 全体.

Ga·ma [gá.ma; gá.-] 固名 Vasco de ~ バスコ・ダ・ガマ (1469-1524)：ポルトガルの航海者. 喜望峰を迂回(うかい)してカリカットに到着 (1498), インド航路を開拓する.

ga·ma·da [ga.má.ða; ga.-] 形【女性形のみ】まんじ形の, 鉤(かぎ)十字の. cruz ~ まんじ (卍), 逆まんじ (卐) ；鉤十字章. — 囡 まんじ, 鉤十字章.

ga·ma·rra [ga.má.ř̄a; ga.-] 囡【馬】胸繋(むながい).

ga·mar·za [ga.már.θa; ga.- / -.sa] 囡【植】ペガヌム：ハマビシ科. 薬草, 油用, 染色用となる.

*****gam·ba**¹ [gám.ba; gá.-] 囡 **1**【動】小型のエビ：langostino より小さいエビ. **2**《俗》100ペセタ. **3**《ラ米》**(1)**《ウルグ》《話》100ペソの紙幣. **(2)**《タイプ》《話》助け, 援助. **(3)**《ウルグ》《話》足, 脚部(きゃくぶ). **(4)**《ウルグ》《話》大きな足. **(4)**《ウルグ》《動》大エビ.
hacer la gamba《ラ米》《タイプ》《話》付き添う.
meter la gamba《話》へまをする.

gamba（小型のエビ）

gam·ba·do, da [gam.bá.ðo, -.ða; gam.-] 形《ラ米》《グワ》《話》X脚の, 足が曲がった.

gam·ba·lú·a [gam.ba.lú.a; gam.-] 男《話》背高のっぽの男；だらしない男.

gam·be·ar [gam.be.ár; gam.-] 自《話》散歩する.

gam·be·rra·da [gam.be.ř̄á.ða; gam.-] 囡 乱暴, 狼藉(ろうぜき), 蛮行.

gam·be·rre·ar [gam.be.ř̄e.ár; gam.-] 自 乱暴狼藉(ろうぜき)を働く, 野蛮な行動を取る.

gam·be·rris·mo [gam.be.ř̄ís.mo; gam.-] 男 **1** 暴力行為, 乱暴. ola de ~ 暴力の横行. **2** 放埒(ほうらつ).

gam·be·rro, rra [gam.bé.ř̄o, -.ř̄a; gam.-] 形 **1** 乱暴な, 粗野な. **2** 放埒(ほうらつ)な, 身持ちの悪い. — 男 **1** 乱暴者, 粗野な人. **2** 放蕩(ほうとう)者, 道楽者.
hacer el gamberro 傍若無人に振る舞う.

gam·be·ta [gam.bé.ta; gam.-] 囡 **1**（バレエで）アントルシャ：跳び上がって脚を交差させる動作. **2**【馬】クルベット, 騰躍：乗馬で前足が地につかぬうちに後足から跳躍する技. **3**【スポ】ドリブル. **4**《ラ米》《南米》**(1)** 身をかわすこと, 避けること；方向転換. **(2)** 言い逃れ, 口実.
— 形《ラ米》《ボリ》《話》X脚の, 足が曲がった.

gam·be·te·ar [gam.be.te.ár; gam.-] 自 **1**（バレエで）アントルシャを行う. **2**【馬】クルベットを行う. **3**【スポ】ドリブルする. **4**《ラ米》**(1)** 身をかわす. **(2)**《ボリ》《すそが》ひらひらする.
— 他《ラ米》《ボリ》盗む, くすねる.

gam·be·te·o [gam.be.té.o; gam.-] 男【スポ】ドリブル.

Gam·bia [gám.bja; gám.-] 固名 ガンビア：アフリカ西部の共和国；首都 Banjul. [川の名が起源]

gam·bia·no, na [gam.bjá.no, -.na; gam.-] 形 ガンビアの, ガンビア人の. — 男囡 ガンビア人.

gam·bi·to [gam.bí.to; gam.-] 男（チェスでポーンなどを捨てごまとする）序盤の手.

gam·bu·si·no [gam.bu.sí.no; gam.-] 男 **1**《ラ米》**(1)** 金鉱脈を探す人. **(2)** 冒険を求める人. **2**【魚】ボウフラを餌とする中南米産の淡水魚.

gam·bux [gam.búks; gam.-] 男 → cambuj.

game [géim; géim]《英》男（テニス）1 ゲーム.

ga·me·lla [ga.mé.ja; ga.- ‖ -.ʎa] 囡 **1**（弓状の）くびきの片方. **2** 飼い葉桶(おけ), まぐさ桶；水桶.

ga·me·llón [ga.me.jón; ga.- ‖ -.ʎón] 男 大きな飼い葉桶(おけ)；ブドウを踏みつぶす桶. [gamella + 増大辞]

ga·me·to [ga.mé.to; ga.-] 男【生物】配偶子.

ga·me·to·gé·ne·sis [ga.me.to.xé.ne.sis; ga.-] 囡（単複同形）【生物】配偶子形成.

ga·mez·no [ga.méθ.no; ga.- / -.més.-] 男【動】子ジカ.

ga·mín [ga.mín; ga.-] 男《ラ米》《コロン》《話》不良, ごろつき.

ga·mi·tar [ga.mi.tár; ga.-] 自〈ダマジカ gamo が〉鳴く, ダマジカ特有の鳴き声をあげる.

ga·mi·ti·do [ga.mi.tí.ðo; ga.-] 男 ダマジカ gamo の鳴き声.

gam·ma [gám.ma; gám.-] 男 **1** ガンマ (Γ, γ)：ギリシア語アルファベットの第3字. rayos ~【物理】ガンマ線. **2**【物理】ガンマ：100万分の1グラム.

gam·ma·glo·bu·li·na [gam.ma.gro.bu.lí.na; gam.-]【医】ガンマグロブリン.

gam·ma·gra·fí·a [gam.ma.gra.fí.a; gam.-] 囡 ガンマグラフィー：ガンマ線の通過した影を映した写真, またその写真術.

ga·mo, ma [gá.mo, -.ma; gá.-] 男囡【動】ファロージカ, ダマジカ. correr como un ~ 脱兎(だっと)のごとく走る.

ga·món [ga.món; ga.-] 男【植】（ユリ科）ツルボランの一種.

ga·mo·nal [ga.mo.nál; ga.-] 男 **1** ツルボランの生

えた野原. **2** 《ラ米》《話》(1) 《(ﾌﾟ)米》気前のいい男, 浪費家. (2) 《ﾒｷ》《軽蔑》地主. (3) 《ﾒｷ》《ｸﾞｱﾃ》《(ﾌﾟ)米》《ｴﾙｻﾙﾊﾞ》地方の有力者[ボス].

ga·mo·na·lis·mo [ga.mo.na.lís.mo; ga.-] 男 《ラ米》《(ｺﾞ)米》地方の有力者[ボス]による支配[政治].

ga·mo·ni·to [ga.mo.ní.to; ga.-] 男 《植》(1)(地中から生じる)ひこばえ. (2) → gamón.

ga·mo·pé·ta·lo, la [ga.mo.pé.ta.lo, -.la; ga.-] 形 《植》合弁の, 合生花弁の.

ga·mo·sé·pa·lo, la [ga.mo.sé.pa.lo, -.la; ga.-] 形 《植》合片萼(ﾞｸ)の, 壺(ﾂﾎﾞ)状萼の.

ga·mu·lán [ga.mu.lán; ga.-] 男 (または女) 《ラ米》《ﾒｷ》(毛皮つきの)革のアウター[コート].

ga·mu·si·no [ga.mu.sí.no; ga.-] 男 ガムシノ: 新米の猟師をからかうときに使う空想上の動物.

ga·mu·za [ga.mú.θa; ga.-/-.sa] 女 **1** 《動》シャモア, アルプスカモシカ, スイスレイヨウ. **2** セーム革, シャミ革; (セーム革に似た)毛織物; (めがねふきに使う)布.

ga·mu·za·do, da [ga.mu.θá.ðo, -.ða; ga.-/-.sá.-] 形 セーム[シャミ]革色の, 淡黄色の.

ga·na¹ [gá.na; gá.-] 女 **1 《主に複数で》《de+不定詞 / de que+接続法 …する》欲求, 気持ち. No tengo ~s de estudiar. 私は勉強したくない. Tengo muchas ~s de que mis padres vengan a ver mi casa. 私は両親に我が家をぜひ見に来てほしい. Me muero de ~s de ir a Italia a ver los partidos de fútbol. 私はイタリアにサッカーの試合を見に行きたくてたまらない.
2 《主に複数で》意欲, 気力. con ~s 喜んで, 気持ちを入れて. sin ~s 心ここにあらずで.
3 《話》食欲. Al verlo, he perdido la ~. それを見たら, 私は食欲を失った.
con ganas《話》《強調》すごく, ひどく. un trabajo malo *con* ~ ひどく出来の悪い仕事.
darle la (real) gana (*a*+人) +不定詞 《話》〈人〉に…する気が起こる, 〈人〉が…したくなる. Te ayudé porque *me dio la* ~. そうしたかったから君を手伝ったんだ.
de buena [mala] gana《話》喜んで[しぶしぶ].
hasta las ganas《ラ米》《ﾒｷ》《話》とことん気のすむまで.
*tener*le *ganas* (*a*+人) 《話》〈人〉を憎む, 〈人〉に敵意を抱く.
*venir*le *en gana*(*s*) (*a*+人) 〈人〉に欲しい気が起こる, 〈人〉が…したくなる. Cada uno hace lo que *le viene en* ~. 各々が人々したいと思うことをしている.

ga·na² [gá.na; gá.-] 活 → ganar.

*ga·na·de·rí·a [ga.na.ðe.rí.a; ga.-] 女 **1** 牧畜, 牧畜業, 畜産. **2** 牧場, 放牧地. **3** 《集合的》種族, 血統. ~ de toros de lidia 闘牛種. **4** 《集合的》(特定の地域・個人に属する)家畜; 家畜の群れ.

*ga·na·de·ro, ra [ga.na.ðé.ro, -.ra; ga.-] 形 牧畜の, 牧畜業の. región *ganadera* 牧畜の盛んな地方. **2** 家畜の. — 男 女 **牧場主**, 牧畜業者.

ga·na·do [ga.ná.ðo; ga.-] 男 **1 《集合的》**家畜**. criar ~ 家畜を飼育する. cabeza de ~ 家畜の頭数. ~ en pie (畜殺されていない)生きた家畜. ~ bravo 闘牛の牛. ~ asnal ロバ. ~ bovino [vacuno] 牛. ~ caballar 馬. ~ cabrío ヤギ. ~ porcino [de cerda] 豚. ~ lanar [ovino] 羊. ~ mayor 《ﾒｷ》大型家畜. ~ menor(羊・ヤギ・豚など)小型家畜.
2 (巣箱の)ミツバチの群れ. **3** 《話》《軽蔑》群集, (人の)集団. ¡Vaya ~ se ha juntado en esta clase! なんて人たちの集まりだ, このクラスは. **4** 《ラ

米》牛, 牧牛.

*ga·na·dor, do·ra [ga.na.ðór, -.ðó.ra; ga.-] 形 **勝利の, 勝者である**. el equipo ~ 勝利チーム. el caballo ~ (競馬で)勝ち馬. — 男 女 **勝利者**, 成功者. jugar a ~ (競馬で)単勝に賭ける.

*ga·nan·cia [ga.nán.θja; ga.-/-.sja] 女 **1** 《単数または複数で》**利益, 収入**; 賞金. obtener [sacar] ~ 利潤を得る. Compré un coche con las ~s del año pasado. 私は昨年の稼ぎで車を1台買った. ~s y pérdidas《商》損益勘定.
2 《ラ米》《ｸﾞｱﾃ》《ﾎﾝ》《ﾆｶ》おまけ; チップ, 心付け.
No le arriendo la ganancia.《話》《危険を注意して》危ないめに遭うぜ, どうなっても知らないぞ.

ga·nan·cial [ga.nan.θjál; ga.-/-.sjál] 形 利益の, 利潤の. bienes ~es 夫婦の共有財産.

ga·nan·cio·so, sa [ga.nan.θjó.so, -.sa; ga.-/-.sjó.-] 形 もうけの多い, 有利な. — 男 女 (取引などで)もうけた人, 得をした人.
salir gananciosos もうかる; 〈賭(ｶｹ)〉の勝者となる.

ga·na·pán [ga.na.pán; ga.-] 男 **1** 雑役夫, 日雇い; 伝令, 荷運び. **2** 粗野な男性, 無教養な男性.

ga·na·pier·de [ga.na.pjér.ðe; ga.-] 男 《遊》チェッカー遊びの一つ: こまをすべて失った人が勝ちになる.

ga·nar [ga.nár; ga.-] 他 **1 〈利を〉**得る**, 〈お金を〉**稼ぐ**. ¿Cuánto *ganas* al mes? 君は月にいくら稼ぐの.
2 (努力によって)獲得する, 得る. No *ganas* nada llorando. 泣いたって何も得るものにならない.
3 〈試合などに〉**勝つ**, 〈人〉を負かす. *Ganó* las elecciones. 彼[彼女]は選挙に勝った.
4 (目的に)到達する, たどりつく. ~ terreno 陣地を取る. ~ la orilla a nado 泳いで岸にたどり着く.
5 (時間・スペースなどを)稼ぐ. En tren rápido *ganáis* una hora. 君たちは急行で行けば1時間浮くよ.
6 《*en*… …の点で》〈人〉をしのぐ, …に優る. Me *gana en* inteligencia. 彼[彼女]は私より頭がいい. **7** 〈他人の反感などを〉買う; 〈人気を〉博する. ~ fama 名声を得る. ※ 再帰代名詞を伴って用いる場合がある. → 再 **2**.
— 自 **1** 勝つ. Nuestro equipo *ganó* por uno a cero. 1対0で我々のチームが勝った. **2** 稼ぐ. ~ bien [mal] 稼ぎが良い[悪い]. **3** 得をする. He *ganado* mucho con el cambio de trabajo. 私は転職して得をした. **4** 《ラ米》《ｸﾞｱﾃ》《ﾎﾝ》《*(ﾌﾟ)*米》《ｴﾙｻﾙﾊﾞ》《*pa-ra*…》〈…へ〉向かう, 方向を取る.
— ~*se* 再 **1** 稼ぐ; 〈賞などを〉勝ち取る, 掌中に収める. ~*se* la vida 生計を立てる. *Se ha ganado* un sitio en la carrera de periodismo. 彼[彼女]はジャーナリズムの世界でどうにかやっていけるようになった.
2 〈他人の反感などを〉買う; 〈人気などを〉博する. ~*se* la confianza de… …の信頼を得る.
3 《ラ米》《ﾒｷ》《*en*… …に》避難する, 身を潜める, 隠れる.
no ganar para sustos 災難続きである.

gan·che·ro, ra [gaɲ.tʃé.ro, -.ra; gaɲ.-] 男 女 《ラ米》《ﾒｷ》《話》援助者, 助っ人(ﾆﾝ). — 男 **1** 《スペイン》いかだ乗り, いかだ師. **2** 《ラ米》(1) 《ﾒｷ》臨時雇い. (2) 《ﾁﾘ》(女性専用の)乗馬ウマ.
— 女 《ラ米》《ﾒｷ》仲を取り持つのが好きな女; 仲人好き.

gan·che·te [gaɲ.tʃé.te; gaɲ.-] 男 gancho+縮小辞.
al ganchete《ラ米》《ｺﾛﾝﾋﾞ》横目で, じろりと.
a medio ganchete 仕事半ばで, 中途半端に.

ganchillo

de ganchete《ラ米》腕を組んで.
de medio ganchete(1) ぞんざいに,いい加減に. (2)(いすに)浅く腰かけて.

gan·chi·llo [ɡan.tʃí.jo; ɡaɲ.- ‖ -.ʎo] 男 **1**(手芸の)鉤針(ぎ);鉤針編み. **2** ヘアピン.

gan·chi·to [ɡan.tʃí.to; ɡaɲ.-] 男《ラ米》(物)(1) ホッチキスの針.(2)《建》かすがい(= grapa).(3)《ラ米》(物)(物)ヘアピン.

*gan·cho** [ɡán.tʃo; ɡaɲ.-] 男 **1** 鉤(ぎ),鉤の手;(物をつるすための)掛け鉤;(肉屋の)手鉤.
2(手芸の)鉤針;鉤針編み.
3(羊飼いの)柄の曲がった杖(ぇ);(司祭などの)錫杖(いぎぎ). **4**(枝の)切り残り基部. **5**《スポ》(ボクシング)フック. **6**《話》(悪への)誘惑者,そそのかす人. **7**《話》おとり役,さくら. utilizando al niño como ～ その子をおとりにして.**8**《ラ米》ほん引き. **9**《話》(特に女性の)性的魅力,色っぽさ. **10** いたずら書き,落書き. **11**《ラ米》(1)(メキ)(物)(物)(遊び)ハンガー. (2)(タリ)(ニカラ)(物)(物)(物)(物)(物)(物)ヘアピン.(3)(メキ)(物)(物)(物)(物)(ニカ)安全ピン.(4)(メキ)(物)(物)(物)(物)(物)(ニカ)援助,後ろ盾;(仲人の)仲介;えこひいき. hacer ～ 男女の仲立ちをする.(5)(物)(物)《馬》女性用の鞍(、).
echar el gancho a+人《話》〈人〉を引っかける,たぶらかす;押さえつける.

gan·cho·so, sa [ɡan.tʃó.so, -.sa; ɡaɲ.-] 形 **1** 鉤(ぎ)のついた;鉤形の. **2**《解剖》有鉤(ぎぎ)骨の.

gan·chu·do, da [ɡan.tʃú.đo, -.đa; ɡaɲ.-] 形 **1** 鉤(ぎ)のついた. nariz *ganchuda* 鉤鼻. **2**《ラ米》(物)《話》とげのある.

gan·da·lla [ɡan.dá.ja; ɡan.- ‖ -.ʎa] 形《ラ米》(物)恥知らずな,正直でない.

gan·di·do, da [ɡan.dí.đo, -.đa; ɡaɲ.-] 形 **1** 空腹の,飢えた. **2**《ラ米》(タリ)(ベネズ)(ニカラ)(中米)《話》よく食べる,大食いの.

gan·din·ga [ɡan.díŋ.ɡa; ɡaɲ.-] 女 **1**(水洗選鉱された)鉱石. **2**《ラ米》(1)(タリ)レバー[臓物]の煮込み料理. **2**(物)無気力;無精.
buscar la gandinga 生計を立てる.

gan·do·la [ɡan.dó.la; ɡaɲ.-] 女《話》(運転席と牽引する荷台の分かれた)大型トラック.

gan·do·le·ro [ɡan.do.lé.ro; ɡaɲ.-] 男《話》大型トラックの運転手.

gan·dul, du·la [ɡan.dúl, -.dú.la; ɡaɲ.-] 形《話》役立たずの,無益な;怠惰な,怠けた.
── 男 女《話》役立たず;無精者. ── 男《ラ米》(物)(1) 地方警察. (2) 豆・米の郷土料理.

gan·du·le·ar [ɡan.du.le.ár; ɡaɲ.-] 自 ぶらつく, 怠ける.

gan·du·le·rí·a [ɡan.du.le.rí.a; ɡaɲ.-] 女 怠惰, 無為.

gan·dum·bas [ɡan.dúm.bas; ɡaɲ.-] 男(単複同形)《話》怠け者,無精者.

ga·ne [ɡá.ne] 男《ラ米》(物)《スポ》勝ち,勝利.

ga·ne·ta [ɡa.né.ta; ɡa.-] 女《動》ジャコウネコ.

gan·fo·rro, rra [ɡam.fó.ro, -.ra; ɡaɲ.-]《話》無法者の. ── 男 女 ならず者,ごろつき.

gang [ɡáŋ; ɡán ∥ ɡáp; ɡáŋ]《英》 男《複 ～, ～es, ～s》ギャング,暴力団.

gan·ga¹ [ɡáŋ.ɡa; ɡaɲ.-] 女《鳥》サケイ;《ラ米》(物)マヤハジギ.

gan·ga² [ɡáŋ.ɡa; ɡaɲ.-] 女 **1**《鉱》(鉱石といっしょに産出する価値のない)脈石. **2**《話》(割安な)買い物,掘り出し物,バーゲン品;楽な仕事. andar a caza de ～s 特売品をあさる. precio de ～ 捨て値. ¡Menuda [Vaya una] ～! これは掘り出し物だ;なん

てぼろい仕事だろう. **3** 見かけ倒しの人[物],つまらない物. **4**《ラ米》(*ま)(遊び)仲間,一味.

gan·ga³ [ɡáŋ.ɡa; ɡaɲ.-] 女《ラ米》(1)(メキ)(物)鼻(にかかる)声;鼻声の人.(2)(物)からかい,冷やかし.

Gan·ges [ɡáŋ.xes; ɡaɲ.-] 固名 el ～ ガンジス川.

gan·glio [ɡaŋ.ɡljo; ɡaɲ.-] 男 **1**《解剖》神経節(～ *nervioso*). **2**《医》結節腫(~),ガングリオン.

gan·glio·nar [ɡaŋ.ɡljo.nár; ɡaɲ.-] 形《解剖》神経節の;《医》結節腫(~)の.

gan·go·cho [ɡaŋ.ɡó.tʃo; ɡaɲ.-]《ラ米》(メキ)(物)粗布,ズック.

gan·go·se·ar [ɡaŋ.ɡo.se.ár; ɡaɲ.-] 自 → ganguear.

gan·go·se·o [ɡaŋ.ɡo.sé.o; ɡaɲ.-]《ラ米》(メキ)(物)→ gangueo.

gan·go·si·dad [ɡaŋ.ɡo.si.đáđ; ɡaɲ.-] 女 声が鼻にかかること.

gan·go·so, sa [ɡaŋ.ɡó.so, -.sa; ɡaɲ.-] 形 **1** 鼻声の,鼻にかかった. hablar ～ 鼻声で話す. **2**《ラ米》(*ま)兎唇(としん)の. ── 男 女 鼻声の人.

gan·gre·na [ɡaŋ.ɡré.na; ɡaɲ.-] 女 **1**《医》壊疽(ぇ),脱疽. **2**《植》腐敗病. **3** 弊害,がん.

gan·gre·nar·se [ɡaŋ.ɡre.nár.se; ɡaɲ.-] 再《医》壊疽(ぇ)にかかる.

gan·gre·no·so, sa [ɡaŋ.ɡre.nó.so, -.sa; ɡaɲ.-] 形《医》壊疽(ぇ)にかかった,壊疽性の.

gángs·ter [ɡáŋs.ter; ɡáns.-] 男《複 ～es, ～s, ～》ギャングの一味,悪漢. [← 英 *gangster*]

gangs·te·ris·mo [ɡans.te.rís.mo; ɡans.-] 男 ギャング的な振る舞い[行為].

gan·gue·ar [ɡaŋ.ɡe.ár; ɡaɲ.-] 自 鼻声で話す.

gan·gue·o [ɡaŋ.ɡé.o; ɡaɲ.-] 男 鼻声,鼻にかかった発音.

gan·gue·ro, ra [ɡaŋ.ɡé.ro, -.ra; ɡaɲ.-] /
gan·guis·ta [ɡaŋ.ɡís.ta; ɡaɲ.-] 形 掘り出し物をあさるのが好きな[うまい].
── 男 女 掘り出し物をあさるのが好き[上手]な人.

Ga·ni·me·des [ɡa.ni.mé.đes; ɡa.-] 固名 **1**《ギ神》ガニュメデス: Zeus の酒の酌をしたトロヤの美少年. **2**《天文》ガニメデ: 木星最大の衛星.

ga·no·so, sa [ɡa.nó.so, -.sa; ɡa.-] 形 **1**(de...)を欲している,したがっている.
2《ラ米》(物)(物)《馬が》元気がいい,気が荒い.

gan·sa·da [ɡan.sá.đa; ɡaɲ.-] 女《話》ばかげたこと;おどけ. Entonces no decía más que ～s. そのとき彼[彼女]はばかげたことばかり言っていた.

gan·sa·rón [ɡan.sa.rón; ɡaɲ.-] 男 **1**《鳥》ガチョウのひな(= ansarón). **2** 背高のっぽ.

gan·se·ar [ɡan.se.ár; ɡaɲ.-] 自 ばかげたことをする,愚かなことを言う.

gan·so, sa [ɡán.so, -.sa; ɡán.-] 形 ぐずな,だらしない. ── 男 女 **1**《鳥》ガチョウ;ガン. **2**《話》まぬけ,のろま. Es un ～, siempre está bromeando. あいつはばかだけど,いつもふざけてばかりいる.
3 人を笑わせたがる人,冗談好き(な人).
hacer el ganso 人を笑わせるようなことをする[言う];ふざける.
los gansos del Capitolio それとは知らずに思いがけない貢献をした人. ◆カピトリウムのガチョウがゴール人の夜襲を騒いで知らせ,ローマを救った故事から.
paso de ganso《軍》(ひざを曲げずに足を高く上げて歩く)閲兵式歩調.
pasta gansa《話》大金.

gan·tés, te·sa [ɡan.tés, -.té.sa; ɡaɲ.-] 形 (ベル

―西部の都市)ヘントの. ―男 ヘントの住民[出身者].

gan.zú.a [gan.θú.a; gan.- / -.sú.-] 女 錠前をこじ開ける道具. ―男 女 1 《話》泥棒. 2 《話》詮索(せんさく)好きな人, 人の秘密を聞き出すのが上手な人.

gan.zuar [gan.θwár; gan.- / -.swár] 84 他 (秘密などを)探り出す, 嗅ぎつける.

ga.ña.fón [ga.ɲa.fón; ga.-] 男 《闘牛》突然襲いかかってきて繰り出す牛の角による一撃.

ga.ñán [ga.ɲán; ga.-] 男 1 (農場の)作男. 2 作男部屋.

ga.ña.ní.a [ga.ɲa.ní.a; ga.-] 女 1 《集合的》作男. 2 作男部屋.

ga.ñi.do [ga.ɲí.ðo; ga.-] 男 (犬の)キャンキャンいう鳴き声;(鳥の)ガーガーいう鳴き声;《話》金切り声;ぜいぜい声.

ga.ñil [ga.ɲíl; ga.-] 男 のど;《主に複数で》(魚の)えら.

ga.ñir [ga.ɲír; ga.-] 72 自 (動物が)キャンキャン鳴く;(鳥が)ガーガー鳴く;《話》金切り声を出す;ぜいぜい息をする.

ga.ño.te [ga.ɲó.te; ga.-] 男 《話》のど.
de gañote ただで, 無料で.

gap [gáp; gáp] 〔英〕 男 間隔, へだたり.

ga.ra.ba.ta.da [ga.ra.ba.tá.ða; ga.-] 女 鉤(かぎ)で引っかけてものを引き上げること.

ga.ra.ba.te.ar [ga.ra.ba.te.ár; ga.-] 自 1 殴り書きをする. 2 鉤(かぎ)で引き上げる. 3 《話》回りくどい言い方をする. ―他 殴り[走り]書きする.

ga.ra.ba.te.o [ga.ra.ba.té.o; ga.-] 男 1 殴り書き. 2 引っかけ鉤(かぎ)を投げること. 3 もって回った言い方.

ga.ra.ba.to [ga.ra.βá.to; ga.-] 男 1 殴り書き, 落書き;《複数で》汚い字. 2 引っかけ鉤(かぎ), 手鉤. 3 《話》(女性の)なまめかしさ, 色気. 4 《複数で》大げさな手ぶり. 5 (除草用の)鍬(くわ). 6 《ラ米》(1)(ベネ)(キ)(コロ)ぎりぎりまで人をしぼる人. (2)(タテ)汚い言葉. (3)(タテ)(コスタ)《農》刺股(さすまた).

ga.ra.ba.to.so, sa [ga.ra.ba.tó.so, -.sa; ga.-] 形 殴り書きの.

ga.ra.bi.na [ga.ra.βí.na; ga.-] 女 《ラ米》(1)(コロ)《昆》(チョウの)さなぎ. (2)(タテ)安っぽい装飾品.

ga.ra.bi.to [ga.ra.βí.to; ga.- /] 男 1 露店, 屋台. 2 鉤(かぎ), フック, つり鉤. 3 《ラ米》(タテ)《話》浮浪者.

***ga.ra.je** [ga.rá.xe; ga.-] 男 1 ガレージ, 車庫. *Meta su coche en el ~.* ガレージに車を入れてください. 2 自動車整備工場. 3 《ラ米》(メ)(基)給油所.
〔← 〔仏〕*garage*(*garer*「(車を)しまう」より派生)〕
〔関連〕〔仏〕*gare*「駅」〔英〕*garage*〕

ga.ram.bai.na [ga.ram.bái.na; ga.-] 女 1 趣味の悪い飾り. 2 《複数で》無意味なこと;へんてこな身ぶり[表情]. ¡*Acaba ya y déjate de ~s!* いい加減にろくでもないことはやめなさい. 3 汚い字, 読めない字.

ga.ram.be.tas [ga.ram.bé.tas; ga.-] 女 《複数形》《ラ米》(1) 安物の装飾品. (2) 気取った態度.

ga.ram.bu.llo [ga.ram.bú.ʝo; ga.- / -.lo] / **-.bu.yo** [ga.ram.bú.ʝo; ga.-] 男 《植》《ラ米》アルクトスタフィロス:ツツジ科.

ga.ran.dum.ba [ga.ran.dúm.ba; ga.-] 女 《ラ米》(1)《話》大型平底船. (2)《話》大女.

ga.ran.te [ga.rán.te; ga.-] 形 保証する. *salir ~* 保証人となる. ―男 女 保証人.

***ga.ran.tí.a** [ga.ran.tí.a; ga.-] 女 1 保証, 請負い;(危険に対する)防御法, (難局に対する)克服法. *dar* [*ofrecer*] *~ de...* …を保証する. *No tenemos ~s de que salga con éxito el proyecto.* 計画が成功するという保証はない.
2 《商》保証(物, 金), 担保, 抵当(=*fianza, prenda*). *en ~* 担保[保証金]として. *~ hipotecaria* 不動産抵当.
3 (製造業者・販売店などが)商品の品質に関して消費者に与える)保証(書). *El frigorífico tiene ~ de un año.* その冷蔵庫には1年の保証がついている.
de garantía 信頼[信用]できる. *persona de ~* 信頼できる人物.
garantías constitucionales 憲法により保証された国民の基本的人権.
garantía social(中・上級職業教育機関を含む高等教育機関に進学せずまた資格も持たない若者を対象とする)職業教育プログラム.
〔← 〔仏〕*garantie*〕〔関連〕〔英〕*guarantee*〕

garantice(-) / **garanticé**(-) [活] → *garantizar*.

ga.ran.tir [ga.ran.tír; ga.-] 80 他 → *garantizar*.

ga.ran.ti.za.do, da [ga.ran.ti.θá.ðo, -.ða; ga.- / -.sá.-] 形 保証された, 保証書付きの. *~ por un año* 1年間保証付きの. *oro de 18* [*dieciocho*] *quilates ~* 保証付きの18金.

****ga.ran.ti.zar** [ga.ran.ti.θár; ga.- / -.sár] 97 他 1 (a+人 〈人〉に)保証する, (*que*+直説法 …であることを)保証する(もの・事柄が)の保証となる. *~ la calidad a los consumidores* 消費者によい品質を保証する. *Te garantizo que esto no se va a repetir nunca.* 同じことは二度と起こらないと保証するよ.
2 (人の)保証人になる. *Le garantizó su tío para alquilar la habitación.* 部屋を借りるのに, 叔父が彼の保証人になった.

ga.ra.ñón [ga.ra.ɲón; ga.-] 男 1 種ロバ. 2 《ラ米》(1)(メ)(キ)(コス)種馬. (2)(メ)《俗》売春宿の主人.

ga.ra.pa.cho [ga.ra.pá.tʃo; ga.-] 男 甲羅;亀甲(きっこう)型の鍋(なべ).

ga.ra.pi.ña [ga.ra.pí.ɲa; ga.-] 女 1 (液体の)凝固. 2 (アーモンドなどにつけた)糖衣. 3 飾りひも. (4)(メ)《話》すり, かっぱらい.

ga.ra.pi.ña.do, da [ga.ra.pi.ɲá.ðo, -.ða; ga.-] 形 1 凝固した. 2 糖衣をつけた. *almendras garapiñadas*(糖衣でくるんだ)アーモンド(菓子).

ga.ra.pi.ñar [ga.ra.pi.ɲár; ga.-] 他 1 凝固させる, 固める;凍らせる. 2 (アーモンドなどに)糖衣をつける.

ga.ra.pi.ñe.ra [ga.ra.pi.ɲé.ra; ga.-] 女 アイスクリーム[シャーベット]製造器.

ga.ra.pu.llo [ga.ra.pú.ʝo; ga.- ‖ -.lo] 男 1 短い矢, 投げ矢. 2 《闘牛》銛(もり) (=*banderilla*).

ga.ra.rey [ga.ra.réi; ga.-] 形 《ラ米》(メ)(ドミ)嫉妬深い.

ga.ra.ta [ga.rá.ta; ga.-] 女 《ラ米》(プ)(アル)《話》けんか, 騒ぎ.

ga.ra.tu.sa [ga.ra.tú.sa; ga.-] 女 1 (トランプ・ゲームの一種) *chilindrón* などの攻め手の一つ. 2 《話》へつらい, ごますり. 3 《スポ》(フェンシング)(正面攻撃のために左右への)フェイント.

gar.ba [gár.ba; gár.-] 女 《農》《スペイン》(1)(穀束の)一束. (2) 干し草.

gar.ban.ce.ro, ra [gar.ban.θé.ro, -.ra; gar.- / -.sé.-] 形 ガルバンソの;ガルバンソの栽培に適

した. ── 男 女 1 ガルバンソ商人；炒(")りガルバンソ売り. 2 下品な人，がさつな人. 3《ラ米》《㌻》《話》下男，女中.

gar·ban·zal [gar.ban.θál; gar.- / -.sál] 男 ガルバンソ畑.

*__gar·ban·zo__ [gar.bán.θo; gar.- / -.so] 男 1《植》ガルバンソ，ヒヨコマメ，エジプトマメ. 2《ラ米》《㌻》《話》下男.
ganarse los garbanzos《話》日々の糧を得る. *garbanzo negro* 厄介者，はみ出し者.

garbanzo (ガルバンソ)

gar·be·ar [gar.be.ár; gar.-] 自 1 気取った仕草[言い方]をする. 2 やりくりする，どうにか切り抜ける. ── 他 1 盗む. 2 束ねる. ── ~se 再 [gar.] 1 ぶらぶら歩く. *Voy a ~me por el parque*. 公園でもぶらついてこよう. 2 やりくりする，どうにか切り抜ける.

gar·be·o [gar.bé.o; gar.-] 男 ぶらぶら歩き.

gar·bi·llar [gar.bi.jár; gar.- ‖ -.ʎár.-] 他 1《穀物を》ふるいにかける. 2《鉱物を》粗目ふるいにかける.

gar·bi·llo [gar.bí.jo; gar.- ‖ -.ʎo.-] 男 1 ふるい（選鉱用の）粗目ふるい. 2《飼料用の》小麦粉のかす；細かな鉱石.

gar·bin·che [gar.bín.tʃe; gar.-] 男《ラ米》《㌻》《遊》ビー玉（遊び）.

gar·bi·no [gar.bí.no; gar.-] 男 南西の風.

gar·bo [gár.bo; gár.-] 男 1《身のこなし・立ち居振る舞いの》優雅，上品，気品；《文体などの》流麗. *Caminaba con ~*. 彼［彼女］はさっそうと歩いていた. 2 寛大.

gar·bo·so, sa [gar.bó.so, -.sa; gar.-] 形 1 上品な，気品のある，優美な；魅力的な，色気のある. 2 寛大な，太っ腹の.

gar·bu·llo [gar.bú.jo; gar.- ‖ -.ʎo.-] 男 混乱，騒ぎ.

gar·ce·ta [gar.θé.ta; gar.- / -.sé.-] 女 1《鳥》コサギ. 2《シカなどの》枝角. 3 鬢(びん).

gar·cha [gár.tʃa; gár.-] 女《ラ米》《㌻》《話》陰茎，ペニス.

gar·char [gar.tʃár; gár.-] 自他《ラ米》《㌻》《話》セックスする.

Gar·cí·a Ber·lan·ga [gar.θí.a ber.láŋ.ga; gar.- / -.sí.-] 固名 ガルシア・ベルランガ. Luis ~ (1921–　). スペインの映画監督. 作品 *¡Bienvenido, míster Marshall!*『ようこそ，マーシャルさん』.

Gar·cí·a Lor·ca [gar.θí.a lór.ka; gar.- / -.sí.-] 固名 ガルシア・ロルカ. Federico ~ (1898–1936). スペイン27年世代を代表する詩人・劇作家. 作品 *Romancero gitano*『ジプシーのロマンセ集』, *Yerma*『イェルマ』.

Gar·cí·a Már·quez [gar.θí.a már.keθ; gar.- / -.sí.- -.kes] 固名 ガルシア・マルケス. Gabriel ~ (1928–　). コロンビアの小説家. ノーベル文学賞 (1982). 作品 *Cien años de soledad*『百年の孤独』，*El otoño del patriarca*『族長の秋』などで独自の虚構世界を構築，20世紀ラテンアメリカ文学を代表する作家.

Gar·ci·la·so de la Ve·ga [gar.θi.lá.so de la βé.ɣa; gar.- / -.si.-] 固名 ガルシラソ・デ・ラ・ベガ. (1) (1501?–36)：スペイン・ルネサンス期を代表する叙情詩人. 作品 *Égloga*『牧歌』. (2) 通称 *el Inca* (1539–1616)：スペイン征服者とインカ王女の子. 作品 *Comentarios reales*『インカ皇統記』.

gar·ci·lla [gar.θí.ja; gar.- ‖ -.ʎa / -.sí.-] 女《鳥》ショウジョウサギ. *~ bueyera* アマサギ. *~ cangrejera* カンムリサギ.

Gar·del [gar.dél; gar.-] 固名 ガルデル. Carlos ~ (1890–1935). アルゼンチン・タンゴを代表する歌手・映画俳優.

gar·de·li·to, ta [gar.de.lí.to, -.ta; gar.-] 男 女《ラ米》《㌻》《話》歌がうまい人.

gar·de·nia [gar.dé.nja; gar.-] 女《植》クチナシ.

gar·den-par·ty [gár.ðem.par.ti; gár.-]《英》女 ガーデンパーティー.

gar·du·ña [gar.ðú.ɲa; gar.-] 女《動》イシテン，ブナテン.

gar·du·ño, ña [gar.ðú.ɲo, -.ɲa; gar.-] 男 女《話》こそ泥.

ga·re·ta [ga.ré.ta; ga.-] 女《ラ米》《㌻》《㌻》《複数で》《軽蔑》X脚の人.

ga·re·te [ga.ré.te; ga.-] *ir(se) al garete* (1)《海》漂流する. (2)《話》《計画などが》流れる. *El plan de vacaciones se nos fue al ~ por el mal tiempo*. 天気が悪くて休みの計画がおじゃんになってしまった.

gar·fa [gár.fa; gár.-] 女《鳥獣の》鉤爪(かぎづめ) (= garra). *echar la ~*《話》爪を立ててつかむ.

gar·fa·da [gar.fá.ða; gar.-] 女 素早い動作で捕まえようとすること.

gar·fe·ar [gar.fe.ár; gar.-] 自 引っかけ鉤(かぎ)を投げる［操る］.

gar·fio [gár.fjo; gár.-] 男 1 引っかけ鉤(かぎ). 2《複数の爪(つめ)を持つ》鉤.

gar·ga·je·a·da [gar.ga.xe.á.ða; gar.-] 女 → *gargajeo*.

gar·ga·je·ar [gar.ga.xe.ár; gar.-] 自 痰(たん)を吐く.

gar·ga·je·o [gar.ga.xé.o; gar.-] 男 痰(たん)を吐くこと.

gar·ga·jo [gar.gá.xo; gar.-] 男《俗》痰(たん).

gar·ga·jo·so, sa [gar.ga.xó.so, -.sa; gar.-] 形 やたらに痰(たん)を吐く. ── 男 女 やたらに痰を吐く人.

*__gar·gan·ta__ [gar.gán.ta; gar.-] 女 1 のど，咽頭(いんとう). *Me duele la ~*. 私はのどが痛いです. 2《歌手の》歌う声. *tener buena ~* 声がいい. 3《地理》峡谷，渓谷. 4《建》柱の頸部(けいぶ). 5 滑車の溝；《ライフル銃などの》くびれ部分；足首.
tener... atravesado en la garganta …が気に食わない，受け入れがたい.
un nudo en la garganta 胸のつかえ. *Cuando la vi, se me hizo un nudo en la ~ y no pude hablar ni una palabra*. 彼女に会ったら，胸がいっぱいになって何も言えなかった.

gar·gan·ta·da [gar.gan.tá.ða; gar.-] 女《つば・痰(たん)などの》ひと吐き.

gar·gan·te·ar [gar.gan.te.ár; gar.-] 自 声を震わせて歌う.

gar·gan·te·o [gar.gan.té.o; gar.-] 男 声を震わせて歌うこと.

gar·gan·ti·lla [gar.gan.tí.ja; gar.- ‖ -.ʎa.-] 女 1 ネックレス；《ネックレスの》球，玉. 2《首に巻く》リボン. 《服飾》チョーカー.

gar·gan·tón [gar.gan.tón; gar.-] 男《ラ米》(1)《㌻》馬の首飾り. (2)《㌻》《獣医》放線菌症.

gar·gan·tú·a [gar.gan.tú.a; gar.-]《仏》男 女 巨体で大食家の人.

gár·ga·ra [gár.ga.ra; gár.-] 女 1《主に複数で》うがい. *hacer ~s* うがいをする. 2《複数で》《ラ米》うがい薬.

mandar... a hacer gárgaras《話》…を追いやる,相手にしない.
¡*Vete* [*Váyase, Que se vaya*] *a hacer gárgaras!*《話》勝手にどこへでも行け.
gar·ga·re·ar [gar.ga.re.ár; gar.-]　自《ラ米》《ゴルフ》(ゲ)(ゴル)うがいをする.
gar·ga·ris·mo [gar.ga.rís.mo; gar.-]　男《主に複数で》うがい(薬).
gar·ga·ri·zar [gar.ga.ri.θár; gar.- / -.sár]　97 自 うがいする.
gár·gol¹ [gár.gol; gár.-]　男（木工）(はめ込みの)溝.
gár·gol² [gár.gol; gár.-]　形 (卵が)受精していない.
gár·go·la [gár.go.la;
gár.-]　女　1 【建】ガーゴイル；樋(とい)に付けられた怪獣などの形をした吐水口.
2 【植】亜麻のさや.
gar·gue·ro [gar.gé.ro;
gar.-] / **gar·güe·ro**
[gar.gwé.ro; gar.-]　男 のど,気管.

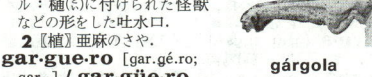

gárgola
(ガーゴイル)

Ga·ri·bal·di [ga.ri.bál.di; ga.-]　固名 ガリバルディ Giuseppe 〜(1807-82)：イタリア統一運動の英雄.
ga·ri·bal·di·na [ga.ri.bal.dí.na; ga.-]　女 (ガリバルディ支持者たちの制服を模した)赤シャツ.
ga·ri·fo, fa [ga.rí.fo, -.fa; ga.-]　形　1 しゃれた,さっそうとした. 2《ラ米》《話》(1)《ラテン》(中米)(カリブ)活発な,生き生きした. (2)《アンデス》(カリブ)飢えた,空腹の.
── 女《ラ米》物ごい.
ga·rim·pei·ro [ga.rim.péi.ro; ga.-]　[ポルトガル]　男 金や宝石を探す人.
ga·ri·ta [ga.rí.ta; ga.-]　女　1 小屋,番小屋.
2 哨舎(しょうしゃ)；《ラ米》交通巡査の立つ台[ボックス].
3 門衛所. 4 (城の)望楼. 5 便所. 6《ラ米》(1)(タシネ)(町の)入り口. (2)(中米)税関.
ga·ri·te·ro [ga.ri.té.ro; ga.-]　男　1 賭博(とばく)場主.
2 博打(ばくち)打ち,ギャンブラー.
ga·ri·to [ga.rí.to; ga.-]　男　1 賭博(とばく)場 (= casa de juego). 2 賭博のもうけ,利益.
gar·la [gár.la; gár.-]　女《話》おしゃべり,無駄話.
gar·lar [gar.lár; gar.-]　自《話》おしゃべりをする,無駄話をする.
gar·li·to [gar.lí.to; gar.-]　男　1 簗(やな), (漁用) 袋網.
2《話》わな. *caer en el* 〜 わなにはまる,だまされる. *coger en el* 〜 陥れる；不意打ちを食わせる.
gar·lo·pa [gar.ló.pa;
gar.-]　女【木工】(握り付きの)仕上げかんな.

gar·na·cha¹ [gar.ná.tʃa;
gar.-]　女　1 (裁判官の)法服. *gente de* 〜《集合的》裁判官, 司法官.

garlopa
(仕上げかんな)

2 裁判官. 3《ラ米》(中米)(1) トルティージャ tortilla に肉の細切れなどを挟んだ食べ物. (2) 力,活力. (3)《メキシコ》《話》古い自動車.
a la garnacha《ラ米》《中米》《話》力ずくで,暴力をもって.
ni de garnacha《ラ米》《中米》《話》決して…でない.
gar·na·cha² [gar.ná.tʃa; gar.-]　女　1 甘みが強く大粒の赤ブドウの一種；そのワイン.
2 (甘い上等の)白ワイン.
gar·nu·cho [gar.nú.tʃo; gar.-]　男《ラ米》《メキシコ》《話》げんこつで頭を殴ること.
gar·çon [gar.són; gar.-]　[仏]　男 *a lo garçon* 髪を大変短くして,うなじを出して.

ga·ro·so, sa [ga.ró.so, -.sa; ga.-]　形《ラ米》《ラテン》(カリブ)(コル)《話》大食漢の；腹をすかした, 飢えた.
ga·rra [gá.ra; gá.-]　女　1 (猛獣·猛禽(もうきん)の) 鉤爪(かぎつめ), 脚. 2《話》手. 3【海】係船鉤(かぎ), 錨(いかり)の爪.
4《複数で》支配力. *caer en las* 〜*s de*+人《人》に支配される. 5《ラ米》(1)(カリブ)(メキシコ)(革などの) 小片, 切れ端. (2)(カリブ)(料理用の) 豚の皮. (3)(カリブ)革袋. (4)(ラ米)(メキシコ) 古着, 古靴. (5)(アンデス)(カリブ)(ラテン)《話》力, 精力, 活力.
echar la garra a+人《人》を捕まえる.
estar como una garra《ラ米》(ラテン)(カリブ)やせている.
estirar [*sacar la*] *garra*《ラ米》(中米)うわさ話をする；こき下ろす, 悪口を言う.
hacer garra《ラ米》(中米)(メキシコ)(コル)(カリブ)《話》壊す, 引き裂く, 粉々にする.
No hay cuero sin garras.《ラ米》(カリブ)完全無欠の物はない.
ga·rra·fa [ga.řá.fa; ga.-]　女　1 (首の細長い) ガラス瓶, ワイン入れ. 2《ラ米》(ラプラタ)(ガス·液体の) ボンベ.
de garrafa (アルコールなどが) 計り売りで.
[← [アラビア]*gharrāf*]
ga·rra·fal [ga.řa.fál; ga.-]　形　1〈サクランボなどが〉果実の大きい, 大きな実をつける. *cereza* 〜 (硬肉で甘い) サクランボ. 2 (過ち·うそなどが) ひどい, とてつもない. *una falta* 〜 大失敗.
ga·rra·fón [ga.řa.fón; ga.-]　男 (首の細長い) 大型のガラス瓶. [garrafa+増大辞]
ga·rran·cha [ga.řáɲ.tʃa; ga.-]　女　1《話》刀.
2 【植】仏炎苞(ぶつえんほう). 3 (カリブ) フック, 鉤(かぎ).
ga·rran·cha·da [ga.řaɲ.tʃá.ða; ga.-]　女 → garranchazo.
ga·rran·cha·zo [ga.řaɲ.tʃá.θo; ga.- / -.so]　男 引っかき傷；かぎ裂き；引っかき跡.
ga·rran·chue·lo [ga.řaɲ.tʃwé.lo; ga.-]　男【植】ヒメシバ.
ga·rra·pa·ta [ga.řa.pá.ta; ga.-]　女　1 【動】ダニ.
2《話》(軍隊で) 役立たずの馬, 廃馬.
ga·rra·pa·te·a·dor, do·ra [ga.řa.pa.te.a.ðór, -.ðó.ra; ga.-]　男 女 乱筆家, 悪筆の人.
ga·rra·pa·te·ar [ga.řa.pa.te.ár; ga.-]　他 殴り[走り]書きする.
ga·rra·pa·te·ro [ga.řa.pa.té.ro; ga.-]　男《ラ米》(ベネズエラ)(カリブ)(コロンビア)【鳥】オニオオハシカッコウ.
ga·rra·pa·ti·ci·da [ga.řa.pa.ti.θí.ða; ga.- / -.sí.-]　男ダニの殺虫剤, 駆虫薬.
ga·rra·pa·to [ga.řa.pá.to; ga.-]　男　1 殴り書きされた文字や絵. 2《複数で》殴り[走り]書き.
ga·rra·pa·to·so, sa [ga.řa.pa.tó.so, -.sa; ga.-]　形 走り[殴り]書きの, ミミズがはったような.
ga·rra·pi·ña [ga.řa.pí.ɲa; ga.-]　女 → garapiña.
ga·rra·pi·ña·do, da [ga.řa.pi.ɲá.ðo, -.ða; ga.-]　形 → garapiñado.
ga·rra·pi·ñar [ga.řa.pi.ɲár; ga.-]　他 → garapiñar.
ga·rra·pi·ñe·ra [ga.řa.pi.ɲé.ra; ga.-]　女 → garapiñera.
ga·rra·sí [ga.řa.sí; ga.-]　男《ラ米》(メキシコ)(足を保護するためズボンの上から着用する) 革のオーバーズボン.
ga·rras·pe·ra [ga.řas.pé.ra; ga.-]　女《ラ米》のどのいがらっぽさ；咳(せき)払い.
ga·rre·ar [ga.ře.ár; ga.-]　他《ラ米》(ラプラタ)(1)〈牛の皮をはぐ. (2)《話》盗む.
── 自《ラ米》(ラプラタ)《話》寄食する.

ga·rre·o [ga.r̄é.o; ga.-] 男 《ラ米》《話》(1)(牛の)皮はぎ．(2) 盗み．(3)《比喩的》寄生．
Es de puro garreo.《ラ米》《話》朝飯前だ．

ga·rre·te [ga.r̄é.te; ga.-] 男 《ラ米》《話》(1)(人の足の)ひかがみ：ひざの後ろのくぼみ．(2)(馬の)飛節．

ga·rri·do, da [ga.r̄í.ðo, -.ða; ga.-] 形 容姿の美しい，スタイルのいい．

ga·rrir [ga.r̄ír; ga.-] 自 〈オウムが〉鳴く．

ga·rro·ba [ga.r̄ó.ßa; ga.-] 女 【植】イナゴマメ(の実)．

ga·rro·bo [ga.r̄ó.ßo; ga.-] 男 《ラ米》《ラテアメ》【動】イグアナ．

ga·rro·cha [ga.r̄ó.tʃa; ga.-] 女 **1** (先端に金具の付いた)棒；(家畜を追う)突き棒．salto con ～ 棒高跳び．**2**《闘牛》長槍(やり)．

ga·rro·cha·zo [ga.r̄o.tʃá.θo; ga.- / -.so] 男 (突き棒・長槍(やり)での)ひと突き；突き傷．

ga·rro·chis·ta [ga.r̄o.tʃís.ta; ga.-] 男 女 牛追いのために鉤竿(かぎさお)を使う馬乗り．

ga·rro·chón [ga.r̄o.tʃón; ga.-] 男 《闘牛》(騎馬闘牛士 picador の)手槍(てやり)．

ga·rrón [ga.r̄ón; ga.-] 男 **1**【鳥】蹴爪(けづめ)．**2**【動】(ウサギなど食用獣の)足首．**3**【植】(枝を切り落とした後にできる)こぶ．**4** かかと．**5**《ラ米》《ラテアメ》(動物の後肢の)飛節．
vivir de garrón《ラ米》《ラテアメ》居候する．

ga·rro·ne·ar [ga.r̄o.ne.ár; ga.-] 他 《ラ米》《ラテアメ》…の飛節を痛める．— 自 《ラ米》《ラテアメ》居候する．

ga·rro·ta [ga.r̄ó.ta; ga.-] 女 棒，こん棒；(牧夫の)頭部らせん形の杖(つえ)．

ga·rro·ta·zo [ga.r̄o.tá.θo; ga.- / -.so] 男 棒での殴りつけ，棒の一撃．
dar [pegar] un garrotazo a... …を棒で殴る．
garrotazo y tentetieso《話》強硬手段．

ga·rro·te [ga.r̄ó.te; ga.-] 男 **1** こん棒，棒．**2** ガローテ．♦1832年に絞首刑が廃止されて以来，スペインで行われていた処刑法．処刑台の首を固定する鉄環の後ろに穴が開いていて，そこからねじで千枚通しのようなものが頸部(けいぶ)に差し込まれる．dar ～ a + 人 …を死刑にする．**3** (ロープなどに棒を通してねじる)締めつけ，締め上げ，拷問；締め棒．**4**【医】止血帯，圧迫帯．**5** (壁面などの)湾曲，ひずみ，出っ張り．**6** (模様などの)線の途切れ．**7**《ラ米》(1)(馬車の)ブレーキ．(2)(チリ)《俗》巨大な陰茎．
jugar garrote《ラ米》《ラテアメ》《話》怒り狂う．
política del gran garrote(ラテンアメリカ諸国の)内政干渉する米国の)圧迫政策．

ga·rro·te·a·da [ga.r̄o.te.á.ða; ga.-] 女 《ラ米》《ラテアメ》《話》厳しくしかること，懲らしめること．

ga·rro·te·ar [ga.r̄o.te.ár; ga.-] 他 《ラ米》(1)(チリ)《話》(人の)金をふんだくる．(2) こん棒で殴る．(3)(チリ)《スポ》圧勝する，打ちのめす．

ga·rro·te·ra [ga.r̄o.té.ra; ga.-] 女 《ラ米》《ラテアメ》(1)《話》鞭(むち)打ち．

ga·rro·te·ro, ra [ga.r̄o.té.ro, -.ra; ga.-] 形 《ラ米》《ラテアメ》《チリ》《話》けちな，しみったれた．— 男 《ラ米》(1)《話》(列車の)制動手．(2)《ラテアメ》《話》ごろつき；けんか早い男．

ga·rro·ti·llo [ga.r̄o.tí.ʝo; ga.- ‖ -.oʎ-] 男 **1**《話》ジフテリア．**2**《ラ米》《ラテアメ》冷たい霧雨．

ga·rro·tín [ga.r̄o.tín; ga.-] 男 (19世紀末に流行した)スペインの踊りの一種．

ga·rro·ti·za [ga.r̄o.tí.θa; ga.- / -.sa] 女 《ラ米》《ラテアメ》(1)《スポ》圧勝．(2)《俗》殴打，なぐりつけ．

ga·rru·cha [ga.r̄ú.tʃa; ga.-] 女 滑車 (= polea).

ga·rru·do, da [ga.r̄ú.ðo, -.ða; ga.-] 形 **1** 大きな鉤爪(かぎづめ)をした；脚の長い．**2**《ラ米》《話》(1)(ラテアメ)くましい，力のある．(2)(アルゼ)やせた，やせ細った．

ga·rru·la·dor, do·ra [ga.r̄u.la.ðór, -.ðó.ra; ga.-] 形 → gárrulo.

ga·rru·le·rí·a [ga.r̄u.le.rí.a; ga.-] 女 **1** おしゃべりなこと，饒舌(じょうぜつ)．**2** 無駄話，無駄口．**3** 荒っぽさ，粗雑さ．

ga·rru·li·dad [ga.r̄u.li.ðáð; ga.-] 女 おしゃべりなこと，饒舌(じょうぜつ)．

ga·rru·lo, la [ga.r̄ú.lo, -.la; ga.-] 形 《軽蔑》のまな，下品な．

gá·rru·lo, la [gá.r̄u.lo, -.la; gá.-] 形 **1**(鳥が)よく鳴く．**2**《軽蔑》おしゃべりな，多弁な．**3**(風・水が)絶えず音を立てる．**4** のろまな；雑な．

ga·rú·a [ga.rú.a; ga.-] 女 《ラ米》《話》騒ぎ．(2)《ラ米》《メキ》《ラテアメ》霧雨．

ga·ruar [ga.rwár; ga.-] 84 自 《ラ米》(3人称単数・無主語で)《ラテアメ》霧雨が降る．

ga·ru·bar [ga.ru.ßár; ga.-] 自 《ラ米》《アルゼ》《ラテアメ》→ garuar.

ga·ru·fa [ga.rú.fa; ga.-] 女 《ラ米》《アルゼ》《話》どんちゃん騒ぎの好きな人，祭り好きな人．

ga·ru·ga [ga.rú.ga; ga.-] 女 《ラ米》《ラテアメ》《チリ》小雨，ぬか雨．

ga·ru·gar [ga.ru.gár; ga.-] 103 自 《ラ米》《ラテアメ》《チリ》(3人称単数・無主語で)小雨[霧雨]が降る．

ga·ru·jo [ga.rú.xo; ga.-] 男 コンクリート．

ga·ru·lla [ga.rú.ʝa; ga.- ‖ -.ʎa-] 女 **1** (房から落ちた)ブドウ粒．**2** ならず者，やくざ者；いたずらっ子．**3**《話》群衆，烏合(うごう)の衆．

ga·ru·lla·da [ga.ru.ʝá.ða; ga.- ‖ -.ʎá-] 女 《話》群衆，野次馬，烏合(うごう)の衆．

ga·rum [gá.rum; ga.-] [ラ] 形 ガルムの．— 男 ガルム：古代ローマで作られていた魚醬．

gar·za [gár.θa; gár.- / -.sa]【鳥】サギ．～ imperial ムラサキサギ．~ real アオサギ．

gar·zo, za [gár.θo, -.θa; gár.- / -.so, -.sa] 形 青い；青い目をした．ojos ～s 青い目．

gar·zón [gar.θón; gar.- / -.són] 男 **1** 青年，若者，好男子．**2** 男の子，息子．**3**《ラ米》(1)(チリ)給仕人，ウェイター，ボーイ．(2)(コロン)【鳥】ユキコサギ．[—【仏】*garçon*]

gar·zo·ta [gar.θó.ta; gar.- / -.só.-] 女 【鳥】シラサギ．

gas [gás; gás] 男 **1 気体，ガス(体)．El *gas* es uno de los tres estados de la materia. 気体は物質の三態の一つである．**2**【化】(燃料・温熱・照明用の)ガス；毒ガス (= *gas* tóxico [venenoso]). encender [apagar] el *gas* ガスを点火する[消す]. bombona de *gas* ガスボンベ. *gas* ciudad 都市ガス. *gas* propano プロパンガス. fuga de *gas* ガス漏れ. cocina de *gas* ガス調理台.

gas natural (天然ガス)

gastar

estufa de *gas* ガスストーブ. horno [hornillo] de *gas* ガスコンロ. *gas* de alumbrado 灯用ガス. *gas* natural licuado 液化天然ガス(略 GNL). *gas* hilarante (麻酔に用いる) 亜酸化窒素ガス, 笑気. *gas* de agua 水性ガス. *gas* de combate [asfixiante] 窒息ガス. *gas* de los pantanos 沼気, メタン. *gas* pobre (工業用) 発生炉ガス. *gas* lacrimógeno 催涙ガス. *gas* mostaza マスタードガス, イペリット. cámara de *gas* ガス室.

3《車》混合気, 混合ガス. **2**《話》ガソリン, 石油;《比喩的》スピード;元気, 馬力. correr a todo *gas* フルスピードで. dar [meter] *gas*《話》アクセルを踏み込む, 速力を上げる. perder *gas* 失速する, 速度が落ちる. **4**《複数で》腸内ガス, おなら. Tengo el vientre lleno de *gases* porque he comido judías. インゲンマメを食べたのでお腹にガスがたまっている. **5**《ラ米》(デデ)《話》酒.
estar gas por...《ラ米》(デズ)《話》…に恋している.
[← (オランダ) *gas*;オランダの化学者の J. B. van Helmont の造語. [ラ] *chaos*「混沌」(← [ギ] *kháos*) がもとになっている]

ga·sa [gá.sa; gá.-] 囡 **1** ガーゼ. venda de ～ ガーゼの包帯. **2** 薄絹, 紗(*k*), 絽(*a*).
[←?[古仏] *gaze* (パレスチナの Gaza にその工場があったことに由来するか)]

gas·cón, co·na [gas.kón, -.kó.na; gas.-] / **gas·co·nés, ne·sa** [gas.ko.nés, -.né.sa; gas.-] 厖 (フランスの) ガスコーニュ地方の. ━男 囡 ガスコーニュ人.

Gas·cu·ña [gas.kú.ɲa; gas.-] 固名 ガスコーニュ;フランス南西部の地方. [← [ラ] *Vasconia* (原義は「バスク人の国」) [関連] Vascongadas, vasco]

ga·se·ar [ga.se.ár; ga.-] 値 〈液体に〉ガスを含ませる;ガスで攻撃する.

ga·sei·for·me [ga.sei.fór.me; ga.-] 厖 ガス(状)の, 気体の.

ga·se·o·duc·to [ga.se.o.ðúk.to; ga.-] 男 → gasoducto.

*ga·se·o·so, sa** [ga.se.ó.so, -.sa; ga.-] 厖 ガス状の;炭酸ガスを含んだ. cuerpo ～ 気体(→ sólido). ━囡 炭酸水[飲料] (= agua *gaseosa*).

gas·fi·ter [gas.fi.tér; gas.-] / **gás·fi·ter** [gás.fi.ter; gás.-] 男《ラ米》(デ)(ゴル)ガス配管工.

gas·fi·te·rí·a [gas.fi.te.rí.a; gas.-] 囡《ラ米》(デ)(ゴル)ガス工事店.

gas·fi·te·ro [gas.fi.té.ro; gas.-] 男《ラ米》ガス配管工.

ga·si·fi·ca·ción [ga.si.fi.ka.θjón; ga.- / -.sjón] 囡 気化.

ga·si·fi·car [ga.si.fi.kár; ga.-] 102 他 **1** ガス化する, 気化する. **2**〈飲み物に〉炭酸ガスを加える.

ga·sis·ta [ga.sís.ta; ga.-] 男 囡 ガス工事人, ガス会社員.

ga·sís·ti·co, ca [ga.sís.ti.ko, -.ka; ga.-] 厖 ガスに関する.

ga·so·duc·to [ga.so.ðúk.to; ga.-] 男 ガス・パイプライン.

ga·so·fa [ga.só.fa; ga.-] 囡《話》ガソリン.

ga·só·ge·no [ga.só.xe.no; ga.-] 男 **1** ガス発生炉, ガス発生機;炭酸ガス製造装置. **2** 染み抜き・燃料用の) ベンジンとアルコールの混合液.

gas-oil [ga.sóil; ga.-] [英] 男 ガスオイル;ディーゼル油.

ga·só·le·o [ga.só.le.o; ga.-] 男 → gas-oil.

ga·so·le·ro [ga.so.lé.ro; ga.-] 男《ラ米》(デ)ディーゼル車.

*ga·so·li·na** [ga.so.lí.na; ga.-] 囡 **1** ガソリン. ～ de alto octanaje ハイオクタン・ガソリン. ～ regular レギュラーガソリン. ～ sin plomo 無鉛ガソリン. surtidor de ～ ガソリン給油機. Me he quedado sin ～. ガソリンがなくなってしまった. **2**《ラ米》(デ)ガソリンスタンド.
[gas + *óleo* (← [ラ] *oleum*「油」) + -ina (化学薬品などを表す名詞語尾) [関連] [英] *gasoline*]

ga·so·li·ne·ro, ra [ga.so.li.né.ro, -.ra; ga.-] 男 囡 ガソリンスタンド従業員[所有者].
━囡 **1** ガソリンスタンド. **2** モーターボート.

gasolinera (ガソリンスタンド)

ga·so·me·trí·a [ga.so.me.trí.a; ga.-] 囡 気体計測[法];ガス定量.

ga·só·me·tro [ga.só.me.tro; ga.-] 男 **1**《技》ガスタンク;ガスタンクのある場所. **2** ガス計量器.

gás·quet [gás.ket; gás.-] 男《ラ米》《機》ガスケット.

gas·ta·ble [gas.tá.ble; gas.-] 厖 消費できる, 使える.

gas·ta·de·ro [gas.ta.ðé.ro; gas.-] 男《話》浪費. ～ de tiempo 時間の無駄遣い.

*gas·ta·do, da** [gas.tá.ðo, -.ða; gas.-] 厖 **1** 磨滅した, すり減った, 使い古した. piedras *gastadas* por las olas 波に洗われて磨滅した石. **2** 支払われた, 消費された. **3** 陳腐な, 言い古された. **4** 疲れきった, やつれた;意欲をなくした, 威信[名声]を失った.

gas·ta·dor, do·ra [gas.ta.ðór, -.ðó.ra; gas.-] 厖 浪費家の, 金遣いの荒い. ━男 囡 浪費家. ━男 **1**《軍》工兵. **2**《強制労働を課せられた》囚人, 服役者.

*** **gas·tar** [gas.tár; gas.-] 他 **1**《en ...に》〈お金を〉費やす, かける. *Gastó* una fortuna en construir la casa. 彼[彼女]は家の建築でひと財産を費やした.
2 消費する;使う. Este aparato *gasta* mucha electricidad. この器具は電気代がかかる.
3 すり減らす, 使い古す. Andando mucho *ha gastado* las suelas de los zapatos. 彼[彼女]はたくさん歩いて靴底をすり減らした.
4 〈否定的な態度・姿勢を〉取る. ～ mal genio たちが悪い. **5** 〈冗談などを〉言う. ～ bromas muy pesadas 悪い冗談を言う. **6** 〈人を〉疲れさせる, 〈人の〉精力[活力]を奪う. Este tipo de trabajo nos *gasta* mucho. こういう仕事では私たちはとても疲れる. **7**《スペイン》使用する, 身につける. Siempre *gasta* unas corbatas muy bonitas. 彼はいつもすてきなネクタイをしている. *Gasto* el 40. 私のサイズは40です.
━自《en ...で》浪費する, 散財する. *Gastaron* mucho *en* la fiesta. 彼らはパーティーで散財した.
━~se 再 **1** なくなる, 尽きる;すり減る. *Se han gastado* todas las pilas. すべての電池を使い切ってしまった. **2** 〈人が〉疲れ果てる.
gastarlas《話》(お決まりの否定的な) 態度を取る. No te desanimes, ya sabrás cómo *las gasta*. がっかりするなよ, 彼[彼女]はいつもあんな風だって君もわかるだろうから.
[← [古スペイン] 「荒廃させる」← [ラ] *vāstāre*「空に

gas·te·ró·po·dos [gas.te.ró.po.ðos; gas.-] 男 《複数形》【動】(カタツムリなどの)腹足類動物.

gas·to [gás.to; gás.-] 男 **1** 《主に複数で》費用, 出費. ~s educativos 教育費. ~s corrientes 運営資金. ~s de envío 送料. ~s fijos (家計の光熱費・税金などの)諸経費. ~ público 公共支出. → precio 類語. **2** 消費, 使用. ~ de energía エネルギー消費. **3** 消費量. ~ calórico カロリー消費量.
——活 → gastar.
correr con los gastos (*de*...) (…の)出費を受け持つ.
cubrir gastos 支出[費用]を賄う.

gas·to·so, sa [gas.tó.so, -.sa; gas.-] 形 浪費家の, 金遣いの荒い.

gas·tral·gia [gas.trál.xja; gas.-] 女【医】胃痛, 腹痛.

gas·trec·ta·sia [gas.trek.tá.sja; gas.-] 女【医】胃拡張.

gas·tri·cis·mo [gas.tri.θís.mo; gas.- / -.sís.-] 男【医】胃病, 消化不良.

gás·tri·co, ca [gás.tri.ko, -.ka; gás.-] 形 胃の. jugo ~ 胃液. aquilia *gástrica* 胃液欠乏症.

gas·tri·tis [gas.trí.tis; gas.-] 女 《単複同形》【医】胃炎. ~ aguda [crónica] 急性[慢性]胃炎.

gastro- 「胃」の意を表す造語要素. 異形に gastr-. → *gastr*algia, *gastro*intestinal.
[← (ギ)]

gas·tro·duo·de·nal [gas.tro.ðwo.ðe.nál; gas.-] 形 胃と十二指腸の.

gas·tro·en·té·ri·co, ca [gas.tro.en.té.ri.ko, -.ka; gas.-] 形 胃腸に関する.

gas·tro·en·te·ri·tis [gas.tro.en.te.rí.tis; gas.-] 女 《単複同形》【医】胃腸炎.

gas·tro·en·te·ro·lo·gí·a [gas.tro.en.te.ro.lo.xí.a; gas.-] 女【医】胃腸病学.

gas·tro·en·te·ró·lo·go, ga [gas.tro.en.te.ró.lo.go, -.ga; gas.-] 名 胃腸病専門医.

gas·tro·in·tes·ti·nal [gas.troin.tes.ti.nál; gas.-] 形 胃腸の.

gas·tro·li·to [gas.tro.lí.to; gas.-] 男 化石化した爬虫(はちゅう)類の中から見つかった石.

gas·tro·no·mí·a [gas.tro.no.mí.a; gas.-] 女 美食(嗜好(しこう))学; 料理法.

gas·tro·nó·mi·co, ca [gas.tro.nó.mi.ko, -.ka; gas.-] 形 美食の; 食通の, 食道楽の; 料理法の.

gas·tró·no·mo, ma [gas.tró.no.mo, -.ma; gas.-] 名 美食家, 食通, グルメ.

gas·tro·pa·tí·a [gas.tro.pa.tí.a; gas.-] 女 胃病.

gas·tró·po·do [gas.tró.po.ðo; gas.-] 男 → gasterópodos.

gas·trop·to·sis [gas.trop.tó.sis; gas.-] 女 《単複同形》【医】胃下垂.

gas·tro·to·mí·a [gas.tro.to.mí.a; gas.-] 女【医】胃切開(術).

gás·tru·la [gás.tru.la; gás.-] 女【生物】原腸胚, 嚢胚.

ga·ta [gá.ta; gá.-] 女 **1** → gato. **2**【植】ハリモクシュク. **3** 毛虫［青虫］の幼虫. **4** 山肌をはう雲. **5**【史】(城壁接近用の)移動式遮蔽(しゃへい)物. **6**《ラ米》(1)《ホ》《メ》【機】クランク. (2)《エス》【魚】アメリカテンジクザメ.
a gatas 四つんばいで; 《ラ米》《ボリ》《パラ》《話》やっと.

echar la gata 《ラ米》《中米》 / *soltar la gata* 《ボリ》 盗む.
hacer la gata しおらしくする, 猫をかぶる.
salirle (*a+人*) *la gata capada* 《ラ米》《中》《話》 (人)がだまされる.

ga·ta·da [ga.tá.ða; ga.-] 女 **1** 猫独特の動作［行動］. **2**《話》猫の群れ; 一腹の子猫. **3**《爪(つめ)で》ひっかくこと. **4** ごまかし, わな. armar a+人 una ~ (人)を引っかける. **5**《狩》(追われたウサギが)猟犬をやり過ごすため突然立ち止まること.

ga·ta·llón, llo·na [ga.ta.jón, -.jó.na; ga.- ‖ -.ʎón, -.ʎó.-] 形《話》悪賢い; いかさまの.
——男 女 ぺてん師, 悪党.

ga·ta·zo [ga.tá.θo; ga.- / -.so] 男 **1** 大きな(雄)猫. **2**《話》詐欺, かたり. dar ~ a+人〈人〉をぺてんにかける. [gato + 増大辞]

ga·te·a·do, da [ga.te.á.ðo, -.ða; ga.-] 形 **1** 猫のような. **2**〈大理石などが〉縞(しま)模様の入った. **3**《ラ米》〈馬が〉赤毛で黒い縞の入った.
——男 **1** はうこと. **2** 爪(つめ)で引っかくこと. **3**《ラ米》《タ》(家具用の)縞目の入った堅い木材.

ga·te·a·mien·to [ga.te.a.mjén.to; ga.-] 男 **1** はい登り; はい歩き. **2** 引っかくこと. **3** くすねること.

ga·te·ar [ga.te.ár; ga.-] 自 **1** はい登る, よじ登る. ~ por el árbol 木によじ登る. **2**《話》はって歩く. ~ a los seis meses (乳児が)6 か月ではって歩く. **3**《ラ米》《タ》《ク》《話》使用人に言い寄る.
——他 **1**〈猫が〉引っかく. **2**《話》くすねる, かっぱらう.

ga·te·o [ga.té.o; ga.-] 男 四つんばいで歩くこと; (赤ん坊の)はいはい.

ga·te·ra [ga.té.ra; ga.-] 女 **1**(扉などに開いた)猫の通り穴; 破れ穴. **2**【海】キャットホール, 鎖鎖(くさり)孔; 錨索を通す穴. **3**《ラ米》《ク》(女性の)露店商人.
——男《話》子供のすり; 悪賢い子供.

ga·te·rí·a [ga.te.rí.a; ga.-] 女《話》**1** 猫の群れ. **2** 不良の集まり. **3** 猫かぶり; こびへつらい.

ga·te·ro, ra [ga.té.ro, -.ra; ga.-] 形 **1**(場所について)猫がよく集まる, 猫が寄ってくる. **2** 猫好きな.
——男 女 猫好き(な人); 猫を売る人.

ga·ti·lla·zo [ga.ti.já.θo; ga.- ‖ -.ʎá.- / -.so] 男 (に弾が発射されないときに)引き金が鳴らす音.

ga·ti·llo [ga.ti.jo; ga.- ‖ -.ʎo] 男 **1**(銃の)引き金. apretar el ~ 引き金を引く. **2**(歯科医の)鉗子(かんし). **3**(四つ足動物の)首筋. **4**(大工の)締め具, 留め金; ジャッキ.

ga·to, ta [gá.to, -.ta; gá.-] 名 女 **1** ネコ; ネコ科の動物. Me gustan los ~s más que los perros. 私は犬よりも猫の方が好きだ. No hay ni un ~. 《話》猫の子一匹いない (⇒ 慣用表現). ~ callejero 野良猫. lengua de ~ ラングドシャ(焼き菓子). ~ de algalia ジャコウネコ. ~ cerval [montés, clavo] オオヤマネコ. ~ de Angora アンゴラネコ. ~ romano トラネコ, シマネコ. ~ persa (siamés) …
2《話》すり, こそ泥; ずる賢いやつ, 狡猾(こうかつ)な人. No te fíes de ella, que es una *gata*. 彼女はずる賢いから信用するな. **3**《話》マドリード生まれの人. **4**《ラ米》《中米》使用人, 奉公人; お手伝いさん.
——男 **1** ジャッキ; 締め具. levantar el coche con el ~ ジャッキで車体を上げる. **2**《ラ米》(1)《ボリ》《ペ》《エク》(腕の)力こぶ. (2)《エク》はさみ, やっとこ. (3)《メ》《話》心付け. (4)《ぺ》青空市場, 露店. (5)《ボリ》《話》《俗》梅毒. (6)《ボリ》アルゼンチンの伝統的舞曲.

a gatas → gata.
buscar tres [cinco] pies al gato 問題をより複雑にする，ありもしない問題に悩む．
caer de pie como los gatos 窮地をうまく切り抜ける．
como gato por ascuas [brasas] さっと，素早く．
corbata de gato 《ラ米》《ヒ》【服飾】蝶ネクタイ．
Cuando el gato no está los ratones bailan. 《諺》鬼の居ぬ間に洗濯（←猫がいないとねずみが踊る）．
cuatro gatos 《話》(人が)まばらな状態．
dar gato por liebre 羊頭を掲げて狗肉(ﾆｸ)を売る（←野うさぎの代わりに猫を与える）．
defenderse como gato panza arriba 死にもの狂いで抵抗する．
Gato con guantes no caza ratones. 上品ぶると何もできない（←手袋をはめた猫はネズミを捕らない）．
Gato escaldado del agua fría huye. 《諺》羮(ｱﾂﾓﾉ)にこりてなますを吹く（←熱湯をかけられたことのある猫は水からも逃げる）．
gato viejo 《話》経験豊かな人；抜け目のない人．
haber gato encerrado en... 《話》…に何か裏がある，…がうさんくさい．
hacer la gata → gata.
hasta el gato 誰もが（= todo el mundo）．Eso lo sabe *hasta el* ～．それは誰もが知っている．
Hasta los gatos quieren zapatos. 《諺》人というのは時に高望みをするものだ（←猫でさえ靴を欲しがる）．
lavarse a lo gato / lavarse como los gatos （湿らせたタオルなどで）顔[体]をぬぐう，カラスの行水．
llevarse el gato al agua 《話》勝負に勝つ，勝ち取る．
poner el cascabel al gato 猫に鈴をつける（困難なことに果敢に挑戦する）．
[← 《後ラ》*cattus*「雄猫」；gata←《後ラ》*catta*「雌猫」．《関連》《ポルトガル》gato．《仏》chat．《伊》gatto．《英》cat．《独》Katze］

ga･to･par･do [ga.to.pár.ðo; ga.-] 男【動】ユキヒョウ．

GATT [gát; gát] 《略》General Agreement on Tariffs and Trade [英] 関税および貿易に関する一般協定，ガット（= Acuerdo General sobre Aranceles y Comercio）．

ga･tu･no, na [ga.tú.no, -.na; ga.-] 形 猫の，猫のような．

ga･tu･ña [ga.tú.ɲa; ga.-] 女【植】ハリモクシュク：マメ科．シャンプーや化粧品に使われる．

ga･tu･pe･rio [ga.tu.pé.rjo; ga.-] 男 **1** ごたまぜ；紛糾．**2** 悪巧み，ぺてん．

gau･cha [gáu.tʃa; gáu.-] 女《ラ米》《ｳﾞ*ｶﾞｳ*》《話》男勝り(の女)．

gau･cha･da [gau.tʃá.ða; gau.-] 女《ラ米》**(1)** 《ｳﾞ*ｶﾞｳ*》《ｳﾞ*ｶﾞｳ*》ガウチョ gaucho 特有の勇敢で大胆な[男らしい]行い；巧妙なやり方．**(2)** 《ｳﾞ*ｶﾞｳ*》→ gauchaje．**(3)** 《ｳﾞ*ｶﾞｳ*》機転，冗談；即興詩．**(4)** 《ｳﾞ*ｶﾞｳ*》好意，親切．**(5)** 《ｳﾞ*ｶﾞｳ*》《話》手助け，援助．

gau･cha･je [gau.tʃá.xe; gau.-] 男《ラ米》《ｳﾞ*ｶﾞｳ*》**(1)** 《集合的》ガウチョたち．

gau･char [gau.tʃár; gau.-] → gauchear．

gau･che･ar [gau.tʃe.ár; gau.-] 自《ラ米》《ｳﾞ*ｶﾞｳ*》**(1)** ガウチョ gaucho の（ような）暮らしをする，ガウチョの慣習を守る．**(2)** 放浪する．**(3)** 危ない火遊び［恋愛］をする．

gau･ches･co, ca [gau.tʃés.ko, -.ka; gau.-] 形 ガウチョ gaucho の（ような）．vida *gauchesca* ガウチョの生活．la literatura *gauchesca* ガウチョ文学．

gau･chis･mo [gau.tʃís.mo; gau.-] 男《ラ米》【文学】ガウチスモ：19世紀後半のアルゼンチンの文学運動の名称．♦pampa におけるガウチョ gaucho の生活を描いた．

*gau･cho, cha [gáu.tʃo, -.tʃa; gáu.-] 形 **1** ガウチョの．*costumbres gauchas* ガウチョの習わし．un payador ～ ガウチョの歌い手[吟遊詩人]．

gaucho（ガウチョ）

2 《ラ米》《話》**(1)** 《ｳﾞ》《ｶﾞｳ*》ガウチョのような，乗馬のうまい；他人に尽くす．**(2)** 美しい．**(3)** 粗野な．**(4)** ずるい，策にたけた．
──男 女 **1** ガウチョ，牧童．♦先住民の子孫で，通例スペイン人との混血．ラプラタ川流域のパンパ pampa に住む牧童．**2** 《ラ米》《ｳﾞ》《ｶﾞｳ*》乗馬のうまい人．
──男 **(1)** 《ｳﾞ》《ｶﾞｳ*》つばの広い麦わら帽子．**(2)** 《ｶﾞｳ*》《俗》プレイボーイ，女たらし．
[←？《ケチュア》*wachca*「貧民，放浪者」]

gau･de･a･mus [gau.ðe.á.mus; gau.-] 男《単複同形》《話》喜び；宴会．andar de ～ どんちゃん騒ぎをする．[←《ラ》*gaudeamus*「楽しくしよう」（*gaudēre*「楽しむ」の接続法現在1人称複数形）]

Gau･dí [gau.ðí; gau.-] 固名 ガウディ Antonio [Antoni] ～ (i Cornet) (1852-1926)：スペインの建築家．作品 *la Iglesia de La Sagrada Familia*『聖家族教会』(1883- , 未完)，*Parque Güell*『グエル公園』(1984年世界遺産登録)．

gau･di･nia･no, na [gau.ði.njá.no, -.na; gau.-] 形 ガウディの，ガウディ風の．→Gaudí．

gau･llis･ta [gau.jís.ta; gau.- ‖ -.ʎís.-] 形 ドゴール（フランスの将軍・大統領，1890-1970）主義者の．
──男 女 ドゴール主義者．

gauss [gáus; gáus] 男【物理】ガウス：磁束密度の単位．

ga･van･za [ga.βán.θa; ga.- / -.sa] 女【植】ノバラの花．

ga･van･zo [ga.βán.θo; ga.- / -.so] 男【植】ノバラの木．

ga･ve･ra [ga.βé.ra; ga.-] 女《ラ米》《ｺﾞﾑ》(仕切りのある)瓶ケース；製氷皿．

ga･ve･ta [ga.βé.ta; ga.-] 女 **1**（主に書き物机の）引き出し；ファイル戸棚．**2**（左官が泥をこねる）木枠桶．

ga･via¹ [gá.βja; gá.-] 女 **1** 溝(ﾐｿﾞ)，堀．**2**（植樹用の）穴．**3**《複数で》《話》精神病院．**4** 【海】メーン・トップスル．

ga･via² [gá.βja; gá.-] 女 → gaviota．

ga･vial [ga.βjál; ga.-] 男【動】ガンジスワニ．

ga･vi･lán [ga.βi.lán; ga.-] 男 **1**【鳥】ハイタカ．**2**（剣の）十字形つば（の1本）．**3**（文字の）飾り書き，跳ね，止め．**4**《単数または複数で》ペン先の先端．**5**【海】ボートフック，鈎竿(ｶｷﾞｻｵ)．**6**《話》無ané()な少女をねらう男；弱者につけ入る悪人．**7**【植】アザミの花．**8**《ラ米》**(1)**《ｸﾞ》《ﾑﾒ*》《ﾆｶ*》《ｷｭｰ*》【鳥】タカ．**(2)**

gavilla

(ﾀﾞﾋ)(ﾁｭ)足の指に食い込んだ爪(ｶﾞ).

ga·vi·lla [ga.bí.ja; ga.-‖-.ʎa.] 囡 **1** (穀草・つる草などの)束. **2** 《話》悪党の一団. ~ de ladrones 泥棒の一味. la gente de ~ 悪党ども. **3** 《ﾗ米》(ﾌﾟﾙﾄ)《話》《集合的》若者(のグループ).

ga·vi·llar [ga.bi.jár; ga.-‖-.ʎár.] 囮 **1** 束ねる, 束にする. **2** 《ﾗ米》(ｴﾙｻﾙ)集団で襲う.

ga·vi·lle·ro [ga.bi.jé.ro; ga.-‖-.ʎe.-] 男 **1** (刈り取った順に)並べた束;束を積み上げた場所. **2** 《ﾗ米》(1)《話》束を車に積み込む人夫. (2)《話》ならず者(たち), 追いはぎ.

ga·vi·na [ga.bí.na; ga.-] 囡 → gaviota.

ga·vión [ga.bjón; ga.-] 男 **1** 〖軍〗堡籃(ﾎﾞｳﾗﾝ):石・土などを詰めた堡塁築造用のかご. **2** (水流をせき止める)蛇かご, 石がまち. **3** 《話》大きなつば広帽子.

ga·vio·ta [ga.bjó.ta; ga.-] 囡 〖鳥〗カモメ.

ga·vo·ta [ga.bó.ta; ga.-] 囡 〖音楽〗ガボット:17-18世紀ヨーロッパで流行したフランス起源の2分の2拍子のダンスと曲.[←〖仏〗 gavotte(「(アルプス山中の)Gap 地方の踊り」が原義)].

gay [gái; gái // géi; géi] 〖英〗形 (複 ~s, ~, gais) ゲイの. —男 ゲイ.

ga·ya [gá.ja; gá.-] 囡 **1** 縞(ｼﾏ). **2** (勝者に与えられた)勝利の旗. **3** 〖鳥〗カササギ.

ga·yo, ya [gá.jo, .ja; gá.-] 形 **1** 陽気な, 快活な. la moza *gaya* 朗らかな娘. **2** 《文章語》華美な, 華やかな. *gaya* ciencia 詩(文); 詩学, 作詩法.

ga·yo·la [ga.jó.la; ga.-] 囡 **1** 檻(ｵﾘ). **2** 《話》監獄. **3** 《俗》オナニー.

ga·yom·ba [ga.jóm.ba; ga.-] 囡 〖植〗レダマ.

ga·yu·ba [ga.jú.ba; ga.-] 囡 〖植〗ウワウルシ.

ga·yum·bos [ga.júm.bos; ga.-] 男《複数形》《話》(下着の)トランクス.

ga·za [gá.θa; gá.- / -.sa] 囡 〖海〗綱[索]の端止め, スプライス.

ga·za·fa·tón [ga.θa.fa.tón; ga.- / -.sa.-] 男 → gazapatón.

ga·za·pa [ga.θá.pa; ga.- / -.sá.-] 囡 《話》うそ.

ga·za·pa·tón [ga.θa.pa.tón; ga.- / -.sa.-] 男 言い損ない, 聞くに堪えない言葉.

ga·za·pe·ra [ga.θa.pé.ra; ga.- / -.sa.-] 囡 **1** ウサギの巣穴. **2** 《話》悪党の隠れ家. **3** けんか(騒ぎ), 騒動. **4** 《ﾗ米》(ｴﾙｻﾙ)言葉遣いの間違いリスト.

ga·za·pi·na [ga.θa.pí.na; ga.- / -.sa.-] 囡 **1** 《話》やくざ者の集まり;乱闘, けんか(騒ぎ).

ga·za·po [ga.θá.po; ga.- / -.sa.-] 男 **1** 〖動〗子ウサギ(= conejillo). **2** 《話》抜け目のない人, ずる賢い人. **3** 《話》へま, 言い[書き]間違い. **4** 〖印〗誤植. **5** 《ﾗ米》(ｴﾙｻﾙ)策略, わな.

ga·za·pón [ga.θa.pón; ga.- / -.sa.-] 男 → garito.

ga·za·pón, po·na [ga.θa.pón, -.pó.na; ga.- / -.sa.-] 形 《闘牛》挑み続ける.

gaz·miar·se [gaθ.mjár.se; gaθ.- / gas.-; gas.-] 再 《話》不平を言う. 恨む.

gaz·mo·ña·da [gaθ.mo.ɲá.ða; gaθ.- / gas.-; gas.-] / **gaz·mo·ñe·rí·a** [gaθ.mo.ɲe.rí.a; gaθ.- / gas.-; gas.-] 囡 《話》偽善[的な行為], 道徳家ぶること;信心家ぶること;猫かぶり.

gaz·mo·ñe·ro, ra [gaθ.mo.ɲé.ro, -.ra; gaθ.- / gas.-; gas.-] / **gaz·mo·ño, ña** [gaθ.mó.ɲo, -.ɲa; gaθ.- / gas.-; gas.-] 形 道徳家ぶった;えせ信心の;上品ぶった, 猫かぶりの. —男 囡 道徳家[信心家]ぶった人;猫かぶりの人.

gaz·ná·pi·ro, ra [gaθ.ná.pi.ro, -.ra; gaθ.- / gas.-; gas.-] —男 囡《話》ばか, まぬけ.

gaz·nar [gaθ.nár; gaθ.- / gas.-; gas.-] 自 → graznar.

gaz·na·ta·da [gaθ.na.tá.ða; gaθ.- / gas.-; gas.-] 囡 **1** のどを打つこと. **2** 《ﾗ米》(ﾒｷ)(ｸﾞｱﾃ)(ｴﾙｻﾙ)《話》平手打ち, びんた.

gaz·na·ta·zo [gaθ.na.tá.θo; gaθ.- / gas.-.so; gas.-] 男 → gaznatada **1**.

gaz·na·te [gaθ.ná.te; gas.-; gas.-] 男 **1** のど, 気管. refrescarse el ~ のどを潤す;一杯やる. **2** (円筒形の)揚げ菓子. **3** 《ﾗ米》(1)(ﾒｷ)(ｸﾞｱﾃ)パイナップル・ココナッツ・卵などで作る菓子. (2)(ﾍﾟﾙ)《話》のど, 首.

gaz·na·tón, to·na [gaθ.na.tón, -.tó.na; gaθ.- / gas.-; gas.-] 形 《ﾗ米》(ｸﾞｱﾃ)《話》大声の, がなりたてる. —男 **1** のどへの一撃. **2** (円筒形の)揚げ菓子. **3** 《ﾗ米》(ｴﾙｻﾙ)《話》平手打ち, びんた.

gaz·pa·cho [gaθ.pá.tʃo; gaθ.- / gas.-; gas.-] 男 **1** 〖料〗ガスパチョ:キュウリ・トマト・タマネギ・ニンニク・パン・オリーブ油・酢・塩で作る冷たい野菜スープ. **2** 《ﾗ米》(1)(ｺﾛﾝ)(食べ物の)残りくず. (2)(ｺﾛﾝ)(ヤシの実の)繊維質の皮.

gaz·pa·chue·lo [gaθ.pa.tʃwé.lo; gaθ.- / gas.-; gas.-] 男 (レモン・酢で味付けした温かい)卵スープ.

ga·zu·za [ga.θú.θa; ga.- / -.sú.sa] 囡 **1** 《話》すきっ腹. tener ~ 腹ぺこである. **2** 《ﾗ米》(1)(ﾒｷ)《遊》(子供の)追いかけっこ. (2)(ｺﾛﾝ)《話》騒ぎ, 騒ぎ声. (3)(ｸﾞｱﾃ)庶民. 男《ﾗ米》(1)(ｺﾛﾝ)《話》一筋縄ではいかない人. (2)(ｴﾙｻﾙ)《話》なんでもひとり占めしたがる人.

ga·zu·zo, za [ga.θú.θo, -.θa; ga.- / -.sú.so, -.sa] 形 《ﾗ米》《話》空腹な.

Gd 〖化〗gadolinio ガドリニウム.

ge [xé] 囡 アルファベットの g の名称.

Ge 〖化〗germanio ゲルマニウム.

ge·a [xé.a] 囡 **1** [G-] 〖ギ神〗ガイア:大地の女神. 天空神 Urano の母. **2** 《集合的》一国[地方]の無生物[鉱物]界;鉱物誌.

ge·co [xé.ko] 男 〖動〗《総称的》ヤモリ.

ge·có·ni·do [xe.kó.ni.ðo] 男 〖動〗ヤモリ科の動物;《複数形》ヤモリ科.

ge·he·na [xe.é.na] 囡 地獄, 焦熱地獄. ♦聖書のゲヘナ Gehenna(エルサレム近くのいけにえの地 Hinnom の谷)に由来する.

gei·sa [xéi.sa] 〖日〗囡 → geisha.

géi·ser [xéi.ser] 〖地理〗間欠泉.

gei·sha [xéi.sa, -.ʃa // géi.ʃa; géi.-] 〖日〗囡 芸者.

ge·jio·nen·se [xe.xjo.nén.se] 形 (スペインの)ヒホン Gijón の. —男 囡 ヒホンの住民[出身者].

gel [xél] 男 〖化〗ゲル. → coloidal.

ge·la·mo·ni·ta [xe.la.mo.ní.ta] 囡 〖化〗アンモニウム硝酸塩をベースにしたゼラチン状の爆薬.

ge·la·te·rí·a [xe.la.te.rí.a] 囡 《ﾗ米》アイスクリーム店.

ge·la·ti [xe.lá.ti] 男 《ﾗ米》(ｸﾞｱﾃ)アイスクリーム.

ge·la·ti·na [xe.la.tí.na] 囡 **1** 〖化〗ゼラチン, 精製膠(ﾆｶﾜ). **2** ゼリー;煮こごり.

ge·la·ti·no·so, sa [xe.la.ti.nó.so, -.sa] 形 ゼラチン質[状]の, ゼリー状の.

gé·li·do, da [xé.li.ðo, -.ða] 形 《文章語》凍てつくような.

ge·li·fi·car·se [xe.li.fi.kár.se] 102 再 〖化〗ゲル(状)になる.

ge·li·frac·ción [xe.li.frak.θjón / -.sjón] 囡 → livación.

ge·lig·ni·ta [xe.liɣ.ní.ta] 囡 〖化〗ゼリグナイト:火薬の一種.

ge·li·va·ción [xe.li.ba.θjón / -.sjón] 囡 浸透水が凍結することで起こる岩石の崩壊.

ge·ma [xé.ma] 囡 **1** 宝石, 宝玉. **2** 〖植〗芽. **3** (角材の) 丸身, 耳:一部に樹皮が付いたままになっている下級品.
sal gema 岩塩.

ge·ma·ción [xe.ma.θjón / -.sjón] 囡 **1** 〖植〗発芽. **2** 〖生物〗無性芽 (球) 形成, 無性生殖.

ge·me·bun·do, da [xe.me.βún.do, -.da] 形 うめき声[うなり声]を上げる.

ge·me·la [xe.mé.la] 囡 〖植〗(茶に入れて香りをつける) マツリカ.

*****ge·me·lo, la** [xe.mé.lo, -.la] 形 **1** 双生児の. *hermanos ~s* 双子の兄弟. **2** 対をなす, 類似した. *alma gemela* 心の通いあった人. *músculos ~s* 〖解剖〗双子筋.
── 男 双生児, 双子の兄弟姉妹.
── 男 **1** 《複数で》双眼鏡. *~s de campo* 遠距離用双眼鏡. *~s de teatro* オペラグラス. **2** 《複数で》カフスボタン. **3** [G-] 《複数で》〖星座〗ふたご座;〖占星〗双子宮 (= Géminis). **4** 《複数で》一対をなすもの;〖建〗対の添え木. **5** 姉妹船.
── 囡 《複数で》〖紋〗2本1組の細い横帯.
[←[ラ] *gemellum* (*gemellus* の対格;*geminus*「双生児」+ 縮小辞);〖関連〗*geminar, géminis, mellizo*. [英] *gemel*「対になった」, *geminate*「二重にする」, 双生の」]

ge·mi·do [xe.mí.ðo] 男 うめき声, うなり声;悲嘆の声, 泣き声.

ge·mi·dor, do·ra [xe.mi.ðór, -.ðó.ra] 形 うめく, うなる;嘆き悲しむ, 泣く.

ge·mi·na·ción [xe.mi.na.θjón / -.sjón] 囡 〖修辞〗語句反復. 〖言〗子音重複.

ge·mi·na·do, da [xe.mi.ná.ðo, -.ða] 形 **1** 〖植〗〖生物〗2つに分岐した. **2** 〖言〗(イタリア語などに見られる子音の) 重複した. **3** 一対の.

ge·mi·nar [xe.mi.nár] 他 〖古語〗二重にする, 2倍にする;繰り返す.

gé·mi·nis [xé.mi.nis] 形 〖性数不変〗ふたご座生まれの. *mujeres ~* ふたご座の女性たち.
── 男 (1)〖星座〗[G-] ふたご座 (= Gemelos). (2) 〖占星〗双子宮:黄道十二宮の第3宮. **2** (白鉛と蠟(%)で作った) 軟膏(%). ── 男 〖単複同形〗ふたご座生まれの人. *Soy ~*. 私はふたご座です.

ge·mi·que·ar [xe.mi.ke.ár] 自 《ラ米》《話》めそめそ泣く.

ge·mi·que·o [xe.mi.ké.o] 男 《ラ米》《話》すすり泣き.

*****ge·mir** [xe.mír] ① 自 **1** うめく, うなる;嘆き悲しむ, 苦悶(½)する. **2** (動物が) 哀れな声で鳴く. **3** (風が) ヒューヒュー鳴る.

ge·mo·lo·gí·a [xe.mo.lo.xí.a] 囡 宝石学.

ge·mó·lo·go, ga [xe.mó.lo.go, -.ga] 男囡 宝石学者.

gé·mu·la [xé.mu.la] 囡 〖解剖〗瘤腫[膿(%)]状隆起;〖動〗(無脊椎(%)動物の) 芽球;〖植〗芽, 胞芽.

gen [xén] 男 〖生物〗遺伝(因)子, ジーン, ゲン. *gen mutante* 突然変異遺伝子.

gen·cia·na [xen.θjá.na / -.sjá.-] 囡 〖植〗リンドウ.

gen·cia·ná·ce·as [xen.θja.ná.θe.as / -.sja.-.se.-] 囡 《複数形》〖植〗リンドウ科の植物).

gen·cia·ne·a [xen.θja.né.a / -.sja.-] 形 → *gencianáceas*.

gen·dar·me [xen.dár.me] 男 《ラ米》(ジタ)(^{メキ})(ジコ) 警察官;(ジタ)地方警察官.

gen·dar·me·rí·a [xen.dar.me.rí.a] 囡 憲兵隊;憲兵隊司令部.

ge·ne [xé.ne] 男 → *gen*.

ge·ne·a·lo·gí·a [xe.ne.a.lo.xí.a] 囡 **1** 家系, 血統;〖生物〗系統. **2** 系図, 系譜;血統書.

ge·ne·a·ló·gi·co, ca [xe.ne.a.ló.xi.ko, -.ka] 形 **1** 家系の, 血統の;〖生物〗系統の.
2 系図の, 系譜の. *árbol ~* 系統[系譜]樹.

ge·ne·a·lo·gis·ta [xe.ne.a.lo.xís.ta] 男囡 系図[系譜]学者.

ge·ne·á·ti·co, ca [xe.ne.á.ti.ko, -.ka] 形 誕生日の.
── 男 誕生日占い師.

*****ge·ne·ra·ción** [xe.ne.ra.θjón / -.sjón] 囡 **1** 同時代の人々, 世代, ジェネレーション. *las nuevas generaciones* 新しい世代. *la ~ del 98* 98世代 (♦1898年米西戦争における敗北をきっかけに, スペインの歴史を総点検し, 再生の道を模索した作家たち. Azorín, Unamuno など).
2 一世代, (親・子・孫など家系の) 代;(直系の) 子孫. *de ~ en ~* 代々. *Con el bebé recién nacido, vivimos cuatro generaciones en mi casa.* 生まれたばかりの赤ん坊を含めてわが家では4世代が同居している.
3 (ある時代に作られた機器・ある時代に普及した医薬品・治療法などの) 型, タイプ;世代. *los ordenadores de la próxima ~* 次世代コンピュータ. *Le dieron un tratamiento de última ~*. 彼[彼女]には最新の治療が施された.
4 生産, 産出;〖生物〗生殖, 発生;〖電〗(電気・熱などの) 発生;〖植〗〖I T〗生成. *~ sexual* 有性生殖. *~ espontánea* 〖生物〗自然発生. *~ de energía eléctrica* 発電.
[←[ラ] *generātiōnem* (*generātiō* の対格, *generāre*「生む」の派生語);〖関連〗*engendrar, generar, génesis*. [英] *generation*]

ge·ne·ra·cio·nal [xe.ne.ra.θjo.nál / -.sjo.-] 形 世代の.

ge·ne·ra·dor, do·ra [xe.ne.ra.ðór, -.ðó.ra] 形 **1** 《*de*... ...を》産み出す, 発生させる.
2 〖数〗生成元の.
── 男 **1** 〖機〗発電機;発生器. **2** 〖数〗生成元.

*****ge·ne·ral** [xe.ne.rál] 形 《名詞＋》《*ser*＋》一般の, 全般的な;概括的な. *interés ~* 一般的な関心. *reglas ~es* 一般規則, 総則. *cultura ~* 一般教養. *lingüística ~* 一般言語学. *impresión ~* 全般的な印象. *opinión ~* 大方の意見. *rasgo ~* 全体の特徴. *hospital ~* 総合病院. *asamblea* [*junta*] *~* 総会. *elecciones ~es* 総選挙. *huelga ~* ゼネスト. *cuartel ~* 総司令部, 本部. *parálisis ~* 全身まひ. *recibir el aplauso ~* 世の称賛を受ける. *costumbre muy ~* ごく当たり前の習慣. *de distribución ~* 広く分布した. *hablar en términos ~es* 概略を話す.
2 《名詞＋》(組織の) 全体を総括する. *gerente* [*director*] *~* 総支配人. *secretario ~* 書記長, 総書記;事務総長.
── 男 **1** 将軍, (陸・空軍の) 将官. *~ de brigada* [*división*] 陸軍准将[少将]. *teniente ~* 陸軍中将. *~ en jefe* 総司令官. **2** 〖宗〗(修道会の) 総会長.
en general 一般的に, たいがいは;いつもは.
por lo general 普通は, いつもは.
[形←[ラ] *generālis*「種族の;(ある種族に) 一般的な」(*genus*「種族」より派生);男←〖古伊〗*generale* ←[中ラ] *generālis*「教団の長」(形 と同源)]

ge·ne·ra·la [xe.ne.rá.la] 囡 **1** 将軍夫人.
2『軍』戦闘準備のらっぱの合図.
ge·ne·ra·la·to [xe.ne.ra.lá.to] 男 **1** 将軍の地位[職];《集合的》将軍.
2 (教団・修道会の) 総会長[総長]の地位[職].
*__ge·ne·ra·li·dad__ [xe.ne.ra.li.ðáđ] 囡 **1** 一般性, 普遍性;《複数で》**一般論**, 総論, 概論. limitarse a ～*es* 一般論にとどめる. **2** 大多数. **3** 漠然, 曖昧(あいまい). contestar con una ～ 曖昧な返事をする. **4** [G-]『史』(第２共和制下および1977年以降の) カタルーニャ自治政府 (= Generalitat).
ge·ne·ra·lí·si·mo [xe.ne.ra.lí.si.mo] 男 最高司令長官, (大) 元帥; 総統: 特に Franco 将軍を指す.
ge·ne·ra·lis·ta [xe.ne.ra.lís.ta] 形 幅広い知識をもった. — 男 囡 幅広い知識を持った人;『医』(専門医に対して) 一般医.
Ge·ne·ra·li·tat [je.ne.ra.li.táɾ] [カタルーニャ] 囡 (カタルーニャおよびバレンシアの) 自治政府.
ge·ne·ra·li·za·ble [xe.ne.ra.li.θá.ble / -.sá.-] 形 一般化できる.
ge·ne·ra·li·za·ción [xe.ne.ra.li.θa.θjón / -.sa.sjón] 囡 **1** 一般化, 普遍化; 概括.
2 普及, 伝播(でんぱ);(紛争などの) 波及, (病気の) 全身転移. ～ de un conflicto 紛争の拡大.
ge·ne·ra·li·za·do, da [xe.ne.ra.li.θá.ðo, -.ða / -.sá.-] 形 **1** 一般化された, 普遍化された.
2 普及した, 広がった. la opinión más *generalizada* 最も広く受け入れられた意見.
ge·ne·ra·li·za·dor, do·ra [xe.ne.ra.li.θa.ðóɾ, -.ðó.ra / -.sa.-] 形 **1** 一般[普遍]化する, 総合する. **2** 広げる, 普及させる.
*__ge·ne·ra·li·zar__ [xe.ne.ra.li.θáɾ / -.sáɾ] 97 他
1 一般化する, 普遍化する; 概括する. No se puede ～: No todos los japoneses hablan mal el inglés. 日本人が皆, 英語がへただとは一概には言えない. **2** 普及させる, 広める. ～ el uso de la televisión テレビを普及させる. ～ una medida a todo el país ある措置を全国に適用する. **3** 一般論を述べる. No *generalice* Vd. tanto, concrete más. 一般論ではなく具体的に言ってください.
— ～·se 再 一般化する; 普及する, 広がる. Se ha *generalizado* la epidemia en toda la ciudad. 町中に流行病が広まった.
ge·ne·ral·men·te [xe.ne.rál.mén.te] 副 一般に, 普通.
*__ge·ne·rar__ [xe.ne.ráɾ] 他 **1** 発生させる, 生み出す. ～ una corriente eléctrica 発電する.
2 引き起こす, もたらす. **3**『古語』子をもうける.
ge·ne·ra·ti·vo, va [xe.ne.ra.tí.βo, -.βa] 形
1 産み出す, 発生(上)の.
2 原因となる, 生じさせる. **3**『言』生成の. gramática [fonología] *generativa* 生成文法 [音韻論].
ge·ne·ra·triz [xe.ne.ra.tríθ / -.trís] 形 《女性形のみ》《複 generatrices》『数』母線の.
— 囡『数』母線.
*__ge·né·ri·co, ca__ [xe.né.ri.ko, -.ka] 形 **1** (動植物分類の) 属の, 属に特有な **2** 一般的の, 包括的な. nombre ～ 普通名詞. **3**『文法』性の.
__gé·ne·ro__ [xé.ne.ro] 男 **1 種, 種類; 分野; 部類, タイプ. El ～ de las ciencias humanas comprende la literatura, la filosofía, la política, la economía, etc. 人文科学の分野には文学, 哲学, 政治学, 経済学などが含まれる.
2 方法, 流儀, スタイル. ～ de vida 生き方, 生活スタイル.

3 《主に複数で》織物[布](の種類), 繊維製品. ～s de punto ニットウェア. ～s de algodón 木綿の服. **4** 商品, 品物. No toquen los ～s, por favor. 商品にはお手を触れないでください. Ese supermercado tiene poco ～. そのスーパーは品ぞろえがよくない.
5『生物』属 (→ taxón). ～ humano 人類.
6 (文学・芸術作品の) **ジャンル**, **様式**. Mi ～ literario favorito es la narrativa. 私の好きな文学のジャンルは小説である. ～ cómico コミックもの. ～ chico (19世紀末から20世紀初頭に流行した) 小劇: サルスエラ zarzuela を含む一幕または二幕ものの喜劇.
7『文法』性. sustantivo de ～ masculino [femenino, neutro, común] 男性[女性, 中性, 男女共通] 名詞.
de ～ 〈芸術作品が〉日常生活を描いた, 風俗画の.
ser de género tonto 〈ものごとが〉ばかげている.
[←[ラ] *genus*「種族」|関連| general, generación, gente. [仏] *genre*「種類; ジャンル」]
ge·ne·ro·sa·men·te [xe.ne.ró.sa.mén.te] 副 気前よく, 寛大に; 豊富に.
*__ge·ne·ro·si·dad__ [xe.ne.ro.si.ðáđ] 囡 **1** 寛大, 寛容; **気前のよさ**. Peca de ～. 彼[彼女]は気前が良すぎる. **2** 高貴, 高潔さ; りりしさ.
*__ge·ne·ro·so, sa__ [xe.ne.ró.so, -.sa] 形 **1** 《ser + / estar +》《**con...** ...に対して》**寛大な**, **寛容な**; **気前のよい**, 物惜しみしない. un carácter ～ 寛容な性格. de corazón ～ 度量の大きい, 心の広い. Es una política *generosa con* los inmigrantes. それは移民に対して寛容な政策である.
2 (生まれの) 高貴な, 名門の. de sangre *generosa* 名門の血をひいた. caballo ～ 名馬.
3 高潔な; 自己の犠牲を惜しまない, 勇敢な.
4 豊富な, たくさんの, たっぷりの; 豊満な;〈土地が〉豊饒(ほうじょう)な. Ella tiene una forma de cuerpo muy *generosa*. 彼女はとても肉づきがいい.
5 (酒が) こくのある. vino ～ 芳醇(ほうじゅん)なワイン.
[←[ラ] *generōsum* (*generōsus* の対格)「貴族の; 高貴な」; *genus*「種族」(→ género) より派生; |関連| [英] *generous*]
ge·ne·sia·co, ca [xe.ne.sjá.ko, -.ka] /
ge·ne·sí·a·co, ca [xe.ne.sí.a.ko, -.ka] 形 発生 [生成] 上の;『聖』創世記の.
ge·né·si·co, ca [xe.né.si.ko, -.ka] 形 発生の, 生殖の.
gé·ne·sis [xé.ne.sis] 囡《単複同形》**1** 創始, 発生, 生成. **2** 起源, 由来.
— 男 [G-]『聖』(旧約の) 創世記 (略 Gén).
ge·ne·ti·cis·ta [xe.ne.ti.θís.ta / -.sís.-] 男 囡 → genetista.
*__ge·né·ti·co, ca__ [xe.né.ti.ko, -.ka] 形 **1** 遺伝学の, 遺伝因子による. ingeniería *genética* 遺伝子工学. conversión *genética* 遺伝子変換. información *genética* 遺伝子情報. manipulación *genética* 遺伝子操作. recombinación *genética* 遺伝子組み替え (= transgénico). **2** 発生の, 起源の.
— 囡『生物』遺伝学.
ge·ne·tis·ta [xe.ne.tís.ta] 男 囡 遺伝学者.
ge·net·lí·a·co, ca [xe.net.ljá.ko, -.ka / -.ne.tljá.-] /
ge·net·lí·a·co, ca [xe.net.lí.a.ko, -.ka / -.ne.tlí.-] 形 誕生日占いの; 誕生物語の.
— 男 誕生日占い師; 誕生物語の詩.
— 囡 誕生日占い: 誕生日の星相による占星術.

Gen·gis Kan [xéŋ.xis kán] 固名 チンギス・ハン：モンゴル帝国の創設者(在位1206-27).

ge·nial [xe.njál] 形《+名詞/名詞+》《ser+/estar+》**1** 天才の, 天才的な, 非凡な. Ese pianista se mostró ~ desde muy joven. そのピアニストは若いときから天才ぶりを発揮した. **2**《話》**すばらしい**, すごくいい；気の利いた. Me parece ~ tu propuesta. 君の提案はすごくいいと思うよ. una obra ~ 傑作. ━━副 すばらしく；とても上手に. Te envidio porque bailas ~. そんなにうまく踊れて君がうらやましいよ.

ge·nia·li·dad [xe.nja.li.ðáð] 囡 **1** 天分, 天才的才能「手腕」. **2**《主に皮肉》妙案, 気の利いた[考え]. Eso fue una ~. あれは大したひらめきだった. **3** 独自性；奇抜さ, 奇行.

ge·nia·zo [xe.njá.θo/-.so] 男《話》激しい気性. tener un ~ horrible とても気性が荒い.

gé·ni·co, ca [xé.ni.ko, -.ka] 形 遺伝子の. terapia *génica* 遺伝子治療.

ge·nie·ci·llo [xe.nje.θí.jo ‖ -.ʎo/-.sí.-] 男《文学》(物語に出てくる魔法の使える)小妖精.

ge·nio [xe.njo] 男 **1** 性格, 気質, 気性. ~ alegre [tranquilo] 陽気な[おっとりした]性格. tener buen [mal] ~ 気立てがいい[気難しい]. G~ y figura, hasta la sepultura.《諺》三つ子の魂百まで(←性格と容姿は墓場まで).
2 気分, 機嫌；気力, 根性. estar de buen [mal] ~. 機嫌がいい[悪い]. corto de ~ 気の弱い, 意気地なしの. Le falta ~ para vencer los obstáculos. 彼[彼女]には障害を克服しようとする意気込みが足りない.
3 短気, 気性の荒さ；気難しさ. pronto de ~ 気が短い. sacar mucho ~ かんしゃくを起こす. Es un profesor de mucho ~. その先生はすぐ怒る.
4 (ある時代・国民・集団・地方・言語などの)特性, 特質, 精神. el ~ de la lengua española スペイン語の特性. el ~ del Renacimiento ルネッサンスの精神. **5** 天分, 天賦の才, 才能；**天才**. Chopin tuvo un extraordinario ~ musical. ショパンは人並みはずれた音楽の才能を持っていた. Es un ~ para los negocios. 彼[彼女]は商才に長けている. → talento 類語. **6**《神話》守り神；精霊, 妖精. ~s del bosque 森の妖精. un ~ maléfico [del mal] 悪霊(あくりょう).

[← [ラ] *genium* (*genius* の対格) 「守り神；才能」；関連 género. [英] *genius* 「素質・人の両義で)天才」]

ge·nio·so, sa [xe.njó.so, -.sa] 形《ラ米》(ヨアン)(ニル)(シリ)怒りっぽい, 気難しい.

ge·nis·ta [xe.nís.ta] 囡《植》エニシダ；レダマ.

ge·ni·tal [xe.ni.tál] 形《解剖》(外)生殖(器)の. ━━男《複数で》(1) 生殖器(= órganos ~es). (2) 睾丸(こうがん).

ge·ni·ti·vo, va [xe.ni.tí.bo, -.ba] 形 **1** 生殖(能力)のある, 生み出す力のある. **2**《文法》属格の. ━━男《文法》属格(= caso ~).

ge·ni·tor, to·ra [xe.ni.tór, -.tó.ra] 形 生む, 生み出す. ━━男《文章語》生みの親.

ge·ni·to·u·ri·na·rio, ria [xe.ni.tou.ri.ná.rjo, -.rja] 形《解剖》泌尿生殖器の.

ge·ní·za·ro [xe.ní.θa.ro/-.sa-] 男 → jenízaro.

-geno, na 「…を生じる, 発生させる」の意の形容詞をつくる造語要素. 男性形は「…を発生させるもの, …から生じたもの」の意. ⇒ hidró*geno*, pató*geno*. [← [ギ]]

ge·no·ci·da [xe.no.θí.ða/-.sí.-] 形 大量殺戮(さつりく)者の, ジェノサイドの. ━━男 囡 大量殺戮者.

ge·no·ci·dio [xe.no.θí.ðjo/-.sí.-] 男 (組織的)大量殺戮(さつりく), ジェノサイド.

ge·no·ma [xe.nó.ma] 男《生物》ゲノム：生物が持つ遺伝情報の総体. ~ *humano* ヒトゲノム.

ge·nó·mi·co, ca [xe.nó.mi.ko, -.ka] 形《生物》ゲノムの.

ge·no·te·ra·pia [xe.no.te.rá.pja] 囡《医》遺伝子治療(法).

ge·no·tí·pi·co, ca [xe.no.tí.pi.ko, -.ka] 形《生物》遺伝子型の.

ge·no·ti·po [xe.no.tí.po] 男《生物》遺伝子型.

Gé·no·va [xé.no.ba] 固名 ジェノバ：イタリア北部の港湾都市. ♦コロンブス Colón の生地と言われる. [← [伊] *Genova* ← [ラ] *Genua* (「奥, 入り江」が原義か?);関連 Ginebra]

ge·no·vés, ve·sa [xe.no.bés, -.bé.sa] 形 ジェノバの. ━━男 囡 **1** ジェノバの住民[出身者]. **2** (16-17世紀の)金融家.

gen·tal [xen.tál] 男《ラ米》(アリバ)たくさん, 多数.

gen·te [xén.te] 囡《集合的》の **人々**. Las calles están llenas de ~. 通りは人々であふれていた. ▶時に複数形を用いる.
2 (ある国家・団体・職業などに属する)人々；国民. ~ pobre 貧しい人々. ~ bien《話》《軽蔑》裕福な人たち. ~ de bien《話》善意の人. ~ de la calle 巷(ちまた)の人, 世間. ~ de mal vivir もめごとをよく起こす人, 犯罪者. ~ gorda《スペイン》《軽蔑》有力者. ~ guapa《スペイン》《話》有名人. ~ menuda《話》子供たち. ~ de pluma 文筆家. ~ armada [de armas] 兵士.
3《話》人, 個人. Es muy buena ~. 彼[彼女]はいい人だ. **4**《話》《所有詞置形+》家族, 親類. ¿Cómo está *su* ~? ご家族はお元気ですか.
5《話》仲間；部下. En la oficina todavía está toda la ~. オフィスにはまだ全員います. **6**《ラ米》(アルゼン)(チリ)(アンデス)(中米)上流階級の人, 上品な人, 立派な人.

ser (*muy*) *gente*《ラ米》《話》立派な[しっかりした]人である.

[← [ラ] *gentem* (*gens* の対格) 「種族」(*genere* 「産む」より派生); 関連 género, génesis, generación]

gen·te·ci·lla [xen.te.θí.ja ‖ -.ʎa/-.sí.-] 囡《スペイン》《軽蔑》→ gentuza.

gen·te·rí·o [xen.te.rí.o] 男《ラ米》(コロ)人込み.

gen·til [xen.tíl] 形 **1** 上品な, 立派な；礼儀正しい；(見た目が)すてきな. una ~ doncella 愛らしい娘. de ~ porte 上品な物腰の. **2** 並外れた, とてつもない. ¡G~ disparate! ひどいでたらめだ. **3** (キリスト教徒から見て)異教徒の. **4** 親切な. ━━男 囡 異教徒.

[「上品な」← [ラ] *gentīlis* 形「一門の；名門の」；「異教徒(の)」← [ラ] *gentīlis* 男「異教徒」；共に *gens* 「氏族」(→ gente) より派生；関連 [英] *gentile* 「異邦人；異教徒」, *gentle*(*man*)]

gen·ti·le·za [xen.ti.lé.θa/-.sa] 囡 **1** 上品, 優雅；礼儀正しさ. **2** 親切, 好意(による提供). Tuvo la ~ de prestarme mil euros. 彼[彼女]は親切にも1000ユーロ貸してくれた. ¿Tendría usted la ~ de +不定詞? …していただけないでしょうか.

gen·til·hom·bre [xen.ti.lóm.bre] 男《複 gentileshombres》《史》廷臣. ~ de cámara 侍従.

gen·ti·li·cio, cia [xen.ti.lí.θjo, -.θja/-.sjo, -.sja] 形 国(名)を示す, 土地の名を示す.

―男 国名[地名]を示す語.

gen·tí·li·co, ca [xen.tí.li.ko, -.ka] 形 (キリスト教徒から見て)異教(徒)の.

gen·ti·li·dad [xen.ti.li.ðáð] 女 **1** 異教, 邪教. **2**《集合的》異教徒, 邪教の徒.

gen·ti·lis·mo [xen.ti.lís.mo] 男 → gentilidad.

gen·ti·li·zar [xen.ti.li.θár / -.sár] 97 自 異教[邪教]を奉じる.

gen·til·men·te [xen.tíl.mén.te] 副 **1** 優雅に, 上品に. よろしく. **2** 優雅に踊る. **2** 親切に.

gen·tí·o [xen.tí.o] 男 群衆, 人込み, 雑踏. ¡Qué ～! すごい人出だなあ.

gen·tle·man [ʝén.tel.man] [英] 男 《複 ～s, gentlemen》紳士.

gen·tu·a·lla [xen.twá.ja ‖ -.ʎa] 女《軽蔑》→ gentuza.

gen·tu·za [xen.tú.θa / -.sa] 女《軽蔑》つまらない連中.

ge·nu·fle·xión [xe.nu.flek.sjón] 女 うやうやしくひざまずく[片ひざをつく]こと; 跪拝(きはい).

ge·nui·no, na [xe.nwí.no, -.na] 形 **1** 真の, 正当な. un ～ representante del pueblo 国民の真の代表. **2** 純粋の, 純正の, 混じり気のない. en ～ inglés きれいな英語で. **3** 本当の, 本物の. **4**《ラ米》《俗》《話》すばらしい, 最高の.

GEO [xé.o] 男《略》*G*rupo *E*special de *O*peraciones(反テロ組織の)特殊作戦部隊.

geo- 特殊作戦部隊 GEO のメンバー.

geo- 「地球, 土地」の意を表す造語要素. ⇒ *geofísico*, *geografía*. [←〔ギ〕]

ge·o·bo·tá·ni·ca [xe.o.βo.tá.ni.ka] 女 地球植物学.

ge·o·cén·tri·co, ca [xe.o.θén.tri.ko, -.ka / -.sén.-] 形 **1**《地学》地心の; 地球の中心から見た[測定された]. **2**《天文》地球を中心とした; 地球から見た. teoría *geocéntrica* 天動説（= el sistema de Tolomeo. ►「地動説」は teoría heliocéntrica）.

ge·o·cen·tris·mo [xe.o.θen.trís.mo / -.sen.-] 男 天動説.

ge·o·da [xe.ó.ða] 女《地質》晶洞: 結晶で覆われた岩石のくぼみ.

ge·o·de·sia [xe.o.ðé.sja] 女 測地学.

ge·o·dé·si·co, ca [xe.o.ðé.si.ko, -.ka] 形 測地の, 測地学の. ― 女 測地線.

ge·o·des·ta [xe.o.ðés.ta] 男 女 測地学者; 測地技師, 測量技師.

ge·o·di·ná·mi·co, ca [xe.o.ði.ná.mi.ko, -.ka] 形 地球力学の. ― 女 地球力学.

ge·o·es·ta·cio·na·rio, ria [xe.o.es.ta.θjo.ná.rjo, -.rja / -.sjo.-] 形 赤道上空を地球の自転速度で移動する,〈衛星が〉静止状態の. satélite ～ 静止衛星.

ge·o·fa·gia [xe.o.fá.xja] 女 食土性; 食土癖.

ge·ó·fa·go, ga [xe.ó.fa.go, -.ga] 形《生物》食土する.

ge·o·fí·si·co, ca [xe.o.fí.si.ko, -.ka] 形 地球物理学の. ― 男 女 地球物理学者. ― 女 地球物理学.

Ge·o·fre·do [xe.o.fré.ðo] 固名 ヘオフレード: 男子の洗礼名. [←〔古高地ドイツ〕*Gaufrid*；〔関連〕〔ポルトガル〕*Godofredo*,〔仏〕*Geoffroi*,〔伊〕*Giotto*,〔英〕*Geoffrey*.〔独〕*Gottfried*]

ge·o·ge·nia [xe.o.xé.nja] 女 地球形成学.

ge·og·no·sia [xe.og.nó.sja] 女 地球構造学.

*‎**ge·o·gra·fí·a** [xe.o.gra.fí.a] 女 **1** 地理学. ～ física 自然地理学. ～ económica 経済地理学. ～ humana 人文地理学. ～ política 政治地理学.
2 地理, 地形, 地勢. Conoce muy bien la ～ de esta región. 彼[彼女]はこの地方の地理に明るい. [←〔ラ〕*geōgraphiam* (*geōgraphia* の対格) ←〔ギ〕*geōgraphía* (*geō-*「土地」+ *gráphein*「書く」+ 名詞語尾)][関連][英]*geography*]

*‎**ge·o·grá·fi·co, ca** [xe.o.grá.fi.ko, -.ka] 形 地理学[上]の, 地理的な, 地形の. milla *geográfica* 地理マイル. accidente ～ (土地の)起伏, 凹凸.

ge·ó·gra·fo, fa [xe.ó.gra.fo, -.fa] 男 女 地理学者.

ge·oi·de [xe.ói.ðe] 男《地学》ジオイド; 地球形.

*‎**ge·o·lo·gí·a** [xe.o.lo.xí.a] 女 地質学; 地質.

ge·o·ló·gi·co, ca [xe.o.ló.xi.ko, -.ka] 形 地質学(上)の; 地質の.

ge·ó·lo·go, ga [xe.ó.lo.go, -.ga] 男 女 地質学者.

ge·o·mag·né·ti·co, ca [xe.o.mag.né.ti.ko, -.ka] 形 地磁気の.

ge·o·mag·ne·tis·mo [xe.o.mag.ne.tís.mo] 男 地磁気(学).

ge·o·man·cia [xe.o.mán.θja / -.sja] / **ge·o·man·cí·a** [xe.o.man.θí.a / -.sí.-] 女 土占い.

ge·o·mán·ti·co, ca [xe.o.mán.ti.ko, -.ka] 形 土占いの. ― 男 土占い師.

ge·ó·me·tra [xe.ó.me.tra] 男 女 **1** 幾何学者. **2**《昆》しゃくとり虫.

ge·o·me·tral [xe.o.me.trál] 形 → geométrico.

*‎**ge·o·me·trí·a** [xe.o.me.trí.a] 女 幾何学. ～ plana (del espacio) 平面[立体]幾何学. ～ algebraica 代数幾何学. ～ analítica 解析幾何学. ～ descriptiva 画法幾何学. ～ diferencial 微分幾何学. ～ (no) euclidiana (非)ユークリッド幾何学.

*‎**ge·o·mé·tri·co, ca** [xe.o.mé.tri.ko, -.ka] 形 **1** 幾何(学)の; 幾何学的な. progresión *geométrica* 等比級数. media *geométrica* 相乗平均. construcción *geométrica* 幾何学的な建物.
2 正確な, 精密な. cálculo ～ 正確な計算.

ge·o·mor·fo·lo·gí·a [xe.o.mor.fo.lo.xí.a] 女 地形学.

ge·o·no·mí·a [xe.o.no.mí.a] 女 植物地質学.

ge·o·po·lí·ti·co, ca [xe.o.po.lí.ti.ko, -.ka] 形 地政学の. ― 女 地政学.

ge·o·po·ní·a [xe.o.po.ní.a] 女 農業学, 農耕術.

ge·o·quí·mi·co, ca [xe.o.kí.mi.ko, -.ka] 形 地球化学の. ― 女 地球化学.

ge·o·ra·ma [xe.o.rá.ma] 男 ジオラマ: 内面に地表の模型を描き中心部から眺められるようにした大円球.

Ge·or·gia [xe.ór.xja] 固名 **1** ジョージア: 独立国家共同体の一つ. 首都 Tbilisi.
2 ジョージア: 米国南部の州.

ge·or·gia·no, na [xe.or.xjá.no, -.na] 形 **1** ジョージアの, ジョージア人[語]の. **2**（米国の）ジョージア州の. **3**《建》《美》ジョージ王朝風の. ― 男 女 **1** ジョージア人. **2**（米国の）ジョージア州の住民[出身者]. ― 男 ジョージア語: 南カフカス諸語の一つ.

ge·ór·gi·co, ca [xe.ór.xi.ko, -.ka] 形 **1** 農業の, 農事の. ― 男《詩》《主に複数で》(特にウェルギリウス作の)田園詩, 農耕詩.

ge·o·sin·cli·nal [xe.o.siŋ.kli.nál] 形《地質》地向斜の. ― 男 地向斜.

ge·o·tec·nia [xe.o.ték.nja] 女 → geotécnica.

ge·o·téc·ni·ca [xe.o.ték.ni.ka] 女 地盤工学.

ge·o·tec·tó·ni·co, ca [xe.o.tek.tó.ni.ko, -.ka] 形 地殻構造の.

ge·o·te·ra·pia [xe.o.te.rá.pja] 女 土[砂, 粘土]療法.

ge·o·ter·mal [xe.o.ter.mál] 形 地熱で温まった.

ge·o·ter·mia [xe.o.tér.mja] 女 地熱;地球熱学.

ge·o·tér·mi·co, ca [xe.o.tér.mi.ko, -.ka] 形 地熱(利用)の. recursos ~s 地熱資源. central geotérmica 地熱発電所.

ge·o·tro·pis·mo [xe.o.tro.pís.mo] 男 《生物》向地性,屈地性.

ge·ra·niá·ce·as [xe.ra.njá.θe.as / -.se.-] 女 《複数形》《植》フウロソウ科.

ge·ra·nio [xe.rá.njo] 男 《植》ゼラニウム.

Ge·rar·do [xe.rár.do] 固名 ヘラルド:男子の洗礼名.
[←〔ゲルマン〕*Gairehard, Gerhard* (*ger*「槍(ﾔﾘ)持ち」+ *hard*「大胆な(人)」)が「大胆な槍持ち」が原義]〔関連〕〔ポルトガル〕〔伊〕*Gerardo*. 〔仏〕*Gérard*. 〔英〕*Gerard*. 〔独〕*Gerhard, Gerhart*]

ger·bo [xér.bo] 男 《動》トビネズミ.

geranio（ゼラニウム）

ge·ren·cia [xe.rén.θja / -.sja] 女 1 経営,管理;監督. 2 支配人[重役,経営者]の執務室[職,任期]. 3 《集合的》経営陣,取締役[理事]会.

*__ge·ren·te__ [xe.rén.te] 男 女 支配人,マネージャー,長;取締役,理事,経営者. ~ de publicidad 宣伝[広報]部長. ~ de una tienda 店長.
[←〔ラ〕*gerentem* (*gerens* の対格; *gerere*「運ぶ;管理する」の現在分詞)]〔関連〕gestión.

ge·ria·tra [xe.rjá.tra] 男 女 《医》老人病学者,老人科専門医.

ge·ria·trí·a [xe.rja.trí.a] 女 《医》老人病学[医学].

ge·riá·tri·co, ca [xe.rjá.tri.ko, -.ka] 形 老人病(学)の,老人医学の. — 男 老人病院.

ge·ri·fal·te [xe.ri.fál.te] 男 1 《鳥》シロハヤブサ. 2 《スペイン》《話》大物,重要人物,責任者.

ger·mán [xer.mán] 形 germano の語尾消失形.

Ger·ma·nia [xer.má.nja] 固名 《史》ゲルマニア. →Alemania. [←*Germānia*「ゲルマン人の地」]

ger·ma·ní·a [xer.ma.ní.a] 女 1 隠語,符丁. ♦16−17世紀に泥棒・ならず者が用い,文学作品などによく登場する. →argot〔類語〕. 2 《史》(16世紀初頭に生まれた) Valencia のギルド,同業者組合.

*__ger·má·ni·co, ca__ [xer.má.ni.ko, -.ka] 形 ゲルマン(民族)の,ドイツ(人)の.
— 男 女 ゲルマン民族[人],ゲルマン系の人.
— 男 ゲルマン語派:インド・ヨーロッパ語族中の一分派. 英語,ドイツ語,オランダ語,北欧諸語など.

ger·ma·nio [xer.má.njo] 男 《化》ゲルマニウム (記号 Ge).

ger·ma·nis·mo [xer.ma.nís.mo] 男 ドイツ語[ゲルマン系言語]からの借用語,ドイツ語風の表現.

ger·ma·nis·ta [xer.ma.nís.ta] 男 女 ドイツ[ゲルマン]語学者,ドイツ[ゲルマン]文化研究者.

ger·ma·ni·za·ción [xer.ma.ni.θa.θjón / -.sa.sjón] 女 ドイツ[ゲルマン]化.

ger·ma·ni·zar [xer.ma.ni.θár / -.sár] 97 他 ドイツ[ゲルマン]化する,ドイツ[ゲルマン]風にする.
— ~·se 再 ドイツ[ゲルマン]風になる.

ger·ma·no, na [xer.má.no, -.na] 形 ゲルマン民族[語]の;《文章語》ドイツ人の.
— 男 女 ゲルマン人;《文章語》ドイツ人.
— 男 《複数で》ゲルマン民族.

ger·ma·no·es·pa·ñol, ño·la [xer.ma.no.es.pa.ɲól, -.ɲó.la] 形 ドイツ・スペイン両国の.

ger·ma·no·fi·lia [xer.ma.no.fí.lja] 女 ドイツびいきの.
— 男 女 ドイツびいきの人.

ger·ma·nó·fi·lo, la [xer.ma.nó.fi.lo, -.la] 形 ドイツびいきの,親独独の.
— 男 女 親独家,ドイツ文化愛好者.

ger·ma·no·fo·bia [xer.ma.no.fó.bja] 女 ドイツ嫌い.

ger·ma·nó·fo·bo, ba [xer.ma.nó.fo.bo, -.ba] 形 ドイツ(人)嫌いの,反独主義の.
— 男 女 ドイツ嫌いの人,排独主義者.

ger·men [xér.men] 男〔複〕*gérmenes* 1 《生物》(植物の種の中の)胚(ﾊｲ),胚芽;(生体の)原基. 2 《生物》生殖質:生殖と遺伝に関わる生体要素. 3 《植》芽. 4 《医》菌,細菌. ~ infeccioso 病原菌. 根源,発端;芽生え,兆し.

ger·mi·ci·da [xer.mi.θí.ða / -.sí.-] 形 殺菌(性)の. — 男 殺菌剤.

ger·mi·na·ción [xer.mi.na.θjón / -.sjón] 女 1 発芽,萌芽(ﾎｳｶﾞ). 2 (考えなどの)芽生え,発生.

ger·mi·na·dor, do·ra [xer.mi.na.ðór, -.ðó.ra] 形 《植》発芽場[機].

ger·mi·nal [xer.mi.nál] 形 1 《生物》胚(ﾊｲ)の,幼芽の. 2 兆しの,発端の. — 男 芽月:フランス革命暦の7番目の月. 3月21[22]日～4月18[19]日.

ger·mi·nar [xer.mi.nár] 自 1 《生物》〈胚が〉生長を始める;《植》発芽する,芽を出す.
2 〈考えなどが〉芽生える,発生する.

ger·mi·na·ti·vo, va [xer.mi.na.tí.ßo, -.ßa] 形 発芽の,発芽力のある;発芽させる.

ger·mi·ni·ci·da [xer.mi.ni.θí.ða / -.sí.-] 形 発芽を抑制する. — 男 発芽抑制物質.

ge·ro·cul·tor, to·ra [xe.ro.kul.tór, -.tó.ra] 男 女 老人介護士.

ge·ro·der·mia [xe.ro.ðér.mja] 女 《医》老化による皮膚の変質.

Ge·ro·na [xe.ró.na] 固名 ヘロナ:スペイン北東部の県;県都. カタルーニャ語では Girona.

ge·ron·to·cra·cia [xe.ron.to.krá.θja / -.sja] 女 老人政治,老人支配;長老制.

ge·ron·tó·cra·ta [xe.ron.tó.kra.ta] 男 女 長老政治家,長老制政府.

ge·ron·to·lo·gí·a [xe.ron.to.lo.xí.a] 女 《医》老人学,老人病学.

ge·ron·tó·lo·go, ga [xe.ron.tó.lo.go, -.ga] 男 女 老人学研究者,老人病学者.

ge·ro·psi·quia·trí·a [xe.ro.si.kja.trí.a] 女 老人精神病学.

ge·ro·psi·quiá·tri·co, ca [xe.ro.si.kjá.tri.ko, -.ka] 形 老人精神病学の.
— 男 老人精神科病院[病棟].

Ger·tru·dis [xer.trú.ðis] 固名 ヘルトゥルディス:女子の洗礼名. [←〔ゲルマン〕*Gertrud* (*ger*「槍(ﾔﾘ)持ち」+ *trut*「忠実な」;「忠実な槍持ち」が原義か?);〔関連〕〔ポルトガル〕*Gertrudes*. 〔仏〕〔伊〕〔英〕*Gertrude*. 〔独〕*Gertrud*]

ge·run·den·se [xe.run.dén.se] 形 ヘロナ Gerona の. — 男 女 ヘロナの住民[出身者].

ge·run·dio [xe.rún.djo] 男 《文法》現在分詞.

ge·run·di·vo [xe.run.dí.ßo] 男 (ラテン語文法の)動詞状形容詞.

ges·ta [xés.ta] 女 《集合的》武勲,手柄. cantar [canción] de ~ (中世の)武勲詩.

ges·ta·ción [xes.ta.θjón / -.sjón] 女 1 《生物》妊娠(期間). 2 (計画などの)準備期間.

ges·tan·te [xes.tán.te] 形 〖医〗妊娠している.
— 女 妊婦.

Ges·ta·po [xes.tá.po] 〖独〗女 ゲシュタポ:ナチスドイツの秘密国家警察 *Geheime Staats Polizei* の略.

ges·tar [xes.tár] 他 ❶ 〈子を〉妊娠している, 〈子を〉宿している. — ~·se 再 〈計画などが〉練られる, 形成［準備］される.

ges·ta·to·rio, ria [xes.ta.tó.rjo, -.rja] 形 持ち運び用の. *silla gestatoria* (教皇を乗せ) 担ぎいす [輿].

ges·te·ar [xes.te.ár] 自 → gesticular.

ges·te·ro, ra [xes.té.ro, -.ra] 形 〖話〗〖軽蔑〗身ぶりの多い.

ges·ti·cu·la·ción [xes.ti.ku.la.θjón / -.sjón] 女 身ぶり, ジェスチャー.

ges·ti·cu·la·dor, do·ra [xes.ti.ku.la.ðór, -.ðó.ra] 形 身ぶり (手ぶり) で話す.

ges·ti·cu·lar¹ [xes.ti.ku.lár] 自 手まねをする;おげさなジェスチャーをする;盛んに身ぶりをする.

ges·ti·cu·lar² [xes.ti.ku.lár] 形 身ぶりの.

ges·ti·cu·lo·so, sa [xes.ti.ku.ló.so, -.sa] 形 → gesticulador.

✱**ges·tión** [xes.tjón] 女 ❶ 《主に複数で》**手続き**, 処置 (= trámite); 交渉, 働きかけ. *hacer* [*realizar*] *gestiones* 措置を取る, 手続き [交渉] する. *los gastos de las gestiones administrativas* 事務上の手続きにかかる費用.
❷ 《**de** ...の》**管理**, 経営, 運営. ~ *de la información* 情報管理. ~ *de personal* 人事管理. ~ *del hogar* 家政. ~ *empresarial* 企業経営.
[←〖ラ〗*gestiōnem* (*gestiō* の対格;*gerere*「運ぶ;管理する」より派生);〖関連〗gerente]

✱**ges·tio·nar** [xes.tjo.nár] 他 ❶ 手続きを取る.
❷ 交渉する, 協議する.
❸ 管理する, 経営する, 運営する. *Su agente gestiona sus asuntos durante su ausencia.* 彼［彼女］(ら) の不在中は代理人が業務を取り行う.

✱✱**ges·to** [xés.to] 男 ❶ 身振り, 手まね;仕草. *Me señaló la salida con un* ~ *de la mano.* 彼は手の動きで私に出口を示した.

〖類語〗*gesto* は顔の表情も含めた広い意味での「身ぶり, 手ぶり」. *ademán* は話したりするときの「様子, 態度」. *mímica* は片目をつぶってみせたり, 動作をまねたりする言葉に代わる伝達手段. *signo mímico* には, たとえば「お金」を表すときの親指と人指し指の腹をこすり合わせる動作などがある.

❷ 表情, 顔つき. *poner mal* ~ 不快な表情をする. *Dijo que no le importaba, pero tenía un* ~ *elocuente de indignación en la cara.* 気にしていないと言いながら顔は明らかに怒っていた.
❸ 《主に親切な》行為, 振る舞い. *Su donación al asilo fue un* ~ *generoso.* 彼［彼女］(ら) が施設に寄付したのは立派な行為だった.
estar de buen [*mal*] *gesto* 機嫌がいい［悪い］.
torcer el gesto しかめっ面する.
[←〖ラ〗*gestum* (*gestus* の対格;*gerere*「運ぶ;振る舞う」より派生);〖関連〗gestión. 〖英〗*gesture*]

ges·tor, to·ra [xes.tór, -.tó.ra] 形 管理する. — 男 女 ❶ 代理人, 代行者. ❷ (会社などの) 理事, 取締役. ❸ 行政 (司法) 書士 (= ~ *administrativo*). — 女 役員会, 理事会;代理店.

ges·to·rí·a [xes.to.rí.a] 女 代理店, 司法書士事務所.

ges·tual [xes.twál] 形 身振りの, 表情の.

Get·se·ma·ní [xet.se.ma.ní] 固名 ゲツセマネ. ◆エルサレム東方のオリーブ山麓 (ろく) の園. キリストがユダの裏切りで捕らえられる前に苦悩して祈った所.

Gha·na [gá.na; gá.-] 固名 ガーナ:アフリカ西部の共和国. 首都 Accra. [←〖英〗*Ghana*←〖マンディンゴ〗*ghāna*「王, 支配者」]

gha·nés, ne·sa [ga.nés, -.né.sa; ga.-] 形 ガーナの, ガーナ人の. — 男 女 ガーナ人.

ghe·a·da [xe.á.ða] 女 (ガリシア語で) **j** のように **g** を発音すること.

ghet·to [gé.to; gé.-] 男 → gueto.

gi·ba [xí.ba] 女 ❶ (ラクダなどの) こぶ;(脊柱の湾曲によって生じる) こぶ.
❷ こぶ状のもの, 隆起物. ❸ 〖話〗厄介, 迷惑.

gi·ba·do, da [xi.bá.ðo, -.ða] 形 男 女 → giboso.

gi·bar [xi.bár] 他 ❶ 曲げる, たわめる, 湾曲させる.
❷ 〖話〗困らせる, 迷惑をかける.
— ~·se 再 〖話〗迷惑に思う, 困る.

gi·be·li·no, na [xi.be.lí.no, -.na] 形 〖史〗(中世イタリアの反ローマ教皇勢力) ギベリン党の, 皇帝党の.
— 男 女 ギベリン [皇帝] 党員.
[←〖伊〗*ghibellino*]

gi·bón [xi.bón] 男 〖動〗テナガザル.

gi·bo·si·dad [xi.bo.si.ðáð] 女 こぶ, 隆起;〖医〗脊椎 (つい) 角状湾曲.

gi·bo·so, sa [xi.bó.so, -.sa] 形 背の湾曲した (= corcovado). — 男 女 腰の曲がった人.

Gi·bral·tar [xi.bral.tár] 固名 ジブラルタル:スペイン南端の英国直轄領. ◆1713年ユトレヒト条約によりスペイン領から英国領となる. *el estrecho de* ~ ジブラルタル海峡. *el peñón de* ~ ジブラルタルの岩山 (→ Hércules).
[←〖アラビア〗*jabal al-Ṭāriq*「ターリクの山」;711年にイベリア半島に侵入したイスラム軍を指揮したベルベル人ターリク・イブン・ズィヤードにちなむ]

gi·bral·ta·re·ño, ña [xi.bral.ta.ré.ɲo, -.ɲa] 形 ジブラルタルの. → calpense.
— 男 女 ジブラルタルの住民 [出身者].

gif [xíf] 〖英〗男 複 (-s) 〖IT〗ジフGIF:パソコン上の画像形式の一種, またその形式の画像.

gi·ga¹ [xí.ga] 女 〖音楽〗ジグ:イギリスに発生し, 17-18世紀ヨーロッパに広まった複合3拍子の舞曲.
[←?〖古仏〗*gigue*「バイオリン」←〖中高地ドイツ〗*gige*;〖英〗*jig*]

gi·ga² [xí.ga] 女 〖IT〗ギガ (= gigabyte).

gi·ga·byte [xi.ga.bí.te // -.báit] 〖英〗男 〖IT〗ギガバイト (略GB):ハードディスクやメモリの容量等を表す単位. 1GB = 1024MB (メガバイト).

gi·ga·her·cio [xi.ga.ér.θjo / -.sjo] 男 ギガヘルツ《略GHz》:周波数を表す単位. 1GHz = 1000MHz.

gi·gan·ta [xi.gán.ta] 女 ❶ 大柄な女性.
❷ 〖植〗アカンサス.

✱**gi·gan·te** [xi.gán.te] 形 巨大の, 巨人のような, 非常に大きな. *edificio* ~ 巨大な建造物. — 男 女 ❶ 巨人;背の高い人. ~ *pituita-*

gigante (大人形)

gingko

rio 下垂体性巨人症. **2** すぐれた人物, 傑物. Beethoven es un 〜 de la música. ベートーベンは音楽の巨匠である. **3**（祭りの）大人形（▶女性形 giganta も用いる）. 〜*s y cabezudos*（祭りの行列の）巨人と大頭. →前ページに図. ━男 巨大な経済力をもった指導的地位にある大企業. [←(ラ) *Gigantem* (*Gigās* の対格)「(ギリシア神話の巨人族の)巨人」←(ギ) *Gígas, -antos*; 関連(英) *giant*]

gi·gan·te·a [xi.gan.té.a] 女【植】ヒマワリ (= girasol).

gi·gan·te·o, a [xi.gan.té.o, -.a] 形 → gigantesco.

*__gi·gan·tes·co, ca__ [xi.gan.tés.ko, -.ka] 形（多くは＋名詞／名詞＋）巨大な (=gigante), 莫大な; 巨人の（ような）. 〜 *edificio* 巨大な建物. *empresa gigantesca* 巨大企業. *China es un mercado* 〜. 中国は巨大な市場である.

gi·gan·tez [xi.gan.téθ / -.tés] 女 巨大（さ）.

gi·gan·ti·lla [xi.gan.tí.ja ‖ -.ʝa] 女 手足が大きく不格好な人形; ずんぐりむっくりな女性. [giganta + 縮小辞]

gi·gan·tis·mo [xi.gan.tís.mo] 男【医】巨人症.

gi·gan·to·ma·quia [xi.gan.to.má.kja] 女【神】ギガントマキア: ギリシア神話でオリンポスの神々と巨人族との戦争.

gi·gan·tón, to·na [xi.gan.tón, -.tó.na] 男 女（祭りの行列の）大人形. ━男【植】(1) ダリアの一種.（2）(ラ米)(話)【植】ヒマワリ.

gi·ga·tón [xi.ga.tón] 男 ギガトン (10億トンのTNT火薬の爆発力): 熱核兵器の力を測る単位.

gi·ga·to·ne·la·da [xi.ga.to.ne.lá.ða] 女 → gigatón.

gi·ga·va·tio [xi.ga.ƀá.tjo] 男【電】ギガワット GW : 10億ワット.

gi·go·ló [xi.go.ló // ʒi.-] (仏) 男 若い燕(ʦᵇᵃᵐᵉ); ひも; ジゴロ.

gi·go·te [xi.go.te] 男【料】ひき肉［細切り肉］のいため煮. [← (仏) *gigot*]

Gi·jón [xi.xón] 固名 ヒホン: スペイン北部, ビスケー湾岸の港湾都市.

gi·jo·nen·se [xi.xo.nén.se] / **gi·jo·nés, ne·sa** [xi.xo.nés, -.né.sa] 形（スペインの）ヒホンの. ━男 女 ヒホンの住民［出身者］.

gil [xíl] 形 女（ラ米）(ﾀﾞｳﾞﾗﾚ)(ｱﾙｾﾞﾝ)(ｳﾙｸﾞｱｲ)(話) ばかされやすい人.

gi·lí [xi.lí] 形 男 女《スペイン》《話》【複 〜s, 〜es] → gilipollas.

gi·li·po·lla [xi.li.pó.ja ‖ -.ʎa] 男 女《スペイン》《俗》→ gilipollas.

gi·li·po·lla·da [xi.li.po.já.ða ‖ -.ʎá.-] 女《スペイン》《卑》→ gilipollez.

gi·li·po·llas [xi.li.pó.jas ‖ -.ʎas]形《性数不変》《スペイン》《俗》ばかな, まぬけな. ━男 女《単複同形》《スペイン》《俗》ばか, あほう.

gi·li·po·llez [xi.li.po.jéθ ‖ -.ʎéθ / -.jés] 女《複 gilipolleces》《スペイン》《俗》どじ, ばかげたこと.

gi·li·puer·tas [xi.li.pwér.tas] 形 男 女《単複同形》《スペイン》《俗》→ gilipollas.

gi·li·ton·to, ta [xi.li.tón.to, -.ta] 形 → gilipollas.

gi·lle·te / gi·llet·te [ji.lé.te] ［複 〜s, 〜］女【商標】替え刃式の安全かみそり.

Gil Vi·cen·te [xíl ƀi.θén.te / -.sén.-] 固名 → Vicente.

gim- 園 → gemir.

*__gim·na·sia__ [xim.ná.sja] 女 **1** 体操, 運動; 体育. 〜 *artística* 体操 〜 *pasiva*（健康）機器を利用して体の各部位を動かす（それほど激しくない）運動. 〜 *rítmica* 新体操. 〜 *sueca* スウェーデン体操（徒手体操）: 道具を用いない体操. **2** 訓練, 練習. *confundir la gimnasia con la magnesia*（話）ひどく勘違いする.
[← (ギ) *gymnasía*「(体操の)訓練」(*gymnázein*「(体操の)訓練をする, 裸で訓練する」より派生; この動詞はさらに *gymnós*「裸の」より派生); 関連 desnudo.（英）*gymnastics, nude*「裸の」]

*__gim·na·sio__ [xim.ná.sjo] 男 **1** 体育館, スポーツジム, 屋内競技場;（古代ギリシアの）体育館. **2**（ドイツなどの）ギムナジウム; 中等教育機関.

gim·nas·ta [xim.nás.ta] 男 女 体操教師; 体操選手.

gim·nás·ti·co, ca [xim.nás.ti.ko, -.ka] 形 体操の, 体育の. ━女 体操 (= gimnasia).

gim·nos·per·mo, ma [xim.nos.pér.mo, -.ma] 形 裸子［植物］の. ━男《複数で》裸子植物. ▶「被子植物」は angiospermas.

gim·no·to [xim.nó.to] 男【魚】デンキウナギ.

gi·mo·te·a·dor, do·ra [xi.mo.te.a.ðór, -.ðó.ra] 形 めそめそ泣く, 泣き虫の. ━男 女 泣き虫.

gi·mo·te·ar [xi.mo.te.ár] 自 めそめそ泣く, べそをかく.

gi·mo·te·o [xi.mo.té.o] 男 めそめそ泣くこと.

gin [jín]（英）男《= ginebra》. 〜 *tonic* ジントニック. 〜 *lemon* ジンレモン.

gin·ca·na [xiŋ.ká.na] 男 → gymkhana.

*__gi·ne·bra__[xi.né.ƀra] 女 ジン.

gi·ne·bra[xi.né.ƀra] 女 **1**【音楽】木琴, シロフォン. **2** 混乱; 騒ぎ.

Gi·ne·bra [xi.né.ƀra] 固名 (スイスの) ジュネーブ.
[←(ラ) *Genava*; 関連 Génova]

gi·ne·brés, bre·sa [xi.ne.ƀrés, -.ƀré.sa] 形 男 女 → ginebrino.

gi·ne·bri·no, na [xi.ne.ƀrí.no, -.na] 形 ジュネーブの. ━男 女 ジュネーブの住民[出身者].

gi·ne·ce·o [xi.ne.θé.o / -.sé.-] 男 **1**【植】雌蕊(ｽ ｲ)群. **2**【史】(古代ギリシアの)婦人部屋.

gineco- 「女性」の意の造語要素. 母音の前では ginec-. ⇒ *ginecología, ginecólogo*. [←(ギ)]

gi·ne·co·cra·cia [xi.ne.ko.krá.θja / -.sja] 女 女権政治, 女性支配.

gi·ne·co·lo·gí·a [xi.ne.ko.lo.xí.a] 女【医】婦人科学, 婦人病学.

gi·ne·co·ló·gi·co, ca [xi.ne.ko.ló.xi.ko, -.ka] 形【医】婦人科学の, 婦人科病学の.

gi·ne·có·lo·go, ga [xi.ne.kó.lo.go, -.ga] 男 女【医】婦人科医.

gi·ne·fo·bia [xi.ne.fó.ƀja] 女 女性嫌い.

Gi·ner de los Rí·os [xi.nér ðe los ří.os] 固名 ヒネル・デ・ロス・リオス Francisco 〜 (1839-1915): スペインの教育家; 自由教育学院の創立者. 98年世代 (→ generación) の先駆者.

gi·nes·ta [xi.nés.ta] 女【植】レダマ.

gi·ne·ta [xi.né.ta] 女【動】ジェネット: ジャコウネコ科. → jineta². [← ? (アラビア語) *jarnaiṭ*]

gin·gi·dio [xiŋ.xí.ðjo] 男【植】→ biznaga.

gin·gi·val [xiŋ.xi.ƀál] 形【解剖】歯茎の, 歯肉の.

gin·gi·vi·tis [xiŋ.xi.ƀí.tis] 女《単複同形》【医】歯肉炎.

gingko [xíŋ.ko, jíŋ.-] / **gink·go** [xíŋ.go, jíŋ.ko] 男【植】イチョウ.

gi・no・gé・ne・sis [xi.no.xé.ne.sis] 囡《単複同形》【生物】雌核発生.

gin・sén / gin・seng [xin.sén] 男【植】チョウセンニンジン，チョウセンニンジンエキス.

Gio・con・da [dʒo.kón.da] 固名《美》*La* 〜『ラ・ジョコンダ』,『モナ・リザ』(イタリアの Leonardo da Vinci 作の肖像画).

gi・ra [xí.ra] 囡 **1** (歌手・劇団などの一連の)地方公演, 巡業；演奏旅行. 〜 americana アメリカツアー. **2** (視察・観光などの) 周遊, 小旅行. 《ラ米》《若者》《俗》トリップ, 麻薬で恍惚(こうこつ)となった状態.
— 圗 → girar.

gi・ra・da [xi.rá.ða] 囡 (スペイン舞踊の)片足による旋回.

gi・ra・dis・cos [xi.ra.ðís.kos] 男《単複同形》**1** (レコードプレーヤーの)ターンテーブル. **2** 《ラ米》《タイプ》→ tocadiscos.

gi・ral・da [xi.rál.da] 囡 (特に人や動物をかたどった)風見, 風向計.

gi・ral・de・te [xi.ral.dé.te] 男【カト】(司祭などが着る)そでなしのロシェトゥム[白衣].

gi・ral・di・lla [xi.ral.di.ʝa ‖ -.ʎa] 囡 スペイン Asturias 地方の民俗舞踊.

gi・rán・du・la [xi.rán.du.la] 囡 回転花火；回転噴水, スプリンクラー.

gi・ran・te [xi.rán.te] 形 くるくる回る.
— 男囡【商】手形[小切手]の振出人.

*__gi・rar__ [xi.rár] 圓 **1** 回る, 回転する. 〜 sobre las puntas de los pies つま先で旋回する. hacer 〜 un trompo こまを回す. La Tierra *gira* alrededor del Sol. 地球は太陽の周りを回っている.
2 《a... / hacia...》…(の方に)曲がる, 方向を変える. 〜 *a* la derecha en la esquina 角で右に曲がる. 〜 *hacia* la casa (方向を変えて)家に向かう. Este coche *gira* bien. この車は小回りがきく.
3 《sobre... / en torno a... / alrededor de...》…をめぐって, 《話・考えなどが》展開する. La conversación *giró en torno al* incendio. 会話は火事の話題に終始した.
4 《alrededor de+数量 / en torno a+数量》大体(…)くらいである. El precio *gira* alrededor de *diez* euros. 値段は大体10ユーロくらいです.
5 【商】手形を振り出す；《企業などが》営業する. Esta empresa *gira* bajo la razón social de P&P. この会社はP&Pの商号で営業している.
— 囮 **1** 回す, 回転する, 方向を変える. 〜 el volante ハンドルを切る. 〜 la llave 鍵を回す. 〜 la cabeza hacia la puerta ドアの方を振り返る. *Gire* la tercera (calle) a la izquierda. 3番目の通りを左に曲がってください.
2 〈金額を〉送金する；〈手形を〉振り出す.

*__gi・ra・sol__ [xi.ra.sól] 男 **1**【植】ヒマワリ (= mirasol). **2**【鉱】ファイアー・オパール (= ópalo 〜). **3** ご機嫌取り, おべっか使い. [girar+sol；花が太陽を追って向きを変えるという考えから]

gi・ra・to・rio, ria [xi.ra.tó.rjo, -.rja] 形 旋回の, 回転(式)の. puerta *giratoria* 回転ドア. puente 〜 (船を通すための)旋開橋. escenario 〜 回り舞台. — 男 回転式書架[ファイル, ロッカー].

gi・ri・no [xi.rí.no] 男【昆】ミズスマシ.

girl [gérl; gérl] 【英】囡《複 〜s》(ショーなどの)女性ダンサー.

*__gi・ro__ [xí.ro] 男 **1** 回転, 旋回. el 〜 de la Tierra sobre sí misma 地球の自転. hacer [dar] un 〜 回転する. radio de 〜【車】回転半径.
2 (情勢の) 成り行き, 推移, 局面；(会話の)展開. copernicano コペルニクス的転回(ものの考え方などがからりと正反対になること). Su intervención hizo que la discusión tomara un cambio de 〜. 彼[彼女] (ら)が介入したせいで議論の流れが変わった.
3 言い回し, 言葉遣い(言葉での)表現方法. un 〜 arcaico 古風な言い回し.
4【商】(手形・小切手の)振り出し；為替, 手形. 〜 postal 郵便為替. 〜 telegráfico 電信為替. El 〜 de la letra de cambio se hizo el día cinco. その為替は5日に振り出されたものだ.
5 《ラ米》《話》【鳥】黄色のニワトリ.
— 圗 girar. [← 〚ラ〛 *gȳrum* (*gȳrus* の対格)「回転；輪」← 〚ギ〛 *gŷros*「輪, 円」. 関連 girar, girasol. 〚英〛*autogiro, gyration*「回転」, *gyroscope*「ジャイロスコープ」]

gi・ro, ra [xí.ro, -.ra] 形 《ラ米》**(1)**《鶏が》黄色い色をした. **(2)**《コス》《話》ぼやっとした. **(3)**《メシ》《話》酔っ払った. **(4)**《コス》《話》勇敢な, 大胆な.

giro-「輪, 回転, ジャイロスコープ」の意の造語要素. → *giro*compás, *giro*piloto. [← 〚ギ〛]

gi・ro・com・pás [xi.ro.kom.pás] 男 転輪羅針儀, ジャイロコンパス.

gi・ro・flé [xi.ro.flé] 男【植】チョウジ(ノキ).

gi・ro・la [xi.ró.la] 囡【建】(教会の)後陣の周りの廊下.

gi・ró・me・tro [xi.ró.me.tro] 男 ジャイロメーター, (航空機の)方向計, 角速度計.

gi・ron・di・no, na [xi.ron.dí.no, -.na] 形【史】ジロンド党の. — 男囡 ジロンド党員：フランス革命当時(1791–93)の穏健な共和派.

gi・ro・pi・lo・to [xi.ro.pi.ló.to] 男 自動操縦装置, ジャイロパイロット.

gi・ros・có・pi・co, ca [xi.ros.kó.pi.ko, -.ka] 形 ジャイロスコープの.

gi・ros・co・pio [xi.ros.kó.pjo] 男 / **gi・rós・co・po** [xi.ros.kó.po] 男 ジャイロスコープ, 回転儀.

gi・rós・ta・to [xi.rós.ta.to] 男 ジャイロスタット：ジャイロスコープの一種.

gis [xís] 男《ラ米》**(1)**《メシ》《パラ》チョーク, 石墨. **(2)**《メシ》《話》プルケ pulque (酒).

gis・te [xís.te] 男 ビールの泡. [← 〚独〛*Gischt*]

gi・ta・na・da [xi.ta.ná.ða] 囡 → gitanería.

gi・ta・ne・ar [xi.ta.ne.ár] 圓 お世辞を使う；《軽蔑》ずる賢く商売する, 〈売買で〉金銭をごまかす.

gi・ta・ne・rí・a [xi.ta.ne.rí.a] 囡《軽蔑》**1** ロマ[ジプシー]特有の言動, ロマの振る舞い. **2** 甘言. **3** 《集合的》ロマ[ジプシー].

gi・ta・nes・co, ca [xi.ta.nés.ko, -.ka] 形 ロマ[ジプシー]の, ロマ風の.

gi・ta・nis・mo [xi.ta.nís.mo] 男 **1** ロマ[ジプシー]的な生き方, ロマ[ジプシー]の生活[習俗]. **2** ロマ[ジプシー]起源の言葉, ロマ特有の言い回し. → calé「ロマ」, payo「ロマ以外の人」など.

*__gi・ta・no, na__ [xi.tá.no, -.na] 形 **1** ロマ[ジプシー]の, ロマの. música *gitana* ロマの音楽. costumbres *gitanas* ロマたちの習慣. **2**《話》(特に女性が)おだて上手の, 甘い言葉で釣るのがうまい. **3**《話》《軽蔑》(特に商売において)あざとい. **4**《話》《軽蔑》(身なりが)汚い, だらしない. **5** 魅力的な.
— 男囡 **1** ロマ「ジプシー」(✦ジプシーという言葉には偏見的・差別的要素が含まれるため, 近年では彼ら自身が使うロマという訳語が充てられることが多い). **2** 《話》おだて上手な人. **3**《話》《軽蔑》あざとい商売をする人, 狡猾(こうかつ)な人. **4**《話》《軽蔑》汚い身なりの人.

que no se lo salta un gitano《話》大量の；すばらしい.
[←「ロマ(の)；エジプト人(の)」(16-17世紀) [←古スペイン] *egiptano*「エジプトの」；ロマがエジプトからやって来たと考えられたための転用]

gla·bro, bra [glá.bro, -.bra; glá.-] 形 無毛の, はげた.

gla·cé [gla.θé; gla.- / -.sé] 形 marrón ～ マロングラッセ. →glasé.

gla·ce·a·do, da [gla.θe.á.ðo, -.ða; gla.- / -.se.-] 形《ラ米》(アイテ)→glaseado.

gla·cia·ción [gla.θja.θjón; gla.- / -.sja.sjón] 女《地質》氷河作用；氷河期.

gla·cial [gla.θjál; gla.- / -.sjál] 形 **1** 氷の, 氷河の. período ～ 氷河時代. **2**《氷のように》冷たい, 寒い. zona ～ 寒帯. viento ～ 身を切るように冷たい風. **3** 冷淡な.

*__gla·ciar__ [gla.θjár; gla.- / -.sjár] 男《地質》氷河. ━ 形 氷河の. depósitos ～es 氷河堆積(ﾀﾞﾑ)物. ablación ～(氷河の)風化. casquete ～ 氷帽(山頂などの万年雪). circo ～ 圏谷(ｹﾝｺｸ)(氷河の侵食によってできた山)の半円形の窪地). lengua ～ 氷舌.

gla·cia·ris·mo [gla.θja.rís.mo; gla.- / -.sja.-] 男 **1** 氷河学. **2** 氷河(形成[作用]).

gla·cio·lo·gí·a [gla.θjo.lo.xí.a; gla.- / -.sjo.-] 女 氷河学.

gla·cis [glá.θis; glá.- / -.sis] 男《単複同形》《地理》なだらかな斜面.

gla·dia·dor [gla.ðja.ðór; gla.-] 男《史》(古代ローマの)剣闘士.

gla·dio [glá.ðjo; glá.-] 男《植》ガマ.

gla·dio·lo [gla.ðjó.lo; gla.-] **/ gla·dí·o·lo** [gla.ðí.o.lo; gla.-] 男《植》グラジオラス.

glam [glám; glám] [英] 形《性数不変》耳障りな, うるさい；《音楽》グラムロックの.
━ 男《音楽》グラムロック.

gla·mo·ro·so, sa [gla.mo.ró.so, -.sa; gla.-] 形 →glamouroso.

glam·our [gla.múr; gla.-] [英] 男 魅力, 魅惑.

gla·mou·ro·so, sa [gla.mu.ró.so, -.sa; gla.-] 形 魅力的な.

gla·mur [gla.múr; gla.-] 男 →glamour.

gla·mu·ro·so, sa [gla.mu.ró.so, -.sa; gla.-] 形 →glamouroso.

glan·de [glán.de; glán.-] 男《解剖》亀頭(ｷﾄｳ).

glan·dí·fe·ro, ra [glan.dí.fe.ro, -.ra; glan.-] 形《植》ドングリのできる.

glán·du·la [glán.du.la; glán.-] 女 **1**《解剖》腺(ｾﾝ). ～ de secreción interna 内分泌腺. ～ endocrina [exocrina] 内[外]分泌腺. ～ genital 生殖腺. ～ lagrimal 涙腺. ～ mamaria 乳腺. ～ parótida 耳下腺. ～ paratiroides 副甲状腺. ～ pineal 松果体. ～ pituitaria 下垂体. ～ salival 唾液腺. ～ sebácea 皮脂腺. ～ suprarrenal 副腎. ～ tiroides 甲状腺. ～ vesicular 精囊. **2**《植》腺. **3**《ラ米》(ﾀﾞﾑ)《複数で》《話》扁桃(ﾍﾝﾄｳ).

glan·du·lar [glan.du.lár; glan.-] 形 腺(ｾﾝ)の, 腺状の.

glan·du·lo·so, sa [glan.du.ló.so, -.sa; glan.-] 形 腺(ｾﾝ)質の, 腺をもつ.

glan·ta·do, da [glan.tá.ðo, -.ða; glan.-] 形《紋》(ドングリなどの)果実をつけた.

gla·sé [gla.sé; gla.-] 男 光沢のある絹布.
━ 形 azúcar ～ 粉砂糖. [←仏 glacé].

gla·se·a·do, da [gla.se.á.ðo, -.ða; gla.-] 形 **1** 光沢をつけた, つや出しをした. **2** 糖衣をきせた, アイシングした. ━ 男 (革・紙・布などの)つや出し(加工)；(菓子などの)糖衣, アイシング.

gla·se·ar [gla.se.ár; gla.-] 他 **1**〈革・紙などに〉光沢をつける；〈食べ物に〉照りをつける. **2**〈菓子に〉糖衣をきせる, アイシングする.

glas·nost [glás.nos(t); glás.-] [露] 男 情報公開, グラスノスチ.

glau·co, ca [gláu.ko, -.ka; gláu.-] 形《文章語》淡い緑色の. ojos ～s 緑色の眼.

glau·co·ma [glau.kó.ma; glau.-] 男《医》緑内障.

gle·ba [glé.ßa; glé.-] 女 **1** (鋤(ｽｷ)で掘り起こした)土塊. **2** 耕された土地[畑]. **3** 農地.

gle·ra [glé.ra; glé.-] 女 石ころの多い土地, 砂利地.

gli·ce·mia [gli.θé.mja; gli.- / -.sé.-] 女《医》糖血症, 血糖.

gli·cé·ri·do [gli.θé.ri.ðo; gli.- / -.sé.-] 男《化》グリセリド.

gli·ce·ri·na [gli.θe.rí.na; gli.- / -.sé.-] 女《化》グリセリン, グリセロール.

gli·ce·rol [gli.θe.ról; gli.- / -.se.-] 男《化》グリセロール, グリセリン.

gli·ci·na [gli.θí.na; gli.- / -.sí.-] 女 **1**《植》フジ. **2**《化》グリシン：極性アミノ酸.

gli·ci·nia [gli.θí.nja; gli.- / -.sí.-] 女《植》フジ.

glico- → gluco-.

gli·có·ge·no [gli.kó.xe.no; gli.-] 男《化》グリコーゲン.

gli·co·ge·no·sis [gli.ko.xe.nó.sis; gli.-] 女《医》糖原病.

gli·col [gli.kól; gli.-] 男《化》グリコール.

gli·có·si·do [gli.kó.si.ðo; gli.-] 男《生化》グリコシド, 配糖体.

glio·sis [gljó.sis; gljó.-] 女《医》《単複同形》グリオーシス：脳[脊髄]の損傷部位の星状神経膠細胞過剰.

glíp·ti·ca [glíp.ti.ka; glíp.-] 女 宝石彫刻術[法].

glip·to·gé·ne·sis [glip.to.xé.ne.sis; glip.-] 女《単複同形》地質学外的要因による斜面形成.

glip·to·gra·fí·a [glip.to.gra.fí.a; glip.-] 女 宝石彫刻学.

glip·to·te·ca [glip.to.té.ka; glip.-] 女 **1** 宝石彫刻コレクション(美術館). **2** 彫刻館.

*__glo·bal__ [glo.ßál; glo.-] 形 **1** 世界的な, 全世界の；地球的な, グローバルな. calentamiento ～ de la Tierra 地球温暖化. **2** 全体の, 全部の；包括的な, 総合的な. un estudio ～ 包括的な研究.

glo·ba·li·dad [glo.ßa.li.ðáð; glo.-] 女 全体(性), 包括(性).

glo·ba·li·za·ción [glo.ßa.li.θa.θjón; glo.- / -.sa.sjón] 女(経済・環境問題などの)グローバリゼーション；全体化；グローバル化.

glo·ba·li·za·dor, do·ra [glo.ßa.li.θa.ðór, -.ðó.ra; glo.- / -.sa.-] 形 グローバル化する；全体化する.

glo·ba·li·zar [glo.ßa.li.θár; glo.- / -.sár] 他 グローバル化する；全体化する.

glo·bal·men·te [glo.ßál.mén.te; glo.-] 副 ひとまとめにして, 全体として, 総括的に.

glo·be·ro, ra [glo.ßé.ro, -.ra; glo.-] 男 女 風船売り. →次ページに図.

*__glo·bo__ [gló.ßo; gló.-] 男 **1** 球, 球体 (=esfera). ～ ocular《解剖》眼球. ～ celeste 天球. el ～ de la lámpara (球形の)ランプ・シェード.
2 地球；地球儀 (=～ terráqueo [terrestre]). →mapa (類語).
3 風船；気球 (=～ aerostático). hinchar un

〜 風船を膨らます. *subir* [*montar*] *en* 〜 気球に乗る. 〜 *sonda* 気象観測用気球；《皆の反応を見て楽しむために広める》うわさ. 〜 *dirigente* 飛行船. 〜 *cautivo* 係留気球.
4 《スポ》(テニスの)ロビングボール, ロブ；(野球の)フライ；(サッカーで)高く蹴り上げたボール. *dar un* 〜 ロビングボールを上げる. **5** (漫画の)吹き出し (= *bocadillo*). **6** 《俗》コンドーム. **7** 《話》《スペイン》

globero (風船売り)

(1) (酒·麻薬による)酩酊(ない). *pillar un* 〜 酔う；(麻薬で)頭がもうろうとする. **2** 《話》怒り, むっとすること. *coger un* 〜 むっとする. **8** 《ラ米》(1) 《アルケ》ランプ. (2) 《アルケ》《話》うわさ, デマ.
en globo 《話》(1) 全体として, 全体的に見て. (2) 実現しそうにない.
[←《ラ》*globum* (*globus* の対格)／関連] global. 《英》[globy].

glo·bo·so, sa [glo.ƀó.so, -.sa; glo.-] 形 球形の, 球状の.

glo·bu·lar [glo.ƀu.lár; glo.-] 形 球体の；《解剖》小球体の；球体[小球]からなる.

glo·bu·li·na [glo.ƀu.lí.na; glo.-] 女 《生物》グロブリン.

gló·bu·lo [gló.ƀu.lo; gló.-] 男 **1** 小球(体).
2 《解剖》血球. 〜 *rojo* [*blanco*] 赤[白]血球.

glo·bu·lo·so, sa [glo.ƀu.ló.so, -.sa; glo.-] 形 小球の, 小球からなる.

glo·mé·ru·lo [glo.mé.ru.lo; glo.-] 男 《主に複数で》《解剖》《腎臓の》糸球体；血管や神経線維の房[帯].

glo·me·ru·lo·ne·fri·tis [glo.me.ru.lo.ne.frí.tis. 女 《単複同形》《医》糸球体腎(じん)炎.

***glo·ria** [gló.rja; gló.-] 女 **1** 栄光, 栄誉；名声. *timbre de* 〜 誉れ高き功績. *lograr la* 〜 栄光ある わが物にする, 名声を博す. *cubrirse de* 〜 《主に皮肉で》名を上げる.
2 《カト》天上の栄光, 至福 (= *bienaventuranza*)；天国 (= *cielo*). *ganarse la G* 〜 昇天する. *alcanzar la* 〜 (地獄に送られることなく)天国へ行ける. *Dios le tenga en su* 〜. 神よ, 彼[彼女]の御霊を天へ導きたまえ. (▶ 慣用表現：死者の冥福を祈る言葉).
3 (名声を得た)偉人, 名誉をもたらすもの. *pasar a la* 〜 有名になる, 名が通る. *Cervantes es una* 〜 *de la literatura española.* セルバンテスはスペイン文学界の誇りだ.
4 繁栄, 全盛, 栄華. *El país estuvo en toda su* 〜 *en el siglo XVI.* その国は16世紀に栄華を極めた.
5 《話》すごい人；見事なもの. *Mira cómo domina la esgrima, es una* 〜. 彼[彼女]の剣さばきを見てみなさい. 実に見事だ. **6** 《話》大喜び, うれしさ. *Da* [*Es una*] 〜 *veros a los dos tan felices.* とても幸せそうな君たちふたりを見てとてもうれしい. **7** 《美》(1) 光背, 円光 (= *aureola*). (2) (天使·聖人を配した)天国の絵. **8** 《料》マジパン：卵白·グラニュー糖で作る焼き菓子 (= *pastel de* 〜). **9** (カスティーリャ·レオン地方独特の)暖房装置.
— 男 《カト》(1) グロリア："*G*〜 *al Padre*" で始まる祈り. (2) 栄光の賛歌. "*G*〜 *a Dios en el cielo*" で始まる祈祷書聖歌.
estar [*encontrarse*] *en la gloria* [*en sus glorias*] 幸福感に包まれている；満悦している.
que en gloria esté 《まれ》亡き…, 故…. *Juan Pablo II, que en* 〜 *esté*, *dedicó toda su vida a la paz del mundo.* 故ヨハネ·パウロ2世は世界平和のために一生を捧げた.
saber [*oler*] *a gloria* すばらしい味[におい]がする.
[←《ラ》*glōriam* (*glōria* の対格)／関連] [英] *glory*].

glo·ria·do [glo.rjá.ðo; glo.-] 男 《ラ米》(1) 《チリ》《アルゼ》《ペル》ラム酒にレモン·シナモン·砂糖を混ぜた温かい飲み物. (2) 《ベネ》ブランデー[ラム]入りのお茶.

glo·riar [glo.rjár; glo.-] 81 他 称賛する.
— 〜*se* 再 (*de...* …を) **1** 自慢する, 誇る (= *vanagloriarse*). **2** 大喜びする, 満足する.

glo·rie·ta [glo.rjé.ta; glo.-] 女 **1** (庭園の木陰の)休憩所, あずまや；(庭園内の)小さな広場.
2 (街路の集まるロータリーにある)広場；《ラ米》《メキ》(大通りの交差点の)ロータリー.

glo·ri·fi·ca·ción [glo.ri.fi.ka.θjón; glo.-/-.sjón] 女 **1** 賛美, 称揚. **2** 神の栄光を授けること, 至福を与えること.

glo·ri·fi·ca·dor, do·ra [glo.ri.fi.ka.ðór, -.ðó.ra; glo.-] 形 賛美する, 賞賛の. — 男 女 賛美者.

glo·ri·fi·car [glo.ri.fi.kár; glo.-] 102 他 **1** …の栄光をたたえる, 賛美する；〈批評(家)が〉持ち上げる.
2 …に神の栄光を授ける, 至福を与える.
— 〜*se* 再 (*de...*) **1** (…を)自慢する, 誇る.
2 (…に)大喜びする, 満足する.

***glo·rio·so, sa** [glo.rjó.so, -.sa; glo.-] 形 **1** 栄光ある, 名誉の. **2** 《宗》神の栄光を受けた. *la gloriosa Virgen María* 聖なる処女マリア. **3** うぬぼれの強い. — 女 **1** 聖母マリア. **2** *La G* 〜 《史》スペインの名誉革命 (1868年).

glo·sa [gló.sa; gló.-] 女 **1** (テキストの)欄外注, 行間注. **2** 注釈, 解釈. **3** 《詩》グロサ：主題の韻文を, 各連の後に分散して配する形式. **4** 《音楽》変奏. **5** 《ラ米》《アルケ》叱責(じ), とがめ.

glo·sa·dor, do·ra [glo.sa.ðór, -.ðó.ra; glo.-] 形 注解[注釈]する. — 男 女 注解[注釈]者.

glo·sar [glo.sár; glo.-] 他 **1** 〈原典に〉注釈する；解釈する. **2** 論解する, **3** 《ラ米》《アルケ》しかる.

glo·sa·rio [glo.sá.rjo; glo.-] 男 (巻末などの)語彙(集), 用語解説；用語集. → *diccionario* [類語].

glo·se [gló.se; gló.-] 男 注の記入, 注釈.

glo·si·lla [glo.sí.ja; glo.- ‖ -.ʎa] 女 《印》7ポイントの活字.

gloso- [gló.so-] *= glos-* *glosario*, *glosopeda*. [←《ギ》]

glo·so·pe·da [glo.so.pé.ða; glo.-] 女 《獣医》口蹄疫(こうていえき).

gló·ti·co, ca [gló.ti.ko, -.ka; gló.-] 形 《解剖》声門の.

glo·tis [gló.tis; gló.-] 女 《単複同形》《解剖》声門.

glo·tón, to·na [glo.tón, -.tó.na; glo.-] 形 大食らいの, 食い意地のはった；貪欲(ない)な. — 男 女 大食家；貪欲な人 (▶ よい意味でも用いられる). *Soy un verdadero* 〜 *de novelas policíacas.* 私は推理小説には全く目がない. — 男 《動》クズリ：イタチ科.

glo·to·ne·ar [glo.to.ne.ár; glo.-] 自 がつがつ食べる, 大食いする.

glo·to·ne·rí·a [glo.to.ne.rí.a; glo.-] 女 大食らい, 暴食.

glu·ce·mia [glu.θé.mja; glu.-/-.sé.-] 女 《医》血

gobierno

glú·ci·do [glú.θi.ðo; glú.- / -.si.-] 男《生化》糖質.
glu·ci·na [glu.θí.na; glu.- / -.sí.-] 女《化》酸化ベリリウム.
glu·ci·nio [glu.θí.njo; glu.- / -.sí.-] 男《化》グルシヌム: ベリリウムの別名.
gluco- 「甘い, 糖, グルコース」の意の造語要素. 母音の前で gluc-. ⇒ *glúcido*, *gluco*sa. [←〔ギ〕]
glu·có·ge·no [glu.kó.xe.no; glu.-] 男《生化》グリコーゲン.
glu·có·li·sis [glu.kó.li.sis; glu.-] 女《単複同形》《生化》解糖[作用].
glu·có·me·tro [glu.kó.me.tro; glu.-] 男 糖度計量器, 糖度計.
glu·co·sa [glu.kó.sa; glu.-] 女《化》グルコース, ぶどう糖.
glu·co·su·ria [glu.ko.sú.rja; glu.-] 女《医》糖尿. ~ renal 腎(ミ)性糖尿.
glu·glu·te·ar [glu.glu.te.ár; glu.-] 自〈七面鳥が〉グルグルと鳴く, のどを鳴らす.
glu·ta·ma·to [glu.ta.má.to; glu.-] 男《化》グルタミン酸塩.
glu·tá·mi·co, ca [glu.tá.mi.ko, -.ka; glu.-] 形《化》グルタミンの. ácido ~ グルタミン酸.
glu·ta·mi·na [glu.ta.mí.na; glu.-] 女《生化》グルタミン.
glu·ten [glú.ten; glú.-] 男《化》グルテン.
glú·te·o, a [glú.te.o, -.a; glú.-] 形《1》《解剖》臀部(ニ゚)の, 臀筋の. **2**《複数で》《婉曲》臀部, お尻.
glu·ti·no·si·dad [glu.ti.no.si.ðáð; glu.-] 女《まれ》粘着性, 膠(ニ゚ア)質.
glu·ti·no·so, sa [glu.ti.nó.so, -.sa; glu.-] 形 粘(着)性の, 膠(ニ゚ア)質の, ねばねばする.
gneis [(g)néis] 男《単複同形》《鉱》片麻岩.
gnéi·si·co, ca [(g)néi.si.ko, -.ka] 形《鉱》片麻岩の.
gnó·mi·co, ca [(g)nó.mi.ko, -.ka] 形 **1**〈韻文が〉格言[金言]詩の, 格言的な. poesía *gnómica* 格言詩. **2** 格言詩を書く. **3**《宗》格言詩の.
gno·mo [(g)nó.mo] 男 **1**（地中の宝などを守る）地の霊. **2**（童話などの老人姿の）小鬼, 小人, ノーム. **3**《神話》北欧神話の小人.
gno·mon [(g)nó.mon] 男 **1** グノモン, 晷針(ニ゚ン): 垂直の棒・柱・オベリスクなどを用いた古代の天文測定器, それらの影の長さにより太陽の高度などを測定した. **2**（日時計の中心で影を作る棒状の）指中針.
gno·mó·ni·ca [(g)no.mó.ni.ka] 女 日時計製作法; 日時計測時法.
gno·se·o·lo·gí·a [(g)no.se.o.lo.xí.a] 女 認識形而上学.
gno·se·o·ló·gi·co, ca [(g)no.se.o.ló.xi.ko, -.ka] 形 認識形而上学の.
gno·sis [(g)nó.sis] 女《単複同形》**1**《哲》グノーシス, 霊知的直観. **2**《宗》グノーシス主義.
gnos·ti·cis·mo [(g)nos.ti.θís.mo / -.sís.-] 男《宗》グノーシス主義. ♦1-4世紀の哲学的宗教思想で霊知によって救済が得られるという説. キリスト教会で異端とされた.
gnós·ti·co, ca [(g)nós.ti.ko, -.ka] 形 グノーシス派の. — 男 女 グノーシス派の人.
go·be·li·no [go.ße.lí.no; -] 男 **1** ゴブラン織り, ゴブラン織りの壁掛け; ゴブラン織り職人. **2**《ラ米》(ホンテ)《複数で》《卑》睾丸.
go·ber·na·bi·li·dad [go.ßer.na.ßi.li.ðáð; go.-] 女 統治, 政策; 統治の可能性[見通し].
go·ber·na·ble [go.ßer.ná.ßle; go.-] 形 **1** 統治できる, 支配できる. **2** 管理しやすい. **3** 操縦しやすい.
go·ber·na·ción [go.ßer.na.θjón; -.sjón] 女 **1** 統治, 支配; 統轄; 管理. Ministerio de la *G*~ 内務省, 自治省. **2**（乗り物の）操縦.
***go·ber·na·dor, do·ra** [go.ßer.na.ðór, -.ðó.ra; go.-] 形 統治する, 運営する. junta *gobernadora* 運営委員会. — 男 女 **1** 県知事,（連邦国家の）州知事 (= ~ civil),（一般にある領域における行政・軍事面での）長. ~ militar 軍管区指令官. ~ general（植民地の）総督. **2**（公的機関の）総裁. el ~ del Banco de España スペイン銀行総裁.
— 女 知事[長官, 総督, 総裁]夫人.
go·ber·na·lle [go.ßer.ná.je; go.-] ‖ [ぉ.-] 男《海》舵(ヒ).
go·ber·nan·ta [go.ßer.nán.ta; go.-] 女 **1**（ホテル・学生寮などの）メード頭, 寮母. **2**《ラ米》(ㄱㄹ)女性の家庭教師.
go·ber·nan·te [go.ßer.nán.te; go.-] 形 統治する, 支配する; 支配的な. partido ~ 与党. — 男 女 支配者, 統治者. — 男《話》ワンマン, ボス.
***go·ber·nar** [go.ßer.nár; go.-] 8 他 **1**〈領土を〉**統治する**;〈組織などを〉運営する;**支配する**. ~ un país 国を統治する. ~ la casa 家庭を管理する. ~ la situación 状況を思いどおりに動かす. Te *gobierna* el miedo. 君は恐怖に支配されている. Ellos se dejan ~ por unos fanáticos. 彼らは一部の狂信者に操られている.
2〈船などの〉舵(ヒ)を取る, 操縦する. ~ un barco 船を操縦する.
— 自 **1** 統治を行う, 政権[支配権]を握る. Ese año empezó a ~ el partido socialista. その年に社会党政権が始まった. **2**《海》〈船などの〉操縦がきく,（操縦に従って）進む. El barco *gobierna* con rumbo noroeste. 船は北西に向かって進んでいた.
— **~·se** 再 **1** 状況に応じて行動する; 自己管理する. Tienes que ~*te* por principios. 君は節操を持って行動すべきだ.
gobernárselas 何とかうまくやる.
[←〔ラ〕*gubernāre*←〔ギ〕*kybernán*「舵を取る」が本来の意味)／[関連]gobierno, cibernética.〔英〕*govern*, *cybernetics*.
go·ber·na·ti·vo, va [go.ßer.na.tí.ßo, -.ßa; go.-] 形 → gubernativo.
go·ber·no·so, sa [go.ßer.nó.so, -.sa; go.-] 形《話》きれい好きな, まめな, 整理整頓(ニン)[やりくり]の上手な.
gobiern- 活 → gobernar.
go·bier·na [go.ßjér.na; go.-] 女 風見, 風力計.
go·bier·nis·ta [go.ßjer.nís.ta; go.-] 形《ラ米》(ボポ)政府支持の; 与党の.
***go·bier·no** [go.ßjér.no; go.-] 男 **1 統治; 管理**, 運営; 指揮, 支配. el ~ de una empresa 会社の経営. ~ de la casa 家政.
2 政府, 内閣; 官庁. presidente de ~ 首相. ~ federal 連邦政府. ~ provisional 臨時政府. ~ fantasma 影の内閣. formar el nuevo ~ 新内閣を組閣する. ▶ 特定の政府を指して用いる場合は大文字で書かれることが多い.
3 政治（形態）, 政体. ~ democrático 民主政体. ~ representativo 代議政体. ~ parlamentario 議会政治. ~ absoluto 専制[絶対]支配. ~ totalitario 全体主義政治.
4 知事[長官, 総督]の管轄区; 官邸. ~ civil [mili-

gobio

tar] 知事[軍管区司令官]官邸；(管轄区としての)県[軍管区]. **5** 操縦, 操作；《海》舵(だ). perder el ～ 舵が利かなくなる；操縦不能になる.
── 活 → gobernar.
mirar contra el gobierno《話》斜視である.
para gobierno de +人 (人)の参考として. Se lo digo a usted *para su buen* ～. ご参考までに申し上げます(► su が de +人に相当).
servir de gobierno 参考[基準]となる；警告となる. Esta amarga experiencia en su juventud le *sirvió de* ～. 青春時代のこの苦い経験が彼[彼女]にとって薬となった.

go・bio [gó.bjo; go.-] 男《魚》ハゼ.
go・ce [gó.θe; gó.- / -.se] 男 **1** 享受, 享有. el ～ de un privilegio 特権の享受.
2 喜び, 享楽；快楽. ～s materiales [sensuales] 物質的[官能的]な喜び.
goce(-) / gocé(-) 活 → gozar.
go・cho¹ [gó.tʃo; gó.-] 男《話》豚.
go・cho² [gó.tʃo; gó.-] 男《ラ米》(コロンビア)耳；取っ手, 柄.
go・cho, cha [gó.tʃo, -.tʃa; gó.-] 形《ラ米》(ベネズエラ)《話》(1) 猫背の, 背中の湾曲した. (2) 不器用か, 下手な.
go・des・co, ca [go.ðés.ko, -.ka; go.-] 形 快活な, 陽気な, 明るい. ── 男 女 快活な人, 明るい人.
go・di・ble [go.ðí.ßle; go.-] 形 → godesco.
go・do, da [gó.ðo, -.ða; go.-] 形 **1** ゴート人の. **2**《古語》(西ゴート王国の血を引く)高貴な, 名門の, 貴族の. **3**《ラ米》(コロンビア)(ペ)《話》保守的な.
── 男 女 **1**《史》ゴート人. **2**《古語》貴族. **3**《スペイン》《話》《軽蔑》(カナリア諸島の人にとって)本土のスペイン人. **4**《ラ米》《話》(キ)(コロンビア)《軽蔑》スペイン人.
── 男《ラ米》(コロンビア)《複数で》男性用の長パンツ.

go・fia [gó.fja; gó.-] 女《ラ米》(コロンビア)《俗》探偵, 刑事.
go・fio [gó.fjo; gó.-] 男《ラ米》炒(い)りトウモロコシ粉 (の菓子).
go・fo, fa [gó.fo, -.fa; gó.-] 形 **1** 粗野な, 無知な, とんまな. **2**《美》小人の格好の.
go・fra・do [go.frá.ðo; go.-] 男 (革表紙・布などに)浮き出し模様をつけること；(造花の花弁などに)筋をつけること.
go・frar [go.frár; go.-] 他 (革表紙・布などに)浮き出し模様をつける；(造花の花弁などに)筋をつける.
go・fre [gó.fre; gó.-] 男 (菓子の)ゴーフル, ワッフル.
go・gó [go.gó; go.-] 男《英》《俗》(ディスコなどで場を盛り上げるために雇われた)ダンサー.
a gogó《話》たくさん, いっぱい. En la fiesta hay vino a ～. パーティーにはたくさんのワインが出る.

****gol** [gól; gól] 《英》男《複 ～s, ～es》《スポ》(サッカーなどの) **ゴール, 得点 (すること)**；ゴール・アベレージ. meter un *gol* ゴールを決める；ライバルを倒す；《話》陰険な手段でだます. *gol fantasma* 幻のゴール (ボールがゴールに入ったかどうかはっきりとわからないゴール (シュート)). tiro a *gol* 得点に結びつくシュート. ganar por una diferencia de cuatro *goles* 4点差で勝つ. [← 《英》*goal*]

go・la [gó.la; go.-] 女 **1**《話》のど (= garganta).
2 (よろいの)のど当て. **3** ひだ襟：16-17世紀に円形にひだをとった襟. **4**《建》波刳形(はくりがた)；反曲線：凹面凸面を持つS字形の刳形. **5**《地理》(狭い) 湾口, 港口. **6**《軍》(首にかける)三日月章.
hacer gola《ラ米》(コロンビア)抵抗する, 逆らう.

go・le・a・da [go.le.á.ða; go.-] 女《スポ》(特にサッカーの)大量得点. *ganar por una* ～《話》圧勝する.
go・le・a・dor, do・ra [go.le.a.ðór, -.ðó.ra; go.-] 形 大量得点をあげる. ── 男 女《スポ》(特にサッカーで)大量得点を上げる人[選手].
go・le・ar [go.le.ár; go.-] 他《スポ》(特にサッカーで) (a... …に対して) 得点する；大量得点する. conseguir ～ al equipo contrario 相手チームから点を奪う. ── 自 得点する；大量得点する.
go・le・ta [go.lé.ta; go.-] 女《海》スクーナー (型帆船).

****golf** [gólf; gólf] 《英》男《スポ》**ゴルフ**. jugador de ～ ゴルファー. palo de ～ ゴルフのクラブ. terreno de ～ ゴルフコース. salsa ～《ラ米》(コロンビア)オーロラソース (トマトソースにケチャップを混ぜたピンク色のマヨネーズソース).

gol・fán [gol.fán; gol.-] 男《植》ヒツジグサ, スイレン. [← 《ポルトガル》*golfão*]

goleta (スクーナー)

gol・fan・te [gol.fán.te; gol.-] 男 女《スペイン》《話》不良, ごろつき.
gol・fe・ar [gol.fe.ár; go.-] 自《スペイン》《話》やくざな生き方をする, ぶらくらして暮らす. Miguel dejó el trabajo y se dedica a ～. ミゲルは仕事をやめてしまい, まっとうな暮らしをしていない.
gol・fe・rí・a [gol.fe.rí.a; gol.-] 女《スペイン》**1** 不良の集団. **2** (軽蔑) やくざな生活, 卑劣な行為；詐欺, 悪事.
gol・fi・llo, lla [gol.fi.ʎo, -.ʎa; gol.- ‖ -.ʎo, -.ʎa] 男 女 浮浪児. [*golfo* +縮小辞]
gol・fis・ta [gol.fís.ta; gol.-] 男 女 ゴルファー.
gol・fís・ti・co, ca [gol.fís.ti.ko, -.ka; gol.-] 形 ゴルフの, ゴルフに関する.
gol・fi・to [gol.fí.to; gol.-] 男《話》ミニゴルフ.
****gol・fo** [gól.fo; gól.-] 男 **1 湾** (► *bahía* より大きい). el G～ de México メキシコ湾. **2**《文章語》 海洋, 海原. **3** 賭博(とばく)の一種；トランプゲームの一種. [← 《俗ラ》*colp(h)us*← 《ギ》*kólpos*「胸；膣(ちつ)；入り江」][関連]《英》*golf*, *gulf*

gol・fo, fa [gól.fo, -.fa; gól.-] 形《話》**1**《軽蔑》ろくでもない；(悪い意味で) 大胆な, 横柄な；恥知らずな. **2**《軽蔑》売春婦の. ── 男 女《俗》悪党, ならず者；浮浪児. ── 女《軽蔑》売春婦. [← 《俗》*golfín*「追いはぎ」]

Gól・go・ta [gól.go.ta; gól.-] 固名 ゴルゴタ：イエス Jesús が十字架刑に処せられたエルサレム郊外の丘. → Calvario. [← 《ラ》*Golgotha*← 《ギ》(新約聖書)*Golgothá*← 《アラム》*gulgūlthā*「しゃれこうべ」(丘の形の類似から)]

go・liar・des・co, ca [go.ljar.ðés.ko, -.ka; go.-] 形 *goliardo* (風); *goliardo* の書いたラテン語詩の.

go・liar・do, da [go.ljár.ðo, -.ða; go.-] 形 享楽主義の, 放埒(ほうらつ)の；暴飲暴食する. ── 男 (中世の)遍歴の書生詩人, 放浪学生[僧]：恋愛詩や風刺詩を歌いながら各地を遍歴した(托鉢(たくはつ))修道士.

Go・liat [go.lját; go.-] 固名《聖》ゴリアテ：David の投石によって殺されたペリシテ人の巨人戦士.

go・li・lla [go.lí.ja; go.- ‖ -.ʎa] 女 **1** (司法官などの)付け襟. **2**《集合的》(家禽(かきん)の)首の羽.

3〘技〙フランジ, 継ぎ手. **4**《ラ米》(1)《(5)》《(5)》〘服飾〙スカーフ. (2)《(5)》〘機〙ワッシャー, 座金. (3)《(5)》《話》簡単なこと, 楽な仕事.
— 《話》《軽蔑》裁判所の職員[役人]；法曹界(の連中).
alzar [*levantar*] *golilla*《ラ米》(1)《(5)》声を荒げる. (2)《(5)》恐れを抱く. (3)《(5)》勇気がある, 勇敢である.
de golilla《ラ米》《(5)》ただで, 無料で.
[gola + 縮小辞]

go·li·lle·ro, ra [go.li.jé.ro, -.ra; go.- ‖ -.ʎé.-] 圐《ラ米》《話》ただで手に入れようとする人.

go·lle·rí·a [go.ʎe.rí.a; go.- ‖ -.ʎe.-] 囡 **1** ごちそう, おいしい物. **2**《話》度を越したもの, 十分すぎること, ぜいたく. *pedir* ~*s* 高望みをする.

go·lle·ta·zo [go.ʎe.tá.θo; go.- ‖ -.ʎe.- / -.so] 圐 **1** 瓶の首をたたくこと. **2**〘闘牛〙《軽蔑》牛の首から肺を貫く剣の一撃.
dar (*un*) *golletazo a...* …を打ち切る.

go·lle·te [go.ʎé.te; go.- ‖ -.ʎé.-] 圐《話》**1** 首, 喉・頸(ʃ)の上部 (= cuello). **2** 瓶の首. **3** (助修士の服の)カラー.
estar hasta el gollete《話》(1) もうたくさんだ, うんざりだ. (2) 借金で首が回らない. (3) 満腹である.
no tener gollete《ラ米》《(ᵐ)》《話》(ものごとが)常軌を逸している.

****go·lon·dri·na** [go.lon.drí.na; go.-] 囡 **1**〘鳥〙ツバメ. **2**〘魚〙トビウオ. **3**〘海〙遊覧船. **4**《ラ米》《(ʃ)》引っ越し専用車.
golondrina de mar〘鳥〙アジサシ.
Una golondrina no hace verano.《諺》つばめ1羽(の飛来)で夏になるわけではない(早合点は禁物).
Voló la golondrina.《話》当てがはずれた.
[[古スペイン] *golondre (←［ラ］*hirundinem* (*hirundō*の対格)「ツバメ」) +縮小辞]

go·lon·dri·no [go.lon.drí.no; go.-] 圐 **1**〘鳥〙ツバメのひな. **2**〘魚〙トビウオ. **3**〘医〙腋窩(ˀ)リンパ腺(ˀ)炎. **4**《まれ》住居を転々とする人；季節労働者. **5**《まれ》逃亡兵, 脱走兵.

go·lon·dro [go.lón.dro; go.-] 圐《話》欲望, 願望.

go·lo·sa [go.ló.sa; go.-] 囡《ラ米》《(ᴬ)》〘遊〙石けり遊び.

go·lo·sa·men·te [go.ló.sa.mén.te; go.-] 圖 おいしそうに；よだれが出そうな顔をして.

go·lo·se·ar [go.lo.se.ár; go.-] 圓 菓子を食べる.

go·lo·si·na [go.lo.sí.na; go.-] 囡 **1** (主としてキャンディ・グミなどの)甘い菓子 (= chuchería). **2** 願望(の対象), 誘惑(する物) ；きまぐれ. *mirar con* ~ よだれが出そうな顔で見る. *Para la mujer un abrigo de piel es una* ~ *de lujo.* 女性にとって毛皮のコートはぜいたくな望みの一つである.

go·lo·si·nar [go.lo.si.nár; go.-] / **go·lo·si·ne·ar** [go.lo.si.ne.ár; go.-] 圓 → golosear.

go·lo·so, sa [go.ló.so, -.sa; go.-] 圏 **1** 甘い物に目がない, 甘党の；食いしん坊な. *ser* ~ 甘党[食いしん坊]である. **2** おいしそうな, 食欲をそそる. **3** 欲望をそそるような, 魅力的な, 人をひきつける. *Un empleo* ~ *no está al alcance de cualquiera.* 誰もが魅力的な仕事に就けるわけではない.
— 圐囡 甘い物好き, 食いしん坊.
tener muchos golosos 垂涎(ˢ)の的である.

gol·pa·zo [gol.pá.θo; gol.- / -.so] 圐 **1** 強打. **2** 激しい衝突[衝撃]. *cerrar la puerta de un* ~ ドアをばたんと閉める. [golpe +増大辞]

******gol·pe** [gól.pe; gól.-] 圐 **1** 打つこと, 殴打；衝突, 衝撃. *una maleta resistente a los* ~*s* 衝撃に強いスーツケース. *Chocaron un coche y un autobús con un* ~ *muy fuerte.* 車とバスが激しくぶつかった. *Recibió* [*Se dio*] *un* ~ *en la rodilla.* 彼[彼女]はひざを打った.
2 打ち傷, (ぶつけてできた) 傷；[打つ] 音. *El futbolista tiene unos* ~*s en las piernas.* そのサッカー選手の脚にはいくつか打ち身がある. *Dieron unos* ~ *en la puerta.* ドアが何度かノックされた.
3 (精神的な) 衝撃, ショック；驚き, センセーション；痛手, 不幸. *La muerte de su hijo fue un duro* ~ *para ellos.* 息子を亡くしたことは彼らにとって大変つらい出来事だった. *acusar el* ~ 動揺を隠しきれない. *Esa catástrofe supuso un gran* ~ *a todo el mundo.* その大惨事は世界中に大きな衝撃となった.
4 突発する[不意に現れる]もの；発作, (感情の)激発, 攻撃, 襲撃. ~ *de toses* 咳(ˢ)き込み. ~ *de risa* (大笑いで)吹き出すこと. ~ *de llanto* わっと泣き出すこと. ~ *de viento* 突風. ~ *de gente* 人波. ~ *de fortuna* 幸運[不運]の思わぬ到来.
5 機知に富んだ言葉, 才知. *tener un buen* ~《話》いい考えがひらめく. *Ese presentador tiene cada* ~. その司会者はウィットの利いた話をする.
6〘演〙〘映〙(物語の)山場, おもしろい[こっけいな]場面. ~ *de efecto* (劇的効果を生む)どんでん返し.
7《俗》盗み, 強盗. **8**〘スポ〙(テニスなどの)ショット, ストローク；(サッカーの)キック；(ボクシングの)パンチ, ブロー；(野球の)ヒット；〘遊〙(ゲームの)一手. ~ *buen dado* ヒット, ゴール ナイスショット. ~ *franco* フリーキック. ~ *de castigo* ペナルティーキック. ~ *bajo* ローブロー；裏切り行為. **9** ばね錠, 自動ロック錠；自動ロック扉. **10**〘農〙(植え付け・播種のときに一つの穴に入れる)株の数, 種の量. **11** フラメンコで足の裏全体で強く床を打つ技〘音〙. **12**《ラ米》(1)《(5)》(砕石用)大ハンマー. (2)《(5ᵍʳ)》《話》(酒の)ひと飲み. (3)《(5)》〘服飾〙(服の)見返し布, 裏布.
a golpe de... …を使って；…のおかげで.
a golpes たたいて；力ずくで, 無理に；断続的に.
a golpe seguro 確実に, 間違いなく.
dar el golpe《話》びっくりさせる, 感じさせる. *Con este sombrero, vas a dar el* ~. 君のその帽子はみんなをあっと言わせるぞ.
darle el golpe al cigarro《ラ米》《(ᵐ)》《(5)》《話》(タバコを)吸う.
de golpe 突然, 急に；乱暴に. *cerrar una puerta de* ~ ドアをばたんと閉める. *caer de* ~ バタッと倒れる.
de golpe y porrazo あわてて；不意に, 突然.
de un golpe 一気に, いっぺんに. *leer un tocho de un* ~ 厚い本を一気に読破する.
errar [*fallar*] *el golpe* しくじる, 失敗する.
golpe de Estado クーデター.
golpe de gracia とどめの一撃；《比喩的に》とどめ. *dar el* ~ *de gracia* とどめを刺す.
golpe de mano 奇襲.
golpe de mar 時化(ˢ)；高波.
golpe de pecho《後悔の念・ざんげの表現》胸を握りこぶしで打つこと.
golpe de timón (突然の)予定変更.
golpe de vista 一瞥(ˢ), 一見. *al primer* ~ *de vista* 一見して, ちらっと見ただけで.
mandar un golpe《ラ米》《(5)》《話》殴りつける.
no dar [*pegar*] (*ni*) *golpe*《話》怠ける[働かな

golpeadero 978

い];無為に過ごす.
[←〔古スペイン〕colpe←〔俗ラ〕*colupus←〔ラ〕colaphus「こぶしで殴ること」←〔ギ〕kólaphos「殴打」[関連]〔仏〕coup「殴打, 打撃」, coup d'Etat「クーデター」]

gol·pe·a·de·ro [gol.pe.a.ðé.ro; gol.-] 男 ものを打ち付ける場所；水が落ちる場所.

gol·pe·a·dor, do·ra [gol.pe.a.ðór, -.ðó.ra; gol.-] 形 打つ, たたく. ━男女 打つ人, たたく人. ━男女《ラ米》(1)(ドアの)ノッカー. (2)《ラ米》妻に暴力をふるう夫.

gol·pe·a·du·ra [gol.pe.a.ðú.ra; gol.-] 女 打つ[たたく]こと, ノック；殴打.

‡**gol·pe·ar** [gol.pe.ár; gol.-] 他 **1** 打つ；何度もたたく；ノックする. La lluvia golpeaba los cristales. 雨が窓ガラスをたたいていた. **2** 殴る；何度も殴打する. **3**《ラ米》《話》(タバコを)吸う.
━自《en...》…を打ちつける, たたく.
━~·se 自分の体をぶつける.

gol·pe·o [gol.pé.o; gol.-] 男 → golpeadura.

gol·pe·ta·zo [gol.pe.tá.θo; gol.- / -.so] 男 → golpazo.

gol·pe·te [gol.pé.te; gol.-] 男 (ドア・窓の)掛け金, 留め金.

gol·pe·te·ar [gol.pe.te.ár; gol.-] 他 何度もたたく, 軽くとんとんと打つ. ━自〈雨・窓・扉が〉音を立てる.

gol·pe·te·o [gol.pe.té.o; gol.-] 男 **1** 何度も打つこと, 軽くたたくこと. **2** 雨音, (窓・扉がカタカタと)音を立てること. **3** (エンジンの)爆燃, ノッキング.

gol·pis·mo [gol.pís.mo; gol.-] 男 クーデター；クーデター主義.

gol·pis·ta [gol.pís.ta; gol.-] 形 クーデター(主義)の. ━男女 クーデター参加者, クーデター支持者.

gol·pi·za [gol.pí.θa; gol.- / -.sa] 女《ラ米》《話》《俗》殴打, めった打ち.

‡**go·ma** [gó.ma; gó.-] 女 **1** ゴム, 天然ゴム, ゴムの木；**ゴム質の物**《話》ゴム質のゴム底. ～ adragante トラガカントゴム. ～ arábiga アラビアゴム. ～ de mascar チューインガム. ～ espuma フォームラバー；《話》elástica 弾性ゴム；《話》輪ゴム. ～ laca セラック. **2** ゴム糊 (= ～ de pegar). **3** ゴムひも, ゴムバンド, 輪ゴム. **4** 消しゴム (= ～ de borrar). **5**《話》(散水用の)ゴムホース. **6**《話》《隠》純度の高いハシッシュ. **7** プラスチック製爆薬. ～ 2 [dos] プラスチック爆弾. **8**《医》(第3期梅毒の)ゴム腫(ゅ). **9**《話》コンドーム. **10**《ラ米》(1)(ゴム製の)オーバーシューズ. (2)《話》《車》タイヤ. (3)(行)《話》忠実な人, 信頼できる人. (4)《中米》《話》二日酔い. (5)《中米》《車》乳房. (6)《話》熱心. (7) ヘアスプレー. (8)《ラブ》気まぐれ.
de goma《話》とても敏捷(びんしょう)な.
[←〔俗ラ〕*gumma←〔ラ〕gummi←〔ギ〕kómmi；[関連]〔英〕gum]

go·ma·es·pu·ma [go.ma.es.pú.ma; go.-] 女 フォームラバー：衝撃を和らげるため, 気泡を入れて弾性を持たせたゴム.

go·mal [go.mál; go.-] 男《ラ米》《ラブ》《ラブ》ゴム園.

go·me·lo [go.mé.lo; go.-] 男《ラ米》《中米》《話》金持ちのお坊ちゃん.

go·me·rí·a [go.me.rí.a; go.-] 女《ラ米》タイヤの販売店[修理工場].

go·me·ro, ra¹ [go.mé.ro, -.ra; go.-] 形 ゴムの. ━男女 ゴムの採集人, 販売人. ━男 **1** (石を飛ばす)ぱちんこ. **2**《ラ米》《中米》ゴムの木. **3**《ラ米》《ラブ》ぱちんこ.

go·me·ro, ra² [go.mé.ro, -.ra; go.-] 形 ゴメラ島 La Gomera(カナリア諸島の1つ)の.
━男女 ゴメラ島の住民[出身者].

go·met [go.mét; go.-] 男《カタルーニャ》男《複 ～s》《スペイン》(教育に用いる)シール, ステッカー.

Gó·mez de la Ser·na [gó.meθ ðe la sér.na; gó.- / -.mes -/.] 固名 ゴメス・デ・ラ・セルナ Ramón ～ (1888-1963)：スペインの作家. 作品 El doctor inverosímil『ありえない博士』. → greguería 2.

go·mia [gó.mja; go.-] 女 **1** (キリスト聖体の祝日の)大蛇(だいじゃ)像. **2**《話》大食漢.

go·mi·na [go.mí.na; go.-] 女 毛髪用化粧品, ヘアスプレー；ポマード.

go·mi·no·la [go.mi.nó.la; go.-] 女 (小さな)グミ.

go·mi·ta [go.mí.ta; go.-] 女 輪ゴム. [goma + 縮小辞]

go·món [go.món; go.-] 男《ラ米》《ラブ》ゴムボート.

Go·mo·rra [go.mó.ra; go.-] 固名《聖》ゴモラ：市民の堕落のため Sodoma と共に神に滅ぼされた古代パレスチナの都市.

go·mo·rre·si·na [go.mo.re.sí.na; go.-] 女 ゴム樹脂.

go·mo·si·dad [go.mo.si.ðáð; go.-] 女 ゴム質, ゴム弾性, 粘着性.

go·mo·so, sa [go.mó.so, -.sa; go.-] 形 **1** ゴム(質)の；粘着性の, 粘つく. **2**《医》ゴム腫(しゅ)の.
━男《話》《軽蔑》おしゃれな[にやけた]男.

gó·na·da [gó.na.ða; gó.-] 女《解剖》性腺(せい), 生殖腺.

go·na·do·tro·pi·na [go.na.ðo.tro.pí.na; go.-] 女《生化》ゴナドトロピン：性腺刺激ホルモン.

gon·ce [gón.θe; gón.- / -.se] 男 → gozne.

gón·do·la [gón.do.la; gón.-] 女 **1** ゴンドラ. **2** (気球などの)つりかご, ゴンドラ. **3** 店頭の商品陳列棚. **4**《航空》エンジンポッド：ジェットエンジンの設置場所. **5**《ラ米》(1)(行)《中米》《アル》(乗り合い)バス. (2)《ラブ》大型トラック. (3) 無蓋(む)貨車. [←〔伊〕gondola]

gon·do·le·ro, ra [gon.do.lé.ro, -.ra; gon.-] 男女 ゴンドラの船頭.

gon·fa·lón [goɱ.fa.lón; goɱ.-] 男 (先が2つか3つに分かれた)吹き流し；軍旗.

gong [góŋ; góŋ // góŋ; góŋ] / **gon·go** [góŋ.go; góŋ.-] 〔英〕男《複 ～s》ゴング, 銅鑼(ら).

Gón·go·ra [góŋ.go.ra; góŋ.-] 固名 ゴンゴラ Luis de ～ y Argote (1561-1627)：スペインの黄金世紀最大の詩人・聖職者. 作品 Las soledades『孤愁』.

gonfalón (吹き流し)

gon·go·ri·no, na [goŋ.go.rí.no, -.na; goŋ.-] 形《文学》ゴンゴラの, ゴンゴラ風の.
━男女 ゴンゴラ風の文体を模倣する人.

gon·go·ris·mo [goŋ.go.rís.mo; goŋ.-] 男《文学》ゴンゴリスモ, 文飾主義. ◆17世紀のスペインの詩人 Góngora こうごの古典的教養をちりばめた華麗で晦渋(かいじゅう)な文体. 正式には culteranismo と呼ばれ, conceptismo と共に17世紀の詩の代表的様式.

gon·go·ris·ta [goŋ.go.rís.ta; goŋ.-] 形 → gongorino.

gon·go·ri·zar [goŋ.go.ri.θár; goŋ.- / -.sár] 自 ゴンゴラ風の文章を書く, ゴンゴラ風の話し方をする.

go·nio·me·trí·a [go.njo.me.trí.a; go.-] 女 角度

測定, 測角術.
go·ni·ó·me·tro [go.njó.me.tro; go.-] 男 測角器, ゴニオメーター.
-gono, na 男 「角, 角度」の意を表す造語要素. ⇒ hex**á**gono, pol**í**gono. [← ギ]
go·no·co·cia [go.no.kó.θja; go.- / -.sja] 女 〖医〗淋病(%), および尿道疾患.
go·no·co·co [go.no.kó.ko; go.-] 男 〖医〗淋菌(%).
go·no·rre·a [go.no.ré.a; go.-] 女 〖医〗淋疾(%), 淋病.
Gon·zá·lez Pra·da [gon.θá.leθ prá.ða; gon.- / -.sá.les -] 固名 ゴンサレス・プラダ. Manuel ～ (1848–1918). ペルーの作家・思想家. → modernismo.
gon·zo [gón.θo; gón.- / -.so] 形 → *periodismo* gonzo.
go·ra [gó.ra; gó.-] [バスク] 間投 万歳. ¡G～ Euskadi y viva España! バスク万歳, スペイン万歳.
gor·da [gór.ða; gor.-] 女 1 (昔の) 10センティモ硬貨. 2 口論, 騒動. 3 《ラ米》(*)(*)分厚いトルティージャ tortilla.
gor·dal [gor.ðál; gor.-] 形 大きい, 太った. aceituna ～ 大粒のオリーブの実.
gor·da·na [gor.ðá.na; gor.-] 女 (動物性の) 脂肪, 獣脂.
gor·dia·no, na [gor.ðjá.no, -.na; gor.-] 形 ゴルディオスの. nudo ～ ゴルディオスの結び目;《比喩的》難関, 難題.♦フリギアの Gordias 王の戦車の軛(%)の結び目を解く者はアジアを支配すると予言されていたが, アレクサンドロス大王は剣で切断するという方法でこれを解いた.
gor·di·flón, flo·na [gor.ði.flón, -.fló.na; gor.-] 形 男 女《話》→ gordinflón.
gor·dim·flas [gor.ðím.flas; gor.-] 形 男 女《性数不変》→ gordinflón.
gor·din·flón, flo·na [gor.ðiɱ.flón, -.fló.na; gor.-] 形《話》《軽蔑》ぶくぶく[まるまる] 太った, 丸ぽちゃの. ━男 女《話》太っちょ.

**gor·do, da [gór.ðo, -.ða; gór.-] 形 1 《多くは名詞+》《ser + / estar +》太い, 分厚い, 肥満の. hilo ～ 太糸. libro ～ 分厚い本. lienzo ～ 厚手の布. manzana *gorda* 大きいリンゴ. dedo ～ 親指 (=pulgar). Me pongo a régimen porque *estoy* demasiado ～. 太り過ぎなのでダイエットをする. 2《名詞+》大変な, 重要な. Algo ～ ha ocurrido. 何かとんでもないことが起きた. gente *gorda* / pez ～ 大物, お偉方. un error ～ 重大な誤り. 3《名詞+》脂肪質の, 脂っこい. tocino ～ 脂身の多いベーコン.
━男 女 太った人.
━男 1 脂肪, 脂身. carne con ～ 脂身のある肉. reventar de ～ ぶくぶくに太っている. 2 (宝くじの) 1等, 大当たり (=premio ～).
caerle gordo (a+人)《話》〈人〉にとって感じが悪い,〈人〉の気に食わない. Ese tipo *me cae* ～. あいつはどうも気に食わない (▶ me が a+人に相当).
de los gordos [*las gordas*]《話》大変な, 莫大な. Es una equivocación *de las gordas*. それはとんでもない間違いだ (▶ 修飾する名詞と性が一致).
ni gorda《話》(1) 無一文で. No tengo *ni gorda*. 私は無一文だ.(2) まるで…さっぱり…. No te entiendo *ni gorda*. 君の言っていることはさっぱりわからない.
sin (una) gorda 無一文で.
[← ラ] *gurdum* (*gurdus* の対格) 「愚かな」(「(刃の) なまった」, 「厚い」を経て, 「太った」の意味が生じた.)]
gor·do·lo·bo [gor.ðo.ló.bo; gor.-] 男〖植〗モウズイカ, バーバスカム.
gor·du·ra [gor.ðú.ra; gor.-] 女 1 肥満. 2 脂肪, 油脂. 3《ラ米》(%)(%)乳脂, クリーム.
go·re [gó.re; go.-] 英 形《性状不変》残酷な, 血なまぐさい. película(s) ～(s) スプラッター映画. ━男 (または女)《単複同形》スプラッター映画.
go·re·tex [go.re.téks; go.-] 男《単複同形》〖商標〗ゴアテックス:合成樹脂の一種で水は通さないが通気性がよい.
gor·go·jo [gor.gó.xo; gor.-] 男 1 〖昆〗ゾウムシ, 象鼻(%)虫. 2《話》ちび.
gor·gón [gor.gón; gor.-] 男《ラ米》(%)コンクリート.
Gor·go·nas [gor.gó.nas; gor.-] 固名〖ギ神〗ゴルゴン:頭髪が蛇でその目を見た者を石に変えたという怪物. (強い女) ステンノ Esteno, (広くさまよう女) エウリアレ Euríale, (女王) メドゥーサ Medusa の三姉妹.
gor·gor [gor.gór; gor.-] 男 → gorgoteo.
gor·go·ri·ta [gor.go.rí.ta; gor.-] 女 1 小さな泡. 2《複数で》《話》震え声.
gor·go·ri·te·ar [gor.go.ri.te.ár; gor.-] 自《話》声を震わせて歌う[笑う], 話す.
gor·go·ri·to [gor.go.rí.to; gor.-] 男《複数で》1《話》〖音楽〗旋転, ルラード. 2 震え声.
gór·go·ro [gór.go.ro; gór.-] 男《ラ米》(%)(%)泡, あぶく.
gor·go·te·ar [gor.go.te.ár; gor.-] 自〈液体・ガスが〉ゴボゴボ音を立てる.
gor·go·te·o [gor.go.té.o; gor.-] 男 液体が立てるゴボゴボという音.
gor·gue·ra [gor.gé.ra; gor.-] 女 1 ひだ襟. 2 (よろいの) のど当て. 3 〖植〗総苞(%).
gor·guz [gor.gúθ; gor.- / -.gús] 男《複 gorguces》1 (短い) 槍(%). 2 長尺のはさみ挟み.
go·ri·go·ri [go.ri.gó.ri; go.-] 男 1《話》《ユーモラスに》埋葬歌. 2《話》大騒ぎ.
go·ri·la [go.rí.la; go.-] 男 1 〖動〗ゴリラ. 2 ゴリラのような人. 3《話》ボディーガード, 護衛. 4《ラ米》《話》政策に干渉する軍の高官.
━男 女《ラ米》(%)(%)《軽蔑》反動的な思想をもつ人.
gor·ja [gór.xa; gor.-] 女 のど元 (=garganta).
gor·jal [gor.xál; gor.-] 女 1 (聖職服の) 立ち襟, ローマンカラー. 2 (よろいの) のど当て.
gor·je·a·dor, do·ra [gor.xe.a.ðór, -.ðó.ra; gor.-] 形 さえずるような.
gor·je·ar [gor.xe.ár; gor.-] 自 1 〈鳥が〉さえずる. 2 のどを震わせて歌う[笑う]. 3 〈子供が〉話しはじめる 4《ラ米》《話》からかう, ちゃかす.
━～*.se* 再 〈幼児が〉舌足らずにしゃべり出す.
gor·je·o [gor.xé.o; gor.-] 男 1 (鳥の) さえずり. 2 ルラード:のどを震わせる歌い方. 3 (子供の) 舌足らずなしゃべり方.
go·ro·be·te·ar·se [go.ro.be.te.ár.se; go.-] 再 (%)《話》曲がる, ねじれる.
go·ro·be·to, ta [go.ro.bé.to, -.ta; go.-] 形《ラ米》(%)《話》曲がった, 反った, ねじれた.
go·rra [gó.ra; gó.-] 女 (ひさし付きの) 帽子, ひさし帽. ～ de marino [velero] 船員帽. ～ de plato /～ militar 軍帽. ━男《話》居候.
con la gorra《話》容易に.

gorra
(ひさし帽)

de gorra ただで, 他人の勘定で. *vivir de* ~ 人にたかって暮らす.
go・rre・ar [go.r̃e.ár; go.-] 自《話》人にたかる, 寄食[居候]する. —他《ラ米》(ｷ)(ｸ)《俗》《妻が》《夫を》だます, 不貞を働く. (2) だまし取る.
go・rre・rí・a [go.r̃e.rí.a; go.-] 女 帽子製造所, 帽子店.
go・rre・ro, ra [go.r̃é.ro, -.ra; go.-] 男 女 帽子職人, 帽子商人. —男《話》居候.
go・rri・lla [go.r̃í.ʎa; go.- ‖ -.ʎa] 男 他人の車を駐車して小銭を稼ぐ人.
go・rri・na・da [go.r̃i.ná.ða; go.-] 女 **1** 乱雑, 汚れ放題. **2** 下品《な言葉》; 下劣《な行為》.
go・rri・ne・ra [go.r̃i.né.ra; go.-] 女 豚小屋.
go・rri・ne・rí・a [go.r̃i.ne.rí.a; go.-] 女 → gorrinada.
go・rri・no, na [go.r̃í.no, -.na; go.-] 形 **1**《軽蔑》不潔な. **2**《軽蔑》卑劣な. —男 女 **1**（4か月未満の）子豚. **2** 汚い人, 卑劣な人.
go・rrión, rrio・na [go.r̃ión, -.r̃ió.na; go.-] 女《鳥》(1) スズメ. (2)《ラ米》(ﾒｷ)ハチドリ.
go・rris・ta [go.r̃ís.ta; go.-] 共《話》居候の, 人にたかる. —男 女《話》居候.

*gorro [gó.r̃o; gó.-] 男 **1** 縁なし帽, キャップ. ~ *de baño* [*esquí*] 水泳[スキー]帽. ~ *de dormir* ナイトキャップ. ~ *catalán* カタルーニャ帽. ~ *frigio* フリギア帽.

gorro（縁なし帽）
1 ~ *frigio* フリギア帽.
2 *birretina* 軽騎兵の毛皮帽.
3 ~ *de cuartel* 兵士の帽子.

2《ラ米》(ｺﾛ)（記事の）見出し.
apretarse el gorro《ラ米》《話》逃げ出す.
estar hasta el gorro de...《話》…にうんざりしている, 飽き飽きしている.
poner el gorro a+人 (1)（人）を当惑させる, 目のやり場に困らせる. (2)《ラ米》(ﾁ)浮気する.
go・rrón [go.r̃ón; go.-] 男 **1** 小石, 玉石. **2** 不完全な繭を作る病気のカイコ. **3** 回転支軸, ピボット.
go・rrón, rro・na [go.r̃ón, -.r̃ó.na; go.-] 形《話》人にたかる, 他人の懐を当てにする. —男 女 **1** 居候; 人にたかる者. **2**《ラ米》(ﾍﾟﾙ)(ﾎﾟ)(ﾊﾞ)自分勝手な人. —男 放蕩者. —女 売春婦.
go・rro・ne・ar [go.r̃o.ne.ár; go.-] 自 他《話》人にたかる, 寄食をする. *Siempre anda gorroneando pitillos a los compañeros*. 彼[彼女]はいつも仲間にタバコをたかっている.
go・rro・ne・rí・a [go.r̃o.ne.rí.a; go.-] 女 **1** 人にたかること, 寄食. **2**《ラ米》(ﾍﾟﾙ)利己主義, わがまま.
gos・pel [gos.pél; gos.-]〔英〕男《話》ゴスペル（ミュージック）: アメリカの黒人教会から生まれた福音歌.

*gota [gó.ta; gó.-] 女 **1** 滴, 滴り. ~ *de agua* 水滴, 雨滴. ~ *a* ~ *de lluvia* 雨がポツポツ降る（► *unas* [*cuatro, dos*] ~*s* が主語となる）. *Grandes* ~*s de lágrimas se deslizaban por sus mejillas*. 大粒の涙が彼[彼女]のほおを伝っていた.
2（液体の）**少量**, 微量;（一般に）ごくわずか. *una* ~ *de vino* ほんの少しのワイン. *Dédicame una* ~ *de tu tiempo*. 君の時間をほんのちょっと私のために使ってください.
3《医》痛風. *tener* [*padecer*] ~ 痛風を患う.
4《複数で》**点滴**; 滴剤; 点眼薬. *El médico me recetó unas* ~ *s nasales*. 医者は私に点鼻薬を処方した. **5**《ラ米》(ﾍﾞﾈ)《菌類》（菌類が原因の）病害.
gota a gota ぽたぽたと, 一滴一滴, 少しずつ. *transfusión* ~ *a* ~ 点滴.
gota caduca [*coral*]《医》てんかん.
gota fría《気象》寒気(だん)の塊.
gota serena《医》黒内障.
ni gota《否定で》何も[全く]（…ない）. *No entiendo ni* ~ *de lo que nos explicó el profesor*. 先生が説明したことは私にはちんぷんかんぷんだ.
parecerse a... como una gota de agua a otra〈人・ものが〉…にそっくりである, …と瓜(うり)二つである.
ser la última gota / *ser la gota que colma el vaso*《話》…が我慢の限界を超える.
ser [*parecerse*] *como dos gotas de agua*《複数主語で》〈2人・2つのものが〉瓜二つである.
sudar la gota gorda《話》大汗をかく; 血のにじむような努力をする.
[←[ﾗ] *guttam* (*gutta* の対格)][関連] *agotar*]
go・te・a・do, da [go.te.á.ðo, -.ða; go.-] 形 点々と染みのついた.
go・te・ar [go.te.ár; go.-] 自 **1**〈液体が〉（ポツポツと）漏れる, 垂れる, 滴る. *El agua gotea del tejado*. 雨水が屋根からポタポタ垂れる. **2**《3人称単数・無主語で》雨がポツリポツリ降る. **3** 少しずつ[小出しに]与えられる.
go・te・lé [go.te.lé; go.-] 男（壁などの）吹付け塗装.
go・te・o [go.té.o; go.-] 男 **1** 滴り, 滴. **2** 小出し. **3**《医》点滴器.
go・te・ra [go.té.ra; go.-] 女 **1** 雨漏り, 水漏れ; 雨漏りの染み; 雨漏りの場所. *Tenemos una* ~ *en el cuarto de baño*. うちのバスルームは雨漏りがする. **2**（天蓋, ベッドなどの）縁飾り, 垂れ布. **3**《主に複数で》《話》老人の持病. **4**（水の浸透による）樹木の病気. **5**《ラ米》《複数で》郊外, 近郊.
go・te・re・ro, ra [go.te.ré.ro, -.ra; go.-] 形《ラ米》(ﾆｶ)《話》人にたかる; 自分勝手な.
go・te・ro [go.té.ro; go.-] 男 **1**《医》点滴器. **2**《ラ米》(ﾒｷ)(ﾘﾊﾟ)(ｸ)(ﾎﾞ)(ｳ)(ｱ)スポイト.
go・te・rón [go.te.rón; go.-] 男 **1**《主に複数で》大粒の雨. **2**《建》水切り; 円錐(すい)台形の装飾［剣形(ざき)］.

*gó・ti・co, ca [gó.ti.ko, -.ka; gó.-] 形 **1** ゴート人の, ゴート語の.
2 ゴシック様式の. **3** 高貴な, 気高い. **4**《印》ゴシック書体の. *letra gótica* ゴシック体.
—男 **1**《美》ゴシック様式. ~ *flamígero* フランボワイヤン《火炎式》ゴシック様式（15-16世紀中葉にフランスで流行した ゴシック建築）. **2** ゴート語（= *lengua gótica*）: 東ゲルマン語に属し, 現在は死滅.
niño gótico《話》気取り屋.
go・ti・ta [go.tí.ta; go.-] 女 *gota* +縮小辞.
go・to・so, sa [go.tó.so, -.sa; go.-] 形《医》痛風持ちの. —男 女《医》痛風患者.
gouache [gwá.tʃe; gwá.- ‖ gwáf]〔仏〕男《美》グアッシュ, 不透明水彩（= *guache*）.
gou・da [góu.ða; góu.-]〔オランダ〕男 ゴーダチーズ: 硬質のナチュラルチーズ.
gour・de [góur.ðe; góur.-] 男 グールド: ハイチの貨幣単位.
gour・mand [gur.mán; gur.-]〔仏〕男 女［食

~s〖大食家, 健啖家;美食家.
gour·met [gur.mé; gur.-]〔仏〕男女〖複 ~s, ~〗食通, 美食家, グルメ(=gastrónomo).
go·ya [gó.ja; gó.-]女〖映〗ゴヤ賞(スペイン映画アカデミーが毎年決定する映画賞);ゴヤ賞の受賞者に与えられるブロンズ像.
Go·ya [gó.ja; gó.-]固名ゴヤ Francisco de ~ y Lucientes (1746-1828):スペインの画家. Carlos 3世, 4世に仕えた宮廷画家. 作品 *La maja desnuda*『裸のマハ』, *Pinturas negras*『黒い絵』(シリーズ).
go·yes·co, ca [go.jés.ko, -.ka; go.-]形ゴヤ風の.
go·za·da [go.θá.ða; go.-/-.sá.-]女《スペイン》《話》(とびきりの)楽しみ, 喜び(=goce).
****go·zar** [go.θár; go.-/-.sár]97自 **1**《con... / en... ...を》楽しむ, 喜ぶ. ~ *con* el éxito de un amigo 友人の成功を喜ぶ. *Gozaba* haciendo sufrir a los demás. 彼[彼女]は他人を苦しめて喜んでいた.
2《de... ...を》享受する. ~ *de* buena salud 健康である. Él *goza de* la confianza del director. 彼は社長から信頼されている. **3**性交する.
──他 **1**享受する. **2**楽しむ. **3**〈人を〉(性的に)ものにする, もてあそぶ. ──~**·se**再 **1**《en... ...を》楽しむ. **2**〖複数主語で〗性交する.
gozarla《話》楽しく過ごす. En casa de los abuelos realmente *la gozamos*. 祖父母の家では本当に楽しんだ.
goz·ne [góθ.ne; góθ.-/gós.-; gós.-]男 蝶番(ちょうつがい);蝶番(状)のもの.
***go·zo** [gó.θo; gó.-/-.so]男 **1**喜び, 歓喜. el ~ de ver crecer a los hijos 子供たちの成長を見る喜び. saltar de ~ うれしくて小躍りする. no caber en sí de ~ 喜びで我を忘れる. dar ~ 大いに喜ばせる[楽しませる]. **2**〖複数で〗(聖母・聖人にささげる)頌詩(しょうし). **3**薪(たきぎ)のちろちろ燃える炎.
──活 → gozar.
Mi [*Tu, Su...*] *gozo en un pozo.*《話》ああ, がっかり(►期待したことがかなえられなかったときに使う).
[←〔ラ〕*gaudium* (*gaudēre*「楽しむ」の派生語)]
go·zón, zo·na [go.θón, -.θó.na; go.-/-.són, -.só.-]男女《ラ米》(ドミニ)《話》祭りが好きな人.
go·zo·sa·men·te [go.θó.sa.mén.te; go.-/-.só.-]副 楽しく.
go·zo·so, sa [go.θó.so, -.sa; go.-/-.só.-]形 **1**《de... / con...》(...を)喜んでいる, (...に)満足した;いそいそとした. **2**〈できごとが〉喜ばしい, 楽しい. una boda *gozosa* 幸せに満ちた結婚式. **3**〖カト〗聖母(のエピソード)に関連する.
goz·que [goθ.ke; goθ.-/gos.-; gos.-]/ **goz·que·jo** [goθ.ké.xo; goθ.-/gos.-; gos.-]男 **1**よくほえる犬.
2《スペイン》小さな犬;《ラ米》(ドミニ)野良犬.
GPS [xe.pe.é.se]〔英〕男〖略〗*g*lobal *p*ositioning *s*ystem 全地球測位システム.
***gra·ba·ción** [gra.ba.θjón; gra.-/-.sjón]女 録音, 録画, 収録;録音済みのテープ[CD, ビデオ]. ~ en una cinta magnetofónica テープ録音.
gra·ba·do [gra.βá.ðo; gra.-]男 **1**彫ること, 刻みつけること, 彫版術;製版. ~ punteado 点刻法. ~ al agua fuerte エッチング. ~ en cobre 銅版彫刻, 銅版術. ~ en hueco 沈み彫り, 陰刻. ~ en madera 木版.
2版画;挿し絵. un libro con muchos ~s 挿し絵がたくさんある本. **3**録音, 録画.
gra·ba·dor, do·ra [gra.βa.ðór, -.ðó.ra; gra.-]形 録音[録画]する;製版の. ──男 彫刻師, 版画家. ~ al agua fuerte エッチング画家. ──男《ラ米》(ラブラ)テープレコーダー. ──女 テープレコーダー.
gra·ba·du·ra [gra.βa.ðú.ra; gra.-]女 彫ること, 彫版, 版刻.
***gra·bar** [gra.βár; gra.-]他 **1**(固いものの表面に)彫る, 刻む, 彫刻する. ~ su nombre al buril (自分の)名前を彫刻刀で彫る. ~ al agua fuerte エッチングする. ~ en relieve 浮き彫りにする.
2録音[録画]する. un disco *grabado* en directo ライブ録音盤. ~ una película televisada en vídeo テレビ映画をビデオに録画する.
3〖印〗製版する.
4胸に刻む. ~ en la memoria 記憶に刻みつける.
──~**·se**再 心に焼き付く, 胸に刻まれる. Su espléndida ejecución *se grabó* en mi memoria para siempre. 彼[彼女]のすばらしい演奏は永久に私の心に刻まれた.
[←〔仏〕*graver*]
gra·ben [grá.ben; grá.-]〔独〕男〖地理〗裂谷, 地溝(谷).
gra·ce·ja·da [gra.θe.xá.ða; gra.-/-.se.-]女《ラ米》(ラブラ)悪趣味な冗談.
gra·ce·jo [gra.θé.xo; gra.-/-.sé.-]男 **1**機知, しゃれ, ユーモア. **2**《ラ米》(ラブラ)ひょうきんな[おもしろい]話し方[書き方]. **3**《ラ米》(ラブラ)(メヒ)道化師, ピエロ.
****gra·cia** [grá.θja; grá.-/-.sja]女 **1**おもしろさ, おかしさ;人を笑わせる[ユーモアの]才能. contar... con mucha ~ ...をおもしろおかしく語る. anécdota [humorista] que tiene ~ おもしろい逸話[漫談家]. Ahí está la ~. そこがおもしろい.
2冗談, しゃれ. no estar para ~s 冗談を言う[聞く]ような気分ではない. Nos reímos mucho con sus ~s. 彼[彼女](ら)のジョークに私たちは大笑いした.
3上品さ, 気品;優美, しとやかさ. caminar con ~ 優雅に歩く. actitud que no tiene ~ 品のない態度.
4(容姿とは関係のない)魅力, 愛嬌(あいきょう), かわいらしさ. No es guapa, pero tiene cierta ~. 彼女は美人ではないがそれとない魅力がある.
5《para... ...の》素質, 能力;器用さ, 手腕;美点. tener mucha ~ *para* cocinar 料理の素質がある;手際よく料理する. Cada uno tiene sus ~s. 人にはそれぞれの人なりの長所がある(►慣用表現).
6〖カト〗(神の)恩寵(おんちょう), 恩恵. en ~ de Dios 神の恩寵により. estar en estado de ~ 神の恩寵に浴している. Rey de España por la ~ de Dios 神の恩恵によるスペイン国王(►慣用表現:勅書や貨幣の刻印などで王の名前に付される).
7寵愛, 庇護;厚情, 好意, 親切. conceder una ~ a+人 〈人〉を引き立てる. Ese pintor disfrutó de la ~ del rey. その画家は王の寵愛を受けた.
8恩赦, 特赦(=indulto);許し;《商》支払い[返済]猶予. derecho de ~ 恩赦権. días de ~ 手形支払い猶予日数.
9《皮肉》結構なこと;(ありがた)迷惑, 面倒;失態, どじ. Has hecho otra de tus ~s. おまえはたいへんなことをしでかしたな. Me hizo una ~ que me ha costado diez mil euros. 彼[彼女]のおかげで1万ユーロもかかってしまった. Tiene ~ que quieras comer y no trabajar. 仕事をしないで食っていきたいとは結構な話だ(►que 以下が主語, 節の中の動詞は接続法).

graciable

10 お名前, 芳名. ¿Cuál es su ～? お名前は何とおっしゃいますか.
11《複数で》《ギ神》las Tres G～s 美の三女神. ♦輝き, 喜び, 開花を象徴する Aglaye, Eufrósine, Talía の三女神.
dar en la gracia de...《話》習慣的に…する;《皮肉》…する.
de gracia 無料で, 無償で; 好意で.
en gracia a... …を考慮して; …に免じて.
hacer gracia a+人《人》をおもしろがらせる, 〈人〉がおもしろい[すばらしい]と感じる, 〈人〉が気に入る. *Me hizo* mucha ～ *lo que me contaste*. 君の話はとてもおもしろかった. *Este hombre no me hace* ～. この男はどうも虫が好かない. ► *me* は *a*+人 に相当.
hacer gracia a+人 *de*... 〈人〉から…を免除する.
¡Maldita la gracia que tiene esto! / ¡Menuda gracia tiene! / ¡Tiene muy poca gracia! おもしろくもなんともない.
Más vale caer en gracia que ser gracioso.《諺》なまじ気が利くよりは人に気に入られる方が大事だ.
¡Qué gracia!《驚き・喜びなど》なんて愉快なことだ;《皮肉》何でこっけいだ, なんてことだ, ばかばかしい.
reír (*a*+人) *la*(*s*) *gracia*(*s*) 〈〈人〉の冗談などに対して〉お世辞笑いをする;〈人〉におべんちゃらを言う.
¡Vaya (*una*) *gracia!*《怒り・不快》なんてことだ.
[←[ラ] grātiam (grātia の対格) grātus「ありがたい」より派生.関連 agradecer, gratis,[英]grace, graceful, gratify]

gra·cia·ble [gra.θjá.ble; gra.-/-.sjá.-]形 **1** 親切な, 優しい. **2** 愛想のいい, 愛嬌(き*)のある. **3** 好意[一存]で与えられる.

Gra·cián [gra.θján; gra.-/-.sján]固名 グラシアン Baltasar ～ y Morales (1601-58): スペインの小説家・イエズス会士. 作品 *El criticón*『批評好き』.

✱✱✱gra·cias [grá.θjas; gra.-/-.sjas] 間 感 数 形 **1**《間投詞的に》**ありがとう**, (**por**... …に) **感謝します**. *¡Muchas* [*Muchísimas*, *Mil*, *Un millón de*] ～! —*De Nada.* / *No hay por qué darlas.* / *No hay de qué.* / *Nada de* ～. ほんとうに, ありがとう. —どういたしまして; 礼には及ばない. —*¿Quieres más vino?* —*Bueno* [*Sí*], ～. もう少しワインを飲みませんか. —ええ, いただきます (►断るときは No, ～. いいえ, けっこうです). *Gracias por tu regalo*. プレゼントありがとう. *G～ por* su atención. ご静聴ありがとうございました. *G～ por* haberme visitado. 私を訪ねてきてくれてありがとう.
2 感謝 (の言葉) acción de ～《カト》神への感謝. *dar las* ～ *a*+人 〈人〉にお礼を言う.
gracias a... …のおかげで. *G～ a* que me despertaste, llegué a tiempo a la reunión. 君が起こしてくれたおかげで会議に間に合ったよ.
¡Gracias a Dios! / ¡A Dios gracias! ああ, ありがたい, よかった, おかげさまで; 運良く.
... y gracias. …でも多すぎるくらいだ, …で御の字だ. *Me robaron en el viaje, pero me devolvieron el pasaporte, y* ～. 旅行中に盗難にあったがパスポートは戻ってきた, それだけでもありがたい.

grá·cil [grá.θil; grá.-/-.sil]形《格式》**1** ほっそりした, きゃしゃな. *árboles* ～*es* ひょろりとした木. **2** 繊細な, 優美な.

gra·ci·li·dad [gra.θi.li.ðáð; gra.-/-.si.-]女 ほっそり[すらり]としていること, きゃしゃ.

gra·cio·la [gra.θjó.la; gra.-/-.sjó.-]女《植》サワトウガラシ.

gra·cio·sa·men·te [gra.θjó.sa.mén.te; gra.-/-.sjó.-]副 **1** 上品に, かわいらしく; おどけて. La niña se inclinaba ～ para mirar la flor. 女の子はかわいらしく体を傾けて花を見ていた. **2** ありがたいことに, 慈悲をもって. El jefe me permitió ～ trabajar en su despacho. 上司はありがたいことに彼のオフィスで仕事をさせてくれた. **3** 無償で, 見返りをもとめずに.

gra·cio·si·dad [gra.θjo.si.ðáð; gra.-/-.sjo.-]女 **1** 優美, 優雅. **2** 愛らしさ, 愛嬌(き*).

✱**gra·cio·so, sa** [gra.θjó.so, -.sa; gra.-/-.sjó.-]形 **1**《+名詞/名詞+》《ser+/estar+》**おもしろい, おかしい, こっけいな, 気の利いた**, 機知に富んだ. una ocurrencia *graciosa* 気の利いた[ユーモアのある]話. *Lo* ～ *es que coincidimos otra vez en el metro*. おもしろいことに私たちはまた地下鉄で偶然一緒になった. *Trató de hacernos reír con unos chistes* ～*s*. 彼[彼女]はおもしろい話で私たちを笑わせようとした.
2《+名詞/名詞+》《ser+/estar+》**愛嬌**(き*)**のある**, 茶目っ気のある; かわいらしい, 魅力的な. *La niña tiene un flequillo* ～. その女の子の前髪はかわいらしい.
3《estar+》《皮肉》おもしろくない, 煩わしい. *Cuando está* ～ *no lo soporta nadie*. 彼が無愛想なときは耐えられない.
4《+名詞/名詞+》好意[善意]による; 無料の, 無償の. *a título* ～ 無償で. la *graciosa* concesión de los bienes 好意による財産の委譲. **5**《+名詞》《イギリス国王・女王に対する敬称》慈悲深き…. Su *Graciosa* Majestad 慈悲深き国王[女王]陛下.
— 男 道化者, ひょうきん者; 喜劇俳優; 道化役者. *hacerse el* ～《話》道化役を務める, おどける.
— 男 (スペインの古典劇に登場する) 道化役. ♦使用人の役がこの役割を担当するのが一般的であった.

gra·da¹ [grá.ða; grá.-]女 **1** (階段の) 1 段 (= peldaño). **2**《主に複数で》(スタジアムなどの) 階段座席, スタンド; 座席の 1 列. **3**《主に複数で》スタンドの観客. **4**《複数で》(玄関前の) 階段; (祭壇前の) 階段. **5**《海》造船台, 船架. **6**《複数で》《ラ米》(きょうて)(神殿などの) 前庭.

gra·da² [grá.ða; grá.-]女 **1** (女子修道院面会室の) 格子窓. **2**《農》砕土機, ハロー; 馬鍬(まぐわ).

gra·da·ción [gra.ða.θjón; gra.-/-.sjón]女 **1** 段階的移行[配列], (徐々の) 変化. una ～ de colores 色の明暗の移行, グラデーション.
2《音楽》《美》グラデーション.
3《修辞》漸層法. ♦語や節を連鎖的に続けて漸次感情を高めて[低めて]行く方法. ― *En tierra, en humo, en polvo, en sombra, en nada*. 土に, 煙に, 塵(ちり)に, 影に, 無に (Góngora の詩より).

gra·dar [gra.ðár; gra.-]他《農》(鋤(すき)で) 返した土を) 馬鍬(まぐわ)でならす.

gra·dén [gra.ðén; gra.-]男 たんすなどの家具の中に置く引き出し付きの棚.

gra·de·rí·a [gra.ðe.rí.a; gra.-]女《集合的》**1** graderío. **2** (祭壇前の) 段々.

gra·de·rí·o [gra.ðe.rí.o; gra.-]男《集合的》(特に競技場・闘牛場の) スタンド; スタンドの観客.

gra·dien·te [gra.ðjén.te; gra.-]男《物理》(気圧・温度などの) 傾度, 勾配(こうばい). ― 女《ラ米》坂, 傾斜.

gra·dí·o·lo [gra.ðí.o.lo; gra.-]男 / **gra·dio·lo** [gra.ðjó.lo; gra.-]男 → gladiolo.

gra·do¹ [grá.ðo; grá.-] 男 **1 段階；程度．レベル．~ cultural 文化水準．los diferentes ~s de la evolución de las especies 種の進化の様々な段階．
2（温度・角度・経緯度などの）度．Un ángulo recto tiene noventa ~s. 直角は90度である．La temperatura está por encima de treinta ~s. 気温は30度以上ある．¿Cuántos ~s de temperatura [humedad] hay en esta habitación? この部屋の温度［湿度］は何度ですか．Madrid está a cuarenta ~s de latitud norte. マドリードは北緯40度に位置している（▶経度は ~s de longitud）．un terremoto de seis ~s de intensidad máxima 最高震度 6 の地震．cerveza de [que tiene] cinco ~s アルコール度数 5 度のビール．~ centígrado [Celsius] 摂氏．~ Fahrenheit 華氏．~ Kelvin ケルビン［絶対］温度．**3** 等級；《軍》階級．homicidio de primer ~ 《法》第一級殺人犯．~ de coronel 大佐の階級［地位］．**4** 親等．Los primos son parientes de cuarto ~. いとこは 4 親等である．primo en segundo ~ またいとこ，はとこ．**5**《文法》(形容詞・副詞の）級．~ positivo 原級．~ comparativo 比較級．~ superlativo 最上級．**6** 学位；中等教育の修了者としての資格（◆日本の高校卒業資格に相当する）．~ de doctor [licenciado] 博士［学士］号．**7** 年次，学年．alumno de segundo ~ 2 年生．Estoy en el tercer ~ de la licenciatura. 私は学士課程の 3 年生です．**8**《数》次，次数．ecuación de segundo ~ 二次方程式．**9**《法》審級．~ de apelación 控訴審．▶「一審，二審」は primera [segunda] instancia. **10**（複数で）(剃髪(^{ていはつ})）式を終えたばかりの）下級聖職者．

de grado en grado / por grados 段階的に，漸次，徐々に．

en alto [sumo] grado / en grado sumo [superlativo] 最高に，この上なく，非常に．

en menor o mayor grado 多かれ少なかれ．

[← ［ラ］ *gradum* (*gradus*「歩み；階段」の対格）．関連 ［スペイン］［英］*gradual*．［英］*grade*］

gra·do² [grá.ðo; grá.-] 男 喜び；意欲．

de (buen) grado 喜んで，自発的に．Acepta de buen ~ los consejos de los demás. 彼［彼女］は他人の助言を素直に受け入れる．

de grado o por fuerza いや応なしに．

de mal grado 嫌々ながら，渋々．

mal de SU *grado*（人）の意に反して．

[←［後ラ］*gratum*「感謝」←［ラ］*grātus*「ありがとう」；関連 *agradar*．［英］*grateful*「感謝して」］

gradú- 活 → graduar.

gra·dua·ble [gra.ðwá.ble; gra.-] 形 **1** 調節できる，加減できる．tirantes ~s 調節できるズボンつり．**2** 等級［段階，順位］がつけられる．

*gra·dua·ción [gra.ðwa.θjón; gra.- / -sjón] 女
1 調整，調節；測定．**2** 目盛り．**3** 階級［学位］の付与［取得］．**4**《軍隊》の階級．**5** 卒業．**5** 段階的な増加［減少］．**6**（含有アルコールの）度数．

gra·dua·do, da [gra.ðwá.ðo, -.ða; gra.-] 形
1 目盛りを付けた，段階を付けた．escala *graduada* 目盛り付き定規．gafas *graduadas* 度の入ったものがね．**2** 卒業した．~ en educación secundaria 中等教育を修了した．
— 男 女（大学）卒業生．— 男（初等・中等教育の）卒業資格．~ escolar 初等教育修了資格．

gra·dua·dor [gra.ðwa.ðór; gra.-] 男 **1**《技》計器，計測器，ゲージ．**2** 調節ねじ，調節するもの．

gra·dual [gra.ðwál; gra.-] 形 段階的な，徐々の．un aumento ~ de la temperatura わずかずつの温度の上昇．— 男《カト》昇階唱．

gra·dual·men·te [gra.ðwál.mén.te; gra.-] 副 徐々に，段々と．

gra·duan·do, da [gra.ðwán.do, -.da; gra.-] 男 女（大学）の卒業予定者．

*gra·duar [gra.ðwár; gra.-] 84 他 **1** 調節する，調整する．~ el volumen de la televisión テレビの音量を加減する．~ el esfuerzo 力を加減する．
2 徐々に増やす［減らす］．
3 〈品質・度数などを〉測定する．~ la vista 視力を測る．~ el vino ワインのアルコール度を測る．
4 …に目盛りを付ける．~ un termómetro 温度計に目盛りを付ける．
5《de... …の》学位を授ける，卒業させる．Le *graduarán* con la nota máxima. 彼は最高点で卒業するだろう．~ a un estudiante *de* doctor 学生に博士号を授ける．**6**《軍》《de... …に》任じる．
— ~·se 再 **1**《de... …の》学位を取得する．~*se de* doctor en derecho 法学博士号を得る．
2《en... …を》卒業する．*Se graduó* en la Universidad de Salamanca. 彼［彼女］はサラマンカ大学を卒業した．**3**《軍》《de... …に》任命される．~ *de* capitán 大尉に任ぜられる．

gra·fe·ma [gra.fé.ma; gra.-] 男《言》書記素．
gra·fé·mi·ca [gra.fé.mi.ka; gra.-] 女《言》書記素論．
graf·fi·te·ro, ra [gra.fi.té.ro, -.ra; gra.-] 男 女 → grafitero.
graf·fi·ti [gra.fí.ti; gra.-] [伊]男（単複同形）(建物・壁などへの芸術的な）落書き．
gra·fí·a [gra.fí.a; gra.-] 女 記号［文字］体系，文字；書記法．
-grafía「書く［描く］こと，記述したもの」の意を表す造語要素．→ *biografía, caligrafía*．［←［ギ］］
gra·fiar [gra.fjár; gra.-] 82 他 グラフ［図表］を使って説明する；〈単語を〉つづる．
grá·fi·ca [grá.fi.ka; grá.-] 女 **1**《美》グラフィックアート；印刷美術．**2** → gráfico.
grá·fi·ca·men·te [grá.fi.ka.mén.te; grá.-] 副
1 図表［グラフ］を使って，図式で．
2 絵を見るように，生き生きと．**3** 書記法上．
*grá·fi·co, ca [grá.fi.ko, -.ka; grá.-] 形 **1 文字の，記号の；書写の，筆記の，表記された．un sistema ~ de escritura 書記［文字］大系．
2 グラフ［図式，図表］で示した；グラフィックの．un método ~ 図式［グラフ］法．una representación *gráfica* 図示．artes *gráficas*《美》グラフィックアート；印刷美術．diseño ~ グラフィックデザイン．periodista [reportero] ~ 報道カメラマン．reportaje ~ 報道写真．3**（描写が）絵に書いたような，真に迫る．Me hizo una descripción muy *gráfica*. 彼［彼女］は非常に生々しく語ってくれた．
— 男（または 女）グラフ，図表；図式，図解．~ de tarta 円グラフ．

[←［ラ］*graphicum* (*graphicus* の対格）「絵の」←［ギ］*graphikós*「絵の，書の」（*gráphein*「描く，書く」より派生）；関連 -grafía．［英］*graphic*］

grá·fi·la [grá.fi.la; grá.-] / **gra·fi·la** [gra.fí.la; gra.-] 女（硬貨の縁の）ぎざぎざ．
gra·fio [grá.fjo; grá.-] 男（掻(^か)き絵用の）ナイフ．
gra·fio·les [gra.fjó.les; gra.-] 男（複数形）S 字型のマジパン．
gra·fio·sis [gra.fjó.sis; gra.-] 女（単複同形）ニレ立

ち枯れ病.

gra·fis·mo [gra.fís.mo; gra.-] 男 **1** 筆致, タッチ; 画風; 描写力. **2** (印刷物の)デザイン, グラフィックデザイン.

gra·fis·ta [gra.fís.ta; gra.-] 男女 グラフィックデザイナー.

gra·fi·te·ro, ra [gra.fi.té.ro, -.ri; gra.-] 男女 (建物・壁などに芸術的な)落書きをする人.

gra·fi·to [gra.fí.to; gra.-] 男 **1** 【鉱】グラファイト, 黒鉛. **2** 看板, 《集合的》手描きの壁画; 落書き (= graffiti).

grafo- 「書く, 描く」の意の造語要素. 母音の前では graf-. ⇒*grafo*logía,*grafo*manía. [←〔ギ〕]

-grafo, fa 「書く［描く］道具［人］, 書かれた物」の意を表す造語要素. ⇒bolí*grafo*, mecanó*grafa*. [←〔ギ〕]

gra·fo·lo·gí·a [gra.fo.lo.xí.a; gra.-] 女 筆跡学, 筆跡観相法.

gra·fo·ló·gi·co, ca [gra.fo.ló.xi.ko, -.ka; gra.-] 形 筆跡学の.

gra·fó·lo·go, ga [gra.fó.lo.go, -.ga; gra.-] 男女 筆跡学者, 筆跡観相家.

gra·fo·ma·ní·a [gra.fo.ma.ní.a; gra.-] 女《話》書き物狂い.

gra·fó·ma·no, na [gra.fó.ma.no, -.na; gra.-] 形 書き物をせずにはいられない. ― 男女 物を書かずにはいられない人.

gra·fó·me·tro [gra.fó.me.tro; gra.-] 男 測角羅盤.

gra·ge·a [gra.xé.a; gra.-] 女 **1** 糖衣錠. **2** (色とりどりの)小さな砂糖菓子.

gra·je·a [gra.xé.a; gra.-] 女《ラ米》《コロン》散弾.

gra·je·ar [gra.xe.ár; gra.-] 自 **1** 〈カラスなどが〉鳴く. **2** 〈赤ん坊が〉ばぶばぶ言う.

grafómetro
(測角羅盤)

gra·jien·to, ta [gra.xjén.to, -.ta; gra.-] 《ラ米》《メシ》《タリ》《コロン》体臭が臭う.

gra·ji·lla [gra.xí.ja; gra.-‖ -.ʎa] 女 【鳥】コクマルガラス.

gra·jo, ja [grá.xo, -.xa; grá.-] 男女 【鳥】ミヤマガラス. ― 男《ラ米》《メシ》《タリ》《コロン》《俗》体臭, わきが.

gral. 男《略》*general*.

gra·ma [grá.ma; grá.-] 女 **1** 【植】ギョウギシバ. **2** 《ラ米》《エクアドル》《タリ》芝生; 牧草.

-grama 「文字, 書かれた物」の意を表す造語要素. ⇒epi*grama*, tele*grama*. [←〔ギ〕]

gra·ma·je [gra.má.xe; gra.-] 男 【印】坪量：1平方メートル辺りの紙の重さ.

gra·ma·lo·te [gra.ma.ló.te; gra.-] 男《ラ米》《メシ》《コロン》【植】ギニアグラス.

gra·má·ti·ca* [gra.má.ti.ka; gra.-] 女 **1 文法; 文法学. ~ comparada 比較文法. ~ descriptiva 記述文法. ~ estructural 構造文法. ~ generativa transformacional 生成変形文法. ~ histórica 歴史文法. ~ normativa [prescriptiva] 規範文法. ~ tradicional 伝統文法. **2** 文法書, 文典. **3** (中世三学の一つとしての)文法. *gramática parda*《話》《軽蔑》要領のよさ, 機転, 悪賢さ. 才覚.

[←〔ラ〕*grammaticam* (*grammatica* の対格) ←〔ギ〕*grammatiké* ⇐ *grámma*「書［描］かれたもの, 文字」より派生; 関連〔英〕*grammar*]

gra·ma·ti·cal* [gra.ma.ti.kál; gra.-] 形 **1 文法の. análisis ~ 文法的分析. **2** 文法的な, 文法規則にあった. frase ~ 文法的に正しい文.

gra·ma·ti·ca·li·dad [gra.ma.ti.ka.li.đáđ; gra.-] 女 【言】文法性：文法的に正しいかどうか, あるいは正しさの程度.

gra·ma·ti·ca·li·zar·se [gra.ma.ti.ka.li.θár.se; gra.- / -.sár.-] 97 再 文法化する; (語句の)用法を定着させる.

gra·ma·ti·cal·men·te [gra.ma.ti.kál.mén.te; gra.-] 副 文法的に.

gra·má·ti·co, ca [gra.má.ti.ko, -.ka; gra.-] 形 文法の, 文法的な. ― 男女 文法学者, 文法家.

gra·ma·to·lo·gí·a [gra.ma.to.lo.xí.a; gra.-] 女 書記法学；グラマトロジー：ジャック・デリダの提唱した言語批判論.

gra·ma·tó·lo·go, ga [gra.ma.tó.lo.go, -.ga; gra.-] 男女 書記法学者；グラマトロジー研究者.

gra·me·ma [gra.mé.ma; gra.-] 男 【言】文法素.

gra·mil [gra.míl; gra.-] 男 (木工用)罫引(ひき).

gra·mi·lla¹ [gra.mí.ja; gra.-‖ -.ʎa] 女 麻打ち台, 砕麻台.

gra·mi·lla² [gra.mí.ja; gra.-‖ -.ʎa] 女《ラ米》(1)《ラブ》【植】スズメノヒエの仲間：主に飼料として用いられる. (2)《ラブ》《チリ》《ラブ》芝生. (3)《コロン》サッカー競技場.

gra·mí·ne·o, a [gra.mí.ne.o, -.a; gra.-] 形 【植】イネ科の. ― 女 イネ科の植物;《複数で》イネ科.

gram·my [grá.mi; grá.-] 〔英〕男《複~, ~s》(米国の)グラミー賞.

gra·mo* [grá.mo; grá.-] 男 **1 グラム：メートル法の重さの単位 (略 g). **2**《ラ米》(*)《俗》ヘロインの包み.

[←〔仏〕*gramme* ←《後ラ》*gramma* ―〔ギ〕*grámma*「24分の1オンス；文字」；関連〔英〕*gram*]

gra·mo·fó·ni·co, ca [gra.mo.fó.ni.ko, -.ka; gra.-] 形 蓄音機の, 蓄音機に関する.

gra·mó·fo·no [gra.mó.fo.no; gra.-] 男 蓄音機. ⇒fonógrafo.

gra·mo·la [gra.mó.la; gra.-] 女 **1** ポータブルの箱型蓄音機. **2** ジュークボックス.

gram·pa [grám.pa; grám.-] 女 **1** 留め金, 締め具. **2**《ラ米》《メシ》《タリ》ホッチキスの針.

gram·pa·do·ra [gram.pa.đó.ra; gram.-] 女《ラ米》《メシ》《タリ》ホッチキス.

*gran [grán; grán] 形 grande を単数名詞に前置する際の語尾消失形. un ~ *escritor* 偉大な作家.

gra·na¹ [grá.na; grá.-] 女 **1** (穀物などの)結実(期). dar ~ 種子ができる, 実がなる. **2** 小さな種子.

gra·na² [grá.na; grá.-] 女 **1** 【昆】コチニールカイガラムシ, エンジムシ (= cochinilla). **2** コチニール染料. **3** 深紅, 緋(ひ). **4** (晴れ着用の)薄手のウール地. ― 形《時に性数不変》深紅の, 緋色の. *ponerse rojo como la grana* 顔を赤らめる.

gra·na·da [gra.ná.đa; gra.-] 女 **1** 【植】ザクロの実. **2** 榴弾(りゅう). ~ de mano 手榴弾, 手投げ弾. ~ de mortero 臼砲(きゅう)弾, 迫撃砲弾.

[←〔ラ〕*granāta* (複数形)「ザクロの実」(単数形は *granātum*; *granātus*「粒の多い」より派生); 関連 *grano*]

Gra·na·da¹ [gra.ná.đa; gra.-] 固名 **1** グラナダ：スペイン南部, Andalucía 地方の県；県都. ♦アルハンブラ Alhambra 宮殿を擁するグラナダ王国の都で, 1492年カトリック両王 Reyes Católicos に征服された. **2** グレナダ：カリブの島国. 首都 Saint Geor-

ge's.
Quien no ha visto Granada no ha visto nada. (諺)日光を見ずして結構と言うなかれ (←グラナダを見たことのない人は何も見ていない).
[**1**の語源について「ザクロの実」(granada) または「ザクロの木」(granado) に関連づける説があるが, 定説にはなっていない]

Gra·na·da² [gra.ná.ða; gra.-] 固名 Fray Luis de ～ ルイス・デ・グラナダ師, 本名 Luis de Sarría (1504 – 88) : スペインのドミニコ会士. 作品 *Guía de pecadores*『罪人の手引き』(1556) は日本で『ぎあ・ど・ぺかどるす』(1599) の名で抄訳されている.

gra·na·de·ro [gra.na.dé.ro; gra.-] 男 (1) 擲弾(投)兵. (2)〖軍〗連隊の先頭兵,《複数で》選抜隊. **2** 長身の人. **3**《ラ米》機動隊員, 警察の特殊部隊の一員.

gra·na·di·lla [gra.na.ðí.ʝa; gra.- ‖ -.ʎa] 囡〖植〗トケイソウ(の花).

gra·na·di·llo [gra.na.ðí.ʝo; gra.- ‖ -.ʎo] 男〖植〗南米産マメ科植物ジャケツイバラの一種.

gra·na·di·no, na¹ [gra.na.ðí.no, -.na; gra.-] 形 (スペインの)グラナダの.
— 男 囡 グラナダの住民 [出身者].
— 囡 **1** グラナダの民謡 [踊り]. **2** 紗(½)の一種.

gra·na·di·no, na² [gra.na.ðí.no, -.na; gra.-] 形 ザクロ(の実)の. — 男 ザクロの花.
— 囡 ザクロのジュース.

gra·na·do [gra.ná.ðo; gra.-] 男〖植〗ザクロの木.

gra·na·do, da [gra.ná.ðo, -.ða; gra.-] 形 **1** 成熟した, 男[女]盛りの;大人っぽい. **2** 優れた, よりすぐった. lo más ～ 最上のもの. **3** 背の高い.

Gra·na·dos [gra.ná.ðos; gra.-] 固名 グラナドス Enrique ～ (1867-1916):スペインの作曲家・ピアニスト.

gra·na·lla [gra.ná.ʝa; gra.- ‖ -.ʎa] 囡 粒状の金属, ショット.

gra·nar [gra.nár; gra.-] 自 **1**〖植〗実る, 結実する, 種ができる. **2**〈人が〉成熟する, 分別がつく.

gra·na·te [gra.ná.te; gra.-] 形 暗赤色の, ガーネット色の. — 男〖鉱〗ザクロ石, ガーネット. ～ almandino 鉄礬(?)ざくろ石, 貴ざくろ石.

gra·na·zón [gra.na.θón; gra.- / -.són] 囡 **1** 実を結ぶこと, 結実. **2** 成熟, 大人になること.

Gran Bre·ta·ña [grám bre.tá.ɲa; grám-] 固名 **1** (英国の)グレートブリテン島. **2** 英連邦 (= Reino Unido).

Gran Cha·co [gráŋ tʃá.ko; gráŋ-] 固名 → Chaco.

gran·de [grán.de; grán.-] 形 [単数名詞の前で gran となる. ただし, el [la] más grande + 名詞] **1 (多くは+名詞 / 名詞+)(ser+/ estar+) 大きい, 背の高い (↔pequeño). gran empresa 大企業. ～s ciudades 大都市. una casa ～ 大きな家. Es un chico muy ～. 彼は非常に背の高い子だ. ～s almacenes デパート, 百貨店.
2 (多くは+名詞)(数量・程度が) 大きい, 激しい. gran éxito 大成功. gran parte 大部分. un gran número de gente 多数の人々. Oímos un gran ruido. 我々はものすごい物音を聞いた. gran mal〖医〗大発作.
3 (+名詞) 偉大な;重要な;身分 [地位] の高い. un gran hombre 偉人, 大人物 (▶ un hombre ～ 大柄な男). ～s ideales 崇高な理想. gran maestro 巨匠.
4 (+名詞)《話》 すばらしい, とてもよい. una gran comida すばらしい食事. Su hijo es un gran muchacho. 彼 [彼女] の息子はとてもいい子だ. ¡Sería una gran cosa! もしそうならすごいぞ.
5 (ser+)《話》〖皮肉・不快・怒り〗ひどい, うんざりする. ¡Mira que esto es ～! これはひどい!.
6 (ser+)《話》大人の (= mayor). Cuando sea ～, quiero ser torero. 大きくなったら闘牛士になりたい. **7**《ラ米》(*)(½)《話》年老いた.
— 男 **1** 大貴族. el G～ de España〖史〗(スペインの)大公. ♦16世紀の Carlos 5世以来最高位の貴族に授けられた称号. 国王の前で着帽を許された.
2 大人物, 偉大な人. los ～s del cine español スペイン映画界の巨匠.
3 大国. Los ocho ～s 8 か国グループ, G 8.
4《ラ米》(ピテ)(?)《話》よからぬ事, 悪事.
— 囡《ラ米》(?)(?)《話》1 等.
a lo grande 盛大に, 豪華に.
en grande (1) 大規模に, 大量に, 卸で. comercio de comestibles *en* ～ 食料品の大規模な商売. (2) すばらしく, とても良く;裕福に. pasarlo [pasárselo] *en* ～《話》楽しく過ごす.
papá [***mamá***] ***grande***《ラ米》(*)(½)《話》おじいさん [おばあさん].
venir [***estar, quedar***] ***grande*** a+人〈人〉にとって〈衣服などが〉大きすぎる;重荷である, 手にあまる.
[←[ラ] *grandem* (*grandis*「大きい」の対格);関連〖仏〗〖英〗*grand*].

gran·de·men·te [grán.de.mén.te; grán.-] 副 大いに;並外れて.

:gran·de·za [gran.dé.θa; gran.- / -.sa] 囡 **1** 大きさ, 寸法, 程度. la ～ de la casa 家の大きさ(大きいこと). → magnitud 類語. **2** 壮大(さ), 大規模. la ～ de un proyecto 計画の大掛りなこと. **3** 偉大さ, 崇高さ, 立派さ;権勢. la ～ de la obra その作品の見事さ. **4** (スペインの)大公爵の地位;大公爵, 大公;貴族.
delirio(*s*) *de grandeza* 誇大妄想.

gran·di·llón, llo·na [gran.di.jón, -.jó.na; gran.- ‖ -.ʎón, -.ʎó.-] 形 → grandullón.

gran·di·lo·cuen·cia [gran.di.lo.kwén.θja; gran.- / -.sja] 囡《軽蔑》**1** 大言壮語, 誇張した言い回し. **2** 美文調, 名調子.

gran·di·lo·cuen·te [gran.di.lo.kwén.te; gran.-] 形《軽蔑》大言壮語の, 誇張した;美文調の, 名調子の.

gran·di·lo·cuo, cua [gran.di.lo.kwo, -.kwa; gran.-] 形 → grandilocuente.

gran·dio·si·dad [gran.djo.si.ðáð; gran.-] 囡 **1** 荘厳さ, 壮大さ, 壮観. **2** 華美, 華麗さ.

gran·dio·so, sa [gran.djó.so, -.sa; gran.-] 形 雄大な, 壮大な;華麗な, 華美な. un paisaje ～ 雄大な景色.

gran·dí·so·no, na [gran.dí.so.no, -.na; gran.-] 形〖文章語〗高らかに響く.

gran·dor [gran.dór; gran.-] 男 大きいこと, 巨大さ, 広大さ;大きさ.

gran·do·te, ta [gran.dó.te, -.ta; gran.-] 形 grande + 増大語.

gran·du·llón, llo·na [gran.du.jón, -.jó.na; gran.- ‖ -.ʎón, -.ʎó.-] 形《スペイン》《話》《親愛》《軽蔑》〈子供が〉年の割に身体が大きい;図体ばかり大きい.
— 男 囡 年の割に身体の大きい子供.

gran·du·lón, lo·na [gran.du.lón, -.ló.na; gran.-] 形《ラ米》(?)(?) → grandullón.

gra·ne·a·do, da [gra.ne.á.ðo, -.ða; gra.-] 形 **1** 粒状の,顆粒(ゕりゅぅ)状の;斑点のある. **2** ざらざらした. **3** 連射の. fuego 〜 一斉射撃.
— 男 (革・繊維・紙などの表面を)ざらざら[ぶつぶつ]にすること.

gra·ne·ar [gra.ne.ár; gra.-] 他 **1** 〈種を〉まく. **2** 点刻する. **3** 〈革・繊維・紙などの表面をぶつぶつ〉にする. **3** 〈石版画の石板の表面に〉徴細な凸凹を付ける. **4** 〈火薬などを〉粒状にする.

gra·nel [gra.nél; gra.-] *a granel* (1) ばら(荷)で. cereales *a* 〜 ばら積みの穀類. (2) 包装しないで,ばら[山]売りで,計り売りで. vino *a* 〜 計り売りのワイン. manzanas *a* 〜 ばら売りのリンゴ. (3) 《話》豊富に,大量に.

gra·ne·ro [gra.né.ro; gra.-] 男 **1** 穀物倉庫,穀倉. **2** 穀倉地帯.

gra·né·va·no [gra.né.ba.no; gra.-] 男《植》トラガカントゴムノキ.

gra·ni·lla [gra.ní.ja; gra.- ‖ -.ʎa] 女 織物の裏側にできる小さなぶつぶつ.

gra·ni·llo [gra.ní.jo; gra.- ‖ -.ʎo] 男 **1** 吹き出物,にきび. **2** 〈小鳥の尾筒にできる〉腫物(しゅもつ). **3** 利益. [grano+縮小辞]

gra·ni·llo·so, sa [gra.ni.jó.so, -.sa; gra.- ‖ -.ʎó.-] 形 吹き出物のできた,にきびのある.

gra·ní·ti·co, ca [gra.ní.ti.ko, -.ka; gra.-] 形 花崗(かこう)岩(質)の,みかげ石の;花崗岩のような固さの.

gra·ni·to¹ [gra.ní.to; gra.-] 男《鉱》花崗(かこう)岩,みかげ石.

gra·ni·to² [gra.ní.to; gra.-] 男 **1** にきび,吹き出物. **2** 小さな穀粒. **3** 蚕の卵.
echar un granito de sal en la conversación 話にちょっぴりユーモア[皮肉]を交える.
[grano+縮小辞]

gra·ní·vo·ro, ra [gra.ní.bo.ro, -.ra; gra.-] 形 〈動物が,特に鳥が〉穀類を餌(えさ)にする,穀食の.

gra·ni·za·da [gra.ni.θá.ða, gra.- / -.sá.-] 女 **1** ひょう交じりのあらし. **2** あられのように大量に降るもの. una 〜 de golpes げんこつの雨. **3** → granizado.

gra·ni·za·do [gra.ni.θá.ðo, gra.- / -.sá.-] 男 **1** グラニサード,スムージー:シャーベット状の飲み物. 〜 de naranja 細かい氷の入ったオレンジジュース. **2** 《ラ米》(さんずい)かき氷.

gra·ni·zal [gra.ni.θál; gra.- / -.sál] 男《ラ米》(ニカラグ)(チリ)(プエルトリコ)ひょう[あられ]の大降り.

gra·ni·zar [gra.ni.θár; gra.- / -.sár] 自 **1** 《3人称単数・無主語で》あられ[ひょう]が降る. **2** 雨あられと降る.
— 他 **1** 雨あられと降らせる[浴びせる]. **2** グラニサード granizado にする.

gra·ni·zo [gra.ní.θo; gra.- / -.so] 男 **1** ひょう,あられ. **2** あられ[ひょう]の一粒. **3** 《医》角膜白斑(はん).

*****gran·ja** [gráŋ.xa; gráŋ.-] 女 **1** 農場,農園. 〜 modelo モデル農場. 〜 escuela 研修農場. **2** 飼育場. 〜 avícola 養鶏場. **3** 別荘. **4** 牛乳・乳製品販売店[飲食店].
La Granja ラ・グランハ(宮殿): (スペインの) Segovia 近郊の San Ildefonso にある Felipe 5世が建てた(1719-36),ベルサイユ宮殿を模した建物.
[←《古仏》*grange*「穀倉」←《俗ラ》*granica*([己]) *grānum*「穀倉」より派生)【関連】《英》*granary*「穀物倉庫」]

gran·je·ar [graŋ.xe.ár; graŋ.-] 他 **1** もうける,稼

ぐ. **2** 得る,獲得する. Su honradez profesional le *ha granjeado* la confianza de todos. 仕事上の誠実さによって彼[彼女]はすべての人の信頼をかち取った. **3** 《ラ米》(1)⟨家畜⟩…に取り入る,ごまをする. **2** 〈…を〉盗む,だまし取る.
— 自《海》進航する.
— 〜·se 再 得る,獲得する;〈歓心・評判を〉得る.

gran·je·rí·a [graŋ.xe.rí.a; graŋ.-] 女 利益,もうけ.

gran·je·ro, ra [graŋ.xé.ro, -.ra; graŋ.-] 男 女 **1** 農夫,農場の雇い人. **2** 農場主,農場経営者. **3** 《ラ米》(アルゼン)《話》ぺてん師,詐欺師,食わせ者.

Gran·ma [grám.ma; grám.-] 固名 グランマ:キューバ東部の州.

*****gra·no** [grá.no; grá.-] 男 **1** 穀粒;種子,豆;果粒;粒状のもの. 〜 de trigo [arroz, maíz] 小麦[米,トウモロコシ]の粒. 〜 de uva ブドウの粒. 〜 de café コーヒー豆. 〜 de sal [azúcar] 塩[砂糖]の粒. pimienta en 〜 粒コショウ.
2 《集合的》穀物,穀類(=cereal). Este año, debido al mal tiempo, la producción de 〜 ha disminuido notablemente. 今年は天候不順のため穀物の生産高が著しく減少した.
3 吹き出物,にきび. Me ha salido un 〜 en la frente. 私は額ににきびができた.
4 〈ものの表面の〉ぶつぶつ,きめ,木目. papel de lija de 〜 fino [grueso] 目の細かい[粗い]紙やすり. 〜s de madera 木目.
5 〈極〉微量,みじん. No tiene ni un 〜 de sentido común. 彼[彼女]にはまるで常識がない.
6 《写》〈フィルムの乳剤の〉粒子.
apartar el grano de la paja《話》価値のある[内容の充実した]ものをえり分ける.
grano [granito] de arena《話》ささやかな貢献. *poner su* 〜 *de arena* ひと肌ぬぐ.
hacer una montaña de un grano de arena 大げさに考える.
ir al grano《話》本題に入る.
no ser grano de anís《話》〈ものごとが〉結構ばかにならない,かなり重要である.
salirle (a+人) un grano con... …が〈人〉の悩みの種となる(▶ un grano が salir の主語となる).
Un grano no hace granero, pero ayuda a su compañero.《諺》ちりも積もれば山となる(←ひと粒では穀倉にはならないが友の助けにはなる).
[←[ラ] *grānum*.【関連】*granja*.《英》*grain*]

gra·no·so, sa [gra.nó.so, -.sa; gra.-] 形 粒状の;つぶつぶのある. cuero 〜 ざらざらした皮.

gra·nu·ja [gra.nú.xa; gra.-] 形《話》《軽蔑》不良の;ぺてんの;《話》《親愛》腕白な,いたずらものの.
— 男 女《軽蔑》詐欺師;《親愛》ちゃっかり者.
— 女《集合的》**1** ブドウの粒;ブドウの種.
2 《話》《軽蔑》不良少年たち.

gra·nu·ja·da [gra.nu.xá.ða; gra.-] 女 悪事,悪業.

gra·nu·je·rí·a [gra.nu.xe.rí.a; gra.-] 女 **1** 悪党の一団;浮浪児の群れ;《集合的》不良.
2 悪事,詐欺;いたずら.

gra·nu·jien·to, ta [gra.nu.xjén.to, -.ta; gra.-] 形 にきびだらけの,吹き出物のできた.

gra·nu·ji·lla [gra.nu.xí.ja; gra.- ‖ -.ʎa] 男 女《話》**1** いたずらっ子;不良,非行少年[少女].
2 ごろつき,悪党. [granuja+縮小辞]

gra·nu·la·ción [gra.nu.la.θjón; gra.- / -.sjón] 女 **1** 粒状にすること,顆粒(かりゅう)化.

grato

2 〖医〗肉芽形成, 顆粒形成.
gra·nu·la·do, da [gra.nu.lá.ðo, -.ða; gra.-] 形 粒にした, 粒状の. azúcar ～ グラニュー糖.
— 男 粒にすること; 粒状 (顆粒) の薬.
gra·nu·lar [gra.nu.lár; gra.-] 形 **1** 粒状の, つぶつぶの. **2** にきび[吹き出物]だらけの.
gra·nu·lar [gra.nu.lár; gra.-] 他 粒(状)にする.
— ～·se 再 **1** 粒(状)になる.
2 にきびだらけになる.
grá·nu·lo [grá.nu.lo; grá.-] 男 **1** 小さな粒, 顆粒 (か). **2** 〖薬〗細粒丸薬.
gra·nu·lo·ci·to [gra.nu.lo.θí.to; gra.- / -.sí.-] 男 顆粒球を持つ白血球.
gra·nu·lo·ma·to·sis [gra.nu.lo.ma.tó.sis; gra.-] 女 〖医〗肉芽腫(しゅ)症.
gra·nu·lo·so, sa [gra.nu.ló.so, -.sa] 形 粒状の, つぶつぶの.
gran·za¹ [grán.θa; grán.- / -.sa] 女 〖植〗セイヨウアカネ, アカネ類.
gran·za² [grán.θa; grán.- / -.sa] 女 **1** 精選された石炭. **2** 〖複数で〗もみ殻; 石膏(こう)のふるいかす; 鉱滓(さい). **3** 〖ラ米〗〖スペイン〗じゃり.
gra·ñón [gra.ɲón; gra.-] 男 煮た麦の粒; 小麦の粥(かゆ).
gra·o [grá.o; grá.-] 男〖上陸用の〗浜, 港.
El Grao (スペインの) バレンシア港.
gra·pa [grá.pa; grá.-] 女 **1** 留め金, 締め具, かすがい. **2** (ホッチキスの) 針. unir con ～(s) ホッチキスでとじる. **3** 〖医〗縫合用クリップ, (傷口の)一縫い. **4** 〖複数で〗〖獣医〗(馬の足にできる) 肉腫(しゅ). **5** 〖ラ米〗(ブランデー)～: 蒸留酒の一種.
de [a] grapa《ラ米》〖スペイン〗〖話〗ただで, 無料で.
gra·pa·do·ra [gra.pa.ðó.ra; gra.-] 女 ホッチキス.
gra·par [gra.pár; gra.-] 他 ホッチキスでとめる.
GRAPO [grá.po; grá.-] 男《略》*Grupos de Resistencia Antifascista Primero de Octubre / Grupos Revolucionarios Antifascistas Primero de Octubre* 10.1反ファシスト抵抗グループ.
gra·po, pa [grá.po, -.pa; grá.-] 男 女 GRAPO (10.1反ファシスト抵抗グループ) のメンバー.
*****gra·sa** [grá.sa; grá.-] 女 **1** 脂肪, (肉などの) 脂身; 油. ～ *de pescado* 魚油. ～ *vegetal* 植物油.
2 (脂などの) 油汚れ.
3 グリス, 潤滑油. **4** 〖複数で〗〖鉱〗鉱滓(さい). **5** セイヨウネズ樹膠(じゅこう). **6** 〖ラ米〗(*) 〖スペイン〗〖話〗靴墨.
[←〖俗〗 *crassa*←〖ラ〗 *crassus* 形「厚い, 太った」] 【関連】〖英〗 *grease*.
gra·se·ra [gra.sé.ra; gra.-]
女 **1** (調理用の) 油入れ.
2 油濾(こ)し (器); 油受け (器).
gra·se·rí·a [gra.se.rí.a; gra.-] 女 獣脂ろうそく工場.
gra·se·ro [gra.sé.ro; gra.-] 男 〖鉱〗鉱滓(さい)捨て場.
gra·se·za [gra.sé.θa, -.sa] 女 脂っこさ.

grasera (油受け)

gra·sien·to, ta [gra.sjén.to, -.ta; gra.-] 形 〖軽蔑〗油で汚れた, べとべとした. *comida grasienta* 脂こい料理. *trapo* ～ 油まみれの雑巾(ぞうきん).
gra·si·lla [gra.sí.ʎa; gra.- ‖ -.ʎa] 女 サンダラック樹脂の粉末: インクのにじみ止め.
*****gra·so, sa** [grá.so, -.sa; grá.-] 形 脂肪の多い, 脂肪質の; 脂肪太りの. *cabello* ～ 脂気のある髪. *cutis* ～ 脂性(あぶらしょう)の皮膚. *cuerpo* ～ 肥満体.

— 男 脂っこさ; (特にハムの) 脂身.
gra·so·nes [gra.só.nes; gra.-] 男〖複数形〗グラソネス: 塩・砂糖・シナモン・羊の乳などで煮た小麦粥(かゆ).
gra·so·so, sa [gra.só.so, -.sa; gra.-] 形 **1** 脂の多い, 脂肪質の. **2** 〖軽蔑〗油じみた, 油だらけの.
gra·su·ra [gra.sú.ra; gra.-] 女 →*grosura*.
gra·ta¹ [grá.ta; grá.-] 女 〖商〗(相手の) 手紙, 書簡. *su* ～ *del 20 del mes corriente* 今月20日付の貴信(→*grato* **2**).
gra·ta² [grá.ta; grá.-] 女 ワイヤーブラシ, 研磨ブラシ.
gra·tar [gra.tár; gra.-] 他 ワイヤーブラシで磨く.
gra·ta·ro·la [gra.ta.ró.la; gra.-] 副《ラ米》(ラブ) 〖話〗ただで, 無料で.
gra·tén [gra.tén; gra.-] 男 〖料〗グラタン.
[←〖仏〗 *gratin*]
gra·ti·fi·ca·ción [gra.ti.fi.ka.θjón; gra.- / -.sjón] 女 **1** 特別手当, 賞与; 礼金, 謝礼. *pagar una* ～ ボーナスを支給する.
2 (労に) 報いること. **3** 満足(感), 喜び.
gra·ti·fi·ca·dor, do·ra [gra.ti.fi.ka.ðór, -.ðó.ra; gra.-] 形 =*gratificante*.
gra·ti·fi·can·te [gra.ti.fi.kán.te; gra.-] 形 **1** 満足感を与える. **2** ねぎらいとなる, 報いる.
gra·ti·fi·car [gra.ti.fi.kár; gra.-] [02] 他 **1** 報いる, 謝礼を出す; 特別手当 [賞与] を支給する. ～ *a todos los empleados* 従業員全員にボーナスを支給する.
2 満足させる, 喜ばせる (= *satisfacer*). *Me gratifica mucho tu comportamiento.* 君の行いに私はたいへん満足している. *Me gratifica que tú participes.* 君が参加するのを嬉しく思う (▶ *que* 以下が主語. 節の中の動詞は接続法).
grá·til [grá.til; grá.-] / **gra·til** [gra.til; gra.-] 男 〖海〗(縦帆の) 前縁, フォアリーチ; (横帆の) 上縁, ヘッド.
gra·tín [gra.tín; gra.-] 男 → *gratén*.
gra·ti·na·dor [gra.ti.na.ðór; gra.-] 男 オーブンの上部の焦げ目を付けるヒーター.
gra·ti·nar [gra.ti.nár; gra.-] 他 グラタンにする, オーブンで焦げ目を付ける.
*****gra·tis** [grá.tis; grá.-] 副 **1** ただで, 無料で; 無償で. *enviar* ～ *los catálogos* カタログを無料で送付する. **2** 労せずに. — 形〖性数不変〗〖話〗無料の (= *gratuito*). *dos pases* ～ 2枚の無料入場券.
gratis et amore〖ラ〗無料で, ただで.
[←〖ラ〗 *grātīs* (*grātia*「感謝」より派生); 【関連】〖英〗 *gratis*]
gra·tis·da·to, ta [gra.tis.ðá.to, -.ta; gra.-] 形 無償の, ただの.
*****gra·ti·tud** [gra.ti.túð; gra.-] 女 謝意, 感謝. *Le guardo una* ～ *infinita por su amabilidad.* 私はあなたのご親切にたいへん感謝しています.
*****gra·to, ta** [grá.to, -.ta; grá.-] 形 **1**《+名詞 / 名詞+》*a...* / *para...* …して》心地よい, 気持ちよい; すてきな. *recuerdos* ～*s* すてきな思い出. ～ *al paladar* 舌を喜ばせる, おいしい. *música grata de escuchar* 聞いて快い音楽.
2 《*a...* / *para...* (…にとって) うれしい, 喜ばしい; (…の) 気に入る. *su grata (carta)* 貴信 (▶手紙での慣用表現). *En espera de sus gratas noticias.* お返事をお待ちしております (▶ 商業通信文などでの慣用表現). *Me* [*Nos*] *es* ～+不定詞.《丁寧》…できますことを大変喜ばしく存じます. *Su novio no era* ～ *a la familia.* 彼女の恋人は家族に気に入られ

なかった. **3** 無償の, 無料の. hacer *grata* donación de… …を寄贈する. **4** 《ラ米》《†》《話》(**estar**＋) 《**por**…》…について》感謝した, ありがたく思う.
persona grata（外交上の）好ましい人物.
persona no [*non*] *grata*（外交上の）好ましからぬ人物.
［←［ラ］*grātum* (*grātus* の対格)；関連］grado「喜び」, agradecer. ［英］grateful「感謝して」］

gra·tui·dad [gra.twi.ðáð; gra.-] 囡 **1** 無料, 無償. la ～ de las clases 授業料免除.
2 根拠のないこと.

gra·tui·ta·men·te [gra.twí.ta.mén.te; gra.-] 副 **1** 無料で. **2** 根拠もなく. **3** 労せずして.

*gra·tui·to, ta** [gra.twí.to, -.ta; gra.-] 形 **1** 無料の, ただの, 無償の (= gratis). entrada *gratuita* 入場無料. **2** 根拠のない, 理由のない. afirmación *gratuita* 根拠のない主張.

gra·tu·lar [gra.tu.lár; gra.-] 他 …に祝いを述べる, 祝福する. ── ～**·se** 再 喜ぶ.

gra·tu·la·to·rio, ria [gra.tu.la.tó.rjo, -.rja; gra.-] 形 祝いの, 祝賀の.

gra·va [grá.ba; grá.-] 囡 **1** 砂利, バラスト. **2**〖地質〗砂礫(されき)層.

gra·va·men [gra.bá.men; gra.-] 男 **1** 義務；負担, 重荷. **2**（不動産・資産などにかかる）課税, 税.

gra·var [gra.bár; gra.-] 他 **1** …に課税する, …から徴税する（「控除する」は desgravar). El gobierno *grava* a los contribuyentes de acuerdo con sus ingresos. 国は納税者の収入に応じて課税する. **2** …に（義務を）課す, （重荷を）負わせる. ── ～**·se** 再《ラ米》重くなる, 悪化する.

gra·va·ti·vo, va [gra.ba.tí.bo, -.ba; gra.-] 形 負担［重荷］になる；課税の.

gra·ve [grá.be; grá.-] 形 **1（多くは＋名詞 / 名詞＋）(**ser**＋) 重大な, 深刻な. ～ problema [crisis] 重大な問題［危機］. una ～ situación 深刻な事態. enfermedad ～ 重病. herida ～ 重傷.
2 (**estar**＋)〈人が〉重病の, 重傷の. El paciente *está* muy ～. 患者は重体［重症］である.
3《多くは名詞＋》(**ser**＋) 重々しい, 厳粛な. estilo ～ 荘重な文体. cara ～ いかめしい顔. Nos habló en un tono muy ～. 彼［彼女］は私たちに重々しい口調で語った.
4《多くは名詞＋》(**ser**＋)〈音が〉低い. voz ～ 低い声.
5 重い, 重量のある. cuerpo ～ 重量のある物体.
6〖文法〗(単語が) 終わりから 2 音節目にアクセントがある (= llano, paroxítono). **7**〖文法〗抑音アクセントの. acento ～ 抑音アクセント記号 (`) (↔acento agudo). **8**〖詩〗終わりから 2 音節目にアクセントがある単語で終わる.
── 男 **1** 低音(域). **2**〖物理〗(重量のある) 物体 (= cuerpo ～). ── 旧 → gravar.
［←［ラ］*gravem* (*gravis* の対格)；関連］gravedad. ［英］*grave*「重大な」*gravity*「引力, 重力；重大さ」］

*gra·ve·dad** [gra.be.ðáð; gra.-] 囡 **1** 重大性, （事態の）深刻さ；（病状の）重さ, 重態. la ～ de la crisis económica 経済危機の深刻さ. enfermo [herido] de ～ 重病［重傷］患者. **2**（言動の）重苦しさ, 重々しさ；まじめさ. la ～ de sus palabras〈人の〉言葉の厳粛さ. hablar con ～ 重々しく話す.
3〖物理〗重力, 引力；重量. centro de ～ 重心. leyes de ～ 重力の法則. ondas de ～ 重力波.

gra·ve·do·so, sa [gra.be.ðó.so, -.sa; gra.-] 形 しかつめらしい, まじめくさった.

gra·vi·dez [gra.bi.ðéθ; gra.- / -.ðés] 囡〖格式〗妊娠. mujer en estado de ～ 妊娠中の女性.

grá·vi·do, da [grá.bi.ðo, -.ða; grá.-] 形 **1**《文章語》いっぱいの, 満ちた. **2**〖格式〗妊娠した.

gra·vi·lla [gra.bí.ja; gra.- ‖ -.ʎa; gra.-] 囡（細かい）砂利. cubrir una carretera con ～ 道路に砂利を敷く. [grava＋縮小辞]

gra·vi·me·trí·a [gra.bi.me.trí.a; gra.-] 囡 **1**〖物理〗重量測定；地球引力の研究. **2** 重力計測的測地学. **3**〖化〗重量分析：定量分析の一分野.

gra·ví·me·tro [gra.bí.me.tro; gra.-] 男〖化〗比重計, 〖物理〗重力計.

gra·vi·ta·ción [gra.bi.ta.θjón; gra.- / -.sjón] 囡〖物理〗〖天文〗重力, 引力(作用). ～ universal 万有引力.

gra·vi·ta·cio·nal [gra.bi.ta.θjo.nál; gra.- / -.sjo.-] 形 重力の, 引力の. masa ～ 重力質量. constante ～ 重力定数.

gra·vi·tar [gra.bi.tár; gra.-] 自 **1**〖物理〗〖天文〗（重力・引力により）動く, 引きつけられる. La Tierra *gravita* alrededor del Sol. 地球は太陽に引きつけられその周囲を回る.
2（**sobre**… …に）重量がかかる；重くのしかかる；（危険などよくないものが）迫る. *Gravitaba sobre nosotros toda la responsabilidad.* 全責任が我々の双肩にかかっていた.

gra·vi·ta·to·rio, ria [gra.bi.ta.tó.rjo, -.rja; gra.-] 形 重力［引力］の.

gra·vo·so, sa [gra.bó.so, -.sa; gra.-] 形 **1** 費用のかかる, 負担となる. **2** 厄介な, 煩わしい.

gray [grái; grái] 男〖物理〗グレイ：放射線吸収線量を表す SI 単位（略 Gy）. ラド rad に代わる単位.

graz·na·dor, do·ra [graθ.na.ðór, -.ðó.ra; graθ.- / gras.-; gras.-] 形〈カラス・ガチョウなどが〉カアカア［ガアガア, クワックワッ］と鳴く.

graz·nar [graθ.nár; graθ.- / gras.-; gras.-] 自〈カラス・ガチョウなどが〉カアカア［ガアガア, クワックワッ］と鳴く.

graz·ni·do [graθ.ní.ðo; graθ.- / gras.-; gras.-] 男
1（カラス・ガチョウなどの）カアカア［ガアガア, クワックワッ］と鳴く［という］声. **2**（耳障りな）話し声, 喚声.

gre·ba [gré.ba; gré.-] 囡（よろいの）すね当て. [←［古仏］greve「脚, ふくらはぎ」；関連］［英］greave]

gré·ba·no, na [gre.ba.no, -.na; gré.-] 男 囡《ラ米》(𝐴)《話》《軽蔑》イタリア人.

gre·ca [gré.ka; gré.-] 囡 **1** 雷文(もん), 稲妻模様.
2《ラ米》(ｸﾞﾙ)(ﾐｾﾝ)(ｴｸｱ)(ﾍﾟﾙ) パーコレーター.

greca（雷文）

Gre·cia [gré.θja; gré.- / -.sja] 固名 ギリシャ（共和国）：首都 Atenas.

gre·cis·mo [gre.θís.mo; gre.- / -.sís.-] 男 **1** ギリシャ精神, ギリシャ風.
2 ギリシャ語からの借用語, ギリシャ語風表現.

gre·ci·zar [gre.θi.θár; gre.- / -.si.sár] 97 他《表現を》ギリシャ語風にする. ── 自 ギリシャ語の単語［ギリシャ語源の外来語］を織りまぜる.

Gre·co [gré.ko; gré.-] 固名 El ～ エル・グレコ, 本名 Doménikos Theotokópoulos (1541-1614)：クレタ島生まれで Toledo に定住した画家. ［← greco←［ラ］*Graecus*）より；彼がギリシャ人であるため］

gre·co, ca [gré.ko, -.ka; gré.-] 形《古語》ギリシャの, ギリシャ人の. ── 男 囡《古語》ギリシャ人.

gre·co·la·ti·no, na [gre.ko.la.tí.no, -.na; gre.-] 形 ギリシア・ラテンの.

gre·co·rro·ma·no, na [gre.ko.r̃o.má.no, -.na; gre.-] 形 ギリシア・ローマの；グレコローマンの. estilo 〜《スポ》(レスリング) グレコローマン (スタイル)：上半身だけを使う. período 〜 ギリシア・ローマ時代.

gre·da [gré.ða; gre.-] 女 1《鉱》粘土；漂布土, 酸性白土：油脂の吸着や漂白に用いられる粘土の一種. 2 粘土質の.—— 男 漂布土の採取所に産地.

gre·dal [gre.ðál; gre.-] 形《土壌が》漂布土を含んだ；粘土質の.—— 男 漂布土の採取所に産地.

gre·de·ra [gre.ðé.ra; gre.-] 女《ラ米》粘土細工をする女性.

Gre·dos [gré.ðos; gré.-] 固名 Sierra de 〜 グレドス山脈：スペイン中西部にあり，中央山系 Sistema Central を構成する山脈の一つ.

gre·do·so, sa [gre.ðó.so, -.sa; gre.-] 形 漂布土を含む, 漂布土質の.

green [grín; grín] 《英》男《複 〜s, 〜》《スポ》(ゴルフの) グリーン.

green·freeze [grím.fris; grím.-] 《英》男 グリーン・フリーズ：より環境への負荷の小さい物質を使う冷蔵技術のこと.

gre·gal¹ [gre.ɣál; gre.-] 男 (地中海地方の) 北東風.

gre·gal² [gre.ɣál; gre.-] 形 → gregario 1.

gre·ga·rio, ria [gre.ɣá.rjo, -.rja; gre.-] 形 1 群れをなす, 群居する. instinto 〜 群居本能. 2《軽蔑》付和雷同的な；自主性のない.—— 男 (自転車競技で) リーダーを助けるチームメイト.

gre·ga·ris·mo [gre.ɣa.rís.mo; gre.-] 男 1《軽蔑》付和雷同 (性). 2 群居性, 集団性.

gre·go·ria·no, na [gre.ɣo.rjá.no, -.na; gre.-] 形 ローマ教皇グレゴリウスの. canto 〜 (グレゴリウス1世による) グレゴリオ聖歌. calendario 〜 グレゴリオ暦 (→ calendario). misas *gregorianas* 死者のためのミサ. reforma *gregoriana* (グレゴリウス7世による) 教会改革.

Gre·go·rio [gre.ɣó.rjo; gre.-] 固名 1 San 〜 Magno 聖グレゴリウス1世：ローマ教皇 (在位590-604). 2 グレゴリオ：男子の洗礼名.
[← 〚中ラ〛 *Grēgŏrius*←〚ギ〛 *Grēgórios*「見守る (人)」が原義；関連〚ポルトガル〛*Gregório*. 〚仏〛*Grégoire*. 〚伊〛*Gregorio*.〚英〛*Gregory*.〚独〛*Gregor(ius)*]

gre·gue·rí·a [gre.ɣe.rí.a; gre.-] 女 1 喧騒, 騒ぎ. 2《文学》グレゲリア：スペインの作家 Ramón Gómez de la Serna (1888-1963) が創出した散文断章形式.

gre·gües·cos [gre.ɣés.kos; gre.-] 男《複数形》(16・17世紀の) ゆったりとした半ズボン.

grei·frú [grei.frú; grei.-] / **grei·frut** [grei.frú(t); grei.-] 男《ラ米》(ミミデ)(ミドゥ) → greifruta.

grei·fru·ta [grei.frú.ta; grei.-] 女《ラ米》グレープフルーツ (= pomelo).

grei·fú [grei.fú; grei.-] 男《ラ米》(ミドゥ) → greifruta.

gre·la [gré.la; gre.-] 女《ラ米》(ニカラグ)《話》汚れ.

gre·lo [gré.lo; gre.-] 男《植》(食用の) カブの葉 [新芽].

gre·mial [gre.mjál; gre.-] 形 1《史》ギルドの. 2 組合の, 同業者の.—— 男 1《史》ギルドの組合員. 2 同業組合員, 組合員. 3《宗》司教用膝 (ひざ) 掛け布. 4《ラ米》労働組合.

gre·mia·lis·mo [gre.mja.lís.mo; gre.-] 男 同業組合主義.

gre·mia·lis·ta [gre.mja.lís.ta; gre.-] 形 同業組合主義の.—— 男女 同業組合主義者.

:gre·mio [gré.mjo; gré.-] 男 1《史》ギルド：中世の商人, 手工業者の同業組合. 〜 de panaderos パン職人組合. 3《話》《ユーモラスに》仲間, 同類. 4 信徒, 団体, 講社. 5 (大学の) 教授陣.

gren·chu·do, da [gren̩.tʃú.ðo, -.ða; gren̩.-] 形《動物が》毛の長い；髪の乱れた, ぼさぼさの.

gre·ña [gré.ɲa; gre.-] 女 1《主に複数で》《軽蔑》乱れた髪, 絡まり合った髪. 2《時に複数で》(動物の) 長い毛, 毛芒. 3 もつれ, 紛糾. (andar) a la 〜《話》(特に女性が髪の毛を引っ張り合って) けんかする；仲が悪い. 4《ラ米》(ミミデ)(ミドゥ)(キュプ) 長髪.
en greña《ラ米》(ミドゥ), 未加工の, 未脱穀していない小麦. plata *en* 〜 未精錬の銀.

gre·ñu·do, da [gre.ɲú.ðo, -.ða; gre.-] 形《話》《軽蔑》髪が乱れた, ぼさぼさの.

gres [grés; grés] 男 1《地質》砂岩. 2 (砂の交じった) 陶土；炻器 (せっき).

gres·ca [grés.ka; grés.-] 女 1《話》大騒ぎ, 騒動. armar [meter] 〜 大騒ぎする, 騒ぐ. 2《話》口論, けんか. andar a la 〜 騒々しくけんか [口論] する.

gre·si·te [gre.sí.te; gre.-] 男《複 〜s》→ gres.

grey [gréi; gréi] 女 1 (小型の) 家畜の群れ, 牧群；《文章語》群れ. 2《ユーモラスに》(共通の特徴を持った) 集団, 集まり. una 〜 de estudiantes 学生たちの一団. 3《カト》信徒の集団.

grial [grjál; grjál] 男《宗》聖杯, 聖盤：キリストが最後の晩餐 (ばんさん) に用いたとされる杯. El Santo *G*〜 聖杯.

:gr̆ie·go, ga [grjé.ɣo, -.ɣa; grjé.-] 形《名詞+》1《ser+》ギリシャ人 [語] の. filosofía *griega* ギリシャ哲学. letras *griegas* ギリシャ文字. 2 ギリシャ正教 (会) の. iglesia *griega* ギリシャ正教会.
—— 男女 ギリシャ人.
—— 男 1 ギリシャ語.

関連 ギリシャ語アルファベット (ギリシャ文字, スペイン語綴 (つづ) り, カタカナ表記)：A α (alfa, アルファ), B β (beta, ベータ), Γ γ (gamma, ガンマ), Δ δ (delta, デルタ), E ε (épsilon, エプシロン, イプシロン), Z ζ (zeta, ゼータ), H η (eta, エータ), Θ θ (theta, テータ, シータ), I ι (iota, イオタ), K κ (kappa, カッパ), Λ λ (lambda, ラムダ), M μ (my, ミュー), N ν (ny, ニュー), Ξ ξ (xi, クシー, クサイ), O ο (ómicron, オミクロン), Π π (pi, ピー, パイ), P ρ (rho, ロー), Σ σ (sigma, シグマ), T τ (tau, タウ), Υ υ (ípsilon, ウプシロン, ユプシロン), Φ φ (fi, フィー, ファイ), X χ (ji, キー, カイ), Ψ ψ (psi, プシー, プサイ), Ω ω (omega, オメガ)

2《話》(言葉・文章など) まったく意味のわからないもの. Eso es 〜 para mí. それは私にはちんぷんかんぷんだ. hablar (en) 〜 わけのわからないことをしゃべる. 3《俗》《隠》《婉曲》男性間の同性愛；肛門性交.
[←〚ラ〛*Graecum* (*Graecus* の対格)；関連〚英〛*Greek*]

grie·ta [grjé.ta; grjé.-] 女 1 亀裂 (きれつ), 割れ目, 裂け目. Se ha hecho una 〜 en la pared del comedor. 食堂の壁にひびが入った.
2《主に複数で》(皮膚・唇の) ひび割れ, あかぎれ.

grie·tar·se [grje.tár.se; grje.-] 再 → grietearse.

grie·te·ar·se [grje.te.ár.se; grje.-] 再 1 亀裂 (きれつ)

gri.fa [grí.fa; grí.-] 囡 **1** (特にモロッコ産の)マリファナ, 大麻. **2** 《ラ米》《ᵗᵗᵃ》衣服の値札.

gri.far.se [gri.fár.se; gri.-] 再 → engrifarse.

gri.fe.ar [gri.fe.ár; gri.-] 自 《ラ米》《俗》マリファナを吸う.

gri.fe.rí.a [gri.fe.rí.a; gri.-] 囡 **1** 《集合的》蛇口. **2** 蛇口類の販売店. **3** 《ラ米》《ᵈʳ》《集合的》黒人; 黒人の集団.

gri.fe.ro, ra [gri.fé.ro, -.ra; gri.-] 圐囡 《ラ米》《ᵖᵉ》ガソリンスタンドの従業員.

*__**gri.fo, fa**__¹ [grí.fo, -.fa; grí.-] 圐 **1** (髪が)縮れた, もつれ合った. **2** 《ラ米》《話》(1)《ᵈʳ》《軽蔑》うぬぼれた, 思い上がった. (2)《ᵛᵉ》混血の, ムラート mulato の. (3)《ᵖᵃ》酔った; 怒った; マリファナ[大麻]中毒の. — 圐 **1** (水道などの)蛇口; 栓, コック. abrir [cerrar] el ~ 蛇口を開ける[閉める]. agua del ~ 水道水. **2** 《ギ神》グリュプス, グリフィン: ワシの頭と翼, ライオンの胴体を持つとされる怪物. **3** 《ラ米》《ᵈʳ》《ᵐᵉˣ》ガソリンスタンド. (2)《ᵐᵉˣ》安酒場, 居酒屋.

— 圐 **1** 縮れ毛の人. **2** 《ラ米》(1)《ᵈʳ》混血児, ムラート. (2)《ᵖᵃ》酔っ払い. (3)《ᵈʳ》《*ᵐᵉˣ》《ᵖᵃ》マリファナ中毒者.

cerrar [*cortar*] *el grifo*《話》財布のひもを締める.

[「蛇口」← [後ラ] *grȳphus*「グリュプス」← [ギ] *grýph, grȳpós* (この転義は噴水の出口に人間や獣の頭の飾りを付けることからの連想による); 関連 [英] *griffin*「グリフィン」]

gri.fo, fa² [grí.fo, -.fa; grí.-] 圐 《印》イタリック[斜字]体の. *letra grifa* イタリック体活字. [16世紀のドイツ人印刷師 S. *Gryphius* にちなむ]

gri.fón [gri.fón; gri.-] 圐 **1** 《動》グリフォン犬: ベルギー原産の小型犬. **2** (水道などの)蛇口, 栓.

gri.ga.llo [gri.gá.ʎo; gri.- ‖ -.ʎo] 圐 《鳥》キバシオオライチョウ.

grill [gríl; gríl] [英] 圐 **1** 焼き網. **2** オーブンの上部の焦げ目を付けるヒーター; 電気グリル.

gri.lla [grí.ʎa; grí.- ‖ -.ʎa] 囡 **1** 《昆》→ grillo. **2** 《ラ米》(1)《ᵐᵉˣ》《ᵖᵉᴿ》厄介事. (2)《ᵈʳ》《話》けんか; わめき声. (3)《ᵖᵃ》仲間うちでの口論.

— 囡 《ラ米》《ᵖᵃ》払いの悪い人.

Ésa es grilla.《話》その話はくせものだ.

gri.lla.do, da [gri.ʎá.ðo, -.ða; gri.- ‖ -.ʎá.-] 圐 狂った, 錯乱した. — 圐囡 狂った人, 錯乱した人.

gri.llar.se [gri.ʎár.se; gri.- ‖ -.ʎár.-] 再 **1** 発芽する, 芽を出す. **2** 《話》頭がおかしくなる, 気が変になる. **3** 《ラ米》《ᵈʳ》《話》逃げる.

gri.lle.ra [gri.ʎé.ra; gri.- ‖ -.ʎé.-] 囡 **1** コオロギの巣; コオロギを入れるかご. **2** 《話》騒々しい場所.

gri.lle.te [gri.ʎé.te; gri.- ‖ -.ʎé.-] 圐 《まれ》**1** (鎖をつなぐ)繋環(ᵏᵉᶦᵏᵃⁿ). **2** 《複数》(囚人の)足かせ, 足鎖.

gri.llo, lla [grí.ʎo, -.ʎa; grí.- ‖ -.ʎo, -.ʎa] 圐囡 《昆》コオロギ. — 圐 *cebollazo* [*real*] ケラ. — 圐 **1** 《植》芽, 新芽. **2** 《複数》足かせ, 足鎖; 束縛, 拘束. **3** 《ラ米》《ᵃʳᵍ》《話》執心, 固執.

estar como un grillo《話》気が変になっている.

tener la cabeza llena de grillos《話》頭がすっかりいかれている.

gri.llo.tal.pa [gri.ʎo.tál.pa; gri.- ‖ -.ʎo.-] 圐 《昆》ケラ.

gri.ma [grí.ma; grí.-] 囡 **1** いら立ち, 嫌悪. *Me da ~ verle.* 私は彼を見るといらいらする. **2** (酸味のあるものを口にしたり, 不快な音を聞いたとき などの)歯が浮く感じ, 不快感. **3** 《ラ米》《ᵈʳ》悲しみ. (2)《ᵛᵉ》《話》微量.

en grima《ラ米》《ᵈʳ》《話》たったひとりで.

gri.mi.llón [gri.mi.jón; gri.- ‖ -.ʎón] 圐 《ラ米》《ᶜʰ》《話》たくさん, 大量.

gri.mo.so, sa [gri.mó.so, -.sa; gri.-] 圐 不快にさせる, 嫌悪感を引き起こす, いやな.

grim.peur [grim.pér; grim.-] 圐 《仏》登山家, ロッククライマー (= escalador).

grím.po.la [grím.po.la; grím.-] 囡 **1** 《海》(風見用の)短い三角旗, 吹き流し. **2** (昔の三角形の)檜旗(ᵏⁱᵏⁱ), 軍旗.

gri.nal.de [gri.nál.de; gri.-] 囡 (昔の)榴弾(ʳʸᵘᵈᵃⁿ)の一種.

*__**grin.go, ga**__ [gríŋ.go, -.ga; gríŋ.-] 圐 **1** 《軽蔑》《親愛》(特に英語を指して)外国の, よそ者の. **2** 《軽蔑》《親愛》米国(人)の. **3** 《ラ米》《話》(1)《ᵃʳᵍ》《軽蔑》合衆国の白人の. (2)《ᵖᵃ》《ᵈʳ》白人の外国人の.

— 圐 **1** 外国人, よそ者. **2** 《ラ米》(1)《軽蔑》《親愛》米国人; 英米人. (2)《ᵃʳᵍ》ヨーロッパ人; 《ᵖᵉᴿ》イタリア人. (3)《ᵖᵃ》金髪の人.

— 圐 意味のわからない言葉. *hablar en ~* ちんぷんかんぷんの言葉でしゃべる.

[*griego*「ギリシア語」; 訳のわからない言葉(を話す人)」の変造]

grin.gue.rí.a [griŋ.ge.rí.a; griŋ.-] 囡《ラ米》《話》《集合的》ヤンキー; 米国人.

grin.ño.le.ra [gri.ɲo.lé.ra; gri.-] 囡 《植》コトネアスター: バラ科の低木.

gri.ñón¹ [gri.ɲón; gri.-] 圐 (修道女の)ずきん.

gri.ñón² [gri.ɲón; gri.-] 圐 《植》スバイミモモ, ネクタリン.

gri.pa [grí.pa; grí.-] 囡 《ラ米》→ gripe.

gri.pal [gri.pál; gri.-] 圐 《医》流行性感冒の.

gri.par [gri.pár; gri.-] 他 故障させる. — — .se 再 (潤滑油不足で)エンジンが動かなくなる.

*__**gri.pe**__ [grí.pe; grí.-] 囡 《医》**インフルエンザ**, 流行性感冒; 風邪. *coger la ~* インフルエンザにかかる. *estar con ~* インフルエンザにかかっている. ~ *aviaria* [*aviar*] 鳥インフルエンザ. [← [仏] *grippe* (*gripper*「(急に)襲う」より派生;「流感」は「急に襲う」という連想から); 関連 [英] *grippe*]

gri.po.so, sa [gri.pó.so, -.sa; gri.-] 圐 《医》インフルエンザにかかった. *estar ~* 流感にかかっている.

***__**gris**__ [grís; grís] 圐 《ser +》《estar +》**1** 《多くは名詞+》**灰色の**. *traje ~* グレーのスーツ. **2** 《+名詞 / 名詞+》暗い; 精彩を欠いた. *estudiante ~* ぱっとしない学生. ~ *empate a cero* 0対0 のぱっとしない引き分け. **3** 《多くは名詞+》(天候が)曇った, どんよりした. *cielo ~* 曇り空. *en un día ~* どんよりした日に.

— 圐 **1** 灰色, グレー. ~ *oscuro* [*marengo*] ダークグレー. ~ *perla* パールグレー. ~ *pizarra* 青みがかったグレー. ~ *perla* メタリックグレー. **2** (スペイン)《話》冷たい風, 寒さ. *Hace ~.* 冷たい風が吹いている. **3** 《スペイン》《話》《主に複数で》(国家警察の)警官. ◆かつての制服の色から.

[← ? [古プロバンス] *gris* ← [フランク] **gris*; 関連 [仏] *gris*]

Gris [grís; grís] 固名 グリス. *Juan ~* (1887–1927). スペインの画家.

gri.sá.ce.o, a [gri.sá.θe.o, -.a; gri.- / -.se.-] 圐 灰色がかった, ねずみ色を帯びた. *blanco ~* ホワイトグレー.

gri·sa·lla [gri.sá.ja; gri.- ‖ -.ʎa] 囡 1 《美》グリザイユ画法: 灰色の濃淡でレリーフを表現する画法. 2 《ラ米》《ᵃ》《隠》くず鉄.

gri·sa·pa [gri.sá.pa; gri.-] 囡 《ラ米》《ᵃ》《話》大騒ぎ, 喧騒.

gri·se·ar [gri.se.ár; gri.-] 自 灰色になる, グレーになる.

gri·se·ta [gri.sé.ta; gri.-] 囡 1 細かいプリント模様の絹地. 2 《植》(幹に水が浸透して起こる)樹木の病気. 3 《ラ米》《ᵃ》身分の低い娘.

gris·gris [grís.gris; grís.-] 囲 (モーロ人 moro の)お守り, 魔よけ.

gris·ma [grís.ma; grís.-] 囡 《ラ米》《ᵃ》《話》微量, わずか, ちょっと.

gri·són, so·na [gri.són, -.só.na; gri.-] 囮 (スイスの)グランビュンデン州の. —囲囡 (スイスの)グランビュンデン州の住民[出身者].

—囲 (グランビュンデン州で話される)ロマンシュ語.

gri·so·so, sa [gri.só.so, -.sa; gri.-] 囮 《ラ米》灰色がかった.

gri·sú [gri.sú; gri.-] 囲 《鉱》(炭坑内の)可燃性ガス. explosión de ～ 坑内ガス爆発. [←〔仏〕*grisou*]

gri·ta [grí.ta; grí.-] 囡 1 (群衆の)叫び(声), 怒号. 2 野次, 罵声(ᵇ). dar ～ a... …を野次る, 大声でからかう.

gri·ta·de·ra [gri.ta.ðé.ra; gri.-] 囡 《ラ米》《ᵃ》《ᵃ》→ griterío.

gri·ta·dor, do·ra [gri.ta.ðór, -.ðó.ra; gri.-] 囮 大声を出す, 叫んでいる.

—囲囡 (すぐに)大声を出す人.

**gri·tar [gri.tár; gri.-] 自 叫ぶ; 大声で話す. ～ de alegría 歓声を上げる. No *grites* tanto, o el niño se despertará. そんな大声出さないで, 子供が目を覚ますよ.

—他 1 大声で言う, 叫ぶ. Les *grité* que se fueran. 私は彼らに帰るようにと大声で言った. 2 怒鳴る, 罵倒(ᵈ)する. No me gusta que me *grite* usted. 私はあなたに怒鳴られたくない. *gritar a los cuatro vientos* 《話》吹聴する. Va gritando a los cuatro vientos que mi obra es un plagio. 私の作品は盗作だと彼[彼女]は触れ回っている.

[←〔ラ〕*quirītāre*; 関連〔英〕*cry*]

gri·te·rí·a [gri.te.rí.a; gri.-] 囡 → griterío.

gri·te·rí·o [gri.te.rí.o; gri.-] 囲 叫び(声), わめき(声); 怒号, 罵声(ᵇ).

**gri·to [grí.to; grí.-] 囲 叫び声, 大声. dar [pegar] un ～ 叫ぶ. ～s de ánimo 声援. ～ de guerra 鬨(ᵏ)の声.

—囲 → gritar.

a grito limpio [pelado] 《話》大声で.
a grito partido 《ラ米》《ᵃ》《話》大声で.
a gritos 大声で. hablar *a ～s* 大声で話す.
estar en un grito (痛みで)苦しんでいる.
pedir [estar pidiendo]... a gritos …を至急必要としている, 大いに求める.
poner el grito en el cielo かんかんになる, かっとなる.
ser el último grito 最新タイプ[型]である.

gri·tón, to·na [gri.tón, -.tó.na; gri.-] 囮 《話》1 大声で話す, すぐ怒鳴る, 口やかましい. —囲囡 《話》大声を出す人; すぐ怒鳴る人.

gro(s). 《略》《商》*género(s)* 商品.

gro·ar [gro.ár; gro.-] 自 〈カエルが〉ケロケロ鳴く.

gro·en·lan·dés, de·sa [gro.en.lan.dés, -.ðé.sa; gro.-] 囮 グリーンランド(人)の.

—囲囡 グリーンランド人.

Gro·en·lan·dia [gro.en.lán.dja; gro.-] 囿圀 グリーンランド: デンマーク領の世界最大の島.

[←〔デンマーク〕*Grønland*←〔古スカンジナビア〕*Grœnland* (「緑の土地」が原義) | 関連〔英〕*Greenland*]

grog [gróg; gróg] 〔英〕囲 グロッグ: リキュール・ラム酒などを湯と砂糖とレモンで割った飲み物.

gro·gui [gró.gi; gró.-] 囮 1 ぼうっとした. 2 (ボクシングなどで)足元がふらつく, グロッキーの. [←〔英〕*groggy*]

gro·mo [gró.mo; gró.-] 囲 (草木の)新芽.

gron·cha·da [groɲ.tʃá.ða; groɲ.-] 囡 《ラ米》《ᵃ》《話》《軽蔑》下品なやつら.

gron·cho, cha [groɲ.tʃo, -.tʃa; groɲ.-] 囮 《ラ米》《ᵃ》《話》《軽蔑》趣味の悪い, 俗っぽい, 下卑た.

groom [grúm; grúm] 〔英〕囲 ベルボーイ; 馬丁.

groo·pie [grú.pi; grú.-] 囡 《複》→s → groupie.

groove [grúf; grúf] 〔英〕囮 《音楽》ノリのいい, うねりのある, とてもリズミカルな.

gro·pos [gró.pos; gró.-] 囲 《複数形》(インク壺(ᵘ)に入れる)海綿.

gro·sa·men·te [gró.sa.mén.te; gró.-] 副 荒っぽく, 粗野に; 大ざっぱに, まとめて; 卸売りで.

gro·se·lla [gro.sé.ja; gro.- ‖ -.ʎa] 囡 1 《植》スグリの実, カラント. ～ espinosa グースベリー. ～ negra 黒スグリ, カシス. ～ roja アカスグリ. 2 スグリの実からしぼったジュース, シロップ.

—囲 (スグリに似た)赤.
—囮 (スグリに似た)赤色の.

gro·se·lle·ro [gro.se.jé.ro; gro.- ‖ -.ʎé.-] 囲 《植》フサスグリ類. ～ espinoso マルスグリ, 西洋スグリ. ～ negro クロフサスグリ.

grosella
(スグリの実)

gro·se·rí·a [gro.se.rí.a; gro.-] 囡 1 下品(な言動), 卑猥(ʷ). decir una ～ 品のないことを言う. 2 不作法, 無礼(な振る舞い). cometer una ～ con +人(人)に無礼な事をする. 3 粗雑, ぞんざい.

*gro·se·ro, ra [gro.sé.ro, -.ra; gro.-] 囮 1 下品な, 卑猥(ʷ)な. ¡Qué tipo más ～! なんて下品なやつだ. unos ropajes ～s 品のない服. palabra *grosera* 下品な言葉. 2 不作法な, 無礼な. una actitud muy *grosera* 失礼千万な態度. 3 粗雑な, ぞんざいな. un trabajo ～ 雑な仕事. 4 (過失などが)目にあまる, 甚だしい. error ～ ひどい誤り.

—囲囡 下品な人, 不作法な人.

gro·sí·si·mo, ma [gro.sí.si.mo, -.ma; gro.-] 囮 [*grueso* の絶対最上級]分厚い, 恐ろしく太った; 非常に荒い.

gro·so, sa [gró.so, -.sa; gró.-] 囮 《ラ米》《ᵃ》《話》よい, すばらしい.

*gro·sor [gro.sór; gro.-] 囲 1 厚さ, 厚み. de poco ～ 薄い. 2 太さ, 直径.

gros·so mo·do [gró.so mó.ðo; gró.-] 〔ラ〕ほぼ, おおよそ (= de manera basta).

gro·su·la·ria [gro.su.lá.rja; gro.-] 囡 《鉱》灰礬(ᵇᵃⁿ)ザクロ石.

gro·su·ra [gro.sú.ra; gro.-] 囡 1 脂肪分, 脂身. la ～ del tocino ベーコンの脂身. 2 くず肉, 内臓.

gro·tes·ca·men·te [gro.tés.ka.mén.te; gro.-] 副 醜悪に, 奇抜に, グロテスクに.

gro·tes·co, ca [gro.tés.ko, -.ka; gro.-] 形 **1**【建】【美】グロテスク様式の, 怪奇主義の. **2** グロテスクな, 奇怪な. ― 男【建】【美】グロテスク模様[装飾] (= grutesco).
[← 〈伊〉*grottesco* (*grotta*「洞窟(どうくつ)」より派生); 洞窟を思わせる古代ローマの廃墟の建物の壁に, 空想の生物や奇怪な人間などをあしらった絵模様が描かれていたことから]〔関連〕gruta. 〔英〕*grotesque*〕

grou·pie [grú.pi; grú.-] 〔英〕 女《話》グルーピー, (有名人の)追っかけ.

group·ware [grúp.(g)wer; grúp.-] 〔英〕男【IT】グループウェア: 企業内LANなどを活用してグループによる協調作業を支援するソフトウェア.

***grú·a** [grú.a; grú.-] 女 **1** クレーン, 起重機. ~ corredera [corrediza, móvil] 走行クレーン. ~ de pescante ~ de pórtico ガントリークレーン. ~ de torre タワー[塔形]クレーン. ~ (de) puente 天井クレーン. **2** レッカー車. **3**(映画などの)撮影用クレーン, ジブ, ジブアーム. **4**(中世に城壁(じょうへき)攻撃に使われた)可動式櫓(やぐら).
[← 〔カタルーニャ〕*grua* (原義は「鶴(つる)」; 形の類似による転義; 同源の〔英〕*crane* にもこの2義がある) ← 〔ラ〕*grūs*「鶴」]

grue·ro [grwé.ro; grwé.-] 男《ラ米》(エクアドル)クレーンの操縦者.

AVISAMOS GRUA

grúa
Avisamos grúa
「レッカー車を呼びます」

*****grue·so, sa** [grwé.so, -.sa; grwé.-] 形 **1**(+名詞/名詞+)(ser+)(estar+)厚い. un diccionario ~ 分厚い辞書. cristales ~s 厚いガラス. **2**(+名詞/名詞+)(ser+/ estar+)太い; 〈人が〉太った, 肉付きがよい; 《**de...**》〈人体の部位が〉太い. hilo de lana ~ 太い毛糸. intestino ~ 大腸. *Estás* más ~ *que la última vez que te vi*. 最後に会ったときよりも君はふっくらした. *Es* ~ *de piernas*. 彼は脚が太い. ▶ gordo よりも柔らかいニュアンスを持つ. **3** 丸々とした, (中身が)ぎっしり詰まった, 大きい. tomate ~ 大きく実ったトマト. **4**〈言動が〉粗野な, 下品な; 〈人が〉鈍い, (冗談が)さえない; 〈製品が〉粗めの. palabras *gruesas* 下品な言葉. broma *gruesa* さえない冗談. sal *gruesa* 粗塩. tela *gruesa* 粗い布地. **5**《海》〈海が〉荒れた. mar *gruesa* 荒海. **6**《ラ米》(メキシコ)ひどい, すごい; 難しい.
― 男 **1** 厚み, 太さ (=grosor). el ~ de un tronco (木の)幹の太さ. **2** 主要部分; 【軍】主力, 本隊. ~ del ejército 主力部隊. **3**(文字の)肉太の部分. ― 女 グロス; 12ダース.
en [por] grueso 卸で, 大量に; おおざっぱに.
[← 〔ラ〕*grossum* (*grossus* の対格); 〔関連〕grosor, grosero. 〔仏〕*gros*「太い」〔英〕*gross*「グロス」]

gruir [grwír; grwír] 48 自 〈ツルが〉鳴く.

gruis·ta [grwís.ta; grwís.-] 女 クレーンの操縦者.

gru·ji·dor [gru.xi.ðór; gru.-] 男【機】(ガラスの切断面の)研磨機.

gru·jir [gru.xír; gru.-] 他 〈ガラス(の切断面)を〉磨く.

gru·lla [grú.ʎa; grú.- || -.ʝa; -.-] 女 **1**【鳥】ツル. ~ coronada カンムリヅル. ~ del Japón タンチョウヅ ル. ~ damisela アネハヅル. **2**[G-]【星座】つる座. **3**(城塞(じょうさい)攻撃用の)可動式櫓(やぐら).

gru·llo, lla [grú.ʎo, -.ʎa; grú.- || -.ʝo, -.ʝa] 形 **1**《話》〈軽薄〉田舎者の; 無知な. **2**《ラ米》(1)(メキシコ)〈馬が〉葦毛(あしげ)の. (2) (メキシコ)(グアテマラ)(ホンジュラス)《話》居候の. ― 男《ラ米》(1)(メキシコ)若君. (2)(メキシコ)(グアテマラ)(ホンジュラス)(エルサルバドル)ペソ貨, 銭.

gru·me·te [gru.mé.te; gru.-] 男《海》見習い水夫.

gru·mo [grú.mo; grú.-] 男 **1** 凝乳; 凝塊, だま; 血の塊, 血餅(けっぺい). **2**(ブドウなどの)房. **3**(鳥の)翼端.

gru·mo·so, sa [gru.mó.so, -.sa; gru.-] 形 **1** 凝固した, 凝血した. **2** 塊の多い, だまになった.

grun·ge [grúŋ.xe; grúŋ.- ⫽ grúntʃ; grúntʃ] 〔英〕形 グランジ(ロック)の.
― 女 グランジ(長髪でわざと汚れた感じにする)ファッションの人. 【音楽】グランジ(ロック).

gruñe(-) / gruñe- 活 → gruñir.

gru·ñi·do [gru.ɲí.ðo; gru.-] 男 **1**(豚の)ブーブー鳴く声; (犬などの)うなり声. **2** ぶうぶう[ぶつくさ]言う声. soltar ~ a+人(人)に小言を言う.

gru·ñi·dor, do·ra [gru.ɲi.ðór, -.ra; gru.-] 形 **1**〈豚が〉ブーブー鳴く. **2**〈犬などが〉うなる. **3** ぶうぶう[ぶつくさ]言う. ― 男 女 小言屋, 不平家.

***gru·ñir** [gru.ɲír; gru.-] 72 自 **1**〈豚が〉ブーブー鳴く. **2**〈犬などが〉うなる, うなり声を立てる. **3**《話》ぶつくさ不平を言う. *Esa persona no hace* más *que* ~. あの人はいつもぶつぶつ文句を言っている. ― 他(怒り・不満の言葉を)吐く, こぼす.

gru·ñó [gru.ɲó; gru.-] 活 → gruñir.

gru·ñón, ño·na [gru.ɲón, -.ɲó.na; gru.-] 形《話》気難しい, すぐに不平を言う.
― 男 女《話》小言屋, 不平家, 気難し屋.

gru·pa [grú.pa; gru.-] 女(馬などの)臀部(でんぶ), 尻(しり). montar a la ~ 馬の尻に乗る.
volver grupas [*la grupa*]踵(きびす)を返す, 後戻りする.

gru·pa·da [gru.pá.ða; gru.-] 女 突風; 集中豪雨.

gru·pal [gru.pál; gru.-] 形【格式】グループの, 集団の.

gru·pe·ra [gru.pé.ra; gru.-] 女【馬】(1)(鞍(くら)の)後部に付ける)添え鞍. (2) 鞦(しりがい).

gru·po[grú.po; grú.-] 男 **1** 集まり, 集団, 群れ; グループ, 団体; 党派, 分派. ~ de islas 群島. ~ de presión 圧力団体. ~ político 政治団体. formar un ~ 集団を成す; グループを組む. dividir la clase en ~s クラスをいくつかのグループに分ける. en ~ 集団で, グループで. *Hoy actúa un* ~ *cubano de salsa*. 今日キューバのサルサバンドが出演する.
2【美】【写】(構図上の)群像.
3【技】機械設備(一式), 装置. ~ electrógeno [generador]発電設備. **4**【生物】(動植物の分類上の)群 (=taxón). **5**【医】(血液の)型. ~ sanguíneo 血液型. **6**【軍】部隊, 大隊. ~ de combate 戦闘部隊. **7**【数】群. ~ abeliano [conmutativo]アーベル[可換]群. ~ de permutación 置換群. **8**【化】基. ~ ácido 酸性基. ~ métilo メチル基. **9**【言】群. ~ fónico 音群.
[← 〔伊〕*gruppo*(〔ゲルマン〕起源)〔関連〕〔英〕*group*]

gru·po[2][grú.po; grú.-]男《ラ米》(メキシコ)《話》うそ, 作り話. [← 〔伊〕*groppo*「もつれ; 混乱」]

gru·pús·cu·lo [gru.pús.ku.lo; gru.-] 男《軽蔑》セクト.

gru·ta [grú.ta; grú.-] 囡 **1** 洞穴, 洞窟(ᵈᵒᵘ̂ᵏᵘᵗᵘ); 洞穴に似せて(庭など)人工的につくられた穴. **2** (ディスコなど建物の地下の)穴倉. [←[伊]*grotta*]

gru·tes·co, ca [gru.tés.ko, -.ka; gru.-] 圏 **1** 洞穴の. **2**【建】【美】グロテスク様式の.【建】【美】グロテスク模様[装飾] (=grotesco).

gru·ye·re [gru.jé.re; gru.-] 男 グリュイエールチーズ: グリュイエール(スイス)産のチーズ. [←[仏]*gruyère*]

GSM [xe.(e.)se.é.me] [英] (略) Global System [Standard] for Mobile GSM, 世界移動電話規格.

gua [gwá; gwá] 男 ビー玉遊び;(ビー玉をはじいて入れる)穴.

¡gua! [gwá; gwá] 間投 《ラ米》《ᵈᴬᴺ》《ᴱᶜᵘᴬᴰ》《ᵖᵉʳ》《話》【驚き・怒れ】ほう, あれ, うわっ;《軽蔑》へえっ, なんだ.

gua·ba [gwá.ba; gwá.-] 囡 《ラ米》 (**1**)【植】インガ (=guama). (**2**) 《ᵖᵉʳᵘ》(人の)足.

gua·bá [gwa.bá; gwa.-] 男 《ラ米》《ᴰᵃ》【動】毒グモ.

gua·bai·ro [gwa.bái.ro; gwa.-] 男 《ラ米》《ᴰᵃ》【鳥】チャックウィルヨタカ.

gua·bán [gwa.bán; gwa.-] 男 《ラ米》《ᴷᵘᴮ》【植】センダン科熱帯植物トリキリアの一種.

gua·bi·na [gwa.bí.na; gwa.-] 囡 《ラ米》《ᶜᴼᴸ》 (**1**) (2拍子の舞曲で男女がスカーフを振りながら踊る)グアビーナ. (**2**)【植】インガの一種.

gua·bi·ne·ar [gwa.bi.ne.ár; gwa.-] 自《ラ米》《ᶜᴼᴸ》《話》優柔不断である, 決めかねている.

gua·bi·rá [gwa.bi.rá; gwa.-] 男 《ラ米》《ᵇᴼᴸᴵⱽ》【植】ガビラ: 背の高い木.

gua·bi·yú [gwa.bi.jú; gwa.-] 男 《ラ米》《ᵃᴬ》【植】フトモモの一種.

gua·bo [gwa.bo; gwa.-] 男 《ラ米》《ᵖᵉʳ》《ᵇᴼᴸᴵⱽ》《ᴱᶜᵘᴬᴰ》 → guamo.

gua·ca [gwá.ka; gwá.-] 囡 《ラ米》 (**1**) (ᴵⁿᵈ)(古代先住民の)墳墓. (**2**) 秘宝, 埋蔵財宝. (**3**) 《ᶜʰⁱ》《ᶜᴼᴸ》《ᵇᴼᴸᴵⱽ》《ᵖᵉʳ》貯金箱. (**4**) 《ᶜʰⁱ》《ᵇᴼᴸᴵⱽ》《ᴱᶜᵘᴬᴰ》(果物を保存する)室. (**5**) (ᶜʰⁱ)《話》しかりつけ. (**6**) 《ᶜʰⁱ》連発銃.
hacer guaca 《ラ米》金をためこむ;金を作る.
hacer su guaca 《ラ米》《ᴰᵃ》《ᵖᵉʳ》(機に乗じて)金をもうける.
sacar(*se*) *la guaca* 《ラ米》《ᵇᴼᴸᴵⱽ》当てが外れる.
tener guaca 《ラ米》《ᵖᵉʳ》あり余るほどの財産がある.

gua·cal [gwa.kál; gwa.-] 男 《ラ米》 (**1**) 《ᴹᵉˣ》《ᶜᵁᴮ》背負いかご. (**2**) (ᴹᵉˣ)【植】ヒョウタンノキ;ヒョウタン(の実);ヒョウタンの容器[椀(ʷᵃⁿ)]. (**3**) 《話》家. (**4**) 《話》(調理した)鶏の胸部.

¡guá·ca·la! [gwá.ka.la; gwá.-] 間投 《話》《ラ米》《ᴹᵉˣ》【不快】うぇっ, 気色が悪い.

gua·ca·ma·yo, ya [gwa.ka.má.jo, -.ja; gwa.-] 圏 《ラ米》《話》妙な服装[身なり]をした;《ᴰᵃ》《ᵖᵉʳ》けばけばしい服を着た.
—男【鳥】コンゴウインコ. —囡《ラ米》(**1**) 《ᴰᵃ》《ᴹᵉˣ》《ᵇᴼᴸᴵⱽ》→ 男. (**2**) 《ᴴᴼᴺᴰ》《ᴾᵃᴺ》【植】ボウコウマメ.

gua·ca·mol [gwa.ka.mól; gwa.-] 男 → guacamole.

gua·ca·mo·le [gwa.ka.mó.le; gwa.-] 男 《ラ米》《ᴹᵉˣ》《ᶜᵁᴮ》【料】ワカモレ: アボカドの果肉にチリ・タマネギ・トマトなどを加えた食べ物. ソースにも用いる.
[← [ナワトル] *āuacāmōlli* (*āuacatl*「アボカド」+ *mōlli*「ソース」)]

gua·ca·mo·te [gwa.ka.mó.te; gwa.-] 男 《ラ米》

guacamayo (コンゴウインコ)

(ᴹᵉˣ)【植】キャッサバ, マニオク.

gua·ca·ra [gwa.ká.ra; gwa.-] / **guá·ca·ra** [gwá.ka.ra; gwá.-] 囡 《ラ米》《ᴰᵃ》嘔吐(ᵒ̂ᵗᵒ).

gua·ca·re·ar [gwa.ka.re.ár; gwa.-] 他 《ラ米》《ᴰᵃ》《話》吐く.

gua·car·na·co, ca [gwa.kar.ná.ko, -.ka; gwa.-] 圏 《ラ米》 (**1**) 《ᴹᵉˣ》《ᴸᴱˢ》《ᵇᴼᴸᴵⱽ》《ᶜᵁᴮ》愚かな, ばかな. (**2**) (ᵂⁱ)脚の長い.

guá·ca·te·la [gwá.ka.te.la; gwá.-] 間投《話》《ラ米》《ᴹᵉˣ》(不快)気色が悪い, 最低だ.

gua·cha·da [gwa.tʃá.ða; gwa.-] 囡 《話》《ラ米》下劣な行為[言葉] (=canallada).

gua·cha·fi·ta [gwa.tʃa.fí.ta; gwa.-] 囡 《ラ米》 (**1**) 《ᶜᴼᴸ》《話》混乱, 騒ぎ声. (**2**) 《ⱽᵉⁿ》《ᴱᶜᵘᴬᴰ》あざけり, からかい. (**3**) (ᵇᴼᴸᴵⱽ)《俗》賭博(ᵗᵒᵇᵃᵏᵘ)場.

gua·cha·je [gwa.tʃá.xe; gwa.-] 男 《ラ米》《ᶜʰⁱ》 (**1**) (ᴹᵉˣ)親と離れた動物, 親をなくした動物;《ᵃᴬ》(母牛と離れた)子牛の群れ. (**2**) 《集合的》私生児.

gua·cha·lo·mo [gwa.tʃa.ló.mo; gwa.-] 男 《ラ米》サーロイン(肉).

gua·cha·pe·ar [gwa.tʃa.pe.ár; gwa.-] 他 **1** (足で)(水を)パチャパチャさせる. **2** 《話》急ごしらえで作る, ざっと済ます. **3** 《ラ米》 (**1**) 《話》失敬する, 寸借する;くすねる. (**2**) 《ᴰᵃ》《ᶜᵁᴮ》除草する, 刈り取る.
—自(金属板などが)ガチャガチャいう.

gua·char[1] [gwa.tʃár; gwa.-] 他 《ラ米》《ᴰᵃ》見張る.

gua·char[2] [gwa.tʃár; gwa.-] 他 《ラ米》《ᴰᵃ》《ᴱᶜᵘᴬᴰ》畝(ᵘⁿ)を作る.

guá·cha·ra [gwa.tʃa.ra; gwá.-] 囡 《ラ米》 (**1**) 《ᴰᵃ》《話》うそ, ごまかし. (**2**) (ᶜᴼᴸ)グアチャラ: サトウキビの中空に穀粒・小石を入れた楽器.

guá·cha·ro, ra [gwá.tʃa.ro, -.ra; gwá.-] 圏 《ラ米》 (**1**) (ᴰᵃ)孤児の. (**2**) (ᶜᴼᴸ)〈タバコが〉上質の.
—囡 ひな鳥;【鳥】(中米産の)アブラヨタカ.
[← [ケチュア] *wahcha* (*wah*「珍しい(もの)」+ 縮小辞)]

gua·che[1] [gwá.tʃe; gwa.-] 男 《ラ米》 (**1**) 《話》《ᶜᴼᴸ》《ᵇᴼᴸᴵⱽ》田舎者, がさつ者;怠け者, ものぐさ. (**2**) (矢に用いる)茎. (**3**) (ᶜᴼᴸ)竹筒の中に種を入れた民族楽器.

gua·che[2] [gwá.tʃe; gwá.-] 男【美】ガッシュ, グワッシュ: 水彩画の一種. [← [仏] *gouache*]

gua·chi·car [gwa.tʃi.kár; gwa.-] / **gua·chi·ca·rro** [gwa.tʃi.ká.ro; gwa.-] 男 《ラ米》駐車場係員.

gua·chi·mán [gwa.tʃi.mán; gwa.-] 男 《ラ米》(ᴹᵉˣ)《ᴰᵃ》《ᵇᴼᴸᴵⱽ》《ᴱᶜᵘᴬᴰ》番人, 見張り, 監視人. [← [英] *watchman*]

gua·chi·nan·ga [gwa.tʃi.náŋ.ɡa; gwa.-] 囡 《ラ米》《ᶜᵁᴮ》(扉・窓の)閂(ᵏᵃⁿⁿᵘᵏⁱ), 横木.

gua·chi·nan·go, ga [gwa.tʃi.náŋ.ɡo, -.ɡa; gwa.-] 圏 《ラ米》 (**1**) 《ᴰᵃ》《ᵇᴼᴸᴵⱽ》お世辞の上手な;抜けめのない. (**2**) 《ᴰᵃ》《ᵇᴼᴸᴵⱽ》感じのいい, 人気のある.
—男 囡 《話》 (**1**) (ᶜᵁᴮ)メキシコ人. (**2**) 《ᴰᵃ》《ᵇᴼᴸᴵⱽ》おべっか使い.
—男 《ᴹᵉˣ》《ᶜᵁᴮ》【魚】→ huachinango.

gua·cho, cha [gwa.tʃo, -.tʃa; gwa.-] 圏 《ラ米》《ᶜʰⁱ》《ᵇᴼᴸᴵⱽ》 (**1**) みなしごの, 孤児となった;寄るべない;(動物が)親のいない. (**2**) 半端の, 不ぞろいの. (**3**) 《話》《軽蔑》卑劣な.
—男 **1** ひな鳥. **2** 《ラ米》 (**1**) 《ᴰᵃ》《ᵇᴼᴸᴵⱽ》溝, 畝(ᵘⁿ). (**2**) (ᵂⁱ)肉入りシチュー・スープ. (**3**) (ᶜʰⁱ)焼酎(ˢʰᵒᶜʰᵘ̂), 火酒. (**4**) (ᶜʰⁱ)宝くじの分割券. (**5**) (ᶜʰⁱ)高地[内地]の住民.

gua·cia [gwa.θja; gwá.- / -.sja] 囡 **1**【植】アカシア (=acacia). **2** (アカシアから採る)ゴム.

guá·ci·ma [gwá.θi.ma; gwá.- / -.si.-] 囡 《ラ米》

guácimo

(タリ)(コスタ)(ミクロン)(ニネズ)(ジネ)【植】グアズマ：アオギリ科の熱帯樹木.

guá·ci·mo [gwá.θi.mo; gwá.-/-.si.-] (エクア)(サ米)(ミネズ)(ジネ)【植】→ guácima.

gua·co [gwá.ko; gwá.-] 男 《ラ米》
(1)【植】ツルヒヨドリ属のつる植物；ウマノスズクサ属のつる植物. ♦毒蛇の解毒用. 2.(サ米)(鳥)アカノドカラカラ. (3)(集米)墳墓 guaca から発掘される)出土品, 土器；土偶.

gua·co, ca [gwá.ko, -.ka; gwá.-] 形 《ラ米》(1)(ジネ)双子の, 双生の. (2)(アメリカ)(エクア)(話)《軽蔑》兎唇(としん)の.

guaco
(アカノドカラカラ)

gua·dal [gwa.ðál; gwa.-] 男 《ラ米》(アルゼ)湿地, 沼地.

Gua·da·la·ja·ra [gwa.ða.la.xá.ra; gwa.-] 固名 グアダラハラ. (1) スペイン中部の県；県都. (2) メキシコ中西部 Jalisco 州の州都. [←[アラビア] *wādī-(a)l-ḥijārah* 「石の川」. (1)はそれ以前, バスク語で *Arriaca* 「石の原」と呼ばれていた]

gua·da·la·ja·ren·se [gwa.ða.la.xa.rén.se; gwa.-] 形 (メキシコ・スペインの)グアダラハラの. ― 男 女 (メキシコ・スペインの)グアダラハラの住民[出身者].

gua·da·la·re·ño, ña [gwa.ða.la.xa.ré.ɲo, -.ɲa; gwa.-] 形 (スペインの)グアダラハラの. ― 男 女 (スペインの)グアダラハラの住民[出身者].

Gua·dal·ca·nal [gwa.ðal.ka.nál; gwa.-] 固名 (スペイン・アンダルシアの)グアダルカナル；(ソロモン諸島の)ガダルカナル島. [[アラビア] *wādī* 「川」+ [アラビア] *al-* + [スペイン] canal; ガダルカナル島は1567年にスペイン人が到達.]

gua·da·lo·so, sa [gwa.ða.ló.so, -.sa; gwa.-] 形 《ラ米》(アルゼ)湿地の, 沼の多い.

Gua·dal·qui·vir [gwa.ðal.ki.ḃír; gwa.-] 固名 el ～ グアダルキビル(川)：カソルラ Cazorla 山脈に発し Sevilla 市を流れ Cádiz 湾に注ぐスペイン南部の川. [←[アラビア] *wādī-al-kabīr* 「大きな川」]

Gua·da·lu·pe [gwa.ða.lú.pe; gwa.-] 固名 **1** グアダルーペ：スペイン, メキシコ, コスタリカ, コロンビアなどにある町・都市. ♦グアダルーペ修道院(1993年世界遺産登録)のあるスペイン西部の Cáceres 県の町が特に有名. **2** Nuestra Señora de ～ (スペインの)グアダルーペの聖母(船乗りの守護者). **3** la Virgen de ～ グアダルーペの聖母：南北アメリカの守護聖母. ♦1531年メキシコのテペヤック Tepeyac の丘(現 Guadalupe, Hidalgo 市)で先住民 Juan Diego の前に現れたとされる黒髪で暗褐色の肌の聖母. Azteca の母神トナンツィン Tonantzin 信仰とキリスト教の María 信仰が習合し, メキシコ人の精神的支柱の一つとなる. **4** グアダルーペ(島)：メキシコ北西部の島. ♦前半部は [アラビア] *wādī* 「川」+ [アラビア] *al-* (定冠詞)と解釈できるが, 後半部 (-lupe) には諸説がある]

gua·da·ma·cí [gwa.ða.ma.θí; gwa.-/-.sí] 男 → guadamecí.

gua·da·me·cí [gwa.ða.me.θí; gwa.-/-.sí] / **gua·da·me·cil** [gwa.ða.me.θíl; gwa.-/-.síl] (複 ～es, ～s / ～es) 男 (絵・浮き彫り模様を施した)装飾用なめし革, モロッコ革. [←[アラビア] *ghadāmasī* 「(リビアの町)ガダミスの」]

gua·da·ña [gwa.ðá.ɲa; gwa.-] 女 (長柄の)鎌(かま), 草刈り鎌. ♦死神・時の神が持つとされ, 芸術作品では「死」を象徴する.

gua·da·ña·dor, do·ra [gwa.ða.ɲa.ðór, -.ðó.ra; gwa.-] 男 女 刈り取る人, 草刈り人.

― 女 刈り取り機, 草刈り機.

gua·da·ñar [gwa.ða.ɲár; gwa.-] 他 (長柄の草刈り鎌(かま)で)刈る, 刈り取る.

gua·da·ñe·ro [gwa.ða.ɲé.ro; gwa.-] 男 《古語》(長柄の草刈り鎌(かま)で)刈り取る人, 草刈り人.

gua·da·ñil [gwa.ða.ɲíl; gwa.-] 男 → guadañero.

gua·da·pe·ro [gwa.ða.pé.ro; gwa.-] 男 【植】野生のナシの木.

gua·dar·nés [gwa.ðar.nés; gwa.-] 男 **1** 馬具置き場, 馬具収納庫. **2** 馬具係, 馬具管理人. **3** 武器[武具]博物館.

Gua·da·rra·ma [gwa.ða.řá.ma; gwa.-] 固名 Sierra de ～ グアダラマ山脈：スペイン中部の山脈. [←[アラビア] *wādī-(a)r-raml* 「砂の多い川」]

Gua·dia·na [gwa.ðjá.na; gwa.-] 固名 el ～ グアディアナ(川)：La Mancha 地方の los Ojos del ～ に発し, スペイン南西部・ポルトガル東南部を流れカディス湾に注ぐ. [[アラビア] *wādī* 「川」+ [ラ] *Anas* (川の名)；合わせて「アナス川」の意]

gua·dia·nés, ne·sa [gwa.ðja.nés, -.né.sa; gwa.-] 形 グアディアナ川の. ▶ 主にこの河畔で飼育されている家畜に対して用いる.

gua·di·je·ño, ña [gwa.ði.xé.ɲo, -.ɲa; gwa.-] 形 (スペイン南部の都市)グアディスの Guadix の. ― 男 女 グアディスの住民[出身者]. ― 男 (柄に親指受けのついた)短刀.

gua·dua [gwá.ðwa; gwa.-] 女 《ラ米》(ペル)(ボリ)(コロ)(ベネズ)【植】ホウライチクの一種.

gua·flex [gwa.fléks; gwa.-] 男 《単複同形》ビニールクロスの高級書籍装幀材.

gua·gua[1] [gwá.gwa; gwá.-] 女 **1** 安物, がらくた. ¡Qué ～! くだらないね. **2** 《ラ米》(1)(カリ)(まれにスペイン)(乗り合い)バス, ワゴン車. (2)(キュ)(チリ)害虫, ワラジムシの一種. (3)(ベネズ)【動】テンジクネズミ. *de guagua* (話)ただで, 無料で.

gua·gua[2] [gwá.gwa; gwá.-] 女 《ラ米》(ペル)(キ)(話)乳飲み子.

gua·guan·có [gwa.gwaŋ.kó; gwa.-] 男 【音楽】グアグワンコ：キューバの民俗音楽.

gua·gua·re·ar [gwa.gwa.re.ár; gwa.-] 自 《ラ米》(チリ)(キ)(話)おしゃべりをする.

gua·gua·te·ar [gwa.gwa.te.ár; gwa.-] 他 《ラ米》(チリ)(キ)(話)(赤ん坊を)だっこする, 寝かしつける, かわいがる. ― 赤ん坊をあやす, 子守する.

gua·gua·te·ra [gwa.gwa.té.ra; gwa.-] 女 《ラ米》(キ)(話)乳母, 子守女.

gua·güe·ro, ra [gwa.gwé.ro, -.ra; gwa.-] 形 《ラ米》(1)(キ)(話)たかる, 人の懐を当てにする. (2) (カリ)(乗り合い)バスの. ― 男 《ラ米》(キ)(1) バスの運転手. (2) 掘り出し物をあさる人.

guai [gwai; gwái] 男 → guay.

guai·ca [gwái.ka; gwai.-] 女 《ラ米》(1) (コロ)(女性の)首飾り. (2)(ベネズ)ビーズ, なんきん玉. (3)(ベネズ)(ペル)ロザリオの珠, 数珠玉.

guai·cán [gwai.kán; gwai.-] 男 《ラ米》(カリ)【魚】コバンザメ.

guai·co [gwái.ko; gwai.-] 男 《ラ米》(1)(集米)くぼ地, 山峡；山津波, 土砂崩れ. (2) (ペル)ごみ捨て場. (3)(ベネズ)穴, 水たまり；公道から外れた地.

guai·na [gwái.na; gwái.-] 男 《ラ米》(1)(チリ)(話)子供, 若者, 青年. (2)(チリ)農民.

guai·no, na [gwái.no, -.na; gwái.-] 男 女 《ラ米》(1)(ボリ)(話)恋人. (2)[スポ]騎手, ジョッキー. ― 男 《ラ米》(ボリ)小柄な男.

guai·pe [gwái.pe; guái.-] 男《ラ米》(チ)(ﾍﾞﾙ)ふき布, ぼろ. [←［英］*wipe*]

guái·per [guái.per; guái.-] 男《ラ米》(ﾒｷ)《車》ワイパー.

guai·ra¹ [gwái.ra; guái.-] 女【海】三角帆.

guai·ra² [gwái.ra; guái.-] 女《ラ米》(1)(ﾍﾟﾙ)(銀鉱石を溶かすため先住民が用いる) るつぼ. (2)(ﾍﾟﾙ) (長短の笛を順に並べた先住民の) パンパイプ.

guai·ra·na [gwai.rá.na; gwai.-] 女《ラ米》(ﾍﾞﾙ)(銀溶解用の) るつぼ, 炉.

guai·ro [gwái.ro; guái.-] 男《ラ米》(ｷｭｰ)(ﾄﾞﾐﾆ)(2本マストの)小型帆船. ◆ベネズエラの港 La Guaira の名より.

gua·ja [gwá.xa; guá.-] 男女《話》不良, 非行少年［少女］.

gua·já [gwa.xá; guá.-] 男《ラ米》(ﾒｷ)【鳥】ダイサギ.

gua·ja·da [gwa.xá.ða; gua.-] 女《ラ米》(ｸﾞｱﾃ)《話》ばかなこと, ばかげた所業.

gua·ja·lo·te [gwa.xa.ló.te; gua.-] 形 男《ラ米》(ｸﾞｱﾃ)(ｸﾞｱﾃ)→ guajolote.

gua·je [gwá.xe; guá.-] 形《ラ米》(ｸﾞｱﾃ)《話》ばかな, まぬけな. hacer 〜 a+人(人)をだます.
— 男女《ラ米》(ｸﾞｱﾃ)《話》まぬけ; (ﾒｷ)役立たず.
— 男《ラ米》(1)【植】ヒョウタン. (2)【植】アカシアの一種. (3)(ﾁﾘ)《話》安物, がらくた.

gua·je·rí·a [gwa.xe.rí.a; gua.-] 女《ラ米》(ｸﾞｱﾃ) ばかなこと, 愚行; ばかばかしさ.

guá·je·te [gwá.xe.te; guá.-] *guájete por guájete*《話》どっちにしたところで同じ.
［←［アラビア］*wāhid*「1つ」］

gua·ji·ro, ra [gwa.xí.ro, -.ra; gua.-] 男女 **1** キューバの農民. **2**《ラ米》(1)(ﾁﾘ)(一般的に)農民. (2)(ﾕｶ)(白人系の)農民; 田舎者. (3)(ｺﾛﾝ)(ﾍﾞﾈｽﾞ)《話》グアヒラ Guajira 半島の住民.
— 女【音楽】グアヒーラ: キューバの代表的な民謡.

guá·ji·ro, ra [gwa.xi.ro, -.ra; gua.-] 男女《ラ米》(ｸﾞｱﾃ)《話》グアテマラ市生まれでない中米人.

gua·jo·lo·te [gwa.xo.ló.te; gua.-] 形《ラ米》(ｸﾞｱﾃ)《話》ばかな, 愚かな.
— 男《ラ米》(ｸﾞｱﾃ)【鳥】シチメンチョウ.

gua·jo·lo·te·ro [gwa.xo.lo.té.ro; gua.-] 男《ラ米》非常に古くなったバス.

gua·la [gwá.la; guá.-] 女《ラ米》【鳥】(1)(ﾁ)ハジロオオバン. (2)(ｺﾛﾝ)(ﾍﾞﾈｽﾞ)ヒメコンドル, クロコンドル.

¡gua·lá! [gwa.lá; gua.-] 間接 神かけて; とんでもない; そりゃもう. ▶イスラム教徒をまねた言い方.
［←［アラビア］*wa-llāh*「神（アラー）かけて」］

gual·da [gwál.da; guál.-] 女【植】キバナモクセイソウ: 黄色染料を採る.

gual·da·do, da [gwal.dá.ðo, -.ða; guál.-] 形 (キバナモクセイソウで) 黄色に染めた, 黄色の.

gual·de·ra [gwal.dé.ra; guál.-] 女 (砲架の) 側板; (階段の) 化粧側板.

gual·do, da [gwál.do, -.da; guál.-] 形 黄色い. bandera roja y *gualda* 赤と黄の旗 (スペイン国旗).

gual·dra·pa [gwal.drá.pa; gual.-] 女 **1**【史】(馬・ラバの腰部を覆う) 飾り馬衣.
2《話》〈衣服の〉ぼろ, ぼろ切れ.

gual·dra·pa·zo [gwal.dra.pá.θo; gual.-/-.so] 男【海】帆がゆっくりはためく音［こと］.

gual·dra·pe·ar [gwal.dra.pe.ár; gual.-] 自 **1**【海】〈帆が〉ゆっくりはためく.
2《話》〈馬が〉ゆっくり歩く.
— 他 (向き合う格好で) 互い違いに並べる.

gual·dra·pe·o [gwal.dra.pé.o; gwal.-] 男 **1**【海】帆がゆっくりはためくこと.
2 互い違い (に並べること).

gual·dra·pe·ro, ra [gwal.dra.pé.ro, -.ra; gwal.-] 男女 みすぼらしい身なりの人.

gua·le·ta [gwa.lé.ta; gua.-] 女《ラ米》(ﾁ)《スポ》(スキンダイビングの) フィン, 足ひれ.

gua·li·cho [gwa.lí.tʃo; gua.-] 男《ラ米》(1)(ｱﾙｾﾞﾝ) お守り, 魔よけ. (2)(ﾁ)(ｳﾙｸﾞ)(ｱﾙｾﾞﾝ)災い; のろい; 悪魔, 悪霊.

gua·ma [gwá.ma; guá.-] 女 **1**【植】インガ（の実・木）. **2**《ラ米》《話》(1)(ｺﾛﾝ)(ﾒｷ)うそ, でたらめ. (2)(ｺﾛﾝ)《話》悪い冗談. (3)(ﾍﾞﾈｽﾞ)災難, 不幸; 迷惑. (4)(ｺﾛﾝ)大きい手［足］.

guá·ma·ra [gwá.ma.ra; guá.-] 女《ラ米》【植】ガマラ: メキシコ産の灌木 (ﾊﾟｲﾅｯﾌﾟﾙ科).

gua·ma·zo [gwa.má.θo; gua.- / -.so] 男《ラ米》《話》(1)(ﾆｶﾗｸﾞ)(ｺﾛﾝ)(ﾍﾞﾈｽﾞ)平手打ち, 打撲. (2)(ﾍﾞﾈｽﾞ)不幸. (3)(ﾍﾞﾈｽﾞ)銃創. (4)(ﾍﾞﾈｽﾞ)強い酒を飲むこと.

guam·bra [gwám.bra; guám.-] 男女《ラ米》(1)(ｴｸｱ)(先住民・メスティーソ mestizo の) 子供, 幼児. (2)(ｴｸｱ)(ﾍﾟﾙ)小間使い. (3)(ｴｸｱ)恋人. (4)(ﾍﾟﾙ)農民, 先住民.

gua·me [gwá.me; guá.-] 男《ラ米》(ｸﾞｱﾃ)《話》簡単なこと.

gua·mi·to [gwa.mí.to; gua.-] 男【植】インガ（の木・実）.

gua·mo [gwá.mo; guá.-] 男【植】インガ(の木): 熱帯アメリカ原産のマメ科の植物. コーヒー園などで緑陰を作るために植えられる.

guam·pa [gwám.pa; guám.-] 女《ラ米》(ｴｸｱ)(ｱﾙｾﾞﾝ)角(ﾂﾉ); 角杯.

guam·pa·ro [gwám.pa.ro; guám.-] 男《ラ米》(ｱﾙｾﾞﾝ)→ guampa.

guam·pu·do, da [gwam.pú.ðo, -.ða; guam.-] 形《ラ米》角のある.

gua·mú·chil [gwa.mú.tʃil; gua.-] 男【植】キンキジュ（の木・実）.

gua·ná·ba·na [gwa.ná.ba.na; gua.-] 女【植】トゲバンレイシ (の実).

gua·ná·ba·no [gwa.ná.ba.no; gua.-] 男【植】トゲバンレイシ (の木).

gua·ná·ba·no, na [gwa.ná.ba.no, -.na; gua.-] 男女《ラ米》(ｺﾛﾝ)(ﾒｷ)(ﾌﾟｴﾙﾄ)(ﾍﾞﾈｽﾞ)《話》《俗》まぬけ, 薄のろ.

gua·na·ca·da [gwa.na.ká.ða; gua.-] 女《ラ米》(1)《話》ばか, お人よし. (2)《話》田舎者, 無骨者.

gua·na·cas·te [gwa.na.kás.te; gua.-] 男《ラ米》(ﾒｷ)(ｸﾞｱﾃ)【植】グアナカステ: マメ科の熱帯植物. コスタリカの国樹.

gua·na·co, ca [gwa.ná.ko, -.ka; gua.-] 形《ラ米》大ばかな, まぬけな. — 男《ラ米》(1)《話》田舎者. (2)(ｸﾞｱﾃ)《軽蔑》(グアテマラ人以外の) 中米人.
— 男《ラ米》(ﾁ)《話》警察の放水車.
［←［ケチュア］*wanacu*］

guanaco
（グアナコ）

gua·na·ja·da [gwa.na.xá.ða; gua.-] 女《ラ米》(ｸﾞｱ)《話》ばかげたこと, くだらないこと.

gua·na·jo, ja [gwa.ná.xo, -.xa; gua.-] 形《ラ米》

《ダ》《チ》《話》ばかな、愚かな。
― 男《ラ米》《ダ》《話》《鳥》シチメンチョウ.

Gua.na.jua.to [gwa.na.xwá.to; gwa.-] 固名 グアナフアト：メキシコ中央部の州；州都. ◆銀鉱山で栄え、今もスペイン統治時代の景観を保っている. 世界遺産.

gua.nay [gwa.nái; gwa.-] 男 **1**《鳥》グアナイムナジロヒメウ，グアナイウ：南米のウ属の鳥. → guano¹.
2《ラ米》《ペ》船頭；港湾労働者；たくましい男.

guan.che [gwán.tʃe; gwán.-] 形《史》(カナリア諸島の)先住民グアンチェの.
― 女 グアンチェ人. ◆通信方法として silbido「口笛言語」を用いていた. ― 男 グアンチェ語.

guan.do [gwán.do; gwán.-] 男《ラ米》(ペ)みこし；戸板，担架.

guan.dú [gwan.dú; gwan.-] 男《ラ米》《植》カハヌス：マメ科の熱帯植物.

gua.ne.ar [gwa.ne.ár; gwa.-] 他《ラ米》(ペ)(土地を)グアノ[鳥糞石]guano で肥やす，グアノを施す. ― 自《ラ米》(ペ)《動物が》糞をする.

gua.ne.ro, ra [gwa.né.ro, -.ra; gwa.-] 形 グアノ[鳥糞石]guano の.
― 男 《鳥糞石》の堆積地.

guan.go, ga [gwáŋ.go, -.ga; gwán.-] 形《ラ米》 **1**《服が》ゆったりした. **2** 評判の疑わしい.
venirle guango (a+人) 《人》にとって重要ではない，意味がない.

guan.go.che [gwaŋ.gó.tʃe; gwan.-] 男《ラ米》(メ)粗布；大袋.

gua.nín [gwa.nín; gwa.-] 男《ラ米》《ダ》《コロン》《史》含有量の低い金；粗悪な金細工.

gua.ni.na¹ [gwa.ní.na; gwa.-] 女《化》グアニン：核酸の一成分.

gua.ni.na² [gwa.ní.na; gwa.-] 女《ラ米》《植》エビスグサの一種：マメ科の熱帯植物. 実はコーヒーの代用.

gua.no¹ [gwá.no; gwá.-] 男 **1** グアノ，鳥糞石. ◆海鳥 guanay の糞の堆積. インカの時代からリン酸肥料として珍重された. 主産地はペルー沖のChincha諸島. **2**（グアノに似せた）人工肥料. **3**《ラ米》(1)《キ》(ゴル)（動物の）糞；堆肥. (2)《ラ米》《グアテ》《ホン》金，金品.
meter guano《ラ米》(ゴル)《話》一生懸命に働く，仕事に励む.
¡Véte al guano!《話》くたばれ，くそくらえ.
[← 《ケチュア》wanu「糞」]

gua.no² [gwá.no; gwá.-] 男《ラ米》(ゴル)(ゴル)《植》シュロ[ヤシ]の総称；[ヤシ]の葉.

gua.no, na [gwá.no, -.na; gwá.-] 形《ラ米》(ゴル)《話》頭がおかしい.

guan.ta.da [gwan.tá.ða; gwan.-] 女 → guantazo.

guan.ta.dor, do.ra [gwan.ta.ðór, -.ðó.ra; gwan.-] 形《ラ米》(チ)支払いの渋い人.

Guan.tá.na.mo [gwan.tá.na.mo; gwan.-] 固名 **1** グアンタナモ：キューバ東部の県；県都.
2 Bahía de ～ グアンタナモ湾：キューバから租借している米国の海軍基地がある.

guan.ta.zo [gwan.tá.θo; gwan.- / -.so] 男 平手打ち；《話》強打.

*__guan.te__ [gwán.te; gwán.-] 男 **1** 手袋. *ponerse [quitarse] los ~s* 手袋をはめる[はずす]. **2**《スポ》(ボクシング・野球・ゴルフなどの)グラブ，グローブ. ～ *de boxeo* ボクシングのグローブ. **3**《ラ米》《主に複数で》鞭, 鞭打ちの道具.
arrojar [tirar] el guante a+人 《人》に決闘を申し込む；挑戦する.
cara de guante《ラ米》《エク》《話》厚顔無恥，厚かましさ.
colgar los guantes （特に）《ボクサーが》引退する.
como un guante / más suave que un guante《話》とても従順に.
con guante de seda 細心の注意を払って，手厚く.
dar un guante a+人 《人》に賄賂を贈る；賄賂を贈る.
de guante blanco《話》（特に泥棒などが）暴力的でない；洗練された.
echar le guante a… (1)《人》を捕まえる，逮捕する. *La policía le echó el ~ al ladrón.* 警官は泥棒を捕まえた. (2)…を盗む，万引きする.
recoger el guante 決闘の申し込みに応じる.
*sentar*le [*quedar*le] *como un guante (a+人)*《服などが》《人》にぴったり合う.
[← 《カタルーニャ》guant ← 《フランク》*want「ミトン」] 関連 aguantar]

guan.te.ar [gwan.te.ár; gwan.-] 他 平手打ちを食らわす，ひっぱたく.

guan.te.le.te [gwan.te.lé.te; gwan.-] 男 （よろいの）籠手.

guan.te.ro, ra [gwan.té.ro, -.ra; gwan.-] 男 女 手袋製造職人，手袋商.
― 女《車》（助手席前面の）グローブボックス.

guan.tón [gwan.tón; gwan.-] 男《ラ米》《話》平手打ち，びんた.

gua.ñín [gwa.ɲín; gwa.-] 男《ラ米》→ guanín.

guantelete（籠手）

gua.ñus.co, ca [gwa.ɲús.ko, -.ka; gwa.-] 形《ラ米》(ゴル)しおれた，衰えた，焼けた，焦げた.

gua.o [gwá.o; gwá.-] 男《ラ米》(キ)《ダ》《コロン》《植》コモクラディア（ウルシ科の熱帯植物）：種子は豚の飼料.

gua.pa [gwá.pa; gwá.-] 形 女 → guapo.

gua.pa.cho.so, sa [gwa.pa.tʃó.so, -.sa; gwa.-] 形 熱帯のリズムの，楽しいリズムの.
― 男 女 軽快な人.

gua.pa.men.te [gwá.pa.mén.te; gwá.-] 副《話》立派に，見事に.

gua.pe.ar [gwa.pe.ár; gwa.-] 自《話》 **1** めかしこむ. **2**《ラ米》(キ)(ゴル)(アラ)《話》空威張りする，強がりを言う.

gua.pe.ras [gwa.pé.ras; gwa.-] 形《性数不変》 (軽蔑)《美貌を鼻にかけた》，美貌の.
― 男 女 （単複同形）（美貌を鼻にかけた）美人，美男.

gua.pe.rí.o [gwa.pe.rí.o; gwa.-] 男《話》有名人や地位のある人のグループ.

gua.pe.tón, to.na [gwa.pe.tón, -.tó.na; gwa.-] 形《話》 **1** 実に美しい，水も滴る. **2** 気取った，すかした. **3**《ラ米》(ゴル)空威張りの. [guapo+増大辞]

gua.pe.za [gwa.pé.θa; gwa.- / -.sa] 女 **1** ハンサム[美人]であること. **2** 空威張り. **3**（服装の）派手さ. **4**《話》(ゴル)勇ましさ，りりしさ.

*****gua.po, pa** [gwá.po, -.pa; gwá.-] 形《+名詞／名詞+》《ser+》《人が》きれいな，美人の，ハンサムな(↔feo). *una chica guapa* きれいな女の子. *Él es ～ y tiene buen carácter.* 彼はハンサムで性格もいい. → hermoso 類語. **2**《estar+》《人が》（服装・外見が）めかしこんだ，きまっている. *Estás muy guapa hoy.* 今日の君はとてもすてきだ. **3**《名詞+》《ser+／estar+》《話》かっこいい，すばらしい；興味を引く. *un coche ～* かっこいい車. **4**《話》度胸のある，勇敢な. **5**《ラ米》

《話》(1)(ﾒｷ)厳しい, 厳格な. (2)(*ﾁﾘ)(ｱﾝﾃﾞｽ)巧みな；才能がある. (3)(ﾍﾞﾈ)得意げな. (4)(ﾌﾟｴﾙﾄ)怒った, 不機嫌な.
— 男 女 **1** 美男, 美女. ▶ 呼びかけにも使う. ¿Qué hay, ~? どう, 元気？ **2** 《話》度胸のある人, 勇敢な人. **3** 威張る人.
echárselas [dárselas] de guapo 威張り散らす；格好をつける.
[←「勇敢な」←男《売ев斡旋(ｱﾂｾﾝ)》屋←［ラ］*vappa* 女「気の抜けたぶどう酒；ろくでなし」]

Gua·po·ré [gwa.po.ré; gwa.-] 固名 el ～ グアポレ(川)：ブラジルの Parecis 山脈に発し, ボリビア・ブラジルの国境を流れ Mamoré 川に合流する. 別称 Iténez.

gua·po·so, sa [gwa.pó.so, -.sa; gwa.-] 形 《ラ米》(ｱﾝﾃﾞｽ) 勇敢な, 勇ましい.

gua·po·te, ta [gwa.pó.te, -.ta; gwa.-] 形 《話》**1** 〈人が〉とてもきれいな. **2** 人のよい. [guapo+増大辞]

gua·pu·cha [gwa.pú.tʃa; gwa.-] 女 《ラ米》(ｺﾛﾝ)(1)《俗》賭博(ﾄﾊﾞｸ)のいかさま, ずる. (2) 小魚, 雑魚(ｻﾞｺ).

gua·pu·ra [gwa.pú.ra; gwa.-] 女 **1** 《話》ハンサム［美人］であること. **2** 《ラ米》(ｺﾛﾝ)勇ましさ.

gua·que·ar [gwa.ke.ár; gwa.-] 自 《ラ米》(ｺﾛﾝ)(ﾁｭ)墓を荒らす, 墳墓を盗掘する.

gua·que·o [gwa.ké.o; gwa.-] 男 《ラ米》(ｺﾛﾝ)(ﾁｭ)(ｾﾙ)墳墓の盗掘.

gua·que·ro, ra [gwa.ké.ro, -.ra; gwa.-] 男 女 《ラ米》(ｺﾛﾝ)(ﾁｭ)(ｾﾙ)墳墓を荒らす人, 盗掘者.

gua·ra [gwá.ra; gwá.-] 女 (1)(*ﾁﾘ)(ｱﾝﾃﾞｽ)【鳥】コンゴウインコ. (2)(*ﾁﾘ)サトウキビ酒. (3)(ｾﾙ)《話》たくさん, 多数. (4)(ﾒｷ)(ｶﾘ)《複数で》《話》悪巧み, 策略. (5)(ｷｭ)《話》気取り；ごてごてした飾り；〔踊りで〕大げさな身ぶり；千鳥足.

gua·rá [gwa.rá; gwa.-] 男 《ラ米》(*ﾘｵ)【動】グアラ：パンパ pampa に生息するオオカミ.

gua·ra·ca¹ [gwa.rá.ka; gwa.-] 女 《ラ米》(1)(*ﾘｵ) 投石用の革ひも；独楽(ｺﾏ)ひも；鞭(ﾑﾁ). (2)(ｷｭ)《賊》の武器.

gua·ra·ca² [gwa.rá.ka; gwa.-] 女 《ラ米》(ｺﾛﾝ)【鳥】ヒメシャクケイ；（ヒメシャクケイの羽の色から）暗褐色.

gua·ra·ca·zo [gwa.ra.ká.θo; gwa.- / -.so] 男 《ラ米》(ｺﾛﾝ)《俗》殴打, なぐりつけ.

gua·ra·cha [gwa.rá.tʃa; gwa.-] 女 《ラ米》(1)(ﾌﾟｴﾙﾄ)グアラチャ：サパテアード zapateado 風の民族舞踊[音楽]. (2)《話》へぼ楽団. (3)(ｷｭ)《話》気晴らし, どんちゃん騒ぎ. (4)(ﾌﾟｴﾙﾄ)《話》冗談, ふざけ. (5)(ﾌﾟｴﾙﾄ)(ﾄﾞﾐﾆｶ) 履き古した靴.

gua·ra·char [gwa.ra.tʃár; gwa.-] 他 (ﾌﾟｴﾙﾄ)《話》踊る.

gua·ra·che [gwa.rá.tʃe; gwa.-] 男 《ラ米》(ｹﾞｱ) (1) →huarache. (2) （タイヤ補修用の）ゴム布のパッチ.

gua·ra·che·ar [gwa.ra.tʃe.ár; gwa.-] 自 (ﾌﾟｴﾙﾄ)《話》お祭り騒ぎをする, どんちゃん騒ぎをする.

gua·ra·cho [gwa.rá.tʃo; gwa.-] 男 《ラ米》(ﾁﾘ)《話》古びた帽子.

gua·ra·gua [gwa.rá.gwa; gwa.-] 女 《ラ米》《話》(1)(ﾒｷ)(ｷｭ)〈女性が〉腰を揺すって気取って歩くこと. (2)(ﾒｷ)(ｷｭ)回りくどい言い方, 遠回しに言うこと. (3)(*ﾁﾘ)(ｷｭ)うそ, でたらめ. (4)(ﾒｷ)(ｷｭ)《複数で》けばけばしい飾り.

gua·ra·gua·o [gwa.ra.gwá.o; gwa.-] 男 《ラ米》(ﾌﾟｴﾙﾄ)【鳥】タカ.

gua·ral [gwa.rál; gwa.-] 男 《ラ米》(ﾍﾞﾈ)(独楽

(ｺﾏ)回しなどの）ひも；綱；釣り糸.

gua·ra·ná [gwa.ra.ná; gwa.-] 女 《ラ米》【植】ガラナ（ムクロジ科）；ガラナの実［種］；ガラナ軟膏(ﾅﾝｺｳ)；ガラナ飲料. [←［トゥピ］*wará'ná*]

gua·ran·ga·da [gwa.raŋ.gá.ða; gwa.-] 女 《ラ米》《話》無作法, 粗野.

gua·ran·go, ga [gwa.ráŋ.go, -.ga; gwa.-] 形 《ラ米》(1)(*ﾘｵ)《話》粗野な, 無教養な. (2)(ｺﾛﾝ)汚らしい, ぼろを着た. (3)(ｷｭ)《卑》身体の大きい, ばかでかい. — 男 《ラ米》(1)(*ﾘｵ)掘っ建て小屋. (2)(ｾﾙ)アカシア科の木.

gua·ran·gue·ar [gwa.raŋ.ge.ár; gwa.-] 自 《ラ米》(ｷｭ)粗野な振る舞いをする, 乱暴な話し方をする.

gua·ran·gue·rí·a [gwa.raŋ.ge.rí.a; gwa.-] 女 《ラ米》(ｷｭ)(*ﾘｵ)《話》粗野な振る舞い.

gua·ra·ní [gwa.ra.ní; gwa.-] 形 《複 ~es, ~s》グアラニ人の. — 男 女 グアラニ人：現在はパラグアイおよびブラジルに住んでいる. →indio.
— 男 **1** グアラニ語：スペイン語と共にパラグアイの公用語. **2** グアラニ：パラグアイの通貨単位（＝100 céntimos）[略G).
[←［グアラニ］*quaraní*（原義は「戦士」)]

gua·ra·pa·zo [gwa.ra.pá.θo; gwa.- / -.so] 男 《ラ米》(ｺﾛﾝ)(ﾍﾞﾈ)《俗》(1) 殴打；打撲. (2) がぶ飲み.

gua·ra·pe [gwa.rá.pe; gwa.-] 男 (ﾒｷ)《話》酒に酔った.

gua·ra·pe·a·do, da [gwa.ra.pe.á.ðo, -.ða; gwa.-] 形 《ラ米》《話》酒に酔った.

gua·ra·pe·ar [gwa.ra.pe.ár; gwa.-] 自 《ラ米》(1)(ｾﾙ)《話》サトウキビ酒をがぶ飲みする. (2)(ﾎﾟﾘ)《話》酒を飲む.

gua·ra·pe·ro, ra [gwa.ra.pé.ro, -.ra; gwa.-] 形 《ラ米》(ﾒｷ)《話》酒に酔った.

gua·ra·pe·ta [gwa.ra.pé.ta; gwa.-] 女 《話》《ラ米》(ｸﾞｱ)酔い, 酩酊(ﾒｲﾃｲ)；陶酔, 有頂天.

gua·ra·po [gwa.rá.po; gwa.-] 男 《ラ米》(1)（製糖用の）サトウキビの搾り汁；サトウキビ酒. (2)(*ﾘｵ)《話》水っぽい酒. (3)(ﾍﾞﾈ)パイナップルの果実酒.
enfriársele el guarapo (a+人)《ラ米》(ﾍﾞﾈ)〈人〉の興奮［熱狂］が治る.
menear el guarapo 《ラ米》(ｷｭ)(ﾒｷ)《話》せかす, せきたてる.

gua·ra·pón [gwa.ra.pón; gwa.-] 男 《ラ米》(ｱﾝ)（野良仕事用の）つば広帽子.

***guar·da** [gwár.ða; gwár.-] 男 女 **1** 番人, 見張り；監視人, 警備員；（建物などの）守衛, 門番. ~ de caza 猟場管理人. ~ de pesca 漁区監察官. ~ de ribera 釣り場監督官. ~ forestal 森林監督官. ~ de vista 見張り人. ~ jurado （許可を受けた不動産などの）監視人. **2** 《ラ米》(*ﾘｵ)車掌.
— 女 **1** 保護；後見. Ángel de la G~ (=ángel custodio) 守護天使. **2**（刀の）つば. **3** 返し, きき紙. **4** 《複数で》錠の中の突起, ワード；キーの刻み目. **5**（扇子の）親骨. **6**【遊】(トランプで)（好カードを残すための）捨て札［カード］. **7**（女子修道院で）男性の訪問客につく修道女. **8** 監視, 見張り；保管；（法などの）遵守. **9** 《ラ米》(ｺﾛﾝ)（服・カーテンの）縁飾り.
— 通 →guardar.

guarda- 「…を［から］守る」の意の動詞 guardar から派生した造語要素. ↪*guarda*barros, *guarda*ropa.

guar·da·ban·de·ras [gwar.ða.ban.dé.ras; gwar.-] 男 《単複同形》羅針盤や旗を管理する船乗り.

guar·da·ba·rre·ra [gwar.ða.ba.ré.ra; gwar.-]

guardabarros

男 女 踏切警手, 踏切番.

guar·da·ba·rros [gwar.ða.bá.ros; gwar.-] 男《単複同形》(自動車などの)泥よけ, フェンダー.

guar·da·ble [gwar.ðá.ble; gwar.-] 形 保管できる, 保護できる.

guar·da·bos·que [gwar.ða.bós.ke; gwar.-] 男 女 森林監視人, 山林監督官／猟場管理人.

guar·da·bos·ques [gwar.ða.bós.kes; gwar.-] 男 女《単複同形》→ guardabosque.

guar·da·bra·zo [gwar.ða.brá.θo; gwar.- / -.so] 男 (武具の)腕当て.

guar·da·bri·sa [gwar.ða.brí.sa; gwar.-] 女 **1**《車》風防ガラス, フロントガラス (= parabrisas). **2** (カンテラの)火屋. **3**《ラ米》(シミネ)衝立(ヴミ).

guar·da·ca·bo [gwar.ða.ká.bo; gwar.-] 男《海》(ロープの端にはめる)はめ輪, シンブル.

guar·da·ca·bras [gwar.ða.ká.bras; gwar.-] 男 女《単複同形》ヤギ飼い (= cabrero).

guar·da·can·tón [gwar.ða.kan.tón; gwar.-] 男 (建物の外角に据える)隅石；(車道の)縁石.

guar·da·co·ches [gwar.ða.kó.tʃes; gwar.-] 男 女《単複同形》駐車場係, 駐車場管理人.

guar·da·cos·tas [gwar.ða.kós.tas; gwar.-] 男《単複同形》《海》沿岸警備艇, 沿岸監視(巡視)船.

guar·da·cu·ños [gwar.ða.kú.ɲos; gwar.-] 男《単複同形》(貨幣鋳造所の)刻印係.

guar·da·dor, do·ra [gwar.ða.ðór, -.ðó.ra; gwar.-] 形 **1** (法律などを)よく守る, 遵守する. **2** 物持ちのよい, 物を大切にする; けちな. **3** 見守る, 番をする. ── 男 女 **1** 監視人; 保護者. **2** (法律などを)遵守する人. **3** 物持ちのよい人; けち.

guar·da·es·co·bas [gwar.ða.es.kó.bas; gwar.-] 男《単複同形》《話》(壁の)下部, その幅木; (机・ベッドの脚を隠す)覆い板.

guar·da·es·pal·das [gwar.ða.es.pál.das; gwar.-] 男 女《単複同形》護衛, ボディーガード.

guar·da·es·quís [gwar.ða.es.kís; gwar.-] 男《単複同形》スキー収納棚.

guar·da·fan·go [gwar.ða.fáŋ.go; gwar.-] 男《ラ米》(カリブ)(プェ)(シミネ)《車》泥よけ.

guar·da·fre·nos [gwar.ða.fré.nos; gwar.-] 男《単複同形》《鉄道》(列車の)制動手.

guar·da·fue·go [gwar.ða.fwé.go; gwar.-] 男《海》(船舶の側面(^)に取り付けられた)防火板.

guar·da·ga·na·do [gwar.ða.ga.ná.ðo; gwar.-] 男《ラ米》(プェ)家畜の通行をさえぎる横木.

guar·da·guas [gwar.ðá.gwas; gwar.-] 男《単複同形》《海》(舷側(^)の上部にはめ込む)防水のための(細長い)板.

guar·da·gu·jas [gwar.ða.gú.xas; gwar.-] 男 女《単複同形》《鉄道》転轍(^)手, ポイント操作係.

guar·da·hí·los [gwar.ða.í.los; gwar.-] 男《単複同形》《ラ米》(プェ)(**1**) 電信システムの整備員. (**2**)《鉄道》転轍(^)手 (= guardaguias).

guar·da·hú·mo [gwar.ða.ú.mo; gwar.-] 男《海》防煙帆.

guar·da·in·fan·te [gwar.ðaiɱ.fán.te; gwar.-] 男 **1**《服飾》フープ, 輪骨. ♦16–18世紀にスカートを釣り鐘状に広げるために, 鯨骨などで作った輪. 本来は妊娠を隠すためのもので, スペイン発祥と言われる. **2**《機》巻き揚げ機(ウインチ)の胴うね.

guar·da·jo·yas [gwar.ða.xó.jas; gwar.-] 男 女《単複同形》(王室の)宝物番. ── 男 **1** 宝石入れ, 宝石箱. **2**《古語》宝物庫, 宝蔵.

guar·da·la·do [gwar.ða.lá.ðo; gwar.-] 男 欄干, 手すり.

guar·dal·ma·cén [gwar.ðal.ma.θén; gwar.- / -sén] 男 女 倉庫番, 倉庫係.

guar·da·lo·bo [gwar.ða.ló.bo; gwar.-] 男《植》ビャクダン科オシリス属の一種.

guar·da·lo·dos [gwar.ða.ló.ðos; gwar.-] 男《単複同形》(自動車などの)泥よけ, フェンダー.

guar·da·ma·lle·ta [gwar.ða.ma.jé.ta; gwar.- ‖ -.ʎé.-] 女 (カーテンの上部の)上飾り.

guar·da·ma·no [gwar.ða.má.no; gwar.-] 男 (刀剣の)つば.

guar·da·me·ta [gwar.ða.mé.ta; gwar.-] 男 女《スポ》(サッカーの)ゴールキーパー (= portero).

guar·da·mon·te [gwar.ða.món.te; gwar.-] 男 **1** (銃の)用心金(), トリガーガード. **2** (山歩き用の)カッパ, マント. **3**《ラ米》(**1**)(シミネ)森林監視人. (**2**)(プェ)(アル)(鞍()の前部に付ける革製の)足覆い. (**3**)(シミネ)馬の背に敷く革の汗よけ.

guar·da·mue·bles [gwar.ða.mwé.bles; gwar.-] 男《単複同形》**1** 家具倉庫[置き場]. **2** (王室の)家具調度(管理)官.

guar·da·pe·lo [gwar.ða.pé.lo; gwar.-] 男《服飾》(装身具の)ロケット (= medallón).

guar·da·pes·ca [gwar.ða.pés.ka; gwar.-] 男《海》(漁業)操業監視船.

guar·da·piés [gwar.ða.pjés; gwar.-] 男《単複同形》《服飾》(絹製の)長いスカート.

guar·da·pol·vo [gwar.ða.pól.bo; gwar.-] 男 **1**《服飾》ダスターコート；(子供・店員などの)上っ張り. **2** ほこりよけカバー；(乗馬靴の甲の)革カバー. **3**《建》ひさし, 小屋根. **4** (懐中時計の)中蓋(). **5** (複数で)(馬車の)泥よけ.

guar·da·puer·ta [gwar.ða.pwér.ta; gwar.-] 女 (戸口にかける)ドアカーテン.

guar·da·pun·tas [gwar.ða.pún.tas; gwar.-] 男《単複同形》(鉛筆の)キャップ.

guar·dar [gwar.ðár; gwar.-] 他 **1**《de... / contra... …から》守る, 保護する；監視する. ~ las plantas *del* frío 植物を寒さから守る.

2 保存する, しまう；(隠し)持つ. ¿Dónde *has guardado* la llave? 君はどこに鍵をしまったの. *Guardo* buenos recuerdos de mis compañeros. 私は仲間たちのいい思い出を持っています.

3 確保する；とっておく. *Guárda*me asiento, por favor. 私の席取っといて, お願い.

4《a... …に》感情などを抱く. No *te guardan* rencor. 彼らは君をうらんではいないよ.

5《態勢・姿勢を》保持する. ~ silencio 沈黙を保つ. ~ cama 病の床についている. ~ luto 喪に服す.

6《慣例などを》守る. **7**《IT》保存する. ¿Desea ~ cambios? 変更を保存しますか.

── ~·se 再 **1** (自分用に)取る, 取っておく. ¡*Guárdate* el cambio! 君, おつりは取っときな.

2《de... …に》用心する. Hay que ~*se* de los murmuradores. 陰口を言う人たちには気をつけなければならない. **3**《de+不定詞 …するのを》控える. Me *guardo* de mencionar. 言うのを控えます.

guardársela [*guardarla*] 《a+人》(人)に恨みを持つ；復讐の機会を待つ. Ésta *te la guardo*. 覚えとけよ.

[← 〔ゲルマン〕*wardôn*; 関連 guardia. 〔英〕*guard*「守衛；守る, 警戒する」, *guardsman*]

guar·da·rra·íl [gwar.ða.ra.íl; gwar.-] 男 ガード

guarismo

レール.

guar·dar·ra·ya [gwar.ða.řá.ja; gwar.-] 囡《ラ米》(タテ)(キ)(゚ウ)農場の境界線；《ヤネス》(メキシ)(畑を仕切る)小道，畦道；(゚ウ)境界用の空地.
――男《ラ米》(メキシ)境界標柱［標石］.

guar·dar·rí·o [gwar.ða.ří.o; gwar.-] 男【鳥】カワセミ.

guar·dar·ro·pa [gwar.ða.řó.pa; gwar.-] 男 **1** クローク係，携帯品預かり係. **2** (王室などの)衣装係，【演】衣装係.
――男 **1** クローク，携帯品預かり所；衣装戸棚，衣装部屋. **2** 《集合的》手持ちの衣服，ワードローブ.

guar·dar·ro·pí·a [gwar.ða.řo.pí.a; gwar.-] 囡【演】《集合的》舞台衣装，小道具；衣装部屋，小道具部屋.
de guardarropía 見てくれ［うわべ］だけの.

guar·dar·rue·das [gwar.ða.řwé.ðas; gwar.-] 男《単複同形》 **1** (建物の外角に置く)車よけの石，隅石. **2**【車】(ドアの下部の)ステップ，ランニングボード.

guar·da·si·lla [gwar.ða.sí.ja; gwar.-‖-.ʎa.] 囡【建】(いすの背でこすられないように壁に張る)板.

guar·da·ti·món [gwar.ða.ti.món; gwar.-] 男【海】艦尾砲.

guar·da·trén [gwar.ða.trén; gwar.-] 男《ラ米》(ラプラ)車掌，検札係.

guar·da·va·lla [gwar.ða.βá.ja; gwar.-‖-.ʎa.] 男《ラ米》【スポ】ゴールキーパー (= guardameta).

guar·da·va·llas [gwar.ða.βá.jas; gwar.-‖-.ʎas.] 男《単複同形》《ラ米》【スポ】→ guardavalla.

guar·da·ve·la [gwar.ða.βé.la; gwar.-] 男【海】括帆索：帆を帆柱に巻き付ける綱.

guar·da·ví·a [gwar.ða.βí.a; gwar.-] 男 囡【鉄道】保線係，保線夫.

*****guar·de·rí·a** [gwar.ðe.rí.a; gwar.-] 囡 **1** 保育園，託児所；幼稚園 (= ~ infantil).
2 監視勤務，見張りの仕事.

guar·dés, de·sa [gwar.ðés, -.ðé.sa; gwar.-] 男 囡 (家・地所などの)管理人，番人.
――囡 管理人［番人］の妻.

*** **guar·dia** [gwár.ðja; gwár.-] 男 囡 **1** 警備隊員；警官，巡査. ~ civil 治安警備隊員. ~ municipal [urbano] 市警察官.
2 警護隊；護衛，ボディーガード. ~ de seguridad ガードマン.
――男 警備隊，衛兵.
――*hacer* **1** 警護，警備；監視，見張り. *montar* [*hacer*] (*la*) ~ 警備に当たる；歩哨（ほしょう）に立つ. *ponerse en* ~ 警戒する. *estar en* ~ 用心［警戒］している，警戒を強めている. *bajar la* ~ 監視を緩める.
2 通常の時間外の勤務［営業］；当直，当番. *farmacia de* ~ (当番で夜間・休日営業している)救急薬局. *médico de* ~ 当直医. *entrar en* ~ 当直入りする. *salir de* ~ 非番［当直明け］になる. *relevar la* ~ 当直を交代する.
3《集合的》(特定の個人・場所付きとして配属される) 護衛，警備員，ボディーガード. ~ *pretoriana*《時に皮肉で》(要人に付く)護衛官.
4 警備隊，警護隊；《集合的》警護兵，衛兵. *G~ Civil* (スペインの)治安警察，治安警備隊 (◆1844年創設．街道を中心に地方の安全警護に当たる一方，治安警察として Franco 独裁体制を支えた). ~ *montada* 近衛騎馬隊. ~ *de honor* 儀杖兵. ~ *real* (*de Corpus*) 近衛隊，親衛隊. ~ *suiza* (ローマ教皇庁の)スイス護衛隊. ~ *urbana* [*municipal*] 市警察.
5 守り；【スポ】(ボクシング・フェンシングの)ガード.

guardia marina 海軍士官候補生 (= guardiamarina). ► 複数形は *guardia* marinas.
ser más vago que la chaqueta de un guardia (話) 怠け者［怠惰］である.
vieja guardia (特に政党・党派の中の)保守派.
［← ［ゴート］*wardja*；【関連】vanguardia, guardián, guardar.［英］*guard*.］

guar·dia·ma·ri·na [gwar.ðja.ma.rí.na; gwar.-] 囡 海軍士官候補生.

***guar·dián, dia·na** [gwar.ðján, -.ðjá.na; gwar.-] 形 管理する. *perro* ~ 番犬. ――囡 管理人；警備員，ガードマン. ~ *de parque* 公園管理人.
――男 **1**【海】(1) 一等航海士の (2) (係船用の)大綱. **2**【カト】(フランシスコ会の)修道院長.

guar·die·ro [gwar.ðjé.ro; gwar.-] 男《ラ米》(キ)(農場・農園の)見張り番，監視人.

guar·di·lla [gwar.ðí.ja; gwar.-‖-.ʎa.] 囡 → buhardilla.

guar·di·llón [gwar.ði.jón; gwar.-‖-.ʎón.] 男【建】(窓のない)屋根裏，屋根裏部屋.

guar·dín [gwar.ðín; gwar.-] 男【海】舵索（ださく），ラダーロープ；砲門を支える綱.

guar·do·so, sa [gwar.ðó.so, -.sa; gwar.-] 形 けちな，締まり屋の.

gua·re [gwá.re; gwa.-] 男《ラ米》(ラプラ)(船頭の)竿（さお）.

gua·re·ar [gwa.re.ár; gwa.-] 他《ラ米》(ヱクアド)〈畑を〉見張る，〈害鳥を〉追い払う.
――自《ラ米》(キ)小雨［こぬか雨］が降る.
――~se 再《ラ米》(メキシ)《話》サトウキビ酒を飲む.

gua·re·cer [gwa.re.θér; gwa.re.-.sér] 34 他
1 (*de...*)〈危害〉から〉〈人を〉守る，庇護（ひご）する，かくまう. **2**〈病人を〉治す，治療する.
――~se 再 **1** 避難する，逃げ込む. **2** (*de...* …を)避ける，よける. ~ *se de la lluvia* 雨宿りをする. ~ *se del frío* 寒さをしのぐ.

gua·rén [gwa.rén; gwa.-] 男《ラ米》(チ)【動】グアレン：水かきを持つ大ネズミの一種.

guar·güe·ro [gwar.ɣwé.ro; gwar.-] 男《ラ米》(1) (俗)のど，気管. (2) (ラプラ)揚げ菓子.

gua·ri [gwá.ri; gwa.-] 男《ラ米》《話》のど，気管.

gua·ri·cha [gwa.rí.tʃa; gwa.-] 囡《ラ米》(1) (ラプラ)カンテラ，手燭（てしょく）. (2) (ヴェス)(コロン)(チリ)(ラプラ)《話》《軽蔑》女；娼婦（しょうふ）. (3) (ヱクアド)先住民の娘，村の若い娘. (4) (キ)《話》腹黒い［ずるい］老女.

gua·ri·cho [gwa.rí.tʃo; gwa.-] 男《ラ米》(ヱクアド)牧童.

gua·ri·da [gwa.rí.ða; gwa.-] 囡 **1** (動物の)ねぐら，巣，穴. **2** (特に犯罪者の)隠れ家，アジト，根城.

gua·ri·mán [gwa.ri.mán; gwa.-] 男《ラ米》(ベネ)(ヱクアド)【植】シキミモドキ科ドリムス属の木：樹皮は薬用.

gua·rim·ba [gwa.rím.ba; gwa.-] 囡《ラ米》(ヱクアド)(俗)隠れ家，隠れ場.

gua·rín, ri·na [gwa.rín, -.rí.na; gwa.-] 形《話》《ラプラ》ばかな，愚かな.

gua·ri·po·la [gwa.ri.pó.la; gwa.-] 囡《ラ米》(1) (チ)安物の焼酎（しょうちゅう）. (2) (ラプラ)太鼓の撥（ばち）.

gua·ri·sa·po [gwa.ri.sá.po; gwa.-] 男《ラ米》【動】オタマジャクシ.

gua·ris·mo [gwa.rís.mo; gwa.-] 男 (アラビア)数字；記数法. *en* ~ *y por extenso* 数字と言葉で.
no tener guarismo 《話》数えきれない.
［← ［古スペイン］*alguarismo* ← ［アラビア］*khu*-

guarnecedor

wārizmī「フワリズム出の人（ペルシア生まれの数学者ムハンマド・イブン・ムサのあだ名）」

guar·ne·ce·dor, do·ra [gwar.ne.θe.ðór, -.ðó.ra; gwar.- / -.só.-] 形 飾り付けをする；守る，保護する． ― 男 女 飾り付けをする人；防衛する人，保護する人．

guar·ne·cer [gwar.ne.θér; gwar.- / -.sér] 34 他 1《de... / con...を》…に備え付ける，装備する；〈衣服などを〉飾る，縁取りをする． ~ una ventana con cortinas 窓にカーテンを付ける．2【建】〈壁に〉上塗りをする．3【料理に】付け合わせを添える．4【軍】…の守備につく，…に駐屯する．5【狩】〈タカ狩り用のタカに〉ある都市に駐屯している．― **·se** 再 装飾を施す，飾り付ける．

guar·ne·ci·do [gwar.ne.θí.ðo; gwar.- / -.sí.-] 男【建】（外装の）化粧しっくい，上壁；化粧しっくいを塗ること．

guar·nés [gwar.nés; gwar.-] 男 → guadarnés.

guar·ni·ción [gwar.ni.θjón; gwar.- / -.sjón] 女 1 （衣類などの）装飾，（縁）飾り．2【料】付け合わせ，つま．3【軍】守備隊，駐屯軍. estar de ~ en una ciudad ある都市に駐屯している．4（複数で）馬具（一式）．5【刀剣の】つば．6（宝石をちりばめた）台金．7【建】壁の上塗り．

guar·ni·cio·nar [gwar.ni.θjo.nár; gwar.- / -.sjo.-] 他 …に守備隊を駐屯させる．

guar·ni·cio·ne·rí·a [gwar.ni.θjo.ne.rí.a; gwar.- / -.sjo.-] 女 馬具製造所，馬具店．

guar·ni·cio·ne·ro, ra [gwar.ni.θjo.ne.ro, -.ra; gwar.- / -.sjo.-] 男 女 1 馬具職人，馬具商．2 糧秣人．

guar·niel [gwar.njél; gwar.-] 男（腰に下げる）革袋．

guar·ni·gón [gwar.ni.gón; gwar.-] 男 ウズラのひな．

guar·ni·mien·to [gwar.ni.mjén.to; gwar.-] 男 1 装身具，飾り．2【海】索具類．

guar·nir [gwar.nír; gwar.-] 80 他 1 備える，装備する；飾る．2【海】艤装（ぎそう）する．

gua·ro[1] [gwá.ro; gwá.-] 男 【鳥】ヨウム属の鳥．

gua·ro[2] [gwá.ro; gwá.-] 男《ラ米》(1)《中》サトウキビ酒，ラム酒．(2)《中》ラム酒で酔った人．

gua·rra·da [gwa.rá.ða; gwa.-] 女 → guarrería.

gua·rra·zo, za [gwa.řá.θo, -.θa; gwa.- / -.so, -.sa] 形 guarro + 増大辞．― 男《話》どしんと落ちる〔倒れる〕こと．darse un ~ どしんと落ちる〔倒れる〕．

gua·rre·ar [gwa.ře.ár; gwa.-] 他《話》汚す． ― **·se** 再 汚れる．

gua·rre·ras [gwa.ré.ras; gwa.-] 形《性数不変》《話》とても汚い．― 男 女《単複同形》とても汚い人．

gua·rre·rí·a [gwa.ře.rí.a; gwa.-] 女《話》1 汚いこと，不潔さ；汚物．2 散らかした状態，めちゃくちゃ．¡Qué ~ está haciendo este niño! この子ときたらなんという散らかしようだ．3 みだらなこと，卑猥（ひわい）な言葉，隠語．decir ~s 下品な言葉を使う．4 汚い手口，卑劣なやり方．

gua·rre·ro [gwa.ře.ro; gwa.-] 男 養豚業者．

gua·rri·don·go, ga [gwa.ři.ðóŋ.go, -.ga; gwa.-] 形 → guarrindongo.

gua·rrin·don·go, ga [gwa.řin.dóŋ.go, -.ga; gwa.-] 形《話》とても汚い；卑劣な；下品な．― 男 女《話》豚のように汚い人；卑劣な人；下品な人．

gua·rro, rra [gwá.řo, -.řa; gwá.-] 形《話》1 汚い，不潔な (= sucio). 2 卑劣な；いやらしい，卑猥（ひわい）な．― 男 女 1【動】豚．2《話》《軽蔑》不潔な人；嫌なやつ；卑猥なやつ．
no tener ni guarra《俗》全く知らない．

gua·rrus·ca [gwa.řús.ka; gwa.-] 女《ラ米》《ドミ》山刀，マチェテ，→ machete.

¡guar·te! [gwár.te; gwár.-] 間投 [¡guárdate! の語中音脱落形]気をつけろ，注意せよ．

gua·ru·mo [gwa.rú.mo; gwa.-] 男《ラ米》《ドミ》《中》《メ》《カリブ》【植】ガルモ，グワルーモ（クワ科）．

gua·ru·ra [gwa.rú.ra; gwa.-] 男《ラ米》(1)《メ》【貝】ホラガイ．(2)《話》ボディーガード．

gua·sa [gwá.sa; gwá.-] 女 1《話》からかい，愚弄（ぐろう）；皮肉，冷やかし．con ~ ふざけて．estar siempre de ~ いつも冗談ばかり言っている．~ andaluza（アンダルシア風の）皮肉っぽい冗談．sin ~ 本気で．tomar... a ~ …を本気にしない．2 嫌気，うっとうしさ．3《ラ米》(1)《ニカ》【魚】ヒメスズキ（の一種）．(2)《ニカ》民族舞踊の一種．(3)《ドミ》座金（ざがね），ワッシャー．

gua·sá·ba·ra [gwa.sá.ba.ra; gwa.-] 女《ラ米》(1)《ニカ》（植物の）繊毛．(2)《タドミ》《話》騒ぎ；喧噪（けんそう）．

gua·sa·da [gwa.sá.ða; gwa.-] 女《ラ米》《ララ》粗野，粗暴．

gua·sa·ma·co, ca [gwa.sa.má.ko, -.ka; gwa.-] 男 女《ララ》《中》《話》無作法な人，粗野な人．

gua·san·ga [gwa.sáŋ.ga; gwa.-] 女《ラ米》《話》(1)《ニカ》《ドミ》《中》《カリブ》騒ぎ；喧噪（けんそう）．(2)《ドミ》笑い；冗談．

gua·sa·pa [gwa.sá.pa; gwa.-] 女《ラ米》《遊》独楽（こま）．

guas·ca [gwás.ka; gwás.-] 女《ラ米》(1)《ドミ》《中》革ひも；（革の）鞭（むち）．(2)《ララ》《卑》陰茎．
dar guasca a...《ラ米》(1)《ドミ》《中》…を鞭打つ．(2)《ララ》《話》走らせる．(3)《ベ》…を引き延ばす．
¡Déle guasca no más!《ラ米》《ドミ》頑張れ．
pisar(se) la guasca《ラ米》《ドミ》《チ》《ララ》わなにはまる，だまされる；策におぼれる．
volverse guasca《ラ米》《ドミ》切望する．

guas·ca·zo [gwas.ká.θo; gwas.- / -.so] 男《ラ米》(1)《ドミ》《俗》殴打，なぐりつけ．(2)《ララ》むち打ち．

gua·se·ar·se [gwa.se.ár.se; gwa.-] 再《de... …を》からかう，冷やかす．

gua·se·o [gwa.sé.o; gwa.-] 男 からかい，あざけり．*traerse un ~ con +人*《話》〈人〉をからかう．

gua·se·rí·a [gwa.se.rí.a; gwa.-] 女《ラ米》《中米》粗野，粗暴．

gua·se·rí·o [gwa.se.rí.o; gwa.-] 男《ラ米》《中米》農民．

gua·sí·ma [gwa.sí.ma; gwa.-] 女《ラ米》《ドミ》【植】ガシマ：中型の木．

gua·si·pon·go [gwa.si.póŋ.go; gwa.-] 男《ラ米》《エク》→ huasipungo.

gua·so, sa [gwá.so, -.sa; gwá.-] 形《ラ米》(1)《ニカ》《中米》《話》粗野な，がさつな；田舎の．(2)《チ》《話》恥ずかしがりの，内気な．― 男 女《ラ米》《チ》《話》農民，田舎者．

gua·són, so·na [gwa.són, -.só.na; gwa.-] 形 1 ふざけた，冗談好きな；皮肉な，皮肉たっぷりの．2 うんざりする，退屈な．― 男 女 1 ふざけ屋，冗談を飛ばす人．2 うんざりする人，退屈な人．

guas·que·a·da [gwas.ke.á.ða; gwas.-] 女《ラ米》《中米》むち打ち．

guas·que·ar [gwas.ke.ár; gwas.-] 他《ラ米》《中米》（革の）鞭（むち）で打つ，鞭打つ．― **·se** 再《ラ米》(1) 不運なめに遭う．(2) 忙しく動き回る．

gua・ta[1] [gwá.ta; gwá.-] 囡 (詰め物用の) 原綿, 詰め綿；(詰め物が入った) クッション.

gua・ta[2] [gwá.ta; gwá.-] 囡《ラ米》(1)《ホ》(壁などの) 膨らみ, ゆがみ. (2)《アンデス》《話》うそ, でたらめ. (3)《チリ》ひも. (4)《チリ》《話》親友. (5)《チリ》《話》腹, 腹部；《チリ》《メキシコ》《チリ》《アンデス》動物の腹. (6)《コロン》【動】毒蛇. (7)《コロン》二連発銃.
  echar guata《ラ米》《ホ》《話》太る；懐具合がよくなる.

gua・ta・ca [gwa.tá.ka; gwa.-] 囡《ラ米》(1)《コス》小鍬(ぐわ). (2)《タリ》《話》大きな耳. (3)《キュ》《話》小突くこと.
  ── 男 囡《コス》《話》おべっか使い, ご機嫌取り.

gua・ta・co, ca [gwa.tá.ko, -.ka; gwa.-] 形《ラ米》《話》(1)《コロン》《軽蔑》先住民の, 土着の. (2)《コス》粗野な, 無教養な. (3)《キュ》ずんぐりした, 太っちょの.

gua・ta・cu・do, da [gwa.ta.kú.ðo, -.ða; gwa.-] 形《コス》《メキシコ》《ホン》《話》耳の大きな.

gua・tal [gwa.tál; gwa.-] 男《中米》トウモロコシ畑.

gua・tam・bú [gwa.tam.bú; gwa.-] 男《ラ米》《アルゼ》【植】白いケブラコ：材木として珍重される. → quebracho.

gua・te [gwá.te; gwá.-] 男《ラ米》(1)《中米》(飼料用の) トウモロコシ畑. (2)《アンデス》(植物の) 細かいとげ. (3)《エク》《コロン》アンデス地方の住民. (4)《エク》コロンビア人. (5)《キュ》《話》親友, 仲間. (6)《ニカラグア》《話》双子(の). (7)《コロン》《話》豪華, 豪華.

gua・te・a・do, da [gwa.te.á.ðo, -.ða; gwa.-] 形 〈服などに〉綿の入った.

gua・te・ar [gwa.te.ár; gwa.-] 他 綿を詰める.
  ── **~・se** 再《ラ米》《話》《チリ》腹が出る[膨れる].

**Gua・te・ma・la [gwa.te.má.la; gwa.-] 固名 グアテマラ：中米中部の共和国 / 面積：10.9万 km² / 人口：約1263万 / 首都：(Ciudad de) Guatemala / 言語：スペイン語 (公用語) / 通貨：quetzal (Q.1 = 100 centavos) / 住民：メスティーソ (50%), 先住民 (42%), 白人 / 宗教：カトリック.
  ◆ maya 文明の Viejo Imperio 古典期の中心で, Tikal 遺跡は特に有名. 1524年スペイン人 Pedro de Alvarado によって征服される. 1821年独立. その後, メキシコ帝国, 中米連邦共和国に属したが, 1838年独立政府を樹立, 1847年3月共和国となる.

*gua・te・mal・te・co, ca [gwa.te.mal.té.ko, -.ka; gwa.-] 形 グアテマラの, グアテマラ人の. ── 男 囡 グアテマラ人. ── 男 グアテマラのスペイン語.

gua・te・mal・te・quis・mo [gwa.te.mal.te.kís.mo; gwa.-] 男 **1** グアテマラ特有のスペイン語法 [表現・語義・単語].
  2 グアテマラ人気質；グアテマラ的特質 (讃美).

gua・te・que [gwa.té.ke; gwa.-] 男《話》(食事をしたり踊ったりする) ホームパーティー (= fiesta casera).

gua・te・ro [gwa.té.ro; gwa.-] 男《ラ米》湯たんぽ.

Gua・ti・mo・zín [gwa.ti.mo.θín; gwa.- / -.sín] 固名 → Cuauhtémoc.

gua・to [gwá.to; gwá.-] 男《ラ米》(1)《ボリ》ひも. (2)《ボリ》《話》混乱, 騒ぎ.

gua・tón, to・na [gwa.tón, -.tó.na; gwa.-] 形《ラ米》《チリ》《エク》《ホ》《話》太鼓腹の, 腹の突き出た.

gua・tu・so, sa [gwa.tú.so, -.sa; gwa.-] 形《中米》《話》金髪の, ブロンドの.
  ── 囡《ラ米》《コスタ》《中米》【動】オオテングネズミ.

¡guau! [gwáu; gwáu] 間投 **1**《擬》(犬のほえる声) ワン, ワンワン. ❖他言語の形：[ポルトガル] au-au.
  [仏] ouah. [伊] bau. [英] bow-wow. [独] wau. **2**《喜び・感嘆》わあ, すごい.

guay [gwái; gwái] 形《複 guay, guays》《スペイン》《話》よい, すてきな, すばらしく. ── 間投《文章語》ああ, おお (= ¡ay!). ¡G~ de los vencidos! ああ, 惨めなる敗者よ.
  guay del Paraguay《話》よい.
  tope guay《話》ものすごくよい.

gua・ya [gwá.ja; gwá.-] 囡 泣くこと；泣き声.

gua・ya・ba [gwa.já.ba; gwa.-] 囡 **1**【植】グアバ, バンジロウ (の実). **2** グアバのゼリー [ジャム, 缶詰]. **3**《ラ米》(1)《エク》《エルサル》《話》うそ, でたらめ. (2)《チリ》《話》大きな耳. (3)《キュ》《話》くりくりした目. (4)《キュ》くるぶし. (5)《プエ》政権, 大統領府. (6)《グアテ》《話》大きな口. (7)《コロン》低品質のコーヒー豆.
  [← 《アラワク》?]

gua・ya・be・ar [gwa.ja.be.ár; gwa.-] 自《ラ米》(1)《コロン》《話》〈娘に〉言い寄る, 口説く. (2)《キュ》《ベル》《コス》グアバを摘む, グアバを食べる. (3)《キュ》《エク》《コロン》うそをつく. ── 他《ラ米》《コロン》キスをする.

gua・ya・be・ra [gwa.ja.bé.ra; gwa.-] 囡 【服飾】《ラ米》(特にメキシコ, カリブ海地域, 中米を中心に着用される刺繡(ぬ)入りオープンシャツ), 軽いジャケット.

gua・ya・be・ro, ra [gwa.ja.bé.ro, -.ra; gwa.-] 形《エク》《コロン》《タリ》《話》うそをつく, うそつきの.

gua・ya・bo [gwa.já.bo; gwa.-] 男 **1**【植】バンジロウ (の木), グアバ (の木). **2**《ラ米》(1)《コロン》不機嫌；ゆううつ. (2)《エク》《エルサル》二日酔い.

gua・ya・bo, ba [gwa.já.bo, -.ba; gwa.-] 形 囡 若くて魅力的な人. ▶ 男 で女性をさすこともある.

gua・ya・ca [gwa.já.ka; gwa.-] 囡《ラ米》《ホ》《話》ばかな, 愚かな. ── 囡《ラ米》(1)《中米》手提げ袋；タバコ入れ. (2)《アルゼ》《キュ》小銭入れ；お守り札.

gua・ya・cán, ca・na [gwa.ja.kán, -.ká.na; gwa.-] 男 囡《ラ米》《アンデス》《話》気性が激しい人, 乱暴な人. ── 男 → guayaco.

gua・ya・co [gwa.já.ko; gwa.-] 男【植】ユソウボク, グアヤク：中米原産.

gua・ya・col [gwa.ja.kól; gwa.-] 男【化】グアヤコール：ユソウボクから採れる油性液. 防腐剤・殺菌剤用.

Gua・ya・na [gwa.já.na; gwa.-] 固名 La ~ ギアナ (地方)：南米大陸北東部の地域 (◆ガイアナ, スリナム, フランス領ギニアとベネズエラ, ブラジルの一部地域からなる). ~ **Holandesa** オランダ領ギアナ (Surinam の旧称).

Gua・ya・nas [gwa.já.nas; gwa.-] 固名《複数形》Las ~. → Guayana.

gua・ya・nés, ne・sa [gwa.ja.nés, -.né.sa; gwa.-] 形 ギアナ (地方)の. ── 男 囡 ギアナの人. ▶ guayanés と混同して用いられることがある.

gua・ya・quil [gwa.ja.kíl; gwa.-] 形 グアヤキル Guayaquil の.
  ── 男 (グアヤキル Guayaquil 産の) カカオ.

Gua・ya・quil [gwa.ja.kíl; gwa.-] 固名 グアヤキル：エクアドル南西部, グアヤス州 Guayas の州都. カカオ, バナナの積出港. ◆1536年に建設された. 1918年に訪れた野口英世はこの地で黄熱病の撲滅に貢献した.
  [*Guaya*(*s*) (16世紀の先住民首長の名) + *Quila* (その妻の名)]

gua・yar [gwa.jár; gwa.-] 他《ラ米》《タリ》(おろし金で) おろす；削る, こそげる. ── 自《ラ米》《タリ》身を粉にして働く. ── **~・se** 再《ラ米》《タリ》《話》酔っ払う；(働きすぎて) へとへとになる.

gua・yín [gwa.jín; gwa.-] 男 (または 囡)《ラ米》(乗

gua・yo [gwá.jo; gwá.-] 男《ラ米》(1)《ラ》おろし金.(2)《ラ》《音楽》グイロ(→ güiro¹);《話》ひどい音楽.(3)《ラ》《米》サッカーシューズ.(4)《ラ》《話》酔い.(5)《ラ》《複数で》履き物, 靴.

gua・yu・co [gwa.jú.ko; gwa.-] 男《ラ米》《ラ》(ぼろ布で)ふんどし状の腰に巻く衣類;ビキニ型水泳パンツ.

gua・yu・le [gwa.jú.le; gwa.-] 男《植》グアユールゴムの木;グアユールゴム.

gua・yun・ga [gwa.jún.ga; gwa.-] 女《ラ米》《ラ》山積み.

gua・za・pa [gwa.θá.pa; gwa.- / -.sá.-] 女《ラ米》《話》小さな独językwa(独語).

:gu・ber・na・men・tal [gu.ber.na.men.tál; gu.-] 形 政府の, 政府による;政府側の. partido ～ 政府与党. prensa ～ 政府系新聞.
——共 現政府の支持者, 体制派.

gu・ber・na・men・ta・lis・ta [gu.ber.na.men.ta.lís.ta; gu.-] 形 政府支持の.

gu・ber・na・ti・vo, va [gu.ber.na.tí.bo, -.ba; gu.-] 形 1 政府の. 2 行政上の, 政治上の. por orden *gubernativa* 行政命令により.

gu・ber・na・tu・ra [gu.ber.na.tú.ra; gu.-] 女 政権.

gu・ber・nis・ta [gu.ber.nís.ta; gu.-] 形《ラ米》(とくに)政府の;政府派の.

gu・bia [gú.bja; gú.-] 女 1 〔木工〕丸のみ. 2〔医〕切骨器.

gu・da・ri [gu.ðá.ri; gu.-] 〔バスク〕男〔バスクの〕兵士.

gue・de・ja [ge.ðé.xa; ge.-] 女 1 毛房, 毛束. Le caía una ～ en la frente. 彼[彼女]の額には一房の髪が垂れていた. 2 長髪. 3(ライオンの)たてがみ.

gue・de・ja・do, da [ge.ðe.xá.ðo, -.ða; ge.-] 形 たてがみ状の;毛束の.

gue・de・jón, jo・na [ge.ðe.xón, -.xó.na; ge.-] 形 長い髪の, 房ぶさした.

gue・de・jo・so, sa [ge.ðe.xó.so, -.sa; ge.-] / **gue・de・ju・do, da** [ge.ðe.xú.ðo, -.ða; ge.-] 形 → guedejón.

güe・güe・cho, cha [gwe.gwé.tʃo, -.tʃa; gwe.-] 形《ラ米》(1)(中米)(メキ)甲状腺腫(しゅ)を患っている.(2)(中米)(メキ)《話》愚かな.
——男 女《ラ米》(中米)(メキ)〔医〕甲状腺腫.

guel・do [gél.do; gél.-] / **güel・do** [gwél.do; gwél.-] 男(エビなどで作る)釣り餌(え).

güel・fo, fa [gwél.fo, -.fa; gwél.-] 形〔史〕ゲルフ党の, 教皇党の.——男 女〔史〕ゲルフ党員, 教皇党員. ～*s y gibelinos* 教皇党と皇帝党.

güe・mul [gwe.múl; gwe.-] 男(ラ米)(ラ米南部)〔動〕アンデスジカ.

güe・ñi [gwé.ɲi; gwé.-] 男(ラ米)《ラ》少年, 若者;召使い.

gue・par・do [ge.pár.ðo; ge.-] 男〔動〕チーター.

güer・co, ca [gwér.ko, -.ka; gwér.-] 男 女《ラ米》少年, 少女;青年, 若者(= muchacho).

Guer・ni・ca [ger.ní.ka; ger.-] 固名 ゲルニカ:スペイン北部, Vizcaya 県の町. ♦スペイン内戦中の1937年4月26日ナチス・ドイツ空軍が爆撃した. この事件を描いた Picasso の『ゲルニカ』で有名.

Árbol de Guernica ゲルニカの木:バスク人の自由の象徴とされるカシの木. ♦かつて Castilla 王がこの木の下でバスク地方の特殊法を遵守するという宣誓を行ったことに由来する.

güe・ro, ra [gwé.ro, -.ra; gwé.-] 形 (メキ)(1)金髪の, ブロンドの. (2)《女性が》魅力的な.
——男 女《ラ米》(メキ)アングロサクソン系白人.

:gue・rra [gé.ra; gé.-] 女 1 戦争, 戦闘. estallar una ～ 戦争が勃発する. estar en ～ 戦争状態[戦時下]にある. hacer la ～ a... …と戦う. ～ *a muerte* / ～ *sin cuartel* 死闘. ～ *total* 総力戦. ～ *civil* 内戦. ～ *santa* 聖戦. ～ *sucia* 汚ない[卑劣な]戦争. consejo de ～ 軍事会議. criminal de ～ 戦争犯罪人. enfermera de ～ 従軍看護婦. ～ *bacteriológica* 細菌戦争. ～ *nuclear* 核戦争. ～ *química* 化学戦争. ～ *de religión* 宗教戦争. → batalla〔類語〕.

2《比喩的》(武力によらない)闘争, 戦い. ～ *fría* 冷戦. ～ *psicológica* / ～ *de nervios* 神経戦, 心理戦. ～ *de palabras* 舌戦, 論争. ～ *de precios* 価格戦争, 値下げ合戦.

3《a...／contra...》(不利益なもの)との)戦い, 撲滅のための運動. ～ *a la droga* 麻薬との戦い. ～ *contra el hambre* 飢餓救済キャンペーン. 4 敵対, 争い, いがみ合い. ～ *abierta* (むきだしの)敵意.

buscar [*pedir, querer*] *guerra*《話》(1)《a+人(人)》に挑発する;《女性が》《男性》にそそのかす, 誘う.(2)《食べ物が》とてもおいしそうである.

dar guerra a+人《話》《人》を手こずらせる, 面倒をかける. ¡Cuánta ～ *me da este niño!* この子って本当に手を焼かせるんだから (► *me* が *a* +人に相当).

de antes de la guerra《話》はるか昔の.

declarar la guerra a... (1)《国が》…に戦線布告する.(2)《人が》…に敵意を抱く.

Guerra Carlista カルリスタ戦争(スペイン, 1833–39, 1846–48, 1872–76).

Guerra Civil Española スペイン内戦(1936–39).

Guerra de la Independencia スペイン独立戦争(1808–14年). ► 反ナポレオン戦争 *Guerra contra Napoleón* ともいう.

Guerra del Golfo 湾岸戦争(1990).

Guerra de los Treinta Años 三十年戦争(1618–48).

Guerra del Pacífico 太平洋戦争(ペルー・チリ対スペイン, 1864–66;チリ対ペルー・ボリビア, 1879–83;日本対連合軍, 1941–45).

Guerra de Sucesión Española スペイン王位継承戦争(1701–14).

la Segunda Guerra Mundial 第二次世界大戦(1939–45).

[←[古高地ドイツ] *werra*「争い, 不和」/ 関連 guerrilla. 〔英〕 *war*. 〔日〕ゲリラ]

gue・rre・ar [ge.re.ár; ge.-] 自 1 戦う, 争う. 2 逆らう, 反抗する.

gue・rre・ro, ra [ge.ré.ro, -.ra; ge.-] 形 1 戦争の, 戦いの. *danza guerrera* 戦いの踊り, 出陣の踊り. *espíritu* ～ 戦意. 2 好戦的な, 戦闘的な. 3 (子供が)いたずらな, やんちゃな.——男 女 戦士, 軍人;つわもの, 闘士. ～ *de la pluma* 筆の達者.

gue・rri・lei・ro, ra [ge.ri.léi.ro, -.ra; ge.-] 形 ガリシアのゲリラグループ *Exército Guerrilheiro do Povo Galego Ceive*(略 *EGPGC*)の組織[メンバー]の.——男 女 *EGPGC* のメンバー.

:gue・rri・lla [ge.rí.ja; ge.-‖-.ʎa] 女 1 〔軍〕ゲリラ, 遊撃(戦);ゲリラ隊;射撃兵の散開隊形.

〔関連 中南米のゲリラ組織:ニカラグアの *Frente Sandinista de Liberación Nacional*《略 *FSLN*》サンディニスタ民族解放戦線, *Contra* コントラ, 旧ソモサ派反革命ゲリラ. エル

サルバドルの Frente Farabundo Martí de Liberación Nacional《略 FMLN》ファラブンド・マルティ民族解放戦線. ペルーの毛沢東主義を掲げる Sendero Luminoso センデロ・ルミノソ, 輝く道. ペルーのテロ組織 Movimiento Revolucionario Túpac Amaru《略 MRTA》トゥパクアマル革命運動(→ Vilcabamba).

2〖遊〗(スペイン・トランプ)ゲリーリャ:各20枚のカードを用いて2人で遊ぶゲーム.

marchar en guerrilla〖軍〗小競り合いを交えながら進軍する, 散開隊形で進む.

[guerra + 縮小辞「小規模の戦」が原義; 〖関連〗〖仏〗*guérilla*. 〖伊〗*guerriglia*. 〖英〗*guer(r)illa*. 〖独〗*Guerilla*]

gue‧rri‧lle‧ar [ge.r̃i.ʝe.ár; ge.-‖-.ʎe.-] 自 ゲリラ戦を行う.

***gue‧rri‧lle‧ro, ra** [ge.r̃i.ʝé.ro, -.ra; ge.-‖-.ʎe.-] 形 ゲリラ戦の, ゲリラ兵士の.
—男 **ゲリラ兵士**, パルチザン.

gue‧to [gé.to; gé.-] 男 **1** ユダヤ人地区〖街〗, ゲットー. **2**(大都市の)少数民族居住地区, スラム街.

güe‧va‧da [gwe.ɓá.ða; gwe.-] 女《ラ 米》(アンデス)《俗》《名前がわからないものを指して》それ, そのこと. (2)(アンデス)《俗》ばかげたこと.

Gue‧va‧ra [ge.ɓá.ra; ge.-] 固名 ゲバラ Ernesto ~, 通称 Che ~ (1928-67):アルゼンチン生まれの革命指導者・医者.

güe‧vón, vo‧na [gwe.ɓón, -.ɓó.na; gwe.-]《ラ 米》《俗》→ huevón.

güey [gwéi; gwéi] 男《話》《軽蔑》《ラ米》ばか, 愚か者;軽んじられている人;(呼びかけて)おまえ.

gu‧fe‧a‧do, da [gu.fe.á.ðo, -.ða; gu.-] 形《ラ米》(カリブ)《話》よい, すばらしい.

gu‧fe‧ar [gu.fe.ár; gu.-] 自《ラ米》(カリブ)《話》楽しむ, 冗談を言う, からかう.

gu‧fe‧o [gu.fé.o; gu.-] 男《ラ米》(カリブ)《話》楽しみ, 冗談, からかい.

guí- 屈 → guiar.

*****guí‧a** [gí.a; gí.-] 男 女 **1 案内人, ガイド**. ~ del museo 美術館の案内人. ~ turístico / ~ de turismo 観光ガイド.

2(精神的な)指導者, 教導者.
—男〖軍〗嚮導(きょうどう)兵.
—女 **1 案内, 指導;指針;道標**. libro ~ 手引書. ~ turística 観光案内.

2 案内書, ガイドブック. ~ de viajeros 旅行ガイドブック. ~ gastronómica グルメガイドブック. ~ televisiva テレビ番組案内. ~ de ferrocarriles 鉄道時刻表. ~ telefónica / ~ de teléfonos 電話帳.

3〖法〗によって規制されている物品の) 携行[運搬]許可書. ~ para una pistola ピストル携行許可書. ~ de cargo 貨物運送状.

4〖技〗(機械などの) 誘導装置, 滑り座, ガイド(レール). las ~s de la cortina カーテンレール. el hilo (ミシンの)上糸掛け. **5**〖植〗(剪定(せんてい)せずに残す)主枝;(植物をまっすぐに育てるための)支柱. **6**(馬車の)先導馬. **7** 口ひげの跳ね上がった先端. **8** 扇子の親骨. **9**《ラ米》(アンデス)《俗》〖車〗ハンドル.

guia‧de‧ra [gja.ðé.ra; gja.-] 女 **1**〖機〗ガイドレール, 滑動部. **2**(圧搾機・水車などの)回転棒.

*****guiar** [gjár; gjár] 81 他 **1** 《a... / hasta...》(場所)へ)**案内する;誘導する**. ~ a un amigo por la ciudad 友人に町を案内する. El destino me *guió hasta esta isla.* 運命に導かれて私はこの島にやってきた.

2〖人を〗指導する, 教え導く;《(a + 不定詞) …するように》に仕向ける. ~ a un niño en sus lecturas 子供に読書を指導する. Mi padre me *guió a estudiar* la medicina. 父の助言で私は医学を勉強するようになった. **3**〖乗り物を〗操縦する, 運転する. **4**〖植物を〗伸ばす.

—**~‧se** 再《**por...** …に》**従う, 導かれる**. ~*se por* un criterio 基準に従う. ~*se por* los caprichos 気まぐれに引きずられる. ~*se por* la luz 光(の方向)を頼りに行動する.

Gui‧do [gí.ðo; gí.-] 固名 ギド:男子の洗礼名. 〖関連〗〖ポルトガル〗*Guido*. 〖独〗*Guido*. 〖伊〗*Guido, Vito*. 〖英〗*Guy*.

gui‧guí [gi.gí; gi.-] 男〖動〗タグアン:フィリピンに生息するムササビの一種.

gui‧ja [gí.xa; gí.-] 女 **1** 丸い小石, 玉石.
2〖植〗ヤハズエンドウ.

gui‧ja‧rral [gi.xa.r̃ál; gi.-] 男 小石の多い場所.

gui‧ja‧rre‧ño, ña [gi.xa.r̃é.no, -.na; gi.-] 形
1 石ころだらけの, 小石の多い.
2 (人が)頑健な, がっしりした.

gui‧ja‧rro [gi.xá.r̃o; gi.-] 男 (河原などの) 丸い小石, 玉石.

gui‧jo [gí.xo; gí.-] 男 **1** 砂利, バラスト. **2**〖機〗支軸, ピボット. **3**《ラ米》(メキシコ)(ニカラグア)(アンデス)軸, シャフト.

gui‧jón [gi.xón; gi.-] 男 虫歯 (= neguijón).

güi‧la [gwí.la; gwí.-] 女《ラ米》(1)〖遊〗(小さな)独楽(こま). (2)(キューバ)ぼろ(切れ). (3)(アンデス)《俗》(軽蔑)売春婦. (4)(アンデス)紙凧(かみだこ).

gui‧le‧ña [gi.lé.na; gi.-] 女〖植〗オダマキ.

güi‧lien‧to, ta [gwi.ljén.to, -.ta; gwi.-] 形《ラ米》(キューバ)《話》ぼろを着た;ぼろぼろの.

gui‧lla [gí.ʝa; gí.-‖-.ʎa] 女 豊作;豊富, 豊饒(ほうじょう).

de guilla《話》豊富に, たわわに;十分に, 存分に.

gui‧lla‧do, da [gi.ʝá.ðo, -.ða; gi.-‖-.ʎá.-] 形《話》狂った. estar ~ 気が違っている;恋している.

gui‧lla‧du‧ra [gi.ʝa.ðú.ra; gi.-‖-.ʎa.-] 女《話》狂気;夢中.

gui‧lla‧me [gi.ʝá.me; gi.-‖-.ʎá.-] 男〖木工〗しゃくりかんな, 溝かんな.

gui‧llar [gi.ʝár; gi.-‖-.ʎár] 他《ラ米》(ブラジル)《話》見張る. —**~‧se** 再《ラ米》《話》(1) 気が違う, 気がふれる;とりこになる, うつつを抜かす. (2) 逃げ出す, 逃走する.

guillárselas《話》逃げ去る;雲隠れする.

Gui‧llén [gi.ʝén; gi.-‖-.ʎén] 固名 ギリェン. (1) Jorge ~ (1893-1984). スペインの詩人. (2) Nicolás ~ (1902-89). キューバの詩人. 作品 *Sóngoro cosongo*『ソンゴロ・コソンゴ』.

Gui‧ller‧mo [gi.ʝér.mo; gi.-‖-.ʎér.-] 固名 ギリェルモ:男子の洗礼名. [← 〖中ラ〗*Guillelmus* ← 〖古高地ドイツ〗*Willahelm* (willo 「意志」 + helm 「ヘルメット, かぶと」) ; 〖関連〗〖ポルトガル〗*Guilherme*. 〖仏〗*Guillaume*. 〖伊〗*Guglielmo*. 〖英〗*William*. 〖独〗*Wilhelm*]

güi‧llín [gwi.ʝín; gwi.-‖-.ʎín] 男《ラ米》(アンデス) → huillín.

gui‧llo‧mo [gi.ʝó.mo; gi.-‖-.ʎó.-] 男〖植〗ザイフリボクの仲間.

gui‧llo‧ti‧na [gi.ʝo.tí.na; gi.-‖-.ʎo.-] 女 **1** ギロチン, 断頭台. ventana de ~ 上げ下げ窓, 上下開閉式の窓. **2** 裁断機, カッター. [ギロチンの使用を提案したフランスの医師 J. J. Guillotin の名にちなむ]

guillotinar 1004

gui·llo·ti·nar [gi.ʝo.ti.nár; gi.-] ‖ -.ʎo.-] 他 **1** ギロチン〔刑〕に処する. **2** 裁断機[カッター]で切る.

güi·lo, la [gwí.lo, -.la; gwí.-] 形 《ラ米》《カリブ》《話》手足の不自由な；病弱な.
— 男《ラ米》《カリブ》シチメンチョウ.

güi·lo·ta [gwi.ló.ta; gwi.-] 女《話》《ラ米》《鳥》キジバト.

guim·ba·le·te [gim.ba.lé.te; gim.-] 男 ポンプの柄.

guim·bar·da [gim.bár.ða; gim.-] 女《技》溝かんな，溝切りかんな.

güi·mo [gwí.mo; gwí.-] 男《ラ米》《ドミニカ》《動》テンジクネズミ，モルモット.

güin·cha [gwín.tʃa; gwín.-] 女《ラ米》《ペルー》《チリ》《ボリビア》(1) ひも，細長い布. (2) ヘアバンド，鉢巻き. (3) 巻き尺.

guin·char [gin.tʃár; gin.-] 他 （棒の先で）突く，突き刺す.

güin·che [gwín.tʃe; gwín.-] / **guin·che** [gín.tʃe; gín.-] 男《ラ米》クレーン，起重機；ウインチ，巻き上げ機.

güin·che·ro [gwin.tʃé.ro; gwin.-] / **guin·che·ro** [gin.tʃé.ro; gin.-] 男《ラ米》ウインチ[クレーン]の操縦者.

guin·cho [gín.tʃo; gín.-] 男 **1** 串（ぐし）；突き棒（= pincho）. **2**《ラ米》《カリブ》《鳥》ミサゴ.

guin·da¹ [gín.da; gín.-] 女 **1** サワーチェリー：菓子や酒などに使う（カクテルなどに使う）マラスキノチェリー. **3**《話》とどめ（の一撃）. **4**(1)《俗》《話》つまらないこと，ささいなこと. (2)《カリブ》《主に複数で》《俗》睾丸（こうがん）.
ponerse como una guinda（顔が）真っ赤になる.

guin·da² [gín.da; gín.-] 女 **1**《海》帆柱の全高. **2**《ラ米》(1)《メキシコ》《グアテマラ》（屋根の）勾配（こうばい）. (2)《グアテマラ》急な坂.

guin·da·do [gin.dá.ðo; gin.-] 男《ラ米》サワーチェリーを使ったリキュール.

guin·dal [gin.dál; gin.-] 男《植》サワーチェリーの木，酸果オウトウ.

guin·da·le·ra [gin.da.lé.ra; gin.-] 女 サワーチェリーの果樹園.

guin·da·le·ta [gin.da.lé.ta; gin.-] 女 **1**（指の太さほどの）麻[革]のロープ. **2**（貴金属商の秤（はかり）の）支点.

guin·da·le·za [gin.da.lé.θa; gin.- / -.sa] 女《海》ホーサー：係船・係留・曳航（えいこう）用の大綱.

guin·da·mai·na [gin.da.mái.na; gin.-] 女《海》（船舶の）旗の掲揚による敬礼.

guin·dar [gin.dár; gin.-] 他 **1**《話》盗む；勝ち取る，奪い取る. ～ *un empleo a*+人〈人〉を出し落として職に就く. **2** つり上げる. **3**《話》絞首刑にする，絞殺する. **4**《ラ米》《メキシコ》縛る，くくる；つるす.
— 自《ラ米》(1)《メキシコ》《話》けんかする. (2)《メキシコ》《話》眠る. — ~*·se* 再 **1**（綱・ロープなどを）伝って降りる. ~*se por una ventana con una cuerda* 窓からロープを伝って降りる. **2** 首をつる.
guindar los tenis《ラ米》《メキシコ》《話》死ぬ，亡くなる.

guin·das·te [gin.dás.te; gin.-] 男《海》ウインドラス，揚錨（ようびょう）機；ジブクレーン，動臂（どうひ）起重機.

guin·di·lla [gin.dí.ʝa; gin.- ‖ -.ʎa.] 女 **1**《植》赤トウガラシ，レッドペッパー；トウガラシの実. **2**《話》《軽蔑》警察. **3**《話》《軽蔑》警官.

guin·di·llo [gin.dí.ʝo; gin.- ‖ -.ʎo.] 男《植》～ *de Indias* トウガラシの一種.

guin·do [gín.do; gín.-] 男《植》サワーチェリーの木，酸果オウトウ.
caerse del guindo《話》やっと気づく.

guin·do, da [gín.do, -.da; gín.-] 形《ラ米》《メキシコ》ワインレッドの，暗赤色の.

guin·do·la [gin.dó.la; gin.-] 女《海》(1) ボースンチェア；作業用のつり腰掛け. (2) 救命浮輪[ブイ，浮き輪]. (3)（手用測定器の）扇形板.

gui·ne·a [gi.né.a; gi.-] 女 ギニー. (1) 1663-1813年に造幣された英国金貨. 名目価格20シリング. (2) 現行通貨制度（1971年）以前の21シリング（現1.05ポンド）に当たる英国の計算上の通貨単位.

Gui·ne·a [gi.né.a; gi.-] 固名 **1** ギニア：アフリカ中西部の共和国. 首都 Conakry. **2** ～ *Bissau* ギニアビサウ：アフリカ中部の共和国. 首都 Bissau.

***Gui·ne·a E·cua·to·rial [gi.né.a e.kwa.to.riál; gi.-] 固名 赤道ギニア：アフリカ中西部の共和国／面積：2.8万 km^2 ／人口：約48万／首都：Malabo ／言語：スペイン語（公用語），フランス語（公用語），ファン語など／通貨：franco CFA ／住民：ファン人，コンベ人，ブビ人／宗教：カトリック（80%）.
♦15世紀末ポルトガル人 João de Santarem と Pedro de Escobar が Annobón（現 Pagalu）島に到着（1471年）, Fernando Poo が Fermosa 島（のち Fernando Poo 島，現 Bioko 島）に到着（1474年）によりポルトガル領となる. 1778年ブラジルの Sacramento 植民地との交換で，上記2島と Corisco 島はスペインに割譲される. 20世紀初め大陸部（Riomuni, 現 Mbini）の統治が始まる. 1959年海外県となり，1968年独立.

*gui·ne·a·no, na [gi.ne.á.no, -.na; gi.-] 形 **1** ギニアの，ギニア人の. **2** 赤道ギニアの，赤道ギニア人の. **3** ギニアビサウ（人）の.
— 男女 ギニア人；赤道ギニア人；ギニアビサウ人.

gui·ne·o, a [gi.né.o, -.a; gi.-] 形 ギニアの.
— 男女 ギニア人.
— 男 **1**（動きの激しい）黒人の踊りの一種；そのギター伴奏曲. **2**《ラ米》《メキシコ》《カリブ》《中米》《植》バナナ.

guin·ga [gíŋ.ga; gíŋ.-] 女 ギンガム：格子・縞（しま）柄の平織り綿布.

guin·gán [giŋ.gán; giŋ.-] 男 → guinga.

guin·ja [gín.xa; gín.-] 女《植》ナツメの実.

guin·jo [gín.xo; gín.-] 男《植》ナツメ（の木）.

gui·ña [gí.ɲa; gi.-] 女《ラ米》(1)《チリ》《エクアドル》不運，不幸. (2)《エクアドル》魔法，魔力. (3)《エクアドル》魔除け，お守り. [←《仏》*guigne*]

gui·ña·da [gi.ɲá.ða; gi.-] 女 **1** ウインク，目配せ. **2**《海》船が突然針路からはずれること.

gui·ña·dor, do·ra [gi.ɲa.ðór, -.ðó.ra; gi.-] 形 ウインク[目配せ]をする.

gui·ña·du·ra [gi.ɲa.ðú.ra; gi.-] 女 ウインク，目配せ.

gui·ña·pien·to, ta [gi.ɲa.pjén.to, -.ta; gi.-] 形 → guiñaposo.

gui·ña·po [gi.ɲá.po; gi.-] 男 **1** ぼろ切れ；古着，ぼろ着. **2**（肉体的に）弱った人；（精神的に）参った[落ち込んだ]人. **3** 卑しい人物，品性に欠ける人，堕落した人. Es un ～ *de hombre*. あれは卑しい男だ.
dejar a+人 *hecho un guiñapo* 〈人〉を弱らせる；（議論で）〈人〉を負かす.
poner a+人 *como un guiñapo* 〈人〉を非難する，罵倒（ばとう）する.

gui·ña·po·so, sa [gi.ɲa.pó.so, -.sa; gi.-] 形 つぎはぎだらけの；ぼろを着た.

*gui·ñar [gi.ɲár; gi.-] 他 **1** ウインクする，〈目

gui・ñó [gí.ɲo; gi.-] 男 **1 ウインク**, 目配せ. hacer ~s [un ~] a+人〈人〉にウインク[目配せ]する. **2** 暗黙の合図. **3** しかめ面, 顔のゆがみ. **4** 《ラ米》《ラ米》方向指示器, ウインカー.

gui・ñol [gi.ɲól; gi.-] 男 指人形; 指人形劇[芝居].

*__guión__ [gjón; gjón] 男 **1 要旨, 概要**.
2 《映》《演》《TV》**シナリオ**, 脚本, 台本. **3** ハイフン (-); ダッシュ (―).
4 軍旗, 部隊旗; 王旗. **5** 《カト》(行列の先頭に掲げる) 十字架[旗]. **6** 先導者, 指導者. **7** (渡り鳥の群れで) 先導する鳥. **8** 《海》オールの柄.
[← 《古仏》guion 「案内人, 先達」; 関連 guía, guiar. 《仏》guide 《英》guide 「ガイド(ブック)」]

guio・na・je [gjo.ná.xe; gjo.-] 男 案内の仕事, 案内係.

guio・nis・ta [gjo.nís.ta; gjo.-] 女 《映》《ラジオ》《TV》脚本家, シナリオライター.

guio・ni・za・ble [gjo.ni.θá.ble; gjo.- / -.sá.-] 形 シナリオ[台本]にできる, シナリオ[台本]向きの.

guio・ni・zar [gjo.ni.θár; gjo.- / -.sár] 97 他 シナリオ[台本]にする; …のシナリオ[台本]を書く.

gui・par [gi.pár; gi.-] 他 《話》 **1** 見る; (目ざとく) 見つける. **2** わかる, のみ込む.

gui・pu・chi [gi.pú.tʃi; gi.-] 形 《話》《軽蔑》(スペインの) ギプスコアの Guipúzcoa の.
── 男 ギプスコアの住民[出身者].

gui・pur [gi.púr; gi.-] 男 《服飾》ギピュール: 地編みがなく, 模様と模様をつなぎ合わせたレース.

Gui・púz・co・a [gi.púθ.ko.a; gi.- / -.pús.-] 固名 ギプスコア: スペイン北部の県. 県都 San Sebastián.

gui・puz・co・a・no, na [gi.puθ.ko.á.no, -.na; gi.- / -.pus.-] 形 (スペインの) ギプスコアの.
── 男 女 ギプスコアの住民[出身者].
── 男 (バスク語の) ギプスコア方言.

güi・ra [gwí.ra; gwí.-] 女 **1** 《植》ノウゼンカズラ科クレスセンティア属の一種: 果実は食用. **2** 《ラ米》《ダ》《ラ米》頭. ── 形 《ラ米》《ラ米》気の弱い.

Güi・ral・des [gwi.rál.des; gwi.-] 固名 ギラルデス. Ricardo ~ (1886 – 1927). アルゼンチンの作家. ガウチョ小説 gaucho『Don Segundo Sombra』(ドン・セグンド・ソンブラ』)を執筆.

gui・ri [gí.ri; gí.-] 男 女 《話》**1**《軽蔑》よそ者, 外国人旅行客. **2** 《史》(カルロス党[カルリスタ] 側から名付けた) マリア・クリスティナ派の呼称; 自由主義者. → cristino, carlista.

gui・ri・gay [gi.ri.gái; gi.-] 男 (複 guirigáis, ~es] 《話》**1** 喧噪(ᵬᵒᵘ), 大騒ぎ. **2** 訳のわからない言葉.

gui・rin・do・la [gi.rin.dó.la; gi.-] 女 《服飾》(シャツの) 胸のレース飾り.

gui・ri・za・pa [gi.ri.θá.pa; gi.- / -.sá.-] 女 《ラ米》《ラ米》けんか.

guir・la・che [gir.lá.tʃe; gir.-] 男 (菓子の) アーモンドヌガー.

guir・lan・da [gir.lán.da; gir.-] 女 **/ guir・nal・da** [gir.nál.da; gir.-] 女 **1** 花冠, 花飾り, リース.

2 (粗織りの昔の) 毛織物. **3** 《植》多年草.

güi・ro¹ [gwí.ro; gwí.-] 男 《ラ米》(**1**)《音楽》グイロ: ヒョウタンの実に刻みをつけ, 棒などでこすって音を出す楽器. (**2**) ヒョウタン (の木・実). (**3**)《俗》ふしだらな女. (**4**) 《ᵗ⁾ᵈ》色恋ざた, 情事. (**5**) 《ラ米》《話》赤ちゃん, 赤ん坊. (**6**) 《ラ米》《ラ米》《話》頭. [← 《アラワク》]

güi・ro² [gwí.ro; gwí.-] 男 《ラ米》《ダ》→ huiro.

güi・rro, rra [gwí.ro, -.ra; gwí.-] 形 《ラ米》《話》虚弱な, 病弱な. ── 男 女 《ラ米》《ラ米》《話》子供, 少年, 少女. ── 男 《ラ米》《ラ米》乳飲み子, 赤ん坊.

gui・sa [gí.sa; gí.-] 女 方法, 流儀 (= modo, manera). obrar a SU ~ (自分の) やり方でやる.
a guisa de… …として, …のように. **a ~ de ejemplo** 例として.
de esta guisa こんなふうに, このようにして.
de tal [esa] guisa そんなふうに, そのようにして.
[← 《ゲルマン》wīsa; 関連 guisar. 《英》wise 「賢い」; 《独》Weise 「方法」]

gui・sa・do, da [gi.sá.ðo, -.ða; gi.-] 形 料理された; 煮込み料理の. carne guisada 煮込んだ肉.
── 男 煮込み料理, シチュー.

*__gui・san・te__ [gi.sán.te; gi.-] 男 《植》**エンドウ; グリーンピース**, エンドウ豆. ~ de olor スイートピー. ~ mollar [flamenco] サヤエンドウ.

*__gui・sar__ [gi.sár; gi.-] 自 **料理する**, 調理する. Su señora sabe muy bien ~. 彼の奥さんは料理がとてもうまい.
── 他 **1 料理する**, 調理する, 煮炊きする. La comida está guisada. 料理はできている.
2 煮込む, シチューにする. **3** 準備する, 企(²)む. Parece que se **está guisando** una huelga. ストライキが仕組まれているらしい. **4** 《ラ米》(*ᵐᵃ) 揚げる.
guisárselo y comérselo 自分 (たち) だけで物事を進める; 身勝手である. Ellos **se lo guisan** y ellos **se lo comen**. 彼らは全く勝手に行っている.

*__gui・so__ [gí.so; gí.-] 男 **1 煮込み料理**, シチュー. ~ de patatas ジャガイモの煮込み. **2** (単数または複数で) 料理. echar a perder un ~ 料理をだめにする [腐らせる]. **3** 《ラ米》(ᵐˣ) 調味料.

gui・so・pi・llo [gi.so.pí.ʎo; gi.- ‖ -.ʎo] 男 《植》シソ科サトゥレイア属の植物: ハーブとして用いられる.

gui・so・te [gi.só.te; gi.-] 男 《話》《軽蔑》まずい料理.

güis・que・ría [gwis.ke.rí.a; gwis.-] 女 女性の接待のあるバー. → whiskería.

güis・qui [gwís.ki; gwís.-] 男 ウイスキー. → whisky.

gui・ta [gí.ta; gí.-] 女 **1** (麻の) 細ひも, 麻糸.
2 《話》銭, 現金. aflojar la ~ しぶしぶ金を出す. ~ loca 《ラ米》《ラ米》大金(ᵗᵃⁱ).

*__gui・ta・rra__ [gi.tá.ra; gi.-] 女 **1** 《音楽》**ギター**. ~ eléctrica エレキギター. ~ acústica アコースティックギター. **2** 《ラ米》(**1**)《ラ米》《話》お金. (**2**)《ᵘᴱᵛᵒ》晴れ着. (**3**)《ᶜᴱᴸ》乳飲み子, 赤子.
── 男 女 ギター奏者, ギタリスト (= guitarrista).
chafar la guitarra a+人 〈人〉の計画を台無しにする.
tener bien [mal] templada la guitarra 機嫌がいい [悪い].
[←《ア》qīthāra ←《ギ》kithára 「小さな竪琴(ᵗᵗᵉ)」]

gui・ta・rre・a・da [gi.ta.re.á.ða; gi.-] 女 《ラ米》(ᵃʳᵍ) ギターを弾いて歌を歌う集まり.

gui・ta・rre・o [gi.ta.ré.o; gi.-] 男 ギターのつま弾き.

gui・ta・rre・ría [gi.ta.re.rí.a; gi.-] 女 ギター工房; ギター販売店.

gui·ta·rre·ro, ra [gi.ta.r̃é.ro, -.ra; gi.-] 男
1 ギター職人；ギター販売人. 2 ギタリスト.

gui·ta·rri·llo [gi.ta.r̃í.jo; gi.- ‖ -.ʎo.-] 男 《音楽》小型の4弦ギター. [guitarra＋縮小辞]

*__gui·ta·rris·ta__ [gi.ta.r̃ís.ta; gi.-] 男 女 **1** ギター奏者, ギタリスト. **2** 《ラ米》《メㇲ》《話》お祭り騒ぎの好きな人.

gui·ta·rro [gi.tá.r̃o; gi.-] 男 → guitarrillo.

gui·ta·rrón [gi.ta.r̃ón; gi.-] 男 **1** 大型ギター；ギタロン（メキシコ音楽 mariachi の伴奏楽器）. **2** 《話》悪党, ならず者；ずるいやつ. [guitarra＋増大辞]

güi·to [gwí.to; gwí.-] 男 **1** 果実（特にアンズ）の種. 《話》（つばのある）帽子.
3 《ラ米》《ニㇲ》(顔面にできる）しみ.

gui·tón, to·na [gi.tón, -.tó.na; gi.-] 形 怠け者の；放浪の. — 男 怠け者；流れ者.
— 男 《遊》(賭け事で使う）コイン, チップ.

gui·to·ne·ar [gi.to.ne.ár; gi.-] 自 放浪する.

gui·to·ne·rí·a [gi.to.ne.rí.a; gi.-] 女 放浪, 放浪生活.

guiz·gar [giθ.gár; giθ.- / gis.-; gis.-] 1033 他 けんかをふっかける, けしかける.

guiz·que [gíθ.ke; gíθ.- / gís.-; gís.-] 男 (高所の物を取る) 鉤棒(かぎぼう).

gu·la [gú.la; gú.-] 女 大食, 暴飲暴食；貪欲(どんよく). pecado de ～ 《カト》貪食の罪（七つの大罪の一つ).
— 男 女 《話》《俗》必要以上に独占したがる人, 貪欲な人.

gu·lag [gu.lág; gu.-] 《露》男 [複 ～s, ～] (旧ソ連の) 強制労働収容所.

gu·lasch [gu.láʃ; gu.-] [ハンガリー] 男 グラーシュ：煮込み料理.

gu·les [gú.les; gú.-] 男 《複数形》《紋》赤色.

gu·lo·si·dad [gu.lo.si.ðáð; gu.-] 女 大食, 暴飲暴食.

gu·lo·so, sa [gu.ló.so, -.sa; gu.-] 形 大食家の, 食いしん坊の；貪欲(どんよく)な.

gu·lus·me·ar [gu.lus.me.ár; gu.-] 自 《話》**1** つまみ食いする；（調理中の料理の）においをかぎ回る.
2 甘い物を食べる. **3** 詮索する.

gu·lus·me·ro, ra [gu.lus.mé.ro, -.ra; gu.-] 形 《話》甘いものをよく食べる；つまみ食いをする.

gu·ma·rra [gu.má.r̃a; gu.-] 女 《ラ米》《ㇲグ》(1) 《話》めんどり. **(2)** 《話》感じのよい人.

gú·me·na [gú.me.na; gú.-] 女 《海》太綱.

gu·mí·a [gu.mí.a; gu.-] 女 (ムーア人の) 短剣.

gu·ra [gú.ra; gu.-] 女 《鳥》(フィリピンに群生する) オウギバト：カンムリバト属の鳥.

gur·bia [gúr.bja; gur.-] 形 《ラ米》《話》(1) 《ｺﾛﾝ》巧みな, 器用な. (2) 《ｺﾛﾝ》抜けめのない.
— 女 《ラ米》《話》(1) 《ｺﾛﾝ》空腹. (2) 《ｺﾛﾝ》銭.

gur·bio, bia [gúr.bjo, -.bja; gúr.-] 形 《道具などが》湾曲している.

gur·bión¹ [gur.bjón; gur.-] 男 **1** (刺繍(ししゅう)用の）太めのより糸. **2** 斑織りの絹布.

gur·bión² [gur.bjón; gur.-] 男 トウダイグサの樹液.

gur·do, da [gúr.ðo, -.ða; gúr.-] 形 愚かな, くだらない.

gur·gu·ciar [gur.gu.θjár; gur.- / -.sjár] 82 他 《ラ米》《ﾒｷ》調べる, かぎ回る.

gu·rí, ri·sa [gu.rí, -.rí.sa; gu.-] 男 女／男 複 ～s, ～es, ～ses] 《ラ米》《ｱﾙｺﾞ》《話》先住民［メスティーソ mestizo] の子供；少年, 少女, 若者.

gu·ri·pa [gu.rí.pa; gu.-] 男 《話》**1** 警官.
2 兵卒, 下級兵. **3** 悪党, ならず者.

gu·ri·sa [gu.rí.sa; gu.-] 女 → gurí.

gur·ja [gúr.xa; gúr.-] 男 女 → gurka.

gur·ka [gúr.ka; gúr.-] 形 (ネパールの) グルカ人の.
— 男 女 グルカ人 (= gurja).

gu·rrí [gu.r̃í; gu.-] 男 《ｴｸｱ》《ﾍﾟﾙ》《鳥》シチメンチョウ（の一種）.

gu·rria·to [gu.r̃já.to; gu.-] / **gu·rri·pa·to** [gu.r̃i.pá.to; gu.-] 男 《鳥》子スズメ.

gu·rru·fe·ro [gu.r̃u.fé.ro; gu.-] 男 《話》駄馬, やせ馬.

gu·rru·fí·o [gu.r̃u.fí.o; gu.-] 男 《ラ米》《ﾍﾞﾈｽ》ひもを通してまわすと音の出る鉄・革製の円盤のおもちゃ.

gu·rru·mi·no, na [gu.r̃u.mí.no, -.na; gu.-] 形 **1** 《話》虚弱な, 病弱な. **2** 《ラ米》(1) 《ﾒｷ》小心な, 臆病な. (2) 《ﾎﾝｼﾞ》《話》抜けがない. — 男 愛妻家, 恐妻家. — 男 女 《ラ米》《ｸﾞｱﾃ》《ﾎﾝｼﾞ》（まれに《スペイン》）子供. — 女 (1) 《ﾒｷ》《ﾄﾞﾐﾆ》《話》けちなこと. (2) 《ｺﾛﾝ》寂しさ. (3) 《ﾒｷ》《ｸﾞｱﾃ》《ﾎﾝｼﾞ》《話》煩わしさ, 面倒. (4) 《ｳﾙｸﾞ》《ﾍﾞﾈｽ》要求.

gu·rru·ño [gu.r̃ú.ɲo; gu.-] 男 《話》くしゃくしゃになったもの, しわだらけのもの.

gu·rru·pié [gu.r̃u.pjé; gu.-] 男 《ラ米》(1) (賭博(とばく)場の) 進行係, クルピエ. (2) 《ｸﾞｱﾃ》《ﾒｷ》《ﾎﾝｼﾞ》つりをかける入札者〔競売人〕. (3) 《ﾒｷ》《話》仲間, 相棒. (4) 《ｸﾞｱﾃ》《ﾒｷ》奉公人. [← 仏 *croupier*]

gu·rú [gu.rú; gu.-] 男 [複 ～s, ～es] (ヒンズー教の) グル, 導師；指導者.

gu·ru·lla·da [gu.ru.já.ða; gu.- ‖ -.ʎá.-] 女 《話》烏合の衆.

gu·ru·llo [gu.rú.jo; gu.- ‖ -.ʎo] 男 (小さな) 塊, つぶつぶ.

gu·run·dan·go, ga [gu.run.dáŋ.go, -.ga; gu.-] 形 《ラ米》《ﾄﾞﾐﾆ》《話》動きが鈍い；病弱な.

gu·ru·pa [gu.rú.pa; gu.-] 女 → grupa.

gu·ru·pe·ra [gu.ru.pé.ra; gu.-] 女 → grupera.

gu·ru·pí [gu.ru.pí; gu.-] / **gu·ru·pié** [gu.ru.pjé; gu.-] 男 → gurrupié.

gus [gús; gús] 男 《ラ米》《ﾍﾟﾙ》《鳥》ヒメコンドル.

gu·sa [gú.sa; gú.-] 女 《話》空腹 (感).

gu·sa·ne·ar [gu.sa.ne.ár; gu.-] 自 群れる, うごめく.

gu·sa·ne·ra [gu.sa.né.ra; gu.-] 女 **1** ミミズ［ウジ］などがうじゃうじゃいる所；（飼料用）ミミズの養殖場.
2 激情. Le dio (en) la ～. 彼［彼女］は激しい感情にかられた.

gu·sa·ni·llo [gu.sa.ní.jo; gu.- ‖ -.ʎo] 男 **1** 小さな虫. **2** (コイル状に巻いた) 糸や針金；金糸, 銀糸, 絹糸；（製本用の）スパイラルリング. **3** 空腹. **4** 《話》不安；欲求.
entrarle (a+人) *el gusanillo de...* (人) が…に夢中になる, 熱中する.
gusanillo de la conciencia 《話》良心の呵責(かしゃく).
matar el gusanillo 《話》(1) 軽く食べる；欲求を満たす. (2) 朝食前に蒸留酒を飲む.
[gusano＋縮小辞]

*__gu·sa·no__ [gu.sá.no; gu.-] 男 **1** 《動》(1) 蠕虫(ぜんちゅう)；ミミズ, ウジ；毛虫, イモムシ；サナダムシ, 回虫. ～ blanco (甲虫類の) 幼虫. ～ de luz ホタル. ～ de seda カイコ. ～ de tierra ミミズ. ～ revoltón (ブドウにつく) 青虫. (2) 《複数で》蠕形(ぜんけい)動物. (3) (一般に) 虫. **2** 《話》《軽蔑》虫けらのような人, 軽蔑すべき人, くだらない人.
gusano de la conciencia 《話》良心の呵責(かしゃく).

gu·sa·ra·pien·to, ta [gu.sa.ra.pjén.to, -.ta; gu.-] 形 **1** 虫だらけの, 虫がわいた.
2 腐った, 傷んだ.

gu·sa·ra·po [gu.sa.rá.po; gu.-] 男 (水中にわく)小さな虫;ボウフラ.

gus·go, ga [gús.go, -.ga; gús.-] 形 《ラ米》《俗》《話》(よく食べる, 大食らいの.

gus·ta·ble [gus.tá.ble; gus.-] 形 《ラ米》《(キ)》おいしい, 美味な.

gus·ta·ción [gus.ta.θjón; gus.- / -.sjón] 女 試食, 試飲.

gus·ta·do, da [gus.tá.ðo, -.ða; gus.-] 形 《ラ米》《(キ)》好まれる, 好かれる, 人気のある.

gus·ta·dor, do·ra [gus.ta.ðór, -.ðó.ra; gus.-] 形 《ラ米》《話》(1) 《(コ)(キ)》人あたりのよい. (2) 《(キ)》飲んだくれの.

＊gus·tar [gus.tár; gus.-] 自 **1** 《gustarle (a+人)》《人》(は)…が好きである, …が気に入る, …にひかれる. *Me gusta* mucho el café. 私はコーヒーが大好きだ. *A mi hijo no le gusta* nada el pescado. 私の息子は魚が大嫌いです. ¿Oye, *te gusto?* — Sí, *me gustas* muchísimo. ねえ, 私のこと好き. —うん, 大好きだよ. ▶ 主語は動詞の後ろに来る傾向がある.

> [類語] *gustar, encantar* は「好きだ」という意味. *querer* は対象が物の場合は「欲しい」という意味になる. → *Me gusta* la fruta. 私は果物が好きだ. *Quiero* fruta. 私は果物が欲しい. *ser aficionado* は「好き」が高じて「趣味としている」こと, 「ファンである」ことをいう. → *Soy aficionado* al fútbol. 私はサッカーが好きだ.

2 《gustarle (a+人)+不定詞《人》(は…するのが / gustarle (a+人) que+接続法《人》(は…であることが) 好きである, …を好む. *A mi padre le gusta levantarse* temprano. 私の父は早起きが好きだ. *No me gusta que se porte* así. 私は彼[彼女]がそんな態度をとるのは気に入らない.

3 《過去未来形で》《願望・婉曲》《gustarle (a+人)+不定詞《人》(は) (できれば) …したい; 《gustarle (a+人) que+接続法《人》(は) (できれば) …していただきたい. *Me gustaría hablar* con el señor García. ガルシアさんとお話したいのですが. *Me gustaría que me enviaran* los datos cuanto antes. できるだけ早く資料を送っていただきたいのですが. ¿*Vas a ir a la conferencia? — Me gustaría ir*, pero a esa hora no puedo. 君は講演会に行くのかい. —行きたいのだけれど, その時間には無理なんだ.

4 (皆に)人気がある. *La película no gustó*. 映画は失敗だった. **5** 《de... / de+不定詞 …するのが》好きである. *Gusto* mucho *de* las novelas largas. 私は長編小説がとても好きだ. *Gusta de leer* en la cama hasta muy tarde. 彼[彼女]はベッドの中で遅くまで読書するのが好きだ. **6** 《疑問文で》《丁寧》《食べ物を勧めて》いかがですか. ¿*Ustedes gustan?* — No, gracias. Buen provecho. 《食事中に》あなた方もいかがですか. —いいえ, 結構です. どうぞごゆっくり.

— 他 (食べ物を)味わう, 試す;経験する. ~ la buena vida いい生活を味わう.

— ~·se 再 《複数主語で》(互いに)好きである. Estos dos *se gustan*. このふたりはお互いひかれあっている.

si usted gusta あなたがよろしければ.

gus·ta·ti·vo, va [gus.ta.tí.bo, -.ba; gus.-] 形 味覚の. órgano ~ 味覚器官.

papila gustativa 味蕾(らい).

gus·ta·zo [gus.tá.θo; gus.- / -.so] 男 《話》(普段は得られないような大きな)満足感, 快感. ¡Qué me da verte después de tanto tiempo! 久しぶりに会えてすごくうれしいよ.

darse el gustazo de+不定詞《話》…で満足する.

Por un gustazo, un trancazo. 《諺》大きな喜びを得るためなら何も苦にならない.

[gusto +増大辞]

gus·ti·llo [gus.tí.ʎo; gus.- ‖ -.ʎo] 男 **1** 後口, 後味. Esta sopa tiene un ~ extraño. このスープはちょっと変な味が残る. **2** (他人の失敗・不幸に感じる)快感, 小気味よさ.

[gusto +縮小辞]

＊gus·to [gús.to; gús.-] 男 **1** 味覚 (=sentido del ~). La lengua es el órgano del ~. 舌は味覚器官である.

2 《a... …の》味, 風味 (=sabor). con ~ *a* limón レモン風味の. Esta comida china tiene un ~ agridulce. この中華料理の味は甘酸っぱい.

3 喜び, 楽しみ;愉快, 気持ちよさ;満足. con sumo ~ 非常に快く. Con mucho ~. 《依頼に対して》喜んで(いたします). Mucho [Tanto] ~ en conocerle. 《挨拶》お目にかかれて光栄です. Mucho ~. — El ~ es mío. 初めまして, どうぞよろしく. —こちらこそ, どうぞよろしく.

4 好み, 嗜好; 《por... / de...》(…に対する)興味, (…が)好きであること. Cada uno tiene su propio ~. 人それぞれに好みが違う. Sobre [De] ~ no hay nada escrito. 《諺》蓼(たで)食う虫も好きずき(←好みについては何の決まりもない). el ~ *por* los dulces 甘いもの好き. Tiene el ~ *de* la velocidad. 彼[彼女]はスピード狂である.

5 趣味, センス(のよさ);審美眼. de buen [mal] ~ 趣味のいい[悪い]. Tienes mucho ~ para vestir. 君は服のセンスがいい.

6 意欲;気まぐれ. no tener ~ para nada 何もやる気がしない. por su ~ 自分から進んで;気まぐれで, 勝手に. **7** 《美》《建》《文学》様式, スタイル.

— 男 →gustar.

a gusto (1) 気楽に, くつろいで. Estoy *a* ~ en casa. 私はわが家にいるとくつろげる. (2) 喜んで. Yo lo haría muy *a* ~. 私なら喜んでそれをするのだが. (3) 十分に. Pesa muy *a* ~ sus ochenta kilos. 彼[彼女]は優に80キロはある.

al gusto 好みに合わせて, 好きなように.

*coger*le [*tomar*le] *el gusto a...* 〈人が〉…を気に入る. *Le ha cogido el* ~ *a* la lectura. 彼[彼女]は読書が好きになった. ▶ le は *a...* に相当.

con mucho gusto 《ラ米》《(キ)(ナ)》《話》《gracias への返事》いいえ, どういたしまして.

dar gusto a+人 〈人〉を満足させる, 喜ばす;気持ちよくする. *Me da* ~ tomar el sol. 私は日光浴が好きです. *Me da* mucho ~ que me des masaje en los hombros. 君に肩をもんでもらって本当に気持ちがいい.

darse el gusto de+不定詞 …したくなる.

que da gusto / que es un gusto すばらしい;すごく, すばらしく;よく. Baila *que da* ~. 彼[彼女]の踊りはすばらしい.

tener el gusto de+不定詞《丁寧》(喜んで)…いたします. Tengo el ~ *de* acoger*te* aquí. あなたをこうしてお迎えできてうれしく思います.

tener (mucho) gusto en+不定詞《丁寧》…して大変うれしい, …することを喜びとする. Tenemos mucho ~ *en ver*le otra vez. あなたと再会できて私たちは大変嬉しく思っています.

[← 《ラ》*gustum* (*gustus* の対格)「試食;味」; 関連]

gustar, disgusto]

gus·to·sa·men·te [gus.tó.sa.mén.te; gus.-] 副 喜んで, 心から.

gus·to·so, sa [gus.tó.so, -.sa; gus.-] 形 **1** おいしい, 美味な, 味のよい. fruta *gustosa* おいしい果物. **2** 楽しい. **3** 心からの, 喜んだ. *G*~ le escribo a usted.《手紙》(書き出しで)一筆啓上申し上げます.

gu·ta·gam·ba [gu.ta.gám.ba; gu.-] 女 **1**〖植〗ガンボージ, フクギの類:オトギリソウ科の高木. **2** 藤黄(とうおう), 雌黄:ガンボージ樹皮から採った樹脂. 黄色顔料, 下剤用.

gu·ta·per·cha [gu.ta.pér.tʃa; gu.-] 女 **1** グッタペルカ:グッタペルカノキの幹に傷をつけて採取した樹脂. **2** グッタペルカで防水加工した布.

gu·ta·ra [gu.tá.ra; gu.-] 女《ラ米》(エクアドル)スリッパ, サンダル.

gu·tiám·bar [gu.tjám.bar; gu.-] 女 藤黄(とうおう), 雌黄:黄色顔料.

Gu·tié·rrez So·la·na [gu.tjé.r̄eθ so.lá.na; gu.- / -.r̄es] 固名 グティエレス・ソラナ. José ~ (1886–1945). スペインの画家.

gu·ti·fa·rra [gu.ti.fá.r̄a; gu.-] 女《ラ米》→ butifarra.

gu·tí·fe·ro, ra [gu.tí.fe.ro, -.ra; gu.-] 形〖植〗オトギリソウ科の. —— 女 オトギリソウ科の植物;《複数で》オトギリソウ科.

gu·tu·ral [gu.tu.rál; gu.-] 形 **1** のどの. **2**〖音声〗喉音(こうおん)の;軟口蓋(なんこうがい)音の. → velar³. —— 女〖音声〗喉音;軟口蓋音.

Gu·ya·na [gu.já.na; gu.-] 固名 ガイアナ:南米大陸北部の協同共和国. 首都 Georgetown.

gu·ya·nés, ne·sa [gu.ja.nés, -.né.sa; gu.-] 形 ガイアナの. —— 男 女 ガイアナ人.

guz·go, ga [gúθ.go, -.ga; gúθ.- / gús.-; gús.-] 形《ラ米》(メキシコ)《話》よく食べる, 大食らいの.

guz·la [gúθ.la; gúθ.- / gús.-; gús.-] 女〖音楽〗グスラ:東欧の一弦の弦楽器.

Guz·mán [guθ.mán; guθ.- / gus.-; gús.-] 固名 グスマン:スペインの作家 Mateo Alemán のピカレスク小説 *Vida del pícaro* ~ *de Alfarache*『悪漢グスマン・デ・アルファラーチェの生涯』の主人公. 愛称は Pícaro. ♦「ピカレスク小説」はこの愛称に由来する. → picaresca.

g/v., g.v. 《略》〖商〗*gran velocidad* 急行貨物便.

gym·kha·na / gyn·ca·na / gyn·ka·na [jiŋ.ká.na][英] 女 ジムカーナ:自動車の障害レース.

H h

ch の組み合わせで「チャ行」の子音を表す場合を除き、発音上は完全に無音. したがって, ha, he, hi, ho, hu はそれぞれ「ア, エ, イ, オ, ウ」.

H, h [á.tʃe] 囡 スペイン語字母の第8字. ► 通例は無音.

h 《略》*hora* 時.

H **1**〖化〗*hidrógeno* 水素. **2**《略》(1)〖物理〗*henrio*（インダクタンスの単位）ヘンリー. (2) *hotel* ホテル.

H. 《略》**1**〖商〗*haber* 貸方. **2**〖カト〗*hermano* 助修士.

ha 《略》*hectárea*（面積の単位）ヘクタール.

ha- 活 → haber.

¡ha! [á] 間投 ああ, おお.

ha·ba [á.ba] 囡 [el ~, un [una] ~] **1**〖植〗ソラマメ（の実）. ~ **de las Indias** スイートピー. ~ **menor** [**panosa**]（馬の飼料用の）ソラマメ. **2**（コーヒー・カカオなどの）豆, 豆粒. **3**（虫の）刺し跡 (= roncha); 腫物(紫). **4**（投票用の白黒の）小球. **5**（御公現の祝日（1月6日）のケーキに入れる）小人形. ♦人形の入った部分をもらった人には幸運が訪れると言われる. **6**〖鉱〗団塊. **7**〖獣医〗（馬の）口蓋腫瘍(ヒュムホ).
echarle las habas (a+人)（特にソラマメを使って）〈人〉の運命を占う;〈人〉に魔法をかける.
En todas partes cuecen habas. 《諺》どこへ行っても不都合[災いの種]はある.
habas verdes 〖音楽〗アバスベルデス：スペインの旧 Castilla 地方の歌[踊り].
ser habas contadas 《話》確か[明らか]である; 残りわずかである.
[←〘ラ〙*fabam* (*faba*「豆」の対格)｜関連 〘英〙*faba*]

***Ha·ba·na** [a.bá.na] 固名 La ~ ハバナ：キューバの首都. ♦1519年に建設され, スペインの新大陸植民地支配の中心で, 貿易の中継地として発展. Llave del Nuevo Mundo「新世界の鍵(恕)」と呼ばれた. 旧市街とその要塞群は世界遺産. [←?〘アラワク〙*Habana*]

ha·ba·ne·ro, ra [a.ba.né.ro, -.ra] 形 **1** ハバナの. **2** 中南米帰りの成金の (= indiano).
— 男 囡 **1** ハバナの住民[出身者]. **2** 中南米帰りの成金. — 囡 〖音楽〗ハバネラ：キューバのハバナを中心として起こった4分の2拍子のダンスと音楽.

ha·ba·ni·to [a.ba.ní.to] 男〘ラ米〙(`グア`)クリームやチョコレートの入ったビスケット.

ha·ba·no, na [a.bá.no, -.na] 形 **1**（キューバの）ハバナの. **2** 茶褐色の. — 男（キューバ産の）葉巻.

ha·bar [a.bár] 男 ソラマメ畑.

há·be·as cor·pus [á.be.as kór.pus] 〘ラ〙男 人身保護令状, 身柄提出令状. ♦英国のチャールズ Carlos 2世が1679年に制定した人身保護法の最初の言葉, 「汝(\`{\'{な}}ん`)は身体を保つべし」による.

****ha·ber** [a.bér] 他〖助動〗► haber＋過去分詞で複合時制を作る.

1《直説法》

1《現在形で》《現在完了》《完了》もう…した;《経験》…したことがある;《現在を含む時間の中で》…した, …だった. *Ya ha terminado* el curso. もう講座は終わった. *No he estado* nunca en Brasil. 私はブラジルに一度も行ったことがない. *Este año ha llovido mucho*. 今年は雨が多かった.

2《線過去形で》《過去完了》（過去のある時点を基準にして）…してしまっていた, …したことがあった. *Cuando llegué, él había salido*. 私が着いたときは彼はもう出かけてしまっていた. *Hasta entonces yo había estado dos veces en África*. そのときまでに私は2度アフリカに行ったことがあった.

3《未来形で》《未来完了》（未来のある時点を基準にして）…してしまっているだろう;《完了したことを推量して》…したことだろう. *Mañana a esta hora todo habrá terminado*. 明日の今ごろにはもう全てが終わっているだろう.

4《過去未来形で》《過去未来完了》（過去から見た未来完了で）…してしまっているだろう;（過去のある時点で完了したことを推量して）…してしまっていただろう (= 過去完了);《仮定の帰結で》…し（てい）ただろう. *Me dijeron que lo habrían terminado al cabo de dos horas*. 彼らは私にあと2時間でそれを終えてしまっているだろうと言った. *Ayer a las once ya habría vuelto a casa*. 昨日11時にはもう彼[彼女]は帰宅していただろう. *Con este dinero habríamos podido comprar una casa*. このお金があったなら, 私たちは家を買うことができただろうに.

5《点過去形で》《直前過去》《cuando, apenas などで導かれる節》…した（すぐ後で）. *Cuando se hubieron ido*, empezó el cuchicheo. 彼らが去ったとたん, ひそひそ話が始まった. *Una vez se hubo quedado solo*, miró los papeles. ひとりになったとたんに, 書類をチェックした.

2《不定形》► 目的人称代名詞は haber に付けられる. → **de** *haberlo sabido* それを知っていたなら. *Se reprochaba no haberlo confirmado antes*. 彼[彼女]は前もってそれを確かめておかなかったことを悔やんでいた.

1《不定詞》…してしまったこと. *No debíamos* ~la *dejado* sola. 私たちは彼女をひとりにしておくべきではなかったのに. *Siento mucho* ~*te hecho esperar mucho*. 君を長いこと待たせてしまって申し訳ない. *¡H~lo dicho antes!* もっと早くそれを言うべきだったのに. **2**《現在分詞》…してしまったから[ので];…してしまったのに. *Habiendo estudiado tanto, harán bien el examen*. よく勉強してあるので彼らは試験がうまくいくでしょう.

3《接続法》

1《接続法現在完了, 接続法過去完了》(► 主節の動詞が言及する時より以前に言及する) *Le agradezco mucho que haya asistido* a la reunión. あなたが会合に出席してくれたことを感謝しています.
2《si＋接続法過去完了》もし（あのとき）…していたら, …だったら. *si hubiera dicho* la verdad もし（あのとき）真実を言っていたら.
3《como si＋接続法過去完了》まるで…した（ことがある）かのように. *Palideció como si hubiera visto un fantasma*. 彼[彼女]はまるで幽霊を見たかのように青くなった.

habichuela

―⦅他⦆《3人称単数形で》(▶現在形は hay) **1**《不特定の人や事物の存在を表して》**…がある，いる**. No *hay* nadie en la sala. 部屋には誰もいない. Al fondo de la calle *hay* un edificio muy grande. この通りの突き当たりに大きなビルがある. Hay muchas cosas que hacer. やらなければならないことがたくさんあります. ¿Cuánto *hay* de aquí al pueblo? こからその町までどのくらいありますか. Los *hay* buenos y malos. 良いのもあれば悪いのもある.

2《+時間を表す語句およびその相当語句》《まれ》…前に. *dos años ha* 2年前に. ▪ふつうは hace dos años. **3** 存在する；生じる. el ascenso de temperatura *habido* ayer 昨日みられた気温の上昇. una hija *habida* en su primer matrimonio 彼[彼女]の最初の結婚でできた娘. → habido.

―⦅男⦆ **1**《主に複数で》財産. **2**《商》《簿記》貸方. **3**《集合的》長所. tener... en su ～ …を長所として持つ. **4**《複数で》収入.

de lo que no hay《強調》《軽蔑》信じがたい（ほどひどい）.

donde los [las] haya / si los [las] hay《強調》この上ない.

haber de+不定詞《義務》…しなければならない. *Has de tener* paciencia. 君は辛抱しなくてはね. Siempre *he de ser* el que paga.《不満を表して》支払いをするのはいつも私なんだから.

haber que+不定詞《3人称単数で》(▶ 現在形は hay)《一般に》…しなくてはならない，…することが必要だ. Hay que trabajar. 働かなくてはいけない. No *hay que hacer* nada. 何もする必要はない. No *hay que olvidar* que… …を忘れてはいけない.

habérselas con… …と対決する，付き合う.

no haber más que+不定詞《3人称単数で》(▶ 現在形は hay)…しさえすればよい.

no haber quien…《3人称単数で》(▶ 現在形は hay)…する人はない. No hay quien le tosa a la hora de cantar. 歌うことにかけたら彼[彼女]の右に出る者はいない.

No hay de qué. どういたしまして.

no hay otro (como A*) para* B BにかけてはAほどの人はいない[ものはない]. *No hay otra como ella para* este cargo. この役目に関しては彼女ほどの人はいない.

¿qué hay? /《ラ米》《ミジ》《話》*¿qué hubo?*《あいさつ》《話》どうだい，変わりないかい.

(que) no haber más que pedir《3人称単数で》(▶ 現在形は hay) 完璧な，格別に[に]. Es terca, *que no hay más que pedir.* 彼女は頑固だ，それもとびきりのね.

[←〘古スペイン〙「持つ」←〘ラ〙*habēre*「持つ」；〘関連〙hábil.〘仏〙*avoir*「持つ」.〘伊〙*avere*「持つ」.〘英〙*have*との関連は未詳]

ha·bi·chue·la [a.bi.tʃwé.la]⦅女⦆〘植〙インゲンマメ. ～ *verde* サヤインゲン.

ganarse las habichuelas 生活の糧を稼ぐ.

ha·bi·do, da [a.bí.ðo, -.ða]⦅形⦆存在した，生まれた. ～*s y por haber* 過去，現在，未来の；過去にあったことも，これから先予想されることも. *todo lo* ～ *y por haber* あらゆるもの. los hijos ～*s* en el matrimonio 夫婦間に生まれた子供たち.

ha·bien·te [a.bjén.te]⦅形⦆所有している. *derecho* ～〘法〙権利所有者.

‡**há·bil** [á.bil]⦅形⦆ **1**《con... / en... / para...》《…が》器用な，上手な，《…に》熟練した. cirujano ～ *con* las manos 手先が器用な腕のよい外科医. ～ *con* las manos 手先が器用な.

Es ～ *en* la cocina. / Es ～ *para* cocinar. 彼[彼女]は料理がうまい. **2** 抜け目のない，如才ない. Con unos ～*es* manejos consiguieron clientes. 巧みなやり方で彼らは顧客を獲得した. **3**《para...》…に適した，ふさわしい. una sala ～ *para* conferencias 会議向きの部屋. **4**〘法〙（法的に）有効な，資格のある. tiempo ～ 有効期間.

día hábil 平日，就業日.

[←〘ラ〙*habilem* (*habilis* の対格)「扱いやすい；熟達した」(*habēre*「持つ；扱う」より）派生〙；〘関連〙habilidad.〘英〙*able*「できる，才能のある」*ability*「能力」]

‡**ha·bi·li·dad** [a.bi.li.ðáð]⦅女⦆ **1** 巧みさ，巧妙；能力. con ～ 巧みに，器用に. tener ～ para los negocios 商才がある. → talento〘類語〙. **2** 妙技；特技. Hace muchas ～*es* en el trampolín. 彼[彼女]はトランポリンの上で数々の技を見せる.

ha·bi·li·do·so, sa [a.bi.li.ðó.so, -.sa]⦅形⦆巧みな，器用な.

ha·bi·li·ta·ción [a.bi.li.ta.θjón / -.sjón]⦅女⦆ **1**（場所などのある目的への）充当，利用，許可. **2**〘法〙資格（権利）の付与，許可，認可. ～ *de bandera*（外国船に対する）沿岸貿易許可. **3** 会計係[経理係]の職；会計課，経理課. **4**〘経〙整備；提供，供給. **5**《ラ米》**(1)**《ミジ》出資社員の資格付与；（農家への）現物貸付. **(2)**《アルゼ》《法》（農業労働者への）前貸金. **(3)**《アルゼ》私立の教育機関を公立のそれに合わせること.

ha·bi·li·ta·do, da [a.bi.li.tá.ðo, -.ða]⦅男⦆ **1** 会計係，主計官. **2**《ラ米》権利などを享受している人.

ha·bi·li·tar [a.bi.li.tár]⦅他⦆ **1**（法律上の）権限，権利を与える. ～ *a*+人 *para suceder*（人に）相続権を付与する. **2**《de...》…を提供する，供給する；《con...》…を融資する. **3**《para...》（目的に）利用する，充てる；整備する. ～ *el local para* establecimiento comercial その場所を店舗に充てる. **4**《ラ米》**(1)**《ミジ》《商》（出資）社員にする. **(2)**《アルゼ》《法》金を前貸しする. **(3)**《話》うんざりさせる，不快にする.

ha·bi·lo·so, sa [a.bi.ló.so, -.sa]⦅形⦆《ラ米》《ミジ》《キ》器用な，たくみな.

ha·bi·ta·bi·li·dad [a.bi.ta.bi.li.ðáð]⦅女⦆居住（適）性.

ha·bi·ta·ble [a.bi.tá.ble]⦅形⦆住むことのできる，住むに適した.

‡**ha·bi·ta·ción** [a.bi.ta.θjón / -.sjón]⦅女⦆ **1** 部屋，（主に）寝室. ～ *individual* 個室，シングルルーム. ～ *doble* / ～ *con dos camas* 2人用の部屋，ツインルーム. ～ *libre* 空き部屋. ～ *interior [exterior]* 中階側[道路側]の部屋. *dejar la* ～ 部屋を空ける；（ホテルの部屋を）チェックアウトする. **2** 住むこと，居住；住居. **3**（動植物の）生息地.

ha·bi·ta·cio·nal [a.bi.ta.θjo.nál / -.sjo.-]⦅形⦆《ラ米》《アルゼ》住居の.

ha·bi·tá·cu·lo [a.bi.tá.ku.lo]⦅男⦆ **1** 住居，居住部分；（乗り物の）車内. **2**（動植物の）生息地.

‡**ha·bi·tan·te** [a.bi.tán.te]⦅形⦆住んでいる；生息する.

―⦅男⦆⦅女⦆住民，住人，居住者. *ciudad de un millón de* ～*s* 人口100万の都市.

‡**ha·bi·tar** [a.bi.tár]⦅他⦆（場所に）**居住する**，…を住みかとする. Los peces *habitan* los ríos y los mares. 魚は川や海に生息する. Cuatro familias

habitan el edificio. その建物には4家族が住んでいる. ─自 《**en...** 〈場所〉に》居住する, 住む. *En este barrio habita un cuarto de la población.* この地域人口の4分の1が住む.
[←〔ラ〕*habitāre*; 関連 hábito. 〔英〕*inhabit*]

há·bi·tat [á.bitaɾ] 男《複 ─s》**1**(動植物の)生息環境; 生息地. **2** (人間の)居住環境; 居住地.

***há·bi·to** [á.bi.to] 男 **1** 習慣, 癖 (→ costumbre). *José tiene el ~ de canturrear.* ホセは鼻歌を歌う癖がある. **2** 習熟, 熟練. *Elena no tiene ~ de cocinar y tarda dos horas en preparar la cena.* エレナは料理になれていないので夕食を準備するのに2時間かかる. **3** 修道服, 法衣. **4** (薬物の)常用癖, 薬物依存. **5** 軍(団)旗.
ahorcar [*colgar*] *los hábitos* 僧籍を離れる, 還俗(げんぞく)する; 職[学業]を捨てる.
El hábito no hace al monje. 《諺》人を決めるのは外見ではない (←修道士の服を着たからといって修道士にはなれない).
tomar el hábito / tomar los hábitos 修道会に入る.
[←〔古ラ〕*habitum; habēre*「持つ; 保つ」(→ haber)の完了分詞 *habitus* の対格より派生. 関連 habitual, habitar. 〔英〕*habit*]

ha·bi·tua·ción [a.bi.twa.θjón / -.sjón] 女 習慣化, 常習化; 馴化(じゅんか).

*ha·bi·tual** [a.bi.twál] 形 いつもの, ふだんの, 習慣的な. *cliente ~* 常連客. *Llegar tarde no es nada ~ en ella.* 遅刻するのは全く彼女らしくない.

ha·bi·tual·men·te [a.bi.twál.mén.te] 副 いつも, 習慣的に, ふだんは.

ha·bi·tua·mien·to [a.bi.twa.mjén.to] 男 慣れ, 順化(=habituación).

ha·bi·tuar [a.bi.twáɾ] 84 他 《**a...**》《…に》慣らす, 慣れさせる, 《…を》習慣づける.
─**·se** 再 《**a...**》《…に》慣れる, 《…を》習慣とする (=acostumbrar(se)).

ha·bi·tué [a.bi.twé] 形 《ラ米》《ラプ》(ある場所に)よく行く, 通う.

*ha·bla** [á.bla] 女 [el ~, un [una] ~] **1** 話すこと, 言語能力. *perder el ~* 口がきけなくなる; 言葉をなくす. **2** (特定社会・地域の)言葉, 方言. *países de ~ hispana* スペイン語圏諸国. *el ~ aragonesa* アラゴン方言. *el ~ de los niños* 幼児言葉. **3** 話し方, 口調. *La reconocí por el ~.* 私は話し方で彼女だとわかった. **4** 〖言〗(ソシュール言語学の)パロール, 言.
─男 ▶ hablar.
al habla 《電話》はい, 私ですが; 《名前と共に用いて》こちらは…です. *¿Es Ud. el señor García? — Al ~.* ガルシアさんですか. — はい, 私ですが.
*dejar a+人 sin habla / quitar*le *el habla* (*a+*人) 〈人〉を唖然(あぜん)とさせる.
*estar al habla con+*人 〈人〉と交渉中である; 通話中である.
*poner a+*人 *al habla con+*人 〈人〉に〈人〉と連絡をとらせる.
*ponerse al habla con+*人 〈人〉と連絡をとる, 交渉に入る; 電話で話す.
[←〔古スペイン語〕*fabla*←〔ラ〕*fābula*「談話; 物語」]

ha·bla·chen·to, ta [a.bla.tʃén.to, -.ta] 形 《ラ米》《ごさつ》《話》おしゃべりな, 話好きな.

ha·bla·da [a.bláða] 女 《ラ米》**(1)**《ラプ》話, おしゃべり. **(2)**《ラプ》《複数で》《話》虚勢, 強がり, こけおどし. **(3)**《ラプ》叱責(しっせき). **(4)**《ラプ》《セ》陰口. **(5)**《*ラ*》《ラプ》あてこすり.

ha·bla·de·ra [a.bla.ðé.ɾa] 女 《ラ米》《ラプ》《ごさつ》《話》うわさ話, ゴシップ.

ha·bla·de·ro [a.bla.ðé.ɾo] 男 《ラ米》《セ》《ラプ》《話》陰口, 悪口.

ha·bla·do, da [a.blá.ðo, -.da] 形 話された, 口頭の, 口語の. *bien* [*mal*] *~* 言葉遣いの正しい[ぞんざいな]. *español ~* 口語スペイン語. *cine ~* 《映》トーキー.

ha·bla·dor, do·ra [a.bla.ðóɾ, -.ðó.ɾa] 形 **1** おしゃべりな, 話し好きな. **2** うわさ[ゴシップ]好きな. **3** 《ラ米》《話》**(1)**《ラプ》うそつきな, 当てにならない. **(2)**《ラプ》偉ぶる, 自慢する.
─男 女 **1** おしゃべりな人. **2** うわさ好きな人.

ha·bla·du·rí·a [a.bla.ðu.ɾí.a] 女 うわさ, ゴシップ, 陰口.

ha·blan·chín, chi·na [a.blan.tʃín, -.tʃí.na] 形 《話》おしゃべりな, 話し好きな.
─男 女 《話》おしゃべりな人.

*ha·blan·te** [a.blán.te] 形 話す.
─男 女 話し手, 話者 (↔ oyente).

ha·blan·ti·na [a.blan.tí.na] 女 《ラ米》《ラプ》《ごさつ》《話》無駄話; たわ言.

ha·blan·ti·no, na [a.blan.tí.no, -.na] / **ha·blan·ti·no·so, sa** [a.blan.ti.nó.so, -.sa] 形 《ラ米》《ラプ》《セ》《ごさつ》《話》おしゃべりな, 話好きな.

ha·blar [a.bláɾ] 自 **1《人が》**話す**, しゃべる, ものを言う; 口を割る. *~ en voz alta* [*baja*] 大きい[小さい]声で話す. *~ en inglés* 英語で話す. *~ solo* 独り言を言う. *~ por señas* 身ぶり手ぶり[手話]で話す. *~ por teléfono* 電話で話す. *~ claro* はっきり話す. *Estuvieron hablando toda la noche.* 彼らは一晩中話し明かした. *¿Quién habla? / ¿Con quién hablo?* 《電話》どちらさまですか.
2《**con...** …と》会話する, 話す; 交際する. *¿Puedo ~ un momento con usted?* 少しあなたとお話できますか.
3《**a...** …に》話しかける, 呼びかける; 演説する. *El alcalde habló al pueblo.* 市長は市民に訴えた.
4《**de... / sobre...** …について》話す, 語る; 思い出させる; 人に推察する. *Los detalles hablan mucho del tipo de persona que es.* 細かいところを見るとどんな人だかよくわかる.
5《**de... / sobre...** …について》うわさ話をする, 批判する. *Le gusta ~ de los demás.* 彼[彼女]は他人のうわさ話をするのが好きだ.
─他 **1**《言語を》**話す**. *¿Qué lenguas habla usted?* あなたは何語を話しますか. *Se habla japonés.* 《店の掲示で》日本語通じます.
2《問題などを》相談する, 話す. *Es mejor que lo hables con el profesor.* そのことを先生と話す方がいい.
─**·se** 再 《複数主語で》話し合う; 交際する. *Ellos no se hablan desde que tuvieron una discusión.* 口げんかしてから彼らは口を利いていない.
dar que hablar 評判[うわさ]の種になる.
hablar bien [*mal*] *de...* …のことをほめる[けなす].
hablar de tú [*usted*] tú [usted] で話す, 親しい口を利く[敬語で話す]. *Me puedes ~ de tú.* 君は私に tú で話していいよ.
hablar por no callar / hablar por hablar とりとめのない話をする; 大した意味のない話をする.

ni hablar とんでもない，もってのほか．
¡No se hable más! 《議論の打ち切りを示して》これでおしまい，もういいよ．
¡Quién fue a hablar! 《話》よく言うよ，(人のことが)言えた義理か，君に言われたくないよ．
[←［ラ］*fabulāri* (*fābula*「談話；物語」より派生); 関連 fábula．［英］*fable*「寓話」]

ha·bli·lla [a.blí.ja‖-.ʎa] 囡《話》うわさ，陰口．

ha·blis·ta [a.blís.ta] 男囡 言葉遣いにうるさい人；(言語上の)純正主義者．

ha·blis·tán [a.blis.tán] 形 男 囡《話》→ hablador.

ha·bón [a.bón] 男 (蚊などに刺された跡の)膨れ．

habr- 活 → haber.

Habs·bur·go [aβs.búr.go] 固名 Casa de ~ [Austria] ハプスブルク家：オーストリア［オーストリア］の王家．♦神聖ローマ皇帝カール5世 (スペイン国王カルロス Carlos 1世) から Carlos 2世の代まで (1516-1700年) スペイン国王を兼ねた．

ha·ca [á.ka] 囡 [el ~, un [una] ~]《古語》→ jaca.

ha·ce·ci·llo [a.θe.θí.jo‖-.ʎo / -.se.sí.-] 男 1 〘植〙密錐(*すい*)花序，束生. **2** 小さな束．
［haz + 縮小辞］

ha·ce·de·ro, ra [a.θe.ðé.ro, -.ra / -.se.-] 形 実現可能な，実行できる (= factible).

ha·ce·dor, do·ra [a.θe.ðór, -.ðó.ra / -.se.-] 男 囡 **1** 創造者，創作者. el Sumo [Supremo] *H*~ 〘宗〙造物主，神. **2** 農場管理人．

ha·cen·da·do, da [a.θen.dá.ðo, -.ða / -.sen.-] 形 (多くの)土地(農場)を所有している. hombre ~ 地主． ― 男 囡 **1** 地主，土地所有者；農場主. **2**《ラ米》(ʰ)(ᴿᵎ)牧場主. → hacienda.

ha·cen·dar [a.θen.dár / -.sen.-] 他 ⑧ …に土地を譲渡する，与える．
― ~·se 再 (地所を購入して)定住する，居を定める. ~*se* en Argentina アルゼンチンに定住する．

ha·cen·da·rio [a.θen.dá.rjo / -.sen.-] 男《ラ米》(ᴹᵉˣ)国庫．

ha·cen·de·ro, ra [a.θen.dé.ro, -.ra / -.sen.-] 形 (家事・農事などの)切り盛りのうまい．

ha·cen·dis·ta [a.θen.dís.ta / -.sen.-] 男 囡 財政家，財政学者．

ha·cen·dís·ti·co, ca [a.θen.dís.ti.ko, -.ka / -.sen.-] 形 財政の，財政に関する．

ha·cen·do·so, sa [a.θen.dó.so, -.sa / -.sen.-] 形 (家事などに)熱心な，よく働く. ~ como una hormiga とてもこまめである，忙しく動き回る．

ha·cer [a.θér / -.sér] 32 他 [過分] is hecho ］ **1 する，行う. ~ una pregunta 質問する. ~ una reserva 予約する. ~ ejercicios 運動する. ~ la compra 買い物する. ¿Qué vas a ~ esta tarde? 今日の午後の予定は. *Ha hecho* un trabajo excelente. 彼[彼女]はすばらしい仕事をした.
2 作る，制作する；建設・設立する；創造する. ~ pasteles ケーキを作る. ~ una página web personal 個人のホームページを作成する. ~ un edificio de oficinas オフィスビルを建てる. Mamá, ¿quién *hizo* al primer hombre? お母さん，一番最初の人間は誰がつくったの.
3 生じさせる；引き起こす. ~ una fortuna 富を築く. ~ un agujero 穴を開ける. ~ ruido 音をたてる. ~ sitio 場所を空ける. ~ daño 傷つける；損害を与える.
4（1）〈食事などを〉用意する. Vamos a ~ una cena sencilla. 簡単な夕食を用意しよう．(2)〈使えるように〉整える. ~ la cama ベッドメーキングをする. ~ la casa 家を掃除する，片づける. ~ la maleta 旅行の荷物を整える．
（3）〈a＋人〈人〉の〉〈ひげ・まゆ・手・足・爪〈ᴺᵃⁱˡ〉などを〉整える，手入れする. ~ la barba ひげを整える. En este salón *te hacen* las uñas por veinte euros. このサロンではネイルケアを20ユーロでやってくれる (*te* が a＋人 に相当).

5（1）《＋名詞 …に》する，任命する. Me *hicieron presidente* de la comunidad de vecinos. 私は自治会の会長に任命された. ▶ 名詞は目的語と性数一致する.「…にする」の意味では対象を示す前置詞 de を伴うことがある. → 自 **3**.（2）《＋形容詞 …に》する. Tus sonrisas me *hacen feliz*. 君の笑顔は僕を幸せにしてくれる. ▶ 形容詞は目的語と性数一致する. （3）《＋形容詞 …に》見せる. Ese vestido te *hace delgada*. そのワンピースを着るとやせて見える. ▶ 形容詞は目的語と性数一致する.

6《＋前置詞句・形容詞・副詞およびその相当語句》《〈人が〉…にいる[である]》と想像する. Yo te *hacía en Mallorca*. 君はマジョルカ島にいるものだと思っていたよ．

7（1）〘演〙〘映〙〈役を〉演じる. ~ el papel protagonista 主役を演じる．(2)《＋定冠詞＋形容詞／＋定冠詞＋名詞 …の》のふりをする. ~ *el payaso* 道化を演じる，ばかのふりをする. ▶ 形容詞・名詞は目的語と性数一致する. 時に冠詞付名詞を伴う. → 再 **4**.

8 訓練する. ~ abdominales 腹筋運動をする．

9《a… …に》慣らる. Mi larga estancia en el extranjero me *hizo* a la soledad. 私は長い海外生活で孤独に慣れた．

10（1）〈特定数量・重量に〉なる. Tengo tres euros más; así que en total *hacen* diez. 僕はもう3ユーロあるから，全体で10ユーロになるね．(2)〈特定距離を・特定速度で〉走行する. ¿Cuántos kilómetros *ha hecho* este coche? この車の走行距離は何キロですか. ~ cien kilómetros por hora 時速100キロで走る．(3)〈特定順位に〉位置する，つける. Ha nacido un bebé que *hace* el número quinientos en esta clínica. 当院500人目の赤ちゃんが誕生しました．(4)〈特定容量が〉ある. Este recipiente *hace* un litro. この容器には1リットル入る.

11 排泄(*はいせつ*)する. ~ pis おしっこする. ~ caca うんちする.

12《使役》
（1）《＋不定詞 …》させる. Carmen me *hizo llorar*. カルメンに泣かされた．(2)《que＋接続法》《…》させる，《…することを・…になるように》する. Puedo ~ *que te despidan* con una llamada. 私は電話一本で君を解雇させることができるんだよ.

13《3人称単数・無主語で》〈天候が〉…である. Hoy *hace* muy buen tiempo. 今日はとても天気がいい. ~ calor 暑い. ~ frío 寒い. ~ viento 風が強い. ▶「〈人が〉暑い・寒い」という場合は人を主語にして tener を用いる. → El bebé tiene frío. 赤ちゃん，寒そうだよ. ▶ 形容詞の bueno, malo を用いることが多い. → *Hace* bueno. 天気がいい.

14《3人称単数・無主語で》《＋時間を表す語句》
（1）《前置詞的に》…前(に). una foto de *hace diez años* 10年前の写真. Eso ocurrió *hace dos meses*. それは今から2か月前に起こった．
（2）《que＋直説法》《…してから》…が経つ；…前から《…》している[である]. *Hace* una semana que me casé. 結婚して1週間になる. *Hace tres días*

que estoy enfermo. 3日前から病気です. ► hace は現在を基準とする. 過去の一時点を基準とする場合は hacía, 未来の一時点を基準とする場合は hará を用いる.

── 自 **1** 《de...》《…として》働く;《(…の)》役を務める;《演》《映》《(…の)》役を演じる. **~ de camarero** ウェイターとして働く. **~ del Emperador Nerón** 皇帝ネロに扮する.
2 《**como que**+直説法》《(…という)》ふりをする,《(…であるかのように)》振る舞う. **~ como que no sabe nada** 何も知らないふりをする.
3 《**de...**》《…を》《+名詞 …に》する. **Voy a ~ de usted un escritor de moda.** あなたを流行作家にしてみせます. ► 名詞は対象を示す目的語と性数一致する.
4 《**a...**》《(…にとって)》重要である,《(…と)》関係がある. *Ese dato no hace al caso.* その情報はこの問題とは無関係だ.
5 《**por** [**para**]+不定詞 / **por** [**para**] **que**+接続法…するように》努める. *Haré por visitarla en el hospital hoy mismo.* 何とかして, 今日中に彼女を病院に見舞いに行くつもりだ.
6 《話》《**a**+人 〈人〉にとって》好都合である;望ましい, 魅力的である. *¿Te hace una cerveza?* ビールでもどうだい.《► te が a+人 に相当》.

── ~**.se** 再 **1** 《3人称で》**行われる**, なされる. *Se está haciendo una revisión de las medidas de seguridad.* 安全対策の見直しが行われている.
2 《3人称で》**作られる**, できる;成長・成熟する. *Así se hacen buenos anuncios.* いい広告はこうやって作られる. *Nuestro vino se hace en barriles de roble americano.* 当社のワインはアメリカ樫(%?)の樽(%?)で熟成されます.
3 《+名詞・形容詞 …に》**なる**. **~se traductor** 翻訳家になる. **~se vegetariano** ベジタリアンになる. ► 名詞・形容詞は主語と性数一致する.
4 《+定冠詞+形容詞 / +名詞+形容詞》《(…の)》ふりをする,《(…と)》気取る. *No te hagas el santo.* 聖人ぶるのはよせ. ► 形容詞・名詞は主語と性数一致する.
5 《+数量を表す語句 …を》稼ぐ. *Se hace dos mil euros al mes.* 彼[彼女]は毎月2000ユーロ稼ぐ.
6 《**a...** …に》慣れる. **~se al nuevo horario** 新しい時間割に慣れる.
7 《**con...** …を》入手する;捕らえる;取り上げる, 横領する. **~se con la confianza del jefe** 上司の信頼を手に入れる. ►「取り上げる, 横領する」の意味では, まれに前置詞 **de** が用いられることもある.
8 《自分の》《ひげ・まゆ・手・足・爪(%)などを》整える, 手入れする. **~se las cejas** まゆを整える.
9 (**1**)《+不定詞》《自分を・自分の何かを》《(…)》させる,《(…)》してもらう. **~se esperar** 待たせる. **~se fotografiar**《自分の》写真を撮ってもらう.
(**2**)《自分のために》…を作らせる, あつらえる. *Quiero ~me un vestido de fiesta.* パーティードレスをあつらえたい.
10《場所を空けるために》《**a...** …の方に》寄る. *¿Te puedes ~ un poco más a ese lado?* もう少しそっち側に寄ってもらえる.
11《話》《**a**+人 〈人〉に》《**que**+直説法 …と》思える. *Se me hace que tu amigo está ocultando* algo. 私にはあなたの友達が何か隠してるように見える.《► me が a+人 に相当》.

a medio hacer やりかけの, 未完成の;中途半端な. *Mi padre no soporta dejar las cosas a medio ~.* 父はものごとを中途半端でほっておけない性分だ.

El que la hace la paga. 《諺》自分のまいた種は自分で刈り取らなければならない.
hacer a+人 de menos 〈人〉をさげすむ, 軽く扱う.
hacer bien [*mal*] …は適切[不適切]である. *Has hecho bien diciéndomelo.* そのことを教えてくれたのはよかった. ►…の部分には+現在分詞 / en+不定詞 / si+直説法現在・接続法過去などが用いられる.
hacer de las SUYAS《主に間違い・失敗を指して》いかにもその人らしい行動をとる. *¡Otra vez has hecho de las tuyas!* あなた, またやったわね.
hacer el favor de+不定詞 → **favor**.
hacerla (buena)《話》とんでもないことをしでかす.
hacer por hacer ろくに考えもせず, 意味もなくやる. *No hagas cosas por ~; usa un poco la cabeza.* 何でもやればいいってもんじゃないさ. 少しは頭を使えよ.
hacer y deshacer わがもの顔に振る舞う, 好き勝手にする.
haga lo que haga / *por más que haga* どうやってみたところで.
Haz bien y no mires a quién.《諺》相手を選ばず善行を施せ.
no hacer sino [*más que*]+不定詞 …するばかりだ, …しかしない. *Desde que te fuiste, no hago más que suspirar.* あなたが行ってしまってから, ため息ばかりついて暮らしています.
¿Qué (le) hemos de hacer? / *¿Qué le vamos* [*vas, voy...*] *a hacer?*《あきらめの気持ちをこめて》どうしようもない, 仕方がない.
¿Qué se le ha de hacer? / *¿Qué se le va a hacer?* → *¿Qué (le) hemos de hacer?*
[←〔ラ〕*facere*;〔関連〕*fácil*. 〔仏〕*faire*. 〔英〕*do, fact*「事実」, *affect*「影響する」]

ha·ce·ra [a.θé.ra / -sé.-] 囡 → **acera**.
ha·ces [á.θes / -ses] 男 **haz** の複数形.
── 話 **hacer** の.
hach [xátʃ / hátʃ] 〔アラビア〕 男 メッカへの巡礼(者).
ha·cha[1] [á.tʃa] 囡 [el ~, un [una] ~] **1** たいまつ. **2** 大きなろうそく. **3** わら束. **4**《ラ米》(%?) (**1**)《遊》ビー玉遊び. (**2**)《魚》シマガツオ(の一種).
[←〔ラ〕*faculam* (*facula* の対格)「小さなたいまつ」 / *fax*「たいまつ」+縮小辞〕〔関連〕*hacho*]
***ha·cha**[2] [á.tʃa] 囡 [el ~, un [una] ~] **1** 斧(%?), まさかり, 手斧(%?). **~ de armas** 《昔の》戦斧(%?).
2《話》名手, 名人, 達人. *ser un ~ en matemáticas* 数学の天才である.
3 スペインの古い舞踊の一つ.
de hacha《ラ米》(%?) 不意に, にわかに.
de hacha y tiza《ラ米》(%?) 勇敢な;けんかっ早い.
desenterrar el hacha de guerra《話》敵意を表す;戦線布告.
enterrar el hacha de guerra 和睦する.
estar (como) hacha《ラ米》(%?)《生徒に》よくできる.
ser de hacha y machete《ラ米》(%?)〈人が〉どんな仕事もこなす.
[←〔古仏〕*hache*←〔フランク〕*happja「斧, 小鎌」; 〔関連〕〔英〕*hatchet*]
ha·cha·dor [a.tʃa.ðór] 男 《ラ米》(%?)(%?)(%?) 木こり, (木材の)切り出し人夫.
ha·char [a.tʃár] 他 → **hachear**.
ha·cha·zo [a.tʃá.θo / -.so] 男 **1** 斧(%?)を打ちつけること. **2**《闘牛》角の横突き;《スポ》《話》《相手選手

hache

を) 故意に蹴ること. **3** 《ラ米》(1)(刃物による)大けが, 深い傷. (2)(馬が)驚くこと; 逸走. (3)《話》二日酔い.

ha·che [á.tʃe] 囡 [el ~, un [una] ~] アルファベットの h の名称.
 Llámale [Llámale usted] hache.《話》そんなことはどちらでもいい, どちらでも同じことだ.
 por hache o por be [ce]《話》何らかの理由で; どうにかして.
 volverse haches y erres《ラ米》/ **volverse haches y cúes**《話》無駄[徒労]に終わる.

ha·che·ar [a.tʃe.ár] 他 斧で削る[切る, 割る].

ha·che·mí [a.tʃe.mí] / **ha·che·mi·ta** [a.tʃe.mí.ta] 形 ハーシェム家[王国]の.
 — 男 囡 ハーシェム家[王国]の人.

ha·che·ro¹ [a.tʃé.ro] 男 たいまつ立て; 大燭台, 大ろうそく立て.

ha·che·ro² [a.tʃé.ro] 男 **1** 木こり, (木材の)切り出し人. **2**《軍》工兵.

ha·chís [a.tʃís] 男《単複同形》ハシッシュ, 大麻: 大麻の花や芽から精製した麻薬.
 [←《アラビア》*hašîš*「干し草」]

ha·cho [á.tʃo] 男 **1** たいまつ. **2** (海に臨む)高台, 小高い丘.

ha·chón [a.tʃón] 男 → hacha¹.

ha·cho·te [a.tʃó.te] 男《軍》(カンテラ用の)太くて短いろうそく. [hacha¹ + 増大辞]

ha·chue·la [a.tʃwé.la] 囡 手斧, 手おの.
 [hacha² + 縮小辞]

ha·cia [a.θja / -.sja] 前 **1**《大まかな方向》…の方に, …に向かって. ~ abajo [arriba] 下[上]の方に. ~ adelante [atrás] 前[後]の方へ. ~ la derecha [izquierda] 右[左]の方へ. El camarero miró ~ la puerta. ウェイターはドアの方を見た. ¿Vais ~ la estación? 君たちは駅の方へ行くの. Se volvió ~ nosotros. 彼[彼女]は私たちの方に振り向いた. ¡Ya viene ~ aquí! 彼[彼女]はもうこっちへ向かってるよ.
 2《大まかな場所》…のあたりに. Creo que está ~ La Mancha. それはラ・マンチャのどこかにあると思うよ. *H*~ la Plaza Mayor hay varias discotecas. マヨール広場あたりにいくつかディスコがある.
 3《大体の時間》…ころに, …前後に (= sobre). Volvió a casa ~ las once. 彼[彼女]は11時ごろ帰宅した. Mi abuelo murió ~ mil novecientos ochenta. 祖父は1980年ころ亡くなった. Llegaron ~ el veinte de octubre. 彼らは10月20日前後に着いた.
 4《傾向》…へ(の). Muestra tendencia ~ el comunismo. 彼[彼女]は共産主義寄りの傾向を見せている. Nuestra charla suele desviarse ~ ese tema. 私たちのおしゃべりはいつもその話題の方へそれる.
 5《感情の対象》…に対して. Ella tiene mucho cariño ~ los animales. 彼女は動物に対して愛情深い. Siento un profundo respeto ~ su trabajo. 私はあなた(方)のお仕事に深い敬意をもっております.
 [←《古スペイン》*faza*~ *faz(e) a*「…に顔をむけて」 (*faz(e)* ←《ラ》*faciēs*「顔」; ~ haz) [関連]《英》*face*]

ha·cien·da [a.θjén.da / -.sjén.-] 囡 **1** 農場, 農園. **2** 財産, 資産. administrar la ~ 資産を管理する. → bien [類語]. **3** 国家財政 (= ~ pública). **4** [H-] 大蔵省 (= Ministerio de *H*~). **5**《主に複数で》家事. **6**《ラ米》(1)

(ラ米)家畜(類). (2)(ラ米)製糖場. (3) 大農園, アシエンダ. (4)(ラ米)牧畜場, 飼育場.
 [←《古スペイン》「事柄; 仕事」←《ラ》*facienda*「なすべきこと」(*facere*「する」の動形容詞より派生)]

ha·ci·na [a.θí.na / -.sí.-] 囡 (きちんと積み上げた)束の山; (一般的に)山積み, 山.

ha·ci·na·mien·to [a.θi.na.mjén.to / -.si.-] 男 群衆, 群れ, (人, 物の)ひしめきあうこと.

ha·ci·nar [a.θi.nár / -.si.-] 他 (きちんと)積み上げる, 積み重ねる (= amontonar). la leña 薪の束を積む. ~ trastos がらくたを積み上げる.
 — ~·se 再 **1** 山積みになる. **2** すし詰めになる, ひしめき合う.

hack·er [xá.ker // há.-] 《英》男 囡《複 ~s》〖IT〗ハッカー.

ha·da [á.ða] 囡 [el ~, un [una] ~] 妖精, 仙女. cuento de ~s おとぎ話.
 [←《俗ラ》*fata* ←《ラ》*Fāta*「運命の三女神」; [関連] hado, fatal. 《英》*fate, Fate*]

Ha·des [á.ðes] 固名〖ギ神〗ハデス (= Plutón): 死者の国[冥府]の支配者. クロノス Crono とレア Rea の子. 男 [h-] 冥府, 黄泉(よみ)の国; 地獄.

ha·do [á.ðo] 男《文章語》宿命, 運命; 因縁, 因果.

ha·do·fo·bia [a.ðo.fó.bja] 囡 乗り物恐怖症, 旅行恐怖症.

ha·do·pe·lá·gi·co, ca [a.ðo.pe.lá.xi.ko, -.ka] 形 (海が) 5000メートル以上の深さのある, 5000メートル以上の深さを持つ海の.

ha·fiz [a.fíθ / -.fís] 《複 hafices》男 見張り番, 監視人.

haf·nio [áf.njo] 男〖化〗ハフニウム.

hag- 語 → hacer.

ha·gio·gra·fí·a [a.xjo.gra.fí.a] 囡 聖人伝, 聖人の生涯の研究.

ha·gio·grá·fi·co, ca [a.xjo.grá.fi.ko, -.ka] 形 **1** 聖人伝に関する, 聖人の生涯の研究に関する. **2**《軽蔑》ほめすぎの.

ha·gió·gra·fo, fa [a.xjó.gra.fo, -.fa] 男 囡 聖人伝作者. — 男 (旧約)聖書の作者.

hah·nio [á.njo] 男〖化〗ハーニウム.

hai·ga [ái.ga] 男《話》大型高級車.

hai·kai [xai.kái // hái.-] 《日》男 → haiku.

hai·ku [xái.ku // hái.-] 《日》男《複 ~s, ~》俳句.

Hai·tí [ai.tí] 固名 ハイチ: 大アンティル諸島中央部の共和国. 首都 Puerto Príncipe. ◆1492年にコロンブス Colón によって命名された Española 島の西半分. [[タイノ]起源, 原義は「山の多い, 高い」]

hai·tia·no, na [ai.tjá.no, -.na] 形 ハイチの, ハイチ人の. — 男 囡 ハイチ人.
 — 男 ハイチ・クレオール(語).

¡ha·la! [á.la] 間投《催促・驚き・別れ・不快》さあ, そら, 早く; やれやれ.

ha·la·ca·bu·yas [a.la.ka.bú.jas] 男《単複同形》〖海〗新米の水夫.

ha·la·co [a.lá.ko] 男《ラ米》(中米)《話》がらくた, 不用品.

ha·la·ga·dor, do·ra [a.la.ga.ðór, -.ðó.ra] 形 **1** お世辞の, ほめる. **2** 喜ばせる, 満足させる.

ha·la·gar [a.la.gár] 他 **1** 喜ばせる, 満足させる, うれしく思う. **2** 喜ばせる; お世辞を言う; ほめる. Me *halaga* tu propuesta. 君の申し出をうれしく思う. **2** 喜ばせる; お世辞を言う; ほめる. [←《アラビア》*khalaqa*「好意的に扱う; 滑らかにする」]

ha·la·go [a.lá.go] 男 **1** へつらい, お世辞; 自尊心をくすぐるもの (= lisonja). palabras de ~ お世辞. **2** 喜び, 満足. Es un ~ para mí oír sus pa-

labras. あなたのお言葉をうれしく思います.
halague(-) / halagué(-) 圖 → halagar.
ha·la·güe·ño, ña [a.la.gwé.no, -.na] 形 **1** お世辞の, へつらいの；うれしがらせる. **2** 有望な, 期待の持てる. perspectivas *halagüeñas* 明るい見通し.
ha·lar [a.lár] 他 **1**《海》(1)《索を》引く；曳航(なが)する. (2)《オールを》手前に引きつける. **2**《ラ米》(ダリ)(エクデン)(*ボ)(パラグ)(ぎまう)(ぎん)引く, 引き寄せる.
hal·cón [al.kón] 男 **1**《鳥》タカ, ハヤブサ (►「雌タカ」は prima も用いる). ~ campestre (家畜(かちく)と共に育てられ) 飼い慣らされたタカ. ~ niego (タカ狩り用に調教するための) タカの子. ~ palumbario オオタカ. ~ peregrino ハヤブサ. ~ zahareño 野生のタカ. **2**《政》タカ派, 強硬論者 (↔paloma).
hal·co·ne·ra [al.ko.né.ra] 女 **1** タカを飼っておく場所. **2** → halconero.
hal·co·ne·rí·a [al.ko.ne.rí.a] 女 タカ狩り.
hal·co·ne·ro, ra [al.ko.né.ro, -.ra] 男 女 鷹匠(たかじょう). —男 男性にこびを売る女性.
hal·da [ál.da] 女 [el ~, un [una] ~] **1** スカートの前の部分, エプロン；《まれ》スカート (= falda). **2**（特に綿花・わらを包むための）粗布, 粗い織布, ズック；その1包み分.
de haldas o de mangas ぜひとも.
hal·de·ta [al.dé.ta] 女《服飾》（腰につるす）垂れ飾り.
¡ha·le! [á.le] 間投 さあ, そら, 早く早く.
hale hop《突然の動作》ぱっ, さっ.
ha·le·che [a.lé.tʃe] 男《魚》カタクチイワシ.
half·court [xaf.kór(t) / haf.-] [英] 男《スポ》ハーフコートテニス.
ha·lie·to [a.ljé.to] 男《鳥》ミサゴ.
ha·li·ta [a.lí.ta] 女 岩塩 (= sal gema).
há·li·to [á.li.to] 男 **1** 吐く息, 呼気. **2** 水蒸気, 湯気. **3**《文章語》微風, そよ風.
ha·li·to·sis [a.li.tó.sis] 女《単複同形》口臭.
hall [xól / hól] [英] 男《建》ホール, ロビー.
ha·lla·ca [a.já.ka ‖ -.ʎá.-] 女《ラ米》(ベネズ)《料》練ったトウモロコシの粉の中に肉や野菜を詰めてバナナの葉で包んで蒸した料理.
ha·lla·do, da [a.já.ðo, -.ða ‖ -.ʎá.-] 形《bien [mal] を伴い》 *bien* ~ 居心地のいい, 快適な, 満足した. *mal* ~ 落ち着かない, 居心地の悪い, 場違いな.
＊＊ha·llar [a.jár ‖ -.ʎár] 他 **1** 見つける, 見出す, 発見する. La policía *halló* una pistola en el domicilio del sospechoso. 警察は容疑者の自宅でピストルを発見した. no ~ respuesta 答えが見つからない.

類語 *buscar* は「探す」. *hallar, encontrar* は「見つける」. ただし hallar は文語的.

2 出くわす, 遭遇する. ~ una feroz resistencia 激しい抵抗に遭う. **3** 考案する, 発明する. Esta empresa farmacéutica *halló* un nuevo medicamento eficaz contra el cáncer. この製薬会社はがんに効果のある新薬を発明した. **4**《+形容詞・副詞およびその相当語句》…が（…であることに）気づく,（…であると）判断する. *Hallé* a mi abuelo muy *delgado*. 祖父がひどくやせているのに気づいた. ▶ 形容詞は目的語と性数一致する.
—~·se 再 **1**《+副詞およびその相当語句〈場所〉に》いる, ある, 位置する. Este pueblo *se halla dentro del círculo polar*. この村は北極圏内に位置している.

類語 *hallarse, encontrarse* ともに, *estar*「いる, ある」の意味. ただし hallarse は文語的.

2《+形容詞・副詞およびその相当語句 …の状態で》ある. En aquella ocasión *me hallé* completamente *sola*. あのとき, 私は完全に孤立していた. ▶ 形容詞は主語と性数一致する. 《con... …に》出くわす, 遭遇する. *~se con* un obstáculo 障害につきあたる.
hallarse en todo 何事にも首をつっこむ, でしゃばる.
hallárselo todo hecho 全てが楽に思いどおりになる, 努力せず何でも手に入る.
no hallarse 居心地が悪い, 場違いに感じる.
[←[古スペイン] *fallar*←[ラ] *afflāre*「息を吹きかける」(「においをかいで足跡を追う」を経て「見つける」に転義)；関連 hallazgo, fallar]
ha·llaz·go [a.jáθ.go ‖ -.ʎáθ.- / -.jás.-] 男 **1** 見いだすこと, 発見. **2** 発見物, 掘り出し物. **3** 発明, 創案. **4**《古語》(拾得物への) 謝礼.
ha·llu·lla [a.jú.ja ‖ -.ʎú.ʎa] 女 **1**（熱した石・燠(おき)などで焼いた）パン. **2**《ラ米》(チリ)(ボリ)ロールパン.
hal·lux val·go [á.luks bál.go] 男《医》外反母趾(ぼし).
ha·lo [á.lo] 男 **1**（太陽・月の）暈(かさ), ハロー. **2**（聖像の）円光, 光輪, 後光. **3** 名声, 威厳.
ha·lo·bac·te·ria [a.lo.bak.té.rja] 女 ハロバクテリア；強好塩性の古細菌の総称.
ha·ló·fi·lo, la [a.ló.fi.lo, -.la] 形《生化》好塩性の.
ha·ló·fi·to, ta [a.ló.fi.to, -.ta] 形《植》塩分の多い土地でも育つ.
ha·lo·ge·na·do, da [a.lo.xe.ná.ðo, -.ða] 形《化》ハロゲンを含有する.
ha·ló·ge·no, na [a.ló.xe.no, -.na] 形《化》ハロゲン（族元素）の. lámpara *halógena* ハロゲンランプ. —男 ハロゲン（族元素）.
ha·lo·ge·nu·ro [a.lo.xe.nú.ro] 男《化》ハロゲン化合物.
ha·lo·gra·fí·a [a.lo.gra.fí.a] 女《化》塩類学.
ha·loi·de·o, a [a.loi.ðé.o, -.a] 形《化》ハロゲン化された. —男 ハロゲン塩, ハロゲン化物.
ha·lón[1] [a.lón] 男《ラ米》引き寄せること.
ha·lón[2] [a.lón] 男《化》ハロン.
ha·lo·pe·ri·dol [a.lo.pe.ri.ðól] 男《薬》ハロペリドール；統合失調症・うつ病に用いられる薬.
ha·lo·tec·nia [a.lo.ték.nja] 女《化》工業用塩抽出処理法.
hal·te·ra [al.té.ra] 男 女《話》重量挙げの選手. —女《スポ》ダンベル, 亜鈴.
hal·te·ro·fi·lia [al.te.ro.fí.lja] 女《スポ》重量挙げ, ウエートリフティング.
hal·te·ró·fi·lo, la [al.te.ró.fi.lo, -.la] 形 重量挙げの, ウエートリフティングの. —男 再 重量挙げ［ウエートリフティング］の選手.
ha·lu·ro [a.lú.ro] 男《化》ハロゲン化物.
＊ha·ma·ca [a.má.ka] 女 **1** ハンモック, つり床. **2** デッキチェア. **3**《ラ米》(ジ)ぶらんこ；ロッキングチェア. [←[タイノ] *hamaca*]
ha·ma·car [a.ma.kár] 自 他《ラ米》揺する, 揺さぶる. —~·se《ラ米》揺れる.
hay que hamacarse《ラ米》(リオプラ)努力しなければならない, 懸命になって働かなければならない.
há·ma·go [á.ma.go] 男 **1** 蜂蠟(ろう). **2** 吐き気, 不快感.
ha·ma·que·ar [a.ma.ke.ár] 他《ラ米》(1) 揺する, 揺り動かす. (2)《ラ米》(タリ)(エクデン)(ボリ)(ぎよう)(ぎん) 小突き回す, 手ひどく扱う. (3)《ラ米》《解決を》引き延ばす, じりじりさせる.

hamaquero

—~·se 再《ラ米》揺れる.
ha·ma·que·ro, ra [a.ma.ké.ro, -.ra] 男 女 ハンモック職人；ハンモックのかつぎ手.
— 男 ハンモックのつり手.
ha·mar·to·ma [a.mar.tó.ma] 男 [医] ハマルトーマ, 過誤腫.

***ham·bre** [ám.bre] 女 [el ~, un [una] ~] **1** 空腹, 飢え. Tengo (mucha) ~. 私は (とても) お腹が空いています. engañar [entretener] el ~ 空腹を紛らす. pasar ~ 貧しい生活を送る；飢えに苦しむ. huelga de ~ ハンガーストライキ. **2** 飢餓(き), 飢饉(き), 食糧不足. **3** 渇望, 切望. tener ~ de... ~を渇望する.
A buen hambre no hay pan duro.《諺》空腹にまずいものなし(←空腹に堅いパンはない).
hambre canina ひどい空腹. *tener un ~ canina* 腹ぺこである.
juntarse el hambre con la(s) gana(s) de comer どっちもどっちである.
matar a+人 *de hambre*《話》〈人〉に満足な食事を与えない, 〈人〉を飢えさせる.
matar el hambre《話》空腹をいやす.
morir(se) de hambre 空腹で死にそうである；食うや食わずの生活をしている.
ser más listo que el hambre《話》非常に賢い.
un hambre que no veo ひどい空腹.
[←[俗5] *famine* (*famis* の対応) — [ラ] *famēs*；関連 [ラ] *faim*. —[英] *famine*「飢饉」]
ham·bre·a·do, da [am.bre.á.ðo, -.ða] 形《ラ米》→ hambriento.
ham·bre·a·dor, do·ra [am.bre.a.ðór, -.ðó.ra] 形《ラ米》(ろう)搾取する；経営する.
ham·bre·ar [am.bre.ár] 他 **1** 飢えさせる.
2《ラ米》搾取する, 食い物にする.
— 自 **1** 飢える. **2**〈哀れっぽく〉窮状を訴える.
***ham·brien·to, ta** [am.brjén.to, -.ta] 形 **1** 飢えた, 腹ぺこの. **2** (de...) ~を渇望する, 切望する. **3**《ラ米》(ミミ)(※)けちな, さもしい. — 男 女 **1** 空腹の人, 飢えた人. **2**《ラ米》(ミミ)けちな人.
ham·brí·na [am.brí.na] 女 腹ぺこ.
ham·brí·o, a [am.brío, -.a] 形《ラ米》(ミミ)《話》空腹な.
ham·brón, bro·na [am.brón, -.bró.na] 形《話》飢えた, 腹ぺこの. — 男 女 **1** 大食漢. **2** ひどく腹をすかせた人, 飢えた人.
ham·bru·na [am.brú.na] 女 **1** 飢餓, 食糧難.
2《ラ米》腹ぺこ, ひもじさ.
Ham·bur·go [am.búr.go] 固名 ハンブルク：ドイツ最大の港湾都市.
[←[古高地ドイツ] *Hammaburg*; → Burgos]
***ham·bur·gués, gue·sa** [am.bur.gés, -.gé.sa] 形 ハンブルクの. 男 女 ハンブルクの住民 [出身者].
— 女 [料] ハンバーガー；ハンバーグ (ステーキ). *hamburguesa con queso* チーズバーガー.
ham·bur·gue·se·ra [am.bur.ge.sé.ra] 女 ハンバーガー調理器.
ham·bur·gue·se·rí·a [am.bur.ge.se.rí.a] 女 ハンバーガーショップ.
ha·mo [á.mo] 男 **1**《まれ》釣り針.
2《ラ米》(ミミ)袋網, たも網.
ham·pa [ám.pa] 女 [el ~, un [una] ~] **1**(集合的) ならず者, 悪党；悪の世界, 暗黒街. *el ~ de Chicago* シカゴの暗黒街. **2** [史] (特にスペインAndalucía 地方の) やくざ組織.
ham·pes·co, ca [am.pés.ko, -.ka] / **ham·po**,

pa [ám.po, -.pa] 形 ごろつき (仲間) の, 無頼の.
ham·pón, po·na [am.pón, -.pó.na] 形 ごろつきの, 無頼の；荒っぽい. — 男 ごろつき, ならず者.
háms·ter [áms.ter] 独 男 [複 ~s, ~, ~es]〔動〕ハムスター.
han [án] 活 → haber.
hand·ball [xám.bol // hán(d).-] 男《ラ米》(ミミ)〔スポ〕ハンドボール (= balonmano).
hánd·i·cap [xán.di.kap // hán.-] /
hand·i·cap [xan.di.káp // hán.-] [英] 男 [複 ~s] **1**〔スポ〕ハンディキャップ. **2** 不利, 障害, ハンディ. *sufrir un ~* ハンディを負っている.
han·dling [xan.dlin // hán.-] [英] 男 (乗客・乗務員, 荷物, 航空機の清掃・整備などの) 空港での地上サービス.
han·gar [aŋ.gár] [仏] 男〔航空〕格納庫.
han·sa [án.sa] [独] 女 [el ~, un [una] ~] 〔史〕ハンザ同盟.
han·se·á·ti·co, ca [an.se.á.ti.ko, -.ka] 形 〔史〕ハンザ同盟の.
há·pax [á.paks] 男〔単複同形〕〔言〕一定の長さの文章中に一度しか出現しない単語〔形式〕.
ha·plo·cla·mí·de·o, a [a.plo.kla.mí.ðe.o, -.a] 形〔植〕単花被の.
ha·plo·fa·se [a.plo.fá.se] 女〔生物〕単相：細胞の核相で染色体のセットを1個のみ持っている状態. 1倍体細胞.
ha·ploi·de [a.plói.ðe] 形〔生物〕(染色体が) 半数性の.
ha·plo·lo·gí·a [a.plo.lo.xí.a] 女〔言〕重音脱落：単語内に同一または類似の音節があるとき, 一方が省略される現象. *~cejijunto → cejunto, impudicicia → impudicia*.
hap·pen·ing [xá.pe.nin // há.-] [英] 男 [複 ~s, ~] ハプニング (劇)：観客を巻き込んだりして一回性を重視した劇をはじめとする芸術.
hap·to·no·mí·a [ap.to.no.mí.a] 女 胎教法の一つ.
har- 活 → hacer.
ha·ra·ca [a.rá.ka] 女《ラ米》(ミミ)パチンコ, 投石機.
ha·ra·gán, ga·na [a.ra.gán, -.gá.na] 形〔軽蔑〕怠惰な (= holgazán). — 男 女〔軽蔑〕怠け者.
ha·ra·ga·ne·ar [a.ra.ga.ne.ár] 自〔軽蔑〕怠ける；怠惰な生活を送る.
ha·ra·ga·ne·rí·a [a.ra.ga.ne.rí.a] 女 怠惰, 無為.
ha·ra·ki·ri [a.ra.kí.ri] [日] 男 → haraquiri.
ha·ram·bel [a.ram.bél] 男 → arambel.
ha·ra·pien·to, ta [a.ra.pjén.to, -.ta] 形 ぼろを着た (= andrajoso). — 男 女 ぼろを着た人.
ha·ra·po [a.rá.po] 男 **1** ぼろ, おんぼろ服. *andar hecho un ~* ぼろを着ている. **2** (蒸留段階の最後に出る) アルコール度の低い焼酎(ぽう).
ha·ra·po·so, sa [a.ra.pó.so, -.sa] 形 ぼろを着た；(服が)ぼろぼろの.
ha·ra·qui·ri [a.ra.kí.ri] [日] 男 切腹, 割腹.
hacerse el haraquiri 切腹する；自殺行為をする.
ha·ras [á.ras] 男〔単複同形〕《ラ米》(ミミ)(ミョ)馬の飼育場.
har·bu·llar [ar.bu.jár || -.ʎár] 他 → farfullar.
har·ca [ár.ka] 女 [el ~, un [una] ~] モロッコ先住民の遠征隊；モロッコの反乱部隊.
hard·co·re [xár.cor // hár.-] [英] 男 [複 ~s, ~] ハードコアポルノ：極端に露骨なポルノ映画 [小説].
hard·ware [xárð.(g)wer // hárð.-] [英] 男 [I T] ハードウェア. ▶「ソフトウェア」は software.

ha·re·kris·na [xa.re.krís.na // ha.-] 〔サンスクリット〕 男 女 【宗】（ハーレ）クリシュナ教徒：ヒンドゥー教のクリシュナ神を崇拝する新興宗教（ハーレ）クリシュナ教（団）の教徒.

ha·rem [a.rém] / **ha·rén** [a.rén] 男 **1**《集合的》ハレムの女たち.
2（イスラム教徒の家で）女性たちの住む部屋.
[← 〔仏〕harem ← 〔アラビア〕ḥarīm「禁じられた場所」]

*__ha·ri·na__ [a.rí.na] 女 **1** 小麦粉（= ～ de trigo）;（穀物などの）粉. El pan se hace con ～. パンは小麦粉で作られる. ～ en flor 良質の小麦粉. ～ integral 全粒小麦粉. ～ de avena オート麦粉. ～ de maíz トウモロコシ粉. ～ de pescado 魚粉. ～ lacteada 粉乳に粉末状のパン・砂糖などを加えた）離乳食用の粉. ～ fósil 【鉱】珪藻（ﾋｲｿｳ）土, トリポリ.
2《ラ米》(1)《ﾀﾞﾘ》《話》お金. (2)《ｴｸｱﾄﾞﾙ》断片, 小片.
Donde no hay harina todo es mohína.《諺》貧すれば鈍する（←小麦粉がないところではすべてが不快）.

estar metido en harina《話》没頭している, 熱中している.

hacer harina…《話》…を粉々にする；ひどく疲れさせる.

ser harina de otro costal《話》全く別の問題である.

[←〔ラ〕*farīnam* (*farīna* の対格, *far* 「小麦（の一種）」より派生);【関連】〔英〕*barley*「大麦」]

ha·ri·ne·ar [a.ri.ne.ár] 自《ラ米》（ﾎﾝｼﾞｭ）（ｴﾙｻﾙ）（3人称単数・無主語で）霧雨が降る.

ha·ri·ne·o [a.ri.né.o] 男《ラ米》（ﾎﾝｼﾞｭ）（ｴﾙｻﾙ）こぬか雨.

ha·ri·ne·ro, ra [a.ri.né.ro, -.ra] 形 製粉の. molino ～ 製粉機；製粉所. —男 女 製粉業者.

ha·ri·no·so, sa [a.ri.nó.so, -.sa] 形 粉の, 粉末状の；粉の多い, 粉っぽい；でんぷん質の. masa *harinosa* 粉をこねたもの, パン生地. pan ～（生焼けで）舌ざわりの粉っぽいパン.

har·ma [ár.ma] 女 [el ～, un [una] ～]【植】ハマビシ科ペガヌム属の植物.

har·mo·ní·a [ar.mo.ní.a] 女 → armonía.

har·mó·ni·co, ca [ar.mó.ni.ko, -.ka] 形 → armónico.

har·mo·nio [ar.mó.njo] 男 → armonio.

har·mo·nio·so, sa [ar.mo.njó.so, -.sa] 形 → armonioso.

har·ne·ar [ar.ne.ár] 他《ラ米》（ｺﾛﾝ）（ﾁﾘ）（ﾎﾝｼﾞｭ）ふるう, ふるいにかける.

har·ne·ro [ar.né.ro] 男 ふるい；選り分ける道具.
estar hecho un harnero（銃弾を浴びて）蜂（ﾊﾁ）の巣である；傷だらけである.

ha·rón, ro·na [a.rón, -.ró.na] 形 怠惰な, 無精な.

har·pa [ár.pa] 女 [el ～, un [una] ～]【音楽】ハープ, 竪琴（ﾀﾃｺﾞﾄ）(= arpa).

har·pa·gón, go·na [ar.pa.gón, -.gó.na] 形《ラ米》（ﾌﾟｴﾙ）《話》やせた, やせ細った.

har·pí·a [ar.pí.a] 女 → arpía.

har·pi·lle·ra [ar.pi.jé.ra // -.ʎé.-] 女 粗麻布, ズック.

ha·rra·do [a.řá.ðo] 男【建】（半円筒穹窿（ｷｭｳﾘｭｳ）の）隅；（円屋根の）ペンデンティブ, 穹隅（ｷｭｳｸﾞｳ）.

ha·rre [á.ře] 間投 → arre.

ha·rrie·ro [a.řjé.ro] 男 **1**《ラ米》（ﾆｶﾗ）【鳥】キバシカッコウ. **2** → arriero.

ha·rri·ja·so·tzai·le [a.ři.xa.so.tsái.le]〔バスク〕男 巨石を持ち上げる競技の選手.

har·ta·da [ar.tá.ða] 女 → hartazgo.

*__har·tar__ [ar.tár] 他 **1** …に好きなだけ食べさせる［飲ませる］. **2** 満足させる. **3** 飽き飽きさせる. ¡Me *estás hartando*!（君の話には）もううんざりだ. **4**《de… …を》いやというほど与える. ～ *de insultos* さんざんに侮辱する. **5**《ラ米》《話》(1)（ﾒﾋｺ）中傷する. (2)（ｴｸｱﾄﾞﾙ）侮辱する.

— ～**.se** 再《de…》**1**（…を）存分に食べる［飲む］. **2** 存分に（…）する；（…に）満足する. Este verano *me harté* de leer novelas. 今年の夏私は小説をたくさん読んだ. **3**（…に）飽き飽きする, うんざりする. ～*se de esperar* 待ちくたびれる.

har·taz·go [ar.táθ.go / -.tás.-] 男 満腹；食傷. *darse un hartazgo de*… …をいっぱい食べる［飲む］；…を存分にする；…うんざりする. *Me he dado un* ～ *de cine*. 私は嫌というほど映画を見た.

har·ta·zón [ar.ta.θón / -.són] 男 → hartazgo.

*__har·to, ta__ [ár.to, -.ta] 形 **1**《estar +》《de… …に》飽き飽きした, うんざりした. Estoy ～ *de oír tus quejas*. 君の愚痴は聞きあきた. *Estamos* ～*s de su palabrería*. 彼［彼女］（ら）の無駄話にはうんざりだ.
2《estar +》《de… …で》満腹した. Estoy *harta de pasteles*. 私はケーキを食べ過ぎた.
3《+ 名詞》かなりの, たくさんの. El tiene *hartas razones para marcharse*. 彼が出て行くのももっともなことだ.

—副 かなり, たくさん (▶ 形容詞の前に置かれ, 否定的な意味の文章に用いられる). La situación es ～ complicada. 状況はかなり複雑だ.
[←〔ラ〕*fartum* (*farcīre* 「詰め込む」の完了分詞 *fartus* の対格)]

har·tón, to·na [ar.tón, -.tó.na] 形《ラ米》(1) (ﾒｷ)（ﾆｶﾗ）大食らいの. (2)（ｺﾛﾝ）《話》しつこい.
—男 **1**《話》食傷, うんざり. **2**《ラ米》(1)（ﾒｷ）（ﾆｶﾗ）大食家, 食いしん坊. (2)（ｴｸｱﾄﾞﾙ）（ﾍﾞﾈｽﾞ）（ｺﾛﾝ）バナナの一種.

har·tu·ra [ar.tú.ra] 女 **1** 飽食, 満腹.
2 豊富, 多量. con ～ たっぷりと. **3** 充足, 満足.
4 食傷, うんざり. Me entró tal ～ que abandoné todo el plan. 私はいい加減うんざりして計画をすべてなげ出した. ¡Qué ～! うんざりだ, もうたくさんだ.

has [ás] 活 → haber.

hash [xáʃ // háʃ]〔英〕男《俗》ハシッシュ, 大麻 (= hachís).

has·sio [á.sjo] 男【化】ハッシウム (Hs).

*__has·ta__ [ás.ta] 前 (↔desde) **1** (1)《空間の終結点・到達点》…まで. Voy ～ el mercado, ahora vuelvo. 市場まで行って, すぐ戻ってくるよ. Os acompaño ～ la parada de autobús. 君たちをバス停まで送っていくよ. No sé ～ dónde llega el camino. この道がどこまで続いているのか知らない. La nieve nos llegaba ～ la cintura. 雪は私たちの腰の高さにまで達していた. ▶ 始点を表す場合は desde を用いる. → Viajaremos desde Madrid ～ Lisboa. 私たちはマドリードからリスボンまで旅行するつもりです. ▶ 途中の経路を重視して「…までずっと」の意味を表す. 単に到達点を表す場合は a. → Voy a Toledo. 「トレドに行く」(→ a ①). Voy ～ Toledo. ずっとトレドまで足をのばす.

(2)《時間・行為の終結点》…まで. Anoche me quedé ～ el final. 昨夜は私は最後までいた. Estuvimos en Madrid desde el jueves ～ el domingo. 私たちは木曜日から日曜日までマドリードにい

hastial

た.
2 《+不定詞 / **que**+直説法・接続法…する》まで. Corrimos ～ *llegar* al edificio. その建物に着くまで私たちは走った. Anoche me quedé ～ *que terminaste* el trabajo. 昨夜私は君が仕事を終えるまで残っていたよ. Me quedaré ～ *que termines* el trabajo. 君は君が仕事を終えるまで残っているよ. ▶ すでに起こったことは直説法, これから起こることは接続法を用いる. **3** 《あいさつ》H～ el lunes. それではまた月曜日に. **4** 《ラ米》《冠》…から. El museo se abre ～ las diez. 博物館は10時まで開館しません[10時から開館します].
— [ás.ta] **副 1** …さえ. H～ los niños pueden entenderlo. 子供でさえそれは理解できる. La trató bien, ～ la invitó a comer. 彼[彼女]はその女性に親切にし, 食事に招待すらした. ▶ 主語・目的語・動詞句・副詞句などさまざまな要素を強調.
2《数字の限界を表して》…でも. Te pagaré ～ dos mil euros. 君には2000ユーロでも払うよ.
3《列挙して》…までも. Vinieron Roberto, Julio y Yolanda; creo que ～ Rafa vino. ロベルト, フリオにヨランダも来た. それにラファまで来たと思うよ.
Hasta ahora. →ahora.
Hasta la vista. →vista.
Hasta luego. →luego.
Hasta mañana. →mañana.
Hasta pronto. →pronto.
Hasta siempre. →siempre.
[←〔古スペイン〕*fasta, fata*← *hadta*←〔アラビア〕*hatta*]

has·tial [as.tjál] **男 1**【建】切妻造の正面壁(上方の三角部分); (建物の)正面. **2**【鉱】坑道の側壁. **3** 無骨者, 田舎者.

has·tiar [as.tjár] **81 他 1** 不快にさせる, 吐き気を催させる; うんざりさせる; 退屈させる.
— **～·se 再** 《de…に》うんざりする, 飽き飽きする.

has·tí·o [as.tí.o] **男 1** 不快, 嫌悪(感). causar ～. うんざりさせる. sentir ～ de un trabajo 仕事に嫌気がさす. **2** むかつき, 吐き気.

ha·ta·ca [a.tá.ka] **女 1** 杓子(ℓψ).
2 のし棒, 麺棒(ðñ).

ha·ta·jo [a.tá.xo] **男 1** (家畜の)小さな群れ.
2 《話》《軽蔑》たくさん; 連中. un ～ de disparates 数多くのでたらめ.

ha·ti·jo [a.tí.xo] **男** 養蜂(箱の入り口の覆い.

ha·ti·llo [a.tí.ʝo ‖ -.ʎo] **男 1** (身の回り品の)小さい包み. **2** (家畜の)小さな群れ. [hato＋縮小辞]

ha·to [a.to] **男 1** 身の回り品(の包み).
2 (家畜の)群れ. **3** 《軽蔑》一味, 一団, 連中. ～ de pícaros 悪党の一味. **4** たくさん, 大量. **5** 牧童小屋. **6** 弁当, 糧食. **7**《ラ米》《ア楽》《クア》《コロア》《エクア》牧場, 飼育場. — y garabato《ラ米》《ペア》全財産.
andar con el hato a cuestas《話》渡り歩く, 転々とする.

ha·wai·a·no, na [a.(g)wa.já.no, na] **形** ハワイ(諸島)Hawaiの. — **男 女** ハワイの住民[出身者]
— **男** ハワイ語: ポリネシア語派の一つ.
— **女** 《ラ米》《メク》ビーチサンダル.

hay [ái] **活** →haber.

ha·ya [á.ja] **女** [el ～, un [una] ～]【植】ブナの木; ブナ材.

Ha·ya [á.ja] **固名** La ～ ハーグ: オランダ南西部の都市で行政の中心地.

haya(-) / hayá(-) **活** →haber.

ha·ya·ca [a.já.ka] **女** 《ラ米》《ベネア》→hallaca.

Ha·ya de la To·rre [á.ja ðe la tó.r̄e] **固名** アヤ・デ・ラ・トーレ Víctor Raúl ～ (1895-1979): ペルーの政治家. APRAの創設者.

ha·yal [a.jál] / **ha·ye·do** [a.jé.ðo] **男** ブナの林.

ha·yek [a.jék] **男** イスラムの伝統的な女性服.

ha·yo [a.jo] **男 1**【植】コカノキの一種. ＝coca[1].
2《ラ米》《コロア》《ベネア》アジョ: 先住民がかむcocaの葉に石灰やソーダなどを混ぜたもの.

ha·yu·cal [a.ju.kál] **男** ブナの林.

ha·yu·co [a.jú.ko] **男** ブナの実.

haz[1] [áθ / ás] **男**〖複 **haces**〗**1** (薪(^{たき})・穂などの)束.
2【物理】光線, 光束, ビーム. **3**【生物】繊維の束. ～ muscular [nervioso] 筋肉[神経]繊維の束. **4**《複数で》【紋】束桿(^{そっ}): ローマ執政官の権威のシンボル, フランスの非公式の大紋章.「束」←〔ラ〕*fascis*,〔関連〕fascismo. 〔英〕*fascine*「薪の束」

haz[2] [áθ / ás] **女** [el ～(時にla ～), un [una] ～]〖複 **haces**〗**1** (faz＝). **2** (布・葉などの)表, 表面, 表側 (↔envés). *haz de la Tierra* 地表.
a dos haces 下心をもって.
ser de dos haces (人が)表裏のある.
[「顔」←〔ラ〕*faciēs*「姿, 外形; 顔」,〔関連〕faz, fachada, superficie. 〔英〕*face*]

haz[3] [áθ / ás] **男**〖複 **haces**〗【軍】(昔の)分隊, 部隊; 隊形.

haz[4] [áθ / ás] **活** →hacer.

ha·za [á.θa / -.sa] **女** [el ～, un [una] ～]耕作地, 畑.

*haz**a·ña** [a.θá.ɲa / -.sá.-] **女 1** 偉業, 手柄, 功績. las ～ s del Cid エル・シッドの武勲.
2 《皮肉》お手柄, ご立派なこと. ¡Vaya ～, hablar mal de tu marido a sus espaldas! いないところで亭主の悪口を言うなんて大したものね.

ha·za·ñe·rí·a [a.θa.ɲe.rí.a / -.sa.-] **女** 大げさな振る舞い, わざとらしい態度; 騒動.

ha·za·ño·so, sa [a.θa.ɲó.so, -.sa / -.sa.-] **形** 見事な, 勇敢な, あっぱれな.

haz·me·rre·ír [aθ.me.r̄e.ír / as.-] **男** 《話》《軽蔑》物笑いの種, 笑い物.

HB [a.tʃe.βé] **男**《略》*H*erri *B*atasuna バスク人民連合: バスクの政党.

HDL [a.tʃe.ðe.é.le] **男**〔英〕**男**《略》【化】*h*igh *d*ensity *l*ipoprotein 高密度リポタンパク.

he[1] [é] **副** 《aquí や allí などの副詞・me, te, la, loなどの直接目的人称代名詞と共に用いられて》…がある[いる]. *He aquí* [*ahí*] las consecuencias de su comportamiento. ほら, これが[それが]あなたの日ごろの行いの結果だ. *Heme aquí.* 私はここにいる. *He-lo aquí.* それはここにある.
[←〔古スペイン〕*he*「ここにある」←〔アラビア〕*hā*]

he[2] [é] **活** →haber.

¡he! [é] **間投** 《呼びかけ》おい, ねえ, ちょっと.

He 【化】helio ヘリウム.

head·hunt·er [xéð.xán.ter ‖ heð.hán.-]〔英〕**女**〖複 **～s, ～**〗(人材)スカウト (係) (＝cazatalentos), ヘッドハンター.

heav·y [xé.βi ‖ hé.-] **形**〖複 **～s, ～s, heavies**〗ビーメタルの, (隠)厳しい, きつい. — **男**【音楽】ヘビーメタル. — **男 女** ヘビーメタル愛好者.

heb·do·ma·da·rio, ria [eð.ðo.ma.ðá.rjo, -.rja] **形** 週に1度の, 毎週の, 週刊の (＝semanal).
— **男 女**《カト》(参事会聖堂の)週務者, 週番聖職者.
— **男** 週刊誌.
[←〔中ラ〕*hebdomadārius*;〔ラ〕*hebdomas*「7日

hecto-

間」(←[ギ] *hebdomás; heptá*「7」の派生語) より派生 [関連] siete, septiembre]

He·be [é.be] 女 [ギ神] ヘベ: 青春(の美)の女神.

he·bén [e.bén] 形 1 〈ブドウが〉白くて大粒の. 2 おもしろみのない, やぼったい.

he·bi·jón [e.bi.xón] 男 (バックルなどの)ピン, 針, 舌.

he·bi·lla [e.bí.ja ‖ -.ʎa-] 女 (ベルト・革帯などの)バックル, 尾錠.

he·bi·lla·je [e.bi.já.xe ‖ -.ʎá.-] 男 (一着の服の)留め金.

hebijón (バックルなどのピン)

he·bra [é.bra] 女 1 糸, 縫い糸. 2 織物の繊維. 3 (動植物の)繊維, 筋, 糸状体; (クモ・繭の)糸. tabaco de ~ 刻みタバコ. 4 脈絡. perder la ~ 話の筋道が分からなくなる. 5 [鉱] 鉱脈, 鉱層, 鉱床. 6 木目; 織物の目. 7 [主に複数で] [文章語] 髪.
*cortar*le (a+人) *la hebra de la vida* (人)を殺す.
de una hebra [*hebrita*] 《ラ米》《キ》《シ》《話》一気に.
ni hebra 《ラ米》《ジ》 何も…ない, 全然…ない.
pegar la hebra 《話》 話[おしゃべり]を始める; 長話をする.
romperse la hebra 《ラ米》《シ》《話》 仲たがいする.
[←[ラ] *fibram* (*fibra*「繊維」の対格); [関連] [英] *fiber*]

he·brai·co, ca [e.brái.ko, -.ka] 形 → hebreo.

he·bra·ís·mo [e.bra.ís.mo] 男 1 ヘブライズム, ヘブライ思想; ユダヤ教. 2 [言] ヘブライ語源の外来語.

he·bra·ís·ta [e.bra.ís.ta] 男 女 ヘブライ語 [文学] 研究者, ヘブライ学者.

he·brai·zan·te [e.brai.θán.te / -.sán.-] 形 1 ユダヤ教を信奉する, ヘブライ思想の. 2 ヘブライ語源の外来語を用いる. — 男 女 1 → hebraísta. 2 ユダヤ教信奉者. ▶ 特にキリスト教へ改宗後もひそかにユダヤ教を信奉する人を指す.

he·brai·zar [e.brai.θár / -.sár] 89 自 [言] ヘブライ語の語法を取り入れる; ユダヤ教を信奉する; ユダヤの風習に従う. — 他 ヘブライ語的[ユダヤ化]する.

‡**he·bre·o, a** [e.bré.o, -.a] 形 ヘブライの, ヘブライ人[語]の, ユダヤの, イスラエル民族の.
— 男 女 1 ヘブライ人, ユダヤ人. 2 ユダヤ教徒.
— 男 ヘブライ語: 北西セム語の一つ.

he·bre·ro [e.bré.ro] 男 → herbero.

he·bru·do, da [e.brú.ðo, -.ða] 形 《ラ米》《キッラ》 繊維質の, 繊維の多い.

he·ca·tom·be [e.ka.tóm.be] 女 1 (多くの死者を伴う)大惨事, 大災害; 多数の死亡者. 2 《古代ギリシア・ローマで》神々にささげた100頭の雄牛の生贄(*いけにえ*).

he·ces [é.θes / -.ses] 女 hez の複数形.

he·cha [é.tʃa] 女 [古語] 日付 (= fecha).

he·chi·ce·res·co, ca [e.tʃi.θe.rés.ko, -.ka / -.se.-] 形 魔法の, 呪術の.

he·chi·ce·rí·a [e.tʃi.θe.rí.a / -.se.-] 女 1 魔法, 妖術(*ようじゅつ*); 呪術(*じゅじゅつ*). 2 魅力, 魅惑; 魅了.

he·chi·ce·ro, ra [e.tʃi.θé.ro, -.ra / -.sé.-] 形 1 魅力的な, 魅惑的な. mirada *hechicera* 魅惑的なまなざし. 2 魔法の, 魔術的な. — 男 女 魔法使い, 魔女, 魔術[妖術(*ようじゅつ*)]師 (= brujo).

he·chi·zar [e.tʃi.θár / -.sár] 97 他 1 魔法にかける; …にのろいをかける.
2 魅了する, 魅惑する, うっとりとさせる.

he·chi·zo, za [e.tʃí.θo, -.θa / -.so, -.sa] 男 1 魔法, 妖術(*ようじゅつ*); 呪文(*じゅもん*). 2 魅力, 魅惑.

— 形 1 模造の, まやかしの. 2 《ラ米》《キュ》《キ》《コル》《話》 国産の; 手づくりの; ちゃちな.

‡**he·cho, cha** [é.tʃo, -.tʃa] [hacer の過分] 形 (名詞)(+) (estar +)
1 作られた, なされた. ~ en México メキシコ製の. ~ a la medida あつらえた, オーダーメイドの. ropa *hecha* 既製服. 2 完成した. Lo ~ ~ *está*. 済んだことは済んだこと (▶ 慣用表現). Ya *está* ~. もう終わりました, できました. 3 成熟した, 熟した. hombre ~ 一人前の男. con las facciones muy *hechas* 容姿が大人の. 4 〈肉が〉よく焼けた. bien [muy] ~ ウェルダンの. poco ~ レアの. 5 «a…»…に慣れた. ~ al trabajo duro きつい仕事に慣れている. 6 《ラ米》《ラプ》《話》 酔っ払った.

— [間投] 《承諾》 了解, それで決まりだ.

— 男 1 事実, 出来事. un ~ histórico 歴史的事実. un ~ real 本当に起こったこと. No hay que tomar las palabras por ~s. 人の言葉を額面どおりに受け取ることはない. 2 行為, 行い. 3 [主に複数で] 偉業, 手柄. ~ de armas 武勲. H~s de los Apóstoles [聖] 使徒行伝. ~s y milagros 所業, (人の)全行動. 4 [法] (犯罪などの)事実, 犯行. ~ consumado 既成事実.
A lo hecho, pecho. すでになされたことの結果には直面しなければならない (▶ 慣用表現).
bien [*mal*] *hecho* 出来のよい[悪い]; 〈容姿などが〉 整っている[不格好な].
¡Bien hecho! 《話》 よくやった.
de hecho (1) 現に, 事実, 実際は, 事実上. (2) [法] 事実上(の) (▶「法律上(の)」は de derecho).
el hecho de que + 主に接続法 …ということ.
el hecho es que + 直説法 問題は…ということだ.
estar hecho 《話》 簡単である. ¡Eso *está* ~! そんなことは簡単だ.
hecho a sí mismo 自力で成功した, たたき上げの.
hecho un [*una*] + 名詞 …のようになって. ~ *un esqueleto* (やせて)骨と皮になって (←骸骨のようになって). ~ *una fiera* かんかんに怒って (←猛獣のようになって). Está ~ *un monstruo*. 彼はひどく怒っている; 精力的に働いている (←怪物のようになっている).
▶ hecho は修飾する名詞に性数一致する. → La casa *está hecha* una ruina. 家は廃墟(*はいきょ*)のようになっている.
hecho y derecho 《話》 本当の, 文字どおりの, 完璧な. hombre ~ *y derecho* 男らしい男.
tenerla hecha 《ラ米》《キ》《チ》 成功している.
[形 ←[古スペイン] *fecho* ←[ラ] *factum* (*facere*「する」の完了分詞*factus* の対格); 男 ←[ラ] *factum*「行為」; 出来事」(前項の*factus* より派生) [関連] fecha. [英] *fact*「事実」]

he·chor, cho·ra [e.tʃór, -.tʃó.ra] 男 《ラ米》 種馬[ロバ]の. — 男 女 《ラ米》《チ》《キ》 悪人, 罪人.
— 男 《ラ米》 種ロバ.

he·chu·ra [e.tʃú.ra] 女 1 作ること; 作ったもの. 2 (製品の)仕上げ, 仕上がり; (服の)仕立て.
3 外見, 体型. 4 創造物; 作品; 仕業. Somos ~s de Dios. 我々は神の創造物である. 5 部下; 傀儡(*かいらい*). 6 像, 彫像.
no tener hechura 《ラ米》《キ》《シ》《話》 〈人が〉手に負えない, どうしようもないやつだ.

‡**hec·tá·re·a** [ek.tá.re.a] 女 ヘクタール: 面積の単位. 100アール (略 ha).

héc·ti·co, ca [ék.ti.ko, -.ka] 形 [医] 肺結核の, 消耗熱の.

hecto- 「100」の意を表す造語要素. 母音の前では

hect-. → *hectárea, hectómetro.* [←ギ]

hec·to·gra·mo [ek.to.grá.mo] 男 ヘクトグラム：重量の単位. 100グラム《略 hg》.

hec·to·li·tro [ek.to.lí.tro] 男 ヘクトリットル：容積の単位. 100リットル《略 hl》.

hec·tó·me·tro [ek.tó.me.tro] 男 ヘクトメートル：長さの単位. 100メートル《略 hm》.

Héc·tor [ék.tor] 固名《ギ神》ヘクトル：トロヤの王子で最も勇敢な戦士. [←《ラ》*Hector*←《ギ》*Héktōr*（原義は《保持する人》；《守護する人》）]

hec·to·va·tio [ek.to.bá.tjo] 男《電》ヘクトワット：電力の単位. 100ワット《略 hW》.

he·der [e.ðér] 12自 **1** 悪臭を放つ. **2** 不快にさせる, うんざりさせる.

he·dien·to, ta [e.ðjén.to, -.ta] 形 → hediondo.

he·dion·dez [e.ðjon.déθ / -.dés] 女《複 hediondeces》 **1** 悪臭. **2** うんざりさせるもの.

he·dion·do, da [e.ðjón.do, -.da] 形 **1** 悪臭［異臭, 腐臭］を放つ, ひどく臭い. **2** 汚らしい, 不快な. **3** 我慢のならない, うんざりさせる.
— 男《植》（悪臭を発する）マメ科の低木.

he·dó·ni·co, ca [e.ðó.ni.ko, -.ka] / **he·do·nís·ti·co, ca** [e.ðo.nís.ti.ko, -.ka] 形 快楽主義の.

he·do·nis·mo [e.ðo.nís.mo] 男《哲》快楽［享楽］主義.

he·do·nis·ta [e.ðo.nís.ta] 形 快楽主義の, 享楽的な.
— 男女 快楽主義者, 享楽主義者.

he·dor [e.ðór] 男 悪臭, 異臭, 腐敗臭.

He·fes·tos [e.fés.tos] 固名《ギ神》ヘパイストス：火と鍛冶(かじ)の神. ローマ神話の Vulcano に当たる.

he·ge·lia·nis·mo [e.xe.lja.nís.mo] 男《哲》ヘーゲル哲学［主義］.

he·ge·lia·no, na [e.xe.ljá.no, -.na] 形（ドイツの哲学者）ヘーゲル Hegel (1770-1831) の, ヘーゲル哲学の［に関する］.
— 男女 ヘーゲル派哲学者.

***he·ge·mo·ní·a** [e.xe.mo.ní.a] 女 覇権, ヘゲモニー, 主導権.

he·ge·mó·ni·co, ca [e.xe.mó.ni.ko, -.ka] 形 覇権主義的な.

he·ge·mo·ni·zar [e.xe.mo.ni.θár / -.sár] 97 他 …に覇権・支配権を行使する.

hé·gi·ra [é.xi.ra] 女 ヒジュラ聖遷, ヒジュラ紀元：イスラム紀元. マホメット Mahoma がメッカ Meca からメジナ Medina へ遷居［移住］した年(622年).
[←《アラビア》*hijra*「移住；逃走」]

he·gue·mo·ní·a [e.ge.mo.ní.a] 女 → hegemonía.

hé·ji·ra [é.xi.ra] 女 → hégira.

he·la·da [e.lá.ða] 女 **1** 凍結, 氷点下の冷え込み；霜. caer una ~ 気温が氷点下になる；霜が降りる. **2**《ラ米》(ﾁﾘ)ビール.

he·la·de·ra [e.la.ðé.ra] 女 **1** アイスクリーム製造機. **2** 非常に寒い場所. **3**《ラ米》(1)(ﾒｷ)アイスクリーム用の大皿. (2)(ｱﾙｾﾞ)(ﾊﾟﾗｸﾞ)アイスボックス. (3)(ｺﾉｽ)冷蔵庫.

he·la·de·rí·a [e.la.ðe.rí.a] 女 アイスクリーム店；アイスクリーム製造（業）.

he·la·de·ri·ta [e.la.ðe.rí.ta] 女《ラ米》(ｱﾙｾﾞ)クーラーボックス.

he·la·de·ro, ra [e.la.ðé.ro, -.ra] 形 ひどく冷え込む, 厳寒の. — 男女 アイスクリーム売り.
— 男 冷え冷えとした場所.

he·la·di·zo, za [e.la.ðí.θo, -.θa / -.so, -.sa] 形 凍りやすい, 凍結しやすい.

***he·la·do, da** [e.lá.ðo, -.ða] 形 **1** 凍った, 凍結した；凍らせた. tarta *helada* アイスクリームケーキ. **2** とても冷たい, 氷のような風. viento ~ 凍(い)てつくような風. Tengo los pies ~s. 足が氷のように冷たくなっている. Estoy ~. 私は体が冷えきっている. **3**（驚き・恐怖などで）口が利けなくなった. dejar ~ 唖然(あぜん)とさせる. quedarse ~ あっけに取られる, 慄然(りつぜん)とする. **4** 冷淡な, そっけない. **5**《ラ米》(1)(ﾁﾘ)《話》一文無しの, お金がない. (2)(ｺﾛﾝﾋﾞ)糖衣をかけた, 砂糖をまぶした.
— 男 **1** アイスクリーム. un ~ de vainilla バニラアイスクリーム. ~ de corte ウエハースで挟んだ切り売りのアイスクリーム.
2《ラ米》(*ﾒｷ*)(ｶﾘﾌﾞ)アイスキャンディー, シャーベット.

he·la·dor, do·ra [e.la.ðór, -.ðó.ra] 形 凍(い)てつくような, とても冷たい. — 女 **1** アイスクリーム製造機. **2**《ラ米》(ﾁﾘ)冷蔵庫.

he·la·du·ra [e.la.ðú.ra] 女（寒さのために生じる木の）乾裂(かんれつ).

he·la·je [e.lá.xe] 男《ラ米》(ｺﾛﾝﾋﾞ)凍(い)てつく寒さ.

he·la·mien·to [e.la.mjén.to] 男 凍結, 氷結.

***he·lar** [e.lár] 8 他 **1**〈液体を〉凍らせる, 凍結させる；〈水で〉冷やす. La ola de frío *ha helado* el lago. 寒波で湖が凍った. Esto se pone a ~ en la nevera. これを冷蔵庫で冷やし固めます. **2**〈de...（驚き・恐怖など）で〉〈人・体の部位を〉震え上がらせる；〈気持ちなどを〉くじく. La escena me *heló de* espanto. その光景を見て私は恐ろしさで凍りついた. Ese grito me *heló* la sangre. その叫び声に私の血の気は引いた. **3**〈人・体の部位を〉凍えさせる；凍傷にする. El viento frío nos *heló* hasta los huesos. 冷たい風は私たちを骨まで凍えさせた. **4**〈植物を〉〈寒さで〉枯らす, だめにする. ~ los brotes 芽を霜枯れさせる.
— 自（3人称単数・無主語で）（気温が）氷点下になる, 冷え込む. Dicen que va a ~ esta noche. 今夜は氷点下まで下がるそうだ.
— ~·**se** 再 **1**〈人が〉凍える；〈体の部位が〉凍傷になる. Me *hielo* de frío. 私は寒さで凍えそうだ. **2**〈液体・ものが〉凍結する；冷たくなる. Se han *helado* las tuberías de las casas. 家屋の水道管が凍結した. **3**〈人・体の部位などが〉（驚き・恐怖などで）凍りつく；〈気持ちなどが〉くじける. Se le *heló* la sonrisa en ese momento. その瞬間彼［彼女］の微笑みが凍りついた. **4**〈植物が〉霜枯れする,〈寒さで〉だめになる.
[←《ラ》*gelāre* (*gelū*「寒冷」より派生)；《関連》helado, gelatina. ［英］*gelatin, jelly*]

he·le·chal [e.le.tʃál] 男 シダの群生地.

he·le·cho [e.lé.tʃo] 男《植》シダ.

He·le·na [e.lé.na] 固名 **1**《ギ神》ヘレネ：Zeus と Leda の娘. トロヤ戦争の原因となった美女.
2 エレナ：女性の洗礼名.
[→ Elena；《関連》［ポルトガル］*Helena*. ［仏］*Hélène*, ［伊］*Elena*. ［英］*Helen*. ［独］*Helene*]

he·lé·ni·co, ca [e.lé.ni.ko, -.ka] 形（古代）ギリシアの.

he·le·nio [e.lé.njo] 男《植》オオグルマ.

he·le·nis·mo [e.le.nís.mo] 男 **1**《史》ヘレニズム.
2 ヘレニズム時代［文化］の影響.
3〔言〕ギリシア語特有の語法；（他の言語における）ギリシア語（源）的表現.

he·le·nis·ta [e.le.nís.ta] 男女 **1** 古代ギリシア語［文学］研究者, 古代ギリシア（語）学者.
2（古代に）ギリシア語を話していたユダヤ人；ユダヤ教

を信仰していたギリシア人.

he·le·nís·ti·co, ca [e.le.nís.ti.ko, -.ka] 形 **1** ヘレニズム時代の；[美]ヘレニズム様式の. **2** 古代ギリシア語[文学]研究者の.

he·le·ni·za·ción [e.le.ni.θa.θjón / -.sa.sjón] 女 (古代)ギリシア化.

he·le·ni·zar [e.le.ni.θár / -.sár] 97 他 (古代)ギリシア化する. —— ~·**se** 再 古代ギリシア化する.

he·le·no, na [e.lé.no, -.na] 形 (古代)ギリシアの. —— 男 女 (古代)ギリシア人. [←[ラ] *Hellēn*「(ギリシア人の祖とされる)ヘレーン」←[ギ] *Héllēn*; 関連 helenismo]

he·le·ra [e.lé.ra] 女 **1** (鳥の)粒状腫(しゅ). **2** 《ラ米》(ヤワマ)冷蔵庫.

he·le·ro [e.lé.ro] 男 万年雪の下層の氷塊, 氷河；山頂の雪.

hel·ga·do, da [el.gá.ðo, -.ða] 形 歯並びの悪い, 乱ぐい歯の.

hel·ga·du·ra [el.ga.ðú.ra] 女 **1** 歯と歯のすき間. **2** 歯並びの悪さ, 乱ぐい歯.

hé·li·ce [é.li.θe / -.se] 女 **1** (飛行機の)プロペラ；(船の)スクリュー. ~ de estrave 船首プロペラ. **2** らせん(状のもの). **3** [解剖]耳輪(じん). **4** [数]らせん, つる巻き線. **5** [天文](北極星の周りを回ることから)北斗七星；[星座]おおぐま座(= Osa Mayor).

he·li·coi·dal [e.li.koi.ðál] 形 らせん形[状]の.

he·li·coi·de [e.li.kói.ðe] 男 [数]らせん体[面].

he·li·cón [e.li.kón] 男 [音楽]ヘリコン：大型のチューバ.

He·li·cón [e.li.kón] 固名 [ギ神]ヘリコン山：詩と音楽の女神 musa たちが住むといわれたギリシアの山. —— 男 [h-]詩的霊感.

***he·li·cóp·te·ro** [e.li.kóp.te.ro] 男 [航空]ヘリコプター. [←[仏] *hélicoptère*; *hélico*-「プロペラ」(←[ギ] *hélix*「らせん」+ *ptère*「翼」(←[ギ] *pterón*); 関連[英] *helicopter*]

he·lio [é.ljo] 男 [化]ヘリウム(記号 He).

helio- 「太陽, 太陽光線, 太陽エネルギー」の意の造語要素. ⇒*heliocéntrico, heliotterapia*. [←[ギ]]

he·lio·cén·tri·co, ca [e.ljo.θen.tri.ko, -.ka / -.sén.-] 形 [天文]太陽中心の, 太陽から測定した. teoría *heliocéntrica* 地動説.

he·lio·cen·tris·mo [e.ljo.θen.trís.mo / -.sen.-] 男 太陽中心説, 地動説.

he·lio·di·ná·mi·ca [e.ljo.ði.ná.mi.ka] 女 太陽力学.

he·lio·fí·si·ca [e.ljo.fí.si.ka] 女 太陽物理学.

He·lio·gá·ba·lo [e.ljo.gá.ba.lo] 固名 エラガバルス, ヘリオガバルス：ローマ皇帝(在位218-222). —— 男 [h-]大食漢, 大食らい.

he·lio·gra·ba·do [e.ljo.gra.bá.ðo] 男 [印]写真製版[グラビア]印刷術；写真版印刷物, グラビア.

he·lio·gra·fí·a [e.ljo.gra.fí.a] 女 **1** 日光反射信号法. **2** [天文]太陽面記述(学). **3** 太陽写真. **4** グラビア.

he·lio·grá·fi·co, ca [e.ljo.grá.fi.ko, -.ka] 形 日光反射信号(機)の, 太陽観測機器の；太陽写真の.

he·lio·gra·fo [e.ljó.gra.fo] 男 **1** 日光反射信号機, 回光信号機. **2** 太陽観測機器. **3** 日照計.

he·lió·me·tro [e.ljó.me.tro] 男 [天文]ヘリオメーター, 太陽儀.

he·lio·mo·tor [e.ljo.mo.tór] 男 ソーラーモーター：太陽光エネルギーを動力源とするモーター.

he·lios·co·pio [e.ljos.kó.pjo] 男 [天文]ヘリオスコープ, 太陽観測用望遠鏡.

he·lio·sis·mo·lo·gí·a [e.ljo.sis.mo.lo.xí.a] 女 太陽地震学.

he·liós·ta·to [e.ljós.ta.to] 男 [天文]ヘリオスタット：鏡で日光を一定方向に送る装置.

he·lio·tec·nia [e.ljo.ték.nja] 女 太陽光発電技術.

he·lio·te·ra·pia [e.ljo.te.rá.pja] 女 [医]日光浴療法.

he·lio·tro·pio [e.ljo.tró.pjo] 男 → heliotropo.

he·lio·tro·pis·mo [e.ljo.tro.pís.mo] 男 [植]向日性, 屈光性.

he·lio·tro·po [e.ljo.tró.po] 男 **1** [植]ヘリオトロープ. **2** [鉱]血滴石, 血石. **3** 手動式のヘリオスタット.

he·li·puer·to [e.li.pwér.to] 男 ヘリポート.

he·li·trans·por·ta·do, da [e.li.trans.por.tá.ðo, -.ða] 形 ヘリコプター輸送の, ヘリコプターで輸送される.

he·lix [é.liks] 女 → hélice **3**.

heliotropo (ヘリオトロープ)

hel·min·tia·sis [el.min.tjá.sis] 女 (単複同形)[医]寄生虫病.

hel·mín·ti·co, ca [el.mín.ti.ko, -.ka] 形 **1** 蠕虫(ぜんちゅう)の, 寄生虫の. **2** 虫下しの, 駆虫の.

hel·min·to [el.mín.to] 男 [動]蠕虫(ぜんちゅう)；腸内寄生虫.

hel·min·to·lo·gí·a [el.min.to.lo.xí.a] 女 蠕虫(ぜんちゅう)学, 寄生虫学.

Hel·ve·cia [el.bé.θja / -.sja] 固名 ヘルベティア. (1) 古代ローマのアルプスの一地域の呼称. (2) スイスのラテン語名. [←[後ラ] *Helvetia*([ラ] *Helvētii*「ヘルベティア人」より派生)]

hel·ve·cio, cia [el.bé.θjo, -.θja / -.sjo, -.sja] / **hel·vé·ti·co, ca** [el.bé.ti.ko, -.ka] 形 ヘルベティアの；スイスの. —— 男 女 ヘルベティア人；スイス人.

he·man·gio·ma [e.maŋ.xjó.ma] 男 [医]血管腫.

he·ma·te·me·sis [e.ma.te.mé.sis] 女 (単複同形)[医]吐血.

he·má·ti·co, ca [e.má.ti.ko, -.ka] 形 血液の.

he·ma·tí·e [e.ma.tí.e] 男 赤血球(= glóbulo rojo).

he·ma·ti·tes [e.ma.tí.tes] 女 (単複同形)[鉱]赤鉄鉱.

hemato- 「血」の意を表す造語要素. 時に hema-, hemo-. また母音の前では hemat-. ⇒ *hemático, hematólogo*. [←[ギ]]

he·ma·to·ce·le [e.ma.to.θé.le / -.sé.-] 男 [医]血嚢腫(のうしゅ), 血瘤(けつりゅう), 血洞.

he·ma·to·cri·to [e.ma.to.krí.to] 男 [医]ヘマトクリット(記号 Ht.).

he·ma·tó·fa·go, ga [e.ma.tó.fa.go, -.ga] 形 [動]吸血性の.

he·ma·to·lo·gí·a [e.ma.to.lo.xí.a] 女 [医]血液学, 血液病学.

he·ma·to·ló·gi·co, ca [e.ma.to.ló.xi.ko, -.ka] 形 [医]血液(病)学の.

he·ma·tó·lo·go, ga [e.ma.tó.lo.go, -.ga] 男 女 血液学者, 血液病専門医.

he·ma·to·ma [e.ma.tó.ma] 男 [医]血腫(けっしゅ).

he·ma·to·pa·tí·a [e.ma.to.pa.tí.a] 女 [医]血液

病.

he·ma·to·po·ye·sis [e.ma.to.po.jé.sis] 囡《単複同形》造血, 血液造成.

he·ma·to·sis [e.ma.tó.sis] 囡《単複同形》《解剖》(静脈血の) 動脈血化.

he·ma·to·zo·a·rio [e.ma.to.θo.á.rjo / -.so.-] 男 住血原虫.

he·ma·tu·ria [e.ma.tú.rja] 囡《医》血尿 (症), 血球尿 (症).

‡**hem·bra** [ém.bra] 囡 **1** (動物の) 雌 (↔ macho). un tigre ~ 雌のトラ. En la feria de caballos nos han comprado ocho ~s y tres machos. 馬市で雌8頭, 雄3頭が売れた. **2**《話》《軽蔑》肉体的魅力のある女性. **3** 雌ねじ, ナット; (鉤(恕)ホックなどの) 受け (↔ macho). **4**《植》雌株. **5**《同格で形容詞的に》弱々しい.
[←《ラ》fēminam (fēmina の対格)「女, 妻」; 関連 femenino, feminismo.《英》feminine「女性の」, female「女性 (の)」]

hem·bra·je [em.brá.xe] 男《ラ米》(1)《集合的》家畜の雌. (2)《汚》《軽蔑》女.

hem·bre·rí·a [em.bre.rí.a] 囡《ラ米》《タリ》《話》《軽蔑》女ども; 大勢の女.

hem·bre·rí·o [em.bre.rí.o] 男《ラ米》《タリ》《カリ》→ hembrería.

hem·bri·lla [em.brí.ja ‖ -.ʎa.] 囡 **1** (機械部品の) 雌ねじ; 受け金. **2** アイボルト, 輪つき [まなこ] ボルト. **3**《ラ米》《架アン》芽, 胚(恕). [hembra + 縮小辞]

hem·bru·no, na [em.brú.no, -.na] 形 雌の, 雌のような.

he·me·rá·lo·pe [e.me.rá.lo.pe] 形 夜盲 (症) の; 昼盲 (症) の. — 男囡 夜盲 (症) の人; 昼盲 (症) の人. → nictalopía.

he·me·ra·lo·pí·a [e.me.ra.lo.pí.a] 囡 夜盲 (症); 昼盲 (症).

he·me·ro·te·ca [e.me.ro.té.ka] 囡 定期刊行物資料室 [館], 新聞 [雑誌] 図書館.

hemi- 「半分, 半…」の意の造語要素. → hemiplejía, hemisferio. [←《ギ》]

he·mia·nop·sia [e.mja.nóp.sja] 囡《医》半盲.

he·mia·tro·fia [e.mja.tró.fja] 囡《医》片側性の萎縮.

he·mi·ce·re·bro [e.mi.θe.ré.bro / -.se.-] 男《解剖》大脳半球.

he·mi·ci·clo [e.mi.θí.klo / -.sí.-] 男 半円 (形); (階段式の) 半円形の空間; (議事堂などの) 中央部の半円部分.

he·mi·crá·ne·a [e.mi.krá.ne.a] 囡《医》偏頭痛.

he·mi·es·fe·roi·dal [e.mjes.fe.roi.ðál] 形 半球形の.

he·mi·na [e.mí.na] 囡 エミナ. (1) 昔の容積の単位. 約0.2711リットル. (2) (年貢の) 穀量単位.

he·mí·o·no [e.mí.o.no] / **he·mión** [e.mjón] 男《動》アジアノロバ.

he·mi·ple·jia [e.mi.plé.xja] / **he·mi·ple·jí·a** [e.mi.ple.xí.a] 囡《医》半身不随.

he·mi·plé·ji·co, ca [e.mi.plé.xi.ko, -.ka] 形 半身不随の. — 男 半身不随の人.

he·míp·te·ro, ra [e.míp.te.ro, -.ra] 形《昆》半翅(龍)類の, 半翅目の. — 男 半翅目の昆虫;《複数で》(セミ・カメムシなどの) 半翅group.

he·mis·fé·ri·co, ca [e.mis.fé.ri.ko, -.ka] 形 半球の, 半球形の.

* **he·mis·fe·rio** [e.mis.fé.rjo] 男 **1** (地球・天の) 半球; 半球体. ~ austral [sur] 南半球. ~ boreal [norte] 北半球. ~ occidental [oriental] 西 [東] 半球. **2**《解剖》大脳半球.

he·mis·ti·quio [e.mis.tí.kjo] 男《詩》(詩で行間休止にによって切れる) 半行, 半句.

hemo- 「血」の意の造語要素. → hemoglobina, hemorragia. [←《ギ》]

he·mo·cia·ni·na [e.mo.θja.ní.na / -.sja.-] 囡《動》《生化》ヘモシアニン, 血青素.

he·mo·de·ri·va·do [e.mo.ðe.ri.βá.ðo] 男 血液由来物質.

he·mo·diá·li·sis [e.mo.ðjá.li.sis] 囡《単複同形》《医》血液透析.

he·mo·di·ná·mi·co, ca [e.mo.ði.ná.mi.ko, -.ka] 形 血行力学の. — 囡 血行力学.

he·mo·do·na·ción [e.mo.ðo.na.θjón / -.sjón] 囡 献血.

he·mo·fi·lia [e.mo.fí.lja] 囡《医》血友病.
[[《ギ》haîma「血」+ filía「友愛」]

he·mo·fí·li·co, ca [e.mo.fí.li.ko, -.ka] 形《医》血友病の. — 男 血友病患者.

he·mo·glo·bi·na [e.mo.glo.βí.na] 囡《生化》ヘモグロビン, 血色素.

he·mo·glo·bi·no·pa·tí·a [e.mo.glo.βi.no.pa.tí.a] 囡《医》異常血色素症.

he·mo·lin·fa [e.mo.lím.fa] 囡《生化》血リンパ.

he·mó·li·sis [e.mó.li.sis] 囡《単複同形》《医》溶血; 赤血球が壊れること.

he·mo·lo·gí·a [e.mo.lo.xí.a] 囡 → hematología.

he·mo·pa·tí·a [e.mo.pa.tí.a] 囡《医》血液疾患.

he·mo·po·ye·sis [e.mo.po.jé.sis] 囡《単複同形》→ hematopoyesis.

he·mop·ti·sis [e.mop.tí.sis] 囡《単複同形》《医》喀血(恕), 血痰(恕)吐出.

he·mo·rra·gia [e.mo.řá.xja] 囡《医》出血. ~ cerebral 脳溢血. ~ gástrica 胃出血. ~ interna 内出血. ~ intracerebral 脳出血. ~ subaracnoidea くも膜下出血. ~ nasal 鼻血.

he·mo·rrá·gi·co, ca [e.mo.řá.xi.ko, -.ka] 形《医》出血 (性) の.

he·mo·rroi·dal [e.mo.řoi.ðál] 形《医》痔(¿)の, 痔疾の.

he·mo·rroi·de [e.mo.řói.ðe] 囡《主に複数で》《医》痔(¿), 痔疾.

he·mo·rroi·sa [e.mo.řói.sa] 囡 出血過多症の女性.

hemos [é.mos] 活 → haber.

he·mos·ta·sia [e.mos.tá.sja] 囡《医》止血; うっ血.

he·mos·ta·sis [e.mos.tá.sis] / **he·mos·ta·sis** [e.mós.ta.sis] 囡《単複同形》《医》(1) 止血. (2) うっ血.

he·mos·tá·ti·co, ca [e.mos.tá.ti.ko, -.ka] 形 止血の, 凝血の. — 男《医》止血剤.

he·mo·te·ra·pia [e.mo.te.rá.pja] 囡《医》血液療法.

he·mo·tó·rax [e.mo.tó.raks] 囡《単複同形》《医》血胸.

he·mo·tó·xi·co, ca [e.mo.tók.si.ko, -.ka] 形 血液毒の, 血液を壊す毒素を持つ. — 男 ヘモトキシン, 血液毒.

he·nal [e.nál] 男《農》干し草置き場 (= henil).

he·nar [e.nár] 男 干し草畑, 牧草場.

hen·chi·du·ra [eɲ.tʃi.ðú.ra] 囡 充塡(恕), 充満, 詰め込み.

hen·chi·mien·to [eɲ.tʃi.mjén.to] 男 **1** 詰める[ふくらます]こと. **2** 製紙機の水槽. **3** 【海】(すき間に詰める)木片.

hen·chir [eɲ.tʃír] ① 他 **(de...** …で)満たす, 詰め込む, 膨らます. ~ *de* aire los pulmones 胸いっぱい空気を吸い込む. — **~·se** 再 **(de...** …で) いっぱいになる; 満腹になる. ~*se de* orgullo 思い上がる.

hen·de·du·ra [en.de.ðú.ra] 女 → hendidura.

hen·der [en.dér] ⑫ 他 **1** ひび割れさせる, 割る, 裂く. **2** 〈水などを〉切って進む, 突き進む; 〈人込みなどを〉かき分けて進む. — **~·se** 再 亀裂(きっ)が生じる, ひび割れる, 裂ける.

hen·di·do, da [en.dí.ðo, -.ða] 形 【動】(ひづめなどが)ひび割れた, 裂けた. pie ~ 双蹄(てい).

hen·di·du·ra [en.di.ðú.ra] 女 **1** 裂け目, 割れ目; すき間. **2** (滑車などの)溝.

hen·di·ja [en.dí.xa] 女 割れ目, 裂け目, 亀裂(きっ).

hen·di·mien·to [en.di.mjén.to] 男 **1** 割る[裂く]こと; 割れ目, 亀裂(きっ).

hen·dir [en.dír] ⑭ 他 → hender.

he·ne·quén [e.ne.kén] 男 (ラ米)(タリ)(コロン)(中米)(ベネ)【植】サイザルアサ.

he·ni·fi·car [e.ni.fi.kár] ⑩2 他 …から干し草を作る, 干し草にする.

he·nil [e.níl] 男 【農】干し草置き場.

he·ni·quén [e.ni.kén] 男 (ラ米) → henequén.

hen·na [é.na] [アラビア] 女 【植】シコウカ, ヘンナ; (染料の)ヘナ.

he·no [é.no] 男 **1** 干し草. segar el ~ 牧草を刈る. **2** 【植】ホルクス: イネ科の植物. *fiebre del heno* 花粉症.

he·no·jil [e.no.xíl] 男 (ひざ下にする)靴下止め.

hen·rio [éɲ.r̃jo] 男 【物理】ヘンリー: 電磁感応係数(記号 H).

hen·ry [éɲ.r̃i] 男 → henrio.

he·ñir [e.níɾ] ④ 他 〈パン生地を〉握りこぶしでこねる.

he·pa·tal·gia [e.pa.tál.xja] 女 【医】肝臓の痛み, 肝痛.

he·pá·ti·co, ca [e.pá.ti.ko, -.ka] 形 肝臓の; 肝疾患にかかった. cólico ~ 肝疝痛(せんつう). insuficiencia *hepática* 肝(機能)不全. — 男 女 肝臓病患者. — 女 【植】ゼニゴケ.

hepática (ゼニゴケ)

he·pa·ti·tis [e.pa.tí.tis] 女 《単複同形》【医】肝炎. ~ A A型肝炎. ~ aguda 急性肝炎. ~ B B型肝炎. ~ C C型肝炎. ~ crónica 慢性肝炎. ~ fulminante 劇症肝炎. ~ infecciosa 伝染性肝炎. ~ sérica 血清肝炎. ~ vírica ウイルス性肝炎.

he·pa·ti·za·ción [e.pa.ti.θa.θjón / -.sa.sjón] 女 【医】肝変.

hepato- 「肝臓」の意を表す造語要素. 母音の前で hepat-. → *hepat*itis, *hepato*megalia. [←ギ]

he·pa·to·gra·ma [e.pa.to.ɣrá.ma] 男 【医】肝機能検査.

he·pa·to·lo·gí·a [e.pa.to.lo.xí.a] 女 【医】肝臓病学.

he·pa·to·me·ga·lia [e.pa.to.me.ɣá.lja] 女 【医】肝臓肥大, 肝腫.

he·pa·to·pa·tí·a [e.pa.to.pa.tí.a] 女 【医】肝障害.

he·pa·to·to·xi·na [e.pa.to.tok.sí.na] 女 肝臓毒(素).

hepta- 「7」の意を表す造語要素. → *heptá*gono, *hepta*teuco. [←ギ]

hep·ta·cor·do [ep.ta.kór.ðo] 男 【音楽】7音音階; 7度の音程.

hep·ta·e·dro [ep.ta.é.ðro] 男 【数】七面体.

hep·ta·go·nal [ep.ta.ɣo.nál] 形 七角形の, 七辺形の.

hep·tá·go·no, na [ep.tá.ɣo.no, -.na] 形 七角形の, 七辺形の. — 男 【数】七角形, 七辺形.

hep·tá·me·tro [ep.tá.me.tro] 形 【詩】七歩格の. — 男 七歩格, 七脚律: 1行7音脚の律.

hep·ta·no [ep.tá.no] 男 【化】ヘプタノン.

hep·tar·quí·a [ep.tar.kí.a] 女 【史】(アングロサクソン人がイングランドに侵入し, 5-9世紀に建国した)七王国.

hep·ta·si·lá·bi·co, ca [ep.ta.si.lá.ɓi.ko, -.ka] 形 七音節の, 七音節詩行の.

hep·ta·sí·la·bo, ba [ep.ta.sí.la.ɓo, -.ɓa] 形【詩】7音節の. — 男 【詩】7音節詩[詩行].

hep·tat·lón [ep.tat.lón / -.ta.tlón] 男【スポ】七種競技.

He·ra [é.ra] 固名 【ギ神】ヘラ: Zeus の妻で最高の女神. ローマ神話の Juno に当たる.

He·ra·cles [e.rá.kles] 固名 → Hércules.

he·rál·di·co, ca [e.rál.di.ko, -.ka] 形 紋章の, 紋章学の. — 男 紋章学者. — 女 紋章学.

he·ral·dis·ta [e.ral.dís.ta] 男 女 紋章学者.

he·ral·do [e.rál.do] 男 **1** (中世の)紋章官; 伝令官. **2** 使者, 伝令. **3** 先触れ, 前触れ. Las golondrinas son un ~ del verano. ツバメは夏の先触れだ.

her·bá·ce·o, a [er.ɓá.θe.o, -.a / -.se.-] 形 【植】草の, 草本(性)の.

her·ba·da [er.ɓá.ða] 女 【植】シャボンソウ.

her·ba·jar [er.ɓa.xár] 他 〈家畜に〉牧草を食わせる. — 自 〈家畜が〉牧草を食う.

her·ba·je [er.ɓá.xe] 男 **1** 《集合的》草, 牧草. **2** 牧草(利用)税. **3** 【史】(Aragón 王国での)家畜税. **4** (防水加工をした)厚手のラシャ.

her·ba·je·ar [er.ɓa.xe.ár] 他 自 → herbajar.

her·bar [er.ɓár] ⑧ 他 〈皮を〉草でなめす.

her·ba·rio, ria [er.ɓá.rjo, -.rja] 形 草[草本]の, 草[草本]に関する. — 男 **1** 植物の乾燥見本[標本], 腊葉(さく)標本. **2** こぶ胃: 反芻(はんすう)動物の第一胃.

her·ba·zal [er.ɓa.θál / -.sál] 男 草原; 牧草地.

her·be·cer [er.ɓe.θér / -.sér] ㉞ 自 草が生えだす; 〈野原が〉(草で)緑になる.

her·be·ro [er.ɓé.ro] 男 【獣医】(反芻(はんすう)動物の)食道.

Her·ber·to [er.ɓér.to] 固名 エルベルト: 男子の名.

her·bi·ci·da [er.ɓi.θí.ða / -.sí.-] 形 除草の, 雑草を枯らす. — 男 除草剤.

her·bí·vo·ro, ra [er.ɓí.ɓo.ro, -.ra] 形 【動】草食(性)の. — 男 草食動物; 《複数で》草食類.

her·bo·die·té·ti·ca [er.ɓo.dje.té.ti.ka] 女 (食餌療法のための)薬草専門店.

her·bo·lar [er.ɓo.lár] 他 〈矢・槍(やり)などに〉毒を塗りつける.

her·bo·la·rio, ria [er.ɓo.lá.rjo, -.rja] 男 女 薬草採集人; 薬草商. — 男 薬草店.

her·bo·ris·ta [er.ɓo.rís.ta] 男 女 → herbolario.

her·bo·ris·te·rí·a [er.ɓo.ris.te.rí.a] 女 薬草店.

her·bo·ri·zar [er.ɓo.ri.θár / -.sár] ㊼ 自 植物[草

her·bo·so, sa [er.bó.so, -.sa] 形 草の生えた, 草に覆われた.

her·cia·no, na [er.θjá.no, -.na / -.sjá.-] 形 〖物理〗ヘルツの(=hertziano).

her·ci·nia·no, na [er.θi.njá.no, -.na / -.si.-] 形 〖地質〗ヘルシニア造山期の. ◆古生代後期の地殻変動, バリスカン造山運動の別名. [ドイツの Harz 山地に由来する]

her·cio [ér.θjo / -.sjo] 男 〖物理〗ヘルツ(=hertz): 周波数・振動数の単位(記号 Hz). [ドイツの物理学者 Hertz (1887-1975) に由来]

her·cú·le·o, a [er.kú.le.o, -.a] 形 ヘラクレスの; ヘラクレスのような, 怪力無双の.

Hér·cu·les [ér.ku.les] 固名 **1**〖ギ神〗ヘラクレス: Zeus と Alcmena の子. ギリシア神話中最大の英雄. **2**〖星座〗ヘルクレス座.
—男 [h-] (単複同形)〘話〙力持ち.
Columnas de Hércules ヘラクレスの柱. ◆ジブラルタル海峡両岸の岬. ◆ヨーロッパ側の Calpe 山 (現在の el peñón de Gibraltar) とアフリカ側の Ábila 山 (現在の Yabal Musa) を指す.
[←〚ラ〛*Herculēs* ←〚ギ〛*Hēraklês*; 原義は「ヘラ (ゼウスの妻)の誉れ」; ゼウスの浮気の相手アルクメネとの子であるにもかかわらずこの名がついている]

he·re·da·ble [e.re.ðá.ble] 形 相続可能な, 世襲的な; 遺伝しうる.

he·re·dad [e.re.ðáð] 女 **1**(1人の所有者の)農地, 田畑. **2** 家屋敷, 土地と建物.

he·re·da·do, da [e.re.ðá.ðo, -.ða] 形 **1** 相続した, 受け継いだ. **2** 財産を持っている.

‡**he·re·dar** [e.re.ðár] 他 **1** 〈de+人 / a+人〈人〉から〉〈遺産などを〉**相続する**; 〈位などを〉継承する, 〈人の〉跡目を継ぐ. ~ una casa *de* su abuelo 祖父から家を相続する. ~ el título de nobleza 爵位を継承する.
2 〈de+人 / a+人〈人〉から〉〈特徴などを〉(遺伝的に)引き継ぐ; 〈文化・状況などを〉引き継ぐ. ~ el pelo rubio *de* su abuela 祖母から金髪を受け継ぐ. ~ un problema *del* antecesor 前任者から問題点を継承する. **3**〘話〙〈服を〉譲り受ける, もらう. ~ la ropa *de* su hermano 兄からお古の服をもらう. **4** 〈a+人〈人〉に〉〈遺産・特徴などを〉受け継がせる; 〈人を〉相続人に指定する.
—自 〈de+人〈人〉から〉相続を受ける. Tengo derecho ~ *de* mi esposo. 私には夫の遺産を相続する権利がある.
[←〔後ラ〕*hērēditāre*,〔関連〕〔英〕*inherit*「相続する」, *heritage*「遺産」, *heredity*「遺伝」]

‡**he·re·de·ro, ra** [e.re.ðé.ro, -.ra] 形 **相続の**, 世襲する, 受け継ぐ. príncipe ~ 皇太子.
—男 女 **1 相続人**, 後継者. ~ forzoso 法定相続人. ~ universal 包括相続人. instituir (poner) ~ a+人〈人〉を相続人に指定する. presunto ~ 推定相続人. **2**(両親から性格・特徴などを)受け継いだ人. **3** 地主, 地所所有者.

He·re·dia [e.ré.ðja] 固名 エレディア. **(1)** José María ~ (1803-39). キューバの詩人. **(2)** ジョゼ・マリア・ド・エレディア. José María de ~ (1842-1905). キューバ生まれのフランス高踏派詩人.

he·re·di·ta·ria·men·te [e.re.ði.tá.rja.mén.te] 副 遺伝で, 遺伝的に. Esta enfermedad se transmite ~. この病気は遺伝的に受け継がれる.

he·re·di·ta·rio, ria [e.re.ði.tá.rjo, -.rja] 形 **1** 親譲りの, 世襲による. monarquía *hereditaria* 世襲王制. bienes ~s 相続財産.
2 遺伝の, 遺伝的の. enfermedad *hereditaria* 遺伝性疾患. **3**(性格・特徴などを)受け継いだ.

he·re·je [e.ré.xe] 男 女 **1** 異端者, 異教徒.
2〘話〙(比喩的に)恥知らず, 無礼な人.
—形 〘ラ米〙**(1)** (宗)(宗教などに)無関心な; 気にかけない. **(2)** (中)(ラ米)過度の, 過重な.

he·re·jí·a [e.re.xí.a] 女 **1**(カトリックの教義から外れた)異端. La doctrina de Calvino se ha considerado como una ~. カルビンの説は異端とされた.
2 異説, 異論; 邪説. ~ científica 学問上の異説.
3〘話〙侮辱, 無礼な言葉. **4**〘話〙悪ふざけ; 弱い者いじめ. **5**〘話〙ばかげたこと, 常識外れのこと.

he·rén [e.rén] 男 〖植〗→ yero.

‡**he·ren·cia** [e.rén.θja / -.sja] 女 **1 遺産**, 相続財産. dejar [recibir] en ~ un terreno 遺産として土地を残す[受け取る]. gastar toda la ~ 遺産を使い果たす. disfrutar de la rica ~ cultural 豊かな文化遺産を享受する.
2 相続, 相続権. aceptar [repudiar] la ~ 〖法〗相続を承認[放棄]する. ~ yacente 〖法〗相続人不在. **3**〖生物〗遺伝(=~ biológica); 遺伝的形質. Esta enfermedad se transmite por ~. この病気は遺伝する.

he·re·que [e.ré.ke] 形 〘ラ米〙(中米)天然痘にかかった. —男 〘ラ米〙(中米) **(1)** (一般的な)皮膚病. **(2)** コーヒーの木の病気.

he·re·siar·ca [e.re.sjár.ka] 男 異端の創始者[指導者].

he·re·ti·cal [e.re.ti.kál] 形 → herético.

he·ré·ti·co, ca [e.ré.ti.ko, -.ka] 形 異端の, 異説の.

he·reu [e.réu] [カタルーニャ] 男 長男.

he·ria [e.rja] 女 → feria.

‡**he·ri·da** [e.rí.ða] 女 **1 傷**, 負傷, けが. ~ contusa 打撲症. ~ de arma blanca 刺し傷. ~ mortal 致命傷.
2(精神的に)痛手, 苦痛. renovar la ~ 古傷をつつく. las ~s del alma 心の痛手. **3** 侮辱, 無礼. **4** 〖狩〗(タカが獲物を見つけて)舞い降りる場所.
respirar por la herida 胸のうちを包み隠さず話す.
tocar [dar] a+人〈人〉 en la herida 〈人〉の痛いところをつく, 嫌なことを思い出させる.

‡**he·ri·do, da** [e.rí.ðo, -.ða] 形 **1 負傷した**, けがをした. estar ~ de gravedad 重傷である. caer ~ 負傷する. **2**(精神的に)傷ついた. sentirse ~ 感情を害する. —男 女 **負傷者**, けが人. El accidente produjo dos ~s. その事故で2人の負傷者が出た. —男 〘ラ米〙(中)(ラ米)溝, 堀, 排水溝.

‡**he·rir** [e.rír] 27 他 **1** 〈(主に)人・動物を〉**傷つける**, 負傷させる. ~ de muerte a un soldado 兵士に致命傷を負わせる. fue gravemente *herido* en una pierna. 彼は足に重傷を負った. Lo *hirieron* por la espalda con un cuchillo. 彼は背後からナイフで刺された.
2 〈人に〉心痛を与える; 〈感情・名誉などを〉害する; 〈感覚に〉不快感を与える. ~ el orgullo 誇りを傷つける. ~ el oído 耳に障る. Me *has herido* con tus palabras. 私は君の言葉に傷ついた. El sol me *hería* la vista. 太陽の光が目にまぶしかった.
3 〖詩〗〈楽器(の弦)を〉つま弾く, かきならす.
4 〖詩〗(空気などを)つんざく; 〈床などを〉踏み鳴らす; (的などに)当たる. Un rayo *hirió* el árbol. 木に雷が落ちた.

—**~.se** 再 負傷する，傷つく；自分を傷つける．Él se hirió (en) la cabeza en un accidente. 彼は事故で頭にけがをした．
[←［古スペイン語］「打つ，殴る」←［ラ］*ferīre*]

her.ma [ér.ma] 男［美］ヘルメス柱像．

her.ma.fro.dis.mo [er.ma.fro.ðís.mo] 男［生物］雌雄同体現象．

her.ma.fro.di.ta [er.ma.fro.ðí.ta]［生物］形 **1** 両性の；雌雄同株［同花］の．**2** 両性具有の．—— 女 両性具有者．

her.ma.fro.di.tis.mo [er.ma.fro.ði.tís.mo] 男［生物］雌雄同体性，雌雄同体現象．

her.ma.na [er.má.na] 女 形 ➡ hermano.

her.ma.na.ble [er.ma.ná.ble] 形 両立する，調和できる．

her.ma.na.do, da [er.ma.ná.ðo, -.ða] 形 **1** 類似した，似かよった；同一の．conceptos ~s 同じような考え．**2** 調和した，釣り合った．**3** 〈都市などが〉姉妹関係にある．

her.ma.nal [er.ma.nál] 形 兄弟［姉妹］の，兄弟［姉妹］らしい．

her.ma.na.mien.to [er.ma.na.mjén.to] 男 **1** 調和，釣り合い．~ de colores 色の調和．**2** 結合，合体．**3** 姉妹都市提携；兄弟［姉妹］の絆(きずな)．

her.ma.nar [er.ma.nár] 他 **1** 調和させる；両立させる；一緒にさせる．**2** 姉妹都市にする；兄弟［姉妹］のような親交を結ぶ．Han hermanado a León con San Francisco. レオンはサンフランシスコと姉妹都市になった．**3**〈ラ米〉一対［一組］にする．
—**~.se** 再 **1** 調和する；合わさる，一緒になる．~se en Dios 神のもとに深く結び合う．**2** 兄弟［姉妹］のような親交を結ぶ．

her.ma.nas.tro, tra [er.ma.nás.tro, -.tra] 名 異父兄弟［姉妹］，異母兄弟［姉妹］(= medio hermano, media [medio] hermana).

her.ma.naz.go [er.ma.náθ.go / -.nás.-] 男 ➡ hermandad.

***her.man.dad** [er.man.dáð] 女 **1** 兄弟［姉妹］の関係；兄弟［姉妹］愛．convenio de ~ 姉妹都市協定．**2** 信徒団体；同業者組合．~ de ganaderos 牧畜業者組合［協会］．**3** 修道会の特権．
Santa Hermandad《史》サンタ・エルマンダー，神聖兄弟団．✦15-16世紀のスペインの警察組織．元来は中世 Castilla 地方の自警団．ローマ教皇の認知により神聖と称される．

***her.ma.no, na** [er.má.no, -.na] 男 女 **1** 兄，弟，姉，妹；《複数で》兄弟，姉妹．¿Tienes ~s? ― Sí, tengo un ~ (mayor) y una *hermana* (menor). 君には兄弟はいるの．―はい，兄が1人と妹が1人います．~ mayor [menor] 兄［弟］．*hermana* mayor [menor] 姉［妹］．~ carnal 実兄［弟］．~ de leche 乳兄弟．~ de sangre 実兄［弟］；血盟した兄弟；《話》親友．~ político 義兄［弟］．*hermana* política 義姉［妹］．medio ~ 異父［異母］兄弟．media [medio] *hermana* 異父［異母］姉妹．~ de madre 異父兄弟．~ de padre 異母兄弟．~ bastardo [*hermana* bastarda] 《嫡出子から見た》腹違いの兄弟［姉妹］．
2《宗》修道士，修道女；《呼びかけ》ブラザー，シスター；〈同一宗派の〉信者，同一教会員．*hermana* de la Caridad 愛徳修道女（➡右図に図示）．
3 同志，仲間，同僚．**4** 同類のもの，（1対のものの）片方．¿Dónde estará el ~ de este guante? この手袋のもう片方はどこにあるんだろう．**5**《ラ米》(ミア)《話》親友への呼びかけ．

—— 形《多くは名詞＋》兄弟［姉妹］関係にある；類似した．pueblos ~s 同胞．ciudades *hermanas* 姉妹都市．
[←［ラ］*frāter germānus*「実の兄弟」の形容詞部分 *germānus*「実の兄弟」の名詞化．〈関連〉hermanar, hermandad.［ポルトガル］*irmão, irmã*.［英］*german*]

her.me.neu.ta [er.me.néu.ta] 男 女 （特に聖書の）解釈学者．

her.me.néu.ti.co, ca [er.me.néu.ti.ko, -.ka] 形 解釈学の．—— 女 （特に聖書の）解釈学．

Her.mes [ér.mes] 固名《ギ神》ヘルメス：神々の使者で商業の神．ローマ神話のメルクリウス Mercurio に当たる．

her.mé.ti.ca.men.te [er.mé.ti.ka.mén.te] 副 密封［密閉］して．

her.mé.ti.co, ca [er.mé.ti.ko, -.ka] 形 **1** 密封された，気密性［水密性］のある．**2** 隠された，不可解な，難解な．**3** ヘルメス・トリスメギストス Hermes Trismegisto「の」に関する」，ヘルメス・トリスメギストスの教えに従う錬金術(師)の．—— 男 密封容器．

her.me.tis.mo [er.me.tís.mo] 男 **1** 密閉性，気密性 **2**《比喩的》難解さ；秘密にすること，隠し立てすること．

her.mo.sa [er.mó.sa] 形 ➡ hermoso.

her.mo.se.a.mien.to [er.mo.se.a.mjén.to] 男 美しくすること，美化．

her.mo.se.ar [er.mo.se.ár] 他 美しくする，美化する．

****her.mo.so, sa** [er.mó.so, -.sa] 形 **1**《多くは＋名詞／名詞＋》《ser＋／estar＋》美しい，きれいな．mujer *hermosa* 美しい女性．paisaje ~ きれいな景色．

〈類語〉「人の美しさ」を表す語：*guapo* は「姿形（特に顔）が美しい」，*bonito* は「かわいい，愛らしい」，*hermoso* は「端整な」．*bello* は hermoso と同義だが，どちらかと言うと芸術的な観点に立った表現．*mono* は「キュートな」，*encantador* は「うっとりするほど魅力的な」，*atractivo* は「人目をひくほど魅力的の」の意味．中南米では *lindo* が好んで用いられる．

2 見事な；広々とした；豊富な．tomates ~s 立派なトマト．**3**《多くは＋名詞／名詞＋》《ser＋／estar＋》よく晴れた，晴天の．Ayer hizo un ~ día. 昨日はいい天気だった．**4** 気品に満ちた，賞賛に値する．Ése ha sido un gesto ~ por tu parte. あれは君が見せた立派な態度だったよ．**5**《話》丈夫な，健康な，頑健な．Tu hermano se ha puesto ~. 君の弟はたくましくなったね．
[←［ラ］*fōrmōsum (fōrmōsus* の対格) の *fōrma*「形」より派生，「形のよい」が原義．〈関連〉［スペイン］［ポルトガル］［英］*Formosa*（「台湾」の旧名；「美しい（島）」が原義)]

***her.mo.su.ra** [er.mo.sú.ra] 女 **1** 美しさ，美；見事さ．Este coche es una ~. この車は実にすばらしい．¡Qué ~ de niño [pescado]! なんとかわいい子供［見事な魚］なんだろう．
2 美人，美しい人．
¿Qué *hermosura* de racimos!《皮肉》全く大したものだよ．

Her.nán.dez [er.nán.deθ / -.des] 固名 エルナンデス．（1）Miguel ~ (1910-42). スペインの詩人．（2）José ~ (1834-86). アルゼンチンの詩人．作品

hermana de la Caridad (愛徳修道女の修道女)

Martín Fierro『マルティン・フィエロ』はガウチョ gaucho 文学の代表作. (3) Felisberto ～(1902-64). ウルグアイの作家.

her·nia [ér.nja] 囡【医】ヘルニア；脱腸. ～ discal [de disco] 椎間板(震震)ヘルニア. ～ estrangulada 絞扼(震震)性ヘルニア.

her·nia·do, da [er.njá.ðo, -.ða] 形 ヘルニアにかかった. ――男 ヘルニア患者.

her·nia·rio, ria [er.njá.rjo, -.rja] 形 ヘルニアの [に関する]. tumor [anillo] ～ ヘルニア嚢(震).

her·niar·se [er.njár.se] 82 再 1 ヘルニアにかかる. 2《話》《皮肉》働きすぎる, 懸命に努力する.

her·nio·so, sa [er.njó.so, -.sa] 形 ヘルニアにかかった.

He·ro·des [e.ró.ðes] 固名 ～ el Grande ヘロデ大王(前73?－前4)：ユダヤ王.
――[h-]《ユーモラスに》子供をいじめる人.
andar [ir] de Herodes a Pilato(s)《望みのものを手にできずに》無駄に歩き回る, たらい回しにされる. ♦ キリストが, 本来裁くべきヘロデの手からピラトに引き渡されたことから.

He·ro·do·to [e.ro.ðó.to] / **He·ró·do·to** [e.ró.ðo.to] 固名 ヘロドトス (前484?－420?)：ギリシアの歴史家.

**hé·ro·e [é.ro.e] 男 [1－3の女性形は heroína]
1 英雄, 勇士, 勇者. El Cid es el ～ del Reino de Castilla. エル・シッドはカスティーリャ王国の英雄である.
2 偉人, ヒーロー, 英雄的人物；《皮肉》大物. Ese futbolista es un ～ nacional. そのサッカー選手は国民的なヒーローである.
3（小説・映画などの）主人公. **4**《ギ神》神人, 半神.
[← [ラ] *hērōs* ← [ギ] *hḗrōs*「神人」；heroína ← [ラ] *hērōīnam* (heroの対格) ← [ギ] *hērōínē*「半神女」 [関連] heroico, hero, heroine]

he·roi·ci·dad [e.roi.θi.ðáð / -.si.-] 囡 英雄的資質 [性格]；英雄的行為.

he·roi·ca·men·te [e.rói.ka.mén.te] 副 英雄的に, 勇敢に, 堂々と.

*he·roi·co, ca [e.rói.ko, -.ka] 形 **1** 英雄的な, 勇敢な. acto ～ 英雄的行為. **2** 思い切った, 大胆な. decisión heroica 大胆な決断. recurso ～ 思い切った手段. **3**《詩》英雄を歌う. poesía heroica 英雄詩.

*he·ro·í·na[1] [e.ro.í.na] 囡 **1** 女性の英雄, 女傑 (► 「英雄」は héroe). Isabel la Católica fue una ～ castellana. カトリック女王イサベルはカスティーリャ王国の女傑であった.
2（小説・劇映画などの）女主人公, ヒロイン.

he·ro·í·na[2] [e.ro.í.na] 囡《薬》ヘロイン.

he·ro·i·nó·ma·no, na [e.ro.i.nó.ma.no, -.na] 形 ヘロイン中毒の. ――男 囡 ヘロイン中毒患者.

*he·ro·ís·mo [e.ro.ís.mo] 男 英雄的資質 [性格]；勇気, 英雄的行為. el ～ de los soldados 兵士たちの英雄的行為.

her·pe [ér.pe] 男 (または囡) → herpes.

her·pes [ér.pes] 男 [単複同形]【医】ヘルペス, 疱疹(震震). ～ genital 陰部疱疹. ～ simple 単純疱疹. ～ zoster 帯状疱疹.

her·pé·ti·co, ca [er.pé.ti.ko, -.ka] 形【医】ヘルペス(性)の, 疱疹(震震)性の；ヘルペスにかかった.
――男 囡【医】疱疹患者.

her·pe·tis·mo [er.pe.tís.mo] 男【医】ヘルペスにかかりやすい体質.

her·pe·to·lo·gí·a [er.pe.to.lo.xí.a] 囡 爬虫(震震)両生類学.

her·ra·da [e.řá.ða] 囡 **1**（金属のたがで締めた底広の）木桶(震). **2**《ラ米》(震震) → herradero.

her·ra·de·ro [e.řa.ðé.ro] 男（家畜の）焼き印押し；焼き印を押すための場所 [時期].

her·ra·do [e.řá.ðo] 男 蹄鉄(震震)打ち；焼き印を押すこと.

her·ra·dor, do·ra [e.řa.ðór, -.ðó.ra] 男 囡 蹄鉄(震震)工.

her·ra·du·ra [e.řa.ðú.ra] 囡 **1** 蹄鉄(震震)；馬蹄形(のもの). arco de ～【建】馬蹄形アーチ.
2【動】キクガシラコウモリ, カグラコウモリ.

her·ra·je [e.řá.xe] 男 **1**（扉・家具などの補強・装飾に用いられる）金具, 鉄具, 鉄細工. **2** 蹄鉄(震震)（と釘(震)).**3**《ラ米》(震震)（馬具の）銀製装飾具.

her·ra·men·tal [e.řa.men.tál] 形 工具収納用の.
――男 工具一式；工具箱.

*her·ra·mien·ta [e.řa.mjén.ta] 囡 **1** 工具, 道具；工具一式. caja de ～s 工具箱. máquina ～ / ～ mecánica 工作機械. barra de ～s《IT》ツールバー. **2**《話》刃物, ナイフ. **3**《話》《集合的》歯, 歯並び. **4**《話》《集合的》角(震).
[← [ラ] *ferrāmenta*《複数形》「(鉄製の)道具類」 (*ferrum*「鉄」より派生)]

her·ran·za [e.řán.θa / -.sa] 囡《ラ米》(震震) → hierra.

her·rar [e.řár] 8 他 **1**〈馬に〉蹄鉄(震震)を打つ, 装蹄する. **2** 焼き印を押す. **3** 金具で補強 [装飾] する.

her·rén [e.řén] 男（大麦・カラス麦を混合した）まぐさ；飼料用穀物の畑.

her·re·ño, ña [e.ře.ño, -.ña] 形（スペイン Canarias の）イエロ島 Hierro の. ――男 囡 イエロ島の人.

He·rre·ra [e.ře.ra] 固名 エレラ. (1) Juan de ～ (1530－97). スペインの建築家. El Escorial を設計. (2) Fernando de ～ (1534－97). スペイン・セビーリャ派の詩人.

he·rre·rí·a [e.ře.rí.a] 囡 **1** 鍛冶屋(業).
2 鍛冶屋の仕事場, 鍛冶場. **3** 製鉄所, 鉄工所. **4**《比喩的》騒動, 騒ぎ；騒がしい声.

he·rre·ria·no, na [e.ře.rjá.no, -.na] 形 **1** ファン・デ・エレラ Juan de Herrera (16世紀の建築家)の,〈作品が〉ファン・デ・エレラ的な. **2** フェルナンド・デ・エレラ Fernando de Herrera (16世紀の詩人)の,〈作品が〉フェルナンド・デ・エレラ的な.

he·rre·ri·llo [e.ře.rí.ʝo ‖ -.ʎo] 男【鳥】シジュウカラ；アオガラ.

*he·rre·ro, ra [e.ře.ro, -.ra] 男 囡 鍛冶屋, 鍛冶職人, 鉄匠.

he·rre·rue·lo [e.ře.rwé.lo] 男【鳥】ヒガラ.

he·rre·te [e.ře.te] 男 **1**（靴ひも・飾りひもなどの先端の）止め金；焼き印.
2《ラ米》(震震)焼き金；焼き印.

he·rre·te·ar [e.ře.te.ár] 他 **1**〈靴ひも・飾りひもなどの〉先端に金具を付ける. **2**《古語》焼き印を押す.

he·rrón [e.řón] 男 **1**【遊】鉄輪. juego de ～ 鉄輪投げ遊び. **2** ワッシャー, 座金.

he·rrum·brar [e.řum.brár] 他 さびさせる, さびつかせる.

he·rrum·bre [e.řúm.bre] 囡 **1** 鉄さび, さび. criar [tener] ～ さびが出る [つく]. **2**（水などの）金気の味い. **3**【農】（穀物につく）さび菌.

he·rrum·bro·so, sa [e.řum.bró.so, -.sa] 形 さびた, さびついた.

hertz [érθ / érs ‖ hérts]【独】【物理】→ hercio.

her·tzia·no, na [er.θjá.no, -.na ‖ -.sjá.-] 形《物理》

her·tzio [er.θjo / -.sjo] 男 → hercio.
her·ve·de·ras [er.be.ðé.ras] 女《複数形》《ラ米》《話》胸焼け, 消化不良.
her·ven·tar [er.ßen.tár] 8 他 ゆでる, 煮沸する.
her·vi·de·ra [er.bi.ðé.ra] 女 → hervidor.
her·vi·de·ro [er.bi.ðé.ro] 男 1 ぐらぐら煮えたつこと; 煮えたぎる音. 2 (人・ものが) あふれかえること [場所]. 3 (悪事・野心などの) 温床. un ~ de intrigas 陰謀の巣.
her·vi·do, da [er.bí.ðo, -.ða] 形 煮立った, 沸騰した. huevo ~ ゆで卵. ── 男 煮込み (料理).
her·vi·dor [er.bi.ðór] 男 1 鍋(冬), 湯沸かし, やかん. 2《技》ボイラー, 汽缶.
*__her·vir__ [er.bír] 27 自 1 沸騰する, 煮える, 煮えたぎる. El agua *hierve* a los cien grados. 水は100度で沸騰する. 2 (**de...**)(…が) うようよいる, (…で) あふれている. La plaza *hierve de* gente. 広場は人でごった返している. 3 (醸造などが) 泡立つ, 発泡する. 4〈海が〉荒れる, 波立つ. 5 (**en... / de...**)〈人 (の心) が〉(…で) 沸き立つ, 沸き返る, 高ぶる. ~ *en* cólera 激高する. ~ *de* celos 嫉妬に狂う.
── 他 沸かす, 煮る, 煮沸する. ~ ... a fuego medio …を中火で煮る.
[←[ラ]*fervēre*, [関連][スペイン][英]*fervor*]
her·vor [er.ßór] 男 1 沸騰, 煮沸; 煮えたぎり. levantar el ~ 煮立つ, 沸く. dar un ~ 軽く沸騰させる. 2 (若者の) 血気, 若気.
her·vo·ro·so, sa [er.ßo.ró.so, -.sa] 形 1 激しい, 熱烈な. 2 沸騰した, 煮えたぎった.
her·ze·go·vi·no, na [er.θe.ɣo.βí.no, -.na / -.se.-] 形 (ボスニア・) ヘルツェゴビナの. ── 男 女 (ボスニア・) ヘルツェゴビナ人.
hes·pé·ri·co, ca [es.pé.ri.ko, -.ka] 形 イベリア半島とローマ半島の; ヘスペリア Hesperia (古代ギリシア人がイタリアを, ローマ人がスペインまたはそれ以西を指した地名). ── 男 女 ヘスペリアの住民[出身者].
Hes·pé·ri·des [es.pé.ri.ðes] 固名 1《ギ神》ヘスペリスたち: 黄金のリンゴのなる園を守った娘たち. 2《天文》プレアデス星団, すばる (= Pléyades).
hes·pe·ri·dio [es.pe.rí.ðjo] 男《植》ミカン状果, 柑果(沈), 橙果(蓬).
hes·pé·ri·do, da [es.pé.ri.ðo, -.ða]形《詩》ヘスペリス Hespérides の; 西方の.
hes·pe·rio, ria [es.pé.rjo, -.rja] 形 男 女 → hespérico.
hés·pe·ro, ra [és.pe.ro, -.ra] 形 → hespérico.
── 男 [H-]《天文》宵の明星, 金星.
he·tai·ra [e.tái.ra] 女 1《史》ヘタイラ: 歌舞音曲に長じ教養もあった古代ギリシアの高級遊女. 2 売春婦, 娼婦(ない).
he·te·o, a [e.té.o, -.a] 形《史》ヒッタイト人の.
── 男 女《史》ヒッタイト人.
── 男《複数で》《集合的》ヒッタイト人. → hitita.
he·te·ra [e.té.ra] 女 → hetaira.
he·te·ro [e.té.ro] 形 男 女《話》→ heterosexual.
hetero-「他の, 異なる, 異種の」の意を表す造語要素. ⏵ *hetero*doxo, *hetero*plastia. [←[ギ]]
he·te·ro·ca·rio·sis [e.te.ro.ka.rjó.sis] 女《単複同形》ヘテロカリオシス: 1つの細胞に2つの異なった核が存在すること.
he·te·ro·cer·co, ca [e.te.ro.θér.ko, -.ka / -.sér.-] 形《魚》 1〈尾びれが〉異尾状の, 不相称の. 2 (サメ・エイなどのように) 異尾のある.
he·te·ro·cí·cli·co, ca [e.te.ro.θí.kli.ko, -. ka / -.sí.-] 形《化》複素環の.
he·te·ro·ci·clo [e.te.ro.θí.klo / -.sí.-] 男《化》複素環式 (化合物), ヘテロ環: 炭素だけでなく炭素以外の原子が一つ以上含まれる環状構造の化合物.
he·te·ro·ci·go·ta [e.te.ro.θi.ɣó.ta / -.si.-] 女 → heterocigoto.
he·te·ro·ci·gó·ti·co, ca [e.te.ro.θi.ɣó.ti.ko, -. ka / -.si.-] 形《生物》異型接合体の, ヘテロ接合体の.
he·te·ro·ci·go·to [e.te.ro.θi.ɣó.to / -.si.-] 男《生物》異型[ヘテロ]接合体: 優勢・劣勢遺伝子の結合体.
he·te·ro·cla·mí·de·o, a [e.te.ro.kla.mí.ðe.o, -.a] 形《植》萼(*)と花びらの区別できる.
he·te·ro·clí·to, ta [e.te.ro.klí.to, -.ta] 形 1 不規則な, 変則の; 無秩序の. 2《文法》不規則変化の.
he·te·ro·de·ter·mi·na·ción [e.te.ro.ðe.ter.mi.na.θjón / -.sjón] 女 (自分では選択権のない) 他者決定 (↔autodeterminación).
he·te·ro·di·no [e.te.ro.ðí.no] 男《物理》ヘテロダイン.
he·te·ro·do·xia [e.te.ro.ðók.sja] 女 (主に神学で) 異説, 異端, 非正統 (説) (↔ortodoxia).
he·te·ro·do·xo, xa [e.te.ro.ðók.so, -.sa] 形 異説の, 異端の; 異端[非正統説]を信奉する (↔ortodoxo). ── 男 女 異端者, 非正統説信奉者.
he·te·ro·ge·nei·dad [e.te.ro.xe.nei.ðáð] 女 異種混交性[状態]; 異種性, 異質性.
he·te·ro·gé·ne·o, a [e.te.ro.xé.ne.o, -.a] 形 異種の, 異質の; 不均質の (↔homogéneo).
he·te·ro·man·cia [e.te.ro.mán.θja / -.sja] / **he·te·ro·man·cí·a** [e.te.ro.man.θí.a / -.sí.-] 女 (鳥の飛び方による) 鳥占い.
he·te·ro·ni·mia [e.te.ro.ní.mja] 女《言》異源異類現象: 異なる語源で意味が近接する関係.
he·te·ró·ni·mo [e.te.ró.ni.mo] 男 1《言》異源同類語. ⏵ *caballo* と *yegua*, *toro* と *vaca* など, 異なる語源で意味が近接する語. 2 雅号, (作家の) 別名.
he·te·ró·no·mo, ma [e.te.ró.no.mo, -.ma] 形 他律の, 他律的な.
he·te·ro·plas·tia [e.te.ro.plás.tja] 女《医》異種組織移植 (術).
he·te·ro·se·xis·mo [e.te.ro.sek.sís.mo] 男 異性愛主義: 異性愛主義者による同性愛者への差別.
he·te·ro·se·xual [e.te.ro.sek.swál] 形 異性愛の. ── 男 女 異性愛者 (↔homosexual).
he·te·ro·se·xua·li·dad [e.te.ro.sek.swa.li.ðáð] 女 異性愛.
he·te·ró·tro·fo, fa [e.te.ró.tro.fo, -.fa] 形《生物》〈キノコ・動物が〉従属栄養の, 他家栄養の. ▶「自家栄養の」は autótrofo.
he·te·ro·zi·go·ta [e.te.ro.θi.ɣó.ta / -.si.-] 女 → heterocigoto.
he·te·ro·zi·gó·ti·co, ca [e.te.ro.θi.ɣó.ti.ko, -.ka / -.si.-] → heterocigótico.
he·te·ro·zi·go·to [e.te.ro.θi.ɣó.to / -.si.-] 男 → heterocigoto.
he·ti·car·se [e.ti.kár.se] 102 再《ラ米》《タリ》肺結核にかかる, 肺を患う.
hé·ti·co, ca [é.ti.ko, -.ka] 形 1《医》肺結核の, 肺結核にかかった. 2 やせぎすの, 骨と皮だけの.
── 男 女 肺結核患者.
he·ti·quen·cia [e.ti.kén.θja / -.sja] 女《ラ米》(沈治)《医》肺結核.
heu·rís·ti·co, ca [eu.rís.ti.ko, -.ka] 形 ヒューリスティクス [発見的手法] の.
── 女 1 ヒューリスティクス: 検討・試行錯誤などによ

he·ve·a [e.βé.a] 男 【植】パラゴムノキ.

hexa- 「6」の意を表す造語要素. → *hexámetro*, *hexápodo*. [←〔ギ〕]

he·xa·cor·do [ek.sa.kór.ðo] 男 【音楽】(中世音楽の)ヘクサコード, 六音音階; 6度(の音程).

he·xa·e·dro [ek.sa.é.ðro] 男 【数】六面体. ~ regular 正六面体.

he·xa·go·nal [ek.sa.go.nál] 形 六角[辺]形の.

he·xá·go·no, na [ek.sá.go.no, -.na] 形 六角[辺]形の. ── 男 【数】六角形, 六辺形.

he·xa·li·te [ek.sa.lí.te] 男 ヘクサライト: 運動靴の衝撃吸収システムで, 六角形の空気室で構成されている.

he·xá·me·tro, tra [ek.sá.me.tro, -.tra] 男 【詩】(ギリシャ・ラテンの叙事詩の)六歩格[六脚律]の詩句.

he·xán·gu·lo, la [ek.sáŋ.gu.lo, -.la] 形 [詩] = hexágono.

he·xá·po·do, da [ek.sá.po.ðo, -.ða] 形 【動】六本足の. ── 男 六脚類, 六本脚の動物.

he·xa·sí·la·bo, ba [ek.sa.sí.la.bo, -.ba] 形 【詩】6音節の. *verso* ~ 6音節詩. ── 男 6音節詩.

hez [éθ / és] 女 [複 heces] **1** (主に複数で)沈殿物, おり, かす. **2**《軽蔑》かす, 唾棄(だき)すべき人. *la hez de la sociedad* 社会のくず. **3** (複数で)糞(ふん), 糞便(ふんべん).

Hf 【化】hafnio ハフニウム.

hg (略)*hectogramo(s)* ヘクトグラム.

Hg 【化】hydrargirum 〔ラ〕水銀 (= mercurio).

hi [í] 男 女 [hijo の語尾消失形]子. ► *hi de puta* 畜生 (← *hijo de puta*「売女(ばいた)のせがれ」)のように *hi* で始まるののしりの語句でのみ用いられる.

Hí·a·das [í.a.ðas] / **Hi·a·des** [í.a.ðes] 固名 (複数形で) **1** 【ギ神】ヒュアデス: ゼウスにより星に変えられたアトラスの娘たち. **2** 【天文】ヒヤデス星団: おうし座の頭部の群星.

hia·li·no, na [ja.lí.no, -.na] 形 ガラス質の; 透明な.

hian·te [ján.te] 形 【詩】【音声】(詩句の)母音連続のある.

hia·to [já.to] 男 **1** 【音声】(1) 母音分立: 連続した母音が二重母音や母音合一とならずに各1個の音節を形成すること. ~ *tarea*, *país*. (2) (母音分立による)不快音調. ~ *de este a oeste* 東から西. **2** 断絶, 不連続, 亀裂(きれつ).

hi·ber·na·ción [i.ber.na.θjón / -.sjón] 女 **1** 冬眠, 冬ごもり. *pasar el período de* ~ 冬眠する. **2** 【医】人工冬眠.

hi·ber·nal [i.ber.nál] 形 冬の, 冬季の (= invernal). *sueño* ~ 冬眠.

hi·ber·nar [i.ber.nár] 自 冬眠する, 冬ごもりする; 避寒する. ~《人為的に冬眠させる.

hi·ber·nés, ne·sa [i.ber.nés, -.né.sa] 形 アイルランド (古名 Hibernia) の. ── 男 女 アイルランド人.

hi·bis·co [i.bís.ko] 男 【植】ハイビスカス; ムクゲ.

hi·bri·da·ción [i.bri.ða.θjón / -.sjón] 女 異種交配, 交雑, 雑種形成.

hi·bri·dar [i.bri.ðár] 他 (交配させて) …の雑種を作る. ~ *ciertas especies animales.* 何種類かの動物を交配させる. ── 自 《con... …と》交配する. *Hibridaron las tradiciones árabe y española.* アラブとスペインの伝統は混ざり合った. ── ~*se* 再 交配する.

hi·bri·dis·mo [i.bri.ðís.mo] 男 雑種性; 混成.

hí·bri·do, da [í.bri.ðo, -.ða] 形 **1** 雑種の, 混種の. **2** 混成の, 混種の. ── 男 **1** 雑種, 混血, 混種の (種). **2** 混成物, 合成物. **3** 【言】混種語. ♦語の構成要素が異なる語からなる語. → ギリシャ語源の auto とラテン語源の móvil からなる automóvil.

hi·bri·do·ma [i.bri.ðo.ma] 男 ハイブリドーマ: 細胞2種類の雑種で, それぞれの機能を保持している細胞.

hi·bue·ro [i.bwé.ro] 男 【植】ノウゼンカズラ科クレスセンティア属の一種.

hic- 活 → hacer.

hi·ca·co [i.ká.ko] 男 【植】バラ科クリソバラヌス属の一種: 西インド諸島メキシコ湾沿岸に群生.

Hi·dal·go [i.ðál.go] 固名 イダルゴ Miguel ~ y Costilla (1753-1811): メキシコ独立運動の指導者・司祭.

hi·dal·go, ga [i.ðál.go, -.ga] 男 女 [hijo de algo の縮約形] 郷士. ♦中世および近世初期において貴族階級と平民の間に位置した. ~ *de bragueta* 正妻との間に7人続けて男子をもうけて郷士の権利を得た者. ~ *de cuatro costados* 父方[母方]の祖父母以来の郷士. ~ *de ejecutoria* 郷士としての血統を文書で証明されている郷士. → Quijote. ── 形 **1** 郷士の, 郷士らしい. **2** 高貴な, 高潔な; 寛大な.

hi·dal·guez [i.ðal.géθ / -.gés] 女 → hidalguía.

hi·dal·guí·a [i.ðal.gí.a] 女 **1** 郷士の身分. **2** 郷士らしさ; 高貴; 寛大.

hi·dá·ti·de [i.ðá.ti.ðe] 女 **1** 条虫の幼虫. **2** 【医】包虫嚢(のう).

hi·da·tí·di·co, ca [i.ða.ti.ði.ko, -.ka] 形 【医】包虫の; 包条虫が原因となった.

hi·da·ti·do·sis [i.ða.ti.ðó.sis] 女 《単複同形》【医】包虫症.

hi·dra [í.ðra] 女 **1** [H-] (1) 【ギ神】ヒュドラ, ヒドラ: Hércules の退治した7つの頭を持つ大蛇. (2) 【星座】H~ *hembra* うみへび座, H~ *macho* みずへび座 (= Serpiente de agua). **2** 【動】(1) (腔腸(こうちょう)動物の) ヒドラ. (2) (太平洋・インド洋の海岸にいる) 水生の毒蛇. **3** 根絶し難い社会悪.

hi·drá·ci·do [i.ðrá.θi.ðo / -.si.-] 男 【化】水素酸.

hi·drac·ti·vo, va [i.ðrak.tí.βo, -.βa] 形 水力推進の, 水力で動く. *la suspensión hidractiva* ハイドラクティブサスペンション.

hi·drar·gi·ris·mo [i.ðrar.xi.rís.mo] 男 【医】水銀中毒症.

hi·drar·gi·ro [i.ðrar.xí.ro] 男 【化】水銀 (= mercurio).

hi·drar·tro·sis [i.ðrar.tró.sis] 女 《単複同形》【医】関節水腫(しゅ).

hi·dra·ta·ción [i.ðra.ta.θjón / -.sjón] 女 **1** 【化】水化, 水和: 水分子との結合. **2** 肌に潤いを与えること, モイスチャライジング. *mantener la* ~ *adecuada* 適度な潤いを保つ.

hi·dra·ta·do, da [i.ðra.tá.ðo, -.ða] 形 **1** 〈肌に〉適度な潤いのある. *piel hidratada* 潤いのある肌. **2** 【化】含水の.

hi·dra·tan·te [i.ðra.tán.te] 形 潤いを与える; 水化する, 水和する. *crema* ~ モイスチャークリーム.

hi·dra·tar [i.ðra.tár] 他 **1** 【化】水和させる, 水化物をつくる. **2** 水分を与える, 潤いを与える. ── ~*se* 再 潤う.

hi·dra·to [i.ðrá.to] 男 【化】水化物, 含水化合物, 水和物. ~ *de carbono* 炭水化物, 含水素.

hi·dráu·li·co, ca [i.ðráu.li.ko, -.ka] 形 **1**【技】【機】水力の, 水圧の, 液圧［油圧］式の. frenos ～s 油圧［液圧］ブレーキ. fuerza *hidráulica* 水力. prensa *hidráulica* 液圧プレス. rueda *hidráulica* 水車. **2**【物理】水力学の; 水理学の. obras *hidráulicas* 水利工事. **3** 水によって固まる, 水硬の. ― 男 水力学者; 水理学者; 水力技師. ― 女【物理】水力学; 水理学.

hi·dria [í.ðrja] 女（大きな把っ手のついた水を運搬するための）大きなかめ: コロンビア・チブチャ人の典型的な器.

hí·dri·co, ca [í.ðri.ko, -.ka] 形 水の, 水による.

hidr- / hidro-「水の, 水素の」の意の造語要素. → *hidr*áulico, *hidro*carburo. [← [ギ]]

hi·dro·a·vión [i.ðro.a.βjón] 男 水上（飛行）機, 飛行艇.

hi·dro·bob [i.ðro.ƀóƀ] [英] 男 急流滑り.

hi·dro·ca·í·na [i.ðro.ka.í.na] 女 コカイン抽出物.

hi·dro·car·bu·ro [i.ðro.kar.ƀú.ro] 男【化】炭化水素.

hi·dro·ce·fa·lia [i.ðro.θe.fá.lja / -.se.-] 女【医】水頭症, 脳水腫(しゅ).

hi·dro·cé·fa·lo, la [i.ðro.θé.fa.lo, -.la / -.sé.-] 形【医】脳水腫(しゅ)の, 脳水腫にかかった.

hi·dro·ce·le [i.ðro.θé.le / -.sé.-] 男【医】水瘤(りゅう), 陰嚢水腫(いんのうすいしゅ).

hi·dro·clo·ra·to [i.ðro.klo.rá.to] 男【化】塩酸塩.

hi·dro·clo·ru·ro [i.ðro.klo.rú.ro] 男【化】塩化水素.

hi·dro·di·ná·mi·co, ca [i.ðro.ði.ná.mi.ko, -.ka] 形 流体力学の. ― 女【物理】流体力学.

hi·dro·e·lec·tri·ci·dad [i.ðro.e.lek.tri.θi.ðáð / -.si.-] 女【電】水力電気, 水力発電.

hi·dro·e·léc·tri·co, ca [i.ðro.e.lék.tri.ko, -.ka] 形【電】水力電気の, 水力発電の.

hi·dro·e·ner·gí·a [i.ðro.e.ner.xí.a] 女 水力エネルギー, 水力源.

hi·dro·es·ta·ble [i.ðro.es.tá.ƀle] 形 水中安定性のある.

hi·dró·fa·na [i.ðró.fa.na] 女【鉱】透たんぱく石.

hi·dro·fi·la·cio [i.ðro.fi.lá.θjo / -.sjo] 男 地下水がたまった地中のくぼみ.

hi·dró·fi·lo, la [i.ðró.fi.lo, -.la] 形 **1** 親水性の, 吸水性の. algodón ～ 脱脂綿. **2** 水生の.

hi·dro·fluo·ro·car·bo·no [i.ðro.flwo.ro.kar.ƀó.no] 男 ハイドロフルオロカーボン《略 HFC》: 代替フロンの一つ. 塩素を含まず水素のみを含むフロン.

hi·dro·fo·bia [i.ðro.fó.ƀja] 女 **1**【医】水恐怖症. **2**【医】狂犬病, 恐水病（= rabia）. [← [ラ] *hydrophobia m* (*hydrophobia* の対格) ← [ギ] *hydrophobía* (*hýdōr*「水」＋ *phóbos*「恐れ」)]

hi·dro·fó·bi·co, ca [i.ðro.fó.ƀi.ko, -.ka] 形 **1** 狂犬病に関係した. **2** → hidrófobo.

hi·dró·fo·bo, ba [i.ðro.fo.ƀo, -.ƀa] 形 狂水病の, 恐水病の, 狂犬病にかかった. ― 男 女 狂水病患者; 狂水病にかかった動物.

hi·dro·fóil [i.ðro.fóil] [英] 男 [複 ～s, ～] ハイドロフォイル, 水中翼船, 水中翼.

hi·dró·fu·go, ga [i.ðró.fu.go, -.ga] 形 防水の, 水をはじく, 撥水(はっすい)の. hacer ～ 防水する. ― 男 防水剤; 除湿剤.

hi·dro·ge·na·ción [i.ðro.xe.na.θjón / -.sjón] 女【化】水素添加[付加], 水素化.

hi·dro·ge·na·do, da [i.ðro.xe.ná.ðo, -.ða] 形【化】水素を含んだ, 水素を添加した.

hi·dro·ge·nar [i.ðro.xe.nár] 他【化】水素を添加する, 水素と化合させる.

hi·dró·ge·no [i.ðró.xe.no] 男【化】水素（記号 H）. ～ pesado 重水素. bomba de ～ 水素爆弾.

hi·dro·ge·o·lo·gí·a [i.ðro.xe.o.lo.xí.a] 女 水理地質学.

hi·dro·ge·o·ló·gi·co, ca [i.ðro.xe.o.ló.xi.ko, -.ka] 形 水理地質学の.

hi·dro·go·gí·a [i.ðro.go.xí.a] 女 運河開削(術).

hi·dro·gra·fí·a [i.ðro.gra.fí.a] 女【地理】水圏学, 水路学; 水路分布.

hi·dro·grá·fi·co, ca [i.ðro.grá.fi.ko, -.ka] 形 水路学の.

hi·dró·gra·fo, fa [i.ðró.gra.fo, -.fa] 男 女 水圏学者; 水路測量者. ― 男 水位記録計.

hi·dro·jar·di·ne·ra [i.ðro.xar.ði.né.ra] 女 ハイドロカルチャー［水耕栽培］用植木鉢.

hi·dro·jet [i.ðro.jét] 男（船舶用の）ハイドロジェットエンジン（システム）: 吸い上げた水を後方に噴射して推進力を得るシステム.

hi·dro·li·pí·di·co, ca [i.ðro.li.pí.ði.ko, -.ka] 形 脂水性の, 脂［油］と水で構成された.

hi·dró·li·sis [i.ðró.li.sis] 女《単複同形》【化】加水分解.

hi·dro·li·za·do, da [i.ðro.li.θá.ðo, -.ða / -.sá.-] 形【化】加水分解済みの, 加水解離された. proteína *hidrolizada* 加水分解プロテイン. ― 男 加水分解物.

hi·dro·li·zar [i.ðro.li.θár / -.sár] 他【化】加水分解する.

hi·dro·lo·gí·a [i.ðro.lo.xí.a] 女 水文(すいもん)学. *hidrología médica* 鉱泉水の臨床的研究.

hi·dro·ló·gi·co, ca [i.ðro.ló.xi.ko, -.ka] 形 水文学の. ciclo ～（地表・地下における）水の循環.

hi·dró·lo·go, ga [i.ðró.lo.go, -.ga] 男 女 水文学者.

hi·dro·man·cia [i.ðro.mán.θja / -.sja] / **hi·dro·man·cí·a** [i.ðro.man.θí.a / -.sí.-] 女 水占い.

hi·dro·ma·sa·je [i.ðro.ma.sá.xe] 男（水・空気の噴射による）超音波マッサージ.

hi·dro·mel [i.ðro.mél] 男 → hidromiel.

hi·dro·me·te·o·ro [i.ðro.me.te.ó.ro] 男【気象】大気水象: 雨・雲などの大気中の水蒸気によって生成される現象.

hi·dro·me·trí·a [i.ðro.me.trí.a] 女 流量測定, 流速測定; 液体比重測定.

hi·dró·me·tro [i.ðró.me.tro] 男 流量測定器, 流速計; 液体比重計.

hi·dro·miel [i.ðro.mjél] 男 蜂蜜(はちみつ)水.

hi·dro·mi·ne·ral [i.ðro.mi.ne.rál] 形 鉱水の, ミネラルウォーターの.

hi·dro·mo·de·lis·mo [i.ðro.mo.ðe.lís.mo] 男（船・運河・ダムなどの）模型製作（技術）.

hi·dro·ne·fro·sis [i.ðro.ne.fró.sis] 女《単複同形》【医】水腎(じん)症.

hi·dro·neu·má·ti·co, ca [i.ðro.neu.má.ti.ko, -.ka] 形 水圧の.

hi·dro·ni·mia [i.ðro.ní.mja] 女 水に因んだ地名研究.

hi·dro·ni·mo [i.ðró.ni.mo] 男 湖川名, 湖名, 河川名.

hi·dro·pa·tí·a [i.ðro.pa.tí.a] 女【医】→ hidroterapia.

hi·dro·pe·dal [i.ðro.pe.ðál] 男（遊園地などの）足

踏みボート.
hi·dro·pe·sí·a [i.ðro.pe.sí.a] 囡 《医》水症, 水腫(しゅ), 浮腫. ~ fetal 胎児水腫.
hi·dró·pi·co, ca [i.ðró.pi.ko, -.ka] 厖 **1** 《医》水腫(性)の, 水腫にかかった. **2** ひどくのどが渇く. ── 男囡 水腫患者.
hi·dro·pla·no [i.ðro.plá.no] 男 **1** 《海》水中翼船. **2** 水上(飛行)機, 飛行艇 (= hidroavión).
hi·dro·pó·ni·co, ca [i.ðro.pó.ni.ko, -.ka] 厖 《農》水耕法の. cultivos ~s 水耕栽培.
hi·dro·qui·no·na [i.ðro.ki.nó.na] 囡 《化》ヒドロキノン:写真現像用の酸化防止剤として用いられる.
hi·dros·co·pia [i.ðros.kó.pja] 囡 水源探知技術.
hi·dros·co·pio [i.ðros.kó.pjo] 男 水源探知機.
hi·dros·fe·ra [i.ðros.fé.ra] 囡 《地質》水圏.
hi·dro·si·li·ca·to [i.ðro.si.li.ká.to] 男 《化》ヒドロケイ(珪)酸塩.
hi·dro·so·lu·ble [i.ðro.so.lú.ble] 厖 水溶性の. vitaminas ~s 水溶性ビタミン.
hi·dro·speed [i.ðros.píd] 《英》男 ハイドロスピード:川で行うボディボード.
hi·dros·tá·ti·co, ca [i.ðros.tá.ti.ko, -.ka] 厖 静水力学の. ── 囡 《物理》静水力学.
hi·dro·tec·nia [i.ðro.ték.nja] 囡 水工学.
hi·dro·te·ra·pia [i.ðro.te.rá.pja] 囡 水治療法.
hi·dro·te·rá·pi·co, ca [i.ðro.te.rá.pi.ko, -.ka] 厖 水治療法の. tratamiento ~ 水治療.
hi·dro·ter·mal [i.ðro.ter.mál] 厖 《地質》熱水の. actividad ~ 熱水活動.
hi·dro·tó·rax [i.ðro.tó.raks] 男 《医》《単複同形》水胸症.
hi·dro·tro·pis·mo [i.ðro.tro.pís.mo] 男 水分屈性, 屈水性:根が水を求めて伸びること.
hi·dró·xi·do [i.ðrók.si.ðo] 男 《化》水酸化物.
hi·dro·xi·lo [i.ðrok.sí.lo] / **hi·dró·xi·lo** [i.ðrók.si.lo] 男 《化》水酸基.
hi·dro·zo·o, a [i.ðro.θó.o, -.a / -.só.-] 厖 《動》ヒドロ虫綱の. ── 男 ヒドロ虫綱の動物;《複数で》ヒドロ虫綱.
hi·dru·ro [i.ðrú.ro] 男 《化》水素化物.
hie·dra [jé.ðra] 囡 《植》キヅタ.
hiel [jél] 囡 **1** 胆汁 (= bilis). **2** 悪意, 不快, **3**《主に複数で》苦しみ, 苦労, 辛酸. No hay miel sin ~. 《諺》楽あれば苦あり. *echar* [*sudar*] *la hiel* 身を削って働く.
hiel- 同 →helar.
hie·le·ra [je.lé.ra] 囡《ラ米》(1) (メキシコ)(中米)クーラーボックス, 冷蔵庫. (2) (ラブラタ)アイスペール, 氷入れ.
hie·lo [jé.lo] 男 **1** 氷. ~ seco ドライアイス. hockey sobre ~ 《スポ》アイスホッケー. banco de ~s 氷山. echar unos ~s al whisky ウイスキーにいくつか氷を入れる. **2** 凍ること;霜. **3** 冷淡, 無関心. mirada [actitud] de ~ 冷ややかな視線[態度].
── 同 →helar.
estar hecho un hielo (寒さで) 凍りついている.
quedarse de hielo 驚きのあまり立ちすくむ, 呆然(ぜん)とする.
romper [*quebrar*] *el hielo* 《話》(場の雰囲気を) 和ませる.
[←[ラ]*gelū*「寒冷;氷結」関連 helar]
hie·mal [je.mál] 厖 冬の. solsticio ~ 冬至.
hie·na [jé.na] 囡 **1**《動》ハイエナ. **2**《話》《軽蔑》残酷[残忍]な人.
hier- 同 →herir.

hie·rá·ti·co, ca [je.rá.ti.ko, -.ka] 厖 **1**(特に古代の)聖職者の, 聖事に関する. **2** 無表情な;重々しい, 厳粛な. **3**(伝統的な形態を守る)聖美術の.(古代エジプトの)神官文字の, ヒエラティック体の.
hie·ra·tis·mo [je.ra.tís.mo] 男 荘厳さ, 厳粛さ;(表情の)厳しさ.

※**hier·ba** [jér.ba] 囡 **1** 草, 本. arrancar unas ~s 草を引き抜く. ~ buena (= hierbabuena) ハッカ. ~ mate / ~ del Paraguay マテ(茶の葉). ~ cana ノボロギク. ~ de Guinea ギニアグラス. ~ jabonera サボンソウ. **2**《集合的》草;牧草;草地. **3**《単数または複数で》牧草地. **4**《複数で》ハーブ, 香草, 薬草. finas ~s 細かく刻んだ香草[ハーブ]. **5**《隠》マリファナ. **6**《まれ》家畜の年齢. **7**《複数で》草からとる毒物. **8**《複数で》(修道院での食事に出る)野菜, 青物. **9** エメラルドのきず[くもり].

hierba cana (ノボロギク)

como la(*s*) *mala*(*s*) *hierba*(*s*)《話》《軽蔑》《不愉快なことに言及して》急速に;たくさん. Los rumores se extienden *como la mala* ~. うわさはあっという間に広がる.
en hierba (穀物などが)未熟の, まだ青い.
hockey sobre hierba《スポ》(フィールド)ホッケー.
mala hierba (1) 雑草. (2) ごろつき, ならず者.
Mala hierba nunca muere.《諺》憎まれっ子世にはばかる (← 雑草は死なない).
ver [*sentir*] *crecer la hierba*《話》頭が切れる, 鋭敏である.
(*y*) *otras hierbas*《話》(ユーモラスに)その他いろいろ, その他大勢
[←[古スペイン] *yerba* ←[ラ] *herba*.[関連] herborizar.[ポルトガル] *erva*.[仏] *herbe*.[伊] *erba*.[英] *herb*「薬草」.[日] ハーブ]

hier·ba·bue·na [jer.ba.bwé.na] 囡 《植》ハッカ;シソ科ハッカ類の植物 (= hierba buena).
hier·ba·jo [jer.bá.xo] 男《軽蔑》雑草 (= yerbajo).
hier·bal [jer.bál] 男《ラ米》(チリ)草原, 草地.
hier·ba·lui·sa [jer.ba.lwí.sa] 囡 レモンバーベナ, コウスイボク (= hierba luisa):葉をハーブティーに用いる.
hier·be·ci·lla [jer.be.θí.ja ‖ -.ʎa / -.sí.-] 囡 hierba + 縮小辞.
hier·be·ro, ra [jer.bé.ro, -.ra] 男囡《ラ米》(1) (メキシコ)(中米)薬草売り. (2) (メキシコ)薬草(処方)師. ── 男 干し草の保管場所.
hie·ro [jé.ro] 男 同 →yero.
hiero- 「神聖な, 聖職の」の意の造語要素. 後にスペイン語化した jero- も現れた. 母音の前では hier-, jer-. → *hier*ático, *jer*arquía, *jer*oglífico.[← [ギ]]
hie·ro·glí·fi·co, ca [je.ro.glí.fi.ko, -.ka] 厖 男 → jeroglífico.
hie·ros [jé.ros] 男《複数形》《植》マメ科エルブム属の牧草.
hie·ros·co·pia [je.ros.kó.pja] 囡 腸卜(ちょうぼく):動物の内臓で行う占い.
hie·ro·so·li·mi·ta·no, na [je.ro.so.li.mi.tá.no, -.na] 厖 エルサレム Jerusalén の (= jerosolimi-

hie·rra [jé.r̄a] 囡《ラ米》《農》(家畜の)焼き印押し.

hie·rro [jé.r̄o] 男 **1**《化》鉄 (記号 Fe);《生化》鉄, 鉄分. tomar ～ 鉄分をとる. ～ dulce 軟鉄. ～ forjado 錬鉄. ～ colado [fundido] 鋳鉄. ～ albo [candente] 白熱した鉄. ～ de doble T I形鋼. ～ cuadradillo [cuadrado] 角鋼. **2** 鉄製品, 鉄製の器具[武器]. **3** (剣・槍(宓)などの)刃先, 矢じり. **4**《複数で》鉄枷(萱), 鉄鎖. **5** 焼印, 烙印(宍). poner lo ～ a las vacas 牛に焼印を押す. **6** 闘牛種. **7**《スポ》(ゴルフクラブの)アイアン. *de hierro* (1) 鉄製の. puente *de* ～ 鉄橋. (2) 頑健な, 強靭(話)な. voluntad *de* ～ 不屈の意志. *tener una salud de* ～ 頑健である. *machacar [martillar] en hierro frío* (教育・説得などが)徒労に終わる, 無駄な努力をする. *Quien [El que] a hierro mata, a hierro muere.*《諺》因果応報 (←剣を使う者は剣に倒れる). *quitar hierro a*《話》…をなんでもないことのように扱う, …を深刻にしない.
[←〔古スペイン〕*fierro*←〔ラ〕*ferrum*;関連 férreo, ferrocarril]

hierv- 活 → hervir.

hi·fa [í.fa] 囡 菌糸体:キノコの部位で, 植物の根に相当する部分.

hi-fi [í.fi]《略》《ラジオ》*high fidelity*《英》高忠実度, ハイファイ (= alta fidelidad).

hi·ga [í.ga] 囡 **1** (邪眼 mal de ojo から子供を守る)握りこぶしの形をしたお守り.
2 (握りこぶしの人差し指と中指の間から出した親指で人をあざける)軽度の仕草. **3** (話) とるに足りないもの. *importar una higa* 重要でない.

hi·ga·di·lla [i.ga.ðí.ja | -.ʎa] 囡 → higadillo.

hi·ga·di·llo [i.ga.ðí.jo | -.ʎo] 男 (小動物, 特に鳥の)肝臓. [hígado + 縮小辞]

‡**hí·ga·do** [í.ga.ðo] 男 **1**《解剖》肝臓. mal de ～ 肝臓病. ～ graso《医》脂肪肝 (▶「肝硬変」は cirrosis).
2《料》肝臓, レバー. paté de ～ レバーペースト.
3《複数で》勇気, 根性;ずうずうしさ.
echar los hígados《話》あくせく働く, 大変な努力をする.
hasta los hígados《話》激しく, 心底.
[←〔古スペイン〕*fégado*←〔俗ラ〕*ficatum*←〔ラ〕(*jecur*) *ficātum*「イチジクの餌(⻑)で育てた(家畜の肝臓)」(この形容詞は *fīcus*「イチジク」より派生);関連〔英〕*fig*「イチジク」]

hi·ga·do·so, sa [i.ga.ðó.so, -.sa] 形《ラ米》(話)(ア)(ア)(ミᴀ) 感じが悪い, 嫌な.

hi·gie·ne [i.xjé.ne] 囡 衛生, 衛生学;清潔. ～ pública 公衆衛生. ～ mental 精神衛生. [←〔仏〕*hygiène* ←〔ギ〕*hygieinē*《形》「健康の」(女性形);「健康法」の名詞部分の省略);関連〔英〕*hygiene*]

hi·gié·ni·ca·men·te [i.xjé.ni.ka.mén.te] 副 衛生的に, 衛生[保健]上.

*hi·gié·ni·co, ca** [i.xjé.ni.ko, -.ka] 形 衛生(学)の;衛生的な, 清潔な. papel ～ トイレットペーパー. compresas *higiénicas* 生理用ナプキン.

hi·gie·nis·ta [i.xje.nís.ta] 形 衛生学の.
— 男 囡 衛生学者, 衛生士.

hi·gie·ni·za·ción [i.xje.ni.θa.sjón / -.sjón] 囡 清潔にすること, 衛生.

hi·gie·ni·zar [i.xje.ni.θár / -.sár] 97 他 清潔にする, 衛生的にする.
— ～**se** 再《ラ米》(ア)(ア)(ミᴀ) 洗う;入浴する.

*hi·go** [í.go] 男《植》イチジク (の実). ～ seco 干しイチジク. ▶ 年2回収穫するうちの秋果を言う.「夏果のイチジク」は breva.
de higos a brevas《話》たまに, ときどき.
hecho un higo《話》しわくちゃの, めちゃくちゃになった.
higo chumbo [de tuna, de pala]《植》ウチワサボテンの実.
importar un higo《話》(軽蔑) ちっとも重要でない, 構わない.
[←〔ラ〕*ficum* (*ficus* の対応);関連 hígado. 〔英〕*fig*]

higro- 「湿気」を意味する造語要素. → *higro*scopio. [←〔ギ〕]

hi·gró·fi·lo, la [i.gró.fi.lo, -.la] 形《生物》好湿性の;《植》湿生植物の.
— 囡 湿生植物:湿り気が必要な植物.

hi·gró·fo·bo, ba [i.gró.fo.bo, -.ba] 形《植》《生物》嫌湿性の, 多湿に弱い.

hi·gro·me·trí·a [i.gro.me.trí.a] 囡《物理》湿度測定 (法).

hi·gro·mé·tri·co, ca [i.gro.mé.tri.ko, -.ka] 形 **1** 湿度測定(法)の. grado ～ 湿度.
2 湿度の変化に敏感な.

hi·gró·me·tro [i.gró.me.tro] 男 湿度計.

hi·gros·co·pia [i.gros.kó.pja] 囡 湿度測定 (法) (= higrometría).

hi·gros·co·pi·ci·dad [i.gros.ko.pi.θi.ðáð / -.si.-] 囡 吸湿性.

hi·gros·có·pi·co, ca [i.gros.kó.pi.ko, -.ka] 形 吸湿性のある, 湿気を帯びやすい.

hi·gros·co·pio [i.gros.kó.pjo] 男 湿度計.

hi·gua·na [i.gwá.na] 囡 → iguana.

hi·gue·ra [i.gé.ra] 囡《植》イチジク(の木).
estar en la higuera《話》ぼんやりしている, 上の空である.
higuera breval 夏果のイチジクの木.
higuera chumba [de Indias, de pala, de tuna]《植》ウチワサボテン.
higuera infernal [del diablo, del infierno]《ラ米》《植》ヒマ, トウゴマ.

hi·gue·ral [i.ge.rál] 男 イチジク畑.

hi·gue·ri·lla [i.ge.rí.ja | -.ʎa] 囡《ラ米》《植》ヒマ, トウゴマ.

hi·ja [í.xa] 囡 → hijo.

hi·ja·dal·go [i.xa.ðál.go] 囡 [複 hijasdalgo] 小貴族の女性, 貴族の血を引く女性 (= hidalga).

hi·ja·pu·ta [i.xa.pú.ta] 囡《俗》《卑》(軽蔑) くそったれ, むかつくやつ. ▶ hijoputa の女性形.

hi·jas·tro, tra [i.xás.tro, -.tra] 男 囡 継子, 義理の息子[娘].

hi·je·ar [i.xe.ár] 自《ラ米》(草木が)芽を吹く. 芽が出る.

‡**hi·jo, ja** [í.xo, -.xa] 男 囡 **1** 息子, 娘, 子供. el ～ [la *hija*] mayor 長男[長女]. ～ único / *hija* única ひとりっ子. Tengo dos ～s. 私には2人子供がいます. Él es ～ de su padre. 彼は父親そっくりだ. ～ de papá《話》(金持ちの)御曹司(葺'). ～ legítimo [de bendición] 嫡出子. ～ ilegítimo 嫡出でない子. ~ natural [de ganancia] 私生児. ～ político 義理の息子. *hija* política 義理の娘. ～ adoptivo 養子. ～ pródigo 放蕩(葺)息子. ～ de leche 乳母の育てた子. ～ de la cuna 捨て子. ～ del diablo 悪賢い人.
2 娘婿, 嫁. **3** (*de*... …生まれ[出身]の) 人. Ese

hijodalgo 1032

novelista es ~ de Sevilla. その小説家はセビーリャ出身だ. ~ predilecto 名誉市民. **4** 《主に複数で》子孫, 末裔(まっぇぃ). **5** 所産, 産物；結果. ~ de la revolución 革命の所産. **6**《呼びかけ》《親愛》君, あなた, おまえ. ¡Ay, hija! ¿Qué haces? ちょっとあなた！何やっているの. ▶ 主に年下の人に対して用いられる. **7**《カト》(1) H~（三位一体の第二位である）子, イエス・キリスト (=el H~ de Dios, el H~ del Hombre). (2) 修道士, 修道女；信徒. los ~s de San Ignacio イエズス会士. ~ espiritual / ~ de confesión (聴罪司祭に対して) 告白者.
——男《植》芽.
Cada uno es hijo de sus obras.《諺》氏より育ち(←一人はそれぞれ自分の行動の産物である).
como cualquier [cada, todo] hijo de vecino《話》普通の人と同じような.
¡Hijo de cabrón [de la chingada]!《ラ米》(^(中)国)(メキ)《卑》《間投詞的に》ばか野郎, くそったれ.
hijo de puta [perra]《卑》《軽蔑》くそったれ, ばか野郎.
hijo de tu [su] madre《婉曲》《軽蔑》くそったれ.
llevar un hijo en las entrañas 妊娠している.
[←〔古スペイン〕*fijo*←〔ラ〕*filius*; *hija*←〔古スペイン〕*fija*←〔ラ〕*filia* (*filius* より派生); 関連 〔スペイン〕*filial*. 〔ポ〕*filho*. 〔仏〕*fils*. 〔伊〕*figlio*〕

hi·jo·dal·go [i.xo.ðál.go] 男《複 hijosdalgo》小貴族, 郷士 (= hidalgo).

hí·jo·le [í.xo.le] 間投《ラ米》(メキ)《驚き・心配・残念さ》ああ, 驚いた！, すごい！. ▶ hijo に間接目的人称代名詞 le が付与された形.

hi·jo·pu·ta [i.xo.pú.ta] 男《卑》くそったれ (= hijo de puta).

hi·jue·la [i.xwé.la] 女 **1** 遺産の相続分 (目録).
2 付属物〔施設〕; 付加物. **3** わき道；枝溝. **4** 継ぎ足し用の布, まち. **5**（へこみ防止のためベッドの中央部に入れる）クッション. **6**《カト》ホスチアの入った聖体皿を覆う布. **7**《植》シュロの種子. **8**《ラ米》(1)《(^チ)》小農場. (2)《(^{アルゼ})(^{チリ})(^{ペル})》分割相続した農地.

hi·jue·lar [i.xwe.lár] / **hi·jue·le·ar** [i.xwe.le.ár] 他《ラ米》〈農地を〉分割〔分配〕する；生前処分する.

hi·jue·lo [i.xwé.lo] 男 **1**《植》芽.
2《ラ米》(^(ラプ))わき道. [hijo + 縮小辞]

hi·jue·pu·ta [i.xwe.pú.ta] 男《ラ米》《俗》《卑》《軽蔑》くそったれ.

hi·ju·na [i.xú.na] 間投《ラ米》(^(チ))《話》こんちくしょう, くそ.

hi·la [í.la] 女 **1**《主に複数で》（包帯に使った）綿撒糸(ぜんし). **2** 布切れ, 列. **3** (四足獣の) 肩. **4** 糸をつむぐ.
irse a la hila《ラ米》(^(グアテ)) 失敗する, 挫折(ざせつ)する.

hi·la·cha [i.lá.tʃa] 女 **1**《主に複数で》糸のほつれ, 糸くず. **2**（わずかに）残ったもの, くず. **3**《複数で》《ラ米》(^(チ)) ぼろ (服).

hi·la·chen·to, ta [i.la.tʃén.to, -.ta] 形《ラ米》《話》ぼろを着た, みすぼらしい身なりの.

hi·la·chien·to, ta [i.la.tʃjén.to, -.ta] 形《ラ米》(1)《(^{カリ)}》〈衣服が〉ひどく切れた, ぼろぼろの. (2)《(^{メキ)}》ぼろをまとった, みすぼらしい身なりの.

hi·la·cho [i.lá.tʃo] 男《ラ米》(^(コ)) 古着, ぼろ切れ.

hi·la·cho·so, sa [i.la.tʃó.so, -.sa] 形 すりきれた, ほつれた；〈ジーンズなどが〉ダメージの入った.

hi·la·chu·do, da [i.la.tʃú.ðo, -.ða] 形《ラ米》(^(メキ))→ hilachento.

hi·la·da [i.lá.ða] 女（れんがなどの）列, 並び.

hi·la·di·llo [i.la.ðí.jo ‖ -.ʎo] 男 細いテープ〔糸〕.

hi·la·do, da [i.lá.ðo, -.ða] 形 紡がれた；糸状の.
——男 紡績；原糸, 紡績糸. fábrica de ~s 紡績工場.

hi·la·dor, do·ra [i.la.ðór, -.ðó.ra] 形 紡績の.
——男 女 糸を紡ぐ人, 紡績工.

hi·lan·de·rí·a [i.lan.de.rí.a] 女 紡績；紡績工場.

hi·lan·de·ro, ra [i.lan.dé.ro, -.ra] 男 女 紡績工. *Las hilanderas*『糸を紡ぐ人たち』(Velázquez の絵の題名).

hi·lan·gos [i.láŋ.gos] 男《複数形》《ラ米》(^(ラプ)) ほつ（切れ）.

hi·lan·za [i.lán.θa / -.sa] 女 紡績；紡績糸.

hi·lar [i.lár] 他 **1** 紡ぐ；糸状にする. máquina de ~ 紡績機.
2《ラ米》〈蚕が〉糸を吐く. **3** 推論する；考える. ~ una intriga 陰謀を企てる. ~ un plan 計画を練る.
hilar tabaco《ラ米》(^(プエルト)) 噛(か)みタバコを作る.
hilar fino [delgado] 綿密に検討する；細かなことにこだわる, 厳密〔正確〕に行う.

hi·la·ra·cha [i.la.rá.tʃa] 女 → hilacha.

hi·la·ran·te [i.la.rán.te] 形 笑わせる, 陽気にさせる. gas ~ 笑気 (ガス).

hi·la·ri·dad [i.la.ri.ðáð] 女 笑い, 爆笑.

hi·la·tu·ra [i.la.tú.ra] 女 **1** 紡績.
2 紡績業；紡績工場.

hi·la·za [i.lá.θa / -.sa] 女 原糸, 織り糸；（織物中の）太くて不ぞろいな糸.
descubrir la hilaza 欠点を露(あらわ)にする.

hi·le·mor·fis·mo [i.le.mor.fís.mo] 男《哲》質料形相論：どんな物質も材料と形で構成されるという論.

hi·le·ra [i.lé.ra] 女 **1** 列, 並び. una ~ de árboles 並木. en ~ 1列になって. **2**《技》(針金製造用の) ダイス. **3**《昆》(クモの) 出糸突起. **4**《軍》縦列, 縦隊. **5** 細い糸. **6**《建》棟木.

*hi·lo [í.lo] 男 **1**（綿・絹・ナイロンなどの）糸. un carrete de ~ 糸巻き. liar el ~ を巻き取る. meter el ~ por el ojo de la aguja 針の穴に糸を通す. ~ dental デンタルフロス.
2 リンネル, リンネル, 亜麻織物. sábanas de ~ リンネルのシーツ. **3** 線, 針金, 電線. ~ de cobre 銅線. ~ telefónico 電話線. **4**（クモ・蚕の）糸；（植物の）筋. ~ de agua [sangre] 一筋の水〔血〕. ~ de voz か細い声. **6**（話・思考などの）筋道, 脈略. seguir el ~ del discurso 議論の流れについていく. cortar el ~ de la conversación 会話の腰を折る. perder el ~ de... 〈話など〉の筋道がわからなくなる.
al hilo 木目〔布目〕に沿って.
al hilo de... …に関連して, …からの連想で.
al hilo de la medianoche [del mediodía] 夜中〔昼〕の12時ちょうどに.
colgar [pender, estar pendiente] de un hilo 危険にさらされている, 危ない状態にある.
escapar con el hilo en una pata《ラ米》(^(プエルト))(^(ドミ))《話》窮地をうまく切り抜ける.
hilo conductor 導線；(話などの) テーマ.
hilo de la vida 人間の寿命, 玉の緒.
hilo musical 有線放送.
manejar [mover] los hilos 陰で糸を引く.
mantener al hilo《ラ米》(^(プエルト))《話》連絡を保つ.
[←〔ラ〕*filum* (→ filo); 関連 hila, filamento, filete]

hi·lo·mor·fis·mo [i.lo.mor.fís.mo] 男 → hilemorfismo.

hi·lo·zo·ís·mo [i.lo.θo.ís.mo / -.so-] 男【哲】物活論：物質が生命をもっているという説.

hil·ván [il.bán] 男 **1** しつけ, しつけ縫い；しつけ糸. **2** (衣類の)縁繕い, 伏せ縫い.

hil·va·na·do [il.ba.ná.ðo] 男 しつけ, しつけ [仮] 縫い.

hil·va·nar [il.ba.nár] 他 **1** しつけ [仮] 縫いをする. **2** 〈計画などの〉大綱を立てる, 概要を決める；〈考えなどを〉つなぎ合わせる. **3** 《話》急いで準備する, 繕う.

Hi·ma·la·ya [i.ma.lá.ja] 固名 el ～ ヒマラヤ山脈. [← サンスクリット] *Himālaya* (*hima*-「雪, 氷, 冬」+ *ālaya*「住居」, 「雪の住みか」の原義)]

hi·ma·la·yo, ya [i.ma.lá.jo, -.ja] 形 ヒマラヤ山脈の. el reino ～ ヒマラヤの王国.

hi·men [í.men] 男【解剖】処女膜.

hi·me·ne·o [i.me.né.o] 男【文章語】結婚, 婚姻；祝婚歌.

hi·me·nóp·te·ro, ra [i.me.nóp.te.ro, -.ra] 形【昆】膜翅(し)類の. —— 男 **1** 膜翅類の昆虫. **2** 《複数で》膜翅目.

*** him·no** [ím.no] 男 **1** 賛美歌. **2** 〈一般に〉賛歌. ～ nacional 国歌. ～ de la escuela 校歌. *H*～ de Riego リエゴ賛歌 (♦第二共和制時のスペイン国歌. Riego y Núñez (1785–1823) は反封建の革命家). [←〔ラ〕*hymnum* (*hymnus* の対格) ←〔ギ〕*hýmnos*] 関連〔英〕*hymn*

him·plar [im.plár] 自 〈ヒョウが〉ほえる. **2** しゃくりあげて泣く.

hin·ca·da [iŋ.ká.ða] 《ラ米》**(1)** 《コア》《ボリビ》《ニカ》《リューマチなどの》差し込むような痛み. **(3)** 《コスタ》→ hincadura.

hin·ca·du·ra [iŋ.ka.ðú.ra] 女 打ち込むこと；食い込むこと；突き刺すこと.

hin·ca·pié [iŋ.ka.pjé] 男 (足を)踏んばること. *hacer hincapié en...* …を強調する, 固執する.

hin·ca·pi·lo·tes [iŋ.ka.pi.ló.tes] 男《単複同形》《ラ米》杭(くい)打ち機, パイルドライバー.

hin·car [iŋ.kár] 他 他 (**en...** …に)打ち込む, 突き刺す, 食い込ませる. ～ un clavo en el poste 柱に釘(くぎ)を打ち込む. ～ los dientes 〈歯をたてて〉かみつく. ～ las rodillas *en* el suelo 床にひざまずく.
—— **~·se** 再 **1** 食い込む, (突き)刺さる. *Se me hincó* una espina en la mano. 手にとげが刺さった. **2** ひざまずく (= ～*se de* rodillas).
hincar el diente en... …を利用する, …からうまい汁を吸う；…を酷評する.
[←〔古スペイン〕*fi(n)car*「固定する；留める」←〔俗ラ〕*figicare*〔ラ〕*figere*「固定する」より派生] 関連 finca, fijar. 関連〔英〕*fix*「固定する」

hin·cha [íŋ.tʃa] 男 女 **1** (スポーツチームなどの)ファン, サポーター. los ～s del fútbol サッカーのファン. Soy un ～ del Real Madrid. 私はレアル・マドリードのファンだ. **2** 《ラ米》《話》**(1)** 《ニカ》仲間, 同僚. **(2)** 《ミキシ》《話》《動物》. **(3)** 《話》憎しみ, 反感. tener ～ a+人 〈人〉に反感を持つ.

hin·cha·ble [iŋ.tʃá.ble] 形 (空気を入れて)膨らませる. almohada ～ 携帯用の枕.

hin·cha·da [iŋ.tʃá.ða] 女《集合的》熱狂的なファン, サポーター. La ～ celebró el triunfo de su equipo. ファンは応援するチームの勝利を祝った.

hin·cha·do, da [iŋ.tʃá.ðo, -.ða] 形 **1** 腫(は)れた, 膨脹した. Tengo las piernas *hinchadas*. 私の足は腫れている. **2** 《文体が》大げさな, 誇張した, 仰々しい. **3** うぬぼれた, 尊大な, 思い上がった.

hin·cha·dor [iŋ.tʃa.ðór] 男《ラ米》《チリ》《ボリビ》《俗》厄介者, 煩わしい人間, うっとうしいやつ.

hin·cha·mien·to [iŋ.tʃa.mjén.to] 男 **1** 膨らむ [腫(は)れる]こと, 膨脹. **2** 誇張, 大げさな表現.

hin·char [iŋ.tʃár] 他 **1** ふくらませる, 腫(は)れさせる. ～ el globo 風船をふくらませる. La lluvia *ha hinchado* el río. 雨で川の水かさが増した. *Han hinchado* el número de visitantes. 訪問者の数が水増しされた.
2 〈話を〉誇張する, 〈話に〉尾ひれをつける. **3** 《ラ米》《チリ》《話》怒らせる, いらだたせる, 不快にする.
—— 自《ラ米》《チリ》(**por...** …を)応援する, ひいきする.
—— **~·se** 再 **1** ふくらむ；腫れる；〈川の〉水かさが増す. Con el golpe *se me hinchó* el tobillo. ぶつけてくるぶしが腫れてしまった.
2 《話》(**de** [**a**] + 不定詞)(…することを)堪能(たんのう)する, 散々(…)する；(**de** [**a**]... …を)詰め込む, 腹いっぱい食べる. Él *se hinchó a hacer* fotos de su primer nieto. 彼は初孫の写真を撮りまくった. *Bebe hasta ~te.* 気が済むまで飲みなさい.
3 《話》うぬぼれる, 天狗(てんぐ)になる. *~se como un pavo* 気取る.
[←〔ラ〕*inflāre*「ふくらませる」(*flāre*「吹く」より派生)；関連 inflación. 〔英〕*inflate, inflation*]

hin·cha·zón [iŋ.tʃa.θón / -.són] 女 **1** 腫(は)れ (上がること), 腫張(しゅちょう). ～ de la cara 顔の腫れ[むくみ]. **2** 増水. **3** うぬぼれ, 思い上がり. **4** 誇張, 大げさ.

hin·co [íŋ.ko] 男 (地中に打ち込まれた)棒, 杭(くい), 柱.

hin·di [ín.di] 男【言】ヒンディー語：近代インド諸語の一つ.

hin·dú [in.dú] 形《複 ～es, ～s》**1** インドの. la civilización ～ インド文明. **2** ヒンドゥー教の.
—— 男 女 **1** インド人. **2** ヒンドゥー教徒.

hin·duis·mo [in.dwís.mo] 男【宗】ヒンドゥー教.

hin·duis·ta [in.dwís.ta] 形 ヒンドゥー教の. religión ～ ヒンドゥー教. —— 男 女 ヒンドゥー教徒.

hi·nies·ta [i.njés.ta] 女【植】レタマ；エニシダ.

hi·no·jal [i.no.xál] 男 ウイキョウ畑.

hi·no·jo[1] [i.nó.xo] 男【植】ウイキョウ. *hinojo marino* セリ科クリスマム属の多肉草.

hi·no·jo[2] [i.nó.xo] 男 ひざ, de ～s ひざまずいて. hincarse [postrarse] de ～s ひざまずく.

hin·que [íŋ.ke] 男【遊】根っ木：地面に木杭(くい), 鉄釘(くぎ)などを交互に打ち込む子供の遊び.

hinque(-) / hinqué(-) 動 → hincar.

hin·ter·land [xín.ter.lan(t) // hín.-]〔独〕男 後背地(ごはいち), ヒンターランド.

hin·te·ro [in.té.ro] 男 (パン生地の)こね台.

hioi·des [jói.ðes] 形《性数不変》【解剖】舌骨の. ～ (el ～ = hueso ～).

hi·pá·la·ge [i.pá.la.xe] 女【修辞】代換法：ある語を修飾するはずの語句が, 別の語を修飾する修辞法. Llegué a esa ciudad, gastado, cuando caía la noche sudorosa. 私が疲れ切ってその都市にたどりついたとき, 汗ばんだ夜のとばりが降りはじめていた.

hi·par [i.pár] 自 **1** しゃっくりをする.
2 しゃくりあげて泣く；すすり泣く (= jipiar).
3 〈獲物を追う猟犬が〉息を切らす, あえぐ.
4 疲れ果てる, ぐったりとする. **5** 《話》(**por...** …を)熱望する, 渇望する. *Está hipando por* ir al teatro. 彼[彼女]は芝居をとても見たがっている. ～ *por la llegada* 到着を今か今かと待ち焦がれる.

Hi·par·co [i.pár.ko] 固名 ヒッパルコス. **(1)** アテネ

の僣主(ぜんしゅ)(在位前527‒514). (2) ギリシアの天文学者(前190?‒前125?).

hi·pa·to, ta [i.pá.to, -.ta] 形《ラ米》(1) (ニネネ)(エクア)(ボリ)顔色の悪い, 青ざめた. (2) (エクア)充満した; 膨れた.

hi·pe·ar [i.pe.ár] 自《ラ米》(ボリ) → hipiar.

hiper-「…を越えて, 過度の; 大規模な」の意を表す造語要素. ⇒ *hipér*baton, *hiper*tensión. [←ギ]

hí·per [í.per]《略》男《単複同形》《話》*hiper*mercado 大型スーパー（マーケット）.

hi·per·ac·ti·vi·dad [i.pe.rak.ti.bi.ðáð] 女
1 過度に活動すること. **2**《医》多動症. trastorno por déficit de atención con ~ 注意欠陥多動性障害.

hi·per·ac·ti·vo, va [i.pe.rak.tí.bo, -.ba] 形
1 極端に活発な, 精力的に活動している. **2**《医》多動症の. ―男女 多動症の人.

hi·per·a·cu·sia [i.pe.ra.kú.sja] 女《医》聴覚過敏.

hi·per·bá·ti·co, ca [i.per.bá.ti.ko, -.ka] 形《修辞》転置法の.

hi·pér·ba·ton [i.pér.ba.ton] 男［複 hipérbatos］《修辞》転置法. ⇒ *Si de nuestros agravios en un libro se escribiese la historia, …* 我々の屈辱の歴史が1冊の本に書かれるなら…（Bécquer）.

hi·per·bi·li·rru·bi·ne·mia [i.per.bi.li.r̄u.bi.né.mja] 女《医》高ビリルビン血症.

hi·pér·bo·la [i.pér.bo.la] 女《数》双曲線.

hi·pér·bo·le [i.pér.bo.le] 女《修辞》誇張法; 誇大表現.

hi·per·bó·li·ca·men·te [i.per.bó.li.ka.mén.te] 副 誇張して, 大げさに.

hi·per·bó·li·co, ca [i.per.bó.li.ko, -.ka] 形
1《数》双曲線の. **2**《修辞》誇張された, 誇張法の.

hi·per·bo·li·zar [i.per.bo.li.θár / -.sár] 97 他 誇張法で表現する, 誇張する.
―自 誇張法を織り交ぜる.

hi·per·bo·loi·de [i.per.bo.lói.ðe] 男《数》双曲面.

hi·per·bó·re·o, a [i.per.bó.re.o, -.a] 形 極北（地域）の.

hi·per·cal·ce·mia [i.per.kal.θé.mja / -.sé.-] 女《医》高カルシウム血症.

hi·per·ca·lie·mia [i.per.ka.ljé.mja] 女《医》高カリウム血症.

hi·per·clor·hi·dria [i.per.klo.rí.ðrja] 女《医》胃酸過多症(= acidez de estómago).

hi·per·co·les·te·ro·le·mia [i.per.ko.les.te.ro.lé.mja] 女《医》高コレステロール血症.

hi·per·cri·sis [i.per.krí.sis] 女《単複同形》《医》（病気の）やま, 峠, 生死の境目.

hi·per·crí·ti·co, ca [i.per.krí.ti.ko, -.ka] 形 酷評の, 手厳しく批評する.
―男女 酷評家; あら捜し.

hi·per·du·lí·a [i.per.ðu.lí.a] 女《カト》聖母マリアへの特別崇敬(= culto de ~).

hi·per·e·me·sis [i.pe.ré.me.sis] 女《単複同形》《医》つわり, 悪阻(= ~ gravídica).

hi·per·e·mia [i.pe.ré.mja] 女《医》充血.

hi·per·es·pa·cio [i.pe.res.pá.θjo / -.sjo] 男《数》多次元; 超空間, 4次元以上の空間.

hi·per·es·te·sia [i.pe.res.té.sja] 女《医》知覚過敏(症).

hi·per·es·té·si·co, ca [i.pe.res.té.si.ko, -.ka] 形（触覚・知覚など感覚が）過敏な; 知覚過敏症の.

hi·per·fun·ción [i.per.fun.θjón / -.sjón] 女《医》(特に腺(せん)の)機能亢進(こうしん).

hi·per·glu·ce·mia [i.per.glu.θé.mja / -.sé.-] 女《医》高血糖症, 血糖値過多.

hi·per·hi·dro·sis [i.per.ri.ðró.sis] 女《単複同形》《医》多汗症.

hi·per·ri·cá·ce·o, a [i.pe.r̄i.ká.θe.o, -.a / -.se.-] 形《植》オトギリソウ科の植物の.
―女《複数で》《植》オトギリソウ科（の植物）.

hi·pé·ri·co [i.pé.ri.ko] 男《植》セイヨウオトギリソウ(= corazoncillo).

hi·per·in·fla·ción [i.per.rim.fla.θjón / -.sjón] 女《経》超インフレ(―ション).

hi·per·li·pe·mia [i.per.li.pé.mja] 女《医》高脂血症.

hi·per·li·po·pro·tei·ne·mia [i.per.li.po.pro.tei.né.mja] 女《医》高リポたんぱく血症.

hi·per·lu·mí·ni·co, ca [i.per.lu.mí.ni.ko, -.ka] 形 超光速の. viaje ~ ワープ.

hi·per·me·no·rrea [i.per.me.no.r̄é.a] 女《医》過多月経（月経の量が多いもの）; 過長月経（生理が長引くもの）.

hi·per·mer·ca·do [i.per.mer.ká.ðo] 男（郊外にある）大型店, ディスカウントストア. → mercado《類語》

hi·per·mé·tro·pe [i.per.mé.tro.pe] 形《医》遠視の. ―男女 遠視の人.

hi·per·me·tro·pí·a [i.per.me.tro.pí.a] 女《医》遠視. ►「近視」は miopía.

hi·per·na·tre·mia [i.per.na.tré.mja] 女《医》高ナトリウム血症.

hi·per·ó·ni·mo, ma [i.pe.ró.ni.mo, -.ma] 形《言》上位語の.
―男《言》上位語: 具体的な語から見た時の包括的［抽象的］な語. ⇒ コーヒー café, 茶 té, ジュース zumo に対しては, 飲み物 bebida が上位語となる.

hi·per·pa·rá·si·to [i.per.pa.rá.si.to] 男《動》二重寄生生物: 寄生生物に寄生する寄生生物.

hi·per·pa·ra·ti·roi·dis·mo [i.per.pa.ra.ti.roi.ðís.mo] 男《医》副甲状腺機能亢進症.

hi·per·pla·sia [i.per.plá.sja] 女《医》過形成: 正常細胞が異常に増殖すること. ~ endometrial de útero 子宮内膜増殖症. ~ prostática benigna 前立腺肥大症.

hi·per·pro·lac·ti·ne·mia [i.per.pro.lak.ti.né.mja] 女《医》高プロラクチン血症.

hi·per·pro·tei·ne·mia [i.per.pro.tei.né.mja] 女《医》高たんぱく血症.

hi·pe·rrea·lis·mo [i.pe.r̄e.a.lís.mo] 男 **1** ハイパーリアリズム: 写真以上の現実を追求した絵画. **2** ハイパーリアリズム絵画を鑑賞する方法.

hi·pe·rrea·lis·ta [i.pe.r̄e.a.lís.ta] 形 ハイパーリアリズムの. ―男女 ハイパーリアリズムアーティスト.

hi·per·se·cre·ción [i.per.se.kre.θjón / -.sjón] 女《医》分泌過多(症).

hi·per·sen·si·bi·li·dad [i.per.sen.si.bi.li.ðáð] 女 **1** 感受性が強すぎること. **2**《医》過敏, 過敏症.

hi·per·sen·si·ble [i.per.sen.sí.ble] 形 **1**《医》《*a...*…に対して》過敏な; 過敏症の. **2**《*ser* + / *estar* +》《*a...*…に対して》（感情的に）感じやすい. *Está* ~ *a los rumores.* 彼[彼女]はうわさに過敏になっている.

hi·per·som·nia [i.per.sóm.nja] 女《医》過眠症.

hi·per·só·ni·co, ca [i.per.só.ni.ko, -.ka] 形 超

hi·per·sus·ten·ta·ción [i.per.sus.ten.ta.θjón / -.sjón] 囡 (飛行機の翼の)揚力を一時的に上げること. dispositivos de ～ 高揚力装置.

hi·per·sus·ten·ta·dor, do·ra [i.per.sus.ten.ta.ðór, -.ðó.ra] 形 高揚力の.

hi·per·ten·sión [i.per.ten.sjón] 囡 〖医〗高血圧(症)(↔hipotensión). ～ esencial 本態性高血圧症. ～ maligna 悪性高血圧症.

hi·per·ten·si·vo, va [i.per.ten.sí.bo, -.ba] 形 高血圧の. enfermedad *hipertensiva* 高血圧症.

hi·per·ten·so, sa [i.per.tén.so, -.sa] 形 〖医〗高血圧の. ━囡 高血圧の人.

hi·per·ter·mia [i.per.tér.mja] 囡 〖医〗高体温, 異常高熱(= fiebre). ～ maligna 悪性高熱症.

hi·per·tex·to [i.per.té(k)s.to] 男 〖ⅠＴ〗ハイパーテキスト:クリックすることにより, 次のコンテンツを表示するようにしたテキスト文書.

hi·per·tex·tual [i.per.te(k)s.twál] 形 〖ⅠＴ〗ハイパーテキストの. enlace ～ ハイパーリンク.

hi·per·ti·roi·dis·mo [i.per.ti.roi.ðís.mo] 男 〖医〗甲状腺(セ)機能亢進(シ)(症).

hi·per·tri·co·sis [i.per.tri.kó.sis] 囡 〖単複同形〗〖医〗多毛症.

hi·per·tri·gli·ce·ri·de·mia [i.per.tri.gli.θe.ri.ðé.mja / -.se.-] 囡 〖医〗高トリグリセリド血症.

hi·per·tro·fia [i.per.tró.fja] 囡 1 〖医〗肥大 (↔ atrofia). 2 cardiaca 心臓肥大. 2 異常発達.

hi·per·tro·fiar [i.per.tro.fjár] 82 他 〖医〗肥大させる. ━～·se 再 肥大する; 異常発達する. *Se hipertrofia* el hígado por el abuso del alcohol. 過度の飲酒によって肝臓は肥大する.

hi·per·tró·fi·co, ca [i.per.tró.fi.ko, -.ka] 形 〖医〗肥大した.

hi·per·u·ri·ce·mia [i.pe.ru.ri.θé.mja / -.sé.-] 囡 〖医〗高尿酸血症:尿値が上昇すること.

hi·per·vín·cu·lo [i.per.bíŋ.ku.lo] 男 〖ⅠＴ〗ハイパーリンク. insertar un ～ ハイパーリンクを挿入する.

hi·per·vi·ta·mi·no·sis [i.per.bi.ta.mi.nó.sis] 囡 《単複同形》〖医〗ビタミン過多(症).

hip-hop [xíp.xop // híp.hop] 男 《単複同形》ヒップホップ:1980年代のニューヨークのアフロ・アメリカンやヒスパニック系社会で生まれた(ダンス)音楽.

hip·ho·pe·ro, ra [xip.xo.pé.ro, -.ra // hip.ho.-] 男囡 ヒップホップシンガー, ヒップホップダンサー.

hi·piar [i.pjár] 81 自 〘ラ米〙(ニ゙)しゃっくりをする.

hí·pi·co, ca [í.pi.ko, -.ka] 形 馬の; 馬術の. concurso ～ 馬術大会. club ～ 乗馬クラブ. ━囡 馬術競技. hacer [practicar] *hípica* 馬術競技を行う.

hi·pi·do [i.pí.ðo] 男 1 しゃくり泣き, すすり泣き(= gimoteo). dar unos ～s しゃくりあげて泣く. ▶この場合, 語頭の h は帯気音[h]で発音されることが多い. 2 (フラメンコの歌の独特の悲痛な響きを持った)小節(= jipío).

hi·pis·mo [i.pís.mo] 男 馬術(競技).

hipno- 「催眠, 眠り」の意を表す造語要素. ⇒ *hipno*terapia, *hipno*tismo. [←〔ギ〕]

hip·no·sis [ip.nó.sis] 囡 〖単複同形〗〖医〗催眠(状態).

hip·no·te·ra·pia [ip.no.te.rá.pja] 囡 催眠療法.

hip·nó·ti·co, ca [ip.nó.ti.ko, -.ka] 形 〖医〗催眠の, 催眠術の. método ～ 催眠術. pastillas *hipnóticas* 催眠剤. ━男 催眠薬, 睡眠薬.

hip·no·tis·mo [ip.no.tís.mo] 男 〖医〗催眠学, 催眠術.

hip·no·tis·ta [ip.no.tís.ta] 男囡 催眠療法士.

hip·no·ti·za·ción [ip.no.ti.θa.θjón / -.sa.sjón] 囡 催眠術をかけること.

hip·no·ti·za·do, da [ip.no.ti.θá.ðo, -.ða / -.sá.-] 形 〖心〗催眠術にかかった.

hip·no·ti·za·dor, do·ra [ip.no.ti.θa.ðór, -.ðó.ra / -.sa.-] 形 催眠術をかける, 催眠状態にする. ━男 催眠術師.

hip·no·ti·zar [ip.no.ti.θár / -.sár] 97 他 1 催眠術をかける, 催眠状態にする. 2 魅了する, 引きつける. La *hipnotizaban* las joyas. 彼女は宝石に見とれていた.

hi·po [í.po] 男 1 しゃっくり. tener ～ しゃっくりをする. Me dio ～ sin saber porqué. どうした訳かしゃっくりが出た. 2 渇望, 熱望. 3 恨み, 敵意. tener ～ con+人〈人〉を忌み嫌う.
quitar el hipo 〖話〗息を飲ませる, びっくりさせる, すばらしい.
[しゃっくりの擬音語;〔英〕*hiccup* も同種の語]

hipo- 1 「下の[に], 低い, 過少の, 内側の」の意を表す造語要素. ⇒ *hipo*dérmico, *hipó*tesis.
2 「馬」の意を表す造語要素. 母音の前では hip-. ⇒ *hípico*, *hipó*dromo. [←〔ギ〕]

hi·po·a·cu·sia [i.po.a.kú.sja] 囡 難聴, 聴力低下. ～ unilateral [bilateral] 片側の耳の[両耳の]難聴.

hi·po·a·cús·ti·co, ca [i.po.a.kús.ti.ko, -.ka] 形 1 難聴の. 2 難聴をかかえた. ━男囡 難聴者.

hi·po·al·bu·mi·ne·mia [i.po.al.bu.mi.né.mja] 囡 〖医〗低アルブミン血症.

hi·po·a·ler·gé·ni·co, ca [i.po.a.ler.xé.ni.ko, -.ka] 形 ➡ hipoalérgico.

hi·po·a·lér·gi·co, ca [i.po.a.lér.xi.ko, -.ka] 形 〖医〗アレルギー反応の恐れが少ない. de material ～ 低アレルギー性素材の.

hi·po·cal·ce·mia [i.po.kal.θé.mja / -.sé.-] 囡 〖医〗低カルシウム血症.

hi·po·ca·lie·mia [i.po.ka.ljé.mja] 囡 〖医〗低カリウム血症.

hi·po·ca·ló·ri·co, ca [i.po.ka.ló.ri.ko, -.ka] 形 カロリーの少ない. alimento ～ 低カロリー食品.

hi·po·cam·po [i.po.kám.po] 男 1 〖魚〗タツノオトシゴ(= caballito de mar). 2 〖ギ神〗海馬.

hi·po·cen·tau·ro [i.po.θen.táu.ro / -.sen.-] 男 〖ギ神〗ケンタウロス:半人半馬の怪物.

hi·po·cen·tro [i.po.θén.tro / -.sén.-] 男 〖地質〗震源.

hi·po·ci·né·ti·co, ca [i.po.θi.né.ti.ko, -.ka / -.si.-] 形 (臓器の)運動低下の, 機能低下の. síndrome ～ 運動減少が主となる症候群.

hi·po·clor·hi·dria [i.po.klo.rí.ðrja] 囡 〖医〗(胃液の)低塩酸症.

hi·po·clo·ri·to [i.po.klo.rí.to] 男 〖化〗次亜塩素酸塩[エステル].

hi·po·co·les·te·ro·le·mia [i.po.ko.les.te.ro.lé.mja] 囡 〖医〗低コレステロール血症.

hi·po·con·drí·a [i.po.kon.drí.a] 囡 〖医〗心気症, ヒポコンデリー:重い病気にかかっていると思い込みゆううつになること.

hi·po·con·dria·co, ca [i.po.kon.drjá.ko, -.ka] / **hi·po·con·drí·a·co, ca** [i.po.kon.drí.a.ko, -.ka] 形 心気症[ヒポコンデリー](患者)の. ━男囡 心気症[ヒポコンデリー]患者.

hi·po·con·dria·sis [i.po.kon.ðrjá.sis] 囡《単複同形》【医】心気症.

hi·po·con·drio [i.po.kón.drjo] 男【解剖】《主に複数で》季肋(ネ)部.

hi·po·co·rís·ti·co, ca [i.po.ko.rís.ti.ko, -.ka] 形 愛称の, 通称の. ━男 愛称 (= nombre ~). ⇒ Pilar を Pili, José を Pepe と呼ぶなど.

hi·po·crás [i.po.krás] 男 (砂糖・シナモンなどを入れた)強壮用のワイン.

Hi·po·cra·tes [i.pó.kra.tes] 固名 ヒポクラテス (前460?-375?): ギリシアの医者. 科学的医学の祖.

hi·po·crá·ti·co, ca [i.po.krá.ti.ko, -.ka] 形【医学の】ヒポクラテスの. el juramento ~ ヒポクラテスの誓い; 医師の倫理集. la medicina *hipocrática* ヒポクラテス医学.

hi·po·cra·tis·mo [i.po.kra.tís.mo] 男 ヒポクラテス医学.

hi·po·cré·ni·des [i.po.kré.ni.ðes] 囡《複数形》【ギ神】ムーサたち (= musas).

hi·po·cre·sí·a [i.po.kre.sí.a] 囡 偽善.

*__hi·pó·cri·ta__ [i.pó.kri.ta] 形 偽善的な, 偽善の. modales ~ s 偽善的な態度. Sus palabras esconden una actitud ~. 彼[彼女](ら)の言葉は偽善的な態度を秘めている. ━男 囡 偽善者.
[←[ラ] *hypocritam* (の対格) ←[ギ] *hypokrités*「(芝居の)役者; 偽善者」; 関連 [英] *hypocrite*]

hi·po·crí·ta·men·te [i.pó.kri.ta.mén.te] 副 偽善的に, うわべだけ.

hi·po·dér·mi·co, ca [i.po.ðér.mi.ko, -.ka] 形 皮下の, 皮下注射(用)の. aguja *hipodérmica* 注射器. inyección *hipodérmica* 皮下注射.

hi·po·der·mis [i.po.ðér.mis] 囡《単複同形》【解剖】下皮, 真皮.

hi·pó·dro·mo [i.pó.ðro.mo] 男 **1** 競馬場.
2 (空港の)荷物引き渡しベルトコンベヤー.

hi·po·fi·sis [i.pó.fi.sis] 囡《単複同形》【解剖】下垂体.

hi·po·fun·ción [i.po.fun.θjón / -.sjón] 囡【医】機能低下症. ~ tiroidea 甲状腺機能低下症.

hi·po·gam·ma·glo·bu·li·ne·mia [i.po.gam.ma.glo.βu.li.né.mja] 囡【医】低ガンマグロブリン症.

hi·po·gás·tri·co, ca [i.po.gás.tri.ko, -.ka] 形 下腹部の. el nervio ~ 下腹神経.

hi·po·gas·trio [i.po.gás.trjo] 男【解剖】下腹部.

hi·po·gé·ni·co, ca [i.po.xé.ni.ko, -.ka] 形【地質】(岩石・地層が)深成の.

hi·po·ge·o, a [i.po.xé.o, -.a] 形【植】地中で育つ. ━男 **1** 地下墳墓. **2** 地下建造物; 地下礼拝堂.

hi·po·glo·so, sa [i.po.gló.so, -.sa] 形【解剖】舌下の. nervio ~ 舌下神経.

hi·po·glu·ce·mia [i.po.glu.θé.mja / -.sé.-] 囡 低血糖症: 血糖値の減少. inducir [provocar] una ~ 低血糖症をおこす. ~ reactiva 反応性低血糖症: 食事をした後, 低血糖状態になる.

hi·po·go·na·dis·mo [i.po.go.na.ðís.mo] 男【医】性腺機能低下症.

hi·po·gri·fo [i.po.grí.fo] 男 ヒッポグリフ: ワシの頭と翼を持つ伝説上の馬の怪物.

Hi·pó·li·to [i.pó.li.to] 固名【ギ神】ヒッポリュトス: Teseoの子で, 継母パイドラ Fedraの求愛を拒絶したために父に讒訴(ジ)され, Poseidón に殺された.

hi·po·lo·gí·a [i.po.lo.xí.a] 囡 馬学, 馬の研究.

hi·po·me·no·rre·a [i.po.me.no.řé.a] 囡【医】過少月経; 過短月経 (↔ hipermenorrea).

hi·po·mo·clio(n) [i.po.mó.kljo(n)] 男【物理】(てこの)支点 (= fulcro).

hi·po·na·tre·mia [i.po.na.tré.mja] 囡【医】低ナトリウム血症.

hi·pó·ni·mo, ma [i.pó.ni.mo, -.ma] 形 下位語の.【言】下位語: 抽象的な語を基準にした場合の具体的な語. 食べ物 comida から見て, パエリャ paella, フライ fritos, 焼き肉 asado などが下位語にあたる.

hi·po·pa·ra·ti·roi·dis·mo [i.po.pa.ra.ti.roi.ðís.mo] 男【医】副甲状腺機能低下症.

hi·po·pó·ta·mo [i.po.pó.ta.mo] 男【動】カバ.

hi·po·so, sa [i.po.so, -.sa] 形 しゃっくりの出る.

hi·pós·ta·sis [i.pós.ta.sis] 囡《単複同形》【神】(三位一体の)位格, ペルソナ. las tres ~ de Dios 神の3つの位格 (父と子と聖霊).

hi·pos·tá·ti·co, ca [i.pos.tá.ti.ko, -.ka] 形【カト】(三位一体の)位格の, 父と子と聖霊に関する. la unión *hipostática* 位格的結合.

hi·pós·ti·lo, la [i.pós.ti.lo, -.la] 形【建】多柱式の.

hi·po·sul·fi·to [i.po.sul.fí.to] 男【化】チオ硫酸塩. ~ sódico【写】(定着液の)ハイポ.

hi·po·tá·la·mo [i.po.tá.la.mo] 男【解剖】視床下部.

hi·po·ta·xis [i.po.ták.sis] 囡《単複同形》【文法】従属 (= subordinación). → parataxis.

*__hi·po·te·ca__ [i.po.té.ka] 囡 **1**【法】抵当(権), 担保. levantar una ~ 抵当を解く. imponer una ~ sobre... / poner... en ~ …に抵当権を設定する, …を抵当に入れる. El edificio tiene [está gravado con] una ~. 建物は抵当に入っている.
2 重荷, 困難, 障害.

hi·po·te·ca·ble [i.po.te.ká.βle] 形【法】抵当に入れられる, 担保にできる.

hi·po·te·car [i.po.te.kár] 囮他 **1**【法】抵当に入れる, 担保にする. ~ bienes inmuebles 不動産を担保にする. La casa está *hipotecada* por un banco. その家は銀行により抵当に入れられている.
2 危険にさらす. ~ el porvenir 将来を賭(ヘ)す.

hi·po·te·ca·rio, ria [i.po.te.ká.rjo, -.rja] 形 抵当(権)の, 抵当付きの. banco ~ 勧業銀行. cédula *hipotecaria* 抵当証書. préstamo ~ 抵当貸し, 担保付き融資.

hi·po·ten·sión [i.po.ten.sjón] 囡【医】低血圧(症) (↔hipertensión).

hi·po·ten·so, sa [i.po.tén.so, -.sa] 形【医】低血圧の. ━男 囡 低血圧の人.

hi·po·te·nu·sa [i.po.te.nú.sa] 囡【数】(直角三角形の)斜辺.

hi·po·ter·mia [i.po.tér.mja] 囡【医】低体温(症).

‡__hi·pó·te·sis__ [i.pó.te.sis] 囡《単複同形》仮説; 仮定, 推測. plantear una ~ 仮説をたてる. ~ de trabajo 作業仮説.
[←[後ラ] *hypothesis*←[ギ] *hypothesis*; *hypo-*「下に」+ *thésis*「置くこと」(→ tesis); 関連 [英] *hypothesis*]

hi·po·té·ti·ca·men·te [i.po.té.ti.ka.mén.te] 副 仮定的に, 仮に.

hi·po·té·ti·co, ca [i.po.té.ti.ko, -.ka] 形 仮説(上)の; 仮定の, 推測の. en el ~ caso de [+不定詞 / que + 接続法] 仮に…であるとすると.

hi·po·ti·po·sis [i.po.ti.pó.sis] 囡《単複同形》【修

hispanomusulmán

hi・po・ti・roi・dis・mo [i.po.ti.roi.ðís.mo] 男 《医》甲状腺(ﾎﾞｩ)機能低下(症).

hi・po・tó・ni・co, ca [i.po.tó.ni.ko, -.ka] 形 《医》低緊張の；低浸透圧の, 低張性の.

hi・po・vo・le・mia [i.po.ßo.lé.mja] 女 《医》循環血液量減少.

hi・po・vo・lé・mi・co, ca [i.po.ßo.lé.mi.ko, -.ka] 形 循環血液量減少性の. el shock [choque] ～ 循環血液量減少性ショック.

hi・po・xe・mia [i.poɣ.sé.mja] 女 《医》低酸素症：血液中の酸素不足.

hi・po・xia [i.póɣ.sja] 女 《医》低酸素症, 酸欠.

hip・pie [xí.pi // hí.-] 《英》形 男 女 《複 ～s》→ hippy.

hi・ppio・so, sa [xi.pjó.so, -.sa // hi.-] 形 ヒッピースタイルの. ropa *hippiosa* ヒッピースタイルの服.

hi・ppis・mo [xi.pís.mo // hi.-] 男 ヒッピー的行動 [風潮].

hip・py / hip・pie [xí.pi // hí.-] 《英》形 《複 hippies》ヒッピーの. ── 男 女 ヒッピー. ◆1960年代後半以降アメリカ合衆国から世界中に広まったスタイル. 伝統を打ち破る目的で, ロングヘア・独特のファッション・薬物などが流行した. [←《英》*hippy*]

hip・si・lo・fo・dón・ti・do [ip.si.lo.fo.ðón.ti.ðo] 男 ヒプシロフォドン科の恐竜.

hip・so・me・trí・a [ip.so.me.trí.a] 女 《物理》測高法 (= altimetría).

hip・só・me・tro [ip.só.me.tro] 男 《物理》（液体の沸点を利用した）測高計.

hir- 語 → herir.

hir・co [ír.ko] 男 《動》野生のヤギ.

hi・rien・te [i.rjén.te] 形 人を傷つけるような, しんらつな；真実の.

hir・su・tis・mo [ir.su.tís.mo] 男 《医》《生物》多毛症：通常生えないところに毛が生えること.

hir・su・to, ta [ir.sú.to, -.ta] 形 1 剛毛質の；剛毛に覆われた. un brazo ～ 毛むくじゃらの腕. 2 無愛想な, 荒っぽい. un juez ～ 情け容赦のない判事. carácter ～ 激しい気性. 3 《動》《植》荒く堅い長毛で覆われた, とげ［針］のある.

hi・run・di・na・ria [i.run.di.ná.rja] 女 《植》クサノオウの一種.

hirv- 語 → hervir.

hir・vi・ción [ir.ßi.θjón / -.sjón] 女 《ラ米》《話》多数.

hir・vien・te [ir.ßjén.te] 形 沸騰している, 煮えたぎる.

his・ca [ís.ka] 女 鳥もち (= liga).

hi・so・pa・da [i.so.pá.ða] / **hi・so・pa・du・ra** [i.so.pa.ðú.ra] 女 《カト》聖水の散布, 灌水(ｶﾝ).

hi・so・par [i.so.pár] 他 → hisopear.

hi・so・pa・zo [i.so.pá.θo / -.so] 男 → hisopada.

hi・so・pe・ar [i.so.pe.ár] 他 《カト》（灌水(ｶﾝ)器で）聖水を振りかける.

hi・so・pi・llo [i.so.pí.jo // -.ʎo] 男 1 《植》キダチハッカ（サトゥレヤ）の一種：シソ科の薬草. 2 (病人の口を湿らす) 布切れ.

hi・so・po [i.só.po] 男 1 《植》ヤナギハッカ. 2 《カト》灌水器(ｶﾝｽｲ)；灌水棒, 小枝を束ねたもの：聖水撒水(ｻｯｽｲ)に用いる. 3 《話》（ペンキ塗り・シェービングなどの）刷毛(ﾊｹ)；（三つ編みの髪・動物の尾の先など）刷毛状のもの. 4 《ラ米》（ｶﾜｷ）皿・食器類の）ふきん.

his・pa・len・se [is.pa.lén.se] 形 （スペインの）セビーリャ Sevilla の (= sevillano).

── 男 女 セビーリャの住民 [出身者].

His・pa・lis [is.pá.lis] 固有 《史》ヒスパリス：ローマ時代にイベリア半島の Bética 州にあった都市. 現在の Sevilla. [←《ラ》*Hispalis*]

His・pa・nia [is.pá.nja] 固有 女 《史》ヒスパニア：ローマの属州であった時代（前3世紀末 – 後5世紀）のイベリア半島の名称. → Iberia.
[←《ラ》*Hispānia*; → España]

‡**his・pá・ni・co, ca** [is.pá.ni.ko, -.ka] 形 1 スペインの, スペイン系の, スペイン語圏の. cultura *hispánica* スペイン（語圏）文化. el mundo ～ スペイン語圏. los países de habla *hispánica* スペイン語圏の国々. 2 （ローマ時代の）ヒスパニアの.

his・pa・ni・dad [is.pa.ni.ðáð] 女 1 スペイン語圏諸国. 2 スペイン語圏文化, スペイン的なるもの, スペイン精神.

his・pa・nis・mo [is.pa.nís.mo] 男 1 《言》スペイン語特有［起源］の語法；（他言語における）スペイン語からの借用語. 2 スペイン語［文化］研究. 3 スペイン主義, スペイン好み.

his・pa・nis・ta [is.pa.nís.ta] 男 女 スペイン語［文化］研究家［愛好家］. Asociación Internacional de H～s 国際スペイン研究者協会.

his・pa・ni・za・ción [is.pa.ni.θa.θjón / -.sa.sjón] 女 スペイン化（時代）. la ～ del Nuevo Mundo 新世界のスペイン化.

his・pa・ni・zar [is.pa.ni.θár / -.sár] 97 他 スペイン化する, スペイン風にする.

‡**his・pa・no, na** [is.pá.no, -.na] 形 1 スペイン（語圏）の. 2 《史》（ローマ時代の）ヒスパニアの (= hispánico). 3 ラテンアメリカ系の. ── 男 女 1 スペイン語圏の人. 2 （米国の）ラテンアメリカ系住民.

*****His・pa・no・a・mé・ri・ca** [is.pa.no.a.mé.ri.ka] 固有 女 イスパノアメリカ, スペイン語圏アメリカ. ▶ ラテンアメリカのスペイン語圏諸国を指す.

his・pa・no・a・me・ri・ca・nis・mo [is.pa.no.a.me.ri.ka.nís.mo] 男 1 スペイン語とスペイン人（とスペインとの間）の連帯感. 2 （スペイン語に入った）スペイン系アメリカ特有の語［語法］.

‡**his・pa・no・a・me・ri・ca・no, na** [is.pa.no.a.me.ri.ká.no, -.na] 形 スペイン系アメリカの；スペインとスペイン系アメリカの. la literatura *hispanoamericana* イスパノアメリカ文学. → americano.
── 男 女 スペイン系アメリカ人.

his・pa・no・á・ra・be [is.pa.no.á.ra.ße] 形 イベリア半島におけるイスラム教徒の；イスラムスペインの.
── 男 女 （特に8 – 15世紀の）イベリア半島のイスラム教徒.

his・pa・no・fi・lia [is.pa.no.fí.lja] 女 スペイン（文化）への傾倒, スペイン好き.

his・pa・nó・fi・lo, la [is.pa.nó.fi.lo, -.la] 形 スペインの文化［歴史, 習慣］を好む. ── 男 女 スペインの文化［歴史, 習慣］を好む人, スペインびいき.

his・pa・no・fo・bia [is.pa.no.fó.ßja] 女 スペイン嫌い.

his・pa・nó・fo・bo, ba [is.pa.nó.fo.ßo, -.ßa] 形 スペイン嫌いの. ── 男 女 スペイン嫌いの人.

his・pa・no・fran・cés, ce・sa [is.pa.no.fran.θés, -.θé.sa / -.sés, -.sé.-] 形 スペイン・フランスの. tratado ～ スペインフランス条約.

his・pa・no・ha・blan・te [is.pa.no.a.ßlán.te] 形 スペイン語を母語とする. países ～s スペイン語を日常語とする国々. ── 男 女 スペイン語を母語とする人.

his・pa・no・mu・sul・mán, ma・na [is.pa.no.mu.sul.mán, -.má.na] 形 男 女 → hispanoárabe.

his·pa·no·par·lan·te [is.pa.no.par.lán.te] → hispanohablante.

his·pa·no·rro·ma·no, na [is.pa.no.r̃o.má.no, -na] 形 (ローマ時代における)イベリア半島の. —男 (ローマ時代の)イベリア半島民.

hís·pi·do, da [ís.pi.ðo, -.ða] 形 剛毛の.

his·ta·mi·na [is.ta.mí.na] 女 《生化》《薬》ヒスタミン.

his·ta·mí·ni·co, ca [is.ta.mí.ni.ko, -.ka] 形 《生化》ヒスタミンの. intoxicación histamínica ヒスタミン中毒：いわゆる, 青魚に当たる食中毒.

his·te·ral·gia [is.te.rál.xja] 女 子宮痛.

his·te·rec·to·mí·a [is.te.reḵ.to.mí.a] 女 子宮切除(手術).

***his·te·ria** [is.té.rja] 女 《医》ヒステリー；病的興奮. ~ colectiva 集団ヒステリー.

***his·té·ri·co, ca** [is.té.ri.ko, -.ka] 形 **1** ヒステリーの；ヒステリックな, 異常に興奮した. paroxismo ~ ヒステリーの発作. ponerse ~ ヒステリックになる, 狂乱状態に陥る. **2** 子宮の. —男女 ヒステリー症の人；ヒステリックな人.

his·te·ris·mo [is.te.rís.mo] 男 《医》ヒステリー；異常な興奮状態(= histeria).

his·te·ro·lo·gí·a [is.te.ro.lo.xí.a] 女 《修辞》倒逆法：論理的・時間的順序を逆にすること. ⇒ Dejadnos morir y precipitarnos en medio de los enemigos. 我らを死なしめよ, 我らを敵の渦中に投ぜしめよ.

hís·ti·co, ca [ís.ti.ko, -.ka] 形 《医》(筋肉や神経に関する)組織の.

his·ti·di·na [is.ti.ðí.na] 女 《生化》ヒスチジン.

his·to·com·pa·ti·bi·li·dad [is.to.kom.pa.ti.ḇi.li.ðáð] 女 組織適合性. el complejo principal de ~ 主要組織適合複合体[英 MHC].

his·to·gra·ma [is.to.grá.ma] 男 《数》ヒストグラム：横軸に分布, 縦軸に度数を示したグラフ.

his·to·lo·gí·a [is.to.lo.xí.a] 女 《生物》組織学.

his·to·ló·gi·co, ca [is.to.ló.xi.ko, -.ka] 形 組織学の. tipo ~ 組織型.

his·tó·lo·go, ga [is.tó.lo.go, -.ga] 男女 組織学者.

his·to·pa·to·lo·gí·a [is.to.pa.to.lo.xí.a] 女 組織病理学：病変組織を観察・研究する学問.

his·to·pa·to·ló·gi·co, ca [is.to.pa.to.ló.xi.ko, -.ka] 形 組織病理学の. estudio ~ 組織病理学的研究.

his·to·plas·mo·sis [is.to.plas.mó.sis] 女 《単複同形》《医》ヒストプラスマ症.

****his·to·ria** [is.tó.rja] 女 **1** 歴史. ~ antigua [medieval, moderna, contemporánea] 古代[中世, 近代, 現代]史. curso de la ~ 歴史の流れ. **2** 歴史学, 史学；発達史. ~ universal 世界史. ~ de la literatura[del cine] 文学[映画]史. ~ natural 博物学. ~ sacra [sagrada] 《宗》聖史. ¡Así se escribe la ~! かくして歴史は作られる(▶ でっち上げなどを非難していう言葉). **3** 歴史書, 史書. **4** 話, 物語；ストーリー. contar la ~ del viaje 旅の話をする. ~ de un amor ある恋の物語. **5** 履歴, 経歴；過去. ~ clínica 《医》診療記録. una mujer de ~ 過去のある女性. **6** (主に複数で) 《話》 (言い訳のための)作り話, うそ；うわさ話. No me vengas con ~s. うそを言うな. **7** 《話》面倒, ごたごた. **8** 《美》史実[伝説]を描いた絵. *dejarse de historias* 作り話をしない.

hacer historia 歴史を作る, 歴史に残る.
la historia de siempre [*de todos los días*] / *la misma historia* いつもの決まりきった話.
pasar a la historia (1) (過去の時制で)時代遅れになる. Los tocadiscos pasaron a la ~. レコードプレーヤーはもう古い[過去のものだ]. (2) (未来の時制で)歴史に残る. Esta invención pasará a la ~. この発明は後世に残るだろう.
[←〚ラ〛*historiam* (*historia*の対格) ←〚ギ〛*historía*「探究(で得た知識), 物語」, 〚関連〛〚英〛*history, story*]

his·to·ria·do, da [is.to.rjá.ðo, -.ða] 形 《話》飾りの多い, ごてごてした, けばけばしい. un vestido ~ 派手な服.

***his·to·ria·dor, do·ra** [is.to.rja.ðór, -.ðó.ra] 男女 歴史家, 歴史学者.

his·to·rial [is.to.rjál] 形 歴史の. —男 **1** (経緯・沿革などの)記録, 記述. **2** (個人の)履歴, 経歴. Tiene un excelente ~. 彼[彼女]は輝かしい経歴の持ち主だ. ~ médico 病歴.

his·to·riar [is.to.rjár] 83 他 **1** (実際[虚構]の)出来事を〉(整然と詳細に)記述する, 物語る. **2** 《美》〈史実・伝説を〉描く, 表す. **3** 《ラ米》〈物語を〉複雑にする, 紛糾させる.

his·tó·ri·ca [is.tó.ri.ka] 形 → histórico.

his·to·ri·ci·dad [is.to.ri.θi.ðáð / -.si.-] 女 史実性, 歴史性.

his·to·ri·cis·mo [is.to.ri.θís.mo / -.sís.-] 男 歴史主義.

his·to·ri·cis·ta [is.to.ri.θís.ta / -.sís.-] 形 歴史主義の. —男女 歴史主義者.

****his·tó·ri·co, ca** [is.tó.ri.ko, -.ka] 形 **1** 《名詞+》 歴史の, 歴史に関する, 史実に基づく. estudios ~s 歴史研究. documento ~ 史料. hecho ~ 史実. novela *histórica* 歴史小説. presente ~ 《文法》歴史的現在. **2** (+名詞 / 名詞+《ser+》)歴史上重要な. récord ~ 歴史的記録. edificio ~ 歴史的建物. figura *histórica* 歴史上の人物. acontecimiento ~ 歴史に残る出来事.

his·to·rie·ro, ra [is.to.rjé.ro, -.ra] 形 《ラ米》 (ラプラタ) 《話》うわさ好きな；ほら吹きの.

his·to·rie·ta [is.to.rjé.ta] 女 **1** (愉快な)逸話, 小話. **2** 漫画.

his·to·rie·tis·ta [is.to.rje.tís.ta] 男女 漫画家. el ~ argentino llamado Quino キノという名のアルゼンチンの漫画家(▶ 代表作に Mafalda という漫画がある).

his·to·rio·gra·fí·a [is.to.rjo.gra.fí.a] 女 **1** 歴史学, 歴史叙述(法), 史料研究；史料編纂(さん). **2** 学史：言語学史など, ある分野の研究史を辿る.

his·to·rio·grá·fi·co, ca [is.to.rjo.grá.fi.ko, -.ka] 形 歴史記述の, 歴史を遡る. el mito ~ 歴史上の神話.

his·to·rió·gra·fo, fa [is.to.rjó.gra.fo, -.fa] 男女 史料編纂(さん)官；歴史学者.

his·trión, trio·ni·sa [is.trjón, -.trjo.ní.sa] 男女 **1** 大げさな演技をする役者. **2** 古典劇の役者[俳優]. **3** 《軽蔑》大げさな身ぶりをする人. **4** 道化師.

his·trió·ni·co, ca [is.trjó.ni.ko, -.ka] 形 **1** 役者の, 芸人の. **2** 芝居がかった, おどけた.

his·trio·nis·mo [is.trjo.nís.mo] 男 **1** 芝居がかったふるまい. **2** 役者稼業. **3** 芸人社会, 芸能界.

hit [xíṱ // hít] 〚英〛 男 《複 ~s》 **1** ヒット曲, (音楽界での)ブレイク (= éxito). *hit* parade ヒット・パレ

ード, 人気上位曲セレクション. **2**《ラ米》《スポ》(野球)安打, ヒット. sonar *hit* ヒットの快音を響かせる.

hi.ta [í.ta] 囡 **1** (頭のない)打ち込み用釘(を), 間釘. **2** 境界石, 里程標(石) (= hito, mojón).

hi.ti.ta [i.tí.ta] 形 ヒッタイト人の; ヒッタイト語の.
— 男 ヒッタイト人: 小アジアの古代民族.
— 男 ヒッタイト語(派): 楔形(を)文字で知られるインド・ヨーロッパ語族の一つ.

hit.le.ria.no, na [it.le.rjá.no, -.na / i.tle.-] 形 **1** ヒトラー Hitler の. bigote 〜 ヒトラーひげ. las juventudes *hitlerianas* ヒトラーユーゲント:ナチス・ドイツの青少年団. **2** ヒトラー主義の, ヒトラーの政策を支持する. el régimen 〜 ヒトラー体制.

hit.le.ris.mo [it.le.rís.mo / i.tle.-] 男 ヒトラー主義, 反ユダヤ主義をはじめとするヒトラーの思想.

hi.to [í.to] 男 **1** 境界石, 里程標(石); 道標. **2** 画期的な事件, 転機. **3** 的, 標的. **4** 輪投げ. *mirar de hito en hito* じっと見る.

hi.to, ta [í.to, -.ta] 形 《馬の毛が真っ黒の》.

hi.tón [i.tón] 男 《鉱》(頭のない) 太い角釘(を).

hi.yab [i.jáb] 男 ヒジャーブ:イスラム教徒の女性が頭に巻くスカーフ. el uso del 〜 ヒジャーブの着用.

hi.zo [í.θo / í.so] 活 → hacer.

hl (略) *hectolitro*(s) ヘクトリットル.

hm (略) *hectómetro*(s) ヘクトメートル.

Hno(s). (略) *Hermano*(s) 兄弟商会.

Ho 《化》 holmio ホルミウム.

Hoang-Ho [xo.áŋ.xó / xwáŋ.xó] 固名 el 〜 黄河 (= Río Amarillo).

ho.ax [o.áks] 男 《複 〜es, 〜》 **1** デマ. **2** (デマの書かれた) チェーンメール.

ho.a.zín [o.a.θín / -.sín] 男 《鳥》ツメバケイ, ホアジン.

ho.ba.chón, cho.na [o.ba.tʃón, -.tʃó.na] 形 体が大きくのろまな, 遅鈍な.

hob.by [xó.bi / hó.-] 〔英〕男《複 hobbies》趣味.

ho.bo [ó.bo] 男 《植》ウルシ科タマゴノキの1種.

ho.ci.car [o.θi.kár / -.si.-] 112 他 **1** (豚などが地面を)鼻面で掘り起こす (= hozar).
2 (話)(軽蔑) やたらにキスをする (= besuquear).
— 自 **1** (話)(軽蔑) (他人のことを)かぎ回る. El detective *hocica* en todas las cosas. 刑事はあらゆることをかぎ回っている. **2** うつぶせに倒れる. **3** (困難などに)直面する, ぶつかる. **4** 《海》船首が沈む.

ho.ci.co [o.θí.ko / -.sí.-] 男 **1** (動物の)鼻面, 鼻口部 (= morro). **2** (話)(軽蔑) 口 (▶単数形, 複数形どちらでもよい). caer [darse] de 〜*s* con la puerta 転んでドアに鼻をぶつける.
estar [*ponerse*] *de hocicos* 《話》不機嫌な顔をする, ふくれっ面をする.
meter el hocico [*los hocicos*] *en...*《話》(軽蔑) …を詮索(芒)する.
partir [*romper*] *el hocico* [*los hocicos*] (1)《話》顔を傷つける. (2)《話》顔をぶん殴る.
torcer el hocico (2)《話》顔をしかめる, むっとする.
[← hozar (← [俗] *fodiare*「掘る」 ← [ラ] *fodere*) より派生]

ho.ci.cón, co.na [o.θi.kón, -.kó.na / -.si.-] 形 **1** 詮索(芒)好きな. **2** 《ラ米》(1) (話) おしゃべりな. (2) (話) 思いあがった, うぬぼれた. (3) (ジ) → hocicudo.

ho.ci.cu.do, da [o.θi.kú.ðo, -.ða / -.si.-] 形 **1** (動物などの)鼻面の大きな. **2** 《軽蔑》唇の厚い. **3** 《ラ米》(ジ)(ジ)(話) 膨れっ面をした, 仏頂面の.

ho.ci.no¹ [o.θí.no / -.sí.-] 男 **1** (薪を切る)山鎌(を). **2** 移植ごて.

ho.ci.no² [o.θí.no / -.sí.-] 男 **1** (谷川の)狭所(ま)部, 下った土地; 谷間の畑.

ho.ci.que.ar [o.θi.ke.ár / -.si.-] 他 自 → hocicar.

ho.ci.que.ra [o.θi.ké.ra / -.si.-] 囡 《ラ米》(ホサ)(ジ) (動物の)口輪, くつわ具.

hock.ey [xó.kei // hó.-] 〔英〕《スポ》ホッケー (= 〜 sobre hierba). 〜 sobre hielo アイスホッケー.

ho.dier.no, na [o.ðjér.no, -.na] 形 最近の, 現在の, 今の.

ho.do.fo.bia [o.ðo.fó.bja] 囡 乗り物[旅行]恐怖症.

ho.dó.me.tro [o.ðó.me.tro] 男 歩数計 (= podómetro); (車の)走行距離計 (= odómetro).

ho.ga.ña.zo [o.ga.ná.θo / -.so] 副 《話》→ hogaño.

ho.ga.ño [o.gá.ɲo] 副 **1** 今年(は) (= este año). **2** 今(は) (↔ antaño). En los nidos de antaño, no hay pájaros 〜. (諺) 昔の巣に今は鳥はいない(過去を戻すことはできない).

ho.gar [o.gár] 男 **1 家庭, わが家; 家族. formar un 〜 家庭を築く, 所帯を持つ. sin 〜 家のない, 身寄りのない. artículos para el 〜 家庭用品. violencia en el 〜 家庭内暴力.
2 炉, 暖炉; (台所の)かまど. **3** たき火 (= hoguera). **4** 《ラ米》(ジ)(ジ) 薪または石炭ストーブ.
hogar cuna《まれ》孤児院, 養育院.
hogar del estudiante《まれ》(学校内の)学生の憩いの場, 学生会館.
hogar del jubilado [*pensionista*] 高齢者レクリエーションセンター.
hogar del soldado《まれ》(兵舎の)兵士の憩い[集い]の場.
[← (俗) *focaris*「炉の」← *focus*「炉 (の火)」(→ fuego, foco) より派生] 【関連】〔英〕*focus*「焦点」]

ho.ga.re.ño, ña [o.ga.ré.ɲo, -.ɲa] 形 **1** 家庭の, 家庭的な. vida *hogareña* 家庭生活. ambiente 〜 家庭環境. **2** 家庭的な. mujer *hogareña* 家庭的な女性.

ho.ga.za [o.gá.θa / -.sa] 囡 大きな丸いパン; ふすまパン.

ho.gue.ra [o.gé.ra] 囡 **1** たき火, 燃え上がる火. encender una 〜 たき火をする. morir en la 〜 火あぶりの刑にされる. **2** 《比喩的》愛, 激情.

ho.ja [ó.xa] 囡 **1 《植》葉. árbol de 〜 caduca [*perenne*] 落葉 [常緑] 樹. 〜 seca 枯れ葉. caída de la(s) 〜*s* (落)葉. 〜 aovada 卵形葉. 〜 acicular 線形葉.

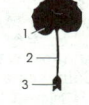

hoja (葉)
1 limbo 葉身
2 pecíolo 葉柄
3 vaina 葉鞘(ようしょう)

2 花弁, 花びら. 〜*s de rosa* バラの花びら.
3 (1枚の)紙, 紙片; (本・ノートなどの) 1枚. pasar [volver] las 〜*s del libro* 本のページをめくる. Saqué una 〜 en blanco y apunté el recado. 私

hojalata

は白紙を取り出して伝言をメモした.
4 (1枚の)印刷物, ちらし, パンフレット; 新聞. ~ suelta リーフレット. ~ volante ちらし.
5 (金属・木などの)箔, 薄板. ~ de aluminio アルミ箔. ~ de lata ブリキ板 (= hojalata).
6 刃. ~ de la navaja ナイフの刃. ~ de afeitar かみそりの刃. **7** 剣 (= espada). **8** (ドア・窓などの)開閉部分, 扉板. ventana de dos ~s 両開きの窓.
9 (甲冑(かっちゅう)の)金属片. **10** 《農》休耕地.
al caer la(s) hoja(s) 秋に.
hoja de cálculo 『IT』スプレッドシート.
hoja de estudios 成績表.
hoja de parra (裸体画・彫刻の局部を覆う)ブドウの葉;(見られては困るものを)覆い隠すもの.
hoja de ruta 輸送書類, 貨物伝票.
hoja de servicios (公務員の)勤務記録.
poner a + 人 como hoja de perejil《話》(人)を非難する, ののしる.
tener hoja (コインに)ひびが入っている.
volver la hoja 意見を変える; 話題を変える.
[←〔古スペイン〕*foja* ←〔ラ〕*folia*; *folium*「葉」(→ *folio*)の複数形;[関連] *hojear, folleto*.〔ポルトガル〕*folha*.〔仏〕*feuille*.〔伊〕*foglia*.〔英〕*foliage*, *folio*]

ho·ja·la·ta [o.xa.lá.ta] 囡 ブリキ. *un bote de* ~ ブリキ缶.

ho·ja·la·te·rí·a [o.xa.la.te.rí.a] 囡 ブリキ屋[工場].

ho·ja·la·te·rí·o [o.xa.la.te.rí.o] 男《ラ米》(コロ)(ﾍﾟﾙ)(ﾁﾘ)《集合的》ブリキ製品; ブリキの山.

ho·ja·la·te·ro, ra [o.xa.la.té.ro, -.ra] 男囡
1 ブリキ職人. **2**《ラ米》(ﾒﾋ)(ﾍﾟﾙ)自動車の車体修理工.

ho·jal·da [o.xál.da] / **ho·jal·dra** [o.xál.dra] 囡《ラ米》→ hojaldre.

ho·jal·dra·do, da [o.xal.drá.ðo, -.ða] 形《料》パイ(生地)の. *pasta hojaldrada* パイ生地.
— 男 パイ地を使った物 (= pastel ~).

ho·jal·drar [o.xal.drár] 他《料》〈生地から〉パイ種を作る, 薄く伸ばす.

ho·jal·dre [o.xál.dre] 男《料》パイ生地 (= *pasta hojaldrada*); (菓子などの)パイ (= *pastel de* ~).

ho·ja·ran·zo [o.xa.rán.θo / -.so] 男《植》ゴジアオイ属の一種.

ho·ja·ras·ca [o.xa.rás.ka] 囡 **1**《集合的》落ち葉, 枯れ葉. **2** 葉の繁茂. **3**《軽蔑》かさがあって中身がないもの. *Tus promesas son* ~s. おまえの約束には何の意味もない.

ho·je·ar [o.xe.ár] 他〈本の〉ページをめくる; ざっと目を通す. — 自 **1** 木の葉が揺れる. **2** (金属の)薄片にはがれる. **3**《ラ米》(1)(ﾒﾋ)(ﾆｶ)(ｸﾞｱﾃ)(動物が)葉を食べる. (2)(ｺﾛ)(ﾍﾟﾙ)(ﾁﾘ)(ｸﾞｱﾃ)(木が)葉をつける.

ho·je·ri·o [o.xe.rí.o] 男《ラ米》《集合的》葉.

ho·jo·so, sa [o.xó.so, -.sa] / **ho·ju·do, da** [o.xú.ðo, -.ða] 形 **1** 葉の多い, 葉の生い茂った. **2** 薄葉を重ねた, 層状からなる構造の.

ho·jue·la [o.xwé.la] 囡 **1**《料》クレープ.
2《植》(複葉の)小葉. **3** (金属の)箔(はく), 薄片. **4** 《ラ米》(ﾒﾋ)(ｸﾞｱﾃ)薄いパイ(生地). (2) 常食.

¡ho·la! [ó.la] 間投 **1《話》《あいさつ》やあ, こんにちは. *¡H*~*! ¿Cómo estás?* やあ, 元気. **2** 驚き・おやまあ; (目下に向かって)《注意喚起》おい, ちょっと. **3**《ラ米》(ﾒﾋ)(ﾊ)(ﾁﾘ)(ｸﾞｱﾃ)《電話での応答》もしもし.

ho·lán [o.lán] 男 **1** → holanda.
2《ラ米》(ﾒﾋ)《服飾》ひだ飾り, すそ[縁]飾り, フリル.

ho·lan·da [o.lán.da] 囡 オランダ布; 薄地の上質の綿布[亜麻布].

Ho·lan·da [o.lán.da] 固名 オランダ: 首都 Amsterdam. → *Países Bajos*.
[←〔オランダ〕*Holland*(「森の国」が原義)]

ho·lan·dés, de·sa [o.lan.dés, -.dé.sa] 形 オランダの; オランダ人[語]の. *salsa holandesa*《料》オランデーズソース(卵黄・バター・レモン果汁などで作るクリーム状のソース). — 男 囡 オランダ人.
— 男 オランダ語: 西ゲルマン語の一つ.
— 囡《印》約22センチ×28センチ判型の紙. *a la holandesa* 布[厚紙]装の; 背革装の.

hold·ing [xól.din // hól.-]《英》男《複》~s, ~ 持株会社, ホールディングス.

hol·ga·da·men·te [ol.ɣá.ða.mén.te] 副 **1** 楽に, ゆったりと. *ganar* ~ 楽に勝利する.
2 快適に, 気楽に. *vivir* ~ のんびり暮らす.

hol·ga·do, da [ol.ɣá.ðo, -.ða] 形 **1** ゆったりした, だぶだぶの; 広々とした. *una chaqueta holgada* ゆったりとした上着. *Esos zapatos me están un poco* ~s. その靴は私には少し大きすぎる. *Estamos muy* ~s *en el coche*. 車には我々の外にまだまだ乗れる余地がある.
2 (経済的・時間的に)余裕のある, 十分にある. *estar* ~ *de tiempo* 十分に時間がある.

hol·gan·za [ol.ɣán.θa / -.sa] 囡 休息; 余暇, 気晴らし.

hol·gar [ol.ɣár] 17 自 **1** 休む; 怠ける. *Huelgo los jueves*. 私は木曜日は働かない.
2 余計である, 不必要である. *Huelga añadir [decir] que*… …と付け加える[言う]までもない. *¡Huelgan los comentarios!* 講釈は結構!.
— ~·se 再 **1**《まれ》楽しむ, 気晴らしをする.
2《まれ》**(de..., con...)** …を喜ぶ.

hol·ga·zán, za·na [ol.ɣa.θán, -.θá.na / -.sán, -.sá.-] 形《軽蔑》怠惰な, 無精な. — 男囡 怠け者.

hol·ga·za·ne·ar [ol.ɣa.θa.ne.ár / -.sa.-] 自《軽蔑》怠ける, 無精する (= vaguear).

hol·ga·za·ne·rí·a [ol.ɣa.θa.ne.rí.a / -.sa.-] 囡《軽蔑》怠惰, 無精, 無為徒食.

hol·go·rio [ol.ɣó.rjo] 男 → jolgorio.

hol·gu·ra [ol.ɣú.ra] 囡 **1** ゆとり, 余裕; 大きすぎること. *la* ~ *de la chaqueta* 上着の余裕. *ganar con* ~ 楽に勝利する. **2** 経済的余裕, ゆとり. *vivir con* ~ ゆとりのある暮らしをする. **3** (機械類の)遊び. *El volante tiene demasiada* ~. このハンドルは遊びすぎる. **4** 楽しみ, 娯楽.

ho·lis·mo [o.lís.mo] 男《哲》全体論.

ho·lis·ti·co, ca [o.lís.ti.ko, -.ka] 形《哲》全体論的な. *enfoque* ~ 全体論的アプローチ.

ho·lla·du·ra [o.ja.ðú.ra ‖ -.ʎa.-] 囡 **1** 踏む[踏みつける]こと; 踏みつけた跡, 足跡.
2 蹂躙(じゅうりん), 毀損(きそん). ~ *de honor* 名誉毀損.
3《古語》(羊などの)家畜通行税.

ho·llar [o.jár ‖ -.ʎár] 15 他 **1**《文章語》踏む; 踏み入れる. ~ *la alfombra* じゅうたんを踏む. ~ *regiones desconocidas* 見知らぬ土地に足を踏み入れる. **2** 踏みにじる, 辱める. ~ *los derechos de + 人*〈人〉の権利を蹂躙(じゅうりん)する. *La escandalosa conducta de su hija holló su honor*. 娘のスキャンダラスな行状が彼[彼女]の名誉を傷つけた.

ho·lle·jo [o.jé.xo ‖ -.ʎé.-] 男 (ブドウなどの)皮, 薄皮.

ho·llín[1] [o.jín ‖ -.ʎín] 男 すす, 煤煙(ばいえん).

ho·llín[2] [o.jín ‖ -.ʎín] 男 → jollín.

hol·ly·wood·ia·no, na [xo.li.bu.djá.no, -.na // ho.-] 形 →hollywoodiense.

hol·ly·wood·ien·se [xo.li.bu.djén.se // ho.-] 形 ハリウッド(独自)の. el cine ～ ハリウッド映画.

hol·mio [ól.mjo] 男 【化】ホルミウム (記号 Ho).

holo- 「完全な[に]」の意を表す造語要素. 異体 olo- もある. → *holo*causto, *holo*grafía, *hológ*rafo, *ológ*rafo. [←〔ギ〕]

ho·lo·caus·to [o.lo.káus.to] 男 **1** 人類の大虐殺, ホロコースト. ～ nazi ナチスによる大量虐殺.
2(特にユダヤ教の)神に捧げる生け贄(ﾆｴ).
3 献身. darse [ofrecerse] la vida en ～ 身を粉にする, 粉骨砕身する.

ho·lo·ce·no, na [o.lo.θé.no, -.na / -.sé.-] 形 【地質】完新世の, 第4紀後半の. la transgresión *holocena* 完新世海進.
――男 [H-] 完新世: 1万年前以降の地質.

ho·lo·gra·fí·a [o.lo.gra.fí.a] 女 【光】(1) ホログラフィー: レーザー光線の干渉による物体の記録再生技術. (2) ホログラフ.

ho·lo·grá·fi·co, ca [o.lo.grá.fi.ko, -.ka] 形 【光】ホログラフィーの.

ho·ló·gra·fo, fa [o.ló.gra.fo, -.fa] 形 男 → ológrafo.

ho·lo·gra·ma [o.lo.grá.ma] 男 【光】(1)(フォトポリマーなどの)ホログラム用記録材料. (2) ホログラム, (ホログラフィー技術を使った)3D映像.

ho·lo·grá·mi·co, ca [o.lo.grá.mi.ko, -.ka] 形 【光】ホログラムの.

ho·ló·me·tro [o.ló.me.tro] 男 角度測定器, 経緯儀.

ho·lo·tu·ria [o.lo.tú.rja] 女 【動】ナマコ.

ho·lo·tú·ri·do [o.lo.tú.ri.ðo] /
ho·lo·tu·roi·de·o [o.lo.tu.rjoi.ðé.o] 形 男 → holoturoideo.

ho·lo·tu·roi·de·o, a [o.lo.tu.roi.ðé.o, -.a] 形 【動】ナマコ(綱)の. ――男 **1** ナマコ [co-hombro] de mar]. **2**《複数で》ナマコ綱.

hol·ter [ol.tér] 男 【医】携帯型心電計. ♦ Norman Jeff Holter 博士が開発したことに由来.

hom·bra·cho [om.brá.tʃo] 男 屈強な男; 粗野な男 [hombre + 増大辞].

hom·bra·da [om.brá.ða] 女 《話》男らしい振る舞い, 勇敢な行為.

hom·bra·dí·a [om.bra.ðí.a] 女 男らしさ, 雄々しさ.

hom·bre [óm.bre] 男 **1 人間, ヒト; 人類. ～ de Cromañón [Neanderthal] クロマニョン[ネアンデルタール]人. Todos los ～s son iguales ante la ley. 法のもとではすべての人間は平等である. El ～ propone y Dios dispone. 《諺》事を計るは人, 事を成すは神.
2 男, 男性(↔ mujer). artículos para ～s 紳士用品. El ～ es fuego, la mujer estopa, viene el diablo y sopla. 《諺》遠くて近ければ男女の仲(←男は火, 女は麻くず, 悪魔が焚(ﾀ)きつけに来る). El ～ y el oso, cuanto más feos más hermosos. 《諺》男と熊は醜いほどいい(男は容姿ではなく中身だ).
3 成人男性; 男らしい男; 大人. como un ～ 男らしく. Mario ya es un ～. マリオはもう一人前の大人だ.
4《de +名詞》(名詞の表す性質・職業を持った)人, …家. ～ de acción 活動的な人. ～ de negocios ビジネスマン; 実業家. ～ de ciencia 科学者. ～ de la calle 一般人, 普通の人. ～ de Estado 指導的な政治家. ～ de mundo 世慣れた人, 世慣れた人. ～ de paja ダミー, 手先. ～ de palabra 約束を守る人. ～ de dinero 財産家. ～ de pelo en pecho 《話》勇敢な人. ～ de armas 武装した騎兵. ～ de bien [pro, provecho] 誠実な人. ～ del saco《幼児語》(言うことをきかない子供を連れ去るという空想上の)怖い人.
5《話》夫; 愛人, 情夫. **6** トランプ遊びの一種.
――間投《驚き・ためらい・怒り・不快》あら, まあ, まさか, もちろん(▶相手の性別に関わらず用いる). ¡H～! ¡Estás aquí! おや, 君がここにいるなんて. ¿Aquel chico es tu novio? —No, ～, no. あの男の子が君の恋人なの. ―ますか, ちがうわよ.
buen hombre 善人, お人よし.
como un solo hombre いっせいに, そろって.
de hombre a hombre 率直に; 対等に.
hacerse un hombre《話》一人前の男になる; 地位を築く.
hacer un hombre a+人 (1)〈人〉を大人にする. (2)〈人〉を引き立てる, 庇護する.
hombre anuncio サンドイッチマン.
hombre bueno【法】仲裁人, 調停者.
hombre fuerte 実力者.
hombre hecho y derecho 一人前の大人.
hombre lobo 狼男.
hombre objeto《話》見た目だけの男, 快楽の対象としてだけの男.
hombre orquesta いくつかの楽器を一度に演奏する人.
Hombre precavido [prevenido] vale por dos.《諺》備えあれば憂いなし(←備えある人は2人分の値打ちがある).
hombre público 公人, 政府要人.
hombre rana ダイバー.
no ser hombre para... …できる人ではない. *No es ～ para* hacerlo. それができるような人ではない.
¡pero, hombre!《非難・不快・驚き》そんな, 何だって. *¡Pero, ～, no me decepciones!* おいおい, がっかりさせないでくれよ.
pobre hombre 取るに足りない人.
poco hombre 男らしくない人, 意気地なし.
ser hombre al agua 途方に暮れる, どうにもできなくなる.
ser otro hombre すっかり別人のようである.
ser todo un hombre / ser muy hombre《話》とても男らしい, 誠実である.
[←[古スペイン]*omne*←[ラ]*homō*; 関連 homenaje, humano. [ポルトガル] homem. [仏] homme. [伊] *uomo*. [英] *Homo(sapiens)*, *human(ity)*]

hom·bre·ar¹ [om.bre.ár] 自 大人ぶる.

hom·bre·ar² [om.bre.ár] 自 **1** 肩に力を入れる; **(con...** …と) 張り合う. **2** 《ラ米》《話》男勝りである.
――他《ラ米》(1)(荷を)肩にかつぐ. (2)《ｺﾛﾝﾋﾞｱ》《ﾁﾘ》《ｴｸｱﾄﾞﾙ》《ﾍﾞﾈｽﾞｴﾗ》助ける, (救いの)手を差しのべる, 肩入れする.
――～·se **(con...** …と) 張り合う.

hom·bre·ci·llo [om.bre.θí.jo ‖ -.sí.-] 男 **1** 小男. **2**【植】ホップ. [hombre + 縮小辞]

hom·bre·ra [om.bré.ra] 女 **1**(服の)肩パッド. **2**(ドレス・スリップなどの)肩ひも, ストラップ. **3**(軍服の)肩章. **4**【スポ】肩当て, 肩の防具. **5**(甲冑(ｶｯﾁｭｳ)の)肩甲, 肩当て. →次ページに図.

hom·bre·tón [om.bre.tón] 男《話》大男, 屈強な男. [hombre + 増大辞]

hom·brí·a [om.brí.a] 女 男らしさ, 男っぽさ; 勇敢さ. ～ de bien 高潔, 正直, 誠実.

hom·bro [óm.bro] 男 肩；(衣服の)肩. Llevaba una caja grande al ~. 彼[彼女]は肩に大きな箱を担いでいた. La cazadora me queda ancha de ~s. ブルゾンは私には肩の部分が幅広い.
a [*en*] *hombros*《勝者を称えて》肩車で.
arrimar [*poner*] *el hombro*《話》(惜しみなく)力を貸す, 助ける.
cargado de hombros (人が)背中の曲がった, 猫背の.
echarse al hombro... (責任など)を負う.
encoger los hombros / *encogerse de hombros* 肩をすくめる；無関心な態度を示す.
hombro con [*a*] *hombro* 一緒に, 同時に.
hurtar el hombro 責任逃れをする.
mirar a+人 por encima del hombro《話》(人)を見下す, 軽蔑する.
[←〔ラ〕*umerum* (*umerus* の対格)]

hombrera (肩章)
1 cuerpo ボディー.
2 montura 台.
3 flequillos フリンジ.

hom·bru·no, na [om.brú.no, -.na] 形 (時に軽蔑)男のような, 男っぽい. andares ~s 男のような歩き方.

home·land [xóm.lan(d) // hóm.-] [英] 男 (複 ~s)(南アフリカのアパルトヘイトにおける)黒人用居住区.

home·less [xóm.les // hóm.-] [英] 男女《単複同形》ホームレス(=sin techo).

*****ho·me·na·je** [o.me.ná.xe] 男 **1** 敬意, 尊敬；敬意の表明. rendir [tributar, dedicar] ~ a... …に敬意を表する. en ~ a... …に敬意を表して. fiesta de ~ al presidente 会長を囲むパーティー. ~ de cariño y respeto 敬愛のしるし. **2** (敬意を表する)式典, 記念行事. **3**《史》忠誠の誓い, 臣従の礼. rendir ~ al rey 王に忠誠を誓う. **4**(ラ米)(1)(~の)恩恵. (2)歓待, もてなし.
[←〔古プロバンス〕*omenatge*; *ome*「人；臣下」(←〔ラ〕*homō*) より派生. 関連 hombre.〔英〕*homage*]

ho·me·na·je·ar [o.me.na.xe.ár] 他 …に敬意を表する, …を祝う；…の祝賀会を催す.

ho·me·ó·pa·ta [o.me.ó.pa.ta] 形《医》同毒療法医の. ——男 同毒療法医.

ho·me·o·pa·tí·a [o.me.o.pa.tí.a] 女《医》同毒療法, ホメオパシー (↔*alopatía*)：病気の症状を引き起こす薬を少量投与し治療する方法.

ho·me·o·pá·ti·co, ca [o.me.o.pá.ti.ko, -.ka] 形 **1**《医》同毒療法の. **2** わずかな, 少量の.

ho·me·os·ta·sia [o.me.os.tá.sja] 女 → homeostasis.

ho·me·os·ta·sis [o.me.os.tá.sis] / **ho·me·ós·ta·sis** [o.me.ós.ta.sis] 女《単複同形》《生物》ホメオスタシス, 生体恒常性：生体内の状態を一定に保つ仕組み.

ho·me·os·tá·ti·co, ca [o.me.os.tá.ti.ko, -.ka] 形《生物》ホメオスタシスの.

ho·me·o·ter·mia [o.me.o.tér.mja] 女 恒温性：温度を一定に維持できること.

ho·me·o·tér·mi·co, ca [o.me.o.tér.mi.ko, -.ka] 形 → homeotermo.

ho·me·o·ter·mo, ma [o.me.o.tér.mo, -.ma] 形 恒温性の. animal ~ 恒温[定温]動物.

ho·mé·ri·co, ca [o.mé.ri.ko, -.ka] 形 **1** ホメロス(風)の, ホメロスの詩風[語法]の. **2** 途方もない, 壮大な. un viaje ~ とてつもない大旅行.

Ho·me·ro [o.mé.ro] 固名 ホメロス：紀元前8世紀ごろの古代ギリシアの叙事詩人. → Odisea, Ilíada.

ho·mi·ci·da [o.mi.θí.ða / -.sí.-] 形《法》殺人(犯)の. arma ~ 凶器；殺人兵器.
——男女 人殺し, 殺人犯.

*****ho·mi·ci·dio** [o.mi.θí.ðjo / -.sí.-] 男《法》**殺人(罪)**, 人殺し.

ho·mi·lí·a [o.mi.lí.a] 女《宗》《カト》(ミサの中で行われる聖書などに関する)説教, 法話.

ho·mi·nal [o.mi.nál] 形《動》人類の, 人間の.

ho·mi·ni·ca·co [o.mi.ni.ká.ko] 男 恥ずべき人間；取るに足りないやつ.

ho·mí·ni·do [o.mí.ni.ðo] 形《人類》《動》ヒト科の特徴を備えた. ——男《複数で》《人類》《動》原人, ホミニド：ヒト科の動物. 化石人類とホモサピエンスが含まれる. ~s fósiles 化石人類.

ho·mo [ó.mo] 形 男《話》→ homosexual.

homo- 「同種の, 同じ」の意を表す造語要素. → *homofonía*, *homogéneo*. [←〔ギ〕]

ho·mo·cer·co, ca [o.mo.θér.ko, -.ka / -.sér.-] 形 **1**《魚》正尾(状)の, 相称の, 尾びれが上下対称形の. **2** 正尾をもつ.

ho·mo·ci·gó·ti·co, ca [o.mo.θi.ɣó.ti.ko, -.ka / -.si.-] 形 同型接合体の, ホモ接合体の(↔ *heterocigótico*). ——男 同型接合体, ホモ接合体：同じ遺伝子の組み合わせ(優性と優性, 劣性と劣性).

ho·mo·ci·go·to, ta [o.mo.θi.ɣó.to, -.ta / -.si.-] 形 → homocigótico.

ho·mo·cis·ti·nu·ria [o.mo.θis.ti.nú.rja / -.sis.-] 女《医》ホモシスチン尿症.

ho·mo·cla·mí·de·o, a [o.mo.kla.mí.ðe.o, -.a] 形《植》異花被の：萼(がく)と花びらの区別がない.

ho·mo e·rec·tus [ó.mo e.rék.tus]〔ラ〕男《単複同形》《人類》ホモエレクトス：ジャワ原人・北京原人など.

ho·mo·e·ró·ti·co, ca [o.mo.e.ró.ti.ko, -.ka] 形 同性愛[官能]的な.

ho·mo·fo·bia [o.mo.fó.βja] 女 同性愛嫌悪, 同性愛恐怖症.

ho·mo·fó·bi·co, ca [o.mo.fó.βi.ko, -.ka] 形 同性愛嫌悪の.

ho·mó·fo·bo, ba [o.mó.fo.βo, -.βa] 形 同性愛に対して嫌悪感のある. un ataque ~ 同性愛嫌悪の攻撃. ——男女 同性愛(者)嫌いの人.

ho·mo·fo·ní·a [o.mo.fo.ní.a] 女 **1**《文法》同音. **2**《音楽》ホモフォニー：和声の様式.

ho·mó·fo·no, na [o.mó.fo.no, -.na] 形 **1**《文法》同音の；同音異義の. **2**《音楽》ホモフォニーの. ——男《文法》同音異義語. → bello「美しい」と vello「毛」, 間投詞 hola や ola「波」など.

ho·mo·gé·ne·a·men·te [o.mo.xé.ne.a.mén.te] 副 均質に, 均一に.

ho·mo·ge·nei·dad [o.mo.xe.nei.ðáð] 女 均質性, 同質性, 等質性.

ho·mo·ge·nei·za·ción [o.mo.xe.nei.θa.θjón / -.sa.sjón] 女 同質化, 均質化.

ho·mo·ge·nei·zar [o.mo.xe.nei.θár / -.sár] 97 他 均質化する, 均一化する. La cultura globalizada *homogeneiza* los deseos humanos. グローバル化した文化は人間の欲望を均質にする.

ho·mo·gé·ne·o, a [o.mo.xé.ne.o, -.a] 形 均質の, 同質の, 同種の. una mezcla *homogénea* 均

の混合物．[←［中ラ］*homogeneus*←［ギ］*homogenés* (*homós*「同一の」＋ *génos*「種属」＋形容詞語尾)；[関連]［英］*homogeneous*]

ho·mo·gra·fí·a [o.mo.ɡra.fí.a] 囡《文法》同綴(ᡤっ)異義．

ho·mó·gra·fo, fa [o.mó.ɡra.fo, -.fa] 形《文法》同綴異義の．――男（または囡）《文法》同綴異義語．⇨ *duro*「固い」と *duro*「5ペセタ（硬貨）」など．

ho·mo·lo·ga·ble [o.mo.lo.ɡá.ble] 形 **1** 〈**a...**...に／**con...**...と〉肩を並べる．**2** 認可できる．Mi certificado será ～ en toda España. 私の証明書はスペイン全土で通用するだろう．

ho·mo·lo·ga·ción [o.mo.lo.ɡa.θjón / -.sjón] 囡 **1** 認可．**2**《スポ》（記録の）公認．**3** 同等化．la ～ de sueldos 給与の同等化．

ho·mo·lo·gar [o.mo.lo.ɡár] 1043 他 **1** 同等にする；（規格に）〈製品を〉対応させる．～ los salarios 給与を均等にする．**2**《スポ》〈記録を〉公認する．**3**（外国で取得した）〈単位を〉認定する．**4**〈製品や営業を〉認可する．～ una nueva empresa 新会社を認可する．

ho·mo·lo·gí·a [o.mo.lo.xí.a] 囡 相同(関係)；同族(関係)．

ho·mó·lo·go, ga [o.mó.lo.ɡo, -.ɡa] 形 **1** 相同の，相応する．**2**《数》相同の；《化》同族の；《生物》異種同形の．**3**《論》同義の．――男 同義人；同名のもの．

ho·mo·ni·mia [o.mo.ní.mja] 囡 **1**《文法》同音[同綴](ᡤっ)異義．**2** 同名．

ho·mó·ni·mo, ma [o.mó.ni.mo, -.ma] 形 **1** 同音[同綴](ᡤっ)異義の．**2** 同名の．――男（または囡） **1**《文法》同音[同綴]異義語．⇨ *honda*「ほんどの女性形」と *onda*「波」，また「*venir* の2人称単数命令形（来い）」と *ven*「*ver* の直説法現在3人称複数形（彼らは見る）」など．**2** 同名異人；同名のもの．

ho·móp·te·ro, ra [o.móp.te.ro, -.ra] 形《昆》同翅(ᡤっ)目の．――男 同翅目の昆虫；〈複数形〉同翅類．

ho·mo sa·piens [ó.mo sá.pjens]［ラ］男〈単複同形〉《人類》ホモサピエンス，ヒト．

***ho·mo·se·xual** [o.mo.se*k*.swál] 形 **同性愛(者)の**．――男囡 **同性愛者**（↔*heterosexual*）．

ho·mo·se·xua·li·dad [o.mo.se*k*.swa.li.ðáð] 囡 同性愛．

ho·mo·so·cia·bi·li·dad [o.mo.so.θja.bi.li.ðáð / -.sja.-] 囡 同性愛に対する寛容．

ho·mo·zi·gó·ti·co, ca [o.mo.θi.ɡó.ti.ko, -.ka / -.si.-] / **ho·mo·zi·go·to, ta** [o.mo.θi.ɡó.to, -.ta / -.si.-] 形 男 ➡*homocigótico*．

ho·mún·cu·lo [o.mún.ku.lo] 男 **1**〈軽蔑〉つまらないやつ．**2**（SFなどに出てくる人間に似た）怪物．

hon·ce·jo [on.θé.xo / -.sé.-] 男 山鎌(なま)．

hon·da[1] [ón.da] 囡 投石器，ぱちんこ．

hon·da[2] [ón.da] 形 ➡*hondo*．

hon·da·ble [on.dá.ble] 形 ➡*fondable*．

hon·da·da [on.dá.ða] 囡 ➡*hondazo*．

hon·da·zo [on.dá.θo / -.so] 男（ぱちんこによる）投石．

hon·de·ar[1] [on.de.ár] 他 **1**…の水深を測る；…の底を探る．**2**…の船荷を降ろす．

honda[1]（投石器）

hon·de·ar[2] [on.de.ár] 自（ぱちんこで）石を放つ．

hon·de·ro [on.dé.ro] 男 投石器[ぱちんこ]で武装した戦士．

hon·di·llos [on.dí.jos ‖ -.ʎos] 男〈複数形〉（ズボンの）股(また)の部分．

***hon·do, da** [ón.do, -.da] 形 **1**（＋名詞／名詞＋）〈*ser*＋／*estar*＋〉**深い**．*pozo* ～ 深い井戸．*plato* ～ 深皿．*un valle* ～ 谷底．Esta piscina *es honda*. このプールは深い．Las tuberías *están hondas* en la tierra. 配管は土中深くにある．**2**（多くは＋名詞）痛切な，心の底から(ん)；深刻な．～ *pesar* 深い悲しみ．en lo más ～ de su corazón 心の奥底で．*una honda crisis* 深刻な危機．**3**《ラ米》〈(えに)水かさが増した．――男 深さ；深い所．[←［古スペイン］*fondo* 形「深い」←［古スペイン］〈方言〉*perfondo*←［ラ］*profundus*「深い」]

hon·dón [on.dón] 男 **1** 底，底部．**2** 谷底，くぼ地．**3** 針の穴．**4**（あぶみの）足を載せる部分．

hon·do·na·da [on.do.ná.ða] 囡 くぼ地，低地．

***hon·du·ra** [on.dú.ra] 囡（物理的・心理的）**深さ，深み，奥行**．El río tiene ～ suficiente para la navegación de buques. その川は大型船の航行にも十分な深さがある．Su obra teatral tiene ～. 彼[彼女]の戯曲は奥が深い．

meterse en honduras《話》難問に首を突っ込む．

Hon·du·ras [on.dú.ras] 固名 **ホンジュラス**：中央アメリカ中部の共和国／面積：11.2 万 km²／人口：約 678 万／首都：Tegucigalpa／言語：スペイン語（公用語）／通貨：lempira（1 L＝100 centavos）／住民：メスティーソ（90％），先住民，黒人／宗教：カトリック；守護聖人―Suyapa の聖母．

♦紀元3–9世紀，古典期マヤ文明が栄えた（Copán が特に有名）．1497年 V. Yáñez Pinzón と J. Díaz de Solís の一行がカリブ海沿岸に到着．1520年代からスペイン人の征服と統治が始まる．1821年独立し，メキシコ帝国，中米連邦にそれぞれ属したのち，1838年11月共和国となる．

[*hondura* より造語；16世紀スペイン人航海者が北岸の海が錨(いか)を下ろすには深過ぎたので「深み」と名付けたと言われる]

hon·du·re·ñis·mo [on.du.re.ɲís.mo] 男 **1** ホンジュラス特有のスペイン語法（表現，語義，単語）．**2** ホンジュラス人気質；ホンジュラス的特質（讃美）．

***hon·du·re·ño, ña** [on.du.ré.ɲo, -.ɲa] 形 **ホンジュラスの**，ホンジュラス人の．――囡 **ホンジュラス人**．――男 ホンジュラスのスペイン語．

ho·nes·ta·men·te [o.nés.ta.mén.te] 副 **1** 誠実に，道徳を尊重して．*vivir* ～ 曲がったことをせずに生きる．**2** 正直に，真摯(ちん)に．Voy a decírselo ～. 私は正直に彼[彼女](ら)にそれを言おう．**3** 心底，H～ creo que es verdad. 心底，それが本当だと思っているよ．

ho·nes·ti·dad [o.nes.ti.ðáð] 囡 **1** 正直，誠実，実直．**2** 礼儀正しさ，上品さ；つつましさ，節操．**3**（女性の）貞操．

***ho·nes·to, ta** [o.nés.to, -.ta] 形 **1 正直な，誠実な**，（職務に）忠実な．*un hombre* ～ 実直な人．*un empleado* ～ まじめな従業員．**2** 礼儀正しい，上品な；慎みのある．*una honesta mujer* 貞節な女性．**3** 公正な，妥当な．*una honesta recompensa* 相応の報酬．*un negocio* ～ 公正な取引．[←［ラ］*honestum*（*honestus* の対格）（*honōs*「名

hong・ko・nés, ne・sa [xoŋ.ko.nés, -.ne.sa // hoŋ.-] 形 香港の. ― 男女 香港の住民[出身者].

:hon・go [óŋ.ɡo] 男 1《菌類》キノコ; 《複数で》菌類. ～ comestible [venenoso] 食用[毒]キノコ. ～ alucinógeno 幻覚キノコ. 2 キノコ状のもの; キノコ雲. el enorme ～ de la bomba atómica 原爆の巨大なキノコ雲. 3 山高帽 (= sombrero ～, bombín). 4《医》菌状腫(ニテル).
crecer como hongos 急速に成長する.

:*ho・nor** [o.nór] 男 1 名誉, 栄誉, 光栄. hombre de ～ 名誉を重んじる人. jurar por su ～ 名誉にかけて誓う. limpiar el ～ 名誉を挽回(バラカイ)する. Tengo el ～ de enviarle el catálogo. カタログを送らせていただきます. 2 名声; 体面, 面目. una mancha en el ～ 名声の汚点. Es una cuestión de ～ para nuestra escuela. これはわが校の体面に関わる問題だ. 3《主に複数で》名誉ある地位, 名誉職. aspirar a los más altos ～*es* より高い地位を切望する. 4《女性の》貞節, 純潔. preservar el ～ 純潔を守る. 5《主に複数で》敬意; 儀礼, 式典. rendir ～*es* a... ...を礼式でむかえる.
en honor de[a]... ...に敬意を表して, ...を祝して.
hacer honor a...《話》〈評判・名声などを〉裏切らない, ...にふさわしい人物である. *Hizo* ～ *a* su nombre. 彼[彼女]はその名前にふさわしい行いをした.
hacer los honores (パーティーなどで) 接待役を務める;(招待客が)〈料理・飲み物を〉ほめる, おいしくいただく.
[←ラ] *honorem* (*honor* の対格) [関連] honesto, honra, [英] *hono(u)r*]

ho・no・ra・bi・li・dad [o.no.ra.bi.li.ðáð] 女 尊敬に値すること; 信望, 名声.

***ho・no・ra・ble** [o.no.rá.ble] 形 1 尊敬すべき; 高潔な. hombre ～ 立派な男. un aspecto ～ del anciano 老人の高貴な風貌(ボウ). 2《敬称》閣下.

ho・no・ra・ble・men・te [o.no.rá.ble.mén.te] 副 見事に, 立派に.

ho・no・rar [o.no.rár] 他 栄誉[名誉]を与える; 賛美する.

ho・no・ra・rio, ria [o.no.rá.rjo, -.rja] 形 名誉(職)の. miembro ～ 名誉会員. ― 男《複数で》(医師・弁護士などへの) 謝礼(金), 報酬.

ho・no・rí・fi・co, ca [o.no.rí.fi.ko, -.ka] 形 名誉職の; 尊敬を表す. un cargo ～ 名誉職. título ～ 肩書き. ～ término ～ 敬語.
mención honorífica 選外佳作.

ho・no・ris cau・sa [o.no.rís káu.sa] [ラ] 名誉のために(= a causa del honor). doctor ～ 名誉博士.

:hon・ra [ón.ra] 女 1 名誉; 面目. Luchó en defensa de su ～. 彼[彼女]は名誉を守るために戦った. *El médico de su* ～『おのが名誉の医師』(Calderón de la Barca の戯曲).
2 名声, 評判. adquirir [ganar] ～ 名声を博する.
3《まれ》貞節, 純潔. manchar la ～ 貞操を汚す.
4《複数で》告別式, 法要 (= ～ fúnebres).
a mucha honra 誇りをもって. Somos de este pueblo, y *a mucha* ～. 私たちはこの村に生まれたことを誇らしく思う.
tener... a mucha honra《話》...を光栄に思う.

hon・ra・da・men・te [on.rá.ða.mén.te] 副 正直に, 誠実に; 公正に.

hon・ra・dez [on.ra.ðéθ, -.dés] 女 正直, 誠実, 高潔.

***hon・ra・do, da** [on.rá.ðo, -.ða] 形 1 正直な, 誠実な, 高潔な. Es un gobernante ～ y capaz. 彼は誠実で有能な為政者である.
2 公正な. un negocio ～ 公明正大な取引.
3 名誉な. 光栄な. 4 貞節な.

:hon・rar [on.rár] 他 1《con... / de... ...の》名誉を与える. ～ con su amistad [presencia] 親交[臨席]の栄を与える. Nos *honra* su visita. お訪ねいただいて光栄の至りです. 2 敬意を払う, 尊敬する. ～ a Dios honrar a los mayores 年長者を尊ぶ. 3《商》〈手形などを〉引き受ける.
― ～*se* 再 《con... / de... / en... ...を》光栄に思う, 誇りに思う. *Se honra* de ser un miembro del club. 彼[彼女]はそのクラブの会員であることを誇りに思っている.
[←ラ] *honōrāre* (*honōs, -ōris* 'honor' より派生)]

hon・ri・lla [on.rí.ʝa] 女《話》自尊心; 面目. por la negra ～ 面目上, 意地で. [honra+縮小辞]

hon・ro・sa・men・te [on.ró.sa.mén.te] 副 立派に, 高潔に; 気高く.

hon・ro・so, sa [on.ró.so, -.sa] 形 名誉ある; 尊敬すべき, 立派な, 高潔な. una actividad *honrosa* 立派な行動. un triunfo ～ 栄えある勝利.

hon・ta・nar [on.ta.nár] 男 泉, 水源, 源泉.

hoo・li・gan [xú.li.gan // hú.-] [英] 男女《複=s, ～》(サッカーなどの) フーリガン: 過熱のあまり暴力的になるフーン.

hoo・li・ga・nis・mo [xu.li.ɡa.nís.mo // hu.-] 男 (サッカーなどの) フーリガン行為.

ho・pa [ó.pa]《服飾》 1 チュニックのような丈の長い上衣. 2 (死刑囚の着る) 処刑服.

¡ho・pa! [ó.pa] 間投《ラ米》《話》(1) 《オドロキ》《ヨビカケ》《ケイコク》やあ, さあ = ¡hola!). (2)《ラ》よせよ, やめてくれ.

ho・pa・lan・da [o.pa.lán.da] 女《服飾》《主に複数で》(特に昔の大学生が着た) 丈が長くすそ広のガウン.

ho・pe・ar [o.pe.ár] 自 1 〈キツネなどが〉追われるときにしっぽを振る.
2 ぶらつく, 歩き回る.
3《ラ米》《ビテン》《話》大声で呼ぶ.

ho・pli・ta [o.plí.ta] 男 (古代ギリシャの) 重装歩兵, 装甲歩兵.

ho・plo・te・ca [o.plo.té.ka] 女 武器博物館.

ho・po [ó.po] 男 1 (キツネなどの) ふさふさした尾. ► この語義の場合 [xó.po] とも発音される. 2 前髪. 3《¡H ～!》《間投詞的に》うせろ, 出てけ.
sudar el hopo《話》骨を折る, 苦労する.

hopalanda (すそ広のガウン)

:*ho・ra** [ó.ra] 女 1 時間; 1 時間(略 h). una ～ y media 1 時間半. media ～ 半時間, 30 分. hace tres ～*s* 3 時間前に. dentro de dos ～*s* 2 時間後に. ～*s* y ～*s* 何時間も. 50 kilómetros por ～ 時速 50 キロメートル. Una ～ tiene sesenta minutos. 1 時間は 60 分で. Generalmente duermo ocho ～*s*. 普通私は 8 時間眠る.
2 時刻. ¿A qué ～ empieza la fiesta? パーティーは何時に始まりますか. ¿Qué ～ es? / ¿Tiene usted ～? / ¿Qué ～ tiene? /《ラ米》¿Qué ～*s* son? 今何時ですか. a la ～ 時間どおりに.
3《特定の》時;《de+不定詞 / de que+接続法》...する時間. la ～ *de comer* 食事の時間. Es la ～. もう時間です. Es la ～ *de que nos marchemos*. 私たちはもう出発する時間です. ～ punta /《ラ米》

(ロシ)(ジャ)〜 pico ラッシュアワー. 〜 de verano サマータイム. 〜 de Greenwich グリニッジ標準時. 〜 local 現地時間. 〜 oficial 標準時. 〜 astronómica 天文時. 〜 H (攻撃などの)行動開始時刻. 〜*s* de oficina 営業[執務]時間. 〜*s* extras [extraordinarias]残業[時間], 超過勤務. 〜*s* muertas 無駄な時. 〜*s* bajas 落051している時. 〜 suprema 《詩》最期, 臨終. 〜 feliz (バル bar で飲食物が無料になるなどの) サービスタイム, ハッピーアワー.

4 予約[約束]の時間. 〜 Tengo 〜 con el dentista a las seis. 私は6時に歯医者の予約をしてある.
5 死期, 最期. Le llegó su 〜. 彼[彼女]に最期の時が訪れた.
6 《複数で》【カト】(1) 定時課: 毎日定時に祈られる聖務日課 (= 〜*s* canónicas). (2) 時禱(トウ)書 (= libro de 〜*s*). **7** 1レグア (→ legua). **8** [H-] 《複数で》【ギ神】ホーラ (たち): 季節と秩序の女神.
— 副 今, 現在 (= ahora).

a altas horas 深夜に. La explosión sucedió *a altas* 〜*s* *de la noche*. その爆発は深夜に起こった.
¡A buena hora! / ¡A buenas horas (mangas verdes)! 《話》いまさら手遅れだ, 後の祭りだ!
a estas horas (1) 今ごろ; こんな時間に. (2) 今になってもまだ.
a la hora de ahora ちょうど今ごろ, いま現在.
a todas horas 絶えず, 四六時中.
dar hora 約束の時間を指定する. El médico me *dio* 〜 para las tres. 医者は3時の予約をくれた.
dar la hora 〈時計が〉時を告げる; 終了の時刻を知らせる.
de hora en hora 間断なく; 刻々と; 1時間ごとに.
de última hora 最後の; 最新の.
en buen(a) hora / en hora buena 運よく, 幸いにも, 折りよく.
en mal(a) hora / en hora mala 不運にも, 不幸にして, 折り悪く.
en su hora そのときになったら, 然るべき時に.
entre horas 食間に; 定刻外に. comer *entre* 〜*s* 間食する.
Ésta es la hora en que... 今の時点ではまだ…だ.
Ésta es la 〜 *en que no sé si voy a ir de viaje o no.* 旅行に行くかまだわからない.
hacer horas (extras) 残業をする.
hacerse hora de... …する時間になる.
ir con la hora pegada al culo 《話》大急ぎで行く.
la hora de la verdad 《話》いざというとき, 肝心なとき.
llegar(se) la hora de... …する時間になる.
no ver la hora de... …を待ちこがれる.
pedir hora 予約をする. *pedir* 〜 *al dentista* 歯医者の予約をする.
poner en hora 〈時計〉の時間を合わせる.
por hora 時間給で, 時間決めで. trabajar *por* 〜*s* 時間給で働く.
sonar la hora de... 《話》…するときが来る.
tener las horas contadas 死期が近づいている.
tener muchas horas de vuelo 《話》経験豊かである.

[←［ラ］*hōram* (*hōra* の対格) ←［ギ］*hôra*「季節; 時間」; 関連 ahora, horario, horóscopo. ［ポルトガル］hora. ［仏］heure. ［伊］ora. ［英］hour]

ho·ra·cia·no, na [o.ra.θjá.no, -.na / -.sjá.-] 形 ホラティウス Horacio の.

Ho·ra·cio [o.rá.θjo / -.sjo] 固名 ホラティウス Quinto 〜 Flaco (前65–前8): 古代ローマの桂冠(ケッ)詩人.

ho·ra·da·dor, do·ra [o.ra.ða.ðór, -.dó.ra] 形 穴をあける, 穿孔(センコウ)の. — 男 **1** きり, ドリル, 穿孔機. **2** 穴をあける人, ドリルを使う人.

ho·ra·dar [o.ra.ðár] 他 …に穴をあける, くりぬく. 〜 *la montaña para hacer el túnel* トンネルを造るために山に穴をあける.

*ho·ra·rio, ria
[o.rá.rjo, -.rja] 形 時(間)の, 時刻の. huso 〜 (同一標準時を用いる)標準時間帯. la diferencia *horaria* 時差.
— 男 **1** (勤務・勉強の)時間(割), 時刻表. 〜 de verano 夏時間. **2** 時計, 短針 (→ minutero). **3** 勤務〔営業〕時間. 《ラ米》時間. *a* 〜 時刻どおりに.

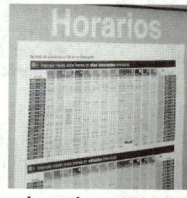

hor·ca [ór.ka] 女 **1** 絞首台. **2** (農作業用の)フォーク, くま手. **3** (樹木を支える二叉の)支柱 (= horquilla). **4** (ニンニク・タマネギなどの)数珠つなぎ. **5** 《ラ米》(プェ)(ジ)(ボ)(誕生日の)贈り物.
señor de horca y cuchillo (裁判権を持つ)封建領主; 横暴な人, 専横な人.

hor·ca·ja·das [or.ka.xá.ðas] / **hor·ca·ja·di·llas** [or.ka.xa.ðí.jas ‖ -.ʎas] *a horcajadas / a horcajadillas* またがって, 馬乗りになって.

hor·ca·ja·du·ra [or.ka.xa.ðú.ra] 女 (人間の)股(マタ), 股間(コカン).

hor·ca·jo [or.ká.xo] 男 **1** 【地理】(川の)合流点; (山脈が出合う)接点. **2** (ラバ用の)くびき.

hor·car [or.kár] 102 他《ラ米》〈人の〉首を絞める, 絞殺する.

hor·cha·ta [or.tʃá.ta] 女 オルチャタ (= 〜 de chufas): カヤツリの地下茎・アーモンドなどのペーストに水と砂糖を加えた豆乳のような飲み物.
sangre de horchata (何事があっても動揺しない)落ち着いた性格.

hor·cha·te·rí·a [or.tʃa.te.rí.a] 女 オルチャタ屋. ♦多くはオルチャタ horchata 以外の清涼飲料水も販売.

hor·cha·te·ro, ra [or.tʃa.té.ro, -.ra] 男 女 オルチャタ horchata を売る[作る]人.

hor·co[1] [ór.ko] 男 → orco.

hor·co[2] [ór.ko] 男 (ニンニク・タマネギなどの)数珠つなぎ.

hor·cón [or.kón] 男 **1** (農作業用の)フォーク, くま手. **2** 《ラ米》(プェ)(ジ)(ボ)(梁・軒などを支える)柱. [horca + 増大辞]

hor·da [ór.ða] 女 **1** 移動民, 遊牧民. **2** (武装した盗賊・暴徒などの)群れ; 非正規軍, 武装集団.

ho·re·ro [o.ré.ro] 男《ラ米》《俗》(時計の)時針.

ho·ri·ta [o.rí.ta] 女《ラ米》→ ahorita.

*ho·ri·zon·tal [o.ri.θon.tál / -.son.-] 形 《ser + / estar +》水平な, 横の, 地平線の (↔ vertical). línea 〜 水平線. plano 〜 水平面.
— 女 (絵・図・文書・印刷物の)横向きの線[面]; 【数学】水平線.
coger la horizontal《話》横になる.
propiedad horizontal 分譲マンション; 【法】共同

保有.

ho·ri·zon·ta·li·dad [o.ri.θon.ta.li.ðáđ / -.son.-] 囡 水平, 水平状態.

ho·ri·zon·tal·men·te [o.ri.θon.tál.mén.te / -.son.-] 副 水平に, 横に.

ho·ri·zon·te [o.ri.θón.te / -.són.-] 男 **1** 水平線；地平線. El sol se pone en el ~. 太陽が水平[地平]線に沈む. **2** (思考の)範囲, 領域, 視野. amplitud de ~(s) 視野の広さ. ~ estrecho(s)[limitado(s)] 狭い視野. **3** (主に複数で)見通し, 見込み. abrir nuevos ~s 新たな可能性[新境地]を切り開く.
[←[ラ] *horīzontem* (*horīzōn* の対格) ←[ギ] *horízōn*, *-ontos* (*horízein*「境を決める」より派生)；関連[英] *horizon*]

hor·ma [ór.ma] 囡 **1** (靴・帽子などの)靴型, 木型. **2** (靴の形をくずさないための)シューツリー. **3** (しっくいを使わない)空積みの石壁.
encontrar [*hallar*] *la horma de* su *zapato* うってつけのものを見つける；手ごわい相手に出会う.

hor·ma·do·ras [or.ma.ðó.ras] 囡〖複数形〗《ラ米》ペチコート, アンダースカート.

*****hor·mi·ga** [or.mí.ɡa] 囡 **1**〖昆〗アリ. ~ blanca シロアリ. ~ león ウスバカゲロウ. **2**〖医〗蟻走(ぎそう)感, 蟻痒(ぎよう).
ser una hormiga《話》(せっせと働いてich ためる)しっかり者だ.
[←[ラ] *formīcam* (*formīca* の対格)；関連 fórmico, formol. [英] *formic*, *formalin*]

hormiga león (ウスバカゲロウ)

*****hor·mi·gón** [or.mi.ɡón] 男 **1** コンクリート. ~ armado 鉄筋コンクリート. ~ pretensado [precomprimido] プレストレスト・コンクリート. *cubrir... con* ~ …をコンクリートで固める. **2**〖獣医〗(家畜として飼われている)牛の病気. **3**〖植〗根や茎にたかる虫害.

hor·mi·go·ne·ra [or.mi.ɡo.né.ra] 囡 コンクリートミキサー(車).

hor·mi·gue·ar [or.mi.ɡe.ár] 自 **1** 〈体の部分が〉かゆい, むずむずする. Me *hormiguea* la espalda. 背中がむずむずする. **2** 〈人・動物が〉群がる, ひしめく；うようよする. La gente *hormigueaba* en el mercado. 市場は人でごった返していた.

hor·mi·gue·o [or.mi.ɡé.o] 男 **1** 蟻走(ぎそう)感, むずがゆさ；不快, 不安. **2** ひしめき, 雑踏.

hor·mi·gue·ro, ra [or.mi.ɡé.ro, -.ra] 形 アリの.
— 男 **1** アリの巣, アリ塚；アリの群れ. **2**《話》(人が)ごった返しているところ, 人込み. La salida del estadio era un ~. スタジアムの出口は人波でごった返していた. **3** (燃やして肥料にする)雑草の山.
oso hormiguero〖動〗アリクイ.

hor·mi·gui·lla [or.mi.ɡí.ʝa ‖ -.ʎa] 囡 **1** しっかり者, 勤勉な人 (= hormiguita). **2** むずむず, むずがゆさ. **3** 不安, 不快. [hormiga + 縮小辞]

hor·mi·gui·llo [or.mi.ɡí.ʝo ‖ -.ʎo] 男 **1** むずがゆさ, 不快感. Parece que tiene ~. 彼[彼女]は落ちつかない様子である. **2** (物を手渡しで運ぶために並んだ)人の列. **3**〖獣医〗馬蹄(ばてい)炎.

hor·mi·gui·ta [or.mi.ɡí.ta] 囡《話》《親愛》しっかり者, 勤勉な人. ¡Desde luego eres una ~! 君って本当に働き者だなあ. [hormiga + 縮小辞]

hor·mi·lla [or.mí.ʝa ‖ -.ʎa] 囡 包(くる)みボタンの芯(しん).

hor·món [or.món] 男 (時に囡) → hormona.

*****hor·mo·na** [or.mó.na] 囡〖生化〗ホルモン.

hor·mo·nal [or.mo.nál] 形〖生化〗ホルモンの. tratamiento ~ ホルモン療法.

hor·mo·nar [or.mo.nár] 他 ホルモンを投与する.
— ~se 自分自身にホルモン注射をする.

hor·mo·no·te·ra·pia [or.mo.no.te.rá.pja] 囡〖医〗ホルモン療法. ~ inhibitoria ホルモン抑制療法.

hor·na·blen·da [or.na.blén.da] 囡〖鉱〗普通角閃石(ぎよう), ホルンブレンド.

hor·na·cho [or.ná.tʃo] 男〖鉱〗採掘場の穴.

hor·na·ci·na [or.na.θí.na / -.sí.-] 囡〖建〗(聖像を置く建物の)壁のくぼみ, 壁龕(へきがん), ニッチ. → nicho.

hor·na·da [or.ná.ða] 囡 **1** (パン・れんが・石炭などの)一度に焼ける分量. una ~ de pan 一窯分のパン. **2**《話》同期の仲間；同時に出来上がったもの.

hor·na·lla [or.ná.ʝa ‖ -.ʎa] 囡《ラ米》《俗》こんろ, 火口；炉, 火室.

hor·na·za [or.ná.θa / -.sa] 囡 **1** (金銀細工用の)るつぼ. **2**〖陶磁器〗の淡黄色の上薬.

hor·na·zo [or.ná.θo / -.so] 男 **1** オルナソ：(復活祭などに食べる)卵を飾った菓子. **2** 復活祭の日に説教師に贈る贈り物.

hor·ne·ar [or.ne.ár] 他 オーブンで焼く.

hor·ne·rí·a [or.ne.rí.a] 囡 パン焼き職人の職[仕事].

hor·ne·ro, ra [or.né.ro, -.ra] 男 囡 **1** パン焼き職人. **2**《ラ米》《中》《俗》れんが[瓦]職人.
— 囡 なまこの床面.
— 男《ラ米》《中》《俗》《鳥》カマドドリ属の鳥.

hor·ni·ja [or.ní.xa] 囡 小さな薪.

hor·ni·lla [or.ní.ʝa ‖ -.ʎa] 囡 → hornillo.

hor·ni·llo [or.ní.ʝo ‖ -.ʎo] 男 **1** (料理用)こんろ；(ガスレンジの)バーナー, 火口. ~ portátil de gas 携帯用ガスこんろ. ~ eléctrico 電気こんろ. cocina con cuatro ~s 4つ口のレンジ. **2**〖鉱〗(爆薬を敷設する)穴. **3**〖軍〗地雷.
hornillo de atanor (錬金術師の)るつぼ.
[horno + 縮小辞]

*****hor·no** [ór.no] 男 **1** (料理用)オーブン, かまど. ~ de gas ガスオーブン. ~ eléctrico 電気オーブン. ~ microondas 電子レンジ. pollo al ~ 鶏のオーブン焼き. fuente de ~ 耐熱皿.
2 窯, 炉. ~ alto(s) ~ (s) 高炉, 溶鉱炉. ~ de reverbero 反射炉. ~ crematorio 火葬炉.
3 製パン店, パン屋. **4**《話》ひどく暑い場所. Este coche es un ~. この車はまるで蒸し風呂だ. **5** [H-]〖星座〗ろ(炉)座.
no estar el horno para bollos《話》今は時期が適切でない.
[←[ラ] *furnum* (*furnus* の対格)；関連[英] *furnace*「炉」]

Hor·nos [ór.nos] 固名 Cabo de ~ ホーン岬：チリ領, 南米最南端の岬.
[[オランダ] *Hoorn* (初期の発見者のひとりオランダ人 W. Cornelis Schouten の生まれ故郷の地名)を後にスペイン人が Hornos に変えた]

ho·rós·co·po [o.rós.ko.po] 男 **1** 星占い, 占星術. hacer un ~ 星占いをする. **2** 黄道十二宮の各記号, (星占いの)星座. Mi ~ es Piscis. 私の星座はうお座です. **3** (雑誌などの)星占い欄. **4** 占星術師, 星占い師. **5** 一生の運勢. Su ~ era muy favorable. 彼[彼女]は非常にいい星の下に生まれたのだった.

hortofruticultura

[←〔ラ〕*hōroscopum* (*hōroscopus* の対格) 形←〔ギ〕*hōroskópos* (*hōra*「時間」+ *skopós*「観察者」)]

hor·ca [or.ke.ta] 女 **1** (農作業用の) フォーク；(樹木を支える) 叉木(ホホ).
2 (幹・枝の) 股(ホ). **3** 《ラ米》(1) (タテサメロ)(ラテサメロ)(川の) 湾曲部；州. (2) (タテサメロ)(ミロセサ)(ラテサメロ)(二股(ホチ)道の) 分岐点. (3) (ホ)(ア)(ィラァ)刺股(サシ). **4** (ホ)(オ)(ィラァ)(コロセナ)(テァ)《話》ぱちんこ.

hor·que·te·ar [or.ke.te.ár] 他 《ラ米》(タテサメロ)(ラテサメロ)(ミロセサ)… に聞き耳を立てる. ━自 《ラ米》(タテサメロ)(ラテサメロ)(ミロセサ)(枝が)伸びる, 茂る. ━~·se 《ラ米》(タテサメロ)(ラテサメロ)(ミロセサ)《話》《まれ》またがり, 馬乗りになる.

hor·qui·lla [or.kí.ʝa ‖ -.ʎa] 女 **1** (農作業用などの) フォーク, 又木(マタキ). **2** ヘアピン, ヘアクリップ. **3** (樹木を支える) 又木(マタキ) (= horca). **4** (自転車・オートバイの) フォーク. **5** (事物の量・大きさにおける) 最大値と最小値の幅. ~ de salarios 給与幅. una ~ entre el 20 y el 30 % 20-30パーセントの幅. **6** 船の櫂(カイ)の, オールの支点になる金具. **7**《医》枝毛症. **8**《解剖》鎖骨. **9**《ラ米》(マ)洗濯ばさみ.

hor·qui·llar [or.ki.ʝár ‖ -.ʎár] 他 **1** 〈ブドウの木の枝を〉叉木(マタキ)で支える. **2** 《ラ米》(マ)(農作業で)フォークを使う.

ho·rrar [o.r̄ár] 他 《ラ米》→ahorrar. ━~·se 《ラ米》(タテサメロ)(ビロセ)(マ)(タテサメロ)(ミロセサ)《家畜が》子を産まなくなる.

ho·rren·do, da [o.r̄én.do, -.da] 形 **1** 恐ろしい, ぞっとさせる. **2** 《話》醜い, ひどい. **3** 《話》とても ひどい.

hó·rre·o [ó.r̄e.o] 男 (スペイン Galicia, Asturias 地方の)高床式穀物倉；穀倉.

hórreo (高床式穀物倉)

ho·rri·bi·li·dad [o.r̄i.βi.li.ðáð] 女 恐ろしさ, ものすごさ, 身の毛がよだつこと.

ho·rri·bi·lí·si·mo, ma [o.r̄i.βi.lí.si.mo, -.ma] 形 [horrible の絶対最上級] **1** とても恐ろしい. **2** とてもひどい.

*__ho·rri·ble__ [o.r̄í.βle] 形 [絶対最上級 horribilísimo] **1** (+名詞／名詞+)《ser+》恐ろしい. ~ crimen 恐ろしい犯罪. escena ~ 凄惨な光景. **2** (+名詞／名詞+)《ser+／estar+》《話》ひどい, ものすごい. ~ dolor ひどい痛み. Hace un tiempo ~. ひどい天気だ.

ho·rri·ble·men·te [o.r̄í.βle.mén.te] 副 恐ろしく；(+形容詞・副詞) ひどく (…に), とても (…に).

hó·rri·do, da [ó.r̄i.ðo, -.ða] 形 →horroroso.

ho·rri·fi·co, ca [o.r̄í.fi.ko, -.ka] 形 恐ろしい, ぞっとする；ものすごい (= horroroso).

ho·rri·pi·la·ción [o.r̄i.pi.la.θjón ‖ -.sjón] 女 (寒さ・恐怖で) 身の毛がよだつこと；鳥肌 (が立つこと).

ho·rri·pi·lan·te [o.r̄i.pi.lán.te] 形 **1** 身の毛もよだつ, ぞっとする. **2** 《話》醜い, ひどい.

ho·rri·pi·lar [o.r̄i.pi.lár] 他 ぞっとさせる, 怖がらせる, 鳥肌を立たせる. Es un cuento que *horripila*. 身の毛もよだつ話だ. ━~·se 再 《de… …に》ぞっとする.

ho·rri·so·nan·te [o.r̄i.so.nán.te] 形 →horrísono.

ho·rri·so·no, na [o.r̄í.so.no, -.na] 形《音が》ものすごい, ぞっとさせる.

ho·rro, rra [ó.r̄o, -.r̄a] 形 **1**《de… …を》欠いた, 足りない. ~ de vigor 活気のない. **2**《de…》(…を) 免れた, 《…から》自由な. **3**《女性形で》《雌馬・ロバなどが》不妊の. **4**《古》(奴隷の身分から) 自由になった, 解放された. ━男 《ラ米》貯蓄, 蓄え.

*__ho·rror__ [o.r̄ór] 男 **1** 恐怖, 恐れ, 戦慄(セΝリン). temblar de ~ 恐怖で震え上がる. El ~ me paralizó. 私は怖くて体がすくんでしまった. →miedo [類語].
2《話》嫌悪, 不快感；(ぞっとするほど) 嫌なもの. Tengo ~ a los mentirosos. 私はうそつきが大嫌いだ. Me da ~ pensar en el examen. 試験のことを考えるとぞっとする.
3 凄惨(ネ⽣)な；《主に複数で》残忍な行為, 惨事. el ~ de un crimen 犯行の手口のむごさ. los ~*es* de la guerra 戦争の惨禍. **4**《話》たくさん, 大量. un ~ de gente ものすごい数の人. un ~ de calor ひどい暑さ. ▶複数で副詞的にも用いられる. ━divertirse ~*es* ものすごく楽しい思いをする. **5**《話》《複数で》とんでもない [大げさな] こと, ひどいこと. decir ~*es* de… …についてさんざん悪口を言う.
¡Qué horror! 《不快・憤慨》なんてことだ.
[←〔ラ〕*horrorem* (*horror* の対格), 関連 〔スペイン〕〔英〕*horrible*. 〔英〕*horror*]

*__ho·rro·ri·zar__ [o.r̄o.ri.θár / -.sár] 97 他 ぞっとさせる, 怖がらせる, 震え上がらせる. El temblor sísmico *horrorizó* a toda la población. 地震は住民のすべてを恐怖のどん底に陥れた. ━~·se 再《de… …に》ぞっとする. *Se han horrorizado de ver el accidente*. 彼らは事故を見て震え上がった.

*__ho·rro·ro·so, sa__ [o.r̄o.ró.so, -.sa] 形 **1** 恐ろしい, ぞっとさせる. un crimen ~ 恐るべき犯罪.
2《ser+／estar+》《話》ひどい；悲惨な；醜い. Hace un tiempo ~. ひどい天気だ.
3《話》とんでもない, ものすごい. Tengo un hambre *horrorosa*. 僕は腹ぺこだ.

horst [xórs(t) ／ hórs(t)] [独] 男 《複 ~, ~s》《地質》地塁, 地塊：断層の両側がすべり落ちた結果, 塀のように高くなった所.

*__hor·ta·li·za__ [or.ta.lí.θa / -.sa] 女 **1** 野菜 (= verdura). ~*s* tempranas はしりの野菜.
2《ラ米》(マ)菜園.

hor·te·la·no, na [or.te.lá.no, -.na] 形 農園の, 菜園 [果樹園] の. una región *hortelana* 野菜 [果樹] 栽培の盛んな地方. ━男 女 **1** 農園 [果樹園] で働く人. **2** (市場向けの) 野菜 [果物] 農家.

hor·ten·se [or.tén.se] 形 農園 [菜園, 果樹園] の. producción ~ 野菜栽培.

hor·ten·sia [or.tén.sja] 女《植》アジサイ (の花).

hor·te·ra [or.té.ra] 形《話》趣味の悪い, やぼったい. un vestido ~ 趣味の悪い服.
━男 女《話》趣味の悪い人, 俗物.
━女 木の椀(ワ). ━男《軽蔑》店員, 小僧.

hor·te·ra·da [or.te.rá.ða] 女《話》野暮, 悪趣味. Eso me parece una ~. それはかっこ悪いと思うよ.

hor·tí·co·la [or.tí.ko.la] 形 農園 [菜園, 果樹園] の.

hor·ti·cul·tor, to·ra [or.ti.kul.tór, -.tó.ra] 男 女 園芸家.

hor·ti·cul·tu·ra [or.ti.kul.tú.ra] 女 園芸 (学).

hor·to·fru·tí·co·la [or.to.fru.tí.ko.la] 形 農産物の, 野菜や果物の；菜園の.

hor·to·fru·ti·cul·tu·ra [or.to.fru.ti.kul.tú.ra]

hosanna

女 **1** 農作物栽培：野菜や果物の栽培．**2** 農作物栽培の技術．especialidad en ~ y jardinería 農業園芸学専攻．

ho·san·na [o.sán.na] 男《カト》ホザンナ：ヘブライ語で「我らを救い給え」の意の神を賛美する言葉．

hos·co, ca [ós.ko, -.ka] 形 **1**(ser+/estar+)無愛想な，人を寄せつけない．Tenía una expresión *hosca*. 彼[彼女]はむっつりした顔をしていた．
2 〈天候・場所が〉暗い，暗うつな．El cielo cobró un aspecto ~. 暗雲がたれこめてきた．**3** 暗褐色の．

hos·pe·da·dor, do·ra [os.pe.ða.ðór, -.dó.ra] 形 **1**《生物》宿主の．la célula *hospedadora* 宿主細胞．**2** 間借りの．— 男《生物》宿主．

hos·pe·da·je [os.pe.ðá.xe] 男 **1** 宿泊，逗留(とうりゅう)．dar ~ a+人〈客〉を泊める．tomar ~ en un hotel ホテルに泊まる．**2** 宿泊料金．pagar poco ~ 安い家賃で借りる．**3** 宿泊場所；下宿，貸間．Mi ~ está lejos de aquí. 私の下宿はここから遠い．

hos·pe·da·mien·to [os.pe.ða.mjén.to] 男 → hospedaje.

hos·pe·dar [os.pe.ðár] 他 〈客を〉泊める，宿泊させる；部屋を貸す．~ a un invitado お客を泊める．— ~·se 再 泊まる，宿泊する；部屋を借りる．~*se* en casa de un amigo 友達の家に泊まる．
[下宿する]．[← [ラ] *hospitārī*「泊まる」(*hospes*「宿泊客；主人」より派生); 関連 hotel, hostal, hospital. [英] *host*, *hostel*]

hos·pe·de·rí·a [os.pe.ðe.rí.a] 女 **1**《まれ》宿屋，簡易宿泊所；下宿．**2**《カト》〈修道院の〉宿泊所．**3** 宿泊，逗留．

hos·pe·de·ro, ra [os.pe.ðé.ro, -.ra] 男女《まれ》〈宿屋・下宿の〉主人，女主人，女将(おかみ)．

hos·pi·cia·no, na [os.pi.θjá.no, -.na / -.sjá.-] 形《まれ》養護施設に入所している[していた]．— 男女 養護施設の入所者[出身者]．

hos·pi·cian·te [os.pi.θján.te / -.sján.-] 男女《ラ米》(ﾒｷｼｺ)(ｴｸｱ)(ﾁﾘ)(ｱﾙｾﾞﾝ)→ hospiciano.

hos·pi·cio [os.pí.θjo / -.sjo] 男 **1**《カト》《まれ》〈巡礼者・困窮者の〉宿泊所；救護所，救貧院．**2**《まれ》養護施設．**3**《修道院の》宿泊所．

****hos·pi·tal** [os.pi.tál] 男 **1** 病院．estar en el ~ 入院している．ingresar en el ~ 入院する．salir del ~ 退院する．~ universitario 大学病院．~ de (primera) sangre《軍》野戦病院．▶「診療所」は clínica, 「総合病院」は policlínica. **2**《古語》慈善施設；《巡礼者などの》施院．→ 右段に図．
[←《中ラ》*hospitāle*「〈養老院などの〉救済施設」(《ラ》*hospitālis*「もてなしのよい」より派生；この語はさらに *hospes* より派生)] 関連 hotel]

hos·pi·ta·la·rio, ria [os.pi.ta.lá.rjo, -.rja] 形 **1** よそ者[困窮者]を温かく迎え入れる．La gente de este pueblo es muy *hospitalaria*. この村の人々はよそ者にたいへん親切である．
2 居心地のいい，住み心地のいい．
3 病院の；病院に関する．instalaciones *hospitalarias* 病院施設．**4** 看護騎士修道会の；〈修道会などが〉慈善事業を行う．caballero ~ 看護騎士修道会の騎士（◆特にヨハネ騎士修道会の騎士を指す）．

hos·pi·ta·le·ro, ra [os.pi.ta.lé.ro, -.ra] 男女 **1** 病院・救貧院の職員．**2** 温かく迎え入れる人．

hos·pi·ta·li·dad [os.pi.ta.li.ðáð] 女 **1** 厚遇，歓待．dar ~ a+人〈人〉を手厚くもてなす．**2** 入院治療．

hos·pi·ta·li·za·ción [os.pi.ta.li.θa.θjón / -.sa.

hospital（施療院：アルカラ）

sjón] 女 入院(期間)．

***hos·pi·ta·li·zar** [os.pi.ta.li.θár / -.sár] 97 他 入院させる．— ~·se 再 入院する．

hos·que·dad [os.ke.ðáð] 女 **1** 無愛想，不機嫌．**2** うっとうしさ，暗うつ．**3**《皮膚の》暗褐色．

***hos·tal** [os.tál] 男 オスタル：小規模ホテル．→ hotel 類語．

hos·te·le·rí·a [os.te.le.rí.a] 女 **1** ホテル経営(管理)．escuela de ~ ホテル経営学校．**2** 宿泊施設；ホテル業．La ~ española está en pleno desarrollo. スペインのホテル業界は目覚ましい躍進を遂げている．

hos·te·le·ro, ra [os.te.lé.ro, -.ra] 形 ホテル業の(= hotelero)．

hos·te·rí·a [os.te.rí.a] 女 簡易宿泊所，安い宿屋．

hos·tia [ós.tja] 女 **1**《カト》〈ミサ聖祭で用いる薄いパン〉ホスチア，聖餅(せいへい)．**2**《まれ》〈菓子の〉クレープ，ウエハース．**3**《俗》殴打，パンチ；衝突，ぶつかり合い．pegar [dar] una ~ a+人〈人〉をぶん殴る．pegarse [darse] una ~ 衝突する．**4**《俗》〈間投詞的に〉うわぁ；くそ．¡*H*~, tanto tiempo! すごく久しぶりだなあ．¿Para qué ~s compras otro coche? 一体なんのためにもう一台車を買うんだい．
de la hostia《俗》(1) ものすごく大きい[激しい]．Hace un calor *de la* ~. くそ暑い．(2) ものすごくよい．
echando hostias《俗》大急ぎで．
mala hostia《俗》不機嫌；性格の悪さ．
ser la hostia《俗》ものすごい．

hos·tiar [os.tjár] 82 他《俗》〈人を〉殴る．

hos·tia·rio [os.tjá.rjo] 男 〈聖別されていない〉ホスチア hostia を入れておく容器．

hos·ti·ga·dor, do·ra [os.ti.ga.ðór, -.ðó.ra] 形 **1** 悩ませる，苦しませる．**2** せきたてる，駆り立てる．

hos·ti·ga·mien·to [os.ti.ga.mjén.to] 男 **1**〈馬などに〉鞭(むち)などを当てること．**2** 苦しめること，悩ませること．

hos·ti·gar [os.ti.gár] 103 他 **1**〈馬などに〉鞭(むち)を当てる．**2** しつこく責めたてる，苦しめる；笑い者にする．**3**《軍》〈小規模の戦闘で〉〈敵を〉苦しめる，悩ませる．**4**《ラ米》(ﾒｷｼｺ)(ｴｸｱ)(ｺﾛﾝ)(ﾁﾘ)(ﾎﾞﾘﾋﾞｱ)(ｸﾞｱﾃ)〈食べ物が〉いやになるほど，飽き飽きさせる．

hos·ti·go·so, sa [os.ti.go.so, -.sa] 形《ラ米》(1)(ﾁﾘ)とても甘い．(2)(ｸﾞｱﾃ)(ｴｸｱ)(ﾎﾞﾘ)(ｺﾛﾝ)《話》〈食べ物が〉飽きがくる；煩わしい．

***hos·til** [os.tíl] 形 敵対する，敵意のある；友好

的でない. lanzar una mirada ～ 敵意に満ちた目でにらむ. relaciones ～es 敵対関係.
[← [ラ] hostílem (hostílis の対格), [関連] huésped, hueste. [ラ] hostile]

hos·ti·li·dad [os.ti.li.ðáð] 囡 **1** 敵意, 敵対, 対立; 冷淡な態度. **2** 《主に複数で》交戦状態, 戦闘行為. romper [reanudar] las ～es 戦闘を開始[再開]する.

hos·ti·li·zar [os.ti.li.θár / -.sár] 97 他 **1** …に敵意を示す, 敵対行動を取る; 挑発する.
2《軍》(小規模の戦闘で)〈敵を〉苦しめる, 悩ませる.

ho·tel [o.tél] 男 **1** ホテル. ～ de cinco estrellas 5つ星ホテル. alojarse en un ～ ホテルに泊まる. reservar un ～ ホテルを予約する.

[類語] スペインの宿泊施設: **hotel** には1つ星から5つ星がある. 長期滞在者, 家族向けには, 台所のついている **hotel residencia, apart(h)otel** がある. hotel より下のカテゴリーの施設には **hostal, pensión** がある. pensión は casa de huéspedes と共に「下宿」にも相当する. 簡易宿泊施設として **camas (y comidas)** という看板を出している宿もある. **parador nacional** は国営ホテルで古い城や修道院を改造したものが多く, 土地の名物料理, 雰囲気を売り物にしている. 「学生寮」 **residencia estudiantil** にはいろいろな団体が運営する **colegio mayor** がある.

2 庭付きの一戸建て住宅.
[← [仏] hôtel← [古仏] hospitāle 「(養老院などの)救済施設」(→ hospital); [ラ] hospes より派生]

ho·te·le·ro, ra [o.te.lé.ro, -.ra] 形 ホテルの. industria hotelera ホテル(産)業.
━男 囡 ホテルの経営者[支配人].

ho·ten·to·te, ta [o.ten.tó.te, -.ta] 形 (アフリカ南西部の遊牧民族)コイ(コイ)の. ━男 囡 コイ(コイ)人.

house [xáus // háus] [英] (テクノ)ハウス・ミュージック: 音楽ジャンルの一つ. シンセサイザーなどの電子楽器を駆使する. el acid ～ アシッド・ハウス.

Hous·say [u.sái] 固名 ウサイ Bernardo Alberto ～ (1887-1971): アルゼンチンの生理学者. ノーベル医学・生理学賞 (1947).

hov·er·craft [o.ßer.kráf(t)] [英] 男 〔複 ～s, ～〕[商標] ホバークラフト: 水陸両用のエアクッションカー.

hov·er·foil [o.ßer.fóil] [英] 男 → hovercraft.
ho·ve·ro, ra [o.ßé.ro, -.ra] 形 → overo.

hoy [ói] 副 **1 今日**(きょう). ¿Qué día (de la semana) es hoy? ― Es viernes. 今日は何曜日ですか. ―金曜日です. hoy por la mañana [tarde, noche] 今日の午前中[午後, 夜]. desde [a partir de] hoy 今日から. en el día de hoy 本日. menú de hoy 今日の日替わりメニュー.

2 今日(こんにち), 現代, 現在. Hoy el móvil es indispensable para la vida cotidiana. 今日, 携帯電話は日常生活に欠かせない. la España de hoy 今日のスペイン.
━男 今, 現在. vivir el hoy 今日(きょう)を生きる.
de hoy a mañana 今にも, 今日(きょう)明日中に.
de hoy en adelante 今日(きょう)から; 今後は.
de hoy en ocho [quince] días 1[2]週間後の今日(きょう).
hoy (en) día 今日(こんにち), 昨今.
hoy por hoy 今のところ(は); 最近は.
Hoy por ti, mañana por mí. / Hoy por mí,

mañana por ti. 明日が我が身; お互い様 (▶ 慣用表現).
por [para] hoy 今日(きょう)のところは. Esto es todo *por hoy*. 今日(きょう)はこれでおしまいです.
[← [ラ] hodiē (hōc 「この」+ diē 「日」; ともに奪格形)]

ho·ya [ó.ja] 囡 **1** (地面の大きな)穴. ～ de arena (ゴルフの)バンカー. **2** 《地理》盆地, 山あいの平地. **3** 《まれ》墓穴, 墓. **4** 苗床. **5** 《ラ米》(カリ)流域; 川床.

ho·ya·da [o.já.ða] 囡 くぼ地, 峡谷.

ho·ya·dor [o.ja.ðór] 男 《ラ米》(コス)(コロン)(メキ)(種まき・植付けの)穴掘り具.

ho·yan·co [o.ján.ko] 男 《ラ米》(ダリ)(エクア)(メキ)(道路などの)大きいくぼみ, 穴ぼこ.

ho·yar [o.jár] 他 《ラ米》(ダリ)(ぐ夕マ)(ホ)(コロン)種まき[植付け]用の穴を掘る.

ho·yi·to [o.jí.to] 男 《ラ米》(1) (エクア)(ホ)列になった3つの穴から穴へと玉を投げていく遊び (= los tres ～s). (2) えくぼ; あごのくぼみ.

ho·yo [ó.jo] 男 **1** (地面などの円い)穴, くぼみ. **2** 《話》墓. **3** 《スポ》(ゴルフ)ホール, カップ. **4** コインや玉を遠くから穴に入れる遊び.

ho·yue·la [o.jwé.la] 囡 のど元のくぼみ.

ho·yue·lo [o.jwé.lo] 男 えくぼ, ほおやあごにできるくぼみ.

hoz¹ [óθ / ós] 囡 〔複 hoces〕円形鎌(がま).
de hoz y (de) coz 《まれ》とことんまで, 徹底して.

hoz² [óθ / ós] 囡 〔複 hoces〕峡谷, 山峡.

ho·za·da [o.θá.ða / -.sá.-] 囡 (円形鎌(がま)で)刈ること; ひと刈り.

ho·za·de·ro [o.θa.ðé.ro / -.sa.-] 男 (イノシシや豚が)鼻で穴を掘る場所.

hoz¹ (円形鎌)

ho·za·du·ra [o.θa.ðú.ra / -.sa.-] 囡 (イノシシや豚が鼻で引っ掻き回してできた)穴や跡.

ho·zar [o.θár / -.sár] 97 他 〈イノシシなどが〉〈地面を〉鼻で掘る, かぎ回る.

HP 〔英〕 《略》 *horse-power* (仕事率の単位) 馬力 (= caballo de fuerza).

HTML [a.tʃe.te.(e.)me.é.le] 〔英〕 男 《略》【IT】 *h*yper *t*ext *m*arkup *l*anguage: ウェブページを記述するための言語.

hua·ca [(g)wá.ka; (g)wá.-] 囡 《ラ米》(カリ)→ guaca.

hua·cal [(g)wa.kál; (g)wa.-] 男 《ラ米》(1) → guacal. (2) (グアテ)袋.

hua·ca·lón, lo·na [(g)wa.ka.lón, -.ló.na; (g)wa.-] 形 《ラ米》(ニカ)(メキ)《話》 どら声の, しゃがれ声の; 太っちょの.

hua·ca·tay [(g)wa.ka.tái; (g)wa.-] 男 《ラ米》(ペル)【植】マリーゴールドの一種.

hua·cha [(g)wá.tʃa; (g)wa.-] 囡 《ラ米》(1) (ホ)母親のいない女の子. → guacho. (2) (ペル)ワッシャー, 座金.

hua·cha·fe·rí·a [(g)wa.tʃa.fe.rí.a; (g)wa.-] 囡 《ラ米》(ペル)《話》《軽蔑》紳士[淑女]気取り; 金持ち気取り.

hua·cha·fo, fa [(g)wa.tʃá.fo, -.fa; (g)wa.-] 形 《ラ米》(ペル)《話》気取った; 俗悪な.

hua·chi·mán [(g)wa.tʃi.mán; (g)wa.-] 男 《ラ米》警備員 (= guachimán). [← [英] watchman]

hua·chi·nan·go [(g)wa.tʃi.nán.go; (g)wa.-] 男

huachipear

《ラ米》《㊥》【魚】ワチナンゴ, レッドスナッパー：タイに似たフエダイ科の魚. — **a la veracruzana** 《料》ワチナンゴのベラクルス風煮込み：トマト・タマネギ・唐辛子などと煮込む.

hua·chi·pe·ar [(g)wa.tʃi.pe.ár;(g)wa.-] 他《ラ米》《話》盗む, 泥棒する.

hua·cho, cha [(g)wá.tʃo, -.tʃa;(g)wá.-] 形 名《ラ米》《話》(1) → guacho. — 男《ラ米》(1) → guacho. (2) 《㊥》宝くじの分割券.

hua·co, ca [(g)wá.ko, -.ka;(g)wá.-] 形《ラ米》《㊥》《話》歯が抜けた, 歯のない.
— 男 女《ラ米》《㊦》吃音(㊩)者, どもる人.
— 男《ラ米》(1) 《㊉》→ guaco 男 (3). (2) 《㊥》穴, 溝.

hua·hua [(g)wá.wa;(g)wá.-] 男 女《ラ米》《㊦》《話》赤ん坊.

huai·ca [(g)wái.ka;(g)wái.-] 女《ラ米》《㊥》安売り, 廉売.

huai·co [(g)wái.ko;(g)wái.-] 男《ラ米》(1) 《㊦》土砂崩れ. (2) 《㊥》山峡.

huai·no [(g)wái.no;(g)wái.-] / **huai·ño** [(g)wái.ɲo;(g)wái.-] 男《ラ米》ワイノ：南米の民俗舞踏音楽.

huai·ru·ro [(g)wai.rú.ro;(g)wai.-] 男《ラ米》《㊥》(1) 【植】ウアイルロ(の実)：インゲン豆の一種. 赤色の枝は出産誕生の飾り用. (2) 巡査.

hua·mú·chil [(g)wa.mú.tʃil;(g)wa.-] 男《ラ米》【植】(1) キンキジュ(の木). (2) キンキジュの実.

huan·car [(g)waŋ.kár;(g)waŋ.-] 男 → huáncara.

huán·ca·ra [(g)wáŋ.ka.ra;(g)wáŋ.-] 女 (または 男)《㊥》(先住民の)太鼓の一種.

huan·go [(g)wáŋ.go;(g)wáŋ.-] 男《㊥》(先住民女性の)髪たば.

hua·pan·go [(g)wa.páŋ.go;(g)wa.-] 男《㊥》ウアパンゴ：アステカ人の民俗舞踏音楽.

hua·que·ar [(g)wa.ke.ár;(g)wa.-] 他《ラ米》→ guaquear.

hua·que·ro [(g)wa.ké.ro;(g)wa.-] 男《ラ米》《㊥》(1) (遺跡に埋まっている宝の)発掘者, 盗掘者. (2) 土器の売人.

hua·ra·ca·zo [(g)wa.ra.ká.θo;(g)wa.- / -.so] 男《ラ米》《㊥》《隠》(強い酒の)一杯. meterse un ~ 酔っぱらう.

hua·ra·che [(g)wa.rá.tʃe;(g)wa.-] 男《ラ米》《㊥》(1) サンダル, 草履(㊫). (2) (タイヤ補修用の)パッチ.

hua·ri·que [(g)wa.rí.ke;(g)wa.-] 男《ラ米》《話》(1) (違法行為の)隠蔽場所；隠れ家. (2) 飲み屋, 食堂.

huas·ca [(g)wás.ka;(g)wás.-] 女《ラ米》(1) 鞭(㊧). (2) 《㊥》《隠》酔っぱらうこと. estar en ~ 酔っ払っている.
como huasca《ラ米》《㊦》《話》酒に酔った.

Huas·ca·rán [(g)was.ka.rán;(g)was.-] 固名 ワスカラン(山)：ペルーの最高峰. 6768 m.

hua·si·ca·ma [(g)wa.si.ká.ma;(g)wa.-] 男《ラ米》《㊥》《㊦》先住民の奉公人, 雑用係；家畜番.

hua·si·pon·go [(g)wa.si.póŋ.go;(g)wa.-] 男《㊥》→ huasipungo.

hua·si·pun·go [(g)wa.si.púŋ.go;(g)wa.-] 男《ラ米》《㊥》(農園労働者への)貸与地, 口分田(㊦). *H~* 『ワシプンゴ』(Jorge Icaza の小説).

hua·so, sa [(g)wá.so, -.sa;(g)wá.-] 男 女《ラ米》《話》(1) 《㊥》田舎の人(= guaso). (2) 《㊥》がさつな人.

huas·te·co, ca [(g)was.té.ko, -.ka;(g)was.-] 形

ワステカの；ワステカ人の. — 男 女 ワステカ人：maya 系の先住民族. ♦ メキシコ湾沿岸一帯に前1100年に始まる文化をもち, azteca 人の宗教にも影響を及ぼした. — 男 ワステカ語.

hua·ta [(g)wá.ta;(g)wá.-] 女《ラ米》《㊥》《話》腹, 腹部.

huau·tli [(g)wáu.tli;(g)wáu.-] 男《ラ米》《㊥》【植】アマランサス(= amaranto)：小さな花をつける食用植物.

huau·zon·tle [(g)wau.θón.tle;(g)wau.- / -.son.-] 男《ラ米》《㊥》【植】キノア：アカザ科. 緑色の葉をつける.

huay·co [(g)wái.ko / (g)wái.-] 男 → huaico.

huay·no [(g)wái.no / (g)wái.-] 男 → huaino.

hub- 活 → haber.

hu·cha [ú.tʃa] 女 **1** 貯金箱；貯金. *tener buena* ~ たっぷりためこんでいる. **2** (蓋(㊐)付きの)大型の箱, 櫃(㊓).

hu·che·ar [u.tʃe.ár] 自 叫ぶ. 《狩》〈獲物に〉犬をけしかける.

*****hue·co, ca** [(g)wé.ko, -.ka;(g)wé.-] 形 **1** 空洞になった, 中空の. *árbol* ~ 中がうろになっている木. **2** 中身のない, 内容のない. *estilo* ~ 空疎な文体. *palabras huecas* うわべだけの言葉. **3** うぬぼれた；得意満面の. *ponerse* ~ 得意になる. **4** (音・声が)鈍く響く, 反響する. **5** ふんわりした, ふわふわした. *toalla hueca* ふわふわのタオル. **6** ぶかぶかの, 大きすぎる.

— 男 **1** くぼみ, 空洞；(壁の)開口部. *esconderse en un* ~ *de una roca* 岩のくぼみに身を隠す. ~ *de la escalera* 階段の吹き抜け. ~ *de la mano* 手のひらのくぼみ. **2** 空いている場所, すき間. *Allí hay un* ~ *para aparcar.* あそこに駐車できるスペースがある. **3** 空いた時間, 暇. *Mañana tendré un* ~ *para ayudarte.* 明日は君を手伝う時間がとれるはずだ. **4** (職などの)欠員, 空き. **5** 《ラ米》(1) 《㊦》路面のくぼみ. (2) 《㊦》《俗》男色者, ホモセクシュアルの人.

hacer (un) hueco (詰めて)席を作る；空きを作る.
llenar un hueco 役立つ, 貢献する.

[← 〔古スペイン〕*(a)ocar* 「掘る, 中を空洞にする」(← 〔ラ〕*occāre*「耕す」より派生)]

hue·co·gra·ba·do [(g)we.ko.ɣra.βá.ðo; (g)we.-] 男 写真凹版術, グラビア印刷；グラビア(写真).

hué·huetl [(g)wé.(g)wetl;(g)we.-] 男《ラ米》《㊥》ウエウエトル：縦置き太鼓. *tañer el* ~ 縦置き太鼓をたたく.

huel- 活 → oler.

hue·lán [(g)we.lán;(g)we.-] 形《ラ米》《㊥》(1) 《話》未熟の, 発育不全の. (2) 生乾きの；しおれた, しなびた. (3) 《話》落ちぶれた, 零落した.

hue·le·bra·gue·tas [(g)we.le.βra.ɣé.tas;(g)we.-] 男《単複同形》《話》私立探偵.

hue·le·flor [(g)we.le.flór;(g)we.-] 男《ラ米》《㊦》ばか者.

hue·le·fri·to, ta [(g)we.le.frí.to, -.ta;(g)we.-] 形《ラ米》《㊦》《話》お節介な, でしゃばりな.

hue·le·gui·sos [(g)we.le.ɣí.sos;(g)we.-] 男《単複同形》《ラ米》《㊦》ただ飯食い, ただ食いの客.

hue·le·hue·le [(g)we.le.(g)wé.le;(g)we.-] 男 女《ラ米》《㊦》《話》ばか, まぬけ.

*****huel·ga** [(g)wél.ɣa;(g)wél.-] 女 **1** ストライキ, スト, 同盟罷業. *declararse en [declarar la]* ~ ストライキに入る. *estar en* ~ ストライキ中である. *romper la* ~ スト破りをする. ~ *a la japonesa* 日本式スト(意図的に超過労働をして不良在庫を製造す

る). ～ de brazos caídos [cruzados]座り込みスト. ～ de celo順法闘争. ～ de [del] hambre ハンガー・ストライキ. ～ espontánea [salvaje]山猫スト. ～ general ゼネスト. ～ por solidaridad 同情ストライキ. ～ revolucionaria 政治ストライキ. derecho de ～スト権. subsidio de ～ (労働組合が支払う)ストライキ手当.
2 休業[休職, 失業]期間；休耕期間. **3** 行楽, 骨休み；行楽地. **4** 余裕, ゆったりした様子.
[holgar (← [古スペイン] folgar ← [後ラ] *follicāre* 「あえぐ」) より派生；体力の消耗で息を切らした者は休息するという連想からの転義]

huelga (ストライキ)

huel・go [(g)wél.go;(g)wél.-] 男 **1** 呼吸, 息. **2** 【技】(部品間の)遊び, 余裕. **3** 休息. tomar ～ 休息をとる.
huel・gue・ar [(g)wel.ge.ár;(g)wel.-] 自 《ラ米》(ᴮᴱᴸ)ストライキを打つ[構える].
huel・guis・ta [(g)wel.gís.ta;(g)wel.-] 男 女 ストライキ参加者.
huel・guís・ti・co, ca [(g)wel.gís.ti.ko, -.ka;(g)wel.-] 形 ストライキの. movimiento ～ en las minas 鉱山でのストライキの運動.
***hue・lla** [(g)wé.ja;(g)wé.-‖[-.ʎa;-.-]] 女 **1** 足跡, わだち. ～s de las ruedas 車輪の跡. Hay ～s en la nieve. 雪の上に足跡がある. **2** 風塵, 痕跡；残.las ～s del tifón 台風の爪痕(ｱﾄ). En su rostro se ven las ～s del dolor. 彼[彼女]の顔には苦悩の跡が見られる. **3** 影響, 感化. dejar ～ en... …に影響を残す. **4** (階段の)踏み板, 段板. **5** 《ラ米》(ｽﾞｸ)(ｸﾞｱ)小道, 細道.
huella dactilar [digital] 指紋.
seguir las huellas de... …の例にならう.
[hollar (← [俗ラ] *fullare 「(布を)たたいて生地を厚くする」) より派生]
hue・lle・ar [(g)we.je.ár;(g)we‖[-.ʎe.-;-.-]] 他 《ラ米》(ᴬᴿᴳ)追跡する；嗅(ｶ)ぎ回る.
hue・lle・ro, ra [(g)we.jé.ro, -.ra;(g)we.-‖[-.ʎé.;-.-]] 形 《ラ米》(ᴬᴿᴳ)(犬の)追跡する.
hue・llo [(g)wé.jo;(g)wé.-‖[-.ʎo;-.-]] 男 **1** (道などの)踏み固められた所；地面の状態. camino de buen ～ 歩きやすい道. **2** (馬の)足踏み, 足並み. **3** (馬の)ひづめの底[表面].
Huel・va [(g)wél.ba;(g)wél.-] 固名 ウエルバ：スペイン南西部の県；県都. 旧称 Onuba. ドニャーナ国立公園 (一部はセビーリャ県) は世界遺産に指定 (1999年登録).
huel・ve・ño, ña [(g)wel.bé.no, -.na;(g)wel.-] 形 (スペインの) ウエルバの. —男 女 ウエルバの住民[出身者].
hue・mul [(g)we.múl;(g)we.-] 男 《ラ米》(ｱﾙｾﾞﾝ)(ﾁﾘ)【動】アンデスジカ, ゲマルカ.
huer・co [(g)wér.ko;(g)wér.-] 男 地獄；黄泉(ﾖﾐ)の国；嘆く人.

huer・co, ca [(g)wér.co, ca; (g)wér.-] 男 女 《ラ米》少年, 少女；青年, 若者 (= muchacho).
***huér・fa・no, na** [(g)wér.fa.no;(g)wér.-] 形 **1** 《ser+ / estar+》孤児の, (片)親を失った.
2 《estar +》《de...》(…に)欠ける, (…が)ない. ～ de cariño 愛情に恵まれない.
—男 女 孤児, みなしご；《[[ラ]](ﾁ)(ﾍﾞﾈｽﾞ)捨て子. asilo de ～s 児童養護施設. ～ de guerra 戦争孤児. ～ de madre [padre] 母[父]のいない子.
[← [後ラ] *orphanus* ← [ギ] *orphanós*；関連 orfandad. [英] orphan]
hue・ro, ra [(g)wé.ro;(g)wé.-] 形 **1** (卵が)無精の. huevo ～ 無精卵. **2** 中が空の, 中空の. tronco ～ 中がうろの幹. **3** 不毛な, 内容のない. un discurso ～ 中身のないスピーチ. **4** 《ラ米》(1) 病弱な；青白い. (2) (土地が)不毛な, 実りのない. (3) 《ﾒﾋｺ》《話》金髪の, ブロンドの. —男 《ラ米》(1) (ｺｽﾀﾘ)キャッサバの酒. (2) (ﾒﾋｺ)(ｴﾙｻﾙ)腐った卵.
salir huero 失敗する.
***huer・ta** [(g)wér.ta;(g)wér.-] 女 **1** 果樹園, 菜園, 畑. ► huerto よりも広いものを指す. **2** (特にスペイン Valencia, Murcia 地方で)灌漑(ｶﾝｶﾞｲ)農地. **3** 《ラ米》(ﾒﾋｺ)カカオ園.
huer・ta・no, na [(g)wer.tá.no, -.na;(g)wer.-] 形 (スペイン Valencia, Murcia 地方などの)灌漑(ｶﾝｶﾞｲ)農地の. —男 女 灌漑農地の住民.
huer・te・ro, ra [(g)wer.té.ro, -.ra;(g)wer.-] 形 野菜畑の, 菜園の (= hortelano). —男 女 菜園で働く人.
***huer・to** [(g)wér.to;(g)wér.-] 男 (一般的に小規模の) 菜園, 野菜畑；果樹園；苗床. →huerta.
llevar(se) al huerto a... 《話》…をだます；《俗》〈人を〉くどく, たらし込む.
[← [ラ] *hortum* (*hortus* の対格) 「庭園」 (「囲われた場所」が原義)；関連 huerta. [英] orchard]
hue・sa [(g)wé.sa;(g)wé.-] 女 墓, 墓穴.
Hues・ca [(g)wés.ka;(g)wés.-] 固名 ウエスカ：スペイン北東部の県；県都. 旧称 Osca.
hue・se・ar [(g)we.se.ár;(g)we.-] 自 《ラ米》(ﾁﾘ)《話》物ごいをする.
hue・se・río [(g)we.se.rí.o;(g)we.-] 男 《ラ米》(ﾁﾘ)売れ行きの悪い[はけにくい]商品.
hue・se・ro, ra [(g)we.sé.ro, -.ra;(g)we.-] 男 女 《ラ米》(1) (ﾒﾋｺ)接骨師. (2) (ﾌﾟｴﾙﾄ)求職者.
—男 《ラ米》(ﾒﾋｺ)(集合的に)骨.
—女 《ラ米》納骨堂.
hue・si・llo [(g)we.sí.jo;(g)we.-‖[-.ʎo;-.-]] 男 《ラ米》(ﾁﾘ)乾燥桃.
hue・sis・ta [(g)we.sís.ta;(g)we.-] 男 女 《ラ米》(ﾌﾟｴﾙﾄ)官吏, 役人.
****hue・so** [(g)wé.so;(g)wé.-] 男 **1** 骨；骨でできた製品. los ～s del pie 足の骨. El jugador se rompió un ～ del brazo. その選手は腕の骨を折った. ～ alveolar 歯槽骨. ～ craneal 頭蓋(ｽﾞｶﾞｲ)骨. ～ frontal 前頭骨. ～ innominado 無名骨, 寛骨. ～ maxilar 顎骨. ～ púbico 恥骨 ～ sacro 仙骨. ～ temporal 側頭骨.
2 (果実の)芯(ｼﾝ), (桃・オリーブなどの)種. ～ de aceituna オリーブの種. **3** 《話》厳格な人, 扱いにくい人. **4** 《話》難儀なこと, 面倒なもの. La química es un ～ para mí. 私は化学が苦手だ. **5** 《複数で》遺骨. **6** 黄色がかった白, オフホワイト. **7** 《複数で》《話》身体, 身. Dio con sus ～s en la cárcel. 結局彼[彼女]は刑務所行きの身となった. **8** 《ラ米》(ﾒﾋｺ)公職；(うまみのある)仕事. (2) (ﾒﾋｺ)雌のロバ.

huesoso

(3)《諺》売れ残り(の品). (4)《*盧》《複数で》《遊》さいころ.
—《形》《性数不変》オフホワイトの.
calado[empapado] hasta los huesos《話》ずぶぬれになって.
dar [pinchar] en hueso《話》思うようにいかない, 困難にぶつかる.
en los huesos《話》やせこけた. Ella está *en los* ~*s*. 彼女ははがりがりにやせている.
hueso colorado《ラ米》《諺》《話》北風.
hueso de santo 諸聖人の祝日(11月1日)に食べるマジパン.
hueso duro de roer《話》扱いにくい人; 難儀なこと.
la sin hueso《話》舌. darle a *la sin* ~ しゃべりまくる.
[←《俗ラ》*ossum*([ラ]*os*)から派生)]

hue‧so‧so, sa [(g)we.só.so, -.sa;(g)we.-]《形》骨の, 骨の多い; 骨太の. carne *huesosa* 骨付き肉.

hués‧ped, pe‧da [(g)wés.peđ, -.đa;(g)wés.-]《男》《女》**1** 宿泊客, 滞在客; 下宿人. casa de ~*es* 下宿屋. cuarto de ~ 客室. **2**(客をもてなす)主人. **3**《生物》(寄生動物・植物の)宿主.
no contar con los huéspedes 不都合な点を考慮に入れない.
[←[ラ]*hospitem* (*hospes* の対格)「見知らぬ人, 客; もてなしをする人」, 〔関連〕hospedar, hotel, hostal, hospital, 〔フ〕*host(ess)*]

hues‧te [(g)wés.te;(g)wés.-]《女》《主に複数で》**1** 軍勢. **2** 信奉者, 支持者.

hue‧su‧do, da [(g)we.sú.đo, -.đa;(g)we.-]《形》**1** 骨ばった, 骨太の. **2**《ラ米》《諺》《話》やせた, やせ細った.

hue‧va [(g)wé.ba;(g)wé.-]《女》**1** 魚卵, 腹子. **2**《ラ米》(1)《ニュ》《ラプ》《カリ》怠惰, 不精. (2)《ラプ》《複数で》《卑》睾丸.
—《男》《ラ米》《話》《軽蔑》まぬけ, 愚か者.
como las huevas《ラ米》《ラプ》《俗》ひどく, 悪く.

hue‧va‧da [(g)we.bá.đa;(g)we.-]《女》《ラ米》(1)《ラプ》《カリ》《話》でたらめ, ばかげたこと; 取るに足りないこと. (2)《俗》へま, 失敗, 間違い. (3)《ラ米》《鉱》鉱床. (4) 抱卵中の[巣の中の]卵; 一山の卵.

hue‧va‧men [(g)we.bá.men;(g)we.-]《男》《卑》→ testículo.

hue‧var [(g)we.bár;(g)we.-]《自》(鳥が)卵を産み始める.

hue‧va‧zos [(g)we.bá.θos;(g)we.-/-.sos]《形》《性数不変》**1**《俗》《軽蔑》→ calzonazos. **2** 愚図な. —《男》《単複同形》《俗》《軽蔑》→ calzonazos.

hue‧ve‧ar [(g)we.be.ár;(g)we.-]《自》《ラ米》(1)《カリ》《ラプ》サボる. (2)《ニュ》《ラプ》時間を無駄に過ごす, のらくらする. (3)《ラプ》《俗》ばかなことをする[言う], 迷惑をかける. —《他》《ラ米》《メ》横取りする.

hue‧ve‧ri‧a [(g)we.be.rí.a;(g)we.-]《女》卵屋: 卵を売る店.

hue‧ve‧ro, ra [(g)we.bé.ro, -.ra;(g)we.-]《男》《女》卵商人, 卵売り. —《男》卵ケース; エッグ・スタンド.

hue‧viar [(g)we.bjár;(g)we.-]《自2》《他》《ラ米》《カリ》《俗》盗む.

hue‧vo [(g)wé.bo;(g)wé.-]《男》**1**(鳥・昆虫・魚などの)卵; 卵細胞. poner ~*s* 卵を産む. ~ *huero* 無精卵. La paloma está incubando los ~*s*. ハトが卵をあたためている.
2 鶏卵; (料理された)卵. ~ *duro* [*cocido*] ゆで卵. ~ *pasado por agua* / (ラ米)~ *tibio* 半熟卵. ~ *estrellado* [*frito*] 目玉焼き. ~*s revueltos* / 《ラ米》《諺》~*s pericos* スクランブルエッグ. ~(*s*) *al plato* (トマトソースなどを加えて器のままオーブンで焼いた)目玉焼き料理. ~ *de pascua* イースターエッグ: 卵形のチョコレート. ~*s moles* 卵黄と砂糖で作ったデザート. ~ *hilado* (砂糖の入った飾り用の)錦糸卵. ~*s rancheros*《ラ米》《メ》チリソースをかけた目玉焼き.
3 受精卵. **4** 卵形の[に膨らんだ]もの. **5**《主に複数で》《卑》睾丸(ぶん). **6**《複数で》《俗》勇気, 度胸. tener ~*s* 度胸が座っている. **7**《ラ米》《ラプ》(成績の)最低点. (2)《諺》《卑》ペニス, 陰茎.
a huevo《俗》絶好の条件で, ちょうどうまい具合に.
como huevo《ラ米》《俗》酒に酔った.
hasta los huevos《俗》飽き飽きした, うんざりした. Estoy *hasta los* ~*s de sus quejas*. 彼[彼女](ら)の不平にはうんざりだ.
huevo de Colón [Juanelo]《話》コロンブスの卵.
huevo de zurcir (靴下の繕いなどに使う)卵形のかがり台.
importarle un huevo (*a*+人)《俗》〈人〉にとって全く重要でない, 〈人〉には関係がない.
no por el huevo, sino por el fuero 損得よりも正義の問題である.
parecerse como un huevo a otro huevo《話》〈2つのもの・人が〉瓜(%)二つである.
parecerse como un huevo a una castaña《話》〈2つのもの・人が〉月とスッポンである, 似ても似つかない.
pisando huevos《話》ひどくゆっくりと; 用心深く.
salirle de los huevos (*a*+人)《俗》〈人〉にやる気[その気]がある.
tener huevos la cosa《俗》不当である, 矛盾しているめちゃくちゃな話である.
tocarle los huevos (*a*+人)《俗》〈人〉をうんざりさせる, 怒らせる.
tocarse los huevos《俗》怠ける, だらだらと過ごす.
un huevo《俗》たくさん (=mucho). costar *un* ~ 目が飛び出るほど高い.
¡y un huevo!《俗》《否定・怒り・不快》とんでもない; 嫌だ.
[←[ラ]*ōvum*; 〔関連〕[スペイン][英]*oval*. [ポルトガル]*ovo*, [フ]*œuf*, [伊]*uovo*, [英]*egg*. [独]*Ei*]

hue‧vón, vo‧na [(g)we.bón, -.bó.na;(g)we.-]《形》《ラ米》《話》(1)《メ》《カリ》のろまな, ぐずぐずした; 怠け者の. (2)《ラプ》《カリ》勇敢な, 勇ましい. —《男》《ラ米》(1)《ラプ》《メ》《カリ》《俗》のろまなこと. (2)《コ》《プエ》《ラプ》《ニュ》《コル》《ペ》《話》ばかなこと, 愚かしさ. (3)《カ》《俗》臆病(於そ). —《女》《俗》勇気.

hue‧vo‧na‧da [(g)we.bo.ná.đa;(g)we.-]《女》《俗》《ラ米》《ラプ》《メ》《カリ》《ニュ》《コル》《ペ》ばかな発言, 愚かな行動.

¡huf! [úf] 《間投》《疲れ・嫌悪》ふー, げぇ (= ¡uf!).

Hu‧go [ú.go] 《固名》ウーゴ: 男子の洗礼名. [←[古高地ドイツ]*Hugo* (原義は「心, 英知」)，〔関連〕[仏]*Hugues*. [伊]*Ugo*. [英]*Hugh*. [独]*Hugo*]

hu‧go‧no‧te, ta [u.go.nó.te, -.ta;(g)we.-]《形》《史》ユグノーの. —《男》ユグノー. ► フランスの1559年以降のカルバン派プロテスタント calvinista の異名.

¡huich! [(g)wítʃ;(g)wítʃ] / **¡hui‧che!** [(g)wí.tʃe;(g)wí.-] 《間投》《ラ米》《カ》《からかい・あざけり》やーい, やーい.

¡hui‧chí! [(g)wi.tʃí;(g)wi.-] / **¡hui‧chó!** [(g)wi.tʃó;(g)wi.-] 《間投》《ラ米》《カ》(動物を追い払う)シーッ, シッ.

hui‧da [(g)wí.đa;(g)wí.-]《女》**1** 逃亡, 逃走.

hacia adelante 現実逃避的な考え. **2** 時間の短かさ, 時の流れの速さ.

hui·de·ro, ra [(g)wi.ðé.ro, -.ra;(g)wi.-] 形 逃げる, 逃げ出しそうな；はかない. ── 男 **1** 水銀鉱山で坑木を入れる穴を掘る鉱夫. **2**（動物の）逃げ場.

hui·di·zo, za [(g)wi.ðí.θo, -.θa;(g)wi.- / -.so, -.sa] 形 **1**（動物が）逃げる, 逃げやすい. **2** 臆病の, 内気な. una mirada *huidiza* おどおどした目つき. **3** はかない, つかのまの. El tiempo se torna ～. 時のたつのが速くなる.

hui·do, da [(g)wí.ðo, -.ða;(g)wí.-] 形《**estar** +》〈人が〉逃げた, 逃亡中の. ── 男 女 逃亡者.

Hui·do·bro [(g)wi.ðó.βro;(g)wi.-] 固名 ウイドブロ Vicente ～ (1893–1948). チリの前衛詩人. 作品 *Altazor*『アルタソール』. → creacionismo.

¡hui·fa! [(g)wí.fa;(g)wí.-] 間投《ラ米》(チ)（喜び）わーい, いいぞ.

hui·la [(g)wí.la;(g)wí.-] 女《ラ米》**(1)**(チ)（複数で）ぼろ（切れ）. **(2)**(チ)《俗》売春婦. **(3)**(ラプラ)《遊》凧(たこ).

hui·le [(g)wí.le;(g)wí.-] 男《ラ米》(メ)（肉などの）焼き網.

hui·lla [(g)wí.ja;(g)wí.- ‖ -.ʎa] 女《ラ米》(コスタリ)コルク栓.

hui·llín [(g)wi.jín;(g)wí.- ‖ -.ʎín] 男《ラ米》(ラプラ)(チ)【動】カワウソの一種.

hui·llón, llo·na [(g)wi.jón, -.jó.na;(g)wi.- ‖ -.ʎón, -.ʎó.-] 形《ラ米》→ huilón.

hui·lón, lo·na [(g)wi.lón, -.ló.na;(g)wi.-] 形《ラ米》《話》逃げ腰の, 小心な.

huin·cha [(g)wín.tʃa;(g)wín.-] 女《ラ米》ヘアバンド.

huin·che [(g)wín.tʃe;(g)wín.-] 男 → güinche.

hui·pil [(g)wi.píl;(g)wi.-] 男《ラ米》(メ)(中米)(ニカ)【服飾】ウイピル：先住民女性のブラウス・上着.

huir [(g)wír;(g)wír, u.ír] 48 自 **1《**de...**》〈場所・危険など〉から》逃げる, 逃走する；《〈困難などから》逃避する. ～ *de* su casa 家出する. ～ *a* su habitación 自分の部屋に逃げ込む. ～ *hacia el bosque* 森の方へ逃げる. ～ *de* SUS obligaciones 自分の義務から逃げる. ▶ 時に再帰代名詞を伴う. 再. **2**《**de...**〈有害なもの・人・事柄〉を》避ける, 回避する. ～ *de los vicios* 悪習を避ける. *Huyo de* tener prejuicios. 私は偏見を持たないようにしている.

類語 *huir* は「逃げ出す」. *escapar* は「こっそり抜け出す」. *largarse* は口語で「ずらかる」.

3《詩》〈時が〉過ぎ去る；…が遠ざかる. Los días *huyen* sin detenerse. 日々は立ち止まることなくあっという間に過ぎていく. Al atardecer un *huye* en el horizonte. 日が暮れると太陽が地平線に沈む. ── 他 避ける, 回避する.
── **se** 再《**de...** …から》逃げ去る. ～*se del* país 国外に逃げる.
［←［ラ］*fugere*,［関連］fuga, fugitivo, refugio.［英］*fugue, fugaces, fugitive, refugee*］

hui·ra [(g)wí.ra;(g)wí.-] 女《ラ米》(チ)(ボリ)（樹皮製の）ひも, 綱.

hui·ro [(g)wí.ro;(g)wí.-] 男《ラ米》(チ)(ペル)(チ)海草, 昆布.

hui·sa·che [(g)wi.sá.tʃe;(g)wi.-] 男《ラ米》**(1)**(エクアドル)(メ)キンゴウカン：マメ科の植物. とげがあり黄色の花をつける. **(2)**(グアテ)《話》《軽蔑》はやらない弁護士.

hui·sa·che·ar [(g)wi.sa.tʃe.ár;(g)wi.-] 自《ラ米》(グアテ)(メ)裁判で争う, 訴訟する；無資格で弁護士業

を営む.

hui·sa·che·rí·a [(g)wi.sa.tʃe.rí.a;(g)wi.-] 女《ラ米》(グアテ)(メ)無資格弁護士；〈弁護士の〉無資格営業.

hui·sa·che·ro, ra [(g)wi.sa.tʃé.ro, -.ra;(g)wi.-] 男《ラ米》**(1)**(グアテ)(メ)無資格［もぐりの］弁護士. **(2)**(メ)代書人.

huis·to·ra [(g)wis.tó.ra;(g)wis.-] 女《ラ米》(オンジ)【動】カメ.

hui·tla·co·che [(g)wi.tla.kó.tʃe;(g)wi.-]《ラ米》(メ)（トウモロコシに生える）食用キノコ（= cuitlacoche）.

hui·za·che [(g)wi.θá.tʃe;(g)wi / -.sá.-] 男《ラ米》(メ)→ huisache.

hu·jier [u.xjér] 男 → ujier.

hu·la [xú.la // hú.-]（ハワイ）男 フラダンス（= hula-hula）.

hu·la·do [u.lá.ðo] 男《ラ米》(メ)ゴム引き布.

hu·lar [u.lár] 男《ラ米》(グアテ)ゴム園.

hu·le [ú.le] 男 **1** ゴム. **2** 防水布；ビニールカバー. **3**【植】ゴムノキ.
haber hule 騒ぎ［いざこざ］が起こる.
［←［ナワトル］*ulli (olli)*］

hu·le·ar [u.le.ár] 自《ラ米》(メ)(グアテ)（ゴムの木から）樹液を採取する.

hu·le·rí·a [u.le.rí.a] 女《ラ米》ゴム栽培；ゴム工場.

hu·le·ro, ra [u.lé.ro, -.ra] 形《ラ米》ゴム（生産）の, ゴムの. ── 男 女《ラ米》ゴム園労働者, ゴム採取人.

hu·lla [ú.ja ‖ -.ʎa] 女 石炭.
hulla blanca 水力（エネルギー）.

hu·lle·ro, ra [u.jé.ro, -.ra ‖ -.ʎé.-] 形 石炭の.

hu·lo·so, sa [u.ló.so, -.sa] 形《ラ米》(メ)ゴムのような, 弾力性のある.

hum [úm, m] 間投《不快・反発・躊躇(ちゅうちょ)・疑い・喜び》うーん.

hu·ma·da [u.má.ða] 女 のろし.

hu·ma·na [u.má.na] 形 → humano.

hu·ma·nal [u.ma.nál] 形 → humano.

hu·ma·nar [u.ma.nár] 他 人間らしくする（= humanizar）. ── **se** 再 **1** 人間らしくなる. **2**【神】人の姿を取る.

*hu·ma·ni·dad [u.ma.ni.ðáð] 女 **1**《集合的》**人類**, 人. los orígenes de la ～ 人類の起源.
2 人情, 慈愛, 人間味. hombre lleno de ～ 人情味あふれる男性. *por* ～ 情けから.
3 人間性, 人間の本質. la ～ *y la divinidad de* Jesucristo イエス・キリストの人性と神性.
4《複数で》人文科学；文体.
5《話》肥満体, 巨体.
oler a humanidad《話》人いきれがする.

*hu·ma·nis·mo [u.ma.nís.mo] 男 **1** 人文主義；人文学. **2** ヒューマニズム, 人間中心主義.

hu·ma·nis·ta [u.ma.nís.ta] 形 ヒューマニズムの；人文学の. ── 男 女 人文学研究者；ヒューマニスト.

hu·ma·nís·ti·co, ca [u.ma.nís.ti.ko, -.ka] 形 人文主義の, 人文学の, 人文科学の；ヒューマニズムの.

*hu·ma·ni·ta·rio, ria [u.ma.ni.tá.rjo, -.rja] 形 **1** 人道上の, 博愛の. **2** 心優しい, 慈悲深い.

hu·ma·ni·ta·ris·mo [u.ma.ni.ta.rís.mo] 男 人道主義, 博愛（主義）.

hu·ma·ni·za·ción [u.ma.ni.θa.θjón / -.sa.sjón] 女 人間性を与えること.

hu·ma·ni·zar [u.ma.ni.θár / -.sár] 97 他 人間らしくする, …に人間味を与える. *Han humanizado* las condiciones de vida en las cárceles. 刑務

所における生活条件はより人間的なものにされた.
— ~・se 再 人間らしくなる, 温厚になる.

hu・ma・no, na [u.má.no, -.na]形 1 《名詞+》人間の. cuerpo ~ 人体. raza [especie] humana 人類. ser ~ 人間(複数形 seres humanos で「人類」). recursos ~s 人的資源, 人材. derechos ~s (基本的)人権. relaciones humanas 人間関係(論).
2 《多くは名詞+》《ser+》人間的な, 人間らしい. error ~ 人的ミス. Errar es ~. 過ちは人の常である. Es ~ que sean ambiciosos. 彼らに野心があるのは人間として当然だ(▶ que 以下の動詞は接続法).
3 《ser+》《con...》…に対して》人情のある, 思いやりのある. Es muy ~ con sus empleados. 彼は従業員に対してとても思いやりがある.
— 男 人間, 《複数で》人類.
[←[ラ] hūmānum (hūmānus の対格) (homō「人, 男」より派生); 関連 humanidad, humanismo. [英] human]

hu・ma・noi・de [u.ma.nói.de]形 人間の姿をした.
— 男女 ヒューマノイド: 人間型ロボット(= robot ~).

hu・mar [u.már]自 たばこを吸う(= fumar).
— 他 《ラ米》燻製(ｸﾝｾｲ)にする.

hu・ma・ra・da [u.ma.rá.ða]女 → humareda.

hu・ma・ras・ca [u.ma.rás.ka]女 《ラ米》《*》噴煙.

hu・ma・ra・zo [u.ma.rá.θo / -.so]男 → humazo.

hu・ma・re・da [u.ma.ré.ða]女 噴煙, もくもくと上がる煙.

hu・ma・zo [u.ma.θo / -.so]男 1 もうもうとした煙.
2 《ネズミ・害虫駆除の》燻煙(ｸﾝｴﾝ), 燻蒸.
darle humazo a+人 〈邪魔な人〉を追い立てる.

hu・me・an・te [u.me.án.te]形 《estar+》煙を出す; 湯気の立つ. sopa ~ 湯気の立っているスープ.

hu・me・ar [u.me.ár]自 1 煙を出す[吐く], くすぶる. 2 蒸気を出す. sopa que humea 湯気の立っているスープ. 3 《過去のいきさかいなどが》くすぶっている, 残る. 4 思い上がっている, 天狗(ﾃﾝｸﾞ)になっている.
— 他 《ラ米》(1) 燻蒸(ｸﾝｼﾞｮｳ)消毒する. (2) 《ｱﾝﾃﾞｽ》《ﾒｷｼｺ》《ﾁﾘ》…に薬的を吹きかける. 3《話》殴る, 殴打する.

hu・mec・ta・ción [u.mek.ta.θjón / -.sjón]女 加湿, 給湿.

hu・mec・ta・dor [u.mek.ta.ðór]男 加湿器, 給湿器.

hu・mec・tan・te [u.mek.tán.te]形 《まれ》加湿する, 湿らせる.

hu・mec・tar [u.mek.tár]他 《まれ》加湿する, 湿気を与える(= humedecer).

hu・me・dad [u.me.ðáð]女 1 湿気; 水分. Hay mucha ~ en este cuarto. この部屋は湿気が多い. la ~ de la pared 壁の染み.
2 《気象》湿度. ~ relativa 相対湿度. sentir la humedad 《ラ米》《ｱﾙｾﾞﾝﾁﾝ》《ｳﾙｸﾞｱｲ》顕末(ｹﾂﾏﾂ)を察知する.

hu・me・dal [u.me.ðál]男 塩水沼.

hu・me・de・cer [u.me.ðe.θér / -.sér]34 他 湿らせる, 少しぬらす.
— ~・se 再 湿る, ぬれる; 〈自分の唇などを〉湿らせる. Se le humedecieron los ojos. 彼[彼女]は目を潤ませた.

hu・me・de・ci・mien・to [u.me.ðe.θi.mjén.to / -.si.-]男 湿ること, ぬらすこと.

hú・me・do, da [ú.me.ðo, -.ða]形 1 湿った, 湿気のある; ぬれた. aire ~ 湿った空気. calor ~ 蒸し暑さ. ojos ~s 潤んだ瞳(ﾋﾄﾐ).
2 雨の多い, 湿潤な. región húmeda 雨の多い地方. clima ~ 湿潤な気候.
darle a la húmeda 《話》ぺちゃくちゃしゃべる.
[←[ラ] (h)ūmidum ((h)ūmidus の対格); 関連 《スペイン》humor. 《英》humid]

hu・me・ra [u.mé.ra]女 1 《話》酒酔い, 酩酊(ﾒｲﾃｲ).
2 《ラ米》→ humareda.

hu・me・ral [u.me.rál]形 《解剖》上腕骨の.
— 男 《カト》《袈裟(ｹｻ)のように肩から下にまとう司祭用の》肩衣(= cendal).

hu・me・ro [u.mé.ro]男 1 煙突.
2 《スペイン》豚肉製品を燻製にする部屋.
3 《ラ米》《ｱﾙｾﾞﾝﾁﾝ》→ humareda.

hú・me・ro [ú.me.ro]男 《解剖》上腕骨.

hu・mi・di・fi・ca・dor, ra [u.mi.ði.fi.ka.ðór, -.ra]形 湿度を上げる, 加湿機能のついた. caja humidificadora ヒュミドール: 葉巻用の保存箱.
— 男 加湿器. emplear un ~ 加湿器を使う.

hu・mi・di・fi・car [u.mi.ði.fi.kár]100 他 湿度を上げる.

hú・mi・do, da [ú.mi.ðo, -.ða]形 《詩》湿った.

:**hu・mil・dad** [u.mil.dáð]女 1 謙虚, 謙遜(ｹﾝｿﾝ), 卑下. afectar ~ ante los poderosos 権力者にぺこぺこする. con toda ~ 謹んで.
2 身分の低さ, 卑しさ.

:**hu・mil・de** [u.míl.de]形 1 謙虚な, 控えめな. Es un hombre ~ y no se envanece de su éxito. 彼は謙虚な人だから自分の成功を鼻にかけない.
2 身分の低い, 卑しい; 粗末な. hombre de ~ condición 下層(階級)の男性. una casa ~ みすぼらしい家. 3 卑下する, 卑屈な.
[←[古スペイン] humil← [ラ] humilis (humus「大地; 卑しいもの」より派生); 関連 《英》humble]

hu・mi・lla・ción [u.mi.ja.θjón ‖ -.ʎa.- / -.sjón]女 屈辱, 侮辱, 辱め. sufrir la ~ de+不定詞 …する屈辱を味わう.

hu・mi・lla・de・ro [u.mi.ja.ðé.ro ‖ -.ʎa.-]男 《まれ》《町の入り口で》十字架や聖人像が建っているところ.

hu・mi・llan・te [u.mi.ján.te ‖ -.ʎán.-]形 屈辱的な, 侮辱的な. 不面目な. una ~ derrota 不名誉な敗北.

hu・mi・llar [u.mi.jár ‖ -.ʎár]他 1 〈人を〉辱める, 恥を与える, 面目を失わせる. Me humilla tener que obedecer sus órdenes. 彼[彼女] (ら)の命令に従わなければならないなんて屈辱的だ. ~ a los enemigos 敵の鼻をへし折る.
2 〈体の一部を〉下げる, 低くする, 曲げる. ~ la frente 頭を下げる. ~ la rodilla 片ひざをつく.
3 《闘牛》〈牛が〉〈頭を〉下に向ける.
— 自 《闘牛》〈牛が〉頭を下に向ける.
— ~・se 再 《ante...》に)屈伏する; へりくだる.

hu・mi・llo [u.mí.jo ‖ -.ʎo]男 1 《主に複数で》うぬぼれ, 慢心, 驕(ｵｺﾞ)り. 2 《獣医》離乳前の子豚の病気.

hu・mi・ta [u.mí.ta]女 《ラ米》《*》つぶしたトウモロコシをとの皮に包んで蒸した食べ物. = tamal.
corbata de humita 《ラ米》《ｼﾞ》《服飾》蝶ネクタイ.

hu・mo [ú.mo]男 1 煙, 煤煙(ﾊﾞｲｴﾝ). El tren pasa echando ~. 列車が煙を吐きながら通りすぎる. 2 湯気, 蒸気. La sopa echa ~. スープから湯気が立っている. 3 《複数で》うぬぼれ, 慢心, 高慢. tener muchos ~s 〈人〉をとても高慢である. 4 住居.
bajarle los humos (a+人) 《話》〈人〉の鼻を折る, 〈人〉に恥をかかせる.
echar humo 《話》頭から湯気をたてて[かんかんになって]怒る.

hacerse humo《話》消える, いなくなる.
írsele al humo (*a...*)《ラ米》《バ⁺》《ララ》《話》…をやみくもに攻撃する.
irse todo en humo すべてが水の泡となる.
subírsele (*a+人*) *el humo a las narices* 怒る.
subírsele (*a+人*) *los humos*《話》〈人〉がうぬぼれる. A pesar de su riqueza, nunca *se le han subido los* ∼s. 彼[彼女]は金持ちだが, 決して天狗になることはない.
[←〔ラ〕*fūmum* (*fūmus* の対格)「煙, 蒸気」, 関連 ahumar, fumar, perfume.〔英〕*fume, perfume*]

hu·mor [u.mór] 男 **1 気分, 機嫌；気質. estar de buen [mal] ∼ 上機嫌[不機嫌]である. No estoy de ∼ para bromas. 冗談を言う気分じゃないんだ. José tiene un ∼ variable. ホセは気分がすぐ変わる[お天気屋だ].
2 ユーモア, おかしみ；機知. ∼ *negro* ブラックユーモア. tener sentido del ∼ ユーモアのセンスがある. **3**《解剖》体液, 分泌液. ∼ *ácueo*[*acuoso*] 眼房水. ∼ *vítreo* (眼球の)硝子体.
humor de perros / *humor de* (*mil*) *demonios*《話》ひどい不機嫌.
seguirle el humor (*a+人*)〈人〉…に調子を合わせる,〈人〉の機嫌を取る.
[←〔古スペイン〕「(人の気質を決定すると考えられた)体内の液」←〔ラ〕(*h*)*ūmor*「湿気；体液」, 関連 húmedo.〔英〕*humo*(*u*)*r*]

hu·mo·ra·cho [u.mo.rá.tʃo] 男《話》不機嫌.
hu·mo·ra·da [u.mo.rá.ða] 女 **1**《話》冗談, おかしなこと；思いつき. Déjate de ∼s y piénsalo en serio. 茶化してばかりいないでまじめに考えろ.
2《文章語》ウモラーダ: 風刺的な諧謔(ﾎﾞ)詩. ◆対をなす哲学的な主題の詩 dolora と共に, スペインの詩人 Ramón de Campoamor (1817-1901) が命名.
hu·mo·ra·do, da [u.mo.rá.ðo, -.ða] 形《*bien* [*mal*] を伴い》機嫌のいい[悪い].
hu·mo·ral [u.mo.rál] 形《解剖》体液の, 体液から生じる.
hu·mo·ris·mo [u.mo.rís.mo] 男 **1** ユーモア, 諧謔(ﾎﾞ), こっけい. **2** 漫談, お笑い. **3**(古医学の)液素説. ◆血液 sangre, 粘液 flema, 黄胆汁 bilis, 黒胆汁 atrabilis の 4 体液の配合に基づく病理学.
hu·mo·ris·ta [u.mo.rís.ta] 男女 **1** コメディアン, お笑い芸人(=*cómico*)；ユーモア作家.
2(昔の)液素説奉者.
hu·mo·rís·ti·ca·men·te [u.mo.rís.ti.ka.mén.te] 副 ユーモアを込めて, こっけいに.
*hu·mo·rís·ti·co, ca [u.mo.rís.ti.ko, -.ka] 形 ユーモアのある, こっけいな. *estilo* ∼ 諧謔(ﾎﾞ)な文体[画風].
hu·mo·ro·so, sa [u.mo.ró.so, -.sa] 形 体液のある.
hu·mo·so, sa [u.mó.so, -.sa] 形 **1** 煙の立ちこめた, 煙い. **2** 煙を出す；湯気の立つ.
hu·mus [ú.mus] 男《単複同形》《農》腐植質, 腐葉土.
hun·che [ún.tʃe] 男《ラ米》(ｺﾛ) 水分の残り.
hun·co [ún.ko] 男《ラ米》(ﾎﾞ)《服飾》(羊毛の)ポンチョ.
hun·di·ble [un.dí.ble] 形 沈む性質がある, 沈むこともある.
*hun·di·do, da [un.dí.ðo, -.ða] 形 **1** 沈んだ, 水没した. *barco* ∼ 沈没船.
2 くぼんだ, 落ち込んだ. *mejillas hundidas* こけたほお. *ojos* ∼s 落ちくぼんだ目.
3《*estar*＋》(精神的に)落ち込んだ, うちのめされた. *en sus pensamientos* 物思いに沈んだ.
*hun·di·mien·to [un.di.mjén.to] 男 **1** 沈没, 沈下, 陥没；低下, 下落. ∼ *del terreno* 地盤沈下.
2 倒壊, 崩壊；破産. La crisis económica provocó el ∼ *de muchas empresas*. 経済危機は多数の企業の倒産を引き起こした. **3** 苦悩；衰弱.

*hun·dir [un.dír] 他 **1** 沈める, 沈没[水没]させる；《*en...*》(液体)に》浸す. ∼ *un barco a cañonazos* 大砲を撃ち込んで船を沈める. ∼ *un dedo en la salsa* ソースに指を入れる.
2《*en...*》…に》押し込む, めり込ませる. ∼ *un botón* ボタンを(強く)押す. ∼ *el pie en el acelerador* アクセルを踏み込む. ∼ *un clavo en la madera* 材木に釘(ﾈ)を打ち込む. ∼ *el rostro entre las manos* 両手に顔をうずめる. ∼ *sus raíces en la tierra* 大地に根を張る.
3〈建造物などを〉押しつぶす, 倒す；陥没させる. *Un coche bomba hundió el edificio*. 自動車爆弾により建物は崩壊した.
4〈事業・活動・共同体などを〉破綻(ﾊ)させる, 悪化させる. ∼ *el negocio* 商売を失敗させる. ∼ *un proyecto* 計画を挫折させる. *La crisis económica hundió al régimen*. 経済危機によって体制は倒れた. *Tu ausencia me hunde la moral*. 君がいないとやる気を失う.
5〈人を〉打倒する；落胆させる. ∼ *al equipo rival* 相手チームをやっつける. *La muerte de su madre lo hundió*. 母の死は彼を打ちのめした.
6《*en...*》(悪い状態)に》追い込む, 落ち込ませる. *La guerra nos hundió en la miseria*. 戦争は私たちを貧乏のどん底に突き落とした.

— ∼·**se** 再 **1**《*en...* …に》沈む, めりこむ；くぼむ. ∼*se en el lodo* ぬかるみにはまる. *Los ojos se le hundieron por el insomnio*. 彼[彼女]は不眠で目が落ちくぼんだ.
2《*en...* …に》自分の体を沈める. *Me hundí en el sillón*. 私はひじ掛けいすにどっかりと座った.
3〈建造物などが〉倒れる,〈事業・活動などが〉失する, 悪化する. *Se hundió el puente con la inundación*. 洪水で橋が落ちた. *Se nos hunde la economía*. わが国の経済が破綻(ﾊ)している.
4〈人が〉落胆する；窮状に陥る. *La familia se hundió después de la revolución*. その家族は革命後没落した.
5《*en...* 状態》に》陥る, 入り込む. ∼*se en el sueño* 眠りに沈む. ∼*se en la desesperación* 絶望する. ∼*se en sus pensamientos* 考え込む.
6《話》〈場所が〉大騒ぎになる. *El teatro se hundió de aplausos*. 劇場は大かっさいに湧き返った.
[←〔古スペイン〕「破壊する」←〔ラ〕*fundere*「注ぐ；(敵を)倒す」(←*fundir*)；「沈める」の意味は hondo の影響]

hún·ga·ro, ra [úŋ.ga.ro, -.ra] 形 **1** ハンガリーの, ハンガリー人[語]の. **2**《ラ米》(ｱﾙ)《話》ロマ[ジプシー]の, ジプシー人.
— 女 ハンガリー人.
— 男 ハンガリー語：フィン・ウゴル語族の一つ.
Hun·grí·a [uŋ.grí.a] 固名 ハンガリー(共和国)：首都 Budapest.［←〔中ラ〕*Hungaria* (〔ラ〕*Hungarī*「ハンガリー人」より派生)］
hu·no, na [ú.no, -.na] 形《史》フン族の.
— 男 女 フン人. — 男《複数で》フン人：ヨーロッパに侵入した北アジアの騎馬民族.

HUNOSA [u.nó.sa] 囡 (略) *H*ulleras del *N*orte, *S. A.* (スペインの)北部石炭会社.

hu·ra [ú.ra] 囡 **1** 小さな穴. **2** (ウサギなどの)巣, 穴. **3**《医》頭にできる疔(ちょう).

*****hu·ra·cán** [u.ra.kán] 男 **1** ハリケーン:メキシコ湾・カリブ海諸島などで発生する熱帯性低気圧(＝ciclón). **2** 暴風;《比喩的》突風;大騒ぎ,混乱. **3**《話》(勢いが)激しい人,向こう見ずな人.
[←(タイノ)*huracán*]

hu·ra·ca·na·do, da [u.ra.ka.ná.ðo, -.ða] 形 ハリケーンのような;大荒れの. viento ～ 暴風.

hu·ra·ca·nar·se [u.ra.ka.nár.se] 再《風が》大あらしになる.

hu·ra·ñí·a [u.ra.ɲí.a] 囡 人間嫌い, 社交嫌い;引っ込み思案, はにかみ, 人見知り.

hu·ra·ño, ña [u.rá.ɲo, -.ɲa] 形《ser＋／estar＋》人間嫌いの, 社交嫌いの;引っ込み思案な, 人見知りする.

hu·re [ú.re] 男《ラ米》(カリブ) 大鍋(なべ);大がめ.

hu·re·que [u.ré.ke] 男《ラ米》(カリブ) 孔, 穴.

hur·ga·dor, do·ra [ur.ga.ðór, -.ðó.ra] 形 かき回す, かき立てる. 男 火かき棒.

hur·gar [ur.gár] 他 **1** かき回す, ほじくる. ～ la lumbre 火をかき立てる. **2** 詮索(せんさく)する, かぎ回る. Eso te importa por ～ en lo que no es tuyo. 君には関係のないことに口出しているからそんなことになるんだ. **3** あおる, そそのかす;気にかからせる. Me están *hurgando* aquellas palabras que me dijo. 彼[彼女]の言ったあの話が気になっているんだ.
— 自 詮索(せんさく)する. — ～·se 再《話》ほじくる. ～*se* en la nariz 鼻をほじくる.

hur·gón, go·na [ur.gón, -.gó.na] 形 しつこくかぎ回る, しつこく迫る.
— 男 **1**《まれ》火かき棒(＝hurgador). **2**(先端に刃のついた)細身の剣(＝estoque).

hur·go·na·da [ur.go.ná.ða] 囡 →hurgonazo.

hur·go·na·zo [ur.go.ná.θo ／ -.so] 男 **1**(火かき棒で)殴ること. **2**《話》(剣の)突き.

hur·go·ne·ar [ur.go.ne.ár] 他 **1**(火かき棒で)かき立てる. **2**《話》(剣で)突く.

hur·go·ne·ro [ur.go.né.ro] 男 →hurgón.

hur·gue·te [ur.gé.te] 男《ラ米》(チリ) 詮索(せんさく)好き(な人);情報屋(＝fisgón).

hur·gue·te·ar [ur.ge.te.ár] 他《ラ米》《話》物色する, ひっかき回す;かぎ回る, 詮索(せんさく)する.

hur·gui·llas [ur.gí.jas ‖ -.ʎas] 男 囡《単複同形》《話》小うるさい人;いつも忙しそうな人.

hu·rí [u.rí] 囡《複 ～es,（～s)》(コーランに登場する)天国に住む美しい天女. ～ del paraíso 天女.

hu·rón, ro·na¹ [u.rón, -.ró.na] 形 **1**《話》付き合いの悪い. **2**《話》詮索(せんさく)好きな, 身辺をかぎ回る.
— 男 囡 **1**《話》付き合いの悪い人. **2**《話》詮索好きな人. **3**《ラ米》《話》大食家, 大食らい.
— 男《動》フェレット:ウサギ狩り用に改良された白子のケナガイタチ.

hu·rón, ro·na² [u.rón, -.ró.na] 形（北米先住民の)ヒューロンの. — 男 囡 ヒューロン人.

hu·ro·ne·ar [u.ro.ne.ár] 自 **1** フェレットを使って狩りをする. **2**《話》嗅(か)ぎ回る, 詮索(せんさく)する.

hu·ro·ne·o [u.ro.né.o] 男《話》根掘り葉掘り知ろうとすること.

hu·ro·ne·ro, ra [u.ro.né.ro, -.ra] 男 囡 フェレットの飼育者. — 囡 **1** フェレットの巣穴[巣箱, ケージ]. **2**《話》隠れ家;(盗賊の)巣窟(そうくつ);ねぐら.

hu·ro·nia·no, na [u.ro.njá.no, -.na] 形 ヒューロニアンの. la glaciación *huroniana* ヒューロニアン氷河期. — 男 ヒューロニアン:約22億年前から約24億年前の時代.

¡hu·rra! [ú.ra] 間投《歓声》フレー;万歳.
[←〔英〕*hurrah*]

hu·rra·ca [u.řá.ka] 囡《鳥》カササギ(＝urraca).

hur·ta·di·llas [ur.ta.ði.jas ‖ -.ʎas] *a hurtadillas* こっそりと, 隠れて.

*****hur·tar** [ur.tár] 他 **1** 盗む, くすねる(＝robar). **2**《de... ...から》(人)からつまずかないように;離す, それさせる. ～ de la vista de＋人(人)の目から隠す. **3**《海・川が》浸食する.
— 自《en...（量などを）》ごまかす.
— ～·se 再 逃れる, 隠れる. ～*se* a los ojos de＋人／～*se* a la vista de＋人(人)の目を逃れる. *hurtar el cuerpo a...* ...をよける, かわす.
[*hurto* (←〔ラ〕*fūrtum*) より派生]

*****hur·to** [úr.to] 男 **1** 盗み;万引き. **2**《まれ》盗品, くすねたもの.

hú·sar [ú.sar] 男 ハンガリー騎兵, 軽騎兵. el dormán del ～ 軽騎兵の軍服.

hu·se·ra [u.sé.ra] 囡《植》マユミ:ニシキギ属の低木.

hu·si·llo [u.sí.jo ‖ -.ʎo] 男 **1**(ジャッキなどの)らせん部, ねじ棒. **2** 排水路[溝].

hu·si·ta [u.sí.ta] 形《史》フス Hus (1369?-1415, チェコの宗教改革者)派の. — 男 囡 フス派の人.

husk·y [xás.ki ‖ hás.ki] 男《複 huskies, ～s, ～》 **1** ハスキージャケット, キルティングジャケット(＝chaqueta ～). **2**《動》ハスキー犬, シベリアンハスキー.

hus·ma [ús.ma] 囡 かぎ回ること, 詮索(せんさく)する(＝husmeo). andar a la ～《話》かぎ回る.

hus·me·a·dor, do·ra [us.me.a.ðór, -.ðó.ra] 形《話》かぎ回る, うろつく.
— 男 囡 かぎ回る人, うろつく人.

hus·me·ar [us.me.ár] 他 **1**《動物が》(...のにおい)をかぎ取る. **2**《en...》...のことをかぎ回る, 詮索(せんさく)する. **3** かぎつける, 感づく. ～ el peligro 危険を察知する. — 自 **1**《動物が》においをかぐ. **2**(肉などが)におう, 悪臭を放つ. **3**《話》かぎ回る, 詮索する.

hus·me·o [us.mé.o] 男 かぎ回ること;詮索(せんさく)すること.

hus·mo [ús.mo] 男 (肉の)腐ったにおい, 腐臭.

hu·so [ú.so] 男 **1**(手紡ぎ用の)紡錘, つむ, スピンドル. **2** 紡錘形のもの. ～ de un avión 飛行機の機体. **3**(巻上げ機・ウインチなどの)胴, ドラム. **4**《紋》細長いひし形, スピンドル[紡錘]形. **5**《ラ米》(カリブ) ひざ関.
huso esférico《数》球面月形.
huso horario《地理》同一標準時間帯.
ser más derecho [tieso] que un huso《話》ぴんと真っすぐになっている[立っている].

hu·ta [ú.ta] 囡《狩》猟師の隠れ小屋.

hu·tí·a [u.tí.a] 囡《動》フチア:西インド諸島の齧歯(げっし)目カプロミス科の動物. 食用.

hu·tu [ú.tu] 形 フツ人の. — 男 フツ人:ルワンダやブルンジ共和国に住む民族.

¡huy! [úi] 間投《驚き・感嘆・不快》おや, まあ;痛い.

huy- 活 →huir.

hu·yen·te [u.jén.te] 形 逃げていく, 逃亡する;遠ざかる.

hu·yón, yo·na [u.jón, -.jó.na] 形《ラ米》(タリ)(カリブ)《話》臆病(おくびょう)な, 気の弱い.

Hz《略》《物理》*hertz* ヘルツ.

I i

音価は常に「イ」であり,英語のようにこの字をアイと読んだりすることはない.日本語の「イ」と同じ要領で発音するが,日本語と異なり,原則として無声化しない.

I, i [í] 囡[複 íes, 〜s] **1** スペイン語字母の第9字;iの名称. **2**(ローマ数字の)1.→XI 11.
i griega(スペイン語字母の)yの名称.►i は i latina と呼ぶ.
poner los puntos sobre las íes こと細かに指示する.

I 〖化〗iōdēs〔ギ〕ヨウ素,ヨード(= yodo).
i- 〔接頭〕(l, r の前に来るときの)in- の異形.►正書法上rの前ではir-.→*i*legal, *ir*responsable.
-í 〔接尾〕〖男女同形〗固有名詞から形容詞を派生する.地名,国名の形容詞が名詞に転用されると「その土地の人」の意.alfons*í*, ceut*í*, marroqu*í*.
-ia 〔接尾〕「状態,性質,行為」などの意を表す女性名詞語尾.→custod*ia*, miser*ia*.
-ía 〔接尾〕**1**「状態,性質,行為」などの意を表す女性名詞語尾.→alegr*ía*, cortes*ía*, valent*ía*. **2**「集合」の意を表す女性名詞語尾.→cofrad*ía*, manter*ía*. **3**「地位,役職,職業,場所」などの意を表す女性名詞語尾.→panader*ía*, secretar*ía*.
-iaco, ca 〔接尾〕「…の,…に関する」の意を表す形容詞語尾.→man*iaco*, polic*iaco*.
-iano, na 〔接尾〕→-ano.
ia·tro·ge·nia [ja.tro.xé.nja] 囡 医原性疾患,医原病(ビョウ):医者が原因となって発生する疾病.
ia·tro·gé·ni·co, ca [ja.tro.xé.ni.ko, -.ka] 形 医原病(ビョウ)の.causa *iatrogénica* 医原病の原因.
IB. (略)《*I*beria, Líneas Aéreas de España, S. A.》(チケットの表示などで)イベリア航空.
—圐 イベリア航空の便.
iba(-) / íba(-) 活 →ir.
*I·be·ria [i.bé.rja] 固名 **1** イベリア(半島)(= la Península Ibérica):スペイン,ポルトガルを含むヨーロッパ南西部の半島.→Hispania. **2**〖商〗イベリア航空:1927年創立.1957年以後は民間会社.正式名称 〜, Líneas Aéreas de España, S. A.
[←〔ラ〕(*H*)*ibēria*←〔ギ〕*Ibería*; Ebro 川に関連があると言われる]
*i·bé·ri·co, ca** [i.bé.ri.ko, -.ka] 形 **1** イベリア半島の,スペイン・ポルトガルの. **2** 古代イベリアの;イベリア人[語]の. arte 〜 イベリア美術. **3** イベリア種の. jamón 〜 ハモン・イベリコ:ドングリで飼育されるイベリア種のブタのハム.—圐 **1**〖言〗イベリア語:紀元前4世紀から西暦初頭ごろまでのイベリア碑文により知られる系統不明の言語. **2** イベリア種のブタ.
i·be·ris·mo [i.be.rís.mo] 圐 **1** イベリア人気質.Mi 〜 es espontáneo. 私のイベリア人的気質は自然に出てきたものである. **2** イベリア人に関する歴史文化研究. **3**〖言〗イベリア語の表現. **4**〖政〗イベリア主義:政治面におけるスペイン・ポルトガルの統一.
i·be·ris·ta [i.be.rís.ta] 形 イベリア主義の.
—圐囡(ポルトガル人の)イベリア主義者.
i·be·ro, ra [i.bé.ro, -.ra] / **í·be·ro, ra** [í.be.ro, -.ra] 形 イベリアの,イベリア人の(= ibérico).
—圐囡〖史〗イベロ人.♦フェニキア人・ギリシア人の植民以前に Iberia 半島を中心に居住していた先住民族.—圐〖言〗イベリア語.→ibérico.
*I·be·ro·a·mé·ri·ca [i.be.ro.a.mé.ri.ka] 固名 イベロアメリカ.♦スペイン・ポルトガルの言語や文化が及んだ中南米地域.[Iberia + América]
*i·be·ro·a·me·ri·ca·no, na** [i.be.ro.a.me.ri.ká.no, -.na] 形 **1** イベロアメリカの,中南米の.→americano. **2** スペイン・ポルトガルと中南米の.
—圐囡 中南米人.
i·ber·text [i.ber.téks(t)]〔英〕圐 文字放送(= videotexto).
i·bex [í.béks] 圐〖単複同形〗〖経〗マドリード証券市場株価指数.►日本の TOPIX(東証株価指数)に相当する.
í·bi·ce [í.bi.θe / -.se] 圐〖動〗アイベックス:野生のヤギ.
i·bi·cen·co, ca [i.bi.θéŋ.ko, -.ka / -.séŋ.-] 形(スペイン Baleares 諸島の)イビサ島 Ibiza の.
—圐囡 イビサ島の人.
i·bí·dem [i.bí.ðem]〔ラ〕同書に,同箇所[ページ]に(= en el mismo lugar). (略 ibid., ibíd., ib.)
i·bis [í.bis] 圐〖単複同形〗〖鳥〗トキ. 〜 sagrado コシグロトキ(♦古代エジプト人が神の使者としてあがめた鳥).
I·bi·za [i.bí.θa / -.sa] 固名 イビサ:スペイン Baleares 諸島の一つで,1999年世界遺産に登録された島.[←〔ラ〕*Ebusus*で「松の島」を意味し,カルタゴ人の命名とされる]

ibis(トキ)

-ible 〔接尾〕→-ble.
Ibn Hazm [íbn áθm / -ásm] 固名 イブン・ハズム(994-1064):イスラム支配下スペインの神学者,法学者,哲学者.比較宗教学の先駆者.作品 *El collar de la paloma*『鳩の首飾り』(恋愛論).
i·bo [í.bo] 形 イボの.—圐囡 イボ人:ナイジェリア南東部に住む.—圐 イボ語.
i·bón [i.bón] 圐 アラゴン Aragón 地方にある湖:ピレネー山脈が見えることで有名.
-ica 〔接尾〕「…の性癖を持った人」の意を表す名詞・形容詞語尾.►しばしば軽蔑のニュアンスを持つ.→llor*ica*, medic*a*, quej*ica*.
i·ca·co [i.ká.ko] 圐〖植〗イカコ,イカコノキ,(バラ科の)クリソバラヌス(= hicaco).
i·cá·re·o, a [i.ká.re.o, -.a] / **i·ca·rio, ria** [i.ká.rjo, -.rja] 形 イカロスの[よう].
Í·ca·ro [í.ka.ro] 固名〖ギ神〗イカロス:ダイダロス Dédalo の子.♦蠟(ロウ)づけの翼でクレタの迷宮から脱出したが,太陽に近づきすぎて蠟が溶け海に落ちた.[←〔ラ〕*Icarus*←〔ギ〕*Íkaros*]
i·cás·ti·co, ca [i.kás.ti.ko, -.ka] 形 虚飾のない,地のままの,自然な.
I·ca·za [i.ká.θa / -.sa] 固名 イカサ.Jorge 〜(1906-78).エクアドルの作家.作品 *Huasipungo*『ワシプンゴ』.
ICE [í.θe / -.se] 圐 (略) *I*nstituto de *C*iencias de

iceberg

la *Educación* 教育科学研究所.
ice·berg [i.θe.bérγ/-.se.-]《英》男《複~s》氷山. la punta del ~ 氷山の一角.
ice·field [áis.fild]《英》男 氷原.
i·cho [í.tʃo] 男《植》ナガホハネガヤの類：ラマ・アルパカのえさや屋根ぶき用に利用.
ICI [í.θi/-.si] 男《略》*I*nstituto de *C*ooperación *I*beroamericana イベロアメリカ協力協会.
-icio, cia《接尾》「…の性質の，…に属する」などの意を表す形容詞語尾. → aliment*icio*, prop*icio*.
ic·neu·món [ik.neu.món] 男 **1**《動》エジプトマングース. **2**《昆》ヒメバチ.
ic·ni·ta [ik.ní.ta] 女《動》（恐竜の）足跡化石.
-ico, ca《接尾》縮小辞. → **-ito.** スペインのAragón 地方など，一部の地方で用いられる. → aguje*rico*, tant*ico*.
ICONA [i.kó.na] 女《略》*I*nstituto *N*acional para la *C*onservación de la *N*aturaleza 自然保護庁.
i·co·ni·ci·dad [i.ko.ni.θi.ðáð/-.si.-] 女《言》類像性；擬声音のように記号と対象との関係において強い結びつきがある性質. alto grado de ~ 高い類像性.
i·có·ni·co, ca [i.kó.ni.ko, -.ka] 形 **1** 聖像の. **2**《言》類像的の. **3**《IT》アイコンの.
i·co·no [i.kó.no] 男 **1**《美》(ギリシア正教芸術の)イコン，聖画像. **2** 類似記号；《IT》アイコン. [←《仏》*icone*←［ロシア］*ikona*←《ギ》*eikón*「姿，肖像」]
icono-「像，肖像」の意を表す造語要素. → *icono*clasta, *icono*latría. [←《ギ》]
i·co·no·cla·sia [i.ko.no.klá.sja] 女 聖像破壊（主義）.
i·co·no·clas·ta [i.ko.no.klás.ta] 形 **1** 聖像破壊（主義）の. **2** 因習打破の，伝統破壊の. ━男女 **1** 聖像破壊者. **2** 因習打破主義者，伝統破壊論者.
i·co·no·gra·fí·a [i.ko.no.gra.fí.a] 女《美》図像学［研究］，肖像研究；図像［肖像］（画集），図録.
i·co·no·grá·fi·co, ca [i.ko.no.grá.fi.ko, -.ka] 形 図像学［研究］の.
i·co·no·la·trí·a [i.ko.no.la.trí.a] 女 聖画像礼拝，偶像崇拝.
i·co·no·lo·gí·a [i.ko.no.lo.xí.a] 女《美》図像解釈学；(美徳などの抽象概念の)擬人化図像.
i·co·no·ló·gi·co,ca [i.ko.no.ló.xi.ko, -.ka] 形 図像解釈学の. el análisis ~ 図像解釈学上の分析.
i·co·nos·ta·sio [i.ko.nos.tá.sjo] 男 聖像壁：東方教会の身廊と内陣を仕切る聖像が描かれた壁.
i·co·nos·ta·sis [i.ko.nos.tá.sis] 男《単複同形》→ iconostasio.
i·cor [i.kór] 男 **1**《ギ神》イコル：神々の体内を流れていると信じられた霊液. **2**《医》膿漿(のうしょう)(液)，膿汁.
i·co·sa·e·dro [i.ko.sa.é.ðro] 男《数》20面体. ~ regular 正20面体.
ic·te·ri·cia [ik.te.rí.θja/-.sja] 女《医》黄疸(おうだん). ~ grave del recién nacido 新生児重症黄疸. neonatal 新生児黄疸.
ic·té·ri·co, ca [ik.té.ri.ko, -.ka] 形 黄疸(おうだん)の，黄疸にかかった. ━男《医》黄疸患者.
ic·tí·ne·o [ik.tí.ne.o] 男 潜水艦.
ic·tio·fa·gia [ik.tjo.fá.xja] 女 魚食，魚類常食.
ic·tió·fa·go, ga [ik.tjó.fa.go, -.ga] 形 魚を常食とする，魚食性の. ━男女 魚を常食とする動物［人］.
ic·tio·gra·fí·a [ik.tjo.gra.fí.a] 女《動》魚類誌：魚の生態を記述する動物学の1分野.

ic·tiol [ik.tjól] 男《薬》《商標》イヒチオール.
ic·tio·lo·gí·a [ik.tjo.lo.xí.a] 女 魚類学.
ic·tio·ló·gi·co, ca [ik.tjo.ló.xi.ko, -.ka] 形 魚類学（上）の.
ic·tió·lo·go, ga [ik.tjó.lo.go, -.ga] 男女 魚類学者.
ic·tio·sau·ro [ik.tjo.sáu.ro] 男《古生》魚竜：ジュラ紀に栄えた魚形の爬虫(はちゅう)類.
ic·tio·sis [ik.tjó.sis] 女《医》魚鱗癬.
ic·tus [ík.tus] 男《単複同形》 **1**《医》発作，脳卒中. **2**《詩》強音，揚音.
id [íd] 活 → ir.
id.《略》*íd*em [ラ] 同上(の)，同じく(= el [lo] mismo).

※**i·da** [í.ða] 女 **1** 行くこと (↔ venida)，往路 (↔ vuelta)；往路の切符. Perdimos una hora en la *ida*. 行きに1時間損をした. viaje de *ida* 往路. billete de *ida* y vuelta 往復切符. **2** 出発，出立. ¿A qué hora es la *ida*? 出発は何時ですか. **3** 唐突な［荒々しい］振る舞い. **4**《スポ》（フェンシング）突き. **5**《狩》（獣物の）足跡. ━形 → ido.
idas y venidas 行き来.
-ida《接尾》「行為，動作」または集合的にそれらをするための「具体的なもの，材料」などの意を表す女性名詞語尾. -er, -ir 動詞から派生. → com*ida*, hu*ida*.
IDB [i.ðe.ßé] 男《略》*I*nter-American *D*evelopment *B*ank《英》→ BID.

※**i·de·a** [i.ðé.a] 女 **1** 考え，**アイディア**，思いつき. buena ~ / ~ genial [luminosa] 名案，すばらしいアイディア. ~《s》de bombero [casquero]《話》突飛な考え，突拍子もない思いつき. dar a+人 una ~〈人〉にある考えを思いつかせる. perseguir a+人 una ~〈人〉のある考えに取り付かれる. Tengo una ~ para solucionar el problema. その問題を解決するのに私にひとつ考えがある. Se me ocurrió una buena ~. いい考えがひらめいた.

[類語]「観念，概念」は *idea, concepto*.「思考」は *pensamiento*.「判断」は *juicio*.「意見」は *opinión, parecer*.

2 概念，観念，理念. ~ fija 固定観念. ~ preconcebida 先入観. **3** おおよその知識，見当. ~ general 概要. formarse [hacerse] una ~ de... …について大まかに把握する；想像する. Esa película me dio (una) ~ de la Guerra Civil Española. その映画を見てスペイン内戦のことがだいたいわかった. **4** 意図，もくろみ，計画. llevar [tener] (la) ~ de... …するつもりである. **5** 意見，見解；判断. Tengo una ~ excelente de Paco. パコにはすばらしい印象を持っている. Tienes una ~ equivocada de sus palabras. 君は彼［彼女］(ら)の発言を誤解しているよ. **6**《複数で》思想，信条. ~s avanzadas 進歩的な思想. **7** 才能，適性. Ella tiene ~ para la música. 彼女には音楽の素質がある. **8**（文学・芸術作品の）構想.
apartar a+人 *de una idea*〈人〉に断念させる.
coger a... idea《ラ米》(ミナトベ)《話》…を嫌う，毛嫌いする.
hacerse a la idea de... …を(いやいやながら)受け入れる，あきらめる.
mala idea 悪意.
Ni idea.《話》全くわからない. ¿Dónde está Manuel? — *Ni* ~. マヌエルはどこ. —知らない.
no tener (ni) idea《話》全然知らない，さっぱりわ

ideológicamente

からない.
no tener ni la más remota idea / no tener ni pajolera [pastelera] idea [話]→ no tener (ni) *idea*.
tener idea a... [ラ米](ミシ)[話]...を毛嫌いする.
[←[ギ] *idéa*「外観, 外形」が原義; *ideîn*「見る」より派生; [ラ] *vidēre*「見る」と関連); [関連] ideal, ideología. [英] *idea*]

i·de·a·ción [i.ðe.a.θjón / -.sjón] 囡 観念形成, 観念化.

*****i·de·al** [i.ðe.ál] 厖 《名詞＋》《ser＋》**1** 理想的な. ~ persona [hombre, mujer, amor, pareja] ~ 理想の人[男性, 女性, 恋人, カップル]. lugar [sitio] ~ para... …に最適な場所. Lo ~ sería que nadie *se quejara* de nada. 誰も何にも文句をつけなければ理想的なのだが（► lo ~ sería que＋接続法（多くは過去形）).
2 観念的な, 想像上の, 架空の. mundo ~ 観念的な世界. personaje ~ 架空の人物.
—男 **1** 理想; 規範, 典型. perseguir [encarnar] el ~ 理想を追求[実現]する. Mi ~ es vivir en una isla del sur. 私の理想は南の島に住むことだ. ~*es* democráticos 民主主義の理想. ~ del político 政治家の理想像(﨟ﾞ).
2《主に複数で》理想とする考え, 信条. defender [abandonar] sus ~*es* 自分の信条を守る[捨てる].

i·de·a·li·dad [i.ðe.a.li.ðáð] 囡 **1** 理想的な性質, 《哲》観念性. **2**[話] すばらしいこと, かわいらしさ. Tu vestido es una ~. 君の服はすてきだ.

***i·de·a·lis·mo** [i.ðe.a.lís.mo] 男 **1** 理想主義（↔ realismo). **2**《哲》観念論, 唯心論.

***i·de·a·lis·ta** [i.ðe.a.lís.ta] 厖 **1** 理想主義の.
2 観念論の, 観念論的な.
—男 **1** 理想主義者. **2** 観念論者, 唯心論者.

i·de·a·li·za·ción [i.ðe.a.li.θa.θjón / -.sa.sjón] 囡 理想化.

i·de·a·li·za·dor, do·ra [i.ðe.a.li.θa.ðór, -.ðó.ra / -.sa.-] 厖 理想化する, 理想的に描く.

i·de·a·li·zar [i.ðe.a.li.θár / -.sár] 70 他 理想化する. No *idealices* a tus padres. 両親をあまり理想化してはいけない.

i·de·al·men·te [i.ðe.ál.mén.te] 副 **1** 調子よく (= muy bien). El anciano vivía ~. その年配の人は元気に生活をしていた．
2 理想的に, 完璧に. **3** 理想としては, 机上の空論かもしれないが. *I*~, todas las universidades deberían resolver estos problemas. 理想を言うと, すべての大学はこれらの問題を解決すべきでしょう.

i·de·ar [i.ðe.ár] 他 **1** 考え出す, 考案する. ~ un instrumento 道具を考案する. ~ una teoría 理論を考え出す. Este sistema ha sido *ideado* para la seguridad de los clientes. このシステムはお客様の安全のために考案されたものです.
2《ラ米》(1) もくろむ. (2) (ｽｵ)(ﾌﾟｴ)空想にふける.

i·de·a·rio [i.ðe.á.rjo] 男 イデオロギー, 思想, 理念. el ~ romántico ロマン主義の理念.

i·de·á·ti·co, ca [i.ðe.á.ti.ko, -.ka] 厖《ラ米》(1) 偏執的な (= maniático). (2) (ﾒﾊｼ)才覚のある. (3) (ﾌﾟｴ)小うるさい; 頑固な.

ídem [í.ðem]〔ラ〕同上（の), 同じく, 前述に同じく (= el [lo] mismo) (≒略 id.).
ídem de ídem / ídem de lienzo[話]同じこと (= lo mismo). Carlos es un vago y su padre ~ *de* ~. カルロスが怠け者なら, 父親もそうだ.

***i·dén·ti·co, ca** [i.ðén.ti.ko, -.ka] 厖《**a...**》《《…と》同一の, 全く同じ; 《…に》よく似た. Quiero una bufanda *idéntica a* la que llevas. 君がしているのと同じマフラーが欲しい. Tu hijo es ~ *a* ti. 君の息子は君にそっくりだ.

***i·den·ti·dad** [i.ðen.ti.ðáð] 囡 **1** 同一性, 一致. ~ de pareceres 意見の一致. ~ del pueblo mexicano メキシコ国民としてのアイデンティティ.
2 本人であること; 身元, 素性. averiguar la ~ 素性を調べる. probar la ~ 身元を証明する. tarjeta [documento, carnet] de ~ 身分証明書. ~ de persona《法》相続人の身元確認. **3**《数》恒等式.
[←[ラ] *identitātem* (*identitās* の対格) ([ラ] *īdem*「同じ」＋-*itās*「状態」) ; [ギ] *tautótēs*「同一性」の訳語) ; [関連] idéntico, identificar. [英] *identity*]

i·den·ti·fi·ca·ble [i.ðen.ti.fi.ká.ble] 厖 同一視しうる, 同一であると証明できる; (身元などを) 確認しうる.

***i·den·ti·fi·ca·ción** [i.ðen.ti.fi.ka.θjón / -.sjón] 囡《正体・身元の》証明《確認, 鑑定》;《心》同一化[視]. Se procedió a la ~ del cadáver. 死体の身元確認作業に移った.

i·den·ti·fi·ca·do, da [i.ðen.ti.fi.ká.ðo, -.ða] 厖
1《同一であると》証明された, 身元確認された.
2《estar＋》〈人が〉《好み・意見などの点で》気が合う, 一致している.

i·den·ti·fi·ca·dor, ra [i.ðen.ti.fi.ka.ðór, -.ra] 厖 本人照合の. fotocopia del documento ~ 本人確認書類のコピー.
—男《IT》(ログイン用の) パスワード.

***i·den·ti·fi·car** [i.ðen.ti.fi.kár] 102 他 **1**《**con... / como...** …と》同一視する, 同定する. El testigo *identificó* sin vacilación al detenido *como* el asesino. 証人は迷わず逮捕者が殺人犯であることを認めた.
2…の身元を確認する. La policía ha conseguido ~ a los verdaderos autores del crimen. 警察はついにその犯罪の真犯人を突きとめた.
—~·se 再 **1**《**con...** …と》一致する; 同意見である, 一体感を持つ. ~*se* plenamente *con* su papel 自分の役になりきる. **2** 身元を証明する.

identifique(-) / identifiqué(-) 活 → identificar.

i·de·o, a [i.ðé.o, -.a] 厖《ギ神》イダ Ida 山の; トロヤの. ♦ (1) フリギアの イダ山: 頂から神々はトロヤ戦争を見守った. (2) クレタ島のイダ山: この山の洞穴で Zeus が誕生し養育されたという.

ideo-「観念」の意を表す造語要素. → *ideo*grama, *ideo*lógico. [←[ギ]]

i·de·o·gra·fí·a [i.ðe.o.gra.fí.a] 囡 表意文字法: 表意文字によって形態素を表すこと. 日本語の「走る」という単語の「走」がこれに相当する.

i·de·o·grá·fi·co, ca [i.ðe.o.grá.fi.ko, -.ka] 厖 表意(文字)の.

i·de·o·gra·ma [i.ðe.o.grá.ma] 男 表意文字.

***i·de·o·lo·gí·a** [i.ðe.o.lo.xí.a] 囡 **1** イデオロギー, 観念体系[形態] (= ideario). ~ burguesa ブルジョアの思想. **2**《哲》観念学.

i·de·o·ló·gi·ca·men·te [i.ðe.o.ló.xi.ka.mén.te] 副 **1** 概念別に. clasificar ~ 概念別に分類する. ► agrupar など, 分類を表す動詞と共に用いる.
2（観念的な) 意味の上で un mensaje ~ ambiguo 観念的に曖昧なメッセージ. **3**（政教の面におけ る) 思想的に. dos personas ~ enfrentadas 思想の面で真っ向から対立しているふたり.

i・de・o・ló・gi・co, ca [i.ðe.o.ló.xi.ko, -.ka] 形 イデオロギーの, 観念的な；観念学の. diccionario ～ 概念辞書. ― 男 概念辞書.

i・de・o・lo・gi・za・ción [i.ðe.o.lo.xi.θa.θjón / -.sa.sjón] 女 思想の浸透化, 洗脳すること. evidente [notoria] ～ 明らかな思想の植え付け.

i・de・o・lo・gi・za・do, da [i.ðe.o.lo.xi.θá.ðo, -.ða / -.sá.-] 形 (特定の)政教上の思想に偏った. aunque la noción está menos *ideologizada* その考えが特定の政党の肩を持っていることはいえないが.

i・de・o・lo・gi・zar [i.ðe.o.lo.xi.θár / -.sár] 97 他 に特定の思想を植え付ける, 政治色を付ける.

i・de・ó・lo・go, ga [i.ðe.ó.lo.ɣo, -.ɣa] 男女 イデオローグ, 理論的指導者；空論家；〖哲〗観念学者.

i・de・o・so, sa [i.ðe.ó.so, -.sa] 形 《ラ米》《話》(1)《グアテ》才覚のある. (2)《ラ米》《俗》《話》変人のある；疑い深い, 心配性の.

i・dí・li・co, ca [i.ðí.li.ko, -.ka] 形 1 恋愛関係の. 2 快い；牧歌的な. un paisaje ～ のどかな風景.

i・di・lio [i.ðí.ljo] 男 1 恋愛〔非常に仲のよい〕関係. tener un ～ con... ...と親密な関係にある. 2 牧歌的な恋愛詩.

idio- 「特異な, 特有の」の意を表す造語要素. ⇒ *idio*plasma, *idio*sincrasia. [←〔ギ〕]

i・dio・cia [i.ðjó.θja / -.sja] 女 → idiotez.

i・dio・lec・to [i.ðjo.lék.to] 男 〖言〗個人言語.

i・dio・ma [i.ðjó.ma] 男 1 (ある国家・地域の)言語. ⇒ español スペイン語. ～ oficial 公用語. Antonio habla cuatro ～s. アントニオは4言語を話す. ⇒ lengua 類語. 2 (ある分野などに)特有の語法, 言葉遣い；専門用語. ～ de los jóvenes 若者言葉.
[←〔後ラ〕*idiōma*「言語的特徴, 特有の語法」←〔ギ〕*idíōma*「特殊性, 特有の語法〔文体〕」 関連〔英〕*idiom*「慣用句」]

i・dio・má・ti・co, ca [i.ðjo.má.ti.ko, -.ka] 形 ある言語に特有の；慣用的な. expresión *idiomática* 慣用表現.

i・dio・pa・tí・a [i.ðjo.pa.tí.a] 女 〖医〗特発症, 特発性疾患.

i・dio・pá・ti・co, ca [i.ðjo.pá.ti.ko, -.ka] 形 〖医〗特発(ほつ)性の, 原因不明の. la enuresis *idiopática* 特発性夜尿症.

i・dio・plas・ma [i.ðjo.plás.ma] 男 〖生物〗イディオプラズマ, (細胞の)遺伝質.

i・dio・sin・cra・sia [i.ðjo.siŋ.krá.sja] 女 1 気質, 特質, 特異性, 性癖. la ～ de un pueblo 国民性. 2 〖医〗特異体質.

i・dio・sin・crá・si・co, ca [i.ðjo.siŋ.krá.si.ko, -.ka] 形 1 特有の, 特異な. 2 〖医〗特異体質の.

i・dio・ta [i.ðjó.ta] 形 1 **(ser と estar +)** ばかな, ぬけた, 無知な. 2 〖心〗精神遅滞の.
― 男女 1 ばか, あほ, まぬけ. ¡**/**～! このばか野郎. No seas ～. ばかなことやめろ[言うな].
[←〔古スペイン〕「無学の人」←〔ラ〕*idiōta*←〔ギ〕*idiṓtēs*「門外漢；無学の人」]

i・dio・ta・da [i.ðjo.tá.ða] 女《ラ米》《俗》→ idiotez.

i・dio・tez [i.ðjo.téθ / -.tés] 女 〖複 idioteces〗 1 愚劣さ, ばかげた言動. decir *idioteces* ばかげたことを言う. 2 〖心〗〖医〗精神遅滞者, 白痴.

i・dio・tis・mo [i.ðjo.tís.mo] 男 1 〖言〗(ある言語に固有の)慣用表現 (= modismo). 2 〖医〗精神遅滞 (= idiotez). 3 《話》無知.

i・dio・ti・zar [i.ðjo.ti.θár / -.sár] 97 他 頭を悪くする. ― ～**se** 再 ばかになる.

i・do, da [í.ðo, -.ða] [ir の過分] 形 1 《話》ぼんやりした, 上の空の. Perdóname, estaba *ido*. ごめんなさい, ぼうっとしていました. 2 気が変になった. *ido* de la cabeza 頭がいかれている. 3 《ラ米》《グ》《話》ほろ酔いの.

-ido [í.ðo] 男 1 -er, -ir 動詞の過去分詞語尾. aburr*ido*, divert*ido*. 2 動詞に付いて「音」の意を表す男性名詞語尾. ⇒ cruj*ido*, ladr*ido*. 3 「行為, 結果」の意を表す男性名詞語尾. ⇒ cos*ido*, tend*ido*.

-ido, da (接尾)「…の性質を持った」の意を表す形容詞語尾. ⇒ dolor*ido*, flor*ido*.

i・do・la・tra [i.ðó.la.tra] 形 1 偶像崇拝の. 2 **(de** ...を**)** 溺愛(ちき)する, 偏愛する；崇拝する.
― 男女 1 偶像崇拝者. 2 心酔者, 偏愛者, 崇拝者.

i・do・la・trar [i.ðo.la.trár] 他 1 偶像崇拝する. 2 偶像視する；溺愛(ちき)[偏愛]する. Gustarle el dinero es poco, lo *idolatra*. 彼[彼女]は金が好きなんてもんじゃない, 金の亡者だよ. ～ a SUS nietos 孫を溺愛する.

i・do・la・trí・a [i.ðo.la.trí.a] 女 1 偶像崇拝. 2 **(por...** ...への**)** 盲信, 溺愛(ちき), 偏愛.

i・do・lá・tri・co, ca [i.ðo.lá.tri.ko, -.ka] 形 1 偶像崇拝の；culto ～ 偶像崇拝. 2 盲信的な, 溺愛(ちき)の.

ί・do・lo [í.ðo.lo] 男 1 偶像；偶像神. 2 偶像視される[もの], 崇拝の的, アイドル. Ella es el ～ de la juventud. 彼女は若者たちのアイドルだ. hacerse el ～ de... ...のアイドル[溺愛(ちき)の対象]になる.

i・do・nei・dad [i.ðo.nei.ðáð] 女 適する, 適合, 適任.

i・dó・ne・o, a [i.ðó.ne.o, -.a] 形 **(para...** ...に**)** 適した, ふさわしい；適任の. una chica *idónea* para el cargo de secretaria 秘書にもってこいの女の子.

i・dos [í.ðos] / **i・dus** [í.ðus] 男 〖複数形〗(古代ローマ暦・教会暦で)3月・5月・7月・10月の15日, およびそれ以外の月の13日.

I・du・me・a [i.ðu.me.á] 固名 エドム, イドマヤ：パレスチナ南方に位置した古代王国.

I・du・me・o, a [i.ðu.mé.o, -.a] 形 エドムの, イドマヤの. ― 男女 エドム人, イドマヤ人.

i. e. 《略》*id est* 〔ラ〕すなわち (= esto es).

-iego, ga (接尾) 1 名詞・動詞に付いて「…の性質の, …に属する, よく…する」などの意を表す形容詞語尾. ⇒ andar*iego*, mujer*iego*. 2「…出身の, …の人[もの]」の意を表す名詞・形容詞語尾. ⇒ -ego となることもある. ⇒ manch*ego*.

-iendo (接尾) -er, -ir 動詞の現在分詞語尾. ⇒ escrib*iendo*, ten*iendo*.

-iente (接尾) → -nte.

-iento, ta (接尾) 1「…の状態の」の意を表す形容詞語尾. ⇒ mugr*iento*, polvor*iento*. 2「…に似た」の意を表す形容詞語尾. -ento となることもある. ⇒ amarill*ento*, cenic*iento*.

IES [i.és] 男《略》Instituto de Enseñanza Secundaria 高等学校.

I・fi・ge・nia [i.fi.xé.nja] 固名《ギ神》イフィゲネイア：Agamenón の娘. トロヤ遠征の際, 生贄(いけにえ)に供されたが Ártemis に助けられた.

If・ni [if.ni] 固名 イフニ：モロッコ南西部の地区. 旧スペイン領.

i・gle・sia [i.ɣlé.sja] 女 1 [しばしば I-] (キリスト教の)教会；教派, 宗派. casarse por la ～ 教会で結婚する. ～ católica カトリック教会. ～ protestante プロテスタント教会. ～ anglicana 英国国教会. ～ ortodoxa (griega) ギリ

igual

正教会. ～ oriental 東方教会. ～ luterana ルター派[ルーテル]教会. separación de la *I*～ y el Estado 政教分離.

【関連 **教会**：*basílica*《カト》バシリカ聖堂. *catedral* カテドラル, 大聖堂. *ermita* 人里離れた礼拝堂. *mezquita* モスク, 回教寺院. *pagoda* パゴダ（東洋の寺院の塔）. *parroquia* 教区教会. *sinagoga* シナゴーグ, ユダヤ教の礼拝堂. *tabernáculo* （ユダヤ教で）幕屋(ばく). *templo* 神殿, 寺院.

2（建物としての）**教会**, 教会堂. Ibamos a la ～ todos los domingos. 毎週日曜日私たちは教会へ行っていた. ～ románica ロマネスク教会. ～ catedral 司教座聖堂, カテドラル. ～ metropolitana 首都大司教座聖堂. ～ parroquial 教区教会. →次代.

3《集合的》キリスト教徒. ～ militante 地上の信者. ～ purgante 煉獄の信者. ～ triunfante 天国の信者. **4** 聖職者, 司祭; 教皇. **5** 教区, 司教管区. *cumplir con la Iglesia* 復活祭に聖体拝領する.
[←〔俗ラ〕*eclesia*←〔ラ〕*ecclēsia*「集会（所）; 教会」←〔希〕*ekklēsía*「（市民の）集会」]

i·gle·sie·ro, ra [i.gle.sjé.ro, -.ra]《ラ米》《話》形 教会に足しげく通う, いつも教会にいる.

i·glú [i.glú]男《複 ～es, ～s》イグルー：氷雪ブロックで造るイヌイット[エスキモー]の家. [←〔英〕*igloo*]

Ig·na·cia [ig.ná.θja / -.sja] 固名 イグナシア：女子の洗礼名. 愛称 Nacha.

ig·na·cia·no, na [ig.na.θjá.no, -.na / -.sjá.-] 形 聖イグナティウス・デ・ロヨラの; 聖イグナティウスの教理の.

Ig·na·cio [ig.ná.θjo / -.sjo] 固名 **1** San ～ de Loyola 聖イグナティウス・デ・ロヨラ (1491?-1556)：スペイン北部 Guipúzcoa の出身. 対仏戦争敗戦中に足を負傷後, 神学を修める. 1534年イエズス会を創立. 祝日7月31日. → iñiguista. **2** イグナシオ：男子の洗礼名. 愛称 Nacho, Nachín. [←〔ラ〕*Ignatius*.〔関連〕〔ポルトガル〕*Ignácio*.〔仏〕*Ignace*.〔伊〕*Ignazio*.〔英〕*Ignatius*.〔独〕*Ignaz*]

ig·na·ro, ra [ig.ná.ro, -.ra] 形 無知の, 暗愚な.

ig·na·via [ig.ná.βja] 女 怠惰; 投げやり.

íg·ne·o, a [íg.ne.o, -.a] 形 **1** 火の; 火の色の. **2**《地質》火成の. *roca ígnea* 火成岩.

igni- 「火, 燃焼」の意を表す造語要素. → *ignícola, ignito*. [←〔ラ〕]

ig·ni·ción [ig.ni.θjón / -.sjón] 女 **1** 発火, 着火; 燃焼. *punto de* ～ 着火点. **2**《車》イグニッション, スターター.

ig·ní·co·la [ig.ní.ko.la] 形 拝火教を信じる; 拝火教を崇拝する. ——男 女 拝火教信者.

ig·ní·fe·ro, ra [ig.ní.fe.ro, -.ra] 形《詩》火を吹く[吐く].

ig·ní·fu·go, ga [ig.ní.fu.go, -.ga] 形 耐火[不燃性]の.

ig·ní·po·ten·te [ig.ni.po.tén.te] 形《詩》火を支配する.

ig·ní·vo·mo, ma [ig.ní.βo.mo, -.ma] 形《詩》→ *ignífero*.

ig·no·mi·nia [ig.no.mí.nja] 女 **1** 不名誉, 不面目; 恥辱. **2** 恥ずべき行為, 非常識. Sería una ～ cortarle sus hermosos rizos. 彼[彼女]の美しい巻き毛を切るなんてばかげている.

ig·no·mi·nio·so, sa [ig.no.mi.njó.so, -.sa] 形 不名誉な, 恥ずべき; 申し開きのできない.

＊**ig·no·ran·cia** [ig.no.rán.θja / -.sja] 女 **1** 無知, 知らないこと. ～ crasa 全くの[ひどい]無知. ～ supina（当然知っているべきことを知らない）怠慢による無知. Mi ～ en ese tema es total. そのテーマについては私は全くの不案内である. La ～ de la ley no exime de su cumplimiento. 法の不知は抗弁たりえず. **2** 無学, 無教養.

＊**ig·no·ran·te** [ig.no.rán.te] 形 **1** 〈de... …を〉知らない; 〈en... …に〉無知の, 疎い. Está ～ de lo que ha pasado. 彼[彼女]は何があったのか知らない. **2** 無学の, 無教養の. ——男 女 無学[無知]な人, 教養のない人. Es un ～ en temas científicos. 彼は科学については無知な人間である.

ig·no·ran·te·men·te [ig.no.rán.te.mén.te] 副 無知にも, 知らずに.

＊**ig·no·rar** [ig.no.rár] 他 **1** 知らないでいる, …の知識[認識]がない. *Ignoro* su apellido. 私は彼[彼女]の苗字を知らない. Ella *ignora* su propia belleza. 彼女は自分の美しさに気づいていない. Yo no *ignoraba* que hablaban de mí. 私はうわさされていることを知らないわけではなかった. Se *ignora* su autor. 作者不詳（である）. **2** 無視する, 黙殺する. ～ *un consejo* 忠告に耳を貸さない. Este chico me *ignora* y no me saluda. この子は私を無視してあいさつもしない.
[←〔ラ〕*ignōrāre*; *ignārus* 「知らない」(*in-*（否定） + *gnarus* 「熟知の」）より派生.〔関連〕*ignorante*.〔英〕*ignore* 「無視する」, *ignorant*]

ig·no·to, ta [ig.nó.to, -.ta] 形《文章語》未知の; 未発見の, 未踏の.

＊**i·gual** [i.gwál] 形《+名詞 / 名詞+》《ser+ / estar+》

1《a... / que... …と》等しい. en ～ periodo del año anterior 前年同期に. dividir en tres partes ～*es* 3等分する. Las dos cosas son exactamente ～*es*. その2つのものは全く同じである. X más Y ～ a Z. X足す[プラス]Yは[イコール]Z. dividir a partes ～*es* 均等割りする.

2《ser+ / estar+》《a... / que... …と》同じような, 同等な. de ～ forma (que...)（…と）同じように. Nunca he visto cosa ～. こんなものは見たことがない. Su moto es ～ que la mía. 彼[彼女]のバイクは私のと同じだ. ¿Cómo está el enfermo? — I～, igual que ayer. どうですか. — 変わりありません.

3《ser+》平等な, 対等な. un trato ～ 平等な扱い. ～*es* derechos 平等な権利. Todos somos ～*es* ante la ley. 我々は法の前でみな平等である. **4** むらのない, 一様な, 平らな. terreno ～ 平地.

——副 **1**《que... …と》同じように. ～ que antes 以前と同じように. ～ que yo私と同様に. **2**《ラ米》たぶん, おそらく. I～ viene mañana. たぶん彼[彼女]は明日来るだろう. **3**《ラ米》(♛)それでもなお.

——男 同等の人.

——男 **1**《数》等号（記号 =）. **2**《複数で》《スポ》同点. cuarenta ～*es*《スポ》（テニス）ジュース. **3**《複数で》《pl》（スペイン国立盲人協会 ONCE の）宝くじ（=cupones de sorteo）.

al igual que... …と同じように.
*dar*le[serle] *igual*（a+人）〈人〉にとってどちらでもかまわない, 〈人〉が気にしない. *Me da* [es] ～. どちらでもかまいません.
de igual a igual 対等に. *hablar* [*tratar*] *de* ～ *a* ～ 対等に話す[付き合う]. *competir* [*luchar*] *de* ～ *a* ～ 互角に張り合う[勝負する].
no tener (*otro*) *igual* 匹敵するものがない. *No tiene* (*otro*) *igual.* 彼[彼女]にかなう者はいない.

iglesia

iglesia (教会)

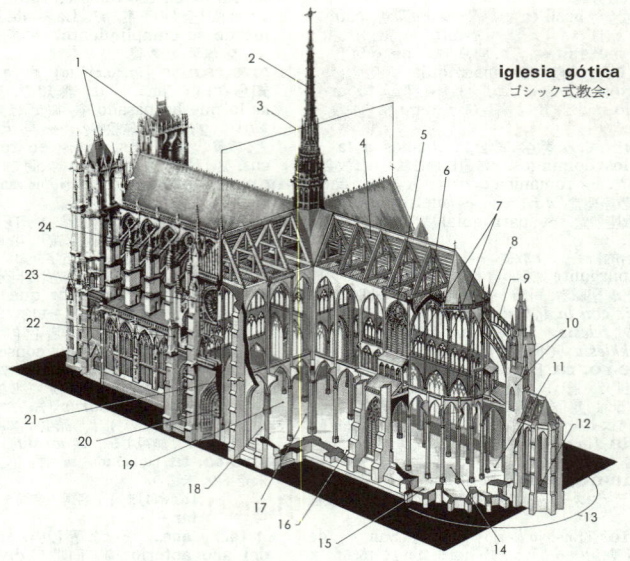

iglesia gótica
ゴシック式教会.

1 torre (campanarios) 塔(鐘楼). **2** aguja 尖塔.
3 crucero トランセプト, 翼廊, 交差廊.
4 techumbre 屋根(組み). **5** ventana 窓.
6 arco perpiaño リブアーチ. **7** triforio トリフォリウム. **8** arquería 装飾アーケード. **9** arbotante 飛び梁(ばり). **10** contrafuertes 控え壁, 扶壁. **11** deambulatorio 周歩廊. **12** capilla de la Virgen 聖母マリアの礼拝堂. **13** ábside 後陣. **14** coro 内陣. **15** absidiola 小後陣. **16** nave lateral 側廊. **17** crucero トランセプト, 翼廊, 交差廊. **18** nave del crucero 袖廊, 翼廊. **19** nave central 身廊. **20** porche ポーチ. **21** gablete 切妻, 破風. **22** pináculo 小尖塔(せんとう). **23** rosetón バラ窓. **24** campanil 鐘楼.

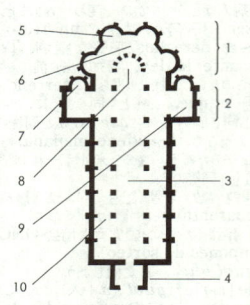

cruz latina ラテン十字形:
1 ábside 後陣. **2** crucero トランセプト, 翼廊, 交差廊. **3** nave central 身廊. **4** porche 前廊. **5** absidiola 小後陣. **6** deambulatorio 周歩廊. **7** absidiola 小後陣. **8** coro 内陣. **9** nave del crucero 翼廊, 袖廊. **10** nave lateral 側廊.

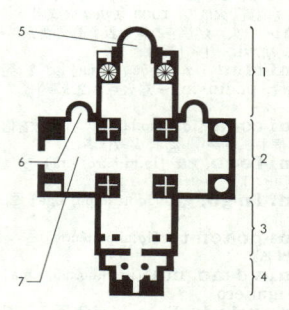

cruz griega ギリシア十字形:
1 ábside 後陣. **2** crucero トランセプト, 翼廊, 交差廊. **3** nave 身廊. **4** atrio アトリウム, 柱廊玄関. **5** coro 内陣. **6** absidiola 小後陣. **7** nave del crucero 翼廊, 袖廊.

por igual 均等に, 平等に. repartir la ganancia *por* ~ entre todos 利益を皆で均等に分ける. Me gustan ambos *por* ~. 両方とも同じぐらい好きだ. *sin igual* 比類ない. belleza *sin* ~ 他と比べものにならないほど美しい人[もの].
[← 〔古スペイン〕*egual*←〔ラ〕*aequālis*(「同じ大きさ[年齢]の」が原義; *aequus* 「等しい」より派生) 関連 equivalente, ecuador. 〔英〕*equal, equator*]

i‧gua‧la [i.gwá.la] 囡 **1** (医療サービス機関・共済組合・互助会などとの)契約, 掛け金. **2** (まれ)等しくすること; 均等(化). **3** 水準器, レベル.

i‧gua‧la‧ción [i.gwa.la.θjón / -.sjón] 囡 → igualar 1, 2.

i‧gua‧la‧do, da [i.gwa.lá.ðo, -.ða] 形 **1** 同等の, 互角の. Quedamos ~*s*. (これで)おあいこだ. Todos los caballos entraron en la meta muy ~*s*. すべての馬は横一線にゴールに飛び込んだ. un partido muy ~ 大接戦. **2** 高さ[丈]がそろった, 平らな. **3** 〈鳥の〉羽(毛)の生えそろった. **4** 《『中米』〔話〕》(﹅﹅﹅﹅)抜けめのない, ずる賢い. (2) (﹅﹅) (﹅﹅﹅) 無遠慮な, ずうずうしい; 生意気な.
— 男 **1** 〘スポ〙〔話〕同点, 引き分け. conseguir la *igualada* 同点にこぎつける. **2** 〘闘牛〙牛が四肢をまっすぐにそろえて立つ姿勢.

*‧i‧gua‧lar [i.gwa.lár] 他 **1** 〈**en**... …において〉…に等しい, …に匹敵する. Nada *iguala* la belleza de este paisaje. この風景の美しさに及ぶものはない.
2 平等に扱う; 同じにする; 均一化する. Nosotros siempre os *hemos igualado* en todo. 私たちは全ての点で君たちを平等に扱ってきた.
3 平らにする, 高さ[丈]をそろえる; 〈芝生などを〉平らに刈る. **4** …の契約をする.
— 自 **1** 《**a**... / **con**... …に》等しい, 匹敵する; 〈…の色・質が〉同じである. Ninguna catedral *iguala* a la de Toledo *en* belleza. 美しさではトレドのカテドラルにかなうものはない.
2 〘スポ〙《**a**... …で》同点になる. ~ *a* 2 (試合は) 2対2の引き分けである; いま得点は2対2である.
3 《ラ米》《﹅﹅﹅》(ギターの弦の)音合わせをする, 調律する.
— **~‧se** 再 **1** 《**en**... …において》《**a**... / **con**... …と》拮抗(﹅﹅)する, 均衡する. *Se igualan* en fuerza. 力が拮抗する.
2 《**con**... …と》自分を同等とみなす, 対等になる.
3 平らになる, 凹凸がなくなる. **4** 契約を結ぶ; 共済組合などに加入する. **5** 《ラ米》(1) (﹅﹅﹅﹅)(﹅﹅)(目上に)(﹅﹅﹅﹅﹅﹅)(﹅﹅)(﹅﹅)(﹅﹅)(﹅﹅)(﹅﹅)(﹅﹅)(﹅﹅) (﹅﹅﹅﹅)(﹅﹅). (2) 《﹅中米﹅》出世をねらう.

i‧gua‧la‧to‧rio [i.gwa.la.tó.rjo] 男 医療共済組合, 共済会, 互助会.

*‧i‧gual‧dad [i.gwal.dáð] 囡 **1** 平等, 同等, 対等. La ley garantiza la ~ entre hombres y mujeres. その法律は男女間の平等を保証している. la ~ de todos los hombres 万人の平等. ~ ante la ley 法の下での平等. ~ de oportunidades 機会均等.
2 同じであること, 一致, 一様性. ~ de opiniones 意見の一致. **3** 〘数〙等式.

i‧gua‧li‧ta‧rio, ria [i.gwa.li.tá.rjo, -.rja] 形 平等主義の, 公平な. recibir un trato ~ 平等な扱いを受ける. — 男 囡 平等主義者.

i‧gua‧li‧ta‧ris‧mo [i.gwa.li.ta.rís.mo] 男 平等主義. el ~ político 政治的平等をかかげること.

*‧i‧gual‧men‧te [i.gwál.mén.te] 副 **1** 同様に, 同じく(= también, asimismo). Este vaso es delgado e ~ duro. このコップは薄くて丈夫だ.
2 (あいさつの返答)あなたも. ¡Que tenga buena suerte! — *I*~. あなたが幸運に恵まれますように. — あなたも.

i‧gua‧na [i.gwá.na] 囡 〘動〙イグアナ:主に中南米に生息. 食用になる. [←〔アラワク〕*iwana*]
— 男 **1** イグアナ科の動物. **2** 《複数で》イグアナ科.

iguana (イグアナ)

i‧gua‧no‧don‧te [i.gwa.no.ðón.te] 男 〘古生〙イグアノドン, 禽竜(﹅﹅﹅): 草食の恐竜.

I‧gua‧zú [i.gwa.θú / -.sú] 固名 el ~ イグアス川. cataratas del ~ イグアスの滝: アルゼンチン・パラグアイ・ブラジルの国境にある *Iguazú* 川の滝. イグアス公園は世界遺産. 関連 〔ポルトガル〕*Iguaçu*.

i‧güe‧do [i.gwé.ðo] 男 (生後2年ほどの)雄ヤギ.

I.H.S. 《略》〔カト〕*Iesus, hominum salvator* 〔ラ〕人類の救い主イエス (= Jesús, salvador de los hombres).

i‧ja‧da [i.xá.ða] 囡 **1** (特に動物の)わき腹, 横腹. **2** (魚の)腹部.

i‧ja‧de‧ar [i.xa.ðe.ár] 自 肩で息をする, あえぐ.

i‧jar [i.xár] 男 (人間・哺乳類の)わき腹, 横腹.

i‧jow [i.jóu / í.ðou] 固名 イジョー人の. — 男 囡 イジョー人: ナイジェリアに住む部族の一つ.

i‧kas‧to‧la [i.kas.tó.la] 〔バスク〕囡 授業がバスク語でなされる(公立)学校.

i‧ke‧ba‧na [i.ke.bá.na] 〔日〕男 生け花. el arreglo floral llamado ~ 生け花と呼ばれるフラワーアレンジメント(// 花).

i‧ku‧rri‧ña [i.ku.ří.pa] 〔バスク〕囡 バスク地方 País Vasco の旗. colocar una ~ バスク地方の旗を掲げる.

-il 《接尾》「…の, …に特有の」の意を表す形容詞語尾. ⇒ estudian*til*, mujer*il*.

i‧la‧ción [i.la.θjón / -.sjón] 囡 **1** (思考・論理の)脈絡, 一貫性. **2** 〘論〙推論, 推定, 推測.

i‧la‧ti‧vo, va [i.la.tí.βo, -.βa] 形 **1** 連結する, つながりのある. **2** 〘文法〙推論の, 推定の. conjunción *ilativa* 推断[推論, ひきつぎ]の接続詞: conque, pues など.

Il‧de‧fon‧so [il.de.fón.so] 固名 聖イルデフォンソ San ~ (607-667): スペインの聖人・トレドの大司教.

i‧lé‧ce‧bra [i.lé.θe.bra / -.se.-] 囡 おべっか; 甘い誘惑.

*‧i‧le‧gal [i.le.gál] 形 **不法の, 違法の**, 非合法の (↔ legal). actividades ~*es* 非合法的な活動.

i‧le‧ga‧li‧dad [i.le.ga.li.ðáð] 囡 不法, 違法, 非合法; 違法行為.

i‧le‧ga‧li‧za‧ción [i.le.ga.li.θa.θjón / -.sa.sjón] 囡 違法化.

i‧le‧ga‧li‧zar [i.le.ga.li.θár / -.sár] 他 〈法を改正して〉違法にする, 非合法にする. el intento de ~ el tabaco タバコを違法とする試み.

i‧le‧gal‧men‧te [i.le.gál.mén.te] 副 不法に, 違法に. detener ~ 不法に逮捕する.

i‧le‧gi‧bi‧li‧dad [i.le.xi.βi.li.ðáð] 囡 読みにくいこと, 判読不能.

i‧le‧gi‧ble [i.le.xí.ble] 形 **1** (**ser** ~ / **estar** ~) 読みづらい, 判読しがたい (↔ legible). firma ~ 判読できない署名.
2 〈文章などが〉読むに値しない; 読んではならない.

i‧le‧gis‧la‧ble [i.le.xis.lá.ble] 形 法律を制定できない, 立法不能な, 法律で統制できない. No podrá

ilegítimamente

tratarse de legislar lo ~. 法律制定できないことを法律で統制しようとするのはできないことだろう.

i·le·gi·ti·ma·men·te [i.le.xí.ti.ma.mén.te] 副 不法に, 非合法的に; 非嫡出で, 不倫によって.

i·le·gi·ti·mar [i.le.xi.ti.már] 他 違法とする; 非合法化する.

i·le·gi·ti·mi·dad [i.le.xi.ti.mi.ðáð] 女 不法, 違法, 非合法; 庶出.

i·le·gí·ti·mo, ma [i.le.xí.ti.mo, -.ma] 形 **1** 不法な, 違法の, 非合法の. competencia *ilegítima* 不当な競争. **2** 私生の, 非嫡出の. hijo ~ 私生児, 非嫡出子. **3** 偽の (= falso). **4** 姦通(かんつう)の, 不倫の.

í·le·o [í.le.o] 男 〖解剖〗腸閉塞(へいそく)(症), イレウス, paralítico まひ性イレウス.

i·le·o·ce·cal [i.le.o.θe.kál / -.se.-] 形 〖解剖〗回盲部の.

í·le·on [í.le.on] 男 〖解剖〗回腸; 腸骨 (= ilion).

i·ler·den·se [i.ler.ðén.se] 形 (スペインの Lérida の旧称) イレルダ Ilerda の (= leridano).
── 女 レリダの住民[出身者].

i·ler·ge·te [i.ler.xé.te] 形 〖史〗イレルゲテス Ilergetes (人) の 男 イレルゲテスの人. ◆Ilergetes はローマ属領化以前に, 現在のスペイン Huesca, Zaragoza, Lérida の 3 県にまたがっていた地域名.

i·le·so, sa [i.lé.so, -.sa] 形 無傷な, 無事な. El conductor resultó [salió] ~. 運転手は無事だった.

i·le·tra·do, da [i.le.trá.ðo, -.ða] 形 **1**《まれ》《主に軽蔑》無学の, 無知な. **2** 非識字者の. ── 男 **1**《まれ》《主に軽蔑》無学な人. **2** 非識字者.

i·lía·co, ca[1] [i.lí.a.ko, -.ka] / **i·lí·a·co, ca**[1] [i.lí.a.ko, -.ka] 形 〖解剖〗腸骨の; 回腸の. hueso ~ 腸骨.

i·lía·co, ca[2] [i.lí.a.ko, -.ka] / **i·lí·a·co, ca**[2] [i.lí.a.ko, -.ka] 形 トロヤ Troya [Ilión] の (= iliense).

I·lía·da [i.lí.a.ða] 固名 *La* ──『イリアス』: ホメロス Homero 作と伝えられるトロヤの攻防戦を歌った古代ギリシアの英雄叙事詩.
[← 〖ラ〗 *Ilias* ← 〖ギ〗 *Iliás* (*poíēsis*); 原義は「イリオス (すなわちトロヤ) の歌」→ Ilión]

i·li·be·ri·ta·no, na [i.li.ße.ri.tá.no, -.na] / **i·li·be·rri·ta·no, na** [i.li.ße.rri.tá.no, -.na] 形 (スペインの古代都市) イリベリス Iliberis, Iliberri の. ◆現在の Granada にあったと言われる.
── 男 女 イリベリス人.

i·li·cí·ne·as [i.li.θí.ne.as / -.sí.-] 女《複数形》〖植〗モチノキ属.

i·li·ci·ta·men·te [i.li.θi.ta.mén.te / -.si.-] 副 不法に, 不正に; 道義に反して.

i·li·ci·ta·no, na [i.li.θi.tá.no, -.na / -.si.-] 形 (スペインの Elche の旧称) イリシ Ilici の.
── 男 女 エルチェの住民[出身者].

i·lí·ci·to, ta [i.lí.θi.to, -.ta / -.si.-] 形 **1** 不法の, 違法の. el tráfico ~ de divisas 違法な外貨の取引. **2** 姦通(かんつう)の, 不倫の. mantener relaciones *ilícitas* con +人〈人〉と不倫の関係を続ける.
── 男 女 《米》 (マリファナ) (ヘロイン) 犯罪.

i·li·ci·tud [i.li.θi.túð / -.si.-] 女 不法, 不正.

i·lien·se [i.li̯én.se] 形 イリオス [トロヤ] Ilión の (= iliaco). ── 男 女 イリオス [トロヤ] 人.

i·li·mi·ta·ble [i.li.mi.tá.ßle] 形 際限のない, 果てしのない.

i·li·mi·ta·do, da [i.li.mi.tá.ðo, -.ða] 形 無限の, 制限のない; 限定されない.

i·lion [í.li̯on] 男 〖解剖〗腸骨.

I·lión [i.li̯ón] 固名 イリオス: Troya の別称.
[← 〖ラ〗 *Ílion* (または *Ílium*) ← 〖ギ〗 *Ílion* (または *Ílios*)]

i·lí·ri·co, ca [i.lí.ri.ko, -.ka] 形 → ilirio.

i·li·rio, ria [i.lí.rjo, -.rja] 形 イリュリアの, イリリアの: バルカン半島北西部にあった古代の地方名. el pueblo ~ イリリア人.
── 男 〖言〗イリュリア [イリリア] 語: インド・ヨーロッパ語族に属する古代バルカン半島の言語. 現代アルバニア語の祖語とも考えられている.

i·li·te·ra·to, ta [i.li.te.rá.to, -.ta] 形 無学の, 無知な (= ignorante).

i·llan·co [i.ján.ko ‖ -.ʎáŋ.-] 男 《ラ米》(ペルー)緩流.

I·lli·ma·ni [i.ji.má.ni ‖ -.ʎí.-] 固名 el Nevado de ~ イーマニー山: ボリビアの首都 La Paz 南東の山. 6882 m. [ケチュア語またはアイマラ語起源;「川」または「滝」が原義か?]

-illo, lla 《接尾》縮小辞. ── chiqu*illo*, pajar*illo*. → -ito.

Ilmo., Ilma. / Iltmo., Iltma. 《略》 *Ilust- rísimo, ma* ···閣下; 貌下(ぼうか).

i·lo·ca·li·za·ble [i.lo.ka.li.θá.ßle / -.sá.-] 形 一か所に特定できない, どこにあるのか不明の. Él siempre se encontraba ~. いつも彼がどこにいるのか突き止められなかった.

i·ló·gi·co, ca [i.ló.xi.ko, -.ka] 形 **1** 非論理的な, 不合理な (↔ lógico). Su comportamiento es totalmente ~ lógico. 彼 [彼女] の行動はまるで筋が通っていない. **2** 理にかなっていない. Creemos ~ que ellos trabajen los domingos. 彼らが日曜日に働くのは理にかなっていないと我々は思っています.

i·lo·ta [i.ló.ta] 男 女 **1** 〖史〗(古代ギリシアのスパルタの) 農奴, 奴隷. **2** 虐げられた階層に属する人; 市民権を剥奪(はくだつ)された人.

*i·lu·mi·na·ción [i.lu.mi.na.θi̯ón / -.si̯ón] 女 **1** 照明; (複数で) イルミネーション. ~ indirecta 間接照明. **2** 明るさ. El cuarto tiene una ~ perfecta. 部屋は隅々まで明るい. **3** 〖宗〗天啓; 啓蒙(けいもう), 啓示. **4** (版画・写本などの) 彩色, 彩飾.

i·lu·mi·na·do, da [i.lu.mi.ná.ðo, -.ða] 形 **1** 照らされた; イルミネーションで飾られた (= alumbrado). **2** 天啓を受けた, 啓蒙(けいもう)された [啓発]された.
── 男 女 **1** 天啓を受けた人, 悟りを得た人. **2** 〖宗〗(16-17世紀スペインの) 照明派 [光明派] の信徒.
── 男《複数で》〖宗〗照明派.

i·lu·mi·na·dor, do·ra [i.lu.mi.na.ðór, -.ðó.ra] 形 **1** 照らす. **2** 分からせる; 天啓を与える. **3** 彩飾する.
── 男 女 照明係; (写本・版画などの) 彩飾家.

*****i·lu·mi·nar** [i.lu.mi.nár] 他 **1** 照らす;（光源・喜びなどで）明るくする. ~ una habitación (明かりなどが) 部屋を照らす. ~ la vida de otros 他人の人生に光 [喜び] を与える. Un relámpago *iluminó* el cielo un momento. 稲光が一瞬空を明るく照らし出した. Una sonrisa le *iluminó* la cara. 彼 [彼女] は明るい笑顔を浮かべた.

2 〈通り・建物などを〉照明で飾り付ける. ~ un árbol navideño クリスマスツリーに電飾を施す.

3〈写本などに〉彩飾する, 彩色 [装飾] を施す. ~ manuscritos medievales 中世の写本に彩飾する. ~ las palabras importantes con fosforito 蛍光ペンで重要単語に線を引く.

4〈事柄を〉明快にする;〈人に〉目を開かせる;〖宗〗〈神が〉〈人に〉啓示を与える. Esa clave me *iluminó* (la mente) para solucionar el problema.

そのヒントによって私は問題の解決法がひらめいた. La lectura me *ha iluminado* mucho. 私は読書によって大いに啓発された.
— **~.se** 再 **1** 照らされる, 輝く. A mi hijo *se le iluminaban* los ojos de alegría. 息子の目は喜びで輝いていた.
2 明快になる, はっきりする. *Se me iluminó* el cerebro de repente. 突然頭の中がすっきりした.
[← [ラ] *illūmināre*; *lūmen*「光」(→ *lumbre*) より派生] [関連] alumbrar, luminoso. [英] *illuminate*「照らす」, *illumination*「照明」

i·lu·mi·na·ria [i.lu.mi.ná.rja] 女 《主に複数で》イルミネーション, 点灯[灯火]装飾 (= luminaria).

i·lu·mi·na·ti·vo, va [i.lu.mi.na.tí.βo, -.βa] 形 照らす; 明らかにする.

i·lu·mi·nis·mo [i.lu.mi.nís.mo] 男 《宗》照明派[光明派]の運動; 天啓説.

i·lu·mi·nis·ta [i.lu.mi.nís.ta] 形 男 女 → iluminado.

i·lu·sa·men·te [i.lú.sa.mén.te] 副 誤って, 幻想を抱いて. Creía ~ en las buenas intenciones de su amigo. 彼[彼女]は友人に善意があるものと誤解していた.

i·lu·sión [i.lu.sjón] 女 **1 幻覚, 幻想, 錯覚. ~ óptica 錯視, 目の錯覚. Me pareció que estaba nevando, pero fue una ~. 雪が降っているように見えたが錯覚だった.
2 幻想; 期待, 夢. con ~ 幻想を抱いて; 期待して.
3 喜び, 楽しみ. Los niños esperaban con ~ a Papá Noel. 子供たちはわくわくしながらサンタクロースを待っていた. ¡Qué ~ ir al concierto mañana! 明日コンサートに行けるなんてうれしいなあ.
hacer ilusión a+人《話》…に期待させる,《人》を喜ばせる. Me *hizo* mucha ~ poder ver la Sagrada Familia en este viaje. 私は今回の旅行でサグラダ・ファミリア教会が見られるのが本当に楽しみだった.
hacerse ilusiones 幻想を抱く, 期待しすぎる. Es mejor que no *te hagas ilusiones* con el nuevo trabajo. 新しい仕事にあまり期待しない方がいいよ.
[← [ラ] *illūsiōnem*, (*illūsiō* の対格)「だますこと」(*illūdere*「もてあそぶ; だます」より派生); [関連] [英] *illusion*]

i·lu·sio·na·do, da [i.lu.sjo.ná.ðo, -.ða] 形 夢を抱いた; 期待した. estar *ilusionado* con [por]... …に胸をときめかしている, わくわくしている.

*i·lu·sio·nar [i.lu.sjo.nár] 他 **1** 期待[幻想]を抱かせる, わくわくさせる. Me *ilusiona* el viaje. 私は旅行を楽しみにしている. **2** 満足させる, 喜ばせる. Le *ilusionó* la visita de su antiguo amigo. 旧友の訪問を彼は喜んだ. **3** 《ラ米》《話》だます, 欺く.
— **~.se** 再 **1** 《*con*... …に》期待を抱く, 幻想を抱く. Los padres *se ilusionan* mucho *con* el primer hijo. 両親は最初の子供に大いに期待するものだ. **2** 喜ぶ, 感激する, わくわくする. Se *ilusionó* cuando le hablé del viaje por España. スペイン旅行のことを話すと彼[彼女]は大喜びした.

i·lu·sio·nis·mo [i.lu.sjo.nís.mo] 男 手品, 奇術 (= prestidigitación).

i·lu·sio·nis·ta [i.lu.sjo.nís.ta] 男 女 手品師, 奇術師 (= prestidigitador).

i·lu·so, sa [i.lú.so, -.sa] 形 **1** 幻想を抱く.
2 だまされやすい.
— 男 女 **1** 夢想家. **2** だまされやすい人.

i·lu·so·rio, ria [i.lu.só.rjo, -.rja] 形 **1** 実現性のない, 当てにならない. una promesa *ilusoria* いい加減な約束. esperanza *ilusoria* むなしい期待.
2 架空の, 想像上の.

*i·lus·tra·ción [i.lus.tra.θjón / -.sjón] 女 **1** 挿し絵, 図版, 図解, イラスト; 画報, グラフ.
2 例証, 説明. servir como ~ 例証として役立つ.
3 啓発, 教化. **4** 知識, 教養. una persona de poca ~ 教養に欠ける人.
la Ilustración《史》啓蒙(ぜう)主義: 18世紀ヨーロッパを風靡(ふうび)した合理主義的思想とその運動.

*i·lus·tra·do, da [i.lus.trá.ðo, -.ða] 形 **1**《ser+ / estar+》挿し絵入りの; 図解された. diccionario ~ 図版入り辞典. **2** 知識のある, 教養のある. persona *ilustrada* 教養人. **3** 啓蒙(ぜう)[啓発]された, 教化された. el despotismo ~ 啓蒙専制主義. — 男 女 啓蒙主義者, 啓蒙派.

i·lus·tra·dor, do·ra [i.lus.tra.ðór, -.ðó.ra] 形 図解する, 図示する; 例示する.
— 男 女 挿し絵画家, イラストレーター.

*i·lus·trar [i.lus.trár] 他 **1**《*con*...《実例など》をあげて》説明する, 明瞭にする,《もの・事柄が》…の例証となる. ~ un caso *con* un dato データを挙げてある事例を説明する. Estas frases *ilustran* bien nuestra situación. これらの発言が私たちの状況をよく示している.
2《印刷物に》挿絵[図版]を入れる;《*con*... 〈挿絵・図版〉を》…に挿入する. ~ un artículo *con* fotos 記事に写真を入れる.
3〈人を〉啓発する;〈人に〉知識を与える; 《宗》〈神が〉〈万物を〉光で照らす. El profesor me *ilustró* con sus abundantes trabajos. 先生はその豊富な論文で私の知識を広げてくれた. **4**〈人を〉有名にする.
— 《*sobre*... …を》説明する, 明瞭にする. El siguiente ejemplo *ilustra sobre* la importancia del asunto. 次の例がこの件の重要性を物語っている.
— **~.se** 再 **1** 自分の知識を広げる. Me *he ilustrado* mucho con este viaje. 私はこの旅で多くを学んだ. **2**《3人称で》示される, 明らかになる. **3**〈人が〉有名になる.

*i·lus·tra·ti·vo, va [i.lus.tra.tí.βo, -.βa] 形 実例となる, 明解に示す. un episodio ~ 例証となる挿話.

*i·lus·tre [i.lús.tre] 形 **1** 著名な, 高名な; 傑出した; 名門の. un ~ científico 著名な科学者. una familia ~. 名家. **2**《+名詞》《尊称》…様[殿]. ~ señor director 社長殿.
[← [ラ] *illūstrem* (*illūstris* の対格)「輝いている; 有名な; 秀でた」(*lūx*, *lūcis*「光」より派生); [関連] ilustrar. [英] *illustrious*「著名な」, *illustrate*. [日] イラスト]

i·lus·trí·si·mo, ma [i.lus.trí.si.mo, -.ma] 形 [ilustre の絶対最上級]《尊称》…閣下; 猊下(げか)(略 *Ilmo.*). ~ señor gobernador 知事閣下.
Su Ilustrísima《宗》に対して》猊下.

im-《接頭》b, p の前に来るときの in- の異形. *im*batible, *im*posible.

i·ma·gen [i.má.xen] 女《複 imágenes》1** 像, 画像, 彫像; 偶像. una ~ de bronce ブロンズ像, 銅像. una ~ de la Virgen 聖母像.
2 姿, 映像. Vi mi ~ reflejada en el espejo. 鏡に映った自分の姿が目に入った.
3 イメージ, 印象; 心像. cuidar su ~ 自分のイメージを大切にする. cambiar de ~ イメージを変える. La ~ de ese político ha empeorado con el escándalo. スキャンダルによってその政治家のイメ

―ジは悪くなった. **4**〚物理〛像. ~ invertida 倒立像. ~ real 実像. ~ virtual 虚像. **5**〚修辞〛比喩的表現, たとえ.
a su imagen y semejanza 自分に似せて, 自分のように. Dios creó al hombre *a su* ~ *y semejanza*. 〚聖〛神は自分の形に似せて人を創造された〈創世記1：27〉.
imagen viva / viva imagen (1) 生き写し, 瓜(うり)二つ. ser la viva ~ de... 《話》…にそっくりである. (2) 化身, 具現. Fue la ~ *viva* de la bondad. 彼[彼女]は善良そのものだった.
quedarse para vestir imágenes《話》〈女性が〉独身でいる.
[← 〚ラ〛*imāginem* (*imāgō* の対格)；関連 imaginar. 〚英〛*image*]

i·ma·gi·na·ble [i.ma.xi.ná.ble] 形 想像しうる, 考えられる. La realidad superó todo lo ~. 現実は想像しうることすべてを越えた.

‡i·ma·gi·na·ción [i.ma.xi.na.θjón / -.sjón] 女 **1** 想像, 空想；《時に複数で》妄想. Todo son *imaginaciones* tuyas. すべては君の妄想だ. Te estás dejando llevar por la ~. 君は自分の思い込みに振り回されている.
2 想像力, 創意. Ella tiene mucha ~. 彼女は想像力が豊かだ. A este novelista le falta ~. この作家には想像力が欠けている.
no pasársele (a+人) *por la imaginación* 〈人〉にとって思いもよらない. *No se me ha pasado ni por la* ~ *cambiar de trabajo*. 仕事を変えるなんて思ったこともない.

‡i·ma·gi·nar [i.ma.xi.nár] 他 **1** 想像する, 思い浮かべる. ~ *una casa ideal* 理想の家を思い描く. ~ *su futuro* 自分の未来を想像する. La *imaginé* con su vestido de novia. 私は彼女がウェディングドレスを着ているところを想像した. *Imaginemos que este círculo es* [fuera] *la Tierra*. この円が地球だと想像してみよう.
2 考えつく, 思いつく. ~ *una salida* 解決法を思いつく. Al ver la situación, *imaginó* un truco. その状況を見て彼[彼女]はいい方法を思いついた.
3 《que+直説法・《時に否定文などで》接続法》…だろうと》推測する, 思う. *Imagino que estará usted cansado*. さぞお疲れでしょう. *No imaginé que vendrías* [*vinieras*]. 君が来てくれるとは思わなかったよ. ▶時に再帰代名詞を伴う. → 再.
— ~·**se** 再 （頭の中に）思い浮かべる, 想像する；思う. *Me imagino que sí*. そうだと思います. *Imagínate qué susto me dio*. どんなに私が驚いたか考えてみてよ. *No te lo puedes* (ni) ~. 君には想像もつかないだろうよ. *Anoche me riñeron en casa*. — Ya *me lo imaginaba* yo. 昨日の夜, 家で怒られたよ. ―やっぱりね.
[← 〚ラ〛*imāginārī* (*imāgō* 「像」より派生)；関連 imaginación. 〚英〛*imagine* 「想像する」, *imagination*「想像（力）」]

i·ma·gi·na·ria [i.ma.xi.ná.rja] 女 〚軍〛予備の歩哨(しょう)；不寝番. — 男 不寝番の兵士.

i·ma·gi·na·ria·men·te [i.ma.xi.ná.rja.mén.te] 副 想像（上）では；架空に作られた.

‡i·ma·gi·na·rio, ria [i.ma.xi.ná.rjo, -.rja] 形 想像上の, 架空の. lo ~ 架空のもの. el mundo ~ 想像の世界. un país ~ 架空の国. número ~ 〚数〛虚数. — 男 （ある社会集団に対する）レッテル, 偏見, 思い込み.

*i·ma·gi·na·ti·vo, va [i.ma.xi.ná.tí.bo, -.ba] 形 **1** 想像力豊かな；創意にあふれる. facultad *imaginativa* 想像力. **2** 想像上の, 想像による.
— 女 想像力；常識.

i·ma·gi·ne·rí·a [i.ma.xi.ne.rí.a] 女 **1**《宗》聖像〚画〛. **2** （花・鳥などの）刺繍(ししゅう). **3**《文学》イメージの集合, 文学的形象.

i·ma·gi·ne·ro [i.ma.xi.né.ro] 男 聖像画家, 聖像彫刻家.

i·mai·le·ar [i.mai.le.ár] 自《話》Eメールする (= emailear).

i·mam [i.mám] 〚アラビア〛男 [複 ~es, ~s] → imán².

*i·mán¹ [i.mán] 男 **1** 磁石, 磁鉄. ~ artificial 人工の磁石. ~ de herradura 馬蹄(ばてい)形磁石. ~ permanente 永久磁石. piedra ~ 天然磁石.
2 魅力, 引きつけるもの. ser como un ~ 魅力的である. Tiene ~ para las mujeres. 彼[彼女]は女性を引きつけるものを持っている.

i·mán² [i.mán] 男《宗》（イスラム教の）イマーム. (1) 導師. (2) （ムハンマドの後継者 Alí とその子孫に対する）最高指導者の尊称.

i·ma·na·ción [i.ma.na.θjón / -.sjón] 女 磁化 (= imantación).

i·ma·nar [i.ma.nár] 他 磁気を与える, 磁化する (= imantar, magnetizar).
— ~·**se** 再 磁気を帯びる.

i·man·ta·ción [i.man.ta.θjón / -.sjón] 女 → imanación.

i·man·tar [i.man.tár] 他 → imanar.

im·ba·ti·bi·li·dad [im.ba.ti.bi.li.ðáð] 女 不敗, 無敵, 連勝街道. mantener [defender] su ~ 連勝街道を進む. El equipo ha perdido su ~ en esta temporada. そのチームは今節における連勝がストップした. el mito de la ~ 不敗神話.

im·ba·ti·ble [im.ba.tí.ble] 形 負かすことのできない, 無敵を誇る.

im·ba·ti·do, da [im.ba.tí.ðo, -.ða] 形 敗れたことのない, 無敵の.

im·be·bi·ble [im.be.bí.ble] 形 飲めない, 飲用に適さない.

*im·bé·cil [im.bé.θil / -.sil] 形 **1**《軽蔑》ばかな, 愚かな. **2**《心》《医》知的障害のある.
— 男女 **1**《軽蔑》ばか, まぬけ. ¡*I*~! このばか野郎. ¡*No seas* ~! ばかなことをするんじゃない.
2《心》《医》知的障害者, 精神遅滞者.
[← 〚ラ〛*imbēcillum* (*imbēcillis* (*imbēcillis*) の対格) 「弱い；衰弱した」；関連 〚英〛*imbecile*「低能な」]

im·be·ci·li·dad [im.be.θi.li.ðáð / -.si.-] 女 愚かさ, 愚鈍；愚かな言動.

im·be·le [im.bé.le] 形《文章語》闘う力のない, 力弱き.

im·ber·be [im.bér.be] 形 （若者が）まだひげの生えていない；ひげの薄い.

im·bi·bi·ción [im.bi.bi.θjón / -.sjón] 女 吸収, 吸水, 浸透. → embeber.

im·bi·bi·to, ta [im.bi.bí.to, -.ta] 形《ラ米》(コロン)《話》含まれた, 包含された.

im·bom·be·ra [im.bom.bé.ra] 女《ラ米》(コロン)黄疸(おうだん)；貧血.

im·bom·bo, ba [im.bóm.bo, -.ba] 形《ラ米》(コロン)黄疸(おうだん)の；貧血(性)の；青白い, 病的な.

im·bor·nal [im.bor.nál] 男 〚海〛舷側(げんそく)の排水口；(まれ)（屋根・道路の）排水口.
irse por los imbornales《ラ米》(メキシ)(ウルグ)(ベネズ)

im·bo·rra·ble [im.bo.r̃á.ble] 形 消えない, 消せない; 永続する. recuerdo ~ 忘れられない思い出.
im·bri·ca·ción [im.bri.ka.θjón / -.sjón] 女 **1** うろこ[瓦(かわら)]状に重ねる[重なる]こと. **2** うろこ模様.
im·bri·ca·do, da [im.bri.ká.ðo, -.ða] 形 **1** 重なり合った；うろこ[瓦(かわら)]模様の.
2 〈貝殻の表面が〉波打った.
im·bri·car [im.bri.kár] 102 他 〈同じものを〉うろこ[瓦(かわら)]状に重ねる.
—— ~·**se** 再 重なり合う, 絡み合う.
im·bui·do, da [im.bwí.ðo, -.ða] 形 〈思想・感情などが〉染み込んだ, かぶれた. de su importancia 自分を偉いと思い込んだ.
im·buir [im.bwír] 42 他 〈de...〈感情・思想など〉を〉吹き込む, 教え込む, かぶれさせる. Les *imbuyen (de)* ideas falsas. 彼らに間違った考えを吹き込む.
—— ~·**se** 再 〈de...…に〉染まる, かぶれる. En su juventud *se imbuyó de*l comunismo. 若いころ彼[彼女]は共産主義にかぶれた.
im·bun·char [im.buṇ.tʃár] 他 《ラ米》《ちび》**(1)** 魔法[呪い]をかける. **(2)** たぶらかす；だまし取る, 口車に乗せる.
im·bun·che [im.búṇ.tʃe] 男 《ラ米》《ちび》《話》**(1)**(解決策が見出せない)悩みの種. **(2)**(アラウカ民族内で伝承されている)悪霊：6か月以下の子供をさらって妖怪にする. **(3)** ずんぐりむっくりの醜い子. **(4)** 魔法, のろい.
IMF [i.e.me.é.fe] 《略》*International Monetary Fund* 〖英〗→FMI.
i·mi·lla [i.mí.ja ‖ -.ʎa] 女 《ラ米》《ちび》若い女性.
i·mi·ta·ble [i.mi.tá.ble] 形 模倣できる, まねのできる；模範となる.
*****i·mi·ta·ción** [i.mi.ta.θjón / -.sjón] 女 **1** 模倣, 模造, まね. a ~ de ……をまねて. digno de ~ 模範となるべき. **2** 人造宝石, まがい物, イミテーション. joyas de ~ 人造宝石. Desconfíe de las *imitaciones*. 《商品の表示などで》模造品に御注意ください.
i·mi·ta·dor, do·ra [i.mi.ta.ðór, -.ðó.ra] 形 模倣する, まねる. —— 男 女 模倣[模造]者；物まね師.
i·mi·ta·mo·nas [i.mi.ta.mó.nas] / **i·mi·ta·mo·nos** [i.mi.ta.mó.nos] 形 《性数不変》《スペイン》《話》〈主に子供が〉人まねばかりする.
—— 男 女 《単複同形》《スペイン》《話》人まねばかりする人, まねしんぼ.
i·mi·tan·te [i.mi.táṇ.te] 形 →imitador.
*****i·mi·tar** [i.mi.tár] 他 〈**en...** ……において〉模倣する, まねする；〈ものが〉…に似せている. ~ a su padre *en* su forma de hablar 父親の話し方をまねる. ~ la firma 偽のサインをする. El papel *imitaba* el color de la madera. 紙は木材の色を模して塗られていた.
—— 自 〈**a...** ……に〉〈ものが〉似せてある, そっくりである. La chaqueta es de un plástico que *imita al* cuero. ジャケットは皮革状のビニールでできている.
〔◀〔ラ〕*imitārī*,〔関連〕imitación, imagen.〔英〕*imitate*「模倣する」, *imitation*「模倣」〕
i·mi·ta·ti·vo, va [i.mi.ta.tí.βo, -.βa] 形 模倣の, 模倣する. artes *imitativas* 模倣芸術. armonía *imitativa* 《修辞》模倣的諧調(かいちょう). palabra *imitativa* 擬音語.
i·mi·ta·to·rio, ria [i.mi.ta.tó.rjo, -.rja] 形 模倣の.
i·mos·ca·po [i.mos.ká.po] 男 《建》円柱身の下部.

*****im·pa·cien·cia** [im.pa.θjén.θja / -.sjén.sja] 女 **1** 我慢できないこと. hacer un movimiento de ~ 我慢しきれずに体を動かす.
2 性急, せっかち；じれったさ, 焦り. La ~ se apoderó de él. 彼は焦燥に駆られた. con ~ もどかしげに. devorar a+人 la ~ 〈人〉がいらいらしている.
im·pa·cien·tar [im.pa.θjeṇ.tár / -.sjeṇ.-] 他 我慢できなくさせる；いらだたせる. Sus repetidas preguntas me *impacientan*. 彼[彼女](ら)のしつこい質問にはいらいらする.
—— ~·**se** 再 《*por...* / *con...* …に》我慢できなくなる, もどかしがる, いらだつ. ~*se por* no recibir noticias 知らせがないのでいらいらする.
*****im·pa·cien·te** [im.pa.θjéṇ.te / -.sjéṇ.-] 形 **1** 〈**ser** ~ / **estar** ~〉〈**con...** …に〉我慢できない；短気な, せっかちな. Los ciudadanos *están* ~s *con* la lentitud de las reformas. 市民は遅々として進まぬ改革に我慢できないでいる. No *seas* tan ~, que me pones nervioso. そうあわてるな, こっちまでいらいらする.
2 〈**de...** / **con...** / **por...**〉〈…を〉したくてたまらない；〈…のために〉落ち着かない. estar ~ *por* salir 出かけたくてうずうずしている. estar ~ *con [de, por]* la tardanza 遅れのためにいらいらしている.
—— 男 短気[せっかち]な人.
im·pa·cien·te·men·te [im.pa.θjéṇ.te.méṇ.te / -.sjéṇ.-] 副 もどかしげに, いらいらして.
im·pac·tan·te [im.pak.táṇ.te] 形 衝撃を与える, 衝撃的な, ショッキングな. La imagen fue ~ para mí. その映像は私にとって衝撃的だった.
im·pac·tar [im.pak.tár] 他 **1** 〈**en...** …に〉〈強い勢いのあるものが〉当たる, 入り込む. De milagro ninguna de las balas le *impactó en* la cabeza. 奇跡的に銃弾はいずれも彼の頭に当たらなかった.
2 〈人に〉強い印象を与える. Lo que más *me impactó* fue esa noticia. 私にとって最も衝撃的だったのはその知らせだった.
*****im·pac·to** [im.pák.to] 男 **1**(物理的・精神的)衝撃, インパクト；影響；効果. causar un ~ en la opinión pública 世論に衝撃を与える. suponer un ~ para+人 〈人〉にとって衝撃である.
2 着弾；弾痕(だんこん). punto de ~ 着弾点. hacer ~ 命中する. **3** 《ラ米》《スポ》(ボクシング)パンチ.
im·pa·ga·ble [im.pa.gá.ble] 形 **1** 支払いができない. **2** 値のつけられないほどの, 金に代えられない. una recompensación ~ 高価な代償.
im·pa·ga·do, da [im.pa.gá.ðo, -.ða] 形 《**estar**+〉未受領の, 未受取の.
—— 男 未払いの給料[借金].
im·pa·go, ga [im.pá.go, -.ga] 形 《ラ米》まだ支払いを受けていない. —— 男 未払い, 不払い.
im·pa·ja·ri·ta·ble [im.pa.xa.ri.tá.ble] 形 《ラ米》《ちび》避けられない, 必然の.
im·pa·la [im.pá.la] 男 《動》インパラ：シカに似たウシ科の動物. 独特の角を持つ.
im·pal·pa·bi·li·dad [im.pal.pa.βi.li.ðáḏ] 女 触知[感知]できないこと；微細.
im·pal·pa·ble [im.pal.pá.ble] 形 **1** 触知[感知]できない. **2** かすかな；〈布地が〉ごく薄い.
im·par [im.pár] 形 **1** 〖数〗奇数の (= non) (↔par). número ~ 奇数. día ~ 奇数日.
2 〖解剖〗無対(性)の, 対をなさない. órgano ~ (心臓・肝臓など)対をなさない器官. **3** 比類ない, 無類の. una mujer de ~ belleza たぐいまれな美女.
—— 男 奇数 (= número ~).

im·pa·ra·ble [im.pa.rá.ble] 形 止められない.

im·par·cial [im.par.θjál / -.sjál] 形 公平な, 偏らない. un juicio ～ 公平な判定. un juez ～ 公明正大な裁判官. ― 男 公平な人, 公明正大な人.

im·par·cia·li·dad [im.par.θja.li.ðáđ / -.sja.-] 女 公正, 不偏不党; 客観性. Es dudosa la ～ de su testimonio. 彼[彼女]の証言が客観的かどうかは疑わしい.

im·par·cial·men·te [im.par.θjál.mén.te / -.sjál.-] 副 公平に, 公明正大に; 客観的に.

im·pa·ri·pin·na·do, da [im.pa.ri.pin.ná.đo, -.đa] 形 奇数羽状複葉(ｷｽｳｳｼﾞｮｳﾌｸﾖｳ)の. hoja *imparipinnada* 奇数羽状複葉: レンゲソウのように, 奇数の小葉を持ち羽状に見える葉.

im·pa·ri·sí·la·bo, ba [im.pa.ri.sí.la.bo, -.ba] 形 1 〔単語・詩が〕奇数音節の. 2 〔ラテン語・ギリシア語で〕主格よりも音節数の多い格をもった.

im·par·ti·ble [im.par.tí.ble] 形 分割できない, 不可分の.

im·par·tir [im.par.tír] 他 〈精神的なものを〉授ける, 分け与える; 伝える, 知らせる. ～ la bendición 祝福する. ～ clases 教鞭(ｷｮｳﾍﾞﾝ)を執る. ― auxilio 〖法〗〘請求に応じて〙援助する.

im·pa·si·bi·li·dad [im.pa.si.bi.li.đáđ] 女 1 無感動, 無感覚; 平然, 平静. 2 〖神〗受苦不能性.

im·pa·si·ble [im.pa.sí.ble] 形 《ser+ / estar+》無感覚な, 苦痛を感じない; 無感動の, 平然とした, 冷静な.

im·pa·si·ble·men·te [im.pa.sí.ble.mén.te] 副 冷静に, 平然と.

im·pas·se [im.pá.se // -.pás] 〘仏〙 男 《複 ～s》行き止まり; 出口の見えない状態. superar el ～ 行き詰まっていた問題を解消する. buscar una salida al ～ 袋小路からの抜け道を模索する.

im·pá·vi·da·men·te [im.pá.bi.đa.mén.te] 副 大胆にも; 冷静沈着に.

im·pa·vi·dez [im.pa.bi.đéθ / -.đés] 女 1 大胆不敵; 冷静沈着. 2 〘ラ米〙〘話〙ずうずうしさ, 臆面(ｵｸﾒﾝ)のなさ, 鉄面皮.

im·pá·vi·do, da [im.pá.bi.đo, -.đa] 形 1 恐れを知らない, 大胆不敵な. 2 冷静沈着の, 落ち着いた. 3 〘ラ米〙ずうずうしい, 厚かましい.

im·pe·ca·bi·li·dad [im.pe.ka.bi.li.đáđ] 女 1 〖神〗無罪性, 無謬(ﾑﾋﾞｭｳ)性. 2 完全無欠, 完璧(ｶﾝﾍﾟｷ).

im·pe·ca·ble [im.pe.ká.ble] 形 《ser+ / estar+》欠点のない, 完璧(ｶﾝﾍﾟｷ)な. Se presentó vestido de una forma ～. 彼は非の打ち所のない服装をして現れた. 2 〖神〗罪を犯さない.

im·pe·ca·ble·men·te [im.pe.ká.ble.mén.te] 副 完璧(ｶﾝﾍﾟｷ)に, 申し分なく.

im·pe·dan·cia [im.pe.đán.θja / -.sja] 女 〖電〗インピーダンス.

im·pe·di·do, da [im.pe.đí.đo, -.đa] 形 1 ふさがれた, 遮られた. El paso está ～. 通路はふさがれている. 2 《estar+》《de... …が》不自由な, 不随の; 欠けた. ～ de las dos piernas 両足が利かない. ― 男 女 体の不自由な人, 身体障害者.

im·pe·di·dor, do·ra [im.pe.đi.đór, -.đó.ra] 形 妨げる, 邪魔をする, 障害となる. ― 男 女 邪魔者, 妨害者. ― 男 (または 女) 障害となるもの.

im·pe·dien·cia [im.pe.đjén.θja / -.sja] 女 → impedancia.

im·pe·di·men·ta [im.pe.đi.mén.ta] 女 〖軍〗(行軍の障害となる) 隊属荷物; 輜重(ｼﾁｮｳ).

im·pe·di·men·to [im.pe.đi.mén.to] 男 1 妨害, 邪魔; 障害物, 邪魔物. 2 婚姻障害. ～ dirimente 〖法〗絶対的婚姻障害.

＊im·pe·dir [im.pe.đír] ① 他 1 阻止する; 妨げる. La lluvia *impidió* la celebración del partido. 雨で試合は中止になった. Si nada lo *impide*, saldremos mañana mismo. 何もなければ, 明日には出発しましょう.
2 《a+人 〈人〉に》《+不定詞 / que+接続法…するのを》妨げる, 不可能にする. El accidente le *impedía seguir* su trabajo. 事故で彼[彼女]は仕事を続けられなかった. No le pudimos ～ *que se fuera*. 私たちは彼[彼女]が行ってしまうのを阻止できなかった. Eso *impide* que el aire *circule*. それで空気の循環が悪くなる. ▶用例中では le が a+人に相当. [←[ラ] *impedire*(「足かせをつける」が原義); *in-*「に対して」+ *ped-*「足」+動詞語尾, 〖関連〗impedancia. 〖英〗*impede, impedance*.〕

im·pe·di·ti·vo, va [im.pe.đi.tí.bo, -.ba] 形 妨害[障害]となる, 邪魔な.

im·pe·len·te [im.pe.lén.te] 形 1 押しやる, 推進する. fuerza ～ 推進力. bomba ～ 押し上げポンプ. 2 駆りたてる, 促す.

im·pe·ler [im.pe.lér] 他 1 押す, 押し進める. El viento *impelió* la barca. 風が舟を押し進めた.
2 《a+不定詞 …するよう》駆りたてる, 促す. *impelido* a la venganza 復讐(ﾌｸｼｭｳ)の念に駆られて. *impelido* por [de] la necesidad 必要に迫られて.

im·pe·ne·tra·bi·li·dad [im.pe.ne.tra.bi.li.đáđ] 女 1 貫通できないこと, 入り込めないこと.
2 不可解な態度. 3 〖物理〗不可入性.

im·pe·ne·tra·ble [im.pe.ne.trá.ble] 形 1 入り込めない, 通さない (↔ penetrable). un bosque ～ 踏み込めないほどの深い森.
2 不可解な, うかがい知れない, 得体の知れない. una actitud ～ 推察しがたい態度.

im·pe·ni·ten·cia [im.pe.ni.tén.θja / -.sja] 女 悔い改めないこと, 罪を悔いないこと.

im·pe·ni·ten·te [im.pe.ni.tén.te] 形 1 悔い改めない, 改心[悔悛(ｶｲｼｭﾝ)]しない.
2 (悪癖などを) やめようとしない, 常習的な (= incorregible). un holgazán ～ 救いがたい怠け者. ― 男 女 反省のない人, 改心しない人.

im·pen·sa [im.pén.sa] 女 《主に複数で》〖法〗支出, 出費.

im·pen·sa·ble [im.pen.sá.ble] 形 考えられない, ばかげた; 実現不可能な.

im·pen·sa·da·men·te [im.pen.sá.đa.mén.te] 副 思いがけず, 意外にも.

im·pen·sa·do, da [im.pen.sá.đo, -.đa] 形 予期しない, 思いがけない, 意外な. un suceso ～ 不慮の出来事.

im·pe·pi·na·ble [im.pe.pi.ná.ble] 形 《スペイン》〘話〙確かな, 明白な, 疑う余地のない. Eso es ～. そいつは確かだ. un hecho ～ 紛れもない事実.

im·pe·pi·na·ble·men·te [im.pe.pi.ná.ble.mén.te] 副 間違いなく, 確かに.

im·pe·ran·te [im.pe.rán.te] 形 1 支配的な, 君臨する. el régimen ～ 支配体制. 2 優勢な, 圧倒的な. la moda ～ de nuestros días 近ごろ大流行のファッション. 3 〖占星〗(黄道十二宮の一つの星座でその年を)支配する, 支配星座の.

im·pe·rar [im.pe.rár] 自 1 君臨する, 統治する; 支配する, 勢力[権勢]を振るう. 2 優勢[支配的]である, 横溢(ｵｳｲﾂ)する, 流行する. *Impera* una atmósfera de pesimismo. 悲観的な雰囲気があふれている.

Impera el viento norte. 北風が強まる.

im·pe·ra·ti·va·men·te [im.pe.ra.tí.ba.mén.te] 副 命令的に, 有無を言わせずに.

*****im·pe·ra·ti·vo, va** [im.pe.ra.tí.bo, -.ba] 形 **1** 命令的な, 高圧的な, 有無を言わせない. hablar con tono ~ 威圧的な口調で話す. **2** 緊急な, 絶対必要な. un asunto ~ 火急の案件. Es ~ que resolvamos este problema. 我々はどうしてもこの問題を解決せねばならない. **3** 《文法》命令の, 命令形の.
— 男 **1** 《文法》命令法 (= modo ~).
2 《主に複数で》絶対〔緊急〕的必要性. ~s económicos 経済上の急務.

im·pe·ra·to·rio, ria [im.pe.ra.tó.rjo, -.rja] 形 → imperativo, imperioso.

im·per·cep·ti·bi·li·dad [im.per.θep.ti.bi.li.dáđ / -.sep.-] 女 知覚できないこと, 無知覚, 微細.

im·per·cep·ti·ble [im.per.θep.tí.ble / -.sep.-] 形 知覚できない, 微細な. sonido ~ 聞き取れないほどの〔かすかな〕音. diferencia ~ a la vista humana 人間の目にはわからないくらいの差異.

im·per·cep·ti·ble·men·te [im.per.θep.tí.ble.mén.te / -.sep.-] 副 微細に, ごくわずかに; 知覚できないほどに.

im·per·di·ble [im.per.dí.ble] 形 《まれ》失敗のない; 負けられない, 失うことのできない.
— 男 《スペイン》安全ピン.

im·per·do·na·ble [im.per.đo.ná.ble] 形 許しがたい, 容赦できない. cometer un crimen ~ 許しがたい犯罪を犯す. Es ~ que me mientas. 君が私にうそをつくのは許せない.

im·per·do·na·ble·men·te [im.per.đo.ná.ble.mén.te] 副 許しがたいほどに.

im·pe·re·ce·de·ro, ra [im.pe.re.θe.đé.ro, -.ra / -.se.-] 形 不滅の, 不朽の, 永遠の; 不死の. obra maestra *imperecedera* 不朽の名作.

im·per·fec·ción [im.per.fek.θjón / -.sjón] 女 **1** 不完全. **2** 欠陥, 欠点. Todos tienen sus *imperfecciones*. 誰しも欠点はあるものだ.

im·per·fec·ta·men·te [im.per.fék.ta.mén.te] 副 不完全に, 不十分に.

im·per·fec·ti·vo, va [im.per.fek.tí.bo, -.ba] 形 《文法》未完了の. 未完結の. aspecto ~ 未完了相, 未完了アスペクト.

*****im·per·fec·to, ta** [im.per.fék.to, -.ta] 形 **1** 不完全な, 不十分な, 未完成の; 欠陥〔欠点〕のある.
2 《文法》不完了《時制》の. pretérito ~ 不完了過去, 未完了過去 (▶ スペイン語の線過去).

im·per·fo·ra·ción [im.per.fo.ra.θjón / -.sjón] 女 《医》(肛門〔あ〕・膣〔ちつ〕などの生まれつきの) 無孔, 閉鎖.

*****im·pe·rial** [im.pe.rjál] 形 帝国の; 皇帝の. ciudad ~ 帝都. tropas ~es 帝国軍. corte ~ 帝政, 天皇制. familia ~ 皇室. Palacio I~ 皇居. — 男 《ラ米》(コップ)円筒形のビールグラス liso より大きいグラス. — 女 **1** 馬車の屋根; (バスなどの)屋上席.

im·pe·ria·lis·mo [im.pe.rja.lís.mo] 男 帝国主義; 帝政(派).

im·pe·ria·lis·ta [im.pe.rja.lís.ta] 形 帝国主義(者)の; 帝政〔派〕の. doctrina ~ 帝国主義(政策). — 男 女 帝国主義者; 帝政主義者〔派〕.

im·pe·ri·cia [im.pe.rí.θja / -.sja] 女 未熟, 拙劣; 無能.

*****im·pe·rio** [im.pé.rjo] 男 **1** 帝国, 帝国〔皇帝〕領. el Sacro I~ Romano 神聖ローマ帝国. el I~ Inca インカ帝国. el ~ español スペイン帝国. **2** 皇帝の統治(権), 帝政. **3** 皇帝の統治期; 帝政時代. **4** 権力, 勢力; 絶対支配. el ~ de la ley 法の支配. **5** 尊大, 傲慢〔ぶごう〕. con mucho ~ 傲慢な態度で. **6** 《美》ナポレオンの帝政時代様式 (= estilo ~).

valer un imperio 非常に価値のある; 傑出した.

im·pe·rio·sa·men·te [im.pe.rjó.sa.mén.te] 副 **1** 緊急に. **2** 横柄に.

im·pe·rio·so, sa [im.pe.rjó.so, -.sa] 形 **1** 《話》緊急の, 切迫した. Tengo *imperiosa* necesidad de salir. 私は火急の用事で出かけなければならない. **2** 横柄な, 高圧的な. tomar una actitud *imperiosa* 高圧的な態度を取る.

im·pe·ri·ta·men·te [im.pe.rí.ta.mén.te] 副 不器用に, 下手に.

im·pe·ri·to, ta [im.pe.rí.to, -.ta] 形 下手な, 不器用な; 未熟な, 不慣れな (↔experto).

im·per·me·a·bi·li·dad [im.per.me.a.bi.li.dáđ] 女 液体を通さないこと, 不浸透性, 防水性.

im·per·me·a·bi·li·za·ción [im.per.me.a.bi.li.θa.θjón / -.sa.sjón] 女 防水, 防水加工〔処理〕.

im·per·me·a·bi·li·zar [im.per.me.a.bi.li.θár / -.sár] 他 防水する, 防水加工〔処理〕を施す.

im·per·me·a·ble [im.per.me.á.ble] 形 防水の, 不浸透性の. una tela ~ 防水布. — 男 **1** レインコート, 防水コート. **2** 《ラ米》(コップ)コンドーム.
[← 《後ラ》*impermeābilis* 形 (〔ラ〕*permeāre*「通過する; 浸透する」より派生)]

im·per·mu·ta·ble [im.per.mu.tá.ble] 形 交換できない.

im·per·so·nal [im.per.so.nál] 形 **1** 非個人〔非人格〕的な; 一般的な, 没個性的な; 客観的な. estilo ~ 個性に欠ける文体. **2** 《敬称》聞き手に対して usted, ustedes を用いず, 代わりに聞き手を示す名詞を用いる用法. → ustedes に対して "¿Qué desean *los señores*?"のような言い方. **3** 《文法》非〔無, 不定〕人称の. verbo ~ 非〔無〕人称動詞 (▶ 単数形にのみ活用する動詞 (llover, tronar など→ unipersonal) と 3 人称単数形に限って用いられる意味・用法のある動詞 (haber, hacer, parecer, ser など) がこれに含まれる). oración ~ 非〔無〕人称文.

im·per·so·na·li·dad [im.per.so.na.li.đáđ] 女 非個人〔非人格〕性; 《文法》非人称(性).

im·per·so·na·lis·mo [im.per.so.na.lís.mo] 男 《ラ米》(コップ)無私, 無欲.

im·per·so·nal·men·te [im.per.so.nál.mén.te] 副 非個人〔非人格〕的に; 非人称動詞〔代名詞〕として.

im·per·té·rri·to, ta [im.per.té.ři.to, -.ta] 形 《estar+》物に動じない, 冷静な, 落ち着いた.

im·per·ti·nen·cia [im.per.ti.nén.θja / -.sja] 女 無礼, 不作法; 無礼〔不作法〕な言動. decir a+人 muchas ~s 〈人〉にさんざん失礼なことを言う. Su ~ ha llegado a extremos intolerables. 彼〔彼女〕(ら)の横柄さは我慢の限度を超えている.

con impertinencia 無礼に, 厚かましく; 不適切にも.

im·per·ti·nen·te [im.per.ti.nén.te] 形
1 《ser+ / estar+》無礼な, 横柄な; ずうずうしい. una pregunta ~ ぶしつけな質問. Tú *estás* demasiado ~ con tanto pedir. ああしろこうしろと, 少しずうずうしすぎやしないか. **2** 《ser+ / estar+》しつこい, 煩わしい. **3** 不適切な, 見当違いの.
— 男 女 無礼な人, ずうずうしい人; しつこい人.
— 女 《複数で》柄付きオペラグラス.

im·per·tur·ba·bi·li·dad [im.per.tur.ba.bi.li.

dád] 形 冷静の, 沈着, 泰然自若.

im·per·tur·ba·ble [im.per.tur.bá.ble] 形 《ser＋ / estar＋》動揺しない, 平然とした, 冷静な. mantener una actitud ～ 動じない態度を保つ.

im·per·tur·ba·ble·men·te [im.per.tur.bá.ble.mén.te] 副 平然と, 冷静に.

im·pé·ti·go [im.pé.ti.go] 男《医》膿痂疹(のうかしん), 飛び火.

im·pe·tra·ción [im.pe.tra.θjón / -.sjón] 女 嘆願, 懇願.

im·pe·tra·dor, do·ra [im.pe.tra.đór, -.đó.ra] 形 嘆願する, 懇願する. ── 男 女 嘆願者, 懇願者.

im·pe·trar [im.pe.trár] 他 1 嘆願する, 懇願する. Tuvo que ～ el perdón de su jefe. 彼[彼女]は上司の許しを嘆願せねばならなかった. 2 (嘆願・祈願して) 手に入れる.

***ím·pe·tu** [ím.pe.tu] 男 1 激しさ, 猛烈; 勢い. el ～ de las olas 激浪. el ～ de un ataque 攻撃の激しさ. 2 熱意, 意気込み. con mucho ～ 大変な意気込みで.

im·pe·tuo·sa·men·te [im.pe.twó.sa.mén.te] 副 激しく; せっかちに.

im·pe·tuo·si·dad [im.pe.two.si.đáđ] 女 → ímpetu.

im·pe·tuo·so, sa [im.pe.twó.so, -.sa] 形 1 激しい, 猛烈な. ritmo ～ 強烈なリズム. torrente ～ 奔流. 2 性急な, 衝動的な. No seas tan ～ そんなにあわてるな. ── 男 女 衝動的な人, 向こうみずな人.

impid- 活 → impedir.

im·pie·dad [im.pje.đáđ] 女 1 不敬虔(けいけん)な, 不信心, 瀆神(とくしん). 2 冷酷, 無慈悲. ～ contra los necesitados 貧しい者に対する非情な態度.

im·pí·o, a [im.pí.o, -.a] 形 1 不敬虔(けいけん)な, 不信心な; 神を冒瀆(ぼうとく)する. una persona *impía* 不敬虔[不信心]な人. 2 冷酷な, 無慈悲な. ── 男 女 不敬虔な人, 不信心な者; 冷酷な人.

im·pla·ca·bi·li·dad [im.pla.ka.βi.li.đáđ] 女 仮借のなさ, 厳しさ.

***im·pla·ca·ble** [im.pla.ká.ble] 形 1 容赦のない, 無慈悲な; 妥協しない. enemigo ～ 執拗な敵. odio ～ 根の深い憎しみ. 2 冷酷な. un juez ～ 非情な判事.

im·pla·ca·ble·men·te [im.pla.ká.ble.mén.te] 副 容赦なしに, 執拗(しつよう)に; 非情にも.

***im·plan·ta·ción** [im.plan.ta.θjón / -.sjón] 女 1 導入, 取り入れ, 設置. La ～ de la democracia se efectuó con gran celeridad. 民主主義の導入は大変急速になされた. 2 《医》(組織)移植; (受精卵の)着床.

***im·plan·tar** [im.plan.tár] 他 1 (新技術・改革などを) 導入する, 取り入れる; (思想・習慣などを) 植えつける. 2 《医》移植する.

im·plan·te [im.plán.te] 男 《医》医療用装具, インプラント. ～ mamario 人工乳房. ～ capilar 頭髪の植毛.

im·plan·to·lo·gí·a [im.plan.to.lo.xí.a] 女 《医》(歯科)インプラント技術.

im·plan·to·ló·gi·co, ca [im.plan.to.ló.xi.ko, -.ka] 形 (歯科)インプラント技術の.

im·ple·men·ta·ción [im.ple.men.ta.θjón / -.sjón] 女 施行, (必需品の)供給, 救いの手を差し伸べること. la ～ de soluciones 問題解決に貢献すること.

im·ple·men·tar [im.ple.men.tár] 他 《ラ 米》(きく)設置する; 実行する. ── 自 《ラ米》道具を与える; 力を貸す.

im·ple·men·to [im.ple.mén.to] 男 1 (主に複数で)《まれ》道具, 器具; 手段. 2 《言》直接補語.

***im·pli·ca·ción** [im.pli.ka.θjón / -.sjón] 女 1 (en... 〈犯罪など〉への) 関わり合い; 連座. Está probada su ～ *en* este fraude. この不正行為への彼[彼女] (ら)の関与は立証されている. 2 言外の意味, 含意. 3 影響, 結果. 4 論理的帰結. 5 (積極的に)参加, 関与.

im·pli·can·cia [im.pli.kán.θja / -.sja] 女 《ラ米》(きく)→ implicación.

***im·pli·car** [im.pli.kár] 他 1 (en... …に) 巻き込む, 巻き添えにする. Le han implicado en un complot. 彼は陰謀に巻き込まれた.
2 含む, 意味する. ～ contradicción 矛盾をはらんでいる. Su silencio *implica* que no está en contra de tu proyecto. 彼[彼女]が黙っているということは君の計画に反対していないということだ.
3 (積極的に)参加[関与]させる. Quiere ～ a todos en el proyecto. 彼[彼女]はみんなをプロジェクトに入れたがっている.
── 自《否定文で》《**para que**＋接続法 …するのを》妨げる, 矛盾する. Eso *no implica para que* confiemos en él. だからといって我々が彼を信頼しないというわけではない.
── ～·se 再 1 (en... …に) 巻き込まれる, 巻き添えをくう. El otro día *me impliqué en* un accidente de tráfico. 私は先日交通事故に巻き込まれた.
2 (con... …と) 共謀する.
[← [ラ] *implicāre*「巻き込む, 含む」(*in-*「中へ」＋ *plicāre*「巻く」); 関連 implícito. [英]*implicate*]

im·pli·ca·to·rio, ria [im.pli.ka.tó.rjo, -.rja] 形 含意する; 内に含む.

im·plí·ci·ta·men·te [im.plí.θi.ta.mén.te / -.si..] 副 暗に, 暗黙のうちに; 言外に.

***im·plí·ci·to, ta** [im.plí.θi.to, -.ta / -.si.-] 形《estar＋》暗黙の, 言外の; 暗に示された (↔explícito).

im·plo·ra·ción [im.plo.ra.θjón / -.sjón] 女 嘆願, 懇願.

im·plo·ran·te [im.plo.rán.te] 形 嘆願の, 懇願する.

im·plo·rar [im.plo.rár] 他 嘆願[哀願]する, 懇願する. ～ perdón 許しを請う.

im·plo·sión [im.plo.sjón] 女 1 《音声》内破(子音). 2 《物理》内破. 3 《天文》爆縮.

im·plo·si·vo, va [im.plo.sí.βo, -.βa] 形 《音声》内破の, 内破子音の.

im·plu·me [im.plú.me] 形 羽のない, 羽毛の生えていない.

im·plu·vio [im.plú.βjo] 男 (広間の床の中央に設けた) 雨水だめ.

im·plu·vium [im.plú.βjum] [ラ] 男 [複 ～s] → impluvio.

im·po·lí·ti·ca·men·te [im.po.lí.ti.ka.mén.te] 副 軽率に; 無礼にも.

im·po·lí·ti·co, ca [im.po.lí.ti.ko, -.ka] 形 賢明でない, 慎重さを欠く; 無礼な. una medida *impolítica* 不得策な方法.

im·po·lu·to, ta [im.po.lú.to, -.ta] 形 汚染されてない, 清浄な. un aljibe ～ 汚れていない貯水槽.

im·pon·de·ra·ble [im.pon.de.rá.ble] 形 1 計り知れない, 想像を絶する. Los daños causados son ～s. 引き起こされた損害は計り知れない. 2 とても貴重な. ── 男 《主に複数で》不測の事態.

im·po·nen·cia [im.po.nén.θja / -.sja] 女 《ラ米》

(ｸﾞﾗﾝｼﾞｮｻﾞ)(ｸﾞﾗﾝｼﾞｮｰｻ)(ｻﾞ) **(1)**〘景色などの〙雄大さ.**(2)**威厳,偉大さ.

***im·po·nen·te** [im.po.nén.te] 形 **1** 堂々たる；威圧する；恐ろしい. un edificio ～ 目を見はるような建物. persona ～ 威厳のある人. **2**《**ser**＋／**estar**＋》〘話〙ものすごい,非常にすばらしい. un coche ～ すばらしい自動車. Hace un frío ～. 凍えるような寒さだ. ━ 男 女 威圧感のある人.

****im·po·ner** [im.po.nér] 41 [過分]は impuesto] 他 **1**《**a...** …に》課する,強制する. ～ unas condiciones al contrato 契約に条件をつける.
2《**a**＋**人**〈人〉に》〈恐れ・尊敬などを〉抱かせる；行使する. El director *me impone* respeto. 私は監督に敬意を抱く. ▶目的語を省いて用いることがある. → Su mirada *impone*. 彼[彼女]の視線は怖い.
3《**a**＋**人**〈人〉に》〈名前を〉つける. A la niña *le impusieron* un nombre muy bonito. その女の子にはとてもすてきな名前が付けられた.
4《**en...**〈口座など〉に》〈お金を〉入れる,入金する. Tiene que ～ 10 euros como depósito. 手付け金として10ユーロ入金しなくてはいけません.
5《**a**＋**人**〈人〉に》〈賞を〉与える,〈罰を〉負わせる. *Te impondrán* una multa. 君には罰金が課せられるよ.
6《**en...**／**de...**〈知識などを〉》〈人に〉与える,教える. Allí me *impusieron en* griego. そこで私はギリシア語を習った.
7《**sobre...**…に》〈儀式などで〉〈手を〉かざす.
8《ラ米》《*蘭》《ｸﾞｱﾃ》慣らす,訓練する.
━**～·se** 再 **1**《**a...**／**sobre...**…に対して》優位に立つ；権限を行使する,いばる. El candidato *se impuso* por mucha diferencia *sobre* sus rivales. その候補者は競争相手に対して大きく水をあけた.
2〈自分に〉課する,強制する. No queremos ～*nos* un horario muy duro. 私たちは厳しい勤務時間を持ちたくはありません.
3《**en...**／**de...**〈知識などを〉》習う,知る. Pronto *te impondrás en* el manejo de este aparato. じきに此の装置の操作ができるようになるよ.
4〈習慣などが〉根付く,はやる. *Se está imponiendo* otra vez la minifalda. またミニスカートがはやりつつある.
5〘話〙《3人称単数で》《＋不定詞…することが》必要である. *Se impone* contrastar. 確かめる必要がある. **6**《ラ米》《*蘭》《ｸﾞｱﾃ》《**a...**…に》慣れる,習慣づく.
[←[ラ] *impōnere*「ある所に置く」が原義；*in-*「の上に」＋ *pōnere*「置く」）；[関連] impuesto.［英］*impose*］

im·po·ni·ble [im.po.ní.ble] 形 課税できる,課税対象となる. base ～ 課税対象所得.

im·po·pu·lar [im.po.pu.lár] 形 人気がない,不人気[不評]な. Este producto nuevo es ～. この新製品は不人気だ.

im·po·pu·la·ri·dad [im.po.pu.la.ri.ðáð] 女 不人気,不評.

im·por·ta·ble [im.por.tá.ble] 形 **1** 輸入できる. **2**〘古語〙耐えられない.

***im·por·ta·ción** [im.por.ta.θjón／-.sjón] 女 輸入；〘集合的〙輸入品（↔ exportación）. ～ de trigo 小麦の輸入. coches de ～ 輸入車. licencia de ～ 輸入許可(書). restricción de las *importaciones* 輸入制限.

im·por·ta·dor, do·ra [im.por.ta.ðór, -.ðó.ra] 形 輸入する. país ～ 輸入国. ━ 男 女 輸入業者.

***im·por·tan·cia** [im.por.tán.θja／-.sja] 女 **1** 重要性,価値. adquirir [cobrar] ～ 重要性を得る,意味を持つ. dar ～ a... …を重要視する. quitar [restar] ～ a... …を軽んじる. tener ～ 重要である. ser de suma ～ 極めて重要である. ser de poca ～ 取るに足りない. una lesión sin ～ 大したことのないけが.
2 重要な立場[地位]. médico de ～ 高名な医者. darse ～ 偉ぶる.

***im·por·tan·te** [im.por.tán.te] 形《＋名詞／名詞＋》**1**《**ser**＋》重要な,大切な. jugar [desempeñar] un papel ～ 重要な役割を演じる. persona ～ 重要人物. Lo ～ es que has venido. 肝心なのは君が来てくれたということだ. (▶ lo ～ es que ＋直説法[接続法]). Lo ～ en los Juegos Olímpicos no es ganar sino participar. オリンピックで重要なことは,勝つことでなく参加することである.
2 かなりの. una ～ cantidad de dinero 多額の金. un número ～ de clientes 多くの顧客.

im·por·tan·ti·zar·se [im.por.tan.ti.θár.se／-.sár.-] 97 再 《ラ米》《ﾎﾞﾘﾋﾟ》偉ぶる,もったいぶる.

****im·por·tar** [im.por.tár] 自 **1**（**importar**le（**a**＋**人**）〈人〉にとって》重要である,気にかかる. No *me importa* el precio. 私には値段は問題じゃないよ. No *me importa* lo que diga la gente. 私は人が何と言おうと構わないよ. Lo que *importa* es que todos lo hicimos juntos. 重要なことはみんなで一緒にそれをやったということだ.
2《**importar**le（**a**＋**人**）〈人〉にとって》《＋不定詞／**que**＋接続法》…することが）迷惑である,気に障る. No *me importa* llegar tarde. 私は遅くなっても構わないよ. No *nos importa* que te quedes aquí con nosotros. 私たちと一緒にここに残っても私たちは構わないよ. Si no *te importa*, saldremos a comer. 君が構わなければ,食事に出かけよう. ▶時に間接目的語なしで非人称的に用いることがある. → ¡Qué *importa* que haga frío! 寒いからってどうってことないよ.
━ 他 **1**《**de...**…から》輸入する；〈習慣などを〉持ち込む（↔exportar）. *Importamos* café *de* Colombia. 私たちはコーヒーをコロンビアから輸入している. **2**〘IT〙インポートする. **3** …という値をつける,…という値段である.

（**no**） **importar un comino** [**pepino, pimiento, pito**]〘話〙大したことではない,全く[ほとんど]かまわない.

¿Te [Le] importa [importaría]...?《丁寧》**(1)**《＋不定詞》〘依頼〙君[あなた]が…してくださいません[ていただけませんか]. ¿*Te importaría* prestarme este CD? 私にこのCDを貸してくれないかな. **(2)**《**que**＋接続法 …しても》よろしいですか[でしょうか]. ¿*Te importa que* me siente aquí? 君,私がここに座っても構わないかい. ▶（1）（2）とも承認するときには No.「いいですよ」や Claro que no.「もちろんいいですよ」のように否定で答える.
[←[中ラ] *importāre*「重要である」← [ラ] *importāre*（*in-*「中へ」＋ *portāre*「持ち運ぶ」）；importar「輸入する」の使用（19世紀以後）は [ラ] からの直接借用による；[関連] importante, importación.［英］*import, important*］

***im·por·te** [im.pór.te] 男 代金,金額；総額. hasta el ～ de diez mil euros 総額1万ユーロまで. el ～ de una factura 送り状の金額. → precio [類語].

im·por·tu·na·ción [im.por.tu.na.θjón / -.sjón] 女 しつこくせがむこと, くどい要求.

im·por·tu·na·men·te [im.por.tú.na.mén.te] 副 しつこく, 煩わしいほどに; タイミング悪く.

im·por·tu·nar [im.por.tu.nár] 他 しつこくせがむ, 煩わす. Desearía hablar con usted unos momentos si no le *importuno*. お邪魔でなければちょっとお話がしたいのですが.

im·por·tu·ni·dad [im.por.tu.ni.ðáð] 女 **1** しつこさ, 邪魔; 迷惑. **2** = inoportunidad.

im·por·tu·no, na [im.por.tú.no, -.na] 形 **1** = inoportuno. **2** 煩わしい, しつこい. Está siempre con peticiones *importunas*. 彼[彼女]はいつも何だかんだとしつこく頼みごとをしてくる.
— 男 女 タイミングの悪い人; しつこい人, 厄介者.

*__im·po·si·bi·li·dad__ [im.po.si.ßi.li.ðáð] 女 **1** 不可能(性), できないこと. debido a la ～ de comunicar 連絡不能のため. Estoy en la ～ de ayudarte. 私は今君を助けられる状態ではありません. **2** 〖身体の〗障害.

im·po·si·bi·li·ta·do, da [im.po.si.ßi.li.tá.ðo, -.ða] 形 **1** 《estar+》体の自由な, 体の利かない. *Está* ～ *del brazo izquierdo*. 彼は左腕が不自由だ. **2** 不可能な, 妨げられた. — 男 女 身体障害者.

im·po·si·bi·li·tar [im.po.si.ßi.li.tár] 他 **1** 不可能にする, 妨げる. La nevada me *imposibilitó* salir. 私は雪で外出できなかった. Vuestro egoísmo *imposibilita* un acuerdo. 君たちのエゴで合意が妨げられている.
2 …の体を不自由にする; 〈…の肢体を〉利かなくする. — **～·se** 再 (肢体の)が不自由になる.

im·po·si·ble [im.po.sí.ßle] 形 **1** 《多くは名詞+》《ser+》不可能な, ありえない (↔posible). sueño ～ かなわない夢. Nada *es* ～ *en la vida*. 人生で不可能なことはない. *es* ～ [+不定詞 / que+接続法] …することは不可能だ. *Es* ～ terminar este trabajo en una hora. この仕事を1時間で終えるのは不可能だ. *Es* ～ que partamos mañana. 明日出発するなんて無理だ. *Es* ～ que empiece a nevar tan pronto. こんなに早く雪が降り始めるなんて考えられない.
2 《estar+》《話》〈人が〉手に負えない, どうしようもない. Estos niños *están* ～s hoy. この子たちは今日はどうにも手がつけられない.
3 《話》ひどい, とんでもない. Ayer hizo un tiempo ～. 昨日はひどい天気だった.
4 《ラ米》(1) 《ペルー》《チリ》《話》汚い, 乱雑な. ropa ～ 汚れた[しわくちゃの]服. (2) 患った, 傷つけられた.
— 男 不可能なこと, あり得ないこと. pedir un ～ [～s] 無理なことを求める.
hacer lo imposible por [*para*]... …のために最善を尽くす, できる限りのことをする.
[←[ラ] *impossibilem* (*impossibilis* の対格) 〈*posse*「…できる」より派生) 〖関連〗[英] *impossible*〗

*__im·po·si·ción__ [im.po.si.θjón / -.sjón] 女 **1** 押しつけ, 強要; 〘制裁などを〙課すること. No admitimos este tipo de ～. この種の強要を私たちは容認しない. La ～ de sanciones afectará mucho a la economía del país. 制裁を課せられた国の経済は多大な悪影響を受けるだろう.
2 課税, 賦課. doble ～ 二重課税.
3 預金. ～ a plazo (fijo) 定期預金. **4** 授与 ～ de condecoraciones 勲章の授与(式), 表彰(式).
5 〖印〗(版の)組み付け, 製版.
imposición de manos 〖カト〗按手(あんしゅ).

im·po·si·ti·vo, va [im.po.si.tí.ßo, -.ßa] 形 **1** 課税の, 税金の. régimen ～ 税制. **2** 《ラ米》《アルゼン》《ウルグ》高圧的な, 押しつけがましい.
— 女 《ラ米》税務局[署].

im·po·si·tor, to·ra [im.po.si.tór, -.tó.ra] 男 女 預[貯]金者.

im·pos·ta [im.pós.ta] 女 〖建〗(1) 迫元(せりもと). (2) (階の境を示すファサードにつけられた) 水平突出部. (3) 拱基石(きょうきせき).

im·pos·ta·ción [im.pos.ta.θjón / -.sjón] 女 〖音楽〗声合わせ.

im·pos·tar [im.pos.tár] 他 〖音楽〗一定の高さで発声する. La cantante *impostaba* la voz その女性歌手は一定の高さを保つ発声をしていた.

im·pos·ter·ga·ble [im.pos.ter.gá.ßle] 形 後回しにできない, 遅らせることのできない.

im·pos·tor, to·ra [im.pos.tór, -.tó.ra] 形 **1** (他人の氏名・職業などを)かたる, なりすました; 詐欺の.
2 中傷の, 誹謗(ひぼう)する.
— 男 女 **1** 中傷者, 誹謗者. **2** 詐称者, 詐欺師.

im·pos·tu·ra [im.pos.tú.ra] 女 **1** (他人に)なりますこと, かたり. **2** 悪口, 中傷.

im·po·ta·ble [im.po.tá.ßle] 形 飲めない, 飲用に適さない.

*__im·po·ten·cia__ [im.po.tén.θja / -.sja] 女 **1** 無力; 無能. Reconoció su ～ para ganar la carrera. 彼[彼女]はレースに勝つ能力がないのを認めた. tener una sensación de ～ 無力感を味わう.
2 〖医〗(男性の)性的不能症, インポテンツ.

*__im·po·ten·te__ [im.po.tén.te] 形 **1** 無能な, 無力な. **2** 〖医〗性的不能な, インポテンツの.
— 男 〖医〗(男性の)性的不能者.

im·po·ven·tas [im.po.ßén.tas] 男 《単複同形》《ラ米》《アルゼン》消費税.

im·prac·ti·ca·bi·li·dad [im.prak.ti.ka.ßi.li.ðáð] 女 実行[通行]不能.

im·prac·ti·ca·ble [im.prak.ti.ká.ßle] 形 **1** 実行不可能な; 理論倒れの. proyecto ～ 実行不可能な計画. **2** 〈道路が〉通行不能の. **3** 〖演〗〈(大道具の)窓などが〉開閉可能な, (固定されて)使えない.

im·pre·ca·ción [im.pre.ka.θjón / -.sjón] 女 **1** のろいの言葉, 悪態. **2** 〖修辞〗呪詛(じゅそ).

im·pre·car [im.pre.kár] 102 他 のろう; ののしる, 悪態をつく.

im·pre·ca·to·rio, ria [im.pre.ka.tó.rjo, -.rja] 形 のろいの, 悪態[毒舌]の.

im·pre·ci·sión [im.pre.θi.sjón / -.si.-] 女 不正確, 不明確.

im·pre·ci·so, sa [im.pre.θí.so, -.sa / -.sí.-] 形 不正確[不明確]な, あいまいな. Este informe está lleno de datos ～s. このレポートは不正確なデータだらけだ.

im·pre·de·ci·ble [im.pre.ðe.θí.ßle / -.sí.-] 形 《ラ米》《メキ》《グアテ》《コスタ》《話》予言できない, 予測しえない.

im·preg·na·ción [im.preg.na.θjón / -.sjón] 女 **1** 染み込ませること; 浸透. **2** 〖生物〗刷り込み.

im·preg·nar [im.preg.nár] 他 《con... / de... / en...》**1** …に染み込ませる; …に染み込む.
2 〈…で〉充満させる; (心理的に)深い影響を及ぼす, 感化する, 《思想など》を吹き込む. cara *impregnada* de tristeza 悲しみに満ちた顔.
— **～·se** 再 **1** 《de... / con... / en...》《(液体・臭いなど)で》濡れる, 充満する; 〈…が〉染み込む. Ese algodón *se ha impregnado de* alcohol. その綿にはアルコールが染み込んだ. **2** 《de...》〈思想など〉に》の...

れる,染まる. ~se de*l* nacionalismo radical 急進的な民族主義に染まる.

im·pre·me·di·ta·ción [im.pre.me.ði.ta.θjón / -sjón] 囡 無思慮, 軽率.

im·pre·me·di·ta·da·men·te [im.pre.me.ði.tá.ða.mén.te] 副 **1** 故意[計画的]でなく. **2** 不用意[軽率]に.

im·pre·me·di·ta·do, da [im.pre.me.ði.tá.ðo, -.ða] 形 **1** 故意[計画的]でない. **2** 無思慮[軽率]な.

***im·pren·ta** [im.prén.ta] 囡 **1** 印刷, 印刷術. letra de ~ 活字体. prueba de ~ 校正刷り. **2** 印刷所, 印刷工場. **3** 出版物, 印刷物. libertad de ~ 出版の自由. **4** 《ラ米》アイロンがけ. (2) 《ﾁﾘ》《複数で》《話》うそ. (3) 《ﾁﾘ》計画案. [← [カタルーニャ] *empremta*「押した[踏んだ]跡」; [古カタルーニャ] *empremer*「押しつける」(← [ラ] *imprimere*) の過去分詞より派生. [関連] imprimir. [英] imprint]

im·pren·tar [im.pren.tár] 他《ラ米》(1)《ﾁﾘ》(ズボンの折り目などに)パーマネント加工をする;(アイロンで)型をつける. (2) 印[跡]をつける. (3)《ﾁﾘ》全てる.

***im·pres·cin·di·ble** [im.pres.θin.dí.ßle / -.sin.-] 形 **不可欠の**, 絶対必要な. La paciencia es ~ para hacer un buen trabajo. いい仕事をするには忍耐が不可欠だ. Mi maleta contiene sólo lo ~. 私のスーツケースにはどうしても必要なものだけ入っている.

im·pres·crip·ti·ble [im.pres.krip.tí.ßle] 形 《法》《権利などが》時効の制約を受けない, 不可侵の.

im·pre·sen·ta·ble [im.pre.sen.tá.ßle] 形 《ser + / estar+》人前に出せない[出られない], 見苦しい. Con esta camisa *estás* ~ para la ceremonia. このシャツでは君はセレモニーに出られないよ.

****im·pre·sión** [im.pre.sjón] 囡 **1 印象**, (頭に焼きついた) イメージ, 感じ. causarle buena [mala] ~ (a+人)《人》にいい [悪い] 印象を与える. ~ artística 《スポ》(フィギュアスケートなどの) 芸術点[的評価]. Me dio la ~ de que estaba muy tranquilo. 彼はとても落ち着いているように私には見えた.

2 (もの・人に関しての)意見. cambiar *impresiones* 意見交換する. Me gustaría conocer vuestras ~ de este tema. 私はこのテーマについて君たちの意見を知りたいんですが.

3 《文章語》印刷(技術); 印刷物. una ~ de lujo 豪華(印刷)版. ~ a dos caras 両面印刷. ~ subordinada 《ＩＴ》バックグラウンド印刷.

4 (押して作られた)痕跡,印をつける. ~ marcar ~ 印をつける. ~ digital [dactilar] 指紋.

de impresión《話》《強調》印象深い, 目を見張る, すばらしい.

[← [ラ] *impressiōnem* (*impressiō* の対格); *imprimere*「圧迫する, 押しつける」(→ imprimir) より派生. [関連] [英] *impression*]

im·pre·sio·na·bi·li·dad [im.pre.sjo.na.ßi.li.ðáð] 囡 感受性(の強いこと), 感じやすさ.

im·pre·sio·na·ble [im.pre.sjo.ná.ßle] 形 **1** 感受性の強い, 感じやすい. Es una chica muy ~. 彼女はとても感受性の強い女の子だ. **2** 録音[録画]できる.

***im·pre·sio·nan·te** [im.pre.sjo.nán.te] 形 **1** 《ser+ / estar+》**印象的な**, 感銘を与える, 感動的な. una escena ~ 感動的なシーン. **2** 驚くべき, 驚異的な. un ~ rascacielos すごい超高層ビル.

***im·pre·sio·nar** [im.pre.sjo.nár] 他 **1** 《人に》**印象付ける**; 感銘を与える, 〈人(の心)を〉動かす. ¿Cuál es el libro que más te *impresionó*? 君にとってもっとも印象深かった本は何ですか. Me *impresiona* que alguien se olvide de la cara de su hermano. 私には兄[弟]の顔を忘れる人がいるなんて驚きだ. **2** (絵を)感光させる;〈音〉を録音する. ─ 自 印象付ける. Lo he dicho sólo para ~. 印象付けるためにだけ私はそれを言いました.

─ ~se 《**de…** / **por…** / **con…** …に》印象付けられる; 心が動かされる, 感動する,《**de que**＋接続法 …ということに》印象付けられる; 感銘する. *Se impresionó con* tu belleza. 彼[彼女]は君の美しさに驚嘆した.

im·pre·sio·nis·mo [im.pre.sjo.nís.mo] 男 《美》印象派, 印象主義. ♦フランスの画家 Monet の絵 *Impresión — sol naciente*『印象─日の出』の題にちなむ19世紀末フランスに起こった絵画運動.

im·pre·sio·nis·ta [im.pre.sjo.nís.ta] 形 《美》印象主義的の, 印象派の. artista ~ 印象派の芸術家. ─ 男 囡 印象派の画家[音楽家], 印象主義者.

***im·pre·so, sa** [im.pré.so, -.sa] [imprimir の 過分] 形 **印刷された**; 刻まれた. circuito ~ 《電》プリント回路. La desesperación estaba *impresa* en su rostro. 彼[彼女]の顔にはっきりと絶望の色が表れていた.

─ 男 **1** 《複数で》(郵便取り扱い上の) **印刷物** (= ~ postal); 書籍小包. **2** 記入用紙. rellenar un ~ de solicitud 申込用紙に記入する.

impresos (印刷物)

im·pre·sor, so·ra [im.pre.sór, -.só.ra] 男 囡 印刷工; 印刷(業) 者. ─ 囡 プリンター, 印刷機. *impresora* láser レーザープリンター.

im·pres·ta·ble [im.pres.tá.ßle] 形 貸し出し不可の, 禁帯出の. libro ~ 禁帯出本.

***im·pre·vi·si·ble** [im.pre.ßi.sí.ßle] 形 **予見[予測]できない**, 不測の. Ha ocurrido un accidente ~. 予見できない事故が起きた.

im·pre·vi·sión [im.pre.ßi.sjón] 囡 先見の明のないこと; 不注意, 軽率.

im·pre·vi·sor, so·ra [im.pre.ßi.sór, -.só.ra] 形 先見の明のない; 軽率な.

***im·pre·vis·to, ta** [im.pre.ßís.to, -.ta] 形 **予期しない**, 思いがけない, 予定外の. suceso ~ 予期せぬ出来事, ハプニング. lance ~ どんでん返し. lo ~ 予期しないこと, 思いがけないこと. si ocurre algo ~ 不測の事態が生じた場合は. Llegó de ~. 彼[彼女]は突然やって来た.

─ 男 **1** 不測の事態. **2** 《複数で》予備費, 臨時支出.

im·pri·ma·ción [im.pri.ma.θjón / -sjón] 囡 **1** 下塗り. **2** 下塗り用の材料.

im·pri·mar [im.pri.már] 他〈カンバスなどを〉下塗りする.

im·pri·má·tur [im.pri.má.tur] 男 (宗教的著作に教会が与える)印刷出版許可.

***im·pri·mir** [im.pri.mír] 76 他 [過分] は impreso, imprimido **1 印刷する; 出版する**;(布などに)プリントする. ~ un texto テキストを印刷する. La

improbabilidad

primera edición fue *impresa* en 1980. 初版は1980年に出版された. **2** 跡を残す, 刻印する. ~ las huellas digitales 指紋を押す. **3** 刻み込む, 銘記する. **4** 特徴づける. Hay que ~ más alegría a la fiesta. パーティーをもっと陽気なものにしなければならない. **5** 《動き・スピードなどを》伝える, 与える, 加える. ~ un movimiento a un cuerpo 本体に運動を伝える.
[← [ラ] *imprimere*「圧迫する, 押しつける」; 関連 imprenta, impresión. [英] (im)print].

im·pro·ba·bi·li·dad [im.pro.ba.ɓi.li.ðáðd] 女 あり[起こり]そうもないこと.

*__im·pro·ba·ble__ [im.pro.ɓá.ble] 形 あり[起こり]そうにない, 確かではない. Parece ~ que deje de llover hoy. 今日は雨がやみそうにない.

im·pro·bi·dad [im.pro.ɓi.ðáðd] 女 不誠実, 不正直.

ím·pro·bo, ba [ím.pro.ɓo, -.ɓa] 形 **1** 〈仕事などが〉大変な, 過酷な. labor *ímproba* 過酷な仕事. **2** 不誠実な, 不正直な.

im·pro·ce·den·cia [im.pro.θe.ðén.θja / -.se.-.sja] 女 不適切さ; 不当.

im·pro·ce·den·te [im.pro.θe.ðén.te / -.se.-] 形 **1** 不適切な. **2** 不当な, 不法な. Indudablemente esto es un caso de despido ~. これは不当解雇のケースであることに疑いない.

im·pro·duc·ti·vo, va [im.pro.ðuk.tí.ɓo, -.ɓa] 形 非生産的な, 不毛な. hacer un esfuerzo ~ 不毛な努力をする.

im·pro·fa·na·ble [im.pro.fa.ná.ble] 形 冒瀆(ぼうとく)不可の, 穢(けが)されることのない.

im·pro·lon·ga·ble [im.pro.loŋ.gá.ble] 形 延長不可.

im·promp·tu [im.prómp.tu] 男 即席, 即興; 即興曲, 即興詩, 即席演説.

im·pron·ta [im.prón.ta] 女 **1** (精神的な) 跡, 影響. **2** 《生物》刷り込み.

im·pro·nun·cia·ble [im.pro.nun.θjá.ble / -.sjá.-] 形 **1** 発音できない, 発音しにくい. **2** 口に出して言うべきでない.

im·pro·pe·rio [im.pro.pé.rjo] 男 **1** 《主に複数で》悪口, 雑言. llenar a+人 de ~s 〈人〉に悪口を浴びせる. **2** 《複数で》《カト》インプロペリオ:ユダヤ人に対するイエスの非難と慈悲を綴(つづ)った詩句で, 聖金曜日に唱えられる.

im·pro·pie·dad [im.pro.pje.ðáðd] 女 **1** 言い[書き]誤り, 不正確. Cuando habla, comete muchas ~*es*. 彼[彼女]は話をするとたくさん言い誤りをする. **2** 不適当, 不適切.

*__im·pro·pio, pia__ [im.pró.pjo, -.pja] 形 **1** (**de...** / **en...** / **para...** …として[に]) 不適当な; ふさわしくない (= inadecuado). Es un sitio ~ *para* el cuadro. その絵にはふさわしくない場所だ. comportamiento ~ *de* su edad 歳に似合わない振舞い. **2** 〈言葉の用法が〉不正確な; 不適切な. uso ~ de una palabra 言葉の誤用.
fracción impropia 《数》仮分数.

im·pro·rro·ga·ble [im.pro.r̄o.gá.ble] 形 延期できない; ぎりぎりの, これが最後の.

im·pró·vi·do, da [im.pró.ɓi.ðo, -.ða] 形 先見の明のない, 不用意な.

*__im·pro·vi·sa·ción__ [im.pro.ɓi.sa.θjón / -.sjón] 女 **1** 即興, 即席. **2** 即興演奏[詩, 曲].

im·pro·vi·sa·da·men·te [im.pro.ɓi.sá.ða.mén.te] 副 **1** 即興[即席]で. **2** 急ごしらえで.

*__im·pro·vi·sa·do, da__ [im.pro.ɓi.sá.ðo, -.ða] 形 即興の, 即席の; 急ごしらえの. discurso ~ 即興の演説. una reparación *improvisada* 応急修理.

im·pro·vi·sa·dor, do·ra [im.pro.ɓi.sa.ðór, -.ðó.ra] 形 即興[即興]の, 臨機応変の.
— 男 女 即興[即席]で作る[行う]人; 即興詩人.

*__im·pro·vi·sar__ [im.pro.ɓi.sár] 他 **1** 〈詩・曲・演説などを〉即興で作る; 即興演奏をする. ~ un discurso 即席の演説をする.
2 急ごしらえする, 間に合わせで作る. *Improvisó* una cena en un cuarto de hora. 彼[彼女]は15分で急ごしらえの夕食を用意した.
[←[仏] *improviser* ← [伊] *improvvisare* (〈[ラ] *imprōvīsus*「不意の」より派生). 関連 proveer. [英] *improvise*].

im·pro·vi·so, sa [im.pro.ɓí.so, -.sa] / **im·pro·vis·to, ta** [im.pro.ɓís.to, -.ta] 形 不意の, 予期しない.
de improviso / *a la improvista* 思いがけなく, 出し抜けに; 即席で. coger *de* ~ 不意打ちする.
en un improviso 《ラ米》《コラ》《メキ》《チリ》すぐに, 即時に.

*__im·pru·den·cia__ [im.pru.ðén.θja / -.sja] 女 **1** 軽率, 無分別, 無謀; 軽率[無分別]な行為. Una ~ te costará la vida. 無謀なまねは命取りになるぞ. obrar con ~ 軽はずみに行動する. No deberías cometer una ~. 軽率なことをしてはいけないよ.
2 不謹慎, 不作法. Fue una ~ preguntarle su verdadera edad. 彼[彼女]に本当の年を聞くなんて不作法だった.
imprudencia temeraria 《法》過失.

*__im·pru·den·te__ [im.pru.ðén.te] 形 **1** 無分別な, 軽率な; 無謀な. conductor ~ 無謀なドライバー. **2** 不謹慎な, 不作法な.
— 男 女 分別のない[軽率な]人, 不作法な人.

im·pru·den·te·men·te [im.pru.ðén.te.mén.te] 副 うかつに, 軽率に; 作法をわきまえずに.

im·pú·ber [im.pú.ɓer] / **im·pú·be·ro, ra** [im.pú.ɓe.ro, -.ra] 形 思春期前の.
— 男 女 未成年.

im·pu·bli·ca·ble [im.pu.ɓli.ká.ble] 形 発表[出版]できない.

im·pu·den·cia [im.pu.ðén.θja / -.sja] 女 ずうずうしさ, 恥知らず, 無礼.

im·pu·den·te [im.pu.ðén.te] 形 ずうずうしい, 恥知らずな, 礼儀をわきまえない.

im·pu·di·ca·men·te [im.pú.ði.ka.mén.te] 副 不謹慎に; みだらに.

im·pu·di·cia [im.pu.ðí.θja / -.sja] / **im·pu·di·ci·cia** [im.pu.ði.θí.θja / -.sí.sja] 女 → impudor.

im·pú·di·co, ca [im.pú.ði.ko, -.ka] 形 **1** ずうずうしい, 無遠慮な, 恥知らずな. **2** 下品な, みだらな.

im·pu·dor [im.pu.ðór] 男 **1** 破廉恥, 恥知らず; 無遠慮. **2** みだら, 猥褻(わいせつ).

*__im·pues·to, ta__ [im.pwés.to, -.ta] 形 **1** (**estar**+) (**de** [**en**]... …に) 通じている, 詳しい. **2** 《ラ米》(*)(カリ)(コラ) 慣れた, 習慣づいた.
— 男 税, 税金.
pagar los ~*s* 税金を納める. gravar con un ~ ~に税を課す. tienda sin [libre de] ~*s* 免税店. ~ directo [indirecto] 直接税[間接税].

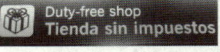

tienda sin impuestos
(免税店)

progresivo 累進税. ~ sobre la renta 所得税. ~ sobre el valor añadido 付加価値税《略 IVA》. ~ de consumo 消費税. ~ sucesorio / ~sobre sucesiones 相続税. ~ de circulación 流通税；自動車税. ~ de lujo 奢侈《ぜ》税. ~ de sociedades 法人税. ~ de timbre 印紙税. evasión de ~s 脱税. ~ revolucionario (テロ組織の要求する) 革命税.

im·pug·na·ble [im.puǥ.ná.ble] 形 **1** 反駁《ばく》[反論]の余地がある，攻撃[非難]できる. **2**《法》異議申し立てできる，忌避しうる.

im·pug·na·ción [im.puǥ.na.θjón / -.sjón] 囡 **1** 反駁《ばく》，反論；攻撃. **2**《法》異議申し立て；抗議.

im·pug·na·dor, do·ra [im.puǥ.na.ðór, -.ðó.ra] 形 **1** 反駁《ばく》する，反論する. **2**《法》異議申し立てをする；抗議する. ── 男 囡 反論[論駁《ばく》]者.

im·pug·nan·te [im.puǥ.nán.te] 形 → impugnador.

im·pug·nar [im.puǥ.nár] 他 **1** 反駁《ばく》[反論]する；攻撃[非難]する. ~ la decisión 決定に異議を唱える. **2**《法》〈相続などに〉異議申し立てをする.

im·pug·na·ti·vo, va [im.puǥ.na.tí.βo, -.βa] 形 **1** 反駁[反論]の；非難の. **2**《法》異議申し立てをする.

im·pul·sa·dor, do·ra [im.pul.sa.ðór, -.ðó.ra] 形 → impulsor.

*****im·pul·sar** [im.pul.sár] 他 **1** 押す. ~ la canoa カヌーを押す. ~ el balón ボールを押し進める. **2** 促進する，押し進める，活気づける. ~ el comercio 貿易を促進する. ~ una campaña antitabaco 禁煙運動を推進する. **3**《a... …に》駆り立てる，促す. La desesperación le *impulsó a*l suicidio. 絶望が彼を自殺へと駆り立てた.

im·pul·sión [im.pul.sjón] 囡 **1** 推進，駆動力；衝動. **2** (精神的な) 刺激，弾み.

im·pul·si·vi·dad [im.pul.si.βi.ðáđ] 囡 衝動的な行動，衝動性，直情径行.

im·pul·si·vo, va [im.pul.sí.βo, -.βa] 形 衝動的な，直情径行的な，(一時的な) 感情に駆られた. reacción *impulsiva* 衝動的な反応.

******im·pul·so** [im.púl.so] 男 **1** 推進(力)；押すこと. dar ~ a... …を推進[促進]する. El bote avanzó con el ~ del viento. ボートは風に押されて進んだ. **2** 弾み，勢い. La moto llevaba mucho ~ y no pudo frenarla. オートバイは勢いがついていて彼[彼女]は止められなかった. **3** 刺激，鼓舞. Le faltaba ~ para estudiar. 彼[彼女]には勉強へと駆り立てるものがなかった. **4** 衝動. Un ~ me hizo decirle la verdad. 思わず彼[彼女]に本当のことを言ってしまった.

a impulsos de... …に駆られて，…に促されて.

tomar impulso 《スポ》助走する.

[← 〔ラ〕impulsum (*impulsus* の対格；*impellere* 「押しやる」より派生)] 関連〔英〕*impulse*.

im·pul·sor, so·ra [im.pul.sór, -.só.ra] 形 **1** (船・飛行機などを) 推進する. **2** 駆り立てる.
── 男 囡 推進者；扇動者. Son ~*es* de este proyecto. 彼らはこのプロジェクトの推進者だ.

im·pu·ne [im.pú.ne] 形 (**estar**+) 罰を免れた，処罰を逃れた. El crimen quedó ~. その犯罪は処罰されなかった.

im·pu·ne·men·te [im.pú.ne.mén.te] 副 罰を受けずに.

*****im·pu·ni·dad** [im.pu.ni.ðáđ] 囡 刑罰を受けないこと，無処罰，免責. Este crimen no puede quedar en la ~ この犯罪は無処罰にすましてはいけない.

im·pun·tual [im.pun.twál] 形 (約束の) 時間を守らない. Estos chicos siempre son ~*es*. この子たちはいつも約束の時間を守らない.

im·pun·tua·li·dad [im.pun.twa.li.ðáđ] 囡 (時間に対して) 不正確であること. Le suspendieron por ~*es* reiteradas. 時間を守らないことが繰り返しあったため，彼は停職処分をうけた.

*****im·pu·re·za** [im.pu.ré.θa / -.sa] 囡 **1** 不純，汚れ；不純物. Este metal tiene muchas ~*s*. この金属は不純物が多い. **2** 不道徳，不純な行為.

im·pu·ri·dad [im.pu.ri.ðáđ] 囡 → impureza.

im·pu·ri·fi·car [im.pu.ri.fi.kár] 他 **1** 不純にする，混ぜ物をする；汚染する，汚す. ~ el medio ambiente 環境を汚染する.
2〈自由主義者を〉公職から追放する. ♦1823年スペインの王政復古による立憲派の追放を指す.

im·pu·ro, ra [im.pú.ro, -.ra] 形 **1** 不純な，汚れた. agua *impura* 汚れた水.
2 不道徳な，みだらな. motivo ~ 不純な動機.

im·pu·ta·ble [im.pu.tá.ble] 形 (**a...** …に)(罪・責任を) 帰することができる；基づく.

im·pu·ta·ción [im.pu.ta.θjón / -.sjón] 囡 **1** 罪[責任]を負わせること，転嫁. **2**《商》計上.

im·pu·tar [im.pu.tár] 他 **1**《**a...**》〈過失・罪などを〉《…に》負わせる，帰する，《…の》せいにする Las autoridades *han imputado* el atentado a ese grupo. 当局はテロ行為をそのグループによるものとした. **2**《商》計上する.

im·pu·tres·ci·ble [im.pu.tres.θí.ble / -.sí.-] 形 腐敗しない，腐りにくい.

IMSS [i.e.me.(e.)se.é.se]《略》*I*nstituto *M*exicano del *S*eguro *S*ocial (メキシコ) 社会保険庁.

in [ín]〔英〕形 (単複同形) 流行の，アクティブな. los restaurantes más *in* de España 今話題のレストラン. la moda más *in* de Barcelona バルセロナで一番はやっているファッション.

In《化》indio インジウム.

in-《接頭》**1**「否定，欠乏」の意. → *in*completo, *in*exacto. **2**「中に[へ]」の意. → *in*cluir, *in*sertar. b, p の前で im-, l, r の前では i-. ♦ 正書法上 r の前では ir-. → *r*eal に対して *ir*real など. [← 〔ラ〕]

-ín, ina《接尾》**1** 縮小辞. → ito. → mon*ín*, pequeñ*ín*. **2**「特質, 性質」の意を表す形容詞語尾. またその「人」の意を表す名詞語尾. → bailar*ín*, parlanch*ín*. **3** 地名に付いて「…出身の, …の人[もの]」の意を表す名詞・形容詞語尾. → mallorqu*ín*, menorqu*ín*.

-ina《接尾》**1**「(乱暴な) 動作，(突然の) 行為」などの意を表す女性名詞語尾. → degoll*ina*, regañ*ina*.
2「化学物質」の意を表す女性名詞語尾. → cafe*ína*, te*ína*.

in·a·bar·ca·ble [i.na.bar.ká.ble] 形 抱えきれない；広範すぎる，包括できない. un programa ~ 広範囲にわたりすぎる計画.

in·a·bor·da·ble [i.na.bor.ðá.ble] 形 近寄りがたい，近寄りがたい；〈問題などが〉取り組みがたい.

in·a·ca·ba·ble [i.na.ka.bá.ble] 形 終わりのない，延々と続く.

in·a·ca·ba·do, da [i.na.ka.bá.ðo, -.ða] 形 終わっていない，未完成の. No me gustan las cosas *inacabadas*. 私はものごとを中途半端で投げ出すことが嫌いだ.

in·ac·ce·si·bi·li·dad [i.nak.θe.si.bi.li.ðáð / -.se.-] 女 **1** 近寄れない[近づきがたい]こと. **2** 理解できないこと；難解.

***in·ac·ce·si·ble** [i.nak.θe.sí.ble / -.se.-] 形 **1** 近寄れない，近づきにくい．una selva ～人が踏み込めない密林． **2** 理解できない．Para mí es ～ la física. 私には物理は理解できない． **3** 《ser+ ／ estar+》〈人が〉近寄りにくい，付き合いづらい．

in·ac·ce·si·ble·men·te [i.nak.θe.sí.ble.mén.te / -.se.-] 副 近寄り難いことに；難解にも．

in·ac·ción [i.nak.θjón / -.sjón] 女 活動しないこと，無為．

in·a·cen·tua·do, da [i.na.θen.twá.ðo, -.ða / -.sen.-] 形 《átono+》〈音節・語が〉アクセント[強勢]のない (= átono) (↔tónico).

***in·a·cep·ta·ble** [i.na.θep.tá.ble / -.sep.-] 形 受け入れられない，容認[承認]できない；信じられない．Esta propuesta es ～. この提案は容認できない．

in·ac·ti·var [i.nak.ti.bár] 他 活動を止める．Eso *inactiva* las enzimas. それが酵素の働きを止める．

in·ac·ti·vi·dad [i.nak.ti.bi.ðáð] 女 無活動, 無為.

in·ac·ti·vo, va [i.nak.tí.bo, -.ba] 形 《estar+》活動しない，動かない．

in·ac·tual [i.nak.twál] 形 《ラ米》非現実的な，現実離れした；時代[流行]遅れの．

in·a·dap·ta·bi·li·dad [i.na.ðap.ta.bi.li.ðáð] 女 不適応性，適応できないこと．

in·a·dap·ta·ble [i.na.ðap.tá.ble] 形 《a... …に》適応できない，適合しない．

in·a·dap·ta·ción [i.na.ðap.ta.θjón / -.sjón] 女 不適応，不適合．

in·a·dap·ta·do, da [i.na.ðap.tá.ðo, -.ða] 形 《estar+》適応しない，なじまない． ― 男女 不適応者，環境になじめない人．

in·a·de·cua·ción [i.na.ðe.kwa.θjón / -.sjón] 女 《まれ》不適当，不適切．

***in·a·de·cua·do, da** [i.na.ðe.kwá.ðo, -.ða] 形 不適当な，不適切な．Este plato es ～ para sopa de ajo. この皿はニンニクスープに向かない．

in·ad·mi·si·bi·li·dad [i.nað.mi.si.bi.li.ðáð] 女 容認できないこと，受け入れられないこと．

***in·ad·mi·si·ble** [i.nað.mi.sí.ble] 形 **容認できない**，受け入れられない；信じられない．

in·ad·ver·ten·cia [i.naðber.tén.θja / -.sja] 女 《まれ》不注意，怠慢．por ～ うっかりして．

in·ad·ver·ti·da·men·te [i.naðber.tí.ða.mén.te] 副 気づかずに，うっかりして．

***in·ad·ver·ti·do, da** [i.naðber.tí.ðo, -.ða] 形 **1 気づかれない**，感づかれない．pasar ～ 気づかれない． **2** ぼんやりした，不注意な (= distraído).

in·a·go·ta·ble [i.na.go.tá.ble] 形 **1 尽きない**，無尽蔵の，限りない．aprovechar más fuentes ～s de energía 無尽蔵のエネルギー源をもっと利用する． **2** 《話》疲れを知らない．un jugador ～ 疲れ知らずのプレーヤー．

in·a·guan·ta·ble [i.na.gwan.tá.ble] 形 《ser+ ／ estar+》 我慢できない．Este dolor es ～. この痛みは耐えられない．una película ～ 見るに堪えない映画．

INAH [í.na] 《略》*I*nstituto *N*acional de *A*ntropología e *H*istoria (メキシコ) 国立人類学・歴史学研究所．

in·a·je·na·ble [i.na.xe.ná.ble] 形 → inalienable.

in·a·lám·bri·co, ca [i.na.lám.bri.ko, -.ka] 形 無線の，無線電信[電話]の．conexión *inalámbrica* 無線接続． ― 男 コードレス電話．

in al·bis [i.nál.bis] 《ラ》何も知らずに，わからずに；白紙状態で (= en blanco). quedarse [estar] ～ 全然事情がわからない．

***in·al·can·za·ble** [i.nal.kan.θá.ble / -.sá.-] 形 到達[達成]できない，手の届かない．Esta meta parece ～. この目標は達成不可能に見える．

in·a·lie·na·bi·li·dad [i.na.lje.na.bi.li.ðáð] 女 《法》譲渡不可能性．

in·a·lie·na·ble [i.na.lje.ná.ble] 形 **1** 不可侵の．Este derecho humano es ～. この人権は不可侵だ． **2** 《法》譲渡できない，奪うことのできない．

in·al·te·ra·bi·li·dad [i.nal.te.ra.bi.li.ðáð] 女 **1** 不変(性)，変色[退色]しないこと． **2** (態度・表情などの) 不動，平然．

in·al·te·ra·ble [i.nal.te.rá.ble] 形 **1** 不変の，変わらない．colores ～s 変色しない絵の具． **2** 〈人が〉動じない，平然とした．una persona ～ 動じない人．

in·al·te·ra·do, da [i.nal.te.rá.ðo, -.ða] 形 **1** 変わっていない；変質しない．alimentos ～s por el calor 常温で保存できる食べ物． **2** 〈人が〉顔色一つ変えない，平然とした．

i·na·mi·si·ble [i.na.mi.sí.ble] 形 かけがえのない．

in·a·mo·vi·bi·li·dad [i.na.mo.bi.li.ðáð] 女 **1** 動かせないこと． **2** 罷免できないこと，終身的身分保証．

in·a·mo·vi·ble [i.na.mo.bí.ble] 形 **1** 動かせない．una conclusión ～ 動かせない結論． **2** 罷免できない，終身的身分保証の．

in·a·na·li·za·ble [i.na.na.li.θá.ble / -.sá.-] 形 分析不可能な，理論では考えられない．

i·na·ne [i.ná.ne] 形 **1** 空虚な，無益な． **2** 衰弱した，飢餓状態の．

i·na·ni·ción [i.na.ni.θjón / -.sjón] 女 《医》飢餓による衰弱，栄養失調．morir de [por] ～ 栄養失調で死ぬ．

i·na·ni·dad [i.na.ni.ðáð] 女 空虚，無意味．

in·a·ni·ma·do, da [i.na.ni.má.ðo, -.ða] 形 **1** 生命のない，無生物の． **2** 《estar+》動かない；気を失った．

in·á·ni·me [i.ná.ni.me] 形 生命のない，死んだ．cuerpo ～ 死体．

in·a·pa·ga·ble [i.na.pa.gá.ble] 形 〈火・明かりなどが〉消すことのできない，消せない．

in·a·pe·a·ble [i.na.pe.á.ble] 形 **1** 引き止められない． **2** 頑固な，強情な． **3** 理解できない，不可解な．

in·a·pe·la·ble [i.na.pe.lá.ble] 形 **1** 上告[控訴]できない． **2** どうしようもない，不可避の．

in·a·per·ci·bi·do, da [i.na.per.θi.bí.ðo, -.ða / -.si.-] 形 気づかれない．

in·a·pe·ten·cia [i.na.pe.tén.θja / -.sja] 女 食欲不振，食欲減退．

in·a·pe·ten·te [i.na.pe.tén.te] 形 《estar+》食欲不振の．

in·a·pla·za·ble [i.na.pla.θá.ble / -.sá.-] 形 延期できない，緊急の．

in·a·pli·ca·ble [i.na.pli.ká.ble] 形 適用[応用]できない．

in·a·pli·ca·ción [i.na.pli.ka.θjón / -.sjón] 女 不熱心，怠け，怠慢．

in·a·pli·ca·do, da [i.na.pli.ká.ðo, -.ða] 形 不熱心な, 怠慢な, だらけた.

in·a·pre·cia·ble [i.na.pre.θjá.ble / -.sjá.-] 形 **1** 感知できない, 取るに足りない, 微々たる. diferencia ～ 微々たる相違. **2** 計り知れない, 貴重な. Tu apoyo ha sido ～. 君の支援は絶大であった.

in·a·pren·si·ble [i.na.pren.sí.ble] 形 **1**（手で）つかめない. **2** 理解できない.

in·a·pren·si·vo, va [i.na.pren.sí.ßo, -.ßa] 形 → desaprensivo.

in·a·pro·pia·do, da [i.na.pro.pjá.ðo, -.ða] 形《ser＋》不適切［不適当］な, ふさわしくない.

in·a·pro·ve·cha·do, da [i.na.pro.ße.tʃá.ðo, -.ða] 形《まれ》使用［活用］されていない；未開発の.

in·ar·mó·ni·co, ca [i.nar.mó.ni.ko, -.ka] 形 調和のない, 不調和の.

in·a·rru·ga·ble [i.na.r̃u.gá.ble] 形〈衣服が〉しわにならない.

in·ar·ti·cu·la·ble [i.nar.ti.ku.lá.ble] 形 一つにまとめられない. relación ～ くっつけられない関係.

in·ar·ti·cu·la·do, da [i.nar.ti.ku.lá.ðo, -.ða] 形 **1**〈発音が〉不明瞭（ﾒぃﾘょぅ）な, 言葉にならない；〈音声が〉分節されていない. **2**《ser＋》関節のない；〖解剖〗〖動〗無関節の.

in ar·tí·cu·lo mor·tis [i.nar.tí.ku.lo mór.tis]〔ラ〕死の瞬間に（＝ a la hora de la muerte）.

in·a·se·qui·ble [i.na.se.kí.ble] 形 手の届かない, 到達できない；達成できない.

ser inasequible al desaliento 非常に元気がある, 大いに頑張る.

in·a·si·ble [i.na.sí.ble] 形《まれ》捕らえられない；理解しがたい.

in·a·sis·ten·cia [i.na.sis.tén.θja / -.sja] 女 不参加, 欠席.

in·as·ti·lla·ble [i.nas.ti.já.ble ‖ -.ʎá.-] 形〈ガラスが〉飛散防止の. cristal ～ 安全ガラス.

in·a·ta·ca·ble [i.na.ta.ká.ble] 形 **1** 攻撃［攻略］できない, 難攻不落の. **2** 反駁(ﾊんばく)できない, 非の打ち所のない.

in·a·ten·ción [i.na.ten.θjón / -.sjón] 女 **1** 不注意. **2** 無礼, 失礼.

in·a·ten·to, ta [i.na.tén.to, -.ta] 形 失礼な（態度の）.

in·au·di·ble [i.nau.ðí.ble] 形 聞こえない, 聞き取れない.

in·au·di·to, ta [i.nau.ðí.to, -.ta] 形 **1** 前代未聞の, 驚くべき. un escándalo ～ 前代未聞のスキャンダル. **2** 我慢のならない, けしからぬ.

*in·au·gu·ra·ción [i.nau.gu.ra.θjón / -.sjón] 女 **1** 落成（式）, 除幕（式）, 開会［開業］（式）, こけら落とし. la ～ de una nueva línea de metro 地下鉄の新路線の開通式. la ～ de un monumento 記念碑の除幕式. la ～ de una exposición de arte 美術展の開会式. **2** 開始, 発足.

in·au·gu·ra·dor, do·ra [i.nau.gu.ra.ðór, -.dó.ra] 形 **1** 落成［開会］（式）をする. **2** 開始する, 発足させる. ——男女 落成［開会］式の挙行者.

in·au·gu·ral [i.nau.gu.rál] 形 落成［開会］の. discurso ～ 開会の辞.

*in·au·gu·rar [i.nau.gu.rár] 他 **1** 開会［落成, 除幕］式を行う, こけら落としをする. ～ una casa particular (自宅の) 新築祝いをする. ～ un monumento 記念碑の除幕式を行う. ～ un teatro 劇場のこけら落としをする.
2 開始する, 始める, 発足させる. ～ una escuela 開校する. ～ una tienda 開店する.

［←〔ラ〕*inaugurāre*（「（事を始める是非について）鳥占いをする」が原義；*avis*「鳥」より派生；関連 agüero.［英］*inaugurate*）

INBA [ím.ba]〖略〗*I*nstituto *N*acional de *B*ellas *A*rtes (メキシコ) 国立美術・芸術庁.

*in·ca [íŋ.ka] 形 インカの. Imperio ～ [*I*～] インカ帝国.
——男女 インカ人.
——男 **1**〖古語〗ペルーの金貨.
2 インカ帝国皇帝；皇族の男子.
3《複数で》《集合的》インカ人. Imperio de los ～*s* インカ帝国 (◆15世紀後半, クスコを中心に Andes 全域に広がる帝国を形成した. 言語はケチュア語. 1532年スペイン人 Pizarro によって征服された). → quechua.

> 関連 *vida social de los incas* インカの社会生活: *ayllu* 地縁・血縁による村落共同体. *curaca* 共同体首長. *chasqui* 飛脚. *Inti raimi* インティ・ライミ (太陽の祭り). *mita* 当番制労役. *tambo* 宿駅. *quipu* 結縄. *Viracocha* ビラコチャ (創世主, 神).

［←〔ケチュア〕*inca*「王, 王子」］

in·ca·cha·ble [iŋ.ka.tʃá.ble] 形《ラ米》《(ﾁ)》《話》無駄な, 無益な, 役に立たない.

in·ca·i·ble [iŋ.ka.í.ble] 形《ラ米》《(ﾁ)》ヘアピン.

*in·cai·co, ca [iŋ.kái.ko, -.ka] 形 インカの, インカ帝国［文化］の. cultura［época］*incaica* インカ文化［時代］. imperio ～ インカ帝国.

in·cal·cu·la·ble [iŋ.kal.ku.lá.ble] 形 測り知れない, 計算できない；莫大(ばく)な. Esta piedra preciosa tiene un valor ～. この宝石には測り知れない価値がある.

in·ca·li·fi·ca·ble [iŋ.ka.li.fi.ká.ble] 形 **1**《非難》言語道断の. **2** 評価できない.

in·ca·na·to [iŋ.ka.ná.to] 男〖史〗(ペルーの) インカ帝国時代；インカ皇帝の治世.

in·can·des·cen·cia [iŋ.kan.des.θén.θja / -.sén.sja] 女 **1** 白熱, 高温発光. lámpara de ～ 白熱灯. **2** 熱狂.

in·can·des·cen·te [iŋ.kan.des.θén.te / -.sén.-] 形〈物体・金属が〉白熱光を発する.

in·can·sa·ble [iŋ.kan.sá.ble] 形 疲れを知らない, 根気強い. Es ～ en el trabajo. 彼［彼女］は仕事に精力的だ.

in·can·sa·ble·men·te [iŋ.kan.sá.ble.mén.te] 副 根気強く, 精力的に.

in·can·ta·ble [iŋ.kan.tá.ble] 形 歌うことができない, 歌えない.

*in·ca·pa·ci·dad [iŋ.ka.pa.θi.ðáð / -.si.-] 女 **1**《de... / para... …する》能力がないこと, 無能（力）, 不適格. ～ *de* andar 歩行不能. ～ *para* gobernar 統率力のなさ. **2**〖法〗無能力, (法律上の) 資格喪失, 失格. ～ legal 法的無能力.

in·ca·pa·ci·ta·ción [iŋ.ka.pa.θi.ta.θjón / -.si.-.sjón] 女 **1** 免許の取り上げ, 資格の剝奪. **2** (能力・身体機能の) 喪失. ～ mental 心神喪失.

in·ca·pa·ci·ta·do, da [iŋ.ka.pa.θi.tá.ðo, -.ða / -.si.-] 形 **1**《ser＋ / estar＋》無能な, 能力のない. **2**《estar＋》〖法〗無能力な, 法的資格のない；準禁治産の. *Está* ～ *para* hacer este trabajo. 彼にはこの仕事をする資格がない.
——男女 **1** 無能力な人. **2**〖法〗(準) 禁治産者.

in·ca·pa·ci·tar [iŋ.ka.pa.θi.tár / -.si.-] 他 **1**《para... …を》不適格にする, できなくさせる. Tu edad te *incapacita para* asumir este cargo. 君の年齢ではこの職務を引き受けるのは無理だ. **2** 〖法〗(準)禁治産を宣告する. **3** 資格[権利]を奪う.

*in‧ca‧paz [iṇ.ka.páθ / -.pás] 形 [複 incapaces] **1** 《de... …することが》**できない**. Él es ~ *de* matar una mosca. 彼はハエ一匹殺せない. **2** 《para...》…に》不適格な; 無能な. Él es ~ *para* ese tipo de trabajo. 彼にはそのような仕事は向いていない. **3** 〖法〗資格のない, 無能力の. **4** 〘まれ〙収容力[容量]のない. **5** 《ラ米》《ピテネ》〘話〙〈子供が〉仕様のない, 我慢ならない. ━ 男 女 〘軽蔑〙役立たず, 無能力者. Es un ~. 彼は役立たずだ.

in‧car‧di‧na‧ción [iṇ.kar.ði.na.θjón / -.sjón] 女 **1** (人の)参入, 加入, (抽象概念の)取り入れ. ~ de una persona en el mundo político ある人の政界への参入. **2** 〖カト〗教区入籍.

in‧car‧di‧nar [iṇ.kar.ði.nár] 他 **1** 〖カト〗(聖職者を)教区に配属させる. **2** 含める, 組み込む. ━ ~.se 再 **1** 司教区の配属になる. **2** 組み込まれる, 入る.

in‧ca‧rio [iŋ.ká.rjo] 男 インカ帝国(時代).

in‧ca‧sa‧ble [iŋ.ka.sá.ble] 形 **1** 結婚できない, 結婚が難しい. **2** 組み合わせられない.

in‧cá‧si‧co, ca [iŋ.ká.si.ko, -.ka] 形 インカの, インカ人[帝国, 文化]の (= incaico).

in‧caus‧to [iŋ.káus.to] 男 《美》蠟画(ろう).

in‧cau‧ta‧ción [iŋ.kau.ta.θjón / -.sjón] 女 〖法〗差し押さえ, 押収(物), 没収(品).

in‧cau‧ta‧men‧te [iŋ.káu.ta.mén.te] 副 うっかりと, 軽率に.

in‧cau‧tar‧se [iŋ.kau.tár.se] 再 《de...》**1** 〖法〗《…を》押領[没収]する, 差し押さえる. La policía *se incautó de* gran cantidad de cocaína. 警察は大量のコカインを押収した. **2** 《…を》取り上げる.

in‧cau‧to, ta [iŋ.káu.to, -.ta] 形 **1** 不注意な, 軽率な. **2** だまされやすい. ━ 男 女 不注意な人; 純真な人.

in‧cen‧da‧ja [in.θen.dá.xa / -.sen.-] 女 〘複数で〙焚(た)きつけ.

in‧cen‧diar [in.θen.djár / -.sen.-] 82 他 …に火をつける, …に放火する. ━ ~.se 再 (3人称で) (火事で)焼ける, 火事が起こる. Se *incendió* todo el edificio. そのビルは全焼した.

in‧cen‧dia‧rio, ria [in.θen.djá.rjo, -.rja / -.sen.-] 形 **1** 火災を起こす; 放火の. bomba *incendiaria* 焼夷(しょうい)弾. **2** 扇動[挑発]的な. discurso ~ 扇動的な演説. **3** 〈目差(めざ)しなどが〉燃えるような. mirada *incendiaria* 燃えるような目. ━ 男 女 **1** 放火犯. **2** 扇動者.

*in‧cen‧dio [in.θén.djo / -.sén.-] 男 **1** 火事, 火災. provocar un ~ 放火する. ~ premeditado 放火(罪). los damnificados por un ~ 火事の被災者たち. Un pavoroso ~ destruyó todo el edificio. 猛火に包まれてその建物は焼け落ちた. →右段に図. **2** 熱情, 激高.

hablar [*echar*] *incendios* 《ラ米》《メキシコ》《ジペ》《話》悪口を言う, 悪態をつく; 責任[罪]をなすりつける.

[←[ラ] *incendium*(*incendere* 「火をつける」より派生); 関連 〘英〙 *incendiary* 「発火の; 放火の」]

in‧cen‧sa‧da [in.θen.sá.ða / -.sen.-] 女 **1** 提げ香炉の揺れ. **2** お世辞, おだて.

in‧cen‧sar [in.θen.sár / -.sen.-] 8 他 **1** 〖宗〗香をたく, 香をまいて清める. **2** お世辞を言う, おだてる.

in‧cen‧sa‧rio [in.θen.sá.rjo / -.sen.-] 男 〖カト〗提

incendio
Rómpase en caso de incendio.
「火災の際には壊すこと」(消火栓)

げ香炉: ミサ, 典礼式などの重要な儀式のとき揺り動かして清める.

in‧cen‧su‧ra‧ble [in.θen.su.rá.ble / -.sen.-] 形 非難の余地がない, 申し分のない.

in‧cen‧ti‧va‧dor, do‧ra [in.θen.ti.ßa.ðór, -.ðó.ra / -.sen.-] 形 関心を引く.

in‧cen‧ti‧var [in.θen.ti.ßár / -.sen.-] 他 **1** (報奨を出して)やる気を駆り立てる. Me *incentivan* a seguir todos los días. 私は毎日頑張って続けるよう褒美を用意されている. **2** (ある行動を奨励するために)報奨金を出す. El Gobierno *incentiva* el uso eficiente de los recursos. 政府は効率の良い資源利用に報奨金を出している.

in‧cen‧ti‧vo, va [in.θen.tí.ßo, -.ßa / -.sen.-] 形 刺激的な, 誘発的な. ━ 男 **1** 動機, 誘因, 刺激 (= estímulo). El interés es un ~ potente. 興味は強力な動機である. **2** 〖経〗インセンティブ.

el incentivo de la ganancia 増産報奨金.

*in‧cer‧ti‧dum‧bre [in.θer.ti.ðúm.bre / -.ser.-] 女 **1** 不確実, 不確定. Me preocupa la ~ de no saber el resultado del examen final. 最終試験の結果がはっきりしていないので私は心配だ. **2** 疑念.

in‧cer‧tí‧si‧mo, ma [in.θer.tí.si.mo, -.ma / -.ser.-] 形 [incierto の絶対最上級] 非常に不確かな; 全く自信のない.

in‧ce‧sa‧ble [in.θe.sá.ble / -.se.-] 形 **1** → incesante. **2** 止められない.

*in‧ce‧san‧te [in.θe.sán.te / -.se.-] 形 **1** 絶え間ない, 不断の. una lluvia ~ 降り続く雨. **2** たびたびの, 繰り返される. ~s visitas al cine たびたび映画館に頻繁につめよこす.

in‧ce‧san‧te‧men‧te [in.θe.sán.te.mén.te / -.se.-] 副 絶え間[間断]なく.

in‧ces‧to [in.θés.to / -.sés.-] 男 近親相姦(かん)(罪).

in‧ces‧tuo‧so, sa [in.θes.twó.so, -.sa / -.ses.-] 形 近親相姦(かん)罪を犯した, 近親相姦の.

*in‧ci‧den‧cia [in.θi.ðén.θja / -.si.-.sja] 女 **1** 偶発事件, 付加的な出来事; 事故. por ~ 偶然に, たまたま. sin ~s 事故なく, つつがなく. **2** 反響, 影響. la ~ de la inflación en la vida económica 経済生活へのインフレの影響. **3** 〖物理〗入射, 投射. ángulo de ~ 入射角.

in‧ci‧den‧tal [in.θi.ðen.tál / -.si.-] 形 **1** 付随[偶発]的な; 2次的な, 重要でない. un problema ~ 2次的な問題. observación ~ つけ足しの意見. **2** 〖文法〗挿入の, 挿入的な. ━ 女 〖文法〗挿入節.

in‧ci‧den‧tal‧men‧te [in.θi.ðen.tál.mén.te / -.si.-] 副 偶発[付随]的に; ついでに.

*in‧ci‧den‧te [in.θi.ðén.te / -.si.-] 形 **1** 偶発[付

in·ci·dir [in.θi.ðír / -.sí.-] 自 《**en...**》
1 《(罪・過失など)に》陥る. ~ *en* errores 間違える. 2 【物理】《…に》〈光線などが〉射す, 当たる. El rayo *incide en* la superficie con un ángulo de 45 grados. 光線は45度の角度で表面に当たっている. 3 《…に》影響を及ぼす, 作用する. El impuesto *incide* más *en* nosotros. 税金でいちばん苦しむのは私たちだ. 4 《…に》注意を促す,《…を》強調する. ~ *en* la importancia de la moderación 節制の重要性に注意を促す.
── 他【医】切開する.
[← [ラ] *incidere*「落ち込む」(*in*-「…(の上)に」+ *cadere*「落ちる」);【関連】coincidir, incidente. [英]*incident*「事件, 出来事」]

in·cien·so [in.θjén.so / -.sjén.-] 男 1 香, 香の煙[におい]. 2【聖】乳香. 2.《話》へつらい, 追従, お世辞. dar [echar] ~ a... …にへつらう. 3《ラ米》(種々の)芳香性樹脂;乳香樹.

in·cier·ta·men·te [in.θjér.ta.mén.te / -.sjér.-] 副 不確かに;心もとなく.

***in·cier·to, ta** [in.θjér.to, -.ta / -.sjér.-] 形[絶対最上級は incertísimo] 1 **不確かな**, はっきりしない, あいまいな. dar una respuesta *incierta* あいまいな返事をする. 2 自信のない, 迷っている. con mano *incierta* おぼつかない手つきで.

in·ci·ne·ra·ble [in.θi.ne.rá.ble / -.si.-] 形《古い紙幣などが》焼却(処分)すべき.

in·ci·ne·ra·ción [in.θi.ne.ra.θjón / -.si.-.sjón] 女 1 焼却, 灰にすること. 2 火葬.

in·ci·ne·ra·dor, do·ra [in.θi.ne.ra.ðór, -.ðó.ra / -.si.-] 形 焼却用の, 焼却する.
── 男 焼却炉;火葬炉.

in·ci·ne·rar [in.θi.ne.rár / -.si.-] 他 1 焼却する. 2 火葬にする, 荼毘(だび)に付す.
── ~·**se** 再《ラ米》(ヌフ)《話》〈人が〉笑い者になる.

in·ci·pien·te [in.θi.pjén.te / -.si.-] 形 1 初期の, 発端の. el día ~ 夜明け. un resfriado ~ ひき始めの風邪. 2 駆け出しの, 新米の.

in·cir·cun·ci·so, sa [in.θir.kun.θí.so, -.sa / -.sir.-.sí.-] 形 割礼を受けていない.

in·cir·cuns·crip·to, ta [in.θir.kuns.kríp.to, -.ta / -.sir.-] 形 → incircunscrito.

in·cir·cuns·cri·to, ta [in.θir.kuns.krí.to, -.ta / -.sir.-] 形 無限の;【数】外接していない.

in·ci·sión [in.θi.sjón / -.si.-] 女 1 切り込み;切り口;【医】切開. hacer una ~ 切開する. 2【詩】中間休止.

in·ci·si·vo, va [in.θi.sí.ßo, -.ßa / -.si.-] 形 1 切断用の,〈刃などが〉よく切れる. herir con un instrumento ~ 切れる道具で傷つける. 2《ser + / estar +》しんらつな, 手厳しい. comentario ~ しんらつなコメント. 3【解剖】門歯の.
── 男【解剖】門歯, 切歯(= diente ~).

in·ci·so, sa [in.θí.so, -.sa / -.sí.-] 形 切れ目のある;〈文が〉ぽつぽつ切れる, とぎれとぎれの.
── 男 1【文法】(1)挿入句. (2)句点, コンマ. (3) 別項, 細項. 2 余談, 挿話. Le gusta mucho hacer un ~. 彼[彼女]は余談をするのが大好きだ. 3《ラ米》(ﾒｷﾁｬ)【法】項. *a modo de inciso* ついでに, ちなみに.

in·ci·so·rio, ria [in.θi.só.rjo, -.rja / -.sí.-] 形【医】切断力のある;よく切れる.

in·ci·ta·ción [in.θi.ta.θjón / -.si.-.sjón] 女《**a...** …への》扇動;誘発. ~ *al* crimen 犯罪の教唆.

in·ci·ta·dor, do·ra [in.θi.ta.ðór, -.ðó.ra / -.si.-] 形 あおりたてる, 扇動する.
── 男 女 あおりたてる人, 誘発する[扇動]者.

in·ci·ta·men·to [in.θi.ta.mén.to / -.si.-] / **in·ci·ta·mien·to** [in.θi.ta.mjén.to / -.si.-] 男 刺激[扇動, 誘発]するもの.

in·ci·tan·te [in.θi.tán.te / -.si.-] 形 1 刺激する, あおりたてる. 2《性的に》興奮させる.

***in·ci·tar** [in.θi.tár / -.si.-] 他 1《**a...** …するように》**そそのかす**, 扇動する;促す, 励ます. ~ *al* pueblo *a* la rebelión 民衆をけしかけて反乱を起こさせる. 2《性的に》刺激する, 誘う.

in·ci·ta·ti·vo, va [in.θi.ta.tí.ßo, -.ßa / -.si.-] 形 1 刺激する, あおりたてる. 2【法】督促通告の.

in·cí·vi·co, ca [in.θí.ßi.ko, -.ka / -.si.-] 形 (最低限守るべき)社会規範から外れた, 風紀紊乱(びん)の. conducta *incívica* マナーを守らない行動.

in·ci·vil [in.θi.ßíl / -.si.-] 形 不作法な, 粗野な.

in·ci·vi·li·dad [in.θi.ßi.li.ðáð / -.si.-] 女 不作法, 粗野, 無教養.

in·ci·vi·li·za·ble [in.θi.ßi.li.θá.ble / -.si.-sá.-] 形 文明化[教化]できない.

in·ci·vi·li·za·do, da [in.θi.ßi.li.θá.ðo, -.ða / -.si.-.sá.-] 形《ser + / estar +》未開の;不作法[粗野]な.

in·ci·vil·men·te [in.θi.ßíl.mén.te / -.si.-] 副 不作法[粗野]に.

in·ci·vis·mo [in.θi.ßís.mo / -.si.-] 男 マナーの悪さ. Uno de los ejemplos de ~ es tirar papeles al suelo. 公共心に欠ける行為の一例は路上に紙くずを捨てることである.

in·cla·si·fi·ca·ble [iŋ.kla.si.fi.ká.ble] 形 分類できない, 得体の知れない.

in·claus·tra·ción [iŋ.klaus.tra.θjón / -.sjón] 女 修道院に入ること.

in·claus·trar [iŋ.klaus.trár] 他 → enclaustrar.

in·cle·men·cia [iŋ.kle.mén.θja / -.sja] 女 1 (天候の)厳しさ, 酷寒. *a la* ~ 吹きさらしで, 露天に. 2 無慈悲, 冷酷. Lo castigaron con ~. 彼は無慈悲に罰せられた.

in·cle·men·te [iŋ.kle.mén.te] 形 1《天候が》厳しい, 過酷な. Esta tierra tiene un clima ~. この土地の気候は過酷だ. 2 無慈悲, 冷酷な. juez ~ 冷酷な裁判官.

***in·cli·na·ción** [iŋ.kli.na.θjón / -.sjón] 女 1 **傾き**, 傾斜;お辞儀. ~ de un terreno 土地の傾斜. hacer una leve ~ 会釈をする. contestar con una ~ de la cabeza うなずいて返事をする.
2《*por...* / *hacia...* / *a...* …への》**性向**;好み;《時に複数で》性癖. sentir una ~ *por* [*hacia*] la música clásica クラシック音楽に対して愛着を感じる. tener ~ *a* creerse todo 何でも信じ込む傾向を持つ. confesar sus *inclinaciones* amorosas 恋愛感情を告白する. Se le notaban sus malas *inclinaciones*. 彼[彼女]の性癖の悪さはすぐに見てとれた. 3【地質】伏角(= ~ magnética);【数】【物理】傾角;【天文】軌道傾斜角.

in·cli·na·do, da [iŋ.kli.ná.ðo, -.ða] 形 1 傾いた. árbol ~ por el viento 風にたわんだ木. plano ~ 斜面. 2《**a...** …の》傾向をもった. estar ~

inclinador

a+不定詞 …しがちである,…する気がある.

in·cli·na·dor, do·ra [iŋ.kli.na.ðór, -.ðó.ra] 形 傾ける, 傾いている;…の傾向がある.

in·cli·nan·te [iŋ.kli.nán.te] 形 → inclinador.

***in·cli·nar** [iŋ.kli.nár] 他 **1**《**hacia**… **/ a**… …の方へ》**傾ける**, 傾斜させる. ~ el asiento *hacia* atrás シートを後ろに倒す. El peso de la nieve *inclinó* las ramas. 雪の重みで枝がたわんだ.

2《**hacia**… **/ a**… …の方に》…を仕向ける;《a+不定詞…するように》…を仕向ける,《…の心》を動かす. ~ los votos en favor de un candidato ひとりの候補者に有利なように票の動きに影響を与える. Éste es el motivo que me *inclinó a estudiar* historia. これが私が歴史を研究するようになった動機です.

── ~·se 再 **1**〈人が〉上体を折る;お辞儀[会釈]する. ~se sobre un enfermo 病人の上にかがみこむ. **2** 傾斜する. La torre *se inclinó* con el primer temblor. 塔は最初の揺れで傾いた. La balanza *se inclinó* a favor de los comunistas. 天秤の針[情勢]は共産主義者に有利な方向に傾いた.

3《**por**… **/ hacia**… …の方に》(気持ち・情勢が)傾く;《**a**[**por**]+不定詞 …する方に》傾く. ~*se por*[*hacia*] la música música をにひかれる. Entre las dos opciones, *me inclino por* ésta. 2つの選択肢のうちでは私はこちらの方を選ぶ. La gente *se inclina a buscar* lo fácil. 人々は安易なものに飛びつきがちである. **4**《**a**… …に》似る, 近い. Su pintura *se inclinó al* cubismo con esta obra. 彼[彼女]の絵はこの作品でキュービズムに近づいた.

[←［ラ］*inclināre*] 関連 declinar.［英］*incline*]

in·cli·nó·me·tro [iŋ.kli.nó.me.tro] 男 傾斜計: 船や飛行機などの傾きの度合いを測定する計器.

in·cli·to, ta [íŋ.kli.to, -.ta] 形 高名な, 著名な.

in·clui·do, da [iŋ.klwí.ðo, -.ða] 形 **1** 含まれた, 包含された. Todo está ~. 全てが含まれている. (precio) todo ~ 一切を含めた[で], 全部込みの(料金)[で]. **2** (手紙に)同封された.

****in·cluir** [iŋ.klwír]48 現分 は incluyendo] 他 **1**《**en**… **/ entre**… …の中に》**含む**, 含める, 加える. ¿Me puede ~ *en* la lista de participantes? 私を参加者リストに加えていただけますか. **2** 含む, 包含する. El precio *incluye* el pasaje de ida y vuelta. 値段には往復料金が含まれている. Aquí no se *incluyen* los servicios. ここにはサービス料は含まれていません.

[←［ラ］*inclūdere*「閉じこめる」(*in*-「中に」+ *claudere*「閉じる」) 関連 incluso.［英］*include*]

in·clu·sa [iŋ.klú.sa] 女 (スペイン)《まれ》養護施設.

in·clu·se·ro, ra [iŋ.klu.sé.ro, -.ra] 形 (スペイン)(子供が)養護施設に収容された[で育った].

── 男 女 (スペイン)養護施設育ちの子.

***in·clu·sión** [iŋ.klu.sjón] 女 **1** 含めること;同封;含有(物), con ~ de… …を含めて. **2**《まれ》友交, 親交.

***in·clu·si·ve** [iŋ.klu.sí.βe] 副 **1**《数字・曜日など+》(を)も含んで, …まで. del lunes al viernes, *ambos* ~ 月曜日から金曜日までどちらも含めて. hasta el día 30 ~ 30日その日まで.

2《主に⟨米⟩》…までも, …さえ (= incluso). Tenemos que guardar silencio, e ~, nos vemos obligados a admitir todas sus opiniones. 私たちは黙っていなければいけないばかりか, すべての意見を認めることを余儀なくされている.

in·clu·si·vo, va [iŋ.klu.sí.βo, -.βa] 形 含めた, 包括的な.

****in·clu·so, sa** [iŋ.klú.so, -.sa] 形《名詞+》 **1** 含まれた, 算入された. nombre ~ en la lista 名簿に記載された名前.

2 同封された. la carta *inclusa* 同封された手紙.

── 副 **1**《後置される副詞句・名詞句・代名詞などや文全体を強調》**…でさえ**, …ですら, …も含めて;その上. Eso es una sorpresa ~ para nosotros. そのことは私たちにとってさえも驚きである. Todos, ~ tú debemos trabajar. みんな, 君も含めて働かなくてはならない.

2《+副詞・形容詞およびその相当語句》たとえ…も. I~ *nevando*, saldremos mañana. たとえ雪が降ったって, 私たちは明日出かけます.

3《(副詞・形容詞およびその相当語句+》なおさら…に[な]. Las cosas salieron muy bien: *mejor* ~ de lo esperado. ことはとてもうまくいった, それも思った以上に.

in·clu·y- 園 → incluir.

in·clu·yen·te [iŋ.klu.jén.te] 形 包括する. concepto ~ 包括する概念.

in·co·a·ción [iŋ.ko.a.θjón / -.sjón] 女 (訴訟などの)開始.

in·co·ar [iŋ.ko.ár] 他 (訴訟・審理などを)開始する, 起こす, 提訴する. ~ expediente contra… …に対する訴訟手続を開始する. ~ el sumario 予備審理を開始する.

in·co·a·ti·vo, va [iŋ.ko.a.tí.βo, -.βa] 形 **1** 開始の. **2**《文法》〈動詞が〉起動(相)の. verbo ~ 起動動詞 (enrojecer, dormirse など).

in·co·bra·ble [iŋ.ko.βrá.βle] 形 〈代金などが〉回収不能の. créditos [deudas] ~s 不良債券.

in·co·er·ci·ble [iŋ.ko.er.θí.βle / -.sí.-] 形 抑制[抑圧]できない. una tristeza ~ 抑えがたい悲しみ.

in·cóg·ni·to, ta [iŋ.kóɣ.ni.to, -.ta] 形 未知の, 知られていない.

── 男 身分[正体]を隠しておくこと, 匿名. guardar el ~ 名前を隠す, 匿名で通す.

── 女 **1**《数》未知数. despejar la *incógnita* 未知数の数値を求める.

2 謎(を), 未知(のこと). Es una *incógnita* cómo ha conseguido tanto dinero. 彼[彼女]がどのようにしてそのような大金を得たかは全くの謎だ.

de incógnito お忍びで, 身分[正体]を隠して.

in·cog·nos·ci·ble [iŋ.koɣ.nos.θí.βle / -.sí.-] 形 知ることのできない, 不可知の.

in·co·he·ren·cia [iŋ.ko.e.rén.θja / -.sja] 女 (首尾)一貫しないこと, 支離滅裂(な言動). una teoría con algunas ~s いくつか矛盾のある理論.

in·co·he·ren·te [iŋ.ko.e.rén.te] 形 (首尾)一貫しない, 支離滅裂の. pronunciar un discurso ~ 筋の通らない演説をする.

ín·co·la [íŋ.ko.la] 男 住人, 居住者.

in·co·lo·ro, ra [iŋ.ko.ló.ro, -.ra] 形 **1**《ser+ / estar+》色のない, 無色の. un líquido ~ 無色の液体. **2** 冴(ざ)えない;おもしろみのない.

in·có·lu·me [iŋ.kó.lu.me] 形 無傷の, 損傷のない. Se mantiene ~ todo lo logrado. 成果として得たものはすべて無事に確保されている.

in·co·lu·mi·dad [iŋ.ko.lu.mi.ðáđ] 女 無傷, 無損傷.

in·com·bi·na·ble [iŋ.kom.bi.ná.βle] 形 組み合わせられない, (組み合わせとして)ふさわしくない. en color ~ con esta ropa この服にマッチしない色で.

in·com·bus·ti·bi·li·dad [iŋ.kom.bus.ti.β̞i.li.ð̞áð̞] 囡 不燃性；耐火性.

in·com·bus·ti·ble [iŋ.kom.bus.tí.β̞le] 形 **1** 燃えない, 不燃性の；耐火性の. **2** (人が) しぶとい, 忍耐力のある. un empresario ~ 息の長い経営者.

in·co·mes·ti·ble [iŋ.ko.mes.tí.β̞le] 形 → incomible.

in·co·mi·ble [iŋ.ko.mí.β̞le] 形《ser+ / estar+》食べられない.

in·co·mo·da·men·te [iŋ.kó.mo.ð̞a.mén.te] 副 心地悪く, 窮屈に.

in·co·mo·dar [iŋ.ko.mo.ð̞ár] 他 **1** 煩わせる, 迷惑[面倒]をかける, 困らせる. A Juan no le gusta ~ a nadie. フアンは人に迷惑をかけるのを好まない. **2** 怒らせる, いらいらさせる. Tu descortesía nos incomoda. 君の無礼に我々は腹を立てる.
— **~·se** 再《主に否定命令で》**1** 煩わしい思いをする；わざわざする. No te incomodes, que lo haré yo. そのままじっとしていてくれ, 僕がするから. **2** 怒る, 腹を立てる.

in·co·mo·di·dad [iŋ.ko.mo.ð̞i.ð̞áð̞] 囡 **1** 不便, 不都合；居心地の悪さ. una casa con muchas ~es 使い勝手の悪い家. **2** 面倒, 厄介, 煩わしさ. Tu visita imprevista nos produjo una cierta ~. 君の思いがけない訪問に私たちはちょっと迷惑な思いをした. **3** 不機嫌, 不愉快, 腹立ち.

in·có·mo·do [iŋ.kó.mo.ð̞o] 男 → incomodidad.

***in·có·mo·do, da** [iŋ.kó.mo.ð̞o, -.ð̞a] 形 **1**《もの・状況などが》心地よくない；勝手の悪い；《人が》厄介な, 気難しい. un sofá ~ 座り心地のよくないソファー. postura incómoda 窮屈な姿勢. datos ~s de manejar 扱いにくいデータ. persona incómoda 面倒な人物. **2**《estar+》居心地の悪い, 落ち着かない. sentirse ~ 気詰まりに思う. **3**《ラ米》(ラ方言)(*₊)(ヘ)(ホᵈ) 《話》不機嫌な, 怒った.

***in·com·pa·ra·ble** [iŋ.kom.pa.rá.β̞le] 形 比類のない, 無類の, たぐいまれな. La ~ belleza del paisaje me ha impresionado. 景色の比類なき美しさに私は感動した.

in·com·pa·ra·ble·men·te [iŋ.kom.pa.rá.β̞le.mén.te] 副 比類ないほど, 断然.

in·com·pa·re·cen·cia [iŋ.kom.pa.re.θén.θja / -.sén.sja] 囡 欠席；《法》不出廷, 不出頭.

in·com·par·ti·ble [iŋ.kom.par.tí.β̞le] 形《con... …と》共有[分割]できない.

in·com·pa·ti·bi·li·dad [iŋ.kom.pa.ti.β̞i.li.ð̞áð̞] 囡 **1** 非両立性, 相いれないこと. ~ de caracteres 性格の不一致. **2**《政》兼職の禁止.

in·com·pa·ti·bi·li·zar [iŋ.kom.pa.ti.β̞i.li.θár / -.sár] 97 他 両立しないようにする, 不具合状態を引き起こす.

in·com·pa·ti·ble [iŋ.kom.pa.tí.β̞le] 形 **1**《con... …と》両立できない, 相いれない. Es ~ con el jefe. 彼[彼女]は上司としっくりいかない. **2**〈仕事・役職などが〉兼業[兼任]できない.

in·com·pen·sa·ble [iŋ.kom.pen.sá.β̞le] 形 やる価値を見出せない.

in·com·pe·ten·cia [iŋ.kom.pe.tén.θja / -.sja] 囡 **1** 無能；不適格. Este proyecto no marcha bien por la ~ del director. この計画は監督が無能なためうまくいかない. **2** 権限がないこと, 管轄外.

in·com·pe·ten·te [iŋ.kom.pe.tén.te] 形 **1** 無能な；資格[適性]を欠いた. **2**《法》管轄[権限]外の.
— 男 囡 無能な人, 不適格者.

***in·com·ple·to, ta** [iŋ.kom.plé.to, -.ta] 形 **1**《estar+》不完全な, 不備な.
2 未完(成)の. la Sinfonía Incompleta『未完成交響曲』(Schubert の作品).

in·com·ple·xo, xa [iŋ.kom.plék.so, -.sa] 形《古語》ばらばらの, 関連のない.

in·com·po·si·ble [iŋ.kom.po.sí.β̞le] 形 → incompatible.

in·com·pre·hen·si·ble [iŋ.kom.pre(.e)n.sí.β̞le] 形 → incomprensible.

in·com·pren·di·do, da [iŋ.kom.pren.dí.ð̞o, -.ð̞a] 形 **1** 誤解された,（正しく）理解されていない. **2** 真価を認められていない. — 男 囡 誤解された人, 真価を認められていない人. El poeta era un gran ~. その詩人はなかなか真価を認められなかった.

in·com·pren·si·bi·li·dad [iŋ.kom.pren.si.β̞i.li.ð̞áð̞] 囡 理解不能；難解.

***in·com·pren·si·ble** [iŋ.kom.pren.sí.β̞le] 形 理解できない, 不可解な.

in·com·pren·si·ble·men·te [iŋ.kom.pren.sí.β̞le.mén.te] 副 **1** 理解できない状態で, ちんぷんかんぷんに. **2** 理解できないことに, 理解に苦しむことに.

in·com·pren·sión [iŋ.kom.pren.sjón] 囡 無理解.

in·com·pren·si·vo, va [iŋ.kom.pren.sí.β̞o, -.β̞a] 形 無理解な；包容力のない.

in·com·pre·si·bi·li·dad [iŋ.kom.pre.si.β̞i.li.ð̞áð̞] 囡 圧縮できないこと, 非圧縮性.

in·com·pre·si·ble [iŋ.kom.pre.sí.β̞le] 形 圧縮[圧搾]できない, 非圧縮性の.

in·co·mu·ni·ca·bi·li·dad [iŋ.ko.mu.ni.ka.β̞i.li.ð̞áð̞] 囡 交信[連絡]不能, 伝達不能.

in·co·mu·ni·ca·ble [iŋ.ko.mu.ni.ká.β̞le] 形 交信[連絡]できない, 伝達できない. Esta tristeza es ~. この悲しみは人に伝えられない.

in·co·mu·ni·ca·ción [iŋ.ko.mu.ni.ka.θjón / -.sjón] 囡 **1** 伝達[通信, 交通]の欠如；孤立. **2**《法》独房監禁, 接見禁止.

in·co·mu·ni·ca·do, da [iŋ.ko.mu.ni.ká.ð̞o, -.ð̞a] 形 **1** 伝達[通信, 交通]の手段を絶たれた, 孤立した. Varios pueblos quedaron ~s después del terremoto. 地震のあといくつかの町との連絡が途絶えた. **2**〈囚人が〉独房監禁[接見を禁止]された.

in·co·mu·ni·car [iŋ.ko.mu.ni.kár] 102 他 **1** 伝達[通信, 交通]の手段を奪う, 孤立させる. La fuerte nevada incomunicó varios pueblos. 大雪のためいくつかの町との交通が遮断された.
2〈部屋と部屋を〉仕切る, 出入りできなくする.
3〈囚人を〉独房に監禁する, 接見禁止する.
— **~·se** 再 孤立する, 閉じこもる.

in·con·ce·bi·ble [iŋ.kon.θe.β̞í.β̞le / -.se.-] 形
1 想像できない, 思いもよらない, 不可解な.
2《非難の意味をこめて》途方もない, とんでもない.

in·con·ci·lia·ble [iŋ.kon.θi.ljá.β̞le / -.si.-] 形《con... …と》相いれない, 調和しない.

in·con·clu·so, sa [iŋ.koŋ.klú.so, -.sa] 形《estar+》終わっていない, 未完の. Esta novela está inconclusa. この小説は未完だ.

in·con·cre·to, ta [iŋ.koŋ.kré.to, -.ta] 形 曖昧(ᵃⁱᵐᵃⁱ)な. planes ~s 大まかな計画.

in·con·cu·so, sa [iŋ.koŋ.kú.so, -.sa] 形 確かな, 議論の余地のない, 紛れもない.

in·con·di·cio·nal [iŋ.kon.di.θjo.nál / -.sjo.-] 形
1 無条件の, 絶対的な；盲目的な. rendición ~ 無条件降伏. **2** 盲信的な, 忠実な. **3**《ラ米》《話》卑屈な, こびへつらう.

― 男 **1** 無条件[絶対的]支持者, 熱狂的ファン. **2**《ラ米》追従者, おべっか使い.

in·con·di·cio·na·lis·mo [iŋ.kon.di.θjo.na.lís.mo / -.sjo.-]《ラ米》追従, (ゴマ)粗相, 無礼, 隷属.

in·con·duc·ta [iŋ.kon.dúk.ta] 女《ラ米》(ゴマ)粗相, 無礼. actos de ～ マナーの悪い行動.

in·co·ne·xión [iŋ.ko.nek.sjón] 女 **1** 無関連. **2** 一貫性のなさ, 支離滅裂.

in·co·ne·xo, xa [iŋ.ko.nék.so, -.sa] 形 **1** 関連のない. **2** まとまりのない, 一貫しない.

in·con·fe·sa·ble [iŋ.kom.fe.sá.ble] 形 口に出せないような, 恥ずかしい.

in·con·fe·so, sa [iŋ.kom.fé.so, -.sa] 形《まれ》(罪人が)白状[自白]しない.

in·con·fi·den·te [iŋ.kom.fi.ðén.te] 形 信用のおけない, 信頼できない.

in·con·for·me [iŋ.kom.fór.me] 形 **1** 意見が合わない. **2** 習慣に従わない. ― 男 女 (習慣に)従わない人.

in·con·for·mi·dad [iŋ.kom.for.mi.ðáð] 女 (意見に対する)反対, 不一致. manifestar la ～ 反対を表明する.

in·con·for·mis·mo [iŋ.kom.for.mís.mo] 男 (慣習規則・社会規範などへの)非従順(の態度).

in·con·for·mis·ta [iŋ.kom.for.mís.ta] 形 (慣習・伝統などに)従わない, 非従順の. ― 男 女 (慣習・伝統などに)従わない人, 非従順主義者.

＊**in·con·fun·di·ble** [iŋ.kom.fun.dí.ble] 形 紛れもない, 間違いようのない; 独特の. Tu estilo es ～. 君の文体は独特だ.

in·con·gruen·cia [iŋ.koŋ.grwén.θja / -.sja] 女 不一致; つじつまの合わないこと; 支離滅裂な言動.

in·con·gruen·te [iŋ.koŋ.grwén.te] 形 一致しない, つじつまの合わない. respuesta ～ 質問に即していない回答.

in·con·grui·dad [iŋ.koŋ.grwi.ðáð] 女 →incongruencia.

in·con·gruo, grua [iŋ.kóŋ.grwo, -.grwa] 形 **1** →incongruente. **2**《宗》(聖職者が)給与を受けていない, (聖職者の給与が)定められた額に達しない.

in·con·men·su·ra·bi·li·dad [iŋ.kom.men.su.ra.bi.li.ðáð] 女 **1** 計り知れないこと; 莫大. **2**《数》通約できること.

in·con·men·su·ra·ble [iŋ.kom.men.su.rá.ble] 形 **1** 計り知れない;《話》巨大な, 莫大(ば)な. El amor de Dios es ～. 神の愛は広大無辺だ. **2**《数》公約数のない, 通約できない. numero ～ 無理数.

in·con·mo·vi·ble [iŋ.kom.mo.bí.ble] 形 **1** 揺るぎのない, 堅固な. voluntad ～ 揺るぎない意志. **2** 動じない, 平然とした.

in·con·mu·ta·bi·li·dad [iŋ.kom.mu.ta.bi.li.ðáð] 女 **1** 不変, 不易. **2** 非交換性.

in·con·mu·ta·ble [iŋ.kom.mu.tá.ble] 形 **1** 不変の. **2** 交換できない. **3** 減刑できない.

in·co·no·ci·ble [iŋ.ko.no.θí.ble / -.sí.-] 形《ラ米》(ゴマ)知ることのできない; すっかり変わった.

in·con·quis·ta·ble [iŋ.koŋ.kis.tá.ble] 形 **1** 征服できない; 難攻不落の. un castillo ～ 難攻不落の城. **2** 買収されない, 人の言いなりにならない.

in·cons·cien·cia [iŋ.kons.θjén.θja / -.sjén.sja] 女 **1** 無意識, 人事不省, 昏睡状態. Está en estado de ～ 彼[彼女]は失神状態にある. **2** 無自覚, 不注意, 軽率. ～ del riesgo 危険に対する不注意.

＊**in·cons·cien·te** [iŋ.kons.θjén.te / -.sjén.-] 形 **1** 無意識の, 意識しない. un movimiento ～ 無

意識の動き. ～ del peligro 危険に気づかないで. **2**《estar＋》意識を失った, 人事不省の. El enfermo está ～ todavía. 病人はまだ意識がない. **3** 思慮［自覚］のない, 軽率な. **4**《心》意識下の, 潜在意識の. ― 男《心》無意識.

in·cons·cien·te·men·te [iŋ.kons.θjén.te.mén.te / -.sjén.-] 副 無意識に; 軽率に.

in·con·se·cuen·cia [iŋ.kon.se.kwén.θja / -.sja] 女 **1** 不一致; 矛盾(した行為). ～ entre los principios y la conducta 建て前と行為の不一致. **2** 一貫性のなさ, 無節操.

in·con·se·cuen·te [iŋ.kon.se.kwén.te] 形 **1** (論理的に)筋が通らない, 矛盾する. una decisión ～ con la política ポリシーと矛盾する決定. **2** 一貫性のない, 無節操な. ― 男 女 無節操[無定見]な人.

in·con·si·de·ra·ción [iŋ.kon.si.ðe.ra.θjón / -.sjón] 女 **1** 無分別, 無思慮, 軽率. **2** 無分別な[軽率な]行為.

in·con·si·de·ra·da·men·te [iŋ.kon.si.ðe.rá.ða.mén.te] 副 無分別[無思慮]に; 軽率に.

in·con·si·de·ra·do, da [iŋ.kon.si.ðe.rá.ðo, -.ða] 形 **1** 無分別な, 思慮のない. **2** 性急な, 軽率な. ― 男 女 無分別な[軽率な]人.

in·con·sis·ten·cia [iŋ.kon.sis.tén.θja / -.sja] 女 **1** 堅牢(ろう)さ[粘度]がないこと, もろさ. **2** 中身のなさ, 根拠がないこと. la ～ de un argumento 論拠の弱さ.

in·con·sis·ten·te [iŋ.kon.sis.tén.te] 形 **1** 堅牢(ろう)でない, もろい. roca ～ 2 根拠のない, 説得力のない. teoría ～ 説得力のない理論.

in·con·so·la·ble [iŋ.kon.so.lá.ble] 形《ser / estar＋》慰めようのない; 悲嘆にくれた.

in·con·so·la·ble·men·te [iŋ.kon.so.lá.ble.mén.te] 副 慰めようなく, 悲嘆にくれて.

in·cons·tan·cia [iŋ.kons.tán.θja / -.sja] 女 変わりやすさ; 移り気, 無節操.

in·cons·tan·te [iŋ.kons.tán.te] 形 **1** 変わりやすい, 不安定な. un factor ～ 不安定な要因. **2** 移り気な, 気まぐれな, 無節操な. un carácter ～ 移り気な性格. Es ～ en todo. 彼[彼女]は何事にも気まぐれだ. ― 男 女 移り気[無節操]な人.

in·cons·ti·tu·cio·nal [iŋ.kons.ti.tu.θjo.nál / -.sjo.-] 形 憲法違反の, 違憲の. declarar ～ 違憲判決を下す.

in·cons·ti·tu·cio·na·li·dad [iŋ.kons.ti.tu.θjo.na.li.ðáð / -.sjo.-] 女 憲法違反, 違憲性.

in·con·sul·to, ta [iŋ.kon.súl.to, -.ta]《ラ米》思慮のない, 軽率な.

in·con·sú·til [iŋ.kon.sú.til] 形 縫い目[継ぎ目]のない, (特にキリストがまとっていた)寛衣の.

in·con·ta·ble [iŋ.kon.tá.ble] 形 **1** 数えきれない, 無数の. un número ～ de... 無数の…. **2**《文法》不可算の. sustantivo ～ 不可算名詞. **3** 話せない, 言ってはいけない. Ese asunto es ～ en una reunión como ésta. その種の事柄はこういった会合では話せない.

in·con·ta·mi·na·do, da [iŋ.kon.ta.mi.ná.ðo, -.ða] 形《estar＋》汚れていない; 汚染されていない. Este río está ～. この川は汚れていない.

in·con·te·ni·ble [iŋ.kon.te.ní.ble] 形 抑えきれない, 制止できない. Tengo unos deseos ～s de fumar. 私は一服したくてたまらない.

in·con·tes·ta·bi·li·dad [iŋ.kon.tes.ta.bi.li.

in·con·tes·ta·ble [iŋ.kon.tes.tá.ble] 形 議論の余地のない，明白な．verdad ～ 明白な真実．

in·con·tes·ta·do, da [iŋ.kon.tes.tá.ðo, -.ða] 形 異議のない；否定[反論]されない．poder ～ 反対を受けない権力．

in·con·ti·nen·cia [iŋ.kon.ti.nén.θja / -.sja] 女 **1** (欲望・情熱を)自制できないこと，不節制；淫乱(%)(= ～ sexual). **2** 〖医〗失禁．

in·con·ti·nen·te [iŋ.kon.ti.nén.te] 形 **1** (欲望・情熱を)抑制できない；淫乱(%)な．**2** 〖医〗失禁の．— 男 女 〖医〗尿失禁の患者．
— 副 《古語》即刻，すぐに．

in·con·ti·nen·ti [iŋ.kon.ti.nén.ti] 副 すぐに，ただちに．

in·con·tras·ta·ble [iŋ.kon.tras.tá.ble] 形 **1** 議論の余地のない，反論できない．un dato ～ 反論の余地のないデータ．**2** 比較対照できない．**3** 無敵の，屈服しない，自説を譲らない．

in·con·tra·ta·ble [iŋ.kon.tra.tá.ble] 形 → intratable.

in·con·tri·to, ta [iŋ.kon.trí.to, -.ta] 形 悔い改めない，悔悟(%)しない．

in·con·tro·la·ble [iŋ.kon.tro.lá.ble] 形 抑制[制御]できない，管理できない．tener deseos ～s de + 不定詞 どうしようもなく…したくなる．

in·con·tro·la·do, da [iŋ.kon.tro.lá.ðo, -.ða] 形 **1** 制限をうけない，(制御されず)野放し状態の．La inflación está *incontrolada*. インフレに何の対策も施していない．**2** 規律を守らない．los jóvenes ～s 暴走する若者たち．— 男 暴走者．

in·con·tro·ver·ti·ble [iŋ.kon.tro.βer.tí.ble] 形 議論の余地のない (= indiscutible).

in·con·ven·ci·ble [iŋ.kom.ben.θí.ble / -.sí.-] 形 説得できない，かたくなな．

in·con·ve·ni·ble [iŋ.kom.be.ní.ble] 形 不都合な，不適当な．

in·con·ve·nien·cia [iŋ.kom.be.njén.θja / -.sja] 女 **1** 不都合，不便，支障．Tengo la ～ de no tener coche. 私は車がなくて不自由だ．**2** 不適当，不適切．**3** 軽率さ；不作法[下品]な言動．cometer una ～ 不作法なことをする．

*__in·con·ve·nien·te__ [iŋ.kom.be.njén.te] 形 **1** 不都合な，不適当な．proposición ～ 不都合な申し出．expresión ～ 不適当な表現．Es ～ que vayas allí en este momento. 今君がそこに行くのはまずい．**2** 無作法な；不適切な．conducta ～ 無作法な振る舞い．— 男 **1** 不都合，支障，妨げ．Si no hay ～, asistiré. 不都合がなければ出席しましょう．**2** 不利な点，欠点，難点．
no tener inconveniente en+不定詞 …するのに支障はない．

in·co·or·di·na·ción [iŋ.ko(.o)r.ði.na.θjón / -.sjón] 女 〖医〗協調(運動)不能(症).

in·cor·diar [iŋ.kor.ðjár] 82 他 《話》いらだたせる，からむ，嫌がらせる (= fastidiar). ¡No *incordies*! からむなよ．

in·cor·dio [iŋ.kór.ðjo] 男 《話》**1** 迷惑，厄介．Es un ～ tener que acompañarla. 彼女の付き添いをしなければならないなんてうんざりだ．**2** 厄介者．

in·cor·po·ra·ble [iŋ.kor.po.rá.ble] 形 **1** 合体[合併]できる，編入しうる．
2 《古語》→ incorpóreo.

*__in·cor·po·ra·ción__ [iŋ.kor.po.ra.θjón / -.sjón] 女 **1** 合体，合併，統合；編入；内蔵．Es notable la ～ de las mujeres al mercado laboral. 女性たちの労働市場への参入は顕著だ．
2 (職場などへの)配属，加入．**3** (寝た姿勢から)上体を起こすこと．**4** 〖軍〗入隊．

in·cor·po·ra·do, da [iŋ.kor.po.rá.ðo, -.ða] 形 **1** 合体[合併]した，編入[混合]された．**2** 上体を起した．**3** 〖機〗組み込まれた，内蔵の．

in·cor·po·ral [iŋ.kor.po.rál] 形 → incorpóreo.

*__in·cor·po·rar__ [iŋ.kor.po.rár] 他 **1** 《a... / en...》 …に》組み入れる，加える；合体させる．～ una isla *a* su territorio ある島を領土に組み入れる．～ un apartado *a* una ley 法律に条項を付け加える．～ una propuesta *a* la programación 計画に提案を取り入れる．～ un micrófono *a* un aparato 器具にマイクを内臓する．～ a los jóvenes *en* la política 若者を政治に引き込む．～ lo tradicional y lo moderno 伝統的なものと現代的なものを合わせる．
2 (横たわっている人の)上体を起こさせる；〈上体の一部を〉起こす．～ la cabeza 頭を持ち上げる．*Incorporé* al herido con un brazo. 私は片手でけが人の体を起こした．

— ～**se** 再 **1** 《a...》(…に)加わる；《(職務など)に》就く；組み込まれる．~*se a* la manifestación デモに加わる．~*se al* mercado laboral 労働市場に参入する．~*se al* periodismo ジャーナリストになる．*Me incorporé a* la oficina de mi padre. 私は父の事務所で働き始めた．
2 (寝た状態から)起き上がる，上体を起こす．El enfermo *se incorporó* en la cama. 病人はベッドの上で体を起こした．

in·cor·po·rei·dad [iŋ.kor.po.rei.ðáð] 女 肉体[実体]を持たないこと，無形．

in·cor·pó·re·o, a [iŋ.kor.pó.re.o, -.a] 形 実体[形態]のない，無形の．un fantasma ～ 実体のない幽霊．

in·co·rrec·ción [iŋ.ko.r̃ek.θjón / -.sjón] 女 **1** 間違い，不正確．cometer una grave ～. 大変な間違いをしでかす．**2** 不適当；不作法．Ha sido una ～ no contestar su correo. 彼[彼女]のメールに返事をしないのは失礼だ．

*__in·co·rrec·to, ta__ [iŋ.ko.r̃ék.to, -.ta] 形 **1** 正しくない，不正確な．Esta respuesta es *incorrecta*. この解答は誤りだ．
2 不適切な；不作法な；不格好な．

in·co·rre·gi·bi·li·dad [iŋ.ko.r̃e.xi.βi.li.ðáð] 女 矯正[修正]不能，救いがたいこと．

in·co·rre·gi·ble [iŋ.ko.r̃e.xí.ble] 形 **1** 直せない，矯正[修正]できない．error ～ 修正のきかない誤り．pereza ～ 根っからの怠惰．
2 救いがたい，改めようとしない．Es un romántico ～. 彼は度しがたいロマンチストだ．

in·co·rrup·ción [iŋ.ko.r̃up.θjón / -.sjón] 女 腐敗[堕落]しないこと．

in·co·rrup·ti·bi·li·dad [iŋ.ko.r̃up.ti.βi.li.ðáð] 女 **1** 腐敗[堕落]しないこと．
2 買収されないこと，清廉(潔白).

in·co·rrup·ti·ble [iŋ.ko.r̃up.tí.ble] 形 **1** 腐敗[堕落]しない．**2** 買収されない，清廉な．un hombre ～ 清廉潔白な人．

in·co·rrup·to, ta [iŋ.ko.r̃úp.to, -.ta] 形 **1** 《estar+》腐敗していない．**2** (道徳的に)腐敗[堕落]していない，清廉な；買収されていない．un dirigente ～ 品行方正な指導者．**3** 〈女性が〉純潔な．

in·cre·di·bi·li·dad [iŋ.kre.ði.βi.li.ðáð] 女 信じ

incrédulamente

られないこと，信用できないこと．

in・cré・du・la・men・te [iŋ.kré.ðu.la.mén.te] 副 疑い深く．

in・cre・du・li・dad [iŋ.kre.ðu.li.ðáđ] 女 **1** 疑い深さ，懐疑．**2**【宗】不信仰，不信心．

in・cré・du・lo, la [iŋ.kré.ðu.lo, -.la] 形 **1** 疑い深い．mostrarse 〜 懐疑的な態度をとる．**2**【宗】信仰のない，不信心な．── 男 女 疑い深い［懐疑的な］人；信仰のない人，不信心者．

*__in・cre・í・ble__ [iŋ.kre.í.ble] 形 **信じられない**；とてつもない；すばらしい．Es 〜 que Antonio salga con María. アントニオがマリアと付き合っているなんてまさか．Hoy hace un calor 〜. 今日はとんでもない暑さだ．

*__in・cre・men・tar__ [iŋ.kre.men.tár] 他 **1** 増大［拡大，増進］させる．〜 una renta [las exportaciones] 収入［輸出］を増やす．
2 促進させる，振興させる．〜 las relaciones económicas 経済関係を発展させる．
── 〜se 再 増大［拡大，増進］する；発展する．

*__in・cre・men・to__ [iŋ.kre.mén.to] 男 **1** 増大，増加 (= aumento)；上昇．el 〜 de una renta 収入［所得］の増大．un 〜 del... por ciento ...パーセントの上昇．**2** 発展，進展．el 〜 de una empresa 企業の発展．**3**【数】増分．**4**【文法】音節増加．**5**【IT】インクリメント．

in・cre・pa・ción [iŋ.kre.pa.θjón / -.sjón] 女《まれ》**1** 叱責(しっせき)，厳しい叱り．**2** 侮辱，強い非難．

in・cre・par [iŋ.kre.pár] 他 **1** しかりつける，強く叱責(しっせき)する．El jefe los increpó por su negligencia. 上司は彼らの怠慢を厳しくしかりつけた．
2 侮辱する，ののしる．Fue detenido por 〜 a la policía. 彼は警察を侮辱したため逮捕された．

in・cri・mi・na・ción [iŋ.kri.mi.na.θjón / -.sjón] 女 **1** 罪を負わすこと，起訴，告発．**2** 糾弾，非難．

in・cri・mi・nar [iŋ.kri.mi.nár] 他 **1**〈人に〉罪を負わせる，告発［起訴］する．Lo incriminaron de ese crimen. 彼はその犯罪で起訴された．
2 糾弾する，大げさに非難する．

in・cruen・ta・men・te [iŋ.krwén.ta.mén.te] 副 無血で，血を流さずに．

in・cruen・to, ta [iŋ.krwén.to, -.ta] 形 無血の，血を流さない；【カト】（特にミサの生贄(いけにえ)が）無血の．un golpe de Estado 〜 無血クーデター．

in・crús・pi・do, da [iŋ.krús.pi.ðo, -.da] 形《ラ米》(ｺﾛﾝ)(ﾍﾟﾙｰ)(ﾁｪｰ)(ｴｸｱ)《話》不器用な，下手な．

in・crus・ta・ción [iŋ.krus.ta.θjón / -.sjón] 女
1 はめ込み，埋め込み；象眼細工 (= obra de 〜)．
2 外皮［殻，かさぶた，外層など］で覆うこと．
3【IT】埋め込み．

in・crus・tar [iŋ.krus.tár] 他 «en...»
1《...に》はめ込む，埋め込む；象眼する．anillo incrustado con piedras preciosas 宝石をちりばめた指輪．**2**《布などに》《刺繍(ししゅう)などを》入れる．〜 varios bordados de rosa en el mantel テーブルクロスにバラの刺繍をいくつか入れる．**3**《...に》刻み込む，銘記する．incrustado en la mente 心に深く刻まれた．**4**（外皮・殻・かさぶたなどで）覆う．
── 〜se 再《en...》**1**《...に》はまり込む，めり込む．La bala se le incrustó en el cerebro. 弾丸は彼［彼女］の頭部にめり込んだ．**2**〈考えなどが〉こびりつく，離れない．Aquella palabra se ha incrustado en mi cabeza [mente]. あの言葉が私の頭［心］にこびりついて離れなかった．**3** 勝手に入り込む，でしゃばる．

in・cu・ba・ción [iŋ.ku.ba.θjón / -.sjón] 女 **1** 抱卵（期），孵化(ふか)（期）．**2**【医】潜伏（期）．período de 〜 潜伏期．**3**【生化】培養．**4**（計画などの）進行，具体化．

in・cu・ba・do・ra [iŋ.ku.ba.ðó.ra] 女 **1**〈早産［未熟］児用の〉保育器．**2** 孵卵器．

in・cu・bar [iŋ.ku.bár] 他 **1**〈鳥が〉〈卵を〉抱く，孵化(ふか)する．Estas gallinas incuban muchos huevos. これらの雌鶏はたくさん卵を抱く．**2**（人工的に）〈卵を〉孵化させる．**3** 病を宿す；【比喩的】〈感情などを〉宿す．〜 odio 憎悪の思いを宿す．Estoy incubando la gripe. インフルエンザになりかけている．**4**〈計画などを〉ひそかに進める，もくろむ．
── 〜se 再 **1**〈計画などが〉ひそかに進行する．La rebelión se fue incubando en las autoridades militares. 反乱は軍部で具体化していった．**2**（病気が）潜伏する．

ín・cu・bo [íŋ.ku.bo] 男（男の姿で睡眠中の女性と交わると言い伝えられている）夢魔．

*__in・cues・tio・na・ble__ [iŋ.kwes.tjo.ná.ble] 形 議論の余地のない，明白な (= innegable)．un error 〜 明白な誤り．

in・cul・ca・ción [iŋ.kul.ka.θjón / -.sjón] 女 教え込むこと，頭にたたき込むこと；心に銘記すること．

in・cul・ca・dor, do・ra [iŋ.kul.ka.đór, -.đó.ra] 形 思想などを教えていく［吹きこむ］．
── 男 女（繰り返し説いて）教え込む人．

in・cul・car [iŋ.kul.kár] 他 **1** 教え込む，頭にたたき込む；心に刻みつける．Mi madre me ha inculcado los hábitos de orden. 私は母に整頓(せいとん)を習慣づけられた．**2**【印】〈活字を〉ベタ組みする．
── 〜se 再（感情に）とらわれる，執着する．

in・cul・pa・bi・li・dad [iŋ.kul.pa.bi.li.ðáđ] 女《まれ》罪［責任］のないこと，潔白さ (= inocencia)．veredicto de 〜【法】（陪審員の）無罪の評決．

in・cul・pa・ción [iŋ.kul.pa.θjón / -.sjón] 女 **1** 告発，起訴．**2** 嫌疑．

in・cul・pa・do, da [iŋ.kul.pá.đo, -.đa] 形 **1** 告発［起訴］された．**2** 嫌疑をかけられた．
── 男 女 被告人，被疑者．

in・cul・par [iŋ.kul.pár] 他 **1** 《de...》...のかどで》告発［起訴］する (= acusar)．Lo inculpan de varios robos. 彼はいくつかの窃盗容疑で告発されている．**2** 嫌疑をかける．

in・cul・ta・men・te [iŋ.kúl.ta.mén.te] 副 粗野に，やぼったく．

in・cul・ti・va・ble [iŋ.kul.ti.bá.ble] 形 耕作［開墾］できない；教化しがたい．

*__in・cul・to, ta__ [iŋ.kúl.to, -.ta] 形 **1** 無教養な；粗野な．**2** 未耕作の．tierra inculta 荒れ地．
── 男 女 無知な人，無学の者．

in・cul・tu・ra [iŋ.kul.tú.ra] 女 **1** 無教養；粗野．**2** 未開拓．

in・cul・tu・ra・ción [iŋ.kul.tu.ra.θjón / -.sjón] 女（文化・思想の）浸透，同化．la 〜 de la fe en nuestro país その信仰が私たちの国に浸透すること．

in・cum・ben・cia [iŋ.kum.bén.θja / -.sja] 女 **1** 義務，責任．No es asunto de mi 〜. 私には関係のない事だ．**2**（専門）分野，領域．La crítica teatral no es mi 〜. 演劇批評は私の専門ではない．

in・cum・bir [iŋ.kum.bír] 自《...の》**1**《...の》責任［義務］である，かかわりがある (= competer)．Eso te incumbe a ti. それは君の義務だ．
2【法】《...の》管轄権に属する．

in・cum・pli・do, da [iŋ.kum.plí.đo, -.đa] 形 履

行されていない.
——男女《話》約束を守らない[いいかげんな]人.

*in·cum·pli·mien·to [iŋ.kum.pli.mjén.to] 男
1〈責務などの〉**不履行**. ～ de la palabra dada 約束の不履行.
2〈規則などを〉守らないこと, **違反**.

in·cum·plir [iŋ.kum.plír] 他 **1**〈責務などを〉果たさない, 履行しない;〈契約などを〉破棄する. ～ la promesa 約束をほごにする. **2**〈規則などを〉破る, 守らない. ～ la orden 命令に背く.

in·cu·na·ble [iŋ.ku.ná.ble] 形 インキュナブラの, 揺籃(ょぅ)期本の, 古版本の.
——男 インキュナブラ本, 揺籃期本:1500年以前にヨーロッパで活字印刷されて現存する書物.

in·cu·ra·ble [iŋ.ku.rá.ble] 形 **1** 治らない, 不治の. enfermedad ～ 不治の病. **2** 矯正できない, 救いがたい. ——男女 不治の病人;救いがたい人.

in·cu·ria [iŋ.kú.rja] 女 不注意, 怠慢, 油断. por ～ 不注意に.

*in·cu·rrir [iŋ.ku.rír] 自《en...》
1《…に》陥る,《…を》犯す. ～ en falta [delito] 過失[犯罪]を犯す. ～ en un error 錯誤に陥る. ～ en olvido 忘れる.
2《比喩的》《結果的に》《〈不評・不信〉を》招く, 買う, 受ける. ～ en la desgracia del rey 国王の不興を買う. ～ en castigo 罰を受ける.

in·cur·sión [iŋ.kur.sjón] 女 **1** 侵入, 侵略;襲撃. ～ aérea 空襲. **2**〈新領域への〉参入.

in·cur·sio·nar [iŋ.kur.sjo.nár] 自《ラ米》(ᢂ)
(1)〈軍隊などが〉侵略する. La guerrilla *incursionó* en las ciudades. ゲリラは都市に侵入した. (2) 新しい分野に進出する.

in·cur·so, sa [iŋ.kúr.so, -.sa] 形《en... ...の》罪[過失]を犯した.

in·cur·sor, so·ra [iŋ.kur.sór, -.so.ra] 形 **1** 侵入する. **2** 新しい分野に進出する. ——男女 侵略者.
——男 爆撃機.

in·cu·so, sa [iŋ.kú.so, -.sa] 形〈コイン・メダルの表裏が〉同じ絵柄の:浮き上がって見える面と, 凹んで見える面を組み合わせることで, コインの表裏を区別. medalla *incusa* 表裏が同じ絵柄のメダル.

in·da·ga·ción [in.da.ga.θjón / -.sjón] 女 調査; 捜査.

in·da·ga·dor, do·ra [in.da.ga.ðór, -.ðó.ra] 形 調査する;捜査する.

in·da·gar [in.da.gár] 103 他 自 **1**〈質問して〉調査する, 捜査する;尋問する. ～ las causas de la explosión 爆発の原因を究明する. **2** 研究する.

in·da·ga·to·riar [in.da.ga.to.rjár] 82 他《ラ米》(ᢂ)調査に利用する.

in·da·ga·to·rio, ria [in.da.ga.tó.rjo, -.rja] 形 調査する, 明らかにする. hacer un estudio ～ 調査研究する. ——女《法》調査;〈宣誓前の〉供述.

indague(-) / indagué(-) 活 →indagar.

in·da·lo [in.dá.lo] 男 先史時代の厄除け絵柄.

in·de·bi·da·men·te [in.de.ßí.ða.mén.te] 副 不当に, 不法に;不適切に.

in·de·bi·do, da [in.de.ßí.ðo, -.ða] 形 **1** 不当な, 不法な. una conducta *indebida* 不当行為. un despido ～ 不当解雇. **2** 不適切な, 不都合な. una respuesta *indebida* 都合の悪い答え. hora *indebida* 都合の悪い時間. **3** 義務のない, 請求できない. una cantidad *indebida* 支払い義務のない金.

in·de·cen·cia [in.de.θén.θja / -.sén.sja] 女 **1** 下品;卑猥(ひゎぃ)さ. Tu vestido es una ～. 君の服は品がない. **2** 卑猥な行為[言動].

in·de·cen·te [in.de.θén.te / -.sén.-] 形 **1** 下品な;卑猥(ひゎぃ)な. película ～ 猥褻(ゎぃせっ)な映画. lenguaje ～ 下品な言葉遣い. **2**《ser+ / estar+》不快な;汚らしい;みすぼらしい. Esta habitación *está* ～. この部屋は非常に汚い.

in·de·cen·te·men·te [in.de.θén.te.men.te / -.sén.-] 副 下品にも, 慎みなく.

in·de·ci·ble [in.de.θí.ble / -.sí.-] 形 口では言えない, 言葉にならない;筆舌に尽しがたい (= inefable). dolor ～ 言語に絶する苦しみ.

in·de·ci·ble·men·te [in.de.θí.ble.mén.te / -.sí.-] 副 口では言えないほどに.

*in·de·ci·sión [in.de.θi.sjón / -.si.-] 女 優柔不断, 煮えきらない態度, ためらい.

*in·de·ci·so, sa [in.de.θí.so, -.sa / -.sí.-] 形 **1** 未決定の, 未解決の. Los resultados de la elección son todavía ～s. 選挙の結果はまだ分からない. un proyecto ～ 懸案となっているプロジェクト.
2《ser+ / estar+》煮えきらない, 優柔不断の. un hombre ～ 煮えきらない男. *Está* ～ sobre si decírselo o no. 彼はそれを言うべきかどうか決めかねている. ——男女 優柔不断な人.

in·de·cli·na·ble [in.de.kli.ná.ble] 形 **1** 不可避の, やむを得ない. una propuesta ～ 拒めない提案. **2**《文法》語尾変化をしない, 不変化の.

in·de·co·ro [in.de.kó.ro] 男 不作法;下品, 破廉恥.

in·de·co·ro·sa·men·te [in.de.ko.ró.sa.mén.te] 副 はしたなく, 見苦しく.

in·de·co·ro·so, sa [in.de.ko.ró.so, -.sa] 形 不作法な;下品な, 慎みのない. conducta *indecorosa* 破廉恥行為. vestido ～ 品のない服. tomar una postura *indecorosa* はしたないポーズをする.

in·de·fec·ti·ble [in.de.fek.tí.ble] 形《ser+》お決まりの, 欠かせない;必然的な,《que+接続法 …するのが》習慣となっている. Ha llegado con su ～ sonrisa. 彼[彼女]はいつもの微笑を浮かべてやって来た. *Es* ～ *que haga* deporte los domingos. 彼[彼女]は決まって日曜日にスポーツをする.

in·de·fec·ti·ble·men·te [in.de.fek.tí.ble.mén.te] 副 確実に, 必ず;例によって. Llevará ～ el traje azul oscuro. 彼[彼女]は例によって紺色の服を着ているだろう.

in·de·fen·di·ble [in.de.fen.dí.ble] 形 弁護の余地のない;防ぎ得ない, 守りようのない.

in·de·fen·sa·ble [in.de.fen.sá.ble] / in·de·fen·si·ble [in.de.fen.sí.ble] 形 → indefendible.

in·de·fen·sión [in.de.fen.sjón] 女 無防備, 孤立無援(状態).

*in·de·fen·so, sa [in.de.fén.so, -.sa] 形《estar+》無防備の;無援の.

in·de·fi·ni·ble [in.de.fi.ní.ble] 形 定義できない;形容しがたい, 何とも言えない. una belleza ～ 形容しがたい美しさ.

in·de·fi·ni·ción [in.de.fi.ni.θjón / -.sjón] 女 (意味の)あいまいさ. El mayor problema es la ～ de contenidos. 最大の問題点は内容のあいまいさである.

in·de·fi·ni·da·men·te [in.de.fi.ní.ða.mén.te] 副 不明確に, 漠然と;無期限に. aplazar ～ ずるずると引き延ばす.

*in·de·fi·ni·do, da [in.de.fi.ní.ðo, -.ða] 形 **1**《ser+ / estar+》不定の, 不明確な;はっき

indeformable

りしない；無限の. límite ～ 不明確な境界. un espacio ～ 果てしない空間. una sensación *indefinida* 漠然とした感じ.
2 〈数量などが〉際限ない；〈時間的に〉不定で, 無期限の. estar en huelga *indefinida* 無期限スト中である. **3** 【文法】不定の. artículo ～ 不定冠詞. adjetivo ～ 不定形容詞. pronombre ～ 不定代名詞.

in·de·for·ma·ble [in.de.for.má.ble] 形 形の崩れない, 形を保っている.

in·de·his·cen·te [in.deis.θén.te / -.sén.-] 形【植】〈果皮が〉不裂開の.

in·de·le·ble [in.de.lé.ble] 形 消すことのできない, 忘れられない. Esta mancha parece ～. このしみは消せないようだ. dejar una huella ～ en la mente 心にぬぐうことのできない痕跡(訟)を残す.

in·de·le·ga·ble [in.de.le.gá.ble] 形 委任できない, 代理が効かない. función ～ 代理を立てられない役目.

in·de·li·be·ra·da·men·te [in.de.li.ḇe.rá.ða.mén.te] 副 うかつにも, 軽はずみに.

in·de·li·be·ra·do, da [in.de.li.ḇe.rá.ðo, -.ða] 形 うかつな, 軽率な. un juicio ～ 軽はずみな判断.

in·de·li·ca·de·za [in.de.li.ka.ðé.θa / -.sa] 女
1 無神経, 不作法, 心遣いのなさ. **2** 無神経な言動[行為]. Es una ～ hacerlo. そうするのは失礼だ.

in·de·li·ca·do, da [in.de.li.ká.ðo, -.ða] 形 心遣いに欠ける, 無神経な, 不作法な.

in·dem·ne [in.dém.ne] 形 けがのない, 無傷の；損害[損傷]のない (= ileso). salir ～ 無事である.

indemnice(-) / indemnicé(-) 活 → indemnizar.

in·dem·ni·dad [in.dem.ni.ðáð] 女 **1** 無事, 無傷. **2** 無事な状態.

in·dem·ni·za·ble [in.dem.ni.θá.ble / -.sá.-] 形 補償できる, 賠償される.

*__in·dem·ni·za·ción__ [in.dem.ni.θa.θjón / -.sa.sjón] 女 **1** 賠償, 補償 (= compensación). **2** 賠償金, 補償金. ～ por despido 解雇の補償金.

in·dem·ni·zar [in.dem.ni.θár / -.sár] 97 他 賠償する, 補償する. ～ a las víctimas del accidente 事故の犠牲者に対して補償する.

in·dem·ni·za·to·rio, ria [in.dem.ni.θa.tó.rjo, -.rja / -.sa.-] 形 賠償の.

in·de·mo·ra·ble [in.de.mo.rá.ble] 形 延期できない, 遅延できない.

in·de·mos·tra·ble [in.de.mos.trá.ble] 形 証明できない, 立証不可能の.

☆☆in·de·pen·den·cia [in.de.pen.dén.θja / -.sja] 女 独立, 自立；自主. conseguir [obtener] la ～ 独立を勝ち取る. declarar [proclamar] la ～ 独立を宣言する. luchar por la ～ 独立のために闘う. Guerra de la I～ Española スペイン独立戦争 (1808-14年). con ～ de... …から独立して；…に関わりなく.

【関連】ラテンアメリカ諸国の独立
背景：スペイン領アメリカでは18世紀後半以降, 啓蒙(読)精神が浸透し, 自由主義を信奉する criollo たちは北アメリカ独立 (1776) やフランス革命 (1789) に刺激され, 本国中心の統治体制への不満をつのらせていった. 独立運動の先駆者 Francisco de Miranda は1806年ベネズエラの独立を企てたが失敗, 1808年 Napoleón 軍のスペイン侵入により本国は混乱 (反ナポレオン戦争) し, 王位が空白 (Carlos 4世, Fernando 7世父子はフランスの Bayonne へ出国) になった際, 新大陸はナポレオン新政府を承認せず, Fernando 7世を愛国的に支持したが, 各地方に評議会 junta (Caracas, Buenos Aires, Bogotá, Santiago de Chile, Quito, 1810；Paraguay, 1811) が結成され, 独立への道を歩み出す.
初期の展開：メキシコはすでに1810年 Hidalgo 神父が「ドローレスの叫び」"el grito de Dolores" をあげ, 先住民とともに行動を起こし, 1811年ベネズエラが独立を宣言する. 1812年以降には, 戦いは大陸全土に広がり, 一進一退の戦局が続く. 1812年ベネズエラは王国軍の前に独立を失うが, 1813年「解放者」"Libertador" Simón Bolívar は Caracas を奪還, Hidalgo の死 (1811) を継いだ Morelos は Chilpancingo 会議でメキシコの独立を宣言, Nueva Granada, Paraguay も独立を宣言する.
国王派の巻返し：1814年ナポレオン軍の撤退後, 帰国した Fernando 7世は留守中に制定されたカディス憲法 (1812) を廃止し, 絶対主義への復帰を宣言, 新大陸統治体制も再編強化した. この結果, 独立運動は劣勢になり, 第二次ベネズエラ共和国は崩壊, チリでは O'Higgins, メキシコでは Morelos が敗北した.
独立への道：1816年, Bolívar は再度ベネズエラの独立を回復し, Río de la Plata も独立宣言, San Martín は Chacabuco および Maipú の戦いに勝利を収め, チリが独立 (1818), Bolívar は Boyacá の戦いに勝利を収め, Angostura (現 Ciudad Bolívar) 会議でコロンビア共和国が誕生する (1819), 1820年スペイン本国の政変により派兵が止まり, 独立運動に弾みがかかる. 同年 San Martín は Guayaquil の独立を宣言, 1821年メキシコ, グアテマラ, パナマが独立, Sucre は Pichincha の戦いに勝利し, Quito はコロンビアに合体 (1822), 1823年中米諸州連合が結成され, 1824年 Junín および Ayacucho の戦い (ペルー) で国王軍は敗北し, 戦いは, 事実上, 終了する. 1825年ボリビア独立, 1828年ウルグアイがブラジル, アルゼンチンから分離独立, 1898年キューバ独立.

in·de·pen·den·tis·mo [in.de.pen.den.tís.mo] 男 独立主義；独立運動.

in·de·pen·den·tis·ta [in.de.pen.den.tís.ta] 形 独立主義の. — 共 独立主義者, 独立運動論者.

☆☆in·de·pen·dien·te [in.de.pen.djén.te] 形 《名詞＋》《ser＋》 **1** 独立した, 自立した. nación ～ 独立した国家. habitación ～ 独立した部屋, 個室. **2** 独立心の強い；無所属[無党派]の. candidato ～ (政党の) 無所属候補. **3** 《de... …の》束縛のない, 自由の. — 共 独立した人；無所属[無党派]の政治家[候補者]. — 副 独立して；関わりなく. vivir ～ 独立して生活する.

*__in·de·pen·dien·te·men·te__ [in.de.pen.djén.te.mén.te] 副 独立して；独自に. ～ de que + 接続法・直説法 …と無関係に. I～ de lo que digas, podemos realizar este plan. 君が言おうとすることと関係なく, 私たちはこの計画を実現できるよ. I～ de lo que dices, hay otros hechos más importantes. 君の言うこととは別に, もっと重要な他の事実がある.

*__in·de·pen·di·zar__ [in.de.pen.di.θár / -.sár] 97 他 《de... …から》独立させる, 解放する.
— ～·se 再 《de... …から》独立する, 自立する. Se *independizó* a los veinte años *de* los padres. 彼[彼女]は20歳で両親のもとを離れてひとり立ちした.

in·de·ro·ga·bi·li·dad [in.de.ro.ga.ḇi.li.ðáð]

indicar

女 違反できないこと, 絶対厳守. ～ singular 唯一例外を認められないこと.

in・de・ro・ga・ble [in.de.ro.gá.ble] 形 (法律・習慣などが)絶対に遵守しなければならない. derechos ～s 例外を認められない法律.

in・des・ci・fra・ble [in.des.θi.frá.ble / -.si.-] 形 解読[判読]できない; 不可解な. escribir letras ～s 判読不能な文字を書く.

in・des・crip・ti・ble [in.des.krip.tí.ble] 形 言い表せない, 名状しがたい; 大いなる. un espectáculo ～ 筆舌に尽くしがたい光景. una alegría ～ えも言われぬ喜び.

in・de・se・a・ble [in.de.se.á.ble] 形 望ましくない, 好ましくない. ── 男 好ましくない人; (特に外国人について)要注意人物.

in・de・se・a・do, da [in.de.se.á.do, -.da] 形 望まれない, 思ってもみない. provocar [producir] efectos ～s 予期していなかった結果を引き起こす.

in・de・sig・na・ble [in.de.sig.ná.ble] 形 指名できない, 指定できない.

in・des・ma・lla・ble [in.des.ma.já.ble ‖ -.ʎá.-] 形 〈ストッキングなどが〉伝線しない.

in・des・truc・ti・bi・li・dad [in.des.truk.ti.bi.li.dáđ] 女 不滅性, 永遠性; 非破壊性.

in・des・truc・ti・ble [in.des.truk.tí.ble] 形 不滅の, 永遠の; 破壊できない. una alianza ～ 恒久的な同盟.

in・de・tec・ta・ble [in.de.tek.tá.ble] 形 検出[探索]不可能な.

in・de・ter・mi・na・ble [in.de.ter.mi.ná.ble] 形 確定[決定]できない.

in・de・ter・mi・na・ción [in.de.ter.mi.na.θjón / -.sjón] 女 **1** 不確定, 不定. Todavía existe una ～ en cuanto al número de víctimas. 今なお犠牲者の数は確定していない.
2 不決断, 優柔不断. Los han criticado por su ～. 彼らは決断力のなさが批判された.

*****in・de・ter・mi・na・do, da** [in.de.ter.mi.ná.đo, -.da] 形 **1** (ser+ / estar+) **不確定の**, 不定の. huelga por tiempo ～ 無期限スト. **2** 不明確な, 漠然とした. un color ～ entre azul y gris 青とグレーの間のぼやけた色. **3** 優柔不断の, はっきりしない. **4** 〖文法〗不定の. artículo ～ 不定冠詞.

in・de・ter・mi・nis・mo [in.de.ter.mi.nís.mo] 男 〖哲〗非決定論; 自由意志論.

in・de・ter・mi・nis・ta [in.de.ter.mi.nís.ta] 形 非決定論の; 自由意志論(者)の.
── 男 女 非決定論者; 自由意志論者.

in・de・xa・ción [in.dek.sa.θjón / -.sjón] 女 **1** 〖IT〗索引作成. **2** 〖経〗インデクセーション. ～ salarial 賃金の物価スライド制.

in・de・xar [in.dek.sár] 他 〖IT〗目次を作成する. Este software sirve para ～ los resultados de consultas. このソフトは検索結果のインデックスを作成するのに重宝する.

in・di [in.di] 形 男 女 → indie.

in・dia [ín.dja] 形 女 → indio¹.

In・dia [ín.dja] 固名 インド : 首都 Nueva Delhi. [←〔ラ〕India←〔ギ〕Indía (Indós「インダス川」より派生); 関連 hindú, indio]

in・dia・da [in.djá.da] 女 (ラ米)(話) (**1**) (*ちゅ*)(*きゅ*)先住民の集団[群衆]. (**2**) 先住民特有の言動. (**3**) (*きゅ*)(*ちゅ*)〖軽蔑〗群衆, 暴徒. (**4**) (*ちゅ*)庶民, 卑しい連中; 不良仲間.

in・dia・na [in.djá.na] 女 〖服飾〗インドサラサ.

in・dia・nis・mo [in.dja.nís.mo] 男 **1** インド学. **2** 〖言〗ヒンディー語的語法[表現], インドの言語特有の表現. **3** (ラ米) → indigenismo.

in・dia・nis・ta [in.dja.nís.ta] 男 女 インド学者.

in・dia・no, na [in.djá.no, -.na] 形 **1** (スペイン統治時代の)新大陸の, インディアスの; 西インド諸島の. derecho ～ インディアス法. historiografía indiana 新大陸史料文献学. hueste indiana 〖史〗新大陸征服軍勢 (conquistador の一団). **2** 東インド諸島の. ── 男 女 新大陸帰りの成金. ▶ 新大陸の先住民は indio と呼ばれる.

In・dias [ín.djas] 固名 (スペイン統治時代の)新大陸, インディアス (♦アジアのインド Indias Orientales と区別するために西インド Indias Occidentales とも呼ばれた). el Archivo General de (las) ～ インディアス古文書館. el Consejo (Real y Supremo) de (las) ～ インディアス(最高)諮問会議.
archipámpano de las Indias《ユーモラスに》大物, 傑物.
[India より; コロンブス Colón が新大陸をインドの一部と考えたことに始まる名称; indio に2義あるのも同じ理由から]

*****in・di・ca・ción** [in.di.ka.θjón / -.sjón] 女 **1** 指示, 指図; 示唆. por ～ de... …の指示に従って. dar una ～ 指示を与える. El guardia me hizo una ～ para que me parase. ガードマンは私に止まるよう指示した. Debes seguir las *indicaciones* del médico. お医者さんの指示に従わなきゃだめだよ.
2 表示, 印; 標識. *indicaciones* de tráfico 交通標識.
3 注, 注解; 訂正. ～ al margen 欄外の注記.
4 (ラ米)(ち)提案, 進言.

in・di・ca・do, da [in.di.ká.đo, -.da] 形 **1** (ser+ / estar+) 適した, ふさわしい (= adecuado). Este método *está* ～ para los principiantes. この方法は初心者に適している. en el momento menos ～ 最悪の時に. la persona más *indicada* para la tarea その仕事に打ってつけの人物.
2 指示された, 表示された. a la hora *indicada* 指定された時刻に. medicamento ～ para enfermos cardíacos 心臓病患者用の処方薬.

*****in・di・ca・dor, do・ra** [in.di.ka.đór, -.đó.ra] 形 指示する, 表示する. lámpara *indicadora* 表示ランプ. señal *indicadora* 標識.
── 男 **1** 指示器; 標識; 指標. ～ de temperatura 温度計. ～ de dirección 方向指示器. ～ de nivel de aceite [gasolina] 〖車〗オイルゲージ, 燃料計. ～ de presión de aceite 油圧計. ～ de velocidad スピード・メーター. ～ económico 経済指標.
2 〖IT〗フラッグ; プロンプト.

*****in・di・car** [in.di.kár] 他 **1** (表情・言葉などで) 指し示す; **指示する**. ～ la salida 出口を指し示す. La señal *indica* a la izquierda. 標識は左の方向を示している.
2 見せる, 示す. ¿Me puede ～ el camino a la estación? 駅までの道を教えてくれませんか. Ella te va a ～ lo que tienes que traer. 彼女が君に持って来なくてはいけないものを言います.
3 (que+接続法) 〈特に医者が〉(…するように)指示する, 指図する. El médico le *ha indicado que guarde* cama durante una semana. 医者は彼[彼女]に1週間の安静を指示した.
4 ほのめかす, 物語る. Su tranquilidad *indica* que ha estudiado mucho. 彼[彼女]の落ち着きから十分勉強したことがわかる.

indicativo

[-[ラ]*indicāre*;[関連]índice.[英]*indicate*]

in·di·ca·ti·vo, va [in.di.ka.tí.βo, -.βa] 形
1 表示する,指示する. la síntoma ～(病気の)徴候. gráfica *indicativa* de la situación económica 経済状態を示すグラフ.
2《文法》直説法の. modo ～ 直説法.
— 男 **1**《文法》直説法. **2**(放送局・無線局の)コールサイン,呼び出し符号[番号].

in·dic·ción [in.dik.θjón / -.sjón] 女 **1**(宗教会議の)召集. **2** 15年の周期. *I*～ romana インディクチオ(古代ローマで15年ごとに行われた財産査定の更正).

****ín·di·ce** [ín.di.θe / -.se] 男 **1** 指標,しるし. La renta per cápita es un ～ para conocer el nivel de vida. 個人所得は生活水準を知るための指標である.
2 目次,索引;図書目録;《IT》索引,指標. bibliográfico 文献索引. ～ de autores [materias] 著者[事項]索引.
3《統計》《物理》指数,率,比. ～ de incremento 増加率. ～ de natalidad [mortalidad] 出生[死亡]率. ～ de precios al consumo(略 IPC)消費者物価指数. ～ del coste de la vida 生計費指数. ～ de inflación インフレ率. ～ de paro 失業率. ～ de refracción 屈折率. **4**《数》指数,根指数.
5 人差し指(= dedo ～). **6**(時計・計器の)針,指針. **7** el *I*～《カト》禁書目録.
— 動 指し示す.
[-[ラ]*indicem* (*index*)の対格)(*indicāre*「告訴する;述べる」より派生);[関連]《英》*index*]

in·di·ciar [in.di.θjár / -.sjár] 82 他 **1**(徴候を)示す. **2** 疑う,怪しむ.

****in·di·cio** [in.dí.θjo / -.sjo] 男 **1** 徴候,しるし;形跡. No hay el menor ～ de vida en esa zona. その地帯には生命の兆しが全く見られない. Ese tipo de nubes es ～ de que va a llover. あのような雲は雨が降る前兆だ. → signo [類語].
2 微量,少量. encontrar ～s de albúmina 微量のたんぱく質を検出する. **3**《法》証拠,証拠物件. ～s vehementes(直接的)状況証拠.

ín·di·co, ca [ín.di.ko, -.ka] 形 インドの. Océano *I*～ インド洋. — 男《集合的》インドの諸言語.

in·die [ín.di] 男《英》個人経営の,個人で作成の. música ～ 個人リリースの音楽.
— 男 (映画・音楽の)独立プロダクション.

****in·di·fe·ren·cia** [in.di.fe.rén.θja / -.sja] 女 無関心,冷淡;無関心な態度. ¡Qué ～! なんて冷たい態度だ. tratar con ～ 冷たくあしらう. mostrar una ～ 関心を示さない.

in·di·fe·ren·cia·ción [in.di.fe.rén.θja.θjón / -.sja.sjón] 女 区別しなくなること.

in·di·fe·ren·cia·do, da [in.di.fe.rén.θjá.ðo, -.ða / -.sjá.-] 形 区別しない,相違点のない;認識できない. células *indiferenciadas* 識別できない細胞.

in·di·fe·ren·ciar [in.di.fe.rén.θjár / -.sjár] 82 他 区別しない,特徴を消す. ～ las cosas públicas y las privadas 公私の別をつけない.

****in·di·fe·ren·te** [in.di.fe.rén.te] 形 **1** どちらでもよい,無関心な;重要でない. Me es ～ el color que escojas. 君がどの色を選ぼうと私にはどうでもよい. hablar de cosas ～s どうでもいいことを話す. artículo ～(新聞の)囲み記事.
2《ser + / estar +》(a... …に)無関心な;冷淡な. un hombre ～ つれない男. *Es* ～ *a* la política. 彼[彼女]は政治には無関心である. Últimamente *está* muy ～ con su marido. 彼女は最近夫にとても冷淡だ.
3《物理》中立の. equilibrio ～ 中立平衡.
— 男 女 無関心な人;冷淡な人.

in·di·fe·ren·te·men·te [in.di.fe.rén.te.mén.te] 副 **1** 無関心に;冷淡に. **2**《複数のものについて,挿入句的に》同じように,区別なく. Montaña y mar, ～, son atractivos para los turistas que visitan esta región. 山も海も同じようにこの地方を訪れる旅行者にとって魅力的である.

in·di·fe·ren·tis·mo [in.di.fe.rén.tís.mo] 男(宗教・政治などに対する)無関心(主義).

****in·dí·ge·na** [in.dí.xe.na] 形 **1** (de... …に)土着の,先住(民)の;原産の. planta ～ de América アメリカ(大陸)原産の植物. pueblo ～ 先住民(の村). **2**《ラ米》イベロアメリカ先住民の.
— 男 女 先住民,土地の人. los ～s y los colonos 先住民と植民者.
2《ラ米》イベロアメリカ先住民.

in·di·gen·cia [in.di.xén.θja / -.sja] 女 極貧,貧窮,窮乏. estar en la ～ más completa 極めて貧しい状態である.

in·di·ge·nis·mo [in.di.xe.nís.mo] 男 **1** イベロアメリカ先住民の権利擁護運動;インディヘニスモ:文学・絵画・音楽などをとおして先住民の擁護と復権をはかる運動. **2** イベロアメリカ先住民文化の研究. **3**《言》先住民言語から入った語[表現].

in·di·ge·nis·ta [in.di.xe.nís.ta] 形 先住民の権利擁護運動の,インディヘニスモの. literatura ～ インディヘニスモ文学(*Los ríos profundos*『深い川』, *Hombres de maíz*『とうもろこしの人間たち』など).
— 男 女 先住民の権利擁護運動家.

in·di·gen·te [in.di.xén.te] 形 極貧の,貧窮した.
— 男 女 貧困者,生活困窮者. socorrer a los ～s 貧困者を救済する.

in·di·ge·ri·ble [in.di.xe.rí.βle] 形《話》**1**(食べ物の)消化できない. fibra vegetal ～ para los perros 犬にとって消化できない植物性繊維. **2**(頭の中で消化できないぐらい)難しい. Esta novela me resultaba ～. この小説は私には理解できなかった.

in·di·ges·tar·se [in.di.xes.tár.se] 再 **1**〈人が〉消化不良になる. ～ con [por, de] tanto comer 食べすぎて消化不良を起こす.
2(食べ物が)胃にもたれる,あたる. La comida *se me indigestó*. その食事が胃にもたれた.
3《話》〈人・ものが〉不快感をもたらす,煩わしい(= atragantarse). *Se* le *indigestan* las matemáticas. 彼[彼女]は数学がどうも苦手だ.
4《ラ米》《話》困る,不快になる.

in·di·ges·ti·ble [in.di.xes.tí.βle] 形 → indigesto.

in·di·ges·tión [in.di.xes.tjón] 女 消化不良,胃のもたれ(= empacho). tener una ～ 消化不良である.

in·di·ges·to, ta [in.di.xés.to, -.ta] 形 **1**《ser +》消化されない,消化しにくい. Los mariscos *son* ～s. 魚介類は消化しにくい. **2** 消化されていない. **3**《estar +》消化不良を起こした. sentirse ～ 胃がもたれる. **4**〈人が〉付き合いにくい;我慢ならない. **5** 無秩序な,混乱した.

****in·dig·na·ción** [in.dig.na.θjón / -.sjón] 女 憤慨,激怒,立腹. expresar una ～ 怒りをぶちまける. Se llenó de ～ al enterarse de la noticia. その知らせを聞いて彼[彼女]は激怒した.

in·dig·na·do, da [in.diɡ.ná.ðo, -.ða] 形 憤慨し

in‧dig‧na‧men‧te [in.díg.na.mén.te] 副 **1** 不適切に. **2** 卑劣に.

in‧dig‧nan‧te [in.dig.nán.te] 形 腹立たしい, 侮辱的な, けしからぬ.

***in‧dig‧nar** [in.dig.nár] 他 憤慨させる, 怒らせる, 激怒させる. Su actitud *indignó* a todos. 彼[彼女](ら)の態度にみんな憤慨した.
— ～‧se 再 《con... / contra... / por...…に》怒る, 憤慨する (＝ irritarse). *Se indigna* mucho *con* nosotros. 彼[彼女]は私たちにひどく腹を立てている. *Se indignaron contra* la injusticia. 彼らは不正に対して憤慨した.

in‧dig‧ni‧dad [in.dig.ni.đáđ] 女 **1** ふさわしくないこと, 不適格. **2** 卑劣さ, 破廉恥; 卑劣な行為. **3** 〖法〗(相続者の)不敬行為(による)相続権喪失.

***in‧dig‧no, na** [in.díg.no, -.na] 形 **1** 《de...…に》値しない, ふさわしくない. una conducta *indigna de* una persona culta 教養ある人とは思えない行為. una persona *indigna de* confianza 信用できない人. **2** 卑劣な, 破廉恥な. actos ～s 卑劣な行為.

ín‧di‧go [ín.di.go] 形 color ～ 藍(ぁぃ)色. de color ～ 藍色の. — 男 **1** 〖染料の〗インディゴ, 青藍(せぃ) (＝ añil). **2** 〖植〗アイ.

in‧di‧no, na [in.dí.no, -.na] 形 **1** 〖話〗値しない, ふさわしくない (＝ indigno). **2** 〖話〗いたずらな, 手に負えない. **3** 〈ラ米〉(1) (ﾆｶﾗ)(ﾎﾝｼﾞ)悪党の, ごろつきの. (2) (ﾒｷｼｱﾞ)(ﾁﾘ‧ｸﾞｱﾃ)〖話〗卑しい; しみったれの.

****in‧dio¹, dia** [ín.djo, -.dja] 形 《名詞＋》(ser＋) **1** 〖ラテンアメリカ‧北米の〗先住民の. **2** インドの, インド人の.
— 男 女 **1** 〖ラテンアメリカ‧北米の〗先住民. **2** インド人. **3** 〈ラ米〉(ﾎﾝｼﾞ)〖話〗いたずらっ子.
〖関連〗**Indios de América** ラテンアメリカの先住民: 〈メキシコ〉**azteca** アステカ (中央高原). **huasteca** ワステカ (北東部). **huichol** ウィチョル (中西部). **lacandón** ラカンドン (Chiapas 州). **mixe** ミヘ (Oaxaca 州). **mixteco** ミステコ (Oaxaca 州). **otomí** オトミー (中央高原). **tarahumara** タラウマラ (Chihuahua 州). **tarasco** タラスコ (中西部). **totonaco** トトナコ (Veracruz 州). **yaqui** ヤキ (北西部). **zapoteca** サポテカ (Oaxaca 州). **maya** マヤ (Yucatán 半島, グアテマラ, ホンジュラス, ベリーズ). **quiché** キチェ, **tzotzil** ツォツィル (Chiapas 州, グアテマラ中西部のマヤ高地). 〈中央アメリカ〉**cuna** クナ (パナマ). **guaymí** グアイミ (コスタリカ, パナマ). **misquito / miskito** ミスキート (ニカラグア, ホンジュラス). 〈カリブ海域〉**arawak** アラワク (西インド諸島). **caribe** カリブ (西インド諸島). **goajiro** ゴアヒロ (ベネズエラ). **taíno** タイノ. 〈アンデス‧パンパ地域〉**abipón** アビポン (アルゼンチン). **aimará / aymara** アイマラ (ペルー, ボリビア). **alacaluf** アラカルフ (フエゴ島). **araucano** アラウカノ (チリ). **atacama** アタカマ (チリ). **cayapa** カヤパ (エクアドル). **colorado** コロラド (エクアドル). **chibcha** チブチャ (エクアドル, コロンビア). **chiriguano** チリグアノ (ボリビア). **guaraní** グアラニ (パラグアイ). **guayaquí** グアヤキ (パラグアイ). **inca** インカ (ペルー). **jívaro** ヒバロ (エクアドル, ペルー). **mapuche** マプチェ (チリ). **mataco** マタコ (アルゼンチン). **ona** オナ (フエゴ島). **puelche** プエルチェ (アルゼンチン, チリ). **quechua** ケチュア (エクアドル, ペルー, ボリビア). **tehuelche** テウェ ルチェ (アルゼンチン, チリ). **uru** ウル (ペルー). 〈アマゾン流域〉**arawak** アラワク. **campa** カンパ (ペルー). **macú** マク (ブラジル). **nambicuara** ナンビクワラ (ブラジル). **tucano** トゥカノ (コロンビア). **tupí** トゥピ (ブラジル). **tupinambá** トゥピナンバ (ブラジル). **yanoama** ヤノアマ (ベネズエラ).
— 男 **1** 〖化〗インジウム (記号 In).
2 [I-] 〖星座〗インディアン座.
hacer el indio 〖話〗おどける; 無責任な行動をとる. *subírsele (a+人) el indio* 〈ラ米〉(ﾒｷ)(ﾌﾟｴ)(人) が (喜び‧怒りで)興奮する.
[India(s) より派生; 関連 hindú]

in‧dio², dia [ín.djo, -.dja] 形 ブルーの, 青い.

indique(-) / indiqué(-) 活 → indicar.

in‧di‧rec‧ta [in.di.rék.ta] 女 当てこすり, 暗示, 手掛かり. lanzar [soltar] una ～ ほのめかす, (それとなく)におわす. ～ del padre Cobos 〖話〗わかりやすい暗示.

in‧di‧rec‧ta‧men‧te [in.di.rék.ta.mén.te] 副 **1** 間接的に(は). *I*～, soy una de las víctimas del accidente. 間接的には私もその事故の被害者のひとりである. **2** 遠回しに. Han criticado ～ mi decisión. 彼らは私の決定を遠回しに批判した.

***in‧di‧rec‧to, ta** [in.di.rék.to, -.ta] 形 **1** 間接的な, 直接でない; 遠回しの (↔directo). luz *indirecta* 間接照明. crítica *indirecta* 遠回しの批判. saber... de forma *indirecta* …を間接的に知る. **2** 〖文法〗間接の. complemento [objeto] ～ 間接補語[目的語]. estilo ～ 間接話法. estilo ～ libre 自由間接話法.

in‧dis‧cer‧ni‧ble [in.dis.θer.ní.ble / -.ser.-] 形 識別できない, 見分けにくい.

in‧dis‧ci‧pli‧na [in.dis.θi.plí.na / -.si.-] 女 不服従, 規律のない行動; 風紀の乱れ.

in‧dis‧ci‧pli‧na‧do, da [in.dis.θi.pli.ná.đo, -.đa / -.si.-] 形 従順でない, 規律を守らない. un niño ～ 手に負えない子供.
— 男 女 従順でない人, 規律を守らない人.

in‧dis‧ci‧pli‧nar [in.dis.θi.pli.nár / -.si.-] 他 規律を乱す, 不服従にする.
— ～‧se 再 命令に背く, 規律を守らない.

in‧dis‧cre‧ción [in.dis.kre.θjón / -.sjón] 女 無分別, 軽率さ, 不謹慎[不遠慮]な言動. cometer la ～ de ＋不定詞 うかつにも…する. Si no es ～, ¿cuánto es el alquiler de su piso? 失礼ながらあなたのマンションの家賃はおいくらですか.

in‧dis‧cre‧ta‧men‧te [in.dis.kré.ta.mén.te] 副 無分別[軽率, 無遠慮]に.

***in‧dis‧cre‧to, ta** [in.dis.kré.to, -.ta] 形 無分別な; 軽率な; 無遠慮な. miradas *indiscretas* 無遠慮な視線. una persona *indiscreta* 軽率な人. una pregunta *indiscreta* ぶしつけな質問.
— 男 女 無分別[軽率, 無遠慮]な人.

in‧dis‧cri‧mi‧na‧do, da [in.dis.kri.mi.ná.đo, -.đa] 形 無差別な. matanza *indiscriminada* 無差別殺戮. la venta *indiscriminada* de tabaco タバコを誰にでも販売すること.

in‧dis‧cul‧pa‧ble [in.dis.kul.pá.ble] 形 許せない, 弁解の余地のない.

***in‧dis‧cu‧ti‧ble** [in.dis.ku.tí.ble] 形 **1** 議論の余地ない, 明白な. prueba [verdad] ～ 明白な証拠[事実]. **2** 文句なしの, 万人の認める. jefe ～ 誰もが認める指導者.

in‧dis‧cu‧ti‧ble‧men‧te [in.dis.ku.tí.ble.mén.

indisociable

te] 副 **1** 議論するまでもなく. *I~* esta ciudad es la más bella de nuestro país. 言うまでもなく, この町がわが国で一番美しい. **2** 無論, (口に出すまでもなく)もちろん. ¿*Yo* tengo que hacerlo? – *I~*. 僕がそれをしなければいけないの. – もちろん.

in·di·so·cia·ble [in.di.so.θjá.ble / -.sjá.-] 形 分離できない. La economía es ~ de la política. 経済は政治と切り離すことができない.

in·di·so·lu·bi·li·dad [in.di.so.lu.βi.li.ðáð] 女 **1** 不分解[分離]性, 不溶解性. **2** 解消できないこと, 不変性.

in·di·so·lu·ble [in.di.so.lú.βle] 形 **1** 溶解できない, 分解できない. sustancia ~ en agua 水に溶けない物質. **2** 解消できない, 不変の. un amor ~ 変わらぬ愛. matrimonio ~ 別れることのない夫婦.

in·di·so·lu·ble·men·te [in.di.so.lú.βle.mén.te] 副 不可分に, 確固として.

***in·dis·pen·sa·ble** [in.dis.pen.sá.βle] 形 欠かせない, 絶対に必要な. obligación ~ 必須(ｷﾞﾑ)の. (más) ~ くてはならない物, 必需品. El petróleo es ~ para nuestra vida. 石油は私たちの生活に欠かせない. Es ~ que lo hagamos hoy mismo. 私たちはどうしても今日それをしなければならない.

indispondr- 活 → indisponer.

in·dis·po·ner [in.dis.po.nér] 41 他 [過分] は dispuesto] **1** (**con...** / **contra...** …に対して)敵対させる, 反感を抱かせる. Hablando mal de Teresa, la *indispusieron contra* sus vecinos. 彼らはテレサの悪口を言って彼女を隣人たちと対立させた. **2** 体調を悪くさせる. El calor *indispone* a muchas personas. 暑さで多くの人が体調を崩している. — **~·se** 再 **1** (**con...** / **contra...**)(…と)仲たがいする, (…に対して)感情を害する. *Se indispone contra* mí. 彼[彼女]は私に反感を抱いている. **2** 気分が悪くなる, 体調を崩す.

indispong- 活 → indisponer.

in·dis·po·si·ción [in.dis.po.si.θjón / -.sjón] 女 **1** 軽い病気, 体の不調. Sufrí una leve ~ mientras comía. 私は食事中に少し気分が悪くなった. → enfermedad [類語]. **2** (**con...** …への)不快感, 反感.

in·dis·pues·to, ta [in.dis.pwés.to, -.ta] [indisponer の過分] 形 (**estar** +) **1** 気分が悪い. Está algo *indispuesta* y no va a salir esta noche. 彼女は少し気分が悪いので今夜は出かけない. **2** (**con...** / **contra...** …と)仲たがいしている. *Está* ~ *con* su hermano. 彼は弟とけんかしている.

indispus- 活 → indisponer.

in·dis·pu·ta·ble [in.dis.pu.tá.βle] 形 議論の余地のない, 明白な.

in·dis·pu·ta·ble·men·te [in.dis.pu.tá.βle.mén.te] 副 議論の余地なく, 疑いなく. *I~* este software es uno de los más populares. このソフトは間違いなく人気ソフトの一つです.

in·dis·tin·ción [in.dis.tin.θjón / -.sjón] 女 **1** 識別不能, 不分明. **2** 無差別, 一律.

in·dis·tin·gui·ble [in.dis.tiŋ.gí.βle] 形 区別できない; 見分けがつかない, 判然としない.

in·dis·tin·ta·men·te [in.dis.tín.ta.mén.te] 副 **1** 区別なく[せずに]. Esta conferencia está abierta a profesores y estudiantes ~. この講演会は先生にも学生にも公開されている. **2** ぼんやりと, あいまいに.

in·dis·tin·to, ta [in.dis.tín.to, -.ta] 形 **1** 区別のない[つかない]. En apariencia estas dos pinturas son *indistintas*. 見かけ上これら2つの絵は区別できない. **2** はっきりしない, 不明瞭(ﾒｲﾘｮｳ)な. imágenes [voces] *indistintas* 不明瞭な像[声]. **3** どちらでもよい. No me es ~ comer fuera o en casa. 食事を外でしても家でしても私はどちらでもよい. **4** 《スペイン》(口座などの名義が)共同の.

in·di·vi·dua [in.di.βí.ðwa] 形 女 → individuo.

in·di·vi·dua·ción [in.di.βi.ðwa.θjón / -.sjón] 女 **1** 個性化, 個体化. **2** 個性形成.

****in·di·vi·dual** [in.di.βi.ðwál] 形 《名詞+》(**ser** +) **1** 個人の; 個人的な. características ~*es* 個性. **2** 1人用の, 個人用の. cama ~ シングルベッド. habitación ~ 個室, (ホテルなどの)シングルルーム. **3** 《ラ米》(ﾏﾃﾞｱｲ)(ｷｼ)(ﾆﾂｶﾞ)同様な, よく似た.
— 男 《スポ》シングルス (► 「ダブルス」は dobles). ~ masculino [femenino] 男子[女子]シングルス.

in·di·vi·dua·li·dad [in.di.βi.ðwa.li.ðáð] 女 **1** 個性, 特性. Carmen destaca en clase por su ~. クラスの中でカルメンはその個性で際立っている. **2** 個性的な人物. El equipo tiene ~*es*. そのチームは個性的で個性のある選手を抱えている.

***in·di·vi·dua·lis·mo** [in.di.βi.ðwa.lís.mo] 男 **1** 個人主義; 《軽蔑》利己主義 (↔ colectivismo). **2** 《哲》個体[個人]主義.

in·di·vi·dua·lis·ta [in.di.βi.ðwa.lís.ta] 形 個人主義的な; 利己主義的な. teoría ~ 《哲》個体主義[論]. — 男 女 個人主義者; 利己主義者.

in·di·vi·dua·li·za·ción [in.di.βi.ðwa.li.θa.θjón / -.sa.sjón] 女 個別化, 個性化.

in·di·vi·dua·li·zar [in.di.βi.ðwa.li.θár / -.sár] 97 他 **1** 個性[特性]を与える. La voz profunda lo *individualiza*. 深みのある声が彼の特徴だ. **2** 《責任などを》個人に帰する. **3** 個別化する.
— **~·se** 個性を持つ. Los alumnos *se individualizan* por sus diferentes destrezas. 生徒たちはさまざまな素質で個性を発揮している.

in·di·vi·dual·men·te [in.di.βi.ðwál.mén.te] 副 個人的に, ひとり[一個]ずつ; 個人としては.

in·di·vi·duar [in.di.βi.ðwár] 84 他 **1** 個性化する. **2** 個別化する; 個々に詳述する.

****in·di·vi·duo, dua** [in.di.βí.ðwo, -.ðwa] 形 **1** 個々の, 個人の. **2** 分割できない, 不可分の.
— 男 女 (特定できない)人物; 《軽蔑》(信頼・好感の持てない)人, やつ. Un ~ sospechoso ha preguntado por ti. 怪しいやつが君のことを僕に尋ねにきた.
— 男 **1** (集団を構成する)**個人**; 個体. Todo ~ tiene derecho a la libertad de expresión. すべての個人は表現の自由という権利を持つ.
2 (社会・組織などの)一員, 会員.
3 自分自身, わが身. cuidar bien de su ~ 自分の体に気をつける.
[男] 形 ← [ラ] *indivĭduum* (*indivĭduus* の対格) 形 「分けられない」; *in*- (否定) + *dividuus* 「分けられる」(*divĭdere* 「分ける」より派生); 関連 [スペイン] [英] *individual*]

in·di·vi·sa·men·te [in.di.βí.sa.mén.te] 副 《法》不分割で, 共有して.

in·di·vi·si·bi·li·dad [in.di.βi.si.βi.li.ðáð] 女 分割できないこと, 一体性.

in·di·vi·si·ble [in.di.βi.sí.βle] 形 **1** 分割できない, 不可分の. **2** 《数》割り切れない. un número ~ 割り切れない数字. **3** 《法》分割不能な, 共有の.

in·di·vi·sión [in.di.βi.sjón] 女 **1** 不分割, 共有.

in·di·vi·so, sa [in.di.βí.so, -.sa] 形 **1** 分割されていない. **2**〖法〗〈財産が〉不分割の, 共有の；〔所有者が〕共有する. ~s 共有財産. herencia *indivisa* 共同相続財産. *pro indiviso* 不分割財産の (=sin dividir). bienes *pro* ~ 不分割財産.

in·di·za·ción [in.di.θa.θjón / -.sa.sjón] 女 (データを並び替えての) 目次作成. ~ de precios 物価の見直し.

in·di·zar [in.di.θár / -.sár] 97 他 目次をつける, (データを並び替えて) 目次にする (=indexar).

In·do [ín.do] 固名 el ~ インダス川：チベット南西部に源を発して, パキスタンを流れアラビア海に注ぐ. civilización (del valle) del ~ インダス文明.
[←[ラ] *Indus*←[ギ] *Indós*←[古代ペルシア] *Hindu*←[サンスクリット] *Sindhu*（原義は「川」); 関連 India]

in·do, da [ín.do, -.da] 形 **1** インド (人) の. **2** ヒンドゥー教 (徒) の.
━━ 男 女 **1** インド人. **2** ヒンドゥー教徒.

in·do·a·rio, ria [in.do.á.rjo, -.rja] 形 インド・アーリア語派の.
━━ 男 インド・アーリア語派 (=indoiraniano).

in·do·ble·ga·ble [in.do.βle.ǥá.ble] 形 (意見などが) 曲げられない, 妥協できない, やめる意志のない. tradición ~ 継承しなければならない伝統.

in·do·chi·no, na [in.do.tʃí.no, -.na] 形 インドシナの. Península *indochina* インドシナ半島.
━━ 男 女 インドシナ半島の住民.

in·dó·cil [in.dó.θil / -.sil] 形 強情な, 手に負えない.

in·do·ci·li·dad [in.do.θi.li.ðáð / -.si.-] 女 不従順, 強情.

in·doc·to, ta [in.dók.to, -.ta] 形 教養のない, 無知な.

in·doc·tri·nar [in.dok.tri.nár] 97 (ラ米) 教える, 教育する, 指導する.

in·do·cu·men·ta·do, da [in.do.ku.men.tá.ðo, -.ða] 形 **1**《estar+》身分証明書を持たない. Le detuvieron por ~. 彼は身分証明書不携帯により逮捕された. **2**《estar+》〈資料による〉裏付けのない. información *indocumentada* 裏付けのない情報. **3** 無知な, 専門知識のない. **4** 名の知れぬ, 取るに足りない.
━━ 男 女 **1** 身分証明書を持たない人.
2 無知な人. **3** 名の知れぬ人, 取るに足りない人. Es un ~. どこにでもいるような人だ.

in·do·eu·ro·pe·o, a [in.do.eu.ro.pé.o, -.a] 形 インド・ヨーロッパ語 (族) の. familia *indoeuropea* インド・ヨーロッパ語族, 印欧語族 (♦世界の言語の中で最大の語族. 東はインドから西はヨーロッパにわたる大半の地域に分布し, 地理的概念による分類.
━━ 男 女 インド・ヨーロッパ語系民族[人].
━━ 男 インド・ヨーロッパ祖語.

in·do·ger·má·ni·co, ca [in.do.xer.má.ni.ko, -.ka] 形 男 女 → indoeuropeo.

in·doi·ra·nio, nia [in.doi.rá.njo, -.nja] 形 インド・イラン語派の. grupo ~ インド・イラン語派.
━━ 男 インド・イラン語派 (=indoario, ria).

*__ín·do·le__ [ín.do.le] 女 **1** (人の) 性格, 気質. ser de ~ bondadosa [tranquila, perezosa] 善良な [穏やかな, 怠惰な] 性格である.
2 (ものの) 特徴, 性質, タイプ. problemas de ~ sentimental 恋愛問題. Dada la ~ delicada del tema, vamos a tratarlo en otra ocasión. デリケートな話題なので別の機会に扱うことにしよう.
[←[ラ] *indolem* (*indolēs* の対格)]

in·do·len·cia [in.do.lén.θja / -.sja] 女 怠惰, 無精；無感動；無痛.

in·do·len·te [in.do.lén.te] 形 **1** 怠け者の, 無精な. un joven ~ por naturaleza 生まれつき怠惰な若者. **2** 無感動な, 無表情な. una mirada ~ うつろなまなざし. **3** 痛みのない, 無感覚な.
━━ 男 女 怠け者, 無精者.

in·do·lo·ro, ra [in.do.ló.ro, -.ra] 形 痛みのない, 無痛の.

in·do·ma·ble [in.do.má.ble] 形 **1** 調教しにくい, 人に慣れない. un caballo ~ 荒馬.
2 服従させにくい, 御しがたい. un niño ~ 手に負えない子供. orgullo ~ ゆるぎない誇り.

in·do·me·ña·ble [in.do.me.ɲá.ble] 形 鎮められない, 抑えられない. emoción ~ 抑えられない感情.

in·do·mes·ti·ca·ble [in.do.mes.ti.ká.ble] 形 飼い慣らすことができない.

in·dó·mi·to, ta [in.dó.mi.to, -.ta] 形 **1** 飼い慣らされていない；飼い慣らすことができない.
2 不従順な, 御しがたい. genio ~ 手にあまる性質.
━━ 男 女 手に負えない人.

In·do·ne·sia [in.do.né.sja] 固名 インドネシア (共和国)：首都 Yakarta.
[←[近ラ] *Indonesia* ([ギ] *indo*-「インドの」+[近ラ] *-nesia*「諸島の地域」；本来の意味は「インド諸島地域」)]

in·do·ne·sio, sia [in.do.né.sjo, -.sja] 形 インドネシアの. ━━ 男 女 インドネシア人. ━━ 男 インドネシア語：マライ・ポリネシア語族の一言語.

in·door [in.dór] 〔英〕形〔単複同形〕〖スポ〗屋内の. pistas ~ 屋内コート.
━━ 男〖スポ〗屋内, インドア.

in·dor·mia [in.dór.mja] 女〔ラ米〕(ﾗﾆﾞ)(ｴｸｱ)手管.

In·dos·tán [in.dos.tán] 固名 ヒンドスタン：インド北部の地域.

in·dos·ta·nés, ne·sa [in.dos.ta.nés, -.né.sa] / **in·dos·ta·no, na** [in.dos.tá.no, -.na] 形 ヒンドスタンの. ━━ 男 女 ヒンドスタン人.

in·dos·ta·ní [in.dos.ta.ní] 形 ヒンドスタニー語：インド・イラン語派の一つ. 標準ヒンディー語の母体となった.

in·dos·tá·ni·co, ca [in.dos.tá.ni.ko, -.ka] 形 ヒンドスタン (人) の. ━━ 男 ヒンドスタニー語.

in·do·ta·do, da [in.do.tá.ðo, -.ða] 形 (予算的・人的な) 裏付けのない；才能のない.

in·du·bi·ta·ble [in.du.βi.tá.ble] 形 疑う余地のない, 明白な, 確かな.

in·du·bi·ta·do, da [in.du.βi.tá.ðo, -.ða] 形 疑いのない, 明白な, 確かな.

in·duc·ción [in.duk.θjón / -.sjón] 女 **1** 誘発, 誘引 (=incitación). por ~ de+人〈人〉にそそのかされて. ~ al delito 犯罪をそそのかすこと.
2〖電〗誘導, 感応. bobina [carrete] de ~ インダクションコイル. ~ electromagnética 電磁誘導.
3〖論〗帰納 (法). ▶「演繹(ﾇﾞｷ)(法)」は deducción.
4〖医〗麻酔の第一段階.

in·du·ci·do, da [in.du.θí.ðo, -.ða / -.sí.-] 形 〖電〗誘導された. ━━ 男 〖電〗(ダイナモなどの) 電機子.

in·du·ci·dor, do·ra [in.du.θi.ðór, -.ðó.ra / -.si.-] 形 (…を) 引き起こす, 誘発する.
━━ 男 女 勧誘者, 誘導者.

*__in·du·cir__ [in.du.θír / -.sír] 37 他 **1**《a+人〈人〉に》《a... …を / a +不定詞 …することを》誘引す

る, 仕向ける. ～ *a error* [*engaño*]間違いを引き起こす[だます]. *Éste es el móvil que la indujo al asesinato.* これが彼女を殺人に走らせた動機である. *Estos datos nos inducen a pensar que...* これらのデータから私たちは…と考えることができる.
 2 帰納する, 推断する. *De lo anterior podemos ～ que...* 以上のことから…と推論できる.
 3 【電】(電気・磁気を)誘導する.
 [← [ラ] *indūcere* (*in-*「中へ」+ *dūcere*「導く」); 関連[英]*induce*]

in·duc·tan·cia [in.duk.tán.θja / -.sja] 囡【電】インダクタンス: 電磁誘導による回路.

in·duc·ti·vo, va [in.duk.tí.βo, -.βa] 形 帰納的な, 帰納(法)の. *el método ～* 帰納法. ▶「演繹(えんえき)(法)の」は *deductivo*.

in·duc·tor, to·ra [in.duk.tór, -.tó.ra] 形 **1** 誘導的な. **2**【電】誘導(感応)の. *circuito ～* 誘導回路. — 男 囡 勧誘者, そそのかす人. *～ del crimen* 犯罪の教唆者. — 男 【電】**1** 誘電子, インダクタンスコイル. **2**【化】感応物質, 誘導賞.

*in·du·da·ble** [in.du.ðá.βle] 形 疑う余地のない, 明らかな. *Es ～ que tiene talento para la música.* 彼[彼女]に音楽の才能があることは明らかである.

in·du·da·ble·men·te [in.du.ðá.βle.mén.te] 副 疑う余地なく, 間違いなく. *I～ que no tienes culpa.* 確かに君に非はない.

in·dul·gen·cia [in.dul.xén.θja / -.sja] 囡 **1** 寛大, 寛容. *Este maestro trata a los alumnos con mucha ～.* この先生は生徒たちにとても寛大である. **2**【カト】免償, 贖宥(しょくゆう). *～ parcial* 部分免償. *～ plenaria* 全免償.

in·dul·gen·te [in.dul.xén.te] 形 《*con...* / *hacia... / para (con)...*》 寛大な, 大目に見る. *Ramón es ～ con sus nietos.* ラモンは孫たちに甘い. *mostrarse ～ para (con) los errores de los demás* 他人の過ちに寛大な態度をとる.

in·dul·tar [in.dul.tár] 他 《*de...*を》免除する, 軽減する. *～ de la pena de muerte* 死刑(の罪)を減ずる. — 再 《ラ米》**(1)** 《俗》いらぬ世話を焼く. **(2)** (苦境)窮地を脱する.

in·dul·to [in.dúl.to] 男 恩赦, 赦免; 免除, 減免. *conceder el ～ a +人* (人)に恩赦を与える.

in·du·men·ta·ria [in.du.men.tá.rja] 囡 **1** (集合的) 衣装, 衣服 (= *ropa, vestimenta*). *Lleva la ～ más extravagante que te puedas imaginar.* 彼[彼女]は君の想像もつかないようなとっぴな服装をしている. *Daniel está pobre de ～.* ダニエルはあまり衣装を持っていない. **2** 服飾史.

in·du·men·ta·rio, ria [in.du.men.tá.rjo, -.rja] 形 衣装の, 衣服の.

in·du·men·to [in.du.mén.to] 男 《主に複数で》衣服, 着物.

in·du·ra·ción [in.du.ra.θjón / -.sjón] 囡【医】硬結, 硬化, 硬変.

***in·dus·tria** [in.dús.trja] 囡 **1** 産業, 工業. *～ clave [básica]* 基幹産業. *～ automovilística* 自動車産業. *～ automotriz* 《ラ米》《(プ)(メ)》自動車産業. *～ aeroespacial* 航空宇宙産業. *～ siderúrgica* 製鉄業. *～ textil* 繊維産業. *～ alimentaria* 食品産業. *～ informática* 情報産業. *～ ligera* 軽工業. *～ pesada* 重工業.
 2 産業界, 実業界. *cámara de comercio e ～* 商工会議所. **3** 製造所, 工場. *Es dueño de una pequeña ～.* 彼は町工場の主人だ. **4** 才知, 巧みさ. *con ～* 巧みに.
 de industria 故意に, わざと.
 [← [ラ] *indŭstriam* (*indŭstria* の対格)「勤勉」; 関連[英]*industry*]

in·dus·trial [in.dus.trjál] 形《名詞＋》《*ser*＋》産業の, 工業の, 企業の. *actividad ～* 産業活動. *revolución ～* 産業革命. *espionaje ～* 産業スパイ. *residuos ～es* 産業廃棄物. *desertización ～* 産業の空洞化. *producción ～* 工業生産. *producto ～* 工業製品. *país [ciudad] ～* 工業国[都市]. *zona ～* 工業地帯. *polígono ～* 工業団地. *planta ～* 工業プラント. *ingeniero ～* 工業エンジニア. *consorcio ～* 企業コンソーシアム. — 男 囡 企業家; 実業家.
 cantidades industriales 大量.

in·dus·tria·lis·mo [in.dus.trja.lís.mo] 男 産業主義, 産業[工業]最優先(策); 金もうけ主義.

in·dus·tria·lis·ta [in.dus.trja.lís.ta] 形《ラ米》→*industrial*.

in·dus·tria·li·za·ción [in.dus.trja.li.θa.θjón / -.sa.sjón] 囡 産業化, 工業化.

*in·dus·tria·li·zar** [in.dus.trja.li.θár / -.sár] 97 他 工業化する, 産業化する. *～ un país* ある国を工業化する. *～ la fabricación de muebles* 家具製造を機械化する.
 — ～*se* 再 工業化する, 産業化する.

in·dus·triar [in.dus.trjár] 82 他 訓練する, 教える. — ～*se* 再 うまい方法[手段]を見つける. *～se para conseguir...* …を手に入れる方法を考える.
 industriárselas para... 《話》…達成のためにうまい方法を見つける, うまく切り抜ける.

in·dus·trio·so, sa [in.dus.trjó.so, -.sa] 形 **1** 勤勉な, よく働く. **2** 器用な, 巧みな.

in·e·cua·ción [i.ne.kwa.θjón / -.sjón] 囡【数】不等(式). ▶「等式」は *igualdad*.

i·ne·dia [i.né.ðja] 囡【医】絶食[断食]状態, 飢餓性衰弱.

*i·né·di·to, ta** [i.né.ði.to, -.ta] 形 **1** 未刊の, 未発表の. *documentos ～s* 未刊資料[文書]. **2** 〈作家が〉出版作品のない. *poeta ～* 出版作品のない詩人. **3** 世に知られていない (= *desconocido*). *una experiencia inédita hasta ahora* 今までにない経験. — 男 囡 出版作品のない作家. — 男 未刊の作品.

in·e·du·ca·ción [i.ne.ðu.ka.θjón / -.sjón] 囡 **1** 不作法, しつけの悪さ. **2** 無教養, 無学 (= *incultura*) (↔ *educación, cultura*).

in·e·du·ca·do, da [i.ne.ðu.ká.ðo, -.ða] 形 **1** 不作法な, しつけの悪い. **2** 教養のない, 無学の. — 男 囡 不作法な人; 教養のない人.

in·e·fa·bi·li·dad [i.ne.fa.βi.li.ðáð] 囡 言葉で言い表せないこと. *No afirmo la inefabilidad del arte.* 芸術が言葉で説明できないものだとは思いません.

i·ne·fa·ble [i.ne.fá.βle] 形 言葉で表現できない, 言語に絶する (= *inenarrable, indecible*). *sentimiento de ～ melancolía* 口では言えない寂しさ.

in·e·fec·ti·vo, va [i.ne.fek.tí.βo, -.βa] 形 効果のない, 実効のない.

*in·e·fi·ca·cia** [i.ne.fi.ká.θja / -.sja] 囡 無効力, 無効果; 無益.

*in·e·fi·caz** [i.ne.fi.káθ / -.kás] 形 [複 *ineficaces*] **1** 効力がない, 効果のない; 無益な. *medidas ineficaces* 効果のない[無駄な]やり方. *medicamento ～* 効き目のない薬. **2** 役立たずの. *gente ～* 無能な人々. — 男 囡 役立たず.

in·e·fi·cien·cia [i.ne.fi.θjén.θja / -.sjén.sja] 囡

inexperiencia

能, 非能率.

in·e·fi·cien·te [i.ne.fi.θjén.te / -.sjén.-] 形 効率の悪い, 役に立たない.

in·e·le·gan·cia [i.ne.le.gán.θja / -.sja] 女 優雅でないこと, 下品, やぼ (= grosería) (↔ delicadeza).

in·e·le·gan·te [i.ne.le.gán.te] 形 優雅でない, 下品な, やぼな.

in·e·le·gi·ble [i.ne.le.xí.ble] 形 (選ばれる) 資格のない, 不適当な, 不適格な.

in·e·luc·ta·ble [i.ne.luk.tá.ble] 形 避けられない, 逃げられない (= inevitable). un destino ~ 抗いがたい宿命.

***in·e·lu·di·ble** [i.ne.lu.ðí.ble] 形 避けられない, 逃げられない (= inevitable). un compromiso ~ のっぴきならない約束.

INEM [i.ném] 男 《略》*I*nstituto *N*acional de *Em*pleo 国立職業訓練所.

in·em·bar·ga·ble [i.nem.bar.gá.ble] 形 《法》差し押さえの対象にならない (↔ embargable).

i·ne·na·rra·ble [i.ne.na.řá.ble] 形 **1** 言葉に尽くせない, 言語を絶した (= inefable, indecible). ~*s* experiencias 筆舌に尽くせない経験. **2** すばらしい, 感嘆すべき. victoria ~ 感嘆すべき勝利.

in·en·con·tra·ble [i.nen.kon.trá.ble] 形 見つけられない.

i·nep·cia [i.nép.θja / -.sja] 女 → ineptitud.

i·nep·ti·tud [i.nep.ti.túð] 女 **1** 無能, 不能.
2 愚かさ, 思慮のなさ.

i·nep·to, ta [i.nép.to, -.ta] 形 **1** 無能な; 不器用な; 不適格な. una persona totalmente *inepta* 全く役に立たない人. un hombre ~ para el puesto そのポストに不適格な人. **2** 愚かな, ばかな. una acción *inepta* ばかげた行為.
— 男 女 無能者, 役立たず.

***in·e·quí·vo·co, ca** [i.ne.kí.bo.ko, -.ka] 形 紛れもない, 明白な. *inequívocas* señales はっきりとした証拠. Al verlo, hizo un gesto ~ de asco. 彼 [彼女] はそれを見るなり不快感をあらわにした.

***i·ner·cia** [i.nér.θja / -.sja] 女 **1** 《物理》慣性, 惰性. ley de ~ 慣性の法則.
2 《比喩的》惰性; 無気力, ものぐさ. dejarse llevar por la ~ 惰性に身を任せる.
por inercia 習慣で, 惰性で.

i·ner·me [i.nér.me] 形 **1** (estar+) 武器を持たない; 無防備の. **2** 〈動植物が〉とげのない, 針のない.

i·ne·rran·te [i.ne.řán.te] 形 《天文》 〈恒星のように〉位置が一定した, 不動の.

***i·ner·te** [i.nér.te] 形 **1** (ser+ / estar+) 動けない, 動かない; 生命の~. Esta materia *es* ~. この物質には生命がない. Me di cuenta de que su cuerpo *estaba* ~. 私は彼[彼女]の体がぴくりとも動かないことに気づいた.
2 不活発な, 無気力な. **3** 《化》不活性の.

i·ner·va·ción [i.ner.ba.θjón / -.sjón] 女 《解剖》神経支配, 神経興奮の伝播(でんぱ); 神経分布.

i·ner·var [i.ner.bár] 他 〈神経を〉刺激する.

I·nés [i.nés] 固名 イネス: 女子の洗礼名.
[← 〔中ラ〕 (*H*)*agnēs*← 〔ギ〕 *Hagnē* (原義は 「貞淑な (女)」, 〔関連〕 〔ポルトガル〕 *Inês*. 〔仏〕 *Agnès*. 〔伊〕 *Agnese*. 〔英〕〔独〕 *Agnes*]

in·es·cru·pu·lo·so, sa [i.nes.kru.pu.ló.so, -.sa] 形 《ラ米》〈行動が〉恥ずかしい, 身勝手な, 学習することを知らない. comerciante ~ 悪徳業者.
— 男 女 失礼な態度をとる人.

in·es·cru·ta·ble [i.nes.kru.tá.ble] 形 計り知れない, 深遠な; 不可解な. Los caminos del Señor son ~*s*. 神のなされることは人知の及ぶ所ではない. un misterio ~ 不可解ななぞ.

in·es·pe·ra·da·men·te [i.nes.pe.ra.ða.mén.te] 副 突然に, 不意に. Ayer me encontré ~ con un viejo amigo en la calle. 昨日私は通りで思いがけず旧友に出会った.

***in·es·pe·ra·do, da** [i.nes.pe.rá.ðo, -.ða] 形 予期しない, 意外な. un acontecimiento ~ 思わぬ出来事. de forma *inesperada* 思いがけず, 不意に.

***in·es·ta·bi·li·dad** [i.nes.ta.bi.li.ðáð] 女 不安定, 変わりやすさ. ~ económica 経済的不安定. ~ atmosférica 大気の不安定.

***in·es·ta·ble** [i.nes.tá.ble] 形 **1** (ser+ / estar+) 不安定な, 変わりやすい. tiempo ~ ころころ変わる天候. carácter ~ 不安定な性格. gobierno ~ 不安定な政府. **2** 《化》〈化合物が〉分解しやすい.

in·es·ti·ma·ble [i.nes.ti.má.ble] 形 計り知れないほどすばらしい (= inapreciable). de ~ valor とてつもない価値のある, 高額の.

in·es·ti·ma·do, da [i.nes.ti.má.ðo, -.ða] 形 **1** (estar+) 評価を受けていない, 見積もられていない. un número ~ de manifestantes 不確定の数のデモ参加者. **2** 過小評価された, 軽視された. su ~ libro 彼[彼女]の過小評価された本.

***in·e·vi·ta·ble** [i.ne.bi.tá.ble] 形 不可避の, 避けられない, 必然の. El conflicto de intereses entre ellos será ~. 彼らの間の利害の衝突は避けられないだろう.

in·e·xac·ti·tud [i.nek.sak.ti.túð] 女 **1** 不正確, 不精密. En su declaración hubo muchas ~*es*. 彼[彼女]の証言には多くの不正確な点があった.
2 間違い, 誤り.

in·e·xac·to, ta [i.nek.sák.to, -.ta] 形 **1** 不正確な, 厳密でない. un número ~ 不正確な数.
2 《婉曲》間違った, 誤りの; 虚偽の. Es ~ que no sepa nada del asunto, tal como lo dice. 彼[彼女] はその件について何も知らないと言っているがそれは正しくない.

in·ex·cu·sa·ble [i.ne(k)s.ku.sá.ble] 形 **1** 避けられない, 逃れられない (= ineludible). obligaciones ~*s* 免れられない義務. **2** 言い訳のたたない, 許せない. una conducta ~ 許しがたい行為.

in·e·xe·qui·ble [i.nek.se.kí.ble] 形 《ラ米》《法》執行できない, 履行できない. La Corte declaró ~ esa ley. 裁判所はその法律を執行停止にするという判決を下した.

in·ex·haus·to, ta [i.nek.sáus.to, -.ta] 形 尽きることのない, 無尽蔵の, 無限の.

***in·e·xis·ten·cia** [i.nek.sis.tén.θja / -.sja] 女 存在 [実在] しないこと, 欠如.

***in·e·xis·ten·te** [i.nek.sis.tén.te] 形 **1** 存在 [実在] しない, 現存しない. una compañía ~ 架空の会社. **2** 取るに足りない, 役に立たない.

in·e·xo·ra·bi·li·dad [i.nek.so.ra.bi.li.ðáð] 女 無情, 冷酷.

in·e·xo·ra·ble [i.nek.so.rá.ble] 形 情に動かされない, 無情な, 冷酷な; 仮借ない (= implacable). juez [justicia] ~ 冷厳な判事 [裁判]. ~ paso del tiempo 非情な時の流れ.

in·ex·pe·rien·cia [i.ne(k)s.pe.rjén.θja / -.sja] 女 未経験, 未体験; 未熟, 不慣れ. Por su ~ política no durará mucho tiempo en su cargo. 彼[彼女] は政治的経験が浅いのでその地位に長くはとどまれないだろう.

in·ex·per·to, ta [i.ne(k)s.pér.to, -.ta] 形 経験がない；未熟な，下手な. médico ～ 経験の浅い医者. ── 男 女 未経験者，未熟な人.

in·ex·pia·ble [i.ne(k)s.pjá.ble] 形 (罪を) 償うとのできない. un crimen ～ 償えない罪.

in·ex·pli·ca·ble [i.ne(k)s.pli.ká.ble] 形 説明がつかない，不可解な；弁解できない. cometer un fallo ～ 説明［弁解］できない過ちを犯す.

in·ex·pli·ca·ble·men·te [i.ne(k)s.pli.ká.ble.mén.te] 副 説明できないことに，不可解なことに. Desapareció ～ un cáncer. 不可解なことにがんが消えた.

in·ex·pli·ca·do, da [i.ne(k)s.pli.ká.ðo, -.ða] 形 原因不明の，解明されていない，説明のない. Fracasé por razones *inexplicadas*. 原因はわからないが私は失敗した.

in·ex·plo·ra·do, da [i.ne(k)s.plo.rá.ðo, -.ða] 形 《estar＋》探検［探索］されていない，未踏査の. territorios ～*s* 人跡未踏の地.

in·ex·pre·sa·ble [i.ne(k)s.pre.sá.ble] 形 言い表せない，名状しがたい，言語に絶する. sentimiento ～ 言葉にできない感情.

in·ex·pre·si·vo, va [i.ne(k)s.pre.sí.βo, -.βa] 形 無表情な；表現力に乏しい. cara *inexpresiva* 表情のない顔.

in·ex·pug·na·ble [i.ne(k)s.puɣ.ná.ble] 形 **1** 攻め落とせない，攻略できない. la ～ fortaleza 難攻不落の城塞（じょうさい）. **2** 他人の言うことを受け入れない，頑（がん）なな. **3** 近づけない，アクセスしにくい.

in·ex·ten·si·ble [i.ne(k)s.ten.sí.ble] 形 広げられない，拡張できない.

in ex·ten·so [i.ne(k)s.tén.so] ［ラ］詳細に，省せずに（＝por extenso）.

in·ex·ten·so, sa [i.ne(k)s.tén.so] 形 広がりのない，伸びのない.

in·ex·tin·gui·ble [i.ne(k)s.tiŋ.ɣí.ble] 形 **1**〈火が〉消せない，消えることのない. **2** 尽きることのない，永遠の；いやされない.

in·ex·tir·pa·ble [i.ne(k)s.tir.pá.ble] 形 根絶できない，根深い.

in ex·tre·mis [i.ne(k)s.tré.mis] ［ラ］死に臨んで，臨終に；土壇場で（＝en lo extremo）.

in·ex·tri·ca·ble [i.ne(k)s.tri.ká.ble] 形 複雑に絡み合った. el dédalo ～ 複雑に絡み合った迷路.

in·fa·li·bi·li·dad [im.fa.li.βi.li.ðáð] 女 誤りのないこと，絶対的な確実性. ～ pontificia 【カト】教皇無謬（むびゅう）性.

in·fa·li·ble [im.fa.lí.ble] 形 **1** 決して誤らない，絶対間違いのない. **2** 確実な，信頼できる. éxito ～ 確実な成功.

in·fa·li·ble·men·te [im.fa.lí.ble.mén.te] 副 間違いなく，確実に.

in·fal·si·fi·ca·ble [im.fal.si.fi.ká.ble] 形 **1** 偽ることのできない. **2** 偽造できない.

in·fal·ta·ble [im.fal.tá.ble] 形 《話》《ラ米》（メキ）（プラ）欠かすことのできない；避けられない，必然の.

in·fa·ma·ción [im.fa.ma.θjón / -.sjón] 女 **1** 中傷，誹謗（ひぼう）；名誉毀損（きそん）. **2** 不名誉.

in·fa·ma·dor, do·ra [im.fa.ma.ðór, -.ðó.ra] 形 名誉毀損（きそん）の，中傷的な. ── 男 女 中傷者，誹謗（ひぼう）者.

in·fa·man·te [im.fa.mán.te] 形 **1** 名誉毀損（きそん）の，中傷的な. **2** 恥ずべき，恥辱的な. un castigo ～ 恥辱的な罰，加辱刑.

in·fa·mar [im.fa.már] 他 **1** 中傷する，誹謗（ひぼう）する. **2** 信用［評判］を落とさせる，名誉を傷つける.

in·fa·ma·to·rio, ria [im.fa.ma.tó.rjo, -.rja] 形 中傷的な，名誉毀損（きそん）の；信用を傷つける.

in·fa·me [im.fá.me] 形 **1** 忌まわしい，嫌悪すべき. **2** 悪名の高い，非常に評判の悪い. **3** 非常に悪い，ひどい. tiempo ～ 悪天候. ── 男 女 極悪人，悪名高い人.

in·fa·me·men·te [im.fá.me.mén.te] 副 恥知らずにも.

in·fa·mia [im.fá.mja] 女 **1** 醜態，破廉恥. **2** 不名誉，恥辱；中傷. **3** 忌しい言葉，卑劣な態度.

*****in·fan·cia** [im.fán.θja / -.sja] 女 **1** 幼少，幼年時代. recuerdos de la ～ 幼時の思い出. desde su ～ 幼いころから. Pasé mi ～ en un pueblo cerca del mar. 私は海の近くの町で幼年時代を送った. **2**《集合的》子供，児童. jardín de ～ 幼稚園. **3** 初期，揺籃（ようらん）期. la ～ de la civilización 文明の黎明（れいめい）期.
［←［ラ］*infantiam* (*infantia* の対格)；*înfâns*「子供」(→ infante) より派生；スペインでは infante は早くから貴族の子供を指した；［関連］［仏］*enfance*「幼年時代」, *enfant*「子供」. ［英］*infancy*］

in·fan·do, da [im.fán.do, -.da] 形 口にすべきでない，忌まわしい.

*****in·fan·ta** [im.fán.ta] 女 **1** (スペイン・ポルトガルの王位継承権のない) 王女，皇女，内親王；infante の妻. → infante, princesa. **2** (7 歳未満の) 女児，幼女.

in·fan·ta·do [im.fan.tá.ðo] / **in·fan·taz·go** [im.fan.táθ.go / -.tás.-] 男 **1** infante ［infanta］の位. **2** (王が世継ぎ以外の子女に与える) 領地.

*****in·fan·te** [im.fán.te] 男 **1** (スペイン・ポルトガルの王位継承権のない) 王子，皇子，親王. → infanta, príncipe. **2** (7 歳未満の) 男児，幼児. jardín de ～*s* 幼稚園. **3** 【軍】歩兵.

in·fan·te·ría [im.fan.te.rí.a] 女 【軍】歩兵（隊）. la ～ de marina 海兵隊. ～ ligera 遊撃隊.

in·fan·ti·ci·da [im.fan.ti.θí.ða / -.sí.-] 形 嬰児（えいじ）殺しの，幼児殺害の. ── 男 女 嬰児殺しの犯人，幼児殺害者.

in·fan·ti·ci·dio [im.fan.ti.θí.ðjo / -.sí.-] 男 嬰児（えいじ）殺し，幼児殺害.

*****in·fan·til** [im.fan.tíl] 形 **1** 幼児の，子供の；幼児期の. ropa ～ 子供服. lenguaje ～ 幼児語. educación ～ 児童教育. literatura ～ 児童文学. **2** あどけない；子供じみた，幼稚な. comportamiento ～ 子供じみた行為. Es ～ para su edad. 彼［彼女］は年齢の割には幼い. **3** 【スポ】alevín と cadete の間の年齢層の選手の.
── 男 女 **1** 子供っぽい人，幼い人. **2**【スポ】alevín と cadete の間の年齢層の選手.
［←［ラ］*infantîlem* (*infantilis* の対格)；*înfâns*「子供」より派生；［関連］infancia. ［英］*infantile*］

in·fan·ti·li·dad [im.fan.ti.li.ðáð] 女 幼児性，子供っぽさ.

in·fan·ti·lis·mo [im.fan.ti.lís.mo] 男 **1**《軽蔑》幼稚な性格，幼児性. **2**【医】幼稚症.

in·fan·ti·li·za·ción [im.fan.ti.li.θa.θjón / -.sa.sjón] 女 幼児化. la ～ de los adultos 大人の幼児化. la ～ de la sociedad 社会の幼児化.

in·fan·ti·li·zar [im.fan.ti.li.θár / -.sár] 97 他 幼くする，子供っぽくする，幼く見せる. La superprotección nos *infantiliza*. 過保護によって私たちは幼くなる.

in·fan·ti·loi·de [im.fan.ti.lói.ðe] 形 子供っぽい.

in·fan·zón, zo·na [iɱ.fan.θón, -.θó.na / -. són, -.só.-] 男 女 《史》郷士：スペインの貴族階級の下位に属する地位. → hidalgo.
— 男 《ラ米》強がり, 虚勢.
in·fan·zo·na·do [iɱ.fan.θo.ná.ðo / -. so.-] / **in·fan·zo·naz·go** [iɱ.fan.θo.náθ.go / -.so.nás.-] 男 郷士の領地.
in·far·ta·do, da [iɱ.far.tá.ðo, -.ða] 形 (心筋)梗塞(こうそく)に見舞われた. paciente ～ 心筋梗塞の患者.
— 男 女 心筋梗塞の人.
in·far·tar [iɱ.far.tár] 他 心筋梗塞を引き起こす.
— ～·se 再 心筋梗塞になる.
*__in·far·to__ [iɱ.fár.to] 男 (1) 梗塞(こうそく). ～ cerebral 脳梗塞. ～ de miocardio 心筋梗塞(症). ～ pulmonar 肺臓梗塞(症). ～ renal 腎梗塞. (2) 充血.
in·fa·ti·ga·ble [iɱ.fa.ti.ɣá.ble] 形 疲れを知らない, 根気のよい (= incansable).
in·fa·ti·ga·ble·men·te [iɱ.fa.ti.ɣá.ble.mén.te] 副 たゆまず, 根気よく.
in·fa·tua·ción [iɱ.fa.twa.θjón / -.sjón] 女 うぬぼれ, 思い上がり.
in·fa·tuar [iɱ.fa.twár] 84 他 うぬぼれさせる, 思い上がらせる. — ～·se 再 《con... …に》うぬぼれる, 思い上がる. ～se con un éxito 成功で有頂点になる.
in·faus·ta·men·te [iɱ.fáus.ta.mén.te] 副 不幸にも.
in·faus·to, ta [iɱ.fáus.to, -.ta] 形 不幸な, 痛ましい. un suceso ～ 惨事.
in·fe·bril [iɱ.fe.bríl] 形 熱のない, 発熱のない.
*__in·fec·ción__ [iɱ.fek.θjón / -.sjón] 女 **1** 感染, 伝染(病);(病原菌による)汚染, 化膿(かのう). extenderse la ～ 伝染病が広まる. ～ de las vías respiratorias superiores 上気道炎. ～ del micoplasma マイコプラズマ症. ～ del tracto urinario 尿路感染症. ～ secundaria 二次感染. ～ intestinal 腸内汚染. ～ oportunista 日和見感染.
2 [IT] (コンピュータの)ウイルス感染.
in·fec·cio·nar [iɱ.fek.θjo.nár / -.sjo.-] 他 病気を移す, 感染させる;(空気・水を)汚染する.
in·fec·cio·so, sa [iɱ.fek.θjó.so, -.sa / -.sjó.-] 形 感染する, 伝染性の. una enfermedad *infecciosa* 伝染病, 感染症. el foco ～ 病巣, 感染巣.
*__in·fec·tar__ [iɱ.fek.tár] 他 **1** 病気を移す, 感染させる;汚染する. Va a ～ todo barrio con ese olor. 悪臭はその地区全体を汚染しつつある.
2 (人に)悪影響を与える, 毒する.
3 [IT] コンピュータウイルスをうつす, ばらまく.
— ～·se 再 **1** 感染する;化膿(かのう)する;汚染する. La herida *se ha infectado*. 傷口が化膿してしまった. **2** [IT] 《con... 〈ウイルス〉に》感染する.
in·fec·to, ta [iɱ.fék.to, -.ta] 形 **1** 感染した;汚染された, 汚い. un olor ～ 悪臭.
2 嫌な, いまいましい. ¡Qué día más ～! 今日はなんて嫌な日だろう. **3** 腐敗した, 堕落した. una mente *infecta* 汚れた心. un negocio ～ 不正取引.
in·fec·to·con·ta·gio·so, sa [iɱ.fek.to.kon. ta.xjó.so, -.sa] 形 伝染力の強い, 伝染性の.
in·fe·cun·di·dad [iɱ.fe.kun.di.ðáð] 女 不毛, 不妊;[医] 不妊症. → esterilidad.
in·fe·cun·do, da [iɱ.fe.kún.do, -.da] 形 **1** 〈土地が〉不毛の, やせた. **2** 不妊の, 子を産まない;実を結ばない (= estéril).
in·fe·li·ce [iɱ.fe.lí.θe / -.se] 形 《文章語》不幸な, 不運な.

in·fe·li·ci·dad [iɱ.fe.li.θi.ðáð / -.si.-] 女 不幸, 不運.
*__in·fe·liz__ [iɱ.fe.líθ / -.lís] 形 《複 infelices》 **1** 不幸な, 不運な. quejarse de su suerte ～ 自分の不運を嘆く. **2** 悲惨な, 惨めな. llevar una vida ～ 悲惨な生活を送る. **3** 《話》人のよい, 悪気のない. **4** 《ラ米》《なの》《プエ》ささやかな, 少しばかりの.
— 男 女 **1** 不幸な人, 不運な人. **2** 《話》お人よし.
in·fe·liz·men·te [iɱ.fe.líθ.mén.te / -.lís.-] 副 不幸にも, 不運にも.
in·fe·ren·cia [iɱ.fe.rén.θja / -.sja] 女 推論, 推定.
__in·fe·rior__ [iɱ.fe.rjór] 形 《ser**＋》 **1** 《名詞＋》《**a...** …より》〈位置が〉下の, 下方の, 低い (↔superior). en la parte ～ 下部に. labio ～ 下唇. Mis abuelos vivían en el piso ～ *al* mío. 私の祖父母は私より下の階に住んでいた.
2 《多くは名詞＋》《**a...** …より》(質が)劣った;下等の, 下級の. animales ～*es* 下等動物. Ese abrigo es ～ *a* éste. そのコートはこちらのより品質が劣ります.
3 《**a...** …より》〈数量が〉少ない, 下回る. los números ～*es a* treinta 30未満の数.
— 男 女 目下の者, 下級者, 部下.
[← [ラ] *inferiōrem* (*inferior* の対格; *inferus*「下の」の比較級);[関連] infierno. [英] *inferior*.
*__in·fe·rio·ri·dad__ [iɱ.fe.rjo.ri.ðáð] 女 劣っていること, 劣等 (↔superioridad);下位. complejo de ～ 劣等コンプレックス, 劣等感. comparativo de ～ 《文法》劣等比較. estar en ～ de condiciones 不利である, 劣勢である.
in·fe·rir [iɱ.fe.rír] 27 他 **1** 《**de...** / **por...** …から》推論する, 推定する (= deducir). De su actitud *infiero* que no hizo nada. 彼[彼女]の様子から見て何もしなかったと私は思う.
2 〈苦痛・侮辱などを〉与える, 加える. ～ una grave herida 深手を負わせる.
— ～·se 再 《**de...** …から》推論される.
in·fer·ná·cu·lo [iɱ.fer.ná.ku.lo] 男 石けり(遊び) (= rayuela y piso).
in·fer·nal [iɱ.fer.nál] 形 **1** 地獄の, 地獄のような. fuego ～ 地獄の火. **2** 《話》すさまじい;極悪の. calor ～ うだるような暑さ. un ruido ～ 耳をつんざく音.
in·fer·ni·llo [iɱ.fer.ní.jo ǁ -.ʎo] 男 → infiernillo 1.
in·fér·til [iɱ.fér.til] 形 **1** 子供のできない. pareja ～ 子供のできないカップル. **2** 肥沃でない. suelo ～ 不毛の地.
in·fer·ti·li·dad [iɱ.fer.ti.li.ðáð] 女 不妊. tratamiento de ～ 不妊治療.
in·fes·ta·ción [iɱ.fes.ta.θjón / -.sjón] 女 **1** (害虫・雑草などが)はびこること. **2** (病気の)伝染;汚染;(寄生虫の)蔓延(まんえん). **3** (有害な思想による)荒廃, 堕落.
in·fes·tar [iɱ.fes.tár] 他 **1** 荒らし回る, 荒廃させる. Los bandidos *infestaban* la comarca. 賊がその地方を横行していた. **2** 〈動植物が〉はびこる, 害す. La plaga de langostas *ha infestado* todo el país. イナゴの大群が全国に大きな損害を与えた. **3** 〈思想が〉〈有害なものが〉〈場所に〉はやる, 横行する. ～ el aire 大気を汚染する.
in·feu·dar [iɱ.feu.ðár] 他 → enfeudar.
in·fi·bu·la·ción [iɱ.fi.bu.la.θjón / -.sjón] 女 避妊リングの装着;陰唇の縫合.

in·fi·bu·lar [iṃ.fi.bu.lár] 他 …の性器にリングをつける, …の性器を縫合する.

in·fi·cio·nar [iṃ.fi.θjo.nár / -.sjo.-] 他 **1** 病気をうつす, 感染させる (= infectar).
2 〈空気・水などを〉汚染する, 汚す.
3 堕落させる, 悪影響を与える. ~ a la juventud con malos ejemplos 悪い手本で若者をだめにする.
—**~·se** 再 感染する; 汚染される; 堕落する.

in·fi·de·li·dad [iṃ.fi.ðe.li.ðáð] 女 **1** 不貞; 忠実でないこと, 不誠実. ~ conyugal (夫婦間の)不貞.
2 不正確. la ~ de la traducción 翻訳の不正確さ. **3**【カト】不信仰;(キリスト教徒から見た)異教徒.

in·fi·de·lí·si·mo, ma [iṃ.fi.ðe.lí.si.mo, -.ma] 形 infiel の絶対最上級.

in·fi·den·cia [iṃ.fi.ðén.θja / -.sja] 女 **1** 不誠実, 不忠実. **2** 背信行為.

*__in·fiel__ [iṃ.fjél] 形 **1** 不貞な, 不実な. marido ~ 不貞な夫.
2 (a... / con... / para (con)... …に)忠実でない, 不誠実な; 当てにならない. persona ~ con [a, para con] sus promesas 約束を守らない人. si no me es ~ la memoria もし記憶違いでなければ.
3 不正確な, 誤った. Nos dio una versión ~ de lo que pasó. 彼は私たちに事実を曲げて伝えた.
4 不信心な, 異教徒の.
— 男女【カト】不信心者, (キリスト教徒から見た)異教徒.

in·fier·ni·llo [iṃ.fjer.ní.jo / -.ʎo] 男 **1**《スペイン》こんろ, 卓上こんろ. ~ de alcohol アルコールランプ. ~ de gasolina 石油こんろ.
2(ラ米)(ビジネス)(階段下などの)狭いスペース.

infiernillo (こんろ)

*__in·fier·no__ [iṃ.fjér.no] 男 **1**【宗】地獄(↔paraíso, cielo). ir(se) al ~ 地獄に落ちる;《話》失敗する, しくじる.
2 地獄のような場所[状況], 苦痛, 苦難. El escenario del accidente es un ~. 事故現場はまさに地獄だ. **3**【ギ神】冥府(ऽの), 黄泉(よ). **4** (ある宗派で)肉を食べるための食堂. **5**【遊】(石蹴り遊びの)あがりの場所.

al infierno con...《話》…なんか知ったことか, …なんかくそくらえ.

al quinto infierno《話》ひどく遠い所へ.

en [hasta] el quinto infierno《話》ひどく遠い所に[まで];辺鄙(か゜)な所に[まで].

mandar... al infierno《話》…を追い払う, 拒絶する.

¡Vete [Que se vaya] al infierno!《話》消えうせろ, とっとと出て行け;くたばっちまえ.

[←〖後ラ〗*infernus*←〖ラ〗形「下方の;(地下にあると考えられたギリシア神話の)黄泉の国の」;【関連】*inferior*. [ポルトガル][伊] inferno. [仏] enfer. [英] inferno, under]

in·fi·jo, ja [iṃ.fí.xo, -.xa] 形【文法】接中辞の, 挿入辞の. — 男【文法】接中辞, 挿入辞:語中に挿入された接辞. ▶現在のスペイン語では複数接辞が挿入されたcualesquiera, quienesquiera くらいで, 派生接辞としての接中辞はない. → prefijo, sufijo.

in·fil·tra·ción [iṃ.fil.tra.θjón / -.sjón] 女 **1** 侵入, 潜入. ~ de una espía スパイの侵入. **2** 染み込むこと. la ~ del agua 水の浸透. **3**【医】浸潤.

in·fil·tra·do, da [iṃ.fil.trá.ðo, -.ða] 形 潜入[侵入]した. — 男女 潜入者, 侵入者.
— 男【医】浸潤物.

in·fil·trar [iṃ.fil.trár] 他 **1** (en... …に)染み込ませる, 浸透させる. **2**〈感情・考えなどを〉起こさせる, 抱かせる. ~ las ideas de respeto 尊敬の念を抱かせる.
—**~·se** 再 **1** (en... …に)染み込む, 浸透する. ~se el agua en la pared 水が壁に染み込む. Sus ideas *se infiltraban* lentamente *en* la juventud. 彼[彼女]の思想は若者の間に徐々に浸透していった. **2** 侵入する, 潜入する. ~se en las filas enemigas 敵陣にもぐり込む.

ín·fi·mo, ma [íṃ.fi.mo, -.ma] 形 (等級・価格などが)最低の;〈品質などが〉最悪の, 最も劣等の.

*__in·fi·ni·dad__ [iṃ.fi.ni.ðáð] 女 **1** 無限(性). ~ del universo 宇宙の無限(性). **2** 無数, 莫大(ばくだい)な数[量]. en ~ de ocasiones 頻繁に. Te lo he dicho ~ de veces. 私は君に何度もそれを言った.

*__in·fi·ni·ta·men·te__ [iṃ.fi.ní.ta.mén.te] 副 **1** 無限に, 限りなく. **2** 非常に;はるかに, ずっと. Este coche es ~ más moderno que aquél. この車の方があちらよりずっと近代的だ.

in·fi·ni·te·si·mal [iṃ.fi.ni.te.si.mál] 形 **1** 微小の, 極微の. cantidad ~ 微量.
2【数】無限小の. cálculo ~ 微積分.

in·fi·ni·té·si·mo, ma [iṃ.fi.ni.té.si.mo, -.ma] 形 微小の, 極小の.

in·fi·ni·ti·vo, va [iṃ.fi.ni.tí.βo, -.βa] 形【文法】不定詞の. forma *infinitiva* 不定形.
— 男【文法】(動詞の)不定詞.

***__in·fi·ni·to, ta__ [iṃ.fi.ní.to, -.ta] 形 **1** (+ 名詞 / 名詞 +) (ser +) 無限の, 果てしない. espacio ~ 広大な宇宙. ~ amor 限りない愛情. Las posibilidades *son infinitas*. 可能性は限りなくある.
2 (多くは + 名詞 + 名詞 / 名詞 +) 無数の. ~s problemas 数多くの問題.
— 男 **1** 無限. **2**【数】無限大(記号 ∞).
— 副 無限に, 非常に. Se alegró ~. 彼[彼女]はとても喜んだ.

[←〖ラ〗*infinītum* (*infinītus* の対格);*in-* (否定) + *finīre*「限界を定める;終える」の完了分詞];【関連】fin. [英] *infinite*]

in·fi·ni·tud [iṃ.fi.ni.túð] 女《格式》無限(であること), 無限大.

in·fir·mar [iṃ.fir.már] 他【法】無効にする, 破棄する.

*__in·fla·ción__ [iṃ.fla.θjón / -.sjón] 女 **1**【経】インフレーション, インフレ(↔deflación). ~ monetaria 通貨膨張. ~ galopante 急進的インフレーション. **2**(膨れ)増加, 増大;膨張. ~ de funcionarios 役人の急増.

in·fla·cio·na·rio, ria [iṃ.fla.θjo.ná.rjo, -.rja / -.sjo.-] 形《まれ》インフレの, 通貨膨張の. política *inflacionaria* インフレ政策.

in·fla·cio·nis·mo [iṃ.fla.θjo.nís.mo / -.sjo.-] 男【経】通貨膨張論, インフレ政策.

in·fla·cio·nis·ta [iṃ.fla.θjo.nís.ta / -.sjo.-] 形【経】通貨膨張(論)の, インフレ(政策)の.
— 男女【経】通貨膨張論者.

in·fla·do [iṃ.flá.ðo] 男 インフレーション, 通貨膨張. (= inflación)

in·fla·dor [iṃ.fla.ðór] 男 (自転車の)空気入れ;《ラ米》(ちゃり)(ちゃり)空気入れ[エア]ポンプ.

in·fla·gai·tas [iṃ.fla.gái.tas] 男女《単複同形》《スペイン》《俗》愚かな人.

in·fla·ma·bi·li·dad [iṃ.fla.ma.βi.li.ðáð] 女 **1**

引火性, 可燃性. **2** 激[興奮]しやすさ.

in·fla·ma·ble [im̩.fla.má.ble] 形 **1** 可燃性の, 引火性の. **2** 激高[興奮]しやすい, 怒りっぽい.

in·fla·ma·ción [im̩.fla.ma.θjón / -.sjón] 女 **1** 〖医〗炎症. **2** 点火, 引火. el punto de 〜 引火点. **3** 激高, 興奮.

in·fla·mar [im̩.fla.már] 他 **1** 燃え上がらせる; 真っ赤にする. **2** 〈感情などを〉あおりたてる, たきつける. 〜 los ánimos 鼓舞する. **3** 炎症を起こさせる.
—〜·se 再 **1** 火がつく, 燃え上がる.
2 激高する, 興奮する. 〜se de [en] ira 激怒する.
3 〖医〗炎症を起こす.

in·fla·ma·to·rio, ria [im̩.fla.ma.tó.rjo, -.rja] 形 〖医〗炎症性の, 炎症を伴う.

in·fla·mien·to [im̩.fla.mjén.to] 男 膨張, 腫(は)れ, 膨れ.

in·flar [im̩.flár] 他 **1** 〈空気・ガスで〉膨らませる. 〜 un globo [un neumático] 風船[タイヤ]を膨らませる. El viento *infla* las velas. 風が帆をはらませる. 〜 los carrillos ほおをぷっと膨らませる.
2 〈話〉誇張する. 〜 un suceso 出来事を大げさに話す. **3** つけあがらせる, 増長させる. **4** 〈話〉何度も殴る, 打ちのめす. 〜 a +人 a tortas〈人〉を殴る. **5** 〈ゲーム・試合で〉圧勝する, 大差で勝つ. **6** 〈ラ米〉(ぽ)〈話〉うんざりさせる, いらだたせる.
—〜·se 再 **1** 〈空気・ガスで〉膨らむ.
2 〈帆が〉風をはらむ; 〈ほおが〉膨れる.
3 うぬぼれる, 慢心する. 〜*se* con un éxito 成功で有頂天になる. 〜*se* de orgullo 尊大になる.
4 〈話〉《*de*...》…で》満腹になる. *Me he inflado de pasteles.* 私はケーキを腹いっぱい食べた. **5** 〈話〉《**a** +不定詞 …を》やり過ぎる, たっぷりとやる.

in·fle·xi·bi·li·dad [im̩.flek.si.bi.li.ðáð] 女 曲がらないこと; 不屈, 頑固.

in·fle·xi·ble [im̩.flek.sí.ble] 形 **1** 曲がらない, 堅い. **2** 〈規則・意見などを〉曲げない, 頑固な; 厳格な (= rígido). una resolución 〜 断固たる決意.

in·fle·xión [im̩.flek.sjón] 女 **1** 屈曲, 屈折; 曲げること. **2** 〈声などの〉変化, 抑揚. **3** 〖文法〗屈折, 語尾変化.

in·fli·gir [im̩.fli.xír] [10] 他 〈苦痛・損害などを〉与える, 負わせる. 〜 un castigo a+人〈人〉に罰を科する. 〜 una derrota al adversario 敵を打倒する.

in·flo·res·cen·cia [im̩.flo.res.θén.θja / -.sén.sja] 女 〖植〗花序; 軸上の花の配列.

✱✱in·fluen·cia [im̩.flwén.θja / -.sja] 女 **1** 《**so-bre**... / **en**... …への》影響, 感化. bajo la 〜 de... …の影響下で. esfera de 〜 〈国の〉勢力圏. recibir la 〜 de... …の影響を受ける. Los gases de escape tienen una grave 〜 *sobre* el clima. 排気ガスは気候に深刻な影響を及ぼす. Goza de gran 〜 en el gobierno. 彼[彼女]は政府に対して大きな発言力がある.
2 《複数で》《比喩的》人脈, 縁故. conseguir un trabajo gracias a unas 〜*s* en la empresa 会社内のコネを利用して職を得る. persona de muchas 〜*s* 大きな影響力を持つ人, 人脈のある人. tráfico de 〜*s* 〈役職の〉職権濫用. 《ラ米》(ぽ)有力筋.

in·fluen·cia·ble [im̩.flwen.θjá.ble / -.sjá.-] 形 影響されやすい, 感化されやすい.

✱in·fluen·ciar [im̩.flwen.θjár / -.sjár] [82] 他 影響を与える, 感化を及ぼす (= influir). Me *influenció* la novela. 私はその小説に感化された.
—〜·se 再 影響を受ける.

in·fluen·za [im̩.flwén.θa / -.sa] 女 〖医〗流行性感冒, インフルエンザ. tener 〜 インフルエンザにかかっている.

✱in·fluir [im̩.flwír] [48] 自 《**en**... / **sobre**... …に》影響する, 影響を及ぼす; 影響力を持つ. Su conducta puede 〜 directamente *en* la decisión. 彼[彼女](ら)の行動は直接その決定に影響を及ぼすかもしれない.
—他 影響を及ぼす (= influenciar). Este es el libro que más me *influyó* al final de mi adolescencia. これは私が青春の終わりごろに最も影響を受けた本です. Estamos *influidos* por sus opiniones. 私たちは彼[彼女](ら)の意見に影響を受けている.
[←〔中ラ〕*influere*「影響する」←〔ラ〕「流れ込む」(星から発する霊液が流入して人間の運命を左右するという占星術の考え方に基づく転義); 関連 influencia. 〔英〕*influence*]

✱in·flu·jo [im̩.flú.xo] 男 **1** 影響 (力), 感化 (力); 勢力. bajo el 〜 de una gran irritación 怒りにまかせて. **2** 満ち潮, 上げ潮.

influy- 語 →influir.

✱in·flu·yen·te [im̩.flu.jén.te] 形 影響力のある, 勢力のある.

in·fo·ar·tis·ta [im̩.fo.ar.tís.ta] 男女 コンピューターグラフィックアーティスト.

in·fo·gra·fí·a [im̩.fo.gra.fí.a] 女 コンピューターグラフィックス(技術), CG (技術). utilizar la 〜 CGの技術を利用する.

in·fo·grá·fi·co, ca [im̩.fo.grá.fi.ko, -.ka] 形 CGの, コンピューターグラフィックスの. imagen infográfica CG画像.

in·fo·lio [im̩.fó.ljo] 男 〖印〗二つ折り判の本.

in·fo·lí·ti·co, ca [im̩.fo.lí.ti.ko, -.ka] 形 情報化時代の. la era *infolítica* 情報化時代.
—男 情報化時代.

in·fo·pis·ta [im̩.fo.pís.ta] 女 〈モデムを通じての〉ネットワーク通信網. 〜 de internet インターネット通信網.

✱✱in·for·ma·ción [im̩.for.ma.θjón / -.sjón] 女 **1** 情報, 知らせ; 知識. conseguir [obtener] 〜 情報を得る. reunir [recoger] 〜 情報を集める. para SU 〜 ご参考までに. Necesitamos más 〜 sobre las víctimas del terremoto. 地震の被災者に関する情報がもっと必要だ. Escribí una carta de solicitud de 〜. 私は問い合わせの手紙を書いた. 〜 genética 遺伝情報. 〜 secreta 機密情報. teoría de la 〜 情報理論. ciencias de la 〜 情報科学. servicio de 〜 情報部.
2 《集合的》報道, ニュース. 〜 deportiva スポーツニュース. fuentes de 〜 情報源, ニュースソース. 〜 de alcance 〈新聞の〉最新ニュース(欄). según la 〜 periodística 新聞報道によると.
3 案内所, 受付. Vamos a preguntar en 〜 dónde hay un banco. 銀行はどこにあるか案内所で聞いてみよう.
4 〖法〗調査, 審問. 〜 sumaria 略式裁判手続き.
5 〖IT〗データ, 情報. tratamiento de la 〜 データ[情報]処理.

in·for·ma·do, da [im̩.for.má.ðo, -.ða] 形 **1** 事情に通じた, 詳しい. fuentes bien *informadas* 消息筋. Está mal 〜 de [sobre] este asunto. 彼はその件について明るくない.
2 身元の保証された. Se necesita un empleado bien 〜. 身元の確かな従業員がひとり必要だ.

in·for·ma·dor, do·ra [im.for.ma.ðór, -.ðó.ra] 形 情報を提供する.
— 男 女 **1** 情報提供者, 報告者；通報者；〖言〗インフォーマント. **2** 報道〖新聞〗記者 (= periodista).

in·for·mal [im.for.mál] 形 **1** 当てにならない, だらしない. *persona* ~ 信頼できない人物. **2** 正式でない, 略式の；カジュアルな.
— 男 女 当てにならない人, だらしない人.

in·for·ma·li·dad [im.for.ma.li.ðáð] 女 **1** 当てにならないこと, だらしないこと. **2** 非公式, 略式；不作法.

in·for·man·te [im.for.mán.te] 形 情報を提供する, 知識を与える. *la agencia* ~ 通信社.
— 男 女 **1** 情報提供者, 報告者；通報者. **2** (委員会の) 報告担当者. **3**〖言〗インフォーマント：研究対象の言語の話者.

***in·for·mar** [im.for.már] 他 **1** (1)《**de**... …について》《人に》**知らせる**, 情報を与える. *Ya me han informado de eso.* そのことについてはもう知らせてもらった. *Te han informado mal.* 君には誤った情報が伝えられた.
(2)《**a**+人〈人〉に》《**que**+直説法 …であると》知らせる. *Le han informado que el problema está prácticamente resuelto.* 彼[彼女]には問題が事実上解決されていることが伝えられた.
2〖文章語〗特徴づける, 形作る. *el pensamiento que informa sus novelas* 彼[彼女] (ら) の小説を特徴づける考え.
— 自 **1**《**de**... …について》知らせる. *según informa nuestro corresponsal* 我々の特派員の報告によると. **2**〖法〗（検事・弁護士が）陳述する.
— ~**se** 再《**de**... / **sobre**... …について》情報を得る；問い合わせる. *Quisiera* ~*me sobre el curso de verano.* 夏期講座について教えていただきたいのですが.
[←[ラ] *informāre*「形造る；教える」(*fōrma*「形」より派生); 関連 información, informe. [英] *inform, information*]

***in·for·má·ti·co, ca** [im.for.má.ti.ko, -.ka] 形 情報科学の, 情報処理に関する. *virus* ~ コンピュータウイルス. — 男 女 情報処理の専門家.
— 女 情報科学, コンピュータ科学；情報処理.

***in·for·ma·ti·vo, va** [im.for.ma.tí.βo, -.βa] 形 情報を提供する, 知識を与える. *servicios* ~*s* 情報提供サービス. *oficina informativa* (商社などの) 駐在員事務所. *boletín* ~ (テレビ・ラジオの) 情報番組. — 男 (テレビ・ラジオの) **ニュース番組** (= programa). *oír el* ~ *de las nueve* 9時のニュースを聞く.

in·for·ma·ti·za·ción [im.for.ma.ti.θa.θjón / -.sa.sjón] 女 I T化. ~ *de la biblioteca* 図書館のIT化.

in·for·ma·ti·zar [im.for.ma.ti.θár / -.sár] 97 他 IT化する.

***in·for·me** [im.fór.me] 男 **1 報告, 報告書**. ~ *policial* 調書. ~ *anual* 年報. ~ *financiero* 財務報告書. ~ *presidencial* 大統領教書. **2**《複数で》情報. *tomar* ~*s de...* …に関する情報を得る. **3**《複数で》(人物の) 身元保証 (書)；(製品の) 保証書. *Se necesita un cocinero con buenos* ~*s*. 身元保証のある調理師求む. **4**〖法〗弁論, 訴答.
— 形 形のはっきりしない. *sombras* ~*s* ぼんやりした影.

in·for·mi·dad [im.for.mi.ðáð] 女 (決まった) 形としては存在しないこと. *Existe una* ~ *de las co-*

sas. ものごとには決まった形がないこともある.

in·for·mu·la·ble [im.for.mu.lá.βle] 形 (はっきりとした) 言葉で表せない. *emoción* ~ 言葉にならない感情.

in·for·ti·fi·ca·ble [im.for.ti.fi.ká.βle] 形 強化できない, 補強できない.

in·for·tu·na·do, da [im.for.tu.ná.ðo, -.ða] 形〖格式〗**1** 不運な, 不幸な. *un niño* ~ 薄幸な子. **2** 悲惨な. *un suceso* ~ 痛ましい出来事.
— 男 女 不運な人, 不幸な人.

in·for·tu·nio [im.for.tú.njo] 男〖格式〗不運, 不幸；逆境；惨事.

in·fo·ví·a [im.fo.βí.a] 女〖ＩＴ〗ダイヤルアップ接続.

infra-〔接頭〕「下の, …以下の, 下部の」の意. → *infra*estructura. [←[ラ]]

***in·frac·ción** [im.frak.θjón / -.sjón] 女 (法律・規則に対する) **違反**, 侵害. ~ *contra el código de la circulación* 道路交通法違反. ~ *del contrato* 契約違反. ~ *de tráfico* 交通違反.

in·frac·tor, to·ra [im.frak.tór, -.tó.ra] 形 違反の, 侵害の. — 男 女 (法律上の) 違反者.

in·fra·do·ta·do, da [im.fra.ðo.tá.ðo, -.ða] 形〖医〗身体障害の；精神障害の.

***in·fra·es·truc·tu·ra** [im.fra.es.truk.tú.ra] 女 **1** (建築物の) **基礎構造**〖工事〗. **2** (社会などの) **下部組織**；〖哲〗下部構造；〖経〗インフラ (ストラクチャー). **3** (道路・港湾などの) 基幹施設；(空港の) 地上施設.

in·fra·es·truc·tu·ral [im.fra.es.truk.tu.rál] 形 インフラストラクチャーの.

in fra·gan·ti [im.fra.gán.ti] [ラ] 現行犯で (= *en flagrante*).

in·fra·hu·ma·no, na [im.frau.má.no, -.na] 形 人間以下の, 獣のような.

in·fran·gi·ble [im.fraŋ.xí.βle] 形〖文章語〗(規則などが) 破ることのできない, 厳然たる.

in·fran·que·a·ble [im.fraŋ.ke.á.βle] 形 **1** (道が) 通り抜けられない,〈川が〉渡れない. *un muro* ~ 乗り越えられない城塞. **2** (困難などが) 打開できない, 克服できない.

in·fra·oc·ta·va [im.fra.ok.tá.βa] 女〖カト〗大祝日の8日間の最初と最後の日を除いた6日間.

in·fra·rro·jo, ja [im.fra.řó.xo, -.xa] 形〖物理〗赤外線の.
— 男 赤外線 (= *rayos* ~*s*). (↔ *ultravioleta*).

in·fras·crip·to, ta [im.fras.kríp.to, -.ta] 形 男 女 → *infrascrito*.

in·fras·cri·to, ta [im.fras.krí.to, -.ta] 形 **1**《手紙・文書》下に署名した, 下名の. **2** 以下の, 下記の. — 男 女 **1** 署名者, 下名の者. *yo, el* ~ 署名者たる私は, 下記の. **2**〖ラ米〗〖演説で〗私, 私こと.

in·fra·so·ni·do [im.fra.so.ní.ðo] 男〖物理〗超低周波音, 不可聴音.

in·fra·so·no·ro, ra [im.fra.so.nó.ro, -.ra] 形 超低周波音の, 人間の耳に聞こえない音の.

in·fra·u·ti·li·za·ción [im.frau.ti.li.θa.θjón / -.sa.sjón] 女 能力が発揮できていないこと.

in·fra·u·ti·li·zar [im.frau.ti.li.θár / -.sár] 97 他 性能を使いきらない, 活用できていない, 有効利用をしない. ~ *los recursos naturales* 天然資源を無駄に使う.

in·fra·va·lo·ra·ción [im.fra.βa.lo.ra.θjón / -.sjón] 女 切り下げ, 価値を低くすること. ~ *de la moneda* 貨幣価値の無駄に切り下げ.

in·fra·va·lo·rar [im.fra.βa.lo.rár] 他 過小評価

in·fra·vi·vien·da [im̩.fra.βi.βjén.da] 囡 あばら屋, 必要なものがそろっていない住居.
in·fre·cuen·cia [im̩.fre.kwén.θja / -.sja] 囡 まれなこと, 稀有(ゖぅ) (= rareza).
in·fre·cuen·te [im̩.fre.kwén.te] 形 まれな. un suceso ～ 稀有(ゖぅ)な出来事.
in·frin·gir [im̩.friŋ.xír] 101 他 《法》〈法律・契約などを〉犯す, 破る, 違反する (= incumplir, violar). ～ una orden 命令に背く.
in·fruc·tí·fe·ro, ra [im̩.fruk.tí.fe.ro, -.ra] 形
 1 非生産的な, 不毛の (= estéril). campo ～ 不毛の土地. **2** 無益な, 効果のない (= inútil). Mi esfuerzo resultó ～. 私の努力は水泡に帰した.
in·fruc·tuo·si·dad [im̩.fruk.two.si.ðáð] 囡
 1 不毛. **2** 無益, 無駄.
in·fruc·tuo·so, sa [im̩.fruk.twó.so, -.sa] 形 無益の, むなしい. esfuerzo ～ 徒労.
in·fru·tes·cen·cia [im̩.fru.tes.θén.θja / -.sén.sja] 囡《植》〈クワの実・イチジクなどの〉集合果.
ín·fu·las [ím̩.fu.las] 囡《複数形》**1** 気取り, うぬぼれ. darse [tener] muchas ～ 気取る. **2**《古代ギリシャ・ローマで神官・生贄(ぇ)などが頭に巻いた》白鉢巻き. **3**《カト》《司教冠についた2枚の刺繍(ぅ)入り》の垂れ飾り.
in·fu·ma·ble [im̩.fu.má.βle] 形 **1**〈タバコが〉質が悪くて吸えない. **2**《スペイン》《話》《まれ》(1) つまらない, ひどい. (2) 非常識な, 耐えられない.
in·fun·da·do, da [im̩.fun.dá.ðo, -.ða] 形 根拠[理由]のない, 事実無根の. rumores ～s 根も葉もないうわさ.
in·fun·dia [im̩.fún.dja] 囡《ラ米》→ enjundia.
in·fun·dio [im̩.fún.djo] 男《話》うそ, 作り話; うわさ. Circulan ～s sobre ti. 君に関するデマが流れている.
in·fun·dir [im̩.fun.dír] 他 **1**〈感情などを〉抱かせる, 生じさせる. ～ terror 恐怖の念を起こさせる. Me *infunde* sospechas. (彼[彼女]の行動は) 私に疑念を抱かせる.
 2 (**en...** / **a...** …に)〈思想・気などを〉注入する, 導入する. ～ ánimo 元気づける. ～ un nuevo espíritu *a* una empresa 企業に新風を吹き込む. **3**〈薬を〉煎(ễ)じる. **4**《神》〈恩恵などを〉注入する.
in·fu·si·bi·li·dad [im̩.fu.si.βi.li.ðáð] 囡 不溶解性.
in·fu·si·ble [im̩.fu.sí.βle] 形 不溶解性の.
in·fu·sión [im̩.fu.sjón] 囡 **1** 煎(ễ)じること; 煎じ薬, ハーブティー. **2**《神》注賦, 注入; 注水. **3**《医》点滴, 注入. **4** (思想・感情などの) 注入, 導入, 鼓吹.
in·fu·so, sa [im̩.fú.so, -.sa] 形 霊感[恩寵(ちょぅ), 啓示]を受けた, 天賦の. ciencia *infusa*《神》アダムが神から授かった知識.
in·fu·so·rios [im̩.fu.só.rjos] 男《複数形》《動》滴虫類.
in·ga [íŋ.ga] 男 **1** インカ (人) (= inca). **2**《植》マメ科インガ属の植物. **3**《ラ米》ペルーの宗教行事の踊り. 《スペイン人 Pizarro によって処刑されたインカ王 Atahualpa の投獄と死を再現しているとされている.
in·ge·niar [iŋ.xe.njár] 82 他 工夫する, 思いつく. *ingeniárselas* 工夫を凝らす, 才覚を働かせる. Siempre *se las ingenia* para no trabajar. 彼[彼女]はいつも, ああだこうだと言って働かない.
in·ge·nie·ra [iŋ.xe.njé.ra] 囡 → ingeniero.
*__**in·ge·nie·rí·a**__ [iŋ.xe.nje.rí.a] 囡 **工学**, エンジニアリング. ～ civil 土木工学. facultad de ～ 工学部. ～ genética 遺伝子工学. ～ financiera ファイナンシャルエンジニアリング.

ⁿin·ge·nie·ro, ra [iŋ.xe.njé.ro, -.ra] 男 囡
 1 技師, エンジニア; 工学士. ～ civil / ～ de caminos, canales y puertos 土木技師. ～ agrónomo 農業技師. ～ naval 造船技師. ～ aeronáutico 航空技師. ～ electricista 電気技師. ～ químico 化学技師. ～ de minas 鉱山技師. ～ de montes 森林技師. ～ de sistemas システムエンジニア. ～ de sonido 音響技師. ～ técnico 大学卒の技師.
 2《ラ米》《ぷ》重役[幹部社員]などへの敬称.

*__**in·ge·nio**__ [iŋ.xé.njo] 男 **1 才能**, 才覚; 創造力. arquitecto de mucho ～ 創意に富んだ建築家. aguzar el ～《話》頭を働かせる. ● talento 類語].
 2 天才, 才人. **3 機知**, ウイット (= agudeza, chispa). tener ～ 機知がある. **4** ずる賢さ, 抜け目のなさ (= astucia). **5** 機械, 仕掛け, 装置;《印》製本用断裁機. **6** 製糖工場 (= ～ de azúcar). **7** 兵器, 武器. ～ espacial 宇宙兵器 [船, 衛星]. **8**《ラ米》《ぷ》精鋼所.
 [←《ラ》*ingenium*「天賦の才」; 関連 ingeniero. 《英》*ingenious*「発明の才のある」, *genius*].

in·ge·nio·sa·men·te [iŋ.xe.njó.sa.mén.te] 副 **1** 巧妙に, 精巧に. **2** 機知に富んで, 凝って.
in·ge·nio·si·dad [iŋ.xe.njo.si.ðáð] 囡 **1** 創意工夫; 精巧さ, 巧妙さ. la ～ de un mecanismo 機械装置の精巧さ. la ～ de un razonamiento 論法の巧みさ. **2** 機知, 才知.
*__**in·ge·nio·so, sa**__ [iŋ.xe.njó.so, -.sa] 形 **1 才覚[才能] に長**(ちょぅ)**けた**; 創意に富んだ. persona *ingeniosa* 才人.
 2 機知に富んだ. echárselas de ～ 機知のあるところを示す. **3** 巧妙な, 精巧な; 工夫をこらした.
in·gé·ni·to, ta [iŋ.xé.ni.to, -.ta] 形 **1** 生まれつきの, 先天的な. **2**《文章語》まだ生まれていない.
in·gen·te [iŋ.xén.te] 形《格式》巨大な, 莫大(ばく)な. sumas ～s de dinero 巨額.
*__**in·ge·nui·dad**__ [iŋ.xe.nwi.ðáð] 囡 **純真**, 無邪気; 単純さ.
in·ge·nuis·ta [iŋ.xe.nwís.ta] 形《美》純真主義画家の. ― 男 囡 純真主義の画家: アンリ・ルソーら素朴派に似た作風の絵画を描く画家.
*__**in·ge·nuo, nua**__ [iŋ.xé.nwo, -.nwa] 形 **無邪気な**, 純真な; お人よしの. niña *ingenua* あどけない少女. ― 男 囡 **無邪気な人**, 純真な人; お人よし. Es un ～ y no duda de esa historia absurda. 彼はお人よしで, あんなばかげた話を信じて疑わない.
 ― 囡《演》(清純な) 娘役.
 [←《ラ》*ingenuum* (*ingenuus* の対格)「自由の身分に生まれた」; 品行のよい」(*gīgnere*「産む」より派生); 関連《英》*ingenuous*].

in·ge·ri·do, da [iŋ.xe.rí.ðo, -.ða] 形《ラ米》《ぷ》(ちゅぅ) 病気の, 病弱な; なえた.
in·ge·rir [iŋ.xe.rír] 27 他《格式》飲み下す, 飲み込む. ～ alimentos 食べものを摂取する.
in·ges·ta [iŋ.xés.ta] 囡 服用, 摂取 (= ingestión); 栄養食. ～ abusiva de drogas 麻薬の乱用. Es mejor aumentar la ～ de pescado. 魚を食べる量を増やした方がいい.
in·ges·tión [iŋ.xes.tjón] 囡 (飲食物などの) 摂取, 嚥下(ぇん).
In·gla·te·rra [iŋ.gla.té.ra] 国名 **1** イギリス, 英国. → Reino Unido. **2** イングランド (地方). ♦

in·gle

Gran Bretaña のうち，スコットランド Escocia とウェールズ Gales を除いた地方．[〔中英〕*Ingland*（←〔古英〕*Englaland*「アングル族の地」）の後半部（*land*「土地」と〔ラ〕*terra*「土地」で置き換えられたもの］

in·gle [íŋ.gle] 囡《解剖》鼠径(ネネ)部．

※in·glés, glé·sa [iŋ.glés, -.lé.sa] 形《名詞＋》《ser＋》**1** イングランドの，イングランド人の．equipo 〜 イングランド・チーム．corno 〜《音楽》イングリッシュ・ホルン．llave *inglesa* 自在スパナ．**2**《話》**イギリス〔英国〕の**，イギリス［英国］人の（＝*británico*）．primer ministro 〜 イギリスの首相．**3** 英語の．
— 男 **1** イングランド人．**2**《話》**イギリス〔英国〕人**（＝*británico*）．
— 男 英語．hablar 〜 英語を話す．
a la inglesa イングランド風［式］の［に］；《話》イギリス［英国］風［式］の［に］．
[←〔中英〕*Inglis* または *English*（〔古英〕*Engle*「アングル族」）より派生］

in·gle·sis·mo [iŋ.gle.sís.mo] 男 英語特有の慣用語法，英語的表現；（他言語に入った）英語の語句．

in·gle·te [iŋ.glé.te] 男 **1**（タイルなどの）直角の結合部．**2**（三角定規の）45度の角．**3**《技》留(ᛞ)，合掌継ぎ手．caja de 〜（木工の）留仕口(ᛞ)用定規．

in·go·ber·na·bi·li·dad [iŋ.go.ßer.na.ßi.li.ðáð] 囡 統治［制御］の困難さ．

in·go·ber·na·ble [iŋ.go.ßer.ná.ßle] 形 統治不能な；操縦［制御］不能な．

in·gra·ta·men·te [iŋ.grá.ta.mén.te] 副 しぶしぶ；恩を忘れて．

in·gra·ti·tud [iŋ.gra.ti.túð] 囡 忘恩，恩知らず．mostrar 〜 恩知らずな振る舞いをする．

***in·gra·to, ta** [iŋ.grá.to, -.ta] 形 **1**《con... / para... / para con...に対して》**恩知らずの**，忘恩の．hijo 〜 親不孝者．**2** 不快な，嫌な．tiempo 〜 うっとうしい天気．**3** 報われない，やりがいのない．una labor *ingrata* 割りの悪い仕事．
— 男 囡 恩知らず，忘恩の徒．De 〜s está lleno el mundo．世の中は恩知らずでいっぱいだ．

in·gra·vi·dez [iŋ.gra.ßi.ðéθ / -.ðés] 囡 **1** 軽やかさ；重量のないこと．**2**《物理》無重力．

in·grá·vi·do, da [iŋ.grá.ßi.ðo, -.ða] 形 **1** 軽やかな，ふわふわした；重量のない．**2**《物理》無重力の．

***in·gre·dien·te** [iŋ.gre.ðjén.te] 男 **1** 成分，含有物；材料，食材．los 〜s de la salsa ソースの原材料．**2**（特徴的な）構成要素（＝*componente*）．

in·gre·sa·do, da [iŋ.gre.sá.ðo, -.ða] 形 **1** 入会した，入党の，新入の．
— 男 囡 新入者［生］，新加入者．

‡in·gre·sar [iŋ.gre.sár] 自 **1**《en...（機関・組織などに）》（所定の手続きを経て）**入る**，入学［入社，入会，入隊］する．〜 *en* la universidad 大学に入学する．〜 *en* el gabinete 入閣する．〜 *en* una asociación 協会に入る．〜 *en* las filas 戦列に加わる．
2《en...（医療機関）に》**入る**，入院する．〜 *en* la UVI 集中治療室に入る．
3《en...に》（金額が）入金される．Ésta es la cantidad de dinero que *ingresa en* la fundación．これが基金に入ってくる金額です．
4《ラ米》《a...（場所・機関などに）》入る．〜 *a* un país また．▶時に再帰代名詞を伴う．→ 再．
— 他 **1**《en...（金融機関）に》入金する．〜 el sueldo *en* una cuenta 給料をある口座に振り込む．**2**（金額を）収入として受け取る．La empresa *ingresa* cada año cien millones de dólares. その会社は毎年 1 億ドルの収入を計上する．
3《スペイン》《en...》（病院などに）（人を）入れる，収容する．Los heridos fueron *ingresados en* el centro de urgencia．けが人は救急センターに収容された．
— **·se** 再《ラ米》(ᴹᵉˣ) 入会する，メンバーになる；兵籍に入る，入隊する．

in·gre·si·vo, va [iŋ.gre.sí.ßo, -.ßa] 形 **1**《文法》起動相の．aspecto 〜 起動相（＝*incoativo*）．
2《音声》吸気音の，クリック音の．sonido 〜 吸気音．

※in·gre·so [iŋ.gré.so] 男 **1 入ること；入会，入学**．〜 en un partido 入党．examen de 〜 入学試験．
2 入学式，入会式．**3** 入り口．**4**《スペイン》《商》入金．hacer un 〜 入金する．**5**《複数で》**収入**，所得．〜s anuales 年収．〜s brutos [netos] 総［実］収入．〜s del Estado 国家の歳入．Hubo más gastos que 〜s. 収入より出費の方が多かった．
[←〔ラ〕*ingressum*（*ingressus* の対格）（*ingredi*「入る」より派生）；関連 *progreso*；同族 *ingress(ive)*］

ín·gri·mo, ma [íŋ.gri.mo, -.ma] 形《ラ米》(ᴾᵣ)(ᴹᵉˣ)(ᶜᵘᵇ) ひとりぼっちの，見放された．Nos quedamos 〜s aquí．私たちはここで置き去りになった．

in·guan·dio, dia [iŋ.gwán.djo, -.dja] 男 囡《ラ米》(ᴸᵈᵖ) うそ，でたらめ．

in·gui·nal [iŋ.gi.nál] 形《解剖》鼠径(ネネ)（部）の．

in·gui·na·rio, ria [iŋ.gi.ná.rjo, -.rja] 形 → *inguinal*.

in·gur·gi·ta·ción [iŋ.gur.xi.ta.θjón / -.sjón] 囡《医》嚥下(ᴱᴺᴷ)．

in·gur·gi·tar [iŋ.gur.xi.tár] 他（特に動物が）飲み込む，丸飲みする．

in·gush [íŋ.guʃ // -.guʃ] 形 イングーシの，イングーシ人［語］の．la República 〜 イングシェチア［イングーシ］共和国．— 男 囡 イングーシ人．
— 男 イングーシ語．

in·há·bil [i.ná.ßil] 形 **1** 不器用な，下手な．costurera 〜 腕の悪い裁縫師．**2** 能力に欠ける，不適任の．〜 para el trabajo ／ 〜 para trabajar 仕事に不向きな．**3**《法》無能力の，無資格の．abogado 〜 無資格弁護士．〜 para testificar （未成年者などが）証言能力のない．**4**（役所などが）業務を行わない，（日・時間が）休みの．día 〜 休業日．

in·ha·bi·li·dad [i.na.ßi.li.ðáð] 囡 **1** 不器用，下手．**2** 能力のなさ，不適格，不向き．**3**《法》無能力，無資格．

in·ha·bi·li·ta·ción [i.na.ßi.li.ta.θjón / -.sjón] 囡 資格を取り上げること，資格剝奪(ᵔᵛ)；失格．

in·ha·bi·li·tar [i.na.ßi.li.tár] 他《para...に対する》資格を取り上げる，失格させる．Lo *inhabilitaron para* el cargo público．彼は公職から追放された．

in·ha·bi·ta·ble [i.na.ßi.tá.ßle] 形 人の住めない，住居に適さない．

in·ha·bi·ta·do, da [i.na.ßi.tá.ðo, -.ða] 形 人の住んでいない，無人の．

in·ha·ce·de·ro, ra [i.na.θe.ðé.ro, -.ra / -.se.-] 形 実現できない，実行不可能の．

in·ha·la·ción [i.na.la.θjón / -.sjón] 囡 吸入（法），吸入剤．〜 de oxígeno 酸素吸入．

in·ha·la·dor [i.na.la.ðór] 男 吸入器，吸入マスク．

in·ha·lar [i.na.lár] 他（特に医療目的で）吸い込む，吸入する．

in·he·ren·cia [i.ne.rén.θja / -.sja] 囡 本来的なこ

in·he·ren·te [i.ne.rén.te] 形《a... …に》固有の, 本来の. responsabilidad ~ a un cargo 職責.

in·hi·bi·ción [i.ni.bi.θjón / -.sjón] 囡 **1** 抑制, 抑止; 禁止. **2**〖医〗(精神的・肉体的)抑制, 禁制; 不能状態. muerte por ~ ショック死. **3**《話》行動を抑制する主に無意識の抵抗.

in·hi·bi·dor [i.ni.bi.ðór] 男 **1** 抑制剤, 防止剤. **2**〖化〗反応抑制剤, 酸化防止剤.

in·hi·bir [i.ni.bír] 他 **1**〖法〗審理を停止させる. **2**〖医〗〈器官などの活動を〉抑制する; 一時的に停止させる.
—**~se** 再 **1**《de... / en...》《…に》かかわらないよう自制する, 差し控える;〖法〗〈裁判官が〉《…の》審理を停止する. ~se en un asunto 問題にかかわりにならない. **2**《3人称で》抑制される. **3**〖医〗まひする, 一時的に停止する.

in·hi·bi·to·rio, ria [i.ni.bi.tó.rjo, -.rja] 形 抑制する; 抑制の, 禁止の.

in·hos·pe·da·ble [i.nos.pe.ðá.ble] / **in·hos·pi·ta·ble** [i.nos.pi.tá.ble] / **in·hos·pi·tal** [i.nos.pi.tál] 形 ⇒ inhospitalario.

in·hos·pi·ta·la·rio, ria [i.nos.pi.ta.lá.rjo, -.rja] 形 **1** もてなしの悪い, 無愛想な. **2** 住みにくい, 居心地の悪い; 吹きさらしの.

in·hos·pi·ta·li·dad [i.nos.pi.ta.li.ðáð] 囡 無愛想, 冷遇.

in·hós·pi·to, ta [i.nós.pi.to, -.ta] 形 住みにくい, 荒れ果てた; 無愛想な.

in·hu·ma·ción [i.nu.ma.θjón / -.sjón] 囡《格式》埋葬, 土葬.

in·hu·ma·ni·dad [i.nu.ma.ni.ðáð] 囡 非人間性; 残酷, 冷酷.

***in·hu·ma·no, na** [i.nu.má.no, -.na] 形 **1** 非人間的な; 残忍な, 薄情な. **2**〈苦痛などが〉耐えきれないほどの, ひどい. **3**《ラ米》(禹)汚い, 嫌悪感を催させる.

in·hu·mar [i.nu.már] 他《格式》埋葬する, 土葬にする.

INI [í.ni]《略》*I*nstituto *N*acional de *I*ndustria (スペイン)産業公社.

***i·ni·cia·ción** [i.ni.θja.θjón / -.sja.sjón] 囡 **1** 開始; 入門, 手引き. ~ de las obras 工事の開始, 着工. ~ a la filosofía 哲学入門. curso de ~ 初級. **2** 加入; 加入儀式; (未開社会の)通過儀礼. ~ religiosa 入信. ceremonia de ~ 入会式.

i·ni·cia·do, da [i.ni.θjá.ðo, -.ða / -.sjá.-] 形 **1** 始まった, 着手された. **2** 手ほどきを受けた, 秘法[奥義]を授けられた.
—男 囡 秘法[奥義]を授けられた人.

i·ni·cia·dor, do·ra [i.ni.θja.ðór, -.ðó.ra / -.sja.-] 形 始めの, 初歩の.
—男 囡 **1** 創始者, 発起人. **2** 草分け, 先駆者.

***i·ni·cial** [i.ni.θjál / -.sjál] 形 **1** 最初の, 初期の. la escena ~ de la novela 小説の冒頭場面. la velocidad ~ de un misil ミサイルの初速. **2** 語頭の. letra ~ 頭文字.
—囡 頭文字, イニシャル. Isabel lleva un anillo con las ~es de su novio. イサベルは恋人のイニシャルの入った指輪をしている.

i·ni·cia·li·zar [i.ni.θja.li.θár / -.sja.-.sár] 97 他〖IT〗**1**〈フロッピーディスクなどの記録[記憶]媒体を〉初期化する. **2**〈スクリプトにおける変数を〉初期値にする.

i·ni·cial·men·te [i.ni.θjál.mén.te / -.sjál.-] 副 最初, 当初. I~ se llamó Antonio. 最初, 彼はアントニオと名乗った.

****i·ni·ciar** [i.ni.θjár / -.sjár] 82 他 **1**《文章語》始める, …に着手する. ~ el diálogo 会談の口火を切る. ~ las negociaciones 交渉にとりかかる. ~ una guerra 戦争を開始する. ~ el camino hacia el triunfo 勝利への道を歩み始める. **2**《en...》《…の初歩を》〈人に〉教える, 手ほどきする;《…に》〈人を〉入門させる. Mi padre me *inició en* la música. 父が私に音楽に対する目を開かせてくれた. Este libro nos *inicia en* los misterios de la naturaleza. この本は私たちに自然の神秘を教えてくれる. **3**〖IT〗〈プログラムを〉起動する.
—**~se** 再 **1**〈事が〉始まる; 開始する. El incendio *se inició* a medianoche. 火事は真夜中に発生した. **2**《en...》《…の初歩を》〈人が〉覚える;《…に》入門する. ~se en la vida política 政界に足を踏み入れる. ~se en el consumo de drogas 麻薬の味を覚える. ~se en el budismo 仏教に入信する. Me *inicié en* el teatro a los 15 años. 私は15歳で演劇を始めた.
[← 〖ラ〗*initiāre*「始める; 秘密の宗教的儀式に参加させる」(*initium*「開始」より派生) 関連 inicia-tiva, inicial.〖英〗*initiate*]

i·ni·ciá·ti·co, ca [i.ni.θjá.ti.ko, -.ka / -.sjá.-] 形 これから始める, 知らないことを知ろうとする, 入門の. viaje ~ 未知への遭遇.

***i·ni·cia·ti·va** [i.ni.θja.tí.ba / -.sja.-] 囡 **1** 主導(権), 率先, イニシアチブ. tomar la ~ イニシアチブを取る, 主導権を握る. por propia ~ 率先して. **2** 発案, 発議, 唱道. por ~ de... …の発案[首唱]で. **3** 進取の精神, 自発性. tener ~ 自発性[独創力]がある. persona de mucha ~ 進取の精神に富んでいる人.

i·ni·cia·ti·vo, va [i.ni.θja.tí.bo, -.ba / -.sja.-] 形 初めの, 手始めの; 創始の, 発端の.

***i·ni·cio** [i.ní.θjo / -.sjo] 男 **1** 開始, 始まり; 冒頭. **2**〖IT〗スタートアップ. ~ de sesión ログイン.

i·ni·cua·men·te [i.ní.kwa.mén.te] 副 不公平にも, 不当に; 残酷にも.

i·ni·cuo, cua [i.ní.kwo, -.kwa] 形《格式》**1** 不公平な, 不公正な. **2** 邪悪な, よこしまな.

in·i·gua·la·ble [i.ni.gwa.lá.ble] 形 (同じものが2つとないぐらい)すばらしい. sabor ~ 二度と味わえない(おいしい)味.

in·i·gua·la·do, da [i.ni.gwa.lá.ðo, -.ða] 形 並び立つものがない, 比類ない. Sigue siendo ~ su récord. 彼[彼女]の記録は今なお破られていない.

in il·lo tém·po·re [i.ní.lo tém.po.re] [〖ラ〗] かつては, 往時は (= en aquel tiempo).

in·i·ma·gi·na·ble [i.ni.ma.xi.ná.ble] 形 想像できない, 思いもよらない.

in·i·mi·ta·ble [i.ni.mi.tá.ble] 形 まねのできない, 模倣し得ない; 独特の.

in·in·fla·ma·ble [i.nim.fla.má.ble] 形 燃えない, 不燃性の.

in·in·te·li·gen·te [i.nin.te.li.xén.te] 形 知力がない, 愚かな.

in·in·te·li·gi·bi·li·dad [i.nin.te.li.xi.bi.li.ðáð] 囡 理解ができないこと. Hay un alto grado de ~ entre estos dialectos. これらの方言間では意思疎通ができない場合も多い.

in·in·te·li·gi·ble [i.nin.te.li.xí.ble] 形 理解[判読]できない, 訳のわからない.

in·in·te·rrum·pi·da·men·te [i.nin.te.r̃um.

pí.đa.mén.te] 副 絶え間なく, (止むことなく)連続して. El partido ha gobernado este país ~ desde ese año. 党は, その年からこの国をずっと統治してきた.

in·in·te·rrum·pi·do, da [i.nin.te.r̃um.pí.đo, -.đa] 形 絶え間ない, 連続した.

i·nin·te·rrup·ción [i.nin.te.r̃up.θjón / -.sjón] 女 連続, 不断.

i·ni·qui·dad [i.ni.ki.đáđ] 女 《格式》**1** 不公平, 不当 (↔equidad). **2** 邪悪, 非道.

i·ni·quí·si·mo, ma [i.ni.kí.si.mo, -.ma] 形 [inicuo の絶対最上級] あまりに不公平な.

in·je·ren·cia [iŋ.xe.rén.θja / -.sja] 女 介入, 干渉; 妨害.

in·je·ri·du·ra [iŋ.xe.ri.đú.ra] 女 接ぎ木箇所.

in·je·rir [iŋ.xe.rír] 27 他 **1**《農》接ぎ木[接ぎ穂]する. **2**《医》移植する. **3** 入れる, 挿入する, 挟み込む. **4** (本などに)コメントを書き込む, 注を入れる. ━~·se 再 (en... …に)介入する, 干渉する. ~se en los asuntos ajenos 他人のことに口出しする.

in·jer·ta·ble [iŋ.xer.tá.ble] 形 接ぎ木のできる; 移植可能な.

in·jer·ta·dor, do·ra [iŋ.xer.ta.đór, -.đó.ra] 男女 接ぎ木師.

in·jer·tar [iŋ.xer.tár] 他 **1** 接ぎ木[接ぎ穂]する. navaja para ~ 接ぎ木用ナイフ. **2**《医》〈組織などを〉移植する. ~ piel en una mano 手に皮膚移植をする. → implantar.

in·jer·to [iŋ.xér.to] 男 **1**《農》接ぎ木; 接ぎ穂, 挿し穂; その実. ~ de aproximación 寄せ接ぎ. ~ de corona 冠接ぎ. ~ de escudete スペード芽接ぎ, 箱形芽接ぎ. **2**《医》(組織の)移植. un ~ de piel 皮膚移植.

injerto (接ぎ木)

~ de púa 割り接ぎ.

~ de escudete スペード芽接ぎ.

in·ju·ria [iŋ.xú.rja] 女 **1** 侮辱; 悪口, 罵詈(ばり)雑言. delito de ~s al jefe del Estado 国家元首に対する不敬罪. ~s y actos de violencia 誹謗(ひぼう)ならびに暴行. **2** 損害, 被害. las ~s del tiempo 時の流れがもたらす荒廃; 容貌(ようぼう)の衰え. **3**《医》損傷, 傷.

in·ju·ria·dor, do·ra [iŋ.xu.rja.đór, -.đó.ra] 侮辱的な, 無礼な. ━男女 侮辱する[無礼な]人.

in·ju·rian·te [iŋ.xu.rján.te] 形 侮辱する. comentario ~ 侮辱するコメント.

in·ju·riar [iŋ.xu.rjár] 82 他 **1** 侮辱する, ののしる. **2**《格式》痛めつける, 損害を与える.

in·ju·rio·sa·men·te [iŋ.xu.rjó.sa.mén.te] 副 無礼にも, 侮辱的な態度で.

in·ju·rio·so, sa [iŋ.xu.rjó.so, -.sa] 形 侮辱的な, 無礼な; 害を与える.

*__in·jus·ti·cia__ [iŋ.xus.tí.θja / -.sja] 女 **不正(行為), 不当**; 不公平. con ~ 不正に, 不当に. Esa sentencia es una ~. その判決は不当だ.

in·jus·ti·fi·ca·ble [iŋ.xus.ti.fi.ká.ble] 形 正当化できない, 弁解のしようがない.

in·jus·ti·fi·ca·do, da [iŋ.xus.ti.fi.ká.đo, -.đa] 形 正当な理由がない, 不当な.

*__in·jus·to, ta__ [iŋ.xús.to, -.ta] 形 **1** 不正な, 不当な;《+不定詞 / que+接続法 …するのは》不当な. (↔justo). pago ~ 不当な支払い. por medios ~s 不正な手段で. **2** 不公平な, 公正でない (↔justo). juicio ~ 不公平な裁判. El árbitro ha sido ~ con nuestro equipo. その審判員は私たちのチームに対して公平ではなかった.

in·lle·va·ble [iŋ.je.bá.ble ‖ -.ʎe.-] 形 **1** 耐えがたい, 我慢できない. **2**〈衣服などが〉ぼろぼろの, みっともない. **3** 抑えようがない, 手に負えない.

in·ma·cu·la·da·men·te [im.ma.ku.lá.đa.mén.te] 副 汚れ一つなく.

*__in·ma·cu·la·do, da__ [im.ma.ku.lá.đo, -.đa] 形 **1** 汚れ一つない, 一点の曇りもない. la blancura inmaculada de la nieve 目もくらむばかりの雪の白さ. **2** 汚れのない, 純潔な;《カト》無原罪の. la Inmaculada (Concepción)《カト》(聖母マリアの)無原罪の宿り (→concepción).
[← 《ラ》immaculātum (immaculātus の対格) (macula「汚れ」より派生)]

in·ma·du·rez [im.ma.đu.réθ / -.rés] 女 **1** 熟していないこと. **2** 未熟, 子供っぽさ; 未完成.

in·ma·du·ro, ra [im.ma.đú.ro, -.ra] 形 **1** 未熟の, 熟れていない. tomate ~ 熟していないトマト. **2** 未成熟な, 子供っぽい. **3** 仕上がっていない, 未完成の. Este proyecto aún está ~. この事業計画はまだ仕上がっていない. ━男女 未熟者, 幼稚な人.

in·man·ca·ble [im.maŋ.ká.ble]《ラ米》《ラ》《ばす》誤りのない, 確かな.

in·ma·ne·ja·ble [im.ma.ne.xá.ble] 形 操作できない, 扱いにくい; 手に負えない.

in·ma·nen·cia [im.ma.nén.θja / -.sja] 女《哲》内在(性), 内在論.

in·ma·nen·te [im.ma.nén.te] 形 内にある, 内在する;《哲》内在的な.

in·ma·nen·tis·mo [im.ma.nen.tís.mo] 男《哲》内在哲学;《神》内在説.

in·mar·ce·si·ble [im.mar.θe.sí.ble / -.se.-] 形 しおれない; 不朽の; 不滅の. la gloria ~ 不滅の栄光.

in·mar·chi·ta·ble [im.mar.tʃi.tá.ble] 形 → inmarcesible.

in·ma·te·rial [im.ma.te.rjál] 形 非物質的な; 実体のない, 無形の.

in·ma·te·ria·li·dad [im.ma.te.rja.li.đáđ] 女 非物質性; 実体のないこと, 無形.

in·ma·te·ria·lis·mo [im.ma.te.rja.lís.mo] 男《哲》非物質論, 非物質主義, 唯心論.

in·me·dia·ción [im.me.đja.θjón / -.sjón] 女 **1**《複数で》近郊, 郊外. Alcalá de Henares está en las inmediaciones de Madrid. アルカラ・デ・エナーレスはマドリードの近郊にある. **2** 即時(性), 緊急性.

in·me·dia·ta [im.me.đjá.ta] 形 → inmediato.

*__in·me·dia·ta·men·te__ [im.me.đjá.ta.mén.te] 副 **1** 直ちに, すぐさま, 即刻. ~ después de cenar 夕食を食べたらすぐに. Llama al médico ~. 今すぐ医者を呼びなさい.
2《a...》(…と)直接に;《(の)》の直後に. I~ a que volviéramos a Tokio, ocurrió un accidente ferroviario. 私たちが東京に戻った直後に列車事故が起きた.
inmediatamente que... …したらすぐに, …するとすぐに. I~ que llegues a la estación, llámame. 駅に着いたらすぐに電話をしてくれ (► que 節

in·me·dia·tez [im.me.ðja.téθ / -.tés] **1** 即 座. con ～ ただちに. **2** 近隣.

in·me·dia·to, ta [im.me.ðjá.to, -.ta] 形 **1** (＋名詞 / 名詞＋) 《ser＋》即時の, 即座の. liberación *inmediata* 即時解放. *inmediata* respuesta 即答.
2 《名詞＋》《ser＋》《a...》(…の) すぐ隣の, (…の)近くの. el cuarto ～ al mío 私のすぐ隣の部屋. en un futuro ～ ごく近い将来に.
3 《名詞＋》直接の. causa *inmediata* 直接原因.
de inmediato すぐに, 直ちに.
la inmediata 《話》とっさの行動. Cuando estalló la bomba, *la inmediata* fue tenderme en el suelo. 爆発が起きたとき, とっさに地面に身を伏せた.
[←〔後ラ〕*immediātum* (*immediātus* の対格); *in*-(否定) ＋ *mediātus* 「間接の」(〔ラ〕*mediāre*「分ける」の完了分詞より);〔関連〕medio.〔英〕*immediate*]

in·me·di·ble [im.me.ðí.ble] 形 計れない, 計りがたい.

in·me·jo·ra·ble [im.me.xo.rá.ble] 形 極上の, 申し分のない. La calidad es ～. 品質は最高です.

in·me·jo·ra·ble·men·te [im.me.xo.rá.ble.mén.te] 副 この上なく.

in·me·mo·ra·ble [im.me.mo.rá.ble] 形 → immemorial.

in·me·mo·rial [im.me.mo.rjál] 形 (記憶にないほど) 遠い昔の, 太古の. desde tiempo ～ 大昔から.

in·men·sa [im.mén.sa] 形 → inmenso.

in·men·sa·men·te [im.men.sa.mén.te] 副 計り知れないぐらいの, 非常に. Me sentía ～ feliz. 私はこの上なく幸せだった.

***in·men·si·dad** [im.men.si.ðáð] 女 **1** 広大, 無限. la ～ del océano 果てしない大海原.
2 無数, 莫大(ばく).

in·men·so, sa [im.mén.so, -.sa] 形 **1** 《多くは＋名詞 / 名詞＋》《ser＋ / estar＋》広大な, 巨大な;計り知れない. llanura *inmensa* 大平原. fortuna *inmensa* 莫大な財産. el ～ cielo azul 無限の蒼穹(きゅう). una *inmensa* cantidad de flores 無数の花々. Su influencia en el mundo literario es *inmensa*. 文学界への彼[彼女] (ら)の影響は計り知れない.
2 《話》すばらしい, すごい. El actor está ～ en esta película. この映画でのその俳優はすばらしい.
[←〔ラ〕*immēnsum* (*immēnsus* の対格)「計り知れない」; *in*-(否定) ＋ *mēnsus* (*mētīrī*「測る」の完了分詞);〔関連〕〔英〕*immense*]

in·men·su·ra·ble [im.men.su.rá.ble] 形 計り知れない, 無限の, 無上の.

in·me·re·ci·da·men·te [im.me.re.θí.ða.mén.te / -.sí.-] 副 不相応に, 過分にも.

in·me·re·ci·do, da [im.me.re.θí.ðo, -.ða / -.sí.-] 形 値しない, 不当な.

in·mer·gir [im.mer.xír] 他 浸す, 沈める (＝ sumergir).

in·mer·sión [im.mer.sjón] 女 **1** 沈めること, 水に浸(つ)けること;潜水. submarino en ～ 潜航中の潜水艦. **2** 〖天文〗潜入:天体が他の天体の後ろ, または影に隠れること. **3** 入り込むこと;〖言〗習得法:学習中の言語を使いながらその言語を取得する方法.

***in·mer·so, sa** [im.mér.so, -.sa] 形 **1** 沈められた;沈んだ, 潜った.
2 《en...》…の状況に) 陥った. ～ *en* una crisis económica 経済的危機に見舞われた.

***in·mi·gra·ción** [im.mi.gra.θjón / -.sjón] 女 (他国からの) 移住, 移民;入国 (↔emigración).

in·mi·gra·do, da [im.mi.grá.ðo, -.ða] 形 移住した, 移民してきた. ― 男女 移住者, 移民.

***in·mi·gran·te** [im.mi.grán.te] 形 (他国から) 移住する, 移民してくる. ― 男女 移住者, 移民.

in·mi·grar [im.mi.grár] 自 **1** (他国から)移住する, 移民してくる (↔emigrar).
2 《動物が》渡来する, 移動してくる.

in·mi·gra·to·rio, ria [im.mi.gra.tó.rjo, -.rja] 形 (他国からの) 移住[移民]の;移住[移民]に関する.

in·mi·nen·cia [im.mi.nén.θja / -.sja] 女 切迫, 緊迫した[一触即発の]状態.

in·mi·nen·te [im.mi.nén.te] 形 さし迫った, 一触即発の.

in·mi·sa·rio, ria [im.mi.sá.rjo, -.rja] 形 (海・湖に)流れ込む, 河口の. los ríos ～s y emisarios 流れ込む川と流れ出る川.

in·mis·cuir [im.mis.kwír] 48 他 《まれ》混ぜる.
― ～se 再 《en...》…に) 干渉する, 介入する. ～*se en* la vida de los demás 他人の生活に口出しする.

in·mi·se·ri·cor·de [im.mi.se.ri.kór.ðe] 形 情け容赦ない. ataque ～ 情け容赦ない攻撃. La lluvia empezaba a caer de modo ～. 雨が無情にも降り出した.

in·mo·bi·lia·rio, ria [im.mo.βi.ljá.rjo, -.rja] 形 不動産の. agencia *inmobiliaria* 不動産業. especulación *inmobiliaria* 不動産投機. sociedad *inmobiliaria* 不動産会社. ― 女 不動産会社.

in·mo·ble [im.mó.ble] 形 **1** 不動の, 固定した.
2 揺るがない, 確固たる.

in·mo·de·ra·ción [im.mo.ðe.ra.θjón / -.sjón] 女 心がけないこと, きをつけないこと. La ～ en los gastos puede producir un problema grave. 無駄遣いばかりしていると, 深刻な問題を起こすよ.

in·mo·de·ra·do, da [im.mo.ðe.rá.ðo, -.ða] 形 節度を欠いた;度を越えた, 並外れた.

in·mo·des·tia [im.mo.ðés.tja] 女 無礼, 無遠慮, 厚かましさ. Perdóneme la ～. 失礼をお許しください.

in·mo·des·to, ta [im.mo.ðés.to, -.ta] 形 無遠慮な, 厚かましい.

in·mo·di·fi·ca·ble [im.mo.ði.fi.ká.ble] 形 変更不可の. Su carácter es ～. 彼[彼女]の性格は変えられない.

in·mo·la·ción [im.mo.la.θjón / -.sjón] 女 生贄(にえ)(にすること), 供犠;犠牲[生贄]になること.

in·mo·la·dor, do·ra [im.mo.la.ðór, -.ðó.ra] 形 生贄(にえ)をささげる. ― 男女 生贄(にえ)をささげる人.

in·mo·lar [im.mo.lár] 他 **1** 《a...》〈神〉に) 〈人[動物]を〉生贄(にえ)としてささげる.
2 《a...》…のために) 〈大切なものを〉犠牲にする.
― ～se 再 自分を犠牲にする. ～*se por la patria* 祖国のために身をささげる.

***in·mo·ral** [im.mo.rál] 形 不道徳な;いかがわしい, ふしだらな. ― 男女 背徳者, ふしだらな人.

in·mo·ra·li·dad [im.mo.ra.li.ðáð] 女 不道徳; 猥褻(わいせつ);不道徳な言動.

in·mo·ra·lis·mo [im.mo.ra.lís.mo] 男 〖哲〗背徳主義.

in·mo·ra·lis·ta [im.mo.ra.lís.ta] 男女 背徳主義者, 不道徳の唱道者[実践者] 形.

***in·mor·tal** [im.mor.tál] 形 **1** 永久の, 不滅の. alma ～ 不滅の魂. Los hombres no son ～*es*.

人間は不死の存在ではない. **2** 永遠に残る, 不朽の名声を保つ. obra ～ 不朽の名作.
— 男 女 不死の人；不朽の名声を保つ人.
in·mor·ta·li·dad [im.mor.ta.li.ðáð] 女 不死, 不滅；不朽の名声.
in·mor·ta·li·zar [im.mor.ta.li.θár / -.sár] 97 他 不死にする, 不滅にする；不朽の名声を与える.
— **～·se** 再 (en... …に) 永遠に残る.
in·mo·ti·va·do, da [im.mo.ti.ßá.ðo, -.ða] 形 動機のない, いわれのない.
in·mo·vi·ble [im.mo.ßí.ble] 形 → inmóvil.
‡**in·mó·vil** [im.mó.ßil] 形 不動の, 動かない；固定的. permanecer ～ 動かずじっとしていた. Los antiguos creían que la Tierra estaba ～. 古代の人々は地球は動かないと考えていた.
in·mo·vi·li·dad [im.mo.ßi.li.ðáð] 女 不動, 静止.
in·mo·vi·lis·mo [im.mo.ßi.lís.mo] 男 保守主義；現状維持 (の傾向), 事なかれ主義.
in·mo·vi·lis·ta [im.mo.ßi.lís.ta] 形 保守主義の, 現状維持主義の. actitud ～ 保守主義の姿勢.
— 男 女 保守主義者.
in·mo·vi·li·za·ción [im.mo.ßi.li.θa.θjón / -.sa.sjón] 女 **1** 動かなくする [なる] こと, 固定；まひ. **2** 〖商〗 (資本の) 固定化.
in·mo·vi·li·za·do [im.mo.ßi.li.θá.ðo / -.sá.-] 男 固定資産. ～ material [inmaterial] 有形 [無形] 固定資産.
in·mo·vi·li·zar [im.mo.ßi.li.θár / -.sár] 97 他 **1** 動かなくする. **2** 〈機能を〉停止させる；まひさせる. **3** 〖商〗 〈資本を〉固定させる, 不動産化する.
— **～·se** 再 動かなくなる, 固定する；まひする.
in·mu·da·ble [im.mu.ðá.ble] 形 不変の.
*in·mue·ble** [im.mwé.ble] 形 〖法〗 不動産の. bienes ～s 不動産.
— 男 **不動産**；建築物, 家屋.
in·mun·di·cia [im.mun.dí.θja / -.sja] 女 **1** 汚さ, 不潔；(主に複数で) 汚物, ごみ. **2** 堕落；卑猥(ひわい).
in·mun·do, da [im.mún.do, -.da] 形 **1** 汚い, 不潔な. **2** 汚らわしい, 堕落した. espíritu ～ 悪魔 (= espíritu maligno).
in·mu·ne [im.mú.ne] 形 **1** 〖医〗 (a... / contra... …に) 免疫の, 免疫 [抗体] を持つ. estar ～ al cólera コレラに対して免疫がある. **2** 免れた, 免除された.
in·mu·ni·dad [im.mu.ni.ðáð] 女 **1** 〖医〗 免疫 (性), 抗体. ～ contra una enfermedad ある病気に対する免疫 (性). **2** 〖法〗 免除；特権. ～ parlamentaria [diplomática] 議員 [外交官] 特権.
in·mu·ni·ta·rio, ria [im.mu.ni.tá.rjo, -.rja] 形 〖医〗 免疫の, 免疫性の. el sistema ～ de los niños 子供の免疫システム.
in·mu·ni·za·ción [im.mu.ni.θa.θjón / -.sa.sjón] 女 免疫をつけること, 免疫化；予防注射.
in·mu·ni·za·dor, do·ra [im.mu.ni.θa.ðór, -.ðó.ra / -.sa.-] 形 免疫をつける, 免疫性の.
in·mu·ni·zar [im.mu.ni.θár / -.sár] 97 他 (contra... / frente a... …に対して) 免疫をつける. ～ a los niños contra la tifus abdominal 子供たちに腸チフスの免疫をつける. — **～·se** 再 (contra... / frente a... …に対して) 免疫になる.
in·mu·no·com·pe·ten·cia [im.mu.no.kom.pe.tén.θja / -.sja] 女 免疫能力, 免疫性. reducir la ～ 免疫力を下げる.

in·mu·no·com·pe·ten·te [im.mu.no.kom.pe.tén.te] 形 (病原体と戦う) 免疫力のある. células ～s 免疫細胞. pacientes ～s 免疫力のある患者.
in·mu·no·com·pro·me·ti·do, da [im.mu.no.kom.pro.me.tí.ðo, -.ða] 形 (異常に) 免疫機能の低下した. Frecuentemente afectan a pacientes ～s. それらは, しばしば免疫力の低下した患者に悪影響を与える.
in·mu·no·de·fi·cien·cia [im.mu.no.ðe.fi.θjén.θja / -.sjén.sja] 女 免疫不全. el síndrome de ～ adquirida 後天性免疫不全症候群, エイズ 《略 = SIDA》. el virus de la ～ humana ヒト免疫不全ウイルス 《略 = VIH》. el virus de la ～ felina ネコ免疫不全ウイルス. el virus de la ～ de simios サル免疫不全ウイルス.
in·mu·no·de·fi·cien·te [im.mu.no.ðe.fi.θjén.te / -.sjén.-] 形 免疫不全疾患の, 免疫不全を患った. niños ～s 免疫不全疾患の子供たち.
in·mu·no·de·pre·sión [im.mu.no.ðe.pre.sjón] 女 免疫抑制. ～ inducida por el virus そのウイルスが引き起こす免疫抑制.
in·mu·no·de·pre·sor, so·ra [im.mu.no.ðe.pre.sór, -.só.ra] 形 免疫抑制の. agentes ～es 免疫抑制剤.
in·mu·no·de·pri·mi·do, da [im.mu.no.ðe.pri.mí.ðo, -.ða] 形 免疫抑制を患った. pacientes ～s 免疫抑制の患者.
in·mu·no·es·ti·mu·la·dor, do·ra [im.mu.no.es.ti.mu.la.ðór, -.ðó.ra] 形 免疫機能改善の, 免疫力改善の. Ampligen es uno de los agentes ～es. アンプリゲンは免疫改善剤の一つです.
in·mu·no·es·ti·mu·lan·te [im.mu.no.es.ti.mu.lán.te] 形 免疫改善の. — 男 免疫増強剤. ～ inyectable 注射用免疫増強剤.
in·mu·no·ge·ni·ci·dad [im.mu.no.xe.ni.θi.ðáð / -.si.-] 女 (薬剤の) 免疫力.
in·mu·no·gé·ni·co, ca [im.mu.no.xé.ni.ko, -.ka] 形 免疫を生じさせる, 免疫発生の. péptido ～ 免疫力を造るペプチド.
in·mu·nó·ge·no, na [im.mu.no.xe.no, -.na] 形 → inmunogénico.
in·mu·no·glo·bu·li·na [im.mu.no.ɣlo.ßu.lí.na] 女 免疫グロブリン, ガンマグロブリン (= Ig). genes de ～ 免疫グロブリン遺伝子.
in·mu·no·lo·gí·a [im.mu.no.lo.xí.a] 女 〖医〗 免疫学.
in·mu·no·ló·gi·co, ca [im.mu.no.ló.xi.ko, -.ka] 形 免疫学の.
in·mu·nó·lo·go, ga [im.mu.nó.lo.ɣo, -.ɣa] 男 女 免疫学者, 免疫学の専門家.
in·mu·no·mo·du·la·ción [im.mu.no.mo.ðu.la.θjón / -.sjón] 女 免疫機能の調節, 免疫機能の変動.
in·mu·no·mo·du·la·dor, do·ra [im.mu.no.mo.ðu.la.ðór, -.ðó.ra] 形 免疫調節の. — 男 免疫調節剤.
in·mu·no·su·pre·sión [im.mu.no.su.pre.sjón] 女 免疫抑制. provocar la ～ 免疫抑制を誘発する.
in·mu·no·su·pre·sor, so·ra [im.mu.no.su.pre.sór, -.só.ra] 形 免疫抑制の. tratamiento ～ 免疫抑制療法.
in·mu·no·te·ra·pia [im.mu.no.te.rá.pja] 女 免疫療法.
in·mu·ta·bi·li·dad [im.mu.ta.ßi.li.ðáð] 女 不変 (性), 不易 (性).

in·mu·ta·ble [im.mu.tá.ble] 形 **1** 不変の, 変わらない. **2** 動じない, 冷静な.

in·mu·ta·ción [im.mu.ta.θjón / -.sjón] 女 **1** 変化. **2** 声[顔色]の変化, 動揺.

in·mu·ta·do, da [im.mu.tá.đo, -.đa] 形 動きのない, 動揺しない. Él me mira, ~. 彼は身じろぎもせず私を見つめる.

in·mu·tar [im.mu.tár] 他 **1** 変える. **2** 動揺させる. ──~**se** 再 **1** 変わる, 変化する. **2** 声[顔色]が変わる, 動揺する. No *se inmutó*. 彼[彼女]は少しも動じなかった. *Se inmutó* al leer la carta. 手紙を読むと彼[彼女]の顔色が変わった.

in·na·tis·mo [in.na.tís.mo] 男〖哲〗生得説.

in·na·to, ta [in.ná.to, -.ta] 形 生まれつきの, 生得の. una dolencia *innata* 先天性疾患.

in·na·tu·ral [in.na.tu.rál] 形 不自然な, 人工的な; わざとらしい.

in·na·ve·ga·ble [in.na.be.gá.ble] 形〈海・湖・河川が〉航行不能の.

***in·ne·ce·sa·rio, ria** [in.ne.θe.sá.rjo, -.rja / -.se.-] 形 **不必要な**, 無用な.

***in·ne·ga·ble** [in.ne.gá.ble] 形 否定できない, 明白な (= indiscutible). Es ~ que + 直説法. …であることは明らかである.

in·ne·ga·ble·men·te [in.ne.gá.ble.mén.te] 副 文句のつけどころがないぐらい, 疑う余地なく.

in·ne·go·cia·ble [in.ne.go.θjá.ble / -.sjá.-] 形 妥協できない, 納得できない. Esto nos lleva a una conclusión ~. これは私たちには納得できない結論である.

in·no·ble [in.nó.ble] 形 卑怯(ひきょう)な, 下劣な; 下品な.

in·no·cui·dad [in.no.kwi.đáđ] 女 → inocuidad.

in·no·cuo, cua [in.nó.kwo, -.kwa] 形 →inocuo.

in·nom·bra·ble [in.nom.brá.ble] 形〈名前を〉大きな声で言えない (= innominable). deseo ~ 口に出して言えない望み. temores ~s 声も出ない恐怖. Su abuelo era ~. 彼[彼女] (ら)のおじいさんの名を口にしてはいけなかった.

in·no·mi·na·ble [in.no.mi.ná.ble] 形 口にできない; 名指しできない.

in·no·mi·na·do, da [in.no.mi.ná.đo, -.đa] 形 名前のない, 無名の. hueso ~〖解剖〗無名骨, 寛骨.

***in·no·va·ción** [in.no.ba.θjón / -.sjón] 女 **1** 刷新, 革新; 新機軸. ~ educativa 教育改革. ~ tecnológica 技術革新. **2**〖経〗**イノベーション**.

***in·no·va·dor, do·ra** [in.no.ba.đór, -.đó.ra] 形 刷新する, 革新的な. ──男 女 刷新者, 革新者.

in·no·var [in.no.bár] 他 刷新する, 革新する.

in·nu·me·ra·bi·li·dad [in.nu.me.ra.bi.li.đáđ] 女 無数, おびただしい数.

***in·nu·me·ra·ble** [in.nu.me.rá.ble] 形 **数えきれない**, 無数の. la ~ cantidad de... ものすごい数[量]の…. una variedad ~ de... 多様きわまりない….

in·nú·me·ro, ra [in.nú.me.ro, -.ra] 形 →innumerable.

-ino, na〖接尾〗**1** 地名に付いて「…出身の, …の人[もの]」の意を表す名詞・形容詞語尾. ⇒ bilba*ino*, santander*ino*. **2**「…の性質を持った, …に関する」の意を表す形容詞語尾. ⇒ cervant*ino*, dañ*ino*, mar*ino*. **3**「小さい, かわいらしい」の意を表す名詞・形容詞語尾. ⇒ cebol*lino*, palom*ino*.

in·o·be·dien·cia [i.no.be.đjén.θja / -.sja] 女 不服従, 反抗.

in·o·be·dien·te [i.no.be.đjén.te] 形 服従しない, 反抗的な.

in·ob·je·ta·ble [i.noḅ.xe.tá.ble] 形《ラ米》反対[反論]できない, 異議のない.

in·ob·ser·va·ble [i.noḅ.ser.bá.ble] 形 **1** 観察不能の, 観測できない. **2** 遵守できない, 守れない.

in·ob·ser·va·do, da [i.noḅ.ser.bá.đo, -.đa] 形 **1** 遵守されない, 守られない. **2** 観察されていない, 気づかれない.

in·ob·ser·van·cia [i.noḅ.ser.bán.θja / -.sja] 女 不履行, 違反 (= incumplimiento).

in·ob·ser·van·te [i.noḅ.ser.bán.te] 形 遵守しない, 違反する.

:**i·no·cen·cia** [i.no.θén.θja / -.sén.sja] 女 **1** 潔白, 無罪. demostrar la ~ de un acusado 被告の潔白を証明する.
2 無邪気, あどけなさ. con toda ~ 全く無心に.
3 ばか正直, お人よし. **4**〈食品などの〉無害.

I·no·cen·cio [i.no.θén.θjo / -.sén.sjo] 固名 イノセンシオ: 男子の洗礼名.
[←〘ラ〙*Innocentius* (*innocēns*「潔白な」より派生); 関連〘ポルトガル〙*Inocêncio*. 〘仏〙〘英〙*Innocent*. 〘伊〙*Innocenzo*. 〘独〙*Innozenz*]

i·no·cen·ta·da [i.no.θen.tá.đa / -.sén.-] 女《話》
1 (たわいのない) いたずら, 冗談;《スペイン》(12月28日の幼子(おさなご)殉教者の日の) いたずら (→ inocente). dar una ~ a + 人〈人〉にいたずらをする,〈人〉をからかう. **2** 無邪気な言動.

:**i·no·cen·te** [i.no.θén.te / -.sén.-] 形 **1 潔白な, 無罪の**, 無実の. declararse ~ 身の潔白を申し立てる.
2 無邪気な, あどけない; お人よしの. niña ~ 天真爛漫(らんまん)な少女. alma ~ 無垢(むく)な心. Carlos es tan ~ que confía en aquel mentiroso. カルロスはお人よしなのであんなうそつきを信用している.
3 悪意のない, 罪のない. broma ~ 悪気のない冗談.
4〈食べ物・飲み物が〉無害な.
──男 女 **1** 潔白の人, 無実の人. **2** 無邪気な人; お人よし. **3** 子供, 幼児. los Santos (Niños) *I*~s〖聖〗ヘロデ王が虐殺を命じた幼児の殉教者. ◆その記念日, 幼子殉教者の日 Día de (los) ~s (12月28日) はエープリルフールに相当. **4**《ラ米》(おろか)〘話〙精神遅滞児.
──男《ラ米》(1) (ねむ)(の)〖植〗アボカドの実. (2) (ねむ)仮装行列, 仮装舞踏会.
[←〘ラ〙*innocentem* (*innocēns* の対格) (*in-* (否定) + *nocēns*, *-entis*「罪のある; 有害な」); 関連〘英〙*innocent*]

i·no·cen·tón, to·na [i.no.θen.tón, -.tó.na / -.sen.-] 形 お人よしの, ばか正直な. ──男 女 お人よし. [inocente + 増大辞]

i·no·cui·dad [i.no.kwi.đáđ] 女 **1** 無害, 無毒.
2 つまらなさ.

i·no·cu·la·ción [i.no.ku.la.θjón / -.sjón] 女〖医〗(ワクチンなどの) 接種, 種痘.

i·no·cu·lar [i.no.ku.lár] 他 **1**〖医〗接種する. ~ un virus a+人〈人〉にウイルスを予防接種する.
2 (軽蔑)〈思想などを〉植えつける, 吹き込む.
──~**se** 再 (予防) 接種を受ける.

in·o·cul·ta·ble [in.o.kul.tá.ble] 形 隠しきれない, 秘密にしておけない.

i·no·cuo, cua [i.nó.kwo, -.kwa] 形 **1** 無害の, 無毒の. **2** つまらない, おもしろくない. una comida *inocua* 味のない食事.

i·no·do·ro, ra [i.no.đó.ro, -.ra] 形 **1** 無臭の, に

おいのない. **2** 防臭の.
— 男《婉曲》水洗トイレ, 便器.

*in·o·fen·si·vo, va [i.no.fen.sí.bo, -.ba] 形 害にならない, 無害の；不快感のない.

in·o·fi·cio·so, sa [i.no.fi.θjó.so, -.sa / -.sjó.-] 形 **1**【法】〈遺言・贈与などが〉人倫[道義]に反する. **2**《ラ米》《話》無駄な, 効果のない, 役に立たない.

*in·ol·vi·da·ble [i.nol.bi.đá.ble] 形 忘れられない, 脳裏に残る. El futbolista metió un gol ~. そのサッカー選手は記憶に残るゴールを決めた.

i·no·pe [i.nó.pe] 形 貧乏な, 窮乏した.

in·o·pe·ra·ble [i.no.pe.rá.ble] 形【医】手術不能の.

in·o·pe·ran·cia [i.no.pe.rán.θja / -.sja] 女 効力のないこと. la ~ del Gobierno 政府が機能していないこと.

in·o·pe·ran·te [i.no.pe.rán.te] 形 効果のない, 作用していない (= ineficaz).

i·no·pia [i.nó.pja] 女《格式》貧困, 困窮. *estar en la inopia*《話》(1) ぼんやりしている. (2)《ラ米》《マドリ》金を持っていない, ほとんど金がない.

in·o·pi·na·ble [i.no.pi.ná.ble] 形 論争不可能な.

in·o·pi·na·da·men·te [i.no.pi.ná.đa.mén.te] 副 不意に, 思いがけず.

in·o·pi·na·do, da [i.no.pi.ná.đo, -.đa] 形 不意の, 思いがけない.

in·o·por·tu·ni·dad [i.no.por.tu.ni.đáđ] 女 **1** タイミングの悪さ, 時宜にかなっていないこと. **2** 不都合, 不適当.

in·o·por·tu·no, na [i.no.por.tú.no, -.na] 形 時機を失した, タイミングの悪い (= importuno). — 男 タイミングの悪い人.

in·or·gá·ni·co, ca [i.nor.gá.ni.ko, -.ka] 形 **1** 無生物の, 生活機能のない；【化】無機(質)の. química *inorgánica* 無機化学. **2** 非組織的な；まとまりのない, ばらばらの.

in·o·xi·da·ble [i.nok.si.đá.ble] 形 さびない, 酸化しない. acero ~ ステンレススチール.

in pár·ti·bus in·fi·dé·lium [im.pár.ti.bus im.fi.đé.ljum] 〔ラ〕 閑職の, 名誉職の (= en lugar de infieles).
obispo in pártibus infidélium 名目だけの司教；無信仰者の地域に任命されるが, そこに居住しない司教.

in péc·to·re [im.pék.to.re] 〔ラ〕《話》胸のうちに収めて；内密に (= en el pecho). cardenal ~ 教皇が意中にしている枢機卿（^{すうき}）候補.

in per·pé·tu·um [im.per.pé.tu.(u)m] 〔ラ〕 とこしえに, 永久に (= para siempre).

in promp·tu [im.prómp.tu] 〔ラ〕 即席で, その場で (= de pronto).

in·put [ím.puť] 〔英〕 男〔複 ~s, ~〕 **1** 【経】(資本の) 投入(量). la tabla ~-output 投入産出表. **2**【IT】入力. el ~ y output de datos データの入力, 入出力. **3** データ, 情報.

in·que·bran·ta·ble [iŋ.ke.bran.tá.ble] 形 **1** 壊れない, 割れない. **2** 〈愛情・信念などが〉不動の, 確固とした. fe ~ 揺るぎない信仰.

in·quie·ta·dor, do·ra [iŋ.kje.ta.đór, -.đó.ra] 形 心配させる, 不安にさせる. — 男 女 気をもませる, 不安を与える人.

in·quie·tan·te [iŋ.kje.tán.te] 形 心配させる, 不安を与える.

*in·quie·tar [iŋ.kje.tár] 他 気をもませる, 心配させる；悩ます. Su silencio *inquieta* a sus padres. 彼[彼女](ら)の沈黙を両親は気にしている.
— ~·se 再《con... / de... / por... に》落ち着きを失う, 心配する. No *se inquieten* demasiado *por* su tardanza. 彼[彼女](ら)の帰りが遅いからといってあまり気をもむことはない.

*in·quie·to, ta [iŋ.kjé.to, -.ta] 形 **1**《ser+ / estar+》落ち着きのない, そわそわした；騒がしい. niño ~ 落ち着きのない子供. mar ~ 荒れる海. **2**《estar+》心配な, 不安な. Su madre *está inquieta*. 彼[彼女](ら)の母親は気をもんでいる. **3**《ser+ / estar+》絶えず変化を求める, 進取的な. **4**《estar+》(海などが) 荒れた.

*in·quie·tud [iŋ.kje.túđ] 女 **1** 不安, 心配, 落ち着きのなさ. con ~ 心配そうに. No podía disimular su ~. 彼[彼女]は不安の色を隠しきれなかった. **2**《複数で》知識欲, 知的向上心, 野心. sin ~*es* 向上心[野心]のない.

in·qui·li·na·je [iŋ.ki.li.ná.xe] 男《ラ米》(1)（[†]）(農地の) 賃借(権). (2)（[†]）（^{マドリ}）《集合的》借家人, 店子（^{たな}）.

in·qui·li·na·to [iŋ.ki.li.ná.to] 男 **1** (家屋などの) 賃貸借；賃借権. **2** (家賃に比例する) 地方税 (= impuesto de ~). **3**《ラ米》（^{マドリ}）（[†]）（^{ウルグ}）アパート, 賃貸(の集合)住宅.

in·qui·li·nis·mo [iŋ.ki.li.nís.mo] 男【動】(住み込み) 共生動物の関係. Ninguno de los animales asociados se ve beneficiado en el ~. 住み込み共生では, 結びつく動物のいずれもが利益に供しない.

*in·qui·li·no, na [iŋ.ki.lí.no, -.na] 男 女 **1** 借家人, テナント. **2**【生物】(他の動物の巣などに住む) 共生動物. **3**《ラ米》(1) 住人, 居住者. (2)（[†]）（^{チリ}）（園内の) 小作人, 小作農. [← [ラ] *inquilīnus* (*incolere*「居住する」より派生)]

in·qui·na [iŋ.kí.na] 女 反感, 嫌悪 (= aversión, ojeriza) (↔ simpatía). tener [tomar] ~ a+人 〈人〉に反感を持つ[抱く].

in·qui·ri·dor, do·ra [iŋ.ki.ri.đór, -.đó.ra] 形 取り調べる, 詮索（^{せんさく}）する；尋問する.
— 男 女 調査者；尋問者.

in·qui·rir [iŋ.ki.rír] 30 他 自《格式》調査する, 取り調べる, 詮索（^{せんさく}）する；尋問する. La policía *inquirió* (sobre) la muerte del joyero. 警察は宝石商の死について調査した.

*in·qui·si·ción [iŋ.ki.si.θjón / -.sjón] 女 **1** [I-]【カト】異端審問(所), 宗教裁判(所) (= Santo Oficio). *Otras inquisiciones*『続・審問』(Borges の試論集).◆カトリック世界で主に異端者の告発と処罰を目的として13世紀に設けられた機関. スペインではカトリック教に, 15世紀後半以降はユダヤ教やイスラム教からキリスト教に改宗した新キリスト教徒 *conversos* 対策のために機能が一新された. 1834年廃止.
2《まれ》取り調べ, 詮索（^{せんさく}）；尋問.

in·qui·si·dor, do·ra [iŋ.ki.si.đór, -.đó.ra] 形 調査する；《話》詮索（^{せんさく}）する. mirada *inquisidora* 探るような目つき. — 男 **1** 取り調べ官, 調査官. **2**《話》詮索好き. — 男 異端審問官.

in·qui·si·ti·vo, va [iŋ.ki.si.tí.bo, -.ba] 形 取り調べの, 調査の；《話》詮索（^{せんさく}）する. Le lanzó una mirada *inquisitiva*. 彼[彼女]は彼[彼女]を探るような目つきで見た.

in·qui·si·to·rial [iŋ.ki.si.to.rjál] 形 **1** 異端審問の, 宗教裁判の. **2**《話》厳格な, 厳しい.

in·qui·si·to·rio, ria [iŋ.ki.si.tó.rjo, -.rja] 形 →inquisitivo.

INRI [ín.ř̩i]《略》*Jesus Nazarenus Rex Iudaeorum*〔ラ〕ユダヤ人の王ナザレのイエス（= *Jesús Nazareno Rey de los Judíos*）. ♦イエスが十字架にかけられたとき揶揄(ゃゅ)の意味ではられた罪標. ― 男 [i-] 嘲(ぁざけ)り.

para más [*mayor*] *inri*《話》さらに悪いことには. *poner el inri a* 〈人〉を嘲(ぁざけ)りからかう.

in·sa·cia·bi·li·dad [in.sa.θja.βi.li.ðáð / -sja.-] 女 飽くことを知らないこと, 貪欲(どんょく).

in·sa·cia·ble [in.sa.θjá.ble / -sjá.-] 形 飽くことを知らない, 貪欲(どんょく)な. *codicia* ~ 飽くことなき強欲.

in·sa·cu·la·ción [in.sa.ku.la.θjón / -sjón] 女 （抽選箱に）くじの紙片を入れること. *por* ~. 投票形式で.

in·sa·cu·lar [in.sa.ku.lár] 他《格式》くじの紙片・投票用紙を袋[箱]に入れる.

in·sa·li·va·ción [in.sa.li.ba.θjón / -sjón] 女《生物》混唾(こんだ)作用.

in·sa·li·var [in.sa.li.bár] 他 （口中で）〈食べ物を〉唾(つば)と混ぜる, 混唾(こんだ)する.

in·sa·lu·bre [in.sa.lú.bre] 形《格式》健康によくない, 非衛生的な.

in·sa·lu·bri·dad [in.sa.lu.bri.ðáð] 女 不健康, 非衛生.

INSALUD [in.salúð] 男《略》*Instituto Nacional de la Salud*（スペインの）国民健康機関.

in·sal·va·ble [in.sal.βá.ble] 形 乗り越えられない, 克服できない.

in·sa·na·ble [in.sa.ná.ble] 形 治る見込みのない, 不治の.

in·sa·nia [in.sá.nja] 女《文章語》精神錯乱, 狂気, 狂乱.

in·sa·no, na [in.sá.no, -.na] 形 **1** 体によくない, 不健康な. **2** 狂気の, 気違いじみた.

in·sa·tis·fac·ción [in.sa.tis.fak.θjón / -sjón] 女 不満足, 飽き足りなさ.

in·sa·tis·fac·to·rio, ria [in.sa.tis.fak.tó.rjo, -.rja] 形 満足いかない, 不満な. *Las teorías para explicarlo resultan insatisfactorias.* それを説明する学説は結果としてすっきりしないものになっている.

in·sa·tis·fe·cho, cha [in.sa.tis.fé.tʃo, -.tʃa] 形 (*estar* +)《*con*...》(...に) 不満足な, 飽き足りない. *Está* ~ *con* su calificación. 彼は自分の評価に満足していない.

in·sa·tu·ra·do, da [in.sa.tu.rá.ðo, -.ða] 形《化》不飽和の. *ácido graso* ~ 不飽和脂肪酸. *resina de poliéster* ~ 不飽和ポリエステル樹脂.

ins·cri·bi·ble [ins.kri.βi.ble] 形 登録できる, 登記可能な.

*****ins·cri·bir** [ins.kri.βír] 75 他［過分］はinscrito］**1** 刻む, 彫りつける. ~ *el epitafio* 墓碑銘を刻む. **2** (*en*... …に) 登録する, 登記する；（コンクールなどに）参加申し込みさせる. ~ *a*+人 *en* la lista de socios ~ 人の名を会員名簿に載せる. **3** 書きとどめる, 記録する. ~ *una declaración en las actas de una conferencia* 声明を会議の議事録に書きとどめる. **4**《数》内接させる.

― **~·se** 再 (*en*... 〈名簿など〉に) 自分の名を記す；登録する, 参加を申し込む. *Me he inscrito en el concurso.* 私はコンクールに参加を申し込んだ.

*****ins·crip·ción** [ins.kriβ.θjón / -sjón] 女 **1** 登録, 記入, 参加申し込み. ~ *previa* 先行登録. *proceso* [*plazo*] *de* ~ 登録手続き[期間]. **2** 銘, 碑文, 刻文. *Había una* ~ *sobre la tumba.* 墓石には碑文が刻み込まれていた.

ins·cri·to, ta [ins.krí.to, -.ta] [inscribir の過分] 形 **1** 記載された, 登録された；参加申し込みをした. ~ *en un registro* 登録簿に記載された. **2** 刻み込まれた. **3**《数》内接した. *polígono* ~ 内接する多角形.

in·sec·ti·ci·da [in.sek.ti.θí.ða / -sí.-] 形 殺虫の. ― 男 殺虫剤.

in·sec·tí·vo·ro, ra [in.sek.tí.bo.ro, -.ra] 形《動》《植》食虫性の. *planta insectívora* 食虫植物. ― 男 食虫動物；《複数で》食虫目.

*****in·sec·to** [in.sék.to] 形 昆虫の.
― 男 昆虫, 虫 (→ bicho, gusano). *colección de* ~s 昆虫採集.

insecto palo《昆》ナナフシ.

[←〔ラ〕*insectum* (*insecāre*「切れ目をつける」の完了分詞 *insectus* より造語；昆虫の体節が切れ目に見えるところから)；〔ギ〕*éntomon*「昆虫」(*éntomos*「切り刻まれた」より派生) のラテン語訳；関連 *sección*. 〔英〕*insect*〕

cabeza 頭部：

tórax 胸部：

abdomen 腹部：

anatomía del insecto （昆虫の各部分の名称）
1 antena 触角. **2** ocelo 単眼. **3** ojo 複眼. **4** patas (1^er^par) 前肢(し). **5** ala anterior 前翅(し). **6** ala posterior 後翅. **7** patas (2^o^par) 中肢. **8** tibia 脛節(けいせつ). **9** tarsos 跗節(ふせつ). **10** patas (3^er^par) 後肢. **11** oviscapto 産卵管［錐(すい)］. **12** muslo/fémur 腿節(たいせつ).

*****in·se·gu·ri·dad** [in.se.ɣu.ri.ðáð] 女 **1** 不確実, 不安定. *con* ~ あやふやに. **2** 不安, 心もとなさ.

*****in·se·gu·ro, ra** [in.se.ɣú.ro, -.ra] 形 **1** 不確かな, 不安定な. **2** 不安な, 心もとない.

in·se·mi·na·ción [in.se.mi.na.θjón / -sjón] 女《生物》授精. ~ *artificial* 人工授精.

in·se·mi·nar [in.se.mi.nár] 他《生物》授精させる.

in·sen·sa·tez [in.sen.sa.téθ / -tés] 女［複 insensateces］**1** 無分別, 思慮のなさ. **2** ばかげた［軽率な］言動. *Es una* ~ *ir a verle a estas horas de la noche.* 夜のこんな時間に彼に会いに行くなんて非常識だ.

in·sen·sa·to, ta [in.sen.sá.to, -.ta] 形 無分別な, 思慮のない, ばかげた. ― 男 女 無分別な人.

in·sen·si·bi·li·dad [in.sen.si.βi.li.ðáð] 女 **1** 無知覚, 無感覚. **2** 無神経, 鈍感, 冷淡.

in·sen·si·bi·li·za·ción [in.sen.si.βi.li.θa.θjón / -sjón] 女 **1** （感覚の）まひ. **2** 麻酔（をかけること）.

in·sen·si·bi·li·za·dor, do·ra [in.sen.si.βi.li.θa.ðor, -.ðó.ra / -.sa.-] 形 まひさせる；麻酔の. *un agente* ~ 麻酔薬.

in·sen·si·bi·li·zar [in.sen.si.βi.li.θár / -sár] 97 他 **1** 感覚をまひさせる. **2** 麻酔をかける.
― **~·se** 再 まひする, 無感動になる.

in·sen·si·ble [in.sen.sí.ble] 形 **1**《**a...** …に》無感覚な,鈍感な;冷淡な.~ *al frío* 寒さに強い.~ *a la tristeza ajena* 他人の悲しみに鈍感な.
2 感じとれないほどの.*La corriente del río es* ~ *en este paraje.* この辺りでは川は流れていないように見える.— 男女 無感覚な人,鈍感な人.
in·sen·si·ble·men·te [in.sen.sí.ble.mén.te] 副 少しずつ,徐々に.
in·se·pa·ra·bi·li·dad [in.se.pa.ra.bi.li.ðáđ] 女 切り離せないこと,不可分(性).
***in·se·pa·ra·ble** [in.se.pa.rá.ble] 形 **1**《**de...** から》切り離せない,不可分の.**2**(愛情・友情ゆえに)人間が離れられない,切っても切れない.
in·se·pa·ra·ble·men·te [in.se.pa.rá.ble.mén.te] 副 切り離せないほど,密接に.
in·se·pul·to, ta [in.se.púl.to, -.ta] 形《格式》〈遺体が〉埋葬されていない.
***in·ser·ción** [in.ser.θjón / -.sjón] 女 **1** 挿入,はめ込み.**2**(新聞などへの)掲載,掲載記事.**3**《解剖》(筋肉の)付着点;《生物》着生(点).
INSERSO [in.sér.so] 男《略》*Instituto Nacional de Servicios Sociales*(スペインの)国立社会サービス研究機構.
in·ser·ta·ble [in.ser.tá.ble] 形 挿入できる,差し込める;付着可能な.
***in·ser·tar** [in.ser.tár] 他 **1** 挿入する,差し込む.~ *una cláusula en un tratado* 条約に条項を1つ挿入する.**2**《**en...**《新聞など》に》掲載する.
— **~·se** 再《解剖》付着する;《生物》着生する.
in·ser·to, ta [in.sér.to, -.ta] 形 含まれた,挿入された.
in·ser·vi·ble [in.ser.bí.ble] 形 役に立たない;使い物にならない.
in·si·dia [in.sí.dja] 女 **1** わな,策略.(= asechanza, trampa) **2** ずるい手,悪意に満ちた言葉.
in·si·dio·so, sa [in.si.ðjó.so, -.sa] 形 **1** 悪意に満ちた,陰険な.**2**《医》潜行性の.*enfermedad insidiosa* 潜行性疾患.— 男女 腹黒い人,策謀家.
in·sig·ne [in.sí*g*.ne] 形 著名な,高名な(= famoso).*un* ~ *director de cine* 有名な映画監督.
in·sig·nia [in.sí*g*.nja] 女 **1** 記章,バッジ.*El policía lleva una* ~.警官はバッジをつけている.
2 団旗,教会旗;《艦》(艦の指揮官の身分を示す)旗.*buque* ~ 旗艦,フラッグシップ.
in·sig·ni·fi·can·cia [in.si*g*.ni.fi.kán.θja / -.sja] 女 **1** 無意味,取るに足りないこと[もの,人].
2 少量,わずか,額.*El reloj me costó una* ~. その時計はとても安かった.
***in·sig·ni·fi·can·te** [in.si*g*.ni.fi.kán.te] 形 **1** 無意味な,取るに足りない.*una persona* ~ くだらない人物.**2** ごくわずかな.*una cantidad* ~ *de dinero* はした金.
in·sin·ce·ri·dad [in.sin.θe.ri.ðáđ / -.se.-] 女 不誠実,不まじめ.
in·sin·ce·ro, ra [in.sin.θé.ro, -.ra / -.sé.-] 形 誠意のない,誠実でない.
insinú- 活 → insinuar.
in·si·nua·ción [in.si.nwa.θjón / -.sjón] 女 暗示,ほのめかし;《話》思わせぶり.*Es una* ~ *inadmisible.* それはひどい当てこすりだ.
in·si·nuan·te [in.si.nwán.te] 形 暗示的な,示唆する;思わせぶりな.
***in·si·nuar** [in.si.nwár] 84 他 暗示する;《**que**+直説法 …であることを / **que**+接続法 …するように》ほのめかす.~ *una posibilidad* ある可能性をほのめかす.~ *una relación causal* 因果関係を匂わせる.~ *un reproche* それとなく非難する.*El diputado insinuó que le habían amenazado.* 議員は脅しがあったことを示唆(し)した.

— **~·se** 再 **1** …の兆候が見え始める;芽生える;すすかに見える.*En este país se insinúa un colapso económico.* この国には経済破綻(たん)の兆しがある.*Una sonrisa se insinuaba en sus ojos.* 彼[彼女]の目はわずかにほほえんでいた.
2《話》《*a*+人 / *con*+人《人》に》言い寄る;取り入る.*Él se me insinuó descaradamente.* 彼は恥知らずにも私を誘ってきた.(► *me* が *a*+人 に相当)
[← [ラ] *insinuare*「挿入する」; *sinus*「内側のくねり;くぼみ」(→ *seno*)より派生〕【関連】〔英〕*insinuate*〕
in·si·nua·ti·vo, va [in.si.nwa.tí.βo, -.βa] 形
1 暗示的な,いわくありげな.**2** 思わせぶりな.
in·si·pi·dez [in.si.pi.ðéθ / -.đés] 女 **1** 味気なさ,無味.**2** 退屈,つまらなさ.**3**《話》おもしろくないこと,つまらなさ.
in·sí·pi·do, da [in.sí.pi.đo, -.đa] 形 **1** 味のない.*un alimento* ~ 風味のない食べ物.
2 おもしろ味のない,つまらない.*una comedia insípida* 退屈な芝居.
***in·sis·ten·cia** [in.sis.tén.θja / -.sja] 女 固執,執拗(よう)な.*La miró con* ~.彼[彼女]は彼女をしつこく見続けた.*la* ~ *de la lluvia* 長雨.
in·sis·ten·te [in.sis.tén.te] 形 **1** しつこい,執拗(よう)な.**2** 長く続く,いつまでも終わらない.
in·sis·ten·te·men·te [in.sis.tén.te.mén.te] 副 執拗に.
****in·sis·tir** [in.sis.tír] 自 **1**(1)《**en...** / 時に **sobre...** …を》繰り返し[強く]主張する;《**en que**+直説法 …であると》言い張る.~ *en [sobre] un hecho* ある事実を強調する.~ *en [sobre] la necesidad de abrir una investigación* 調査を開始する必要性を力説する.
(2)《**en...** …を》繰り返し[強く]要求する;《**en que**+接続法 …するように》言い張る.*Mi esposo insiste en comprar [en que compremos] una casa.* 私の夫は家を買うと言い張っている.
2《**en...** …に》固執する,執拗(よう)になる.~ *en su postura* かたくなに自分の姿勢を通す.~ *en su teoría* 自説を固持する.
[← [ラ] *insistere* (*in*-「上に」+ *sistere*「置く」;「上に置く」,「静止する」が原義〕【関連】〔英〕*insist*〕
in·so·bor·na·ble [in.so.βor.ná.ble] 形 賄賂(わいろ)のきかない,買収されない(= incorruptible).
in·so·cia·bi·li·dad [in.so.θja.βi.li.ðáđ / -.sja.-] 女 非社交性,付き合いにくさ.
in·so·cia·ble [in.so.θjá.ble / -.sjá.-] 形 非社交的な,付き合いにくい.
in·so·cial [in.so.θjál / -.sjál] 形 → insociable.
in·so·la·ción [in.so.la.θjón / -.sjón] 女 **1**《医》日射病.*coger [pillar] una* ~ 日射病にかかる.
2《気象》日照時間(= *horas de* ~);日照,日射.
in·so·lar [in.so.lár] 他 日にさらす,干す.
— **~·se** 再 日射病にかかる.
in·sol·da·ble [in.sol.dá.ble] 形 溶接のきかない.
in·so·len·cia [in.so.lén.θja / -.sja] 女 無礼,傲慢(ごうまん).*decir* ~*s* 失礼なことを言う.
in·so·len·tar [in.so.len.tár] 他 横柄な態度を取らせる.— **~·se** 再《**con...** …に》横柄な態度を取る.
in·so·len·te [in.so.lén.te] 形 無礼な,傲慢(ごうまん)な.— 男女 無礼者,傲慢な人.

in·so·li·da·ri·dad [in.so.li.ða.ri.ðáđ] 囡 連帯感の欠如. ~ social 社会の絆(きずな)がなくなっていること.

in·so·li·da·rio, ria [in.so.li.ðá.rjo, -.rja] 形 連帯感のない.

in·so·li·da·ri·zar·se [in.so.li.ða.ri.θár.se / -.sár.-] 97 再 《de...》《…から》離脱する, 離れる, 《…との》関係を絶つ. ~ de sus compañeros 同僚と袂(たもと)を分かつ.

***in·só·li·to, ta** [in.só.li.to, -.ta] 形 珍しい, 異例の; 並外れた. una insólita rapidez 異常な速さ. una equivocación insólita とっぴな間違い.

in·so·lu·bi·li·dad [in.so.lu.βi.li.ðáđ] 囡 **1** 不溶(解)性, 溶解しないこと. **2** 解決不能.

in·so·lu·ble [in.so.lú.βle] 形 **1** 溶けない, 不溶(解)性の. **2** 解決できない.

in·sol·ven·cia [in.sol.βén.θja / -.sja] 囡 支払い不能, 破産. certificación de ~ 支払い不能証明(書).

in·sol·ven·te [in.sol.βén.te] 形 支払い不能の (↔ solvente). ━ 男 囡 破産者, 支払い不能者.

in·som·ne [in.sóm.ne] 形《格式》眠れない, 不眠(症)の. ━ 男 囡《医》不眠症患者.

in·som·nio [in.sóm.njo] 男 不眠(症).

in·son·da·ble [in.son.dá.βle] 形《文章語》**1** 測深できない, 底の知れない. **2** 不可解な, 計り知れない.

in·so·no·ri·dad [in.so.no.ri.ðáđ] 囡 無音, 静寂.

in·so·no·ri·za·ción [in.so.no.ri.θa.θjón / -.sa.sjón] 囡 **1** 防音(工事); 消音化. **2**〖音声〗無声化 (↔ sonorización).

in·so·no·ri·za·do, da [in.so.no.ri.θá.ðo, -.ða / -.sá.-] 形 防音装置[材]を施された.

in·so·no·ri·zar [in.so.no.ri.θár / -.sár] 97 他 防音する,〈機械・エンジンに〉防音装置[材]を施す.

in·so·no·ro, ra [in.so.nó.ro, -.ra] 形《まれ》無音の, 響かない. material ~ 防音材.

***in·so·por·ta·ble** [in.so.por.tá.βle] 形 耐えがたい, 我慢できない. Hace un calor ~. ひどい暑さだ.

in·so·ria [in.só.rja] 囡《ラ米》(ぷえ)わずか, 微量.

in·sos·la·ya·ble [in.sos.la.já.βle] 形《格式》不可避の, どうしようもない.

in·sos·pe·cha·ble [in.sos.pe.tʃá.βle] 形 **1** 考えられない, ありそうもない. **2** 思いがけない, 思いも寄らない.

in·sos·pe·cha·do, da [in.sos.pe.tʃá.ðo, -.ða] 形 思いがけない, 予想もしなかった (= inesperado). una insospechada solución 思いもよらない結末.

in·sos·te·ni·ble [in.sos.te.ní.βle] 形 **1**〈議論などが〉支持できない, 擁護できない. **2** まかないきれない, 維持できない. posición ~ 維持しがたい立場.

***ins·pec·ción** [ins.peƙ.θjón / -.sjón] 囡 **1** 検査, 監査 (= revisión); 視察 (= inspector). ~ ocular〖法〗現場[実地]検証. ~ sanitaria 衛生検査. ~ marítima 船舶臨検. revista de ~〖軍〗閲兵. **2** 検査所, 監督局.
[←[ラ] inspectiōnem (inspectiō の対格) (īnspicere 「のぞき込む」より派生).〖関連〗〖英〗inspection].

ins·pec·cio·nar [ins.pek.θjo.nár / -.sjo.-] 他 検査[監査]する, 視察する.

***ins·pec·tor, to·ra** [ins.peƙ.tór, -.tó.ra] 形 検査[監査]する, 視察の.
━ 男 囡 検査官, 監査役; 検札係. ~ de cuentas 会計監査役. ~ de policía 警部.

ins·pec·to·rí·a [ins.peƙ.to.rí.a] 囡《ラ米》(ぷえ)警察隊; 警察管轄区.

***ins·pi·ra·ción** [ins.pi.ra.θjón / -.sjón] 囡 **1** 霊感, インスピレーション; 着想(の源). llegar la ~ a+人《人》にインスピレーションが湧(わ)く.
2(芸術的)感興, 感動. una novela falta de ~ 感興をそそらない小説.
3(芸術的)影響, 感化. una pintura de ~ surrealista 超現実主義的な絵. **4** 息を吸うこと, 吸気. hacer la ~ por la nariz 鼻から息を吸う. **5**〖宗〗神の霊感, 神властие (= ~ divina).

ins·pi·ra·do, da [ins.pi.rá.ðo, -.ða] 形 霊感[インスピレーション]を受けた; 着想を得た,(芸術的な)感興のある.

ins·pi·ra·dor, do·ra [ins.pi.ra.ðór, -.ðó.ra] 形 **1** 吸気の. músculos ~es 吸気筋.
2 霊感[インスピレーション]を与える.
━ 男 囡 霊感[インスピレーション]を与える人[もの].

***ins·pi·rar** [ins.pi.rár] 他 **1**《a+人》《人》に〈感情などを〉**呼び起こす**,〈着想などを〉与える;〈作品などを〉生み出させる. Este médico inspira confianza a sus pacientes. この医者は患者に信頼感を与える. Esa experiencia le inspiró la idea de formar un grupo. その経験で彼[彼女]はグループを作るという考えを得た.
2〈人に〉(創作のための)インスピレーションを与える. La naturaleza me inspira para escribir. 自然は私に書くための創造力を与えてくれる. **3**〈息などを〉吸い込む. ~ una brisa そよ風を吸い込む.
━ 自 息を吸い込む.
━ ~·se 再《en... …から》〈人が〉(創作のための)インスピレーションを得る, 着想を与えられる. Me inspiré en un mito griego para mi última novela. 私は今度の小説の着想をギリシャ神話から得た.

ins·pi·ra·ti·vo, va [ins.pi.ra.tí.βo, -.βa] 形 (直感が)閃(ひら)いてくる, 霊能のある. vena inspirativa 霊能.

ins·pi·ra·to·rio, ria [ins.pi.ra.tó.rjo, -.rja] 形〖医〗吸気の, 息を吸い込む. movimientos ~s 吸気運動.

ins·pi·ró·me·tro [ins.pi.ró.me.tro] 男 吸気量測定器, 肺活量測定器.

ins·ta·bi·li·dad [ins.ta.βi.li.ðáđ] 囡 不安定, 変わりやすさ.

ins·ta·ble [ins.tá.βle] 形 不安定な, 変わりやすい.

***ins·ta·la·ción** [ins.ta.la.θjón / -.sjón] 囡 **1** 取り付け, 設置. ~ de la primera piedra 礎石の据え付け. **2** 設備 (一式). ~ frigorífica 冷蔵設備. ~ sanitaria 衛生設備. **3** 入居, ある場所に落ち着くこと. **4** 開業, 開設. **5**〖IT〗インストール.

ins·ta·la·dor, do·ra [ins.ta.la.ðór, -.ðó.ra] 形 据え付け[取り付け]を行う. casa instaladora 取り付け工事店. ━ 男 囡 取り付け工, 据え付け工.

****ins·ta·lar** [ins.ta.lár] 他 **1**〈設備などを〉**取り付ける**, 据え付ける; 設置する. Instalaron el teléfono en la nueva oficina. 新しい事務所に電話が取り付けられた. Han instalado una farmacia en el piso bajo de ese edificio. そのビルの1階に薬局が入った.
2 定住[入居]させる, 住まわせる. **3**(地位などに)就かせる. **4**〖IT〗インストールする.
━ ~·se 再《en... …に》定住する, 居を定める; 取り付く. Me instalé en la casa de mi amigo. 私は友人の家に落ち着いた. El dolor se ha instalado en la espalda. 背中の痛みが取れない.
[←[古仏] installer←[中仏] installāre (中世ラテン語 *stallum 「(教会内陣の)聖職者席」(←[古高地ドイツ] *stall 「住居, うまや」) より派生;〖関連〗

instancia

[英]*install, stall*「売店」

ins・tan・cia [ins.tán.θja / -.sja] 囡 **1** 懇願, 要請；請求. a ~ de... …の申し立て［請求］により. a ~s de... …の依頼により. ceder a las ~s de ＋人〈人〉 …の要請に応じる.
2 請願書, 陳情書. presentar una ~ 請願書を提出する. **3**〖法〗審級. tribunal [juzgado] de primera ~ 第一審裁判所. fallo en la primera ~ 第一審の判決. **4** 申込用紙, 申請用紙. **5**《複数で》権力者, 権力のある組織. **6**〖ＩＴ〗インスタンス. **7**《ラ米》(ﾒｷｼｺ)段階.
de primera instancia まず第一に, 手始めに.
en última instancia 最後の手段として, いざとなれば.

ins・tan・tá・ne・a・men・te [ins.tan.tá.ne.a.mén.te] 副 瞬時に.

ins・tan・ta・nei・dad [ins.tan.ta.nei.ðáð] 囡 即時性, 瞬間性.

ins・tan・tá・ne・o, a [ins.tan.tá.ne.o, -.a] 形
1 即時の, 瞬間的な. **2** 即席の, インスタントの. café ~ インスタントコーヒー.
── 男 スナップ写真, （特に新聞用語で）写真. sacar *instantáneas* スナップ写真を撮る.

ins・tan・te [ins.tán.te] 男 **瞬間**, 瞬時, 即時. *Desde el ~ en que hablé con él me di cuenta de que guardaba algo en secreto.* 彼と話した瞬間から、彼が何か隠しごとをしていると気づいた.
(a) cada instante 絶えず, しょっちゅう. *Pedro me visita (a) cada ~.* ペドロはしょっちゅう私を訪ねてくる.
al instante すぐに, 直ちに.
en este (mismo) instante たった今.
en un instante すぐに, あっという間に.
por instantes 瞬間ごと, 刻々と.
[←〔ラ〕*īnstantem* (*īnstāns* の対格)「現在の, 差し迫った」；*īnstāre*「眼前にある」（*in-*「その場に」＋*stāre*「立っている」）の現在分詞／[関連]〔英〕*instant*]

ins・tar [ins.tár] 他《**a**［**para**］［＋不定詞／*que*＋接続法］…することを》強く頼む, 切願する. *Le instaron a [para] que se decidiese.* 彼［彼女］は決断を強く促された.
── 自《*que*＋接続法 …することが》急を要する, 緊急事である. *Insta que vayas a verla.* 君は一刻も早く彼女に会いに行くべきだ.

in sta・tu quo [i.nes.tá.tu kwó // está.- -]〔ラ〕現状のままで（＝en el mismo estado）.

ins・tau・ra・ción [ins.tau.ra.θjón / -.sjón] 囡 創立, 確立；制定.

ins・tau・ra・dor, do・ra [ins.tau.ra.ðór, -.ðó.ra] 形 設立［確立］する, 制定する. 再興する.
── 男囡 設立［確立］者, 創設者；制定者.

ins・tau・rar [ins.tau.rár] 他 **1** 設立［確立］する, 創設する；制定する.
2《ラ米》(ﾒｷｼｺ)〖法〗法的手続きを開始する.

ins・ti・ga・ción [ins.ti.ga.θjón / -.sjón] 囡 そそのかし, 扇動, 教唆. a ~ de... …にそそのかされて.

ins・ti・ga・dor, do・ra [ins.ti.ga.ðór, -.ðó.ra] 形 扇動する, 教唆する. 男囡 扇動者, 教唆者.

ins・ti・gar [ins.ti.gár] 他《**a...**／＋不定詞 …するよう》扇動する, 教唆する（＝incitar）.

ins・ti・la・ción [ins.ti.la.θjón / -.sjón] 囡 **1**〖医〗点滴注入（法）；点眼（薬）.
2（思想などを）徐々に浸透させること.

ins・ti・lar [ins.ti.lár] 他 **1** 一滴ずつ垂らす, 点滴する. **2**〈思想などを〉徐々に浸透させる, 教え込む. ~ *ideas en la mente de*＋人〈人〉の心に考えを徐々に染み込ませる.

ins・tin・ti・va・men・te [ins.tin.tí.ßa.mén.te] 副 本能的に, 直観的に.

ins・tin・ti・vo, va [ins.tin.tí.ßo, -.ßa] 形 **本能的な, 直観的な**. de un modo ~ 直観的に. miedo ~ 本能的な恐怖.

ins・tin・to [ins.tín.to] 男 **1 本能**；(本能的)衝動. ~ *maternal* 母性本能. ~ *sexual* 性本能. ~ *de conservación* 自己保存の本能. por ~ 本能的に.
2 天性, 本性；天分. tener ~ para... …の才［素質］がある. **3** 直感, 勘. *Lo juzgué peligroso por ~.* 私は直感的にそれに危険だと思った.
[←〔ラ〕*īnstīnctum* (*īnstīnctus* の対格)「刺激；扇動」（*īnstinguere*「刺激する」より派生）／[関連]*instigar*. 〔英〕*instinct*]

ins・ti・tu・ción [ins.ti.tu.θjón / -.sjón] 囡 **1**（社会・福祉・教育活動などのための）**機関, 団体**；施設. ~ *pública* 公共機関. ~ *educativa* 教育施設. ~ *benéfica* 慈善団体.
2 設立, 創設；制定. ~ *de una nueva beca* 新しい奨学金の制定.
3《主に複数で》社会制度, 体制；法規. *instituciones políticas* 政治体制. ~ *monárquica* 君主制.
4《複数で》(学問などの) 原理, 原論.
ser (toda) una institución 有名人である. *Pedro es una ~ en su pueblo.* ペドロは村の名物男である.

ins・ti・tu・cio・nal [ins.ti.tu.θjo.nál / -.sjo.-] 形 **1** 制度の, 機関の. inversor ~ 機関投資家. terrorismo ~ 恐怖政治. **2** 公式な.

ins・ti・tu・cio・na・li・dad [ins.ti.tu.θjo.na.li.ðáð / -.sjo.-] 囡 組織的なもの. ~ *democrática del país* 国家の民主主義的な枠組み.

ins・ti・tu・cio・na・li・za・ción [ins.ti.tu.θjo.na.li.θa.θjón / -.sjo.-.sa.sjón] 囡 制度化, 機関化.

ins・ti・tu・cio・na・li・zar [ins.ti.tu.θjo.na.li.θár / -.sjo.-.sár] 他 制度化する, 機関を設ける.
── ~se 再 習慣になる, 決まり事になる.

ins・ti・tui・do, da [ins.ti.twí.ðo, -.ða] 形 設立された, 制度化された.

ins・ti・tui・dor, do・ra [ins.ti.twi.ðór, -.ðó.ra] 形 創設する, 設立する. 男囡 創設者, 設立者.

ins・ti・tuir [ins.ti.twír] 他 **1** 設立する, 創設する；制定する. ~ *un premio* 賞を設ける.
2（遺言状で）指名する, 指定する. ~ *un heredero* 相続人を指名する.

Ins・ti・tu・ta [ins.ti.tú.ta] 囡〖史〗ローマ法大全, ユスティニアヌス法典（＝Código de Justiniano）.
[←〔ラ〕*īnstitūta*「法規（集）」（*īnstitūtum*「制度, 風習」の《複数形》）]

ins・ti・tu・to [ins.ti.tú.to] 男 **1 研究所**,（文化・芸術などの）**協会**, 学院. *I~ de Ciencias Naturales* 自然科学研究所. *I~ de Cooperación Iberoamericana*（スペインの）イベロアメリカ協力協会（略 ICI）. *I~ Cervantes* セルバンテス協会（▶ スペイン語・スペイン文化の普及を目的として設立された公的機関）.
2（国公立の）中等教育機関, 中学校；高等学校.
3 軍事組織；宗教団体, 修道会；その規定. ~ *armado* 武装組織. **4**（特定の）商業施設. ~ *de belleza* 美容院.

ins・ti・tu・tor, to・ra [ins.ti.tu.tór, -.tó.ra] 形 設

立する,創設する;制定する.
— 男女 **1** 設立者,創設者;制定者.
2《ラ米》《ゴ》教師,教員.

ins·ti·tu·triz [ins.ti.tu.tríθ / -.trís] 女 [複 institutrices]《まれ》(女性の)家庭教師.

ins·ti·tu·yen·te [ins.ti.tu.jén.te] 形 設立[創設]のための;制定の,制度化する.

ins·truc·ción [ins.truk.θjón / -.sjón] 女 **1 教育,教授;訓練. ~ primaria 初等教育. ~ pública 公教育. → educación [類語].
2『軍』教練. **3**(教育による)知識,学識,教養. persona de gran ~ 教養豊かな人人. **4**《複数で》指示,指図;説明書 (= libro de *instrucciones*). *instrucciones* de uso 使用説明書. Monté el armario siguiendo las *instrucciones*. 私は説明書(書)に従ってたんすを組み立てた. **5**《複数で》訓令, 指令. recibir *instrucciones* 訓令を受ける. **6**『法』予審. juez de ~ 予審判事. **7**『IT』命令.

ins·truc·ti·va·men·te [ins.tru*k*.tí.ba.mén.te] 副 教育的に.

ins·truc·ti·vo, va [ins.tru*k*.tí.βo, -.βa] 形 教訓となる,有益な;教育用の. libro ~ ためになる本.

*ins·truc·tor, to·ra [ins.tru*k*.tór, -.tó.ra] 形 **1** 教える,教育用の. **2**『法』予審する. juez ~ 予審判事. — 男女 **1** 教官,教師;『スポ』コーチ,インストラクター. → profesor [類語]. **2**『法』予審判事. — 男『軍』教練教官.

ins·trui·do, da [ins.trwí.ðo, -.ða] 形 教育を受けた,教養の高い;訓練された.

*ins·truir [ins.trwír] 48 他 **1**《**en...** ...を》教える,指導する;訓練する. ~ a+人 *en* el manejo de un arma 〈人〉に武器の操作を教える. **2**『軍』教練する. **3**『スポ』コーチする. **4**《**de... / sobre...** ...を》通知する,知らせる. Me *instruyó* de [*sobre*] lo ocurrido. 彼[彼女]は私に事件のことを知らせてきた. **5**『法』予審をする. ~ una causa ある事件について予審をする.
— ~·**se** 再 (**en...** ...を)学ぶ;知識を得る.
[← [ラ] *instruere*「(上に)築く,整える;教える」(*in*-「上に」+ *struere*「積み重ねる,建てる」);関連 instrucción, construir. [英] *instruct*]

ins·tru·men·ta·ción [ins.tru.men.ta.θjón / -.sjón] 女 **1**『音楽』器楽編成(法),管弦楽法.
2(計画などの)実行.

*ins·tru·men·tal [ins.tru.men.tál] 形 **1** 器具の,器械による. **2** 楽器の. música ~ 器楽. **3**『法』証書となる,証拠となる. prueba ~ 証拠書類,書証. testigo ~ 立会人.
— 男 **1**『文法』道具格.
2《集合的》器具,装置;楽器.

ins·tru·men·ta·lis·mo [ins.tru.men.ta.lís.mo] 男『哲』概念道具説,道具主義.

ins·tru·men·ta·li·za·ción [ins.tru.men.ta.li.θa.θjón / -.sa.sjón] 女 (利欲のために)《**de...** ...を》道具のように使うこと. ~ política 政治の利用.

ins·tru·men·ta·li·zar [ins.tru.men.ta.li.θár / -.sár] 97 他 (利欲のために)〈人・ものを〉道具のように使う. ~ políticamente la historia 歴史を政治的に利用する.

ins·tru·men·tal·men·te [ins.tru.men.tál.mén.te] 副 手段として;器具[楽器]として.

ins·tru·men·tar [ins.tru.men.tár] 他 **1** 器楽[管弦楽]用に編曲する. **2**〈計画などを〉実行する.

ins·tru·men·tis·ta [ins.tru.men.tís.ta] 男女 **1** 楽器演奏者;(器楽・管弦楽用の)編曲者.
2《まれ》楽器制作家;(医療器械などの)制作者.

ins·tru·men·to [ins.tru.mén.to] 男 **1 道具,器具,機器 (= herramienta). ~ médico 医療機器. ~ de precisión 精密機械. ~ de dibujo 製図器械.
2 楽器 (= ~ musical). ¿Toca Ud. algún ~? あなたは何か楽器を弾きますか. ~ de cuerda 弦楽器. ~ de percusión 打楽器. ~ de viento 吹奏楽器. ~ de viento de madera 木管楽器.
3《比喩的》道具,手段,手立て. José utilizó a su amigo como ~ para su propio interés. ホセは私欲のために友人を道具として利用した.
4『法』法律文書.
[← [ラ] *instrūmentum*; *īnstruere*「配備する,整える;教える」(→ instruir) より派生,関連 instrucción. [英] *instrument*]

instruy- 活 → instruir.

in·sua·ve [in.swá.βe] 形 穏やかでない,荒っぽい;不愉快な.

in·sub·or·di·na·ción [in.su.βor.ði.na.θjón / -.sjón] 女 不服従,反抗.

in·sub·or·di·na·do, da [in.su.βor.ði.ná.ðo, -.ða] 形 服従しない,反抗的な.
— 男女 反抗者,不服従者.

in·sub·or·di·nar [in.su.βor.ði.nár] 他 反抗させる,反逆をそそのかす.
— ~·**se** 再 反抗する,反発する.

in·subs·tan·cial [in.su*β*s.tan.θjál / -.sjál] 形
1 実体のない;中身[内容]のない,おもしろみのない (= insustancial). **2**〈食べ物が〉味のない.

in·subs·tan·cia·li·dad [in.su*β*s.tan.θja.li.ðá*ð* / -.sja.-] 女 **1** 実体のなさ,中身[内容]のなさ (= insustancialidad). **2**〈食べ物が〉味のないこと.

in·subs·tan·cial·men·te [in.su*β*s.tan.θjál.mén.te / -.sjál.-] 副 空疎に,浅薄に.

in·subs·ti·tui·ble [in.su*β*s.ti.twí.βle] 形 取り替えられない,かけがえのない (= insustituible).

in·su·ce·so [in.su.θé.so / -.sé.-] 男《ラ米》《ゴ》大惨事. Hubo un ~. 大惨事が起きた.

*in·su·fi·cien·cia [in.su.fi.θjén.θja / -.sjén.sja] 女
1 不十分,不足. **2** 不適格,無力. la ~ de un empleado 従業員の無能さ. **3**『医』不全(症). ~ aórtica 大動脈弁閉鎖不全. ~ cardiaca 心不全. ~ cardíaca congestiva 鬱血性心不全. ~ hepática 肝不全. ~ mitral 僧帽弁閉鎖不全症. ~ renal 腎不全. ~ respiratoria 呼吸不全.

*in·su·fi·cien·te [in.su.fi.θjén.te / -.sjén.-] 形
1 不十分な,足りない (↔ suficiente). Sus esfuerzos para aprobar el examen fueron ~s. 彼[彼女]は試験に合格する努力が足りなかった.
2 不適格な,無力な. — 男 落第(点),不合格(点).

in·su·fla·ción [in.su.fla.θjón / -.sjón] 女『医』(空気)注入(法),通気(法).

in·su·fla·dor [in.su.fla.ðór] 男『医』空気注入器,通気器.

in·su·flar [in.su.flár] 他 **1**〈空気などを〉吹き入れる.
2〈感情などを〉吹き込む,抱かせる.

in·su·fri·ble [in.su.frí.βle] 形 耐えがたい,我慢できない (= insoportable, inaguantable).

ín·su·la [ín.su.la] 女 **1**《文章語》島 (= isla).
2 小統治地区. ♦Sancho Panza が Don Quijote から統治をまかされた地区を島だと思い込んだ挿話から.

in·su·lar [in.su.lár] 形 **1** 島の,島に住む. país ~

島国. **2** カナリア[バレアレス]諸島の. **3** 〖解剖〗島状の, 島状細胞群の.
— 男女 **1** 島民. **2** カナリア[バレアレス]諸島民.

in·su·la·ri·dad [in.su.la.ri.ðáð] 女 島(国)であること, 島嶼(とうしょ)性；島国根性.

in·su·li·na [in.su.lí.na] 女〖生化〗インシュリン.

In·su·lin·dia [in.su.lín.dja] 固名 (マレーシア・インドネシア・フィリピンに属する島々からなる) マレー諸島. → Malasia **2**. [ínsula + India]

in·su·li·no·te·ra·pia [in.su.li.no.te.rá.pja] 女〖医〗インシュリン療法.

in·sul·sez [in.sul.séθ / -sés] 女 [複 insulseces] **1** 味がないこと, 無味. **2** おもしろのなさ, 退屈；つまらないもの[こと].

in·sul·so, sa [in.súl.so, -.sa] 形 **1** 《ser+ / estar+》味がない.
2 味気ない, おもしろのない.

in·sul·ta·da [in.sul.tá.ða] 女 《ラ米》(デグア)(グアテ)(話)侮辱行為.

in·sul·ta·dor, do·ra [in.sul.ta.ðór, -.ðó.ra] 形 侮辱する, ばかにする. — 男女 侮辱する人.

in·sul·tan·te [in.sul.tán.te] 形 侮辱的な, ばかにするような.

***in·sul·tar** [in.sul.tár] 他 **侮辱する**, ののしる. Me *insultó* delante de todo el mundo. 彼[彼女]は皆の前で私をばかにした.
[← 〚ラ〛*īnsultāre* (*in-*「の上に」+ *saltāre*「踊る」；「跳び掛かる」が原義), 関連《英》*insult*]

***in·sul·to** [in.súl.to] 男 **1 侮辱**；侮辱的な言動. Lo que dijo ese político es un ~ para las etnias minoritarias. その政治家が言ったことは少数民族に対する侮辱である. **2** 《ラ米》(1)(ラフ゜ラ)(グアテ)消化不良, 胃もたれ. (2)(ラフ゜ラ)(コスタ)失神, 気絶.

in·su·ma·ble [in.su.má.ble] 形 **1** 加算不能な.
2 途方もない.

in·su·mer·gi·ble [in.su.mer.xí.ble] 形 沈まない, 不沈の.

in·su·mir [in.su.mír] 他〖経〗《ラ米》(ラフ゜ラ)(ある行動に関して)〈お金・時間を〉消費する. Recuperar la confianza va a ~ más de un año. 信頼を回復するのに1年以上かかるものと思われる.

in·su·mi·sión [in.su.mi.sjón] 女 **1** 不服従, 不従順. **2** 徴兵[兵役]拒否.

in·su·mi·so, sa [in.su.mí.so, -.sa] 形 **1** 服従しない, 反抗的な. **2** 徴兵[兵役]拒否の. — 男女
1 不服従者, 反抗者. **2** 徴兵[兵役]拒否者.

in·su·mo [in.sú.mo] 男〖商〗投入(量).

***in·su·pe·ra·ble** [in.su.pe.rá.ble] 形 **1 この上ない, 最高の** (= inmejorable). precios ~s 超特価. **2** 打ち勝ちがたい, 克服できない. una dificultad ~ 克服しがたい困難.

in·sur·gen·te [in.sur.xén.te] 形 反乱[暴動]を起こした, 反旗を翻した. tropas ~s 反乱軍.
— 男女 反逆者, 暴徒.

***in·su·rrec·ción** [in.su.řek.θjón / -.sjón] 女 **反乱**, 暴動. ~ popular 民衆蜂起.

in·su·rrec·cio·nal [in.su.řek.θjo.nál / -.sjo.-] 形 反乱の, 暴動の.

in·su·rrec·cio·nar [in.su.řek.θjo.nár / -.sjo.-] 他 反乱を扇動する, 暴動を起こさせる.
— **~se** 再 反乱を起こす, 蜂起(ほうき)する.

in·su·rrec·to, ta [in.su.řék.to, -.ta] 形 反乱を起こした, 蜂起(ほうき)した. — 男女 反乱者, 反逆者.

in·sus·tan·cial [in.sus.tan.θjál / -.sjál] 形 → insubstancial.

in·sus·tan·cia·li·dad [in.sus.tan.θja.li.ðáð / -.sja.-] 女 → insubstancialidad.

in·sus·ti·tui·ble [in.sus.ti.twí.ble] 形 → insubstituible.

in·ta·cha·ble [in.ta.tʃá.ble] 形〈言動などが〉完璧(かんぺき)な, 非の打ちどころのない.

***in·tac·to, ta** [in.ták.to, -.ta] 形 **1** 《estar+》**触れられていない**, 手をつけていない. Me retiraron los platos ~s. 私は口にしていない料理を下げられた. **2** 《estar+》**元のままの**；無事の, 無傷な. La casa salió *intacta* del bombardeo. 家は爆撃から免がれた. **3** 《estar+》〈問題などが〉手つかずの. un tema que ha quedado ~ 言及されていない問題.
4 混じりのない, 純粋な.

in·tan·gi·bi·li·dad [in.taŋ.xi.bi.li.ðáð] 女 不可侵性, 不可触性.

in·tan·gi·ble [in.taŋ.xí.ble] 形〖格式〗触れることができない, 不可侵の.

in·te·gé·rri·mo, ma [in.te.xé.ři.mo, -.ma] 形 [íntegro の絶対最上級]完全無欠な.

in·te·gra·ble [in.te.grá.ble] 形〖数〗積分可能な.

***in·te·gra·ción** [in.te.gra.θjón / -.sjón] 女 **1 統合**, 併合. el símbolo de la ~ nacional 国民統合の象徴. *integraciones* bancarias 銀行の合併.
2 体化；完成, 完結. **3**〖数〗積分法. **4**〖IT〗集積化. ~ a muy gran escala 超大規模集積回路, 超LSI.

in·te·gra·cio·nis·ta [in.te.gra.θjo.nís.ta / -.sjo.-] 共 人種差別撤廃論者；宗教的差別廃止論者.

in·te·gra·do, da [in.te.grá.ðo, -.ða] 形 集積した. circuito ~ 集積回路[英IC].

in·te·gra·dor, do·ra [in.te.gra.ðór, -.ðó.ra] 形 総合する, 統合的な. — 男女〖数〗積分器, 求積器.

***in·te·gral** [in.te.grál] 形 **1 総合的な, 全面的な, 完全な**. educación ~ 全人教育. **2**〖数〗積分の. cálculo ~ 積分学. **3**〈パンなどが〉無精白の. pan ~ 無精白[全粒粉]のパン. — 女 **1**〖数〗積分(記号∫). **2** (ひとりの芸術家の)作品集.

in·te·gral·men·te [in.te.grál.mén.te] 副 全面的に, 全部.

ín·te·gra·men·te [ín.te.gra.mén.te] 副 **1** すっかり, 完全に. **2** 正直に, 高潔に.

***in·te·gran·te** [in.te.grán.te] 形 構成要素の, 一部をなす；必要不可欠の. Este ensayo formará parte ~ de mi tesis doctoral. この小論は私の博士論文の一部分を構成することになるだろう.
— 男女 構成員[要素]. Es una ~ del grupo. 彼女はそのグループの一員である.

*****in·te·grar** [in.te.grár] 他 **1** (他の要素と結合して)〈全体を〉**構成する**. Los equipos que *integran* la liga son los siguientes. リーグを構成するチームは次のとおりである.
2 《en... / a...》〈全体〉に〉〈要素を〉**統合する**, 組み込む；《con...》一体化させる. ~ un nuevo guitarrista *en* el grupo グループに新しいギタリストを入れる. ~ todos los esfuerzos *en* un objetivo すべての努力を一つの目的に結集する.
3〈金額を〉返済する, 支払う. **4**〖数〗積分する.
— **~se** 再 **1** 《en... / a...》〈集団〉に〉〈人が〉適合する, 溶け込む；加わる. ~*se en* un nuevo ambiente 新しい環境になじむ. ~*se al* sindicato 組合に入る. **2** 《3人称で》《en... / a...》〈全体〉に〉統合される. La cocina *se integra en* el salón. 台所は居間の一部に組み込まれている.

in·te·gri·dad [in.te.ɡri.ðáð] 囡 **1** 完全, 完璧(ぺき);無傷. **2** 清廉, 誠実.

in·te·gris·mo [in.te.ɡrís.mo] 男 **1**〖宗〗原理主義(= fundamentalismo). **2**〖史〗旧体制擁護主義. ♦スペインで19世紀後半カルロス党の分裂を契機に表面化した政治思想. 教義のいかなる変更も認めない「完全な」教権的カトリックの伝統を擁護し, すべての面での自由主義との戦いを信条とした.

in·te·gris·ta [in.te.ɡrís.ta] 形 旧体制擁護主義的な. movimiento 〜 旧体制擁護主義的な運動. ——男囡 旧体制擁護主義者.

__ín·te·gro, gra__ [ín.te.ɡro, -.ɡra] 形 **1** 完全な, 全部の;無傷の. en versión *íntegra* 無削除版で(の), カットなしで(▶本の「削除版」は una edición expurgada). la suma *íntegra* 総計.
2 清廉な, 誠実な.
[←〚ラ〛*integrum* (*integer*「完全な」の対格); 関連〚英〛*entire*「全体の;完全な」, *integral*]

in·te·gu·men·to [in.te.ɡu.mén.to] 男 **1**〖動〗〖植〗外皮, 外包. **2** 見せかけ, カムフラージュ.

in·te·lec·ción [in.te.lek.θjón / -.sjón] 囡 理解.

in·te·lec·ti·vo, va [in.te.lek.tí.βo, -.βa] 形 知力の, 理解力を持った.
——囡《格式》理解力, 思考能力.

in·te·lec·to [in.te.lék.to] 男 知力, 理解力.

__in·te·lec·tual__ [in.te.lek.twál] 形《+名詞》《ser +》知的な, 知能の. nivel 〜 知的水準. trabajo 〜 知的[頭脳]労働. propiedad 〜〖法〗知的財産(権), 知的所有権. cociente [coeficiente] 〜 知能指数, I Q.
——男囡 知識人, インテリ.

in·te·lec·tua·li·dad [in.te.lek.twa.li.ðáð] 囡
1 知的であること;知性, 知力.
2《まれ》(集合的)知識階級, インテリゲンチャ.

in·te·lec·tua·lis·mo [in.te.lek.twa.lís.mo] 男
1〖哲〗主知主義, 主知説.
2《軽蔑》知性偏重の傾向.

in·te·lec·tua·lis·ta [in.te.lek.twa.lís.ta] 形 主知主義的な;知性偏重の.
——男囡 主知主義者;知性を偏重する人.

in·te·lec·tua·li·za·ción [in.te.lek.twa.li.θa.θjón / -.sa.sjón] 形 知的になること.

in·te·lec·tua·li·zar [in.te.lek.twa.li.θár / -.sár] 97 他 知的にする;知的に考える.

in·te·lec·tua·loi·de [in.te.lek.twa.lói.ðe] 形《軽蔑》インテリの. ——男囡 知識人.

__in·te·li·gen·cia__ [in.te.li.xén.θja / -.sja] 囡 **1** 知能, 知性;聡明(めい)さ. hombre de gran 〜 非常に頭のいい[男性. dar pruebas de 〜 知性の片鱗(りん)をうかがわせる. test de 〜 知能検査. 〜 artificial 〖IT〗人工知能.
2 巧みさ, 能力. tener 〜 para los negocios 商才がある. **3** 理解, 理解力. Él no ha llegado a la 〜 de lo grave del asunto. 彼は事の重大さがよく飲み込めなかった. **4** 了解, 合意. 〜 entre los dos 両者の意思の疎通. en la 〜 de que... …を了承した上で, …という前提で. **5** 知性的存在. **6** 情報[諜報(ちょうほう)]機関[部](= servicio de 〜).
[←〚ラ〛*intelligentiam* (*intelligentia* の対格) (*intlegere*「認識する, 理解する」より派生);関連 inteligente, intelectual. 〚英〛*intelligence*]

in·te·li·gen·cia·do, da [in.te.li.xen.θjá.ðo, -.ða / -.sjá.-] 〈人が〉知らされている, わかっている;知識のある.

__in·te·li·gen·te__ [in.te.li.xén.te] 形《+名詞/名詞+》《ser + / estar +》
1 頭のいい, 聡明(めい)な, 知能の高い. chico 〜 頭のいい少年. decisión 〜 賢明な決断. El Delfín es un animal 〜. イルカは賢い動物だ. **2**《名詞+》知性[理解力]のある, 理知的な. El hombre es un ser 〜. 人間は知的存在である. **3**《名詞+》〖IT〗コンピュータ化した, 情報処理機能を持つ. edificio 〜 インテリジェントビル. tarjeta 〜 スマートカード, ICカード. ——男囡 頭のいい人, 聡明な人.

in·te·li·gen·te·men·te [in.te.li.xén.te.mén.te] 副 賢く;賢明にも. *I*〜, ella se lo dijo a él. 賢明にも彼女は彼にそれを言った.

in·te·li·gi·bi·li·dad [in.te.li.xi.βi.li.ðáð] 囡 理解できること, わかりやすさ;明瞭(りょう).

in·te·li·gi·ble [in.te.li.xí.βle] 形 **1** 理解できる, わかりやすい. **2** はっきりと聞き取れる;明瞭(りょう)な.

in·te·li·gi·ble·men·te [in.te.li.xí.βle.mén.te] 副 はっきりと, わかりやすく.

in·tel·li·gen·tsia [in.te.li.ɡén.(t)sja] 囡 インテリゲンチャ, インテリ(層), 知識階級.
[←〚ロシア〛*intelligentsiya*]

in·te·me·ra·ta [in.te.me.rá.ta] 囡《話》大量, 莫大(な数・量).

in·tem·pe·ran·cia [in.tem.pe.rán.θja / -.sja] 囡 **1** 節度のなさ;不節制, 放縦. **2** 不寛容.

in·tem·pe·ran·te [in.tem.pe.rán.te] 形 **1** 節度がない;不節制な, 放縦な. 〜 en la bebida 暴飲する. **2** 寛容でない, 文句の多い.

in·tem·pe·rie [in.tem.pé.rje] 囡《まれ》天候不順, 悪天候.
a la intemperie 戸外で. dormir *a la* 〜 野宿する. estar *a la* 〜 戸外にいる;野ざらしである.

in·tem·pes·ti·va·men·te [in.tem.pes.tí.βa.mén.te] 副 タイミング悪く, 時宜をわきまえずに.

in·tem·pes·ti·vo, va [in.tem.pes.tí.βo, -.βa] 形 タイミングの悪い, 時ならぬ.

in·tem·po·ral [in.tem.po.rál] 形 非時間的な;時を超えた, 永遠の.

in·tem·po·ra·li·dad [in.tem.po.ra.li.ðáð] 囡 非時間性, 永遠性.

__in·ten·ción__ [in.ten.θjón / -.sjón] 囡 **1** 意図, 意向, 目的. de buena [mala] 〜 善意[悪意]で. tener la 〜 de +不定詞 …するつもりである. con la 〜 de +不定詞 …するつもりで.
2 故意;悪意. con 〜 故意に, 意図的に.
3〖カト〗(ミサを挙行する)意向.
4(動物の)性悪, 狂暴. toro de 〜 癖の悪い牛.
de primera intención (1) 初めは, 最初は. *De primera* 〜, pensaba ir en taxi al aeropuerto. 初めはタクシーで空港まで行こうと思っていた. (2) 一時的に, 仮に. curar *de primera* 〜 a+人〈人〉に応急処置を施す.
doble [*segunda*] *intención*《話》下心, 底意.
[←〚ラ〛*intentiōnem* (*intentiō* の対格); *intendere*「(手を)差し出す;意図する」(*in*-「に向かって」+ *tendere*「張る」);関連 intentar, entender. 〚英〛*intention*]

in·ten·cio·na·da·men·te [in.ten.θjo.ná.ða.mén.te / -.sjo.-] 副 意図的に, わざと.

in·ten·cio·na·do, da [in.ten.θjo.ná.ðo, -.ða / -.sjo.-] 形 ある意図を持った;故意の, 意図的な. bien [mal] 〜 善意[悪意]の.

in·ten·cio·nal [in.ten.θjo.nál / -.sjo.-] 形 意図的な, 故意の;計画的な.

in·ten·cio·na·li·dad [in.ten.θjo.na.li.ðáð / -.sjo.-] 囡 故意(性), 意図性.

in·ten·den·cia [in.ten.dén.θja / -.sja] 囡 **1** 監督(職), 管理(職). **2**《軍》補給部隊, 主計部. **3**《史》インテンデンシア. 18世紀にスペイン・ブルボン王朝が新大陸植民地行政の中央集権化の防止, 収入増加を目的として設置した制度［管轄地］. **4**《ラ米》(1)（ｸﾞｱﾃ）市役所；市長(職), 市長の任期. (2)（ｱﾙｾﾞ）管轄地区.

in·ten·den·ta [in.ten.dén.ta] 囡 女監督官；監督官の妻.

in·ten·den·te [in.ten.dén.te] 男 **1**（行政）監督官, 長官. **2**《軍》需品［補給］課長. **3**《史》(intendencia を司る）監督官, インテンデンテ. **4**《ラ米》(1)（ｸﾞｱﾃ）市長. (2)（ﾁﾘ）知事. (3)（ｳﾙｸﾞ）清掃係；警部.

in·ten·sa [in.tén.sa] 囡 → intenso.

‡**in·ten·sa·men·te** [in.tén.sa.mén.te] 副 **1** 激しく, 強く. Ayer llovió muy ～. 昨日はとても激しく雨が降った. **2** とても, 非常に.

in·ten·sar [in.ten.sár] 他 → intensificar.

‡**in·ten·si·dad** [in.ten.si.ðáð] 囡 **1** 激しさ, 強烈さ, 強さ. ～ del dolor 痛みの激しさ. con mucha ～ 激しく. **2**《電》電気量.

in·ten·si·fi·ca·ción [in.ten.si.fi.ka.θjón / -.sjón] 囡 強める［する］こと；増強, 強化.

in·ten·si·fi·ca·dor, do·ra [in.ten.si.fi.ka.ðór, -.ðó.ra] 形 強くする. Algunos diminutivos son ～es. 縮小辞には強調の働きをするものがある. — 男 囡 強化する人. — 男 **1** 増強装置. ～ de imagen イメージインテンシファイア：月明かりの下で暗視するための装置. **2**《文法》強意語.

in·ten·si·fi·car [in.ten.si.fi.kár] 102 他 強める；増強［強化］する, 厳重にする. La policía *intensificó* la vigilancia. 警察は警戒を強めた.
— ～·se 再 強まる, 激しくなる；強化される.

in·ten·sión [in.ten.sjón] 囡 → intensidad.

in·ten·si·va·men·te [in.ten.si.ßa.mén.te] 副 集中的に；強烈に.

in·ten·si·vo, va [in.ten.sí.ßo, -.ßa] 形 **1** 強めた, 強化した, 集中的な. curso ～ 速成［速成］コース. entrenamiento ～ ハードトレーニング. cultivo ～ 集約農業. **2**《文法》強意の, 強調の.

‡**in·ten·so, sa** [in.tén.so, -.sa] 形《多くは＋名詞／名詞＋》《ser＋》**1** 激しい, 強烈な, 強い. ～ dolor de estómago 激しい胃の痛み. frío ～ 厳しい寒さ. color ～ 強烈な［濃い］色. El tráfico *es* ～ en el centro de la ciudad. 都心は交通が激しい.
2 熱烈な；熱心な, 真剣な. amor ～ 激しい愛. hacer un ～ esfuerzo 非常な努力をする. unos meses de ～ trabajo 数か月間の重労働.
[←［ラ］*intensum* (*intensus* の対格) (*intendere* 「（手を）伸ばす；引き締める」の完了分詞)；関連 intensivo. ［英］*intense* 「激しい, 強い」, *intensive* 「集中した」]

‡**in·ten·tar** [in.ten.tár] 他 企てる；《＋不定詞／que＋接続法 …することを》試みる. ～ una aventura 冒険を試みる. ¡*Inténtalo*! それをやってごらん. *Intente ser* más discreto. もう少し分別を持ってください. *Intenté* en vano *consolar*la. 彼女を慰めようとしたがだめだった. *Intentamos que* lo *aceptara*, pero no hubo manera. 私たちは彼[彼女]にそれを認めさせようとしたが, そのすべがなかった.

‡**in·ten·to** [in.tén.to] 男 企て, もくろみ；《スポ》試技,（チームによる攻撃の）仕掛け. ～ de suicidio 自殺未遂. no pasar del ～ 企画倒れになる. El ～ de convencer a sus padres fue en vano. 彼[彼女]の両親を説得する努力は徒労に終わった. al primer ～《スポ》最初の試技で. El equipo hizo repetidos ～s, pero todos fracasaron. チームは何度も攻撃を仕掛けたがすべて失敗した.
al [*a*] *intento de...*《ラ米》(ﾌﾟｴﾙﾄ)(ﾄﾞﾐ)…する目的で.
de intento 故意に.
tener intento de... …するつもりである.

in·ten·to·na [in.ten.tó.na] 囡《話》無謀な企て［たくらみ］.

inter-《接頭》「…の間, 相互に, 交互に」の意. → *inter*cambiar, *inter*nacional. [←［ラ］]

ín·ter [ín.ter] *en el ínter* そうこうする間に.

in·ter·a·ca·dé·mi·co, ca [in.te.ra.ka.ðé.mi.ko, -.ka] 形 アカデミー（相互）間の. la comisión *interacadémica* 列国アカデミー委員会.

‡**in·ter·ac·ción** [in.te.rak.θjón / -.sjón] 囡 相互作用, 相互の影響. ～ entre las dos culturas 二つの文化の相互の影響.

in·ter·ac·cio·nar [in.te.rak.θjo.nár / -.sjo.-] 自 **1**《con... …と》相互作用を及ぼす, 双方向に動く（＝interactuar）. Puede ～ *con* el ADN. それはDNAと相互作用する. **2**〈複数の人・ものが〉（一緒になって）関与する.

in·ter·ac·cio·nis·mo [in.te.rak.θjo.nís.mo / -.sjo.-] 男《哲》相互作用説. ～ simbólico シンボリック相互作用論.

in·ter·ac·ti·vi·dad [in.te.rak.ti.ßi.ðáð] 囡 インタラクティブ性, 双方向の情報発信. Esta red permite la ～. このネットワークによって双方向の情報伝達が可能になる.

in·ter·ac·ti·vo, va [in.te.rak.tí.ßo, -.ßa] 形 インタラクティブな, 双方向の. televisión *interactiva* 双方向テレビ（番組）. participación *interactiva* 双方向からの参加.

in·ter·ac·tuan·te [in.te.rak.twán.te] 男 囡（ある場の）関与者. la distancia entre los ～s 会話参加者間の距離.

in·ter·ac·tuar [in.te.rak.twár] 85 自〈ユーザーが〉《con...〈パソコンなど〉と》双方向に関与する. Los usuarios pueden ～ *con* las noticias. ユーザーはお知らせにアクセスできる.

in·ter·a·lia·do, da [in.te.ra.ljá.ðo, -.ða] 形 同盟国間の；（特に第一次世界大戦の）連合国間の.

in·ter·a·me·ri·ca·no, na [in.te.ra.me.ri.ká.no, -.na] 形（南北）アメリカ大陸諸国間の.

in·ter·an·di·no, na [in.te.ran.dí.no, -.na] 形 アンデス山脈を間に挟んだ国同士の. comercio ～ アンデス諸国間交易.

in·ter·a·nual [in.te.ra.nwál] 形 前年度比の. tasa ～ 前年度比.

in·ter·ban·ca·rio, ria [in.ter.baŋ.ká.rjo, -.rja] 形 銀行間の. mercado ～ 銀行間市場, インターバンク市場.

in·ter·ca·den·cia [in.ter.ka.ðén.θja / -.sja] 囡 **1**《医》(2拍動間に1拍動が余分に加わる）脈拍不整. **2** 気まぐれ.

in·ter·ca·den·te [in.ter.ka.ðén.te] 形 **1**《医》〈脈拍が〉不整の. **2** 気まぐれな, 一定でない.

in·ter·ca·la·ción [in.ter.ka.la.θjón / -.sjón] / **in·ter·ca·la·du·ra** [in.ter.ka.la.ðú.ra] 囡 間に差し挟むこと［挟まったもの］, 挿入(物).

in·ter·ca·lar [in.ter.ka.lár] 形 **1** 挿入された, 間

に入った．**2** 閏($\frac{3}{5}$)の．día ～ 閏日（2月29日）．► 「閏年」は año bisiesto.━他 《**entre...** …の間に / **en...** …に》間に入れる，挿入する．～ episodios *en* la novela 小説の中にエピソードを折り込む．

in·ter·cam·bia·ble [in.ter.kam.bjá.ble] 形 相互に交換できる，取り替え[交代]可能．

in·ter·cam·bia·dor, do·ra [in.ter.kam.bja. đór, -.đó.ra] 形 相互交換の，相互交換に役立つ．━男 **1** 《スペイン》（バスと鉄道など複数の交通機関の）乗り継ぎ施設［ターミナル］．**2** 交換器．

***in·ter·cam·biar** [in.ter.kam.bjár] 82 他 **1**《**con...** …と》交換する，取り交わす．**2**《商》交換する．━～**·se** 再 相互交換する．～*se* estudiantes 学生を相互交換する．

***in·ter·cam·bio** [in.ter.kám.bjo] 男 **1** 相互交換，やりとり；交流．～ de cartas 書簡のやりとり，～ cultural 文化交流．**2** 貿易，通商．～*s* comerciales 交易．

intercambiador（乗り継ぎターミナル）

in·ter·ce·der [in.ter.θe.đér / -.se.-] 自 《**por...** / **a favor de...** …のために》《**con...** / **ante...** …に対して》取りなす，仲介の労を取る．*Intercedió con* mis padres para que me permitieran ir al baile. 私がダンスパーティーに行けるように彼［彼女］は両親に話してくれた．*Intercedí por* ti *ante* tu jefe. 私は君のために君の上司との間に入った．

in·ter·ce·lu·lar [in.ter.θe.lu.lár / -.se.-] 形 《生物》細胞間の．

in·ter·cen·tros [in.ter.θén.tros / -.sén.-] 形 《性数不変》センター間の，諸機関間の．

in·ter·cep·ción [in.ter.θep.sjón / -.sep.sjón] 女 → interceptación.

in·ter·cep·ta·ción [in.ter.θep.ta.θjón / -.sep.-.sjón] 女 **1** 途中で捕らえる［奪う］こと；（通信の）傍受．**2** 遮断，妨害．**3**《スポ》インターセプト．

in·ter·cep·tar [in.ter.θep.tár / -.sep.-] 他 **1** 途中で捕らえる［奪う］，横取りする；〈通信〉傍受する．～ una comunicación telefónica 電話の盗聴をする．**2**（通行・交通路を）遮る，遮断する．*Un camión intercepta* la entrada del edificio. 一台のトラックが建物の入り口をふさいでいる．**3**《スポ》インターセプトする．

in·ter·cep·tor, to·ra [in.ter.θep.tór, -.tó.ra / -.sep.-] 形 横取りする，遮る．━男女 横取りする人；遮る人．━男《軍》迎撃機（= avión ～）．

in·ter·ce·sión [in.ter.θe.sjón / -.se.-] 女 仲裁，調停；《カト》取りなし．por la ～ del jefe 上司の取りなしによって．

in·ter·ce·sor, so·ra [in.ter.θe.sór, -.só.ra / -.se.-] 形 取りなしの，仲裁[仲介]の．━男女 仲裁者，調停者；《カト》取りなす人．

in·ter·ce·so·ria·men·te [in.ter.θe.só.rja.mén.te / -.se.-] 副 仲裁によって，調停[仲介]によって．

in·ter·cit·y [in.ter.θí.ti / -.sí.-] 男〔複 ～，～**s**, (intercities)〕《スペイン》（ヨーロッパの）都市間輸送急行列車．► 普通車のほか，グリーン車相当車両，カフェテリアが連結されている．

in·ter·cla·sis·ta [in.ter.kla.sís.ta] 形 社会階層間の，階級間の．

in·ter·club [in.ter.klúβ] 形《ラ米》《話》〈試合が〉クラブ間の，クラブ対抗の．

in·ter·co·lum·nio [in.ter.ko.lúm.njo] 男《建》柱間($\frac{5}{5}$)：柱と柱の間の空間．

in·ter·co·mu·ni·ca·ción [in.ter.ko.mu.ni.ka.θjón / -.sjón] 女 **1** 相互の通信，連絡（= interconexión）．**2**（電話の）内線通話．

in·ter·co·mu·ni·ca·dor [in.ter.ko.mu.ni.ka.đór] 男 内部通話装置，インターホン．

in·ter·co·mu·ni·car [in.ter.ko.mu.ni.kár] 102 他 相互に通信[連絡]する；〈各部局に〉内線通話網を設置する．

in·ter·co·nec·ti·vi·dad [in.ter.ko.nek.ti.βi.đáđ] 女《IT》（ネットワーク内の相互）接続．～ global 世界中がお互いやりとりできること．Éste es un software que soporta ～ entre varios sistemas operativos. これはいくつものOS間の相互接続をサポートするソフトです．

in·ter·co·ne·xión [in.ter.ko.nek.sjón] 女 相互連結．

in·ter·con·ti·nen·tal [in.ter.kon.ti.nen.tál] 形 大陸間の，大陸間を結ぶ．misil balístico ～ 大陸間弾道弾［ミサイル］［英 ICBM］．

in·ter·cool·er [in.ter.kú.ler]［英］男 インタークーラー，（エンジン用）中間冷却器．

in·ter·cos·tal [in.ter.kos.tál] 形《解剖》肋間(殻)の．músculos ～*es* 肋間筋．

in·ter·cul·tu·ral [in.ter.kul.tu.rál] 形 異文化間の．educación ～ 異文化教育．

in·ter·cu·rren·te [in.ter.ku.r̃en.te] 形《医》併発[介入]性の．

in·ter·cu·tá·ne·o, a [in.ter.ku.tá.ne.o, -.a] 形 皮下の．

in·ter·de·cir [in.ter.đe.θír / -.sír] 52 他［過分］は interdicho］禁じる，禁止する（= prohibir）．

in·ter·den·tal [in.ter.đen.tál] 形 **1**《音声》歯間音の．**2** 歯間の．━女 歯間音：ce, ci, za, zo, zu などの舌先を前歯の間に挟んだ発音［θ］．

in·ter·de·par·ta·men·tal [in.ter.đe.par.ta.men.tál] 形 各部間の，各部局間の．[← 英 *interdepartmental*]

in·ter·de·pen·den·cia [in.ter.đe.pen.dén.θja / -.sja] 女 相互依存．

in·ter·de·pen·dien·te [in.ter.đe.pen.djén.te] 形 相互依存の．

in·ter·dic·ción [in.ter.đik.θjón / -.sjón] 女《格式》禁止，停止．～ civil《法》禁治産宣告；市民権停止．～ de residencia [lugar]《法》居住禁止．

in·ter·dic·to, ta [in.ter.đík.to, -.ta] 形《ラ米》(ほろ)《法》禁止処分を受けた．━男 **1**《法》略式裁判（= juicio sumario）．**2** 停止，禁止；《カト》聖務停止．

in·ter·di·gi·tal [in.ter.đi.xi.tál] 形 指間の．membrana ～（水鳥などの）水かき．

in·ter·dis·ci·pli·nar [in.ter.đis.θi.pli.nár / -.si.-] 形 → interdisciplinario.

in·ter·dis·ci·pli·na·rie·dad [in.ter.đis.θi.pli.na.rje.đáđ / -.si.-] 女 学際(性)，学際的であること．

in·ter·dis·ci·pli·na·rio, ria [in.ter.đis.θi.pli.ná.rjo, -.rja / -.si.-] 形 いくつかの分野にまたがる，学際的な．

in·ter·em·pre·sa·rial [in.te.rem.pre.sa.rjál] 形（国家を越えた）企業間の．cooperación ～ 企業同士の協力．

interés

in·te·rés [in.te.rés] 男 **1** 興味, 関心；切望；熱意. tener [mostrar ~] por [en]... …に興味をもつ[示す]. estudiar con mucho ~ 勉強に打ち込む. Su discurso despertó gran ~ entre los oyentes. 彼[彼女](ら)の講演は聴衆の多大な関心を呼び覚ました. un tema de mucho ~ 興味深い話. Tengo ~ en que vengan. 彼らが来てくれたらいいのだが.
2 意義, 重要性. un lugar de ~ turístico 観光名所. un progreso de gran ~ 価値ある発展.
3 利益；損得, 打算；《複数形で》利害関係. actuar por su propio ~ 私利私欲で動く. casarse por ~ 打算で結婚する. por el ~ público 公益のために. teléfono de ~ general 公的機関の電話(番号). defender los *intereses* de... …の立場を擁護する. perjudicar los *intereses* de... …の利益を損なう.
4 利子；《複数形で》利息(金)；配当収益. ~ simple [compuesto] 単利[複利]. a [con] un ~ del diez por ciento 10パーセントの利子で. tipo de ~ 利率. prestar con ~ 利子付きで貸す. devengar *intereses* 利息を生む. **5** 《複数形で》財産.
[← [中ラ] *interesse* 「利益, 利子」← [ラ] 自動 「…の間にある；に関係がある」(*inter-*「間に」+ *esse*「在る」). 関連 interesante, 反意 *disinterest*]

in·te·re·sa·ble [in.te.re.sá.ble] 形 勘定高い, 欲深い.

in·te·re·sa·da·men·te [in.te.re.sá.ða.mén.te] 副 **1** 関心[興味]を持って. **2** 欲に駆られて.

in·te·re·sa·do, da [in.te.re.sá.ðo, -.ða] 形 **1** (en... / por...…に)興味を持った, 関心がある；関係する. ~ *en* el proyecto その計画に関心のある. **2** 打算的な, 私心のある. obrar de una manera interesada 欲得ずくで動く.
━ 男 女 **1** 関心のある人；当事者, 関係者. Los ~s se servirán pasar por nuestras oficinas. (募集広告で)応募する方は当社までお越しください.
2 打算的な[私心のある]人.

in·te·re·san·te [in.te.re.sán.te] 形 (+名詞 / 名詞+) (ser+) **1** 興味を起こさせる, おもしろい；(+不定詞 / que+接続法…するのは) ためになる. datos ~s 興味深いデータ. un libro ~ おもしろい本. Sería ~ que sacaras el carnet de conducir. 君が免許を取れば役に立つだろう. ▶ 笑いを誘う「おもしろい」の意味を表すのは gracioso. **2** (人が) 魅力的な. una mujer ~ すてきな女性.
hacerse el interesante 《話》人の関心を引こうとする. ▶ el interesante は主語の性数によって動く.

in·te·re·sar [in.te.re.sár] 自 **1** (*interesarle* (a+人) (人)にとって) 興味[関心]がある. por si *te interesa* 君が興味があるかもしれないから. *Le interesa* la poesía española. 彼[彼女]はスペインの詩に興味を持っている. Ya no *me interesa* Juan. もう私はフアンには興味はない. Es una propuesta que *interesa* 興味深い提案である.
2 (*interesarle* (a+人) (人)が) (+不定詞 / que+接続法…するのが) 有益と感じる. *Me interesa tomar* este curso para mi futuro. 将来のために私はこの講座を取っておきたい. No *me interesa* mucho *que baje* el precio. 値段が下がっても私にはあまり関係ない.
━ 他 **1** (en...) (…について) (人の) 興味を起こさせる；〈人を〉(…に) 参入させる. Los *interesé en* mi proyecto. 私は彼らを私の計画に巻きこんだ. **2** 〈体の一部に〉損傷を与える. La bala *interesó* el pulmón izquierdo. 銃弾で左肺が損傷した.
━ ~·se 再 (por... …に) 興味を持つ. *Se interesa* mucho *por* tu salud. 彼[彼女]は君の健康をすごく気遣っている.

in·te·re·sen·cia [in.te.re.sén.θja / -.sja] 女 (個人としての行事・会議への) 参加, 出席.

in·te·re·sen·te [in.te.re.sén.te] 形 参会する.

in·ter·es·ta·tal [in.te.res.ta.tál] 形 国家間の. autopista ~ 国境をまたぐ高速道路.

in·ter·es·te·lar [in.te.res.te.lár] 形 恒星間の, 星と星との間の.

in·ter·eu·ro·pe·o, a [in.te.reu.ro.pé.o, -.a] 形 ヨーロッパ間の.

in·ter·face [in.ter.féis] [英] 女 (または男) 【IT】 → interfaz.

in·ter·fa·se [in.ter.fá.se] 女 【生物】 (細胞分裂の) 間期.

in·ter·faz [in.ter.fáθ / -.fás] 女 [複 interfaces] 【IT】 **1** ユーザーインターフェース：キーボードやモニタなどのユーザーが直接操作・利用する部分の使い勝手. **2** インタフェース：仲介装置, 仲介手順. cable de ~ paralela パラレルインタフェースケーブル.

in·ter·fec·to, ta [in.ter.fék.to, -.ta] 形 惨殺された. ━ 男 女 **1** 【法】惨殺された者, 惨殺死体. **2** 《スペイン》《話》当人, 話題の人物.

in·ter·fe·ren·cia [in.ter.fe.rén.θja / -.sja] 女 **1** 干渉, 口出し. **2** 【物理】(電波などの) 干渉；(電波による) 妨害, 混信. franjas de ~ 干渉縞. **3** 【スポ】妨害, インターフェア. **4** 【言】干渉.

in·ter·fe·rir [in.ter.fe.rír] 27 他 **1** 妨害する, じゃまをする. **2** 干渉する, 口出しする. **3** 【物理】〈電波に〉干渉を起こす. ~ una emisión 放送を妨害する. **4** 【スポ】インターフェアをする.
━ 自 (en... …に) 干渉する, 口出しする.
━ ~·se 再 (en...) (…を) 妨害する；(…に) 干渉する.

in·ter·fe·rón [in.ter.fe.rón] 男 【生物】インターフェロン：ウイルスの増殖を抑えるたんぱく質.

in·ter·fi·jo [in.ter.fí.xo] 男 → infijo.

in·ter·flu·vio [in.ter.flú.bjo] 男 【地理】中洲, 河川に挟まれた土地.

in·ter·fo·liar [in.ter.fo.ljár] 82 他 【印】間紙を入れる (= interpaginar).

in·ter·fo·no [in.ter.fó.no] 男 インターホン, 屋内電話.

in·ter·ga·lác·ti·co, ca [in.ter.ga.lák.ti.ko, -.ka] 形 銀河間の.

in·ter·gla·ciar [in.ter.gla.θjár / -.sjár] 形 【地質】間氷河期の, 間氷期の.

in·ter·gu·ber·na·men·tal [in.ter.gu.ber.na.men.tál] 形 政府間の.

in·ter·gu·ber·na·men·ta·lis·mo [in.ter.gu.ber.na.men.ta.lís.mo] 形 (異なった国の) 政府がお互いに助け合うこと.

ín·te·rin [in.te.rin] 男 **1** 《まれ》合間, 暫時. en el ~ その間に, 取りあえず. **2** 代理[代行]期間.
━ 副 その間に；そうこうする間に.

interfono
(インターホン)

in·te·ri·na·men·te [in.te.rí.na.mén.te] 副 臨時に, 仮に.

in·te·ri·nar [in.te.ri.nár] 他 …の代理をする, 代行する. ~ el cargo de presidente 議長職を代行する.

in·te·ri·na·to [in.te.ri.ná.to] 男《ラ米》代理, 代行; 代行期間.

in·te·ri·ni·dad [in.te.ri.ni.ðáð] 女 1 一時的[暫定的]なこと. 2 代理, 代行(職, 期間).

in·te·ri·no, na [in.te.rí.no, -.na] 形 代理で[代行]の; 臨時の, 暫定の. el gobierno ~ 臨時政府. presidente ~ 議長代理[代行]. una solución *interina* 仮決定, 中間答申. ━男 女 代行者, 代理人.

in·ter·in·su·lar [in.te.rin.su.lár] 形 島と島の間における. los vuelos ~es 島の間を移動する航空便.

✳✳in·te·rior [in.te.rjór] 形《名詞+》 1 **内部の**, 内側の (↔exterior). patio ~ 中庭. habitación ~ (表に面していない)内側の部屋. ropa ~ 下着.
2 内的な, 精神的な. mundo [vida] ~ 精神世界[生活]. conflicto ~ 内面の葛藤(ξ›).
3 自国の, 国内の (↔exterior). mercado ~ 国内市場. política ~ 国内政策, 内政. el Producto *I*~ Bruto 国内総生産《略 PIB》. 4 内陸(部)の.
━男 1 内部, 内側; 内面. decoración de ~es 室内装飾. decir para su ~ 独り言を言う, 心の中でつぶやく. 2 国内. Ministerio del [de] *I*~ 内務省. 3 内陸(部). 4《映》《ＴＶ》屋内シーン; 屋内セット. 5《スポ》(サッカー)インサイド・フォワード. ~ derecha [izquierda] インサイド・ライト[レフト]フォワード. 6《複数で》内臓. 7《ラ米》(1) 地方.
(2)（ｻﾞﾃﾞｨ）（ﾋﾞｼﾞﾋﾞ）(男性用の)下着.
[← [ラ] *interiōrem* (*interior* の対格)] 関連 inter-no.〖英〗 *interior*.

in·te·rio·ri·dad [in.te.rjo.ri.ðáð] 女 1 内部, 内心; 内部性. 2《複数で》内密なこと; 私事; 秘め事. meterse en ~es de los demás 他人の私事に口出しする.

in·te·rio·ris·mo [in.te.rjo.rís.mo] 男 インテリア研究; 内装の仕上げ.

in·te·rio·ris·ta [in.te.rjo.rís.ta] 男 女 インテリアデザイナー, インテリアコーディネーター.

in·te·rio·ri·za·ción [in.te.rjo.ri.θa.θjón / -.sa.sjón] 女 1 感情を表に出さないこと. 2 (心の)内に取り込むこと, 理解. 3〖心〗内面化.

in·te·rio·ri·zar [in.te.rjo.ri.θár / -.sár] 97 他 1 〈感情・信条を〉表に出さない; 内面化する.
2 〈思想・知識などを〉深める; 自分のものにする.
3《ラ米》(1)（ξ›）〈情報を〉知らせる,〈人に〉報告する. (2) 詳しく調べる[研究する].
━ ~·se 再 1 独りの世界に入り込む, ひきこもる. 2《ラ米》（ξ）（ξ›）(en...) 《…の》知識を深める,《…に》精通する.

in·te·rior·men·te [in.te.rjór.mén.te] 副 内部では, 内心では.

in·ter·jec·ción [in.ter.xek.θjón / -.sjón] 女 感嘆;〖文法〗間投詞.

in·ter·jec·ti·vo, va [in.ter.xek.tí.bo, -.ba] 形 間投詞の, 間投詞的な.

in·ter·leu·ci·na [in.ter.leu.θí.na / -.sí.-] 女 → interleuquina.

in·ter·leu·ki·na [in.ter.leu.kí.na] 女 → interleuquina.

in·ter·leu·qui·na [in.ter.leu.kí.na] 女〖生化〗インターロイキン: 細胞間伝達物質.

in·ter·lí·ne·a [in.ter.lí.ne.a] 女 1《格式》行間 (= entrelínea). 2〖印〗インテル (= regleta).

in·ter·li·ne·a·ción [in.ter.li.ne.a.θjón / -.sjón] 女 1 行間をあけること; 行間記入.
2〖印〗行間の配置.

in·ter·li·ne·a·do [in.ter.li.ne.á.ðo] 男 行間行.

in·ter·li·ne·al [in.ter.li.ne.ál] 形 行間の, 行間に書かれた.

in·ter·li·ne·ar [in.ter.li.ne.ár] 他 1 行間に書き込む. 2〖印〗行間にインテルを入れる.

in·ter·lo·cu·ción [in.ter.lo.ku.θjón / -.sjón] 女 会話, 対話.

in·ter·lo·cu·tor, to·ra [in.ter.lo.ku.tór, -.tó.ra] 男 女 **対話者**, 対談者.

in·ter·lo·cu·to·rio, ria [in.ter.lo.ku.tó.rjo, -.rja] 形〖法〗中間(判決)の.

in·tér·lo·pe [in.tér.lo.pe] 形 もぐり(営業)の, 密売買の.

in·ter·lu·dio [in.ter.lú.ðjo] 男〖音楽〗間奏(曲); 〖演〗幕間(ξ›)の寸劇.

in·ter·lu·nio [in.ter.lú.njo] 男〖天文〗無月期間: 陰暦30日ごろの約4日間.

in·ter·ma·xi·lar [in.ter.mak.si.lár] 形〖解剖〗顎骨(ξ›)間の.

in·ter·me·dia·ción [in.ter.me.ðja.θjón / -.sjón] 女 両者の仲裁;〖経〗仲介.

in·ter·me·dia·dor, do·ra [in.ter.me.ðja.ðór, -.ðó.ra] 形 (金融市場において) 仲介する. banco ~ 仲介銀行.
━男 女 仲介者, 仲介企業.

in·ter·me·diar [in.ter.me.ðjár] 82 自 1 (en... …の)仲介をする, 仲裁する.
2《entre... …の》間にある, 介在する.

in·ter·me·dia·rio, ria [in.ter.me.ðjá.rjo, -.rja] 形 1 仲介の, 仲裁の. 2 中買の.
━男 女 1 仲介者, 仲裁者. 2 仲買人.

in·ter·me·dio, dia [in.ter.mé.ðjo, -.ðja] 形 **中間の**, 中位の. precio ~ 手ごろな値段.
━男 1 合間; 休憩(時間); 幕間(ξ›). 2〖演〗幕間の劇[音楽].

in·ter·mez·zo [in.ter.mé.tso]〖伊〗男〖音楽〗インテルメッツォ, 間奏曲, 幕間(ξ›)歌劇.

in·ter·mi·na·ble [in.ter.mi.ná.ble] 形 **果てしない**, いつまでも続く (= inacabable); 長たらしい. una fila ~ 長蛇の列.

in·ter·mi·nis·te·rial [in.ter.mi.nis.te.rjál] 形 各省(庁)間の. reunión ~ 各省庁連絡会議.

in·ter·mi·sión [in.ter.mi.sjón] 女 中断, 休止 (= interrupción).

in·ter·mi·ten·cia [in.ter.mi.tén.θja / -.sja] 女 1 断続, 間欠.
2〖医〗間欠症状; 間欠熱 (= ~ de la fiebre).

in·ter·mi·ten·te [in.ter.mi.tén.te] 形 断続する, 断続的な; 間欠性の. luz ~ 点滅する光.
━男〖車〗方向指示灯, ハザードランプ.

in·ter·mi·tir [in.ter.mi.tír] 他 中断させる.

in·ter·mo·le·cu·lar [in.ter.mo.le.ku.lár] 形 分子間の.

in·ter·na·ción [in.ter.na.θjón / -.sjón] 女 (病院・施設などへの)収容; 拘留, 抑留.

✳✳in·ter·na·cio·nal [in.ter.na.θjo.nál / -.sjo.-] 形《名詞+》《ser+》**国際の**, 国際間の, 国際的な, 万国の; 国際旅団の. a escala ~ 国際的な規模で. La música *es* ~. その音楽は世界に広がっている. el apoyo de

la comunidad ~ 国際社会の支援. Amnistía I~ アムネスティインターナショナル（国際人権擁護団体）. el Fondo Monetario I~ 国際通貨基金《略 FMI》〔英 IMF〕. relaciones ~es 国際関係. derecho ~ 国際法. feria ~ 国際見本市. la Federación I~ de Atletismo 国際陸上競技連盟. cooperación ~ 国際協力. organismos ~es 国際機関. el Tribunal Penal I~ 国際刑事裁判所. el Comité Olímpico I~ 国際オリンピック委員会《略 COI》〔英 IOC〕. el Festival ~ de Cine de San Sebastián サン・セバスチャン国際映画祭.
——男女 **1**《スポ》国際競技出場選手. **2**《史》(スペイン内戦時の) 国際旅団 las Brigadas I~es のメンバー. ——女 インターナショナル；労働運動の国際組織. cantar La [la] I~ インターナショナルの歌〔革命歌〕を歌う.

in·ter·na·cio·na·li·dad [in.ter.na.θjo.na.li.ðáð / -.sjo.-] 女 国際性, 国際的であること.

in·ter·na·cio·na·lis·mo [in.ter.na.θjo.na.lís.mo / -.sjo.-] 男 **1** 国際 (協調) 主義, 世界主義；国際性. **2** 国際共産[社会]主義.

in·ter·na·cio·na·lis·ta [in.ter.na.θjo.na.lís.ta / -.sjo.-] 形 国際主義的の.
——男女 **1** 国際 (協調) 主義者. **2** 国際法学者. **3** 国際共産[社会]主義者.

in·ter·na·cio·na·li·za·ción [in.ter.na.θjo.na.li.θa.θjón / -.sjo.-.sa.sjón] 女 国際化；国際管理下に置くこと.

in·ter·na·cio·na·li·zar [in.ter.na.θjo.na.li.θár / -.sjo.-.sár] 97 他 国際的にする, 国際化する；国際管理下に置く.

in·ter·na·cio·nal·men·te [in.ter.na.θjo.nál.mén.te / -.sjo.-] 副 国際的に, 国を越えて. Su film más conocido ~ es éste. 世界の国々で一番知られている彼[彼女] (ら) の映画はこれです.

in·ter·na·da [in.ter.ná.ða] 女《スポ》(球技で) 相手陣内への素早い侵入, 速攻.

in·ter·na·do [in.ter.ná.ðo] 男 **1** 寄宿制度 [生活]；寄宿舎. **2**《集合的》寄宿生, 寮生.

in·ter·na·men·te [in.tér.na.mén.te] 副 内心において. I~, yo no estaba de acuerdo con eso. 私は内心ではそれに同意していなかった.

in·ter·na·mien·to [in.ter.na.mjén.to] 男 **1** 侵入, 侵行. **2** 収容, 拘留, 抑留.

*__in·ter·nar__ [in.ter.nár] 他《en... …に》収容する, 入院させる；拘留[抑留]する.
——~·se 再 **1**《en... …に》入り込む, 侵入する. ~se en la selva 密林の奥深くに入り込む. Los moros se internaron en España. モーロ人がスペインに侵入した. **2**《en... …を》掘り下げる, 深く究明する. **3**《スポ》相手陣内に切り込む. El extremo se internó por la izquierda. ウイングの選手はレフトから切り込んだ.

in·ter·nau·ta [in.ter.náu.ta] 男女 ネットサーファー, インターネット利用者.

in·ter·net [in.ter.nét] 女 [主に I-]《IT》インターネット. Estos ordenadores están conectados a I~. これらのコンピュータはインターネットに接続されている. Pueden descargarlo de I~. それをインターネットからダウンロードできます. →右段図.

in·ter·nis·ta [in.ter.nís.ta] 形 médico ~ 内科医. ——男女《医》内科医.

*__in·ter·no, na__ [in.tér.no, -.na] 形 **1** 内部の, 内の. órganos ~s 内臓. medicina *interna* 内科. oído ~《解剖》内耳. discordia *interna* 内紛.
2 内面の, 精神的な.
3 国内の；特定地域内の. demanda *interna* 内需. injerirse en los asuntos ~s de otro país 他国の内政に干渉する.
4 寄宿の；住み込みの. alumno ~ 寄宿生. **5** インターンの.
——男《ラ米》**(1)**《弱》(電話の) 内線 (番号). **(2)**《弱》(公共の乗物の) 系統[路線] 番号.
——男女 **1** 寄宿生, 寮生. **2** インターン. **3**〔刑務所・精神科病院の〕被収容者, 在監者.
[←〔ラ〕*internum* (*internus* の対格), 関連〔英〕*intern*「インターン」, *internal*「内部の」]

in·ter·no·dio [in.ter.nó.ðjo] 男《植》節間.

ín·ter nos [ín.ter nós]〔ラ〕ここだけの話だが, ふたりだけの話だが (= entre nosotros).

in·ter·nun·cio [in.ter.nún.θjo / -.sjo] 男 **1** 代弁者. **2** 対話者. **3**《カト》教皇 (庁) 公使. →nuncio.

in·ter·o·ce·á·ni·co, ca [in.te.ro.θe.á.ni.ko, -.ka / -.se.-] 形 大洋間の, 両大洋を結ぶ.

in·ter·o·pe·ra·ti·vo, va [in.te.ro.pe.ra.tí.bo, -.ba] 形 他のシステムでも使用できる, システム互換性のある.

in·ter·ó·se·o, a [in.te.ró.se.o, -.a] 形《解剖》骨間の. membrana *interósea* 骨間膜.

in·ter·pa·gi·nar [in.ter.pa.xi.nár] 他《印》間紙を入れる (= interfoliar).

in·ter·par·la·men·ta·rio, ria [in.ter.par.la.men.tá.rjo, -.rja] 形 各国[列国] 議会間の.

in·ter·pe·la·ción [in.ter.pe.la.θjón / -.sjón] 女 **1** (議会での) (代表) 質問, 説明の要求；尋問. **2** 嘆願.

in·ter·pe·lar [in.ter.pe.lár] 他 **1** (議会で) 〈議員が〉〈大臣・政府に〉質問する, 説明を求める；尋問する. Un joven parlamentario *interpeló* al Ministro de Asuntos Exteriores. 若手国会議員が外務大臣に質問した. **2** 嘆願する.

in·ter·per·so·nal [in.ter.per.so.nál] 形 対人の. relación ~ 対人関係.

in·ter·pla·ne·ta·rio, ria [in.ter.pla.ne.tá.rjo, -.rja] 形《天文》惑星[遊星] 間の.

Interpol [in.ter.pól]〔英〕《略》*Inter*national *Criminal Police* Organization 国際刑事警察機構, インターポール (= Organización Internacional de Policía Criminal).

in·ter·po·la·ción [in.ter.po.la.θjón / -.sjón] 女《格式》加筆, 改竄（ざん）；挿入.

in·ter·po·la·dor, do·ra [in.ter.po.la.ðór, -.ðó.ra] 形 加筆する, 改竄（ざん）する.
——男女 加筆者, 改竄（ざん）者.

in·ter·po·lar [in.ter.po.lár] 他 **1**〈原文に〉加筆する；改竄（ざん）する.
2《数》〈中間値を〉挿入する, 補間[内挿]する.

*__in·ter·po·ner__ [in.ter.po.nér] 41 他《過分》は interpuesto 《entre... …の》間に挟む [置く]. ~ un estante *entre* la cocina y el comedor 台所と食堂の間に棚を置く.
2《contra... …に対して》〈異議を〉申し立てる. ~ recurso de apelación《法》控訴する.

internet
Ahora navega...
「1ユーロでネットサーフィンしよう」

in·ter·urbano

3 〈権力などを〉介在[介入]させる.
— ~·se 再 1 《entre...》 …の) 間に入る, 介在する.
2 《en...》 …の) 邪魔をする, …を遮る.

in·ter·po·si·ción [in.ter.po.si.θjón / -.sjón] 女
1 間に入る[置く]こと, 介在. 2 介入, 干渉; 仲裁.
3 〖法〗 (控訴の) 提起, 提訴.

in·ter·pó·si·ta per·so·na [in.ter.pó.si.ta per.só.na] *por interpósita persona* 〖法〗 第三者を介して.

in·ter·pren·der [in.ter.pren.dér] 他 不意討ちをかける.

in·ter·pre·sa [in.ter.pré.sa] 女 不意討ち; 〖軍〗 奇襲.

*__in·ter·pre·ta·ción__ [in.ter.pre.ta.θjón / -.sjón] 女 1 解釈, 説明. nueva ~ del texto テキストの新解釈. mala ~ 誤った解釈. 2 通訳. ~ simultánea 同時通訳.
3 演奏; 演技. ~ de una pieza para piano ピアノ曲の演奏.

*__in·ter·pre·tar__ [in.ter.pre.tár] 他 1 解釈する;説明する. ~ mal 誤解する.
2 通訳する, 翻訳する. ~ el texto del español al japonés 本文をスペイン語から日本語に訳す.
3 演奏する; 演じる. 4 代弁する.
[←〔ラ〕 *interpretāri* 「仲介する; 通訳する; 解説する」 (*interpres, -pretis* 「仲介者; 通訳」より派生);
〔関連〕 〔英〕 *interpret*]

in·ter·pre·ta·ti·vo, va [in.ter.pre.ta.tí.βo, -.βa] 形 解釈(上)の, 解釈[説明]的な.

*__in·tér·pre·te__ [in.tér.pre.te] 男 女 1 通訳者. ~ de conferencia 会議の通訳. ~ jurado 宣誓した法廷の通訳者. 2 代弁者. 3 解釈者, 注釈者. 4 演奏者; 演技者.
— 男 1 翻訳機 (▶女 でも用いられる). 2 〖IT〗 インタープリター, 解釈[通訳]プログラム.

in·ter·pro·fe·sio·nal [in.ter.pro.fe.sjo.nál] 形 職種間の.

in·ter·pro·vin·cial [in.ter.pro.βin.θjál / -.sjál] 形 県外の, 県相互の.

in·ter·pues·to, ta [in.ter.pwés.to, -.ta] [*interponer* の 過分] 形 間に置いた, 挿入された.

in·ter·ra·cial [in.te.řa.θjál / -.sjál] 形 異人種間の.

in·ter·reg·no [in.te.řég.no] 男 1 〖格式〗 君主空位期間, 空位時代; 政治的空白期間. ~ parlamentario 国会の休会期間. 2 《ラ米》 間隔, 合間, 間(ぎ).

in·ter·re·la·ción [in.te.ře.la.θjón / -.sjón] 女 相互関係. la ~ entre las familias, la escuela y la comunidad 家庭と学校と地域の間にある相互関係.

in·ter·re·la·cio·nar [in.te.ře.la.θjo.nár / -.sjo.-] 他 相互に関係する, 連絡を取り合わせる. Esto permite ~ al usuario con el ordenador. これによってユーザーがパソコンと向き合えるようになる.

*__in·te·rro·ga·ción__ [in.te.řo.ga.θjón / -.sjón] 女
1 質問, 尋問, 審問 (= pregunta).
2 〖文法〗 疑問(文); 疑問符 (= signo de ~).

in·te·rro·ga·dor, do·ra [in.te.řo.ga.đór, -.đó.ra] 形 質問する, 問いかける.
— 男 女 質問者, 尋問者.

*__in·te·rro·gan·te__ [in.te.řo.gán.te] 形 疑問の; いぶかしげな.
— 男 (時に 女) 1 疑問点, 問題点. Quedan muchos ~s todavía. 依然多くの疑問点が残っている. 2 疑問符.

*__in·te·rro·gar__ [in.te.řo.gár] 103 他 〈人に〉 質問する; 尋問する, 審問する. El médico *interrogó* al paciente. 医師が患者を問診した.

in·te·rro·ga·ti·va·men·te [in.te.řo.ga.tí.βa.mén.te] 副 いぶかしげに, けげんそうに.

in·te·rro·ga·ti·vo, va [in.te.řo.ga.tí.βo, -.βa] 形 疑問の; 不審そうな. *oración interrogativa* 〖文法〗 疑問文. *pronombre* ~ 〖文法〗 疑問代名詞.

in·te·rro·ga·to·rio [in.te.řo.ga.tó.rjo] 男 質問, 尋問; 質問事項; 尋問調書. *someter* a + 人 a un ~ 〈人〉を尋問にかける. → cuestión 類語.

in·te·rrum·pi·da·men·te [in.te.řum.pí.đa.mén.te] 副 断続的に, とぎれとぎれに.

*__in·te·rrum·pir__ [in.te.řum.pír] 他 1 (妨害によって) 中断させる; 〈流れ・進行などを〉 遮断する; 〈人の〉 話をさえぎる. ~ la conversación 会話に割って入る. ~ el programa 番組を中断する. ~ el paso 道をふさぐ. ~ el silencio 沈黙を破る. Una voz la *interrumpió*. ある声が彼女の話を遮った. Perdona que te *interrumpa*. 話の途中で口を挟んで悪いけど.
2 停止する, 打ち切る. ~ el viaje 旅行を打ち切る. ~ el tratamiento 治療を停止する. Ese país *interrumpió* el suministro de petróleo. その国は石油の供給を停止した.
— ~·se 再 1 話[活動]を中断する. De repente *se interrumpió* asustada. 突然彼女はおびえて話をやめた. 2 《3人称で》中断される, 途切れる. *Se ha interrumpido* la comunicación. 通話が途切れた.
[←〔ラ〕 *interrumpere* (*inter-* 「間に」 + *rumpere* 「壊す」); 〔関連〕 〔英〕 *interrupt*]

*__in·te·rrup·ción__ [in.te.řup.θjón / -.sjón] 女 中断, 遮断; 妨害. ~ de la gestación 妊娠中絶.
sin ~ 間断なく, 引き続いて.

in·te·rrup·tor, to·ra [in.te.řup.tór, -.tó.ra] 形 中断する, 遮る. — 男 〖電〗 スイッチ, (電流) 遮断器.

in·ter·se·car·se [in.ter.se.kár.se] 100 再 《複数主語で》〈2本の線などが〉交差する, 交わる.

in·ter·sec·ción [in.ter.sek.θjón / -.sjón] 女 1 交差; 交差点. 2 〖数〗 (直線・平面の) 交差, 交わり.

in·ter·se·xual [in.ter.sek.swál] 形 異性間の; 〖生物〗 間性の.

in·ter·se·xua·li·dad [in.ter.sek.swa.li.đáđ] 女 〖生物〗 間性: 雌雄の中間的特徴を持つ.

in·ter·si·de·ral [in.ter.si.đe.rál] 形 〖天文〗 恒星間の.

in·ter·sin·di·cal [in.ter.sin.di.kál] 形 労働組合間の.

in·ters·ti·cial [in.ters.ti.θjál / -.sjál] 形 1 すき間の, 裂け目の. 2 〖解剖〗 細胞間の, 間質の. *tejido* ~ 細胞間[間質]組織.

in·ters·ti·cio [in.ters.tí.θjo / -.sjo] 男 〖格式〗 すき間, 割れ[裂け]目; (時間の) 間隔.

in·ter·tan·to [in.ter.tán.to] 副 《ラ米》 そうこうするうちに, その間に. ~ que él llegue 彼が来るまでに. — 男 *en el intertanto* 《ラ米》 その間に.

in·ter·tex·tua·li·dad [in.ter.te(k)s.twa.li.đáđ] 女 〖文学作品の〗テクスト相互関連性.

in·ter·tri·go [in.ter.trí.go] 男 〖医〗 (皮膚がこすれ合って起こる) 間擦疹(ん).

in·ter·tro·pi·cal [in.ter.tro.pi.kál] 形 南北回帰線間の, 熱帯(地方)の.

in·ter·ur·ba·no, na [in.ter.rur.βá.no, -.na] 形 都市間の; 〖通信〗市外の. poner una conferencia *interurbana* 市外電話をかける. → 次ページに図.

in·ter·va·lo [in.ter.bá.lo] 男 **1** (時間的・空間的)**間隔**, 隔たり, 間. diez minutos de ~ entre clase y clase 授業と授業の10分間. a ~s regulares 一定の間隔で.
2 〖音楽〗音程. **3** 《ラ米》《ジプ》《話》休憩時間.
a intervalos 間を置いて;ときどき.

autobuses interurbanos
(郊外バス)

in·ter·ven·ción [in.ter.ben.θjón / -.sjón] 女 **1 介入**, 干渉. ~ militar 軍事介入. ~ política 内政干渉. política de no ~ 内政不干渉政策. ~ en una guerra civil 内戦への介入.
2 参加, 関与;出演. ~ en una película 映画への出演. **3** 仲裁, 調停. **4** 会計検査(局), 監査(室).
5 統制;(郵便物などの)検閲;盗聴. **6** (密輸品などの)押収. **7**〖医〗手術.
in·ter·ven·cio·nis·mo [in.ter.ben.θjo.nís.mo / -.sjo.-] 男〖経〗〖政〗(内政)干渉政策, 干渉主義.
in·ter·ven·cio·nis·ta [in.ter.ben.θjo.nís.ta / -.sjo.-] 形 (内政)干渉の.
── 男女 干渉主義者, 干渉論者.
intervendr- / interveng- 活 → intervenir.
in·ter·ve·ni·dor, do·ra [in.ter.be.ni.ðór, -.ðó.ra] 男女 → interventor.
in·ter·ve·nir [in.ter.be.nír] 45 自〔現分は interviniendo〕(**en**...に)
1 〈人・組織などが〉**干渉する**, 介入する. ~ *en* la vida ajena 他人の生活に口出しする. ~ *en* el mercado 市場に介入する. ~ *en* un conflicto 紛争の調停に乗り出す. Por fin ha intervenido la policía. とうとう警察が乗り出した.
2 〈人が〉**参加する**;出演する. ~ *en* una polémica 論争に参加する. ~ *en* la política 政治に関わる. Como actriz *intervino en* muchas películas. 彼女は女優として多くの映画に出演した.
3 〈要因などが〉関係する, 影響を与える. ~ *en* una decisión 決定に関与する. *En* este proceso *intervienen* tres factores. このプロセスには3つの要因が関わる.
── 他 **1** (1) 〈権威者が〉〈会計・組織などを〉監査する;管理下に置く. ~ un banco 銀行を査察する. ~ los precios 価格を統制する. (2) 〈通信などを〉検閲する;盗聴する. ~ el teléfono 電話を盗聴する. (3) 〈不法に得た財産などを〉差し押さえる. ~ una cuenta 口座を差し押さえる. ~ diez kilos de heroína ヘロイン10キロを押収する.
2 (**de**...〈患部・病気〉について) 〈人に〉手術を施す. Fui *intervenido del* estómago. 私は胃の手術を受けた. **3** 〈手形を〉引き受ける.
in·ter·ven·tor, to·ra [in.ter.ben.tór, -.tó.ra] 男女 **1** 検査官, 監査役[官]. ~ de cuentas 会計検査官, 監査役. **2** 選挙管理[立会]人. **3** 検札係.
in·ter·ver·te·bral [in.ter.ber.te.brál] 形 椎間の. hernia de los discos ~es 椎間板ヘルニア.
intervien- / intervin- 活 → intervenir.
in·ter·viú [in.ter.bjú] 男 (時には 女)〔複 ~es, ~s〕会見, インタビュー(= entrevista). hacer una ~ a+人〈人〉と会見する. ~ periodística 記者会見. [← 〖英〗*interview*]
in·ter·viu·var [in.ter.bju.bár] 他 会見する, インタビューする (= entrevistar).
in·ter·vo·cá·li·co, ca [in.ter.bo.ká.li.ko, -.ka] 形〖音声〗〈子音が〉母音間にある.
in·ter·ya·cen·te [in.ter.ja.θén.te / -.sén.-] 形 間にある, 間に横たわる.
in·tes·ta·do, da [in.tes.tá.ðo, -.ða] 形〖法〗遺言をしない. ── 男 無遺言死亡者.
── 男 無遺言死亡者の遺産.
in·tes·ti·nal [in.tes.ti.nál] 形 腸の. lombrices ~es 回虫.
in·tes·ti·no, na [in.tes.tí.no, -.na] 形 内部の;内輪の (= interno). discordia *intestina* 内紛. luchas *intestinas* 内紛. ── 男〖解剖〗腸. ciego 盲腸. ~ delgado 小腸. ~ grueso 大腸.
[← 〖ラ〗*intestinus* 〈*intestinus* の対格;*intus*「内部に」より派生);〖関連〗〖英〗*intestine*「腸;内部の」]
in·ti [ín.ti] 男 インティ:ペルーの旧貨幣単位. [← 〖ケチュア〗「太陽」]
in·ti·fa·da [in.ti.fá.ða] 女 インティファーダ:占領下パレスチナ人の一斉蜂起. líderes de la ~ インティファーダのリーダーたち.
ín·ti·ma [ín.ti.ma] 形 女 → íntimo.
in·ti·ma·ción [in.ti.ma.θjón / -.sjón] 女 通告, 通達.
in·ti·mar [in.ti.már] 他 (まれに) 通告する, 通達する. ~ la entrega inmediata de las armas 武器の即時引き渡しを求める. Le *intiman* a que pague la multa. 彼[彼女]は罰金の支払を通告されている.
── 自 (**con**... …と) 親しくなる, 打ち解ける.
in·ti·ma·to·rio, ria [in.ti.ma.tó.rjo, -.rja] 形 通告の.
in·ti·mi·da·ción [in.ti.mi.ða.θjón / -.sjón] 女 威嚇, 脅かし, 脅し.
in·ti·mi·dad [in.ti.mi.ðáð] 女 **1 親密さ**, 懇意;親密な関係. Entre las dos familias hay mucha ~. その2家族は親密な間柄である. Conozco a un hombre de la ~ del diputado. 私にはその代議士と親交のある知り合いがひとりいる.
2 私生活, プライバシー;(主に複数で) 私事. invasión de la ~ プライバシーの侵害. proteger la ~ プライバシーを守る.
3 仲間, 内輪. **4** 居心地のいい雰囲気, くつろげる場所. **5** (主に複数で)《話》陰部;下着.
en la intimidad 内輪で, 身内だけで. Se celebró la fiesta *en la* ~. パーティーは身内だけで行われた.
in·ti·mi·dar [in.ti.mi.ðár] 他 **威嚇する**, 脅す, 怖がらせる. ~ a+人 con amenazas 脅迫して〈人〉をおびえさせる.
in·ti·mi·da·to·rio, ria [in.ti.mi.ða.tó.rjo, -.rja] 形 びくびくさせる, 威嚇(%,)する. acto ~ / acción *intimidatoria* 威嚇行為. Ha habido un disparo ~. 威嚇射撃があった.
in·ti·mis·mo [in.ti.mís.mo] 男 **1** 内面派主義, アンティミスム. (1)〖文学〗内面重視の文学傾向. (2)〖美〗家庭生活・日常風景などを描く絵画様式.
2 アンティミスムの技法.
in·ti·mis·ta [in.ti.mís.ta] 形〖文学〗〖美〗アンティミスムの. ── 男女 アンティミスムの画家[作家], アンティミスト.
ín·ti·mo, ma [ín.ti.mo, -.ma] 形 (+名詞 / 名詞+) **1** (**ser**+) **親密な**, 密

接な, 懇意な. amigo ～ 親友. Hay una amistad *íntima* entre ellos. 彼らはとても親しくしている.
2 心の奥底の；個人的な. en lo más ～ del alma 心の奥底で. Ella me contó sus pensamientos más ～s. 彼女は私に内に秘めた思いを話してくれた.
3 内輪の, 仲間内の；居心地のいい. una fiesta [reunión] *íntima* 内輪のパーティー[集まり].
——男女 親友, 親しい人.
[←[ラ]*intimum* (*intimus* の対格)「最も奥の；最も難しい」, 関連 [英]*intimate*]

in·ti·tu·lar [in.ti.tu.lár] 他 表題[題名]を付ける；名称[称号]を与える. ——~·se 再 (…と)題される.

in·to·ca·ble [in.to.ká.ble] 形 **1** 触れてはならない, 不可侵の. **2** 批判できない, 疑いえない. **3** 不可触民の. ——男女 (インドのカースト制で)不可触民.

in·to·le·ra·bi·li·dad [in.to.le.ra.bi.li.ðáð] 女 耐えがたさ.

in·to·le·ra·ble [in.to.le.rá.ble] 形 許しがたい；耐えられない, 我慢できない.

in·to·le·ran·cia [in.to.le.rán.θja / -.sja] 女 **1** 不寛容, 偏狭. **2** 《医》不耐性, 過敏性.

in·to·le·ran·te [in.to.le.rán.te] 形 《ser+ / estar+》寛容でない, 狭量な, 偏狭な.
——男女 不寛容な人, 偏狭な人.

in·ton·so, sa [in.tón.so, -.sa] 形 **1** 《まれ》髪を切ってない, 長髪の. **2** 〈本が〉縁が裁断されていない. **3** 無学の, 無知の.

in·to·xi·ca·ción [in.tok.si.ka.θjón / -.sjón] 女 **1** 中毒. ～ alimenticia 食中毒. ～ alcohólica (aguda) (急性)アルコール中毒. ～ por monóxido de carbono 一酸化炭素中毒. **2** 情報操作.

in·to·xi·ca·do, da [in.tok.si.ká.ðo, -.ða] 形 中毒した；毒された.

in·to·xi·car [in.tok.si.kár] 102 他 **1** 中毒させる；《比喩的》毒する. ～ a los jóvenes 青少年を毒する. **2** 〈情報を〉操作する.
——~·se 再 中毒になる. ~se con las emanaciones de gas ガス中毒を起こす.

intra- 《接頭》「中に, 内部に, 間に」の意. ⇒ *intra*muscular, *intra*venoso. [←[ラ]]

in·tra·car·dia·co, ca [in.tra.kar.djá.ko, -.ka] / **in·tra·car·dí·a·co, ca** [in.tra.kar.ðí.a.ko, -.ka] 形 《解剖》心臓内の, 心臓の内部に付ける；心臓内にできる.

in·tra·ce·lu·lar [in.tra.θe.lu.lár / -.se.-] 形 細胞内の.

in·tra·cra·ne·al [in.tra.kra.ne.ál] 形 頭蓋骨内の.

in·tra·dér·mi·co, ca [in.tra.ðér.mi.ko, -.ka] 形 《解剖》真皮内の. nevo [nevus] ～ 真皮内母斑.

in·tra·dí·a [in.tra.ðí.a] 形 その日に生じる. operación ～ (その日)一日の取引.

in·tra·dós [in.tra.ðós] 男 《建》(アーチ・丸天井など迫持(せりもち)の)内輪, 内弧.

in·tra·du·ci·ble [in.tra.ðu.θí.ble / -.sí.-] 形 翻訳できない. La belleza del texto original es ～ a cualquier otra lengua. 原文の美しさは他のどの言語にも翻訳できない.

in·tra·fa·mi·liar [in.tra.fa.mi.ljár] 形 家庭内の. violencia ～ ドメスティックバイオレンス(= violencia doméstica).

in·tra·ga·ble [in.tra.gá.ble] 形 《ラ米》《話》(1) 飲み込めない；受け入れられない. La historia era ～. 話が飲み込めなかった. (2) (飲み込めないほど)嫌いな. La comida de ese país es ～ para mí. 私はその国の料理がだめだ.

in·tra·his·to·ria [in.trais.tó.rja] 女 (歴史と深く結びつく)伝統ある生活. Lo que vemos en esa novela es la ～. 私たちがその小説で見えてくるものは, 歴史を垣間見るということである.

in·tra·mu·ros [in.tra.mú.ros] 副 市内に；城壁内で.

in·tra·mus·cu·lar [in.tra.mus.ku.lár] 形 《医》筋肉内の. inyección ～ 筋肉注射.

in·tra·net [in.tra.nét] 女 《IT》イントラネット：企業内ネットワークなど, インターネットとの対比で用いられる用語. dentro de la ～ イントラネット内で. servidor de nuestra ～ 自社イントラネットのサーバー.

in·tran·qui·li·dad [in.traŋ.ki.li.ðáð] 女 不安, 気掛かり, 心配.

in·tran·qui·li·za·dor, do·ra [in.traŋ.ki.li.θa.ðór, -.ðó.ra / -.sa.-] 形 不安を与える, 気掛かりな.

in·tran·qui·li·zar [in.traŋ.ki.li.θár / -.sár] 97 他 心配させる, 不安にする；いらいら[そわそわ]させる. ——~·se 再 不安になる；いらいら[そわそわ]する.

in·tran·qui·lo, la [in.traŋ.kí.lo, -.la] 形 《ser+ / estar+》落ち着かない, 不安な；落ち着きのない. Mi hijo *estuvo* ～ hasta que recibió el resultado del examen. 私の息子は試験の結果を受け取るまで不安で, 落ち着かなかった.

in·trans·cen·den·cia [in.trans.θen.dén.θja / -.sen.-.sja] 女 → intrascendencia.

in·trans·cen·den·te [in.trans.θen.dén.te / -.sen.-] 形 → intrascendente.

in·trans·fe·ri·ble [in.trans.fe.rí.ble] 形 譲渡できない.

in·tran·si·gen·cia [in.tran.si.xén.θja / -.sja] 女 妥協[譲歩]しないこと, 頑固, 一徹.

in·tran·si·gen·te [in.tran.si.xén.te] 形 《ser+ / estar+》妥協しない, 頑固な, 一徹な.

in·tran·si·ta·ble [in.tran.si.tá.ble] 形 《ser+ / estar+》通行不能な, 通れない.

in·tran·si·ti·var [in.tran.si.ti.bár] 他 → intransitivizar.

in·tran·si·ti·vi·dad [in.tran.si.ti.bi.ðáð] 女 《文法》自動詞性, 他動詞性の特徴がないこと.

in·tran·si·ti·vi·zar [in.tran.si.ti.bi.θár / -.sár] 97 他 《文法》〈他動詞を〉自動詞化する, 自動詞として使う.

in·tran·si·ti·vo, va [in.tran.si.tí.ßo, -.ßa] 形 《文法》自動詞の, 自動詞的な (↔ transitivo). verbo ～ 自動詞.

in·trans·mi·si·ble [in.trans.mi.sí.ble] 形 伝達できない, 送信できない.

in·trans·mu·ta·bi·li·dad [in.trans.mu.ta.bi.li.ðáð] 女 不変性.

in·trans·mu·ta·ble [in.trans.mu.tá.ble] 形 変換できない, 変質しない.

in·tra·o·cu·lar [in.tra.o.ku.lár] 形 眼球内の, 眼内の. presión ～ 眼圧(あつ).

in·tra·par·ti·dis·ta [in.tra.par.ti.ðís.ta] 形 政党内の. competencia ～ 政党内競争.

in·tras·cen·den·cia [in.tras.θen.dén.θja / -.sen.-.sja] 女 重要でないこと, 取るに足りないこと.

in·tras·cen·den·tal [in.tras.θen.dén.tál / -.sen.-] 形 重要でない, 大したことのない. charla ～ 実もないおしゃべり.

in·tras·cen·den·te [in.tras.θen.dén.te / -.sen.-] 形 重要でない, 取るに足りない.

in·tras·mi·si·ble [in.tras.mi.sí.ble] 形 → intransmisible.

in·tra·ta·ble [in.tra.tá.ble] 形 **1** 扱いにくい, 御しにくい, 手に負えない. **2** 交際嫌いの, 非社交的な. **3** 傑出した, 秀でた.

in·tra·tar [in.tra.tár] 他 《ラ米》(メキシコ) 《話》侮辱する, 《人に》ひどい扱いをする.

in·trau·te·ri·no, na [in.trau.te.rí.no, -.na] 形 《医》子宮内の, 胎内の.

in·tra·ve·no·so, sa [in.tra.be.nó.so, -.sa] 形 静脈内の (= endovenoso). inyección *intravenosa* 静脈注射.

in·tre·pi·dez [in.tre.pi.ðéθ / -.ðés] 女 **1** 大胆, 豪胆; 大胆(不敵)な行為. **2** 無鉄砲, 無謀な行い.

in·tré·pi·do, da [in.tré.pi.ðo, -.ða] 形 **1** 大胆な, 恐れを知らない, 勇猛な. **2** 無謀な, 無鉄砲な. **3** 《ラ米》(メキシコ) 《話》好奇心が強い.

in·tri·car [in.tri.kár] 102 他 → intrincar.

*****in·tri·ga** [in.trí.ɣa] 女 **1** 陰謀; 策略 (= maquinación). ~s palaciegas 宮廷内の陰謀. ~ política 政治的策略. tramar [urdir] ~s 陰謀を企てる. **2** 興味津々, 関心. **3** 紛糾, ごたごた. **4** (小説・劇・映画などの) 筋 (立て), プロット.

in·tri·gan·te [in.tri.ɣán.te] 形 **1** 陰謀を巡らす; 策略にたけた. **2** 興味津々な, 好奇心をそそる. ― 男 陰謀家, 策略家, 策士.

in·tri·gar [in.tri.ɣár] 103 自 陰謀を企てる, 策を巡らす (= conspirar).
― 他 …の好奇心[興味]をそそる, 気をもませる.
― ~·se 再 《ラ米》(チリ) 気をもむ, 当惑する.

in·trin·ca·ción [in.triŋ.ka.θjón / -.sjón] 女 → intrincamiento.

in·trin·ca·do, da [in.triŋ.ká.ðo, -.ða] 形 もつれた, 込み入った, 錯綜(さくそう)した.

in·trin·ca·mien·to [in.triŋ.ka.mjén.to] 男 もつれ, 混乱, 錯綜.

in·trin·car [in.triŋ.kár] 102 他 もつれさせる, 込み入らせる (= complicar).

in·trín·gu·lis [in.tríŋ.ɡu.lis] 男 《単複同形》 **1** 《話》複雑さ, 困難; 謎. Ahí está el ~. 難しさはそこにある. el ~ de un asunto 事件の謎. **2** 底意.

in·trín·se·ca·men·te [in.trín.se.ka.mén.te] 副 本来的に, 本質的に

in·trín·se·co, ca [in.trín.se.ko, -.ka] 形 本来備わっている, 固有の, 本質的な (↔extrínseco). valor ~ de una moneda 硬貨それ自体の価値.

intro- 〘接頭〙「内部に[へ]」の意. ⇒ *introducir, introverso.* [← 〘ラ〙]

*****in·tro·duc·ción** [in.tro.ðuk.θjón / -.sjón] 女 **1** 導入; 紹介; 入門. ~ de ideas liberales 自由思想の紹介[導入]. **2** 序文, 序論. El escritor escribió la ~ después de finalizar la materia. その作家は本論を仕上げてから序文を書いた. **3** 入れること, 挿入. Se prohíbe la ~ de licores. 酒の持込み禁止. **4** 参入, 加入. **5** 《音楽》序奏(部), 導入部.

*******in·tro·du·cir** [in.tro.ðu.θír / -.sír] 37 他 《en... …に》 **1** 導入する, 入れる. *Introduzca* la moneda *en* la ranura. 料金投入口にコインを入れてください. En el último capítulo el autor *ha introducido* a un nuevo personaje. 著者は最終章で新たにひとりの人物を登場させた. **2** 〈人を〉案内する, 紹介する; 誘う. La enfermera *ha introducido* a un paciente *en* la sala de consulta. 看護師はひとりの患者を診察室に通した. La *introdujeron en* el mundo de la moda. 彼女はファッション界へと誘われた. **3** 〈新しい習慣・考えなどを〉持ち込む; 引き起こす. ~ cambios *en* la ley 法律を改定する.
― ~·se 再 《en... …に》入る; 〈新しい世界を〉経験する. El ladrón *se introdujo en* la casa por la puerta trasera. 泥棒は裏のドアからその家に入り込んだ. A los veinte años él *se introdujo en* este mundo. 20歳のときに彼はこの世界に入った.
[← 〘ラ〙 *intrōdūcere* (*intrō*「中へ」+*dūcere*「導く」); 関連 introducción. 〘英〙*introduce*]

in·tro·duc·tor, to·ra [in.tro.ðuk.tór, -.tó.ra] 形 紹介する; 導入する; 序文の.
― 男 紹介者, 案内役; 導入者. ~ de embajadores (外国大使を元首に謁見させる) 式部官.

in·tro·duc·to·rio, ria [in.tro.ðuk.tó.rjo, -.rja] 形 紹介の, 紹介的な; 前置きの.

introduj- / introduzc- 活 → introducir.

in·troi·to [in.trói.to] 男 **1** 《カト》(ミサの最初の) 入祭文. **2** 序文, 導入部, プロローグ. **3** 《演》前口上.

in·tro·mi·sión [in.tro.mi.sjón] 女 干渉, 口出し, お節介.

in·tros·pec·ción [in.tros.pek.θjón / -.sjón] 女 《心》内省, 内観; 自己分析.

in·tros·pec·ti·vo, va [in.tros.pek.tí.βo, -.βa] 形 内省の, 内観による.

in·tro·ver·sión [in.tro.ßer.sjón] 女《心》内向(性) 内省 (↔ extroversión).

in·tro·ver·so, sa [in.tro.ßér.so, -.sa] 形 → introvertido.

in·tro·ver·ti·do, da [in.tro.ßer.tí.ðo, -.ða] 形 内向的な, 内向型の (↔ extrovertido).
― 男 女 内向的な人.

in·tru·se·ar [in.tru.se.ár] 自 《ラ米》(チリ) 《話》 《en...》 (1)《他人のことに》とやかく口出しする. ~ *en* mi vida 私の人生に口出ししてくる. (2)《…に》のめり込む. ~ *en* un ordenador コンピュータにはまる.

in·tru·sión [in.tru.sjón] 女 **1** 侵入, 割り込み. **2** 〘地質〙貫入 (岩).

in·tru·sis·mo [in.tru.sís.mo] 男 無免許営業. Esa persona fue acusada de ~. その人は無免許営業で起訴された.

in·tru·so, sa [in.trú.so, -.sa] 形 割り込む, 侵入した; もぐりの. ― 男 女 侵入[闖入(ちんにゅう)]者; 無資格就任[営業]者, もぐり.

in·tu·ba·ción [in.tu.ßa.θjón / -.sjón] 女 《医》挿管.

in·tu·bar [in.tu.ßár] 他 《医》挿管する.

*****in·tui·ción** [in.twi.θjón / -.sjón] 女 直観 (力); 洞察力; 勘. Lo pensé por ~. 私は直感的にそう思った. Ella tiene mucha ~ para las lenguas extranjeras. 彼女は外国語に対する勘がいい.

in·tui·cio·nis·mo [in.twi.θjó.nís.mo / -.sjo.-] 男《哲》直観主義.

in·tui·cio·nis·ta [in.twi.θjó.nís.ta / -.sjo.-] 形 直観主義の. la lógica ~ 直観主義論理.
― 男 女 直観主義者.

*****in·tuir** [in.twír] 48 他 **直観する**, 直観で知る, 直観的に感じる. *Intuyo* que él no viene a la fiesta. 彼はパーティーに来ないと私は直観的に思う. Se

in·tui·ti·va·men·te [in.twi.tí.ba.mén.te] 副 直観的に.

in·tui·ti·vo, va [in.twi.tí.bo, -.ba] 形 **1** 直観の, 直観的な. **2** 直観 (的能) 力のある, 勘の鋭い.

in·tui·to [in.twí.to] 男 一見, 一目, 一瞥(ﾍﾞﾂ). *por intuito de...* …を考慮して, …に留意して.

in·tu·mes·cen·cia [in.tu.mes.θén.θja / -.sén.sja] 女《医》腫(ﾊ)れ (上がること), 腫張(ﾁｮｳ).

in·tu·mes·cen·te [in.tu.mes.θén.te / -.sén.-] 形 腫(ﾊ)れ上がる.

in·tu·sus·cep·ción [in.tu.sus.θep.θjón / -.sep.sjón] 女《生物》細胞壁の填充(ﾃﾝｼﾞｭｳ)生長.

i·nul·to, ta [i.núl.to, -.ta] 形《文章語》処罰を受けていない, 罰せられない (= impune).

i·nun·da·ble [i.nun.dá.ble] 形 浸水可能な, 氾濫(ﾊﾝﾗﾝ)しやすい, 洪水の起きうる.

*__i·nun·da·ción__ [i.nun.da.θjón / -.sjón] 女 **1** 洪水, 氾濫(ﾊﾝﾗﾝ), 浸水. daños causados por la ~. 水害. El repentino deshielo en las montañas ha provocado la ~. 山岳部の急激な雪解けが洪水をもたらした. ▶「ノアの洪水」など大きなものは diluvio.

2 (ものの) 氾濫, 殺到；満ちあふれること. ~ de productos de importación 輸入製品の氾濫.

i·nun·da·di·zo, za [i.nun.da.dí.θo, -.θa / -.so, -.sa] 形《ラ米》(ﾒｷ)浸水しやすい, すぐ水につかる.

*__i·nun·dar__ [i.nun.dár] 他 **1** …に洪水を起こす, …を水浸しにする.

2《de...で》充満させる, あふれさせる. ~ el mercado de productos extranjeros 市場を外国製品であふれさせる. Con el calor, la gente *inundó* las playas. この暑さで海岸は人で埋まった.

——**se** 再 **1** 水浸しになる, 氾濫する.

2《de...で》あふれる, 一杯になる.

[← 〔ラ〕*inundāre*；*in-*「の中に, 上に」+ *undāre*「波立つ；氾濫する」(*unda*「波」より派生)；関連〔英〕*inundate*]

in·ur·ba·no, na [i.nur.bá.no, -.na] 形 洗練されていない, 粗野な, 不作法な.

i·nu·si·ta·da·men·te [i.nu.si.tá.ða.mén.te] 副 並外れて, 異常に.

i·nu·si·ta·do, da [i.nu.si.tá.ðo, -.ða] 形 普通でない, ただごとでない；珍しい.

in·u·sual [i.nu.swál] 形 普通でない, いつもと異なる, 異常な.

*__in·ú·til__ [i.nú.til] 形 **1**《+名詞/名詞+》《*ser*+》役に立たない, 無駄な, 無益な, 無用な；《+不定詞/ *que*+接続法…するのは》むなしい. *trastos* ~*es* がらくた. ¿Por qué guardas tantas cosas ~*es*? どうしてそんなよけいなものばかり取っておくのだい. Todo fue un intento ~. すべては無駄な試みだった. Nuestros esfuerzos resultarán ~*es*. 我々の努力は徒労に帰すだろう. *Es* ~ *decir*lo. そんなことは言うだけ無駄だ. *Es* ~ *que grites*. 大声を出しても無駄だ.

2《話》《*estar*+》〈人が〉身体の不自由な. *Estoy* ~ *de medio cuerpo*. 私は半身が不自由です.

——男 女 **1**《話》役立たず, 無用者, ごくつぶし.

2 身体の不自由な人.

in·u·ti·li·dad [i.nu.ti.li.ðáð] 女 **1** 役に立たないこと, 無駄；体の不自由なこと. **2** 役立たず.

in·u·ti·li·za·ción [i.nu.ti.li.θa.θjón / -.sa.sjón] 女 使えなくなること.

in·u·ti·li·zar [i.nu.ti.li.θár / -.sár] 97 他 使えなくする, 台無しにする, 動かなくする. El niño *ha inutilizado* la cámara. 子供がカメラを壊してしまった. Los bombarderos *inutilizaron* uno de los barcos. 爆撃で船が1隻航行不能になった.

in·va·de·a·ble [im.ba.ðe.á.ble] 形〈川が〉歩いて渡れない, 徒渉できない.

*__in·va·dir__ [im.ba.ðír] 他 **1**〈場所に〉**侵入する**；〈敵などを〉侵略する；〈権利などを〉侵害する. ~ un territorio 領土に侵入する. ~ la intimidad プライバシーを侵害する. ~ el mercado 市場を占拠する. Oleadas de gente *invadieron* la plaza. 人の波が広場に押し寄せた.

2〈人を〉〈感情などが〉襲う, 満たす. La *invadió* la tristeza. 彼女は悲しみに襲われた. El pánico *invadió* al público. 観衆をパニックが襲った.

[← 〔ラ〕*invādere*「入り込む；侵入する」(*in-*「の中に, 上に」+ *vādere*「行く, 進む」)；関連 *invasión*. 〔英〕*invade*.]

in·va·gi·na·ción [im.ba.xi.na.θjón / -.sjón] 女 **1**《医》腸重積 (症). **2**《生物》陥入.

in·va·gi·nar [im.ba.xi.nár] 他 **1**《医》重積させる. **2**《生物》陥入させる.

in·va·li·da·ción [im.ba.li.ða.θjón / -.sjón] 女 無効, 失効.

in·va·li·dan·te [im.ba.li.ðán.te] 形 **1** 無効な. *circunstancia* ~ 無効な事由.

2 身体障害を残す. *lesión* ~ 身体障害となる怪我.

in·va·li·dar [im.ba.li.ðár] 他 無効にする, 失効させる.

in·va·li·dez [im.ba.li.ðéθ / -.ðés] 女《複 *invalideces*》**1** 身体障害. **2** 無効, 無価値.

*__in·vá·li·do, da__ [im.bá.li.ðo, -.ða] 形 **1** 肢体不自由な, 身体障害の. **2**《法》無効の, 効力のない.

——男 女 肢体不自由者, 身体障害者.

in·va·lo·ra·ble [im.ba.lo.rá.ble] 形《ラ米》計り知れない. *con el* ~ *apoyo* 多大な助けがあって.

in·va·lua·ble [im.ba.lwá.ble] 形 価値の測れない, 測り知れないほど貴重な.

in·var [im.bár] 〔英〕男《商標》インバール, アンバー.

in·va·ria·bi·li·dad [im.ba.rja.bi.li.ðáð] 女 不変 (性).

in·va·ria·ble [im.ba.rjá.ble] 形 不変の, 一定の.

in·va·ria·ble·men·te [im.ba.rjá.ble.mén.te] 副 一定して；常に, 必ず.

in·va·ria·do, da [im.ba.rjá.ðo, -.ða] 形 変わらない, 不変の.

in·va·rian·te [im.ba.rján.te] 形 変わらない, 不変の. ——女《数》不変数, 不変量.

*__in·va·sión__ [im.ba.sjón] 女 **1** 侵入, 侵略；侵害. *las invasiones de los bárbaros* 蛮族の侵入.

2 蔓延(ﾏﾝｴﾝ), 氾濫(ﾊﾝﾗﾝ). **3**《ラ米》(ｺﾛﾝﾋﾞｱ) (スラム街での) 土地の不法占有.

in·va·sor, so·ra [im.ba.sór, -.só.ra] 形 侵入する, 侵略 (者) の. ——男 女 侵入者, 侵略者.

——男《ラ米》(ｺﾛﾝﾋﾞｱ) 土地の不法占有者.

in·vec·ti·va [im.bek.tí.ba] 女 (文書・演説での) 罵倒(ﾊﾞﾄｳ), 激しい非難. *lanzar* ~*s contra...* …を罵倒する.

in·ven·ci·bi·li·dad [im.ben.θi.bi.li.ðáð / -.si.-] 女 征服不能, 無敵.

*__in·ven·ci·ble__ [im.ben.θí.ble / -.sí.-] 形 **1** 無敵の, 無敗の, 打ち破ることのできない. la Armada

invención

I ~ 無敵艦隊(◆1588年, スペイン王 Felipe 2世が英国侵攻のために Medina-Sidonia 公指揮のもとに派遣した130隻からなる大艦隊. エリザベス Isabel 1世治下の艦隊に敗れ, スペインは大西洋の制海権を失った).
2 克服できない, 乗り越えがたい.

in·ven·ción [im.ben.θjón / -sjón] 囡 **1** 発明, 考案. ~ del teléfono 電話機の発明.
2 発明品, 考案品. patente de ~ 新案特許.
3 創作, 創造. **4** 作りごと, でっち上げ. Su excusa es pura ~. 彼[彼女] (ら)の言い訳は全くのでっち上げだ. **5** 《修辞》内容の選択.
Invención de la Santa Cruz 聖十字架発見：キリストの十字架発見を記念する5月3日の祭.

in·ven·di·ble [im.ben.dí.ble] 形 売れない, 売り物にならない.

in·ven·tar [im.ben.tár] 他 **1** 発明する；考案する. ~ un nuevo sistema de comunicación 新しい通信システムを考案する. *La imprenta fue inventada por Gutenberg hacia 1450.* 印刷術は1450年ごろグーテンベルグによって発明された.
2 創作する；〈話などを〉でっち上げる, 捏造(ねつぞう)する. ~ un personaje ficticio 架空の人物を創造する. ~ un poema (その場で)詩を作る. ~ historias verosímiles もっともらしいお話をでっち上げる. ▶時に再帰代名詞を伴う. → 再.
— ~·se 再 (頭の中で)作り上げる；でっち上げる. *Se está inventando desgracias que no existen.* 彼[彼女]は存在しない不幸を自分で作り出している.
[← [ラ] *inventum* 「発明品」より派生, 関連 invención [英] *invent*]

in·ven·ta·riar [im.ben.ta.rjár] 81 他 財産[商品]目録を作る, 棚卸しをする.

in·ven·ta·rio [im.ben.tá.rjo] 男 財産[商品]目録, 棚卸し表；棚卸し. *hacer un* ~ 財産[商品]目録を作る, 棚卸しをする.

in·ven·ti·vo, va [im.ben.tí.bo, -.ba] 形 発明の才がある, 創意にあふれた.
— 囡 発明の才, 独創[創作]力；独創性.

in·ven·to [im.bén.to] 男 **1** 発明品；発明. *Este aparato es un* ~ *de mi tío.* この器具はぼくのおじさんが考案したものだ.
2 でっち上げ, 作り事. **3** 思いつき, 新案.

in·ven·tor, to·ra [im.ben.tór, -.tó.ra] 形 発明[考案]の；発明者[考案者]の.
— 男 囡 発明者, 考案者, 発明家. *El* ~ *resultó ser millonario.* その発明家は大金持ちになった.

in·ve·raz [im.be.ráθ / -.rás] 形 《複 inveraces》事実でない.

in·ve·re·cun·dia [im.be.re.kún.dja] 囡 厚顔無恥. *con una* ~ *asombrosa* あまりにも品がなく.

in·ve·re·cun·do, da [im.be.re.kún.do, -.da] 形 《詩》厚顔無恥の. — 男 囡 《詩》厚顔無恥の人.

in·ver·ná·cu·lo [im.ber.ná.ku.lo] 男 温室 (= invernadero).

in·ver·na·da [im.ber.ná.ða] 囡 **1** 冬場, 冬季. **2** 越冬, 越冬期, 冬眠. **3** 《ラ米》(1)《ぼう》にわか雨；どしゃ降り, 暴風雨. (2)《南米》冬季用牧場, 越冬用飼育場；家畜が肥える時期.

in·ver·na·de·ro [im.ber.na.ðé.ro] 男 **1** 温室. **2** 避寒地. **3** 冬季用牧場.

in·ver·nal [im.ber.nál] 形 冬の, 冬季の.
— 男 冬季用牧舎.

*in·ver·nar** [im.ber.nár] 8 自 **1** 冬を過ごす, 越冬する, 避寒する. *Suelo* ~ *en Málaga.* 私はいつもマラガで冬を過ごします. **2** 《動》冬眠する, 冬ごもりする (= hibernar). **3** 《ラ米》《汚》《まれ》家畜を牧草地に入れる；〈家畜が〉牧草地に入る.

in·ver·na·zo [im.ber.ná.θo / -.so] 男 《ラ米》《ダ》(7月-9月の)雨期.

in·ver·ni·zo, za [im.ber.ní.θo, -.θa / -.so, -.sa] 形 冬の, 冬のような, 冬らしい.

in·ve·ro·sí·mil [im.be.ro.sí.mil] 形 **ありそうもない**, 本当らしくない. *un relato* ~ うそのような話. *Parece* ~ *que se reconcilien los dos.* 2人が仲直りするなんてありそうもない.

in·ve·ro·si·mi·li·tud [im.be.ro.si.mi.li.túð] 囡 ありそうもないこと, 本当らしくないこと.

in·ver·sión [im.ber.sjón] 囡 **1** 《商》投資, 出資. ~ *pública* 公共投資. **2** 反対, かえさ；反対にする[なる]こと. **3** 《修辞》《言》語順転倒, 倒置(法). **4** 《数》反転, 相反. **5** 性的倒錯, 同性愛.

in·ver·sio·nis·ta [im.ber.sjo.nís.ta] 形 投資の. — 男 囡 投資家, 出資者.

in·ver·so, sa [im.bér.so, -.sa] 形 《a... と》(順序・方向が)逆の, 反対の, 転倒した. *la imagen inversa de un objeto* ある物体の逆さの映像. *en orden* ~ 逆の順序で. *Tu opinión es inversa a la mía.* 君の意見は私のと全く逆だ.
a la inversa de... …とは逆に.
[← [ラ] *inversum (inversus* の対格, *invertere* 「裏返す」の完了分詞), 関連 inversión, [英] *inverse*]

in·ver·sor, ra [im.ber.sór, -.ra] 形 投資の.
— 男 囡 投資家. ~ *extranjero* 外国人[海外] 投資家. — 男 《物理》インバーター.

in·ver·te·bra·do, da [im.ber.te.βrá.ðo, -.ða] 形 **1** 《動》脊椎(せきつい)のない, 無脊椎動物の. **2** 弱い, もろい, 結束力のない. *España invertebrada*『無脊椎のスペイン』(Ortega y Gasset の評論).
— 男 《複数で》無脊椎動物.

in·ver·ti·do, da [im.ber.tí.ðo, -.ða] 形 **1** 逆にした, 反対にした, 転倒した. **2** 《軽蔑》性的倒錯の, 同性愛の.
— 男 《軽蔑》(男性の)性的倒錯者, 同性愛者.

*in·ver·tir** [im.ber.tír] 27 他 **1** 《en... …に》〈お金・資本を〉投資する；〈時間・精力などを〉費やす, 投じる. ~ *diez mil euros en Bolsa* 1万ユーロを株式に投資する. ~ *un año en el trabajo* その仕事に1年間を費やす.
2 逆I にする, ひっくり返す. ~ *los papeles* 役割を取り替える. ~ *una tendencia* 傾向をひっくり返す. ~ *la balanza de poder* 力関係を逆転させる. *El viento invirtió su dirección.* 風向きが逆になった.
3 《光》《写》《数》反転させる；《化》転化させる.
— 自 《en... …に》投資する. ~ *en la infraestructura* インフラに投資する.
— ~·se 再 逆になる；《3人称で》投資される. *La proporción se invierte en estos casos.* これらの例ではその割合は逆転する.

in·ves·ti·du·ra [im.bes.ti.ðú.ra] 囡 叙任(式), 任命(式), (位階などの)授与.

in·ves·ti·ga·ción [im.bes.ti.ga.θjón / -.sjón] 囡 調査；研究.
~ *de mercado* 市場調査, マーケットリサーチ. ~ *científica* 学術研究. ~ *policial* 警察の捜査. *realizar una* ~ *sobre antiguas civilizaciones* 古代文明の研究をする.

in·ves·ti·ga·dor, do·ra [im.bes.ti.ga.ðór, -.ðó.ra] 形 研究の, 調査の. *equipo* ~ 調査団. *asistente* ~ 研究補佐.

——男 女 調査者[員], 研究者. ~ principal 主任研究員.

*__in·ves·ti·gar__ [im.bes.ti.gár] 103 他 **1** 調査する, 捜査する. ~ los móviles de un crimen 犯罪の動機を調べる. Tengo que ~ quién ha dicho esto. 誰がこのことを言ったのかはっきりさせなければならない. **2** 研究する. ~ las causas de una alergia アレルギーの原因を研究する.
[← [ラ] *investīgāre* (*vestīgium*「足跡」より派生); 関連 [英] *investigate*]

__in·ves·ti·ga·ti·vo, va__ [im.bes.ti.ga.tí.βo, -.βa] 形 研究の, 調査の.

__investigue(-) / investigué(-)__ 活 → investigar.

__in·ves·tir__ [im.bes.tír] 1 他 《**con...** / **de...**》〈職務・地位・勲章など〉を》授ける, 付与する, 与える. ~ a+人 *con* una condecoración 〈人〉に勲章を授ける.

__in·ve·te·ra·do, da__ [im.be.te.rá.ðo, -.ða] 形 古くからの, 根深い, 年来の. una costumbre *inveterada* 年来の風習.

__in·via·bi·li·dad__ [im.bja.βi.li.ðáð] 女 実現不可能.

__in·via·ble__ [im.bjá.ble] 形 **1** 実現不可能な. Es un plan ~. それは実現性の伴わない計画である. **2**〈胎児が〉生育力のない, 生きていけない. feto ~ 生育能力の備わっていない胎児.

__in·vic·to, ta__ [im.bík.to, -.ta] 形 負けたことのない, 不敗の. tropas *invictas* 常勝軍.
——男 女 負け知らずの人.

__in·vi·den·cia__ [im.bi.ðén.θja / -.sja] 女 盲目.

__in·vi·den·te__ [im.bi.ðén.te] 形 盲目の, 目の不自由な. ——男 女 盲人.

*__in·vier·no__ [im.bjér.no] 男 **1** 冬, 冬季. Ya viene el ~. もうすぐ冬だ. en lo más crudo del ~ 真冬に. ~ suave 暖冬. ~ riguroso 厳冬. → verano 語源.
2《ラ米》(1) (キューバ)(コロン)(プ米)(エクアド)雨期. (2) (コスタリカ)(激しい)にわか雨.
——自 → invernar.
[← [古スペイン] *ivierno* ← [ラ] (*tempus*) *hībernum*「冬の(季節)」(*hiems*「冬」より派生); 関連 invernar. [ポルトガル][伊] *inverno*. [仏] *hiver*]

__inviert-__ 活 → invertir.

__in·vio·la·bi·li·dad__ [im.bjo.la.βi.li.ðáð] 女 不可侵(性), 神聖. ~ parlamentaria 議員特権.

__in·vio·la·ble__ [im.bjo.lá.ble] 形 不可侵の, 侵すことのできない; 神聖な.

__in·vio·la·do, da__ [im.bjo.lá.ðo, -.ða] 形 侵されていない; 神聖な.

__invirt-__ 活 → invertir.

__in·vi·si·bi·li·dad__ [im.bi.si.βi.li.ðáð] 女 目に見えないこと, 不可視性.

*__in·vi·si·ble__ [im.bi.sí.ble] 形 **目に見えない**; 目につかないほど小さい. hombre ~ 透明人間. Un hilo ~ une a los dos. 1本の見えない糸が2人を結びつける.
——男《ラ米》(1) (カリブ)ヘアネット. (2) (エクアド)髪止めピン, ヘアピン.

*__in·vi·ta·ción__ [im.bi.ta.θjón / -.sjón] 女 **1**《**para...** / **de...** / **a...** …への》**招待**; 誘いかけ. ~ *para* el concierto コンサートへの招待. aceptar [rechazar] la ~ 誘いを受け入れる[拒む]. Este libro te será una ~ *al* estudio filológico. この本は君を文献学研究へ誘うものとなるだろう.
2 招待状 (= carta [tarjeta] de ~). ~ de boda 結婚式の招待状. **3** おごり, 接待.

*__in·vi·ta·do, da__ [im.bi.tá.ðo, -.ða] 形 招待された. Estás ~. 今日は僕のおごりだ. ——男 女 **招待客**, 客. Mañana tenemos ~s. 明日来客がある.

*__in·vi·tar__ [im.bi.tár] 他 **1**《**a...** …に》〈人を〉**招待する**, 招く, 誘う. La he *invitado al* cine. 私は彼女を映画に招待した.
2《**a...** …を》〈人に〉もてなす, ごちそうする. ¿Me *invitas* a una cerveza? 私にビール一杯おごってくれますか. **3**《**a+不定詞** …するように》〈人を〉誘う; 駆り立てる;〈人に〉要請する. Nos *invitó* a tomar café en su casa. 彼[彼女]は家でコーヒーを飲もうと私を誘った. Me *invitaron* a participar en la reunión. 私はその会合に出席するように要請された.
——自《**a+不定詞** …するように》仕向ける, 誘う. Esto *invita* a reflexionar sobre la situación económica del país. このことは国の経済状況について考えさせる.
[← [ラ] *invītāre*「招待する; 誘惑する」(→ envidar); 関連 [英] *invite*]

__in·vi·ta·to·rio__ [im.bi.ta.tó.rjo] 男 【カト】招詞, 招文: 朝課の初めの詩編.

__in·vo·ca·ción__ [im.bo.ka.θjón / -.sjón] 女 **1** (特に神への) 祈り, 祈願, 呼びかけ. **2** 祈願の言葉. **3** 呪文(じゅ)(で霊を呼び出すこと). **4**(法律・慣習などを)引き合いに出すこと, 援用.

__in·vo·ca·dor, do·ra__ [im.bo.ka.ðór, -.ðó.ra] 形 祈願する, 訴える. ——男 女 祈願者.

__in·vo·car__ [im.bo.kár] 102 他 **1**〈神・霊などに〉懇願する;〈加護を〉祈願する. ~ la piedad de... …の情けを請う. Te *invocamos*, Señor. 主よ我らに加護を垂れたまえ. **2** 霊を呼び出す. **3**(法律・慣習などを)引き合いに出す. ~ el artículo trece de la ley 法律の第13条に照らす.

__in·vo·ca·to·rio, ria__ [im.bo.ka.tó.rjo, -.rja] 形 祈りの, 祈願の.

__in·vo·lu·ción__ [im.bo.lu.θjón / -.sjón] 女 **1**【生物】退化, 退行, 退縮. ~ senil 老人性退行.
2 後退, 逆行.

__in·vo·lu·cio·nar__ [im.bo.lu.θjo.nár / -.sjo.-] 自 後戻りする. Ese país empezó a ~ culturalmente. その国は文化的に後退し始めた.

__in·vo·lu·cio·nis·mo__ [im.bo.lu.θjo.nís.mo / -.sjo.-] 男 (発展のプロセスに関する) ネガティブ志向, 後ろ向きの姿勢.

__in·vo·lu·cio·nis·ta__ [im.bo.lu.θjo.nís.ta / -.sjo.-] 形 **1** 後戻りの, ネガティブ志向の. **2** 反動的な. ——男 女 後ろ向き姿勢の賛同者.

__in·vo·lu·cra·ción__ [im.bo.lu.kra.θjón / -.sjón] 女(事件の)巻き添えにすること; 参入させること.

*__in·vo·lu·crar__ [im.bo.lu.krár] 102 他 **1**《**en...** …に》**巻き込む**, 巻き添えにする.
2〈本題に関係のない話を〉差し挟む; 混乱させる.
——**~se** 再 **1**《**en...** …に》巻き込まれる, 巻き添えを食う. **2**《ラ米》首を突っ込む, よけいな口出しをする.

__in·vo·lun·ta·ria·men·te__ [im.bo.lun.tá.rja.mén.te] 副 心ならずも, 不本意ながら, 思わず.

__in·vo·lun·ta·rie·dad__ [im.bo.lun.tá.rje.ðáð] 女 不本意, 無意識; 不随意.

*__in·vo·lun·ta·rio, ria__ [im.bo.lun.tá.rjo, -.rja] 形 **1** 不本意の; 無意識の. de forma *involuntaria* ついうっかりと. **2**【医】不随意の.

__in·vo·lu·ti·vo, va__ [im.bo.lu.tí.βo, -.βa] 形 元

invulnerabilidad

に戻る, ぶり返しの.
in·vul·ne·ra·bi·li·dad [im.bul.ne.ra.ßi.li.ðáð] 囡 傷つけられないこと, 不死身.
in·vul·ne·ra·ble [im.bul.ne.rá.ble] 形 **1** 傷つけられない, 不死身の.
　2 《a... …に》動じない, 屈しない.
*****in·yec·ción** [iɲ.ǰek.θjón / -.sjón] 囡 **1** 注射; 注射液. poner una ～ a... …に注射を打つ. ～ intramuscular 筋肉注射. ～ intravenosa 静脈注射. ～ subcutánea 皮下注射.
　2 注入, 投入. **3**《機》噴射. motor de ～ 噴射式エンジン. **4** 刺激(となるもの).
　[←〘ラ〙 *injectiōnem* (*injectiō* の対格)「注入」; 浣腸(ｶﾝﾁｮｳ)」; *inicere*「中へ入れる」(*in-*「中へ」 + *jacere*「投げる」より派生. 関連 inyectar, echar. 英 *injection*]
in·yec·ta·ble [iɲ.ǰek.tá.ble] 形 注射用の.
　— 男 注射液.
in·yec·ta·do, da [iɲ.ǰek.tá.ðo, -.ða] 形 充血した, 血走った. ojos ～s en sangre 充血した目.
*****in·yec·tar** [iɲ.ǰek.tár] 他 **1** 注射する;《液体・気体を》注入する. ～ morfina 人〈人〉にモルヒネを注射する. **2**《活気などを》吹き込む, 注ぎ込む.
in·yec·to·lo·gí·a [iɲ.ǰek.to.lo.xí.a] 囡《ラ米》(ﾒｷｼｺ)注射をすること; 注射箇所.
in·yec·tor [iɲ.ǰek.tór] 男 **1** 注射器.
　2《機》注入器, 噴射注水器; 燃料噴射装置[器].
i·ñi·guis·ta [i.ɲi.ɣís.ta] 形 イエズス会の.
　— 男 イエズス会士 (= jesuita).
　[創設者 Íñigo [Ignacio] de Loyola の名から]
-ío《接尾》「集合」または「動作, 状態, 結果」などの意を表す名詞男性語尾. →desvío, mujerío, poderío.
-ío, a《接尾》「…の, …の性質を持った」の意を表す形容詞語尾. →cabrío, sombrío.
io·do [jó.ðo] 男 → yodo.
ion / ión [i.ón] 男《化》イオン. *ion* negativo 陰イオン. *ion* positivo 陽イオン.
ió·ni·co, ca [i.ó.ni.ko, -.ka] 形《化》イオンの, イオンを含む, イオンに関する.
io·ni·za·ción [i.o.ni.θa.θjón / -.sa.sjón] 囡《化》イオン化, 電離.
io·ni·zan·te [i.o.ni.θán.te / -.sán.-] 形 イオン化する, 電離する. radiación ～ 電離放射.
io·ni·zar [i.o.ni.θár / -.sár] 97 他《化》イオン化する, 電離する. — ～**.se** 再 イオン化する, 電離する.
io·no·fo·re·sis [i.o.no.fo.ré.sis] 囡《医》(単複同形)イオン浸透療法. aparato para ～ イオン浸透療法の装置.
io·nos·fe·ra [i.o.nos.fé.ra] 囡 電離圏, 電離層.
io·ta [jó.ta] 囡 イオタ (I, ι): ギリシャ語アルファベットの第9字.
IP [i.pé]《英》男《略》《I T》*i*nternet *p*rotocol: 米国防総省のネットワークプロジェクトで開発されたプロトコル.
IPC [i.pe.θé / -.sé] 男《略》*Í*ndice de *P*recios al *C*onsumo 消費者物価指数.
i·pe·ca·cua·na [i.pe.ka.kwá.na] 囡《ラ米》《植》《薬》トコン.
i·pe·ri·ta [i.pe.rí.ta] 囡 イペリット, マスタードガス: 第一次世界大戦中ドイツ軍が初めて使用した毒ガス.
i·pil [i.píl] 男《植》タイヘイヨウテツボク: フィリピン産マメ科の樹木.
íp·si·lon [íp.si.lon] 囡 ユプシロン, ウプシロン (Υ, υ): ギリシャ語アルファベットの第20字.

ip·so fac·to [íp.so fák.to]〘ラ〙ただちに, すぐさま; その結果 (= por ese mismo hecho).
ip·so ju·re [íp.so xú.re // -. jú.-]〘ラ〙《法》法律そのものによって (= por la misma ley).
*****ir** [ír] 66 自〘現分〙は yendo] **1** (1)《a... / para... / hacia...》〈特定の地点・方向〉へ》行く, 向かう, 移動する. ¿A dónde *vas*? どこへ行くの. Carmen *iba* hacia la estación. カルメンは駅の方へ向かって行った. Desde el aeropuerto hasta el hotel *iremos* con un guía local. 空港からホテルまでは現地ガイドと一緒に行こう. Susana decidió *ir* por un atajo para evitar el atasco. スサナは渋滞を避けるために近道を通って行くことにした. *ir* en coche [avión, bicicleta, taxi, tren] 車[飛行機, 自転車, タクシー, 電車]で行く. *ir* andando [a pie] 歩いて行く. *ir* de compras [viaje, visita, excursión] 買い物[旅行, 訪問, 遠足]に行く.
　(2)《a...》〈特定の場所・施設などに〉》通う. En aquella época *íbamos* todavía *a* la universidad. あのころ僕らはまだ大学に通っていた[大学生だった]. (3)《a...》〈特定の場所に〉》《a+不定詞》…しに, …するために》行く. Tengo que *ir* al hospital *a* recoger los resultados del análisis. 病院に検査の結果を取りに行かねばならない. (4)《por... / a por...》取りに行く, 呼びに[迎えに, 探しに]行く. *Ve* (*a*) *por* unos tornillos. ねじを取ってきてくれ. Si no vuelves antes de las cinco, *voy a por* ti. 5時までに帰らなければ迎えに行くからね.
　2《a... / hacia...》〈特定の地点・方向〉に》〈道・区域などが〉至る; 向かう, 導く;《起点から終点までを》結ぶ, カバーする. Este sendero *va* al refugio. この小道は山小屋へとつながっている. Esta autopista *va* de Madrid a Valencia. この高速道路はマドリードとバレンシアを結んでいる.
　3《por...》〈ある段階〉まで》〈作業・学業などが〉進んでいる. *Por* dónde *vais*? – *Vamos por* el uso del subjuntivo. 君たちどのあたりまで進んでるの. — 接続法の使い方を見ているところです.
　4《a...》〈ある状態〉に》向かう. Si sigues así, nuestra relación *irá* a la ruina. 君が態度を改めないなら, 僕らの関係は破綻(ﾊﾀﾝ)に向かうだけだ.
　5《+形容詞・副詞およびその相当語句》
　(1)《〈…の状態に〉》ある;《〈…〉》である. Últimamente *va* muy *guapa*. 彼女はこのごろとてもきれいだ. ¿*Qué* tal *vas*? / *Cómo vas*? 調子はどう; 元気？ (2)《…に進む, 機能する; 進行状況・機能が…である. La reforma *va retrasada*. 改革[改案]の進行は遅れ気味だ. Este ordenador *va* muy *bien*. このコンピュータはとてもよく機能している. ▶形容詞は主語と性数一致する. (3)《3人称単数形で》《irle (a+人)〈人〉にとって》〈ものごとが〉進む. No *me va* demasiado *bien* en el trabajo. 職場であまりうまくいってないの. ¿*Cómo te va*? 調子はどう. 順調にいってる？ ¡Que *les vaya* muy *bien*! あなたたちにとって全てうまく行きますように;《別れのあいさつ》ごきげんよう.
　6《話》《*de...* …を》気取る. Él no *va de* caballero; es que lo es realmente. 彼は紳士ぶってるんじゃない, 実際に紳士なんだよ. ¿*De qué vas*? おまえは何様のつもりなんだ.
　7(1)《*con...* …と, …に》合う, 調和する, 適当である. ¿Crees que este pantalón *va con* esta camisa? このズボン, このシャツに合うと思う. (2)《irle (*a...*)》…に》似合う; 適する; 気に入る. A Antonia no *le van* los uniformes. アントニアに

は制服は似合わない. *A mí no me van* los chicos presumidos. 私は気取った男の人は苦手なの. Este vino *le va* muy bien *al* pescado. このワインは魚料理にとてもよく合う. (3)《**con...**》(…に)賛同する, 味方する；(…を)応援する. *Voy con* el equipo italiano. 僕はイタリアチームを応援する.

8《**a+不定詞**》《未来》(…する)**ところである**, つもりである, 予定である, はずである. *Iba a llamarle ahora mismo*. ちょうどお電話差し上げるところでした. *Voy a perder* cinco kilos antes del verano. 夏までに5キロやせるつもりです. Aurora y Ramón *van a casarse* el año que viene. アウロラとラモンは来年結婚する予定です.

9《**+現在分詞**》(…)**しつつある**；(だんだん・少しずつ)(…)する, してくる[いく]. Poco a poco *fue calmándose*. 彼[彼女]は少しずつ落ち着きを取り戻していった. *Voy acostumbrándome* al clima de este país. 私はだんだんこの国の気候に慣れてきた.

10《**para...**》(1)《(年齢)》になろうとしている, (じきに)なる. Mi sobrino *va para* siete años. 甥(おい)はもうすぐ7歳になる. *ir para* viejo 年を取る. (2)《(職業・地位)》をめざす, めざして当然の条件を備えている. Su novio *va para* abogado. 彼女の恋人は弁護士を目指している.

11《**de... a...**》…と…の間に《差・違い・開きが》ある. ¡Lo que *va de* ayer *a* hoy! 昔と今では大違いだ.

12《**de... / sobre...**》《本・記事・番組・会話などが》(…を)話題にする, 扱う. ¿*De* qué *va* ese artículo? それは何についての記事ですか. La película *iba sobre* la amistad entre los dos sexos. その映画は異性間の友情をテーマにしていた.

13《**por...**》《発言などが》(…のことを)指す. ¿Eso *va por* mí? それは私のことを指しておっしゃっているのですか.

14《**contra... / en contra de...**》…に)反する, 反対する, 敵対する. Tus actuaciones *van contra* los principios de la democracia. 君の行いは民主主義の原則に反している.

15《**tras... / detrás de... / tras de...**》(…を)追いかける, しつこく追い回す；熱中する. *ir tras* un sueño 夢を追いかける. Sé que *vas detrás de* mi hija. 君が私の娘を追い回しているのは知っているんだ.

16《**irle (a+人)**》《**en...**》…に》《(人)の》信用・命などに》かかっている. *Me va en* ello la vida. そのことに私の命がかかっているんです. *En este proyecto nos va* el éxito en el mercado europeo. この企画に我々のヨーロッパ市場における成功がかかっている.

17《(金額・ものが)》賭(か)けられる. *Van* veinte euros a que apruebas. 僕は君の合格に20ユーロ賭ける. ► 主に賭ける当人の宣言, または相手が何を賭けるかの質問で使われる. (2)《(トランプなどで)》ゲームに加わる, 勝負する, 順番が回ってくる. ¿Quién *va* ahora? 誰の番かな.

⇌ **-se** 67 再 **1** (1)《(特定の場所から)》**出かける；立ち去る；**行ってしまう. Paula, ¡date prisa, que *nos vamos* ya! パウラ, 急いで. もう出かけますよ. ¡*Vete*! 行ってしまえ, 出て行け, 帰れ. El Sr. Gómez *se ha ido*. ゴメスさんはもうお出かけ[お帰り]になりました, もうここにはいらっしゃいません. (2)《婉曲》《人)が亡くなる, 死ぬ. ¡*Abuela*! No *te vayas*. おばあちゃん, 死なないで. ► 頻繁に írsele (a+人) の形で用いる. ⇌ Cuando *se me fue* mi marido, toda mi familia me apoyó. 私が夫に逝(い)かれたとき, 家族皆が支えてくれた.

2《(もの・時間・記憶などが)》消える, なくなる；漏れる；《(機能・力・効力などが)》衰える. Ya *se ha ido* la luz. もう暗くなった. La semana *se ha ido* rapidísimo. 1週間はあっという間に過ぎ去った. Los efectos del alcohol no *se van* con un café. アルコールの影響はコーヒーでは消せない.

3《**írsele (a+人)**》《(体の部位・能力などの)》コントロールを失う. *írsele* la lengua うっかり口を滑らせる. *írsele* las manos つい手が出る. *írsele* los ojos 目が奪われる. *írsele* de las manos 人の手から逃げる, 失われる (► 上記4例中 írsele の le が(人)を表す). *Se le fue* un pie y se cayó. 彼[彼女]は足を滑らせて転んだ. *Se me fue* la mano con el azúcar. 手元が狂って砂糖を入れ過ぎた.

4《婉曲》(うっかり)放屁(へ)する[便をもらす]. ¡Uf! ¿Quién *se ha ido*? 全く, 誰がやったんだ.

A eso voy [*iba, vamos, íbamos*]. そう言おうと思っていたところだ, そのとおりだ.

Ahí va [*van*]... (1)》ほら…だよ, ここに…を置くよ. (2)《単独で感嘆文》なんてことだ. ► (2) は3人称単数のみで[ai vá]のように va に強勢をおいて発音される.

Allá va. (1)》(ものを投げて)》ほら行くよ, 受け取って. (2)《驚き》おや, おやまあ.

a lo que íbamos [*iba*] 先ほどの話に戻りますが.

el no va más《話》右に出るものがないもの, 最高[最良]のもの. ► 時に皮肉として用いられる. Ésta es *el no va más* de las planchas de vapor. スチームアイロンではこれに勝るものはない.

en lo que va de...《特定の期間)》に入ってから現時点までにおいては. El precio de la gasolina ha subido un cinco por ciento *en lo que va del* año. ガソリンの価格は今年に入ってから今までで5パーセント上昇した.

ir a lo SUYO 自分勝手にする, 好き勝手なことをする. Estoy harto de que siempre *vayas a lo tuyo*. 君の身勝手な振る舞いにもう我慢できない.

ir a más 先に進む；増える；《(傾向などが)》ますます強まる.

ir en [*de*] *broma* (1)》《発言・行い などが)》冗談です る. Supongo que *va en* [*de*] *broma*. 彼[彼女]は冗談のつもりだったんだろう. (2)《(発言・行いなどが)》冗談である. Perdona, aquello *iba en* [*de*] *broma*. ごめんなさい, あれは冗談だったの.

ir por...《演奏・勝利・乾杯などが》…に捧げられる. La siguiente canción *va por* usted, Antonio. 次の歌は, アントニオ, あなたに捧げます. ¡*Va por* todos ustedes! 皆さんに乾杯.

irse abajo《話》崩壊する.

ir y...《話》《強調》思いっきり…する. *Fui y* lo tiré todo a la basura. 思いっきり全部ごみ箱に捨ててやった.

ir y venir《話》絶え間ない行き来. el *ir y venir* de los aviones 飛行機の往来. ► el または un を伴って名詞化する.

no irle ni venirle (a+人)《話》《(人)にとってどでもよい, 関わりがない. Eso que me cuentas *no me va ni me viene*. そんなこと僕にはどうでもいいことだ.

no vaya a+不定詞 / *no vaya a ser que*+接続法 …するといけないから, …するといけないから, *No vaya a ser que* se te *olvide*. 忘れるといけないから手帳に書きとめておきなさい.

¡Qué va!《話》とんでもない, そんなことはない. ¿Estás enfadada? —¡*Qué va*! 君, 怒ってるの. —

さか. Eres el mejor. —¡Qué va! 君がいちばん優秀だね. —とんでもないよ.
sin ir más lejos 身近[手近]な例では.
vamos《話》(1) さあ行こう; さあ始めよう. (2)《励まし・促し・脅しなど》さあ. Diego, recoge los juguetes, ¡vamos! ディエゴ, おもちゃを片づけなさい. さあ早く. (3)《より適切な表現を探りながら》そうだなあ, いや, つまり;《文末で》言ってみれば…である. Es un amigo, *vamos*, un buen compañero. 彼は友達, うーん, というか, よき同僚なの.
vamos a+不定詞 さあ…しよう. Bueno, *vamos a empezar*. さあ, 始めましょう.
vaya《話》(1)《驚き・失望・同情など》あらあら, なあんだ, ふうん. ¡Vaya! ¿Ya lo sabías? なあんだ, もう知ってたの. (2)《強調》すごい…, 全く…. ¡Vaya frío! なんて寒さだ. (3)《より適切な表現を探りながら》そうだなあ, いや, つまり;《文末で》言ってみれば…である. ¿Qué quieres decir? —Que no me disgusta, *vaya*. 何が言いたいの？—まあ, 嫌じゃないってことよ.
¡Vaya por...! …に乾杯！
Ya voy. / Voy.（呼ばれて）今行きます.
［←［ラ］*ire* ; voy, vas, …の語形←［ラ］*vādere*「進む；急いで行く」; fui, fuiste, …の語形←［ラ］*esse*「いる, ある」の完了形 (*fuī, fuistī*, …) など］

Ir 《化》iridio イリジウム.

ir-〔接頭〕(r の前にきるときの) in- の異形.

*__i·ra__ [í.ra] 囡 __1__ 激怒, 憤怒, 立腹. en un arrebato de *ira* 腹立ち紛れに.
__2__《文章語》（自然現象などの）猛威, 激しさ.
__3__《複数形で》報復行為, 執拗な攻撃.
descargar la ira contra... …に怒鳴り散らす, 八つ当たりする.
¡Ira de Dios!《話》いまいましい, ちくしょう.

i·ra·cun·dia [i.ra.kún.dja] 囡《格式》怒りっぽいこと; 激怒, 怒り.

i·ra·cun·do, da [i.ra.kún.do, -.da] 形 怒りっぽい; 怒った, 憤慨した. ——男囡 怒りっぽい人.

I·rak / I·raq [i.rák] 固名 イラク（共和国）: 首都 Bagdad.

I·rán [i.rán] 固名 イラン（イスラム共和国）: 首都 Teherán.

i·ra·ní [i.ra.ní] 形〔複 ~es, ~s〕イランの, イラン人の. ——男囡 イラン人.

i·ra·nio, nia [i.rá.njo, -.nja] 形〔昔の〕ペルシアの. ——男囡 ペルシア人.

i·ra·quí [i.ra.kí] 形〔複 ~es, ~s〕イラクの, イラク人の. ——男囡 イラク人.

i·ras·ci·bi·li·dad [i.ras.θi.bi.li.ðáð / -.si.-] 囡 怒りっぽいこと, 短気, かんしゃく持ち.

i·ras·ci·ble [i.ras.θí.ble / -.sí.-] 形 怒りっぽい, かんしゃく持ちの, 短気な.

I·re·ne [i.ré.ne] 固名 __1__《ギ神》エイレーネ: 平和の女神. __2__ イレネ: 女子の洗礼名.
［←［ラ］*Īrēnē*←［ギ］*Eirēnē*（原義は「平和」）; 関連［ポルトガル］［伊］［英］［独］*Irene*.［仏］*Irène*］

irg-〔語〕→erguir.

i·ri·bú [i.ri.bú] 男〔ラ米〕(ラプ)《鳥》クロコンドル.

i·ri·dá·ce·o, a [i.ri.ðá.θe.o, -.a / -.se.-] 形《植》アヤメ科の.
——囡 __1__ アヤメ科の植物. __2__《複数形で》アヤメ科.

í·ri·de [í.ri.ðe] 囡《植》ニオイアヤメ.

i·rí·de·o, a [i.rí.ðe.o, -.a] 形 囡 →iridáceo.

i·ri·dia·do, da [i.ri.ðjá.ðo, -.ða] 形 イリジウム合金の. platino ~ イリジウム白金合金.

i·ri·dio [i.rí.ðjo] 男《化》イリジウム（記号 Ir）.

i·ri·dis·cen·cia [i.ri.ðis.θén.θja / -.sén.sja] 囡 虹(にじ)色, 玉虫色; 虹色への変色現象.

i·ri·dis·cen·te [i.ri.ðis.θén.te / -.sén.-] 形 __1__ 虹(にじ)[玉虫]色の, 虹色に輝く. __2__ きらめく, 輝く.

i·ri·do·lo·gí·a [i.ri.ðo.lo.xí.a] 囡 虹彩(こうさい)診断法: 目[虹彩]を調べて体調を診断する方法.

i·ris [í.ris] 男〔単複同形〕__1__ 虹(にじ)(＝ arco ~).
[関連]虹の色: （外側より）rojo 赤, naranja 橙(だいだい), amarillo 黄, verde 緑, azul 青, añil 藍(あい), violeta すみれ色.
__2__《解剖》（眼球の）虹彩(こうさい).
__3__《鉱》たんぱく石, ノーブル・オパール.

I·ris [í.ris] 固名《ギ神》イリス: 虹(にじ)の女神.
［←［ラ］*Īris*←［ギ］*Īris*（原義は「虹」）］

i·ri·sa·ción [i.ri.sa.θjón / -.sjón] 囡《主に複数形で》（板金の表面などにできる）虹(にじ)色; 虹色の輝き.

i·ri·sa·do, da [i.ri.sá.ðo, -.ða] 形 虹(にじ)色の（ような）.

i·ri·sar [i.ri.sár] 自 虹(にじ)色に光る[光彩を放つ].
——他 虹色に彩る, 虹色に光らせる.

i·ri·tis [i.rí.tis] 囡《医》虹彩(こうさい)炎.

Ir·lan·da [ir.lán.da] 固名 アイルランド: 首都 Dublín.［←［英］*Ireland*←［古英］*Īraland*］

ir·lan·dés, de·sa [ir.lan.dés, -.dé.sa] 形 __1__ アイルランドの, アイルランド人[語]の.
__2__ アイリッシュコーヒーの.
——男囡 アイルランド人.
——男 __1__ アイルランド語: ケルト語派の一つ.
__2__ アイリッシュコーヒー（＝ café ~）.

i·ro·do·lo·gí·a [i.ro.ðo.lo.xí.a] 囡 →iridología.

*__i·ro·ní·a__ [i.ro.ní.a] 囡 __1__ 皮肉, 風刺, 当てこすり. hablar con ~ 皮肉をこめて話す. No me di cuenta de que sus palabras eran de ~. 彼[彼女]の言った言葉が皮肉だったとは気がつかなかった.
__2__ 意外な[皮肉な]成り行き. la ~ del destino 運命のいたずら. __3__《修辞》反語法; 反語.
［←［ラ］*īrōniam* (*īrōnia* の対格) ←［ギ］*eirōneía*「皮肉, とぼけ」; 関連［英］*irony*］

i·ró·ni·ca·men·te [i.ró.ni.ka.mén.te] 副 __1__ 皮肉を込めて. __2__ 皮肉なことに.

*__i·ró·ni·co, ca__ [i.ró.ni.ko, -.ka] 形 __1__ 皮肉な, 風刺的な, 当てこすりの. __2__ 反語的な.

i·ro·nis·ta [i.ro.nís.ta] 男囡 皮肉屋, 風刺家.

i·ro·ni·zar [i.ro.ni.θár / -.sár] 97 他 皮肉を言う, 皮肉る, からかう.
——自《sobre...》 …のことを皮肉る.

i·ro·qués, que·sa [i.ro.kés, -.ké.sa] 形 （北米先住民の）イロクォイの, イロクォイ人[語]の.
——囡 イロクォイ人.
——男 イロクォイ語.

IRPF [i.e.ře.pe.éfe] 男《略》*I*mpuesto sobre la *R*enta de las *P*ersonas *F*ísicas 個人所得税.

*__i·rra·cio·nal__ [i.řa.θjo.nál / -.sjo.-] 形 __1__ 理性のない, 非理性的な (↔ racional). seres ~es （人間以外の）動物.
__2__ 不合理な, 不条理な, ばかげた.
__3__《数》無理（数）の. número ~ 無理数.
——男 動物, 獣.

i·rra·cio·na·li·dad [i.řa.θjo.na.li.ðáð / -.sjo.-] 囡 __1__ 理性の欠如, 無分別.
__2__ 不合理（性）, 不条理, 道理に合わないこと.

i·rra·cio·na·lis·mo [i.řa.θjo.na.lís.mo / -.sjo.-] 男《哲》非合理主義; 無分別（な行動）.

i·rra·cio·na·lis·ta [i.řa.θjo.na.lís.ta / -.sjo.-] 形

irresistiblemente

i·rra·cio·nal·men·te [i.r̄a.θjo.nál.mén.te / -.sjo.-] 副 不合理に；無分別に.

i·rra·dia·ción [i.r̄a.ðja.θjón / -.sjón] 女 **1** 発光, 放熱；〈光・熱などの〉照射. **2** 波及, 浸透.

i·rra·diar [i.r̄a.ðjár] 82 他 **1** 〈光・熱などを〉発散させる, 放射する. **2** 〈光線に当てる；放射線にさらす, 照射する. **3** 〈影響などを〉広く及ぼす, 放つ. **4** 《ラ米》(ジジ)〈テレビ・ラジオで〉放送する.
—**~·se** 再 〈影響などが〉広く及ぶ, 広がる.

i·rra·zo·na·ble [i.r̄a.θo.ná.ble / -.so.-] 形 **1** 道理に合わない, 不合理な. **2** 無分別な.

*__i·rre·al__ [i.r̄e.ál] 形 **非現実的な**；実在しない, 架空の.

i·rre·a·li·dad [i.r̄e.a.li.ðáð] 女 非現実性；実在しないこと, 架空性.

i·rre·a·li·za·ble [i.r̄e.a.li.θá.ble / -.sá.-] 形 実現できない, 達成不可能な.

i·rre·ba·ti·ble [i.r̄e.ba.tí.ble] 形 反駁(獄)[論破]できない, 反論できない.

i·rre·cha·za·ble [i.r̄e.tʃa.θá.ble / -.sá.-] 形 拒めない.

i·rre·con·ci·lia·ble [i.r̄e.kon.θi.ljá.ble / -.si.-] 形 和解できない, 折り合いのつかない；相いれない.

i·rre·co·no·ci·ble [i.r̄e.ko.no.θí.ble / -.sí.-] 形 見分けられない, 識別できない, 認知できない.

i·rre·cor·da·ble [i.r̄e.kor.ðá.ble] 形 思い起こせない, 思い出せない.

i·rre·cu·pe·ra·ble [i.r̄e.ku.pe.rá.ble] 形 取り返せない, 取り戻せない. dinero ～ 回収不能なお金.

i·rre·cu·sa·ble [i.r̄e.ku.sá.ble] 形 拒絶できない, 拒めない；忌避できない. una invitación ～ 断りきれない招待.

i·rre·den·tis·mo [i.r̄e.ðen.tís.mo] 男 **1** 《史》イッレデンタ[未回復地]併合主義：ウィーン会議(1814-15)以後オーストリア支配下となったままの「未回復のイタリア」を祖国に併合しようとする1870年以後に起こったイタリアの運動. **2** 民族統一主義.

i·rre·den·tis·ta [i.r̄e.ðen.tís.ta] 形 **1** イッレデンタ併合主義の. **2** 民族統一主義(支持)の.
—男 女 **1** イッレデンタ併合主義者.
2 民族統一主義者.

i·rre·den·to, ta [i.r̄e.ðén.to, -.ta] 形 未回復の, 未回収の；(特に領土が)外国の支配下にある.

i·rre·di·mi·ble [i.r̄e.ði.mí.ble] 形 請け戻せない；救い出せない.

i·rre·du·ci·ble [i.r̄e.ðu.θí.ble / -.sí.-] 形 **1** 削減[縮小, 減少]できない. el precio ～ これ以上下げられない値段. **2** 不屈の, 譲らない, 断固とした. **3** 〈a...…に〉還元できない.

i·rre·duc·ti·bi·li·dad [i.r̄e.ðuk.ti.bi.li.ðáð] 女 **1** 削減[縮小, 減少]できないこと. **2** 不撓不屈(ʊ̩ɔ̂ʊ̩)の, 頑固, 譲らないこと. **3** 還元できないこと.

i·rre·duc·ti·ble [i.r̄e.ðuk.tí.ble] 形 **1** 削減[減少]できない, これ以上小さくならない. fracción ～ 《数》既約分数.
2 相いれない, 相反する. dos tendencias ～s 相反する2つの傾向. **3** 不屈の, 断固たる.

i·rre·duc·ti·ble·men·te [i.r̄e.ðuk.tí.ble.mén.te] 副 縮小しがたく；頑強に, 断固として.

i·rre·em·pla·za·ble [i.r̄e (.e)m.pla.θá.ble / -.sá.-] 形 取り替えられない；かけがえのない.

i·rre·fle·xión [i.r̄e.flek.sjón] 女 無思慮, 無分別；軽率.

i·rre·fle·xi·va·men·te [i.r̄e.flek.sí.ba.mén.te] 副 思慮なく；軽率に.

i·rre·fle·xi·vo, va [i.r̄e.flek.sí.βo, -.ba] 形 思慮の足りない, 無分別な；軽率な.
—男 女 無分別[軽率]な人.

i·rre·for·ma·ble [i.r̄e.for.má.ble] 形 改正できない. Esta ley es ～. この法律は改正できない.

i·rre·fra·ga·ble [i.r̄e.fra.ɣá.ble] 形 阻止[抵抗]できない.

i·rre·fre·na·ble [i.r̄e.fre.ná.ble] 形 抑えきれない, 制止[制御]できない.

i·rre·fu·ta·ble [i.r̄e.fu.tá.ble] 形 反駁(涜)できない, 論破できない. argumento ～ 反論の余地のない論拠.

*__i·rre·gu·lar__ [i.r̄e.gu.lár] 形 **1 不規則な**, 変則的な；不ぞろいの(↔regular). terreno ～ でこぼこの土地. polígono ～ 《数》不等辺多角形. pulso ～ 《医》不整脈. verbo ～ 《文法》不規則動詞.
2 不正規の, 不規律の, 乱れた. conducta ～ 不品行. **3** 異例の, 異常な.

*__i·rre·gu·la·ri·dad__ [i.r̄e.gu.la.ri.ðáð] 女 **1** 不規則(性), 変則；不ぞろい.
2 不規律, 不品行. **3** 不正, 反則(行為).

i·rre·gu·lar·men·te [i.r̄e.gu.lár.mén.te] 副 不規則に, 変則的に；規律なく.

i·rre·le·van·cia [i.r̄e.le.bán.θja / -.sja] 女 関連性のないこと, 無関係.

i·rre·le·van·te [i.r̄e.le.bán.te] 形 重要でない, 取るに足りない；関連性のない.

i·rre·li·gión [i.r̄e.li.xjón] 女 →irreligiosidad.

i·rre·li·gio·si·dad [i.r̄e.li.xjo.si.ðáð] 女 無宗教, 不信心；反宗教性.

i·rre·li·gio·so, sa [i.r̄e.li.xjó.so, -.sa] 形 無宗教の, 宗教心のない；反宗教的な.
—男 女 無宗教の人；反宗教的な人.

i·rre·me·dia·ble [i.r̄e.me.ðjá.ble] 形 手の施しようがない；取り返しのつかない；避けられない.

i·rre·me·dia·ble·men·te [i.r̄e.me.ðjá.ble.mén.te] 副 必然的に, 必ず. Si estudias tan poco te suspenderán ～. そんなに勉強しないでいるときっと落第する.

i·rre·mi·si·ble [i.r̄e.mi.sí.ble] 形 《格式》許しがたい, 容赦ない.

i·rre·mu·ne·ra·do, da [i.r̄e.mu.ne.rá.ðo, -.ða] 形 報われない, 報酬のない, 割りの合わない.

i·rre·nun·cia·ble [i.r̄e.nun.θjá.ble / -.sjá.-] 形 受け入れねばならない, 放棄できない.

i·rre·pa·ra·ble [i.r̄e.pa.rá.ble] 形 修繕不能の, 直せない；償い得ない.

i·rre·pe·ti·ble [i.r̄e.pe.tí.ble] 形 二度とできない. Cada persona es única e ～. どんな人もかけがえのない唯一の存在である.

i·rre·pren·si·ble [i.r̄e.pren.sí.ble] 形 非の打ちどころのない, 申し分のない.

i·rre·pre·sen·ta·ble [i.r̄e.pre.sen.tá.ble] 形 上演不可能の；想像できない.

i·rre·pri·mi·ble [i.r̄e.pri.mí.ble] 形 抑えきれない, 抑止できない.

i·rre·pro·cha·ble [i.r̄e.pro.tʃá.ble] 形 欠点のない, 非の打ちどころのない, 完璧(螢)な.

i·rres·cin·di·ble [i.r̄es.θin.dí.ble / -.sin.-] 形 取り消し不能の. contrato ～ 取り消し不能の契約.

*__i·rre·sis·ti·ble__ [i.r̄e.sis.tí.ble] 形 **1 我慢できない**, 耐えがたい. **2 抵抗できない**, 抗しがたい. **3** たまらなく魅力的な.

i·rre·sis·ti·ble·men·te [i.r̄e.sis.tí.ble.mén.te]

irresoluble

i·rre·so·lu·ble [i.r̄e.so.lú.ble] 形 解決できない，解けない．

i·rre·so·lu·ción [i.r̄e.so.lu.θjón / -sjón] 女 未解決；優柔不断，不決断．

i·rre·so·lu·to, ta [i.r̄e.so.lú.to, -.ta] 形 決断力のない，優柔不断の，煮えきらない．
── 男 女 優柔不断な人，決断力のない人．

i·rres·pe·tar [i.r̄es.pe.tár] 他 《ラ米》(誤)(古) 尊敬の念を払わない，尊重しない．

i·rres·pe·to [i.r̄es.pé.to] 男 《ラ米》(まれ)(中米)(ごま共)無礼．

i·rres·pe·tuo·so, sa [i.r̄es.pe.twó.so, -.sa] 形 (con... …に対して)不敬の，不遜(ゐん)な，無礼な．

i·rres·pi·ra·ble [i.r̄es.pi.rá.ble] 形 1 呼吸不可能な，窒息しそうな．gas ~ 有毒ガス．2 〈雰囲気などが〉息苦しい．

i·rres·pon·sa·bi·li·dad [i.r̄es.pon.sa.bi.li.ðáð] 女 無責任；免責．

***i·rres·pon·sa·ble** [i.r̄es.pon.sá.ble] 形 1 無責任な，いい加減な；無自覚な．2 責任能力のない，免責の．
── 男 女 無責任な人，いい加減な人．

i·rres·ta·ña·ble [i.r̄es.ta.ɲá.ble] 形 〈出血・流れが〉止まらない．

i·rre·suel·to, ta [i.r̄e.swél.to, -.ta] 形 →irresoluto.

i·rre·tro·ac·ti·vi·dad [i.r̄e.tro.ak.ti.bi.ðáð] 女 《法》不遡及(きょう)．

i·rre·ve·ren·cia [i.r̄e.be.rén.θja / -.sja] 女 不敬虔(はい)；不敬，無礼な行為[言葉，態度]．

i·rre·ve·ren·te [i.r̄e.be.rén.te] 形 不敬な，不敬虔(はい)な；無礼な．contestación ~ 無礼な返答．
── 男 女 無礼者；不敬な人．

i·rre·ver·si·bi·li·dad [i.r̄e.ber.si.bi.li.ðáð] 女 不可逆性，逆[裏返し]にできないこと；逆転[逆行]できないこと．

i·rre·ver·si·ble [i.r̄e.ber.sí.ble] 形 逆[裏返し]にできない；逆転[逆行]できない；取り返しのつかない．El tiempo pasado es ~. 過ぎ去った時は二度と帰らない．

i·rre·vo·ca·bi·li·dad [i.r̄e.bo.ka.bi.li.ðáð] 女 取り消し[撤回]できないこと．

i·rre·vo·ca·ble [i.r̄e.bo.ká.ble] 形 取り消し[撤回]できない．carta de crédito ~ 《商》取消不能信用状．

i·rri·ga·ción [i.r̄i.ga.θjón / -.sjón] 女 1 灌漑(がい)．2 《医》(1) 灌注(ちゅう)，洗浄(液)．(2) (血液の)循環．

i·rri·ga·dor [i.r̄i.ga.ðór] 男 《医》イルリガートル，灌注(ちゅう)器，洗浄器．

i·rri·gar [i.r̄i.gár] 103 他 1 〈土地に〉水を引く，灌漑(がい)する．2 《医》(1) 灌注(ちゅう)する，洗浄する．(2) 〈血液を〉循環させる．

i·rri·si·ble [i.r̄i.sí.ble] 形 笑うべき，ばかげた．

i·rri·sión [i.r̄i.sjón] 女 1 嘲笑(ちょう)，愚弄(ろう)，あざけり．2 嘲笑の的，物笑いの種，お笑いぐさ．ser la ~ del pueblo 町中の物笑いの種である．

i·rri·so·rio, ria [i.r̄i.só.rjo, -.rja] 形 1 おかしい，滑稽な，嘲笑(ちょう)を誘う．2 取るに足りない，ごくわずかな；〈価格が〉格安の．ganancia *irrisoria* わずかばかりの収入．

i·rri·ta·bi·li·dad [i.r̄i.ta.bi.li.ðáð] 女 怒りっぽいこと，短気．

i·rri·ta·ble [i.r̄i.tá.ble] 形 1 短気な，怒りっぽい，激しやすい．2 《医》過敏な，炎症を起こしやすい．

i·rri·ta·ción [i.r̄i.ta.θjón / -.sjón] 女 1 いらだち，立腹．2 《医》軽い炎症．

i·rri·ta·do, da [i.r̄i.tá.ðo, -.ða] 形 1 いらだった，怒った．el mar ~ 《文章語》荒れ狂う海．2 ひりひり痛む，炎症を起こした．

***i·rri·tan·te** [i.r̄i.tán.te] 形 1 いらだたせる，怒らせる．2 《医》刺激を与える，炎症を起こさせる．

***i·rri·tar** [i.r̄i.tár] 他 1 いらだたせる，いらいらさせる，怒らせる．Su actitud indiferente me *irritó* mucho. 彼[彼女]の冷たい態度に私は無性に腹が立った．2 〈感情を〉高ぶらせる，かき立てる．~ los celos 嫉妬(とう)心をあおる．3 《医》刺激する，炎症を起こさせる．
── **se** 再 1 いらだつ，怒る．María *se irritó* con su novio porque no era puntual. 恋人が時間にルーズなのでマリアはいらいらした．2 〈感情が〉高ぶる，つのる．3 《医》炎症を起こす．[←〔ラ〕*irritāre*；関連〔英〕*irritate*]

i·rri·ta·ti·vo, va [i.r̄i.ta.tí.bo, -.ba] 形 かぶれの，炎症のある．molestias *irritativas* 炎症．

i·rro·gar [i.r̄o.gár] 103 他 《法》〈損害・厄介などを〉引き起こす，生じさせる，与える．
── **se** 再 〈損害などを〉被る．

i·rrom·pi·ble [i.r̄om.pí.ble] 形 壊れない；頑丈な．

i·rrum·pir [i.r̄um.pír] 自 (en... …に)押し入る，突入する，乱入する．El toro *irrumpió en* la plaza. 牛は勢いよく闘牛場に飛び出してきた．

i·rrup·ción [i.r̄up.θjón / -.sjón] 女 突入，闖入(ちんにゅう)；急襲．

IRTP [i.e.r̄e.te.pé] 男 《略》《スペイン》*I*mpuesto sobre el *R*endimiento del *T*rabajo *P*ersonal 源泉課税．

I·rún [i.rún] 固名 イルン：スペイン北部，Guipúzcoa県のフランスとの国境の町．

IRYDA [i.rí.ða] 男 《略》*I*nstituto Nacional parala *R*eforma *y* *D*esarrollo *A*grarios (スペインの)全国農業改革促進協会．

i·sa [í.sa] 女 イサ：カナリア諸島の民族音楽[舞踊]．

I·sa·ac [i.sa.ák] 固名 《聖》イサク：Abrahán と Sara の息子で Jacob と Esaú の父．2 イサク：男子の洗礼名．[関連〔ポルトガル〕〔仏〕〔英〕*Isaac*. 〔伊〕*Isacco*. 〔独〕*Isaak*.

I·sa·bel [i.sa.βél] 固名 1 ~ I la Católica イサベル1世カトリック女王：カスティーリャ女王(在位1474-1504)．♦夫 Fernando と共に王権強化，宗教統一を目指した．→*católico* (los Reyes Católicos)．
2 ~ II イサベル2世：スペイン女王(在位1833-68)．父 Fernando 7世が王位継承権を与えたため即位後から叔父 Carlos の支持者との間にカルリスタ戦争が起きた(→carlista)．母 María Cristina，軍人 Espartero 摂政期を経て1843年に親政を開始．
3 イサベル：女子の洗礼名．愛称 Chela, Isa.
[←〔古プロバンス〕*Isabel*←〔後ラ〕*Elisabeth*←〔ギ〕*Elísabeth*←〔ヘブライ〕*Elishebha*'(*Él*「神」+ *shebha*'「誓い」，「神への誓い」が原義か)；関連〔ポルトガル〕*Isabel*. 〔仏〕〔独〕*Elisabeth*, *Isabelle*. 〔伊〕*Elisabetta*, *Isabella*. 〔英〕*Elizabeth*, *Isabel*]

i·sa·be·li·no, na [i.sa.βe.lí.no, -.na] 形 1 イサベル女王の；イサベル2世(時代)の．2 イサベル2世頃の．3 〈貨幣が〉イサベル女王の胸像入りの．4 (英国の)エリザベス女王(時代)の，エリザベス朝の．5 〈馬が〉クリーム色の，真珠色の．

—男女 イサベル2世派の人.
—男《美》イサベル様式；エリザベス朝様式.

i·sa·go·ge [i.sa.ǥó.xe] 女 前置き, 緒言.

I·sa·í·as [i.sa.í.as] 固名 **1**《聖》イザヤ：ヘブライの預言者. (2)(旧約の)イザヤ書《略 Is》.
2 イザヤ：男子の洗礼名.

í·sa·tis [í.sa.tis] / **i·sá·tis** [i.sá.tis] 男《単複同形》《動》ホッキョクギツネ. (=zorro ártico).

is·ba [ís.ba] 《仏》女 (北欧に多く見られる)丸太小屋.

ISBN [i.e.se.be.é.ne]《英》男《略》International Standard Book Number 国際標準図書番号.

is·ca·tón [is.ka.tón] 男《ラ米》《^キ》《植》綿, 綿花；(植物の)繊毛.

is·cu·ria [is.kú.rja] 女《医》尿閉.

I·seo [i.sé.o] 固名 イゾルデ：ケルトの伝説を題材にした中世紀事詩の女主人公. →Tristán.

i·si·do·ria·no, na [i.si.ðo.rjá.no, -.na] 形 (スペイン Sevilla の大司教)聖イシドルスの.

I·si·do·ro [i.si.ðó.ro] 固名 **1** San ～ 聖イシドルス(560?-636)：セビーリャ大司教で教会博士・百科全書家；*Etimologías*『語源論』. **2** イシドーロ：男子の洗礼名. [←〔ラ〕 *Isidōrus*←〔ギ〕 *Ísidōros* (*Ísis*「(エジプトの)イシス神」+ *dôron*「贈り物, 恵み」；「イシス神の恵み」が原義). 関連〔ポルトガル〕〔伊〕 *Isidoro*.〔仏〕〔英〕 *Isidore*.〔独〕 *Isidor*]

i·si·dra·da [i.si.ðrá.ða] 女 聖イシドロ祭期間に行われる闘牛. (= sanisidros).

I·si·dro [i.sí.ðro]
固名 San ～ Labrador 聖農夫イシドロ(1070?-1130)：スペイン Madrid の守護聖人. 祝日5月15日.

i·si·dro, dra
[i.sí.ðro, -.ðra] 男
女 お上りさん.
◆スペイン Madrid で用いられて, 祭日などに首都に出て来る地方の人を指す.

San Isidro
(サン・イシドロの祝日)

-ísimo, ma [接尾] 絶対最上級. → *bellísimo*, *preciosísimo*. ▶ (1) n, r に続くとき -císimo となる. → *jovencísimo*. (2) -ble で終わる形容詞に付くと -bilísimo となる. → *amabilísimo*.

I·sis [í.sis] 固名 イシス：古代エジプトの豊饒(ほうじょう)の大母神. Osiris の妹で妻.

is·la [ís.la] 女 **1** 島. ～ volcánica 火山島. ～ desierta 無人島. ～ de Creta クレタ島. *I～s* Baleares バレアレス諸島. *I～s* Canarias カナリア諸島. *I～s* Galápagos ガラパゴス諸島.
2 分離帯, 安全地帯, 隔離された場所. ～ de peatones 車両乗り入れ禁止区域.
3 (孤立した)木立, 低木林.
4 街区, ブロック. **5**《ラ米》《^キ》氾濫(はんらん)原.
[←〔ラ〕 *īnsulam* (*īnsula*「島」の対格)(→ ínsula)；関連 insular, península, aislar.〔英〕 *isle*, *isolate*「孤立させる」]

is·lam [is.lám] 男 [主に I-] **1** イスラム教, 回教：スンニー派 sunnita とシーア派 chiita の二大分派がある. **2** イスラム文明, イスラム世界.

is·lá·mi·co, ca [is.lá.mi.ko, -.ka] 形 **イスラム教の**, イスラムの.

is·la·mis·mo [is.la.mís.mo] 男 イスラム教；イスラム世界.

is·la·mis·ta [is.la.mís.ta] 形 イスラム原理主義(者)の. —男女 イスラム原理主義者.

is·la·mi·ta [is.la.mí.ta] 形 イスラム教徒の.
—男女 イスラム教徒.

is·la·mi·za·ción [is.la.mi.θa.θjón / -.sjón] 女 イスラム教化, イスラム化.

is·la·mi·zar [is.la.mi.θár / -.sár] 97 他 イスラム教化する, イスラム化する.

is·la·mó·lo·go, ga [is.la.mó.lo.ǥo, -.ǥa] 男女 イスラム教の専門家.

is·lan·dés, de·sa [is.lan.dés, -.dé.sa] 形 アイスランドの, アイスランド人［語］の. —男女 アイスランド人. —男 アイスランド語：北ゲルマン語の一つ.

Is·lan·dia [is.lán.dja] 固名 アイスランド(共和国)：首都 Reykjavik. [←〔古スカンジナビア〕 *Island* (*īss*「氷」+ *land*「土地」)]

is·lán·di·co, ca [is.lán.di.ko, -.ka] 形 アイスランドの.

is·la·rio [is.lá.rjo] 男 《まれ》 **1** 島研究. **2** 諸島地図.

is·le·ño, ña [is.lé.ɲo, -.ɲa] 形 島の, 島で生まれた. —男女 **1** 島の住民, 島民. **2**《ラ米》(1)(ドゥ)(^{ジマ})(キ) カナリア諸島出身のスペイン人. (2)(^{ウルブ}) パラナ Paraná 川の中洲の住民[出身者].

is·le·o [is.lé.o] 男 (大きな島に隣接する)小島；孤島, 孤立した土地.

is·le·ta [is.lé.ta] 女 **1** (道路の)緑地帯, 分離帯, 安全地帯. **2** 小島. [isla + 縮小辞]

is·li·lla [is.lí.ja ‖ -.ʎa] 女 わきの下；鎖骨.

is·lo·te [is.ló.te] 男 (無人の)小島；海面上に出ている大岩.

is·ma·el [is.ma.él] 男《話》電子メール (= emilio). Mandemos un ～ a esta dirección. このアドレスにメールを送りましょう.

Is·ma·el [is.ma.él]《聖》イスマエル：Abrahán と侍女アガル Hagar の息子.

is·ma·e·li·ta [is.ma.e.lí.ta] 形 イスマエルの後裔(こうえい)の；アラビア人の；イスラム教徒の. —男女 イスマエルの後裔；アラビア人；イスラム教徒.

is·mo [ís.mo] 男 主義, 学説, イズム.

-ismo [接尾]「制度, 体系, 主義, 主張, 職業, …的行動, 状況」の意を表す男性名詞語尾. → *comunismo*, *pesimismo*, *periodismo*. [←〔ギ〕]

ISO [í.so]《英》男《略》International Standardization Organization 国際標準化機構. ～ Infrared Space Observatory 赤外線天文衛星.

iso-「等しい, 同位の」の意を表す造語要素. → *isoclinal*, *isotermo*, *isótopo*. [←〔ギ〕]

i·so·ba·ra [i.so.bá.ra] / **i·só·ba·ra** [i.só.ba.ra] 女《気象》等圧線.

i·so·bá·ri·co, ca [i.so.bá.ri.ko, -.ka] / **i·so·ba·ro, ra** [i.so.bá.ro, -.ra] 形《気象》等圧の, 等圧線の. líneas *isobáricas* 等圧線.

i·so·ca [i.só.ka] 女《ラ米》(アルゼン) 毛虫, 害虫.

i·so·cli·nal [i.so.kli.nál] 形 **1**《地質》等斜褶曲(しゅうきょく)の, 等斜褶曲の.
2《地質》等伏角の, 等傾斜角の.

i·so·cli·no, na [i.so.klí.no, -.na] 形《地質》等傾斜の；《物理》等伏角の.

i·so·cro·má·ti·co, ca [i.so.kro.má.ti.ko, -.ka] 形《光》等色の；《写》整色性の.

i·so·cro·nis·mo [i.so.kro.nís.mo] 男《物理》等時性；等時間隔.

i·só·cro·no, na [i.só.kro.no, -.na] 形《物理》等

isodáctilo

時(性)の；等時間隔の.
i·so·dác·ti·lo, la [i.so.ðák.ti.lo, -.la] 形【動】指の長さが同じ.
i·so·é·dri·co, ca [i.so.é.ðri.ko, -.ka] 形【地質】同じ様相の, 幾何学的模様の.
i·so·fo·ní·a [i.so.fo.ní.a] 女 音の響きが同じこと.
i·so·glo·sa [i.so.gló.sa] 女【言】(言語地理学で) 等語線.
i·só·go·no, na [i.só.go.no, -.na] 形【物理】等角の；等偏角の.
i·so·me·rí·a [i.so.me.rí.a] 女【化】【物理】異性.
i·só·me·ro, ra [i.só.me.ro, -.ra] 形【化】【物理】異性(体)の. —男【化】【物理】異性体, 異性体.
i·so·me·trí·a [i.so.me.trí.a] 女【詩】音節数が同じこと.
i·so·mor·fis·mo [i.so.mor.fís.mo] 男 1【物理】同形. 2【鉱】類質同像.
i·so·mor·fo, fa [i.so.mór.fo, -.fa] 形【化】同形の；【鉱】同形の；類質同像の.
i·so·pe·rí·me·tro, tra [i.so.pe.rí.me.tro, -.tra] 形【数】等周の.
i·só·po·do, da [i.só.po.ðo, -.ða] 形【動】等脚(類)の. —男(複数で) 等脚類(の動物).
i·sóp·te·ro, ra [i.sóp.te.ro, -.ra] 形【昆】等翅(どう)目の. —男 1 等翅目の虫：シロアリ類. 2 (複数で) 等翅目.
i·so·quí·me·no, na [i.so.kí.me.no, -.na] 形【気象】等寒線の, 冬季等温線の.
—女 等寒線, 冬季等温線.
i·sós·ce·les [/-.se.-] 形【性数不変】二等辺の. triángulo ~ 二等辺三角形.
i·so·si·lá·bi·co, ca [i.so.si.lá.bi.ko, -.ka] 形 同音節数の.
i·so·si·la·bis·mo [i.so.si.la.bís.mo] 男 1 (2つの詩行を比較したときに) 音節数が同じこと. 2 音節数を同じにする作詩方法.
i·sos·ta·sia [i.sos.tá.sja] 女【地質】アイソスタシー. el principio de la ~ 地殻均衡説.
i·so·tér·mi·co, ca [i.so.tér.mi.ko, -.ka] 形 一定の温度を保つ, 等温の. traje ~ 保温スーツ.
i·so·ter·mo, ma [i.so.tér.mo, -.ma] 形 1【物理】等温の；一定温度[等温]で起こる. 2【気象】等温(線)の. —女【気象】等温線.
i·só·te·ro, ra [i.só.te.ro, -.ra] 形【気象】等暑線の, 等夏線の. —女 等暑線, 等夏線.
i·so·tó·ni·co, ca [i.so.tó.ni.ko, -.ka] 形【物理】等張の, 等浸透圧の.
i·so·tó·pi·co, ca [i.so.tó.pi.ko, -.ka] 形【物理】アイソトープの, 同位体の, 同位元素の.
i·só·to·po [i.so.to.po] 男【物理】アイソトープ, 同位体, 同位元素. ~ radioactivo 放射性同位元素.
i·so·tro·pí·a [i.so.tro.pí.a] 女【生物】【物理】等方性.
i·só·tro·po, pa [i.só.tro.po, -.pa] 形【生物】【物理】等方性の.
i·so·ye·ta [i.so.jé.ta] 女【気象】等降水量線.
is·que·mia [is.ké.mja] 女【医】虚血, 乏血.
is·quial·gia [is.kjál.xja] 女【医】坐骨神経痛.
is·quiá·ti·co, ca [is.kjá.ti.ko, -.ka] 形【解剖】座骨の, 股(こ)関節の.
is·quion [ís.kjon] / **is·quión** [is.kjón] 男【解剖】座骨.
Is·ra·el [is.r̄a.él] 固名 イスラエル(国)：首都 Jerusalén.
[←[後ラ] *Israēl*←[ギ] *Israḗl*←[ヘブライ] *Yiśrā'ēl*]

is·ra·e·lí [is.r̄a.e.lí] 形(複 ~es, ~s) (現代の) イスラエル(国)の, イスラエル人の.
—男女 (現代の) イスラエル人.
is·ra·e·li·ta [is.r̄a.e.lí.ta] 形 1 古代イスラエル(人)の, ヘブライの, ユダヤの. 2 ユダヤ教(徒)の.
—男女 1 古代イスラエル人, ヘブライ人, ユダヤ人. 2 ユダヤ教徒.
—女 (投票箱を開けて最初の) 開票作業.
-ista (接尾)「…する人, …主義者, …家」または「…に関する, …の特性を持つ」の意を表す名詞・形容詞語尾. ⇒ capital*ista*, futbol*ista*, pesim*ista*.
-ístico, ca (接尾)「…に関する, …の性質を持った」の意を表す形容詞語尾. ⇒ estad*ístico*, period*ístico*.
ist·me·ño, ña [ist.mé.ɲo, -.ɲa] 形 地峡の, 地峡で生まれた. —男女 地峡の住民[出身者].
íst·mi·co, ca [íst.mi.ko, -.ka] 形 地峡の. la región [zona] *ístmica* 地峡地方(▶パナマ地峡を指す場合が多い).
ist·mo [íst.mo] 男 1 地峡. *I*~ de Panamá パナマ地峡. 2【解剖】峡部.
ít. (略) *ítem* [ラ] 同じく, 同様に.
-ita (接尾)「…出身の, …の人[もの]」または「…に属する」の意を表す名詞・形容詞語尾. ⇒ israel*ita*, moscov*ita*.
Í·ta·ca [í.ta.ka] 固名 イタカ, イタケ：ギリシア西岸沖のイオニア諸島中の小島でオデュッセイア Odiseo の伝説上の故郷.
i·ta·ca·te [i.ta.ká.te] 男《ラ米》(話)(旅の) 携行食, 弁当.
***I·ta·lia** [i.tá.lja] 固名 **イタリア** (共和国)：首都 Roma. [←[ラ] *Italia*←[ギ] *Italía*←[オスク] *Vitelíu*「南イタリア」(「子牛をトーテムにしている人々 (の地)」が原義か？)]
i·ta·lia·na [i.ta.ljá.na] 形 女 → italiano.
i·ta·lia·ni·ni [i.ta.lja.ní.ni] 男女[複 ~s, ~] (話)(ユーモラスに)《時に軽蔑》イタリア人.
i·ta·lia·nis·mo [i.ta.lja.nís.mo] 男 イタリア語法；イタリア語からの借用語(句).
i·ta·lia·nis·ta [i.ta.lja.nís.ta] 男女 イタリア(語)学者, イタリア文化研究者.
i·ta·lia·ni·zar [i.ta.lja.ni.θár /-.sár] 97 他 イタリア風にする, イタリア(語)化する.
—~se 再 イタリア風になる, イタリア(語)化する.
***i·ta·lia·no, na** [i.ta.ljá.no, -.na] 形 (名詞+)《ser+》**イタリアの**, **イタリア人**[語]**の**. la liga *italiana* イタリアリーグ. a la *italiana* イタリア風[式](に)(▶他の語に前置して複合語を作るときは italo- の語形をとる. ⇒ italo-(-)español(a) イタリアとスペインの. ハイフンを付けることも多い). —男女 **イタリア人**. —男 **イタリア語**：ロマンス語の一つ.
i·ta·lia·nó·fi·lo, la [i.ta.lja.nó.fi.lo, -.la] 形 イタリア好きの, イタリアに好感をもつ.
—男女 イタリア好きの人.
i·tá·li·ca [i.tá.li.ka] 女 イタリック体(の文字).
I·tá·li·ca [i.tá.li.ka] 固名 イタリカ：ローマ時代, イベリア半島の Bética 州にあった都市で, 現在の Sevilla の近郊に位置した. [←[ラ] *Itálica*]
i·ta·li·cen·se [i.ta.li.θén.se /-.sén.-] 形 イタリカの. —男女 イタリカの住民.
i·tá·li·co, ca [i.tá.li.ko, -.ka] 形 1 古代イタリアの；古代イタリア人の. 2【印】イタリック体の. 3 イタリカの (= italicense).
—男 イタリック語派：古代イタリアで話されていたインド・ヨーロッパ語族の一分派. ラテン語もこれに属す.

í·ta·lo, la [í.ta.lo, -.la] 形《文章語》イタリアの；イタリア人の. ——男女《文章語》イタリア人.

í·tem [í.tem] 副 同じく, 同様に；さらに (= ～ más). ——男〖複 ～es, ～s〗 **1** 項目, 条項, 箇条. **2** 付加, 付け足し. **3**〖IT〗アイテム.

i·te·mi·zar [i.te.mi.θár / -.sár] 97 他《ラ米》項目別にする；明細に記入する.

i·te·ra·ción [i.te.ra.θjón / -.sjón] 女〖詩〗繰り返し, 反復.

i·te·rar [i.te.rár] 他《格式》繰り返す, 反復する (= repetir).

i·te·ra·ti·vo, va [i.te.ra.tí.ƀo, -.ƀa] 形 繰り返しの, 反復の. verbo ～〖文法〗反復動詞.

í·ter·bio [i.tér.bjo] 男〖化〗イッテルビウム (記号 Yb).

i·ti·ne·ran·cia [i.ti.ne.rán.θja / -.sja] 女 場所を転々とすること, 巡回, 巡業. ～ de exposiciones 展覧会の巡回.

i·ti·ne·ran·te [i.ti.ne.rán.te] 形 巡回する, 移動する. embajador ～ 移動大使. campamento ～ 移動キャンプ.

****i·ti·ne·ra·rio, ria** [i.ti.ne.rá.rjo, -.rja] 形 道筋の；道のりの.
——男 **1** 道程, 旅程, 行程. **2** 道順.

-itis《接尾》「炎症」の意を表す女性名詞語尾. ⇒ apendic*itis*, mening*itis*.〔←〔ギ〕〕

-ito, ta《接尾》縮小辞.「小さい, 少ない」などの意を表す名詞・形容詞語尾 (時に副詞). ▶ 文脈によって親愛, 軽蔑などさまざまなニュアンスを持つ. 時に -cito, -ecito, -ececito. ⇒ Luis*ito*, hij*ito*, lej*itos*.

i·tria [í.trja] 女〖化〗酸化イットリウム, イットリア.

i·trio [í.trjo] 男〖化〗イットリウム (記号 Y).

-itud《接尾》「性質, 状態」の意を表す女性名詞語尾. ⇒ apt*itud*, esclav*itud*, plen*itud*.

I·tur·bi·de [i.tur.bí.ðe] 固名 イトゥルビデ Agustín de ～ (1783–1824)：メキシコの軍人. 皇帝 Agustín 1 世 (在位1822–23) となる.

ITV [i.te.ú.be] 女《略》《スペイン》《単複同形》*I*nspección *T*écnica de *V*ehículos 車検. pasar la *ITV* 車検を受ける.

itz·cuin·tli [its.kwín.tli] 男 イツクイントリ：メキシコの神犬.

IU [í.ú] 女《略》《スペイン》*I*zquierda *U*nida 左翼連合.

IVA [í.ƀa] 男《略》《スペイン》*I*mpuesto sobre el *V*alor *A*ñadido 付加価値税, 消費税.

IVE [í.ƀe] 女《略》*i*nterrupción *v*oluntaria del *e*mbarazo 妊娠出産中絶休暇.

-ivo, va《接尾》「能力, 性質」の意を表す形容詞語尾. ⇒ comprens*ivo*, intens*ivo*.

ix·tle [ís.tle] 男《ラ米》《先》イストレ：網をなうために使用する植物繊維.

ix·tle·ro, ra [is.tlé.ro, -.ra] 形 イストレ ixtle の. ——男女 イストレの仕事に従事する人.

i·za·do [i.θá.ðo / -.sá.-] 男 → izamiento.

i·za·ga [i.θá.ga / -.sá.-] 女 イグサの原.

i·za·mien·to [i.θa.mjén.to / -.sa.-] 男 揚旗. (旗や帆を) 揚げること.

i·zar [i.θár / -.sár] 97 他 (旗・帆を) 引きあげる, 掲げる. ～ la bandera a media asta en señal de luto 哀悼の意を表して半旗を掲げる.

iz·cuin·cle [iθ.kwín.kle / is.-] 男《ラ米》《先》《話》(1) 汚らしい犬. (2) ぼろを着た子供, 浮浪児.

-izo, za《接尾》「…の特質を持つ, …の傾向のある」などの意を表す形容詞語尾. ⇒ cobr*izo*, fronter*izo*, quebrad*izo*. **2**「場所」の意を表す名詞語尾. ⇒ cobert*izo*, porquer*iza*.

i·zo·te [i.θó.te / -.só.-] 男〖植〗イトラン.

izq. / izqdo., da 形 女《略》*izquierdo, izquierda*.

****iz·quier·da** [iθ.kjér.ða / is.-] 女 **1** 左, 左側 (↔derecha). a mi ～ 私の左側に. El museo está a la ～ del parque. 美術館は公園の左側にあります. En Japón los coches circulan por la ～. 日本では車は左側通行です. Siga todo recto y gire en el cruce a la ～. まっすぐ進んで交差点を左に曲がってください. Conserve su ～.《交通標識》左側通行.
2 左手. escribir con la ～ 左手で書く.
3〖政〗左翼, 左派. de ～(s) 左翼 (思想) の. extrema ～ 極左.
——形 ≒ izquierdo.
a izquierdas 左回りに.

iz·quier·da·zo [iθ.kjer.ðá.θo / is.-.so] 男 左からの攻撃, 左手で殴ること, 左足で蹴ること.

iz·quier·de·ar [iθ.kjer.ðe.ár / is.-] 自 邪道にそれる, 常軌を逸する.

iz·quier·dis·ta [iθ.kjer.ðís.ta / is.-] 形 **1** (政治思想が) 左翼の, 左派の. **2**《ラ米》(*体*)《俗》左利きの.
——男女 **1** 左翼［左派］の人.
2《ラ米》(*体*)《俗》左利きの人.

****iz·quier·do, da** [iθ.kjér.ðo, -.ða / is.-] 形 **1**〈名詞＋〉左の, 左側の (↔derecho). la mano *izquierda* 左手. el lateral ～〖スポ〗左ウイング, 左サイド. el pitón ～〖闘牛〗牛の左角 (の先). la orilla *izquierda* (川下に向かって) 左岸.
2 左利きの (= zurdo).
3〈馬が〉外反膝(ひざ)の, X字脚の.
4 曲がった, ねじれた, まっすぐでない.
——男女 左利きの人.
con mano izquierda らつ腕で, 手抜かりなく. dirigir *con* mucha *mano izquierda* 実に巧みに指導する.
levantarse con el pie izquierdo《話》朝からついていない, 一日中へまばかりする.
tener mano izquierda《話》手腕がある, 手抜かりがない. Él ha demostrado *tener mano izquierda*. 彼はできるところを見せた.
〔←〔古スペイン〕*exquerdo*←?〔バスク〕*ezker*(*ra*)；古くはイベリア半島先住民語に起源を持つとされる〕

iz·quier·do·so, sa [iθ.kjer.ðó.so, -.sa / is.-] 形《話》左翼の, 左派の. ideas *izquierdosas* 左寄りの考え. ——男女《話》左翼の人.

Jj

後舌面を軟口蓋に近づけて出す無声摩擦音. 聞いた印象は日本語の「ハ行」に近いが, 発音はかなり異なる. 特に ju は「フ」とは全く異なり, 唇を摩擦させず, あくまでも口の中の奥の方を摩擦させるよう心がける.

J, j [xóta] 囡 スペイン語の字母の第10字.
J 《略》《物理》julio ジュール.
ja [xá] 間投 **1** 《繰り返して》《笑い》ハハハ. *Jajaja...* *Déjalo*. (くすぐられている場面などで) ハハハ, やめてくれ. **2** 《俗》《不信》ふん.
jab [xáb // jáb] 男 《スポ》(ボクシングの) ジャブ. *Usó su ~.* 彼[彼女]はジャブを使った. *Recibí un ~ en la cara.* 私は顔にジャブを一発受けた.
ja·ba [xá.ba] 囡 《ラ米》(1) シュロで編んだ容器; (ﾒｷ)(ｼｭﾛ)の袋；ほいと袋. (2) (ｸﾞｱ)(運搬用の)かご. (3) (ｶﾘﾌﾞ)貧困, 極貧. (4) (ｷｭｰﾊﾞ)(石を詰めた)護岸用の木組みの箱 (= ~ *de defensa*). (5) (ｺﾛﾝﾋﾞｱ)ヒョウタンの器.
llevar [*tener*]... *en jaba* 《ラ米》(ｷｭｰﾊﾞ)…を成功させる, 首尾よく運ぶ.
*no poder ver a+*人 *con jaba grande* 《ラ米》(ｷｭｰﾊﾞ)〈人〉をうらやむ.
soltar la jaba 《ラ米》(ｷｭｰﾊﾞ)あか抜ける, 洗練される.
tomar la jaba 《ラ米》(ｷｭｰﾊﾞ)物ごいをする.
ja·ba·do, da [xa.bá.ðo, -.ða] 形 《ラ米》(1) (ｶﾘﾌﾞ)(ｺﾛﾝ)(鶏の羽などが)黒い[黄褐色の]斑点(ﾊﾝﾃﾝ)のある. (2) (ｺﾛﾝ)白人気取りの；どっちつかずの.
ja·bal·cón [xa.bal.kón] 男 《建》 **1** 筋交い, 方杖(ﾎｳﾂﾞｴ). **2** 《ラ米》(ｸﾞｱﾃ)崖(ｶﾞｹ), 断崖(ﾀﾞﾝｶﾞｲ), 絶壁.
ja·bal·co·nar [xa.bal.ko.nár] 他 《建》…に筋交いを入れる；支柱を支(ｻｻ)う.
ja·ba·lí [xa.ba.lí] 男 《複 ~es, ~s》《動》イノシシ. *~ alunado* 牙(ｷﾊﾞ)が半月形のイノシシ. *~ verrugoso* イボイノシシ.
ja·ba·li·na [xa.ba.lí.na] 囡 **1** 《動》雌イノシシ.
2 《スポ》槍(ﾔﾘ)投げ(の槍)；投げ槍. *lanzamiento de ~* 槍投げ.
ja·ba·lón [xa.ba.lón] 男 《建》→ jabalcón¹.
ja·bar·di·llo [xa.bar.ðí.jo || -.ʎo-] 男 《まれ》 **1** (鳥・昆虫の)大群. **2** 《話》群衆, 人込み. [jabardo + 縮小辞]
ja·bar·do [xa.bár.ðo] 男 **1** ミツバチの一群, 群蜂(ﾊﾞﾁ). **2** 《話》群衆, 大勢.
ja·ba·to, ta [xa.bá.to, -.ta] 形 **1** 《スペイン》《話》勇敢な, 大胆な.
2 《ラ米》(ｷｭｰﾊﾞ)(ｸﾞｱﾃ)怒りっぽい, 短気な；粗野な.
—— 男 《動》子イノシシ.
ja·be·ar [xa.be.ár] 他 《ラ米》(ﾌﾟｴﾙ)《話》盗む.
já·be·ga [xá.be.ɣa] 囡 **1** 《海》小型漁船の一種.
2 引き網, 地引き網.
ja·be·go·te [xa.be.ɣó.te] 男 地引き網の引き手.
ja·be·gue·ro, ra [xa.be.ɣé.ro, -.ra] 形 地引き網の, 引き網での. —— 男 地引き網漁師.
ja·be·que¹ [xa.bé.ke] 男 《海》ジーベック：主に中世に地中海沿岸を航行した3本マストの小型船舶.
ja·be·que² [xa.bé.ke] 男 《話》(顔の)刃物傷.
ja·be·ra [xa.bé.ra] 囡 《音楽》ハベーラ：スペイン Andalucía 地方の民謡.
ja·bí [xa.bí] 男 《ラ米》《植》ケブラコ：船舶用材.
ja·bi·llo [xa.bí.jo || -.ʎo] 男 《植》トウダイグサ科フラ属の一種.
ja·bi·rú [xa.bi.rú] 男 《鳥》アメリカトキコウ.
ja·ble [xá.ble] 男 《技》(桶(ｵｹ)・樽(ﾀﾙ)の)底板をはめ込む溝.
✦**ja·bón** [xa.bón] 男 **1** 石けん. *una pastilla de ~* 石けん 1 個. *lavarse las manos con ~* 石けんで手を洗う. *~ líquido* 液体石けん. *~ en polvo* 粉石けん. *~ de tocador* [*olor*] 化粧石けん. *~ de escamas* 紙石けん. *~ medicinal* 薬用石けん. *~ blando* カリウム石けん. *~ duro* ソーダ石けん. *pompa de ~* シャボン玉.
2 《薬》金属石けん：脂肪酸の金属塩.
3 《ラ米》(1) (ｶﾘﾌﾞ)(ﾍﾞﾈ)《植》セッケンノキ. (2) (ﾁﾘ)(ｱﾙｾﾞﾝﾁﾝ)(ｳﾙｸﾞ)《話》驚き. *agarrarse un ~* ぎくっとすること.
*dar jabón a+*人 《話》〈人〉におべっかを言う, へつらう.
*dar un jabón a+*人 〈人〉をこっぴどく叱る.
jabón de sastre (裁縫用の)チャコ.
No es lo mismo jabón que hilo negro. 《ラ米》(ｷｭｰﾊﾞ)(ﾍﾞﾈ)《話》それらは似ても似つかぬものだ.
[←「古スペイン」*xabón* (語頭音は [ʃ]) ←「ラ」*sāpō*-「ゲ」*saip*-「やに, 滴るもの」；関連「ポルトガル」*sabāo*, 「仏」*savon*, 「英」*soap*]
ja·bo·na·da [xa.bo.ná.ða] 囡 **1** 石けんを塗ること. **2** 《ラ米》(ﾁﾘ)(ｱﾙｾﾞﾝﾁﾝ)(ｳﾙｸﾞ)《話》叱責(ｼｯｾｷ), 非難.
ja·bo·na·do [xa.bo.ná.ðo] 男 石けんを塗ること；石けんで洗うこと.
ja·bo·na·du·ra [xa.bo.na.ðú.ra] 囡 **1** 石けんを塗ること；石けんで洗うこと.
2 《複数で》石けん水；石けんの泡, 泡立ち.
ja·bo·nar [xa.bo.nár] 他 **1** 石けんをつける, 石けんで洗う；(ひげそりのために)石けんの泡を塗る (= *enjabonar*). **2** しかる, 怒鳴りつける.
—— *~·se* 再 **1** 〈自分の体を〉石けんで洗う.
2 《ラ米》(ﾁﾘ)(ｳﾙｸﾞ)驚く, おびえる.
ja·bon·ci·llo [xa.bon.θí.jo || -.ʎo / -.sí.-] 男 **1** (裁縫用の)チャコ (= ~ *de sastre*).
2 化粧石けん. **3** 《植》セッケンノキ. **4** 《ラ米》(ｷｭｰﾊﾞ)(ひげそり用の)粉[液体]石けん. [jabón + 縮小辞]
ja·bo·ne·ra [xa.bo.né.ra] 囡 **1** 石けん箱, 石けん入れ. **2** 《植》サボンソウ.
ja·bo·ne·rí·a [xa.bo.ne.rí.a] 囡 石けん製造工場；石けん屋[店].
ja·bo·ne·ro, ra [xa.bo.né.ro, -.ra] 形 **1** 石けんの. **2** 《闘牛》〈雄牛が〉黄白色の.
—— 男 囡 石けん製造業者；石けん商人.
ja·bo·ne·ta [xa.bo.né.ta] 囡 《ラ米》→ jabonete.
ja·bo·ne·te [xa.bo.né.te] 男 化粧石けん.
ja·bo·no·so, sa [xa.bo.nó.so, -.sa] 形 **1** 石けんのような, 滑らかな, すべすべした. **2** 石けんを含んだ.
ja·bo·ran·di [xa.bo.rán.di] 男 《植》(ミカン科の)ピロカルプス.
ja·bu·co [xa.bú.ko] 男 《ラ米》(ｷｭｰﾊﾞ)(長めの)かご.
ja·bu·go [xa.bú.ɣo] 男 ハブーゴハム：良質のハムの一種.

ja.ca [xá.ka] 囡 **1** 《動》小型の馬；雌馬. **2** 《ラ米》(1) (ﾁﾘﾞ) 〈場数を踏んだ〉闘鶏. (2) (ｱﾙｾﾞﾝ) 去勢馬.

ja.cal [xa.kál] 男 《ラ米》(ﾒﾋｺ)(ｸﾞｱﾃ)(ｵﾝﾄﾞ) 掘っ建て小屋, 粗末な家. *Al viejo jacal no le faltan goteras.* 《ラ米》(ﾁﾘﾞ) 誰でも年を取ればあちこちがたがくる (←古い小屋は雨漏りがする). [←〔ナワトル〕*xacalli* (*xamitl* 「住まい」+ *calli* 「家；容器」)；原義は「住む家」]

ja.ca.le.ar [xa.ka.le.ár] 自 《ラ米》(ﾒﾋｺ) 《話》うわさ話をして回る, ふれて歩く；〈家から家へ〉訪ね回る.

ja.ca.le.ra [xa.ka.lé.ri] 囡 《ラ米》(ﾒﾋｺ) 《話》うわさ話. *andar de* ~ うわさ話をする.

ja.ca.lón [xa.ka.lón] 男 《ラ米》(ﾒﾋｺ) 掘っ建て小屋, 掛け小屋, バラック, ほろ；《粗な》芝居小屋.

ja.ca.mar [xa.ka.már] 男 《米》(ﾒﾋｺ) 《鳥》アカオキリハシ.

já.ca.ra [xá.ka.ra] 囡 **1** ならず者の生活を描いた陽気なロマンセ〔物語〕〔音楽〕. (2) スペインの民俗で騒ぐ連中. **2** 夜間に街中… **3** 厄介, 面倒. **4** 《話》作り話. (ｱﾙｾﾞﾝ)(ﾒﾋｺ) (アカオキリハシ)

ja.ca.ran.dá [xa.ka.ran.dá] 男 《植》ジャカランダ：ノウゼンカズラ科. ジカ原産.

ja.ca.ran.do.so, sa [xa.ka.ran.dó.so, -.sa] 形 陽気な, 屈託のない. (2) さっそうとした, 粋な.

ja.ca.ré [xa.ka.ré] 男 《ラ米》《動》カイマンワニ.

ja.ca.re.ar [xa.ka.re.ár] 自 **1** ハカラ *jácara* を歌う；夜間に街中で)騒ぎ回る. ── 他 〈気分を害することを言って〉〈人を〉怒らせる, 不快にする.

ja.ca.re.ro, ra [xa.ka.ré.ro, -.ra] / **ja.ca.ris.to, ta** [xa.ka.rís.ta] 形 冗談好きの, 陽気な. ── 男 囡 おどけた人, ひょうきん者. **2** ハカラ *jácara* を歌う人.

ja.ce.na [xá.θe.na / -.se.-] 囡 《建》大梁 (はり), 主桁 (けた).

ja.ce.ta.no, na [xa.θe.tá.no, -.na / -.se.-] 形 《スペイン Huesca 県の町》ハカ *Jaca* の. ── 男 囡 ハカの住民〔出身者〕.

ja.cha.do, da [xa.tʃá.ðo, -.ða] 形 《ラ米》(ｸﾞｱﾃ) 《話》傷跡がある.

ja.chu.do, da [xa.tʃú.ðo, -.ða] 形 《ラ米》(ｷｭｰﾊﾞ) 《話》強い, 丈夫な, たくましい；頑固な.

ja.cin.to [xa.θín.to / -.sín.-] 男 **1** 《植》ヒヤシンス. **2** 《鉱》ジルコン (= ~ de Ceilán). ~ occidental 黄玉, トパーズ. ~ oriental 紅玉, ルビー. ~ de Compostela 暗赤色の水晶. [←〔中ラ〕*jacintus*, 〔ラ〕*hyacinthus* ←〔ギ〕*hyákinthos*. 〔関連〕〔英〕hyacinth]

Ja.cin.to [xa.θín.to / -.sín.-] 固名 ハシント：男子の洗礼名. ▪ El Apolo によってヒヤシンス jacinto に変えられた美少年の名に由来. 〔関連〕〔ポルトガル〕*Jacinto*. 〔仏〕*Hyacinthe*. 〔伊〕*Giacinto*. 〔英〕*Hyacinth*. 〔独〕*Hyazinth*]

jack [ják] 〔英〕男 《複 ~s, ~》《電》(プラグの) 差し込み口.

ja.co [xá.ko] 男 **1** 駄馬, やせ馬. **2** 《スペイン》《隠》ヘロイン.

Ja.cob [xa.kóβ] 固名 **1** 《聖》ヤコブ：Isaac の子で, Esaú と双子の兄弟. イスラエルの12族の祖. **2** ハコブ：男子の洗礼名. [←〔ラ〕*Jacobus* ←〔ギ〕*Iákōbos* ←〔ヘブライ〕*Ya'aqōbh*. これを *aqēbh*「かかと」の派生語とし, 誕生のとき双子の兄弟 Esaú の「かかとを引っ張った人」とする旧約聖書「創世記」の記述は語源俗解によるものと考えられる). 〔関連〕〔ポルトガル〕*Jaime*. 〔ポルトガル〕*Jacó*. 〔仏〕〔英〕*Jacob*. 〔伊〕*Iacopo*. 〔独〕*Jakob*]

ja.co.be.o, a [xa.ko.βé.o, -.a] 形 使徒ヤコブの. → Santiago[1]. *peregrinación jacobea* 《カト》聖地サンティアゴ・デ・コンポステラへの巡礼.

ja.co.bi.nis.mo [xa.ko.βi.nís.mo] 男 **1** (フランス革命下の) ジャコバン主義. **2** 急進的平等主義, 過激共和主義.

ja.co.bi.no, na [xa.ko.βí.no, -.na] 形 ジャコバン党(員)の；過激分子の；急進派の. ── 男 囡 **1** ジャコバン党党員：フランス革命の過激な革命党員. **2** 過激分子. **3** 急進派.

ja.co.bi.ta [xa.ko.βí.ta] 形 **1** 《宗》ヤコブ派の. **2** 《史》(英国の) ジャコバイトの. ── 男 囡 **1** 《宗》ヤコブ派：キリスト単性説を唱えるシリア民族教会. **2** 《史》ジャコバイト：英国の名誉革命 (1688年) で追放されたジェームズ Jacobo 2世とその子孫を支持した人々.

Ja.co.bo [xa.kó.βo] 固名 ハコボ：男子の洗礼名. [←〔ラ〕*Jacōbus*；→ Jacob]

ja.con.ta [xa.kón.ta] 囡 《ラ米》(ﾒﾋｺ) 肉・野菜・果物の煮込み料理：特にカーニバルの時期に食べる.

ja.co.yo.te [xa.ko.jó.te] 男 囡 《ラ米》末っ子.

jac.quard [ja.kár] 〔仏〕男 《複 ~s》ジャカード (織り地)：込み入った模様の織物.

jac.tan.cia [xak.tán.θja / -.sja] 囡 高慢；自慢, うぬぼれ.

jac.tan.cio.sa.men.te [xak.tan.θjó.sa.mén.te / -.sjó.-] 副 うぬぼれて, 自慢げに.

jac.tan.cio.so, sa [xak.tan.θjó.so, -.sa / -.sjó.-] 形 うぬぼれた, 虚栄心の強い. ── 男 囡 うぬぼれ屋, 見栄っ張り；ほら吹き.

jac.tar.se [xak.tár.se] 再 (**de...** …を) 自慢する, うぬぼれる, 鼻にかける. *Se jacta de sus éxitos.* 彼〔彼女〕は自分の成功を鼻にかけている.

ja.cu.la.to.ria [xa.ku.la.tó.rja] 囡 《カト》射禱 (とう)：力強く短い祈りの言葉.

ja.cuz.zi [ja.kú.θi / -.si] 男 《商標》ジャグジー, ジャクージ：あわ風呂, 気泡風呂.

ja.de [xá.ðe] 男 《鉱》翡翠 (ひすい). → joya.

ja.de.an.te [xa.ðe.án.te] 形 (**estar +**) あえぐ, 息を切らした. *sollozos* ~**s** しゃくり泣き.

ja.de.ar [xa.ðe.ár] 自 あえぐ, 息を切らす, 荒い息をする. *Llegó jadeando a la estación.* 彼〔彼女〕は息せき切って駅に着いた.

ja.de.o [xa.ðé.o] 男 あえぎ, 息切れ.

Ja.én [xa.én] 固名 ハエン：スペイン南部の県；県都.

ja.e.nés, ne.sa [xa.e.nés, -.né.sa] 形 男 囡 → jiennense.

ja.ez [xa.éθ / -.és] 男 《複 jaeces》**1** 《主に複数で》馬具 (= arreo). **2** 《軽蔑》質 (たち), 性質. *No se mezcle con gente de ese* ~. ああいう類 (たぐい) の連中は付き合わないようにしなさい.

ja.fé.ti.co, ca [xa.fé.ti.ko, -.ka] 形 **1** 《聖》(ノア Noé の第3子) ヤペテ Jafet の. **2** アーリア系の. ♦ヤペテはアーリア系民族の祖とされる.

ja.gua [xá.gwa] 囡 《植》チブサノキ：実は食用.

ja·guar [xa.gwár] 男《動》ジャガー, アメリカヒョウ. ◆Mesoamérica の Olmeca 文化や中央 Andes の Chavín 文化などで神格化され, ジャガー信仰を生む. [←〔トゥピ〕*jaguara*]

ja·gua·re·te [xa.gwa.ré.te] / **ja·gua·re·té** [xa.gwa.ré.té] 男《ラ米》《動》ジャガー. el ～ hembra メスのジャガー.

ja·gua·run·dí [xa.gwa.run.dí] 男《複 ～es, ～s》《動》ジャガランディ, カワウソネコ：メキシコ・ブラジル・ペルーなどで見られるカワウソに似たネコ.

ja·guar·zo [xa.gwár.θo / -.so] 男《植》ハンニチバナ.

ja·güel [xa.gwél] 男《ラ米》ため池；水飼い場.

ja·güey [xa.gwéi] 男《ラ米》(1) → jagüel. (2)《ニミ》《話》裏切り者.

ja·ha·rrar [xa.(a.)řár] 他《建》(壁面に)しっくい[モルタル]を塗る.

jai [xái] 女 **1**《スペイン》《隠》女. **2**《ラ米》《ミニ》《話》上流社会.

jai a·lai [xái a.lái, xa.ja.lái] [バスク] 男 **1**《スポ》ハイアライ (= pelota vasca). ◆球を壁に当てて打ち返す, スカッシュに似た País Vasco 発祥の球技. **2** (ハイアライの)球技場 (= frontón).

jai·ba [xái.ba] 男《ラ米》《ミニ》《話》利にさとい人, ずる賢い人.
—— 女 《ラ米》(1)《動》カニ. (2)《スイ》《話》口. *abrir la jaiba*《ラ米》《ミニ》《話》金に汚い, 金もうけに熱心である.

jai·be·rí·a [xai.be.rí.a] 女《ラ米》《ミニ》《話》ずる賢いこと.

jai·bo, ba [xái.bo, -.ba] 形《ラ米》《ミニ》(商売において)手腕のたけた.
—— 男《ラ米》《スイ》《まれ》先人, お年寄り.

jái·bol [xái.bol] 男《ラ米》(飲み物の)ハイボール. [←〔英〕*highball*]

jai·bón, bo·na [xai.bón, -.bó.na] 形《ラ米》《ﾎ*》《話》お高くとまった, 見栄っ張りの. [←〔英〕*highborn*]

jai·laif [xai.láif] 形《ラ米》贅沢(ぜい)な暮らしの.
—— 男《ラ米》贅沢な暮らし. [←〔英〕*high life*]

jai·lo·so, sa [xai.ló.so, -.sa] 形《ラ米》《話》育ちのよい, 上流階級の；上品ぶった, 貴族趣味の.

jai·ma [xái.ma] [アラビア] 女 ジャイマ・バザール：砂漠などに広がる遊牧民の店.

Jai·me [xái.me] 固名 **1** ～ I el Conquistador ハイメ1世征服王：アラゴン王 (在位1213-76). **2** ハイメ：男子の洗礼名. → Yago は Jaime の異名. → Santiago¹. [←〔後ラ〕*Jacomus*〔ラ〕*Jacobus* の変形；→ Jacob); 関連〔ポルトガル〕*Jaime*.〔仏〕*Jacques*.〔伊〕*Giacomo*.〔英〕*James*.]

jai·mis·ta [xai.mís.ta] 形 カルロス党の.
—— 男・女 カルロス党員.

jai·mi·ta·da [xai.mi.tá.ða] 女 悪ふざけ, いたずら. *hacer* ～s ふざける.

jai·nis·mo [xai.nís.mo] 男 ジャイナ教：インドの宗教.

jai·nis·ta [xai.nís.ta] 形 **1** ジャイナ教の. **2** ジャイナ教徒の.
—— 男・女 ジャイナ教徒.

jai·que [xái.ke] 男 ハイク：アラビア女性が頭・衣服の上にまとう布.

¡ja·jay! [xa.xái] 間投《俗》(笑い・からかい・皮肉の)あ.

ja·la [xá.la] 女《ラ米》《スイ》《話》酩酊(めい), 酔い.

ja·la·ba [xa.la.bá] 女《ラ米》《ﾎ*》《話》こびること, おべっかを使うこと.

ja·la·bo·la [xa.la.bó.la] 男 《ラ米》《ﾎ*》《俗》こびる態度をとる, 色目使いの.
—— 男・女《ラ米》《ﾎ*》《俗》こびへつらう人.

ja·la·bo·las [xa.la.bó.las] 形 男・女《単数同形》→ jalabola.

ja·la·da [xa.lá.ða] 女《ラ米》(1)《ﾎ*》《話》おべっか, お世辞. (2)《スイ》引っ張ること；注意, 忠告；とがめ. (3)《スイ》落第, 不合格.

ja·la·de·ra [xa.la.ðé.ra] 女《ラ米》《ﾎ*》《話》おべっか, お世辞.

ja·la·do, da [xa.lá.ðo, -.ða] 形《ラ米》《話》(1) 酒に酔った. (2)《スイ》(ﾎ*)生気のない, やつれた.

ja·la·dor, co·ra [xala.dór, -.dó.ra] 男・女《ﾎ*》おべっかを使う, ごますりの.

ja·la·me·ca·e [xu.la.ne.ká.te] 男《ラ米》《ﾎ*》《俗》おべっか使い, ごますり.

ja·la·pa [xa.lá.pa] 女 ヤラッパ, ヒルガオ類；その根. [Jalapa （å の地名）]

Ja·la·pa [xa.lá.pa] 固名 (1) グアテマラの県；県都. (2) メキシコ Ver. (1) グアテマラの pa Enríquez の略名. ► Xal² 州の州都. Jala-

ja·la·pe·ño, ña [xa.la.pé.ɲo] とも表記される.
—— ハラパの住民[出身者]. 形 ハラパの.
—— 男《ラ米》《ﾎ*》ハラパペーニョ：チリ一つ.

jalar JALE「引く」

ja·lar [xa.lár] 他 **1**《スペイン》《話》むさぼり食う, たらふく食べる. **2**《ラ米》(1) 引く (= tirar). (2)《スイ》《ﾎ*》《話》する, 行う. (3)《スイ》ひったくる. (4)《ﾎ*》押す, 突く. (5)《スイ》《話》言う, 話す. (6)《ﾎ*》《俗》盗む. (7)《ﾎ*》《話》働く. (8)《スイ》《話》落第させる.
—— 自 **1**《話》(あわてて)立ち去る, 行ってしまう. **2**《ラ米》(1)《話》やせる, やつれる. (2)《スイ》《ﾎ*》急ぐ. (3)《ﾎ*》《話》言い寄る, 求愛する.
—— ～*se* 再《話》**1** むさぼり食う, たらふく[がつがつ]食べる, 平らげる. **2**《ラ米》(1)《ﾎ*》愛し合う, いちゃつく. (2)《スイ》《ﾎ*》酔っ払う.
*jalar*le (*a*+人)《ラ米》《スイ》《ﾎ*》《人》が…に目がない.
jalársela《ラ米》《ﾎ*》《俗》自慰をする.

jal·be·gar [xal.be.gár] 他 **1** (壁などに)しっくいを塗る. **2** おしろいを塗る；化粧する.
—— ～*se* 再 化粧する, おしろいを塗る.

jal·be·gue [xal.bé.ge] 男 **1** 白壁塗り, しっくい. **2** おしろい.

jal·de [xál.de] 形 鮮烈な黄色の.
—— 男 鮮烈な黄色.

ja·le [xá.le] 男《ラ米》《ﾎ*》《話》仕事, 職.

ja·le·a [xa.lé.a] 女 ゼリー；ゼリー状のもの；ゼリー状の薬剤. ～ *real* ローヤルゼリー.
hacerse una jalea《話》べたべたする, いちゃつく.

ja·le·ar [xa.le.ár] 他 **1** (拍手・かけ声などで)励ます, 元気[景気]づける. El público *jaleó* a la bailarina. 観衆はその踊り子に声援を送った.
2《スペイン》あおる, けしかける, おだてる.
3 (猟犬を)けしかける. **4**《ラ米》《話》(1)《スイ》からかう, ばかにする. (2)(ﾎ)《スイ》悩ませる, 困らせる.

— 自《ラ米》(ぽ)(話)陽気にはしゃぐ.

ja·le·o [xa.lé.o] 男 **1**《話》(大)騒ぎ;口論, けんか. armar un ~ con+人〈人〉と口論(けんか)する. Se armó [Hubo] un ~ 大きな騒動があった. ひと騒動あった. **2** 混乱, もつれ. un ~ de cifras y letras 数字と文字とのごたまぜ. A veces me armo un ~ con el español. スペイン語を使っていると, 頭が混乱することがよくある. **3** 声援, かっさい. **4** スペイン Andalucía 地方の民俗舞踊[歌]. **5**《ラ米》(ぽ)胃痛. (2)(ぽ)(話)苦境, 困難. (3)(ぽ)色恋ざた.

ja·li·fa [xa.lí.fa] 男 **1** ハリファ:旧スペイン保護領モロッコにおける最高統治者. **2**(モロッコでスルタンの)代行者.

ja·li·fa·to [xa.li.fá.to] 男 ハリファの地位[治世, 領地].

ja·lis·cien·se [xa.lis.θjén.se / -.sjén.-] 形 (メキシコ)のハリスコ州の.
— 共 ハリスコ州の住民[出身者].

ja·lis·co [xa.lís.ko] 男 《ラ米》(ぽっ)(ぽ)麦わら帽子.

Ja·lis·co [xa.lís.ko] 固名 ハリスコ:メキシコ中西部の州. ♦tequila と mariachi で有名. 州都は Guadalajara.

ja·lis·co, ca [xa.lís.ko, -.ka] 形 《ラ米》(ぽっ)(ぽ)《話》酔った.

ja·llo, lla [xá.ʎo, -.ʎa ‖ -.ʝo, -.ʝa] 形 《ラ米》(ぽ)《話》気取った, 上品ぶった.

jal·ma [xál.ma] 女 荷鞍(ぐら).

ja·lón¹ [xa.lón] 男 **1** 標尺, 標柱;紅白に塗り分けた測量用の棒. ~ de mira 目標用の測棒(ぽ). **2**(歴史・人生などの)画期的な出来事[局面]. El viaje del escritor a México constituyó un ~ en su vida. メキシコ旅行はその作家の人生における大きな節目となった.

ja·lón² [xa.lón] 男 《ラ米》(1) (ぽ)(ぽ)《話》(酒を)一杯ひっかけること. (2)(ぽ)(ぽ)間隔, 距離, 道のり. (3)(ぽ)(ぽ)(ぽ)(ぽ)(ぽ)かなりの距離, 長距離. (4)(ぽ)(ぽ)《話》ヒッチハイク;車に乗せること. (5)(ぽ)(ぽ)(ぽ)(ぽ)引っ張ること. (6)(ぽ)《話》恋人, 求愛者. *de un jalón* (ぽ)(ぽ)(ぽ)(ぽ)《話》一気に, ひと息に.

jalón¹ (標尺)

ja·lo·na [xa.ló.na] 女 《ラ米》(ぽ)こびを売る女.

ja·lo·na·mien·to [xa.lo.na.mjén.to] 男 標尺[標柱]を立てること.

ja·lo·nar [xa.lo.nár] 他 **1** 標尺[標柱]を立てる;標尺[標柱]で目印をつける. **2**(比喩的)(人生において)節目となる, 重要な局面となる.

ja·lo·na·zo [xa.lo.ná.θo / -.so] 男 《ラ米》(乱暴に)引っ張ること.

ja·lo·ne·ar [xa.lo.ne.ár] 他 《ラ米》(1)(ぽっ)(ぽ)引く, 引っ張る. (2)(ぽ)《話》値切る.

ja·lu·fa [xa.lú.fa] 女 《話》空腹. Ya tengo ~. 僕は腹がへった.

jam [jám] 〖英〗女[複 ~s]〖音楽〗ジャズの即興演奏, ジャムセッション (= ~ session).

ja·ma [xá.ma] 女 《ラ米》(1)(ぽっ)(ぽっ)〖動〗小イグアナ. (2)(ぽ)(ぽ)《話》食事.

ja·ma·cu·co [xa.ma.kú.ko] 男 《スペイン》《話》(突然の軽い)体調不良. Me acaba de dar un ~. 私はちょっと気分が悪くなりました.

ja·mai·ca [xa.mái.ka] 女 《ラ米》(ぽ)(ぽ)(1) 慈善パーティー, 募金集めのバザー. (2) ラム(酒). (3) 〖植〗ハイビスカス.

Ja·mai·ca [xa.mái.ka] 固名 ジャマイカ:カリブ海の島国. 首都 Kingston.
[←[アラワク] *Xaymaca*(「わき水」が原義)]

ja·mai·ca·no, na [xa.mai.ká.no, -.na] 形 ジャマイカの, ジャマイカ人の. — 共 ジャマイカ人.

ja·mai·qui·no, na [xa.mai.kí.no, -.na] 形 《ラ米》(ぽ)黒人の.
— 男 女 《ラ米》→ jamaicano.

ja·ma·que·ar [xa.ma.ke.ár] 他 《ラ米》(ぽっ)(ぽっ)《話》(1)(肩をつかんで)揺り動かす. (2)〈ものを〉瞬発的に動かす.

ja·mar [xa.már] 他 《話》食う, たらふく食べる.
— ~·se 再 《話》平らげる.

ja·más [xa.más] 副 **1**《否定》決して…ない. ~ lo volveré a hacer. 私は二度とそれをしないだろう. ▶ 動詞の前に来るとき no は不要. 動詞の後に来るときは動詞の前に no などの否定語をおく. *J~ la he visto. / No la he visto ~.* これまでに一度も彼女に会ったことはない. **2**《疑問文・最上級のあとの関係節で》《否定を予測して》かつて, 今までに. *¿Has visitado ~ un parque tan bonito?* 君はこれまでにこんなきれいな公園に来たことがあるかい. *el cuadro más impresionante que ~ haya visto* 私がこれまでに見た中でもっとも印象的な絵.
(en el) jamás de los jamases《話》《強意》絶対に(…しない). *En el ~ de los jamases reconocerá su error.* 彼[彼女]はどうやっても自分の間違いを認めないだろう.
jamás en la vida これまでに決して(…したことがない). *No he sentido este terror ~ en la vida.* 私はこれまでに一度もこんな恐怖を感じたことはない.
nunca jamás《強意》決して(…ない). *Nunca ~ volveré a hacer eso.* 僕は絶対に二度とそんなことしないよ.
[←[古プロバンス]*ja mais*←[ラ]*jam magis*(他の否定辞を伴って「もはや…ない」の意味で使われた);[関連][仏]*jamais*「決して…しない」]

jam·ba [xám.ba] 女 **1**〖建〗(戸・窓などの)抱き, 側柱, わき柱. ~ de puerta ドアのわき柱. **2**《ラ米》(ぽ)(ぽ)エビ捕り用の網.

jam·ba·do, da [xam.bá.ðo, -.ða] 形 《ラ米》(ぽ)《話》食い意地の張った, 大食いの;食べすぎた, 満腹の.

jam·ba [xám.ba] 女 《ラ米》(ぽ)(ぽ)《話》食い意地の張った, 大食いの;食べすぎた, 満腹の.

jam·ba·je [xam.bá.xe] 男 〖建〗戸枠, 窓枠:2個の抱きと1個の楣(まぐさ). ~ de puerta [ventana] 戸枠[窓枠].

jam·bar(·se) [xam.bár(.se)] 自 再 《ラ米》(ぽ)(ぽ)《話》食べすぎる;がつがつ食べる.

jam·bo·le·ro [xam.bo.lé.ro] 男 〖植〗フトモモの木 (= yambo, pomarrosa).

ja·mel·go [xa.mél.go] 男《軽蔑》やせ馬, 駄馬.

ja·mer·dar [xa.mer.ðár] 他 **1**〈動物の〉臓物を洗う. **2**《話》乱雑に洗う.

ja·me·te [xa.mé.te] 男 (金糸入りの)絹織物, 金襴(ぎん).

ja·món [xa.món] 男 **1** 生ハム, ハム. ~ crudo [natural] 生ハム. ~ ahumado 燻製(ぎん)ハム. ~ de Jabugo (スペイン Huelva 産の)高級ハム. huevos con ~ ハムエッグ. ~ cocido (加熱処理した)ハム. ~ de pata negra どんぐりなどを与えて飼育したブタの生ハム. ~ en dulce (白ワインで煮た)豚腿肉(ぎん)のハム. ~ serrano ハモンセラーノ(豚の腿肉を骨付きのまま塩づけ乾燥させた生ハム). →次ページに図. **2**《話》(特に太った人の)腿;二の腕. **3**

jamona

《ラ米》(1)《俗語》いざこざ, 面倒. (2)《ほうび》キス, 接吻. (3)《俗語》掘り出し物;見切り品. (4)《＊米》ベーコン.
estar jamón《話》魅力的な体つきをしている.
¡Y un jamón (con chorreras)!《話》《依頼・申し出などを拒絶して》だめだ, ごめんだ.
[← 《仏》*jambon*「ハム;豚の腿肉」;*jambe*「脚」← 《後ラ》*gamba*; → *gamba*)より派生]

jamón (生ハム)

ja·mo·na [xa.mó.na] 形 《女性形のみ》《スペイン》《話》中年太りした.
— 女《スペイン》《話》太った中年女性.

ja·mo·ne·ar [xa.mo.ne.ár] 他《ラ米》《俗語》(1)《俗》いやらしく触る. (2)《話》がつがつ食べる.

ja·mo·ne·rí·a [xa.mo.ne.rí.a] 女 ハム店.

ja·mo·ne·ro, ra [xa.mo.né.ro, -.ra] 形 **1** ハムを切るための. *Lo cortamos con cuchillo ~.* ハム用のナイフで切れた ハム用のナイフの.
— 男 **1** ハム立て:生ハムを切るために固定する器具. **2** ハム用ナイフ.

jam·pa [xám.pa] 女《ラ米》《キチュア》敷居.

jám·pa·ro [xám.pa.ro] 男《ラ米》《エクア》カヌー.

ja·mu·ga [xa.mú.ga] 女《主に複数で》《馬具の》横鞍; 女性用の鞍.

ja·mu·rar [xa.mu.rár] 他 **1** 排水する, 水をかい出す〈くみ出す〉. **2**《ラ米》《エクア》ゆすぐ, すすぐ.

jan [xan] 男《ラ米》《エクア》土掘り用の棒, 杭(くい), 棒.
ensartarse en los janes《ラ米》《エクア》割に合わない仕事を請け負わされる.

ján·da·lo, la [xán.da.lo, -.la] 形《話》アンダルシア《訛り》の. — アンダルシア帰りの.

jan·din·ga [xan.díŋ.ga] 女《ラ米》《エクア》臓物の煮込み料理.

jan·do [xán.do] 男《ラ米》《ジタン》《話》お金, 銭.

ja·ne [xá.ne] 男《ラ米》《チリ》《商標》重曹 (= *agua* ~).

ja·ne·ar [xa.ne.ár] 他《ラ米》《チリ》〈杭(くい)を〉打ち込む;〈馬に〉飛び乗る.
— ~·se 再《ラ米》《チリ》動きを止める, じっとしている.

jan·ga·da [xaŋ.gá.ða] 女《話》場違いなこと〈考え〉; へま; むちゃ, でたらめ.

jan·gua [xáŋ.gwa] 女《東洋の》小型帆船, ジャンク.

Ja·no [xá.no] 固名《ロ神》ヤヌス, 双面神: 頭の前後に顔を持ち, 事の始まりと終わりを司(つかさど)る門や入り口の守護神. → *enero*《語源》. [← 《ラ》*Jānus*]

jan·se·nis·mo [xan.se.nís.mo] 男《宗》ヤンセン主義, ジャンセニスム: オランダの神学者ヤンセン *Jansenio* (1585-1638) および彼の信奉者の厳格な教理体系.

jan·se·nis·ta [xan.se.nís.ta] 形 ヤンセン派の; 厳格な. — 共 ヤンセン派の人〈信奉者〉.

****Ja·pón** [xa.pón] 固名 日本(国): 首都 Tokio. *embajada de (1)* ~ 日本大使館.

****ja·po·nés, ne·sa** [xa.po.nés, -.né.sa] 形 日本の; 日本人の; 日本語の. *coche* ~ 日本(製)の車. *economía japonesa* 日本経済. *pintura japonesa* 日本画. *de nacionalidad japonesa* 日本国籍の. — 男 日本人.

— 男 日本語. *traducir un poema español al* ~ スペイン語の詩を日本語に訳す.

ja·pu·ta [xa.pú.ta] 女《魚》シマガツオ, マナガツオ.

ja·que [xá.ke] 男 **1**《遊》《チェス》王手, チェック. ~ *mate* 王手詰め. *dar* ~ 王手をかける, チェックする. *dar* ~ *y mate* 《キング》にチェックメイトする. *estar en* ~ 王手をかけられている. *al rey* ~ キングに王手. ~ *perpetuo* 永久王手 (同じ手で双方が連続して王手をかけること, 引き分けとなる).
2《話》威張りちらす人, 強がり屋.
— 間投 **1**《遊》《チェス》王手.
2 出て行け, どけ. *¡J~ de aquí!* ここから出て行け. *tener [traer, poner] en jaque a*+人〈人〉を苦しめる, 〈人〉を追い詰める, 不安に陥れる.

ja·que·ar [xa.ke.ár] 他 **1**《遊》《チェス》王手をかける, チェックする. **2**〈敵を〉脅かす; チェックする.

ja·que·ca [xa.ké.ka] 女 **1**《医》偏頭痛; 頭痛.
2《話》厄介, 面倒, 悩みの種. *dar* ~ *a*+人〈人〉を閉口させる. *¡Qué* ~ *tener que hacer esto!* こんなことをしなければいけないなんて. *¡Qué tío* ~! なんて嫌なやつだ. [← 《アラビア》*shaqīqa*]

ja·que·co·so, sa [xa.ke.kó.so, -.sa] 形 **1**《偏》頭痛持ちの. **2** うるさい, 厄介な, 煩わしい.

ja·que·la·do, da [xa.ke.lá.ðo, -.ða] 形《宝石が》四角面にカットされた.

ja·que·tón [xa.ke.tón] 男 **1**《魚》ホオジロザメ.
2《話》空威張りする人.

ja·qui·ma [xá.ki.ma] 女 **1**《馬具の》面繋(おもがい).
2《ラ米》(1)《中米》《話》酔い. (2)《ラプラ》ぺてん, かたり.

ja·qui·món [xa.ki.món] 男《ラ米》《馬》面繋(おもがい); 端綱.

ja·ra [xá.ra] 女 **1**《植》シスタス, ゴジアオイ.
2《ラ米》(1)《エクア》《俗》パトロール. (2)《チリ》《ほうび》《俗》警官, お巡り; 警察. (3)《ラプラ》《話》ひと休み. (4)《古》《ほうび》矢.

***ja·ra·be** [xa.rá.βe] 男 **1** シロップ; 甘ったるい飲み物. ~ *de arce* メープルシロップ. ~ *para la tos* 咳(せき)止めシロップ. **2**《ラ米》《メキ》サパテアード *zapateado* を用いる民俗舞踊. ~ *tapatío* メキシカンハット・ダンス (Guadalajara の踊り).
dar a+人 *jarabe de palo*《話》〈人〉を〈お仕置きで〉ひっぱたく, 懲らしめる.
jarabe de pico(1) 口先だけの言葉, 空約束; 甘言. *Eso es todo* ~ *de pico.* それは全くの外交辞令だ. (2) 口のうまさ, 口達者. *Tiene mucho* ~ *de pico.* 彼〈彼女〉は実に口が達者だ.
[← 《アラビア》*sharāb*「飲み物, シロップ, ワイン」(*shariba*「飲む」より派生)]

ja·ra·co·tal [xa.ra.ko.tál] 男《ラ米》《エクア》《話》群衆, 大勢; 大量.

ja·ra·íz [xa.ra.íθ/-.ís] 男《複》*jaraíces*(ブドウなどの)搾り場(ば); 搾り場.

ja·ral [xa.rál] 男 **1** シスタス[ゴジアオイ]の群生地.
2《比喩的》入り組んだ場所; もつれた問題, ごたごた.

ja·ra·ma·go [xa.ra.má.ɣo] 男《植》カキネガラシ: アブラナ科ディプロタキシス属の一種, 黄色い花をつける.

ja·ra·me·ño, ña [xa.ra.mé.ɲo, -.ɲa] 形 スペインのタホ川 *el Tajo* の支流ハラマ川 *el Jarama* の;《闘牛》《猛牛で有名な》ハラマ河畔育ちの.

ja·ra·mu·go [xa.ra.mú.ɣo] 男《魚》稚魚, 幼魚.

ja·ra·na [xa.rá.na] 女 **1**《話》にぎやか騒ぎ, お祭り騒ぎ, どんちゃん騒ぎ. *ir de* ~ 浮かれ騒ぐ.
2 口論, けんか; 騒動. *armar* ~ 騒ぎを起こす.
3《話》ごまかし, いかさま.

ja·ra·ne·ar [xa.ra.ne.ár] 自 **1** ばか騒ぎをする, どんちゃん騒ぎをする.
2 《ラ米》(1) 《中米》借金する. (2) 《カリブ》小型ギターを弾く. (3) 《エルサ》《話》冗談を言う, ふざける. (4) 《テキシ》《プエリ》《話》内輪のダンスパーティーで楽しむ.
―他 《ラ米》(1) 《カリブ》《話》ぺてんにかける. (2) 《カリブ》困らせる.
―~·se 再 どんちゃん騒ぎをする, 浮かれ騒ぐ.

ja·ra·ne·ro, ra [xa.ra.né.ro, -.ra] 形 《話》 **1** 騒ぎ好きの; どんちゃん騒ぎの; やかましい. **2** 《ラ米》(1) 冗談の好きな, ふざけた. (2) 《中米》だます, ずるい.
―男 女 《話》ばか騒ぎをする人, 騒々しい人.

ja·ra·no [xa.rá.no] 男 (フェルト製の) つば広帽 (= sombrero ~).

ja·ra·pa [xa.rá.pa] 女 《スペイン》 (1) (とくにスペイン南部で作られる) ラグ: いろいろな生地を織り込んだじゅうたん. (2) ラグの機織り方法.

jar·ca [xár.ka] 女 → harca.

jar·cha [xár.tʃa] 女 《文》 ハルチャ: ムハシャハ moaxaja (アラビア語の詩形) の末尾に俗アラビア語もしくは初期スペイン語で書かれた2-4行の短い叙情詩. ロマンス語による最古の叙情詩.

jar·cia [xár.θja / -.sja] 女 **1** 《主に複数で》《海》索具; 釣り道具, 漁具. ~ muerta 静索. **2** 《話》《比喩的》寄せ集め, ごたまぜ. **3** 《ラ米》(1) 《エルサ》《グアテ》綱, 索. (2) 《中米》《カリブ》《植》リュウゼツラン.

*****jar·dín** [xar.dín] 男 **1** 庭, 庭園. Quiero vivir en una casa con ~. 私は庭付きの家に住みたい. ~ japonés 日本庭園. ~ botánico 植物園. ~ zoológico 動物園 (= parque zoológico).
2 《海》船の便所. **3** エメラルドのきず. **4** 《スポ》《複数で》外野.
jardín de infancia / 《ラ米》《エルサ》《カリブ》《ニカラ》 *jardín de infantes* 幼稚園.
[←〔仏〕*jardin*; 〔古仏〕*jart* 「囲い場」 (←〔フランク〕*gard) +縮小辞; 関連〔英〕*yard* 「中庭」, *garden*]

jar·di·na·je [xar.ði.ná.xe] 男 《ラ米》造園, 園芸.

jar·di·ne·ra [xar.ði.né.ra] 女 **1** → jardinero. (2) 庭師の妻. **2** (装飾用) 植木鉢, プランター, 花台; (窓際に置く) 花箱. **3** 《スペイン》幌(ほろ)なし4輪馬車; 乗用車の側壁のない路面電車. **4** 《ラ米》(1) 《カリブ》2輪の手押し車. (2) 《カリブ》《話》作業着. (3) 《カリブ》上着, ジャケット.
a la jardinera (肉料理に) 温野菜を添えた.
jardinera preescolar 《話》(女性) 保育士.

jar·di·ne·rí·a [xar.ði.ne.rí.a] 女 造園, 園芸.

***jar·di·ne·ro, ra** [xar.ði.né.ro, -.ra] 男 女 庭師, 植木屋, 園芸家. ~ paisajista 造園家.

ja·re·a [xa.ré.a] 女 《ラ米》《中米》《話》空腹, 腹ぺこ, 飢え.

ja·re·ar [xa.re.ár] 自 《ラ米》《メキ》休憩する, 休息する.
―~·se 再 《ラ米》《中米》《話》(1) 腹ぺこである. (2) 逃げる, 避ける. (3) 揺れる, ふらつく.

ja·re·ta [xa.ré.ta] 女 **1** (リボン・ひもなどを通すための) 折り返し. **2** 《服飾》ピンタック. **3** 《話》おしゃべり, 無駄口. dar ~ べらべらしゃべる. **4** 《ラ米》(1) 《ウルグ》《パラグ》ズボンの前あき. (2) 《エルサ》《話》厄介なこと.

echar ~ 迷惑をかける, うんざりさせる.

ja·re·te [xa.ré.te] 男 《ラ米》《ボリビ》(カヌーの) 櫂(かい).

ja·re·tón [xa.re.tón] 男 (シーツなどの) 幅の広い折り返し.

ja·ri[1] [xá.ri] 男 《隠》トラブル, もめごと, 不倫.

ja·ri·fe [xa.rí.fe] 男 → jerife.

ja·ri·fo, fa [xa.rí.fo, -.fa] 形 きらびやかな, 豪華な.

ja·ri·lla [xa.rí.ja || -.ʎa] 女 《ラ米》《カリブ》《植》ハンニチバナ属: 芳香性の樹脂を出す.

ja·ri·llo [xa.rí.jo || -.ʎo] 男 《植》アルム.

ja·ri·pe·o [xa.ri.pé.o] 男 《ラ米》《中米》《メキ》ロデオ: 荒馬や荒牛を乗りこなす公開競技会.

ja·ro[1] [xá.ro] 男 《植》→ jarillo.

ja·ro[2] [xá.ro] 男 (低い山地の) 茂み.

ja·ro, ra [xá.ro, -.ra] 形 《ラ米》(ブタ・イノシシなどが) 赤毛の. ―男 女 赤毛のブタ[イノシシ].

ja·ro·cho, cha [xa.ró.tʃo, -.tʃa] 形 **1** 粗野で横柄な. **2** 《ラ米》《メキ》《話》元気のいい, 勇ましい.
―男 女 **1** 粗野で横柄な人. **2** 《ラ米》《メキ》ベラクルス Veracruz 地方の農民; ベラクルスの出身者.

ja·ro·pe [xa.ró.pe] 男 **1** → jarabe.
2 《話》まずい飲み物.

***ja·rra** [xá.r̄a] 女 **1** (柄のついた広口の) 水差し, 壺(つぼ), ピッチャー. → jarro.
2 ビールジョッキ (一杯分の量).
de [en] jarras 両手を腰に当てて.
[←〔アラビア〕*jarrah*]

ja·rrar [xa.r̄ár] 他 → jaharrar.

ja·rre·ar[1] [xa.r̄e.ár] 他 《話》(水・ワインを) ジョッキで何回もくみ出す. ―自 **1** 《3人称単数・無主語で》《スペイン》土砂降りの雨が降る. Estaba jarreando. 土砂降りだった. **2** 《まれ》ジョッキをたたきつける.

ja·rre·ar[2] [xa.r̄e.ár] 他 《まれ》→ jaharrar.

ja·rre·te [xa.r̄é.te] 男 **1** 《解剖》(人の足の) ひかがみ. **2** (牛・馬などの) 飛節, 後脚くるぶし関節.
3 ふくらはぎ, こむら. **4** 《ラ米》《カリブ》《琉》かかと.

ja·rre·te·ra [xa.r̄e.té.ra] 女 **1** ガーター, (輪状の) 靴下留め (= liga). **2** (英国の) ガーター勲章.

***ja·rro** [xá.r̄o] 男 **1** (jarra よりロが細く柄が1つの) 水差し (一杯分の量), つぼ, ピッチャー. un ~ de vino デカンタ 1 杯のワイン.
2 《ラ米》《カリブ》女中, 田舎娘.
a jarros 《話》大量に; 力いっぱい; どしゃ降りの.
echar un jarro de agua fría 《話》《a + 人〈人〉を》失望させる, がっかりさせる; 《sobre...…に》水を差す.
[jarra より派生]

ja·rrón [xa.r̄ón] 男 **1** (装飾用の柄のない) 壺(つぼ); 花瓶. **2** 《建》(回廊・庭園などの) 壺形飾り, 瓶形飾り. [jarro +増大辞]

jar·ta [xár.ta] 女 《ラ米》《カリブ》《話》(学校の) 退屈な科目.

jar·tar [xar.tár] 他 《ラ米》《ベネズ》《話》がつがつ食べる.

jar·te·ra [xar.té.ra] 女 《ラ米》《カリブ》《話》退屈.
darse una jartera 《ラ米》《ベネズ》《話》がつがつ食べる.

jar·to, ta [xár.to, -.ta] 形 《ラ米》《タリ》《中米》《話》うんざりしている. ―男 《ラ米》《カリブ》《話》退屈.

jar·tón, to·na [xar.tón, -.tó.na] 形 《ラ米》《中米》《カリブ》《話》大食な, 大食いの.

Jar·tum [xar.túm] 固名 ハルツーム: スーダンの首都.

ja·sa·du·ra [xa.sa.ðú.ra] 女 《医》切開.

ja.sar [xa.sár] 他 【医】切開する.

Ja.són [xa.són] 固名 【ギ神】イアソン:金の羊毛皮を求めたアルゴ船乗組員 argonauta のリーダー.

jas.pe [xás.pe] 男 **1** 【鉱】碧玉(^{へき}), ジャスパー. **2** 縞模様の大理石.

jas.pe.a.do, da [xas.pe.á.ðo, -.ða] 形 縞(^{しま})の入った, 大理石[墨流し]模様の. hoja *jaspeada* 斑(^ふ)入りの葉.
——男 大理石[墨流し, 縞]模様(をつけること).

jas.pe.ar [xas.pe.ár] 他 大理石[墨流し]模様をつける, 縞模様をつける, まだら模様をつける.
—— ~**se** 再 《ラ米》(^{コスタ})《話》いらだつ, むっとする.

ja.te.ar [xa.te.ár] 自 《ラ米》(^{コスタ}) 寝る, 眠る.

ja.to, ta [xá.to, -.ta] 男 子牛.
——男 **1** → hato. **2** 《ラ米》(1)(^{カリブ})野良犬. (2)(^{コロン})包み, 荷, 積み荷; (馬子の)休み所, 夜営所.

¡jau! [xáu] 間投 (闘牛などに向かって)さあ, 来い.

jau.ja [xáu.xa] 女 **1** この世の楽園, 逸楽の国. ♦豊富な資源と温暖な気候で知られたペルーのハウハ Jauja 市からの連想. ¡Esto es ~! これぞ極楽. tierra de *J*~ 豊饒(^{ほうじょう})の土地.
2 《ラ米》(^{メキシ})うわさ話, ゴシップ.

*__jau.la__ [xáu.la] 女 **1** (動物用の)檻(^{おり}); 鳥かご, 虫かご. **2** 《話》牢獄(^{ろうごく}), 監獄. **3** (輸送・荷造り用の)枠箱, 木枠. **4** (エレベーターの)箱; 【鉱】ケージ(立て坑(^{こう})のエレベーター).
5 《ラ米》(1)(^{アルゼ})(^{エクアド})(^{コスタ})《俗》囚人護送車. (2)(^{メキシ})大型トラック. (3)(^{コスタ})無蓋(^{むがい})貨車.
hacer jaula 《ラ米》(^{メキシ})頑として動かない.
jaula de grillos 《話》やかましい人の集まった所.
[←〔古仏〕*jaole*〔仏〕*geôle*←〔ラ〕*gaviola* (*cavea*「凹み;かご,檻」+ 縮小辞);【関連】〔英〕*cage*]

jau.rí.a [xau.rí.a] 女 **1** 猟犬の一群.
2 群れ, 集まり. ~ de acreedores 債権者側.

ja.va [xa.ba] 男 《複~, ~s》【IT】JAVA(^{ジャ})言語:OSに依存しないコンパイラ型プログラミング言語の一つ.

Ja.va [xá.ba] 固名 ジャワ(島):インドネシアの主島.
[←〔アラビア〕*Jāwa*←〔サンスクリット〕*Yava (dvīpa); yava*「大麦」+ *dvīpa*「島」]

ja.va.nés, ne.sa [xa.ba.nés, -.né.sa] 形 ジャワ(島)の, ジャワ人[語]の. ——女 ジャワ人.
——男 ジャワ語:インドネシア語派の一つ.

ja.va.script [xá.ba(.e).skrípt // já.-] 男 JavaScript(^{ジャバスクリプト}):ウェブページに組み込むスクリプト言語. Java とは異なる. ▶ JavaScript とも綴る.

ja.ve.ra [xa.bé.ra] 女 ハベーラ:スペイン Andalucía 地方の民謡の一種.

Ja.vier [xa.bjér] 固名 **1** ハビエル:男子の洗礼名. **2** → Francisco 固名.
[←〔古スペイン〕*Xavier*←〔バスク〕*Etcheberri* (*etche*「家」+ *berri*「新しい」;【関連】〔ポルトガル〕〔英〕*Xavier*, 〔伊〕*Saverio*, 〔独〕*Xaver*]

ja.vo, va [xá.bo, -.ba] 形 男 女 → javanés.

ja.yán, ya.na [xa.ján, -.já.na] 男 女 大柄で力持ちの人;無骨者.
——男 《隠》(周囲から一目置かれた)悪党, ならず者;《ラ米》(^{メキシ})《話》山師, ろくでなし.

já.ya.ro, ra [xá.ja.ro, -.ra] 形 《ラ米》(^{カリブ})《話》粗野な, 無骨な, がさつな.

jaz.mín [xaθ.mín / xas.-] 男 【植】ジャスミン, ソケイ. ~ de España / ~ real タイワンソケイ(♦特にスペイン Cataluña, Valencia, Murcia 地方などで栽培され, 一般のものより花が大きく芳香も強い). ~ del cabo / ~ de la India クチナシ.

jaz.mí.ne.as [xaθ.mí.ne.as / xas.-] 女 《複数形》【植】モクセイ科オウバイ属(の植物).

*__jazz__ [jás] 〔英〕男 【音楽】ジャズ.

jazz-band / jazz band [jas.bán(d)] 〔英〕女 (時に男)【音楽】ジャズバンド.

jaz.ze.ro, ra [ja.sé.ro, -.ra] 形 ジャズの. el festival ~ ジャズ音楽祭.
——男 《話》(1) ジャズファン. (2) ジャズ演奏者.

ja.zzis.ta [ja.sís.ta] 男 女 ジャズ演奏者, ジャズ歌手(= jazzero).

ja.zzís.ti.co, ca [ja.sís.ti.ko, -.ka] 形 ジャズ的な. elementos ~s ジャズ的な要素.

jazz.man [jás.man] 〔英〕男 《複 jazzmen, ~》ジャズ演奏家.

J.C. 《略》*Jesucristo* イエス・キリスト.

je [xé] 間投 (繰り返して)《笑い》(時に嘲笑(^{ちょうしょう})・愚弄(^{ぐろう}))ヘヘヘ.

jeane.rí.a [ji.ne.rí.a] 女 《ラ米》(^{メキシ})ジーンズショップ.

jeans [jíns] 〔英〕男 《複数形》【服飾】ジーンズ(= pantalón vaquero).

je.be [xé.be] 男 **1** 【化】明礬(^{みょうばん})(= alumbre).
2 《ラ米》(1)(^{アンデス})(^{エクアド})ゴム;【植】ゴムノキ. (2)(^{ペル})《俗》コンドーム. (3)(^{コスタ})棒, こん棒.

je.be.ro [xe.bé.ro] 男 《ラ米》(^{ペル})ゴム採取人.

je.bo [xé.bo] 男 《ラ米》(^{メキシ})《話》夫, 愛人.

je.bu.se.o, a [xe.bu.sé.o, -.a] 形 【聖】(Canaán の地から生まれた旧約に登場する民族)エブス族の. ——男 【聖】エブス人. Jebús

je.cho, cha [xé.tʃo, -.tʃa] 形 《ラ米》(^{コロン})熟れた.
——男 《ラ米》(^{コロン})《話》中年, 熟年.
——男 《ラ米》(^{コロン})熟した果実.

je.der [xe.dér] 自 《古》〈体・ものが〉悪臭を放つ.

je.dien.do, da [xe.djén.do, -.da] 形 《ラ米》(^{コロン})臭い.

je.di.ve [xe.ðí.be] 男 【史】ヘディーブ:オスマントルコのエジプト副王[総督].

jeep [jíp] 〔英〕《複 ~s》男 【車】ジープ.

je.fa [xé.fa] 女 → jefe.

*__je.fa.tu.ra__ [xe.fa.tú.ra] 女 **1** 長[指導者]の地位[職務]. **2** 指揮, 指導. bajo la ~ de... ...の指揮[指導]のもとで. **3** 本部, 本署, 司令部. ~ de policía 警察本部.

je.fa.tu.re.ar [xe.fa.tu.re.ár] 他 《ラ米》(^{コスタ})《話》指揮する, 命令する.

je.fa.zo, za [xe.fá.θo, -.θa / -.so, -.sa] 男 女 《話》上司, 責任者. [jefe + 増大辞]

__je.fe, fa__ [xé.fe, -.fa] 男 女 **1** (組織・職場の)長, 上司; リーダー. mi ~ 私の上司. ~ de estación 駅長. ~ de cocina コック長, シェフ. ~ de familia 家長, 世帯主. ~ de Estado 国家元首. ~ de Estado Mayor 参謀総長. ~ de Gobierno 首相. ~ de tribu 族長. ~ de negociado [sección] 課長. ~ de ventas 営業部長. ~ de personal 人事部長. ~ de contabilidad 経理部長. ~ de taller 工場長. ~ de la oposición 野党の党首. redactor ~ 編集長.
2 《話》《呼びかけ》だんな方. J~, ¿me da usted fuego? だんな, 火を貸していただけますか.
3 《話》父, 母;《複数で》両親. **4** 【軍】佐官.
——男 【紋】盾の上部.
en jefe 主任の, 最高位の. comandante *en* ~ 総司令官.
[←〔仏〕*chef*←〔ラ〕*caput*「頭」;【関連】〔英〕*chief*]

Je.ho.vá [xe.o.bá] 男 【聖】ヤーウェ, エホバ:イスラ

エルの神の名. [←《近ラ》*Jehova*←《ヘブライ》*Yahveh*；もともとヘブライ語では子音字のみを使っていたため, 旧約聖書では *yhvh* の形で表記されていたが, 後代の人が別の母音字を挿入して読んだため, 本来の *Yahveh* とは異なる形ができた；関連 *Jesús*, *Juan*].

jei·to [xéi.to] 男《カンタブリア海 Mar Cantábrico の》イワシ漁の網.

je·jén [xe.xén] 男《ラ米》(1)《昆》ブヨ. (2)《ニカ》《話》大量, 多量, たくさん. *saber dónde el jején puso el huevo*《ラ米》《タリ》《話》目ざとい, 抜けがない.

je·len·gue [xe.léŋ.ge] 男《ラ米》《ニカ》《ゴバ》《隠》口論, 騒ぎ.

je·ma [xé.ma] 女《ラ米》《ゴバ》《隠》女.

je·me [xé.me] 男 ヘーメ：親指と人差し指を広げた長さ；「掌尺」は *palmo*.

je·mer [xe.mér] 形 クメールの, クメール人[語]の.
── 男 女 クメール人：カンボジアの大半を占める民族. *los ~es rojos* クメール・ルージュ, ポルポト派.
── 男 カンボジア語, クメール語 (= *khmer*).

je·mi·que·ar [xe.mi.ke.ár] 自《ラ米》《チリ》→ *jeremiquear*.

je·na·be [xe.ná.be] / **je·na·ble** [xe.ná.ble] 男《植》カラシ, カラシナ (= *mostaza*).

jen·gi·bre [xeŋ.xí.bre] 男《植》ショウガ, ジンジャー.

je·ni·quén [xe.ni.kén] 男 ヘネケン麻, サイザル麻.

je·ní·za·ro, ra [xe.ní.θa.ro, -.ra / -.sa.-] 形 混じり合った；雑種の, 混血の.
── 男 トルコ皇帝の近衛（このえ）兵.

jen·ny [jé.ni]《英》ジェニー紡績機.

Je·no·fon·te [xe.no.fón.te] 固名 クセノフォン（前430？-354？）：ギリシアの軍人・哲学者で, *Sócrates* の弟子. ←《ラ》*Xenophontem* (*Xenophōn* の対格) ←《ギ》*Xenophôn*.

je·que [xé.ke] 男（イスラム圏の）領主, 族長；首長.

je·rar·ca [xe.rár.ka] 男 1 要人, 大物, 実力者；首領, ドン. 2《宗》主教, 大祭司；高僧.

***je·rar·quí·a** [xe.rar.kí.a] 女 1 階層制, 階級組織, ヒエラルキー；位階制. *elevarse* [*ascender*] *en la ~* 階級[職階]が上がる, 昇進する.
2 階層, 階級, 序列. *~ social* 社会階級. *~ angélica* 天使の位階.
3 高位の人, 高官；高僧. *el arzobispo y otras ~s eclesiásticas* 大司教とその他の高位聖職者.
[←《中ラ》*hierarchia*「（教会の）位階制」←《後ギ》*hierarkhía*「高僧の職分；支配」；関連《英》*hierarchy*]

je·rár·qui·co, ca [xe.rár.ki.ko, -.ka] 形 聖職位階制の；階級制の, 階層制の；階級性の強い；*una organización jerárquica*（ピラミッド型の）階級性の組織.

je·rar·qui·za·ción [xe.rar.ki.θa.θjón / -.sa. sjón] 女 位階制化；階級化, 階層化；等級づけ.

je·rar·qui·zar [xe.rar.ki.θár / -.sár] 97 他 階層化する；等級づける, 序列化する.

jer·bo [xér.bo] 男《動》トビネズミ.

je·re·mi·a·da [xe.re.mjá.ða] 女 悲嘆にくれること；泣き言, 愚痴.

je·re·mí·as [xe.re.mí.as] 男 女《話》《単複同形》愚痴っぽい人, いつもめそめそしている人.

Je·re·mí·as [xe.re.mí.as] 固名 1《聖》エレミヤ：紀元前 6-7 世紀の大預言者.
2 ヘレミーアス：男子の洗礼名.
── 男《聖》(旧約の）エレミヤ書（略 *Jer*）.

je·re·mi·que·ar [xe.re.mi.ke.ár] 自《ラ米》《話》(1) べそをかく, めそめそする. (2) ねだる.

je·re·mi·que·o [xe.re.mi.ké.o] 男《ラ米》《話》べそ, 泣き顔.

je·rez [xe.réθ / -.rés]［複 *jereces*］シェリー（酒）（♦スペイン南部の都市 Jerez de la Frontera 地域を中心に作られる, 独特の香りこくアルコール度が高い無色. *~ fino* フィノ・シェリー（酸味がなく芳醇（じゅん）で無色）. *~ amontillado* アモンティリャード・シェリー (Montilla 産風の軽口). *~ oloroso* オロロソ・シェリー（茶色がかって芳香が強くアルコール度が高い).

je·re·za·no, na [xe.re.θá.no, -.na / -.sá.-] 形 ヘレス *Jerez* の, ヘレス市の, ヘレス産の.
── 男 女 ヘレスの住民[出身者].

Je·rez de la Fron·te·ra [xe.réθ ðe la fron. té.ra / -.rés -.] 固名 ヘレス・デ・ラ・フロンテラ：スペイン南部, Cádiz 県の都市. シェリー酒の産地.
[*Jerez*←《古スペイン》*Xerez*；1264年の再征服以後1492年までこれがイスラム教徒のグラナダ王国に接するキリスト教徒地域最前線の砦（とりで）の町となったため「国境」という形容詞が付加された]

jer·ga [xér.ga] 女 1（厚手の）粗製ウール地.
2 隠語, 仲間言葉；スラング. *la ~ estudiantil* 学生用語. → *argot* 類語.
3 訳のわからない言葉. *No entiendo la ~ de esta estipulación*. この約款の文言ははるで訳がわからない. 4《ラ米》(1)《ニカ》《ゴバ》《ジブ》《馬》鞍下（くらした）布. (2)《コブ》雑巾布, 雑巾.

jer·gal [xer.gál] 形 隠語の；隠語めいた.

jer·gón [xer.gón] 男 1 わら布団. 2《話》作りの悪い服. 3《話》太っちょ, 不細工な人.

jer·gui·lla [xer.gí.ʝa ‖ -.ʎa] 女 1（織物の）サージの一種. 2《ラ米》《チリ》ブリスケ：牛の首から前足にかけてその部分の肉.

je·ri·be·que [xe.ri.bé.ke] 男 1（主に複数で）しかめっ面. *hacer ~s* 顔をしかめる. 2 目くばせ.

Je·ri·có [xe.ri.kó] 固名 エリコ, ジェリコ：死海の北方のパレスチナの古都.

je·ri·fe [xe.rí.fe] 男 マホメットの子孫.

je·rin·gon·za [xe.riŋ.gón.θa / -.sa] 女 1 隠語, 仲間言葉；専門用語 (= *jerga*). → *argot* 類語. 2 訳のわからない言葉[話]. 3《話》奇妙な振る舞い[言動].

je·rin·ga [xe.ríŋ.ga] 女 1 注入器, 注射器, 浣腸（かんちょう）器, スポイト. *~ de engrase* グリースガン.
2《ラ米》《話》(1)《ウルグ》《ラブ》煩わしい人. (2) 面倒.

je·rin·ga·dor, do·ra [xe.riŋ.ga.ðór, -.ðó.ra]《話》煩わしい, 厄介な, 迷惑な.
── 男 女《話》煩わしい人, うるさい人, 困り者.

je·rin·gar [xe.riŋ.gár] 108 他 1《話》煩わせる, 迷惑をかける, 悩ます (= *fastidiar*). *Me jeringaron toda la noche los ronquidos de mi marido*. 夫のいびきで一晩中悩まされた. 2 注入する, 注射する；絞り出す；洗浄する. 3《話》壊す. 4《ラ米》《タリ》《話》（人に）迷惑をかける, うんざりさせる.
── *~se* 1 うんざりする. 2 壊れる.

je·rin·ga·zo [xe.riŋ.gá.θo / -.so] 男 1 注射, 注入；洗浄. 2 注射液, 注入液；洗浄液.

je·rin·gón, go·na [xe.riŋ.gón, -.gó.na] 形《ラ米》《話》厄介な, 煩わしい, うるさい.

je·rin·gon·za [xe.riŋ.gón.θa / -.sa] 女 → *jerigonza*.

je·rin·gue·ar [xe.riŋ.ge.ár] 他《ラ米》《話》うるさがらせる, うんざりさせる, 悩ませる.

je·rin·gui·lla [xe.riŋ.gí.ʝa ‖ -.ʎa] 女 1《植》バイカウツギ. 2 小型注射器.

Jer·jes [xér.xes] 固名 ~ I クセルクセス1世：アケメネス朝ペルシアの王(在位前486-465).
jer·mu [xér.mu] 男 《ラ米》《()》《話》妻, 奥さん.
► mujer の逆さ言葉. → vesre.
jero- → hiero-.
je·ro·glí·fi·co, ca [xe.ro.glí.fi.ko, -.ka] 形 象形文字の, 象形文字で書いた. — 男 [平] (特に古代エジプトの)象形文字；《複数形で》象形文字文書. **2** 判じ物[絵]：絵・記号・数字などで語や句を当てるパズルの一種. **3**《軽蔑》わかりにくい表現, 難解なもの.
Je·ró·ni·mo [xe.ró.ni.mo] 固名 **1** San ~ 聖ヒエロニムス (342?-420)：ラテン教父, 教会博士. ラテン語訳聖書の完成者. → Vulgata.
2 ヘロニモ：男子の洗礼名.
sin Jerónimo de duda《ラ米》何の疑いもなく.
[← [швыр] *Hierōnymus* ← [ギ] *Hierṓnymos* (*hierós*「聖なる」+ *ónoma*「名」); [関連] [ポルトガル] *Jerônimo*. [仏] *Jérôme*. [伊] *Gerolamo*. [英] *Jerome*. [独] *Hieronymus*]
je·ró·ni·mo, ma [xe.ró.ni.mo, -.ma] 形 ヒエロニムス会の, ヒエロニムス会に関する.
— 男 《カト》ヒエロニムス会の修道士.
je·ro·so·li·mi·ta·no, na [xe.ro.so.li.mi.tá.no, -.na] 形 エルサレムの.
— 男 女 エルサレムの住民[出身者].
jer·sé [xer.sé] / **jer·séi** [xer.séi] 男 → jersey.
jer·sey [xer.séi] [英] 男 [複 ~s, jerséis] **1** セーター, ジャージー, カーディガン. **2**《ラ米》《()》ニット地の布地.
Je·ru·sa·lén [xe.ru.sa.lén] 固名 エルサレム：イスラエルの首都. ユダヤ教・キリスト教・イスラム教の聖地.
[← [後 ラ] *Jerusalem* ← [ギ] *Ierousalḗm* ← [ヘブライ] *Yerūshālaim*]
je·ru·za [xe.rú.θa / -.sa] 女《ラ米》《()》《俗》刑務所, 監獄.
Je·su·cris·to [xe.su.krís.to] 固名 イエス・キリスト. → Cristo, Jesús. ♦「イエス・キリスト, 神の子, 救い主」はギリシア語で *Iēsoûs Christos Theou Hyios Sōtḗr* で, 頭文字を合わせると *Ichthys*「魚」となり, キリストの象徴として魚が用いられた.
[Jesús + Cristo]
***je·sui·ta** [xe.swí.ta] 形 **1**《カト》**イエズス会士の, イエズス会の. 2**《話》《軽蔑》ずるい；偽善的な.
— 男 **1** イエズス会士. → compañía. **2**《軽蔑》《話》ずるい人, 腹黒い人；偽善者.
je·suí·ti·co, ca [xe.swí.ti.ko, -.ka] 形 **1**《カト》イエズス会士の, イエズス会に関する.
2 ずるい；偽善的な.
je·sui·ti·na [xe.swi.tí.na] 形 師イエズス修道女会所属の. — 女 師イエズス修道女会の修道女.
je·sui·tis·mo [xe.swi.tís.mo] 男 **1**《カト》イエズス会精神, イエズス会の教説[慣行, 組織].
2 偽善；ごまかし, ずるさ.
***Je·sús** [xe.sús] 固名 **1 イエス**, イエス・キリスト (= Jesucristo) (前7?-後30?). ~ Nazareno ナザレのイエス. El Niño ~ 幼子イエス. → Cristo.
2 ヘスス：男子の洗礼名. 愛称 Chucho, Chus, Jesusín, Suso.
— 間投 **1**《驚き・苦痛・安心・落胆などに》ああ, えっ, やれやれ. ¡*J*~ (, María y José*/*, Dios mío)! あっ, おや, いやはや, とんでもない. **2**《くしゃみをした人に》お大事に. ► ¡Salud! とも言い, Gracias. で答える.
en un (decir) Jesús《話》あっという間に.
sin decir Jesús 突然, 急に, 出し抜けに.

[← [後 ラ] *Jēsus* ← [ギ] *Iēsoûs* ← [ヘブライ] *Yēshūa'* ← *Yehoshūa'* (*Yahveh*「神」+ *yĕshū'āh*「救い」；「神は救い主」の原義)]
je·su·se·ar [xe.su.se.ár] 他《ラ米》《()》《話》偽証する.
Je·su·sín [xe.su.sín] 固名 ヘスシン：Jesús の愛称.
jet [jét] [英] 男 [複 ~s, ~] ジェットエンジン；ジェット機.
je·ta [xé.ta] 女 **1** 豚の鼻面. **2** 分厚い唇, とがらせた口. **3**《話》しかめっ面；顔, 面. poner ~ 仏頂面になる. Le voy a romper la ~. あいつの顔面に一発くらわしてやる. **4**《話》厚かましさ, 図々しさ. ¿Qué ~ tienes! 君も図々しいな. **5**《ラ米》《()》《()》《俗》口, 唇.
estirar la jeta《ラ米》《話》**(1)**《()》《()》《俗》死ぬ, くたばる. **(2)** 仏頂面をする.
je·te·ar [xe.te.ár] 自《ラ米》《()》《話》(他人の)おごりにあずかる.
je·tón, to·na [xe.tón, -.tó.na] 形 **1** → jetudo.
2《ラ米》《()》《話》ばかな, まぬけな.
je·tu·do, da [xe.tú.ðo, -.ða] 形 **1** 口[鼻]の突き出た；口をとがらせた. **2** 図々しい, 厚かましい.
je·vo, va [xé.ßo, -.ßa] 男 女《ラ米》《話》**(1)** 子供, 少年, 少女. **(2)**《()》人. **(3)**《()》恋人.
ji [xí] 男 キー, カイ (X, χ)：ギリシア語アルファベットの第22字.
ji [xí] 間投《繰り返して》《嘲笑(()) ・愚弄(()) ・疑いの笑い》ひっひっひっ...
ji·ba·re·ar [xi.ba.re.ár] 自《ラ米》《()》《話》こびる.
ji·ba·ro, ra [xí.ßa.ro, -.ra] 形《ラ米》**(1)** ヒバロ人の. **(2)**《()》田舎の, 粗野の. **(3)**《()》《話》(動物が)野生の.
— 男 女《ラ米》**(1)** ヒバロ人：人間の頭をミイラにしたことで知られるエクアドル・ペルーのアマゾン流域の先住民. **(2)**《()》田舎者, 粗野な人. **(3)**《()》農民, 小作人. **(4)**《()》山犬. — 男《ラ米》《()》大柄な男. — 形《ラ米》《()》尻軽(()) 女.
ji·bia [xí.ßja] 女《動》コウイカ；コウイカの甲.
ji·bión [xi.ßjón] 男 **1** コウイカの甲. **2**《動》(カンタブリア海 Mar Cantábrico で)イカ (= calamar).
ji·bral·ta·re·ño, ña [xi.ßral.ta.ré.no, -.na] 形 男 女 → gibraltareño.
Ji·bu·ti [xi.ßú.ti // ji.-] 固名 → Yibuti.

jibia
(コウイカ)

ji·ca·que [xi.ká.ke] 形《ラ米》《()》《話》無骨な, 不作法な.
jí·ca·ra [xí.ka.ra] 女 **1** チョコレート[ココア]用小カップ. una ~ de chocolate 1杯のチョコレート. **2**《ラ米》**(1)**《()》《植》クレセンティア (ヒョウタンノキの一種). **(2)**《()》(動物の)頭；《()》はげ頭. **(3)** ヒョウタンで作った小さなカップ[容器].
sacar la jícara a + 人《ラ米》《()》《話》《人》を心から歓待する, 手厚くもてなす；こびへつらう.
[← [ナワトル] *xicalli* (*xīctli*「へそ」+ *calli*「家；容器」)]
ji·ca·ra·zo [xi.ka.rá.θo / -.so] 男 **1** 小カップ jícara をぶつけること. **2** 毒を盛ること. dar ~ a + 人《人》に毒を盛る. **3**《ラ米》《()》《()》お椀(()) 1杯の量.
jí·ca·ro [xí.ka.ro] 男《ラ米》《()》《()》《()》《植》クレセンティア (ヒョウタンノキの一種)；椀(()).
ji·ca·rón, ro·na [xi.ka.rón, -.ró.na] 形《ラ米》《()》《話》頭の大きい, 頭でっかちの.

ji·ca·ru·do, da [xi.ka.rú.ðo, -.ða] 形 《ラ米》《話》額が広い, 大きな顔の, のっぺりした顔の.
ji·ca·te [xi.ká.te] 形 《ラ米》《中米》《話》ばかな, 愚かな.
ji·che [xí.tʃe] 男 《ラ米》《中米》《中米》【解剖】腱(けん).
ji·co·te [xi.kó.te] 男 《ラ米》《中米》《中米》【昆】マルハナバチの一種；マルハナバチの巣.
ji·co·te·ra [xi.ko.té.ra] 女 《ラ米》《中米》（1）マルハナバチの巣；マルハナバチの羽音. (2) 騒ぎ, 騒動.
jien·nen·se [xje.nén.se] 形 《(スペイン)の》ハエン Jaén の. —— 男 女 ハエンの住民 [出身者].
ji·fe·ro, ra [xi.fé.ro, -.ra] 形 1 畜殺人の. 2 《話》汚い, 不潔な；下品な.
—— 男 1 畜殺刀；肉切り包丁. 2 畜殺人.
ji·fia [xí.fja] 女 【魚】メカジキ.
ji·ga [xí.ga] 女 【音楽】ジグ. → giga¹.
ji·go·te [xi.gó.te] 男 → gigote.
ji·gui·le·te [xi.gi.lé.te] 男 【植】 → jiquilete.
ji·jo·na [xi.xó.na] 男 【料】トゥロン, ヌガー (= turrón de Jijona) ● スペイン Jijona 産. アーモンド, 蜂蜜(はちみつ)などが入ったやわらかい菓. → turrón.
jil [xíl] 男 女 《ラ米》《中米》《俗》ばか者, 愚か者.
jil·güe·ro [xil.gé.ro] 男 【鳥】ヒワ. —— común ゴシキヒワ.
ji·lí [xi.lí] 形 《話》ばか, とんま.
ji·li·bio·so, sa 《ラ米》《中米》《話》(1) すぐに泣き出す. (2) 気難しい. (3) 腹が御しにくい.

jilguero
(ヒワ)

ji·li·po·lla [xi.li.pó.ja | -.ʎa] 男 女 → gilipollas.
ji·li·po·lla·da [xi.li.po.já.ða || -.ʎá.-] 女 《卑》 → gilipollez.
ji·li·po·llas [xi.li.pó.jas || -.ʎas] 形 男 女 → gilipollas.
ji·li·po·llez [xi.li.po.jéθ || -.ʎéθ / -.jés] 女 《複》jilipolleces → gilipollez.
ji·lo·te [xi.ló.te] 男 《ラ米》《中米》《中米》(結実前の)トウモロコシの穂；《複数で》《ラ米》《中米》《中米》トウモロコシの穂のうぶ毛.
ji·lo·te·ar [xi.lo.te.ár] 自 《ラ米》《中米》《中米》《農》トウモロコシの穂が出始める[実をつけ始める].
ji·lo·te·o [xi.lo.té.o] 男 とうもろこしに花がつき始めること.
ji·ma·gua [xi.má.gwa] 形 《ラ米》《カリブ》双子の, 双生の；双子の二つの. —— 男 女 《ラ米》《カリブ》双子.
jim·ba [xím.ba] 女 《ラ米》(1)《アンデス》お下げ髪, 三つ編み. (2)《中米》【植】ホウライチク属の一種.
jim·bal [xim.bál] 男 《ラ米》《中米》竹やぶ, 竹の茂み.
jim·bi·to [xim.bí.to] 男 《ラ米》《中米》【昆】小型のハチ；ハチの巣.
jim·bo, ba [xím.bo, -.ba] 形 《ラ米》《中米》《話》酒に酔った.
ji·mel·ga [xi.mél.ga] 女 【海】(帆柱・帆桁(ほげた)などの補強用の)添え木.
Ji·mé·nez [xi.mé.neθ / -.nes] 固名 ヒメネス Juan Ramón ~ (1881-1958)：スペインの詩人；ノーベル文学賞 (1956年). 作品 *Platero y yo*『プラテロと私』. [←〔古スペイン〕*Ximénez* (『*Ximeno* の子』が原義)]. 関連 Simón].
ji·mio, mia [xí.mjo, -.mja] 男 女 【動】サル.
ji·nais·te [xi.náis.te] 男 《ラ米》《中米》《話》子供たち.
jin·cho, cha [xíŋ.tʃo, -.tʃa] 形 《ラ米》(1)《中米》田舎者の. (2)《中米》顔色が真っ青の. *Aquella niña estaba jincha.* あの女の子は顔色が悪かった.

—— 男 女 1 《軽蔑》麻薬中毒者. 2 《軽蔑》不審な. 3 《軽蔑》盗人. 4 《ラ米》《アンデス》《話》貧乏人.
ji·ne·ta¹ [xi.né.ta] 女 1 女性の騎手；騎馬の女性 (= jinete.) 2 あぶみを短くし, ひざを曲げる乗り方. *montar a la* ~ あぶみを短くして乗る.
ji·ne·ta² [xi.né.ta] 女 【動】ジェネット：ジャコウネコ科. [←?〔アラビア〕*jarnait*]
*__**ji·ne·te** [xi.né.te] 男 女 1 **騎手**, 騎馬の人. 2 【軍】**騎兵**, 騎馬兵. 3 純血種の良馬, サラブレッド. *venir jinete* 馬に乗ってくる. *Venía* ~ *en un caballo negro.* 彼[彼女]は黒い馬に乗ってやってきた.
[←〔古スペイン〕*genete*「北アフリカから来たベルベル族の Zeneta 人風の騎士」←〔アラビア〕《話》*zenēti*「セネータ人」]
ji·ne·te·a·da [xi.ne.te.á.ða] 女 《ラ米》(1)《アンデス》《南米》馬を乗り回すこと. (2)《南米》騎手力競技会, 騎手としての腕を競うイベント. *ganar la* ~ *por equipos* 団体戦で騎手力競技を制す.
ji·ne·te·ar [xi.ne.te.ár] 他 《ラ米》(1)《南米》馬を飼いならす. (2)《南米》〈小馬・野生の牛を〉乗り回す. (3)《中米》〈他人の金を〉一時的に拝借する. (4)《中米》《俗》〈人を〉支配する.
—— ~·*se* 再 《ラ米》(1)《コロン》《話》うぬぼれる, 鼻にかける. (2)《コロン》《中米》馬にしっかりとまたがる；しっかりしている.
jinetear la burra 《ラ米》《中米》とことん[徹底的に]やる.
ji·ne·te·ris·mo [xi.ne.te.rís.mo] 男 《ラ米》《カリブ》(外国人を相手にする)売春.
ji·ne·te·ro, ra [xi.ne.té.ro, -.ra] 男 女 《ラ米》《カリブ》《軽蔑》売春人, 売春婦.
jin·glar [xiŋ.glár] 自 〈つるした物が〉揺れる.
jin·gle [jíŋ.gel] 〔英〕男 [複 ~s] (ラジオ・テレビの)コマーシャルソング.
jin·go·ís·mo [xiŋ.go.ís.mo] 男 好戦的愛国主義, 対外強硬論.
jin·go·ís·ta [xiŋ.go.ís.ta] 形 好戦的愛国主義の, 対外強硬論の.
—— 男 女 好戦的愛国主義者, 対外強硬論者.
jin·jol [xíŋ.xol] 男 ナツメの実.
jin·jo·le·ro [xiŋ.xo.lé.ro] 男 【植】ナツメの木.
ji·ñar [xi.nár] 自 《スペイン》《俗》排泄(はいせつ)する. *Un momento. Es que voy a* ~. ちょっと待ってて. 用を足してくるから. —— 他 《スペイン》《俗》怖がる.
jio·te [xjo.te] 男 《ラ米》《中米》《中米》皮膚(ひふ)の, 発疹.
ji·pa [xi.pa] 女 《ラ米》《コロン》パナマ帽.
ji·pa·te·ra [xi.pa.té.ra] 女 《ラ米》《コロン》《カリブ》《中米》顔色の悪いこと, 青白いこと；弱々しさ.
ji·pa·tez [xi.pa.téθ / -.tés] 女 《ラ米》《カリブ》《中米》 → jipatera.
ji·pa·to, ta [xi.pá.to, -.ta] 形 《ラ米》(1) 血色の悪い, 青白い, 元気のない；《カリブ》病弱な. (2)《カリブ》〈果物などが〉味のない, まずい. (3)《カリブ》酔った.
ji·pe [xí.pe] 男 《ラ米》《ベネ》《中米》 → jipijapa.
ji·pi [xi.pi] 男 《話》 → hippy.
ji·piar¹ [xi.pjár] 82 他 《スペイン》《話》見る, 見える.
ji·piar² [xi.pjár] 81 自 しくしく泣く.
ji·pi·do [xi.pí.ðo] 男 → jipío.
ji·pi·ja·pa [xi.pi.xá.pa] 女 【植】パナマソウ；パナマソウの繊維. —— 男 パナマ帽. [エクアドルの Jipijapa で初めてこの帽子が作られたことに由来]
ji·pí·o [xi.pí.o] 男 (フラメンコの歌に特有なもの悲しい響きを持った)小節.
ji·pio·so, sa [xi.pjó.so, -.sa] 形 《話》《軽蔑》ヒッ

ji·qui·le·te [xi.ki.lé.te] 男 《植》藍(ﾁ), インディゴ.

ji·ra [xí.ra] 女 **1** 細長い布切れ. Rompió la sábana en ～s y los usó como vendas. シーツを細長く引き裂いて包帯として使った.
2 野外パーティー, ピクニック.

ji·ra·fa [xi.rá.fa] 女 **1** 《動》キリン.
2 《比喩的》のっぽ. **3** (映画・テレビなどで) 移動マイクの支柱 [ブーム]. **4** [J-] 《星座》きりん座.

ji·ra·plie·ga [xi.ra.pljé.ga] 女 下剤の一種 (アロエ汁・蜂蜜(ﾊﾁ)などから作る).

ji·ra·sal [xi.ra.sál] 女 《植》バンレイシ (の実).

ji·ri·bi·lla [xi.ri.bí.ja] | -.ʎa] 女 《ラ米》《話》回転, 転回.
tener jiribilla 《ラ米》(1) (ﾒﾋ)《話》とても活発である, 元気だ. (2) (ｸﾊﾞ)《話》心配する, 不安になる.

jí·ri·de [xí.ri.ðe] 女 《植》クサアヤメ.

ji·ri·mi·que·ar [xi.ri.mi.ke.ár] 自 《ラ米》《話》めそめそする, べそをかく.

ji·rio·la [xi.rjó.la] 女 《ラ米》(ﾒﾋ)《話》ずる休み.

ji·ro·flé [xi.ro.flé] 男 《植》チョウジ (の木).

ji·rón [xi.rón] 男 **1** (布などの) 切れ端. *hacer jirones* ずたずたにする.
2 一部; 断片. **3** (すそなどにつける) 当て布. **4** 三角形の旗. **5** (ﾍﾟﾙ)《話》大通り.
hecho jirones (服が) ぼろぼろになった; ずたずたになった. *caer hecho jirones* ずたずたになる.

ji·ro·na·do, da [xi.ro.ná.ðo, -.ða] 形 **1** ずたずたになった. **2** 《紋》盾形を放射状に8分割した.

jir·pe·ar [xir.pe.ár] 他 (ブドウの木の根元に保水用の) 溝を掘る.

jis·ca [xís.ka] 女 《植》ミズガヤ.

jis·te [xís.te] 男 ビールの泡.

jit [xít] 男 《ラ米》(ﾒﾋ)《スポ》(野球) ヒット; 打撃.

ji·tan·já·fo·ra [xi.taŋ.xá.fo.ra] 女 《文学》音の響きに重きをおく文体.

ji·ta·zo [xi.tá.θo / -.so] 男 《ラ米》(ﾒﾋ)一撃, 一打.

ji·to·ma·te [xi.to.má.te] 男 《ラ米》(ﾒﾋ)《植》(朱紅色をした大型の) トマト.

jiu-ji·tsu [ju.jí.tsu] [日] 男 柔術.

jí·va·ro, ra [xí.ba.ro, -.ra] 形 男女 → jíbaro.

JJOO / JJ. OO. 男 《略》《複数形》*Juegos Olímpicos* オリンピック大会.

¡jo! [xó] 間投 (1)《驚き・感嘆・不快》おやまあ, へえ. (2)《馬などを止める掛け声》どうどう.

Jo·a·quín [xo.a.kín] 固名 ホアキン: 男子の洗礼名.

Job [xób] 固名 《聖》ヨブ: ウズ国の族長で, 神の過酷な試練に耐えて信仰を堅持した. *tener más paciencia que (el santo) Job* きわめて忍耐強い.
— 男 《聖》(旧約の) ヨブ記.

jo·bar [xo.bár] 間投 《スペイン》《話》《婉曲》《意外性・不愉快》うわー. ▶ joder を遠回しにした表現.

jo·bo [xó.bo] 男 **1** 《植》テリハタマゴノキ: 実は食用.
2 《ラ米》(1) (ｱﾙｾﾞ)(牛・馬などをつなぐ) 杭(ｸｲ), 丸太. (2) (ｸﾞｱﾃ)(ﾆｶ)焼酎(ｼｮｳﾁｭｳ), 火酒.

jock·ey [jó.kei] [英] 男 (競馬の) 騎手, ジョッキー.

jo·co, ca [xó.ko, -.ka] 形 《ラ米》《話》(1) (ｸﾞｱﾃ)くぼんだ, へこんだ. (2) (ｱﾒ中)(ﾒﾋ)(果物が) 腐った, 酸っぱい.

jobo
(テリハタマゴノキ)

jo·có [xo.kó] 男 《複 *jocoes*》《動》オランウータン.

jo·co·lo·te [xo.ló.te] 男 《ラ米》(ﾒﾋ)小屋.

jo·co·que [xo.kó.ke] 男 《ラ米》(ﾒﾋ)ヨーグルト; 凝乳; サワークリーム.

jo·co·sa·men·te [xo.kó.sa.mén.te] 副 おどけて, おもしろおかしく.

jo·co·se·rio, ria [xo.ko.sé.rjo, -.rja] 形 冗談半分の, 本気とも冗談ともつかない.

jo·co·si·dad [xo.ko.si.ðáð] 女 **1** こっけいさ; 冗談. **2** ひょうきん, おどけ.

jo·co·so, sa [xo.kó.so, -.sa] 形 こっけいな, おもしろい, ひょうきんな.

jo·cun·di·dad [xo.kun.di.ðáð] 女 陽気, 快活, 愉快.

jo·cun·do, da [xo.kún.do, -.da] 形 陽気な, 快活な, 楽しい.

jo·da [xó.ða] 女 《ラ米》《卑》(1) 厄介, 面倒, 迷惑. (2) (笑えない・たちの悪い) 冗談. *en* ～ 冗談で, ふざけて.

jo·de·de·ra [xo.ðe.ðé.ra] 女 《ラ米》(ﾒﾋ)(ﾌﾟｴﾙﾄ)(ﾆｶ)(ｸﾞｱﾃ)度重なる迷惑行為. *¡Qué* ～*!* いいかげんにしてくれ.

jo·de·dor, do·ra [xo.ðe.ðór, -.ðó.ra] 形 《俗》セックス好きの.

jo·der [xo.ðér] 他 **1** 《俗》性交する, セックスする.
2 《俗》うんざりさせる, いらいらさせる (= fastidiar). *Ese maldito ruido me está jodiendo.* あのうるさい音にはいらいらさせられる. *Deja de* ～*me.* いい加減にしてくれ [もううんざりだ].
3 《俗》だめにする, 台無しにする. *Me has jodido el proyecto con tus tonterías.* 君のばかげた行動のせいで僕の計画は台無しだ.
4 盗む.
5 《ラ米》(ｱﾙｾﾞ)(ﾊﾟﾗ)(ｳﾙ)《俗》傷つける.
— ～*se* 再 **1** 《俗》嫌な思いをする. うんざりする. *Que se joda Carlos.* カルロスのやつめ, いい気味だ [ざまあみろ]. **2** 《俗》だめになる, 台無しになる, 壊れる. *La excursión se jodió con la lluvia.* 遠足が雨でさんざんだ. **3** 《俗》〈身体の一部〉を負傷する. *Se me ha jodido el brazo.* 腕を負傷した. **4** 《ラ米》(ｱﾙｾﾞ)《話》冗談を言う.
— 間投 《俗》《不快・怒り・驚き》ちくしょう; なんてこった. *¡Esto no puede ser,* ～*!* こんなことってあるもんか, ちくしょう.
¡(anda y) que te jodan! (相手の発言・行動に対して) くそったれ, 嫌だ, 大反対.
¡Hay que joderse! こいつはたまげたぜ.
joderla どじを踏む; 困ったことをする.
¡No (me) jodas! / ¡No joda! ばか言うな, まさか.

jo·di·do, da [xo.ðí.ðo, -.ða] 形 《俗》**1** 《estar+》へばってた, ばてた. *Estoy* ～. もうくたくただ.
2 《ser+》いまいましい; つらい, 面倒くさい, ひどい, 嫌な. *¡Este* ～ *coche!* このいまいましい車め.
3 《estar+》だめになった, 壊れた, 故障した. *Esta radio está jodida.* このラジオはいかれている. *Todo está* ～. 何もかもむちゃくちゃだ.
4 《estar+》怒っている.
5 《ラ米》(1) (ｱﾙｾﾞ)(ﾊﾟﾗ)(ｳﾙ)《話》身勝手な, 扱いにくい. (2) (ｱﾙｾﾞ)(ﾊﾟﾗ)(ｳﾙ)《話》よこしまな. (3) (ｱﾙｾﾞ)(ﾊﾟﾗ)(ｳﾙ)(ﾁﾘ)自力達者な. (4) (ﾗﾌﾟ)《俗》破滅している; 問題を多くかかえている.

jo·dien·da [xo.ðjén.da] 女 《ラ米》(ﾒﾋ)(ｷ)(ｱﾒ中)《卑》迷惑, 厄介.

jo·dón, do·na [xo.ðón, -.ðó.na] 形 《ラ米》(ｱﾙｾﾞ)

(ぐち)(ざつ)《卑》迷惑な, うるさい;口のへらない.
jo・fai・na [xo.fái.na] 囡 洗面器.
jog・ging [jó.ɡin] 〖英〗 男 ジョギング, ゆっくりと走ること. Hago ～ por aquel parque todos los días. 私は毎日あの公園でジョギングしています.
jo・jo・ba [xo.xó.ba] 囡《植》ホホバ:メキシコ原産のツゲ科の低木. 種子から油を採る.
jo・jo・to, ta [xo.xó.to, -.ta] 囲《ラ米》《話》(1)《ダリ》《果物などが》傷んだ, ぶよぶよした.(2)《ヒネ゙》発育の悪い;生気のない.(3)《ヒネ゙》《コスタ》《実などが》熟していない.
— 男《ラ米》《ヒネ゙》《話》熟れていないトウモロコシ.
jok・er [jó.ker]〖英〗男《複 ～s》《遊》(トランプ)ジョーカー (=comodín).
jol・go・rio [xol.ɡó.rjo] 男 どんちゃん騒ぎ, お祭り騒ぎ;お祭り気分. ir de ～ ばか騒ぎをする. ¡Qué ～! ああ愉快だ.
¡jo・lín! [xo.lín] 間投《話》《不快・怒り・驚き》くそ, ちくしょう;こりゃたまげた.
jo・lin・che [xo.lín.tʃe] / **jo・lin・chi** [xo.lín. tʃi] 囲《ラ米》《コスタ》尾の短い, 尾が切れた;刃が欠けた.
¡jo・li・nes! [xo.lí.nes] 間投《話》→jolín.
jo・li・no, na [xo.lí.no, -.na] 囲《ラ米》《コスタ》→jolinche.
jo・llín [xo. jín ‖ -.ʎín] 男《話》騒ぎ, 騒動;争い.
jo・lón [xo.lón] 男《ラ米》《ホンジ》《昆》ハチ;ハチの巣.
jo・lo・pe・ar [xo.lo.pe.ár] 他《ラ米》《ヒネ゙》《話》盗む.
jo・lo・te [xo.ló.te] 男《ラ米》《中米》《メキ》《鳥》シチメンチョウ.
jo・ma [xó.ma] 囡《ラ米》《コスタ》猫背.
jo・ma・do, da [xo.má.ðo, -.ða] 囲《ラ米》《コスタ》《話》《軽蔑》猫背の;背中の湾曲した.
Jo・nás [xo.nás] 固名《聖》ヨナ:不信心のために海に投げ込まれて鯨に飲まれ, 3日間腹中にいた預言者.
— 男《聖》(旧約の)ヨナ書《略 Jon》.
Jo・na・tán [xo.na.tán] / **Jo・na・tás** [xo.na.tás] 固名《聖》ヨナタン:Saúl の息子で David の友人.[(←〖ヘブライ〗Iōnáthas)←〖ヘブライ〗Yōnāthān←Yehōnāthān「神の恵み」];《関連》〖ポルトガル〗Jónatas.〖仏〗〖英〗〖独〗Jonathan.〖仏〗Jonathas.〖伊〗Gionata].
jon・do, da [xón.do, -.da] 囲→hondo.
Jo・nia [xo.nja] 固名《史》イオニア:古代ギリシア人が植民した小アジアの西岸と隣接するエーゲ海諸島を含む地域.
jó・ni・co, ca [xó.ni.ko, -.ka] 囲 1 イオニアの. 2〖建〗イオニア式の. orden ～ イオニア式. — 男 1〖詩〗イオニア韻脚. 2 イオニア語[方言]:ギリシア語の一つ.
jo・nio, nia [xó.njo, -.nja] 囲→jónico.
— 男囡 イオニア人.
jon・ja [xóŋ.xa] 囡《ラ米》《中》《話》からかい, ひやかし.
jon・ja・bar [xoŋ.xa.βár] 他 1《話》へつらう, 機嫌をとる. 2《俗》困らせる, 心配させる.
jon・je・ar [xoŋ.xe.ár] 他《ラ米》《中》《話》からかう, ばかにする.
jon・jo・le・ar [xoŋ.xo.le.ár] 他《ラ米》《エクア》《話》甘やかす, かわいがる.
jon・rón [xon.r̄ón] 男《ラ米》《スポ》ホームラン, 本塁打.《home run》
jon・ro・ne・ar [xon.r̄o.ne.ár] 自《ラ米》《スポ》ホームランを打つ.
jo・pé [xo.pé] / **jo・pe** [xó.pe] 間投《話》《婉曲》《意外性・不愉快》うわー. ¡J～, cuánta gente! うわー, なんと人の多いこと. ▶ joder の婉曲表現.
¡jo・pe・li・nes! [xo.pe.lí.nes] 間投《話》《婉曲》《意外性・不愉快》うわー. ▶ joder の婉曲表現.
jo・po [xó.po] 男 1 →hopo.
2《ラ米》(1)《ダリ》《髪の》ヘアピン.(2)《ナ》《ヒネ゙》前髪, 垂れ髪.(3)《エクア》《俗》肛門.
¡jopo! [xo.po] 間投《話》出て行け.
jo・ra [xó.ra] 囡《ラ米》《ペル》(チチャ酒 chicha 用の)トウモロコシ.
jor・dán [xor.ðán] 男 1 若返りの妙薬.
2 (汚れ・罪などを)洗い清めてくれるもの.
Jor・dán [xor.ðán] 固名 el ～ ヨルダン川:レバノン南部から南流して死海に注ぐ.[(←〖ラ〗Jordānes←〖ギ〗Iordánēs←〖ヘブライ〗Yardēn]
Jor・da・nia [xor.ðá.nja] 固名 Reino Hachemita de ～ ヨルダン (ハシミテ王国):首都 Amman.[Jordán より派生]
jor・da・no, na [xor.ðá.no, -.na] 囲 ヨルダンの.
— 男囡 ヨルダン人.
jor・ga [xór.ɡa] 囡《ラ米》《エクア》悪党[無頼]の一味.
Jor・ge [xór.xe] 固名 1 San ～ 聖ゲオルギウス (270?-303?):ローマの殉教者. 騎士・旅行者・アラゴン王国の守護聖人. 2 ホルヘ:男子の洗礼名.[←〖後ラ〗Geōrgius←〖ギ〗Geṓrgios(geōrɡós「農夫」より派生;原義は「農夫の」);《関連》〖ポルトガル〗Jorge.〖仏〗George(s).〖伊〗Giorgio.〖英〗George.〖独〗Georg]
jor・gón [xor.ɡón] 男《ラ米》《エクア》《話》たくさん, 多量.

jor・na・da [xor.ná.ða] 囡 1 (1日の)労働時間. ～ de ocho horas 1日8時間労働. trabajo de media ～ 半日[パートタイム]の仕事. trabajo de ～ entera [completa] フルタイムの仕事.
2 (仕事・活動の区切りとしての)1日. primera ～ del campeonato 選手権大会の初日.
3 1日の道のり[行程]. El pueblo vecino estaba a dos ～s a caballo. 隣村までは馬で2日の道のりだった. 4《演》(スペイン古典劇の)幕;《複》部. 5〖軍〗遠征. 6 (王家の)(夏期)旅行;その滞在(期間). 7 生涯, 一生. 8〖印〗印刷物の単位:約1500枚. 9《複数で》会議;講習会. 10《ラ米》《キ》日当, 日給.
a grandes jornadas 大急ぎで, 強行軍で.
jornada de reflexión 総選挙の前日.
jornada intensiva (特に夏季の)休憩なしの集中[連続]労働時間方式.
jor・nal [xor.nál] 男 1 日給, 日当. trabajar a ～ 日雇いで働く. ganar un buen ～ いい日給を稼ぐ.
2 1日(分)の仕事. Para terminar las obras necesitan diez ～es más. 工事の完了までにはあと10日分の仕事が必要だ. 3 (スペインの)農地面積の単位. ◆地域により広さが異なる.
[←〖古プロバンス〗jornal 囲「日々の」;jorn「日」;(←〖ラ〗diurnus「日中の」)より派生;《関連》jornada, día.〖英〗journal(ist)]
jor・na・le・ro, ra [xor.na.lé.ro, -.ra] 男囡 日雇い労働者.
jo・ro [xó.ro] 男《ラ米》《コスタ》小さいかご.
jo・ro・ba [xo.ró.βa] 囡 1〖医〗脊柱(せきちゅう)後湾,(背中や胸の)こぶ. 2 (動物の)こぶ(=giba);《比喩的》出っ張り, 膨らみ 3《話》厄介, 煩わしさ.
¡Joroba!《俗》ちくしょう, ばかたれ.
[←〖アラビア〗〖方言〗hudūba]
jo・ro・ba・do, da[1] [xo.ro.βá.ðo, -.ða] 囲《話》《軽

jo·ro·ba·do, da[2] [xo.ro.bá.do, -.ða] 形《ラ米》《話》《軽蔑》《俗》病気の；倒産した.

jo·ro·bar [xo.ro.bár] 他《話》神経に障る，いらいらさせる；悩ませる，うんざりさせる. *Este calor me está jorobando.* この暑さにはいらいらしてしまう. *estar jorobado* 機嫌が悪い.

— **~·se** 1《話》うんざりする；じっと我慢する. *¡Hay que ~se!* もうたくさんだ，うんざりだ.
2《話》壊れる，台無しになる.
3《話》《身体の一部を》負傷する.
¡No (me) jorobes! / ¡No jorobe! 《俗》そんなばかな；いらぬお世話だ；いいかげんにしてくれ.

jo·ro·be·ta [xo.ro.bé.ta] 男《話》背中の湾曲した人. — 共《ラ米》《ミッミ》《話》煩わしい人，うるさい人.

jo·ro·bón, bo·na [xo.ro.bón, -.bó.na] 形《ラ米》《話》煩わしい，厄介な，うるさい.

jo·ron·che [xo.rón.tʃe] 形《ラ米》《ミッミ》《話》《婉曲》脊柱後湾；猫背の.

jo·ron·go [xo.rón.go] 男《ラ米》《ミッミ》《服飾》ポンチョ；毛布，掛け布. → poncho.

jo·ro·pe·ar [xo.ro.pe.ár] 他《ラ米》《ミッミ》《ミッミ》楽しむ. *~ la vida* 人生を楽しむ.

— 自《ラ米》《ミッミ》《ミッミ》ホロポ joropo を踊る.

jo·ro·po [xo.ró.po] 男《ラ米》《ミッミ》《ミッミ》ホロポ：足拍子で軽快に踊る民俗舞踊.

jo·rra [xó.ra] 形《ラ米》《ミッミ》→ horra.

jo·rrar [xo.rár] 他 網を引く，地引く. *red de ~* 底引き網.

jo·rro[1] [xó.ro] 男《綱・網を》引くこと. *a ~* 曳航して. *red de ~* 底引き網.

jo·rro[2] [xó.ro] 男《ラ米》(1)《ミ゙゙》安タバコ. (2)《ミッミ》子を産まない家畜.

jo·run·go, ga [xo.rúŋ.go, -.ga] 形《ラ米》《ミッミ》《話》煩わしい，厄介な，面倒な.

— 男《ラ米》《ミッミ》《俗》外国人，よそ者.

jo·sa [xó.sa] 女《古》ブドウ畑，果樹園.

Jo·sa·fat [xo.sa.fá(t)] 固名 ヨシャファト：紀元前9世紀ユダの王.
el Valle de Josafat 《聖》ヨシャファト[主の裁き]の谷. 最後の審判がこの谷で行われるとの予言から（ヨエル4：2）.

Jo·sé [xo.sé] 固名 1《聖》(1) ヨセフ：ヤコブ Jacob とラケル Raquel の子. (2) San ~ 聖ヨセフ：聖母マリアの夫でイエス・キリストの養父. (3) ~ de Arimatea アリマタヤのヨセフ：富裕なユダヤ議会議員で，キリストの死体を引き取って墓に納めた.
2 ホセ1世，ジョゼフ・ボナパルト. ~ I Bonaparte (1768-1844) フランス皇帝ナポレオン1世の兄でスペイン王（在位1808-13）. 3 ホセ：男子の洗礼名. 愛称 Pepe, Pepín, Pepito.
[← 古スペイン) *Josef, Joseph*← [後ラ] *Jōsēph*← [ギ] *Iōséph*← [ヘブライ] *Yōsēph*（「神がもうひとりの子を授けてくださいますように」が原義）；[関連][ポルトガル] *José*, [仏][英][独] *Joseph*, [伊] *Giuseppe*.
[独] *Josef*]

Jo·se·fa [xo.sé.fa] 固名 ホセファ：女子の洗礼名. 愛称 Pepa, Pepita. [古スペイン) *Josef* より派生. [関連][伊] *Giuseppa*. [英][独] *Josepha*]

Jo·se·fi·na [xo.se.fí.na] 固名 ホセフィーナ：Josefa ＋縮小辞. [関連][ポルトガル] *Josefina*. [仏][英][独] *Josephine*. [伊] *Giuseppina*.]

jo·se·fi·no, na [xo.se.fí.no, -.na] 形 1《史》ホセ1世（ジョゼフ・ボナパルト）派の. 2 聖ヨゼフ修道会の. 3（コスタリカ・ウルグアイの都市）サン・ホセ San Jo-

sé の. 4《ラ米》《ミ゙》《話》《軽蔑》聖職者の.

— 男 女 1《史》ホセ1世（ジョゼフ・ボナパルト）の支持者. 2 聖ヨゼフ修道会士. 3（コスタリカ・ウルグアイの）サン・ホセの住民［出身者］.

Jo·sué [xo.swé] 固名《聖》ヨシュア：イスラエル民族の指導者 Moisés の後継者.

— 男《聖》《旧約》のヨシュア記（略 Jos）.

jo·ta[1] [xó.ta] 女 1 スペイン語字母 j の名称.
2《話》《否定文で》全く…ない，ほとんど…ない. *no decir ni ~* ひと言も言わない. *sin faltar una ~* 正確に，完全に，完璧(かんぺき)に. *No entiendo ni ~.* 私には何もわからない. *No falta una ~.* 足りないものは何ひとつない. *No sabe (ni) ~ de pintura.* 彼[彼女]は絵のことは全然わからない. *No se ve una ~.* まるっきり何も見えない.

jo·ta[2] [xó.ta] 女 ホタ：スペイン Aragón, Valencia, Navarra 地方の民俗舞踊，その音楽.

jo·ta[3] [xó.ta] 女《ラ米》《ミ゙ェ》サンダル（= ojota）.

jo·te [xó.te] 男《ラ米》(1)《ミ゙ェ》《鳥》ヒメコンドル. (2)《ミ゙》大凧(たこ). (3)《ミ゙》《話》恩知らず. (4)《話》《軽蔑》聖職者.

jo·te·ro, ra [xo.té.ro, -.ra] 男 女 ホタ jota[2] のアーティスト［ダンサー，歌い手］.

jo·to [xó.to] 男 1《ラ米》《ミ゙》《話》《男性の》同性愛者. 2《ラ米》《ミ゙》《話》包み，荷物.

joule [júl] [英] 男《物理》ジュール（= julio）：エネルギー，仕事，熱量の単位（略 J）.

jo·va·to, ta [xo.bá.to, -.ta] 形《ラ米》《ミ゙》年増の，老けて見える. *Nunca decimos que estás ~.* 君が老けて見えるなんて私たちは絶対に言っていないよ.

Jo·ve [xó.be] 男 1《ギ神》ジュピター，ユピテル（= Júpiter）. 2《天文》木星.

**jo·ven [xó.ßen] 形《複 jóvenes》〖絶対最上級 jovencísimo〗（＋名詞／名詞＋）1（ser＋）若い，年少の，年下の；若者の (↔ viejo). *mujeres jóvenes* 若い女性たち. *jóvenes artistas* 若手芸術家. *La J~ Orquesta Nacional de España* スペイン国立青年オーケストラ. *un árbol ~* 若木. *Es dos años más ~ que yo.* 彼[彼女]は私より2歳年下である. *Murió ~, a los 37 años.* 彼[彼女]は37歳で夭折(ようせつ)した.
2 (ser＋/ estar＋) 新生の，新しい；まだ日が浅い，生まれて間もない. *un país ~* 新興国. *la ~ democracia* 未熟な民主主義. *Este vino está ~.* このワインは若い.
3 (estar＋) 若々しい，はつらつとした，元気な. *un rostro ~* 若々しい顔. *de aspecto ~* 若々しい風貌(ふうぼう)の. *Mi voz está ~ aún.* 私の声はまだ若い.

— 男 女 1 青年，若者，若い人. *los jóvenes* 若者たち，青年男女. *un ~ de 18 años* 18歳の青年. *Había unas 40 personas, en su mayoría jóvenes.* 40名ほどいて，その大半は若者だった. ► 若い人への呼びかけとしても用いる. → *Por favor, ~, ayúdeme.* すみません，ちょっと手伝ってもらえませんか.
2《同名の年長者と区別して》(↔ viejo). *Plinio el ~* 小プリニウス.

de joven 若いころに[の]. *De muy ~ se fue a Madrid.* 彼[彼女]は若いころマドリードへ行ってしまった.

desde joven 若いころから. *Desde jóvenes estaban juntos.* 若いころから彼らは一緒だった.

[← ラ) *juvenem (juvenis* の対格)；[関連] *juvenil, juventud*. [英] *juvenile*「少年少女（向き）の」, *young, youth*]

jo·ven·ci·to, ta [xo.ben.θí.to, -.ta / -.sí.-] 形 男 女 joven + 縮小辞.

jo·ven·zue·lo, la [xo.ben.θwé.lo, -.la / -.swé.-] 形 《軽蔑》 ≒joven. ─ 男 女 《軽蔑》若造, がき. [joven + 縮小辞]

jo·vial [xo.bjál] 形 **1** 陽気な, 愉快な; 快活な, 愛想のよい. un carácter ～ 明るい性格.
2 ジュピターの, ユピテルの; 木星の.

jo·via·li·dad [xo.bja.li.dáđ] 女 愉快, 陽気; 快活, 愛想のよさ.

jo·vial·men·te [xo.bjál.mén.te] 副 楽しく, 陽気に, 気持ちよく.

jo·via·no, na [xo.bjá.no, -.na] 形 ジュピターの, ユピテルの;《天文》木星の.

joy [xói] 男 《ラ米》(ｷｭｰ)《俗》仲間, 友達. ¿Qué estás haciendo, ～? おまえさん, 何をやっているかい？

＊**jo·ya** [xó.ja] 女 **1** 宝石, 宝飾品,（宝石の）装身具. llevar ～s 宝石を身に着ける. ～s de imitación イミテーションの宝石.

関連 宝飾品: aguamarina アクアマリン. amatista アメジスト. esmeralda エメラルド. granate ガーネット. camafeo カメオ. ópalo オパール. oro 金. plata 銀. ámbar 琥珀(ｺﾊｸ). coral 珊瑚(ｻﾝｺﾞ). perla 真珠. cristal roca 水晶. bronce 青銅. diamante ダイヤモンド. cobre 銅. topacio トパーズ. jade 翡翠(ﾋｽｲ). platino プラチナ. rubí ルビー. zafiro サファイヤ.

2 貴重なもの［人］, 至宝. Este compositor es una ～ de nuestro país. この作曲家はわが国の宝だ. ¡Buena ～ está hecha la hija! 《皮肉》とんでもない娘だ. **3**〘複数で〙（嫁入りに持参する）衣装や装身具. **4**〘建〙玉縁.
［←〘古スペイン〙*joie*（〘仏〙*joyau*）←〘俗〙**jocale*（〘ラ〙*jocus*「冗談；娯楽」より派生）; 関連 〘英〙*jewel*］

jo·yan·te [xo.ján.te] 形 光る. seda ～ 光沢のある上質の絹.

jo·yel [xo.jél] 男 小さな宝石［装身具］.

jo·ye·le·ro [xo.je.lé.ro] 男（王室の）宝石係; 宝石保管宝[匣].

＊**jo·ye·rí·a** [xo.je.rí.a] 女 **1** 宝石［宝飾］店; 宝石商; 宝石加工場. **2** 宝石加工技術.

jo·ye·ro, ra [xo.jé.ro, -.ra] 男 女 宝石商, 貴金属商; 宝石［装身具］加工職人. ─ 男 宝石箱.

jo·yo [xó.jo] 男《植》ドクムギ.

jo·yo·li·na [xo.jo.lí.na] 女《ラ米》(ﾁｭｱ)《俗》刑務所, 監獄.

jo·yo·sa [xo.jó.sa] 女《俗》刀, 武器.

joy·stick [jois.tík] 英 男〘複 ～s, ～〙〘IT〙ジョイスティック: コンピュータゲームで使うコントローラー. Aquí hay un puerto para ～. ここにジョイスティック用のポートがあります.

jriv·nia [xríđ.nja] 男 グリブナ, クリヴニヤ: ウクライナの通貨単位.

ju [xu] 男《笑い》フフフ. ► 通常, juju-ju [ju,ju,ju] のように複数回使う.

jua·ga·do, da [xwa.gá.đo, -.đa] 形《ラ米》(ｺﾛﾝ)《話》ずぶぬれの.

jua·gar [xwa.gár] 103 他《ラ米》(ﾒｷｼ)(ｺﾛﾝ) →enjuagar.

juan [xwán] 男《ラ米》(1)(ｾﾘ)(ｸﾞｱ)一兵卒, 兵士. (2)(ﾒｷ)《俗》ゴキブリ.

Juan [xwán] 固名 **1**〘聖〙ヨハネ. (1) San ～ Evangelista 使徒聖ヨハネ（キリストの十二使徒のひとり）; ヨハネによる福音書・ヨハネの手紙の著者; 祝日12月27日. (2) San ～ Bautista バプテスマの聖ヨハネ, 洗礼者聖ヨハネ: キリストに洗礼を施した先駆者; 祝日6月24日. (3) San ～ de la Cruz サン・フアン・デ・ラ・クルス(1542-91): 本名＝ de Yepes. スペインの神秘思想家. サンタ・テレサとともにカルメル会の改革を試みた.
2 フアン: 男子の洗礼名.
buen Juan 《話》めでたい男, お人よし.
Juan Lanas / 《ラ米》(ﾒｷ)(ｸﾞｱ)(ﾁﾘ) ***Juan Vainas*** 《話》人の言いなりになる男, (特に)女房の尻(ｼﾘ)に敷かれた男; とんま, まぬけ.
Yo soy Juan Palomo, yo me lo guiso y yo me lo como. 大丈夫, ひとりでやれる. ► Juan Palomo とは一匹狼(ｵｵｶﾐ)的な人物のことをいう.
［←〘古スペイン〙*Johán* ←〘中ラ〙*Jō(h)annes* ←〘ギ〙*Iōánnēs* ←〘ヘブライ〙*Yōhānān*「神は恵み深い」が原義］; 関連［ポルトガル］*João*.〘仏〙*Jean*.〘伊〙*Giovanni*.〘英〙*John*.〘独〙*Johann(es)*, *Hans*］

jua·na [xwá.na] 女《ラ米》(1)(ｱﾙｾﾞ)（軍隊に付いてまわる）女, 雑役婦. (2)《俗》マリファナ. (3)(ｸﾞｱﾃ)《俗》警察.

Jua·na [xwá.na] 固名 **1** Santa ～ de Arco 聖ジャンヌ・ダルク(1412-31): フランスの愛国者.
2 ～ la Loca フアナ狂女王: カスティーリャ女王（在位1504-55）・アラゴン女王(1516-55), Reyes Católicos の娘. ♦夫 Felipe el Hermoso の死後, 統治不適格者として幽閉されたため父 Fernando el Católico が摂政を務めた. 父の死後も Juana は公には女王と位置づけられたものの, 実際には息子 Carlos 1世が王権を行使した.
3 フアナ: 女子の洗礼名.
［←〘中ラ〙*Jōanna*（*Jō(h)annes* より派生）; 関連［ポルトガル］*Joana*.〘仏〙*Jeanne*.〘伊〙*Giovanna*.〘英〙*Joan, Jane*.〘独〙*Johanna*］

Juan Car·los [xwán kár.los] 固名 フアン・カルロス 1 世: スペイン国王(在位1975-).

juan·cho [xwán.tʃo] 男《ラ米》(ｸﾞｱﾃ)《話》情夫, 愛人.

jua·ne·ar [xwa.ne.ár] 他《ラ米》(ﾁｭｱ)《話》欺く.

jua·ne·te [xwa.né.te] 男 **1**〘解剖〙顴骨(ｺﾝ).
2〘医〙(特に足の親指の)腱膜瘤(ｹﾝﾏｸﾘｭｳ). **3**〘獣医〙指［趾］骨瘤(ｺﾂﾘｭｳ). **4**〘海〙トゲンスル: トゲンマストの帆. ～ mayor メーントゲンスル. ～ de proa フォアトゲンスル. **5**《ラ米》(ｺﾛﾝ)(ｸﾞｱ)《俗》尻.

jua·ne·te·ro [xwa.ne.té.ro] 男〘海〙トゲンスル担当の水夫.

jua·ne·tu·do, da [xwa.ne.tú.đo, -.đa] 形 **1** ほお骨の出た. **2** 腱膜瘤(ｹﾝﾏｸﾘｭｳ)を病む.

jua·ni·llo [xwa.ní.jo] [-.ʎo] 男《ラ米》(ｷｭｰ)(ｺﾛﾝ)チップ, 心付け; 賄賂(ﾜｲﾛ), そでの下.

jua·pa·o [xwa.pá.o] 男《ラ米》(ｺﾛﾝ)《話》ぶつこと, 殴打.

juar·da [xwár.đa] 女（毛織物・絹織物自身の脂による）汚れ, 脂染み.

jua·ris·ta [xwa.rís.ta] 形（zapoteca 民族出身のメキシコ大統領）フアレス Benito Juárez(1806-72) 支持の. ─ 男 女 フアレス支持者.

ju·ba [xú.ba] 女（イスラム教徒が着た）外套.

ju·be·te [xu.bé.te] 男（中世までのスペイン兵士が着用していた）鉄胴着.

＊**ju·bi·la·ción** [xu.bi.la.θjón / -.sjón] 女 **1** 退職, 引退. ～ anticipada 早期退職.
2 年金, 恩給(= pensión); 年金［引退］生活.

ju·bi·la·do, da [xu.bi.lá.đo, -.đa] 形 **1** 退職［引退］した, 年金［恩給］を受けている.

jubilar

2《ラ米》《話》(1) (話)利口さ；経験豊かな．(2) (俗)気のふれた；哀れな．
— 男 女 退職者，年金受給者[生活者]．hogar del 〜 老人福祉センター．

ju·bi·lar[1] [xu.bi.lár] 形 **1** (古ユダヤ教の) 50年節の，ヨベルの年の．**2**《カト》聖年の，全免償の行われる．

***ju·bi·lar**[2] 他 **1** 退職させる，引退させる．**2**《話》捨てる，お払い箱にする．Creo que voy a 〜 pronto estos zapatos. この靴も間もなくお払い箱になる．
— **〜·se** 再 **1** 退職[引退]する，年金[恩給]生活に入る．**2**《ラ米》(1) (話)(俗)熟練する，上達する；精通する．(2) (話)衰える；発狂する．(3) (チ)(プエ)(リオ)《話》ずる休みする，サボる．
[←〔ラ〕*jūbilāre*「歓声をあげる」；「(退職で)仕事から解放されて歓声をあげる」を経て現在の種々の意味が生じた．[関連]〔英〕jubilate「非常に喜ぶ」．

ju·bi·le·o [xu.bi.lé.o] 男 **1**《宗》(古ユダヤ教の) 50年節，ヨベルの年．**2**《カト》(1) 全免償，大赦，全免償の行われる)聖年．ganar el 〜 全免償を得る．(2) 金祝：司祭叙階[修道生活]の50年記念．**3**《話》(大勢の人の)出入り，往来．

jú·bi·lo [xú.bi.lo] 男 大喜び，歓喜，狂喜．con 〜 大喜びで．mostrar 〜 大喜びをする．no caber en sí de 〜 喜びに堪えない．

ju·bi·lo·so, sa [xu.bi.ló.so, -.sa] 形 大喜びの，歓喜に満ちた．poner una cara *jubilosa* いかにもうれしそうな表情になる．

ju·bón [xu.bón] 男 (胴体にぴったりした昔の)衣服，胴着．

Jú·car [xú.kar] 固名 el 〜 フーカル川：スペイン東部の川．

jú·ca·ro [xú.ka.ro] 男 《植》シクンシ科の木：西インド諸島特産の高級木材．

ju·co, ca [xú.ko, -.ka]《ラ米》(コスタ)発酵した，酸っぱい．

jud [xud]《ラ米》(チ)(プエ)(リオ)《車》ボンネット．[←〔英〕*hood*]

Ju·dá [xu.ðá] 固名《聖》ユダ：Jacob の第4子．→ユダ語源．

ju·dai·co, ca [xu.ðái.ko, -.ka] 形 ユダヤ(民族)の，ユダヤ教の；ユダヤ人[風]の．

ju·da·ís·mo [xu.ða.ís.mo] 男 ユダヤ教；ユダヤ精神[主義]．

ju·dai·zan·te [xu.ðai.θán.te / -.sán.-] 形 ユダヤ教を信奉する；ユダヤ人[教]の風習に従った．— marrano. — 男 女 (洗礼を受けて)キリスト教徒を装ったユダヤ教徒．

ju·dai·zar [xu.ðai.θár / -.sár] 自《キリスト教》の改宗者 converso が)ユダヤ教を信奉する；ユダヤ人[教]の風習に従う．

ju·das [xú.ðas] 男 (単複同形) **1**《話》《軽蔑》裏切り者，反逆者．**2** (聖週間に道路に飾られたあと焼かれる)わら人形．**3**《ラ米》(1)(チ)(作業現場の)監督者，検査人．(2)(チ)腕白坊主，いたずらっ子．(3)(チ)(自分の洗礼名に当たる)守護聖人の祝日．
[Judas より派生]

Ju·das [xú.ðas] 固名《聖》ユダ．(1) 〜 Iscariote イスカリオテのユダ：キリストの十二使徒のひとりで主を裏切った．(2) 〜 llamado Tadeo タダイと呼ばれたユダ：十二使徒のひとりヤコブの兄弟；祝日10月10日．→ apóstol [関連]．[←〔ラ〕*Jūda(s)*←〔ヘブライ〕*Yehūdhāh* (旧約「創世記」の解釈では「賛美される(者)」が原義)]

Ju·de·a [xu.ðé.a] 固名 ユダヤ：古代パレスチナの南部地方．ペルシア・ギリシア・ローマの支配下にあった．[←〔ラ〕*Jūdaea*←〔ギ〕*Ioudaía*]

ju·de·o·a·le·mán [xu.ðe.o.a.le.mán] 男 イディッシュ語：ユダヤ系ドイツ語でヘブライ文字で表記する．

ju·de·o·cris·tia·no, na [xu.ðe.o.kris.tjá.no, -.na] 形 ユダヤ教とキリスト教の．

ju·de·o·es·pa·ñol, ño·la [xu.ðe.o.es.pa.ɲól, -.ɲó.la] 形 スペイン系ユダヤ人の (= sefardí). — 男 女 **1** スペイン系ユダヤ人．— 男 **2** スペイン系ユダヤ人が話すスペイン語：15世紀末スペインから追放され，近東や北アフリカに移住したユダヤ人およびその子孫たちの用いるスペイン語 (= ladino).

ju·de·rí·a [xu.ðe.rí.a] 女 **1** ユダヤ人街；ゲットー．→ gueto. **2**《集合的》ユダヤ人．**3**《ラ米》(コスタ)(話)いたずら，悪さ．

ju·dí·a [xu.ðí.a] 女《スペイン》《植》インゲンマメ (= alubia, habichuela). 〜 blanca 白インゲン．〜 escarlata ベニバナインゲン．〜 verde サヤインゲン．

ju·dia·da [xu.ðjá.ða] 女 **1** ユダヤ人的なやり方[行動]．**2**《話》卑劣な行い，ひどいこと．hacer una 〜 [〜s] 卑劣なことをする．

ju·di·ca·tu·ra [xu.ði.ka.tú.ra] 女 **1** 裁判[司法]権；裁判官の地位[期間]，権限，任期．**2**《集合的》裁判官；裁判所；司法当局．

***ju·di·cial** [xu.ði.θjál / -.sjál] 形《名詞＋》(ser＋) 司法（上）の；裁判（上）の；裁判所[官]の．el poder 〜 司法権．la policía 〜 司法警察．iniciar un proceso 〜 刑事訴訟を起こす．un error 〜 誤審．partido 〜 裁判所の管轄区域．recurrir a la vía 〜 法的手段に訴える．por orden 〜 裁判官の命令により．
— 男 女《ラ米》(チ)(プエ)(リオ)秘密警察．

ju·di·cia·li·zar [xu.ði.θja.li.θár / -.sja.-.sár] 他 …を裁判に持っていく，裁判で訴える．Tenemos que buscar pruebas para poder 〜 el asunto. 本件にかけるには証拠を集めなければいけません．

***ju·dí·o, a** [xu.ðí.o, -.a] 形 **1** ユダヤの，ユダヤ人の；ユダヤ教の．religión *judía* ユダヤ教．**2** (古代)イスラエルの．**3**《軽蔑》強欲な，けちな．— 男 女 **1** ユダヤ人；ユダヤ教徒．**2** (古代)イスラエル人．**3**《話》《軽蔑》高利貸し．
[←〔ラ〕*jūdaeum* (*jūdaeus*の対格). [関連] judaísmo, Judea, Judas. 〔英〕*Jew*]

ju·dión [xu.ðjón] 男《スペイン》《植》(鞘が小さめで固い)シロインゲンマメ：葉は大きい．

Ju·dit [xu.ðí(t)] 固名《聖》(1) ユディト：アッシリアの武将 Holofernes の寝首をかき，ベツリアの町を救ったユダヤの若い未亡人．(2) (旧約の)ユディト記 [略 Jdt].

ju·do [jú.ðo]《日》男 柔道 (= yudo).

ju·do·ca / ju·do·ka [ju.ðó.ka]《日》男 女 柔道選手，柔道家 (= yudoca).

jue·ces [xwé.θes / -.ses] 男 女《複数形》→ juez.

Jue·ces [xwé.θes / -.ses] 男 女《複数形》《聖》(旧約の)士師(し)記 [略 Jue].

*****jue·go** 活 → jugar.

[xwé.ɣo] 男 **1** 遊び，娯楽；ゲーム．Queda poco tiempo de 〜. 遊んでいる暇はないですよ．〜 de cartas [baraja, naipes] トランプ遊び．〜 de damas チェッカー；市松模様，チェック．〜 de la oca 双六(すごろく)の一種．〜 carteado 賭(か)けなしのトランプ．〜 de envite 賭けトランプ．〜 de rol ロールプレイングゲーム．〜 de mesa テーブ

ゲーム. ~ de ingenio / ~ mental (なぞなぞなど)の)頭を使うゲーム. ~ de palabras 言葉遊び, 語呂(ろ)合わせ. ~ de por vez《ラ米》《?》《話》暇つぶし. ~ de azar [suerte] 運任せの勝負事, 賭け事.
[関連] ajedrez チェス. apuesta 賭け, 賭け事. barajas / cartas トランプ. bingo ビンゴゲーム. carrera de caballos 競馬. casino カジノ. crucigrama クロスワードパズル. dado サイコロ. dardo ダーツ. dominó ドミノ. flipper ピンボール. lotería 宝くじ. máquina de ~ ゲーム機. naipes スペイン式のトランプ. puzzle ジグソーパズル. quiniela サッカーくじ. ruleta ルーレット. tragaperras スロットマシン. videojuego テレビゲーム.

2 競技, 試合. terreno [campo] de ~ 競技場. ~ de pelota 球技場.
3 プレー, 技. ~ limpio フェアプレー. ~ sucio 反則[プレー]. ~s malabares 曲芸, 軽業.
4 《スポ》《複数で》**競技会** ; 《史》古代ギリシア・ローマの競技[闘技]会. J~s Olímpicos オリンピック大会.
5 賭け事, 博打(ばくち), ギャンブル. casa de ~ 賭博(とばく)場. perder mucho dinero en el ~ 賭け事で大金を失う. ¡Hagan, señores! 《胴元の言葉》さあ賭けてください.
6 (器具などの)一式, ひとそろい, セット. ~ de comedor 食堂用家具一式. ~ de ajedrez チェスの道具一式. ~ de café [té] コーヒー[紅茶]セット.
7 重要でないこと ; 簡単なこと. Eso no es un ~. それは笑い事ではない. **8** 関節, 節, 継ぎ目. ~ de la rodilla ひざの関節. **9** 連結部(の動き) ; (部品間の)遊び[ゆとり]. ~ de piernas フットワーク. Hay ~ entre estas dos piezas. この2つの部品の間には遊びがある. **10** 計略, たくらみ. Sé muy bien su ~. 彼[彼女](ら)の手口はよくわかっている. **11** (テニスなどの)ゲーム ; (トランプなどの)ワンゲーム, 回. ganar por seis ~s a cuatro 6対4でセットを勝ち取る. **12** (トランプの)持ち札, 手札. tener buen [mal] ~ 手がいい[悪い]. **13** (光・色などの)取り合わせ, きらめき.

— 活 → jugar.

abrir el juego ゲーム[競技]を始める.
a juego con... …とよく合った, 調和した. La corbata va *a ~ con* la camisa. そのネクタイはシャツと合っている.
cerrar el juego 《特にドミノで》勝利を決める.
conocer [descubrir] el juego 手の内を見抜く.
dar juego (1) 好結果を生む, 成功する. (2) 話題になる, 評判になる. El escándalo *dio* mucho ~ en los periódicos. そのスキャンダルは新聞をにぎわせた.
Desgraciado en el juego, afortunado en amores. 賭け事に弱い者は色事には恵まれる (▶慣用表現). ♦賭けに負けた者を慰める言葉.
entrar en juego 加わる, 介入する.
estar [andar] en juego 〈名誉・利益などが〉かかっている, 危ない状態にある. Está *en ~ tu* fama. 君の名声がかかっている.
fuera de juego (1) 《スポ》オフサイド. *estar en fuera de ~* オフサイドである. (2) 〈人が〉関わりのない, 除外された.
hacer el juego a+人 〈人〉に有利に働く, 〈人〉を後押しする.
hacer juego con... …と合う, 調和する. La cortina *hace ~ con* la colcha. カーテンとベッドカバ

ーがよく合っている.
juego de manos 手品, 奇術. hacer un ~ *de manos* 手品をする.
Juego de manos, juego de villanos. 私物にいたずらするやつには腹が立つ (▶慣用表現).
juego de niños 取るに足りないこと, たやすいこと.
juego de sociedad 室内遊戯.
juegos florales 詩歌コンクール. ♦賞として一輪の花が贈られる.
poner en juego... (1) …を危険にさらす ; 賭ける.
poner en ~ su posición 自分の地位を賭ける. (2) 〈影響力・コネなど〉を利用する.
por juego 遊び半分で, 冗談で.
[← 〔ラ〕 *jocum* (*jocus* の対格) 「冗談, 娯楽」; 関連] jugar, juguete. [英] *joke*. [日] ジョーク]

juegue(-) 活 → jugar.
jue·pu·cha [xwe.pú.tʃa] 間投 《ラ米》《口》《話》すごい, ほう, へえー ; ちくしょう, くそっ.
juer·ga [xwér.ɣa] 女 飲めや歌えの大騒ぎ, お祭り騒ぎ, どんちゃん騒ぎ. ¡Vaya ~ que nos corrimos! ずいぶんと派手に騒いだもんだ. estar de ~ に ぎやかに騒いでいる. ir de ~ 出かけて派手に騒ぐ. llevar una vida de ~ 放蕩(ほうとう)生活を送る.
correrse una juerga 羽目を外して遊ぶ.
tomar a juerga 冗談に取る, まじめに考えない.
juer·guear·se [xwer.ɣe.ár.se] 再 《話》 どんちゃん騒ぎをする, 愉快にやる.
juer·guis·ta [xwer.ɣís.ta] 形 《話》 どんちゃん騒ぎの好きな. — 男女 《話》 お祭り騒ぎの好きな人.
juev., jue. 《略》 *juev*es 木曜日.

jue·ves [xwé.bes] 男 《単複同形》 **木曜日 《略 juev.》. Vendré el ~ por la mañana. 木曜日の朝うかがいます. (todos) los ~ 毎週木曜日(に). el ~ pasado 先週の木曜日(に). el ~ que viene / el próximo ~ 来週の木曜日(に).
no ser nada [cosa] del otro jueves 《話》大騒ぎするほどのことではない.
[← 〔ラ〕 (*diēs*) *Jovis* 「*Jūpiter* の(日)」; 関連] 〔仏〕 *jeudi*. 〔伊〕 *giovedi*. 〔英〕 *Jupiter, Tuesday* (曜日は異なるが同源)]

juey [xwéi] 男 《ラ米》《f子》《動》カニ.

juez [xwéθ / xwés] 男 女 《複 jueces》 **1 裁判官, 判事. ~ del Tribunal Supremo 最高裁判所判事. ~ de instrucción 予審判事. ~ de primera instancia 〈民事の〉一審担当判事. ~ de paz/~ municipal 〈微罪を裁く〉治安判事. ~ de palo 《話》へぼ裁判官. ♦女性形 jueza もある.
2 (競技などの)審判(員) ; 審査員, ジャッジ. ~ de línea 《スポ》線審, ラインズマン. ~ de silla 《テニス・バレーボールなどの》主審. **3** 判断を下す人, 裁定者. hacer de ~ 判断[裁定]を下す.
4 《史》 士師(し) : ヨシュア Josué の死後, サウル王即位までのイスラエルの行政指導者. Libro de los *Jueces*《旧約の》士師記.
ser juez y parte 中立的でない, 公平でない.
[← 〔古スペイン〕 *júdez* ← 〔ラ〕 *jūdex* (*jūdicāre* 「判断する, 裁く」より派生). 関連] 〔英〕 *judge*]
jue·za [xwé.θa / -.sa] 女 **1** 女性裁判官, 女性判事. ▶ juez の女性形. **2** 《話》《まれ》裁判官の妻.
ju·ga·da [xu.ɣá.ða] 女 **1** (スポーツ・ゲームなどの)ひと勝負, 一局, 一番 ; (ボウリングなどの)一投 ; (ゴルフなどの)1ストローク, ショット ; (チェスなどの)一手 ; (ビリヤードの)ひと突き. una buena ~ うまい手, 妙手 ; 好プレー. **2** ひどい仕打ち, 汚い手 (= mala ~). Me hizo una ~. 私は彼[彼女]にひどい

めに遭わされた. gastar una ~ 一杯食わせる. **3** 商売, 取引, 仕事. ~ de Bolsa 投機. **4**《ラ米》《㍽》身をかわすこと, よけること.

ju.ga.do, da [xu.gá.ðo, -.ða] 形《話》熟練した, 経験豊富な.

‡ju.ga.dor, do.ra [xu.ga.ðór, -.ðó.ra] 形 **1** 選手の; 競技な. **2** 賭け事が好きな; 賭博の(ぐち)師の, ギャンブラー.
— 男 女 **1** 選手; 競技者, プレーヤー. ~ de fútbol サッカーの選手. ~ de manos 手品師, 奇術師.
2 賭け事の好きな人; 賭博(どく)師, ギャンブラー. ~ de Bolsa 相場師. ~ de ventaja (トランプなどの)いかさま師.
jugador más valioso 男《スポ》MVP, 最優秀選手.

‡ju.gar [xu.gár] 31 自 **1** (**a...**) ...をして 遊ぶ;《スポーツ・ゲーム》を する. Los niños *juegan* en el tobogán. 子供たちはすべり台で遊んでいる. ~ al fútbol [golf, tenis, baloncesto, béisbol] サッカー[ゴルフ, テニス, バスケットボール, 野球]をする. ~ a las cartas [la baraja] トランプをする. ~ a las muñecas 人形遊びをする. ~ a (la) pídola 馬跳びをする.
2〈ゲーム・試合・競技など〉に出る. ~ de defensa ディフェンスでプレイする. Nuestro equipo *jugará* mañana. わがチームは明日試合がある.
3〈ゲームで〉〈人の〉番である. ¿Quién *juega*? — Ahora *juegas* tú. 誰の番だい. 一次は君の番だよ.
4(**con...**) 〈...を〉もてあそぶ, いじくる. ~ con fuego 火遊びをする. ~ con su salud 体を粗末に扱う. Yo *jugaba* con el boli hablando por teléfono. 私は電話で話しながらボールペンをいじっていた. Ya deja de ~ con ella. 彼女をもてあそぶのはもうやめなさい.
5 賭(か)け事をする; (**a...** 〈...に〉賭ける, 投機[投資]する. ~ fuerte [grueso] 大きく賭ける. ~ *a* ganador [colocado] (競馬で)単勝式[複勝式]に賭ける. ~ *a* las Bolsa / ~ *en* Bolsa 相場を張る. ~ *al* alza (株などを)高値を見込んで買いあおる. ~ *a* la baja 安値を見込んで売りあおる. ~ *a* la lotería [quiniela] 宝くじ[サッカーくじ]を買う.
6 (**en...**) 〈...に〉関わる; 〈...に〉影響する. ~ *en* los negocios sucios 汚い商売に手を出す. La desconfianza *juega en* esta determinación. 不信感がこの決定に影響を及ぼしている.
7 (**con...**) 〈...と〉似合う. La cortina *juega* bien *con* la pared. カーテンが壁と調和している.
8《ラ米》《㍿》《㌍》緩くなる, 動く.
— 他 **1**〈スポーツなど〉して、〈ゲームなど〉して遊ぶ. ~ la final 決勝戦を戦う. ~ un partido de fútbol サッカーの試合をする. ~ una partida de ajedrez チェスの試合をする.
2〈トランプのカードを〉出す, 捨てる; 〈チェスの駒を〉動かす. ~ el comodín ジョーカーを出す.
3 賭ける; 賭けで失う. doble contra sencillo 2対1で賭ける. ~ cien euros en la lotería 宝くじを100ユーロ買う. **4**〈身体などを〉動かす. ~ las rodillas [el tobillo] ひざ[くるぶし]を動かす. ~ 〈役割〉を果たす. ~ un papel importante en... ...で重要な役割を果たす. **6** 利用する, 操作する, 操る. ~ la espada 剣を振るう. ~ sus influencias 自分の影響力を利用する.
— ~**se** 再 **1**〈自分の所有物を〉賭(か)ける, 危険にさらす. ~*se* la vida [el honor] 人生[名誉]を賭ける. ~*se* mil euros en... ...に1000ユーロ賭ける.

~*se* el pellejo 体を張る. **2** 賭けで失う. *Se jugó todo lo que tenía*. 彼[彼女]は賭けで有り金すべてをすってしまった (▶ 過去時制で使う).
de jugando《ラ米》《㍿》《㌍》《㍺》《話》おもしろ半分に.
jugar a cara o cruz コイントスで決める.
jugar a cartas vistas 手の内を見せる; 確実に行う.
jugar al abejón con+人 〈人〉を見下す.
jugar limpio フェアプレーをする; 公明正大に行動する.
jugársela (*a*+人) 〈人〉をひどい目に遭わせる, 裏切る. *Me la jugó*. 私は彼[彼女]にひどい目に遭わされた.
jugarse la cabeza a que+直説法 ...であるということに首を賭ける / ...ということは確かなことである.
jugárselo todo a una carta / jugarse el todo por el todo 有り金全部を賭ける, 一か八かやってみる.
jugar sucio 汚い手を使う, アンフェアなプレーをする.
por jugar 冗談で, しゃれで.
¿Qué te juegas a que+直説法*?*《話》きっと...である, 賭けてもいい.

ju.ga.rre.ta [xu.ga.ré.ta] 女《話》卑劣な行い, ひどいこと; 汚い手口.

ju.glar [xu.glár] 形 おかしな, こっけいな.
— 男 (中世の)吟遊詩人, 遍歴[大道]芸人. ◆スペイン民衆の伝統に根ざした武勲詩を語り歩いた. 本来の吟遊詩人 *trovador* はもっぱら宮廷の恋愛詩を作った.

ju.gla.re.sa [xu.gla.ré.sa] 女 女流吟遊詩人. ▶ *juglar* の女性形.

ju.gla.res.co, ca [xu.gla.rés.ko, -.ka] 形 吟遊詩人の, 遍歴芸人の. poesía *juglaresca*《史》スペイン中世の民衆詩.

ju.gla.rí.a [xu.gla.rí.a] 女 遍歴芸人の文芸 (= mester de ~).

‡ju.go [xú.go] 男 **1**《料》(野菜・果物などの) しぼり汁; 肉汁, グレービー. ~ de limón レモン汁. ternera en su ~ 子牛のグレービー煮.
2《ラ米》ジュース (▶ スペインでは *zumo*). ~ de naranja オレンジジュース.
3 体液; 分泌物. ~ gástrico 胃液. ~ pancreático 膵液. **4** 本質; 要点; 利益, 重要性. sacar (el) ~ de un libro《話》本の内容を読み取る. un libro con mucho ~ 非常に為になる本.
sacarle el jugo (*a*+人)《話》〈人〉から絞られるだけ絞り取る.
[← 〈古スペイン〉*sugo* ← 〈ラ〉*sūcus* (*sūgere*「吸う」より派生); 関連] suculento, sopa. [英] suck「吸う」]

ju.go.si.dad [xu.go.si.ðáð] 女 **1** 水分[水気]の多いこと, みずみずしさ, 多汁[多液]質.
2 内容の豊かさ, 含蓄; 利益, もうけ, うまみ.

ju.go.so, sa [xu.gó.so, -.sa] 形 **1** 汁[液]の多い, ジューシーな. una fruta *jugosa* みずみずしい果物.
2《話》実入りのよい, うまみのある, もうかる. un negocio ~ 利益の多い取り引き, もうけ話.
3 内容豊かな, 実のある (= sustancioso). un comentario ~ 含蓄に富んだ評言.

jugue(-) / jugué- → *jugar*.

ju.gue.ra [xu.gé.ra] 女《ラ米》**(1)**《㌍》ジューサー. **(2)**《㌍》ミキサー. **(3)**《㌍》ジュース販売コーナー.

‡ju.gue.te [xu.gé.te] 男 **1** おもちゃ, 玩具. un coche de ~ おもちゃの自動車.

2 おもちゃ扱いされる[もてあそばれる]人[もの];玩弄(がんろう)物;慰みもの. ser el 〜 de＋人〈人〉の慰みものになる. ser 〜 de las olas 波に翻弄される.
3〖演〗寸劇, 小(喜)劇.

ju·gue·te·ar [xu.ge.te.ár] 圓 **1** 遊ぶ, 楽しむ.
2 (con...) (…を)もてあそぶ, (…と)ふざける, じゃれる. *Está jugueteando con su pulsera.* 彼[彼女]は腕輪をいじくり回している.

ju·gue·te·o [xu.ge.té.o] 男 **1** 遊び, 楽しみ.
2 戯れ, ふざけること;いじくること.

ju·gue·te·rí·a [xu.ge.te.rí.a] 囡 おもちゃ屋, 玩具(がん)店[商].

ju·gue·te·ro, ra [xu.ge.té.ro, -.ra] 形 **1** おもちゃの. el sector 〜 玩具産業. **2**《まれ》遊び友達の.
── 男 囡 玩具販売業者.
── 男 玩具箱, 玩具用収納ケース, 玩具用収納棚.

ju·gue·tón, to·na [xu.ge.tón, -.tó.na] 形 **1** 遊び[いたずら]好きな, ふざける. niño 〜 いたずらっ子. perro 〜 よくじゃれつく犬.
2《ラ米》(ごく)《話》浮気な, ほれっぽい.

jui·cio [xwí.θjo / -.sjo] 男 **1 判断, 判定. for-mar un 〜 判断を下す. dejar... a 〜 de＋人 …を〈人〉の判断に任せる. 〜 de valor 価値判断. →idea[類語].
2 判断力, 分別, 良識. la edad del 〜 分別のつく年ごろ. actuar con 〜 良識的に振る舞う. persona de buen [mucho] 〜 良識のある人. El tiene poco 〜. 彼には良識がない.
3 意見, 見解, 考え. emitir un 〜 sobre... …について意見を述べる. a mi 〜 私の考えでは.
4 正気, 理性. recobrar el 〜 正気を取り戻す.
5〖法〗裁判, 審理;審判. 〜 civil 民事裁判. 〜 criminal 刑事裁判. 〜 de faltas 略式手続. 〜 sumario 即決裁判. 〜 sumarísimo (軍事)簡易裁判. 〜 declarativo [ordinario] 宣言的判決, 確認判決. 〜 divino 神の審判. 〜 de Dios〖宗〗神明裁判. 〜 final [universal]〖宗〗最後の審判. llevar a 〜 a+人〈人〉を裁判に訴える.
6〖論〗判断. **7** 占星術師の予言.

beber el juicio a+人《話》〈人〉から判断力[理性]を失わせる.
estar en su (*sano*) *juicio* 正気である.
estar fuera de juicio 正気を失っている.
perder el juicio 正気を失う;気が狂う.
quitar [*hacer perder*] *el juicio a*+人〈人〉の正気を失わせる, 気を狂わせる.
[←〔ラ〕*jūdicium* (*jŭdex*「審判者」より派生);関連[スペイン][英]*judicial*]

jui·cio·sa·men·te [xwi.θjo.sa.mén.te / -.sjó.-] 副 思慮深く, 適切に.

jui·cio·so, sa [xwi.θjó.so, -.sa / -.sjó.-] 形 **1** 分別のある, 思慮深い, 慎重な. **2** 的を射た, 適切な.
── 男 囡 分別のある人, 賢明な人.

jui·li·pí·o [xwi.li.pí.o] 男《ラ米》(ごく)〖鳥〗スズメ.

jui·lón, lo·na [xwi.lón, -.ló.na] 形《ラ米》(ごく)《俗》臆病(おく)な, 逃げ腰の.

ju·je·ño, ña [xu.xé.ɲo, -.ɲa] 形 (アルゼンチンの)州・州都フフイ Jujuy の.
── 男 囡 フフイの住民[出身者].

jul.（略）*julio* 7月.

ju·la [xú.la] / **ju·lái** [xu.lái] 男 囡《スペイン》《俗》《軽蔑》→julandrón.

ju·lan·drón, dro·na [xu.lan.drón, -.dró.na] / **ju·lay** [xu.lái] 男 囡《スペイン》《俗》《軽蔑》ばか, だまされやすいやつ. ── 男《スペイン》《軽蔑》ホモ セクシュアルの男.

ju·le·pe [xu.lé.pe] 男 **1**〖遊〗トランプ遊びの一種. **2**《話》大仕事, 骨折り. meterse un buen 〜 大仕事をこなす. **3**《話》消耗, 摩耗. **4**《話》叱責(しっ). **5** 殴打. dar 〜 a＋人〈人〉をしかる;殴る. **5**〖薬〗シロップ薬, 水薬.
6《ラ米》(1)（ラプラタ）《話》悪巧み. (2)（メキ）《話》恐怖, おびえ.
dar un julepe a... (1) …を酷使する. (2)《ラ米》(タリ)さいなむ;懲らしめる.
irse [*salir*] *de julepe*《ラ米》(メキ)《話》びっくり仰天して逃げ出す.
meter un julepe《ラ米》(ラプラ)(コル)《話》急がす, せき立てる.
[←〔アラビア〕*jullāb*←〔ペルシア〕*gulāb*「バラ香水;砂糖水」(*gul*「バラ」+*āb*「水」)]

ju·le·pe·ar [xu.le.pe.ár] 他《ラ米》(1)（メキ）《話》とがめる, 責める;疲れさせる. (2)（ラプラ）急がせる, 急(せ)かす. (3)《ラ米》驚かせる, 怖がらせる.
── 〜**.se** 再《ラ米》《話》(1)（ラプラ）おびえる, おどおどする. (2)（メキ）危険を察知する.

Ju·li [xú.li] 固名 フリ：Julia の愛称.

ju·lia [xú.lja] 囡《ラ米》(ごく)《俗》囚人護送車;警察の車.

Ju·lia [xú.lja] 固名 フリア：女子の洗礼名.
[←〔ラ〕*Jūlia* (*Jūlĭus*「ユリウス」より派生)]

Ju·lián [xu.lján] 固名 **1** Conde Don 〜 フリアン伯：スペイン, 西ゴート王 Rodrigo が辱められた時代, 711年, イスラム軍の侵入に荷担したと伝えられる. →Cava. **2** フリアン：男子の洗礼名.
[←〔ラ〕*Jūliānus* (*Jūlius*「ユリウス」より派生);関連[ポルトガル]*Juliano*. [仏]*Julien*. [伊]*Giuliano*. [英]*Julian*. [独]*Julian*(*us*)]

ju·lia·na [xu.ljá.na] 囡 **1**〖植〗ハナダイコン.
2〖料〗(千切り・さいの目切りの) 野菜スープ (= sopa 〜).

Ju·lia·na [xu.ljá.na] 固名 フリアナ：女子の洗礼名. [←〔ラ〕*Jūliāna* (*Jūlius*「ユリウス」より派生);関連[ポルトガル][英][独]*Juliana*. [仏]*Julienne*. [伊]*Giuliana*. [英]*Gillian*. [独]*Juliana*]

ju·lia·no, na [xu.ljá.no, -.na] 形 ユリウス・カエサル[ジュリアス・シーザー]の. calendario 〜 ユリウス暦. era *juliana* ユリウス紀元. →César.

Ju·lie·ta [xu.ljé.ta] 固名 フリエータ：女子の洗礼名. Romeo y 〜 ロミオとジュリエット.
[Julia + 縮小辞;関連[ポルトガル]*Julieta*. [仏]*Juliette*. [伊]*Giulietta*. [英]*Juliet*]

**ju·lio[1] [xú.ljo] 男 7月 (略 jul.). el tres de 〜 7月3日. En 〜 normal, seco todo (el) manantial.《諺》7月は泉が枯れるのが常.
[←〔ラ〕*Jūlius*「ユリウス (カエサル) の月」;彼を記念してローマ古暦の第 5 月 *Quīntīlis* (*quīnque*「5」より派生)が改称された) [関連[ポルトガル]*julho*. [仏]*juillet*. [伊]*luglio*. [英]*July*. [独]*Juli*]

ju·lio[2] [xú.ljo] 男〖物理〗ジュール：電気エネルギーの実用単位（略 J）.

Ju·lio [xú.ljo] 固名 フリオ：男子の洗礼名.
[←〔ラ〕*Jūlius*;関連[ポルトガル]*Júpiter*. [ポルトガル]*Júlio*. [仏]*Jules*. [伊]*Giulio*. [英][独]*Julius*]

ju·lo [xú.lo] 男 (群れを先導する) 牛馬, 先導獣.

ju·ma [xú.ma] 囡《ラ米》(ドミ)(グア)(ラプラ)(ごく)《話》酒酔い (=jumera).

ju·má [xu.má] 囡《話》→jumera.

ju·ma·de·ra [xu.ma.δé.ra] 囡《ラ米》(ごく)《話》酔い;(もうもうと立ちこめた)煙.

ju·ma·do, da [xu.má.ðo, -.ða] 形 《話》酔っ払った.

ju·mar·se [xu.már.se] 再 《話》酔っ払う.

ju·ma·tán [xu.ma.tán] 男 《ラ米》(ミネネ) 《話》飲んべえ, 大酒飲み.

ju·ma·zo [xu.má.θo / -.so] 男 《ラ米》(ネンミデン) 《話》タバコ.

jum·bo [júm.bo] 《英》男 ジャンボジェット機.

ju·me·a·do, da [xu.me.á.ðo, -.ða] 形 《ラ米》(セ゚ネ)《話》酒に酔った.

ju·men·to, ta [xu.mén.to, -.ta] 男 女 《動》ロバ (= asno). ━ 男 《ラ米》(ネンミデン) 立ちこめた煙. [← 〔ラ〕 jūmentum「荷を運ぶ動物」;［関連］ポルトガル語 jumento「雌馬」.〔仏〕jument「雌馬」.〔伊〕giumento「(荷を運ぶ) 牛馬, ロバ」.〔英〕yoke「軛(ﾆﾞ)」.〔日〕ヨガ]

ju·me·ra [xu.mé.ra] 女 《話》深酔い, 泥酔(ﾃﾞﾉ). agarrar una ~ ぐでんぐでんに酔っ払う.

ju·me·ta [xu.mé.ta] 女 《ラ米》(ネンミデン) 《話》酔い.

ju·mil [xu.míl] 男 《ラ米》(ミネ゙) (干して焼いて食べる)食用の虫.

ju·mi·lla [xu.mí.ja ‖ -.ʎa] 男 **1** (Murcia の) フミーリャワイン. **2** フミーリャワインのグラス一杯.

ju·mo, ma [xú.mo, -.ma] 形 《ラ米》(ダ゚ﾃ゙)《話》酔っ払った. ━ 《ラ米》(ﾌﾟ) 《話》酔い.

jum·pe·ar [jam.pe.ár] 他 〖ＩＴ〗ジャンパーの設定をする, ジャンパーピンを挿す. *Jumpeamos* la unidad como Master. ドライブのジャンパーを「マスタ」に設定しよう.

jump·er [jám.per] 《英》男 [複 ~s, ~] 〖ＩＴ〗ジャンパー (ピン).

jun. (略) *junio* 6月.

ju·nar [xu.nár] 他 《ラ米》(ラツ) 《話》見る.

jun·cá·ce·as [xuŋ.ká.θe.as / -.se.-] 〖植〗イグサ科 (の植物).

jun·cal [xuŋ.kál] 形 **1** イグサの. **2** 細い, すらりとした; しなやかな. ━ 男 イグサの生い茂った土地.

jun·car [xuŋ.kár] 男 → juncal.

jun·ce·o, a [xun.θé.o, -.a / -.sé.-] 形 イグサのような. ━ 男 [複〗〖植〗イグサ科 (の植物).

jun·cia [xún.θja / -.sja] 女 **1** 〖植〗スゲ, カヤツリサ. **2** 《ラ米》(ｸﾞｱﾃﾞ) 食事.

jun·cia·na [xun.θjá.na / -.sjá.-] 女 **1** 落ち葉, 腐葉. **2** (話) 虚勢, 空威張り, 虚飾.

jun·co [xúŋ.ko] 男 **1** 〖植〗イグサ, 灯心草. ~ de Indias ラタン(籐). ~ florido ブトムス, ハナイ. ~ marinero ガマ. ~ oloroso ラクダグサ.
2 杖(ｽﾞ), ステッキ. **3** ジャンク;中国の平底帆船.

jun·gla [xúŋ.gla] 女 ジャングル, 密林 (地帯).
[← 〔英〕 jungle ← 〔ヒンディー語〕 *jaṅgal*「砂漠;森」← 〔サンスクリット〕 *jāṅgala*「乾いた (土地)」]

ju·nien·se [xu.njén.se] 形 (ペルーの) フニン県の. ━ 男 女 フニン県の住民 [出身者].

ju·ni·no, na [xu.ní.no, -.na] 形 (アルゼンチンの) Junín の. ━ 男 女 フニン市の住民 [出身者].

★★ju·nio [xú.njo] 男 6月 (略 jun.). el cinco de ~ 6月5日. *J*~ brillante, año abundante. (諺) 6月が晴れれば豊作の年.
[← 〔ラ〕 *Jūnius*;［関連］〔ポルトガル語〕*junho*.〔仏〕 *juin*. 〔伊〕*giugno*. 〔英〕*June*. 〔独〕*Juni*]

jú·nior / ju·nior [jú.njor] 男 **1** (父子が同じ名前である場合の) 息子の方の (↔sénior).
2 [複 ~, junior(e)s] 〖スポ〗ジュニア部門の. ex campeón mundial welter ~ 元ジュニアウェルター級チャンピオン. **3** [xú.njor] [複 ~, junior(e)s] 経験の少ない, 未熟者の.
━ 男 女 [複 ~, junior(e)s] **1** 〖スポ〗ジュニア部門のプレイヤー. **2** 未熟者.

ju·nio·ra·do [xu.njo.rá.ðo] 男 (修道士の) 見習い段階, 見習い期間.

ju·ní·pe·ro, ra [xu.ní.pe.ro, -.ra] 男 女 《ラ米》(ﾁﾘ) 《俗》ばか者, 愚か者.
━ 男 〖植〗イブキ, トショウ, ネズ類.

Ju·no [xú.no] 固名 **1** 〖ロ神〗ユノ:ローマ最高の女神で Júpiter の妻. ギリシア神話の Hera に当たる. **2** 〖天文〗(小惑星) ジュノー.
[← 〔ラ〕 *Jūnō*]

jun·que·ra [xuŋ.ké.ra] 女 **1** 〖植〗イグサ, 灯心草 (= junco). **2** イグサの群生地.

jun·que·ral [xuŋ.ke.rál] 男 → juncal.

jun·qui·llo [xuŋ.kí.jo ‖ -.ʎo] 男 **1** 〖植〗ジョンキルスイセン. **2** 籐(ﾄｳ) のステッキ;細長い棒. **3** 〖建〗玉縁(ﾀﾞﾃ). **4** 《ラ米》(ﾀﾞ゚)(ﾂﾞﾞｾ)(女性用の) 金のネックレス.

★★jun·ta [xún.ta] 女 **1** 会, 会議, 集まり. celebrar una ~ 集まりを持つ, 会議を開く. sala de ~s 会議室, 集会場. ~ general 総会. ~ de accionistas 株主総会.
2 委員会, 評議会, 協議会. ~ directiva 重役会, 取締役会. ~ militar 軍事評議会. ~ de facultad 学部教授会. ser miembro de una ~ 評議員を務める.
3 接合箇所, 継ぎ目;〖建〗継ぎ手.
4 (継ぎ目に挟む) 目地材, パッキング. ~ de goma ゴムパッキン. ~ de culata 〖機〗ガスケット.
5 《ラ米》[複数で] (川の) 合流点.
━ 活 → juntar.
━ 形 → junto.

jun·ta·men·te [xún.ta.mén.te] 副 一緒に, いっぺんに.

★★jun·tar [xun.tár] 他 **1** 合わせる, くっつける;まとめる. ~ las manos 手と手を合わせる. ~ dos tablas 2枚の板をつなぐ. ~ la estantería a la pared 本棚を壁にくっつける.
2 寄せ集める;収集する. ~ sellos 切手を収集する. *Junté* bastante dinero en dos años. 私は2年でかなりの金をためた.
3 呼び集める, 召集する, 集合させる. ~ a los amigos en el parque 友達を公園に集める.
━ ~·se 再 **1** 集まる, 集合する;合流する. *Me juntaré* al grupo en Madrid. 私はマドリードで一行に合流します.
2 一緒になる, くっつく;かち合う. Las dos fiestas *se han juntado* en domingo. パーティーは2つとも日曜日にかち合ってしまう.
3 (話) (con...) …と) 親しくする, 付き合う. Pedro *se junta con* las hijas del alcalde. ペドロは市長の娘さんたちと親しくしている.
4 (話) (con... …と) 同棲(ﾃﾞｲ) する.

jun·te·ro, ra [xun.té.ro, -.ra] 男 女 (特に政治的組織の) 構成員, 党員. un ~ del PP (スペイン) 国民党員.

jun·ti·llas [xun.tí.jas ‖ -.ʎas] 女 → a *pie* juntillas.

★★jun·to, ta [xún.to, -.ta] 形 **1** (名詞+) 《estar+》一緒の. Vivían ~s. 彼らは一緒に暮らしていた. Las niñas jugaban *juntas*. 女の子たちは一緒に遊んでいた. Todos ~s podemos. みんな一緒にできます. Si quieres, vamos ~s. もしよかったら一緒に行かないか. ▶ 副詞的に用い

jun・tas 接合した 2 枚の板.

3《名詞＋》《estar＋》並んだ, 隣り合った. No los pongas demasiado ~s. それらをくっつけすぎるな. con dedos muy ~s 指をぴったりくっつけて.

4《名詞＋》《estar＋》合わせた, まとめた. saltos a pies ~s 足をそろえての跳躍. un territorio tan extenso como seis provincias juntas 6県を合わせたのと同じ広さの地域.

5《複数で》《ラ米》《ニミ》両方の, 双方の(＝ambos).

―副 **1**《**a...**》《…の》すぐ近くに, 《…の》そばに；《…の》隣に(►《ラ米》《ホモ》《(*)ニ}では《de...》となる). el niño, que aparece en la foto ~ a María 写真の中でマリアの隣[そば]に写っている男の子. Está enterrado ~ a su esposa. 彼は妻の隣に葬られている. Hay libros ~ a la ventana. 窓のそばに本が置かれている. Él vive aquí [muy] ~. 《俗》彼はごく近くに住んでいる.

2《**con...**》《…と》一緒に, 共に, 《…の》協力で；《**con... / a...**》《…と》同時に, 《…に》加えて. Perdí la cartera ~ con mi pasaporte. 私はパスポートと一緒に財布をなくした. Operó a Ángel ~ con su compañero. 彼[彼女]は同僚と一緒にアンヘルの手術をした. España participa ~ a [con] otros países en la reunión. スペインは他の国々と共にその会議に出席する.

―再 ➡juntar.

en junto 全部で. Gastamos en ~ mil euros. 我々は全部で1000ユーロ使った.

por junto **(1)** 全部で. Quince minutos te doy, *por* ~, para ir y volver. 行って帰ってくるのに, 全部で15分待ってあげよう. **(2)** まとめて, 大量に, 卸で. Compramos las patatas *por* ~. 我々はジャガイモをまとめ買いした.

todo junto (全部)一緒に. cocer *todo* ~ a fuego lento 全部一緒にとろ火で煮る.

［←［ラ］*jūnctum*（*jūnctus*「つながれた」の対格）(*jungere*「軛(くびき)をかける；つなぐ」の完了分詞)；関連 conjunto, ayuntamiento. ［英］join, junction］

jun・tu・ra [xun.tú.ra] 囡 **1** 接合部, つなぎ目；接合, 合流. la ~ del grifo 蛇口のつなぎ目.

2 パッキン, 詰め材. **3**《解剖》関節(＝articulación). **4**《技》《機》継ぎ手.

ju・pa [xú.pa] 囡《ラ米》**(1)**《(*)キ}》《植》カボチャ. **(2)**《(*)キ}》《話》(ユーモラスに)頭, かしらな頭.

ju・piar [xu.pjár] 81 他《ラ米》《(ダ}》**(1)** (犬などを)けしかける；鼓舞する. **(2)** 拍手かっさいする.

―**~・se** 再《ラ米》《(*)キ}》《話》酔っ払う.

Jú・pi・ter [xú.pi.ter] 固名 **1**《ロ神》ユピテル, ジュピター：ローマ神話の最高神. ギリシア神話の Zeus に当たる. **2**《天文》木星.

［← *Jūp(p)iter*；印欧祖語 **dyeu-*「(光り輝く)天」(→ dios) ＋印欧祖語 **pater-*「父」(→ padre)；関連 Zeús. ［ギ］Zeús. ［ポルトガル］［仏］［英］［独］Jupiter. ［伊］*Giove*］

ju・ra [xú.ra] 囡 **1** 宣誓, 誓い；宣誓式. ~ de (la) bandera 忠誠の誓い.

2《ラ米》《ニミ}》《(ダ}》《(*)}》《俗》巡査；警官.

―話 ➡jurar.

ju・ra・co [xu.rá.ko] 男《ラ米》《ニミ}》《(*)}》《(ダ}》穴ほこ.

***ju・ra・do, da** [xu.rá.ðo, -.ða] 形 誓った, 宣誓した. declaración *jurada* 宣誓供述. enemigo ~ 不俱戴天(たいてん)の敵. intérprete ~ 公認通訳官.

―男 **1** 陪審員, 陪審団.

2 審査員団, 審査員, 審査会, 審議会. ~ de cuentas 公認会計士. ~ mixto (労働争議解決の)労使協議会.

ju・ra・men・tar [xu.ra.men.tár] 他 誓わせる, 宣誓させる. ―**~・se** 再 誓う, 宣誓する. *Nos juramentamos para luchar contra el enemigo.* 我々は敵と戦うことを宣誓した.

ju・ra・men・to [xu.ra.mén.to] 男 **1** 誓い, 誓約, 宣誓；誓いの言葉. bajo ~ 誓って, 宣誓して. ~ falso 偽誓. ~ promisorio 約束の誓い. prestar ~ 宣誓する. tomar ~ a＋人 (人)に誓わせる, 宣誓させる. **2** ののしり, ののしり；悪態. soltar ~s のろう, 悪態をつく.

****ju・rar** [xu.rár] 他 《a＋人 (人)に》**1**《por...》《《神・神聖なもの》にかけて》誓う, 宣誓する；《…に対する忠誠を》誓う. ~ amor eterno 永遠の愛を誓う. ~ su cargo como presidente 大統領の就任宣誓をする. ~ la Constitución 憲法に忠誠を誓う. ~ *por* su honor 名誉にかけて誓う. El testigo *juró* decir la verdad. 証人は真実を述べることを宣誓した.

2《que＋直説法 …であると／＋不定詞 …すると》誓って言う, 断言する. *Te juro que no fui yo.* 断じてそれは私ではない. *Él me juró hacer* todo lo posible. 彼は私にできる限りのことをすると言ってきた. ¿*Es cierto que lo has visto?* ― *Te lo juro*. 確かに君はそれを見たのかい. ―絶対に確かだ.

―自 誓う, 宣誓する. Todos empezaron a ~ y gritar. 人々は皆, ののしって叫びだした.

jurar en falso うその誓いをする.

jurárselas [*jurársela*] 《a＋人》《話》《人に》復讐(ふくしゅう)を誓う. *Me la han jurado* varias veces. 私は何度もおどされた. *Te la tengo jurada*. 覚えておけよ. me, te が a＋人 に相当.

［←［ラ］*jūrāre* (*jūs*「法」より派生)；関連 jurídico, jurisprudencia. ［英］jury「陪審」, *juridical*「司法上の, 法的な」］

ju・rá・si・co, ca [xu.rá.si.ko, -.ka] 形《地質》ジュラ紀の. ―男 ジュラ紀.

ju・rel[1] [xu.rél] 男《魚》アジ科の魚.

ju・rel[2] [xu.rél] 男《ラ米》《ニミ}》《話》**(1)** 恐れ, 心配. **(2)** 酔い.

ju・re・ro, ra [xu.ré.ro, -.ra] 男 囡《ラ米》《(ダ}》《話》偽証者.

jur・go [xúr.go] 男《ラ米》《コロ}》《(*)}》《話》たくさん, いっぱい.

jur・go・ne・ra [xur.go.né.ra] 囡《ラ米》《コロ}》《俗》**(1)** 隠れ家, 巣窟(そうくつ). **(2)** たくさん, 多数.

ju・rí・di・ca・men・te [xu.rí.ði.ka.mén.te] 副 法的に, 法律上；合法的に. Este asunto debe resolverse ~. この件は法によって解決されるべきだ.

***ju・rí・di・co, ca** [xu.rí.ði.ko, -.ka] 形 **法律(上)の**, 司法の, 法定の. problemas ~s 法律上の問題. por vía *jurídica* 法的手段によって. persona *jurídica* 法人. lenguaje ~ 法律用語.

ju・ris・con・sul・to, ta [xu.ris.kon.súl.to, -.ta] 男 囡 法律家, 法律顧問；法学者.

ju・ris・dic・ción [xu.ris.ðik.θjón / -.sjón] 囡 司法権, 裁判権；支配権, 管轄権, 権限, 権力の及ぶ範囲, 管轄区域. ~ eclesiástica 教会統治権. caer bajo la ~ de＋人《人》の管轄下に入る.

ju・ris・dic・cio・nal [xu.ris.ðik.θjo.nál / -.sjo.-] 形 司法権の, 裁判権の, 管轄権の. aguas ~*es* 領海(►「公海」は alta mar).

ju・ris・pe・ri・cia [xu.ris.pe.rí.θja / -.sja] 囡 法学,

ju·ris·pe·ri·to, ta [xu.ris.pe.rí.to, -.ta] 《まれ》 男女 法律家, 法律の専門家.

ju·ris·pru·den·cia [xu.ris.pru.ðén.θja / -.sja] 女 **1** 法学, 法律学. **2** 判(決)例, 裁判例;判例研究. sentar ~ (先例となる)判例となる.

ju·ris·pru·den·te [xu.ris.pru.ðén.te] 男女 → jurisperito.

ju·ris·ta [xu.rís.ta] 男女 法学者, 法律家;《複数で》法曹.

ju·ro [xú.ro] 男 **1** 永代所有権.
2 (国債の購入者に支払われた)年金, 恩給.
de juro 必ず;強制的に.

ju·run·gar [xu.ruŋ.gár] 103 他《話》《ラ米》(ﾞｺﾞﾑ)
(1) 解決する. (2)(言葉・行為で)困らせる. (3) 探し回る, かぎ回る.
—— 自《話》《ラ米》(ｺﾞﾑ) 嫌がらせする.

ju·run·go, ga [xu.rúŋ.go, -.ga] 形 男女《ラ米》(ｺﾞﾑ) → jorungo, ga.

jus·bar·ba [xus.bár.ba] 女《植》ナギイカダ.

jus·ta¹ [xús.ta] 女 **1** (中世騎士の)馬上試合, 馬上槍(ﾔﾘ)試合. **2**(文芸の)コンクール.

jus·ta² [xús.ta] 形 女 → justo.

jus·tar [xus.tár] 自 馬上槍(ﾔﾘ)試合をする.

jus·te·dad [xus.te.ðáð] 女 正当性, 正確性;適合性;適切さ, 妥当性.

jus·te·za [xus.té.θa / -.sa] 女《文章語》**1** 公平さ, 正しく, 公平に. **2** 一致, 等しさ.

jus·ti·cia [xus.tí.θja / -.sja] 女 **1 正義, 公平;正当(性). luchar por la ~ 正義のために戦う. pedir ~ 正義を求める. Ese profesor trata a los alumnos con ~. その先生は生徒を公平に扱う.
2《集合的》司法;裁き, 裁判. recurrir a la ~ 裁判に訴える. administrar ~ 裁判を行う. Ministerio de J~ 法務省.
3《集合的》警察;司直.
4 処罰;死刑執行. **5**《宗》神の裁き.
—— 男 ~ mayor (1)(アラゴン王国の)大審院長官. (2)(カスティリャ王国の)最高刑事裁判官.
en justicia 正しく, 正当に;公平に判断して. Has actuado *en* ~. 君は正しく行動した.
hacer justicia a... (1)…を正当に評価する[扱う]. (2)…を裁く, 裁判を行う.
justicia distributiva 賞罰の公正さ.
justicias y ladrones 鬼ごっこ.
ser de justicia que +接続法 …ということは正当である. *Es de* ~ *que* le *den* el premio. 彼[彼女]が賞を受けるのはもっともなことだ.
tomarse la justicia por su mano 私的制裁を加える.

jus·ti·cia·ble [xus.ti.θjá.ble / -.sjá.-] 形 起訴できる, 裁判に付すべき.

jus·ti·cia·lis·mo [xus.ti.θja.lís.mo / -.sja.-] 男 社会正義主義:20世紀半ばアルゼンチンの Juan Domingo Perón が打ち立てた国家主義的大衆政治運動.

jus·ti·cia·lis·ta [xus.ti.θja.lís.ta / -.sja.-] 形 (Perón による)社会正義派の. —— 男女 社会正義支持者.

jus·ti·cie·ro, ra [xus.ti.θjé.ro, -.ra / -.sjé.-] 形
1 公正な, 正義感の強い. espíritu ~ 正義感.
2 (処罰に際して)厳正な, 容赦のない.
—— 男女 正義感の強い人;厳罰主義者.

jus·ti·fi·ca·ble [xus.ti.fi.ká.ble] 形 正当と認められる, 筋の通った;弁明できる.

*jus·ti·fi·ca·ción [xus.ti.fi.ka.θjón / -.sjón] 女 **1** 正当化, 正当理由[根拠];弁明, 申し開き. a título de ~ 弁明のために. ~ de la guerra 戦争の正当化. Su comportamiento no tiene ~. 彼[彼女](ら)の行動に弁明の余地はない. **2**《印》行端そろえ.
3《神》義化, 成義, 義認:人間を罪・不義の状態から恩寵(ﾁｮｳ)・正義の状態に高めること.

jus·ti·fi·ca·da·men·te [xus.ti.fi.ká.ða.mén.te] 副 正当に;正確に.

jus·ti·fi·ca·do, da [xus.ti.fi.ká.ðo, -.ða] 形 正当と認められた, 根拠のある. —— 男《印》行端そろえ.

jus·ti·fi·ca·dor, do·ra [xus.ti.fi.ka.ðór, -.ðó.ra] 形 正当化する, 正しさを証明する. —— 男《神》(罪ある人間を)義とする)神, 成聖[聖化]する人.

jus·ti·fi·can·te [xus.ti.fi.kán.te] 形 正当化する, 正当と証明する. —— 男 **1** 証明証;領収証. **2**《法》証拠の提示, 証拠書類.

jus·ti·fi·car [xus.ti.fi.kár] 122 他 **1(人が)〈言動などを〉**正当化する**;(理由が)〈言動などを〉正当なものとする. ~ SU retraso con una llamada imprevista 不意の電話を遅刻の言い訳にする. El haber nacido pobre no *justifica* el crimen. 生まれが貧しいからといって罪を正当化することはできない.
2(人が)〈言動などを〉立証する;〈証拠・文書が〉〈言動などを〉裏付ける. ~ los gastos con facturas 支出を請求書で裏付ける. solicitar un certificado médico que *justifique* la ausencia 欠席理由を証明する診断書を申請する.
3(人の)弁明をする, (人の)行為を正当化する. Ella *justifica* a su hijo en todo. 彼女はすべてにおいて息子をかばう.
4《神》〈神が〉〈人を〉義とする.
5《印》…の行末[文字の間隔]をそろえる;《まれ》(勘定などを)調整する.
—— ~·se 再 **1** 自己弁明する, 釈明する. *Se justificó* diciendo que no sabía nada. 彼[彼女]は何も知らなかったと言って弁解した.
2《3人称で》正当化される. Sólo en esa situación *se justifica* el uso del arma. その状況でのみ武器の使用が正当化される.

jus·ti·fi·ca·ti·vo, va [xus.ti.fi.ka.tí.bo, -.ba] 形 正当化する. Traiga un certificado ~ de su falta de asistencia. 欠席の理由を示す証明書を持って来てください.

justifique(-) / justifiqué(-) 活 → justificar.

jus·ti·llo [xus.tí.ʝo] [.ʎo] 男 胴着, チョッキ.

jus·ti·nia·ne·o, a [xus.ti.nja.né.o, -.a] 形《史》ユスティニアヌスの. código ~ ユスティニアヌス法典.

Jus·ti·nia·no [xus.ti.njá.no] 固名 ~ I ユスティニアヌス1世:ビザンティン皇帝(在位527-65).『ローマ法大全』(ユスティニアヌス法典)を編纂(ｻﾝ)させた. → auténtica.

jus·ti·pre·cia·ción [xus.ti.pre.θja.θjón / -.sja.sjón] 女 評価, 見積もり.

jus·ti·pre·ciar [xus.ti.pre.θjár / -.sjár] 82 他 評価する, 見積もる.

jus·ti·pre·cio [xus.ti.pré.θjo / -.sjo] 男 評価, 見積もり.

jus·to, ta [xús.to, -.ta] 形 **1 (+名詞 / 名詞+ (**ser**+)》**公正な**, 公平な;正しい, 合法の;(+不定詞 / **que**+接続法 …するのは》正しい. lo ~ y lo injusto 正義と不正義. un hombre ~ 正義感のある人. un ~ castigo 公正な処罰. J~ es *que* juntos *descansemos*. 我々が一緒に休むのはあたりまえだ. No me parece ~ *que* se me *trate* así. こんな扱いを受けるなんて不当だと思う. Tengo derecho a un juicio ~. 私には公正な裁判を受ける権利がある. Creo que la decisión *es justa*. その決定は正しいと思う. una solución *justa* a [para]... ……の適切な答え. El triunfo será un premio a tanto esfuerzo. 勝利はあれほどの努力にふさわしいごほうびだろう.

2《多くは名詞+》《*ser*+》《数字・時間などが》ぴったりの, ちょうどの, 正確な, 的確な. cien euros ~s ちょうど100ユーロ. hace diez años ~s ちょうど10年前に (→ 副). Él llegó en el momento ~. 彼はちょうど[ぎりぎりのところで]着いた. Llegó a la hora *justa* para comer. 彼[彼女]は食事時間ちょうどに着いた. La corrida empieza a la hora *justa*. 闘牛は時間ちょうどに始まります. Llegará con el tiempo ~ para tomar un tren. 彼[彼女]はやっと列車に間に合うころに着くだろう. La medida *justa* del cuadro es 38 × [por] 52 cm. その絵の正確な寸法は38×52センチです.

3《*estar*+》《サイズなどが》ぴったりの, ちょうどの, 《**muy, demasiado** を伴って》きつい, 窮屈な. Este traje me viene ~ (a mi cuerpo). このスーツは私(の体)にぴったりだ. Las mangas *están muy justas*. そでがきつい.

4《*estar*+》《**de...** ……が》十分でない. Andan [Van] ~s *de* dinero. 彼らは金がぎりぎりしかない.

5《カトリック》戒律を守る, 篤心家の.

— 男 女 **1** 正義漢, 公正な人；品行方正な人, 行い正しい人. los ~s 正義の人々.

2《カトリック》戒律を守る人, 篤心家.

— 副 **まさしく**, ちょうど, きっかり, ぴったりの. hace ~ diez años ちょうど10年前に. ~ antes de las elecciones 選挙の直前に. el 18 de agosto, ~ cuando cumplió 20 años まさに彼[彼女]が20歳になった8月18日. Este error se produce ~ en ese momento. このミスはちょうどそのときに起こる.

cantar [*batir, decir*] *la justa*《ラ米》《話》《ぞく》《確かな情報を伝えるときに》はっきり言う, 断言する.

dormir el sueño de los justos《関心がなくなり》放置される, 棚上げされる. La cuestión *durmió el sueño de los* ~s *durante décadas*. 問題は数十年の間放置されたままであった.

en su justa medida それ相応に, それなりに. Echa sal *en su justa medida*. 塩を適量入れてください. valorar las cosas *en su justa medida* ものごとを適切に評価する.

más de lo justo 不当に.

pagar justos por pecadores 無実の人が罪人の罪を負う.

tener la justa《ラ米》《話》《ぞく》はっきり知ってる.

[←〔ラ〕*jūstum* (*jūstus* の対格)「合法的な」(*jūs*「法」より派生)；関連 justicia, ajustar. 〔英〕*just*]

ju·ta [xú.ta] 女《ラ米》《ぞく》《鳥》ガチョウの一種.

ju·te [xú.te] 男《ラ米》《*》《動》カタツムリ.

ju·tia [xú.tja] / **ju·tí·a** [xu.tí.a] 女《ラ米》《タノ》《動》→ hutía.

Jut·lan·dia [xut.lán.dja] 固名 ユトランド[ユラン]半島：デンマークのヨーロッパ大陸部. ドイツの北部を含む.

*ju·ve·nil [xu.ße.níl] 形 **1** 若々しい, 若者らしい；青春の. peinado ~ 若々しい髪型. ropa ~ 若向きの服. cultura ~ 若者文化. **2**《スポ》(16-18歳の)ジュニアクラスの. — 男 女《スポ》ジュニアクラスの選手. ►cadete より上.

***ju·ven·tud** [xu.ßen.túð] 女 **1 青年時代**, 青春. amigos de la ~ 青年時代の友人たち. En su ~ mi abuelo estuvo en Brasil. 私の祖父は青年時代ブラジルにいた.

2 若さ, 若々しさ, 活力. Ese artista estaba lleno de ~ en sus últimos años. その芸術家は晩年も活力に満ちあふれていた.

3《集合的》青年, 若者たち. la ~ actual 現代の若者たち.

4 初期, 始まり.

5《複数で》(政党の)青年組織.

[←〔ラ〕*juventūtem* (*juventūs* の対格)；*juvenis*「若者」より派生]

ju·via [xú.ßja] 女《植》ブラジルナット(の木・実).

ju·yun·go, ga [xu.júŋ.go, -.ga] 男 女《ラ米》《エクア》《パラ》《話》《軽蔑》黒人.

***juz·ga·do, da** [xuθ.ɣá.ðo, -.ða / xus.-] 形 判決の下された.

— 男 **1 裁判所**；(特に裁判官が1人だけの) **法廷**.

2 裁判官の職務[身分]；裁判所の管轄区.

3《集合的》裁判官, 判事.

de juzgado de guardia《話》不当な, 認めがたい.

juz·ga·dor, do·ra [xuθ.ɣa.ðór, -.ðó.ra / xus.-] 形 判決を下す, 審査する. — 男 女 裁く人, 審査員, 審判.

juz·ga·mun·dos [xuθ.ɣa.mún.dos / xus.-] 男 女《単複同形》《話》(他人の言動をあげつらう)批評家, 揚げ足をとる人.

***juz·gar** [xuθ.ɣár / xus.-] 103 他 **1 裁く**, 《裁判などを》審理する. ~ un caso de homicidio 殺人事件の審理をする.

2 判断する；考える. *Júzgalo* tú mismo. 君自身でそれを判断しなさい. No podrás ~ mi sorpresa. 君は私の驚きをさんてわからないだろう. *Juzgo* que es un error. 私はそれは間違いであると思う.

3《+名詞・形容詞およびその相当語句 …と》みなす. Te *juzgamos* capaz de hacerlo. 私たちは君がそれをやれると判断しています. Lo *juzgo mi deber*. それを私の義務と思っています. Le *juzgo como mi hermano*. 彼を私の兄のように思っています. ► 形容詞は直接目的語の性数に一致する.

4《ラ米》《グアテ》うかがう, 見張る.

a juzgar por... ……から判断すると. *a* ~ *por su comportamiento* 彼[彼女](ら)の行動から判断すると. *a* ~ *por cómo habla* 彼[彼女]の話し方から判断すると.

[←〔古スペイン〕*judgar*←〔ラ〕*jūdicāre* (*jūdex*「審判者」より派生)；関連 juicio]

juz·gón, go·na [xuθ.ɣón, -.ɣó.na / xus.-] 形《ラ米》《話》難癖をつける, 口うるさい, あら捜しをする.

juzgue(-) / juzgué(-) 活 → juzgar.

K k

外来語のみに用いられる文字であり、本来のスペイン語には用いられない。発音は「カ行」、すなわち ca, que, qui, co, cu の子音に同じ.

K, k [ká] 囡 スペイン語字母の第11字. ▶ 外来語だけに使われるが, ka, ke, ki, ko, ku は ca, que, qui, co, cu に書き換えられる場合が多い.
K 〖化〗kalium ←〔ラ〕カリウム (= potasio).
°**K** 《略》grado *k*elvin ケルビン[絶対]温度目盛り.
ka [ká] 囡 アルファベットの k の名称.
ka·bi·la [ka.bí.la] 囮 ➔ cabila.
ka·bu·ki [ka.bú.ki] 〔日〕 男 歌舞伎.
kaf·kia·no, na [kaf.kjá.no, -.na] 囮 **1** 《名詞+》フランツ・カフカの. **2** 《+名詞／名詞+》《文章語》不条理な, カフカ的な. una *kafkiana* situación 不条理な状況.
Kah·lo [ká.lo] 固名 カーロ Frida ~ (1907–54). メキシコの画家.
kai·ni·ta [kai.ní.ta] 囡 〖鉱〗カイナイト：肥料などの原料となる鉱物.
kái·ser [kái.ser] 男 **1** カイゼル：19世紀末から20世紀初頭のドイツ皇帝・オーストリア皇帝またはその称号. **2** 〖史〗カイザー, カイゼル：神聖ローマ帝国皇帝の称号.
 [←〔独〕*Kaiser*←〔ラ〕*Caesar*（人名）]
ka·ka·to·es [ka.ka.tó.es] 男 〖鳥〗バタン：オーストラリア原産の冠毛のあるオウム類.
ka·ki[1] [ká.ki] 〔日〕 男 ➔ caqui[1].
ka·ki[2] [ká.ki] 〔日〕 男 ➔ caqui[2].
ka·lash·ni·kov [ka.las.ni.kóf] 男 〖商標〗〔複 ~, ~s〕（ロシアの）軽機関銃, カラシニコフ.
ka·mi·ka·ze [ka.mi.ká.θe / -.se] 〔日〕 男 囡 無鉄砲な人. ━ 男 神風特攻隊（員）, 神風特攻機.
kan [kán] 〔トルコ〕 男 汗(ﾊﾝ), カーン, ハーン：トルコ・モンゴル・ペルシアで用いられた首長または王子の称号.
ka·na·to [ka.ná.to] 男 汗(ﾊﾝ)の地位[領土], 汗国.
kan·tia·no, na [kan.tjá.no, -.na] 囮 （ドイツの哲学者）カント Kant (1724-1804) の, カント哲学の. ━ 男 囡 カント哲学（信奉）者.
kan·tis·mo [kan.tís.mo] 男 〖哲〗カント哲学.
kan·tis·ta [kan.tís.ta] 男 囡 カント哲学（信奉）者.
ka·poc / ka·pok [ka.pók] 男 カポック, パンヤ, 木綿(ﾓﾒﾝ).
kap·pa [ká.pa] 囡 カッパ (Κ, κ)：ギリシア語アルファベットの第10字.
ka·putt [ka.pút] 〔独〕 囮 《性数不変》《まれ》(*estar*+）だめになった, 壊れた；役立たずの.
ka·ra·kul [ka.ra.kúl] 囮 （羊の）カラクール種の. ━ 男 〖動〗（中央アジア産の）カラクール羊；カラクール毛皮.
ka·ra·o·ke [ka.ra.ó.ke] 〔日〕 男 カラオケ（装置, 店）.
ká·ra·te / ka·ra·te [ká.ra.te] [ka.rá.te] 〔日〕 男 〖スポ〗空手.
ka·ra·te·ca / ka·ra·te·ka [ka.ra.té.ka] 〔日〕 男 囡 空手家.
kár·dex [kár.ðeks] 男 《単複同形》〔ラ米〕(ｶﾙﾃﾞｯ)(ｴﾙﾃﾞｯｽ) 書類キャビネット.

kar·ma [kár.ma] 男 〖宗〗カルマ, 業；因果応報.
karst [kárs(t)] 男 〖地質〗カルスト (= carst).
kárs·ti·co, ca [kárs.ti.ko, -.ka] 囮 〖地質〗カルストの, カルスト質の.
kart [kár(t)] 〔英〕 男〔複 ~s〕ゴーカート.
kar·ting [kár.tin] 〔英〕 男 ゴーカートレース.
KAS [kás] 囡 《略》*K*oordinadora *A*bertzale *S*ozialista (= Coordinadora Patriota Socialista) (バスクの）社会主義祖国連絡会議.
kas·bah [kas.bá] / **kas·ba** [kás.ba] 囡〔複 ~s〕（アラブの都市の）旧市街.
kas·tán [kas.tán] 男 （トルコの民族衣装の）ターバン.
ka·ta·ka·na [ka.ta.ká.na] 〔日〕 （まれに囡）〔複 ~, ~s〕かたかな.
ka·tan·gue·ño, ña [ka.taŋ.gé.ɲo, -.ɲa] 囮 （コンゴ民主共和国南部の高原地帯）カタンガ Katanga の. ━ 男 囡 カタンガ人.
Ka·tar [ka.tár] 固名 ➔ Qatar.
ka·tius·ka [ka.tjús.ka] 囡 《スペイン》（ひざ丈もしくはひざ上までゴム製の）長靴 (= catiuska).
ka·yac / ka·yak [ka.ják] 男 **1** カヤック：エスキモー[イヌイット]の革張りの小舟. **2** 〖スポ〗カヤック競技.
ka·za·co, ca [ka.θá.ko, -.ka] / **ka·za·jo, ja** [ka.θá.xo, -.xa / -.sá.-] 囮 男 囡 ➔ kazako.
Ka·zajs·tán [ka.θaxs.tán / -.saxs.-] 固名 カザフスタン（共和国）：独立国家共同体の一つ. 首都 Astana.
ka·za·ko, ka [ka.θá.ko, -.ka / -.sá.-] 囮 カザフスタン（共和国）の, カザフスタン人の. ━ 男 囡 カザフスタン人.
kcal 《略》〖物理〗*k*ilo*cal*oría キロカロリー.
ke·bab [ke.báb] 男 〖料〗ケバブ, シークカバーブ：中近東諸国の肉などの串焼き.
ke·chup [ké.tʃup] 男 ➔ ketchup.
ké·fir [ké.fir] 男 ケフィール, ケフィア：ロシア・カフカス[コーカサス]地方の発酵乳（食品）.
kei·rin [kéi.rin] 〔日〕 男 競輪.
ke·li [ké.li] 囡（または男）《話》家, 住居.
ke·lo [ké.lo] 囡（または男）《話》家, 住居.
kel·vin [kél.bin] 男 ケルビン：温度の S I（国際単位系）単位. Grado ~ ケルビン温度, 絶対温度.
kel·vi·nio [kel.bí.njo] 男 ➔ kelvin.
ken [kén] 男 カードゲームの一種.
ken·do [kén.do] 〔日〕 男 剣道.
Ke·nia [ké.nja] 固名 ケニア：首都 Nairobi.
 [←〔英〕*Kenya*（この国の最高峰の名に由来）]
ke·nia·no, na [ke.njá.no, -.na] / **ke·nia·ta** [ke.njá.ta] 囮 ケニアの, ケニア人の. ━ 男 囡 ケニア人.
ken·tia [kén.tja] 囡 〖植〗ケンチャヤシ.
ke·pí [ke.pí] 男〔複 ~s, ~〕ケピ：フランスのひさしの付いた筒形軍帽 (= quepis).
 [←〔仏〕*képi*]

ke·pis [ké.pis] 男《単複同形》→ kepí.
ker·mes[1] [kér.mes] 男 → quermes.
ker·més [ker.més] / **ker·mes**[2] [kér.mes] 女 → quermes.
ker·mes·se [ker.més]〔仏〕女 → quermés.
ke·ro [ké.ro] 男（インカ帝国で使用された）杯, ケロ.
ke·ro·sén [ke.ro.sén] / **ke·ro·se·ne** [ke.ro.sé.ne] / **ke·ro·se·no** [ke.ro.sé.no] 男 灯油, ケロシン.
ke·ro·sín [ke.ro.sín] 男《ラ米》(*₊) → kerosén.
ke·ro·si·na [ke.ro.sí.na] 女 → kerosén.
ke·ta·mi·na [ke.ta.mí.na] 女《薬》ケタミン：麻薬としても使用される麻酔・鎮痛剤.
ket·chup [ké.tʃup]〔英〕男 トマトケチャップ.
kev·lar [keb.lár] 男《商標》ケブラー：軽くて耐熱性・強度に優れた合成繊維.
kg（略）kilogramo キログラム.
K.G.B. [ka.xe.bé]（略）*Komitet Gosudarstvennoy Bozopansnosti*［ロシア］（旧ソ連の）国家保安委員会（= Comité de Seguridad del Estado）.
khmer [kmér] 形（カンボジアの）クメール（人）の.
── 女 クメール人.
── 男《言》クメール語：カンボジア語 camboyano の別称.
kHz（略）《物理》kilohercio キロヘルツ.
ki·butz / ki·bbutz [ki.búts] 男〔複 kibutzim / kibbutzim〕キブツ：イスラエルの農業を中心とした生活共同体.
［← 《近代ヘブライ》*qibbūṣ*（原義は「集合」）］
kic·kar [ki.kár] 他《話》（ボールなどを）蹴(ʰ)る.
kie·sel·gur [kje.sel.gúr]《物理》珪藻(½ʲ)土.
kie·se·ri·ta [kje.se.rí.ta] 女《鉱》硫酸苦土石, キーゼル石.
kif [kíf] 男《スペイン》《俗》（パイプで吸う）大麻タバコ.
ki·ko [kí.ko] 男《スペイン》油で炒(ⁱ)り塩をまぶしたジャイアントコーン.
ki·lim [ki.lím] 男〔複 ～s, ～〕キリム：中東などのけばのないつづれ織りのじゅうたん, 敷き物.
＊**ki·lo** [kí.lo] 男 **1**《kilogramo の省略形》**キログラム**（= quilo）. Déme dos ～s de naranjas. オレンジを2キロください.
2《話》たくさん. **3**《スペイン》《話》100万ペセタ.
［← kilogramo ←〔仏〕*kilogramme*（［ギ］*khílioi*「千」+［ギ］*grámma*（重さの単位）］
kilo-「1000」の意を表す造語要素. quilo- になることも. ⇒ *kilogramo, kilolitro*. ［←［ギ］］
ki·lo·byte [ki.lo.bí.te / -.báit] 男［ＩＴ］キロバイト：1024 =（2の10乗）あるいは1000バイト.
ki·lo·ca·lo·rí·a [ki.lo.ka.lo.rí.a] 女《物理》キロカロリー, 大カロリー（略 kcal）.
ki·lo·ci·clo [ki.lo.θí.klo / -.sí.-] 男《電》キロサイクル（略 kc）.
ki·lo·grá·me·tro [ki.lo.grá.me.tro] 男《物理》キログラムメートル：仕事量の単位（略 kgm）.
＊**ki·lo·gra·mo** [ki.lo.grá.mo] 男 **キログラム**（略 kg）. ～ fuerza《物理》重量キログラム（略 kgf）.
ki·lo·her·cio [ki.lo.ér.θjo / -.sjo] 男《物理》キロヘルツ：周波数の単位（略 kHz）.
ki·lo·ju·lio [ki.lo.xú.ljo] 男《物理》キロジュール：エネルギー・仕事量の単位（略 KJ）.
ki·lo·li·tro [ki.lo.lí.tro] 男 キロリットル（略 kl）.
ki·lo·me·tra·je [ki.lo.me.trá.xe] 男 **1** キロメートル測定, キロメートルで測った距離.
2（自動車などの）走行距離（数）.

ki·lo·me·trar [ki.lo.me.trár] 他 キロメートルで測る；（道路などに）キロメートルの印を付ける.
ki·lo·mé·tri·co, ca [ki.lo.mé.tri.ko, -.ka] 形
1 キロメートルで測った, キロメートルの. mojón ～（1キロメートルごとの）道程標.
2《話》果てしない, 非常に長い. pasillo ～ 長い長い廊下. cola *kilométrica* 長蛇の列.
── 男 キロメートル切符（= billete ～）. ◆スペインの列車用クーポン券でキロ数に応じて割引され, 一定期間有効.

＊＊**ki·ló·me·tro** [ki.ló.me.tro] 男 **キロメートル**（略 km）（= quilómetro）. ～ cuadrado 平方キロメートル. cincuenta ～s por hora 時速50キロメートル（略 km/h）. El aeropuerto está a sesenta ～s de mi casa. 空港は私の家から60キロのところにあります.
［←〔仏〕*kilomètre*（［ギ］*khílion*「1000」+ *métron*「尺度」）］

kilómetro cero
（ゼロキロメートル標識：マドリード, ソル広場）

ki·lo·pon·dio [ki.lo.pón.djo] 男《物理》キロポンド：重力キログラムと同じ.
ki·lo·tón [ki.lo.tón] 男《物理》キロトン：核爆発などの爆発力の単位（略 kt）.
ki·lo·va·tio [ki.lo.bá.tjo] 男《電》キロワット（略 kW）. ～ hora キロワット時（略 kWh）.
ki·lo·vol·tio [ki.lo.ból.tjo] 男《電》キロボルト（略 kV）.
kilt [kílt] 男〔複 ～s, ～〕《服飾》キルト：スコットランドの格子縞(ʲ)の男性用巻きスカート.
kim·bo [kím.bo] 男《料》キュウリのピクルスを詰めたオリーブ.
ki·mo·na [ki.mó.na] 女《ラ米》(½ʲ)(ʰ)着物.
ki·mo·no [ki.mó.no]〔日〕男 着物（= quimono）.
ki·na [kí.na] 女 キナ：パプアニューギニアの貨幣単位.
kín·der [kín.der] 男 → kindergarten.
kin·der·gar·ten [kin.der.gár.ten // kín.-.gar.-]〔独〕男 幼稚園（= jardín de infancia）.
kin·der·gar·te·ri·na [kin.der.gar.te.rí.na] 女《ラ米》(½ʲ)(ʰ)幼稚園の先生.
ki·né·si·ca [ki.né.si.ka] 女 動作学, キネシクス：身振りや顔の表情と伝達の関係の研究.
ki·ne·sio·lo·gí·a [ki.ne.sjo.lo.xí.a] 女 運動科学.
ki·ne·sió·lo·go, ga [ki.ne.sjó.lo.go, -.ga] 男女 運動科学者.
ki·ne·sio·te·ra·pia [ki.ne.sjo.te.rá.pja] 女《医》→ kinesiterapia.
ki·ne·si·te·ra·peu·ta [ki.ne.si.te.ra.péu.ta] 男女《医》運動療法士.
ki·ne·si·te·ra·pia [ki.ne.si.te.rá.pja] 女《医》運動療法.
kios·co [kjós.ko] 男 → quiosco.
kio·wa [kjó.ba] 形（米国南西部の先住民）カイオワ

の. 男女 カイオワ人.
kip [kíp] 男〖複～, ～s〗キープ：ラオスの貨幣単位.
ki·pá [ki.pá] 男〖服飾〗キッパー：ユダヤ教徒が宗教儀式などで被る平たい帽子.
kir·guís [kir.gís] / **kir·guiz** [kir.gíθ / -.gís] / **kir·gui·zo, za** [kir.gí.θo, -.θa / -.so, -.sa] 形 キルギスの, キルギス人の.
— 男女 キルギス人. — 男 キルギス語.
Kir·guis·tán [kir.gis.tán] / **Kir·gui·zis·tán** [kir.gi.θis.tán / -.sis.-] 固名 キルギス（共和国）：独立国家共同体の一つ. 首都 Bishkek.
Ki·ri·ba·ti [ki.ri.bá.ti] 固名 キリバス：太平洋中西部の共和国. 首都 Bairiki / Tarawa.
ki·ri·ba·tí [ki.ri.ba.tí] / **ki·ri·ba·tia·no, na** [ki.ri.ba.tjá.no, -.na] / **ki·ri·ba·tien·se** [ki.ri.ba.tjén.se] 形 キリバス（人）の.
— 男女 キリバス人.
ki·rie [kí.rje] 男〖主に複数で〗〖宗〗キリエ・エレイソン, 求憐誦(*キュウリンジュ*).
llorar los kiries〖話〗胸が張り裂けんばかりに泣く.
ki·rie·lei·són [ki.rje.lei.són] 男 1 〖宗〗キリエ・エレイソン, 求憐誦(*キュウリンジュ*)：「主よ哀れみたまえ」の祈り文句・聖歌. 2 葬送歌〖曲〗.
cantar el kirieleisón (1) 慈悲を請う. (2)〖話〗葬式の準備をする.
kirsch [kírs] 男〖独〗キルシュ：桜桃酒.
kit [kít] 〖英〗男〖複 ～s, ～〗 1 （家具などの）組み立てキット. 2 （道具・教材などの）一式, ひとそろい.
un ～ de limpieza 掃除道具一式.
kitsch [kítʃ]〖独〗形〖性数不変〗趣味の悪い, ごてごてと飾り立てた；俗受けする.
— 男〖単複同形〗（芸術などの）悪趣味な傾向, キッチュ；趣味の悪いもの[こと], 低俗な作品.
ki·wi [kí.bi] 男 1 〖鳥〗キーウィ.
2 〖植〗キーウィ（フルーツ）.
kl 〖略〗*kilolitro* キロリットル.
klee·nex [klí.neks] 男〖単複同形〗〖商標〗ティッシュペーパー.
klis·trón [klis.trón] 男〖機〗マイクロ波発生機器.
km 〖略〗*kilómetro* キロメートル.
km / h 〖略〗*kilómetro por hora* キロメートル時.
knick·ers [ní.kers] 〖英〗男〖複数形〗〖ラ米〗(*ニカ*)ニッカーボッカー：ひざ下までのズボン.
knock-out [no.káut] 〖英〗男〖複 ～, ～s〗〖スポ〗ノック・アウト. *dejar a+人 ～* （人）をノック・アウトする. *～ técnico* テクニカル・ノックアウト.
knut [nút] 〖ロシア〗男（先端に金属球のついた）革の鞭(*むち*).
KO / K. O. [ka.ó] 〖英〗男〖略〗*knock out* ノックアウト.
dejar KO a+人（人）を呆然(*ぼうぜん*)とさせる；打ちのめす.
perder por KO ノックアウト負けする；完敗する.
quedar(se) KO 呆然とする；打ちのめされる.
ko·a·la [ko.á.la] 男〖動〗コアラ, フクログマ.
koi·né [koi.né] 女〖言〗 1 コイネー語：古代ギリシアの共通語. 2 共通語, 標準語.
ko·ko·txa [ko.kó.tʃa] 女 → cococha.
ko·la [kó.la] 男〖植〗コーラ（ナッツ）ノキ；コーラナッツ.
kol·jós [kol.xós] / **kol·joz** [kol.xóθ / -.xós] 〖ロシア〗男 コルホーズ, 集団農場.〖← *kolkhoz*〗
ko·min·tern [ko.min.térn] 男 コミンテルン, 第三インターナショナル (1919-43).
kó·pec / **kó·pek** [kó.pek] 〖ロシア〗男 カペイカ：ロシアの補助通貨単位で, 100分の1ルーブル.
ko·ré [ko.ré] 女（古代ギリシア彫刻の）少女像, コレ.
ko·so·var [ko.so.bár] 形（バルカン半島中部の）コソボ（自治州）の. — 男女 コソボ自治州出身者.
Kr 〖化〗*kriptón* クリプトン.
kra·ker [kra.kér] 男〖まれ〗違法居住者.
krau·sis·mo [krau.sís.mo] 男 クラウゼ哲学.
♦ドイツ人 Karl Krause (1781-1832) の哲学は19世紀スペインに大きな影響を及ぼした.
krau·sis·ta [krau.sís.ta] 形 クラウゼの；クラウゼ哲学の. *doctrina ～* クラウゼの学説.
— 男女 クラウゼ哲学の信奉者.
krem·lin [krém.lin] 男 1 〖K-〗クレムリン宮殿；ソ連・ロシア政府. 2 （ロシアの）城塞(*じょうさい*).
kril / **krill** [kríl] 男〖集合的〗〖魚〗オキアミ.
krip·tón [krip.tón] 男〖化〗クリプトン（記号 Kr）(= criptón).
kron·prinz [krom.prínθ / -.príns] 〖独〗男（プロシアの）皇太子.
ku·chen [kú.xen] 男〖複 ～es, ～〗〖ラ米〗ケーキ.
ku·fi·a [ku.fi.a] 女 クフィア：布を巻きつけるアラブ諸国の男性の髪形また頭に巻く布.
ku·lak [ku.lák] 〖ロシア〗男（ロシアの革命前の）クラーク, 富農.
ku·mis [kú.mis] 男（中央アジア遊牧民の）クミス, 馬乳酒.
kum·mel [kum.mél] 〖独〗男 キュンメル酒.
ku·na [kú.na] 女 クーナ：クロアチアの貨幣単位.
kur·do, da [kúr.do, -.ða] 形（イラク・イランからトルコにかけて住む遊牧民）クルドの. — 男女 クルド人.
— 男 クルド語：イラン諸語の一つ.
ku·rós [ku.rós] 男〖複 *kuroi*〗（古代ギリシア彫刻の）青年像, クーロス.
ku·ru [kú.ru] 男〖医〗クールー：パプア・ニューギニアの風土病.
Ku·wait [ku.bái(t)] / **Ko·weit** [ko.béi(t)] 固名 クウェート. 首都 Kuwait.
〖←〘アラビア〙*al-Kuwayt*「小さな砦(*とりで*)」が原義〗
ku·wai·tí [ku.bai.tí] 形〖複 ～es〗クウェート（人）の. — 男女 クウェート人.
kV 〖略〗〖電〗*kilovoltio* キロボルト.
kW 〖略〗〖電〗*kilovatio* キロワット.
kwa·cha [kwá.tʃa] 女 1 クワチャ：ザンビアとマラウイの貨幣単位. 2 クワンザ：アンゴラの貨幣単位.
kWh 〖略〗〖電〗*kilovatiohora* キロワット時.
kyat [kját] 男〖複 ～s, ～〗チャット：ミャンマーの貨幣単位.

L

舌先を上の前歯の裏側につけ、舌の左右のすき間から息を通して声を出す。ll という綴りの場合、ほとんどの方言では y と同じ発音だが、一部の保守的な方言では前舌面の中央を硬口蓋(こうこうがい)につけ、舌の左右から息を通す。

L, 1 [é.le] 囡 **1** スペイン語字母の第12字. **2** (ローマ数字の) 50. →LXX 70.

l., 1 (略) *l*itro リットル. **2** *l*ey 法律. **3** *l*ibro 本. **4** *l*ínea 行.

L (略) *l*ongitud 長さ.

L. (略) (**1**) *l*ibra esterlina 英国ポンド. (**2**) *l*ira (italiana) リラ.

L., L/ (略) 〖商〗*l*etra de cambio 為替手形.

la¹ [lá] 男 〖音楽〗ラ, イ音, A音. *la* sostenido 嬰(えい)イ調. dar el *la* (オーケストラの音合わせのため)ラの音を出す. →nota¹.

**la² [la] 囡〖定冠詞女性単数形〗[複 las] ▶ 男性単数形は el. →el.

a la +形容詞女性形 …風に, …風の. vestir *a la española* スペイン風に装う. sopa *a la campesina* 田舎風スープ.

a la que... 《話》…するとき. *A la que* lo supo, se echó a gritar. そのことを知って,彼〔彼女〕はわめき始めた.

la de... 大量の…, 多数の…. ¡*La de* cosas que tengo que hacer! しなきゃならないことがなんてたくさんあるのだろう.

la de malas 《ラ米》《(*)》《話》不運.

la(*s*) +基数詞 (時刻) …時. Es *la una*. 1時です. *a las tres* 3時に.

**la³ [la] 代名 《人称》[3人称単数, 女性形] ▶ ふつう動詞のすぐ前に置かれるが, 不定詞・現在分詞・肯定命令形とともに用いる場合はそれらの後に付加される.

1 《直接目的語》彼女〔あなた〕を,《女性単数名詞を指して》それを. El *la* miró con asombro. 彼はびっくりして彼女を見た. Era una chaqueta preciosa, y sin más vueltas me *la* compré. それはすてきなジャケットだったので,あまり考えずに私はそれを買った.

2 《成句の中で特に意味を持たずに用いられる》 → armar (armarla), dar (dársela).

La 〖化〗lantano ランタン.

lá·ba·ro [lá.ba.ro] 男 **1** (コンスタンティヌス大帝以後の) ローマ皇帝軍旗. ✦キリスト教信仰を象徴して Cristo のギリシア語名の最初の2文字 (XとP) を図案化してある. **2** (XとPを組み合わせた) キリストの図案文字. →crismón.

la·bel [la.βél] 《英》 **1** (商品に貼(は)った) 証票, 規格票, 品質保証票. ▶「ラベル, レッテル」は etiqueta. **2** 〖IT〗ラベル:ファイルなどを識別するための文字列.

la·be·rin·te·ro, ra [la.βe.rin.té.ro, -.ra] 形 《ラ米》《(ぜ)》《話》騒がしい;おしゃべりな.

la·be·rín·ti·co, ca [la.βe.rín.ti.ko, -.ka] 形 迷宮の(ような);入り組んだ, 錯綜(さくそう)した.

*la·be·rin·to [la.βe.rin.to] 男 **1** 迷宮, 迷路. el ~ de Creta 〖ギ神〗ラビュリントス;クレタ島の大迷宮. **2** 混乱, 錯綜(さくそう), 紛糾. **3** 〖解剖〗内耳迷路. **4** 《ラ米》(**1**) (ぜ)騒ぎ,騒動;わめき立てること.(**2**)(*)スキャンダル, 陰謀.

la·be·rin·to·so, sa [la.βe.rin.tó.so, -.sa] 形 《ラ米》(ぜ)→laberintero.

la·bia [lá.βja] 囡 《話》弁舌の巧みさ, 口達者なこと. tener mucha ~ 弁が立つ, 口がうまい. con ~ 弁舌の巧みな;言葉巧みに.

la·bia·do, da [la.βjá.ðo, -.ða] 形 〖植〗 **1** 唇状の, 唇形花冠の. **2** シソ科に属する.
― 囡 シソ科の植物;《複数で》シソ科.

la·bial [la.βjál] 形 **1** 唇の, 唇形の. barra ~ リップスティック. herpes ~ 〖医〗口唇ヘルペス. **2** 〖音声〗唇音の. ― 囡 《ラ米》(ぜ)リップスティック.
― 囡 〖音声〗唇音. ✦b, p, m, f など.

la·bia·li·za·ción [la.βja.li.θa.θjón / -.sa.sjón] 囡 〖音声〗唇音化.

la·bia·li·zar [la.βja.li.θár / -.sár] 97 他 〖音声〗唇音化する. ― ~·se 再《音》唇音化する.

la·biér·na·go [la.βjér.na.go] 男 オリーブの木に似たモクセイ科の灌木(かんぼく).

la·bi·hen·di·do, da [la.βjen.dí.ðo, -.ða] 形 〖医〗口唇裂の, 兎唇(としん)の.

lá·bil [lá.βil] 形 **1** 滑りやすい, つるつるした. **2** 壊れやすい, もろい, 弱い. **3** 〖化〗不安定な.

la·bi·li·dad [la.βi.li.ðáð] 囡 変わりやすいこと, 不安定;もろさ, 弱さ. ~ emocional 情緒不安定.

la·bio [lá.βjo] 男 **1 唇. ~ superior [inferior] 上〔下〕唇. ~ leporino 〖医〗口唇裂.
2 《主に複数で》口;発音器官. leer los ~s 唇を読む, 読唇術で解する. Oímos de sus ~s cuanto había sucedido. 私たちは彼〔彼女〕(ら)の口からことの顛末(てんまつ)を聞きました. **3** 唇状のもの, 縁, ふち. ~s de una herida 傷口. **4** 〖解剖〗陰唇. ~s mayores 大陰唇. ~s menores 小陰唇.
estar pendiente de los labios de +人 〈人〉の話に夢中になる;〈人〉から言われるのを待っている.
morderse los labios 《話》口をつぐむ, 言いたいことを我慢する;笑いをこらえる.
no despegar los labios 《話》黙っている.
sellar los labios a +人 〈人〉に口止めする.
tener los labios sellados 《話》口止めされている.
[⇐〔後ラ〕*labium*;16世紀ごろ〔古スペイン〕*labro* (⇐〔ラ〕*labrum*) と交替;〖関連〗labial. 〔ポルトガル〕*lábio*. 〔仏〕*lèvre*. 〔伊〕*labbro*. 〔英〕*lip*. 〔独〕*Lippe*]

la·bio·den·tal [la.βjo.ðen.tál] 形 〖音声〗唇歯音の. ― 囡 唇歯音. ✦f など.

la·bio·se·ar [la.βjo.se.ár] 他 《ラ米》(*)《話》こびる, へつらう.

la·bio·si·dad [la.bjo.si.ðáð] 囡 《ラ米》(ﾁﾘ)(ﾌﾟｴ)(ｺﾛ)《話》お世辞、おべっか、へつらい.

la·bio·so, sa [la.bjó.so, -.sa] 形 《ラ米》(ﾁﾘ)(ﾌﾟｴ)(ｳﾙｸﾞ)(ｺﾛ)《話》おしゃべりな；お世辞のうまい；口達者な.

la·bio·ve·lar [la.bjo.βe.lár] 形 〖音声〗唇軟口蓋(ｶﾞｲ)音の. ― 囡 唇軟口蓋音.

la·bor [la.bór] 囡 **1 労働, 仕事；仕事の成果. ~ diaria 毎日の仕事. ~ de equipo チームワーク, 共同作業. ~es domésticas 家事. ~ de tantos años es digna de elogio. 彼[彼女](ら)の長年にわたる業績は賞賛に値する.
2《主に複数で》農作業；耕作. ~es del campo / ~es agrícolas 農作業. tierra de ~ 耕地. dar dos ~es a un campo 畑を二度鋤(ｽ)きする.
3《主に複数で》(編み物・刺繍(ｼｭｳ)などの)手仕事, 手芸；手芸品. ~es de aguja 針仕事, 裁縫. ~es de ganchillo 鉤(ｶｷﾞ)針編み. ~es de punto 編み物. hacer ~es 手芸をする.
4《主に複数で》タバコ製品. **5**《主に複数で》〖鉱〗採掘, 採鉱. **6** 千個単位のれんが〖瓦(ｶﾜﾗ)〗. **7**《ラ米》(1)(ﾒｷ)(ｸﾞｱ)耕作地, 畑. (2)(ﾌﾟｴ)(ｷｭｰ)小農園.
estar por la labor (…する)気になっている, (…する)つもりである. ▶ 主に否定で用いられる. Quiero que él venga conmigo, pero no *está por la* ~. 私は彼に一緒に来てもらいたいのだが彼にはその気がない.
sus labores《文書の職業欄などで》専業主婦.
[← [ラ] *labōrem* (*labor* の対格)，原義は「苦しみ, 疲労」]；関連 lab(o)rar, colaboración. 英 *labo(u)r*]

la·bo·ra·ble [la.βo.rá.βle] 形 **1** 仕事をする, 就業すべき. día ~ 平日, ウイークデー (↔ festivo).
2 (土地が)耕作可能な, 耕作に適した.
― 男 平日, ウイークデー.

*la·bo·ral [la.βo.rál] 形 労働の. conflicto ~ 労働争議. derecho ~ 労働法. accidente ~ 労働災害. enseñanza ~ 職業教育. instituto ~ 職業訓練校. sindicato ~ 労働組合.

la·bo·ra·lis·ta [la.βo.ra.lís.ta] 形 **1** 労働法の. un experto en ~ 労働法の専門家. **2** 労働法弁護士の. ― 男 囡 **1** 労働法弁護士. **2**《ラ米》(ｱﾙｾﾞ)医療研究所の職員.

la·bo·ran·te [la.βo.rán.te] 形 働く. abeja ~ 働きバチ. ― 男 陰謀家, 策略家.

*la·bo·rar [la.βo.rár] 他 (土地を)耕す, 耕作する.
― 自 (por... …のために)働く, 努力する, 骨を折る. *Labora por* el bien de su país. 彼[彼女]は国のために身を砕いている.

la·bo·ra·to·rio [la.βo.ra.tó.rjo] 男 **1 実験室, 研究所[室], 試験場. ~ de química 化学実験室. ~ de idiomas ランゲージラボラトリー, LL教室. ~ farmacéutico 製薬[薬品]工場. **2**〖写〗現像所 (= ~ fotográfico). *de laboratorio* 人工の；人工的な.

la·bo·re·ar [la.βo.re.ár] 他 **1**〖農〗(土地を)耕す, 耕作する. **2**〖鉱〗(鉱山を)採掘する. **3** 細工する. **4**〖海〗滑車にロープを通す.

la·bo·re·o [la.βo.ré.o] 男 **1**〖農〗農作業；農耕. **2**〖鉱〗採掘, 採鉱. **3**〖海〗滑車にロープを通すこと；(綱車などの)ロープの移動.

la·bo·re·ra [la.βo.ré.ra] 形《女性形のみ》裁縫の上手な, 手先の器用な.

la·bo·re·ro [la.βo.ré.ro] 男《ラ米》(1)(ﾁﾘ)坑夫頭, 親方. (2)(ｸﾞｱ)皮なめし職人, 製革業者.

la·bo·rí·o [la.βo.rí.o] 男 仕事, 労働.

la·bo·rio·si·dad [la.βo.rjo.si.ðáð] 囡 **1** 勤勉, 仕事熱心さ. **2** 困難さ.

*la·bo·rio·so, sa [la.βo.rjó.so, -.sa] 形 **1** 勤勉な, 働き者の, 仕事熱心な. estudiante ~ 勤勉な学生. **2** 骨の折れる, 困難な. parto ~ 難産.

la·bo·ris·mo [la.βo.rís.mo] 男 **1**《英国などの》労働党の主義[綱領]. **2**《ラ米》労働運動.

la·bo·ris·ta [la.βo.rís.ta] 形 **1** 労働党の. partido ~ 労働党. **2**《ラ米》労働運動の.
― 男 囡 **1** 労働党員. **2**《ラ米》(1) 労働運動の活動家. (2)(ｳﾙｸﾞ)自作農, 小農地の持ち主.

la·bra [lá.βra] 囡 (石・木材・金属などの)加工, 細工.

la·bra·da [la.βrá.ða] 囡〖農〗(翌年の種まき用に)耕された畑.

la·bra·de·ro, ra [la.βra.ðé.ro, -.ra] 形 → labrantío.

la·bra·dí·o, a [la.βra.ðí.o, -.a] 形 男 → labrantío.

la·bra·do, da [la.βrá.ðo, -.ða] 形 **1** (石・木材・金属などが)加工した, 細工した. **2** 鋤(ｽ)入れした, 耕した. (布などが)刺繍(ｼｭｳ)した, 紋様を浮き出した.
― 男 **1** (石・木材・金属の)細工, 加工. **2** 刺繍, 浮き出し紋様. **3**《主に複数で》耕地.

*la·bra·dor, do·ra [la.βra.ðór, -.ðó.ra] 形 **1** 農民の. población *labradora* 農業人口. **2**〈牛・馬などが〉労役に適した. **3**〈犬が〉ラブラドール種の.
― 男 囡 農民, 農場主, 自作農. sindicato de ~es 農業労働者組合.
― 男《ラ米》(ｸﾞｱ)(山林の)伐採人.

la·bra·do·res·co, ca [la.βra.ðo.rés.ko, -.ka] 形 農民の.

la·bra·do·ri·ta [la.βra.ðo.rí.ta] 囡〖鉱〗曹灰長石, ラブラドライト.

la·bran·de·ra [la.βran.dé.ra] 囡 裁縫[針仕事]をする女性.

la·brán·tín [la.βran.tín] 男 小農, 貧農.

la·bran·tí·o, a [la.βran.tí.o, -.a] 形 耕作に適する, 耕作用の. ― 男 耕作地, 耕作適地.

la·bran·za [la.βrán.θa / -.sa] 囡 **1** 農耕, 耕作；農地, 耕地. aperos [instrumentos] de ~ 農機具, 農具. **2** 労働, 作業.

*la·brar [la.βrár] 他 **1**〈木材・石・金属などに〉彫る, 彫り込む；細工する, 加工する. ~ en piedra un busto 胸像を石に彫る. ~ plata 銀細工をする. **2** 耕す. **3** 刺繍する. **4**…のもとを築く. ~ la felicidad de+人〈人〉の幸せを図る. ~ su propia ruina 自ら破滅を招く. **5** 建てる, 建築する. **6**《ラ米》(ｳﾙｸﾞ)(ｸﾞｱ)〈木材を〉伐採する, 切り出す.
― 自 強い印象を与える, …に刻まれる.
― ~·se 再 …のもとを築く. ~se un porvenir 未来を切り開く.

la·brie·go, ga [la.βrjé.ɣo, -.ɣa] 男 囡 農民, 小農.

la·bro [lá.βro] 男 **1**〖動〗(昆虫などの)上唇. **2**《古語》唇.

la·brus·ca [la.βrús.ka] 囡〖植〗ラブルスカブドウ.

la·bu·rar [la.βu.rár] 自《ラ米》(ｱﾙｾﾞ)《話》働く.

la·bur·no [la.βúr.no] 男〖植〗キングサリ.

la·bu·ro [la.βú.ro] 男《ラ米》(ｱﾙｾﾞ)《話》仕事, 職.

la·ca [lá.ka] 囡 **1** ラッカー, 漆. barnizar con ~ / dar ~ / pintar con ~ ラッカーを塗る. ~ de uñas マニキュア(用のエナメル). **2** 漆器. **3** 整髪用スプレー, ヘアスプレー. poner ~

al pelo 髪にヘアスプレーをかける. **4** ラック：ラックカイガラムシが分泌する天然樹脂. **goma ~** (ワニスの原料) シェラック. **5** 《ラ米》《汽》かさぶた.

la·car [la.kár] 他 …にラッカーをかける，ニスを塗る.

la·ca·yo,ya [la.ká.jo, -.ja] 男 女 《軽蔑》おべっか使い，追従者. ― 男 **1** (仕着せ・制服を着た) 下男, 従僕. **2** 馬丁.

la·ca·yu·no, na [la.ka.jú.no, -.na] 形 下男 [従僕] のような；卑屈な.

la·ce·a·da [la.θe.á.ða / -.se.-] 女 《ラ米》《アルゼン》鞭うちで打つこと.

la·ce·a·dor [la.θe.a.ðór / -.se.-] 男 《ラ米》(米*) (動物を捕らえる) 投げ縄師, 投げ縄使い.

la·ce·ar [la.θe.ár / -.se.-] 他 **1** リボンで飾る；リボンで結ぶ. **2** 《ラ米》(1) 《アルゼン》鞭(ぼ) [縄] で打つ；ぶつ. (2) 《アルゼン》《汽》《コロン》《グア》ロープで固定する, しっかりくぐる. (3) 《ラ米》(米*) 投げ縄で捕らえる, わなで捕らえる.

la·ce·de·món [la.θe.ðe.món / -.se.-] 形 男 → lacedemonio.

La·ce·de·mo·nia [la.θe.ðe.mó.nja / -.se.-] 固名 ラケダイモン. (1) 古代スパルタの別称. (2) 《ギ神》Zeus の子でスパルタの建設者.

la·ce·de·mo·nio, nia [la.θe.ðe.mó.njo, -.nja / -.se.-] 形 ラケダイモンの，スパルタの. ― 男 女 ラケダイモン人，スパルタ人.

la·ce·na [la.θé.na / -.se.-] 女 [alacena の語頭音消失形] (作り付けの) 食器戸棚.

la·ce·ra·ción [la.θe.ra.θjón / -.se.-.sjón] 女 **1** 引き裂くこと；(感情などを) 傷つけること. **2** 《医》裂傷.

la·ce·ra·do,da [la.θe.rá.ðo, -.ða / -.se.-] 形 **1** 不幸な，不運な. **2** 傷を負った，損なわれた；引き裂かれた. ― 男 女 ハンセン病患者.

la·ce·ran·te [la.θe.rán.te / -.se.-] 形 **1** 傷つける, 傷める. **2** (痛みが) 激しい.

la·ce·rar [la.θe.rár / -.se.-] 他 **1** 傷つける，傷める；引き裂く. **2** (名誉・感情を) 傷つける, 損なう.

la·ce·ria [la.θé.rja / -.sé.-] 女 **1** 困窮，貧苦. **2** 苦痛, 労苦, 厄介.

la·ce·rí·a [la.θe.rí.a / -.se.-] 女 **1** リボン模様 [装飾]. **2** 《建》幾何学文様による装飾.

la·ce·rio·so, sa [la.θe.rjó.so, -.sa / -.se.-] 形 惨めな；貧苦にあえぐ.

la·ce·ro,ra [la.θé.ro, -.ra / -.se.-] 男 女 **1** (動物を捕らえる) 投げ縄使い. **2** (縄を使った罠漁を行う) 密漁者. **3** 野犬捕獲人.

La·cer·ta [la.θér.ta / -.sér.-] 固 《星座》とかげ座.

la·cer·ti·lio [la.θer.tí.ljo / -.ser.-] 形 《男性形のみ》トカゲ (類) の. ― 男 《動》トカゲ.

la·cer·to [la.θér.to / -.sér.-] 男 《動》トカゲ.

la·cer·to·so, sa [la.θer.tó.so, -.sa / -.ser.-] 形 たくましい, 筋肉隆々とした.

la·ce·ta·no, na [la.θe.tá.no, -.na / -.se.-] 形 (スペイン Barcelona のあたりにあったローマ時代の町) ラケタニア Lacetania の. ― 男 女 ラケタニア人.

la·cha[1] [lá.tʃa] 女 《魚》カタクチイワシ.

la·cha[2] [lá.tʃa] 女 《話》恥，恥ずかしさ. **tener po·ca** ― 恥知らずである. **Me da** ―. 私は恥ずかしい.

la·char [la.tʃár] 他 《ラ米》(汽) 《俗》〈人を〉言い寄る, 〈人を〉口説く.

la·che·ar [la.tʃe.ár] 他 《ラ米》(汽) 《俗》〈人を〉言い寄る, 〈人を〉口説く.

la·cho, cha [lá.tʃo, -.tʃa] 形 《ラ米》(チリ)傾いた, 片側が下がった. **a lo** ― 斜めに. ― 男 《話》愛人. ― 男 《ラ米》(汽)(ボリ)《話》色男, 優男；女たらし.

la·ciar [la.θjár / -.sjár] 82 他 《ラ米》(メキ) 〈縮れ毛・癖毛を〉直毛にする, 伸ばす.

la·ci·nia [la.θí.nja / -.sí.-] 女 《植》(葉・花弁の) 条裂.

la·ci·nia·do, da [la.θi.njá.ðo, -.ða / -.si.-] 形 《植》条裂状の.

La·cio [lá.θjo / -.sjo] 固名 ラティウム，ラツィオ：現在の Roma 南東にあった古代イタリアの都市国家でラテン語発祥の地. 後に小ピピンによりローマ教皇に寄進された. [←[ラ] *Latium*；[関連] latín, latino]

la·cio, cia [lá.θjo, -.θja / -.sjo, -.sja] 形 **1** 〈髪が〉直毛の. **2** 〈花などが〉しぼんだ, なえた. **3** 〈筋肉などが〉たるんだ；元気のない.

la·cón [la.kón] 男 豚の肩肉；ショルダーハム.

La·co·nia [la.kó.nja] 固名 ラコニア：ギリシア南部の県. 古代はスパルタ Esparta を中心に繁栄.

la·có·ni·ca·men·te [la.kó.ni.ka.mén.te] 副 簡潔に；言葉少なに.

la·có·ni·co, ca [la.kó.ni.ko, -.ka] 形 **1** 〈文章などが〉簡潔な，手短な. **2** 口数の少ない.

la·co·nio, nia [la.kó.njo, -.nja] 形 (ギリシア南部の) ラコニアの. ― 男 女 ラコニアの住民 [出身者].

la·co·nis·mo [la.ko.nís.mo] 男 **1** (文章などの) 簡潔さ. **2** 口数の少ないこと, 寡黙.

la·cra [lá.kra] 女 **1** (傷・病気の) 痕(を), 傷跡. **2** 傷, 汚点；(社会などの) 悪, 病根；欠点, 欠陥. **La miseria es una ~ que traspasa las fronteras.** 貧困は国境のない社会悪である. **3** 《ラ米》(1) 《アルゼン》《ウルグ》(ご*)潰瘍(な*), ただれ，腫物(な*). (2) 《アルゼン》《汽》かさぶた.

la·cra·do [la.krá.ðo] 男 封蝋(な*) による封緘(な*).

la·crar[1] [la.krár] 他 封蝋(な*)で封緘(な*)する.

la·crar[2] [la.krár] 他 **1** 健康を損なわせる, 病気にかからせる. **2** 損害を与える.

la·cre [la.kre] 男 **1** 封蝋. **barra de** ― 棒状の封蝋. **cerrar con** ― 封蝋で封緘(な*)する. **2** 《ラ米》(ミッバチが) の蜜蝋(な*). ― 形 紅の，赤い.
[←[古ポルトガル] *lacre*；*laca* 「漆；ラッカー」(←[アラビア] *lakk*) より派生]

La·cri·ma chris·ti [lá.kri.ma krís.ti] [ラ] ラクリマ・クリスティ：「キリストの涙」の意で, イタリアのベスビオ山麓(を*) 産のワイン.

la·cri·mal [la.kri.mál] 形 涙の，涙を出す. **glándula** ― 《解剖》涙腺. **bolsa** ― 涙嚢(な*). **conducto** ― 涙小管.

la·cri·ma·to·rio, ria [la.kri.ma.tó.rjo, -.rja] 形 涙の，涙を出させる. ― 男 涙つぼ (= **vaso** ～)：古代ローマ人が哀悼者の涙を入れたと誤って考えられた壺にて. 実際は葬式に用いられた香水瓶.

la·cri·mó·ge·no, na [la.kri.mó.xe.no, -.na] 形 **1** 涙を出させるような, 催涙性の. **gas** ～ 催涙ガス. **2** (芝居などが) お涙ちょうだいの.

la·cri·mo·sa·men·te [la.kri.mo.sa.mén.te] 副 涙ながらに.

la·cri·mo·so, sa [la.kri.mó.so, -.sa] 形 **1** 涙ぐんだ, 涙でいっぱいの. **ojos** ～s 涙ぐんだ目. **voz** *lacrimosa* 涙声. **2** 涙もろい. **3** 涙を誘う, 哀れな.

lac·ta·ción [lak.ta.θjón / -.sjón] 女 授乳, 哺乳(な*).

lac·tan·cia [lak.tán.θja / -.sja] 女 乳；授乳；授乳期. ～ **materna** [**artificial**] 母 [人工] 乳.

lac·tan·te [lak.tán.te] 形 授乳期の；授乳する. ― 男 女 乳児. ― 女 授乳期の女性.

lac·tar [lak.tár] 他 **1** 授乳する, 母乳で育てる. **2** ミルクを飲ませる. ― 自 母乳を飲む；ミルクを飲む.

lac·ta·rio, ria [lak.tá.rjo, -.rja] 形 乳の，牛乳の；酪農の. industria *lactaria* 酪農産業.

lac·ta·sa [lak.tá.sa] 女 【化】ラクターゼ，乳糖分解酵素.

lac·ta·to [lak.tá.to] 男 【化】乳酸塩，乳酸エステル.

lac·te·a·do, da [lak.te.á.ðo, -.ða] 形 ミルクを混ぜた，牛乳を入れた. harina *lacteada* 乳児用調整粉乳.

*__lác·te·o, a__ [lák.te.o, -.a] 形 **1** 乳の，牛乳の，ミルクの. dieta *láctea* 牛乳食. productos ~s 乳製品. vasos ~s 【解剖】乳糜(び)管.
2 乳のような，乳状の. color ~ 乳白色. Vía Láctea 銀河，天の川（▶スペインでは長年 Camino de Santiago とも呼ばれていた）.

lac·tes·cen·cia [lak.tes.θén.θja / -.sén.sja] 女 乳汁質.

lac·tes·cen·te [lak.tes.θén.te / -.sén.-] 形 乳状の；【植】乳汁状の；【生化】乳汁質分泌の.

lac·ti·cí·ne·o, a [lak.ti.θí.ne.o, -.a / -.sí.-] → lácteo.

lac·ti·ci·nio [lak.ti.θí.njo / -.sí.-] 男 乳製品.

lác·ti·co, ca [lák.ti.ko, -.ka] 形 乳の. ácido ~ 【化】乳酸.

lac·tí·fe·ro, ra [lak.tí.fe.ro, -.ra] 形 【解剖】乳管の. conducto ~ 乳管.

lac·ti·na [lak.tí.na] 女 【化】→ lactosa.

lac·tó·me·tro [lak.tó.me.tro] 男 牛乳計.

lac·to·sa [lak.tó.sa] 女 【化】乳糖，ラクトース.

lac·to·ve·ge·ta·ria·no, na [lak.to.βe.xe.ta.rjá.no, -.na] 形 女 乳摂取菜食主義の(人).

lac·tu·ca·rio [lak.tu.ká.rjo] 男 【薬】ラクツカリウム.

lac·tu·men [lak.tú.men] 男 【医】乳痂(か)：乳児の頭部湿疹(しん).

la·cu·na·rio [la.ku.ná.rjo] 男 【建】格間(ごう)：格天井の一区画.

la·cus·tre [la.kús.tre] 形 **1** 湖(水)の；湖に住む；湖畔の；湖上の. aldea ~ 湖畔の村. vivienda ~ 湖上住居. **2** 《ラ米》沼地の，湿地の.

la·da [lá.ða] 女 【植】シスタス，ゴジアオイ.

lá·da·no [lá.ða.no] 男 【化】ラダヌム：ゴジアオイから採る芳香性の樹脂. 香料の原料.

LADE [lá.ðe] 男 《略》*L*íneas *A*éreas *d*el *E*stado（アルゼンチンの）国営航空.

la·de·a·do, da [la.ðe.á.ðo, -.ða] 形 **1** 一方に傾いた[寄った]. El cuadro está ~. 絵が傾いている.
2 《ラ米》(こう)(1) 背の曲がった；格好の悪い. (2) 《話》風采(さい)の上がらない. (3) 《話》腹黒い.

la·de·ar [la.ðe.ár] 他 傾ける，曲げる，よじる. ~ la cabeza 頭を傾ける. ~ un clavo (打ち損ねて)釘(ぎ)を曲げる. ─ 自 **1** 傾く，傾斜する，曲がる. **2** 山腹[斜面]を歩く；わき道へそれる. ─ ~·se 再 **1** 傾く；体を曲げる. **2** よける，身をかわす. **3** (**a...** …に)傾倒する，引かれる. **4** (**con...** …と)同等である，互角である. **5** (**con...** …に)恋する.

la·de·o [la.ðé.o] 男 傾ける[傾く]こと，傾斜；傾倒.

*__la·de·ra__ [la.ðé.ra] 女 山の斜面，山腹.

la·de·rí·a [la.ðe.rí.a] 女 山腹の小さな平地.

la·de·ro, ra [la.ðé.ro, -.ra] 形 **1** 《ラ米》(馬*)(馬車の馬が)右側の. **2** 横の，側面の.
─ 男 《ラ米》支援者；仲間，手下.

la·dier·no [la.ðjér.no] 男 【植】クロウメモドキ.

la·di·lla [la.ðí.ja] 女 【昆】ケジラミ. pegarse como ~ 《話》くっついて離れない.
2 【植】ヤバネオオムギ，ニジョウオオムギ (= cebada ~). **3** 《ラ米》《俗》(1) (コロン)(メキシ)(プエル)しつこい人，迷惑をかける人. (2) 《ラ米》《俗》退屈な人.
─ 男 女 《ラ米》《俗》(1) (コロン)(メキシ)うっとうしい人[もの]. (2) (コロン)(メキシ)ずる賢い人.

la·di·llo [la.ðí.jo || -.ʎo] 男 **1** (馬車の扉の)ひじ掛け. **2** 【印】キャプション；傍注.

la·di·na·men·te [la.ðí.na.mén.te] 副 抜けめなく，悪賢く.

la·di·na·zo, za [la.ði.ná.θo, -.θa / -.so, -.sa] 形 《ラ米》(グアテ)こすい，抜けめのない.

la·di·no, na [la.ðí.no, -.na] 形 **1** 抜けめのない，ずるい，腹黒い. **2** レト・ロマン語の. **3** (中世スペインで，アラビア語に対して)ロマンス語の，スペイン語の. lengua *ladina* スペイン語.
4 《ラ米》(1) (アルゼ)(コロン)(ボリ)(メキシ) 《話》おしゃべりな，話好きな. (2) (先住民が)スペイン語が話せる. (3) (グアテ) 《話》甲高い声の. (4) (*パナ)(グアテ)白人の；スペイン人の血を引いた，メスティーソ mestizo の.
─ 男 **1** ラディノ語，ユダヤ・スペイン語：15世紀末のユダヤ人追放によって旧トルコ帝国領内のバルカン半島に移住したユダヤ人およびその子孫の言語で，特に聖書among宗教書の翻訳に用いられた.
2 レト・ロマン語：スイス・アルプス山地地方のロマンス語でフリウリ語，ラディン語，ロマンシュ語の総称.
[← [ラ] *Latinum* (*Latinus* の対格)]

*__la·do__ [lá.ðo] 男 **1** 側面，側(がわ)，方面. el ~ derecho [izquierdo] 右[左]側. este [otro] ~ del río 川のこちら側[向こう側]. ~ norte del pueblo 町の北側. a ambos ~s 両側に，a un ~ y otro 両側に. mirar a otro ~ 横を向く；知らん顔をする.
2 わき腹，横腹. Siento un dolor en el ~ derecho. 右のわき腹が痛い.
3 そば，近く. a mí ~ 私のそばに[で]. en el ~ de la ventana 窓際に.
4 (中心部に対して)わき，周辺，縁. poner la mesa a un ~ テーブルをわきに置く. mover la bicicleta a un ~ 自転車をわきに動かす[寄せる].
5 (表裏などの)面，一面. un ~ de una moneda 貨幣の片面.
6 (事柄の)側面，一面；観点. un ~ nuevo del asunto 問題の新しい局面. ver el ~ bueno de las cosas 物事のよい面を見る.
7 場所；すき間，余地. por todos ~s 至る所に. hacer un ~ 場所[席]を空ける. Déjame un ~. ちょっと(席を)詰めてくれ. ¿Por qué no vamos a otro ~? どこか別の場所に行かないかい.
8 道；方法，やり方. Voy a seguirlo por otro ~. 別の手段でそれをやる.
9 味方；擁護；《複数で》擁護者. Yo estoy de tu ~. 私は君の味方だ.
10 【数】辺. un ~ del cuadrado 四角形の1辺. **11** 血筋，家系. pariente mío por el ~ paterno 私の父方の親戚(せき). **12** 【スポ】サイド，エンド，ポジション. cambiar de ~ サイドチェンジする.

al lado すぐそばに；隣に. El buzón está ahí *al* ~. ポストはすぐそこにあります.

al lado de... (1) …のそばに，隣に，横に. Mi casa está *al* ~ *del* parque. 私の家は公園の横にある. (2) …と比べて. *Al* ~ *de* ella, eres trabajador. 彼女に比べたら君は働き者だ. (3) …に師事して，…の指導を受けて.

dar de lado a+人 《話》(人)を無視する.

dejar de [*a un*] *lado...* …をわきに置く；無視する.

de lado a lado こちら側から向こう側へ; 端から端まで.
de (medio) lado (1) 斜めに, 傾けて. llevar el sombrero *de* ~ 帽子を斜(ﾅﾅ)にかぶっている. (2) 横に, 横から. dormir *de* ~ 横向きに眠る.
de un lado para otro あちこちへ, 休むことなく.
echarse [hacerse] a un lado 道を譲る.
estar [ponerse] del lado de... …の味方である.
ir cada uno por su lado 《話》 てんでんばらばらに [別々の道を] 行く; 袂(ﾀﾓﾄ) を分かつ.
ir de lado 《話》 大きな間違い [思い違い] をする.
mirar de (medio) lado 見下す.
por otro lado 他方では; その上.
por su lado 〈人〉としては. *por mi* ~ 私としては.
por un lado 一方では.
por un lado..., por otro (lado)... 一方では…, また一方では…. *Por un* ~ José está fuerte en matemáticas, *por otro* sueña con ser pintor. ホセは数学が得意だが, もう一方で画家になる夢を持っている.
[← [ラ] *latus*; 関連 [スペイン] [英] *lateral*]

la·dra [lá.ðra] 囡 ほえること; 猟犬のほえ声.

la·dra·dor, do·ra [la.ðra.ðór, -.ðó.ra] 形〈犬が〉よくほえる, 盛んにほえたてる.

*****la·drar** [la.ðrár] 圁 **1**〈犬が〉**ほえる**, ほえたてる. El perro *ladraba* toda la noche. 一晩じゅう犬がほえていた. **2**《話》怒鳴る, がみがみ言う. Mi padre *ladra*, en vez de hablar. うちの父は話すのでなくて怒鳴る. **3**《話》(言葉だけで) 脅迫する. *Ladra*, pero no se atreve a hacer nada. 彼[彼女]は口でいろいろ言うが, 何もする勇気はない.
ladrar a la Luna 《話》(かなわぬ相手・事物に対して) いたずらにわめき立てる.
— 他 〈命令などを〉怒鳴るように言う, 浴びせる.
[← [ラ] *lātrāre*]

la·dre·rí·a [la.ðre.rí.a] 囡《ラ米》(ｴﾙｻ)(ﾆｶﾞ)(ﾎﾝ) → ladrerío.

la·dre·rí·o [la.ðre.rí.o] 男《ラ米》(ﾒｷ)犬が執拗(ｼﾂｳﾞ)にほえること.

*****la·dri·do** [la.ðrí.ðo] 男 **1** 犬の鳴き声. **2**《話》怒鳴り声, がみがみいう声. **3** 悪口, 中傷.

la·dri·lla·do [la.ðri.já.ðo ‖ -.ʝá.-] 男 **1** れんが敷き [舗装]. **2** タイル張りの床.

la·dri·llar¹ [la.ðri.jár ‖ -.ʝár] 男 れんが製造所 [工場].

la·dri·llar² [la.ðri.jár ‖ -.ʝár] 他〈床に〉れんがを敷く, れんが敷きにする.

la·dri·lla·zo [la.ðri.já.θo ‖ -.ʝá.- / -.so] 男 れんがでの一撃, れんがで殴りつけること.

la·dri·lle·ra [la.ðri.je.ra ‖ -.ʝé.-] 囡 れんが型.

la·dri·lle·rí·a [la.ðri.je.rí.a ‖ -.ʝe.-] 囡《ラ米》れんが工場; れんが造り [製造業].

la·dri·lle·ro, ra [la.ðri.jé.ro, -.ra ‖ -.ʝé.-] 形 れんがの. industria *ladrillera* れんが製造業.
— 男 れんが製造者; れんが販売業者.

‡**la·dri·llo**¹ [la.ðrí.jo ‖ -.ʝo] 男 **1 れんが**. ~ hueco [macizo] 空胴(普通の) れんが. ~ refractario 耐火れんが. ~ visto 模造れんが. ~ color ~ れんがの色. fábrica de ~s れんが工場. ~ de cemento コンクリートブロック. **2**(布地の) れんが積み模様.
ladrillo de chocolate 板チョコのブロック.
ser un ladrillo 《話》〈書物が〉分厚いだけで内容がない; 〈人が〉退屈である.
[← [古スペイン] *ladrielo*; *ladre* (← [ラ] *later*「れんが」) + 縮小辞]

la·dri·llo² [la.ðrí.jo ‖ -.ʝo] 男《俗》泥棒.

‡**la·drón, dro·na** [la.ðrón, -.ðró.na] 形 盗みを働く, 盗みの.
— 男 囡 **1 泥棒**, 窃盗, 盗人. detener a un ~ 泥棒を捕まえる. ¡Al ~! 泥棒だ. cueva de *ladrones* 泥棒の巣窟. La ocasión hace al ~.《諺》機会が泥棒を作る. el buen ~ 善良盗人 (◆キリストの右側に磔(ﾊﾘﾂｹ)になった聖ディスマス Dimas のこと). el mal ~《聖》邪(ﾖｺｼ)しま盗人 (◆キリストの左側に磔になった最期まで改心しなかった盗人 Gestas のこと).
2《親愛》悪がき, 腕白坊主.
— 男 **1**《電》分岐ソケット. **2** 水門, 取水口. **3**(焼け落ちてろうそくを溶かす) 芯(ｼﾝ)の燃えかす.
[← [ラ] *latrōnem* (*latrō* の対格)「盗賊」(原義は「傭兵(ﾖｳﾍｲ)」)]

ladrón
Al que robe llámalo así.
LADRÓN. 「盗みをする人を泥棒と呼ぼう」

la·dro·ne·ar [la.ðro.ne.ár] 圁 盗みを生業(ﾅﾘﾜｲ) とする.

la·dro·ne·ra [la.ðro.né.ra] 囡 **1** 泥棒の根城. **2**《建》跳ね出し狭間, 石落とし.

la·dro·ne·rí·a [la.ðro.ne.rí.a] 囡 盗み, 泥棒行為.

la·dro·nes·co, ca [la.ðro.nés.ko, -.ka] 形 泥棒の (ような), こそこそする. —男《集合的》の泥棒.

la·dro·ni·cio [la.ðro.ní.θjo / -.sjo] 男 → latrocinio.

la·dron·zue·lo, la [la.ðron.θwé.lo, -.la / -.swé.-] 男 囡 (主に子供の) こそ泥. [*ladrón* + 縮小辞]

la·dy [léi.ði] [英] 囡《英国の女性貴族に対する尊称》夫人; 淑女.

la·ga·ña [la.gá.ɲa] 囡《ラ米》(ｴﾙｻ)(ﾒｷ)(ﾎﾝ)(ｳﾞｪﾈ) → legaña.

la·ga·ño·so, sa [la.ga.ɲó.so, -.sa] 形 → legañoso.

la·gar [la.gár] 男 (ブドウ・リンゴ・オリーブの) 圧搾場; 圧搾用桶(ｵｹ), 圧搾機.

la·ga·re·jo [la.ga.ré.xo] 男 *hacerse lagarejo* (食用のブドウが) 押しつぶされる.

la·ga·re·ro [la.ga.ré.ro] 男 (ブドウ・リンゴ・オリーブの) 圧搾場で働く人.

la·ga·re·ta [la.ga.ré.ta] 囡 水たまり.

la·gar·ta [la.gár.ta] 囡 → lagarto.

la·gar·te·ar [la.gar.te.ár] 他《ラ米》(1)(ｸﾞｧﾃ)(ｻﾙ)〈トカゲを〉捕まえる. (2)《話》〈人に〉お世辞を言う. (3)《ﾍﾟﾙｰ》〈人の〉両腕を縛る [しっかり押さえる].

la·gar·te·ra·no, na [la.gar.te.rá.no, -.na] 形 (スペイン Toledo 県の刺繍(ｼｼｭｳ) で有名な) ラガルテラ Lagartera の. *manteles* ~*s* ラガルテラ産のテーブルクロス. — 男 囡 ラガルテラの住民 [出身者].

la·gar·te·ro, ra [la.gar.té.ro, -.ra] 形 〈動物が〉トカゲを捕食する. — 囡 トカゲの巣.

*****la·gar·ti·ja** [la.gar.tí.xa] 囡 **1**《動》**小トカゲ**. **2**《ラ米》(ｸﾞｧﾃ)腕立て伏せ. (2)《ﾒｷ》二頭筋.
moverse más que el rabo de una lagartija 《話》《ラ米》むずむずする, そわそわする.

la·gar·ti·je·ar [la.gar.ti.xe.ár] 圁《闘牛》剣を半ばまで突き刺し, 闘牛を死に至らしめる技.

la·gar·ti·je·ro, ra [la.gar.ti.xé.ro, -.ra] 形 〈動物が〉トカゲを捕食する.

la·gar·ti·jo [la.gar.tí.xo] 男《ラ米》(ｸﾞｧﾃ)遊び人.

la·gar·to, ta [la.gár.to, -.ta] 形《話》ずる賢い, 狡猾(こうかつ)な.
— 男女 **1**《動》トカゲ. **2** 狡猾な人, 腹黒い人.
— 男《解剖》上腕二頭筋. ～ de Santiago サンティアゴ騎士団 la Orden de Santiago のシンボルの赤い剣. **3**《星座》[L-] とかげ座 (=Lacerta). **4**《ラ米》(1) (チリ)《動》ワニ. ～ de Indias カイマンワニ. (2) (アルゼ)(ウルグ)道徳家人. (3) (アルゼ)(話) 抜けがない男；守銭奴. (4) (コロン)《話》役所を食い物にする人[職員]；策士.
— 女 **1**《昆》マイマイガ.
2《軽蔑》あばずれ；売春婦.
— 間投《魔よけのまじない》《繰り返して》くわばら, くわばら；つるかめ, つるかめ.
[←《俗ラ》*lacartus←［ラ］lacertus]

la·gar·tón, to·na [la.gar.tón, -.tó.na] 形《話》ずるい, 悪賢い. (ラ米)(話)(コロン)こすっからい, 強欲な.
— 男女《話》ずるい人, 悪知恵の働く人.
— 女《話》《軽蔑》あばずれ；売春婦.

la·ger [lá.ger] 男《ビールが》ラガータイプの.
— 女《複~, ~s》ラガービール.

la·go [lá.go] 男 湖, 湖水. ～ de agua salada 塩湖. L～ Baikal バイカル湖.
[←［ラ］lacum (lacus の対格)「桶；池, 湖」［関連］laguna. ［ポルトガル］〔伊〕lago. ［仏］lac. ［英］lake]

la·go·mor·fo [la.go.mór.fo] 形 ウサギ (目) の.
— 男《複数で》ウサギ；ウサギ目.

la·go·te·ar [la.go.te.ár] 自《話》こびへつらう, おもねる.

la·go·te·rí·a [la.go.te.rí.a] 女《話》おべっか, こびへつらい.

la·go·te·ro, ra [la.go.té.ro, -.ra] 形《話》おべっか使いの.

*__lá·gri·ma__ [lá.gri.ma] 女 **1** 涙 (のひとしずく). echar una ～を流す. deshacerse [ahogarse, anegarse, bañarse] en ～s 泣き崩れる. enjugarse [secarse] las ～s (自分の) 涙をぬぐう. llorar a ～ viva 大泣きする.
2《複数で》辛酸, 苦痛. valle de ～s 憂き世. Le costó ～s y sangre sacar adelante el proyecto. 彼[彼女]はその計画を推し進めるのに血のにじむような苦労をした. **3** 涙状のもの, しずく, (樹脂などの) 小さい玉；飴(あめ)玉；(アルコールなどの) 少量.
asomarle las lágrimas a los ojos (a+人) 〈人〉が涙を浮かべる.
lágrima de San Pedro《ラ米》(アルゼ)(ウルグ) 6月の長雨. ♦聖ペテロの祝日 6 月 29 日に由来する.
lágrimas de cocodrilo《話》そら涙, 偽りの涙；うわべだけの悲嘆. ♦ワニは獲物を食べながら涙を流すという言い伝えから.
llorar(...) (con) lágrimas de sangre (…を) 後悔する.
*sáltarse*le *las lágrimas* (a+人) 〈人〉が涙をこぼす. Al oír la noticia, *se me saltaron las* ～*s*. 私はその知らせを聞いたら涙が出た.
[←［ラ］lacrimam (lacrima の対格).［関連］lacrimoso, lacrimógeno.［英］lacrimatory「涙の；催涙の」]

la·gri·ma·ble [la.gri.má.ble] 形 泣くに値する.

la·gri·ma·cer [la.gri.ma.θér / -.sér] 98 自 → lagrimar.

la·gri·mal [la.gri.mál] 形 涙の, 涙を分泌する. glándula ～《解剖》涙腺. — 男 目頭.

la·gri·mar [la.gri.már] 自 涙を流す, 泣く.

la·gri·me·ar [la.gri.me.ár] 自 **1**〈目が〉涙を分泌する, 涙が出る. **2** すぐに泣く.

la·gri·me·o [la.gri.mé.o] 男 涙の分泌.

la·gri·mi·lla [la.gri.mí.ja ‖ -.ʎa] 女《ラ米》(チリ) (発酵前の) ブドウの搾り汁.

la·gri·món [la.gri.món] 男《話》男 大粒の涙. [lágrima + 増大辞]

la·gri·mo·so, sa [la.gri.mó.so, -.sa] 形 **1** 涙ぐんだ, 涙いっぱいの. **2** 涙を誘う.

*__la·gu·na__ [la.gú.na] 女 **1** 小さな湖；潟, 潟湖.
2 (連続の中の) 空白, とぎれ. ～s de mi educación 私の受けた教育の空白部分.
3 (原稿・作品などの) 不備；欠落.

la·gu·na·jo [la.gu.ná.xo] 男 水たまり.

la·gu·nar [la.gu.nár] 男《建》格間(ごうま)：格天井の一区画.

la·gu·na·zo [la.gu.ná.θo / -.so] 男 → lagunajo.

la·gu·ne·ro, ra [la.gu.né.ro, -.ra] 形 潟の.
2 (スペイン Canarias の都市) ラ・ラグーナ La Laguna の. — 男女 ラ・ラグーナの住民 [出身者].

la·gu·no·so, sa [la.gu.nó.so, -.sa] 形 潟の多い.

lai·ca·do [lai.ká.đo] 男 **1** (聖職者に対して) 在俗であること. **2**《集合的》平信徒, 在家.

lai·cal [lai.kál] 形 聖職者の, 在俗の.

lai·ca·li·zar [lai.ka.li.θár / -.sár] 97 他《ラ米》(チリ) 世俗化する, 脱宗教化する.

lai·ci·dad [lai.θi.đáđ / -.si.-] 女 世俗性, 非宗教性.

lai·cis·mo [lai.θís.mo / -.sís.-] 男 **1** 世俗性, 非宗教性. **2** 世俗主義；政教分離主義.

lai·cis·ta [lai.θís.ta / -.sís.-] 形 世俗主義の；政教分離主義の. — 男女 世俗主義者；政教分離主義者.

lai·ci·za·ción [lai.θi.θa.θjón / -.si.sa.sjón] 女 世俗化, 非宗教化, 政教分離.

lai·ci·zar [lai.θi.θár / -.si.sár] 97 他 (政治・社会機関などを) 世俗化する, 非宗教化する.

lai·co, ca [lái.ko, -.ka] 形 俗人の, 世俗の, 非宗教的な. escuela *laica* (宗教系学校に対し) 普通学校. estado ～ 非宗教国家. — 男女 平信徒, 在家.

la·ís·mo [la.ís.mo] 男《文法》ライスモ. ▶「女性」を指す間接目的格人称代名詞 le, les の代わりに la, las を使用すること. スペイン Castilla, León 地方に多く見られる. → la [le dije] 私は彼女に言った. *las* sucedió [les sucedió] 彼女ら (の身の上) に (出来事が) 起こった. → leísmo. [la + -ismo]

la·ís·ta [la.ís.ta] 形《文法》ライスモ laísmo のライスモを用いる. — 男女 ライスモを用いる人.

la·ja¹ [lá.xa] 女 **1** 平たくすべすべした石；石の薄板.
2《海》(小石が堆積(たいせき)した) 浅瀬.
3《ラ米》(1) (ウルグ)(チリ)(コロン) 砂岩 (の板石). (2) (メヒコ) 急勾配(こうばい)の土地, 急斜面.

la·ja² [lá.xa] 女《ラ米》(チリ)(アルゼ) 細網, 細いロープ.

la·kis·mo [la.kís.mo] 男 湖畔派, 湖畔詩人派：18世紀末の英国の湖水地方に住んだロマン主義の詩派. [［英］*Lake* + -ismo]

La·la [lá.la] 固名《ラ米》ララ：Eduarda の愛称.

La·lo [lá.lo] 固名《ラ米》ラロ：Eduardo の愛称.

Lam [lám] 固名 ラム. Wilfredo ～ (1902-82). キューバの画家.

la·ma¹ [lá.ma] 女 **1** 軟泥, 沈泥；《鉱》泥状になった鉱物. **2**《植》緑藻植物, アオサ. **3**《ラ米》(1) (コロン)(エクア)(ボリビア)(チリ) 苔(こけ). (2) (コロン)(チリ) かび, 緑青.

la·ma² [lá.ma] 女 → lamé.

la·ma³ [lá.ma] 男《宗》ラマ僧. Dalai L～ ダライ・ラマ (ラマ教の教主の称号).

la·ma·ís·mo [la.ma.ís.mo] 男《宗》ラマ教：チベット仏教.

la·ma·ís·ta [la.ma.ís.ta] 形《宗》ラマ教の.

—男女 ラマ教徒.

La Man·cha 固名 → Mancha.

la·ma·se·rí·a [la.ma.se.rí.a] 女 ラマ教僧院.

lam·ba·da [lam.bá.ða] 女《音楽》ランバダ：ブラジルの音楽，また踊り.

lam·ba·re·ar [lam.ba.re.ár] 自《ラ米》《話》(当てもなく)ぶらつく，(ぶらぶらと)歩き回る.

lamb·da [lám.da] 男 ラムダ（Λ，λ）：ギリシア語アルファベットの第11字.

lamb·da·cis·mo [lam.da.θís.mo / -.sís.-] 男 r 音を誤って l 音で発音すること.

lam·be·a·che [lam.be.á.tʃe] 男 女 《ラ米》《俗》《俗》おべっか使い，ごますり.

lam·be·bo·tas [lam.be.bó.tas] 男 女《単複同形》《ラ米》《話》おべっか使い，ごますり.

lam·be·cu·lo [lam.be.kú.lo] 男 女 《ラ米》《さう》《さら》《紋》《俗》おべっか使い，ごますり.

lam·be·hue·vos [lam.be.(g)wé.ßos] 男 女《単複同形》《ラ米》《紋》《俗》おべっか使い，ごますり.

lam·bel [lam.bél] 男 《紋》レイブル・同族の紋章を区別するマーク.

lam·be·la·dri·llos [lam.be.la.ðrí.jos ‖ -.ʎos] 男《単複同形》《ラ米》《話》信心家ぶる人，偽善者.

lam·be·o·jos [lam.be.ó.xos] 男 女《単複同形》《ラ米》《グ》《俗》おべっか使い，ごますり.

lam·be·pla·tos [lam.be.plá.tos] 男 女 《単複同形》《ラ米》《紋》物ごい；貧乏人.

lam·ber [lam.bér] 他《ラ米》《話》(1) おもねる，ご機嫌を取る，おべっかを使う. (2)《紋》《さら》《紋》なめる. —自《ラ米》《ちち》《話》他人の家で食事をする.

lam·be·ta [lam.bé.ta] 形《ラ米》《話》《さず》《紋》(1) へつらう，お世辞屋の. (2) うまい物に目がない，美食家の.

lam·be·ta·da [lam.be.tá.ða] 女《ラ米》《さず》《さう》《紋》(1)(舌での)ひとなめ，ぺろりとなめること. (2) へつらい.

lam·be·ta·zo [lam.be.tá.θo / -.so] 男《ラ米》→ lambetada.

lam·be·te·ar [lam.be.te.ár] 他《ラ米》《話》(1)《さず》《紋》(ぺろぺろ)なめる，なめ回す. (2)〈人に〉おべっかを使う.

lam·bia·che [lam.bja.tʃe] 男 女《ラ米》《紋》《俗》おべっか使い，ごますり.

lam·bi·che [lam.bí.tʃe] 形《ラ米》《紋》→ lambiscón.

lam·bi·da [lam.bí.ða] 女《ラ米》なめること.

lam·bi·do, da [lam.bí.ðo, -.ða] 形《ラ米》《話》(1) 気取った，うぬぼれた. (2) 恥知らずな，厚かましい. (3)《ざう》ばかにする，ないがしろにする.

lam·bí·o, a [lam.bí.o, -.a] 形《ラ米》《さう》《話》よく食べる，大食らいの.

lam·bio·che [lam.bjó.tʃe] 形《ラ米》《紋》お追従の，おべっか使いの.

lam·bis·cón, co·na [lam.bis.kón, -.kó.na] 形《ラ米》《紋》《さう》《紋》《紋》(1)《さず》《さう》《紋》おべっかを使う，ごますりの. (2)《ざう》《紋》食い意地の張った.

lam·bis·co·ne·ar [lam.bis.ko.ne.ár] 他《ラ米》《紋》(1)〈人に〉おべっかを使う. (2)《ラン》《ざう》意地汚くなる. —自《ラ米》《さう》《紋》《紋》卑屈になる.

lam·bis·co·ne·rí·a [lam.bis.ko.ne.rí.a] 女《ラ米》《ざう》《紋》(1) 食い意地. (2) へつらい，おもねり.

lam·bis·que·ar [lam.bis.ke.ár] 他《ラ 米》《紋》→ lambisconear.

lam·bón, bo·na [lam.bón, -.bó.na] 形《ラ米》《コラン》《紋》《紋》(1) へつらうの. (2) 陰口を言う.

lam·bra·ña [lam.brá.ɲa] 形《ラ米》《ラン》《話》けちな，けちった.

lam·bri·ja [lam.brí.xa] 女 **1**《動》ミミズ（= lombriz）. **2**《話》ひょろひょろにやせた人.

lam·bu·ce·ar [lam.bu.θe.ár / -.se.-] 自《皿に残った料理を》きれいに平らげる，食べてしまう.

lam·brus·que·ar [lam.brus.ke.ár] 他《ラ米》《紋》《紋》《ペろぺろ》なめる.

lambs·wool [láns.(g)ul ‖ láms.bul] 《英》男 子羊の毛，ラムウール.

lam·bu·ce·ar [lam.bu.θe.ár / -.se.-] 自《ラ米》《紋》《話》なめる.

lam·bu·cio, cia [lam.bú.θjo, -.θja / -.sjo, -.sja] 形《ラ米》《紋》《話》食事を横取りする.

lam·bu·zo, za [lam.bú.θo, -.θa / -.so, -.sa] 形《ラ米》《紋》《紋》《紋》《話》よく食べる.

la·mé [la.mé]〔仏〕男 ラメ：金糸，銀糸を織り込んだ織物.

la·me·cu·los [la.me.kú.los] 男 女《単複同形》《俗》《軽蔑》おべっか使い，ごますり.

la·me·dal [la.me.ðál] 男 泥地，泥沼.

la·me·dor, do·ra [la.me.ðór, -.ðó.ra] 形 なめる，なめるのが好きな. —男 **1** シロップ. **2** 追従，おべっか.

la·me·du·ra [la.me.ðú.ra] 女（ぺろぺろ）なめること.

la·me·li·bran·quios [la.me.li.bráŋ.kjos] 男《複数形》《貝》(カキ・ムール貝・ハマグリなど）斧足弁鰓（さい）類の貝.

la·me·li·cor·nio [la.me.li.kór.njo] 形《昆》鰓状（さい）触角の，鰓角上科の. —男（コガネムシ・クワガタムシなど）鰓角上科の昆虫；《複数で》鰓角上科.

la·me·li·rros·tros [la.me.li.ɾós.tros] 男《複数形》《鳥》(カモ・ガン・白鳥などの）板嘴（さん）目の鳥.

*****la·men·ta·ble** [la.men.tá.ble] 形 **1** 悲しむべき，哀れむ，痛ましい. una muerte ～ 哀れな最期. un ～ accidente 痛ましい事故. **2** 嘆かわしい，みじめな，情けない. Es ～ que el plan haya fracasado de nuevo. 計画が再び失敗したとは嘆かわしいことだ.

la·men·ta·ción [la.men.ta.θjón / -.sjón] 女《主に複数で》**1** 嘆き，悲嘆，愁嘆. Muro de las *lamentaciones*（エルサレムの）嘆きの壁. **2** 愚痴，不平. Déjate de *lamentaciones*. 愚痴はやめろ. **3** [L-]《聖》(旧約の）哀歌（略 Lam）. las *Lamentaciones* de Jeremías エレミアの哀歌.

la·men·ta·dor, do·ra [la.men.ta.ðór, -.ðó.ra] 形 **1** 嘆き悲しむ，悲嘆に暮れる. **2** 愚痴っぽい.

*****la·men·tar** [la.men.tár] 他 **1** 残念に思う，気の毒に思う，遺憾に思う；嘆く. El entrenador *lamentó* la falta de motivación de sus jugadores. 監督は選手たちのやる気のなさを嘆いた. *Lamento lo sucedido*.（ある出来事に関して）残念です，遺憾に思います.

2《+不定詞 / que +接続法 …ことを》残念に思う，気の毒に思う，嘆く. *Lamento decirte* que estás suspenso. 残念だが，君は落第だ. Mi madre *lamenta* mucho *que* no estés aquí. 母は君がここにいないことをとても残念がっている.

—～·se 再 **1** 嘆く，愚痴をこぼす. No sirve de nada ～*se* ahora. 今さら嘆いても始まらないよ. **2**《de... / por...》《…を / …について》愚痴をこぼす. Mi vecino siempre *se está lamentando de* la mala educación de sus nietos. お隣さんはいつも孫たちのしつけが悪いと愚痴をこぼしている.

3《de [por]＋不定詞 / de que＋接続法・直説法》《…ことを》嘆く，《…ことについて》愚痴をこぼす. Ella *se lamentaba de estar* trabajando todo el día. 彼女は一日中働いてばかりいることを嘆いていた.

*la·men·to [la.mén.to] 男 嘆き，悲嘆；苦痛の声. Durante toda la noche se oían los ～s del enfermo. 一晩中病人のうめき声が聞こえていた.

la·men·to·so, sa [la.men.tó.so, -.sa] 形 **1** 悲しげな，哀れっぽい；愚痴っぽい. en tono ～ 哀れな口調で. **2** 嘆かわしい，惨めな，ひどい.

la·me·pla·tos [la.me.plá.tos] 男 女〘単複同形〙 **1**《話》甘い物好き. **2**《軽蔑》物ごい，残飯あさり（をする人）. **3**《ラ米》《[ＣＡ]》《俗》おべっか使い，ごますり.

*la·mer [la.mér] 他 **1** なめる，なめ回す. El gato *lame* el plato. 猫が皿をなめている. **2**《波・風など が》優しく触れる. El agua *lame* la orilla. 波が岸辺をひたひたと洗っている. [←〔ラ〕*lambere*].

la·me·rón, ro·na [la.me.rón, -.ró.na] 形《話》甘い物好きな，甘党.

la·me·ru·zo, za [la.me.rú.θo, -.θa / -.so, -.sa] 形《話》甘い物好きな，甘党.

la·me·ta·da [la.me.tá.ða] 女 → lametón.

la·me·ta·zo [la.me.tá.θo / -.so] 男 → lametón.

la·me·te·ar [la.me.te.ár] 他 なめ回す，ペロペロとなめる. ━ ～·se 再《自分の体を》何度もなめる. Los gatos *se lametean* el cuerpo. 猫は自分の体をなめる.

la·me·te·o [la.me.té.o] 男 ペロペロなめること.

la·me·tón [la.me.tón] 男 夢中でなめること. a *lametones* ペロペロと.

la·mia [lá.mja] 女 **1**《ギ神》ラミア：子供をさらって食べるという, 頭が女で下半身が蛇の怪物. **2**《魚》メジロザメ類.

la·mi·do, da [la.mí.ðo, -.ða] 形 **1** やせた，やせこけた. **3**《軽蔑》めかし込んだ. **3** 使い古した，擦り切れた. **4**〈絵など が〉（手を加えすぎて）生彩に乏しい. **5**〈髪が〉なでつけられた. ━ 男 なめること.

la·mien·te [la.mjén.te] 形 なめる；〈波が〉ひたひたと洗う.

*lá·mi·na¹ [lá.mi.na] 女 **1** 薄片，薄板. ～ de oro 金箔（ぱく）. cortar... en ～s finas …を薄切りにする. **2** 挿し絵，図版. ～ en color カラー図版. **3**〖印〗鉛版，版；〖写〗感光版. **4**《動物・人の》姿，外見. **5**〖解剖〗薄層，薄膜；〖植〗葉身，葉片.

[←〔ラ〕*laminam* (*lāmina* の対格)「(金属などの)薄板」；関連〔英〕*lamina*. 〔日〕ラミネート].

lá·mi·na² [lá.mi.na] 男《ラ米》《[ＣＳ]》《[ＣＡ]》《話》ごろつき. ━ 女《ラ米》《[ＣＡ]》《話》きゃしゃな美人.

la·mi·na·ción [la.mi.na.θjón / -.sjón] 女 **1**《金属の》圧延；薄板にすること；薄層に切ること. tren de ～ 圧延機〖設備〗.
2 薄板〖箔（はく）〗で覆うこと；ラミネート加工.

la·mi·na·do, da [la.mi.ná.ðo, -.ða] 形 **1** 圧延された. ～ en caliente 熱間〖高温〗圧延された. acero ～ 圧延鋼.
2 薄層〖薄板〗を張った；ラミネート加工された.
━ 男 **1**《金属の》圧延. ～ en frío 冷間圧延.
2 薄片；貼（は）り合わせ加工した薄板.

la·mi·na·dor, do·ra [la.mi.na.ðór, -.ðó.ra] 形 圧延する，圧延用の. cilindros ～es 圧延ロール.
━ 男 女 圧延工. ━ 男（または女）圧延機.

la·mi·nar¹ [la.mi.nár] 他 **1**《金属を》圧延する，薄板〖箔（はく）〗にする；薄層〖薄板〗に切る.
2 薄層〖薄板〗で覆う；ラミネート加工する.

la·mi·nar² [la.mi.nár] 形 薄板状の，薄片状の，薄片から成る. estructura ～ 薄層構造. corriente ～〖物理〗層流.

la·mi·na·ria [la.mi.ná.rja] 女〖植〗マコンブ.

la·mi·ne·ro, ra [la.mi.né.ro, -.ra] 形 甘党の.
━ 男 女 甘い物好き.

la·mi·no·so, sa [la.mi.nó.so, -.sa] 形 薄層でできている，薄片状の.

la·mis·car [la.mis.kár] [¹⁰²] 他 ペロペロなめる.

la·mo·so, sa [la.mó.so, -.sa] 形 泥に覆われた.

lam·pa [lám.pa] 女《ラ米》《[ＣＳ]》《[ＣＡ]》鍬（くわ）；つるはし.

lam·pa·ce·ar [lam.pa.θe.ár / -.se-] 他〖海〗〈甲板などを〉モップでふく.

lam·pa·la·gua [lam.pa.lá.gwa] 女《ラ米》《[ＣＳ]》〖動〗ボアの一種. → boa.
━ 形《ラ米》《[ＣＳ]》《話》大食いの，がつがつした.

lam·pan·te [lam.pán.te] 形 灯火用の，ランプ用の. aceite ～ 灯油.

lam·par [lam.pár] 自《話》金をせびる；物ごいする.
━ ～·se 再《por... …を》熱望〖切望〗する.

*lám·pa·ra [lám.pa.ra] 女 **1** 電灯，明かり，灯火；（電気）スタンド；電球 (＝ ～ eléctrica). La ～ está encendida [apagada]. 灯がついている[消えている]. ～ colgante ペンダントランプ. ～ de arco アーク灯. ～ incandescente / ～ de incandescencia 白熱電球. ～ de los mineros / ～ de seguridad （鉱夫の）安全灯. ～ de mesa 卓上電気スタンド. ～ de pie フロアスタンド. ～ de rayos infrarrojos [ultravioletas] 赤外線[紫外線]灯. ～ de techo 天井灯；車内灯. ～ de vapor de mercurio 水銀灯. ～ fluorescente 蛍光灯. ～ indicadora パイロットランプ. ～ relámpago〖写〗フラッシュ. ～ solar（医療用の）太陽灯. → luz〖類語〗.
2《灯火・加熱用の》ランプ. ～ de aceite（石油）ランプ. ～ de alcohol アルコールランプ. ～ de gas ガス灯. **3**〖ラジオ〗〖ＴＶ〗真空管；電子管. **4**《話》油の染み，油汚れ. **5**《ラ米》目.
━ 男 女《ラ米》《[ＣＳ]》《話》こうるさい人, 厄介者.
━ 男《ラ米》《[ＣＳ]》《話》泥棒；ぺてん師.

quebrar la lámpara《ラ米》《[ＣＳ]》全てだめにする.

[←〔古スペイン〕*lámpada*←〔ラ〕*lampas*「たいまつ」；関連〔英〕*lamp*].

lam·pa·re·rí·a [lam.pa.re.rí.a] 女 照明器具製造工場；照明器具店.

lam·pa·re·ro, ra [lam.pa.ré.ro, -.ra] 男 女 **1** 照明器具製造（業）者；照明器具商. **2** ランプ職人〖商〗. **3** 点灯係，ランプ係.

lam·pa·ri·lla [lam.pa.rí.ja | -.ʎa] 女 **1** 常夜灯 (＝ ～ de noche)；灯明台. **2** アルコールランプ. **3**〖植〗ポプラ, ハコヤナギ. [*lámpara*＋縮小辞].

lam·pa·rín [lam.pa.rín] 男 **1**（教会で用いる金属製の火屋のある）灯明台. **2**《ラ米》(1)《[ＣＡ]》カンテラ, 手燭（しょく）. (2)石油ランプ.

lam·pa·ris·ta [lam.pa.rís.ta] 男 女 → lamparero.

lam·pa·ri·ta [lam.pa.rí.ta] 女《ラ米》《[ＣＳ]》電球.

lám·pa·ro, ra [lám.pa.ro, -.ra] 形《ラ米》《[ＣＳ]》《話》無一文の，貧乏な.

lam·pa·rón [lam.pa.rón] 男 **1**《話》（衣服についた）油の染み. **2**〖医〗瘰癧（るいれき）, 腺病（せんびょう）. **3**〖獣医〗馬鼻疽（そ）. [*lámpara*＋増大辞].

lam·pa·tán [lam.pa.tán] 男〖植〗ホウセンカ (＝ china).

lam·pa·zo [lam.pá.θo / -.so] 男 **1**〖植〗ゴボウ (＝ bardana). **2**《ラ米》(1)《[ＣＳ]》〖海〗(甲板用の)モ

lam·pe·ar [lam.pe.ár] 他《ラ米》(1) (鉱)(ごぼう)掘る，掘り起こす．(2) (き)(木を)角形に切る，製材する．

lam·pi·ño, ña [lam.pí.ɲo, -.ɲa] 形 **1** ひげのない，ひげの生えていない．**2** 毛の薄い．**3**【植】無毛の．

lam·pión [lam.pjón] 男 ランタン，カンテラ．

lam·pis·ta [lam.pís.ta] 共 男 **1** ランプ商［職人］；照明用具商．**2** 配管工，水道屋．

lam·pis·te·rí·a [lam.pis.te.rí.a] 女 → lamparería．

lam·po [lám.po] 男《文章語》きらめき，閃光(せんこう)，輝き．

lam·pón [lam.pón] 形《ラ米》(コロン)飢えた，腹ぺこの．— 男《ラ米》(チリア)大鍬(くわ)．

lam·pre·a[1] [lam.pré.a] 女【魚】ヤツメウナギ．

lam·pre·a[2] [lam.pré.a] 女《ラ米》(コロン)腫物(しゅもつ)．

lam·pre·ar [lam.pre.ár] 他 **1**《調理した後にワイン・蜂蜜(はちみつ)・スパイスで》〈肉・魚の〉味を引き立たせる．**2**《ラ米》(プェ)鞭(むち)打つ，たたく．

lam·pre·a·zo [lam.pre.á.θo / -.so] 男 鞭(むち)打ち．

lam·pre·hue·la [lam.pre.(g)wé.la] / **lam·pre·í·lla** [lam.pre.í.ja / -.ʎa] 女【魚】ドジョウ．

lámp·sa·na [lámp.sa.na] 女【植】ヤブタビラコ．

lam·pu·ga [lam.pú.ga] 女【魚】シイラ．

LAN [lán] 女《略》Latin American Network ラン航空 (LAN Airlines).

*‡**la·na** [lá.na] 女 **1** 羊毛；毛糸；毛織物．tejido de ~ 毛織物．ovillo de ~ 毛糸玉．calcetines de ~ 毛糸の靴下．chaqueta de ~ ウールのジャケット．~ virgen 新毛．~ artificial 合成ウール．~ de vidrio グラスウール．
2《主に複数で》《話》《軽蔑》(長く伸びた)髪．
3《ラ米》(1) (タッチ)《話》うそ，でたらめ．(2)《ラ米》(コロン)(メキ)(グアテ)(チリ)(サル) お金，銭．(3)《話》ろくでなし，ごろつき；ペてん師．(4)《プェ》苦(にが)い，青苦．
*cardar*le (a+人) *la lana*《話》〈人〉をこっぴどくしかりつける，とっちめる．
ir por lana y volver [*salir*] *trasquilado*《諺》羊毛を刈りに行って坊主頭にされて戻る（もうけるどころか大損をする）．
ser un lana《ラ米》(プェ)怠け者である；恥知らずだ．
［← [ラ] *lānam*（*lāna*「羊毛」の対格）］

la·na·do, da [la.ná.ðo, -.ða] 形【植】細毛の生えた，繊毛状の．

la·nar [la.nár] 形《動物の》毛の採れる．ganado ~ 羊，綿羊．

la·na·ria [la.ná.rja] 女【植】サボンソウ．

lan·ce [lán.θe / -.se] 男 **1** 出来事，事件．~ de amor 情事，恋愛事件．~ de fortuna 運命の転機．
2 局面；場面．~s cómicos こっけいな場面．~ apretado 窮地，難局，苦境．
3 けんか．~ de honor 決闘．**4**（ゲームの）番，手．**5** 投げること，投擲(とうてき)；投網；一網の漁獲．**6**【闘牛】カパ capa で［カポーテ capote で］さばき．**7**《ラ米》(1) (チリ)（建物の中の）一区画，一区分．(2) (ホンジ)（ひらり）と身をかわすこと．sacar ~ 体をかわす．
de lance 買い得の；中古の．*libro de* ~ 見切り本．
tener pocos lances 簡単である；単調である．
tirarse (*a*) *un lance*《ラ米》(コロン)《話》危険を冒す；賭(か)けをする，一か八かやってみる．

lance(-) / **lancé(-)** 活 → lanzar．

lan·ce·a·do, da [lan.θe.á.ðo, -.ða / -.se.-] 形 → lanceolado．

lan·ce·ar [lan.θe.ár / -.se.-] 他 **1** 槍(やり)で突く．**2**【闘牛】(カパ capa で)〈牛を〉あしらう．

lan·cé·o·la [lan.θé.o.la / -.sé.-] 女【植】ヘラオオバコ．

lan·ce·o·la·do, da [lan.θe.o.lá.ðo, -.ða / -.se.-] 形【植】〈葉が〉披針(ひしん)形の．

lan·ce·ra [lan.θé.ra / -.sé.-] 女 槍(やり)掛け．

lan·ce·rí·a [lan.θe.rí.a / -.se.-] 女《集合的》槍(やり)；槍(やり)騎兵隊．

lan·ce·ro [lan.θé.ro / -.se.-] 男 **1** 槍(やり)騎兵．**2**（複数で）ランサーズ（19世紀ヨーロッパで流行した踊りカドリールの一種）；その曲．

lan·ce·ro, ra [lan.θé.ro, -.ra / -.sé.-] 形《ラ米》(カリブ)(話)向こう見ずな，大胆な．

lan·ce·ta [lan.θé.ta / -.sé.-] 女 **1**【医】ランセット；小型の両刃のメス．
2《ラ米》(チリ)(クルタ)(メキ)(ベネ)(ペル)(グアテ) 昆虫の針．(2) (メキ)(プェ)(農)（家畜を追う）突き棒．

lan·ce·ta·da [lan.θe.tá.ða / -.se.-] 女 **1**【医】ランセットによる切開．
2《ラ米》(メキ)(プェ)(農)（突き棒の）突き；突き傷．

lan·ce·ta·zo [lan.θe.tá.θo / -.se.-.so] 男 → lancetada．

lan·ce·te·ro [lan.θe.té.ro / -.se.-] 男 ランセット・ケース．

lan·cha[1] [láɲ.tʃa] 女 **1** ランチ；小型船，艦載ボート．~ ballenera (捕鯨の) キャッチャーボート．~ bombardera (cañonera, obusera) 砲艦．~ de desembarco 上陸用舟艇．~ motora モーターボート．~ rápida 高速艇．~ neumática ゴムボート．~ salvavidas [de salvamento, de socorro, de auxilio] 救命ボート．~ torpedera 魚雷艇．
2 平石，石板．
3（アカアシイワシャコを捕るための）わな，仕掛け．

lan·cha[2] [láɲ.tʃa] 女《ラ米》(チリ)(ペル) 霧，もや；霜．

lan·cha·da [laɲ.tʃá.ða] 女 ランチ1杯の荷，1隻分の船荷．

lan·cha·je [laɲ.tʃa.xe] 男【海】ランチ料，(小型船の) 貨物運送料，用船料．

lan·char[1] [laɲ.tʃár] 男 石切り場，採石場．

lan·char[2] [laɲ.tʃár] 自《ラ米》(チリ)《3人称単数・無主語で》曇る，もや［霧］がかかる；霜が降る．
— 他《ラ米》(コロン) 見つける，認める．

lan·che·ro [laɲ.tʃé.ro] 男 ランチの操縦者；ランチの所有者．

lan·chón [laɲ.tʃón] 男 ランチ，はしけ．［lancha + 増大辞］

lan·ci·nan·te [lan.θi.nán.te / -.si.-] 形〈痛みが〉突き刺すような．

lan·ci·nar [lan.θi.nár / -.si.-] 他 **1** 突き刺す，刺す．**2** 突き刺すような痛みを与える．

land [lán(d)] [複 länder, ~er, ~, ~s]《独》男 (ドイツの地方行政区分) 州．

lan·da [lán.da] 女 荒野，荒れ地，荒蕪(こうぶ)地．

Lan·da [lán.da] 固名 ランダ．Diego de ~ (1524?–79)．スペイン出身のフランシスコ会宣教師．作品 *Relación de las cosas de Yucatán* 『ユカタン事物記』．→ cronista．

land·gra·ve [land.grá.βe] 男【史】(中世ドイツの) 方伯．［← [独] *Landgraf* ］

land·gra·via·to [land.gra.βjá.to] 男【史】(中世ドイツの) 方伯の爵位［領地］．

lan·dó [lan.dó] 男 ランドー馬車；幌(ほろ)付き4輪馬車．［← [仏] *landau*］

lan·dre [lán.dre] 女 **1**【医】リンパ腺(せん)の腫(は)れ；横根．**2** 隠しポケット，内ポケット．

lan·dre·ci·lla [lan.dre.θí.ja ‖ -.ʎa / -.sí.-] 囡 小さな瘤(ニォ), 腫(ニェ)れ.

lan·dre·ro, ra [lan.dré.ro, -.ra] 形 物ごいの.

lan·dri·lla [lan.drí.ja ‖ -.ʎa] 囡 **1**(家畜などの舌下・鼻に産みつけられた)昆虫の卵. **2**(昆虫の卵による)腫物(ニォモ).

la·ne·rí·a [la.ne.rí.a] 囡 羊毛店, 毛織物店.

la·ne·ro, ra [la.né.ro, -.ra] 形 羊毛の, 毛織物の. industria *lanera* 毛織物業. ― 囲 羊毛商, 毛織物商. ― 男 羊毛倉庫.

lan·ga [láŋ.ɡa] 囡 塩漬けのタラ.
［←［仏］*lingue*「タラの一種」←［英］*ling*］

lán·ga·ra [láŋ.ɡa.ra] 男 《ラ米》(ニカ) 《話》腹黒いやつ.

lán·ga·ro, ra [láŋ.ɡa.ro, -.ra] 形 **1**《ラ米》(メキ)ずるい, 悪賢い. **(2)**《ラ米》(コロア)ひょろ長い. **(3)**《メキ》ぶらぶら暮らす, のらくらな. **(4)**《コロア》(ニカ)飢えた, 空腹の.

lan·ga·ru·cho, cha [laŋ.ɡa.rú.tʃo, -.tʃa] 形 《ラ米》(ハイス)(ニカ) →larguirucho.

lan·ga·ru·ta·no, na [laŋ.ɡa.ru.tá.no, -.na] 形 《ラ米》(ヨリス) →larguirucho.

lan·ga·ru·to, ta [laŋ.ɡa.rú.to, -.ta] 形 《話》→larguirucho.

*****lan·gos·ta** [laŋ.ɡós.ta] 囡 **1**【動】ロブスター, イセエビ. **2**【昆】イナゴ, バッタ. nube de ～s イナゴの大群. **3** 破壊的な人; 食べ尽くす人. Es ～ de la familia. やつは一家のごくつぶしだ.
［←［古スペイン］*lagosta*←［俗ラ］*lacusta*「イナゴ; イセエビ」←? ［ラ］*locusta*「イナゴ」, 関連［英］*locust*］

lan·gos·te·ro, ra [laŋ.ɡos.té.ro, -.ra] 形 ロブスター[イセエビ]漁の. barco ～ ロブスター[イセエビ]漁船. ― 男 ロブスター[イセエビ]の漁師.

lan·gos·tín [laŋ.ɡos.tín] / **lan·gos·ti·no** [laŋ.ɡos.tí.no] 男【動】クルマエビ.

lan·gos·tón [laŋ.ɡos.tón] 男【昆】バッタ, イナゴ.

lan·gu·ce·ta [laŋ.ɡu.θé.ta / -.sé.-] 形 《ラ米》《話》飢えた, 空腹の.

lan·gu·cia [laŋ.ɡú.θja / -.sja] 囡 《ラ米》(ニカ)ひもじさ.

lan·gu·cien·to, ta [laŋ.ɡu.θjén.to, -.ta / -.sjén.-] 形 《ラ米》(ニカ) →languciento.

lan·gu·cio, cia [laŋ.ɡú.θjo, -.θja / -.sjo, -.sja] 形 《ラ米》(メキ)《話》飢えた, 空腹の.

lan·gue·te·ar [laŋ.ɡwe.te.ár] 自 《ラ米》(ニカ)なめる.

lán·gui·da·men·te [láŋ.ɡi.ða.mén.te] 副 弱々しく; 無気力に.

lan·gui·de·cer [laŋ.ɡi.ðe.θér / -.sér] 34 自 **1** 衰弱する, やつれる. ～ de amor no correspondido 恋煩いする. **2** 活気がなくなる, (勢いが)弱くなる.

lan·gui·dez [laŋ.ɡi.ðéθ / -.ðés] 囡 《複 languideces》 **1** 衰弱, 憔悴(ショウ). aspecto de extrema ～ 憔悴しきった顔. **2** 無気力, けだるさ, 倦怠(タン).

lán·gui·do, da [láŋ.ɡi.ðo, -.ða] 形 **1** 衰弱した, やつれた, もの憂い. enfermo ～ 衰弱した病人. mirada *lánguida* 物憂げな目つき. **2** 活気のない, 不活発な. discusión *lánguida* 活気に欠ける討論.

lan·gu·so, sa [laŋ.ɡú.so, -.sa] 形 《ラ米》(ニカ)《話》ずるい, 悪賢い; ひょろ長い.

LANICA [la.ní.ka] 囡 《略》*Líneas Aéreas de Nicaragua* 旧ニカラグア航空.

la·ní·fe·ro, ra [la.ní.fe.ro, -.ra] 形 《文章語》羊毛を含んだ.

la·ni·fi·ca·ción [la.ni.fi.ka.θjón / -.sjón] 囡 → lanificio.

la·ni·fi·cio [la.ni.fí.θjo / -.sjo] 男 羊毛工業; 羊毛製品, 毛織物, ラシャ.

la·ni·lla [la.ní.ja ‖ -.ʎa] 囡 (毛織物の)けば; 薄い毛織物.

la·no·li·na [la.no.lí.na] 囡 ラノリン, 羊毛脂.

la·no·si·dad [la.no.si.ðáð] 囡【植】(果実などの)綿毛, 柔毛.

la·no·so, sa [la.nó.so, -.sa] 形 →lanudo **1**.

LANSA [lán.sa] 囡《略》*Líneas Aéreas Nacionales, S. A.* 旧(ペルーの)ランサ(国営)航空.

lans·que·ne·te [lans.ke.né.te] 男【史】(15-16世紀のドイツの)傭兵(ヨウ).

lan·tá·ni·do [lan.tá.ni.ðo] 男【化】**1** ランタニド. **2**《複数で》希土類.

lan·ta·no [lan.tá.no] 男【化】ランタン(記号 La).

la·nu·do, da [la.nú.ðo, -.ða] 形 **1** 毛の多い, 毛がふさふさした. **2**《ラ米》《話》**(1)**《メキ》《ニカラ》粗野な, 無作法な, がさつな. **(2)**《メキ》《グア》金がたっぷりある.

la·nu·gi·no·so, sa [la.nu.xi.nó.so, -.sa] 形 柔毛の多い, 綿毛で包まれた.

*****lan·za** [lán.θa / -.sa] 囡 **1** 槍(ヤリ). correr ～s (馬上試合で)槍で勝負する. **2**(馬車の)轅(ナガエ), 梶棒(カジ). **3**(ホースの)筒先, ノズル. **4** 槍兵(ヘイ); 槍騎兵. **5**《ラ米》《話》**(1)**《コロア》ずる賢い人. **(2)**《コロア》悪徳商人, 高利貸し; 詐欺師. **(3)**《メキ》(ニカ)泥棒. ― 男《ラ米》(ニカ)すり. ― 囲 → lanzar.
con la lanza en ristre 攻撃態勢が整っている; 準備万端整っている.
medir lanzas con+人〈人〉と決闘する; 論争[議論]する.
romper lanzas [*una lanza*] *por...* (危険をおかして) …を擁護する[守る].

lan·za·bom·bas [lan.θa.bóm.bas / -.sa.-] 形《性数不変》【軍】爆弾投下の. ― 男《単複同形》【軍】**(1)**爆弾投下装置(= dispositivo ～). **(2)**迫撃砲.

lan·za·ca·bos [lan.θa.ká.bos / -.sa.-] 形《性数不変》【海】綱を発射する. cañón ～ 綱打ち砲. cohete ～ 救命ロケット.

lan·za·car·gas [lan.θa.kár.ɡas / -.sa.-] 男《単複同形》爆管発射装置.

lan·za·co·he·tes [lan.θa.ko.é.tes / -.sa.-] 形《性数不変》【軍】ロケットを発射する. ― 男《単複同形》【軍】ロケット発射機.

lan·za·da [lan.θá.ða / -.sá.-] 囡 **1** 槍(ヤリ)の一突き; 槍傷(ヤリキズ). **2**《ラ米》《アルゼ》嘔吐(オウト).

lan·za·de·ra [lan.θa.ðé.ra / -.sa.-] 囡 **1**(織機の)杼(ヒ), シャトル;(ミシンの)中釜(ガマ). **2** マーキーズカットをほどこした宝石[ダイヤモンド], それをあしらった指輪.
lanzadera espacial【航空】スペースシャトル.

lan·za·dis·cos [lan.θa.dís.kos / -.sa.-] 男《単複同形》《話》ディスクジョッキー, DJ.

lan·za·do, da [lan.θá.ðo, -.ða / -.sá.-] 形《話》**1** 大胆な, 果敢な; 性急な. **2** 迅速な, 早い. ir ～ 疾走する, 突進する. ― 男 投げ釣り(= pesca al ～).

lan·za·dor, do·ra [lan.θa.ðór, -.ðó.ra / -.sa.-] 形 投げる, 投げ出す. ― 男 囡 **1** 投げる人. **2**【スポ】**(1)** 投手. **(2)**(自転車競技の)発射台, 投擲(トウ)手[者]. **3** 促進者, 振興者.

lan·za·fue·go [lan.θa.fwé.ɡo / -.sa.-] 男《古語》(大砲に点火する)道火棒(ドウヒ), 火縄棒.

lan·za·gra·na·das [lan.θa.ɡra.ná.ðas / -.sa.-]

男《単複同形》《軍》擲弾(てきだん)発射筒.

lan·za·lla·mas [lan.θa.já.mas ‖ -.sá.- / -.sa.-] 男《単複同形》火炎放射器.

＊lan·za·mien·to [lan.θa.mjén.to / -.sa.-] 男 **1** 投げること. **2** 発射, (爆弾などの)投下；打ち上げ；(船の)進水. ～ de un proyectil [torpedo] ミサイル[魚雷]の発射. ～ de una sonda lunar 月探査船の打ち上げ. plataforma de ～ 発射場, 打ち上げ場. **3**《スポ》投擲(とうてき)；投球. ～ de disco [jabalina] 円盤[槍(やり)]投げ. ～ de un penalti ペナルティーキック. **4**（新事業の）着手,（新製品の）売り出し；(活動)開始. campaña de ～ 新発売キャンペーン. **5**《ラ米》《タイプ》立ち退き.

lan·za·mi·nas [lan.θa.mí.nas / -.sa.-] 男《単複同形》《軍》機雷敷設艦, 機雷投下機.

lan·za·mi·si·les [lan.θa.mi.sí.les / -.sa.-] 形《性数不変》ミサイル発射用の, ミサイルを発射する.
— 男《単複同形》ミサイル発射台[装置].

lan·za·pla·tos [lan.θa.plá.tos / -.sa.-] 男《単複同形》《スポ》(射撃の)クレー発射機.

＊＊lan·zar [lan.θár / -.sár] 97 他 **1** (1)（特定のもの・場所・方向に向かって）**投げる**[放(ほう)る], 投げつける, 放り投げる. Venga, *lanza* la pelota hacia aquí. さあ, ボールをこっちに投げて. Unos jóvenes *lanzaron* huevos contra el coche del ministro. 数人の若者が大臣の車に卵を投げつけた. Mario me *lanzó* la llave. マリオは私に鍵を投げてよこした. (2)《スポ》(ボールを投げ・蹴ることからなる)〈罰則を〉施行する. Este jugador sabe ～ muy bien los penaltis. この選手はペナルティキックがとてもうまい. (3)〈ロケット・ミサイル・宇宙シャトルなどを〉発射する, 打ち上げる；〈花火・爆竹を〉打ち上げる；《海》〈船を〉進水させる. → tirar [類語].

2 (1)〈声・叫び声・言葉を〉**発する**. La mujer, al verme, *lanzó* un alarido. その女性は私を見ると悲鳴を上げた. (2)〈警告・命令・声明などを〉発する；〈要請・呼びかけなどを〉行う；〈提案を〉出す. ～ un llamamiento a la solidaridad 連帯を呼びかける. ～ una propuesta de mejora 改善策を提示する. El vigilante le *lanzó* una advertencia al hombre. 警備員はその男に警告を与えた.

3（特定の方向や人に向かって）〈視線を〉**向ける**；（特定の表情・顔つき・しぐさなどを〉する, してみせる. El secuestrador *lanzó* una mirada hacia la ventana. 誘拐犯人は窓の方に視線を向けた. ～ una sonrisa 笑顔を見せる. Cristina me *lanzó* una mirada de satisfacción. クリスティナは私に満足そうな視線を向けた. **4**（商品や芸能人・芸術家・作家などの作品などを〉売り出す；販売[普及]促進する, プロモートする. ～ un nuevo modelo de ordenador portátil ノートパソコンの新モデルを発売する. ～ una novela en Internet インターネットで小説を発表する. **5**《ラ米》(1)《タイプ》《法》立ち退きを命令する. (2)《タイプ》《話》吐く.

—**～·se** 再 **1**（特定の場所・方向に向かって）**飛び出す**, 飛びかかる；飛び降りる, 飛び込む. El tigre se levantó y *se lanzó* sobre el cazador. そのトラは身を起こしてハンターに襲いかかった. Los hombres *se lanzaron* al agua. 男たちは水に飛び込んだ.

2 (1)《**a...**／**en..**》《…に》（意気込んで・突発的に）始める,《…に》（意気込んで・突発的に）着手する, 身を投じる. ～*se a* la compraventa de acciones 株の売買を始める. (2)《**a**＋不定詞》《…を》（勢いよく・突発的に）し始める, （勢いよく・突発的に）《…》する.

Los niños *se lanzaron a abrir* los regalos. 子供たちは勢い込んでプレゼントを開け始めた. (3)《話》スピードを出す, 勢いよく進む. ► 過去分詞で用いられることが多い. ➡Los corredores iban muy *lanzados* desde el principio. 走者たちは初めからハイペースで飛ばしていた.

［← [古スペイン]「槍を投げる」← [後ラ] *lanceāre* 「槍で突く」([ラ] *lancea* 「槍」より派生)［関連］[英] *lance* 「槍(で突く)」］

Lan·za·ro·te [lan.θa.ró.te / -.sa.-] 固名 ランサローテ島：（スペインの）Canarias の一つ.

lan·za·ro·te·ño, ña [lan.θa.ro.té.ɲo, -.ɲa / -.sa.-] 形（スペインの Canarias の）ランサローテの.
— 男女 ランサローテの住民[出身者].

lan·za·tor·pe·dos [lan.θa.tor.pé.ðos / -.sa.-] 形（性数不変）魚雷発射の. tubo ～ 魚雷発射管.
— 男《単複同形》魚雷発射管.

lan·za·zo [lan.θá.θo / -.sá.so] 男 → lanzada 女.

lan·zón [lan.θón / -.són] 男（昔, ぶどう園の番人が使った）太く短い槍(やり).

lan·zue·la [lan.θwé.la / -.swé.-] 女《医》瀉血(しゃけつ)用メス.

la·ña[1] [lá.ɲa] 女 **1**（陶器修繕用の）締め具, 留め金. **2**《医》縫合用クリップ.

la·ña[2] [lá.ɲa] 女 まだ熟していないココナッツの実.

la·ña·dor [la.ɲa.ðór] 男 陶器などを修繕する人.

la·ñar[1] [la.ɲár] 他〈陶器などを〉締め具で修繕する, 留め金でつなぎ合わせる.

la·ñar[2] [la.ɲár] 他〈魚を〉ひらく,〈魚の〉内臓を取り除く.

La·o·con·te [la.o.kón.te] / **La·o·co·on·te** [la.o.ko.ón.te] 固名《ギ神》ラオコーン：トロヤのアポロン神殿の神官.

La·os [lá.os] 固名 ラオス (人民民主共和国)：首都 Vientiane.

la·o·sia·no, na [la.o.sjá.no, -.na] 形 ラオスの, ラオス人[語]の. — 男女 ラオス人. — 男 ラオス語.

Lao-Tse [láo tsé] 固名 老子：紀元前6世紀後半の中国の思想家, 道教の祖.

la·pa[1] [lá.pa] 女（液体の表面に張る）薄皮, 薄膜.

la·pa[2] [lá.pa] 女 **1**《貝》カサガイ. bomba ～（車体の下に仕掛けられた）爆弾. **2**《話》付きまとう人, しつこい人. pegarse a... como una ～ …にしつこく付きまとう. **3**《ラ米》(1)《タイプ》(半切りの)ヒョウタンの器. (2)《タイプ》《俗》(兵士の)情婦. (3)《中米》《鳥》コンゴウインコ. (4)《タイプ》ソンブレロ. ～ sombrero. (5)《コロンビア》《動》バカ：齧歯(げっし)類. → paca[1]. (6)《タイプ》《話》居候(いそうろう). (7)《中米》変人.

la·pa[3] [lá.pa] 女《植》ゴボウ (= lampazo).

la·pa·char [la.pa.tʃár] 男 沼沢地, 湿地.

la·pa·cho [la.pá.tʃo] 男《植》ラパーチョ, タベブイア, イペー.

lá·pa·de [lá.pa.ðe] 女《貝》カサガイ.

la·pa·la·da [la.pa.lá.ða] 女《ラ米》《タイプ》霧雨.

la·pa·ros·co·pia [la.pa.ros.kó.pja] 女 腹腔(ふっこう)鏡手術.

la·pa·ros·có·pi·co, ca [la.pa.ros.kó.pi.ko, -.ka] 形 腹腔鏡による.

la·pa·ros·co·pio [la.pa.ros.kó.pjo] 男 腹腔(ふっこう)鏡.

la·pa·ro·to·mí·a [la.pa.ro.to.mí.a] 女《医》開腹術.

＊La Paz [la páθ / - pás] 固名 **ラ・パス**. (1) ボリビアの行政上の首都. Andes 山脈の3700メートルに位置する. 憲法上の首都は Sucre. ♦1548年スペイン人によ

って建設されたとき Nuestra Señora de la Paz「平和の聖母マリア」と命名, 後スペインからの独立戦争時にボリビア人が決定的勝利を収めた戦闘の和平調印が, 1825年ペルーの Ayacucho で行われたことを記念して, 正式名称を La Paz de Ayacucho「アヤクチョの和平」と改称, 現在に至る. → paceño. (2) メキシコの Baja California 州の州都.

la·pe [lá.pe] 男《ラ米》(ʧ)《話》(1)〈糸・毛が〉もつれた, こんがらかった. (2)〈パーティーなどが〉盛り上がった.

la·pi·ce·ra [la.pi.θé.ra / -.sé.-] 女《ラ米》(1)(ʌʎ)ペン軸; シャープペンシル. (2)(ʌʎ)ボールペン. (3)(ʌʎ)万年筆.

la·pi·ce·ro [la.pi.θé.ro / -.sé.-] 男 **1** シャープペンシル (= portaminas). **2** 鉛筆. **3**《ラ米》(1)(ʌʎ)ペン軸. (2)(ʌʎ)(ɲɲ)(ɲɲ)ボールペン.

lá·pi·ces [lá.pi.θes / -.ses] 男 lápiz の複数形.

lá·pi·da [lá.pi.ða] 女 **1** 石碑, 記念碑 (= ~ conmemorativa). **2** 墓碑, 墓石 (= ~ sepulcral).

la·pi·da·ción [la.pi.ða.θjón / -.sjón] 女 石打ちの刑.

la·pi·dar [la.pi.ðár] 他 **1** 石を投げつけて処刑する. **2**《ラ米》〈宝石を〉加工する, カットする.

la·pi·da·rio, ria [la.pi.ðá.rjo, -.rja] 形 **1** 宝石細工の, 石に刻んだ. inscripción *lapidaria* 碑文. **3**〈文体が〉〈碑文のように〉簡潔な. estilo ~ 碑文体. — 男 **1** 宝石細工師, 宝石商 (= joyero). **2** 石工 (= marmolista). — 男 宝石券.

la·pi·de·o, a [la.pi.ðe.o, -.a] 形 石の, 石のような.

la·pi·di·fi·ca·ción [la.pi.ði.fi.ka.θjón / -.sjón] 女 石化, 石化物.

la·pi·di·fi·car [la.pi.ði.fi.kár] 102 他《化》石のように堅くする, 石化する.
— ~·se 再 石化する, 石のように堅くなる.

la·pi·dí·fi·co, ca [la.pi.ðí.fi.ko, -.ka] 形《化》石化する.

la·pi·do·so, sa [la.pi.ðó.so, -.sa] 形 → lapídeo.

la·pi·lla [la.pí.ja ‖ -.ʎa] 女《植》オオルリソウ属の総称.

la·pi·lli [la.pí.ji ‖ -.ʎi] 〔伊〕男《複数で》《地質》火山礫(ﾚｷ).

la·pis·lá·zu·li [la.pis.lá.θu.li / -.su.-] 男《鉱》ラピスラズリ, 青金石 (= lazulita).

lá·piz [lá.piθ / -.pis] 男《複 lápices》**1** 鉛筆. escribir con ~ 鉛筆で書く. afilar un ~ 鉛筆を削る. ~ estilográfico (= de mina シャープペンシル (= portaminas). dibujo a ~ 鉛筆画. ~ de color 色鉛筆. **2** 鉛筆状のもの. ~ de labios 口紅, リップスティック. ~ de ojos アイライナー. ~ óptico 〘IT〙ライトペン. ~ de pasta《ラ米》(ʧ)(ɲɲ)ボールペン. **3** 鉛筆画.
lápiz (de) plomo《話》石墨, 黒鉛, グラファイト.
[←〔古スペイン〕*lapis*←〔伊〕*lapis*←〔ラ〕*lapis*「石」]

la·pi·zar¹ [la.pi.θár / -.sár] 男 グラファイト〔黒鉛〕鉱山.

la·pi·zar² [la.pi.θár / -.sár] 97 他 鉛筆で書く.

La Pla·ta [la plá.ta] 固名 → Plata.

la·po [lá.po] 男 **1**《話》唾(ﾂﾊﾞ); 痰(ﾀﾝ) (= gargajo). **2**〈鞭(ﾑﾁ)・棒での〉一撃, 殴打; 平手打ち. **3** ひと飲み. **4**《ラ米》(ʧ)(ɲɲ)《俗》だまされやすい人, かも.
de un lapo / del lapo《ラ米》(ʧ)(ɲɲ)一気に.

la·pón, po·na [la.pón, -.pó.na] 形 ラップランドの. — 男 女 ラップ人.
— 男 ラップ語: ウラル語族の一つ.

La·po·nia [la.pó.nja] 固名 ラップランド: スカンジナビア半島最北部の地域.

lap·so [láp.so] 男 **1**（時間の）経過, 流れ; 期間 (= plazo, intervalo). en el ~ de pocas horas 短時間のうちに. **2** → lapsus.

lap·sus [láp.sus] 〔ラ〕男《単複同形》誤り, 間違い (= despiste). ~ cálami 書き間違い. ~ mentis 思い違い. ~ linguae 言い違い. sufrir un ~ うっかりする.

lap·top [lap.tóp] 男《複 ~s, ~》《ラ米》〘IT〙ラップトップ: 1980年代後半に現れた初期のノート型コンピュータあるいはノートパソコン.

la·que [lá.ke] 男《ラ米》(ɲɲ)(ʧ)《狩猟用の》投げ縄〔玉〕. → boleadoras.

la·que·a·do, da [la.ke.á.ðo, -.ða] 形 ラッカー〔漆, ワニス〕塗りの.
— 男 ラッカー塗装, 漆塗り.

la·que·ar¹ [la.ke.ár] 他 …にラッカー〔漆〕を塗る.

la·que·ar² [la.ke.ár] 他《ラ米》(ɲɲ)(ʧ)投げ縄〔玉〕で捕らえる.

Lá·que·sis [lá.ke.sis] 固名《ギ神》ラケシス: 運命の女神 Moiras のひとり.

lar [lár] 男 **1**《主に複数で》〈古代ローマの〉家の守護神, 家々の氏神 (= los dioses *lares*). **2** かまど, 炉. **3**《複数で》家庭. volver a los *lares* 帰宅する.

lar·dar [lar.ðár] / **lar·de·ar** [lar.ðe.ár] 他〈肉などに〉油〔ラード〕を塗る.

lar·de·ro, ra [lar.ðé.ro, -.ra] 形 脂っこい; 太った. jueves ~ 四旬節前の木曜日.

lar·do [lár.ðo] 男 ラード, 豚脂; 脂肪.

lar·dón [lar.ðón] 男《印》(1)（用紙の間に挟まって印刷もれの原因となる）紙片. (2)（校正刷り・原稿の余白への）書き加え, 追加.

la·ren·se [la.rén.se] 形《ベネズエラの》ララ Lara 州の. — 男 女 ララ州の住民〔出身者〕.

lar·ga [lár.ga] 女 **1** 長母音, 長音節. **2**《闘牛》カポーテ capote を振りかざして牛をピカドール picador から引き離す技. **3**《車》ハイビーム. **4**（靴を伸ばすために靴型の後部に入れる）革, フェルト. **5**（ビリヤードの）最長のキュー. **6**《複数で》遅れ, 遅延. dar ~s a... ~を引き延ばす. — 形 女 → largo.

lar·ga·da [lar.gá.ða] 女《ラ米》（競争などの）スタート.

lar·ga·men·te [lár.ga.mén.te] 副 長い間, 時間をかけて, 延々と. noticia ~ esperada 長い間待ち望んだニュース.

lar·gar [lar.gár] 103 他 **1**《話》くれてやる; 食らわせる. ~ una bofetada びんたを一発見舞う. Le *largué* una buena propina. 彼〔彼女〕にはたっぷりチップをはずんだよ.
2《話》〈厄介なものを〉押しつける. *Largó* el perro al vecino. 彼〔彼女〕は隣の人に犬を（飼うように）強引に押しつけた. Nos *largó* un discurso interminable. 彼〔彼女〕の演説を私たちは延々と聞かされた. **3**《俗》解雇する, 首にする. Me *largaron* del hotel. 私はホテルを首になった. **4** 追い払う, 追い出す. ~ los demonios 悪魔を追い払う. **5**《海》〈綱などを〉緩める. ~ las velas 帆を張る.
6《ラ米》《話》(1)(ɲɲ)(ʧ)〈夫・妻を〉捨てる. (2)(ɲɲ)貸す. (3)(ɲɲ)投げる.
— 自 **1**《話》まくし立てる, ぺらぺらしゃべる.
2《話》〈女が〉乳飲みになる.
— ~·se 再 **1**《話》立ち去る, 出ていく, ずらかる. ¡*Lárgate*! とっとと消えうせろ. Los atracadores *se largaron* al oír la sirena. サイレンを聞いて強盗たちは逃げ去った. → huir 類語.

lasaña

2《船が》出帆する，出港する．
3《ラ米》《**a**＋**不定詞**》…し始める，…し出す．*Se largó a llorar.* 彼[彼女]は(突然)泣き出した．
lar·ga·vis·ta [lar.ga.bís.ta] 男 / **lar·ga·vis·tas** [lar.ga.bís.tas] 男 双眼鏡．
lar·ghet·to [lar.gé.to] [伊] 副 〖音楽〗ラルゲットで，ラルゴよりやや速く．── 男 〖音楽〗ラルゲット．

lar·go, ga [lár.go, -.ga] 形 **1**《＋名詞／名詞＋》《**ser**＋／**estar**＋》〈もの・距離が〉長い，細長い，〈衣服が〉丈の長い〈↔*corto*〉．el pelo ～ ロングヘアー，長髪．una llamada de *larga* distancia 長距離電話．Esta falda me queda *larga*. このスカートは私には長い．
2《多くは＋名詞》《**ser**＋》〈時間が〉長い，〈期間が〉長い；長期間の．un contrato a ～ plazo 長期契約．*larga* experiencia 長年の経験．una película de *larga* duración 長時間の映画．ser más ～ que un día sin pan …が延々と続く．Estuvo allí ～s años. 彼[彼女]は長年そこにいた．
3《数量を表す語句＋》…を超えた，優に…も．Tiene setenta años ～s. 彼[彼女]は優に70歳を超えている．Debió de costar un millón ～. 優に100万は費やしたに違いなかった．
4〈量が〉たっぷりの，充分の．cosecha *larga* たっぷりの収穫．
5《**ser**＋／**estar**＋》《話》〈人が〉長身の．
6〈人が〉気前のいい，寛容な．
7〈人が〉ずる賢い，抜け目のない；《スペイン》頭の回転の早い．un joven ～ y astuto 賢くて抜け目のない若者．**8**〈母音・音節が〉長い〈↔*breve*〉；〖音楽〗〈テンポが〉ゆったりとした，ラルゴの．
── 副 長く；じっくりと．hablar ～ じっくり話す．
── 男 女《話》長身の人．
── 男 **1** 長さ．**2**《長さの単位》一馬身，一身長分，一艘身；〈生地の長さの単位〉巾．**3**〖音楽〗ラルゴ，ゆったり堂々としたテンポ[楽章]．**4**〖スポ〗競泳用プールの縦の長さ．Cada día nada varios ～s después del trabajo. 毎日彼[彼女]は仕事が終わるとプールを何往復も泳ぐ．
a la larga 長い目で見れば，結局，最終的には；ゆっくりと，少しずつ．
a lo largo (de...) (…)に沿って，…に渡ってずっと．*a lo ～ de* la vida 生涯にわたって．
a lo largo y (a lo) ancho de... (**1**)〈場所〉の辺り一面に．(**2**)〈時〉に渡ってずっと．
dar largas a... (**1**)〈人〉をやきもきさせる．(**2**) …を先延ばしする．
de largo (**1**) ずっと前から，昔から．(**2**) たっぷりと．trabajar *de* ～ たっぷり働く．(**3**) ロングドレスで．ponerse *de* ～ ロングドレスを着る；社交界にデビューする．
¡largo (de aquí [ahí])!《間投詞的に》(ここから)出て行け，失せろ．
largo y tendido《副詞として》じっくり；だらだら．
para largo ずっと，延々と．ir *para* ～ ずっと続く．
vestirse de largo (**1**)〈女性が〉ロングドレスを着る，盛装する．(**2**)《比喩的》盛大に行う．
[←〔古スペイン〕「たくさんの，気前のよい」←〔ラ〕*largus*；〔古スペイン〕では *luengo*（←〔ラ〕*longus*）が「長い」の意味で用いられた；関連 **largueza**, **alargar**．〔仏〕*large*「幅の広い」．〔英〕*large*「大きい」；音楽用語の日本語「ラルゴ」は同源の〔伊〕*largo* から]

lar·go·me·tra·je [lar.go.me.trá.xe] 男 〖映〗長編映画〈↔*cortometraje*〉．

lar·go·mi·ra [lar.go.mí.ra] 男 →*catalejo*．
lar·go·na [lar.gó.na] 女《ラ米》(チ)(ニク)遅れ，遅延．darle (a＋人) una ～〈人〉を待たせる．
lar·gor [lar.gór] 男 →*longitud*．
lar·gue·ro, ra [lar.gé.ro, -.ra] 形《ラ米》(**1**)(プエリ)(チ)《話》長ったらしい；のろい．(**2**)(チ)気前のよい；豊富な．── 男 **1** 縦材；梁(はり)．**2** 長枕(まくら)．**3**(ベッドの両側の)側材（馬車の）側面材[板]．**4**《スポ》ゴールのクロスバー．**5**(テーブルの)継足し天板．mesa con ～ 伸長テーブル．**6**〖航空〗翼桁(けた)．
lar·gue·za [lar.gé.θa / -.sa] 女 **1** 気前のよさ．con ～ 気前よく．**2** 長さ．
lar·gui·ru·cho, cha [lar.gi.rú.tʃo, -.tʃa] 形《話》《軽蔑》ひょろ長い，ひょろひょろの．
lar·gu·ra [lar.gú.ra] 女 長さ，縦（＝*longitud*）．
lar·gu·ru·cho, cha [lar.gu.rú.tʃo, -.tʃa] 形《ラ米》(ﾒﾋｺ)(ﾆｶ)(ﾎﾞﾘ)(ﾁﾘ) →*larguirucho*．
la·ri [lá.ri] 男 ラリ：グルジアの貨幣単位．
lá·ri·ce [lá.ri.θe / -.se] 男 〖植〗カラマツ．
la·ri·ci·no, na [la.ri.θí.no, -.na / -.sí.-] 形 〖植〗カラマツの．
la·rin·ge [la.ríŋ.xe] 女 〖解剖〗喉頭(こうとう)．
la·rín·ge·o, a [la.ríŋ.xe.o, -.a] 形 **1** 喉頭(こうとう)の．cáncer ～ 喉頭がん．**2** 〖音声〗喉頭音の．
la·rin·gi·tis [la.riŋ.xí.tis] 女《単複同形》〖医〗喉頭(こうとう)炎．
la·rin·go·lo·gí·a [la.riŋ.go.lo.xí.a] 女 〖医〗喉頭(こうとう)学，喉頭病学．
la·rin·go·ló·gi·co, ca [la.riŋ.go.ló.xi.ko, -.ka] 形 喉頭(こうとう)(病)学の．
la·rin·gó·lo·go, ga [la.riŋ.gó.lo.go, -.ga] 男 女 〖医〗喉頭(こうとう)病専門医．
la·rin·gos·co·pia [la.riŋ.gos.kó.pja] 女 〖医〗喉頭(こうとう)鏡検査(法)．
la·rin·gos·co·pio [la.riŋ.gos.kó.pjo] 男 〖医〗喉頭(こうとう)鏡．
la·rin·go·to·mí·a [la.riŋ.go.to.mí.a] 女 〖医〗喉頭(こうとう)切開(術)．
la·rin·go·tra·que·í·tis [la.riŋ.go.tra.ke.í.tis] 女《単複同形》〖医〗喉頭(こうとう)気管炎．
La Rio·ja [la řjó.xa] 固名 →*Rioja*．
La·rra [lá.ř̌a] 固名 ラーラ Mariano José de ～ (1809–37)：スペインのジャーナリスト・批評家．
lar·va [lár.ba] 女 〖動〗幼虫；幼生．
lar·va·do, da [lar.bá.ðo, -.ða] 形 表面に現れない，潜在の．enfermedad *larvada* 潜在性の病気．crisis *larvada* 隠れた危機．
lar·val [lar.bál] 形 幼虫の；幼生(期)の．
lar·va·rio, ria [lar.bá.rjo, -.rja] 形 **1** 幼虫の．un estado ～ 幼虫[幼生]期．
2(病気などが)潜在的な，初期の．
lar·vi·ci·da [lar.bi.θí.ða / -.sí.-] 形 幼虫退治の，殺虫(剤)の．── 男 幼虫退治用殺虫剤．

las [las] 代名《人称》[3人称複数, 女性形] ▶動詞のすぐ前に置かれるが，不定詞・現在分詞・肯定命令形とともに用いられる場合はそれらの後に付けられる．

1《直接目的語》**彼女たち[あなた方]を**，《女性複数名詞を指して》**それらを**．A ellas *las* he visto antes. 彼女たちには以前会ったことがある．Las labores de casa, ¿quién *las* hace? 家事は誰がやるのですか．
2《成句の中で特に意味を持たずに用いられる》→*arreglar* (arreglárselas), *componer* (componérselas)．

la·sa·ña [la.sá.ɲa] 女 〖料〗ラザニア：パスタの一種．

las·ca [lás.ka] 囡 **1** 石片, 石のかけら. **2** 薄片.

las·ca·du·ra [las.ka.ðú.ra] 囡 《ラ米》(俗)すりむくこと; すり傷.

las·car [las.kár] 112 他 **1** 《海》〈綱索を〉徐々に緩める, 繰り出す.
2 《ラ米》(俗)削り取る; 引っかく, 傷つける.

Las Ca·sas [las ká.sas] 固名 ➡ Casas.

las·ci·via [las.θí.bja / -.sí.-] 囡 淫乱(いん), 好色, 猥褻(わい); 猥褻行為.

las·ci·vo, va [las.θí.bo, -.ba / -.sí.-] 形 好色な, 猥褻(わい)な, みだらな. mirada *lasciva* いやらしい目つき.

lá·ser [lá.ser] [英] 男《物理》レーザー. rayo ~ レーザー光線. impresora ~ 〖IT〗レーザープリンタ. ~-disc レーザーディスク.

la·ser·pi·cio [la.ser.pí.θjo / -.sjo] 男《植》(セリ科の)ラセルピティウム属の一種.

la·ser·te·ra·pia [la.ser.te.rá.pja] 囡 レーザー治療[療法].

la·si·tud [la.si.túð] 囡 疲労, 倦怠(けん), 無気力. estado de extrema ~ 極度の疲労状態.

la·so, sa [lá.so, -.sa] 形 **1** 疲れきった, 弱りきった.
2 〈繊維が〉縒(よ)りをかけていない; 〈髪が〉真っすぐな, 縮れていない.

Las Pal·mas [las pál.mas] 固名 ➡ Palmas.

las·tar [las.tár] 他 **1** 〈支払いを〉立て替える.
2 〈罪を〉償う.

L
***lás·ti·ma** [lás.ti.ma] 囡 **1** 哀れみ, 同情. sentir ~ por... …を気の毒に思う. Me inspiran ~ los niños que pasan hambre. 飢えに苦しむ子供たちを見ると哀れに思う. Me da ~ verlo así. あんな姿の彼は見るに忍びない.
2 残念なこと, 惜しいこと. ¡Qué ~! 全く残念だ, 惜しいことだ. ¡Qué ~ que no puedas venir! 君が来られないなんて本当に残念だ. *L*~ que os vayáis ya. 君たちがもう帰ってしまうなんて残念だ. Es una ~ que se haya roto el reloj. 惜しいことにその時計は壊れてしまった. Da ~ tirar ese jersey. そのセーターを捨ててしまうなんてもったいない.
3《複数で》悲惨なこと, 惨状; 嘆き.
── 間投 残念だ, 惜しいことだ. *L*~, hemos perdido el partido por uno a dos. 残念, 1対2で試合に負けてしまった.
hecho una lástima 惨めな有り様になった.
[lastimar (← [俗ラ] *blastemare 「非難する, ののしる」← [後ラ] *blasphēmāre*← [ギ] *blasphēmeín* より派生; [関連] [英] blaspheme 「ののしる」]

las·ti·ma·da [las.ti.má.ða] 囡 《ラ米》(メキ)(コロ)(プエ) ➡ lastimadura.

las·ti·ma·dor, do·ra [las.ti.ma.ðór, -.ðó.ra] 形 **1** 傷をつけやすい, 有害な.
2 (精神的に)傷つける, 感情を害する.

las·ti·ma·du·ra [las.ti.ma.ðú.ra] 囡 傷つけること; 傷, 怪我(けが).

***las·ti·mar** [las.ti.már] 他 **1** 傷つける, 痛める; 害を及ぼす (= dañar, lesionar). Lo *lastimaron* en el brazo. 彼は腕を傷つけられた. Estos zapatos me *lastiman*. この靴はきつくて痛い.
2 (感情を)傷つける; 侮辱する, 不快にさせる (= ofender, dañar). ~ el oído / ~ los oídos 耳障りである. Me *lastimó* tu falta de consideración. 君の無神経さに私は不愉快になった. La *lastimó* en su amor propio. それは彼女の自尊心を傷つけた. **3** 哀れむ, 同情する.
── ~·se 再 **1** 怪我をする, 負傷する. ~ *se* la mano 手に怪我をする. **2**《de...》…を哀れむ, 同情する.
3《de...》…を嘆く, 不平を言う.

las·ti·me·ra·men·te [las.ti.mé.ra.mén.te] 副 悲しげに, 痛ましく.

las·ti·me·ro, ra [las.ti.mé.ro, -.ra] 形 **1** 悲しげな, 痛々しい, 哀れっぽい. voz *lastimera* 哀れな声.

las·ti·món [las.ti.món] 男《ラ米》傷, けが.

las·ti·mo·so, sa [las.ti.mó.so, -.sa] 形 **1** 哀れな, 悲惨な. accidente ~ 痛ましい事故.
2 嘆かわしい, 惨憺(さん)たる. El estado de la casa es ~. その家の状態は目もあてられないほどだ. pérdida *lastimosa* de tiempo 時間の無駄遣い.

las·to [lás.to] 男 立て替え払い(領収)証.

las·tra [lás.tra] 囡 平らな石, 板石 (= laja).

las·tra·do, da [las.trá.ðo, -.ða] 形 **1**《海》バラスト[底荷]を積んだ. **2** 障害のある, 問題を抱えた. un país ~ por inflación インフレに悩む国.

las·trar [las.trár] 他 **1**《海》〈船・気球に〉バラストを積む, 脚荷[底荷]を積む. **2** 妨げる, 邪魔をする.
3《ラ米》(コス)(チ)…に砂利を敷く.

las·tre [las.tre] 男 **1** 重し;《海》バラスト, 脚荷, 底荷;《航空》バラスト, (気球などの)重り. en ~ バラストだけ積んで, 空荷で. largar [echar, soltar] ~ バラストを下ろす. **2** 重荷, 足手まとい. **3**《主に否定的に》分別. Le falta ~. 彼[彼女]には思慮が欠けている. **4**《ラ米》(コス)砂利屑, 砕石.

las·trón [las.trón] 男《集合的》粗石.

lat. 《略》 *latín* ラテン語.

***la·ta** [lá.ta] 囡 **1** 缶; 缶詰. ~ de anchoas アンチョビの缶詰. en ~ 缶入りの.
2 ブリキ, ブリキ板 (= hoja de ~, hojalata).
3 《話》面倒[厄介]なこと; うんざりする[退屈な]話; うるさい人 (= latazo, fastidio). Es una ~ tener que salir ahora. これから出かけなければならないなんてうんざりだ. Ese tío es una ~. あいつには閉口するよ.
4 木摺(きずり), 木舞(こまい): 屋根の下地にする小幅の板.
5 《話》お金, 銭. estar sin ~ / no tener ni una ~ / 《ラ米》(メキ)(プエ) estar en la(s) ~(s) 無一文[すっからかん]である.
6 《ラ米》(1)(プ米)《話》ぶしつけなやつ. (2)(アル) サーベル, 剣. (3)(プエ)《話》日々の糧, 食糧.
barrio de las latas 貧民街.
dar (la) lata a... (1) …をうんざりさせる. (2) 《ラ米》(アル) 鞭(むち)打つ, 懲らしめる, 罰する.
¡Qué lata! / ¡Vaya una lata! うんざりだ, まっぴらだ.
sardinas en lata 缶詰のイワシ; すし詰め(状態).
[← [古スペイン] 「棒切れ, 長い棒」 ← [俗ラ] *latta*; [関連] enlatar]

la·ta·nia [la.tá.nja] 囡《植》ラタニアヤシ, ベニオウギヤシ.

la·tas·tro [la.tás.tro] 男《建》(柱の)台座, 柱礎.

la·taz [la.táθ / -.tás] 囡《複 lataces》《動》ラッコ.

la·ta·zo [la.tá.θo / -.so] 男《話》厄介なこと[人]; うんざりする[退屈な]こと[人]. ¡Vaya ~! なんて面倒なんだ. [lata + 増大辞]

la·te·ar [la.te.ár] 自《ラ米》《話》迷惑をかける, うるさくする; 長話をする, 長々としゃべる.

la·te·bra [la.té.bra] 囡 隠れ場所, 洞穴.

la·te·bro·so, sa [la.te.bró.so, -.sa] 形 隠れた, ひそかな.

la·ten·cia [la.tén.θja / -.sja] 囡 **1** (病気の)潜伏期間. **2** 潜在, 内に秘めること.

la‧ten‧te [la.tén.te] 形 **1** 潜在(性)の, 表面に出ていない, 潜伏の. calor ~【物理】潜熱. en estado ~ 潜伏状態の. rivalidad ~ 内に秘めたライバル意識. peligro ~ 潜在的な危険.
2《ラ米》生き生きとした, 活発な; 鮮明な.

*__la‧te‧ral__ [la.te.rál] 形 **1** 横の, 側面の, わきの. calle ~(本通りと) 並行する通り. nave ~ 側廊.
2 副次的な. cuestión ~ 二次的な問題. **3**〘血縁などが〙傍系の. línea ~ 傍系. **4**【音声】側音の.
── 男 **1** 側面, 横側. los ~*es* del edificio ビルの側部. **2**【演】(舞台の) そで. **3**【スポ】(サッカーなどの) ウイング. ── 女【音声】側音.
[← [ラ] *laterālem* (*laterālis* の対格)(*latus*「側面」より派生); 〘関連〙[英] *lateral*]

la‧te‧ral‧men‧te [la.te.rál.mén.te] 副 **1** 横[側面]に, 横[側面]から. **2** 両側から.

la‧te‧ra‧nen‧se [la.te.ra.nén.se] 形 (ローマの教皇大聖堂) ラテラノの. concilio ~〘カト〙ラテラノ公会議 (1123年, 1139年, 1179年, 1215年, 1512-17年).

la‧te‧rí‧a [la.te.rí.a] 女 **1**《集合的》缶, 缶詰.
2《ラ米》ブリキ工場; ブリキ屋.

la‧te‧rí‧o [la.te.rí.o] 男《ラ米》(ゑ) 缶詰 (類).

la‧te‧ro, ra [la.té.ro, -ra] 形《ラ米》厄介な, うんざりする, うるさい. ── 男 女《ラ米》(1) ブリキ職人, ブリキ屋.(2)《話》おしゃべり, うるさいやつ.

lá‧tex [lá.teks] 男〘単複同形〙【植】(ゴムの木などの) 樹液; ラテックス.

*__la‧ti‧do__ [la.tí.ðo] 男 **1** (心臓の) 鼓動, 動悸(ゑ); 脈動; どきどきという音. **2** ずきずきする痛み, 疼痛(ゑ). **3** (犬の) ほえ声. **4**《ラ米》(*話*) 胃けいれん.

la‧tien‧te [la.tjén.te] 形 **1** 鼓動する, 動悸(ゑ) を打つ, 脈動する. **2** 〘傷が〙ずきずきする, うずく. **3** 〘犬が〙ほえる.

*__la‧ti‧fun‧dio__ [la.ti.fún.djo] 男 **1** (スペイン・ラテンアメリカなどの) ラティフンディオ (↔minifundio), 大土地所有, 大農地. ♦スペインでは13世紀以降Extremadura, Andalucíaのレコンキスタの中で, ラテンアメリカでは征服期に始まり, 17世紀以降の大農園 hacienda の伸長によってさらに拡大した.
2 (古代ローマの) 大土地所有, ラティファンディウム.

la‧ti‧fun‧dis‧mo [la.ti.fun.dís.mo] 男 大土地所有.

la‧ti‧fun‧dis‧ta [la.ti.fun.dís.ta] 形 大土地所有(制) の. ── 男 女 大土地所有者, 大地主.

la‧ti‧ga‧zo [la.ti.gá.θo / -.so] 男 **1** 鞭(む)のひと打ち, 鞭打ち (= azote). 鞭のピシッという音. **2**《話》(突然の強い) 痛み; 感電 (= sacudida). **3** ショックを与える出来事[言葉]. **4**《話》(酒の) ひと飲み, 一杯 (= lingotazo). darse un ~(酒を) 一杯ひっかける.

*__lá‧ti‧go__ [lá.ti.go] 男 **1** 鞭(む) (= azote, fusta). hacer restallar el ~ 鞭を鳴らす.
2 革ひも. **3** (遊園地で) 急カーブで振り回されるコースター. **4**《ラ米》(1)(ゑ)【スポ】(競馬の) 決勝点, ゴール. salir al ~ 成し遂げる. (2) (ゑ) 騎手.
usar [sacar, enseñar] el látigo《話》非常に厳しくする.

la‧ti‧gu‧do, da [la.ti.gú.ðo, -.ða] 形《ラ米》(ゑ) (1) (映画などが) お涙ちょうだいの. (2) (汗で) べとべとの.

la‧ti‧gue‧a‧da [la.ti.ge.á.ða] 女《ラ米》むち打ち.

la‧ti‧gue‧ar [la.ti.ge.ár] 自 **1** 鞭(む) を鳴らす.
2《ラ米》鞭で打つ, 鞭打つ.

la‧ti‧gue‧o [la.ti.ge.o] 男 鞭(む) を鳴らすこと.

la‧ti‧gue‧ra [la.ti.gé.ra] 女 (馬具の) 腹帯.

2《ラ米》(ゑ) 鞭(む) 打ち.

la‧ti‧gue‧ro [la.ti.gé.ro] 男 鞭(む) 作り (職人).

la‧ti‧gui‧llo [la.ti.gí.jo | -.ʎo] 男 **1** 常套句 (= muletilla); わざとらしい表現. **2** 接続ケーブル. **3**【植】(イチゴなどの) ほふく枝, ランナー.

*__la‧tín__ [la.tín] 男 **1** ラテン語. ~ clásico 古典ラテン語. ~ vulgar 俗ラテン語 (後にロマンス諸語の母体となった民衆の口語). ~ medieval 中世ラテン語. bajo ~ 低ラテン語. ~ cristiano キリスト教ラテン語. ~《主に複数で》(自国語の中の) ラテン語(句), ラテン語法. echar *latines* ラテン語(句) を使う.
saber (*mucho*) *latín*《話》抜け目ない, ずる賢い.
[← [ラ] *Latīnē* 副 「ラテン語で」]

la‧ti‧na [la.tí.na] 形 女 → latino.

la‧ti‧na‧do, da [la.ti.ná.ðo, -.ða] 形 (特にイスラム統治時代のイベリア半島のイスラム系住民が) ロマンス語を使用する[できる].

la‧ti‧na‧jo [la.ti.ná.xo] 男《話》《軽蔑》ラテン語混じりのスペイン語, 下手なラテン語. echar ~s (スペイン語の中に) ラテン語を使う, ラテン語の言い回しを用いる.

la‧ti‧nar [la.ti.nár] 自 ラテン語で話す[書く].

la‧ti‧ne‧ar [la.ti.ne.ár] 自 **1** → latinar.
2 好んでラテン語風の表現をする.

la‧ti‧ni‧dad [la.ti.ni.ðáð] 女 **1** ラテン(語) 文化, ラテン語圏, ラテン文化圏; ラテン諸国.
2 低ラテン語. → latín.

la‧ti‧ni‧par‧la [la.ti.ni.pár.la] 女 ラテン語句を多用した文章.

la‧ti‧nis‧mo [la.ti.nís.mo] 男 ラテン語からの借用語, ラテン語法, ラテン語風の表現.

la‧ti‧nis‧ta [la.ti.nís.ta] 形 ラテン語特有の, ラテン語をまねた.
── 男 女 ラテン語[文化] に精通した人, ラテン語学者.

la‧ti‧ni‧za‧ción [la.ti.ni.θa.θjón / -.sa.sjón] 女 ラテン語化, ラテン化.

la‧ti‧ni‧zar [la.ti.ni.θár / -.sár] 他 ラテン(語) 化する. ── 自 ラテン語を用いる.

*__la‧ti‧no, na__ [la.tí.no, -.na] 形《名詞+》 *__(ser+)__* **1** ラテン系の, ラテン民族の, ラテン的な; ラテンアメリカ(人) の. América *Latina* ラテンアメリカ. música *latina* ラテン音楽. los países ~*s* ラテンアメリカ諸国. el temperamento ~ ラテン気質.
2 ラテン語の, ラテンの. la lengua *latina* ラテン語. **3**(ラテンの一地方)ラティウム Lacio のラティウム[ラテン] 人の, 古代ローマ(人) の. **4** ローマカトリックの. La Iglesia *Latina* ラテン[西方]教会, ローマカトリック教会. rito ~ ラテン式典礼. **5**【海】大三角帆の. vela *latina* 大三角帆, ラテンスル.
6《ラ米》(*)ラテン系の, ヒスパニックの. el barrio ~ ラテン地区.
── 男 女 **1** (中南米の) ラテン系の人; ラテンアメリカ人. **2** ラティウム人, ラテン人, 古代ローマ人. **3**《ラ米》(*) ラテン系の人, ラティーノ, ヒスパニック.
cruz latina ラテン式十字架. → cruz.
[← [ラ] *Latīnum* (*Latīnus* の対格)「ラティウム(地方) の」; *Latium*「(ラテン語発祥の地) ラティウム」より派生]

*__La‧ti‧no‧a‧mé‧ri‧ca__ [la.ti.no.a.mé.ri.ka] 固名 ラテンアメリカ, 中南米. → América Latina.

*__la‧ti‧no‧a‧me‧ri‧ca‧no, na__ [la.ti.no.a.me.ri.ká.no, -.na] 形 ラテンアメリカの, 中南米の. literatura *latinoamericana* ラテンアメリカ文学. música *latinoamericana* ラテン音楽.

—男 ラテンアメリカ人, 中南米人.

la・tir [la.tír] 自 **1** 〈心臓が〉鼓動する, 脈打つ, どきどきする (= palpitar), 〈傷が〉ずきずき痛む.
2 〔比喩的〕息づいている. En este poema *late* su genio. この詩には彼[彼女]の才能が脈打っている.
3 〈犬が〉キャンキャンほえる; ほえる.
— 他 《ラ米》《話》予感がする, 虫が知らせる. Me *late* que volverá pronto. 彼[彼女]はじきに戻って来そうな気がする. (2) 《ラプ》うんざりさせる.

la・ti・tud [la.ti.túð] 女 **1** 〖地理〗〖天文〗緯度. a 40° [cuarenta grados] de 〜 Norte [Sur] 北[南]緯40度に. estar en las altas 〜es 高緯度に位置する.〔「経度」は longitud. **2** 幅, 横幅. **3** (主に複数で) 地方, 地域. en estas 〜es この辺で, この地方で. **4** 自由, 許容範囲. Las reglas me permiten cierta 〜 para obrar. 規則は私にある程度の行動の自由を与えてくれる. [←〔ラ〕*lātitūdinem* (*lātitūdō* の対格); (*lātus* 幅の広い, 広大な) → lato) [関連]〔英〕*latitude*]

la・ti・tu・di・nal [la.ti.tu.ði.nál] 形 横方向の, 横に広がる.

la・ti・tu・di・na・rio, ria [la.ti.tu.ði.ná.rjo, -.rja] 形 (特に宗教に関して) 自由(主義)な, 寛容な.
— 男 女 〖宗〗(英国国教会の一派で宗教上の寛容を強調する) 広教会派の人; 自由主義者.

la・ti・tu・di・na・ris・mo [la.ti.tu.ði.na.rís.mo] 男 〖宗〗広教会主義; 自由主義.

LATN [e.le.a.té.é.ne] 〖略〗*Líneas Aéreas de Transporte Nacional* (パラグアイ) の国営航空.

la・to, ta [lá.to, -.ta] 形 **1** 幅の広い, 横幅のある.
2 広大な; 広義の. en (el) sentido 〜 (de la palabra) 広義では.

la・tón [la.tón] 男 **1** 真鍮(しんちゅう).
2 《ラ米》(アルゼ)(パラ)(ウル) サーベル, 剣. (2) 《キュー》(プエ) バケツ. (3) 《プラ》大きな容器[入れ物]. 〜 de basura (キュ) ごみ箱.

La・to・na [la.tó.na] 固名 〖ロ神〗ラトナ: Apolo の母 Leto のラテン語名.

la・to・ne・rí・a [la.to.ne.rí.a] 女 真鍮(しんちゅう)加工工場; 真鍮製品店.

la・to・ne・ro, ra [la.to.né.ro, -.ra] 男 女 真鍮(しんちゅう)細工師[職人]; 真鍮細工商.

la・to・so, sa [la.tó.so, -.sa] 形 〈人が〉うるさい, うんざりさせる. un niño 〜 うっとうしい子供.

la・tréu・ti・co, ca [la.tréu.ti.ko, -.ka] 形 〖カト〗 ラトリアの.

la・trí・a [la.trí.a] 女 〖カト〗ラトリア: 神にのみささげられる最高礼拝. ▶「聖人崇拝」は dulía.

la・tro・ci・nar [la.tro.θi.nár / -.si.-] 自 盗みを働く.

la・tro・ci・nio [la.tro.θí.njo / -.sí.-] 男 盗み, 窃盗; 盗癖.

lats [lats] 男 ラッツ: ラトビア (共和国) の貨幣単位.

lat・vio, via [lát.bjo, -.bja] 形 ラトビア (共和国) の, ラトビア人[語]の.
— 男 女 ラトビア人. — 男 ラトビア語.

lau・ca [láu.ka] / **lau・ca・du・ra** [lau.ka.ðú.ra] 女 《ラ米》(チリ) はげ; 脱毛症.

lau・car [lau.kár] 他 《ラ米》(チリ) …の毛を刈る, 剪毛(せんもう)する.

lau・cha [láu.tʃa] 女 (1) 《ラ米》(アルゼ) その道に明るい人, 熟練者. (2) (チリ)(プラ) 〖動〗ネズミ; やせ細った人. (3) (プラ) 《話》みだらな老人, 色好みの年寄り. (4) (チリ)(プラ) 〖動〗(集合的) 馬; 抜けめない人.
aguaitar [catear] la laucha 《ラ米》(チリ)(プラ) 《話》じっと機会をうかがう.

lau・co, ca [láu.ko, -.ka] 形 《ラ米》(チリ) はげ頭の. — 男 女 《ラ米》(チリ) 《話》はげ頭の人.

la・úd [la.úð] 男 **1** 〖音楽〗リュート. tañedor de 〜 リュート奏者. **2** 〖海〗(地中海の) 1本マストの小型帆船. **3** 〖動〗オサガメ.

laúd (リュート)

lau・da [láu.ða] 女 → laude.

lau・da・ble [lau.ðá.ble] 形 賞賛に値する (= loable).

láu・da・no [láu.ða.no] 男 アヘンチンキ: 止瀉(ししゃ)・鎮咳(ちんがい)・鎮痛に用いる液剤.

lau・dar [lau.ðár] 他 〖法〗判決[裁定]を言い渡す.

lau・da・to・rio, ria [lau.ða.tó.rjo, -.rja] 形 賞賛を表す, 褒めたたえる, 賛美する. — 女 賛辞.

lau・de [láu.ðe] 女 墓碑, 墓石.

lau・de・mio [lau.ðé.mjo] 男 永代借地権譲渡税.

lau・des [láu.ðes] 女 〔複数形〕〖カト〗(聖務日課の) 課賛: 真夜中すぎ, 朝課のあとで唱えられる.

lau・do [láu.ðo] 男 **1** 〖法〗仲裁, 裁定, 調停.
2 《ラ米》(アルゼ) (レストランの) サービス料.

lau・na [láu.na] 女 **1** 金属板; (甲冑(かっちゅう)の) 関節部に用いた鉄札. **2** (屋根用) 粘板岩スレート.

lau・rá・ce・as [lau.rá.θe.as / -.se.-] 女 〔複数形〕〖植〗クスノキ科 (の植物).

lau・re・a・do, da [lau.re.á.ðo, -.ða] 形 月桂冠(げっけいかん)を授与された, 〈名誉〉を与えられた; 〖軍〗サン・フェルナンド十字勲章を与えられた. poeta 〜 桂冠(けいかん)詩人. un escritor 〜 受賞作家. — 男 女 受賞者, 名誉を受けた人; サン・フェルナンド十字勲章受章者. — 男 《スペ》サン・フェルナンド十字勲章 (= cruz *laureada* de San Fernando): スペインの最高勲章.

lau・re・an・do, da [lau.re.án.do, -.ða] 男 女 (大学) 卒業予定者, 学位取得間近の大学生.

lau・re・ar [lau.re.ár] 他 月桂冠(げっけいかん)をかぶせる; (軍人に) サン・フェルナンド十字勲章を与える; 賞[栄誉]を授与する.

lau・re・dal [lau.re.ðál] 男 月桂樹(げっけいじゅ)畑.

lau・rel [lau.rél] 男 **1** 〖植〗ゲッケイジュ; 〖料〗ローリエ, 月桂樹の葉.
2 (主に複数で) 月桂冠(げっけいかん); 栄冠, 栄誉, 名誉. cargado de 〜es 栄誉を担った. cosechar [conquistar] 〜es 栄冠を勝ち得る. mancillar sus 〜es 己の栄誉を汚す.
dormirse en los laureles 《話》(過去の) 栄光の上にあぐらをかく.
laurel cereza [real] 〖植〗セイヨウバクチノキ.
laurel rosa 〖植〗キョウチクトウ.

laurel (ゲッケイジュ)

lau・ren・cio [lau.rén.θjo / -.sjo] 男 → lawrencio.

láu・re・o, a [láu.re.o, -.a] 形 ゲッケイジュ (の葉) の. corona *láurea* 月桂冠(げっけいかん).

lau・re・o・la [lau.re.ó.la] / **lau・ré・o・la** [lau.ré.o.la] 女 **1** 月桂冠(げっけいかん). **2** → auréola. **3** 〖植〗ジンチョウゲ.

lau・rí・fe・ro, ra [lau.rí.fe.ro, -.ra] 形 〖文章語〗月桂冠(げっけいかん)をいただいた, 栄冠に輝く.

lau・ri・sil・va [lau.ri.síl.ba] 女 〖植〗カナリア諸島に分布するゲッケイジュの一種.

lau・ro [láu.ro] 男 (主に複数で) 栄冠, 栄誉.

lau・ro・ce・ra・so [lau.ro.θe.rá.so / -.se.-] 男 〖植〗

セイヨウバクチノキ.
Laus De·o [láus ðé.o] 〚ラ〛（作品の終わりに用いて）神に感謝，神に栄光あれ（= gloria a Dios）.
lau·to, ta [láu.to, -.ta] 形 〘まれ〙見事な，すばらしい.
la·va[1] [lá.ba] 女 **1** 溶岩. un río de 〜 溶岩流.
 2 〘鉱〙洗鉱. **3** 〘ラ米〙〘話〙やっかいな物.
la·va[2] [lá.ba] 活 → lavar.
la·va·ble [la.βá.ble] 形 洗濯可能な，洗浄できる.
*****la·va·bo** [la.βá.βo] 男 **1** 洗面台；洗面器.
 2 洗面所；便所，トイレ. ¿Dónde está el 〜? トイレはどこですか. **3** 〚カト〙手洗式：ミサで奉献のあと，司祭が手を洗う儀式.
la·va·ca·ra [la.βa.ká.ra] 女 〘ラ米〙〘ﾒｷｼ〙〘ｺﾛﾝﾋﾞｱ〙洗面器.
la·va·ca·ras [la.βa.ká.ras] 男 女 〘単複同形〙〘話〙おべっか使い，ごますり.
la·va·ción [la.βa.θjón / -.sjón] 女 洗浄.
la·va·co·ches [la.βa.kó.tʃes] 男 女 〘単複同形〙洗車場.
la·va·cris·ta·les [la.βa.kris.tá.les] 男 女 〘単複同形〙窓拭(ﾌｷ)き掃除人.
la·va·da [la.βá.ða] 女 洗うこと.
la·va·de·ro [la.βa.ðé.ro] 男 洗濯場，洗濯室；洗濯槽；洗車場. **2** 〘鉱〙砂金洗鉱場（= 〜 de oro）. **3** 〘ラ米〙〘ｺﾞﾙ〙クリーニング店（= lavandería）.
la·va·dien·tes [la.βa.ðjén.tes] 男 〘単複同形〙〘まれ〙口内洗浄剤.
la·va·do, da [la.βa.ðo, -.ða] 形 **1**（色が）あせた，色落ちした. **2** 〘ラ米〙〘ｺﾞﾙ〙〘話〙(**1**)（人が）横柄な. (**2**) 明るい髪の色をした；色白の. ― 男 **1** 洗うこと，洗濯. 〜 del mineral 洗鉱. 〜 en seco ドライクリーニング. **2** 〘医〙洗浄. 〜 gástrico / 〜 de estómago 胃洗浄. **3** 淡彩画，水墨画. **4** 〘ラ米〙(**1**) 〘ｱﾙｾﾞﾝ〙〘ｳﾙｸﾞ〙〘ｺﾞﾙ〙洗濯物. (**2**) 〘ｴｸｱ〙洗面器，たらい. (**3**) 〘ｺﾞﾙ〙〘医〙浣腸(ｶﾝﾁｮｳ)；(ﾊﾟﾅﾏ)膣(ﾁﾂ)洗浄.
 dar un buen lavado 〘話〙小言を言う，しかる.
 lavado de cara 〘話〙化粧直し，刷新.
 lavado de cerebro [coco] 〘話〙洗脳.
 lavado de dinero マネーロンダリング.
la·va·dor, do·ra [la.βa.ðór, -.ðó.ra] 形 洗う，洗濯する. máquina *lavadora* 洗濯機；〘工業用〙洗浄機. líquido 〜 洗浄液. oso 〜 〘動〙アライグマ.
― 男 女 洗濯係，洗う人. ― 男 **1**（大砲の）砲口洗浄具. **2** 〘ラ米〙(**1**) 〘ﾒｷ〙〘動〙オオアリクイ. (**2**) 〘ｺﾞﾙ〙洗面器. (**3**) 〘話〙洗剤用. ― 女 洗濯機.
 lavadora superautomática 全自動洗濯機.
 lavador de oro 砂金洗鉱機.
la·va·du·ra [la.βa.ðú.ra] 女 **1** 洗うこと，洗濯，洗浄. **2**（複数で）（洗濯後の）濁った水. **3** 皮のなめし液.
la·va·fru·tas [la.βa.frú.tas] 男 〘単複同形〙（食卓に出す）フィンガーボウル.
la·va·ga·llos [la.βa.gá.ʝos ‖ -.ʎos] 男 〘単複同形〙〘ｺﾛﾝﾋﾞｱ〙〘ｺﾞﾙ〙〘ｴｸｱ〙ラム酒，火酒.
la·va·je [la.βá.xe] 男 **1** 羊毛を洗うこと，洗毛.
 2 〘ラ米〙〘ﾘﾊﾟ〙〘ｺﾞﾙ〙洗濯；洗浄.
la·va·jo [la.βá.xo] 男 水たまり.
la·va·ma·nos [la.βa.má.nos] 男 〘単複同形〙フィンガーボウル；洗面器，洗面台.
la·va·mien·to [la.βa.mjén.to] 男 **1** 浣腸(ｶﾝﾁｮｳ).
 2 洗浄，洗うこと.
la·van·co [la.βáŋ.ko] 男 〘鳥〙ノガモ.
la·van·da [la.βán.da] 女 **1** 〘植〙ラベンダー.
 2 ラベンダー水〘香水，化粧水〙.

*****la·van·de·rí·a** [la.βan.de.rí.a] 女 洗濯屋，クリーニング店；コインランドリー；(ホテルの)ランドリー・サービス；洗濯場，洗濯室.
la·van·de·ro, ra [la.βan.dé.ro, -.ra] 男 女 洗濯屋（の従業員）.
― 女 **1**（昔の）洗濯女. **2** 〘鳥〙セキレイ.
la·van·di·na [la.βan.dí.na] 女 〘ラ米〙漂白剤.
la·ván·du·la [la.βán.du.la] 女 〘植〙ラベンダー.
la·va·o·jos [la.βa.ó.xos] 男 〘単複同形〙洗眼用コップ.
la·va·pa·ra·bri·sas [la.βa.pa.ra.brí.sas] 男 〘単複同形〙〘車〙（フロントガラスの）ウィンドーウォッシャー（ポンプ）.
la·va·pla·tos [la.βa.plá.tos] 男 〘単複同形〙
 1 皿洗い機（= lavavajillas）. **2** 〘ラ米〙(**1**) 〘ｺﾞﾙ〙〘ｱﾙｾﾞﾝ〙〘ｳﾙｸﾞ〙(台所の)流し. (**2**) 〘ﾁﾘ〙〘植〙ナス科ソラナム属の植物：葉は洗剤の代用となる.
― 男 女 〘単複同形〙皿洗い（人）.

*****la·var** [la.βár] 他 **1** 洗う，洗浄する. 〜 la ropa 洗濯をする. 〜 los platos con agua caliente お湯で皿を洗う. 〜le el pelo a un enfermo 病人の髪を洗う. 〜 las manchas しみを洗い落とす. echar a 〜 la sábana シーツを洗濯に出す. 〜 el estómago [una herida] 〘医〙胃[傷]を洗浄する. 〜 los minerales 〘鉱〙洗鉱する. 〜 en seco ドライクリーニングする.
 2（不名誉などを）そそぐ，晴らす；(**de...**)（罪など）から）人を清める. 〜 la ofensa con sangre 受けた侮辱を血で返す. 〜 la mala imagen 悪いイメージを払拭(ﾌｯｼｮｸ)する. **3**〈資金を〉（不正に）洗浄する，マネーロンダリングする. **4**〘美〙…に淡彩を施す.
― 自 **1** 洗濯する. **2** 〘話〙（衣類などが）洗える. *Esta tela lava muy bien y seca rápido*. この生地はとても洗いやすくて，すぐに乾く.
― 〜·**se** 再（自分の体を）洗う；（体の部位を）洗う. 〜*se* la cara 顔を洗う. 〜*se* los dientes 歯を磨く. *Me lavé y me vestí*. 私は体を洗って服を着た.
 [← 〚ラ〛*lavāre*「洗う，入浴させる」/ 関連 lavatorio, loción. 〚英〛*launder*「洗濯する」, *lavatory*]
la·va·rro·pas [la.βa.ró.pas] 男 〘単複同形〙〘ラ米〙〘ｺﾞﾙ〙洗濯機.
― 男 女 〘ラ米〙〘ｺﾞﾙ〙〘まれ〙洗濯屋〘係〙.
la·va·se·co [la.βa.sé.ko] 男 〘ラ米〙〘ｺﾞﾙ〙〘話〙クリーニング店.
la·va·ti·va [la.βa.tí.ba] 女 **1** 〘医〙浣腸(ｶﾝﾁｮｳ)；浣腸液. **2** 〘話〙不快，迷惑.
la·va·to·rio [la.βa.tó.rjo] 男 **1** 洗うこと，洗濯，洗浄. **2** 〘カト〙(聖木曜日の)洗足式；(ミサの)手洗式. **3** 〘医〙洗浄剤. **4** 〘ラ米〙(**1**) 〘ｺﾞﾙ〙〘ｱﾙｾﾞﾝ〙(台所の)流し，シンク. (**2**) 〘ﾒｷｼ〙〘ｺﾞﾙ〙〘ｱﾙｾﾞﾝ〙トイレ，便所. (**3**) 〘ﾍﾟﾙｰ〙洗面器，たらい. (**4**) 洗面台；洗面所.
la·va·ji·llas [la.βa.xí.ʝas ‖ -.ʎas] 男 〘単複同形〙皿洗い機；食器用洗剤.
la·va·zas [la.βá.θas / -.sas] 女 〘複数形〙(洗濯・洗浄後の)濁り水，汚水.
la·ve[1] [lá.βe] 男 〘鉱〙洗鉱.
la·ve[2] [lá.βe] 活 → lavar.
la·vo·te·ar [la.βo.te.ár] 他 〘話〙さっと洗う.
― 〜·**se** 再（自分の体を）さっと洗う.
la·vo·te·o [la.βo.té.o] 男 さっと洗うこと.
law·ren·cio [lau.rén.θjo / -.sjo] 男 〘化〙ローレンシウム〘記号：Lr〙：超ウラン元素の一つ.
la·xa·ción [lak.sa.θjón / -.sjón] 女 **1** 弛緩(ｼｶﾝ)，たるみ；緩めること. **2** 通じをつけること，下剤の使用.
la·xa·mien·to [lak.sa.mjén.to] 男 → laxación.

la·xan·te [lak.sán.te] 形 **1** 通じに効く, 下剤の. **2** 和らげる. un efecto ~ para nervios excitados 興奮した神経を鎮静する効能. ― 男 下剤, 通じ薬.

la·xar [lak.sár] 他 **1** 緩くする, 緩める, 弛緩(しかん)させる. **2** (腸の)通じをつける.

la·xa·ti·vo, va [lak.sa.tí.bo, -.ba] 形 通じ用の, 下剤の. ― 男 下剤, 通じ薬.

la·xi·dad [lak.si.dád] 女 緩いこと, たるみ, 弛緩(しかん); だらけていること.

la·xis·mo [lak.sís.mo] 男 (道徳上・宗教上の)寛容主義, 放任主義.

la·xis·ta [lak.sís.ta] 男 女 寛容主義者.

la·xi·tud [lak.si.túd] 女 → laxidad.

la·xo, xa [lák.so, -.sa] 形 **1** 緩い, たるんだ. **2** だらけた, いい加減な.

lay [lái] 男 (中世フランス文学で)レー, 短詩：8音節2行連から成り, 冒険や恋物語を扱った.

la·ya [lá.ja] 女 **1** 種類. de toda ~ あらゆる種類の. ser de la misma ~ 同種である. **2** 鋤(すき).

la·yar [la.jár] 他 鋤(すき)で掘り返す, 鋤(す)く.

la·ye·ta·no, na [la.je.tá.no, -.na] 形 (昔タラコネンシスにあった)ライェタニア Layetania の. ― 男 女 ライェタニアの人.

la·za·da [la.θá.da / -.sá.-] 女 飾り結び；結び目.

la·zar [la.θár / -.sár] 97 他 **1** 投げ縄[輪]で捕らえる(= lacear). **2** (縄で)縛る.

la·za·re·to [la.θa.ré.to / -.sa.-] 男 **1** 隔離病院, 避病院(= leprosería). **2** 検疫所.

la·za·ri·llo [la.θa.rí.jo ‖ -.ʎo /-.sa.-] 男 盲人の手引きをする少年；盲導犬(= perro ~). ♦スペインのピカレスク小説 *La vida de L~ de Tormes*『ラサリーリョ・デ・トルメスの生涯』の主人公の名に由来.

la·za·ri·no, na [la.θa.rí.no, -.na / -.sa.-] 形 ハンセン病の. ― 男 女 ハンセン病患者.

la·za·ris·ta [la.θa.rís.ta / -.sa.-] 男 【カト】ラザリスト会修道者：1625年フランスの Vicente de Paúl が創立した宣教の司祭会の会員.

lá·za·ro [lá.θa.ro / -.sa.-] 男 物ごい, 見るも哀れな人.

estar hecho un lázaro 傷だらけである.

Lá·za·ro [lá.θa.ro / -.sa.-] 固名 **1**【聖】San ~ 聖ラザロ：死後4日目にイエス Jesús がよみがえらせた男. **2** 男子の洗礼名.

→ lazarino.

la·za·ro·so, sa [la.θa.ró.so, -.sa / -.sa.-] 形 男 女 → lazarino.

‡**la·zo** [lá.θo / -.so] 男 **1** 飾り結び, 蝶(ちょう)結び；(頭髪の)結い目, まげ；(装飾用の)リボン；蝶ネクタイ(= corbata de ~); (女性用フォーマルドレスに合わせる)ロープネックレス；飾り結びの勲章[肩章]. ~ de sombrero 帽子のボウ(結び目のあるリボン飾り). cuello de ~ (フォーマルドレスの)ボウカラー. atarse [recogerse] el pelo con un ~ 髪を結んでまとめる. Señor, ¿le pongo un ~ azul o rojo? お客様, 青にしますか, 赤にしますか. Oiga, se le ha soltado el ~ del delantal. あの, エプロンの紐がほどけていますよ.

2 蝶結び状のもの；環状の装飾. ~ cerrado 【鉄道】ループ線. ~s de crema [chocolate] 生クリーム[チョコレート]による結び目状のデコレーション.

3 投げ縄, わな；計略. caer en el ~ わなに落ちる, だまされる. cazar a ~ 投げ縄で捕まえる. soltarse los ~s del cuello 投げ縄を首から外す；わなから脱出する. tender el ~ わなにかける.

4《複数で》絆(きずな), 結びつき. los ~s de amistad 友情の絆. los ~s de sangre (マフィアなどの)血で結ばれた絆. los ~s que unen Perú y Japón ペルーと日本を結びつける絆. mantener [estrechar] los ~s con... …との関係を維持[強化]する. los ~s diplomáticos [comerciales] entre... y... …と…との外交的[通商的]友好関係.

5【美】組み合わせ模様；(庭木の)芸術的装飾模様. ~s en forma de pentágonos regulares 正五角形による鎖型模様. **6**【スポ】(ダンスの)足で輪を描くステップ；(フィギュアスケートの)ループ.

7《ラ米》(アンデス)縄, 縄跳び用の縄.

echar el lazo a + 人 (好きな人)を自分のものにする. Me decías que te gustaría estar soltero para siempre, pero por fin *te han echado el* ~. 君は一生独身でいたいなんて言っていたが, ついに年貢の納めどきというわけだね.

[←《俗》*laciu「わな, 輪縄」←〔ラ〕*laqueus* (*lacere*「誘う」より派生); 関連 enlazar. 〔英〕*lace*. 〔日〕レース(編み)].

la·zu·li·ta [la.θu.lí.ta / -.su.-] 女【鉱】(1) 天藍(てんらん)石. (2) 青金石, ラピスラズリ (= lapislázuli).

l.c. 《略》*loco citato* 〔ラ〕上記引用文中 (= lugar citado).

LCD [e.le.θe.dé / -.se.-]〔英〕《略》*l*iquid *c*rystal *d*isplay 液晶ディスプレイ.

LDL [e.le.de.é.le]〔英〕《略》【化】*l*ow-*d*ensity *l*ipoprotein 低密度リポタンパク.

Ldo., Lda. 男 女《略》*L*icencia*do*, *L*icencia*da* 弁護士；学士.

‡**le** [le] 代名《人称》《3人称単数》► ふつう動詞のすぐ前に置かれるが, 不定詞・現在分詞・肯定命令形とともに用いる場合はその後に付ける.

1《間接目的語》《男女同形》彼[彼女, あなた, それ]に, 彼[彼女, あなた, それ]にとって, 彼[彼女, あなた, それ]から. No *le* dije la verdad. 私は彼[彼女]に真実を言わなかった. Hace mucho que *le* damos vueltas al asunto. ずいぶん前からその件について忙しく検討している. A esta casa no *le* falta nada. この家にはないものはない. ► 直接目的人称代名詞3人称(lo, le, la, los, las)とともに用いる場合にはその前に置かれ se になる. → se¹.

2《スペイン》《直接目的語》《男性形》彼[あなた]を. *Le* conocí hace muchos años. もう何年も前に彼と知り合った. ► このように *le* を用いるスペインの一部地域を除いては lo が一般的. → lo².

[←〔ラ〕*illi* (*ille*「あれ, あの」の与格); les←*illīs* (*ille* の複数与格); 関連 él, el].

le·a [lé.a]女《俗》売春婦.

lead [líd]〔英〕《複 ~s》(新聞記事などの)書き出し, 冒頭(の段落), リード.

‡**le·al** [le.ál] 形 **1**《a...…に》忠実な. una mujer muy ~ a sus convicciones 自分の信念を決して曲げない女性. El perro es ~ a su amo. 犬は主人に忠実である. Nuestros soldados son ~es al pueblo. 我々の兵士たちは国民を裏切らない.

2〈行為・考え方などが〉誠実な, (人が)信頼するに足る；忠誠心に富む. corazón ~ 偽りのない真心. sentimientos ~es 忠誠心. Son mis ~es amigos. 彼らは信頼できる立派な友人だ.

― 男 女 忠実な支持者.

‡**le·al·tad** [le.al.tád] 女 忠実, 誠実；忠誠, 忠義 (↔ deslealtad). jurar ~ 忠誠を誓う. ~ a la patria 祖国への忠誠.

le·an·dra [le.án.dra] 女《話》ペセタ.

Le·an·dro [le.án.dro] 固名 レアンドロ：男子の洗

leas·ing [lí.siŋ]〖英〗男〖商〗リース. un edificio en ～ リース中の建物.

le·be·che [le.bé.tʃe] 男 (地中海沿岸地方の) 南東風.

le·ber·qui·sa [le.ber.kí.sa] 女〖鉱〗磁硫鉄鉱.

le·bra·da [le.brá.ða] 女〖料〗野ウサギの煮込み.

le·bra·to [le.brá.to] 男 野ウサギの子, 子ウサギ.

le·brel [le.brél] 形 ハウンド種の. perro ～ (野ウサギ狩り用の) ハウンド犬. ― 男 ハウンド種の猟犬. ～ afgano アフガンハウンド. ～ de carrera グレーハウンド. ～ ruso ボルゾイ.

le·bre·ro, ra [le.bré.ro, -.ra] 形 野ウサギを狩る.

le·bri·llo [le.brí.jo‖-.ʎo-] 男 (陶製の) 洗い鉢, たらい (=barreño).

le·brón [le.brón] 男 臆病 (びょう) 者, 小心者. [liebre+増大辞]

le·brón, bro·na [le.brón, -.bró.na] 形〖ラ米〗(諸)(話) 怒りっぽい, 腹黒い, 傲慢 (ごうまん) な.

le·bron·ci·llo [le.bron.θí.jo‖-.ó.-/-.sí.-] 男 子ウサギ.

le·bru·no, na [le.brú.no, -.na] 形 ウサギの, 野ウサギのような.

lec- 「読む」の意の造語要素. ⇒ lección, lectivo, lectura. [←〖ラ〗]

le·ca·no·man·cia [le.ka.no.mán.θja/-.sja] / **le·ca·no·man·cí·a** [le.ka.no.man.θí.a/-.sí.-] 女 (宝石などを金属製の容器に落として行う) 音占い.

lec·ción [lek.θjón/-.sjón] 女 **1 レッスン**, 稽古 (けいこ). Necesitas más *lecciones* para poder tocar el piano. ピアノを弾けるようになるにはもっと練習しなくてはならない.
2 授業, 講演 (▶ 行為としての授業. 授業が行われる単位 [場所] としては clase のほうが好まれる). ～ inaugural (大学の学課における) 初回記念講演. ～ magistral (学会などの) 特別記念講演. dar *lecciones* 授業 [連続講義] する. ¿Cuántas *lecciones* podemos tomar en un semestre? 1学期で何回の授業を受けられますか.
3 (教科書などの) 課 [内容], 課題. con pocas *lecciones* 少し学んだだけで. tener muchas *lecciones* para mañana 明日までにこなすべき課題がたくさんある. tomar la ～ a+人〈人〉に学んだことをおさらいさせる, 暗誦 (しょう) させる. Mañana estudiaremos la ～ cuatro. 明日は第4課を勉強しましょう. **4** 戒め. dar una ～ a+人〈人〉を上手に戒める. **5**《de...》...に関しての)教訓, 見本. Mi padre siempre me daba *lecciones* de madurez. 父は私にとっては常に大人の見本であった. **6** 教的行為 (=lectura); 解釈. **7**〖カト〗(ミサで読まれる) 聖書などの一節.
dar la lección 暗誦する.
[←〖ラ〗*lēctiōnem* (*lēctiō* の対格) 「読むこと」(*legere* 「読む」より派生);〖関連〗lectura.〖英〗*lesson*]

lec·cio·na·rio [lek.θjo.ná.rjo/-.sjo.-] 男〖カト〗読誦 (どくしょう) 集.

lec·cio·nis·ta [lek.θjo.nís.ta/-.sjo.-] 男 女 家庭教師.

le·cha [lé.tʃa] 女 (魚の) 白子, 魚精.

le·cha·da [le.tʃá.ða] 女 **1** 水しっくい, 石灰水, モルタル. **2** de cal (白壁用の) しっくい. **3** (製紙原料の) パルプ. **3** 白濁液, 懸濁液. **4**〖ラ米〗搾乳.

le·chal [le.tʃál] 形 **1**〈動物が〉授乳期の. cordero ～ 離乳していない子羊. **2**〖植〗乳液を出す.
― 男〈植物の〉乳液. ― 女 離乳前の子羊 [動物].

le·char [le.tʃár] 形 **1** 授乳用の. **2**〈植物が〉乳液を出す. **3**〈家畜が〉乳の出る. vaca ～ 乳牛.

le·cha·za [le.tʃá.θa/-.sa] 女 → lecha.

le·cha·zo [le.tʃá.θo/-.so] 男 **1** (哺乳 (にゅう) 期の) 子羊. **2**〖ラ米〗(はずれ)《卑》思いがけない幸運.

※※le·che [lé.tʃe] 女 **1 ミルク, 乳** (主に牛乳). Primero calentemos la ～. まずミルクを温めましょう. La ～ se corta fácilmente en verano. 夏は牛乳がすぐ腐る. blanco como la ～ 乳白色の. criar con la ～ materna 母乳で育てる. dar de ～〈動物の子供が〉乳離れしていない;〈雌が〉乳を出す. crema de ～ 生クリーム. grasa de la ～ 乳脂肪. ～ condensada 練乳. ～ fresca 新鮮な (冷たい) 牛乳. ～ caliente ホットミルク. ～ cortada すっぱくなった [腐った] 牛乳. botella de ～ 牛乳瓶. jarrita de ～ クリーマー, クリーム入れ. miniporción de ～ (小型プラスチック容器入りの) ミルクカップ. diente de ～ 乳歯. ternero de ～ 離乳前の子牛. cochinillo de ～ 離乳前の子豚. vaca de ～ 乳牛. ～ de paloma 嗉嚢 (そのう) 乳 (ハトがひなに与える消化物). ～ de cabra ヤギ乳. ～ desnatada [descremada] スキムミルク. ～ evaporada エバミルク. ～ en polvo 粉ミルク. ～ entera 全乳. ～ homogeneizada ホモ牛乳. ～ pasteurizada 低温殺菌牛乳. ～ semidesnatada 低脂肪乳. suero de ～ 乳清. ～ en envase de cartón 紙パック牛乳. ～ en brik ブリックパック牛乳. café con ～ カフェオレ. té con ～ ミルクティー. batido de ～ シェイク, ミルクセーキ. arroz con ～ ライスプディング. ～ frita 小麦粉とミルクで作るミルクパイ. ～ merengada シナモン入りのミルク冷菓.
2〖植〗ラテックス, 乳液 (=látex),〈化粧用〉乳液. ～ facial 洗顔用乳液. ～ de almendras〖薬〗アーモンドミルク. ～ hidratante モイスチャーミルク. ～ limpiadora クレンジングミルク.
3《俗》精液.
4《俗》殴打. pegar una ～ a+人〈人〉を殴る.
5《俗》嫌なこと, 嫌な人 (▶ 男性の場合も la ～); 面倒. El atasco de esta carretera siempre es una ～. この国道の渋滞はいつも嫌だ. Mi hermano es la ～. 私の兄はひどい奴だ. Es una ～ tener que ir al dentista. 歯医者に行かなくてはならないなんて嫌だな.
6《俗》幸運. estar con [de] ～ / tener ～ 運がいい, ついている. tener buena ～ (en...) (…に関して) とてもついている.
7〖ラ米〗(俗) 生ゴム.
a toda leche / *echando leches*《俗》全速力で.
con mala leche《俗》いやいやながら.
estar como la leche〈話〉(調理した肉が) とても柔らかい.
estar con [tener, traer] la leche en los labios〈話〉(若すぎて) 未熟である. Pedro se jacta de su inteligencia, pero todavía *tiene la ～ en los labios*. ペドロはその頭のよさが自慢だが, まだまだ世間知らずだよ.
estar de mala leche《俗》不機嫌である.
hermano [hermana] de leche 乳兄弟 [姉妹].
¡Leche! / *¡La leche!*《俗》(驚き・怒り・不快感) くそっ.
mala leche《俗》不愉快; 悪意.
por la leche que mamé [mamaste]《俗》絶対に, 誓って.
qué leches《俗》《軽蔑》(動詞の目的語句などとして) いったい全体何を. No entendí *qué ～s* quería de-

lecheada

cir María. マリアが何を言いたいのかさっぱりわからなかった.
tener mala leche 意地悪である, 性格が悪い.
[←［ラ］*lactem*（*lāc* の対格）,［関連］lactancia, lacteo (*lāc* 「乳」), lactosa.［ポルトガル］*leite*.［仏］*lait*.［伊］*latte*.［英］*lacteal*「乳(状)の」, *lactose*「乳糖」]

le·che·á·da [le.tʃe.á.ða] 女《話》《ミルク搾り.

le·che·ar [le.tʃe.ár] 他 1 乳白色にする. 2《ラ米》乳を搾る.

le·che·ci·llas [le.tʃe.θí.jas ‖ -.ðas / -.sí.-] 女《複数形》1（子羊・子牛・子ヤギの）胸腺（= molleja）. 2（動物の）膵臓.

le·che·ra [le.tʃé.ra] 女 1 → lechero 2 牛乳缶; ミルク入れ, ミルクポット. 3《話》《警察の》ワゴン車. 4《ラ米》《話》《俗》牝乳牛.

le·che·rí·a [le.tʃe.rí.a] 女 1 牛乳店; 乳製品販売店. 2《ラ米》(1)《アルゼン》酪農. (2)《コデン》搾乳場. (3)《中》《集合的》牛. (4)《コデン》《話》けちなこと.

le·che·ro, ra [le.tʃé.ro, -.ra] 形 1 乳の, 牛乳の. industria *lechera* 乳業. central [cooperativa] *lechera* 乳業協同組合.
2 乳を出す, 乳用の. vaca *lechera* 乳牛.
3《ラ米》(1)《コデン》幸運な, 運のいい. (2)《コデン》《ベネズ》《中米》けちな, しみったれな. (3)《中》《話》抜けがちな.
— 男 1 牛乳売り, 牛乳配達人. 2 酪農家. 3 牛乳好きな人. 4《ラ米》《話》(1) 幸運な人, 運のいい人. (2)《中》抜けがけのない人, ずる賢い人. (3)《ベネズ》《中米》卑しい人, 汚らわしい人.

le·che·rón [le.tʃe.rón] 男《ラ米》《南米》《植》トウダイグサ科の植物.

le·che·trez·na [le.tʃe.tréθ.na / -.trés.-] 女《植》トウダイグサ, タカトウダイ.

le·chi·ga·da [le.tʃi.ɣá.ða] 女 1《集合的》(動物の) ひと腹の子. 2（ならず者の）一団.

le·chi·gua·na [le.tʃi.ɡwá.na] 女《ラ米》《アルゼン》《ボリビ》(1)《昆》ミツバチ. 2 ミツバチの巣, 巣房.

le·chín [le.tʃín] 形《オリーブの》レチン種の. ♦スペイン Ecija 産が有名. — 男 1 レチン種のオリーブ（の実）; オリーブ油. 2 → lechino 2.

le·chi·na [le.tʃí.na] 女《ラ米》《ベネズ》《医》水痘.

le·chi·no [le.tʃí.no] 男 (1)（傷口に詰める）綿撒糸 (がんし), ガーゼ. 2《獣医》《馬の》膿腫 (のうしゅ).

*****le·cho** [lé.tʃo] 男 1《文章語》寝床; ベッド, 寝台 (= cama). abandonar el ~ 全快する, 床離れする. en el ~ de la muerte 死の床［臨終］で. ~ mortuorio 死の床, 臨終.
2 川床, 水底 (= madre, cauce); 海底, 湖底. 3 台, 床. ~ de colada［冶］鋳床. 4［建］（柱・碍の）礎盤, 基部, 台(座). 5［地質］層, 地層. ~ de roca 基盤岩, 床岩. 6（家畜の）寝わら, 寝場所.
estar en un lecho de rosas 安楽な暮らしを送る.
[←［ラ］*lectum*（*lectus* の対格）]

le·chón, cho·na [le.tʃón, -.tʃó.na] 形《話》汚らしい, 不潔な. — 男 女 1 豚; （離乳前の）子豚 (= cochinillo). 2《話》汚らしい人, 不潔な人.

le·chon·ci·llo [le.tʃon.θí.jo ‖ -.ðo / -.sí.-] 男 (離乳前の) 子豚.

le·cho·so, sa [le.tʃó.so, -.sa] 形 1 乳のような, 乳状の. líquido ~ 乳液. color ~ 乳白色. 2《ラ米》《コデン》《話》幸運な, 運のいい. — 男《植》パパイヤの木. — 女 パパイヤの実.

le·cho·za [le.tʃó.θa / -.sa] 女《ラ米》《ベネズ》《植》パパイヤ.

le·chu·ce·ar [le.tʃu.θe.ár / -.se.-] 自 1《俗》甘いものを食べてばかりいる.
2《ラ米》《コロン》〈タクシーの運転手が〉夜間勤務につく.

*****le·chu·ga** [le.tʃú.ɡa] 女 1《植》(サニー) レタス, チシャ. ensalada de ~ レタスサラダ. ~ romana タチヂシャ. 2 ひだ襟; ひだ, プリーツ.
como una lechuga《話》みずみずしい, はつらつとした.
ser más fresco que una lechuga《話》厚かましいことこのうえない.
[←［ラ］*lactūca* (*lāc*「乳」より派生; この植物がミルクのような液を出すことから);［関連］［英］*lettuce*［日］レタス]

le·chu·ga·do, da [le.tʃu.ɣá.ðo, -.ða] 形 縮れた; チシャの葉状の.

le·chu·gui·lla [le.tʃu.ɣí.ja ‖ -.ɣa] 女 1《植》野生のチシャ. 2 フリルのついた襟［そでＵ］. 3《ラ米》《ﾒｷｼ》《植》リュウゼツランの一種): 葉の繊維は綱の材料となる. [lechuga + 縮小辞]

le·chu·gui·no, na [le.tʃu.ɣí.no, -.na] 男 女《話》おしゃれな若者; 伊達（だて）男［女］.
— 男 レタスの苗.

le·chu·zo, za [le.tʃú.θo, -.θa / -.so, -.sa] 形 1《話》〈人が〉夜更かしする, 夜歩きする. 2《話》〈人が〉いつも甘い物をつまむ. 3《話》ばかな, のろまな.
— 女 1《鳥》フクロウ. 2《ラ米》《話》《動》コウモリ. 2.《中》《俗》《軽蔑》売春婦, 娼婦（しょうふ）. (3)《中》《話》肌の白い人; 金髪で色白な人.

le·ci·ti·na [le.θi.tí.na / -.si.-] 女《生物》レシチン: 脳, 卵黄などに含まれるリン脂質.

le·co [lé.ko] 男《ラ米》《ボリビ》《話》(遠くからの) 呼び声, かけ声; 嘆き, 慟哭（どうこく）.

le·co, ca [lé.ko, -.ka] 形《ラ米》《中》《話》頭の変な.

lec·ti·vo, va [lek.tí.βo, -.βa] 形 講義［授業］のある. año ~ 学年. período ~ 学期.

lec·to·es·cri·tu·ra [lek.to.es.kri.tú.ra] 女 識字教育［学習］.

*****lec·tor, to·ra** [lek.tór, -.tó.ra] 形 読書の, 読書をする. aficiones *lectoras* 読書の趣味. público ~ 読者大衆.
— 男 女 1 読者. ~*es* de periódico 新聞の読者. El ~ descubrirá muchas lecciones en esta novela. 読者はこの小説中に多くの教訓を見出すことだろう. ganar ~*es*〈本が〉読者を獲得する, 広く読まれる. ~ potencial 潜在的な読者.
2 外国語学教師. Ella trabaja como *lectora* de español en Tokio. 彼女は東京でスペイン語の教師として働いている. → profesor［類語］
3（出版社の）校正者.
— 男《工》読み取り装置. ~ de discos compactos（ステレオ・コンポの）ＣＤプレーヤー. ~ óptico［ＩＴ］光学スキャナー;（バーコード）リーダー.

lec·to·ra·do [lek.to.rá.ðo] 男 1 外国人語学講師の職. 2［カト］読師の地位.

lec·to·ral [lek.to.rál] 形［カト］司教座聖堂参事会員の.

lec·to·rí·a [lek.to.rí.a] 女 1（母語を教える）外国人教師の職, 語学講師の職. 2［カト］読師の地位.

******lec·tu·ra** [lek.tú.ra] 女 1 **読書, 読むこと**; 読み方. enseñar la ~ a los niños 子供に読み方を教える. dar ~ a... …を読み上げる. ~ activa アクティブ・リーディング. ~ en silencio 黙読. sala de ~ 読書室, 閲覧室. ~ rápida 速読. ~ de una tesis [un informe] 論文［報告書］の口頭発表. ~ de las manos 手相占い.
2 読み物. libro de ~ 読本, リーダー.

niños 子供向け読み物. **3** 解釈. hacer una ~ 解釈する. Ese poema permite varias ~s. その詩はいくつかの解釈ができる. **4** 〖IT〗読み取り. ~ óptica 光学式読み取り. **5** 教養, 知識. persona de mucha ~ 博識家. **6** 〖印〗パイカ活字: 12ポイント. **7** 〖法〗読会. primera ~ 第一読会.
[←〖中ラ〗*lectūra*「読むこと」/〖ラ〗*legere*「読む」より派生); 関連 〖英〗*lecture*(大学の「講義」は古くは原稿を「読む」形で行われた)]

Le·da [lé.ða]〖固名〗〖ギ神〗レダ: 白鳥姿の Zeus と交わり卵で Helena を産んだ.

le·do, da [lé.ðo, -.ða] 形〖文章語〗陽気な, 快い.

le·er [le.ér] 69 他 [現分] は leyendo, [過分] は leído] **1**(1)〈文字・文章・書物などを〉読む. *Estoy leyendo* un artículo sobre la economía japonesa. 日本経済に関する記事を読んでいるところだ. ▶ 目的語を省いて自動詞的に用いることもある. Él *lee* mucho. 彼は読書家だ.
(2)《a+人》〈人〉に読んであげる[くれる], 読んで聞かせる. Papá, ¿qué cuento *me* vas a ~ esta noche? パパ, 今夜は何のお話を読んでくれるの (▶ me が a+人に相当).
(3)〈作家の〉作品を読む. ~ a Cortázar コルタサルを読む.
2《que+直説法 …ことを》読んで知る. *Leí* en la prensa *que han prohibido* este medicamento. この薬が禁止になったことを新聞で読んだ.
3(1)〈記号・図・目盛り・指針などを〉読み取る, 解釈する. ¿Sabes ~ este gráfico? 君にはこのグラフの読み方がわかるかい. (2)〈未来・他人の心や考えなどを〉読む, 推測する, 当てる. He *leído* tu pensamiento. 君の考えは読めた. **4**〖IT〗〈文書・画像などのデータを〉読みとる, 読み込む. **5**(博士論文審査・資格試験などで)〈論文や試験の答申内容を〉発表し口頭試問を受ける. Mi marido acaba de ~ su tesis doctoral. 夫は博士論文の口頭試問を受けたばかりです.
leer entre líneas[*renglones*] 行間を読む.
[←〖ラ〗*legere*「拾い集める; 選ぶ; 読む」; 関連 lectura, lección, leyenda, coger]

le·ga [le.ga] 女 平修女, 助修女.

le·ga·cí·a [le.ga.θí.a / -.sí.-] 女 使節の職務[地位, 管轄, 任期].

le·ga·ción [le.ga.θjón / -.sjón] 女 **1** 使節の職務[地位, 管轄, 任期]; (使節に)託されたメッセージ.
2 公使館; 〘集合的〙公使館員. →embajada.

le·ga·do [le.gá.ðo] 男 **1** (古代ローマの)地方総督; 地方長官; 軍団長. **2** 使節, 国使 (= emisario); 教皇特使 (= ~ apostólico [pontificio]). **3** 遺産, 文化財; 形見.

le·ga·ja·dor [le.ga.xa.ðór] 男《話》ファイル, 書類入れ.

le·ga·jar [le.ga.xár] 他《ラ米》綴(と)じる.

le·ga·jo [le.gá.xo] 男 書類の束; 関連書類一式.

le·gal [le.gál] 形 **1 法律上の**, 法的な. ganar[perder] la batalla ~ (訴訟などの)法的な闘争に勝つ[負ける]. recurrir [acudir] a los medios ~*es* 法的手段に訴える, 訴訟を起こす. medicina ~ 法医学. procedimientos ~*es* 法的な手続き. vacío ~ 法律の抜け穴.
2 合法的な, 法に則った (↔ilegal); 法定の. a velocidad ~ 法定速度で. contrato ~ (スペイン)〖法〗(出版物の)公的機関への納本. inmigración ~ 合法的な入国[移民]. obligación ~ 法で定められた義務.
3 勤勉な, 実直な; 信頼できる.
4《ラ米》《メシ》《エクア》《コロア》《話》優れた, すばらしい.
situación legal de... …の置かれた法制度に関する環境.
[←〖ラ〗*lēgālem* (*lēgālis* の対格) (→ leal); *lēx*「法律」より派生; 関連 legislación. 〖英〗*legal*]

le·ga·li·dad [le.ga.li.ðáð] 女 **合法性**; 法, 法的範囲. dentro [fuera] de la ~ 法的範囲内[範囲外]で. salirse de la ~ 法を破る[逸脱する]. ~ vigente 現行法.

le·ga·lis·mo [le.ga.lís.mo] 男 法律尊重主義;《軽蔑》お役所的形式主義.

le·ga·lis·ta [le.ga.lís.ta] 形 法律尊重主義の. —男 女 法律尊重主義者.

le·ga·li·za·ble [le.ga.li.θá.ble / -.sá.-] 形 合法と認定し得る.

le·ga·li·za·ción [le.ga.li.θa.θjón / -.sa.sjón] 女 **1** 合法化, 適法化. **2** 認定, 公的証明.

le·ga·li·zar [le.ga.li.θár / -.sár] 97 他 **1** 合法化する, 適法化する.
2〈書類・署名を〉真正と認める (= legitimar). copia *legalizada* 公的認証を受けた書類(の写し).

lé·ga·mo [lé.ga.mo] 男 **1** 軟泥, 泥土. **2** ローム, 粘土質.

le·ga·mo·so, sa [le.ga.mó.so, -.sa] / **le·ga·no·so, sa** [le.ga.nó.so, -.sa] 形 **1** 泥の, どろどろとした. **2** 粘土質の.

le·ga·nal [le.ga.nál] 男 泥地, ぬかるみ.

lé·ga·no [lé.ga.no] 男 → légamo.

le·ga·ña [le.gá.ɲa] 女 目やに.

le·ga·ño·so, sa [le.ga.ɲó.so, -.sa] 形 目やにの多い. —男 女 目やにの多い人.

le·gar [le.gár] 103 他 **1** 遺贈する. ~ bienes a una sociedad benéfica 慈善団体に財産を遺贈する.
2 〈代表などを〉派遣する (= delegar).
3 〈文化などを〉後世に残す, 伝える.

le·ga·ta·rio, ria [le.ga.tá.rjo, -.rja] 男 女〖法〗被遺贈者, 受遺者. ~ universal 包括受遺者.

le·ga·to [le.gá.to] 〖伊〗**1** 字をつなげて書くこと, 連綿. **2**〖音楽〗スラー; レガート(奏法).

le·gen·da [le.xén.da] 女〖カト〗(祭式のときに誦讀(じゅどく)する)聖人伝; 聖人伝説.

le·gen·da·rio, ria [le.xen.dá.rjo, -.rja] 形 **1** 伝説 [古伝] の, 伝説的な; 架空の. un héroe ~ 伝説的な英雄. un personaje ~ 伝説上の人物. **2** 伝説に残るような, 有名な. —男 聖人伝.

leg·ging [lé.gin]〖英〗男[複 ~, ~s]〖服飾〗レギンス, スパッツ.

leg·horn [lé.gorn // lé*g*.xorn]〖英〗女 [複 ~, ~s] レグホン; 鶏の品種.

le·gi·bi·li·dad [le.xi.bi.li.ðáð] 女 読みやすさ, 判読しやすさ.

le·gi·ble [le.xí.ble] 形 読める, 判読できる. escribir con letra ~ 読みやすい字で書く.

le·gión [le.xjón] 女 **1** レギオーン: 古代ローマの軍団. **2** (特殊)部隊. L~ Extranjera 外人部隊. **3** 群れ, 群衆; 多数. constituir ~ 群れをなす. una ~ de langostas イナゴの大群.

le·gio·na·rio, ria [le.xjo.ná.rjo, -.rja] 形
1 (古代ローマの) レギオーンの. fuerzas *legionarias* レギオーン軍. **2** 部隊の, 軍団の.
—男 レギオーン軍の兵士; 軍団兵. →次ページに図.

le·gio·ne·la / le·gio·nel·la [le.xjo.né.la] 女〖医〗レジオネラ菌; レジオネラ症, 在郷軍人病.

le·gio·ne·lo·sis [le.xjo.ne.ló.sis] 女〖単複同形〗〖医〗レジオネラ症, 在郷軍人病.

le·gio·nen·se [le.xjo.nén.se] 形 形 女 →leonés.

le·gis·la·ble [le.xis.lá.ble] 形 立法可能な，法制化しうる．

‡**le·gis·la·ción** [le.xis.la.θjón / -.sjón] 女 **1**《集合的》（一国・一分野の）**法律**，法．la ~ laboral [mercantil] 労働[商]法．la ~ vigente 現行法．→ ley 類語．**2** 法律学，法学．**3** 立法，法律制定．

***le·gis·la·dor, do·ra** [le.xis.la.ðór, -.ðó.ra] 形 立法の．—— 男 女 立法者，法律制定者．

legionario (レギオン軍兵士)

le·gis·lar [le.xis.lár] 自 法律を制定する．

‡**le·gis·la·ti·vo, va** [le.xis.la.tí.βo, -.βa] 形 **1** 立法（上）の，立法権のある；立法府の．asamblea *legislativa* 立法議会．poder ~ 立法権．cuerpo ~ 立法府．órgano ~ 立法機関． **2** 法律の，法的な．orden *legislativa* 法令．

***le·gis·la·tu·ra** [le.xis.la.tú.ra] 女 **1** 立法議会の会期，立法期間．**2** 立法府．**3**《ラ米》（アメリカ）州議会．

le·gis·pe·ri·to, ta [le.xis.pe.rí.to, -.ta] 男 女 法律に明るい人，法律専門家（= jurisperito）.

le·gis·ta [le.xís.ta] 男 女 法律専門家，法学者；法律を学ぶ人，法学生．médico ~ 法医，法医学者．

le·gí·ti·ma [le.xí.ti.ma] 女《法》遺留分．

le·gi·ti·ma·ción [le.xi.ti.ma.θjón / -.sjón] 女 **1** 是認，合法化．**2**（子供の）認知．**3** 権限[資格]を与えること．

le·gi·ti·ma·dor, do·ra [le.xi.ti.ma.ðór, -.ðó.ra] 形 合法[適法，嫡出子]と認める．

le·gi·ti·mar [le.xi.ti.már] 他 **1** 正当と認める，適法[合法]と認める．**2**〈書類・署名を〉真正と認める（= legalizar）．**3**《法》〈庶子を〉嫡出子と認知する．**4** 権限[資格]を与える（= habilitar, facultar）．

le·gi·ti·ma·rio, ria [le.xi.ti.má.rjo, -.rja] 形《法》遺留分の（権利を持つ）．—— 男 女《法》遺留分権利者．

***le·gi·ti·mi·dad** [le.xi.ti.mi.ðáð] 女 **1** 合法性；（子の）嫡出性．**2** 真正；正当性．

le·gi·ti·mis·mo [le.xi.ti.mís.mo] 男 正統王朝主義：スペインでは Carlos María Isidro de Borbón（後の Carlos 5世）とその後継者を王位継承者とする主義．→ carlismo.

le·gi·ti·mis·ta [le.xi.ti.mís.ta] 形 正統王朝主義の．—— 男 女 正統王朝主義者．

‡**le·gí·ti·mo, ma** [le.xí.ti.mo, -.ma] 形《ser +》 **1**《多くは +名詞》**法にかなった，合法的な**（↔ ilegítimo）．*legítima* defensa 正当防衛．*legítima* reclamación 法的請求．~ heredero 法規の相続人．*legítima* reivindicación 合法的な権利の主張．En algunos países la tenencia de marihuana *es legítima*. いくつかの国では大麻所持が合法となっている．

2《+名詞 / 名詞 +》（親族関係が）**合法的な，正式の**；**嫡出の**（↔ ilegítimo）．~ matrimonio 法的に有効な婚姻関係，法律上の夫婦．hijo ~ 嫡出子．tutor ~ 後見人，法的な保護者．

3《+名詞》**正しい，正当な；道理にかなった，至極当然の**．Tu decisión *fue legítima*. 君の決断は正しかった．Están ustedes en su ~ derecho de mejorar sus vidas. 皆さんには自分自身の生活を向上させるという当たり前の権利があります．

4《+名詞 / 名詞 +》真正の，正真正銘の．champán ~ 本物のシャンパン．cuero ~ 本革．oro ~ 純金．Este manuscrito *es* ~. この原稿は本物である．
[←〔ラ〕*lēgitimum* (*lēgitimus* の対格)〈*lēx*「法律」より派生]

le·go, ga [lé.go, -.ga] 形 **1** 聖職者でない，世俗の，平信徒の．hermano ~ 平修士，助修士．**2**（…について）無学な，無知な，何も知らない．Soy completamente ~ *en* derecho. 私は法律については門外漢だ．—— 男 女 一般信徒，平信徒，俗人．
—— 男《宗》平修士，助修士．

le·gón [le.gón] 男（除草用の平らな）鍬（くわ）．

le·gra [lé.gra] 女《医》**(1)** 骨膜剝離子（キュレット，搔爬（そうは）器．**2** 木靴をくりぬく道具．

le·gra·ción [le.gra.θjón / -.sjón] 女《医》**(1)** 骨膜を剝ぐこと．**(2)** 搔爬（そうは）．

le·gra·do [le.grá.ðo] 男 → legración.

le·gra·du·ra [le.gra.ðú.ra] 女 → legración.

le·grar [le.grár] 他《医》**(1)**〈骨を〉削る．**(2)** 搔爬（そうは）する．

***le·gua** [lé.gwa] 女 **レグア**（長さの単位）．♦スペイン・アルゼンチン・チリ・メキシコ・パラグアイで用いられるが，国により異なる．スペインでは5572メートル．~ cuadrada 1平方レグア．~ de posta 4キロメートルを単位とする里程．~ marítima《海》5555メートル．

a la [una] legua / a cien leguas 遠くに；遠くからでもはっきりと．Se ve *a la* ~. 遠くからでもわかる，明らかである．

cómico de la legua 旅回り[どさ回り]の役者．

le·gua·rio, ria [le.gwá.rjo, -.rja] 形 レグア leguaの．—— 男《ラ米》(チリ)(パ) 里程標石，道標．

le·gui [lé.gi] 男（軍人の）ゲートル，すね当て．

le·gu·le·yo, ya [le.gu.lé.jo, -.ja] 男 女 いかさま弁護士．

***le·gum·bre** [le.gúm.bre] 女《主に複数で》**1** 豆類，豆．~s secas 干し豆．**2** 野菜．
[←〔ラ〕《俗》*legumine*「豆類」；関連 leguminoso.〔仏〕*légume*「野菜」]

le·gú·mi·na [le.gú.mi.na] 女 大豆たんぱく質．

le·gu·mi·no·so, sa [le.gu.mi.nó.so, -.sa] 形 マメ科の．—— 女《複数で》マメ科の植物．

le·hen·da·ka·ri [le(.e).nda.ká.ri] 男 バスク自治政府の首相．

leí- 語 → leer.

le·í·ble [le.í.ble] 形 → legible.

***le·í·do, da** [le.í.ðo, -.ða][leerの過分] 形 **1** 博学の，物知りの．ser muy ~ 博識である．**2** 読まれた．una obra muy *leída* 広く愛読されている作品．
—— 女《話》読むこと，読書．de una *leída* 一読して．Acabé todo el libro en una *leída*. 私はその本を一気に読み終えた．

leído y conforme《文書》上記承認[認可]された．

lei·la [léi.la] 女（モーロ人 moro の）夜祭り．

leish·ma·nia·sis [leis.ma.njá.sis] / **leish·ma·nio·sis** [leis.ma.njó.sis] 女《単複同形》《医》リューシュマニア症．

le·ís·mo [le.ís.mo] 男《文法》レイスモ：（主にスペインで）直接目的語人称代名詞3人称単数形 lo, la, 複数形 los, las の代わりに le, les を用いること．→ le. [le +-ismo]

le·ís·ta [le.ís.ta] 形《文法》レイスモ leísmo の，レイスモを用いる．—— 男 女 レイスモを用いる人．

leit·mo·tiv [leir.mo.tíf // lait-]〔独〕男《複 ~, ~s》(音楽・文学・芸術作品の) 主題，ライトモチーフ．

lei·xa·prén [lei.ʃa.prén] 男《詩》ガリシア・ポルトガルの叙情詩の一手法：前詩節の第2行目を第1行目に使って詠む．

le·ja·na [le.xá.na] 形 → lejano．

le·ja·na·men·te [le.xá.na.mén.te] 副 **1**《場所的・時間的に》遠くに[で]，離れて．*L—* se oía el llanto de un niño. 子供の泣き声が遠くでしていた．**2**《関係・縁が》かけ離れて．Su rostro no se asemeja, ni *—*, al de su madre. 彼[彼女]の顔は全く母親似に似ていない．

*****le·ja·ní·a** [le.xa.ní.a] 女 **1**《遠い》隔たり（↔ cercanía）．sonido debilitado por la *—* 遠くかすかに聞こえる音．**2** 遠い所，離れた場所．en la *—* 遠くに[で]．

le·ja·no, na [le.xá.no, -.na] 形 **1**《＋名詞／名詞＋》《estar＋》《距離が》遠い（↔ cercano）．*L—* Oriente 極東．un lugar *—* 遠隔地．un país *—* 遠い異国．el planeta más *—* del sol 太陽から一番遠い惑星．*Jardines lejanos*「遠い庭」(Jiménez の詩編)．¿Cuál es el asiento más *—* de la pizarra? 黒板から一番遠い席はどこですか．**2**《＋名詞／名詞＋》《音が》遠くに聞こえる；《景色が》はるか遠くに見える．Se veía hasta el *—* monte Fuji. はるか富士山まで見えた．**3**《＋名詞／名詞＋》遠い昔の．en un tiempo muy *—* ずいぶん昔に．ser un episodio muy *—* 遠い昔の話である．**4**《多くは名詞＋》関係が遠い，縁がない；遠縁の．El ordenador personal ya no es algo *—* para los niños. パソコンはもはや子供にとって無縁のものではない．un pariente *—* 遠い親戚．

le·jas [lé.xas] 形 *de lejas tierras* 遠い所の[から]．

le·ji·a [le.xí.a] 女 **1** 漂白剤；苛性（ｶﾞｾｲ）アルカリ溶液；灰汁（ｱｸ）．**2**《話》大目玉，叱責（ｼｯｾｷ）；小言．dar a＋人 una buena *—*《人》をしかりつける．

le·ji·o [le.xí.o] 男（染色に使う）灰汁（ｱｸ）．

le·jí·si·mos [le.xí.si.mos] 副《*lejos* の絶対最上級》ごく遠くに，はるか遠くに．

le·ji·tos [le.xí.tos] 副《話》かなり遠くに．[*lejos*＋縮小辞]

*****le·jos** [lé.xos] 副 **1**《場所》遠くに[で]（↔ cerca）．Ese pueblo está bastante *—*. その村はかなり遠くにあります．Está más *—*. それはもっと遠い．¿Aún queda *—* el hotel? ホテルはまだ遠いですか．
2《時間的・心理的に》離れて，隔たって．Aquellos años felices ya están *—*. あの楽しかった年月はもう昔のこと．Veo muy *—* la terminación del proyecto. その計画の達成はずっと後になると思う．
a lo lejos 遠くに．El edificio que vemos *a lo —* es el Ayuntamiento. 遠くに見える建物は市役所です．
de [desde] lejos 遠くから．Los chicos han venido *de —*. その少年たちは遠くからやって来た．La iglesia se ve *desde —*. 教会は遠くからでも見える．
ir [llegar] demasiado lejos 行きすぎる，度を越す．
ir [llegar] lejos《未来形で》出世する，大成する．
lejos de...（1）…から遠くで．La estación está muy *— de* aquí. 駅はここからずっと遠い．Su pueblo no estaba *— de* Barcelona. 彼[彼女]（ら）の村はバルセロナから遠くはなかった．（2）…どころか，…には程遠い．*L— de* eso. それどころか，Estábamos *— de* sacar una conclusión. 我々は結論を出すには程遠い状態だった．*L— de* mí pensar en esas cosas. 私がそんなことを考えるなんてない．
llevar... demasiado lejos …の度を過ごす．
Ni de lejos. とんでもない，それどころではない．
sin [para no] ir más lejos わかりやすくいうと，手近な例をあげると．
[←〔ラ〕*laxius*「より広く，より緩く」（*laxē*「広く」の比較級），関連 alejar, lejano, laxo．〔英〕*lax*「緩い」，*relax*「くつろぐ」．〔日〕リラックス]

le·jue·los [le.xwé.los] 副 *lejos* ＋縮小辞．

le·ju·ra [le.xú.ra]（ｶﾘﾌﾞ）（ﾁﾘ）（ﾗﾌﾟ）女 遠方，遠い所．
▶ ラプラタでは主に複数形で．

lek [lék] 男《複》~s レック：アルバニアの通貨単位．

le·le [lé.le]（ﾗ米）（*）（ﾁﾘ）→ lelo．

le·li·lí [le.li.lí] 男《複》~es（モーロ人の戦闘・祭事の際の）叫び声，ときの声．

le·lo, la [lé.lo, -.la] 形《ser＋／estar＋》ばか，ぼうっとした．Al ver el accidente me quedé *—*. その事故を目撃して私は呆然（ﾎﾞｳｾﾞﾝ）となった．dejar a＋人 *—*《話》《人》をぼうっとさせる．estar *—* por...《話》…に熱中している，のぼせている．
― 男 女 ばか．

Le·loir [le.lwár] 固名 レロアール Luis Federico ~ (1906–87). アルゼンチンの生化学者；ノーベル化学賞 (1970)．

*****le·ma** [lé.ma] 男 **1** スローガン，モットー，標語（＝*mote*）．**2**（紋章・記念碑などの）銘句．**3**（本の）題辞，巻頭の辞；テーマ，主題．**4**（辞書の）見出し語．**5**（審査作品などにつける作者の）仮名．**6**《論》《数》補助定理，副命題．
[←〔ラ〕*lēmma* ←〔ギ〕*lêmma*「受け取ったもの；前提」，関連 dilema．〔英〕*(di)lemma*]

le·ma·ni·ta [le.ma.ní.ta] 女 硬玉，翡翠（ﾋｽｲ）．

lem·ming [lé.miŋ] 男《動》レミング，タビネズミ．

lem·ná·ce·as [lem.ná.θe.as / -.se.-] 女《複数形》《植》ウキクサ科の植物．

lem·nis·ca·ta [lem.nis.ká.ta] 女《数》レムニスケート，双葉曲線，8字状(連珠形)曲線．

le·mon [lé.mon] *gin lemon* ジンレモン．

le·mo·sín, si·na [le.mo.sín, -.sí.na] 形（フランスの）リモージュ Limoges の；リモージュ住民[出身者]の．― 男 オック語；リムーザン方言．→ oc.

lem·pi·ra [lem.pí.ra] 男 レンピラ：ホンジュラスの貨幣単位（1 L＝100 centavos）．◆コンキスタドーレス *conquistadores* に抗戦した族長 Lempira に由来．

lem·po, pa [lém.po, -.pa] 形（ﾗ米）（ﾁﾘ）《話》大きな，でかい．― 男（ﾗ米）（ﾁﾘ）（1）（ﾁﾘ）（ﾙｸﾞｱ）並外れて大きい馬．（2）（ｶﾘﾌﾞ）（ﾁﾘ）《話》かけら，断片．

lé·mur [lé.mur] 男 **1**《動》キツネザル．**2**《複数で》（1）《ロ神》死者の霊，亡霊．（2）幽霊，お化け．

len·ce·rí·a [len.θe.rí.a / -.se.-] 女 **1** 女性用下着類，ランジェリー；（テーブル・ベッドなどの）リネン類．**2** 女性下着売り場［専門店］；リネン類販売店［売り場］．

len·ce·ro, ra [len.θé.ro, -.ra / -.sé.-] 男 女 リネン類製造［販売］業者．― 男（下着類の）お針子．

len·da·ka·ri [len.da.ká.ri] 男 → lehendakari．

len·dre·ra [len.dré.ra] 女（シラミの卵を取る）すきぐし．

le·ne [lé.ne] 形 肌ざわりのよい，滑らかな．

len·gón, go·na [leŋ.gón, -.gó.na] 形（ﾗ米）（ｺﾞﾔ）（ﾁﾘ）→ lenguón．

lengua

len·gua [léŋ.gwa]女 **1** 舌；舌状のもの；(土地などの)細長い突出部. ~ de buey【植】ウシノシタクサ. ~ de fuego 炎の舌, 火炎. ~ de gato ラングドシャ(菓子の一種). ~ glaciar【地理】氷舌. ~ de tierra【地理】半島, 岬. A mí me gusta mucho la ~ de cerdo, asada con sal. 私は塩焼きにした豚タンが大好きだ.
2 言語, …語；【言】ラング (共同体が共有する記号体系としての抽象的な言語). la ~ española スペイン語(= el español). la ~ de Franco【軽蔑】(フランコ体制以降のスペインにおいて非スペイン語話者の立場から見た)スペイン語.

> 類語 ふつう *idioma* は一国に固有の言語を, *lengua* は抽象的な記号体系としての自然言語を, *lenguaje* は言語的な伝達行為全般までを表す. → el idioma japonés 日本語. las *lenguas* romances [románicas] ロマンス諸語. el lenguaje basic【IT】ベーシック言語.

関連 ~ materna 母語. ~ nativa 母国語, 第一言語. ~ segunda ~ 第二言語. ~ madre 祖語. ~ extranjera 外国語. ~ regional 地域語. ~ oficial 公用語. ~ estándar 標準語. ~ común 共通語. ~ extranjera / extranjerismo 外来語. ~ indígena 先住民言語. ~s hermanas 姉妹語. ~ muerta 死語(▶現用語は ~ viva). ~ hablada 話し言葉. ~ escrita 書き言葉. lenguaje coloquial 口語. ~ literaria 文語. lenguaje [palabra] popular 俗語. argot / jerga 隠語. lenguaje [palabra] vulgar / vulgarismo 俗語. palabra discriminante 差別語. lenguaje de cortesía 敬語. dialecto 方言. acento 訛(なま)り. aglutinante 膠着(こうちゃく)語. ~ flexiva 屈折語.

3 言葉遣い；(作家・特定の時代の)語法. Ella habla con la ~ de las telenovelas. 彼女はメロドラマ風の(大げさな)話し方をする. la ~ de Cervantes セルバンテス特有の語法.
4 (鐘の)舌；(秤(はかり)の)指針(=fiel, lengüeta).
5 (話)(学校の)国語. ──男女【史】通訳.

andar en lenguas《話》うわさの的になる.
atarle la lengua (a+人)《話》〈人〉の口を封じる, 黙らせる.
buscar la lengua a+人《話》〈人〉を挑発する, 怒らせる.
comer lengua《話》とてもよく話す, 口数が多い.
darle a la lengua《話》《強調》まくしたてる.
echar la lengua《話》へとへとになっている.
escapársele [írsele] (a+人) la lengua《話》〈人〉がうっかり話してしまう, 口を滑らす.
estar con la lengua fuera《話》疲れ切っている, へとへとになっている.
hacerse lenguas de…《話》…を口を極めてほめたえる.
lengua de víbora [viperina]《話》毒舌(家).
malas lenguas(他人の)悪口(を言う人々).
media lengua / lengua de trapo [estropajo]《話》舌足らずの話し方(をする人).
morderse la lengua《話》頭に浮かんだことを言わないよう我慢する.
sacar la lengua a…(舌を出して)…をばかにする.
soltar [soltarse] la lengua / soltársele la lengua (a+人)〈人〉が不用意に話す, 口を滑らす.

tener la lengua muy larga / ser ligero [suelto] de lengua おしゃべりである, 口が軽い.
tener una lengua afilada / tener una lengua de doble filo《話》言葉がきつい.
tirarle de la lengua (a+人)《話》(1)〈人〉に白状させる. (2)〈人〉に口出しする, 〈人〉にちょっかいを出す.
trabársele la lengua (a+人)《話》〈人〉の舌がもつれる, 〈人〉が言葉に困る.

[←[ラ]*linguam* (*lingua* の対格)「舌；言語」関連 lingual, lingüística.[ポルトガル] *língua*. [仏] *langue*. [伊] *lingua*. [英] *language*].

len·gua·chu·ta [leŋ.gwa.tʃú.ta]形《ラ米》《俗》《話》《軽蔑》吃音(きつおん)の, どもる.

len·gua·do [leŋ.gwá.ðo]男【魚】シタビラメ. ~ a la parrilla シタビラメのグリル.

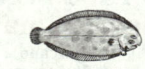

lenguado
(シタビラメ)

len·gua·je [leŋ.gwá.xe]男 **1** 言語活動；言葉,(行為としての)言語；【言】ランガージュ, 言語活動：lengua と habla の上位概念. ~ natural 自然言語 (人間が自然に身につける言語) (↔) artificial 人工言語：エスペラントなど). ~ escrito [hablado] 書き[話し]言葉. dominar el ~ 〈子供が〉言葉を習得する. barrera del ~ [idioma]【比喩的】言葉の壁. Actualmente el español es un ~ internacional. 現在スペイン語は国際語である. En Japón no ha estudiado nadie el ~ de esta comunidad chilena. 日本ではこのチリの共同体の言葉についてまだ誰も研究していない. → lengua 類語.
2 言葉遣い, 特有の言い回し；用語体系. ~ claro [oscuro] 明瞭[不明瞭]な言葉遣い. ~ conciso 簡潔な言葉遣い. ~ culto [vulgar] 丁寧な[下品な]言葉遣い. Me gusta el ~ peculiar de Ramón Gómez de la Serna. ラモン・ゴメス・デ・ラ・セルナの独特の文体が好きだ. ~ literario [coloquial] 文語[口語]体. ~ críptico《軽蔑》暗号のように訳のわからない言葉. ~ académico 学問的用語. ~ técnico 専門用語. ~ legal 法律用語. ~ médico 医学用語. ~ militar 軍隊用語. ~ científico [poético] 科学的[詩的]言語. ~ político 政治用語.
3 (自然言語以外の)記号体系, 伝達手段. ~ cifrado 暗号文. ~ de las abejas ミツバチの意思疎通方法. ~ gestual 身振り言語. ~ del cuerpo ボディランゲージ. ~ de los ojos アイコンタクト. ~ de los sordomudos 手話 (= dactilología). ~ de las armas 武力行使による意思表示. ~ de las flores 花言葉. ~ del silbo 指笛による意思疎通方法. ~ de la publicidad 広告の記号体系. ~ logo ロゴ. ~ simbólico 記号言語.【IT】~ de ordenador コンピュータ言語. ~ máquina 機械語. ~ cobol コボル言語 (プログラミング言語の一つ). ~ de alto nivel (コボルなどの)高水準言語. ~ de programación プログラミング言語. ~ basic ベーシック語. ~ pascal パスカル (プログラミング言語の一つ).
4 言語能力 (= facultad de ~). Su ~ no se ha desarrollado por una enfermedad innata. 先天性の疾患のため彼[彼女]の言語能力は発達しなかった.

len·gua·ra·da [leŋ.gwa.rá.ða]女 → lengüetada.

len·gua·raz [leŋ.gwa.ráθ / -.rás]形 [複 lenguaraces] **1** おしゃべりな；口の悪い, 毒舌の. **2** 多言語に熟達した. ──男女 多言語に通じている人.

len·guaz [leŋ.gwáθ / -.gwás] 形 [複 lenguaces] 口数が多すぎる, べらべらしゃべる.

len·gua·za [leŋ.gwá.θa / -.sa] 女 〖植〗アンチューサ, ウシノシタグサ.

len·güe·ta [leŋ.gwé.ta] 女 **1** 舌状のもの; (靴の)舌革. **2** (楽器の)リード. poner ～ (管楽器に)リードをセットする. **3** (板などの)実(ざね). ensambladura de ranura y ～ 実(ざね)継ぎ. **4** (矢じり・針の)あご, かえし. **5** 〖解剖〗喉頭蓋(がい). **6** 《ラ米》(1) (婦)アンダースカートのひだ飾り. (2) (俗)ペーパーナイフ. 《ラ米》おしゃべりの, 口さがない. [lengua+縮小辞]

len·güe·ta·da [leŋ.gwe.tá.ða] 女 舌先でなめること.

len·güe·ta·zo [leŋ.gwe.tá.θo / -.so] 男 → lengüetada.

len·güe·te·ar [leŋ.gwe.te.ár] 自 《ラ米》(1) (ぺろぺろと)舌を出す. (2) 《話》べらべらとしゃべる. —他《複数で》(舌先で)うわさ話.

len·güe·te·rí·a [leŋ.gwe.te.rí.a] 女 **1** 《集合的》(パイプオルガンの)リードストップ, リード音栓. **2** 《ラ米》《複数で》おしゃべり; うわさ.

len·güe·te·ro, ra [leŋ.gwe.té.ro, -.ra] 形 《ラ米》(ヂ) 《話》よくしゃべる, うわさ好きな; 口の悪い.

len·güi·cor·to, ta [leŋ.gwi.kór.to, -.ta] 形 《話》口数の少ない; おとなしい.

len·güi·lar·go, ga [leŋ.gwi.lár.go, -.ga] 形 《話》おしゃべりな; 口の悪い, 口のうるさい.

len·güi·su·cio, cia [leŋ.gwi.sú.θjo, -.θja / -.sjo, -.sja] 形 《ラ米》(プエルトリコ)(俗) → lengüilargo.

len·guón, guo·na [leŋ.gwón, -.gwó.na] 形 《ラ米》《話》《軽蔑》おしゃべりな, 話好きな.

le·ni·dad [le.ni.ðáð] 女 《過度の》寛大, 寛容; 穏やかさ.

le·ni·fi·ca·ción [le.ni.fi.ka.θjón / -.sjón] 女 軽減, 緩和.

le·ni·fi·car [le.ni.fi.kár] 122 他 **1** 〈筋肉などを〉軟らかくする, ほぐす (= ablandar, suavizar). **2** 〈苦痛・悲しみなどを〉和らげる, 軽減する.

le·ni·fi·ca·ti·vo, va [le.ni.fi.ka.tí.βo, -.βa] 形 →lenitivo.

le·ni·nis·mo [le.ni.nís.mo] 男 レーニン主義.

le·ni·nis·ta [le.ni.nís.ta] 形 レーニン Lenin (1870-1924) (主義)の. —男女 レーニン主義者.

le·ni·ti·vo, va [le.ni.tí.βo, -.βa] 形 鎮痛作用のある, 緩和性の. —男 **1** 〖医〗鎮痛剤, 鎮静剤, 緩和剤. **2** 慰め(となるもの), 安らぎ, 救い.

le·no·ci·nio [le.no.θí.njo / -.sí.-] 男 売春周旋(業). casa de ～ 売春宿.

len·ta [lén.ta] 形 →lento.

len·ta·men·te [lén.ta.mén.te] 副 ゆっくりと.

*****len·te** [lén.te] 男 レンズ, ルーペ. ～ cóncava [convexa] 凹[凸]レンズ. ～s de contacto blandas [duras] ソフト[ハード]コンタクトレンズ. ～ de aumento 拡大レンズ. ～ convergente 収束レンズ. ～ divergente 発散レンズ. ～ electrónica 電子レンズ. —男《複数で》めがね (= gafas).
[← [ラ] *lentem* (*lēns* の対格) 「ヒラマメ, レンズマメ」(レンズの形がこの植物の種子に似ているところから). 関連 lenteja. [英] *lens*]

len·te·cer(·se) [len.te.θér(.se) / -.sér(.-)] 34 自 柔らかくする.

len·te·ja [len.té.xa] 女 〖植〗ヒラマメ, レンズマメ. puré de ～ ヒラマメのピューレ. —男女 《ラ米》(ニクラ)のろまな人.

Son lentejas; si quieres las comes y si no, las dejas. やるかやらないかはっきりせよ.

vender... por un plato de lentejas 《話》…をつまらないものと引き替えるために安く売る.
[← [ラ] *lenticulam* (*lenticula* の対格); *lēns* 「ヒラマメ, レンズマメ」(→ lente) + 縮小辞; 関連 [英] *lentil*]

len·te·jar [len.te.xár] 男 ヒラマメ畑, レンズマメ畑.

len·te·jue·la [len.te.xwé.la] 女 〖服飾〗スパンコール.

len·ti·cu·lar [len.ti.ku.lár] 形 ヒラマメの形をした, レンズ状の. —男 〖解剖〗レンズ状骨.

len·ti·fi·car [len.ti.fi.kár] 122 他 遅らせる, 滞らせる, 〈速度を〉緩める. El desacuerdo entre los miembros *lentificó* la aprobación del nuevo reglamento. メンバーの意見の不一致から新たな規定の承認が遅れた.

len·ti·lla [len.tí.ja ‖ -.ʎa] 女 コンタクトレンズ. → lente.

len·tis·cal [len.tis.kál] 男 ピスタチオ[ニュウコウジュ]の林[茂み].

len·tis·co [len.tís.ko] 男 〖植〗ピスタチオ, ニュウコウジュ. ～ de Perú コショウボク (= turbinto).

*****len·ti·tud** [len.ti.túð] 女 遅さ, のろさ, 緩慢(さ). con ～ ゆっくりと.

len·ti·vi·rus [len.ti.βí.rus] 男 《単複同形》〖医〗潜在性レトロウイルス.

L

*****lento, ta** [lén.to, -.ta] 形 **1** 〈動作が〉遅い, ゆっくりとした, 緩慢な (↔rápido); 〈一連の過程が〉時間のかかる, だらけた. cámara *lenta* 〖映〗スローモーション撮影. actuar a cámara *lenta* 《比喩的》(スローモーション撮影のように)ゆっくりと動く. inteligencia *lenta* 頭の鈍さ. veneno ～ 《薬》遅効性の毒物. virus ～ 〖医〗遅発性ウィルス. andar a paso muy ～ ゆったりとしたペースで歩く. una lección *lenta* y tediosa 間延びしたつまらない授業. un crecimiento ～ pero firme 遅いが着実な成長. Sus movimientos ～s siempre me irritan. のろのろとした彼[彼女](ら)の動きには毎度いらいらする.

2 《en... 》〈人は〉(…が) 遅い；〈en+不定詞 / +現在分詞〉(…するのが)遅い, 時間がかかる. Es ～ *en* su correspondencia de e-mail. 彼はメールの受け答えが遅い. Siempre eres muy ～ *en caer* en la cuenta de lo que estoy diciendo. 君は私の発言内容に関していつも察しが悪い. Fui muy *lenta en aprender* a hablar inglés. 英語を話せるようになるまでにずいぶん時間がかかったわ.

3 〈火などの勢いが〉弱い. Después se cuece la sopa a fuego ～. 次にスープを弱火で煮込みます.
—男 〖音楽〗レント; レントの曲目.
—副 ゆっくりと; ぐずぐずと. Paseé muy ～ por la vereda del centro. 私は繁華街の歩道をのんびりと散歩した.
[← [ラ] *lentum* (*lentus* の対格). 関連 〔伊〕〔英〕〖音楽〗*lento*]

*****le·ña** [lé.ɲa] 女 **1** 《集合的》まき, 薪(たきぎ). ～ menuda 細く乾いた薪. hacer ～ 薪を拾う, まきを割る. carbón de ～ 木炭. ～ de oveja 《ラ米》(ヂ)(燃料にする)羊の糞(ふん).

2 《話》殴打; けんか. dar [repartir] ～ 殴る; 〖スポ〗ラフプレーをする. Hubo mucha ～ durante el partido de fútbol. サッカーの試合中に多くのラフプレーがあった.

3 《ラ米》(メ)(俗)マリファナ.

leñador 1184

añadir [echar, poner] leña al fuego《話》火に油を注ぐ、あおる.
llevar leña al monte よけいな骨折りをする.
[←［ラ］*līgna*「木（材）」の複数形］[関連] lignina. [英] lignin「リグニン」]

le·ña·dor, do·ra [le.ɲa.ðór, -.ðó.ra] 男 女 木こり, 伐採人, 薪売り.

le·ñar [le.ɲár] 他《ラ米》(ｱﾙｾﾞﾝ)(ﾁﾘ)(まれに《スペイン》)《まきを》割る, 薪(ｷｷ)にする.

le·ña·te·ar [le.ɲa.te.ár] 他《ラ米》(ｴｸｱﾄﾞﾙ)→ leñar.

le·ña·te·o [le.ɲa.té.o] 男《ラ米》(ｴｸｱﾄﾞﾙ)(ﾁｭｳ米)薪(ｷｷ)の山.

le·ña·te·ro [le.ɲa.té.ro] 男《ラ米》薪(ｷｷ)取り［売り］.
2《ラ米》(ﾒｷ)木こり, 伐採人.

le·ña·zo [le.ɲá.θo / -.so] 男《話》棒での殴打(= porrazo);《強く》打ち当てること. Me di un ～ con el coche. 車を派手にぶつけてしまった.

¡le·ñe! [lé.ɲe] 間投《俗》ちくしょう, くそっ.

le·ñe·ra [le.ɲé.ra] 女 薪置き場；薪の山.

le·ñe·ro [le.ɲé.ro] 形《男性形のみ》《話》荒々しい. equipo ～ ラフプレーの多いチーム.
——男 **1** 薪(ｷｷ)売り, 薪商人. **2** 薪置き場.

le·ño [lé.ɲo] 男 **1** 丸太, 丸木；木材. **2**［植］導管. **3**《話》薄のろ, まぬけ. **4**《話》退屈な人［もの］. *dormir como un leño* 熟睡する.

le·ño·so, sa [le.ɲó.so, -.sa] 形 木のように固い；木質の.

*le·o [lé.o] 形《性数不変》しし座生まれの. las mujeres leo しし座の女性たち.
——男 女《単複同形》しし座生まれの人. Soy ～. 私はしし座だ. ——男 [L～]（**1**）［星座］しし座. Leo menor こじし座. （**2**）［占星］獅子(ｼｼ)宮：黄道十二宮の第5宮. ——活 → leer.

Le·ón[1] [le.ón] 固名 レオン Fray Luis de ～ (1527-91)：スペインの聖職者・詩人・人文学者. 作品 *De los nombres de Cristo*『キリストの御名について』.

Le·ón[2] [le.ón] 固名（**1**）レオン：スペイン北西部の県；県都.（**2**）メキシコ中部の都市.（**3**）ニカラグア西部の都市.
2 Reino de ～［史］レオン王国. ♦910年, Asturias 国王が首都をレオンに移してレオン王国となる.
[←［ラ］*legiōnem* (*legiō*「軍隊」の対格)；ローマ皇帝 Augustus が Asturias 地方を平定するためこの町に「第7軍団」*Legiō Septima Gemina* を駐屯させた；[関連]［英］*legion*「軍団」]

***le·ón, le·o·na [le.ón, -.ó.na] 男 女 **1**［動］**ライオン**. Dicen que el ～ es el rey de los animales. ライオンは百獣の王であると言われている. El rugido del ～ es horroroso. ライオンのほえ声は恐ろしい. La leona no tiene melena. 雌ライオンにはたてがみがない. valiente como un ～ ライオンのように勇敢な. corazón de ～《比喩的》勇敢な人.
2《話》勇猛果敢な人；肝がすわった人. Los jugadores de este equipo son unos *leones* y nunca se retroceden. このチームの選手たちはガッツがあり, 決して後退しない. María es una *leona*, porque juega al béisbol con los muchachos. マリアはたくましいね, 男の子に混じって野球をするなんて.
3《ラ米》［動］ピューマ (= puma). ～ miquero [moreno]《ラ米》(ｷｭｳ米)(ｽﾍﾟﾝ)［動］ジャガランディ：山ネコの一種.
——男 **1** [L～]［星座］しし座 (= Leo). *L～ menor* こじし座. **2** ライオン像；［紋］後ろ足で立ち上がった獅子像 (= ～ rampante).
——女《ラ米》(ﾒｷ)《話》騒ぎ.

hormiga león［昆］アリジゴク.
león marino［動］トド.
llevarse la parte del león《話》一番上等な部分を獲得する, いいとこ取りをする.
No es tan fiero [bravo] el león como lo pintan.《諺》案ずるより産むが易し (←ライオンがうわさするほど獰猛(ﾄﾞｳﾓｳ)ではない：ものごとは取り組んでみると意外にたやすいものだ).
[←［ラ］*leōnem* (*leō*「王中時計の」の対格) [関連] leopardo. ［ポルトガル］*leão*. ［仏］［英］*lion*. ［伊］*leone*]

le·o·na·do, da [le.o.ná.ðo, -.ða] 形 ライオンの毛に似た色の, 黄褐色の.

le·o·ne [le.ó.ne] 男 レオーネ：シエラレオネの通貨単位.

le·o·ne·ra [le.o.né.ra] 女 **1** ライオンの檻(ｵﾘ)［囲い場］. **2**《話》乱雑な部屋. Este cuarto es [está hecho] una ～. この部屋はひどい散らかりようだ. **3** 賭博(ﾄﾊﾞｸ)場. **4**《ラ米》(**1**)《ｱﾙｾﾞﾝ》(ﾁﾘ)(ｳﾙｸﾞｱｲ)刑務所の大部屋, 雑居房. (**2**)(ｴｸｱﾄﾞﾙ)(ﾁﾘ)報道者の集まり. (**3**)(ｺﾞﾝ)《話》騒がしい会合.

le·o·nés, ne·sa [le.o.nés, -.né.sa] 形（スペインの）レオン León の；［史］レオン王国の. ——男 女 レオンの住民［出身者］. ——男（スペイン語の）レオン方言.

le·o·ne·sis·mo [le.o.ne.sís.mo] 男 レオン地方特有のスペイン語法［表現・語義・単語］, レオン方言からの借用[語].

le·o·ni·no, na [le.o.ní.no, -.na] 形 **1** ライオンの, ライオンのような；勇猛な.
2［法］片方にだけ有利な, 不公平な. contrato ～ 不平等な［一方的な］契約. hacer un reparto ～ ひとりだけが得をする分け方をする.

Le·o·nor [le.o.nór] 固名 レオノール：女子の洗礼名.[←？［古仏］*Elienor*; *Helene* (←[ラ] *Helena*) の異形] [関連] ［ポルトガル］*Leonor*. ［仏］*Léonore*. ［伊］*Leonora*. ［英］*Le(o)nore*. ［独］*Leonore*]

le·on·ti·na [le.on.tí.na] 女（懐中時計の）鎖.

le·o·par·do [le.o.pár.ðo] 男［動］ヒョウ.

Le·o·pol·do [le.o.pól.do] 固名 レオポルド：男子の洗礼名. 愛称 Leo, Polo. [←［ゲルマン］*Luitpold* (*luit*「民衆」+ *pold*「大胆な」) [関連] ［ポルトガル］［伊］*Leopoldo*. ［仏］*Léopold*. ［英］［独］*Leopold*]

le·o·tar·do [le.o.tár.ðo] 男《時に複数で》［服飾］タイツ, レオタード.
[19世紀のフランスの曲芸師 *J. Léotard* の名に由来]

Le·pan·to [le.pán.to] 固名 レパント：ギリシア西部の港湾都市ナフパクトス Naupacta の別称. batalla de ～ レパントの海戦 (♦1571年, スペイン・ベネチア・教皇庁の連合軍がトルコ軍を破った).

le·pe [lé.pe] 男《ラ米》《話》(**1**)(ｺﾛﾝﾋﾞｱ)手のひら・拳による殴打, たたくこと. (**2**)(ﾍﾞﾈｽﾞ)（酒用の）グラス；グラス1杯のアルコール飲料. (**3**)(ﾁﾘ)幼児, 子供；背が低い人；悪党.

Le·pe [lé.pe] 固名 レペ Pedro de ～：15世紀のスペイン La Rioja 州の博学な司教.
ir donde las Lepe《ラ米》(ﾁﾘ)（計算を）間違える.
saber más que Lepe / *saber más que Lepe, Lepijo y su hijo*《ラ米》とてもずる賢い, 抜けめがない.

le·pe·ra·da [le.pe.rá.ða] 女《ラ米》(ﾁｭｳ米)(ﾒｷ)品のなさ, 野卑なこと；下卑た言葉[態度].

le·pe·ro, ra [le.pé.ro, -.ra] 形 **1** (スペイン Huelva 県の村) レペ Lepe の. **2** 抜けめがない.
——男 女 **1** レペの人. **2** 抜けめない人間.

lé·pe·ro, ra [lé.pe.ro, -.ra] 男 女《ラ米》《話》(**1**) (ﾁｭｳ米)(ﾒｷ)下層の人；ろくでなし, ごろつき. (**2**) (ﾍﾟﾙｰ)破

産者. **(3)** (俗)抜けない人, 目先の利く人.

le·pe·rus·co, ca [le.pe.rús.ko, -.ka] 形 《ラ米》(俗)下層の, 身分の卑しい; 極悪の, げすな.

le·pi·dio [le.pí.đjo] 男《植》コショウソウ.

le·pi·dóp·te·ro, ra [le.pi.đóp.te.ro, -.ra] 形《昆》鱗翅(りんし)目の.
— 男《複数で》《昆》鱗翅目の昆虫: チョウ, ガの類.

le·pi·do·si·ren [le.pi.đo.sí.ren] 男 レピドシーレン: el Amazonas 流域の沼沢地に生息する肺魚.

le·pis·ma [le.pís.ma] 女《昆》シミ.

le·pó·ri·do, da [le.pó.ri.đo, -.đa] 形《動》ウサギ科の.
— 男《複数で》ウサギ科(の動物). **lepidosiren** (レピドシーレン)

le·po·ri·no, na [le.po.rí.no, -.na] 形 ウサギの(ような). labio 〜 兎唇(としん).

le·pra [lé.pra] 女 **1**《医》ハンセン病, レプラ.
2 悪事.

le·pro·se·rí·a [le.pro.se.rí.a] 女 ハンセン病療養所.

le·pro·so, sa [le.pró.so, -.sa] 形 ハンセン病の.
— 男女 ハンセン病患者.

lep·tón [lep.tón] 男《物理》レプトン, 軽粒子.

ler·cha [lér.tʃa] 女 (捕った鳥・魚を刺し通す)アシの茎.

ler·de·ar(·se) [ler.đe.ár(.se)] 自(再)《ラ米》(話)手間取る, ぐずぐずする.

ler·de·ra [ler.đé.ra] / **ler·de·za** [ler.đé.θa / -.sa] 女《ラ米》(話)のろま, ぐずぐずすること; 無精.

ler·do, da [lér.đo, -.đa] 形《軽蔑》(動作が)遅い, 緩慢な; (頭が)鈍い, 愚鈍な (= torpe).
— 男《動》のろま; とんま.

ler·du·ra [ler.đú.ra] 女《ラ米》(俗)→lerdera.

Lé·ri·da [lé.ri.đa] 固名 レリダ: スペイン北東部の県; 県都. [← (ラ) *Ilerda*]

le·ri·da·no, na [le.ri.đá.no, -.na] 形 (スペインの)レリダの. — 男女 レリダの住民[出身者].

Ler·na [lér.na] 固名《ギ神》レルネ: アルゴスに近い沼沢地. Hidra de 〜 (レルネに住んだとされる)ヘラクレスが退治したヒュドラ(頭が9つある大蛇).

**les 代名《人称》(3人称複数) 》ふつう動詞のす前に置かれるが, 不定詞・現在分詞・肯定命令形とともに用いる場合はそれらの後に付ける.
1(間接目的語)[男女同形] 彼ら[彼女たち, あなた方, それら]に [にとって, から]. *Les* agradecemos mucho su invitación. ご招待いただき感謝いたします. *Les* dio mucho susto. 彼らはとても驚いた. ► 直接目的人称代名詞3人称とともに用いる場合には se になる. →se¹.
2《スペイン》(直接目的語)[男性形] 彼ら[あなた方]を. *Les* visitaré dentro de poco. 私は近いうちに彼らを訪ねます. ► このように les を用いるスペイン的な地域を除いては →los².

les·bia·nis·mo [les.βja.nís.mo] 男 (女性の)同性愛, 同性愛関係.

les·bia·no, na [les.βjá.no, -.na] 形 **1** レスボス島の. **2** レズビアンの. — 男女 レスボス島の住民[出身者].
2 (女性の)同性愛者, レズビアン.

lés·bi·co, ca [lés.bi.ko, -.ka] 形 レスビアンの.

les·bio, bia [lés.βjo, -.βja] 形 男女 →lesbiano.

Les·bos [lés.bos] 固名 レスボス島: エーゲ海北東部のギリシャ領の島. アルカイオス Alceo やサッフォー Safo などの官能的な詩人の舞台となった. [← (ラ) *Lesbos* ← (ギ) *Lésbos*; 関連 lesbiano. [英] *Lesbian* (この島に住んでいた前7世紀の女流詩人サッフォーが同性愛だったという伝説がある)]

le·se·ar [le.se.ár] 自《ラ米》(ゝ)(話)冗談を言う, ばかなことをする.

le·se·ra [le.sé.ra] 女《ラ米》(ゝ)(俗)(話)愚かさ, ばかげたこと, 冗談.

*le·sión [le.sjón] 女 **1** (生き物の体の)傷, 傷害, 損傷. tener *lesiones* en la rodilla ひざに傷を負う. 〜 interna 内部損傷. 〜 cerebral 脳損傷. 〜 grave [leve] 重[軽]傷. 〜 innata 先天性の傷害. 〜 en el tendón de Aquiles アキレス腱損傷.
2《a... / para...》 …にとっての傷, 損害; 汚点. Ese imprudente artículo del periódico ha supuesto una grave 〜 *a* esta compañía. その心ない新聞報道は会社にとって重大な汚点となった. 〜 enorme 価格の半分に相当する損害. 〜 enormísima 価格の半分を大幅に上回る損害.

le·sio·na·do, da [le.sjo.ná.đo, -.đa] 形 **1** 負傷した, 傷ついた. **2** 損害を被った, 被害に遭った.

*le·sio·nar [le.sjo.nár] 他 **1** 傷つける, けがを負わす. La explosión *lesionó* a varias personas. その爆発で数人が負傷した. **2** 損害を与える; 侵害する. El acuerdo puede 〜 los intereses del país. その協定は国益を害する可能性がある.
— **〜·se** 再 けがをする; 損傷を受ける. *Me lesioné* el brazo derecho al caer de mi moto. 私はバイクから落ちて右腕にけがをした.

le·si·vo, va [le.sí.βo, -.βa] 形 **1** けがをさせる.
2 損害を及ぼす; 侵害する.

les·na [lés.na] 女 →lezna.

les·nor·des·te [les.nor.đés.te] 男 **1** 東北東の風.
2 東北東 (= estenordeste).

le·so, sa [lé.so, -.sa] 形 **1** 傷つけられた, 損害を受けた. crimen de *lesa* majestad [patria]《法》大逆罪, 不敬罪; 反逆罪. **2** 錯乱した.
3《ラ米》(ゝ)(ゝ)(ゝ)(話) ばかな, 愚かな. hacer 〜 a+人(を) 〈人〉をだます, こけにする. no estar para 〜s (やすやすとは)だまされない.

Le·so·tho [le.só.to] 固名 レソト: アフリカ南部の王国. 首都 Maseru. [← (英) *Lesotho* ← 〔ソト〕 *Le-sotho* (*le-* 「土地」 + *Sotho* 「ソト人」)]

les·sues·te [les.swés.te] 男 **1** 東南東の風.
2 東南東 (= estesudeste).

les·te [lés.te] 男 **1**《海》東 (= este).
2 (マデイラ島・北アフリカで吹く)乾いた南風.

les·tri·gón [les.tri.gón] 男 (シチリア島に住んだという伝説上の)人食い人種.

le·sues·te [le.swés.te] 男 →lessueste.

le·su·ra [le.sú.ra] 女《ラ米》(ゝ)→lesera.

le·tal [le.tál] 形 致命的な, 命にかかわる, 死を招く. un arma 〜 凶器.

le·ta·me [le.tá.me] 男 堆肥(たいひ), 積み肥.

le·ta·ní·a [le.ta.ní.a] 女 **1**《カト》(時に複数で)連祷(れんとう); (連禱を唱える)行列.
2 (話) (やたらと長い) 羅列 (= retahíla, sarta). una 〜 de reclamaciones 相次ぐクレーム.

le·tár·gi·co, ca [le.tár.xi.ko, -.ka] 形《医》昏睡(こんすい)状態の, 嗜眠(しみん)の.

le·tar·go [le.tár.go] 男 **1**《医》昏睡(こんすい), 嗜眠(しみん). caer en estado de 〜 昏睡状態に陥る.
2 無気力, 倦怠(けんたい). **3**《動》冬眠. 《植》休眠.

le·te·o, a [le.té.o, -.a] 形 **1**《ギ神》(黄泉(よみ)の国の

letificar

川）レテ Lete の．**◆**この川の水を飲むと生前のすべてを忘れ去るという．**2** 忘却の．

le·ti·fi·car [le.ti.fi.kár] 102 他 喜ばせる；元気［活気］づける．

le·tí·fi·co, ca [le.tí.fi.ko, -.ka] 形 《詩》喜ばしい．

Le·to [lé.to] 固名 《ギ神》レト：Zeus に愛され Apolo と Artemisa の双子を生んだ．

le·tón, to·na [le.tón, -.tó.na] 形 ラトビア Letonia の．— 男 女 ラトビア人．
— 男 ラトビア語：バルト語の一つ．

Le·to·nia [le.tó.nja] 固名 ラトビア（共和国）：首都 Riga.

le·tra [lé.tra] 男 **1** 字，文字（▶ 普通単独の文字を表す．書記方法も含めた特定言語の文字体系には escritura, 数詞や記号も含む場合は carácter を用いる．→ la — a という文字）．la escritura alfabética アルファベット．En el teclado hay varios caracteres. キーボードには様々な文字記号がある．～ consonante [vocal] 子[母]音字．～ inicial 頭文字．～ muda [言]黙字（スペイン語の h など）．～ doble [言]複文字（▶ スペイン語の ch, ll, rr. ch と ll は実際の音標的価値に鑑み1994年以前は1文字（che, ele doble）として扱われていた．rr は元々字素ではないが，同じく実際の音標的価値に鑑み1文字（ere doble）として扱われることが多い）．～ china 漢字．～ historiada 装飾文字．～ florida 花文字．sopa de ～s アルファベットの集合体から単語を見つけ出すゲーム．～ mal escrita 誤字（＝errata）．～saltada 脱字．La ñ es una ～ típica del español. ñ はスペイン語に固有の文字だ．Pon estas dos ～s entre paréntesis. ここの2文字は括弧でくくっておきなさい．

letra florida（花文字）

2 字体，書体；活字，字型；（手書きの際の）筆遣い，書き方．en ～s corridas [cursivas, tiradas] 筆記体で．en ～s de imprenta [molde] 活字体で．tener buena [mala] ～ 字がきれいである［きたない］．～ mayúscula [versal, capital, de caja alta] 大文字．～ minúscula / ～ de caja baja 小文字．～ manuscrita / ～ de mano 手書きの文字．～ bastarda 手書きの斜体，草書体．～ alemana ジャーマン・スクリプト，ドイツ文字．～ cursiva [bastardilla, itálica] イタリック体．～ gótica ゴシック体．～ inglesa イングリッシュ・スクリプト，イギリス文字．～ negrita [negrilla] ボールド体．～ romana [redondilla, redonda, romanilla] ローマン体．～ versalita スモールキャピタル体．▶ 書体例：イタリック体（→ *LETRA*, *letra*），ボールド体（→ **LETRA**, **letra**），ローマン体（→ LETRA, letra）．

3 字義，字面；文字どおりの意味，表面的意味．atarse a la ～ de... …の文字どおりに固執する．atenerse a la ～ de la ley 法律の条文に一字一句従う．Tras la ～ de su comentario se esconde un espíritu sarcástico. 彼[彼女]（ら）の解釈の裏には皮肉に満ちた精神が潜んでいる．

4 歌詞．escribir las ～s de las canciones 歌の作詞をする．¿Cuál es el autor de la ～ del himno de tu país? 君の国の国歌の作詞者は誰かね．La ～ por +人名．作詞〈人名〉．

5 《商》手形（＝～ de cambio）．girar la ～ 手形を振り出す．pagar por ～ 手形で支払う．～ del tesoro 国債．protestar una ～ a... …に対し手形の支払請求を行う．

6 《複数で》人文科学（↔ 自然科学は ciencias naturales). licenciado en ～s 文学士．Facultad de L～s (大学の) 文学部．la carrera de ～s (大学教育の) 大学課程．～s puras (理系の教養を欠いた) 純粋な文系学問．

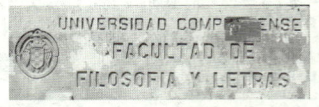

Facultad de Filosofía y Letras（哲文学部）

7 《複数で》学識，教養．hombre [mujer] de muchas ～s 学識豊かな人．primeras ～s (子供のころに習うべき) 初等の読み書きや算術．

8 《複数で》(ある国・時代・言語圏の) 文学作品．la situación actual de las ～s argentinas アルゼンチン文学の現状．las ～s hispánicas スペイン語文学．～s humanas (聖書以外の) ギリシャ・ローマ古典作品．las ～s divinas [sagradas] 聖書．bellas ～s (まれ) 文学．**9** 手紙，短信．enviar unas ～s 短い手紙を送る，一筆したためる．

a la letra / *al pie de la letra* 正確に；文字どおりに，言葉そのままに．copiar *a la* ～ 正確に写し取る．cumplir la promesa *al pie de la* ～ 約束をきちんと果たす．

con todas sus letras 略語を用いずに書かれた．

¡Despacio y buena letra! 《諺》急いては事をし損じる（←ゆっくりきれいな字が書ける）．

hacer un baile de letras [cifras] 《話》文字［番号］を間違う．

La letra con sangre entra. 《諺》学問に王道なし（←血を流してこそ言葉は身につく）．

Las letras no embotan la lanza. 《諺》文武両道が肝要（←教養で槍の刃の切れ味が悪くなることはない）．

letra por letra 一語一語すべておさえつつ．Cuéntame lo que te pasó ～ *por* ～. 何があったのか，一から十まですべて話してごらん．

letras pequeñas [menudas] (1) 本文よりも小さな活字．(2) 契約書などの欄外などに書かれる細部；気づきにくい落とし穴．Lea con cuidado las ～s *pequeñas* del manual. 手引書の細部をよく読んでください．

república de las Letras 《文章語》(ある時代・国の) 作家群，文壇．

ser letra muerta (1) 〈法律の条文などが〉死文である．(2) 〈文書が〉実態として効力がない．

［← [ラ] litteram (littera の対格)；[関連] literal, literatura．[英] letter]

le·tra·do, da [le.trá.ðo, -.ða] 形 **1** 学問［教育］のある，博学の；文学に通じた．
2 《話》物知り顔の，学者ぶった，衒学(がく)的な．
— 男 女 弁護士，法律家．

le·tra·set [le.tra.sét] 男 (1) 《商標》レトラセット：透明のシートに名前などを写植する機械・技法．(2) レトラセットで使用するシート；写植文字；できあがったラベル．

le·tre·ro [le.tré.ro] 男 **1** ポスター，張り紙；張り札，ラベル．
2 看板，掲示（板），標識．～ luminoso ネオンサイン．**3** 題辞；碑文，銘．**4** 《話》(壁などへの) 落書き．

le·tri·lla [le.trí.ja ‖ -.ʎa] 女 **1** 《詩》レトリーリャ

ャ：各連の末尾にリフレインが付いた短い詩行の詩.
2 歌詩.

le·tri·na [le.trí.na] 囡 **1** トイレ.
2 汚らしいもの[場所].

le·tris·ta [le.trís.ta] 男囡 **1** 作詞家.
2 碑銘彫りの書家.

leu [léu] 男 《複 **lei**, **~s**》レイ：ルーマニアの通貨単位.

leu·ce·mia [leu.θé.mja / -.sé.-] 囡 《医》白血病. ~ linfoblástica aguda 急性リンパ性白血病. ~ mieloide crónica 《略 LMC》慢性骨髄性白血病〔英 CML〕. ~ promielocítica aguda 急性前骨髄球性白血病.

leu·cé·mi·co, ca [leu.θé.mi.ko, -.ka / -.sé.-] 形 《医》白血病の, 白血病にかかった.
— 男囡 白血病患者.

leu·co·ci·to [leu.ko.θí.to / -.sí.-] 男 《解剖》《医》白血球.

leu·co·ci·to·sis [leu.ko.θi.tó.sis / -.si.-] 囡 《単複同形》《医》白血球増加症.

leu·co·ma [leu.kó.ma] 囡 《医》角膜白濁[白斑].

leu·co·pe·nia [leu.ko.pé.nja] 囡 《医》白血球減少（症）.

leu·co·pla·quia [leu.ko.plá.kja] / **leu·co·pla·sia** [leu.ko.plá.sja] 囡 白板症.

leu·co·plas·to [leu.ko.plás.to] 男 《植》白色体, 無色体.

leu·co·rre·a [leu.ko.ře.a] 囡 《医》白帯下, こしけ.

leu·co·sis [leu.kó.sis] 囡 《単複同形》《獣医》ロイコーゼ, ロイコーシス：主として鶏に起こる白血球増加症.

leu·dar [leu.ðár] 他 パン種[酵母]を入れて膨らませる. — **~·se** 再 （練り生地が）膨らむ.

leu·de [léu.ðe] 男 《史》封臣, 領臣.

leu·do, da [léu.ðo, -.ða] 形 パン種[酵母]で膨らんだ, 重量級の. (3) 膨らんだパン生地.

lev [léƀ] 男 レブ：ブルガリアの貨幣単位.

le·va [lé.ƀa] 囡 **1** 《海》抜錨（ばつびょう）, 出帆.
2 （兵員の）徴募, 召集（= reclutamiento）.
3 《機》(1) カム. **árbol de ~s** カムシャフト. (2) （ピストンなどの）羽根, 翼板. (3) てこ, レバー.
4 《ラ米》(1) （コロン）（チリ）《複数で》脅し；空威張り. (2) （コロン）（中米）策略, たくらみ. **caer de ~**《中米》《話》だまされる. (3) 《服飾》上着, ジャケット.
bajarle **(a+人) la leva** 《ラ米》（コロン）（チリ）《人》に危害を加える.
echar levas 《ラ米》（コロン）（チリ）強がる；うそをつく.
encenderle **la leva (a+人)** 《ラ米》（コロン）《人》を殴る.
ponerse la leva 《ラ米》（コロン）学校をサボる；逃げる.

le·va·di·zo [le.ƀa.ðí.θo / -.so] 形 上げ下げできる, 跳ね橋の. — 男 跳ね橋（= puente ~）.

le·va·dor [le.ƀa.ðór] 男 《機》（タービンなどの）羽根, 翼板.

le·va·du·ra [le.ƀa.ðú.ra] 囡 **1** パン種, イースト；酵母（菌）. ~ **en polvo** ベーキングパウダー. **pan sin ~** 種なしパン. **2** 《比喩的》起因, もと, 種.

le·van·ta·da [le.ƀan.tá.ða] 囡 **1** 起床, （病後の）離床. **2** 重量挙げ.

le·van·ta·de·ra [le.ƀan.ta.ðé.ra] 囡 《ラ米》（コロン）《服飾》ナイトガウン.

le·van·ta·do, da [le.ƀan.tá.ðo, -.ða] 形 **1** 起こした；起立した. **2** 高尚な, 崇高な；高揚した.
votar por levantados y sentados 起立により決を取る.

le·van·ta·dor, do·ra [le.ƀan.ta.ðór, -.ðó.ra] 形 持ち上げる, 立たせる. — 男囡 **1** 持ち上げる人. ~ **de pesos** 重量挙げの選手. **2** 扇動者, 活動家.
3 《ラ米》（コロン）《話》魅力的な人.

***le·van·ta·mien·to** [le.ƀan.ta.mjén.to] 男 **1** 持ち上げること. ~ **de pesos** 重量挙げ.
2 起床, 起き上がること.
3 建設, 建造. ~ **de una estatua** 銅像の建立. **4** 反乱, 蜂起（ほうき）. **5** 解除, 解禁. ~ **de la veda** （猟の）解禁. **6** 《地質》隆起.
levantamiento del cadáver 《法》（法医学者と判事による）現場での遺体確認と移送（命令）.

*le·van·tar [le.ƀan.tár] 他 **1** 上げる, 持ち上げる. ~ **a un niño en alto** 子供を高く持ち上げる. ~ **la batuta** 指揮棒を振り上げる. ~ **la mano** 手を挙げる. ~ **una hoja de papel del suelo** 床から紙を拾い上げる. ~ **el ancla** 錨（いかり）を上げる[出港する]. ~ **pesas** 重量挙げをする.
2 起こす, （倒れたものを）立てる. ~ **la silla** いすを起こす. ~ **el salero caído** 倒れた塩入れを起こす.
3 〈視線などを〉上げる. **sin ~ la vista** 顔を上げずに. ~ **la mirada hacia...** （上方の）…に視線を向ける. **Mi jefe *levantó* los ojos del documento que leía.** 上司は読んでいた書類から視線を上げた.
4 取り除く, 除去する, はがす. ~ **un mantel** テーブルクロスを取る. ~ **el vendaje** 包帯を外す.
5 建設する, 創設する. ~ **un monumento** 記念碑を建てる. ~ **un pueblo [una fábrica]** 町[工場]を建設する. ~ **un templo** 寺院を建立する. ~ **un colegio [instituto]** 学校[協会]を設立する.
6 引き起こす, …の原因となる. ~ **una fuerte polémica** 論争を巻き起こす.
7 向上させる, 〈士気を〉高める. ~ **el ánimo a+人** 〈人〉を元気づける. ~ **el corazón a Dios** 神に祈る. ~ **el nivel de vida** 生活水準を向上させる.
8 扇動する, 蜂起させる. ~ **al pueblo** 民衆をあおる. ~ **el ejército** 軍を蜂起（ほうき）させる.
9 〈声・音量を〉大きくする. ~ **la voz** 声を荒げる；脅す.
10 解除する, 撤廃[撤収]する；免除する. ~ **la sesión [junta]** 〈会議を〉散会する. ~ **el campamento** キャンプを畳む, 宿営地を引き払う. ~ **el asedio** 包囲を解く. ~ **la excomunión** 破門を解く. ~ **la veda** （猟を）解禁する. ~ **el castigo** 罰を免除する.
11 作成する；行う. ~ **acta** 議事録を作成する. ~ **un atestado** 《法》宣誓供述書を作成する. ~ **el mapa [plano]** 地図[市街図]を作る. ~ **un censo** 人口調査を実施する. ~ **una calumnia** 中傷する. ~ **protestas** 抗議する. ~ **falsos testimonios** 偽証する. **12** 《軍》招集する. **13** 〈獲物を〉隠れ場所から追い立てる. **14** 《話》盗む, くすねる；〈地位などを〉乗っ取る. **15** 《遊》（トランプ）〈札を〉切る；〈強い札を〉出す；〈伏せられている札を〉開ける. ~ **una carta** カードを切る. ~ **la baza** 一巡で[その一回に]勝つ.
16 〈こぶなどを〉生じさせる. ~ **un chichón** こぶをつくる. **17** 〈馬を〉ギャロップで走らせる；後ろ脚で立たせる. **18** 耕す；収穫する. ~ **el trigo** 小麦を収穫する.
— **~·se** 再 **1** 起きる, 起きあがる；立ち上がる. **~*se* de la cama** 起床する. **~*se* de la mesa [silla] / ~*se* del asiento** 席を立つ.
2 《3人称で》建つ, そびえ立つ. **Aquí cerca recientemente *se levantó* un edificio singular.** 最近この近くに変なビルが建った.
3 〈風・霧などが〉出る；〈現象が〉発生する. **~*se* un huracán [tifón]** ハリケーン[台風]が発生する. **~*se***

el relente 夜露が降りる. *Se me levantó un dolor de cabeza.* 私は頭が痛くなった.
4 蜂起する;《**contra**... …に反抗して》立ち上がる. ~*se en armas contra la dictadura独裁*に対して武装蜂起する. ~*se contra la injusticia* 不正に対して立ち上がる.
5《3人称》あがる, 昇る. ~*se el telón* 幕が揚がる. **6**《**con**... …を》自分のものにする, 横領する.
levantarse con el dinero(ゲームなどで)勝つ;金を持ち逃げする.
levantársele el estómago (*a*+人)〈人〉の胃がむかつく.
[←〔古スペイン〕*levar*←〔ラ〕*levāre*;〔古スペイン〕から〔スペイン〕への変化において *levant*-(←〔ラ〕*vāns*; *levāre* の現在分詞)の語形的影響を受ける;関連語*levante*¹「東」は太陽が昇る方角), *elevar*.〔英〕*lever*「取っ手, レバー」, *elevate*「上げる」]

le·van·te¹ [le.bán.te] 男 **1** 東, 東方. **2** 東風. **3** 東部地方. [〔古スペイン〕*levar*「日が昇る方角」より派生(「日が昇る方角」が原義)]

le·van·te² [le.bán.te] 男 《ラ米》(1)〈牛〉(山林所有者に支払う)伐採金. (2)《コスタリカ》うそ, デマ. (3)《メキシコ》中傷, 誹謗(ひぼう). (4)《メキシコ》懲らしめ, しかりつけ. (5)《メキシコ》蜂起(ほうき), 反乱. (6)《コロンビア》牧畜の追い立て[移動]. (7)《アルゼンチン》傲慢(ごうまん). (8)《*俗*》行きずりのセックスの相手.
irse de levante《ラ米》《メキシコ》《話》ガールハントをする.

le·van·te³ [le.bán.te] 活 → *levantar*.

Le·van·te [le.bán.te] 固名 **1** レバンテ地方:スペイン東部のValenciaおよびMurcia地方. **2** レバント:地中海東部地方. [*levante*¹より派生]

le·van·ti·no, na [le.ban.tí.no, -.na] 形 **1** 東の, 東方の;レバントの;《スペイン》のレバンテ地方の.
── 男 女 レバンテ地方の住民[出身者]. **2** 東部地方の人;レバントの住民[出身者].

le·van·tis·co, ca [le.ban.tís.ko, -.ka] 形 反逆的な, 不穏な.

le·var [le.bár] 他《海》〈錨(いかり)を〉上げる. ~ *anclas* 抜錨(ばつびょう)する. ──~*se* 再 **1**《俗》逃げる, 立ち去る. **2**《海》錨を上げる, 出航する.

‡**le·ve** [lé.be] 形 **1** 軽微な;ささいな;微弱な. *una herida* ~ 軽傷. *una enfermedad* ~ 軽い病. *una fiebre* ~ 微熱. *una falta* ~ ちょっとしたミス. *un aumento* [*una disminución*] ~ わずかな増加[減少].
2(+名詞)やっと認識できる程度の. *una* ~ *sonrisa* かすかな微笑み. *un* ~ *atisbo* かすかな兆し. *una* ~ *mejoría* ほんの少しの回復.
3 軽量の(=*ligero*). *el* ~ *encaje* 薄いレース.

le·ve·dad [le.be.dáð] 女 (程度の)軽さ;僅少(きんしょう).

le·ve·men·te [le.be.mén.te] 副 軽く, 穏やかに.

le·via·tán [le.bja.tán] 固《聖》レビヤタン, レバイアサン:「ヨブ記」の水中に棲(す)む巨大な怪獣で, 悪の象徴.

le·vi·ga·ción [le.bi.ga.θjón / -.sjón] 女《化》水簸(すいひ):液体に物質を沈殿させ, 重いものと軽いものを分離すること.

le·vi·gar [le.bi.ɣár] 他《化》分別溶解する.

le·vi·ta¹ [le.bí.ta] 男 **1** レビ人;(古代イスラエルの)神官. **2**《カト》助祭.

le·vi·ta² [le.bí.ta] 男 フロックコート.
tirar de la levita《話》おべっかを使う, へつらう.

le·vi·ta·ción [le.bi.ta.θjón / -.sjón] 女 (心霊術・物理現象の)空中浮揚.

le·vi·tar [le.bi.tár] 自 空中浮遊する.

Le·ví·ti·co [le.bí.ti.ko] 固名《聖》(旧約の)レビ記《略 *Lev*》.

le·ví·ti·co, ca [le.bí.ti.ko, -.ka] 形 **1** レビ人の. **2** あまりにも教会[聖職者]的な. ── 男 式次第.

le·vi·tón [le.bi.tón] 男 厚手のフロックコート. [*levita*+増大辞]

le·vó·gi·ro, ra [le.bó.xi.ro, -.ra] 形《化》《光》〈物質が〉左旋(光)性の(↔*dextrógiro*).

le·vo·sa [le.bó.sa]《話》→ *levita*².

le·xe·ma [lek.sé.ma] 男《言》語彙素.

le·xe·má·ti·co, ca [lek.se.má.ti.ko, -.ka] 形《言》語彙素の.

le·xi·ca·li·za·ción [lek.si.ka.li.θa.θjón / -.sa.sjón] 女《言》語彙化.

le·xi·ca·li·zar [lek.si.ka.li.θár / -.sár] 97 他《言》語彙化する.

lexico- 「辞書, 語彙(ごい)」の意の造語要素. → *lexicón, lexicológico*. [←〔ギ〕]

lé·xi·co, ca [lék.si.ko, -.ka] 形 語彙(ごい)の, 語彙に関する. ── 男 **1** 辞書;(特にギリシア語などの)古典語辞書. **2** (特定の分野・作家などの)用語, 用語解説[集]. → *diccionario* 類語

le·xi·co·gra·fí·a [lek.si.ko.gra.fí.a] 女 辞書編集(法);語彙(ごい)記述.

le·xi·co·grá·fi·co, ca [lek.si.ko.grá.fi.ko, -.ka] 形 辞書編集(法)の;語彙(ごい)記述の.

le·xi·có·gra·fo, fa [lek.si.kó.gra.fo, -.fa] 男 女 辞書編集者.

le·xi·co·lo·gí·a [lek.si.ko.lo.xí.a] 女 語彙(ごい)論.

le·xi·co·ló·gi·co, ca [lek.si.ko.ló.xi.ko, -.ka] 形 語彙(ごい)論の.

le·xi·có·lo·go, ga [lek.si.kó.lo.go, -.ga] 男 女 語彙学者, 語彙(ごい)論研究者.

le·xi·cón [lek.si.kón] 男 辞書, 辞典;《言》語彙(ごい)目録.

‡**ley** [léi] 女 **1** 法, 法律;法典. *aprobar la ley* 法案を通過させる. *respetar* [*observar*] *la ley* 法を守る. *violar* [*infringir, transgredir*] *la ley* 法を破る. *fuera* [*al margen*] *de la ley* 法の枠外で. *contra la ley* 法に反して. *conforme a la ley* 法に従って. *escapar de la ley* 法律の網をかいくぐる. *Los hombres y las mujeres son iguales ante la ley.* 法の下では男女は平等である. *personas de leyes* 法律家. *ley escrita* 成文法. *ley fundamental* [*orgánica, de base*] 基本法. *ley vigente* 現行法. *ley marcial* 戒厳令. *ley seca* 禁酒法. *ley positiva* 実定法. *decreto ley* 政令. *proyecto de ley* 法案. *ley sobre tráfico* 交通法. *ley de condiciones de trabajo* 労働基準法. *ley sálica*《史》サリカ法典:(ゲルマン民族の)サリ人が作った女性王位継承権を認めない法(→ *sálico*). *ley del duelo*《史》決闘法. *ley del talión* (目には目の発想による)同害刑法.

類語 *ley* は一般的概念としての法律, また個別的な各法を指す. 法学には *derecho* や *legislación* が, 各分野の法の総称としては *derecho* が, 特定の政治組織[国家]に固有の法令としては *legislación* が, 小単位の法規としては *reglamento* がそれぞれ好まれる.

2 (自然界の)法則;(科学・芸術などの)普遍の原理, 原則;(人間の)行動原則, 行動規範;(スポーツなどの)ルール. *ley de la gravedad* 重力の法則. *ley de la oferta y la demanda* 需要と供給の法則. *ley de la historia* 歴史の法則. *ley de la supervivencia de los mejores adaptados 適者生存の法則. *ley* natural 自然の法則. *ley* moral 道徳法則. *ley* de la ventaja 《スポ》アドバンテージルール. En la iglesia el silencio es la *ley*. 教会では沈黙が原則だ.

3 《宗》戒律, 教え; 信仰. *ley* de los mahometanos イスラム教の戒律). *ley* judía ユダヤ教の戒律). *ley* de Dios (キリスト教における)神の掟(ホッ). *ley* antigua (旧約聖書で)モーセに伝えられた古い戒律. *ley* nueva (旧約聖書で)イエスが伝えた新しい掟. **4** (金属の)含有量. oro [plata] de *ley* 法定含有量をもつ金[銀], 純金[銀].

Allá van leyes do [donde] quieren reyes. 《諺》王の望むところに法あり(何事も強い者が勝つ).
con todas las de la ley (法的・制度的に)必要な条件をすべて満たした.
de buena ley (人が)正直な, 信頼できる; 優秀な.
de ley 道徳的に正しい, 善良な.
de mala ley (人が)不誠実な, 信頼の置けない.
Es de ley que+接続法 …して当然である.
La costumbre hace la ley. / La costumbre tiene fuerza de la ley. 《諺》習慣は法と同じ力を持つ.
ley del embudo 《話》《軽蔑》不公平な原則[規範].
Quien [El que] hace la ley, hace la trampa. / Hecha la ley, hecha la trampa. 《諺》法律ができるとわなもできる(法律には必ず抜け道がある).
tener [tomar] ley a... …に対して忠実である.
[← [ラ] *lēgem* (*lēx* の対格). 関連 leal, legal, legítimo, legislación. [英] *legal* 「法的な」, *loyal* 「忠実な」

ley- 圏 → leer.

Ley·den [léi.ðen] 固名 ライデン *Leiden*: オランダ西部の都市. botella de ～ ライデン瓶.

✱✱le·yen·da [le.jén.da] 囡 **1** 伝説, 言い伝え; 伝承物語. según la ～ 言い伝えによると. *L*～ *áurea* 『黄金伝説』(13世紀イタリアの Jacobo de Vorágine によって編まれた聖人伝). *Las* ～*s de Guatemala* 『グアテマラ伝説集』(Miguel Ángel Asturias 作の短編小説集).
2 (事実性に疑問がある)うわさ.
3 崇拝の対象. Eva Perón se ha convertido en una ～ entre los argentinos. アルゼンチン人の間ではエバ・ペロンは伝説(的人物)になっている. **4** (地図の)凡例; (貨幣・メダルの)刻銘; (絵画・挿画などの)説明書き. **5** 《ラ米》《蔑》(政治的内容の)落書き.
leyenda negra (1) 黒い伝説. ♦宗教的不寛容および新大陸征服事業における非道行為を理由に, スペインは残虐かつ不寛容な国であるとする伝説. スペイン以外のヨーロッパの列強や独立時のイスパノアメリカ諸国において政治的に利用された. (2) 悪い[よくない]うわさ. A este político le acompaña una extensa ～ *negra* desde sus inicios. この政治家には当初から黒いうわさがつきまとっている.
[[スペ] *legere* 「読む」の動形容詞 *legendus* の中性複数形が名詞化したもので, 「読まれるべきもの」が原義; 現在の意味に固定したのは19世紀. 関連 lectura. [英] *legend*]

le·yen·do [le.jén.do] 現分 → leer.
le·yen·te [le.jén.te] 形 読む.
— 男囡 読者, 読み手(= lector).
le·yo·so, sa [le.jó.so, -.sa] 形 《ラ米》《軽》(1) 詭弁(ホッ)を弄(ホッ)する, へ理屈屋の. (2) 〈馬が〉癖の悪い.
Le·za·ma Li·ma [le.θá.ma lí.ma / -.sá.-] 固名 レサマ・リマ *José* ～ (1912-76): キューバの詩人・小

説家. 作品 *Paradiso* 『パラダイソ(楽園)』.

lez·na [léθ.na / lés.-] 囡 (靴職人の)突き錐(ボ); 工用の)錐; 千枚通し.
lez·ne [léθ.ne / lés.-] 形 もろい, 壊れやすい.
Li 《化》litio リチウム.
li- 圏 → liar.
LIA [lí.a] 囡 《略》*Línea Internaio* (エクアドルの)国際航空. *Aérea*
li·a¹ [lí.a] 囡 《主に複数で》おり, かす, 澱(ホッ). *estar hecho una lía* 《話》酔っ払っている.
li·a² [lí.a] 囡 (荷造り用)荒縄.
lia·do, da [ljá.do, -.ða] 形 (*estar*+) 《スペ》 (1) こんがらかっている, もつれている. (2) 《話》 [性的]関係にある, できていえる. (3) 《話》忙しい.
lia·na [ljá.na] 囡 《植》つる植物, 蔓(ホ)植物.
lian·te [ljan.te] 形 《スペイン》口車に乗せる, (問題などに)巻き込む; 厄介な.
— 男囡 《スペイン》口車に乗せる人; 厄介.

✱liar [ljár] 81 他 **1** (縄・ひもなどで)くくる, 縛る, 結わえる. ～ *un paquete con una cuerda* 小包をひもでくくる.
2 くるむ, 包む; 巻く; 〈糸〉を)巻く; (糸)とする. ～ *... en una manta* …を毛布でくるむ. *~ un cigarrillo* タバコを(紙で)巻く.
3 《スペイン》《話》(困難・網地に)巻き込む, かかわる. No me *líes* en este asunto. この件に私を巻き込まないでくれ. **4** 《スペイン》《話》〈人を〉混乱させる(= embrollar, embarullar); (ものを)ごちゃ混ぜにする. Trató de ～me con susrazonamientos. 彼[彼女]は自分の考えを言い立て私を混乱させようとした. **5** 《話》〈人を〉説得する; 言いくるめる. Me *han liado* para que venga a la iesta. パーティーに行くよう説き伏せられてしまった.

— ~**·se** 再 **1** くるまる, 巻かれる.
2 《話》紛糾する, 複雑になる El asunto *se lió* más de lo previsto. その問題は予想以上にもつれた. **3** 《話》(困難・窮地に)巻き込まれる, かかわる(= implicarse, involucrarse). **4** 《俗》《con...》…と)情交を結ぶ, 関係する. **5** 忙しく働く.

liarla 《話》厄介をもたらす, ひと悶着起こす.
liarlas / liar el hato / liar el petate 《話》(1) (あわてて)立ち去る, 逃げる. (2) 死ぬ, 往生する.
liarse a+不定詞 《話》(激しく・熱心に)…し始める, 没頭する.
liarse a palos [golpes] 《話》殴り合う.
liárselas 《話》(1) 立ち退く, (驚いて)逃げる. (2) 死ぬ, 往生する.

lia·ra [ljá.ra] 囡 角製の杯.
lí·as [lí.as] 囡 《地質》ライアス統: ジュラ系の最下層.
liá·si·co, ca [ljá.si.ko, -.ka] 形 《地質》ライアス統の. — 男 → lías.
lia·tón [lja.tón] 男 編みひも, 細紐.
li·ba·ción [li.ba.θjón / -.sjón] 囡 **1** (昆虫が)蜜(ホッ)を集めること. **2** 酒の試飲. **3** (供犠の際に)酒を注ぐこと.
li·ba·men [li.ba.men] 男 犠牲の供物, いけにえ.
li·ba·nés, ne·sa [li.ba.nés, -.né.sa] 形 レバノンの, レバノン人の. — 男囡 レバノン人.
Lí·ba·no [lí.ba.no] 固名 レバノン (共和国): 首都 Beirut. [← [ラ] *Libanus* ← [ギ] *Líbanos* ← [ヘブライ] *Lebhānōn* 「レバノン山」 (「白い山」が原義)]
li·bar [li.bár] 他 **1** (昆虫が)〈花蜜(ホッ)などを〉吸う. **2** 〈酒を〉試飲する; かなり飲む. **3** (供犠の際に)酒を注ぐ.
li·be·lar [li.be.lár] 他 《法》〈司法上の文書・請願書

libelista〜を作成する. [li.ƀe.lís.ta] 男 女 【法】(文書による)名誉毀損(きそん)者.

li·be·lís·ta [li.ƀe.lís.ta] 男 女 【法】他人の名誉を毀損(きそん)する.

li·be·lo [li.ƀé.lu.la] 女 【昆】トンボ.
文書, 詩文.

li·bé· [li.ƀe.rá.ƀle] 形 解放[放免]されうる.
lí·ra·ble [植] 靭皮(じんぴ).

li·be·ra·ción [li.ƀe.ra.θjón / -.sjón] 女 1 解放, 釈放, 放免. 〜 de la mujer 女性解放. acto de 〜 放免命令. teología de la 〜 (中南米の)解放の神学. 2 免除, 〈不動産の〉課税免除, 免税.
3 《ラ米》(1) 〈人の〉関税免除. (2) 《ロプ》分娩(ぶんべん), 出産.

li·be·ra·do, da [li.ƀe.rá.ðo, -.ða] 形 1 〈専従活動家〉―. 2 〈義務などから〉解放された.

li·be·ra·dor, do·ra [li.ƀe.ra.ðór, -.ðó.ra] 形 解放する, 解放的な. ― 男 女 解放者, 救済者.

***li·be·ral** [li.ƀe.rál] 形 1 〈政治思想などが〉自由主義的な, リベラル派の(↔conservador) partido 〜 自由党. campo 〜 自由主義陣営. régimen 〜 自由主義体制. pensamientos 〜es 自由主義思想. 2 〈性格・性質が〉自由な, 形式にとらわれない;〈職業が〉自由業の. tener ideas 〜es 開かれた考え方をする artes 〜es 教養科目, リベラルアーツ. 【史】中世の七科目. una profesión 〜 自由業. Nuestro profesor es muy 〜 para su edad. 私たちの先生は年齢の割にずいぶん柔軟な人だ.
3 《まれ》《con+人》〈人に〉寛容な, 気前のよい(=generoso). Ms padres son muy 〜es conmigo. 両親は私にとても甘い.
― 男 女 《リベラル派の》人, 自由主義者.

li·be·ra·li·dad [li.ƀe.ra.li.ðáð] 女 気前のよさ, も の惜しみしないこと(=generosidad); 寛大, 寛容.

*ǂ**li·be·ra·lis·mo** [li.ƀe.ra.lís.mo] 男 《政治・経済・思想の》**自由主義** リベラリズム.

li·be·ra·li·za·ción [li.ƀe.ra.li.θa.θjón / -.sa.sjón] 女 自由にすること, 自由化. 〜 de los intercambios 国際貿易の自由化.

li·be·ra·li·zar [li.ƀe.ra.li.θár / -.sár] 97 他 自由にする, 自由化する.
― **se** 再 自由になる.

*ǂ**li·be·rar** [li.ƀe.rár] 他 **1 自由にする**, 解放する, 釈放する(=libertar). 〜 a las mujeres 女性を解放する. 〜 a un prisionero 囚人を釈放する.
2 《de... …を》**免除する**, 解除する. 〜 a+人 de su promesa 〈人に〉約束の履行を免ずる. 〜 del servicio militar 兵役義務を免除する.
3 〈ガス・熱などを〉放つ, 発する.
― **se** 再 《de... …から》自由になる, 解放される.

li·be·ra·to·rio, ria [li.ƀe.ra.tó.rjo, -.rja] 形 〈義務・負担から〉免れさせる, 免除する, 解放する.

Li·be·ria [li.ƀé.rja] 固名 リベリア: 首都 Monrovia. [←〔英〕Liberia←〔近ラ〕Libēria←(〔ラ〕līber「自由な」+〔ラ〕-ia「国, 地域」)【関連】libre]

li·be·ria·no, na [li.ƀe.rjá.no, -.na] 形 リベリア(人)の. ― 男 女 リベリア人.

lí·be·ro [lí.ƀe.ro] 男 《スポ》(サッカー)リベロ.

li·bé·rri·mo, ma [li.ƀé.r̄i.mo, -.ma] 形 [libre の絶対最上級] 最も自由な, 全く自由な. por su libérrima voluntad 完全に自分の自由意思で.

***li·ber·tad** [li.ƀer.táð] 女 **1** (束縛に対する)**自由**; 解放; 釈放; (権利としての)自由, 社会的自由. estar en 〜 自由である. hipotecar su 〜 自由を保証する. dejar a... en 〜 …を解放する. quitar la 〜 a... …から自由を奪う. L〜 bajo palabra 『言葉のかげの自由』(Paz の詩集). 〜 política 政治的自由. 〜 democrática 民主的自由. 〜 de expresión 表現の自由. 〜 de pensamiento 思想の自由. 〜 de imprenta 出版の自由. 〜 de conciencia [culto] 信教の自由. 〜 de palabra 言論の自由. 〜 de cátedra 学問の自由. 〜 de prensa 報道の自由. 〜 de reunión 集会の自由. 〜 de mares 公海の自由(航行権). 〜 de comercio 交易の自由. 〜 bajo palabra (捕虜の)宣誓釈放; 仮釈放. 〜 bajo fianza 保釈. 〜 condicional [vigilada] 保護観察(処分). 〜 provisional 仮釈放.
2 (行為における)自由な状況, 自在さ; 拘束のなさ, 遠慮のなさ. con 〜 自由に(=libremente); 気兼ねなく. Los delanteros se movían con absoluta 〜. フォワードの選手たちはすいすいと動いていた. tener (plena) 〜 para... 自由に…できる. Aquí no tenemos 〜 para salir cuando nos dé la gana. ここでは好きなときに出かける自由がない.
3 (動作の)余裕, 幅. tener 〜 de movimiento (束縛がなく)自由に行動できる. Estos pantalones no me dejan ninguna 〜. このズボンは窮屈だ.
4 (時間的)余裕, 暇. una noche de 〜 暇な晩.

tomarse ciertas [muchas, demasiadas] libertades con+人 〈人に〉対してある程度[大いに / 過度に]馴れ馴れしくする. María se toma demasiadas 〜es con nuestro profesor. マリアは先生とべたべたし過ぎよ.

tomarse la libertad de... 《丁寧》勝手ながら…する. Me tomo la 〜 de presentarme. 僭越(せんえつ)ながら自己紹介をさせていただきます.

[←〔ラ〕libertātem (libertās の対格); līber「自由な」より派生)【関連】〔英〕liberty]

li·ber·ta·do, da [li.ƀer.tá.ðo, -.ða] 形 **1** 自由な, 解放された. **2** 大胆な, 無謀な.

li·ber·ta·dor, do·ra [li.ƀer.ta.ðór, -.ðó.ra] 形 自由にする, 解放する.
― 男 女 解放者, 救済者. El L〜 (南米独立運動の)解放者シモン・ボリーバル(→Bolívar).

*ǂ**li·ber·tar** [li.ƀer.tár] 他 **1 解き放つ**, 釈放する. **2** 《de... …を》免除する. **3** 救う, 救い出す. 〜 a+人 de la muerte 〈人を〉死から救う.

li·ber·ta·rio, ria [li.ƀer.tá.rjo, -.rja] 形 絶対自由主義の, 無政府主義の.
― 男 女 絶対自由主義者, 無政府主義者.

li·ber·ti·ci·da [li.ƀer.ti.θí.ða / -.sí.-] 形 自由を奪う[害する].
― 男 自由破壊者.

li·ber·ti·na·je [li.ƀer.ti.ná.xe] 男 **1** 放縦, 放埓(ほうらつ), 不品行. **2** 無信仰, 不信心.

li·ber·ti·no, na [li.ƀer.tí.no, -.na] 形 放縦な, 放埓(ほうらつ)な, 放蕩(ほうとう)の.
― 男 女 **1** 放蕩者, 道楽者. **2** 解放奴隷(の子).

li·ber·to, ta [li.ƀér.to, -.ta] 男 女 (奴隷の身分から解放された)自由民, 解放奴隷.

Li·bia [lí.ƀja] 固名 リビア: 社会主義人民リビア・アラブ国 República Árabe 〜 Popular y Socialista. 首都 Trípoli.
[←〔ラ〕Libya または 〔英〕Libyē←〔ギ〕Libýē]

lí·bi·co, ca [lí.ƀi.ko, -.ka] 形 →libio.

li·bí·di·ne [li.ƀí.ði.ne] 女 みだらなこと, 淫乱(いんらん).

li·bi·di·no·si·dad [li.ƀi.ði.no.si.ðáð] 女 みだらなこと, 好色, 淫乱(いんらん).

li·bi·di·no·so, sa [li.ƀi.ði.nó.so, -.sa] 形 みだらな, 好色な, 淫乱(いんらん)の.

li·bi·do [li.ƀí.ðo] 女 【心】リビドー(フロイトの概念で

おける性本能のエネルギー);性的衝動.

li·bio, bia [lí.βjo, -.βja] 形 リビアの,リビア人の. ― 男 女 リビア人.

li·bor [li.βór] 英 男 ロンドン銀行間取引金利. ▶ *London Interbanking Offered Rate* の《略》.

li·bo·rio [li.βó.rjo] 《ラ米》《话》キューバ国民.

li·bra[1] [lí.βra] 形《性数不変》てんびん座生まれの. *mujeres* ~. てんびん座の女性たち.
― 女 **1** リーブラ:古代の重さの単位. 国や地方により異なる. Castilla では約500グラム. **2** ポンド《イギリス,エジプトなどの通貨単位(記号 £,L)》(= *esterlina*). **3** ポンド:液体の重さの単位:約454グラム. ~ *carnicera* ポンド《肉や魚の計量に数量で用いられる重量単位》. **4**《隠》100ペセタ. **5**《オリーブやブドウの圧搾機の締め木につるす》重し. **6** [L-]《1》《星座》てんびん座の人(= la Balanza). 《2》《占星》天秤宮:黄道十二宮の第7宮. **7**《ラ米》《话》良質の葉タバコ.
― 男《単複同形》てんびん座生まれの人. *Soy* ~. 私はてんびん座だ.
entrar pocos [pocas] en libra《話》きわめてまれである;きわめてよい. *Es un amigo de los que entran pocos en* ~. 彼は実に得がたい友だ.
[←《ラ》 *libram (libra* 「秤;重り;リーブラ(古代ローマの重量単位)の対格)」] 関連《英》 *libra* 「ポンド」]

li·bra[2] [lí.βra] 活 → **librar**.

li·bra·ción [li.βra.θjón / -.sjón] 女 **1** 揺れ,振動. **2**《天文》(月の)秤動(ひょうどう).

li·bra·co [li.βrá.ko] 男《軽蔑》くだらない本,つまらない本.

li·bra·do, da [li.βrá.ðo, -.ða] 男 女《経》(手形の)名宛人. ― 形《経》振り出された.
salir bien [mal] librado うまくいく[失敗する].

li·bra·dor, do·ra [li.βra.ðór, -.ðó.ra] 形 解放する,自由にする. ― 男 女 **1** 解放者. **2**《商》(為替手形の)振出人(= *dador*).
― 男(計り売りの食料品をすくう)小型スコップ.

li·bra·mien·to [li.βra.mjén.to] 男 **1** 解放,釈放,放免;免除. **2** 支払命令書.

li·bran·cis·ta [li.βran.θís.ta / -.sís.-] 男 女 (手形などの)持参人,所持人.

li·bran·te [li.βrán.te] 男 (手形などの)振出人.

li·bran·za [li.βrán.θa / -.sa] 女《商》為替手形;支払命令書(= *libramiento*). ~ *postal* / ~ *de correos* 郵便為替.

＊li·brar [li.βrár] 他 **1**《*de*... …から》**解放する**,放免する;免除する. ~ *a*+人 *de una preocupación* 〈人〉を心配事から解き放つ. *Por fin nos han librado de los trabajos pesados*. ついに面倒な仕事から解放された.
2《商》(手形・小切手を)振り出す. ~ *un cheque contra*... …に小切手を振り出す.
3《法》(判決などを)宣告する,申し渡す;(命令・法令などを)発布する. *Mañana el juez le librará la sentencia*. 明日判事が彼に判決を下す.
4(戦闘・戦争を)展開する. *El gobierno colombiano libró una batalla violenta contra los narcotraficantes*. コロンビア政府は麻薬密売業者と血で血を洗う争いを繰り広げた. **5**《希望・信頼を》寄せる. ~ *la esperanza en Dios* 神に希望を託す.
― 自 **1**《労働者が》休みを取る. *Mi jefa libra los sábados*. 私の上司は毎週土曜に休みを取る.
2《尼僧が》面会室に現れる. **3**《まれ》出産する.
― ·*se* 再《*de*... …から》解放される,免れる,自由になる. ~*se del peligro* 危険を免れる. ~*se de las personas inútiles* 役立たずの人を厄介払いする.

li·bra·to·rio [li.βra.tó.rjo] 男《修道院・刑務所の》面会室(= *locutorio*).

＊＊li·bre [lí.βre] 形 **1**《+名詞 / 名詞》《*ser* + / *estar* +》**自由な**,拘束のない;自由の身の;無料の,ただの. *más* ~ *que un pájaro* 鳥より自由の,全く自由な. *tiempo* ~ 余暇. *entrada* ~ 入場無料;出入り自由. *Sois* ~*s para asistir o no*. 君たちは出席してもしなくてもどちらでもいいよ. *¿Estás casada?* — *No, soy* ~. 結婚しているの. ―いいえ,決まった人はいません.
2《名詞 +》《*estar* +》**空いている**,使われていない;(通路などが)ふさがれていない(↔ *ocupado*). *si tienes las manos* ~*s* 手が空いているなら. *No hay ningún taxi* ~. 空車のタクシーは一台もない. *¿Está* ~ *esta silla?* このいすは空いていますか.
3《名詞 +》《*estar* +》《人が》**暇で,時間のある**(↔ *ocupado*). *¿Estás* ~ *esta noche?* 今晩暇かい.
4《名詞 +》《*estar* +》《*de*...》《心配・災難などを》免れた,(…の)負担のない;(…に)とらわれない. ~ *de impuestos* 免税の. *Dentro de una semana estaremos* ~*s de preocupaciones*. 1週間たてば私たちはもう心配しなくてよくなるだろう.
5〈人が〉遠慮のない;気ままな.
6《文体などが》型にはまっていない,非定形の;《翻訳が》意訳の;《スポ》フリースタイルの. *verso* ~ 自由詩. *los 100 [cien] metros* ~*s* 100メートル自由形.
― 男《スポ》《サッカー》スウィーパー:ゴールキーパー前で守備する選手. ― 男《スポ》フリーキック.
2《ラ米》《话》(流しの)タクシー.
― 副 → *libremente*.
por libre 自由に,きままに;フリーランスで.
[←《ラ》 *liberum (liber* の対格)] 関連] *libertad*. [スペイン] 英] *liberal*]

li·bre·a [li.βré.a] 女 **1**（従僕・召使いの）制服,お仕着せ. **2**（シカなどの）毛並み. **3**《ラ米》《*s*》従僕,召使い.

li·bre·ar [li.βre.ár] 他（ポンドで）計り売りする.

li·bre·cam·bio [li.βre.kám.bjo] 男 自由貿易.

li·bre·cam·bis·mo [li.βre.kam.bís.mo] 男 自由貿易主義《政策》(↔ *proteccionismo*).

li·bre·cam·bis·ta [li.βre.kam.bís.ta] 形 自由貿易(制)の. *política* ~ 自由貿易政策.
― 男 女 自由貿易主義者,自由貿易論者.

li·bre·jo [li.βré.xo] 男 *libro* の蔑称.

li·bre·men·te [li.βre.mén.te] 副 自由に.

li·bre·pen·sa·dor, do·ra [li.βre.pen.sa.ðór, -.ðó.ra] 形《宗教上の》自由思想の,自由思想を持つ. ― 男 女《宗教上の》自由思想家.

li·bre·pen·sa·mien·to [li.βre.pen.sa.mjén.to] 男《宗教上の》自由思想.

＊li·bre·rí·a [li.βre.rí.a] 女 **1** 書店,本屋;書籍販売業. ~ *de ocasión [lance]* 古本屋. **2**《スペイン》書棚,書架. **3**《IT》プログラム総体.

＊li·bre·ro, ra [li.βré.ro, -.ra] 男 女 本屋,書籍販売人. ― 男《ラ米》本箱,書棚. ― 女《ラ米》(")

li・bres・co, ca [li.brés.ko, -.ka] 形《軽蔑》本に関する；書物から得た. conocimientos ~s 机上の学問.

*__li・bre・ta__¹ [li.bré.ta] 囡 ノート；メモ帳 (= ~ de apuntes)；会計簿, 出納帳, **通帳**. ~ de banco [depósitos, ahorros] 銀行通帳. ~ de cheques 《ラ米》(ﾁｪﾘ)小切手帳.

li・bre・ta² [li.bré.ta] 囡 1ポンド分のパン. [libra + -eta]

li・bre・te [li.bré.te] 男 あんか, 足温器.

li・bre・tis・ta [li.bre.tís.ta] 男 囡 (歌劇・オラトリオなどの)本作者.

li・bre・to [li.bré.to] 男 (歌劇・オラトリオなどの)台本, 歌詞.

li・bri・llo [li.brí.jo ‖ -.ʎo·] 男 **1** (巻きタバコ用の)紙(の束). ~ de papel de fumar 一束の巻きタバコ用紙. **2** 反芻(ﾊﾝｽｳ)動物の第三胃. **3** 小さい本. [libro + -illo小辞]

***__li・bro__¹ [lí.bro] 男 **1** 本, 書籍, 書物；《文学》(本として編集された)著作, 物語；《宗》L~ (旧約聖書の)…記, (新約聖書の)…書 (= ~ sagrado). El ~ de Daniel consta de dos partes. ダニエル書は二部からなる. L~ de buen amor『よき恋の書』(Juan Ruiz 作, 14世紀スペインの歌物語). venta de ~s 書籍販売(業). reseña [revista] de ~s 書評. ~ de bolsillo 文庫本. ~ en rústica ペーパーバック. ~ electrónico 電子ブック. ~ nuevo / ~ recién publicado 新刊書. ~ usado / ~ de segunda mano 古本, 中古本. ~ antiguo 古書籍. ~ de texto 教科書. ~ de consulta 参考書. ~ de lectura 読本. ~ ilustrado 絵本. ~ de cocina 料理本. ~ pornográfico エロ本. ~ de instrucciones 取扱説明書. ~ de cuentos 短編小説集. ~de caballerías 騎士道小説. ~ empastado / ~ encuadernado 装丁本. ~ en cuero 革装丁の本. ~ de horas 祈禱書. ~ de misa 祈禱書. ~ de coro 大型の聖歌集. L~s Sapienciales 知恵の書(聖書中 Proverbios など格言を多く含む書を指す). ~ de cabecera 愛読書. ~ prohibido 禁書. ~ recomendado 推薦図書. ~ de mano 写本, 稿本.

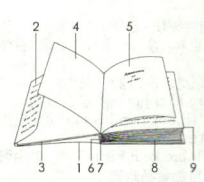

libro(本)
1 sobrecubierta カバー.
2 solapa そで.
3 cubierta / tapa 表紙.
4 guardas 見返し.
5 frontispicio とびら.
6 lomo 背. 7 cabezada 花ぎれ. 8 corte de pie 地. 9 canal 小口.

2 帳簿, 台帳；(紙片・メモ用紙などの)綴じ込み；記録, 目録. llevar los ~s 帳簿をつける. tenedor de ~s《ラ米》(ﾁｪﾘ)簿記係 (= contador). teneduría de ~s《ラ米》簿記 (= contabilidad). ~ de memoria メモ帳. ~ de cheques 小切手帳. ~ talonario (小切手などの)一枚切り取りだての綴じ込み. ~ de direcciones 住所録. ~ escolar 通信簿. ~ de matrícula 学籍簿. ~ de familia 戸籍簿. ~ de actas 議事録. ~ de estilo (出版社が作成する)表記法目録, スタイルブック. ~ de oro (自治体や学校などの)芳名録. ~ de honor 参会者名簿. ~ blanco [rojo] 白[赤]書(♦政府の公式調査報告書：~ blanco de economía「経済白書」など). ~ de a bordo 航海日誌. ~《商》~ de registro 台帳. ~ mayor 総勘定元帳. ~ de cuentas 会計簿. ~ de caja 現金出納簿. ~ borrador 当座帳, つけこみ帳. ~ diario 仕訳帳. ~ copiador (発信書簡の)コピーファイル. ~ de inventarios 財産目録. ~ de reclamaciones (公共機関・サービス業などの)お客様御要望書.

3 (数冊で構成される書物の)巻. **4** (歌劇の)台本 (= libreto). **5**《動》(反芻(ﾊﾝｽｳ)動物の)第3胃袋.

colgar [ahorcar] los libros 学業を断念する.
de libro 絵に描いたような, 教科書どおりの.
hablar [expresarse] como un libro abierto 正しく明確に話す；《時に軽蔑》(知ったかぶりをして)まくしたてる.
meterse en libros de caballería 余計な口出しをする, お節介を焼く.
quemársele los libros (a + 人)《ラ米》(ﾁｪﾘ)《話》〈人〉が間違える.

[← [ラ] *librum* (*liber* の対格；原義は「樹皮, なめし革」, ローマ人はこれを紙のように使った)；関連 librería, líber. [英] library]

li・bro² [lí.bro] 直 ← librar.

li・bro・jue・go [li.bro.xwé.go] 男 参加型絵本.

li・bro・te [li.bró.te] 男《軽蔑》《話》大きな本；つまらない本. [libro +-ote大辞]

Lic. 男 (略) *licenciado* 学士, 大学卒.

Li・can・ca・bur [li.kaŋ.ká.bur] 固名 リカンカブル(山)…チリ, ボリビア国境の火山. 5930 m.

li・can・tro・pí・a [li.kan.tro.pí.a] 囡《医》(**1**) 狼狂(ﾛｳｷｮｳ), オオカミ憑(ﾂ)き：自分がオオカミだと信じる精神病的妄想. (**2**) 動物化妄想.

li・cán・tro・po [li.kán.tro.po] 男 **1** (伝説上の)オオカミ男. **2**《医》(**1**) 狼狂(ﾛｳｷｮｳ)患者, オオカミ憑(ﾂ)き. (**2**) 動物化妄想病者.

li・ca・ón [li.ka.ón] 男 リカオン：アフリカのイヌ科の動物.

li・ce・ís・ta [li.θe.ís.ta / -.se.-] 男 囡 (文芸サークル・団体の)会員, メンバー.

:**li・cen・cia** [li.θén.θja / -.sén.sja] 囡 **1** (公式の・法的)認可, 許可; 許諾 [conceder] a... la ~ para + 不定詞 …に…する許可を与える. pedir [solicitar] a... la ~ para + 不定詞 …に…する許可を申請する.

2 許可証, 免許, ライセンス. estar por el sistema de ~ 許可制になっている. producción por ~ ライセンス生産. ~ de exportación [importación] 輸出[入]許可証. ~ de armas 武器所持許可証. ~ de trabajo 労働許可証. ~ de caza [pesca] 狩猟[釣り]ライセンス. ~ de conducir [manejar (主にラ米)] (ﾁｪﾘ)運転免許証 (= permiso [carné] de conducir).

3 (労働者の)休暇(期間). ~ por la enfermedad 病気療養休暇.

4 (言動における)抑制の欠如, 過度の自由. Soy muy conservador y no me gusta la ~ de los jóvenes de hoy. 私はとても保守的なので今の若者の自由奔放さは好きではない.

5《数学》(聖職や出版を行う際の)教会による認可.
6 学位, 学士号 (= licenciatura).
7《ラ米》(ﾁｪﾘ)(ﾁｪﾘ)《車》ナンバープレート.

con licencia de los jefes 上司の許可を得て.
licencia absoluta《軍》除隊.
licencia poética 詩的許容. ♦ 韻文において, 音韻形成が優先されるために文法の違反がある程度許容されること, またその文法的違反の個別例を指す.

tomarse [*permitirse*] **la licencia de...** (許可を得ず)勝手に…する.
tomarse muchas [*ciertas, demasiadas*] **licencias** [*libertades*] **con...** …に対して大変[ある程度, 過度に]なれなれしくする.
[← ［ラ］ *licentiam* (*licentia* の対格)「自由；許可」(*licēre*「自由である, 許されている」より派生)；関連］*lícito*. [英］*license*「免許」]

li·cen·cia·ble [li.θen.θjá.ble / -.sen.sjá.-] 形 除隊できる.

***li·cen·cia·do, da** [li.θen.θjá.đo, -.đa / -.sen.sjá.-] 形 **1** 学士の, 学士号を受けた.
2 知ったかぶりの, 衒学(がく)的な. **3** (義務から)解放された, 自由になった. **4** 《スペイン》【軍】除隊した.
——男 女 **1** 学士 (略 *Lic.*). María es *licenciada* en filosofía y letras. マリアは文学士だ.
2 【軍】除隊兵. **3** 《ラ米》(*)(ん)(敬称)弁護士.
licenciado vidriera (1) ビードロ学士. ◆セルバンテスの同名の短編小説の主人公で, 自分はガラスでできていると信じ込んだサラマンカ大学の学士. (2) 臆病(びょう)［小心］者.

li·cen·cia·mien·to [li.θen.θja.mjén.to / -.sen.sja.-] 男 **1** 学士号取得(式), 大学の卒業(式).
2 《スペイン》【軍】除隊, 免役.

li·cen·ciar [li.θen.θjár / -.sen.sjár] 82 他 **1** 許可する, 免許を与える. **2** 学士号を授与する. **3** 《スペイン》【軍】除隊させる. **4** 解雇する, 解任する.
——~·se 再 **1** 学士号を取得する. ~ en derecho 法学士になる. **2** 放縦になる, 自堕落になる.

li·cen·cia·tu·ra [li.θen.θja.tú.ra / -.sen.sja.-] 女 **1** 学士号, 学位. **2** (大学の学位取得のための)課程, 教養課程, 専門課程.

li·cen·cio·sa·men·te [li.θen.θjó.sa.mén.te / -.sen.sjó.-] 副 放縦に, 自堕落に.

li·cen·cio·so, sa [li.θen.θjó.so, -.sa / -.sen.sjó.-] 形 放縦な, 自堕落な.

***li·ce·o** [li.θé.o / -.sé.-] 男 **1** 文化運動団体.
2 リュケイオン：古代アテネの Aristóteles の学園.
3 アリストテレス学派.
4 《ラ米》中等学校；小・中学校. ▶ スペインで「中等学校」は *instituto*.
El Liceo リセオ劇場：スペイン Barcelona にあるオペラ劇場.
[← ［ラ］ *Lycēum*「リュケイオン(アリストテレスがアテネ郊外に創設した学園)」←［ギ］*Lýkeion*；関連］［仏］*lycée*]

li·che·ra [li.tʃé.ra] 女 ベッドカバー, 寝台掛け.

li·chi [lí.tʃi] 男【植】ライチ, レイシ：中国産の果物.

li·chi·go [li.tʃí.go] 男《ラ米》(ラ)食料, 糧食.

li·ci·ta·ción [li.θi.ta.θjón / -.si.-.sjón] 女 入札, 競売. sacar a ~ 競売にかける.

li·ci·ta·dor, do·ra [li.θi.ta.đór, -.đó.ra / -.si.-] 男 女 **1** (競売・入札で)競り手, 入札者. **2** 《ラ米》競売人.

lí·ci·ta·men·te [lí.θi.ta.mén.te / -.si.-] 副 合法的に, 法の枠内で.

li·ci·tan·te [li.θi.tán.te / -.si.-] 形 (競売・入札で)値を付ける, 入札する.

li·ci·tar [li.θi.tár / -.si.-] 他 **1** (競売・入札で)値を付ける, 入札する. **2** 《ラ米》競売にかける.

***lí·ci·to, ta** [lí.θi.to, -.ta / -.si.-] 形 合法的な (↔ *ilícito*)；正当な, 妥当な. por medios ~*s* 合法的な手段で. No es ~ recurrir a las armas. 武器に頼るのは正しくない.

li·ci·tud [li.θi.túđ / -.si.-] 女 合法性；妥当性, 正当性.

lic·no·bio, bia [lik.nó.βjo, -.βja] 形 夜間に活動する, 昼夜逆の生活をする.
——男 女 夜間に活動する人.

li·co·po·dio [li.ko.pó.đjo] 男【植】ヒカゲノカズラ.

***li·cor** [li.kór] 男 **1** リキュール；蒸留酒. tomar un ~ después de cenar 夕食後リキュールを飲む. **2** 液体, 液汁. *L*~ *de fehling*【化】フェーリング液. *L*~ *de Schweitzer*【化】シュバイツァー試薬. **3** 《ラ米》(ざる)(ブドウで作った)火酒.
[← ［ラ］ *liquorem* (*liquor* の対格)「液体；飲み物」；関連］［英］*liquor*]

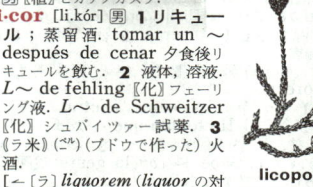

licopodio
(ヒカゲノカズラ)

li·co·re·ra [li.ko.ré.ra] 女 (酒瓶・グラスの)キャビネットケース；洋酒セット.

li·co·re·rí·a [li.ko.re.rí.a] 女 《ラ米》蒸留酒製造場.

li·co·re·ro, ra [li.ko.ré.ro, -.ra] 男 女 《ラ米》蒸留酒製造者；酒類販売業者.

li·co·ris·ta [li.ko.rís.ta] 共 酒造業者；酒屋.

li·co·ro·so, sa [li.ko.ró.so, -.sa] 形 〈ワインが〉香りのよい, アロマの強い.

li·cra [lí.kra] 女 → *lycra*.

li·cua·ble [li.kwá.ble] 形 液化できる, 溶融できる；溶離できる.

li·cua·ción [li.kwa.θjón / -.sjón] 女 **1** 液化, 融解. **2** 【冶】溶離.

li·cua·do [li.kwá.đo] 男 《ラ米》(ラ)(主に果物の)シェーク.

li·cua·dor [li.kwa.đór] 男 《ラ米》→ *licuadora*.

li·cua·do·ra [li.kwa.đó.ra] 女 ジューサー. ▶「ミキサー」は *batidora*.

li·cuan·te [li.kwán.te] 形 **1** 液化する, 融解する. **2** 【冶】溶離する.

li·cuar [li.kwár] 87 他 **1** 〈固体・気体を〉液化する, 融解する. **2** 【冶】溶離する. ——~·se 再 **1** 液化する, 融解する (= *liquidarse*). **2** 【冶】溶離する.

li·cue·fac·ción [li.kwe.fak.θjón / -.sjón] 女 液化, 融解 (= *licuación* **1**).

li·cue·fa·cer [li.kwe.fa.θér / -.sér] 33 他 過分 は *licuefecho* 〈固体を〉液体にする, 液化［融解］する.

li·cue·fac·ti·vo, va [li.kwe.fak.tí.βo, -.βa] 形 液化性の, 融解性の.

li·cur·go, ga [li.kúr.go, -.ga] 形 利け口な, 抜けめのない. ——男 律法者.
[紀元前 9 世紀ごろのスパルタの伝説的な律法者リュルゴス *Licurgo* (←［ギ］*Lykoûrgos*)に由来]

lid [líđ] 女 **1** 戦い, 抗争. **2** 論争, 議論.
3 《複数で》活動, 業務. un hombre avezado a estas *lides* この仕事に関与する専門家.
en buena lid 正々堂々と, 合法的に.

***lí·der** [lí.đer] 男 女 **1** リーダー；(政党の)党首, 指導者. ▶ 性数変化せずに名詞の後ろにおいて形容詞的に用いられることがある. ⇒*empresa* ~ トップ企業.
2 【スポ】トップ選手；トップチーム. [←［英］*leader*]

li·de·rar [li.đe.rár] 他 率いる, トップの位置(首位)にいる.

li·de·ra·to [li.đe.rá.to] 男 → *liderazgo*.

***li·de·raz·go** [li.đe.ráθ.go / -.rás.-] 男 **1** リーダーシップ, 指導力.

2 指導者の地位[任期]. **3** (ある業界での)覇権.
li・dia [lí.dja] 囡 **1** 〖闘牛〗闘牛. toros de 〜 闘牛用の牛. **2** 戦い, 戦闘. **3** 《ラ米》《㊗》《㊥》《話》厄介, 面倒.
li・dia・de・ra [li.dja.ðé.ra] 囡 《ラ米》《㌹》《㊥》《話》口論, ろげんか. andar en 〜s 言い争いをする.
li・dia・dor, do・ra [li.dja.ðór, -.ðó.ra] 男囡 **1**〖闘牛〗闘牛士(= torero). **2** 戦士, 闘士. **3** 論争者, 論客.
li・diar [li.djár] 82 他〖闘牛〗〈牛と〉闘う, 闘牛をする(= torear).
── 自 **1** 戦う, 争う. **2** (**con... / contra...** …と)対立する, 反対する. He tenido que 〜 *con* [*contra*] él. 私は彼と対立を余儀なくされた. **3** (**con...** …を)あしらう, いなす. Sabe 〜 *con* la gente. 彼[彼女]は人のあしらい方を知っている.
li・dio・so, sa [li.ðjó.so, -.sa] 形 《ラ米》《㊥》《話》扱いにくい, 厄介者の.
li・do [lí.ðo] 男 (渇と海の境界にある)砂地.
***lie・bre** [ljé.bre] 囡 **1**〖動〗野ウサギ, ウサギ. ▶「雄の野ウサギ」は la 〜 macho.
2 《話》臆病者, 腰抜け, 意気地なし. **3**〖スポ〗(競争種目の)ラビット走者, ペースメーカー. **4** [L〜]〖星座〗うさぎ座. **5** 《ラ米》(1)《㊥》マイクロバス. (2)(*㊥*)《㊥》《俗》中途半端な[やりかけの]仕事事.
cazar la liebre 《話》(つまずいて・滑って)転ぶ.
correr como una liebre 《話》脱兎(ﾀﾞ)のごとく走る.
correr la liebre 《ラ米》《㊗》(貧しさのために)飢える.
Donde [*Cuando*] *menos se piensa, salta la liebre*. 《話》思いがけない所で[ときに]事件は起こる.
levantar la liebre 《話》(秘密などを)うっかり漏らす.
liebre corrida 《ラ米》《㊥》《俗》経験豊かな人; 娼婦(ﾋﾖｳ).
liebre marina / liebre de mar 〖動〗アメフラシ. [← 〖ラ〗*leporem* (*lepus* の対格)] 〖関連〗〖英〗*Lepus*「うさぎ座」.
lie・bre・ci・lla [lje.bre.θí.ja ‖ -.ʎa / -.sí.-] 囡 小ウサギ. [*liebre* + 縮小辞]
Liech・ten・stein [lík.tens.téin] 固名 Principado de 〜 リヒテンシュタイン公国: 首都 Vaduz. 1719年この国を統一したリヒテンシュタイン家の名を起源とし, それはさらに「明色の石」の意味を持つ城の名に由来する([中高地ドイツ]*lieht*「軽い; 明色の」+ [古高地ドイツ]*stein*「石」).
lied [líð] 〖独〗男 [複 〜er]〖音楽〗リート, 歌曲.
lie・go, ga [ljé.go, -.ga] 形〈土地が〉荒れた, 未開墾の.
lien・ci・llo [ljen.θí.jo ‖ -.ʎo / -.sí.-] 男 《ラ米》《㊥》粗綿布. [*lienzo* + 縮小辞]
lien・dre [ljén.dre] 囡 シラミの卵.
cascar las liendres a... 《話》…をたたく.
lien・te・ra [ljen.té.ra] 囡〖医〗不消化下痢.
lien・te・rí・a [ljen.te.rí.a] 囡 = lientera.
lien・to, ta [ljén.to, -.ta] 形 湿った, じめじめした.
***lien・zo** [ljén.θo / -.so] 男 **1** (木綿・リンネルなどの)粗布, 麻織. **2** ハンカチ. **3** 〖美〗**カンバス**, 画布, (カンバスに描いた)絵, 油絵. **4**〖建〗(1)(建物の)正面, ファサード. (2)壁面. **5** (城塞(ｻﾞｲ)の)塔と塔との間. **6** 《ラ米》《㊥》《話》(家畜を入れる)柵囲い; 人垣. (2) (柵(ｻｸ)の杭(ｸｲ)と杭との間隔.
lif・ta・do, da [lif.tá.ðo, -.ða] 形〖スポ〗(テニス)スピンの. ── 男 スピン: 順方向に跳ね上がるボール[効果].

lift・ing [líf.tin]〖英〗男〖医〗しわ取り手術, フェイスリフト.
***li・ga** [lí.ga] 囡 **1** 連盟, 同盟; 仲間, グループ, 組. L〜 de Naciones 国際連盟. 〜 antialcohólica 禁酒同盟. 〜 árabe アラブ連盟.
2 〖スポ〗**リーグ**, 競技連盟. L〜 Española スペインリーグ. **3**〖服飾〗ガーター; 靴下留め. **4** (物を運ぶための)留めベルト. **5** (狩猟用の)鳥もち. **6** 〖植〗ヤドリギ. **7** (造幣で)金や銀に含まれる銅の量. **8** 《ラ米》(1)《㊥》《㊥》(輪ｯｶ)ｯｶ)状)輪, つき; (㊥) 幸運. (2) (㊥)(㊥)(㊥)(㊥)(㊥)ゴムバンド, 輪ゴム. (3) (㊥)《話》親友. (4) (㊥)《俗》盗み, 窃盗.
hacer buena [*mala*] *liga con* +人 〈人〉と折り合いがよい[悪い].
Liga Hanseática 〖史〗ハンザ同盟 (= hansa).
li・ga・ción [li.ga.θjón / -.sjón] 囡 **1** 縛ること, 結ぶこと; 結合, 連結. **2** ひも, 綱, 帯. **3** 混合, 混合物.
li・ga・do, da [li.gá.ðo, -.ða] 形 **1** 縛られた, 結ばれた. **2** 関連のある. **3**〈マヨネーズなどが〉濃い.
── 男 **1**〖印〗合字, 抱き字 (œ, fi, ffi など).
2〖音楽〗スラー (でき連結された音符)》》.
li・ga・du・ra [li.ga.ðú.ra] 囡 **1** 結ぶこと, 縛ること.
2 (主に複数で)ひも, 縄, 帯.
3 つながり, 絆, **4** 拘束, 束縛. **5** (接ぎ木などの)継ぎ合わせ, 接続. **6**〖医〗結紮(ｻﾂ); 結紮糸. 〜 de trompas 〖医〗輸卵管結紮(ｻﾂ). **7**〖音楽〗連結音, スラーをつけて演奏すること. **8**〖音声〗わたり(音). **9**〖海〗ラッシング: 索具類で固縛すること.
li・ga・men・to [li.ga.mén.to] 男 **1**〖解剖〗靭帯(ｼﾝ). **2** 縛る[くくる]こと, 結合, 絆(ｷｽﾞ). **3** (織物の)織り方, 編み方.
li・ga・men・to・so, sa [li.ga.men.tó.so, -.sa] 形 靭帯(ｼﾝ)の ある.
li・ga・mien・to [li.ga.mjén.to] 男 **1** 縛る[くくる]こと. **2** (意思・見解の)一致, 調和.
***li・gar** [li.gár] 103 他 **1** (ひも・縄で) **縛る, 結ぶ**, くくる (= atar). Le *ligaron* las manos a la espalda. 彼[彼女]は両手を後ろに縛り上げられた.
2 (**a... / con...** …と) **結びつける**, 関連させる. 〜 la enfermedad *con* la pobreza 病気と貧困を関連づける. Sólo el interés nos *liga*. 利害関係が私たちを結びつけている.
3 束縛する, 拘束する, 縛りつける.
4〖冶〗〈金属に〉〈銅など他の金属を〉混ぜる, 合金にする. **5**〈飲み物などを〉混ぜる, 割る. **6**〖医〗くくる, 結紮(ｻﾂ)する. **7**〖音楽〗(音符に)スラー[弧線]をつける. **8**〖料〗〈ソースなどを〉濃くする (= cuajar). **9**〖闘牛〗〈技を〉連続させる. **10** 《話》手に入れる (= agenciarse). **11** 《ラ米》(1) (㊥)(㊥)(㊥)運を手に入れる. (2) (㊥)《話》盗む, くすねる.
── 自 **1**〖遊〗(トランプ) 同じ組の札がそろう.
2 (材料などが)混ざる;〖料〗とろみがつく. **3** 《話》仲良くする, うまが合う. *Ligan* A y B. AとBは仲がいい. **4** 《スペイン》《話》(**con...** …と)ガールボーイハントする. 〜 *con* una chica 女の子にひっかける. **5** 《ラ米》(1) (㊥)(㊥)(㊥)《話》(賭(ｶ)け事で) 運がいい, つく. (2) (㊥)(㊥)《話》(願望が)かなう, うまくいく. (3) (㊥)(㊥)《話》目を見張る.

── 〜**se** 再 **1** (**a...** …と)結びつく, 団結する, 提携する;《俗》恋仲になる.
2 束縛される, 拘束される, 縛られる. 〜*se* con [por] una promesa ある約束に縛られる.
ligarla / ligársela 《話》(かくれんぼうで)鬼の役をする. [← 〖ラ〗*ligāre* (→ liar). 〖関連〗liga, legajo,

lío, obligar. [英]*league*「連盟, リーグ」]

li‧ga‧zón [li.ga.θón / -.són] 囡 **1** つながり, 結合, 絆(訳す). **2**〖海〗ハトック, 中間肋材(認).

li‧ge‧ra [li.xé.ra] 囡→ligero.

li‧ge‧re‧ar [li.xe.re.ár] 圁《ラ米》(话)急いで歩く.

***li‧ge‧re‧za** [li.xe.ré.θa / -.sa] 囡 **1** 軽さ. de gran ~ とても軽量の. **2** 軽快, 敏捷(℃ん). una ~ de pájaros 鳥のような身の軽さ. **3** 移り気, むら気, 軽率, 軽薄さ. obrar con ~ 軽率に振る舞う.-

****li‧ge‧ro, ra** [li.xé.ro, -.ra] 形 **1** (+名詞 / 名詞+)《ser+》《estar+》〈重さが〉軽い, 軽量の (↔pesado) ;〈物質が〉比重の小さい,〈液体・気体が〉濃度の低い;〈服・布などが〉軽くて薄い. boxeador de peso ~ 軽量級[ライト級]のボクサー. arma *ligera* 軽火器. vehículo ~ 軽乗用車. fragata *ligera* コルベット艦. industria *ligera* 軽工業. metal ~ 軽金属. aleación *ligera* 軽合金. vestido ~ 軽装. estar ~ de ropa 軽装である. sentirse ~ 身軽に感じる. La botella de plástico *es* más *ligera* que la de vidrio. ペットボトルはガラス瓶より軽い.

2 (+名詞 / 名詞+)《ser+》《estar+》〈人・動きが〉軽快な;敏捷(℃ん)な, 小回りの利く (=ágil) (↔torpe) ;〈内容が〉気軽な, 肩の凝らない (↔pesado). ~ movimiento 軽快な動き. ser ~ de manos 手先が器用である. estar ~ de pies 足取りが軽やかである. paso ~ 軽やかなステップ. caballería *ligera* 〖史〗軽騎兵. ~ de equipaje すばやく移動する騎兵. música *ligera* 軽音楽. novela *ligera* 手軽に読める小説.

3 (多くは+名詞)《ser+》〈程度が〉軽い, 軽微な, ささいな (=leve) (↔grave) ;〈眠りが〉浅い (↔profundo). daño ~ 軽いダメージ. un ~ dolor de cabeza 軽い頭痛. *ligera* herida 軽傷. ¿Te has dado cuenta de que hay una *ligera* diferencia de sabor entre estos dos vinos? この2つのワインの間には若干の味の違いがあることに気づきました. Mi mamá tiene un sueño muy ~. 母は眠りがとても浅い.

4《ser+》〈食物が〉少量の, 消化しやすい (↔pesado) ;〈酒が〉軽い, 飲みやすい (↔fuerte). En el tren se sirven comidas *ligeras* 車内では軽食のサービスがございます. Un *ligero* cóctel ~ para la señorita, por favor. 女性には何か軽いカクテルをお願いします.

5《ser+》浅薄な, 軽率な性格の. razonamiento ~ 底の浅い理屈. ser ~ en su conducta 軽はずみである.

6 重要性などが低い. ser de *ligera* importancia さほど重要ではない.

—— 副《ラ米》速く, 敏速に;手早く, さっさと.

a la ligera 軽率に, 軽々しく. No debes tomarte mis palabras *a la ligera*. 私の言葉を聞き流していけないよ.

[← [仏] *léger* ← [俗ラ]*leviarius ([ラ] *levis*「軽い」より派生)【関連】[英] *light*]

light [láit] [英] 形《性数不変》**1**〈食事・タバコなどが〉軽い;カロリーの低い.

2 取るにたりない, 物足りない.

li‧gio [lí.xjo] 形《男性形のみ》〈家臣が〉主君に忠誠を誓った.

lig‧na‧rio, ria [lig.ná.rjo, -.rja] 形 木材の, 木製の.

lig‧ni‧fi‧ca‧ción [lig.ni.fi.ka.θjón / -.sjón] 囡〖植〗木質化.

lig‧ni‧fi‧car‧se [lig.ni.fi.kár.se] 102 再 木質化する.

lig‧ni‧to [lig.ní.to] 男 亜炭, 褐炭.

líg‧num cru‧cis [líg.num krú.θis / -.sis] [ラ] 十字架の木 (= leño de la cruz) : イエス・キリストが磔刑(読)に処せられた十字架の聖遺物.

li‧gón [li.gón] 男 鍬(钁)の一種.

li‧gón, go‧na [li.gón, -.gó.na] 形 **1**〖遊〗(トランプ) 運がいい, 幸運な.

2《スペイン》《话》恋愛好きの;よくもてる.

—— 男 囡《スペイン》《话》女たらし, 男好き.

li‧go‧na [li.gó.na] 囡→ligón 男.

li‧go‧te‧ar [li.go.te.ár] 圁《スペイン》《话》ナンパする.

li‧go‧te‧o [li.go.té.o] 男《スペイン》《话》ナンパ.

li‧gue [lí.ge] 男《スペイン》《话》(1) ナンパ. (2) ナンパした相手.

ligue(-) / ligué(-) 活→ligar.

li‧gue‧ro, ra [li.gé.ro, -.ra] 形〖スポ〗リーグの. campeonato ~ リーグ選手権.

—— 男 ガーター, 靴下留め.

li‧gui‧lla [li.gí.ʎa] 囡 **1** テープ, リボン. **2** 〖スポ〗小規模のリーグ. [liga+縮小辞]

lí‧gu‧la [lí.gu.la] 囡 **1**〖植〗葉舌, 小舌;舌状花冠. **2**〖解剖〗喉頭蓋(読き).

li‧gur [li.gúr] 形 リグリア(地方)の. —— 男 囡 リグリア人. —— 囡 リグリア語.

li‧gus‧tro [li.gús.tro] 男〖植〗イボタノキ類.

li‧ja [lí.xa] 囡 **1**〖魚〗ホシザメ.

2 ホシザメの皮:金属, 木材の研磨用に使う.

3 サンドペーパー, 紙やすり (= papel de ~).

darse lija《ラ米》(ఇ）《话》気取る, もったいぶる.

li‧ja‧do [li.xá.ðo] 男 (紙やすりによる) 研磨, 磨き.

li‧ja‧do‧ra [li.xa.ðó.ra] 囡 研磨機[盤].

li‧jar [li.xár] 他 紙やすり[サンドペーパー]で磨く.

li‧jo‧so, sa [li.xó.so, -.sa] 形 **1** 汚れた.

2《ラ米》《话》(漢）〈軽蔑〉うぬぼれた, 思い上がった.

li‧la¹ [lí.la] 囡〖植〗リラ, ライラック, ムラサキハシドイ (の花).

li‧la² [lí.la] 囡 (衣服などに用いた) 毛織物の一種.

li‧la³ [lí.la] 形《スペイン》《话》ばかな, まぬけな. —— 男 囡《スペイン》《话》ばか, まぬけ.

li‧lac [li.lák] 囡〖植〗ライラック. [← [アラビア] *līlak*← [ペルシア] *līlak*; lila¹ (← [仏] *lilas*) も同源]

lila¹ (リラ)

li‧lá‧ce‧o, a [li.lá.θe.o, -.a / -.se.-] 形〖植〗ユリ科の. —— 囡《複数で》ユリ科.

li‧lai‧las [li.lái.las] 囡《複数形》《话》悪巧み, 計略.

li‧lan‧ge‧ni [li.laŋ.xé.ni] 男《複 emalangeni》リランゲーニ:スワジランドの貨幣単位.

li‧la‧o [li.lá.o] 男《话》見せびらかし, 見え, 虚栄.

li‧le [lí.le] 形《ラ米》(漢）《话》虚弱い, ひ弱な.

li‧le‧que‧ar [li.le.ke.ár] 圁《ラ米》(话)〈恐怖などに〉震える.

li‧liá‧ce‧o, a [li.ljá.θe.o, -.a / -.se.-] 形〖植〗ユリ(科)の. —— 囡《複数で》ユリ科の植物.

Li‧li‧put [li.li.pút] 固名 リリパット:英国のスウィフト作 *Viajes de Gulliver*『ガリバー旅行記』中の小人国. [← [英] *Lilliput*]

li‧li‧pu‧tien‧se [li.li.pu.tjén.se] 形 リリパットの;体の小さい.

—— 男 囡 リリパットの住民;きわめて小さい人.

li·li·que·ar [li.li.ke.ár] 自 →lilequear.

li·lo [lí.lo] 男【植】ライラック(の木), リラ(の木).

*__li·ma__[1]__ [lí.ma] 女 __**1**__ やすり. ～ para uñas 爪(弖)やすり. ～ muza 目の細かいやすり. pasar [dar con] la ～ やすりをかける. __**2**__ やすりで磨くこと, やすり仕上げ. __**3**__ 推敲(芬), 洗練. __**4**__《話》大食いの人.
lima sorda (1) 目がつまったやすり. (2)(じわじわと)破壊していくもの.

li·ma[2] [lí.ma] 女【植】ライム, レモン類；ライムジュース.

li·ma[3] [lí.ma] 女【建】(屋根の)隅木(材)；隅棟. ～ hoya (屋根の)谷. ～ tesa (屋根の)稜角(殊急)部, 隅棟, 下り棟.

*__Li·ma__ [lí.ma] 固名 リマ：ペルーの首都；【史】スペイン統治時代の Perú 副王領の首都. ♦ 1535 年 Pizarro が建設, 当初 Ciudad de los Reyes と呼ばれた. 歴史地区は世界遺産. →limeño.
[← [ケチュア] *Rímac* (川の名) ← *rímac*「話す人」；川の名の原義は「(ケチュア語を)話す人々の川」]

li·ma·co [li.má.ko] 男 ナメクジ.

li·ma·do, da [li.má.ðo, -.ða] 形 やすりをかけた, やすりで磨いた. ― 男 やすり仕上げ.

li·ma·dor, do·ra [li.ma.ðór, -.ðó.ra] 形 やすりをかける, やすりで磨く. ― 男 女 目立て屋.

li·ma·du·ra [li.ma.ðú.ra] 女 __**1**__ やすりがけ, やすり仕上げ. __**2**__《複数で》やすりくず.

li·ma·lla [li.má.ja ‖ -.ʎa] 女 やすりくず.

*__li·mar__ [li.már] 他 __**1**__ やすりをかける.
__**2**__ 推敲(芬)する, 磨きをかける.
__**3**__〈欠点・対立などを〉弱める, 衰えさせる.
limar asperezas 人柄を丸く収める.
limar diferencias 小異を捨てて大同につく.

li·ma·tón [li.ma.tón] 男 __**1**__ 円形のやすり.
__**2**__《ラ米》(隅棟の下に取り付ける)隅木(材).

li·ma·za [li.má.θa / -.sa] 女【動】ナメクジ.

li·ma·zo [li.má.θo / -.so] 男 粘り, ねばねばした物, 粘液.

lim·bo [lím.bo] 男 __**1**__(太陽・月などの)周縁, へり.
__**2**__(衣服などの)へり, 縁.
__**3**__【数】(分度器などの)目盛り縁, 分度弧.
__**4**__【植】葉身, 葉片.
__**5**__【カト】(1) リンボ, 地獄の辺土. ♦ 洗礼を受けずに死んだために天国に入れない幼児, 善良な異教徒などの霊魂が住むといわれる場所. (2) 聖人や大司教の霊魂が人類の救済を願望する場所.
estar en el limbo ぼんやりしている.

li·men [lí.men] 男【文章語】(1) 敷居. (2) 初期, 出発点.

li·me·ño, ña [li.mé.ɲo, -.ɲa] 形 (ペルーの) リマの. ― 男 女 リマの住民[出身者].

lim·er·ick [lí.me.rik] [英] 男【詩】五行戯詩, リメリック.

li·me·ro, ra [li.mé.ro, -.ra] 男 女 (果実の)ライム売り. ― 男【植】ライム[レモン類]の木.

li·me·ta [li.mé.ta] 女 __**1**__ (フラスコのような)瓶.
__**2**__《ラ米》(予ご)広い[抜け上がった]額；はげ頭.

li·mi·nal [li.mi.nál] 形【心】識閾(孑)の.

li·mi·nar [li.mi.nár] 形 冒頭の, 巻頭の. *advertencia* ～ 前書き, 序言.

*__li·mi·ta·ción__ [li.mi.ta.θjón / -.sjón] 女 __**1**__ 制限, 限定；抑制. ～ de velocidad スピード制限. sin ～ 制限なしの. ～ del tiempo 時間制限. ►「産児制限」は *control de natalidad*.
__**2**__《主に複数で》(人間の)限界, 唯一の欠点.

li·mi·ta·da·men·te [li.mi.tá.ða.mén.te] 副 限定して[されて], 制限して[されて]；わずかな数だけ.

*__li·mi·ta·do, da__ [li.mi.tá.ðo, -.ða] 形 __**1**__ 限られた, 有限の, 制限のある. *sociedad limitada* 有限会社. __**2**__ 少しの, わずかな. *un número* ～ *de aprobados* ごく少数の合格者たち. __**3**__ 頭の鈍い, 薄のろの.

li·mi·ta·dor, do·ra [li.mi.ta.ðór, -.ðó.ra] 形 限定的な, 制限のある. (= *restrictivo*).

*__li·mi·tar__ [li.mi.tár] 他 __**1**__《a... …に》限定する, 制限する. ～ *el número de visitantes* 訪問者の数を制限する. ～ *la libertad de expresión* 表現の自由に制限を加える. ～ SU *papel al de mediador* 仲介者としての役割だけに限定する. ～ *los gastos a un mínimo* 支出を最小限に抑える.
__**2**__ …(の範囲・領域)を区切る. ～ *una finca con vallas* 地所に柵を巡らせる.
― 自《con...》〈地域・海域〉と隣接する. *España limita al noreste con Francia.* スペインは北東部でフランスと接している.
― ～·se 再《a + 不定詞 …するだけに》とどめる；《a + 名詞 …の範囲内に》とどまる. *El niño se limitó a sonreír.* 子供はにっこりしただけだった. *El autor no se limita a su experiencia personal.* 作者は個人的な経験の枠にとどまらない.

li·mi·ta·ti·vo, va [li.mi.ta.tí.βo, -.βa] 形 制限する, 限定的な.

li·mi·te [li.mi.te] 活 →limitar.

*__lí·mi·te__ [lí.mi.te] 形《性数不変》__**1**__ 極限の. *situación* ～ 極限状況, 危機的状況.
__**2**__ 制限[上限]の, 限界の. *fecha* ～ 期日. *edad* ～ 制限年齢. *precio* ～ 上限価格. *velocidad* ～ 上限速度.
― 男 __**1**__ 限度；極限, 限界点；制限, 範囲. *llegar al* ～ *de...* …の限界に達する. *poner (un)* ～ *a...* …に終止符を打つ. *el* ～ *presupuestario* 予算の限度. *sin* ～*s* 無制限に. *sobrepasar el* ～ *de velocidad establecido* 法定上限速度を超える. *pasar el* ～ *de edad* 年齢制限を越えている. *Ten cuidado, mi paciencia también tiene un* ～. 気をつけなさい, 私の我慢にも限度があるよ. *rebasar el* ～ [*margen*] *de tolerancia* 許容範囲を越える. *Hay cierto* ～ *de entradas.* 入場切符には数の制限がある.
__**2**__《複数で》(能力の)限界. *Mi papá tiene que saber sus* ～*s, no debe correr tanto como antes.* 父は自分の限界を知るべきだ. もう以前のように走ってはいけない.
__**3**__《複数で》境界(線), (コートなどの)外枠；(国・市・土地の)境界. *marcar los* ～*s de la cancha de fútbol* サッカーコートの境界線を描く.
__**4**__【数】極限値.
como limite 最高でも, 遅くとも.
[← [ラ] *limitem* (*līmes* の対格)「あぜ；境界」(← *linde*)；関連 *lindar*. [英] *limit*]

li·mí·tro·fe [li.mí.tro.fe] 形〈国・領土が〉接する, 隣接する. *México y sus países* ～*s* メキシコとその近隣諸国.

lim·no·lo·gí·a [lim.no.lo.xí.a] 女 陸水学, 湖沼学, 湖沼生物学.

li·mo[1] [lí.mo] 男 (沈殿した)泥, 泥土；ローム.

li·mo[2] [lí.mo] 男《ラ米》(彥ど)【植】ライム(の木).

*__li·món__ [li.món] 男《複 *limones*》__**1**__ レモン.
__**2**__ レモンの木. __**3**__ レモネード(= ～ *natural, refresco de* ～). ― 形《主に性数不変》レモン色の. *color amarillo* ～ レモンイエロー.

[← [アラビア] *laymūn*← [ペルシア] *līmūn*； 関連 [ポルトガル] *limão*. [伊] *limone*. [英] *lemon*]

li·mo·na·do, da [li.mo.ná.ðo, -.ða] 形 レモン色の. ━女 レモネード, レモン果汁入り清涼飲料水.

li·mo·nar [li.mo.nár] 男 **1** レモン果樹園［畑］. **2**《ラ米》(ﾁﾘ)《植》レモン（の木）.

li·mon·ci·llo [li.mon.θí.jo / -.ʝo / -.sí.-] 男《植》レモングラス.

li·mo·ne·ro, ra [li.mo.né.ro, -.ra] 形 レモンの. ━男女 レモン販売［栽培］者. ━男《植》レモン（の木）.

li·mo·ni·ta [li.mo.ní.ta] 女《鉱》褐鉄鉱.

li·mo·si·dad [li.mo.si.ðáð] 女 **1** 泥だらけ, 泥まみれ；ぬかるみ. **2** 歯石（= *sarro*）.

***li·mos·na** [li.mós.na] 女 **1** 施し物, お布施. dar (una) ～ 施しをする. pedir ～ 施しを求める. vivir de ～ 他人の施しで暮らす. ¡Una ～, señor! だんな, お恵みを. **2**《軽蔑》わずかな礼金, 薄謝. [← [古スペイン] *alimosna* ← [ラ] *eleēmosyna*← [ギ] *eleēmsýnē*（「哀れみ」が原義）. 関連 [英] *alms*]

li·mos·ne·ar [li.mos.ne.ár] 自 施しを求める, 物ごいをする.

li·mos·ne·o [li.mos.né.o] 男 物ごい（生活）.

li·mos·ne·ro, ra [li.mos.né.ro, -.ra] 形 **1** 施しをする, 慈善心の厚い. **2**《ラ米》物ごいの. ━男女《ラ米》物ごい.

li·mo·so, sa [li.mó.so, -.sa] 形 泥だらけの. Hay que limpiar el fondo ～ de la piscina. 泥のたまったプールの底をさらわなければならない.

li·mou·sine [li.mu.sín] [仏] 女 → *limusina*.

lim·pia [lím.pja] 女 **1** 掃除. **2** 一掃, 追放. **3**《ラ米》(1)(ﾒ*)(ﾁﾘ)(ｸﾞｱ) 除草. (2)(ｺﾛﾝ)(ｸﾞｱ)《話》打つこと. ━男女《話》靴磨き（= *limpiabotas*）. ━形 limpio. ━自 → *limpiar*.

lim·pia·ba·rros [lim.pja.bá.ros] 男《単複同形》靴の泥落とし；玄関マット.

lim·pia·bo·tas [lim.pja.bó.tas] 男 女《単複同形》靴磨き（人）. → *bolero, embolador, limpia*.

lim·pia·bri·sas [lim.pja.brí.sas] 男《単複同形》(ｴｸｱ)《車》ワイパー.

lim·pia·chi·me·ne·as [lim.pja.tʃi.me.né.as] 男《単複同形》煙突掃除人.

lim·pia·co·ches [lim.pja.kó.tʃes] 男 女《単複同形》洗車屋, 路上洗車を生業とする人.

lim·pia·cris·ta·les [lim.pja.kris.tá.les] 男《単複同形》ガラスクリーナー（液）, 窓ガラス掃除人.

lim·pia·da [lim.pjá.ða] 女《ラ米》(ﾒ*) 伐採；（森林の）開墾地.

lim·pia·de·ra [lim.pja.ðé.ra] 女 **1** かんな. **2** (鋤(ｽｷ)の) 土落とし（棒）.

lim·pia·dien·tes [lim.pja.ðjén.tes] 男《単複同形》**1** 爪楊枝（ﾖｳｼﾞ）（= *mondadientes, palillo*）. **2**《ラ米》(ｺﾛﾝ)(ｺﾊﾞﾙﾉｷ)から採れる硬質樹脂.

lim·pia·dor, do·ra [lim.pja.ðór, -.ðó.ra] 形 清掃［掃除］する, 汚れを落とす. ━男女 掃除［清掃］人. ━男 掃除用具；クリーナー.

lim·pia·du·ra [lim.pja.ðú.ra] 女 **1** 清掃, 掃除, 洗浄. **2**《複数形》ごみ, くず, 塵芥（ﾁﾝｶﾞｲ）.

lim·pia·fon·dos [lim.pja.fón.dos] 男《単複同形》プールの底を洗うモップ［機械］.

lim·pia·ho·gar [lim.pja.o.gár] 男 住宅用洗剤.

lim·pia·lu·nas [lim.pja.lú.nas] 男《単複同形》《車》ワイパー.

lim·pia·ma·nos [lim.pja.má.nos] 男《単複同形》《ラ米》(ｳ*)(ﾆｶ) 手ふき, タオル.

lim·pia·men·te [lím.pja.mén.te] 副 **1** 清潔に, きれいに, きちんと. **2** 公正に, 正々堂々と. *L*～ ganó las elecciones. 彼［彼女］は公正な方法で選挙に勝った. **3** 見事に, 器用に. El niño hizo prestigitación ～. その子の手品の腕前は見事だった.

lim·pia·pa·ra·bri·sas [lim.pja.pa.ra.brí.sas] 男《単複同形》《車》ワイパー.

lim·pia·piés [lim.pja.pjés] 男《単複同形》《ラ米》(ｸﾞｱ) ドアマット, (玄関の) 泥落とし.

lim·pia·pi·pas [lim.pja.pí.pas] 男《単複同形》パイプクリーナー.

lim·pia·plu·mas [lim.pja.plú.mas] 男《単複同形》ペン拭き.

***lim·piar** [lim.pjár] 82 他 **1**〈*de*...〈汚れなど〉を取り除いて〉（場所・ものを）きれいに［清潔］にする,〈汚れなど〉を取り除く. ～ una habitación 部屋を掃除する. ～ las gafas con un paño 布でめがねをふく. ～ los zapatos 靴をみがく；靴に泥を落とす. ～ un vestido de manchas ドレスからしみを取る. ～ el polvo ほこりを払う. ～ la grasa 油汚れをふき取る.
2〈*de*...〈不要物・有害物など〉を〉〈場所・ものから〉一掃する,〈不要物・有害物など〉を取り除く. ～ el pollo 鶏肉の内臓を取る. ～ el pescado *de* espinas 魚から骨を取り除く. ～ el terreno *de* malezas 地所から除草する. ～ la zona *de* violencia 地区から暴力を排除する. ～ los olivos オリーブを剪定(ｾﾝﾃｲ)する.
3 浄化する,〈けがれなど〉を清める. ～ los pecados 罪を洗い清める. ～ la imagen de un partido 政党のイメージを挽回(ﾊﾞﾝｶｲ)する.
4《話》〈窃盗・賭〉で〈人〉を一文無しにする；…を奪う,〈場所を〉空にする. ～ la caja fuerte 金庫の中身を奪い去る. Mis amigos me *limpiaron* en el juego de anoche. 昨夜賭(ｶｹ)事で友人たちに有り金を全部持っていかれた.
5《ラ米》(1)(ﾒ*)(ｺﾛﾝ)《俗》殺す, ばらす. (2)(ｸﾞｱﾃ)(ｼﾞ*)(ﾆｶ) むち打つ, たたく, 罰する.
━ ～·**se** 再 〈体の部位に〉きれい［清潔］にする；〈*de*...〈汚れ・不要物などを〉取り除いて〉〈自分を〉きれい［清潔］にする. ～*se* la nariz 鼻をかむ, 鼻水をふく. ～*se* las lágrimas 涙をぬぐう. ～*se* las manos en un delantal エプロンで手をふく.

lim·pia·ú·ñas [lim.pja.ú.ɲas] 男《単複同形》爪(ﾂﾒ)磨きの道具.

lim·pia·ví·a [lim.pja.bí.a] 女《鉄道》排障器.

lim·pi·dez [lim.pi.ðéθ / -.ðés] 女《文章語》透明, 清澄.

lím·pi·do, da [lím.pi.ðo, -.ða] 形《文章語》澄みきった, 透明な, 清澄な（= *puro*）.

***lim·pie·za** [lim.pjé.θa / -.sa] 女 **1** きれいなこと, 清潔；純潔. ～ de sangre 《史》血の純潔（◆キリスト教徒から見て先祖にユダヤ教徒, イスラム教徒などの異教徒がいないこと）. En esta casa hay poca ～. この家はあまり清潔ではない.
2 掃除, 洗濯. ～ general 大掃除. artículos de ～ 掃除［清掃］用具. hacer la ～ de... …の掃除 ［洗濯］をする. ～ en seco ドライクリーニング.
3 一掃, 一掃, 根絶；掃討. operación de ～《軍》掃討作戦. ～ étnica 民族浄化.
4（聖母マリアの）無原罪の御宿り. **5** 正直, 廉直. con ～ 誠実に；巧みに. actuar con ～ 公正に振る舞う. **6**《話》（博打(ﾊﾞｸﾁ)などで）お金をすること；盗難. Me han hecho una ～ en las carreras de caballos. 私は競馬ですってしまった. **7** 巧妙さ, 手際のよさ. ejecutar un trabajo con toda ～ 仕事を

鮮やかにこなす. **8**《スポーツ・ゲームで》規則の厳守, フェアプレー. jugar con ～ フェアプレーをする.
limpieza de corazón 正直, 誠実.

lim·pio, pia [lím.pjo, -.pja] 形 **1《多くは名詞+》《**ser**+ / **estar**+》きれいな, 清潔な;《**ser**+》きれい好きな (↔sucio). ropa *limpia* 清潔な服. energía *limpia* クリーンエネルギー. agua *limpia* きれいな水. platos ～s きれいな皿.
2《多くは名詞+》《**ser**+ / **estar**+》公正な, 純粋な. elecciones *limpias* 公正な選挙. el alma *limpia* de los niños 子供たちの汚れのない心.
3《多くは名詞+》《**estar**+》罪(責任)のない. tener la conciencia *limpia* 清廉潔白である.
4《名詞+》《**estar**+》《**de...**》(望ましくない, 余計な)もの・人)のない;（…を)取り除いた. ～ *de* toda sospecha 疑いの余地が全くない. Los textos aparecen ～s *de* erratas. テキストは誤植がなくなっている. El que *esté* ～ *de* culpa, que tire la primera piedra. 罪なき者, まず石を投げうて.
5《名詞+》掛け値なしの, 実味の. un 10％ *de* beneficio ～ 10パーセントの純益. mil euros ～ al mes 手取り月1000ユーロ. **6** 鮮明な, くっきりした. el ～ azul del cielo 鮮やかな空の青さ. **7**『スポ』(1) フェアな, ルールを守った. juego ～ フェアプレー.(2) 見事な, 完璧な. un salto ～ 見事な跳躍.
8《話》一文無しの. dejar ～ a+人 〈人〉を無一文にする. **9**《**estar**+》準備していない. 〈学生用語〉. *Estaba* ～ *cuando fui al examen.* 僕はなんの準備もしないで試験に臨んだ.
——男《ラ米》《(ミネ)》開墾地; 伐採地. ——副 公正に, きれいに (↔sucio). jugar ～ フェアプレーで戦う.
——活 →limpiar.

a+名詞 *limpio* (▶ bombazo, cañonazo, codazo, golpe, grito, palo, patada, pedrada, puñetazo, tiro などの単数名詞につき, その意味を強調する). *a tiro* ～ 激しい銃撃で, 撃ちまくって. *a puñetazo* ～ こぶしを固めて. llamar *a grito* ～ 大声を張り上げる. sacar *a patada limpia* a+人 …を蹴り出す, 追い出す.
de limpio (1) 清書した. un cuaderno *de* ～ 清書したノート. (2)（服装が)こざっぱりとした.
en limpio (1) 正味で, 実質で. ganar tres mil euros *en* ～. 手取りで3000ユーロ稼ぐ. (2)（原稿などを)きれいに, 間違いなく. poner *en* ～ 清書する. (3) 明らかに. ¿Qué es lo que queda *en* ～? 何が明らかなのですか.
pasar a limpio... …を清書する.
sacar... en limpio (1) …をはっきり理解する, 正確につかむ. Lo único que *he sacado en* ～ *es que...* 私にわかったことはただ…ということだ. (2) …を得る, 得をする. Después de tantos esfuerzos no *he sacado* nada *en* ～. あんなに頑張って, 私が得るものは何もなかった.
[←[ラ] *límpidum* (*límpidus* の対格)「明るい, 澄んだ」(→ límpido); 関連[英] *limpid*「澄みきった」]
lim·pión [lim.pjón] 男 **1** 簡単な掃除. dar un ～ a... …をざっと掃除する. **2** 清掃夫, 掃除係.
3《ラ米》(1)《(コ)》(歯磨き用の)かみタバコ. (2)《(ラブ)》《(ベネ)》《(メヒ)》ふきん. (3)《(ラプ)》小言.
Date un limpión.《話》骨折り損のくたびれもうけだ.

li·mu·sín [li.mu.sín] / **li·mu·si·na** [li.mu.sí.na] / **li·mu·si·ne** [li.mu.sí.ne] 女 **1**『車』リムジン（運転席と客席とを仕切った箱形自動車）; 大型高級車;（空港と市内を結ぶ）リムジンバス. **2** 幌(ỗ)馬車.
[←[仏] *limousine*]
li·na [lí.na] 女《ラ米》《(チ)》(1) 太く粗い羊毛. (2) 髪, 毛の毛.
li·ná·ce·o, a [li.ná.θe.o, -.a / -.se.-] 形『植』アマ科の. ——女 アマ科の植物;《複数で》アマ科.
*li·na·je [li.ná.xe] 男 **1** 血統, 血筋, 家柄. de alto [ilustre] ～ 名門の.
2《単数のみ》種類, ジャンル, タイプ. este libro y los de su ～ この本とこれに関連する本. el ～ humano 人類. **3**《複数で》《集合的》貴族（階級）.
li·na·ju·do, da [li.na.xú.ðo, -.ða] 形 貴族の, 名門の; 家柄を鼻にかける.
li·ná·lo·e [li.ná.lo.e] 男『植』アロエ（の一種）.
li·nar [li.nár] 男 亜麻畑.
li·na·ria [li.ná.rja] 女『植』ウンラン, ヒメキンギョソウ.
li·na·za [li.ná.θa / -.sa] 女 亜麻の種子, 亜麻仁.
lin·ce [lín.θe / -.se] 形 **1**〈目つきが〉鋭い, 洞察力のならい. **2**《話》頭の切れる. Es muy ～ para los negocios. 彼[彼女]は商売では実に抜けめがない.
——男 **1**『動』オオヤマネコ;《ラ米》《(チリ)》《(メヒ)》ボブキャット, アカオオヤマネコ. **2**《話》頭の切れる人. ser un ～ 切れ者である. **3**『星座』[L-] やまねこ座.
ojos [vista] de lince 鋭い目つき; 鋭い洞察力.
lin·cha·mien·to [lin.tʃa.mjén.to] 男 リンチ, 私刑. ～ *moral* バッシング.
lin·char [lin.tʃár] 他 リンチにかける, 私的な制裁を加える. ♦リンチ法の創始者, 米国の C.W.Lynch (1742-1820) の名より.
lin·che [lín.tʃe] 男《ラ米》《(メヒ)》(1)《(ラブ)》背嚢(禿), 背負い袋. (2)《複数で》《(チ)》厳嚢(ひん).
lin·da [lín.da] 女《ラ米》《(チリ)》《卑》女性器.
lin·da [lín.da] 形 →lindo.
lin·da·men·te [lín.da.mén.te] 副 **1** かわいらしく, すてきに. Todas las chicas estaban ～ arregladas. 女の子たちはみんな美しく着飾っていた.
2 巧みに, 見事に. Me robaron la billetera ～. 巧みな手口で財布を盗まれた.
lin·dan·te [lin.dán.te] 形 隣接する, 隣り合った. ～ con el jardín 庭に接した.
lin·dar [lin.dár] 自《**con...**》**1**〈土地・建物が〉(…に) 隣接する, 隣接する. Francia *linda con* España. フランスはスペインと国境を接している.
2（…と）紙一重である, 似たようなものである. Sus palabras *lindan con* el ridículo. 彼[彼女](ら)の言葉はほとんどばかげたものである.
lin·de [lín.de] 女（時に男）**1** 境界（線）(= límite). **2** 限界, 限度. Mi paciencia ya ha llegado a su ～. 私の我慢も限度に達した.
lin·de·ro, ra [lin.dé.ro, -.ra] 形 隣接する, 隣り合った. ～ con... …に接した.
——男 **1**《主に複数で》境界（線）. Su mal gusto raya en los ～s de lo grotesco. 彼[彼女](ら)の趣味の悪さはほとんどグロテスクと言ってよい.
2《ラ米》《(ェカ)》里程標.
lin·de·za [lin.dé.θa / -.sa] 女 **1** きれいさ, 愛らしさ. **2**《複数で》かわいらしい[ほめ言葉. **3**《複数で》《話》悪口雑言 (= insultos). Me soltó mil ～s. 彼[彼女]は口汚く私をののしった.
lin·do, da [lín.do]形《（+名詞 / 名詞+）《ser**+ / **estar**+》〈人・ものが〉かわいい, きれいな, 見た目のよい;《特にラ米で》〈女性が〉美人の;〈もの・動作などが〉かわいらしい. Ese peinado *es* muy ～. その髪型はとてもかわいい.

Me encanta tu *linda* sonrisa. 君のかわいいほほえみに僕はぞっこんなんだ. ➜ **hermoso** 類語

2 《+名詞》《話》《反語的》《軽蔑》結構な. ¡L~ amigo! ご立派な友達だこと. *Lindas* cosas me han dicho de ti! よろしくやってあるそうね. ¡Sería demasiado ~! それはひど過ぎるわ.

3《ラ米》すばらしい, 見事な（＝estupendo）.
── 副《ラ米》すばらしく, 見事に.
de lo lindo 大いに. divertirse *de lo ~* 大いに楽しむ. molestar *de lo ~* さんざん嫌がらせをする.
[←〖古スペイン〗「正統な, 本物の；よい」←〖ラ〗*lēgitimus*「正当な, 合法的な」]

lin·du·ra [lin.dú.ra] 囡 **1** きれいさ, かわいらしさ. ¡Qué ~ ! なんてかわいらしい. **2**《ラ米》(俗)(ぎきり) 立派な[一流の]人, 傑物；達人.

lí·ne·a [lí.ne.a] 囡 **1 線, 直線；筋；境界線；(道路上の) ライン；《スポ》(コート上の) ライン；《美》(色彩・模様に対する) 描線；《音楽》(譜面上の) 線. trazar una ~ recta [curva] 直[曲]線を引く. ~ leer las ~s de la vida (手相の) 生命線を占う. ~ puntada / ~ de puntos 点線. ~ quebrada 折れ線. ~ ondulada 波線. ~ continua 実線. ~ discontinua 破線. ~ paralela 平行線. ~ perpendicular 垂直線. ~ divisoria 分割線. ~ secante 割線. ~ tangente 接線. ~ mixta 直線と曲線の複合線. ~ de exploración (テレビの) 走査線. ~ de mira 《軍》照準線. ~ de nodos 《天文》(軌道の) 交点. ~ abscisa 《数》横座標, X座標. ~ de agua [flotación] 喫水線. ~ de máxima carga 満載喫水線. las ~s de Nazca ナスカの地上絵. ~ divisoria de aguas 分水嶺. ~ del horizonte 水[地]平線（＝horizonte）. ~ equinoccial [ecuatorial] 昼夜平分線, 赤道（＝ecuador）. ~ meridiana 子午線（＝meridiano）. ~ de demarcación 境界線. ~ de pista (空港の) 誘導ライン. ~ de seguridad (駅などの) 安全ライン. ~ suplementaria 《音楽》(譜面の) 加線. ~ central (道路の) センターライン, 《スポ》(サッカーコートの) ハーフウェイライン. ~ de banda サイドライン, タッチライン（＝banda）. ~ de meta [gol] ゴールライン. ~ de área de penalty ペナルティエリアライン. ~ delantera フォワードライン. ~ de servicio [saque] (テニスの) サービスライン. ~ de salida [llegada] (陸上競技などの) スタート[ゴール] ライン. ~ de foul (野球の) ファールライン. juez de ~ 線審, ラインズマン. cruzar la ~ ラインを横切る [通過する], ライン外に出る.

2 (鉄道・バスなどの) 路線, 航路, 航空路. Plaza de Castilla es la terminal de la ~ 1. プラサ・デ・カスティーリャは地下鉄1番線の終点駅です. coche [autocar] de ~ (特定ルートを巡回する) 長距離観光バス. final de ~ ターミナル（＝terminal）. ~ aérea 航空路；航空会社（＝aerolínea）. ~ marítima 航路. ~ férrea / ~ de ferrocarril 鉄道線路. ~ de circunvalación (バスの) 循環路線, (鉄道の) 環状線. ~ de abastecimiento 《軍》補給線.

3 輪郭, 外形；(細く美しい) 体の線, スタイル. un coche esbelto de ~ スマートなボディラインの車. un abrigo elegante de ~ エレガントなラインのコート. ~ aerodinámica 流線型. guardar [perder] la ~ 体の線を保つ[崩す].

4 通信線, 電線, 電話線. en ~ オンラインの. La ~ está ocupada. (電話) この番号はただいまお話中です. ~ telegráfica [telefónica] 電信[電話]線.

~ de alta tensión 高圧線. ~ derivada [exterior] (電話の) 内[外]線. ~ directa (電話の) 直通回線. ~s calientes (俗) (卑猥な内容の) 男性向け電話サービス(の回線). operación directa en ~ オンラインシステム.

5 並び, 列（＝fila）；(工場の) ライン；《軍》戦線（＝~ de batalla）. poner... en ~ 一列に並べる. cantar ~ de bingo ビンゴの列がそろったコールをする. estacionamiento en ~ 縦列駐車. ~ de montaje 組み立てライン. ~ de fuego 《軍》砲列. la primera ~ 《軍》最前線（＝frente）.

6 (文書の) 行. poner [escribir] unas ~s a... …に一筆したためる. lo que hay entre ~s 行間にあるもの, 言外の意味.

7 方針, 指針；(行動・計画の) 路線. ~ de conducta 行動の指針. cambio de ~ 路線変更. ~ del diálogo 対話路線. ~ negativa 消極路線. ~ de menor resistencia もっとも安易な路線. seguir la ~ de Chomsky チョムスキーの路線を継承する. entrar en su ~ de pensamiento (人の) 思考範囲内に入る.

8 (商品の) 種類, 機軸, 構成；カテゴリー, ランク；(服の) モード, …系. presentar una nueva ~ de... …の新機軸を発表する. ~ blanca (冷蔵庫などの) 白物家電製品(の販売部門). una película de tercera ~ 三流映画. la ~ de otoño-invierno 秋冬モード. Este ordenador es el mejor en su ~ このパソコンは同機種の中では最良のものだ.

9 家系, 家柄, 血統. ~ recta [directa] 直系. ~ colateral [transversal] 傍系. de ~ paterna [materna] 父[母]方の. **10** 《ラ米》(釣り) 釣り糸.

de primera línea 第一線の.
en línea recta 直截(ちょくさい)に, 単刀直入に.
en líneas generales おおよそ, 大体において.
en toda (la) línea 完全に, 完膚(かんぷ)なきまで. ▶ triunfar, vencer, ganar, derrotar などの動詞と共に用いる.
estar en línea con... …と足並みをそろえる.
ser de una (sola) línea 《ラ米》(アルゼン)(チリ)(ウル)真の[本物]の一本気[である].
[←〖ラ〗*lineam* (*línea* の対格)「(墨) 糸；線」（*līnum*「亜麻」より派生）; 関連 linaje, alinear, aliñar, lino. 〖仏〗*linière*「リンネル」. 〖英〗*line*「線, ライン」, *linen*「リネン」]

*li·ne·al [li.ne.ál] 形 **1** 線（状）の, 線を使った；細長い. dibujo ~ 線画. hoja ~《植》線形葉.
2 《数》線形の, 1次の. ecuación ~ 1次方程式.
3 変化のない, 一定の. una subida ~ de precio de petróleo 石油価格の絶え間ない上昇.

li·ne·a·li·dad [li.ne.a.li.ðáð] 囡 **1** 手順, (決まった順序どおりの) 過程.
2 (物語などの) 直線的な構成, 時間軸にそった展開.

li·ne·a·men·to [li.ne.a.mén.to] / **li·ne·a·mien·to** [li.ne.a.mjén.to] 男 **1** (素描などの) 輪郭, 外形；顔立ち, 体形. **2**《ラ米》(メキシコ) 大枠, 大筋.

li·ne·ar[1] [li.ne.ár] 形 細長い.

li·ne·ar[2] [li.ne.ár] 他 **1** 線（罫(けい)）を引く. **2** 輪郭を描く, 素描する.

lin·fa [lím.fa] 囡 **1** 《解剖》リンパ(液).
2 ワクチン；痘苗. ➜ **vacuna**.

lin·fa·de·ni·tis [lim.fa.ðe.ní.tis] 囡 《単複同形》《医》リンパ節炎.

lin·fa·de·no·pa·tí·a [lim.fa.ðe.no.pa.tí.a] 囡《医》リンパ節腫脹(しゅちょう).

lin·fan·gi·tis [lim.faŋ.xí.tis] 囡《単複同形》《医》

リンパ管炎.

lin·fá·ti·co, ca [liɱ.fá.ti.ko, -.ka] 形 **1**《解剖》リンパ(液)の;《医》リンパ体質の. vasos 〜s リンパ管. glándula *linfática* リンパ腺(炎).
2 無気力な, 不活発な.

lin·fa·tis·mo [liɱ.fa.tís.mo] 男《医》リンパ体質.

lin·fe·de·ma [liɱ.fe.ðé.ma] 男《医》リンパ浮腫(しゅ).

lin·fo·ci·to [liɱ.fo.θí.to / -.sí.-] 男《解剖》リンパ球.

lin·fo·ci·to·pe·nia [liɱ.fo.θi.to.pé.nja / -.si.-] 女《医》リンパ球減少症.

lin·fo·ci·to·sis [liɱ.fo.θi.tó.sis / -.si.-] 女《単複同形》《医》リンパ球症, リンパ球増加症.

lin·foi·de [liɱ.fói.ðe] 形《解剖》リンパ(液・状)の.

lin·fo·ma [liɱ.fó.ma] 男《医》リンパ腫(しゅ). 〜 maligno 悪性リンパ腫.

lin·fo·pe·nia [liɱ.fo.pé.nja] 女《医》(血液中の)リンパ球減少(症).

lin·go·ta·zo [liŋ.go.tá.θo / -.so] 男《スペイン》《話》一杯[ひとつ]の酒;飲酒.

lin·go·te [liŋ.gó.te] 男 **1** 鋳塊, インゴット, 延べ棒. 〜 de primera fusión / 〜 de arrabio 銑鉄. 〜 de oro 金の延べ棒. **2**《印》インテル.

lin·go·te·ra [liŋ.go.té.ra] 女 インゴットの型, 鋳型.

lin·gua fran·ca [líŋ.gwa fráŋ.ka] (伊)女《言》リンガフランカ. (1) 十字軍時代から19世紀まで地中海の諸港で行われていた, イタリア語を基盤にロマンス諸語, トルコ語, アラビア語が混合した通商語言. (2) (一般的に) 混成言語, 国際(共通)語. → pidgin-english.

lin·gual [liŋ.gwál] 形 **1** 舌の. **2**《音声》舌音の. ─ 女《音声》(1) 舌音. → t, d, l など. (2) 舌音字.

lin·gue [líŋ.ge] 男《ラ米》(チリ)《植》クスノキ科の木.

lin·güe·te [liŋ.gwé.te] 男《機》(他の部品などの巻き込み防止用の)歯止め, つめ.

lin·güi·for·me [liŋ.gwi.fór.me] 形 舌状の.

lin·güis·ta [liŋ.gwís.ta] 共 言語学者.

‡**lin·güís·ti·co, ca** [liŋ.gwís.ti.ko, -.ka] 形 言語(学)の;言語に関する. atlas 〜 言語地図. la política *lingüística* 言語政策.
─ 女 言語学. *lingüística* aplicada 応用言語学. *lingüística* general 一般言語学. *lingüística* histórica 歴史言語学. → filología〖類語〗.

li·nier [li.njér] 男《スポ》線審, ラインズマン.

li·ni·men·to [li.ni.mén.to] 男《薬》リニメント剤, (痛みを和らげるマッサージに使う)塗布剤.

li·nio [lí.njo] 男 並木(= liño).

link [líŋk] (英) 男 → hipervínculo.

lin·kar [liŋ.kár] 他《IT》《con...》…と(ウェブなどを)リンクさせる, つなぐ.

lin·ker [líŋ.ker] (英)男《IT》リンカ:オブジェクトコードを連結編集するプログラム.

*‡**li·no** [lí.no] 男 **1**《植》アマ. 〜 bayal [frío] 冬まきのアマ. 〜 caliente 春まきのアマ. → 右段に図.
2(織物・麻糸用の)亜麻(の繊維);亜麻布, リンネル. camisa de 〜 麻のシャツ. **3**《文章語》帆, 白帆.
4《ラ米》(チリ)(ラプ)アマの種子, 亜麻仁.

li·no·gra·fí·a [li.no.gra.fí.a] 女 繊維印刷(技術), 布へのプリント.

li·no·lei·co, ca [li.no.léi.ko, -.ka] 形《化》リノールの. ácido 〜 リノール酸.

li·nó·le·o [li.nó.le.o] / **li·nó·leum** [li.nó.leum] 男 リノリウム:室内床材の一種.

li·nón [li.nón] 男《服飾》寒冷紗(れいしゃ), ローン.

li·no·ti·pia [li.no.tí.pja] 女《印》《商標》ライノタイプ:自動鋳造植字機.

li·no·ti·pis·ta [li.no.ti.pís.ta] 共 ライノタイプエ, ライノタイピスト.

li·no·ti·po [li.no.tí.po] 男《ラ米》(植字用の)ライノタイプ.

lin·tel [lin.tél] 男《建》楣(まぐさ), 目草(まぐさ).

*‡**lin·ter·na** [lin.tér.na] 女 **1** カンテラ, ランタン, 角灯. 〜 mágica / 〜 de proyección (初期のスライド用)幻灯機. 〜 sorda 竜灯(がん).
2 懐中電灯. **3** 灯台(= faro). **4**《建》(採光・通風用の)越し屋根, ドーム. **5**《機》ピニオン:ラックとかみ合う小歯車. **6**《ラ米》(1)(*中米)《話》目. (2)(ラ米)《昆》大ホタルの一種;(*中米)《話》ホタル. (3)(*中米)小商い;小さな店.

lino (アマ)

lin·ter·nón [lin.ter.nón] 男《海》船尾灯. [linterna + 増大辞].

lin·ye·ra [liɲ.jé.ra] 男·女《ラ米》(リオ)浮浪者.
─ 女《ラ米》(リオ)(1) 衣装袋, 衣類入れ. (2) 貧乏人の持ち物[荷物].

li·ño [lí.ɲo] 男 並木.

li·nue·lo [li.nwé.lo] 男 (綱を構成する)縒(よ)りひも.

*‡**lí·o** [lí.o] 男 **1**《話》混乱, 紛糾, もつれ;困難, 悩みの種. Pedro tiene *líos* con su familia. ペドロは家族とごたごたを起こしている. andar siempre metido en *líos* いつも面倒なことに首を突っ込んでいる. armar un *lío* 騒ぎ[スキャンダル]を起こす. estar hecho un *lío* 混乱[紛糾]している, こんがらかっている. formar [hacer] un *lío* スキャンダルを起こす. hacerse un *lío* 困ったことになる. ¡Qué *lío*! なんと厄介な, ひどい散らかしようだ. En buen *lío* nos hemos metido. やれやれ厄介なことに巻き込まれた.
2 包み, 束, 小包(= paquete). *lío* de ropa 衣類の包み. Hizo un *lío* con sus pertenencias. 彼[彼女]は身のまわり品をひとまとめにした.
3《話》《軽蔑》不倫関係, 情事. Tiene un *lío* con la secretaria. 彼は秘書といい仲[愛人関係]になっている. **4**《ラ米》《話》うわさ, ゴシップ.
─ 話 → liar.

lio·fi·li·za·ción [ljo.fi.li.θa.θjón / -.sa.sjón] 女 フリーズドライ(製法).

lio·fi·li·zar [ljo.fi.li.θár / -.sár] 97 他 (貯蔵用の血液・食べ物を)フリーズドライ[凍結乾燥]する.

lio·nés, ne·sa [ljo.nés, -.né.sa] 形 (フランスの)リヨンLyonの. ─ 男·女 リヨンの住民[出身者].

lio·so, sa [ljó.so, -.sa] 形 **1**《スペイン》《話》いざこざを起こす, 騒がしい;困難な, 込み入った. lo 〜 困難なこと, 厄介なもの. Ese asunto es muy 〜. その件はとても厄介だ. **2**《ラ米》(チリ)《話》うわさを言い触らす, ゴシップ好きな.
─ 男·女 いざこざを起こす人, 騒ぎたてる人.

lio·tab [ljo.táβ] 男《医》即崩性の錠剤.

li·pa [lí.pa] 女《ラ米》(ベネ)《話》腹, 腹部.

li·pa·sa [li.pá.sa] 女《化》リパーゼ, 脂肪分解酵素.

li·pe [lí.pe] 男 **1**(鞭打ち遊びで使う)木片.
2《ラ米》(チリ)礬(ばん)類, 硫酸塩;硫酸銅(= piedra 〜).

li·pe·ma·ní·a [li.pe.ma.ní.a] 女《医》メランコリー, うつ病(= melancolía).

li·pe·mia [li.pé.mja] 女《医》高脂血症.

li·pi·dia [li.pí.ðja] 囡 《ラ米》(1) (﹡) 貧困, 窮乏. (2) (﹅﹅) 《話》生意気, 横柄; (﹅) 強情. (3) (﹅) (﹅) 胃もたれ. ━ 男 囡 《ラ米》(﹅﹅) 《話》迷惑な人.

li·pi·diar [li.pi.ðjár] 82 他 《ラ米》(﹅) (﹅) 《話》うるさがらせる, いらだたせる, 困らせる.

li·pi·dio·so, sa [li.pi.ðjó.so, -.sa] 形 《ラ米》(﹅) (﹅) ばかな, 愚かな; うんざりさせる.

lí·pi·do [lí.pi.ðo] 男 《生化》脂質.

li·pi·do·sis [li.pi.ðó.sis] 囡 《医》脂質代謝異常.

li·pi·ria [li.pí.rja] 囡 《医》悪寒.

li·pis [lí.pis] 男 《化》硫酸銅.

li·po·es·cul·tu·ra [li.po.es.kul.tú.ra] 囡 痩身(﹅)手術, 医療痩身.

li·poi·de [li.pói.ðe] 男 《生化》リポイド, 類脂質.

li·poi·de·o, a [li.poi.ðé.o, -.a] 形 《生化》脂肪性[質]の, 脂肪類似の.

li·pó·li·sis [li.pó.li.sis] / **li·po·li·sis** [li.po.lí.sis] 囡 《単複同形》脂肪分解.

li·po·ma [li.pó.ma] 男 《医》脂肪腫(﹅).

li·pón, po·na [li.pón, -.pó.na] 形 《ラ米》(﹅﹅) 《話》腹の出た, 太鼓腹の.

li·po·pro·te·í·na [li.po.pro.te.í.na] 囡 《生化》リポたんぱく質.

li·po·so·lu·ble [li.po.so.lú.ßle] 形 脂肪に溶ける, 脂肪溶解性の.

li·po·so·ma [li.po.só.ma] 男 リポソーム, 脂質性皮膜粒子.

li·po·suc·ción [li.po.suk.θjón / -.sjón] 囡 《医》脂肪吸引(法).

li·po·suc·cio·na·dor [li.po.suk.θjo.na.ðór / -.sjo.-] 男 (脂肪吸引用の)吸引管, カニューレ.

li·po·ti·mia [li.po.tí.mja] 囡 (血圧低下による)失神, 卒倒.

li·po·vi·ta·mí·ni·co, ca [li.po.ßi.ta.mí.ni.ko, -.ka] 形 脂肪とビタミンが含まれる.

li·que·fac·ción [li.ke.fak.θjón / -.sjón] 囡 液化, 融解 = licuefacción).

li·quen [li.ken] 男 《植》地衣(類), コケ.

li·qui·da·ble [li.ki.ðá.ßle] 形 1 液体に変えられる, 液化する. 2 清算可能, 弁済[済]できる.

*__li·qui·da·ción__ [li.ki.ða.θjón / -.sjón] 囡 1 《商》清算, 決済, 弁済. ~ judicial 会社更正法による清算. hacer ~ 清算する. 2 大安売り, 在庫一掃. estar de ~ バーゲンセール中である. vender en ~ 大安売りをする. ~ total 在庫一掃セール. 3 終わること, 終結. la ~ de la sociedad 団体の解散. 4 解雇手当. 5 液化, 融解.

li·qui·da·do, da [li.ki.ðá.ðo, -.ða] 形 1 《商》清算した. 2 液化した, 液体になった.

li·qui·da·dor, do·ra [li.ki.ða.ðór, -.ðó.ra] 形 《商》清算する. ━ 男 囡 清算人, 支払者.

li·qui·dám·bar [li.ki.ðám.bar] 男 《植》フウ (楓), モミジバフウ.

*__li·qui·dar__ [li.ki.ðár] 他 1 清算する, 決済する, 弁済する. ~ las deudas 借金を返済する. 2 (在庫一掃で) ... の安売りをする, 大売り出し [セール]をする. Hay que ~ todas las mercancías. 全商品を(セールで)売り払わねばならない. 3 (会社などを)解散[整理, 閉鎖]する. 4 解決する, けりをつける. No sé cómo ~ este asunto. この件はどう決着をつけていいかわからない. 5 《話》無駄遣い[浪費]する, 使い果たす. Liquidó su herencia en menos de un mes. 彼[彼女]は1か月足らずで遺産を使ってしまった. 6 一掃する, 始末する; 殺す, 消す. 7 液体に変える, 液化する (= li-

cuar). 8 《ラ米》(﹅﹅) 《話》解雇する.
━ ~.se 再 液化する (= licuarse). El plomo *se liquida* con el calor. 鉛は熱で溶ける.

li·qui·da·ti·vo, va [li.ki.ða.tí.ßo, -.ßa] / **li·qui·da·to·rio, ria** [li.ki.ða.tó.rjo, -.rja] 形 清算の, 決済に関する, 売却の. valor ~ de las acciones 株の売却価値.

li·qui·dez [li.ki.ðéθ / -.ðés] 囡 1 液体性, 流動性. 2 《商》流動性, 換金性. Como no tiene ~ la empresa no puede continuar sus negocios. 流動資金がないので会社はビジネスを続けられない.

*__lí·qui·do, da__ [lí.ki.ðo, -.ða] 形 1 液体の, 液状の, 流動的な. gas natural ~ 液化天然ガス. combustible ~ 液体燃料. cristal ~ 液晶. jabón ~ 液状石けん. alimento ~ 流動食. yogur ~ 飲むヨーグルト. mantequilla *líquida* 溶かしバター. el elemento ~ 《まれ》水. 2 《商》換金可能な; (諸経費を差し引いた)決算済みの; 正味の, ちょうどの (=neto). dinero ~ 現金, 即金. sueldo ~ 手取り給与. Me dieron diez mil euros ~s. 私はきっかり1万ユーロをもらった. 3 《音声》流音の. letras *líquidas* 流音文字 (lやrなど). 4 《ラ米》《話》ただ...だけの, たったの. ~ una *líquida* vez ただ1度.
━ 男 1 液体, 流動物. medidas para ~s 液量. ~ desinfectante 消毒液. ~ venenoso 毒液. ~ pegajoso ねばねばした液体. 2 《商》決算済みの残高; 正味金額. ~ imponible 課税対象純所得.
━ 囡 《音声》流音.
[形]←[ラ] *liquidum* (*liquidus* の対格)「溶けた, 流動体の」(流動する」より派生). [関連] *licor*. [仏] *liqueur*「リキュール」. [英] *liquid*「液体」.

li·qui·li·que [li.ki.lí.ke] / **li·qui·li·qui** [li.ki.lí.ki] 男 《服飾》(ポケットのついた長そでの)木綿シャツ.

li·ra[1] [lí.ra] 囡 1 《音楽》リラ, 竪琴 (﹅﹅). 古代ギリシアの弦楽器の一種. tañer la ~ 竪琴を弾く. 2 《詩》リラ: 叙情詩の一種. 第2行と第5行が11音節で他の行が7音節よりなる5行詩, 第1行と第3行, 第2行と第4行, 第5行と第6行が押韻する6行詩. 3 (比喩的)(詩人の)インスピレーション, 詩才. 4 [L-] 《星座》こと座. 5 《ラ米》(1) (﹅) やせ馬, 駄馬. (2) (﹅) 《俗》ギター.

lira[1] (リラ)

li·ra[2] [lí.ra] 囡 リラ: (ユーロ導入前の)イタリアの通貨単位.

*__lí·ri·co, ca__ [lí.ri.ko, -.ka] 形 1 叙情詩の. poesía *lírica* 叙情詩. 2 感動的な, 情熱的な. 3 《演》歌や踊りのある. 4 《ラ米》(1) 夢想的な, 空想癖の. (2) (﹅) (﹅) (﹅﹅) (﹅) 空想的な, 非現実的な.
━ 囡 叙情詩. ▶「叙事詩」は *épica*.
━ 男 囡 1 叙情詩人. 2 《ラ米》空想家, 夢想家.

li·rio [lí.rjo] 男 1 《植》アヤメ, アイリス. ~ blanco 白ユリ (= azucena). ~ cárdeno 紫ユリ. ~ de agua ホテイアオイ. ~ de los valles スズラン (= muguete). 2 《魚》アジの一種.

li·ris·mo [li.rís.mo] 男 1 叙情性, リリシズム. Su poesía sobresale por su gran ~. 彼[彼女]の詩は強い叙情性が特徴である. 2 感情の発露, 心情の流露. 3 《ラ米》空想, 夢.

li·rón[1] [li.rón] 男 1 《動》ヤマネ: 齧歯(﹅﹅)目ヤマネ科の動物の総称. ~ gris オオヤマネ.

lirón

2 《話》眠たがり屋，よく眠る人．dormir como un ～ ぐっすり眠る，熟睡する．

li·rón² [li.rón] 男《植》サジオモダカ．

li·ron·do, da [li.rón.do, -.da] 形 → mondo.

lis [lís] 女 **1**《植》→ lirio. **2**《紋》flor de lis フラ・ダ・リ：紋章図形に使用されるユリの花．

li·sa [lí.sa] 女 **1**《魚》ボラ．**2**《ラ米》(1)《ピき》(ピッチャー入りの)生ビール．(2) (*ᴹᵉ*)《俗》シャツ．

Lis·bo·a [lis.bó.a] 固名 リスボン：ポルトガルの首都．[←［ポルトガル］*Lisboa*←［古ポルトガル］*Lisbona*←［アラビア］*Al-Lishbūna*←［俗］*Olisipona*←［ラ］*Olisīpo*（フェニキア語起源?)]

lis·bo·e·ta [lis.bo.é.ta] / **lis·bo·nen·se** [lis.bo.nén.se] / **lis·bo·nés, ne·sa** [lis.bo.nés, -.né.sa] 形 リスボンの．
— 男女 リスボンの住民［出身者］．

li·se·ra¹ [li.sé.ra] 女《建》犬走り，崖径(がいけい)．

li·se·ra² [li.sé.ra] 女《植》リュウゼツランの花茎．

li·sér·xi·co, ca [li.sér.xi.ko, -.ka] 形《化》(LSDの原料となる)リゼルギン酸の．

li·sia·do, da [li.sjá.đo, -.đa] 形 **1**《時に軽蔑》体に障害［損傷］のある．**2** 渇望する；熱中した．**3** ぐったりした，疲れた．— 男 身体障害者．
lisiado de guerra 傷痍(しょうい)軍人．

li·sia·du·ra [li.sja.đú.ra] 女 傷害，負傷；身体障害．

li·siar [li.sjár] 82 他 …の体を傷つける，…にけがをさせる；…の機能を不自由にする．

li·si·ma·quia [li.si.má.kja] 女《植》ヨウシュコナスビ，リシマキア．

li·sis [lí.sis]《単複同形》**1**《医》病気からゆっくり回復すること．**2**《化》分解，溶解，融解．

*li·so, sa [lí.so, -.sa] 形 **1** 滑らかな，すべすべした；平らな，平坦(へいたん)な，平地(へいち)の．superficie *lisa* 滑らかな表面．tener un cutis *lisa* すべすべした肌をしている．El mar se quedó ～ como un espejo. 海は鏡のように凪(な)いだ．

2〈服が〉飾り気のない，シンプルな．falda *lisa* (プリーツのない)シンプルなスカート．

3〈布地が〉無地の．camisa *lisa* 無地のシャツ．

4〈髪が〉縮れていない，直毛の．

5 障害のない；順調な，円滑な．carrera de cien metros ～s《競技》100メートル競走．

6《ラ米》(1)《コロン》すべりやすい．(2)《メキシ》《コスタリ》《*ᴹᵉ*》《話》厚かましい，ずうずうしい．
— 男 **1**《鉱》(岩石の)滑らかな表面，平滑面．**2**《ラ米》《ベネズ》(背の高い)ビール用グラス．
irse liso《ラ米》《コスタリ》挨拶もせずに立ち去る．
lisa y llanamente (1)《ラ米》率直に，単刀直入に．(2)《法》文字どおりに．
liso y llano 率直な，単刀直入な；ありのままの．
pana lisa ビロード，ベルベット．

li·sol [li.sól] 男《化》リゾール(消毒薬)．

li·son·ja [li.sóŋ.xa] 女 **1**《格式》へつらい，おべっか，追従．tributar halagos y ～s 盛んにおべっかを使う．**2**《紋》菱形(ひしがた)紋章図形 (= losange).

li·son·je·a·dor, do·ra [li.soŋ.xe.a.đór, -.đó.ra] 形 **1** へつらう，おべっかの．**2** 楽しい，快い．
— 男 へつらう人，おべっか使い．

li·son·je·an·te [li.soŋ.xe.án.te] 形 快い，楽しい．

li·son·je·ar [li.soŋ.xe.ár] 他 **1** へつらう，…におべっかを使う，おもねる．Le gusta que los hombres la *lisonjeen*. 彼女は男にちやほやされるのが好きだ．**2** 得意がらせる，うぬぼれさせる．**3** 楽しませる，…に喜びを与える．Le *lisonjea* que le hayan concedido el premio. 彼は賞をもらってとても喜んでいる．
— ～·se 再 (de... / con... ...を) **1** 得意がる，うぬぼれる．Se *lisonjea de* su victoria. 彼[彼女]は自分の勝利にうぬぼれている．**2** 楽しむ，うれしがる．

li·son·je·ra·men·te [li.soŋ.xé.ra.mén.te] 副 へつらって；幸せよく．

li·son·je·ro, ra [li.soŋ.xé.ro, -.ra] 形 **1** おべっかを使う，へつらいの．**2** 満足な，喜ぶべき；喜びを与える，快い．un resultado ～ 好成績．voz *lisonjera* 耳に快い声．— 男女 おべっか使い．

li·so·zi·ma [li.so.θí.ma / -.sí.-] 女 (ときに男)《化》リゾチーム．

lis·ta¹ [lís.ta] 女 **1 一覧表；目録，リスト；名簿，(食事の)メニュー．hacer la ～ de... ...のリストを作る．poner [incluir]... en la ～ ...をリストに含める．borrar [quitar]... de la ～ リストから...を外す．La ～, por favor. 食事のメニューを見せてください．～ de precios 値段表．～ de compra 買い物リスト．～ de boda (参会者が費用を出し合う)新郎新婦の贈答品目録．～ grande / ～ de lotería 宝くじの当選番号リスト．～ negra ブラックリスト．～ de miembros 会員名簿．～ de bajas 戦没者名簿．～ de espera 空席[キャンセル]待ち名簿．～ de pasajeros 乗客名簿．

2 縞(しま)模様，ストライプ．a ～s 縞模様の．el traje a ～s muy finas ピンストライプのスーツ．

3（主に装飾用の)細長い紙［布］切れ，テープ．decorar la habitación con una ～ de papel azul 部屋を青いテープで飾り立てる．
lista de correos 局留郵便（の窓口)．
lista de raya《ラ米》《*ᴹᵉ*》給料支払い名簿．
pasar lista 出席を取る．
[「テープ、帯」←［古スペイン］(布の)飾り縁」←［ゲルマン］*lista*；「目録（の紙片）、表」の意味は16世紀以後；［関連］listón, alistar.［英］*list*]

lis·ta² [lís.ta] 形 女 → listo.

lis·ta·di·llo [lis.ta.đí.jo || -.ʎo] 男《ラ米》《コロン》《ベネズ》《ボリビ》(白と青の縞(しま)の)木綿布．

lis·ta·do, da [lis.tá.đo, -.đa] 形 縞(しま)［筋(すじ)]のある，縞模様の (= a listas). un jersey ～ de azul y blanco 青と白の縞のセーター．
— 男 **1** リスト．**2**《IT》表示．**3**《ラ米》《タリ》《アルゼ》→ listadillo.

lis·tar [lis.tár] 他 **1**《IT》表示する．
2 一覧表［目録］に記入する，リスト［名簿］に載せる．

lis·te·ar [lis.te.ár] 他 …に縞(しま)［筋(すじ)]をつける，縞模様にする．

lis·tel [lis.tél] 男 **1**《建》(2つの刳形(くりがた)の間の)平縁，幕面，フィレット．
2《紋》(モットーなどを書き込む)リボン．

lis·te·rio·sis [lis.te.rjó.sis] 女《医》《単複同形》リステリア症．

lis·te·ro, ra [lis.té.ro, -.ra] 男 **1**《スペイン》出席点呼係．
2（工場の)作業時間係；(建築現場などの)監督．

lis·te·za [lis.té.θa / -.sa] 女 **1** 抜けめのなさ，利口さ．**2** 機敏さ，鋭敏さ．

lis·ti·llo, lla [lis.tí.jo, -.ja || -.ʎo, -.ʎa] 形《スペイン》《話》知ったかぶりの，博識ぶる；ずる賢い．
— 男女《スペイン》《話》知ったかぶりする人．

lis·tín [lis.tín] 男 **1**《スペイン》アドレス帳；電話帳．**2** (名簿・一覧表などの)縮約版．**3**《ラ米》《*ᴹᵉ*》新聞．

lis·to, ta [lís.to, -.ta] 形 **1《*estar* +》用意のできた，準備の整った．¡L～! 《スポ》

用意；《ラ米》《スミス》《チリ》《提案に答えて》OK，いいよ．Todo *está* ~. 準備万端整っています．Ya tienen ~ el plan. 彼らはすでにその計画を用意している．
2《名詞+》《**ser**+》賢い，利口な；機転が利く，抜け目ない．La chica *es* muy *lista*. その娘はとても利口だ．un chico ~ 賢い子．un tipo ~ 抜け目ないやつ．**3**《話》知ったかぶりの，利口ぶった．**4**《ラ米》(キミ)《話》疲れきった．
━ 男 安《時に軽蔑》抜け目ない人間．
andar listo《話》用心している．*Hemos andado ~s sin caer en la trampa.* 我々は用心していたので，わなにはまらなかった．
dárselas [*echárselas*] *de listo*《話》知ったかぶりをする．
¡Estamos listos!《話》困ったことになったぞ．
estar [*ir, andar*] *listo*《話》あてがはずれる，まずうまくいかない．*si crees que te voy a ayudar, estás ~.* 手伝ってもらえると思ったら，大間違いだ．
pasarse de listo《話》(わかっているつもりで[他人をみくびって])ミスをする．*No te pases de ~, que no somos idiotas.* 甘くみるな，私たちはばかじゃない．
ser listo como una ardilla《話》すばしっこい；抜け目がない．
y listo《話》それでOK，それでできあがり．*Para navegar, enchufa tu ordenador y ~.* インターネットをするのなら，コンピュータのスイッチを入れればそれでOK．

lis·tón [lis.tón] 男 **1** 細長い板，木摺(き)．**2**《建》(2つの刳形(くり)の間の)平縁，幕面，フィレット．**3**(絹の)リボン，細帯．**4**《スポ》(ハイジャンプなどの)バー．**5**(競争・試験で達成すべき)水準，目標．poner el ~ alto《話》要求[目標]を高く設定する．
━ 形《男性形のみ》(雄牛の)背中に白い筋のある．

lis·to·nar [lis.to.nár] 他 …に木摺(き)を打ちつける．

lis·tu·ra [lis.tú.ra] 安 **1** 賢し，利口さ；抜け目なさ．**2** 機敏，器用．

li·su·ra [li.sú.ra] 安 **1** 滑らかさ，平坦(たん)．~ de cutis 肌の滑らかさ．**2**(髪が)まっすぐなこと．**3** 飾り気のなさ，率直さ．hablar con ~ 単刀直入に話す．**4**《ラ米》(1) 恥知らず；厚かましさ，ずうずうしさ．(2)(ペル)あだっぽさ，こび；悪意，たくらみ．

li·su·re·ro, ra [li.su.ré.ro, -.ra] 形《ラ米》(ペル)恥知らずな，厚かましい．

li·tar·ge [li.tár.xe] / **li·tar·gi·rio** [li.tar.xí.rjo] 男《化》酸化鉛．

li·tas [lí.tas] 男《単複同形》リタス：リトアニアの貨幣単位．

li·te [lí.te] 安《法》訴訟，係争 (= pleito)．

li·te·ra [li.té.ra] 安 **1**(人・馬に担がせる昔の)輿(こし)．**2**(船・列車の)簡易寝台，クシェット．**3** 二段ベッド．

li·te·ral [li.te.rál] 形《ラ米》文字どおりの；逐語的な，一字一句そのままの．significado ~ 文字どおりの意味．traducción ~ 逐語訳．

li·te·ra·li·dad [li.te.ra.li.ðáð] 安 字義の尊重，文字どおりの[解釈]．*Para interpretar un texto no debes tomar sólo la ~ de cada palabra.* ものを読むときには言葉を文字どおりの意味でとらえるだけではいけないよ．

li·te·ral·men·te [li.te.rál.mén.te] 副 **1** 文字どおり，逐語的に．**2** 完全に，まさに．*Estoy ~ molido.* 私はへとへとに疲れている．

li·te·ra·ria [li.te.rá.rja] 形 → literario.

li·te·ra·ria·men·te [li.te.ra.rja.mén.te] 副 文学的に，文学的手法で．

li·te·ra·rio, ria [li.te.rá.rjo, -.rja] 形 **1** 文学の，文学的な．una obra *literaria* 文学作品．género ~ 文学のジャンル．fuentes *literarias* 文学の源泉．ejercicio ~ 文学修行．estilo ~ 文語体．imaginación *literaria* 文学的想像．el mundo ~ de Cervantes セルバンテスの文学世界．teoría *literaria* 文学理論．historia *literaria* 文学史．movimiento ~ 文学運動．preceptiva *literaria* 文学上の規範．velada *literaria* 文学を語り合う夜会，詩の朗読会．la República *literaria*《比喩的》文壇，文学界．
2 人文系の (=de letras) (↔científico)．vocación *literaria* 文学の才能．

li·te·ra·to, ta [li.te.rá.to, -.ta] 男 安《主に軽蔑》(現代の)文学(研究)者；作家．

li·te·ra·tu·ra [li.te.ra.tú.ra] 安 **1** 文学；(総称的に)文学作品；(作家の)文学世界；文学活動，文芸；文学研究．~ hispánica スペイン語文学．~ hispanoamericana イスパノアメリカ文学．~ romántica ロマン主義文学．~ conceptista (Quevedo らの) 奇知主義文学．~ culta [escrita] 教養[記述]文学 (↔ ~ anónima [oral] 匿名[口承]文学に対立する概念)．~ popular 民衆[大衆]文学 (♦19世紀以前の口承的な民衆文学および20世紀以降の娯楽目的の大衆文学を表す)．~ fantástica 幻想文学．~ de ciencia ficción SF文学．~ comprometida (実存主義や抗議小説などの) 政治参加文学．~ clandestina (政治[宗教]的に非合法とみなされた) 地下文学．~ indigenista インディヘニスモ文学 (♦先住民の生活や文化を主題とする20世紀のイスパノアメリカ文学)．~ gauchesca ガウチョ文学 (gaucho の生活や文化を主題とするアルゼンチン文学．→ Hernández, Güiraldes)．~ testimonial 証言文学 (♦事実性重視の文学，メキシコの Elena Poniatowska など)．~ posmoderna de Estados Unidos 米国のポストモダン文学．La ~ de Borges ボルヘスの文学世界[作品]．~ comparada 比較文学研究．dedicarse a la ~ 文学活動に専念する．~ helenística [medieval] 古代ギリシア語[中世]文学．
2(特定分野の)文献，著作全般．~ científica 科学の文献．~ sobre ecología エコロジー関連の文献．
hacer literatura 口先だけで何も実行しない．
[←[ラ] *literātūram* (*literātūra* の対格)「書法；文法」(*littera*「文字」より派生)；[関連] [英] *literature*]

li·tia·sis [li.tjá.sis] 安《単複同形》《医》結石症．~ vesical 膀胱(ぼうこう)結石．

lí·ti·co, ca [lí.ti.ko, -.ka] 形 **1** 石の，石からなる．**2**《医》結石症の，結石症の．

li·ti·ga·ción [li.ti.ga.θjón / -.sjón] 安《法》訴訟，係争．

li·ti·gan·te [li.ti.gán.te] 形《法》訴訟している，係争中の．━ 男 安 訴訟当事者 (= las partes ~s)．

li·ti·gar [li.ti.gár] 自 **1**《法》《**por**… / **sobre**…》…について；《**con**… / **contra**…》…に対して) 法に訴える，訴訟する．~ *por pobre* (貧困で) 訴訟救助を受けて訴訟を起こす．**2** 論争する，言い争う．
━ 他 (権利などを) 争う．

li·ti·gio [li.tí.xjo] 男 **1**《法》訴訟．**2**《格式》論争，争い．
en litigio 係争中の；問題の．

li·ti·gio·so, sa [li.ti.xjó.so, -.sa] 形 訴訟[係争]中の，訴訟[係争]の因となる；訴訟好きの；係争[紛争]の．

li·tio [lí.tjo] 男《化》リチウム (記号 Li)．

li·tis [lí.tis] 囡《単複同形》→ lite.

li·tis·con·sor·te [li.tis.kon.sór.te] 男 囡《法》共同訴訟人.

li·tis·con·tes·ta·ción [li.tis.kon.tes.ta.θjón / -.sjón] 囡《法》弁明, 弁訴.

li·tis·ex·pen·sas [li.ti.se(k)s.pén.sas] 囡《複数形》《法》訴訟費用.

li·tis·pen·den·cia [li.tis.pen.dén.θja / -.sja] 囡《法》訴訟中, 訴訟係属.

lito- / -lito 「石」の意の造語要素. -lítico (形容詞)のときも. → litografía, megalito. [←〔ギ〕]

li·to·cla·sa [li.to.klá.sa] 囡《地質》(岩の)裂罅(れっか), 岩裂(がんれつ).

li·to·co·la [li.to.kó.la] 囡 (石工用の)セメント, 接着剤.

li·tó·fa·go, ga [li.tó.fa.go, -.ga] 形《動》〈軟体動物などが〉穿孔(せんこう)性の.
── 男 (穿孔具などの) 穿孔性生物.

li·to·fo·to·gra·fí·a [li.to.fo.to.gra.fí.a] 囡 写真石版術, 写真石版(画) (= fotolitografía).

li·to·ge·ne·sia [li.to.xe.né.sja] 囡《地質》岩石成因論.

li·to·gé·ne·sis [li.to.xé.ne.sis] 囡《単複同形》= litogenesia.

li·to·gra·fí·a [li.to.gra.fí.a] 囡 石版印刷(術);リトグラフ, 石版画;石版印刷所. una colección de ~s de Goya ゴヤのリトグラフ作品集.

li·to·grá·fi·co, ca [li.to.grá.fi.ko, -.ka] 形 石版(印刷)の, リトグラフの.

li·tó·gra·fo, fa [li.tó.gra.fo, -.fa] 男 囡 石版工(師);石版画家.

li·to·lo·gí·a [li.to.lo.xí.a] 囡 岩石学.

＊**li·to·ral** [li.to.rál] 形 沿岸の, 海岸の, 沿海の. regiones ~es 沿岸地方.
── 男 沿岸[沿海]地方[地帯];海辺. ~ mediterráneo 地中海沿岸. → playa [類語]

li·tos·fe·ra [li.tos.fé.ra] 囡《地質》岩石圏, 地殻.

lí·to·te [lí.to.te] / **li·to·te** [li.tó.te] 囡 → lítotes.

lí·to·tes [lí.to.tes] 囡《単複同形》《修辞》曲言法, 緩叙法:控えめに言って逆に印象を強める修辞法. muy bien の代わりに no está mal と言う.

li·to·ti·po·gra·fí·a [li.to.ti.po.gra.fí.a] 囡 活字石版印刷(術).

li·to·tri·cia [li.to.trí.θja / -.sja] 囡《医》結石除去法, 砕石術.

li·trá·ce·as [li.trá.θe.as / -.se.-] / **li·tra·rie·as** [li.tra.rjé.as] 囡《複数形》《植》ミソハギ科.

li·tre [li.tre] 男《ラ米》(チリ) リスレア:ウルシ科の植物;(リスレアによる)かぶれ, 発疹(ほっしん).

li·tri [lí.tri] 形《スペイン》《話》めかし込んだ, きざな.

＊**li·tro**¹ [lí.tro] 男 1リットル:容量の単位(略 l). veinte ~s de gasolina ガソリン20リットル. botella de tres cuartos de ~ 750cc入りの瓶.

2 1リットルの量.
[←〔仏〕litre;フランスの古い容量単位 litron (←〔ラ〕litra ←〔ギ〕lítra (重量単位))より造語;[関連]〔英〕liter]

li·tro² [lí.tro] 男《ラ米》(チリ)粗い毛織物.

li·tro·na [li.tró.na] 囡《スペイン》《話》ビールの1リットル入り瓶.

Li·tua·nia [li.twá.nja] 固名 リトアニア (共和国):首都 Vilna [Vilnius].

li·tua·no, na [li.twá.no, -.na] 形 リトアニアの, リトアニア人[語]の. ── 男 囡 リトアニア人.

── 男 リトアニア語:バルト語の一つ.

li·tur·gia [li.túr.xja] 囡《宗》典礼, 礼拝[祈祷(きとう)]式. ~ romana ローマ教会[カトリック]典礼. ~ oriental ギリシア正教の典礼, 東方典礼.

li·túr·gi·co, ca [li.túr.xi.ko, -.ka] 形 典礼の;礼拝[祈祷(きとう)]の. año ~ 典礼暦年. libros ~s 典礼書. ornamentos ~s 典礼用祭壇飾り.

li·tur·gis·ta [li.tur.xís.ta] 形 1 典礼(学)を教える[学ぶ], 典礼(学)について詳しい. 2 典礼に厳しい, 典礼を守りゆく. ── 男 囡 典礼学者;典礼学の学生;典礼を重んじる人.

liu·dar [lju.ðár] 他《ラ米》(メキシコ)(チリ) → leudar.

li·via·na·men·te [li.βja.na.mén.te] 副 軽々しく;表面的に;みだらに.

li·vian·dad [li.βjan.dáð] 囡 1 軽いこと, 軽さ;ささいなこと.
2 軽薄, 気まぐれ;軽率な言動. 3 みだらなこと.

li·via·no, na [li.βjá.no, -.na] 形 1 軽い (= ligero);ささいな, 重要でない. una carga liviana 軽い荷物. Se enfada por los motivos ~s. 彼[彼女]はつまらない事ですぐ怒る.
2 気まぐれな;移り気の, 浮気な;ふしだらな. una mujer liviana 尻(しり)の軽い女性.
── 男 1《複数で》(動物の)肺. 2 先導のロバ.
──《アンダルシア地方の民謡の一種.

li·vi·de·cer [li.βi.ðe.θér / -.sér] 34 自 1 (顔色が)青白くなる, 蒼白(そうはく)になる.
2 (打撲・寒さなどで)暗紫色になる.

li·vi·dez [li.βi.déθ / -.dés] 囡《複 lividices】
1 蒼白(そうはく), 青白さ. una ~ cadavérica 死人のような蒼白さ. 2 暗紫色.

lí·vi·do, da [li.βi.ðo, -.ða] 形 1 青白い, 蒼白(そうはく)の. 2 (打撲・寒さなどで)暗紫色になった;〈空が〉鉛色の. 3 (estar+) 驚いた.

liv·ing [lí.βin]〔英〕囡《複 ~s》《ラ米》リビングルーム, 居間. comedor ~ 食堂兼居間.

li·vor [li.βór] 男 1 暗紫色, 暗青色. 2 (打撲による)あざ. 3 ねたみ, 恨み.

li·xi·via·ción [lik.si.βja.θjón / -.sjón] 囡《化》溶剤処理, 浸出処理, リーチング.

li·xi·viar [lik.si.βjár] 82 他《化》浸出する.

li·za¹ [lí.θa / -.sa] 囡 1 試合場, 闘技場;試合.
2 論争, 衝突. entrar en ~ 試合に出る;衝突する.

li·za² [lí.θa / -.sa] 囡《魚》ボラ科の魚.

li·zo [lí.θo / -.so] 男 1 (織機の) (糸・金属) 綜絖(そうこう).
2《ラ米》(チリ) (機織りの) 梭(ひ).

LL, ll [é.je ‖ -.ʎe] 囡 旧スペイン語字母. l と m の間に配列されていたアルファベット.

llac·sa [ják.sa ‖ ʎák.-] 囡《ラ米》(ペルー)溶解した金属.

lla·ga [já.ga ‖ ʎá.-] 囡 1 潰瘍(かいよう);傷.
2 (心の)傷, 痛手. renovar la ~ 古傷にさわる. la ~ de amor 愛の痛手.
3《聖》聖痕. 4《建》(れんがの)目地, 継ぎ目.

lla·gar [ja.gár ‖ ʎa.-] 103 他 潰瘍(かいよう)[床ずれなど]を起こす;外傷を負わす. Los nuevos zapatos le han llagado. 彼は新しい靴で靴ずれができた.

lla·lla [já.ja ‖ ʎá.-] 囡《ラ米》(チリ)軽傷;軽い痛み.

＊**lla·ma**¹ [já.ma ‖ ʎá.-] 囡 1 炎, 火炎. Las ~s se extendieron a la casa vecina. 火の手は隣家まで広がった. ~ auxiliar (点火用) 補助バーナー, ロ火. ~s eternas 地獄の業火. ~ del bosque《植》カエンボク. 2 激情, 情熱. la ~ de amor 愛の炎. en llamas 炎を上げて, 燃え上がって. estallar en ~s ぱっと燃え上がる. Llano en ~s『燃える平原』(Rulfoの短編集).

lla·ma² [já.ma ‖ ʎá.-] 囡 低湿地, 沼地.
[← 〔ラ〕*lāmam* (*lāma* の対格)]

lla·ma³ [já.ma ‖ ʎá.-] 囲 〖動〗ラマ, リャマ. ♦Andes の高地に生息するラクダ科の家畜. 荷物運搬用に用いられ, 肉・乳は食用, 毛と皮は織物・被服に用いられ, 乾燥した糞(ﾌﾝ)は燃料となる. → *camélidos*.
[← 〔ケチュア〕*llama*]

lla·ma⁴ [já.ma ‖ ʎá.-] 活 → llamar.

*lla·ma·da [ja.má.ða ‖ ʎá.-] 囡 **1** 呼ぶこと, 呼び声; (ドアのノック・呼び鈴など)合図(の音). acudir a la ~ de+人〈人に〉呼ばれて駆けつける. ~ de socorro 助けを呼ぶ声; 救難信号, SOS.
2 (電話の) **通話**; 呼び出し(音). hacer una ~ telefónica 電話をかける. Da la señal de ~. 電話のベルが鳴る. ~ internacional 国際電話. a cobro revertido コレクトコール.
3 点呼; 召集, 召喚; 〖軍〗集合らっぱ(= toque de ~). carta de ~ (大使の)召喚状. ~ a escena 〖演〗カーテンコール.
4 心に訴える力, 使命感; 誘惑, 魅力. sentir la ~ del deber 義務[使命]を感じる. ~ al sacerdocio 聖職に就く使命. ~ de la selva 森へのいざない.
5 (書物の欄外注釈などの) 参照記号, 注意記号(*, †, ‡, §). **6** 呼びかけ, 要請. **7** 〚ラ米〛(㋛)(㋡)小心.
llamada de atención 警告, 警鐘, 訓告, 注意.

lla·ma·de·ra [ja.ma.ðé.ra ‖ ʎa.-] 囡 (家畜を追う)突き棒.

***lla·ma·do, da** [ja.má.ðo, -.ða ‖ ʎá.-] 厖 **1** …という名の, …で知られている, いわゆる. los ~s Picos de Europa (スペイン北部の)通称ヨーロッパの頂という名で知られる峻険(ｼｭﾝｹﾝ). los ~s juegos de suerte いわゆる賭博(ﾄﾊﾞｸ). Constantinopla, *así llamada* porque fue fundada por Constantino. コンスタンチヌスによって築かれたところから~ばれたコンスタンチノープル. **2** 囲 呼出こと, 呼び声.
estar llamado a... …という運命にある.
Muchos son los llamados y pocos los escogidos. 〖聖〗招かれる人は多いが, 選ばれる人は少ない (マタイ 22:14).

lla·ma·dor, do·ra [ja.ma.ðór, -.ðó.ra ‖ ʎá.-] 围囡 電話のかけ手. — 囲 **1** (ドアの)ノッカー; 呼び鈴[チャイム](のボタン). **2** 使者, 伝達者.

lla·ma·mien·to [ja.ma.mjén.to ‖ ʎa.-] 囲 **1** 呼びかけ, 訴え, 要請. hacer un ~ a la opinión pública 世論に訴える. **2** (軍への) 召集(= a filas); 召喚; 移民の招聘(ｼｮｳﾍｲ). **3** 神のお召し, 召命.
4 〖法〗相続人などの任命, 指名.

*****lla·mar** [ja.már ‖ ʎá.-] 他 **1** 呼ぶ, (声や身ぶりで)呼び寄せる; 《a...…に》呼び出す.
~ un taxi タクシーを呼ぶ. ~ a+人 por su nombre〈人〉を名前で呼ぶ. ~ a+人 con la mano〈人〉を手招きする. ~ a+人 por señas〈人〉に合図する. Marta nos *llamó* a voces. マルタが大声で私たちを呼んだ. La sirena nos *llamó* de nuevo *al trabajo*. サイレンで私たちは再び仕事に呼び戻された.
2 …に電話をかける(= ~ por teléfono). ¿Quiere ~me mañana a las siete? 明日は7時に電話してくれますか. ~ a+人 a casa [a la oficina]〈人〉の自宅[職場]に電話する.
3 (用件のために)呼び招く; 要請する. ~ al médico 医者を呼ぶ. ~ a la ambulancia 救急車を呼ぶ. ~ a la policía 警察を呼ぶ. ~ a los bomberos 消防車を呼ぶ. ~ a+人 a...〈人〉を…の職に呼び招

く.
4 《+名前を表す語句》《…と》…を呼ぶ; 《…と》評して言う. En el colegio le *llamaban "listillo"*. 彼は学校で「お利口さん」と呼ばれていた. *Llamamos peque* al chico. 私たちはその少年をおちびちゃんと呼んだ. ► 対象物が事物でも a を前置することがある. → A estas palabras las *llamamos* capicúa. 私たちはこれらの文を回文と呼んでいる.
5 〈関心・興味などを〉ひきつける; 〈人を〉魅了する. *la atención* a+人〈人〉の注意を引く. No me *llama* ir a París. 私はパリに行きたいとは思わない. No le *llaman* los deportes. 彼はスポーツに興味がない. Este valle tan pintoresco *llama* a muchos turistas. このとても美しい渓谷は多くの観光客を魅了する. **6** 〈世論などに〉訴える; 〈神に〉祈る. ~ al Consejo de Seguridad (国連の)安全保障理事会に提訴する. ~ a Dios 神に祈る. **7** 〖軍〗召集する.
— 自 **1** ノックする, 呼び鈴を鳴らす. pasar sin ~ ノックしないで入る. **2** 電話をかける.
— **~·se** 再 **1** …という名前である, …と呼ばれる. ¿Cómo *te llamas*? — *Me llamo* Miguel. 君の名前は何ですか. —ミゲルです. ¿Cómo *se llama* tu madre? お母さんのお名前はなんでしたっけ. El español *se llama* a veces castellano. スペイン語はときにカスティーリャ語ともいわれる. ¡Eso sí que *se llama* bailar! それこそ本物のダンスというものだ.
2 〖海〗〈風が〉向きを変える.
3 〚ラ米〛(㋛)(㋡)〈話〉約束を破る.
llamar a+人 *de todo*〈人〉の悪口を言う.
llamar a la puerta ドアをノックする. Cuando preparaba la cena, *llamaron a la puerta*. 夕食の支度をしていると誰かが呼び鈴を鳴らした.
llamar a la puerta de+人〈人〉を訪ねる, 〈人〉に助けを求める.
lo que se llama いわゆる.
¿Quién llama? (訪問者・電話の相手に)どちら様ですか.
[← 〔ラ〕*clāmāre*「叫ぶ」(→ clamar);〖関連〗clamor, exclamar. 〔英〕(*ex*)*claim, clamor*]

lla·ma·ra·da [ja.ma.ðár ‖ ʎa.-] 囡 **1** (炎が)ぱっと燃え上がること. **2** (顔の) 紅潮, 上気, 赤面. **3** (感情などの)ほとばしり, 噴出, 爆発; (燃えあがる)炎.

lla·mar·go [ja.már.ɣo ‖ ʎa.-] 囲 沼地.

lla·ma·rón [ja.ma.rón ‖ ʎa.-] 囲 〚ラ米〛(ｴｸｱ)(㋛)(㋡) → llamarada.

***lla·ma·ti·vo, va** [ja.ma.tí.ßo, -.ßa ‖ ʎá.-] 厖
1 人目を引く; **派手な**; 注目に値する. una corbata *llamativa* 派手なネクタイ. Llevaba una indumentaria muy *llamativa*. 彼[彼女]は非常に目立つ格好をしていた.
2 〈食べ物が〉(塩辛くて)のどの渇きを生じさせる.

lla·ma·zar [ja.ma.θár ‖ ʎa.- / -.sár] 囲 沼地.

lla·me·an·te [ja.me.án.te ‖ ʎa.-] 厖 炎を上げて燃える; 燃えるような. un bosque ~ 炎上する森. un horizonte ~ 赤く染まった地平線.

lla·me·ar [ja.me.ár ‖ ʎa.-] 自 **1** 炎を上げて燃える. La casa *llameaba todavía*. 家はまだ炎を上げて燃えていた. **2** 激しい感情を示す.

lla·món, mo·na [ja.món, -.mó.na ‖ ʎa.-] 厖 〚ラ米〛(ﾁﾘ)〈話〉臆病(ｵｸﾋﾞｮｳ)な, 気の弱い.

llam·po [jám.po ‖ ʎám.-] 囲 〚ラ米〛(㋛)(㋡) 砕けた鉱石.

lla·na [já.na ‖ ʎá.-] 囡 **1** (左官の)こて, 金べら. dar de ~ こてでならす. **2** (字の書いてある・字を書くための)紙, ページ, 紙面 (= plana). **3** 平原, 平野.

lla·na·da [ja.ná.ða‖ʎa.-] 囡 平原, 平野.

llan·ca [jáŋ.ka‖ʎáŋ.-] 囡 **1**《ラ米》青緑色の銅鉱石;(アラウコ人が装飾用に使う)銅鉱石の小石. **2**《ラ米》(ﾏﾌﾟﾁ)《動》ミミズ.

lla·ne·a·dor, do·ra [ja.ne.a.ðór, -.ðó.ra‖ʎa.-] 形 **1** 平坦な[楽な]道を通る. **2**《ラ米》(特に自転車競技で)平地が得意な. ― 男 囡 **1** 平坦な道を行く人. **2**《スポ》(特に自転車競技で)平地に強い選手. → escalador.

lla·ne·ar [ja.ne.ár‖ʎa.-] 自 **1**(坂道などを避けて)平地を進む. **2**《スポ》(自転車競技などで)平地をうまく走る.

lla·ne·ro, ra [ja.né.ro, -.ra‖ʎa.-] 男 囡 **1** 平地[平野部, 平原]の住民. **2**《ラ米》(Orinoco 川流域の広大な平原)リャノス Los Llanos の住民[出身者]. ― 男《ラ米》(ｺﾛﾝﾋﾞｱ)牧童, カウボーイ.

lla·ne·za [ja.né.θa‖ʎa.- / -.sa] 囡 **1** 飾り気のなさ, 気さくさ; 親しみやすさ. **2**(文体・話し方の)平易さ, 明確さ.

lla·ni·to, ta [ja.ní.to, -.ta‖ʎa.-] 形《話》(英領)ジブラルタル Gibraltar の. ― 男 囡《話》(英領)ジブラルタルの住民[出身者] (= gibraltareño).

lla·no, na [já.no, -.na‖ʎá.-] 形 **1** 平らな, 平坦な; 起伏のない, 平板な. tierra llana 平原. terreno 〜 平地. entonación llana 抑揚の少ないイントネーション. ▶ llano は「起伏のなさ」を, liso は「滑らかさ」を主に表す. **2** 平易・構造などが平易な, 理解しやすい. hablar en un lenguaje 〜 わかりやすい言葉で話す. estilo 〜 簡素な様式[文体]. modales 〜s 飾らない態度. **3**(人が)親しみやすい; 庶民階級の. gente llana 気さくな人々. pueblo 〜 庶民. **4**《文法》最後から2番目の音節にアクセントがある (= grave, paroxítono) (↔agudo); 《詩》(韻文が)最後から2番目にアクセントのある語を行末にもつ. ― 男 平地, 平原 (= llanura).
[← [ラ] plānum (plānus の対格) (→ plano); 関連 llanura, allanar, planicie. [英] plain, plane]

lla·no·te, ta [ja.nó.te, -.ta‖ʎa.-] 形 気さくな, 親しみやすい; 率直な. [llano + 増大辞]

llan·que [jáŋ.ke‖ʎáŋ.-] / **llan·qui** [jáŋ.ki‖ʎáŋ.-] 男《ラ米》(ﾍﾟﾙｰ)サンダル, 草履(ｿﾞｳﾘ).

*****llan·ta**¹ [ján.ta‖ʎán.-] 囡 **1**(車輪の)リム, ホイールのタイヤをはめる部分;(荷車・馬車の車輪を傷みにくくするためめる)金輪. **2**《ラ米》(ｷ)《車》**タイヤ**. andar [estar] en 〜 タイヤがパンクしている. (2)《ｶﾞｱ》屋台[露店]の日よけ. (3)《ｱﾙｾﾞ》《俗》指輪. (4)《*墨》(ｶﾘ)《俗》(腰のまわりの)ぜい肉. (5)《*墨》ドーナツ. (6)《*墨》《複数で》結婚式の贈り物.

llan·ta² [ján.ta‖ʎán.-] 囡 **1**(特に苗床の)植物. **2**《植》ケールつ, キャベツの一種.

llan·tén [jan.tén‖ʎan.-] 男《植》オオバコ (= 〜 mayor). 〜 de agua サジオモダカ. 〜 menor ヘラオオバコ.

llan·te·ra [jan.té.ra‖ʎan.-] 囡《話》→ llantina.

llan·te·rí·a [jan.te.rí.a‖ʎan.-] 囡《ラ米》(1)《ｺﾛﾝﾋﾞｱ》タイヤ修理工場. (2)《ｷ》《話》一斉に泣き叫ぶこと.

llantén
(オオバコ)

llan·ti·na [jan.tí.na‖ʎan.-] 囡《話》激しくさんざん泣くこと, 大泣き. coger una 〜 泣きじゃくる.

*****llan·to** [ján.to‖ʎán.-] 男 **1** 泣き叫ぶこと, 号泣. (うめき声・嗚咽(ｵｴﾂ)を伴って)涙を流すこと; すすり泣き. anegarse [deshacerse] en 〜 泣きくずれる. prorrumpir [romper] en 〜 わっと泣き出す. **2** 涙; つらさ, 苦労. enjugar el 〜 de+人〈人〉の涙をぬぐう. **3**《文章語》哀悼; 葬送歌, 挽歌(ﾊﾞﾝｶ). *L〜 por la muerte de Ignacio Sánchez Mejías* 『イグナシオ・サンチェス・メヒアスを悼む歌』 (García Lorca の詩編).
[← [ラ] plānctum (plānctus の対格)「悲嘆, 号泣」(本来「打つこと」の意味. 悲しみ嘆くときに胸や顔を手で打つことから転義); 関連 plañir. [英] plain「不平を言う; 悲しむ」, complain「不平を言う」]

*****lla·nu·ra** [ja.nú.ra‖ʎa.-] 囡 **1** 平原, 平野. 〜 pampeana パンパ平原 (→ pampa). **2** 平坦(ﾍｲﾀﾝ)さ, 平らであること.

lla·pa [ja.pá‖ʎá.-] 囡《ラ米》(1)(ﾒｷｼｺ)(銀抽出用の)水銀. (2)《ｱﾙｾﾞ》(ﾎﾞﾘﾋﾞｱ)(ﾁ)景品, おまけ; チップ.

lla·par [ja.pár‖ʎa.-] 他《ラ米》(ﾒｷｼｺ)《話》おまけをする.

llar [jár‖ʎár] 男《スペイン》かまど (= fogón). ― 囡《複数で》(暖炉で釜などをつるすための)鉤(ｶｷﾞ)つき鎖, 自在鉤(ｶｷﾞ).

lla·re·ta [ja.ré.ta‖ʎa.-] 囡《ラ米》(1)(ﾁ)《植》(セリ科の)ラレティア. (2)(ｷ)(ﾎﾞﾘ)(燃料用の)リャマの糞(ﾌﾝ).

llau·to [jáu.to‖ʎáu.-] 男《ラ米》(ｺﾛﾝﾋﾞｱ)(ﾊﾟﾗｸﾞｱｲ)(ｷ)(先住民の多色織りの)ヘアバンド, 髪飾り.

*****lla·ve** [já.βe‖ʎá.-] 囡 **1** 鍵(ｶｷﾞ), キー. cerrar... con 〜 / echar la 〜 a... …に鍵をかける. bajo 〜 鍵をかけて. guardar... bajo siete 〜s …を厳重に保管する. duplicada 合鍵, スペアキー. 〜 maestra マスターキー. 〜 falsa 偽造の合鍵. 〜 de contacto《車》イグニッションキー. 〜 de oro (自治体が名誉として贈る)金の鍵. amo [ama] de 〜s ハウスキーパー.
関連 bocallave 鍵穴. cerradura 錠. cerrojo かんぬき. seguro (ノブ, 車のドアの)ロック[プッシュボタン]. tecla ピアノのキー[鍵盤].
2(調整用の)回転つまみ, 栓; (時計・玩具などの)調整ネジ; 《音楽》(管楽器の)弁, バルブ. abrir [cerrar] la 〜 del gas ガス栓を開ける[閉める]. girar la 〜 de la luz 電気のスイッチをひねる. 〜 de paso [del agua] 水道の元栓. 〜 de la pistola ピストルの引き金. dar vueltas a la 〜 ネジを回す.
3 スパナ, レンチ. 《車》ホイールナットレンチ. 〜 de dos bocas 両ロスパナ. 〜 de fontanero 配管用レンチ. 〜 ajustable 調整式レンチ. 〜 inglesa モンキーレンチ, 自在スパナ, パイプレンチ.
4 キーポイント; (解決の)糸口; (理解・解読の)第一歩, 手がかり (= clave). *La 〜 de la reunión de mañana será tu presentación.* 明日の会議の鍵は君の企画発表だからね. *La 〜 del aprendizaje del idioma está en seguir estudiando todos los días.* 語学習得の要は毎日勉強することにある.
5《スポ》(柔道などの)決め技, 固め技; (プロレスなどの)関節技. **6** 中括弧 ({ }). **7**《音楽》音部記号 (= clave). 〜 de sol ト音記号. **8**(短銃の)発射装置. **9**《医》(歯科用の)抜歯鉗子(ｶﾝｼ). **10**《ラ米》(1)(ｴｸｱ)(ｺﾞ)(ｼﾞ)(水道の)栓, 蛇口. (2)(ｷ)《複数で》《闘牛》牛の角. (3)《ｱﾙｾﾞ》(ﾎﾞﾘ)(ｳﾙｸﾞｱｲ)《話》友, 仲間. (4)《ｱﾙｾﾞ》梁(ﾊﾘ), 桁(ｹﾀ), 根太(ﾈﾀﾞ).
llave de luz《ラ米》(ｱﾙｾﾞ)スイッチ, 電源.
llave de mano(手を開いて)親指の先から小指の先までの長さ.

lleno

[←〔ラ〕*clāvem*(*clāvis* の対格)(→ clave), 関連 llavero, clavero, clavija. 〔英〕*clavier*「(楽器の)鍵盤」]

lla·ve·ro, ra [ja.βé.ro, -.ra ‖ ʎa.-] 男 鍵(を)番, 鍵の管理人. ── 男 キーホルダー.

lla·vín [ja.βín ‖ ʎa.-] 男 〔錠前・掛け金を外す〕小型の鍵(か). [llave＋縮小辞]

lle·co, ca [jé.ko, -.ka ‖ ʎé.-] 形 〈土地が〉未開墾の, 荒れた. ── 男 荒れ地, 未開墾地.

lle·ga·da [je.ɣá.ða ‖ ʎé.-] 女 **1 到着；到着便,〈季節などの〉到来. esperar la ～ del tren 電車の到着を待つ. hora de ～ 到着時刻. tablero de ～s y salidas(空港などの)発着案内表示板. con la ～ de la primavera 春の訪れと共に. **2** 《スポ》(競争種目の)ゴール. línea de ～ ゴールライン.

lle·ga·do, da [je.ɣá.ðo, -.ða ‖ ʎé.-] 形 **1** 到着した, 着いた. recién ～ 到着したばかりの, 新着の. **2** 《古語》(時間的・空間的に)やって来た人, 到着した人. los recién ～s 来たばかりの人々.

lle·ga·dor, do·ra [je.ɣa.ðór, -.ðó.ra ‖ ʎe.-] 形 《スポ》(サッカーなどで)終盤頑張る,(特に自転車選手が)終盤で加速できる.

── 男 女 《スポ》終盤で加速する[頑張る]選手.

lle·gar [je.ɣár ‖ ʎe.-] 自 103 **1 《a...》(場所)に着く, 到着する. ～ *al* destino 目的地に着く. ～ *a* casa 帰宅する. ～ *a* tiempo 間に合う. ～ tarde *al* trabajo 職場に遅刻する. Ellos *llegan* hoy *a* Japón. 彼らは今日日本に到着する.

2 やってくる, 実現する. ～ la noche 夜になる. ～ la paz 平和が実現する. Ya *llegó* la primavera. もう春になった. *Llegó* su vez. 彼[彼女](ら)の番がやってきた. *Llegará* un día en que se arrepienta. いつか彼[彼女]が後悔する日が来るだろう.

3 《a...》〈目標〉に届く；《…まで》持ちこたえる；十分にある. ～ *al* final 最後まで達する. ～ *a* los... años …歳になる. ～ *a* un acuerdo [una conclusión] 合意[結論]に達する. ～ *a* la fama 名声を得る. ～ *al* poder 権力を手中に収める. El niño no *llega al* tirador de la puerta. その子供はドアの取っ手に手が届かない. La escalera no *llega*. はしごが届かない. Sus palabras nos *llegaron al* corazón. 彼[彼女](ら)の言葉は私たちの心に届いた. Su salario anual no *llega a* veinte mil euros. 彼[彼女](ら)の年収は2万ユーロに届かない. Ese vestido *llega* por la rodilla. 彼の服はひざのあたりである. No *me llega* el dinero. 私にはお金が足りない(▶ me は a... に相当). Mi abuelo no *llegó al* otoño. 祖父は秋までもたなかった.

4 《a＋不定詞》《…する》に至る；ついに[ようやく]《…》する. ～ *a* conocer a＋人 〈人〉と知り合いになる. *Llegó a ser* el presidente. 彼は社長になった.

5 《ラ米》《a...》《…に》なる,《…の》地位につく. ～ *a* abogado [médico] 弁護士[医者]になる.

── 他 **1** 寄せ集める.

2 近寄せる；立てかける.

── ～·se 再 《a...》《…に》近づく；立ち寄る. *Llégate* a casa de Juan. フアンの家にちょっと行ってきてくれ. Otro día *me llegaré* por tu casa. そのうち君のところに遊びに行くよ.

¿A dónde quiere llegar? 彼[彼女]は結局のところ何をしたいのか[言いたいのか].

estar al llegar もうすぐ着く[来る].

¡Hasta ahí [aquí] podíamos [podríamos] llegar!(驚き)(拒絶)とんでもない, いくらなんでもひどすぎる.

llegar a más 出世する；《否定文で》これ以上できない.

llegar lejos 《主に未来形で》出世する, 大成する. Seguro que este jugador *llegará lejos*. この選手はきっと大物になるだろう.

[←〔俗ラ〕*plicare*「近づく」←〔ラ〕*applicāre*「そばへ置く, 寄せかける, 近づける」(→ aplicar); 関連〔英〕*apply*「当てる, 付ける；応用する」]

llegue(-) / llegué(-) 直 → llegar.

lle·na[1] [jé.na ‖ ʎé.-] 女 (川の)増水, 氾濫(はん).

lle·na[2] [jé.na ‖ ʎé.-] 形 → lleno.

lle·na[3] [jé.na ‖ ʎé.-] 直 → llenar.

lle·na·do [je.ná.ðo ‖ ʎe.-] 男 満たす[いっぱいにする]こと, 詰めること；充填(じゅう).

lle·na·dor, do·ra [je.na.ðór, -.ðó.ra ‖ ʎe.-] 形 《ラ米》(食物が)満腹にさせる. (2)《ラ米》《話》〈人が〉しつこい, わずらわしい.

lle·nar [je.nár ‖ ʎe.-] 他 **1 《de... / con...》《…で》〈場所・容器を〉いっぱいにする, 満たす；〈内容物が〉〈場所・容器を〉いっぱいにふさぐ. ～ *de* agua el tanque タンクを水で満たす. ～ el estadio *de* público スタジアムを観客でいっぱいにする. ～ la copa グラスに(酒を)つぐ. ～ una bolsa *con* caramelos 袋に飴(あめ)を詰める. El olor a asado *llenó* el jardín. 庭に焼き肉のにおいがたちこめた.

2 《de... / con...》《〈感情など〉で》〈人を〉満たす；《…が》〈人〉に浴びせる. Ese éxito *me llenó de* orgullo. その成功で私は誇らしい気持ちでいっぱいになった. *Llenamos al* profesor *de* preguntas. 私たちは先生を質問攻めにした.

3 〈空白・空き時間などを〉埋める；〈印刷物に〉記入する. ～ una ficha カードに記入する. ～ el calendario 日程を埋める. ～ un cargo vacante 欠員を補充する. ～ el hoyo 穴を埋める. *Llene* los blancos. 空欄を埋めてください.

4 〈人・気持ちを〉満足させる；〈条件などを〉満たす；〈人を〉満腹にする. ～ los requisitos 要件を満たす. Lo que más me *llena* es pintar. 私にいちばん充実感を与えてくれるのは絵を描くことです.

5 《ラ米》《話》(1)《ラ米》妊娠させる. (2)《ラプ》〈人を〉うんざりさせる, 怒らせる.

── 自 **1** 〈月が〉満ちる, 満月になる.

2 〈食べ物が〉満腹感を与える.

── ～·se 再 《de... / con... …で》 **1** いっぱいになる；まみれる. ～*se de* gente 人でいっぱいになる. ～*se de* alegría 喜びであふれる. ～*se de* manchas しみだらけになる. *Se le llenaron* los ojos *de* lágrimas. 彼[彼女]の目に涙があふれた.

2 《話》満腹する. *Me he llenado con* la carne. 私は肉でおなかがいっぱいになった. **3** 〈体の部位・身につけるものを〉いっぱいにする. El niño *se llenó* la boca *con* la pizza. 子供はピザをほおばった.

lle·na·zón [je.na.θón ‖ ʎe.- / -.són] 男 《ラ米》(だっ)満腹感；胃もたれ.

**lle·no, na [jé.no, -.na ‖ ʎé.-] 形 《名詞＋》《es-tar＋》

1 《de (主に〉無冠詞名詞)》《…で》いっぱいの, 《…に》満ちた, 《…》だらけの；満員の(↔vacío). con los ojos ～s *de* lágrimas 目に涙をためて. la casa *llena de* gente 人であふれかえる家. La vida *está llena de* sorpresas. 人生は驚くことばかりだ.

2 満腹の, 腹がいっぱいの. *Estoy* ～. もう食べられません. **3** 〈月・潮が〉満ちた. Es luna *llena*. 今夜は満月だ. noches de luna *llena* 満月の夜. **4** 《スペ

L

llenura 1208

イン》太りぎみの, ぽっちゃりした. **5** 異常のない. pulso ～ 正常な脈. **6**《ラ米》《ぽぞう》《話》べたっと塗った.
— 男 **1** 満員. Anoche hubo (un) ～ total [absoluto]. 昨晩は超満員だった.
2 満月. **3**〈海〉〈船体の〉中腹部.
— 活 → llenar.
de [en] lleno 完全に, もろに, いっぱいに. Varias empresas entran *de* ～ *en el sector*. いくつもの企業がその分野に全面参入する. dedicarse *de* ～ *a la literatura* もっぱら文学に専念する. La luz le da *de* ～ *en la cara*. 彼[彼女]の顔に光がもろにあたっている.
(estar) lleno hasta los topes あふれんばかりであり, ぎっしり詰まっている.
tener un lleno《話》うまくいく, 成功する.
[←〔ラ〕*plēnum (plēnus* の対格) (→ *pleno*) 【関連】llenar, plenario. 【英】*full* 「いっぱいの」*plenty*]

lle·nu·ra [je.nú.ra ‖ ʎe.-] 女 充満; 充実.

lle·ra [jé.ra ‖ ʎé.-] 女 砂[砂利]の多い土地.

lle·ta [je.ta ‖ ʎé.-] 女 新芽, 幼芽, 若枝.

lleu·dar [jeu.ðár ‖ ʎeu.-] 自 発酵する.
— 他《酵母菌・パン種で》発酵させる.

lle·va [jé.ḅa ‖ ʎé.-] 女 **1** 運搬; 携行. **2**〈荷物などに貼付〈ぷ〉されている受領証を兼ねた〉発送伝票.
— 活 → llevar.

lle·va·cuen·tos [je.ba.kwén.tos ‖ ʎe.-] 男 〈単複同形〉《ラ米》《疑》《話》うわさ好きな人.

lle·va·da [je.ḅá.ḍa ‖ ʎe.-] 女 → lleva **1**.

lle·va·de·ro, ra [je.ba.ḍé.ro, -.ra ‖ ʎe.-] 形 我慢[辛抱]できる, さほどつらくない; 着用[使用]に耐える. ～ *un calor* ～ 耐えられる暑さ.

lle·va·do, da [je.ḅá.ḍo, -.ḍa ‖ ʎe.-] 形《ラ米》《ぽ》《話》なれなれしい, ずうずうしい.

lle·va·dor, do·ra [je.ba.ḍór, -.ḍó.ra ‖ ʎe.-] 形 運ぶ, 運搬の. — 男 女 運ぶ人, 運搬人.

***llevar** [je.ḅár ‖ ʎe.-] 他 **1**《a... …に》運ぶ, 持って行く, 連れて行く. *Lleve* la maleta *a* la habitación, por favor. 部屋にスーツケースを運んでください. ¿Me *llevas a* casa? 私を家に連れていってくれますか. ► 再帰代名詞を伴って強調を表すことがある. → 再 **1**.

2《a... …に》導く, もたらす;《a+不定詞 …するように》しむける. ～ *consigo* ～ を (結果として) もたらす. ¿A dónde nos *lleva* este camino? この道はどこへ通じていますか. Estos datos me *llevan a concluir* lo siguiente. これらのデータから私は次のように結論付ける. Si se deja ～ usted por él, no saldrá bien el trabajo. 彼の言うなりになっていては仕事はうまく行きませんよ.

3〈内に〉含む, 含んでいる;〈名前などを〉持つ. Este plato *lleva* mucho aceite. この料理は脂っこい. ¿Qué título *lleva* el libro? その本の題名はなんですか. ¿Quién *lleva* la razón? 誰が理にかなっているのですか.

4〈衣類・装身具を〉身に着けている. ～ 《ひげなど》を生やす. ～ *luto* 喪に服している. Tienes que ～ *corbata* para ir a la reunión. 君は会合に行くにはネクタイを着用していなければいけません. ¿Quién es tu tío? — El que *lleva* barba. 君のおじさんはどれですか. — あごひげのある人です.

5〈乗り物を〉操る; ～ *muy bien el coche* 運転がうまい. ¿Quién *llevó* la barca hasta la orilla? 岸まで誰が船を漕〈こ〉いだのですか.

6〈事業などを〉運営する;〈任務を〉負う. ～ *una empresa* 企業を運営する. ～ *muy bien la casa* 家を上手に切り盛りする. ¿Cómo *llevas* tu investigación? 君の研究はどんな具合ですか.

7〈特に不快なことを〉乗り切る,〈病気・不運に〉耐える;〈面倒なものを〉うまく操る. ～ *la enfermedad con paciencia* 辛抱強く病気に耐える. Ella tiene mucho carácter, pero él sabe ～la. 彼女は個性が強いが, 彼はそれをうまく御している.

8〈時間を〉必要とする. La operación no *llevará* mucho tiempo. 手術はあまり手間取らないでしょう.

9 por... …に対して》〈お金を〉(代金として) 取る. Me *llevaron* diez euros *por* arreglarlo. その修理に10ユーロかかった.

10〈行程を〉行く, たどる. ～ *camino de...* …への道をたどる. ¿Qué dirección *llevamos*? どちらの方向へ行きましょうか.

11 (1)〈時間を〉過ごす. ～ *una vida tranquila* 平穏な人生を送る. ¿Cuánto tiempo *llevas* aquí? 君はここへ来てどのくらいになりますか. (2)《+現在分詞 …する》〈時間を〉過ごす. *Lleva* un mes *buscando* trabajo. 彼[彼女]は1か月仕事を探している.

12〈歩調・リズムなどを〉保つ. Él *lleva* el compás con palmadas. 彼は手を打って拍子をとっている.

13《+他動詞の過去分詞》…している[ある]. *Llevo preparada* la comida. 食事は用意してある. Ella *lleva puesta* una blusa de flores. 彼女は花柄のブラウスを着ている. ► 過去分詞は直接目的語に性数一致する. **14**《a... …より》〈量・程度を〉上回る. Yo le *llevo* ocho años. 私は彼女[彼]より8歳年上だ. Mi hermana menor me *lleva* una cabeza. 妹は私より頭ひとつ背が高い. **15**〈利益などを〉生む,〈実を〉結ぶ. bonos que *llevan* 5 por ciento de interés 5パーセントの利回りの債券. Este árbol no *lleva* fruto este año. この木は今年は実をつけない. **16** 切断する, 奪い去る. La bomba le *llevó* la pierna al niño. 爆弾によって子供の片脚が失われてしまった.

17〈数字を〉繰り上げる. ► 再帰代名詞を伴うことがある. → 再 **7**.

— 自 **1**《a... …に》通じる. el camino que *lleva a* Bogotá ボゴタへ通じる道.

2《+現在分詞・副詞およびその相当語句》〈…の行為・状態を〉(し) 続けている. *Llevo trabajando* aquí desde el abril. 私は4月からここで働いています. Mis padres *llevan in la capital* desde hace un año. 私の両親は1年前から首都で暮らしています.

— ～se 再 **1** 持ち去る, 連れ去る, 奪う; 盗む. ¿Dónde están los niños? — Su abuelo se los *llevó* al parque. 子供たちはどこですか. — おじいちゃんが公園に連れて行きました. Aquel trágico accidente se *llevó* a sus padres cuando tenía tres años. あの悲劇的な事故で彼[彼女]は3歳のときに両親を失った.

2 獲得する. *Se llevaron* el primer premio. 彼[彼女]らは一等賞をとった.

3《+ bien [mal] およびその相当語句》《con... と》馬が合う[合わない]. ¿Qué tal *te llevas con* tu nuevo compañero? 君は新しい仲間とはどんな具合かね. Él quiere dejar su trabajo porque no *se lleva bien con* su jefe. 彼は上司とうまくいかないので仕事を辞めたいと言っている. *Os lleváis* muy *bien*. 君たち本当にうまくやっていますね.

4〈感情を〉抱く. ～*se un buen susto* びっくりする. *Se llevó* una gran decepción. 彼[彼女]はひどく落ち込んだ. *Me llevé* una alegría. 私はとても喜せだった.

5 流行している. Este año *se llevarán* las botas.

今年はブーツがはやるだろう.
6《複数主語で》《(+年月を示す句…の)》差がある. Nosotros *nos llevamos diez años.* 私たちは10歳違いだ.
7《話》《数字を》繰り上げる. Siete y cinco son doce, y *te llevas* una. Una y dos, tres; y una que *te llevabas*, cuatro. En total, cuarenta y dos. 7+5は12で1繰り上がるでしょう. そして1+2が3, それからさっき繰り上がった1を足して4, 合計で42 (17+25の計算の例). ▶ 再帰代名詞を伴わず他動詞として用いる場合もある. → 他 **17**.
***llevar adelante** ...*《計画など》を推し進める,《事業》を運営する. Ellos *llevaron adelante* su proyecto. 彼らは自分たちの計画を推し進めた.
***llevar de cabeza** a+人《話》《人》にとって頭痛の種である.
***llevar de encuentro a**...《ラ米》《*》《話》《人》を出し抜く.
***llevar las de ganar [perder]** 有利[不利]である.
***llevarse por delante**...《話》…を破壊する, だめにする, 殺す.
***lleva y trae**《ラ米》《話》うわさ好きの人.
***no llevarlas todas con*SIGO** 疑う, 心配する.
[←《古スペイン》*levar*←《ラ》*levāre*《軽くする;持ち上げる;取り除く》(*levis*《軽い》より派生). [関連] levar, levantar, elevar. [英] *lever, elevate*]

llic·lla [ʝíʎ.ja ‖ ʎíʎ.-]〘名〙《ラ米》《改》《服飾》（先住民の女性がまとう）肩掛け.

lli·mo, ma [ʝí.mo, -.ma ‖ ʎí.-]〘形〙《ラ米》《丁》《話》耳の小さな；耳のない.

Lli·via [ʝí.bja ‖ ʎí.-]〘固名〙リィビア：フランスのピレネー・ゾリアンタ県にあるスペイン領の飛び地. 1659年のピレネー条約による.

llo·ca·lla [jo.ká.ja ‖ ʎo.-.ʎa]〘男〙《ラ米》《改》少年；若者.

lloi·ca [jói.ka ‖ ʎói.-]〘女〙《ラ米》《鳥》→ loica.

llo·que·na [jo.ké.na ‖ ʎo.-]〘女〙《ラ米》《改》（ティティカカ Titicaca 湖で漁に用いる）銛, 籤.

llo·ra[1] [jó.ra ‖ ʎó.-]〘女〙《ラ米》《改》通夜.

llo·ra[2] [jó.ra ‖ ʎó.-]〘活〙→ llorar.

llo·ra·de·ra [jo.ra.ðé.ra ‖ ʎo.-]〘女〙《ラ米》《改》→ llorera.

llo·ra·do, da [jo.rá.ðo, -.ða ‖ ʎo.-]〘形〙《死者の名に冠して》哀悼される, 惜しまれる, 今は亡き. el ~ García Lorca 亡きガルシア・ロルカ.
—〘男〙《コロンビア・ベネズエラにまたがる平野》リャノス Los Llanos の民謡.

llo·ra·due·los [jo.ra.ðwé.los ‖ ʎo.-]〘男〙《単複同形》《話》愚痴っぽい人, 泣き言を言う人.

llo·rar [jo.rár ‖ ʎo.-]〘自〙1**(1)《人が》**泣く, 涙を流す**. El niño empezó a ~ de miedo. 子供は怖がって泣き出した. No *llores* más, corazón. さあ, もう泣かないで.
(2)《涙》が出る. Tengo alergia al polen y en esta época me *lloran* los ojos sin parar. 私は花粉症で, この時期は涙が止まらない. ▶「目」を主語にする. 複数形が普通だが,「片目から涙が出る」と述べる場合は単数形で用いる. → Me *está llorando* este ojo. こっちの目から涙が出ている.
2〘自〙(1)《人》(a+人《人》に)泣きつく, 懇願する. No *me llores a* mí, que no pienso ayudarte. 助ける気なんてないんだから, 私に泣きついてくるのはやめて.
3《ラ米》(1)《丁》《話》よく似合う. (2)《テコパ》《ラブ》

全く似合わない, 釣り合わない.
—〘他〙**1**(1)《不幸・不運・災難などを》悲しむ, 嘆く. El pueblo entero *lloró* la desgracia de aquella familia. 村中の人々がその家族の不幸を悲しんだ. (2)《故人を》悼む. ~ a un compañero 仲間の死を悲しみ惜しむ. **2**《涙》を流す. ~ lágrimas amargas 苦い涙を流す[飲む].
llorar a lágrima viva / llorar a mares / llorar a moco tendido / llorar como una Magdalena おいおい泣く, 泣きじゃくる.
llorar con un ojo / llorar lágrimas de cocodrilo 空涙を流す
Quien [El que] no llora no mama.《諺》泣かなければ乳はもらえない（黙っていても希望はかなわない）.
romper a llorar わっと泣き出す.
[←《ラ》*plōrāre*; 関連 deplorar, implorar, llorón. [英] *deplore*「嘆き悲しむ」, *implore*]

llo·re·ra [jo.ré.ra ‖ ʎo.-]〘女〙《話》大泣き, わんわん泣くこと, 泣きわめくこと.

llo·re·tas [jo.ré.tas ‖ ʎo.-]〘男〙〘女〙《単複同形》《ラ米》《話》泣き虫.

llo·ri·ca [jo.rí.ka ‖ ʎo.-]〘男〙〘女〙《スペイン》《しばしば軽蔑》泣き虫；泣き言を言う人.

llo·ri·cón, co·na [jo.ri.kón, -.kó.na ‖ ʎo.-]〘形〙泣き虫の. → llorica.

llo·ri·que·ar [jo.ri.ke.ár ‖ ʎo.-]〘自〙すすり泣く, しくしく[ぐずぐず]泣く.

llo·ri·que·o [jo.ri.ké.o ‖ ʎo.-]〘男〙すすり泣き, しくしく泣くこと.

llo·ris·que·ar [jo.ris.ke.ár ‖ ʎo.-]〘自〙《ラ米》《ネジ》《改》→ lloriquear.

llo·ro [jó.ro ‖ ʎó.-]〘男〙**1** 泣くこと；涙.
2 泣き言, 嘆き, 不平；嘆願.
—〘活〙→ llorar.

llo·rón, ro·na [jo.rón, -.ró.na ‖ ʎo.-]〘形〙**1** 泣き虫の. Siempre que bebe mucho le da por las borracheras *lloronas*. たくさん飲むと彼[彼女]は必ず泣き上戸になる. **2**（すぐに）泣き言を言う, 愚痴ってばかりいる. **3** 涙まじりの, 泣いている（ような）.
—〘男〙〘女〙泣き虫, すぐに泣く人[子]；泣き言を言う人, 愚痴っぽい人. —〘男〙《帽子の》羽飾り.
—〘女〙**1**（葬儀に雇われる）泣き女. **2**《ラ米》(1)《複数で》《改》馬の拍車；(*)《改》（川岸で泣くと言われる）子を殺して身投げした女の亡霊. (3)《*》《俗》パトカー；消防車；サイレン.
sauce llorón〘植〙シダレヤナギ.

llo·ro·sa·men·te [jo.ró.sa.mén.te ‖ ʎo.-]〘副〙涙ながらに, 泣きながら, 悲しげに.

llo·ro·so, sa [jo.ró.so, -.sa ‖ ʎo.-]〘形〙**1** 泣きはらした, 涙ぐんだ, 泣きそうな. **2** 涙を誘う, 哀れな.

llo·ve·de·ra [jo.ße.ðé.ra ‖ ʎo.-]〘女〙《ラ米》《ペテ》長雨.

llo·ve·de·ro [jo.ße.ðé.ro ‖ ʎo.-]〘男〙《ラ米》《ペナマ》長雨.

llo·ve·di·zo, za [jo.ße.ðí.θo, -.θa ‖ ʎo.- / -.so, -.sa]〘形〙雨漏りのする. agua *llovediza* 雨水, 天水.

llo·ver [jo.ßér ‖ ʎo.-]〘[22]〙〘自〙1**《3人称単数・無主語で》**雨が降る**. ~ a cántaros [mares] どしゃ降りの雨が降る. Ha dejado de ~. 雨がやんだ. *Llueve* mucho afuera. 外は大雨だ.
2《比喩的に》《人・物などが》…に雨のように降り注ぐ, 大量に押し寄せる. Le *llovieron* las críticas. 彼[彼女]には山のような非難が浴びせられた. En este negocio el dinero *lloverá sobre* nosotros. この商売で私たちはたっぷりもうかるだろう.

llovida 1210

¡Como ahora llueve pepinos [uvas]!《ラ米》(ｺﾛﾝﾋﾞｱ)《話》《拒否・ありえないこと》ばかばかしい, そんなばかな.

haber llovido mucho《話》多くの時間が経過した；多くの変化があった. *Mucho ha llovido desde entonces.* あのとき以来ずいぶん時がたってしまった.

llover sobre mojado《話》泣きっ面に蜂である（＝ぬれているところにさらに雨が降る）. *Esa noticia no es nueva. Llueve sobre mojado.* その知らせは初めてではない. 悪い話は重なるものだ.

Nunca llueve a gusto de todos.《諺》全員に気に入る雨はない（すべての人に都合がいいということはない）.

[←《俗ラ》*plovere*←［ラ］*pluere*；関連 lluvia, lloviznar, chubasco]

llo·vi·da [jo.ßí.ða‖ʎo.-] 女《ラ米》(ﾒｼ.)雨, 雨降り.

llo·vi·do [jo.ßí.ðo‖ʎo.-] 男 密航者（＝polizón）.

llo·viz·na [jo.ßíθ.na‖ʎo.- /-ßís.-] 女 霧雨, こぬか雨.

llo·viz·nar [jo.ßiθ.nár‖ʎo.- /-ßis.-] 自《3人称単数を主語として》霧雨が降る.

llue·ca [jwé.ka‖ʎwé.-] 形《女性形のみ》《雌鶏が》卵を抱く, 抱卵期の. — 女 卵を抱いている雌鶏.

lluev- →*llover*.

Llull [lúl‖ʎúl] 固名 ルルス Ramón ～. → Lulio.

llu·qui [jú.ki‖ʎú.-] 形《ラ米》(ｴｸｱ)《話》左利きの.

llu·ve·ro [ju.ßé.ro‖ʎu.-] 男《ラ米》(ｱﾙｾﾞﾝ)シャワーヘッド, 散水口.

lluvia [jú.ßja‖ʎú.-] 女 ★★★ **1** 雨；降雨（量）. *caminar bajo la* ～ 雨の中を歩く. *los períodos de poca* ～ 雨量の少ない時期. *Se suspende en caso de* ～. 雨天中止. *Comenzó a caer una* ～ *fría.* 冷たい雨が降り始めた. — *torrencial* 豪雨. *agua (de)* ～ 雨水. *nube de* ～ 雨雲. ～ *ácida [radioactiva]* 酸性雨［放射能雨］. ～ *meona*《話》霧雨.

2《比喩的》*(de...)*（…の）雨, 大量の（…）. *provocar una* ～ *de reclamaciones* あらしのような抗議を巻き起こす. **3**《ラ米》(ﾁ)(ﾇﾗｸﾞ)シャワー.

lluvia de estrellas (1)《天文》流星群. (2)《ラ米》(ﾒｼ)青色の花をつける低木.

[←［ラ］*pluviam (pluvia* の対格) (*pluere* 「雨が降る」より派生)；関連 pluvioso. [スペイン][英] *pluvial*. [英] *pluvious*]

llu·vio·so, sa [ju.ßjó.so, -.sa‖ʎu.-] 形《季節・地域が》雨の多い, 雨がちの；雨期の.

lo¹ [lo] 冠《定冠詞中性形》★★★ **1** (＋形容詞・過去分詞・副詞)《…な》もの, こと；ところ；程度（▶抽象的な概念や漠然とした集合を指す）. *lo bueno* よいこと, 善. *lo malo* 悪いこと, 悪. *lo necesario* 必要なこと. *lo prohibido* 禁止されたこと, 禁止事項. *en lo alto de la montaña* 山の頂に. *a lo lejos* 遠くに. *según lo previsto por la ley* 法律の定めるところによれば. *hacer todo lo posible* できる限りのことをする, ベストをつくす. *Lo caro no siempre es bueno.* 高価なものがよいものとは限らない. *Gano lo justo para mantener a dos hijos.* 私はちょうどふたりの子供を養えるだけの稼ぎがある.

2 (＋所有形容詞後置形)《…の》もの；…にかかわること. *lo tuyo* 君のもの. *El baile es lo suyo.* 踊りは彼［彼女］(ら) のお得意だ. *Sólo me ocupo de lo mío.* 私は自分のことにしかかかわらない.

3 (＋比較表現)《最上級を示して》いちばん…なこと (もの). *lo mejor* 最良のもの, ベスト. *lo más importante* 最も重要なこと. **4**《de＋名詞》《相手に了解されている事物に言及して》…のこと, …の件. *lo de ayer* 昨日の件. *No te metas en lo de Luis.* ルイスのことにかかわってはいけないよ. **5**《＋名詞》《属性を取り出して》…であること, …らしさ. *En sus opiniones siempre sale lo mujer.* 彼女の意見にはいつも女性特有のものが顔を出す.

a lo＋形容詞・名詞 …のやり方で, …風に. *a lo loco* 狂ったように. *trabajar a lo bestia* 家畜のように働く. *a lo Einstein* アインシュタイン風に. *vestir a lo español* スペイン風に装う.

con lo (mucho) que... こんなに…なのに. *Con lo que yo he preparado la fiesta, todo ha salido fatal.* パーティーのためにこんなに準備したのに全て台無しになってた.

con lo＋形容詞・副詞 *que...* …なので；…であるのに（▶形容詞は que 以下の主語に性数一致する）. *Con lo absurda que es su postura, no tienes que hacerle caso.* 彼［彼女］の態度はばかげているので君は相手にする必要はないよ. *Con lo interesante que parece esta película, nadie quiere verla.* この映画はおもしろそうなのに誰も見ようとしない.

en [por] lo＋形容詞・副詞 …であることから, …である点で（▶形容詞は主語に性数一致する）. *Por lo arrugada parecía vieja.* しわのせいで彼女はとても老けて見えていた.

lo de...《ラ米》(ﾎﾟﾙ)(ﾇﾗｸﾞ)…の場所［家］.

lo＋形容詞・副詞 *que...* …が…であること；どんなに…であるか（▶形容詞は que 以下の主語に性数一致する）. *No sabes lo contenta que estoy.* あなたは私がどれだけうれしいかわからないでしょう. ▶ *lo* の後に mucho がくる場合には mucho が省略されることがある. —*Sabes lo que lo odio, ¿verdad?* 私が彼［彼女］をどれだけ嫌っているか君は知っているよね. *¡Lo que cuesta aprender un idioma!* 言葉を学ぶのはどれほど骨が折れることか.

todo lo＋形容詞 *que...* …と同じくらい…な. *No ha sido todo lo agradable que yo hubiera querido.* それは私が思っていたほど愉快ではなかった.

[→*el* 語源]

lo² [lo] 代名《人称》《3人称単数》★★★ ▶ ふつう動詞のすぐ前に置かれるが, 不定詞・現在分詞・肯定命令形とともに用いる場合はそれらの後に付ける.

1《直接目的語》《男性形》彼［あなた］を；《男性単数名詞を指して》それを. *Lo han despedido.* 彼は解雇された. *¿Dónde lo conociste?* 君は彼とどこで知り合ったのですか. ▶ スペインの一部の地域では, 人間の男性を指す場合には *le* が用いられる. →*le*.

2 (1)《直接目的語》《中性形》《漠然とした事物・事柄を指して》それを, そのことを. *Me gusta mucho este pastel.* — *Ya lo veo.* 私はこのケーキが大好きです. — そのようだね.

(2)《*ser*＋／*estar*＋／*parecer*＋》《形容詞・名詞を受けて》そう (である, みえる). *Su hermano es muy inteligente, pero ella no lo es tanto.* 彼女の兄［弟］はとても頭がいいが, 彼女はそれほどでもない. *Es muy amable, aunque no lo parezca.* 彼［彼女］はそうは見えないけれどとても親切です. ▶ 男性・女性, 単数・複数にかかわらず *lo* になる.

[*lo*（男性）←［ラ］*illum*, *lo*（中性）←*illud*；*la*←*illam*；*los*←*illōs*；*las*←*illās*；いずれも［ラ］*ille*「あれ, あの人」を基本形とする指示代名詞の対格形が起源；関連 *el*, *él*]

lo·a [ló.a] 女 **1**《格式》賞賛（＝elogio）. *cantar*

localidad

[hacer] *loa de*... …をほめたたえる, ほめそやす. **2** (16–17世紀の劇の) 前口上; 寸劇. **3** 頌詩(ﾋﾟ). **4** 《ラ米》(ﾌﾟｴ)(ｺﾞﾛ) 《話》叱りつけ, 叱責(ﾄﾞﾝ), 非難.

lo·a·ble [lo.á.ble] 形 賞賛すべき, 賞賛に値する.

lo·án¹ [lo.án] 男 ローン: フィリピンの面積の単位で, 279平方メートルに相当.

lo·án² [lo.án] 形 《ラ米》(ｺﾛ)(ｿﾌﾟ) 淡褐色.

lo·ar [lo.ár] 他 賞賛する, ほめたえる.

lob [loβ] 《英》男 《スポ》(テニス) ロブ.

lo·ba¹ [ló.βa] 女 **1** 【動】 → lobo 男 **1**. **2** (田畑の) 畝.

lo·ba² [ló.βa] 女 法衣, (学生の) ガウン.

lo·ba·do, da [lo.βá.ðo, -.ða] 形 **1** 【植】裂片がある. **2** 【解剖】 → lobulado.
— 男 【獣医】 (牛・馬などの) 疔(ﾁｮｳ) / 癰(ﾖｳ); 腋窩(ﾜｷ)あるいは肉毛の出来物.

lo·ba·gan·te [lo.βa.γán.te] 男 【動】 → bogavante.

lo·ba·ni·llo [lo.βa.ní.jo‖-.λo] 男 **1** 【医】 嚢胞(ﾉｳﾎｳ), 皮脂嚢腫(ﾉｳｼｭ). **2** 【植】 (樹皮の) こぶ.

lo·ba·to [lo.βá.to] 男 オオカミの子.

lob·by [ló.βi] 《英》男 [複 lobbies, ~s] **1** (ホテルなどの) ロビー, 玄関ホール.
2 (政治的・経済的) 圧力団体, 権威筋.

lo·be·ar [lo.βe.ár] 自 (オオカミのように) 獲物を追い, 待ち伏せする.

lo·bec·to·mí·a [lo.βek.to.mí.a] 女 【医】 (肺や脳などの) 葉切除[摘出] (術).

lo·be·lia [lo.βé.lja] 女 【植】 ロベリア; ロベリア・カーディナルス.

lo·be·ra [lo.βé.ra] 女 オオカミの隠れ家[すみか]; オオカミの生息する山.

lo·be·rí·a [lo.βe.rí.a] 女 **1** オオカミの群れ.
2 オオカミ狩り, オオカミ退治.

lo·be·ro, ra [lo.βé.ro, -.ra] 形 オオカミの. *piel lobera* オオカミの皮. — 男 女 オオカミ狩りの猟師. — 男 (物ごいに歩くの) 呪術師.

lo·bez·no [lo.βéθ.no / -.bés.-] 男 オオカミの子; 小さいオオカミ.

lo·bi·na [lo.βí.na] 女 【魚】 → lubina, róbalo.

lo·bi·to [lo.βí.to] 男 《ラ米》(1)(ｸﾞｱﾃ) 【動】小さなトカゲ. (2)(ｿﾌﾟ) 【動】カワウソ.

lo·bi·zón [lo.βi.θón / -.bis.-] 男 《ラ米》(ｱﾙｾﾞ) 7番目の息子: 民間伝承で月夜にオオカミに変身する能力が授けられていると言われている.

lo·bo [ló.βo] 男 【解剖】 (肺や脳の) 葉; 耳たぶ; 【植】裂片. ~ *frontal* 前頭葉.

*****lo·bo, ba** [ló.βo, -.ba] 形 《ラ米》(1)(ﾒﾋ) 《話》ずるい, 悪賢い. (2)(ﾒﾋ) 《話》新入りの, 新米の. (3)(ﾁ) 《話》人間嫌いの.
— 男 女 **1** 【動】 オオカミ. *caza de ~s* オオカミ狩り. *hombre muy [人抜け目のない]人*; 老獪(ﾛｳｶｲ)な人 ~ *de mar* 老練な船乗り. **3** 《ラ米》キツネ (= coyote).
— 男 **1** 【動】 ~ *cerval* オオヤマネコ. ~ *marino* オタリア; アシカ. **2** 【魚】 ドジョウの一種. **3** 《話》酔い, 酩酊. *coger [pillar] un ~* 酔っぱらう. **4** 綿打ち機. **5** (城壁の防具に用いた) 鉄の鉤(ｶｷﾞ). **6** 【魚】 ツノザメの一種. **7** [L-] 【星座】 おおかみ座. **8** 泥棒.

a paso de lobo 忍び足で.
boca de lobo 危険な場所.
estar como boca de lobo 真っ暗である.
lobo acuático 《ラ米》(ｿﾌﾟ) 【動】カワウソ.
lobo con piel de oveja 羊の皮を着たオオカミ, 偽善者.
lobo de mar 《ラ米》(ﾁ) 【動】アシカ.
lobos de una [la misma] camada 同じ穴の貉(ﾑｼﾞﾅ).
¡Menos lobos! そんなばかな, そんな大げさな, 大きく出たね.
meterse en la boca del lobo 進んで危険に身をさらす.
Un lobo no muerde a otro lobo. 《諺》悪人同士はけんかしない (← オオカミ同士は噛(ｶ)み合わない).
[← 〔ラ〕 *lupum* (*lupus* の対格). 関連 lupino. [ポルトガル] *lobo*. 〔仏〕 *loup*. 〔伊〕 *lupo*. 〔英〕 *wolf*, *Lupus* 「おおかみ座」. 〔独〕 *Wolf*]

lo·bo·to·mí·a [lo.βo.to.mí.a] 女 【医】 ロボトミー, 前頭葉白質切截術.

ló·bre·go, ga [ló.βre.γo, -.γa] 形 **1** 暗い, 陰気な; 気味の悪い. **2** ゆううつな, 悲しい.

lo·bre·gue·cer [lo.βre.γe.θér / -.sér] 34 他 暗くする; 陰気にする. — 自 暗くなる, 日が暮れる.

lo·bre·guez [lo.βre.γéθ / -.γés] / **lo·bre·gu·ra** [lo.βre.γú.ra] 女 [複 lobregueces / ~s] **1** 暗さ, 暗闇(ｸﾗﾔﾐ). **2** 憂鬱(ﾕｳｳﾂ). **3** ゆううつ, 陰気.

lo·bu·la·do, da [lo.βu.lá.ðo, -.ða] 形 【植】【解剖】小葉に分かれた, 裂片状の. *arco* ~ 【建】小葉状アーチ.

lo·bu·lar [lo.βu.lár] 形 **1** 【植】裂片 [小葉] の; 【解剖】葉の. **2** → lobulado.

ló·bu·lo [ló.βu.lo] 男 **1** 【植】 (クローバーなどの) 裂片, 小葉. **2** 耳たぶ (= ~ *de la oreja*). **3** 【解剖】葉. *del hígado [cerebro]* 肝[脳]葉. ~ *frontal* 前頭葉. ~ *hepático* 肝小葉. ~ *pulmonar [del pulmón]* 肺葉. **4** 【建】 (アーチなどの) 花弁状切れ込み (模様).

lo·bu·no, na [lo.βú.no, -.na] 形 オオカミの (ような).

loc. (略) → l. c.

lo·ca¹ [ló.ka] 女 《ラ米》(ﾁ) (1) 《俗》《軽蔑》売春婦, 娼婦(ｼｮｳ). (2) 《話》不機嫌, 膨れっ面. *darle [venirle] la ~ a...* …の機嫌を損なう.

lo·ca² [ló.ka] 女 【動】 → loco.

lo·ca·ción [lo.ka.θjón / -.sjón] 女 【法】 賃貸借 (契約).

lo·ca·dor, do·ra [lo.ka.ðór, -.ðó.ra] 男 女 《ラ米》(ﾒﾋ)(ﾁ)(ｳﾞｪﾈ)(ｺﾞﾛ) 【法】 貸主.

*****lo·cal** [lo.kál] 形 《名詞+》 **1** 地方の, その土地 (だけ) の, 地元の. *la Policía L~* 地元警察, 地方警察. *elecciones ~es* 地方選挙. *el equipo ~* 地元チーム. *a las 22:40 hora ~* 現地時間22時40分に. *color ~* 地方色, 郷土色. *costumbres ~es* その土地の習慣. *autoridades ~es* 地方の関係当局. *llamadas ~es* 市内通話.
2 局地の; 局部の, 局所的な. *una guerra ~* 局地戦. *con anestesia ~* 局部麻酔で.
— 男 **1** (建物内のある用途に当てられる) **場所**, 店舗などの占有部分, 部屋. ~ *comercial* 店舗. *el cierre del ~* 施設[店]の閉鎖. *alquilar un ~* ビルの一室を借りる. *desalojar el ~* 場所を明け渡す. ~ *público* 公共の場所. ~ *de copas* バー, ナイトクラブ. → *lugar* 類語.
2 本拠, 本部, 所在地. *el ~ de la Cámara de Comercio e Industria* 商工会議所の所在地. **3** 地元チーム. [← 〔ラ〕 *localem* (*locālis* の対格) 形 「ある場所の」 (*locus* 「場所」より派生). 関連 *lugar*. 〔英〕 *local* 「地方の」, *location* 「場所」]

*****lo·ca·li·dad** [lo.ka.li.ðáð] 女 **1** (人の住む場所としての) **土地**, 地域; 地元. *las comidas típicas de la ~* 地元の郷土料理. *en la ~ de...* …において.

En esta ～ hay muchos productos agrícolas. 当地は多くの農産物を有する. **2**（劇場・映画館・スポーツ観戦の）座席；指定席券, 入場切符. venta de ～es 入場券の販売[売り場]. Perdone, usted está sentado en mi ～. 失礼, あなたは私の席に座っていますよ. Es muy difícil conseguir ～es para la final de la Copa Mundial. ワールドカップ決勝戦の切符をとるのは非常に難しい.

venta de localidades
（入場券売り場）

lo.ca.lis.mo [lo.ka.lís.mo] 男 **1**（排他的な）郷土愛；地方主義. **2** 地方訛(ঠ)り. **3** 地方色. 地域性.

lo.ca.lis.ta [lo.ka.lís.ta] 形 **1** 地域的な, 一地方の. problemas ～s 地域問題. **2** 地方（主義）的な, 郷土愛的な, 地域偏重の. **3**（特に作家・芸術家が）地方色をふんだんに盛り込む.
―― 男 地域主義者[作家, 芸術家].

lo.ca.li.za.ble [lo.ka.li.θá.ble / -.sá.-] 形 局限できる；どこにいる[ある]のかわかる,（特定の場所に）見出しうる.

__lo.ca.li.za.ción__ [lo.ka.li.θa.θjón / -.sa.sjón] 女 **1**（特定の）場所, 位置.
2 所在の確認[特定]；場所[位置]の決定. la ～ del barco 船舶の位置の特定. **3** 局部[局地]化.

__lo.ca.li.zar__ [lo.ka.li.θár / -.sár] 97 他 **1** …の所在[位置]を特定[確認]する, 探し当てる, 見つけ出す. ～ un avión 飛行機の位置を突きとめる. No pude ～te en todo el día. 私は一日中君の居場所がつかめなかった. **2**（及ぶ範囲を）局限する, 局地化する, 地域を限定する. ～ una epidemia 伝染病（の流行）を食い止める. ～ un fuego [incendio] 火事（の延焼）を食い止める.
―― ～.se 再 一か所[局部]に限定される,（特定的に）ある[いる]. El dolor se me ha localizado en la espalda. 痛みは背中に集中した.

lo.cal.men.te [lo.kál.mén.te] 副 **1**（今話題になっている）場所の近くで. **2** 地元で, ある地方で. **3** 局所的に, 局部的に[で]. Aplique esta crema ～ para disminuir el dolor. 痛みを和らげるにはこのクリームを患部に塗ってください.

lo.ca.men.te [ló.ka.mén.te] 副 **1**（主に＋形容詞）ひどく…, とても…. ～ enamorado 心から恋し. **2** 一心不乱に.

lo.ca.ta.rio, ria [lo.ka.tá.rjo, -.rja] 形 貸借している, 借主の. ―― 男 女 借主, 借地[借家]人, 小作人.

lo.ca.tis [lo.ká.tis] 形（性数不変）[語] 正気でない, 無分別な. ―― 男 女（単複同形）[話] ちょっと頭のおかしい人, 気がふれた人（= chiflado）.

lo.ca.ti.vo, va [lo.ka.tí.bo, -.ba] 形 **1**【文法】所格の, 位格の, 地格の. **2**【法】賃貸借の.
―― 男【文法】所格, 位格, 地格（= caso ～）.

lo.ce.ri.a [lo.θe.rí.a / -.se.-] 女（ラ米）(ラプ)(ラテ)(ラプラタ)（集合的に）陶器；陶磁器店, 陶磁器工場.

lo.ce.ro, ra [lo.θé.ro, -.ra / -.sé.-] 男 女（ラ米）(ラプ)(ラテ)(ラプラタ)陶磁器職人, 陶工；陶磁器売りの人.

lo.cha [ló.tʃa] 女 **1**【魚】ドジョウ.

2（ラ米）(ラプ)[話] 面倒くささ.

lo.che¹ [ló.tʃe] 男 → **locha 1**.

lo.che² [ló.tʃe] 男（ラ米）(ラプ)【動】シカ（の一種）；（シカの毛色に似た）赤褐色.

lo.cho, cha [ló.tʃo, -.tʃa] 形（ラ米）(ラプ)赤い, 朱色の, 赤みを帯びた.

lo.ción [lo.θjón / -.sjón] 女 **1** 化粧水, ローション；外用水薬. ～ capilar ヘアローション. ～ facial 化粧水. ～ para después del afeitado アフターシェーブローション. darse una ～ ローションを塗る.
2【医】（患部への）ローション剤の塗布, ローション剤による洗浄[マッサージ],（注射の前の）アルコール[液薬]消毒.

lock-out [lo.káut] [英] 男[複 ～s] ロックアウト, 工場閉鎖.

__lo.co, ca__ [ló.ko, -.ka] 形 **1**（多くは名詞＋）(**estar**＋)（1）正気でない, 狂気の（↔cuerdo）. la enfermedad [el mal] de las vacas locas 狂牛病（牛海綿状脳症）（英 BSE）. El poder le vuelve ～. 権力が彼を狂わせている. ¿Me estaré volviendo loca? 私の気が変になっているって.（2）(**de...** …で) 気が変になりそうな, 正気でないような. una risa loca ヒステリックな笑い. Está loca de amor por él. 彼女は彼が好きでたまらない. ¡Me volvería loca de alegría!（もしそうなら）私は大喜びでしょう.
2(**estar**＋)(**por... / con...** …に)〈人が〉夢中になった, 熱狂した, のぼせ上がった. estar ～ con el niño 子供を溺愛(ਣಁઁ)している. Está [Se volvió] loca por él. 彼女は彼に夢中である[夢中になった]. Estaba loca por volver a ser diputada. 彼女は国会議員に返り咲きたい一心だった. Está ～ por que se lo compremos. 彼[彼女]はそれを買って欲しくてたまらない（▶ que のあとは接続法）.
3（＋名詞／名詞＋）途方もない, 常軌を逸した. un ～ deseo 途方もない望み. una loca carrera とでもないレース. amor ～ 盲目的な愛. una empresa loca 無謀な企て.
4（多くは名詞＋）[話]（いい意味で）とてつもない, すごい. un éxito ～ 大成功. tener una suerte loca ものすごくついている.
5（多くは名詞＋）目が回るほど忙しい, 非常に楽しい, はめをはずした. Hoy ha sido un día ～. 今日は猛烈に忙しい日[特別な日]だった.
6 野生の. avena loca 野生のカラスムギ.
7【機】〈計器が〉正常でない；〈機械が〉空回りする. la brújula loca 狂った羅針盤.
8（ラ米）(*ᵦ)[俗]（麻薬で）ラリっている.
―― 男 女 狂人, 気の変な人. Juana la Loca 狂女フアナ（1504-1555：カトリック両王 los Reyes Católicos の次女, Felipe el Hermoso の妃）. El ～ del pelo rojo 『赤毛の狂人』（日本語題名『炎の人ゴッホ』）. una casa de ～s [話] 精神科病院.（ラ米）（1）(*ᵦ)[俗] **1** ドル札.（2）(竹)【貝】アワビ.
a lo loco [話]（1）猛烈に, しゃにむに, 夢中で. Estaban bailando *a lo* ～. 彼らは夢中で踊っていた.（2）無分別に, めちゃくちゃに, ぞんざいに. hacer el trabajo *a lo* ～ いい加減な仕事をする.
Cada loco con su tema.〘諺〙誰でも自分の意見に固執するものだ. Hablar, hablaron todos, pero en un diálogo de sordos. *Cada* ～ *con su tema*. 話すことはみんなが話した. しかし, お互い人の意見には耳を貸さない[自分の意見を主張するだけだ].
como (un) loco [話]（1）（動作を強調して）ものすごく. Empezaron a gritar *como locas*. 彼女たち

は半狂乱になって叫びはじめた. **(2)**〘速さを強調して〙猛スピードで. *La gente rompió a correr como loca.* 人々は一目散に駆け出した.
Es para volverse ~. 頭がおかしくなるようなとだ. *Estar en un espacio cerrado mucho tiempo es para volverse* ~. 閉ざされた場所に長時間いるんるんで気が変になる.
hacer el loco〘話〙羽目をはずす, ばか騒ぎをする. *Mario, no hagas el* ~. *Te has saltado el semáforo.* マリオ, 無茶をしないで. 信号無視したわよ.
hacerse el loco〘話〙知らない [気づかない, 見ない] ふりをする. *Se hace la loca porque no quiere decirnos nada.* 彼女は我々に何も言いたくないものだから知らないふりをしている.
la loca de la casa〘文章語〙妄想.
loco de atar / loco de remate / loco como una cabra / loco perdido [rematado, furioso] ひどく頭の変な〖人〗. *Están* ~*s de atar.* / *Están* ~*s perdidos.* 彼らはまるで頭がおかしい.
loco lindo〘ラ米〙(ﾁﾘ)〘話〙はしゃぎ屋の, 楽天的な.
ni loco〘話〙決して (…しない). *Las mujeres no irían ni locas a esos sitios.* 女性たちはそんな所へは絶対行かないだろう.
¡no seas loco!〘話〙ばかなことをする [言う] な.
¡Qué loco!〘ラ米〙(*ﾒ*)うまいぞ, でかした.
unas ganas locas de [+不定詞 / *que*+接続法]〘話〙ものすごく…したい気持ち. *Todos tenían unas ganas locas de que nevase.* みんな雪が降って欲しくてたまらなかった. *A todos les entran unas ganas locas de cantar.* みんな歌いたくてたまらなくなる.
volver loco a +人〘話〙**(1)**〖人〗を夢中にさせる (=tener [traer] ~). *¿Qué vuelve ~s a los críos?* 何が子供たちを夢中にさせるのか. *La americana le está volviendo* ~ *a Felipe.* そのアメリカ女性にフェリペはぞっこんだ. **(2)**〖人〗を悩ます, うんざりさせる. *La niña me está volviendo* ~, *ya no aguanto más.* その子にはどんなに手を焼いたか, もう我慢できない.
[語源不明.〖関連〗*locura, enloquecer*]

lo·co·mo·ción [lo.ko.mo.θjón / -.sjón] 囡 **1** 移動, 輸送；交通. *gastos de* ~ 交通[輸送]手段. **2**〖生物〗移動, 移動.

lo·co·mo·tor, to·ra [lo.ko.mo.tór, -.tó.ra] 形 移動の, 運動の. ► 女性形は locomotriz が用いられることもある.
——囡 機関車. *locomotora eléctrica [de diesel, de vapor]* 電気[ディーゼル, 蒸気]機関車 (=*máquina*).
[←〖英〗*locomotive*;〖ラ〗*locus*「場所」+ *mōtus* (*movēre*「動かす」の完了分詞) +形容詞・名詞語尾「場所から場所へ移動すること」]

lo·co·mo·triz [lo.ko.mo.tríθ / -.trís] 形 [複 locomotrices] 〖女性形のみ〗移動[運動]の (=locomotora). *ataxia* ~〖医〗運動失調(症). *energía* ~ 運動エネルギー. *fuerza* ~ 推進[原動]力.

lo·co·mo·vi·ble [lo.ko.mo.bí.ble] 形 →locomóvil.

lo·co·mó·vil [lo.ko.mó.bil] 形 (特に重機が) (蒸気機関を搭載して)自走する, 自走式の；移動可能の.
——囡 蒸気式自走機関[重機], 移動式蒸気機関[発動機].

lo·co·te [lo.kó.te] 囲〘ラ米〙(ﾍﾞﾈ)〖植〗トウガラシ.

lo·co·to [lo.kó.to] 囲〘ラ米〙(ｱﾝﾃﾞｽ)〖植〗トウガラシ.

lo·cro [ló.kro] 囲〘ラ米〙(ｱﾝﾃﾞｽ)トウモロコシ・小麦・ジャガイモ・肉などを入れた煮込み料理.

lo·cua·ci·dad [lo.kwa.θi.dáđ / -.si.-] 囡 饒舌(ｼﾞｮｳｾﾞﾂ), 多弁, おしゃべり.

lo·cuaz [lo.kwáθ / -.kwás] 形 [複 locuaces] 多弁な, おしゃべりな, よくしゃべる.

lo·cu·ción [lo.ku.θjón / -.sjón] 囡 **1** 慣用的な言い回し, フレーズ；句. ~ *adverbial [adjetiva, conjuntiva, interjectiva, prepositiva]* 副詞[形容詞, 接続詞, 間投詞, 前置詞]句. **2** 話し方, 言葉遣い. **3** (テープなどに吹き込まれた)音声案内.

lo·cue·lo, la [lo.kwé.lo, -.la] 形〘話〙向こう見ずの, 軽はずみな. ——囡 やんちゃな子；おてんば娘. [*loco* + 縮小辞]

*lo·cu·ra [lo.kú.ra] 囡 **1** 狂気, 錯乱；愚行, たわ言. *acceso* [*ataque*] *de* ~ 狂気の発作. *Es una* ~ *viajar con tan poco dinero.* そんなわずかなお金で旅するなんてどうかしてるよ. *Ella siempre me molesta diciendo* ~*s.* 彼女はいつも愚にもつかぬことばかり言って私を困らせる.
2 (*por...* …への)熱愛, 熱中. *No puedes imaginarte su* ~ *por la pintura.* 彼[彼女](ら)の絵にかける情熱は君には想像も及ぶまい.
con locura (*querer* などの動詞と共に) 猛烈に. *Te quiero con* ~. 君を死ぬほど愛している.
de locura (規模が)途方もない. *Me han agasajado con un banquete de* ~. ものすごく盛大な宴会を催してもらった.
gastar una locura 大金を費やす.

lo·cu·tar [lo.ku.tár] 圓〘ラ米〙(ラジオで)話す.

*lo·cu·tor, to·ra [lo.ku.tór, -.tó.ra] 囲囡〖ラジオ〗〖TV〗アナウンサー, ニュースキャスター；(ショー・演芸などの)司会者.

lo·cu·to·rio [lo.ku.tó.rjo] 囲 **1** (修道院・刑務所の)面会室. **2** 電話ボックス[ブース](=*cabina telefónica*)；(公衆電話などを備えた)電話屋. **3** 〖ラジオ〗放送スタジオ.

lo·da·ce·ro [lo.đa.θé.ro / -.sé.-] 囲〘ラ米〙(ｱﾙｾﾞﾝ)ぬかるみ, 泥地.

lo·da·char [lo.đa.tʃár] 囲 →lodazal.

lo·da·zal [lo.đa.θál / -.sál] 囲 / **lo·da·zar** [lo.đa.θár / -.sár] 囲 ぬかるみ, 泥地.

lo·den [ló.đen] 囲 ローデン・コート (厚手で防水性のある毛織生地で作ったコート)；ローデン (その生地).

lo·do [ló.đo] 囲 **1** 泥 (=*barro, fango*). *baños de* ~ (リューマチなどの治療の)泥風呂(ﾌﾞﾛ).
2 不名誉, 悪評.
arrastrar... por el lodo / poner... [cubrir..., llenar...] de lodo〘比喩的〙…に泥を塗る, …を辱める.

lo·do·ñe·ro [lo.đo.ɲé.ro] 囲〖植〗ユウソウボク, グアヤカン.

lo·do·so, sa [lo.đó.so, -.sa] 形 泥だらけの, 泥まみれの.

lo·ess [ló.es] 囲〖地質〗黄土, レス.

loft [lóft] 囲〖英〗[複 ~s, ~] 屋根裏部屋, (倉庫などの)上階.

lo·ga [ló.ga] 囡〘ラ米〙**(1)**(ｸﾞｱﾃ)称賛. **(2)**(ﾁﾘ)物語詩.
echar una loga a+人〘ラ米〙(ｸﾞｱﾃ)〖人〗に小言を言う, しかる.

lo·ga·niá·ce·o, a [lo.ga.njá.θe.o, -.a / -.se.-] 形〖植〗マチン科の.
——囡〖植〗マチン科の植物；(複数で)マチン科.

lo·ga·rít·mi·co, ca [lo.ga.rít.mi.ko, -.ka] 形 〖数〗対数の. *tabla logarítmica* 対数表.

lo・ga・rit・mo [lo.ga.rít.mo] 男《数》対数. tabla de 〜s 対数表. 〜 decimal [vulgar] 常用対数. 〜 natural 自然対数. 〜 neperiano ネーピア対数.

lo・gia [ló.xja] 女《建》ロッジア：イタリア、ルネッサンス期の、広場や通りに面した柱廊. 2 (フリーメーソンの)支部, 集会(所). [←[伊]*loggia*]

-logia 「…学, 理論, 学説」の意を表す造語要素. ⇒ filo*logía*, psico*logía*. [←[ギ]]

ló・gi・ca・men・te [ló.xi.ka.mén.te] 副 論理的には；当然に. pensar 〜 論理的に考える.

**ló・gi・co, ca [ló.xi.ko, -.ka] 形 1 納得のいく, 当然の；《+不定詞 / que+接続法 …するのが》当たり前の. como es 〜 当然のことながら. Es 〜 que con un hombre tan egoísta no *quieras* casarte. あの勝手な男が相手では君が結婚したがらないのも無理はない.
2 論理的な, 理にかなった；論理学の；(人が)論理派の. juicio 〜 論理的な判断. razonamiento 〜 論理的な推論. positivismo 〜《哲》論理実証主義. circuito 〜《IT》論理回路. Este ajedrecista es un tipo muy 〜. このチェス棋士は詰将棋型だ.
— 男 論理学者.
— 女 1 論理学. 2 論理；筋道, 一貫性.
[←[ラ] *logicum* (logicus の対格) ← [ギ] *logikós* (*lógos*「言葉；議論；理性」より派生). 【関連】silogismo, diálogo, logaritmo. [英] *logic(al)*「論理(的な)」]

lo・gis・ta [lo.xís.ta] 男 女 (何かを実現するための)組織編成の専門家.

lo・gís・ti・co, ca [lo.xís.ti.ko, -.ka] 形 1《軍》兵站(へいたん)学《業務》の. 2 記号論理学の. — 男 女 記号論理学者. — 男《軍》兵站学者. — 女 1《軍》兵站学《業務》, (一般的に)戦略. 2《経》物流管理(システム), ロジスティクス. 3 記号論理学.

lo・go [ló.go] 男 (文字・絵などの)シンボルマーク；連字活字.

logo- 「言葉, 言語, 論議」の意を表す造語要素. ⇒ *logo*grama, *logo*tipo. [←[ギ]]

-logo 「…学者, 研究家, 専門家」または「言葉, 談話, 論議」の意を表す造語要素. ⇒ filó*logo*, monó*logo*. [←[ギ]]

lo・go・grí・fi・co, ca [lo.go.grí.fi.ko, -.ka] 形 不明瞭(めいりょう)な, 不可解な.

lo・go・grí・fo [lo.go.grí.fo] 男 1 文字によるなぞかけ：与えられた語の中の文字や音節を組み合わせて他の語を作る言葉遊び. 2 訳のわからない話.

lo・go・ma・quia [lo.go.má.kja] 女 言葉の上での論争, 揚げ足取りの言い争い；言葉に関する論争.

lo・go・pe・da [lo.go.pé.ða] 男 女 言語療法師[治療医].

lo・go・pe・dia [lo.go.pé.ðja] 女 言語医学, 言語治療.

lo・gos [ló.gos] 男《単複同形》 1《哲》ロゴス, 理性, 理法 (→ pathos). 2《聖》神のみことば, (三位一体の第二位の)キリスト (= verbo).

lo・go・ti・po [lo.go.tí.po] 男 1 ロゴ(マーク), 社章, (商標などの)シンボルマーク.
2《印》連字(活字), ロゴタイプ.

lo・gra・do, da [lo.grá.ðo, -.ða] 形《estar+》よくできた, うまくいった, 成功した.

**lo・grar [lo.grár] 他 1 得る, 獲得する. 〜 una victoria 勝利を得る. ¡Lo *logramos*! やったね.
2《+不定詞 / que+接続法》《…し》遂げる, どうにか《…》する. *Logró* ser médico. 彼は医者になることができた. *Logramos* que él *asistiera* a la reunión. 私たちは首尾よく彼に会合に出席してもらうことができた.
—— 〜・se 再 達成する. Me temo que no *se logre* la cosecha con esta tormenta. このあらしで収穫ができるか私は心配だ.
[←[ラ] *lucrārī*「もうける」；【関連】lucro, lucrativo. [英] *lucrative*「有利な」]

lo・gre・ar [lo.gre.ár] 自 暴利をむさぼる, 金貸し[高利貸し]をする；高利貸しと取り引きする.

lo・gre・rí・a [lo.gre.rí.a] 女 1 高利貸し.
2 暴利をむさぼること.

lo・gre・ro, ra [lo.gré.ro, -.ra] 男 女 1《まれ》《軽蔑》高利貸し. 2 たかり, 他人を食い物にする人. 3《ラ米》《話》寄食者, たかり屋；金の亡者.

*lo・gro [ló.gro] 男 1 獲得, 達成, 実現. 2 成功, 成果. el mayor 〜 最大の成果. 3 利益, もうけ. 4 暴利, 高利. prestar a 〜 高利で金を貸す.
—— 活 → lograr.

lo・gro・ñés, ñe・sa [lo.gro.ɲés, -.ɲé.sa] 形 (スペインの)ログローニョの.
—— 男 女 ログローニョの住民[出身者].

Lo・gro・ño [lo.gró.ɲo] 固名 ログローニョ：スペイン中北部, La Rioja 県の県都.

LOGSE [lóg.se] 女《略》Ley de Ordenación General del Sistema Educativo (スペインの)教育制度整備法.

loi・ca [lói.ka] 女《鳥》(南米産の)ムネアカマキバドリ.

loí・s・mo [lo.ís.mo] 男《文法》(1) ロイスモ：間接目的格人称代名詞3人称男性形の le, les の代わりに lo, los を誤用すること. ⇒ le doy とすべきところを lo doy とシリ. ◦ leísmo. [lo+-ismo] (2) スペインで直接目的格人称代名詞として le, les を使ってもよい場合に lo, los を使うこと. ⇒ Le vi ayer. を *Lo* vi ayer とシリ.

loí・s・ta [lo.ís.ta] 形《文法》ロイスモの, ロイスモを用いる. → loísmo. — 男 女 ロイスモを用いる人. ⇒ スペイン南部と中南米の人に多い.

lo・la [ló.la] 女 1《ラ米》(ダダ)《話》《複数で》女性の胸部, 胸. 2《話》月経, 生理.

Lo・la [ló.la] 固名 ロラ：(María) Dolores の愛称.

lo・lei [lo.léi] 男《ラ米》(チリ)《話》子供のような大人.

Lo・li [ló.li] 固名 ロリ：(María) Dolores の愛称.

lo・li・ta [lo.lí.ta] 女 性的魅力のある若い娘, 早熟な少女：ナボコフの小説 *Lolita* の登場人物名から.

Lo・li・ta [lo.lí.ta] 固名 ロリータ.
[Lola [Loli] +縮小辞]

lo・lo, la [ló.lo, -.la] 男 女《ラ米》(チリ)《話》若い；若者の, 青年の.

*lo・ma [ló.ma] 女 (なだらかに続く)丘, 小山 (= colina).
la *loma* del diablo《ラ米》(グアテ)《話》人里離れた所.

lo・ma・da [lo.má.ða] 女《ラ米》(コロ)(アル)(ラダ)(小さな)丘.

lom・bar・da¹ [lom.bár.ða] 女《植》赤キャベツ.

lom・bar・da² [lom.bár.ða] 女 射石砲, 石弓；(昔の)大砲.

lom・bar・de・ar [lom.bar.ðe.ár] 他 射石砲[大砲]で撃つ.

lom・bar・de・ro [lom.bar.ðé.ro] 男 射石砲手.

Lom・bar・dí・a [lom.bar.ðí.a] 固名 ロンバルディア：イタリア北部の州.

lom·bar·do, da¹ [lom.bár.ðo, -.ða] 形 ロンバルディアの；ロンバルド[ランゴバルド]人の.
— 男 女 ロンバルディアの住民[出身者]；ロンバルド[ランゴバルド]人.
— 男 **1** 金貸し，銀行家. ♦質屋にロンバルディア出身者が多かったことから. **2**《複数で》(古代ゲルマン民族の)ロンバルド[ランゴバルド]人. **3** ロンバルド語:イタリアの方言の一つ.

lom·bar·do, da² [lom.bár.ðo, -.ða] 形〈牛が〉胴体上部が他の部分より明るい色をした，栗(ǎ)色の毛の.

lom·bri·ci·da [lom.bri.θí.ða / -.sí.-] 形 ミミズ退治用の. — 男 ミミズ退治用農薬.

lom·bri·cien·to, ta [lom.bri.θjén.to, -.ta / -.sjén.-] 形《ラ米》寄生虫のわいた，回虫のいる.

lom·bri·gue·ra [lom.bri.ɣé.ra] 女 **1** ミミズの穴. **2**《話》ミミズのたくさんいる場所. **3** hierba ~《植》ヨモギギク.

lom·briz [lom.bríθ / -.brís] 女《複 lombrices》
1 ミミズ（= ~ de tierra). **2** 蟯虫(ﾖﾖ). ~ intestinal 回虫. ~ solitaria サナダムシ.

lo·me·ra [lo.mé.ra] 女 **1** (本の)背革，背クロス. **2**《馬》(鞍などの馬具を固定するための)背帯，尻がい. **3** (屋根の)大棟.

lo·me·rí·a [lo.me.rí.a] 女《ラ米》(ﾒｷ)(ﾁﾘ)丘の連なり.

lo·me·rí·o [lo.me.rí.o] 男《ラ米》(ﾒｷ)(ﾁﾘ) → lomería.

lo·me·ta [lo.mé.ta] 女 小さな丘.

lo·me·tón [lo.me.tón] 男《ラ米》(ﾒｷ)(ﾁﾘ)小高い所，小山.

lo·mi·lle·rí·a [lo.mi.je.rí.a ‖ -.ʎe.-] 女《ラ米》(ﾗﾌﾟ) **(1)** 馬具製造所，馬具店. **(2)**《集合的》馬具.

lo·mi·lle·ro [lo.mi.jé.ro ‖ -.ʎé.-] 男《ラ米》(ﾗﾌﾟ)馬具職人；馬具屋販売人.

lo·mi·llo [lo.mí.jo ‖ -.ʎo] 男 **1**《服飾》クロスステッチ，千鳥掛け. **2** 荷鞍(ﾆﾙ)の上部. **3**《複数で》(荷馬用)荷鞍下敷き. **4**《ラ米》(ﾌﾟｴﾙ)サーロイン，ヒレ肉.

lo·mi·to [lo.mí.to] 男《ラ米》(ﾌﾟｴﾙ)牛ヒレ肉，牛サーロイン.

‡**lo·mo** [ló.mo] 男 **1** (動物の)背. arquear el ~〈猫などが〉背を弓なりに曲げる. **2**《特に豚の》**背肉**, ロース. ~ embuchado (サラミに似た，塩コショウで味つけし生で食す)豚ロース肉の腸詰め. filete de ~ 豚の背肉のステーキ. → **carne**. **3**《話》《主に複数で》(人間の)腰. **4** (書物・刃物の)背. **5** (2つ折りの)折り山[目]；《農》畝；(山の)肩，尾根.
agachar [doblar] el lomo《話》必死に努力する[働く]；屈伏[服従]する.
a lomos de... …の背に乗って；…に積んで. *a ~s de burro.* ロバの背にまたがって.
pasar la mano por [sobre] el lomo a +人《話》〈人〉にお世辞を言う，〈人〉をおだてる.
sacudir el lomo a +人《話》〈人〉をひっぱたく，思いきりぶつ.
[← 古スペイン] *lombo*; [ラ] *lumbus*「腰」; 関連 lumbar, loma. [英] *(sir) loin*. [日]サーロイン.

lo·mu·do, da [lo.mú.ðo, -.ða] 形〈動物が〉背の広い.

lo·na [ló.na] 女 **1** 厚手の綿や麻の布，カンバス，ズック(地), 帆布. ~ de toldo 日よけの布. zapatos de ~ ズック靴. **2**《スポ》(ボクシング・格闘技の)マット. caer en la ~ マットに沈む. **3** (船の)帆. **4** テント，シート，(サーカスの)大テント. ciudad de ~ テント村.
besar la lona (ボクシングなどで)ノックアウトされる，敗北する.

lon·cha [lóŋ.tʃa] 女 **1** 薄切り，スライス. cortar en ~s 薄切りにする. una ~ de jamón ハムひと切れ. **2**《まれ》平石(ﾋﾗ).

lon·char [loŋ.tʃár] 自《ラ米》昼食[軽い食事]を取る. — 他《ラ米》昼食[軽食]として…を取る.

lon·che [lóŋ.tʃe] 男《ラ米》**(1)** (ｱｾﾞ)(午後の)おやつ. **(2)** (ﾍﾟﾙｰ)軽い食事. **(3)** 昼食.
[← 英 *lunch*]

lon·che·ar [loŋ.tʃe.ár] 他《ラ米》(ｱｾﾞ)→ lonchar.

lon·che·ra [loŋ.tʃe.ra] 女《ラ米》(ﾒｷｱｾﾞ)《話》弁当箱.

lon·che·rí·a [loŋ.tʃe.rí.a] 女《ラ米》軽食堂.

lon·che·ro, ra [loŋ.tʃé.ro, -.ra] 形《ラ米》(ﾒｷｱｾﾞ)軽食堂の.
— 男 女 軽食堂従業員，ウェイター，ウェイトレス.

lon·cho [lóŋ.tʃo] 男《ラ米》(ﾌﾟｴﾙ)《話》かけら，小片.

lón·di·ga [lón.di.ɣa] 女 → alhóndiga.

lon·di·nen·se [lon.di.nén.se] 形 ロンドンの.
— 男 女 ロンドンの住民[出身者].

Lon·dres [lón.dres] 固名 ロンドン:英国の首都. [← 仏 *Londres* ← 古英 *Lundres*; *Lundenne* (← ラ *Londīnium*; ケルト *londos*「野性の，未開の」より派生)の異形; 関連 [英] *London* (← 古英 *Lundenne*)]

lon·dri [lón.dri] 男《ラ米》洗濯屋，クリーニング店. [← 英 *laundry*; 関連 lavar]

lo·ne·ta [lo.né.ta] 女 **1** 薄手のカンバス[ズック地，帆布]. **2**《ラ米》木綿布；カンバス.

lon·ga·ni·mi·dad [loŋ.ga.ni.mi.ðáð] 女 **1** 忍耐，辛抱強さ. **2** 度量(の広さ)，寛容.

lon·gá·ni·mo, ma [loŋ.gá.ni.mo, -.ma] 形 辛抱強い，忍耐力のある；寛容な.

lon·ga·ni·za [loŋ.ga.ní.θa / -.sa] 女 **1** ソーセージ，細長い豚の腸詰め. **2**《比喩的》異常に長いもの. **3**《ラ米》(ﾁﾘ)一連(のもの).
Allí no atan los perros con longanizas. そこは問屋が卸さない.
Hay más días que longanizas. 急ぐことはない，日にちはたっぷりある.

lon·ge·vi·dad [loŋ.xe.βi.ðáð] 女 長生き，長命，長寿.

lon·ge·vo, va [loŋ.xé.βo, -.βa] 形 長生きの，長寿の；非常に高齢の.

lon·gin·cuo, cua [loŋ.xíŋ.kwo, -.kwa] 形 遠くの，離れた（= lejano).

‡**lon·gi·tud** [loŋ.xi.túð] 女 **1** 長さ，縦幅. un puente que tiene treinta metros de ~ y diez metros de anchura 長さ30メートル幅10メートルの橋. salto de ~ 走り幅跳び. onda de ~《物理》波長. ¿Qué ~ tiene esta pista de aterrizaje? この滑走路の長さはどれだけかな.
2《地理》経線，経度(▶ 緯度は latitud, 本初子午線は meridiano de origen). sesenta grados de ~ este [oeste] 東経[西経] 60度. **3**《天文》黄経.
[← ラ *longitūdinem* (*longitūdō* の対格); *longus*「長い」(→ luengo) より派生; largo の項参照; 関連 prolongar. [英] *long*「長い」, *longitude*「経度」]

lon·gi·tu·di·nal [loŋ.xi.tu.ði.nál] 形 **1** 縦の. **2** 経度の[経線の]，黄経の.

lon·gi·tu·di·nal·men·te [loŋ.xi.tu.ði.nál.mén.te] 副 縦に.

lon·go, ga [lóŋ.go, -.ga] 男 女《ラ米》(ｴｸｱ)(先住民

の)若者,娘.

lon·go·bar·do, da [loŋ.go.bár.ðo, -.ða] 形 女 →lombardo, da¹.

lon·gui [lóŋ.gi] / **lon·guis** [lóŋ.gis] 男 *hacerse el longui* (s)(話)知らないで気づかないふりをする,しらばくれる. *Se hace el ～ a la hora de pagar la bebida.* 彼[彼女]は飲み代を払う段になるといつも知らん顔をする.

lon·ja¹ [lóŋ.xa] 女 **1** (まれ)薄切り,スライス,切り身(=loncha). *una ～ de jamón* ひと切れのハム. *cortar en ～s el jamón* ハムをスライスする. **2** (馬車用の)革ひも. **3** (ラ米)(革の)鞭(ぎ). *sacarle (a+人)~s* (皮膚が引き裂けるほど)鞭打つ.

lon·ja² [lóŋ.xa] 女 **1** (卸売)市場. **2** 羊毛貯蔵庫. **3** (まれ)(カカオ・砂糖を主に扱う)食品店. **4** 【建】(教会などの)前廊,ホール前庭. **5** 【史】商品取引所. ♦初め14-16世紀アラゴン王国に設けられ,穀物取引のほか,傭船(益),海事保険も扱った.

lon·je·ar [loŋ.xe.ár] 他 **1** 保管する. **2** (ラ米)(ララ)(革を)ひも状に切る. **3** 激しく鞭(ぎ)で打つ. **──～·se** 再 (ラ米)(ララ)ひも状に裂ける;皮がむける.

lon·je·ta [loŋ.xé.ta] 女 (庭園の)あずまや.

lon·jis·ta [loŋ.xís.ta] 共 食料雑貨店主,(カカオ・砂糖を売る)食品店主.

lon·ta·nan·za [lon.ta.nán.θa / -.sa] 女 【美】**1** 遠景,背景. **2** 遠さ,遠方;はずれ. *en lontananza* 遠くに,はるか彼方に.

look [lúk] 〔英〕 男 (人の)容姿,外見,スタイル.

loop·ing [lú.piŋ] 〔英〕 男 《複～s》**1** (アクロバット飛行などの)宙返り. **2** (宙返りコースターの)円軌道,ループ. **3** (高速道路の)インターチェンジ.

lo·or [lo.ór] 男 **1** 〔文章語〕賞賛,賛辞,(高い)評価. *en ～ de...* …をほめて[称えて],賞賛して. *decir ~es de...* …をほめそやす,…に賛辞を送る. **2** 讃歌.賛美の詩. *en loor de multitudes* 集まった人の拍手やかっさいを浴びて.

Lo·pe de Ve·ga [ló.pe ðe βé.ɡa] 固名 ロペ・デ・ベガ *Félix ～ y Carpio* (1562-1635):スペインの詩人・劇作家,黄金世紀 *Siglo de Oro* の国民演劇コメディアの創始者.

lo·pes·co, ca [lo.pés.ko, -.ka] 形 ロペ・デ・ベガの,ロペ・デ・ベガ風の.

Ló·pez [ló.peθ / -.pes] 固名 ロペス:姓. *Esos son otros López.*《話》それは別のことだ. [*Lope* (個人名)←〔古スペイン〕*Lopo*←〔ラ〕*Lupus*; *lupus*「狼」より派生)++ez「…の子」]

Ló·pez Ve·lar·de [ló.peθ βe.lár.ðe / -.pes -] 固名 ロペス・ベラルデ *Ramón ～* (1888-1921):メキシコの詩人. →posmodernismo.

lo·pis·ta [lo.pís.ta] 〖 ロペ・デ・ベガ(研究)の. **──** 男 女 ロペ・デ・ベガ研究者.

lo·que·ar [lo.ke.ár] 自 **1** ばかげたことをする[言う]. **2** ばか騒ぎをする,はめをはずす.

lo·que·o [lo.ké.o] 男 (ラ米)(ララ)(話)大騒ぎ,ばか騒ぎ.

lo·que·ras [lo.ké.ras] 形 〈性数不変〉(話)無分別な,軽率な. **──** 男 女 《単複同形》思慮に欠ける人,無鉄砲な人.

lo·que·rí·a [lo.ke.rí.a] 女 (ラ米)(ララ)(ごう)精神科病院.

lo·que·ro, ra [lo.ké.ro, -.ra] 男 女 (話)精神科病院の看護師. **──** 男 **1** 精神科病院. **2** (ラ米)(ララ)(話)お祭り騒ぎ,大騒ぎ. **──** 男 (ラ米)狂気.

lo·ques·co, ca [lo.kés.ko, -.ka] 形 **1** 気が変になったような,無分別な. **2** ひょうきんな,冗談好きな.

lo·qui·na [lo.kí.na] 女 (ラ米)(ララ)(話)(常識では考えられない)とんでもない行動.

lo·quin·cho, cha [lo.kín.tʃo, -.tʃa] 形 (ラ米)(ララ)(話)頭のおかしい人,変人.

lo·quios [ló.kjos] 男 《複数形》【医】悪露(ぎ):産褥(だよ)期に子宮や膣から排泄される分泌物.

lo·ra [ló.ra] 女 **1** (ラ米)【鳥】(ぎ)(雌の)オウム. **2** (ラ米)(1)(ララ)醜い女;おしゃべりな女. (2) (ぎり)(ララ)(ごう)(ごう)腫物(ぎ);ただれ.

lo·ran·tá·ce·o, a [lo.ran.tá.θe.o, -.a / -.se.-] 形 【植】ヤドリギ科の,【植】ヤドリギ科の植物;《複数で》【植】ヤドリギ科.

Lor·ca [lór.ka] 固名 →García Lorca.

*****lord** [lór] 〔英〕 男 《複 *lores*》卿(ぎょう)(▶ 英国での敬称);貴族,上院議員;長官,大臣. *el primer ～ del Almirantazgo* (英国の)海軍大臣. *Cámara de los Lores* (英国の)上院. *L～ mayor* (ロンドンなど大都市の)市長.

lor·do·sis [lor.ðó.sis] 女 《単複同形》【医】脊柱(ぎちゅう)前弯(症).

lo·re·a [lo.ré.a] 女 (ラ米)(ぎ)(話)見ること.

lo·re·ar [lo.re.ár] 他 (ラ米)(ぎ)(話)見る.

Lo·ren [ló.ren] 固名 ロレン:Lorenzo の愛称.

Lo·ren·zo [lo.rén.θo / -.so] 固名 ロレンソ:男子の洗礼名. 愛称 Lalo, Loren. [←〔後ラ〕*Laurentius*←〔ラ〕「(ローマの南にある町)*Laurentum* の(男)」;関連 〔ポルトガル〕*Lourenço*. 〔仏〕*Laurent*. 〔伊〕*Lorenzo*. 〔英〕*Laurence, Lawrence*. 〔独〕*Lorenz*]

lo·res [ló.res] lord の複数形.

lo·ri·ga [lo.rí.ɡa] 女 **1** (中世の)長い鎖帷子(くさりかたびら)(札(ゑ)を連ねた)胴よろい. **2** 馬よろい. **3** (車輪保護用の)金輪.

lo·ri·ga·do, da [lo.ri.ɡá.ðo, -.ða] 形 鎖帷子(くさりかたびら)を着た;馬甲をつけた. **──** 男 女 鎖帷子(胴よろい)を着た兵士.

lo·ri·guí·llo [lo.ri.ɣí.jo ‖ -.ʎo -] 男 【植】ヨウシュジンチョウゲ.

*****lo·ro** [ló.ro] 男 **1** 【鳥】オウム,インコ;オウム目の鳥. *～ macho* [*hembra*] 雄[雌]のオウム. **2** (くだらないことばかり話す)おしゃべりな人. *Esa vecina es un ～.* その近所の女はおしゃべりだ. **3** (話)不細工な人,格好を している人(▶ 特に女性について言うことが多い). **4** (話)トランジスタラジオ,ラジカセ. **5** (話)(1)(ララ)漫瓶(ぎ),拷瓶;《複数形で》鼻(水). (2) (ぎ)スパイ;(盗賊の)見張り役. (3) (ざざ)かみそり. *al loro* (話)おい,ほら,こらこら. *estar al loro* (話)事情に通じている,よく知っている;に注意を怠らない.

loro (オウム)

lo·ro, ra [ló.ro, -.ra] 形 (皮膚の色が)黒褐色の,黒ずんだ. **──** 男【植】→lauroceraso.

lor·quia·no, na [lor.kjá.no, -.na] 形 ロルカ García Lorca の,ロルカ風の.

lor·za [lór.θa / -.sa] 女 **1** 【服飾】折り返し(仕立て),(すその)上げ. **2** (話)(二段腹・二重あごなどの)肉のたるみ.

*****los**¹ [los] 冠 《定冠詞》《男性複数形》→**el**.

*******los**² [los] 代 《人称》**1** 《3人称複数,男性形》《直接目的語》彼ら[あなた方]を;《男性複数名詞を指して》それらを. *Los recibieron como huéspedes.* 彼らは客として迎えられた. *Yo los mi-*

ré, pero ellos no me hicieron caso. 私は彼らを見たのだけど，彼らは私を無視した．▶ ふつう動詞のすぐ前に置かれるが，不定詞・現在分詞・肯定命令形とともに用いる場合はそれらの後に付ける．

lo·sa [ló.sa] 囡 **1** 板石；敷石；タイル．**2** (平らな) 墓石 (= ~ sepulcral). estar bajo la ~ 死んでいる．Yo soy una ~. おれは口が裂けても言わないぞ．**3** (心の) 重荷，負い目，負担；苦悩，苦痛．tener una ~ encima 苦悩している，気が重い．**4** (ネズミ・鳥などを捕らえるための) 落とし穴，わな．
echar [poner] una losa encima 秘密にする．

lo·sa·do [lo.sá.ðo] 男 石畳，石[タイル張り]の舗装．

lo·san·ge [lo.sán.xe] 男 〖紋〗菱(ひし)形の図形 [装飾模様].

lo·sar [lo.sár] 他 敷石で舗装する；タイル[平石]を敷く．

lo·se·ta [lo.sé.ta] 囡 **1** 小敷石；(床用の) タイル．**2** 落とし穴，わな．[losa + 縮小辞]

Lot [lót] 固名 〖聖〗ロト：Abrahán の甥(おい)．彼の妻は ソドム Sodoma から逃れるとき，約束を破って後ろを振り返ったため塩の柱にされた．2 人の娘との近親相姦でも知られる〖創世記 13: 1-12, 19〗．

lo·ta [ló.ta] 囡 **1** 〖魚〗カワメンタイ：タラ科の淡水魚．**2** 競りにかけられる魚のひとまとまり；競り会場．

lo·te[1] [ló.te] 男 **1** 分け前，取り分，割り当て．~ de herencia 遺産の取り分．**2** ひと組，ひと山，ひと口；組，ロット．Me regalaron un ~ de platos. 私は皿を一式プレゼントされた．**3** (土地の) 一区画，分譲地，敷地．**4** 当たりくじ．**5** 〖遊〗(トランプ) 得点札，持ち点．
darse [meterse, pegarse] el lote 《俗》いちゃちゃする，やたらとキスし体をまさぐり合う．
darse un lote de comer 《話》たらふく食う．
un lote (de...) たくさん(の…)．

lo·te[2] [ló.te] 男 〖ラ米〗(ゴミ) 《俗》ばか，でくの坊．

lo·te·ar [lo.te.ár] 他 〖ラ米〗(チ)(スチ)(コ) (土地を) 割りふる．

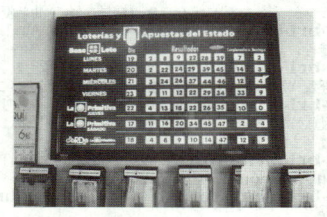

＊**lo·te·rí·a** [lo.te.rí.a] 囡 **1** 宝くじ．~ nacional 国営宝くじ．~ primitiva 6 つの数字を合わせるスペインの国営宝くじ．Juega a la ~ cada semana. 彼[彼女]は毎週宝くじを買う．
2 宝くじの売店．**3** 〖遊〗ビンゴ (= bingo).
4 運まかせのもの．Comprar coches de ocasión es una ~. 中古車を買うのは宝くじを引くようなものだ．**5** 当たりくじ．〖比喩的に〗幸運．
caerle [tocarle] (a +) la lotería 〈人に〉宝くじが当たる；運がいい，ついている (▶ 皮肉としても用いられる).
[← 〖仏〗*loterie* ←〖中オランダ〗*loterije* (*lot*「運命，くじ」より派生) 関連 〖英〗*lottery*]

lo·te·ro, ra [lo.té.ro, -.ra] 男囡 宝くじ売り．

lo·ti [ló.ti] 男〖複 maloti〗ロチ：レソトの貨幣単位．

lo·ti·fi·car [lo.ti.fi.kár] 他 〖ラ米〗(メシ)(ラス)(ラス) → lotear.

lo·ti·for·me [lo.ti.fór.me] 形 ハスの花状の．

lo·ti·zar [lo.ti.θár / -.sár] 97 他 〖ラ米〗(ラス) → lotear.

lo·to [ló.to] 男 **1** 〖植〗スイレン[ハス] (の花・実)．
2 〖ギ神〗ロトス：その実を食べると憂き世の苦しみを忘れるという．→ lotófago．——囡《スペイン》《話》ロト (くじ) (= lotería primitiva).

lo·tó·fa·go, ga [lo.tó.fa.go, -.ga] 形 ロトパゴスの．——男囡 ロトパゴス，酔生夢死の徒．♦Homero の『オデュッセイア』中で，ロトス loto の実を食べて安逸に暮らしていた人たち．

Loui·sia·na [lwi.sjá.na] 固名 ルイジアナ：米国南部の州．[←〖仏〗*Louisiane*; *Louis* (国王名) より造語；この地が仏領であった 17 世紀に国王ルイ 14 世にちなんで命名]

lounge [láunʧ] 〖英〗形 〈音楽が〉ゆっくりした，静かな．——男〖複 ~s, ~〗**1** ラウンジ．**2** ゆっくりしたテンポの音楽．

Lour·des [lúr.ðes] 固名 **1** ルルデス：女子の洗礼名．**2** ルルド：フランス南部の地名．Virgen de ~ ルルドの聖母．

Lo·vai·na [lo.bái.na] 固名 ルーベン，ルーバン：ベルギー中部の都市．

lo·xo·dro·mia [lok.so.ðró.mja] 囡 〖海〗航程線．

lo·za [ló.θa / -.sa] 囡 **1** 陶土．**2** 《集合的》陶磁器，陶器．fregar la ~ 皿洗いをする．

lo·za·na·men·te [lo.θá.na.mén.te / -.sá.-] 副 青々と；はつらつと．

lo·za·ne·ar [lo.θa.ne.ár / -.sa.-] 自 **1** 〈人が〉元気いっぱいである，はつらつとしている；活力を得る．
2 〈草木が〉繁茂する，青々と茂る．
3 横柄[生意気]に振る舞う．

lo·za·ní·a [lo.θa.ní.a / -.sa.-] 囡 **1** 生気，みずみずしさ，若々しい[はつらつとした]様子．la ~ de la tez 顔の色つやのよさ．**2** (植物の) 繁茂，青々としたさま．
3 隆盛；(まれ) 傲慢(ごうまん)さ，横柄．

lo·za·no, na [lo.θá.no, -.na / -.sá.-] 形 **1** 〈草木が〉青々と茂った；〈果物・野菜・花などが〉みずみずしい．
2 若々しい，はつらつとした；元気[健康]そうな．

Lr 〖化〗laurencio ローレンシウム．

LRU [e.le.(e.)r̃e.ú] 囡 〖略〗*L*ey de *R*eforma *U*niversitaria 大学改革法．

LSD [e.le.(e.)se.ðé] 男 〖略〗〖薬〗*l*ysergic *a*cid *d*iethylamide 〖英〗(幻覚剤) エルエスディー (= dietilamida del ácido lisérgico).

Lu 〖化〗lutecio ルテチウム．

lu·bi·gan·te [lu.bi.gán.te] 男 〖動〗→ bogavante.

lu·bi·na [lu.bí.na] 囡 〖魚〗(ヨーロッパ・アフリカ北部産の) スズキ：スズキ科の魚．

lu·bri·ca·ción [lu.bri.ka.θjón / -.sjón] 囡 潤滑；滑らかにすること，注油．

lu·bri·ca·dor, do·ra [lu.bri.ka.ðór, -.ðó.ra] 形 潤滑性の，注油する．aceite ~ 潤滑油．
——男 潤滑装置；注油器．

lu·bri·cán [lu.bri.kán] 男 あけぼの；たそがれ．

lu·bri·can·te [lu.bri.kán.te] 形 潤滑性の，滑りをよくする．
——男 潤滑油 (= aceite ~)；機械油，潤滑剤．

lu·bri·car [lu.bri.kár] 102 他 **1** 滑りをよくする，つ

lu·bri·ca·ti·vo, va [lu.bri.ka.tí.βo, -.βa] 形 潤滑性の, 滑りをよくする.

lu·bri·ci·dad [lu.bri.θi.ðáð / -.sí.-] 女 1 みだら, 淫乱(%%), 卑猥(%%)(さ). 2 潤滑性, 滑りがよいこと.

lú·bri·co, ca [lú.bri.ko, -.ka] 形 1 みだらな, 淫乱(%%)な, 卑猥(%%)な; 《性的に》挑発[刺激]的な. 2 《まれ》滑りのよい, 潤滑性の.

lu·bri·fi·ca·ción [lu.bri.fi.ka.θjón / -.sjón] 女 → lubricación.

lu·bri·fi·can·te [lu.bri.fi.kán.te] 形 → lubricante.

lu·bri·fi·car [lu.bri.fi.kár] 他 → lubricar.

Lu·ca·no [lu.ká.no] 固名 ルカヌス Marco Anneo ～ (39-65): Córdoba 生まれのローマの詩人. Séneca の甥(☆).

lu·cas [lú.kas] 形《性数不変》《ラ米》(^{メキ})《話》狂気の, 狂気じみた.

Lu·cas [lú.kas] 固名 1 《聖》San ～ 聖ルカ: キリストの弟子.『ルカによる福音書』『使徒言行録』の著者. 2 ルカ: 男子の洗礼名. [←〔ラ〕 *Lūcās* ←〔ギ〕 *Loukâs*; 関連〔ポルトガル〕 *Lucas*. 〔仏〕 *Luc*. 〔伊〕 *Luca*. 〔英〕 *Luke*. 〔独〕 *Lukas*]

Lu·ca·yas [lu.ká.jas] 固名《複数形》バハマ諸島の別名: 征服当初にルカヨ lucayo 人という先住民が住んでいたことから.

lu·cen·se [lu.θén.se / -.sén.-] 形 《スペインの》ルゴ Lugo の. — 男 女 ルゴの住民[出身者].

lu·ce·ra [lu.θé.ra / -.sé.-] 女 採光窓, 天窓.

lu·ce·río [lu.θe.rí.o / -.se.-] 男 《ラ米》(^{コロンビ})《話》光[明かり]の集り.

lu·cer·na [lu.θér.na / -.sér.-] 女 1 (採光・換気用の) 天窓, 採光窓. 2 シャンデリア. 3 《昆》ホタル (= luciérnaga). 4 《魚》ホウボウ科の海水魚.

lu·cer·na·rio [lu.θer.ná.rjo / -.ser.-] 男 採光窓, 天窓, 明り取り.

lu·cer·nu·la [lu.θér.nu.la / -.sér.-] 女 《植》ムギセンノウ, ムギナデシコ.

lu·ce·ro [lu.θé.ro / -.sé.-] 男 1 明るい[大きく輝く]星, (特に) 金星, 明星. ～ del alba [de la mañana] / ～ miguero [matutino] 明けの明星. ～ de la tarde / ～ vespertino 宵の明星. 2 《複数》《文章語》大きく輝く美しい) 目, 瞳(%%). 3 (動物の額の) 白星, 白斑(%%). 4 光輝, 輝き. 5 (窓の) 雨戸, シャッター. 6 《呼びかけ》かわいい子[人], いとしい子[人]. *al lucero del alba*《話》誰にでも.

lu·ces [lú.θes / -.ses] 女 luz の複数形.

lu·cha [lú.tʃa] 女 1 争い, 戦闘; 対立. ～ cuerpo a cuerpo 白兵戦. ～ a muerte 死闘. ～ contra el hambre 飢えとの闘い. ～ de clases 階級闘争. ～ interior 内部抗争. ～ interna 精神的葛藤. ～ por el poder 権力闘争.
2 《*por...* …を得るための》苦闘, 努力. ～ *por* la existencia [supervivencia] 生存競争. hacer la ～《ラ米》(^{メキ})奮闘する. ¡Qué ～ tenemos para conseguir buenas notas en el examen de gramática! 文法の試験でいい点をとるためにどれだけ頑張っていることか.
3 《スポ》レスリング. ～ libre [grecorromana] フリー [グレコローマン] スタイルのレスリング. ♦ ～ libre はメキシコで興行されているプロレスのことも指す. これは単に la ～ とも呼ばれる. ➡ El Santo es un mito en la ～ mexicana. エル・サントはメキシコ・プロレス界の神話的人物だ.

— 厢 → luchar.

lu·cha·dor, do·ra [lu.tʃa.ðór, -.ðó.ra / -.sí.-] 形 闘う, 奮闘(努力)する, 闘士の. — 男 女 闘士, 努力家;《スポ》レスラー, 格闘家, 力士, 格闘競技者.

**lu·char [lu.tʃár] 自 1 《*contra...* / *con...* 〈敵など〉と》《*por...* …を求めて》戦う, 争う. ～ *contra* los invasores 侵入者と戦う. ～ *por* la libertad 自由を求めて戦う. En mí *luchaban* la pasión y la razón. 私の中では熱情と理性が戦っていた.
2 《*contra...* / *con...* 〈困難など〉に対して》《*por...* …を求めて》格闘する, 奮闘する. ～ *contra* la discriminación 差別に立ち向かう. ～ *con* los niños traviesos いたずらっ子を相手に奮闘する. ～ *por* conseguir una meta 目標を達成するために努力する. El enfermo *luchaba con* la muerte. 病人は死に瀕(%%)していた.
3 《*con*＋人》《*contra*＋人 〈人〉と》《*por...* …をかけて》《格闘技で》試合をする, 戦う. ～ *con* el campeón *por* un título mundial 世界選手権のタイトルをかけてチャンピオンと対戦する.
[←〔ラ〕 *luctāri* (*lucta*「格闘」より派生)]

lu·che [lú.tʃe] 男 《ラ米》(^{チリ}) (1)《遊》石けり遊び. (2)《植》(海藻の) アオサ.

Lu·cí·a [lu.θí.a / -.sí.-] 固名 ルシア: 女子の洗礼名. [←〔ラ〕 *Lūcia* (*lūx*「光」より派生; → Lucio); 関連〔ポルトガル〕 *Lúcia*. 〔仏〕 *Luc(i)e*. 〔伊〕〔独〕 *Lucia*. 〔英〕 *Lucy*]

lú·ci·da·men·te [lú.θi.ða.mén.te / -.si.-] 副 明敏に, 明快に; 明瞭に.

lu·ci·dez [lu.θi.ðéθ / -.si.ðés] 女 1 (頭脳) 明晰(%%), 明敏. 2 正気, 覚醒(%%), 意識清明 (譫妄(%%)・狂気・痴呆などの常態から意識が一時的に戻ること). 3 《ラ米》(^{ラブラ})《光軍. 光り輝く.

lu·ci·do, da [lu.θí.ðo, -.ða / -.sí.-] 形 1 輝かしい, 見事な. un discurso ～ 名演説. Las fiestas del pueblo resultaron muy *lucidas*. 村祭りはすばらしかった. 2 華やかな, 上品な. 3 《皮肉》出来の悪い, お粗末な, 失敗した. *estar* [*quedar(se)*] *lucido si...* …だとしたらとんでもない[がっかりすることになる].

lú·ci·do, da [lú.θi.ðo, -.ða / -.si.-] 形 1 明晰(%%)な, 明快な. decisión *lúcida* 明快な決断. mente *lúcida* 明晰な頭脳. 2 《*estar*＋》正気の, 意識が明瞭な. intervalo ～ 《医》(狂気が一時的に正常に戻る) 正気清明期. 3 《文章語》光り輝く.

lu·ci·dor, do·ra [lu.θi.ðór, -.ðó.ra / -.sí.-] 形 光り輝く.

lu·ci·du·ra [lu.θi.ðú.ra / -.si.-] 女 (壁の) 上塗り, しっくいを塗ること.

lu·cien·te [lu.θjén.te / -.sjén.-] 形 光り輝く, きらきらした. ojos ～s きらきらした目.

lu·ciér·na·ga [lu.θjér.na.ga / -.sjér.-] 女 《昆》ホタル (= gusano de luz).

lu·ci·fer [lu.θi.fér / -.si.-] 男 1 [L-] (明けの) 明星, 金星. 2 悪魔, サタン; 悪党, 邪悪な人.

Lu·ci·fer [lu.θi.fér / -.si.-] 固名 1 《聖》ルシファー: Satán と同一視される反逆天使 [堕天使].
2 ルシフェル: 男子の洗礼名.

lu·ci·fe·ri·no, na [lu.θi.fe.rí.no, -.na / -.si.-] 形 ルシファーの, 悪魔の.

lu·ci·fe·ris·mo [lu.θi.fe.rís.mo / -.si.-] 男 悪魔信仰[崇拝].

lu·cí·fe·ro, ra [lu.θí.fe.ro, -.ra / -.sí.-] 形《文章語》光り輝く.

—男[L-](明けの)明星. → Véspero.

lu·cí·fu·go, ga [lu.θí.fu.ɣo, -.ɣa / -.sí.-] 形《格式》光を嫌う, 背日性の. ave *lucífuga* (フクロウ・ヨタカなど)夜行性鳥類.

lu·ci·llo [lu.θí.ʝo ‖ -./o/, -.sí.-] 男 (高貴な人の)石棺.

lu·ci·mien·to [lu.θi.mjén.to / -.si.-] 男 **1** (人の才能・能力の)表出, 発揮; 才能. Este guión está escrito para facilitar el ~ de la protagonista. この台本は主人公の才能を引きたたせるように書かれている. **2** 光輝, 輝き; 華(な). **3** 大成功; 功績. hacer... con ~ …を立派にやり遂げる. quedar con ~ うまくいく, 成功する.

lu·cio [lú.θjo / -.sjo] 男〖魚〗カワカマスの一種, ノーザンパイクなど.

Lu·cio [lú.θjo / -.sjo] 固名 ルシオ: 男子の洗礼名. [← [ラ] *Lūcius* (*lūx* 「光」より派生;「夜明けと共に生まれた子」が原義) ;〔関連〕〔ポルトガル〕*Lúcio*.〔仏〕*Lucio*.〔英〕*Lucius*]

lu·cio, cia [lú.θjo, -.θja / -.sjo, -.sja] 形 **1** 光る, 輝く; 澄んだ. **2** 光沢[つや]のある. el pelaje ~ del caballo つやつやした馬の毛並み.
—男 潮だまり.

lu·ción [lu.θjón / -.sjón] 男〖動〗アシナシトカゲ.

✽**lu·cir** [lu.θír / -.sír] 36 自 **1** 光る; 光を放つ. En el cielo *lucía* un sol maravilloso. 空には太陽がさんさんと輝いていた. Esta bombilla *luce* muy poco. この電球はすごく暗い.

lución (アシナシトカゲ)

2 優れて[輝いて]見える, 見栄えがする. Ese vestido *lució* mucho en la fiesta. そのドレスはパーティーでとてもよく引き立っていた. No te *luce* ese maquillaje. その化粧は君に合っていない.

3 成果を与える, 役に立つ. Estudia mucho, pero no le *luce* en los exámenes. 彼[彼女]はよく勉強するが, 試験ではそれが現れない.

4《ラ米》(1) 見える, 思われる. (2) 顔色がいい, 元気そうである.
—他 **1** 見せつける, 誇示する. ~ su talento 才能を発揮する. ~ el coche nuevo 新しい車を見せびらかす. La novia *lucía* su vestido blanco. 花嫁は白いドレスを美しく着こなしていた.

2〈壁などを〉(しっくいで)白く塗る.

3 照らす, 明るくする.
—**~·se** 再 **1** 自分を誇示する, (誇らしげに)姿を見せる; 着飾る. Ella sólo quiere *~se* ante sus compañeros. 彼女は仲間の前でいい格好をしたがっているだけだ.

2 成功する;《皮肉》(見事に)失敗する. La anfitriona *se lució* en [con] la comida. 女主人は見事な料理の腕を見せた. Pues sí que *te has lucido* con esa compra.《皮肉》それはいいものを買ったね.

lu·crar [lu.krár] 他 手に入れる, 獲得する.
—**~·se** 再 利益を得る. *~se* a costa ajena 他人を犠牲にしてもうける.

lu·cra·ti·vo, va [lu.kra.tí.βo, -.βa] 形 利益を上げる, もうけの多い. institución no *lucrativa* 非営利団体. negocio ~ もうかる商売.

Lu·cre·cia [lu.kré.θja / -.sja] 固名 ルクレシア: 女子の洗礼名. [← [ラ] *Lūcrētia*;〔関連〕〔ポルトガル〕*Lucrécia*.〔仏〕*Lucrèce*.〔伊〕*Lucrezia*.〔英〕*Lucretia*.〔独〕*Lukretia, Lukrezia*]

Lu·cre·cio [lu.kré.θjo / -.sjo] 固名 ルクレシオ: 男子の洗礼名. [← [ラ] *Lūcrētius* ;〔関連〕〔ポルトガル〕*Lucrécio*.〔仏〕*Lucrèce*.〔伊〕*Lucrezio*.〔独〕*Lucretius*]

lu·cro [lú.kro] 男 (しばしば軽蔑)利益, もうけ. ~ cesante〖法〗逸失利益. ~s y daños 損益. afán de ~ 営利欲. organización sin fines de ~ 非営利団体, NPO.

lu·cro·so, sa [lu.kró.so, -.sa] 形 → lucrativo.

luc·tuo·sa·men·te [luk.twó.sa.mén.te] 副 哀れに, 痛ましく.

luc·tuo·so, sa [luk.twó.so, -.sa] 形 哀れな, 痛ましい, 悲痛な.

lu·cu·bra·ción [lu.ku.βra.θjón / -.sjón] 女 → elucubración.

lu·cu·brar [lu.ku.βrár] 他 → elucubrar.

lu·cu·ma [lú.ku.ma] 女《ラ米》(1)(チ)(ゴ)〖植〗ルクモ(の実). (2)(チ)(話)頭.

lú·cu·mo [lú.ku.mo] 男《ラ米》(チ)(ゴ)〖植〗ルクモ: アカテツ科の木.

lu·di·brio [lu.ðí.βrjo] 男 愚弄(ぐろう), 嘲笑(ちょうしょう), あざけり.

lú·di·co, ca [lú.ði.ko, -.ka] / **lú·di·cro, cra** [lú.ði.kro, -.kra] 形 遊戯の, 遊びの; 余暇の.

lu·dir [lu.ðír] 他 (con...)〈ものを〉(…と)こすり合わせる, こする, 摩擦する.

lu·do [lú.ðo] 男《ラ米》(ヌワグ)インドすごろく; ゲーム.

lu·dó·lo·go, ga [lu.ðó.lo.ɣo, -.ɣa] 男 女 ゲーム研究者.

lu·dó·pa·ta [lu.ðó.pa.ta] 男 女 ギャンブル[ゲーム]中毒者.

lu·do·pa·tí·a [lu.ðo.pa.tí.a] 女 ギャンブル[ゲーム]中毒.

lu·do·te·ca [lu.ðo.té.ka] 女 (利用者に開放された)プレイルーム, おもちゃライブラリー.

✽✽**lue·go** [lwé.ɣo] 副 **1** (時間・順序)後で, それから. Primero Marco vino solo, y ~ llegaron todos los demás. 最初はマルコだけがやって来たが, 後で残りのみんなが到着した. Hablaremos ~. 後で話そう. ¿Y ~ ?. それで. ~ de eso / ~ después その後で.

2《ラ米》(1) すぐに; 急いで, ただちに. Vuelvo muy ~. すぐに戻ります. (2) 時折. (3) 近くに. (4)(ゲ゙)すでに.
—接続 だから, それゆえに. "Pienso, ~ existo." 我思う, ゆえに我あり(デカルトの言葉).

con tres luegos《話》大急ぎで.

(de) luego a luego すぐに, 大至急.

desde luego もちろん. ¿Vas a la fiesta? —*Desde* ~ (*que sí*). 君はそのパーティーに行くつもりかい. —もちろん. *Desde* ~ *que hoy no quiero trabajar más*. もちろん今日はもう働きたくないさ.

Hasta luego.《あいさつ》じゃあまた, さようなら.

luego de + 不定詞 …するとすぐ. *Luego de levantarse, se fue de casa*. 彼[彼女]は起きるとすぐに家から出て行った.

Luego, luego.《ラ米》(メキ)(✽)すぐに, 直ちに.

luego que [*como*] + 直説法・接続法 …したらすぐに. *Luego que acabe* este programa, vamos a salir de paseo. この番組が終わったらすぐに散歩に出かけよう.

¡Para luego es tarde! (1) 早くしろ, ぐずぐずするな. (2)《脅しなどに対して》やれるものならやってみろ.

tan luego《ラ米》さらに, おまけに.

lueguito

tan luego como... 《ラ米》…するやいなや. [←〔俗ラ〕*loco*「すぐに」←〔ラ〕*ilico*「その場で,すぐに」; *in* + *loco*（*locus*「（その）場所」の奪格形）;「後で;だから」の意味は16世紀以後;|関連| lugar.〔スペイン〕〔英〕*local*]

lue・gui・to [lwe.gí.to] 副《ラ米》(1) すぐに,ただちに.(2)〔愛ラ〕（上記の〔愛〕の縮小辞）

luen・go, ga [lwéŋ.go, -.ga] 形《文章語》長い,遠い,悠久の. hace ～s años はるか昔に. *luenga(s)* *barba(s)* 長いひげ.

lu・ga・no [lu.gá.no] 男《鳥》マヒワ.

***lu・gar** [lu.gár] 男 **1** 場所,所;（特定の）地域〔区域〕,地点,地方. en cualquier ～ どこでも. ～ arqueológico 遺跡. ～ célebre e histórico 名所旧跡. ～ concurrido [desértico, solitario] 混み合った〔人気のない〕場所. ～ del crimen [delito, suceso] 犯罪現場. ～ de encuentro 待ち合わせ場所. ～ de nacimiento 出生地. ～ de perdición 悪所,難所. ～ de señorío《史》封土,領地. ～ remoto [aislado] 僻地(^き^). ～ sagrado 聖地. ～ santo（寺院などの）聖所,参拝所. ～ turístico 観光地. Santos *L*～es（キリスト教ゆかりの）聖地. Vamos a buscar algún ～ fresco. どこか涼しい場所を探そう. La llave no está en su ～ habitual. 鍵はいつもの場所にない. Nos veremos en el ～ de costumbre. いつもの場所で会おう.

|類語| *lugar* と *sitio* はほぼ同義語だが,*sitio* は特定の場所やなんらかの目的を持った場所,あるいは誰かの「席」を指す場合によく用いられる. ➡Aquí hay *sitio* para todos. ここなら皆十分に入れる. *lugar* は特定の土地や位置,または「箇所」を指す場合に用いられ,このような場合には *sitio* はふつう用いられない. ➡En un *lugar* de La Coruña ラ・コルーニャのある所に. *local* は建物など外界から切り離された場所を示す. ➡Hay muchos *locales* interesantes en este barrio. この界隈にはおもしろい所〔店〕がいっぱいある.

2《比喩的》空間,スペース;順位;地位,役職（=sitio）. hacer ～ 場所を空ける,席を譲る. sentarse en el ～ del primer ministro 首相の地位につく. reemplazar a... en su ～ …を配置転換する. En esta mesa ya no queda ningún ～ para ti. このテーブルにはもう席がないよ. Ella consiguió el segundo ～ en la carrera de 50 metros. 彼女は50メートル走で2位に入った. Consiguió un ～ fijo entre las grandes actrices. 彼女は偉大な女優たちに顔を並べる確固たる地位を築いた.

3（限定された範囲内の）箇所,ポイント. ¿Qué ～ del brazo te duele más? 腕のどの部分が一番痛いかね. Se emocionó en un ～ de su discurso. 彼〔彼女〕は演説のある箇所で感極まった.

4 居住地（=localidad）. las leyendas del ～ 地元の伝説. las gentes del ～ 地元民. En un ～ de la Mancha...（*Don Quijote* の冒頭）ラ・マンチャ地方のある村に….

5 適切な時機,機会;（まれ）（**para**... …のための,…する）時間的余裕. No es el ～ *para* decirlo. それを言うときじゃないよ. No hay ～ *para* el llanto. 泣いてる場合じゃないよ.

▶ **3**–**5** の意味では通常 *sitio* は用いない.

dar lugar a... …の原因となる. Esta reforma *dio* ～ *al* descontento. この改革が不満の種となった.(2)《*que*+接続法 …する》原因となる. Su comportamiento mismo *dio* ～ *a que* le criticasen. 彼は自らの振る舞いが原因で非難を浴びた.

en buen [*mal*] *lugar*《dejar, quedar などの動詞と共に》評判〔地位,立場〕がよい〔悪い〕. Quedé *en buen* ～ en la competición. 私は競技会で上位に入った. No nos *dejes en mal* ～. 私たちを困らせないでくれ.

en lugar de... (1) …の代わりに. Esta chica jugará mañana *en* ～ *de* José. ホセの代役でこの子が明日プレーする.(2) …しないで. *En* ～ *de* estar viendo la tele, ven y ayúdame. テレビなんか見てないで,来て手伝いなさい.(3)《条件文の条件節として》もし…の立場なら. Yo, *en tu* ～, me casaría con María sin vacilación. 僕が君ならためらうことなくマリアと結婚するだろう（➡ **tu** it *de*...に相当）.

en primer lugar まず第一に. Voy a explicar *en primer* ～ por qué he tardado tanto en llegar aquí. まず初めになぜこんなに遅刻したのか説明します.

¡En su lugar, descanso!《軍》《号令》その場で休め.

en último lugar 仕方がないので,最終手段として.

estar en su *lugar* 場をわきまえている,時宜にかなっている.

estar fuera de lugar 場違いである. Su comentario sobre la situación política de México *estuvo* absolutamente *fuera de* ～. 彼〔彼女〕のメキシコ政治状況に関するコメントは完全に的外れなものだった.

lugar común《軽蔑》ありふれた表現,常套句,決まり文句. ¡Vaya! Esta película está llena de ～*es comunes*. なんだこの映画は. 陳腐な映像だらけじゃないか.

no dejar lugar a dudas 疑いの余地がない.

poner a+人 *en* su *lugar* [*sitio*]《話》《人》に身のほどを思い知らせる,立場をわからせる.

poner las cosas en su *lugar* [*sitio*]《話》事態を収拾する.

ponerse en lugar de... …の立場に身を置く,…の立場で考える.

sin lugar a dudas 疑いの余地なく,明らかに.

tener lugar 行われる,催される. ¿A qué hora *tendrá* ～ la boda? 結婚式は何時に執り行われますか.

[←〔古スペイン〕*logar*（←*locar*）←〔後ラ〕*locālis* 形「（ある）場所の」（〔ラ〕*locus*「場所」より派生）;|関連| luego, lugareño, colocar.〔英〕*local*「地方の」「局所の」〔英〕ローカル]

lu・ga・re・ño, ña [lu.ga.ré.ɲo, -.ɲa] 形 村の,田舎の. costumbres *lugareñas* 村の習慣.
— 男 女 **1** 村人,田舎の人.
2《話》《軽蔑》田舎者,山出し.

lu・gar・te・nen・cia [lu.gar.te.nén.θja / -.sja] 女 代理〔代行〕の職務,職務代理〔代行〕.

lu・gar・te・nien・te [lu.gar.te.njén.te] 男 職務代理〔代行〕者.

lu・ge [lú.xe] 男《スポ》リュージュ.

Lu・go [lú.go] 固名 ルゴ：スペイン北西部の県;県都. ローマの城壁（2000年世界遺産登録）で有名.

Lu・go・nes [lu.gó.nes] 固名 ルゴネス. Leopoldo ～（1874–1938）. アルゼンチンの作家. 作品 *Los crepúsculos del jardín*『庭園の黄昏(^{たそ})』. ➡modernismo.

lu・gre [lú.gre] 男《海》ラガー：2ないしは3本マストの小型帆船. ➡次ページに図. [←〔英〕*lugger*]

lú・gu・bre [lú.gu.bre] 形 **1** 陰気な,陰うつな,沈痛な,暗い. Está ～. 彼〔彼女〕は気分が沈んでいる.

luminiscencia

2 不吉な, おどろおどろしい, 死を思わせる.

lu·gués, gue·sa [lu.gés, -.gé.sa] → lucense.

luir¹ [lwír] 48 他 抵当を取り戻す.

luir² [lwír] 48 他 《ラ米》《⁽ᵗ⁾》 (1) 〖陶器の〗つや出しをする. (2) 《話》くしゃくしゃにする, 台無しにする.

luis [lwís] 男 《複 ~es》ルイ:18世紀フランスの貨幣単位.

Luis [lwís] 固名 ルイス:男子の洗礼名.
[← 〖古仏〗*Louis* ← 〖中ラ〗*Ludovicus* ← 〖古高地ドイツ〗*Hluodowig* (「名の知れた戦士」が原義) 〖関連〗〖ポルトガル〗*Luís*. 〖仏〗*Louis*. 〖伊〗*Ludovico, Luigi*. 〖英〗*Louis, Lewis*. 〖独〗*Ludwig*〗

lui·sa [lwí.sa] 女 〖植〗レモンバーベナ, コウスイボク:クマツヅラ科で南米産, 葉は健胃剤として利用される (= hierba ~, hierbaluisa).

Lui·sa [lwí.sa] 固名 ルイサ:女子の洗礼名.
[← 〖仏〗*Louise* (→ Luis); 〖関連〗〖ポルトガル〗*Luísa*. 〖伊〗*Luisa*. 〖英〗*Louise*〗

luis·mo [lwís.mo] → laudemio.

lu·ja·ción [lu.xa.θjón / -.sjón] 女 → luxación.

lu·jar [lu.xár] 他 《ラ米》《ᵐˣ》《ᶜʳ》《ʰᵒⁿᵈ》〖靴を〗磨く.

***lu·jo** [lú.xo] 男 贅沢, ぜいたく, 奢侈(ˡ͡ʃ). **de ~** 豪華な. **vivir con mucho ~.** ぜいたくな暮らしをする. **artículo de ~** ぜいたく品. **edición de ~** 豪華本. **hotel de ~** 超一流ホテル. **impuesto de ~** 奢侈(ˢⁱ)税. **~ asiático** 過剰なぜいたく. **modelo de ~** (製品の) デラックス仕様.

permitirse el lujo de... …するというぜいたくに及ぶ. *Como es mi cumpleaños, me voy a permitir el ~ de tomar una botella de vino de Burdeos.* 僕の誕生日なので, 思い切ってボルドーワインを飲んでみるよ.

todo lujo de... ありとあらゆる…. *explicar con todo ~ de detalles* 事細かく説明する. *tomar todo ~ de precauciones* 最大限の用心をする.
[← 〖ラ〗*lūxum* (*lūxus* の対格)「過度;放蕩(ˡᵒᵘ), ぜいたく」〖関連〗〖英〗*luxury* 「ぜいたく」, *deluxe*]

lu·jo·sa·men·te [lu.xó.sa.mén.te] 副 豪華に, きらびやかに.

***lu·jo·so, sa** [lu.xó.so, -.sa] 形 ぜいたくな, 豪華な, 豪奢(ˢᵗⁱ)な. *un coche ~* デラックスカー. *vida lujosa* ぜいたくな生活.

lu·ju·ria [lu.xú.rja] 女 **1** 好色, 淫乱(ⁿᵉˢ);劣情, 情欲. *pecado de ~* 〖カト〗色欲〖邪淫(ʲᵃⁱⁿ)〗の罪. **2** 〖まれ〗(植物の)繁茂, うっそう;過剰.

lu·ju·rian·te [lu.xu.rján.te] 形 〖植物が〗うっそうとした, 繁茂した.

lu·ju·riar [lu.xu.rjár] 82 自 **1** 肉欲にふける. **2** 交尾する.

lu·ju·rio·sa·men·te [lu.xu.rjó.sa.mén.te] 副 みだらに.

lu·ju·rio·so, sa [lu.xu.rjó.so, -.sa] 形 淫乱(ⁿᵉˢ)な, みだらな;欲情をあらわにした. *mirada lujuriosa* いやらしい目つき. ━ 男 女 好色〖淫乱〗な人, 好き者.

Lu·lio [lú.ljo] 固名 Beato Raimundo ~ 福者ルルス (1235-1315):スペインの神学者・スコラ哲学者. 天啓博士 el doctor iluminado と称される.

lu·lis·mo [lu.lís.mo] 男 〖哲〗ルルス哲学.

lu·llir [lu.jír ǁ -.ʎír] 72 他 《ラ米》《ᵗᵃᵍˣ》《ᶜᵘᵇ》《ᵐˣ》

《con... / contra...》…にこすりつける, 擦る.

lu·lo, la [lú.lo, -.la] 形 《ラ米》《ᶜʰ》《話》(1) 細長い;ほっそりとした. (2) 鈍い, ぼんやりした. ━ 男 《ラ米》(1) 《ᶜʰ》筒状の包み, 細長く巻いた物. (2) 巻き毛.

lulo de ojo 《ラ米》《ᵉˢᵖ》眼球.

lu·lú [lu.lú] 男 《複 ~es》(スピッツ・プードルなどの) 小型愛玩(ᵃⁿ)犬.

lu·ma [lú.ma] 女 《ラ米》《ᶜʰ》(警官の) 警棒;厳しい罰〖叱責〗. (2) 《ᶜʰ》《ᵃʳᵍ》〖植〗ルーマの木:フトモモ科の高木で材質は堅く, 建材に利用される.

lum·ba·go [lum.bá.ɣo] 男 〖医〗腰痛(症), 激しい腰の痛み, ぎっくり腰.

lum·bal·gia [lum.bál.xja] 女 〖医〗腰痛.

lum·bar [lum.bár] 形 〖解剖〗腰の, 腰椎(ᵗˢᵘⁱ)の. *región ~* 腰部. *vértebras ~es* 腰椎.

lum·bra·da [lum.brá.ða] / **lum·bra·ra·da** [lum.brá.ɾá.ða] 女 大きな炎, かがり火.

***lum·bre** [lúm.bre] 女 **1** (特にいろり・暖炉の) 火, 炎. *al amor de la ~* 火の近くに, 炉端で. *encender la ~* 火をつける. *Sentémonos junto a la ~.* 火のそばに座りましょう. **2** 明かり, 光, 輝き. *la ~ de los ojos* 瞳の輝き. **3** (タバコなどに点火するための) 火. *pedir ~* タバコの火を借りる. ▶ 現在では fuego の方がより一般的の. **4** 《複数で》火打ち道具. **5** (戸・窓などの) 開口部 (= luz).

a lumbre de pajas たちまちのうちに.

echar lumbre 《話》(顔をまっ赤にして) 怒る.

lumbre del agua 水面.

ni por lumbre 少しも〖決して〗…ない.

ser la lumbre de los ojos de +〈人〉にとって非常に大切なもの〖かわいい人〗である.
[← 〖ラ〗《俗》*lumine* (*lūmen* 「発光体」の対格) 〖関連〗*luminoso, alumbrar, iluminar.* 〖英〗*lumen* (光束の単位), *illumination* 「照明」]

lum·bre·ra [lum.bré.ɾa] 女 **1** 発光体;光, 明かり. **2** 非常に聡明な人, 才知にたけた人, 優秀な人〖指導者, 第一人者〗. **3** 〖建〗(採光用の) 天窓. 〖船〗舷窓(ᵍᵉⁿ), ハッチ. **4** 通風〖通気〗孔, 蒸気口. *~ de escape* 排気孔. **5** 《ラ米》《ᵐˣ》(闘牛場・劇場の) 桟敷席. **6** 《複数で》目.

lum·bre·ro, ra [lum.bré.ɾo, -.ɾa] 男 女 《ラ米》《ᵐˣ》消防士.

lum·bro·so, sa [lum.bró.so, -.sa] 形 光る, 輝く.

lu·men [lú.men] 男 《複 lúmenes, ~》〖物理〗ルーメン:光束の単位〖略 lm〗.

lu·mi [lú.mi] 女 《ラ米》《ᵃʳᵍ》売春婦, 娼婦(ˢʰᵒᵘ).

lu·mia [lú.mja] 女 売春婦.

lu·mi·nar [lu.mi.nár] 男 **1** (太陽・星などの) 発光体, 恒星. **2** 優秀な人, 傑出した人.

lu·mi·na·ria [lu.mi.ná.ɾja] 女 **1** (カトリックの教会で聖像を照らす) 常灯. **2** 《主に複数で》(祭り・クリスマスなどの街頭の) イルミネーション. *En las fiestas la ciudad entera se llena de ~s.* 祝祭時には町中がイルミネーションで飾られる. **3** 泰斗, 第一人者. **4** 《複数で》目.

lu·mi·nes·cen·cia [lu.mi.nes.θén.θja / -.sén.sja] 女 → luminiscencia.

lu·mi·nes·cen·te [lu.mi.nes.θén.te / -.sén.-] 形 → luminiscente.

lu·mí·ni·co, ca [lu.mí.ni.ko, -.ka] 形 光の;光を発する, 明るい. *intensidad lumínica* 光度. ━ 男 〖物理〗発光体〖物〗.

lu·mi·nis·cen·cia [lu.mi.nis.θén.θja / -.sén.sja]

luminiscente

lu·mi·nis·cen·te [lu.mi.nis.θén.te / -.sén.-] 形 《物理》蛍光の, 冷光を発する；発光 (用).

***lu·mi·no·si·dad** [lu.mi.no.si.ðáð] 女 **1** 明るさ, 光輝, 輝き. **2** 《天体の》光度；《TV》輝度.

***lu·mi·no·so, sa** [lu.mi.nó.so, -.sa] 形 **1** 光る, 輝く. cuerpo ～ 発光体. potencia *luminosa* 光度. fuente *luminosa* 照明付きの噴水；光源. cartel [anuncio, letrero] ～ 電飾広告.
2 明るい. Este cuarto es muy ～. この部屋はとても明るい. **3** 〈考えなどが〉明解な, すばらしい. idea *luminosa* すばらしい考え. **4** いきいきとした. expresión ～ en el rostro いきいきとした顔の表情.
[← 〔ラ〕*lūminōsum* (*lūminōsus* の対格)；*lūmen*「発光体」(→ lumbre) より派生, 〔関連〕iluminar, iluminación. 〔英〕*luminous*]

lu·mi·no·tec·nia [lu.mi.no.ték.nja] 女 照明 (技術).

lu·mi·no·téc·ni·co, ca [lu.mi.no.ték.ni.ko, -.ka] 形 照明 (技術) の. ━ 男 女 照明関係, 照明技師.

lum·pen [lúm.pen] 〔独〕形 《性数不変》浮浪者の, ルンペンの. ━ 男 浮浪者, ルンペン.

lun. (略) *lunes* 月曜日.

****lu·na** [lú.na] 女 **1** 月；衛星 (► 通常は ～；地球の衛星という意味では la L～). la investigación científica de las fases de la *L* ～ 月面の科学的探査. a la luz de la ～ / bajo la ～ (こうこうと照り輝く) 月明かりの下で. ～ llena 満月. ～ creciente 上弦の月. ～ menguante 下弦の月. ～ nueva 新月 (► quinto octante「満ちていく月」, tercer octante「欠けていく月」). Aparece la ～. 月が見え始める. Hay ～. 月が出ている. **2** 《惑星の》月, 衛星 (= satélite). las dos ～s de Marte 火星の2つの月.
3 月光. Por las ventanas abiertas entraba la ～ blanca. 開いた窓から白い月光が差し込んでいた. **4** 《天文》陰暦の1か月, 太陰月 (= lunación, mes lunar). **5** 《鏡・ガラスの》面, 表面；《車の》ガラス. **6** 《ラ米》《話》(1) (～の)機嫌. estar de buena [mala] ～ 機嫌がよい [悪い]. (2) 《女性の》生理, 月経.
dejar a+人 *a la luna de Valencia* 《まれ》〈人〉を落胆させる.
estar en la luna 《話》上の空である, ぼんやりしている.
ladrar a la Luna 《話》(かなわぬ相手・事物に対して) いたずらにわめき立てる.
luna de miel 新婚旅行 [時代]. Fuimos de ～ *de miel* a Cancún. ハネムーンでカンクンへ行きました.
luna de Paita [*Payta*] 《ラ米》《チリ》《話》がっかりすること, 失望.
media luna 半月 (切り), 弦月形の半円；半月形 (イスラムの紋章). ～ = medialuna.
pedir la luna 高嶺の花を求める, ないものねだりをする.
quedarse a la luna de Valencia 《まれ》がっかりする.
[← *lūnam* (*lūna* の対格). 〔関連〕lunes. 〔スペイン〕〔英〕*lunar*. 〔ポルトガル〕*lua*. 〔仏〕*lune*. 〔伊〕*luna*]

lu·na·ción [lu.na.θjón / -.sjón] 女 《天文》太陰月：新月から新月までの間の1か月, 約29.5日.

lu·na·do, da [lu.ná.ðo, -.ða] 形 半月形の.

***lu·nar¹** [lu.nár] 形 月の, 太陰暦の. eclipse ～ 月食. año ～ 太陰暦の1年. calendario ～ 太陰暦. paisaje ～ (月面のような) 荒涼とした景色. superficie ～ 月面.

lu·nar² [lu.nár] 男 **1** ほくろ. ～ postizo つけぼくろ. Elena tiene un ～ en la mejilla izquierda. エレナは左ほおにほくろがある.
2 《動物の皮膚で, 毛色の違いからできる》斑 (点).
3 《服飾》水玉 (模様). vestido de ～es 水玉模様の服. ～ ○ 欠点, きず.

lu·na·re·jo, ja [lu.na.ré.xo, -.xa] 形 《ラ米》(1) 《コロンビア》《ベネズエラ》ほくろのある [多い]. (2) 《ウルグアイ》《チリ》まだらの, ぶちの.

lu·na·rio, ria [lu.ná.rjo, -.rja] 形 太陰月の；太陰暦の. ━ 男 太陰月, (陰暦の) 暦.

lu·ná·ti·co, ca [lu.ná.ti.ko, -.ka] 形 精神異常の；狂気の, 《頭の》おかしい；気まぐれな. ━ 男 女 狂人；変人, 気まぐれな人, 気分屋.

lunch [lántʃ] 〔英〕男 [複 ～s] (パーティーなどでの) 昼食, 軽食.

lun·che·rí·a [luṇ.tʃe.ðí.a] 女 《ラ米》《コロンビア》《チリ》→ lonchería.

lu·ne·ci·lla [lu.ne.θí.ja ‖ -.ʎa / -.sí.-] 女 半月 [三日月] 形の装飾品.

lu·nel [lu.nél] 男 《紋》4つの三日月を花形に配した図形.

lu·ne·ro, ra [lu.né.ro, -.ra] 形 **1** 月の.
2 月の影響で異常を感じる.
━ 男 女 月の影響で異常を感じる人.

****lu·nes** [lú.nes] 男 《単複同形》月曜日 《略 lun.》. (todos) los ～ 毎週月曜日 (に). el ～ pasado 先週の月曜日 (に). el ～ que viene / el próximo ～ 来週の月曜日 (に). Vendré el ～ por la mañana. 月曜日の朝うかがいます. Los ～ ni las gallinas ponen. 《諺》月曜日は鶏とて卵を産まない.
cada lunes y cada martes 毎日；頻繁に.
hacer lunes (*porteño*) / *hacer San Lunes* 《ラ米》《話》(前日の遊び疲れで) 月曜日をする休みする.
tener lunes 《話》ふさぎ込んでいる.
[← 〔俗ラ〕(*diēs*) *lūnis* ← 〔ラ〕(*diēs*) *lūnae*「《天体の》月 (の日)」(*lūna*「月」の属格)；-*ae* → -*is* の変化は (*diēs*) *Mārtis*「火曜日」などからの類推. 〔関連〕〔仏〕*lundi*. 〔伊〕*lunedì*]

lu·ne·ta [lu.né.ta] 女 **1** 《車》リア・ウインドー. ～ térmica リア熱線ガラス. **2** 《めがねの》レンズ. **3** 《演》平土間, 平土間席. **4** 半月 [三日月] 形のもの；《頭髪・子供靴の》半月 [三日月] 形の飾り；《機》(旋盤の) 振り止め. **5** 《築城》めがね [半月] 堡；《建》軒瓦；《建》(半月形の) 採光窓, ルネット.
[*luna* + 縮小辞]

lu·ne·to [lu.né.to] 男 《建》ルネット：丸天井が壁に接する部分に設けられた採光用の半円形の壁間.

lun·fa [lúɱ.fa] 男 《ラ米》《ウルグアイ》《俗》泥棒.

lun·far·dis·mo [luɱ.far.dís.mo] 男 (アルゼンチン, 特に Buenos Aires を中心とする) 泥棒仲間；下層社会で使われる隠語 [語法]. → lunfardo.

lun·far·do, da [luɱ.fár.ðo, -.ða] 形 《ラ米》《ウルグアイ》(Buenos Aires を中心とする) 泥棒 [ごろつき] の, 泥棒仲間の；(Buenos Aires の隠語) ルンファルドの.
━ 男 **1** ルンファルド：19世紀末から20世紀初頭にかけて, Buenos Aires の下層社会, とくに犯罪者仲間から生まれた隠語.
2 《ウルグアイ》《アルゼンチン》泥棒；ならず者；女衒 (ぜげん).

lun·gue·ar [luŋ.ge.ár] 自 《話》農場で日雇い労働をする.

lu·ni·lla [lu.ní.ja ‖ -.ʎa] 女 → lunecilla.

lú·nu·la [lú.nu.la] 女 **1** 爪半月 (そうはんげつ)：爪の根元の

lu·pa [lú.pa] 女 拡大鏡, 虫めがね, ルーペ. mirar... con ~ …を虫めがねで見る；細かく調べる. [← [仏] *loupe*]

lu·pa·nar [lu.pa.nár] 男 売春宿.

lu·pa·na·rio, ria [lu.pa.ná.rjo, -.rja] 形 売春宿の.

Lu·pe [lú.pe] 固名 ルーペ：Guadalupe の愛称.

lu·pia [lú.pja] 女 **1**【医】皮脂嚢腫(のうしゅ). **2**(ラ米)(キューバ)(話)小袋, はした金.

lu·pi·cia [lu.pí.θja / -.sja] 女【医】→ alopecia.

lu·pi·no, na [lu.pí.no, -.na] 形 オオカミの. ── 男【植】ルピナス (= altramuz).

lu·pu·li·no [lu.pu.lí.no] 男 ルプリン：ホップの苞(ほう)に生じる花粉状の物質, ビールの苦味づけや強壮・健胃剤に用いられる.

lú·pu·lo [lú.pu.lo] 男【植】ホップ；ホップの実 (ビールの苦味を出すのに使われる).

lu·pus [lú.pus] 男《単複同形》【医】狼瘡(ろうそう)：皮膚結核. ~ eritematoso エリテマトーデス.

lu·que·ar [lu.ke.ár] 他《ラ米》(チリ)(ペル)《話》凝視する, じっと見る.

lu·que·te¹ [lu.ké.te] 男 **1** 硫黄を塗ったわらなどの束 (= pajuela)：硫黄でいぶしてワイン樽(たる)の消毒に使う. **2** (ワインその他の飲みものに入れる) オレンジ[レモン]スライス, 輪切り. **3**《ラ米》(チリ)(1) 鋤(すき)き残しの土地. (2) 円形はげ. (3)〈衣服についた〉油の染み.

lu·que·te² [lu.ké.te] 男 半球形ドーム.

lú·rex [lú.reks] 男《商標》ルレックス：プラスチックを被せたアルミの合成繊維.

lu·rio, ria [lú.rjo, -.rja] 形《ラ米》(メキ)《話》恋した；頭がおかしくなった. andar ~《ラ米》(メキ)《話》頭がおかしい；夢中である. ── 男 女《ラ米》(メキ)《話》恋した人；頭がおかしい人.

lu·sis·mo [lu.sís.mo] 男 (他言語に入った) ポルトガル語【語法】.

lu·sis·ta [lu.sís.ta] 形 ポルトガル(の事物)を好む, ポルトガル通の. ── 男 女 ポルトガル通.

Lu·si·ta·nia [lu.si.tá.nja] 固名 ルシタニア：ローマ支配下の Hispania を構成した属州の一つ. 現在のポルトガルの大部分とスペイン西部に当たる. → ulterior. [← [ラ] *Lūsitānia*]

lu·si·ta·nis·mo [lu.si.ta.nís.mo] 男 (他の言語に入った) ポルトガル語【語法】, ポルトガル語風の言いまわし[表現]；ポルトガル語からの借用語.

lu·si·ta·no, na [lu.si.tá.no, -.na] 形 ルシタニアの；ポルトガルの (= portugués). ── 男 女 (ローマ支配以前の) ルシタニア人；ポルトガル人.

lu·so, sa [lú.so, -.sa] 形 男 女 → lusitano.

lu·só·fi·lo, la [lu.só.fi.lo, -.la] 形 ポルトガル好きの, ポルトガル(の事物)に憧れを抱く. ── 男 女 ポルトガル賛美者.

lu·só·fo·bo, ba [lu.só.fo.bo, -.ba] 形 ポルトガル嫌いの, ポルトガル嫌いの人.

lu·so·fran·cés, ce·sa [lu.so.fran.θés, -.θé.sa -.sés, -.sé.-] 形 ポルトガルとフランス両国の, ポルトガル人とフランス人を両親にもつ. ── 男 女 ポルトガル人とフランス人のハーフ.

lu·so·ha·blan·te [lu.so.a.blán.te] 形 (特に母語として) ポルトガル語を話す. ── 共 ポルトガル語話者.

lus·tra·bo·tas [lus.tra.bó.tas] 男《単複同形》《ラ米》(チリ)(キューバ)(プラ)(ウル) 靴磨き(人). → limpiabotas.

lus·tra·ción [lus.tra.θjón / -.sjón] 女 磨きあげること, つや出し；お祓(はら)い, 清め.

lus·tra·da [lus.trá.da] 女《ラ米》靴を磨くこと.

lus·tra·dor, do·ra [lus.tra.đór, -.đó.ra] 男 女 **1**《ラ米》(キューバ) 靴磨き(人) → limpiabotas. **2** 磨く人, つや出し職人.

lus·tral [lus.trál] 形 清めの.

lus·trar [lus.trár] 他 **1** …につや, つや[光沢]を出す. ~ zapatos 靴を磨く. **2** (祓(はら))清める, 浄化する.

lus·tre [lús.tre] 男 **1** つや, 光沢. dar [sacar] ~ a... …につや[光沢]を出す. **2** 輝き, 光彩；栄光, 誉れ. el ~ de las fiestas 祭りの華やかさ. para su mayor ~ この上なく名誉なことに. **3** 血色のよさ.

lus·tre·ar [lus.tre.ár] 他《ラ米》(チリ)《話》磨く, つやを出す.

lús·tri·co, ca¹ [lús.tri.ko, -.ka] 形 → lustral.

lús·tri·co, ca² [lús.tri.ko, -.ka] 形《文章語》5年(ごと)の.

lus·trín [lus.trín] 男《ラ米》(1) (チリ) → lustrina **1**. (2) (チリ) 靴磨きスタンド.

lus·tri·na [lus.trí.na] 女 **1** (金・銀糸を織り込んだ) ラメ, ラメ入りの(多くは絹の)織物. **2**《ラ米》(チリ)(ラプ) (アルパカに似た光沢のある) 織物. (2) (ペル) 絹布, 絹織物. (3) (チリ) 墨汁.

lus·tro [lús.tro] 男 **1** 5年(間). ♦古代ローマで5年ごとの人口調査後に行われた贖罪(しょくざい)の儀式 lustrum に由来. **2** シャンデリア.

lus·tro·so, sa [lus.tró.so, -.sa] 形 **1** 光沢[つや]がある, 光り輝く. los mármoles ~s ぴかぴかの大理石. **2** 健康そうな, 太って血色のいい, つやつやした；〈動物が〉毛につやのある. La niña está bien *lustrosa*. その女の子はとても血色がいい.

lú·te·a [lú.te.a] 女【鳥】ニシコウライウグイス, オッツリスドリ.

Lu·te·cia [lu.té.θja / -.sja] 固名 ルテティア：フランスのパリ París のラテン語名.

lu·te·cio [lu.té.θjo / -.sjo] 男【化】ルテチウム：希土類元素(記号 Lu).

lu·te·í·na [lu.te.í.na] 女【生化】【化】(色素の) ルテイン：カロチノイド色素類キサントフィルの一つ.

lú·te·o, a [lú.te.o, -.a] 形 **1** 泥の. **2** 茶色がかった黄色の. mácula *lutea*【解剖】(網膜の) 黄斑. cuerpo ~【医】黄体.

lu·te·ra·nis·mo [lu.te.ra.nís.mo] 男【宗】ルター派, ルター主義.

lu·te·ra·no, na [lu.te.rá.no, -.na] 形【宗】ルター派[主義]の. iglesia *luterana* ルーテル教会. ── 男 女 ルター派の信徒.

Lu·te·ro [lu.té.ro] 固名 ルター Martín ~ (1483-1546)：ドイツの神学者・宗教改革の指導者.

lu·thier [lu.tjé] 男〔仏〕男《複 ~s, ~es》楽器職人, 楽器製造[修理]業者.

*****lu·to** [lú.to] 男 **1** 喪；服喪, 喪中；喪服. estar [ir] de ~ 喪に服している. llevar ~ por la muerte de su padre 父親の喪に服す. ponerse [vestirse] de ~ 喪服を着る. aliviar el ~ 半喪につく (正式の服喪期間後も引き続き喪に服すこと. この場合, 正式の喪ほど服喪その他に厳しくない), 半喪服を着る. dejar [quitarse] el ~ 喪が明ける；喪服を脱ぐ. ~ riguroso 正式の喪；(黒の) 喪服. medio ~ 半喪；(グレーなど地味な色の) 半喪服. **2** 哀悼, 哀惜；悲しみ. **3** (単数または複数で) 喪章；(黒い幕など) 葬儀の飾り付け.

lutoso

[← [ラ] *lūctum* (*lūctus* の対格；*lūgēre*「悲しむ」より派生)；[関連] enlutar, luctuoso, lúgubre]

lu·to·so, sa [lu.tó.so, -.sa] 形 → luctuoso.
lu·tria [lú.trja] 女 《動》→ nutria.
lux [lúks] 男《物理》ルクス：照度の単位《略 lx》.
lu·xa·ción [luk.sa.θjón / -.sjón] 女《医》脱臼(だっきゅう). ~ recidivante 習慣性脱臼.
lu·xar [luk.sár] 他《医》(関節を)はずす, 脱臼させる. El golpe de la caída me *ha luxado* la rodilla derecha. 私は転んで右ひざを脱臼した.
—**~se** 再 脱臼する. Al jugador de béisbol se le *luxó* el hombro en el partido. あの野球選手は試合中に肩を脱臼した.
Lu·xem·bur·go [luk.sem.búr.go] 固名 Gran Ducado de ~ ルクセンブルク大公国：ヨーロッパ西部の公国. 首都 Luxemburgo. [← [中高地ドイツ] *Lützelburg* ← [古高地ドイツ] *Lucilinburhuc* (*luzzil*「小さな」+ *burg*「砦(とりで), 城」)]
lu·xem·bur·gués, gue·sa [luk.sem.bur.gés, -.gé.sa] 形 ルクセンブルクの, ルクセンブルク人[語]の.
— 男 ルクセンブルク人.
— 男 ルクセンブルク語.

***luz** [lúθ / lús] 女《複 luces》 **1** 光, 光線；日光. *luz* y sombra 光と影. *luz* del sol 太陽光線, 日光. *luz* natural 自然光, 日光. *luz* negra 不可視光線. *luz* refleja [secundaria] 反射光. año *luz*《天文》光年. *luz* cenicienta《天文》(新月に投影された)地球照.

> [類語] *luz* は自然光から人工の明かりまで指す. *lámpara* は「照明器具」. 「照明する」は *alumbrar, dar luz a...*, *iluminar*.

2 明かり；電灯, 電気. ；《話》照明, イルミネーション. *luz* eléctrica 電灯, 電気. las *luces* de la ciudad 街の明かり. las *luces* de un coche 車のライト. encender [apagar] la *luz* 電灯をつける[消す]. *luz* roja [verde] 赤[青]信号 (→ semáforo). *luz* de Bengala ベンガル花火. *luz* de posición《車》サイドマーカーランプ. *luz* corta / *luz* de cruce《車》ロービーム. *luz* larga / *luz* de carretera《車》ハイビーム. *luces* de gálibo《車》(大型車の)車幅灯. La *luz* de la sala estaba encendida. 居間には明かりがついていた. ¡Se ha ido la *luz*! 停電だ. Como no pagábamos nos han cortado la *luz*. 電気代を払わなかったので, 電気を止められてしまった.
3 輝き, 明るさ. las *luces* de una esmeralda エメラルドの輝き. a la *luz* de la vela ろうそくの明かりの下で.
4 模範となる人[もの]；模範, 手本. la *luz* que debemos seguir 我々が見習うべき手本.
5 見解；ヒント, 手がかり.
6 日中, 昼間. con *luz* 日のあるうちに；明るくなってから. a plena *luz* 真昼に.
7《建》明かり取り, 採光[開口]部.
8《建》(窓などの)内径，(アーチなどの)径間, スパン.
9《複数で》知性, 知力；啓蒙(けいもう). tener pocas *luces* 頭がよくない. el siglo de las *luces* 啓蒙(主義)の世紀(18世紀).
10《話》お金. **11**《ラ米》(バリアシ)間隔, 距離.
a la luz de... …に照らして, …から判断して. *A la luz* de estos datos subirán los precios en el futuro. これらのデータから見ると将来物価は上昇するだろう.
a la luz del día 隠れずに, 白昼堂々と.
a media luz 薄明かりで.
arrojar [echar] luz sobre... …に解決の光を投げかける, …の解明を助ける.
a todas luces 明らかに, どう見ても. Su proyecto es *a todas luces* irrealizable. 彼[彼女](ら)の計画はどう見ても実現不可能だ.
claro como la luz del día 明々白々な.
dar a luz... 〈人〉を出産する；〈作品など〉を生み出す.
entre dos luces (1) 夜明けに；夕暮れに. (2) ほろ酔いの.
gusano de luz《昆》ホタル (= luciérnaga).
hacer luz de gas a +人《話》〈人〉を混乱させる, 困惑させる.
las primeras luces 夜明け.
luz cenital 天窓から差す光.
luz de la razón / luces naturales 知性, 理性の光.
luz de mis ojos《呼びかけ》いとしい人；(私の)かわいい子.
luz mala《ラ米》(ババウ)鬼火, 狐(きつね)火.
sacar... a la luz …を出版する；明るみに出す, 暴露する.
salir a (la) luz 出版される；〈ことが〉明るみに出る.
ser la luz de SUS *ojos* …のいとしい人である；…の好きなものである.
ver la luz 誕生する, 生まれる.

[← [ラ] *lūcem* (*lūx* の対格); [関連] lucir, lucero, luciérnaga. [英] *lux*. [日] ルクス (照度の単位)]
Luz·bel [luθ.ƀél / lus.-] 固名 → Lucifer **1**.
ly·cra [lí.kra] 女《商標》ライクラ：伸縮性ポリウレタン繊維(の布).

M m

日本語の「マ行」と同じように発音する. 語末では [n] と発音されるのが普通.

M, m [é.me] 囡 **1** スペイン語字母の第13字. **2** (ローマ数字の) 1000. MDXLVII (1547), MMX (2010).
m., m (略) **1** *m*etro メートル. **2** 《文法》*m*asculino 男性(形). **3** *m*inuto 分. **4** *m*uerto (年譜で)没(年). **5** 《物理》*m*asa 質量.
M. (略) *m*adre 修道女.
M-19 (略) *M*ovimiento *19* de abril (コロンビアの) 4月19日運動 [ゲリラ組織].
Mª (略) *M*aría (女子の洗礼名の).
ma·bi·ta [ma.ḃí.ta] 囡《ラ米》《ゴネズ》《話》悪運をもたらす人, 縁起が悪い人.
ma·bi·to·so, sa [ma.ḃi.tó.so, -.sa] 形《ラ米》《ゴネズ》《話》運[縁起]の悪い, ついていない.
ma·ca¹ [má.ka] 囡 **1** (果物の)傷, 傷み. **2** (布地・陶器などについた, 小さな)きず, 汚れ.
ma·ca² [má.ka] 囡《ラ米》《ダリ》《鳥》オウム.
ma·ca³ [má.ka] 囡 [hamaca の語頭音消失形] ハンモック.
ma·cá [ma.ká] 男《ラ米》《ゴアル》(水面を飛んで採食する)水鳥, 海鳥.
Ma·ca·be·os [ma.ka.ḃé.os] 固名《複数形》マカベ(ア)家: ユダヤの指導者の一族; 前167年ごろから前37年までユダヤを治めた.
— 男《聖》(旧約の)マカバイ記 (略 Mac).
ma·ca·bí [ma.ka.ḃí] 男《ラ米》(1)《ダリ》《ゴアル》《魚》ソトイワシ. (2)《ゴコ》《俗》盗賊. (3)《ゴデン》《話》抜けめのない人.
ma·ca·bro, bra [ma.ká.ḃro, -.ḃra] 形 死を思わせる; 無味乾燥な, 不吉な. **danza** *macabra* 死の舞踏 (=ヨーロッパ中世末期の芸術モチーフの一つ). **escena** *macabra* ぞっとする[身の毛もだつような]場面[光景].
ma·ca·ca [ma.ká.ka] 囡《ラ米》《ゴキ》《話》どんちゃん騒ぎ, ばか騒ぎ.
ma·ca·co, ca [ma.ká.ko, -.ka] 形 **1** (子供が)ちびの. **2** (人が)つまらない. **3**《ラ米》《ゴキコ》《ゴキ》《話》醜い, 奇形の.
— 男 囡 **1**《動》マカク: ニホンザルをはじめ, アジア・アフリカ・ヨーロッパに生息する短尾のサルの総称. **2**《呼びかけで》(子供に愛情を込めて)坊主, ちび, おちびちゃん. **3**《大人に軽蔑的に》ばか, ちび; へなちょこ (なやつ).
— 男《ラ米》(1)《ゴコ》《幼児語》お化け. (2)《ゴデン》《ゴパナ》小作農. (3)《ゴゴ》《話》《軽蔑》(主に黒人系の)ブラジル人. (4)《ゴゴ》《話》有力者.
ma·ca·dam [ma.ka.ḋám] 男《複 ~s》マカダム道路 (砕石を敷き詰めた舗装道路). ◆英国人 J. L. Mc-Adam (1756-1836) が考案.
ma·ca·da·mi·zar [ma.ka.ḋa.mi.θár / -.sár] 97 他 砕石を敷き詰めて舗装する.
ma·ca·dán [ma.ka.ḋán] 男 ➡ macadam.
ma·ca·gua [ma.ká.gwa] 囡 **1**《鳥》ワライハヤブサ. **2**《動》マカグワ: ベネズエラ産の大型の毒蛇の一種. **3**《植》アカネ科エグゾステマ属の一種.
ma·ca·güi·ta [ma.ka.gwí.ta] 囡《ラ米》《ゴキ》《植》マカグイタヤシ.
ma·ca·huil [ma.ka.(g)wíl] 男 (柄が木製で刃はシリカ製の)山刀, マチェテ.
ma·cal [ma.kál] 男《ラ米》《ゴキ》《植》タロイモ.
ma·cán [ma.kán] 男《ラ米》《ゴキ》《話》(1) 不快な状況, 混乱状態. (2) 騒ぎ, 無秩序.
ma·ca·na [ma.ká.na] 囡 **1** (昔の先住民が武器として使用した石刃付きの)こん棒. **2**《ゴキ》(まれ)衣物, 売れ残り品; がらくた. **3**《ラ米》(1)《ゴゴ》(牛馬を追う)突き棒. (2)《ゴゴ》《ゴデン》(先住民の)肩掛け, ショール. (3)《ゴデン》《ゴキ》(農耕用の)起こし棒. (4)《ゴキ》《ゴゴ》《話》うそ, でたらめ. (5)《ゴキ》《ゴゴ》《俗》ばかげたこと. (6)《ゴキ》《話》へま, 失敗, 間違い. (7)警棒.
— 囡《ゴキ》《話》うそだ, でたらめだ.
de macana《ラ米》《ゴキ》確かに, 間違いなく.
ma·ca·na·zo [ma.ka.ná.θo / -.so] 男 **1** こん棒による殴打[一撃]. **2**《ラ米》(1)《ゴデン》コップ一杯のアルコール. (2)《ゴキ》《話》でたらめ; 厄介事, うんざりすること; 大うそ.
ma·ca·ne·a·dor, do·ra [ma.ka.ne.a.ḋór, -.ḋó.ra] 男《ラ米》《ゴゴ》《話》うそつき, いい加減な人, 当てにならない人.
ma·ca·ne·ar [ma.ka.ne.ár] 他《ラ米》(1)《ゴデン》《ゴル》《ゴキ》(棒で)掘り起こす. (2)《ゴデン》《ゴキ》除草する; うまく運ぶ, 処理する. (3)《ゴキ》《話》(こん棒で)殴る.
— 自《ラ米》(1)《ゴパナ》《話》ほらを吹く, でたらめを言う; 冗談を言う. (2)《ゴデン》《ゴキコ》精が出る.
ma·ca·ne·ro, ra [ma.ka.né.ro, -.ra] 形《ラ米》《ゴゴ》でたらめばかり言う; ほら吹きの.
ma·ca·no, na [ma.ká.no, -.na] 形《ラ米》《ゴキ》《話》安物の, 品質が悪い.
ma·ca·nu·do, da [ma.ka.nú.ḋo, -.ḋa] 形《ラ米》《ゴキ》(1)《ゴゴ》よい, 素敵な, すばらしい. (2)《ゴキ》《ゴデン》精力的な, タフな.
ma·ca·que·ar [ma.ka.ke.ár] 自《ラ米》《ゴキ》《ゴゴ》《話》サルの仕草をまねる, おどけたまねをする; 大げさな表情をする. — 他《ラ米》《ゴパナ》《話》盗む, かっぱらう.
ma·ca·re·no, na [ma.ka.ré.no, -.na] 形 **1** (スペイン Sevilla の) マカレーナ Macarena 地区の. **2** 伊達(だて)の, 気取り屋の, 生意気[無礼]な.
— 男 囡 **1** マカレーナ地区の住民[出身者]. **2** 気取り屋, 生意気[無礼]な人.
ma·ca·rra [ma.ká.ṛa] 形《話》《軽蔑》 **1** 下品な振舞い[風貌]の, 悪趣味の. **2** 粗野な, 攻撃的な.
— 男 囡《話》《軽蔑》(振る舞いや風貌が)下品な人; 無礼者; ごろつき.
— 男《話》《軽蔑》ポン引き, 売春婦にたかる男.
*****ma·ca·rrón** [ma.ka.ṛón] 男 **1**《複数形で》マカロニ. *macarrones gratinados* マカロニグラタン. **2** (プラスチック・ビニールの)チューブ(状の外装): 特に電線の保護などに用いられる. **3** マカロン: クッキーの一種. **4**《複数形で》《海》舷墙(げんしょう), ブルワーク. [← 〔伊〕 (ナポリ方言) *maccarone*]

ma・ca・rro・ne・a [ma.ka.r̄o.né.a] 囡 【詩】雅俗混交体滑稽(ミット)詩：ラテン語と自国語の表現を混ぜ合わせた滑稽(ミット)詩体．[←〖伊〗*maccheronea*]

ma・ca・rró・ni・co, ca [ma.ka.r̄ó.ni.ko, -.ka] 形 **1** 雅俗混交体の．**2** 《話》〈言語が〉文法的に正しくない，間違いだらけの，崩れた．castellano 〜 ブロークンな[めちゃくちゃな]スペイン語．latín 〜 ラテン語もどき．

ma・car・se [ma.kár.se] 再 〈果物が〉〈傷の部分から〉傷み出す，傷む．

ma・car・tis・mo [ma.kar.tís.mo] 男 **1** マッカーシズム：1950年代アメリカ合衆国で起きた極端な反共運動．**2** 社会・政治的偏見による不当な扱い，追放．

ma・ca・sar [ma.ka.sár] 男 〔布張りいすのひじ掛け・背もたれにかける〕カバー．

ma・cau・rel [ma.kau.rél] 囡 【動】エメラルドボア：ベネズエラ産の蛇．

mac・car・thys・mo [ma.kar.tís.mo] 男 → macartismo.

ma・ce・ar [ma.θe.ár / -.se.-] 他 金槌(钅)[木槌]で打つ[打ち込む]．— 自 言い張る，固執する．

ma・ce・do・nia [ma.θe.ðó.nja / -.se.-] 囡 【料】フルーツサラダ；マセドニアサラダ，マセドワーヌ（各種の野菜や果物を賽(さ)の目に刻んで混ぜ合わせたもの）．〜 de frutas フルーツポンチ．〜 de legumbres ビーンズサラダ．

Ma・ce・do・nia [ma.θe.ðó.nja / -.se.-] 固名 マケドニア．**(1)** ギリシア北方の古代王国．**(2)** ギリシア，ブルガリア，マケドニア共和国にまたがるバルカン半島中部の地方．**(3)** マケドニア共和国：旧ユーゴスラビアを構成した共和国の一つ．首都 Skopje. [←〖ラ〗*Macedonia*←〖ギ〗*Makedonía*]

ma・ce・dó・ni・co, ca [ma.θe.ðó.ni.ko, -.ka / -.se.-] / **ma・ce・do・nio, nia** [ma.θe.ðó.njo, -.nja / -.se.-] 形 マケドニアの，マケドニアの人[語]の．— 男 囡 マケドニア人．— 男 マケドニア語．

ma・ce・lo [ma.θé.lo / -.se.-] 男 畜殺場．

ma・ce・o [ma.θé.o / -.sé.-] 男 金槌(钅)[木槌]で打つこと，木槌による打ち延ばし．

ma・ce・ra・ción [ma.θe.ra.θjón / -.se.-.sjón] 囡 **1** （たたいたり液体につけたりして）柔らかくすること．**2** 苦行．

ma・ce・ra・mien・to [ma.θe.ra.mjén.to / -.se.-] 男 → maceración.

ma・ce・rar [ma.θe.rár / -.se.-] 他 **1** （たたいたり液体につけたりして）柔らかくする．〜 la carne antes de asar 肉を焼く前にたたいて柔らかくする．**2** つける．**3** 苦行を課す．
— 自 **1** 浸されて柔らかくなる．**2** 苦行する．
～・se 再 **1** 浸されて柔らかくなる．**2** 苦行する．

ma・ce・ro [ma.θé.ro / -.sé.-] 男 〔行列・儀式などで〕金頭杖[職杖(ほこ)]の捧持(ほうじ)者．

*****ma・ce・ta**¹ [ma.θé.ta / -.sé.-] 囡 **1** 植木鉢；鉢植え（の植物）．una 〜 de begonias ベゴニアの鉢．**2** 【植】散房花序．**3** 《ラ米》**(1)** （ライ゚）こん棒．**(2)** （ペ゚）花束．**(3)** ふくよかな女性，太った女性．**(4)** (* パ゚)(゚ピ゚) 《話》頭，頭髪．
estar por la maceta 《ラ米》(゚ピ゚)《話》きれいだ．
ser duro de maceta 《ラ米》(゚ピ゚)(゚ピ゚) どうしようもないばかである．

ma・ce・ta² [ma.θé.ta / -.sé.-] 囡 （小型の）金槌(钅)[木槌]，小槌；石工用の槌．— 男 《ラ米》**(1)** (゚ピ゚)けちな，しみったれた．**(2)** (゚ピ゚)(゚ピ゚)年老いた，よぼよぼの．[maza + 縮小辞]

ma・ce・te・a・do, da [ma.θe.te.á.ðo, -.ða / -.se.-] 形 《ラ米》(゚ピ゚)《話》強い，たくましい．

ma・ce・te・ro [ma.θe.té.ro / -.se.-] 男 **1** フラワー・スタンド，植木鉢台[ホルダー]．**2** 《ラ米》(゚ピ゚)(゚ピ゚)(゚ピ゚)(゚ピ゚)植木鉢．

ma・ce・tón [ma.θe.tón / -.se.-] 男 大きな植木鉢，プランター．[maceta + 増大辞]

ma・ce・tu・do, da [ma.θe.tú.ðo, -.ða / -.se.-] 形 《ラ米》(゚ピ゚)《話》脚が太く短い．

mac・far・lán [mak.far.lán] / **mac・fer・lán** [mak.fer.lán] 男 【服飾】インバネス，ケープ付きそでなしコート，マクファーレン．

macfarlán（インバネス）

mach [mátʃ, mák] 〖独〗 男 【物理】マッハ：音速を1とする速度の単位（略 M）．volar a 〜 10 マッハ10で飛ぶ．[オーストリアの物理学者 Ernesto Mach (1838-1916) の名に由来]

ma・cha [má.tʃa] 囡 《ラ米》**(1)** 【貝】マテガイ，ミゾガイ．**(2)** (゚ピ゚)(゚ピ゚)《話》男勝り．**(3)** (゚ピ゚)酩酊(゚ピ゚)．**(4)** (゚ピ゚)《話》冗談．

ma・cha・ca [ma.tʃá.ka] 男 《話》**1** うんざりさせる人，しつこい人；退屈な人，頑張り屋；（ときに〔軽蔑〕）単純な[大変な]仕事をする人．
— 男 【軍】従卒，従兵．— 囡 **1** 《話》うんざりさせる[しつこい]もの．**2** 退屈なもの．**2** → machacadera．
¡Dale, machaca! しつこいぞ：頑固者め，強情っ張りめ．

ma・cha・ca・de・ra [ma.tʃa.ka.ðé.ra] 囡 すりこぎ，乳棒；たたきつぶす道具．

ma・cha・ca・dor, do・ra [ma.tʃa.ka.ðór, -.ðó.ra] 形 たたきつぶす，すりつぶす；砕く，（突き）つぶす，粉砕する．— 男 砕く人[もの]，粉砕する人[もの]．
— 囡 砕石機，クラッシャー；すりつぶすもの（すりこぎとすりばち，マッシャーなど）．

ma・cha・can・te [ma.tʃa.kán.te] 男 **1** 《話》5ペセタ硬貨（= duro）．**2** 【軍】従卒，下士官付きの当番兵．**3** 《ラ米》(゚ピ゚)《話》お金，銭．

*****ma・cha・car** [ma.tʃa.kár] 他 **1** たたきつぶす，押しつぶす；たたき延ばす．〜 los ajos en un mortero 乳鉢でニンニクを突きつぶす．Hay que 〜 el hierro mientras está caliente.〖諺〗鉄は熱いうちに打て．
2 《話》たたきのめす，やっつける．〜 al enemigo 敵を粉砕する．**3** 《話》くたくたにさせる．Cinco horas de caminata nos *machacó*. 5時間歩いて僕らはへとへとになった．**4** 《話》頭にたたき込む，猛勉強する．*Machaqué* bien las matemáticas para aprobar el examen. 私は試験に合格するために数学を猛勉強した．**5** 痛めつける．**6** 【スポ】ダンクシュートをきめる．**7** 《話》しつこく繰り返す[せがむ]，くどくど言う．
— 自 《話》**1** 〔**en...** / **sobre...**〕…について〕しつこく繰り返す，固執する．
2 頭にたたき込む，猛勉強する．*Machacando se aprende el oficio.*〖諺〗習うより慣れろ．
— **～・se** 再 **1** 《話》〈金・時間などを〉無駄遣いする．
2 〈自分の体を〉痛めつける；自分を責める．
3 必死になる，とことんやる．
machacar la muela 《ラ米》(* ピ゚)《俗》食う．
machacar los oídos (de + 人）〈人の〉耳にこがうできるほど繰り返す．
machacársela オナニーをする．

ma・cha・cón, co・na [ma.tʃa.kón, -.kó.na] 形 《話》くどい，しつこい；うっとうしい．
— 男 囡 《話》くどい[しつこい]人，うざったい人．

ma·cha·co·ne·rí·a [ma.tʃa.ko.ne.rí.a] 囡《話》くどいこと, しつこさ.

ma·cha·da [ma.tʃá.ða] 囡 **1** 勇敢［大胆］な振る舞い, 豪気. **2**《話》ばかげたこと, 愚行. **3** 雄ヤギの群れ.

ma·cha·dia·no, na [ma.tʃa.djá.no, -.na] 形 アントニオ・マチャード（風）の.

Ma·cha·do [ma.tʃá.ðo] 固名 マチャード.（**1**）Antonio 〜 y Ruiz(1875-1939): スペインの98年世代の詩人. 作品 *Campos de Castilla*『カスティーリャの野』. → noventayochista.（**2**）Manuel 〜 (1847-1947). スペインの詩人, Antonio の兄.

ma·cha·do, da [ma.tʃá.ðo, -.ða]《ポ》（ブラ）《話》酒好きな, 飲んべえな. ── 男 斧(𝑜𝑛𝑜).

ma·cha·dor, do·ra [ma.tʃa.ðór, -.ðó.ra] 形《ラ米》《メヒ》（酒類の）酒癖が悪い.

ma·cha·mar·ti·llo [ma.tʃa.mar.tí.jo | -.ʎo]
a machamartillo（**1**）徹底して, 心底から; 確実に, きちんと. Creo a 〜 正真正銘のキリスト教徒. cumplir a 〜 一字一句間違えずに履行する.（**2**）頑固に, 執拗(𝑠ℎ𝑢𝑢)に. repetir a 〜 くどくど繰り返す.

ma·chan·go, ga [ma.tʃáŋ.go, -.ga] 形《話》（**1**）（ガ）がさつな, 下品な.（**2**）《キ》ばかな, 愚かな.

ma·cha·que [ma.tʃá.ke] 男 **1**《話》砕くこと, 粉砕. **2**《話》執拗さ, 強情. **3**《話》圧勝; 惨敗. **4**《話》猛勉強. **5**《話》激しい肉体疲労, 疲労困憊(𝑢𝑢𝑛𝑝𝑎𝑛).

machaque(-) / machaqué(-) → machacar.

ma·cha·que·ar [ma.tʃa.ke.ár]《ラ米》→ machacar.

ma·cha·que·o [ma.tʃa.ké.o] 男 **1** 砕くこと,（たたき）つぶすこと. **2**《話》執拗(𝑠ℎ𝑢𝑢)さ, 強情, しつこくせがむこと. **3**《話》たたきつけること, 完膚. **4**《話》へとへとに疲れること. **5**《話》猛勉強.

ma·cha·que·rí·a [ma.tʃa.ke.rí.a] 囡 → machaconería.

ma·char [ma.tʃár] 他 → machacar. ── 自《ラ米》《メヒ》《話》（女が）男のすることを好んでする. ── 〜*se*《ラ米》《ブラグ》《話》酔っぱらう.

ma·ché [ma.tʃé] 形 *papel maché* 紙粘土.

ma·che·ar [ma.tʃe.ár] 他《まれ》〈ヤシノキを〉受粉させる,〈雌を〉孕(𝑠ℎ𝑖𝑛)ませる. ── 自〈動物が〉雌よりも雄のほうを多く産む.

ma·che·ta [ma.tʃé.ta] 囡 肉切り包丁; 小斧.

ma·che·ta·zo [ma.tʃe.tá.θo / -.so] 男 マチェテを振うこと, マチェテによる切断［一撃］; マチェテによる傷.

ma·che·te¹ [ma.tʃé.te]
1 マチェテ, 山刀: 刈り取り・伐採・武器として, また山や密林で草木を切るために用いる. **2**（通常は兵士の持つ）長めのナイフ, 銃剣; 狩猟用ナイフ. **3**《ラ米》（**1**）（アルゼ）（衣服の）飾りひだ, ギャザー.（**2**）（ニチ）（先住民の）マチェテ.（**3**）《話》暇つぶし.（**4**）（アルゼ）（アワグ）カンニングペーパー.（**5**）（ボリブ）有能な人; 力持ち.（**6**）（*1* 当）《話》おたんず.

machete
（マチェテ）

ma·che·te² [ma.tʃé.te] 形《ラ米》《メヒ》《話》けちな, さもしい.

ma·che·te·ar [ma.tʃe.te.ár] 他 …にマチェテを振るう, マチェテで切る［刈り取る, 伐採する］. **2**《ラ米》（**1**）（ガ）《話》〈人に〉金をたかる［せびる］.（**2**）（*1* ム）（クア）ぞんざいにやる; やりかけにする.（**3**）（アルゼ）安売りする. ── 自 **1**《海》杭(𝑘𝑢𝑖)を打ち込む. **2**《ラ米》（**1**）（アルゼ）（ニチ）《話》しつこくする［言う］.（**2**）（ガ）精を出す; がり勉する.

ma·che·te·ro, ra [ma.tʃe.té.ro, -.ra] 男 囡 **1** マチェテで道を切り開く［サトウキビを刈り取る］人. **2**《ラ米》（**1**）（キ）革命兵士, ゲリラ.（**2**）（ガ）人夫, 労務者.（**3**）がり勉.（**4**）《話》無知な人; 乱暴な人.（**5**）（キ）（軽蔑）軍人. ── 形《ラ米》（キ）《話》無知の; 乱暴な.

ma·che·tiar [ma.tʃe.tjár] 82 他《ラ米》（プエリ）《話》殴る, 打つ.

ma·chi [má.tʃi] / **ma·chí** [ma.tʃí] 男《ラ米》（アルゼ）（チ）（先住民の）呪医(𝑗𝑢𝑖), 祈禱(𝑘𝑖𝑡𝑜𝑢)師; 妖術(𝑦𝑜𝑢𝑗𝑢𝑡𝑠𝑢)師.

ma·chi·ca [ma.tʃí.ka] 囡 comer 〜《ラ米》《メヒ》黙る.

ma·chi·cha [ma.tʃí.tʃa] 囡 マシーシャ: 20世紀初頭に流行じサンバの原型といわれるブラジルの舞踏.

ma·chie·ga [ma.tʃjé.ga] 形《昆》《女性形のみ》abeja 〜 女王蜂(𝑛𝑎𝑐𝑛𝑎𝑐ℎ𝑖).

ma·chi·hem·bra·do [ma.tʃjem.brá.ðo] 男（木工）実矧(𝑧𝑎𝑔)継ぎ, ほぞとほぞ穴で接合すること.

ma·chi·hem·brar [ma.tʃjem.brár] 他（木工）実矧(𝑧𝑎𝑔)で継ぐ, はめ合わせる.

ma·chín [ma.tʃín] 男 **1**《古語》粗野な男, 田舎者. **2**《まれ》[M-]《口神》キューピッド（= Cupido）. **3**《ラ米》（**1**）（メヒ）（チ）（ブラグ）《動》オマキザルの一種.（**2**）（アルゼ）（俗）内緒関係.

ma·chi·na [ma.tʃí.na] 囡 **1**（港・造船所の）大型クレーン, 起重機. **2** 杭(𝑘𝑢𝑖)打ち機. **3**《ラ米》（アルゼ）メリーゴーラウンド, 回転木馬.

ma·chis·mo [ma.tʃís.mo] 男 男尊女卑, 男性優位; マチスモ:（男らしさの誇示, 女らしくあることへのこだわり. ◆特にラテンアメリカのメスティーソ mestizo 社会の伝統的価値観. → marianismo.

ma·chis·ta [ma.tʃís.ta] 形 男尊女卑の.
── 男 囡 男尊女卑の人.

*ma·cho¹ [má.tʃo] 形 **1** 雄の（↔hembra）. gorrión 〜 雄のスズメ. la ardilla 〜 雄リス.
2 男性的な; 男らしい, 雄々しい.
3〈部品などが〉オスの. enchufe 〜 プラグ.
4 強い; 頑丈な. vino 〜 強いワイン. **5** ばかな, まぬけの. **6**《ラ米》大きい; すごい; ひどい.
── 男 **1**（動物の）雄;（植物の）雄株［花］.
2《話》たくましい［雄々しい］男.
3（**1**）《機》（各種部品の）オス. 〜 *de aterrajar*［*de rascar*］ねじタップ.（**2**）《機》プラグ, 差し込み.（**3**）（木材の）ほぞ. 〜 *y hembra* スナップの凸型部, 鉤(𝑘𝑎𝑔𝑖)ホックの爪. → hembra **3**.
4《建》控え壁, バットレス（= machón）.
5《俗》（呼びかけ）よお, おまえ, おまえ. ¡Joder, 〜! Es la hostia. なんだって, おまえ, そりゃないぜ.
6 とんま, まぬけ.
7 闘牛士の馬のひざ下の飾り房. **8**（馬などの尾の）付け根. **9**《ラ米》（**1**）（ガ）《話》（金髪の）外国人.（**2**）（ニチ）豚.（**3**）（アルゼ）《話》男勝り.（**4**）（アルゼ）（ボリ）（脱穀していない）穀粒.（**5**）（チル）《話》暇つぶし; 眠気.（**6**）（*1* 当）《料》レバ焼きの.
── 間投 なんてこった, なんだってんだ; お安い御用だ.

apretarse［*atarse*］*los machos* 心してかかる, 覚悟を決める; 勇気を出す.

macho cabrío 雄ヤギ.

no apearse del［*de su*］*macho*《ラ米》《*1* 当》（アルゼ）自分の誤りを認めない, 頑として一歩も譲らない.

pararle el macho（*a*＋人）《ラ米》（ニチ）（コロン）（ボリブ）（ボリ）/ *pararle los machos*（*a*＋人）《ラ米》（ニチ）《話》〈人〉を押さえる, 手綱を締める.

macho

[「雄」←〚ラ〛*masculus* 形「男の,力強い」(*mās*「男の」+縮小辞);関連 *masculino*.〚英〛*male*「男性(の),雄(の)」]

ma·cho² [má.tʃo] 男 **1**(鉄を鍛えるさいに用いる)大ハンマー. **2**(四角い)金敷,金床,またそれを載せる台.

ma·cho, cha [má.tʃo, -.tʃa] 形 《ラ米》《話》(1) (ラプ)とても大きな,巨大な. (2) (キ)頑固な,強情な.

ma·chón [ma.tʃón] 男 《建》片蓋柱,控え壁,バットレス.

ma·cho·na [ma.tʃó.na] 女《ラ米》(チリ)(ラプ)(キ)《話》男勝りの女;おてんば娘.

ma·cho·rra [ma.tʃó. řa] 女 **1** 不妊の雌. **2**《俗》《軽蔑》男のような女,男勝りの女.

ma·cho·ta¹ [ma.tʃó.ta] 女 槌,木槌.

ma·cho·ta² [ma.tʃó.ta] 女 **1** 男勝りの女,男のような女;勇気のある女. **2**《ラ米》(ドミ)《俗》魅力的な女性.
a la machota 《ラ米》《話》(1) (メキ)手荒く. (2) (ラプ)(ボリ)ぞんざいに.

ma·cho·te¹ [ma.tʃó.te] 形 男らしい,たくましい;勇ましい. ── 男《話》男らしい男,たくましく勇敢な男.

ma·cho·te² [ma.tʃó.te] 男 槌.

ma·cho·te³ [ma.tʃó.te] 男《ラ米》(1)(中米)下書き,草稿;ひな形. (2)(メキ)(坑内の)作業区域標識.

ma·chu·ca·do [ma.tʃu.ká.ðo] 男 → *machucadura*.

ma·chu·ca·du·ra [ma.tʃu.ka.ðú.ra] 女 (ぶつかったりつぶれたりした結果の)いたみ,傷;へこみ.

ma·chu·ca·mien·to [ma.tʃu.ka.mjén.to] 男 → *machucadura*.

ma·chu·car [ma.tʃu.kár] 102 他 **1**(ぶつけて・ぶつかって)傷める,傷をつける. **2** しわくちゃにする;ぺちゃんこにする(= *machacar*). **3**《ラ米》(1)(ラプ)(チリ)(メキ)(競馬で)(馬を)へとへとに疲れさせる. (2)(メキ)雑に洗濯する;さっと洗う.

ma·chu·cho, cha [ma.tʃú.tʃo, -.tʃa] 形 **1**《話》《軽蔑》若くない,年配の. **2** 慎重な,落ち着いた. **3**《ラ米》(チリ)(メキ)《話》老練な,老獪な.

ma·chu·cón [ma.tʃu.kón] 男《ラ米》→ *machucadura*.

Ma·chu Pic·chu [má.tʃu pí(k).tʃu, ma.- -] 固名 マチュピチュ:ペルーの Andes 山中の Inca の遺跡.1983年世界遺産に登録.

ma·ci·cez [ma.θi.θéθ / -.si.sés] 女 がっしりしていること,中身が詰まっていること;堅固.

ma·cie·ga [ma.θjé.ɣa / -.sjé.-] 女《ラ米》(ラプ)低木の茂み,やぶ.

ma·ci·len·to, ta [ma.θi.lén.to, -.ta / -.si.-] 形 **1**(顔や皮膚が)蒼白な,生白い,やつれた. *rostro* ~ やつれた顔. **2**(光が)弱々しい,ほのかな.

ma·ci·llo [ma.θí.ʝo ‖ -.ʎo / -.sí.-] 男 (ピアノの)ハンマー;(打楽器の)ばち,スティック,マレット.
[*mazo* + 縮小辞]

ma·cis [má.θis / -.sis] 女《単複同形》メース:ナツメグの種皮で香辛料.

ma·ci·zar [ma.θi.θár / -.si.sár] 97 他〈すき間を〉埋める,詰め物をする,ふさぐ. ── 自 (魚釣りで)餌をまく.

ma·ci·zo, za [ma.θí.θo, -.θa / -.sí.so, -.sa] 形 **1** 中身の詰まった;空洞でない;めっきでない. **2** がっしりした,頑丈な. *hombre* ~ たくましい男. *mueble* ~ がっしりとした家具. **3**《ラ米》(体つきが)魅力的な,グラマーな;性的魅力のある,セクシーな. **4**(論旨などが)堅固な,確かな. *argumento* ~ しっかりとした論旨.

── 男 女 肉感的な人,体つきが魅力的な人.

── 男 **1** 塊. **2**《地理》山塊. **3**(公園・庭の)花壇,植え込み. **4** 木立,茂み. **5**《建》(1) 壁の開口部の間の部分. (2) 建築物の集合体. **6**(魚釣り用の)えさ,練り餌(どん). (チリ)(ラプ)(樽(た)に入った)イワシ.

── 副《ラ米》(キ)(メキ)早く,速く.
[*masa* (←〚ラ〛*māssa*) より派生]

ma·cla [má.kla] 女 **1**《鉱》双晶,十字形結晶. **2**《紋》ひし形紋.

ma·co·lla [ma.kó.ja ‖ -.ʎa] 女 **1** 株;(一つの株から生えた植物の)茎,穂,葉. **2**《ラ米》(ラプ)(1) 一族,血族. (2)《話》金.

ma·con·do [ma.kón.do] 男《ラ米》(コロ)バンヤノキ.

ma·co·ya [ma.kó.ja] 女《ラ米》(キ)《話》(1) 一門,クラン,首謀者の集まり. (2)《隠》お金.

ma·cra·mé [ma.kra.mé] 〚仏〛男 マクラメ(レース),マクラメ編み;マクラメ編み糸[ひも].

ma·cro [má.kro] 男《IT》マクロ:特定の操作手順をプログラムとして記述し自動化する機能.

macro- 「大きい,長い」の意の造語要素.母音の前では *macr-*. ← *macrocosmo*, *macruro*. [←〚ギ〛]

ma·cró [ma.kró] 男《ラ米》(ペル)(ラプ)《俗》ひも,ぽん引き.

ma·cro·bió·ti·co, ca [ma.kro.βjó.ti.ko, -.ka] 形 長寿食の,自然食(指向)の.
── 男 女 マクロビオティック[自然食法]を実践する人.
── 女 マクロビオティック,自然食法,長寿法.

ma·cro·ce·fa·lia [ma.kro.θe.fá.lja / -.se.-] 女《医》大頭症.

ma·cro·cé·fa·lo, la [ma.kro.θé.fa.lo, -.la / -.sé.-] 形 **1**《医》大頭(症)の. **2** 頭でっかちの.

ma·cro·con·cier·to [ma.kro.kon.θjér.to / -.sjér.-] 男 大規模コンサート.

ma·cro·cos·mo [ma.kro.kós.mo] 男《主に複数で》大宇宙,大世界. → *microcosmo*.

ma·cro·e·co·no·mí·a [ma.kro.e.ko.no.mí.a] 女 マクロ経済学.

ma·cro·e·co·nó·mi·co, ca [ma.kro.e.ko.nó.mi.ko, -.ka] 形 マクロ経済(学)の.

ma·cro·en·cues·ta [ma.kro.eŋ.kwés.ta] 女 大規模アンケート.

ma·cro·es·truc·tu·ra [ma.kro.es.truk.tú.ra] 女 マクロ構造.

ma·cro·fa·go, ga [ma.kró.fa.ɣo, -.ɣa] 形《生物》大食細胞の.
── 男《生物》(1) マクロファージ,大食細胞. (2)(自分より)大きな獲物を食べる動物.

ma·cro·fies·ta [ma.kro.fjés.ta] 女 大規模な祭り[パーティー].

ma·cro·fo·to·gra·fí·a [ma.kro.fo.to.ɣra.fí.a] 女 拡大撮影(術),接写;拡大写真.

ma·cro·fun·ción [ma.kro.fun.θjón / -.sjón] 女《IT》マクロ. → *macro*.

ma·cro·ga·me·to [ma.kro.ɣa.mé.to] 男《生物》大配偶子.

ma·cro·glo·bu·li·ne·mia [ma.kro.ɣlo.βu.li.né.mja] 女《医》マクログロブリン血症.

ma·cro·ins·truc·ción [ma.kroins.truk.θjón / -.sjón] 女《IT》マクロ. → *macro*.

ma·cro·mo·lé·cu·la [ma.kro.mo.lé.ku.la] 女《化》高分子,巨大分子.

ma·cro·mo·le·cu·lar [ma.kro.mo.le.ku.lár] 形《化》高分子の,巨大分子の.

ma·cros·có·pi·co, ca [ma.kros.kó.pi.ko, -.ka] 形 肉眼で見える (↔ *microscópico*).

ma·cro·so·mí·a [ma.kro.so.mí.a] 女《医》巨人

maderón

ma·cro·son·de·o [ma.kro.son.dé.o] 男 大規模(世論)調査.

ma·cros·po·ra [ma.kros.pó.ra] 女 『植』大胞子, (シダ類の)雌性配偶体.

ma·cros·po·ran·gio [ma.kros.po.ráŋ.xjo] 男 『植』大胞子囊(のう).

ma·cru·ro, ra [ma.krú.ro, -.ra] 形 『動』(甲殻類について)長尾類の, 長尾の.
— 男 長尾類の動物; 《主に複数で》長尾類.

mac·su·ra [mak.sú.ra] 女 『宗』マクスーラ: モスクの支配者や指導者専用礼拝施設.

ma·cua·che [ma.kwá.tʃe] 男 女 《ラ米》《ᄱᅥᄀ》《話》無能な人, 役立たず.

ma·cua·rro [ma.kwá.r̄o] 男 《ラ米》《ᄱᅥᄀ》《話》(1) 石工, 左官, タイル職人. (2) 粗野な貧乏人.

ma·cu·ba [ma.kú.ba] 女 1 (カリブの Martinica 島マクーバ産の)タバコ(葉).
2 『昆』ジャコウカミキリ; 鞘翅(しょうし)目, 甲虫の一種.

ma·cu·co, ca [ma.kú.ko, -.ka] 形 《ラ米》《話》(1) (칠)すばらしい. (2) (칠)悪賢い. (3) (칠)ばかでかい, 育ちすぎた. (4) (페ᄅ)古い, 使えない. (5) (구ᅡ)年老いた.
— 男 《ラ米》《구ᅡ》《칠》《니ᄅ》体格のいい若者.

ma·cuen·co, ca [ma.kwéŋ.ko, -.ka] 形 《ラ米》《話》(1) (구ᅡ)とても大きい, 並外れた; すばらしい. (2) (팔)やせた, やせ細った. (3) (볼)役に立たない, 無能な.

má·cu·la [má.ku.la] 女 1 《文章語》染み, 汚れ; 汚点 (比喩的にも用いられる) (= mancha). 2 『解剖』(網膜の)黄斑(こうはん)(= ~ lútea). 3 『天文』(太陽の)黒点 (= mancha solar). 4 《古》まやかし, いんちき.

ma·cu·lar [ma.ku.lár] 他 1 染みをつける, 汚す.
2 〈名声などを〉きずつける, 汚(けが)す.

ma·cu·la·tu·ra [ma.ku.la.tú.ra] 女 『印』刷り損ねた[染みのついた]紙, 刷り損じ.

ma·cun·da·les [ma.kun.dá.les] 男 《複数形》《ラ米》《굴》《니ᅥᄋ》用具, 道具.

ma·cu·que·ro [ma.ku.ké.ro] 男 (廃坑の)盗掘者.

ma·cu·qui·no, na [ma.ku.kí.no, -.na] 形 1 〈金・銀貨が〉(鋳造ではなく打ち出して切ったものであるために)縁のしっかりしていない, 縁にぎざぎざや装飾のない. moneda *macuquina* ポトシで16世紀から18世紀までつくられ, 19世紀初めまで流通していた打ち出し金貨[銀貨]. 2 《ラ米》《구ᄅ》《話》とてつもなく大きい.

ma·cu·te·no, na [ma.ku.té.no, -.na] 男 女 《ラ米》《구ᄅ》《俗》泥棒, こそ泥, すり.

ma·cu·to [ma.kú.to] 男 1 『軍』(兵士の)背囊(はいのう); (一般に)リュックサック. 2 《ラ米》《구ᄅ》《구ᅡ》《니ᅥᄋ》物いい袋, (구ᅡ)ずだ袋.

Ma·da·gas·car [ma.ða.gas.kár] 固名 マダガスカル: アフリカ南東部の民主共和国. 首都 Antananarivo.

ma·da·le·na [ma.ða.lé.na] 女 (菓子の)マドレーヌ.

ma·da·ma [ma.ðá.ma] 女 1 娼家(しょうか)の女将(おかみ).
2 《ときに皮肉を伴って》マダム, 奥様, 夫人. 3 《ラ米》(1) (구ᅡ)産婆, 助産婦. (2) (칠)『植』ホウセンカ. [← 《仏》*madame*]

ma·da·po·lán [ma.ða.po.lán] 男 マダポラン綿布: 主に英国で生産される高級平織り生地, 元来はインド産の厚地キャラコ.

Ma·da·ria·ga [ma.ða.rjá.ga] 固名 マダリアーガ Salvador de ~ (1886–1978): スペインの外交官・文筆家.

ma·dei·ra [ma.ðéi.ra] 男 1 マデイラ: (ポルトガルの)マデイラ島産の甘口ワイン. 2 マデイラワイン1杯.

Ma·dei·ra [ma.ðéi.ra] 固名 マデイラ(島): アフリカ北西岸沖にあるポルトガル領の島.
[← 《ポルトガル》*Madeira* (← *madeira*「樹木」; この島が密林に覆われていたため)]

ma·de·ja [ma.ðé.xa] 女 1 (糸の)綛(かせ), ひと綛分の長さ(の糸). Compré tres ~s de lana. 私は毛糸を3玉買った. 2 (女性の)長い髪.
— 男 《話》怠け者, のらくら者.
enredar [liar] la madeja 紛糾させる, (事態を)ややこしくする.
madeja de nervios 『解剖』神経繊維束.

**ma·de·ra [ma.ðé.ra] 女 1 木材, 材木; (樹木の)木質. de ~ 木製の. El cerezo tiene una ~ dura. 桜は硬い木質をもつ. ~ seca 乾燥木材. ~ de pino [roble] 松[カシ]材. ~ contrachapada 合板, ベニヤ板. ~ en rollo 丸太. ~ preciosa 高級木材. ~ alburente 白太(しらた), 辺材. ~ de construcción 建築用木材. depósito de ~ 材木置き場. instrumentos musicales de ~ 木管楽器. fibras de ~ 木質繊維.
2 《主に tener +》才能, 資質. *Tiene* ~ *de músico*. 彼は生まれつきの音楽家である. *No tengo ninguna* ~ *de héroe*. 僕は英雄なんて柄じゃない.
3 『音楽』《総称的に》木管楽器. 4 《スポ》(ゴルフの)ウッド. 5 《スペイン》《俗》警察. 6 《ラ米》《구ᄅ》《話》お世辞, おべっか, へつらい.
a media madera 『技』『建』殺(そ)ぎ接ぎの.
madera del aire (動物の)角.
madera fósil 褐炭.
ser de la misma madera que... …と同じ性格[性質]である.
tocar madera 《話》(不吉な言動・予測に接してそれを)避けられるよう願う. *Toquemos ~*. くわばらくわばら.
tono madera 材木色, ウッド調.
[← 《ラ》*māteriam* (*māteria* の対格)「木材; 物質; 題材」(→ materia), 《関連》《スペイン》《英》*material*. 《英》*matter*]

Ma·de·ra [ma.ðé.ra] 固名 → Madeira.

ma·de·ra·ble [ma.ðe.rá.ble] 形 用材[材木]として利用できる. bosque ~ 用材林.

ma·de·ra·da [ma.ðe.rá.ða] 女 いかだに組むなどして川を運ばれる1回分の原木.

ma·de·ra·je [ma.ðe.rá.xe] / **ma·de·ra·men** [ma.ðe.rá.men] 男 《集合的に》1 (一棟の建築物を作るのに必要な)材木(全体), (建築)用材.
2 (建造物の)木造部分.

ma·de·re·rí·a [ma.ðe.re.rí.a] 女 材木置き場, 貯木場; 材木屋.

ma·de·re·ro, ra [ma.ðe.ré.ro, -.ra] 形 製材の[に関する], 木材の. industria *maderera* 製材業.
— 男 1 製材業者, 材木商. 2 (木材を運搬する)いかだ師, 木材運搬人.

ma·de·ro [ma.ðé.ro] 男 1 材木, 角材. 2 丸太, 原木. 3 《スペイン》《俗》警官, お巡り. 4 《話》間抜け, ばか. 5 船.

Ma·de·ro [ma.ðé.ro] 固名 マデロ. Francisco Indalecio ~ (1873–1913). メキシコ革命の指導者, 大統領 (1911–13).

ma·de·rón [ma.ðe.rón] 男 乾燥させた果実の外殻を砕いて樹脂などで固め圧縮加工した素材.

ma·dia·ni·tas [ma.dja.ní.tas] 男《複数形》〖聖〗ミディアン人：アラビア北西部にいた古代の遊牧民族〈創125：2〉.

ma·do·na [ma.dó.na] 女 (絵画・彫刻に表された)聖母マリア(像), マドンナ. [←〖伊〗*madonna*] *de la madona*〈ラ米〉〈ラプ〉〖話〗とてもいい.

ma·dor [ma.dór] 男〖文章語〗(にじみ出た[じっとりかいた])汗, 汗ばむこと.

ma·do·ro·so, sa [ma.ðo.ró.so, -.sa] 形 汗ばんだ.

ma·drás [ma.drás] 男 マドラス木綿, 薄手の木綿の布地.

ma·dra·sa [ma.drá.sa] 女 → madraza².

ma·dras·tra [ma.drás.tra] 女 **1** 継母, 義母. **2** 子供につらく当たる母親. **3** 厄介物, 困り物.

ma·dra·za¹ [ma.drá.θa / -.sa] 女〖話〗子供にとても優しい母親.

ma·dra·za² [ma.drá.θa / -.sa] 女 (イスラムの)高等教育機関. [←〖アラビア〗*madrasa*]

ma·dra·zo [ma.drá.θo /-.so] 男〈ラ米〉**(1)**〈ラプ〉〖話〗母親を持ち出しての侮辱. **(2)**〈メシ〉強い殴打.

***ma·dre** [má.dre] 女 **1** 母, 母親; 雌親 (↔padre). ～ *de dos hijos* 2児の母. ～ *adoptiva* 養母. ～ *política*〈婉曲的〉義母, 姑 (=suegra). ～ *soltera* 未婚の母. ～ *de familia* (子供のいる)一家の主婦. ～ *de leche* 乳母. ～ *de alquiler* 代理母. *futura* ～ 妊婦. ～ *de Dios* 聖母マリア. *día de la* ～ 母の日. ▶名詞と同格の形容詞として用いられることもある. ↠ *reina* ＝ 皇太后. ～ *naturaleza* 母なる自然. ～ *perra* ＝ 母犬.

2 源, 原因, 起源. ～ *patria* 母国; 本国(中南米から見たスペイン). *lengua* ～ 祖語 (▶名詞として形容詞的に用いられる). *La ociosidad es la* ～ *de todos los vicios.*〖諺〗小人閑居して不善をなす(←無為は悪徳のもと).

3〖修道女に対する敬称〗マザー. ～ *superiora* 女子修道院長. *la M*～ *Teresa* マザー・テレサ.

4《諺》(古人のように)親切な女性; 《ユーモラスに》親切すぎる人. **5**〖呼びかけ〗〖親愛語〗おばさん, おばあさん. *la* ～ *Juana* フアナばあさん. **6** 河床. **7** 用水路の本流; 下水紋路. **8** (ワイン産物などの)おり, かす, 沈殿物. **9**〖解剖〗子宮 (=matriz). **10**〖機〗軸, 心棒. **11**〈ラ米〉**(1)**〈ラプ〉かさぶた. **(2)**〈コス〉炭焼き用の薪(ﾀ). **(3)**(*ﾒﾊ*)〖俗〗セクシーな女.

— 形〈ラ米〉〈コス〉〖話〗ひどい, すごい.

¡Bendita sea la madre que te parió!〖俗〗よくやった, いいぞ.

como su madre lo trajo [echó] al mundo〖話〗素っ裸で, 生まれたままの姿で.

de puta madre〖俗〗すごい, いかす, 最高の.

la madre del cordero〖話〗核心, 要点; 難点. *Ahí está la* ～ *del cordero de todos los problemas.* そこに全ての問題の核心がある.

la madre que me [te, lo...] parió〖俗〗〖怒り・不快〗この野郎, ちくしょう; 〖賞賛〗よくやった.

¡Madre (mía)! / ¡Mi [Tu, Su] madre!〖話〗〖驚き・嘆嘆・不快〗おやまあ, へえ驚いた, なんてこった!

nombrar [mentar] a la madre a+人〈母親を持ち出して〉〈人〉を侮辱する.

no tener madre〈ラ米〉(*ﾒﾊ*)〈ｸﾞｱ〉〖話〗恥知らずである.

sacar de madre a+人〖話〗〈人〉を憤慨させる, いらいらさせる.

salirse de madre **(1)** (川が)氾濫(はん)する. **(2)**〖話〗限度を越える; 羽目をはずす.

[←〖ラ〗*mātrem* (*māter*の対格); 関連 madrastra,

materno, *matrimonio*, *metrópoli*. 〖ポルトガル〗*mãe*. 〖仏〗*mère*. 〖伊〗*madre*. 〖英〗*mother*, *maternal*「母の」, *maternity*. 〖独〗*Mutter*]

ma·dre·a·da [ma.dre.á.ða] 女〈ラ米〉(*ﾒﾊ*)〖話〗母親を持ち出しての侮辱.

ma·dre·ci·lla [ma.dre.θí.ja ‖ -.ʎa / -.sí.-] 女〖鳥〗卵管.

ma·dre·jón [ma.dre.xón] 男〈ラ米〉〈ラプ〉(水の干上がった)川.

ma·dre·ña [ma.dré.ɲa] 女 木靴.

ma·dre·per·la [ma.dre.pér.la] 女〖貝〗真珠貝.

ma·dré·po·ra [ma.dré.po.ra] 女〖動〗イシサンゴ, ミドリイシ: 熱帯産腔腸(こう)動物.

ma·dre·po·ra·rios [ma.dre.po.rá.rjos] 男《複数形》〖動〗イシサンゴ目.

ma·dre·pó·ri·co, ca [ma.dre.pó.ri.ko, -.ka] 形〖動〗イシサンゴの, ミドリイシの.

ma·dre·ro, ra [ma.dré.ro, -.ra] 形 母親べったりの, 母親に甘える, お母さん子の.

ma·dre·sel·va [ma.dre.sél.ba] 女〖植〗スイカズラ類の総称.

***Ma·drid** [ma.ðríð] 固名 **マドリード**. **(1)** スペインの首都. ♦イベリア半島のほぼ中心に位置する. イスラム支配下で Mageritと呼ばれた. 1083年にキリスト教徒が奪回. 1561年 Felipe 2世が首都に定める. **(2)** スペイン中北部の県; 県都. **(3)** Comunidad de Madrid 自治州 (→autónomo).

[←〖古スペイン〗*Madrit*←〖俗ラ〗**Matrice*(「わき水, 水源」が原義) ←〖ラ〗*mātrīx*「源」; 〖アラビア〗文献では *Majriṭ*, 〖中ラ〗文献では *Mageritum* の形で表れる]

ma·dri·dis·mo [ma.ðri.ðís.mo] 男 (スペインのサッカーチーム) レアル・マドリード Real Madrid びいき.

ma·dri·dis·ta [ma.ðri.ðís.ta] 形 (スペインのサッカーチーム) レアル・マドリード Real Madrid の.
— 男女 レアル・マドリードのファン[選手].

ma·dri·ga·do, da [ma.ðri.gá.ðo, -.ða] 形 **1**〖女性形〗(女性が)再婚の. **2**〖男性形〗(動物, 特に雄牛の)すでに子のいる. **3** 経験豊かな.

ma·dri·gal [ma.ðri.gál] 男 マドリガル, マドリガーレ. **(1)**〖詩〗14世紀イタリアで生まれ, 16-17世紀にヨーロッパで流行した叙情的・牧歌的な短詩. **(2)**〖音楽〗16世紀を中心にイタリア・スペイン・イギリスで作られたポリフォニーによる叙情的な声楽曲.

ma·dri·ga·les·co, ca [ma.ðri.ga.lés.ko, -.ka] 形〖詩〗マドリガルの, 牧歌的な, 恋歌調の; 〖音楽〗マドリガル風の. **2** 繊細な, 甘美な; 情愛の表現が繊細で優しい.

ma·dri·ga·lis·ta [ma.ðri.ga.lís.ta] 男女 **1**〖詩〗マドリガル詩人. **2**〖音楽〗マドリガル歌手.

ma·dri·gue·ra [ma.ðri.ɣé.ra] 女 **1** (ウサギ・キツネ・アナグマなど小動物の)巣穴. **2**〖話〗(悪党などの)隠れ家, 巣窟.

ma·dri·le·ñis·ta [ma.ðri.le.ɲís.ta] 形 マドリードびいき[通]の. — 男女 マドリードびいき[通]の人.

***ma·dri·le·ño, ña** [ma.ðri.lé.ɲo, -.ɲa] 形 マドリードの. *la vida [noche] madrileña* マドリードにおける暮らし[夜].
— 男女 マドリードの住民[出身者].

ma·dri·les [ma.ðrí.les] 男《複数形》《*los*+》〖話〗マドリード. *Vamos a dar un paseo por los* ～. マドリードを散策しよう.

***ma·dri·na** [ma.ðrí.na] 女 **1**〖カト〗(洗礼に立ち会う) **代母, 名(付け)親**; (プロテスタントの)教母; (結婚式で)新郎の付添人 (♦スペインではふつう花嫁の

maestranza

母親が務め, 挙式の証人にもなる). → padrino, comadre. **2** (女性の)後援者, 後見人; 庇護者. **3** (催し物・行事の)女性の主役; 主催者. la ~ en la botadura de un barco 進水式の祝福役. la ~ de la inauguración 開会式の主賓. **4** 柱, 支柱; 《海》(舷縁の)支え, スタンション. **5** (馬の群れを先導する)雌馬. **6** 2頭の馬の馬銜(はみ)をつなぐ革ひも. **7** 《ラ米》(1)《ミミゲン》(ポ) 《スポ》(競馬の)伴走雌馬. (2) 《アデン》《アヅ》《ネネ〉飼い慣らしのために一緒につないでおくおとなしい動物.
madrina de guerra 戦時代母:戦地の兵士に手紙・慰問袋などを送る女性.

ma·dri·naz·go [ma.ðri.náθ.go / -.nás.-] 男 **1** 代母[教母]であること[の役目]; 代母[教母]になること. **2** 後援, 支持, うしろだて.

ma·dro·na [ma.ðró.na] 女 **1** 下水本管. **2** 《古語》→ matrona. **3** → madraza¹.

ma·dron·ci·llo [ma.ðron.θí.jo ‖ -.ǀo / -.sí.-] 男 《植》イチゴ.

ma·dro·ñal [ma.ðro.ɲál] 男 マドロニョ[イチゴノキ]の林.

ma·dro·ñe·ra [ma.ðro.ɲé.ra] 女 **1** → madroñal. **2** マドロニョ(の木).

ma·dro·ño [ma.ðró.ɲo] 男 **1** 《植》ヤマモモ, マドロニョ, イチゴノキ:ツツジ科アルブツス属の低木. **2** マドロニョの実の形をした丸い飾り房. **3** 《ラ米》《植》(1) 《アカ》アカネ科カリコフィリウム属の木. (2) 《メキ》ユリ, ユリの花;ツツジ科の花.

madroño (ヤマモモ:熊とともにマドリードのシンボル)

ma·dru·ga·da [ma.ðru.ɣá.ða] 女 **1** 深夜(0時以降早朝までの時間帯). de la ~ 深夜の. El avión llegará a primeras horas de la ~. 飛行機は深夜1−2時ごろに到着するでしょう. **2** 明け方, 夜明け(=amanecer). desde la ~ hasta la medianoche 早朝から深夜まで. de ~ (=al amanecer). Bailamos hasta la ~. 私たちは明け方まで踊っていた. **3** 早起き.

ma·dru·ga·dor, do·ra [ma.ðru.ɣa.ðór, -.ðó.ra] 形 **1** 朝早く起きる, 早起きの. **2** 早い時間[時期]における, 早めの. ― 男 早起きする人.

ma·dru·gar [ma.ðru.ɣár] 自 **1** 早起きする. A quien *madruga*, Dios le ayuda. 《諺》早起きは三文の得(←早起きする者を神は助ける). No por mucho ~ amanece más temprano. 《諺》果報は寝て待て(←早起きしても早く夜が明ける訳ではない). **2** 先手を打つ, 機先を制する. **3** 早い時間[時期]に起こる.
― 他 《ラ米》《プネン》《ヂヤ》出し抜く, 先んずる.
[←《古スペイン》*madurgar* ←《俗ラ》*māturīcāre* ←《ラ》*mātūrāre* 「成熟させる;速める;急ぐ」 (→madurar). 〈関連〉maduro. 〈英〉mature]

ma·dru·gón, go·na [ma.ðru.ɣón, -.ɣó.na] 形 → madrugador.
― 男 《話》(いつにない)早起き. darse [pegarse] ~ 思い切って早起きする, 珍しく早起きする.

ma·dru·go·na·zo [ma.ðru.ɣo.ná.θo / -.so] 男 《ラ米》《ネ*ネ*》《話》軍部による無謀なクーデター[企て].

madrugue(-) / madrugué(-) 活 → madrugar.

ma·du·bí [ma.ðu.βí] 男 《ラ米》《ナナ*ア*》《植》落花生, ピーナッツ.

ma·du·ra·ción [ma.ðu.ra.θjón / -.sjón] 女 **1** 成熟, 熟れること, 熟れること. **2** 《医》化膿(のっ)すること.

ma·du·ra·de·ro [ma.ðu.ra.ðé.ro] 男 果物を熟成させるための場所.

ma·du·ra·men·te [ma.ðú.ra.mén.te] 副 熟慮して分別をもって;大人らしく.

ma·du·rar [ma.ðu.rár] 他 **1** 成熟[完熟]させる, 熟れさせる. **2** 《医》化膿(のっ)させる. **3** (計画などを)練り上げる, 完成させる. ~ un proyecto 企画を練る. ― 自 **1** 熟す, 熟れる, 熟成する. Las uvas ya *han madurado*. ブドウはもう熟した. **2** 分別がつく, (肉体・精神的に)成熟する. **3** 《医》膿む, 化膿する.

ma·du·ra·ti·vo, va [ma.ðu.ra.tí.βo, -.βa] 形 熟成[成熟]させる;《医》化膿(のっ)を促す.
― 男 《話》懐柔策, (嫌がっていることをやらせるための)説得, 説き伏せること.

ma·du·rez [ma.ðu.réθ / -.rés] 女 **1** 成熟, 完熟;食べごろ. **2** 大人であること, 分別がつくこと, 成熟. **3** 分別(盛り), 円熟[成熟]期;壮年期.

ma·du·ro, ra [ma.ðú.ro, -.ra] 形 **1** (果実などが)熟した, 熟れた. pera muy *madura* よく熟れた洋ナシ. poco ~ 十分に熟していない.
2 円熟した, 経験を積んだ;分別のある. una persona muy [poco] *madura* 熟練した[未熟な]人. **3** 中年[壮年]の;〈青年が〉大人びた. de edad *madura* 中年[壮年]の. hombre ~ 男盛りの人. **4** 《計画・考えが》熟慮[熟考]した, 思慮深い;完成した. El proyecto ya está ~. 計画はすでに十分に練り上げられた. **5** 《医》《estar +》化膿(のっ)した, 〈できものなどが〉膿(う)みがたまった. **6** 《ラ米》《*ネ*》《ヅン》《話》さんざんめあった.
― 男 《ラ米》《ゲン》《*ネ*》《ヅン》《ネネ〉熟れたバナナ.
[←《ラ》*mātūrum* (*mātūrus* の対格). 〈関連〉madrugar, mañana, matinal. 〈英〉*mature* 「成熟した」]

Ma·els·trom [ma.els.tróm] 男 モスケンの大渦巻き:ノルウェー北西岸沖 Mosken 島付近の大渦巻き.
[←《中オランダ》*maelstroom* (*malen* 「砕く」 + *stroom* 「流れ」)]

ma·e·sa [ma.é.sa] 形 《昆》*abeja* ~ 女王蜂(ぼち).
― 女 女王蜂.

ma·e·se [ma.é.se] 男 《古語》師匠;親方(▶通常個有名詞に前置して用いる). el Retablo de M~ Pedro ペドロ親方の人形芝居 (♦*Don Quijote* 中の挿話).

ma·es·to·so [ma.es.tó.so] 《伊》副 《音楽》マエストーソ, 荘厳に, 堂々と.

ma·es·tra [ma.és.tra] 女 → maestro.

Ma·es·tra [ma.és.tra] 固名 *Sierra* ~ マエストラ山脈:キューバ南東部の山脈. ♦1956年 Castro を中心とする革命軍が立てこもり, Batista 政権打倒闘争を展開した.

ma·es·tral [ma.es.trál] 形 **1** 教員の.
2 騎士団長の, 騎士団の管轄区域の. **3** 見事な, 立派な, すばらしい (=magistral). **4** 《海》北西風の.
― 男 **1** 女王蜂(ぼち)の巣房, 王台. **2** 《海》(地中海特有の)北西風, マエストラーレ, ミストラル.

ma·es·tran·te [ma.es.trán.te] 男 貴族の乗馬クラブの会員.

ma·es·tran·za [ma.es.trán.θa / -.sa] 女 **1** (元

maestrazgo

来, 乗馬と武器さばきを教えた)貴族の乗馬クラブ, 騎士養成所. **2**《軍》工廠(ﾅﾔｳ), 軍需工場;《集合的》工廠の労働者. **3**《ラ米》《鉄》《鉄道》(機関車の)組立[修理]工場.

ma·es·traz·go [ma.es.tráθ.go / -.trás.-] 男 騎士団長の地位; 騎士団の所領[管轄区域].

ma·es·tre [ma.és.tre] 男 **1** 騎士団長. el ～ de Santiago サンティアゴ騎士団長. gran ～ (騎士団の)団長. **2**《海》(昔の商船の)副船長.
maestre coral 楽長, 奇術.
maestre de campo (昔の)歩兵[騎兵]連隊長, 部隊長: 現在の coronel に相当.
maestre racional (昔のアラゴン王国の)財務長官[大臣].

ma·es·tre·ar [ma.es.tre.ár] 他 **1** (霜の被害に合わないように)《ブドウの木を》剪定(ﾃﾃｲ)する. **2**《建》木摺(ｽﾘ)を置く; 定期摺りする, 平らなもので壁土などをならす. **3** 命じる, 操る.
— 自《話》教師面(ﾂﾗ)をする, 教師風(ﾌｳ)を吹かす.

ma·es·tre·sa·la [ma.es.tre.sá.la] 男 **1** (昔の)毒味役. **2** 給仕長, メートル・ドテル.

ma·es·tres·cue·la [ma.es.tres.kwé.la] 男 **1** (昔の司教座聖堂の)神学教授職. **2** (昔の大学で)総長.

ma·es·trí·a [ma.es.trí.a] 女 **1** (職人などの)巧みさ, 熟練, うまさ, 見事な手さばき. pintar con ～ 上手に絵を描く. **2** 師匠[教師]の資格[身分], 技師[教員]資格. **3**《ラ米》(大学院の)修士課程. Consiguió la ～ en informática. 彼[彼女]は情報処理(学)の修士号を取った.

ma·es·tril [ma.es.tríl] 男 女王蜂(ﾊﾁ)の巣房, 王台.

ma·es·tri·llo [ma.es.trí.jo || -.ʎo.] 男《軽蔑》(へぼ)教師. Cada ～ tiene su librillo.《諺》十人十色—それぞれに自分のやり方がある].

★★ma·es·tro, tra [ma.és.tro, -.tra] 形 《名詞+》 **1** 主な, 主要な, 中心となる; 基本的な. líneas *maestras* del plan 計画の大綱. llave *maestra* マスターキー. plan ～ マスタープラン. viga *maestra*《建》大梁(ﾊﾘ).
2 (ser+) 熟練した, 巧みな; 優れた. una obra [pieza] *maestra* 傑作, 名作. con [de] mano *maestra* うまく, 巧みに. golpe ～ 腕のさえ, 神技. **3** 飼い慣らされた, 訓練された. perro ～ 調教された犬.
— 男 女 **1** (主に小学校の)教師, 教諭. ～ de escuela 小学校教諭. ～ jardinero 幼稚園の教諭. ～ de danza ダンス教師. ⇒ profesor 類語.
2 師, 師匠, 親方; 名人, 名工. ser (un) ～ (consumado) en [de]... …の名人である. ～ fallero ファリャ falla の製作者. ～ de armas [esgrima] 剣術師範. ～ de cocina 料理長, シェフ. ～ sastre 仕立屋の主人. ～ de obras 建築現場の親方, 棟梁(ﾄｳ ﾘｮｳ).
3 (芸術上の)巨匠, 大家, マエストロ. el ～ Rodrigo 大作曲家ロドリゴ. los grandes ～s de la pintura 絵画の巨匠たち.
4《闘牛》闘牛士. **5**《チェス》マスター. gran ～ グランドマスター. **6**《ラ米》修士.
— 男 **1**《俗》(年長者同士の親しい呼びかけ)やあ, 君. **2**《海》メーンマスト.
maestro de artes《古語》文学士.
maestro de capilla (作曲も兼ねる)教会[聖堂]付合唱団長.
maestro de ceremonias (儀式の)司会者; 儀典長. ejercer de ～ *de ceremonias* 司会を務める.
[←〘ラ〙 *magistrum* (*magister* の対格)「長官; 教

師」(→ magister); *magis* より派生,「目上の人」が原義; 反対語は ministro (←〘ラ〙 *minister*「しもべ」); 関連 magistrado. 〘英〙*master*].

ma·fia [má.fja]〘伊〙女 **1** マフィア: シチリア島で生まれたとされる秘密結社・犯罪組織. 暴力によって独自の掟(ｵｷﾃ)を強要する. **2** (一般に)(秘密)犯罪組織[集団], 利益を不当に占有しようとする集団, 暴力団. **3**《ラ米》《軽》計略, わな.

ma·fio·so, sa [ma.fjó.so, -.sa] 形 マフィアの.
— 男 女 マフィアのメンバー, 暴力団員.

ma·ga·cín [ma.ɡa.θín / -.sín] 男 **1** (写真やイラスト入りの)総合雑誌. **2** (テレビなどの)ワイドショー.

Ma·ga·lla·nes [ma.ɡa.ʝá.nes || -.ʎá.-]固名 マゼラン Fernando de ～〘ポルトガル〙*Fernão de Magalhães* (1480?-1521): ポルトガルの航海者. Estrecho de ～ マゼラン海峡.

ma·gan·ce·ar [ma.ɡan.θe.ár / -.se.-] 自《ラ米》《話》怠ける, ぶらぶらする, のらくら暮らす.

ma·gan·cia [ma.ɡán.θja / -.sja] 女《ラ米》《話》非道, 卑劣な行い.

ma·gan·cie·ro, ra [ma.ɡan.θjé.ro, -.ra / -.sjé.-] 形《ラ米》《話》不埒(ﾌﾗﾁ)な, 卑劣な.

ma·gan·za [ma.ɡán.θa / -.sa] 女《ラ米》《ﾃﾞｷｼﾞ》《ｺﾛﾝ》《話》ぐうたら, 怠惰.

ma·gan·zón, zo·na [ma.ɡan.θón, -.θó.na / -.són, -.só.-] 形《ラ米》《ﾍﾞﾈｽﾞ》《ﾃﾞｷｼﾞ》《話》ぐうたらな, 怠惰な, 怠け者の.

ma·ga·ña [ma.ɡá.ɲa] 女 詭(ｷ)計(ｹｲ), まやかし.

ma·gar·za [ma.ɡár.θa / -.sa] 女《植》ナツシロギク.

ma·ga·zín / ma·ga·zine [ma.ɡa.θín / -.sín] 男 → magacín.

mag·da·le·na [maɡ.ða.lé.na] 女 **1**《料》マドレーヌ: 小さなスポンジケーキの一種.
2 (ふしだらな生活を送ったあと)改悛(ｷｭﾝ)した女性.

Mag·da·le·na [maɡ.ða.lé.na]固名 **1**《聖》Santa María ～ マグダラの聖マリア. ♦罪を悔いてキリストに許された売春婦と同一視されている.
2 el ～ マグダレナ川: コロンビアを南北に貫流する.
3 マグダレナ: コロンビア北部の県.
4 マグダレナ: 女子の洗礼名.
estar como [hecha] una Magdalena / *llorar como una Magdalena*《話》さめざめと泣いている[泣く].
no estar la Magdalena para tafetanes 機嫌が悪い.
[←〘ギ〙*María Magdalēnē*(「(パレスチナにあった古代の)町」*Magdala* 生まれのマリア」が原義) 関連 〘ポルトガル〙*Magdalena*. 〘伊〙*Magdalena*. 〘仏〙*Madeleine*. 〘英〙*Magdalene*].

mag·da·le·nien·se [maɡ.ða.le.njén.se] 形《考古》マドレーヌ期《文化》の. マドレーヌ期: ヨーロッパ西部などにおける旧石器時代の最終期.

ma·gen·ta [ma.xén.ta] 形《主に性数不変》マゼンタ《赤紫》色の. — 男 マゼンタ《赤紫》色: 印刷における三原色の一つ. [1859年イタリア北部マジェンタ *Magenta* の戦いでの流血の色に由来]

:ma·gia [má.xja] 女 **1** 魔法, 魔術や呪術(ｼﾞｭ). ～ blanca (natural) (善神などの力を借りて行う)白魔術; (善意の)まじない. ～ negra (悪魔の力を借りて人をのろう)黒魔術(呪術). por arte de ～ 魔法のように, 不思議にも. **2** (不思議な)魅力, 魅惑. **3** 手品.
[←〘ラ〙*magīam* (*magia* の対格) ← 〘ギ〙*mageía*) 関連 mago, mágico. 〘英〙*magic*].

ma·giar [ma.xjár] 形 マジャール[ハンガリー]の, マ

ジャール人[語]の. ― 男女 マジャール[ハンガリー]人. ― 男 マジャール語. → húngaro.

***má·gi·co, ca** [má.xi.ko, -.ka] 形 (多くは名詞+)
1 魔法の, 魔術による. poder ～ 魔力, 神通力. varita *mágica* 魔法の杖. palabras *mágicas* 呪文.
2 (+名詞/名詞+) うっとりするような. pasar una *mágica* noche 魅惑の一夜を過ごす. la *mágica* luz de la luna 見る者の目を奪う月の光.
― 男女 魔術 [呪術(;;)] 師, 魔法使い (= mago). *El ～ prodigioso*『驚異の魔術師』(Calderón de la Barca の戯曲). ― 女 魔術, 魔法 (= magia).
linterna mágica 幻灯機.
realismo mágico〖文学〗魔術的リアリズム. ◆最初はドイツの美術評論家 Franz Roh が用いた美術批評の用語. その後文学批評においてリアリズムに依拠しながら幻想的な要素を盛り込む文学のスタイルを指すようになる. 代表的な作家に García Márquez など. 現代アメリカ文学研究でも magical [magic] realism の名で使用されている.

ma·gín [ma.xín] 男 《スペイン》《話》**(1)** 想像 (力), 空想 (= imaginación). idea de su ～ (…の) 想像の産物. Se lo ha sacado de su ～. それは彼 [彼女] が自分で考えたことだ. **(2)** 知恵, 知性; 頭, 頭脳. duro de ～ 頭が固い.

ma·gis·te·rial [ma.xis.te.rjál] 形 教師の, 教職の.

ma·gis·te·rio [ma.xis.té.rjo] 男 **1** 教職. Se dedicó al ～. 彼 [彼女] は教職に就いた. **2** (主に初等教育の) 教員養成課程. **3** 教え. **4** (集合的) (国・地域の初等教育の) 教員. **5** (話し際の) 厳粛さ, もったいぶった話し方.

ma·gis·tra·do [ma.xis.trá.ðo] 男 **1** 行政官, (政府の) 高官. **2** 司法官, 判事, (特に最高裁判所の) 裁判官. **3**〖史〗(古代ローマの) 偽政者, 執政官.
[← [ラ] *magistrātum* (*magistrātus* の対格)「長官の職」; *magister*「長官」(→ maestro) より派生; 関連 magister, magisterial. 英 *magistrate*]

ma·gis·tral [ma.xis.trál] 形 **1** 優れた, 見事な, 秀でた. Esta es una novela ～. これは見事な小説だ. **2** 教員の, 教職 (課程) の. **3** もったいぶった, 気取った; 独善的な. en tono ～ もったいぶった口調で. **4** (司教座聖堂で) 説教をする司祭.

ma·gis·tral·men·te [ma.xis.trál.mén.te] 副 見事に, 巧みに; もったいぶって, 気取って.

ma·gis·tra·tu·ra [ma.xis.tra.tú.ra] 女 **1** (政府の) 要職; 司法官 [判事, 裁判官] の地位 [職務, 任期]. **2** (集合的) (国・一地方の) 高官; 判事, 裁判官, 司法官. La *M*～ se reunió para discutir el asunto. 裁判官はその件について議論するために集まった.
llevar… a Magistratura〈労働争議などを〉労働裁判所に訴える.
Magistratura del Trabajo(スペインの) 労働裁判所, 労働委員会.

mag·ma [máɡ.ma] 男 **1**〖地質〗マグマ, 岩漿(;;).
～ eruptivo 溶岩. **2** 粘液様の液; どろどろしたもの. **3** 得体の知れないもの, 烏合(;;)の衆, 寄せ集め.

mag·má·ti·co, ca [maɡ.má.ti.ko, -.ka] 形〖地質〗マグマの.

mag·ma·tis·mo [maɡ.ma.tís.mo] 男〖地質〗マグマ活動 [形成] による現象.

mag·na [máɡ.na] (〖ラ米〗(;;)) 《話》失望, 落胆.

mag·ná·ni·ma·men·te [maɡ.ná.ni.ma.mén.te] 副 寛容に.

mag·na·ni·mi·dad [maɡ.na.ni.mi.ðáð] 女 度量の広さ, 寛容.

mag·ná·ni·mo, ma [maɡ.ná.ni.mo, -.ma] 形 度量の広い, 寛容な.

mag·nar·se [maɡ.nár.se] 再 (〖ラ米〗(;;)) 《話》失望する, がっかりする.

mag·na·te [maɡ.ná.te] 男女 (財界の) 実力者, 大物.

mag·na·voz [maɡ.na.bóθ / -.bós] 男 [複 magna-voces] (〖ラ米〗(;;)) 拡声器.

mag·ne·sia [maɡ.né.sja] 女〖化〗マグネシア, 酸化マグネシウム. ～ blanca 酸化マグネシウム.

mag·ne·sia·no, na [maɡ.ne.sjá.no, -.na] 形〖化〗マグネシアを含む, 酸化マグネシウム含有の.

mag·né·si·co, ca [maɡ.né.si.ko, -.ka] 形〖化〗マグネシウムの.

mag·ne·sio [maɡ.né.sjo] 男〖化〗マグネシウム: 金属元素 (記号 Mg).

mag·ne·si·ta [maɡ.ne.sí.ta] 女〖鉱〗**1** マグネサイト, 菱苦土鉱(;;;): 炭酸マグネシウムを多く含む鉱物. **2** 海泡石.

***mag·né·ti·co, ca** [maɡ.né.ti.ko, -.ka] 形 **1** 磁石 [磁力] の; 磁気を帯びた. aguja *magnética* (羅針盤の) 磁針. atracción *magnética* 磁気. campo ～ 磁場, 磁界. cinta *magnética* 磁気テープ. disco ～ 磁気ディスク. ecuador ～ (地磁気の) 磁気赤道. grabación *magnética* 磁気録音 [録画], テープ録音 [録画]. inducción *magnética*〖物理〗磁気誘導;〖電〗磁束密度. tarjeta *magnética* 磁気カード. polo ～ 磁極. tempestad *magnética* 磁気嵐(;;). **2** 魅力的な.

mag·ne·tis·mo [maɡ.ne.tís.mo] 男 **1** 磁気, 磁力; 磁性, 磁気作用 [現象]. ～ terrestre 地磁気. **2** 磁気学. **3** 魅力.
magnetismo animal 催眠術.

mag·ne·ti·ta [maɡ.ne.tí.ta] 女〖鉱〗磁鉄鉱.

mag·ne·ti·za·ble [maɡ.ne.ti.θá.ble / -.sá.-] 形 磁化できる, 磁気を帯びやすい; 催眠術をかけやすい.

mag·ne·ti·za·ción [maɡ.ne.ti.θa.θjón / -.sa.sjón] 女 **1**〖物理〗磁化. **2** 催眠術をかけること. **3** 魅了.

mag·ne·ti·za·dor, do·ra [maɡ.ne.ti.θa.ðór, -.ðó.ra / -.sa.-] 男女 磁石の性質をもつ物質; 魅力的な人.

mag·ne·ti·zar [maɡ.ne.ti.θár / -.sár] 97 他 **1**〖物理〗磁化する, 磁気を帯びさせる. **2** 催眠術をかける. **3** 魅了する, 引きつける. Su belleza me *magnetizó*. 彼 [彼女] の美しさに私は魅了されてしまった.

mag·ne·to [maɡ.né.to] 女 (または男)〖電〗マグネト [高圧磁石] 発電機, (とくに車やバイクの) 発電機.

mag·ne·to·e·léc·tri·co, ca [maɡ.ne.to.e.lék.tri.ko, -.ka] 形〖物理〗電磁気 (学) の, 磁気電気の.

mag·ne·to·fón [maɡ.ne.to.fón] 男 → magnetófono.

mag·ne·to·fó·ni·co, ca [maɡ.ne.to.fó.ni.ko, -.ka] 形 テープレコーダーの. cinta *magnetofónica* 録音テープ, 磁気テープ.

mag·ne·tó·fo·no [maɡ.ne.tó.fo.no] 男 テープレコーダー.

mag·ne·tó·me·tro [maɡ.ne.tó.me.tro] 男〖物理〗磁力 [磁気] 計.

mag·ne·tos·co·pio [maɡ.ne.tos.kó.pjo] 男 ビデオテープレコーダー. → vídeo.

mag·ne·tos·fe·ra [maɡ.ne.tos.fé.ra] 女 (地球の) 地磁気圏; (惑星などの) 天体磁気圏.

mag·ne·to·te·ra·pia [maɡ.ne.to.te.rá.pja] 女 磁気治療 (法).

mag·ne·trón [maɡ.ne.trón] 男 マグネトロン, (マイクロ波発生用の)磁電管.

mag·ni·ci·da [maɡ.ni.θí.ða / -sí.-] 形《文章語》国家元首や権力者などを殺害した.
— 男 国家元首や権力者などの殺害犯.

mag·ni·ci·dio [maɡ.ni.θí.ðjo / -sí.-] 男《文章語》国家元首や権力者の殺害[暗殺].

mag·ní·fi·ca [maɡ.ní.fi.ka] 女《カト》《音楽》(晩課で歌われる)聖母マリアの賛歌.
— 形 → magnífico.

mag·ni·fi·car [maɡ.ni.fi.kár] 102 他 **1** ほめちぎる, 持ち上げる. **2** 誇張する, 話を大げさにする.
— **·se** 再 自賛する; 自己顕示する.

Mag·ní·fi·cat [maɡ.ni.fi.kat] 男《カト》《音楽》聖母マリアの賛歌, マグニフィカト: 晩課 vísperas で歌われる《ルカ 1 : 46-56》.

mag·ni·fi·cen·cia [maɡ.ni.fi.θén.θja / -sén.sja] 女 **1** 華美, 豪華絢爛(災), 壮大. **2** 気前のよさ, 寛大.

mag·ni·fi·cen·te [maɡ.ni.fi.θén.te / -sén.-] 形 **1** 豪華な, 壮麗な, 華美な. **2** 寛大な, 鷹揚(紫)な.

✱✱ mag·ní·fi·co, ca [maɡ.ní.fi.ko, -.ka] 形 **1** (多くは+名詞 / 名詞+)《ser+ / estar+》すばらしい, とてもよい;〈人が〉立派な. ¡Qué *magnífica* idea! なんてすばらしいアイデアだ. María es una mujer *magnífica*. マリアはすばらしい女性です. Estuviste ~ en tu comportamiento ante los profesores. 先生方の前で行儀よくして立派だったね.

類語「とてもよい」を表す言葉は *magnífico, espléndido, estupendo*.「優秀な」は *excelente*.「驚嘆すべき」は *admirable, maravilloso*.

2 (多くは+名詞 / 名詞+)《ser+ / estar+》〈もの・建物・景色などが〉華麗な, 壮麗な, 堂々たる. un palacio ~ 華麗なる宮殿. un ~ paisaje 絶景. Tenemos un ~ surtido de corbatas. 当店では選りすぐりのネクタイを豊富に取りそろえております.

3 (+名詞)《大学の学長などに用いられる敬称》殿. El M~ y Excelentísimo Señor Rector de la Universidad de Málaga va a dar una conferencia. マラガ大学の学長殿が講演を行う.
[← 〔ラ〕 *māgnificum* (*māgnificus* の 対格); *māgnus*「大きな; 立派な」+ *-ificus*「作る(ところの)」(*facere*「作る」より派生) ; 関連 〔英〕 *magnificent*]

‡**mag·ni·tud** [maɡ.ni.túð] 女 **1** 大きさ, 巨大さ; (大小の)規模, 重要性. ~ de la crisis económica 経済危機の深刻さ. homicidio de primera ~ 第一級〖罪の重い〗殺人. corrupción de gran ~ 大規模の汚職.

類語 *magnitud* は主に天体の大きさなど, 日常をやや離れた大きさについて用いられる. → Se calcula la *magnitud* del sol. 太陽の大きさを計算する. *grandeza* は「並外れた大きさ」について用いられる. → Se admira la *grandeza* del sol. 太陽の大きさに感嘆する. *tamaño* は「サイズ」. → *tamaño* como una manzana リンゴ大.「服のサイズ」は *talla*,「家などの大きさ」は *dimensión*. *volumen* は「高さ, 縦, 横」を念頭においた大きさ.

2 (地震の)規模, マグニチュード (=grados de ~); (星の)光度, 等級;《数》(大小の)量. ~ vectorial ベクトル量. Ayer hubo aquí un terremoto de ~ 4 en la escala Richter. 昨日ここでマグニチュード 4 の地震があった.
[← 〔ラ〕 *māgnitūdinem* (*māgnitūdo* の対格); *māgnus*「大きな」より派生); 関連 〔英〕 *magnitude*]

Mag·no [máɡ.no] 固名 男《商標》マグノ: スペインの代表的なブランデーの銘柄.

mag·no, na [máɡ.no, -.na] 形 大きい, 偉大な; 重要な, 重大な. aula *magna* (大学の)大講堂. Alejandro M~ アレクサンドロス大王. Carta *Magna* (英国の)マグナ・カルタ, 大憲章. *Magna* Grecia マグナ・グラエキア (◆古代ギリシアがイタリア南部に建設した植民都市).

mag·no·lia [maɡ.nó.lja] 女《植》タイサンボク(の木・花) (= ~ grandiflora). [フランスの植物学者 Pierre Magnol (1638-1715) の名に由来]

mag·no·liá·ce·as [maɡ.no.ljá.θe.as / -.se.-] 女《複数形》モクレン科の植物.

mag·no·lio [maɡ.nó.ljo] 男《植》マグノリア, タイサンボク(の木).

ma·go, ga [má.ɡo, -.ɡa] 男 女 **1** 呪術師, 魔術師; 魔法使い. Simón M~《聖》魔術師シモン.
2《de ...の》達人, 名人. ~ de las setas キノコ狩り名人.
3《聖》東方の三博士のひとり. los (tres) Reyes M~s 東 方 の 三 博 士 (◆Melchor, Gaspar, Baltasar の 3 人を指す). el día de los Reyes M~s 主顕公現の祝日 (1月6日)(◆東方の三博士が嬰児(稔)イエスに贈り物を持参した故事により, 前夜, 三博士が子供たちに贈り物を持ってくるとされる).
4(ゾロアスター教の)マギ, 祭司.

ma·gos·to [ma.ɡós.to] 男《スペイン》(クリを焼くための)たき火.

ma·gre·ar [ma.ɡre.ár] 他《スペイン》《俗》(性的に)〈人を〉まさぐる, いじくり回す, なぶる (= sobar).

Ma·greb [ma.ɡréb] 固名 マグリブ, マグレブ: アフリカ北西部, エジプトから西の地中海沿岸地方.

ma·gre·bí [ma.ɡre.bí] 形[複 ~es, ~s] マグリブ (モロッコ, アルジェリア, チュニジアにほぼ相当する地域)の, マグリブの住民[出身者].

ma·gre·o [ma.ɡré.o] 男《スペイン》《俗》(性的に)まさぐること.

ma·grez [ma.ɡréθ / -.ɡrés] 女 → magrura.

ma·gro, gra [má.ɡro, -.ɡra] 形 **1** 〈肉が〉脂身のない[少ない]. **2** 〈人が〉やせた, 細い. **3**《まれ》〈土地が〉やせた. **4**《まれ》わずかな, 乏しい.
— 男 (ロース・肩ロースなど豚肉の)赤身.

ma·gru·ra [ma.ɡrú.ra] 女 (肉が)脂身のない[少ない]こと; (人や土地が)やせていること.

ma·gua [má.ɡwa] 女《ラ米》(ﾀﾞﾘ)(ｴｸｱﾄﾞﾙ)《話》失望, 落胆.

ma·guar·se [ma.ɡwár.se] 86 再《ラ米》(ﾀﾞﾘ)(ｴｸｱﾄﾞﾙ) 流会する; 期待[当て]が外れる.

ma·guer [ma.ɡér] / **ma·gue·ra** [ma.ɡé.ra] 接続《古語》…であるが, …にもかかわらず (= aunque).

ma·güe·to, ta [ma.ɡwé.to, -.ta] 男 女 (2-3 歳の)子牛 (= novillo).

ma·guey [ma.ɡéi] 男《植》リュウゼツラン (= pita). ◆メキシコ原産. 繊維を利用し, また根茎はメスカル mezcal, テキーラ tequila の原料となる. → 次ページに図.

ma·güey [ma.ɡwéi] 男《植》maguey の誤用.

ma·gui·llo [ma.ɡí.ʎo ‖ -.ʝo] 男《植》野生リンゴの木.

ma·gu·lla·du·ra [ma.ɡu.ʎa.ðú.ra ‖ -.ʝa.-] 女 あざ, 挫傷(𦾔); 打撲傷, 打ち身.

ma·gu·lla·mien·to [ma.ɡu.ʎa.mjén.to ‖ -.ʝa.-]

majal

囲 → magulladura.
ma·gu·llar [ma.gu.jár ‖ -.ʎá.r] 他 **1** あざをつくる,打撲傷を負わせる(= contusionar). **2**〈果物に〉傷をつける. **3**《ラ米》《⁽ᵗᵒᶜᵃʳ⁾》《話》台無しにする.
— **~·se** 再 **1** 打撲傷を負う,あざができる. **2**〈果物が〉傷む,傷がつく. **3**〈自分の身体を〉強くぶつける,ぶつかる.

ma·gu·llón [ma.gu.jón ‖ -.ʎó.n] 男《ラ米》打撲傷.

Ma·gun·cia [ma.gún.θja / -.sja] 固名 マインツ:ドイツ西部ライン川沿いの都市.

ma·ha·rá [ma.(a).ra.xá ‖ ma.xa.-] [ヒンディー] 男 [複 ~s, maharajaes] マハーラージャ,大王,藩王:インドの王侯の尊称(= marajá).

ma·ha·ra·ní [ma.(a).ra.ní ‖ ma.xa.-] [ヒンディー] 女 マハーラーニー:マハーラージャの妻,王妃,王女.

ma·hat·ma [ma.(x)át.ma] [ヒンディー] 男 マハートマ,大聖:インドの聖人・賢者の尊称.

Ma·ho·ma [ma.ó.ma] マホメット,ムハンマド (570?-632):アラビアの預言者でイスラム教の創始者.

ma·ho·me·ta·no, na [ma.o.me.tá.no, -.na] 形 ムハンマドの;イスラム教(徒)の.
— 男女 イスラム教徒(= musulmán).

ma·ho·mé·ti·co, ca [ma.o.mé.ti.ko, -.ka] 形 ムハンマドの;イスラム教(徒)の.

ma·ho·me·tis·mo [ma.o.me.tís.mo] 男 《宗》イスラム教(= islam, islamismo).

ma·ho·me·tis·ta [ma.o.me.tís.ta] 形 男女 → mahometano.

ma·ho·me·ti·zar [ma.o.me.ti.θár / -.sár] 97 他 イスラム教化する;イスラム教徒にする.
— 自 イスラム教を信仰する.

ma·hón [ma.ón] 男 **1** 南京(ᴺᵃⁿᵏⁱⁿ)木綿:黄褐色の織物. **2** マオン・チーズ:(Menorca 島)マオン Mahón 産のチーズ.

ma·ho·nés, ne·sa [ma.o.nés, -.né.sa] 形 (スペイン Baleares 諸島東部 Menorca 島の)マオン Mahón の. — 男女 マオンの住民[出身者].
— 女 **1** マヨネーズ(= mayonesa). ◆マオンのソースが起源. **2**《植》ヴァージニアストック,マルコミア (アブラナ科).

Ma·hou [ma.óu] 固名 女《商標》マオウ:スペインの大手ビールブランド;同ブランドのビール.

mai [mái] 男《スペイン》《隠》ハシッシュ・マリファナなどの入ったタバコ.

mai·ce·a·do, da [mai.θe.á.ðo, -.ða / -.se.-] 形《ラ米》酔った,酔っ払いの.

mai·ce·na [mai.θé.na / -.sé.-] 女(きめ細かい)トウモロコシ粉;コーンスターチ. [← 【商標】maizena]

mai·ce·ro, ra [mai.θé.ro, -.ra / -.sé.-] 形《ラ米》トウモロコシの[に関する].

ma·í·ces [ma.í.θes / -.ses] 男 maíz の複数形.

mail [méil] [英] 男 [複 ~s] 電子メール,Eメール.

mail·ing [méi.lin] [英] 男 (メーリングリストを使った)送付.

mai·llot [má(i).jo(t), ma(i).jó(t) ‖ -.ʎo(t), -.ʎó(t)] [仏] 男 [複 ~s, ~] **1** 自転車競技で着るジャージ;ジャージを着た自転車競技選手. **2** レオタード.

Mai·mó·ni·des [mai.mó.ni.ðes] 固名 マイモニデス Moisés Ben Maimón ~ [Ibn Maymūn] (1135-1204):エジプトで活躍した Córdoba (スペイン)出身の医師・ユダヤ教神学者・哲学者.

mai·nel [mai.nél] 男《建》マリオン,中方立(ᶜʰᵘᵘᵏᵃˢʰⁱ):開口部の支柱となる垂直部材,窓や扉の縦仕切り (= parteluz).

mainel(マリオン)

mai·ti·na·da [mai.ti.ná.ða] 女 **1** 早朝,早暁,夜明け (= madrugada). **2** オバド,夜明けの歌 [音楽] (= alborada).

mai·ti·nes [mai.tí.nes] 男[複数形]《カト》朝課:真夜中に唱える聖務日課. llamar [tocar] ~ 朝課の鐘を鳴らす.

maî·tre [mé.tre] [仏] 男 (レストランなどの)接客主任,支配人.

ma·íz [ma.íθ / -.ís] 男 [複 maíces]《植》**トウモロコシ** (→《ラ米》(ᴹᵉˣ)choclo, (ᴬʳᵍ)elote). comprar tres mazorcas de ~ トウモロコシを3本買う. *Hombres de* ~ 『とうもろこしの人間たち』(Asturias の小説). copos de ~ コーンフレーク. fécula de ~ コーンスターチ. jarabe [harina] de ~ コーン・シロップ [パウダー]. rosetas [palomitas] de ~《スペイン》《ラ米》(ᴹᵉˣ)ポップコーン (=(ᴬʳᵍ) canchas);(ᵛᵉⁿ)pororó). tortilla de ~ トウモロコシのトルティーリャ (◆メキシコ料理の代表的な食材. → tortilla). ~ tostado 炒(ⁱ)りトウモロコシ. ~ transgénico [manipulado genéticamente]遺伝子組み換えトウモロコシ.
coger asando maíz a...《ラ米》(ᴹᵉˣ)《話》…を現場で捕まえる,現場を襲う.
[←(タイノ)*mahís, mahiz*]

mai·zal [mai.θál / -.sál] 男 トウモロコシ畑.

ma·ja [má.xa] 女 金属性の槌,ハンマー.

ma·já [ma.xá]《ラ米》(ᶜᵘᵇ) (1)《動》キューバボア. (2)《話》怠け者.

ma·ja·da [ma.xá.ða] 女 **1** (家畜の夜間用)牧舎,厩舎(ᵏʸᵘᵘˢʰᵃ);囲い場. **2**《ラ米》(ʀⁱᵒ)(ᶜʰⁱ)羊の群れ.

ma·ja·dal [ma.xa.ðál] 男 (羊などの)牧草[放牧]地. **2** → majada.

ma·ja·de·re·ar [ma.xa.ðe.re.ár] 自《ラ米》《話》うるさくする,付きまとう.
— 他《ラ米》《話》困らせる,悩ませる.

ma·ja·de·rí·a [ma.xa.ðe.rí.a] 女《軽蔑》ばかげた[わけのわからない]言動,愚かなこと,はた迷惑なこと.

ma·ja·de·ri·llo [ma.xa.ðe.rí.jo ‖ -.ʎo] 男 (レース編みなどに使う)編み棒.

ma·ja·de·ro, ra [ma.xa.ðé.ro, -.ra] 形 ばかな,愚かな,はた迷惑な.
— 男女 ばか,愚かな人,はた迷惑な人.
— 男 **1** すりこぎ,乳棒,きね. **2** (レース編み用の)糸巻き.

ma·ja·do [ma.xá.ðo] 男《ラ米》(ᶜʰⁱ)湯に浸したトウモロコシ,小麦をすりつぶしたもの:料理・菓子に使う.

ma·ja·dor, do·ra [ma.xa.ðór, -.ðó.ra] 形 すりつぶす.
— 男 臼(ᵘˢᵘ),乳鉢;すりこぎ,きね.

ma·ja·du·ra [ma.xa.ðú.ra] 女 すりつぶすこと,ひくこと,細かく砕くこと.

ma·ja·gran·zas [ma.xa.grán.θas / -.sas] 男 [単複同形]《話》《軽蔑》まぬけ,どじ,のろま.

ma·ja·gua [ma.xá.gwa] 女 **1**《植》(1) オオハマボウ. (2) パンヤノキの一種. **2**《ラ米》(ᶜᵘᵇ)服. [←(タイノ)]

ma·jal [ma.xál] 男 魚群.

ma·ja·mien·to [ma.xa.mjén.to] 男 → majadura.

ma·ja·no [ma.xá.no] 男 《境界を示す》石積み, 石の山.

ma·jar [ma.xár] 他 《まれ》すりつぶす, ひく, たたきつぶす, 細く砕く (= machacar). ~... en un mortero …を臼(うす)でひく.

ma·ja·ra [ma.xá.ra] 形 《話》(少し)頭のおかしい, 気の狂った. —— 男 女 正気でない人.

ma·ja·re·ta [ma.xa.ré.ta] 形 男 女 《スペイン》《話》→ majara.

*__ma·jes·tad__ [ma.xes.táđ] 女 **1** 《神・王・君主に対する称号》陛下. Su Divina *M*~ 《キリスト教の》神. Su *M*~ 陛下. Su *M*~ Católica スペイン国王陛下. Su Graciosa *M*~ 英国国王[女王]陛下.
2 威厳, 威光, 荘厳さ.
en majestad 《美》(中世の美術に典型的な) 栄光の座についている (キリストや聖母の図像).

ma·jes·tuo·sa·men·te [ma.xes.twó.sa.mén.te] 副 威風堂々と.

ma·jes·tuo·si·dad [ma.xes.two.si.đáđ] 女 威厳があること, 偉大さ, カリスマ性. la ~ del porte 立ち居振る舞いの堂々たるさま.

ma·jes·tuo·so, sa [ma.xes.twó.so, -.sa] 形 威厳のある, 荘厳な, 堂々とした.

ma·je·za [ma.xé.θa / -.sa] 女 《話》《スペイン》(**1**) いなせ, 小粋(こいき); 格好のよさ. (**2**) 空威張り, 強がり.

*__ma·jo, ja__ [má.xo, -.xa] 形 《スペイン》《話》(**1**) 粋(いき)な, しゃれた; 男ぶり[女ぶり]のよい, 格好(かっこう)のいい. ir muy ~ めかし込んでいる. (**2**) 《人が》気持ちのよい, すてきな. (**3**) 《話》(金をかけてない[ぜいたくではない]が) 小ぎれいな, すてきな.
—— 男 女 《まれ》いなせな男, 小粋な女, しゃれ者. ◆特に18世紀終わりから19世紀初めにかけて Madrid の下町で伊達(だて)な格好をしてボヘミアン的生活を送っていた人々を指す. *La maja desnuda [vestida]*『裸[着衣]のマハ』(Goya の絵).

ma·jo·lar [ma.xo.lár] 男 《セイヨウ》サンザシの林.

ma·jo·le·to [ma.xo.lé.to] 男 《植》→ majuelo[1].

ma·jor·ca [ma.xór.ka] 女 → mazorca.

ma·jo·re·ro, ra [ma.xo.ré.ro, -.ra] 形 《カナリア諸島の》フエルテベントゥーラ Fuerteventura の.
—— 男 女 フエルテベントゥーラの住民[出身者].

ma·jo·ret·te [ma.jo.rét] 女 《仏》バトンガール.

ma·jue·la [ma.xwé.la] 女 **1** 《セイヨウ》サンザシの実, ホーソンベリー. **2** 靴ひも.

ma·jue·lo[1] [ma.xwé.lo] 男 《植》《セイヨウ》サンザシ.

ma·jue·lo[2] [ma.xwé.lo] 男 (実を付け始めた) 若木のブドウ園, それぞれの株.

ma·jun·che [ma.xún.tʃe] 形 《ラ米》(ベネズ)《話》(**1**) 《人が》平凡な, とりえのない. (**2**) 《事物が》まあまあの, ふつうの, 質の悪い. —— 男 《ラ米》(ベネズ)《話》安物, つまらない物.

ma·ke·to, ta [ma.ké.to, -.ta] 形 男 女 → maqueto.

ma·ki [má.ki] 男 《動》キツネザル.

má·ki·na [má.ki.na] 女 熱狂的で繰り返されるリズムの音楽.

maki (キツネザル)

*__mal__ [mál] 形 [malo の語尾消失形] [比較級 peor] [+男性単数名詞] 悪い. una broma de *mal* gusto たちの悪い冗談. *mal* tiempo 悪天候. *mal* humor 不機嫌. dejar un *mal* sabor de boca 後味の悪さを残す. Hoy he tenido un *mal* despertar. 今日私は目覚めが悪かった.
—— 副 [比較級 peor] (↔bien) **1** 体調[気分]が悪く. estar [encontrarse] *mal* 気分が悪い. estar [encontrarse] *mal* de salud 健康がすぐれない. Me siento *mal*. 私は気分が悪い. El enfermo va muy *mal*. 患者の容体は非常に悪い. estar *mal* de dinero 金欠病である. Está *mal* del oído. 彼[彼女]は耳が悪い.
2 まずく, 思いどおりでなく, 粗雑に; 不正確に, 不完全に, 下手に. Las cosas van *mal*. 事がうまく運ばない. ¿Me explico *mal* o tú entiendes *mal*? 私の説明がまずいのか, 君がわからないのか. hacer *mal* su trabajo 仕事でヘマをする. Si algo sale *mal*, uno dimite y punto. もし何かうまくいかないなら, 辞めるだけだ. Ahí se come *mal*. そこは食事がまずい. escribir *mal* 間違った字[下手な文章]を書く. No está (nada) *mal*. (なんら) まずいことはない. Me has entendido *mal*. 君は私を誤解している.
3 悪く, 不正に; 悪意をもって. decir [hablar] *mal* de+人 〈人〉の悪口を言う. ir de *mal* en peor だんだん悪くなる. Quien *mal* anda, *mal* acaba. 《諺》因果応報 (←悪事を働く者は非業の死を遂げる).
4 不快に, ひどく. saber *mal* ひどい味がする. *mal* de su grado しぶしぶ[いやいや]ながら. No me vendría *mal* perder algún kilo más. 私はもう何キロかやせても悪くないかも.
5 不十分に; 《+動詞 で組んで》《否定》あまり…ない, 難しい. Se oye muy *mal* (lo que dice). 彼[彼女]の声がよく聞き取れない. Las judías *están mal* cocidas. インゲン豆の炊(た)き方が足りない. *Mal puede* ayudarme. 彼[彼女]はあまり私に手を貸せない. *Mal podrá* dirigir una orquesta por finísimo que sea su oído. 彼[彼女]の耳がどんなによくてもオーケストラを指揮するのは大変だろう.
6 《間投詞的に》だめだ, へたくそ.
—— 男 **1** 悪, 害悪. (↔bien). estar por encima del bien y del *mal* 善悪を超越している. un *mal* necesario 必要悪. caer en el *mal* 悪事を働く. combatir el *mal* 不正に対して戦う. practicar el *mal* 悪をなす.
2 害, 損害; (精神的な)打撃; 不幸, 不運, 災難. para colmo de *males*... 最悪なのは…. No le deseo ningún *mal*. 私は彼[彼女]になんら悪意を抱いていない. hacer mucho *mal* sin malas intenciones 悪気がないのにひどく傷つける. para reparar el *mal* 損害を償うために. Del *mal*, el menos. 《諺》不幸中の幸い. No hay *mal* que dure cien años. 《諺》待てば海路の日和(ひより)あり (←百年続く不幸はない). No hay *mal* que por bien no venga. 《諺》禍福はあざなえる縄のごとし (←よかれと思ってやって来たのが不幸でない). *Mal* de muchos, consuelo de tontos. 《諺》苦しみも分け合えば半分の苦しみ, 自分だけ(の苦しみ)じゃない. alegrarse del *mal* ajeno 他人の不幸を喜ぶ.
3 病気. A grandes *males* grandes remedios. 《諺》重病には荒療治. el *mal* de Alzheimer アルツハイマー病 (= la enfermedad de Alzheimer). el *mal* de las vacas locas 狂牛病, BSE [牛海綿状脳症]. *mal* de altura [de la altura, de montaña] 高山病. el *mal* de la tierra ホームシック. el *mal* de San Vito 舞踏病 (→ Vito). *mal* de mar

船酔い. *mal* de amores 恋わずらい. el *mal* caduco てんかん. el *mal* francés 梅毒. → enfermedad [類語].
4 不都合な点. El *mal* está en que + 直説法・接続法. まずいのは…だ. **5** 《ラ米》てんかん (の発作).
bien que mal → *mal* que bien.
dar mal a + 人 〈人〉を苦しめる. *Les daba mal* el cambio de 10.000 euros. 1 万ユーロの両替に彼らは悩まされた.
darse mal a + 人 〈人〉にとって不得意である. ¿Quién decía que *se me daban mal* las matemáticas? 私は数学が苦手だと誰が言っていたんだ？
estar a mal con + 人 〈人〉と仲が悪い.
estar mal que + 接続法 …するのはよくない. Aunque *esté mal que lo diga* (yo). 私がこう言うのもなんですが. ▶ 文頭でも文末でも用いる.
hacer mal [*en* + 不定詞 / + 現在分詞] …するのは間違っている. No *hice mal en discutir*lo con ella. 彼女とそのことで話し合えてよかった. *Haces mal burlándote* de él. 彼のことをばかにするのは君がよくない.
llevar a mal(...) (…に)気を悪くする, 腹を立てる. Pero yo no lo *llevo a mal*, señora. 奥さん, 私は気にしてませんよ.
mal de (*la*) *piedra* (1) (湿気・大気汚染などによる)石材の風化. (2) 尿道結石.
mal de ojo (にらまれると災いが来ると言われる) 邪眼, 悪魔の目.
¡Mal haya...! くそったれめ. *¡Mal haya* mis padres! 両親のくそったれ.
mal menor (悪い中で)ましな方. Tenemos que elegir el *mal menor* en las elecciones. 私たちは選挙で, まだましな方を選ばなければならない.
mal que bien どうにかこうにか；いやがおうでも.
mal que mal 《ラ米》→ *mal* que bien.
mal que pese a + 人 〈人〉にとっていやでも. *Mal que te pese*, los seres humanos no son iguales. 君はいやでも, 人類は平等ではないのだ (▶ *te* が *a* + 人に相当).
¡Menos mal! 不幸中の幸いだ, まあよかった.
menos mal que + 直説法 …してまだよかった. *Menos mal que has venido*. 君が来てくれて助かったよ.
oler mal (1) くさい. (2) 怪しい. 腐敗している.
para bien o para mal とにかく. Tienes que ir, papá, *para bien o para mal*. お父さん, とにかく行かなきゃだめよ.
poco y mal (ほんの) 少しでしかもまずい [へたに]. Nos cepillamos los dientes *poco y mal*. 私たちは歯の磨き方が足りないうえにへただ.
ponerse a mal con + 人 〈人〉と仲が悪くなる. Nadie quiere *ponerse a mal con* nadie. 誰だって誰とも仲よくしたい.
ser (*un*) *mal pensado* 人の行いを悪くとる. No *seamos mal pensados*. 悪くとるのはよそう.
ser un mal perdedor → tener *mal* perder.
si mal no recuerdo / *si mal no recuerdo* 私の記憶に間違いがなければ.
tener (*un*) *mal perder* (負け方が) 潔くない.
tomar(*se*)*... a mal* …を曲解する, 侮辱ととる. Ella *se lo ha tomado a mal*. 彼女はそれを悪くとった.
ver mal... (1) …を不適切と考える. Te llamé payaso, pero fue una broma. Yo no lo *veía mal* ni lo sigo viendo. 私は君を「おどけ者」と呼んだが冗

談だった. それを悪いとは思わなかったし今でも思っていない. (2) …を病気だと気づく. Me dijo que me *veía mal*. 彼 [彼女] は私の具合が悪そうだと言った.

mal- / **mala-** 「悪い, 悪く, 不完全な [に]」の意の造語要素. → *malaventura*, *malentendido*, *maltratar*.

ma·la [má.la] 囡 (英国・フランスの) 郵便かばん, 郵袋 (ﾕｳﾀﾞｲ); 郵便 (業務). ── 形 → malo.

ma·la·bar [ma.la.ßár] 形 **1** (インド南西部の) マラバル Malabar (海岸)の. **2** 曲芸 [ジャグリング]の.
── 男囡 マラバルの住民 [出身者].
── 男 マラヤーラム語：ドラビダ諸語の一つ.
juegos malabares ジャグリング, 道具を用いた [投げ物の] 曲芸. hacer *juegos* ~*es* 曲芸をする；ごまかす. hacer *juegos* ~*es* con las palabras 口先 [しゃれ] を言う.

ma·la·ba·ris·mo [ma.la.ßa.rís.mo] 男 **1** 《主に複数で》ジャグリング, 道具を用いた [投げ物の] 曲芸. **2** 《複数で》(困難な局面を乗り越える) 離れ業；(神業ともいうべき) 妙技.

ma·la·ba·ris·ta [ma.la.ßa.rís.ta] 男囡 **1** 曲芸師, ジャグラー. **2** 《ラ米》(ﾒﾃﾞｲﾝ) 《話》ぺてん師, 詐欺師, 食わせ者.

*****Ma·la·bo** [ma.lá.ßo] 固名 マラボ：赤道ギニア共和国の首都.

ma·lab·sor·ción [ma.laß.sor.θjón / -.sjón] 囡 《医》(腸の) 吸収不良, 吸収障害.

Ma·la·ca [ma.lá.ka] 固名 マラッカ：マレーシアの州；州都. Estrecho de ~ マラッカ海峡.
[← (ポルトガル) *Malaca* ← (マレー) *Mělaka*].

ma·la·ca·ra [ma.la.ká.ra] 形 《ラ米》(ﾗﾌﾟﾗﾀ) 〈馬が〉頭部に大きな白斑のある.
── 男 《ラ米》(ﾒｷｼｺ) 《植》つる性の低木.

ma·la·ca·ro·so, sa [ma.la.ka.ró.so, -.sa] 形 《ラ米》(ｱﾙｾﾞﾝ) 《話》怒り顔の, 怒りをあらわにした.

ma·la·ca·te [ma.la.ká.te] 男 **1** 巻き上げ機, ウインチ. **2** 《ラ米》(ｸﾞｱﾃ) (ｴﾙｻﾙ) 紡錘, 錘 (ｵﾓﾘ).

ma·la·cia [ma.lá.θja / -.sja] 囡 《医》異食症.

ma·la·ci·ta·no, na [ma.la.θi.tá.no, -.na / -.si.-] 形 マラガ Málaga の (= malagueño).
── 男囡 マラガの住民 [出身者].

ma·la·co·lo·gí·a [ma.la.ko.lo.xí.a] 囡 軟体動物学.

ma·la·co·ló·gi·co, ca [ma.la.ko.ló.xi.ko, -.ka] 形 軟体動物学 (上) の.

ma·la·con·se·ja·do, da [ma.la.kon.se.xá.ðo, -.ða] 形 間違った助言に従って [口車に乗せられて] 不適切なことをした；うかつな.

ma·la·cop·te·ri·gio, gia [ma.la.ko p.te.rí.xjo, -.xja] 形 《魚》軟鰭 (ﾅﾝｷ) 類の. ── 男 (サケ・ニシンなど) 軟鰭類の魚；《複数で》軟鰭類.

mal·a·cos·tum·bra·do, da [ma.la.kos.tum.brá.ðo, -.ða] 形 **1** 悪習に染まった, 悪い癖のついた. **2** 甘やかされた, わがままな, 放縦な.

mal·a·cos·tum·brar [ma.la.kos.tum.brár] 他 **1** 甘やかす (= malcriar). **2** 悪習に染める.

ma·la·crian·za [ma.la.krján.θa / -.sa] 囡 《ラ米》しつけの悪さ, 無作法.

má·la·ga [má.la.ga] 男 マラガ・ワイン：マラガ産の (主として) 甘口の酒精強化ワイン. *M*~ *Virgen* 最高級マラガワイン.

Má·la·ga [má.la.ga] 固名 マラガ：スペイン南部の県；県都. Costa del Sol (太陽海岸) の中心地. *salir de Málaga para entrar en Malagón* 《話》一難去ってまた一難. ▶ *mala* にかけた地口.

malagana

[← [ラ] *Malaca* (フェニキア人の植民都市で,「居住地」を意味したといわれる)]

ma·la·ga·na [ma.la.gá.na] 囡 **1** 〘話〙やる気のなさ,物憂さ,億劫. **2** 〘ラ米〙(芥) ぐずな人,のろま な人.

ma·la·ge [ma.lá.xe] 形 → malaje.

mal·gra·de·ci·do, da [ma.la.gra.ðe.θí.ðo, -.ða / -.sí.-]. ━ 男 囡 恩知らず,感謝することを知らない. 恩知らず(な人).

ma·la·gue·ño, ña [ma.la.gé.ɲo, -.ɲa] 形 マラガの,マラガ Málaga の住民[出身者]の.
━ 囡 〖音楽〗マラゲーニャ. (1) Málaga の民謡,舞踊. (2) マラゲーニャ:Canarias の民謡,舞踊.

ma·la·gue·ta [ma.la.gé.ta] 囡 〖植〗オールスパイス(フトモモ科の樹木,またその実).

ma·la·je [ma.lá.xe] 形 〘話〙悪意のある,非道な. ━ 男 囡 悪人,悪党. ━ 副 意地悪.

ma·la·le·che [ma.la.lé.tʃe] 男 囡 《スペイン》〘俗〙悪人,性悪.

ma·la·ley [ma.la.léi] 形 《ラ米》(芥)〘話〙怒りっぽい,かっとなりやすい. ━ 男 囡 怒りっぽい人.

ma·lam·bo [ma.lám.bo] 男 《ラ米》(芥) (1) マランボ:男性の民族舞踊の一種. (2) 樹皮に薬効のあるトウダイグサ科の樹木.

ma·la·men·te [má.la.mén.te] 副 **1** 悪く,ひどく. **2** 〘話〙不足して,乏しくて.

ma·la·mu·te [ma.la.mú.te] 男 アラスカンマラミュート犬.

mal·an·co, ca [ma.láŋ.ko, -.ka] 形 《ラ米》(芥) 〘話〙病気の;(果物が)腐った.

mal·an·dan·te [ma.lan.dán.te] 形 不幸な,不運な.

mal·an·dan·za [ma.lan.dán.θa / -.sa] 囡 〘話〙不幸,不運.

mal·an·dra·je [ma.lan.drá.xe] 男 《ラ米》(芥) (集団的)犯罪者,犯罪組織;犯罪.

mal·an·drín, dri·na [ma.lan.drín, -.drí.na] 形 〘まれ〙悪意のある,腹黒い,邪悪な.
━ 男 囡 悪党,ならず者 (► しばしば軽蔑的に,あるいはユーモラスに用いられる).
━ 男 《ラ米》(芥)〘話〙〘軽蔑〙ぺてん師.

ma·lan·ga [ma.láŋ.ɡa] 囡 **1** 〖植〗アメリカサトイモ(サトイモ科キサントソーマ属)の一種;その食用になる塊根. **2** 《ラ米》〘話〙金.
━ 形 《ラ米》(芥)〘話〙へまな;小心な.

ma·la·no·char·se [ma.la.no.tʃár.se] 再 《ラ米》(芥)〘話〙夜更かしをする.

ma·la·pa·ta [ma.la.pá.ta] 男 囡 (人を笑わせようとするのに)おもしろくない人,つまらない人.

ma·la·qui·ta [ma.la.kí.ta] 囡 〖鉱〗孔雀(な)石,マラカイト.

ma·lar [ma.lár] 形 〖解剖〗ほおの,ほお骨の. ━ 男 〖解剖〗ほお骨 (= pómulo, hueso ~).

ma·la·ria [ma.lá.rja] 囡 **1** 〖医〗マラリア (= paludismo). **2** 《ラ米》(芥) 極貧;(芥) 不運.

ma·la·san·gre [ma.la.sáŋ.gre] 形 悪意のある,腹黒い;根にもつ.
━ 男 囡 悪意のある人,腹黒い人,恨みがましい人.

Ma·la·sia [ma.lá.sja] 固名 **1** マレーシア:東南アジアの立憲君主国. 首都 Kuala Lumpur. **2** マレー諸島 (= Archipiélago Malayo, Archipiélago Indio, Insulindia). → malayo 語源.

ma·la·sio, sia [ma.lá.sjo, -.sja] 形 マレーシアの,マレーシア人の (= malayo). ━ 男 囡 マレーシア人.

ma·la·som·bra [ma.la.sóm.bra] 男 囡 〘軽蔑〙(気のきいた[おもしろい]ことを言おう[しよう]としながらも) おもしろくない人,つまらない人.

ma·la·ui [ma.lá.(ɡ)wi] / **ma·la·wi** [ma.lá.ɓi // -.(ɡ)wi] 形 (アフリカ南東部の共和国)マラウイの,マラウイ人の. ━ 男 囡 マラウイ人.

ma·la·ú·va [ma.la.ú.ɓa] 囡 《スペイン》性格の悪さ,不機嫌,悪意.

mal·a·ve·ni·do, da [ma.la.ɓe.ní.ðo, -.ða] 形 **1** 《con...…と》仲が悪い,うまが合わない. **2** 不平をこぼす,不満の多い;《con... …に》不満をもった.

mal·a·ven·tu·ra [ma.la.ɓen.tú.ra] 囡 不運,不幸.

mal·a·ven·tu·ra·do, da [ma.la.ɓen.tu.rá.ðo, -.ða] 形 不運な,不幸な.
━ 男 囡 不運な人,不幸な人.

mal·a·ven·tu·ran·za [ma.la.ɓen.tu.rán.θa / -.sa] 囡 → malaventura.

Ma·la·wi [ma.lá.ɓi // -.(ɡ)wi] 固名 マラウイ:アフリカ南東部の共和国. 首都 Lilongwe.

ma·la·xar [ma.lak.sár] 他 **1** こねる,練る (= amasar). **2** (体を)揉む,マッサージする.

ma·la·ya [ma.lá.ja] 間投 《ラ米》(芥)(芥) → malhaya.

ma·la·yo, ya [ma.lá.jo, -.ja] 形 **1** マレーの,マレー半島[諸島]の,マレー人[語]の. **2** マレーシアの (= malasio), マレーシア人の. ━ 男 囡 マレー人,マレーシア人. ━ 男 マレー語:オーストロネシア語族,マレー・ポリネシア諸語の一つ.
[← [マレー] *Mělayu*]

Ma·lay·sia [ma.lái.sja] 固名 → Malasia **1**.

mal·ba·ra·ta·dor, do·ra [mal.ba.ra.ta.ðór, -.ðó.ra] 形 **1** 捨て値で売る,投げ売りする. **2** 浪費する,無駄遣いする. ━ 男 囡 浪費家,無駄遣いする人.

mal·ba·ra·tar [mal.ba.ra.tár] 他 **1** 捨て値で売る,投げ売りする,二束三文で売り払う. **2** 浪費する,無駄遣いする (= malgastar).

mal·ca·ra·do, da [mal.ka.rá.ðo, -.ða] 形 **1** 人相の悪い. **2** 仏頂面の,不機嫌な顔をした.

mal·ca·sa·do, da [mal.ka.sá.ðo, -.ða] 形 不貞な;夫[妻]とうまくいっていない;別居した,離婚した. ━ 男 囡 不貞な夫[妻];夫婦仲のよくない人,結婚に失敗した人.

mal·ca·sar [mal.ka.sár] 他 (望まない相手と)無理やり結婚させる. ━ 自 誤った[不幸な]結婚をする.
━ ~·**se** 再 (望まない相手と)結婚する.

mal·co·ci·na·do [mal.ko.θi.ná.ðo / -.si.-] 男 〖動物,とくに牛の〗内臓,はらわた;臓物店.

mal·co·mer [mal.ko.mér] 自 あまり食べない,粗食する;しぶしぶ食べる.

mal·co·mi·do, da [mal.ko.mí.ðo, -.ða] 形 栄養不足の,欠食の,満足に[ろくろく]食べていない.

mal·con·si·de·ra·do, da [mal.kon.si.ðe.rá.ðo, -.ða] 形 配慮に欠ける,無分別な,失礼な.

mal·con·ta·do [mal.kon.tá.ðo] 男 《ラ米》(芥) 売上金などが足りないときのための予備金.

mal·con·ten·ta·di·zo, za [mal.kon.ten.ta.ðí.θo, -.θa / -.so, -.sa] 形 気難しい,好みのうるさい,不平屋の (= descontentadizo).

mal·con·ten·to, ta [mal.kon.tén.to, -.ta] 形 **1** 《estar+》不満の,満足しない (= descontento). ~ con su suerte 自分の運に不満の. **2** 不満分子の,不満を抱えた. ━ 男 囡 不平屋;不満分子.

mal·co·ra·je [mal.ko.rá.xe] 男 〖植〗 → mercurial.

mal·cor·te [mal.kór.te] 男 不正伐採,盗伐.

mal·cria·dez [mal.krja.ðéθ / -.ðés] 囡 [複 mal-

maleta

criadeces]《ラ米》しつけの悪さ,不作法;下品.
mal·cria·do, da [mal.krjá.đo, -.đa] 形 〈特に子供が〉しつけの悪い,育ちのよくない;甘やかされた.
—— 男 女 甘やかされた人;不作法な人.
mal·criar [mal.krjár] 81 他 しつけを怠る;〈子供を〉甘やかす.
*__**mal·dad**__* [mal.dáđ] 女 **1** 悪(さ),悪意. La ~ de sus acciones es imperdonable. 彼[彼女](ら)の行為の悪質さは許しがたい. **2** 悪事,悪行;ひどいこと[言葉]. cometer ~*es* 悪事を働く.
mal·de·ci·do, da [mal.de.θí.đo, -.đa / -.sí.-] 形 **1** 悪い,よこしまな,性悪な,ひどい.
2 忌まわしい,憎むべき,いまいましい.
—— 男 女 悪人,悪党,性悪者(=maldito).
mal·de·ci·dor, do·ra [mal.de.θi.đór, -.đó.ra / -.si.-] 形 悪口を言う,罵詈(ばり)雑言を浴びせる,悪態をつく(=maldiciente). —— 男 女 口汚い人.
*__**mal·de·cir**__* [mal.de.θír / -sír] 53 他 **1** のろう,うらむ. ~ SU suerte 自分の運命をのろう. **2** ののしる,けなす,非難する. *Maldijo* a su hijo. 彼[彼女]は息子を罵倒(ばとう)した. —— 自 **1** 《**de...** ...を》悪く言う,罵倒する,ののしる. **(2)** 《文句[不平]を言う》▶ decir と異なり,直説法未来・過去未来・過去分詞などで規則変化.
mal·di·cien·te [mal.di.θjén.te / -.sjén.-] 形 口が悪い,悪口を言う.
—— 男 女 口が悪い人,毒舌家,中傷家.
*__**mal·di·ción**__* [mal.di.θjón / -.sjón] 女 **1** のろい,呪詛(じゅそ). Una ~ parecía haber caído sobre el pueblo. その町にはのろわれたかのようだった.
2 悪口,ののしり. soltar una ~ 罵詈(ばり)する.
3 天罰,ばち. **4** ¡*M*~!《間投詞的に》ちくしょう,くそっ,しまった.
mal·dis·pues·to, ta [mal.dis.pwés.to, -.ta] 形 気分[体の具合]が悪い;やる気のない.
mal·di·ta [mal.dí.ta] 女 **1** 《話》舌. **2** 《ラ米》(メキシコ)(プエルトリコ)(ドミニカ共和国)(キューバ)小さい腫物(しゅもつ)(ドミニカ共和国)(キューバ)虫ささ れ. *soltar la maldita* 《話》ずけずけ言う;しゃべりまくる.
*__**mal·di·to, ta**__* [mal.dí.to, -.ta] 形 **1** 《+名詞》《話》いまいましい,腹立たしい. ¡*M*~ embustero! あのうそつきめ. No tengo ni un ~ peso. びた一文持っていない. *M*~ lo que le importa. やつがそんなこと気にするもんか. no hacer ~ caso 全く気にしない. ¡*Maldita*s sean las guerras! 戦争なんてくそくらえだ.
2 《定冠詞つきの名詞の前で》全く...ない,...さえもない. *Maldita*s las ganas que tengo. 全然気が進まない. No sé *maldita* la cosa de eso. そんなこと知るもんか. No tiene *maldita* la gracia. おもしろくもなんともない.
3 《+名詞》《話》悪らつな,邪悪な;劣悪な,質の悪い. Tuve que pasar la noche en esa *maldita* habitación. あのひどい部屋でひと晩過ごさなければならなかった.
4 《名詞+》のろわれた,天罰を受けた,運に見離された. **5** 《名詞+》(とくに芸術家が)社会[権力]から見向きもされない[無視されている],のけ者にされた. **6** 《ラ米》(メキシコ)《話》やくざな,下司(げす)の.
—— 男 女 **1** いまわしい人,邪悪な人;のろわれた人.
2 社会[権力]から見向きもされない人,のけ者.
¡*Maldita sea!* 《話》なんてこった,こんちくしょう.
Mal·di·vas [mal.dí.ßas] 固名 モルディブ:インド洋の共和国. 首都 Male.

mal·di·vo, va [mal.dí.ßo, -.ßa] 形 モルジブの,モルジブ人の. —— 男 女 モルジブ人.
mal·do·so, sa [mal.dó.so, -.sa] 形 《ラ米》(メキシコ)《話》不良の,行儀の悪い.
ma·le·a·bi·li·dad [ma.le.a.ßi.li.đáđ] 女 **1** (金属の)可鍛(かたん)性,展性. **2** 従順さ;順応性,柔軟性.
ma·le·a·bi·li·zar [ma.le.a.ßi.li.θár / -.sár] 97 他 〈金属に〉可鍛(かたん)性をもたせる,展性を与える.
ma·le·a·ble [ma.le.á.ßle] 形 **1** 〈金属が〉可鍛(かたん)性のある,展性のある;〈物質が〉塑性のある. **2** 〈性格が〉柔軟性[順応性]のある;従順な,感化されやすい.
ma·le·a·do, da [ma.le.á.đo, -.đa] 形 老獪(ろうかい)な,海千山千の.
ma·le·an·te [ma.le.án.te] 形 ごろつきの,無法な,不正な. —— 男 女 悪党,ごろつき,無法者.
ma·le·ar [ma.le.ár] 他 **1** 堕落させる,悪い影響を与える,だめにする. **2** 傷める,損害を与える.
—— **~se** 代 **1** 堕落する,素行が悪くなる,退廃的になる. **2** 悪くなる,損害を被る,傷む.
ma·le·cón [ma.le.kón] 男 **1**《海》防波堤,堤防.
2《鉄道》(海沿いの)高い路盤,盛り土,土手.
3《ラ米》海岸通り.
ma·le·di·cen·cia [ma.le.đi.θén.θja / -.sén.sja] 女 中傷,悪口(を言うこと[癖]).
ma·le·du·ca·do, da [ma.le.đu.ká.đo, -.đa] 形 しつけ[行儀]の悪い,不作法な.
—— 男 女 ぶしつけな人,不作法な人.
ma·le·du·car [ma.le.đu.kár] 102 他 〈特に子供を〉甘やかす,きちんとしつけない.
ma·le·fi·cen·cia [ma.le.fi.θén.θja / -.sén.sja] 女《文章語》性悪,邪悪な心,悪意.
ma·le·fi·ciar [ma.le.fi.θjár / -.sjár] 82 他 **1** 害を及ぼす,傷つける.
2 ...に妖術を使う(=hechizar).
ma·le·fi·cio [ma.le.fí.θjo / -.sjo] 男 呪術[のろい](による被害).
ma·lé·fi·co, ca [ma.lé.fi.ko, -.ka] 形 のろいの;悪影響[害]を及ぼす. un poder ~ 悪の力.
—— 男 女 呪術師,妖術(ようじゅつ)師.
ma·le·jo, ja [ma.lé.xo, -.xa] 形《話》やや悪い,いくぶん劣る.〔malo+縮小辞〕
mal·em·ple·ar [ma.lem.ple.ár] 他 無駄にする,利用しない. No debes ~ el tiempo en bobadas. ばかなことをして時間を使ってはいけない.
mal·en·ten·der [ma.len.ten.dér] 12 他 誤解する,曲解する.
*__**mal·en·ten·di·do**__* [ma.len.ten.dí.đo] 男 誤解,曲解(=confusión). Hubo entre los dos un ~. 彼らの間に誤解があった.
ma·le·o·lar [ma.le.o.lár] 形 くるぶしの.
ma·lé·o·lo [ma.lé.o.lo] 男《解剖》くるぶし.
mal·es·tar [ma.les.tár] 男 **1** 体の不調,不快,気分[体調]のすぐれないこと. sentir un ~ 体調が悪い.
2 不快,不愉快. Su actitud causó ~ entre los presentes. 彼[彼女]の態度に居合わせた人たちは不愉快な思いをした.
*__**ma·le·ta**__[1] [ma.lé.ta] 女 **1** スーツケース,旅行かばん. hacer la ~ 旅支度をまとめる;《話》(辞職時などに)身辺整理をする. ▶「トランク」は baúl. **2**《ラ米》**(1)**(チリ)(エクアドル)《車》トランク. **(2)**(アルゼンチン)学生鞄かばん. **(3)**(コロンビア)(ボリビア)《馬》鞍(くら)袋,鞍嚢(あんのう). **(4)**(メキシコ)(プエルトリコ)衣類の包み. **(5)**(アルゼンチン)(プエルトリコ)《話》こぶ;猫背.
largar [*soltar*] *la maleta*《ラ米》(チリ)《俗》死ぬ,くたばる.

[← 〖古仏〗*malete*; *male*「かばん」(← 〖古高地ドイツ〗*malha*「旅行かばん」)＋縮小辞; 〖関連〗mala.〖英〗mail「郵便(物)」]

ma·le·ta² [ma.lé.ta] 形 **1** 《スペイン》《話》《軽蔑》〈特に闘牛士・スポーツ選手が〉無能な,下手な. **2** 《ラ米》《話》(1) 《㋁》《㋨デ゙ン》《㋖ル》《㋗㋚》悪い;手に負えない. (2) 《㋖》《㋛ン》まぬけの,役立たずの;ずる賢い. (3) 《㋗㋚》《㋖ル》怠け者の. ― 男 **1** 《スペイン》《話》《軽蔑》無能な[下手な]選手[闘牛師]. **2** 《ラ米》《話》(1) 《㋖》だれそれ,なんのなにがし. (2) 《㋖》《㋨デ゙ン》ばかな人,愚かな人. (3) 《㋁》《㋨デ゙ン》《㋖ル》悪い人;手に負えない人. (4) 《㋗㋚》《㋖ル》怠け者,怠惰な人. ― 男 《ラ米》《㋖》悪く.
estar de maleta 《ラ米》《㋖》《話》怒っている.

ma·le·te·ro, ra [ma.le.té.ro, -.ra] 男女 スーツケース製造[販売]業者,スーツケース職人.
― 男 **1** (車の)トランク. **2** 押入れ,屋内のトランクスペース. **3** (駅などの)赤帽,ポーター.
― 女 《ラ米》(1) 《㋒デ゙ン》《㋓㋭㋔》《㋖㋚》旅行用袋,サドルバッグ. (2) 《㋖》《㋛ン》(車の)トランク.

ma·le·ti·lla [ma.le.tí.ja ‖ -.ʎa] 男 〖闘牛〗闘牛士志望の若者,闘牛士になるために子牛相手の試合などに参加して腕を磨く若者[人].

‡**ma·le·tín** [ma.le.tín] 男 **1** アタッシェケース,ブリーフケース,手さげカバン. **2** 小型旅行かばん[スーツケース]. **3** 《ラ米》《㋒デ゙ン》学生かばん.
[maleta＋縮小辞]

ma·le·tón [ma.le.tón] 男 **1** 大型スーツケース,トランク. **2** 《ラ米》《㋓㋭㋔》夜具入れ袋. [maleta＋増大辞]

ma·le·tón, to·na [ma.le.tón, -.tó.na] 形 《ラ米》《㋒デ゙ン》猫背の;背骨の湾曲した.

ma·le·tu·do, da [ma.le.tú.ðo, -.ða] 形 《ラ米》《㋀㋗》《㋓㋭㋔》《㋒デ゙ン》《㋖㋚》→ maletón, tona.

ma·le·va·je [ma.le.bá.xe] 男 《ラ米》《㋒㋗》《㋜ラ》《集合的》悪人,悪党.

ma·le·vo, va [ma.lé.bo, -.ba] 形 《ラ米》《㋒㋗》《㋜ラ》悪事を働く. ― 男女 《ラ米》《㋒㋗》《㋜ラ》悪人,悪党;犯罪者.

ma·le·vo·len·cia [ma.le.bo.lén.θja / -.sja] 女 悪意.

ma·le·vo·len·te [ma.le.bo.lén.te] 形 悪意をもった,意地の悪い.

ma·lé·vo·lo, la [ma.lé.bo.lo, -.la] 形 悪意の,底意地の悪い,邪悪な. *sonrisa malévola* 意地の悪い笑い. ― 男女 悪意のある人,意地悪な人;悪人.

ma·le·za [ma.lé.θa / -.sa] 女 **1** (耕地に)生い茂った雑草. **2** 茂み,藪(㋐)(＝espesura). **3** 《ラ米》《㋖ロ》《㋑》膿(㋑).

ma·le·tal [ma.le.θál / -.sál] 男 《ラ米》(1) 《㋖㋘》《㋖》(㋓㋲)雑草地,やぶ. (2) 《㋀㋗》膿(㋑),膿汁(㋑㋐).

mal·for·ma·ción [mal.for.ma.θjón / -.sjón] 女 〖医〗(先天的な)奇形. ～ *congénita* 先天性奇形.

mal·ga·che [mal.gá.tʃe] 形 マダガスカル島 Madagascar (島) の,マダガスカル人[語]の. ― 男女 マダガスカル人. ― 男 マダガスカル語,マラガシ語: オーストロネシア[マライ・ポリネシア]諸語の一つ.

mal·ga·ma [mal.gá.ma] 女 〖化〗アマルガム.

mal·gas·ta·dor, do·ra [mal.gas.ta.ðór, -.ðó.ra] 形 浪費家の,無駄遣いをする(＝derrochador).
― 男女 浪費家,金遣いの荒い人.

mal·gas·tar [mal.gas.tár] 他 (**en...** …に) 浪費する,無駄遣いする. ～ *la hacienda* 資産を浪費する. ～ *el tiempo* 時間を無駄に使う. ～ *la salud* 健康を損ねる.

mal·ge·nia·do, da [mal.xe.njá.ðo, -.ða] 形 《ラ米》《㋒デ゙ン》《㋖ル》→ malgenioso.

mal·ge·nio·so, sa [mal.xe.njó.so, -.sa] 形 《ラ米》《話》気難しい;気の短い,怒りっぽい,不機嫌な.

mal·go·ber·nar [mal.go.ber.nár] 自 悪政を行う.

mal·ha·bla·do, da [ma.la.blá.ðo, -.ða] 形 口汚い,下品な言葉遣いをする.
― 男女 口汚い人,下品な言葉遣いをする人.

mal·ha·da·do, da [ma.la.ðá.ðo, -.ða] 形 不運な,つきに見放された,不幸な;不吉な.
― 男女 不運な人,不吉なもの.

mal·ha·ya [ma.lá.ja] 間投 《ラ米》《㋖ル》《話》くそっ,ちくしょう. *¡M～ sea!* くそくらえ.

mal·he·cho, cha [ma.lé.tʃo, -.tʃa] 形 〈人が〉不格好な;奇形の. ― 男 悪事,悪行.

mal·he·chor, cho·ra [ma.le.tʃór, -.tʃó.ra] 形 (常習的に)悪事を働く. *jóvenes ～es* 不良グループ.
― 男女 (常習的)犯罪者,悪人 (↔bienhechor).

mal·he·rir [ma.le.rír] 27 他 重傷を負わせる. *Está malherido.* 彼は重傷を負っている. ▶ 主に過去分詞で用いられる.

mal·ho·jo [ma.ló.xo] 男 **1** 落ち葉,枯れ葉. **2** → marojo.

mal·hu·mor [ma.lu.mór] 男 不機嫌.

mal·hu·mo·ra·do, da [ma.lu.mo.rá.ðo, -.ða] 形 不機嫌な;気難しい. *responder con tono ～* つっけんどんに答える.

mal·hu·mo·rar [ma.lu.mo.rár] 他 不機嫌にする,気分を害する.

ma·lí [ma.lí] 形 [複 ～es, ～s] → maliense.

Ma·lí [ma.lí] 固名 マリ:アフリカ西部の共和国. 首都 Bamako. [←〖仏〗*Mali* (13-16世紀にこの地に栄えた帝国の名に由来)]

ma·li·bú [ma.li.bú] 男 [複 ～s, ～es] 《ラ米》《㋒デ゙ン》〖植〗ヤシの一種.

‡**ma·li·cia** [ma.lí.θja / -.sja] 女 **1** 悪意,悪らつ. *Siempre actúa con ～.* 彼[彼女]はいつも人を陥れることばかり考えている. *sin ～* 底意なしに.
2 狡猾(㋕)さ,ずる賢さ,悪知恵. *Este niño tiene mucha ～.* この子はなかなかずる賢い[ませている].
3 邪推;猜疑(㋙)心. *Eso es una ～ tuya.* それは君の曲解だ.
4 性的知識[経験],性的にませていること,みだらな思い. *reír con ～* にたにた笑う. **5** (病気の)兆候(＝malignidad). **6** 《時に複数で》《話》疑念,危惧(㋖),心配. *Tengo la ～ de que no ocurrió [ocurriese] así.* 実際にはそうではなかったような気がする.
7 《ラ米》《㋖》(紅茶・コーヒーに入れる)リキュール.

ma·li·cia·ble [ma.li.θjá.ble / -.sjá.-] 形 不審を抱かせる,堕落しやすい,悪に染まりやすい.

ma·li·ciar [ma.li.θjár / -.sjár] 82 他 **1** 怪しむ,疑う,邪推する. **2** 損なう,だめにする;堕落させる(＝malear). ―**～se** 再 悪ぐる,邪推する.

ma·li·cio·sa·men·te [ma.li.θjo.sa.mén.te / -.sjo.-] 副 意地悪く,ずるく.

ma·li·cio·so, sa [ma.li.θjó.so, -.sa / -.sjó.-] 形
1 悪意のある,性根の曲がった,意地の悪い. **2** 狡猾(㋕)な,ずる賢い,抜けめのない. **3** 邪推する,疑い深い.
― 男女 悪意を持つ人,底意地の悪い人;ずるい人;疑い深い人.

má·li·co, ca [má.li.ko, -.ka] 形 〖化〗リンゴ(酸)の. *ácido ～* リンゴ酸.

ma·lien·se [ma.ljén.se] 形 (アフリカ西部の共和国)マリの,マリ人の. ― 男女 マリ人.

ma·lig·na·men·te [ma.líg.na.mén.te] 副 悪意を持って.

ma·lig·ni·dad [ma.liɣ.ni.dáđ] 囡 **1** たちの悪さ, 悪賢さ, 悪意. **2** 有害性, 毒性. **3**〖医〗悪性(であること), 悪性度.

ma·lig·no, na [ma.líɣ.no, -.na] 形 **1** 悪意のある, 邪悪な, 悪質な. intención *maligna* 悪意. **2** (病気が)悪性の, たちの悪い. fiebre *maligna* たちの悪い熱病. tumor 〜 悪性腫瘍(しゅよう). **3** 有害な; 毒性の. ― 男〖婉曲〗[M- または m-]《しばしば定冠詞+》悪魔. espíritu 〜〖カト〗サタン. ― 囡《ラ米》(さん)《疾病による》高熱.

ma·li·lla [ma.lí.ja ‖ -.ʎa] 囡〖遊〗(1)(スペイン・トランプで)2番目に強い札: 金 oro と聖杯 copa では 7, 剣 espada ととん棒 basto では 2. (2)《9がいちばん強い札となる》ブリッジに似たカードゲーム.

Ma·lin·che [ma.líɲ.tʃe] 固名 マリンチェ (? -1527) : Cortés の azteca 王国征服の際に通訳を勤めた先住民の女性.

ma·lin·chis·mo [ma.liɲ.tʃís.mo] 男 侵攻してきた外国軍と手を結ぶこと, 外国勢力への協力.

ma·lin·chis·ta [ma.liɲ.tʃís.ta] 形《ラ米》(さん)《話》外国勢力に味方する, 外国(軍)に利益を与える. ― 男囡《ラ米》(さん)《話》外国勢力に味方する人.

ma·li·no, na [ma.lí.no, -.na] 形《話》→ maligno.

mal·in·ten·cio·na·do, da [ma.lin.ten.θjo.ná.đo, -.đa / -.sjo.-] 形 悪意のこもった, 悪意を含んだ; 意地の悪い. ― 男囡 邪心のある人, 悪意を持った人.

mal·in·ter·pre·tar [ma.lin.ter.pre.tár] 他 誤解する, 曲解する.

ma·li·to, ta [ma.lí.to, -.ta] 形 (少し)悪い [malo+縮小辞].

mall [mól] 《英》男《複 〜s, 〜》ショッピング・モール[センター].

ma·lla [má.ja ‖ -.ʎa] 囡 **1** 網, ネット; 網目, 網目のある布[袋]; ニット. hacer 〜 編み物をする. **2**〖服飾〗(1)〖スポ〗《複数で》タイツ. (=cota de 〜). **4**〖海〗ロープの巻き. **5**〖紋〗中抜きのひし形. **6**《ラ米》(1) レオタード. (2)(ラ米)(ちり)(ラ米)(女性用の)水着. (3)〖コン〗時計のチェーン.

ma·llar [ma.jár ‖ -.ʎár] 自 **1** 網状のものを作る, (網などを)編む. **2**〈魚が〉網にかかる.

ma·lle·te [ma.jé.te ‖ -.ʎé.-] 男 **1** 小さい木槌(きづち). **2**〖海〗(帆柱などを固定する)くさび, 補強枠.

ma·llo[1] [má.jo ‖ -.ʎo] 男 **1** 木槌(きづち); (球技用の)打球槌. **2** ペルメル球技[競技場].

ma·llo[2] [má.jo ‖ -.ʎo] 男《ラ米》(ラテ)(ちり)ジャガイモの煮物(料理); ゆでジャガイモ.

Ma·llor·ca [ma.jór.ka ‖ -.ʎór.-] 固名 マジョルカ(島); 地中海のスペイン領 Baleares 諸島中最大の島. [←〖古スペイン〗*Mayorca*←〖後ラ〗*Majorica*;〖ラ〗*mājor*「より大きい」より派生;〖関連〗Menorca]

ma·llor·quín, qui·na [ma.jor.kín, -.kí.na ‖ -.ʎor.-] 形(スペイン Baleares 諸島の)マジョルカの. ― 男囡 マジョルカ(島)の住民[出身者]. ― 男(カタルーニャ語の)マジョルカ方言.

ma·llor·qui·nis·ta [ma.jor.ki.nís.ta ‖ -.ʎor.-] 形(スペインのサッカーチーム)レアル・マジョルカ Real Mallorca の. ― 男囡 レアル・マジョルカの選手[ファン].

mal·man·da·do, da [mal.man.dá.đo, -.đa] 形《話》言うことを聞かない, 反抗的な; 聞きわけのない (=desobediente). ― 男囡 反抗的な人[子供].

mal·ma·ri·da·da [mal.ma.ri.đá.đa] 形《文章語》《女性形のみ》不幸な結婚生活を送る. ― 囡 不幸な結婚生活を送る女性.

mal·me·ter [mal.me.tér] 他 **1** 〈人を〉悪風に染める, 悪事に誘い込む. **2**《con...》〈人を〉(…で)不和にする, 仲たがいさせる. **3** 浪費する.

mal·mi·ra·do, da [mal.mi.rá.đo, -.đa] 形 **1** 鼻つまみ者の, 評判の悪い. **2** 礼儀知らずの.

mal·mo·da·do, da [mal.mo.đá.đo, -.đa] 形《ラ米》(さん)《話》無骨な, 不作法な.

mal·na·ci·do, da [mal.na.θí.đo, -.đa / -.sí.-] 形《軽蔑》(人が)好ましくない, 悪意のある. ― 男囡 悪人, ろくでなし.

mal·nu·tri·ción [mal.nu.tri.θjón / -.sjón] 囡 栄養失調, 栄養不良.

**ma·lo, la [má.lo, -.la] 形[男性単数名詞の前で mal となる][比較級 peor, 最上級《文章語》pésimo,《話》malísimo] (↔bueno)

1《多くは+名詞 / 名詞+》《ser+》悪い, 邪悪な, 不正な, 不道徳な. 〜s tratos a las mujeres 女性虐待. ¿Qué tiene de 〜 (que+接続法)? それの[…の]どこが悪い. (una) *mala* idea よくない考え. distinguir lo bueno y lo 〜 善悪を区別する. No hay nada 〜 en ello. そのどこも悪くない. Tu amigo *es* 〜. 君の友達は悪いやつだ. una *mala* acción 悪行. una *mala* jugada 汚いやり口. los ángeles 〜s 堕天使, 悪魔.

2 (1)《多くは+名詞 / 名詞+》《ser+》望ましくない; 下手な; 粗悪な, 劣悪な; 不利な; 役に立たない, 有害な. 〜s resultados よくない結果. *malas* noticias 悪い知らせ. la *mala* imagen 悪いイメージ. Este vino *es* 〜. このワインは安物だ. El tabaco *es* 〜 para la salud. タバコは健康に悪い. Corren 〜s tiempos para... にとって悪い時期が続く. (2)《estar+》《食べ物が》悪くなった, 腐った. Estas manzanas *están malas*. これらのリンゴは傷んでいる. Vamos a tirar todo lo que *esté* 〜. だめになったものは皆捨てよう.

3《多くは+名詞 / 名詞+》意地悪な, 不親切な, 怒りっぽい;《話》腕白な, いたずらな. actuar de *mala* fe よこしまとする. Dicen las *malas* lenguas que... 口の悪い連中は…と言う. Es 〜 con sus hermanos. 彼は弟たちに意地が悪い. *mal* humor 不機嫌. ¡Qué 〜 *eres*! なんて悪い! やつだ.

4《estar+》《話》病気の, 病弱な, 怪我(けが)した, 痛めた,〈女性が〉生理中の. *Está* muy 〜. 彼は重病である. ponerse 〜 病気になる. tener *mal* color [*mala* cara] 顔色がすぐれない. estar [ponerse] *mala* 生理中である[生理になる]. caer *mala*《ラ米》(ラテ)《女性が》生理がくる.

5《多くは+名詞》不運な; 不順な, 不吉な. ¡*Mala* suerte! 残念だ, ついてないな. *mala* cosecha 不作.

6《多くは+名詞 / 名詞+》不愉快な, 嫌な; まずい. pasar un *mal* rato 不愉快な目に遭う. una *mala* temporada 嫌な季節; 不景気. La paella estaba *mala*. そのパエーリャはまずかった. Un *mal* día lo tiene cualquiera. 誰でもついてない日がある.

7《多くは+名詞》《ser+ / estar+》悪天候の, 荒れ模様の. El tiempo *está* muy 〜 hoy. 今日は非常に天気が悪い.

8《多くは+名詞》《ser+》できの悪い, 不得意な. 〜s estudiantes できない学生. Soy 〜 para las matemáticas. 私は数学が苦手だ.

9《de+不定詞》…しにくい, なかなか…しない. Este perro es 〜 *de enseñar*. この犬は覚えが悪い.

― 男囡 悪いやつ, 悪者.

maloca

━**男** 1 [M-] 悪魔. 2 (劇・小説などの) 悪役, 悪漢.
━**女** 《ラ米》(ﾎﾟﾙ) 《話》不運.
━**間投** 1 おやおや, いやはや. 2 いたずら小僧め, この (芝居の野次) 引っ込め, へたくそ.
a la mala 《ラ米》(1) (ﾞﾘ)(ﾞｱ) 《話》無理やりに, 強制的に. (2) (ｱﾙｾﾞ)(ﾁﾘ) 裏切って. (3) (ﾒ) 《話》悪意で.
a mala idea 悪意で.
a malas (1) **《con...** …と》不仲で, 仲たがいして. *estar* [*andar*] *a malas* 《話》仲たがいしている. *ponerse a malas* 《話》(1) 不仲になる. (2) もしものため, 念のために.
estar de malas 《話》(1) 不機嫌である, 怒っている. ¿*Estás de malas* conmigo? 僕のことを怒っているのかい. (2) **《con...** …と》仲たがいしている.
estar en mala 《ラ米》→ *estar de malas*.
lo malo es que +直説法・接続法 悪いことには…だ, あいにく…だ (▶ 事実は +直説法, 仮定は +接続法). Me gustaría ir, *lo ~ es que* no me dejan salir. 行きたいのはやまやまだけれど, 困ったことに外へ出してもらえないんだ.
¡*Mala onda*! 《ラ米》/ ¡*Mala suerte*! 残念だ, ついてないな.
¡*Malo*! 《不安や不運を予期させるときに》まずい.
malo será [*ha de ser*] [*que no* +接続法 / *si no* +直説法] …でないはずだ. Aquí hay muchos programas, así que ~ *será que no* encuentres algo interesante. ここにはたくさんのプログラムがあるから, 君はきっとおもしろいと思うものを見つけるだろう.
Más vale(*lo*) *malo conocido, que*(*lo*) *bueno por conocer*. 《諺》知らぬ仏よりなじみの鬼.
ni un malo +名詞 …さえもなく (= ni siquiera). Aquí no hay *ni una mala botella* de vino. 《話》ここにはワイン1本だってない.
poner malo a +人 《話》《人》をいらいらさせる.
ponerse malo (1) 病気になる, 具合が悪くなる. Cuídate que no *te pongas* ~. 《話》病気にならないように気をつけて. (2) 《話》いらいらする.
por las buenas o por las malas 《話》いやおうなしに.
por las malas (1) 《話》やむを得ず, いやいや (↔ por las buenas). (2) 《話》無理やりに.
venir de malas 不機嫌である. ¿Viene de buenas o *viene de malas*? 《話》ご機嫌ですか, 不機嫌ですか.
ver... con malos ojos …を非難する, …に反感を抱く.
[← 〔ラ〕 *malum* (*malus* の対格) 関連 mal, malicia, maligno. 〔英〕 *malignant* 「悪意の; 悪性の」]

ma·lo·ca [ma.ló.ka] **女** 《ラ米》(1) (ﾁ)(ｱﾙｾﾞ) 【史】先住民による襲撃, 虐殺を伴う先住民の土地への侵略. (3) (ﾌﾞ) 先住民部落.

ma·lo·gra·do, da [ma.lo.grá.ðo, -.ða] **形** 1 天逝 (ﾀﾝｾｲ) した, 若死にした. 2 《ラ米》病気の; 壊れた.

ma·lo·grar [ma.lo.grár] **他** 1 台無しにする; (機会を) 逃す (= frustrar). ~ una oportunidad 好機を逸する. ~ la vida 一生を棒に振る. 2 《ラ米》(ﾒｷｼ) 《話》殺す, 殺害する.
━**~·se** 1 台無しになる, 挫折 (ｻｾﾂ) する, (あてが) 外れる. Se *malograron* sus esperanzas. 彼〔彼女〕(ら) の期待は実らなかった. 2 【農】不作になる. 3 天折 (ﾖｳｾﾂ) する. En estos campos de batalla *se malogró* la juventud de Europa. これらの戦場でヨーロッパの青年が若くして命を落とした.

ma·lo·gro [ma.ló.gro] **男** 1 失敗, しくじり, 挫折. 2 若死に, 夭折 (ﾖｳｾﾂ). 3 【農】不作.

mal·o·lien·te [ma.lo.ljén.te] **形** 悪臭を発する, 臭い.

ma·lón [ma.lón] **男** 《ラ米》(1) (ｱﾙｾﾞ) 《話》大群衆. (2) (ｱﾙｾﾞ) 友人のために行うびっくりパーティー. (3) 【史】先住民の襲撃. (4) 奇襲, 不意打ち; 押しかけ訪問.

ma·lo·que·ar [ma.lo.ke.ár] **自** 《ラ米》(ｱﾙｾﾞ) (ﾁ) (1) (先住民が) 急襲する; 襲う, 不意打ちをする. (2) 密売買をする.

mal·pa·ra·do, da [mal.pa.rá.ðo, -.ða] **形** 大きな被害 [損害] を受けた, 傷つけられた. salir ~ de… …でさんざんな目に遭う.

mal·pa·rar [mal.pa.rár] **他** 虐待する, いじめる, ひどいめに遭わせる.

mal·pa·ri·do, da [mal.pa.rí.ðo, -.ða] **形** 《ラ米》《俗》《軽蔑》〈人が〉好ましくない, 悪意のある.
━**男 女** 悪人, ろくでなし.

mal·pa·rir [mal.pa.rír] **自** 流産する.

mal·par·to [mal.pár.to] **男** 流産.

mal·pen·sa·do, da [mal.pen.sá.ðo, -.ða] **形** 悪く考えがちな, 邪推する; マイナス思考の.
━**男 女** 悪く考えがちな人, マイナス思考の人. No seas ~. 勘ぐるのはよせ.

mal·pi·ghia [mal.pí.xja] **女** 【植】キントラノオ科マルピギア属の植物.

mal·pi·giá·ce·as [mal.pi.xjá.θe.as / -.se.-] **女** 《複数形》【植】キントラノオ科.

mal·que·da [mal.ké.ða] **男 女** 《話》約束を守らない人, いい加減な人.

mal·que·ren·cia [mal.ke.rén.θja / -.sja] **女** 悪意, 恨み; 反感, 嫌悪 (= odio).

mal·que·rer [mal.ke.rér] [13] **他** 悪意 [恨み] を抱く; 反感を持つ, 毛嫌いする. Ella *malquiere* a su jefe. 彼女は上司を嫌っている.

mal·que·ri·do, da [mal.ke.rí.ðo, -.ða] **形** 反感を買った, 嫌われた; 恨まれた.

mal·quis·tar [mal.kis.tár] **他** **《con...** …と》仲たがいさせる, 敵対させる, 《…から》離反させる. Su tacañería la *ha malquistado con* los vecinos. 彼女はけちのせいで隣人と険悪になった. ━**~·se 《con...** …と》不和になる, 仲たがいする, 《…に》反感を抱く. El alcalde *se ha malquistado con* los concejales. 市長は市会議員と対立した.

mal·quis·to, ta [mal.kís.to, -.ta] **形** 1 不和になった, 仲たがいした. 2 嫌われた, 反感を買った.

mal·sa·no, na [mal.sá.no, -.na] **形** 1 健康に悪い, 体によくない. 2 病的な.

mal·sín [mal.sín] **男** 悪口を触れ歩く人, 告げ口屋, 不和の種をまく人.

mal·so·nan·te [mal.so.nán.te] **形** 耳障りな; 〈言葉や表現が〉下品な, 聞くに耐えない.

mal·su·fri·do, da [mal.su.frí.ðo, -.ða] **形** 忍耐 (力) に欠ける; 痛みに弱い.

mal·ta [mál.ta] **女** 1 (ビール製造などに使う) モルト, 麦芽. 2 (コーヒー代用の) 煎 (ｲ) った大麦 [小麦]. 3 《ラ米》(1) (ｱﾙｾﾞ) かめ, 壺 (ﾂﾎﾞ). (2) 黒ビール. (3) (ｳﾙ) 発酵させないモルトで作った清涼飲料.
[〔英〕 *malt* ← 〔ゲルマン〕 *malta*-; 関連 〔英〕 *melt*]

Mal·ta [mál.ta] **固名** マルタ: 地中海中部の共和国. 首都 La Valletta. caballero de ~ マルタ騎士団; 洗礼者ヨハネ騎士団. cruz de ~ マルタ十字

(章).
[← [マルタ] Malta ← [アラビア] Māliṭah (島名) ← [ラ] Melita ← [ギ] Melítē (フェニキア語起源?)]

mal·ta·sa [mal.tá.sa] 女《生化》マルターゼ.

mal·te·a·da [mal.te.á.ða] 女《ラ米》ミルクセーキ.

mal·te·a·do [mal.te.á.ðo] 男 麦芽 [モルト] 製造工程.

mal·te·ar [mal.te.ár] 他《大麦などを》麦芽 [モルト] にする.

mal·tés, te·sa [mal.tés, -.té.sa] 形 マルタ (島) の, マルタ人 [語] の.
— 男女 マルタ人.
— 男 マルタ語: アラビア語を基盤にイタリア語などのロマンス語が大量に入った言語.

mal·tón, to·na [mal.tón, -.tó.na] 形《ラ米》《^{中米}》幼稚な, 幼い.
— 男女《ラ米》《^{こども}》《話》体格のよい若者.

mal·ton·ci·llo [mal.ton.θí.ʝo ‖ -.ʎo / -.sí.-] 男《ラ米》→ maltón.

mal·to·sa [mal.tó.sa] 女《生化》マルトース, 麦芽糖.

mal·tra·ba·ja [mal.tra.βá.xa] 男女《話》怠け者.

mal·tra·er [mal.tra.ér] 58 他 手荒く扱う, 虐待する, ひどいめに遭わす.
traer [*llevar*] *a* + 人 *a maltraer* 〈人〉に絶えず面倒をかける.

mal·tra·í·do, da [mal.tra.í.ðo, -.ða] 形《ラ米》《^{アルゼン}》《^{チン}》《^{チリ}》《話》ぼろを着た, みすぼらしい身なりの.

mal·tra·ta·dor, do·ra [mal.tra.ta.ðór, -.ðó.ra] 形 虐待する. — 男女 虐待する人.

*mal·tra·tar [mal.tra.tár] 他 〈人・動物を〉**虐待する**, いじめる;〈ものを〉手荒く扱う. *No se debe ～ a los animales.* 動物を虐待してはいけない.

mal·tra·to [mal.trá.to] 男《主に複数で》虐待.

mal·tre·cho, cha [mal.tré.tʃo, -.tʃa] 形 虐待された, 痛めつけられた;傷んだ. *dejar ～ al enemigo* 敵をさんざんなめに遭わせる.

mal·tu·sia·nis·mo [mal.tu.sja.nís.mo] 男《特に人口論に関する》マルサス Malthus (1766–1834, 英国の経済学者) 主義.

mal·tu·sia·no, na [mal.tu.sjá.no, -.na] 形《経》マルサス主義の. — 男女 マルサス主義者.

ma·lu·cho, cha [ma.lú.tʃo, -.tʃa] 形《話》**1** 気分が悪い, 〈体の〉具合が悪い. *Hoy está ～.* 今日彼は調子がよくない. **2** 安物の, 質の悪い.
[malo + 縮小辞]

ma·lu·co, ca[1] [ma.lú.ko, -.ka] 形 (インドネシア東南の香料の産地) モルッカ Molucas 諸島の.
— 男女 モルッカ諸島の住民 [出身者].

ma·lu·co, ca[2] [ma.lú.ko, -.ka] 形 **1** → malucho. **2**《ラ米》《^{カリブ}》《話》悪い, 意地悪な.

ma·lu·que·ar·se [ma.lu.ke.ár.se] 再《ラ米》《^{ブラジ}》《話》失神する, 気分が悪くなる.

ma·lu·que·ra [ma.lu.ké.ra] 女《ラ米》《^{ブラジ}》《話》病気, 醜いこと.

ma·lu·ra [ma.lú.ra] 女《ラ米》《^{チリ}》具合の悪いこと, 不快感. *～ de estómago* 胃痛.

mal·va [mál.βa] 女《植》アオイ (の花); ゼニアオイ. *～ loca* [*real, rósea*] タチアオイ (= malvarrosa).
— 形 薄紫色の. — 男 薄紫色.
estar criando [*criar*] *malvas*《話》亡くなっている.
ser [*estar*] *como una malva*《話》おとなしい.

mal·vá·ce·o, a [mal.βá.θe.o, -.a / -.se.-] 形 アオイ科の. — 女 アオイ科の植物;《複数で》アオイ科.

mal·va·da·men·te [mal.βá.ða.mén.te] 副 邪悪 [非道] にも.

mal·va·do, da [mal.βá.ðo, -.ða] 形 極悪の, 邪悪な, 非道な. — 男女 極悪人, 悪党, 悪漢.

mal·var [mal.βár] 男 アオイの植え込み.

mal·va·rro·sa [mal.βa.ró.sa] 女《植》タチアオイ.

mal·va·sí·a [mal.βa.sí.a] 女 **1**《植》マルバシア: ギリシア原産の甘く香気の高いブドウの一種.
2《マルバシアで作った》スペイン産の甘口の白ワイン.
3《鳥》アヒルの一種.

mal·va·vis·co [mal.βa.βís.ko] 男《植》ウスベニタチアオイ, ビロードアオイ.

mal·ven·der [mal.βen.dér] 他 投げ売りする, 二束三文で売る.

mal·ver·sa·ción [mal.βer.sa.θjón / -.sjón] 女 横領, 使い込み. *～ de fondos* 公金横領.

mal·ver·sa·dor, do·ra [mal.βer.sa.ðór, -.ðó.ra] 形 〈公金などを〉横領 [着服] する, 使い込む. — 男女 横領犯.

malvavisco
(ウスベニタチアオイ)

mal·ver·sar [mal.βer.sár] 他 〈公金などを〉横領 [着服] する, 使い込む.

mal·ve·zar [mal.βe.θár / -.sár] 97 他 悪い癖をつける.

Mal·vi·nas [mal.βí.nas] 固名 (islas) ～マルビナス (諸島): 英語名フォークランド *Falkland* 諸島. 英国領. アルゼンチンとの間で領有権を係争中.
[← 〔仏〕 (*îles*) *Malouines* (*malouin*「聖 *Malo* の」の女性複数形; 7 世紀に聖 *Malo* がいくつかの修道院を建てたフランスの町 Brittany から最初の移住者を乗せた船がこの諸島へやって来たことから)]

mal·vi·nen·se [mal.βi.nén.se] 形 マルビナス [フォークランド] 諸島の. — 男女 マルビナス [フォークランド] 諸島の住民 [出身者].

mal·vi·ne·ro, ra [mal.βi.né.ro, -.ra] / **mal·vi·nés, ne·sa** [mal.βi.nés, -.né.sa] 形 男女 malvinense.

mal·vís [mal.βís] 男《鳥》ワキアカツグミ.

mal·vi·vien·te [mal.βi.βjén.te] 形《ラ米》《^{アルゼン}》《^{チン}》無法者の, ごろつきの.

mal·vi·vir [mal.βi.βír] 自 貧しい [苦しい] 生活をする.

mal·viz [mal.βíθ / -.βís] 男 [複 malvices] → malvís.

mal·vón [mal.βón] 男《ラ米》《^{アルゼン}》《^{チン}》《^{ブラジ}》《植》ゼラニウム.

ma·ma [má.ma] 女 **1**《解剖》ほ乳器官, 乳房. **2**《話》《幼児語》ママ, お母さん (= mamá). **3**《ラ米》《^{ブラジ}》母, おかあさん (= mamá).

ma·má [ma.má] 女 [複 ～s]《話》《親愛》お母さん**, ママ; 母親 (= madre) (↔papá). *Papá, ～, me voy.* お父さん, お母さん, 行ってきます. *Mi novio vive con su ～* [madre]. 私の婚約者は母親と同居している. ♦母に対する親しい呼びかけとして使用される. ただし中南米では「母親」の意味で大人同士の会話や公式の場でも違和感なく使用される. 特にメキシコ・中米・カリブ地域では卑語に使用されがちな madre より mamá が好まれる.
futura mamá《ラ米》《^{中米}》《^{カリブ}》《話》《臨月の》妊婦.
mamá grande《ラ米》《話》おばあさん (= abuela).
[← 〔ラ〕 *mamma*「乳房; ママ (母の意味の幼児語)」;
関連 madre, mamar, mamífero. [英] *mama*,

ma·ma·ca·llos [ma.ma.ká.ʝos ‖ -.ʎ-] 男《単複同形》《話》ばか，まぬけ，役立たず．

ma·ma·chi·cho [ma.ma.tʃí.tʃo] 女《複 〜，〜s》(テレビのショーに出演する)セクシーなダンサー．

ma·ma·ci·ta [ma.ma.θí.ta / -.sí.-] 女《ラ米》《俗》魅力的な女性．

ma·ma·da [ma.má.ða] 女 1 乳を吸う行為. 2《俗》フェラチオ. 3《ラ米》《話》(1)《軽蔑》うまみのある仕事. (2)もうけ物, 得. (3)《タ"リ》酔い.

ma·ma·de·ra [ma.ma.ðé.ra] 女 1 (母乳の)搾乳器, 吸乳器. 2《俗》《まれ》授乳期の乳房. 3《ラ米》(1)《タ"リ》(チ"リ)ほ乳瓶, (ほ乳瓶の)乳首. (2)《話》でもうかる仕事.
mamadera de gallo《ラ米》《ュ"ラ"ス》《話》たちの悪い冗談.

ma·ma·do, da [ma.má.ðo, -.ða] 形 1《話》酔った, 酔っ払った. → mamar.
2《ラ米》(1)《ア"ル"セ"ン"》疲れた. (2)《話》簡単にできる. (3)《タ"リ》《話》ばかな, 愚かな.

ma·ma·dor, do·ra [ma.ma.ðór, -.ðó.ra] 形 乳を吸う, 乳を吸い出す「絞り出す」. ― 男 女《話》(1)《タ"リ》居候(ぃそうろう). (2)《ュ"ハ"》酒好き, 飲んべえ.

ma·ma·gran·de [ma.ma.ɡrán.de] 女《ュ"ラ"》《話》祖母, おばあさん.

ma·ma·í·ta [ma.ma.í.ta] 女 mamá + 縮小辞.

ma·ma·lón, lo·na [ma.ma.lón, -.ló.na] 形《ラ米》《タ"リ》《タ"リ》《タ"リ》怠け者の, のらくらな; 寄食する.

ma·ma·ma·ma [ma.ma.má.ma] 女《ラ米》《ュ"ハ"》《話》祖母, おばあさん.

ma·man·du·rria [ma.man.dú.ɾja] 女《ュ"キ"》《話》楽して得るもうけ[稼ぎ]; めっけもの.

ma·man·te·ar [ma.man.te.áɾ] 他《ラ米》《タ"リ》《ウ"ル"》(子に)乳を飲ませる; かわいがる, 甘やかす.

*ma·mar [ma.máɾ] 他 1 (…から)母乳を飲む[吸う]. *dar de* 〜 al niño 赤ん坊に母乳を飲ませる. 2《話》(幼いときから)覚える, 体得する. 〜 *la honradez* 正直な人間に育つ. *Ha mamado el inglés.* 彼[彼女]は小さいころに英語を身につけた.
3《話》ちゅうちゅう吸う; 《俗》性器をしゃぶる. 4《ラ米》《俗》(1)《ア"ル"セ"ン"》(約束を)破る. (2)《タ"リ》《チ"リ》飲み過ぎる. (3)《チ"ェ"》殺す.
― 自《話》習慣的に多量の酒を飲む, 鯨飲する.
― 〜·se 再 1《俗》酔っ払う (= emborracharse). 2《俗》…に甘んじる. 3《ラ米》(1)《ア"ル"セ"ン"》約束を破る. (2)《チ"ル"》むさぼり食う, 丸飲みする. (3)《ュ"ラ"》《話》いやいやする.
*mamar*le *gallo a* + 人《ラ米》《ュ"ラ"》《話》(人)をからかう, うんざりさせる, 迷惑をかける.

ma·ma·rio, ria [ma.má.ɾjo, -.ɾja] 形《解剖》乳器官の, 乳房の.

ma·ma·rra·cha·da [ma.ma.ra.tʃá.ða] 女《話》《軽蔑》 1 ばかげた言動. 2 げてもの; がらくた. 3《集合的》げてもの; くだらない連中.

ma·ma·rra·cho, cha [ma.ma.rá.tʃo, -.tʃa] 男 女《話》《軽蔑》 1 ばかげたこと[変な服装]をする人. 2 くだらない人, ばか. ― 男 1 ばかげたもの; がらくた. *Este cuadro es un* 〜. この絵は駄作だ.

ma·má-se·ño·ra [ma.má.se.ɲó.ɾa] 女《ラ米》(1)《ュ"ラ"》《ディ"ァ"》《ュ"ラ"》育ての親; 奥様. (2)《話》祖母, おばあさん.

ma·ma·zo·ta [ma.ma.θó.ta / -.só.-] 女《ラ米》《ュ"ラ"》《俗》魅力的な女性.

mam·ba [mám.ba] 女 マンバ: 猛毒を持つヘビの一種.

mam·bí [mam.bí] 形[複 mambises] (1868年に始まった対スペイン)キューバ独立主義者の.
― 男 女 キューバ独立主義者, 独立の志士[戦士].

mam·bís, bi·sa [mam.bís, -.bí.sa] 形 男 女 → mambí.

mam·bla [mám.bla] 女 (乳房形の)小山, 丘.

mam·bo [mám.bo] 男 1《音楽》マンボ: キューバ生まれのダンス音楽. 2《ラ米》《タ"リ》《話》(殴打・アルコール・薬物による)足もとのふらつき.

mam·bo·re·tá [mam.bo.ɾe.tá] 男《ラ米》《タ"リ》《昆》カマキリ.

mam·brú [mam.bɾú] 男《海》船の煙突.

Mam·brú [mam.bɾú] 男《国名》→ Marlborough.

ma·me·lla [ma.mé.ʝa ‖ -.Áa.-, -.ʎa.-] 女 肉髯(ぜん): ヤギなどの動物に見られるあご下の垂れ下がった部分.

ma·me·lón [ma.me.lón] 男 1《動物》乳首. 2《地質》円頂溶岩小丘. 3 傷跡の肉の盛り上がり.

ma·me·lu·co, ca [ma.me.lú.ko, -.ka] 形 1《史》マムルークの. 2《話》《軽蔑》どじな, のろまな.
― 男 女 1《史》マムルーク: エジプトのスルタンの親衛兵. 2《話》《軽蔑》どじな人, のろまな人. 3《ラ米》《史》(ブラジルの)メスティソ mestizo, 混血(児). ― 男《ラ米》《服飾》(1)《話》《軽蔑》オーバーオール, つなぎ(服); (子供用肌着の)コンビネーション. (2)《タ"リ》(幼児用)ロンパース. (3)《エ"クアドル"》半ズボン, だぶだぶのズボン.
[「マムルーク」←「アラビア」*mamlūk*(原義は「奴隷」)]

ma·mer·to, ta [ma.méɾ.to, -.ta] 形《話》まぬけな, ばかな. 2《ラ米》(1)《タ"リ》大酒飲みの. (2)《タ"リ》《話》不器用な.
― 男 女 1 まぬけ, ばか者. 2《ラ米》(1)《タ"リ》飲んだくれ, 大酒飲み. (2)《タ"リ》《話》不器用な人.

ma·mey [ma.méi] 男 1《植》(1) マメイ: 熱帯アメリカ産のアカテツ科の植物・果実. (2) マンメア: 熱帯アメリカ産のオトギリソウ科の植物・果実. 2《ラ米》《タ"リ》《話》簡単なこと. (2)《話》簡単なこと.

ma·mi [má.mi] 女《話》お母さん, ママ.

ma·mí·fe·ro, ra [ma.mí.fe.ɾo, -.ɾa] 形 ほ乳類の. ― 男《動物》《複数形で》ほ乳類.

ma·mi·la [ma.mí.la] 女 1《動物》乳房. 2《解剖》乳頭. 3《ラ米》《チ"ル"》《タ"リ》ほ乳瓶.

ma·mi·lar [ma.mi.láɾ] 形《解剖》乳頭の.

ma·mi·ta [ma.mí.ta] 女 mamá + 縮小辞.

ma·mi·tis [ma.mí.tis] 女《単複同形》《話》母親を恋しがること, ホームシック.

ma·mo·gra·fí·a [ma.mo.gɾa.fí.a] 女《医》マンモグラフィー, (レントゲンによる)乳房撮影(法).

ma·mo·gra·fo [ma.mó.gɾa.fo] 男《医》マンモグラフ, 乳房撮影用レントゲン装置.

ma·mo·la [ma.mó.la] 女《話》《まれ》(からかい・親愛を表して)相手のあごの下をなでる「軽くたたく」こと.
― 間投 1《幼児語》《まれ》(返答を否定して)ブップ―. 2《ラ米》《タ"リ》《話》《不信》うそだろう, そんなばかな.
hacer a + 人 *la mamola*《話》(人)を小ばかにする.

ma·món, mo·na [ma.món, -.mó.na] 形 1 乳離れしていない; よく乳を飲む. *diente* 〜 乳歯.
2《俗》《軽蔑》軽蔑すべき, くだらない.
3《ラ米》《タ"リ》《話》気取った, 上品ぶった.
― 男 女 1 乳離れしていない子; 乳を飲む子.
2《俗》《軽蔑》軽蔑すべき人, どうしようもない人.
3《ラ米》(1)《チ"ェ"》《俗》《軽蔑》公務員. (2)《話》酔っ払い.
― 男 1《植》(1) 吸枝, 吸根. (2) マモンノキ, メリ

コッカ；その実（ムクロジ科，熱帯アメリカ産）. **2**《ラ米》(1)《(ﾎﾟｴ)》(ｺﾞﾙ)パパイヤ（の木・実）. (2)《(ｺﾞﾙ)》スポンジケーキ. (3)《(ﾆｶ)》第二期取り入れの葉タバコ. (4)《(ｺﾞﾙ)》(ﾎﾟｴ)吸うこと. (5)《(ﾎﾟｴ)》こん棒. (6)《(ﾒｷ)》（赤ん坊の）おしゃぶり. ━━ 囡《ラ米》(ｺﾞﾙ)子牛の肉.

ma·mo·na·zo [ma.mo.ná.θo / -.so] 男《ラ米》(ｺﾞﾙ)《話》(1) 強い殴打. (2) 不幸, 不運.

ma·mo·ne·ar [ma.mo.ne.ár] 他《ラ米》《話》(1)《(ﾒｷ)》たたく. (2)《(ﾎﾟｴ)》遅らせる; 〈時間を〉無駄にする.

Ma·mo·ré [ma.mo.ré] 固名 el 〜 マモレー（川）: ボリビアを流れる el Amazonas の支流.

ma·mo·so, sa [ma.mó.so, -.sa] 形 **1** よく乳を飲む. **2**《植》アワの一種.

ma·mo·tre·to [ma.mo.tré.to] 男《話》《軽蔑》**1** ぶ厚い本, 書類. **2** ばかでかくて役立たずなもの; 場所ふさぎ. **3** 《話》不格好なもの.

mam·pa·ra [mam.pá.ra] 囡 **1** 屋内スクリーン；衝立(ｸｲﾀﾃ), 間仕切り. 〜 de separación 仕切り壁. **2**《ラ米》(ﾒｷ)(ﾍﾟﾙ)ガラス戸; 内扉.

mam·pa·ro [mam.pá.ro] 男《海》船内隔壁.

mam·po·rro [mam.pó.r̄o] 男《話》殴ること (= puñetazo); ぶつける[ぶつかる]こと (= porrazo). Me di un 〜 contra la mesa. 私はテーブルにいやというほどぶつかった.

mam·pos·te·ar [mam.pos.te.ár] 他《建》（粗石で）築く.

mam·pos·te·rí·a [mam.pos.te.rí.a] 囡《建》粗石積み；粗石積み工事 (= calicanto).

mam·pos·te·ro [mam.pos.té.ro] 男 **1** 石積み工, 石工. **2**（十分の一税・寄付などの）徴収人.

mam·pre·sar [mam.pre.sár] 他〈馬を〉慣らし始める.

mam·pues·to, ta [mam.pwés.to, -.ta] 形 石工用の. ━━ 男 **1**《建》未加工の石材. **2** 胸壁, 防御壁. **3**《ラ米》(ｺﾞﾙ)(銃を支える)台.

ma·mú·a [ma.mú.a] 囡《ラ米》(ﾗﾌﾟ)《話》酔い; 飲み騒ぐこと.

ma·mú·co, ca [ma.mú.ko, -.ka] 形《ラ米》(ｺﾞﾙ)《俗》(1) 学者ぶった, プライドの高い. (2) 品のない冗談を言う, 俗っぽい.

ma·mu·jar [ma.mu.xár] 他〈乳を〉いやいや飲む.

ma·mu·llar [ma.mu.jár ‖ -.ʎár] 他 **1** もぐもぐかむ；《話》（口の中で）ぶつぶつ言う.

ma·mut [ma.mút] 男《複 〜s》《古生》マンモス.

man [mán] 男《ラ米》(ｺﾞﾙ)(ﾒｷ)《話》ある人；（知らない相手を指して）諸君.

ma·na [má.na] 囡《ラ米》(ｺﾞﾙ)(ﾒｷ)泉, 水源.

ma·ná [ma.ná] 男 **1**《聖》マナ. ◆イスラエル人がエジプト脱出後に荒野で神から与えられた食べ物. **2** そう, 天の恵み. **3**（トネリコ属）マンナ: トネリコの木の滲出(ｼﾝｼﾕﾂ)液; 緩下剤.

ma·na·da [ma.ná.ða] 囡 **1**（動物の）群れ. una 〜 de lobos オオカミの群れ. reunirse a 〜s 群れをなす. **2**《話》大群衆, 大勢の人. en 〜 一団となって, どやどやと. **3** ひとつかみ, 一握り.

man·age·ment [ma.ná.je.men(t)]《英》男 企業経営（術), 企業管理.

man·age·jer [má.na.jer]《英》男 囡《複 〜s, 〜》**1**（企業などの）支配人, 主任, マネージャー. **2**（スポーツ選手・芸能人などの）マネージャー.

＊**Ma·na·gua** [ma.ná.gwa] 固名 マナグア. (1) ニカラグアの首都; またその県. **2** Lago de 〜 マナグア湖: ニカラグア北西部の湖.

ma·na·güen·se [ma.na.gwén.se] 形 マナグアの. ━━ 男 囡 マナグアの住民[出身者].

＊**ma·nan·tial** [ma.nan.tjál] 形《まれ》泉の, 湧(ﾜ)き出る. agua 〜 湧き水, 泉水. ━━ 男 **1** 泉, 湧き水；水源 (= fuente). **2** 源, 根源, 原因.

ma·nan·tí·o, a [ma.nan.tí.o, -.a] 形《まれ》湧(ﾜ)く, にじみ出る.

ma·nar [ma.nár] 自 **1**《de... …から》湧(ﾜ)き出る, あふれる. El agua mana del manantial. 水が泉から湧き出る. **2**《比喩的》〈言葉・思考が〉ふんだんに湧く. ━━ 他〈液体を〉流出させる. La herida manaba sangre. 傷口から血がどくどくと流れていた.

ma·na·re [ma.na.re] 男《ラ米》(ﾍﾞﾈ)(ｺﾞﾙ)ざる.

ma·nat [ma.nát] 男《単複同形》マナト: アゼルバイジャン・トルクメニスタンの貨幣単位.

ma·na·tí [ma.na.tí] 男《複 〜es, 〜s》**1**《動》マナティー, カイギュウ (= vaca marina). **2**（マナティーの革でつくった）鞭(ﾑﾁ).

ma·na·to [ma.na.to] 男 → manatí.

manatí
（マナティー）

ma·na·za [ma.ná.θa / -.sa] 囡《話》汚い手.

ma·na·zas [ma.ná.θas / -.sas] 男 囡《単複同形》《スペイン》不器用な人, 下手くそ.

man·ca [máŋ.ka] 囡《ラ米》(ｺﾞﾙ)《隠》刀剣, ナイフ類.

man·car [maŋ.kár] 他 **1**〈手・腕を〉不自由にする, 〈人を〉傷つける. **2**《ラ米》(ﾒｷ)《話》しくじる, やり損なう. 〜 el tiro 撃ち損じる. ━━ 自《ラ米》失敗する. ━━ 〜·se 再《まれ》けがをする.

man·ca·rrón [maŋ.ka.r̄ón] 男《ラ米》(ﾁ)(ｺﾞﾙ)堰(ｾｷ).

man·ca·rrón, rro·na [maŋ.ka.r̄ón, -.r̄ó.na] 男 囡 **1**《軽蔑》manco + 増大辞. → manco. **2** やせて傷だらけの馬. **3**《ラ米》(ﾁ)(ｺﾞﾙ)(ﾍﾟﾙ)《話》役立たず, 無能な人.

man·ce·bí·a [man.θe.βí.a / -.se.-] 囡 **1**《古語》売春宿, 女郎屋 (= prostíbulo). **2** 若者にありがちな放蕩(ﾎｳﾄｳ) 《自堕落》.

man·ce·bo, ba [man.θé.βo, -.βa / -.sé.-] 男 囡 **1** 若者, 少年, 少女. **2** 独り者, 独身者. **3**《まれ》(主に薬局の)店員[見習い]. ━━ 囡 内縁の妻, 情婦, 愛人.

man·ce·ra [man.θé.ra / -.sé.-] 囡 鋤(ｽｷ)の柄.

man·ce·ri·na [man.θe.rí.na / -.se.-] 囡 (チョコレートカップの)受け皿.

＊**man·cha** [máɲ.tʃa] 囡 **1** 染み, 汚れ, 斑点, あざ. El tigre tiene 〜s negras y amarillas. トラには黒と黄の模様がある. 〜 de grasa [tinta, lodo] (服についた)油 [インク, 泥]の汚れ. la piel a 〜s 斑点模様のある皮膚. 〜 amarilla《解剖》黄斑(ﾊﾝ). 〜 materna 母斑. 〜 de sangre 血痕(ｹｯｺﾝ). 〜 solar《天文》(太陽の)黒点. 〜 de peces《海》(レーダーに映る)魚群.

2 汚点；不名誉. No hay ninguna 〜 en su carrera. 彼[彼女] (ら)の履歴にはけちの付けようもない.

3《美》(1) 素描, スケッチ. (2) 陰影描写.

4《ラ米》(1)《(ｺﾞﾙ)》《植》(バナナ・カカオの)病虫害. (2)《(ﾗﾌﾟ)》《植》群れ, 大群. (3)《(ｺﾞﾙ)》《獣医》炭疽(ﾀﾝｿ), 脾臓腫(ﾋｿﾞｳｼﾕ).

extenderse como mancha de aceite（うわさなどが）みるみる間に広まる.

sin mancha 清廉(ｾｲﾚﾝ)潔白な, 汚点のない.

[←《俗ラ》*mancla←《ラ》*macula*, 《関連》(in)maculado. 《英》*macula*「(皮膚の)あざ, 染み」]

Man·cha [máɲ.tʃa] 固名 La 〜 ラ・マンチャ: スペ

イン中南部の高原地方. ♦Cervantes の小説 *El ingenioso hidalgo Don Quijote de la Mancha*『才知あふるる郷士ドン・キホーテ・デ・ラ・マンチャ』の舞台. [アラビア *Manjá*(「高原」が原義)]

man·cha·di·zo, za [maṇ.tʃa.ðí.θo, -.θa / -.so, -.sa] 形 汚れやすい, 染みのつきやすい.

man·cha·do, da [maṇ.tʃá.ðo, -.ða] 形 1〈動物〉がぶちの, まだらの. 2〈皮膚に〉染み[発疹(ほっ),かさ]のある. 3 染みのついた. 4〈牛乳などに〉少しだけコーヒーを入れた.

***man·char** [maṇ.tʃár] 他 1 (de... / con... …で) 染みをつける, 汚す, 汚くする (= ensuciar). ~ el papel con [de] tinta 紙にインクの染みを作る. 2〈名誉・名声を〉汚す, おとしめる (= mancillar). *Mancharon su honor con bromas de mal gusto.* 彼らは方たちの悪い冗談で彼[彼女]らの名誉を傷つけた. 3 (con... …を)〈液体に〉少量混ぜる. ~ la leche *con* café 牛乳にコーヒーを混ぜる. 4《美》〈絵に〉下色を塗る.
—~·se 再 (de... …で)〈自分の服・体などに〉染みをつける, 汚れる.

man·che·go, ga [maṇ.tʃé.ɣo, -.ɣa] 形 ラ・マンチャ(産)の. —男女 ラ・マンチャの住民[出身者].
—男 羊の乳で作られたラ・マンチャ産のチーズ (= queso ~).

man·che·ta [maṇ.tʃé.ta] 女《ラ米》(ジャン)《話》イデオロギー的・政治的な)囲み記事, コラム, 短い社説.

man·chón¹ [maṇ.tʃón] 男 1 大きな染み[汚れ]. 2 作物(草木)が密生した場所. 3 牧草を茂らせた休耕地. [mancha+増大辞]

man·chón² [maṇ.tʃón] 男《ラ米》(ジャン)(チャン)《服飾》(手の保温に用いる)マフ.

man·chú, chú·a [maṇ.tʃú, -.tʃú.a] 形《複~es, ~s》(中国の東北地方の旧称)満州 Manchuria の. —男女 満州の住民; 満州人.
—男 満州語: ツングース語の一つ.

man·chu·ria·no, na [maṇ.tʃu.rjá.no, -.na] 形 → manchú.

-mancia「占い」の意の造語要素. ⇒ carto*mancia*, quiro*mancia*. [←ギ]

man·ci·lla [man.θí.ja ‖ -.ʎa / -.sí.-] 女 (名誉・純潔などに関わる)不名誉, 汚点, 傷.

man·ci·llar [man.θi.jár ‖ -.ʎár / -.si.-] 他〈名誉を〉汚す,〈名声に〉傷をつける.

man·ci·pa·ción [man.θi.pa.θjón / -.sjón] 女《古代ローマ法の》財産権譲渡手続き; 売買.

man·ci·par [man.θi.pár / -.si.-] 他 奴隷にする, 隷属させる. —~·se 再 奴隷になる.

man·co, ca [máŋ.ko, -.ka] 形 1 片手[片腕]のない,〈手・腕が〉不自由な. ~ de izquierda 左腕のない. 2 不完全な, 欠陥のある, 不備な. verso ~(押韻の)不完全な詩. *Estas fiestas tampoco son mancas.* 今度のパーティーもまずまずだった. —男女 片腕[片手]のない人, 手[腕]が不自由な人. el ~ de Lepanto レパントの片手男 (♦Cervantes のこと. レパントの海戦で負傷して左手が利かなくなったことから). —男《ラ米》(ジャン)老馬, 駄馬.
no ser [*quedarse*] *manco* (*en* [*para*]...)《話》(1)(…するのが)上手である. (2) 手癖が悪い.

Man·co Cá·pac [máŋ.ko ká.pak] 固名 1 ~ Ⅰ マンコ・カパク1世: 初代インカ皇帝. 13世紀ごろケチュア人を統一して Cuzco を建設した伝説上の人物. 2 ~ Ⅱ マンコ・カパク2世, 別称 Manco Inca (1500?-44): 異母兄 Atahualpa の死後に傀儡(かいらい)的なインカ皇帝となり, 反乱を起こしたが殺された.

man·co·mún [maŋ.ko.mún] *de mancomún* 一致協力して; 合意の上で.

man·co·mu·na·da·men·te [maŋ.ko.mu.ná.ða.mén.te] 副 一致協力して; 合意の上で.

man·co·mu·nar [maŋ.ko.mu.nár] 他 1 (ある目的のために)〈人材・資金・努力・利害を〉結束する, まとめる. ~ los esfuerzos 力を合わせる. 2《法》連帯責任[保証債務]を課す. —~·se 再 (con... …と) 連帯[連合]する, 一致協力する.

man·co·mu·ni·dad [maŋ.ko.mu.ni.ðáð] 女 1 (人材・資金・努力の) 結束. 2 (共通の問題を解決する) 行政区の連合, 自治連合, 自治会.

man·cor·na [maŋ.kór.na] 女《主に複数で》《服飾》カフスボタン.

man·cor·nar [maŋ.kor.nár] 15 他 1〈子牛を〉角をつかんで押し倒す. 2 (逃げないように)〈牛の〉前足と角をロープで縛る. 3 角と角とを結わえて対にする. 4《話》同種のものを〉対にする, 一緒にする.

man·cuer·da [maŋ.kwér.ða] 女 回し車によって締めつけられる拷問器具.

man·cuer·na [maŋ.kwér.na] 女 1《スポ》ダンベル. 2 (牛をつないでおく)皮ひも; (皮ひもで角をつながれた) 2 頭の動物, 2 頭の牛. 3《ラ米》(メキシ)(ニカラ)(サン)(ベネ)(エル)《主に複数で》《服飾》カフスボタン.

man·cuer·ni·lla [maŋ.kwer.ní.ja ‖ -.ʎa] 女《ラ米》(メキシ)《主に複数で》《服飾》カフスボタン.

man·da [mán.da] 女 1《法》(遺言による)遺贈, 遺産. 2 贈呈の約束[申し出]. 3《ラ米》〈神・聖人に対する〉誓い.

man·da·de·ro, ra [man.da.ðé.ro, -.ra] 男女 連絡係; 使い走り. —女 パートタイムの家政婦.

man·da·do, da [man.dá.ðo, -.ða]《ラ米》粗野な, 慎み深さに欠ける. —男女 部下, 下っ端, 使い走り. —男 1 受けた注文; 依頼. 2《まれ》(上司の)命令 (= mandato). 3《ラ米》(メキシ)(チリ)(ニカラ)(食料品の)注文; 買い出し.
a su mandado《ラ米》(ジャン)ご用命に応じて. *Estoy a su ~.* なんなりとお申しつけください.

man·da·dor [man.da.ðór] 男《ラ米》(メキシ)(パラ)馬方の鞭(むち).

man·da·la [man.da.lá] 男《宗》曼荼羅(まんだら).

man·da·más [man.da.más] 形《話》ワンマンな, 威張り散らす. —男女 ボス, お偉方.

man·da·mien·to [man.da.mjén.to] 男 1《宗》戒律. los diez ~s 神[モーセ]の十戒 (= decálogo). 2《法》命令. ~ de arresto [detención] 逮捕令状. 3《まれ》命令, 指令.

man·dan·ga [man.dáŋ.ga] 女 1《話》悠長すぎること. 2《俗》アヘン. 3《複数で》《話》作り話, ばかげたこと (= tonterías).

man·dan·te [man.dán.te] 形 指揮をする, 命令をする.
—男女 命令する人, 指揮者; 《法》委任者, 委託者.

****man·dar** [man.dár] 他 1 (+不定詞 / que+接続法 …するよう)〈人に〉命じる, 命令する; 注文する. *Me mandaron que acabara* la obra para el día siguiente. 翌日までにその作品を仕上げるように私は言われた. *Le mandé venir.* 彼[彼女]に来るよう言った. *Mandé hacer un vestido.* 私は服を注文した. ▶用例中の me, le が a+人に相当.
2 送る (= enviar). ~ una carta 手紙を送る. *Mándemelo a casa, por favor.* それを自宅に送ってください. *Mándale mis saludos a tu madre.* お母さんによろしく伝えてください.

3 使いにやる, 出向かせる, 派遣する. ~ buscar a un técnico 技術者を呼びにやる. ~ a+人 a la farmacia〈人〉を薬局へ使いにやる.
4 〈法律などが〉規定する. La ley *manda*... 法律は…と規定している. **5**【軍】指揮する; 統治する. ~ un ejército 軍隊を統率する. **6** 遺贈する. **7**【技】〈機械を〉制御する, コントロールする. 【スポ】〈馬を〉御する. **8**《ラ米》(1)《話》〈一撃を〉加える; 投げつける. ~ una bofetada 平手打ちを食らわせる. (2)(゙゚)〈合図を〉かける. (3)(゙゙)(⁾ジャ)〈場所などを〉見下ろす, 見渡せる.
——(自)【軍】指揮する. ~ en jefe 司令官として指揮をとる. ~ en el batallón 大隊を指揮する. Aquí *mando* yo. ここで指図するのは私だ.
——~·se (再) **1**〈病人などが〉自分で動く. **2**《ラ米》(1)《話》(con... と共に)無ями態度を取る. (2)《話》すっかり食べる, 平らげる. (3)(命令形で)(+不定詞)どうぞ…してください. *Mándese pasar*. どうぞお入りください. **4**《ラ米》去る, 出て行く. (5)(゙゚)(゚゙)《話》立ち去る; こっそり姿を消す. ~se (a) cambiar [mudar] 立ち去る, 逃げ出す. *Lo que usted mande*. 何なりとご命令を.
mandar a+人 *por*... …を探しにやる, 取りにいかせる. ~ *por* el periódico 新聞を買いにやる.
mandar decir que... …と申し送る, 伝言する.
[←【ラ】*mandāre*] [関連] comandar, demandar, recomendar. [英]*command, demand*]
man·da·rín, ri·na [man.da.rín, -.rí.na] (形) 北京官話の.
——(男) **1** 北京官話. **2**〈中国の清朝時代の〉官吏. **3**〈政財界の〉有力者.
——(男) **1** 北京官話. **2** マンダリンオレンジの実, ミカン (= naranja *mandarina*). ◆実が中国の官吏 *mandarín* の服と同じ色だったところから.
man·da·ri·ne·ro [man.da.ri.né.ro] (男) → mandarino.
man·da·ri·no [man.da.rí.no] (男)【植】キングオレンジ, マンダリンオレンジ[ミカン]の木.
man·da·rria [man.dá.r̄ja] (女)【海】(造船用の)大槌(ず), 大ハンマー.
man·da·tar [man.da.tár] (他)〈人に〉(交渉や管理を)委任する, 代表権を与える. El presidente le *mandató* para las negociaciones. 大統領は彼[彼女]を交渉の代表者にした.
man·da·ta·rio, ria [man.da.tá.rjo, -.rja] (男)(女) **1**【法】代理人, 受託者. **2** 統治者. el primer ~ de la nación 国家元首.
:**man·da·to** [man.dá.to] (男) **1**(上位の者・上位機関による)**命令**, 指令 (= orden). **2**【法】委任. Registraron nuestra oficina por ~ del juez. 裁判官の命令で会社の捜索を受けた. sin esperar el ~ de las Naciones Unidas. 国連の命令を待たずに. ~ judicial 令状, 召喚状. territorio bajo ~ 委任統治領. **2**(政治家・役人の)職務; 任期. cumplir el ~ del alcalde 市長職を務める. **3**【カト】洗足式 (= lavatorio).
man·de [mán.de] (間投)《ラ米》《話》**1**(聞き返し・時に皮肉で)もう一度言ってくださいませんでしたか. **2**(返事)はい, 何でしょう; 何なりとお申し付け下さい. ¿Julia, me hace un favor? —¡M~, señora! フリア, お願いがあるんだけど. —奥様, 何なりとお申し付けください.
man·de·re·cha [man.de.ré.tʃa] (女) 右手 (= mano derecha).
buena manderecha 幸運.

man·dí [man.dí] (男)《ラ米》(ジャ)【魚】ナマズの一種.
man·dí·bu·la [man.dí.bu.la] (女) **1** あご;【解剖】下あご, 下顎骨(ず). ~ desencajada 外れたあご. **2** くちばし; (節足動物の)あご.
reír a mandíbula batiente《話》げたげた笑う, 大笑いする.
[←(古)*mandibula* (*mandere*「かじる, 食べる」の派生語)] [関連] manjar. [仏]*mandibule*, *manger*「食べる」. [英]*mandible*]
man·di·bu·lar [man.di.bu.lár] (形)(下) あごの;【解剖】下顎骨(ず)の; くちばしの.
man·dil [man.díl] (男) **1**(職人用の皮革・布地の)前掛け, エプロン (= delantal). **2**(漁猟用の)細かい目の網. **3**(馬の毛並み手入れ用の)布. **4** フリーメーソンの記章. **5**《ラ米》(ジャ)【馬】鞍下(ず).
man·di·le·te [man.di.lé.te] (男) **1** 銃口[砲口]蓋(ず). **2** 円冑(ちゅう)の籠手(て).
man·di·lón [man.di.lón] (男)《話》意気地のない男, 臆病で気の弱い男.
man·din·ga [man.díŋ.ga] (形) **1**(マリ・ギニア・セネガルの)マンディンゴ人の. **2**《ラ米》(1) 黒人の. (2)(プ゚)女みたいな, なよなよした. (3)(゙ジャ)(ラプ)いたずらな; 抜けめのない.
——(男)(女) **1** マンディンゴ人; ギニア湾諸国の人々. **2**《ラ米》(1)(゙ジャ)むやみに好きのある人. (2)(軽蔑) 黒人. ——(男) **1** マンディンゴ語. (2)(ラ米)(プ米)(ジャ)《話》女のような男, なよなよした男. (2) 悪魔; お化け. (3)(゙ジャ)魔法.
——(女)《ラ米》(ジャ)(捕魚用の) 網, 投網.

man·dio·ca [man.djó.ka] (女) **1**【植】キャッサバ (= casabe), マンジョーカ: 熱帯産のトウダイグサ科の落葉低木. **2** タピオカ (でんぷん) (= tapioca): 古くから中南米で栽培されるキャッサバの根から作った食用でんぷん. ◆熱帯地方で主食に近い重要な食べ物.
[←【グアラニ】*mandióg*]

mandioca
(キャッサバ)

:**man·do** [mán.do] (男) **1 指揮**, 統率; 支配. estar bajo el ~ de... …の指揮下にある. tener el ~ de [en]... …の指揮をとる. estar en el puesto de ~ 指揮官の座につく. voz de ~ 号令. escala de ~s 指揮系統. sede de ~ 指令本部. estrategia del ~ 指揮戦略. torre de ~s【航空】管制塔. puente de ~【航空】[navegación]【海】艦橋, ブリッジ.
2(主に複数で) 首脳, 幹部. alto ~ 首脳(陣). los ~s políticos del país 国の政治主導者たち. el ~ militar supremo 軍の最高司令部. ◆単数で複数にも集合的にも用いられる. **3**(機械・乗り物の) 制御装置, (家電製品などの) リモコン (= ~ a distancia) (▶テレビやビデオのリモコンは telemando だが,《ラ米》では全般に control (a distancia) が好まれる). palanca de ~【航空】操縦桿(ず). cuadro [tablero] de ~s【機】【航空】計器盤 (ず)【車】ダッシュボード.
——(自) → mandar.

man·do·ble [man.dó.ble] (男) **1**《話》手による殴打. **2** 両手で握った剣で斬(ぎ)る[突く]こと. **3**《話》大刀. **4**《話》大目玉.
man·do·li·na [man.do.lí.na] (女)【音楽】マンドリン.
man·dón, do·na [man.dón, -.dó.na] (形)《話》《軽蔑》威張り散らす, 専横な. ——(男)《話》《軽蔑》威張り散らす人. ——(男)《ラ米》(1)(゙ジャ)《話》坑夫頭. (2)(゙)【スポ】(競馬の)スタート係.

man·dor·la [man.dór.la] 囡《美》(中世絵画における)アーモンド型の光背, マンドルラ.

man·dra·cho [man.drá.tʃo] 男 賭博(〻)場.

man·drá·go·ra [man.drá.go.ra] 囡《植》マンドレイク: ヨーロッパ産のナス科植物体. 有毒で麻酔性の薬用植物.

man·dria [mán.drja] 形《話》《軽蔑》 **1** 軽率な. **2** 元気のない. ― 男《話》《軽蔑》 **1** 粗忽(〻)者, おっちょこちょい. **2** 元気のない人.

man·dril¹ [man.dríl] 男《動》マンドリル: アフリカ西部産の大型のヒヒ.

man·dril² [man.dríl] 男《まれ》《機》(旋盤の)心棒, 主軸. ~ del embrague スプライン軸.

man·dri·la·do·ra [man.dri.la.ðó.ra] 囡《機》鑽孔機(〻〻), 中ぐり盤, 穴ぐり盤, ブローチ盤.

man·du·bí [man.du.bí] 男《ラ米》(1)(〻〻)《植》ラッカセイ, ナンキンマメ. (2)(〻〻〻)《魚》ナマズの一種.

man·du·ca [man.dú.ka] 囡(1)《話》食べ物; 食事. **2**《ラ米》トウモロコシの団子.

man·du·ca·ción [man.du.ka.θjón / -.sjón] 囡《話》食べること.

man·du·car [man.du.kár] 他 自《話》食べる(=jalar). ― 自 → manejar.

man·du·ca·to·ria [man.du.ka.tó.rja] 囡《話》食べ物; 食事.

ma·ne·a [ma.né.a] 囡(動物の)足枷(〻〻).

ma·ne·a·dor [ma.ne.a.ðór] 男(1)(〻〻)《動物の足を縛る)革ひも. (2)(〻〻)《馬》端綱. (3)(〻〻〻)鞭(〻).

ma·ne·ar [ma.ne.ár] 他 **1**(馬の)足を縛る, 足枷(〻〻)をつける. **2** → manejar. **3**《ラ米》(*〻)(〻〻)…にブレーキをかける. ― ~se 再《話》 **1** 少々もたつく. **2**《ラ米》(1)(〻〻)じりもつれる, 紛糾-する. (2)(〻〻)(〻〻)行き詰まる, 停滞する. (3)(〻〻〻)足がもれる.

ma·ne·ci·lla [ma.ne.θí.ja | -.ʎa / -.sí.-] 囡 **1** 小さな手. **2**(時計・計器の)針. **3**(本などの)留め金. **4**《印》指印(☛). **5**《植》(つる植物の)巻きひげ.

ma·ne·co, ca [ma.né.ko, -.ka] 形《ラ米》(〻〻〻)(〻〻)《話》手足が不自由な; X脚の. ― 男 囡《ラ米》(〻〻)ドライバー, 運転者. (2)(〻〻)(〻〻)《話》手足が不自由な人; X脚の人. ― 囡《ラ米》(〻〻)子守り女.

ma·ne·ja·bi·li·dad [ma.ne.xa.βi.li.ðáð] 囡 操作のしやすさ; 扱いやすさ, 御しやすさ.

ma·ne·ja·ble [ma.ne.xá.βle] 形 扱いやすい, 使いやすい, 御しやすい; 操作[操縦]しやすい.

ma·ne·ja·do, da [ma.ne.xá.ðo, -.ða] 形《美》《bien [mal] を伴って》のびのびとした[ぎこちない]タッチで表現された.

ma·ne·ja·dor, do·ra [ma.ne.xa.ðór, -.ðó.ra] 男 囡《ラ米》(〻〻)(自動車の)ドライバー, 運転者.

***ma·ne·jar** [ma.ne.xár] 他 **1**(道具などを)操る, 操作する. ~ un arma de fuego 銃器を扱う. ~ una máquina 機械を操縦する. ~ un idioma ある言語を使いこなす. ~ la pelota con soltura 自在にボールを操る.

2(事業・資金などを)運営する, 管理する. ~ una empresa 企業を運営する. ~ un país 国を動かす. ~ la información 情報を管理する. ~ el dinero eficazmente お金をうまくやりくりする. ~ la situación 状況をうまく処理する. **3**(人・動物を)思いのままに扱う. ~ un caballo 馬を乗りこなす. Ella *maneja* a su esposo a su antojo. 彼女は夫を好きに操っている. **4**《ラ米》(車を)運転する.
― 自《ラ米》車を運転する. aprender a ~ 運転を習う.

― ~se 再 **1**(自分の意思で)行動する; 体を動かす. El enfermo todavía no *se* puede ~ solo. 病人はまだひとりで体を動かすことができない. **2** 自分でものごとをさばく. *Me manejo* en todo en esta oficina. 私はこの事務所のすべてを取り仕切っている.

manejárselas《話》何とかやっていく(=arreglárselas). Él *se* las *maneja* bien con el inglés. 彼は英語をなんとか使いこなしている.

[←[伊] *maneggiare*「手で扱う」; 「操作する」(*mano*「手」より派生); 関連[英] *manage*]

***ma·ne·jo** [ma.né.xo] 男 **1** 取り扱い, 使用(法); 操作, 操縦. de fácil ~ 使いやすい. instrucciones de ~ 使用法の説明(書). **2**(扱い・操作の)巧みさ; 如才なさ, 手際のよさ. **3**《主に複数で》策略, 計略. Conozco su ~. 彼[彼女](ら)のやり口はわかっている. **4**《ラ米》(車の)運転. licencia de ~ 運転免許証. ― 囡 → manejar.

ma·ne·o·ta [ma.ne.ó.ta] 囡 → maniota.

***ma·ne·ra** [ma.né.ra] 囡 **1** 仕方, 方法, やり方(=modo). ~ de pensar 考え方, 意見. ~ de ver 見方, 見解. ~ de obrar 振る舞い, 行状. ~ de ser 性格, 人となり. a su ~ …のやり方で, 自分流に. No me gusta su ~ de hablar. 私は彼[彼女](ら)の話し方が気に食わない. Hazlo de la misma ~ que yo. 私と同じようにやりなさい. Hay varias ~s de solucionar el problema. 問題を解決する方法はいくつかある. ¡Me hablaba de una ~…! 彼[彼女]のあの話し方といったら….

2《複数で》行儀, 作法; 物腰(=modales). rechazar la oferta con buenas ~s 丁重に申し出を断る. **3** 種類, 一種. **4**《美》作風, スタイル, 様式. imitar la ~ de El Greco グレコの画風をまねる.

a la manera de… …風に; …風に. pintar *a la ~ de* Picasso ピカソ風に描く.

a manera de… …として; …であるかのように. usar la maleta *a ~ de* silla スーツケースをいすのように使う.

de cualquier manera(1)雑に, いい加減に. Ella se recogió el pelo *de cualquier ~*. 彼女は無造作に髪を結わった. (2)容易に, 心配なく. (3)いずれにしても, 結局のところ.

de esa [esta] manera そんな[こんな]風に; そんな[こんな]風であれば.

de igual [la misma] manera(1)同様に. (2)《*que…* …と》同じように, 同じやり方で.

de mala manera 無礼に, ぶざまに. Él cerró la puerta *de mala ~*. 彼は乱暴にドアを閉めた.

de manera que…(1)《+直説法》したがって…, だから…. Perdí el tren de siempre, *de ~ que llegué* tarde. いつもの電車に乗り遅れたので遅刻した. (2)《+接続法》…する[できる]ように. Intentaré explicar esto *de ~ que me entendáis* bien. 君たちがよく理解できるようにこれを説明してみよう.

de ninguna manera《否定で》絶対に[決して] …ない; 《応答》とんでもない. *De ninguna ~* te permito que compres una moto. バイクを買うなんて絶対に許しません. ¿Quieres ir por mí? ― *De ninguna ~*. 私の代わりに行ってくれる? ― 絶対いやだ.

A *de tal manera que* B あまりにAなのでB. Juan trabajó *de tal ~ que* estropeó su salud. フアンは働きすぎて体を壊してしまった.

mangonear

de todas maneras とにかく，いずれにしても；何があろうと．*De todas ～s tiene que hacerlo alguien.* いずれにせよ誰かがそれをしなければならない．
en cierta manera ある程度は，ある意味では．*Carlos tiene razón en cierta ～.* カルロスの言うことはある意味で正しい．
en gran manera 大いに，極めて，非常に．*La industria de ese país se desarrolló en gran ～.* その国の産業は大いに発展した．
no haber manera 仕方がない．《de＋不定詞》…しようがない．*Quise verlo, pero no hubo ～.* 彼に会いたかったが無理だった．*No hay ～ de terminarlo hoy.* 今日それを終わらせるのは不可能だ．
¡Qué [Vaya una] manera de...! なんという…の仕方だ．*¡Qué ～ de conducir!* なんて運転の仕方だ．
sobre manera → en gran *manera*.
[←〔俗ラ〕*manuaria*（〔ラ〕*manus* 「手」の派生語 *manuārius*「手」から作られた古典ラ語名詞）；〔英〕*manner, mannerism*．〔関連〕**ma-nierismo**．

ma·nes [má.nes] 男《複数形》〔ロ神〕マーネース：（古代ローマの神格化した）死者の霊（魂）；冥界の神々．

Ma·nes [má.nes] 固名 マニ（216-277）：ペルシアの予言者でマニ教の創始者．

ma·ne·to, ta [ma.né.to, -.ta] 形《ラ米》(ﾒｷｼ)(ﾌﾞｴﾈｽﾞ) → **maneco**. 2《ラｻﾙ》《話》不器用な，下手な．

ma·ne·zue·la [ma.ne.θwé.la / -.swé.-] 女 1 留め金，締め金具．2 取っ手，握り，柄（= manija）．[mano + 縮小辞]．

man-flor [maɱ.flór] 男《ラ米》女のような男，にやけた男；両性具有者；(*中米*)《俗》(男の)同性愛者．

man·flo·ra [maɱ.fló.ra] 男《ラ米》→ **manflor**.
— 女《ラ米》(*中米*)レスビアン．

*****man·ga**[1] [máŋ.ga] 女 1 〔服飾〕そで，スリーブ．*～ corta [larga]* 半[長]そで．*～ acuchillada* スリット入りのそで．*～ raglán [ranglán]* ラグランそで．*sin ～s* ノースリーブの．
2 ホース．*～ de riego* 散水用ホース．
3 〔スポ〕(競技の)…回戦．*la primera ～* 第1回戦．
4 茶漉(ﾞ)し；(コーヒー漉し器の)ネル．
5 (クリームなどの)絞り出し器[袋]．
6 〔海〕船幅(ﾊﾞﾌ)，船体の最大幅，ビーム．
7 〔海・湖の上の〕竜巻．
8 《複数で》利益，収益，収入．
9 《ラ米》(ｱﾙｾﾞﾝ)(ｳﾙｸﾞｱｲ)〔農〕(家畜の)囲い場．(2)〔農〕(家畜を追い込むための) 狭い通路．(3) (*中米*)〔服飾〕ポンチョ．(4) (ｺﾛﾝ)雨ガッパ．(5) (ﾒｷｼ)《話》金貸し．(6) (ﾍﾟﾙｰ)(ﾎﾞﾘﾋﾞｱ)群れ，一群；群衆．(7) (ｺﾛﾝ)芝，芝生．(8) (ｷｭｰﾊﾞ)《話》立派な身なりの人．(9) (ｱﾙｾﾞﾝ)《話》《軽蔑》《集合的》非行少年．
andar [estar, ir] manga por hombro《話》乱雑な状態にある．
en mangas de camisa ワイシャツ姿で．
hacer mangas y capirotes《話》勝手なまねをする．
manga ancha《話》(過度の)寛大さ．*tener [ser de] ～ (muy) ancha con...* …に寛大である．
manga de agua 集中豪雨．
sacarse... de la manga《話》…を考え付く；…をでっち上げる．
traer [tener]... en la manga《話》…をひそかに準備している．
[←〔ラ〕*manica*（〔ラ〕では一般に複数で使用；*manus*「手」より派生)]

man·ga[2] [máŋ.ga] 女 〔植〕マンゴーの一種．

man·ga[3] [máŋ.ga]〔日〕男《複 ～s, ～》漫画．

man·ga·cha·puy [maŋ.ga.tʃa.púi] 男 マンガチャプイ：フィリピン産のフタバガキ科の木．造船用材．

man·gal [maŋ.gál] 男《ラ米》マンゴー園[畑]．

man·ga·na [maŋ.gá.na] 女 1 (脚にからませて馬・牛を捕まえる)投げ縄．2 (ﾍﾟﾙｰ)(ﾒｷｼ)策略．

man·gan·cia [maŋ.gán.θja / -.sja] 女 泥棒気質，他人を利用しようとする性格．

man·ga·ne·ar [maŋ.ga.ne.ár] 他 1 〈家畜を〉投げ縄で捕まえる．2《ラ米》(1)(ﾒｷｼ)(ﾍﾟﾙｰ)《話》悩ます，うるさがらせる．(2)(ﾊﾟﾗｸﾞｱｲ)(ｳﾙｸﾞｱｲ)(ﾒｷｼ)略奪する，盗む．

man·ga·ne·o [maŋ.ga.né.o] 男 牛馬を投げ縄で捕まえて遊ぶ祭り．

man·ga·ne·sa [maŋ.ga.né.sa] 女 〔化〕二酸化マンガン，軟マンガン鉱（= pirolusita）．

man·ga·ne·sia [maŋ.ga.né.sja] 女 → **manganesa**.

man·ga·ne·so [maŋ.ga.né.so] 男 〔化〕マンガン（記号 Mn）．

man·ga·ne·ta [maŋ.ga.né.ta] 女《ラ米》(1)(ｱﾙｾﾞﾝ)鳥を捕る網．(2)策略，わな．

man·gan·gá [maŋ.gaŋ.gá] 形《複 ～s, mangangaes》《ラ米》しつこい，くどい．
— 男 女 しつこい人，くどい人．(2)〔昆〕マルハナバチ．(2) コフキコガネ．

man·ga·ni·lla [maŋ.ga.ní.ja || -λa] 女 1 策略，計略，戦略．2 手先の器用さ．

man·gan·te [maŋ.gán.te] 形《スペイン》《話》《軽蔑》盗みを働く；恥知らずな．
— 男 女《スペイン》《話》《軽蔑》泥棒；恥知らず．

man·gan·zón, zo·na [maŋ.gan.θón, -.θó.na / -.són, -.só.-] 形《ラ米》(ｺﾛﾝ)(ﾒｷｼ)《話》《軽蔑》怠け者の，怠惰な．— 男 女《ラ米》(1)(ｺﾛﾝ)《話》《軽蔑》怠け者．(2)(ﾍﾟﾙｰ)でくのぼう．(3)(ﾒｷｼ)ませた子供．

*****man·gar** [maŋ.gár] 103 他《話》1 盗む，くすねる（= birlar）．2《ラ米》(ｱﾙｾﾞﾝ)わかる，理解する．
— 自《ラ米》(ｱﾙｾﾞﾝ)ゆすり[たかり]を働く．

man·ga·zo [maŋ.gá.θo / -.só] 男《ラ米》(ｶﾞｳ)《話》(こぶしの)殴打，殴りつけ．

man·glar [maŋ.glár] 男 〔植〕マングローブ林．

man·gle [máŋ.gle] 男 〔植〕マングローブ林を構成する樹木．

man·go[1] [máŋ.go] 男 1 柄，握り，取っ手．*～ de escoba* ほうきの柄．2《ラ米》《話》(1)(ﾒｷｼ)魅力的な女性．(2)(ﾊﾟﾗｸﾞｱｲ)魅力的な人．(3)(ﾁﾘ)くみしやすい人．(4)(ﾀﾞﾘ)簡単に手に入るもの，もうけもの．
mango de cuchillo〔貝〕マテガイ（= navaja）．
zumba*r****le el mango a...***《ﾒｷｼ》…を驚かせる．
[←〔俗ラ〕*manicus*（〔ラ〕*manica*「長そで」より派生)；〔関連〕**mano**]

man·go[2] [máŋ.go] 男 〔植〕マンゴー（の木・実）：熱帯アジア原産．[←〔英〕mango ←〔ポルトガル〕manga ←〔タミル〕mānkāy]

man·gón [maŋ.gón] 男 1 転売する人．2《ラ米》(ｱﾙｾﾞﾝ)(ｺﾛﾝ)(ﾒｷｼ)〔農〕(家畜の)囲い場．

man·go·ne·a·dor, do·ra [maŋ.go.ne.a.ðór, -.ðó.ra] 形 女 1《ラ米》(ｷｭｰﾊﾞ)汚職[収賄]役人．2《話》口出しする人，お節介な人．

man·go·ne·ar [maŋ.go.ne.ár]

mango[2]
（マンゴー）

mangoneo

他 **1** 《話》…に横やりを入れる. **2** 《ラ米》《話》くすねる.
── 自 **1** 《話》(**en...** …に)口出しをする. Mi tío *mangonea en* la administración de mi compañía. おじは私の会社経営に介入する.
2 《ラ米》(1) 《話》私腹を肥やす. (2) 汚職をする, 収賄する, 不正を働く. (3) 《カリブ》《話》時間を無駄にする. (4) 《ラ米》自堕落な生活をする.

man·go·ne·o [maŋ.go.né.o] 男《話》**1** 余計な口出し, お節介, 干渉. **2** 《ラ米》不正利得, 収賄.

man·go·ne·ro, ra [maŋ.go.né.ro, -.ra] 形《話》お節介な. ── 男 女 口出しする人, お節介な人.

man·go·rre·ro, ra [maŋ.go.r̃é.ro, -.ra] 形《話》役に立たない;〈刃物が〉切れ味の悪い.
── 女《ラ米》《カリブ》《俗》(中型の)ナイフ.

man·go·rri·llo [maŋ.go.r̃í.jo ‖ -.ʎo] 男 犂(すき)の柄.

man·go·so [maŋ.gó.so] 男《ラ米》《キューバ》《話》(体の)脂肪.

man·gos·ta [maŋ.gós.ta] 女【動】マングース:食肉目マングース科のほ乳類.

man·gos·tán [maŋ.gos.tán] 男【植】マンゴスチン.

man·go·te [maŋ.gó.te] 男《話》広く長いそで;腕貫(ぬき).

man·gru·llo [maŋ.grú.jo ‖ -.ʎo] 男《ラ米》《カリブ》(丸太製の)望楼, 見張り台.

man·gual [maŋ.gwál] 男 鎖の先に鉄球のついた古代の武器.

man·gua·la [maŋ.gwá.la] 女《ラ米》《コロン》《話》(1) 不正;悪巧み. (2)《集合的》犯罪者, よからぬことを考える者.

man·guar·dia [maŋ.gwár.dja] 女【土木】(橋脚の)控え壁, 扶壁.

man·gua·re·ar [maŋ.gwa.re.ár] 他《ラ米》《話》怠ける, 時間を無駄にする.

man·gue·ar [maŋ.ge.ár] 他《ラ米》(1)《リオプラ》《チリ》《まれ》〈家畜を〉追い立てる. (2)《カリブ》〈獲物を〉誘い出す. (3)《中》〈獲物を〉おびきよせる. ── 自《ラ米》《話》(1)《リオプラ》《コロン》《チリ》働いているふりをする;うろつく. (2)《タリ》《コロン》手招きする.

man·gue·ra [maŋ.gé.ra] 女 **1** ホース, 流水管;(船の)排水管. **2** (海上の)竜巻. **3** 《ラ米》(1)《リオプラ》【農】〈家畜の〉囲い場. (2)《コロン》〈自転車の〉タイヤ.

man·gue·re·ar [maŋ.ge.re.ár] 自《リオプラ》《話》怠ける, ぶらぶらする.

man·gue·ro, ra [maŋ.gé.ro, -.ra] 男 女《ラ米》《話》金をたかる. ── 男 **1** (ホースによる)散水係. **2** 《ラ米》《カリブ》《話》金をたかる人.
── 男《ラ米》《カリブ》【植】マンゴー(の木).

man·gue·ta [maŋ.gé.ta] 女 **1** 《まれ》(トイレなどのトラップ. **2** 【医】スポイト式浣腸(かんちょう)器. **3** 【建】(1) つなぎ材, 梁(はり), 桁(けた). (2) 筋交い, 支柱. **4** 【機】ハブ. **5** 【車】ナックル・スピンドル, 関節軸.

man·gui [máŋ.gi] 男 **1** 《まれ》《俗》(つまらないものを盗む)泥棒. ── 男 つまらないものを盗むこと.

man·gui·llo [maŋ.gí.jo ‖ -.ʎo] 男《カリブ》《古》ペン軸.

man·gui·to [maŋ.gí.to] 男 **1** 《まれ》【服飾】マフ;腕貫(ぬき). **2** 【機】(1) 入れ子, 軸受け筒, ブッシュ. (2) スリーブ, 継ぎ手. ~ *de acoplamiento* 連結器. ~ *roscado* ねじ式継ぎ手. **3** 泳げない人が腕につける浮き輪. **4** (ドーナッツ形の)ケーキ.

man·gu·ru·yú [maŋ.gu.ru.jú] 男《ラ米》《カリブ》《まれ》【魚】ジャウー:アマゾン川に住む巨大魚.

ma·ní [ma.ní] 男《複 ~*es*, ~*s*, *manises*》《ラ米》(1) 【植】ピーナッツ. (2) 《カリブ》《話》お金. ¡*Maní!*《ラ米》《カリブ》まさか, とんでもない.

*ma·ní·a [ma.ní.a] 女 **1** 【医】妄想;そう病. ~ *depresiva* そううつ病. ~ *de grandezas* 誇大妄想. ~ *persecutoria* 被害妄想.
2 偏執;奇癖. tener ~*s* 偏愛する. Tiene la *manía de conducir de prisa*. 彼[彼女]は飛ばして運転する悪い癖がある. **3** 熱狂的な愛好心, マニア. la ~ *de coleccionar sellos* 切手収集熱. **4** 《話》(**a...** …への)嫌悪感. tener [coger] ~ *a*+人〈人〉を嫌う, 嫌いになる.
[←〔ギ〕*manía*「狂気, 熱狂」;【関連】〔英〕*mania*]

-manía「…狂の」の意を表す造語要素. → *cleptomanía, megalomanía*. → -mano.
[←〔ギ〕]

ma·nia·co, ca [ma.njá.ko, -.ka] /
ma·ní·a·co, ca [ma.ní.a.ko, -.ka] 形 妄想の;そう病の;偏執的な. ── 男 女 妄想にとらわれている人;そう病患者;偏執的な人. ~ *sexual* 色情狂.

ma·nia·do, da [ma.njá.ðo, -.ða] 形《ラ米》《リオプラ》(重量のせいで)動きの遅い.

ma·ni·al·bo, ba [ma.njál.bo, -.ba] 形〈馬の〉脚の下半分が白い.

ma·nia·tar [ma.nja.tár] 他〈人の〉手を縛る, 手錠をかける.

ma·niá·ti·co, ca [ma.njá.ti.ko, -.ka] 形 **1** 偏執的な, 熱狂的な;マニアの. **2** 奇妙な, 風変わりな, 奇癖のある. ── 男 女 **1** 偏執的な人, マニア, 熱狂的なファン. **2** 奇癖のある人.

ma·ni·ce·ro, ra [ma.ni.θé.ro, -.ra / -.sé.-] 男 女 ピーナッツ売り.

*ma·ni·co·mio [ma.ni.kó.mjo] 男《話》**1** 精神科病院(= *psiquiátrico*). **2** 騒々しい所.

ma·ni·cor·to, ta [ma.ni.kór.to, -.ta] 形《話》けちな, しみったれな(↔*manilargo*).
── 男 女《話》けち, しみったれ.

ma·ni·cu·ris·ta [ma.ni.ku.rís.ta] 共《ラ米》《リオプラ》ネイルアーティスト.

ma·ni·cu·ro, ra [ma.ni.kú.ro, -.ra] 男 女 ネイルアーティスト. ── 女 マニキュア, 美爪(びそう)術;手と爪の手入れ. hacerse la *manicura* マニキュアをする.

ma·ni·do, da [ma.ní.ðo, -.ða] 形 **1** 手あかのついた;使い古された. un *tema* ~ ありきたりのテーマ. *asunto* ~ ありふれたこと. **2** 〈食べ物が〉傷みかけた. **3** 《ラ米》(1)《中》《話》腐った, 傷んだ. (2)《カリブ》…だらけの.

ma·nie·ris·mo [ma.nje.rís.mo] 男 **1** 【美】マニエリスム:ルネッサンスからバロックに至る過渡期の美術様式. **2** 型にはまった手法, マンネリズム.

ma·nie·ris·ta [ma.nje.rís.ta] 形 **1** マニエリスムの. **2** マンネリの, 同工異曲の. ── 共 **1** マニエリスムの芸術家. **2** 独創性に乏しい芸術家.

ma·ni·fes·ta·ción [ma.ni.fes.ta.θjón / -.sjón] 女 **1 デモ, 示威行進. hacer una ~ デモを行う. asistir a la ~ デモに参加する.
2 (病気などの)外への表れ;(感情・思想の)表明, 公表;《複数で》声明(= *declaración*). las primeras *manifestaciones de la enfermedad* 病気の初期兆候. En su cara se veía una ~ *de agonía*. 彼[彼女]の顔には苦悩が表れていた. hacer *manifestaciones* 声明を出す.

ma·ni·fes·ta·dor, do·ra [ma.ni.fes.ta.ðór, -.ðó.ra] 形 表明する, 表す, 示す.
── 男【カト】聖体顕示台.

***ma·ni·fes·tan·te** [ma.ni.fes.tán.te] 形 デモの参加者の. ━男女 **デモの参加者.**

*****ma·ni·fes·tar** [ma.ni.fes.tár] ⑧ 他 **1** 〈態度・意見などを〉**表明する,** 明らかにする；《que+直説法…と》宣言する. ～ SU preocupación [interés, satisfacción] 懸念[関心, 満足]を表明する. 〈感情などを〉外に表す, 見せる. ～ cansancio 疲れを見せる. ～ ira 怒りをあらわにする. **3** 〖カト〗〈聖体を〉顕示する.

　━·**se 1** 明らかになる，現れる. Esa tendencia *se manifestó* desde el primer momento. その傾向は最初からはっきり現れた.

　2 自分の態度を明確にする，《+形容詞・副詞およびその相当語句》自分が《…であると》表明する. ～*se en contra de* la revisión constitucional 憲法改正に反対を表明する. ━ 形容詞は性質に一致する. ⇒Ella *se manifestó partidaria* del proyecto. 彼女はそのプロジェクトを支持すると表明した.
　3 デモをする.

ma·ni·fes·ta·ti·vo, va [ma.ni.fes.ta.tí.bo, -.ba] 形 はっきり示す，明示する，表明する.

manifiest- 📺 ⇒manifestar.

***ma·ni·fies·to, ta** [ma.ni.fjés.to, -.ta] 形 明らかな，誰が見てもわかる. una prueba *manifiesta* 明白な証拠. datos ～s はっきりしたデータ. contenido ～ 〖心〗(フロイト心理学における夢の)顕在内容.
　━男 **1** 声明書；宣言文. M～ comunista 『共産党宣言』：マルクスとエンゲルスによる著書. firmar un ～ contra la guerra 戦争反対の声明書に署名する.
　2 〖カト〗(聖体の)顕示. **3** 〖海〗(船舶の)積荷目録. ━形 ⇒manifestar.
　poner de manifiesto... …を明らかにする，…を浮き彫りにする.
　[← 〖ラ〗*manifestum* (*manifēstus* の対格)；*manus* 「手」+ *-festus* (*fendere* 「打つ」より)；「手で触れる」が原義，関連 manifestar. 英 *manifest*]

ma·ni·flo·jo, ja [ma.ni.fló.xo, -.xa] 男女《ラ米》《デ米》《話》浪費家.

ma·ni·gor·do [ma.ni.gór.ðo] 男《ラ米》(中米)〖動〗オセロット.

ma·ni·gua [ma.ní.gwa] 女 / **ma·ni·gual** [ma.ni.gwál] 男 **1**(1)《カ米》(カ米)灌木(%)や草に覆われた湿地.(2)(中米)トランプゲームの一種.(3)《アデン》人跡未踏の密林.(4)《ラ米》《ベネ米》(ラ米)(話)田舎, 地方. *coger manigua*《ラ米》(カ米)(話)赤面する. *irse a la maniqua*《ラ米》(ラ米)(話)武力蜂起(%)する.

ma·ni·gue·ta [ma.ni.gé.ta] 女 **1** 取っ手, 柄. **2**《ラ米》《ア米》〖車〗始動ハンドル.

ma·ni·ja [ma.ní.xa] 女 **1**(動物の脚を縛る)縄, 鎖. **2**(環状の)締め付け金具. **3** 麦刈り用の手袋. **4**《ラ米》(1)《アデン》《話》《まれ》(ドアの)ノブ.(2)《アデン》1リットル・ジョッキ.(3)《アデン》(鞭(%)についた)手首を通す輪.(4)(狩猟用投げ玉の)小さい玉.

ma·ni·je·ar [ma.ni.xe.ár] 他《ラ米》《ア米》《話》〈人・状況などを〉(自らの利益のために)操る, 操作する.

ma·ni·la [ma.ní.la] 女 **1**《ラ米》フィリピン産葉巻[タバコ]. papel ～ マニラ紙.

Ma·ni·la [ma.ní.la] 固名 マニラ：フィリピンの首都. ♦1571年にスペイン人 Legazpi が建設後, スペインの極東貿易の拠点となる.
　[← 〖タガログ〗*Maynila* (*may* 「ある」+ *nila* 「マニラ藍(%)」)；「マニラ藍の生えている所」が原義]

ma·ni·lar·go, ga [ma.ni.lár.go, -.ga] 形 **1** 手の長い. **2** 手癖が悪い, 盗癖のある. **3** 気前のよい,

惜しみしない, 太っ腹の (↔manicorto).
　━男女《ラ米》《デ米》《話》泥棒.
　━男女《ラ米》《アデン》《俗》女性にいやらしく触る人.

ma·ni·len·se [ma.ni.lén.se] / **ma·ni·le·ño, ña** [ma.ni.lé.ɲo, -.ɲa] 形 マニラの, マニラ風の.
　━男女 マニラの住民[出身者].

ma·ni·lla [ma.ní.ʝa ‖ -.a2.-] 女 **1**《まれ》(ドアの)ノブ；取っ手, 握り, 柄. **2**(時計・計器の)針. **3** 手錠. **4** ブレスレット, 腕輪 (= pulsera). **5**《ラ米》(1)(中米)(%)のつりひも.(2)(農)(作業用の)革の手甲.(3)《アデン》(脱穀用の)杵(%).(4)《アデン》《ベネ米》5枚綴(%)りの帳面.(5)《アデン》〖服飾〗ミトン.(6)《アデン》(ラ米)葉タバコの一束. [mano + 縮小辞]

ma·ni·llar [ma.ni.jár ‖ -.ʎár.-] 男(自転車・オートバイの)ハンドル.

ma·ni·lu·vio [ma.ni.lú.bjo] 男〖医〗手浴(%).

***ma·nio·bra** [ma.njó.bra] 女 **1** 制御；操作, 運転, 操縦. **2** 策略, 術策, 計略. ～ política 政治的駆け引き. **3**《複数で》〖軍〗演習. estar de ～s 機動演習中である. **4**〖海〗(船の)索具, 船具類一式. [mano + obra, 関連〖英〗*maneuver* 「策略」]

ma·nio·bra·bi·li·dad [ma.njo.bra.bi.li.dáð] 女 操縦性, 操作性；機動性.

ma·nio·bra·ble [ma.njo.brá.ble] 形 操作しやすい；機動性に優れた.

***ma·nio·brar** [ma.njo.brár] 自 **1** 操作する；操縦する, 運転する. **2**〖軍〗演習を行う.

ma·nio·bre·ro, ra [ma.njo.bré.ro, -.ra] 形 **1**〖海〗操船しやすい. **2**〖軍〗機動力のある.

ma·nio·bris·ta [ma.njo.brís.ta] 形〖海〗操帆[操舵(%)]術に長(%)けた. ━男女〖海〗操帆[操舵]手.

ma·nio·ta [ma.njó.ta] 女(動物の脚を縛る)縄, 鎖, 足枷(%).

ma·ni·pu·la·ble [ma.ni.pu.lá.ble] 形 操作可能な；動かせる.

***ma·ni·pu·la·ción** [ma.ni.pu.la.θjón / -.sjón] 女 **1**(ものの)取り扱い, 操作, 処理. **2**(情報の)操作, ごまかし.

ma·ni·pu·la·do [ma.ni.pu.lá.ðo] 男(商品の)丁寧な装飾.

ma·ni·pu·la·dor, do·ra [ma.ni.pu.la.ðór, -.ðó.ra] 形 取り扱う, 操る, 処理する, 操作する. ━男女 取り扱い人, 操作者, 操作者. ━男〖電〗(電信機の)電鍵(%).

ma·ni·pu·lan·te [ma.ni.pu.lán.te] 形 取り扱う, 処理する, 操作する. ━男女 操縦者, 処理者；(市場・相場の)操作人；改竄(%)者.

***ma·ni·pu·lar** [ma.ni.pu.lár] 他 **1**(手・道具で)〈もの・機器を〉**取り扱う**, 扱う **2**(機器・爆発物の中を)探る, 扱う **3**〈情報・計算・資料・相場などを〉**操作する,** 裏工作する；〈人・世論などを〉操る. ～ la opinión pública por los medios de comunicación マスコミを通じて世論を動かす.

ma·ni·pu·le·o [ma.ni.pu.lé.o] 男 ⇒manipulación.

ma·ní·pu·lo [ma.ní.pu.lo] 男 **1**〖カト〗腕帯(%), マニプルス：ミサ聖祭のとき司祭が左腕にかける飾り帯. **2**〖史〗(古代ローマ軍団の)旗印；歩兵小隊. **3**(薬品の量の)ひとつかみ, ひと握り.

ma·ni·que·ís·mo [ma.ni.ke.ís.mo] 男 **1**〖宗〗マニ教：ペルシアの予言者マニ Manes が唱えた光明と暗黒の対立を説く二元論教. **2**(善悪)二元論.

manípulo
(腕帯)

Ma·ni·que·o [ma.ni.kéo] 固名 → Manes.
ma·ni·que·o, a [ma.ni.ké.o, -.a] 形《宗》マニ教の, マニ教徒の.
— 男 女 **1** マニ教徒. **2**(善悪の)二元論者.
ma·ni·que·te [ma.ni.ké.te] 男《服飾》(黒いチュール地の)指なしの女性用長手袋, ミット;《農》(麦刈り用の)関節までで指先のない手袋, ハーフミット.
ma·ni·quí [ma.ni.kí] 男〔複 ~es, ~s〕**1** マネキン(人形). **2**《話》きれいに着飾った人(= figurín, pincel). **3** 他人の言いなりになる人.
— 男 女 ファッションモデル(= modelo).
[← 《仏》*mannequin* ← 〔オランダ〕*mannekijn* (*mann*「人」+縮小辞) 関連《英》*mannequin*]
ma·nir [ma.nír] 他〔他〕(肉などを)(ねかせて)熟成させる, 柔らかくする.
ma·ni·rro·to, ta [ma.ni.ró.to, -.ta] 形 **1** 浪費する, 金遣いの荒い. **2**《ラ米》(コジ)(キュァ)《話》寛大な.
— 男 女 浪費家.
ma·nís [ma.nís] 男《ラ米》(ニョ)(ベネ)《俗》仲間, 相棒.
ma·ni·se·ro, ra [ma.ni.sé.ro, -.ra] 男 女《ラ米》(キュ)(プエ)ピーナッツ売り.
ma·ni·ta [ma.ní.ta] 女 **1** 小さな手. **2**《化》マンニット, マンニトール. — 男《複数で》《話》器用な人.
~s de oro [plata] とても器用な人.
dar una manita《ラ米》(キュ)(アルゼ)《話》手を貸す.
hacer manitas《話》〈恋人同士が〉手と手でいちゃつく. [mano +縮小辞]
ma·ni·to[1] [ma.ní.to] 男《ラ米》小さな手.
ma·ni·to[2] [ma.ní.to] 男(子供用の)通じ薬.
ma·ni·to, ta [ma.ní.to, -.ta] 男 女 〔hermanitoの語頭音消失形〕《ラ米》《話》**(1)** 兄弟, 姉妹;仲間, 相棒. **(2)**(メシ)親友.
ma·ni·va·ci·o, a [ma.ni.ba.θí.o, -.a / -.sí.-] 形《話》素手の, なんの収穫(土産)もない, 手ぶらの.
ma·ni·ve·la [ma.ni.bé.la] 女《機》クランクハンドル(= manubrio).
man·jar [maŋ.xár] 男 おいしい食べ物《料理》. ~ exquisito ごちそう. ~ espiritual 心の糧. ~ de (los) dioses 豪勢な料理.
manjar blanco《料》ブラマンジェ.

⁑ma·no [má.no] 女 **1** (人の)手. la ~ derecha [izquierda] 右[左]手. equipaje de ~ 手荷物. andar con las ~s en los bolsillos ポケットに手を入れて歩く. con las ~ cruzadas 腕を組んで. Un alumno levantó la ~. ひとりの学生が手を上げた.
2(動物の)前足;(猛禽(もうきん)類の)爪(つめ);(象の)鼻.
3《料》(動物のひざから下の)足. ~ de cerdo 豚足.
4《複数で》人手, 人員. Faltan ~s para comenzar las obras. 工事を始めるのに人手が足りない.
5(左右の)側, 方向. de ~ derecha(ドアの)右開きの. El museo está a ~ izquierda. 美術館は左手にあります.
6 手腕, 腕前, 巧みさ. tener ~ para... …するのがうまい. José tiene buena ~ para los negocios. ホセには商才がある.
7 支配力, 影響力;権限. tener ~ con +人〈人〉に顔が利く. tener mucha ~ en... …に影響力がある. tomar... en sus ~s〈人が〉…を引き受ける.
8 援助, 手助け;後援. Necesito una ~ para mover esta mesa. このテーブルを動かすのに手を貸してもらわねばならない.
9(所有者・管轄者としての)手. llegar a sus ~s 手元に届く.
10 介入, 関与. Se nota la ~ de una casa de comercio en este proyecto. このプロジェクトにはある商社の手が入っているようだ.
11(1回の)動作, 所作;(ペンキなどの)ひと塗り. dar la última ~ 最後の仕上げをする. dar una ~ de jabón a... …を石けんで洗う.
12(女性による)結婚の承諾. Carlos aspira a la ~ de Isabel. カルロスはイサベルとの結婚を望んでいる. **13**《印》インデックス, 指印(= manecilla). **14**(時計の)針. **15** 乳棒, すりこぎ;杵(きね). **16**《遊》**(1)**(トランプなどの)勝負, ゲーム;ひと勝負. echar una ~ de naipes トランプをひと勝負する. **(2)** 先手, 親. Te toca ser ~. 君が親の番だ. **(3)**(トランプなどの)持ち札, 手札. **17**《スポ》(サッカー・ホッケー)ハンド(リング). hacer [cometer] ~ ハンドの反則を犯す. **18**(紙の)1帖(じょう)(25枚). **19**(パンの)ひと焼き分(34個). **20** 連続, ひと続き. darle (a+人) una ~ de golpes〈人〉に殴打の雨を降らせる. **21**《古語》《音楽》音階. **22**(酒などの)(全員への)ひとわたり, 分配. Sírvanos otra ~ de vino. ワインをもう一杯ずつお願いします. **23** 叱責(しっせき), 罰. **24**《ラ米》**(1)** 不慮の出来事. **(2)**(アルゼ)バナナの房. **(3)**(同種のもの 4 – 6 個の)ひと塊, ひと山.

abrir la mano **(1)** 大目に見る;(規制などを)緩和する. **(2)** 浪費する.
alzar la mano a+人 → levantar la *mano* a+人.
a mano **(1)**(機械によらず)手で;手製の. lavar la camisa a ~ シャツを手で洗う. escribir *a* ~ 手書きする. *a* 手近に, 手元に. ¿Tienes *a* ~ unas tijeras? そこにはさみあるかい.
a mano airada 無残に, 人手にかかって. morir *a* ~ *airada* 変死する.
a mano alzada **(1)**(線描が)フリーハンドで. dibujar... *a* ~ *alzada* …を一気に描く. **(2)** 挙手で. votación *a* ~ *alzada* 挙手による票決.
a mano armada **(1)** 武装して, 凶器を用いて. **(2)**《話》(**robo, atraco** などの名詞を伴って)法外な. un *robo a* ~ *armada* 法外な料金.
a manos de... …の手にかかって. Él murió a ~s *de* un traidor. 彼は裏切り者に殺された.
a manos llenas 気前よく, 惜しみなく, たくさん. gastar dinero *a* ~ *llenas* en una campaña electoral 選挙運動にたっぷり金を使う.
atar las [de] manos a+人《話》〈人〉の自由を奪う, 行動を封じる.
bajo mano こっそりと, ひそかに.
caérsele (a+人) de las manos《話》〈書物などが〉〈人〉を退屈させる, (難しすぎて)うんざりさせる.
cambiar de manos 所有者が変わる.
cargar la mano en... …で度を越す, …を過度にする.
cargar la ~ en los precios 値段を高くふっかける.
cerrar la mano 出し惜しむ, けちる.
comerse las manos 飢えている.
conceder la mano〈女性の両親が〉男性からの求婚を承諾する;結婚を認める.
con la mano en el corazón 正直に, 誠実に.
con las manos en la masa《話》悪巧みの真っ最中に, 現行犯で. coger a+人 *con las* ~s *en la masa*〈人〉を現行犯で捕まえる, 現場を押さえる.
con las manos vacías 手ぶらで;むなしく, 収穫なく.
con una mano detrás [atrás] y otra delan-

te 《話》一文無しで, 無一文で.
dar de mano a... (1)《仕事》を終える[切り上げる]. (2) …に《仕上げの》しっくいなどを塗る.
dar de manos《手をついて》前にばたっと倒れる.
dar la mano a+人 (1)〈人〉に握手を求める. *darse la* ~《複数主語で》握手を交わす. (2)〈人〉の手を取る;〈人〉に手を預ける. El niño *le daba la* ~ *a su hermano mayor.* 男の子は兄に手を引かれていた. (3)〈人〉に手を貸す,〈人〉を手伝う.
darse la mano con... …と酷似している;…のすぐ近くにある.
darse las manos《複数主語で》和解[和睦(ﾎﾞｸ)]する.
dar SU ***mano***《女性が》結婚を承諾する.
dejado de la mano de Dios《話》(1) 神に見放された, ついていない. (2) 忘れられた;辺鄙(ﾍﾟ)な.
de la mano (1) 手を取って, 手をつないで. *ir cogidos de la* ~ 手をつないで[手に手を取って]行く. (2)《***de...***》の指導のもとに.
de mano 手で運ぶ, 手で扱う. *bolso de* ~ ハンドバッグ.
de mano en mano 人から人へ, 手から手へ. *las tradiciones que han llegado de* ~ *en* ~ *hasta nosotros* 現代まで受け継がれてきた伝統.
de manos a boca 突然, 思いがけなく.
de primera mano (1) 新品の. (2) 直接に[の], 仲介なしに[の]. *saber de primera* ~ 直接聞いて知っている.
de segunda mano (1) 中古の. (2) 間接に[の].
echar (la) mano a... / ***echar las manos a...***《話》〈人〉に手を伸ばす;〈人〉をつかむ;…を捕らえる.
echar mano de...《話》…を使う, 利用する;…に頼る.
echar una mano a+人《話》〈人〉に手を貸す,〈人〉を手伝う.
en buenas manos 信頼できる人の手に. *estar en buenas* ~*s* 信頼できる人の手にゆだねられる.
en mano 直接本人に, じかに. *Se lo entregué en* ~. 私は彼[彼女](ら)にそれを直接手渡した.
en manos de... …の手に, …の手にゆだねられる. *dejar [poner] en* ~*s de...* …の手にゆだねる.
ensuciarse las manos 手を汚す;だまし取る.
escapársele (a+人*) de [entre] las manos*** → *írsele (a*+人*) de [entre] las manos*.
escapársele (a+人*) la mano*** → *írsele (a*+人*) la mano.*
estar en la mano de+人 〈人〉の手にある,〈人〉の判断次第である. *Está en tu* ~ *aceptarlo.* それを受け入れるかどうかは君次第だ.
estrechar la mano a+人 → *dar la mano a*+人 (1).
frotarse las manos 手をこすり合わせる;《話》もみ手をする, ほくそえむ.
ganar por la mano a+人 〈人〉を出し抜く, 先手を打つ.
hacer lo que está [esté] en SU ***mano*** できるだけのことをする, 手を尽くす.
ir a la mano a+人 〈人〉を制止する, 抑える.
írsele (a+人*) de [entre] las manos***《話》〈人〉の手から逃げる, 失われる. *La ocasión del viaje se me fue de las* ~*s.* 私は旅行の機会を逸した.
írsele (a+人*) la mano*** (1)〈人〉が自制心を失う, 度を越す. *Se me ha ido la* ~ *con la pimienta en la sopa.* スープにコショウを入れすぎてしまった. (2)《話》殴る;手が滑る.

lavarse las manos 手を洗う;《話》手を引く, かかわりを持たない.
levantar la mano a+人 (1)《殴ろうとして》〈人〉に手を上げる. (2) → *abrir la mano*.
llegar a las manos《複数主語で》《ふたりが》殴り合いになる.
llevarse las manos a la cabeza《話》《驚き・怒りで》頭に手をやる;驚く, 憤慨する.
mano a mano (1)《話》ふたりきりで;《ふたり》一緒に, 協力して. (2)《話》《ふたりが》対決して, 競争して. (3)《ふたりの》対談;【闘牛】ふたりのマタドール matador が競い合ってする闘牛. ▶男性名詞として用いられる.
mano de obra 労働力, 人手;労賃.
mano derecha《比喩的》右腕, 片腕. *Aquel economista es la* ~ *derecha del primer ministro.* あのエコノミストは首相の右腕だ.
mano de santo《話》特効薬, 妙薬.
mano dura [de hierro]《話》《人に対する》厳格さ, 厳しさ. *usar* ~ *dura con*+人 〈人〉に厳しく接する.
mano izquierda《問題解決の》巧妙さ, 抜け目なさ. *tener* ~ *izquierda* 抜かり[抜け目]がない. *resolver los problemas con* ~ *izquierda* 問題をうまく解決する.
mano negra 影の力[人].
mano oculta 影で操る人, 黒幕.
¡Manos a la obra! さあ, 仕事に取りかかろう;頑張って続けよう.
¡Manos arriba! 手を上げろ.
manos libres 携帯電話用ハンズフリーイヤホンマイク. ▶男性名詞, 単複同形で用いられる.
manos limpias 無罪, 潔白.
manos muertas【法】死手譲渡.
mano sobre mano《話》働かないで, 何もしないで.
meter la(s) mano(s) en... …に介入する;…に取りかかる, 着手する.
meter mano a... (1)《俗》〈人〉に触る, 痴漢行為をする. (2) …に取りかかる, 着手する. (3)《話》…に介入する, 干渉する. (4)《話》《違法行為で》〈人〉を取り調べる.
morderse las manos 後悔する, ほぞをかむ.
no saber lo que trae [lleva] entre manos 無知[無能]である.
pedir la mano de+人 《女性の両親に》〈女性〉との結婚の承諾を求める;〈女性〉に結婚を申し込む.
poner la mano encima a+人《話》〈人〉をたたく, 殴る.
poner la(s) mano(s) en el fuego por...《話》 …の正直さ[真実]を保証する.
poner manos a la obra 仕事に取りかかる.
ponerse de manos《動物が》後脚で立つ.
por SU ***(propia) mano*** 自分で, 自ら.
prestar una mano 手を貸す, 手伝う.
¡Qué mano!《ラ米》《話》《間投詞的に》なんと運のよいことか;こいつは驚いた, これはひどい.
quitar... a+人 ***de las manos***〈人〉から…を競って買う. *El nuevo producto nos lo quitan de las* ~*s.* 我が社の新製品は飛ぶように売れている.
sentar la mano a+人 (1)〈人〉を厳しく罰する, たたく, 殴る. (2)〈人〉に法外な料金を請求する.
si a mano viene / ***si viene a mano*** もしかすると, ひょっとして.
soltar la mano en... …に熟練する, …の腕が上がる.

tender la [una] mano a +人 (1) 《あいさつ・和解》〈人〉に手を差し出す. (2) 〈人〉に手を貸す, 手伝う.

tener... en SU(S) **mano(s)** (1) …が〈人の〉手中にある. *Tienes* la decisión *en tu* ～. 決断は君にゆだねられている. (2) …が達成寸前である, ほぼ手中にしている.

tener... entre manos 《話》…を画策している, たくらんでいる. ¿*Qué tienes entre* ～*s*? 何をたくらんでいるんだ.

tener la(s) mano(s) larga(s) 《話》 (1) けんか早い, 手が早い. (2) 手癖が悪い.

tocar... con la mano …の達成寸前である, …をほぼ手中にしている.

traer... a la mano 〈猟犬が〉〈獲物を〉くわえてくる.

traer(se) entre manos → tener entre *manos*.

venir a las manos → llegar a las *manos*.

vivir de [por] SUS ***manos*** 自活する.

[←［ラ］*manum* (*manus* の対格); ［関連］ manual, mantener, manuscrito, manufactura. ［ポルトガル］ *mão*. ［仏］ *main*. ［伊］ *mano*. ［英］ *manual, manuscript*]

ma·no, na [má.no, -.na] 男 女 [*hermano* の語頭音消失形] 《ラ米》《話》 (1) 友達, 仲間. (2) 《呼びかけ》おい, 君.

-mano, na 「…マニアの, …癖のある, 偏執的愛好家」の意を表す造語要素. → bibliómano, toxicómana. [←［ギ］]

ma·no·a·bier·ta [ma.no.a.bjér.ta] 共 《ラ米》《ニカ》《話》 気前のいい, 寛大な.

ma·no·jo [ma.nó.xo] 男 **1** ひとつかみ, 束, 把(わ). ～ de llaves 鍵束. dos ～s de espárragos 2把のアスパラガス. **2** ひと握りのもの [人々] **3** 《ラ米》 《グリ》 (約2ポンドの重さの) 葉タバコの束.

ser un manojo de nervios 《話》 極度に緊張している.

Ma·no·la [ma.nó.la] 固名 マノーラ: Manuela の愛称.

ma·no·le·ti·na [ma.no.le.tí.na] 女 **1** 《闘牛》ムレータ *muleta* を背面に構えるパセ *pase*. **2** 《闘牛士の靴のような》ヒールが低くつま先の丸い靴. ← 名闘牛士 Manolete (1917-1947) に由来する.

Ma·no·li [ma.nó.li] 固名 マノリ: Manuela の愛称.

Ma·no·lo [ma.nó.lo] 固名 マノロ: Manuel の愛称.

ma·no·lo, la [ma.nó.lo, -.la] 男 女 《まれ》 (Madrid の粋(いき)な) 下町っ子.

ma·nó·me·tro [ma.nó.me.tro] 男 《物理》 圧力計, マノメーター.

ma·no·pla [ma.nó.pla] 女 **1** 《服飾》 ミトン, 親指のみ分かれている手袋; 鍋つかみ. **2** (入浴用) タオル, 手袋. **3** (馬(うま)の) 籠手(こて); (甲冑の) 籠手(こて). **3** 《スポ》 (フェンシング・ボクシングなどの) グローブ. **4** 《ラ米》 《カ》 《話》 手. (2) 《ラ米》 《ドミ》 拳鍔(けんかく): 拳(こぶし)にはめる武器用金具.

ma·no·se·a·do, da [ma.no.se.á.ðo, -.ða] 形 〈テーマなどが〉陳腐な, 使い古された. *tema* ～ 手あかのついたテーマ.

ma·no·se·a·dor, do·ra [ma.no.se.a.ðór, -.ðó.ra] 男 女 〈ものを〉いじり回す人, 触りたがる人.

ma·no·se·ar [ma.no.se.ár] 他 **1** 《軽蔑》いじり回す, なで回す. *Mi hijo* manoseó *mi cámara y la* estropeó. 息子は私のカメラをいじり回して壊した. **2** 《軽蔑》〈人を〉しつこく触る. **3** 〈同じ問題などを〉ほじくり返す, 繰り返し取り組む.

ma·no·se·o [ma.no.sé.o] 男 しつこく触ること, いじり回すこと.

ma·no·ta·da [ma.no.tá.ða] 女 **1** 平手打ち. **2** 《ラ米》 《ラプラ》 《チ》 《話》 手によるひとすくい; ひと握り, ひとつかみ.

ma·no·ta·zo [ma.no.tá.θo / -.so] 男 《話》 平手打ち (= manotada).

ma·no·te·a·dor, do·ra [ma.no.te.a.ðór, -.ðó.ra] 男 女 《ラ米》 《ブエ》 《ラプラ》 ひったくり; 身ぶり手ぶりを交えて話す人.

ma·no·te·ar [ma.no.te.ár] 他 **1** 〈人・ものを〉平手打ちする. **2** 《ラ米》 《ラプラ》 《話》 盗む; ひったくる, 奪い取る. ── 自 手をやたらと振り回す.

ma·no·te·o [ma.no.té.o] 男 手をやたらと振り回すこと.

ma·no·tón [ma.no.tón] 男 **1** → manotazo. **2** 《ラ米》 《グリ》 《話》 ひったくり行為.

man·que [máŋ.ke] 接続 《ラ米》 《話》 → aunque.

man·que·ar [maŋ.ke.ár] 自 **1** 腕[手]がない人特有の動きをする; 腕[手]が利かないふりをする. **2** 《ラ米》 《チ》 《グリ》 〈動物が〉足を引きずって歩く.

man·que·dad [maŋ.ke.ðáð] / **man·que·ra** [maŋ.ké.ra] 女 **1** 《まれ》 手[腕]のないこと; 手[腕]が利かないこと. **2** 《比喩的》 欠如, 不足, 欠陥.

Man·ri·que [man.ří.ke] 固名 マンリケ Jorge ～ (1440?-79): スペインの詩人.

man·ri·que·ño, ña [man.ři.ké.ɲo, -.ɲa] 形 (15世紀のスペインの詩人) ホルヘ・マンリケの.

man·sa·li·no, na [man.sa.lí.no, -.na] 形 《ラ米》 《グ》 とてつもなく大きい; すばらしい.

man·sal·va [man.sál.ba] *a mansalva* (1) 確実[無事]に, なんの危険もなく (= a salvamano). (2) 大量に.

man·sa·men·te [mán.sa.mén.te] 副 温和に, おとなしく; 穏やかに.

man·sar·da [man.sár.ða] 女 《建》 マンサード屋根, 屋根窓; 屋根裏(部屋) (= buhardilla). [←［仏］ *mansarde*]

man·se·dad [man.se.ðáð] / **man·se·dum·bre** [man.se.ðúm.bre] 女 **1** 温和, 従順, 素直さ. **2** 〈天候などの〉穏やかさ, のどかさ.

man·se·jón, jo·na [man.se.xón, -.xó.na] 形 〈動物が〉よく飼い慣らされた, おとなしい.

man·sión [man.sjón] 女 **1** 大邸宅, 館(やかた). ～ *señorial* 豪壮な大邸宅. *El cielo es* ～ *de los bienaventurados*. 天国は幸いなる人々の住まうところである. ▶ 日本の「マンション」に相当するのは piso. **2** 滞在, 滞留. *hacer* ～ 滞在する.

[←［ラ］ *mānsiōnem* (*mānsiō* の対格) 「滞在; 住居」 (→ *mesón*); *manēre* 「留まる; 泊まる」より派生. ［関連］ permanecer. ［仏］ *maison* 「家」. ［英］ *mansion*]

man·so [mán.so] 男 **1** (教会・修道院院が所有していた) 荘園. **2** 別荘.

man·so, sa [mán.so, -.sa] 形 **1** 〈動物が〉従順な, 飼い慣らされた. *Ese perro es* ～ *con su dueño*. その犬は飼い主に従順だ. **2** 〈人が〉温和な, 穏やかな. *Su corazón es* ～ *y humilde*. 彼[彼女]の心は温和で謙虚である. **3** 〈動きが〉穏やかな, ゆったりした. *aguas mansas* 穏やかな海[流れ]. **4** 《ラ米》 《カ》 《話》 〈+名詞〉とてつもない, でかい; すごい.

mantener

—男 **1** 《軽蔑》妻の浮気を我慢している男. **2** 群れを先導する家畜；《闘牛》(闘牛を先導する) 先導牛.
[←《俗》*mansus*-《ラ》*mānsuētus* (*mānsuēscere*「慣れる」より派生)]

man·su·rre·ar [man.su.r̄e.ár] 自 → mansurronear.

man·su·rrón, rro·na [man.su.r̄ón, -.r̄ó.na] 形 《軽蔑》非常におとなしい[温和な] (ふりをしている), おとなしすぎる；《闘牛》(牛が) 猛々(ξξ)しさに欠ける.

man·su·rro·ne·ar [man.su.r̄o.ne.ár] 自 《闘牛》(牛が) 臆病(ぎろ)な態度を示す, おとなしくする.

***man·ta** [mán.ta] 女 **1** 毛布. ~ de viaje 旅行用毛布. ~ de caballerías (馬・ラバに掛ける) 毛布, 厩布. ~ eléctrica 電気毛布. ~ sudadera (馬の) 鞍(ξ)敷, 鞍下. **2** 《話》殴ること, 殴打, めった打ち. **3** (一面) 藻に覆われた海. **4** 《軍》(弾・矢よけの) 遮蔽(ξξ)物, 防扉. **5** 《遊》(トランプ) 5 人で遊ぶゲーム. **6** 《魚》マンタ：巨大なエイの一種. **7** (鉱石運搬用の) 粗布袋. **8** 《ラ米》 (1) (ξξ)(ξξ)(ξξ)《服飾》ポンチョ. (2) 銀鉱脈. (3) (ξξ)(*ξ)(ξξ)粗綿布.
—男女 《スペイン》《話》怠惰で役立たずな人.
a manta(s) (de Dios) 《話》大量に, たくさん. Ha llovido *a* ~. 大雨が降った.
liarse la manta a la cabeza 《話》(結果を考えずに) 思いきってやる, 前後を顧みずに突進する.
tirar de la manta 秘密を漏らす；陰謀を暴く.

man·ta·zo [man.tá.θo / -.so] 男 《闘牛》でたらめにムレータ muleta をさばくこと.

man·te·a·dor, do·ra [man.te.a.ðór, -.ðó.ra] 形 (毛布に載せて) 胴上げをする.
—男女 (毛布に載せて) 胴上げをする人.

man·te·a·mien·to [man.te.a.mjén.to] 男 (毛布に載せて行う) 胴上げ.

man·te·ar [man.te.ár] 他 **1** (毛布に載せて) 胴上げをする. **2** 《ラ米》(ξξ)(ξξ)(ξ) (2 人以上で) (人) をたたく, 殴る, なぶる.

man·te·ca [man.té.ka] 女 **1** (動物の) 脂肪, 脂身；ラード (= ~ de cerdo)；乳脂. ~ de vaca バター. ~ requemada 焦がしラード. untar ~ en... …にラードを塗る. derretirse como ~ ラードのように溶ける. **2** 植物性油脂. ~ de cacao カカオバター. ~ de cacahuete ピーナッツバター. **3** 《複数で》《話》体の脂肪, ぜい肉. tener buenas ~*s* 太っている. **4** 《スペイン》粋(ξ), 真髄. **5** 《ラ米》(1) (ξξ)バター (= mantequilla). (2) (ξξ)炊事・雑用をする女性, メイド.
el que asó la manteca ばかなことをする人.
ser como manteca (ものが) とても柔らかい；(人が) きわめて従順である, おとなしい.
tirarse la manteca 《ラ米》(*ξ)《俗》秘密を漏らす.

man·te·ca·da [man.te.ká.ða] 女 **1** (主にスペイン Astorga 産の四角い) マドレーヌ. **2** 《ラ米》バターつき菓子パン.

man·te·ca·do [man.te.ká.ðo] 男 **1** アイスクリーム. **2** (ラードを使った) 小さな菓子パン. **3** → polvorón.

man·te·co, ca [man.té.ko, -.ka] 形 《ラ米》(ξξ)《人が》不潔な, だらしがない.

man·te·cón [man.te.kón] 形 《話》甘やかされた；めめしい, 柔弱な, おとなしい. —男 《話》甘やかされている男；めめしい[柔弱な]男.

man·te·co·so, sa [man.te.kó.so, -.sa] 形 **1** 脂肪質[性]の, 油っこい. leche *mantecosa* 脂肪分の多い牛乳. **2** (感触が) バター[脂肪]のような, べたつく, 粘っこい. bizcocho ~ しっとりした舌ざわりのスポンジケーキ. **3** 《ラ米》(ξξ)《話》しつこい, 強情な.

man·te·ís·ta [man.te.ís.ta] 男 (聖職者のように) スータンと長マントを着て通学していた大学生.

***man·tel** [man.tél] 男 **1** テーブルクロス. ~ individual ランチョンマット.
2 《宗》祭壇布, 聖壇布.
comer a manteles テーブルにテーブルクロスを敷いて食事をする；ごちそうを食べる.
estar de mantel largo 《ラ米》(ξ)(ξξ) 宴会がある；招待客がある；招待されている.
levantar los manteles 食事を終えてテーブルの上の物を片づける.
[←《後ラ》*mantēle*「手ぬぐい, タオル」；《関連》mandil, mano]

man·te·le·rí·a [man.te.le.rí.a] 女 テーブルクロスとナプキンのセット.

man·te·le·ta [man.te.lé.ta] 女 (女性用の) 肩かけ, 短いマント, ケープ.

man·te·le·te [man.te.lé.te] 男 **1** 《軍》防盾, 遮蔽(ξξ)盾[板]. **2** 《カト》マントレッタ：高位聖職者が着るそでのないひざまでの上衣.

man·te·li·to [man.te.lí.to] 男 《ラ米》(ξ)(ξξ)ナプキン.

man·te·lli·na [man.te.ʎí.na ‖ -.ʎí.-] 女 → mantilla 1.

man·tén [man.tén] 活 → mantener.

mantendr- 活 → mantener.

man·te·ne·dor, do·ra [man.te.ne.ðór, -.ðó.ra] 男女 《まれ》(審査会の) 進行役, 審査員.

man·te·nen·cia [man.te.nén.θja / -.sja] 女 **1** 維持, 保持. **2** 支援, 援助, 扶養. **3** 食べ物, 糧食.

****man·te·ner** [man.te.nér] 43 他 **1** 保つ, 維持する, 管理する；養う. ~ una distancia 距離を保つ. ~ el equilibrio バランスを保つ. ~ la esperanza 希望を捨てない. ~ la familia 家族を養う. *M*~ este edificio cuesta muchísimo dinero. この建物の維持には多額の経費がかかる.
2 《+形容詞・副詞およびその相当語句 …の状態に》保つ, 維持する. Este envase *mantiene* los alimentos *frescos*. この容器は食品を新鮮に保ちます.
▶形容詞は目的語と性数一致する.
3 《+副詞およびその相当語句〈特定の位置・場所〉に》保つ, 維持する. En esta reforma *hemos mantenido* la cocina *en su ubicación originaria*. 今回のリフォームではキッチンを元の位置に残しておきました.
4 (1) 〈意見・立場・姿勢を〉主張する, 固持する. Los representantes de los estudiantes *mantuvieron* su opinión. 学生の代表は意見を固持した. (2) 《que + 直説法》《…と》主張する, 《…という》見解[見解]である. Algunos especialistas *mantienen que* el calentamiento de la Tierra *afecta* también a nuestra salud. 一部専門家の見解では, 地球の温暖化は我々の健康にも影響を及ぼすということだ.
5 〈約束事などを〉守る. Mi padre *mantuvo* su promesa. 父は約束を守った.
6 (1) 《複数主語で》(互いに) 〈関係・交渉を〉持つ；持ち続ける. En la última reunión los dos catedráticos *mantuvieron* un duro enfrentamiento. 前回の会議で両教授は真っ向から衝突した. (2) 《con... …と》〈関係・交渉を〉持つ；持ち続ける. *Mantengo* una relación estrecha *con* mi primo Pablo. 私はいとこのパブロと親しくつき合ってい

manteng-

る. **7**(落ちないように)支える(= sostener). Una estructura de hierro *mantiene* la bóveda. 鉄の骨組みがアーチ形の天井を支えている.

— **～se** 再 **1**(+形容詞・副詞およびその相当語句…の状態を)保つ,維持する. Por favor, ¿puedes ～*te recto* unos segundos? ちょっとの間,まっすぐに立っていてね. ～ *se en forma* 健康を保つ. ～ *se firme* 自分の意見[立場]を固持する. ▶ 形容詞は主語と性数一致する.

2(+副詞およびその相当語句(特定の位置・場所)に)とどまる,居続ける. La asistencia médica va a ～*se en la zona* de la catástrofe una semana más. 医療救護隊は後1週間被災地にとどまる予定だ.

3(1)生計をたてる,生き延びる. No sé cómo *se mantienen* estas personas. この人々がどうやって生計を立てているのか,私にはわからない. (2)《con- / de...》…で,によって)生計を立てる,生き延びる. *Me mantengo con* mis escasos ahorros. わずかな蓄えで生き長らえている.

mantenerse en SU *puesto* [*sitio*] (1)同じ職[地位]にとどまる. (2)自分の立場や地位をふまえて行動する.

manteng- 活 →mantener.

man·te·ni·do, da [man.te.ní.ðo, -.ða] 形 **1** 扶養されている;囲われている. **2** 維持継続)される.
— 男 女 《まれ》 **1** 被扶養者. **2** ひも,めかけ,居候.

*✱**man·te·ni·mien·to** [man.te.ni.mjén.to] 男
1 維持,保持. el ～ *del orden* 秩序の維持.
2 保全,管理,メンテナンス. ～ *de ordenadores* コンピュータの管理. ～ *see ahora* 履行. ～ *de la palabra* 約束の履行. **4** 扶養,飼育;生計. ～ *de una familia* 家族の扶養. **5** 食べ物,食品;《複数で》(主に貯蔵した)食料(品).

man·te·o¹ [man.té.o] 男 (毛布に載せて行う)胴上げ.

man·te·o² [man.té.o] 男 **1**《まれ》《カト》(聖職者が法衣の上にはおる)長いマント[ケープ]. **2**(農婦の)粗末なスカート.

man·te·que·rí·a [man.te.ke.rí.a] 女 **1** 乳製品の販売店. **2** 乳製品の製造所.

man·te·que·ro, ra [man.te.ké.ro, -.ra] 形 バター(製造)の. la industria *mantequera* バター製造業. —男 女 **1** バター製造[販売]業者. **2**(卓上用)バター入れ. **2**(バター製造用の)攪乳器.

*✱**man·te·qui·lla** [man.te.kí.ja ǁ -.ʎa] 女 **1** バター;バタークリーム. ～ *fresca* [*salada*] 無塩[加塩]バター. ～ *derretida* [*requemada*] 溶かし[焦がし]バター.
2《ラ米》《話》(紹介)(1)うまい儲け話. (2)やさしい人,簡単に承諾する人.

man·te·qui·lle·ro, ra [man.te.ki.jé.ro, -.ra ǁ -.ʎé.-] 形《ラ米》乳製品販売店主[業者].
—男《ラ米》(卓上用)バター入れ.

man·te·qui·ta [man.te.kí.ta] 形《ラ米》《紹介》《話》とても繊細な,大変臆病な(紹介).
—男 女 過度に繊細な人,臆病者.

man·te·ro, ra [man.té.ro, -.ra] 男 女 **1** マント[毛布]製造業者[販売人]. **2**《話》(マント・毛布の上に商品を並べている)路上の物売り.

mán·ti·ca [mán.ti.ka] 女 占い術,易断.

mantien- 活 →mantener.

man·ti·lla [man.tí.ja ǁ -.ʎa] 女 **1**《服飾》マンティーリャ:頭と肩を覆う女性用スカーフ. ～ *de encaje* レース編みのマンティーリャ. ▶右段に図. **2**(乳児用の)おくるみ. Ya he salido de las ～*s*.《話》私はもう子供じゃない. **3**(刺繍を)施した)馬衣. **4**《印》ブランケット;圧胴. **5**《ラ米》(1)(幼児)(複数で)(赤ん坊の)おむつ. **2**《俗》臆病(おくびょう)者,小心者.

estar en mantillas《話》始めたばかりである,初期[初歩]の段階にある.

mantilla (マンティーリャ)

man·ti·llo [man.tí.jo ǁ -.ʎo] 男《地質》腐植土層,腐葉土(= humus);堆肥(たいひ).

man·ti·llón, llo·na [man.ti.jón, -.jó.na ǁ -.ʎón, -.ʎó.-] 形 **1**汚らしい,不潔な;だらしない. **2**《ラ米》《話》ぐうたらな,ろくでなしの. —男 女 **1**汚らしい人;無精者. **2**《ラ米》(紹介)《話》ろくでなし,のらくら者. **3**《ラ米》厚手の鞍(くら)下.

man·tis [mán.tis] 男《単複同形》《昆》カマキリ(= ～ *religiosa, santateresa*).

man·tí·sa [man.tí.sa] 女《数》(対数の)仮数.

*✱**man·to** [mán.to] 男 **1**《比喩的》覆い隠すもの[こと],隠蔽(いんぺい)遮蔽). 庇護. el ～ *de la noche* [*nieve*] 夜の帳(とばり) [一面の雪景色]. bajo el ～ *de la indiferencia* [*impunidad*] 無関心[無罪]を装って. con un ～ *de silencio sobre*... …を知らないふりをして. coger... bajo su ～ …をかばう,庇護する.

2《服飾》(頭・肩から羽織る)マント;大型ショール;(王族など高位者の礼装用)ガウン;(マリアなど聖像が頭からかぶる)庇護マント;(女性の喪服用)黒ベール.

3《地質》(地球の)マントル;地質《鉱物》層. ～ *de corrimiento* 衝上断層. ～ *acuífero* 帯水層.

4《生物》(軟体動物の)外套膜;《医》(胎内の)羊膜.

5(暖炉の)マントルピース.

[←《後ラ》 *mantum*, 英 *mantle*. [日]「マント」は同源の《仏》*manteau* より]

man·tón [man.tón] 男 肩掛け,ショール. ～ *de Manila* 房のあるカラフルな刺繍の入った絹のショール.
[*manto* +増大辞]

man·tra [mán.tra] 男 (ヒンドゥー教などの)真言,マントラ.

Man·tua [mán.twa] 固有名 マントバ:イタリア北部の都市.

man·tu·do, da [man.tú.ðo, -.ða] 形 **1**(鳥などの)翼を垂れた. **2**《ラ米》(紹介) (ショール)(仮面で)変装した.

mantón

mantuv- 活 →mantener.

*✱**ma·nual** [ma.nwál] 形 **1**手を使う,手動の;手製の,手細工の. *obrero* ～ 肉体労働者. *trabajo* ～ 手仕事. **2** 扱いやすい,操作しやすい,手軽な.
— 男 **1** 手引き書,便覧,マニュアル,ハンドブック.
2《商》取引日記帳.

[←《ラ》 *manuālem* (*manuālis* の対格;*manus*「手」より派生);《関連》《英》*manual*. [日] マニュアル]

ma·nua·li·dad [ma.nwa.li.ðáð] 女《主に複数で》手工芸,工作.

ma·nual·men·te [ma.nwál.mén.te] 副 手で,手作りで,手製で.

ma·nu·brio [ma.nú.brjo] 男 **1**《機》クランク(= *manivela*). *piano de* ～ 手回しピアノ.
2《ラ米》(車・自転車の)ハンドル;ハンドル,取っ手,

柄. **3**〖動〗(クラゲの) 口柄(みつ).
ma·nu·co·di·a·ta [ma.nu.ko.djá.ta] 囡〖鳥〗ゴクラクチョウ, フウチョウ (= ave del paraíso).
ma·nu·do, da [ma.nú.ðo, -.ða] 形《ラ米》(ミポ)(ホサ)(キュ)《話》手の大きな.
Manuel [ma.nwél] 固名 マヌエル: 男子の洗礼名. 愛称 Manolo.
  [←〚ラ〛*Emmanuel*←〚ギ〛*Emmanouêl*←〚ヘブライ〛*'Immānū'ēl*「神は我らと共に」が原義)〚関連〛〚ポルトガル〛*Manuel*,〚仏〛〚英〛〚独〛*Em(m)anuel*,〚伊〛*Emanuele*.〛
Ma·nue·la [ma.nwé.la] 固名 マヌエラ: 女子の洗礼名. 愛称 Manola, Manoli.
ma·nue·li·no, na [ma.nwe.lí.no, -.na] 形〖建〗マヌエル(様式)の. *estilo* ~ マヌエル様式. ◆ポルトガル王 Manuel 1世 (在位1495-1521) の治世に流行した建築様式.
ma·nue·lla [ma.nwé.ja ‖ -.ʎa.-] 囡 (巻き上げ機の).
ma·nu·fac·tu·ra [ma.nu.fak.tú.ra] 囡 **1** 手工業製品, 手工芸品, 製品. **2** 製造所, 工場; 製造業. **3**〖史〗工場制手工業, マニュファクチュア.
ma·nu·fac·tu·ra·do, da [ma.nu.fak.tu.rá.ðo, -.ða] 形 製造 [製作, 生産] された. *productos* ~s 工業製品. *materiales* ~s 製造加工品.
ma·nu·fac·tu·rar [ma.nu.fak.tu.rár] 他 製造 [製作, 生産] する (= fabricar).
ma·nu·fac·tu·re·ro, ra [ma.nu.fak.tu.ré.ro, -.ra] 形 製造 (業) の, 製作 [生産] の. *industria manufacturera* 製造業. ━男 囡 製造業者.
ma·nu·mi·sión [ma.nu.mi.sjón] 囡《まれ》〖史〗(奴隷・農奴の) 解放 (= liberación).
ma·nu·mi·so, sa [ma.nu.mí.so, -.sa] 形〖史〗(奴隷が) 解放された, 自由(の身) になった.
ma·nu·mi·tir [ma.nu.mi.tír]他〖史〗〚奴隷〛解放する; (束縛などから) 自由にする (= libertar).
ma·nus·cri·bir [ma.nus.kri.bír] 75 他 過分 は [manuscrito] 手書きする, 手写する.
***ma·nus·cri·to, ta** [ma.nus.krí.to, -.ta] 形 **手書きの, 肉筆の.** ━男 写本, 手稿, 肉筆本; (オリジナル) 原稿.
ma·nu·ten·ción [ma.nu.ten.θjón / -.sjón] 囡 **1** 扶養; 日々の糧; 生活維持 (= mantenimiento). ~ *de una familia* 妻子を養うこと.
  2 維持, 保全, 保存; 維持費.
ma·nu·te·ner [ma.nu.te.nér] 43 他〖法〗扶養する, 養う.
man·yar [maɲ.jár] 他《ラ米》《話》**(1)**(ラフ)食う. **(2)**(テテ)(エテナ)気づく, 見抜く, わかる. **(3)**(ラフ)見る.
***man·za·na** [man.θá.na / -.sá.-] 囡 **1** リンゴ (の実). ~ *reineta* 青リンゴ. ~ *golden* [*starking*] ゴールデン [スターキング]. ~ *verde doncella* ヒメリンゴ. *tarta de* ~ アップルケーキ [パイ].
  2 (都市の) 区画, ブロック.
  3 (刀の) 柄頭(ホッミ); (家具の柱の) 玉飾り.
  4《ラ米》**(1)**〖解剖〗のどぼとけ (= ~ *de Adán*). **(2)**(チリア)(ウルボア)(エアサ)(車輪の) 轂(ミガリ). **(3)** マンサナ: 面積の単位. 国により異なる. アルゼンチンでは2.5エーカー. 中米では1.75エーカー.
  estar sano como una manzana 至って健康である; 顔色がいい.
  manzana de la discordia《比喩的》不和の種, いさかいの原因.
  〚←〚古スペイン〛*mazana* または *maçana*←〚俗ラ〛*mattiana; この語形は〚ラ〛*māla Matiāna*「マティウスのリンゴ (複数)」(リンゴの一種で, 紀元前1世紀の農学者 *C. Matius* にちなんでつけられた名称) に由来するという説が有力〛
man·za·nal [man.θa.nál / -.sa.-] 男 **1**→manzanar. **2**〖植〗リンゴの木.
man·za·nar [man.θa.nár / -.sa.-] 男 リンゴ畑 [園].
Man·za·na·res [man.θa.ná.res / -.sa.-] 固名 el ~ マンサナレス川: スペイン中部を流れる Tajo 川の支流で, Madrid を流れて Jarama 川と合流する.
man·za·ne·ar [man.θa.ne.ár / -.sa.-] 自《ラ米》(ラフ)《話》下心のある贈り物をする.
man·za·nil [man.θa.níl / -.sa.-] 形 リンゴに似た, リンゴ色のような.
man·za·ni·lla [man.θa.ní.ja ‖ -.ʎa -.-] 囡 **1**〖植〗カモミール, カミツレ (= camomila); カモミール [カミツレ] 茶 (= *té de* ~). ◆カモミールの花を煎じた茶で, 消化・解熱の効果があり, 広く飲用される. **(2)** 小粒オリーブの実.
  2 マンサニージャ: スペインの Andalucía, Sanlúcar de Barrameda 産の辛口シェリー酒 (白ワイン). **3** (哺乳(ホョゥ)動物の) 肉趾(ヒミッ): 足裏の先端の肉質部分. **4** (ベッド・バルコニーなどの端の) 球飾り. **5** あご実.

manzanilla
(カモミール)

man·za·ni·llo [man.θa.ní.jo / -.ʎo / -.sa.-] 男〖植〗**(1)**(トウダイグサ科の) マンチニール, ヒポマネ. **(2)** 小粒オリーブの木.
man·za·no [man.θá.no / -.sá.-] 男〖植〗リンゴの木. →manzana.
ma·ña [má.ɲa] 囡 **1** 器用さ, 巧みさ, 技, 手腕. *tener* ~ *para* [*en*] +不定詞 …するこつを心得ている, …するのがうまい. *darse* ~ *para* +不定詞 うまく [首尾よく] …する. *Se da muy buena* ~ *para tratar a los niños.* 彼 [彼女] は子供の扱いがとてもうまい. **2**《主に複数で》策略; 狡猾(ぶぅ)さ. **3**《主に複数で》悪癖, 悪習. *malas* ~s (飲酒などの) ひと癖, ひとつかみ. **5**《ラ米》(ラフ)(アチシ)無為. *hacer* ~ ぐずぐずする.
  Más vale maña que fuerza.《諺》技は力に勝る.
****ma·ña·na** [ma.ɲá.na] 囡 朝; 午前. *esta* ~ 今朝. *a la* ~ *siguiente* 翌朝. *a las tres de la* ~ 午前3時に. *por la* ~ 午前中. *Todas las* ~s *doy un paseo por el parque.* 毎朝私は公園を散歩している.
  ━男 未来, (近い) 将来;《比喩的》明日. *Piensa bien en el* ~. 先のことをよく考えなさい.
  ━副 **1** 明日. *desde* ~ 明日から. *M*~ *es día festivo.* 明日は祝日だ. *Lo habré terminado para* ~. 明日までには終えているだろう. *Saldremos* ~ *por la tarde.* 私たちは明日の午後出発する予定です. **2** (近い) 未来に, そのうち.
  ━間投《拒絶》いやだ, まさか. *Ayúdalo en su trabajo. — ¡M*~! 彼の仕事を手伝って. — いやだ.
  de la mañana a la noche 朝から晩まで, 一日中.
  de mañana 早朝に, 朝早く. *muy de* ~ とても朝早くに.
  de mañana en ... días …日後に. *de* ~ *en ocho días* 8日後に.
  Hasta mañana.《あいさつ》また明日.
  Hoy por ti (y) mañana por mí. 明日はわが身; お互い様.

Mañana será otro día. 明日は明日の風が吹く（←明日はまた別の日）(▶慣用表現).
No dejes para mañana lo que puedas hacer hoy. 《諺》今日できることは明日に延ばすな.
pasado mañana あさって，明後日.
[囡]〖朝〗←《俗》*maneana←hōrā *maneānā「早い時間に」；[ラ]hōra「時間」の奪格形に[ラ]māne「朝早く」より派生した語をつけ加え，副詞的に使用）；〖関連〗amanecer.［副］「明日」←[古スペイン]cras mañana「明日朝早く」，《俗》《ラ》*crās* *maneānā([ラ]crās「明日」に[ラ]māne「朝早く」の派生語の奪格形つけ加えたもの)]

ma·ña·ne·ar [ma.ɲa.ne.ár] 自《話》(習慣的に)早起きする，早起きである.

ma·ña·ne·ro, ra [ma.ɲa.né.ro, -.ra] 形 早起きする，早起きの人.

ma·ña·ni·ta [ma.ɲa.ní.ta] 囡 **1** ベッドジャケット：ベッドで食事をするときなどに羽織る女性用の短い上着. **2** 《複数で》〖音楽〗マニャニータス：メキシコで誕生日などお祝い事の際に歌われる歌. **3** 明け方，朝方，早朝. [mañana＋縮小辞]

ma·ñe·ar [ma.ɲe.ár] 他 器用に〖巧みに〗やってのける. — 自 抜けめなく振る舞う.

ma·ñe·re·ar [ma.ɲe.re.ár] 《ラ米》《ラブ》《話》(1)〈人が〉気ぜわしく振る舞う. (2)〈機械などが〉うまく機能しない，言うことをきかない.

ma·ñe·ro, ra [ma.ɲé.ro, -.ra] 形 **1** 器用な，巧妙な；悪賢い. **2** 扱いやすい. **3** 《ラ米》《家畜が》御しにくい, (なかなか)なつかない.

ma·ñi·u [ma.ɲi.u] 男 《ラ米》《チリ方》〖植〗マキ科マキ属の一種.

ma·ño, ña [ma.ɲo, -.ɲa] 形 《話》《スペインの》アラゴンの（＝aragonés）.
— 男 囡 《話》**1** アラゴンの住民[出身者]. **2** 《ラ米》《アルゼン》《チリ方》《呼びかけ》ねえ，君，おまえ.

ma·ño·co [ma.ɲó.ko] 男 **1** タピオカ：キャッサバからとったでんぷん（＝tapioca）. **2** 《ラ米》《ヱネス》トウモロコシの粉.

ma·ño·sa·men·te [ma.ɲó.sa.mén.te] 副 **1** 器用に，巧みに，上手に. **2** ずる賢く，抜けめなく.

ma·ño·se·ar [ma.ɲo.se.ár] 自 《ラ米》(1)《アルゼン》《ラブ》→mañear. (2)《アルゼン》《チリ方》《話》悪い癖がつく. (3)《チリ方》《話》〈子供が〉うまいものばかり食べたがる. (4)《チリ方》《話》〈食事の〉行儀が悪い.

ma·ño·so, sa [ma.ɲó.so, -.sa] 形 **1** 巧みな，器用な，腕のいい. *Es un hombre muy* ~. 彼はなかなか器用な男だ. **2** 抜けめない，悪知恵の働く，ずるい. **3** 《ラ米》(1)《アルゼン》《チリ方》《ラブ》《動物が》言うことをきかない，わがまま. (2)《チリ方》《話》〈子供が〉〈食事の〉わがまま. (3)《コロン》悠長な.

ma·o·ís·mo [ma.o.ís.mo] 男 毛沢東主義[思想].

ma·o·ís·ta [ma.o.ís.ta] 形 毛沢東主義[思想]の. — 男 囡 毛沢東主義者.

ma·o·rí [ma.o.rí] 形 《複 ~es, ~s》(ニュージーランド先住民)マオリの. — 男 囡 マオリ人.
— 男 マオリ語：マライ・ポリネシア語派の一つ.

Mao Tse-tung [má.o tse.tún ∥ -.tún] / **Mao Zedong** [má.o θe.ðón / se.- ∥ -.ðón] 固名 毛沢東(1893-1976)：中国の革命家・政治家.

****ma·pa** [má.pa] 男 地図. ~ *mural* 壁掛け地図. ~ *mudo* 白地図. ~ *físico* 地勢図. ~ *político* 境界地図，詳細図. ~ *del tiempo* 天気図. ~ *celeste* 星図. ~ *de carreteras* ロードマップ. ~ *a escala de 15.000* [un quince milésimo] 1万5000分の1地図. ~ *genético* 遺伝子地図.

〖類語〗**mapa** は広い意味での地図, **atlas** は地図帳, **plano** は番地まで書いた都市の区分地図や交通網の路線図, **carta** は船や飛行機の航行用進路図を指す. その他 **carta marina** 海図, **carta topográfica** 地勢図, **globo terráqueo** 地球儀, **planisferio** 平面球図.

— 囡 《話》極めて優れたもの. *La Ribera del Duero es la* ~ *de los vinos españoles.* リベラ・デル・ドゥエロはスペイン産ワインの最高峰だ.
borrar del mapa...《比喩的》…を抹殺する；一掃する.
desaparecer del mapa《比喩的》〈人が〉忽然と消えうせる.
llevarse la mapa《比喩的》《話》飛びぬけてすばらしい.
[←[古スペイン]mapa mundi「世界地図」←[中ラ]mappa mundī ([ラ]mappa「ナプキン，布」＋[ラ]mundus「世界，宇宙」の属格形；中世の地図は布地に描かれた）〖関連〗mapamundi.［英］map]

ma·pa·che [ma.pá.tʃe] 男 〖動〗アライグマ.

ma·pa·mun·di [ma.pa.mún.di] 男（半球ごとに分けて描いた）世界地図，地球全図，両半球図.

ma·pa·na·re [ma.pa.ná.re] 囡 《ラ米》《ヱネス》〖動〗（猛毒で大型の）アメリカハブ.

mapache
（アライグマ）

ma·pe·an·go, ga [ma.pe.áŋ.go, -.ga] 形 《ラ米》《ヱネス》《話》役に立たない，無能な.

ma·pe·ar [ma.pe.ár] 他 **1** 〖生物〗〈遺伝子構造などを〉図表化する，図示する. **2** 〖IT〗マッピングする **3** 《ラ米》地図を製作する.

MAPFRE [máp.fre] 囡 《略》*M*utualidad de la *A*grupación de *P*ropietarios de *F*incas *R*ústicas de *E*spaña：スペインの農場所有者の相互助組織.

ma·pu·che [ma.pú.tʃe] 形 《チリの先住民》マプーチェの. — 男 囡 マプーチェ人：アラウカノ系民族中最大のグループ. — 男 マプーチェ語.

ma·pu·ri·te [ma.pu.rí.te] 男 〖動〗（中米に生息する）スカンクの一種.

ma·pu·ri·to [ma.pu.rí.to] 男 《ラ米》《ヱネス》《中米》《ヱネス》〖動〗→mapurite.

ma·que [má.ke] 男 ラッカー；ワニス；漆.

ma·que·ar [ma.ke.ár] 他 〈家具などに〉ワニスを塗る；漆を塗る. — ~se 再 《話》着飾る. *estar bien maqueado* めかし込んでいる.

ma·que·ta [ma.ké.ta] 囡 **1**（建物・船・鉄道などの）模型，プラモデル；ひな型. **2** 〖印〗（本の）見本；レイアウト. **3** 《ラ米》《アルゼン》《話》怠け者，ものぐさ.

ma·que·ta·ción [ma.ke.ta.θjón / -.sjón] 囡 見本製作，レイアウト作成.

ma·que·ta·dor, do·ra [ma.ke.ta.ðór, -.ðó.ra] 形 **1** 〖IT〗〈特にプログラムが〉レイアウト用の. **2** 見本製作者[業]，印刷デザイナー.

ma·que·tar [ma.ke.tár] 他 〈本の〉見本を作る，〈文書を〉レイアウトする.

ma·que·te·ar [ma.ke.te.ár] 自 《ラ米》《アルゼン》《話》怠ける，さぼる.

ma·que·te·rí·a [ma.ke.te.rí.a] 囡 《ラ米》《アルゼン》《話》怠けること.

ma·que·tis·ta [ma.ke.tís.ta] 男 囡 〖印〗レイアウト係；模型製作者.

ma·que·to, ta [ma.ké.to, -.ta] 形 〖軽蔑〗（スペインの他地方から）バスク地方へ移住した.

──男女 バスク地方への移住者.

ma·qui[1] [má.ki] 男 **1** → maquis. **2**《植》(チリ産の)ホルトノキ科アリステロリア属の常緑低木.

ma·qui[2] [má.ki] 男《ラ米》《^軽》《動》キツネザルの一種.

ma·quia·vé·li·co, ca [ma.kja.bé.li.ko, -.ka] 形 **1** マキャベリズムの, マキャベリストの. **2** 利にさとい; 狡猾な. ── 男 女 利にさとい人; 狡猾な人.

ma·quia·ve·lis·mo [ma.kja.be.lís.mo] 男 **1** マキャベリズム: 目的のためには手段を選ばないことを正当化したマキャベリの説. **2** 権謀術数, 狡猾さ.

Ma·quia·ve·lo [ma.kja.bé.lo] 固名 マキャベリ Nicolás ~ (1469–1527): イタリアの政治家・歴史家. 著書 *El príncipe*『君主論』.

ma·qui·la [ma.kí.la] 女 **1** (粉ひき・搾油料として納める)小麦・オリーブなどの現物. **2** 粉ひき[搾油]料を計る升目. **3** 体積の単位: 2分の1 celemín. **4**《ラ米》(1) 工場. (2)《^{古風}》重量の単位: 5 arrobas.

ma·qui·la·do·ra [ma.ki.la.ðó.ra] 女《ラ米》《^{メキ}》製品の組立てを行う外国資本の下請企業[工場]; マキラドーラ. **※**外貨獲得・失業救済を目的として米国との国境地帯に設けた関税免除輸出加工制度.

ma·qui·lar [ma.ki.lár] 他 ~から(水車・風車の使用料として)現物を受け取る.

ma·qui·le·ro [ma.ki.lé.ro] 男 粉ひき料[搾油料]の徴収人, 現物を受け取って粉ひき[搾油]をする人.

ma·qui·lla·dor, do·ra [ma.ki.ja.ðór, -.ðó.ra || -.ʎa.-] 男 女《演》《映》《TV》メーク係.

ma·qui·lla·je [ma.ki.já.xe || -.ʎá.-] 男 **1** メーク用品, 化粧品. ~ de fondo ファンデーション. **2** メーク, 化粧.

ma·qui·llar [ma.ki.jár || -.ʎár] 他 **1** …にメークする, 化粧する. ~ a los actores 俳優にメークをほどこす. **2** ごまかす, 偽装する, 隠す.
── ~·se 再 メークをする, 化粧をする.

má·qui·na [má.ki.na] 女 **1 機械, 機械装置; 機関. En tu cuarto de estudio encontramos una ~ pequeñísima y precisa. 君の研究室で極めて小型の精密な機械を発見した. hacer funcionar la ~ 機械を作動させる. Esta ~ es muy difícil de manejar. この機械はとても操作しにくい. En esta película de Kubrick se trata de la lucha entre las ~s y la humanidad. このキューブリック(監督)の映画ではマシン対人間というテーマが扱われている. ~ calculadora 計算器(=calculadora). civilización de ~s 機械文明. ~ de afeitar (eléctrica) 電気かみそり(▶「安全かみそり」は maquinilla de afeitar). ~ de combustión interna 内燃機関. ~ de coser ミシン. ~ de escribir タイプライター(▶「ワープロ」は procesador de palabras). ~ de guerra《軍》(爆弾やミサイルなどの)発射装置. ~ del tiempo タイムマシン. ~ de tejer 編み機. ~ de vapor 蒸気機関. ~ dinamoeléctrica 直流発電機, ダイナモ(=dinamo). ~ eléctrica 電気機械. ~ franqueadora 郵便料金計量器. ~ herramienta 工作機械. ~ hidráulica 水力機械. ~ lenguaje《IT》機械語. ~ neumática 真空ポンプ. ~ pisa pistas / ~ pisanieves (スキー場の)圧雪車. ~ quitanieves 除雪車. ~ recreativa ゲーム機. ~ rotativa 輪転機(=rotativa). sala de ~s 機械室, 機関室. ~ tragaperras《スペイン》スロットマシン(=《ラ米》 ~ tragamonedas). vagón ~ (電車の)動力車.

類語 家電など小型の機械・器具には *aparato*, 機械内部の仕組みについては *mecanismo*, 設備など総称的な場合では *maquinaria* がそれぞれ好まれる. *aparato* eléctrico 電気製品. *mecanismo* del piano [juguete] ピアノ[おもちゃ]の機構[仕組み]. *maquinaria* agrícola 農業機械.

2 機関車(=locomotora); 動力車(=vagón ~, ~ del tren). **3**《スポ》(レース用の・高速の)自転車, 単車, 自動車;《話》(かっこいい)単車, 自動車. Todas su ~s están en sus lugares de salida. 全車スタート位置についた.

4《星座》M~ neumática ポンプ座(=Antlia).

5《話》自動販売機(=expendedor automático, ~ expendedora). ~ de tabacos [bebidas] タバコ[飲料]自動販売機. Se pueden comprar billetes en la ~. 切符は自動販売機で買えます.

6《演》舞台の仕掛け. **7**(組織・生物・建造物など複雑な)仕組み; 機構, 機関; 構造. ~ del Estado 国家機構. ~ económica 経済機構. ~ humana 人体. la gran ~ de El Escorial エスコリアル宮殿の巨大機構. **8**《俗》(麻薬の)注射器. **9**《ラ米》(1)《^{プエ}》《話》かわいい子. (2)《ミキ》《^{プエ}》《^{ドミ}》車, 自動車. (3)《^{チリ}》《話》消防自動車.

a toda máquina 全速力で, フルスピードで.
el dios (*que baja*) *de la máquina*《演》土壇場で混乱を収拾するため舞台上に現れる機械仕掛けの神 (deus ex machina).
entrar en máquina 印刷に回される.
escribir a máquina タイプで打つ.
forzar la máquina para... …するために全力を尽くす.
máquina de fotos / *máquina fotográfica* 写真機, カメラ(=cámara).
¡Paren [*Parar*] *máquinas!*《海》《合図》エンジン停止!
ser como una máquina (1) 仕事が早い. (2) 性格が冷たい, 感情に乏しい.
ser una máquina de hacer dinero 金もうけひと筋である.
una máquina de...《話》大量の….

[←《ラ》 *māchinam* (*māchina* の対格)←《ギ》《方言》 *mashaná*「(戦や芝居の)道具, からくり」; 関連 mecánico, mecanismo. 《英》 machine, mechanism [日] マシン]

ma·qui·na·ción [ma.ki.na.θjón / -.sjón] 女 (*contra*… …に対する)陰謀, 企(たくら)み.

ma·qui·na·dor, do·ra [ma.ki.na.ðór, -.ðó.ra] 形 陰謀をたくらむ, 悪巧みする. ── 男 女 策士.

ma·qui·nal [ma.ki.nál] 形《まれ》機械的な, 自動的な, 無意識の.

ma·qui·nal·men·te [ma.ki.nál.mén.te] 副 機械的に; 無意識に.

ma·qui·nar [ma.ki.nár] 他〈陰謀などを〉巡らす, たくらむ.

*ma·qui·na·ria [ma.ki.ná.rja] 女 **1**《集合的》**機械**; 機械設備[装置], 機械一式. ~ agrícola 農機具, 農業機械. → máquina 類語. **2** 機械の仕組み, 仕掛け, メカニズム. **3** 機械, 制度. la burocrática [administrativa] ~ 官僚[行政]組織.

ma·qui·ni·lla [ma.ki.ní.ja || -.ʎa] 女 **1** 安全かみそり(= ~ de afeitar); 電気かみそり(= ~ eléctrica). **2** バリカン(= ~ para cortar el pelo). **3**《海》ウインチ. [máquina + 縮小辞]

ma·qui·nis·mo [ma.ki.nís.mo] 男《まれ》(産業

の)機械化, 機械導入.
ma·qui·nis·ta [ma.ki.nís.ta] 男女 **1** メカニック, 機械工. **2**〖鉄道〗(機関車の)機関士. **3**〖映〗カメラアシスタント.
ma·qui·ni·za·ción [ma.ki.ni.θa.θjón / -.sa.sjón] 女 機械化, オートメーション.
ma·qui·ni·zar [ma.ki.ni.θár / -.sár] 97 他 機械化する, …に機械を導入する.
ma·quis [má.kis] 男〖単複同形〗**1**(1) フランコ体制に反対して山中で戦いつづけたスペイン共和国派ゲリラ組織. (2) マキ:第二次世界大戦中のフランスの対独ゲリラ組織[活動]. **2** 地方のゲリラ活動.
── 男女 (1) スペイン共和国派のゲリラ. (2) フランス対独ゲリラ. **2** 地方で活動するゲリラ.

****mar** [már] 男 (文学・海事用語では 女) **1** 海, 海洋. interior 内海. *mar* territorial 領海. alta *mar* 沖合い, 外洋. pesca de alta *mar* 沖合漁業. *mar* adentro 沖(合い)で. hombre de *mar* 海の男, 船乗り. al otro lado del *mar* 海の向こうに, 海外に. por *mar* 海路で, 船で. nivel del *mar* 海抜. Vivíamos junto al *mar*. 私たちは海のそばに住んでいた.
2〖主にM-〗…海;内海;(大きな)湖. *Mar* Mediterráneo 地中海. *Mar* Caribe カリブ海. *Mar* del Japón 日本海. *Mar* Rojo 紅海. *Mar* Muerto 死海. *Mar* Caspio カスピ海.
3 大洋(=océano). *Mar* Pacífico 太平洋.
4 大波, うねり;〖比喩的〗動揺. golpe de *mar* 大波, 怒涛(ど゚). *mar* montañosa 大荒れの[荒れ狂った]海. *mar* arbolada (波高6メートル以上の) 高波の海, 荒波. *mar* gruesa (波高6メートル以下の) 高波の海. *mar* picada (やや)荒れた海. *mar* rizada (さざ波ほどに) 波立つ海. **5**(月面などの)海.
a mares〖話〗たくさん, 大量に. llover *a mares* 大雨が降る. sudar *a mares* びっしょり汗をかく.
estar hecho un mar de lágrimas〖話〗涙にかき暮れる, 大泣きする.
hablar de la mar 夢みたいなことを話す[計画する];話が山のようにある.
hacerse a la mar 出航する, 出航する.
la mar de…〖話〗(1) たくさんの…, 大量の…. *la mar* de veces 何度も. Tengo *la mar* de trabajo. 私は山ほど仕事を抱えている. (2) 非常に, とても. Estamos *la mar* de contentos. 私たちは大変満足している.
mar de fondo (1) 波のうねり, 大波. (2) (集団内部に潜在する)不安, 動揺.
un mar de… たくさんの…, 大量の…. *un mar de* sangre 血の海. Estoy en *un mar de* confusiones. 私は非常に困惑している.
[←〖ラ〗*mare*;関連 marea, marino, marisco. [ポルトガル語]*mer*.〖仏〗*mer*.〖伊〗*mare*.〖英〗*marine*「海の, 船舶の」.〖独〗*Meer*]
ma·ra·bú [ma.ra.bú] 男〖複 ～es, ～s〗**1**〖鳥〗アフリカハゲコウ. **2** マラブー:帽子などの装飾に用いられるハゲコウの羽毛.
ma·ra·bun·ta [ma.ra.bún.ta] 女 **1** 蟻(鈴)の大群の移動(による被害). **2**〖話〗(大騒ぎする)群集.
ma·ra·ca [ma.rá.ka] 女 **1**〖主に複数で〗〖音楽〗マラカス:リズム楽器. **2**〖ラ米〗(1)〖チ〗〖俗〗〖軽蔑〗売春婦, 娼婦(ょ゚). (2)〖ラ米〗〖俗〗末っ子の娘. (3)〖コ゚〗〖プェ〗〖ド゚〗〖話〗役立たず, 無能な人. (4)〖ポ゚〗〖俗〗ドル(札).
Ma·ra·cai·bo [ma.ra.kái.bo] 固名 マラカイボ(ベネズエラ西北部のマラカイボ湖北岸の港湾都市. 旧称 Nueva Zamora). lago de ～ マラカイボ湖(ベネズエラ湾に続く湖). yacimiento petrolífero de ～ マラカイボ油田(マラカイボ湖周辺一帯の世界有数の油田地帯).
[←〖古スペイン〗*Maracaybo*(トゥピ語源?)]
ma·ra·ca·ná [ma.ra.ka.ná] 男女〖ラ米〗(1)〖ァ゚〗〖鳥〗コンゴウインコ. (2)〖パ〗〖ぉ゚〗〖ぅ゚〗〖鳥〗アカビタイヒメコンゴウインコ.
ma·ra·co, ca [ma.rá.ko, -.ka] 男女〖ラ米〗(1)〖ぉ゚〗〖話〗末っ子. (2)〖チ〗〖ぉ゚〗〖ぅ゚〗〖俗〗同性愛者, ホモセクシュアルの人.
ma·ra·cu·re [ma.ra.kú.re] 男〖ラ米〗〖ベネ〗〖植〗マラクーレ:根から毒矢の毒を採るつる性植物.
ma·ra·cu·yá [ma.ra.ku.já] 女〖植〗パッションフルーツ.
ma·ra·ga·te·rí·a [ma.ra.ga.te.rí.a] 女〖集合的〗(スペイン北部の)マラガテリア Maragatería 地方の人々.
ma·ra·ga·to, ta [ma.ra.gá.to, -.ta] 形 (スペイン北部León 州の)マラガテリア Maragatería 地方の.
── 男女 マラガテリア地方の住民[出身者].
ma·ra·já [ma.ra.xá] 男 → maharajá.
ma·ra·ña [ma.rá.ɲa] 女 **1** (糸・髪などの)もつれ, 絡まり. una ～ de pelo 髪のもつれ. **2** 紛糾, 混乱. ¡Qué ～! いったい何がどうなってんだ. una ～ de mentiras **3** 絹糸のくず(で作った布). **4** やぶ, 茂み. **5**〖植〗ケルメスナラ. **6**〖ラ米〗〖パ〗(わずかな)心付け, チップ.
ma·ra·ñón [ma.ra.ɲón] 男〖植〗カシューの木.
Ma·ra·ñón [ma.ra.ɲón] 固名 el ～ マラニョン川:ペルー北部を流れる el Amazonas の主要源流の一つ.
ma·ra·ño·so, sa [ma.ra.ɲó.so, -.sa] 形 紛糾[混乱]した.
ma·ra·que·ar [ma.ra.ke.ár] 自〖ラ米〗マラカスを鳴らす. ── 他〖ラ米〗振り動かす, 揺さぶる.
ma·ras·mo [ma.rás.mo] 男 **1** 無気力;停滞;不振. **2**〖医〗消耗(症), 衰弱. **3**〖まれ〗大混乱, 紛糾.
***ma·ra·tón** [ma.ra.tón] 男(時に 女) **1**〖スポ〗マラソン(競走);耐久レース[競技]. **2**〖話〗長時間の忍耐を必要とする活動.
ma·ra·to·nia·no, na [ma.ra.to.njá.no, -.na] 形 男女 → maratonista.
ma·ra·to·nis·ta [ma.ra.to.nís.ta] 形 マラソンの;耐久(競技)の. ── 男女 マラソン走者.
ma·ra·ve·dí [ma.ra.be.ðí] 男〖複 ～s, ～es, maravedises〗マラベディ:スペインの代表的貨幣の一つ. 19世紀半ばまで通用した.
***ma·ra·vi·lla** [ma.ra.bí.ʎa ‖ -.ʝa] 女 **1** 驚くべきこと, 驚異;見事なこと, 驚嘆. causar ～ 驚嘆させる. ¡Qué ～! なんて見事なんだ. las siete ～s del mundo 世界の七不思議. ser la octava ～ del mundo〖話〗まさに世界第八の不思議である, 驚異的である. **2**〖植〗(1) キンセンカの一種. (2) オシロイバナ. **3** (スープ用の)粒状パスタ.
a las mil maravillas / de maravilla〖話〗とても上手に, 完璧に. bailar *a las mil ～s* 見事な踊りっぷりである.
contar [hablar, decir] maravillas de…〖話〗…をほめちぎる.
hacer maravillas en [para]…〖話〗…に関して離れ業を行う,〈薬などが〉…に対し効果的である. Este mago *hace ～s* con las cartas. その手品師はトランプの妙技を見せる. Esta medicina *hace ～s para* la diarrea. この薬は下痢(り゚)をぴたりと抑える.

[← 〔後ラ〕*mīrābilia*; *mīrābilis*「驚嘆すべき」より派生；この語は *mīrārī*「驚嘆する」(→ mirar) より派生；関連 milagro. 〔英〕marvel(ous)]

*ma·ra·vi·llar [ma.ra.ßi.jár ‖ -.ʎár] 他 **驚嘆させる**, 感嘆させる；驚かす. Me *maravilla* su fracaso. 彼[彼女]の失敗には驚くよ. Este cuadro *maravilla* a todos. この絵は見る人をみんな驚かせる. quedarse *maravillado* ante... …に舌を巻く.
— ~·se 再 ((con... / de... …に)) 驚く, 感心する, 不思議に思う. Me *maravillo con* su paciencia. 彼[彼女]の辛抱強さには感心する.

ma·ra·vi·llo·so, sa [ma.ra.ßi.jó.so, -.sa ‖ -.ʎó.-] 形 ((+名詞／名詞+)) ((ser+ / estar+)) **驚くべき, 感嘆すべき；**すばらしい**. paisaje ~ 絶景. fenómeno ~ 不可思議な現象. una idea *maravillosa* すばらしい考え. mi *maravillosa* vida わがすばらしき人生. Fue un día ~. すばらしい一日だった. → magnífico 類語.

Mar·be·lla [mar.ßé.ja ‖ -.ʎa.] 固名 マルベリャ：スペイン南部 Costa del Sol 有数の観光地.

mar·be·te [mar.ßé.te] 男 **1** ラベル, 張り札, 付箋 (ふせん), 荷札. **2** へり, 縁 (= filete).

*mar·ca [már.ka] 女 **1** (判別目的の) **しるし**, 目印；(家畜の) 焼き印, 焼き印を押すこと. poner una ~ roja en... …に赤い印をつける.
2 (製品の) **商標**, 銘柄, ブランド. ~ registrada [patentada] 登録商標. ~ de fábrica 商標, トレードマーク.
3 (ものの表面に残る) 跡, 痕跡. El bañador me ha hecho una ~. 水着で日焼け跡ができてしまった. ~ de mordisco 噛まれた跡. ~ de los zapatos en la tierra 地面の足跡.
4 徴候, 目立った特徴. los pantalones que tienen la ~ de los años sesenta 60年代の特徴をもつズボン. **5** 〖スポ〗 (特に) 陸上競技の最高記録 (= récord). renovar su propia ~ 自己記録を更新する. **6** 〖スポ〗 (サッカーなどの) 1対1のディフェンス. sacudirse de la fuerte ~ 執拗 (しつよう) なマークを振り切る. **7** 〖史〗 国境周辺地帯. *M*~ Hispánica スペイン辺境領. **8** (紙の) 透かし模様. **9** (身長・体重の) 計量器. **10** 〖海〗 陸標.
— 話 → marcar.

de marca (製品が) 優良な, ブランドものの. un vino *de* ~ 高級ワイン.
de marca mayor 〔俗〕並外れた, ものすごい. una tontería *de* ~ *mayor* 愚の骨頂.

Mar·ca [már.ka] 固名 〖史〗 ~ Hispánica スペイン辺境領：フランク人により征服されたスペイン北東部地域. 現在の Cataluña 地方. → marca **7**.

mar·ca·ción [mar.ka.θjón / -.sjón] 女 **1** 〖海〗 (船の) 位置測定；(船の) 方位角.
2 〖ラ米〗 (ロワ)(**1**) 〖スポ〗 (相手の) マーク (= marcaje). (**2**) 〖農〗 (家畜に) 焼き印を押すこと.

mar·ca·da·men·te [mar.ká.ða.mén.te] 副 目立って, 著しく, 顕著に. Habla con un acento ~ argentino. 彼[彼女]は強いアルゼンチン訛 (なま) りで話す.

mar·ca·do, da [mar.ká.ðo, -.ða] 形 目立った, 著しい.

mar·ca·dor, do·ra [mar.ka.ðór, -.ðó.ra] 形 印 [マーク] を付ける. — 男 **1** 検定員, 検査官. ~ de votos 得票数計算者. **2** 〖スポ〗 得点記録係, スコアラー (= tanteador). — 男 **1** 〖スポ〗 得点表示板, スコアボード. ~ simultáneo (まれ) (サッカーで) 他の試合結果を表示するボード. **2** 〖ラ米〗 (ロワ)(ソワ) マーカー, フェルトペン (= rotulador). **3** 〖印〗 紙差し工.
abrir [*hacer funcionar*, *inaugurar*] *el marcador* 〖スポ〗 先取点をあげる.
adelantarse [*ponerse por delante*] *en el marcador* 〖スポ〗 リードする, リードを奪う.
ir por delante en el marcador 〖スポ〗 (得点で) リードしている, 勝っている.

mar·ca·je [mar.ká.xe] 男 **1** 〖スポ〗 (相手選手を) マークすること. **2** 〖話〗 (人に対する) 監視, 圧力. someter a un ~ a+人 〈人〉を見張る.

mar·ca·pá·gi·nas [mar.ka.pá.xi.nas] 男 (単複同形) しおり, ブックマーク.

mar·ca·pa·so [mar.ka.pá.so] 男 → marcapasos.

mar·ca·pa·sos [mar.ka.pá.sos] 男 (単複同形) 〖医〗 ペースメーカー.

mar·car [mar.kár] 102 他 **1 ((con... …で))・・・**にしるしをつける**; ((en... …に)) (くるし・札などを) つける. ~ *con* una "x" la respuesta correcta 正しい解答に X 印をつける. ~ el ganado *con* un hierro candente 家畜に焼き印を押す. ~ el acento *en* una palabra 単語にアクセント記号をつける. ~ el precio *en* los productos 製品に値札をつける.
2 〈数値を〉表示する；〈方向・義務などを〉指示する；〈変化・区分などを〉表す. ~ el camino a seguir 進むべき道を示す. actuar como *marca* la ley 法律に決められているとおりに行動する. El reloj *marcaba* las diez. 時計の針は10時を指していた. La revolución *marcó* el comienzo de una nueva época. 革命は新時代の幕開けを告げた.
3 …に痕跡 (こんせき) を残す；…に傷跡をつける. Esa experiencia *marcó* mi vida. その経験は私の人生で忘れられないものとなった. Le *marcaron* la cara con un cuchillo. 彼[彼女]はナイフで顔を傷つけられた.
4 〈番号を〉ダイヤルする, 押す. *Marque* el siguiente número. 次の番号に電話をしてください.
5 〈一部分を〉強調する, 目立たせる. Esta falda *marca* las caderas. このスカートは腰の線がはっきり出る. **6** 〖スポ〗 (**1**) 〈得点を〉あげる；〈記録を〉出す. ~ dos goles 2 ゴールをあげる. ▶ 時に再帰代名詞を伴う. → 再 **2**. (**2**) 〈選手を〉マークする. **7** 〈拍子を〉取る. ~ el paso 歩調を取る. bailar *marcando* el ritmo リズムを取りながら踊る. **8** 〈髪を〉セットする. **9** 〖海〗 (船の) 位置を測定する. **10** 〖印〗 (紙の) 位置を合わせる.
— 自 **1** しるしをつける. **2** 〖スポ〗 得点する. Llevan cinco partidos sin ~. 彼らは 5 試合連続で得点がない. **3** ダイヤルを回す. **4** 〈髪を〉セットする. Este precio incluye lavar y ~. この価格はシャンプーとセットの料金です.
— ~·se 再 **1** 〈動作・発言を〉行う. La anfitriona *se marcó* un baile con uno de los invitados. 主催者の女性は招待客のひとりと踊った. **2** 〖スポ〗〈得点を〉あげる, 稼ぐ. **3** (3人称で) 表示される；際立つ. En este punto *se marca* la diferencia entre los dos. この点で両者の違いがはっきりわかる. **4** 〖海〗 (自船の) 位置を測定する.
[← 〔伊〕*marcare*「目印をつける；境界を定める」← 〔ゲルマン〕*mark-「境」; 関連 comarca, demarcar, marqués. 〔英〕mark「印をつける」]

mar·ca·si·ta [mar.ka.sí.ta] 女 〖鉱〗 白鉄鉱.

mar·ce·ar [mar.θe.ár / -.se.-] 他 〈羊などの〉毛を刈る. — 自 (陽気が) 3月らしくなる.

mar·ce·ño, ña [mar.θé.ɲo, -.ɲa / -.sé.-] 形 3月の, 3月生まれの.

mar·ces·cen·te [mar.θes.θén.te / -.ses.sén.-] 形 〖植〗(花・葉に)落ちないで枯れる, 枯凋した.

mar·cha [már.tʃa] 女 **1 (仕事などの)進捗, 進歩;消費. la buena ～ del negocio 事業の順調な進展. según la ～ de la situación 状況の成り行き次第で.
2 (場所・所属先からの)**発進**; 離脱. anunciar su ～ del equipo チームからの離脱を表明する.
3 (集団の)**歩行**, 行進; 行軍; (車の)走行. llevar una buena ～ テンポよく歩く; (車などが)軽快に走る. después de muchas horas de ～ 何時間も歩いた末. hacer una ～ en protesta de... …に対する抗議のデモ行進を行う.
4 (車)(変速)ギア; 速度. la primera [segunda] ～ 一[二]速. la ～ atrás バックギア. dar atrás (車を)バックさせる. una bicicleta de diez ～s 十段変速の自転車. acelerar [disminuir] la ～ スピードを上げる[落とす]. **5** 〖音楽〗行進曲. ～ fúnebre 葬送行進曲. ～ nupcial 結婚行進曲. M～ Real 国王行進曲(♦Real 国歌). **6** 〖スポ〗競歩(＝～ atlética). **7** 〖話〗(夜の盛り場の)活気, 騒々しさ. Los viernes hay mucha ～ en esta discoteca. このディスコは金曜日にはとてもにぎわう. **8** 〖ラ米〗(ﾁﾘ)(馬の)常歩(なみあし), 正常歩.
— 活 → marchar.

a buena marcha (歩行・作業が)迅速に, テンポよく.

a marchas forzadas 強行軍で, 追い立てられるように. Para terminar el proyecto a tiempo tuvimos que trabajar *a ～s forzadas*. 計画を予定どおりに終えるために私たちは強行軍で働かねばならなかった.

a toda marcha 全速力で.

cambio de marchas 〖車〗ギアチェンジ.

coger la marcha a... …のこつをつかむ.

dar marcha atrás (1) (車で)バックする. (2) 《*a...* …に関して》〖話〗二の足を踏む; 再考する.

estar en marcha 〈作業が〉進行中である, 〈機械が〉作動中である.

marcha moderada 〖交通標識〗スピード落とせ.

poner... en marcha 〈作業を〉開始する; 〈機械を〉作動させる. Para *poner en ～* la lavadora pulse el botón rojo. 洗濯機を作動させるには赤いボタンを押してください.

ponerse en marcha 〈車が〉動き出す; 〈機械が〉作動する.

sobre la marcha 成り行き次第で, 臨機応変に.

mar·cha·dor, do·ra [mar.tʃa.ðór, -.ðó.ra] 形 **1** 〖スポ〗競歩の. **2** 〖ラ米〗(1) (ｸﾞｱ)(ﾒﾋ)(馬が)側対歩で歩く. (2) 足の達者な, 健脚な.
— 男 女 〖スポ〗競歩選手.

mar·cha·mar [mar.tʃa.már] 他 (税関で)〈貨物に〉検査済み印を押す; 通関証票を貼(は)る.

mar·cha·mo [mar.tʃá.mo] 男 **1** (製品に貼(は)る)検査済みマーク(＝marbete). **2** (製品を特徴づける)ラベル, 刻印. **3** 税関の検査済みマーク. **4** 〖ラ米〗(牛馬一頭につき払う)畜殺税.

mar·chan·ta·je [mar.tʃan.tá.xe] 男 〖ラ米〗(集合的)顧客, 得意先 (＝clientela).

mar·chan·te, ta [mar.tʃán.te, -.ta] 形 商人の, 商業の.
— 男 女 **1** 商人; 仲介業者, (特に)美術商. **2** 〖ラ米〗(まれに《スペイン》) (1) 行商人, 呼び売り. (2) 〖ラ米〗(ﾁﾘ)支払いの悪い人;ぺてん師. (3) (ｱﾝ)(ｸﾞｱ)(ﾒﾋ) 〖話〗〖軽蔑〗情夫, 愛人.
— 男 〖ラ米〗(ﾒﾋ) 〖話〗(1) 通りすがりの見知らぬ男. (2) 〖軽蔑〗年寄り限りの愛人.

a la marchanta 〖ラ米〗(ｱﾙ)(ｳﾙ)(ﾊﾟﾗ)奪い合うように.

mar·chan·te·rí·a [mar.tʃan.te.rí.a] 女 **1** 商品. **2** 〖ラ米〗(集合的)顧客, 得意先.

mar·chan·tí·a [mar.tʃan.tí.a] 女 **1** 商品. **2** 〖ラ米〗(ﾁ)(ｸﾞｱ)(ﾒﾋ)顧客, 得意先.

mar·chan·pié [mar.tʃa.pjé] 男 〖海〗(帆を操作するための)足場縄, 渡り綱, フットロープ.

mar·char [mar.tʃár] 自 **1 (人・乗り物が)**進む**, 行く; 〖軍〗行軍する. ～ a la guerra 戦争に行く. ～ a pie hacia el pueblo 歩いて村に向かう. ～ en fila 列になって進む. El tren *marchaba* a toda velocidad. 列車は全速力で走っていた. ¡*Marchen*! 〖号令〗進め.
2 〈事態が〉進展する; 〈人が〉(いい方向に)進む. El negocio *marcha* de maravilla. 商売はとてもうまく行っている. El niño *marcha* bien en su desarrollo mental. 子供は順調な精神的発達を遂げている. **3** 〈機械などが〉動く, 機能する. No *marcha* el motor. エンジンが始動しない. **4** 《*de...* 〈場所〉から》 《*a...* 〈場所〉へ》立ち去る. ▶ しばしば再帰代名詞を伴う. → **6**. **5** (注文された品が)調理場から出て行く. ¡*Marchando*! ボーイなどが客の注文に答えて)ただいまお持ちします. **6** 〖ラ米〗(1) (ﾁ)(ﾒﾋ)(馬が)常歩(なみあし)で歩く; 側対歩で歩く. (2) (ｱﾝ)(ﾒﾋ)〈馬を〉急がす.

— ～**se** 再 《*de...* 〈場所〉から》《*a...* 〈場所〉へ》立ち去る, 出る. ～*se de* su país 故国を去る. *Se marchó* a vivir *a* la capital. 彼[彼女]は首都に住むために行ってしまった. *Me marcho*, que ya es tarde. もう遅いので失礼します.

marchar al unísono / marchar a una 歩調を合わせる, そろって進む.

[← 〔仏〕*marcher*(原義は「踏む」)←〔フランク〕*markôn 「足跡を残す; 目印をつける」] 〖関連〗 marca, marcar. 〖英〗*march* 「行進する」, *mark*〗

mar·chi·ta·mien·to [mar.tʃi.ta.mjén.to] 男 **1** (草花が)しおれる[しなびる]こと. **2** 衰え, 減退.

*mar·chi·tar [mar.tʃi.tár] 他 **1** (草花を)しおれさせる, しなびさせる(＝mustiar). **2** 〈体力・色などを〉衰えさせる, 減退させる, 色あせさせる.
— ～**se** 再 **1** しおれる, しなびる (＝mustiarse). **2** 衰える, 弱る, 色あせる, 活気がなくなる.

mar·chi·tez [mar.tʃi.téθ / -.tés] 女 **1** しおれていること, しなびた状態. **2** 衰え, 弱っていること.

mar·chi·to, ta [mar.tʃí.to, -.ta] 形 **1** (草花が)しおれた, しぼんだ, しなびた. **2** 衰えた, 活力を失った, なえた, 色あせた. un aspecto ～ さえない顔.

mar·cho·so, sa [mar.tʃó.so, -.sa] 形 〖話〗愉快な, ご機嫌な; 遊び好きの.
— 男 女 愉快な人, 遊び好きな人. — 女 〖ラ米〗(ﾒﾋ)コカイン.

mar·cial [mar.θjál / -.sjál] 形 **1** 軍の, 軍隊の; 戦争の, ley ～ 戒厳令. **2** 〖軍〗[軍隊]的よな; porte ～勇ましい風采(ふうさい). artes ～*es* 武道, 武術, 格闘技. **3** 〖薬〗鉄分を含む. medicamento ～ 鉄剤.

Mar·cial [mar.θjál / -.sjál] 固名 マルティアリス Cayo Valerio ～(40?-104) : ヒスパニア生まれのローマの風刺詩人.

mar·cia·li·dad [mar.θja.li.ðáð / -.sja.-] 女 軍人気質, 尚武, 勇壮.

mar·cia·no, na [mar.θjá.no, -.na / -.sjá.-] 形 **1** 火星の; 軍神マルスの. **2** (火星人のように)奇妙な. — 男 女 火星人; 宇宙人(＝alienígena).

mar·co¹ [már.ko] 男 **1** 枠；額縁，フレーム；（窓や戸を受ける）かまち. ~ de la fotografía 写真用フレーム（▶ marco は壁掛け・スタンド用のフレーム. めがねフレームは montura）. **2** 範囲，枠組み；環境，風景. actuar dentro del ~ de la Constitución 憲法の枠内で行動する. ~ jurídico 法的枠組み. ~ político 政情. **3**《スポ》ゴールポスト. **4**《まれ》ドイツ・フィンランドの旧通貨単位. **5**《史》マルク. ♦ かつての金銀の重量単位. 約230グラム. **6**（靴職人の）寸法定規. **7**（度量衡の）原器.
［「枠」←［ゲルマン］*mark-「境界」；「マルク」←［ゲルマン］*marka「半ポンドの金または銀」；関連［独］Mark「マルク；国境地域」］

mar·co² [már.ko] 活 →marcar.

Mar·co [már.ko] 固名 **1** ~ Aurelio マルクス・アウレリウス：ローマ皇帝（在位161–180）でストア哲学者. 五賢帝の最後の皇帝. **2** マルコ：男子の洗礼名. [Marcos の異形]

mar·co·ni·gra·ma [mar.ko.ni.grá.ma] 男《ラ米》(ﾅﾝﾍﾞｲ)海外宛て電報.

Mar·cos [már.kos] 固名 **1**《聖》San ~ 聖マルコ：「マルコによる福音書」の著者；祝日4月25日. **2** マルコス：男子の洗礼名. [←［ラ］*Márcus* ← **Mārt(i)cos; Mārs, Mārtis*「（軍神）マルス」（→ Marte），より派生；関連［ポルトガル］*Marcos*.［仏］*Marc.*［伊］*Marco.*［独］*Mark(us)*［英］*Mark*.]

Mar del Pla·ta [már ðel plá.ta] 固名 マル・デル・プラタ：アルゼンチン東部の観光・港湾都市.

ma·re·a [ma.ré.a] 女 **1** 潮（の満ち干），潮汐(ｾｷ). ~ creciente [entrante, ascendente] 上げ潮. ~ menguante [saliente, descendente] 引き潮. ~ viva 大潮. ~ alta 満潮. ~ baja 干潮. ~ negra 海に流出した原油. ~ roja 赤潮. subir [bajar] la ~ 潮が満ちる［引く］. Está alta [baja] la ~. 満潮［干潮］である.
2（人・物）の流れ，殺到（= oleada）. una ~ humana 人波. **3** 海［川，谷］を吹くそよ風. **4** 露；霧雨，こぬか雨；《ラ米》海霧，もや.
［←［仏］*marée*（［ラ］*mare*「海」より派生）；関連 marear(se), marejada］

ma·re·a·do, da [ma.re.á.ðo, -.ða] 形 **1** 気分が悪い，むかついた，酔った. Estoy ~. 私は気分が悪い. **2**（乗り物・酒などに）酔った.

ma·re·a·je [ma.re.á.xe] 男 **1** 航海術，航法（= navegación）. **2**（航行の）針路，航路.

ma·re·a·mien·to [ma.re.a.mjén.to] 男 → mareo.

ma·re·an·te [ma.re.án.te] 形 **1** 気分を悪くさせる；乗り物酔いを催す；うんざりさせる. una conversación ~ うっとうしい会話. **2** 海の.
— 共 航海者，船乗り.

***ma·re·ar** [ma.re.ár] 他 **1** 乗り物酔いさせる；吐き気を催させる，むかつかせる. El movimiento del barco me *marea*. 私は船の揺れに酔ってしまう. Este perfume me *marea*. この香水は鼻にむとくる.
2〈船〉を操縦する，操舵(ﾀﾞ)する. aguja de ~ 羅針盤. **3**《話》悩ます，うんざりさせる. Me *mareas* con tantas preguntas. そんなに次から次へと質問されると困ってしまう. **4**（手続きなどで）右往左往させる. **5** 競売〔公売〕する. **6**《ラ米》(ﾅﾝﾍﾞｲ)(ﾁｭｳﾍﾞｲ)《話》だます，欺く.
— 自 **1** うんざりさせる. **2**《古語》航海する.
— ~·se 再 **1** 乗り物に酔う；気分が悪い，むかつく. *Se mareó* en cuanto subió al barco. 船に乗りこむと同時に彼［彼女］は気分が悪くなった. **2** 目が回る，頭がくらくらする. **3**《話》ほろ酔い機嫌になる. **4**《ラ米》(ﾁｭｳﾍﾞｲ)(ｸﾞｱ)(ﾄﾞﾐ)《布地系》色あせる.

Ma·re·chal [ma.re.tʃál] 固名 マレチャル Leopoldo ~ (1900–70)：アルゼンチンの作家. 作品 *Adán Buenosayres*『アダン・ブエノスアイレス』.

ma·re·ja·da [ma.re.xá.ða] 女 **1**《まれ》大波，うねり. **2**《話》(人々の)不満［怨嗟(ｻ)］, 緊張.

ma·re·ja·di·lla [ma.re.xa.ðí.ʝa ‖ -.ʎa] 女《まれ》小さな波のうねり. [marejada + 縮小辞]

ma·re·mag·no [ma.re.mág.no] /
ma·re·mág·num [ma.re.mág.num] /
ma·re mág·num [ma.re mág.num] 男《話》
1（混乱状態にある）群衆，人波.
2 多数，たくさんのもの.

ma·re·mo·to [ma.re.mó.to] 男 海底地震.

ma·ren·go [ma.réŋ.go] 形《性数不変》ダークグレーの，暗灰色の. — 男 ダークグレー，暗灰色.

ma·re·o [ma.ré.o] 男 **1** 酔い；むかつき；乗り物酔い. **2**《話》煩わしさ，面倒；困惑.

ma·re·ó·gra·fo [ma.re.ó.gra.fo] 男 検潮器.

ma·re·ta [ma.ré.ta] 女 **1**（あらしの前後の）海のうねり，波立ち. **2** どよめき.

***mar·fil** [mar.fíl] 男 **1** 象牙(ｹﾞ)（製品）. objeto de ~ 象牙細工品. negro de ~ アイボリーブラック（象牙を焼いて作った黒色顔料）. torre de ~《比喩的》象牙の塔. **2** 象牙色，アイボリー. **3**（歯の）象牙質. **4**《ラ米》(ﾁｭｳﾍﾞｲ)(ｷｭｰﾊﾞ)（目の細かい）すぐれしこ.
— 形《性数不変》象牙色の，アイボリーの.
marfil vegetal《植》ゾウゲヤシ（の種子）；植物象牙が採れ，ボタンの材料となる.
［←［古スペイン］*almalfil*（［アラビア］*ʻazm*「骨」+［アラビア］*al-fil*「象の」)］

mar·fi·le·ño, ña [mar.fi.lé.ɲo, -.ɲa] 形 **1** 象牙(ｹﾞ)の，象牙でできた；象牙のような. **2** コートジボアール Costa de Marfil の.

mar·fi·li·na [mar.fi.lí.na] 女 人工象牙.

mar·ga [már.ga] 女 **1**《鉱》泥灰土［岩］, マール. **2** 粗布.

mar·gal [mar.gál] 男 泥灰土［マール］の多い土地，泥灰質の土地.

mar·gar [mar.gár] 103 他〈畑〉に（肥料として）泥灰土［マール］を入れる，泥灰土で肥やす.

Mar·ga·ra [mar.gá.ra] 固名 マルガーラ：Margarita の愛称.

mar·ga·ri·na [mar.ga.rí.na] 女 マーガリン.

***mar·ga·ri·ta** [mar.ga.rí.ta] 女 **1**《植》ヒナギク，マーガレット. deshojar la ~《話》花びらを抜きながら恋占いをする.
2《貝》タカラガイ，子安貝（真珠層のある）貝；真珠（= perla）. **3** マルガリータ：テキーラ tequila をベースにレモンジュースを加えて作るカクテル.

(ヒナギク)（タカラガイ）
margarita

echar margaritas a los cerdos [*puercos*]《諺》豚に真珠（を与える）.

Mar·ga·ri·ta [mar.ga.rí.ta] 固名 マルガリータ：女子の洗礼名. 愛称 Marga, Margara. [←［ラ］*Margarīta*(*margarīta*「真珠」より派生）；関連［ポルトガル］*Margarida*.［仏］*Marguerite*.［伊］*Margherita*.［英］*Margaret*.［独］*Margarete*]

mar·gay [mar.gái] 男《動》（南米産）マーゲイ：小

型のヤマネコ. [←[グアラニ]*maracaya*]

mar·ga·ya·te [mar.ɡa.ʝá.te] 男 『ラ米』(ᴾᴿ) 《話》 混乱, 騒ぎ.

*__mar·gen__ [már.xen] 男 (複 márgenes) **1** (ページの)余白, 欄外, 欄外注釈. ~ derecho [izquierdo, superior, inferior] 右[左, 上部, 下部]余白. apuntar comentarios en el ~ de la página ページの余白にコメントをメモする.
2 『商』マージン, 利ざや, 売買差益. dejar mucho [poco] ~ 利益が大きい[少ない].
3 (主に時間的な)余裕, 猶予; 機会; (一定の動作が可能な)範囲. Te doy un ~ de tres días para que lo cumplas. それを仕上げるのに3日の猶予を与えよう. Hay márgenes para… …の余地が残されている.
4 (計算上と実際の)わずかな誤差.
— 女 (河川の)岸, 岸辺.
al margen de… (1) …の欄外に. firmar *al ~* 欄外に署名する. (2) …から離れた場所で, …と無縁に. vivir *al ~ de la sociedad* 社会の片隅で暮らす. mantenerse *al ~ de la conversación* 会話の輪から外れている. estar *al ~ de la Ley* 法律の枠外にいる, 法の網のかからない場合にいる.
[←[ラ] *marginem* (*margō* の対格) 「縁; 境界」; 関連 marginal, *margin*]

mar·gi·na·ción [mar.xi.na.θjón / -.sjón] 女 **1** 差別, のけ者にすること; 周縁化. la ~ social de los inmigrantes 移民の社会的差別. **2** (重要でないとみなすこの)拒絶, 見下し.

mar·gi·na·do, da [mar.xi.ná.ðo, -.ða] 形 **1** (社会の)周辺の, 底辺の, 疎外された. **2** 『植』〈葉が〉縁取りのある.
— 男 女 社会から疎外された人/アウトサイダー.

mar·gi·na·dor, do·ra [mar.xi.na.ðór, -.ðó.ra] 形 無視する, 疎外する. — 男 女 無視する人, 疎外する人. — 男 (タイプライターの)マージン・ストップ.

*__mar·gi·nal__ [mar.xi.nál] 形 **1** 欄外の, 余白に書かれた. nota ~ 傍注. **2** 副次的の, 周縁の, 非本質的な. **3** (社会から)孤立した, アウトサイダー的な.
— 男 女 孤立した人.

mar·gi·na·li·dad [mar.xi.na.li.ðáð] 女 **1** (社会・集団からの)落伍, 疎外. **2** 重要性のなさ, 副次性.

mar·gi·nar [mar.xi.nár] 他 **1** 〈人を〉無視する, 考慮に入れない. **2** 疎外する. **3** 〈まれ〉〈紙に〉余白を残す, 〈紙の〉余白[欄外]に書き込む.
— *~·se* 自己疎外する.

mar·go·so, sa [mar.ɡó.so, -.sa] 形 泥灰土質の, 泥灰土[マール]を含んだ.

mar·gra·ve [mar.ɣrá.βe] 男 『史』(神聖ローマ帝国の)辺境伯. mujer del ~ 辺境伯夫人.
[←[独] *Markgraf*]

mar·gra·via·to [mar.ɣra.βjá.to] 男 『史』辺境伯領; 辺境伯の爵位[職権].

mar·gue·ra [mar.ɣé.ra] 女 泥灰岩堆積(ˢᵉᵏⁱ)層, 泥灰岩採石所; (肥料用の)泥灰土置き場.

mar·gu·llo [mar.ɣú.ʝo | -.ʎo] 男 『ラ米』(ᶜᵘᵇᵃ)(ᵃᶜ) 取り木; 圧条.

Ma·ri / Ma·ry [má.ri] 固名 マリ: María の愛称.

ma·rí·a [ma.rí.a] 女 **1** 《話》《軽蔑》単純で知性に欠けるうわさ好きの女性. **2** 『楽』楽勝科目. **3** 《話》素朴なビスケット (= galleta ~). **4** 《隠》マリファナ. **5** 『カト』(聖週間の朝課に使用される)三角燭台(しょくだい)の一番上の白ろうそく. **6** マリア銀貨: 17世紀のスペインの銀貨. **7** 『ラ米』(1) (ᴾᴿ)《複数で》

《卑》女性の胸, 乳房. (2) (ᵀⁱᵉ)《話》家族社員の女性.

*__Ma·rí·a__ [ma.rí.a] 固名 **1** Santa [Virgen] ~ 聖母マリア: キリスト Cristo の母. → asunción.
2 La Santa ~ サンタ・マリア(号): 新大陸到達時のコロンブス Colón の nao 船型の旗艦. → carabela. **3** マリア: 女子の洗礼名. 愛称 Mari [Mary], Mariquita, Maruja.
[←[後ラ] *María*←[ギ] *María, Mariám*←[アラム] *Maryam*←[ヘブライ] *Miryām*; 関連 [ポルトガル][伊][独] *Maria*. [仏][独] *Marie*. [英] *Mary*]

ma·ria·chi [ma.rjá.tʃi] / **ma·ria·chis** [ma.rjá.tʃis] 男 『音楽』マリアッチ(メキシコ Jalisco 州で生まれた民俗舞踊音楽[楽団]); そのメンバー.

Ma·rí·a Cris·ti·na [ma.rí.a kris.tí.na, -.rja -] 固名 **1** ~ de Borbón マリア・クリスティナ・デ・ボルボン: スペイン国王 Fernando 7世の妻で, 娘 Isabel 2世の摂政 (1833–40).
2 ~ de Habsburgo マリア・クリスティナ・デ・ハプスブルク: スペイン国王 Alfonso 12世の妻で, 息子 Alfonso 13世の摂政 (1885–1902).

Ma·rí·a de Gua·da·lu·pe [ma.rí.a ðe ɣwa.ða.lú.pe] 固名 **1** グアダルーペの聖母マリア: メキシコの守護聖人. → Guadalupe. **2** マリア・デ・グアダルーペ: 女子の洗礼名. 愛称 Lupe.

Ma·rí·a de la En·car·na·ción [ma.rí.a ðe la eŋ.kar.na.θjón / -.sjón] 固名 マリア・デ・ラ・エンカルナシオン: 女子の洗礼名. 愛称 Encarna.

Ma·rí·a del Car·men [ma.rí.a ðel kár.men] 固名 マリア・デル・カルメン: 女子の洗礼名. 愛称 Mari Carmen, Carmina, Carmela, Carmenchu, Menchu.

ma·rial [ma.rjál] 形 聖母マリアをたたえる.
— 男 聖母賛美の書物.

Ma·ria·na [ma.rjá.na] 固名 マリアナ: 女子の洗礼名. [←[ラ] *Mariāna* (*Maríā* より派生); 関連 [ポルトガル] *Mariana*. [仏][独] *Marianne*. [伊] *Marianna*. [英] *Marian(ne), Marion*]

Ma·ria·nas [ma.rjá.nas] 固名 Islas ~ マリアナ諸島: 西太平洋の米国領 Guam 島と米国自治領からなる諸島. [1521年ヨーロッパ人として初めてマゼランがこの地を訪れた. 1668年スペイン王 Carlos 2世の摂政 María Ana [Mariana] de Austria が派遣した宣教師一行が1668年グアム島に到着, 摂政の名にちなんで命名した]

ma·ria·nis·mo [ma.rja.nís.mo] 男 **1** 『カト』聖母マリア崇敬, 聖母崇拝. **2** マリアニスモ. ◆特にメキシコのメスティーソ mestizo 社会でカトリック文化に由来する女性崇拝[優位]の概念. → machismo.

ma·ria·nis·ta [ma.rja.nís.ta] 形 『カト』(1817年にフランスで設立された)マリア会 Compañía de ~s の.
— 男 女 マリア会会員.

ma·ria·no, na [ma.rjá.no, -.na] 形 聖母マリアの, 聖母マリアに関する, 聖母崇拝の.

Ma·ri·á·te·gui [ma.rjá.te.ɣi] 固名 マリアテギ José Carlos ~ (1894–1930): ペルーの思想家. 作品 *Siete ensayos de interpretación de la realidad peruana* 『ペルーの現実解釈のための七試論』

ma·ri·ca [ma.rí.ka] 女 **1** 『鳥』カササギ (= urraca). **2** 『遊』(スペイン・トランプ)金貨のジャック.
— 男 《話》《軽蔑》ホモセクシュアル, 同性愛の男. **2** 女性的な男.

Ma·ri Car·men [ma.ri kár.men] 固名 マリ・カルメン: María del Carmen の愛称.

ma·ri·cas·ta·ña [ma.ri.kas.tá.ɲa] 女 《話》 *de*

maricastaña [**Maricastaña**] 大昔の，昔々の. el año *de* ～ 大昔. en los tiempos *de* ～ 大昔に. Es un cuento de la época *de M*～. それは大昔のお話だ.

ma·ri·co [ma.rí.ko] 男《ラ米》(ｴﾝｸﾞ)(ﾒｷｼｺ)《俗》同性愛者, ホモセクシュアルの人.

ma·ri·cón, co·na [ma.ri.kón, -.kó.na] 形《俗》《軽蔑》**1** ホモセクシュアルの, 同性愛の. **2** 卑劣な, 下劣な. ── 男 女《俗》《軽蔑》**1** ホモセクシュアル, 同性愛の男（= marica）. **2** 卑劣[下劣]な男（= cabrón）.

ma·ri·co·na·da [ma.ri.ko.ná.ða] 女《俗》**1** 悪意のある行為, 卑劣な行為. **2** ばかげたこと; ホモセクシュアルのような態度[言葉].

ma·ri·co·ne·ar [ma.ri.ko.ne.ár] 自《俗》《軽蔑》**1** (男性が) 女っぽく振る舞う. **2** ふざける, くだらないまねをする.

ma·ri·co·ne·o [ma.ri.ko.né.o] 男《俗》《軽蔑》(男性の) 女っぽい振る舞い[様子].

ma·ri·co·ne·ra [ma.ri.ko.né.ra] 女 (男性用) セカンドバッグ, ポーチ.

ma·ri·co·ne·rí·a [ma.ri.ko.ne.rí.a] 女《俗》《軽蔑》**1** ホモセクシュアルであること. **2** → mariconada.

ma·ri·cul·tu·ra [ma.ri.kul.tú.ra] 女 海洋生物の養殖.

ma·ri·da·ble [ma.ri.ðá.ble] 形 結婚(生活)の, 夫婦(間)の.

ma·ri·da·je [ma.ri.ðá.xe] 男 **1** 調和, 和合, 協調. **2** 結婚生活, 夫婦関係.

ma·ri·dar [ma.ri.ðár] 自 結婚する, 夫婦生活を営む; 同棲する. ── 他 結合させる, 合体させる. ── **～·se** 再 結合する.

ma·ri·da·zo [ma.ri.ðá.θo / -.so] 男 妻に甘い夫, 恐妻家. [marido ＋の増大辞]

ma·ri·do [ma.rí.ðo] 男 夫（= esposo）(▶ 主に既婚者が自分の同伴者に言及する場合に用いられる.「妻」は mujer). ～ y mujer 夫婦. Mi ～ cocina en casa. 私の夫は家で料理をする. [← [ラ] *maritum* (*maritus* の対格,「結婚した男性」が原義; *mās*「男」より派生); 関連 marital. [ポルトガル] marido. [仏] mari. [伊] marito. [英] *marital*（← 夫の）, *marriage*「結婚」]

ma·rie·la [ma.rjé.la] 女《ラ米》(ﾄﾞﾐ)《俗》マリファナ.

ma·ri·fin·ga [ma.ri.fíŋ.ga] 女《ラ米》(1) (ｳﾙｸﾞ)(ｺﾛﾝ) トウモロコシ・白インゲンで作るデザート. (2) (ﾎﾝｼﾞ) 牛乳・卵で作るデザート.

ma·ri·gua·na [ma.ri.gwá.na] 女 → marihuana.

ma·ri·gua·no, na [ma.ri.gwá.no, -.na] 男 女《ラ米》(*ﾒｷｼ*)(ｸﾞｱﾃ)《俗》マリファナ常用者.

ma·ri·guan·za [ma.ri.gwán.θa / -.sa] 女《ラ米》(ﾁﾘ) (からかいや呪いをするときの) 手の仕草.

ma·ri·hua·na [ma.ri.(g)wá.na, -.xwá.-] / **ma·ri·jua·na** [ma.ri.xwá.na] 女《植》タイマ; マリファナ (タバコ).

ma·ri·lien·dre [ma.ri.ljén.dre] 女《話》《軽蔑》レズビアン, レズビアン; レズビアン文化を好む女性.

ma·ri·ma·cha [ma.ri.má.tʃa] 女《ラ米》(ｺﾛﾝ) → marimacho.

ma·ri·ma·cho [ma.ri.má.tʃo] 形 **1**《話》(女性が) 男っぽい, 男勝りの. **2**《俗》レズビアンの. ── 男 (時に 女) **1**《話》《軽蔑》男っぽい女, 男勝りの女. **2**《俗》レズビアン.

ma·ri·man·dón, do·na [ma.ri.man.dón, -.dó.na] 形《話》口やかましい, 威張った. ── 男 女《話》口やかましい人, がみがみ言う人, 威張った人.

ma·ri·man·ta [ma.ri.mán.ta] 女《話》お化け.

ma·ri·má·ri·ca [ma.ri.ma.rí.ka] 男《話》→ marica 男.

ma·rim·ba [ma.rím.ba] 形《ラ米》(ｴﾝｸﾞ)(ﾒｷｼｺ) 臆病な. ── 女 **1**《音楽》マリンバ: 木琴に共鳴管をつけた打楽器. **2** (アフリカの) 太鼓の一種. **3**《ラ米》(1) (ﾒｷｼ) (棒で) 打つこと, 折檻(ｾｯｶﾝ). (2) (ﾒｷｼ)《俗》マリファナ. (3) (ｴﾝｸﾞ)《俗》臆病(ﾋﾞｮｳ)な闘鶏. (4) (ｳﾙｸﾞ)(ﾊﾟﾗｸﾞ) 音の悪い楽器. (5) (ﾄﾞﾐ) 大きな甲状腺腫(ｼｭ).

ma·rim·be·ro, ra [ma.rim.bé.ro, -.ra] 男 女《ラ米》(ｴﾝｸﾞ)《俗》マリファナの密売者.

ma·ri·mo·ña [ma.ri.mó.ɲa] 女《植》キンポウゲ.

ma·ri·mo·re·na [ma.ri.mo.ré.na] 女《話》けんか, 口論, 騒ぎ. armar una ～ 騒ぎを起こす.

***ma·ri·na** [ma.rí.na] 女 **1** (国・個人が所有する) 船団, 船舶. ～ mercante 商船(団). **2** 海軍 (= ～ de guerra). Infantería de *M*～ 海兵隊, 海軍陸戦隊. Ministerio de *M*～ 海軍省. Ministro de *M*～ 海軍大臣. oficial de *M*～ 海軍将校. **3** 海岸(線), 沿岸, 海辺. **4**《まれ》航海術. **5** 海洋画, 海[船]の絵.

Ma·ri·na [ma.rí.na] 固名 → Malinche.

ma·ri·na·do, da [ma.ri.ná.ðo, -.ða] 形 (肉や魚が) マリネの, マリネにした. ── 女 マリネ液, 漬け汁.

ma·ri·na·je [ma.ri.ná.xe] 男 → marinería.

ma·ri·nar [ma.ri.nár] 他 **1**《料》マリネ[酢漬け] にする. **2**〈船に〉船員を乗り組ませる.

ma·ri·ne [ma.ri.ne] 男《英》(イギリス・米国海軍の) 海兵(隊員).

ma·ri·ne·ar [ma.ri.ne.ár] 自 船員として働く.

ma·ri·ne·ra·do, da [ma.ri.ne.rá.ðo, -.ða] 形〈船が〉乗組員のそろった, 出港準備ができた.

ma·ri·ne·rí·a [ma.ri.ne.rí.a] 女 **1**《集合的》(船の) 乗組員, クルー; 船員, 船乗り. **2** 船員の職業, 船乗り稼業. **3**《軍》(海軍の) 下士官より下の階級.

***ma·ri·ne·ro, ra** [ma.ri.né.ro, -.ra] 形 **1** 海の, 海洋の. cuentos ～s 海洋物語. **2** 船員の, 船乗りの; 水夫の. **3** 〈船舶が〉航海に適する; 操縦しやすい. **4**《服飾》セーラー服の, マリンルックの. cuello de ～ セーラーカラー.

── 男 **1** 船員, 船乗り; 水兵. ～ de agua dulce 新米船員. **2**《ラ米》(ｱﾙｾﾞ) 海水浴客（= bañista）. **3**《動》アオイガイ, カイダコ.

── 女 **1** 水夫服; (子供・女性用の) セーラー服の上着 (= blusa *marinera*). **2**《ラ米》(ﾒｷｼ)(ｷｭｰﾊﾞ)《音楽》マリネラ (のダンス): エクアドル・チリ・ペルーの舞曲.

a la marinera《料》船乗り風の: 白ワイン, 魚貝の出し汁を使った調理法を指す.

ma·ri·nes·co, ca [ma.ri.nés.ko, -.ka] 形 水夫の, 船乗りの. a la *marinesca* 船乗り風に.

ma·ri·nis·mo [ma.ri.nís.mo] 男《詩》マリニスモ: 17世紀イタリアの詩人マリーノ Marino 流の気取った文体.

ma·ri·nis·ta [ma.ri.nís.ta] 形 海洋画を描く, 海洋画家の.

***ma·ri·no, na** [ma.rí.no, -.na] 形 **1** 海の, 海洋の. las corrientes *marinas* 海流. medios ～s 海洋環境. brisa *marina* 海風. milla *marina* 海里. azul ～ ネイビーブルー. **2** 〈生物が〉海生の. elefante ～ ゾウアザラシ. león ～ アシカ. lobo ～ アザラシ. oso ～ オットセイ. vaca *marina* マナティー. vegetación *marina* 海洋植物.

――男 船員, 船乗り；海軍兵, 海兵.
ma·ri·no·vio, via [ma.ri.nó.bjo, -.bja] 男 女 《ラ米》《話》《複数で》《話》同棲者.
ma·rio·lo·gí·a [ma.rjo.lo.xí.a] 女 《聖母》マリア学.
ma·rió·lo·go, ga [ma.rjó.lo.go, -.ga] 男 女 《聖母》マリア学専門家, マリア学者.
ma·rión [ma.rjón] 男 《魚》チョウザメ.
ma·rio·ne·ta [ma.rjo.né.ta] 女 **1** マリオネット；操り人形 (= títere). **2** 《比喩的》人の言いなりになる人. **3** 《複数で》人形芝居, 人形劇.
[← 《仏》*marionnette*]
ma·rio·ne·tis·ta [ma.rjo.ne.tís.ta] 女 マリオネット師, 人形使い.
***ma·ri·po·sa** [ma.ri.pó.sa] 女 **1** 《昆》チョウ；ガ (= nocturna).
2 《鳥》ゴシキノジコ：北中米・キューバに多い.
3 《機》蝶ナット (= palomilla)；（水道・ガスなどの）配管についている楕円形の）栓, バルブ.
4 （ランプの）浮き灯明, 常夜灯 (= lamparilla).
5 《スポ》バタフライ（泳法）(= braza ～).
6 《ラ米》(1) 《コロ》《メシ》おもちゃの風車. (2) 《コロ》目隠し遊び. (3) 《チリ》《魚》チョウチョウウオ. (4) 《ウ》《ア》（綿繰り機の）軸受け, ベアリング. (5) 《ウ》マリポサ：Pátzcuaro 湖独特のチョウの形をした漁具. (6) 《植》ハナシュクシャ, ジンジャー. ◆キューバの国花.
(7) (*_) 《ア》《俗》売春婦.
――男 《話》同性愛者, ホモセクシュアル.
[María, pósate (, descansa en el suelo). 「マリア, お止まり (飛ぶのはやめてお休みなさい)」という童謡の一句からとるとする説が有力]
ma·ri·po·se·a·dor, do·ra [ma.ri.po.se.a.dór, -.dó.ra] 形 **1** 移り気の, 気まぐれな, 無節操な. **2** つきまとう, 後をつけ回す. **3** 浮気な, 恋をもてあそぶ. ――男 女 移り気な人, 無節操な人；浮気者.
ma·ri·po·se·ar [ma.ri.po.se.ár] 自 《話》 **1** 移り気である；《特に男》が女性を口説いて回る. **2** つきまとう, 後を追い回す.
ma·ri·po·se·o [ma.ri.po.sé.o] 男 **1** 移り気, 飽きっぽさ. **2** （しつこく）付きまとうこと, 頻繁な出没. **3** 《話》《軽蔑》（男性の）女っぽい振る舞い[様子].
ma·ri·po·són [ma.ri.po.són] 男 《話》 **1** 《軽蔑》ホモセクシュアル, 同性愛者. **2** 浮気者.
Ma·ri·qui·lla [ma.ri.kí.ja || -.ʝa] 固名 マリキーリャ：María の愛称.
ma·ri·qui·ta [ma.ri.kí.ta] 女 **1** 《昆》テントウムシ. **2** 《鳥》インコ. **3** 《ラ米》(1) 《コロンビア》マリキータ：ふたりが組になって踊るクリオーリョの踊り. (2) 《コロ》《複数で》揚げパンの一種. (3) 《ウ》《俗》《軽蔑》ホモセクシュアル, 同性愛者；女っぽい男 (= azúcar).
Ma·ri·qui·ta [ma.ri.kí.ta] 固名 マリキータ：María の愛称.
ma·ri·sa·bi·di·llo, lla [ma.ri.sa.bi.ði.ʝo, -.ʝa || -.ʎo, -.ʎa] 男 女 《話》《軽蔑》インテリぶった人, 物知り顔をする人. ◆主に女性に対して用いられる.
ma·ris·ca·da [ma.ris.ká.ða] 女 《料》海の幸の盛り合わせ.
ma·ris·ca·dor, do·ra [ma.ris.ka.ðór, -.ðó.ra] 形 海産物を取る, 海産物を養殖する.
――男 女 海産物業者, 海産物養殖者.
ma·ris·cal [ma.ris.kál] 男 《軍》陸軍元帥. ～ de campo 《古語》（スペインの）陸軍少将；（ドイツ・英国の）陸軍元帥.
ma·ris·ca·la·to [ma.ris.ka.lá.to] 男 陸軍元帥の職[地位].

ma·ris·ca·lí·a [ma.ris.ka.lí.a] 女 → mariscalato.
ma·ris·car [ma.ris.kár] 自 （エビ・カニ・貝類などの）海産物を取る, 漁をする.
***ma·ris·co** [ma.rís.ko] 男 （エビ・カニ・貝類などの）**海産物**, 海の幸 (▶ 骨・脊柱のない魚介類を指して言う). restaurante de ～s シーフード・レストラン.
ma·ris·ma [ma.rís.ma] 女 《主に複数で》《地》海辺の低湿地, 塩湿地.
Las Marismas ラス・マリスマス：スペイン Guadalquivir 河口の低湿地帯.
ma·ris·me·ño, ña [ma.ris.mé.ɲo, -.ɲa] 形 塩湿地の. ――男 女 塩湿地に暮らす人.
ma·ris·que·o [ma.ris.ké.o] 男 《海での》漁.
ma·ris·que·rí·a [ma.ris.ke.rí.a] 女 シーフードレストラン[バル bar], 海産物の販売所.
ma·ris·que·ro, ra [ma.ris.ké.ro, -.ra] 形 海産物の, 海産物に関する.
――男 女 （エビ・カニ・貝類の）漁師；海産物業者.

marisquería
（シーフードレストラン）

ma·ris·ta [ma.rís.ta] 形 《カト》マリスト会の, マリア会の. ――男 女 《カト》マリスト会会士, マリア会会士.
ma·ri·tal [ma.ri.tál] 形 **1** 夫婦の, 結婚（生活）の. vida ～ 結婚生活. **2** 夫の. autorización ～ 夫権.
ma·ri·ta·ta [ma.ri.tá.ta] 女 《ラ米》(1) 《チリ》《鉱》（選鉱の）ふるい. (2) 《チリ》《鉱》（粉鉱を集めるための）溝. (3) 《チリ》井戸, 水ため. (4) 《チリ》《複数で》《話》道具, がらくた.
ma·ri·ta·te [ma.ri.tá.te] 男 《主に複数で》《ラ米》（まれに《スペイン》）道具, がらくた.
***ma·rí·ti·mo, ma** [ma.rí.ti.mo, -.ma] 形 **1** 海の, 海洋の；海事の. navegación *marítima* 航海. seguro ～ 海上保険. ruta *marítima* 海路. derecho ～ 海事法. transporte ～ 海上輸送, 海運. arsenal ～ 海軍工廠.
2 海に面する, 海辺の. ciudad *marítima* 臨海都市. paseo ～ 海沿いの歩道. puerto ～ 海港. región *marítima* 海岸地方.
ma·ri·tor·nes [ma.ri.tór.nes] 女 《単複同形》《まれ》《軽蔑》がさつで醜い家政婦 (*El Quijote* の登場人物より).
mar·jal [mar.xál] 男 《まれ》沼沢地, 低湿地；湿原.
mar·jo·le·ta [mar.xo.lé.ta] 女 《植》（セイヨウ）サンザシの実.
mar·jo·le·to [mar.xo.lé.to] 男 《植》（セイヨウ）サンザシ.
mar·ket·ing [már.ke.tin] [英] 《経》マーケティング, 市場調査 (= mercadotecnia). ～ directo ダイレクトマーケティング. ～ mix / ～-mix マーケティングミックス.
Marl·bo·rough [márl.bo.ro] 固名 マールバラ公爵 John Churchill, duque de ～ (1650-1722)：英国の軍人. スペイン継承戦争 (1701-14) で, 英国・オランダ連合軍総司令官としてルイ14世軍に大勝 (1703).
mar·lo [már.lo] 男 《ラ米》（実を取り除いた）トウモロコシの穂先.
mar·ma·ja [mar.má.xa] 女 《ラ米》《チリ》《話》お金.
mar·mi·ta [mar.mí.ta] 女 **1** ふたつき鍋, 圧力釜. **2** 飯盒, コッヘル.

más

(圧縮)空気ドリル,空気ハンマー. ～ pilón (杭(☆)打ち用)パイルハンマー,ドロップハンマー. **2**(ピアノの)ハンマー;(時計の)打ち子;(ハンマー投げの)ハンマー;(拳銃(ピス)などの)【解剖】(中耳の)槌骨(ぷ). **4**【魚】シュモクザメ. **5**競売場,競り市. **6**〖カト〗(聖ヨハネ会の)片腕の十字架. **7**迫害者,根絶者. **8**通りの並びから突き出た建物;《ラ米》(建物の)翼(ぎ). **9**《ラ米》《(*ﾒ)》《俗》食べ物. [←〔俗ラ〕*martellus*〔ラ〕*martulus*「小さな斧(ぉ)」＋縮小辞]

Mar·tín [mar.tín] 固名 **1** San ～ 聖マルティヌス,マルチノ(315-397):フランスのトゥールの司祭でフランスの守護聖人. 祝日11月11日. Día de San ～ 聖マルティヌス祭.
2 マルティン:男子の洗礼名. →*gauchesco*.
martín del río【鳥】ゴイサギ.
martín pescador【鳥】カワセミ.
San Martín 豚の畜殺時期(◆11月11日ごろに当たるため). llegarle [venirle] (a＋A) su *San* ～《話》〈人〉にとってそういうつまでもバラ色の日々が続くわけではない.
[←〔古スペイン〕*Martino*←〔ラ〕*Mārtīnus*「(軍神)マルスの;好戦的な(人)」が原義];関連 Marte, Martínez. 〔ポルトガル〕*Martim*. 〔仏〕〔英〕〔独〕*Martin*. 〔伊〕*Martino*〕

Mar·tín de Po·rres [mar.tín de pó.řes] 固名 San ～ 聖マルティン・デ・ポレス(1579-1639):ペルーのリマ出身の mulato のドミニコ会修道士. 別名 Fray Escoba. 祝祭日は11月3日.

mar·ti·ne·ta [mar.ti.né.ta] 囡《ラ米》《(動)》《(ラテプ)》(パンパに生息する)大型ウズラの一種.

mar·ti·ne·te[1] [mar.ti.né.te] 男【鳥】ゴイサギ;ゴイサギの冠毛.

mar·ti·ne·te[2] [mar.ti.né.te] 男 **1**(ピアノの)ハンマー. **2**【機】(鍛造用)ドロップハンマー;鍛造工場;(杭(☆)打ち用)パイルドライバー. **3**【音楽】マルティネーテ:ギター伴奏のないスペインAndalucía地方の歌謡 cante jondo [hondo]の一つ.

mar·tin·ga·la [mar.tiŋ.gá.la] 囡 **1**仕掛け;奸策(ぎ),策略. **2**〖トランプ〗賭(*)け遊びの一種. **3**《複数で》よろいの腿(ξ)の下にはく半ズボン.

mar·ti·ni [mar.tí.ni] 男 **1**《話》ベルモット. **2**マティーニ.

mar·ti·nia·no, na [mar.ti.njá.no, -.na] 形 → martiano.

Mar·ti·ni·ca [mar.ti.ní.ka] 固名 La ～ マルティニク島:西インド諸島東部,フランスの海外県の一つ.
[←〔古スペイン〕*Madinina*←?〔タイノ〕*Matininó*(原義は「父親のない」)1500年ごろ,この地には女性と子供だけが住み,男性は短期間訪れるのみであったと言われている]

*mar·tir [már.tir] 男 囡 (特にキリスト教の)殉教者;(主義・大義に)殉じた人,犠牲者. capilla de ～es 殉教者記念礼拝堂. veintiséis ～es (1597年長崎で殉教した)26聖人.
hacer el [*la*] *mártir* 殉教者ぶる,犠牲者ぶる.
[←〔後ラ〕*martyr*「証人;殉教者」←〔ギ〕*mártys*「証人」と;「殉教者」は信仰の強さを「証明した人」であるという考え方に基づく転義];関連 martirio, martirizar. 〔英〕*martyr*〕

mar·ti·rial [mar.ti.rjál] 形 殉教者の.

*mar·ti·rio [mar.tí.rjo] 男 **1** 殉教,殉難;(主義に)殉ずること. **2** 苦悩(の種);苦痛,痛み.

mar·ti·ri·za·dor, do·ra [mar.ti.ri.θa.ðór, -.ðó.ra / -.sa.-] 形 苦しめる,責めさいなむ,迫害する.

― 男 囡 迫害者,責めさいなむ人[もの].

mar·ti·ri·zar [mar.ti.ri.θár / -.sár] [97]他 **1** 異端者[殉教者]として殺す,迫害する. **2** 責めさいなむ,苦しめる. ― **~·se** 再 苦悩する.

mar·ti·ro·lo·gio [mar.ti.ro.ló.xjo] 男 **1** 殉教者名簿,殉教録;〖カト〗聖人名簿. **2** 被害者[犠牲者]リスト.

Ma·ru·cha [ma.rú.tʃa] 固名 マルーチャ:María の愛称.

ma·ru·ga [ma.rú.ga] 囡《ラ米》《(ξ)》《(遊)》がらがら.

ma·ru·ja [ma.rú.xa] 囡 **1**《話》《軽蔑》単純で知性に欠けるうわさ好きの女性. **2**《ラ米》《(ξデ)》《複数で》《卑》女性の胸,乳房.

Ma·ru·ja [ma.rú.xa] 固名 マルーハ:María の愛称.

ma·ru·je·ar [ma.ru.xe.ár] 自《話》《軽蔑》(うわさ話をするなど)おばさん特有の行動をする.

ma·ru·je·o [ma.ru.xé.o] 男《話》《軽蔑》おばさん特有の行動[態度].

ma·ru·jil [ma.ru.xíl] 形《話》《軽蔑》(うわさ好きの)おばさんの.

ma·ru·jo·na [ma.ru.xó.na] 囡《話》《軽蔑》おばちゃん. [maruja＋増大辞].

ma·ru·llo [ma.rú.jo ‖ -.ʎo] 男 (波の)うねり,波立ち.

ma·ru·sa [ma.rú.sa] 囡《ラ米》《(ξξ)》背負い袋.

ma·ru·si·ño, ña [ma.ru.sí.ɲo, -.ɲa] 形 男 囡《話》= gallego.

ma·ru·to [ma.rú.to] 男《ラ米》《(ξξ)》(腹の)へそ;こぶ;みみず腫(ば)れ.

mar·xis·mo [mark.sís.mo] 男 マルクス Marx(1818-83, ドイツの革命家)主義,マルキシズム. ～-leninismo マルクス・レーニン主義.

mar·xis·ta [mark.sís.ta] 形 マルクス主義(者)の.
― 男 囡 マルクス主義者,マルキスト.

mar·zal [mar.θál / -.sál] 形 3月の. trigo ～ 春まき.

mar·zas [már.θas / -.sas] 囡《複数形》 **1**【音楽】マルサス:スペイン Santander で若者たちが夜ねり歩きながら歌う歌.
2 マルサスを歌う若者たちに与えるもてなしの品.

*mar·zo [már.θo / -.so] 男 **3**月(略 mzo.). el diez de ～ 3月10日. M～ ventoso y abril lluvioso hacen [sacan] a mayo florido y hermoso.《諺》3月の風と4月の雨が花咲く美しい5月をもたらす. Cuando ～ mayea, mayo marcea.《諺》3月に5月のように天気がよければ,5月は3月のように天気が悪い.
― 男《ラ米》《(*ﾒ)》《俗》狂った.
[←〔ラ〕*Mārtius*「軍神 *Mārs* の月」(ローマ古暦の第1月);関連 Marte, martes. 〔ポルトガル〕*março*, 〔仏〕*mars*, 〔伊〕*marzo*, 〔英〕*March*, 〔独〕*März*〕

mar·zo·le·to [mar.θo.lé.to / -.so.-] 男【植】(セイヨウ)サンザシ.

mas[1] [más] 男 フィリピンの貴金属重量単位:約 3.62 グラム.

mas[2] [más] 接続《文章語》しかし,されど(＝pero).

mas[3] [más] 男 → masada.

más [más] 形《性数不変》 **1** [mucho の比較級] (＋名詞)(que...より)(数・量・程度などより)多い,もっとたくさんの,いっそう大きい(↔menos). ¿Quiere *más* sopa? もっとスープをいかがですか. Tengo *más* trabajo que él. 私の方が彼より仕事が多い.

más

2 《名詞＋》その他の, 余分の, さらに, もっと. ¿Quiere algo *más*? 何か他にご用がありますか. ¿Qué *más*? 他に何か, それから. ¿Nada *más*? それだけですか, ほかにご用はありませんか. una vez *más* もう一度, 再び. un kilómetro *más* もう1キロメートル. Déme dos botellas *más*. あと2瓶ください.

3 《＋名詞》《話》《que... …より》もっと(よい), もっと大きい, もっと強い. Este me parece mucho *más* coche *que* el mío. これは私のよりはるかにいい車だと思う. Es *más* hombre *que* ustedes. 彼はあなたたちよりもっと男らしい.

4 《不定冠詞＋名詞＋》ごく普通の. Vivió como *un* ciudadano *más*. 彼は普通の市民として生きた.

──副 **1** [mucho の比較級]《que... …より》多く, もっとたくさん, もっと. tardar *más* さらに時間がかかる. Corre *más*. もっと走れ. Quédate un poco *más*. もうちょっといなさい. Me gusta *más* el pavo *que* el pollo. 私はチキンより七面鳥の方が好きだ.

2 《形容詞・副詞の前に置き比較級を作る》《que... …より》もっと…, (…というより)むしろ. La rapidez es *más* importante *que* la precisión. スピードが精度にまさる. Habla *más* alto. もっと大きな声で話しなさい. La paz está *más* cerca. 平和がより近づいている. La casa está *más* allá. 家はもっと向こうです. Es *más* cobarde *que* tímida. 彼女は内気というよりむしろ臆病(ぉく)だ.

3 《否定文で》それ以上, もう, 二度と. No te digo *más*. 言うのはもうこれっきりだ. No quiero *más*. もう十分です.

4 《定冠詞などを伴い最上級を作る》《de... …の中で》最も…；最も多く. el chico *más* listo *de* la clase クラスで最も頭のいい子. lo *más* divertido いちばん楽しいこと. su obra *más* reciente 彼[彼女]の最新作. el que sabe *más* いちばんの物知り. Lo que *más* me gusta es el deporte. 私がいちばん好きなのはスポーツです. Lo *más* probable es que＋接続法 おそらく…だろう.

5 《感嘆文で》本当に, 実に, 非常に(＝tan). ¡Estaba *más* contento! 彼[僕]はすごく満足していた. ¡Es *más* buena! 《話》彼女は実にいい人だ. ¡Qué manera *más* fina de decirlo! なんて上品な言い方だろう.

6 《接続詞的に》さらに加えて；《数》プラス, 足す. El libro se compone de doce capítulos *más* un epílogo. その本は12章とエピローグからなっている. Dos *más* dos son cuatro. 2たす2は4.

──代名《不定》 **1** 《複数で》《定冠詞＋》《de＋可算名詞…の》大多数, 大半. *las más* de las veces 多くの場合, たいてい. *los más* de los autores 作家たちの大半.

2 《男性》もっとたくさん, これ以上. Vendrán *más* si no los echo. 追い出さなければもっとたくさん来るだろう. No hay tiempo para *más*. これ以上時間がない.

──男 プラス(記号)(＋)(＝signo de adición).

a cual [*cuál*] *más*《＋形容詞》→cuál.

(*a*) *lo más*《話》せいぜい, 高々(＝todo lo *más*). El precio puede estar en 7, *a lo más* 8 euros. 値段は7かせいぜい8ユーロだろう.

a lo más que llega [*llegan, ...*] *es a...* せいぜい…だ, …が関の山だ. Aunque le he ayudado mucho, *a lo más que llega es a* saludarme. 一生懸命手伝ってあげたのに, 彼は私にあいさつくらいしかしない.

a más..., ＋比較級《話》《比例比較》…ほどますます…. *A más* energía nuclear, *más* riesgo. 核エネルギーが多ければ危険も大きい.

a más y mejor 非常に, 大いに. Llueve *a más y mejor*. すごく雨が降っている.

aún más (1) → *más aún*. (2)《比較級を強調》なおいっそう. De coches sí sabía yo ya entonces y *aún más* que ahora. 車のことならそのころからよく知ってたよ, 今よりもっと.

aunque nada más sea... ただ…だけであっても.

como el [*la, los, las*] *que más* 人並み以上に. Siguió trabajando *como el que más*. 彼は人並み以上に働き続けた.

cuando más..., (*tanto*)＋比較級《比例比較》…すればするほど…. Cuando *más* lejos, *mejor*. 遠ければ遠いほどよい.

cuanto(*s*) *más...* (*tanto*)＋比較級《比例比較》…すればするほど(→cuanto²).

dar para más 可能性がある(▶ 主に否定文で用いる). En aquellos momentos la cosa no *daba para más*. そのとき それ以上どうしようもなかった.

de ahí [*allí, ahora, aquí*] *en más* 今から, これから. Hace un año que me separé de él y *de ahí en más* no le he visto. 1年前に彼と別れて, それ以来会っていない. *De ahora en más* intentaré escribir cosas alegres. これからは楽しいことを書くようにしよう.

de lo más ＋形容詞 とても…(▶ 形容詞は性数一致することもある). 50 voluntarios *de lo más variopinto* 種々雑多な50名のボランティア. Sus problemas son *de lo más variopintos*. その問題は本当にさまざまである.

de más (1) 余分に；余計な. Traje uno *de más* por si acaso. 万一のことを思って1つ余計に持ってきた. Está *de más* decir que está prohibido usar esta técnica. このテクニックを使うことが禁止されているのは言うまでもない. (2)《主に否定文で》必要なだけしか. No dicen una palabra *de más*. 彼らは必要なことしか言わない.

de más a menos (多から少へ)徐々に, 尻すぼみに(＝por orden decreciente). Las letras que más aparecen en español son por orden *de más a menos* frecuencia las siguientes: e, a, o... スペイン語に最も現れる文字は降順には次の文字である：e, a, o …. El Atlético hizo un partido *de más a menos*. アトレティコは尻すぼみの試合をした.

de más en más だんだん, ますます. Los precios suben *de más en más*. 物価はますます上がる.

de menos a más (少から多へ)徐々に, 尻上がりの(＝por orden creciente). En una faena *de menos a más* el torero ha conseguido una oreja. 徐々に調子を上げて闘牛士は耳を1つもらった(◆闘牛士はできばえに応じて牛の耳やしっぽをもらう).

de poco a más → *de menos a más*.

de poco más o menos つまらない, 平凡な. Todos somos gente *de poco más o menos*. 私たちはみな平凡な人間です.

el más y el menos 損得, 長所と短所.

el que más y el que menos 誰でも, 皆. *El que más y el que menos* tiene sus debilidades. 人は誰しも弱点を持っているものだ.

Entre más..., más 《ラ米》→ *cuanto más..., más*.

es más さらに言えば. Nunca piensas en el do-

más

lor y, *es más*, nunca lo sientes. 君はその苦しみを考えたことがない。それどころか、感じたこともない。

lo más＋形容詞・副詞 (1) 非常に…、とても…；できるだけ… (→ de lo *más*＋形容詞). llevar una vida *lo más parecida* a la normal 普通の生活を送る. retirarse *lo más rápidamente* de Irak イラクから早急に引き上げる. (2)《名詞化》Para mí *lo más importante* es la libertad. 私にとっていちばん大切なのは自由だ。

lo más＋形容詞・副詞) **posible**[*que poder* の活用形] できる限り…な[に] (▶ 形容詞は被修飾語に性数一致する。また posible も数の一致をすることが多い). Hay que hacerlo *lo más pronto posible*. できるだけ早くそれをしなければならない。una información *lo más completa posible* 可能なかぎり完全な情報. en condiciones *lo más parecidas posible(s)* できる限り似た条件で. acercarse *lo más posible* a la realidad できるだけ現実に近づく. Yo salí pronto y *lo más rápido que pude*. 私は急いで、できるかぎり急いで出かけた。

lo más tarde いくら遅くても (=a *más* tardar). La respuesta llegará el lunes *lo más tarde*. 返事は遅くとも月曜日には着くでしょう。

lo que es más その上. Le gusta comer, también beber y, *más* sobre todo, dormir. 彼[彼女]は食べることも飲むことも、その上とりわけ、寝るのが好きだ。

más aún (1) なおさら、まして. Preparar una boda es un auténtico calvario. *Más aún* cuando los dos trabajan. 結婚式の準備は本当に地獄だ. ふたりとも働いているときにはなおさら。(2) さらに言えば、それどころか (=es *más*). Esta actitud ha cambiado, y *más aún* recientemente. この姿勢が変わった、それも最近になって。

más bien (1) むしろ. Puede que a él le guste mucho, pero a mí me gusta *más bien* poco. 彼は大好きかも知れないが、私はどちらかと言うとあまり好きじゃない。(2) 多分. Mañana, *más bien* por la tarde, nos vemos aquí. 明日、多分午後に、ここで会いましょう。

más de...（数量・程度・基準が）…を超える［超えて］、…以上の［に］. Tengo *más de* cien euros. 私は100ユーロ以上持っている. Son *más de* las nueve. もう 9時を回っている. *más de* la mitad 半分以上. *más de* lo que esperaba 予期した以上に (▶ *más de* はその基準となる数を含まないので、日本語の「以上」とは厳密には同義ではない。「…以上」は ..., o *más* となる).

más luego《ラ米》(チリ)→*más* tarde.

(名詞＋) **más** (o) (＋名詞) **menos** (…多くても少なくても) だいたい (▶ 2つの名詞は同じもの). a las siete y veinte, *minuto más minuto menos* (1分の誤差で) ほぼ7時20分に. dentro de veinte años, *lustro más o lustro menos* 5年のずれはあっても、ほぼ20年後に.

más o menos だいたい、およそ；多少とも、いくぶん、どちらかというと. Es *más o menos* lo mismo. /Es lo mismo *más o menos*.（それは）ほぼ同じです. *más o menos* dos días 大体2日間.

(形容詞＋) **más que**＋形容詞 すごく…、とても… (▶ 2つの形容詞は同じもの). Eso está *claro, más que claro*. それはとてもはっきりしている. Está *más que claro* que＋直説法…は全く明らかだ。

más tarde 後で (=después). Nos vemos *más tarde*. 後で会いましょう. un año *más tarde*（その）

1年後に.

más y más ますます、いっそう. Te quiero *más y más*. 君のことがますます好きだ.

mucho más (1)《比較級を強調する》（…より）ずっと…. *mucho más* barato はるかに安い. (2)《ラ米》 なおさら (=aún *más*). El problema se complica *mucho más*. 問題はいっそう複雑になる.

ni más ni menos (, **ni menos ni más**) (1) ちょうど、まさに. Eso es lo que ha hecho, *ni más ni menos*. それこそまさに彼[彼女]がしたことだ. (2)《驚き・強調》なんと…も. Los precios crecieron *ni más ni menos* que 2,8 puntos. 物価はなんと2.8ポイントも上昇した. (3)《念を押す》（なんと）…だよ. José es alcalde. *Ni más ni menos*. ホセは市長なんだよ.

no hay más que hablar それで決まり. Si dices que lo puedes hacer, *no hay más que hablar*. 君がそれをできると言うなら、それで決まりだ.

no más (1) わずか、単に、…だけ. Te doy cien euros *no más*. 君に100ユーロだけあげる. ayer *no más* つい昨日. Quisiera salir a la calle *no más* a pasear. ちょっと散歩しに表へ出かけたいだけです. (2)《＋名詞》…はもうたくさんだ. ¡*No más* gritos! もうわめくのはよせ. *No más* agresiones a los derechos humanos. 人権侵害はもうたくさんだ. (3)《A＋**sino que** B》《ラ米》AだけでなくB (=no sólo A sino también B). *No más* lo tocaron *sino que* lo destruyeron. 彼らはそれに触ったばかりか、壊してしまった. (4)《ラ米》《話》さあ、まあちょっと. Siéntese *no más*. まあちょっと掛けて.

no más de... わずか…. Se casaron hace *no más de* tres años. 彼らはたった3年前に結婚したばかりだ.

no (＋動詞) **más** (＋名詞) **que** (＋名詞／＋不定詞) ただ…だけ(しか). *No tengo más que* diez euros. 私はわずか10ユーロしか持っていない. *No hay más camino que* seguir su camino. 自分の道を進む以外に道はない. *No es más que* la punta del iceberg. それは氷山の一角にすぎない. *No hay más que* ver la reacción. 反応を見るにかぎる. La discriminación *no hace más que* aumentar. 差別は増すばかりだ. La batalla *no ha hecho más que* empezar. 戦いは始まったばかりだ.

poco más o menos ほぼ (=*más* o menos). *poco más o menos* lo mismo だいたい同じこと.

poder más... …より強い、…に勝つ. La curiosidad de los niños *pudo más* que el temor. 子供たちの好奇心が恐怖に勝った.

por lo más →a lo *más*.

por más (＋名詞・形容詞・副詞) **que** (1)《＋接続法》《仮定》どんなに…しようとも、いくら…であっても. *por más que* se empeñen 彼らがどんなに頑張っても. *por más esfuerzos que* hagas 君がどんなに努力しようとも. *por más amarga que sea* la realidad 現実がどんなにつらいものであっても. No cambia mi amor *por más lejos que me encuentre*. どんなに遠くにいても私の愛は変わらない. (2)《＋直説法》《事実》あんな「こんな」に…するのに. *Por más que* le doy vueltas [*Por más vueltas que* le doy], no lo entiendo. どんなに考えても私にはそれがわからない. (3)《ラ米》《話》決して…ない.

¿Qué más da (*que*＋接続法)**?** (…でも) 構わないではないか. ¿*Qué más da que* sea verdad o mentira? それが本当でもうそでもいいじゃないか. ¿*Qué más da* lo que pueda ocurrir? 何が起ころ

masa 1272

うと構わないだろ.
sin ir más lejos [*allá*] 手近な例を挙げると. Y ejemplos los hay a miles, ayer *sin ir más lejos*. 例は山とある, 例えば昨日だ.
sin más (1) そのまま, いきなり (=*sin más ni más*). Y *sin más* empezó a llorar. そしていきなり泣きだした. (2) 《+名詞》ただ…で, ただ〜をマッサージするようにして. *sin más* explicaciones それだけの説明で.
(3) とにかく. aceptar *sin más* la situación 状況をとにかく受け入れる.
sin más ni más 《話》いきなり, 理由もなく. A mí no me gusta abandonar el trabajo *sin más ni más*. 私はわけもなく仕事を投げ出すのが嫌いだ.
sobre poco más o menos ほぼ, だいたい (=*poco más o menos*).
SUS *más* y SUS *menos* 《話》(1) 意見の衝突. Ayer tuve mis *más* y mis *menos* con mi marido. 私は昨日夫と意見が衝突した. (2) 長所と短所. Todo el mundo tiene *sus más y sus menos*. 誰にもよい点と悪い点がある.
todavía más → *aún más* (2).
y lo que es más なおその上に, さらに, 加えて.
y más とりわけ (=*sobre todo*). Si marco un gol lo celebraré, *y más* si es un tanto decisivo. もし私がゴールを決めればそれを祝うだろうし, もしそれが決勝点ならなおさらだ.
¿Y qué más? うん, それで; だからどうしたというのか. No sientes el menor respeto por mí. —*¿Y qué más?* あなたは私を少しも尊敬していないのよ. —それがどうした.
[←〔古スペイン〕*maes*「よりいっそう, さらに; しかし」(→ *mas*) ←〔ラ〕*magis* 副「よりいっそう, さらに」(*magnus*「大きい」の比較級);〖関連〗*además*.〔仏〕「しかし」.]

***ma.sa** [má.sa] 囡 **1** (同じものでできた) **塊**; (人・ものの) 集まり, 集積. una 〜 de nieve [nube] 雪[雲]の塊. una 〜 de dinero 山のような大金. una gran 〜 de gente 山のような大群衆. Una 〜 de agua marina invadió la costa. 沿岸地帯に大量の海水が浸入した.
2 ペースト状の塊; (パンやケーキの) 生地; 接着用溶剤. 〜 de pastel ケーキ生地. 〜 de yeso (生の) しっくい. 〜 para los ladrillos れんが組み立て用の充填(じゅうてん)剤.
3 《主に複数で》大衆, マス; 民衆, 庶民. medios de comunicación de 〜*s* マスメディア. una película para las 〜*s* 大衆映画. la sociedad de 〜*s* 大衆化社会. *La rebelión de las* 〜*s*『大衆の反逆』(Ortega y Gasset が1930年に書いた大衆論の嚆矢(こうし)).
4 《物理》質量. 〜 atómica 原子質量. 〜 crítica 臨界質量. ley de conservación de las 〜*s* 質量保存の法則. **5** 《電》接地, アース. **6** 《ラ米》(1) (ヌキ)(ヌ)(ジジ)パンケーキ. (2) (ジジ)菓子.
en masa 一団となって, 大規模に; 群集で. demostración gimnástica *en* 〜 マスゲーム.
[←〔ラ〕*massam* (*massa* の対格) ←〔ギ〕*máza*「大麦のパン」;〖関連〗*macizo*.〔英〕*mass*]

ma.sa.co.ta [ma.sa.kó.ta] 囡 → *masacote*.
ma.sa.co.te [ma.sa.kó.te] 男 《ラ米》(ジジ)《話》ごちゃまぜ.
ma.sa.crar [ma.sa.krár] 他 大量殺人を行う, 大虐殺する. [←〔仏〕*massacrer*]
***ma.sa.cre** [ma.sá.kre] 囡 **虐殺, 大虐殺** (=*matanza*). [←〔仏〕*massacre*]

ma.sa.cua.ta [ma.sa.kwá.ta] 囡 《動》ボア.
ma.sa.da [ma.sá.ða] 囡 → *masía*.
ma.sa.de.ro [ma.sa.ðé.ro] 男 農園の小作人, 農夫.
ma.sai [ma.sái] 形 マサイの. — 男 囡 マサイ人.
***ma.sa.je** [ma.sá.xe] 男 **マッサージ**, もみ療治. dar 〜 [un 〜] a... 〜をマッサージする. hacerse dar 〜*s* マッサージをしてもらう.
ma.sa.je.ar [ma.sa.xe.ár] 他 《体の部分を》マッサージする, もむ. Te *masajeo* la espalda, si tienes dolor. 背中が痛いならマッサージしてあげましょう.
— 〜(.se) 自 再 マッサージする.
ma.sa.jis.ta [ma.sa.xís.ta] 男 囡 マッサージ師, あんま.
ma.sar [ma.sár] 他 → *amasar*.
ma.sa.to [ma.sá.to] 男 《ラ米》(1) (トウモロコシ・バナナ・ユカイモの) 発酵飲料 [酒]. (2) (ロン)ココナッツの菓子. (3) (シシ) (旅行に携帯する) トウモロコシ粉.
mas.ca.ba.do, da [mas.ka.βá.ðo, -.ða] 形 糖蜜(みつ)を含んだ. azúcar 〜 サトウキビの再製糖.
mas.ca.do, da [mas.ká.ðo, -.ða] 形《話》(難しいことを) わかりやすくした, かみくだいた. dárselo todo 〜 (a+人)《人》にかみ砕いて説明する.
— 囡《ラ米》(1) (かみタバコなどの) ひと口分, かむこと. (2) (ラプラ)(エ米)埋蔵された財宝; そら, へそくり. (3) (ラプラ)(シン)お金. (4) (ヲジ)《話》不正利得, そでの下. (5) (メリ)(*エ米*)(ジジ)絹のネッカチーフ [ハンカチ].
dar la mascada《ラ米》(エ米)《話》激しく非難する, かみつく.
largar (*aflojar, soltar*) *la mascada*《ラ米》《話》(1) (セッ)吐く. (2) (ラプラ)(シン)吐露する. (3) (シン)金を手放す.
mas.ca.dor, do.ra [mas.ka.ðór, -.ðó.ra] 形 かむ時の, かみ砕く.
mas.ca.du.ra [mas.ka.ðú.ra] 囡 **1** かむこと, かみ砕くこと, 咀嚼(そしゃく). **2** 《ラ米》(1) (エンメ) (かみタバコの) 小片, かけら. (2) (ラプラ)菓子パン, クッキー.
mas.car [mas.kár] 他 **1** かむ, かみ砕く, 咀嚼(そしゃく)する (=*masticar*);《ラ米》《タバコを》かむ. go-ma de 〜 チューインガム. **2** 《話》(口の中で) ぶつぶつ言う. **3** 《話》かみ砕く, わかりやすくする.
— 自《ラ米》タバコをかむ.
— 〜.se 再 **1** …の気配がみなぎる, 《危険などが》予測される. **2**《海》《綱が》すれる, 磨滅する.
***más.ca.ra** [más.ka.ra] 囡 **1 仮面, 面, マスク;覆面**. 〜 antigás 防毒マスク. 〜 de oxígeno 酸素マスク.
2 仮装, 変装. traje de 〜 仮装服. **3** 見せかけ, ごまかし. quitar la 〜 a ... …の化けの皮をはぐ. quitarse la 〜 正体を現す, 本音を吐く. **4** 口実, 言い訳. **5** 《複数で》仮面舞踏会, 仮装パーティー. **6** 《複数で》謝肉祭; 茶番 (= *mojiganga*). **7**《ラ米》(*エ米*)醜い女性; 厚化粧の女性.
— 男 囡 仮面で変装した人.
[←?〔アラビア〕*maskhara*「仮面; 道化役者」;〖関連〗[英]*mask*]

mas.ca.ra.da [mas.ka.rá.ða] 囡 **1** 仮面舞踏会, 仮装行列. **2** 見せかけ, まやかし, 茶番.
mas.ca.ri.lla [mas.ka.rí.ja | -.ʎa] 囡 **1** 麻酔マスク, 酸素マスク (鼻と口を覆う) マスク. **2** (美顔用の) パック. 〜 cosmética. **3** デスマスク, 死面. **4** (目の部分だけを覆う) 仮面.
mas.ca.rón [mas.ka.rón] 男《建》(装飾用の) 怪人面. 〜 de proa《海》船首像 [飾り], フィギュアヘッド. → 次ページに図.

mascarón
(怪人面)

mascarón de proa
(船首像)

mas·cle·tá / mas·cle·tà [mas.kle.tá] 囡 (スペイン Valencia の祭りで使われる) 爆竹.

mas·co·ta [mas.kó.ta] 囡 **1** マスコット; (幸運をもたらす) 人形か動物, お守り. **2** ペット.
[← 〔仏〕 *mascotte*]

mas·cu·jar [mas.ku.xár] 他 → mascullar.

mas·cu·li·llo [mas.ku.lí.jo‖-.ʎo] 男 **1** 尻(ﾘ)と尻をぶつける遊び. **2**〔話〕殴ること, 打つこと.

mas·cu·li·ni·dad [mas.ku.li.ni.ðáđ] 囡 男性〔雄〕であること; 男らしさ.

mas·cu·li·ni·za·ción [mas.ku.li.ni.θa.θjón / -.sa.sjón] 囡〖生物〗男性化.

mas·cu·li·ni·zar [mas.ku.li.ni.θár / -.sár] 97 他 **1**〖文法〗男性(形)にする. **2**〈女性を〉男らしくする, 男性的にする. ― ~·**se** 再 男性的になる.

* **mas·cu·li·no, na** [mas.ku.lí.no, -.na] 形 **1** 男の, 雄の, 雄性の (↔femenino). un individuo del sexo ~ ひとりの男性. los órganos ~*s* de una flor 花の雄性器官. **2 男性用の**, 男向きの. ropa *masculina* 紳士服. **3** 男らしい, 男性的な; 力強い, 雄々しい; 男勝りの. una característica *masculina* 男っぽい特徴. un color ~ 男性的な色. **4**〖文法〗男性(形)にする.
― 男〖文法〗男性(形).
[← 〔ラ〕 *masculīnum* (*masculīnus* の対格) (*mās*「男」より派生)];〔関連〕macho. 〔英〕*masculine*]

mas·cu·llar [mas.ku.jár‖-.ʎár] 他 **1**〔話〕もぐもぐとかむ. **2** (口の中で) ぶつぶつ言う.

ma·se·co·ral [ma.se.ko.rál] **/ ma·se·ji·co·mar** [ma.se.xi.ko.már] 男 呪品.

má·ser [má.ser] 〔英〕男〖物理〗メーザー, マイクロ波増幅器.

ma·se·ra [ma.sé.ra] 囡 **1** パン生地のこね桶(ﾄﾞ); パン生地にかける布. **2**〖動〗(ビスケー湾に生息する) エビの一種, オマールエビ. **3**〖ラ米〗(ｶ地) トルティージャ *tortilla* の生地を売る女性.

ma·se·te·ro [ma.se.té.ro] 男〖解剖〗咬筋(ﾋ).

ma·sí·a [ma.sí.a] 囡 (スペイン Cataluña·Aragón 地方の) 農場内の家屋, 一戸建ての農家.

ma·si·fi·ca·ción [ma.si.fi.ka.θjón / -.sjón] 囡 **1** 脱個性化, 大衆化. **2** 密集化, 大規模化.

ma·si·fi·car [ma.si.fi.kár] 102 他 **1**…の個性をなくさせる, 大衆化させる. **2**〈場所を〉人でいっぱいにする. **3** 多くの人が利用する. La gente *masifica* el transporte público en mi ciudad. 私の町では多くの人が公共交通機関を利用している.
― ~·**se** 再 **1** 個性がなくなる, 大衆化する. Se han *masificado* mucho las ciudades turísticas. 観光地は非常に無個性になってきている. **2**〈場所が〉人でいっぱいになる. **3** 多くの人に利用される.

ma·si·lla [ma.sí.ja‖-.ʎa] 囡 (窓ガラス固定用・亀裂修繕用) パテ.

ma·si·llo [ma.sí.jo‖-.ʎo] 男〖ラ米〗(ｶ地) しっくい.

ma·si·ta [ma.sí.ta] 囡 **1**〖軍〗(俸給から差し引かれる) 被服費. **2**〖ラ米〗(ｶ地)(ｽ地)(ｽ地) 菓子.

ma·si·te·ro, ra [ma.si.té.ro, -.ra] 男 囡〖ラ米〗(ｶ地)(ｽ地)(ｽ地) 菓子職人, 菓子屋.

ma·si·vo, va [ma.sí.bo, -.ba] 形 **1** 大量の, 多量の. dosis *masiva* (薬の) 大量投与.
2 大集団の, 大規模な.

mas·lo [más.lo] 男〖動〗尾の芯部.〖植〗茎.

ma·so·ca [ma.só.ka] 形 男 囡〔話〕→ masoquista.

ma·són, so·na [ma.són, -.só.na] 男 囡 フリーメーソン団員.

ma·so·ne·rí·a [ma.so.ne.rí.a] 囡 フリーメーソン (団): 会員の相互扶助・友愛促進を目的とする秘密結社 (= francmasonería).

ma·só·ni·co, ca [ma.só.ni.ko, -.ka] 形 フリーメーソンの. logia *masónica* フリーメーソンの集会所〔支部〕.

ma·so·quis·mo [ma.so.kís.mo] 男 マゾヒズム, 被虐性愛. → sadismo.

ma·so·quis·ta [ma.so.kís.ta] 形 マゾヒズムの.
― 男 囡 マゾヒスト, 被虐性愛者.

ma·so·ra [ma.só.ra] 囡〖宗〗マソラ: ヘブライ語旧約聖書の注解.

ma·so·te·ra·pia [ma.so.te.rá.pja] 囡 マッサージ治療〔療法〕.

ma·so·ve·ro, ra [ma.so.βé.ro, -.ra] 男 囡 (*masía* に住み込みの) 小作農, 小農.

ma·sé [ma.sé]〔仏〕男〖遊〗(ビリヤード) マッセ, 立てキュー.

mas·ta·ba [mas.tá.ba] 囡〖史〗マスタバ: 古代エジプトの台形墳墓.

mas·ta·te [mas.tá.te] 男〖ラ米〗(ﾒ地)(ｺﾞ地) (昔の先住民の) 下帯, 腰布.

mas·tec·to·mí·a [mas.tek.to.mí.a] 囡〖医〗乳房切除手術.

más·tel [más.tel] 男 **1** 支柱, 柱. **2** → mastelero. **3**〖動〗尾の芯部.

mas·te·le·ri·llo [mas.te.le.rí.jo‖-.ʎo] 男〖海〗トゲルンマスト, 上檣(ﾐ), 檣頭.

mas·te·le·ro [mas.te.lé.ro] 男〖海〗トップマスト, 中檣(ﾐ).

mas·ter / más·ter [más.ter]〔英〕男〔複 ~s, -s〕 **1** 修士課程; 修士号. **2** (複数で)〖スポ〗マスターズトーナメント.

mas·ti·ca·ción [mas.ti.ka.θjón / -.sjón] 囡 咀嚼(ﾍ); 思案.

mas·ti·ca·dor, do·ra [mas.ti.ka.ðór, -.ðó.ra] 形 かみ砕く,〈器官が〉咀嚼(ﾍ)の;〈昆虫が〉咀嚼器官を持つ. ― 男 **1** (咀嚼しやすいように食べ物を砕く) 粉砕器. **2**〖馬〗馬銜(ﾊﾞ). **3** 咀嚼器官を持つ昆虫.

* **mas·ti·car** [mas.ti.kár] 102 他 **1 かむ, かみ砕く**,〈咀嚼(ﾍ)する. ~ un chicle チューインガムをかむ. *Mastica* bien la comida. よくかんでお食べ.
2 思案する, 思い巡らす. *Mastica* mucho las cosas, resulta que es un indeciso. 彼はものごとを考えすぎるあまり優柔不断になる.
[← 〔ラ〕 *masticāre*← 〔ギ〕 mastikhán「歯ぎしりする」];〔関連〕masticular. 〔英〕*masticate*]

mas·ti·ca·to·rio, ria [mas.ti.ka.tó.rjo, -.rja] 形 咀嚼(ﾍ)の, 咀嚼を助ける. ― 男〖薬〗咀嚼剤.

mas·ti·ci·no, na [mas.ti.θí.no, -.na / -.sí.-] 形 乳香の.

mas·ti·ga·dor [mas.ti.ɡa.ðór] 男〖馬〗馬銜(ﾊﾞ).

más·til [más.til] 男 **1**〖海〗マスト, 帆柱; トップマスト, 中檣(ﾐ). ~ *trípode* 三脚マスト.

mastín

2 支柱 ; (旗などを揚げる)柱, 竿(ᵃ). **3**『音楽』(ギターなどの)棹(ᵃ). **4**(植物の)茎, 幹 ; (羽の)軸, 中軸.

mas·tín, ti·na [mas.tín, -.tí.na] 形『動』マスチフ. ━ 男 マスチフ:毛の短い大型犬. ～ de los pirineos ピレニアンマウンテンドッグ. ► 雌に mastín を使うこともある.

mas·ti·que [mas.tí.ke] 男『ラ米』(ᵃ)(話) 食べ物.

más·ti·que [más.ti.ke] 男 **1** 乳香, マスチック:芳香性の天然樹脂. **2**『美』(壁画の下塗りに用いる) 充塡(ᵗᵉⁿ)剤.

mas·ti·tis [mas.tí.tis] 女〖単複同形〗『医』乳腺(ᵏᵉⁿ)炎, 乳房炎.

mas·to·don·te [mas.to.ðón.te] 男 **1**『古生』マストドン:新生代第三紀に棲息(ᵏᵉⁿ)していたゾウ目のほ乳類. **2**(話)巨人, 巨大なもの.

mas·to·dón·ti·co, ca [mas.to.ðón.ti.ko, -.ka] 形 巨大な.

mas·toi·de·o, a [mas.toi.ðé.o, -.a] 形『解剖』乳様突起の.

mas·toi·des [mas.tói.ðes] 形〖性数不変〗『解剖』乳様突起の;乳頭状の. ━ 男〖単複同形〗乳様突起.

mas·toi·di·tis [mas.toi.ðí.tis] 女〖単複同形〗『医』乳様突起炎, 乳突炎.

mas·to·zo·o·lo·gí·a [mas.to.θo.(o.)lo.xí.a / -.so.-] 女『生物』ほ乳類学.

mas·tran·to [mas.trán.to] / **mas·tran·zo** [mas.trán.θo / -.so] 男『植』ヤグルマハッカ.

mas·tuer·zo, za [mas.twér.θo, -.θa / -.so, -.sa] 形 愚かな, まぬけな, 鈍感な. ━ 男 **1**『植』(1) コショウソウ, レピダム. (2) クレソン, オランダガラシ (= berro). **2** 愚か者, 薄のろ, まぬけ.

mas·tur·ba·ción [mas.tur.βa.θjón / -.sjón] 女 自慰, マスターベーション, オナニー.

mas·tur·bar [mas.tur.βár] 他 …の性器を刺激する. ━ ~se 自 自慰する, オナニーする.

mas·va·le [mas.βá.le] 男 →malvasía.

ma·ta¹ [má.ta] 女 **1** 灌木(ᵏᵃⁿ), 低木 ;〖複数で〗低木の茂み. **2**(植物の)茎, 軸. **3**『植』ピスタチオ, ニュウコウジュ. **4** トランプ遊びの一種. **5**『ラ米』(1) (ᵃᵣᵍ)(ᵖʸ)(馬の)鞍(ᵏᵘᵣ)擦れ. (2) (ᶜᵒˡ)果樹園. (3) (ᵉⁿ)森.

la mera mata『ラ米』(ᴹᵉˣ)本物.
mata de agua『ラ米』(ᵛᵉⁿ)どしゃ降り(の雨).
mata de la seda『植』トウワタ.
mata de pelo(女性の)長く豊かな髪.
mata parda カシの林.
mata rubia『植』ケルメスナラ.

ma·ta² [má.ta] 女『冶』鍍(ᵗᵒ)(鉱).

ma·ta³ [má.ta] 活 →matar.

ma·ta·buey [ma.ta.βwéi] 女『植』セリ科ミシマサイコ属の一種.

ma·ta·bu·rro [ma.ta.βú.ro] 男『ラ米』(話) (1) (ᵃᵣᵍ)(ᵖʸ)(ᵖʳ)強い酒, 火酒. (2) (ᵈʳ)(ᶜᵘ)〖主に複数で〗辞書, 字引.

ma·ta·ca·ba·llo [ma.ta.ka.βá.jo / -.ʎo] *a matacaballo* 大急ぎで, 大あわてで.

ma·ta·ca·bras [ma.ta.ká.βras] 男〖単複同形〗冷たい北風.

ma·ta·cán [ma.ta.kán] 男 **1**『植』マチン (= nuez vómica) ;(マチンに含まれる硝酸ストリキニーネで作る)犬を殺す毒物. **2**『狩』(犬に追われた)野ウサギ. **3**『建』石落とし. →右段に図. **4** 手で持って投げるのに手ごろな石. **5**『ラ米』(1) (ᵃᵣᵍ)(ᵖʸ)子ジカ. (2) (ᵉⁿ)(肥えた)子牛.

ma·ta·can·de·las [ma.ta.kan.dé.las] 男〖単複同形〗ろうそく消し.

ma·ta·can·dil [ma.ta.kan.díl] 男『植』アブラナ科カキネガラシ属の一種:ヨーロッパ産.

ma·ta·chín¹ [ma.ta.tʃín] 男 (昔の)道化役者(の踊り・仕草).

ma·ta·chín² [ma.ta.tʃín] 男 **1** 畜殺人. **2** けんか早い男.

matacán (石落とし)

ma·ta·cu·lín [ma.ta.ku.lín] 男『ラ米』(ᵉⁿ)(1) 揺りいす, ロッキングチェアー. (2) シーソー. (3) (綱渡りの)バランス棒. (4)『機』横木;エンジンのロッカーアーム. (5) ぶらんこ.

ma·ta·da [ma.tá.ða] 女『ラ米』(ᴹᵉˣ)落下.

ma·ta·de·ro [ma.ta.ðé.ro] 男 **1** 畜殺場. **2** (話)骨の折れる仕事. **3**『ラ米』(ᵃᵣᵍ)(ᵖʸ)(俗)売春宿, 娼家(ᵏᵃ).

ir al matadero 危険な場所に赴く.
llevar a+人 *al matadero*〈人〉を生命の危険にさらす, 窮地に追いこむ.

ma·ta·do, da [ma.tá.ðo, -.ða] 形 **1** (estar+)(話)(場所が)活気のない;(人が)疲れきった, 覇気のない. **2**『ラ米』(ᴹᵉˣ)働き過ぎの, がり勉の.

ma·ta·dor, do·ra [ma.ta.ðór, -.ðó.ra] 形 **1** 殺す, 殺人の. **2** (話)死にそうな, 骨の折れる. El trabajo es ~. その仕事はひどく骨が折れる. **3** ばかげた, 滑稽(ᵏᵉⁱ)な.
━ 男 女『闘牛』マタドール:picador, banderillero とともに出場し, muleta や剣を用いて牛に最後のとどめを刺す闘牛の主役.
2 殺す人, 殺人者.
━ 男『遊』(トランプ)(hombre の)切り札.

matador (マタドール)

ma·ta·du·ra [ma.ta.ðú.ra] 女 鞍(ᵏᵘᵣ)ずれ;(靴ずれなどの)軽いすり傷.

ma·ta·fue·go [ma.ta.fwé.ɣo] 男 **1** 消火器. **2** 消防士.

ma·ta·ga·lle·gos [ma.ta.ɣa.jé.ɣos ‖ -.ʎé.-] 男〖単複同形〗『植』ヤグルマギク属の一種.

ma·ta·ga·llos [ma.ta.ɣá.jos ‖ -.ʎos] 男〖単複同形〗『植』シソ科フロミス属の一種.

ma·ta·gi·gan·tes [ma.ta.xi.ɣán.tes] 男 女〖単複同形〗『スポ』大物食いの選手(チーム).

ma·ta·gu·sa·no [ma.ta.ɣu.sá.no] 男『ラ米』(ᵛᵉⁿ)オレンジの皮・蜂蜜(ᵐᶦᵗˢᵘ)で作る甘い菓子.

ma·ta·ham·bre [ma.ta.ám.bre] 男『ラ米』(タピオカ粉の)菓子パン.

ma·ta·ju·dí·o [ma.ta.xu.ðí.o] 男『魚』ボラ.

ma·ta·la·hú·ga [ma.ta.la.ú.ɣa] / **ma·ta·la·hú·va** [ma.ta.la.ú.βa] 女『植』アニス, ウイキョウ(の実).

ma·ta·las [má.ta.las] *mátalas callando* 男〖単複同形〗(話)猫かぶり, 偽善者, 油断のならない人.

ma·ta·lo·bos [ma.ta.ló.βos] 男〖単複同形〗『植』トリカブト.

ma·ta·lón, lo·na [ma.ta.lón, -.ló.na]〈馬が〉やせて傷だらけの.

ma·ta·lo·ta·je [ma.ta.lo.tá.xe] 男 **1** (船舶に備える)食料. **2** (話)雑然とした寄せ集め.

ma·ta·lo·te[1] [ma.ta.ló.te] 男 駄馬, 老馬.
ma·ta·lo·te[2] [ma.ta.ló.te] 男 《海》僚艦. ~ de proa[popa]《海》先行[後続]艦.
ma·tam·bre [ma.tám.bre] 男《ラ米》(^{メキ})牛のあばら肉;巻いてゆでたあばら肉を薄切りにした料理.
ma·ta·mo·ros [ma.ta.mó.ros] 形《性数不変》空威張り屋の, 虚勢を張る (= valentón).
—— 男《単複同形》空威張り屋.
ma·ta·mos·cas [ma.ta.mós.kas] 形《性数不変》ハエ取りの. papel ~ ハエ取り紙. pala ~ ハエたたき. insecticida [espray] ~ スプレー式殺虫剤.
—— 男《単複同形》ハエたたき;ハエ取り紙.

***ma·tan·za** [ma.tán.θa / -.sa] 女 **1**（大量）殺戮(^{サツ}), 虐殺. **2**（豚などの）畜殺（の時期）. **3**（自家製の）豚肉の塩漬け[腸詰め]作業;豚肉食品. **4**《ラ米》(1)(^{アンテ})(^{中米})(^{チリ})(^{メキ})畜殺場. (2)(^{メキ})肉屋.
Ma·tan·zas [ma.tán.θas / -.sas] 固名 マタンサス:キューバの県;県都, 観光・港湾都市.
ma·ta·pa·lo [ma.ta.pá.lo] 男《ラ米》(^{チリ})(^{メキ})《植》クワ属の寄生植物の一種;インドゴムノキの一種.
ma·ta·pe·rra·da [ma.ta.pe.řá.da] 女《ラ米》(^{アンテ})《話》悪さ, いたずら.
ma·ta·pe·rre·ar [ma.ta.pe.ře.ár] 自《ラ米》(^{アンテ})《話》悪さをする, いたずらをする.
ma·ta·pe·rros [ma.ta.pé.řos] 男《単複同形》《話》悪童, わんぱく坊主.
ma·ta·pio·jos [ma.ta.pjó.xos] 男《単複同形》《ラ米》(^{コン})《昆》トンボ.
ma·ta·pol·vo [ma.ta.pól.βo] 男 通り雨, 小雨.
ma·ta·pul·gas [ma.ta.púl.gas] 女《単複同形》《植》セイヨウハッカ.
ma·ta·quin·tos [ma.ta.kín.tos] 男《単複同形》《話》質が悪く強いタバコ.

****ma·tar** [ma.tár] 他 **1**〈人・動物を〉殺す, …の命を奪う. ~ a civiles con una bomba 爆弾で民間人を殺害する. Un tiro *mató* al fotógrafo. 一発の銃弾が写真家の命を奪った. Me *mataron* a mi hijo en la guerra. 私は戦争で息子を失った. ~ un cerdo 豚を一頭つぶす.
2〈人を〉参らせる, 苦しめる, 驚かせる. ~ a preguntas 質問責めにする. Lo *mataba* la soledad. 彼は孤独に苦しんでいた. Me *has matado* con tus palabras. 君の発言にはショックを受けたよ.
3《話》〈空腹などを〉いやす;〈空き時間などを〉つぶす. ~ la sed のどの渇きをいやす. Entré en una librería para ~ el tiempo. 私は時間をつぶすために本屋に入った.
4〈色調・輝きなどを〉鈍くする;〈光・火などを〉消す. mezclar el marrón para ~ el amarillo 黄色の色調を抑えるために茶色を混ぜる.
5〈期待・喜びなどを〉打ち砕く. La respuesta me *mató* la ilusión. その返事で私の期待は消し飛んだ.
6〈切手に〉消印を押す. **7**〈角・へりを〉落とす, 丸く削る. ~ las esquinas del armario たんすの角を削って丸くする. **8**《遊》(トランプ)(1)〈相手の札より〉強い札を出す. (2)(いかさまで)〈札に〉しるしをつける. **9**〈石灰・石膏(^{コウ})を〉消和する.

—— **·se** 再 **1** 自殺する (= suicidarse). La pobre *se mató* lanzándose del puente. 女性はかわいそうに橋から飛び降りて自殺した.
2（事故・災害などで）死ぬ. Mi padre *se mató* en un accidente. 父は事故で死んだ. ~*se* al volante 運転中に死ぬ.
3《話》身を削る, (**por...** …を求めて)一生懸命になる. *Me mato* trabajando [a trabajar]. 私は身を粉にして働いている. Las chicas *se matan por* adelgazar. 女の子たちはやせようとやっきになっている. Mi hermano *se mata por* ella. 私の兄[弟]は彼女に夢中だ.
4《**con**+人〈人〉と》けんかする, 争う. **5**《複数主語で》(1) 殺しあう. (2)《話》〈色などが〉合わない.
entrar a matar《闘牛》とどめの体勢に入る.
Entre todos la mataron y ella sola se murió. 皆で加担して, あとは口をぬぐう (▶ 慣用表現).
llevarse [estar] a matar con+人〈人〉とひどく仲が悪い, 犬猿の仲である.
matarlas callando《話》虫も殺さぬ顔をして悪事を働く.
¡Que me maten si…!《話》命にかけても…ではない. *¡Que me maten si no lo cumplo!* 誓ってそれを実行する.

ma·ta·ri·fe [ma.ta.rí.fe] 男 畜殺人, 畜殺業者.
ma·ta·rra·tas [ma.ta.řá.tas] 男《単複同形》**1** 猫いらず. **2**（悪酔いさせる）安酒.
ma·ta·rru·bia [ma.ta.řú.βja] 女《植》ケルメスナラ (= mata rubia).
ma·ta·sa·nos [ma.ta.sá.nos] 男 女《単複同形》《話》やぶ医者, へぼ医者.
ma·ta·se·llos [ma.ta.sé.jos ‖ -.ʎos] 男《単複同形》（郵便切手の）消印;ハンド[ローラー]スタンプ.
ma·ta·sie·te [ma.ta.sjé.te] 男《話》空威張り屋, 虚勢を張る人.
ma·ta·sue·gras [ma.ta.swé.gras] 男《単複同形》(玩具(^{ガン})の) 蛇腹笛.
ma·ta·tí·as [ma.ta.tí.as] 男《単複同形》《話》金貸し, 高利貸し.
ma·ta·tu·do, da [ma.ta.tú.ðo, -.ða] 形《ラ米》(^{コン})《話》鼻が大きな.
ma·ta·zón [ma.ta.θón / -.són] 女《ラ米》(1)(^{コン})大虐殺;畜殺. (2)(^{エクア})畜殺場.
match [mátʃ] [英] 男《複 ~, ~s, ~es》《スポ》試合, 競技.
match-ball [mátʃ.βol] [英] 男《スポ》マッチポイント.
ma·te[1] [má.te] 形 つやのない, くすんだ;〈音が〉鈍い, さえない. plata ~ いぶし銀.
ma·te[2] [má.te] 男 **1**《遊》(チェス) チェックメイト, 王手(詰め). dar jaque y ~(キングを)チェックメイトする. **2**《スポ》スマッシュ.
dar mate a+人〈人〉を小ばかにする.
ma·te[3] [má.te] 男《ラ米》(1) マテ茶 (= hierba ~, té del Paraguay). cebar ~ マテ茶を入れる. ~ amargo [cimarrón] 砂糖なしのマテ茶. ♦ひょうたんを細工した容器に入れて熱湯を注ぎ, 先端の膨らんだ主に銀製の管 bombilla で吸う. 元来はラプラタ地方の先住民 guaraní 人の薬用飲料. パラグアイ, アルゼンチンが本場. (2) マテ茶の木. (3) ヒョウタン;容器, 器;マテ茶の器. (4)(^{ラ南})(^{チリ})頭. (5)(^{アルゼ})(^{ウル})(^{ラ南}) はげ頭, やかん頭.
pegar mate《ラ米》(^{中米})《話》気が狂う, 気がふれる.
tener mucho mate《ラ米》(^{ラ南})(^{チリ})《話》口達者である.
[← [ケチュア] mate]

hierba mate
（マテ茶）

mate[3]
（マテ茶の器）

mate 1276

ma·te[4] [má.te] 恆 ➡ matar.
ma·te·a·da [ma.te.á.da] 囡《ラ米》《話》(1)《ラ米》マテ茶を飲むこと. (2)《ラ米》マテ茶を飲む茶話会〔集まり〕.
ma·te·ar[1] [ma.te.ár] 他〈間隔をあけて〉〈株を〉植える, 〈種を〉蒔(*)く. — 自 **1**〈穀物の株が〉密生する. **2**〔狩〕〈猟犬が〉茂みの中を捜す.
ma·te·ar[2] [ma.te.ár] 自《ラ米》(1) マテ茶を飲む. (2)《ラ米》〈別の液体と〉混ぜ合わせる. — 他《ラ米》《ゲ》〔遊〕《チェス》…に王手をかける. — **se** 再《ラ米》《ゲ》がり勉する.
ma·te·má·ti·ca·men·te [ma.te.má.ti.ka.mén.te] 副 **1** 数学的に. resolver... ～ …を数学的に解決する. **2** (時刻などの数値に関して)ぴたりと, 精密に. llegar a un sitio ～ a las siete ある場所にきっかり7時に着く. **3**《話》(実態はともかく)計算上は.
*****ma·te·má·ti·co, ca** [ma.te.má.ti.ko, -.ka] 形 **1** 数学の, 数学的な. lingüística matemática 数理言語学. razonamiento ～ 数学的論証. rigor ～ 数学的厳密さ. **2** 非常に正確な. con puntualidad matemática 時間ぴったりに.
— 男 囡 数学者. — 囡《主に複数で》数学.
si las matemáticas no fallan《話》《婉曲》計算違いでなければ, まず間違いなく, 絶対に. ¿Son mil euros en total? — Sí, *si las ～s no fallan*. 全部で1000ユーロですって. — ええ, 計算によると.
[←〔ラ〕 *mathēmaticum* (*mathēmaticus* の対格)(〔ギ〕 *mathēmatikós* 「学問(好き)の」より);関連 [英] *mathematics*]
ma·te·o [ma.té.o] 男《ラ米》《ゲ》《話》がり勉.
dar[*echar*] *mateo*《ラ米》《ゲ》《ラ米》中途半端にする.
Ma·te·o [ma.té.o] 固名 **1**《聖》San ～ 聖マタイ: キリストの十二使徒のひとり. 『マタイによる福音書』の著者. 祝日9月21日. **2** マテオ: 男子の洗礼名.
[←〔ラ〕 *Matthaeus*←〔ギ〕 *Matthaîos*←〔ヘブライ〕 *Mattithyāh*;関連〔ポルトガル〕*Mateus*. 〔仏〕*Mathieu*. 〔伊〕 *Matteo*. 〔英〕 *Matthew*. 〔独〕 *Mattheus*]
mater- 「母」の意の造語要素. ときに matern-, matr-, matri-. ⟶ *materno, matrona, matrimonio*. [←〔ラ〕]
ma·te·ra [ma.té.ra] 囡《ラ米》《ジア》植木鉢.
*****ma·te·ria** [ma.té.rja] 囡 **1** 物質, 物体. el espíritu y la ～ 精神と物質. la ～ y la energía 物質とエネルギー. ～ orgánica [inorgánica] 有機[無機]物.
2 材料, 材質, 素材. Para reciclar se separa la ～ orgánica de la inorgánica. リサイクルのために有機素材と無機素材が区別される. ～ prima / primera ～ 原料. ～ colorante 着色料, 染料.
3 事柄; 題材, 分野. en ～ de... …に関して言えば. entrar en ～ 本題に入る. Eso es otra ～. それは別の話だ. índice de ～s 目次. ～ de Estado 国事. ～ de discusión 論題. **4**〔医〕《話》膿(*4)
5 教科, 科目. Estudia ocho ～s. 彼[彼女]は8科目勉強している. ～ *previa*《ラ米》《ジア》落第科目.
materia gris《比喩的》頭脳, 知恵. utilizar su ～ *gris* 自分の頭を使う.
[←〔ラ〕 *māteriam* (*māteria* の対格) (⟶ *madera*);関連[スペイン]〔英〕*material*. 〔英〕 *matter*「事柄;物質」]
*****ma·te·rial** [ma.te.rjál] 形 **1** 物質の, 物質的な, 有形の; 肉体の. causar daños ～es 物的損害[被害]を与える. recursos humanos y ～es 人的·物的資源. objeto ～ 物体. prueba ～ 物的証拠, 物証. la civilización ～ 物質文明. dolor ～ 肉体的苦痛. goce ～ 肉体の快楽.
2 実質上の, 具体的な. el autor ～ del asesinato 殺人事件の真犯人. No hay tiempo ～ (para...). (…のための)実質的な時間がない. **3** 物質主義の, 物欲的な(= materialista). una persona muy ～ 俗物. **4**《ラ米》《ジア》細かい, くどい.
— 男 **1**《主に複数で》材料, 素材, 資材. ～ explosivo 爆発物. ～ radiactivo 放射性物質. ～ nuclear 核物質. ～ educativo 教材. nuevo ～ 新素材. ～ informativo 情報資料. ～ publicitario 広告媒体. ～es de construcción 建築資材. ～es de derribo 建築古材. El vaso es de ～ plástico. このコップはプラスチック製だ.
2《集合的》用具, 器具機材, 機械一式. ～ escolar 学用品. ～ didáctico 教材. ～ médico y sanitario 医薬品と衛生用品. ～ fotográfico 撮影機材. ～ de oficina 事務用品. ～ deportivo スポーツ用具. ～ *móvil [rodante]* (鉄道会社の)所有車両. ～ *militar* [*bélico, de guerra*] 軍事物資, 軍需品. **3**(なめし)革. **4**《俗》麻薬.
de material《ラ米》《ジア》《ジア》(日干し)れんが作りの. una pared *de ～* れんがが作りの壁.
ma·te·ria·li·dad [ma.te.rja.li.ðáð] 囡 **1** 物質性, 実体, 実質;有形, 具体性. **2** 外観, 表面. No oye más que la ～ de las palabras. 彼[彼女]は話の上っ面しか聞いていない.
ma·te·ria·lis·mo [ma.te.rja.lís.mo] 男 物質主義;実利主義;〔哲〕唯物論(↔*espiritualismo*). el ～ histórico 史的唯物論, 唯物史観.
ma·te·ria·lis·ta [ma.te.rja.lís.ta] 形 物質主義の;唯物論の. — 男 囡 **1** 物質主義者;実利主義者;唯物論者. **2**《ラ米》《ゲ》(1) 建築資材業者. (2) トラック[ダンプ]の運転手.
ma·te·ria·li·za·ción [ma.te.rja.li.θa.θjón / -.sa.sjón] 囡 **1** 物質化, 有形化, 具体化, 実現. **2** (霊魂の)具現, 体現, 顕現.
ma·te·ria·li·zar [ma.te.rja.li.θár / -.sár] 97 他 **1** 物質化する, 有形化する;具体的に示す, 具体化する, 実現する. **2** 物質主義者にする.
— **se** 再 **1** 実現する;具体化[有形化]する, 実現する. **2** 物質主義者になる.
ma·te·rial·men·te [ma.te.rjál.mén.te] 副 物質的に;実質的に, 具体的に. Eso es ～ imposible. それは実質上不可能だ.
ma·ter·nal [ma.ter.nál] 形 母親の, 母親らしい. el cariño ～ 母親の慈愛. el instinto ～ 母性本能.
ma·ter·nal·men·te [ma.ter.nál.mén.te] 副 母親のように, 母親らしく.
ma·ter·ni·dad [ma.ter.ni.ðáð] 囡 **1** 母であること, 母性. **2** 産院(= casa de ～).
ma·ter·ni·zar [ma.ter.ni.θár / -.sár] 97 他 (まれ)(牛乳を)母乳の成分に近づける.
*****ma·ter·no, na** [ma.tér.no, -.na] 形 **1** 母親の[らしい], 母親としての(↔*paterno*). amor ～ 母性愛. lactancia *materna* 母乳で育てること.
2 母方の, 母系の. abuela *materna* 母方の祖母. *lengua materna* 母語.
ma·te·ro, ra [ma.té.ro, -.ra] 形《ラ米》《ゲ》《ジア》マテ茶の;マテ茶を好む. — 男 囡《ラ米》《ゲ》マテ茶愛飲家.
ma·te·te [ma.té.te] 男《ラ米》《ジア》《話》(1) ごたまぜ, 混ぜ合わせ. (2) 口論, けんか. (3) ごたごた, 混乱.

Ma.tí.as [ma.tí.as] 固名《聖》San〜聖マティア：イスカリオテのユダの代わりに選ばれた十二使徒のひとり．祝日5月14日．[←［ヘブライ］*Matthias*←［ギ］*Matthías*←［ヘブライ］*Mattithyāh*(Mateo の異形)．関連［ポルトガル］*Matias*．［仏］*Mathias*．［伊］*Mattia*．［英］［独］*Matthias*]

ma.ti.ces [ma.tí.θes / -.ses] 男 matiz の複数形．

ma.ti.co [ma.tí.ko] / **má.ti.co** [má.ti.ko] 男〖植〗マチコ：南米産のコショウ科の一種．

ma.ti.dez [ma.ti.ðéθ / -.ðés] 女 1 色つやのなさ；(色・音の)鈍さ，冴(さ)えないこと．2〖医〗(打診で感じる胸部などの)濁音．

ma.ti.hue.lo [ma.ti.(g)wé.lo] 男 起き上がりこぼし．

ma.til.de [ma.tíl.de] 女《話》旧スペイン電話公社(現テレフォニカ Telefónica)の株式．▷テレビ広告の女性名 Matilde に由来．

Ma.til.de [ma.tíl.de] 固名 マティルデ：女子の洗礼名．[←［中ラ］*Matilda*←［古高地ドイツ］*Mahthilda*「戦に強い(女)」が原義)；関連［ポルトガル］*Matilde*．［仏］［独］*Mathilde*．［伊］［英］*Matilda*]

ma.ti.nal [ma.ti.nál] 形 朝の；〖演〗昼の部の．──女〖演〗昼興行，マチネー．

ma.ti.né [ma.ti.né] / **ma.ti.née** [ma.ti.né]〔仏〕1〖演〗昼興行，マチネー．2 (女性の)部屋着，化粧着．

***ma.tiz** [ma.tíθ / -.tís] 男〔複 matices〕 1 色合い；色の濃淡，配色．En la cultura japonesa el marrón tiene varios *matices*. 日本文化では茶色に様々な色調がある．
2 ニュアンス，意味合い；微妙な変化．tener un 〜 político 政治的な色彩を帯びる．Con *matices* sin importancia, estos dos cuadros son demasiado parecidos. 細かな違いをもかくとして，この2枚の絵はあまりに似過ぎている．

ma.ti.za.ción [ma.ti.θa.θjón / -.sa.sjón] 女 1 配色，(色の)調和．2 微妙な変化［色調，ニュアンス］を添えること；ぼかし．

ma.ti.zar [ma.ti.θár / -.sár] 97 他 1 〈色を〉調和させる，配色する．2 微妙なニュアンスを持たせる；《de... ...を》加味する．〜 el tono de voz 声の調子を微妙に変える．doctrinas *matizadas de* socialismo 社会主義的色合いを帯びた理論．

ma.to [má.to] 男 1 →matorral.
2《ラ米》(ユカタン)〖動〗テグートカゲ．
──国 → matar.

ma.to.jal [ma.to.xál] 男〖集〗→matorral.

ma.to.jo [ma.to.xo] 男 1 (一般に)雑木，低木，灌木(かん)．2〖植〗アカザ科ハロキシロン属の一種．3《ラ米》(1)(カリブ)(メキシコ)(エクアドル)(集合的)→ matorral. (2)(集合的)(切り株に生える)新芽．

ma.tón, to.na [ma.tón, -.to.na] 形 けんか早い，気性の荒い．──男女 1《話》けんか早い人．2 用心棒．3《ラ米》(メキシコ)《俗》ギャング；漁民家．

ma.to.ne.ar [ma.to.ne.ár] 他《ラ米》(メキシコ)《俗》殺す，暗殺する，消す．

ma.to.ne.rí.a [ma.to.ne.rí.a] 女 → matonismo.

ma.to.nis.mo [ma.to.nís.mo] 男 のさばり，幅を利かすこと，腕にものをいわすこと．

ma.to.rral [ma.to.rrál] 男 低木の茂み，やぶ；雑木林．→ bosque 類語．

ma.to.rro [ma.tó.rro] 男《ラ米》(エクアドル)茂み，やぶ．

ma.to.so, sa [ma.tó.so, -.sa] 形 やぶ［茂み］に覆われた．

ma.tra [má.tra] 女《ラ米》(コロンビア)毛布，覆い布．

ma.tra.ca [ma.trá.ka] 女 1 〖カト〗マトラカ：聖週間に鐘の代わりに用いられる木製のリズム楽器．2《話》しつこさ．dar la 〜 a + 人〈人〉をうんざりさせる．3《複数で》《隠》数学．4《ラ米》(メキシコ)(プエルトリコ)《話》賄賂(わいろ)．──男女 しつこい人；《ラ米》(メキシコ)おしゃべり．

matraca (マトラカ)

ma.tra.que.ar [ma.tra.ke.ár] 国 マトラカを鳴らす；カタカタ音を立てる．──他 1《話》うんざりさせる．2《ラ米》(メキシコ)《話》〈人から〉賄賂を取る，〈人に〉袖(そで)の下を強いる．

ma.tra.que.o [ma.tra.ké.o] 男 1 マトラカを鳴らすこと；カタカタいう音．2《話》しつこさ．3《ラ米》(メキシコ)《話》賄賂(わいろ)のやりとり．

ma.traz [ma.tráθ / -.trás] 男〔複 matraces〕〖化〗長首のフラスコ．

ma.tre.ra.je [ma.tre.rá.xe] 男《ラ米》(コロンビア)《俗》(集合的)盗賊，強盗団．

ma.tre.ro, ra [ma.tré.ro, -.ra] 形 1 ずるい，悪賢い，抜けめのない．2《ラ米》(メキシコ)逃走中の，放浪の．──男女《ラ米》(コロンビア)《俗》盗賊，強盗．

matri- 「母」の意の造語要素．⇒ *matri*cidio. → mater-.

ma.triar.ca [ma.trjár.ka] 女 女家長，女性リーダー．

ma.triar.ca.do [ma.trjar.ká.ðo] 男《原始》母系家族制，母権制，女家長制．

ma.triar.cal [ma.trjar.kál] 形 母系家族制の，母権制の，女家長制の．

ma.tri.ca.ria [ma.tri.ká.rja] 女〖植〗ナツシロギク．

ma.tri.cial [ma.tri.θjál / -.sjál] 形 1 ドット式の．impresora 〜 ドット式プリンター．2〖数〗行列計算の．

ma.tri.ci.da [ma.tri.θí.ða / -.sí.-] 形 母親殺しの．──男女 母親を殺した人．

ma.tri.ci.dio [ma.tri.θí.ðjo / -.sí.-] 男 母親殺しの罪［行為］．

***ma.trí.cu.la** [ma.trí.ku.la] 女 1 登録簿，原簿，名簿．〜 de alumnos 学籍簿．2 (大学などへの)登録，入学手続き．derechos de 〜 登録料；入学金，授業料．〜 de honor 特待生資格．3《集合的》登録者数，(新年度の)学生数．4〖海〗船名録．puerto de 〜 船籍港．5〖車〗(登録)ナンバー；ナンバープレート．[←［中ラ］*mātrīcula*；［ラ］*mātrīx*「源」(*māter*「母」+縮小辞)より派生；関連［英］*matriculate*, *matrix*]

ma.trí.cu.la.ción [ma.tri.ku.la.θjón / -.sjón] 女 登録［入学］(手続き)．

ma.tri.cu.la.do, da [ma.tri.ku.lá.ðo, -.ða] 形《海》登録された；〈車・船舶が〉登録された．──男女 登録者；在籍者．

***ma.tri.cu.lar** [ma.tri.ku.lár] 他 登録する；入学させる．
──**se** 再《en... ...に》登録する，入学する．〜*se en* la Universidad de Granada グラナダ大学に入学する．〜*se como* [de] médico 医者として登録をする．

ma.tri.mo.nial [ma.tri.mo.njál] 形 結婚の，婚姻の，夫婦(間)の．vida 〜 結婚生活．

ma.tri.mo.nia.lis.ta [ma.tri.mo.nja.lís.ta] 形 家族［家庭］に関する法律に詳しい．

ma·tri·mo·nial·men·te [ma.tri.mo.njál.mén.te] 副 結婚によって; 夫婦として; 婚姻上.

ma·tri·mo·niar [ma.tri.mo.njár] 83 自 結婚する. *Matrimoniamos este domingo en la iglesia.* 今週の日曜日教会にて結婚します.
—~·se 再 結婚する.

★★★**ma·tri·mo·nio** [ma.tri.mó.njo] 男 **1** 結婚, 婚姻; 結婚式(=boda); 婚姻関係. contraer ~ con+人 (人)と婚姻関係を結ぶ. pedir a+人 en ~ (人)にプロポーズする. consumar el ~ 〖夫婦が〗初めてベッドを共にする. ~ civil (法的な)民事婚. ~ religioso (キリスト教会での)宗教婚. ~ mixto 異宗教の信者〖外国人〗同士による結婚. ~ clandestino / ~ a yuras (神父が立ち会わない)秘密結婚. partida de ~ 婚姻証明書. fuera del ~ 婚姻外の, 非嫡出の. *Nuestro ~ ha fracasado.* 私たちの結婚生活は失敗に終わった.
類語 *matrimonio* は「婚姻関係」, 従って「夫婦」を指す. *casamiento* は「結婚すること」, *boda* は「婚礼, 結婚式」.
2 夫婦. un joven ~ 若い夫婦. **3** (企業などの)合併. **4** 《ラ米》《話》米とインゲンマメの料理.
cama de matrimonio ダブルベッド.
matrimonio de conveniencia (1) 政略結婚. (2) 極度に打算的な結婚〖合併〗.
[←〖ラ〗*mātrimōnium* (*māter* 「母」より派生); 関連 *matrimony*]

ma·tri·mo·ño [ma.tri.mó.ɲo] 男 《古語》→ matrimonio.

ma·trios·ka [ma.trjós.ka] 《ロシア》 女 マトリョーシカ: ロシアの代表的な木製人形.

ma·tri·ten·se [ma.tri.tén.se] 形 《スペイン》のマドリード Madrid の(=madrileño).
— 男 女 マドリードっ子.

ma·triz [ma.tríθ / -.trís] 女 (複 matrices) **1** 母胎; 〖解剖〗子宮(=útero). **2** 〖機〗鋳型(いがた), 金型; 〖印〗(活字の)字母, 母型; (レコードの)原盤; (打印機の)抜き型. **3** (小切手帳などの)控え. **4** 原本, 原簿, 台帳. **5** 〖数〗〖言〗行列, マトリックス; 〖ＩＴ〗マトリックス. **6** 〖鉱〗基質, 石基. **7** 本社, 本部. **8** 《ラ米》《*》《俗》売春婦. **—** 形 母体となる, 主な. casa~母体, 本局, 本社. oración ~ 〖言〗母型文.

ma·tro·na [ma.tró.na] 女 **1** 助産婦, 産婆.
2 女性看守; (税関の)女性検査官. **3** (特に古代ローマの)上流夫人. **4** 〖敬意を込めて〗おかみさん, 主婦; 大柄な中年女性.

ma·tro·nal [ma.tro.nál] 形 **1** 奥様然とした; 女性の体格が)貫禄(かんろく)のある. **2** 助産婦の. **3** 女性看守の; (税関の)女性検査官の.

ma·tro·na·za [ma.tro.ná.θa / -.sa] 女 でっぷりとして貫禄(かんろく)のある母親. [matrona+増大辞]

Mat·ta [má.ta] 固名 マッタ. Roberto ~ (1912?-2002): チリの画家.

Mat·ter·horn [ma.te.rórn / má.ter.xorn] 固名 マッターホルン. → Cervino. [← 〖独〗*Matterhorn* (*Zermatter*「ツェルマット村の」+*Horn*「角; 尖峰(せんぽう)」)]

ma·tu·fia [ma.tú.fja] 女 《ラ米》《ジア》《話》(1) 汚い取り引き, 不正な商売. (2) 詐欺, ぺてん.

ma·tun·go, ga [ma.túŋ.go, -.ga] 形 《ラ米》(1)(ジア)(ジア)老いぼれの, 役に立たない, やせこけた, やつれた. (2)(ジア)《話》動きが鈍い; 病弱な.
— 男 女 《ラ米》(ジア)(ジア)老馬, 駄馬; やせこけた人.

《ラ米》(ジア)馬に乗るのが下手な; 新参の; 移民して来たばかりの. (2)(ジア)(ジア)不器用な, 動作の鈍い.
— 男 女 《ラ米》(1)(ジア)《話》馬に乗るのが下手な人; 新参者. (2)(ジア)やせ馬, 駄馬.

Ma·tu·sa·lén [ma.tu.sa.lén] 固名 〖聖〗メトセラ.
♦ノア Noé 時代以前のユダヤの族長で, 969年間生きたと言われる. **—** 男 [m-]長寿の人.
más viejo que Matusalén たいへん高齢な.

ma·tu·te [ma.tú.te] 男 **1** 密輸, (税関の目をごまかしての)持ち込み; 密輸品. **2** 闇(やみ)賭博(とばく)の)場.
de matute 密輸で[の], 隠れて.

ma·tu·te·ar [ma.tu.te.ár] 自 密輸する, (税関の目をごまかして)持ち込む.

ma·tu·te·ro, ra [ma.tu.té.ro, -.ra] 男 女 密輸人.

ma·tu·ti·no, na [ma.tu.tí.no, -.na] 形 朝の, 早朝の. periódico ~ 朝刊. **—** 男 朝刊.

mau·la [máu.la] 女 **1** がらくた, くず; 役に立たない物. **2** 端切れ, 裁ち切れ. **3** 策略, ごまかし, いかさま.
— 男 女 《話》**1** 役立たず, ろくでなし; 怠け者. **2** 支払いの悪い人. **3** 《ラ米》(ジア)(ジア)(ジア)臆病(おくびょう)な, 気の弱い. (3) (家畜が)役に立たない.
buena maula 油断のならない人, 腹黒い人.

mau·le·rí·a [mau.le.rí.a] 女 **1** 端切れ物店.
2 ごまかし, ぺてん; 計略, 策略.

mau·le·ro, ra [mau.lé.ro, -.ra] 男 女 **1** 端切れ物商人. **2** ぺてん師, 詐欺師. **3** 《ラ米》(ジア)魔術師, 手品師.

mau·lla·dor, do·ra [mau.ja.ðór, -.ðó.ra / -.ʎa.-] 形 (猫が)よく鳴く.

mau·llar [mau.jár ‖ -.ʎár] 93 自 (猫が)ニャーニャー鳴く.

mau·lli·do [mau.jí.ðo ‖ -.ʎí.-] 男 猫の鳴き声.
dar ~s (猫が)ニャーニャー鳴く.

ma·ú·llo [ma.ú.jo ‖ -.ʎo] 男 → maullido.

mau·re [máu.re] 男 《ラ米》帯, 腰帯.

mau·ri·cia·no, na [mau.ri.θjá.no, -.na / -.sjá.-] 形 モーリシャス(諸島)の.
— 男 女 モーリシャス(諸島)の住民〖出身者〗.

Mau·ri·cio[1] [mau.rí.θjo / -.sjo] 男 《ラ米》(ジア)熟れたバナナ.

Mau·ri·cio[1] [mau.rí.θjo / -.sjo] 固名 マウリシオ: 男子の洗礼名. [← (後ラ) *Mauritius* (〖ラ〗*Maurus*「モーロ人」より派生; 「モーロ(人)風の」が原義); 関連 〖ポルトガル〗*Maurício*. 〖仏〗*Maurizio*. 〖英〗*Maurice, Morris*. 〖独〗*Moritz*]

Mau·ri·cio[2] [mau.rí.θjo / -.sjo] 固名 モーリシャス(共和国): インド洋の島国. 首都 Port Louis.
[オランダ独立運動の指導者のひとり *Maurits van Nassau* (1567-1625)にちなむ島名のスペイン語化]

Mau·ri·ta·nia [mau.ri.tá.nja] 固名 モーリタニア: アフリカ西部のイスラム共和国. 首都 Nouakchott. [←〖ラ〗*Mauritania* (紀元前1世紀, 北西アフリカにあったローマの属領名) ←〖ギ〗*Mauritanía* (*Maúros*「ムーア人」より派生)]

mau·ri·ta·no, na [mau.ri.tá.no, -.na] 形 モーリタニアの, モーリタニア人の. **—** 男 女 モーリタニア人.

máu·ser [máu.ser] 男 モーゼル拳銃(けんじゅう).

mau·so·le·o [mau.so.lé.o] 男 霊廟(れいびょう), 御陵.
los M~s (古代ペルシアの太守の)カリア王マウソロス陵墓 ♦世界の七不思議の一つ.

ma·vor·te [ma.ƀór.te] 男 〖文章語〗**1** 戦, 戦争. **2** [M-] マルス(=Marte): (ローマ神話の)軍神.

máx. 〖略〗*máximo* 最大の.

ma·xi [mák.si] 囡 → maxifalda.
ma·xi·fal·da [mak.si.fál.da] 囡 マキシスカート.
ma·xi·la [mak.sí.la] 囡 (節足動物の) 下あごの突起.
ma·xi·lar [mak.si.lár] 形 【解剖】あご (骨) の, 上あごの. ～ (骨). ～ superior 上あご.
ma·xi·lo·fa·cial [mak.si.lo.fa.θjál / -.sjál] 形 (ザ)顔面部の.
má·xi·ma [mák.si.ma] 囡 **1** (実践を目的とする) 格言, 金言. **2** 規律; 主義. → aforismo [類語].
— 形 囡 → máximo.
ma·xi·ma·lis·mo [mak.si.ma.lís.mo] 男 (政治的) 過激主義.
ma·xi·ma·lis·ta [mak.si.ma.lís.ta] 形 過激主義の. — 男 囡 過激主義者.
má·xi·me [mák.si.me] 副 ことに, とりわけ. Debes ayudarle, ～ si es tu amigo. 君の友達ならなおさら彼を助けてあげるべきだ.
ma·xi·mi·zar [mak.si.mi.θár / -.sár] 97 他 **1**【数】…の最大値を求める. **2** 拡大する, 増加させる;【IT】(ウィンドウを) 最大化する.

má·xi·mo, ma [mák.si.mo, -.ma] 形 《多くは+名詞／名詞+》《略 máx.》, 最高の, 最上の (↔ mínimo). el ～ responsable 最高責任者. alcanzar una velocidad máxima de 250 km/h (= kilómetros por hora) 時速250キロメートルの最高速度に達する. rendir una potencia máxima de 280 CV (= caballo de vapor) 280馬力の最高出力をたたき出す. en horario (la franja horaria) de máxima audiencia 視聴率が最高の時間帯に. sacar el ～ rendimiento al sistema システムの効率を最大限にする. encontrarse en estado de máxima alerta 最高警戒態勢にある. el ～ goleador de la liga リーグの得点王. el tiempo ～ de espera 最大待ち時間. hacer el ～ esfuerzo 最大限の努力をする. la temperatura máxima 最高気温. ～ común divisor 【数】最大公約数. Llegará la respuesta, ～, en unos días. 返事は遅くとも数日で届くだろう (▶ 副詞的にも使われる).
— 男 最大限, 最高度, 極限. ser condenado a ～ de 60 años de cárcel 最高60年の禁固刑に処される. El precio del petróleo llegó a su ～. 石油価格は頂点に達した.
— 囡 最高気温.
al máximo 最大限に, 極力. aprovechar al ～ la capacidad 能力を最大限生かす.
como máximo (**1**) 多くて (=como mucho). Hay sitio para cuatro personas como ～. せいぜい 4 人分の場所しかない. (**2**) 遅くても. Saldremos como ～ a las siete. 遅くても7時には出かけよう.
hacer el máximo 全力を尽くす.
[←〔ラ〕māximum (māximus の 対 格); māgnus「大きい」(→ magno) の最上級; 関連 〔英〕maximum]
má·xi·mum [mák.si.mum] 男 → máximo.
ma·xi·sin·gle [mak.si.síŋ.gle] 〔英〕男 マキシシングルＣＤ.
max·ve·lio [ma(k)s.bé.ljo] / **max·well** [má(k)s.(g)wel] 男【物理】マックスウェル: 磁束の電磁単位 (記号 M).
may. (略) mayúscula. 大文字.
ma·ya[1] [má.ja] 囡 **1**【植】ヒナギク. **2**(5 月の祭りに選ばれる) 春祭りの女王, メイ・クイーン.
Fiestas mayas〔ラ米〕アルゼンチンの独立記念祭:

1810年 5 月25日の人民蜂起(ほうき)を記念して祝う.
ma·ya[2] [má.ja] 形 マヤの, マヤ族 [文化] の.
— 男 マヤ人: Yucatán 半島, メキシコ南部からホンジュラスに住む先住民. ◆ 4 世紀初頭から 9 世紀にかけて神殿都市 (Tikal (グアテマラ), Copán (ホンジュラス), Palenque (メキシコ) など) を築き, マヤ文字や暦などを持つ高度な文明を発展させたが, 10世紀には衰退. 以後, Yucatán 半島北部で tolteca 族の新マヤを興した (Chichén Itzá の建設) が, 16世紀前半, スペイン人に征服された. マヤ諸民族の神話・歴史伝承書に *Popol Vuh*『ポポル・ブフ』, *Libros de Chilam Balam*『チラム・バラムの書』などがある.

関連 マヤの社会生活 : cenote 洞穴井戸. falsa bóveda 持ち送りアーチ. halach uinic 都市国家の首長. Hunab Ku 創造神. Ixchel 月の女神. Kinich Ahau 太陽の神. tzolkin ツォルキン, 祭祀(さいし)暦 (13の数字×20の動物名). haab ハーブ, 太陽暦 (18か月×20日＋凶日の 5 日＝365日).

— 男 マヤ語: Yucatán 半島・中米先住民族の総称. → quiche, yucateco.
ma·yal [ma.jál] 男 **1** (馬などが引く) 石臼(うす)を回す棒. **2** (穀物を打つ) 殻竿(がら).
ma·yar[1] [ma.jár] 自 (猫が) 鳴く.
ma·yar[2] [ma.jár] 他〔ラ米〕(ブラ)〈草花を〉枯らす.
ma·ya·te [ma.já.te] 男〔ラ米〕(ブラ) (**1**)【昆】コガネムシ. (**2**)【軽蔑】ホモセクシュアル.
ma·ye·ar [ma.je.ár] 自 5月のような天気である [になる].
ma·yes·tá·ti·co, ca [ma.jes.tá.ti.ko, -.ka] 形 威厳のある, 堂々とした, 荘重な (= majestuoso). plural ～【言】威厳の複数 (◆国王などが公式の場で自分のことを 1 人称複数で述べる表現法. ≃ Nos, el rey 余は).
ma·yéu·ti·ca [ma.jéu.ti.ka] 囡【哲】産婆術: Sócrates が正しい認識へ導く過程を産婆の仕事にたとえて名づけたもの.
ma·yi·do [ma.jí.ðo] 男 (猫の) 鳴き声.

ma·yo [má.jo] 男 **1** 5 月 (▶ 略語はない). el quince de ～ 5月15日. Hasta el cuarenta de ～ no te quites el sayo. (諺) 5 月は 40日までは上着を脱ぐな (5 月が過ぎると薄着をするな). como agua de ～ 折りよく. → marzo.
2 5 月柱: 祭りのときに花やリボンなどで飾りつけ, その周りを踊る.
3〔ラ米〕(ブラ)【鳥】クロズキンムクドリモドキ.
para mayo〔ラ米〕(ブラ) 無期限に.
[←〔ラ〕*Māius*「*Māia* (Atlas 神の娘) の月」; ローマ古暦の第 3 月; 関連 〔ポルトガル〕maio. 〔仏〕mai. 〔英〕May. 〔独〕*Mai*]
ma·yó·li·ca [ma.jó.li.ka] 囡 マジョリカ焼き: イタリアの陶器. [←〔伊〕*maiolica* (元は「スペインのマジョルカ産の陶器」を意味した)]
ma·yo·ne·sa [ma.jo.né.sa] 囡 マヨネーズ (= salsa ～). [←〔仏〕*mayonnaise*]

ma·yor [ma.jór] 形 [grande の 比 較 級] (↔ menor) ▶ 形状を比較するときは más grande が, 抽象的な意味では mayor が多く用いられる. ≃ Mi casa es más grande que la tuya. 私の家は君の家より大きい.

1 (+名詞) (ser +) より大きい. hacer un ～ esfuerzo いっそうの努力をする. Esto significa ～es posibilidades para los enfermos de cáncer. これはがん患者にとっては可能性の拡大を意味する. El presupuesto es un 5,8 % ～ que el

mayoral

del año pasado. 予算は昨年より5.8パーセント増加している. Cada vez *es* ～ el número de usuarios de Internet. インターネットの使用者はますます増えている.

2 《名詞＋》《ser＋/estar＋》年上の；〖丁寧〗年輩の；成人した. *Soy* (doce años) ～ *que mi mujer*. 私は妻より(12歳)年上だ. *chicos* ～*es de dieciocho años* 18歳以上の青年. *mi hermano* ～ 私の兄. *una señora* ～ 年輩の婦人. *Mi madre está bastante* ～. 母もずいぶんな年になった. *ser* ～ *de edad* 年配である. *Tiene dos hijas que ya son* ～*es*. 彼[彼女]にはもうすでに成人した娘が2人いる.

3 《定冠詞・所有形容詞を伴って最上級》(1)《＋名詞》**最大の**, いちばん大きい. *la* ～ *empresa del mundo* 世界最大の企業. (*convertirse en*) *uno de los* ～*es problemas* 最も深刻な問題の一つ(になる). *proporcionar la* ～ *felicidad al* ～ *número posible de gente* できる限り多くの人に最高の幸せをもたらす. *mi* ～ *enemigo* 私の最大の敵. *nuestra* ～ *preocupación* 私たちのいちばんの心配.
(2)《名詞＋》**最年長の**. *mi hija* ～ 私のいちばん上の娘. *el* ～ *de los hermanos* 長兄.

4 《名詞＋》主な, 主要な；より優れた. *la calle* ～ 大通り. *la plaza* ～ 中央広場. *el altar* ～ 中央祭壇. *la plana* ～ (軍・会社の) 首脳部. *el palo* ～ 〖海〗メーンマスト. *6 años y un día de prisión* ～ 禁固6年と1日(の長期刑). *Su inteligencia es* ～ *que la mía*. 彼[彼女] (ら)の知能は私より優れている. **5** 《名詞＋》上級の, 上位の. *el estado* ～ 〖軍〗参謀本部. *el jefe del estado* ～ 〖軍〗参謀長. *el orden* ～ 〖カト〗(司教・助祭・副助祭の)上級教階. *cocinero* ～ シェフ. **6** 《名詞＋》〖音楽〗長調の. *escala* ～ 長音階. *Sinfonía de Do* ～, *La Grande*, *de Schubert* シューベルトのハ長調交響曲『ザ・グレイト』. **7** 〖数〗大なり. "a＞b" *se lee* "a ～ *que b*". "a＞b" は「a大なりb」と読む.
▶ (1)「背丈, 体の大きさ」は「形状」の大小なので, その比較には *más grande* がより用いられる. ⇒*Es más grande que yo*. 彼[彼女]は私より大きい. 人の「偉大さ」は「抽象的」概念と考えられるが, *mayor* 同様, *más grande* も用いられる. ⇒*Ese periodista es el* ～ *héroe [el héroe más grande] que he conocido*. その記者は私の知る限り最高の英雄だ. (2)強調する場合には *mucho* (あるいは *aún*) を用いる. ⇒*Su casa es mucho* [*aún*] ～ *que la mía*. 彼[彼女]の家は私のよりずっと大きい. ▶ なお, *mucho* は名詞に合わせて性(数)変化をすることが多い. ⇒*El problema es de mucha* [*mucho*] ～ *envergadura*. その問題はとても深刻である.

— 男 女 年長者；〖婉曲〗年配の人；大人, 成人 (＝～ *de edad*). ◆スペインでは成人は18歳以上.

— 男 **1** 長, 首長, 頭. **2** 元帳, 帳簿 (＝*libro* ～). **3** 〖軍〗(主に英米の)少佐 (＝*comandante*). **4** 《複数で》〖文章語〗先祖, 祖先. **5** 《ラ米》(*圏)市長.

— 女 〖論〗大前提 (＝*premisa* ～).

adulto mayor 《ラ米》年輩の人.

al por mayor 卸で, 卸の. (*índice de*) *precios al por* ～ 卸売物価(指数). *la venta al por* ～ 卸売り. *vender al por* ～ 卸で売る.

arte mayor 〖詩〗(9音節以上の)長句詩.

caza mayor 〖狩〗大型の獲物.

colegio mayor (大学の)学生寮.

cuanto mayor, (*tanto*) ＋比較級 大きければ大きいほど…. *Cuanto* ～ *eres*, *mejor juegas*. 年を重ねるほどいいプレーができる.

de mayor 大人になったときには. ¿*Qué quieres ser de* ～? 大きくなったら何になりたいの.

en mayor medida [*grado*] (程度が)もっと. *beneficiar en* ～ *medida a los contribuyentes* 納税者にはさらに利益となる.

en mayor o menor medida [*grado*] 多かれ少なかれ.

fuerza mayor 不可抗力. ¿*Caso fortuito o fuerza* ～? 偶発的事故か不可抗力か.

ganado mayor 大型家畜.

la mayor parte de... 大部分の…, 大半の…. *Dedica la* ～ *parte de su tiempo a la lectura*. 彼[彼女]は時間の大半を読書にあてる. *según opina la* ～ *parte de los españoles* 大半のスペイン人の意見によれば.

mal(*es*) *mayor*(*es*) より深刻な事態. *evitar males* ～*es* [*un mal* ～] 最悪の事態を避ける.

pasar [*ir*, *llegar*] *a mayores* 〈事柄が〉深刻[大ごと]になる. *La cosa no pasó a* ～*es*. 大ごとにならなかった.

[←〖ラ〗*mājōrem* (*mājor* の対格)；*māgnus*「大きい」(→ *magno*) の比較級. 〖関連〗 mayoría, mayúsculo, majestad. 〖英〗*major*, *majority*「大数」]

ma·yo·ral [ma.jo.rál] 男 **1** 牧夫頭, 人足頭；(牧場の) 監督. **2** (主に駅馬車などの)御者. **3** 《ラ米》(⁺釖)市街電車の)車掌.

ma·yo·raz·go [ma.jo.ráθ.go / -.rás.-] 男 **1** 長子相続権[制]；長子が相続する世襲財産；長子相続人. **2** 長男, 嫡男.

ma·yor·do·mí·a [ma.jor.ðo.mí.a] 女 mayordomoの職[任務, 事務所].

ma·yor·do·mo [ma.jor.ðó.mo] 男 **1** 執事, 家令；給仕頭. **2** (農場の) 財産管理人. **3** (信徒会の) 財産管理委員. **4** 《ラ米》(1) (⁺釖)(*圏)(⁽₈⁾)監督, 工夫長. (2) (ᴬᵇ)使用人, 雑用をする奉公人.

ma·yo·re·o [ma.jo.ré.o] 男 (⁺釖)(⁽₈⁾)卸売り.

ma·yo·rí·a [ma.jo.rí.a] 女 **1 大多数**, 大半. 大半の人々. *A esta hora* ～ *está en su casa*. この時刻では大半の人が家にいるだろう. *La* ～ *de los estudiantes japoneses llevan su propio teléfono móvil*. 日本の学生の大多数が自分の携帯電話を持っている. *Bajó del tren después de que saliera la* ～ *de la gente*. 大半の人々が出てから, 彼[彼女]は列車から降りた. *En la* ～ *de los casos la flecha describe una trayectoria parabólica*. ほとんどの場合, 矢は放物線の軌道を描く. ▶ *la* ～ *de* ＋名詞複数形が主語の場合, 動詞は単数形にも複数形にもなる. ただし動詞が先行する場合は単数形が多い. ⇒*La* ～ *de los españoles no conoce*(*n*) *a los ministros*. 大半のスペイン人はそれらの大臣を知らない.

2 (選挙など人数獲得における)過半数. ～ *abrumadora* 圧倒的多数. ～ *absoluta* 絶対的過半数. *ganar los tres votos de* ～ 3票上回って勝つ. *ganar por* ～ *simple* [*relativa*] 過半数に達しないで(他に)勝つ. **3** 成年, 成人 (＝～ *de edad*). *llegar a la* ～ 成人に達する. ◆スペインとメキシコでは成年に達するのは18歳.

la inmensa mayoría de... …のほぼ全て.

la mayoría de las veces たいてい, 大概.

ma·yo·ri·dad [ma.jo.ri.ðáð] 女 成年[成人]であること.

ma·yo·ris·ta [ma.jo.rís.ta] 形 卸売りの.

— 男 女 卸売り業者 (▶「小売商人」は detallista).

ma·yo·ri·ta·rio, ria [ma.jo.ri.tá.rjo, -.rja] 形 多数派の (↔minoritario); 多数決による. decisión *mayoritaria* 多数決.

ma·yor·men·te [ma.jór.mén.te] 副 とりわけ, 特に, 主に. Me gusta España, ~ Barcelona. 私はスペイン, 特にバルセロナが好きだ.

ma·yús·cu·lo, la [ma.jús.ku.lo, -.la] 形 **1** 大文字の. **2**《話》途方もなく大きい, でっかい. disparate ~ とてつもなくでたらめ. susto ~ びっくり仰天. — 女 大文字 (= letra *mayúscula*) (↔minúscula). en *mayúscula* 大文字で.
[← [ラ] *mājusculum* (*mājusculus* の対格)「やや大きい」(*mājor*「より大きい」+縮小辞) [関連] mayoría. [英] *majuscule*]

ma·za [má.θa / -.sa] 女 **1** 杵(ぎ), 木槌(ǎ); (頭の大きい) ハンマー. **2** 棍棒(ξ); (頭部に鉤釘(ξ̌)のついた中世の) 戦槌 (= ~ de guerra). **3**《戦槌状の》儀式・行列用金属杖(½); (新体操の) 棍棒. **4**《音楽》(太鼓の) ばち. **5**《遊》(ビリヤード) キュー尻(¿). **6**《話》うんざりさせる人, 厄介者. **7**《ラ米》**(1)**《車輪の》 轂(²). **(2)**《ダ》《エクン》《チッ》サトウキビ圧搾機のローラー.

ma·za·co·te [ma.θa.kó.te / -.sa.-] 男 **1**《柔らかいはずが》固まってだめになったもの; 《話》出来の悪い芸術作品. El nuevo monumento es un ~. 新しい記念碑はまるでコンクリートの塊だ. **2**《話》ひからびた食べ物. **3** コンクリート. **4**《化》オカヒジキを焼いた灰 (から得られる不純な炭酸ソーダ) (= barrilla). **5**《話》うんざりさせる人, 厄介者. **6**《ラ米》**(1)**《砂糖精製釜(繇)にできる》付着物, こげつき. **(2)** 混合物, 混ぜもの.

ma·za·co·tu·do, da [ma.θa.ko.tú.ðo, -.ða / -.sa.-] 形《ラ米》**(1)**《話》重たい; 重苦しい, うんざりさせる. **(2)**《コミチ》濃い.

ma·za·da [ma.θá.ða / -.sá.-] 女 **1** こん棒 (鎚(ǒ)) での一撃 (= mazazo). **2** 精神的打撃, 痛手.

Ma·zal·qui·vir [ma.θal.ki.βír / -.sal.-] 固名 メルスエルケビール (= Mers-el-Kébeir): アルジェリアのオラン湾岸の軍港のある町. ♦1505-1792年スペイン領.

ma·za·mo·rra [ma.θa.mó.řa / -.sa.-] 女 **1** ビスケット (堅パン) の残りくず; 粉じん, 粉々になったもの. **2**《ラ米》**(1)**《雪解け水の》山津波, 鉄砲水. **(2)**《ダ》《エクワ》《ベル》(馬のひづめの) 水膨れ; (足の) ただれ, ひび. **(3)**《エクア》トウモロコシの粥(¾), コーンスープ. **(4)**《ラ米》《話》まぜこぜ, 混乱.
menear la mazamorra《ラ米》《エクワ》画策する, 扇動する.

ma·za·pán [ma.θa.pán / -.sa.-] 男《料》マサパン, マジパン: すりつぶしたアーモンドに砂糖を加えて練り, いろいろな形に作った菓子. スペインでは Toledo のものが有名.

ma·za·pa·ne·ro, ra [ma.θa.pa.né.ro, -.ra / -.sa.-] 形 マサパン [マジパン] の. — 男 女 マサパン [マジパン] 職人, マサパン [マジパン] 売り.

ma·zar [ma.θár / -.sár] 97 他《乳脂肪を分離させるために》《乳を強く攪拌(溄)する.

ma·za·ro·ta [ma.θa.ró.ta / -.sa.-] 女《冶》押し湯, バリ.

ma·za·zo [ma.θá.θo / -.sá.so] 男 **1** こん棒 (鎚(ǒ)) での一撃. **2** 精神的打撃, 痛手.

maz·de·ís·mo [maθ.ðe.ís.mo / mas.-] 男《宗》ゾロアスター教, 拝火教 (= zoroastrismo). [[古代ペルシア] *Mazda*「善なる神」マズダーより派生]

maz·de·ís·ta [maθ.ðe.ís.ta / mas.-] 形《宗》ゾロアスター教の, ゾロアスター教信者の. — 男 女 ゾロアスター教信者.

maz·mo·di·na [maθ.mo.ðí.na / mas.-] 女《史》(北アフリカ・スペインを統治した) ムワッヒド朝 (1147-1269) の金貨.

maz·mo·rra [maθ.mó.řa / mas.-] 女 地下牢(ǎ), 土牢.

maz·nar [maθ.nár / mas.-] 他 **1** こねる, もむ. **2** (熱いうちに)《金属》を打つ.

ma·zo [má.θo / -.so] 男 **1** 木槌(ǎ), ハンマー. **2**《スポ》(クロッケー) 打球槌; (ゴルフ) クラブ; (野球などの) バット. **3** 束, 束ねたもの. ~ de llaves 鍵(ǎ)束. ~ de papeles 書類の束. **4**《話》うんざりさせる人, 厄介者. **5**《音楽》(太鼓の) ばち.

ma·zo·na·do, da [ma.θo.ná.ðo, -.ða / -.so.-] 形《紋》(れんが・石の合わせ目が) 異なる.

ma·zo·ne·rí·a [ma.θo.ne.rí.a / -.so.-] 女 左官仕事; 浮き彫り細工, レリーフ.

ma·zor·ca [ma.θór.ka / -.sór.-] 女 **1** トウモロコシの穂. **2** カカオの漿果(鯊). **3** 紡錘 [スピンドル] にかけた糸. **4**《ラ米》**(1)**《アルゼ》《史》独裁者J. M. de Rosas (1793-1877, 連邦主義党の指導者) のテロ組織. **(2)** 盗賊団; 独裁政権. **(3)**《チ》《俗》歯.

ma·zor·car [ma.θor.kár / -.sor.-] 102 自《ラ米》《農》〈トウモロコシなどが〉穂を出す.

ma·zor·que·ar [ma.θor.ke.ár / -.sor.-] 自《ラ米》→ mazorcar.

ma·zor·que·ro, ra [ma.θor.ké.ro, -.ra / -.sor.-] 形《ラ米》《チ》《アルゼ》独裁政治の. — 男《ラ米》**(1)**《チ》《アルゼ》《史》J. M. de Rosas の連邦主義党員. **(2)**《アルゼ》恐怖政治のテロリスト.

ma·zo·rral [ma.θo.řál / -.so.-] 形 **1** 粗野な, 粗雑な. **2**《印》クワタ [込め物] を入れてない.

ma·zo·ta [ma.θó.ta / -.só.-] 女《史》《アルゼ》《ウル》魅力的な女性.

ma·zur·ca [ma.θúr.ka / -.súr.-] 女《音楽》マズルカ: ポーランド起源の3拍子のダンス [曲].

ma·zut [ma.θút / -.sút] [ロシア] 男 燃料油.

MB / Mb [e.me.βé]《略》[IT] *megabyte* メガバイト.

-mbre《接尾》「集合, 多量」の意を表す名詞語尾. ▶ -ambre, -(d)umbre の形をとる. ⤳ *cochambre*, muche*dumbre*, servi*dumbre*.

mbu·ru·cu·yá [mbu.ru.ku.já] 女《ラ米》《植》トケイソウ.

MC [e.me.θé / -.sé] 男《略》Movimiento Comunista スペインの共産主義政党.

m.c.d.《略》*máximo común divisor* 最大公約数.

m.c.m.《略》*mínimo común múltiplo* 最小公倍数.

m/cte.《略》*moneda corriente* 流通通貨.

Md《化》*mendelevio* メンデレビウム.

***me** [me] 代名《人称》[1人称単数] ▶ふつう動詞のすぐ前に置かれるが, 不定詞・現在分詞・肯定命令形とともに用いる場合はその後に付ける.
1《直接目的語》私を. ¿*Me* esperas aquí? ここで私を待っていてくれるかい. ¿*Me* oyes? 私の声が聞こえますか.
2《間接目的語》私に, 私にとって, 私から. A mí *me* regalaron un libro. 私には1冊の本がプレゼントされた. No *me* gusta nada el café. 私はコーヒーはぜんぜん好きじゃない. El médico *me* ha quitado el alcohol. 医者は私にアルコールを禁じた. ▶直接目的語の代名詞とともに用いる場合には, その前に置かれる. ⤳ Laura *me* lo ha dicho. ラウラはそれを私

mea culpa

に言った.
3《再帰代名詞》→ se² 1, 2, 4.
[← [ラ] mē (ego 「私は」の対格・奪格); 関連[仏] [英] me]

me·a cul·pa [mé.a kúl.pa] [ラ]《カト》(祈りの言葉)わが過ちなり (= por mi culpa). —男《単複同形》過ち, 過失. decir su ～ 自分の過ちを告白する.

me·a·da [me.á.ða]女《俗》小便; 小便の染み.

me·a·de·ro [me.a.ðé.ro]男《俗》小便所, トイレ.

me·a·dos [me.á.ðos]男《複数形》《俗》小便, おしっこ.

me·an·dro [me.án.dro]男 **1**(河川・道の)曲がりくねり, 蛇行. **2**《建》稲妻模様, 雷文. **3**《複数で》謎, 複雑さ.

me·a·pi·las [me.a.pí.las]男《単複同形》《俗》《軽蔑》極端に信心深い人.

me·ar [me.ár]自《俗》小便をする. —他《俗》…に小便をかける. —**·se**再《俗》**1** 小便をもらす, 粗相をする. **2**(恐怖・笑いなどで)ちびりそうになる. Cada vez que me acuerdo, me meo de risa. 思い出すたびに大笑いする.

me·a·to [me.á.to]男《解剖》管. ～ urinario 尿管.

me·au·ca [me.áu.ka]女《鳥》ミズナギドリ.

MEC [mék]男《略》Ministerio de Educación y Ciencia 文部科学省.

me·ca [me.ka]女《ラ米》**(1)**《蔑》《俗》《軽蔑》売春婦. **(2)**《蔑》人糞(ふん).

Me·ca [me.ka]固名 La ～ メッカ:サウジアラビア西部の都市. イスラム教の聖地.
—男 [m-] あこがれの地, 中心地. Hollywood es la ～ del cine. ハリウッドは映画のメッカである.

¡me·ca·chis! [me.ká.tʃis]間投 ちぇっ, しまった, ちくしょう, なんてこった.

***me·cá·ni·ca** [me.ká.ni.ka]女 **1** 力学, 機械学. ～ ondulatoria 波動力学. ～ aplicada 応用力学. ～ celeste 天体力学. **2** 仕掛け, 仕組み, 機構. la ～ de un aparato 装置の仕組み. ～ digestiva 消化メカニズム. ～ de la tarea 仕事のやり方, 手順. **3** つまらないもの. —形 ⇨ mecánico.

me·cá·ni·ca·men·te [me.ká.ni.ka.mén.te]副機械的に.

me·ca·ni·cis·mo [me.ka.ni.θís.mo / -.sís.-]男《哲》(宇宙)機械観[論](↔animismo);機械化主義.

me·ca·ni·cis·ta [me.ka.ni.θís.ta / -.sís.-]男女《哲》機械論者;機械化主義者の.

*****me·cá·ni·co, ca** [me.ká.ni.ko, -.ka]形 **1** 機械の. tener un problema ～ 機械に問題[故障]がある. escalera mecánica エスカレーター. sierra mecánica チェーンソー. pala mecánica パワーショベル. telar ～ 自動織機. civilización mecánica 機械文明. ingeniería mecánica 機械工学. traducción mecánica 機械翻訳. lápiz ～ 《ラ米》(ろうちん)シャープペンシル.
2(動作の)機械的な. movimiento ～ 機械的動作. sonrisa mecánica (感情のこもらない)機械的な笑み. trabajo ～ 機械的な(単純)作業.
3《地質》機械的な. agentes ～ 機械的要因.
4《まれ》手作業の. artes mecánicas 手工芸(品).
—男女 機械工, 整備士, メカニック.
[← [ラ] mēchanicum <《ギリシャ語の対応》← [ギ] mēkhanikós; 関連 mecanica, mecanismo, máquina. [英] mechanic(al), mechanism]

***me·ca·nis·mo** [me.ka.nís.mo]男 **1** 装置, 仕掛け, メカニズム. ～ de disparo [expulsión] 発射[爆破] 装置. ～ de un reloj 時計の仕組み. → máquina 類語.
2(組織の)仕組み;構造, 機構. ～ administrativo 行政機構. No entiendo el ～ de esta oficina. 私はこの会社の仕組みがわかっていない.
mecanismo de defensa《心》防衛機制.

me·ca·ni·za·ción [me.ka.ni.θa.θjón / -.sa.sjón]女 機械化. ～ contable 会計事務の機械化.機械加工, 工作. **2**(工場などの)機械化, 機械導入.

***me·ca·ni·zar** [me.ka.ni.θár / -.sár]97 他 **1** 機械化する. ～ una fábrica 工場を機械化する. agricultura mecanizada 機械化(された)農業.
2〈製品を〉機械で作る. **3**〈行為を〉機械的に行う.

me·ca·no [me.ka.no]男《商標》メッカーノ:金属製の部品を小さなボルトでつないでいく組み立て式おもちゃ. [←[伊] meccano]

me·ca·no, na [me.ká.no, -.na]形 メッカ Meca の. —男女 メッカの住民[出身者].

me·ca·no·gra·fí·a [me.ka.no.gra.fí.a]女 タイプライターを打つこと, タイプ(ライティング)の技能.

me·ca·no·gra·fia·do, da [me.ka.no.gra.fjá.ðo, -.ða]形 タイプライターで打った, タイプした.

me·ca·no·gra·fiar [me.ka.no.gra.fjár]81 他 タイプライターで打つ, タイプする.

me·ca·no·grá·fi·co, ca [me.ka.no.grá.fi.ko, -.ka]形 タイプライターの.

me·ca·nó·gra·fo, fa [me.ka.nó.gra.fo, -.fa]男女 タイピスト.

me·ca·no·te·ra·pia [me.ka.no.te.rá.pja]女《医》機械的療法.

me·ca·pal [me.ka.pál]男《ラ米》(メキ)(中米)(額で支える荷物運搬用の)革の背負いひも.

me·ca·pa·le·ro, ra [me.ka.pa.lé.ro, -.ra]男女《ラ米》(メキ)(中米)運搬人, 荷物担ぎ(人).

me·ca·ta·zo [me.ka.tá.θo / -.so]男《ラ米》**(1)**(メキ)(中米)鞭(むち)打ち. **(2)**(メキ)(中米)がぶ飲み, 一気飲み. **(3)**(エクア)へつらい.

me·ca·te [me.ká.te]男《ラ米》**(1)**(カリブ)(メキ)(中米)(エクア)(ピタ麻・リュウゼツランの繊維などの)縄, ひも. **(2)**(カリブ)(メキ)(中米)(エクア)がさつな男, 粗野な人. **(3)**(エクア)《話》へつらい, おべっか.
andar como burro sin mecate《ラ米》《メキ》《中米》《話》勝手気ままに振る舞う.

me·ca·te·a·da [me.ka.te.á.ða]女《ラ米》(メキ)(中米)ひも[縄]で打つこと, 鞭(むち)打ち.

me·ca·te·ar¹ [me.ka.te.ár]他《ラ米》**(1)**(メキ)(中米)縄で縛る[結ぶ], ひもをかける;鞭(むち)打つ. **(2)**(エクア)《話》こびへつらう, ぺこぺこする.
—**·se**再《ラ米》(エクア)mecateárselas《話》逃げ去る, 雲隠れする.

me·ca·te·ar² [me.ka.te.ár]自《ラ米》(エクア)菓子を買う[食べる].

me·ca·te·ro, ra [me.ka.té.ro, -.ra]形《ラ米》**(1)**(エクア)甘い物好きな, ジャンクフードを好む. **(2)**(エクア)《話》おべっか使いの, へつらう.

me·ca·to [me.ká.to]男《ラ米》(エクア)ケーキ, 菓子.

me·ce·de·ro [me.θe.ðé.ro / -.se.-]男(ワイン桶(おけ)などの)攪拌(かくはん)棒.

me·ce·dor, do·ra [me.θe.ðór, -.ðó.ra / -.se.-]形 揺する, 揺らす;かき混ぜる. —男 **1** ぶらんこ.
2 → mecedero. **3**《ラ米》揺りいす. —女 揺りいす, ロッキングチェアー.

Me·ce·nas [me.θé.nas / -.sé.-] 固名 マエケナス Cayo Cilnio 〜（前70－前8）：ローマの政治家. Horacio, Virgilio などの後援者であった.
――男女 [m-]《単複同形》文芸・学術の後援[保護]者, パトロン, メセナ.

me·ce·naz·go [me.θe.náθ.go / -.se.nás.-] 男 文芸・学術に対する後援[保護].

me·cer [me.θér / -.sér] 98 他 1 揺する, 揺り動かす. 〜 el columpio ぶらんこをこぐ. 〜 la cuna 揺りかごを揺らす. 2 〈液体を〉かき混ぜる, 攪拌（かくはん）する.
――〜·se 再 揺れる；〈風に〉そよぐ. Las flores se mecían en el viento. 花が風にそよいでいた.

me·cha [mé.tʃa] 女 1 （ランプ・ろうそくなどの）芯（しん）. 2 導火線；（銃の）火縄. 〜 lenta / 〜 de seguridad 安全導火線. 3 髪の房《主に複数で》メッシュ. 4 《医》綿撒糸（とし）, ガーゼ（栓）. 5 《料》（肉に差し込む）脂肉［ベーコン］の細切れ. 6 《海》（帆柱・船材などの）中心部分, （帆柱・船材などの）下端. 7 《ラ米》(1)《アンデス》《チリ》《カリブ》錐（きり）の穂先. (2)《テアノ》《リオプ》《メヒコ》《話》冗談, 軽口. (3)《チリ》《話》恐怖, おのき. (4)《中米》《話》安物；古着. (5)《エクア》《話》掘り出し物. (6)《エクア》《話》災難, 難儀. (7)《複数で》(8)《中米》《エクア》もじゃもじゃの髪. (8)《中米》《話》マッチ. (9)《テアノ》《リオプ》《カリブ》《エクア》牛の毛.
aguantar (la) mecha 《話》辛抱する, 黙って耐える.
a toda mecha 《話》全速力で, 一目散に.
irse a las mechas 《ラ米》《テアノ》《チリ》《カリブ》《エクア》殴り合いになる.

me·char [me.tʃár] 他《料》〈鳥肉などに〉〈豚の〉脂身を差し込む.

me·che·ra [me.tʃé.ra] 女 1 《話》万引き女. 2 《料》（脂身の）差し込み針（= aguja 〜）.

me·che·ro [me.tʃé.ro] 男 1 ライター, 点火器（= encendedor）. 2 （ガス・ランプの）火口, バーナー. 〜 Bunsen （化学実験用の）ブンゼンバーナー. 〜 de gas ガスバーナー. 3 （燭台の）ろうそく差し；芯（しん）立て. 4 《話》万引き男. 5 《ラ米》(1)《アンデス》《カリブ》ランプ. (2)《テアノ》《リオプ》《カリブ》逆立った毛, もじゃもじゃ頭. (3)《ビスケ》《話》冗談を言う人, ふざける人.

me·chi·co·lo·ra·do, da [me.tʃi.ko.lo.rá.ðo, -.ða] 形《ラ米》《テアノ》《話》赤毛の.

me·chi·fi·car [me.tʃi.fi.kár] 70 自《ラ米》《テアノ》《ビスケ》冗談を言う, ふざける.
――他《ラ米》《メヒ》《エクア》からかう, 冷やかす.

me·chi·nal [me.tʃi.nál] 男 1 《建》（足場用の横木を差し込む）壁の穴. 2 《話》狭い部屋, 小部屋.

me·cho [mé.tʃo] 男《ラ米》《テアノ》《リオプ》ろうそくの燃え残り；燭涙（しょくるい）；燭台, ろうそく立て.
apagar el mecho a+人《ラ米》《テアノ》〈人〉を困惑させる, 辱める；抹殺する, 消す.

me·chón [me.tʃón] 男 1 髪の房；毛の束. 2 《ラ米》《中米》たいまつ. [mecha +増大辞]

me·cho·ne·ar [me.tʃo.ne.ár] 他《ラ米》《テアノ》《ビスケ》《話》〈人の〉髪を引っ張る.
――自《ラ米》《チリ》《話》（新学期に）上級生が下級生をからかう, 下級生に悪ふざけをする.

me·chu·do, da [me.tʃú.ðo, -.ða] 形《ラ米》《テアノ》髪の乱れた, ぼさぼさの.

me·ción [me.θjón / -.sjón] 女《ラ米》《中米》《カリブ》揺さぶり.

me·co, ca [mé.ko, -.ka] 形《ラ米》《メヒ》(1)《カリブ》《話》粗野な, 無骨な, がさつな. (2)《メヒ》〈牛などが〉茶色に黒い縞（しま）の入った. (3)《メヒ》未開の.

me·co·nio [me.kó.njo] 男 1 《医》胎便. 2 《薬》ケシのエキス.

*me·da·lla [me.ðá.ja ‖ -.ʎa] 女 メダル；勲章；（聖人像を刻んだ）護符. 〜 de oro [plata, bronce] 金［銀, 銅］メダル. conceder [premiar con] una 〜 a+人〈人〉に勲章を授与する. 〜 conmemorativa de... …の記念メダル.
――男 女《話》メダリスト. Es el 〜 de oro en Atenas. 彼はアテネの金メダリストだ.
el reverso de la medalla ものごとの裏側.
[←《伊》*medaglia*；関連 *medal*]

me·da·lle·ro [me.ða.jé.ro ‖ -.ʎé.-] 男《スポ》獲得メダル数；獲得メダル表.

me·da·llis·ta [me.ða.jís.ta ‖ -.ʎís.-] 共 女 メダリスト, メダル受賞者；メダル[勲章]製作者.

me·da·llón [me.ða.jón ‖ -.ʎón] 男 1 大型のメダル. 2 （写真などを入れて身につける装身具の）ロケット. 3 《建》円形浮き彫り. 4 《料》（主に魚の）輪切り, メダイヨン. 〜 de merluza 輪切りにするメルルーサ. [medalla +増大辞]

mé·da·no [mé.ða.no] / **me·da·ño** [me.ðá.ɲo] 男 砂丘；砂州.

me·da·no·so, sa [me.ða.nó.so, -.sa] 形 砂丘のある；砂州のある.

Me·de·a [me.ðé.a] 固名 《ギ神》メデイア：コルキス王アイエテスの娘. 魔法に通じ, アルゴー船のイアソン Jasón を助けて金毛の羊皮を奪うのを助け, 結婚した.

Me·de·llín [me.ðe.jín ‖ -.ʎín] 固名 メデジン：コロンビア Antioquía 県の県都. [町の建設時（1675年）にインディアス諮問会議長官であった Medellín 伯爵の名にちなむ]

**me·dia [mé.ðja] 女 1 《主に複数で》（女性用の）ストッキング, ハイソックス. 〜s de malla 網タイツストッキング. 〜s antideslizantes ひざ上ストッキング. 〜 pantalón《ラ米》パンティストッキング（= panty）. 〜s de nilón ナイロンストッキング. 〜s sin costura シームレスストッキング. 2 (…時)半, 30分. dar [tocar] la 〜〈時計・鐘が〉半の音を打つ. Son las once y 〜. 11時半だ. 3 平均 (= promedio). la 〜 de estatura 平均身長. hacer 60 kilómetros de 〜 〈車が〉平均時速60キロを保つ. como 〜 平均値として. Consiguió una 〜 de 80 en los exámenes. 彼[彼女]は試験で平均80点取った. 〜 aritmética 算術平均. 〜 geométrica 相乗平均. 〜 proporcional 比例中項. 4 （スペイン・トランプのムス mus で）同一カードの3枚組み. 5 《スポ》センター, 中盤, ミッドフィールド. 6 《英》マスメディア（= mass 〜, medios de comunicación）. 7 《ラ米》靴下, ソックス（= calcetín）. 〜s cortas ひざソックス.
――形 → medio.
a medias (1) 半ば. dormir *a* 〜*s* 半ば夢うつつである. (2) 半々で. Hoy pagamos *a* 〜*s*. 今日は半分ずつ払おう（▶「割り勘にする」は pagar a escote）. (3) 不十分な, 中途半端な, いい加減な. dejar las cosas *a* 〜*s* 中途半端にしておく. una solución *a* 〜*s* 一時しのぎの解決策.
de media 平均して.
entre medias その中に, 混ざって.
hacer media 編み物をする.
no saber de la misa la media まったく知らない.

me·dia·ca·ña [me.ðja.ká.ɲa] 女 1 半筒形.

mediación

2〖建〗(1) モールディング, 刳形(ｸﾘｶﾞﾀ). (2) 平縁, 平条(ﾋﾗ). **3**〖技〗(1) 丸のみ. (2) 半円やすり. **4** カール鏝(ｺﾞﾃ), ヘア・アイロン. **5**〈馬の〉鼻勒(ﾊﾅﾂﾞﾗ). **6**〖印〗子持ち罫(ｹｲ).

*me・dia・ción [me.ðja.θjón / -.sjón] 囡 仲裁, 調停；媒介, 仲介, 取り次ぎ. Se pidió la ～ de un juez. 判事による調停が要請された. por ～ de... …の仲裁で, …を介して.

*me・dia・do, da [me.ðjá.ðo, -.ða] 形 半分の；半ばの, 半分になった. una botella *mediada* de vino 半分ほどはいったワインの瓶.
 a [*hacia*] *mediados de*... …の中ごろに. *a* ～*s de* agosto 8月中旬に.

me・dia・dor, do・ra [me.ðja.ðór, -.ðó.ra] 形 調停の, 仲裁の；仲介の, 介在する.
 ── 男 囡 調停者, 仲裁人；仲介人.

me・dial [me.ðjál] 形 〖言〗(1)〈特に子音が〉語中の. (2) 半狭母音の.

me・dia・lu・na [me.ðja.lú.na] 囡 〖複 ～s, mediaslunas〗 **1** 三日月[半月]形のもの；イスラム半月. **2** クロワッサン. ▶ luna.

me・dia・na・men・te [me.ðjá.na.mén.te] 副 まずまず, ほどほどに.

me・dia・ne・jo, ja [me.ðja.né.xo, -.xa] 形〖話〗《軽蔑》並みより劣る. [mediano＋縮小辞]

me・dia・ne・ra [me.ðja.né.ra] 囡〈ラ 米〉(建) → medianería 1.

me・dia・ne・rí・a [me.ðja.ne.rí.a] 囡 **1**（建物・地所などの）境界壁[塀]；柵, 垣根.
 2〈ラ 米〉(農)(畜)(園) 共同経営, 共有.

me・dia・ne・ro, ra [me.ðja.né.ro, -.ra] 形 **1**〈壁・塀など〉共有の, 境界の. **2** 仲裁の, 調停の.
 ── 男 囡 **1** 仲裁人, 調停者. **2**〈境界壁を共有する〉隣人；共有者. **3** 分益農夫, 折半小作農.

me・dia・ní・a [me.ðja.ní.a] 囡 **1** 中流の生活；世間並みの財産[地位]. vivir en la ～ 人並みに生活を送る. **2** 凡人さ, 凡庸さ. **3** 凡人, 平凡な人.

me・dia・nil [me.ðja.níl] 男 中央分離柵.

*me・dia・no, na [me.ðjá.no, -.na] 形 **1** 中くらいの, 中間の, 平均的な. ～ de cuerpo 中肉中背の. de tamaño ～ 普通の大きさの.
 2 並みの, 平凡な, 良くも悪くもない. cerveza *mediana* まあまあのビール. inteligencia *mediana* 人並みの頭脳. **3** つまらない, 並み以下の. un trabajo muy ～ 三流の作品. **4** 中央の, 真ん中の. línea *mediana*〖数〗中線.
 ── 囡 **1**（ハイウエーの）中央分離帯. **2**〖数〗(三角形の) 中線；中点. **3**（ビリヤードの）長めのキュー.

*me・dia・no・che [me.ðja.nó.tʃe] 囡〖複 ～s, medianoches〗 **1** 真夜中, 夜半. a ～ 真夜中に. **2** ロールパン（のサンドイッチ）.

me・dian・te[1] [me.ðján.te] 囡〖音楽〗中音.

me・dian・te[2] [me.ðján.te] 前《仲介・手段》…によって, …を使って. Lograron quitar la piedra ～ una palanca. 彼らはてこを使って石をどけることができた. Pude terminar la carrera ～ la beca del ministerio de educación. 私は文部省の奨学金のおかげで大学を終えることができた. ～ gracias a とは異なり, 不定詞や que... を続けることはできない.

me・dia・pun・ta [me.ðja.pún.ta] 男 囡〖スポ〗(サッカーの)トップ下, 司令塔.

*me・diar [me.ðjár] 82 自 **1**（por＋人〈人〉のために）仲介をする；（entre... …の間に／en... 〈争いごとなどに〉）調停に入る. ～ *por* su amigo ante el director 友人のために部長に口をきく. ～ *entre* los empresarios y el sindicato 経営者と組合の調停をする. El obispo *medió por* los presos para que los liberasen. 司教は捕虜が解放されるために仲介に入った.
 2（entre... …の間に）介在する；〈出来事が〉起こる；〈時が〉経過する. *Entre* pensar una cosa y llevarla a cabo *media* un abismo. 思いつくのと実行するのとでは天と地の開きがある. Me quitaron el derecho sin ～ palabra. 私は何の説明もなく権利を奪われた. *Entre* los dos países *mediaba* un tácito acuerdo. 両国間には暗黙の了解があった. *Mediaron* diez años desde entonces. そのときから10年経った.
 3〈期間・量が〉半ばに達する. *Estaba mediando* el año. その年も半ばにさしかかるころだった. *Mediada* la noche empezó a llover. 夜半になって雨が降り出した.

me・dias・ti・no [me.ðjas.tí.no] 男〖解剖〗(両肺間の) 縦隔(洞).

me・dia・ta・men・te [me.ðja.ta.mén.te] 副 間接的に.

me・dia・te・ca [me.ðja.té.ka] 囡 メディアライブラリー, 視聴覚資料閲覧室.

me・diá・ti・co, ca [me.ðjá.ti.ko, -.ka] 形 メディアの, コミュニケーション媒体の.

me・dia・ti・za・ción [me.ðja.ti.θa.θjón / -.sa.sjón] 囡 間接的な支配, 干渉, 介入.

me・dia・ti・zar [me.ðja.ti.θár / -.sár] 97 他 間接的に支配する, 〈人・組織の自由を制限して〉干渉する, 牛耳る. El ejército *mediatizaba* la política del Gobierno. 軍が政治を左右していた.

me・dia・to, ta [me.ðjá.to, -.ta] 形 間接の, 間を隔てた. de manera *mediata* 間接的に.

me・dia・triz [me.ðja.tríθ / -.trís] 囡〖複 mediatrices〗〖数〗垂直二等分線.

mé・di・ca [mé.ði.ka] 囡 形 → médico.

me・di・ca・ble [me.ði.ká.ble] 形 薬で治せる.

me・di・ca・ción [me.ði.ka.θjón / -.sjón] 囡 **1** 投薬, 薬物治療. **2**《集合的》薬剤, 医薬品；治療手段[行為].

me・di・ca・li・zar [me.ði.ka.li.θár / -.sár] 97 他 **1**（乗り物などに）医療設備を備えつける. **2** …に投薬治療を行う.

me・di・ca・men・tar [me.ði.ka.men.tár] 他 → medicar.

me・di・ca・men・ta・zo [me.ði.ka.men.tá.θo / -.so] 男 医療保険の効く医薬品を制限する政令.

*me・di・ca・men・to [me.ði.ka.mén.to] 男 薬, 薬剤, 医薬.

me・di・ca・men・to・so, sa [me.ði.ka.men.tó.so, -.sa] 形 薬用の, 薬効のある. vino ～ 薬用酒.

me・di・car [me.ði.kár] 70 他 …に薬を飲ませる, 投薬する. ── ～se 再 薬を服用する.

me・di・cas・tro [me.ði.kás.tro] 男〖軽蔑〗やぶ[偽]医者；民間療法師.

me・di・ci・na [me.ði.θí.na / -.sí.-] 囡 **1** 医学, 医療. ejercer la ～ 医療を施す, 医者として働く. estudiante de ～ 医学部学生. facultad de ～ 医学部. ～ preventiva 予防医学. ～ legal [forense] 法医学. ～ deportiva スポーツ医学. ～ general (専門に対して) 一般医療. ～ interna 内科医療.
 2〈総称的〉薬, 薬剤. tomarse las ～s 薬を服用する. ～ en polvo 粉薬. ～ oral 内服薬. ～ con-

tra el dolor de cabeza 頭痛薬.
関連「錠剤」は tableta, pastilla.「丸薬」は píldora.「軟膏(ﾅﾝｺｳ)など塗り薬」は ungüento.
3《比喩的》問題の解決策. Dormir será la mejor 〜 contra tu preocupación. 君の悩みには睡眠が一番の薬になるだろう.
[←〔ラ〕medicīnam (medicina の対格) (medicus「医者」より派生); 関連〔英〕medicine]

*me·di·ci·nal [me.ði.θi.nál / -.si.-] 形 薬用の, 薬効のある, 医療用の. hierbas [plantas] 〜es 薬草.
me·di·ci·nal·men·te [me.ði.θi.nál.mén.te / -.si.-] 副 医学的に, 医学上.
me·di·ci·nar [me.ði.θi.nár / -.si.-] 他 …に薬を飲ませる, 投薬する. ━se 再 薬を服用する.
me·di·ción [me.ði.θjón / -.sjón] 女 測量, 測定, 計量.
Mé·di·cis [mé.ði.θis / -.sis] 固名 メディチ(家): 15-16世紀に商業・金融業で栄え, 美術・文学を保護したフィレンツェの名家.

mé·di·co, ca [mé.ði.ko, -.ka] 形《名詞+》1** 医学の, 医療の, 医師の. recibir atención *médica* [tratamiento 〜]診察［治療］を受ける. ir trasladado a un centro 〜 医療センターへ運ばれて行く. pasar una revisión *médica* [un reconocimiento 〜, un examen 〜] 検診を受ける. alta *médica* 退院許可(証). asistencia *médica* 医療看護［サービス］. certificado 〜 診断(証明)書. chequeo 〜 医学的チェック. cuadro 〜 医師団. cuidados 〜s 治療. el equipo 〜 医療チーム. errores 〜s 医療ミス. gastos 〜s 医療費. investigación *médica* 医学研究. parte 〜 (医師団によるマスコミへの)診断報告. pruebas *médicas* 医学的検査. receta *médica* 処方箋(ｾﾝ). seguro 〜 医療保険. personal 〜 医療スタッフ. **2**《史》メディア Media の(= medo). guerras *médicas* ペルシア戦争.
━ 男 医者, 医師. ir al 〜 医者［病院］に行く. los 〜s que te atienden 君を診察してくれる医師たち. los 〜s le diagnostican un cáncer de próstata. 医師たちは彼を前立腺(ｾﾝ)がんと診断している. 〜 de cabecera [familia]ホームドクター, かかりつけの医者. 〜 de guardia 当直医. 〜 dentista 歯科医. 〜 especialista 専門医. 〜 forense 監察医. 〜 general [generalista] (専門医に対して)一般医. 〜 militar 軍医. 〜 particular 保険医療をしない医者, 非保険医療. 〜 personal 主治医. 〜 (interno) residente インターン (= mir), 研修医(試験). 〜 rural 地方医［村医者］. presidente del colegio de 〜s de Asturias (アストゥリアス)医師会会長. ━ 女 医師の妻.
visita de médico《話》ほんの短時間の訪問.
[←〔ラ〕*medicum* (*medicus* の対格 ; *medērī*「治療する」より派生); 関連 medicamento, medicina. 〔英〕*medical*「医学の」, *medicine*「薬」]
me·di·co·le·gal [me.ði.ko.le.gál] 形 法医学の.
me·di·cu·cho, cha [me.ði.kú.tʃo, -.tʃa] 男 女《軽蔑》やぶ医者.

me·di·da [me.ðí.ða] 女 **1 大きさ, 寸法, 度量衡; (度量衡の)測定, 採寸. tomar las 〜s a... …の服のサイズをはかる. tomar las 〜s de... …の寸法を行う. realizar la 〜 del terreno 土地の測定を行う. ¿Qué 〜s tiene el campo de fútbol? サッカーグラウンドの大きさはどれくらいありますか. 〜 de superficie 面積. 〜 de volumen 体積. 〜 de capacidad 容積. 〜 del peso 体重測定. 〜 de la estatura 身長測定. 〜 de la velocidad 速度測定.
2 尺度, 度量; (抽象的な)判断基準. 〜 de longitud 長さの単位. 〜 antigua (現在は使用されていない)旧尺度. Para los artistas la belleza es la única 〜 de las cosas. 芸術家にとって美がものごとの唯一の尺度である.
3 度合い, 程度. ¿En qué 〜 vas a ayudarme? 君はどの程度私の役に立ってくれるのかね.
4《主に複数で》措置, 処置. tomar las 〜s necesarias para... …のために必要な措置をとる. el paquete de 〜s 一連の措置. tomar sus 〜s 適切な手を打つ. **5**《詩》韻律: 詩行内における音節数やアクセント位置の調整. **6**《音楽》リズム, 拍子.
a (*la*) *medida* (**1**)《服が》仕立てた, あつらえの. vestido *a* 〜 オーダーメードのドレス. (**2**)《*de...* …に》比例した, ふさわしい. un precio *a la* 〜 *de la calidad* 質に合った値段.
a medida de SU *deseo* …の望みどおりの［に］.
a medida que +直説法・接続法 …につれて. La temperatura va bajando *a* 〜 *que subimos* La montaña. 山を登るにつれて気温が低下していく.
colmar(*se*) *la medida de...* …の我慢の限界を超える, 度を越す.
con medida 慎重に, 節度をもって.
en cierta medida ある程度は.
en la medida de lo posible できる限り.
sin medida 際限ない, 節度なく.
tomar las medidas a +人(人)の扱い方を知る.
me·di·dor, do·ra [me.ði.ðór, -.ðó.ra] 形 測定［計量］する. fiel 〜 計量検査官. ━ 男 **1** 度量測定器, 計量器. **2**《ラ米》(ガス・水道・電気などの)メーター. ━ 男 測定者, 測量士.
me·die·rí·a [me.ðje.rí.a] 女《ラ米》(俗)ストッキング・靴下販売店.
me·die·ro, ra [me.ðjé.ro, -.ra] 男 女 **1** 靴下製造業者［販売人］, 靴下商人. **2** 折半［分益］小作農［小作人］.

*me·die·val [me.ðje.βál] 形 中世 (風) の, 中世的な. castillo 〜 中世の城. historia 〜 中世史.
me·die·va·li·dad [me.ðje.βa.li.ðáð] 女 中世的性格, 中世風.
me·die·va·lis·mo [me.ðje.βa.lís.mo] 男 中世的特徴 ; 中世研究 ; 中世賛美.
me·die·va·lis·ta [me.ðje.βa.lís.ta] 男 女 中世研究家.
me·die·vo [me.ðjé.βo] 男 中世(期) (= Edad Media).
me·di·na [me.ðí.na] 女 アラブ人居住区の旧市街地.

me·dio, dia [mé.ðjo, -.ðja] 形 **1 (+名詞)
(**1**)《ser+》半分の (▶ 一種の数量詞なので, 基本的に無冠詞で用いる). 〜 melón メロン半分. 〜 siglo 半世紀. *media hora* 半時間. dos horas y *media* 2時間半(→ media **2**). seis millones y 〜 de yenes 650万円. *media botella de vino* ハーフボトルのワイン. 〜 kilo de garbanzos ヒヨコマメ500グラム. 〜 billete 半額切符. rebajar en 〜 punto los tipos de interés 利率を0.5ポイント下げる. pasar *media vida* dirigiendo el colegio 学校長をして半生を過ごす. *media pensión*《昼と昼あるいは夜の》2食付き宿泊［下宿］. 〜 centenar de personas ほぼ50名の人たち.
(**2**)《強調的に》多くの, 大半の (▶ 一種の数量詞なので, 基本的に無冠詞で用いる). recorrer 〜 mundo

世界の大半を巡る. Fue a recibirle ~ Madrid. マドリード市民の半数が彼を出迎えた.(3) 中途半端な. poner una *media* sonrisa あいまいな微笑を浮かべる.

2（＋名詞／名詞＋）**中間の**, 半ばの, 中位の, 中央の. a ~ y largo plazo 中長期の. la Edad *Media* 中世. (la) clase *medio* 中流階級. enseñanza(s) *media*(*s*) 中等教育. ~ pariente 遠い親戚(絵). un corredor de ~ fondo 中距離ランナー. (el descanso del) ~ tiempo 《スポ》ハーフタイム(の休み). la línea *media* センターライン, ハーフ(ウェイライン). Oriente *M*~ 中東（■無冠詞）.

3（名詞＋）**平均の**, 平均的な. por término ~ 平均して［で］. obtener una audiencia *media* del 15,8 % 平均視聴率15.8パーセントを獲得する. el salario ~ 平均月収. la temperatura *media* 平均気温. estatura *media* 平均身長. el ciudadano ~ 平均的市民. término ~《数》平均(値).

―副 **1** 半ば, いくぶん；かなり, ほとんど. Está ~ borracho. 彼はいくらか酔っぱらっている. ~ muerto de frío 凍え死にそうになって. una botella ~ llena(中身が)半分になっている瓶. ~ en serio en broma 半分本気で半分冗談で.

2《ラ米》かなり (=bastante).

―男 **1 中央**, **真ん中**, 中間；中庸. Está en ~. それは真ん中にある. No estés en ~. 邪魔だよ, el justo ~ 中庸. de en ~ 真ん中の.

2《主に複数で》**手段**, 方法, 方策機関. ~s de producción 生産手段. ~s de transporte 交通機関. El fin justifica los ~s.《諺》うそも方便（←目的は手段を正当化する）. utilizar todos los ~s あらゆる手段を用いる. poner [tomar] (todos) los ~s para [＋不定詞／que＋接続法]…するために(あらゆる)手段[措置]を講ずる, 全力をつくす. a través de los ~s de comunicación [de información, informativos]（テレビ・ラジオ・新聞などの)マスメディアを通して.

3《複数で》資力, 資産, 財産 (=~s económicos). No tiene ~s. 彼[彼女]は裕福ではない. ~s de vida 生活手段, 生計.

4（特殊な）社会, …界；階層. el ~ rural 農村. los ~s intelectuales インテリ層. ~s políticos 政界. **5** 半分, 2分の1；半キログラム.《複数で》2分の1. un kilo y ~ de carne de cerdo 1キロ半の豚肉. cinco ~s 2分の5. **6** 環境. en el acuático 水の中では. **7** 仲介, 媒体, 仲介者［物］；霊媒；《生物》培地, 培養基. **8**（手の）中指. → dedo. **9**《複数で》《闘牛》闘技場の中央部. **10**《スポ》《ボクシング》のミドル級 (=peso ~);《主に複数で》ミドル級選手 (=pesos ~s). **11**《ラ米》(1)（***ﾈ)5セント貨. (2)(ｺﾞﾙ)金額.

―男 女 《スポ》ハーフ(バック). ~ derecho [izquierdo]ライト［レフト］ハーフ(バック).

―女 → media.

a medio＋不定詞 半ば…で, …途中の (=sin＋不定詞 del todo). La puerta estaba *a* ~ *abrir*. ドアは半開きのままだった. dejar el plato *a* ~ *comer* 料理を食べかけで残す.

a medio＋名詞 …半ばで. *a media mañana* [*noche*] 午前中の中ごろに［夜中に］. *a media luz* 薄明りで. *a media cuesta* 坂の途中で. *a media comida* 食事の途中で. pantalón *a media pierna* 半ズボン. mangas *a* ~ *brazo* 半そで. estar *a* ~ *camino* (entre A y B) (AとBの)途中にいる. hablar [decir] *a media lengua* 舌足らずに話す[言う].

a [*al*] *medio de*...《ラ米》…の真ん中で (=por la mitad de...).

de medio a medio 完全に. Se equivoca *de* ~ *a* ~. 彼[彼女]は全く間違っている.

de medio cuerpo 上半身の；腰の高さまでの. retrato *de* ~ *cuerpo* 上半身の肖像.

de medio pelo → pelo.

de por medio 中間に, 間に；邪魔になって. meterse [ponerse] *de por* ~ 介入する, 干渉する. estar *de por* ~ 介在している.

día (*de*) *por medio*《ラ米》1日おきに.

en medio (*de*...) (1)（…の）真ん中に, 間に. justo *en* ~ まん真ん中で. *en* (el) ~ *de la calle* 通りの真ん中に. *en* ~ *de la crisis* 危機のさなかに. estar *en* ~ *de mucha gente* 群衆のまっただ中にいる. *en* ~ *de estos inconvenientes* こうした障害の中で. debatirse *en* ~ *de muchas dificultades* 悪戦苦闘する. (2) → *por* (*en*) *medio* (2), (3).

en medio de todo それにもかかわらず.

entre medio (*de*...) → *en medio* (de...).

estar [*encontrarse, hallarse, vivir*] *en* su *medio* 居心地がいい, 所を得る. 本領を発揮する.

medio ambiente（自然）環境 (=medioambiente). el ministro de ~ *ambiente* 環境庁長官. proteger el ~ *ambiente* 環境を守る.

ni medio《話》少しも…ない. No está *ni* ~ bien que esto se haga con los impuestos de los ciudadanos. これが市民の税金で行われるとはとんでもない.

no escatimar (*en*) *medios* [*no reparar en medios, no regatear medios*] *para* [＋不定詞／*que*＋接続法]…するために労を惜しまない. *No escatiman* ~s *para lograr* sus objetivos. 彼らは目標を達成する努力を惜しまない.

no hay medio de＋不定詞 …のやりようがない. El problema es que *no hay* ~ *de hacer*lo. 困ったことに, それができない.

por (*en*) *medio* (1) 真ん中で, 半分に. caminar por ~ *de la calle* 通りの真中を歩く. (2) 障害となって. (3)《話》散らかして. (4)《ラ米》*mes* [*semana*] *por* ~ 隔月［隔週］に.

por medio de... (1) …の真ん中を通って, …の間を. El río pasa *por* ~ *del* pueblo. 川は村の真ん中を流れている. (2) …によって, …を介して. Estudio español *por* ~ *de la* televisión. 私はテレビでスペイン語を勉強している.

por sus *propios medios* 自分の力で. encontrar trabajo *por mis propios* ~s 自分で仕事を見つける.

por todos los medios あらゆる手段を講じて, なんとかして.

quitar de en medio a＋人〈人〉を排除する,《話》殺す.

quitarse de en medio → quitar.

sacar de en medio...《話》→ quitar de en *medio*.

sin un medio《ラ米》(ﾁｽ7)一文なしで.

[←［ラ］*medium* (*medius* の対格）形『中間の, 介在する』;｜関連｜mediocre, Mediterráneo, mitad, inmediato, medir.[英] *middle, medium*]

me·dio·am·bien·tal [me.ðjo.am.bjen.tál] 形 環境の. contaminación ~ 環境汚染.

me·dio·am·bien·te [me.ðjo.am.bjén.te] 男（自然）環境.

me·dio·cam·pis·ta [me.ðjo.kam.pís.ta] 男 『スポ』ミッドフィルダー.

:me·dio·cre [me.ðjó.kre] 形 並みの,平凡な,月並みな;二流の. una obra 〜 二流の作品. una 〜 cosecha 平年並みの収穫. un estudiante 〜 中くらいの成績の学生. ── 男 平凡[凡庸]な人.

me·dio·cri·dad [me.ðjo.kri.ðáð] 女 1 平凡,普通,月並み. 2 凡人;月並みなもの.

:me·dio·dí·a [me.ðjo.ðí.a] 男 1 正午. a(l) 〜 昼の12時に. después del 〜 正午過ぎに.
2 昼食時,お昼. Está abierto a 〜 ランチタイムに営業しています. comer a 〜 ランチをとる. **3** 南,南方. una ventana que da al 〜 南向きの窓.
[medio + día] 【関連】medianoche, meridiani.
〔英〕*meridian*「子午線;正午」

me·dio·e·val [me.ðjo.e.βál] 形 → medieval.
me·dio·e·vo [me.ðjo.é.βo] 男 medievo.
me·dio·fon·dis·ta [me.ðjo.fon.dís.ta] 形 『スポ』中距離走者の. ── 男 中距離走者.
me·dio·me·tra·je [me.ðjo.me.trá.xe] 男 中編映画:一般に30分以上60分以内の映画.
me·dio·pa·ño [me.ðjo.pá.ɲo] 男 薄手の毛織物.
me·dio·pen·sio·nis·ta [me.ðjo.pen.sjo.nís.ta] 男女 学校で給食を受ける通学生; 2食付きの下宿人.
me·di·qui·llo [me.ði.kí.ʝo ‖ -.ʎo] 男 〖軽蔑〗やぶ医者.

**me·dir [me.ðír] ① 他 1 〈…の(の寸法・量・強度)を〉測る,計測[計量]する;…の一部を計り分ける. 〜 la energía en vatios エネルギーをワット数で測る. 〜 el tiempo con cronómetro ストップウォッチで時間を計る. 〜 la tela a un cliente 客に布を切り売りする.
2 吟味する,見積もる. 〜 el peligro 危険性を推し量る. 〜 los pros y los contras 損得を秤(ᵦかり)にかける. Él me *midió* con la mirada. 彼は私を値踏みするように見た.
3 〈言動などを〉抑える,控えにする. 〜 sus palabras 言葉に気をつける. 〜 sus pasos 足元に注意する;慎重に進む. ▶ 時に再帰代名詞を伴う. → 再 **2**.
4 《con...》〈…と〉(勢力・力量などと)比べる,競う. 〜 sus fuerzas *con* los rivales ライバルと力を競う.
5 〖詩〗〈詩文の〉韻をそろえる;〖音楽〗〈音符などの〉拍数を整える.
── 自 (+数量)〈人・もの(の寸法・量)が〉(…で)ある. 〜 *cincuenta metros* de largo y *veinte metros* de ancho 長さ50メートル,幅20メートルである. ¿Cuánto *mide* usted? — *Mido* uno sesenta. 身長はどれくらいですか. — 1メートル60センチです.
── 〜·se 再 1 《con...》〈…と〉競う,張り合う. 〜*se con* el ex campeón en el mundial 世界選手権で元チャンピオンと対戦する.
2 〈言動などを〉抑える;自制する. 〜*se* en sus gastos 出費を抑える. **3** 〖ラ米〗〖話〗けんかする.
medir las calles 〖ラ米〗〖ラテン〗〖俗〗街をほっつき歩く;のらくら暮らす,ぶらぶらする.
〔ラ〕*mētīrī*「測る」【関連】medida, mensura, dimensión, inmenso, mes. 〔英〕*measure*

me·di·ta·bun·do, da [me.ði.ta.βún.do, -.da] 形 考えこんだ,沈思[黙考]した;瞑想(ᵦいそう)的な. en actitud *meditabunda* 何やら考えこんだ様子で.

:me·di·ta·ción [me.ði.ta.θjón / -.sjón] 女 黙想,熟考,熟慮;思索,(宗教的な)瞑想(ᵦいそう). sumirse en profundas *meditaciones* 瞑想にふける.

me·di·ta·dor, do·ra [me.ði.ta.ðór, -.ðó.ra] 形 思索好きな,瞑想(ᵦいそう)にふける,黙想の.

:me·di·tar [me.ði.tár] 自 思いを巡らす;《en... / sobre...》〈…を〉熟考する;瞑想(ᵦいそう)にふける. 〜 *en* [*sobre*] el pasado 過去を回想する. 〜 *sobre* su experiencia 経験したことをじっくり考える. *Meditó* largamente antes de responderme. 彼[彼女]は私に答える前に長々と考え込んでいた.
── 他 **1** …について瞑想する,熟考する. **2** (計画などを)練る,企てる,もくろむ. 〜 su huida 逃亡を企てる.
〔ラ〕*meditārī*「反省する」【関連】〔英〕*meditate*

me·di·ta·ti·vo, va [me.ði.ta.tí.βo, -.βa] 形 瞑想(ᵦいそう)的な,黙想の;考えこんだ.

:me·di·te·rrá·ne·o, a [me.ði.te.řá.ne.o, -.a] 形 地中海の. el Mar *M*〜 地中海. clima 〜 地中海性気候. países 〜s 地中海沿岸諸国. dieta *mediterránea* 地中海料理. fiebre *mediterránea* 〖医〗地中海熱. ── 男 [*M*-] 地中海.

mé·dium [mé.ðjum] 男女 〔複 〜s, 〜s〕霊媒,巫子(ᵦこ);口寄せ.

me·do, da [mé.ðo, -.ða] 形 (イラン北西部にあった古代王国)メディア Media の. ── 男女 メディア人. ── 男 メディア語:イラン諸語の一つ.

me·dra [mé.ðra] 女 → medro.
me·drar [me.ðrár] 自 1 〈動植物が〉成長する,大きくなる,伸びる. 2 成功する,出世する;栄える,発展する.
¡*Medrados estamos!*〖話〗〖反語的〗結構なことになったぞ.

me·dri·ña·que [me.ðri.ɲá.ke] 男 〖服地の芯(ᵦ)用〗のマニラ麻布;アンダースカート.

me·dro [mé.ðro] 男 成長;繁栄,出世,成功.
me·dro·so, sa [me.ðró.so, -.sa] 形 《ser+》臆病(ᵦくびょう)な,怖がりの;《estar+》おどおどした.

mé·du·la [mé.ðu.la] / **me·du·la** [me.ðú.la] 女 1 〖解剖〗髄,骨髄,髄質. 〜 oblonga 延髄. 〜 espinal 脊髄(ᵦきずい). 〜 ósea 骨髄. 〜 suprarrenal 副腎髄質. 〖植〗髄. 〜 de saúco ニワトコの髄.
3 真髄,核心,主要部. llegar a [hasta] la 〜 本質をつく,核心に迫る.
hasta la médula 徹底的に,骨の髄まで.

me·du·lar [me.ðu.lár] 形 〖解剖〗骨髄の,髄質の,延髄の;〖植〗髄の;核心の.

me·du·lo·so, sa [me.ðu.ló.so, -.sa] 形 〖解剖〗〖植〗髄のある,髄質の,髄の多い.

me·du·sa [me.ðú.sa] 女 〖動〗クラゲ.
Me·du·sa [me.ðú.sa] 固名 〖ギリシャ神話〗メドゥーサ:ゴルゴン三姉妹 Gorgonas のひとり. 髪は蛇で,見る者を石に変えるという. → Perseo.

meet·ing [mí.tin] 男 〔複 〜s, 〜〕〔英〕男 → mitin.

Me·fis·tó·fe·les [me.fis.tó.fe.les] 固名 メフィストフェレス:ファウスト伝説に現れる悪魔. → Fausto.
me·fis·to·fé·li·co, ca [me.fis.to.fé.li.ko, -.ka] 形 メフィストフェレス的な,悪魔のような. sonrisa *mefistofélica* 人を小ばかにした笑い.

me·fí·ti·co, ca [me.fí.ti.ko, -.ka] 形 〈ガスが〉有毒な;悪臭のある.

me·ga [mé.ga] 〔英〕男 → megabyte.
mega- 1「100万」の意を表す造語要素. ⇒ *mega*ciclo, *mega*vatio. 2「大きい,大型の」の意を表す造語要素. 時に megalo-. ⇒ *megá*fono, *megá*lopolis.
〔ラ〕〔 〕

me·ga·byte [mé.ga.bait] 〔英〕男 〖ＩＴ〗メガバイト.

me·ga·ci·clo [me.ga.θí.klo / -.sí.-] 男 〖電〗メガサ

イクル：100万ヘルツ《略Mc》.

me・ga・co・lon [me.ga.kó.lon] 男【医】巨大結腸症.

me・ga・es・tre・lla [me.ɣa.es.tré.ja‖-.ʝa-] 女（映画・スポーツなどの）スーパースター.

me・ga・fo・ní・a [me.ɣa.fo.ní.a] 女 **1** 音響拡大技術. **2** アンプ，音響拡大装置，拡声器.

me・gá・fo・no [me.ɣá.fo.no] 男 メガホン，拡声器.

me・ga・her・cio [me.ga.ér.θjo/-.sjo] / **me・ga・hertz** [me.ga.érθ/-.érs] / **me・ga・her・tzio** [me.ga.ér.θjo/-.sjo] 男《複 megahercios / megahertz / megahertzios》【物理】メガヘルツ.

me・ga・ju・lio [me.ga.xú.ljo] 男【物理】メガジュール：仕事量・エネルギーの単位.

me・ga・lí・ti・co, ca [me.ga.lí.ti.ko, -.ka] 形 巨石建造物の；巨石の，巨石を用いた.

me・ga・li・to [me.ga.lí.to] 男（有史前の）巨石建造物：ドルメン，メンヒルなど.

megalo- 「大きい，巨大な」の意の造語要素. → *megalómano, megalópolis*. [←(ギ)]

me・ga・lo・ma・ní・a [me.ga.lo.ma.ní.a] 女【医】誇大妄想(狂).

me・ga・ló・ma・no, na [me.ga.ló.ma.no, -.na] 形【医】誇大妄想(狂)の. — 男女 誇大妄想患者.

me・ga・ló・po・lis [me.ga.ló.po.lis] 女《単複同形》メガロポリス，巨大都市.

mé・ga・no [mé.ga.no] 男 → médano.

me・ga・pro・yec・to [me.ga.pro.ʝék.to] 男 巨大プロジェクト.

me・ga・te・rio [me.ga.té.rjo] 男《古生》メガテリウム：南米・北米に生息していたナマケモノに似た化石動物.

me・ga・tón [me.ga.tón] 男【物理】メガトン，100万トン《略 MT》.

megaterio (メガテリウム)

me・ga・to・ne・la・da [me.ga.to.ne.lá.ða] 女 → megatón.

me・ga・va・tio [me.ga.bá.tjo] 男【電】メガワット，100万ワット《略 MW》.

me・ga・vol・tio [me.ga.ból.tjo] 男【電】メガボルト，100万ボルト《略 MV》.

me・go, ga [mé.go, -.ga] 形 おとなしい，柔和な，温和な.

me・goh・mio [me.gó.mjo] 男【電】メグオーム，100万オーム《略 MΩ》.

me・ha・la [me.á.la] 女【軍】（昔のモロッコの）正規軍，常備軍.

me・ha・ri [me.á.ri] 男 **1** メアリ：1968年から1987年に生産されたシトロエン社の小型車2CV ベースの四輪駆動車. **2**【動】メハリ：ヒトコブラクダの一種.

mei・go, ga [méi.go, -.ga] 形【地】魔法使い. ▶ 主に女性形が用いられる.

mei・o・sis [mei.ó.sis] 女【生物】（染色体の）減数分裂，還元分裂.

meit・ne・rio [meit.né.rjo] 男【化】マイトネリウム（記号 Mt）.

me・ja・na [me.xá.na] 女 中州，（川の中の）小島.

me・jer [me.xér] 他《液体を》かき回す，かき混ぜる.

me・ji・ca・nis・mo [me.xi.ka.nís.mo] 男 → mexicanismo.

*me・ji・ca・no, na [me.xi.ká.no, -.na] 形 → mexicano.

Mé・ji・co [mé.xi.ko] 固名 → México.

me・ji・do, da [me.xí.ðo, -.ða] 形〈卵を〉かき混ぜた，泡立てた.
— 男 ホットミルク[熱湯]に砂糖と卵を加えた飲料.

me・ji・lla [me.xí.ʝa‖-.ʎa-] 女《主に複数で》ほお，ほっぺた. **la niña de ~s rosadas** ばら色のほおの少女. [←〔ラ〕 *māxillam* (*māxilla* の対格)「あご」(*māla*「上あご，ほお(骨)」より派生；関連 maxilar. [英] maxilla, malar]

me・ji・llón [me.xi.ʝón‖-.ʎón] 男【貝】ムール貝，ムラサキイガイ（科の二枚貝）. **criadero de mejillones** ムール貝の養殖場.

me・ji・llo・ne・ro, ra [me.xi.ʝo.né.ro, -.ra‖-.ʎo.-] 形 ムール貝養殖の.
— 女 ムール貝養殖桁(げた)，養殖いかだ.

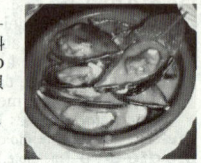

mejillón (ムール貝)

me・jor [me.xór] 形 **1** (1) [bueno の比較級]《+名詞 / 名詞+》(ser+) (estar+) (que... ...より) さらによい，より優れた，より好ましい，より適切な (↔ peor). **en ~es condiciones** よりよい条件で. **Tuvo ~ suerte que sus compañeros**. 彼[彼女]は仲間より好運だった. **Hubiera sido ~ no decir nada**. 何も言わなければよかったのに. **nada ~ que ésta**. ちっともよくない. **por un mundo ~** よい世界のために ▶「善良な」の意味の比較級には *más bueno* が用いられる. → **Julia es *más buena* que Dolores**. フリアはドローレスに比べて良い人. (2) (ser+)《+不定詞 / que+接続法 ...する》方がよい. **Es ~ no *fumar* tanto**. そんなにタバコを吸わない方がよい. **M~ *que vengas* en seguida**. すぐに来たほうがよい. **De eso ~ no *hablar***. そのことは話さない方がよい.

2 《多くは+名詞》(ser+)《定冠詞・所有形容詞を伴って最上級》最もよい，最高の，最も大切な. **Es mi ~ amigo**. 彼は私のいちばんの親友だ. **el premio a *la* ~ película** 最優秀映画賞. **el ~ ejemplo** 最もよい例. **los ~es resultados** 最高の結果. **una de *las* 100 ~es novelas en castellano del siglo XX** 20世紀最高のスペイン語小説100冊の一つ. **en *las* ~es condiciones** 最高の条件で. **el ~ postor** 最高入札者. **de *la* ~ manera posible** できる限りうまく (=lo ~ posible). ▶ 定冠詞などを伴って人・ものを指す名詞表現を作る. ▶ **Es *la* ~ de las mujeres**. あんなすばらしい女性はいない. **el ~ de los jugadores nacidos en España** スペインの産んだ最高のプレーヤー.

— 副 **1** [bien の比較級] **よりよく**，もっとうまく，いっそう上手に. **María trabaja ~ que José**. マリアはホセよりいい仕事をする. **cada vez ~** 次第によく. **¿Estás ~ del resfriado?** 風邪はいいの.
2《最上級》最高に，最良に，いちばんよく. **Es el libro ~ escrito de este autor**. それはこの作家の最も優れた著作だ.
3《間投詞的に》結構だ. **Nos vamos en seguida**. —**¡M~!** さっそく出かけることにします. —それは結構.
4《挿入句的に》むしろ (=~ dicho). **Escogería ~ este abrigo**. どちらかと言えば，私はこのコートを選びたい. **Me gustaría la clase de un solo día a la semana si es posible**. できれば週1日だけのクラスの方が（むしろ）いいです. **5**《+直説法》...の方がいい. **M~ *vienes***. 君は来る方がいい.

a lo mejor (+直説法)《話》**多分**, おそらく. ¿Vendrá? — *A lo* ～. 彼[彼女]は来るかな. —多分.

a mejor +名詞, +比較級 …がよければ, それだけ…. *A* ～*es notas, cuotas más bajas*. 成績がよければよいほど, 会費が安い.

así es mejor / mejor así / eso está [es] mejor その方がいい. *Las carreteras son pequeñas y tienen muchos recovecos, pero así es* ～, *ya que disfrutamos más de las vistas*.(幹線)道路は狭くて曲がりくねっているけれど, それがいいんだ. 景色をいっそう楽しめるから.

aún mejor / mejor aún …でさえ. *Un hombre no se pondría un traje amarillo para trabajar. Pero, conduciría un coche amarillo, o aún* ～, *uno rojo*. 男は仕事に黄色のスーツは着ないだろう. でも黄色の車, いや赤いのだって運転するよ.

de lo mejor とてもすばらしい. *Esta telecomedia es de lo* ～. このテレビドラマは最高だ.

en el mejor de los casos せいぜいよくても, とどのつまり. *En el* ～ *de los casos la terapia resultaría muy cara*. よくても治療費はすごく高くつくだろう.

ir a mejor よくなる. *Gracias a ti la cosa va a* ～. 君のおかげで状況はよくなっている.

lo mejor 最良のもの, 最善のこと. *lo* ～ *que podemos hacer* 私たちにできる最善のこと. *Es lo* ～ *que hay*. それはここにある中で最上のものだ. *lo* ～ *de todo es que* +直説法 いちばんいい点は…だ.

lo mejor de lo mejor 最上のもの, 極上; えり抜きの人, 超エリート.

lo mejor es enemigo de lo bueno《諺》角を矯(た)めて牛を殺す (←最善は善の敵である).

lo mejor posible 最善の方法で, できるだけうまく, 精いっぱい上手に. *Lo hice lo* ～ *posible*. 私はそれをできるだけうまくやった.

mejor o peor 良かれ悪(あ)しかれ, どっちみち. *Lo hemos hecho,* ～ *o peor, como hemos podido*. 我々はいずれにせよ, 可能な範囲でやってみた.

mejor todavía → *aún mejor*.

mucho mejor / mejor que mejor / tanto (que) mejor なお結構だ, ずっとよい. *Tanto* ～ *si no viene*. 彼[彼女]が来なければなお結構だ.

pasar a mejor vida 死ぬ.

querer mejor (…の方が)ずっといい, ましである. *M— quiero ser pobre con honra que rico sin ella*. 私は卑しい金持であるよりは貧しくてもまともな人間であるほうがよい.

y lo que es mejor さらによいことには.《皮肉》その上に. *Se cree ganador. Y lo que es* ～ *para él, los demás también lo creen*. 彼は自分を勝者だと思っている. しかも, 彼にとっていいのは, 他の人間もそう思っていることだ.

[←ラ *meliōrem* (*melior* の対格)《*bonus*「よい」の比較級》/ 関連 *mejorar, medrar*. [英 *meliorate*]

*me·jo·ra [me.xo.ra] 囡 **1** 改良, 改善, 向上. No hay ～ *en su situación*. 彼[彼女](ら)の立場が好転することはない. *la* ～ *del suelo* 土壌の改良.

2 進歩, 発展. *las* ～*s producidas por la tecnología* 科学技術によってもたらされた進歩.

3(給料などの)増加, 増額. **4**(競売で)高値をつけること, 競り上げ. **5**《法》(1)《不動産の》改良. (2) 法定相続分以外の遺産. **6**《ラ米》《谷》除草, 草取り. —囲 → *mejorar*.

me·jo·ra·ble [me.xo.rá.ble] 囮 改善できる, 改善[向上]しうる.

me·jo·ral [me.xo.rál] 男《ラ米》《ｶﾞｼﾞ》《商標》鎮痛剤, 痛み止め.

me·jo·ra·mien·to [me.xo.ra.mjén.to] 男 改良, 改善; 進歩, 向上, 増進. *Exigimos el inmediato* ～ *de las condiciones de trabajo*. 私たちは労働条件の即時改善を要求した.

me·jo·ra·na [me.xo.rá.na] 囡《植》マジョラム, マヨラナ: 料理用香味料, 鎮痙(けい)剤に用いられる.

***me·jo·rar** [me.xo.rár] 他 **1** よくする, 改良[改善]する. ～ *la situación* 状況を好転させる. ～ *la calidad de*... …の質を向上させる. ～ *las condiciones de trabajo* 労働条件を改善する. ～ *los sueldos* 給料を上げる. ～ *su marca personal* 自己記録を更新する.

2〈病人・病状を〉回復させる. *La pastilla que me compraste me ha mejorado bastante*. 君が買ってくれた薬のおかげでずいぶんよくなった.

3 …をしのぐ, …に勝る. *Su nueva película mejora la anterior*. 彼[彼女](ら)の最新映画は前作を凌駕(りょうが)している. **4**(競売で)〈値を〉競り上げる.

—圁 **1**(*de*... / *en*... …が) よくなる. ～ *en su comportamiento* 態度がよくなる. *Has mejorado mucho en matemáticas*. 君は数学の成績がとても上がった. **2**(社会的・経済的に)向上する, 上昇する. ～ *de posición* 昇進する.

—～·*se* 禹〈病人が〉快方に向かう;〈天候が〉回復する. *Que se mejore pronto*. お大事に.

*me·jo·rí·a [me.xo.ri.a] 囡 **1**(病状の)回復, 快方. **2** 改良, 進歩, 向上. **3** 優位, 有利.

me·jun·je [me.xún.xe] 男 **1** 気持ち悪い飲み物[液体, 薬, 化粧品], 混ぜ物, 混合薬. **2** 詐欺, ごまかし, ぺてん. **3**《ラ米》《ｶﾞｼﾞ》《ﾁﾘ》《ｸﾞｱ》《谷》もつれ, ごたごた.

mel- 「蜂蜜(みつ)(*miel*)」の意の造語要素. *meli-* のときも. → *melar, melífero, meloso*. [←ラ]

me·la·do, da [me.lá.ðo, -.ða] 囮 蜂蜜(みつ)色[あめ色]をした. —男 **1** 糖蜜, シロップ. **2**《ラ米》《ﾒｼ》《ﾌﾞ》《ｸﾞｱ》サトウキビのシロップ. —囡 蜂蜜(みつ)を塗ったトースト; 果物の砂糖漬け.

me·la·du·ra [me.la.ðú.ra] 囡 サトウキビのシロップ.

me·lá·fi·do [me.lá.fi.ðo] 男《鉱》黒myło(げん)岩.

me·la·mi·na [me.la.mí.na] 囡《化》メラミン (樹脂).

me·lam·po [me.lám.po] 男《演》プロンプター用のランプ.

melan- 「黒い」の意の造語要素. → *melancolía, melanina*. [←ギ]

***me·lan·co·lí·a** [me.laŋ.ko.lí.a] 囡 **1** ゆううつ, メランコリー; 悲哀, 意気消沈. *caer en un estado de* ～ ゆううつな状態になる. *Le invadió la* ～. 彼はふさぎ込んでしまった.

2《医》うつ病, 抑うつ症.

[←後ラ *melancholia* ←ギ *melankholía* (*melan-* 「黒」+ *kholé*「胆汁」+名詞語尾; 「黒い胆汁」の過多が「陰うつ」をもたらすという考えによる); 関連 *melanina, Melanesia*. [英 *melancholy*]

me·lan·có·li·ca·men·te [me.laŋ.kó.li.ka.mén.te] 副 悲しげに, ゆううつそうに, もの憂げに.

***me·lan·có·li·co, ca** [me.laŋ.kó.li.ko, -.ka] 囮 **1** ゆううつな, ふさぎ込んだ, 意気消沈した; もの寂しい. *una mirada melancólica* もの憂げなまなざし. *Esta mañana está muy* ～. 今朝の彼は全く元気がない. **2**《医》うつ病にかかった, うつ病の.

—男女 憂いのある人, ふさぎ込んだ人；うつ病患者.

me·lan·co·li·zar [me.laŋ.ko.li.θár / -.sár] 97 他 沈んだ気分にさせる, ゆううつにさせる.
— ~·se 再 ふさぎ込む, ゆううつになる.

Me·la·ne·sia [me.la.né.sja] 固名 メラネシア：オーストラリア北東方に連なる南太平洋の諸島の総称. [←〔仏〕*Mélanésie* (〔ギ〕*mélas*「黒い」より造語；「黒人の住む諸島(地域)」が原義]

me·la·né·si·co, ca [me.la.né.si.ko, -.ka] 形 メラネシアの, メラネシア人の. **—男女** メラネシア人.

me·la·ne·sio, sia [me.la.né.sjo, -.sja] 形 メラネシアの, メラネシア人の. **—男女** メラネシア人；メラネシア語派：オーストロネシア語族の一つ.

me·la·ni·na [me.la.ní.na] 女 【生化】黒色素, メラニン.

me·la·ni·ta [me.la.ní.ta] 女 【鉱】黒ざくろ石.

me·la·no·ma [me.la.nó.ma] 男 【医】メラノーマ, 黒色腫. ~ **maligno** 悪性黒色腫.

me·la·no·sis [me.la.nó.sis] 女 〔単複同形〕【医】黒色症, 黒皮症.

me·la·nu·ria [me.la.nú.rja] 女 【医】黒尿症.

me·lar [me.lár] 自 蜜のように甘い, 蜜の味がする.

me·lar·chí·a [me.lar.tʃí.a] 女 〈ラ米〉(P米) ゆううつ.

me·la·to·ni·na [me.la.to.ní.na] 女 【医】メラトニン：松果体細胞が分泌するホルモン.

me·la·za [me.lá.θa / -.sa] 女 糖蜜(みつ).

mel·ca [mél.ka] 女 【植】モロコシ.

Mel·chor [mel.tʃór] 固名 【聖】メルキオル：東方の三博士 Reyes Magos のひとり.

mel·co·cha [mel.kó.tʃa] 女 煮詰めた糖蜜(みつ)；糖蜜菓子.

me·le·ci·na [me.le.θí.na / -.sí.-] 女 薬, 医薬品, 薬剤.

me·lée / me·lé [me.lé] 女 〈スポ〉〈ラグビー〉スクラム. **medio de ~** スクラム・ハーフ. [←〔仏〕*mêlée*]

me·le·na[1] [me.lé.na] 女 **1** 長髪, ロングヘア；〔複数で〕乱れ髪, ぼさぼさの髪. **estar en ~** 髪を垂らしている. **2** (ライオンの)たてがみ. **3** 〈ラ米〉(P米)〈俗〉頭.
andar a la melena つかみ合いのけんかをする.
soltarse la melena 羽目をはずす.

me·le·na[2] [me.lé.na] 女 【医】下血, メレナ. ~ **del neonato** 新生児メレナ.

me·le·nu·do, da [me.le.nú.ðo, -.ða] 形 長髪の, 長いふさふさの毛の, むく毛の. **—男女** 長髪の人.

me·le·ro, ra [me.lé.ro, -.ra] 男女 蜂蜜(ばちみつ)業者.
—男 蜂蜜の貯蔵所.
—女 (雨で傷んだ)メロンの斑点(はんてん).

mel·fa [mél.fa] 女 メルファ：アフリカの砂漠地帯の女性の衣服.

mel·ga [mél.ga] 女 〈ラ米〉(1)(ボリ)仕残した仕事. (2)(アゼ)(チリ)種蒔(ま)き用の畑. (3)(チリ)【農】畝.

mel·ga·cho [mel.gá.tʃo] 男 【魚】サメの一種.

mel·gar [mel.gár] 男 アルファルファの牧草地.

mel·go, ga [mél.go, -.ga] 男女 〈ラ米〉(キカ)双子の, 双生児の.

me·lia [mé.lja] 女 【植】センダン類.

me·liá·ce·o, a [me.ljá.θe.o, -.a / -.se.-] 形 【植】センダン科の. **—女**〔複数で〕センダン科の(植物).

mé·li·co, ca [mé.li.ko, -.ka] 形 歌唱用の；叙情詩の, ギリシア叙情詩形式の.

me·lí·fe·ro, ra [me.lí.fe.ro, -.ra] 形 〈文章語〉蜜(みつ)を出す, 蜜を作る.

me·li·fi·ca·ción [me.li.fi.ka.θjón / -.sjón] 女 (ミツバチによる)蜜(みつ)作り, 蜜集め.

me·li·fi·car [me.li.fi.kár] 自 〈ミツバチが〉蜜(みつ)作りをする, 蜜集めをする.

me·li·fi·co, ca [me.lí.fi.ko, -.ka] 形 蜜(みつ)を出す, 蜜のできる.

me·li·flui·dad [me.li.flwi.ðáð] 女 甘ったるさ.

me·li·fluo, flua [me.lí.flwo, -.flwa] 形 **1** 甘ったるい, 甘美な. **palabras** *melifluas* 甘美な言葉. **2** 蜜(みつ)のある, 蜜に似た.

me·li·llen·se [me.li.jén.se ‖ -.ʃén.-] 形 (モロッコ北東部, スペイン領の港湾都市)メリリャ Melilla の.
—男女 メリリャの住民[出身者].

me·li·lo·to, ta [me.li.ló.to, -.ta] 形 愚かな, 頭の弱い. **—男** 薄のろ. **—男** 【植】シナガワハギ.

me·lin·dre [me.lín.dre] 男 **1** 蜜(みつ)と小麦粉で作った揚げ菓子；(糖衣でくるんだ)マジパン mazapán. **2** 細リボン, 小幅のリボン. **3** 《主に複数で》気取り, 上品ぶること, しな. **andarse con ~s / hacer [gastar] ~s** しなを作る, 気取る, 上品ぶる. 〔複数で〕上品ぶった人, (マナーについて)口うるさい人. ► 一人の人間を指すときにも複数形を用いる.

me·lin·dre·ar [me.lin.dre.ár] 自 しなを作る, 気取る, 上品ぶる.

me·lin·dre·rí·a [me.lin.dre.rí.a] 女 → **melindre 3**.

me·lin·dro·so, sa [me.lin.dró.so, -.sa] 形 気取った, 上品ぶった.

me·li·ni·ta [me.li.ní.ta] 女 メリナイト, メリニット：ピクリン酸を主成分とする爆薬.

me·li·no, na [me.lí.no, -.na] 形 (ギリシアの)ミロス Milos 島の. **—男女** ミロス島の住民[出身者].

me·lión [me.ljón] 男 【鳥】オジロタシ.

me·lio·ra·ti·vo, va [me.ljo.ra.tí.βo, -.βa] 形 よりよい, 改善の；ましな. **en un sentido ~** いい意味で.

me·li·sa [me.lí.sa] 女 【植】セイヨウヤマハッカ.

me·lis·ca [me.lís.ka] 女 〈ラ米〉(ウルグ)落ち穂拾い.

me·lla [mé.ja ‖ -.ʎa] 女 **1** (刃物などの)欠け, 刃こぼれ；(皿などの)きず, 欠けあと. **2** 空所, すき間. **tener dos ~s en la dentadura** 歯が2本抜けている. **3** 損傷, 損害. **hacer ~ en la fortuna de +人**〈人〉の財産に損害を与える.
hacer mella a [*en*]... 〈話〉(比喩的)…に効きめがある, 影響を与える；損害を与える. *Las críticas no hicieron la menor ~ en él.* その批判も彼には少しもこたえなかった.

me·lla·do, da [me.já.ðo, -.ða ‖ -.ʎá.-] 形 **1** 歯の欠けた, 傷のついた；縁が欠けた. **2** 歯の抜けた.

me·lla·du·ra [me.ja.ðú.ra ‖ -.ʎa.-] 女 → **mella**.

me·llar [me.jár ‖ -.ʎár] 他 **1** 〈剣などの〉刃を欠く, 〈容器などの〉縁を欠く. **2** 損なう, 傷つける. **~ la honra** 名誉を傷つける.
— ~·se 再 **1** 歯が抜ける；刃がこぼれる；〈容器などの〉縁が欠ける, 割れる. **2** 〈評判などに〉傷がつく.

me·lli·zo, za [me.jí.θo, -.θa ‖ -.ʎí.-, -.so, -.sa] 形 双子の, 双生児の；【植】対生の. **—男女** (二卵性の)双子, 双生児 (▶「一卵性双生児」は gemelo).
—〔複数で〕〈話〉巡査, お巡り.

me·llón [me.jón ‖ -.ʎón] 男 (たいまつ用の)わら束.

melo- 「歌, 音楽」の意の造語要素. → *melodía, melodrama*. [←〔ギ〕]

***me·lo·co·tón** [me.lo.ko.tón] 男 【植】モモ(の木・実). [←〔中ラ〕*mēlum cotōnium*「マルメロ」←〔ラ〕*mālum cotōnium*；〔ラ〕*mālum*←〔ギ〕*mêlon*「リンゴ」；ドーリア方言では *mâlon*) + 〔ラ〕*cotōnius*(←〔ギ〕*kydṓnios*「Kydōnía (クレタ島の町)の」；

関連 melón. [英 *quince*「マルメロ」]

me·lo·co·to·nar [me.lo.ko.to.nár] 男 モモ畑.

me·lo·co·to·ne·ro [me.lo.ko.to.né.ro] 男【植】モモの木.

me·lo·dí·a [me.lo.dí.a] 女 **1**【音楽】**旋律, メロディー**, 節回し. Sonaba la dulce ～ a lo lejos. 遠くで甘いメロディーが流れていた.
2 美しい旋律, 快い調べ.

me·ló·di·co, ca [me.ló.di.ko, -.ka] 形 メロディーの, 旋律の, 旋律的な; 旋律の豊かな[美しい].

me·lo·dio·sa·men·te [me.lo.djo.sa.mén.te] 副 旋律豊かに, 響き良く.

me·lo·dio·so, sa [me.lo.djó.so, -.sa] 形 響きのいい, 旋律の豊かな, 美しい音の, 歌うような. con una voz *melodiosa* 美しい声で.

me·lo·dis·ta [me.lo.dís.ta] 男 女 旋律作者, メロディーの作曲家.

me·lo·dra·ma [me.lo.drá.ma] 男 **1** メロドラマ, 通俗劇. **2** 音楽劇.

me·lo·dra·má·ti·ca·men·te [me.lo.dra.má.ti.ka.mén.te] 副 大げさに, 芝居じみた様子で.

me·lo·dra·má·ti·co, ca [me.lo.dra.má.ti.ko, -.ka] 形 メロドラマ(風)の; 芝居がかった, 感傷的で大げさな.

me·lo·dra·ma·ti·zar [me.lo.dra.ma.ti.θár / -.sár] 97 他 メロドラマ調にする[書く].

me·lo·dre·ña [me.lo.dré.ɲa] 形《女性形のみ》砥石(といし)用の. *piedra* ～ 砥石.

me·lo·gra·fí·a [me.lo.gra.fí.a] 女 写譜法.

me·lo·ja [me.ló.xa] 女 蜂蜜(はちみつ)水.

me·lo·jo [me.ló.xo] 男【植】カシワの一種.

me·lo·ma·ní·a [me.lo.ma.ní.a] 女 (特にクラシックの)音楽愛好, 音楽好き.

me·ló·ma·no, na [me.ló.ma.no, -.na] 形 音楽好きな. ― 男 女 音楽マニア, 音楽愛好家.

****me·lón** [me.lón] 男 **1**【植】**メロン** (の実). ～ de agua スイカ. **2**《話》(特にはげた大きい)頭. **3**《話》愚か者, ばか, まぬけ. ▶ 女性形 melona もある. **4**《ラ米》(*)(カリブ)角を切り取った[角のついた]雄牛.
catar el melón (話) 詮索(せんさく)する, 腹のうちを探る. [⇐[ラ] *mēlōnem (mēlo* の対格) ⇐[ラ] *mēlopepo* ⇐[ギ] *mēlopépōn (mêlon*「リンゴ; 果物」+ *pépōn*「ヒョウタン, メロンの類」);**関連** melocotón. [英 *melon*]

me·lo·na·da [me.lo.ná.ða] 女《話》愚かさ, ばかさ加減; 愚行, ばかげた事.

me·lo·nar [me.lo.nár] 男 メロン畑.

me·lon·ci·llo [me.lon.θí.jo / -.sí.-] 男【動】マングースの一種.

me·lo·ne·ro, ra [me.lo.né.ro, -.ra] 男 女 **1** メロン栽培者. **2** メロン売り, メロン商人.

me·lo·pe·a [me.lo.pé.a] 女 **1** 単調な歌. **2** → melopeya. **3**《話》酔い. *coger [agarrar, tener] una* ～ 酔っ払う. **4** しつこい話.

me·lo·pe·ya [me.lo.pé.ja] 女 **1**【音楽】作曲法. **2**【詩】朗吟法.

me·lo·si·dad [me.lo.si.ðáð] 女 **1** 甘さ, 甘味, 甘ったるさ. **2** 優しさ; 甘美. **3** 甘言, お世辞.

me·lo·so, sa [me.ló.so, -.sa] 形 **1** 蜂蜜(はちみつ)のような, 甘い. **2** 優しい, もの柔らかな, 甘ったるい; へつらった. ― 女《ラ米》(カリブ)【植】キク科の植物.

mel·ton [mél.ton] 男【服飾】メルトン: コートなどに用いる厚手の布地.

mel·va [mél.ßa] 女【魚】ヒラソウダ.

me·ma [me.ma] 女《ラ米》(メキシコ)乳房.

me·ma·da [me.má.ða] 女 愚かな言動.

mem·bra·do, da [mem.brá.ðo, -.ða] 形《紋》鳥の脚の色が体と違った.

mem·bra·na [mem.brá.na] 女 **1**【生物】【解剖】**膜**, 薄い膜, 皮膜. ～ celular 細胞膜. ～ mucosa 粘膜. ～ timpánica 鼓膜. ～ virginal 処女膜.
2 (太鼓・タンバリンなどの) 皮.
3《ラ米》(カリブ)【医】ジフテリア.

mem·bra·no·so, sa [mem.bra.nó.so, -.sa] / **mem·bra·ná·ce·o, a** [mem.bra.ná.θe.o, -.a / -.se.-] 形 膜からなる, 膜状の, 膜質の.

mem·bre·te [mem.bré.te] 男 **1** レターヘッド: 便箋(びんせん)上部に印刷した個人・会社の名前・住所など. **2** 受取人の住所[氏名]. **3** メモ, 覚え書き; 通知(状).

mem·bri·llar [mem.bri.jár ‖ -.ʎár] 男 マルメロ園.

mem·bri·lla·te [mem.bri.já.te ‖ -.ʎá.-] 男《ラ米》マルメロのお菓子.

mem·bri·lle·ro [mem.bri.jé.ro ‖ -.ʎé.-] 男【植】マルメロ(の木).

mem·bri·llo [mem.brí.jo ‖ -.ʎo] 男【植】マルメロ(の木・実). *carne [dulce] de* ～ マルメロの砂糖煮[ゼリー]. ― 男《話》頭の回転の遅い人.

mem·bru·do, da [mem.brú.ðo, -.ða] 形 がっしりした, 頑丈な, 屈強な. *brazos* ～*s* たくましい腕.

membrillo (マルメロの実)

me·me·la [me.mé.la] 女《ラ米》(メキシコ)(グアテマラ)(厚手の) トウモロコシのトルティージャ *tortilla*.

me·men·to [me.mén.to] 男【カト】メメント: ミサにおける記念の祈り. ～ de difuntos [vivos] 死者[生者]の記念唱.

me·mez [me.méθ / -.més] 女[複 memeces]ばかげたこと, 愚かなこと[言動].

mem·nó·ni·da [mem.nó.ni.ða] 女《ギ神》メムノニス: エチオピア王 *Memnón* の墓の上で戦い殺し合ったという鳥.

me·mo, ma [mé.mo, -.ma] 形 ばかげた, 愚かな. ― 男 女 愚か者, まぬけ, ぼんくら.

me·mo·ra·ble [me.mo.rá.ble] / **me·mo·ran·do, da** [me.mo.rán.do, -.da] 形 記憶に残る, 記憶すべき, 忘れがたい. *una fecha* ～ [*memoranda*] 忘れられない日付.

me·mo·rán·dum [me.mo.rán.dum] / **me·mo·ran·do** [me.mo.rán.do] 男[複 memoranda, memorándums] **1** 覚え書き, メモ, 備忘録; (外交上の) 覚書. **2** ノート, メモ帳, 手帳. **3**《ラ米》(カリブ)(銀行の) 預金通帳.

me·mo·rar [me.mo.rár] 他《文章語》思い出させる, 思い起こさせる.

*****me·mo·ria** [me.mó.rja] 女 **1 記憶力**. *tener buena [mala]* ～ 記憶力がよい[悪い]. *ser flaco de* ～ 忘れっぽい. Estoy perdiendo la ～. だんだん物覚えが悪くなってきた.
2 記憶, 思い出, 回想. *de buena [feliz, grata]* ～ いい思い出の. *de mala [infausta, ingrata]* ～ 悪い思い出の. *borrar de la* ～ 記憶から消し去る. *borrarse de la* ～ 記憶から消える. *si la* ～ *no me falla* 私の記憶違いでなければ. *Lo que dijo el profesor se me ha quedado grabado en mi* ～. 先生の言葉は今も私の心に刻まれている.
3 (研究)論文; 学位論文. ～ *de licenciatura* 学士論文. **4** 報告書; 記録; 目録. ～ *anual* 年次報

memorial

告書. **5** 外交文書. **6** 〖IT〗記憶装置, メモリ. ～ caché キャッシュメモリ. ～ RAM ランダムアクセスメモリ. ～ USB USBメモリ. **7** 《複数で》回想録, 自伝, 手記. **8** 記念物, 記念碑. **9** 《複数で》よろしくとの伝言. Déle Ud. muchas ～s a su hermano. お兄さん[弟さん]にどうぞよろしくお伝えください. **10** 遺贈, 寄贈；記念財団；遺言補足書.
a la memoria de... → *en memoria de...*
de memoria 暗記して, そらで；記憶を頼りに. aprender *de* ～ 暗記する. hablar *de* ～ 記憶を頼りに話す.
encomendar... a la memoria …を暗記する.
en memoria de... …の記念に, …を偲(ﾞ)んで.
hacer memoria 思い出そうとする.
memoria de elefante《話》すばらしい記憶力.
memoria fotográfica 鮮明な記憶力.
perder la memoria de... …を忘れる.
profanar la memoria de+人〈故人〉を中傷[誹謗(ﾎｳ)]する.
refrescar la memoria de... …の記憶を新たにする[よみがえらせる].
traer a la memoria... (1) …を思い出す. (2) 《a +人》〈人に〉思い出させる. Esta foto *me trae a la* ～ los días en España. この写真を見るとスペインでの日々を思い出す.
*venir*le *a la memoria (a +人)* 思い出される, 〈人〉がふと思い出す. No *me viene a la* ～ su nombre. 彼[彼女]の名前が思い出せない.
［←〔ラ〕*memoriam (memoria* の対格)；関連 *conmemorar, inmemorable.* 〔英〕*memory, remember*]

me·mo·rial [me.mo.rjál] 男 **1** 備忘録, 覚え書き, 控え帳. **2** 記念行事. **3** 記録, 公報, 《雑誌などの》時報. **4** 請願書, 嘆願書, 申請書.
me·mo·ria·lis·ta [me.mo.rja.lís.ta] 男女 請願書の作成者, 代書業者.
me·mo·rión, rio·na [me.mo.rjón, -.rjó.na] 男 物覚えのよさ, 記憶力抜群の；物覚えだけはよい.
——男 物覚えのよさ, 優れた記憶力.
[*memoria* +増大辞]
me·mo·rio·so, sa [me.mo.rjó.so, -.sa] 形 記憶力の良い, 優れた記憶力の.
——男女 記憶力のいい人, 物覚えのいい人.
me·mo·ris·mo [me.mo.rís.mo] 男 詰め込み主義, 暗記主義.
me·mo·ris·ta [me.mo.rís.ta] 形 **1** 暗記に頼る, 暗記主義の. **2**《ラ米》→ memorioso.
——男女 暗記主義の人.
me·mo·rís·ti·co, ca [me.mo.rís.ti.ko, -.ka] 形 暗記中心の, 詰め込み主義の.
me·mo·riu·do, da [me.mo.rjú.ðo, -.ða] 形《ラ米》→ memorioso.
me·mo·ri·za·ción [me.mo.ri.θa.θjón / -.sa.sjón] 女 記憶（すること）；《コンピュータへの》情報記憶.
***me·mo·ri·zar** [me.mo.ri.θár / -.sár] 97 他 記憶する, 丸暗記する, 覚える.
me·na [mé.na] 女 **1** 〖鉱〗鉱石, 原鉱. **2** 〖海〗錨索(ｿｳ)の太さ. **3**《複数で》《ラ米》(ｳｼ)(ｳﾏ)等級, 種類, 階級. *de todas* ～s ありとあらゆる種類の.
mé·na·de [mé.na.ðe] 女 **1** 〖ギ神〗〖ロ神〗マイナデス：酒神バッカス Baco（別名ディオニソス Dioniso）の巫女(ﾐｺ). **2** 狂乱した女.
mé·nage à trois [me.náʃ a trwá] 〔仏〕男《複 ～, ménages à trois》（男女間の）三角関係；3 P, 3人で行う性行為.

me·na·je [me.ná.xe] 男 **1** 《集合的》家財, 調度, 家具一式. **2** 《学校の》備品, 教材. **3** 台所道具. **4** 家事, 家政.
me·nar [me.nár] 他 〈縄跳びの縄を〉回す.
me·nar·ca [me.nár.ka] 男《ラ米》〖医〗初潮.
me·nar·quia [me.nár.kja] / **me·nar·quí·a** [me.nar.kí.a] 女〖医〗初潮.
men·che·vi·que [meɲ.tʃe.ßí.ke] 形 《ロシア社会民主労働党の少数派》メンシェビキの, 穏健派の.
——男女 メンシェビキ, 穏健派. → bolchevique.
Men·chu [meɲ.tʃú] 固名 メンチュ：María del Carmen の愛称.
Men·chú [meɲ.tʃú] 固名 メンチュ Rigoberta ～ Tum (1959-)：グアテマラの農民運動の指導者. ノーベル平和賞 (1992).
*men·ción** [men.θjón / -.sjón] 女 言及, 指摘. hacer ～ de... …に言及する, …のことに触れる. digno de ～ 言及に値する, 特筆すべき.
mención honorífica 選外佳作.
［←〔ラ〕*mentiōnem (mentiō* の対格, *meminisse*「思い出す；言及する」より派生）；関連 mente, (co)mentar, mentir. 〔英〕*mention*]
men·cio·na·do, da [men.θjo.ná.ðo, -.ða / -.sjo.-] 形 言及した, すでに述べた. la *mencionada* batalla 問題の戦闘. arriba [anteriormente] ～ 前述の.
men·cio·nar [men.θjo.nár / -.sjo.-] 他 …に言及する, …に（話の中で）触れる. ～ un nombre 名前を口にする. ～ un tema ある話題に触れる. ～ un material en la lista de ingredientes 成分表に物質の名を記す. *Mencionó al Presidente con el nombre de pila.* 彼[彼女]はファーストネームで大統領に言及した. Había treinta personas sin ～ a los familiares. 親族を除いて30人が来ていた.
men·da [mén.da] 代名《話》**1**《話者を指す人称代名詞》私自身, この私. El ～ no dice nada. 私は何も言っていない. ► el ～, mi ～, este ～ など定冠詞・所有形容詞・指示形容詞を伴い, 3人称単数形の動詞を取る. **2**《不定》誰か, ある人. Me lo dijo un ～. 誰かが私にそう言った.
men·da·ci·dad [men.da.θi.ðáð / -.si.-] 女 虚言癖；不正直；虚言, きうそ.
men·daz [men.dáθ / -.dás] 形 〔複 mendaces〕うそつきの, 偽りの. ——男女 うそつき.
men·de·le·vio [men.de.lé.ßjo] 男 〖化〗メンデレビウム：超ウラン元素（記号 Md）.
men·de·lia·no, na [men.de.ljá.no, -.na] 形 メンデル Mendel (1822-84, オーストリアの植物学者) の, メンデルの法則の.
men·de·lis·mo [men.de.lís.mo] 男 メンデル学説, メンデルの遺伝の法則.
men·di·can·te [men.di.kán.te] 形 物ごいをする, 托鉢(ﾎｸ)をする. las órdenes ～s 托鉢修道会.
——男女 物ごい；托鉢修道士.
men·di·ci·dad [men.di.θi.ðáð / -.si.-] 女 **1** 物ごい, 施しを求めること, 托鉢(ﾎｸ). **2** 物ごい生活. **3**《集合的》物ごい（する人）.
men·di·gan·te, ta [men.di.ɣán.te, -.ta] 男女 物ごい.
men·di·gar [men.di.ɣár] 103 他 **1** 〈施しを〉求める. ～ una comida 食べ物をもらう. **2** 頼み込む, 嘆願する. ——自 物ごいをする.
*men·di·go, ga** [men.dí.ɣo, -.ga] 男女 **1** 物ごい. **2** 《ラ米》(ﾀﾒｸﾞﾁ)悪者.

[←［ラ］*mendīcum*(*mendīcus*の対格)；関連 mendigar．[英] *mendicant*]

men·do·ci·no, na [men.do.θí.no, -.na / -.sí.-] 形 〈アルゼンチンの〉メンドサ Mendoza の．
— 男 女 メンドサ州［市］の住民［出身者］．

men·do·sa·men·te [men.do.sa.mén.te] 副 うそをついて；誤って，間違って．

men·do·so, sa [men.dó.so, -.sa] 形 うその，偽の；誤った，間違った．

Men·do·za¹ [men.dó.θa / -.sa] 固名 メンドサ：アルゼンチン西部の州；州都．[Hurtado de Mendoza (1503-75；スペインの詩人・政治家)の意向によって1560年この町が建設されたことにちなむ]

Men·do·za² [men.dó.θa / -.sa] 固名 メンドサ Pedro de 〜 (1487-1537)：アルゼンチンを征服したスペイン人．

men·dru·go, ga [men.drú.go, -.ga] 形 ばかな．
— 男 ばか，まぬけ．
— 男 パンのかけら，かちかちのパン．

me·ne [mé.ne] 男 《ラ米》(ﾍﾞﾈｽﾞ)(ｺﾛﾝﾋﾞｱ) ピッチ，アスファルト．

me·ne·a·da [me.ne.á.ða] 女 《ラ米》(ﾒｷｼｺ) かきまぜ，ホイップ．

me·ne·ar [me.ne.ár] 他 1 〈体の一部などを〉動かす，揺する，振る；〈位置・状態を〉変える．〜 la cabeza 頭を振る．〜 la cola 尻尾(ﾎﾟｧ)を振る．2 〈問題解決のための〉品を取る．3 〈商売などを〉営む．
— 〜·se 再 1 動く，揺れる；体を揺すって歩く．
2 動き回る，そわそわする．*El niño se menea mucho.* あの子は全く落ち着きがない．
3 〈話〉急ぐ，さっさと歩く；急いでやる，動き回る．¡*Menéate!* 早くしろ．
de no te menees 〈話〉すごい，ひどい，途方もない．*una bofetada de no te menees* すごい平手打ち．*una fiesta de no te menees* 盛大なパーティー．
Mejor es no meneallo. / *Peor es meneallo.* これ以上もう何も言うな．▶ meneallo は menearlo の古い書き方．

me·ne·gil·da [me.ne.xíl.da] 女 《俗》〈軽蔑〉お手伝い，下女．

Me·ne·la·o [me.ne.lá.o] 固名 《ギ神》メネラオス：スパルタ王 Agamenón の弟で，Helena の夫．

Me·nén·dez [me.nén.deθ / -.des] 固名 1 メンデス・ピダル Ramón 〜 Pidal (1869-1968)：スペインの歴史家・文献学者．2 メネンデス・イ・ペラーヨ Marcelino 〜 y Pelayo (1856-1912)：スペインの文学史家・批評家・歴史家．

me·ne·o [me.né.o] 男 1 動かす［揺する，振る］こと，かき回すこと．2 動き回ること；動き．*los* 〜*s de la vida* 人生の浮き沈み．3 管理，操作．4 《話》激しくたたくこと，しかること．5 《話》けんか，いさかい．
dar un meneo a... 《話》(1) …をこっぴどく殴る，しかりつける．(2) …を乱暴に扱う［操る，引っ張る］．*Le dio tal 〜 a la botella que se la bebió casi entera.* 彼［彼女］は瓶をごと一気にあおった．(3) 〈劇場などで〉野次る，ぶうぶう言う．

me·ne·que·ar [me.ne.ke.ár] 他 《ラ米》(ｶﾞﾃﾏﾗ)(ﾒｷｼｺ) 振り動かす，揺する．
— 〜·se 再 《ラ米》(ｶﾞﾃﾏﾗ)(ﾒｷｼｺ) 揺れる．

me·ne·que·o [me.ne.ké.o] 男 《ラ米》(ｶﾞﾃﾏﾗ)(ﾒｷｼｺ) 揺すること；揺れ．

me·ne·que·te·ar [me.ne.ke.te.ár] 他 《ラ米》(ｶﾞﾃﾏﾗ)(ﾒｷｼｺ) → menequear．— 〜·se 再 《ラ米》(ﾒｷｼｺ) 《話》腰を振る，腰をくねらせる．

me·ne·que·te·o [me.ne.ke.té.o] 男 《ラ米》(ﾒｷｼｺ) → menequeo．

me·nes·ter [me.nes.tér] 男 1 必要，入用；用事．*haber* [*tener*] 〜 *de...* …の必要がある，…を必要とする．2 〈主に複数で〉仕事，勤め，職務．*hacer SUS* 〜*es* 仕事をする．3 〈複数で〉《話》必要なもの，必需品，道具．4 〈複数で〉用便．
ser menester [＋不定詞 / *que* ＋接続法] …の必要がある，…しなければならない．*Es 〜 comer para vivir.* 生きるためには食べなければならない．*No es 〜 que vayas ahí.* 君がそこに行くことはない．

me·nes·te·ro·so, sa [me.nes.te.ró.so, -.sa] 形 貧乏な，暮らしに事欠く，困窮した．
— 男 女 貧者，困窮者．

me·nes·tra [me.nés.tra] 女 1 《料》ミネストローネ．2 〈複数で〉乾燥野菜．

me·nes·tral, tra·la [me.nes.trál, -.trá.la] 男 女 職人，職工，技工；手工業者，細工職人．

me·nes·tra·lí·a [me.nes.tra.lí.a] 女 1 職人［職工］の資格．2 《集合的》職人，職工；職人階級．

me·nes·tre·te [me.nes.tré.te] 男 《海》釘(ﾁﾋｬ)抜きの一種．

men·fi·ta [meɱ.fí.ta] 形 〈古代エジプトの都市〉メンフィス Menfis の．— 男 女 メンフィスの住民．— 男 〈白黒の〉縞瑪瑙(ﾎﾟｳ)．

men·ga·no, na [meŋ.gá.no, -.na] 男 女 誰それ，なにがし，なんとかさん．*fulano y 〜 / 〜 y zutano* なんの誰それ．

men·gua [méŋ.gwa] 女 1 減少，縮小，軽減，減退；〈月の〉欠け．2 〈品物の〉低下，衰え；〈品性の〉下落，堕落．3 不足，欠如；貧乏，貧困，貧窮．4 不評，不面目，恥．
en mengua de... …を損なって，傷をつけて．*Lo hizo en 〜 de su honra.* 彼［彼女］は自分の名誉を落としてまでそれをやった．
sin mengua 完全な，無傷の．
sin mengua de... …を損なわずに．

men·gua·do, da [meŋ.gwá.ðo, -.ða] 形 1 減少した，減退した．2 臆病(ﾋﾞｮｳ)な，ひ弱な．3 不幸な，不運な，惨めな．4 頭のおかしい，愚かな．5 みみっちい，けちな．6 取るに足りない，ささいな．*Ha obtenido tan 〜s éxitos.* 彼［彼女］の上げた成果は微々たるものだった．— 男 女 1 臆病者，意気地なし．2 不運な人，哀れな人．3 欲張り，けちん坊；下劣な人間．
— 男 〈編み物の〉減らし目．

men·guan·te [meŋ.gwán.te] 形 減少する；〈月が〉欠けていく；潮が引く．*cuarto 〜* 下弦(の月)．
— 女 1 水位の低下，引き潮；〈月の〉欠け．2 衰弱，低下，退勢．

men·guar [meŋ.gwár] 86 他 1 減少させる，減らす，少なくする；〈速度を〉落とす；〈責任などを〉軽くする．2 〈評判などを〉落とす，失墜させる．*Esto no mengua en nada su fama.* これは彼［彼女］の名声を失墜させるものではない．
— 自 1 減少する，小さくなる．*El número de estudiantes en la universidad mengua cada año.* 大学の学生数は毎年減っている．2 〈水位が〉下がる，〈潮が〉引く；〈月が〉欠ける．3 衰える，弱る．*En septiembre mengua el calor.* 9月に入ると暑さも和らぐ．4 〈評判などが〉落ちる，失墜する，〈品性などが〉下劣になる，堕落する．5 〈編み物の〉減らし目する．

men·gue [méŋ.ge] 男 《話》悪魔，サタン．
¡*Malos mengues te lleven!* ちくしょう，くたばっちまえ．

men・hir [me.nír] 男 【考古】メンヒル:巨石を地に立てた有史前の遺物.[←ブルトン語]

me・nin・ge [me.níŋ.xe] 女 【解剖】脳脊髄(ずいがく)膜.

me・nín・ge・o, a [me.níŋ.xe.o, -.a] 形 髄膜の.

me・nin・gí・ti・co, ca [me.niŋ.xí.ti.ko, -.ka] 形 髄膜炎の.

me・nin・gi・tis [me.niŋ.xí.tis] 女 【単複同形】【医】髄膜炎, 脳膜炎. ~ bacteriana 細菌性髄膜炎.

me・nin・go・co・co [me.niŋ.go.kó.ko] 男 【医】髄膜炎菌.

me・ni・no, na [me.ní.no, -.na] 男 小姓(こしょう), 侍童.
—— 女 (女王・王女に仕える)女官, 侍女.

me・nis・co [me.nís.ko] 男 **1**【解剖】関節間軟骨, 半月板. **2**【光】凹凸レンズ. **3**【物理】メニスカス: 表面張力による液面の湾曲.

me・nis・per・má・ce・as [me.nis.per.má.θe.as / -.se.-] 女 【植】【複数形】ツヅラフジ科(の植物).

men・juí [meŋ.xwí] 男 【植】クスノキ科クロモジ属の芳香性植物, ベンゾイン樹脂, 安息香.

men・jun・je [meŋ.xúŋ.xe] / **men・jur・je** [meŋ.xúr.xe] 男 ➡ mejunje.

men・no・ni・ta [men.no.ní.ta] 形 男 女 ➡ menonita.

me・no・lo・gio [me.no.ló.xjo] 男 【宗】(ギリシア正教の)メノロギオン, 聖人暦, 聖人月録.

me・no・ni・ta [me.no.ní.ta] 形 【宗】メノー派の.
—— 男 女 メノー派教徒:16世紀オランダで起こった再洗礼派の一派.

me・no・pau・sia [me.no.páu.sja] 女 【医】閉経期, 月経閉止期; 更年期.

me・no・páu・si・co, ca [me.no.páu.si.ko, -.ka] 形 閉経(期)の, 閉経した女性の.
—— 女 閉経期を迎えた女性.

***me・nor [me.nór] 形 [pequeño の比較級. 形状の比較をする場合は más pequeño が多く用いられる] (↔mayor)

1 《+名詞 / 名詞》《ser+》**より小さい, より少ない**, より劣る. El número de niños en la clase *es* ~ que el de niñas. クラスの男の子の数は女の子の数より少ない. ser ~ en grado [edad] 程度[年齢]が低い. ser ~ en número [tamaño] 数字[大きさ]が小さい. La vida del libro *es* cada vez ~. 本の寿命はますます短くなっている.

2《名詞+》《ser+》年下の, 年少の; 未成年の, 子供の. hermano ~ 弟. mis dos hermanas ~*es* 私の2人の妹. niñas ~*es* de siete años 7歳未満の女の子たち. ser ~ de edad 未成年である. Mi hermana *es* tres años ~ que yo. 妹は私より3つ年下だ. ► 「身長・身体」についての比較級は más pequeño を用いる. ⇒ María *es más pequeña que yo*. マリアは私より小柄だ.

3 〘定冠詞・所有形容詞を伴って最上級〙
(**1**)《(多くは+名詞)》**最も小さい, 最も少ない; 最低[最短]の**. El ~ ruido le asusta. 彼はほんのちょっとした物音にもおびえる. en el ~ tiempo posible できる限り短期間[時間]に. registrar el ~ número de parados desde el año... …以来最低の失業者数を記録する. (**2**)《+名詞》《否定形で》全く~ない. No (me) cabe la ~ duda de que+直説法 (私には)…についていささかの疑いもない. No tengo la ~ idea (de que+直説法・接続法). (…ということが) あるとはつゆも知らない. No tener el ~ reparo en+不定詞 少しもためらわず…する. No le hicieron el ~ caso. 彼[彼女]は全く相手にされなかった. (**3**)《名詞+》いちばん年下の, 最少の. el hermano ~ 末弟. la ~ de cuatro hermanas 4人姉妹の末っ子.

4《名詞+》**より低い, 下級の, とるに足りない**. órdenes ~*es*【カト】下級叙階 (► 守門 ostiario, 読師 lector, 祓魔師(ふつまし)【悪魔祓(ばら)い師】exorcista, 侍祭 acólito). un mal ~ ささいな不都合. Es un pecado ~. 軽い罪だ. los profetas ~*es*【聖】小預言者; 二流の預言者. rama ~ 分家, 分派. gastos ~*es* 雑費. obras ~*es* 小規模土木工事. asuntos de importancia ~ 取るに足りない事柄. **5** 低学年の, 後輩の. 【音楽】短調の. escala ~ 短音階. **7**【数】(不等号<の表す)小なり. "a < b" se lee "a ~ que b". "a < b"は「a 小なり b」と読む.

—— 男 女 **年少者, 未成年者**;《複数で》【法】未成年者 (=~ de edad) (► スペインでは18歳未満). la Ley (Penal) del *M*~ 少年法. tribunal de ~*es* 家庭裁判所. No recomendada a ~*es* de 18 años. 〈映画の〉成人向き. Los ~*es* de 6 años pueden entrar gratis. 6歳未満の子供たちは無料で入場できます.

—— 男 **1**【カト】フランシスコ会(修道)士. **2**《複数で》下級生, 低学年.

—— 女 【論】小前提 (=premisa ~).

al por menor / *por menor* (**1**)【商】小売りの, 小売りで. venta *al por* ~ 小売り. (**2**) 詳しく, 詳細に. referir *por* ~ una historia 物語をこと細かに語る.

arte menor (8音節以下の)短句詩.

cuanto menor, (tanto)+比較級 少なければ少ないほど…. El riesgo de caer en el alcoholismo es *mayor cuanto* ~ es la edad. アルコール中毒にかかる危険性は若い人ほど大きい.

de mayor a menor 大から小の[に].

de menor a mayor 小から大の[に]. por orden *de* ~ *a mayor* edad / por orden de edad *de* ~ *a mayor* 年齢の若い順に.

(el) Asia Menor 小アジア:アナトリア Anatolia 半島, トルコ.

en menor medida [grado] (…よりも)わずかに. Influye en los mercados, aunque *en* ~ *medida* que el año pasado. 去年よりもわずかだが, 市場に影響している.

menor de edad 未成年者 (↔mayor de edad). la venta de alcohol a ~*es de edad* 未成年者へのアルコール(飲料)の販売.

[←[ラ]*minōrem* (*minor* の対格; *parvus*「小さい, 少ない」の比較級). 関連 menos, mínimo, minoría. [英] *minor*(*ity*)]

Me・nor・ca [me.nór.ka] 固名 メノルカ(島):スペインの Baleares 諸島の一つ. [←[後ラ] *Minorica*;[ラ] *minor*「より小さい」+[ラ] *-ica* (地名語尾); Mallorca (原義「大島」)に対して「小島」]

me・no・rí・a [me.no.rí.a] 女 下級, 下位; 隷属; 未成年 (=menor de edad).

me・no・ris・ta [me.no.rís.ta] 形 [ラ米]【商】小売りの. ~ (me)(ラ米)【商】小売り商(人).

me・nor・quín, qui・na [me.nor.kín, -.kí.na] 形 [複 menorquines, menorquinas] (スペイン Baleares 諸島の)メノルカ島の.
—— 男 女 メノルカ島の住民[出身者].
—— 男 (カタルーニャ語の)メノルカ方言.

me・no・rra・gia [me.no.řá.xja] 女 月経過多.

***me・nos [mé.nos] 形《性数不変》《+名詞》**1** [poco の比較級]《ser+》**より少ない**, もっと少数[少量]の (↔más). Hoy hace ~ viento

que ayer. 今日は昨日ほど風がない. Mi mujer tiene ~ años que yo. 妻は私より若い. Cada vez hay ~ gente que se dedique a nuestra profesión. 私たちの職業に就く人が通りまで少なくなっている. el que ~ culpa tiene いちばん罪が軽い人.
2《話》より劣った. Este es ~ coche. こっちの方がだめな車だ.
━━圃 **1** [poco の比較級・最上級] **より少なく**, それほど[あまり]…でなく；最も少なく. Aquí llueve ~ que en Castilla. ここはカスティーリャよりも雨が少ない. Le veo cada vez ~. 彼に会う機会がしだいに少なくなってきている.
2《形容詞・副詞の劣等比較級を作る》…ほどでなくより, の方. En España el golf es ~ popular que el fútbol. スペインではゴルフはサッカーほど人気がない. La lesión ha resultado ~ grave de lo que pareció. 傷は思ったほどひどくなかった. No es ~ cierto que lo hace así. 彼[彼女]がそうすることも劣らず確かである.
3《定冠詞・所有形容詞などを伴い形容詞・副詞の劣等最上級を作る》el portero ~ goleado de la Liga リーグでいちばんゴールされていないキーパー. El día ~ pensado puede sorprendernos a todos. 思いもかけない日に我々は皆驚かされるかも知れない.
4《名詞+》…だけ不足, 少なく. un litro ~ 1リットル少なく.
5《前置詞的》…を除いて, …以外の (=excepto, salvo). cualquier cosa ~ eso それなら何でも. todo incluido ~ luz y gas 光熱費以外はすべて込み. Trabajan fuera ~ cuando llueve. 雨のとき以外彼らは外で働く.
6《数》マイナス, 引く. *M*~ por ~ igual a más. マイナス掛けるマイナスはプラス. Cuatro ~ uno son [igual a] tres. 4引く1は3.
7《時刻》…分前. Son las once ~ cinco. 11時5分前です (▶「…分過ぎは y を用いる. → Son las once y cinco. 11時5分です).
━━代名《不定》ほんの一部, ごく少数. en los ~ de los casos ほんの内の一部で.
━━男《数》マイナス (記号−) (=signo de sustracción [resta]).

al menos《話》**少なくとも**, せめて. *al* ~ por el momento 少なくとも当面. *Al* ~ deben hacerlo. 彼らはせめてそうしなければならない. (2)《*que*+接続法》…の限りでは. *al* ~ *que* yo sepa 私の知る限りでは.
a lo menos《ラ米》→al *menos*.
a menos〔*que*+接続法/*de*+不定詞〕…**でなければ**, …でない限り. *a* ~ *de estar* bien preparado 準備が整っていなければ.
aún menos なおさら…ない. Si no ha asumido sus responsabilidades familiares, *aún* ~ lo hará con las públicas. 彼[彼女]が家族への責任も果たさなかったのなら, 公の責任はなおさらだろう.
como no puede ser menos 言うまでもなく, 当然のことだが.
cuando menos《話》→al *menos*.
cuanto menos... (*tanto*) +比較級 **…でないほど…**. *Cuantos* ~ árboles, *menos* lluvias. 木が少ないほど雨が少ない.
de menos (1). Me han dado cien gramos *de* ~. 彼らは100グラム少なくよこした. Hay tres lápices *de* ~. 鉛筆が3本足りなくなっている. (2) 好ましくない. El año pasado tuvimos cosas de más y cosas *de* ~. 去年我々にはいいことも悪いこともあった. (3)《ラ米》(*) 少なくとも.
en menos de nada《話》あっという間に. Te pillan entre tres en la calle y *en* ~ *de nada* te roban todo. あなたは通りで3人につかまって, あっという間になにもかも取られてしまう.
hacer (de) menos a+人《人》を軽視する (▶多くは de と共に用いられる). Decir esto no es *hacer de* ~ *a* usted. こう言うからといってあなた(の意見)を軽んじるわけではありません.
ir [venir, llegar] a menos(地位・権威が)下がる, 落ちぶれる.
lo de menos(他の重大事に比べれば)さほどでないこと, 取るに足らないこと. *Lo de* ~ es que la cumbre se celebre en España. サミットがスペインで開かれるかどうかは二の次だ.
lo menos《話》少なくとも (=al ~). *Lo* ~ había mil personas. 少なくとも1000人はいた.
lo menos (+形容詞・副詞) ***posible*** **できる限り少なく** (…). Espero que su enfermedad sea *lo* ~ *dolorosa posible*. 彼[彼女](ら)の病が少しでも苦痛の少ないものであることを願います.
lo menos (+形容詞) ***que...*** **最小限** (…) (のこと). Hay funcionarios que cobran lo más que pueden y trabajan *lo* ~ *que* pueden. 給料はとれるだけとり, 仕事はできるだけしない役人がいる. Este sistema no es perfecto, pero es *lo* ~ *malo que* hay. このシステムは完璧ではないが, ましなものだ.
menos aún →aún *menos*.

menos de (lo que)... (数量・程度が) **未満の**, …以下の[に], より少なく. (▶ menos de はその基準となる数量を含まない. →más). poco ~ *de* un litro 1リットルに少し足りない. La producción ha bajado en ~ *de* un dos por ciento. 生産は2パーセント弱落ち込んだ. Yo hablo mucho ~ *de* lo que la gente dice. 私は人が言うほどおしゃべりなんかじゃない.
menos y menos ますます少なく (=cada vez ~).
mientras menos... (*tanto*) +比較級 …でなければないほど…. *Mientras* ~ alumnos haya en la clase, *mejor* atención podrán recibir. クラスの生徒が少ないほどいい指導が受けられるだろう.
mirar [estimar, valorar] en menos... …をより少なく[低く]見る. Lo que cuesta poco se *estima en* ~. 安いものはより安く見られる.
ni mucho menos (*que*+接続法) **それどころか…ない**. ¿Te cae bien el nuevo jefe? ― ¡*Ni mucho* ~! 新しいボスとうまくやっているかい. ―とんでもない.
no caber (por) menos que +不定詞 …せざるを得ない.
no menos de... …も, …ほども, …以上も. Se reunieron *no* ~ *de* cien personas. 100人以上も人が集まった.
no menos (+形容詞) ***que...*** **…と同じくらい, …に劣らず**; **…以上**. La segunda cuestión es *no* ~ *importante que* la primera. 2番目の問題は1番目に劣らず重要である.
no ser ni más ni menos que... …にすぎない, 他ならない (→ni más ni *menos*). Un crítico *no es ni más ni* ~ *que* un lector que te responde en voz alta. 評論家というのは大声で答えてくれる読者に他ならない.
no ser para menos《話》無理からぬことだ, 全く同感だ. Están muy nerviosos y *no es para* ~. 彼らはすごくいらいらしているがそれも不思議ではない.

pero menos それほどでもないが. El precio de los pisos sube, *pero* ～. マンション価格が上昇と言っても大したことはないが.

poco menos que... [*de*＋数量] ほとんど…, …近く. Es *poco* ～ *que* imposible. それはほとんど不可能だ.

por lo menos → *al menos*.

¿Qué menos?《話》大したことありません, せめてこれくらい は. Gracias por el precioso regalo. —*¿Qué* ～ *para ti?* すてきな贈り物ありがとう. ―ほんの気持ちです.

¿Qué menos que［＋不定詞／＋接続法］*?*《話》せめてそれぐらい［…くらい］のことはあってもよい. *¿Qué* ～ *que decir algo?* 何か言ってくれてもいいのに. *¿Qué* ～ *que hubiera avisado?* せめて知らせてくれればよかったのに.

ser menos que＋人《主に否定文で》〈人〉より能力［地位］が低い. No *somos* ～ *que* los vascos o los catalanes. 私たちがバスクやカタルーニャの人より劣るわけではない.

tener a menos → *hacer (de) menos* a＋人

¡todo menos eso! それ以外すべて；それだけはご勘弁を. Haré todo por ti. —Pues, no me busques más. —*¡Todo* ― *eso!* 君のためなら何でもするよ. ―じゃあ, もう追いかけないで. ―それだけはだめだ.

y menos (*aún*) まして(ない)(▶否定文に続けて用い, 否定を強調する). Mis padres no me dejarán salir al cine, *y* ～ *aún* después de que vean las notas. 両親は映画に行かせてくれないだろう, まして成績を見た後では.

［←［ラ］*minus* (*parvus*「小さい, 少ない」の比較級で中性形)；［関連］*minus*. ［英］*minus*. ［日］マイナス］

me・nos・ca・bar [me.nos.ka.bár] 他 **1** 小さくする, 減少させる, 少なくする. una ley que *menoscaba* los derechos del propietario 地主の権利を縮小する法律. **2** 損なう, 害する；弱める, 減じる. ～ la belleza 美しさを損なう. ～ la reputación de＋人 〈人〉の評判を落とす. **—se** 再 失墜する.

me・nos・ca・bo [me.nos.ká.ƀo] 男 **1** 減ること, 減少. **2** 損傷, 損害；不名誉, 不評. sin ～ 無傷で, けちがつかずに, 信用を損なわずに. Sufrieron ～ en su fortuna. 彼らは財産に損害を受けた.

con menoscabo de... …を犠牲にして, …を害して.

me・nos・cuen・ta [me.nos.kwén.ta] 女 (借金の) 一部減減；割引.

me・nos・pre・cia・ble [me.nos.pre.θjá.ƀle / -.sjá.-] 形 軽蔑すべき, 見下げ果てた, さもしい.

me・nos・pre・cia・dor, do・ra [me.nos.pre.θja.ðór, -.ðó.ra / -.sja.-] 形 軽蔑的な, さげすんだ, 侮辱するような.

me・nos・pre・ciar [me.nos.pre.θjár / -.sjár] 82 他 **1** 軽蔑する, 見下す；無視する, ないがしろにする. ～ a los compañeros 同僚を見下す.
2 侮る, 過小評価する. ～ la importancia de un acontecimiento 事の重大さを見くびる.

me・nos・pre・cia・ti・vo, va [me.nos.pre.θja.tí.ƀo, -.ƀa / -.sja.-] 形 軽蔑的な, 見くびった.

me・nos・pre・cio [me.nos.pré.θjo / -.sjo] 男 軽蔑, さげすみ, 軽視, 見くびり. con ～ de... …を軽蔑して, …を無視して. hacer ～ de... …を軽蔑する, 軽視する.

me・nos・ta・sia [me.nos.tá.sja] 女【医】一時的月経閉止.

me・no・xe・nia [me.nok.sé.nja] 女【医】月経不順.

men・sá・fo・no [men.sá.fo.no] 男 ポケットベル, ポケベル.

＊**men・sa・je** [men.sá.xe] 男 **1** メッセージ, 伝言；伝えたいこと, 思惑；(芸術・文学作品の)ねらい, 意図. tabla de ～ 伝言板. dejar un ～ 伝言を残す. encargar un ～ para... …へのことづてを依頼する. comprender el ～ del poeta 詩人の意図を理解する.
2 (不特定多数の人に向けた)言葉, 親書；お告げ. M～ de la Corona (議会における)国王[女王]のお言葉. ～ del Presidente 大統領(演説)教書.
3 (電波などによる)通信, 通信文. ～ cifrado 暗号文. ～ electrónico 電子メール.
4【IT】メッセージ. ～ de error エラーメッセージ.
mensajes comerciales《話》(テレビの)コマーシャル.

［←［古スペイン］*mesaje*←［プロバンス］*messatge*；*mes*「使者, 伝令」(←［ラ］*missus*)より派生；［関連］mensajero. ［英］*message*「伝言」, *messenger*「伝令」］

men・sa・je・ar [men.sa.xe.ár] 自《話》(携帯電話から)メッセージ[メール]を送る[残す].

men・sa・je・rí・a [men.sa.xe.rí.a] 女 **1** 運送[輸送]業務, 配達業, 運送[輸送]会社. ～ marítima 海運(業), 海運会社. **2** (昔の)駅馬車.

men・sa・je・ro, ra [men.sa.xé.ro, -.ra] 形 伝言を託す, 使者の. paloma *mensajera* 伝書バト.
— 男 女 使者, 運送業者, メッセンジャー, 伝令, 使節. ～ de malas noticias 悪い知らせを伝える人. *mensajera* de la primavera 春の使者, ツバメ.

men・so, sa [mén.so, -.sa] 形 (［ラ米］(ﾒｷｼｺ)(ｸﾞｱﾃﾏﾗ)(ﾎﾝｼﾞｭﾗｽ)(ﾆｶﾗｸﾞｱ)(ﾍﾟﾙｰ))《話》ばかな, 愚かな.

mens・trua・ción [mens.trwa.θjón / -.sjón] 女 月経, 生理, 経血.

mens・trual [mens.trwál] 形 月経の, 生理の. dolores ～*es* 生理痛.

mens・truar [mens.trwár] 84 自 月経[生理]がある.

mens・truo, trua [méns.trwo, -.trwa] 形 月経[生理]の. **—** 男 **1** 月経, 生理. **2**【化】溶剤, 溶媒.

mens・truo・so, sa [mens.trwó.so, -.sa] 形 月経[生理]の(ある). **—** 女 月経[生理]中の人.

＊**men・sual** [men.swál] 形 **1** 毎月の, 月決めの, 1か月間の；月刊の. revisión [publicación] ～ 月1回の検査[発行]. revista ～ 月刊誌.
2 ひと月あたりの, 月々の. 500［quinientos］ euros ～*es* 月々500ユーロ.
— 男 (［ラ米］(ｱﾙｾﾞﾝﾁﾝ))(住み込みの)農業[牧場]労働者.

［←［ラ］*mēnsuālem* (*mēnsuālis* の対格；*mēnsis*「月」の派生語)；［関連］bimensual, trimensual］

men・sua・li・dad [men.swa.li.ðáð] 女 **1** 月給, 1か月の給料. cobrar su ～ 月給をもらう.
2 毎月の支払い(金額), 月賦(金). pagar en doce ～*es* 12か月の分割払いにする.

men・sua・li・zar [men.swa.li.θár / -.sár] 97 他〈支払い・会合を〉月一度実施するよう取り決める.

men・sual・men・te [men.swál.mén.te] 副 月々に；月に1回ずつ.

men・sua・rio [men.swá.rjo] 男 (［ラ米］)月刊誌.

mén・su・la [mén.su.la] 女【建】コンソール：装飾用持ち送り.

men・su・ra [men.sú.ra] 女 (［ラ米］)計測；測量.

men・su・ra・bi・li・dad [men.su.ra.bi.li.ðáð] 女 計測[計量, 測定]できること, 可測性.

men·su·ra·ble [men.su.rá.ble] 形 計測[計量]可能な, 測定できる.

men·su·rar [men.su.rár] 他 計測する, 計量する, 測定する.

men·ta [mén.ta] 女 **1** 〖植〗ハッカ；ハッカ精. con sabor a ～ ハッカの風味の. **2** 〖ラ米〗ハッカ酒, ペパーミント (= licor de ～).

men·ta·do, da [men.tá.ðo, -.ða] 形 **1** 前述の, 前記の, 先程の. **2** 有名な, 広く知られた.

＊**men·tal** [men.tál] 形 心の；頭脳活動の. cálculo ～ 暗算. trabajo ～ 頭脳労働 (▶「肉体労働」は trabajo físico). enajenación ～ 精神異常. perturbación ～ 錯乱. tratamiento ～ 心の治療, 心のケア. edad ～ 精神年齢. higiene ～ 精神衛生. tensión ～ 精神の緊張. *tener una empanada mental* 頭が混乱している, 動転している.

menta (ハッカ)

men·ta·li·dad [men.ta.li.ðáð] 女 ものの考え方, 心的傾向, 心性, メンタリティー；知力, 知. ～ infantil 子供っぽい考え方, 小児的な考え. ～ japonesa 日本人のものの考え方. tener una ～ abierta 偏見のない考え方をする.

men·ta·lis·mo [men.ta.lís.mo] 男 心理主義.

men·ta·li·za·ción [men.ta.li.θa.θjón / -.sa.sjón] 女 自覚, 納得, 意識化.

men·ta·li·zar [men.ta.li.θár / -.sár] 他 97 (**de**...を / **de que**＋直説法 …することを) 納得させる；心の準備をさせる. Hay que ～ a los ciudadanos *de* esta realidad. 市民にこの現実を自覚してもらわねばならない.

━ **～·se** 再 自覚[納得]する；覚悟を決める. Según el artículo, los jugadores *se han mentalizado* para ese partido tan importante. 選手たちはその重要な試合に備えて心の準備ができているとその記事は伝えている.

＊**men·tal·men·te** [men.tál.mén.te] 副 **精神的に**, 頭の中で.

＊**men·tar** [men.tár] 他 8 **1** …に言及する, …について触れる, …のことを言う；…の名を挙げる. **2** 〖ラ米〗〖ﾒｷｼｺ〗〖話〗話題にする, うわさする.

men·tas [mén.tas] 女 〖複数形〗〖ラ米〗〖ﾁﾘ〗〖ｱﾙｾﾞﾝﾁﾝ〗〖ｳﾙｸﾞｱｲ〗名声, 評判；うわさ, 風評.

men·tas·tro [men.tás.tro] 男 〖植〗野生ハッカの一種.

＊**men·te** [mén.te] 女 **1** 知能, 知性；考え方. persona de ～ lúcida 頭脳明晰な人. tener una ～ lógica 論理的な知性の持ち主である. ～ abierta 偏見のない考え方. ～ estrecha 視野の狭い考え方. **2** 頭の中, 脳裏；考え. tener a la ～ a... …の頭に思い浮かぶ. tener... en la ～ …を念頭においている. Lo de tu cumpleaños se me ha ido de la ～. 君の誕生日のことをすっかり失念していた. *quedarse con la mente en blanco* 頭が真っ白になる, 暗記したことをすべて忘れる.

[← 〖ﾗ〗*mentem* (*méns* の対格)；|関連| mental(idad), (co)mentar, mención, mentir, -mente (副詞語尾). 〖英〗*mind*「精神；知性」, *mental*(*ity*)]

-mente (接尾) 形容詞の女性形に付く副詞語尾. → fácil*mente*, precisa*mente*.

men·te·ca·da [men.te.ka.ða] /
men·te·ca·rí·a [men.te.ka.rí.a] /
men·te·ca·tez [men.te.ka.téθ / -.tés] 女 愚かさ, 愚鈍；浅はかさ；ばかげた言行.

men·te·ca·to, ta [men.te.ká.to, -.ta] 形 **1** ばかな, のろまな, 知恵の足りない. **2** 愚かな, 浅はかな. ━ 男 女 ばか, うすのろ, まぬけ.

men·ti·de·ro [men.ti.ðé.ro] 男 〖話〗おしゃべりの場, 井戸端.

men·ti·do, da [men.tí.ðo, -.ða] 形 〖文章語〗偽りの；むなしい. un ～ amor 偽りの愛.

＊**men·tir** [men.tír] 27 自 うそをつく, 偽る, 欺く. Sé que me *mientes*. うそを言っているとわかっているぞ. Le *mentí* diciéndole que tenía novia. 私はすでに恋人がいると言って彼[彼女]をだました. No me *mienta*. うそをつかないでください. *Miente* más que habla. 〖話〗彼[彼女]はうそつきそのものである. ¡*Miento*! 〖話〗〖自分の発言に対し〗間違えました. ... y no me dejará ～ 〖話〗〖自分の発言内容に関し〗…は絶対にうそではない. Las apariencias no *mienten*. 外見はうそをつかない (外見で人の性格がわかる). Sus palabras siempre *mienten*. 彼[彼女](ら)はいつも口ばかだ.

━ 他 〖まれ〗(**a**＋人〈人〉に) …を信じ込ませる. El ruido de las hojas *me mintió* los pasos del espíritu. 葉のこすれる音を聞いてお化けの足音と思い込んだ (▶ me が a＋人に相当).

[← 〖ﾗ〗*mentiri* (*méns*「知性」より派生)；|関連| mentira, desmentir]

＊＊**men·ti·ra** [men.tí.ra] 女 **1** うそ, 偽り, 作り話. decir [contar] ～s うそをつく. coger a... en ～ …のうそを見破る. decir ～s para sacar la verdad (真実を引き出すために) かまをかける. ～ piadosa 思いやりのあるうそ. detector de ～s うそ発見器. **2** 〖話〗 (人間の爪に出る) 白斑. **3** 書き間違い, 誤記. **4** 〖ラ米〗〖ﾒｷｼｺ〗(ﾌﾟｴﾙﾄﾘｺ)〖ﾄﾞﾐﾆｶ〗指関節の鳴る音. sacar ～s 指をポキポキ鳴らす.

de mentira 〖話〗にせの, つくりものの. *pistola de* ～ おもちゃのピストル.

Parece mentira que＋接続法 …するなんて信じられない. *Parece* ～ *que te hayas mejorado* tan pronto. まさかそんなに早く回復したなんて.

men·ti·ri·ji·llas [men.ti.ri.xí.jas ‖ -.ʎas] /
men·ti·ri·llas [men.ti.rí.jas ‖ -.ʎas] 女
de mentirijillas 〖話〗で, 戯れに. jugar *de* ～ (金銭を賭けずに) 遊びでゲームをする.

men·ti·ro·sa·men·te [men.ti.ró.sa.mén.te] 副 偽って.

＊**men·ti·ro·so, sa** [men.ti.ró.so, -.sa] 形 **1** うそつきの, うその. niño ～ うそつきの子. **2** 人を欺く, 偽りの, 惑わせる. proposiciones *mentirosas* まことしやかな提案. **3** 誤記の多い, 誤植の多い. ━ 男 女 うそつき.

men·tís [men.tís] 男 〖単複同形〗反駁(はんばく), 反証, 反論. dar un ～ a ...を反駁[反証]する.

-mento (接尾) 動詞に付いて「動作, 結果, 状態, 産物, 場所」などの意を表す男性名詞語尾. → regla*mento*, arma*mento*, campa*mento*. ▶ -miento となることもある.

men·tol [men.tól] 男 〖化〗メントール, ハッカ脳.

men·to·la·do, da [men.to.lá.ðo, -.ða] 形 メントールで処理した, メントール入りの. cigarrillos ～s メントール (入り) タバコ.

men·tón [men.tón] 男 〖解剖〗あご, 下あご, あご先.

men·tor [men.tór] 男 **1** [M-] 〖ギ神〗メントール：オデュッセウス Odiseo の忠実な助言者. **2** 助言者, 指導教師.

＊**me·nú** [me.nú] 男 〖複 ～s〗メニュー, 献立表；

献立. M～, por favor. メニューを見せてください. ～ del día / ～ de hoy 本日のおすすめ料理, 日替わり定食. [←〔仏〕*menu*「細目; 献立, メニュー」←〔ラ〕*minūtus* 形「細分された」; 関連〔英〕*menu*]

me·nu·da [me.nú.ða] 囡《ラ米》《ﾌﾟﾚｰﾄ》小銭.

me·nu·de·ar [me.nu.ðe.ár] 他 **1** 何度も繰り返す, 頻繁に…する. ～ visitas al bar バルに足繁く通う. **2** 事細かに語る〔話す〕. **3** 《ラ米》《ﾌﾟﾚｰﾄ》小売りする.
— 自 **1** たびたび生じる, ひっきりなしに起こる. *Menudearon las nevadas el invierno pasado.* 去年の冬はよく雪が降った. **2** 事細かに語る; さいなことまで話す. **3** 《ラ米》《ﾌﾟﾚｰﾄ》《ﾒｷｼｺ》たくさんある, 豊富にある; 数が増える, 増加する.

me·nu·den·cia [me.nu.ðén.θja | -.sja] 囡 **1** 取るに足りないもの, 瑣事(さじ); 細かくて小さなもの, 細々としたもの; 細目, 細事. **2** 緻密(ちみつ), 綿密; 細緻. **3** 《複数で》(豚の) 臓物, もつ; 腸詰め.

me·nu·de·o [me.nu.ðé.o] 男 **1** 小売り業. venta al ～ 小売り. **2** 頻繁, よく起こること.

me·nu·di·llo [me.nu.ðí.ʝo | -.ʎo] 男 **1** (馬の) 球節; 蹄(ひづめ)上部後方の関節. **2** 《複数で》(鶏などの) 臓物.

***me·nu·do, da** [me.nú.ðo, -.ða] 形《名詞+》《ser+》ごく小さい, 微細な; 細かい; ほっそりした, かわいい. moneda *menuda* 小銭. un niño ～ 幼児. mano *menuda* かわいらしい手. gente *menuda*《話》子供たち. lluvia *menuda* 霧雨. La letra es menuda, apenas legible. 文字は小さすぎてほとんど読めない.
2《多くは名詞+》ささいな, くだらない, 取るに足りない. cuestiones *menudas* ささいな事柄.
3《話》《反語的・強調的に》すごい, 結構な, ご立派な; ひどい. 《+名詞》《ser+》¡M～ papelón! いい物笑いの種だ. ¡M～ jaleo! 大した騒動だ. ¡M～ precio! とびきり高い. M～ disgusto me llevé al saberlo. それを知って僕はどんなに腹が立ったことか. ¡M～ es mi padre! うちの父はすごい. **4**《ラ米》《ﾒｷｼｺ》ブルネットの(色白で黒髪)の.
— 男 **1**《複数で》(鳥類の) 臓物, もつ. **2**《複数で》《ラ米》《ﾁﾘ》《話》小銭, ばら銭. No tengo ～s. 小銭がない. **3** (石炭の) くず, かけら. **4**《ラ米》《*》《ﾒｷｼｺ》(各種臓物の) 煮込み料理.
a la menuda 小売りで.
a menudo しばしば, たびたび. Ocurre muy *a ～*. それは頻繁に起こる. más *a ～* de lo que imaginamos 我々が想像する以上によく.
¡Menuda! 《驚き》大変だ, それはひどい. Me han robado la bici. —¡M～! 僕は自転車を盗まれた. —そりゃ大変だ. ▶ 意味のない la に一致することもある. →¡Menuda la ha armado! ひどいことをした.
por (lo) menudo 事細かに, 綿密に.
[←〔ラ〕*minūtum*(*minūtus* の対格); *minuere*「切り刻む」より派生. 関連 *menudear, minucioso*]

minué. 〔仏〕*menuet*「メヌエット」. 〔英〕*minute*「細かい;(時間・角度の)分」]

me·nu·zo [me.nú.θo / -.so] 男 小片, かけら.

men·zo, za [mén.θo, -.θa / -.so, -.sa] 形《ラ米》《ﾒｷｼｺ》《話》ばかな, 愚かな.

me·ñi·que [me.ɲí.ke] 形 とても小さい, 微小な. dedo ～ 小指. — 男 小指. →*dedo*.

me·ó·dro·mo [me.ó.ðro.mo] 男《話》《俗》便所, トイレ.

me·o·llar [me.o.ʝár | -.ʎár] 男《海》細索(さいさく)より.

me·o·llo [me.ó.ʝo | -.ʎo] 男 **1**《解剖》脳, 脳髄; 髄. ～ de hueso 骨髄. **2** (パンの) 柔らかい中身. **3** 神髄; 核心, 要所. entrar en el ～ del asunto 問題の核心に触れる. **4** 知能, 頭脳.

me·ón, o·na [me.ón, -.ó.na] 形《俗》よく小便をする, 小便の近い; 〈子供が〉おもらしする.
— 男 囡 **1** 小便の近い人. **2** 赤ん坊, 赤子.

me·que [mé.ke] 男《話》殴りつけ, パンチ.

me·que·tre·fe [me.ke.tré.fe] 男 囡《話》でしゃばり, お節介, 失礼な人.

Me·quí·nez [me.kí.neθ / -.nes] 固名 メクネス: モロッコ北部の州; 州都.

me·quio·te [me.kjó.te] 男《ラ米》《ﾒｷｼｺ》リュウゼツランの穂状花序.

me·ra·men·te [mé.ra.mén.te] 単に, ただ.

me·rar [me.rár] 他 (飲みやすいように)〈酒を〉水割りにする.

mer·ca [mér.ka] 囡《ラ米》買い入れ, 購入.

mer·ca·chi·fle [mer.ka.tʃí.fle] 男《話》《軽蔑》**1** 小商人; 行商人. **2** 金もうけ主義者, 守銭奴.

mer·ca·dan·te [mer.ka.ðán.te] 男 → *mercader*.

mer·ca·de·ar [mer.ka.ðe.ár] 自 商売をする, 商いをする.

mer·ca·de·o [mer.ka.ðé.o] 男 **1** 商売, 商取引. **2** マーケティング.

mer·ca·der, de·ra [mer.ka.ðér, -.ðé.ra] 男 囡 《まれ》商人, 商売人. *El ～ de Venecia*『ベニスの商人』(シェークスピア作).
hacer oídos de mercader わからない〔知らない〕ふりをする.

mer·ca·de·rí·a [mer.ka.ðe.rí.a] 囡 **1** 商品, 商売もの (= *mercancía*). **2**《隠》盗品.

mer·ca·de·ro [mer.ka.ðé.ro] 男 → *mercader*.

mer·ca·di·llo [mer.ka.ðí.jo | -.ʎo] 男 (立つ日が決まっている) 青空市. [*mercado* + 縮小辞]

***mer·ca·do** [mer.ká.ðo] 男 **1** 市場(いちば), 市(いち) に行く. Hay ～ los domingos. 毎週日曜日には市が立つ. ～ al por mayor 卸売市場. ～ paralelo 私設市場. ～ sobre ruedas 《ラ米》のみの市. ～ central 中央市場. →次ページに図.

【類語】*feria* 露天や臨時に行われる市, *mercado* 同種の商品を扱う独立小売店の集まる一区画(ビル). *supermercado / súper* スーパーマーケット. *calle comercial* 商店街. *galería* 高層ビルの低層階で服飾など高級小売店が集まる. *centro comercial* ファッションビル, ショッピングセンター. *grandes almacenes* 都市型百貨店. *hipermercado* 郊外型スーパー, ショッピングモール.

2《抽象的》市場(しじょう); 取引, 売買, 交換活動; 需要供給間の関係; 市況. ～ de petróleo 石油取引市場. ～ de valores 株式市場. ～ de cambios [divisas]為替市場. ～ monetario 金融市場. precio de ～ 市場価格. ～ nacional [exterior] 国内[国際]市場. ～ libre 自由市場. ～ negro 闇(ﾔﾐ)市場. ～ de trabajo [empleo] 就職市場. activación del ～ 市場の活性化. ～ sostenido (波乱のない)手堅い市況. ～ encalmado (横ばいの) 沈滞した市況. ～ favorable al vendedor [comprador] 売り手[買い手]市場.

3 (供給者側から見た) **マーケット**, 販路；(製品の)需要. acaparar el ～ マーケットを独占する. ampliar el ～ マーケットを開拓する, 需要を広げる. buscar nuevos ～s 新しい販路を探す. salir al ～ 〈製品が〉マーケットに出回る. estudio [investigación] de ～ マーケットリサーチ. Para esta especie del programa siempre hay ～. この種のソフトに関しては常に需要がある.

hacer el mercado《ラ米》買い物をする.

[←〔古スペイン〕「商い」；←〔ラ〕*mercātus*「商い；市場」(*mercārī*「商売する」より派生)．[関連] mercader(ía), mercante, comercio, merced. [英]*market*]

mercado (市場：バレンシア)

mer·ca·do·tec·nia [mer.ka.ðo.ték.nja] [女] マーケティング, 市場調査. estudios de ～ マーケットリサーチ.

mer·ca·do·téc·ni·co, ca [mer.ka.ðo.ték.ni.ko, -.ka] [形] マーケティング(方法)の.

mer·ca·du·rí·a [mer.ka.ðu.rí.a] [女]→mercadería.

‡**mer·can·cí·a** [mer.kan.θí.a / -.sí.-] [女] **1** 商品, 品物. cuenta de ～s 《商》商品勘定. **2** 商売, 商取引.

[←〔伊〕*mercanzia* (*mercante*「商人」より派生)；[関連] mercado, comercio. [英]*merchandise*「商品」, *merchant*「商人」]

mer·can·cí·as [mer.kan.θí.as / -.sí.-] [男]《単複同形》貨物列車(＝tren de ～).

mer·can·te [mer.kán.te] [形] 商業の, 貿易の；商人の. barco [buque] ～ 商船. marina ～ (一国の)全保有商船. ━[男] **1** 商船. **2** 人.

‡**mer·can·til** [mer.kan.tíl] [形] **1** 商人の, 商業の, 商売の. derecho ～ 〔法〕商法. operaciones ～es 商取引. sociedad ～ 商事会社, 貿易会社 (＝comercial). **2** もうけ主義の, 強欲な. espíritu ～ 金儲け[拝金]主義.

mer·can·ti·lis·mo [mer.kan.ti.lís.mo] [男] **1** 〔経〕重商主義. **2** 営利[金もうけ]主義.

mer·can·ti·lis·ta [mer.kan.ti.lís.ta] [形] 金もうけ主義の；重商主義の. ━[男][女] **1** 営利[拝金]主義者. **2** 重商主義者. **3** 商法の専門家.

mer·can·ti·li·za·ción [mer.kan.ti.li.θa.θjón / -.sa.sjón] [女] 営利化, 商業化.

mer·can·ti·li·zar [mer.kan.ti.li.θár / -.sár] [97] [他] 営利化[商業化]する；(全て)金に換算する.

mer·can·ti·vo, va [mer.kan.tí.βo, -.βa] [形] →

mercantil.

mer·car [mer.kár] [102] [他] 買う, 購入する；買い上げる.

‡**mer·ced** [mer.θéð / -.séð] [女] **1** 恵み, 恩恵, 好意. hacer la ～ de +不定詞 親切にも…してくださる. Nos hizo la ～ de recibirnos. 彼[彼女]は私たちを温かく迎えてくれた. Tenga la ～ de +不定詞 …していただけますか.
2 慈悲, 哀れみ. pedir la ～ 哀れみを請う. **3** 随意, 意のまま. a (la) ～ de …のなすがままに, 意のままに. a ～ de la corriente 流れにまかせて. **4** 報酬, 給金. **5** 〔史〕(国王などが下賜する)恩恵地.
la Merced《カト》メルセス会：モール人の捕虜となったキリスト教徒の救出を主目的にして1218年, 聖 Pedro Nolasco によってスペインの Barcelona に設立された修道会.
merced a... …のおかげで(＝gracias a...). ～ *a su colaboración* あなたのご協力のおかげで.
su [vuestra, vuesa] merced《古語》貴殿：16-17世紀ごろに用いられた敬称. ▶vuestra ～ が縮まって usted [Vd., Ud.] となる.

[←〔ラ〕*mercēdem* (*mercēs* の対格)「報酬, 償い」(*merx*「商品」より派生)；[関連] mercenario. [仏]*merci*「ありがとう」. [英]*mercy*]

mer·ce·da·rio, ria [mer.θe.ðá.rjo, -.rja / -.se.-] [形] メルセス会の. ━[男][女]《カト》メルセス会修道士[女]；《複数で》メルセス会(la Merced).

Mer·ce·des [mer.θé.ðes / -.sé.-] [固名] メルセデス：女子の洗礼名. 愛称 Merche. [←(María de las) Mercedes (「慈悲 (の聖母マリア)」が原義)；[関連] merced. [英]*Mercy, Mercedes*. [独]*Mercedes*]

mer·ce·di·tas [mer.θe.ðí.tas / -.sé.-] [女]《複数形》(先の丸い)女児用ストラップシューズ.

mer·ce·na·rio, ria [mer.θe.ná.rjo, -.rja / -.se.-] [形] **1** 外国の軍隊に雇われた, 金で雇われた. tropas *mercenarias* 外人(傭兵(ﾖｳﾍｲ))部隊. soldado ～ 傭兵. **2** 賃金[給料]をもらう, 賃金による. **3** 金目当ての；欲張りの. ━[男][女] **1** 外国人傭兵；助っ人. **2** 日雇い労働者, 雇われ労働者.

mer·ce·rí·a [mer.θe.rí.a / -.se.-] [女] **1** (糸・ボタンなどの) 小間物商；小間物屋, 手芸品店；小間物. **2** 《ラ米》(1)(ｱﾙｾﾞﾝﾁﾝ)(ｳﾙｸﾞｧｲ)(ﾁﾘ)洋服地[生地]店. (2)(ﾁﾘ)金物屋.

mer·ce·ri·zar [mer.θe.ri.θár / -.se.-.sár] [97] [他] 〈綿糸・綿布に〉光沢をつける, シルケット加工をする.

mer·ce·ro, ra [mer.θé.ro, -.ra / -.sé.-] [男][女] **1** 小間物商(人). **2** 《ラ米》(ｱﾙｾﾞﾝﾁﾝ)(ｳﾙｸﾞｧｲ)(ﾁﾘ)服地[生地]店主.

mer·chan·dis·ing [mer.tʃan.dái.siŋ] [英] [男] 〔経〕商品化計画.

mer·chan·te [mer.tʃán.te] [男][女] 行商人, 露天商.

Mer·che [mér.tʃe] [固名] メルチェ：Mercedes の愛称.

mer·che·ro, ra [mer.tʃé.ro, -.ra] [男][女] → merchante.

Mer·co·sur [mer.ko.súr] [男]《略》*Mercado Común del Sur* メルコスール, 南米南部共同市場：アルゼンチン・ブラジル・パラグアイ・ウルグアイの共同市場.

mer·cro·mi·na [mer.kro.mí.na] [女] 〔薬〕マーキュロクロム, 赤チン.

mer·cu·rial [mer.ku.rjál] [形] **1** 〔ロ神〕メルクリウスの, マーキュリーの. **2** 〔天文〕水星の. **3** 水銀の, 水銀を含んだ. ━[女] 〔植〕ヤマアイ. →次ページに図.

mer·cú·ri·co, ca [mer.kú.ri.ko, -.ka] [形] 〔化〕水銀の, 水銀を含む.

***mer·cu·rio** [mer.kú.rjo] 男 〖化〗水銀 (記号Hg). lámpara de vapor de ～ 水銀灯 (= azogue). [←中ラ] *mercurius* ←〔ラ〕*Mercurius* 'Mercurio'; (神々の使神)メルクリウスがよく動くところから錬金術師が水銀にこの名を当てたと言われる. [関連] miércoles. [英] *mercury*]

mercurial (ヤマアイ)

Mer·cu·rio [mer.kú.rjo] 固名 **1** 〖ロ神〗メルクリウス, マーキュリー: 商売の神. ギリシア神話の Hermes に当たる. **2** 〖天〗水星. [←〔ラ〕*Mercurius*]

mer·cu·rio·so, sa [mer.ku.rjó.so, -.sa] 形 〖化〗1価の水銀を含む, 第1水銀の.

mer·cu·ro·cro·mo [mer.ku.ro.kró.mo] 男 → mercromina.

mer·de·llón, llo·na [mer.ðe.ʝón, -.ʝó.na ‖ -.ʎón, -.ʎó.-] 男|女 **1** 不潔な奉公人[使用人]. **2** 《俗》にやけたやつ.

mer·do·so, sa [mer.ðó.so, -.sa] 形 汚らしい, どろどろに汚れた, 不潔な.

me·re [mé.re] 副 → meramente.

me·re·ce·dor, do·ra [me.re.θe.ðór, -.ðó.ra / -.se.-] 形 《de...に》値する, ふさわしい. hacerse ～ de... …にふさわしい人物になる. ～ de confianza 信用するに足る. ━男|女 ふさわしい人.

****me·re·cer** [me.re.θér / -.sér] 34 他 **1** 《賞罰・注目・感謝などに》値する, ふさわしい. una película que *merece* la pena (ver) 一見の価値のある映画. Esta novela *merece* un poco de atención. この小説は少しは注目されてよい. Ellos *merecen* respeto. 彼らは尊敬に値する.
2 《+不定詞 / que+接続法 …する》価値がある. Aquellos niños *merecen* ser castigados. あの子たちは罰せられてもおかしくない. La señorita *merece* que la *invitemos* a la fiesta. その女の子は私たちがパーティーに招待できる人だ.
3 〖ラ米〗(ｱﾙｾﾞﾝﾁﾝ)(ﾒﾍｼｺ)(ｳﾙｸﾞｱｲ)(ﾁﾘ) 捕まえる; 奪い取る.
━自 **1** 《賞罰・注目・感謝などを受ける》価値がある. **2** できる限りのことをする.
━～**se** 再 《賞罰・注目・感謝などに》値する, ふさわしい. *Te* lo *mereces*. それは君にはふさわしい, それは当然の報いだ.
edad de merecer 結婚適齢期.
[←〔俗ラ〕*merescere←〔ラ〕*merēre*「得る; …に値する」; 関連 mérito, demérito. [英] *merit*]

me·re·ci·da·men·te [me.re.θí.ða.mén.te / -.sí.-] 副 当然のこととして, 公正に, 正当に.

me·re·ci·do, da [me.re.θí.ðo, -.ða / -.sí.-] 形 《受けるのに》値する, ふさわしい. ━男 当然の報い. A cada uno su ～. 因果応報. llevar [tener, recibir] su ～ 当然の報いを受ける. dar su ～ 〖ラ米〗(ｱﾙｾﾞﾝﾁﾝ)(ﾒﾍｼｺ)(ｳﾙｸﾞｱｲ)(ﾁﾘ)《話》…を懲らしめる, 罰する.

me·re·ci·mien·to [me.re.θi.mjén.to / -.si.-] 男 功績, 手柄; 切徳 (= mérito).

***me·ren·dar** [me.ren.dár] 8 他 **1** …をおやつに食べる. ～ café y galletas おやつにコーヒーと一緒にクッキーを食べる. **2** 〈相手の動作などを〉のぞき見る; 〈トランプで〉〈相手のカードを〉のぞく.
━自 **1** おやつ[軽食]を食べる.
2 《ラ米》(ｳﾙｸﾞｱｲ)(ﾁﾘ)《話》〈賭け事で〉〈人から〉身ぐるみ巻き上げる; 〈人を〉殺す.
━～**se** 再 《話》**1** 手に入れる, わが物とする. Se *merendó* el puesto de directivo. 彼[彼女]は重役の地位を手に入れた. **2** 《a+人〈人〉を》《論争など で》負かす, 制する. **3** 手早くすませる.

me·ren·de·ro [me.ren.dé.ro] 男 **1** 《郊外・浜辺の公共の》休憩所, あずまや; 軽食堂. **2** ピクニックの場所.

me·ren·do·na [me.ren.dó.na] / **me·ren·do·la** [me.ren.dó.la] 女 **1** 豪勢なおやつ. **2** 野外での食事[パーティー].

me·ren·ga·da [me.reŋ.gá.ða] 形 → *leche* merengada.

me·ren·gar [me.reŋ.gár] 103 他 **1** メレンゲにする. **2** 《話》台無しにする, うんざりさせる.

me·ren·gue [me.réŋ.ge] 男 **1** 〖料〗メレンゲ: 卵白と砂糖を混ぜて軽く焼いた菓子. **2** 《話》虚弱者, 病弱な人. **3** 《スペインのサッカーチーム》レアル・マドリード Real Madrid のソシオ[ファン・関係者]. (▶形容詞的にも使用). **4** 《ラ米》(1)(ﾒﾍｼｺ)《話》けんか, 騒ぎ. Se armó un ～. 一悶着(ﾁｬｸ)あった. (2)〖音楽〗メレンゲ: ドミニカ起源の2拍子の舞曲.

me·re·que·tén [me.re.ke.tén] 男 《ラ米》(ｷｭｰﾊﾞ)《話》騒ぎ, 混乱.

me·re·tri·cio, cia [me.re.trí.θjo, -.θja / -.sjo, -.sja] 形 売春婦の. ━男 売春婦との同棲(ﾄﾞｾｲ).

me·re·triz [me.re.tríθ / -.trís] 女 [複 meretrices] 売春婦.

me·rey [me.réi] 男 〖植〗カシューノキ.

merezc- 活 → merecer.

mer·gán·sar [mer.gán.sar] 男 〖鳥〗カワアイサ.

mer·go [mér.go] 男 〖鳥〗→ mergánsar.

Mé·ri·da [mé.ri.ða] 固名 メリダ. (1) スペイン西部 Badajoz の都市. ローマ時代の遺跡がある (1993年世界遺産登録). 旧称 Emérita Augusta. (2) メキシコ南東部, Yucatán の州都. (3) ベネズエラ西部の州; 州都.

me·ri·da·no, na [me.ri.ðá.no, -.na] 形 《メキシコの》メリダの. ━男|女 メリダの住民[出身者].

me·ri·de·ño, ña [me.ri.ðé.ɲo, -.ɲa] 形 《スペイン・ベネズエラの》メリダの.
━男|女 メリダの住民[出身者].

***me·ri·dia·no, na** [me.ri.ðjá.no, -.na] 形 **1** 正午の, 真昼の. a la hora *meridiana* 正午に. **2** 子午線の, 経線の. altitud *meridiana* 子午線高度. línea *meridiana* 子午線, 経線. **3** 非常に明るい; 明白な, 明瞭(ﾒｲﾘｮｳ)な. ━男 **1** 子午線, 経線. primer ～ / ～ de origen 本初子午線. (♦ロンドンのグリニッジ天文台を通る). **2** 〖天文〗《太陽・星の運行で達しうる》最高点. ━女 **1** 寝ゎ, 小型寝台. **2** 昼寝, 午睡 (= siesta).
[←〔ラ〕*meridiānum*(*meridiānus* の対格)「昼の; 南の」(*meridiēs*「正午; 南」より派生); 関連 meridional, mediodía. [英] *meridian*]

***me·ri·dio·nal** [me.ri.ðjo.nál] 形 南の, 南方の, 南部の. América ～ 南アメリカ, 南米. Europa ～ 南ヨーロッパ, 南欧 (↔septentrional).
━男|女 南方[南部]の人.

meriend- 活 → merendar.

***me·rien·da** [me.rjén.da] 女 **1** 《午後の》軽食, おやつ, スナック. tomar una ～ おやつを食べる. →次ページに図. **2** 昼食. **3** ピクニック; 《野外での》弁当, 食事. ir de ～ ピクニックへ行く. **4** 《話》佝僂(ｸﾙ)(骨軟化によって背中の湾曲した人); 猫背.
━活 → merendar.
juntar meriendas 《話》一致協力する.
merienda de negros 《話》奪い合い; 大騒ぎ, 混

乱.
[←[ラ]*merendam*(*merenda* の対格);*merēre*「得る；…に値する」(→ *merecer*)より派生；[関連]*merendar*]

me·rien·da·ce·na [me.rjen.da.θé.na / -.sé.-] 囡《話》午後遅くタ食を兼ねた軽食.

me·rin·dad [me.rin.dáð] 囡《史》1 (中世の)代官の管区. 2 代官職.

me·ri·no, na [me.rí.no, -.na] 形〈羊が〉メリノ種の. —男 1 メリノ種のヒツジ；メリノ羊毛[毛織物]：スペイン原産で繊維が良質. 2《史》(中世スペインの)代官,メリノ. [ベルベル] *Merīn* (この羊を育てたモロッコの民族名)]

me·ris·te·ma [me.ris.té.ma] 男 / **me·ris·te·mo** [me.ris.té.mo] 男《植》分裂組織.

me·ri·tí·si·mo, ma [me.ri.tí.si.mo, -.ma] 形 極めてふさわしい,…に大いに値する;高名な.

*****mé·ri·to** [mé.ri.to] 男 1 (人の)値打ち；(ものの)価値. apreciar el ~ de la obra 作品の価値を認める. 2 功績. ~s académicos 学問上の業績. atribuirse el ~ de... …の手柄を自分のものにする. en reconocimiento a sus ~s …の功績を評価して.
de mérito (1)〈芸術作品・工芸品が〉質の高い,優れた. (2)〈組織の人間が〉特別扱いの,貴賓者扱いの.
hacer méritos para... …を得るために精進する,励む.
tener mucho mérito + 不定詞 …するなんて偉い. *Tiene mucho ~ haber sacado una nota tan estupenda.* こんなすばらしい点をとるなんて彼[彼女]はよく頑張った.
[←[ラ]*meritum*「報い；功績,価値」；*merēre*「得る,…に値する」(→ *merecer*)より派生，[関連] de-mérito. [英] *merit*. [日] メリット]

me·ri·to·crá·ti·co, ca [me.ri.to.krá.ti.ko, -.ka] 形 能力主義の.

me·ri·to·rio, ria [me.ri.tó.rjo, -.rja] 形 賞賛すべき,価値のある. —男囡(無給の)研修生;徒弟.

mer·la [mér.la] 囡《鳥》→ mirlo.

mer·le·ta [mer.lé.ta] 囡《紋》足なしツバメ[鳥].

mer·lín [mer.lín] 男《海》マーリン：麻にタールを浸み込ませた三つより綱.

Mer·lín [mer.lín] 固名 マーリン：アーサー王伝説の高徳の予言者・魔術師.
saber más que Merlín 物知りである.

mer·lo [mér.lo] 男《魚》ベラの一種,ブラウンスズメダイ.

mer·lo, la [mér.lo, -.la] 男[囡]《ラ米》《ラ米》《話》ぬけめのない. —男囡《ラ米》《話》まぬけ者,とんま.

mer·lón [mer.lón] 男《築城》胸壁間の凸壁,マーロン.

mer·lu·za [mer.lú.θa / -.sa] 囡 1《魚》メルルーサ：タラ科の食用魚. 2《スペイン》《話》泥酔,酩酊(ていすい). *coger* [*tener*] *una ~* 酔っ払う.

mer·lu·zo, za [mer.lú.θo, -.θa / -.so, -.sa] 形《スペイン》《話》物分かりの悪い. —男囡《話》ばか,まぬけ.

mer·ma [mér.ma] 囡 減少,目減り,損失.

mer·mar [mer.már] 他 1 減らす,減少させる,引き下げる. *capital mermado* 減資. 2 (名声などに)きずをつける,損なう. ~ a + 人 *la reputación*〈人〉の評判をきずつける.
—自(・se) 自再 減る,少なくなる. ~ *en peso* 体重が減る. *De repente empezó a ~ la luz.* 突然明かりが暗くなっていった.

*****mer·me·la·da** [mer.me.lá.ða] 囡 ジャム. ~ *de fresa* イチゴジャム. ~ *de naranjas amargas* マーマレード. [←[ポルトガル] *marmelada*「マルメロのジャム」；*marmelo* (←[ラ] *melimēlum*「甘リンゴ」←[ギ] *melimēlon*; *meli*-「蜜」+ *mēlon*「リンゴ」)より派生，[関連][英] *marmalade*]

me·ro [mé.ro] 男《魚》メロ：スズキ目ハタ科の食用魚.

*****me·ro, ra** [mé.ro, -.ra] 形 1 単なる,ただの,ほんの. *por el ~ hecho de...* 単に…ということで. *uno ~ / una mera* たったひとり. *por mera casualidad* 全く偶然に. 2《ラ米》(1)《ラ米》《話》真の,まさにその. *ser el ~ malo* 悪そのものである. *yo ~* 私自身. (2)《ラ米》《話》正確な,ちょうどの. *a la mera hora* 時間ちょうどに.
—副《ラ米》(1)《ラ米》《話》まさに,まさしく；正確に,きっかり. *Son ~ las dos.* 2時ちょうどだ. (2)《ラ米》《話》すぐに,間もなく；ほとんど. *ya ~* もうすぐ.
[←[ラ] *merum* (*merus* の対格)「純粋な」，[関連] esmerar. [英] *mere*]

me·ro·de·a·dor, do·ra [me.ro.ðe.a.ðór, -.ðó.ra] 形 1 うろつき回る,徘徊(はいかい)する. 2《軍》隊を離れて略奪するものを物色する. —男囡 1 うろつく人；こそ泥. 2《軍》略奪兵.

me·ro·de·ar [me.ro.ðe.ár] 自 1 うろつき回る,徘徊(はいかい)する,嗅(か)ぎ回る. 2《軍》〈兵が〉(隊を離れて)略奪するものを物色する. 3《ラ米》《話》不正を働く；物色する.

me·ro·de·o [me.ro.ðé.o] 男 1 徘徊(はいかい),うろつき回ること. 2《軍》(兵の)略奪,強奪.

me·ro·dis·ta [me.ro.ðís.ta] 男囡 徘徊(はいかい)する人；奪略者.

me·ro·li·co, ca [me.ro.lí.ko, -.ka] 男囡《ラ米》《話》言葉巧みに物を売る人；おしゃべりな人.

me·ro·vin·gio, gia [me.ro.βíŋ.xjo, -.xja] 形《史》メロビング家[朝]の. —男囡 メロビング家の人.

mer·sa [mér.sa] 男囡《ラ米》《話》下品な人,悪趣味な人.

me·ruén·da·no [me.rwén.da.no] 男《スペイン》野イチゴ(の木)；ブルーベリー(の木).

*****mes** [més] 男 1 (暦) 月；(時間) 1 か月. *en el mes de enero* (= *en enero*) 1 月に. *¿En qué mes vas a partir para España?* 何月にスペインへ出発するの. *mes lunar* 太陰月. *mes anomalístico* 近点月 (約27.6日). *este mes* 今月. *el próximo mes* / *el mes que viene* 来月. *el mes pasado* 先月. *en* [*durante*] *este mes* 今月中に. *dentro de un mes* 1 か月後に. *al* [*por*] *mes* 月ぎめで. *pagar por meses* 月払いする. *al final del mes* 月末に. *al mes de...* …の1 か月後に.
Hace cinco meses que estudio español. スペイン語を学んで5か月になる.
[関連]暦の月名：*enero* 1 月. *febrero* 2 月. *marzo* 3 月. *abril* 4 月. *mayo* 5 月. *junio* 6 月. *julio* 7 月. *agosto* 8 月. *septiembre*

9月. octubre 10月. noviembre 11月. diciembre 12月.

2 月給. No me han pagado dos *meses*. 2か月分の給料をもらっていない. **3** 月経 (期間). tener el *mes* / estar con el *mes* 生理(中)である.
[←〔ラ〕*mēnsem* (*mēnsis* の対格) (*mētīrī*「測る」より派生);〖関連〗mensual, mesa.〔英〕*month*.〔日〕メンス]

****me.sa** [mé.sa] 囡 **1** 机, テーブル;台. en [sobre] la ~ 机の上に. ~ extensible 伸張式テーブル. ~ plegable / ~ de tijera 折り畳み式テーブル. ~ camilla 下に火鉢を入れた丸テーブル. ~ camarera /《ラ米》~ de servicio 配膳台, ワゴン. ~ de centro センターテーブル. ~ de noche /《ラ米》《ゴリ》~ de luz ナイトテーブル. ~ de billar ビリヤード台. ~ de operaciones 手術台. ~ de batalla (郵便物などの)仕分け台. calendario de ~ 卓上カレンダー. tenis de ~ 卓球.
2 食卓;食事, 料理. sentarse a la ~ 食卓につく. levantarse de la ~ 食卓から立つ. servir a la ~ 給仕をする. ¡A la ~! ご飯ですよ. He reservado una ~ para tres a las ocho. (レストランの席を)8時に3名で予約しました. En casa de mi tía siempre hay buena ~. おばの家ではいつもごちそうにありつける.
3 寄席会;執行部, 役員[委員]会. ~ electoral 選挙管理委員会. **4** 食卓を囲む人々. Toda la ~ se levantó y lo recibió. 食卓を囲む人々は皆立ち上がって彼を迎えた. **5**〖地理〗卓状台地, 高原. **6** (階段の)踊り場. **7** テーブル:カットされた宝石の上部平面. **8** (刃物の)平らな部分[面]. **9**〖遊〗(ビリヤード)ひと勝負. **10** [M-]〖星座〗テーブルさん座.

a mesa puesta 安楽に. vivir *a ~ puesta* 左うちわで暮らす.
bendecir la mesa 食前の祈りを捧げる.
de mesa 食卓用の. vino *de ~*, テーブルワイン. servicio *de ~* テーブルウエア, 食器などの一式.
mesa redonda 円卓;円卓会議, パネルディスカッション.
mesa revuelta 混乱, ごちゃまぜ;雑録.
poner la mesa /《ラ米》*tender la mesa* 食卓の用意をする.
quitar [*levantar, alzar*] *la mesa* 食卓を片づける.
tener a+人 *a mesa y mantel*《スペイン》〈人〉を居候にする.
[←〔ラ〕*mēnsam* (*mēnsa* の対格) (*mētīrī*「測る」より派生);〖関連〗mes, meseta, comensal.]

me.sa.da [me.sá.ða] 囡《ラ米》(1)(昔)1か月分の支払い, 月給. (2)(ビリ)台所の作業台(の天板).

me.sa.du.ra [me.sa.ðú.ra] 囡 (髪・ひげを)かきむしること.

me.sa.li.na [me.sa.lí.na] 囡 身分が高く放縦な女, 有閑夫人.

me.sa.na [me.sá.na] 囡 (または 男)〖海〗ミズンマスト, 後檣(こうしょう). — 囡 ミズンマストの縦帆.

me.sa.nín [me.sa.nín] 男《ラ米》《ゴリ》中二階.

me.sar [me.sár] 他 (髪・ひげを)かきむしる.
— ~.se 再〈自分の髪・ひげを〉かきむしる;〈相手の髪を〉つかみ合う.

mes.cal [mes.kál] 男《ラ米》→ mezcal.

mes.ca.le.ro, ra [mes.ka.lé.ro, -.ra] 形 (米国ニューメキシコ州南東部に住む)メスカレロ(・アパッチ)人の. — 男 囡 メスカレロ(・アパッチ)人.

mes.ca.li.na [mes.ka.lí.na] 囡 → mezcalina.

mes.co.lan.za [mes.ko.lán.θa / -.sa] 囡《話》→ mezcolanza.

me.sen.cé.fa.lo [me.sen.θé.fa.lo / -.sé.-] 男〖解剖〗中脳, 脳(髄)の中央部.

me.sen.té.ri.co, ca [me.sen.té.ri.ko, -.ka] 形〖解剖〗腸間膜の.

me.sen.te.rio [me.sen.té.rjo] 男〖解剖〗腸間膜.

me.sen.te.ri.tis [me.sen.te.rí.tis] 囡《単複同形》〖医〗腸間膜炎.

me.se.rai.co, ca [me.se.rái.ko, -.ka] 形 → mesentérico.

me.se.ro, ra [me.sé.ro, -.ra] 形《ラ米》《メヒコ》〈家畜が〉1歳未満の. — 男 囡《ラ米》《ゴリ》《ザリ》《メヒコ》給仕, ウェイター, ウェイトレス. — 男 月決めで給金をもらう徒弟[弟子].

***me.se.ta** [me.sé.ta] 囡 **1** メセタ, 台地, 高原. la ~ de Castilla カスティーリャ地方のメセタ《スペインの国土の大半を高度300–900メートルのメセタが占めている》. **2** (階段の)踊り場. **3**〖闘牛〗牛の囲い場の上の席(= ~ de toril). [mesa + 縮小辞]

me.se.ta.rio, ria [me.se.tá.rjo, -.rja] / **me.se.te.ño, ña** [me.se.té.ɲo, -.ɲa] 形 台地の, 高原の. región *mesetaria* 高原地帯.

me.siá.ni.co, ca [me.sjá.ni.ko, -.ka] 形 メシアの, 救世主の(到来を信じた);キリストの.

me.sia.nis.mo [me.sja.nís.mo] 男 **1**〖宗〗メシア信仰, メシア[救世主]の到来を信じること. **2** 救世主的人物の登場を待ちわびること.

me.sí.as [me.sí.as] 男《単複同形》**1**〖宗〗メシア, 救世主. el *M*~ イエス・キリスト. **2** 救いの神, 救い主.
esperar al Mesías 来ている人を(気づかずに)待つ.

me.siaz.go [me.sjáð.go / -.sjás.-] 男 メシア[救世主]であること;メシアの使命.

me.si.dor [me.si.ðór] 男 メシドール, 収穫月:フランス革命暦の第10月. 6月19 [20] 日 – 7月18 [19] 日.

me.si.lla [me.sí.ja ‖ -.ʎa] 囡 **1** ナイトテーブル. **2** (階段の)踊り場. **3** (手すりの)かさ木. **4**《ラ米》《メヒコ》(市場の)出店, 屋台. [mesa + 縮小辞]

me.si.llo [me.sí.jo ‖ -.ʎo] 男 出産後の初月経. [mes + 縮小辞]

me.si.ta [me.sí.ta] 囡 小さなテーブル, ナイトテーブル. [mesa + 縮小辞]

mes.me.dad [mes.me.ðáð] 囡《話》por su propia [misma] ~ ひとりで(に).

mes.me.ris.mo [mes.me.rís.mo] 男 **1** メスメリズム, 動物磁気催眠術. ♦ ドイツ人医師 F. A. Mesmer (1734-1815)にちなむ. **2** 催眠術療法.

mes.mo, ma [mes.mo, -.ma] 形《古語》《話》→ mismo.

mes.na.da [mes.ná.ða] 囡 **1**《主に複数で》(王・貴族に仕えた)兵, 軍勢;親衛隊. **2** 党派, 一派, 徒党. **3**《複数で》《集合的》信奉者.

meso- 「中間, 中央」の意の造語要素. → mesolítico, *Mesopotamia*. [←〔ギ〕]

Me.so.a.mé.ri.ca [me.so.a.mé.ri.ka] 固名 メソアメリカ. ♦ メキシコ中央高原を中心に Yucatán 半島, グアテマラ, ホンジュラスなどの地域を含むスペイン統治以前の古代文明圏. maya, azteca文明などが栄えた.

me.so.a.me.ri.ca.no, na [me.so.a.me.ri.ká.no, -.na] 形 メソアメリカの.
— 男 囡 メソアメリカ人.

me.so.car.pio [me.so.kár.pjo] / **me.so.car.po** [me.so.kár.po] 男〖植〗中果皮.

me·so·ce·fa·lia [me.so.θe.fá.lja / -.se.-] 囡 〖医〗〖人類〗中頭.

me·so·cé·fa·lo, la [me.so.θé.fa.lo, -.la / -.sé.-] 形 〖解剖〗中頭の；中脳の. ― 男 中脳.

me·so·cra·cia [me.so.krá.θja / -.sja] 囡 中産階級（主導の政治）.

me·so·crá·ti·co, ca [me.so.krá.ti.ko, -.ka] 形 中産階級が実権を握る；中産階級による.

me·so·dér·mi·co, ca [me.so.ðér.mi.ko, -.ka] 形 〖生物〗中胚葉(はい)の.

me·so·der·mo [me.so.ðér.mo] 男 〖生物〗中胚葉(はい).

me·so·lí·ti·co, ca [me.so.lí.ti.ko, -.ka] 形 中石器時代の. ― 男 中石器時代.

***me·són**[1] [me.són]
1 メソン, (古めかしい)食堂，(田舎の)料理屋兼宿屋;〖古語〗宿屋. → bar[1]〖類語〗. **2** 《ラ米》(バーなどの)カウンター.

me·són[2] [me.són] 男 〖物理〗中間子.

me·so·ne·ro, ra [me.so.né.ro, -.ra] 形 宿屋の, 居酒屋の. ― 男 囡 メソン mesón の亭主［女将(おかみ)］;《ラ米》バーの従業員.

mesón[1] (メソン)

me·so·pe·lá·gi·co, ca [me.so.pe.lá.xi.ko, -.ka] 形 (水深200メートルから700メートルの) 中深海の, 陸棚外縁部以深の.

Me·so·po·ta·mia [me.so.po.tá.mja] 固名 メソポタミア：西アジアのティグリス川とユーフラテス川の間の地域. [←〚ラ〛*Mesopotamia*←〚ギ〛*Mesopotamía* (*mesopotámios* 形〚川の間にある〛の女性形の名詞化；*meso-*「…の間の」+ *potamós*「川」].

me·so·po·tá·mi·co, ca [me.so.po.tá.mi.ko, -.ka] 形 メソポタミアの. ― 男 囡 メソポタミア人.

me·sos·fe·ra [me.sos.fé.ra] 囡 〖大気〗中間圏.

me·sos·te·lio [me.sos.té.ljo] 男 〖解剖〗〖生物〗中皮：体腔(たいこう)の内面を覆う中胚葉(はい)性の細胞層.

me·so·te·ra·pia [me.so.te.rá.pja] 囡 メソテラピー：特殊な器具で同時に複数の薬剤注射をする治療.

me·so·tó·rax [me.so.tó.raks] 男 〖単複同形〗〖昆虫〗の中胸，第2胸節;〖解剖〗中胸.

me·so·trón [me.so.trón] 男 〖物理〗中間子.

me·so·zoi·co, ca [me.so.θói.ko, -.ka / -.sói.-] 形 〖地質〗中生代の. ― 男 中生代.

mes·qui·te [mes.kí.te] 男 《ラ米》(メキシコ)(グアテマラ)→ mezquite.

mes·ta [més.ta] 囡 **1** [M-] 〖史〗メスタ：スペイン中世の移動牧羊組合. **2** (複数で)(川などの)合流点.

mes·tal [mes.tál] 男 雑木林；低木の林.

mes·te·ño, ña [mes.té.ɲo, -.ɲa] 形 **1** メスタ mesta の[に関する]. **2** → mostrenco **2**. **3** 《ラ米》(馬)(さる)〈馬など〉野生の.
― 男 《ラ米》(馬)野生馬, ムスタング.

mes·ter [mes.tér] 男 〖古語〗 **1** 必要, 必要性. **2** 仕事, 勤め.
mester de clerecía 教養派文芸. ♦中世（13-14世紀）の, 主に聖職者の手になる韻文. 1連4行, 1行14音節の構成で韻を踏む.
mester de juglaría 遍歴芸人の文芸：中世の吟遊詩人・民衆詩人による詩の形式.

mes·ti·cia [mes.tí.θja / -.sja] 囡 悲しみ, 嘆き.

***mes·ti·za·je** [mes.ti.θá.xe / -.sá.-] 男 混血, 混交;〖集合的〗混血の人々.

mes·ti·zar [mes.ti.θár / -.sár] 97 他 混血[混交]させる.

***mes·ti·zo, za** [mes.tí.θo, -.θa / -.so, -.sa] 形
1 混血の, メスティーソの. cultura *mestiza* メスティーソ文化. **2** 交配してできた, 雑種の, ハーフの. encuadernación *mestiza* 半革装丁.
― 男 囡 (特に先住民と白人の間の) 混血児, メスティーソ.

〖関連〗ラテンアメリカの人種混交：castizo(カスティーソ) カスティーソ（白人とメスティーソの女性との混血）. español エスパニョール（白人とカスティーソの混血）. cholo チョーロ（白人と先住民の混血）. mestizo メスティーソ（白人と先住民の混血）. morisco モリスコ（白人とムラートの女性との混血）. mulato ムラート（白人と黒人の混血）. zambo サンボ（黒人と先住民の混血）.

― 囡（または男）《ラ米》(メキシコ) 糠(ぬか) [ふすま] パン.

mes·to [més.to] 男 〖植〗ニセコルクガシ；トルコガシ；クロウメモドキ.

me·su·ra [me.sú.ra] 囡 **1** 慎重, 節度.
2 壮重さ, 重々しさ. **3** 〖格式〗丁寧, 丁重.

me·su·ra·da·men·te [me.su.rá.ða.mén.te] 副 節度をもって, 控えめに.

me·su·ra·do, da [me.su.rá.ðo, -.ða] 形 **1** 慎重な, 節度のある, 控えめな. **2** 重々しい. **3** 丁寧な.

me·su·rar [me.su.rár] 他 **1** 抑える, 控えめにする. ~ SUS palabras 言葉を選ぶ. **2** 〖古語〗考慮する, 検討する. **3** 《ラ米》計る, 測定する.
― ~·se 抑制する, 慎む. ~*se* en las acciones 節度をわきまえる.

***me·ta**[1] [mé.ta] 囡 **1** 目標, 目的, 的. conseguir SU ~ 目的を達成する. llegar a la ~ 目標に達する. la ~ de la vida 人生の目標.
2 〖スポ〗ゴール.
― 男 囡 〖スポ〗ゴールキーパー.

me·ta[2] [mé.ta] 活 → meter.

Me·ta [mé.ta] **1** el ~ メータ川：コロンビア中東部からベネズエラとの国境を流れる Orinoco 川の支流. **2** コロンビア中央部の県.

meta- 〖接頭〗「変化, 超…」の意. → *meta*física, *meta*morfosis. [←〚ギ〛].

me·tá·ba·sis [me.tá.ba.sis] 囡 〖単複同形〗〖文法〗品詞転換：ある品詞に属している語が違う品詞の機能を果たすこと.

me·ta·bó·li·co, ca [me.ta.bó.li.ko, -.ka] 形 〖生物〗(物質)代謝の.

me·ta·bo·lis·mo [me.ta.bo.lís.mo] 男 〖生物〗(物質)代謝. ~ basal 基礎代謝, 維持代謝.

me·ta·bo·li·za·ción [me.ta.bo.li.θa.θjón / -.sa.sjón] 囡 〖生化〗(物質)代謝, 新陳代謝.

me·ta·bo·li·zar [me.ta.bo.li.θár / -.sár] 97 他 吸収する, (新陳)代謝する.
― ~·se 再 (新陳)代謝する.

me·ta·bus·ca·dor [me.ta.bus.ka.ðór] 男 〖IT〗検索エンジン.

me·ta·car·pia·no, na [me.ta.kar.pjá.no, -.na] 形 〖解剖〗中手の, 中手骨の, 掌部の.

me·ta·car·po [me.ta.kár.po] 男 〖解剖〗中手, 中手骨, 掌部.

me·ta·cen·tro [me.ta.θén.tro / -.sén.-] 男 〖技〗メタセンター：浮力の傾心.

me·ta·cri·la·to [me.ta.kri.lá.to] 男 〖化〗メタクリラート, メタクリル樹脂.

me·ta·do·na [me.ta.ðó.na] 囡 〖薬〗メタドン：麻薬中毒治療に用いられる合成鎮痛剤.

me·ta·fa·se [me.ta.fá.se] 囡【生物】(細胞分裂の)中期.

me·ta·fí·si·co, ca [me.ta.fí.si.ko, -.ka] 厖 1 形而(ﾞ)上学の, 形而上学的な. → físico. 2 抽象〔観念〕的な;〈話〉難解な. ― 圐 形而上学者.
― 囡 形而上学;抽象論, 観念論.

me·ta·fi·ta [me.ta.fí.ta] 厖 多細胞植物の.
― 囡《複数で》《集合的で》多細胞植物類.

me·ta·fo·ní·a [me.ta.fo.ní.a] 囡【音声】母音変異:隣接母音などの影響による強勢のある母音の音色変化.

*__me·tá·fo·ra__ [me.tá.fo.ra] 囡【修辞】隠喩(ﾞ), 暗喩, メタファー. ◆「AはBのようだ」ではなく, 「AはBである」のように直接Bの属性をAに移して叙述するの. ‣ La juventud es la primavera de la vida.(青春時代は人生の春である)の primavera. ▶「寓喩」は alegoría.

me·ta·fó·ri·ca·men·te [me.ta.fó.ri.ka.mén.te] 剾 比喩(ﾞ)的に, 比喩的に言うと.

me·ta·fó·ri·co, ca [me.ta.fó.ri.ko, -.ka] 厖 隠喩(ﾞ)の, 比喩的な. expresión *metafórica* 隠喩に富んだ表現.

me·ta·fo·ri·zar [me.ta.fo.ri.θár / -.sár] 97 他 隠喩(ﾞ)を使う, 比喩で表現する.

me·ta·go·ge [me.ta.gó.xe] 囡【修辞】擬人法. ‣ Se ríe el campo. 野原が笑う.

**__me·tal__ [me.tál] 圐 1 金属, 合金. ~ ligero [pesado] 軽[重]金属. ~ precioso [noble] 貴金属. ~ blanco ホワイトメタル. ~ laminado 板金. de ~ 金属製の. detector de ~ 金属探知機. 2 金属音, 甲高い音. el ~ de la voz 甲高い声. 3【音楽】《集合的で》金管楽器類(= instrumentos de ~). 4【英】【音楽】ヘビーメタル. 5〈話〉お金, 銭. (= el vil ~). 6《ラ米》(ﾞ)鉱石, 原鉱. [←【ラ】*metallum*「金属;鉱山」-【ギ】*métallon*「鉱山」][関連] metálico, metalurgia.【英】*metal*]

me·ta·la·do, da [me.ta.lá.đo, -.đa] 厖 混ざった, 不純な. ―囡《ラ米》(ﾞ)推定埋蔵量, 採掘可能鉱量.

me·ta·len·gua·je [me.ta.leŋ.gwá.xe] 圐【言】メタ言語:言語について記述するの際に用いる言語.

me·ta·lep·sis [me.ta.lép.sis] 囡〖単複同形〗【修辞】転喩(ﾞ):結果を表現することで原因を表現するなどの用法. ⇒ Ellos han vivido. 彼らは生きた(つまり, 死んだ).

me·ta·le·ro, ra [me.ta.lé.ro, -.ra] 厖《ラ米》(ﾞ)(ﾞ)金属の, 金属を含む.

*__me·tá·li·co, ca__ [me.tá.li.ko, -.ka] 厖 1 金属の, 金属製の. maleta *metálica* 金属製のスーツケース. tela *metálica* 金網. detectar los artículos ~*s* 金属製品を探知する. 2〈音が〉金属のぶつかるような, 甲高い;〈触感・色が〉金属質の. sonido [ruido] ~ 金属音. voz *metálica* 金切り声. brillo ~ 金属的光沢. gris ~ メタリックグレー.
―圐 現金. pagar en ~ 現金で払う.

me·ta·lí·fe·ro, ra [me.ta.lí.fe.ro, -.ra] 厖 金属を含有する.

me·ta·lin·güís·ti·co, ca [me.ta.liŋ.gwís.ti.ko, -.ka] 厖 メタ言語の.

me·ta·lis·ta [me.ta.lís.ta] 圐 金属細工師[加工職人].

me·ta·li·za·ción [me.ta.li.θa.θjón / -.sa.sjón] 囡〖鉱〗金属被覆, (表面の)金属化.

me·ta·li·za·do, da [me.ta.li.θá.đo, -.đa / -.sá.-] 厖 メタリックカラーの, メタリック加工[塗装]した.

me·ta·li·zar [me.ta.li.θár / -.sár] 97 他 1 金属で被覆する,〈表面などを〉金属化する. 2 メタリックの色合い[輝き]を加える. 3 金銭に固執させる.
― ~·se 再 1 金属で被覆される,〈表面などが〉金属化する. 2 金銭に固執する.

me·ta·lla [me.tá.ja || -.ʎa] 囡 (補修・補塡(ﾞ)用の)金箔(ﾞ)片.

me·ta·lo·cro·mí·a [me.ta.lo.kro.mí.a] 囡 金属塗装技術【法】.

me·ta·lo·gra·fí·a [me.ta.lo.gra.fí.a] 囡 冶金(ﾞ)学.

me·ta·loi·de [me.ta.lói.đe] 圐【化】非金属.

me·ta·lur·gia [me.ta.lúr.xja] 囡 1 冶金(ﾞ);冶金学, 冶金術. 2 冶金関連企業(工業).

me·ta·lúr·gi·co, ca [me.ta.lúr.xi.ko, -.ka] 厖 冶金(ﾞ)の;冶金学, 冶金術の. industria *metalúrgica* 冶金工業. ―圐 冶金工, 冶金技術者;冶金学者(= metalurgista).

me·ta·lur·gis·ta [me.ta.lur.xís.ta] 圐 囡 →
metalúrgico.

me·tá·me·ro [me.tá.me.ro] 圐 (環形・節足動物の)体節.

me·ta·mór·fi·co, ca [me.ta.mór.fi.ko, -.ka] 厖【地質】変成の, 変成する.

me·ta·mor·fis·mo [me.ta.mor.fís.mo] 圐【地質】変成(作用).

me·ta·mor·fo·se·ar [me.ta.mor.fo.se.ár] 他 変える, 変形させる;【生物】変態させる;【地質】変成させる. ― ~·se 再 変わる, 変形する;【生物】変態する;【地質】変成する.

me·ta·mor·fo·sis [me.ta.mor.fó.sis] / **me·ta·mór·fo·sis** [me.ta.mór.fo.sis] 囡〖単複同形〗 1 変身, 変貌(ﾞ);変化, 変形, 変容. sufrir una ~ 変容する. La ~ de su carácter se debe al dinero. 彼[彼女]の性格が変わったのは金のせいだ. 2【生物】変態, 脱皮. ~ de ranas カエルの変態.

me·ta·no [me.tá.no] 圐【化】メタン.

me·ta·nol [me.ta.nól] 圐【化】メタノール, メチルアルコール.

me·ta·plas·mo [me.ta.plás.mo] 圐【言】語音変異:音の添加, 消失, 音位転換などの総称. ⇒ ラテン語 calidus が caldus を経てスペイン語 caldo になったことなど.

me·ta·psí·qui·co, ca [me.ta.sí.ki.ko, -.ka] 厖 超心理学の, 心霊現象の. ―囡 超心理学[研究].

me·tás·ta·sis [me.tás.ta.sis] 囡〖単複同形〗【医】(がん・腫瘍(ﾞ)などの)転移.

me·ta·tar·sia·no, na [me.ta.tar.sjá.no, -.na] 厖【解剖】中足の, 中足骨の. ―圐 中足骨.

me·ta·tar·so [me.ta.tár.so] 圐 1【解剖】中足:足の指とかかとの間の部分, 中足骨. 2 (昆虫の足の)跗節(ﾞ).

me·ta·te [me.tá.te] 圐《ラ米》(ﾞ)(ﾞ)(ﾞ)メタテ:食べ物を載せて石棒 mano ですりつぶす長方形の石板.

me·tá·te·sis [me.tá.te.sis] 囡〖単複同形〗【言】音位転換, 隣接転倒. ▶ 語の中の文字・音節・音が入れ替わること. ⇒ prejudicar(予審する)の r と e が入れ替わって perjudicar(害を与える)となる.

me·ta·tó·rax [me.ta.tó.raks] 圐〖単複同形〗(昆虫の)後胸.

me·ta·zo·o [me.ta.θó.o / -.só.-] 圐【生物】後生動物門の動物;《複数で》後生動物門.

me·te·co, ca [me.té.ko, -.ka] 圐【史】(古代ギリシアにおける)アテネ在住外国人の. ―圐 囡 1《格式》よそ者, 異邦人. 2【史】アテネ在住の外国人.

me·te·de·ro [me.te.đé.ro] 圐《ラ米》(ﾞ)(ﾞ)

（1）安酒場, 食堂. （2）ラブホテル.

me·te·dor, do·ra [me.te.ðór, -.ðó.ra] 形 密輸入する, 持ち込む. ― 男 女 …を持ち込む人; 密輸業者.
― 男 **1** おしめ（の下に敷く布）. **2** 印 組み付け台.

me·te·du·ra [me.te.ðú.ra] 女 **1** 挿入.
2《話》《ラ米》《詩》〈恋愛〉関係を深めること.
metedura de pata《話》しくじり, へま, どじ.

me·te·du·rí·a [me.te.ðu.rí.a] 女 密輸入.

me·te·jón [me.te.xón] 男《ラ米》《話》（1）（ｱｹﾞﾝ）興奮, 熱中；〈情熱的な〉恋．（2）（賭(ｶ)け事での）大損．
（3）（ｱｹﾞﾝ）もつれ, 紛糾.

me·te·lón, lo·na [me.te.lón, -.ló.na] 形 男 女
《ラ米》《ﾒｷｼ》《話》→ meticón.

me·temp·si·co·sis [me.temp.si.kó.sis] /
me·temp·sí·co·sis [me.temp.sí.ko.sis] 女《単複同形》輪廻(ﾘﾝﾈ), 生まれ変わり.

me·te·muer·tos [me.te.mwér.tos] 男《単複同形》**1** 裏方, 大道具方. **2** お節介焼き.

me·te·ó·ri·co, ca [me.te.ó.ri.ko, -.ka] 形 気象（上）の, 大気の. *fenómenos* ~*s* 気象現象.
piedra meteórica 隕石(ｲﾝｾｷ).

me·te·o·ris·mo [me.te.o.rís.mo] 男 医 鼓腸.

me·te·o·ri·to [me.te.o.rí.to] 男 隕石(ｲﾝｾｷ).

me·te·o·ri·za·ción [me.te.o.ri.θa.θjón / -.sa.sjón] 女 地質 風化作用.

me·te·o·ri·zar [me.te.o.ri.θár / -.sár] 97 他
1 医 鼓腸させる. **2** 風化させる.
― ~·**se** 再 **1** 医 鼓腸を起こす **2** 風化する.

me·te·o·ro [me.te.ó.ro] / **me·té·o·ro** [me.té.o.ro] 男 気象現象,〈自然の〉現象.

meteoro-「空間にあげられた, 大気中の」の意を表す造語要素. *meteorológico*. [←〔ｷﾞ〕]

me·te·o·ro·lo·gí·a [me.te.o.ro.lo.xí.a] 女 気象学. [←〔ｷﾞ〕*meteōrología*「天文・気象に関する研究」（*metéōron*「天文, 気象」より派生）；関連〔英〕*meteorology*]

me·te·o·ro·ló·gi·co, ca [me.te.o.ro.ló.xi.ko, -.ka] 形 気象の, 気象学上の. *parte* ~ 気象情報, 天気予報. *observación meteorológica* 気象観測.

me·te·o·ro·lo·gis·ta [me.te.o.ro.lo.xís.ta] / **me·te·o·ró·lo·go, ga** [me.te.o.ró.lo.go, -.ga] 男 女 気象学者.

me·te·pa·tas [me.te.pá.tas] 男 女《単複同形》《話》場をわきまえない人, 軽率な人.

☆me·ter [me.tér] 他 **1**《en... …の中に》入れる, 差し込む, しまう（↔ sacar）. ~ la llave en el ojo de la cerradura 鍵(ｶｷﾞ)穴に鍵を差し込む. ~ el coche *en* el garaje 車をガレージに入れる. ~ (la) tijera a una tela 布地を裁断する.

2《en...》《施設など》に〈人を〉入れる；《仕事・部署》に〈人を〉就かせる. ~ a un niño *en* el colegio 子供を学校に入れる. ~ a+人 *en* la empresa 〈人〉をその会社に入れる.

3 生じさせる, 引き起こす. ~ un rollo 面倒なことを起こす. ~ ruido 音を立てる；騒ぎを起こす. ~ miedo a los niños 子供たちを怖がらせる. ~ pri·sa 急がせる. ~ jaleo [lío] 騒動を引き起こす. ~ chismes うわさをまき散らす, 陰口をたたく.

4《話》《en... …に》〈人を〉巻き込む, 引っ張り込む. No quiero que me *metas en* tus asuntos. 僕は君の問題に巻き込まれたくない.

5 納得させる；信じこませる. ~ a+人... en la cabeza 〈人〉に…を理解させる；〈人〉の頭にたたき込む.
~ embustes うそをつく.

6《en... …に》〈お金を〉投資する, つぎ込む；貯金する. ~ cien euros *en* la cuenta 口座に100ユーロ入れる. ~ un capital *en* el negocio 事業に資金を投資する.

7 車〈ギアを〉入れる. ~ la primera [segunda] ギアを一速[二速]に入れる.

8 スポ〈得点を〉入れる. ~ un gol 1ゴールを挙げる. **9** 服飾〈服の〉寸法を縮める；ひだ[ギャザー]をつける；印 詰める. ~ el bajo de la falda スカートのすそを上げる. ~ los renglones de una plana 行間を詰める. **10** 密輸入する. **11**《話》（平手打ちなどを）加える, 食らわす. ~ una torta 平手打ちにする. ~ un golpe 一発くらわす. ~ una paliza 棒でたたく. **12**《話》〈嫌なことを〉押し付ける；売りつける；《ラ米》《ﾒｷｼ》〈暴利を〉むさぼる. ~ gato por liebre ウサギだと言って猫を売りつける；だます. **13** 海〈帆を〉巻く. **14**《ラ米》（1）（ｱｹﾞﾝ）（ﾁﾘ）〈急いで〉去る, 出て行く. （2）（ﾌﾟｴ）《話》〈授業単位を〉取る.

― 自《ラ米》《俗》セックスする.

― **~·se** 再 **1**《en...》（1）《場所》に入る, 入り込む. ~*se en* una tienda 店に入る. ~*se en* el tren [autobús, coche] 列車[バス, 車]に乗り込む. *Se me ha metido* una carbonilla *en* el ojo. 煤(ｽｽ)が目に入ってしまった. *Esta pieza se mete* aquí dentro. この部品はここ中にうまく収まる. *¿Dónde te habías metido?* 君はどこへ行ってたんだい. A ella *se le metió* que tenía que verle. 彼に会わなければならないという考えが彼女の頭から離れなくなった. （2）《自分の体の部位》に…を入れる. ~*se* un caramelo *en* la boca 口に飴(ｱﾒ)を入れる. ~*se la* mano *en* el bolsillo ポケットに手を入れる.

2《en... …に》（1）巻き込まれる；夢中になる. ~*se en* problemas 問題に巻き込まれる. ~*se en* líos [follones] 面倒なことに巻き込まれる. ~*se en* dificultades 困難に陥る. ~*se en* un apuro 苦境に立たされる. ~*se en* la conversación 会話に加わる. ~*se en* su trabajo 仕事に夢中になる. （2）口出しする, 干渉する. ~*se en* todo 何にでも口を出す, でしゃばる. ~*se donde no le llaman* 余計なことに口出しをする. *Métete en* lo tuyo [*en* lo que te importa, *en* tus cosas]. 他人のことに干渉するな. *¿Por qué te metes?* 君はなぜ人のことに口出しするのか.

3《a... 時に de...》《職業》になる；〈本来違う職の人が〉…に取りかく. ~*se (de)* monja [médico] 修道女[医者]になる. ~*se a* escritor 作家業に入る.

4《a＋不定詞》〈できるかどうかわからないが〉〈…〉し始める,〈身のほど知らずに〉〈…に〉とりかかる. ~*se a ganar* dinero con los negocios 商売をして金を稼ぎ始める.

5《con＋人〈人〉を》いじめる, からかう；あら捜しをする. Siempre *se mete con* su jefe. 彼[彼女]はいつも上司に突っかかる.

6〈岬などが〉〈海に〉突き出る,〈川が〉流れ込む.

7〈太陽などが〉沈む. *En ese momento se metió* el sol. そのとき太陽が沈んだ.

8《ラ米》《話》（1）（ﾌﾟｴ）恋愛関係になる, つき合う. （2）（ﾎﾞﾘ）食事する.

a todo meter《話》大急ぎで, 猛スピードで；全力で.
¡Métele!《ラ米》《ﾒｷｼ》急げ.
meterle duro [mucho]《ラ米》《ﾒｷｼ》やりすぎる.
meterse en sí mismo 自分の殻に閉じこもる；夢中になる.
metérsela (a＋人) doblada 〈人〉をだます.
meterse por medio 干渉する, 介入する.

meterete

Métetelo (por) donde te quepa. 《話》どうぞ御勝手に.
[←[ラ] *mittere*「投げる,送る」;[関連] mensaje, misión, admitir, emitir.[英] *mission*]

me·te·re·ta [me.te.ré.te, -.ta] 形 男 《ラ米》《話》→ meticón.

me·te·te [me.té.te] 形 男 《ラ米》(*㊥)(*㊥)→ meticón.

me·ti·cal [me.ti.kál] 男 メティカル: (1) 18世紀スペインの通貨単位. (2) モザンビークの通貨単位.

me·ti·che [me.ti.tʃe] 形 《ラ米》《話》(1) (ﾒﾋﾞ)(ﾁﾘ)(ﾀﾞ)(ﾀﾞ)(ﾀﾞ) ほろ酔いの.

me·ti·cón, co·na [me.ti.kón, -.kó.na] 形 《話》《軽蔑》お節介な, 詮索(ｾﾝｻｸ)好きの; でしゃばりな.
— 男 女 お節介焼き, 詮索好き.

me·ti·cu·lo·si·dad [me.ti.ku.lo.si.ðáð] 女 1 臆病(ｵｸﾋﾞｮｳ), 小心. 2 細心, 綿密, 緻密(ﾁﾐﾂ).

me·ti·cu·lo·so, sa [me.ti.ku.ló.so, -.sa] 形 臆病な, 神経質な; 小さなことにこだわる, 神経が細かい, 緻密(ﾁﾐﾂ)な.
— 男 女 神経質な人; 神経の細かい人.

me·ti·di·llo [me.ti.ðí.ʎo ‖ -.ʝo-] 男 おむつ, おしめ.

me·ti·do, da [me.tí.ðo, -.ða] 形 1 (**en**…で) いっぱいの. ~ *en años* 年老いた. *pan* ~ *en harina* 小麦粉をたくさん使ったパン.
2 《ラ米》(1) (ﾒﾋﾞ)(ﾁﾘ)(ﾌﾞｴﾙﾄﾘｺ)(ﾄﾞﾐ)(ﾀﾞ)《話》お節介な, 口出しをする. (2) (ﾀﾞ)(ﾀﾞ) ほろ酔いの, 一杯機嫌の. (3) 《話》成り上がりの.
— 男 1 《スペイン》(こぶしでの) 打撃, パンチ; ひと押し, 突き. *dar a*+人 *un* ~ *en la espalda* 〈人〉の背中をどんとたたく. 2 進歩, 進展. 3 《話》(言葉による) 攻撃, 非難. *dar* [*pegar*] *un* ~ やっつける, しかりとばす. 4 (衣服の) タック [縫い込み] の部分. 5 おしめ (の下に敷く布).
— 女 《ラ米》(*㊥)《卑》私通, 密通.
estar muy metido con+人〈人〉を深く信頼している,〈人と〉懇意である;《ラ米》(*㊥)〈人に〉夢中である.
estar muy metido en…に没頭している; 深くかかわっている, とても忙しい.
(*estar*) *metido en carnes* 肉づきがよい, 太った.

me·ti·jón, jo·na [me.ti.xón, -.xó.na] 形 男 女 → meticón.

me·ti·le·no [me.ti.lé.no] 男 《化》メチレン.

me·tí·li·co, ca [me.tí.li.ko, -.ka] 形 《化》メチル基の, メチルを含有する.

me·ti·lo [me.tí.lo] 男 《化》メチル, メチル基.

me·ti·mien·to [me.ti.mjén.to] 男 1 挿入, 差し込み. 2 《話》引き, つて, コネ.

me·ti·sa·ca [me.ti.sá.ka] 男 《闘牛》(とどめを刺せないと判断して) 一度刺した剣を引き抜くこと.

me·tó·di·ca·men·te [me.tó.ði.ka.mén.te] 副 整然と, 順序正しく.

me·tó·di·co, ca [me.tó.ði.ko, -.ka] 形 几帳面(ｷﾁｮｳﾒﾝ)な, きちんとした; 整然とした, 順序立った, 組織的な. *vida metódica* 規則正しい生活.

me·to·dis·mo [me.to.ðís.mo] 男 《宗》メソジスト派 (の教義): 18世紀英国に起こったプロテスタントの一派. → arminiano.

me·to·dis·ta [me.to.ðís.ta] 形 《宗》メソジスト派 [教徒] の.
— 男 女 メソジスト教徒.

me·to·di·zar [me.to.ði.θár / -.sár] 97 他 方式化する; 方式に従って処理する; 秩序 [順序, 組織] 立てる. ~ *el sistema de trabajo* 作業の手順を組織化する.

*mé·to·do [mé.to.ðo] 男 1 (体系的な) **方法**, 方法論; 考え方の筋道; 教育方法, 教授法. ~ *de trabajo* 作業手順. ~ *de lectura* 読書法. ~ *deductivo* [*inductivo*] 演繹(ｴﾝｴｷ) [帰納(ｷﾉｳ)] 法. *El discurso del* ~ 『方法序説』 (フランスの哲学者デカルトの哲学試論). *El recurso del* ~ 『方法再説』 (Carpentier の小説). ~ *audiovisual* 視聴覚教育方式. *Tu tesina carece de* ~. 君の論文には方法論が欠けている.
2 教本, 手引き. ~ *de piano* ピアノの教則本.
con método 手順よく, あわてずに.
[←[ラ] *methodum* (*methodus* の対格) ←[ギ] *méthodos*「追跡, 研究; 結末に至る道すじ」(*meta-*「…を追って」+ *hodós*「道, 旅」); [関連] [英] *method*]

*me·to·do·lo·gí·a [me.to.ðo.lo.xí.a] 女 1 《論》**方法論**, 原理体系. 2 教育方法論, 教授法. ~ *de enseñanza de español* スペイン語教授法.

me·to·do·ló·gi·co, ca [me.to.ðo.ló.xi.ko, -.ka] 形 方法(論)の.

me·to·men·to·do [me.to.men.tó.ðo] 形 男 女 《スペイン》《話》《軽蔑》→ meticón.

me·to·ni·mia [me.to.ní.mja] 女 《修辞》換喩(ｶﾝﾕ), 転喩: あるものをそれに関係のある言葉で言い換える比喩. ~ *un ejército de cien lanzas* 100本の槍(ﾔﾘ) [歩兵] からなる軍勢.

me·to·ní·mi·co, ca [me.to.ní.mi.ko, -.ka] 形 換喩(ｶﾝﾕ)の, 転喩の.

me·to·pa [me.tó.pa] / **mé·to·pa** [me.tó.pa] 女 《建》メトープ, 小間壁: ドーリス式建築における2組のトリグリフ triglifo に挟まれた四角い装飾壁面.

me·to·pos·co·pia [me.to.pos.kó.pja] 女 骨相学, 人相学.

metopa (メトープ)

me·tra [mé.tra] 女 《ラ米》(ﾍﾞﾈ)《遊》ビー玉 (遊び).

me·tra·je [me.trá.xe] 男 1 《映》フィルムの長さ. *corto* [*largo*] ~ 短編 [長編] 映画. 2 《ラ米》(ﾀﾞ) (ものの) 長さ.

me·tra·lla [me.trá.ja ‖ -.ʎa] 女 1 散弾, ぶどう弾. *granada de* ~ 榴散(ﾘｭｳｻﾝ)弾. 2 (炸裂(ｻｸﾚﾂ)した弾の) 破片, 鉄片. 3 《話》役に立たないもの. 4 《話》小銭.

me·tra·lla·zo [me.tra.já.θo ‖ -.ʎá.- / -.so] 男 1 散弾 [ぶどう弾] の発射. 2 《まれ》散弾による傷.

me·tra·lle·ta [me.tra.jé.ta ‖ -.ʎé.-] 女 自動小銃, 軽機関銃.

mé·tri·co, ca [mé.tri.ko, -.ka] 形 1 メートル (法) の, メートル法を用いる. *cinta métrica* 巻尺, メジャー. *quintal* ~ 100キログラム. *sistema* ~ (*decimal*) メートル法. *tonelada métrica* メートルトン (1000キログラム).
2 韻律 (学) の, 韻文の, 詩学の. *verso* ~ 韻文詩.
— 女 韻律 (学), 作詩法, 詩形.

me·tri·fi·ca·ción [me.tri.fi.ka.θjón / -.sjón] 女 作詩, 詩作; 韻文化.

me·tri·fi·ca·dor, do·ra [me.tri.fi.ka.ðór, -.ðó.ra] 形 韻文の, 韻文を書く.
— 男 女 韻文を作る人, 作詩家, 詩人.

me·tri·fi·car [me.tri.fi.kár] 100 自 韻文で書く, 韻文に直す. — 他 《まれ》詩を作る, 韻文で書く.

me·tris·ta [me.trís.ta] 男 女 作詩家, 詩人.

me·tri·tis [me.trí.tis] 女《単複同形》《医》子宮 (筋

層)炎.

me·tro[1] [mé.tro]男 **1** メートル《略 m》. por ~s メートル単位で. ~ cuadrado 平方メートル《略 m²》. ~ cúbico 立方メートル《略 m³》. ~ patrón メートル原器.
2 (1メートルの)定規, ものさし;巻尺. **3**〖詩〗韻律, 歩格. ◆一詩行の音節数やリズムなどの特徴.
「韻律」←〔ラ〕*metrum*←〔ギ〕*métron*「長さ;韻律」;関連 métrica, metrificar, diámetro, simétrico.〖英〗*meter*「韻律」;「メートル」←〔仏〕*mètre*(18世紀末メートル法制定時に〔ギ〕*métron*に由来のこの語を長さの単位として採用);関連 centímetro, milímetro.〖英〗*meter*]

me·tro[2] [mé.tro]男 地下鉄. ir en ~ 地下鉄で行く. subir al ~ 地下鉄に乗る. boca de ~(地上からの)地下鉄入り口.

boca de metro(地下鉄の入り口)

metro- 「尺度, 寸法」の意の造語要素. ⇒ *metro*logía. [←〔ギ〕]
-metro 「尺度, 寸法, 計量器」の意の造語要素. ⇒ baró*metro*, centí*metro*.
me·tro·bús [me.tro.bús]男 **1**《スペイン》地下鉄とバスの10回乗車分回数券[カード]. **2** 専用レーンを持つ市内バス.
me·tro·lo·gí·a [me.tro.lo.xí.a]女 度量衡(学).
me·tró·no·mo [me.tró.no.mo]男〖音楽〗メトロノーム.
me·tró·po·li [me.tró.po.li] / **me·tró·po·lis** [me.tró.po.lis] [複 metrópolis]女 **1** 大都市;首都. Madrid es la ~ de España. マドリードはスペインの首都である. **2**(植民地に対して)本国, 宗主国. **3**〖カト〗首都大司教座(= iglesia metropolitana).
[←(後つ)*metrópolis*←〔ギ〕*métrópolis*「(植民地に対して)母都市, 本国;首都」(*métēr*「母」+ *pólis*「都市」);関連 metro「地下鉄」.〖英〗*metropolis, metropolitan*]
me·tro·po·li·ta·no, na [me.tro.po.li.tá.no, -.na]形 **1** 首都の, 大都市の;本国の. área *metropolitana* 首都圏. **2** 首都大司教(座)の.
—男 **1** 地下鉄. **2**〖カト〗首都大司教.
me·tro·rra·gia [me.tro.řá.xja]女〖医〗(月経時以外の)不正子宮出血.
meu·blé [me.blé]〔仏〕男〔複 ~s〕ラブホテル(= casa de citas);売春宿.
me·xi·ca·nis·mo [me.xi.ka.nís.mo]男 **1** メキシコ特有のスペイン語法[表現・語義・単語]. **2** メキシコ人気質;メキシコの特質(讃美).
me·xi·ca·no, na [me.xi.ká.no, -.na]形 メキシコの, メキシコ人の. peso ~ メキシコ・ペソ. —名 メキシコ人. —男 メキシコのスペイン語.
Mé·xi·co [mé.xi.ko]固名 **1** メキシコ:北米大陸, 米国の南にある合衆国 / 面積:195.3万km² / 人口:約1億323万 / 首都:(Ciudad de) México / 言語:スペイン語(公用語) / 通貨:peso ($ 1 =100 centavos) / 住民:メスティーソ(60%), 先住民(25%), 白人など(15%) / 宗教:カトリック(97%);守護聖人— Guadalupeの聖母. ▶メキシコ以外では Méjico とも表記する.
◆azteca 王国は1521年スペイン人 Hernán Cortésによって征服され, 首都は Nueva España 副王領の中心となる. 1821年独立. 1845年 Texas 州の独立に端を発した米墨戦争(1848年)により California, Nuevo México, Arizona, Nevada などを失う. Reforma の時代(1858-61), Porfirio Díaz 独裁時代(1876-1910), メキシコ革命 Revolución Mexicana (1910-20)を経て現在に至る.
2 メキシコシティー(= Ciudad de ~ メキシコの首都);〖史〗メキシコ副王領 Nueva España の首都. ◆Anáhuac 高原の中心に位置する.
3 メキシコ, メヒコ:メキシコ中南部の州.
México viejo〔ラ米〕(*ぁ)(米国のニューメキシコ州と区別して)メキシコ.
[←〔古スペイン〕*México*[méʃiko]←〔ナワトル〕*Mexicco* または *Metzico*(*mētztli*「(天の)月」に関連?)]
me·ya [mé.ja]女〖動〗ヨーロッパイチョウガニ.
mey·ba [méi.ba]男 ショートパンツ型男性用水着.
me·yo·sis [me.jó.sis]女 ⇒ meiosis.
mez- 活 → mecer.
me·za·nín [me.θa.nín / -.sa.-] [me.θá.nin / -.sá.-] / **me·za·ni·ne** [me.θa.ní.ne / -.sa.-]男〔ラ米〕(ぱっ)(ぱっ)(建物の)中2階.
mez·cal [meθ.kál / mes.-]男 **1**〖植〗メスカル:メキシコ原産のリュウゼツランの一種.
2《ラ米》メスカル:リュウゼツランの蒸留酒. Para todo mal, ~, y para todo bien, también.《ラ米》(ぱっ)(諺) 良きにつけ悪しきにつけメスカル酒.
[←〔ナワトル〕*mexcalli*]
mez·ca·li·na [meθ.ka.lí.na / mes.-]女 メスカリン:mezcal **1** から得られるアルカロイドの一種. 幻覚作用を持つ.
mez·cla [méθ.kla / més.-]女 **1** 混合;混合物. ~ de razas 人種の融合. ~ de café コーヒーのブレンド. ~ de sueño y realidad 夢と現実が混ざり合ったもの. tomar una ~ de ron con miel ラム酒にはちみつを混ぜたものを飲む.
2〖映〗〖TV〗〖音楽〗《主に複数で》ミキシング. mesa de ~s ミキシングコンソール. realizar ~s de sonido 音響のミキシングを行う. **3**〖織〗混紡織物. Esta tela es de ~. この生地は混合織物でできている. **4**〖建築〗モルタル(= argamasa).
5 ⇒ mezclar.
mezcla explosiva[*detonante*]爆発性混合物;《話》《比喩的》相性の悪い組み合わせ. Esa combinación de ropa forma una ~ *explosiva*. その服の取り合わせは強烈だ.
mez·cla·ble [meθ.klá.ble / mes.-]形 混ぜられる, 混合可能な.
mez·cla·dor, do·ra [meθ.kla.ðór, -.ðó.ra / mes.-]男女 **1** 混ぜる人. **2** 調整者;〖映〗〖ラジオ〗〖TV〗音量調整技師, ミキサー.
—男〖機〗ミキサー. *mezcladora* de hormigón コンクリートミキサー.
mez·cla·du·ra [meθ.kla.ðú.ra / mes.-]女 混合.
mez·cla·mien·to [meθ.kla.mjén.to / mes.-]男 → mezcladura.
mez·clar [meθ.klár / mes.-]他 **1** (*con*... …と)混ぜ合わせる, 混合する. ~

harina *con* agua 小麦粉に水を混ぜる. ~ imágenes *con* la música 画像に音楽をつける. Habla *mezclando* los dos idiomas. 彼[彼女]は2つの言語を取り混ぜて話す.

2 ごちゃ混ぜにする, かき回す. ~ las cartas トランプを切る. ~ las cosas del cajón 引き出しの中のものをごちゃごちゃにする. **3** 《**en...** …に》巻き込む, 関らせる. No quiero ~ a mi hermano *en* este asunto. 私はこの件に弟[兄]を巻き込みたくない.

── ~·**se** 再 **1** 《**con...**》《〈人〉と》係わり合いになる, 付き合う; 《〈家系〉と》縁戚関係を結ぶ. No *se mezcles con* ése. あいつとは付き合うな.

2 《**en...** …に》〈人〉が介入する; 《**entre...** …の中に》紛れ込む; 《**con...** …に》加わる. ~*se en* una pelea ajena 他人のけんかに干渉する. ~*se entre* [*con*] la multitud 雑踏に紛れ込む.

3 混じり合う, 混ざる. En esta clase *se mezclan* niños *de* diferentes edades. このクラスには年の違う子供が一緒になっている.

[← 〔俗〕*miscularse*←〔ラ〕*mīscēre*（→mecer）; 関連 mixto, mixtura, misceláneo, mestizo. 〔英〕mix]

mez·cli·lla [meθ.klí.ja ‖ -.ʎa / mes.-] 女 混紡の (薄地の)布.

mez·co·lan·za [meθ.ko.lán.θa / mes.-.sa] 女 《話》ごたまぜ, 寄せ集め.

mez·qui·nar [meθ.ki.nár / mes.-] 他 《ラ米》(1) 出し惜しむ; 断る. (2) 《ラプ》避ける, よける. (3) 《ラプ》弁護する; 許す. ── 自 《ラ米》《話》けちけちする.

mez·quin·dad [meθ.kin.dád / mes.-] 女 **1** けち, しみったれ. **2** さもしさ, 卑しさ. **3** 乏しさ; 貧乏. **4** つまらないもの, 取るに足りないもの.

*****mez·qui·no, na** [meθ.kí.no, -.na / mes.-] 形 **1** けちな, しみったれた. **2** さもしい, 卑しい. **3** 乏しい, わずかな. un salario ~ 安月給. **4** 貧乏な; 不足な. **5** つまらない, 取るに足りない.

── 男 女 けちな人; さもしい人.

── 男 **1** (中世の)キリスト教徒の農奴. **2** 《ラ米》(1) 《ラプ》(*)(*)いぼ, たこ. (2) 《ラプ》(指の)ささくれ.

*****mez·qui·ta** [meθ.kí.ta / mes.-] 女 メスキータ, モスク, イスラム教寺院. *M*~ de Córdoba コルドバのメスキータ (◆786年ごろモスクとして建設, 16世紀に一部を改造してキリスト教の教会となった).

mez·qui·te [meθ.kí.te / mes.-] 男 《ラ米》《ラプ》《ラプ》《植》(マメ科インガ属の)メスキート: メキシコ原産.

mez·za·ni·ne [me.θa.ní.ne / -.sa.-] 男 → mezanín.

mez·zo [mé.θo / -.so ‖ -.tso] / **mez·zo·so·pra·no** [me.θo.so.prá.no / -.so.- ‖ -.tso.-] 女 《音楽》メゾソプラノ.

mg 《略》*m*iligramo ミリグラム.

Mg 《化》magnesio マグネシウム.

*****mi**¹ [mi] 形 《所有》《前置形. 複数形は mis》《+名詞》私の. *mi* madre 私の母. *mis* padres 私の両親. *en mi* opinión 私の意見では. ▶常に名詞の前に置いて用いられ, 冠詞などと一緒に用いることはない. 名詞の後ろに置く場合, ser の補語として用いる場合, 定冠詞に付けて代名詞として用いる場合には mío, mía, míos, mías となる. →mío.

[← 〔古 スペイン〕(男性形) *mío*, *mió*（←〔ラ〕*meus*）;（女性形）*míe, mía, mié, mi*（←〔ラ〕*mea*）; 関連 〔英〕*my*]

mi² [mi] 男 《複 ~s, ~》《音楽》ミ, ホ音, E音.

*****mí** [mí] 代名 《人称》[1人称単数]《前置詞+》私. Hoy ha sido un día importante *para mí*. 今日は私にとって重要な日だった. Todos se rieron *de mí*. みんなが私のことを笑った. ▶前置詞 con と用いる場合には conmigo となる.

¡a mí! 助けて!

para mí (*que* +直説法) 私の考えでは, 私には(…のようだ). Para mí que lo ha dicho por envidia. 私には彼[彼女]はうらやましくてそう言ったと思える.

por mí 《話》《承認・無関心を表す文の前で》私としては(構わない). *Por mí*, no hay inconveniente. 私は構わないよ. *Por mí* vete donde quieras. 私は君がどこへ行ったって構わないよ.

¿(Y) a mí qué? / *¿(Y) a mí qué más me da* [*qué me inporta*]. 《話》それがどうしたというのだい (私には関係ない).

[← 〔俗〕*mī*←〔ラ〕*mihi* 「私に」 (*ego*「私は」の与格), 〔英〕*moi* 「私」 (強勢形)]

mi·a¹ [mí.a] 女 《史》(モロッコの旧スペイン保護領の)現地人正規軍.

mi·a² [mí.a] 形 → mío.

mia·ja [mjá.xa] 女 **1** 《話》パンくず, パンのかけら. **2** 《俗》わずか, 少量. Ha heredado una ~ *de* dinero. わずかな金を遺産として受け取った. Espérate una ~. ちょっと持っててくれ.

mial·gia [mjál.xja] 女 《医》筋痛症, 筋肉痛.

mial·mas [mjál.mas] 女 《複数形》 *como unas mialmas* 《話》大喜びの[で].

mia·men·se [mja.mén.se] 形 (米国の)マイアミ Miami の. ── マイアミの住民[出身者].

miar [mjár] 81 自 〈猫が〉ニャーオと鳴く.

mias·ma [mjás.ma] 男 (または女) 《主に複数で》(腐敗物・淀(*)みから発する) 有毒ガス, 毒気, 瘴気(*).

mias·má·ti·co, ca [mjas.má.ti.ko, -.ka] 形 毒気を出す, 瘴気(*)を放つ; 瘴気による.

mias·te·nia [mjas.té.nja] 女 《医》筋無力症. ~ *grave* 重症筋無力症.

miau [mjáu] 擬 (**1**) (猫の鳴き声) ニャーオ, ニャー.
♦他言語の形：〔仏〕*miaou*. 〔伊〕*miao*. 〔英〕 *miaow, mew*. 〔独〕*miau*. **2** 《感嘆・不信》あらまあ, うわー; そんなばかな.

mibor / Mibor [mi.bór] 男 《略》*M*adrid *I*n*t*erbank *O*ffered *R*ate 《経》マドリード銀行間取引金利: スペイン金融取引きの基準.

mi·ca [mí.ka] 女 **1** 《鉱》雲母(*). **2** 《ラ米》 (1) 《ラプ》《話》こびを売る女性. (2) 《ラプ》浸瓶(*). (3) 《*》《ラプ》《話》酪酊(*).

mi·cá·ce·o, a [mi.ká.θe.o, -.a / -.se.-] 形 《鉱》雲母(*)の, 雲母質の. esquisto ~ 雲母片岩.

mi·ca·ci·ta [mi.ka.θí.ta / -.sí.-] 女 《鉱》雲母(*)片岩.

mi·ca·da [mi.ká.ða] 女 《ラ米》《*》《ラプ》《話》気取り.

mi·ca·do [mi.ká.ðo] 〔日〕 男 帝(*), 天皇.

mic·ción [mikθjón / -.sjón] 女 《格式》排尿, 放尿.

mi·ce·lio [mi.θé.ljo / -.sé.-] 男 《菌》菌糸体.

Mi·ce·nas [mi.θé.nas / -.sé.-] 固名 ミケーネ, ミュケナイ: ギリシア南東部の古代都市.

mi·cé·ni·co, ca [mi.θé.ni.ko, -.ka / -.sé.-] 形 ミケーネの, ミュケナイの. civilización *micénica* ミケーネ文明. ── 男 女 ミケーネ人.

mi·cer [mi.θér / -.sér] 男 **1** アラゴン王国で使われていた敬称. **2** スペイン Baleares 諸島で弁護士に使われていた敬称.

mi·ce·tis·mo [mi.θe.tís.mo / -.se.-] 男 《医》キ

microficha

コ中毒.
mi·ce·to·lo·gí·a [mi.θe.to.lo.xí.a / -.se.-] 囡 → micología.
mi·chas [mí.tʃas] 囡《複数形》《ラ米》(ｴｸｱ)《俗》半分. ir a ～ もうけを均等に分ける, 山分けする.
mi·che [mí.tʃe] 男《ラ米》(1)(ﾎﾟﾘﾋﾞｱ)(ﾊﾟﾗｸﾞｱｲ)(先住民の)小屋. (2)(ﾒﾋｼｺ)《話》けんか, 騒ぎ. (3) (ｸﾞｱﾃ)《話》ネコ. (4)《遊》ビー玉(遊び). (5)(ｺﾛﾝﾋﾞｱ)サトウキビ焼酎(ﾁｬﾝﾊﾟｼﾞｬ).
mi·che·lín [mi.tʃe.lín] 男《スペイン》《話》腰周りの脂肪；三段腹. ♦Michelín 社のキャラクター, ビバンダムの体型から.
Mi·che·lín [mi.tʃe.lín] 〔仏〕固名 男 ミシュラン(フランスの世界的タイヤメーカー. トラベルガイドによるホテル・レストランの格付けでも有名)；同社のマスコットキャラクター(正式名はビバンダム).
mi·chi·no, na [mi.tʃí.no, -.na] 囡《話》ネコ.
Mi·cho·a·cán [mi.tʃo.a.kán] 固名 男 ミチョアカン：メキシコ南西部の州. 州都 Morelia. ♦スペイン統治以前には azteca とは独立した tarasco 人の王国があった. 湖が多く地名は「漁師の場所」を意味する.
mi·ci·fuz [mi.θi.fuθ / -.si.fús] 男《複 micifuces》《話》ネコ, にゃんこ, 小猫ちゃん.
mi·co, ca [mí.ko, -.ka] 男 1《動》(特にオナガザル科の)サル. 2《話》子供, ちび. 3《話》醜い人. 4《話》うぬぼれ屋, 気取り屋. 5《話》助平. —形《ラ米》(ﾒﾋｼｺ)《話》気取った, 上品ぶった.
—男《ラ米》(ﾍﾟﾙｰ)ジャッキ.

dar el mico《話》期待を裏切る, がっかりさせる.
dar [*hacer*] (*un*) *mico a*＋人《話》〈人〉との約束をすっかり忘れる.
dejar a＋人 *hecho un mico*《話》〈人〉に恥ずかしい思いをさせる, 恥をかかせる.
estar con el mico al hombro《ラ米》(ｴｸｱ)《話》不機嫌である.
quedarse hecho un mico《話》恥をかく.
ser el último mico《話》取るに足りない人である.
volverse mico てんてこまいする.

mi·co·bac·te·ria [mi.ko.bak.té.rja] 囡《生物》ミコバクテリウム.
mi·co·lo·gí·a [mi.ko.lo.xí.a] 囡 菌学.
mi·co·ló·gi·co, ca [mi.ko.ló.xi.ko, -.ka] 形 菌学の；菌類の.
mi·có·lo·go, ga [mi.kó.lo.go, -.ga] 男 囡 菌学者.
mi·co·plas·ma [mi.ko.plás.ma] 男《生物》マイコプラズマ菌.
mi·co·rri·za [mi.ko.ří.θa / -.sa] 囡《菌》菌根による共生；菌根.
mi·co·sis [mi.kó.sis] 囡《単複同形》《医》(タムシなどの)真菌症, 糸状菌症. ～ fungoide 菌状息肉腫.
mi·có·ti·co, ca [mi.kó.ti.ko, -.ka] 形《医》菌類感染による, 真菌症の.
mi·cra [mí.kra] 囡 ミクロン：100万分の1メートル《略 μ》(= micrón).
mi·cro [mí.kro] 男 1《話》マイクロフォン, マイク(= micrófono). 2《ラ米》(1)(ｱﾙｾﾞﾝ)(ﾁｼﾞ)(ｺﾛﾝ)(ﾊﾟﾗｸﾞｱｲ) (2)(ﾃﾞﾙｰ)(ﾁｼﾞ)(ｺﾛﾝ)(ﾊﾟﾗｸﾞｱｲ)マイクロバス(= microbús).
micro- 「微小の, 顕微鏡的, 拡大する, 100万分の1」の意を表す造語要素. → *micro*bio, *micró*fono, *micro*segundo.
[← 〔ギ〕*mikrós*「小さい」；関連 micra, micrón, microscopio, miga. 〔英〕*micro*-]
mi·cro·am·pe·rio [mi.kro.am.pé.rjo] 男《電》マイクロアンペア：100万分の1アンペア《略 μA》.

mi·cro·bia·no, na [mi.kro.bjá.no, -.na] 形 微生物の, 細菌による. cultivo ～ 微生物培養.
mi·cro·bi·ci·da [mi.kro.bi.θí.ða / -.sí.-] 男 殺菌剤.
mi·cro·bio [mi.kró.bjo] 男 1 微生物, 細菌, 病原菌. 2《話》小さなもの, つまらないもの[人].
mi·cro·bio·lo·gí·a [mi.kro.bjo.lo.xí.a] 囡 微生物学, 細菌学.
mi·cro·bio·ló·gi·co, ca [mi.kro.bjo.ló.xi.ko, -.ka] 形 微生物学の, 細菌学の.
mi·cro·bió·lo·go, ga [mi.kro.bjó.lo.go, -.ga] 男 囡 細菌学者, 微生物学者.
mi·cro·bús [mi.kro.bús] 男 小型バス, マイクロバス.
mi·cro·ce·fa·lia [mi.kro.θe.fá.lja / -.se.-] 囡《医》小頭症.
mi·cro·cé·fa·lo, la [mi.kro.θé.fa.lo, -.la / -.sé.-] 形 頭の小さな, 小頭の.
—男 囡《医》小頭症の人.
mi·cro·cen·tro [mi.kro.θén.tro / -.sén.-] 男《ラ米》ショッピングセンター.
mi·cro·chip [mi.kro.tʃíp] 〔英〕男 [複 ～s]《IT》マイクロチップ.
mi·cro·cir·cui·to [mi.kro.θir.kwí.to / -.sir.-] 男《IT》集積回路.
mi·cro·ci·ru·gí·a [mi.kro.θi.ru.xí.a / -.si.-] 囡《医》マイクロサージャリー, 顕微(鏡)外科.
mi·cro·ci·ru·ja·no, na [mi.kro.θi.ru.xá.no, -.na / -.si.-] 男 囡《医》マイクロサージャリー専門医, 顕微(鏡)外科医.
mi·cro·cli·ma [mi.kro.klí.ma] 男《気象》微気候：狭い地域内の気候.
mi·cro·co·che [mi.kro.kó.tʃe] 男 超小型車, 軽自動車.
mi·cro·co·co [mi.kro.kó.ko] 男《生物》単球菌.
mi·cro·co·pia [mi.kro.kó.pja] 囡 マイクロコピー, 縮小複写.
mi·cro·cós·mi·co, ca [mi.kro.kós.mi.ko, -.ka] 形 小宇宙の, 小宇宙的；ミクロの世界の.
mi·cro·cos·mo [mi.kro.kós.mo] 男 → microcosmos.
mi·cro·cos·mos [mi.kro.kós.mos] 男 小宇宙, ミクロコスモス, 2《哲》(宇宙の縮図としての)人間. → macrocosmo.
mi·cro·e·co·no·mí·a [mi.kro.e.ko.no.mí.a] 囡 ミクロ経済(学).
mi·cro·e·co·nó·mi·co, ca [mi.kro.e.ko.nó.mi.ko, -.ka] 形 ミクロ経済(学)の.
mi·cro·e·lec·tró·ni·ca [mi.kro.e.lek.tró.ni.ka] 囡 マイクロエレクトロニクス, 超小型電子技術.
mi·cro·en·cap·su·la·ción [mi.kro.eŋ.kap.su.la.θjón / -.sjón] 囡 (超)微細カプセル化, マイクロカプセル化.
mi·cro·en·cap·su·la·do, da [mi.kro.eŋ.kap.su.lá.ðo, -.ða] 形 (超)微細カプセル化された, マイクロカプセルに入れられた.
—男 (超)微細カプセル化, マイクロカプセル化.
mi·cro·es·truc·tu·ra [mi.kro.es.truk.tú.ra] 囡 ミクロ構造.
mi·cro·fa·ra·dio [mi.kro.fa.rá.ðjo] 男《電》マイクロファラッド：100万分の1ファラッド《略 μF》.
mi·cro·fi·bra [mi.kro.fí.bra] 囡 マイクロファイバー布, 超極細繊維生地.
mi·cro·fi·cha [mi.kro.fí.tʃa] 囡 マイクロフィッシュ：シート状のフィルムに画像を碁盤目状に配置したも

mi·cro·film [mi.kro.fílm] 男 → microfilme.
mi·cro·fil·ma·do·ra [mi.kro.fil.ma.ðó.ra] 女 マイクロフィルムカメラ.
mi·cro·fil·mar [mi.kro.fil.már] 他 マイクロフィルムに撮る.
mi·cro·fil·me [mi.kro.fíl.me] 男 マイクロフィルム.
mi·cro·fí·si·ca [mi.kro.fí.si.ka] 女 (分子・原子・原子核などの) 微小体物理学.
mi·cro·fi·to [mi.kro.fí.to] / **mi·cro·fi·to** [mi.kro.fí.to] 男 微小植物; バクテリア.
***mi·cró·fo·no** [mi.kró.fo.no] 男 マイクロフォン, マイク. ~ de pie [suelo] スタンドマイク. ~ de condensador コンデンサーマイク. ~ de mano ハンドマイク. hablar por el ~ マイクを通して話す.
mi·cro·fo·to·gra·fí·a [mi.kro.fo.to.gra.fí.a] 女 マイクロ写真 (術); 顕微鏡写真. ~ electrónica 電子顕微鏡写真.
mi·cro·fút·bol [mi.kro.fút.βol] 男 《ラ米》《サッ》《スポ》インドアサッカー.
mi·cro·ga·me·to [mi.kro.ga.mé.to] 男 《生物》精子.
mi·cro·gra·fí·a [mi.kro.gra.fí.a] 女 顕微鏡観察物の図解; 顕微鏡検査; 顕微鏡写真.
mi·crohm [mi.króm] / **mi·croh·mio** [mi.kró.mjo] 男 《電》マイクロオーム: 100万分の1オーム《略 μΩ》.
mi·cro·in·yec·ción [mi.kroin.jek.θjón / -.sjón] 女 顕微注射, マイクロ注射.
mi·cro·in·yec·tar [mi.kroin.jek.tár] 他 顕微注射する, マイクロ注射する.
mi·cro·in·yec·tor [mi.kroin.jek.tór] 男 マイクロ[顕微]注射器.
mi·cro·len·ti·lla [mi.kro.len.tí.ja ‖ -.ʎa] 女 コンタクトレンズ.
mi·cro·mé·tri·co, ca [mi.kro.mé.tri.ko, -.ka] 形 マイクロメーターの.
mi·cró·me·tro [mi.kró.me.tro] 男 1 マイクロメーター. 2 マイクロメートル: 100万分の1メートル《略 μm》. 旧称はミクロン.
mi·crón [mi.krón] 男 → micra.
Mi·cro·ne·sia [mi.kro.né.sja] 固名 1 ミクロネシア: 赤道北方の西太平洋上にある小島群. 2 Estados Federados de ~ ミクロネシア連邦: 首都 Palikir.
[← 《仏》*Micronésie* (《ギ》*mīkrós* 「小さい」より造語; 「小島群の地域」が原義)]
mi·cro·ne·sio, sia [mi.kro.né.sjo, -.sja] 形 ミクロネシアの. ― 男女 ミクロネシア人.
mi·cro·ni·za·do, da [mi.kro.ni.θá.ðo, -.ða / -.sá.-] 形 微細な, (超) 微粒子化された.
mi·cro·ni·za·dor [mi.kro.ni.θa.ðór / -.sa.-] 男 (超) 微粒子製造装置.
mi·cro·ni·zar [mi.kro.ni.θár / -.sár] 97 他 非常に細かく[(超)小さく]する, (超) 微粒子化する.
mi·cro·on·da [mi.kro.ón.da] 女 マイクロ波, 極超短波. horno (de) ~s 電子レンジ.
mi·cro·on·das [mi.kro.ón.das] 男《単複同形》電子レンジ.
mi·cro·or·de·na·dor [mi.kro(.o)r.ðe.na.ðór] 男 マイクロコンピュータ, パーソナルコンピュータ.
mi·cro·or·ga·nis·mo [mi.kro(.o)r.ɣa.nís.mo] 男 微生物 (= microbio).
mi·cró·pi·lo [mi.kró.pi.lo] 男 1《生物》卵門, 受精孔. 2《植》(胚珠の) 珠孔.
mi·cro·pro·ce·sa·dor [mi.kro.pro.θe.sa.ðór / -.se.-] 男《IT》マイクロプロセッサ.
mi·cros·co·pia [mi.kros.kó.pja] / **mi·cros·co·pí·a** [mi.kros.ko.pí.a] 女 顕微鏡検査法, 鏡検法.
mi·cros·có·pi·co, ca [mi.kros.kó.pi.ko, -.ka] 形 1 顕微鏡による. examen ~ 顕微鏡検査. 2 顕微鏡の; 微小な. animalillo ~ 微生物. 3《話》とても小さい.
***mi·cros·co·pio** [mi.kros.kó.pjo] 男 1 顕微鏡. ~ electrónico 電子顕微鏡. ~ de comparación 比較顕微鏡. ~ estereoscópico 立体顕微鏡. 2《星座》[M-] けんびきょう座.
mi·cro·se·gun·do [mi.kro.se.ɣún.do] 男 マイクロ秒: 100万分の1秒《略 μs》.
mi·cro·so·mí·a [mi.kro.so.mí.a] 女《医》小人症.
mi·cro·sur·co [mi.kro.súr.ko] 形〈レコードが〉微細溝の. ― 男 1 (LP用の) 微細溝. 2 LPレコード.
mi·cro·to·mo [mi.kro.tó.mo] / **mi·cró·to·mo** [mi.kró.to.mo] 男 ミクロトーム: 顕微鏡観察用の薄片を切り取る器械.
mi·cu·ré [mi.ku.ré] 男《ラ米》《動》ヨツメオポッサム.
mid- 活 → medir.
Mi·das [mí.ðas] 固名《ギ神》ミダス: 小アジアのフリギア王. ◆手に触れるものすべてを黄金に変える力を与えられたが, 食べ物まで黄金になって困り果てた.
mi·dria·sis [mi.ðrjá.sis] 女《単複同形》《医》瞳孔(どうこう)散大.
¡mié·chi·ca! [mjé.tʃi.ka] 間投《ラ米》(きざ)《話》《婉曲》くそっ, 何てことだ.
mie·di·ca [mje.ðí.ka] 名《スペイン》《話》怖がりの, 臆病(おくびょう)の. ― 名《スペイン》《話》怖がり, 臆病者.
mie·di·tis [mje.ðí.tis] 女《単複同形》《話》恐れ, 恐怖. pasar ~ 怖がる, 恐怖心を抱く.
*****mie·do** [mjé.ðo] 男 恐れ, おびえ, 恐怖; 不安, 心配, 危惧(きぐ). Me da ~ su voz. 彼[彼女]の声が怖い. tener ~ a [de, por]... ...が怖い. coger ~ a... ...(へ)の恐怖に襲われる. por ~ a [de] que+接続法 ...するのではと恐れて. película de ~ 恐怖映画. sentir ~ おびえる. temblar de ~ 恐怖に震える. Tengo ~ de no aprobar en el examen. 僕は試験に受からないかも. Teníamos ~ de que nuestro hijo se hubiera perdido en el camino. 息子が道に迷ったのではないかと心配していた.
[類語] *miedo* 不安な感情としての「怯え」, *susto* 突然の「びっくり」, *temor* 近づきがたいものへの「恐怖感」, *terror* 災いをもたらす「恐ろしいもの」, *horror* 感情的嫌悪感を催させる「ぞっとすること」.
cagarse de miedo《俗》びびる, ぎょっとする.
de miedo《スペイン》《話》すばらしい, すごい.
meter miedo a...《俗》...をおどす, びびらせる.
tener un miedo cerval《話》とてつもなくおびえる, 仰天する.
[← 《ラ》*metum* (*metus* の対格); 関連 medroso, meticuloso.《英》*meticulous*「細心の」]
mie·do·so, sa [mje.ðó.so, -.sa] 形 怖がりの, 臆病(おくびょう)な, 小心な; 怖がっている, 恐れている. → tímido [類語].
***miel** [mjél] 女 1 蜂蜜(はちみつ), 蜜. panal de ~ ミツバチの巣板. ser dulce como la ~ 蜜のように甘い. ~ de caña 糖蜜. サトウキビのシロップ. ~ virgen

精製していない生の蜂蜜. **2**《主に複数で》(+de... …のもたらす) 甘い幸福感, 達成感. disfrutar de las ~*es del* éxito 成功の余韻に浸る. **3** (感情的な) 甘さ, やさしさ. palabras de ~ 甘い言葉. サトウキビの糖蜜(ミミ)〔シロップ〕.
dejar a+人 *con la miel en los labios* 〈人〉をぬか喜びさせる.
..., miel sobre hojuelas《話》…とは, ますますけっこうなことだ.
[← [ラ] *mel*; 関連 melero, meloso, melcocha, mermelada]

miel- 「髄, 骨髄」の意を表す造語要素. → *mieli*na, *miel*itis. [← [ギ]]

miel·ga¹ [mjél.ga] 女 《植》ウマゴヤシ.

miel·ga² [mjél.ga] 女 **1**《魚》ツノザメ. **2**《農》股鍬(禁), フォーク.

miel·ga³ [mjél.ga] 女 (畑の) 畝.

miel·go, ga [mjél.go, -.ga] 男 双子の, 双生児の.

mie·li·na [mje.lí.na] 女 《解剖》ミエリン: 神経線維の軸索を包む物質.

mie·li·tis [mje.lí.tis] 女 《単複同形》《医》脊髄(災)炎; 骨髄炎.

mie·lo·fi·bro·sis [mje.lo.fi.βró.sis] 女 《医》骨髄線維症.

mie·lo·gra·fí·a [mje.lo.gra.fí.a] 女 ミエログラフィ, 脊髄(災)(腔) 造影(検査).

mie·lo·ma [mje.ló.ma] 男 骨髄腫(災).

mie·lo·pa·tí·a [mje.lo.pa.tí.a] 女 脊髄(災)損傷, 脊髄疾患.

※miem·bro [mjém.bro] 男 **1** (*de...* …の) 一員, 構成員, メンバー. ~ *de* la sociedad 社会の一員, 社会人. ~ *del* club de fútbol サッカー部員. ~ *de* honor 名誉会員. ~ vitalicio 終身会員. país ~ *de...* …の参加国[加盟]国. **2** 肢, 手足. ~*s* superiores e inferiores 上肢と下肢. **3** 《婉曲》陰茎, ペニス (= ~ viril). **4** (組織·機械·建造物の) 各構成要素, 一部; 部位, パーツ, 部材. **5**《数》(等式の) 辺.
[← [ラ] *membrum*; 関連 desmembrar. [英] *member*]

mient- 活 → mentir.

mien·te [mjén.te] 女 《古語》《主に複数で》頭, 心, 脳裏; 考え. ► 現在は次のような成句の中で用いられることが多い. caer en (las) ~*s* 気がつく. ¡Ni por ~*s*! そんなことは絶対にない. parar [poner] ~*s* en... に留意する. traer a las ~*s* 思い出す. venírsele (a+人) a las ~*s* 〈人〉の頭にふと浮かぶ.

-miento 《接尾》動詞に付いて「動作, 結果, 状態, 場所, 産物」などの意味を表す男性名詞化語尾. → aparca*miento*, movi*miento*, senti*miento*. → -mento.

※mien·tras [mjen.tras] 接続 **1**《同時性》《+直説法 …する》最中ずっと; 《+名詞 …の》間. M~ *comía*, no hablaba nada. 食事中, 彼[彼女]はひと言も口を開かなかった. ¿Puedes esperar aquí ~ *voy* al baño? トイレに行く間, ここで待っていてもらえる? ► 現在や過去の事実, 確実な近い未来の動作に言及する場合は直説法. **2**《同時性》《+接続法 …している》限り; 《非現実的な条件節として》(**no**+接続法 現実に…しない) 限り. No podremos partir ~ no *venga* ella. 彼女が来ないうちは出発できない. ► 不確実な未来の動作に, あるいは非現実の条件節として言及する場合は接続法.

3《対比》《+**que**+直説法 / +直説法》(…する) 一方で, (一方は) (…する) のに; (…する事は) 一方, Anda bebiendo ~ nosotros *trabajamos* tanto. 私たちがこんなに働いているのに彼[彼女]は酒を飲んでばかりだ. Eres muy habladora, ~ *que* tu hermana *es* tímida. お姉さんは内気なのに君はとてもおしゃべりだ.

— 副 その間 (= ~ tanto). Busca la leche, y ~ (tanto), yo voy a preparar café. ミルクを探してきて, 私はコーヒーを作っておくから.

mientras más..., (más...) …すればするほど (よりいっそう…する) (=cuanto más..., (tanto) más...). M~ *más* tiene, *más* desea. 持てば持つほど欲しくなる.

[← [古スペイン] *demientras* ← *domientre* ([ラ] *dum*「…する間に」+ [ラ] *interim*「その間に」)]

Mier [mjér] 固名 ミエル fray Servando Teresa de ~ (1765–1827): メキシコの司祭. メキシコ独立運動の思想的支援者.

mie·ra [mjé.ra] 女 **1** 杜松(禁)油. **2** 松やに.

miérc. 《略》*miércoles* 水曜日.

※miér·co·les [mjér.ko.les] 男 《単複同形》 **1** 水曜日 (略 miérc.). (todos) los ~ 毎週水曜日(に). el ~ pasado 先週の水曜日(に). el ~ que viene / el próximo ~ 来週の水曜日(に). Vendré el ~ por la mañana. 水曜日の朝うかがいます. **2**《話》くそ (► 軽蔑をこめて ... *de* mierda) ということを婉曲に表す ¡Mierda! の婉曲表現として使われる. **3**《ラ米》《間投詞的に》なんてこった, まさか.

miércoles de ceniza [*corvillo*]《カト》灰の水曜日: 四旬節の初日. 信者は額に灰による十字の印を受ける.

miércoles Santo 聖水曜日: 聖週間中の水曜日.

[← [ラ] (*diēs*) *Mercuris* (または *Mercurī*)「神々の使神 *Mercurius* の (日)」; 関連 [仏] mercredi. [英] *mercoled*s]

※mier·da [mjér.ða] 女 **1** 《俗》糞(⟨) (► 間投詞的にも用いられる). **2**《俗》くだらないこと [人], ナンセンス; がらくた. Esa película era una ~. その映画は全くつまらなかった. Es una ~. 箸(⟨)にも棒にもかからない代物[やつ]だ. **3** 《隠》酔い. **4** 《隠》ハシッシュ, マリファナ.

— 男 《俗》くそったれ. Es un Don M~. くそったれ野郎だ.

¡A la mierda!《俗》そんなことあるものか; まさか.
de mierda《俗》《軽蔑》軽蔑すべき.
hecho una mierda《俗》(1) とても疲れている. (2) 打ちのめされた.
irse a la mierda《俗》台無しになる, だめになる.
mandar [enviar]... a la mierda《俗》〈人〉を罵倒(災)する, 〈人〉にくたばれと言う; …を放り出す.
Vete [Váyase, Que se vaya] a la mierda.《俗》とっとと消え失せろ, 出て行け; そんなことあるものか, ばか言うな.
¡(y) una mierda!《俗》《否定·拒否》とんでもない.

mier·do·so, sa [mjer.ðó.so, -.sa] 形 《話》《軽蔑》汚らしい, 気持ち悪い, 軽蔑に値する.

mies [mjés] 女 **1** (実った) 穀物, 穀類; 小麦. segar la ~ 穀物を刈り取る. **2** 収穫期, 刈り入れ期. **3**《複数で》穀物畑.

※mi·ga [mí.ga] 女 **1** パンの柔らかい中身. **2** 《主に複数で》パンくず (= migaja); かけら, 切れ端. **3**《話》中身, 内容; 要点; 実質. discurso de ~ 中身の濃い講演. tener mucha ~ 含蓄に富んで

migaja

いる. **4**《比喩的》裏；思わぬ障害, 伏兵. La cosa tiene 〜. 物事には裏がある. **5**《複数で》《料》ミーガス：パン切れを炒(いた)めたもの. 〜s ilustradas ベーコンなどの具入りミーガス. **6**《古語》パン粥(がゆ).
hacer buenas [*malas*] *migas con*+人《話》〈人〉と折り合いがいい〔悪い〕.
hacer migas...《話》…を粉々[めちゃくちゃ]にする；〈人〉をこてんぱんにやっつける；くたくたにさせる；うんざりさせる.
[←〔ラ〕*mīcam* (*mīca*の対格)(→*mica*¹)〔関連〕**migaja**.〔スペイン〕〔英〕*micro*-.〔英〕*mica*「雲母(うんも)」]

mi·ga·ja [mi.ɡá.xa]女 **1**《主に複数で》パンくず(=〜*de pan*). **2** かけら, 小片, わずかなもの；片鱗(へんりん), 一端. *no tener ni una* 〜 *de conciencia* 良心のかけらもない. **3**《複数で》残り物, 余り物.

mi·ga·jón [mi.ɡa.xón]男 **1**《大きめの》パンくず. **2** 中身, 内容；要点, 実質. [migaja+増大辞]

mi·ga·la [mi.ɡá.la]女《動》トリクイグモ：南米に生息. 鳥を食べると言われたが, その事実はない.

mi·gar [mi.ɡár]他《図》**1**《パンなどを》小さくちぎる. **2**《浮きとして》…にパンの小片を入れる.

mi·gra·ción [mi.ɡra.θjón / -.sjón]女 **1** 移住, 移民, 人口移動. **2**《鳥・魚などの》季節移動, 回遊.

mi·gran·te [mi.ɡrán.te]形《ラ米》移住(者)の, 移民の；季節移動する. ──男《ラ米》移住者, 移民.

mi·gra·ña [mi.ɡrá.ɲa]女 偏頭痛(=*jaqueca*).

mi·grar [mi.ɡrár]自 **1** 移住する, 移民する；移動する. **2**〈動物が〉季節移動する.

mi·gra·to·rio, ria [mi.ɡra.tó.rjo, -.rja]形 **1**〈鳥・魚などが〉季節移動する, 回遊性の. *aves migratorias* 渡り鳥. **2** 移住する, 移動する；流浪する. *movimiento* 〜 人口移動. *cultivo* 〜 移動農耕.

Mi·guel [mi.ɡél]固名 **1** San 〜 Arcángel 大天使〔天使長〕聖ミカエル：天使軍の最高指揮官. かつての日本の守護聖人（◆フランシスコ・ザビエルが薩摩藩主から布教の許可を得たけが9月29日聖ミカエルの日だったため）. **2** ミゲル：男子の洗礼名.
[←〔古スペイン〕*Migael*←〔後ラ〕*Michael*←〔ギ〕*Mikhaél*←〔ヘブライ〕*Mīkaēl*（「誰が神に似ているか」が原義）〔関連〕〔ポルトガル〕*Miguel*.〔仏〕*Michel*.〔伊〕*Michele*.〔英〕〔独〕*Michael*]

Mi·guel Án·gel [mi.ɡél.áŋ.xel]固名 **1** ミケランジェロ 〜 Buonarroti (1475-1564)：イタリアの画家・彫刻家・建築家. **2** ミゲル・アンヘル：男子名.

mi·gue·le·ar [mi.ɡe.le.ár]他《ラ米》《(*)》口説く.

mi·gue·le·ro [mi.ɡe.lé.ro]男《ラ米》《(*)》《話》プレイボーイ, 女たらし.

mi·gue·le·te [mi.ɡe.lé.te]男《史》《スペイン Cataluña地方の》山岳兵；《Guipúzcoa地方の》民兵.

mi·gue·li·to [mi.ɡe.lí.to]男《(*)》《(*)》自動車などをパンクさせるためにまく釘, 撒(ま)き菱(びし).

mih·rab [mi.ráb]男《複〜s, 〜》ミフラーブ, ミフラブ：イスラム教寺院でメッカへの遥拝(ようはい)方向を示す壁面のくぼみ.

mi·jo [mí.xo]男《植》(1) キビ；その種子. (2) トウモロコシ.

mi·jo, ja [mí.xo, -.xa]男 女《ラ米》《呼びかけ》おい, ねえ.

mi·ka·do [mi.ká.ðo]〔日〕男 → *micado*.

mil [míl]形《数詞》**1** 1000の；1000番目の. *mil años* 1000年. *mil hombres* 1000人. *mil millones de euros* 10億ユーロ. *en el año mil*（西暦）1000年；1000年目. *el año mil novecientos noventa y dos*（西暦）1992年. *Las Mil y Una Noches*『千夜一夜物語』.
2 多数の, 無数の. *mil veces* 何度も何度も.
──男 **1** 1000（ローマ数字M）. **2**《複数で》数千；多数, 無数. (*varios*) *miles de ciudadanos* 数千の市民. *miles de veces* 何度も何度も. *miles y miles de personas* 何千何万という人々.
a las mil y quinientas [*monas*]《話》ひどく遅れて, とんでもない時刻に.
a miles 多数の.
por mil 千分の, 1000のうちの.
tanto por mil 千分のいくらか.
[←〔ラ〕*mīlle*.〔関連〕*milla, millón, milenario, milésimo, mili*-.〔英〕*mil*(*le*), *millenary*]

mi·la·gre·ar [mi.la.ɡre.ár]自《話》《時に軽蔑》奇跡を起こす〔もたらす〕.

mi·la·gre·rí·a [mi.la.ɡre.rí.a]女 **1**《軽蔑》奇跡の話, 摩訶(まか)不思議な話. **2** 迷信深さ；なんでもないことを奇跡だと信じること.

mi·la·gre·ro, ra [mi.la.ɡré.ro, -.ra]形 **1** 奇跡と信じ込む, 迷信家の. **2** 奇跡をもたらす, ありがたい.

＊＊mi·la·gro [mi.lá.ɡro]男 **1** 奇跡, 神の真理の証；奇跡的な出来事. *los* 〜*s que realizó Jesús* イエス・キリストの行った奇跡. *Es un* 〜 *que*+接続法 …するなんて奇跡的である.¡M〜!, *te vas a casar con María*. 奇跡だね, 君がマリアと結婚するとは. **2**《自然などの》驚異(=*maravilla*). **3**《カト》奉納物.
contar la vida y milagros de... …のすばらしい生涯について語る.
de milagro 奇跡的に, かろうじて. *salvarse de* 〜 *en el accidente* 事故で奇跡的に助かる.
hacer milagros 奇跡を行う, 信じがたい結果を収める, 大成功する.
¡Qué milagro!《ラ米》《(*)》《(*)》《話》《間投詞的に》これはこれは, 久しぶりですね.
[←〔古スペイン〕*miraglo*←〔ラ〕*mīrāculum*；*mirārī*「驚嘆する」(→*mirar*)より派生.〔関連〕〔英〕*miracle*]

mi·la·gro·sa·men·te [mi.la.ɡró.sa.mén.te]副 奇跡的に, 不思議なことに；偶然に.

mi·la·gro·so, sa [mi.la.ɡró.so, -.sa]形 **1** 奇跡的な, 超自然的な, 不思議な. **2** 驚くべき, 驚嘆する. **3** 奇跡を行う.

mi·la·mo·res [mi.la.mó.res]男《単複同形》《植》ベニカノコソウ.

Mi·lán [mi.lán]固名 ミラノ：イタリア北部の都市.
──男[m-] ミラニーズ織.
[←〔ラ〕*Milano*←〔ラ〕*Mediōlānum*←〔ゴール〕*Mediōlānum*（「平原の中央に」が原義か？）]

milamores
（ベニカノコソウ）

mi·la·nés, ne·sa [mi.la.nés, -.né.sa]形 ミラノの.

mi·la·no [mi.lá.no]男 **1**《鳥》(1) トビ. (2) オオタカ. **2**《魚》セミホウボウ. **3**《植》冠毛, 綿毛.

mil·bi·llo·né·si·mo, ma [mil.bi.ʎo.né.si.mo, -.ma ‖ -.ʎó.-]形 **1** 1000兆番目の. **2** 1000兆分の1の. ──男 1000兆分の1.

mil·ca·o [mil.ká.o]男《ラ米》ミルカオ：すりおろしたジャガイモをこねて作る生地で, チリの Chiloé 島の伝統的な食物.

mil·deu [míl.deu] / **mil·déu** [mil.déu]

/ mil·diu [míl.dju] **/ mil·dí·u** [mil.dí.u]
/ mil·diú [mil.djú] 男《植》うどんこ病、べと病.

mil·do, da [míl.do, -.da] 形《ラ米》(㊧)《話》気の弱い、内気な；無気力な.

mi·le·na·rio, ria [mi.le.ná.rjo, -.rja] 形 **1** 1000の；1000年の、1000年ごとの. **2** 千年至福説を信じる；千年終末説を信じる. **3** 大きな.
—男 1000年間、1000年祭. (1) 1000年至福説信奉者. (2) 千年終末説信奉者.

mi·le·na·ris·mo [mi.le.na.rís.mo] 男《宗》(1) 千年至福説：最後の審判に先立つ1000年間、キリストが再来して現世を治めるという信仰. (2) 千年終末説.

mi·le·na·ris·ta [mi.le.na.rís.ta] 形 **1** 千年至福説；終末説を信じる；終末思想を信じる. —男 女 千年至福説を信じる人；終末論者.

*__mi·le·nio__ [mi.lé.njo] 男 1000年間；《史》千年期. en el segundo ～ 第二千年期に.

mi·len·ra·ma [mi.len.řá.ma] 女《植》セイヨウノコギリソウ.

mi·lé·si·mo, ma [mi.lé.si.mo, -.ma] 形 **1** 第1000番目の. **2** 1000分の1の. —男 1000分の1.

mil·ho·jas [mi.ló.xas] 女《単複同形》《植》セイヨウノコギリソウ. —男 ミルフィーユ.

mil·hom·bres [mi.lóm.bres] 男《単複同形》《話》強がり屋、空威張りする男；背伸びしたがる子供.

mi·li [mí.li] 女《話》兵役 (= servicio militar). estar en la ～ 兵役に就いている. hacer la ～ 兵役に服する.

mili- 「1000分の1」の意を表す合成語の造語要素.
⇒ miligramo, mililitro, milímetro.
[←〔ラ〕*mil(l)i-*「1000」；[関連]〔英〕*milli-*]

mi·li·am·pe·rio [mi.ljam.pé.rjo] 男《電》ミリアンペア：1000分の1アンペア《略 mA》.

mi·liar [mi.ljár] 形 **1**《古代ローマの》1マイルの、マイルを表示する. → milla. **2** キビの；キビ状の. **3**《医》粟粒(ぞくりゅう)状の.
—男《医》粟粒熱 (= fiebre ～).

mi·lia·rio, ria [mi.ljá.rjo, -.rja] 形《古代ローマの》1マイル(ごと)の、マイル表示の. → milla.

mi·li·bar [mi.li.bár] / **mi·li·ba·ro** [mi.li.bá.ro] 男《気象》ミリバール：気圧の単位《略 mb》. ▶「等圧線」は isobara.

mi·li·cia [mi.lí.θja / -.sja] 女 **1** 軍務. **2** 軍家；民兵軍組織. **3** 兵役、軍事訓練. —～s universitarias 学生の兵役課程. **4** 戦術. **5**《少年少女の》聖歌隊.
[←〔ラ〕*mīlitiam* (*militia*の対格；*mīles*「兵士」より派生)；[関連] militar. 〔英〕*militia*]

mi·li·cia·no, na [mi.li.θjá.no, -.na / -.sjá.-] 形民兵の、軍(隊)の. —男 女 民兵、(スペイン内戦時の共和国政府側の)市民兵.

mi·li·co [mi.lí.ko] 男《ラ米》(㊧)《話》《軽蔑》(1)兵士、軍人. (2) 警官.

mi·li·gra·mo [mi.li.grá.mo] 男 ミリグラム：1000分の1グラム《略 mg》.

mi·li·li·tro [mi.li.lí.tro] 男 ミリリットル：1000分の1リットル《略 ml》.

mi·li·me·tra·do, da [mi.li.me.trá.ðo, -.ða] 形《用紙などが》ミリ単位の(目盛りのついた). hoja de papel *milimetrada* 方眼用紙.

mi·li·mé·tri·co, ca [mi.li.mé.tri.ko, -.ka] 形 ミリメートルの.

*__mi·lí·me·tro__ [mi.lí.me.tro] 男 ミリメートル：1000分の1メートル《略 mm》.

mi·li·rem [mi.li.řém] 男《物理》ミリレム：放射線の単位. 1000分の1レム.

mi·li·se·gun·do [mi.li.se.gún.do] 男 1000分の1秒.

mi·li·tan·cia [mi.li.tán.θja / -.sja] 女 **1** 政党[政治活動]への参加、党員[活動家]であること. **2**《集合的》(政党の)党員、(団体の)メンバー.

*__mi·li·tan·te__ [mi.li.tán.te] 形 闘う、闘争的な；政治団体に所属している. iglesia ～ (地上のカトリック信者全体を指して) 戦闘の教会. —男 女 闘争的な人；(特に政治活動の)闘士、活動家.

*__mi·li·tar__ [mi.li.tár] 形《名詞＋》《ser＞》軍の、軍隊の、軍事上の、軍人の；軍事用の. el servicio ～ y la prestación social 兵役と社会奉仕活動. un golpe de estado ～ 軍事クーデター. academia ～ 士官学校. arte ～ 戦術. base ～ 軍事基地. gobierno ～ 軍事政権. tribunal ～ 軍事法廷.
—男 女 (職業)軍人、兵士. los ～*es* y los civiles 軍人と民間人. ～ de infantería 歩兵.
—自 **1** 軍隊に入る、入隊する、兵役に就く；戦う、戦闘に参加する. *Milita* en artillería. 彼[彼女]は砲兵隊に入営する[従軍する].
2(団体・運動などに)積極的に参加する、熱心に活動する；闘争する. ～ a favor de... / ～ en defensa de... ...の(擁護の)ために闘う. *Milita* en el partido comunista. 彼[彼女]は共産党の活動家である. Esta temporada *milita* en un equipo italiano. 彼[彼女]は今季イタリアのチームで戦っている.
3(有利に・不利に)働く、作用する. Existen otras razones que *militan* en contra de nosotros. 我々に不利な理由が他にもある.
[←〔ラ〕*mīlitārem* (*militāris*の対格；*mīles*「兵士」より派生)；[関連] militarismo. 〔英〕*military*]

mi·li·ta·ra·da [mi.li.ta.řá.ða] 女《話》《軽蔑》(軍人による)国家転覆、軍事クーデター.

mi·li·ta·ris·mo [mi.li.ta.rís.mo] 男 軍国主義、軍事中心主義；軍人支配；軍人精神.

mi·li·ta·ris·ta [mi.li.ta.rís.ta] 形 軍国主義(者)の、軍国主義的な. —男 女 軍国主義者.

mi·li·ta·ri·za·ción [mi.li.ta.ri.θa.θjón / -.sa.sjón] 女 軍国化；軍隊[軍人]化；軍事化、武装化.

mi·li·ta·ri·zar [mi.li.ta.ri.θár / -.sár] 他 軍人精神[軍国主義思想]を吹き込む；軍隊[軍事]化する、軍備を施す. ～ un país 国を軍国化する.

mi·li·ta·ro·te [mi.li.ta.ró.te] 男《ラ米》《話》威張りくさった兵隊. [militar＋増大辞]

mi·li·tron·che [mi.li.trón.tʃe] / **mi·li·tron·cho** [mi.li.trón.tʃo] 男 (まれに女)《話》(ユーモラスに)軍人.

*__mi·lla__ [mí.ja || -.ʎa] 女 **1** マイル：陸上での距離の単位. 1609.3メートル. ～ atlética 中距離走の距離. **2** 海里 (= ～ marina, ～ náutica)：海上での距離の単位. 1852メートル. **3** ローマ・マイル：古代ローマの距離の単位. 1 legua の約4分の1、約1480メートル. [←〔ラ〕*mīlia* (*mille*「1000の複数形」；*mīlia passuum*「数千歩」の省略形より)；[関連]〔英〕*mile*]

Mi·llán [mi.ján || -.ʎán] 男 **1** San ～ 聖ミリャン：西ゴート時代の修道士. **2** San ～ de la Cogolla サン・ミリャン・デ・コゴーリャ：スペイン北東部 La Rioja 県にある町. 10世紀に建てられた Suso 修道院と Yuso 修道院は1997年に世界遺産に登録. 特に Yuso 修道院はカスティーリャ語で書かれた最古の文書 (ラテン語に付された注記)が発見されたことで有名.

*__mi·llar__ [mi.jár || -.ʎár] 男 **1** 1000；1000のまとまり. un ～ de hombres 1000名の人.

millarada 1314

2《複数で》数千；無数. ~es de soldados 数千の兵士. a ~es 無数に.

mi·lla·ra·da [mi.ja.ra.ða ‖ -.ʝa-] 囡 約1,000, 1000ばかり；大金, 多量. Gastó una ~ de pesos. 彼[彼女]は1000ペソほど費やした. a ~s 無数に.

mi·llar·do [mi.jár.ðo ‖ -.ʝár-] 男《数詞》10億, 10億の単位. un ~ de personas 10億人.

mi·llo [mí.jo ‖ -.ʝo] 男《植》キビ；《ラ米》(ﾒｷｼ)(ﾌﾟｴﾙﾄ)[アワ, モロコシ]の類；《スペイン》トウモロコシ.

mi·llón [mi.jón ‖ -.ʝón] 男 **1**《数詞》100万. un ~ de euros 100万ユーロ. millones de años 数百万年. diez millones 1000万. cien millones 1億. mil millones 10億.

2《de...》たくさん《の…》, 無数《の…》. Un ~ de gracias. 《手紙》本当にありがとう. a millones 数限りなく. Un ~ de besos.《手紙》親愛の情を込めて. Te lo he dicho millones de veces, ¿cierto? 何度も何度も言ってないでしょうないの.

3《複数で》大金. Cuesta millones. とてつもなく高い.

[←《伊》miglione（《ラ》mille「1000」より派生）； 関連 millonario, millonésimo.［英］million]

mi·llo·na·da [mi.jo.ná.ða ‖ -.ʝo-] 囡《話》100万もの数；大金, 大枚, 相当な金額；多量. Su guitarra de música costó una ~. 彼［彼女］のギターは目の玉が飛び出るほど高かった.

mi·llo·na·rio, ria [mi.jo.ná.rjo, -.rja ‖ -.ʝo-] 形 **大富豪の**, 大金持ちの；何百万もの. — 男囡 百万長者, 大富豪, 大金持ち.

mi·llo·né·si·mo, ma [mi.jo.né.si.mo, -.ma ‖ -.ʝo-] 形《数詞》**1** 第100万番目の. **2** 100万分の1の. ~ 100万分の1.

mi·llo·ne·tis [mi.jo.né.tis ‖ -.ʝo-] 男《単複同形》大金持ち, 大富豪.

mil·mi·llo·né·si·mo, ma [mil.mi.jo.né.si.mo, -.ma ‖ -.ʝo-] 形《数詞》**1** 第10億番目の. **2** 10億分の1の. ~ 10億分の1.

mi·lo·ca [mi.ló.ka] 囡《鳥》キンメフクロウ.

mi·lon·ga [mi.lóŋ.ga] 囡 **1**《音楽》ミロンガ. ラプラタで誕生したタンゴ以前の2拍子の音楽と踊り. **2**《俗》《話》ごまかし, うそ. **3**《ラ米》(ﾒｷｼ)(ﾌﾟｴﾙﾄ)(ﾌﾞｴﾉ)キャバレー；パーティー.（2）《ラ米》(ﾌﾞｴﾉ)うわさ話, ゴシップ.（3）《ラ米》踊り.（4）《ラ米》《話》しつこい不平.（5）《話》面倒, 混乱.

mi·lon·gue·ar [mi.loŋ.ɡe.ár] 自《ラ米》(ﾌﾞｴﾉ)ミロンガを踊る[歌う].

mi·lon·gue·ro, ra [mi.loŋ.ɡé.ro, -.ra] 男囡 **1** ミロンガ milonga の歌手[踊り手]. **2**《ラ米》(ﾌﾞｴﾉ)踊りの好きな人.

mi·lord [mi.lórð] 男《複 milores》**1**《スペイン》閣下, ご主人様：英国の貴族に対する敬称. **2**《幌(ﾎﾛ)》付きの軽4輪馬車. [←《仏》milord←《英》my lord]

mil·pa [míl.pa] 囡《ラ米》(ﾒｷｼ)(ﾁｭｳ米)トウモロコシ畑. [←《ナワトル》milpa（milli「種まきの済んだ耕地」+ pa「(その地)に」）]

mil·pe·ar [mil.pe.ár] 他《ラ米》(ﾒｷｼ)(ﾁｭｳ米)〈トウモロコシ畑に〉作付けする；〈トウモロコシ畑を〉開墾する, 耕す. — 自《ラ米》(ﾁｭｳ米)〈トウモロコシの種子が〉芽を吹く.

mil·pe·ro, ra [mil.pé.ro, -.ra] 男囡《ラ米》(ﾒｷｼ)(ﾁｭｳ米)トウモロコシの栽培者.

mil·piés [mil.pjés] 男《単複同形》《動》(1) ワラジムシ. (2) ヤスデ.

mil·ra·yas [mil.řá.jas] 男《単複同形》細かい縞柄(ｶﾗ)の布地.

mil·to·ma·te [mil.to.má.te] 男《ラ米》(ﾒｷｼ)(ﾁｭｳ米)《植》オオブドウホオズキ（の実）：トマトによく似た緑色の実をソースなどに用いる.

mi·ma·do, da [mi.má.ðo, -.ða] 形 甘えた, 甘やかされた. niño mimado 甘えん坊.

***mi·mar** [mi.már] 他 **1** 甘やかす, 溺愛(ﾃﾞｷｱｲ)する. ~ a SU hijo 息子を溺愛する. **2** かわいがる, 目をかける. **3** 身ぶり手ぶりで表現する, パントマイムで演じる；…に振りをつける. **4** 大事に[丁寧に]扱う. Cuando estaba enfermo lo mimaba mucho toda la familia. 彼が病気のとき家族の者がみなであれこれ面倒みていた.

mim·bar [mim.bár] 男 →almimbar.

mim·bral [mim.brál] 男 →mimbreral.

mim·bre [mím.bre] 男 柳の小枝.

mim·bre·ar(·se) [mim.bre.ár(.se)] 自 再《柳の小枝のように》ゆらゆら揺れる；しなう.

mim·bre·ra [mim.bré.ra] 囡《植》ヤナギ類；柳の林.

mim·bre·ral [mim.bre.rál] 男 柳の林.

mim·bre·rí·a [mim.bre.rí.a] 囡《ラ米》(ﾒｷｼ)かご製品；かご製作, かご細工職, かご販売店.

mim·bro·so, sa [mim.bró.so, -.sa] 形 **1** 柳の. **2** 柳製[柳細工]の. **3** 柳の茂る.

mi·me·o·gra·fí·a [mi.me.o.gra.fí.a] 囡《主にラ米》謄写版, ガリ版；謄写印刷.

mi·me·o·gra·fiar [mi.me.o.gra.fjár] 81 他《主にラ米》謄写[ガリ]版で刷る.

mi·me·ó·gra·fo [mi.me.ó.gra.fo] 男《主にラ米》謄写[ガリ]版印刷機.

mi·me·sis [mi.mé.sis] / **mí·me·sis** [mí.me.sis] 囡《単複同形》**1**《詩》《美》模倣, ミメシス, 模擬. **2**《からかいが目的の》人まね, 口まね；模倣, 模写.

mi·mé·ti·co, ca [mi.mé.ti.ko, -.ka] 形 **1** 模倣の；模倣する, まね好きの. **2**《生物》擬態の.

mi·me·tis·mo [mi.me.tís.mo] 男 **1**《生物》擬態. **2** 人まね, 口まね；模倣, 模写. **3** 迎合, 転身.

mi·me·ti·zar(·se) [mi.me.ti.θár(.se) / -.sár(.-)] 97 自 再《動物が》擬態する, カムフラージュする.

mí·mi·co, ca [mí.mi.ko, -.ka] 形 身ぶり手ぶりによる, 動作による, パントマイムの. lenguaje ~ まねぶり[身ぶり]言語. — 囡 身ぶり手ぶり, ジェスチャー, （パント）マイム. → gesto 類語.

mi·mo [mí.mo] 男 ミモス. ► 古代ギリシア・ローマで身振りと表情だけで演じられた風刺的軽喜劇（の役者）. — 男囡 **1** パントマイム役者. **2** パントマイム, 黙劇. **3** かわいがること；溺愛(ﾃﾞｷｱｲ). dar ~s a+人〈人〉を甘やかす, ちやほやする. **4** 細心の注意.

mi·mó·gra·fo [mi.mó.gra.fo] 男 マイム劇[パントマイム]の作者.

mi·mo·sa [mi.mó.sa] 囡《植》ミモザ. ~ púdica [vergonzosa] オジギソウ, ネムリソウ.

mi·mo·sá·ce·a [mi.mo.sá.θe.a / -.se.-] 囡《植》ミモザ科の植物；《複数で》ミモザ科.

mi·mo·so, sa [mi.mó.so, -.sa] 形 甘ったれの, 甘えた；甘やかす, 甘い.

min.（略）mínimo 最小の.

***mi·na** [mí.na] 囡 **1** 鉱山；鉱脈, 鉱床；採鉱. cerrar la ~ 鉱山を閉鎖する. ~ de carbón [hierro] 炭[鉄]鉱. ~ de plata 銀鉱脈. la ~ de Potosí（ボリビアの）Potosí 鉱[銀]山. real de ~s《ラ米》(ﾒｷｼ)《古語》(植民地時代の)銀山町.

2《軍》地雷；機雷. aplastar la ~ 地雷を踏む. sembrar [desmantelar] las ~s 地雷を敷設[撤

去]する. fondear las ~s 機雷を設置[投下]する. campo de ~s 地雷原. ~ anticarro 対戦車地雷. ~ antipersonal 対人地雷. ~ de acción retardada 時間装置つき地雷. ~ de contacto 触発地雷. ~ flotante 浮遊地雷. ~ submarina 水中敷設型機雷.

3 (鉛筆・シャープペンシルの) **芯**(k). **4** 地下坑道, 地下トンネル. **5** 《**de...** …の》宝庫. Los ancianos son las ~s del conocimiento humano. 老人は人間の知恵の宝庫だ. **6** 《ラ米》《俗》(1) 《ﾂﾞｼﾞ》《若い》女性. (2) 売春婦; 愛人.
ser una mina (de oro) 〈もの・仕事などが〉利益をもたらす, うちでの小槌となる.

mi·na·do [mi.ná.ðo] 男 採掘, 採鉱; 地雷[機雷]敷設.

mi·na·dor, do·ra [mi.na.ðór, -.ðó.ɾa] 形 **1** 地雷[機雷]を敷設する. **2** 〈動物が〉地下道を掘る.
— 男 **1** 地雷工兵; 爆破要員. **2** 鉱山技師; 地下トンネル技師. — 男 《海》 機雷敷設艦.

mi·nar [mi.nár] 82 他 **1** 採掘する, 採鉱する; 坑道[地下道, トンネル, 発破坑]を掘る. ~ una montaña 山を掘る. **2** 《軍》 …に地雷[機雷, 水雷]を敷設する. ~ un puerto 港に機雷を敷く. **3** 浸食する; むしばむ, 害する. Las drogas lo han minado. 麻薬が彼の健康をむしばんでいった.

mi·na·re·te [mi.na.ɾé.te] 男 ミナレット: イスラム教寺院の高塔. → alminar. [←《仏》*minaret*]

Mi·nas [mí.nas] 固名 **1** ミナス: ウルグアイの観光・商業都市. **2** Sierra de las ~ (グアテマラの) ミナス山脈.

min·dun·di [min.dún.di] 男 《話》《スペイン》《軽蔑》 素朴な人; くだらない[取るに足りない]人物.

*__mi·ne·ral__ [mi.ne.rál] 形 鉱物の, 鉱物性の; 鉱物を含んだ. el reino ~ 鉱物界. agua ~ ミネラル・ウォーター. carbón ~ 石炭 (= carbón de piedra).
— 男 **1** 鉱物 (= sustancia ~), 鉱石, 原鉱. ~ de hierro 鉄鉱. **2** 源泉, 源, (知識などの) 宝庫.
[←〔中ラ〕*minerāle*「鉱石」(*minerālis* 形「鉱物の」の中性形); 〔ラ〕*minera*「鉱石; 鉱山」より派生; 関連 mina, minar, minería. 《英》 *mineral*, *mine*「鉱山」]

mi·ne·ra·li·za·ción [mi.ne.ra.li.θa.θjón / -.sa.sjón] 女 鉱(石)化 (水に対するミネラル添加).

mi·ne·ra·li·zar [mi.ne.ra.li.θár / -.sár] 97 他 鉱化させる; 鉱物質[無機質]を含ませる.
— **~·se** 再 鉱化する; 〈水が〉ミネラルを得る.

mi·ne·ra·lo·gí·a [mi.ne.ra.lo.xí.a] 女 鉱物学.

mi·ne·ra·ló·gi·co, ca [mi.ne.ra.ló.xi.ko, -.ka] 形 鉱物学(上)の.

mi·ne·ra·lo·gis·ta [mi.ne.ra.lo.xís.ta] 男 女 鉱物学者.

mi·ne·ra·lur·gia [mi.ne.ra.lúr.xja] 女 (有用な物質を取り出すための) 鉱物加工(法).

*__mi·ne·rí·a__ [mi.ne.rí.a] 女 **1** 鉱業, 鉱山業.
2 採掘, 採鉱. **3** 《集合的》 鉱山労働者.

*__mi·ne·ro, ra__ [mi.né.ɾo, -.ɾa] 形 鉱山の, 鉱業の; 鉱物に富んだ. cuenca *minera* 鉱脈. riqueza *minera* 鉱物資源の豊富さ. industria *minera* 鉱業. — 男 女 **1** 鉱山労働者. **2** 鉱山主. — 男《ラ米》《ﾂﾞｼﾞ》《動》 ネズミ.

mi·ne·ro·me·di·ci·nal [mi.ne.ro.me.ði.θi.nál / -.si.-] 形 〈水が〉 ミネラルを含んだ.

Mi·ner·va [mi.nér.βa] 固名 《ロ神》 ミネルバ: 知恵の女神. ギリシア神話の Atenea に当たる.
— 女 [m-] **1** 知恵, 頭脳. de propia *m*~ 自分の頭で考えた. **2** ミネルバ印刷機: 小型平圧印刷機.

mi·nes·tro·ne [mi.nes.tɾó.ne]《伊》 女 《料》 ミネストローネ: 野菜・肉片・パスタなどの入ったスープ.

min·ga¹ [míŋ.ga] 女 《卑》 陰茎.

min·ga² [míŋ.ga] 女 《ラ米》(1)《ﾁﾘ》 手伝い仕事, 共同作業;《集合的》(共同) 作業員. (2)《ｱﾙｾﾞﾝ》《話》 強い否定の言葉.

min·ga·co [miŋ.gá.ko]《ラ米》《ﾁﾘ》 共同作業.

min·gar [miŋ.gár] 103 他 《ラ米》(1)《ｱﾙｾﾞﾝ》《ｳﾙｸﾞｱｲ》 共同で行う[作業する]; (作業のために) 〈人を〉集める.

min·gi·to·rio, ria [miŋ.xi.tó.rjo, -.rja] 形 排尿の. — 男 便所.

min·go [míŋ.go] 男 《遊》 (ビリヤード) 的玉.
poner el mingo 《話》 際立つ; 注目を浴びる.

mi·ni¹ [mí.ni] 男 (ビールなどの) 1 リットルぐらいのジョッキ.

mi·ni² [mí.ni] 女 《話》 ミニスカート.

mi·niar [mi.njár] 82 他 **1** 細密画を描く. **2** 鉛丹をかぶせる, ほどこす.

mi·nia·tu·ra [mi.nja.tú.ra] 女 **1** 細密画; (手写本などの) 装飾挿し絵, ミニアチュール.
2 小型[縮小] 模型; 小さなもの. coche ~ ミニチュアカー. en ~ 小型版の, ミニチュアサイズの.

mi·nia·tu·ris·ta [mi.nja.tu.rís.ta] 形 細密画(法)の. — 男 女 細密画家.

mi·nia·tu·ri·za·ción [mi.nja.tu.ri.θa.θjón / -.sa.sjón] 女 小型化.

mi·nia·tu·ri·zar [mi.nja.tu.ri.θár / -.sár] 97 他 小型化する.

mi·ni·bar [mi.ni.βár] 男 (ホテルなどの) ミニバー.

mi·ni·bas·ket [mi.ni.bas.két] / **mi·ni·básket** [mi.ni.bás.ket] 《英》《スポ》 ミニバスケットボール.

mi·ni·bús [mi.ni.βús] 男 マイクロバス.

mi·ni·ca·de·na [mi.ni.ka.ðé.na] 女 高性能ミニコンポ.

mi·ni·ci·ne [mi.ni.θí.ne / -.sí.-] 男 《映》 ミニシアター.

mi·ni·disc [mi.ni.dísk]《英》 男 [複 ~, ~s]《音楽》《商標》 ミニディスク.

mi·ni·dis·co [mi.ni.dís.ko] 男 → minidisc.

mi·ni·fal·da [mi.ni.fál.da] 女 ミニスカート.

mi·ni·fal·de·ro, ra [mi.ni.fal.dé.ro, -.ra] 形 ミニスカートをはいた, ミニスカートの.

mi·ni·fun·dio [mi.ni.fún.djo] 男 (細分化された) 小規模農(所有) (↔ latifundio).

mi·ni·fun·dis·mo [mi.ni.fun.dís.mo] 男 小農地制度, 小規模農業体制.

mi·ni·fun·dis·ta [mi.ni.fun.dís.ta] 形 小農地制度の, 小規模農業の.
— 男 女 小農, 小規模農業(経営)者.

mi·ni·golf [mi.ni.gólf]《英》 男 《スポ》 ミニゴルフ, パターゴルフ.

mí·ni·ma [mí.ni.ma] 女 **1** 極小, 最小. **2** 最低気温. **3**《音楽》 二分音符. — 形 女 → mínimo.

mi·ni·ma·lis·mo [mi.ni.ma.lís.mo] 男 《美》 ミニマリズム, ミニマルアート: 1960年代にアメリカ合衆国で始まった芸術運動.

mi·ni·ma·lis·ta [mi.ni.ma.lís.ta] 形 ミニマリズムの, ミニマルアート様式の. — 男 女 ミニマリズムの芸術家, ミニマルアート愛好家.

mí·ni·ma·men·te [mí.ni.ma.mén.te] 副 **1** ごくわずかに, 最低限に. El pueblo está ~ afectado por el huracán. その村はごくわずかだがハリケーンの

被害を受けている. **2** 最低[最小]でも, 少しでも; 少なくとも. Necesita usted ~ una semana de descanso para curarse. 回復するためには少なくとも1週間の休養が必要です.

mi·ni·mi·za·ción [mi.ni.mi.θa.θjón / -.sa.sjón] 囡 過小評価; 減少, 縮小.

mi·ni·mi·zar [mi.ni.mi.θár / -.sár] 97 他 **1** 過小評価する; 最小にする, 減らす. **2**〖IT〗〈ウィンドウを〉最小化する.

mí·ni·mo, ma [mí.ni.mo, -.ma] 形 **1**〈多くは名詞+〉〈ser+〉最小の, 最低の, 最少の(↔máximo). la temperatura *mínima* 最低気温. el salario ~ 最低賃金. con el ~ esfuerzo 最小限の努力で. el ~ común múltiplo〖数〗最小公倍数. (2)〈+名詞〉〈否定で〉全く…ない. sin hacer el más ~ esfuerzo なんの努力もしないで. no tener la más *mínima* duda de... …を全く疑っていない.

2〈多くは+名詞〉ごく小さな. una *mínima* cantidad de aceite de oliva 微量のオリーブ油. estar cuidado hasta el más ~ detalle 隅々まで行き届いている. **3** ミニモ会修道士[女]の.
── 男 囡〖カト〗ミニモ会[パウラの聖フランチェスコの隠修ędzy道士会]修道士[女].
── 男 最小, 最少, 最低; 最小[最少]限度. un ~ de respeto a los padres 両親への最低限の敬意. al ~ / a lo más ~ 最小限に. reducir al ~ la posibilidad de contagio 感染の可能性を最小にする.
── 囡 最低気温.

a lo mínimo《ラ米》→ como *mínimo*.
bajo mínimos 最低以下に. La economía está *bajo* ~*s*. 経済はどん底だ.
como mínimo〘話〙少なくとも, せいぜい; せめて. ejercicio *como* ~ de una hora y media 最低1時間半の実習.
(en) lo más mínimo〘話〙〈否定で〉少しも[全然] …でない[しない]. No me importa *lo más* ~. (それは)全然構いません. No comprende *lo más* ~ de lo que tiene que hacer. 彼[彼女]は自分がやらなくてはいけないことを全くわかっていない.

[← 〚ラ〛 *minimum* (*minimus* の対格; *parvus*「小さい, 少ない」の最上級); 関連 menor, menos. 〚英〛 *minimum, minimus*]

mí·ni·mum [mí.ni.mum] 男 最小, 最少; 極小.
mí·ni·no, na [mí.ní.no, -.na] 男囡〘話〙猫.
mi·nio [mí.njo] 男 鉛丹, 赤色酸化鉛.
mi·ni·pi·mer [mi.ni.pi.mér] 囡 ハンドミキサー.
mi·nis·te·rial [mi.nis.te.rjál] 形 **1** 大臣の; 内閣の, 行政の. **2** 政府側の, 与党側の.
mi·nis·te·ria·lis·mo [mi.nis.te.rja.lís.mo] 男 政府[与党]支持, 閣僚びいき.

mi·nis·te·rio [mi.nis.té.rjo] 男 **1** 省庁; 中央官庁. zona de ~*s* 官庁街. *M*~ de... …省, 庁(▶省庁の名称は各語頭を大文字で記す). *M*~ de Asuntos Exteriores 外務省. *M*~ del Interior 内務省. Mandamos una nota de protesta al M~ de Justicia. 我々は法務省へ抗議文を送った. → 右段に図.

2〘公的管理業務〙任期. encargar a +人 el ~〈人〉を大臣職に任命する. durante su ~ 在任期間中に. el ~ sacerdotal 聖職者の職務[任期].

3〘集合的〙閣僚. Dimitió el ~ en pleno. 内閣が総辞職した.

ministerio fiscal [público] (1)検察, 検察の職務. (2)検察庁.

por ministerio de la Ley 法の命ずるところにより.

MINISTERIO DE EDUCACIÓN Y CIENCIA
DIRECCIÓN GENERAL DE UNIVERSIDADES

Ministerio de Educación y Ciencia
(文部科学省)

mi·nis·tra [mi.nís.tra] 囡 → ministro.
mi·nis·tra·ble [mi.nis.trá.ble] 形〘話〙大臣候補の.
mi·nis·trar [mi.nis.trár] 他 **1**〈職務などを〉遂行する, 執り行う. **2** 供給する, 調達する.
── 自 勤める, 奉職する.
mi·nis·tril [mi.nis.tríl] 男〖史〗教会行事のときに演奏していた管楽器[弦楽器]演奏家.

mi·nis·tro, tra [mi.nís.tro, -.tra] 男囡 **1** 大臣, 閣僚. ~ de Hacienda 大蔵大臣. primer ~ / primera *ministra* 総理大臣, 首相. consejo de ~*s* 内閣. ~ sin cartera (管轄省庁をもたない)特任大臣.
2 (外交上の)公使. ~ plenipotenciario 全権公使. **3**〖カト〗修道院長; (イエズス会の)教会の財政係. ── 囡 大臣夫人.
ministro de Dios [del Señor]〖カト〗神のしもべ; 聖職者, 司祭.

[← 〚ラ〛 *ministrum* (*minister* の対格)「しもべ」(*minor*「より小さい」より派生); *maestro* を参照; 関連 ministerio, menester, administrar. 〚英〛 *minister*]

min·ne·sin·ger [min.ne.síŋ.ger // mín.-.siŋ.-] 〚独〛男〘複 ~, ~s〙(中世ドイツで恋愛詩・叙情詩を歌って遍歴した)吟遊詩人.
mi·no [mí.no] 男〘ラ米〙〘幼〙魅力的な若者.
mi·noi·co, ca [mi.nói.ko, -.ka] 形 ミノス[古代クレタ島]文明の. ── 男囡 ミノス人. ── 男 古代クレタ島の文字[言語].
mi·no·ra·ción [mi.no.ra.θjón / -.sjón] 囡 軽減; 緩和.
mi·no·rar [mi.no.rár] 他 減らす, 軽減する; 緩和する, 弱める.

mi·no·ri·a [mi.no.rí.a] 囡 **1** 少数派, 少数勢力. formar una ~ 少数派を形成する. ~ parlamentaria 議会の少数派(↔mayoría). **2** マイノリティー, (民族・言語・宗教などでの)少数集団. ~*s* marginadas 社会的に虐げられた少数集団. **3** 未成年(期)(= ~ de edad).

mi·no·ri·dad [mi.no.ri.dáđ] 囡 未成年(期).
mi·no·ris·ta [mi.no.rís.ta] 形 小売りの.
── 男囡 **1** 小売り商(人). **2**〖カト〗下級聖職者.
mi·no·ri·ta [mi.no.rí.ta] 男〖カト〗聖フランシスコ会(修道)士.
mi·no·ri·ta·rio, ria [mi.no.ri.tá.rjo, -.rja] 形 少数派の.
Mi·nos [mí.nos] 固名〖ギ神〗ミノス: Zeus と Europa の息子でクレタ島の王. 立法者として有名.
Mi·no·tau·ro [mi.no.táu.ro] 固名〖ギ神〗ミノタウロス:「ミノスの牛」の意. 牛頭人身の怪物.
mint- 語 → mentir.
mi·nu·cia [mi.nú.θja / -.sja] 囡 **1** ささいなこと[もの], 取るに足りないこと[もの]. **2** 細部, 細目, 詳細. **3** 小物; 少量.
mi·nu·cio·si·dad [mi.nu.θjo.si.đáđ / -.sjo.-]

細心；綿密，詳細，緻密(ちっ).

mi·nu·cio·so, sa [mi.nu.θjó.so, -.sa / -.sjó.-] 形 細心の，細部にこだわる，**詳細な**，綿密な，緻密(ちっ)な．

mi·nué [mi.nwé] 男《音楽》メヌエット：17-18世紀に流行した3拍子の舞踏(曲)．

mi·nuen·do [mi.nwén.do] 男《数》被減数.

mi·nue·te [mi.nwé.te] / **mi·nue·to** [mi.nwé.to] 男 → minué．

mi·nús·cu·lo, la [mi.nús.ku.lo, -.la] 形 **1** きわめて小さい［少ない］；取るに足りない．**2** 小文字の．— 女 **小文字**（= letra minúscula）（↔mayúscula）．

mi·nus·va·lí·a [mi.nus.ba.lí.a] 女 **1** 価値の下落，減価．**2** 心身障害．

mi·nus·va·li·dez [mi.nus.ba.li.ðéθ / -.ðés] 女 心身障害．

mi·nus·vá·li·do, da [mi.nus.bá.li.ðo, -.ða] 形 心身に障害のある．— 男 女 心身に障害のある人．

mi·nus·va·lo·rar [mi.nus.ba.lo.rár] 他 過小評価する，見下す．

mi·nu·ta [mi.nú.ta] 女 **1** メニュー．**2** 草稿，下書き，メモ，覚え書き．**3** 名簿；社員［給与］名簿．**4**（弁護士などの）請求書，費用明細書．**5**《ラ米》(1)（ジ゙）(バル bar やレストランで) 注文してすぐできる料理．(2)（ジ゙）《話》がらくた，安物，中古品；中古品［古物］店．
a la minuta《ラ米》(ジ゙)(ジ゙)(粉をまぶして)さっと揚げた．

mi·nu·ta·je [mi.nu.tá.xe] 男（分で表される）継続時間，出演時間．

mi·nu·tar¹ [mi.nu.tár] 他《法律書類などの》草案を作る，起草する．

mi·nu·tar² [mi.nu.tár] 他〈イベントなどを〉定刻に行う，予定に従って進める．

mi·nu·ta·rio [mi.nu.tá.rjo] 男（時計の）長針，分針．► 「短針」は horario，「秒針」は segundero．

mi·nu·ti·sa [mi.nu.tí.sa] 女《植》ビジョナデシコ．

***mi·nu·to** [mi.nú.to] 男 **1**（時間単位の）**分**（略 m.）．*Tardo veinte ~s en llegar a la oficina.* 私は会社まで20分かかる．
2（角度・経緯度単位の）分（► 1度（un grado）の60分の1）．*estar a 54 grados y 20 ~s de latitud norte* 北緯54度20分の地点に位置する．
un minuto《比喩的》少しの時間．*¿Puede esperar un ~?* ほんの少しお待ちいただけますか．*No tardo un ~ en llegar.* 今すぐに着きます．
[←〔中ラ〕*minūtum*←〔後ラ〕「（角度の）分」（〔ラ〕*minūtus* 形「細分された」より派生）；〔関連〕〔英〕*minute*]

mi·ñan·gos [mi.ɲáŋ.gos] 男《複数形》《ラ米》(ジ゙)(ジ゙)《話》かけら，断片．

Mi·ño [mí.ɲo] 固名 *el ~* ミーニョ川：スペイン北西部から大西洋に注ぐ．

mi·ño·co [mi.ɲó.ko] 男《ラ米》(ジ゙)《話》しかめっ面．

mi·ñón, ño·na [mi.ɲón, -.ɲó.na] 形《ラ米》《話》かわいらしい，愛らしい．[←〔仏〕*mignon*]

mi·ño·na [mi.ɲó.na] 女《印》ミニオン（活字）：7ポイント活字．

mi·ño·sa [mi.ɲó.sa] 女《動》ミミズ．

***mí·o, mí·a** [mí.o, mí.a] 形《所有》《後置形．複数形は míos, mías．前置形は mi》私の（► 所有されるもの［人］の性数によって語尾変化する）．
(1)《名詞+》*un compañero mío* 私のひとりの仲間．*esta maleta mía* この私のスーツケース．*¡Dios mío!* (驚き・不快など) ああ，困った，さあ大変，おやまあ．(2)《ser+》*¿De quién son estas gafas? — Son mías.* このめがねは誰のですか．— 私のです．(3)《定冠詞+》《所有代名詞》私のもの．*Tienes ideas más interesantes que las mías.* 君は私よりもおもしろい考えを持っています．*Lo mío es tuyo.* 私のはあなたのだからね（自由にお使いください）．
de mío 私の性分で．
(Ésta) es la mía.《話》さあ（私の）チャンスだ．
lo mío《話》私の本分，得意技．*El fútbol no es lo mío.* サッカーは私は得意ではない．
los míos 私の家族［仲間］．
una de las mías 私らしい（いつもの）ふざけ［いたずら，へま］．
Ya es mío [mía]. やったね．もうこっちのものだ．
[←〔ラ〕*meus, mea, meum*；〔関連〕〔英〕*my*]

mio·cár·di·co, ca [mjo.kár.ði.ko, -.ka] 形《医》心筋の．*daño ~* 心筋損傷．

mio·car·dio [mjo.kár.ðjo] 男《解剖》心筋（層）．*infarto de(l) ~* 心筋梗塞(こうそく)．

mio·car·di·tis [mjo.kar.ðí.tis] 女《単複同形》《医》心筋炎．

mio·ce·no [mjo.θé.no / -.sé.-] 形《地質》中新世の．— 男 中新世：約2400万～500万年前．

mio·clo·ní·a [mjo.klo.ní.a] 女《医》けいれん，ミオクローヌス．

mio·clo·no [mjo.kló.no] 男《医》筋クローヌス．

mio·di·nia [mjo.ðí.nja] 女《医》筋（肉）痛．

mio·dis·tro·fia [mjo.ðis.tró.fja] 女《医》筋ジストロフィー．

mio·e·léc·tri·co, ca [mjo.e.lék.tri.ko, -.ka] 形 人工筋肉の．

mio·glo·bi·nu·ria [mjo.glo.bi.nú.rja] 女《医》ミオグロビン尿症．

mió·gra·fo [mjó.gra.fo] 男《医》筋運動記録器，ミオグラフ．

mio·le·ma [mjo.lé.ma] 男《解剖》筋細胞膜．

mio·lo·gí·a [mjo.lo.xí.a] 女 筋肉学，筋学．

mio·ma [mjó.ma] 男《医》筋腫(しゅ)．

mio·ma·to·sis [mjo.ma.tó.sis] 女《単複同形》腫瘍(しゅよう)ができること，腫瘍形成．

mio·pa·tí·a [mjo.pa.tí.a] 女 筋疾患，筋症，ミオパシー．

mio·pe [mjó.pe] 形 **1** 近視の，近眼の．**2**《話》近視眼的な，先見の明のない．— 男 女 近眼の人．

mio·pí·a [mjo.pí.a] 女 **1**《医》近視，近眼．► 「遠視」は hipermetropía．**2** 先見の明のないこと．

mio·po·ro [mjo.pó.ro] 男《植》ハマジンチョウ科の常緑低木．

mio·sis [mjó.sis] 女《単複同形》《医》瞳孔(どうこう)収縮，縮瞳．

mio·si·tis [mjo.sí.tis] 女《単複同形》《医》縮瞳，瞳孔縮小．

mio·so·ta [mjo.só.ta] 女《植》ワスレナグサ．

mio·so·tis [mjo.só.tis] 男《単複同形》→ miosota．

mio·to·ní·a [mjo.to.ní.a] 女《医》筋緊張症．*~ congénita* 先天性筋緊張症．

mi·ple [mí.ple] 男《ラ米》(ジ゙)両端にバルブのついたチューブ．

mi·que·ar [mi.ke.ár] 自《ラ米》(ジ゙)《話》遊び回る．

mi・que・rí・a [mi.ke.rí.a] 囡《ラ米》《ﾒｷｼｺ》《話》猿のようなしぐさ〖顔つき〗.

mir [mír] 〖ロシア〗男 ミール：革命前のロシアの農村共同体.

MIR / mir [mír] 男 囡《単複同形》《略》*Médico Interno Residente* インターン.
— 男 MIR（インターン）になるための試験.

mi・ra¹ [mí.ra] 囡 **1**（銃器の）照準器；(ピストルの)照門. punto de ～（ピストルの）照星；（自動小銃の）照星カバー. ～ telescópica（ライフル銃の）自動照準器, スコープサイト. **2**《主に複数で》意図，ねらい；目標. poner [tener] las ～s en...…にねらいを定める, 野心を抱く. con ～s poco honradas 邪悪な意図をもって. amplitud [estrechez] de ～s〈人の〉度量が大きい［狭い］こと. Abrimos unas sucursales en España con ～s a ampliar nuestros negocios. 事業拡大をねらってスペインに支店を開いた. **3**（測量用の）水準ポール, 標尺. **4** 船首舷.

mi・ra² [mí.ra] 活 ➡ mirar.

mi・ra・bel [mi.ra.bél] 男【植】(1) ホウキギ. (2) ヒマワリ（= mirasol, girasol）.

mi・ra・bo・bo [mi.ra.bó.bo] 男【植】センダン；ニッケイ.

mi・ra・bo・la・no [mi.ra.bo.lá.no] 男【植】➡ mirobálano.

＊＊mi・ra・da [mi.rá.ða] 囡 **1** 見ること；視線；目つき. levantar la ～ 視線を上げる, 見上げる. bajar la ～ 目を伏せる, 視線を落とす. posar [detener] la ～ en...…に目をやる,…を見る. clavar [fijar] la ～ en... …に注視する, 目を凝らす. dirigir la ～ hacia [a]... …に目をやる. sostener [aguantar, resistir] la ～ 見つめ返す, 視線をそらさない. seguir con la ～ 目で追う. **2** 目つき, まなざし, 目色. una ～ melancólica [severa] もの悲しい［厳しい］目つき. tener la ～ perdida [vaga] うつろな目をしている. leer en la ～ 顔色を見る. La madre contemplaba a su niño con la ～ dulce. 母親は優しいまなざしで子供を見ていた. **3** 一目, 一瞥（いちべつ）, 一見. echar [lanzar] una ～ a... …に目をやる, ちらっと見る.

devorar... con la mirada …を食い入るように見る.

ser el blanco de las miradas 注目の的である.

mi・ra・de・ro [mi.ra.ðé.ro] 男 **1** 注目の的.
2 見晴らし台, 展望台（= mirador）.

mi・ra・do, da [mi.rá.ðo, -.ða] 形 **1** 慎重な, 用心［注意］深い；念入りな. Es muy ～ en lo que dice. 彼は(言葉を選んで)慎重に話す人だ. **2** 大事にする, 思いやりのある, 気遣う. Es muy ～ con sus cosas personales. 自分のことにはひどく気をつかう男だ. **3** (**bien** [**mal**] +) よく［悪く］見られた. *estar bien* [*mal*] ～ よく［悪く］思われている.
bien mirado よく考えれば. *Bien* ～, el asunto no tiene importancia. よく考えてみるとそれは大したことではない.

mi・ra・dor [mi.ra.ðór] 男 **1**（ガラスで覆われた）バルコニー, 出窓. **2** 見晴らし台, 展望台；見晴らしのいい場所. **3** 建物の高い所にある回廊, テラス.

mi・ra・gua・no [mi.ra.gwá.no] 男【植】ヤシ科スリナックス属のヤシ：カリブ海地域原産.

mi・ra・ma・mo・lín [mi.ra.ma.mo.lín] 男（主としてスペインのイスラム王朝）アルモアデ朝 Almohades のカリフの呼称.

mi・ra・me・lin・dos [mi.ra.me.lín.dos] 男《複数形》【植】ホウセンカ類.

mi・ra・mien・to [mi.ra.mjén.to] 男 **1** 配慮, 考慮. **2** 用心, 慎重. **3** 遠慮；敬意. andar con ～s 気兼ねする. tener ～s con las personas de edad 年配の人を敬う.
sin miramientos 遠慮なく；無神経に.

mi・ran・da [mi.rán.da] 囡（見晴らしのよい）丘, 丘陵地.
de miranda《話》見ているだけで何もしない, 傍観.

Mi・ran・da [mi.rán.da] 固名 ミランダ Francisco ～ (1750-1816)：ベネズエラの独立運動の先駆者.

＊＊mi・rar [mi.rár] 他 **1**（注意して）見る,…に目を向ける；検査する. ～ fijamente el aviso 告知をじっと見る. ～ el reloj 時計を見る. ～ por el microscopio 顕微鏡で見る. ～ a+人 con mala cara〈人〉をにらみつける. ～ a+人 de reojo〈人〉をちらっと横目で見る. En la aduana me miraron todas las maletas. 税関でスーツケースを全部調べられた.

> 類語 *ver* が視力によって知覚する意味で用いる「見る」なのに対して, *mirar* は対象に視線を向けて「見る」つまり「注意して見る」の意味である.

2 考える, 考慮する；《*que* + 接続法 …するように》気をつける. ～ un proyecto プロジェクトを検討する. ～ bien la decisión 決めたことをよく考える. sin ～ las consecuencias 結果を考えずに. ¡Mira lo que haces! 自分のしていることをよく考えろ. *Mire usted dónde pone los pies.* 足元にお気をつけてください. *Mira bien que no vayas a tener un accidente.* 事故に遭わないよう注意しなさい.

3《命令形で》《注意を喚起》ねえ, ほら. *Mira, escucha bien lo que te voy a decir.* いいかい, 今から言うことをよく聞いて. ▶ 次に従属節が続くとその内容に対する驚き・奇異・警告などを表す. → ¡Mira qué muñeca tan bonita! まあ, なんてかわいいお人形さんでしょう. *Mira que vuelves a bostezar.* ほら, 君はまたあくびしてる.
— 自 **1** 見る, 眺める. ～ hacia la iglesia 教会の方を見る. ～ por la ventana 窓からのぞく.

2《**a...**》(1)《…を》のぞき込む；確かめる. ～ *a la cara* 顔をのぞき込む. *Mira a que no le falte nada.* 足りないものはないか確かめなさい. (2)《…に》面する. *¿A dónde mira tu casa?* 君の家はどちら向きですか. (3)《…を》考える. Sólo *mira a* su provecho. 彼［彼女］は自分の損得ばかりを考えている.

3《**por...**》(1)《…に》注意する,《…を》考慮する. ～ *por* su salud 自分の健康に留意する. (2)《…の》世話をする. ～ *por* los huérfanos 孤児たちの世話をする.

4《**en...**を》(1) 調べる. *Mira en* el cajón de la mesa 机の引き出しを捜しなさい. (2)《…に》気をつける. sin ～ *en* gastos 費用のことを考えずに.

— **・se 1** 自分の姿を見る. *Mírate al* [*en el*] *espejo.* 鏡で自分の姿を見る. **2**《複数主語で》(顔を) 見合わせる, 見つめ合う. ～*se* uno a otro お互いに顔を見合わせる. *Los dos se miraban a los ojos.* ふたりは見つめ合っていた. **3** 熟考する. *Hay que* ～*se bien antes de hacerlo.* それをする前によく考えなければならない.

4《**en...**を》(1)《…に》なる, 夢中になる. *María se mira en sus hijos.* マリアは息子たちを溺愛（できあい）している. **5**《まれ》行いを慎む.

bien mirado (*todo*) / *mirándolo bien* よく［よくよく］考えてみると. *Mirándolo bien, es imposible llegar allí a tiempo.* よくよく考えてみると, ここに時間どおりに着くのは無理だ.

misántropo

de mírame y no me toques 《話》ひ弱な, もろい; (不機嫌で) 近づきにくい.
en [por] lo que mira a... …に関しては.
¡Mira a quién se lo cuentas [se lo vas a contar]! 言われなくてもわかっているさ, 百も承知さ.
¡Mira no más! 《ラ米》(*[žʃ])《話》《間投詞的に》こいつはたまげた.
mira por donde, ... 意外にも…だ.
Mira que si +直説法・接続法.《期待・恐れ》もしかして…かもしれないぞ. *Mira que si* me *toca* la lotería. もしかしたら僕に宝くじが当たったりして.
¡Mira quien habla! / *¡Mira quién fue a hablar!* 君もそんなことを言う資格はないぞ.
mirar atrás 後ろを振り返る, 回顧する.
mirar bien [mal] a+人 〈人〉をよく思う[嫌う], 〈人〉に好意[反感]を持つ.
mirar de menos a+人 《ラ米》(*[žʃ])〈人〉を見下す.
mirar por encima... …をざっと目を通す. *Miré* el documento *por encima* a la hora de comer. 私は食事の時間にその書類にざっと目を通した.
se mire como [por donde] se mire どう考えてみても.
si se mira bien よく[よくよく]考えてみると.
[←〔ラ〕*mirārī*「驚嘆する」; 関連 mirada, mirador, admirar, milagro, 〔英〕*mirror*「鏡」, *admire*「感嘆する」]

mi·ra·sol [mí.ra.sól] 男《植》ヒマワリ.

mi·rí·a·da [mi.rí.a.ða] 女 無数. 〜s de estrellas 無数の星.

mi·ria·gra·mo [mi.rja.grá.mo] 男 1万グラム, 10キログラム.

mi·ria·li·tro [mi.rja.lí.tro] 男 1万リットル.

mi·riá·me·tro [mi.rjá.me.tro] 男 1万メートル, 10キロメートル.

mi·riá·po·do [mi.rjá.po.ðo] 形《動》多足(類)の. — 男 (ムカデなどの) 多足類の動物; 《複数で》多足類.

mi·rí·fi·co, ca [mi.rí.fi.ko, -.ka] 形《文章語》感嘆すべき, 驚嘆に値する; 絶妙の.

mi·ri·lla [mi.rí.ʝa | -.ʎa] 女 (壁・扉などの) のぞき穴, のぞき窓; (測量器具の) 視準穴, (カメラの) ファインダー. [mira+縮小辞]

mi·ri·ña·que [mi.ri.ɲá.ke] 男 **1**《服飾》クリノリン; 鯨骨などで作られスカートを膨らませるアンダースカート. **2** 安物の装身具. **3**《ラ米》(1)(*[žʃ])《鉄道》(機関車の) 排障器. (2)(*[ɕɕ]) 薄地の綿布.

mi·rió·po·do [mi.rjó.po.ðo] 形 男 ➡ miriápodo.

mi·rís·ti·ca [mi.rís.ti.ka] 女《植》ニクズク, ナツメグ.

mir·la [mír.la] 女 《まれ》《鳥》クロウタドリ.

mir·lar·se [mir.lár.se] 再 偉ぶる, お高くとまる.

mir·lo [mír.lo] 男 **1**《鳥》クロウタドリ. **2**《話》もったいぶった態度[様子], しかつめらしい顔. **3**《俗》舌. achantar el 〜 黙る, 口をつぐむ.
un mirlo blanco 稀有(*[ɕɕ])な人[もの, こと]. Es *un* 〜 *blanco*. あれはめったにない逸材だ.

mi·ro [mí.ro] 動 ➡ mirar.

Mi·ró [mi.ró] 固名 **1** ガブリエル・ミロ Gabriel 〜 (1879–1930): スペインの小説家. 作品 *Figuras de la pasión del Señor*『キリスト受難模様』.
2 ジョアン・ミロ Joan 〜 (1893–1983): スペインの画家・版画家.

mi·ro·bá·la·no [mi.ro.bá.la.no] 男《植》(シクラメン科) ミロバラン (の実).

mi·rón, ro·na [mi.rón, -.ró.na] 形《話》**1** 詮索好きな, 知りたがり屋の. **2** 野次馬の, 冷やかしの. — 男 女 **1** 詮索好きな人. **2** 野次馬; (トランプなどで) 肩越しの観戦者. estar de 〜 何もせずに傍観している. **3**《俗》のぞき趣味の人, 出歯亀(*[ŋŋ]).

mi·rra [mí.ra] 女 **1** 没薬(*[ŋŋ]), ミルラ. ♦アラビア, アフリカ東部産のカンラン科の木から採った樹脂. 香料, 薬剤用. 東方の三博士のひとり Baltasar によって幼子イエスに贈られた. **2**《植》没薬を採る木.

mi·rrin·ga [mi.ríŋ.ga] 女《ラ米》(*[ɕɕ])《話》少量, ひとつまみ.

mi·rrin·go, ga [mi.ríŋ.go, -.ga] 男 女《ラ米》(*[ɕɕ])《話》小さな人.

mi·rru·ña [mi.rú.ɲa] 女《ラ米》《話》つまらないこと, さえないもの.

mir·tá·ce·o, a [mir.tá.θe.o, -.a / -.se.-] 形《植》フトモモ科の. — 男 フトモモ科の植物;《複数で》フトモモ科.

mir·ti·lo [mir.tí.lo] 男《植》コケモモ, ブルーベリー; コケモモの木, ブルーベリーの木.

mir·to [mír.to] 男《植》ギンバイカ: フトモモ科の常緑低木.

mi·ru·je·ar [mi.ru.xe.ár] 他《ラ米》(*[ɕɕ]) 見る, …に目を通す.

MIRV [e.me.i.e.r̃e.ú.βe] 略 *M*ultiple *I*ndependently targetable *R*eentry *V*ehicle 〔英〕複数個別目標誘導弾頭.

mir·za [mír.θa / -.sa] 男 ペルシアの王子・貴族などに対する敬称.

mis [mis] 形 mi の複数形.

mi·sa [mí.sa] 女 **1**《カト》ミサ. celebrar [decir] 〜〈神父が〉ミサを行う. cantar 〜〈新任司祭が〉初ミサを行う. oír 〜〈信者が〉ミサに出席する. tocar a 〜 ミサの合図の鐘を鳴らす. 〜 de difuntos 死者追悼ミサ. 〜 de campaña (教会以外での) 屋外ミサ. 〜 de cuerpo presente 葬儀 (のミサ). 〜 cantada 歌ミサ. 〜 del alba 早朝ミサ. 〜 del gallo クリスマスイブの深夜ミサ. 〜 concelebrada (複数司祭による) 合同ミサ. 〜 mayor [solemne] 荘厳ミサ. 〜 pontifical 教皇ミサ. 〜 rezada 読誦(*[ŋŋ]) ミサ. 〜s gregorianas (死後30回行われる) グレゴリオ・ミサ. 〜 negra 黒ミサ, 悪魔ミサ.
2 ミサ曲. M〜 de Réquiem de Verdi ベルディの死者のためのミサ曲.
estar como en misa 静まりかえっている.
ir a misa (1) ミサに行く. (2)《比喩的》疑いの余地がないことである.
no saber de la misa la media [mitad] 全く知らないでいる.
..., que diga misa《話》《無関心を示して》…はどうでもよいことである.
ser de misa y olla《話》《聖職者が》無知蒙昧(*[ŋŋ]) である.
[←〔後ラ〕*missa*←〔ラ〕「散会」(*mittere*「送る」; 散会する」の完了分詞より派生;ミサの終わりに司祭が述べる言葉「*Ite, missa est.*」「散会です, 行きなさい」が起源であるとされる).〔関連〕〔英〕*Mass*]

mi·sa·can·ta·no [mi.sa.kan.tá.no] 男 初ミサを行う司祭; ミサをあげることができる司祭.

mi·sal [mi.sál] 男《カト》ミサ典書; 祈禱(*[ŋŋ]) 書.

mi·san·tro·pí·a [mi.san.tro.pí.a] 女 人間嫌い, 厭人(*[ŋŋ]) 癖 (↔filantropía).

mi·san·tró·pi·co, ca [mi.san.tró.pi.ko, -.ka] 形 人間嫌いの, 交際嫌いの.

mi·sán·tro·po, pa [mi.sán.tro.po, -.pa] 男 女 人間嫌いの人, 交際嫌いの人.

mi･sar [mi.sár] 自 ミサをあげる; ミサにあずかる.

mi･sa･rio [mi.sá.rjo] 男 【カト】(ミサの) 侍者 (の少年) (= monaguillo).

mis･ce･lá･ne･o, a [mis.θe.lá.ne.o, -.a / -.se.-] 形 種々雑多の, 多方面にわたる.
— 女 **1** ごたまぜ, 寄せ集め. **2** (一巻に集められた) 作品集, 論文集; (新聞の) 雑報, 雑録(欄). **3** 《ラ米》(ちゃ)よろず屋; 金物屋.

mis･ci･ble [mis.θí.ble / -.sí.-] 形 混和できる, 混和性の.

*__mi･se･ra･ble__ [mi.se.rá.ble] 形 **1** 哀れな, 悲惨な, 不運な, 不幸な; 極貧の; 惨めな, みすぼらしい. una habitación ～ とても粗末な部屋. **2** 貧弱な, つまらない, わずかばかりの. un sueldo ～ スズメの涙ほどの給金. **3** 卑劣な, あさましい; 凶悪な, 悪事をはたらく. una conducta ～ あさましい行為. **4** けちな, しみったれの.
— 男 女 **1** 哀れな人, 惨めな人; 貧しい人. **2** 見下げ果てたやつ. **3** けちな人, しみったれ.
¡Miserable de mí! ああ, なんてかわいそうな私!

mi･se･ra･ción [mi.se.ra.θjón / -.sjón] 女 《文章語》慈悲, 哀れみ (= misericordia).

mi･se･ran･do, da [mi.se.rán.do, -.da] 形 哀れむべき, 同情すべき.

mi･se･re･re [mi.se.ré.re] 男 **1** 【カト】ミゼレーレ. ♦ダビデの痛悔詩編 'Apiádate de mí, ¡oh Dios!' 「神よ, われを憐(ぁゎ)れんでください」で始まる詩編第51. ラテン語 '*Miserere* mei Deus' から.
2 ミゼレーレの楽曲.
cólico miserere 【医】腸閉塞(ぇぇ)。

*__mi･se･ria__ [mi.sé.rja] 女 **1** 極貧. vivir en la ～ 貧困生活を送る. caer en la ～ 零落する.
2 《複数で》悲惨, 悲劇. las ～s de la guerra 戦争の惨禍. las ～s de la vida 人生の不遇.
3 《話》《軽蔑》わずかの金; 二束三文の安物. trabajar por unas ～ はした金で働く. comprar unas ～s ひどい安物を買う. **4** 《話》極度の吝嗇(ﾘ ん), (= tacañería). **5** 《話》虱(しらみ) (= piojo).
[←《ラ》 *miseriam* (*miseria* の対格) (*miser* 「不幸な」の派生語); 関連 miserable, misericordia. [英] misery「悲惨」, *miser*].

*__mi･se･ri･cor･dia__ [mi.se.ri.kór.dja] 女 **1** 慈悲, 哀れみ, 情け. pedir ～ 慈悲を請う. **2** (中世の) とどめの短剣. **3** ミゼリコルディア, 慈悲の支え; 起立したとき支えとなる聖歌隊席の裏についた突出部.

mi･se･ri･cor･dio･so, sa [mi.se.ri.kor.djó.so, -.sa] 形 慈悲深い, 哀れみ深い, 情け深い. ～ con los desvalidos 恵まれない人々に情け深い.

mi･se･ro, ra [mi.sé.ro, -.ra] 形 **1** ミサによく出る, ミサ好きの. **2** 〈司祭などが〉ミサによる以外に実入りのない, ミサだけで食べている.

mí･se･ro, ra [mí.se.ro, -.ra] 形 男 女 → miserable.

mi･sé･rri･mo, ma [mi.sé.r̃i.mo, -.ma] 形 [mísero の絶対最上級] 極貧の, 赤貧洗うがごとき; ひどくけちな.

mi･sia [mí.sja] / **mi･siá** [mi.sjá] 女 《ラ米》(ｷﾝ)(ｺﾘ)(ﾊﾟﾗ)(ｳﾙ) 《話》《呼びかけ》奥さま (= mi señora).

*__mi･sil__ [mi.síl] / **mí･sil** [mí.sil] 男 【軍】ミサイル, 誘導弾. base de ～es ミサイル基地. ～ balístico intercontinental 大陸間弾道ミサイル [英 ICBM]. ～ tierra-aire 地対空ミサイル. ～ de crucero 巡航ミサイル. [←[英] *missile*].

***mi･sión** [mi.sjón] 女 **1** 任務, 使命. El gobierno le envió con una ～ importante a Chile. 政府は彼に重要な任務を託しチリへ派遣した.
2 《主に複数で》(国外への) 派遣事業, 調査事業; (キリスト教の) 伝道, 海外布教. participar en las *misiones* de paz 平和(維持)事業に参加する. sacerdote de *misiones*(キリスト教の)伝道師.
3 (国外への) 使節団; 派遣交. ～ diplomática 外交使節団. ～ científica 科学調査隊.
4 (国外の) 派遣先; (キリスト教の) 伝道村. Estuvo dos años en las *misiones* de Paraguay. 彼[彼女]はパラグアイの伝道村に2年間いた.
[←《ラ》 *missiōnem* (*missiō* の対格); *mittere*「送る, 派遣する」(→ meter) の派生語; 関連 misionario, misionero, emisión. [英] *mission*].

mi･sio･nal [mi.sjo.nál] 形 伝道の, 布教の, 伝道に関する. espíritu ～ 伝道精神.

mi･sio･na･rio [mi.sjo.ná.rjo] 男 **1** 宣教師, 伝道師. **2** 使節, 使者, 使い.

*__mi･sio･ne･ro, ra__[1] [mi.sjo.né.ro, -.ra] 形 伝道の, 布教の. — 男 女 宣教師, 伝道師.

mi･sio･ne･ro, ra[2] [mi.sjo.né.ro, -.ra] 形 (アルゼンチン・パラグアイの) ミシオネス Misiones の.
— 男 女 ミシオネスの住民[出身者].

Mi･si･si･pí [mi.si.si.pí] 国名 Mississippi.

mi･si･vo, va [mi.sí.bo, -.ba] 形 送付された, 書状の. — 女 《文章語》手紙, 書状.

mis･ma [mís.ma] 《代名》→ mismo.

mis･ma･men･te [mís.ma.mén.te] 副 まさしく, まさに. ▶ 名詞, 副詞について用いることがある. → Ayer ～, mi hijo contaba algo de eso. まさに昨日だったよ, 息子がそのことを話していたのは.

mis･mi･dad [mis.mi.dáđ] 女 【哲】 **1** アイデンティティ, 自己同一性. **2** 自己同一の条件.

mis･mí･si･mo, ma [mis.mí.si.mo, -.ma] 形 [mismo の絶対最上級] 《話》まさに同じ, 当の本人の, まぎれもない. Vi al ～ presidente. 私は社長本人に会った. en ese ～ momento ちょうどその時.

***mis･mo, ma** [mís.mo, -.ma] 形 **1** (+名詞) (定冠詞+) (*que...* …と) 同じ, 同一の; 同種の, 同様の, 同じような. del ～ color 同色の. en *la misma* época 同時代に. al ～ tiempo (*que...*) (…と) 同時に. cine y escena: las dos caras de *la misma* moneda 映画と舞台: 同じコインの表裏(表裏一体). A ella le gusta *la misma* música *que* a mí. 彼女は僕と同じ音楽が好きだ. Compartimos una *misma* opinión. 我々は(ある)同じ意見[一つだけ意見]を共有している.
2 《+名詞 / 名詞+》《強調》(1) まさに (同じ); 自身. yo ～ 私自身 (女性は yo misma となる). ellos ～s 彼ら自身. en el ～ suelo (敷物なしに) じかに床の上に. Ocurrió en la ciudad *misma* [*la misma* ciudad]. 事件はまさにその町で起こった. Esto ～ decías tú. 君がまさにこう言ったのだ. cinco exámenes en un ～ día たった1日に5つのテスト. en la *misma* España まさにスペインで.
(2) …さえ, …すら, …も. Sus ～s hermanos lo odiaban. 実の兄弟さえ彼を憎んでいた. (3) 《同種のうちひとり・一つを指して》たとえば. Venid uno cualquiera. uno ～. 誰でもいいから来てくれ, 君でもいい.
— 代名 《定冠詞+》《*que...* …と》同一人物, 同じ物, 同じこと; 《前出語を指して》それ, その人. Este chico y el que vi ayer son el ～. この子と昨日私が会った子は同一人だ. El jefe no es *el* ～ conmigo. 主任の僕に対する態度がらりと変わった. Yo no hago *lo* ～ *que* usted. 私はあなたと同じことはしな

misterio

い. acceder al sitio web y utilizar los servicios de*l ～*. ウェブサイトにアクセスしてそのサービスを利用する.

— 副 まさに, ちょうど. aquí ～ まさにここで, ちょうどこの場所に. ahora ～ 今すぐに, たった今. hoy ～ 本日, 今日中に. mañana ～ 明日かならず, 明日にでも. ayer ～ つい昨日.

a sí *mismo* 自分自身を[に], 自らを[に]. Te contradices *a ti* ～. 君の話は矛盾している. ▶再帰的の意味を強調して用いる.

así mismo …もまた（=asimismo）; こういう風に; そのとおり. Tú…, tú… y, *así* ～, tú. 君も, 君も, そして君もまた. Vosotros debéis hacer *así* ～. 君たちはこういう風にするんだよ. Sí, *así* ～. そう, そのとおり.

con las mismas《話》すぐに. Me lo contó y *con las mismas* se fue. 彼[彼女]は私にそう語るとすぐに行ってしまった.

darle lo mismo (*a*+人)(*que*+接続法)《人》にとって)(…は) どちらでもかまわない. *Me da lo* ～ *que hablen* bien o mal de mí. よく言われようと悪く言われようと私には同じだ.

el mismo que viste y calza《話》同一人物, 本人. Soy yo, *la misma que viste y calza*. 私, 本人です.

en sí mismo それ自体.

estar [quedar, hallarse] en las mismas 同じ所にとどまる, 少しも進歩しない.

lo mismo (1) 同じこと[もの]; 同じ. Es *lo* ～. 同じことだ, どちらでもいい. *Lo* — da. / Da *lo* ～. どちらでも構わない, 大したことではない. Pienso precisamente *lo* ～. 全く同感です. Todo sigue *lo* ～ [sigue igual]. 何も変わりありません.（2）《話》多分, おそらく. *Lo* ～ no está en casa. 多分彼[彼女]は家にいない.

lo mismo con… …についても［…の場合も］同様のこと. No ocurre *lo* ～ *con* los dialectos andaluz, bable, etc. 同じことがアンダルシア, バブレといった方言には起こらない.

lo mismo que… …と同じように, …と同じだけ; とりも直さず. Un kilo de azúcar cuesta 200 yenes, *lo* ～ *que* un litro de leche. 1キロの砂糖は1リットルのミルクと同じように200円する. Se viste hoy *lo* ～ *que* entonces. 彼[彼女]は今日, あのときと同じ服を着ている.

lo mismo… que… …も…も. Les da *lo* ～ *ocho que* ochenta.（8も80も）彼らには同じことだ.

lo mismo si+直説法 *que si*+直説法 …しようとしなかろうと, …しようがしまいと. Trabajaba en el campo *lo* ～ *si* lloviera *que si* nevaba. 雨が降ろうが雪が降ろうが彼[彼女]は畑で働いた.

más de lo mismo（うんざりする）繰り返し. *Más de lo* ～; corrupción y paro. またも汚職と失業, うんざりだ.

mismo que…《ラ米》…と同じように, …と同じだけ.

o lo que es lo mismo《話》つまり（…ということ）. Elegir bien es elegir racionalmente. *O lo que es lo* ～, fijar el orden de las preferencias. ちゃんと選ぶとは合理的に選ぶこと. つまり, 優先順位を決めることだ.

por lo [eso] mismo それだからこそ, まさにそれゆえに. Es muy bueno, *por lo* ～ le queremos. 彼はとてもいい人だ. だからこそ我々は彼が好きです.

por sí mismo 自分ひとりで, 独力で; ひとりでに. La terapia de grupo *por sí misma* no soluciona el problema. 集団治療だけではその問題は解決しない.

ser lo mismo 同じことだ. ¿*No es lo* ～? 同じ(こと)じゃないの.

tú [usted] mismo / vosotros [ustedes] mismos お好きに, 自由に決めたら. No sé si voy a la fiesta o no. — *Tú* ～. パーティーに行こうかどうしようか. — 好きにしたら. ▶女性形の場合は misma, mismas を用いる.

venir a ser lo mismo 同じことになる. Cambiaremos el rumbo del barco o buscaremos otras aguas, lo que *viene a ser lo* ～. 船の進路を変えよう, 他の海域を目指そうか, 結局同じことだが.

［← ［古スペイン］*meísmo* ＜ *medipsimus*; ［ラ］-*met*「自己の」＋［ラ］*ipsimus* (*ipse*「自身」の強調形)］

miso- 「…嫌い」の意の造語要素. 母音の前で mis-. → *misántropo*, *misógino*. ［← ［ギ］］

mi·so·fo·bia [mi.so.fó.bja] 囡《文章語》潔癖, 不潔に対する恐怖.

mi·so·gi·nia [mi.so.xí.nja] 囡 女嫌い.

mi·só·gi·no, na [mi.só.xi.no, -.na] 形 女嫌いの.
— 男 囡 (の人).

mi·so·ne·ís·mo [mi.so.ne.ís.mo] 男 新しいもの嫌い, 保守主義.

mi·so·ne·ís·ta [mi.so.ne.ís.ta] 形 新しいもの嫌いの, 保守的な.
— 男 囡 新しいもの嫌いの人, 保守主義者.

mis·pi·quel [mis.pi.kél] 男《鉱》硫砒(りゅうひ)鉄鉱.
[mis.pí.kel] 男《鉱》硫砒(りゅうひ)鉄鉱.

mís·qui·to, ta [mís.ki.to, -.ta] / **mis·qui·to, ta** [mis.kí.to, -.ta] 形（ニカラグアからホンジュラスの海岸地域に住む先住民）ミスキート人の.
— 男 囡 ミスキート人.

miss [mís]《英》囡《複 ～es》(美人コンテストの)女王. ～ Europa ミス・ヨーロッパ.

mis·sing [mí.sin]《英》形《性数不変》失踪した, 行方不明の. Algunos están ～. いくつ[幾人]かが行方不明.

Mis·sis·sip·pi [mi.si.sí.pi] 固名 ミシシッピ: 米国南部の州. el ～ ミシシッピ川.［← ［仏］アルゴンキアン語族の語に由来; 原義は「大河」］

Mis·sou·ri [mi.sú.ri] 固名 ミズーリ: 米国中北部の州. el ～ ミズーリ川 (米国の Mississippi 川の支流).［← ［仏］アルゴンキアン語族の語に由来; 原義は「大きなカヌーを持つ人々」］

mis·ta·go·go [mis.ta.ɣó.ɣo] 男 **1** 奥義を窮めた神官; 秘跡解説布教師. **2** 奥義伝授師範, 大師範.

mis·tar [mis.tár] 自《話》口を開く. No ～. おしゃべりをする (=musitar). ▶主に否定文で用いる.

mis·te·la [mis.té.la] 囡 焼酎(しょうちゅう)に水・砂糖・シナモンなどを加えた飲み物; 発酵させないぶどう液にアルコールを添加した飲み物.

mís·ter / mis·ter [mís.ter]《英》《複 ～, ～s》男 **1**《話》美男コンテスト優勝者. **2**《話》(サッカーの)コーチ. **3**《英語圏の敬称, 呼びかけ》…さん, 氏. **4**《ラ米》《俗》《話》ゲルマン系の容姿の外国人男性.

mis·té·ri·co, ca [mis.té.ri.ko, -.ka] 形 秘密儀式の, 秘法の.

⁑mis·te·rio [mis.té.rjo] 男 **1** なぞ, 不可解, 神秘. explorar los ～s de la naturaleza 自然界の神秘を探求する. el ～ de la política 政治の不明瞭さ. **2**（物語ジャンルの）ミステリー, 怪奇. película de ～ サスペンス映画. **3** 秘密, 隠しごと. con mucho

~ 極秘裏に. hablar con ~ ひそひそ話をする. **4** 《主に複数で》〖宗〗秘儀, 秘法；〖カト〗(キリスト教の)秘儀；(聖母マリアの生, キリストの受難・復活などを中心とする聖書中の)秘蹟(蹟). los ~s de Eleusis (古代ギリシアの)エレウシスの秘教祭式. el ~ de la (Santísima) Trinidad 三位一体の教義. el ~ de la Resurrección (キリストの)復活の秘蹟. los ~s de la Pasión キリスト受難(の場面の朗読・黙想). **5** 〖演〗(中世の)神秘劇.
[←〖ラ〗*mystērium*-[ギ]*mystḗrion*「神秘, 秘密；密教の秘義」][関連]*místico, misterioso, misticismo*. [英]*mystery*]

mis·te·rio·sa·men·te [mis.te.rjo.sa.mén.te] 副 謎に包まれたまま, ひそかに.

＊mis·te·rio·so, sa [mis.te.rjó.so, -.sa] 形 神秘的な, 不思議な, 謎(*な*)に包まれた；いわくありげな. *acciones misteriosas* 不可解な行動.

mís·ti·ca [mís.ti.ka] 女 **1** 神秘神学. **2** 神秘説, 神秘主義 (= misticismo). **3** 〖文学〗神秘主義文学(作品).

mis·ti·cis·mo [mis.ti.θís.mo / -.sís.-] 男 (霊的直感による)神秘主義, 神秘説；(神との交流を目指す)神秘主義的信仰, 神秘主義.

mís·ti·co, ca [mís.ti.ko, -.ka] 形 **1** 神秘的な, 不思議な；秘法の, 奥義の；秘密の. **2** 神秘主義(文学)の, 神秘論者の. **3** 霊感を受けた, 霊験による；敬虔(*な*)の, 純粋な. **4** 《ラ米》《キューバ》《チリ》《プエルトリコ》気取った, 上品ぶった.
━ 男 神秘論者, 神秘主義者；神秘主義作家.

mis·ti·fi·ca·ción [mis.ti.fi.ka.θjón / -.sjón] 女 **1** 歪曲(ξ); 曲解. **2** 欺瞞(ξ); 工作).

mis·ti·fi·car [mis.ti.fi.kár] 102 他 **1** 〈学説などを〉ゆがめる, 歪曲(ξ); する, 曲解する (= falsificar). **2** 欺く, だます, 偽る.

mis·ti fo·ri [mís.ti fó.ri] 〖ラ〗→ mixti fori.

mis·tral [mis.trál] 男 ミストラル：地中海沿岸で吹く冷たく乾いた北西風.

Mis·tral [mis.trál] 固名 ミストラル Gabriela ~, 本名 Lucila Godoy Alcayaga (1889-1957)：チリの詩人・外交官. ノーベル文学賞 (1945). 作品 *Desolación*『寂寥(*せきりょう*)』.

mis·tu·ra [mis.tú.ra] 女 混合, 混交；混合物 (= mixtura).

mis·tu·rar [mis.tu.rár] 他 混ぜ合わせる, 混合する (= mixturar).

Mi·su·ri [mi.sú.ri] 固名 → Missouri.

mi·ta [mí.ta] 女 《ラ米》(1)〖史〗ミタ：インカ時代の交替制労役；(スペイン統治下のペルー副王領で先住民に割り当てられた)強制労役. ♦Potosí 銀山での労役が特に有名. (2)《メキシコ》(輸送される)牛の群れ. (3)《キューバ》(交替制の)勤務. (4)《ボリビア》コカの葉の取り入れ.

mi·ta·ca [mi.tá.ka] 女 《ラ米》《メキシコ》《プエルトリコ》刈り入れ.

＊＊mi·tad [mi.táð] 女 **1** 半分, 半分の量；半数, 2分の1. *dividir en dos ~es* 半分ずつに分ける. *la primera [otra] ~ del año* 1年の上[下]半期. *Ella se ha bebido casi la ~ de la botella.* 彼女はボトルのほぼ半分を空けてしまった. **2** (*de... ~の*) 中間[中心]に；2つに分けるところ. *a la ~ del camino* 半分来たところで, 中間点で. *partir por la ~* 真ん中で分ける；〈人を〉ひどい目にあわせる. **3** (*mitad... y mitad...*)《副詞的》半分は…, もう半分は…. *Acabo de volver de mi viaje al extranjero, y estoy ~ cansada y ~ contenta.* 海外旅行から帰ったばかりで, 今は疲れと満足が半々くらいだ.

a mitad de... …の半分で, 中間で. *a ~ de precio* 半値で.
costar la mitad y (otro) tanto (具体的な金額は言えないが)そこそこの値段である.
cuarto y mitad (肉などの販売単位) 375 グラム, 約 400 グラム弱.
en mitad de... …の途中[最中]に. *en ~ de este camino* この道の中ほどに. *en ~ de la lección* 授業の真っ最中に. *dejar en ~ del arroyo* 見捨てる.
(mi) cara mitad 《話》《親愛》伴侶, 夫, 妻；ベターハーフ.
mitad y mitad (1) 半々に. ¿Cómo le preparo el café con leche? —*M~ y ~*, por favor. ミルクコーヒーをどう入れましょうか. 一半々で割ってください. (2) 可もなく不可もなく. ¿Cómo te salió el examen? —*M~ y ~*. 試験はどうだった. 一まあまあだ.
partir por la mitad a+人〈人〉を困らせる. [←〖古スペイン〗*meatad*-〖ラ〗*mediatās* (*medius*「半分の, 中間の」より派生)]
por mitades... y... …と…の半分ずつに分けて.

mi·ta·yo [mi.tá.jo] 男 ミタヨ：mita に就く労働者；強制労役に就く先住民.

mi·ti [mí.ti] 副 *miti miti* 《ラ米》《アルゼンチン》《話》半分ずつで, 半々で.

＊mí·ti·co, ca [mí.ti.ko, -.ka] 形 **1** 伝説(上)の, 神話(上)の, 架空の. **2** 有名な.

mi·ti·cul·tu·ra [mi.ti.kul.tú.ra] 女 → mitilicultura.

mi·ti·fi·ca·ción [mi.ti.fi.ka.θjón / -.sjón] 女 **1** 神話化, 伝説化；美化. **2** 英雄視.

mi·ti·fi·car [mi.ti.fi.kár] 102 他 **1** 神話化する, 伝説にする；美化する. *Tiende a ~ su infancia.* 彼[彼女]は自分の子供時代を美化する傾向がある. **2** 英雄扱いする, あがめる.

mi·ti·ga·ción [mi.ti.ga.θjón / -.sjón] 女 (苦痛などの)緩和, 鎮静, 和らぎ；(刑罰の)軽減；(寒気の)緩み.

mi·ti·ga·dor, do·ra [mi.ti.ga.ðór, -.ðó.ra] 形 緩和する；軽減する；鎮静させる；なだめる.
━ 男 なだめる人；和らげるもの.

mi·ti·gan·te [mi.ti.gán.te] 形 緩和する, 軽減する；鎮静させる.

mi·ti·gar [mi.ti.gár] 102 他 **1** (刑罰などを)軽くする, 軽減する；〈苦痛などを〉和らげる, 静める. ~ *un dolor* 痛みを和らげる. ~ *el hambre* 空腹を癒す. ~ *el paro* 失業率を下げる. **2** 緩くする, 穏やかにする. ~ *el calor* 暑さを和らげる.
━ ~*se* 和らぐ, 穏やかになる；軽くなる.

mi·ti·li·cul·tu·ra [mi.ti.li.kul.tú.ra] 女 ムール貝の養殖技術.

mi·tin [mí.tin] 男《複 mítines》**1** (特に政治的・社会的な)討論集会, 会合, 会議. → *conferencia* [類語]. **2** 〖スポ〗競技会. **3** 《話》お説教, 小言. *dar el ~* 小言を言う；説教をする. [←[英]*meeting*]

mi·tín [mi.tín] 男《ラ米》→ mitin.

mi·ti·ne·o [mi.ti.né.o] 男《話》《軽蔑》政治集会への参加.

mi·ti·ne·ro, ra [mi.ti.né.ro, -.ra] 形《話》政治集会の, 討論の；政治集会演説.
━ 男 女《話》政治集会参加者.

mi·ti·nes·co, ca [mi.ti.nés.ko, -.ka] 形《軽蔑》扇動的な, 政治集会に特徴的な.

＊mi·to [mí.to] 男 **1** 神話. *los ~s grecorroma-*

nos ギリシア・ローマ神話. los ~s mayas y aztecas マヤ・アステカ神話. **2** 神話的存在, 伝説のエピソード; 俗説, つくり話. [←[後ラ] *mythos*←[ギ] *mýthos* 「言葉, 物語; 神話」; 関連 mítico, mitología. [英] *myth*]

mi‧to‧con‧dria [mi.to.kón.drja] 女 《生物》ミトコンドリア.

mi‧tó‧ge‧no, na [mi.tó.xe.no, -.na] 形 有糸分裂を促す, 細胞分裂を引き起こす.
—— 男 有糸[細胞]分裂促進物質.

mi‧to‧gra‧fí‧a [mi.to.gra.fí.a] 女 神話学.

mi‧tó‧gra‧fo, fa [mi.to.gra.fo, -.fa] 男女 神話学者, 神話記述家.

mi‧to‧lo‧gí‧a [mi.to.lo.xí.a] 女 **1** 《集合的》神話(体系). **2** 神話学, 神話研究.

mi‧to‧ló‧gi‧co, ca [mi.to.ló.xi.ko, -.ka] 形 神話(上)の. —— 女 神話学者.

mi‧to‧lo‧gis‧ta [mi.to.lo.xís.ta] 女 神話学者.

mi‧tó‧lo‧go, ga [mi.tó.lo.go, -.ga] 男女 神話学者.

mi‧to‧ma‧ní‧a [mi.to.ma.ní.a] 女 誇張症, 虚言癖.

mi‧tó‧ma‧no, na [mi.tó.ma.no, -.na] 形 誇張症(者)の, 虚言癖(患者)の.
—— 男 誇張症患者, 虚言癖患者; 誇大妄想癖の人.

mi‧tón [mi.tón] 男 **1** 指先のない手袋. **2** 《ラ米》《コゥ゙》《ヂナ》《服飾》ミトン. [←[仏] *miton*]

mi‧to‧sis [mi.tó.sis] 女 《単複同形》《生物》有糸分裂, 間接核分裂.

mi‧to‧te [mi.tó.te] 男 《ラ米》(1) 内輪のパーティー. (2) 《ラ米》仰々しい振舞い, きざな態度. **3** 騒ぎ, 争い. (4) 《ラ米》作り話. (5) 《メッス》《史》ミトテ: アステカ人の踊りの一種.

mi‧to‧te‧ro, ra [mi.to.té.ro, -.ra] 形 《ラ米》(1) 騒ぎ好きな. (2) 《ラ米》うわさ好きな.

mi‧tra [mí.tra] 女 **1** (1) 《カト》司教冠, ミトラ; 司教の位[職], 司教区. recibir la ~ 司教の位に就く. (2) (司教区の)歳入. **2** (古代ペルシア人が用いた)とんがり帽子. **3** (鳥の)尻. **4** 《ラ米》《メッス》《ペゥ》《隠》頭.

mitra (司教冠)

mi‧tra‧do, da [mi.trá.ðo, -.ða] 形 《カト》司教冠をかぶった; 司教冠をかぶる権利のある.
—— 男 大司教, 司教.

mi‧tral [mi.trál] 女 《医》僧帽弁(= válvula ~).

Mi‧trí‧da‧tes [mi.trí.ða.tes] 固名 ~ VI el Grande ミトリダテス 6 世 (大王): ローマの敵国, 小アジアのポントスの王 (在位前120 – 63).

mi‧tri‧da‧tis‧mo [mi.tri.ða.tís.mo] 男 ミトリダート法. ♦昔, ミトリダテス大王が毒殺されることをおそれて始めたと言われる. 毒の服用量を漸増することで免疫を得る方法.

mí‧tu‧lo [mí.tu.lo] 男 《貝》→ mejillón.

miu‧ra [mjú.ra] 男 **1** ミウラ牛: スペイン Andalucía の Miura 牧場で飼育される獰猛(ド)で有名な闘牛. **2** 手に負えないやつ, 暴れ者; 腹黒いやつ.

mix [míks] 男 《単複同形》 **1** (電機部品のコーティングや他の合金製造用の)合金. **2** (ダンスミュージックの)コンピレーションアルバム[CD]. **3** 2 つ以上の言語からなる混成語[混合語].

mi‧xio‧te [mik.sjó.te] 男 **1** リュウゼツランの葉を覆っている白色の薄膜. **2** その膜を使った肉料理.

mi‧xo‧ma‧to‧sis [mik.so.ma.tó.sis] 女 《単複同形》《獣医》粘液腫(϶゙)症: ウサギの熱病.

mi‧xo‧mi‧ce‧tos [mik.so.mi.θé.tos / -.sé.-] 男《複数形》《植》変形菌類, 粘菌類.

mix‧te‧la [mi(k)s.té.la] 女 → mistela.

mix‧ti‧fi‧ca‧ción [mi(k)s.ti.fi.ka.θjón / -.sjón] 女 → mistificación.

mix‧ti‧fi‧car [mi(k)s.ti.fi.kár] 102 他 → mistificar.

mix‧ti fo‧ri [mí(k)s.ti fó.ri] [ラ] 教会法にも世俗法にも反する罪 (= tribunal mixto).

mix‧ti‧fo‧ri [mi(k)s.ti.fó.ri] 男 ごちゃまぜ, 混在.

mix‧ti‧lí‧ne‧o, a [mi(k)s.ti.lí.ne.o, -.a] 形《数》〈図形が〉直線と曲線からなる. ángulo ~ 直線と曲線が作る角(度).

mix‧tión [mi(k)s.tjón] 女 **1** 混合(物) (= mezcla). **2** 《ラ米》絵の固定剤.

‡**mix‧to, ta** [mí(k)s.to, -.ta] 形 **1** 〈飲食物が〉混ぜ合わさった, ミックスの. ensalada *mixta* ミックスサラダ. zumo ~ ミックスジュース. sandwich ~ ミックスサンド. **2** 〈男女が〉混合の. escuela *mixta* 男女共学校. coro *mixto* 混声合唱. doble ~ / pareja *mixta* 《スポ》(テニスなど)混合ダブルス. **3** 〈動物が〉異種交配の. raza *mixta* 雑種.
—— 男 **1** 《スペイン》マッチ. **2** 《軍》爆発性の混合可燃物. **3** (貨車と客車の)混成列車 (= tren ~).

[←[ラ] *míxtum* (*míxtus* の対格); *miscēre* 「混ぜる」 (→ mecer) の完了分詞; 関連 mezclar. [英] *mixed*]

mix‧tu‧ra [mi(k)s.tú.ra] 女 **1** 混合, 混交; 混合物. **2** 《薬》混合薬. **3** 《ラ米》《ボッス》《ヂナ》花束.

mix‧tu‧rar [mi(k)s.tu.rár] 他 混ぜる, 混合する.

míz‧ca‧lo [míθ.ka.lo / mís.-] 男 《植》ラクタリウス属の食用キノコの一種.

mi‧zo, za [mí.θo, -.θa / -.so, -.sa] 男女《話》猫.

ml, ml. 《略》*mililitro* ミリリットル.

MLN [e.me.(e.)le.é.ne] 《略》*Movimiento de Liberación Nacional* 国民解放運動党: グアテマラの政党.

mm, mm. 《略》*milímetro* ミリメートル.

Mm. 《略》*miriámetro* 1 万メートル.

m/n. 《略》《商》*moneda nacional* 自国通貨.

Mn 《化》*manganeso* マンガン.

mne‧mó‧ni‧co, ca [(m)ne.mó.ni.ko, -.ka] 形 記憶(術)の.

Mne‧mo‧si‧nai‧ca [(m)ne.mo.si.nái.ka] / **Mne‧mo‧sí‧na** [(m)ne.mo.sí.na] 固名 《ギ神》ムネモシュネ: 記憶の女神.

mne‧mo‧tec‧nia [(m)ne.mo.ték.nja] / **mne‧mo‧téc‧ni‧ca** [(m)ne.mo.ték.ni.ka] 女 記憶術.

mne‧mo‧téc‧ni‧co, ca [(m)ne.mo.ték.ni.ko, -.ka] 形 記憶術の; 記憶術[法]の.

MNR [e.me.(e.)ne.é.r̃e] 《略》*Movimiento Nacional Revolucionario* 革命民族主義運動(党): ボリビアの政党.

MNRI [e.me.(e.)ne.(e.)r̃e.í] 《略》*Movimiento Nacionalista Revolucionario de Izquierda* 左派革命民族主義運動(党): ボリビアの政党.

Mo 《化》*molibdeno* モリブデン.

mo‧ab‧di‧ta [mo.aβ.ðí.ta] 形 (古代王国)モアブの.
—— 男 女 モアブ人. —— 男 モアブで用いられた言語.

mo‧a‧bi‧ta [mo.a.βí.ta] 形 (死海の東方にあった古代王国)モアブ(王国)の. —— 男 女 モアブ人.

mo‧ai [mo.ái] 男 モアイ像: チリ領イースター島にある石造彫刻.

mo・a・ré [mo.a.ré] 男 波紋, モアレ; 波紋模様のついた織物 (= muaré). [← [仏] *moiré*]

mo・a・xa・ja [mo.a.ʃá.xa] 女 [詩] モアシャッハ: 10世紀ごろにアラビア語・ヘブライ語で書かれた連節構成詩 [詩型]. 1948年スターン Stern により最後の数行が初期スペイン語で書かれていることが発見され, ヨーロッパの叙情詩の歴史が書きかえられた. → **jarcha**.

mob・bing [mó.biŋ] [英] 男 (個人もしくは集団による)職場でのいやがらせ, 意地悪.

mo・bil・ho・me [mo.bil.xóm // -.hóm] [英] 男 [複 ~s, ~] (車輪がついた)可動[移動]住宅.

mo・bi・lia・rio, ria [mo.bi.ljá.rjo, -.rja] 形 動産の (↔ inmobiliario).
— 男 **1** (集合的)家具. **2** [商]動産.

mo・bla・je [mo.blá.xe] 男 (集合的)家具(類), 調度品 (= mueblaje).

mo・blar [mo.blár] 15 他 (部屋・建物に)家具を備え付ける[入れる] (= amueblar).

mo・ca[1] [mó.ka] 男 **1** モカコーヒー. ♦コーヒーの積み出し港である, アラビア半島のイエメンの都市 Moka に由来. **2** コーヒー・バター・バニラ・砂糖で作られたクリーム. — 女 **1** (話)鼻水. **2** (ラ米)(⁽ᵐᵉ⁾)コーヒーケーキ.

mo・ca[2] [mó.ka] 女 (ラ米)(⁽ᵃʳ⁾)ぬかるみ, 泥地.

mo・car [mo.kár] 100 他 (人の)鼻をふく.
— **~・se** 再 鼻をかむ.

mo・cá・ra・be [mo.ká.ra.be] 男 [建]鍾乳(ᵏᵉʲᵇ)石飾り: Alhambra 宮殿などイスラム建築の天井, 柱頭などに見られる無数の小アーチを組み合わせた蜂(ᵏᵃᶜʰ)の巣状の装飾.

mo・ca・rro [mo.ká.ro] 男 (話)鼻水, 鼻汁.

mo・ca・sín [mo.ka.sín] 男 **1** モカシン: 柔らかい革の靴. ♦元来は北米先住民の用いたシカ革などの柔らかい靴. **2** 蛇の一種.

mo・ce・ar [mo.θe.ár / -.se.-] 自 (話)若者ぶる; 若者らしく行動する.

mo・ce・dad [mo.θe.ðáð / -.se.-] 女 **1** (話)青年期, 青春時代. **2** → **mancebía 2**.

mo・ce・jón [mo.θe.xón / -.se.-] 男 [貝]イガイ(科の二枚貝), ムール貝.

mo・ce・ril [mo.θe.ríl / -.se.-] 形 青年[若者]らしい; 若者特有の; 若者ゆえの.

mo・ce・rí・o [mo.θe.rí.o / -.se.-] 男 (集合的)若人, 若者, 青年男女.

mo・ce・ro [mo.θé.ro / -.sé.-] 形 女たらしの, 女好きな.

mo・ce・tón, to・na [mo.θe.tón, -.tó.na / -.se.-] 男 女 大柄でたくましい若者[娘]. [mozo+増大辞]

mo・cha [mó.tʃa] 女 **1** (人の)頭, 頭部. **2** (ラ米)(⁽ᵃʳ⁾)(話)けんか.

mo・cha・les [mo.tʃá.les] 形 (性数不変)(話)気が違った, 狂った; 夢中になった, 参っている. estar ~ por... …に夢中になっている.

mo・char [mo.tʃár] 他 **1** 頭突きを食らわせる. **2** …の先端を切り落とす. **3** (ラ米) **(1)** (⁽ᵐᵉ⁾)(⁽ᵃʳ⁾)くすねる, 盗む. **(2)** (⁽ᵏᵒˡ⁾)(⁽ᶜᵉⁿ⁾)めった切りにする. **(3)** (⁽ᵃʳ⁾)(話)首にする. **(4)** (⁽ᵏᵒˡ⁾)(⁽ᶜᵉⁿ⁾)切断する.

mo・che [mó.tʃe] 男 *a troche y moche* 軽はずみに, でたらめに, めったやたらに; よく考えないで.

mo・che・ta [mo.tʃé.ta] 女 **1** (刃物の)峰. **2** [建] **(1)** (ドア・窓枠の)水切り縁. **(2)** (壁と壁・天井が作る)隅, コーナー角度.

mo・che・te [mo.tʃé.te] 男 [鳥]チョウゲンボウ.

mo・chil [mo.tʃíl] 男 (農場の)使い走りの少年.

mo・chi・la [mo.tʃí.la] 女 **1** リュックサック, バッ

パック. **2** [軍] **(1)** 背嚢(ʰᵃⁱⁿᵒˉ), 雑嚢. **(2)** 糧食, 食料.

mo・cho, cha [mó.tʃo, -.tʃa] 形 **1** 尖頭(ˢᵉⁿ)の欠けた, 先のない, 先が丸い. *torre mocha* 尖頭のない塔. **2** (話)髪を短く刈り込んだ, 坊主頭の. **3** (ラ米) **(1)** (⁽ᵐᵉ⁾)修道士[女]の. (⁽ᵐᵉ⁾)助修士[女]の. (⁽ᵐᵉ⁾)(話)信心深い. **(4)** (⁽ᵃʳ⁾)(話)大きな, でかい. **(5)** (⁽ᵏᵒˡ⁾)(話)髪を短く刈った. **(6)** (⁽ᵃʳ⁾)(⁽ᵖᵉ⁾)(話)保守派の. **(7)** (⁽ᶜᵘ⁾)生意気な.
— 男 **1** (柄などの)先端の太い部分. *~ de una escopeta* ライフル銃の銃床. **2** 厄介, 面倒. **3** (話)モップ. **4** (ラ米) **(1)** (⁽ᵐᵉ⁾)(⁽ᵉˢᵃ⁾)老馬. **(2)** (⁽ᵐᵉ⁾)(⁽ᵛᵉ⁾)おじいさん, 祖父. **(3)** (⁽ᵈʳ⁾)(葉巻の)吸い殻. **(4)** (⁽ˢᵃˡ⁾)兵士.

mo・chue・lo [mo.tʃwé.lo] 男 **1** [鳥]フクロウ. **2** (話)厄介, 面倒. *cargar con el ~* 厄介なことをしょい込む. *echar a+人 el ~* 面倒を〈人〉に押しつける. **3** [印]組み落とし, 脱落.
Cada mochuelo a su olivo. 《諺》それぞれのフクロウにはそれぞれのオリーブの木 (自分のすべきことをせよ).

mo・cil [mo.θíl / -.síl] 形 → **moceril**.

mo・ción [mo.θjón / -.sjón] 女 **1** (議会などの)動議, 発議. *~ de censura* 不信任動議. *votar una ~* 動議を票決する. *adoptar una ~* 動議を採り上げる. *apoyar una ~* 動議を支持する. *declarar una ~ admisible* 動議に賛成する. *Queda aprobada la ~ por veinte votos a favor, siete en contra y dos abstenciones.* 動議は賛成20, 反対7, 棄権2で可決された.
2 運動, 移動. **3** 心の傾き[傾斜]. **4** 神の啓示, 神からの霊感.

mo・cio・nan・te [mo.θjo.nán.te / -.sjo.-] 形 (ラ米)動議の提案者.

mo・cio・nar [mo.θjo.nár / -.sjo.-] 他 (ラ米)提議する.

mo・ci・to, ta [mo.θí.to, -.ta / -.sí.-] 形 (時に軽蔑)とても若い. — 男 女 少年, 少女; 若者, 娘. [mozo+縮小辞]

mo・co [mó.ko] 男 **1** 鼻汁, 鼻水, 鼻くそ; 粘液. *limpiarse los ~s* 鼻をかむ. *Se me caen los ~s.* 鼻水が出てくるんだ.
2 燭涙(ˢʰᵒᵏᵘʳᵘⁱ): 溶けて垂れ下がった蠟(ʳᵒˉ). **3** (七面鳥の)肉垂. **4** [冶]金屎(ᵏᵃⁿᵃᵏᵘˢᵒ). **5** [海]マーチンゲール: 大斜檣(ᵗᵃⁱˢʰᵃˢʰᵒˉ)の下方に張り出した円材.
caérsele (a+人) el moco (話)〈人〉がとんまである, ぬけている.
no ser moco de pavo (話)軽視すべきものではない, たいそうなものである. *Seis mil dólares no son ~ de pavo.* 6000ドルと言えば大金だ.
tirarse el moco (俗)虚勢をはる.

mo・co・so, sa [mo.kó.so, -.sa] 形 **1** 鼻水を垂らした, 鼻水の. **2** 小生意気な, 青二才の.
— 男 女 (軽蔑)鼻を垂らした子, はな垂れ小僧; 若僧.

mo・co・sue・na [mo.ko.swé.na] 副 (話)音なしに. *traducir ~* 音訳する.

Moc・te・zu・ma [mok.te.θú.ma / -.sú.-] 固名 ~ II モクテスマ2世: azteca 王国の王 (在位1502–20). 1519年に到来したスペイン人征服者 Cortés に捕らえられて利用された後, 蜂起(ᵏᵒˉᵏⁱ)した臣下に殺された.
[← [ナワトル] *Motecuhzoma*; *mo* 「君の」+ *tecuh*(tli)「主人」+ *zoma*(tli)「しかめ面をした」;「しかめ面をした君の主人」が原義]

mod [mód] [英] 形 [複 ~s, ~] モッズ(風)の.
— 男 モッズ; モッズ風の服装を好む人.

mo·da [mó.đa][女] **1** 流行. las 〜s de hoy 今風の流行. una 〜 pasajera 一時の流行. de última 〜 最新流行. a la última 〜 時流に合わせて, 今風に. estar de 〜 流行している. pasar de 〜 すたれる, 時代遅れになる. seguir la 〜 流行を追いかける.
2 ファッション, モード. la 〜 de los años setenta 70年代ファッション. revista de 〜 ファッション雑誌. tienda de 〜s ブティック (=boutique). diseño de 〜 ファッションデザイン. **3** 並数(紋).
[← [仏] *mode*← [ラ] *modus*「度合」[関連] modista. [英] *mode*「流行」]

mo·dal [mo.đál] [形] 様式の; [哲] 様態の; [論] 様相を示す; [文法] 叙法の, 様態をを示す. adverbio 〜 様態の副詞. — [男] [複数で] 行儀, マナー. 〜es distinguidos 立派なマナー. 〜es finos 上品なマナー. con buenos 〜es 行儀よく. tener buenos [malos] 〜es 行儀がよい[悪い]. **2** [言] 法助動詞.

mo·da·li·dad [mo.đa.li.đáđ] [女] **1** 様式, 方式; 様態, 様相. 〜 de pago 支払い方法.
2 種類, 範疇(はんちゅう); [言] 法範疇, 法性.
[← [中ラ] *modalitātem* (*modalitās* の対格) [ラ] *modus*「度合」より派生) [関連] [英] *modality*]

mo·de·la·ble [mo.đe.lá.ble] [形] 造形[成型] できる; 矯正可能な.

mo·de·la·ción [mo.đe.la.θjón / -.sjón] [女] **1** 彫塑(術), 造形(方法). **2** (身体の)矯正.

mo·de·la·do [mo.đe.lá.đo] [男] **1** [美] 彫塑, 型取り;塑像, 彫刻の原型. el 〜 de una escultura 彫刻の型取り. **2** 形, 造り. **3** 地形, 地勢.

mo·de·la·dor, do·ra [mo.đe.la.đór, -.đó.ra] [形] 型を取る, 塑像製作の. — [女] 型を取る人, 模型[塑像]製作者. — [男] [ラ米] 〈髪をセットする器具.

mo·de·lar [mo.đe.lár] [他] **1** 型を取る, 〈塑像などの〉原型を作る. 〜 un busto 胸像の型を取る.
2 〈精神・性格などを〉形成する; 従わせる, 適合させ, 改良する. 〜 el alma de +人〈人〉の精神を形成する. 〜 su conducta según… …に自分の行動を合わせる. — [自] **1** 造形する. **2** [ラ米] (話) ファッションモデルをする.
— 〜·se [再] **1** 型にはまる. **2** (**sobre**… …に) 倣う, 準拠する.

mo·dé·li·co, ca [mo.đé.li.ko, -.ka] [形] 模範の, 手本となる. estudiante 〜 [*modélica*] 模範的な学生.

mo·de·lis·mo [mo.đe.lís.mo] [男] 模型製作(術).

mo·de·lis·ta [mo.đe.lís.ta] [男] [女] **1** 鋳型工, 模型製作者. **2** 服飾デザイナー.

mo·de·lo [mo.đé.lo] [形] (時に性数不変) 模範的な. 〜 empresa 〜 模範的な企業. frases 〜 [文法] モデル構文.
— [男] **1** (実物の) 模型, ひな形; 模型例, 見本. hacer un 〜 de redacción 作文の見本を作成する. 〜 de cartas de invitación 招待状のサンプル. 〜 a escala 縮尺模型. 〜 a escala natural 原寸大模型. arma 〜 モデルガン. piso 〜 モデルルーム.
2 (製品などの) 型, 機種; [服飾] (デザイナーの) オリジナルブランド, ブランド製品. cambio de 〜 モデルチェンジ. de último 〜 最新型の. Han salido al mercado los nuevos 〜s de ordenador. パソコンの新機種が市場に出た.
3 模範, 典型. un 〜 ideal de madres que tienen trabajo. 仕事を持つ母親の理想的な典型.
4 (科学・学問の) 様式, 方法論. 〜s tradicionales de análisis filosófico 哲学的分析の伝統的諸様式.
— [男] [女] モデル, ファッションモデル. una 〜 bellísima de alta costura 最高に美しいオートクチュール・モデル.
[← [伊] *modello*← [俗ラ] *modellus; [ラ] *modulus*「尺度」(→ *módulo*) + 縮小辞; [関連] modelar. [英] *model*「流行」]

mó·dem / mo·dem [mó.đem] [男] [複 〜s, 〜] [IT] モデム.

mo·de·ra·ción [mo.đe.ra.θjón / -.sjón] [女] 程よさ, 中庸; 節度, 控えめ; 平穏, 穏和. obrar con 〜 節度をもって行動する.

mo·de·ra·da·men·te [mo.đe.rá.đa.mén.te] [副] **1** (数量について) ほどほどに, 適度に; 少しばかり. técnicas 〜 avanzadas ある程度進んだ技術. Ayer bebí 〜 en la fiesta, porque tenía que levantarme temprano. 早起きしなくてはいけなかったので, 昨日のパーティでは飲むのをほどほどにした.
2 控えめに, 節度をもって; 穏やかに.

mo·de·ra·do, da [mo.đe.rá.đo, -.đa] [形] **1** 程よい, 中くらいの, 控えめな. precio 〜 手ごろな値段.
2 穏健派の, 穏健主義の. Marcha *moderada*.《交通標識》スピード落とせ.
— [副] [音楽] モデラート, 中くらいの速さで.
[← [ラ] *moderātum* (*moderātus* の完了分詞; *moderāri* の完了分詞; [関連] modesto. [伊] *moderato* [音楽]「モデラート」. [英] *moderate*]

mo·de·ra·dor, do·ra [mo.đe.ra.đór, -.đó.ra] [形] 緩和する, 調整する. poder 〜 主権; 元首.
— [男] [女] **1** 調停者, 仲裁者. **2** 司会者, 議事進行役.
— [男] [物理] モデレーター, 減速材.

mo·de·ran·tis·mo [mo.đe.ran.tís.mo] [男] 穏健主義, 中道思想;急進主義から反動主義・伝統主義へ移り変わった19世紀スペインの政治的運動.

mo·de·rar [mo.đe.rár] [他] **1** 緩和する, 抑制する;調節する, 加減する. 〜 sus deseos 自分の欲望を抑える. 〜 la velocidad 速度を落とす. **2** 〈会議などの〉司会をする. 〜 el debate ディベートの進行役を務める. — 〜·se [再] 慎む, 自制する. 〜·se en las palabras 言葉を慎む.

mo·de·ra·to [mo.đe.rá.to] [男] [音楽] モデラート; モデラートで演奏される曲.

mo·der·na [mo.đér.na] [形] [女] →moderno.

mo·der·na·men·te [mo.đér.na.mén.te] [副] **1** 現代的に, 現代風に. Esta canción está basada en una composición clásica que ha sido arreglada. この歌はクラシックの楽曲を現代風に編曲したものだ. **2** 最近では. *M*〜, este modo de saludar es muy común entre los jóvenes. 最近若者の間ではこういったあいさつの仕方が一般的である.

mo·der·ni·dad [mo.đer.ni.đáđ] [女] **1** 近代 [現代] 性;近代精神. **2** (話) 近代 (現代) 的な人々.

mo·der·nis·mo [mo.đer.nís.mo] [男] **1** 近代趣味, 当世風. **2** [文学] モデルニスモ:19世紀末 Rubén Darío を中心にして南米で起こった詩を中心とする文学思潮. **3** (建築・美術などの) モダニズム, 近代主義. **4** [神] 近代主義:ローマカトリックの伝統と近代哲学を調和させようとした思想運動.

mo·der·nis·ta [mo.đer.nís.ta] [形] 近代 [現代] 主義の;新しがり屋の, 当世[今]風の. un hombre 〜 新しがり屋. — [男] [女] **1** 近代[現代]主義者. **2** 新しがり屋. **3** [文学] モデルニスモの作家.

mo·der·ni·za·ción [mo.đer.ni.θa.θjón / -.sa.sjón] [女] 近代化, 現代化.

mo·der·ni·zar [mo.đer.ni.θár / -.sár] [97] [他] 近代化する, 現代風にする.
— 〜·se [再] 近代的になる, 当世風[モダン]になる.

moderno

mo･der･no, na [mo.ðér.no, -.na] 形 **1**《名詞+》《史》**近代の**, 近世の. edad *moderna* 近代. historia *moderna* 近代史. pentatlón ～《スポ》近代五種競技.
2《+名詞／名詞+》《ser+》**現代の**, 最近の (↔antiguo). época *moderna* 現代. música *moderna* 現代音楽. lengua *moderna* 現代語.
3《+名詞／名詞+》《ser+》**最新の**;《思想・デザインが》今風の, 先端的な;《機械・施設が》最新型の, 進化した. tener una *moderna* visión de... …に関する斬新な見方をもつ. el ～ edificio de nuestra universidad わが大学のモダンな建物. una persona de pensamiento ～ 進んだ思想の持ち主. instalación *moderna* 最新設備. **4**《ラ米》(ﾒｷｼｺ)《話》のろまな, ぐずぐずした, のらくらした.
—男女 **1** 今風の人, 流行の先端を行く人. **2**《複数で》現代人. **3**《カト》(教会の)新信者, 新参者.
[← ﾗ *modernum* (*modernus* の対格) (ﾗ *modo* 副「たった今, 今すぐ」より派生);関連 modernidad, modernizar. 英 *modern*]

mo･dess [mó.ðes] 男《単複同形》《ラ米》(ﾌﾞﾗｼﾞﾙ)(生理用)ナプキン.

:**mo･des･tia** [mo.ðés.tja] 女 **1 謙虚**, 謙遜(ｿﾝ), 謙譲. hablar con ～ 謙虚に話す. **2 質素**, 地味. vestido con ～ 地味な服装をした.
3 不足, 欠乏. **4**《特に女性の》慎み, 節操, 貞節.

:**mo･des･to, ta** [mo.ðés.to, -.ta] 形 **1 謙虚な**, 控えめな;慎み深い. un hombre ～ en sus aspiraciones 自分の願望をやたらとあらわにしない男. actitudes *modestas* 抑え目の態度. **2 質素な**, つつましい;《金額が》わずかな, 乏しい. una casa pequeña con un jardín muy ～ とても地味な庭の付いた小さな家. un ～ sueldo [capital] すずめの涙ほどの給料[資本]. —男女 謙虚な人.
[← ﾗ *modestum* (*modestus* の対格);関連 moderado, modestia. 英 *modest*]

mo･di･ci･dad [mo.ði.θi.ðáð / -.si.-] 女 低廉, 安価.

mó･di･co, ca [mó.ði.ko, -.ka] 形《金額・価格が》手ごろの, 妥当な, 安い. pagar una suma *módica* 妥当な金額を支払う.

mo･di･fi･ca･ble [mo.ði.fi.ká.βle] 形 変更できる, 修正できる.

:**mo･di･fi･ca･ción** [mo.ði.fi.ka.θjón / -.sjón] 女
1 変更, 修正. **2**《文法》**修飾**.

mo･di･fi･ca･dor, do･ra [mo.ði.fi.ka.ðór, -.ðó.ra] 形 変更する, 修正する. —男女 変更[修正]する人. —男《文法》修飾部.

mo･di･fi･can･te [mo.ði.fi.kán.te] 形 →modificador.

:**mo･di･fi･car** [mo.ði.fi.kár] 102 他 **1 修正する**, …に変更を加える. ～ un plan 計画を一部変更する. ～ el horario de los trenes 列車の時刻表を改定する. ～ una ley 法を改正する. ～ el diseño デザインを変更する. ～ el precio 価格を改定する.
2《言》**修飾する**. ～ el sustantivo 名詞を修飾する. **3**《まれ》《刑罰などを》緩和する.
—**se** 再《3人称で》(部分的に)**変化する**, 改まる;《生物》**変異をもつ**. 彼[彼女] (ら)の態度は年齢と共に改善した.

mo･di･fi･ca･ti･vo, va [mo.ði.fi.ka.tí.βo, -.βa] / **mo･di･fi･ca･to･rio, ria** [mo.ði.fi.ka.tó.rjo, -.rja] 形 変更の, 修正の;修飾の, 緩和的な, 加減する.

modifique(-) / modifiqué(-) 直 → modificar.

mo･di･llón [mo.ði.ʝón ‖ -.ʎón] 男《建》軒持ち送り, 飾り持ち送り.

mo･dis･mo [mo.ðís.mo] 男 熟語, 慣用句.

mo･dis･ta [mo.ðís.ta] 男女 婦人服仕立屋;婦人服デザイナー, ファッションデザイナー. → sastre. [← ﾌ *modiste* (*mode*「モード」より派生)]

modillón (軒持ち送り)

mo･dis･te･rí･a [mo.ðis.te.rí.a] 女《ラ米》(ｺﾛﾝﾋﾞｱ)婦人服専門店.

mo･dis･ti･lla [mo.ðis.tí.ʝa ‖ -.ʎa] 女《話》《時に軽蔑》婦人服仕立ての見習い, お針子.

mo･dis･to [mo.ðís.to] 男 →modista.

:**mo･do** [mó.ðo] 男 **1 方法**, やり方;様式 (=manera). ～ de pensar 考え方. ～ de ser 性格, 人となり. ～ de empleo 使用法. ～ de vida 生活様式. a mi ～ de ver 私の見るところでは.
2《主に複数で》**行儀**, 礼儀, 作法. tratar a+人 con buenos ～s《人》に礼儀正しく接する. contestar con malos ～s 無作法に受け答える.
3 節度, 節制. con ～ 適度に. sin ～ 節操なく.
4《文法》(1) **法**, 叙法. ～ indicativo [subjuntivo] 直説[接続]法. (2) **様態**. adverbio de ～ 様態の副詞. (3) 句. ～ adverbial 副詞句 (=locución adverbial).
5《音楽》**旋法**;音階. ～ mayor 長音階. ～ menor 短音階. **6**《音声》～ de articulacion 調音方法. **8**《IT》**モード**. ～ gráfico [texto] グラフィック[テキスト]モード.

al modo de... …と同じやり方で.

a modo de... …として;…のように. utilizar el paraguas *a* ～ *de* bastón 傘を杖(ｽｴ)のように使う.

con modo(s) 礼儀正しく;丁寧に.

de cualquier modo (1) いい加減に, 大ざっぱに. (2) どんなことがあっても. (3) いずれにしても.

de igual modo que... / del mismo modo que... …と同じように.

de modo que... (1)《+直説法》したがって…, だから…. Te encargaste de este trabajo, *de* ～ *que* no *puedes* abandonarlo. 君はその仕事を引き受けたのだから, 投げ出すことはできないよ. (2)《+接続法》…する[できる]ように. Escóndelo aquí *de* ～ *que* no lo *vea* nadie. 誰にも見られないようにそれをここに隠しなさい.

de ningún modo《否定で》絶対に[決して]…ない. No te he mentido *de ningún* ～. 僕は君にうそをついたことは一度もない.

de otro modo さもなければ.

A de tal modo que B あまりにAなのでB. Nevaba *de tal* ～ *que* el tráfico quedó paralizado. ひどい雪だったので交通がまひした.

de todos modos いずれにしても, とにかく. No sé a qué hora, pero, *de todos* ～s, te llamaré cuando llegue a la estación. 何時かはわからないけど, とにかく駅に着いたら君に電話するね.

de un modo...《強調》…(のやり方)といったら.

de un modo o otro どうにかして;とにかく.

en cierto modo ある程度は, ある意味では.

en modo alguno 決して…ない (=de ningún modo).

grosso modo [ﾗ] おおむね, ざっと.

¡Ni modo!《ラ米》(ﾒｷｼｺ)(ｺﾞｱﾃ)《話》仕方がない, どうし

ようもない.
¡Qué modo de…! なんという…の仕方だ. ¡Qué ～ de comer! なんてひどい食べ方だ.
sobre modo 大いに, 非常に.
[← [ラ] *modum* (*modus* の対格)「標準, 尺度, やり方」][関連] moda, modelo, moderar. [英] *mode, model*]

mo·do·rra [mo.ðó.řa] 囡 **1**《話》睡魔, ひどい眠気；気だるさ. **2**〖獣医〗量倒(ğù)病. **3**〖軍〗(4交代制の)2番目の夜番[当番]. →cuarto.

mo·do·rri·lla [mo.ðo.ří.ja ‖ -.ʎa] 囡 〖軍〗(4交代制の夜警の)3番目の夜番. →cuarto.

mo·do·rro, rra [mo.ðó.řo, -.řa] 形 **1** 睡魔に襲われた, 眠り込む, ぐったりした. **2** 水銀中毒にかかった. **3** (果実が)腐りかけた. **4**《話》ばかな；ぼけっとした, とろんとした.
— 名 囡 ばか, 血の巡りの悪い人.

mo·do·si·dad [mo.ðo.si.ðáð] 囡 **1** しつけのよさ, 行儀よさ, 礼儀正しさ, **2** 慎み深さ, 貞淑さ.

mo·do·so, sa [mo.ðó.so, -.sa] 形 **1** しつけのよい, 行儀のよい, 礼儀正しい. **2** (特に女性が)慎み深い, 貞淑な；お堅い.

mo·du·la·ción [mo.ðu.la.θjón / -.sjón] 囡 **1** (音・声の)抑揚, 変化. **2**〖音楽〗転調. **3**〖ラジオ〗変調. ～ de frecuencia 周波数変調, FM.

mo·du·la·dor, do·ra [mo.ðu.la.ðór, -.ðó.ra] 形 **1** 抑揚[変化]をつける. **2** 転調の. **3** 変調の, 調節する. — 男 〖ラジオ〗変調器.

mo·du·lar [mo.ðu.lár] 形 **1**(計算・測定の)基準の, 基準寸法の. **2**(宇宙船の)モジュールの. **3**〖IT〗モジュールの. **4**型の, モデルとなる. **5**〖音楽〗転調の. — 他 〈音を〉変化させる, 抑揚をつける. **2** 転調する, 調節する, 調整する. — 自 **1**〈声・音の〉調子が変わる, 抑揚をつけて話す[歌う]. **2**〖音楽〗転調する. **3**〖ラジオ〗〈電波が〉変調する.

mó·du·lo [mó.ðu.lo] 男 **1** モジュール. (1)〖建〗基準寸法, 規格寸法；(家具などの)組立ユニット. muebles de ～s ユニット家具. (2)(宇宙船の)モジュール(= ～ espacial)：本船から離して独立した機能を果たす構成要素. ～ lunar 月着陸船. (3)〖IT〗装置やプログラムをいくつかに分けたうちの一つ. (4)〖数〗加群. **2** 型, タイプ. **3**〖音楽〗転調. **4**(貨幣・メダルの)直径.
[← [ラ] *modulus*「尺度」(*modus*「標準」＋縮小辞)；[関連] modular, modelo. [仏][英]*module*]

mo·dus vi·ven·di [mó.ðus ƀi.ƀén.di] [ラ] 男 **1** 生き方(= modo de vivir). **2** 暫定協定.

mo·fa [mó.fa] 囡 あざけり, からかい. hacer ～ de… …を愚弄する, からかう.

mo·fa·dor, do·ra [mo.fa.ðór, -.ðó.ra] 形 からかう, あざけるような. — 男 囡 からかう人, あざける人.

mo·fa·du·ra [mo.fa.ðú.ra] 囡 からかい, あざけり.

mo·fan·te [mo.fán.te] 形 名 →mofador.

mo·far(·se) [mo.fár(.se)] 自 再 からかう, あざける.

mo·fe·ta [mo.fé.ta] 囡 **1**〖動〗スカンク. **2**(火山・坑内に発生する)有毒ガス. **3**《話》屁(^).

mo·fle [mó.fle] 男《ラ米》(ݣï){ïï}〖車〗マフラー(排気管の)消音装置.

mo·fle·te [mo.flé.te] 男《話》肉付きのよいほお, ぽってりしたほお.

mo·fle·tu·do, da [mo.fle.tú.ðo, -.ða] 形 ほお[顔]のまるまるとした.

mo·fon·go [mo.fóŋ.go] 男《ラ米》(ïï)バナナや豚肉を使った料理.

mo·ga·te [mo.gá.te] 男 上塗り；上薬.
de medio mogate 表[裏]側だけに上薬がかかっている；《話》雑に, 手抜きして.

mo·gol, go·la [mo.gól, -.gó.la] 形 モンゴルの, モンゴル人[語]の. — 男 囡 モンゴル人. — 男 モンゴル語：アルタイ諸語の一つ.
el Gran Mogol(インドの)ムガール帝国皇帝.

mo·gó·li·co, ca [mo.gó.li.ko, -.ka] 形 **1** モンゴルの；モンゴル語の. **2**《軽蔑》ダウン症候群の.

mo·go·lis·mo [mo.go.lís.mo] 男 〖医〗ダウン症候群；染色体異常による疾患.

mo·go·lla [mo.gó.ja ‖ -.ʎa] 囡《ラ米》(ïï)全粒小麦パン.

mo·go·llo [mo.gó.jo ‖ -.ʎo] 男《ラ米》(ïï)《話》簡単なこと.

mo·go·llón [mo.go.jón ‖ -.ʎón] 男 **1** でしゃばり, お節介. **2**《話》たかり, 居候. **3**《話》(雑然と)たくさんあること, 大量. **4**《話》《隠》多数, 大勢. un ～ de gente 雑踏, 人込み. **4**《話》《隠》混乱, 紛糾.
— 副 非常に, とても.
de mogollón《話》ただで；苦労[努力]せずに. comer de ～ ただで食う.

mo·gón, go·na [mo.gón, -.gó.na] 形 角(ȥ)が折れた, 片角の.

mo·go·te [mo.gó.te] 男 **1** 小山, 塚. **2** 堆(ȥ)：麦わらを積み上げたもの. **3**(シカの)若い角. **4**《ラ米》(1)(ïï)茂み, 切り茂き(草). (2)(*ïï*)(ïï)低木地.

mo·gre·bí [mo.gre.ƀí] 形 男 囡《複=es, (～s)》→magrebí.

mo·hair [mo.ér] [英] 男 モヘア：アンゴラヤギの毛(織物).

mo·ha·rra [mo.á.řa] 囡 槍(ȥ)の穂.

mo·ha·rra·che [mo.a.řá.tʃe] / **mo·ha·rra·cho** [mo.a.řá.tʃo] 男 **1**(劇・パーティーなどで)奇妙な格好をした人. **2** でき損ない. **3** つまらない人間.

mo·ha·tra [mo.á.tra] 囡 詐欺行為；ぺてん.

mo·hi·ca·no, na [moi.ká.no, -.na] 形 (北米先住民の)モヒカン人の. — 男 囡 モヒカン人.
— 男 モヒカン人の言語.

mo·hín [mo.ín] 男《話》(冗談半分の)膨れっ面.

mo·hí·na [mo.í.na] 囡 不快, 不機嫌, 怒り.

mo·hí·no, na [mo.í.no, -.na] 形 **1** 陰気な, ゆううつな, 沈んだ；不機嫌な, 憤慨した. **2** 鼻面[毛並み]の黒い. **3** 雄馬と雌ロバの雑種の.

mo·ho [mó.o] 男 **1** かび. oler [saber] a ～ かび臭い[かびた味がする]. **2** さび, 緑青. **3**(休み明けの)億劫(ȥ)さ.
criar moho かびが生える；さびつく；使わないで放置する.
no criar moho 絶えず動いている.

mo·ho·se·ar·se [mo.(o.)se.ár.se] 再《ラ米》(ïï)《話》カビに覆われる.

mo·ho·so, sa [mo.ó.so, -.sa] 形 **1** かびた；さびた. ponerse ～ かびる, さびる. **2** 陳腐な.

Moi·ras [mói.ras] 囡《ギ神》モイラたち：運命の三女神. 配給者 Láquesis, つむぎ手 Cloto, 変えるからざる女 Átropo. ローマ神話では Parcas.

moi·sés [moi.sés] 男《単複同形》揺りかご；(赤ん坊を運ぶ)かご.

Moi·sés [moi.sés] 固名〖聖〗モーセ：古代イスラエルの立法者・指導者.

***mo·ja·do, da** [mo.xá.ðo, -.ða] 形 **1** ぬれた, 湿った. **2**〖音声〗硬口蓋(ȥ)音の.
— 男 囡《ラ米》(*ïï*)(ïï)《話》米国への不法入国者.
— 囡 **1** 湿らすこと, (液に)浸すこと；ぬれること. **2**

《話》(武器による)刺し傷. *espalda mojada*《ラ米》(*)《話》(メキシコから米国への)不法入国者.

mo·ja·dor, do·ra [mo.xa.ðór, -.ðó.ra] 形 ぬらす. ― 男 **1** 指ぬらし;(切手を湿らす)スポンジ入れ. **2** (肌の)霧吹き.

mo·ja·du·ra [mo.xa.ðú.ra] 女 ぬらす[ぬれる]こと, 湿ること.

mo·ja·ma [mo.xá.ma] 女 マグロの生干し, 塩干しマグロ.

mo·ja·mé [mo.xa.mé] 男《軽蔑》モーロ人, イスラム教徒.

‡**mo·jar** [mo.xár] 他 **1** ぬらす, 湿らせる;びしょぬれにする;散水する. *La lluvia mojó a todos.* 雨で皆がぬれた. **2**《en... …に》浸す, つける. ~ *la pluma en el tintero* ペンをインク瓶につける. **3**《音声》口蓋(ヵィ)音化する. **4**《話》祝う. ~ *una victoria* 勝利を祝う. **5**〈人を〉刺す. **6**《話》おねしょうする. **7**《ラ米》(ダ)買収する;つばをはずむ.
― 自《en... …に》かかわる, 入り込む.
― ~**se** 再 **1** ぬれる, ずぶぬれになる. *Me mojé hasta los huesos.* 私は全身びしょぬれになった. **2**《話》決断を下す. **3**《話》不法な仕事に従事する. **4**《ラ米》(ダ)(ベ)(労せずに)稼ぐ.
[← [俗ラ] *molliare([ラ] *mollis*「柔らかい」より派生；「(ぬらして)柔らかくする」が原義); 関連 mojada, mojadura, remojar; [英] *mild*]

mo·ja·rra [mo.xá.r̄a] 女 **1**《魚》アフリカフナ. **2**《ア》舌. **3**《ラ米》(幅広で短い)ナイフ. (2)(*)《ア》不法入国者 (= *espalda mojada*).

mo·ja·rri·ta [mo.xa.r̄í.ta] 女《ラ米》いつも陽気な人.

mo·je [mó.xe] 男《話》(料理の)ソース, 煮汁, 焼き汁.

mo·je·ra [mo.xé.ra] 女《植》→ mostellar.

mo·jí [mo.xí] 男 顔を殴ること.

mo·ji·cón [mo.xi.kón] 男 **1**《話》顔を殴ること. *pegar un* ~ *a* + 人. 人の顔を殴る. **2** スポンジケーキの一種.

mo·ji·gan·ga [mo.xi.gáŋ.ga] 女 **1**(特に動物に扮する)仮装パーティー, 仮面舞踏会. **2** 笑劇；茶番. **3** あざけり, あざ笑い.

mo·ji·ga·te·rí·a [mo.xi.ga.te.rí.a] 女 猫かぶり, 偽善.

mo·ji·ga·tez [mo.xi.ga.téθ / -.tés] 女 猫かぶり, 偽善.

mo·ji·ga·to, ta [mo.xi.gá.to, -.ta] 形 **1** 猫をかぶった, 偽善的な. **2**《軽蔑》道徳家ぶった, 上品ぶった, 良識家ぶった. **3** 信心家ぶる. ― 男 女 **1** 猫かぶり, 偽善者；上品ぶる人. **2** えせ信者.

mo·ji·ne·te [mo.xi.né.te] 男 **1**(塀の)屋根, 笠石(かさ). **2** 屋根の棟. **3**《ラ米》(1)(アル)(チ)(牧舎などの)破風, 切妻. (2)(コチ)《俗》大きな尻(しり).

mo·ji·to [mo.xí.to] 男 **1** モヒート：ラム酒ベースのライム・ソーダ・ミント・砂糖などを加えたカクテル. **2**《ラ米》(メシ)魚・ココナッツジュース・香辛料で作る料理.

mo·jo [mó.xo] 男 **1** → moje. **2** オリーブ油と酢に香辛料とハーブなどを加えたソース[ドレッシング]. **3**《料》(1)《ラ米》タマネギ炒め. (2) ~ *picón* 炒めたタマネギにニンニク・パセリ・パプリカなどを加えて作るカナリア諸島のソース.

mo·jo·jó [mo.xo.xó] 男《ラ米》(コロ)食用の幼虫.

mo·jón [mo.xón] 男 **1** 境界石, 道標. ~ *kilométrico* キロメートル道標, 里程標. **2** 積み重ねた山, 堆積(たいせき)物. **3**(一塊の)人糞(ふん). **4**《ラ米》(チ)(コロ)《俗》うそ.

mo·jo·nar [mo.xo.nár] 他 境界を設定する, 境界を打ち込む.

mo·jo·ne·ar [mo.xo.ne.ár] 他《ラ米》(チ)(コロ)《話》〈人に〉うそをつく.

mo·jo·ne·ro, ra [mo.xo.né.ro, -.ra] 形《ラ米》(チ)(コロ)《話》うそつきの.

mo·ka [mó.ka] 男 → moca¹.

mol [mól] 男《物理》《化》**1** モル：物質量の単位. **2** グラム分子 (= *molécula-gramo*).

mo·la [mó.la] 女 **1** 塩をまぶした炒(い)った大麦粉. 昔ローマ人が生贄(にえ)の獣の前やかがり火の中にまいた. **2**《医》胞状奇胎 (= ~ *matriz*, ~ *quística*)：異常妊娠の一種. **3** 円山. **4**《ラ米》(パ)モラ：*cuna* 人のアップリケ刺繍(しゅう).

mo·la·cha [mo.lá.tʃa] 女《ラ米》(メキ)《話》子供, 少年, 少女.

mo·la·da [mo.lá.ða] 女 ひと臼(うす)分.

mo·lar¹ [mo.lár] 自《スペイン》《話》**1**《a + 人〈人〉の》気に入る. *Me mola mucho tu página.* 君のウェブページすごくいいね (► *me* が *a* + 人に相当). **2** かっこいい. *Molas mucho con ese color de pelo.* その髪の色すごくすてきだよ.

mo·lar² [mo.lár] 形 **1** (大) 臼歯(きゅうし)の. **2** かみ砕く. ― 男 (大) 臼歯 (= *diente* ~).

mo·la·ri·dad [mo.la.ri.ðáð] 女《化》(体積)モル濃度.

mo·la·sa [mo.lá.sa] 女 石灰質の砂岩.

mol·ca·je·te [mol.ka.xé.te] 男《ラ米》(メキ) **1** 乳鉢(はち). **2**(メキ)すり鉢.

mol·ca·te [mol.ká.te] 男《ラ米》成長していないウモロコシの穂[実].

mol·dar [mol.dár] 他 **1** 型に合わせる, 型にはめる. **2**《建》刳形(くりがた)[玉縁]をつける.

Mol·da·via [mol.dá.bja] 固名 モルドバ (共和国)：独立国家共同体の一つ. 首都 Chisinau [Kishinev].

mol·da·vo, va [mol.dá.bo, -.ba] 形 モルドバの, モルドバ人の. ― 男 女 モルドバ人.

‡**mol·de** [mól.de] 男 **1** 型, 枠, 鋳型, (菓子などの)流し型. *pan de* ~ 食パン. **2** 編み針. **3** 手本, 規範, モデル. **4** 跡. **5**《印》紙型；組み版. *letra(s) de* ~ 活字(体).
de molde ぴったり合った. *venirle* (*a* + 人) *de* ~〈人〉にぴったりである.
[← [ラ] *modulum* (*modulus* の対格)「尺度」(→ *módulo*)；*modus*「標準」+ 縮小辞； 関連 [英] *mo(u)ld*]

mol·de·a·ble [mol.de.á.ble] 形 **1** 型に取れる, 型で作れる. **2**〈人が〉扱いやすい, 御しやすい.

mol·de·a·do [mol.de.á.ðo] 男 **1** 型取り；成型. **2** 鋳造(ちゅう)[品]；鋳物(いも). **3**(人工的に作った髪の)ウェーブ.

mol·de·a·dor, do·ra [mol.de.a.ðór, -.ðó.ra] 形 型に取る；成型する. ― 男 女 型を取る人；鋳型工.

mol·de·a·mien·to [mol.de.a.mjén.to] 男 **1** 型取り；成型. **2** 鋳造(ちゅう).

mol·de·ar [mol.de.ár] 他 **1** 型に入れて作る, 成型する；鋳造(ちゅう)する. **2** 型を取る. **3** 形づくる. *La vida moldea a los hombres.* 人生が人を作る. **4**〈家具などに〉刳形(くりがた)(材)をつける. **5**〈髪に〉パーマをかける.

Mol·do·va [mol.dó.ba] 固名 → Moldavia.

mol·du·ra [mol.dú.ra] 囡 **1** 刳形(line), モールディング. ～ **ovalada** 卵形刳形. **2** 額縁.

mol·du·rar [mol.dur̄ár] 他 〈作品に〉刳形(line)をつける, 刳形で装飾する.

mo·le¹ [mó.le] 形 柔らかい, ふっくらした.

mo·le² [mó.le] 囲 **1** 巨大なもの, 巨塊; 巨体. Ese hombre es una ～ de carne. その男はまるで肉の塊だ. **2**《建》杭, パイル.

mo·le³ [mó.le] 男
《ラ米》(1)《料》モレ：チリトウガラシ・チョコレート・ゴマなどを煮込んだソース, 鶏肉などにかけて食べる. ～ **verde** 青トウガラシとトマトのソース. ～ **dulce** チョコレート・ニッケイ・砂糖のソース.
(2)《話》血.

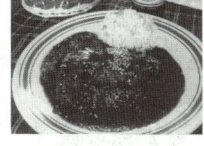

mole³ (モレ：メキシコ)

ser el mole de+人《ラ米》《話》〈人〉のお気に入りである.

mo·lé·cu·la [mo.lé.ku.la] 囡《化》分子; 微分子. ～-**gramo** グラム分子.

mo·le·cu·lar [mo.le.ku.lár] 形 分子の. **masa** ～ 分子質量. **peso** ～ 分子量. **fórmula** ～ 分子式.

mo·le·de·ro, ra [mo.le.ðé.ro, -.ra] 形 ひくことのできる, 粉砕できる.

mo·le·dor, do·ra [mo.le.ðór, -.ðó.ra] 形 **1** ひく, 砕く. **2**《話》うんざりさせる. ― 男 囡《話》煩わしい人. ― 囡 (サトウキビの)粉砕ローラー.

mo·le·du·ra [mo.le.ðú.ra] 囡 **1** ひくこと, 砕くこと. **2**《話》疲れ.

mo·le·jón [mo.le.xón] 男 回転砥石(さい).

mo·le·ni·llo [mo.le.ní.ʝo ‖ -.ʎo] 男《ラ米》ミキサー, ジューサー.

***mo·ler** [mo.lér] 22 他 **1** 砕く, ひく, すりつぶす, 粉にする. ～ **trigo** 小麦をひく. **2**《話》疲れさせる, へとへとにさせる. **3**《話》うんざりさせる, 辟易(含含)させる. **4**《話》痛みを与える, 傷つける, 壊す. ～ **a golpes**[**palos**]《話》たたきのめす. **5**《ラ米》(サトウキビを)搾る.
― 自《ラ米》《話》懸命に働く.
― ～**se** 再 くたくたに疲れる. ～*se* **a trabajar** 身を粉にして働く.
[← ［ラ］ *molere* (*mola*「ひき臼」より派生).［関連］**molar, molienda, molino, martillo.**［英］*mill*「製粉場」]

mo·les·ta·men·te [mo.lés.ta.mén.te] 副 うるさく, 煩わしく.

****mo·les·tar** [mo.les.tár] 他 **1**(1)〈人に〉迷惑をかける, 困らせる;邪魔する.
¿Te *estoy molestando*? 私邪魔でしょうか. Perdón, ¿le *molesto*? ― No, ¡adelante! すみません, よろしいですか. ―どうぞどうぞ. ¿Le *molesta* si fumo? タバコを吸ったらご迷惑でしょうか. Me *molesta* el ruido de la televisión. テレビの音がうるさい. ▶ 目的語を省いて自動詞的に用いる場合がある. No quisiera ～, pero tengo que hablar con usted. ご迷惑をかけたくないのですが, あなたとお話をしなくてはなりません. No ～. 《掲示》《ホテルなどで》起こさないでください, 入室ご遠慮ください.(2)《+不定詞, **que**+接続法 …するのは》…することが面倒である, 不快である. Me *molesta tener que* empezar de nuevo. やり直すのは私には面倒だ. ¿Te *molesta que te hablen* así? 君のように話されるのは迷惑ですか. ▶ 直接目的人称代名詞ではなく, 間接目的人称代名詞が用いられる傾向がある.
2〈人を〉不快にさせる;〈人に〉軽い痛みを与える. Espero no *haberos molestado*. 君たち気分を害していないといいのですが. **3**《ラ米》《話》(1)〈女性に〉言い寄る.(2)《話》〈人〉をからかう.
― ～**se** 再 **1** 気にかける;《**en**+不定詞》《…を》わざわざ行う, 親切にする. ¿Quiere que baje el volumen de la radio? ― Por mí no *se moleste*. ラジオの音低くした方がいいですか. ―私のことは気にしないでください. *No se moleste*, estoy a gusto. おかまいなく, 私は快適ですから. *Se molestó en llevarnos* a la estación en coche. 彼[彼女]はわざわざ私たちを車で駅へ送ってくれた.
2《*por*…／**con**+人〈人〉を》不快に思う. *Se molestaba por* nada. 彼[彼女]はささいなことでよく気分を害していた.
¿*Te* [*Le*, …] *molesta…?*／¿*Te* [*Le*, …] *molestaría…?*《丁寧》(1)《+不定詞》《依頼》《君[あなた, …]は》…していただけますか. ¿*Te molestaría hablar* más bajo? もう少し小さな声で話していただけませんか.(2)《**que**+接続法 …して》《許可》君[あなた, …]はかまわないでしょうか. ¿*Le molesta que cierre* la ventana? ― No, ciérrela. 窓を閉めてもよろしいですか. ―どうぞ, 閉めてください (▶ 肯定の返答は **no** になる).
[← ［ラ］ *molestāre* (*molestus*「煩わしい」より派生);［関連］**molestia**. [英] *molest*]

***mo·les·tia** [mo.lés.tja] 囡 **1** 迷惑, 煩わしさ. **causar** ～ **a…** …に迷惑をかける. **si no es una** ～ **para usted** あなたにご迷惑でなければ. **Los ruidos continuos de la calle son una** ～. 絶え間ない交通の騒音がうっとうしい. **No es ninguna** ～. 一向にかまいません. **Perdone por tanta** ～. 色々とご迷惑をおかけしてすみません.
2《主に複数で》(肉体の)不快感, 違和感. **sentir algunas** ～**s en el codo** ひじに少し違和感を感じる.
tomarse la molestia de… わざわざ…する. Usted *se ha tomado la* ～ *de* haber venido a ayudarme, se lo agradezco. わざわざ助けに来てくださって本当に感謝します.

***mo·les·to, ta** [mo.lés.to, -.ta] 形 **1** 煩わしい, 面倒な, 厄介な, 迷惑な;邪魔な;不都合な. **si no es** ～ **para ti** もし君に迷惑でなかったら. **Las faldas largas son** *molestas*. ロングスカートは煩わしい.
2 不愉快な, 我慢のならない, 嫌な;いらいらさせる, 退屈な. **Es un hombre muy** ～. 実に不愉快な男だ. **viaje** ～ 難儀な旅. **3** 居心地が悪い, 落ち着かない. **4** 腹を立てた, 怒った;不満な. **No tenía por qué sentirse** ～. 彼が気を害することはなかったのに.
― 活 → **molestar**.

mo·les·to·so, sa [mo.les.tó.so, -.sa] 形《ラ米》煩わしい, 厄介な, 面倒な.

mo·le·ta [mo.lé.ta] 囡 **1** すり棒, 乳棒. **2** ガラス研磨器. **3**《紋》内部に円がある星の紋章.

mo·lib·de·no [mo.liβ.ðé.no] 男《化》モリブデン：金属元素の一つ (記号 Mo).

mo·li·cie [mo.lí.θje / -.sje] 囡 **1** 柔軟さ, 柔らかさ;軟弱. **2** 安逸, ぜいたく. **vivir en la** ～ 安逸な生活を送る.

mo·li·do, da [mo.lí.ðo, -.ða] 形 **1** ひいた;粉にした, 粉状の. **trigo** ～ ひき麦. **oro** ～ 金粉. **pimienta** *molida* (ひいた)粉コショウ. **2**《話》疲れ切った;痛めつけられた, たたきのめされた. **estar** ～ **de trabajar** 仕事でくたくたに疲れている.

mo·lien·da [mo.ljén.da] 囡 **1** ひくこと,砕くこと,すりつぶすこと;製粉. **2**(オリーブ・サトウキビなどを)搾ること,圧搾;その作業の時期. **3**(小麦などを)1回にひく分量. **4**《話》骨の折れる仕事,厄介なこと. **5**《話》疲れ,ばて.

mo·lien·te [mo.ljén.te] 圏 ひき割る,粉にする. **— ·se** 再 柔らかくなる,軟化する.

mo·li·fi·car [mo.li.fi.kár] 囮 他 柔らかくする,軟化させる. **— ·se** 再 柔らかくなる,軟化する.

mo·li·mien·to [mo.li.mjén.to] 圐 **1** ひくこと,粉にすること. **2** 疲労困憊(ぱい);面倒.

mo·li·ne·rí·a [mo.li.ne.rí.a] 囡 製粉業;製粉所が建てこんでいる所[地区].

mo·li·ne·ro, ra [mo.li.né.ro, -.ra] 圏 製粉の. *industria molinera* 製粉業. — 图 粉屋,粉ひき小屋の番人;製粉業者. — 囡 粉屋の女房.

mo·li·ne·te [mo.li.né.te] 圐 **1** 換気扇. **2**(おもちゃの)風車. **3**〖海〗回転ドア. **4**〖海〗通風管;揚錨(ぴょう)機. **5**〖スポ〗大車輪;(フェンシングなどで)剣を頭上で振り回すこと. **6**〖闘牛〗牛と反対方向に体を回転させムレータ *muleta* で牛のわき腹をかすめる技. **7**(ラ米)(ペ)回転(ねずみ)花火. [*molino* + 縮小辞]

mo·li·ni·llo [mo.li.ní.ʎo / -.ʝo] 圐 **1** 粉ひき器,ミル. ~ *de café* [*pimienta*] コーヒー[コショウ]ひき(器). **2** ~ *de carne* 肉ひき器. **3**(チョコレートなどを溶かすときに用いるぎざぎざのついた)攪拌(かくはん)棒. [*molino* + 縮小辞]

mo·li·nis·mo [mo.li.nís.mo] 圐〖神〗モリニズム:スペインの神学者 *Molina* (1536-1600) の説. 人間の自由意志と神の恩恵の調和を説く.

M ***mo·li·no** [mo.lí.no] 圐 **1** 粉引き器;粉砕機,圧搾機.arrocero 精米機. ~ *aceitero* 搾油機. ~ *de café* コーヒーミル. ~ *de la moneda* 鋳貨機. ~ *de papel* 製紙機.

molino de viento(風車小屋)

2 粉引き場;水車,水車小屋(= ~ *de agua*);風車,風車小屋(= ~ *de viento*).
3《軽蔑》落ち着きのない人;厄介な人.
ir al molino(博打(ばくち)で)集団による不正を行う;共謀する.
llevar demasiada agua al molino de +人 〈人の〉水車に水を引き過ぎる,我田引水.
luchar contra molinos de viento 風車に戦いを挑む(不可能に近いことを無理に試みる。Cervantes 作 *Don Quijote* にちなむ).
[← [後ラ] *molīnum*([ラ] *molere*「挽く」より派生); 関連 *molinero*. [仏] *moulin* [英] *mill*]

mo·li·ti·vo, va [mo.li.tí.βo, -.βa] 圏 柔らかくするのによい,軟化効果のある.

mo·lla [mó.ʎa] 囡 **1**(骨・脂肪を除いた)肉,赤身. **2**(パンの)柔らかな中身;果肉. **3**《複数で》《話》ぜい肉.

mo·llar [mo.ʎár ‖ -.ʝár] 圏 **1** 柔らかい,固くない. *carne* ~(骨・脂肪を除いた)肉. *guisante* ~ サヤエンドウ. **2** もうかる,有利な,ぬれ手で粟(あわ)の. **3** 御しやすい,だましやすい,うぶな.

mo·lle [mó.ʎe ‖ -.ʝe] 圐〖植〗コショウボク.

mo·lle·do [mo.ʎé.ðo ‖ -.ʝé.-] 圐 **1**(手足の)肉づきのよい部分. **2**(パンの)柔らかい中身.

mo·lle·ja [mo.ʎé.xa ‖ -.ʝé.-] 囡 **1**〖鳥〗砂嚢(のう). **2**(子牛・子羊の)胸腺(せん):食用として珍重. **3**〖解剖〗胸腺. **4**(ラ米)(ペ)(ベネ)懐中時計.

mo·lle·jón [mo.ʎe.xón ‖ -.ʝé.-] 圐 回転砥石(といし).

mo·lle·ra [mo.ʎé.ra ‖ -.ʝé.-] 囡 **1**〖解剖〗頭頂部;(胎児・乳児の)ひよめき,泉門. **2**《話》理解力,知能,頭. *cerrado* [*duro*] *de* ~ 頭の鈍い;頑固な. **3**(ラ米)(グ)《複数で》力こぶ.
cerrarse la mollera 泉門が閉じる;〈子供に〉知恵がついてくる,物心がつく.
metérsele en la mollera (*a*+人)〈考えなどが〉〈〈人〉の〉頭に浮かぶ.

mo·lle·ro [mo.ʎé.ro ‖ -.ʝé.-] 圐(ラ米)(グ)(ベネ)《複数で》力こぶ.

mo·lle·te [mo.ʎé.te ‖ -.ʝé.-] 圐 **1** ロールパン,小型の丸パン. **2** 丸顔,下膨れの顔. **3**(腕の)筋肉,力こぶ. **4**《話》ぜい肉.

mo·lli·fi·car [mo.ʎi.fi.kár ‖ -.ʎi.-] 囮 他 → *molificar*.

mo·lliz·na [mo.ʎíθ.na ‖ -.ʎíθ.- / -.ʝís.-] 囡 霧雨,こぬか雨.

mo·lliz·nar [mo.ʎiθ.nár ‖ -.ʎiθ.- / -.ʝis.-] / **mo·lliz·ne·ar** [mo.ʎiθ.ne.ár ‖ -.ʎiθ.- / -.ʝis.-] 自《3人称単数・無主語で》霧雨が降る (= *lloviznar*).

mo·lo [mó.lo] 圐(ラ米)(1)(チリ)ジャガイモのピューレ. (2)(ペ)(ブラジ)防波堤.

mo·loc / **mo·loch** [mo.lók] 圐〖動〗トゲトゲトカゲ.

mo·lón, lo·na [mo.lón, -.ló.na] 圏《話》すてきな,好ましい. *un coche* ~ かっこいい自動車. *Estás muy molona con ese vestido*. そのドレス,とても似合ってるよ.

moloc(トゲトゲトカゲ)

mo·lon·dro [mo.lón.dro] 圐《話》でくの坊,役立たず.

mo·lo·te [mo.ló.te] 圐(ラ米)(1)(メ)糸玉;もつれ,絡まり. (2)(メ)中にひき肉などを入れたトルティージャ *tortilla* の揚げ物. (3)(タ)(ペ)(メ)騒動. (4)(コロ)卑劣な手. (5)(ペ)(メ)束髪.

mo·lo·te·ra [mo.lo.té.ra] 囡(ラ米)(メ)《話》騒ぎ,混乱.

mol·tu·ra [mol.tú.ra] 囡 挽(ひ)くこと,砕くこと,粉砕.

mol·tu·ra·ción [mol.tu.ra.θjón / -.sjón] 囡 → *molienda* **1**.

mol·tu·rar [mol.tu.rár] 囮 他 → *moler* **1**.

mo·lus·co [mo.lús.ko] 圐〖動〗軟体動物;《複数で》軟体動物類. ~ *contagioso*〖医〗伝染性軟属腫.

mo·me·ar [mo.me.ár] 自 おどける.

mo·men·tá·ne·a·men·te [mo.men.tá.ne.a.mén.te] 副 たちどころに;目下のところ,一時的に.

mo·men·tá·ne·o, a [mo.men.tá.ne.o, -.a] 圏 **1** 一瞬の,瞬間的な;一時的な,当座の. *una vacilación momentánea* 一瞬のためらい. *un apuro* ~ *de dinero* 一時的な手元不如意.
2 すぐできる,即席の.

mo·men·to [mo.mén.to] 圐 **1 瞬間,一瞬,瞬時. *hace un* ~ ほんの少し前に. *sin perder un* ~ 一瞬たりとも無駄にせずに. *Lo haré dentro de un* ~. すぐにそれをやります. *No tengo ni un* ~ *libre*. 私はいっときの暇もない. *Alberto se detuvo un* ~. アルベルトは一瞬立ち止まった. *¡Un* ~, *ya voy!* ちょっと待って,今行く.

monate

2 時期, 時. desde ese ～その時から. en ese ～そのとき. en buen ～ちょうどよいタイミングで. en mal ～悪いときに, 折悪く. ～ crucial 重大なとき; 危機. últimos ～s 臨終のとき, 最期. Pasamos ～s felices en Alicante. 私たちはアリカンテで幸せなときを過ごした. Ha llegado el ～ de irme de aquí. ここを去る時が来た.

3 時機, 機会. ～ oportuno 好機, チャンス. Es buen ～ para decirle la verdad. 彼[彼女]に本当のことを言ういい機会だ.

4 今, 現在; 流行時点. la moda del ～ 最近の流行. ser el hombre del ～ 時の人である.

5 重要性. cosa de poco ～ ささいなこと. **6** 《物理》モーメント. ～ de inercia 慣性モーメント.

a cada momento しょっちゅう, ひっきりなしに.
al momento すぐに, ただちに.
de momento (1) 一時の, その場限りの. (2) 今のところ, 目下. De ～ no ha ocurrido nada. 今のところ何も起こっていません.
de un momento a otro 間もなく, 今にも. Él vendrá de un ～ a otro. 彼はもう間もなく来るでしょう.
en el momento actual [presente] 今, 現在; たった今.
en el [un] primer momento 最初は, 初めのうちは.
en este momento 今, 現在; たった今.
en estos momentos / en los momentos actuales [presentes] 現在, この時代.
en todo momento いつでも, 常に.
en un momento すぐに, すばやく. Volveré *en un ～*. すぐに戻ります.
por el momento 今のところ, さしあたって.
por momentos 刻々と, 急速に.
[←〔ラ〕*mōmentum*「動かす力」; 動き; 瞬間」 ← *movimentum*「動き」; *movēre*「動かす」より派生; 関連 momentáneo, movimiento. 〔英〕*moment*「瞬間」, *movement*「動き」]

mo·me·rí·a [mo.me.rí.a] 囡 道化, おどけ.

mo·mia [mó.mja] 囡 **1** ミイラ. ◆inca 帝国では歴代皇帝のミイラが Cuzco の霊廟に安置され, 太陽の子としての復活が信じられていた. → mirra.
2《話》やせこけた人, 骨と皮ばかりの人.

mo·mi·fi·ca·ción [mo.mi.fi.ka.θjón / -.sjón] 囡 ミイラ化, ミイラにする[なる]こと.

mo·mi·fi·car [mo.mi.fi.kár] 囮 他 ミイラにする.
— ～**·se** 再 ミイラになる.

mo·mio, mia [mó.mjo, -.mja] 形 **1** 脂肪のない (= magro). carne *momia* 脂身のない肉.
2 柔らかい. — 男 **1** もうけ物, 掘り出し物; もうけ仕事, うまい話. **2** おまけ, 景品, 余禄.
de momio ただで, 苦労せずに.

mo·mo [mó.mo] 男 道化, おかしな[こっけいな]仕草, 道化. hacer ～s おどける.

mo·mór·di·ga [mo.mór.ði.ɡa] 囡 《植》ウリ科ツルレイシ属のつる草.

mo·na [mó.na] 囡 **1** → mono. **2** 《話》酩酊; 酔っ払い. coger [pillar] una ～ 酔っ払う. estar con la ～ 《話》酔っている. dormir la ～ 酔いつぶれて眠り込む. **3**《遊》《トランプ》ジャック; ばば抜き. **4**《闘牛》《ピカドール picador の右足全体を覆う防具. **5** ケーキ, パイ; 特に復活祭に食べる特別なケーキ・パイ・菓子パン (= ～ de Pascua) を指す. **6**《ラ米》《パ》《俗》つやっぱい女性. (2)《セ》マネキン (人形). (3)《コワ》《話》金髪の女性. (4)《カリブ》《話》二日酔い.
— 形 → mono.

como la mona《ラ米》《プエルトリコ》《チ》《話》ひどく, 悪く.
enviar [*mandar*] *a+人 a freír monas*〈人〉をほうり出す, 追い払う.
hecho [*corrido como*] *una mona*《話》赤恥をかいた.
¡Vete [Anda] a freír monas!《話》くたばれ, とっとと消えうせろ.

mo·na·cal [mo.na.kál] 形 修道士の, 修道女の. vida ～ 修道生活.

mo·na·ca·to [mo.na.ká.to] 男 修道士[修道女]の身分; 修道院生活; 修道院制度.

mo·na·ci·llo [mo.na.θí.jo | -.ʎo / -.sí.-] 男《カト》(ミサの) 侍者, 侍祭.

Mó·na·co [mó.na.ko] 固名 モナコ (公国) : 首都 Mónaco. [←〔ラ〕(*Arx*) *Monoecī*「モノエクス (ヘラクレスのみだ名) の砦」; 主格形 *Monoecus* は〔ギ〕*Mónoikos* より (*mono-*「唯一の」+ *oîkos*「家」;「独り住まいの(者)」という語源俗解から)]

mo·na·cor·dio [mo.na.kór.ðjo] 男《音楽》マニコルドン : スピネットよりやや大型の古楽器.

mo·na·da [mo.ná.ða] 囡 **1** 猿の仕草; 猿のような顔つき. **2**《話》子供じみたばかげた] 行為. **3** おべっか, 追従;〈複数で〉こび, 媚態. **4**《話》(子供の) 愛嬌, かわいらしさ. ¡Qué ～! なんてかわいいんでしょう. **5**《話》かわいらしいもの[人], すてきなもの[人]. ¡Hola, ～! やあ, べっぴんさん. ¡Qué ～ de pulsera! とてもすてきなブレスレットね.

mó·na·da [mo.ná.ða] 囡 **1**《哲》モナド, 単子. ◆ライプニッツ Leibniz (1646-1716) 哲学の用語で, 実在を構成する究極の物的・心的要素. **2**《生物》単細胞生物, モナス.

mo·na·del·fo, fa [mo.na.ðél.fo, -.fa] 形《植》単体雄蕊の.

mo·na·do·lo·gí·a [mo.na.ðo.lo.xí.a] 囡《哲》(ライプニッツの) モナド論, 単子論.

mo·na·go [mo.ná.ɡo] 男《話》→ monaguillo.

mo·na·gui·llo [mo.na.ɡí.jo | -.ʎo] 男《カト》(ミサの) 侍者, 侍祭.

*****mo·nar·ca** [mo.nár.ka] 男 君主, 帝王, 主権者. [←〔ギ〕*monárkhēs* (*mono-*「唯一の」+ *arkhós*「支配者」); 関連 monarquía. 〔英〕*monarch*]

*****mo·nar·quí·a** [mo.nar.kí.a] 囡 **1** 君主制, 王政. ～ absoluta 絶対君主制. ～ constitucional 立憲君主制. **2** 君主の在位期間.

mo·nár·qui·ca·men·te [mo.nár.ki.ko.mén.te] 副 君主制の面で.

*****mo·nár·qui·co, ca** [mo.nár.ki.ko, -.ka] 形 君主 (制) の, 君主政体下の; 君主制を支持する.
— 男 囡 君主制支持者.

mo·nar·quis·mo [mo.nar.kís.mo] 男 君主 (制) 主義.

mo·nas·te·rial [mo.nas.te.rjál] 形 修道院の, 修道院に関する.

mo·nas·te·rio [mo.nas.té.rjo] 男 **修道院, 僧院**. →次ページに図. → convento 類語.
[←〔ラ〕*monastērium* ←〔ギ〕*monastērion*「隠者の独り住まいの小屋」(*mónos*「独りの」より派生);〔関連〕〔英〕*monastery*]

mo·nás·ti·co, ca [mo.nás.ti.ko, -.ka] 形 修道院の; 修道士の, 修道女の. reglas *monásticas* 修道院の規則.

mo·na·te [mo.ná.te] 男《ラ米》《メ》腋臭, 腋の下の臭い.

Mon Blan
[móm blán] 固名
モンブラン：アルプスの最高峰．4807m．
[［仏］*Mont Blanc*（原義は「白い山」）の訳］

monasterio
（修道院：エル・エスコリアル）

Mon.cho
[món.tʃo] 固名
モンチョ：Ramón の愛称．

mon.clo.vi.ta [moŋ.klo.bí.ta] 形 **1** 首相官邸 Palacio de La Moncloa の． **2** 官邸事情に詳しい．—男女 官邸通の人．

mon.da [món.da] 女 **1** 剪定（ᡭᡲ），刈り込み；剪定の時期． **2** 皮むき；《複数で》むいた皮［くず］．～s de patatas ジャガイモの皮． **3** 清掃人． **4** 井戸さらい． **5** 《ラ米》《ᡭᡲ》《ᡭᡲ》《ᡭᡲ》鞭打ち． **6** 《ラ米》遺骨整理［発掘］．
ser la monda 《話》すごい；とてもおもしろい．Este tipo *es la* ～. この男はすごいやつだ；とてつもなくおもしろいやつだ．

mon.da.dien.tes [mon.da.ðjén.tes] 男《単複同形》爪楊枝．

mon.da.dor, do.ra [mon.da.ðór, -.ðó.ra] 形きれいにする，取り除く；剪定（ᡭᡲ）する，皮をむく．—男女 **1** 剪定をする人，清掃人． **2** 皮むき器．

mon.da.du.ra [mon.da.ðú.ra] 女 → monda.

mon.da.o.í.dos [mon.da.o.í.ðos] / **mon.da.o.re.jas** [mon.da.o.ré.xas] 男《単複同形》耳かき．

mon.dar [mon.dár] 他 **1** （果実などの）皮をむく，殻を取る．～ cacahuetes ピーナッツの皮をむく． **2** （水底・井戸などの）どろ・汚物を取り除く． **3** 剪定（ᡭᡲ）する，刈り込む． **4** きれいにする． **5** 髪をむしる；毛を抜く． **6** 《話》金を巻き上げる． **7** 《話》たたく． **8** 《ラ米》 (1) 《チリ》《ᡭᡲ》《ᡭᡲ》鞭打ちで打ちすえる． (2) 《ᡭᡲ》打ち負かす．—**se** 再 **1** 皮がむける． **2** 《話》大笑いする．
¡Anda y que te monden! 出ていってくれ．
mondarse de risa 《話》笑い転げる，腹を抱えて笑う．
mondarse los dientes 爪楊枝（ᡭᡲ）を使う．

mon.do, da [món.do, -.da] 形 **1** 正味の，純然たる，単なる；《*de*...》...のない．El hecho ～ es... 事実は…である．sueldo ～ 給料の手取り額． **2** 毛落した，はげた． **3** 無一文の．
mondo y lirondo 純粋の，生のままの．la verdad *monda y lironda* あるがままの真実．

mon.don.go [mon.dóŋ.go] 男 **1** （特に豚の）内臓． **2** 《話》（人の）腸． **3** 腸詰め． **4** 《話》おもしろく［実入りのよい］こと． **5** 《ラ米》《話》 (1) 《ᡭᡲ》《*》《ᡭᡲ》《ᡭᡲ》《ᡭᡲ》臓物の煮込み（料理）． (2) 《ᡭᡲ》奇妙な服装［飾り］．

mon.don.gue.rí.a [mon.doŋ.ge.rí.a] 女 臓物［腸詰め］を売る店．

mon.don.gue.ro, ra [mon.doŋ.gé.ro, -.ra] 男女 臓物［腸詰め］売り．—男 **1** 《ラ米》 (1) 《ᡭᡲ》内臓，臓物． (2) 《ᡭᡲ》《話》太っちょの女．

mo.ne.ar [mo.ne.ár] 自 《話》 **1** 猿のような仕草をする，おどけた顔をする，ふざける． **2** 《ラ米》 (1) 《チリ》《ᡭᡲ》《ᡭᡲ》もったいぶる，うぬぼれる． (2) 《ᡭᡲ》《ᡭᡲ》よじ登る，《ᡭᡲ》熱心に誘う．

＊＊mo.ne.da [mo.né.ða] 女 硬貨，コイン；貨幣；通貨（=～ *corriente*）（▶ *dinero* と違って実際の流通・交換を前提とした貨幣を意味する．硬貨の「表」は anverso，「裏」は reverso，周囲の「溝」は cordoncillo）．*acuñar* ～ 貨幣を鋳造する．Casa de la *M*～ 造幣局．～ *contante y sonante* 硬貨，現金．～ *imaginaria* / ～ *de cuenta*（通貨として使用されない計算［勘定］貨幣．～ *de papel* / *papel* ～ 紙幣（=billete）．～ *de ley* 法定貨幣．～ *falsa* 偽造硬貨．～ *fiduciaria* 信用貨幣．～ *suelta* ～ (=suelto, sencillo, cambio)．～ *fraccionaria* [divisionaria] 小額貨幣 (centavo など)．～ *extranjera* 外貨．*cotización de la* ～ 通貨レート．*cambio de* ～ (=cambio)．La ～ *de muchos países de Europa es el euro.* ヨーロッパ諸国の通貨はユーロだ．

関連 スペイン語圏の現通貨単位（2006年時点）：euro ユーロ（スペイン）. peso ペソ（メキシコ，キューバ，ドミニカ共和国，コロンビア，チリ，ウルグアイ，アルゼンチン）. quetzal ケツァル（グアテマラ）. lempira レンピラ（ホンジュラス）. colón コロン（エルサルバドル，コスタリカ）. córdoba コルドバ（ニカラグア）. balboa バルボア（パナマ）. bolívar ボリバル（ベネズエラ）. sucre スクレ（米ドル導入前のエクアドル）. nuevo sol ヌエボ・ソル（▶ 日常では「ソル」）（ペルー）. boliviano ボリビアーノ（ボリビア）. guaraní グァラニー（パラグアイ）. その他の主要通貨単位：dólar 米ドル（米国及びエクアドルなど）. yen 円（日本）. libra ポンド（イギリス）. rublo ルーブル（ロシアなど）. won ウォン（韓国など）. yuan 元（中国）. peseta ペセタ（ユーロ導入前のスペイン）. franco フラン（ユーロ導入前のフランスなど）. marco マルク（ユーロ導入前のドイツなど）.

pagar con la misma moneda a... 《話》…にしっぺ返しする．
ser buena moneda 《話》価値がある．
ser dos caras de la misma moneda 《話》〈2つのことが〉表裏一体の関係にある．
ser la otra cara de la moneda 《話》（前述と）似ているが実は対照的である．
ser moneda corriente 《話》日常茶飯事である．
Se ruega moneda fraccionaria [divisionaria]. 《交通機関などの掲示》小額貨幣でお支払いください；小銭をご用意ください．
y moneda 《話》《金額》…と少々．
[←［ラ］*monētam* (*monēta* の対格) ← *Monēta*（女神 Juno のあだ名；その神殿で貨幣の鋳造が行われていた）．関連 monetario．［英］*money*］

mo.ne.dar [mo.ne.ðár] / **mo.ne.de.ar** [mo.ne.ðe.ár] 他 《貨幣を》鋳造する．

mo.ne.de.ra [mo.ne.ðé.ra] 女 《ラ米》小銭入れ．

mo.ne.de.ro, ra [mo.ne.ðé.ro, -.ra] 男 貨幣鋳造者．—男 **1** 小銭入れ，財布． **2** 《ラ米》《ᡭᡲ》公衆電話．—女 《ラ米》小銭入れ，財布．
monedero electrónico 電子マネー，少額の金を支払うことのできるクレジットカード．

mo.ne.gas.co, ca [mo.ne.gás.ko, -.ka] 形 モナコ Mónaco の．—男女 モナコ人．

mo.ne.ma [mo.né.ma] 男《言》記号素：A. Martinet の用語．語根にあたる語彙素と接辞にあたる形態素に分かれる．

mó.ne.ra [mó.ne.ra] 女《生物》原核細胞生物．

mo.ne.rí.a [mo.ne.rí.a] 女 → monada.

mo.nes.co, ca [mo.nés.ko, -.ka] 形 《話》猿のような，猿特有の．

mo.ne.ta.rio, ria [mo.ne.tá.rjo, -.rja] 形 貨幣の，通貨の；財政の．*crisis monetaria* 通貨危機．

Fondo *M~* Internacional 国際通貨基金《略 FMI》〔英 IMF〕. mercado ~ 通貨市場.
—— 男 貨幣やメダルの収集；収集箱，陳列ケース.

mo·ne·ta·ris·mo [mo.ne.ta.rís.mo] 男《経》マネタリズム, 貨幣主義：通貨の管理が一国の経済を安定させる最善の方法であるとする考え方.

mo·ne·ta·ris·ta [mo.ne.ta.rís.ta] 形 マネタリズムの, 貨幣主義の；貨幣主義を支持する.
—— 男女 マネタリスト, 貨幣主義者.

mo·ne·ti·za·ción [mo.ne.ti.θa.θjón / -.sa.sjón] 女 **1** 貨幣[通貨]の制定, 貨幣化.
2 貨幣の鋳造, 造幣.

mo·ne·ti·zar [mo.ne.ti.θár / -.sár] 97 他 **1** 通貨と定める. **2** 貨幣を鋳造する.

mo·ney [mó.ni] 〔英〕《話》お金.

mon·ga [móŋ.ga] 女《ラ米》(医学)インフルエンザ.

mon·gol, go·la [moŋ.gól, -.gó.la] 形 モンゴルの, モンゴル人[語]の. —— 男女 モンゴル人.
—— 男 モンゴル語：アルタイ諸語の一つ.

Mon·go·lia [moŋ.gó.lja] 固名 モンゴル(国)：首都 Ulan Bator.

mon·gó·li·co, ca [moŋ.gó.li.ko, -.ka] 形 **1** モンゴルの；モンゴル人種の. **2**《医》《話》《時に軽蔑》ダウン症候群の.
—— 男女 **1** モンゴル人. **2**《医》《話》ダウン症候群患者.

mon·go·lis·mo [moŋ.go.lís.mo] 男《医》《話》ダウン症候群.

mon·go·loi·de [moŋ.go.lói.ðe] 形《話》《軽蔑》モンゴロイドの, 黄色人種の. —— 男女 (ヒトの四大種区分の一つ)モンゴロイド(の人), 黄色人種.

mon·gue·ra [moŋ.gé.ra] 女《ラ米》《話》(医学) (**1**) しびれ. (**2**) 怠惰, 無精.

mo·ni [mó.ni] 女《話》《軽蔑》現なま, お金. ▶《ラ米》では主に複数形の monis で使われる. [← 英 *money*]

mo·nia·to [mo.njá.to] 男 **1**《植》サツマイモ (= boniato). **2** ばか, 薄のろ.

mo·ni·ca·co [mo.ni.ká.ko] 男《話》《軽蔑》**1** ぱっとしない男, くだらない男. **2** 小柄な人；年若い人.

mo·ni·ción [mo.ni.θjón / -.sjón] 女 戒告, 訓戒；叱責(しっせき).

mo·ni·con·go [mo.ni.kóŋ.go] 男《ラ米》(ラテン)呪術に使う人形.

mo·ni·fa·to, ta [mo.ni.fá.to, -.ta] 形《ラ米》(ラテン)《話》《軽蔑》うぬぼれた, 思い上がった.

mo·ni·go·te [mo.ni.gó.te] 男 **1**《話》でくの坊, うどの大木；人の言いなりになる人；坊主, 平僧.
2 おどけた縫いぐるみ[張り子]の人形. ~ de nieve 雪だるま. **3** 下手な[傑作な]絵[彫刻]. **4** 助修士. **5**《ラ米》(ラテン)神学生.

mo·nín, ni·na [mo.nín, -.ní.na] / **mo·ni·no, na** [mo.ní.no, -.na] 形《話》→ mono.

mo·ni·po·dio [mo.ni.pó.ðjo] 男《文章語》(不正取り引きの)相談, 密談.

mo·nís [mo.nís] 女 かわいらしいもの, 小品；つまらない品物. ▶《主に複数》《話》お金.

mo·nis·mo [mo.nís.mo] 男《哲》《宗》一元論. → dualismo, pluralismo.

mo·nis·ta [mo.nís.ta] 形《哲》一元論の；一元論を支持する. —— 男女 一元論者.

mo·ni·to [mo.ní.to] 男《ラ米》《複数で》(**1**)(映画)アニメ. (**2**)(ラテン)漫画, コミック.

mo·ni·tor, to·ra [mo.ni.tór, -.tó.ra] 男女 **1** 助言者, 勧告者. **2**《ラジオ》《TV》(番組の)モニター. **3**《スポ》コーチ, 指導員.
—— 男 モニターテレビ, モニター装置, 監視装置；(コンピュータなどの)ディスプレー装置.

mo·ni·to·rio, ria [mo.ni.tó.rjo, -.rja] 形 戒告の, 訓戒の. —— 男《カト》(信者への)戒告状.

mo·ni·to·ri·za·ción [mo.ni.to.ri.θa.θjón / -.sa.sjón] 女 (モニターなど)患者監視装置による監視.

mo·ni·to·ri·zar [mo.ni.to.ri.θár / -.sár] 97 他 (モニターなど)患者監視装置で監視する.

*****mon·je, ja** [món.xe, -.xa] 男女 修道士, 僧侶；**修道女**, 尼僧；隠者. *monja* de clausura 俗世を捨てた修道女. meterse a *monja* 俗世を捨てて修道院に入る, 出家する. —— 男《鳥》ヒガラ. —— 女 **1**《複数で》(紙などの)燃えくず. **2**《植》ミツビシソウ(＋エクアドルの国花). *monja* blanca シロバナミツビシラン(♦グアテマラの国花).
[← 《古プロバンス》*monge* ←《俗ラ》*monicus* ←《ラ》*monachus* ←《ギ》*monakhós*「修道士, (隠者として)独り住まいしている人」；monja ←《ラ》*monacha*；（関連）monasterio. 〔英〕*monk*]

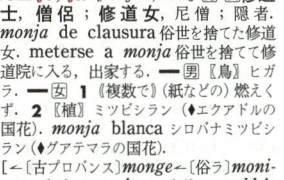

monje (修道士)

mon·jil [moŋ.xíl] 形 修道女の, 修道女のような；《軽蔑》あまりに控えめ[地味]な.
—— 男 **1** 修道服. **2** (昔の女性の)喪服.

mon·ji·ta [moŋ.xí.ta] 女《ラ米》(ラテン)《鳥》オキナインコの一種.

*****mo·no, na** [mó.no, -.na] 形 **1**《話》かわいい, 愛らしい；きれいな, すてきな. ¡Qué chica más *mona*! なんてかわいらしい女の子でしょう. un niño muy ~ とても愛くるしい子. ¡Qué abrigo más ~! なんてすてきなコートでしょう. ▶ 親愛・皮肉をこめた呼びかけとしても用いられる. → hermoso (類語). **2**《ラ米》《話》《軽蔑》うぬぼれた, 思い上がった. (**2**)(ラテン)金髪の, ブロンドの.
—— 男女 **1**《動》サル. ~ aullador ホエザル. ~ capuchino カツラザル, ノドジロオマキザル. ~ araña クモザル. ~ sabio 芸を仕込んだ猿.
2 まねをする人, おどけもの, ふざける人. ¡*M*~! おちゃめさんね. **3**《軽蔑》未成熟な若者.
—— 男《遊》(トランプ)ジョーカー. **2** 人[動物]の形をしたもの；おかしな[ユーモアのある]絵. **3**《話》ひどい醜男(ぶおとこ)；育ちの悪いがさつ者；女みたいな男. **4** つなぎ, 胸当て付き作業ズボン；(子供の)遊び着, ロンパース. **5** (恋人同士が交わす)目くばせ, 合図. hacerse ~s (互いに)合図する. **6** 欲望, 欲求. **7**《話》禁断症状. **8**《ラ米》(**1**)(作)(果物の)山. (**2**)(ラテン)おまる；便器. (**3**)(*米)(ラテン)人形. (**4**)(*米)《服飾》赤ちゃん服. (**5**)(*米)(ラテン)映画(館)；ショー.

*apretar*le (*a*+人) *el mono*《ラ米》(*米)〈人〉をたぶらかす.

Aunque la mona se vista de seda, mona se queda.《諺》猿は絹の服を着ても猿のまま(地は隠せない).

el último mono《話》どうでもいい人.

estar de monos いがみ合っている.

meter los monos a+人《ラ米》(ダリ)(ラテン)《話》〈人〉を脅かす, おびえさせる.

mono de agua《ラ米》(*米)消火栓.

tener monos en la cara《話》〔ぶしつけな視線や対応に対して〕顔に何かついている (▶ 通例疑問文で用いる). ¿Por qué me miras así? ¿Que *tengo* ~s *en la cara*? どうしてそんな風に見るんだい. 何かおかしなことでも.

mono-「単一の, 一つの」の意を表す造語要素. → *monocarril, monocromo, monolingüe.*

mo·no·am·bien·te [mo.no.am.bjén.te] 男《ラ米》(ｱﾙｾﾞﾝ)ワンルームマンション.

mo·no·bá·si·co, ca [mo.no.bá.si.ko, -.ka] 形【化】一塩基の.

mo·no·bi·ki·ni / mo·no·bi·qui·ni [mo.no.bi.kí.ni] 男 → monokini.

mo·no·bloc / mo·no·block [mo.no.blók] 形〔複 ～s, ～〕(シリンダーなどの)継ぎ目のない, モノブロックの. ― 男《ラ米》(ｱﾙｾﾞﾝ)(団地などの)同じ形の建物, 棟.

mo·no·blo·que [mo.no.bló.ke] 形 男 → monobloc.

mo·no·ca·me·ral [mo.no.ka.me.rál] 形〈議会が〉一院制の.

mo·no·ca·me·ris·mo [mo.no.ka.me.rís.mo] / **mo·no·ca·me·ra·lis·mo** [mo.no.ka.me.ra.lís.mo] 男(議会の)一院制.

mo·no·ca·rril [mo.no.ka.ríl] 形 モノレールの(= monorraíl). ― 男 モノレール.

mo·no·cas·co [mo.no.kás.ko] 形〈船体・車体などが〉モノコック[一重底](構造)の.

mo·no·ce·lu·lar [mo.no.θe.lu.lár / -.se.-] 形 単細胞の.

Mo·no·ce·ros [mo.no.θé.ros / -.sé.-] 固名 [M-]【星座】いっかくじゅう座(= Unicornio).

mo·no·ce·ro·te [mo.no.θe.ró.te / -.se.-] / **mo·no·ce·ron·te** [mo.no.θe.rón.te / -.se.-] 男 (想像上の動物である)一角獣(= unicornio).

mo·no·ci·clo [mo.no.θí.klo / -.sí.-] 男【自転車】一輪車.

mo·no·ci·lín·dri·co, ca [mo.no.θi.lín.dri.ko, -.ka / -.si.-] 形 単気筒の.

mo·no·ci·to [mo.no.θí.to / -.sí.-] 男【生物】単核, 単核白血球.

mo·no·cli·nal [mo.no.kli.nál] 形【地質】単斜(層)の. ― 男 単斜層.

mo·no·clo·nal [mo.no.klo.nál] 形【生物】単一クローンの. anticuerpo ～ 単一クローン抗体.

mo·no·co·lor [mo.no.ko.lór] 形 1 単色の, モノトーンの. 2 単一政党の.

mo·no·cor·de [mo.no.kór.ðe] 形 1【音楽】一弦(琴)の. 2 単調な, 一本調子の, 退屈な.

mo·no·cor·dio [mo.no.kór.ðjo] 男【音楽】一弦琴, モノコード.

mo·no·co·ti·le·dón, do·na [mo.no.ko.ti.le.ðón, -.ðó.na] 形 → monocotiledóneo.

mo·no·co·ti·le·dó·ne·o, a [mo.no.ko.ti.le.ðó.ne.o, -.a] 形〈植物が〉単子葉の. ― 女〔複数形で〕単子葉植物.

mo·no·cro·má·ti·co, ca [mo.no.kro.má.ti.ko, -.ka] 形〈色が〉単一の, 一色の, 単彩の;〈写真・映画などが〉白黒の, モノクロームの.

mo·no·cro·mí·a [mo.no.kro.mí.a] 女 単色, 単彩, モノクローム;単色画.

mo·no·cro·mo, ma [mo.no.kró.mo, -.ma] 形 単色の, 一色の, 単彩の.

mo·no·cu·lar [mo.no.ku.lár] 形 1 単眼[一眼]の. 2 単眼用の, 一眼の. microscopio ～ 単眼顕微鏡. ― 男 単眼用器具.

mo·nó·cu·lo, la [mo.no.ku.lo, -.la] 形 隻眼(ｾｷｶﾞﾝ)の, 一眼の. ― 男女 隻眼(ｾｷｶﾞﾝ)の人. ― 男 片めがね;眼帯.

mo·no·cul·ti·va·dor [mo.no.kul.ti.ba.ðór] / **mo·no·cul·tor** [mo.no.kul.tór] 男 (小型)耕運機.

mo·no·cul·ti·vo [mo.no.kul.tí.βo] 男【農】単作, 単一栽培.

mo·no·dia [mo.nó.ðja] 女【音楽】モノディ:無伴奏または通奏低音を伴う昔の独唱歌.

mo·nó·di·co, ca [mo.nó.ði.ko, -.ka] 形【音楽】モノディの.

mo·no·die·ta [mo.no.ðjé.ta] 女 1種類の食物のみ摂る食事療法, 一品ダイエット.

mo·no·fá·si·co, ca [mo.no.fá.si.ko, -.ka] 形【電】単相(交流)の.

mo·no·fi·lo, la [mo.no.fí.lo, -.la] 形【植】単葉の.

mo·no·fi·sis·mo [mo.no.fi.sís.mo] 男【神】キリスト単性説:キリストには人性はなく神性のみ存在するとする5世紀ごろの説.

mo·no·ga·mia [mo.no.gá.mja] 女 一夫一婦(制). ►「一夫多妻(制)」は poligamia.

mo·nó·ga·mo, ma [mo.nó.ga.mo, -.ma] 形 一夫一婦(制)の;〈動物が〉一雌性の, 一雌一雄の. ― 男女 一夫一婦主義者.

mo·no·ge·nis·mo [mo.no.xe.nís.mo] 男 人類単一起源説. ►「人類多元説」は poligenismo.

mo·no·ge·nis·ta [mo.no.xe.nís.ta] 形 人類単一起源説の. ― 男女 人類単一起源論者.

mo·no·gra·fí·a [mo.no.gra.fí.a] 女 モノグラフ:一つのテーマに限定した研究論文.

mo·no·grá·fi·co, ca [mo.no.grá.fi.ko, -.ka] 形 モノグラフの;(特殊)専門的な.

mo·no·gra·ma [mo.no.grá.ma] 男 モノグラム, (ふつう氏名の頭文字の)組み合わせ文字;花押, 落款. ～ de Cristo キリストの組み合わせ文字(cristoの意味のギリシア語 ΧΡΙΣΤΟΣ の初めの2字を組み合わせたもの).

monograma de Cristo (キリストの組み合わせ文字)

mo·noi·co, ca [mo.nói.ko, -.ka] 形【植】雌雄同株の;単花性の, 雌雄異花の.

mo·no·in·sa·tu·ra·do, da [mo.noin.sa.tu.rá.ðo, -.ða] 形【化】単価不飽和の.

mo·no·ki·ni / mo·no·qui·ni [mo.no.kí.ni] 男 トップレス水着.

mo·no·lin·güe [mo.no.líŋ.gwe] 形 1 単一言語の. 2 一言語だけを話す, 一言語で書かれた. diccionario ～ 一言語で書かれた辞書.

mo·no·lin·güis·mo [mo.no.liŋ.gwís.mo] 男【言】単一言語使用, 単一言語主義:多言語を併用する地域でどれか一つの言語を選ぶこと.

mo·no·lí·ti·co, ca [mo.no.lí.ti.ko, -.ka] 形 1〈碑・柱などが〉一本石[一枚岩]でできた, モノリスの. 2【比喩的】一枚岩の;固い, 確固とした.

mo·no·li·tis·mo [mo.no.li.tís.mo] 男【比喩的】一枚岩主義, 統一主義.

mo·no·li·to [mo.no.lí.to] 男 (建築・彫刻用の)一本石;一本石で造られた碑[柱, 彫像], モノリス.

mo·no·lo·gar [mo.no.lo.gár] 自 独り言を言う, 独白する.

mo·nó·lo·go [mo.nó.lo.go] 男 1 独り言. ～ interior 内的独白. → diálogo. 2【演】モノローグ, 独白;独り芝居.

mo·no·man·do [mo.no.mán.do] 形〈水栓が〉ワンレバーの. grifo ～ ワンレバー蛇口. ― 男 ワンレバー水栓.

mo·no·ma·ní·a [mo.no.ma.ní.a] 囡 **1** 偏執狂, モノマニア. ~ de grandezas 誇大妄想狂. **2**〈異常な〉熱中；〈病的な〉固執, 固定観念.

mo·no·ma·nia·co, ca [mo.no.ma.njá.ko, -.ka] / **mo·no·ma·ní·a·co, ca** [mo.no.ma.ní.a.ko, -.ka] 厖 偏執狂の；凝り性の.
── 男 囡 偏執狂者.

mo·no·ma·niá·ti·co, ca [mo.no.ma.njá.ti.ko, -.ka] 厖 男 囡 → monomaniaco.

mo·no·ma·quia [mo.no.má.kja] 囡〈一対一の〉決闘, 一騎討ち.

mo·nó·me·ro [mo.nó.me.ro] 男【化】単量体, モノマー.

mo·no·me·ta·lis·mo [mo.no.me.ta.lís.mo] 男【経】(通貨の)単本位制. ▶「複本位制」は bimetalismo.

mo·no·me·ta·lis·ta [mo.no.me.ta.lís.ta] 厖 単本位制の. ── 男 囡 単本位制論者.

mo·no·mio [mo.nó.mjo] 男【数】単項式.

mo·no·mo·tor [mo.no.mo.tór] 厖【航空】単発(エンジン)の. ── 男 単発機.

mo·no·nu·cle·ar [mo.no.nu.kle.ár] 厖【生物】(細胞の)単核の；【化】〈炭化水素が〉単環の.

mo·no·nu·cle·o·sis [mo.no.nu.kle.ó.sis] 囡《単複同形》【医】単核(細胞増加)症.

mo·no·pa·ren·tal [mo.no.pa.ren.tál] 厖 片親の. familia ~ 父子[母子]家庭.

mo·no·par·ti·dis·mo [mo.no.par.ti.đís.mo] 男 一党優位制；一党独裁制.

mo·no·par·ti·dis·ta [mo.no.par.ti.đís.ta] 厖 一党優位[独裁]制の.
── 男 囡 一党優位[独裁]主義者.

mo·no·pa·tín [mo.no.pa.tín] 男 **1** スケートボード. **2**《ラ米》(一部)キックボード, スケーター.

mo·no·pé·ta·lo, la [mo.no.pé.ta.lo, -.la] 厖【植】〈花冠などが〉単弁の；〈花弁が〉合弁の.

mo·no·pla·no [mo.no.plá.no] 厖【航空】単葉機の. ── 男 単葉機.

mo·no·pla·za [mo.no.plá.θa / -.sa] 厖 単座席の, ひとり乗りの.
── 男 単座(飛行)機；ひとり乗りの乗り物.

mo·no·ple·jí·a [mo.no.ple.xí.a] / **mo·no·ple·jia** [mo.no.plé.xja] 囡 単まひ：上下肢のうち一肢だけのまひ. ▶「片まひ, 半側まひ, 半身不随」は hemiplejía, hemiplejia.

*__mo·no·po·lio__ [mo.no.pó.ljo] 男 **1**【経】独占(権), 専売(権)；一手販売. ~ parcial 寡占. **2** 専有[独占]すること.

mo·no·po·lis·mo [mo.no.po.lís.mo] 男 独占主義[政策], 専売制度.

mo·no·po·lis·ta [mo.no.po.lís.ta] 厖 独占(主義)の, 専売の.
── 男 囡 独占する人, 専売業者.

mo·no·po·lís·ti·co, ca [mo.no.po.lís.ti.ko, -.ka] 厖 独占(企業)の, 専売(業者の). poder ~ 独占権.

mo·no·po·li·za·ción [mo.no.po.li.θa.θjón / -.sa.sjón] 囡 独占, 専売, 一手販売；専有化.

mo·no·po·li·za·dor, do·ra [mo.no.po.li.θa.đór, -.đó.ra / -.sa.-] 厖 独占の, 専売の.
── 男 囡 独占者, 専売者, 一手販売する人.

mo·no·po·li·zar [mo.no.po.li.θár / -.sár] 97 他 独占する, 専有する, 独り占めにする；独占権を得る, 専売する.

mo·nóp·te·ro, ra [mo.nóp.te.ro, -.ra] 厖【建】単列周柱式の, 単列周柱堂の.

mo·nop·ton·ga·ción [mo.nop.toŋ.ga.θjón / -.sjón] 囡【音声】単母音化.

mo·nop·ton·gar [mo.nop.toŋ.gár] 103 他【音声】単母音化する.

mo·nop·ton·go [mo.nop.tóŋ.go] 男【音声】単母音. → diptongo.

mo·no·rra·íl [mo.no.r̃a.íl] / **mo·no·rriel** [mo.no.r̃jél] 厖 モノレールの, 単軌条の.
── 男 モノレール.

mo·no·rri·mo, ma [mo.no.r̃í.mo, -.ma] 厖【詩】単一脚韻の, 各行同韻の. tetrástrofo ~ 四連単韻詩.

mo·no·rrít·mi·co, ca [mo.no.r̃ít.mi.ko, -.ka] 厖 単一リズムの.

mo·no·sa·bio [mo.no.sá.bjo] 男 大人の話に口を挟む. ▶ 俗 **1** 芸を仕込んだ猿 (= mono sabio). **2**〈大人のことに口出しをする〉生意気な子供.
── 男 闘牛でピカドール picador の手伝いをする人.

mo·no·sa·cá·ri·do [mo.no.sa.ká.ri.đo] 男【生化】単糖類.

mo·no·sé·pa·lo, la [mo.no.sé.pa.lo, -.la] 厖【植】合生萼の片の, 単一萼片の.

mo·no·si·lá·bi·co, ca [mo.no.si.lá.bi.ko, -.ka] 厖【文法】1 音節の, 単音節の.

mo·no·sí·la·bo, ba [mo.no.sí.la.bo, -.ba] 厖【文法】1 音節の, 単音節の. ── 男 単音節語.

mo·nos·per·mo, ma [mo.nos.pér.mo, -.ma] 厖【植】単種子の.

mo·nós·tro·fe [mo.nós.tro.fe] 男【詩】単節詩.

mo·no·te [mo.nó.te] 男《話》**1** 腑抜け, ぼんやり者；でくの坊, まぬけ. **2** けんか, 言い争い.

mo·no·te·ís·mo [mo.no.te.ís.mo] 男【宗】一神教, 一神論, 一神信仰. ▶「多神教」は politeísmo.

mo·no·te·ís·ta [mo.no.te.ís.ta] 厖 一神教の.
── 男 囡 一神教信者, 一神論者.

mo·no·te·le·tis·mo [mo.no.te.le.tís.mo] 男【宗】キリスト単意説：キリストには神人的なただ一つの意志のみがあるとする 7 世紀の異端説.

mo·no·te·má·ti·co, ca [mo.no.te.má.ti.ko, -.ka] 厖 単一テーマの, 一つの話題についての.

mo·no·te·ra·pia [mo.no.te.rá.pja] 囡【医】単剤治療, 一種類の薬による治療.

mo·no·ti·pia [mo.no.tí.pja] 囡【印】モノタイプによる植字[印刷](技術).

mo·no·ti·po [mo.no.tí.po] 男【印】自動鋳植機.

*__mo·no·to·ní·a__ [mo.no.to.ní.a] 囡 単調さ, 平板さ, 一本調子.

*__mo·nó·to·no, na__ [mo.nó.to.no, -.na] 厖 単調な, 一本調子の, 変化のない；退屈な, おもしろくない. vida *monótona* 単調な生活.

mo·no·tre·ma [mo.no.tré.ma] 厖 一穴類の, 単孔類の. ──【複数で】【動】一穴類, 単孔類.

mo·no·u·sua·rio [mo.nou.swá.rjo] 厖[複 ~, ~s]【IT】シングル[単一]ユーザーの. sistema ~ シングル[単一]ユーザーシステム.

mo·no·va·len·te [mo.no.ba.lén.te] 厖【化】一価の.

mo·no·vo·lu·men [mo.no.bo.lú.men] 厖【車】(エンジンルーム・トランク・座席が一空間にある)モノボリュームの, ワンスペースの. vehículo ~ ミニバン.
── 男 ミニバン, ワンボックスカー.

mo·nó·xi·do [mo.nók.si.đo] 男【化】一酸化物. ~ de carbono 一酸化炭素.

mon·re·ro, ra [mon.r̃é.ro, -.ra] 男 囡《ラ米》(一部)

mon·se·ñor [mon.se.ɲór] 男 **1**《司教・枢機卿に対する尊称》猊下(̈ヾ),…師. **2**《フランスの貴族に対する尊称》殿下, 閣下.

mon·ser·ga [mon.sér.ga] 女《話》**1** 退屈な演説；お説教；たわ言, 作り話. No me vengas con ～s. 御託を並べるのはよしてくれ. No son más que ～s. そんなのはうそっぱちだ. **2** 退屈なもの[人], しつこいもの[人].

*__mons·truo__ [móns.trwo] 男 **1** 怪物, モンスター, 怪獣；化け物. **2**《軽蔑》《容貌が》怪物的な人, 怪異な人；《性格が》邪悪な人. **3**《話》《能力・知能が》飛び抜けて優れた人, 傑物. **4**《話》《形容詞的に》すばらしいもの；爆発的ヒット商品. un proyecto ～ すごい計画. **5**《文学》《小説・芝居などの》下書き, 草案.
[←〔後ラ〕*monstruum*←〔ラ〕*mōnstrum*「怪物；驚異(を与えるもの)」；関連〔英〕*monster*「怪物」]

mons·truo·sa·men·te [mons.trwó.sa.mén.te] 副 ひどく, ものすごく.

mons·truo·si·dad [mons.trwo.si.ðáð] 女 **1** 奇怪さ；怪異, 怪物. **2** 極悪非道.

*__mons·truo·so, sa__ [mons.trwó.so, -.sa] 形 **1** 怪物的な, 奇怪な；巨大な. **2** ひどい, とてつもない. **3** ひどく醜い, 醜悪な. **4** 極悪非道の.

mon·ta¹ [món.ta] 女 **1** 乗ること, 騎乗, 乗車. **2**《馬などの》交尾(期)；交配場. **3** 合計, 総額, 総計. **4** 価値, 重要性. de poca ～ たいしたことはない. **5**《ラ米》《ラプ》ジョッキー, 騎手.

mon·ta² [món.ta] 活 → montar.

mon·ta·car·gas [mon.ta.kár.gas] 男《単複同形》**1** 貨物用エレベーター[リフト]. **2**《ラ米》《ラプ》フォークリフト.

mon·ta·de·ro [mon.ta.ðé.ro] 男 → montador.

mon·ta·do, da [mon.tá.ðo, -.ða] 形 **1**《警官・兵士が》《馬に》またがった, 騎乗の；《乗り物に》乗った. ～ en un autobús バスに乗った. **2** 鞍(゚)のついた. **3** 準備された, 設立された. **4**《宝石が》はめ込まれた；《機械が》据えつけられた, 組み立てられた. **5**《演》ステージにかけられた, 演出された. **6**《卵白などが》泡立てられた. ── 男 **1** 騎馬兵. **2** 小さいボカディージョ bocadillo「サンドイッチ」.

mon·ta·dor, do·ra [mon.ta.ðór, -.ðó.ra] 男女 **1** 乗馬者. **2** 組立工；《宝石の》象眼職人. ～ mecánico electricista 電気機器組立工. **3**《演》演出家, プロデューサー. **4**《映》《フィルム》編集者. ── 男 乗馬用の踏み台.

mon·ta·du·ra [mon.ta.ðú.ra] 女 **1** 乗ること. **2**《集合的》馬具, 鞍(゚). **3**《宝石の》台座.

mon·ta·je [mon.tá.xe] 男 **1** 組み立て；《機械の》据えつけ, 設置. cadena [línea] de ～ 組み立てライン, アセンブリー・ライン. **2**《演》《舞台装置の》設定；演出. **3**《映》《フィルムの》編集；モンタージュ写真 (= ～ fotográfico). **4**《宝石の》象眼, はめ込み. **5**《複数で》砲架. **6**悪巧み, でっちあげ, ペテン. **7**《ラ米》《アデブ》機械設備.

mon·ta·ne·ar [mon.ta.ne.ár] 自《豚が》《山・牧草地で》草を食む.

mon·ta·ne·ro [mon.ta.né.ro] 男 森林警備員；牧場の警備員.

mon·ta·nis·mo [mon.ta.nís.mo] 男《宗》モンタヌス派；キリストが再臨し地上天国が実現するという2-5世紀の宗派.

mon·ta·no, na [mon.tá.no, -.na] 形 山(岳)の.

mon·tan·te [mon.tán.te] 男 **1**《垂直の》支柱, つっかい棒；《機械の》脚, 台. **2**《両手で使う》大きな刀剣, 段平. **3**《建》《窓の》縦仕切り；《戸口・窓の》上窓. **4**《スポ》ゴールポスト. **5** 総額, 総計. **6**《ラ米》《ぁデﾌ》《話》騒ぎ, 暴動. (2)《ラ米》《ラプ》爆竹, 花火.
── 女 満潮, 上げ潮.

*__mon·ta·ña__ [mon.tá.ɲa] 女 **1** 山, 山岳；《主に複数で》《海に対する》山, 山地. ir a la ～ 山に行く, 山登りをする. equipo de rescate de alta ～ 山岳救助隊. mal de ～ 高山病. cadena de ～s 山並み. sistemas de ～s 山系. Desde aquí se ve la ～. ここから山が見える.
[類語] *montaña* は主に他の地勢(海や平地など)との対比における「山地」を表し, *monte* は主に固有名詞と共に使われて具体的な「…山」を表す. pasar las vacaciones en la *montaña* 休暇を山で過ごす. *monte* Fuji 富士山. *sierra, cordillera* は大規模な「山脈」を表す.
2 山積みのもの, 山. una ～ de libros 山積みの本. Hay ～s de trabajo. 仕事が山積みになっている. **3**《ラ米》《ｷ》《ｺﾞﾙ》《古語》森林, やぶ.

abrir montañas《ラ米》《道路工事で》山を切り開く, トンネルを掘る.

hacérsele la montaña (a+人)《人》にとっての難題になる；《人》の気になる. Sus cartas *se me han hecho una* ～. 私は彼[彼女](ら)の手紙が気にしなくて仕方がない.

hacer una montaña de un grano de arena あまりに気にしすぎる；針小棒大に言う.

montaña rusa ジェットコースター.
[←〔俗ラ〕*montanea*；*montaneus*「山の」(←〔ラ〕*montānus*) の名詞化；この形容詞は「山」 由来；関連 montañoso, montañismo.〔ポルトガル〕*montanha*.〔仏〕*montagne*.〔伊〕*montagna*.〔英〕*mountain*]

mon·ta·ñe·ro, ra [mon.ta.ɲé.ro, -.ra] 形 山の, 山岳の. ── 女 登山家, 登山者. escuela de ～s 登山スクール.

mon·ta·ñés, ñe·sa [mon.ta.ɲés, -.ɲé.sa] 形 **1** 山の, 山地の, 山岳地方の. **2**《スペイン Santander の》ラ・モンターニャ La Montaña 地方の. **3**《スペインの》カンタブリア Cantabria 州の. ── 男女 **1** 山に住む人, 山岳人, 高地人. **2** ラ・モンターニャ地方の住民[出身者]. **3** カンタブリア州の住民[出身者].

mon·ta·ñis·mo [mon.ta.ɲís.mo] 男 登山, 山登り (= alpinismo). escuela de ～ 登山スクール.

mon·ta·ño·so, sa [mon.ta.ɲó.so, -.sa] 形 山の, 山地の, 山が多い. un país ～ 山国.
cadena montañosa 山脈.
macizo montañoso 山塊.
sistema montañoso 山系.

mon·ta·pla·tos [mon.ta.plá.tos] 男《単複同形》《料理運搬用の》リフト[昇降機].

*__mon·tar__ [mon.tár] 自 **1** (1) (en…) 《乗り物に》乗る, 乗りこむ；馬に乗る (=～ a caballo). ～ en bicicleta 自転車に乗る. ～ en un columpio ブランコに乗る. aprender a ～ 乗馬を習う. ～ en [a] pelo 裸馬に乗る. silla [botas] de ～ 鞍(゚) [乗馬靴]. ～ en el autobús バスに乗りこむ. El *monta* en moto desde joven. 彼は若いときからバイクに乗っている. (2) (en… / sobre…) …の上に乗る. ▶時に再帰代名詞を伴う. → 再 **1**.
2 (a…《数量》に) 《合計が》なる；価値がある. Las pérdidas *montan* a más de un millón de dólares. 損失は100万ドル以上に上る. Este negocio *monta* poco. この取引は大した額にならない.
3 (en…《怒りなど》で) 激昂(̈ヾ)する.

—他 1 〈機械などを〉組み立てる；〈装置・家具などを〉据え付ける；〈施設などを〉設置［準備］する. ～ un motor エンジンを組み立てる. ～ una nevera 冷蔵庫を据え付ける. ～ un diamante en el anillo 指輪にダイヤをはめ込む. ～ una clínica 診療所を開く. ～ un fusil 銃の撃鉄を起こす.
 2 〈事業などを〉立ち上げる；〈出し物などを〉催す；〈騒ぎ・行動などを〉起こす. ～ un negocio 商売を起こす. ～ una obra teatral 劇を上演する. ～ una manifestación デモを起こす.
 3〈馬などに〉乗る. ～ un potro 子馬に乗る.
 4《en… / encima de… / sobre…》《〈高いところ〉に〉乗せる；〈…の上に〉重ねる. ～ una parte de la tela una sobre otra para formar pliegues 布の一部を重ね合わせてプリーツにする.
 5〈卵・生クリームなどを〉泡立てる. ～ las claras 卵白を泡立てる. ～ a las vacas〈種牛が〉牝牛と交尾する. 7《映》《TV》〈フィルムなどを〉編集する. 8《IT》マウントする. 9《ラ米》(1)《話》へこます，やっつける. (2)《話》火にかける，煮る，焼く.
 —～se 再 **1**《en… / sobre… …に》〈人が〉乗る，またがる. *~se sobre* la espalda 背中に馬乗りになる. **2** 載せられる；設置される；起こる. ～ en una base 土台の上に乗っかる. *Se montó* un gran debate después de este suceso. この事件のあと，大きな論争が持ち上がった. **3**《ラ米》《婉》《俗》《con…〈人〉と》性交する.
 estar montado en el dólar《話》たくさん金を持っている.
 montárselo《話》うまく行動する. *La empresa se lo ha montado muy bien para ser la primera.* その企業は見事な手並みでトップにのし上がった.
 tanto monta(, monta tanto) どちらも同じである. *Puedes elegir cualquiera, tanto monta*. 変わりはないから，どちらを選んでもいいよ.
 〔←［仏］*monter*←《俗》**montare*［ラ］*mons*「山より派生」，「〈馬に〉乗る」の意味での文献例は18世紀以後. 関連［英］*mount*〕

mon·ta·raz [mon.ta.ráθ / -rás] 形 〔複 montaraces〕**1** 山［高地］に棲む；野生の.
 2 山育ちの，粗野な；人付き合いの悪い.
 —男 山林管理人，農場管理人.

mon·ta·rrón [mon.ta.r̄ón] 男《ラ米》《ぞデ》密林.

mon·taz·go [mon.táθ.go / -tás.-] 男（中世の）牧畜業者に課された山林通行料.

mon·te[1] [món.te] 男 **1**（主に地理的な意味での）山，山岳；〈複数で〉山脈. ～ Fuji 富士山. ～ de los olivos《聖》オリーブの山. los ～s Pirineos ピレネー山脈. → **montaña** 類語.
 2 山林，未開墾地. ～ alto [bajo] 高木［低木］林. ～ cerrado 密林. ～ pardo カシの林. ～ espeso 森林地帯. administración de ～ 森林管理局，営林署. conejo de ～ 野ウサギ. escuela de ～s 森林学校. → **bosque** 類語.
 3《遊》（トランプ・ドミノで）各自に配った後の残り札［牌］；（賭博で）胴元の持ち金. **4**《遊》モンテ：スペイン起源のトランプゲーム. **5**《古語》狩猟. *batir* [*correr*] *el* ～ 狩りに行く. **6**《ラ米》(1)《ぞデ》田舎；郊外. (2)《恣》野原；草，牧草.
 creer que todo el monte es orégano ことを甘く見る，うまいものと信じ込む.
 echarse al monte〈盗賊などが〉雲隠れする，山などに潜伏する.
 monte de piedad / monte pío 質屋.

monte de Venus (1)《解剖》恥丘. (2)（手指の下の）まめ.
 No todo el monte es orégano. いつもよいとき［すべてがたやすい］とは限らない.〔←［ラ］*montem*（*mōns*の対格），関連 *montaña, montar, montón*. ［英］*mount*「…山」〕

mon·te[2] [món.te] 男 →*montar*.

mon·te·a [mon.té.a] 女 **1** 山狩り，〈獲物の〉狩り出し. **2**《建》(1)（地面・壁に描かれた）現寸図. (2) 石切り法，截石術；石材を切断する技術（= estereotomía）. (3)（アーチ・円天井の）迫り高.

Mon·te Al·bán [món.te al.bán] 固名 モンテ・アルバン：メキシコ Oaxaca 郊外にある zapoteca 文化の古代遺跡（紀元前700-1000年ごろ）. 1987年世界遺産登録.

mon·te·ar [mon.te.ár] 他 **1**（山で）狩りをする；〈獲物を〉狩り立てる. **2**《建》(1)（地面・壁に）現寸を記入する. (2) 弓形［弧］にする. (3)《俗》に採石する. —自《ラ米》(1)《ぞデ》（鉱脈を求めて）山歩きをする. (2)《ぞデ》《話》長話をする.

mon·te·ne·gri·no, na [mon.te.ne.grí.no, -.na] 形 モンテネグロの. —男 女 モンテネグロ人. → **Serbia y Montenegro**.

Mon·te·ne·gro [mon.te.né.gro] 固名 モンテネグロ（共和国）：首都 Podgorica.

mon·te·pí·o [mon.te.pí.o] 男 **1** 互助基金，年金；共済組合，互助会. **2** 質屋.

mon·te·ra [mon.té.ra] 女 **1** ずきん. **2** 闘牛士のかぶる帽子. **3**《建》スカイライト，トップライト，（屋根・天井の）明かり取り. **4** 蒸留器のふた. **5**《海》三角帆. **6** 勢子の妻. **7**《ラ米》《ぞデ》（先住民の）とんがり帽子. (2)《ぞデ》《話》酔い，泥酔.
 ponerse el mundo por montera 人がどう言おうと気にかけない.

mon·te·rí·a [mon.te.rí.a] 女 **1** 狩猟術；（大物の）狩猟. **2**《ラ米》(1)《ぞデ》（川下り用の）丸木舟. (2)《ぞデ》《恣》森林開発の野営所，設営所.

mon·te·ri·lla [mon.te.rí.ja ‖ -.ʎa] 女 **1**《海》三角帆. **2** 田舎の村長（= alcalde de ～）.

mon·te·ro [mon.té.ro] 男 **1** 勢子.《狩》勢子.〜 mayor（王族の狩猟を組織していた）勢子頭.

Mon·te·rrey [mon.te.r̄éi] 固名 モンテレイ：メキシコ北東部，Nuevo León 州の州都.〔町の建設時（16世紀末）のメキシコ副王 Gaspar de Zúñiga y Acebedo（Monterrey 伯爵）の名にちなむ〕 **montero**（勢子）

mon·tés [mon.tés] 形 野生の，山に生息する. *cabra* ～ 野生のヤギ. *gato* ～ 山猫.

mon·te·vi·de·a·no, na [mon.te.bi.ðe.á.no, -.na] 形（ウルグアイの）モンテビデオの.
 —男 女 モンテビデオの住民［出身者］.

*****Mon·te·vi·de·o** [mon.te.bi.ðé.o] 固名 **モンテビデオ**：ウルグアイの首都. Río de La Plata 河口に位置する港湾都市.〔海岸寄りにある高さ149メートルの丘が16世紀以来 Montevideo と呼ばれていたが，1726年に町が建設されてはこれを町の名とし，丘の方は El Cerro と呼ばれるようになった〕

mont·go·me·ry [moŋ.gó.me.ri] 男《ラ米》《ぞデ》ショートコート：（毛皮付き）皮ジャケット.

mon·tí·cu·lo [mon.tí.ku.lo] 男 小山，築山.

mon·ti·lla [mon.tí.ja ‖ -.ʎa] 男 モンティーリャ：スペイン Córdoba 県 Montilla 産の上質の白ワイン.

mon·to[1] [món.to] 男 総額, 総計.
mon·to[2] [món.to] 活 →montar.
‡mon·tón [mon.tón] 男 **1** 山積み；堆積. un ~ de papeles 山積みの書類. un ~ de basura ごみの山. **2** 多量, 多数. un ~ de gente 大勢の人々. tener *montones* de dinero お金をうなるほど持っている. un ~ de años 長年. Tengo *montones* de cosas que hacer. 私にはすることが山ほどある.
a montones 大量に, たくさん. gastar el dinero *a montones* 金をやたらと使う.
del montón 平凡な, 月並みの.
en montón 〈人が〉殺到して；一斉に.
hace un montón もう何年も昔に.
salirse del montón 普通の人より一歩抜きん出る.
mon·to·ne·ra [mon.to.né.ra] 女 **1** 《話》多量. **2** 《ラ米》(1) (㋱)騎馬遊撃隊；ゲリラ. (2) (ラテン)わらの山積み, 稲むら. (3) (ラテン)積み重ね, 山.
mon·to·ne·ro [mon.to.né.ro] 男 《ラ米》(1) (㋱)(騎馬の)遊撃隊員, ゲリラ兵士. (2) (メヒ)《話》けんか好き.
mon·tu·no, na [mon.tú.no, -.na] 形 **1** 山の, 山岳の, 山地の. **2** 《ラ米》(㋥)(ラテン)(ベネ)(カリブ)田舎育ちの；粗野な.
mon·tuo·si·dad [mon.two.si.dáđ] 女 山の多いこと, 起伏に富んでいること.
mon·tuo·so, sa [mon.twó.so, -.sa] 形 **1** 山ばかりの, 山の多い, 山岳の. región *montuosa* 山岳地方. **2** 木[山林]に覆われた, 森の多い.
mon·tu·ra [mon.tú.ra] 女 **1** 鞍(くら)；馬具一式. **2** (馬・ロバなどの)乗用の動物. **3** (宝石の)台座；(眼鏡の)フレーム；(天体望遠鏡などの)支柱, 支え. **4** (機械の)組み立て, 据え付け.
‡mo·nu·men·tal [mo.nu.men.tál] 形 **1** 記念碑の, 記念像の, 記念塔の. **2** 記念碑的な, 歴史に残る；すばらしい. **3** 《話》巨大な, すばらしい；ひどい, すさまじい, 甚だしい. tener un catarro ~ ひどい風邪をひいている.
mo·nu·men·ta·li·dad [mo.nu.men.ta.li.đáđ] 女 荘厳, 壮大さ, 華麗.
‡mo·nu·men·to [mo.nu.mén.to] 男 **1** (碑・像・塔などの)記念碑；モニュメント. ~ conmemorativo 記念の碑. ~ funerario 慰霊碑. ~ a Colón コロンブスの記念碑. ~ a los Caídos 戦没者慰霊碑. **2** 《建》重要建造物, 文化財. ~ histórico 歴史的建造物. ~ megalítico (ストーンヘンジなどの)巨石建造物. ~ religioso 宗教的建造物. ~ nacional 国民的文化財. **3** 《美》《文学》金字塔, 傑作, 重要作品. **4** 《カト》《宗》(聖体行列の際に用いる)教会内の聖体安置所.
ser un monumento 《話》〈女性が〉たいへんスタイルのよい美人である.
[← 《ラ》*monumentum* (*monēre* 「思い出させる」より派生) 【関連】《仏》《英》*monument*]

mon·zón [mon.θón/-.són] 男女 モンスーン, 季節風. zona de ~ モンスーン地帯.
mon·zó·ni·co, ca [mon.θó.ni.ko, -.ka/-.só.-]

形 モンスーンの；モンスーン気候の.
mo·ña [mó.ɲa] 女 **1** リボンの結び飾り, (花などの)髪飾り. **2** 《闘牛》(1) 闘牛士の髷(まげ)につける黒いリボン飾り. (2) 牛の背に付ける飾り. →divisa. **3** 束髪, シニョン. **4** マネキン. **5** 《話》酔い. **6** 《ラ米》(アルゼ)蝶(ちょう)結び.
mo·ñi·ga [mo.ɲí.ga] 女 《話》家畜の糞(ふん).
mo·ñi·go [mo.ɲí.go] 男 《話》 **1** 家畜の糞(ふん). **2** 人の排泄(はいせつ)物.
mo·ñi·to [mo.ɲí.to] 男 《ラ米》*corbata moñito* 蝶(ちょう)ネクタイ.
mo·ño [mó.ɲo] 男 **1** 束髪, シニョン. **2** リボンの結び飾り. **3** (鳥の)羽冠. **4** 《複数で》(女性の)けばけばしい装身具. **5** 《ラ米》(1) (㋱)(男性の)前髪；馬の額毛. (2) (メヒ)うぬぼれ, 自負. (3) (アルゼ)蝶(ちょう)結び.
agacharle [*bajarle*] (a+人) *el moño* 《ラ米》(メヒ)(ラテン)〈人〉を屈服させる, やっつける.
agarrarse [*tirarse*] *del moño* 《女性同士が》けんかして髪を引っ張り合う.
(*estar*) *hasta el moño* 飽き飽きする, うんざりする.
ponérsele en el moño (a+人) 《話》〈人〉が…したくなる, 固執する.
ponerse moños 思い上がる, うぬぼれる.
mo·ñu·do, da [mo.ɲú.đo, -.đa] 形 羽冠のある.
mo·pa [mó.pa] 女 モップ.
mo·que·ar [mo.ke.ár] 自 《話》 **1** 鼻水が出る. **2** 《ラ米》(ラテン)大げさに[芝居がかった様子で]泣く.
mo·que·o [mo.ké.o] 男 《話》鼻水.
mo·que·ro [mo.ké.ro] 男 《話》(はなをかむための)ハンカチ.
mo·que·ta [mo.ké.ta] 女 モケット織り：じゅうたんやタペストリーに用いられる毛羽のある織物.
mo·que·tar [mo.ke.tár] 他 モケットじゅうたんを敷く.
mo·que·ta·zo [mo.ke.tá.θo/-.so] 男 《ラ米》(メヒ)《話》鼻を殴りつけること.
mo·que·te [mo.ké.te] 男 《話》 **1** 鼻面を殴ること. **2** 《ラ米》(アルゼ)平手打ち, びんた.
mo·que·te·ar [mo.ke.te.ár] 他 《話》鼻面を殴る.
——自 鼻水がしきりに出る.
mo·quet·te [mo.két] 《仏》女 《ラ米》モケット織り；けばのある織物.
mo·qui·llo [mo.kí.ʎo || -.ʝo] 男 **1** 《獣医》ジステンパー. **2** 鶏の舌にできる腫物(しゅもつ).
mo·qui·ta [mo.kí.ta] 女 水ばな.
mor [mór] [*amor* の語頭音消失形] *por mor de*…のゆえに, …のために.
mo·ra[1] [mó.ra] 女 **1** 《植》クワの実；キイチゴ. **2** 《ラ米》(1) (ラテン)《植》クワ(の木). (2) (ラテン)弾丸, 銃弾. (3) (ラテン)血入りソーセージ. (4) (㋱)イチゴ. (5) (㋱)《俗》少年院.
mo·ra[2] [mó.ra] 女 《法》(義務遂行の)遅滞.
mo·ra·bi·to [mo.ra.bí.to] 男 イスラム教の隠者[聖者]；イスラム教の隠者のいおり. →次ページに図.
mo·rá·ce·o, a [mo.rá.θe.o, -.a / -.se.-] 形 《植》クワ科の. ——《複数で》クワ科.
mo·ra·cho, cha [mo.rá.tʃo, -.tʃa] 形 紫色の. ——男 紫色.

mo·ra·co, ca [mo.rá.ko, -.ka] 形《軽蔑》モーロ人. moro の. ——男女 モーロ人.

mo·ra·da [mo.rá.ða] 女 **1**《文章語》住まい, すみか. la última ～ / ～ eterna 墓. **2** 滞在, 逗留(らゅう).

mo·ra·do, da [mo.rá.ðo, -.ða] 形 紫の, 暗紫色の. ——男 **1** 紫, 暗紫色. **2**《話》あざ.
pasarlas moradas《話》とてもつらい思いをする, ひどいめに遭う.
ponerse morado 満腹になる. *Me puse ～ de comer.* 私ははらふく食べた.
[← *mora*¹ (←《俗ラ》**mora*―〔ラ〕*mōra* (中性名詞 *mōrum* の複数形) より派生; 関連《英》*mulberry*「桑」]

morabito (イスラム教隠者のいおり)

mo·ra·dor, do·ra [mo.ra.ðór, -.ðó.ra] 形 **1** 居住している, 在住の. **2** 滞在の, 駐在の. ——男女 住人, 居住者；滞在者.

mo·ra·du·ra [mo.ra.ðú.ra] 女《話》溢血斑(いっけっ), 血まめ, 青あざ.

mo·ra·dux [mo.ra.ðúks] 男 → almoradux.

mo·ral¹ [mo.rál] 形《名詞＋》〈ser＋〉 **1 道徳の, 道徳的な. principios ～es 倫理基準. valores ～es 道徳観. Tengo la obligación ～ de luchar contra estos fraudes. 私にはこれらの不正と戦う道徳的義務がある.
2 精神的な, 心の (↔físico). facultades ～es 精神力. **3**《話》品行方正な (↔inmoral). llevar una vida ～ 道徳的な生活を送る.
——女 **1** 道徳, モラル, 倫理；倫理学. la ～ pública 公共道徳, 公共のモラル. la ～ sexual 性のモラル. la doble ～ sobre las drogas 麻薬に関する一貫性のない考え方［二重規範］.
2 意気, 覇気；士気. levantar [elevar] la ～ de un equipo チームの士気を高める. tener la ～ baja / estar bajo la ～ 意気が上がらない. minar la ～ del enemigo 敵の士気を下げる. **3** 教訓.
comer la moral a＋人《話》〈人〉を威圧する, 気力で圧倒する. El campeón ya *le tiene comida la ～.* チャンピオンはすでに彼を圧倒している. (▶ le が a＋人 に相当)
con la moral por los suelos《話》落ち込んで. llegar a casa *con la ～ por los suelos* がっくりして家に帰る.
tener la moral por los suelos《話》落ち込んでいる.
tener más moral que el Alcoyano《話》(すごく元気なのに) 負けていない, 士気が高い.
trabajar la moral a＋人《ラ米》(弱)〈人〉の気持ちに訴える.
[―〔ラ〕*mōrālem* (*mōrālis* の対格) 形《*mōs*「習慣, 規則」；《複数で》徳」) より派生；関連 moralidad, amoral. 《英》*moral(s)*]

mo·ral² [mo.rál] 男《植》クワ (の木). → mora¹.

mo·ra·le·da [mo.ra.lé.ða] 女 桑畑.

mo·ra·le·ja [mo.ra.lé.xa] 女 (寓話(ぐう)などから得られる) 教訓.

*mo·ra·li·dad [mo.ra.li.ðáð] 女 **道徳性**, 道義性, 倫理性；徳行, 品性.

mo·ra·li·na [mo.ra.lí.na] 女 **1**《軽蔑》表面的な道徳(心), まやかしの倫理(性). **2** 浅薄な教訓.

mo·ra·lis·mo [mo.ra.lís.mo] 男《哲》道徳主義.

mo·ra·lis·ta [mo.ra.lís.ta] 形 道徳の, 教化の.
——男女 **1** 道徳 (実践) 家. **2** 倫理学者, 道徳学者. **3** モラリスト；人間探究者.

mo·ra·li·za·ción [mo.ra.li.θa.θjón / -.sa.sjón] 女 徳化, 教化, 教育.

mo·ra·li·za·dor, do·ra [mo.ra.li.θa.ðór, -.ðó.ra / -.sa.-] 形 徳化する, 教化する, 説教する. ——男女 道徳家, 道徳を説く人.

mo·ra·li·zan·te [mo.ra.li.θán.te / -.sán.-] 形 道徳心を植え付ける, 教化のための.

mo·ra·li·zar [mo.ra.li.θár / -.sár] 97 他 道徳を植えつける, 教化する. ——自 説教をする, 訓話をする.

mo·ral·men·te [mo.rál.mén.te] 副 道徳的に.

mo·ran·co, ca [mo.ráŋ.ko, -.ka] 形《軽蔑》モーロ moro 人の. ——男女 モーロ人.

mo·ra·pio [mo.rá.pjo] 男《話》赤ワイン (= vino tinto).

mo·rar [mo.rár] 自 住む, 居住する.

Mo·ra·tín [mo.ra.tín] 固名 モラティン Leandro Fernández de ～ (1760-1828)：スペインの劇作家.

mo·ra·tón [mo.ra.tón] 男《話》(打撲による) 青あざ.

mo·ra·to·ria [mo.ra.tó.rja] 女 モラトリアム, 支払い猶予 (期間).

mo·ra·vo, va [mo.rá.βo, -.βa] 形 (チェコ東部の) 地方モラビア Moravia の. ——男女 モラビアの住民［出身者］.

mo·ray [mo.rái] 男《ラ米》(ホネロ)《植》オーク, カシ.

mor·bi·dez [mor.bi.ðéθ / -.ðés] 女《複 morbideces》(特に女性の体・肌の) 柔らかさ, しなやかさ；(絵画の線などの) 繊細さ.

mor·bi·di·dad [mor.bi.ði.ðáð] 女 → morbilidad.

mór·bi·do, da [mór.bi.ðo, -.ða] 形 **1** 病気がちの, 病にかかった. estado ～ 病気の状態. **2**〈女性の体・肌が〉柔らかい, しなやかな；(絵画の線などが) 繊細な.

mor·bí·fi·co, ca [mor.bí.fi.ko, -.ka] 形 病原となる, 病原性の.

mor·bi·li·dad [mor.bi.li.ðáð] 女《医》罹病(りゃう)［罹患］率 (= morbidad).

mor·bo [mór.βo] 男 **1**《話》不健全なもの［禁じられていること］が持つ魅力. **2** 病気, 疾病, 疾患. ～ comicial 癲癇(ていん). ～ gálico 梅毒. ～ regio 黄疸 (だん). → enfermedad【類語】.

mor·bo·si·dad [mor.βo.si.ðáð] 女 **1** 病的状態；病的であること, 不健全さ. **2** 罹病(りゃう)率, 罹患率, 疾病率.

mor·bo·so, sa [mor.βó.so, -.sa] 形 **1** 病気の, 病にかかった；病原となる. **2** (精神・肉体が) 病的な, 異常な, 不健康な. ——男女 意地悪(な人), 性悪.

mor·ci·gui·llo [mor.θi.ɣí.jo / -.sí.-] 男【動】→ murciélago.

mor·ci·lla [mor.θí.ja / -.sí.-] 女 **1**【料】モルシージャ：豚の血にタマネギ・香辛料, 時に米・パン・松の実などを加えた腸詰め. ～ asturiana アストゥリアスのモルシージャ. ～ de arroz 米入りモルシージャ.
2《話》アドリブ, 台本にない台詞(ぜり). **3**《話》(野犬を殺すための) 毒入りのえさ. **4**《話》変形；できの悪いもの. **5**《ラ米》(ホャペミ)《話》うそ, 出まかせ；困難, 面倒.
¡Que te den morcilla!《話》《俗》犬にでも食われちまえ.

mor·ci·lle·ro, ra [mor.θi.jé.ro, -.ra / -.sé.- / -.si.-] 形 男女 **1** モルシージャを作る人［職人］. **2**【演】ア

ドリブをよく入れる役者. **3** 《ラ米》《ホミ》《話》うそつき.

mor·ci·llo [mor.θí.jo ‖ -.ʎo, -.ʝa]《-.θí.-》男〔牛肉·豚肉の〕もも肉.

mor·ci·llo, lla [mor.θí.jo, -.ja ‖ -.ʎo, -.ʎa／-.sí.-]形〈馬·牛が〉赤みを帯びた黒毛の.

mor·ci·llón [mor.θi.jón ‖ -.ʎón／-.si.-]男 モルシジョン:豚·羊などの胃袋で作ったモルシージャ morcilla. [morcilla + 増大辞]

mor·cón [mor.kón]男 **1** 〔盲腸など太い腸を使った〕モルシージャ. **2** (ソーセージ用の)大腸. **3** 《話》ずんぐりむっくりな人. **4** 《話》不潔でだらしのない人.

mor·da·ci·dad [mor.ða.θi.ðáð ‖ -.si.-]女 **1** (批評などの)しんらつさ, 痛烈さ. **2** (酸などの)腐食性.

mor·da·ga [mor.ðá.ga]女 《話》泥 酔. coger una ～ へべれけに酔う.

mor·daz [mor.ðáθ／-.ðás]形《複 mordaces》**1** しんらつな, 痛烈な. críticas *mordaces* しんらつな批評. artículo político ～ 手厳しい政治記事. **2** (酸などが)腐食性の. **3** (舌に)ひりひりくる, 刺すような.

mor·da·za [mor.ðá.θa／-.sa]女 **1** 猿轡(ぎる). **2** (比喩的) 自由な発言を阻止するもの. **3** 鉗子(なん). **4** 《海》制鎖器.

mor·daz·men·te [mor.ðáθ.mén.te ‖ -.ðás.-]副 痛烈に, 手厳しく.

mor·de·dor, do·ra [mor.ðe.ðór, -.ðó.ra]形 **1** かみつく, かみ癖のある. Perro ladrador, poco ～. (諺)ほえる犬はあまりかみつかない. **2** 毒舌家の.

mor·de·du·ra [mor.ðe.ðú.ra]女 かむこと, かみつくこと; かみ傷.

mor·de·lón, lo·na [mor.ðe.lón, -.ló.na]形 《ラ米》(1) (メキシコ)(チリ)〈犬などが〉かみつく癖のある. (2) (中米)(メキシコ)《話》賄賂(タヒ)に弱い, その下を受け取る. ——男《メキシコ》《ラ米》《話》交通巡査:交通違反を袖の下で見逃してくれることから.

mor·den·te [mor.ðén.te]男 **1** → mordiente. **2** 《音楽》モルデント;装飾音.

*****mor·der** [mor.ðér]動 22 他 **1** かみつく, かむ, かみ切る. ～ una manzana リンゴをかじる. Lo ha *mordido* una serpiente. 彼は蛇にかまれた. **2** (激しい)キスをする. **3** 〈歯車などが〉かむ, 挟む. La máquina me *mordió* un dedo. 私は機械に指を挟んでしまった. **4** 少しずつ削る, すり減らす. Tantos gastos van *mordiendo* su fortuna. たいへんな出費で彼[彼女](ら)の財産は減りつつある. **5** 《印》〈金属板に〉食刻する, 〈酸で〉腐食させる. **6** 悪口を言う, しんらつに批評する, けなす. **7** 《ラ米》《話》(1) (中米)《メキシコ》〈人から〉賄賂(タヒ)を取る, 〈人に〉その下を強いる. (2) (ダチョ)(メキシコ)(メキシコ)だます, だまし取る, 欺く, かすめ取る.
—— ～·se 再 (自分の体の一部を)かむ, かみつく. ～*se* las uñas 爪(ホ)をかむ.
estar que MORDER 非常に怒っている.
hacer morder el polvo a + 人 〈人〉を打ち負かす.
morder el anzuelo だまされる, わなにはまる.
morderse los labios 《話》(笑いたい·言いたいのを抑えて)唇をかむ.
[［ラ］*mordēre*;関連 remordimiento, almuerzo. ［英］*mordant*「しんらつな」]

mor·di·can·te [mor.ði.kán.te]形 **1** 舌を刺すような, ぴりぴりする; 辛い. **2** しんらつな. **3** 腐食性の.

mor·di·car [mor.ði.kár]動 102 他 〈舌などを〉刺す, ひりひりさせる.

mor·di·do, da [mor.ðí.ðo, -.ða]形 **1** かまれた, かみつかれた. **2** 欠けた, 不完全な; 乏しい. una taza *mordida* (縁の) 欠けたカップ. ——女 **1** (魚が)えさに食いつくこと. **2** 《ラ米》(1) かむこと. (2) (メキシコ)(中米)(メキシコ)(メキシコ)賄賂(タヒ), その中下; リベート.

mor·dien·te [mor.ðjén.te]形 **1** かむ, かみつく. **2** 腐食性の. ——男 **1** 媒染剤:染料を定着させる物質. **2** (金属板の)腐食剤.

mor·dis·car [mor.ðis.kár]動 102 他 → mordisquear.

mor·dis·co [mor.ðís.ko]男 **1** かむこと, 食いつくこと. dar [pegar, tirar] un ～ かむ, かみつく. **2** (かみ切られた)一片, 一部分. **3** (激しい)キス(シーン). **4** 配当金, 分け前.
a mordiscos (1) かみついて. (2) 《話》無礼に, 行儀悪く.

mor·dis·que·ar [mor.ðis.ke.ár]動 他 **1** 少しずつかじる, 軽く何度もかむ. **2** かむ, かみ切る.

mo·re·na[1] [mo.ré.na]女《魚》ウツボ.

mo·re·na[2] [mo.ré.na]女 → morrena.

mo·re·nez [mo.re.néθ／-.nés]女 黒っぽさ, 暗色.

*****mo·re·no, na** [mo.ré.no, -.na]形 **1** (主に白人が)髪［目］が褐色の, ブルネットの;〈肌が〉浅黒い, 日に焼けた. Ella es *morena*, aunque tiene una piel blanquísima. 彼女は真っ白な肌だが黒髪だ. Te has puesto muy ～ después del viaje a la costa. 海へ旅行してずいぶん日焼けしたね. **2** (食べ物·飲み物が) 褐色の. pan ～ 黒パン. azúcar ～ 黒砂糖. ron ～ ダークラム. **3** 《ラ米》(中米)(メキシコ)《話》黒人の; ムラート mulato の.
——男 **1** (主に白人で)髪［目］が褐色の人, ブルネット; 肌が浅黒い人. **2** 《ラ米》(中米)黒人; ムラート. [moro より派生;関連 morisco]

mo·re·no·te, ta [mo.re.nó.te, -.ta]形 〈肌·髪が〉とても黒い. [moreno + 増大辞]

mo·re·nu·ra [mo.re.nú.ra]女 黒っぽさ, 暗色.

mo·re·ra [mo.ré.ra]女 《植》クワ (の木).

mo·re·ral [mo.re.rál]男 桑畑.

mo·re·rí·a [mo.re.rí.a]女 モーロ moro 人街; モーロ人の国.

mo·re·tón [mo.re.tón]男 《話》(打撲による)あざ.

mor·fa [mór.fa]女 **1** 柑橘(キラ)類に寄生するキノコの一種. **2** 《俗》→ morrena.

mor·far [mor.fár]他 自《ラ米》《ホミ》《話》食べる.

mor·fe·ma [mor.fé.ma]男 《言》形態素:意味を持つ最小の言語単位.

mor·fe·má·ti·co, ca [mor.fe.má.ti.ko, -.ka]形 《言》形態素の.

Mor·fe·o [mor.fé.o]固名《ギ神》モルペウス, モルフェウス:夢の神. 眠りの神ヒュプノス Hipno の息子.
en brazos de Morfeo (ぐっすり)眠って.
[←［ラ］*Morpheus*←［ギ］*Morpheús*]

mor·fi·na [mor.fí.na]女 《薬》モルヒネ.

mor·fi·nis·mo [mor.fi.nís.mo]男 《医》モルヒネ中毒.

mor·fi·no·ma·ní·a [mor.fi.no.ma.ní.a]女 常習性モルヒネ使用, モルヒネ中毒.

mor·fi·nó·ma·no, na [mor.fi.nó.ma.no, -.na]形 モルヒネ常用[中毒]の.
——男女 モルヒネ常用者, モルヒネ中毒患者.

morfo- / -morfo, fa 「形態」の意を表す造語要素. → *morfología*, polimorfo. [←［ギ］]

mor·fo·gé·ne·sis [mor.fo.xé.ne.sis]女 《単複同形》**1** 《生物》形態形成, 形態発生. **2** 《地質》(土地の)隆起.

mor·fo·lo·gí·a [mor.fo.lo.xí.a] 囡 **1**〖生物〗形態学. **2**〖言〗形態論.

mor·fo·ló·gi·co, ca [mor.fo.ló.xi.ko, -.ka] 形 **1**〖言〗形態の, 形態論の. **2**〖生物〗形態学の. **3**〖地理〗地形学の.

mor·fo·sin·tác·ti·co, ca [mor.fo.sin.ták.ti.ko, -.ka] 形〖言〗形態統語[統辞]論の.

mor·fo·sin·ta·xis [mor.fo.sin.ták.sis] 男〖言〗形態統語論[統辞]論.

mor·ga·ná·ti·co, ca [mor.ga.ná.ti.ko, -.ka] 形 貴賤(きせん)結婚の. ♦王族と身分の低い人との結婚.

mor·gue [mór.ge] 〖仏〗囡 (身元不明の)死体安置[保管]所, モルグ.

mo·ri·bun·do, da [mo.ri.bún.do, -.da] 形 瀕死(ひん)の, 息も絶え絶えな.
── 男 囡 瀕死の人, 危篤の病人.

mo·ri·chal [mo.ri.tʃál] 男 ヤシ畑, ヤシ林.

mo·ri·che [mo.rí.tʃe] 男 **1**〖植〗ヤシ科マウリティア属の一種. **2**〖鳥〗(南米産の)ムクドリモドキ.

mo·ri·cho [mo.rí.tʃo] 男〖ラ米〗(ベネズエラ)ハンモック.

mo·ri·ge·ra·ción [mo.ri.xe.ra.θjón / -.sjón] 囡 節度, 節制.

mo·ri·ge·ra·do, da [mo.ri.xe.rá.ðo, -.ða] 形 節度のある, 控えめな.

mo·ri·ge·rar [mo.ri.xe.rár] 他〈食欲・感情など〉を抑える, 節制する. ~ las bebidas 飲酒を控える.
── **~se** 再 自ら.

mo·ri·les [mo.rí.les] 男〖単複同形〗モンティージャ・モリレス・ワイン：スペイン Córdoba のモンティージャ・モリレス地区で生産される上質のワイン.

mo·ri·lla [mo.rí.ja ‖ -.ʎa] 囡〖植〗アミガサタケ.

mo·ri·llo [mo.rí.jo ‖ -.ʎo] 男 (炉の)まき載せ台.

＊＊mo·rir [mo.rír] 29 [**de...** 〈原因〉で] 死ぬ, 死亡する；〈植物が〉枯れる；〈ものが・思想などが〉価値や機能を失う. ~ de una enfermedad 病気で死ぬ. ~ de vejez [viejo] 老衰で死ぬ (♦ viejo は主語に性数一致する). ~ en el acto 即死する. ~ en un accidente de tráfico 交通事故で死ぬ. ~ en la pobreza 貧困のうちに死ぬ. ~ a manos de unos asaltantes 暴漢の手にかかって死ぬ. *Morían muchas mujeres durante el parto.* 多くの女性が出産中に命を落としていた. *La revolución [Este amor] no muere.* 革命[この愛]は永遠である. *La planta murió por exceso de riego.* その植物は水のやりすぎで枯れた. ▶ 形容詞を伴うとき, 形容詞は主語の性数に一致する. ⇁ *La mujer murió ahogada.* その女性は溺死(でき)[窒息死]した. ▶ 特に個々の自然死に言及するとき, 再帰代名詞を伴うことがある. → 再 **1**. → fallecer.
2《**de...**〈原因〉で》《**por...** …を求めて》死にそうである, 死ぬ思いである. *Ella muere de amor por él.* 彼女は彼が死ぬほど彼を愛している. ▶ しばしば再帰動詞を伴う. → 再 **2**.
3〈過程・道などが〉終結する. *Este camino muere aquí.* この道はここで途切れる. *Ese río muere en el Atlántico.* その川は大西洋に流れ込む.
4《文章語》〈光・火などが〉消える；〈日が〉暮れる. *Cuando llegamos, el día iba muriendo.* 私たちが到着したときには日も暮れかかっていた. ▶ 時に再帰代名詞を伴う. → 再 **3**.
5〖遊〗スタートに戻る；〈場が〉流れる.
── **~se** 再 **1** 死ぬ, 死亡する. *Se está muriendo* mi padre. 父は死にかかっている. *Ayer se me murió* mi perro. 昨日愛犬に死なれた.
2《**de...**〈原因〉で》《**por...** …を求めて》死にそうである, 死ぬ思いである. *Me muero de hambre [curiosidad].* 私はおなかがすいて[知りたくて]たまらない. *Me muero por conocerlo.* 私はどうしても彼と知り合いになりたい. *Me muero por la música.* 私は音楽が死ぬほど好きだ. ▶ 現在形, 線過去形などの未完了時制で用いられる.
3《文章語》〈光・火などが〉消える, 消滅する.
4〈手足が〉しびれる, 無感覚になる.
¡Muera...! / ¡Mueran...! …をやっつけろ, …などくたばってしまえ. *¡Muera* la dictadura! 独裁政権を倒せ.
¡Que me muera si...! 命にかけても…ではない.
[⇐〖俗〗*morire* ⇐〖ラ〗*mori*〗；関連 moribundo, mortal, muerte. 〖英〗*moribund*]

mo·ris·co, ca [mo.rís.ko, -.ka] 形 モリスコの；モーロ人の, ムデハル様式の.
── 男 **1** モリスコ：特にレコンキスタ (711-1492) 以後, キリスト教に改宗してスペインに残留したモーロ人. **2** モーロ moro 人.
3《ラ米》(1).(メキシコ)モリスコ：ムラート mulato と白人との混血児. (2).(メキシコ)食べても太らない人[動物].

mo·ris·ma [mo.rís.ma] 囡《集合的》《軽蔑》モーロ moro 人.

mo·ris·que·ta [mo.ris.ké.ta] 囡 **1** しかめっ面, 渋面. **2** 欺瞞(ぎまん)；詐欺, ぺてん.

mor·la·co, ca [mor.lá.ko, -.ka] 形 ずるい, 狡猾(こうかつ)な. ── 男 **1** ずるい人, こすっからい人. **2**〖話〗(闘牛の)大きい牛. **2**《ラ米》(ペソ)銀貨；お金.

mor·món, mo·na [mor.món, -.mó.na] 形〖宗〗モルモン教(徒)の. ── 男〖宗〗モルモン教徒.

mor·mó·ni·co, ca [mor.mó.ni.ko, -.ka] 形〖宗〗モルモン教(徒)の.

mor·mo·nis·mo [mor.mo.nís.mo] 男〖宗〗モルモン教(の教義).

＊mo·ro, ra [mó.ro, -.ra] 形 **1** モーロ[ムーア]人の；イスラム教徒の. ♦スペインにおいて主に北西アフリカ地方出身のイスラム教徒を表した呼称. 中世ではイベリア半島在住のイスラム教徒を表し, 今日のスペインではイスラム教徒やアラブ・アフリカ地域住民の俗称・蔑称としても用いられる.
2〖話〗〈男性が〉極度の男性中心主義である；〈夫・恋人が〉妻[恋人]に対し嫉妬(しっと)深い. **3**〈子供が〉キリスト教の洗礼を受けていない. **4**〈ワインが〉水で薄めていない. **5**〈馬が〉ぶちの. **6**《ラ米》毛色が白[黒, 茶]の混じった.
── 男 囡 **1** モーロ[ムーア]人；イスラム教徒.
2 モロ人：ミンダナオ・マレーシア諸島のイスラム系民族. **3**《スペイン》《俗》モロッコ人.
── 男〖話〗極度の男性中心主義者；妻[恋人]に対して嫉妬深い男性.
bajar al moro《俗》モロッコへ麻薬を買いに行く.
dar al moro muerto gran lanzada 人の弱みにつけこんで卑劣な仕打ちをする.
Hay moros en la costa.〖話〗壁に耳あり障子に目あり (←そばに危険な人物がいる).
moros y cristianos (1) キリスト教徒とイスラム教徒の戦いを模した踊り. (2)《ラ米》(キューバ)(プエルトリコ)フリホール豆 frijol 入りのご飯.
[⇐〖ラ〗*Maurus*；関連 moreno, morisco, morocho. 〖スペイン〗〖英〗*Mauritania*. 〖英〗*Moor*]

mo·ro·cho, cha [mo.ró.tʃo, -.tʃa] 形《ラ米》《話》(1)《メキシコ》黒褐色の, 黒黒い. (2)《アルゼンチン》頑強な, 丈夫な. (3)《メキシコ》双生の, 双子の.
── 男 **1**〖植〗アズキモロコシ (= maíz ~). **2**《ラ米》《話》(1)《アルゼンチン》頑強な人, 元気な人. (2)《メキシコ》《複》

morolo

数で》双子．
— 囡《ラ米》(㋐㋓)二連銃，二連発銃．
mo·ro·lo, la [mo.ró.lo, -.la] 形《ラ米》(㋐㋓)《話》ばかな，愚かな．
mo·rón [mo.rón] 男 小山，小高い丘．
mo·ron·dan·ga [mo.ron.dáŋ.ga] 囡《話》がらくたの山．
mo·ron·do, da [mo.rón.do, -.da] 形 毛［葉］のない；余計なものがついていない．
mo·ron·ga [mo.róŋ.ga] 囡《ラ米》(㍻)(㋐㋓) → morcilla 1.
mo·ro·sa·men·te [mo.ró.sa.mén.te] 副 遅れて．
mo·ro·si·dad [mo.ro.si.ðáð] 囡 **1**《法》支払いの滞り，（金）．ぐずぐずすること，遅鈍．actuar con 〜 悠長に行動する．
mo·ro·so, sa [mo.ró.so, -.sa] 形 **1** 支払いの遅れがちな，滞納した．**2** ぐずぐずする，緩慢な．
— 男 囡（法的義務・債務の）不履行者，違反者．
mo·rra·da [mo.řá.ða] 囡 **1** 頭を打つこと，頭をぶつけること．**2** 平手打ち，びんた．
mo·rral [mo.řál] 男 **1**（猟の）獲物入れ，獲物袋．**2**（兵士などの）雑嚢（のう），背負い袋．**3**（馬の首からつるす）飼い葉袋．**4**《話》粗野な人，がさつ者．**5**《ラ米》(㋛㋐)リュックサック．
mo·rra·lla [mo.řá.ja | -.ʎa] 囡 **1**《集合的》くず，がらくた．**2**《軽蔑》烏合（ごう）の衆，野次馬．**3** 雑魚，小魚．**4**《ラ米》(㋐㋓)小銭，ばら銭．
mo·rra·zo [mo.řá.θo / -.so] 男《話》（特に顔への）殴打，パンチ．
mo·rre·ar [mo.ře.ár] 他《軽蔑》(しつこく)キスしつづける．— 自 しつこく唇にキスする．
— 〜·se 再 しつこくキスを交わす．
mo·rre·na [mo.ře.na] 囡《地質》氷堆石（たい），堆石，モレーン．
mo·rre·o [mo.ře.o] 男《軽蔑》しつこく何度もキスすること．
mo·rri·llo [mo.ří.jo | -.ʎo] 男 **1**（羊などの食用の）首の肉．**2**《話》猪首（いくび），太い首．**3**《ラ米》(㍻)天秤（てんびん）棒，担い棒．
mo·rri·ña [mo.ří.ɲa] 囡 **1**《話》郷愁，ノスタルジア．sufrir de 〜 ホームシックにかかる．**2**《獣医》水腫（しゅ），浮腫．
mo·rri·ño·so, sa [mo.ři.ɲó.so, -.sa] 形 望郷の念にかられた．
mo·rrión [mo.řjón] 男 **1** モリオン：へりが反り返った面頬（ほほ）のある16-17世紀の鉄兜（かぶと）．**2** シャコー：前立ての付いた筒形軍帽．

morrión
（モリオン）

mo·rro [mó.řo] 男 **1**（豚などの突き出た）鼻．**2**《話》突き出た厚い唇；（一般に）唇．**3** 丘，塚，小山．**4** 石ころ，丸い小石，丘．**5**《海》（船からの目標となる）大岩，岬；突堤，防波堤．**6** 突き出た部分．**7** 機首，船首；ノーズコーン，（ロケット・誘導弾の）先端部．自動車の前部．caer de 〜s（飛行機などが）垂直降下する．**8**《ラ米》(1) 冷やかし，愚弄．(2)《㋑》ヒョウタン（の器）．(3)《㋐㋓》《話》(人の) 頭．(4)《㋐㋓》男の子．
beber a morro《話》ラッパ飲みをする，口をつけて飲む．
darse de morros《話》(con…) …に出くわす；(en… / con… …に) ぶつかる．
echarle [*tener*] *morro* (*a*…)《話》…に図々しく振る舞う．
estar de morro(*s*) *con* 人《話》(人) に腹を立てている．
poner morro(*s*) / *torcer el morro*《話》(唇を突き出して) しかめっ面をする．
por el morro《話》(1) 無料で，何の努力もせず．(2) 厚かましく．

mo·rro·co·tu·do, da [mo.řo.ko.tú.ðo, -.ða] 形《話》**1** ものすごい，とてつもない；大事な．**2**《ラ米》(㋐㋓) 裕福な．(2)(㋐㋓) 退屈な，単調な．
mo·rro·coy [mo.řo.kói] 男《ラ米》(㋛㋑㋒)(1)《動》→ morrocoyo．(2) とろい人，鈍い人．
mo·rro·co·yo [mo.řo.kó.jo] 男《ラ米》(1)《動》カメの一種．(2)(㋛)《話》でぶっちょ，不格好な人．(3)(㋐㋓) 下水槽清掃人，井戸さらい．
mo·rrón [mo.řón] 男 **1**《話》殴打，一撃；衝突．pegar un 〜 激突する．**2**《植》ピーマン，アマトウガラシ（= pimiento 〜）．
mo·rron·go, ga [mo.řóŋ.go, -.ga] 男 囡《話》猫．**2**《ラ米》(㋛㋑)召使い，使用人．
— 男《ラ米》(㋛㋑) 葉巻きタバコ．
mo·rron·gue·ro, ra [mo.řon.ɡé.ro, -.ra] 形《ラ米》(㋛㋑) けちな，しみったれの；臆病（おくびょう）な．
mo·rro·ño, ña [mo.řó.ɲo, -.ɲa] 形《ラ米》《話》(1)(㋐㋓) ざらざらした，ざらついた．(2)(㋛㋑) 弱々しい，病弱な．
mo·rro·ño·so, sa [mo.řo.ɲó.so, -.sa] 形《ラ米》(1)(㍻)《話》けちな，しみったれの．(2)(㋐㋓) ざらざらした，ざらついた．(3)(㋛㋑)《話》弱々しい，病弱な．
mo·rru·do, da [mo.řú.ðo, -.ða] 形《話》**1** 口の突き出た，唇の分厚い．**2**《ラ米》(㋐㋓) たくましい，力のある．
mor·sa¹ [mór.sa] 囡《動》セイウチ．
mor·sa² [mór.sa] 囡《ラ米》（工具の）万力．
mor·se [mór.se] 男 モールス符号，モールス式電信文字（= alfabeto 〜）．◆Samuel Morse（1791-1872，米国の発明家）の名にちなむ．
mor·ta·de·la [mor.ta.ðé.la] 囡《料》中にダイス状の豚脂を散らしたソーセージ．［← 伊 *mortadella*］
mor·ta·ja [mor.tá.xa] 囡 **1** 経かたびら，死者に着せる衣．**2**《建》ほぞ穴．**3**《ラ米》(㍻) タバコ用の巻き紙．

mortaja
（ほぞ穴）

*****mor·tal** [mor.tál] 形 **1**（生き物が）死すべき運命の．seres 〜*es*（神など不死の存在に対する）死すべき存在；生物；人間（↔inmortal）．
2 致命的な，死にかかわる；死を連想させる；決定的な．herida 〜 致命傷．enfermedad 〜 不治の病．accidente 〜 死亡事故．dosis 〜 致死量．veneno 〜 猛毒．golpe 〜 致命的打撃．salto 〜《スポ》(体操などの) 危険な宙返り．pecado 〜《カト》死に至る大罪．restos 〜*es* 亡骸（がい），遺骸．señas 〜*es* 決定的証拠．
3《否定的な意味で》ひどい；耐え難い；《主に名詞の前で》うんざりさせる．odio 〜 激しい憎悪．dolor 〜 耐え難い苦痛．Esta clase es 〜, ya no puedo aguantar. この授業は最低だ，もう耐えられない．susto 〜 ひどい驚き．Pasé cuatro 〜*es* horas con sus padres. 私は彼［彼女］(ら)の両親とうんざりするような4時間を過ごした．
— 男 囡（神など不死の存在に対する）死すべき存在；人間．
［←［ラ］*mortālem*（*mortālis* の対格；*mors*「死」より派生）；［関連］［英］*mortal*］

*****mor·ta·li·dad** [mor.ta.li.ðáð] 囡 **1** 死すべき運命，死を免れないこと．**2** 死亡率；死亡者数（=

lidad). la ~ infantil 幼児の死亡率.
mor·tal·men·te [mor.tál.mén.te] 副 **1** 致命的に. **2** ひどく, 非常に.
mor·tan·dad [mor.tan.dád] 囡 大量死；死亡者数. El bombardeo produjo gran ~. その爆撃によって多数の死者が出た.
mor·te·ci·no, na [mor.te.θi.no, -.na / -.sí.-] 形 **1** 死にかけた, 消滅しかかった；消え入りそうな, 弱々しい；ほの暗い, おぼろげな. la luz *mortecina* del crepúsculo 黄昏(綜)の消えゆく光. color ~ 淡い色. **2** 畜殺の, 食肉用の.
mor·te·ra·da [mor.te.rá.ða] 囡 **1** (乳鉢で) 1回に擦りつぶす量. **2** (昔の曰砲(綜)の) 一発分.
mor·te·re·te [mor.te.ré.te] 男 **1** (礼砲用の) 小型の白砲(綜)；礼砲, 号砲. **2** (楽器として使用する) 乳鉢. [mortero + 縮小辞]
mor·te·ro [mor.té.ro] 男 **1** 乳鉢；(ニンニクを突きつぶす) モルテーロ. **2** モルタル, しっくい. **3** 〖軍〗白砲(綜). **4** 花火打ち上げ用の筒.
mor·tí·fe·ro, ra [mor.tí.fe.ro, -.ra] 形 致命的な, 命取りの (= letal). gas ~ 毒ガス. un arma *mortífera* 凶器.
mor·ti·fi·ca·ción [mor.ti.fi.ka.θjón /-.sjón] 囡 **1** 苦行, 禁欲；(宗教上の) 修行, 行. **2** 苦悩, 悩みの種. **3** 屈辱, 悔しさ, 無念.
mor·ti·fi·ca·dor, do·ra [mor.ti.fi.ka.ðór, -.ðó.ra] / **mor·ti·fi·can·te** [mor.ti.fi.kán.te] 形 **1** (修行のために) 肉体を苦しめる, 苦行の, 禁欲的な. **2** 傷つける, 悩ます, うるさい. **3** 屈辱的な, 悔しい.
mor·ti·fi·car [mor.ti.fi.kár] 70 他 **1** (修行のため) 肉体を苦しめる；禁欲する. ~ la carne (禁欲・苦行によって) 肉体を制す. **2** 悩ます；苦しめる, さいなむ. El dolor me *mortificaba* toda la noche. 私は一晩中痛みに苦しんだ. **3** 屈辱を味わわせる, 悔しがらせる. ━ ~·se 再 **1** 苦行する；修行する. **2** (con... に) 悩む；苦しむ. **3** 《ラ米》《話》恥じる, どぎまぎする, あがる.
mor·ti·na·ta·li·dad [mor.ti.na.ta.li.ðáð] 囡 〖医〗死産率〖数〗.
mor·tual [mor.twál] 囡 《ラ米》(*₊)《話》相続財産.
mor·tuo·rio, ria [mor.twó.rjo, -.rja] 形 **1** 死の, 死者の；埋葬の. lecho ~ 死の床, 臨終. paño ~ 棺覆い. esquela *mortuoria* 死亡通知(状). **2** 喪に服した, 忌中の. casa *mortuoria* 忌中の家. ━ 男 埋葬の準備.
mo·ru·cho [mo.rú.tʃo] 男 (角に球を付けた) 闘牛遊び用の子牛.
mo·rue·co [mo.rwé.ko] 男 (種付け用の) 雄羊.
mó·ru·la [mó.ru.la] 囡 〖生物〗卵割前の胚.
mo·ru·no, na [mo.rú.no, -.na] 形 モーロ人の. *pincho moruno*《話》串ざしの肉.
mo·ru·sa [mo.rú.sa] 囡 **1** 《話》金, 銭. **2** 《ラ米》(綜)もつれた髪.
mo·sai·co, ca¹ [mo.sái.ko, -.ka] 形 モザイク (用) の. ━ 男 **1** モザイク模様 (の工芸品) →右段に図. **2** 《比喩的》よせ集め. **3** 《ラ米》(綜)学位単位取得者名簿.
mo·sai·co, ca² [mo.sái.ko, -.ka] 形 モーセ Moisés の. la ley *mosaica* 〖宗〗モーセの律法.
mo·sa·ís·mo [mo.sa.ís.mo] 男 〖宗〗モーセの律法.
<mos·ca [mós.ka] 囡 **1** 〖昆〗ハエ；羽のある虫. Es incapaz de matar [hacer daño a] una ~. 彼[彼女]は殺さないほど大人しい人だ. ~ azul クロバエ. ~ de burro [mula] ウマバエ. ~ de la carne ニクバエ. ~ de España ハンミョウの一種.

mosaico¹ (モザイク：セビーリャ)

~ de los frutos / ~ del vinagre ショウジョウバエ. ~ doméstica イエバエ. ~ tse-tsé ツェツェバエ. **2** (釣りの) 蚊針, 毛針, 擬餌(綜)針. caña de ~ フライフィッシング用釣り竿(綜). pescar a ~ フライフィッシングする. **3** (下唇とあごの間の) ひげ. → barba 類語. **4** 《話》金, 現なま. aflojar [soltar] la ~ (せびられた金を) 手渡す [与える]. **5** 《話》厄介な人, うっとうしい人. tener ~~ いらいらさせる. **6** 《複数で》火花, 火の粉. **7** [M-] 〖星座〗はえ座. **8** 《ラ米》(1) (綜)《話》たかり屋. (2) (綜)的の中心. (3) (綜)(ェチ)護衛. ━《話》《estar +》《con...》(…に) 怒っている, (…を) 疑っている, (…に) 不安を感じている.
estar con la mosca en [*detrás de*] *la oreja* 疑ってかかる, 用心している.
hacer [*echar*] *mosca*《ラ米》(*₊)(綜)《話》からかう.
Más moscas se cogen con miel que con hiel.《諺》ハエは胆汁より蜜(綜)のほうがとれる (厳しくするより優しいほうが効果がある).
mosca en leche 白い服を着た色の黒い女性.
mosca muerta《話》猫かぶり, 油断のならない人.
mosca volante〖医〗飛蚊症：視野に黒い小斑点(綜)が動いて見える症状.
peso mosca〖スポ〗(ボクシング) フライ級.
por si las moscas《話》万一に備えて. Todavía no llueve, pero me llevaré el paraguas, *por si las* ~s. まだ雨が降っていないが, 万一のために私は傘を持っていこう.
¿Qué mosca te [*le, os, les*] *ha picado* [*picó*]*?*《話》いったい何があったのか, 何を怒っているのか. [←〖ラ〗*muscam* (*musca* の対格)] 関連 mosquear, mosquito, mosquetero.〖英〗*Musca*「はえ座」]
mos·ca·da [mos.ká.ða] 形《女性形のみ》*nuez moscada* ナツメグ；ニクズク.
mos·car·da [mos.kár.ða] 囡 **1** 〖昆〗クロバエ. **2** 《集合的》(ハエ・ミツバチなどの) 卵.
mos·car·de·ar [mos.kar.ðe.ár] 自 (ミツバチが巣に) 卵を産みつける.
mos·car·dón [mos.kar.ðón] 男 **1** 〖昆〗(1) ウマバエ, ウシバエ. (2) アブ. (3) スズメバチ (= avispón). (4) クロバエ, アオバエ (= moscón). **2** 《話》《特に男性に対して》厄介者, うるさいやつ, しつこいやつ.
mos·ca·re·ta [mos.ka.ré.ta] 囡 〖鳥〗ムナフヒタキ.
mos·ca·rrón [mos.ka.r̄ón] 男《話》→ moscardón 2.
mos·ca·tel [mos.ka.tél] 形 マスカット種の；マスカットワインの. vino ~ マスカットワイン. ━ 男 マスカットワイン；マスカット種ブドウ.
mos·co, ca [mós.ko, -.ka] 形 《ラ米》(綜) (馬が) 白い毛の混じった黒毛の. ━ 男 〖昆〗カ；ブヨ, ハムシ.

moscón

mos·cón [mos.kón] 男 **1**〖昆〗ウマバエ；アブ；スズメバチ，クロバエ. **2**〖植〗カエデ. **3**《話》うるさいやつ，しつこいやつ，厄介者.

mos·co·ne·ar [mos.ko.ne.ár] 他 困らせる，(うるさく)邪魔をする. ¡Deja ya de 〜! もう邪魔しないでくれ. ─《話》執拗(とう)に求める，しつこく迫る.

mos·co·ne·o [mos.ko.né.o] 男 うるさくすること，困らせること，邪魔.

mos·co·so [mos.kó.so] 男 (特に公務員の)休暇.

Mos·co·via [mos.kó.bja] 固名〖史〗モスクワ大公国. [←〔中ラ〕*Moscovia*；〔古ロシア〕*Moskovǔ*「モスクワ」+〔ラ〕*-ia*〖地域〗]

mos·co·vi·ta [mos.ko.bí.ta] 形 モスクワの；ロシアの；〖史〗モスクワ大公国の. ─男 女 モスクワの住民[出身者]；ロシア人；〖史〗モスクワ大公国の住民[出身者]. ─女〖鉱〗雲母(うんも).

Mos·cú [mos.kú] 固名 モスクワ：ロシア連邦の首都. [←〔仏〕*Moscou*←〔古ロシア〕*Moskovǔ*(本来は川の名)]

mo·sén [mo.sén] 男〖史〗殿，様；師：スペインAragón, Cataluña地方で貴族・聖職者の尊称.

mos·que·a·do, da [mos.ke.á.ðo, -.ða] 形 **1**《俗》怒った，むかっ腹を立てた. Estoy 〜. 頭にくるぜ. **2** 斑点(はん)のある，まだらの，ぶちの.

mos·que·a·dor [mos.ke.a.ðór] 男 **1** ハエたたき. **2**《話》(牛・馬などの)尾，しっぽ.

mos·que·ar [mos.ke.ár] 他 **1**《話》不審を抱かせる，怪しませる. **2**《話》怒らせる. **3**〈ラ米〉(1)〈ニカラグア〉〈ハエが〉汚す. (2)〈ラ米〉《話》悩ませる，うんざりさせる. (3)〈ラ米〉《話》嗅ぎ回る.
─他〈ラ米〉(1)〈コスタリカ〉〈エクアドル〉〈馬が〉(耳・尾を)いそがしく動かす. (2)〈コスタリカ〉〈エクアドル〉〈ハエのように〉動きまわる. (3)〈コロンビア〉《話》無線旅行する.
─〜·se 再 **1**《俗》むっとする，怒る，腹を立てる. Se mosquea muy fácilmente. 彼[彼女]はすぐ頭にくる. **2**《俗》怪しむ，疑う. **3** ハエを払いのける. **4**〈ラ米〉〈エクアドル〉〈プエルトリコ〉(1) ハエがたかる. (2) こじれる，収拾がつかなくなる.

mos·que·o [mos.ké.o] 男 **1** ハエを追い払うこと. **2**《俗》むっとすること，憤り；怒らせること. **3**《俗》疑い，怪しむこと.

mos·que·ro [mos.ké.ro] 男〈ラ米〉〈メキシコ〉ハエの大群.

mos·que·ta [mos.ké.ta] 女〖植〗マスクローズ，ロサ・モスケタ：ローズヒップが取れるバラの一種.

mos·que·te [mos.ké.te] 男 **1** マスケット銃：16世紀に発明された大口径の歩兵銃. **2**〈ラ米〉〈メキシコ〉〖劇〗(劇場の)立ち見席.

mos·que·te·rí·a [mos.ke.te.rí.a] 女〖集合的〗**1** マスケット銃兵[銃隊]. **2**〖演〗〖集合的〗(昔の野外劇場の)最後部の立ち見席の客；〈ラ米〉〈メキシコ〉〈プエルトリコ〉見物客.

mos·que·te·ro [mos.ke.té.ro] 男 **1** マスケット銃兵. **2**〖演〗(昔の野外劇場の)最後部の立ち見席の客.

mos·que·tero, ra [mos.ke.té.ro, -.ra] 形〈ラ米〉《話》ものぐさな，怠惰な. ─男 女〈ラ米〉(1)〈コロンビア〉《話》ものぐさな人，怠惰な人. (2)〈コロンビア〉〈メキシコ〉野次馬，物見客.

mos·que·tón [mos.ke.tón] 男 **1**〖軍〗(銃口の大きな)短銃；小型カービン銃. **2** カラビナ：登山用の金輪.

mos·quil [mos.kíl] 形 ハエの.

mos·qui·ta [mos.kí.ta] 女〖鳥〗ヒタキ科ツグミ属の鳴鳥.
mosquita muerta《話》猫かぶり. hacerse la 〜 *muerta* 虫も殺さない顔をしている.
[*mosca*+縮小辞]

mos·qui·te·ra [mos.ki.té.ra] 女 → mosquitero.

mos·qui·te·ro [mos.ki.té.ro] 男 蚊帳(かや)，網戸.

*mos·qui·to [mos.kí.to] 男〖昆〗カ (蚊)；(ブヨ・羽虫などの)双翅(そうし)類の昆虫.
[*mosca*+縮小辞]〖関連〗mosquitero

mos·ta·ce·ra [mos.ta.θé.ra / -.sé.-] 女 (食卓用の)からし入れ，からしつぼ.

mos·ta·ce·ro [mos.ta.θé.ro / -.sé.-] 男 → mostacera.

mos·ta·cho [mos.tá.tʃo] 男 **1** 口ひげ. → barba〖類語〗**2**《話》(顔についた)汚れ.

mos·ta·chón [mos.ta.tʃón] 男 マカロン：アーモンドの粉・砂糖・シナモンなどで作る菓子.

mos·ta·ci·lla [mos.ta.θí.ja‖-.λa / -.sí.-] 女 (狩猟用)散弾. ◆カラシの種 *mostaza* ほどの大きさから.

mos·ta·jo [mos.tá.xo] 男 → mostellar.

*mos·ta·za [mos.tá.θa / -.sa] 女 **1**〖植〗カラシ (= 〜 *negra*). 〜 *blanca* 白ガラシ. **2** カラシの種子. **3** マスタード，洋がらし；マスタードソース. **4**〖狩〗散弾 (= *mostacilla*).
gas mostaza〖軍〗マスタードガス：無色無臭の液体状毒ガス.

mos·te·llar [mos.te.jár‖-.λár] 男〖植〗ナナカマド類.

mos·ten·se [mos.tén.se] 形〖カト〗プレモントレ修道会の. ─男 女 プレモントレ修道士[女].

mos·ti·llo [mos.tí.jo‖-.λo] 男 **1** → mosto. **2**〖料〗ブドウの果汁に洋がらしを混ぜたソース.

mos·to [mós.to] 男 (発酵前の)ブドウの搾り汁；(飲み物としての)ブドウの果汁.

mos·tra·ble [mos.trá.ble] 形 見せることのできる，見せる価値のある.

mos·tra·dor, do·ra [mos.tra.ðór, -.ðó.ra] 形 〈人・ものが〉見せる，示す. ─男 **1**〖商〗見せる人，示すもの. **1** カウンター，勘定台；陳列台；調理台. **2** (時計などの)文字盤，ディスプレー.

mos·trar [mos.trár] 15 他 **1 見せる，提示する；(手順などを)教える. 〜 *la documentación* 身分証明書を提示する. 〜 *sus obras en una exposición* 展覧会に作品を出す. Ella me *mostró* una foto. 彼女は私に一枚の写真を見せた. La flecha *muestra* la salida. その矢印は出口を示している. El técnico nos *mostró* cómo instalar la antena. 技術者はアンテナの設置方法を私たちに教えてくれた.
2 (意思・感情・能力などを)表に出す，表す. 〜 *interés* 興味を示す. 〜 *SU alegría* 喜びの表情を見せる. 〜 *SU creatividad* 創造性を発揮する.
─〜·se 再 **1** 姿を現す，現れる. El emperador *se mostró* al público. 皇帝は人々の前に姿を見せた. **2** (+形容詞・副詞・名詞およびその相当語句の)様子を見せる，態度をとる (► 形容詞は主語の性数に一致する). Los niños *se mostraron rebeldes*. 子供たちは反抗的な態度を見せた.
[←〔ラ〕*mōnstrāre*; *mōnstrum*「警告；予兆」(←*monstruo*)より派生]〖関連〗muestra, demostrar.

[英]*demonstrate, demonstration*]

mos・tren・co, ca [mos.trén.ko, -.ka] 形 **1**《話》《軽蔑》無知の, 教養のない, ばかな. **2**《話》太った；のろい, 鈍い. **3**《法》所有権者のいない. bienes ∼*s* (所有権者が国家に属する)所有者不在財産. **4**《話》住むところのない；主人のない.
──男 女 太っちょ；のろま, まぬけ.

mo・ta [mó.ta] 女 **1** 斑点；取るに足らないもの；微細なもの. ∼ de carbonilla すす. ∼ de polvo ちり. tela de ∼*s* azules 青の水玉模様の布地. a ∼ *s* 水玉模様の, 斑点の入った. **2** 小丘, 高台. **3** 毛玉. **4**《否定で》全く, 少しも. No hace (ni) una ∼ de viento. 風は全くない.
5《ラ米》(1)(化粧用の)パフ. (2)(ガ)からまった毛；綿くず. (3)(アメ)縮れ毛. (4)(チ麦)(グテ)(俗) マリファナ. (5)(メホ)黒板消し.

mo・tard [mo.tár] [仏] 男 女 → motero.

mo・te [mó.te] 男 **1** あだ名, 愛称, ニックネーム. poner ∼ あだ名をつける. Le pusieron como ∼ Popeye. 彼はポパイというあだ名をつけられた. **2** 標語, モットー. **3**《ラ米》(1)(アサ)(カッ)(カッ)(話すｷ書くときの)間違い；たどたどしい話し方. (2)(アミ)(カッ)(ミエッ)小麦を使った料理. (3)(ベホ)塩ゆでしたトウモロコシ；すりつぶしたトウモロコシの料理. (4)(アサ)(カッ)(ボソ)小魚. (5)(ボブ)表題, タイトル.

mo・te・a・do, da [mo.te.á.ðo, -.ða] 形 斑点(はた)のある, まだらの, ぶちの.

mo・te・ar[1] [mo.te.ár] 他〈織物などに〉斑点(はた)をつける, 水玉模様をつける.

mo・te・ar[2] [mo.te.ár] 自《ラ米》(1)(カッ)(ペル)間違える, とちる；つっかえつっかえ話す. (2)《話》安売りする. (3)(メ麦)(グテ)(俗)マリファナを吸う.

mo・te・ja・dor, do・ra [mo.te.xa.ðór, -.ðó.ra] 形 あしざまに言う, 非難する.
──男 女 口の悪い人, 皮肉屋, 冷やかし好きの人.

mo・te・jar [mo.te.xár] 他《de... …と》あだ名をつける, 異名で呼ぶ. Lo han motejado de avaro. 彼は守銭奴と呼ばれた.

mo・tel [mo.tél] [英] 男 **1** モーテル：自動車旅行者用のホテル. **2**《メ》(アル)ラブホテル.

mo・te・ro, ra [mo.té.ro, -.ra] 形 オートバイ好きの.
──男 女 オートバイ好き.

mo・te・te[1] [mo.té.te] 男《音楽》モテット：聖書の章句などに曲を付けた声楽曲.

mo・te・te[2] [mo.té.te] 男《ラ米》(1)(タイ)(アメ)(グテ)かご, 背負いかご. (2)(ペホ)(グテ)包み, 束. (3)(タイ)《複数で》《話》がらくた, くず, 手回り品.

mo・ti・lar [mo.ti.lár] 他《ラ米》(アンブ)丸坊主に刈る.

mo・ti・li・dad [mo.ti.li.ðáð] 女《生物》《心》運動性, 運動能力[機能].

mo・ti・lón, lo・na [mo.ti.lón, -.ló.na] 形 **1** 毛のない, はげた. **2** (コロンビア・ベネズエラに住む)モティロネス人の. ──男 女 **1** 毛のない人. **2** モティロネス人. **3** (修道院の)平修士, 平修女.

mo・tín [mo.tín] 男 暴動, 騒動, 騒乱；(軍隊などの)反乱, 謀反. ∼ a bordo 乗組員の反乱.

***mo・ti・va・ción** [mo.ti.ba.θjón / -.sjón] 女 動機づけ, 理由づけ；動機, 誘因, 刺激.

mo・ti・va・dor, do・ra [mo.ti.ba.ðór, -.ðó.ra] 形 動機を与える, 動機づける.

***mo・ti・var** [mo.ti.bár] 他 **1**〈結果を〉引き起こす；《que+接続法…させる》動機[根拠]となる. La declaración *motivó* un serio enfrentamiento entre los dos grupos. その声明は2つのグループの間に深刻な対立をもたらした. Este suceso *motivó* que el país *cambiara* de rumbo. この事件によって国は進路を変えることになった.
2〈人に〉やる気を出させる；《a [para]+不定詞 / a [para] que+接続法…するための》刺激を与える. Me *motiva* mucho la lectura. 私は読書によってとても刺激を受ける. El buen resultado lo *motivó a [para] estudiar* más. よい結果を得て, 彼はますます勉強する気になった.
3…の理由[根拠]を説明する. Con estas palabras *motivó* su decisión. 彼[彼女]は自分の決心をこれらの言葉で説明した.
──**.se**〔再〕〈人が〉刺激を与えられる, やる気を出す. El pintor *se motivó* en este paisaje para pintar su famosa obra. 画家はこの景色に触発されて, その有名な作品を描いた.

***mo・ti・vo** [mo.tí.βo] 男 **1** 動機, 理由；《para…をする》根拠, 口実, 言い訳. por ∼*s* personales 一身上の都合により. por ∼*s* de salud 健康上の理由につき. sin ∼ alguno なんの理由もなく. dar ∼*s* 弁解する. dar ∼*s* a+人 *para...* …する口実を〈人〉に与える. Tengo varios ∼*s para* no casarme con él. 私が彼と結婚しないのには色々と事情がある. No hay ∼ *para* preocuparse tanto. そんなに心配する必要はありません.
2(デザインなどの)(主要な)模様, パタン；《音楽》主旋律；《美》《文学》主題, モチーフ. ∼*s* florales 花模様. dibujar con ∼*s* taurinos 闘牛をモチーフとして描く. **3**《ラ米》(ガ)《複数で》こび, 甘え.
con motivo de... …を理由[目的]に；…という名目で. Celebraremos una fiesta *con* ∼ *de* la jubilación del profesor. 教授の退職を記念してパーティーを開くことにしています.
[←[中ラ] *mōtīvus* 形 「原動力となる」(*movēre*「動かす」より派生); [関連] motivar, motivación. [仏] *motif*. [英] *motive*]

***mo・to**[1] [mó.to] 女
1 [motocicleta の省略形]オートバイ, バイク, 単車. montar en ∼ 単車に乗る.
2《ラ米》(カリブ)《俗》マリファナ(タバコ).
estar como una moto《話》(1)狂った. (2)いらいらしている, 落ち着きがない.
vender la moto a+人〈人〉を説得する, 機嫌をとる.

moto[1] (スペインの白バイ)

mo・to[2] [mó.to] 男 道標, 境界石.

mo・to, ta [mó.to, -.ta] 形《ラ米》(1)(メ麦)《話》みなし子の, 孤児の. (2)(ポリ)(動物が)尾のない《短い》. ──男 女《ラ米》(アサ)(カッ)(ボソ)麻薬中毒者.

mo・to・a・za・da [mo.to.a.θá.ða / -.sá.-] 女 耕運機.

mo・to・bom・ba [mo.to.βóm.ba] 女 モーターポンプ, 自動給水機；消防用ポンプ.

mo・to・ca・rro [mo.to.ká.ro] 男 オート三輪(車).

***mo・to・ci・cle・ta** [mo.to.θi.klé.ta / -.si.-] 女 オートバイ, モーターバイク.

mo・to・ci・clis・mo [mo.to.θi.klís.mo / -.si.-] 男 オートバイ乗り, モーターサイクリング；《スポ》オートバイレース.

mo・to・ci・clis・ta [mo.to.θi.klís.ta / -.si.-] 男 女 オートバイ乗り, ライダー；《スポ》オートバイレーサー.

mo・to・ci・clo [mo.to.θí.klo / -.sí.-] 男 原動機付き

自転車. ▶ ciclomotor, velomotor, motocicleta などの総称.

mo·to·ci·ne [mo.to.θí.ne / -.sí.-] 男 ドライビングシアター, ドライブシアター.

mo·to·cross [mo.to.krós] [英] 男〔単複同形〕《スポ》モトクロス.

mo·to·cul·ti·va·dor [mo.to.kul.ti.ba.ðór] 男《農》耕耘(ṣɔ̄ɔɛ̄)機.

mo·to·cul·ti·vo [mo.to.kul.tí.bo] 男《農》機械化農業;動力耕作.

mo·to·cul·tor [mo.to.kul.tór] 男 → motocultivador.

mo·to·es·quí [mo.to.es.kí] 男〔複 ~s, ~es〕雪上バイク.

Mo·to·li·ní·a [mo.to.li.ní.a] 固名 モトリニア Toribio de Benavente ~ (1482–1569) : Nueva España の宣教師・年代記作者. → cronista.

mo·to·li·ta [mo.to.lí.ta] 女《鳥》ハクセキレイ.

mo·to·li·to, ta [mo.to.lí.to, -.ta] 形 ばかな, まぬけな. ──男女 ばか, まぬけ.

mo·tón [mo.tón] 男《海》滑車. ~ de rabiza テールブロック.

mo·to·náu·ti·ca [mo.to.náu.ti.ka] 女 モーターボートレース.

mo·to·na·ve [mo.to.ná.be] 女 (大型の) モーターボート, 発動機つきの船.

mo·to·ne·rí·a [mo.to.ne.rí.a] 女《海》《集合的》滑車.

mo·to·ne·ta [mo.to.né.ta] 女 **1** 四輪バギー. **2**《ラ米》(ラǎ)スクーター, ミニバイク.

mo·to·neu·ro·na [mo.to.neu.ró.na] 女《解剖》運動神経.

mo·to·nie·ve [mo.to.njé.be] 女 雪上バイク.

mo·to·pes·que·ro [mo.to.pes.ké.ro] 男 漁船, モーター付き釣り舟.

mo·to·pro·pul·sión [mo.to.pro.pul.sjón] 女 エンジン駆動.

*mo·tor, to·ra [mo.tór, -.tó.ra] 形 (▶女性形には motriz も用いる) 動かす;発動の;運動に関係する. fuerza *motora* lancha *motora* モーターボート. músculos [nervios] ~*es* 運動筋〔神経〕. elemento ~ de... …を動かす原動力.

──男 **1** エンジン, モーター, 発動機;原動機. ~ de arranque エンジンスターター. ~ de reacción / ~ a chorro ジェットエンジン. ~ Diesel ディーゼルエンジン. ~ turbodiesel ターボエンジン. ~ de explosión [combustión interna] 内燃機関. ~ rotativo ロータリーエンジン. ~ de dos tiempos 2サイクルエンジン. ~ refrigerado por agua [aire] 水 [空] 冷式エンジン. ~ eléctrico 電動機. bicicleta con ~ 原動機付き自転車 [原付バイク];電動自転車. ~ fuera de borda 船外エンジン. ~ hidráulico 水力発動機. ~ eléctrico lineal リニアモーター. **2** (**de...** …の) 原動力. María es el ~ *de esta empresa*. マリアはこの会社の原動力だ. **3**《集合的》自動車, 車産業. periodismo de ~ モータージャーナリズム.

──女 **1** モーターボート. **2**《ラ米》(ラǎ)小型オートバイ.

calentar motores (1) エンジンを温める, エンジンをかける. (2)《比喩的》あらかじめ準備をする.

motor de búsqueda〖IT〗検索エンジン.

[←［ラ］*mōtōrem*(*mōtor*の対格)「動かすもの」(*movēre*［動かす］より派生). 関連 motriz, motorismo. [英］*motor*]

mo·to·ris·mo [mo.to.rís.mo] 男《スポ》オートレース;自動車, 特にオートバイの競走.

mo·to·ris·ta [mo.to.rís.ta] 男女 **1** オートバイ乗り, ライダー;《スポ》オートバイレーサー. **2** (オートバイに乗った) 警官. **3**《ラ米》自動車の運転手.

mo·to·ri·za·ción [mo.to.ri.θa.θjón / -.sjón] 女 **1** 機械化, 動力化. **2** 自動車化, モータリゼーション;《話》自動車を所有すること.

mo·to·ri·za·do, da [mo.to.ri.θá.ðo, -.ða / -.sá.-] 形 動力化された, 機械化された. *división motorizada*《軍》機械化師団.

──男《ラ米》(ラǎ)ライダー.

mo·to·ri·zar [mo.to.ri.θár / -.sár] 97 他 動力設備 [モーター] を付ける, 動力化する. 機械化する.
──~**se** [話] 車を持つ, 車を備える.

mo·to·ro·la [mo.to.ró.la] 女《商標》携帯電話, (特に) 自動車電話.

mo·to·sie·rra [mo.to.sjé.ra] 女 チェーンソー, 電動のこぎり.

mo·to·so, sa [mo.to.so, -.sa]《ラ米》(1) (ｱﾝﾃﾞｽ)(ﾘｵﾌﾟ) 《髪が》縮れた. (2) (ｴｸｱ) 刃こぼれした, 《刃物が》先のまるまった. (3) (ｴｸｱ) 田舎の, 山地出身の;スペイン語がたどたどしい.

mo·to·ve·le·ro [mo.to.be.lé.ro] 男《海》機帆船;エンジン付きヨット.

mo·tri·ci·dad [mo.tri.θi.ðáđ / -.si.-] 女 **1** 動力. **2**《医》《神経・筋肉の》運動機能.

mo·triz [mo.tríθ / -.trís] 形《女性形のみ》《複 motrices》原動の, 起動の, 発動の. *fuerza* ~ 原動力. ▶ *motor* の女性形.

mo·tu·do, da [mo.tú.ðo, -.ða] 形《ラ米》(ｼﾞ)《髪が》縮れた.

mo·tu pro·prio [mó.tu pró.prjo] [ラ] 自発的に (= por propio impulso).

──男《カト》教皇自発教令.

mountain bike [món.tam báik]《英》男 (または女)《~s, ~s》マウンテンバイク (= bicicleta de montaña).

mou·se [máus]《英》男〔複 ~s, ~〕〖IT〗マウス (= ratón).

mousse [mús]〔仏〕女 (または男)《菓子の》ムース;《化粧品・整髪料の》ムース, クリーム.

mou·ton [mu.tón]〔仏〕《服飾》男 ムートン《羊の毛皮加工品》. ムートン製の衣服.

mo·ve·di·zo, za [mo.be.ðí.θo, -.θa / -.so, -.sa] 形 動きやすい;可動の. *arenas movedizas* 流砂. **2**《人が》移り気な, 気まぐれな;《状況などが》不安定な, 落ち着かない, 変わりやすい.

mo·ve·dor, do·ra [mo.be.ðór, -.ðó.ra] 形 動かす. ──男女 動かす人〔もの〕.

mo·ver [mo.bér] 22 他 **1 動かす;移動させる. ~ *la mesa hacia un rincón* テーブルを隅に寄せる. ~ *la vista de un lado a otro* 視線をあちこちへ移動させる. ~ *pieza*《遊》駒を動かす;《比喩的》行動を起こす.

2 揺する;振る;かき回す. ~ *la cola* しっぽを振る. ~ *la cabeza afirmativamente* [*negativamente*] 肯定 [否定] の合図として首を振る. ~ *la sopa* スープをかき混ぜる.

3《装置などを》作動させる;《事業などを》前進させる. *Esta máquina la mueve el viento.* この機械は風で動く. *Sabe* ~ *el negocio.* 彼〔彼女〕は商売の進め方を知っている.

4 (**a...** …に / **a**+不定詞 …するように)《人を》駆り立てる;《人の》心を動かす. *Su actitud me movió a* risa [compasión]. 彼[彼女](ら)の態度に私は笑い[同情]を抑えられなかった. Esa situación nos *movió a pensar*. その状況によって私たちは考えさせられた. **5** (騒ぎなどを)引き起こす, 始める. ~ guerra a [contra] un pueblo ある国に戦争を仕掛ける.

━自 **1** 〖農〗〈植物が〉芽を出す. **2** 〖遊〗〈駒(ミャ)などが〉動く. **3** 〖建〗〈アーチなどが〉(ある地点から)立ち上がる. **4** 〖古語〗中絶する (= abortar).

━ ~·se 再 **1** 動く, 移動する；動き回る. Que nadie *se mueva* de ahí. 誰もそこから動くな. El tren empezó a ~*se*. 列車は動き始めた.
2 揺れる, 振動する. Las hojas *se mueven* con el viento. 風で木の葉が揺れ動く. El mar *se movía* mucho. すいぶん波が出ていた.
3 (目的を達成するために)行動を起こす, 奔走する；《話》急ぐ. Tendrás que ~*te* mucho para resolver el problema. その問題を解決するためには, 相当動き回らないとだめだろう. *Muévete*, o llegaremos tarde. 早くしないと遅刻するよ.
4 (場所に)出入りする；(場所で)活動する. Estos días mi hijo *se mueve* en los círculos literarios. 息子は最近文学サークルに出入りしている.
5 《por...》…によって》心を動かされる, 気持ちが動く. Mi esposo no *se mueve por* nada. 私の夫は何があっても心を動かされない

[←〖ラ〗*movēre*；関連 movimiento, moción, inmóvil, movilizar, remoto. 〖英〗*move*]

mo·vi·ble [mo.bí.ble] 形 **1** 動かせる, 移動できる.
2 変わりやすい, 不安定な.
3 〈天体が〉移動する, 可動性の.

mo·vi·da [mo.bí.ða] 女 〖ラ米〗(1) 《話》(ミャォ)パーティー. (2) (ミャ)恋愛, 情事.

mo·vi·do, da [mo.bí.ðo, -.ða] 形 **1** 動かされた.
2 駆り立てられた；感動させられた. ~ de [por] la piedad 同情して. ~ por el interés 利害に動かされて. **3** 活発な, 元気な；落ち着きのない, そわそわした. **4** 〖写〗ピンぼけの, ぶれた.
5 〖ラ米〗(1) (ᴾ╳)(ミャ) 《話》のろまな, ぐずぐずした, のらくらした. (2) (ᴿᴾ)(ᴸᴾ)(ミャ) 〈(卵が)〉殻の柔らかい. (3) (ᴸᴾ)(ᴾ╳)(ミャ)(ᴼᶜ) 気力のない, 病弱な.

mo·vien·te [mo.bjén.te] 形 動く, 変化する, 不安定な.

*****mó·vil** [mó.bil] 形 **1** 動かせる, 移動できる, 固定されていない, 動く. fiesta ~ 移動祝祭日 (♦Semana Santa など年によって日が変わる祝祭日). material ~ (鉄道の)車両. **2** 不安定な, 変わりやすい.
3 〖印〗組み替えの. **4** 印紙の. timbre ~ 収入印紙.

━ 男 **1** 動機, 原因 (= motivo). el ~ de un crimen 犯罪の動機.
2 〖物理〗動体, 流動体. **3** 〖美〗モービル：動く彫刻. **4** 印紙. **5** 《話》携帯電話 (= teléfono ~).

móvil (携帯電話)

[←〖ラ〗*mōbilem* (*mōbilis* の対格) (*movībilis* の短縮形)；*movēre* 「動かす」より派生)；関連 movilizar, automóvil, inmóvil. 〖英〗*mobile*]

mo·vi·li·dad [mo.bi.li.ðáð] 女 動きやすさ, 可動性, 移動性.

mo·vi·li·za·ción [mo.bi.li.θa.θjón / -.sa.sjón] 女 動員；徴用；戦時体制化. ~ general 総動員.

mo·vi·li·zar [mo.bi.li.θár / -.sár] 97 他 **1** 動員する, 結集させる；徴用する. **2** 運用する. ~ el capital de la empresa 企業資金を運用する.

━ ~·se 再 結集する.

*****mo·vi·mien·to** [mo.bi.mjén.to] 男 **1** 動き, 運動. observar los ~s de una hormiga アリの動きを観察する. ~ de rotación 回転運動. ~ acelerado 加速度運動. ~ retardado 減速度運動. ~ uniforme 等速度運動. ~ ondulatorio [vibratorio] 波動. ~ diurno 〖天文〗日周運動. ~ sísmico 地震(活動). ~ continuo 永久運動. ~ de tierras 整地, 土地造成.
2 動作, 身ぶり. ~ de brazos 腕の動き. ~ inconsciente 無意識の動作.
3 移動；往来, 雑踏. ~ de capital [población] 資本[人口]の移動. A estas horas habrá mucho ~ en la calle. 今ごろ通りは大変な人出だろう.
4 変動, 変化. ~s de la Bolsa 相場の動き. ~s de los precios 物価の変動.
5 心の動き, 衝動. un ~ de ira 怒りの衝動.
6 (政治・社会・芸術的な)運動, ムーブメント；運動組織；反乱. ~ revolucionario 革命運動. ~ obrero 労働運動. ~ romántico ロマン主義運動. M~ Nacional 〖史〗国民運動 (フランコ体制下の単一政党の名). ~ militar 軍の反乱.
7 〖音楽〗楽章；テンポ. el segundo ~ de la sinfonía 交響曲の第2楽章. ~ lento スローテンポ.
8 〖建〗ゆがみ, ずれ. **9** 〖スポ〗(フェンシング) (剣の位置の)素早い変化. **10** 〖言〗動的効果. **11** (物語などの)展開；(文体の)生気, 活気. **12** (チェスなどの)手.
en movimiento 動いている, 活動している. *poner... ~* …を始動させる, 作動させる.

mo·vio·la [mo.bjó.la] 女 〖商標〗 **1** ムービオラ：映画フィルム編集用の映写機. **2** リプレイ[編集]画面, リプレイ映像.

Mo·vis·tar [mó.bi.(e)s.tar, mo.bi.(e)s.tár] 固名 モビスター：携帯電話サービスプロバイダ.
━ 男 モビスターの携帯電話.

mo·xa [mók.sa] 女 〖医〗もぐさ；灸(ᵗᵏ)療法.
[←〖日〗もぐさ]

mo·xi·bus·tión [mok.si.bus.tjón] 女 〖医〗灸(ᵗᵏ)治療.

¡mox·te! [mós.te] 間投 → ¡oxte!

mo·ya [mó.ja] 男 〖ラ米〗(ᶜʳ)(ᴸᴾ)(ᵏᵃ) 《話》だれそれ. ━ 女 〖ラ米〗(1) (ᴿᴾ) (塩焼き用の)土器. (2) (ᴹᵉ) 〖植〗マーガレット, ヒナギク.

mo·yo [mó.jo] 男 **1** モヨ：穀物・ワインの計量単位. 約258リットル. **2** 〖ラ米〗(ᴾ╳)(ᴹᵉ) 《米国の》黒人.

mo·yue·lo [mo.jwé.lo] 男 麩(ᵩᵘ).

mo·za [mó.θa / -.sa] 女 **1** → mozo. **2** (洗濯用の)たたき棒. **3** (ゲームなどの)最後の一手. **4** 《ラ米》(ᶜʰ)(パーティーでの)最後の踊り.

mo·zal·be·te [mo.θal.bé.te / -.sal.-] / **mo·zal·bi·llo** [mo.θal.bí.jo / -.-.ʎo / -.sal.-] 男 少年, 若者；《軽蔑》青二才, 若僧.

Mo·zam·bi·que [mo.θam.bí.ke / -.sam.-] 固名 モザンビーク：アフリカ南東部の共和国. 首都 Maputo. [←〖ポルトガル〗*Moçambique* (以前首都のあった同名の島の名が起源. バスコ・ダ・ガマが訪れたとき(1498年)の島の支配者の名にちなむと言われている)]

mo·zam·bi·que·ño, ña [mo.θam.bi.ké.ɲo, -.ɲa / -.sam.-] 形 モザンビークの, モザンビーク人の.
━ 男 女 モザンビーク人.

mo·zá·ra·be [mo.θá.ɾa.be / -.sá.-] 形 **1** モサラベの. **2** モサラベ建築の, モサラベ様式の：9世紀から14世紀にかけて, スペインの北部地方, 特に León 王国で

花開いた教会建築. **3** (初期カトリック教会の典礼用聖歌)モサラベ聖歌の. **4** モサラベ語の.
— 男 モサラベ: 8世紀から15世紀末のイスラム支配下のスペインで信仰を保ったキリスト教徒. → mudéjar. → 男 モサラベ語.
[←[アラビア] *musta'rib*「アラビア化した者」]

mo·za·ra·bis·mo [mo.θa.ra.bís.mo / -sa.-] 男 **1** モサラベ方言からの借用表現[語彙(い)]. **2** モサラベ様式;モサラベの特性.

mo·za·rrón, rro·na [mo.θa.r̃ón, -.r̃ó.na / -sa.-] 男 女 → mocetón.[スペイン]

moz·co·rra [moθ.kó.r̃a / mos.-] 女 《話》売春婦.

***mo·zo, za** [mó.θo, -.θa / -.so, -.sa] 形 若い, 年少の;独身の. en sus años ~s 彼[彼女] (ら)の若かったころ.
— 男 女 **1** 若者, 青年;独身者. ser un buen[real] ~ 男前である.
2 使用人. ~ de almacén 倉庫番[係]. ~ de espuela(s) 馬の口取り, 馬丁. ~ de labranza 作男. ~ de caballos[cuadra] 馬屋番, 馬丁. ~ de paja y cebada 宿屋の馬番;厩舎(きゅ)番.
3 給仕人, ウェーター, ウェートレス;ポーター, ボーイ. ~ de café 喫茶店のウェーター. ~ de habitación (ホテルの)客室係. ~ de cordel[cuerda, esquina, estación] ポーター.
— 男 **1** 支柱, つっかい棒;(馬を外した荷車の)車支え. **2** 柱形の帽子[外套(とう)]掛け. **3** 《冷》ふいごの支柱. **4** 《闘牛》(闘牛士の)剣持ち(=~ de estoques). **5** 徴集兵, 国民兵. ~ de escuadra (スペイン Cataluña の)自衛軍の隊員.
— 女 《軽蔑》情婦, 愛人.
moza de cántaro (昔の)水くみの女性;《軽蔑》がさつな女.

mo·zón, zo·na [mo.θón, -.θó.na / -.són, -.só.-] 男 女 《ラ米》《話》冗談好きな人.

mo·zue·lo, la [mo.θwé.lo, -.la / -.swé.-] 男 女 mozo + 縮小辞.

moz·za·rel·la [mo.θa.ré.la / -.sa.- // -.tsa.-] [伊] 男 (または 女) モツァレラチーズ.

MP3 [e.me.pe.trés] [英] 《略》 *MPEG* (*Moving Picture Experts Group*) *Audio Layer-3*:映像データ圧縮方式の MPEG-1 で利用される音声圧縮方式の一つ.

m／s 《略》*metros por segundo* 秒速, 秒当たりメートル.

Ms(s) 《略》*manuscrito*(s) 写本, 手稿, 肉筆本;原稿.

mu¹ [mú] 《擬》(牛の鳴き声)モー. ♦ 他言語の形:[仏] *meuh*. [英] *moo*. [独] *muh*.
no decir ni mu 《話》うんともすんとも言わない.

mu² [mú] 《幼児語》ねむ, ねむい. *Vamos a la mu.* さあ, おねんねしましょうね.

mua·ré [mwa.ré] (織物・印刷の)モアレ, 波紋織.

mu·ca·mo, ma [mu.ká.mo, -.ma] 男 女 《ラ米》(ブラ)使用人, 召使い;お手伝い.

mú·ca·ra [mú.ka.ra] 女 《ラ米》《海》(集合的)浅瀬.

mú·ca·ro [mú.ka.ro] 男 《ラ米》(プエル)《鳥》フクロウ.

mu·ce·po [mu.θé.po / -.sé.-] 男 《ラ米》(エクア)悲しみ.

mu·ce·ta [mu.θé.ta / -.sé.-] 女 **1** 《カト》モゼタ:高位聖職者が着用する小さなフード付きの短いケープ. **2** 大学式服:博士号取得者が着用する絹服.

mu·cha [mú.tʃa] 形 代名 → mucho.

mu·cha·cha [mu.tʃá.tʃa] 女 → muchacho.

mu·cha·cha·da [mu.tʃa.tʃá.ða] 女 (集合的)子供, 子供たち;子供っぽい行為, 腕白.

mu·cha·che·ar [mu.tʃa.tʃe.ár] 自 子供っぽく振る舞う, 幼稚な行いをする.

mu·cha·che·rí·a [mu.tʃa.tʃe.rí.a] 女 子供っぽい行為, 腕白;子供っぽい行為, 腕白.

mu·cha·chil [mu.tʃa.tʃíl] 形 子供の.

***mu·cha·cho, cha** [mu.tʃá.tʃo, -.tʃa] 男 女 男の子, 女の子, 少年;若者, 青年(=chico, chica). (▶普通は未成年の「子供」を表すが, 20~30歳の「未婚の若者」を同世代や年長の者が指して言う場合にも用いる). ¿Qué edad tienen sus ~s? お子さんはそれぞれおいくつですか. Es un buen ~. 彼は性格のいい子だ. Es la *muchacha* más habladora de la clase. 彼女はクラスで一番おしゃべりな子だ. Quiero casarme con ese ~ de la compañía. 例の会社の男の人と結婚したい.
— 女 お手伝い, 家政婦. *Se necesita muchacha.* お手伝いさん募集中.
— 男 《ラ米》 (1) (アルゼ)(エクア)(牛の)腿肉(もも). (2) (ペル)(アラ)(荷車の)つっかい棒. (3) (ラブ)かすがい, 締め金;靴べら. (4) (ペル)鉱夫用ランプ. (5) (ラブ)糸巻き.
[←[古スペイン] *mochacho* (*mocho*「くりくり坊主の」の派生語とする説がある)]

mu·cha·chue·lo, la [mu.tʃa.tʃwé.lo, -.la] 男 女 muchacho + 縮小辞.

***mu·che·dum·bre** [mu.tʃe.ðúm.bre] 女 **1** 群衆, 人込み, 雑踏. *Una ~ invadía la plaza.* 群衆が広場に詰めかけた. **2** たくさん, 多数;集まり, 群れ. *una ~ de pájaros* 鳥の群れ.

***mu·chí·si·mo, ma** [mu.tʃí.si.mo, -.ma] 形 [mucho の絶対最上級] 非常に多くの, 大量の.
— 副 たいへん, 非常によく.

mu·chi·tan·ga [mu.tʃi.táŋ.ga] 女 《ラ米》(プエル)(ペル)《話》群衆;下層民.

***mu·cho, cha** [mú.tʃo, -.tʃa] 形 《+名詞》 **1**
(1) 《ser》多くの, 大量の(↔poco). *muchas veces* 何度も. *Muchas gracias.* どうもありがとう. *después de ~s años* 何年も後に. *Hay ~ calor.* とても暑い. *Hay que tener ~ cuidado (con esta gente).* (この人たちに)よく注意しなければならない. *Queda ~ camino por recorrer.* 道のりは遠い. *Son ~s los que piensan que + 直説法* …と考える人は多い. *una de las muchas tonterías que has dicho* 君が言ったたくさんの戯言(たわごと)の一つ.
(2) 《ser +》《否定文で》あまり[それほど]…ない. *no hace ~ tiempo que...* …はそれほど前ではない. *No tiene muchas posibilidades de éxito.* 成功の可能性はあまりない.
(3) 《no +》わずかの…. *No mucha gente se acuerda de ese día.* わずかの人しかその日のことを覚えていない. *hace no ~s años que...* …はほんの何年か前のことである.
(4) 《話》《+単数名詞》〈不愉快なものが〉たくさんの. *Allí hay ~ gamberro.* ¡Ten cuidado! あそこは悪いやつらがうようよしているから, 注意しろ.
(5) 《話》《不定冠詞 +》多くの(=mucho). *Me parece un poco salvaje y un ~ ridículo.* それは少し野蛮でおおいにこっけいだと思う.
2 《話》(驚き・称賛・軽蔑などが)大きい, でかい;重要な;すごい, すばらしい, 偉大な. *Es mucha tu responsabilidad en este asunto.* このことについての君の責任は重い. *Éste es ~ coche para ustedes.* この車はあなた方には大き[高(級)]すぎる. ¡Es

cha mujer! なんと美しい[気の強い]女性だ.
3 《比較の意味を強調して》ずっと (多くの), はるかに (多くの). → 副 **3**.

——代名 《不定》 **1** 多くのこと[もの], 多量, たくさん. *Me queda ~ por hacer.* 私にはまだやっていない[やるべき]ことがたくさんある. *Tengo ~ que hacer.* 私はやることがいっぱいある. *Tiene ~ que ver con la cultura.* それは文化とおおいに関係がある. *Las instalaciones dejaban ~ que desear.* 設備は改善の余地が多かった. *El presupuesto no da para ~.* 予算が十分ではない.

2 《複数で》多くの人. *Muchas piensan de esta manera.* 多くの女性はこのように考えている. *M~s de mis amigos son extranjeros.* 私の友人の多くは外国人です.

3 《話》《叙述的に用いて》大したもの[こと], 重要なこと[もの]. *Mi abuelo es ~. Lo respetamos todos.* おじいさんは立派だ. みんなが尊敬している. *ser ~ para...* …にとって重要[大切]である.

——副 《不定》 **1** たいへん, 大いに, よく. *ir ~* よく[頻繁に]行く. *pesar ~* とても重い. *Me gusta ~ el cine.* 私は映画が大好きだ. *M~ me temo que+接続法・直説法* …が私はとても心配です. *Ha viajado ~.* 彼[彼女]はよく[方々で]旅行した. *¿Te has divertido? —Sí, ~.* 楽しかったかい. —うん, とても.

2 長い間. *Hace ~ que no nos vemos.* ずいぶん会っていないね. *quedarse ~* 長く[よく]滞在する.

3 《比較の意味を強調して》ずっと. *~ más joven* はるかに若い. *~ antes [después]* ずっと以前[後]に. *~ más [menos]* ずっと多く[少なく]に. *~ mejor [peor]* ずっと良く[悪く]. *hasta ~ más allá de...* …の方へ向こうまで. ▶ 名詞に合わせて性(数)変化をすることが多い. *Tuvo mucha* (*~*) *mejor suerte que sus compañeros.* 彼[彼女]は仲間よりはるかに好運だった.

4 《話》《肯定の返事》ああ, ええ, もちろん, 全くそのとおり; 承知した, わかったわかった. *¡M~! ¡M~!* そう, そう.

a lo mucho 《ラ米》→ *como mucho*.
como mucho せいぜい, 多くても. *Ganarías como ~ mil euros.* 君はせいぜい1000ユーロくらいしかもうからないだろう.
con mucho はるかに, 断然, 飛び抜けて. *Es con ~ el más simpático.* 彼は抜群にすてきな人です.
cuando mucho → *como mucho*.
en mucho 大幅に, はるかに. *La oferta supera en ~ la demanda.* 供給が需要を大幅に上回っている.
mucho es [será, sería] que+接続法 …するはずがない, …なんてありえない. *M ~ es que aún no hayan llegado.* 彼らがまだ着いていないはずがない.
muy mucho 《話》ものすごく (▶ *muchísimo*, *mucho*の強め).
ni con mucho (比較の対象と比べて)とうてい[全然]…でない, 及びもつかない. *No es, ni con ~, tan simpático como su hermano.* 感じのよさでは彼は弟[兄]にとうてい及ばない.
ni mucho ni poco 全く…ない (= *ni poco ni ~*). *Lo demás no nos interesó ni ~ ni poco.* 他のことに我々は少しも関心がなかった.
por mucho [+不定詞 / *que*+接続法・直説法] どんなに…しても, とても…だけれど (▶ +接続法は仮定を, +直説法は事実を表す). *No por ~ madrugar amanece más temprano.* 《諺》早起きは寝て待て(=

どんなに早起きしても早く夜が明けることはない). *Por ~ que corras,* no podrás alcanzarle. 君はいくら速く走っても彼には追いつけないだろう.
si no es mucho pedir もし無理で[差し支え]なかったら.
tener... en mucho …を重要だと考える, 高く評価する.
[←《古スペイン》*muito*←[ラ]*multus*;《関連》*muy*, *muchedumbre*, *multiplicar*.〔英〕*multitude*「多数」, *multiply*.〔日〕マルチ]

mu·ci·la·gi·no·so, sa [mu.θi.la.xi.nó.so, -.sa / -.si.-] 形 植物粘質物の, 粘液の; 粘着性の, 粘液のような.

mu·ci·la·go [mu.θi.la.go / -.sí.-] / **mu·cí·la·go** [mu.θi.lá.go / -.si.-] 男 植物粘液物, 粘液; 粘質物.

mu·co·lí·ti·co, ca [mu.ko.lí.ti.ko, -.ka] 形《医》鼻水を抑える[止める].

mu·co·po·li·sa·ca·ri·do·sis [mu.ko.po.li.sa.ka.ri.đó.sis] 女《医》ムコ多糖症.

mu·co·pu·ru·len·to, ta [mu.ko.pu.ru.lén.to, -.ta] 形《医》膿状鼻水の.

mu·co·si·dad [mu.ko.si.đáđ] 女 粘性; 粘液性.

mu·co·so, sa [mu.kó.so, -.sa] 形 粘液を分泌する, 粘液を含む; 粘液の, 粘液状の. *substancia mucosa* 粘着物. ——女 粘膜. *mucosa gástrica [nasal, oral]* 胃[鼻, 口腔]粘膜.

mu·cro·na·to, ta [mu.kro.ná.to, -.ta] 形 **1** 《主に科学用語》先端の, とがった. *apéndice ~* 虫垂. *hoja mucronata* 針葉. **2**《解剖》剣状の.
——男《解剖》(胸骨の)剣状突起.

mú·cu·ra [mú.ku.ra] / **mu·cu·ra** [mu.kú.ra] 女《ラ米》(**1**) (⁽ᵗ⁾*)(素焼きの)つぼ. (**2**) (⁽ᵇᵍ⁾*)《話》まぬけ.

mu·cus [mú.kus] 男 粘液. → *moco*.

mu·da [mú.đa] 女 **1** 替え下着一式, 下着. **2** (鳥の羽毛の) 抜け替わり (の時期); (ヘビ・カイコなどの) 脱皮; 《植》脱皮.

mu·da·ble [mu.đá.ble] 形 **1** 変えられる, 変わりうる. **2** 移り気な, 気まぐれな; 変化しやすい, 不安定な. *tiempo ~* 変わりやすい天気.

mu·da·da [mu.đá.đa] 女《ラ米》(**1**) (下着の) 替え, 替え着. (**2**) 引っ越しするようす, 転居.

mu·da·di·zo, za [mu.đa.đí.θo, -.θa / -.so, -.sa] 形 変わりやすい, 不安定な.

＊**mu·dan·za** [mu.đán.θa / -.sa] 女 **1 変化**, 変更, 心変わり, 移り気. *hacer ~(s)* ころころ気が変わる, 浮気である.
2 転居, 移転. *camión de ~s* 引っ越し専用トラック. *estar de ~* 引っ越し中である. *hacer la ~* 引っ越しをする. **3** (鳥の) 羽変わり; 脱皮. **4** (ダンスの一連の) 旋回運動, フィギュア.

＊**mu·dar** [mu.đár] 他《しばしば *de* を伴って自動詞的》**1 変える**, 取り替える; 変化させる. *~ el agua en vino* 《聖》水をぶどう酒に変える〈ヨハネ 2：9〉. *~ el [de] carácter* 性格が変わる. *~ de color* 色が変わる. *~ de idea* 考えが変わる; 考えを変える. *~ de voz* 声変わりする. *Los años le han mudado el carácter.* 歳月が彼[彼女]の性格を変えてしまった.
2 引っ越す, 移す; 転属[転動]させる. *Le han mudado de oficina.* 彼を転勤させられた.
3 着替えさせる. **4** 〈羽毛・角・表皮などが〉生え変わる; 脱皮する. *~ la [de] pluma* 羽変わりする.
——*~·se* 再 **1** 変わる, 変化する. *Se ha mudado*

la alegría en tristeza. 喜びが一転して悲しみに変わってしまった. **2** 着替える. ~*se* de ropa 服を着替える. ~*se* la falda スカートをはき替える. **3 《de...**〈場所〉を**》**移る, 移転する, 転居する, 引っ越す. ~*se de casa* 転居する. ~*se al nuevo edificio* 新しい建物に移る.

Muda el lobo los dientes mas no las mientes. 《諺》三つ子の魂百まで（←狼は歯が生え替わっても心は変わらない）.

[←〔ラ〕*mūtāre* (*movēre*「動かす」より派生), 〔関連〕mutable, conmutar, mutuo.〔英〕*molt*「脱皮」, *mutate*「変化する」, *mutual*「相互の」]

mu·dé·jar [mu.ðé.xar] 形 **1** ムデハルの. **2 《建》** ムデハル様式（モーロ人の影響を受けた11-16世紀のスペインのキリスト教建築）の. ── 男 ムデハル: 中世スペインで, 改宗することなくキリスト教王国に定住しその支配に従ったイスラム教徒. →mozárabe.

[←〔アラビア〕*mudajjan*「残留を許された者」〔関連〕〔英〕*Mudejar*]

mu·den·co, ca [mu.ðéŋ.ko, -.ka] 形 《ラ米》(ﾆｶﾗ) (**1**) 《話》どもる, （言葉が）つかえる. (**2**) ばかな, 愚かな.

mu·den·go, ga [mu.ðéŋ.go, -.ga] 形 《ラ米》(ｺﾞﾙ) 《話》ばかな, 愚かな.

mu·dez [mu.ðéθ / -.ðés] 女 **1** 口の利けないこと, 唖(あ). **2** 無言, 沈黙. persistir en ~ 黙りこくる.

***mu·do, da** [mú.ðo, -.ða] 形 **1**〈人が〉（聴覚や発声器官の障害で）**言葉を発することができない**. **2 《estar＋》**〈人が〉**黙っている**, 言葉を発しない. *estar* ~ *como una tumba* / *estar* ~ *como un muerto* 押し黙っている, うんともすんとも言わない. *quedarse* ~ *de asombro* 驚いて息をのむ, あっけにとられる.
3〈劇・映画などが〉**無音の**, 無声の；言葉のない. teatro ~ 黙劇. película muda 無声映画. cine ~ （映画の歴史的区分）サイレント（▶︎「トーキー」は cine sonoro). mapa ~ （地名表記のない）白地図.
4〔言〕〈文字が〉無音の. ▶︎ スペイン語の h など.
5《ラ米》(ﾒｷｼｺ)(ｺﾞﾙ)(ﾎﾟﾘﾋﾞｱ)《話》ばかな, 愚かな.
── 男 女 聴覚や発声器官の障害で言葉を発することができない人, 唖者(あしゃ).

[←〔ラ〕*mūtum* (*mūtus* の対格), 〔関連〕mutismo, enmudecer.〔英〕*mute*]

mué [mwé] 男 →muaré.

mue·bla·je [mwe.βlá.xe] 男 →moblaje.

****mue·ble** [mwé.βle] 男 **家具**, 室内調度品. con ~s 家具つきの. ~ cama ユニット式折りたたみベッド. ~ bar 室内用ボトル棚；ボトル専用冷蔵庫. ~s de oficina オフィス家具. ~ rack 家庭用大型コンポ.

bienes muebles 動産. ▶︎「不動産」は bienes inmuebles.

[←〔ラ〕*mōbilem* (*mōbilis* の対格)「動かすことができる」(→ móvil); *movēre*「動かす」より派生；〔関連〕amueblar, moblaje, mobiliario.〔英〕*mobile*]

mue·ble·rí·a [mwe.βle.rí.a] 女 家具店；家具製作所.

mue·ble·lis·ta [mwe.βle.lís.ta] 形 家具（商）の.
── 男 女 家具職人, 指物師；家具商(人).

mue·ca [mwé.ka] 女 **1** しかめっ面, 渋面, 不快〖嫌悪〗の表情. hacer ~s a... ...に対してしかめっ面をする. ~ de dolor [rabia] 苦痛〖怒り〗でゆがんだ顔.
2 おどけ顔；ばかにした表情, わざとらしい顔つき.

mue·cín [mwe.θín / -.sín] 男 →almuecín.

mue·co, ca [mwé.ko, -.ka] 形《ラ米》(ｺﾞﾙ)《話》歯が抜けた, 歯のない.

mué·ga·no [mwé.ɣa.no] 男 小麦粉や卵で作った生地を揚げ, キャラメルなどをからめた菓子.

muel- 活 →moler.

***mue·la** [mwé.la] 女 **1 臼歯**(きゅうし), 奥歯. El niño está echando las ~s. その子は臼歯が生えかけている. empastar una ~ 歯に詰め物をする. sacar [extraer] a＋人 una ~〈人〉の歯を抜く. dolor de ~s 歯痛. ~ cordal / ~ del juicio 親知らず. ~ picada 虫食い歯, みそっ歯. ~ postiza 義歯, 入れ歯. →diente.
2 （ひき臼の）上石, 上臼. ▶︎「下臼」は solera.
3 丸砥石(といし), 車砥. **4** 砥石 (= mola).
5〖植〗ヤハズエンドウ. **6** （水車の回転に必要な）水量（の単位）: アラゴンでは毎秒約260リットル. **7** 《ラ米》《話》(**1**)〈タ〉ぺてん師, 詐欺師, 食わせ者. (**2**)〈ｺﾞﾙ〉食いしん坊, 大食家. (**3**)〈ﾎﾝｼﾞｭ〉恥ずかしさ, 当惑.
── 活 →moler.

contar las muelas 《ラ米》(*ﾒｷ*) だます, 目をくらます.
echar las muelas 《スペイン》《話》激怒する, 怒り狂う.

[←〔ラ〕*molam* (*mola* の対格), 〔関連〕molar, moler, molino. 〔英〕*mill*「製粉場」, *molar*「臼歯の」]

mue·lla·je [mwe.ʝá.xe ‖ -.ʎá.-] 男 〖海〗波止場埠頭(ふとう)使用料.

***mue·lle** [mwé.ʝe ‖ -.ʎe] 形 **1** 柔らかい；安楽な；〈生活・性格が〉安易な, 享楽的な. una ~ silla ふかふかのいす. una vida ~ （苦労のない）気楽な人生.
── 男 **1** ばね, スプリング. colchón de ~s スプリングマットレス. ~ real [de reloj] 時計のぜんまい. ~ antagonista (de retorno) （銃火器の）戻しばね. ~ en espiral 渦巻きばね. **2** （港の）**桟橋**, 埠頭(ふとう)；（河川の）**堤防**, 土手. atracar en el ~ （船舶が）桟橋に接岸する. **3** （鉄道駅の）プラットフォーム (= andén). **4** 《複数で》造幣局用のやっとこ.

[形, 男 **1** ←〕*mollem* (*mollis* の対格)「柔らかい」；男 **2, 3, 4**←〔カタルーニャ〕*moll*「波止場」；←〔中ギ〕*mólos*]

muen·da [mwén.da] 女 《ラ米》(ｺﾛ)《話》殴打, 殴り合い；むちで打つこと.

muer [mwér] 男 →muaré.

muer- 活 →morir.

muerd- 活 →morder.

muér·da·go [mwér.ða.ɣo] 男 〖植〗ヤドリギ

muer·do [mwér.ðo]
1《話》かむこと；ひとくち（分）. **2**《俗》キス.

muérdago（ヤドリギ）

muér·ga·no, na [mwér.ɣa.no, -.na] 男 女 《ラ米》(ｺﾛ)(ｺﾞﾙ)(ﾍﾞﾈｽﾞ)《話》役立たず, 無能な人.
── 男 《ラ米》(ｺﾛ)(ﾍﾞﾈｽﾞ)《話》がらくた, 古道具.

muer·go [mwér.ɣo] 男 〖貝〗マテガイ.

muer·mo [mwér.mo] 男 **1**《話》退屈な状態. **2**《話》退屈な人〖もの〗. **3**《話》眠け. **4**〖獣医〗鼻疽(ひそ): 馬・ロバの伝染病.

muer·ta [mwér.ta] 形 女 →muerto.

***muer·te** [mwér.te] 女 **1 死**, 死亡. sentir la ~ de... ...の死を悼む. encontrar la ~ 死ぬ. condenar a ＋人〈人〉に死刑を宣告する. ~ natural 自然死. ~ repentina [súbita] 突然死, 急死. ~ accidental 事故死, 不慮の死. ~ violenta / ~ a mano airada 変死, 非業

の死. ~ cerebral 〖医〗脳死. ~ dulce 苦しまない死.

2殺人(=homicidio). hacer una ~ 殺人を犯す. *Crónica de una ~ anunciada*『予告された殺人の記録』(García Márquezの小説).

3[主にM-]死神. ◆大鎌(がま)を持った骸骨(がいこつ)の姿で表される. **4**終焉(しゅうえん), 消滅, 破滅. la ~ del amor 愛の終わり. la ~ del Imperio Inca インカ帝国の滅亡.

a muerte (1) 死ぬまでの, 命がけの. duelo [combate] *a* ~ 死闘. luchar *a* ~ 死ぬまで戦い抜く. (2) 死ぬほど; 容赦なく. odiar *a* ~ 死ぬほど憎む.

a vida o muerte 生きるか死ぬかの; 一か八(ばち)かかで, 一縷(いちる)の望みを託して; 望み薄で.

dar (la) muerte a... ~を殺す, 殺害する.

de mala muerte〘話〙〘軽蔑〙価値のない, 取るに足りない. una película de mala ~ くだらない映画.

de muerte〘話〙(1) 極度の, ひどい. Ese ruido me dio un susto *de* ~. その物音に私は心臓が止まるほど驚いた. (2) すばらしい.

estar a (las puertas de) la muerte 死に瀕(ひん)している, 死にそうである.

hasta la muerte 最後まで, 徹底的に.

luchar [debatirse] con la muerte 長い間苦しみにさいなまれる.

muerte civil〘法〙〘古語〙公民権剝奪(はくだつ)(=interdicción civil).

muerte súbita〘スポ〙〘テニス〙タイブレーク.

ser una muerte〘話〙つらい, うんざりする.

tomarse la muerte por SU *mano* 自殺(行為)をする.

Muer·to [mwér.to] 固名 Mar ~ 死海:イスラエルとヨルダンの間の塩湖.

✱muer·to, ta [mwér.to, -.ta] [morir の 過分] 形〚名詞+〛**1** (1) (estar+) 死んだ, 生命を失った(↔vivo). ~ en la guerra 戦争で死んだ. nacido ~ 死産の. Ya *estaba muerta*. 彼女はすでに死んでいた. Se busca vivo o ~.〘指名手配書で〙逮捕時の生死は問わない. Veinte personas resultaron *muertas* y otras cien heridas. 結局20名が死亡し, さらに100名が負傷した. Águila López, Pedro, 15 de abril de 1988, ~ en combate.《墓碑で》アギラ・ロペス, ペドロ, 1988年4月15日, 戦死. (2) (ser+)〚文章語〛(matarの過去分詞として用いて) 殺された. cinco niños ~s a manos de sus padres 親の手にかかって死んだ5人の子供.

2 (estar+)〘話〙(1) 死んだような, 生気のない. una ciudad *muerta* (死んだように) 静まり返った町. lengua *muerta* 死語. color ~ くすんだ色. *estar [quedarse] medio* ~ ぐったり疲れている; 半死半生である. (2) 疲れきった; 死ぬほど…の. ~ de miedo [frío, risa, cansancio] 死ぬほど怖い[寒い, おもしろい, 疲れて]. Han llegado ~s a casa. 彼らは疲れ切って帰宅した.

3〘スポ〙(コーチが選手と話す)タイムの. pedir [solicitar] su primer tiempo ~ 最初のタイムを要求する. **4** 役に立たない. pasar horas *muertas* 無駄な時を過ごす. **5** 淀(よど)んだ. las aguas *muertas* del estanque 池のよどんだ水. **6** 〔石炭が〕消却された. cal *muerta* 消石灰. **7**〘法〙無効の, 廃止された. ser letra *muerta* (法律・条例などが効力のない) 死文[空文]である.

—男 固 死者, 死人; 死体. un ~ y dos heridos 死者1名負傷者2名. los vivos y los ~s 生者と死者. resucitar de entre los ~s 蘇生(そせい)する, 生き返る. En ese accidente hubo diez ~s. その事故で10人の死者を出した. más pálido que un ~〘話〙死人のように青ざめた.

—男 **1**〘話〙やっかいな[不愉快な]仕事, 貧乏くじ; (重くて場所をとる) やっかいな[邪魔な]物. caerle [colgarle, tocarle] (a+人) el ~ de... …という嫌な役目が〈人〉に当たる, …するはめになる. ¡Vaya ~! うわあ, えらい仕事だ.

2《複数で》(ある人の)死んだ家族[仲間]. **3**〘遊〙(トランプ) ダミー (ブリッジで最初にコールした人と組んでいる者. 手札を見せて勝負に直接参加しない).

aburrir a un muerto (長くて) うんざりさせる.

caer muerto ばったりと倒れて死ぬ, 息絶える. El capitán ametrallado, *cayó* ~. 隊長は機関銃を浴びると, ばったりと倒れて息絶えた.

caer(se) muerto〘ラ米〙(1)〘*〙〘俗〙(金を)払う.

callar(se) [estar, quedarse] como un muerto (1) 黙りこむ. (2) 秘密を漏らさない.

cargar con el muerto 耐える. No tienes que *cargar con el* ~ *de* cuidarla todo el día. 君は我慢して一日中彼女の世話をする必要はない.

cuerpo muerto (1) 死体. (2)〘海〙係留ブイ.

dar por muerto a+人 〈人〉を死んだと思い込む. *A* la mujer secuestrada se *le daba por muerta*. 誘拐された女性は亡くなったものとされていた.

de muerto 死人のような. A veces me levanto con cara *de muerto*. 私は起きると顔色の悪いことがある.

echarle (a+人) *el muerto*〘話〙(1) …に責任をなすりつける. (2) 嫌な仕事を押しつける.

el Mar Muerto 死海:イスラエルとヨルダンの間にある塩湖. los manuscritos [rollos] de*l Mar M*~ 死海文書.

El muerto al hoyo y el vivo al bollo〘諺〙済んだことを言っても仕方がない.

hacer el muerto〘話〙(水面に) 仰向(あおむ)けに浮ぶ.

hacerse el muerto 死んだふりをする.

más muerto que vivo〘話〙(1) 生きた心地もしない. Salió del hospital *más muerta que viva* después de tantas pruebas. たくさん検査をされて彼女は不安そうに病院を出た. (2) 疲れ果てている.

muerto de hambre (1)〘話〙死ぬほど腹ぺこな. Debe de estar ~ *de hambre*. 彼は腹ぺこに違いない. (2)〘軽蔑〙貧乏人.

naturaleza muerta〘美〙静物; 静物画.

ni muerto〘否定〙で死んでも (…しない). ¡No se rinden ni ~s! 彼らは絶対降参しない.

ni vivo ni muerto〘否定〙で (探してみても) どこにも (…ない). No se le ha encontrado *ni vivo ni* ~. 彼はどこにも見つからなかった.

¡ni [y] qué niño muerto!〘俗〙《感嘆文に加えて》《強い憤りの返答》¿Corrupción? ¿Qué corrupción *ni qué niño* ~? 汚職だって. どんな汚職だと言うんだ.

no tener dónde caerse muerto〘話〙一文無しである.

por SUS *muertos* 死んだ家族にかけて. *Por mis* ~s *que yo no sabía nada*. 誓って私は何も知らなかったんだ.

quitarse el muerto de encima (難しい問題, やっかいなことを) 避けて通る.

tocar [doblar, llamar] a muerto 弔鐘(ちょうしょう)を鳴らす. *Tocan a* ~ *por...* …のために弔鐘を鳴らす.

tus muertos《俗》《強い憤りの返答》とんでもない,冗談じゃない. ¡No sabes conducir, capullo! — ¡Tus ~s! どんな運転してるんだ,ばか野郎. —何言ってやがる.
[←［ラ］*mortuum* (*morī*「死ぬ」の完了分詞 *mortuus* の対格)]

mues‧ca [mwés.ka] 女 **1** 刻み目,切り目,切り込み. **2**（木工の）柄穴(慾);柄継ぎ,柄継ぎ目. hacer ~ en… …に柄穴を開ける;柄継ぎにする. **3** 耳印：羊や牛などの耳につけて持ち主を示す印.

mues‧li [mwés.li] 男 ミューズリ：シリアルにドライフルーツを混ぜたもの.

mue‧so [mwé.so] 男 **1**《話》(産後の) 後腹. **2** ひと口分；咀嚼(慾).

muestr- 活 → mostrar.

＊**mues‧tra** [mwés.tra] 女 **1**（製品の）**見本, サンプル**；(商品の) 試供品；(分析の) 試料；《統計》サンプル調査. vivienda [piso] de ~ モデルルーム. Feria Internacional de M~s 国際見本市. extraer una ~ de sangre 検査用採血をする. basarse en una ~ telefónica パネル調査に基づく. ¿Podría ver una ~ de esta cortina? このカーテンのサンプルを見たいのですが. **2** 手本, 模範. una ~ de bordado 刺繡(鷲)の型見本. **3** 見本市 (= feria de ~s). **4**（店舗の）広告用展示物；店頭サンプル；店名看板. **5**（感情の）表れ, しるし；目に見える証拠. como una ~ de aprecio 愛顧のしるしとして. dar ~s de cariño [cansancio] 親愛の情 [疲れの色] をあらわにする. Esto es una buena ~ de que ella no me quiere. これは彼女が私を愛していないことのよい証拠だ. **6**《軍》関兵(式). **7**《植》(結実期の) 果実のふくらみ. **8**（時計の）文字盤. **9**《遊》勝ちを示す切り札. **10**《服飾》（布地で）メーカー名のついた末端部分. **11**《狩猟》猟犬が獲物の発見を教えるために立ち止まること.

muestra（店名看板）

— 活 → mostrar.

Para muestra vale [basta] un botón. 証拠はひとつで十分である.
perro de muestra（ポインターなどの）猟犬.

mues‧tra‧rio [mwes.trá.rjo] 男 **1**（商品・布地・色などの）見本集, 試料, 見本帳, サンプル. **2** 寄せ集め, 詰め合わせ.

mues‧tre‧o [mwes.tré.o] 男 見本 [標本] 抽出 (法), 試料採取(法), サンプリング. ~ al azar 無作為抽出.

muev- 活 → mover.

mué‧ve‧do [mwé.βe.ðo] 男 死産児, 水子.

mu‧fa [mú.fa] 女 《ラ米》《ラプ》《話》運がない人, ついていない人.

MUFACE [mu.fá.θe / -.se] 女 《略》*Mu*tualidad General de *F*uncionarios *C*iviles del *E*stado (スペインの) 国家公務員共済組合.

muf‧fin [má.fin] 《英》 男 マフィン.

mu‧fla [mú.fla] 女 マッフル窯 [炉]：材料を加熱するための間接加熱室.

mu‧flón [mu.flón] 男 《動》ムフロン：地中海沿岸に分布する野生の羊. 大きく巻いた雄の角が特徴.

muf‧tí [muf.tí] 男 《複 ~es, ~s》イスラム教法典教職者, 法律顧問.

mug [múg // mág] 《英》 男 マグ, マグカップ.

mu‧ga¹ [mú.ga] 女 境界標, 道標.

mu‧ga² [mú.ga] 女 産卵；(魚などの) 卵の受精.

mu‧gar [mu.gár] 103 自 (魚が) 産卵する；(魚・両生類が卵を) 受精させる.

mu‧gi‧do [mu.xí.ðo] 男 **1** (牛の) 鳴き声,（動物の）咆哮(慾). **2**（風などの）うなり. ~ de las olas 海鳴り.

mu‧gi‧dor, do‧ra [mu.xi.ðór, -.ðó.ra] / **mu‧gien‧te** [mu.xjén.te] 形 **1**〈牛が〉鳴く. **2**〈風などが〉うなる, ヒューヒュー鳴る.

mú‧gil [mú.xil] 男 → mújol.

mu‧gir [mu.xír] 101 自 **1**〈牛が〉鳴く；(動物が) うなる, ほえる. **2**〈風・海などが〉うなる, ヒューヒュー鳴る. **3**〈怒り・苦痛で〉うめく；うなる.

mu‧gre [mú.ɣre] 女 **1** 脂垢(簀),（特に襟・そでなどに付着した）垢, 汚れ. **2**《ラ米》(1)〈ラプ〉質の悪いもの. (2)〈ラプ〉《話》悪人. (3)《メ》なんとかと言うもの, あれ.

mu‧grien‧to, ta [mu.ɣrjén.to, -.ta] 形 垢(簀)だらけの, 垢で汚れた.

mu‧grón [mu.ɣrón] 男 **1**《農》(ブドウの) 取り木. **2**《植》新芽, 若芽 (= vástago).

mu‧gro‧so, sa [mu.ɣró.so, -.sa] 形 → mugriento.《ラ米》〈ラプ〉《話》悪人.

mu‧gue‧te [mu.ɣé.te] 男 《植》スズラン.

mu‧ha‧rra [mwá.řa] 女 → moharra.

＊＊**mu‧jer** [mu.xér] 女 **1** 女, **女性**. derechos de la ~ 女性の権利. Es una ~ elegante. 彼女は上品な女性だ. ► 名詞と同格の形容詞として用いられることもある. ~ taxista 女性タクシー運転手. ~ policía 女性警察官. **2** 成人女性 (↔hombre). Teresa está hecha una ~. テレサはもう一人前の女性だ. **3**（自分の）**妻** (= esposa) (↔marido) (► 親しい間柄では他人の妻についても使える). Asistiré a la fiesta con mi ~. パーティーには妻と参加しようと思います. ► 公式の場や中南米では esposa がふつう. **4**（職業上の）…婦. ~ de la limpieza 掃除婦. ~ pública [mundana, perdida] / ~ de la calle [vida] / ~ de mala vida [nota] / ~ de mal vivir 売春婦. ~ de negocios ビジネスウーマン. ~ del tiempo (テレビの) 女性天気予報担当者. ~ de su casa 家事の上手な女性；主婦. ~ de campo 田舎の女性, 農婦.

— 間投《驚き》《女性に向かって》ねえ, おまえ.
de mujer a mujer 女性同士率直に；対等な立場で.
mujer fácil《話》《軽蔑》尻軽女.
mujer fatal 魔性の女, 妖婦(ぼう).
mujer objeto《話》性的対象としてだけの女性.
ser mujer 初潮を迎える.
ser muy mujer《話》とても女らしい.
tomar mujer《古》(男性が) 妻を迎える.
[←［ラ］*mulierem* (*mulier* の対格)「女；妻」] 関連 mujerril. ［ポルトガル］*mulher*]

mu‧jer‧ci‧lla [mu.xer.θí.ja || -.sí.-] 女 《軽蔑》売春婦, 娼婦(襾)；あばずれ. [mujer + 縮小辞]

mu‧je‧ren‧go [mu.xe.réŋ.go] 形 《男性形のみ》《ラ米》《話》(1)《メ》〈ラプ〉女のような. (2)〈ラプ〉女好きな.

mu‧je‧re‧ro, ra [mu.xe.ré.ro, -.ra] 《ラ米》女好きな. — 男 《ラ米》〈ラプ〉女好きな男.

mu‧je‧rie‧go, ga [mu.xe.rjé.go, -.ga] 形 **1**〈男性が〉女好きの, 好色な. **2** 女性特有の, 女っぽい.
— 男 **1** 女好き, 女たらし. **2**《集合的》女.

pli.ná.rjo, -.rja / -.si.-] 形 → multidisciplinar.

mul･ti･ét･ni･co, ca [mul.tjét.ni.ko, -.ka] 形 多民族の. un estado 〜 多民族国家.

mul･ti･for･me [mul.ti.fór.me] 形 いろいろな形をした, 多様な. nubes 〜s さまざまな形の雲.

mul･ti･fun･ción [mul.ti.fun.θjón / -.sjón] / **mul･ti･fun･cio･nal** [mul.ti.fun.θjo.nál / -.sjo.-] 形 多機能の.

mul･ti･gra･do [mul.ti.grá.ðo] 形《主に性数不変》〈特に潤滑油が〉マルチグレードの, 温度変化で変質しない. aceite 〜 マルチグレードオイル.

mul･tí･gra･fo [mul.tí.gra.fo] 男〔ラ米〕(ぼネ*)複写機; 謄写版印刷機.

mul･ti･ins･tru･men･tis･ta [mul.ti(.i)ns.tru.men.tís.ta] 形 多楽器奏者の. ― 男女 多楽器奏者.

mul･ti･la･te･ral [mul.ti.la.te.rál] 形 1 多辺の; 多面的な. 2 多国参加の. un acuerdo 〜 多国間協定.

mul･ti･me･dia [mul.ti.mé.ðja]〔英〕形《性数不変》マルチメディアの.
― 男《単複同形》マルチメディア.

mul･ti･me･tro [mul.ti.me.tro] 男 複合計測装置, マルチメーター.

mul･ti･mi･llo･na･rio, ria [mul.ti.mi.jo.ná.rjo, -.rja ‖ -.ʎo.-] 形 億万長者の, 大富豪の.
― 男女 大富豪, 大金持ち.

***mul･ti･na･cio･nal** [mul.ti.na.θjo.nál / -.sjo.-] 形 多国籍（企業）の.
― 女 多国籍企業（= empresa 〜）.

mul･tí･pa･ra [mul.tí.pa.ra] 形《医》一度にたくさん子を産む; 多産の. ― 女 経産婦.

***múl･ti･ple** [múl.ti.ple] 形 1《単数で》複合の, 複式の, 多重の. votación 〜 複式投票. eco 〜 多重反響. personalidad 〜 多重人格. telegrafía 〜 多重電信. sistema 〜 複合［複雑］系. estrella 〜《天文》多重星. 2《複数で》多様な, 色々な. 〜s actividades 多様な活動. [←〔後ラ〕*multiplus* ←〔ラ〕*multiplex*「ひだの多い; 多種多様の」(*multus*「多くの」+ *-plex*「折り畳んだ」);〔関連〕múltiplo, multiplicar.〔英〕*multiple*, *multiplex*]

múl･ti･plex [múl.ti.pleks] 形《性数不変》多重送信の. emisión 〜 多重放送.

mul･ti･pli･ca･ble [mul.ti.pli.ká.ble] 形 増加できる;《数》乗ずることのできる.

***mul･ti･pli･ca･ción** [mul.ti.pli.ka.θjón / -.sjón] 女 1 増大, 倍加;《植》増殖. 〜 del capital（企業の）資本増加. 〜 de una planta ある植物の繁殖. 2《数》掛け算, 乗法. tabla de 〜 九九の表. efectuar una 〜 掛け算をする.

mul･ti･pli･ca･dor, do･ra [mul.ti.pli.ka.ðór, -.ðó.ra] 1 倍増させる; 増殖の. 2 乗法の, 掛け算の. ― 男 1《数》乗数. 2 爆撃, 爆発性の物質.

mul･ti･pli･can･do [mul.ti.pli.kán.do] 男《数》被乗数.

***mul･ti･pli･car** [mul.ti.pli.kár] 102 他 1《*por*...…倍に》増やす; 増殖させる. 〜 las ventas *por tres* 売り上げを3倍にする. 〜 el número de hospitales 病院の数を増やす. 2《数》《*por*...〈数〉を》〈数〉に》掛ける, 乗じる. 3 *multiplicado por* 4 son 12. 3に4を掛けると12になる. tabla de 〜 掛け算九九表. 3〔技〕(ギアを用いて) …の回転数を上げる.
― 自 1 増殖する, 繁殖する. 2《数》掛け算をする. aprender a 〜 掛け算を習う.
― 〜*se* 再 1《*por*...》倍に》増える. El precio *se ha multiplicado por* cinco en estos veinte años. 価格はこの20年で5倍になった. 2 繁殖する. Creced y *multiplicaos*.《聖》産めよ, 増えよ（創世記9：1）.
3（たくさんの仕事をこなすために）身を粉にする; 分身する. Las enfermeras *se multiplicaban* para atender a los afectados del accidente. 看護師は事故の被害者の手当てをするために走り回っていた.

mul･ti･pli･ca･ti･vo, va [mul.ti.pli.ka.tí.βo, -.βa] 形 1 増加する, 増殖力のある. 2《数》乗法の. 3《文法》倍数詞の.
― 男《文法》(doble などの)倍数詞.

mul･ti･pli･ci･dad [mul.ti.pli.θi.ðáð / -.si.-] 女 多数, たくさん; 多様性, 多種多様, 種々雑多.

mul･tí･pli･co [mul.tí.plí.ko] 男 増殖, 繁殖.

multiplique(-) / multipliqué(-) 活 → multiplicar.

múl･ti･plo, pla [múl.ti.plo, -.pla] 形《数》倍数の. ― 男 倍数. mínimo común 〜 最小公倍数.
► 「約数」は divisor.

mul･ti･pro･pie･dad [mul.ti.pro.pje.ðáð] 女《経》（不動産の）共同所有, 共同所有権.

mul･ti･pues･to [mul.ti.pwés.to] 形《主に性数不変》〔IT〕マルチユーザーの.

mul･ti･rra･cial [mul.ti.ra.θjál / -.sjál] 形 多民族の, 多民族から成る.

mul･ti･rra･di･cu･lar [mul.ti.ra.ði.ku.lár] 形 複根の.

mul･ti･rries･go [mul.ti.rjés.go] 形《性数不変》〈保険などが〉複数の災害に対応した, マルチリスク（対応）の.

mul･ti･sec･to･rial [mul.ti.sek.to.rjál] 形 多部門の, 多分野にわたる.

mul･ti･se･cu･lar [mul.ti.se.ku.lár] 形 何世紀にもわたる; たいへん古い.

****mul･ti･tud** [mul.ti.túð] 女 1 群集. en olor de 〜*es*《話》群集にもみくちゃにされて; やんやのかっさいを浴びて. La 〜 se quedó silenciosa. 群集が静まり返った.
2 多数. una 〜 de gente 大群衆. una 〜 de coches 無数の車. tener 〜*es* de trabajo 仕事を山と抱えている.
[←〔ラ〕*multitúdinem* (*multitūdō*の対格)(*multus*「多くの」より派生);〔関連〕〔英〕*multitude*]

mul･ti･tu･di･na･rio, ria [mul.ti.tu.ði.ná.rjo, -.rja] 形 1 多数の; さまざまの. 2 大衆の, 民衆の.

mul･ti･u･so(s) [mul.tjú.so(s)] 形《性数不変》多目的の, 多用途の. una sala 〜(s), salas 〜(s) 他目的ホール.

mul･ti･u･sua･rio [mul.tju.swá.rjo] 形《性数不変》〔IT〕マルチユーザーの.

mun･cho, cha [múɲ.tʃo, -.tʃa] 形 副《古語》→ mucho.

mun･da･nal [mun.da.nál] 形《文章語》世俗の, 俗界の. huir del 〜 ruido 俗世［世間］の喧噪(ホ½)を逃れる. problemas 〜*es* 俗事.

mun･da･na･li･dad [mun.da.na.li.ðáð] 女 世俗的なこと, 俗っぽいこと.

mun･da･ne･ar [mun.da.ne.ár] 自 世俗的なことに心をとらわれる, 俗事にかまける.

mun･da･ne･rí･a [mun.da.ne.rí.a] 女 世俗的なこと, 世俗的な行い; 社交好き.

mun･da･no, na [mun.dá.no, -.na] 形 1 世間の, 世俗の; この世の. placeres 〜s 浮き世の喜び.

a la mujeriega / a mujeriegas(鞍(くら)に)横乗りで.

mu·je·ril [mu.xe.ríl] 形 女の, 女らしい, 女性特有の.

mu·je·rí·o [mu.xe.rí.o] 男《集合的》女, 女性.

mu·je·ro·na [mu.xe.ró.na] 女 太った女性. [mujer + 増大辞]

mu·je·ru·ca [mu.xe.rú.ka] 女《軽蔑》老女;いやしい女.

mu·jer·zue·la [mu.xer.θwé.la / -.swé-] 女《話》《軽蔑》娼婦(しょうふ);不品行な女. [mujer + 縮小辞]

Mu·ji·ca Lái·nez [mu.xí.ka lái.neθ / -.nes] 固有男 ムヒカ ライネス Manuel ～ (1910-84):アルゼンチンの小説家. 作品 *Bomarzo*『ボルマツォ公の回想』.

mu·jik [mu.xík / mú.xik] [ロシア] 男 [複 ～s]【史】帝政ロシアの農民.

mú·jol [mú.xol] 男《魚》ボラ.

mu·la [mú.la] 女 1 → mulo. 2《ラ米》(1)(なし)ろくでなし, ごろつき. (2)(コロンビア)パイプ. (3)(メキシコ)《話》うそ;(メキシコ)《話》詐欺. meter la ～ だます, うそをつく. (4)(メキシコ)売れ残りの商品). (5)(メキシコ)《話》酔い. (6)(プェルトリコ)《話》恥辱;怒り. (7)(人足仲仕の)肩当. (8)(メキシコ)《俗》お金.

mu·lá [mu.lá] [アラビア] 男 イスラム教指導者, イスラム教聖職者.

mu·la·da [mu.lá.ða] 女 1 ラバの群れ. 2《話》愚行, ばかげた考え.

mu·la·dar [mu.la.ðár] 男 1 ごみ捨て場, 掃きだめ. 2 堆肥(たいひ)置き場, 積み肥(ごえ). 3 不健全な[いかがわしい]場所.

mu·la·dí [mu.la.ðí] 形[複 ～es] イスラム教に改宗した. ― 男 女 ムラディー:中世スペインでイスラム教に改宗したキリスト教徒.

mu·lar [mu.lár] 形 1 ラバの. ganado ～《集合的》ラバ. 2 強情な.

mu·la·te·ro [mu.la.té.ro] 男 1 ラバ飼い, ラバ追い (= mulero). 2 ラバ貸し.

*mu·la·to, ta [mu.lá.to, -.ta] 形 1 ムラートの, 白人と黒人の混血の. 2(皮膚が)淡褐色の, 黄褐色の. 3(表面が)暗い, 黒ずんだ, 曇った.
― 男 女 1 ムラート:白人と黒人の混血児. → mestizo [関連]. 2(若い)ラバ.
―《ラ米》銀鉱石.

mu·le [mú.le] 女 ミュール.

mu·lé [mu.lé] 男 *dar mulé*《話》殺す, ばらす.

mu·le·ro, ra [mu.lé.ro, -.ra] 形 ラバの;ラバ飼いの. ― 男 女 1 ラバ飼い, ラバ追い. 2《ラ米》(メキシコ)《話》うそつき, ほら吹き.

mu·le·ta [mu.lé.ta] 女 1 松葉杖(づえ);撞木杖(しゅもくづえ). 2(しばしば複数で)つっかい棒, 支え. 3【闘牛】ムレータ:マタドールが殺しの場で用いる赤布を支える棒または棒と布全体を言う. *pasar al toro con la ～* ムレータで牛をあしらう.
[← 古スペイン『雌の子ラバ』(mula + 縮小辞);ラバと同様に, 歩行困難な人の体を支えるところから]

mu·le·ta·da [mu.le.tá.ða] 女(若い)ラバの群れ.

mu·le·ta·zo [mu.le.tá.θo / -.so] 男【闘牛】ムレータさばき.

mu·le·te·ro [mu.le.té.ro] 男 ラバ追い.

mu·le·ti·lla [mu.le.tí.ja || -.λa] 女 1 口ぐせ, (意味なく繰り返される)言葉. 2【闘牛】小さなムレータ. 3 棒状のボタン, トッグル;撞木杖(しゅもくづえ);T字形の竿(さお);(頭部がT字形の)釘(くぎ). [muleta + 縮小辞]

mu·le·to, ta [mu.lé.to, -.ta] 男 女 子ラバ, 慣らされていないラバ.

mu·le·tón [mu.le.tón] 男 1【繊維】メルトン:綿または毛の厚く滑らかな織物. 2 テーブルクロス.

Mul·ha·cén [mu.la.θén / -.sén] 固有名 Pico de ～ ムラセン峰:スペイン南部の Nevada 山脈の山. ♦スペイン本土の最高峰 (3478 m).

mu·li·lla [mu.lí.ja || -.λa] 女(古代ローマの貴族が履いた)紫色の靴.

mu·li·ta [mu.lí.ta] 女《ラ米》(1)【動】アルマジロ. (2)(コロンビア)【昆】アメンボ.

mulle- / mullé- 活用 → mullir.

mu·lli·do, da [mu.jí.ðo, -.ða || -.λí-] 形 ふわふわの, 柔らかい. *cama mullida* ふわふわのベッド.
― 男 (ベッド・いすなどの)詰め物, パンヤ.

mu·llir [mu.jír || -.λír] 72 他 1〈布団などを〉柔らかくする, ふっくらさせる. 2【農】〈土・地面を〉鋤(す)き返す, ほぐす. 3 画策する, 策を巡らす.
mullirlas a＋人《話》〈人を〉罰する, 懲らしめる.

mu·llo[1] [mú.jo || -.λo] 男《魚》ヒメジ.

mu·llo[2] [mú.jo || -.λo] 男《ラ米》(エクアドル)ビーズ, 南京(なんきん)玉.

mu·lló [mu.jó || -.λó] 活用 → mullir.

mu·lo, la [mú.lo, -.la] 男 女 1【動】ラバ:雌ウマと雄ロバの間の雑種. 2《話》辛抱強い人, よく働く人, 頑健な人. 3 愚鈍な人.
estar hecho un mulo 丈夫[頑健]である.
trabajar como una mula 身を粉(こ)にして働く.

mu·lón, lo·na [mu.lón, -.ló.na] 男 女《話》(チリ)〈幼児が〉言葉を話すのが遅い;たどたどしく話す.

mul·so, sa [múl.so, -.sa] 形 砂糖[蜜(みつ)]を入れた.

*mul·ta [múl.ta] 女 罰金, 科料;交通違反チケット[切符]. *imponer* [*poner, echar*] *una ～ a*＋人〈人〉に罰金を科する. *Me pusieron una ～ de cien euros por el coche mal aparcado*. 私は駐車違反で100ユーロの罰金を科せられた. [← [ラ] *multam*(*multa* の対格);関連 multar]

*mul·tar [mul.tár] 他 …に罰金を科する. *～ a*＋人 *en mil euros*〈人〉に1000ユーロの罰金を科す.

mul·te·ro, ra [mul.té.ro, -.ra] 男 女 罰金を科する人, 罰金徴収人.

multi- 「多い, 多数の, 多様性の」の意を表す造語要素. → *multilateral, múltiple*. [← [ラ]]

mul·ti·ca·nal [mul.ti.ka.nál] 形【TV】多重チャンネルの, 多重通信の. ― 男【TV】多重チャンネル.

mul·ti·ce·lu·lar [mul.ti.θe.lu.lár / -.se.-] 形【生物】多細胞の (= unicelular).

mul·ti·cen·tro [mul.ti.θén.tro / -.sén.-] 男 複合商業施設:複数の店舗が集まった施設.

mul·ti·ci·ne [mul.ti.θí.ne / -.sí.-] 男 シネコン, シネマコンプレックス:複数の小映画館が集まった施設.

mul·ti·co·lor [mul.ti.ko.lór] 形 多色の, 多彩な.

mul·ti·co·pia·do [mul.ti.ko.pjá.ðo] 男 複写, 謄写.

mul·ti·co·piar [mul.ti.ko.pjár] 82 他 複写する.

mul·ti·co·pis·ta [mul.ti.ko.pís.ta] 女 複写機;謄写版印刷機 (= copiador, policopia).

mul·ti·cul·tu·ral [mul.ti.kul.tu.rál] 形 多文化の, 多文化的な. *sociedad ～* 多文化社会.

mul·ti·cul·tu·ra·li·dad [mul.ti.kul.tu.ra.li.ðáð] 女 多文化性, 多文化共生.

mul·ti·cul·tu·ra·lis·mo [mul.ti.kul.tu.ra.lís.mo] 男 多文化主義[社会], 多文化共生.

mul·ti·dis·ci·pli·nar [mul.ti.dis.θi.pli.nár / -.si.-] 形 学際的な, 多くの学問領域にわたる.

mul·ti·dis·ci·pli·na·rio, ria [mul.ti.dis.θi.

2 上流社会の, 上流階級の. **3** 社交(界)好きの. persona *mundana* 社交好きな人. reunión [fiesta] *mundana* 親睦(ぽく)会, 社交パーティー. llevar una vida *mundana* 俗世間の生活を送る.
mujer mundana 売春婦.

mun·dial [mun.djál] 形 《名詞＋》《ser＋》**世界の**, 世界的な (=universal). a nivel ~ 世界レベルの[で]. a escala ~ 世界的な規模で. campeón ~ 世界チャンピオン. la población ~ 世界の人口. el plusmarquista ~ 世界記録保持者. la segunda guerra ~ 第二次世界大戦. conseguir [revalidar] el título ~ 世界タイトルをとる[防衛する]. batir el récord ~ 世界記録を破る[出す]. La distribución de este virus *es* ~. このウイルスは世界に広がっている. el Banco *M*~ 世界銀行. la Organización *M*~ de la Salud 世界保健機関 (略 OMS) [英 WHO]. la Organización *M*~ de(1) Comercio 世界貿易機関 (略 OMC) [英 WTO].
—男 《スポ》(特にサッカーの)世界選手権(試合), ワールドカップ (=copa). participar en el ~ 世界選手権に出場する. ganar un *M*~ contrarreloj タイムトライアル世界選手権に勝つ. imponerse en el ~《文章語》世界選手権に勝つ.

mun·dia·lis·ta [mun.dja.lís.ta] 形 〈スポーツ選手が〉世界レベルの.
—男 女 世界レベルの選手, 世界選手権出場者.

mun·dia·li·za·ción [mun.dja.li.θa.θjón / -.sa.sjón] 女 (市場・企業などの)国際化 (=globalización).

mun·di·cia [mun.dí.θja / -.sja] 女 清潔.

mun·di·fi·car [mun.di.fi.kár] 69 他 洗浄する, 浄化する.

mun·di·llo [mun.dí.jo ‖ -.ʎo] 男 **1** 業界；…界. el ~ financiero 金融界. el ~ literario 文壇. el ~ teatral 演劇界. **2** (レース編み用の)まくら台. **3** (火鉢の上でものを干したりするのに使う)台. **4** 《植》ヨウシュカンボク. [*mundo*＋縮小辞]

mun·do [mún.do] 男 **1** 世界；地球. Viejo [Antiguo] *M*~ 旧世界. Nuevo *M*~ 新世界. ~ occidental [oriental] 西洋[東洋]. tercer ~ 第三世界. ~ hispánico スペイン語圏世界. ~ islámico イスラム世界. en el ~ entero 世界中で[に]. al [en el] fin del mundo 地の果てへ[に, で]. bola del ~ 地球. otros ~*s* 地球以外の星. dar la vuelta al ~ 世界一周する.
2 世の中, 世間. ancho ~ 広い世の中. El ~ es un pañuelo. / ¡Qué pequeño es el ~! 世間は狭い(▶ 思いがけない場所で会ったときなどに言う). Así va el ~. 世の中とはそういうものだ. En este ~ hay de todo. この世の中にはなんでもある.
3 現世；俗世間. este pícaro ~ このせちがらい世の中. en este ~ de Dios この世で[に]. venir al ~ 生まれる. traer [echar] al ~ …〈子供を〉産む. irse de este ~ 死ぬ. estar todavía en el ~ de los vivos まだ生きている. dejar el ~ 俗世を捨てる；修道院に入る. volver al ~ 俗世間に戻る；修道院を出る.
4 …界, (特定の)社会. ~ de los negocios 実業界. ~ del espectáculo ショービジネス界. entrar en el ~ 社交界にデビューする. gran ~ 上流社会.
5 人生経験. tener mucho [poco] ~ 人生経験が豊富である[乏しい]. persona de ~ 世慣れた人.
6 大型トランク (=baúl ~).
7 《植》テマリカンボク；ヨウシュカンボク.
caérsele [venírsele] el mundo encima

(*a*＋人)《話》〈人〉が取り乱す, 目の前が真っ暗になる.
dar un mundo por... …のためならなんでもする.
desde que el mundo es mundo《話》この世のはじまりから, ずっと以前から.
echarse al mundo 売春婦になる.
el otro mundo《話》あの世, 来世. irse a*l otro* ~ あの世へ行く.
estar [andar] el mundo al revés (ものごとが)めちゃくちゃである；話があべこべである.
este mundo y el otro《俗》〈肉〉大げさなこと. prometer *este* ~ *y el otro* 大げさな約束をする.
hacer un mundo de...《話》…を大げさに考える, 重大視する.
hundirse el mundo 大事件が起こる；世界が破滅する. aunque *se hunda el* ~ たとえ世界が破滅しても. *El* ~ *no se hundirá por eso.* だからといって世界が終わるわけではない.
hundírsele el mundo (*a*＋人)〈人〉が取り乱す, 目の前が真っ暗になる.
lejos del mundo 俗世間から離れて.
medio mundo 大勢の人々；多くの国々.
meterse en su *mundo* 自分の世界に没頭する.
no ser de este mundo〈人が〉超然としている.
no ser el fin del mundo / no acabarse el mundo 世界が終わるわけではない.
no ser nada del otro mundo《話》大したことはない.
ponerse el mundo por montera / reírse del mundo《話》世間の言うことを気にしない.
por esos mundos de Dios ここかしこで[に], いろいろな場所を[で, に].
por nada del mundo / (ni) por todo el oro del mundo《否定で》なにがなんでも(…ない). No me iré de aquí *por nada del* ~. なにがあってもここから動かないぞ.
todo el mundo みんな；世界中. *Todo el* ~ sabe que está enamorado de ella. 彼が彼女に恋していることはみんな知っている. Esa actriz es famosa en *todo el* ~. その女優は世界中で有名だ.
un mundo (1) 多数, 大勢. *Hay un* ~ *de gente en la plaza.* 広場には大勢の人がいる. (2) 格段の違い. Hay *un* ~ entre las dos opiniones. その2つの意見には大きな違いがある. (3) たくさん. valer *un* ~ 非常に価値がある.
ver [correr] mundo 広く旅をする；世の中を見る.
vivir en otro mundo 浮世離れする.
[← 〔ラ〕*mundum* (*mundus* の対格)；〖関連〗mundial, mundano.〔ポルトガル〕*mundo*.〔仏〕*monde*.〔伊〕*mondo*)

mun·do·lo·gí·a [mun.do.lo.xí.a] 女《話》世知；世間での経験；処世術. Te falta ~. 君は世間知らずだ.

mun·do·nue·vo [mun.do.nwé.bo] 男 コズモラマ：世界風物ののぞきめがね.

mun·do·vi·sión [mun.do.bi.sjón] 女 (テレビの)衛星中継.

Mu·nich [mú.nik] 固名 ミュンヘン：ドイツ南部の都市. [← 〔中高地ドイツ〕*Munichen* (← 〔中ラ〕*ad monachōs*,「修道士たちの町」が原義)]

mu·ni·ción [mu.ni.θjón / -.sjón] 女 **1**《軍》(1) (主に複数で)軍需品, 軍需物資. *municiones* de boca 糧食. (2) 弾薬, 弾. ~ menuda 散弾. ~ de fogueo 空包. agotarse las *municiones* 弾薬が尽きる. **2**《ラ米》(*♀ｘ*)(兵士の)制服, 軍服.
de munición (1) 官給の, 軍需品の. botas *de* ~

官給のブーツ. ropa de ～ 軍服. (2) 急こしらえの.
mu‧ni‧cio‧na‧mien‧to [mu.ni.θjo.na.mjén.to / -.sjo.-] 男 軍需品の補給, 物資の補給, 兵站(へいたん).
mu‧ni‧cio‧nar [mu.ni.θjo.nár / -.sjo.-] 他 食糧[軍需品]を供給する.
mu‧ni‧cio‧ne‧ra [mu.ni.θjo.né.ra / -.sjo.-] 女 《ラ米》(1) (メキ)弾入れ, 弾薬袋. (2) (コロ芝)ボールベアリング.

***mu‧ni‧ci‧pal** [mu.ni.θi.pál / -.si.-] 形 (地方)自治体の, 都市の, 町の；[市], 町の. ley ～ 市条例. guardia ～ 市警察. funcionario ～ 市役所[町村役場]職員. término ～ 市町村の管轄区域. administración [gobierno, gestión] ～ 市政.
── 男 女 《話》(市町村の)警官, 巡査.
── 女 《ラ米》(ラプ) 《話》男性関係が豊富な女性.
mu‧ni‧ci‧pa‧li‧dad [mu.ni.θi.pa.li.dáð / -.si.-] 女 地方自治体, 市町村；市当局；市役所.
mu‧ni‧ci‧pa‧li‧za‧ción [mu.ni.θi.pa.li.θa.θjón / -.si.-.sa.sjón] 女 市制化；市営化.
mu‧ni‧ci‧pa‧li‧zar [mu.ni.θi.pa.li.θár / -.si.-.sár] 97 他 市制を敷く；市営化する.
mu‧ni‧ci‧pe [mu.ní.θi.pe / -.si.-] 男 (地方自治体・市町村の)住民, 居住者.

***mu‧ni‧ci‧pio** [mu.ni.θí.pjo / -.sí.-] 男 **1** (自治体としての)市, 市町村；市町村の行政区域；市部. **2** 市民, 町民. **3** 市議会, 町議会.
[← 〔ラ〕 *mūnicipium*, 〔関連〕 municipal. 〔英〕 *municipium*, *municipal(ity)*]

mu‧ni‧fi‧cen‧cia [mu.ni.fi.θén.θja / -.sén.sja] 女 気前のよさ, 寛大さ.
mu‧ni‧fi‧cen‧te [mu.ni.fi.θén.te / -.sén.-] 形 ＝ munífico.
mu‧ní‧fi‧co, ca [mu.ní.fi.ko, -.ka] 形 寛大な, 気前のよい.
mu‧ni‧qués, que‧sa [mu.ni.kés, -.ké.sa] 形 (ドイツの)ミュンヘンの.
── 男 女 ミュンヘンの住民[出身者].
mu‧nir [mu.nír] 他 《ラ米》(ブラ)供給する, 与える.
── **se** 再 《ラ米》(ブラ)用意する, 準備する.

***mu‧ñe‧ca** [mu.né.ka] 女 **1** 手首. Me he roto la ～ jugando al golf. 私はゴルフをしていて手首を骨折した. **2** (女の)**人形**. Es una coleccionista de ～s. 彼女は人形収集家である. **3** 《話》若くて魅力的な女性. **4** (ぼろきれを集めた)布の束, (塗布用の)たんぽ. **5** 《ラ米》(1) (ラプ)政治力；有力者, 実力者. (2) (メキ)(熟れかけた)トウモロコシ. (3) (コモ)平静さ, 自己制御.

***mu‧ñe‧co** [mu.pé.ko] 男 **1** (男の)**人形**, 操り人形；雪人形. ～ de nieve 雪だるま. **2** 人の言うなりになる人, 傀儡(かいらい). como un ～ del pimpampun 人の言いなりになって.
mu‧ñei‧ra [mu.péi.ra] 女 《音楽》ムニェイラ：スペインGalicia地方の踊り[曲].
mu‧ñe‧que‧ar [mu.pe.ke.ár] 他 《ラ米》(コロ)(ラプ)《話》便宜を図る. ── **se** 再 《ラ米》(コロ)《話》緊張する, いらいら[びくびく]する.
mu‧ñe‧que‧ra [mu.pe.ke.ké.ra] 女 《スポ》手首用のサポーター.
mu‧ñe‧que‧rí‧a [mu.pe.ke.rí.a] 女 《話》(衣服の)ごてごてした飾り.
mu‧ñe‧qui‧lla [mu.pe.kí.ja ‖ -.ʎa] 女 (塗布用の)たんぽ. dar ～ a... (家具など)にたんぽ塗りをする.
2 《ラ米》(メキ)(ホン)(トウモロコシの)若い穂.
mu‧ñe‧qui‧to [mu.pe.kí.to] 男 《複数》(で)漫画, コミック.

mu‧ñi‧dor [mu.pi.ðór] 男 **1** (選挙などで)裏工作をする人. **2** (教区・教団の)世話人.
mu‧ñir [mu.pír] 72 他 **1** (教区・教団の人々を)呼び寄せる[集める]. **2** 裏工作する；(陰で)操る.
mu‧ñón [mu.pón] 男 **1** (切断後の手足の)断端. **2** 未発達で萎縮したままの手足. **3** 《軍》(大砲の)砲耳. **4** 《解剖》(肩の)三角筋.
mu‧ño‧ne‧ra [mu.po.né.ra] 女 《軍》(大砲の)砲耳台.
mu‧ra‧jes [mu.rá.xes] 男 《複数形》《植》ルリハコベ.
mu‧ral [mu.rál] 形 壁の, 壁面の, 壁上の. mapa ～ 壁掛け地図. decoración ～ 壁面装飾.
── 男 壁画(＝ pintura ～).
mu‧ra‧lis‧mo [mu.ra.lís.mo] 男 壁画芸術；壁画法.
mu‧ra‧lis‧ta [mu.ra.lís.ta] 形 壁画芸術の；壁画家の. ── 男 女 壁画家.

***mu‧ra‧lla** [mu.rá.ja ‖ -.ʎa] 女 **1 城壁**；市壁；防壁. las ～s de Ávila (難攻不落で知られたスペインの)アビラの城壁. una ciudad rodeada de ～s 城壁で囲まれた町. la Gran *M*～ china 中国の万里の長城. → muro

muralla (城壁)

〔類語〕**2** 《比喩的》越えにくい壁；《スポ》《話》鉄壁の守り. la ～ de los prejuicios raciales 人種偏見の壁. **3** 《ラ米》(1) (カリ)集合住宅. (2) 壁.
mu‧rar [mu.rár] 他 城壁を築く, 城壁で固める.

***Mur‧cia** [múr.θja / -.sja] 女 固名 **ムルシア**：スペイン南東部の地方；自治州(→ autónomo)；県；県都.
[← 〔アラビア〕 *Mursiyah*← ?〔ラ〕(*aqua*) *murcida*「緩流」]

***mur‧cia‧no, na** [mur.θja.no, -.na / -.sja.-] 形 (スペインの)ムルシアの. ── 男 女 ムルシアの住民[出身者]. ── 男 (スペイン語の)ムルシア方言.
mur‧cié‧ga‧lo [mur.θjé.ga.lo / -.sjé.-] 男 → murciélago.
mur‧cié‧la‧go [mur.θjé.la.go / -.sjé.-] 男 《動》コウモリ.
mu‧re‧na [mu.ré.na] 女 《魚》ウツボ.
mur‧ga¹ [múr.ga] 女 (オリーブの)灰汁(あく). → alpechín.
mur‧ga² [múr.ga] 女 **1** (流しの)音楽隊. **2** 《話》煩わしさ, 厄介. ¡Qué ～! なんて面倒な. dar la ～ うんざりさせる.
mur‧gón [mur.gón] 男 サケの稚魚.
mur‧guis‧ta [mur.gís.ta] 男 (流しの)楽隊の一員.
muri- 接 → morir.
mu‧ria‧to [mu.rjá.to] 男 《化》塩化物, 塩酸塩.
mú‧ri‧ce [mú.ri.θe / -.se] 男 **1** 《貝》(古代に紫染料のもとになった)アクキガイ, ホネガイ. **2** 《文章語》紫紅色, 紫色.
mú‧ri‧do, da [mú.ri.ðo, -.ða] 形 《動》(齧歯(げっし)目)ネズミ科の.
── 男 ネズミ科の動物；《複数で》ネズミ科.
Mu‧ri‧llo [mu.rí.jo ‖ -.ʎo] 固名 ムリーリョ Bartolomé Esteban ～ (1617-82)：スペインの画家.
mur‧mu‧llar [mur.mu.jár ‖ -.ʎár] 自 → murmurar.

mur·mu·llo [mur.mú.jo ‖ -.ĵo-] 男 **1** つぶやき，ささやき，(遠くの)人声．**2** せせらぎ(の音)；(風の)ざわめき；(虫の)羽音． ~ de las hojas 葉ずれの音．

mur·mu·ra·ción [mur.mu.ra.θjón / -.sjón] 女 うわさ話，陰口，中傷．

mur·mu·ra·dor, do·ra [mur.mu.ra.ðór, -.ðó.ra] 形 **1** うわさ話をする；陰口を言う．**2** つぶやく；ざわめく，そよぐ．—— 男 女 うわさ話をする人，陰口をたたく人，不平を言う人．

mur·mu·ran·te [mur.mu.rán.te] 形 → murmurador.

***mur·mu·rar** [mur.mu.rár] 自 **1** つぶやく，ぶつぶつ言う，不平を言う. Tienes que hacerlo sin ~. 文句を言わずにやりなさい．**2** 悪口を言う，陰口をたたく． ~ de... …の悪口を言う．**3** (風などが)ざわめく；(川が)さらさらいう．Un suave viento murmuraba. そよ風がさわさわとそよいでいた．
—— 他 ささやく，つぶやく，不平を言う．
—— ~se 再 《3人称で》うわさされる，うわさされる．
[← [ラ] murmurāre; 関連 murmullo. [英] murmur]

mur·mu·rón, ro·na [mur.mu.rón, -.ró.na] 形 《ラ米》陰口[不平]を言う，うわさ話好きの．
—— 男 女 陰口屋，うわさ好き．

***mu·ro** [mú.ro] 男 **1** 塀，壁；石垣. hacer un ~ alrededor de la casa 家の周りに塀をめぐらせる． ~ de contención 擁壁；(タンクの)保持壁． ~ contrafuegos 防火壁． ~ de defensa 漏水防止壁． ~ de revestimiento 堤，土手. el M~ de Berlín ベルリンの壁. el M~ de las lamentaciones (エルサレムの)嘆きの壁． ~ térmico [del calor] (航空機の)熱障壁．

類語 *muro* は空間を仕切る厚い石[コンクリート]の塀，*muralla* は町などを覆う長い城壁，*pared* は建物の壁面，*tapia* は土塀・板塀．

2 城壁(=muralla)．**3** 《比喩的》越えにくい壁． ~ de silencio 沈黙という名の壁． ~ del sonido 《航空》サウンド・バリヤー，音速の壁．
[← [ラ] *mūrum* (*mūrus* の対格) 関連 muralla. [スペイン] [英] *mural*. [英] *murage*「城壁税」]

mu·rria [mú.rja] 女 《話》寂しさ，悲しさ；ゆううつ，不機嫌. tener ~ 悲しい，ゆううつである．

mu·rrio, rria [mú.rjo, -.rja] 形 《話》悲しい，寂しい，ゆううつな．

mu·rru·co, ca [mu.rú.ko, -.ka] 形 《ラ米》(メキ)《話》(髪が)縮れた．

mur·ta [múr.ta] 女 **1** 《植》ギンバイカ(の実)．= arrayán. **2** 《俗》オリーブ(の実)．

mur·ti·lla [mur.tí.ja ‖ -.ĵa] 女 《ラ米》(チ) **(1)**《植》ストロベリーグアバ，テリハバンジロウ．**(2)** その果実．**(3)** その果実で作った発酵酒．

mu·ru·cu·yá [mu.ru.ku.já] 女 《ラ米》(ラプ)(ウルグ)《植》トケイソウ．

mus [mús] 男 《遊》(スペイン・トランプの)ムス．
No hay mus. ああいえばこういう．
sin decir tus ni mus うんともすんとも言わずに．

mu·sa [mú.sa] 女 **1** [M-]《ギ神》ムーサ，ミューズ. las M~s《文芸・学術・音楽などを司る》9人の女神 (Calíope, Clío, Érato, Euterpe, Melpómene, Polimnia, Talía, Terpsícore, Urania)．**2** 詩才，詩的霊感. la ~ de Quevedo ケベードの詩才．**3** 《複数で》詩作. cultivar las ~s 詩作する．

mu·sa·ca / mu·sa·ka [mú.sa.ka] 女 《料》ムサカ：ナス・ひき肉を使ったギリシャの郷土料理．

mu·sá·ce·a [mu.sá.θe.a / -.se-] 女 《植》バショウ科の植物；《複数で》バショウ科．

mu·sa·ra·ña [mu.sa.rá.ɲa] 女 **1** 《動》トガリネズミ．**2** 小動物，虫けら．**3** 《話》(目の前にかかる)かすみ，曇り．
mirar a las musarañas / pensar en las musarañas 《話》上の空である．

mus·co, ca [mús.ko, -.ka] 形 暗褐色の．

mus·co·vis·ci·do·sis [mus.ko.bis.θi.ðó.sis / -.si.-] 女 《単複同形》《医》囊胞(のうほう)性線維症．

mus·cu·la·ción [mus.ku.la.θjón / -.sjón] 女 筋肉強化，筋肉の増強．

mus·cu·lar [mus.ku.lár] 形 筋肉の. agotamiento ~ 筋肉疲労. dolor ~ 筋肉痛．

mus·cu·la·tu·ra [mus.ku.la.tú.ra] 女 **1** 筋肉組織．**2** 肉付き，力強さ，筋力．

***mús·cu·lo** [mús.ku.lo] 男 **1** 筋肉；《複数で》筋肉組織． ~s abdominales 腹筋． ~s dorsales 背筋． ~ abductor 外転筋． ~ aductor 内転筋． ~s bíceps [tríceps] 二[三]頭筋． ~ intercostal 肋間(ろっかん)筋． ~ masetero 咬筋(こうきん)． ~ respiratorio 呼吸筋． ~ sartorio 縫工筋． ~ cardíaco 心筋． ~s voluntarios [involuntarios] 随意[不随意]筋．
2 《複数で》筋力. hacer [desarrollar] ~s 筋力をつける，ビルドアップする. tener ~s 腕っ節が強い．**3** 《動》ナガスクジラ．
[← [ラ] *mūsculum* (*mūsculus* の対格)「筋肉；小ネズミ」(← *mūs*「ネズミ」+縮小辞); 関連 [英] *muscle*「筋肉」，*mouse*「ハツカネズミ」．[日] マウス]

mus·cu·lo·so, sa [mus.ku.ló.so, -.sa] 形 筋肉質の；筋骨たくましい，屈強な．

mu·se·ís·ti·co, ca [mu.se.ís.ti.ko, -.ka] 形 博物館の，美術館の．

mu·se·li·na [mu.se.lí.na] 女 《服飾》モスリン．

***mu·se·o** [mu.sé.o] 男 博物館，美術館，資料館． ~ arqueológico 考古学博物館． ~ de bellas artes 美術館． ~ de antropología 人類学博物館． ~ de cera ろう人形館． ~ virtual バーチャル博物館. *M*~ del Prado プラド美術館. *M*~ Conmemorativo de la Paz de Hiroshima 広島平和記念資料館. pieza de ~ 博物館行きの[時代遅れの]代物，珍品．
[← [ラ] *mūsēum*, *mūsaeum*「美術館，博物館；*Mūsa* (芸術の女神)たちの神殿」← [ギ] *mouseîon*; 関連 [英] *museum*]

Museo del Prado
(プラド美術館)

mu·se·o·gra·fí·a [mu.se.o.gra.fí.a] 女 博物館運営学，博物館資料保存技術．

mu·se·o·grá·fi·co, ca [mu.se.o.grá.fi.ko, -.ka] 形 博物館運営学の，博物館資料保存(技術)の．

mu·se·ó·gra·fo, fa [mu.se.ó.gra.fo, -.fa] 男 女 博物館運営学者．

mu·se·o·lo·gí·a [mu.se.o.lo.xí.a] 女 博物館学．

mu·se·o·ló·gi·co, ca [mu.se.o.ló.xi.ko, -.ka] 形 博物館学の．

mu·se·ó·lo·go, ga [mu.se.ó.lo.go, -.ga] 男 女 博物館学者．

mu·se·ro·la [mu.se.ró.la] 囡 『馬』鼻革, 鼻勒(ﾊﾅﾂﾞﾗ).
mus·ga·ño [mus.gá.ɲo] 男 【動】トガリネズミ.
mus·go [mús.go] 男 【植】コケ(苔), カワゴケ, ハイゴケ; 〖複数で〗コケ類.
mus·go·so, sa [mus.gó.so, -.sa] 形 コケの, コケの多い, コケで覆われた.

musgaño
(トガリネズミ)

mú·si·ca [mú.si.ka] 囡 **1 音楽, 楽曲; 作曲. ~ clásica クラシック音楽. ~ moderna 現代音楽. ~ de cámara 室内音楽. ~ sinfónica 交響曲. ~ instrumental 楽曲. ~ sacra 教会音楽. ~ religiosa 宗教音楽. ~ llana グレゴリオ聖歌 (=canto llano [gregoriano]). ~ vocal [armónica] 声楽. ~ militar 軍楽. ~ folclórica 民俗音楽. ~ bailable [de baile] ダンスミュージック, 舞曲. ~ ambiental (販売促進用などの)ムード音楽. ~ de fondo バックグラウンドミュージック, BGM. ~ ligera (ジャズなどの)軽音楽. ~ pop ポップミュージック. ~ rock ロックミュージック. ~ enlatada (生演奏ではない)既成音楽. ~ ratonera (軽蔑)へぼ音楽, 下手な演奏. clase de ~ 音楽の授業. hacer ~ 音楽を演奏する; 歌う. la ~ y la letra por... 作詞作曲の. poner ~ a un poema 詩に曲をつける. ¿No hay ~ en este bar? このバルでは音楽をかけないのですか.
2 楽団. la ~ del regimiento 軍楽隊. contratar la ~ 楽団を雇う.
3 楽譜. No sé leer ~. 私は楽譜が読めない.
4 〖比喩的〗心地よい音, ざわめき. la ~ del viento 風のそよぐ音. la ~ del riachuelo 小川のせせらぎ.
── 形 囡 → músico.
irse con la música a otra parte とっとと消え失せる.
mandar a+人 con la música a otra parte 〈人〉を厄介払いする, ひと息に追い払う.
sonarle (a+人) a música celestial (1) (軽蔑) 〈人〉にとってちんぷんかんぷんである. (2) …にとって心地よく響く.
[← 〖ラ〗 *mūsicam* (*mūsica* の対格) ← 〖ギ〗 *mousikē* 「芸術の女神 *Moûsa* の芸」; 関連 〖英〗 *music*]

*mu·si·cal [mu.si.kál] 形 音楽の; 音楽的な. facultades ~*es* 音楽的才能. instrumento ~ 楽器. Tiene un buen oído ~. 彼[彼女]はとても音感がいい. ── 男 ミュージカル (= comedia ~).

mu·si·ca·li·dad [mu.si.ka.li.ðáđ] 囡 音楽性, 音楽的なこと.

mu·si·car [mu.si.kár] 102他 〈詩に〉曲をつける; 〈あるテーマについて〉作曲する. Este compositor *musicó* los poemas de García Lorca. この作曲家はガルシア・ロルカの詩に曲をつけた.

mu·si·ca·se·te [mu.si.ka.sé.te] 囡 音楽用カセットテープ.

mu·si·cas·tro [mu.si.kás.tro] 男 (軽蔑)へぼ楽士.

**mú·si·co, ca [mú.si.ko, -.ka] 形 音楽の. instrumentos ~*s* 楽器.
── 男 囡 **1** 音楽家; 演奏家, 歌手, ミュージシャン. ~ de rock [jazz] ロック[ジャズ]ミュージシャン.
2 (ラ米) (1) (話) 偽善者, 猫かぶり. (2) (中米) へたくそな馬乗り, 未熟な騎手. (3) (エクア) (話) 飲んべえ, 大酒飲み.

mu·si·có·gra·fo, fa [mu.si.kó.gra.fo, -.fa] 男 囡 音楽評論家.

mu·si·co·lo·gí·a [mu.si.ko.lo.xí.a] 囡 音楽学.
mu·si·co·ló·gi·co, ca [mu.si.ko.ló.xi.ko, -.ka] 形 音楽学の.
mu·si·có·lo·go, ga [mu.si.kó.lo.go, -.ga] 男 囡 音楽学研究者, 音楽理論家.
mu·si·co·ma·ní·a [mu.si.ko.ma.ní.a] 囡 音楽狂 (= melomanía).
mu·si·có·ma·no, na [mu.si.kó.ma.no, -.na] 男 囡 音楽狂, 音楽マニア.
mu·si·que·ro, ra [mu.si.ké.ro, -.ra] 形 音楽の.
── 男 楽譜棚.
mu·si·qui·lla [mu.si.kí.ja ‖ -.ʎa] 囡 **1** (話) (軽蔑) 簡単で覚えやすい楽曲. **2** 口調, なまり.
mu·si·tar [mu.si.tár] 自 ささやく. ── 他 つぶやく.
mus·la·men [mus.lá.men] 男 (話) 女性の太ふがっしりした太もも.
mus·la·ri [mus.lá.ri] 男 囡 → musolari.
mus·le·ra [mus.lé.ra] 囡 (太もも用)サポーター.
mus·lim [mus.lím] 形 **1** ムハンマドの. **2** イスラム教徒の. ── 男 囡 イスラム教徒.
mus·li·me [mus.lí.me] 形 イスラム教(徒)の.
── 男 囡 イスラム教徒.
mus·lí·mi·co, ca [mus.lí.mi.ko, -.ka] 形 イスラム教徒の.
*mus·lo [mús.lo] 男 **1** 腿(ﾓﾓ), 大腿(ﾀﾞｲﾀｲ). músculo del ~ 大腿直筋.
2 (料理した鶏・七面鳥・カモなどの)足, もも肉.
[← 〖ラ〗 *mūsculum* (*mūsculus* の対格); 関連 〖英〗 *muscle*]
mus·món [mus.món] 男 【動】ムフロン: ヨーロッパの山地に生息する野生の羊.
mu·so·la·ri [mu.so.lá.ri] 男 囡 (トランプゲームの) ムス mus をする人.
mus·tang [mus.tán] / **mus·tan·go** [mus.tán.go] 男 【動】ムスタング: 北米の(半)野生馬.

musmón
(ムフロン)

mus·te·la [mus.té.la] 囡 **1** 『魚』サメの一種. **2** 【動】イタチ.
mus·té·li·do [mus.té.li.ðo] 形 イタチ科の.
── 男 **1** イタチ科の動物. **2** 〖複数で〗イタチ科.
mus·te·rien·se [mus.te.rjén.se] 形 〖考古〗ムスティエ(文化)期の.
── 男 ムスティエ(文化)期: 中期旧石器時代.
mus·tiar [mus.tjár] 82 他 しおれさせる, なえさせる; 元気をなくさせる. ── ~*se* 再 しおれる, しなびる; 元気をなくす, しょげかえる.
mus·tio, tia [mús.tjo, -.tja] 形 **1** 〈植物が〉みずみずしさを失った, しなびた, しおれた.
2 活気[顔気]のない, ゆううつな, 物思いに沈んだ.
3 (ラ米) (1) (メホ) 偽善者の, 本心を隠した. (2) (*パラ) 不機嫌な; 退屈な.
*mu·sul·mán, ma·na [mu.sul.mán, -.má.na] 形 イスラム教の (= islámico), イスラム教徒の, イスラム文明の. religión *musulmana* イスラム教. cultura *musulmana* イスラム文化.
── 男 囡 イスラム教徒.
[← 〖仏〗 *musulman* ← 〖ペルシア〗 *musulmān*; 〖ア〗 *muslim*「神に身を任せた人」が原義)の変形; 関連 islam. 〖英〗 *Muslim*]
mu·ta·bi·li·dad [mu.ta.bi.li.ðáđ] 囡 変わりやすさ, 不安定; 気まぐれ.
mu·ta·ble [mu.tá.ble] 形 変わりやすい, 不安定な;

気まぐれな. tiempo ～ 変わりやすい天気.

mu·ta·ción [mu.ta.θjón / -.sjón] 女 **1**（突然の）変化, 変更, 変貌(ほう). *mutaciones* de temperatura 気温の激変. **2**『生物』突然変異. **3**『演』（場面の）転換.

mu·ta·gé·ne·sis [mu.ta.xé.ne.sis] 女 《単複同形》『生物』突然変異.

mu·ta·gé·ni·co, ca [mu.ta.xé.ni.ko, -.ka] 形 突然変異を引き起こす, 突然変異源の.

mu·tá·ge·no, na [mu.tá.xe.no, -.na] 形 突然変異を引き起こす, 突然変異源の.
—— 男 突然変異源（物質）.

mu·tan·te [mu.tán.te] 形 突然変異の.
—— 男 突然変異体, ミュータント.

mu·tar [mu.tár] 他『生物』突然変異を引き起こさせる, 変化させる. —— **·se** 再『格式』変わる, 変化する.

mu·ta·tis mu·tan·dis [mu.tá.tis mu.tán.dis] 〔ラ〕必要な更改［変更］を加えて（= cambiando lo que debe ser cambiado）.

mu·ti [mú.ti] 男 女『話』《軽蔑》突然変異によって生まれた人.

mu·ti·la·ción [mu.ti.la.θjón / -.sjón] 女 **1**（手足などの）切断, 欠損；身体障害；『生物』自切. **2**（検閲などの）削除, カット；破損, 毀損(きそん).

mu·ti·la·do, da [mu.ti.lá.đo, -.đa] 形（手足などが）切断された；（一部を）削除された. —— 男 手足を失った人. ～ de guerra 傷痍(しょうい)軍人.

mu·ti·la·dor, do·ra [mu.ti.la.đór, -.đó.ra] 形 切断する；毀損(きそん)する, 欠損性の. —— 切断する人；毀損者. ～ de obras de arte 芸術作品の毀損者.

mu·ti·lar [mu.ti.lár] 他 **1**〈手足を〉切断する；不具にする. **2**（一部を）削除する；破損する, 毀損(きそん)する. La censura *mutiló* muchas secuencias de la película. 検閲のためにその映画は多くのシーンがカットされた. ［←〔ラ〕*mutilāre*〕［関連］mutilación.〔英〕*mutilate*〕

mú·ti·lo, la [mú.ti.lo, -.la] 形 → mutilado.

mu·tis [mú.tis] 男《単複同形》『演』退場の合図. *hacer mutis* (**1**) 立ち去る；《俳優が》退場する. (**2**) 黙る, 黙り込む. *hacer mutis por el foro*『話』気づかれないように立ち去る.
¡*Mutis*! 黙れ（= ¡silencio!）.

mu·tis·mo [mu.tís.mo] 男 押し黙ること, 沈黙, 無言. No hay manera de sacarle de su ～. どうしても彼の口を開かせることはできない.

mu·tua [mú.twa] 女 共済組合, 互助会：互助システム. —— 形 → mutuo.

mu·tual [mu.twál] 形 相互の, 互いの.
—— 女〔ラ米〕(チ)(ニカ) 共済組合, 互助会.

mu·tua·li·dad [mu.twa.li.đáđ] 女 **1** 共済組合, 互助会. **2** 相互依存, 相互扶助；相互関係, 相関性.

mu·tua·lis·mo [mu.twa.lís.mo] 男 **1** 相互扶助論［主義］. **2**『生物』相利共生.

mu·tua·lis·ta [mu.twa.lís.ta] 形 **1** 相互主義［扶助］の. **2** 共済組合の, 互助会の. **3**『生物』相利共生の.
—— 男 女 **1** 共済組合員, 互助会員. **2** 相互扶助主義の人.

mu·tua·men·te [mú.twa.mén.te] 副 互いに.

mu·tuan·te [mu.twán.te] 男 女『法』貸与者, 貸し主.

mu·tua·rio, ria [mu.twá.rjo, -.rja] /
mu·tua·ta·rio, ria [mu.twa.tá.rjo, -.rja] 男 女『法』借り手, 借り主.

*__mu·tuo, tua__ [mú.two, -.twa] 形 相互の, 互いの. apoyo ～ 相互援助. ～ acuerdo 相互の同意. divorcio por ～ consentimiento 協議離婚. ［←〔ラ〕*mūtuum*（*mūtuus* の対格）；*mūtāre*「動かす, 交換する」(→ mudar) より派生；［関連］〔スペイン〕［英〕*mutual*〕

__muy__ [múi] 副 **1《＋形容詞・副詞・およびその相当語句》とても, 非常に, 大変；《否定文で》あまり（…でない）. Es *muy* alta. 彼女は非常に背が高い. Llegamos *muy* temprano. 私たちはとても早い時間に着いた. *muy* de noche 夜とても遅く. *muy* de lamentar とても嘆かわしい. Mi apellido no es *muy* común. 私の名字はあまり一般的ではない. Eso es *muy* de Isabel. それはとてもイサベルらしい. ▶ mucho の前にはふつう使われない. ▶ 比較級の形容詞・副詞と antes, después の前では *muy* ではなく mucho. ～ mucho mejor とてもよい. mucho más はるかに多く. ▶ 形容詞的な名詞の前でも使われる. →*muy* hombre とても男らしい.
2《定冠詞＋muy＋形容詞》『話』《強調》あのとても…なやつ. la *muy* mentirosa あの大うそつき女. ¡*El muy* cabrón! あのばか野郎.
Muy señor(es) mío(s)（手紙）拝啓.
por muy＋形容詞・副詞 *que*＋接続法 どんなに…でも［…しても］. *Por muy inteligente que seas*, cometerás errores. 君がどんなに頭がよくても間違いは犯すよ.
［←〔古スペイン〕*muit*←*muito*←〔ラ〕*multus* 形「多くの」〕

mu·ya·hid [mu.ja.xíđ]〔アラビア〕男 女《複 muyahidín》戦士, ゲリラ. ▶ 複数形 muyahidines も用いられる.

Mu·za [mú.θa / -.sa] 男 el moro ～ 誰か, なにがし.

mV《略》『物理』*milivoltio* ミリボルト.

MW《略》『物理』*megavatio* メガワット.

my [mí] 女 ミュー（M, μ）：ギリシア語アルファベットの第12字. ▶ mi とも綴る.

Myan·mar [mjam.már] 固名 ミャンマー（連邦）：首都 Naypyidaw.

mzo., Mzo.《略》*marzo* 3月.

N n

母音の前および休止の前では舌先を上の前歯と歯茎の境目あたりにつけ,息を鼻に抜いて声を出す「ナ行」および「ン」.子音の前ではその子音と同じ構えで息を鼻に抜いて声を出す(日本語の「ン」のつもりでよい).

N, n [é.ne] 囡 **1** スペイン語字母の第14字.
 2《数》不定整数. diez elevado a la potencia *n* 10の n 乗.
 3 [N] なにがし,某. la condesa *N* 某伯爵夫人.
n.《略》*nacido*(…年)生まれ.
N《略》(1)《化》*nitrógeno* 窒素. (2) *norte* 北. (3) *nota*(編集者による)注,注記. (4)《英》《物理》*newton* ニュートン:力の単位.
Na《化》*natrium*〔ラ〕ナトリウム (= sodio).
na·ba [ná.ba] 囡《植》カブの一種.
na·bab [na.báb] / **na·ba·bo** [na.bá.bo] 男
 1《史》(インドのイスラム王朝時代の)ナワーブ,太守.
 2 大金持ちの男性,富豪.
na·bal [na.bál] / **na·bar** [na.bár] 形 大根[カブ]の.
 ― 男 大根[カブ]畑.
na·bi·col [na.bi.kól] 男《植》カブの一種.
na·bi·na [na.bí.na] 囡(搾油用の)カブの種子.
na·bi·za [na.bí.θa / -.sa] 囡(主に複数で)カブの若葉.
***na·bo** [ná.bo] 男 **1**《植》**カブ**,カブラ;カブの根. ~ japonés ダイコン.
 2《卑》陰茎. **3**(馬などの)尾の心部. **4**《建》(あずまやの)大黒柱,(らせん階段の)軸柱. **5**《海》マスト.
 6《ラ米》《俗》ばか者,愚か者.
 Cada cosa en su tiempo y los nabos en Adviento.《諺》ものごとはそれに応じたとき,カブは待降節に(何事も機が熟すまで待て).
na·bo·rí [na.bo.rí] 男《ラ米》《史》(スペイン統治時代,スペイン人に仕えた)先住民の下男[下女].
na·bo·ri·a [na.bo.ri.a] 囡《ラ米》《史》(スペイン統治時代の)先住民の使用人の割り当て.
Na·bu·co·do·no·sor [na.bu.ko.ðo.no.sór] 固名 ~ II ネブカドネザル2世:新バビロニア王国の王 (在位前605-562). バビロンの捕囚の王.
ná·car [ná.kar] 男(貝殻の)真珠層.
na·ca·ra·do, da [na.ka.rá.ðo, -.ða] 形 真珠層の(ような);螺鈿(ぼ)をちりばめた. Él guarda la medalla en una cajita *nacarada*. 彼はメダルを螺鈿の小箱に大切にしまっている.
na·cá·re·o, a [na.ká.re.o, -.a] 形 → nacarino 形.
na·ca·ri·no, na [na.ka.rí.no, -.na] 形 真珠層の;螺鈿(ぼ)のような. ― 囡 人工シェル,人工真珠.
na·ca·ta·mal [na.ka.ta.mál] 男《ラ米》(*ᵢ)(ᵢₖ) 豚肉入りタマル:トウモロコシなどの粉を練り,豚肉などの具とともにトウモロコシの皮・バナナの葉で包んで蒸した料理.
na·ca·te·te [na.ka.té.te] 男 囡《ラ米》(ᵢₖ) ひな鳥.
na·ca·tón, to·na [na.ka.tón, -.tó.na] 男 囡《ラ米》(*ᵢ)(ᵢₖ) → nacatete.
na·ce·de·ra [na.θe.ðé.ra / -.se.-] 囡《ラ米》(*ᵢ) 生け垣.
na·ce·la [na.θé.la / -.sé.-] 囡《建》大えぐり入,スコッチア:円柱の台石の2つの平縁の間の大凹面刳(くり)形(がた).
na·cen·cia [na.θén.θja / -.sén.sja] 囡 **1** 誕生,出生. **2** 腫物(はれ),腫瘍(しゅ). **3**《ラ米》《集合的》生後1年未満の動物.

****na·cer** [na.θér / -.sér] 34 自 **1**(人・動物が)**生まれる**,誕生する. al ~ 生まれたときに. ~ con buena [mala] estrella よい[悪い]星のもとに生まれる. ~ de una familia noble 貴族の生まれである. *Nació* en Barcelona. 彼[彼女]はバルセロナで生まれた. Le *nació* una hija. 彼[彼女]に女の子が生まれた. El bebé *nació* sano y robusto. 赤ちゃんは元気で丈夫に生まれた. Del huevo *nació* un pollito. 卵から一羽のひよこがかえった.
 2〈思想・感情などが〉生まれる,生じる. ~ una amistad 友情が芽生える. Esta idea *ha nacido* de una necesidad. この考えはある必要性から生まれたものだ.
 3(毛・歯などが)生える. A mi hijo le empieza a ~ bigote. 息子にひげが生えてきた.
 4(植物が)芽生える;(芽・葉などが)つく. Ya *nació* el trigo otoñal. 冬小麦の芽がもう出た.
 5(月・太陽が)出る,昇る. El sol *nace* muy tarde en invierno. 太陽は冬には出るのが遅い.
 6(泉が)湧く;(河川・道路などが)発する. Este arroyo *nace* un poco más arriba. この流れはもう少し上の方に発している.
 7(**a**...)《仕事など》を始める,(…に)目覚める. ~ a la vida de la investigación 研究生活を始める. ~ al amor 恋に目覚める. Ella *nació a*l baile en esta academia. 彼女はこの学院で踊りに目覚めた.
 8(**para**...)(…に)生まれつきの資質がある,生まれついての(…)だ. ~ para la música 音楽の才を持って生まれる. *Nació* para poeta. 彼[彼女]は生まれついての詩人だ. *Nací para* sufrir. 私は苦労するために生まれたようなものです.
 ― ~se 再 **1** 芽吹く. **2**(縫い目などが)ほころびる.
 Nadie nace enseñado.《諺》人は生まれつき賢いわけではない.
 No nací ayer.《話》もう子供じゃありません,世間知らずではありません.
 volver a nacer 命拾いをする,九死に一生を得る.
 [← 〔ラ〕*nāscī*,〔関連〕natal, nativo, nacimiento, nación, natural.〔仏〕*renaissance*「再生」ルネッサンス」.〔英〕*native*]
Na·cha [ná.tʃa] 固名 ナチャ:Ignacia の愛称.
Na·chín [na.tʃín] 固名 ナチン:Ignacio の愛称.
na·cho [ná.tʃo] 男《ラ米》(*ᵢ)《料》チーズ・チリソースなどをのせたトルティージャ tortilla.
Na·cho [ná.tʃo] 固名 ナチョ:Ignacio の愛称.
***na·ci·do, da** [na.θí.ðo, -.ða / -.sí.-] 形 生まれた,…に生まれついた. bien ~ 家柄のよい,しつけのよい. mal ~ 家柄の悪い,しつけの悪い. ~ de padres humildes 貧しい家庭に生まれた. ~ para el amor 恋するために生まれた. recién ~ 生まれたばかりの.

——男 女 **1**《主に複数で》人, 人間. los ～s el 9 [nueve] de febrero 2月9日生まれの人. los ～s en España スペインに生を受けた者. Todos los ～s tienen que morir. 人は誰しも死ぬ. un recién ～ 新生児. ningún ～ 誰も(…ない).
2 腫物(ﾊﾚﾓﾉ), でき物.

na·cien·te [na.θjén.te / -.sjén.-] 形 **1** 生まれかけた, 現れ始めた. el día ～ 夜明け. el ～ interés por la política 芽生え始めた政治への関心. el sol ～ 朝日. bandera del sol ～ 日の丸(旗).
2《紋》(動物が)他の図形の中から上半身を出した.
3《化》発生期の.
—— 男 東 (= este).
—— 女《ラ米》(ﾌﾟﾗﾀ)《主に複数で》水源(地).

na·ci·mien·to [na.θi.mjén.to / -.si.-] 男 **1** 誕生, 出生 (▶「誕生日」は cumpleaños). fecha de ～ 生年月日. partida de ～ 出生証明書. antes de su ～ …の生まれる前.
2 出身, 生まれ. Se casó con una mujer de noble ～. 彼は高貴な生まれの女性と結婚した.
3 始まり, 起源；(川の)源流. ～ de una nación 国家の起源. ～ del Río Cuervo クエルボ川源流.
4 出現. ～ de nuevos géneros 新しいジャンルの出現. **5** クリスマスに飾るキリストの降誕の場面を模した飾り(= belén).
dar nacimiento a... …を生む, …のもととなる.
de nacimiento 生まれながらの. Es ciego *de* ～. 彼は生まれつき盲目だ.

nacimiento (キリスト降誕の人形飾り)

na·ción [na.θjón / -.sjón] 女 **1** 国, 国家. Organización de *Naciones* Unidas 国際連合《略 ONU》. Liga de las *Naciones* 国際連盟. Constitución de la *N*～ Argentina アルゼンチン国憲法. → **país** 類語.
2 国土, 領土. Los efectos del terremoto se sintieron en toda la ～. 地震は国土全体で感じられた.
3 国民. ～ española スペイン国民. **4**《必ずしも一つの国家を形成していない》民族；《ラ米》《同一同系言語を話す》先住民族. ～ árabe アラブ民族.
—— 男 女《ラ米》《集》(ﾌﾟﾗﾀ) 外国人, 異国人.
de nación《話》生まれながらの (= de nacimiento).
[〔ラ〕*nātiōnem* (*nātiō* の対格；「出生」が原義；*nāscī*「生まれる」より派生)；関連 nacional, nacionalidad. 〔英〕*nation*]

na·cio·nal [na.θjo.nál / -.sjo.-] 形《名詞＋ (ser＋)》**1** 国の, 国家の；国内の；国有の, 国立の. El gobierno ha protegido la industria ～. 政府はこれまで国内産業を保護してきた. el territorio ～ 国土. el parque ～ 国立公園. el seleccionador ～ ナショナルチーム監督. el mercado ～ 国内市場. carretera ～ 国道. empresa ～ 国営企業, 公社. de producción ～ 国産の. vuelo ～ 国内便. la Comisión *N*～ del Mercado de Valores 証券取引等監視委員会《略 CNMV》. la Audiencia *N*～ 最高裁判所.
2 国民の；民族の. obtener [recibir] el premio ～ de literatura 国民文学賞を受賞する. la renta ～ 国民所得. el producto ～ bruto 国民総生産《略 PNB》〔英 GNP〕. el sentimiento ～ 国民感情. referéndum ～ 国民投票. la Autoridad *N*～ Palestina パレスチナ国民評議会. el Ejército Zapatista de Liberación *N*～ (メキシコの)サパティスタ国民解放軍.
—— 男 女 **1** 本国人, 自国民. **2**《スペイン内戦時にフランコ側に与(ｸﾐ)した》国民軍兵士；《複数で》国民軍.
3《ラ米》(*)メキシコ人.
—— 女 国道. la *N*～ Ⅱ 国道2号線. ◆スペインでバルセロナ街道 Carretera de Barcelona.

na·cio·nal·ca·to·li·cis·mo [na.θjo.nal.ka.to.li.θís.mo / -.sjo.-.sís-] 男 国家カトリシズム[カトリック主義]：フランコ体制時代の政教一致主義.

na·cio·na·li·dad [na.θjo.na.li.dáð / -.sjo.-] 女 **1** 国籍. de ～ japonesa 日本国籍の. doble ～ 二重国籍. **2** 国民性, 国民的感情, 民族性[意識].
3(スペインの)自治州.

na·cio·na·lis·mo [na.θjo.na.lís.mo / -.sjo.-] 男 ナショナリズム, 国家主義, 民族主義. El ～ tiende a ser exclusivista. 民族主義は排他的になりがちである.

na·cio·na·lis·ta [na.θjo.na.lís.ta / -.sjo.-] 形 国家主義(者)の, 民族主義の.
—— 男 女 ナショナリスト, 国家主義者, 民族主義者.

na·cio·na·li·za·ción [na.θjo.na.li.θa.θjón / -.sjo.-.sa.sjón] 女 **1** 国有化, 国営化. **2** 帰化.

na·cio·na·li·zar [na.θjo.na.li.θár / -.sjo.-.sár] 97 他 **1** 国有化する, 国営にする. ～ los ferrocarriles 鉄道を国有化する. **2** 帰化させる, 国籍を与える. —— ～**se** 帰化する. ～*se* español [en España] スペインに帰化する.

na·cio·nal·sin·di·ca·lis·mo [na.θjo.nal.sin.di.ka.lís.mo / -.sjo.-] 男 国家(主義的)サンジカリズム：スペイン Falange 党の労働組合主義.

na·cio·nal·sin·di·ca·lis·ta [na.θjo.nal.sin.di.ka.lís.ta / -.sjo.-] 形 国家(主義的)サンジカリズムの. —— 男 女 国家(主義的)サンジカリスト.

na·cio·nal·so·cia·lis·mo [na.θjo.nal.so.θja.lís.mo / -.sjo.-.sja.-] 男 (特にヒトラーの)国家社会主義.

na·cio·nal·so·cia·lis·ta [na.θjo.nal.so.θja.lís.ta / -.sjo.-.sja.-] 形 国家社会主義(者)の (= nazi). —— 男 女 国家社会主義者.

na·co, ca [ná.ko, -.ka] 形《ラ米》(ﾒﾋｺ)《話》ばかな, まぬけな. ——男 女《ラ米》(1)(ﾒｷ)《話》意気地なし. (2)(ｱﾝﾃﾞ)塩ゆでトウモロコシ；マッシュポテト. (3)(ｴｸｱ)刻みタバコ；かみタバコ. (4)(ﾌﾟﾗﾀ)《話》驚き. (5)(ｳﾙｸﾞ)《複数で》札束.

na·cri·ta [ná.ða / na.krí.ta] 女《鉱》ナクライト.

na·da [ná.ða] 代名《不定》《性数不変》(↔algo) **1**《否定》何も…ない, 少しも…ない.
No sé ～ de eso. 私はそれについては何も知らない. No hay casi ～ de tiempo. 時間がほとんどない. No sé ～ de ～. 私はまったく何も知らない. *N*～

la satisface. 何も彼女を満足させない. No has dicho ~ nuevo. 君は新しいことは何も言っていないよ. Este niño apenas come ~. この子はほとんど何も食べない. ▶ nada が動詞より後に来ると動詞を否定する no が必要だが, 動詞の前に来ると no は不要. ⇌No tengo ~. / N~ tengo. 私は何も持っていない.
2 少量, わずか；短時間. Lo haremos dentro de ~. 直ちにそれをしよう. Ha comenzado el congreso hace ~. ちょっと前に会議が始まった.
3 《話のつなぎ》それで, まあね；わかった. *N~, que* fuimos al cine y.... それでね, 映画に行って…. pues ー よろしい, さて, ところで, それでは. *N~,* hay que proseguir. よし, 続けよう.
4 《否定を予想する疑問文で》何か (=algo). ¿Eso tiene ~ que ver conmigo? それが僕と何か関係あるとでもいうの.
━ 副 《否定》少しも…ない, 全然…ない. No es ~ caro. それは全然高くはない. Mi hijo no trabaja ~. 息子は全く働かない. No me gusta ~ lo que acabas de decir. 私には君がいま言ったことは全然気にくわない. Esta sopa no está ~ mal. このスープは全然まずくはないよ.
━ 囡 無, 空(§).
a cada nada 《ラ米》いつも, 絶えず.
casi nada (1) ほとんど何も (…ない). No sabes *casi* ~ de mí. 君は僕のことをほとんど知らない. (2) 《話》《反語》 Se ha comido diez tartas. —¡Casi ~! 彼[彼女]はケーキを10個も食べてしまった. —そんなに.
como si nada たやすく, 楽に, わけもなく. Abrió la botella *como si* ~. 彼[彼女]はたやすく瓶を開けた.
dejar sin nada 〈人〉からすべてを奪い取る.
de nada (1) 《あいさつ》**どういたしまして**. Gracias por ayudarme. —*De* ~. 手伝ってくれてありがとう. —どういたしまして. (2) つまらない…, 取るに足りない…. Tiene un trabajo *de* ~. 彼[彼女]はつまらない仕事をしている.
¡Nada! / ¡Nada, nada! とんでもない, だめだめ. *N~*, haremos lo que habíamos acordado. だめだよ, 決めたことをやろう.
nada como... / nada mejor que... …ほどすばらしいものはない. *N~ como* una buena cerveza después de correr. 走った後のビールほどうまいものはない.
***nada de*+名詞・形容詞およびその相当語句* …なものは少しも (…ない). No quiso ~ *de comer*. 彼[彼女]は何も食べたがらなかった. No hay ~ *de nuevo*. 新しいことは何もない.
Nada de... …してはだめだ, …なんてとんでもない. ¡*N~ de* llegar tarde! 遅刻するなんてもってのほかだ. *N~ de* bromas. 冗談はよしにしよう.
Nada de eso. / No hay nada de eso. / De eso nada そんなことはない, とんでもない, 論外だ. Déjame pagar hoy. —*N~ de eso*. 今日は僕に払わせて. —とんでもない.
nada más (1) 《数量表現を伴って》…だけ (=sólo). Te prestaré cien euros ~ *más*. 君には100ユーロだけ貸してやるよ. (2) これで, これで終わり. *N~ más*, ya podéis marcharos. これで終わり, みんな帰ってもいいよ. (3) 《+不定詞》…するやいなや. La vi ~ *más salir* del aula. ちょうど教室を出たところで私は彼女を見た.
nada más que... …だけしか (…ない). No estuve allí ~ *más que* diez minutos. 私は10分しかそこにいなかった. No tengo ~ *más que* decir. 私にはこれ以上言うことはありません.
(nada más y) nada menos que... まさに…だ, ほかでもない, …にほかならない. Me ha felicitado ~ *menos que* la directora general. ほかでもない社長が私を祝福してくれた.
ni nada 《否定を強めて》全く…ない, 少しも…ない. No es espabilado *ni* ~ el chico. その子は全然さえてなんかない.
no ser nada たいしたことはない, たいしたもの[人]ではない. La nena se ha caído, pero *no ha sido* ~. その女の子は転んだけど, たいしたことはなかった. Él *no es* ~ en el mundo de la política. 彼は政治の世界ではたいした存在ではない.
para nada (1) 少しも…ない, 全然…ない. ¿Te gusta el fútbol? — *Para* ~. 君はサッカーが好きなの. —全然. (2) 無駄に. Lo hiciste *para* ~. 君はそれをしたけど無駄だった.
por nada (1) ただ同然で. Te lo reparan *por* ~. 君はほとんどただでそれを修理してもらえるよ. (2) 無駄に. Lloraste *por* ~. 君は泣いたけど無駄だった. (3) 《ラ米》《話》 《あいさつ》 どういたしまして (=de ~).
por nada (del [en el] mundo) 《否定》どんなことがあっても…ない, 全然…ない. No dejaría este trabajo *por* ~. 私はどんなことがあってもこの仕事はやめない.
[←「古スペイン」(*cosa*) *nada* (←[ラ]*rēs nāta* に相当する表現で「生まれたもの」が原義；*nāta*「生まれた」は *nāscī*「生まれる」より派生した *nātus* 形 の女性形)；「この世に生まれたものすべて」「なし」のような否定表現中で使用され, 後に nada が否定語として独立した；[関連] nacido, nadie. 同義の[仏] *rien* は[ラ] *rēs nāta* の対格形 *rēm nātam* より]
nada- [造] →nadar.
na.da.dor, do.ra [na.ða.ðór, -.ðó.ra] 形 水泳する, 水泳(用)の. ━ 男女 泳ぎ手；水泳の選手.
※※na.dar [na.ðár] 自 **1**〈人・動物が〉**泳ぐ**, 水泳をする. ~ a braza [crol] 平泳ぎ [クロール]をする. ~ de espalda [pecho] 背泳ぎ [平泳ぎ]をする. ~ en estilo libre [mariposa] 自由形[バタフライ]で泳ぐ. ~ en una piscina プールで泳ぐ. ~ a contracorriente 流れに逆らって泳ぐ；《比喩的》大勢に逆らう. Mi hermana sabe ~ muy bien. 私の姉[妹]は泳ぎがとてもうまい.
2 浮かぶ, 漂う. En la sopa *nadaba* un pedazo de carne. スープには肉がひと切れ浮いていた.
3 《en...》…に)あふれる, まみれる. ~ *en* dinero 有り余るほどのお金を持つ. ~ *en* sudor 汗まみれである. Este país *nada en* la abundancia. この国は繁栄を享受している. Los ojos de la niña *nadaban en* lágrimas. 少女の目は涙で一杯だった.
4 《話》《en...*》〈衣類〉の中で》〈体 (の部分) が〉緩みがあって動く. Estos zapatos me quedan tan grandes que los pies *nadan*. この靴は大きすぎて私の足にはぶかぶかだ.
━ 他 **1**〈場所を〉泳いで渡る. ~ el río para pasar la frontera 国境を越えるために川を泳いで渡る.
2〈泳法で〉泳ぐ.
nadar entre dos aguas 異なる立場の二股をかける. Prefieren ~ *entre dos aguas* hasta que se aclare la situación. 彼らは状況がはっきりするまで, どっちつかずの態度を取ろうとしている.
nadar y guardar la ropa 抜かりなく準備をして

から行動する.
[←[ラ]*natāre*] [関連] natación, natatorio]

na・de・rí・a [na.ðe.rí.a] 囡 つまらないこと, ささいなこと. No te enfades por 〜*s*. つまらんことで腹をたてるな.

***na・die** [ná.ðje] 代名 《不定》《性数不変》《否定》誰も…ない (↔alguien). *N*〜 sabe qué ha pasado. 何が起こったのか誰も知らない. Aquí no hay 〜. ここには誰もいない. No he hablado con 〜. 私は誰とも話していない. No vimos a 〜 en la calle. 私たちは通りで誰も見かけなかった. ▶ nadie が動詞の後に来ると, 動詞を否定する no が必要だが, 動詞の前に来ると no は不要. ⇁ No lo sabe 〜. / *N*〜 lo sabe. 誰もそれを知らない. ▶ nadie が目的語のときは前置詞 a をとる. No conozco *a* 〜. 私は誰も知らない. ▶ 全体を示して, 「…の中の誰も…ない」を表すときは ninguno de …が用いられる.
no ser nadie 〈人が〉取るに足りない, 無能である. *No es* 〜 en el mundo de la política. 彼[彼女]は政治の世界では小物だ. Tú *no eres* 〜 para tratarme así. 君には僕をこのように扱う権利はない.
[←[古スペイン] *naide— naid— nadi—* [ラ] *nātī*(「生まれた者たち」が原義); no などと共に否定文の中で用いられ, 後に否定語として独立; ⇁nada]

na・dir [na.ðír] 男 《天文》天底 (↔cenit).

na・di・ta [na.ðí.ta] 代名 《話》《否定》何も…ない. ── 囡 《ラ米》《アア》《話】》わずかばかり. ── 副 《ラ米》《チリ》決して…ない.
[nada + 縮小辞]

na・do [ná.ðo] 男 *a nado* 泳いで.
── 自 ⇁nadar.

naf・ta [náf.ta] 囡 **1** 《化》ナフサ, ナフタ. **2** 《ラ米》《アア》ガソリン.

naf・ta・li・na [naf.ta.lí.na] 囡 《化》ナフタリン.

naf・te・no [naf.té.no] 男 《化》ナフテン.

naf・tol [naf.tól] 男 《化》ナフトール.

na・gua [ná.gwa] 囡 《ラ米》《複数で》《服飾》(1)《ヵリブ》アンダースカート, スリップ.(2)《ガア》スカート.

na・gual [na.gwál] 男 《ラ米》(1)《中米》《ガア》(動物に変身できると先住民が信じている) 妖術師), 魔法使い.(2)《中米》(先住民の言い伝えで) 人間の伴侶(ダラペ)となる動物, ペット.(3)《ガア》野蛮[粗暴]な人, がさつ者. ── 男 囡 《ラ米》(1)《ガア》(先住民女性の) スカート.(2)《ガア》《話》うそ, でたらめ.(3)《ガア》精霊.

na・gua・le・ar [na.gwa.le.ár] 自 《ラ米》《ガア》《俗》うそをつく, だます; 夜盗を働く, かっぱらう.

na・güe・ta [na.gwé.ta] 囡 《ラ米》《中米》《服飾》オーバースカート.

***na・hua** [ná.(g)wa] / **ná・huatl** [ná.(g)watl] 形 ナワトル(語)の; ナワ人の.
── 男 囡 ナワ人.
── 男 ナワトル語. ◆13世紀メキシコ北部から中央高原に南下してきた chichimeca 人 (azteca 人もそのーつ) の言葉. 今日でも, マヤ語などと並ぶメソアメリカ先住民の主要言語.

na・hua・tlis・mo [na.(g)wa.tlís.mo] 男 ナワトル語からの借用語(句), ナワトル語風の言い回し.

na・if [na.íf] 形 《音楽》《文学》素朴派の.
── 男 囡 素朴派の画家.
── 男 素朴派[芸術].

nai・lon [nái.lon] 男 ナイロン. [←[英] *nylon*]

***nai・pe** [nái.pe] 男 **1** 《遊》(トランプ・タロットの) カード. florear el 〜 トリックをするために手札をそろえる. **2** 《複数で》一組のトランプ (= baraja). barajar 〜*s* トランプを切る. peinar los 〜*s*(2分したトランプを弓形にして) 交互に食い込ませて切る.
♦トランプはスペイン発祥と言われる. 古来からのスペインのトランプ naipe は oro 金, copa 聖杯, espada 剣, basto こん棒の種類があり, それぞれ diamante ダイヤ, corazón ハート, pica スペード, trébol クラブに当たる. 数は 1 uno, 2 dos, 3 tres, 4 cuatro, 5 cinco, 6 seis, 7 siete, 8 ocho, 9 nueve, 10 sota ジャック, 11 caballo 馬, 12 rey 王で, 13はなく, 48枚. ただし, ゲームによって8, 9を用いない場合もあり, あらかじめ 8, 9 を抜かした40枚入り (40 cartas) のトランプ一式もある.

nai・pe・ar [nai.pe.ár] 自 《ラ米》《アア》《話》カード遊びをする, トランプに興じる.

nai・ra [nái.ra] 囡 ナイラ: ナイジェリアの貨幣単位.

nai・re [nái.re] 男 象使い.

na・ja [ná.xa] 囡 salir de 〜(*s*)《俗》とっとと逃げる.

na・jar・se [na.xár.se] 再 《俗》逃げる, ずらかる.

nak・fa [nák.fa] 男 ナクファ: エリトリアの貨幣単位.

nal・ga [nál.ga] 囡 《主に複数で》尻(沁), 臀部(ダン).

nal・ga・da [nal.gá.ða] 囡 **1** 尻餅(ぴも)をつくこと; 尻への平手打ち. dar una 〜 a un niño 子供のお尻をたたく. **2** 豚の腿(も)肉.

nal・ga・men [nal.gá.men] 男 《俗》尻, けつ.

nal・gar [nal.gár] 形 尻(沁)の, 臀部(ダン)の.

nal・ga・to・rio [nal.ga.tó.rjo] 男 《話》尻(沁).

nal・gón, go・na [nal.gón, -.gó.na] 形 《ラ米》《俗》尻の大きい, 尻がぽてっとした.

nal・gu・do, da [nal.gú.ðo, -.ða] 形 尻(沁)の大きな.

nal・gue・ar [nal.ge.ár] 自 (歩く時に) 尻(沁)を大きく振る.

nal・tre・xo・na [nal.trek.só.na] 囡 《薬》ナルトレキソン: 麻薬やアルコール依存症の治療薬.

nam・bí [nam.bí] 形 《ラ米》《アア》〈馬が〉耳の垂れた.

nam・bim・ba [nam.bím.ba] 囡 《ラ米》《ヵリブ》トウモロコシ粉・蜂蜜(ネッ)・ココア・チリトウガラシの飲み物.

nam・bi・ra [nam.bí.ra] 囡 《ラ米》《中米》ヒョウタンの器.

Na・mi・bia [na.mí.bja] 固名 ナミビア: アフリカ南西部の共和国. 首都 Windhoek.

na・mi・bia・no, na [na.mi.bjá.no, -.na] 形 男 囡 ⇁namibio.

na・mi・bio, bia [na.mí.bjo, -.bja] 形 ナミビアの, ナミビア人の. ── 男 囡 ナミビア人.

na・na [ná.na] 囡 **1** 《話》子守歌. **2** (赤ん坊用の) おくるみ. **3** 《幼児語》おばあちゃん. **4** ⇁nano. **5** 《ラ米》(1)《中米》《コスタ》《ガア》乳母, 子守女, ベビーシッター.(2)《中米》《幼児語》(幼児の) 軽い病気, 痛み. ¡*N*〜! (痛みを訴えて)いたいっ, 痛いよー.
el año de la nana ⇁año.

na・na・ca・te [na.na.ká.te] 男 《ラ米》《ガア》《植》(幻覚性のある食用の) キノコ.

¡na・nay! [na.nái] 間投 《話》とんでもない, 冗談じゃない.

na・na・ya [na.ná.ja] 囡 《ラ米》⇁nanita.

nan・ce・ar [nan.θe.ár / -.se.-] 他 《ラ米》《中米》《話》手が届く, つかむ.

nan・dro・lo・na [nan.dro.ló.na] 囡 《薬》ナンドロローナ: 筋肉増強剤の一種.

na・ni・ta [na.ní.ta] 囡 **1** おばあちゃん. **2** 子守歌. *el año de la nanita* ずっと昔.

Na・no [ná.no] 固名 ナノ: Fernando の愛称.

na・no, na [ná.no, -.na] 男 囡 《話》ちびっ子.

nano-「(単位)ナノ：10億分の1」の意を表す造語要素. ⇒*nanó*metro, *nano*segundo.

na·no·cien·cia [na.no.θjén.θja / -.sjén.sja] 囡 ナノ科学.

na·no·cien·tí·fi·co, ca [na.no.θjen.tí.fi.ko, -.ka / -.sjen.-] 形 ナノ科学の.
— 男 ナノ科学者.

na·nó·me·tro [na.nó.me.tro] 男 ナノメートル：10億分の1メートル.

na·no·mun·do [na.no.mún.do] 男 ナノ研究, ナノ科学.

na·no·se·gun·do [na.no.se.gún.do] 男 ナノ秒, ナノセカンド：10億分の1秒.

na·no·tec·no·lo·gí·a [na.no.tek.no.lo.xí.a] 囡 ナノテクノロジー, ナノ技術.

na·no·tu·bo [na.no.tú.bo] 男 ナノチューブ：ナノテク素材, 10億分の1メートル単位の超微細な管. ~ de carbono カーボンナノチューブ.

nan·quín [naŋ.kín] 男 南京(ﾅﾝｷﾝ)木綿.

nan·sa [nán.sa] 囡 **1** (魚を捕らえるイグサ製の)仕掛け, 筌(うえ)；魚籠(びく). **2** 魚のいる小さな池, いけす.

nan·sú [nan.sú] 男 ネーンスック：柔らかく目の細かい(白い)綿布. [← [英] *nainsook*]

na·o [ná.o] 囡 **1** ナオ船：大航海時代に用いられた carabela 船よりも大型の外洋船. ~ de la China 《史》(アカプルコーマニラ間を往復した)ガレオン貿易船. ➡*carabela*. **2** 《文章語》船.

na·o·na·to, ta [na.o.ná.to, -.ta] 形 船中で生まれた. — 男 船中で生まれた人.

na·os [ná.os] 男 《単複同形》《建》ナオス：ギリシア神殿で神像を置く祠(ほこら)の部分.

na·pa [ná.pa] 囡 (子羊・ヤギの)なめし革.

na·palm [ná.palm] 男 《英》《化》ナパーム. bomba de ~ ナパーム弾.

na·pia [ná.pja] 囡 《話》《時に複数で》鼻, 大鼻.

na·pi·for·me [na.pi.fór.me] 形 カブのような形の, 紡錘形の.

na·piu·do, da [na.pjú.ðo, -.ða] 形 《ラ米》《話》鼻の大きい.

na·po [ná.po] 男 《話》1000ペセタ札.

Na·po [ná.po] 固名 el ~ ナポ(川)：エクアドル・ペルーを流れる el Amazonas の支流.

na·po·le·ón [na.po.le.ón] 男 ナポレオン金貨.

Na·po·le·ón [na.po.le.ón] 固名 ナポレオン1世：I Bonaparte(1769-1821)：フランス皇帝.

na·po·le·ó·ni·co, ca [na.po.le.ó.ni.ko, -.ka] 形 ナポレオン(時代)の.

Ná·po·les [ná.po.les] 固名 ナポリ：イタリア南部の港湾都市. [← [ラ] *Neápolis* ← [ギ] *Neápolis* (*néos* 「新しい」+ *pólis* 「都市」)]

na·po·li·ta·no, na [na.po.li.tá.no, -.na] 形 (イタリアの)ナポリ *Nápoles* の；ナポリ方言の. — 男 ナポリ方言. — 囡 ナポリの住民[出身者]. — 男 ナポリ方言.

na·que·ar [na.ke.ár] 他 《隠》話す.

*****na·ran·ja** [na.ráŋ.xa] 囡 **1** オレンジ. zumo de ~ オレンジジュース. ~ dulce アマダイダイ. ~ mandarina [tangerina] マンダリン, ミカン. ~ nável ネーブルオレンジ. ~ sanguina [de sangre] ブラッドオレンジ. **2** 《ラ米》グレープフルーツ. — 男 オレンジ色. ~ claro 明るいオレンジ色. — 形 《時に性数不変》オレンジ色の.
media naranja (1) 伴侶(はんりょ). (2) 《建》ドーム.
¡Naranjas (de la China)! 《話》とんでもない；ばか言え.
[← [アラビア] *nāranǰ* ← [ペルシア] *nārang* ← [サンスクリット] *nāraṅga*; 《関連》[仏][英] *orange*]

na·ran·ja·do, da [na.raŋ.xá.ðo, -.ða] 形 オレンジ色の (= anaranjado). — 囡 オレンジエード.

na·ran·jal [na.raŋ.xál] 男 オレンジ畑[園].

na·ran·je·ro, ra [na.raŋ.xé.ro, -.ra] 形 **1** オレンジの. **2** (管の口径が)オレンジ大の. ➡*trabuco*.
— 男 オレンジ栽培者.
— 囡 **1** オレンジの木. **2** らっぱ銃.

na·ran·ji·llo [na.raŋ.xí.ʎo ‖ -.ʎo] 男 《ラ米》(植) キトエンセ.

na·ran·jo [na.ráŋ.xo] 男 《植》オレンジ(の木).

nar·ci·sis·mo [nar.θi.sís.mo / -.sí.-] 男 自己愛, ナルシ(シ)ズム. halagar su ~ 自己満足させる, 心をくすぐる.

nar·ci·sis·ta [nar.θi.sís.ta / -.si.-] 形 ナルシ(シ)スト的な, 自己陶酔型の. — 男囡 ナルシ(シ)スト.

nar·ci·so, sa [nar.θí.so, -.sa / -.sí.-] 男 **1** [N-]《ギ神》ナルキッソス：泉に映った自分の姿に恋し, スイセンの花になった若者. **2** 《植》スイセン.
— 男 ナルシ(シ)スト.

nar·co [nár.ko] 男 囡 《話》麻薬密売人.

nar·co·a·ná·li·sis [nar.ko.a.ná.li.sis] 男 《単複同形》《医》麻酔分析：心理療法の一種.

nar·co·con·tra·ban·do [nar.ko.kon.tra.bán.do] 男 麻薬密売[密輸], 麻薬取引.

nar·co·di·ne·ro [nar.ko.ði.né.ro] 男 麻薬取引[密売]で稼いだ金, 麻薬売上金.

nar·co·dó·lar [nar.ko.ðó.lar] 男 《主に複数で》麻薬取引[密売]で稼いだドル.

nar·co·go·bier·no [nar.ko.go.βjér.no] 男 麻薬取引[密売]を保護する政府.

nar·co·gue·rri·lla [nar.ko.ge.ří.ja ‖ -.ʎa] 囡 麻薬取引[密売]を資金源にするゲリラ.

nar·co·lep·sia [nar.ko.lép.sja] 囡 《医》睡眠発作.

nar·co·pro·duc·tor, to·ra [nar.ko.pro.ðuk.tór, -.tó.ra] 形 麻薬を製造する.
— 男囡 麻薬製造者.

nar·co·sa·la [nar.ko.sá.la] 囡 (麻薬患者に注射針などを支給する)麻薬中毒治療施設.

nar·co·sis [nar.kó.sis] 囡 《単複同形》《医》麻酔状態, 昏睡(こんすい).

nar·co·te·ra·pia [nar.ko.te.rá.pja] 囡 (モルヒネなどの投与による)麻薬治療.

nar·co·te·rro·ris·ta [nar.ko.te.řo.rís.ta] 形 麻薬取引[密売]に関わっているテロリストの.
— 男囡 麻薬取引[密売]に関わっているテロリスト.

nar·có·ti·co, ca [nar.kó.ti.ko, -.ka] 形 麻酔[催眠]性の, 麻酔作用のある. — 男 麻酔剤, 麻薬.

nar·co·ti·na [nar.ko.tí.na] 囡 《化》ナルコチン.

nar·co·tis·mo [nar.ko.tís.mo] 男 《医》麻酔；麻酔状態.

nar·co·ti·za·ción [nar.ko.ti.θa.θjón / -.sa.sjón] 囡 麻酔, 昏睡(こんすい).

nar·co·ti·zar [nar.ko.ti.θár / -.sár] 97 他 麻酔をかける.

nar·co·tra·fi·can·te [nar.ko.tra.fi.kán.te] 形 麻薬取引の, 麻薬密売[密輸]の.
— 男囡 麻薬密売人.

nar·co·trá·fi·co [nar.ko.trá.fi.ko] 男 麻薬取引, 麻薬密売[密輸].

nar·do [nár.ðo] 男 《植》カンショウ；甘松香；月下香, チュベローズ.

nar·gui·le [nar.gí.le] 男 水煙管(みずぎせる), ウォーターパイプ. ➡次ページに図.

na·ri·ce·ar [na.ri.θe.ár / -.se.-] 他《ラ米》(1)〈家畜などの〉鼻に輪を通す；手なずける. (2)(ざ')〈においを〉かぐ；かぎ回る, 探り歩く.

na·ri·ces [na.ríθes / -.ses] 囡 nariz の複数形.

na·ri·gón, go·na [na.ri.gón, -.gó.ɗo,] 形 鼻の大きな.
—男 囡《軽蔑》鼻の大きい人.
—男 **1** 大鼻. **2**《ラ米》(グ')(ᴹ*)(ぷ')〈家畜の〉鼻輪, 鼻綱.

na·ri·gu·do, da [na.ri.gú.ɗo, -.ɗa] 形 大鼻の.
—男《話》《軽蔑》大鼻の人.

na·ri·gue·ra [na.ri.ɣé.ra] 囡 鼻輪, 鼻飾り.

na·ri·gue·ta [na.ri.ɣé.ta] 囡 nariz + 縮小辞.
—形《ラ米》(ᴹ*)(ぷ')《皮肉》鼻の大きい.

***na·ri·na** [na.rí.na] 囡《解剖》鼻腔(びこう).

***na·riz** [na.ríθ / -.rís] 囡《複 narices》**1**《時に複数で》鼻. sonarse la ～ [las *narices*]《音を立てて》鼻をかむ. sangrar por la ～ [las *narices*] 鼻血を出す. hablar con [por] la ～ [las *narices*] 鼻声で話す. ～ aguileña わし鼻. ～ griega（横から見て鼻背が額から真っ直ぐの）ギリシャ鼻. ～ perfilada 形のいい鼻. ～ respingona [respingada] 上を向いた鼻. ～ chata 低い鼻. ～ grande 大きい[高い]鼻.
2《複数で》鼻先, 目の前. Me cerraron la puerta en mis *narices*. 私は鼻先でドアを閉められた. Tienes el libro delante de tus *narices*. 本は君の目の前にあるよ.
3 嗅覚；直感, 勘. tener mucha ～ 鼻が利く.
4《複数で》勇気, 気力. tener *narices* 勇気がある.
5《複数で》《間投詞的》《怒り・拒絶》くそっ；とんでもない. ¡Qué *narices*! 冗談じゃない. ¡Ni... ni *narices*! …なんてとんでもない.
6（ワインの）ブーケ. **7** 船首, 機首. **8**（道具などの）先端, 突出部；（筒・管の）ノズル；（橋脚の）水よけ. **9**《ラ米》(ぷ')《話》お節介.

asomar las narices《話》(特に詮索するために)現れる, 顔を出す.

caerse de narices《話》うつぶせに倒れる, つんのめる；〈飛行機が〉急降下する.

dar en la nariz a+人《話》〈人〉が…を感じる；…じゃないかと思う. *Me da en la ～ que sabe la verdad*. 彼[彼女]は本当のことを知っているような気がする（▶ me が a+ 人に相当）.

darle en las narices（a+人）《話》〈人〉に恥をかかせる, 面目をつぶす.

darse de narices《話》(1)（con...…に）ばったり出くわす. (2)（contra...…に）顔をぶつける. (3)（en...〈障害など〉に）ぶつかる.

de las narices《話》嫌な. *colega de las narices* 気に食わない同僚.

de (tres pares de) narices《話》すごい, すばらしい. *partido de narices* すごい試合.

en sus propias [mismas] narices《話》まさに目の前で.

estar hasta las narices de...《話》…にうんざりしている. *Estoy hasta las narices de tus tonterías*. 君のばかげた言動にうんざりだ.

hincharle las narices（a+人）《話》〈人〉を怒らせる.
hinchársele las narices（a+人）《話》〈人〉が怒る, かっとなる. *Se me hincharon las narices al oír tus palabras*. 君の言葉を聞いて私は頭にきた.

meter las narices en...《話》…に口をはさむ, 干渉する.

no saber dónde tiene las narices《話》ばかである.

no tener [haber] más narices《話》しかたがない.

no ver más allá de sus narices《話》目先のことしか考えない.

pasar [restregar]... a+人 *por las narices*《話》〈人〉に…を（しつこく）見せびらかす, 言い募る.

por narices《話》どうしても, やむなく；強引に. *Para ir allí hay que coger un taxi por narices*. そこに行くにはどうしてもタクシーに乗るしかない.

romper las narices a+人《話》《脅し》〈人〉をぶん殴る.

salirle de las narices（a+人）《話》〈人〉が…する気になる. *No me sale de las narices ir con ellos*. 私は彼らと行く気になれない（▶ me が a+ 人に相当）.

tener a+人 *agarrado por las narices*《話》〈人〉を完全に手なずけている.

tener a+人 *montado en las narices*《話》〈人〉に我慢ならない.

tener narices《話》〈事態などが〉驚きである.

tocarle las narices（a+人）《話》〈人〉を怒らせる, いらつかせる.

tocarse las narices《話》何もしないでいる, ぶらぶらする.

torcer las narices《話》そっぽを向く.

[← 《俗ラ》*naricae* ← [ラ] *nāris*；鼻孔が左右2つあるところから「鼻」の意味では複数形を取ることが多かった] [関連] [スペイン] [英] *nasal*. [ポルトガル] *nariz*. [仏] *nez*. [伊] *naso*. [英] *nose*. [独] *Nase*]

na·ri·zón, zo·na [na.ri.θón, -.θó.na / -.són, -.só.-] 形《話》鼻の大きい, 大鼻の.

na·ri·zo·tas [na.ri.θó.tas / -.só.-] 男 囡《単複同形》《話》鼻の大きな人.

na·ri·zu·do, da [na.ri.θú.ɗo, -.ɗa / -.sú.-] 形《ラ米》(ᴹ*)(ᴾᴸᴬᵀᴬ)(ぷ')《話》鼻の大きい.

na·rra [ná.ra] 男《植》シタン.

na·rra·ción [na.ra.θjón / -.sjón] 囡 **1** 叙述；語り, ナレーション. **2** 物語, 説話；ストーリー.

na·rra·dor, do·ra [na.ra.ɗór, -.ɗó.ra] 形 物語る；叙述する. —男 囡 語り手, ナレーター.

***na·rrar** [na.rár] 他 物語る, 述べる；叙述する. ～ *todas las vicisitudes* 出来事の一部始終を語る.

na·rra·ti·vo, va [na.ra.tí.ɓo, -.ɓa] 形《説話体の, 物語（風）の. —囡 **1**《集合的》（ジャンルとしての）小説, 物語. *narrativa contemporánea* 現代小説. **2** 語り（の巧みさ）. *tener gran narrativa* 話がとても上手である.

na·rra·to·rio, ria [na.ra.tó.rjo, -.rja] 形 → narrativo.

na·rra·to·lo·gí·a [na.ra.to.lo.xí.a] 囡 物語学, 説話論.

na·rria [ná.rja] 囡 （重量物用の）引き摺(ず)り運搬具, 橇(そり)具.

nár·tex [nár.teks] 男《単複同形》《建》拝廊, ナルテックス：古代キリスト教会の本堂前の柱廊.

nar·val [nar.ɓál] 男《動》イッカク：ハクジラの一種. →次ページに図.

na·sa [ná.sa] 囡 **1**（魚捕り用のイグサ製の）仕掛け, 筌(うえ)；魚籠(びく). **2** パンかご.

N.ª S.ª《略》Nuestra Señora 聖母マリア.

NASA [ná.sa] 《略》*National Aeronautics and Space Administration* 〔英〕アメリカ航空宇宙局 (= Administración nacional aeronáutica y espacial).

na·sal [na.sál] 形 **1** 鼻の, 鼻骨の. fosas 〜es 鼻腔(ぐう). hemorragia 〜 鼻血. **2** 鼻にかかった, 鼻の; 〖音声〗鼻音の. consonante 〜 鼻子音.
── 女 〖音声〗鼻音: スペイン語では[m][n][ɲ][ŋ].

na·sa·li·dad [na.sa.li.ðáð] 女 〖音声〗鼻音性.

na·sa·li·za·ción [na.sa.li.θa.θjón / -.sa.sjón] 女 〖音声〗鼻音化.

na·sa·li·zar [na.sa.li.θár / -.sár] 97 他 〖音声〗鼻音化する.
── 〜.se 再 〖音声〗鼻音になる.

Nas·ca [nás.ka] 固名 → Nazca.

nas·ci·tu·rus [nas.θi.tú.rus / -.si.-] 男〔単複同形〕《格式》胎児.

ná·si·co [ná.si.ko] 男 〖動〗テングザル.

na·so·fa·rin·ge [na.so.fa.ríⁿ.xe] 女 〖解剖〗鼻咽頭(とう).

na·so·fa·rín·ge·o, a [na.so.fa.ríⁿ.xe.o, -.a] 形 〖解剖〗鼻咽頭(とう)の.

na·so·gás·tri·co, ca [na.so.gás.tri.ko, -.ka] 形 鼻から胃までの. sonda *nasogástrica* 経鼻ゾンデ.

nas·ti [nás.ti] *nasti de plasti*〘話〙全くない, とんでもない.

***na·ta** [ná.ta] 女 **1** 生クリーム. 〜 *batida* 泡立てた生クリーム. **2**（液体表面の）薄い膜; 乳皮. **3** 最良の人々, 選り抜き. la flor y 〜 de la sociedad 上流社会. **4** 〘話〙びんた. **5**《ラ米》スラグ, 鉱滓(さい).

***na·ta·ción** [na.ta.θjón / -.sjón] 女 水泳, 泳ぎ. 〜 *a braza* 平泳ぎ. 〜 *de pecho* 平泳ぎ. 〜 *a crol* クロール. 〜 *de espalda* 背泳.

***na·tal** [na.tál] 形 出生の, 誕生の. mi país 〜 私の故国[ふるさと]. mi ciudad 〜 私の生まれた町.
──《古語》**1** 出生, 誕生. **2** 誕生日; 生誕祭.

na·ta·li·cio, cia [na.ta.lí.θjo, -.θja / -.sjo, -.sja] 形 誕生日の. ── 男 誕生, 出生; 誕生日, 生誕祭. celebrar el 〜 誕生日を祝う.

na·ta·li·dad [na.ta.li.ðáð] 女 出生率 (= índice de 〜) (↔mortalidad). descender la 〜 出生率が低下する. el control de 〜 産児制限.

na·tá·til [na.tá.til] 形 泳げる; 浮くことのできる, 浮遊性の.

na·ta·to·rio, ria [na.ta.tó.rjo, -.rja] 形 水泳に関する, 水泳に役立つ. deporte 〜 水泳競技. vejiga *natatoria*（魚の）浮き袋, 浮嚢(のう).

na·ti·llas [na.tí.ʝas ‖ -.ʎas] 女〔複数形〕**1** 〖料〗ナティーリャス: カスタード菓子の一種. **2**《ラ米》(ᴍᴇx)クリスマスのお菓子.

na·tío, a [na.tí.o, -.a] 形〈鉱物などが〉天然の, 自然の.

na·ti·vi·dad [na.ti.βi.ðáð] 女 **1**（キリスト・聖母マリア・洗礼者ヨハネの）誕生. **2** [N-] クリスマス, キリスト降誕祭 (12月25日) (= Navidad); クリスマスの季節.

***na·ti·vo, va** [na.tí.βo, -.βa] 形 **1** 出身（地）の; 土着の, 土地固有の. suelo 〜 故郷. costumbres *nativas* その土地の習慣. lengua *nativa* 母語. **2** 生まれつきの, 天賦の; 本来の (= innato). **3**〈鉱物などが〉天然の, 自然の. oro 〜 自然金.

narval（イッカク）

── 男 女 土地の人, 出身者; 現地人.

NATO [ná.to] 《略》*North Atlantic Treaty Organization*〔英〕北大西洋条約機構.
→ OTAN.

na·to, ta [ná.to, -.ta] 形 **1** 生まれながらの, 先天的な, 天性の. enemigo 〜 宿敵. un artista 〜 生まれながらの芸術家. **2**（職務上）兼務の.

na·trón [na.trón] 男 〖鉱〗ナトロン, ソーダ石.
[←〔アラビア〕*naṭrūn*←〔ギ〕*nítron*].

na·tu·ra [na.tú.ra] 女 〖文章語〗本質, 自然. pecado contra 〜 倫理［自然法］に反する罪（獣姦など）.

****na·tu·ral** [na.tu.rál] 形《名詞＋》**1** 《ser＋》自然の, 天然の; 自然界の. el museo nacional de ciencias 〜es 国立自然科学博物館. el Parque N〜 de Sierra Nevada (スペイン・ベネズエラの) シエラネバダ自然公園. el orden 〜 de las cosas 自然の摂理. el procesamiento del lenguaje 〜 自然言語処理. los recursos 〜es 天然資源. un fenómeno 〜 自然現象. gas 〜 天然ガス. la Reserva N〜 de las Hoces del Cabriel (スペイン *Valencia* の) オセス・デル・カブリエル自然保護区. con luz 〜 自然光で. catástrofes 〜es 自然災害. historia 〜 博物学[誌]. derecho 〜 自然法. la ley 〜 自然の法則. Plazo de presentación: 20 días 〜es siguientes a esta publicación 応募期限: 本公示後20日（週末や祝日も含んで実日数20日）.

2《ser＋》当然の, 道理にかなった; 《＋不定詞 / *que*＋接続法 …することは》当たり前である. ¡(*Es*) 〜! 当然だ. *Es muy* 〜 *que haya tenido éxito*. 彼[彼女]が成功したのも当たり前だ.

3《ser＋》自然のままの, 手を加えていない. zumo 〜 フレッシュジュース. agua 〜 水, 生水. seda 〜 正絹. café 〜（砂糖など添加物なしの）自然焙煎(ばい)のコーヒー (→ *café torrefacto*).

4《ser＋》自然発生的な, 正常な, 普通の. fallecer de muerte 〜 自然死で亡くなる. La enfermedad *es* 〜 *al ser humano*. 病気は人間につきものである.

5《ser＋》《*de*＋》…の》生まれの, 出身の. *ser* 〜 *de Sevilla* セビーリャの生まれである.

6《ser＋ / estar＋》飾り気のない, 気取らない, ありのままの. actuar de forma 〜 自然に振る舞う.

7《ser＋》私生の, 庶出(しょ)の,（親子が）実の. hijo 〜 嫡出(ちゃく)でない子. la madre 〜 実母.

8《ser＋》《*en*…》…に》固有の. habilidades 〜es *en* él 彼に備わった才能.

9 〖音楽〗（臨時記号の付かない）ナチュラルな, 本位の.

10 〖史〗（封建制度下の奴隷・臣下にとって）実の. el señor 〜 世襲の領主.

── 男 女 (1) 出身者, 現地人. los 〜es de Barcelona バルセロナ生まれの人々. (2) 〖史〗(封建制度下の) 臣下, 臣民.

── 男 **1** 〖闘牛〗ナチュラルパセ: 左手で *muleta* を操る基本的な pase. en una tanda de 〜es 一連の自然なパセで.

2 性格, 性質, 気性. de un 〜 celoso 嫉妬(とつ)深い.

3 〖数〗自然数 (= número 〜). Los números 0, 1, 2, 3,…son 〜es. 0, 1, 2, 3…は自然数である.
al natural (1)（缶詰で）薬味・調味料などを加えていない. fruta *al* 〜 シロップにつけただけの果物の缶詰. (2) 自然のままで. vivir *al* 〜 自然のままに生きる. *Es más guapa al* 〜. 彼女は素顔のほうが美人だ. (3) 〖闘牛〗ナチュラルパセの[で].
como es natural 当然（のことだが）.

de tamaño natural 等身大の.
lo natural es que +接続法 当然…（すべき）である, …するのが当然である. ¡Tú y yo nos queremos! ¡*Lo* ～ *es que vivamos juntos*! 君と僕は愛しあっている. 当然一緒に暮らすべきだ.
persona natural 〖法〗(自然)人. una *persona* ～ o jurídica 自然人あるいは法人.
pintar [copiar] del [al] natural 実物を写す, 写生する.
ser lo más natural del mundo 至極当然なことである.
[←〖ラ〗*nātūrālem* (*nātūrālis* の対格); *nātūra*「自然」← natura, naturaleza) より派生 [関連] naturalidad, nacer. [英]*natural*]

***na･tu･ra･le･za [na.tu.ra.lé.θa / -.sa] 囡 **1** 自然, 自然界. leyes de la ～ 大自然の法則. La Madre N～ 母なる自然. ciencias de la ～ 自然科学. contra la ～ 自然に逆らって. destrucción de la ～ 自然破壊. Fondo Mundial para la N～ 世界自然保護基金.
2 (人・動物の) 本来の姿, **本質**, 天性; 性格, 体質. ～ humana 人間性. Esa sonrisa oculta una ～ agresiva. その微笑が攻撃的本質を隠している. **3** (ものなどの) 性質, 本質, 特徴; タイプ. ～ de la enfermedad 病気の性質. **4** (特に女性の) 生殖機能. **5** 〖ラ米〗(ｽﾗﾝｸﾞ)（1）性欲.（2）精液.
carta de naturaleza 外国人に与える市民権の証明書.
naturaleza muerta 〖美〗静物画.
por naturaleza 本来.

*na･tu･ra･li･dad [na.tu.ra.li.ðáð] 囡 **自然さ**, 当然さ；率直, さりげなさ；平然, 冷静. hablar con ～ 肩ひじ張らずに話す. Aquí te roban con la mayor ～. ここでは盗みは日常茶飯事だ. Leyó la noticia con toda ～. 彼[彼女]はその記事を淡々と読み上げた. Díselo con toda ～. 彼[彼女]にそのことを率直に言いたまえ.

na･tu･ra･lis･mo [na.tu.ra.lís.mo] 男 (芸術・哲学・文学上の)自然主義.

na･tu･ra･lis･ta [na.tu.ra.lís.ta] 形 自然主義の.
— 男 囡 自然主義者；博物学者, 自然科学者.

na･tu･ra･li･za･ción [na.tu.ra.li.θa.θjón / -.sa.sjón] 囡 **1** (外国人への) 市民権付与, 帰化. **2** (外国の言語・習慣などの) 移入. **3** (動植物の) 馴化(ｼﾞｭﾝｶ), 移植.

na･tu･ra･li･zar [na.tu.ra.li.θár / -.sár] 97 他 **1** 〈外国人に〉市民権を与える, 帰化させる. **2** 〈外国の習慣・言語などが〉移入する, 採り入れる. **3** 〈動植物を〉馴化させる, 移植する.
— ～*se* 再 **1** (他国の) 市民権を得る, 帰化する. ～*se mexicano* メキシコに帰化する. **2** 〈外国の習慣・言語などが〉根付く. **3** 〈動植物が〉馴化する.

na･tu･ral･men･te [na.tu.rál.mén.te] 副 **1 当然, もちろん. Le habrás dado las gracias. —¡N～! 彼 [彼女] にお礼を言ったよね. —当たり前だよ (▶応答として単独でも用いられる).
2 自然に, さりげなく.
3 生来, 生まれつき. Ella es ～ amable. 彼女は生まれつき優しい.
4 自然の法則どおりに, 自然の摂理に従って.

na･tu･ris･mo [na.tu.rís.mo] 男 (生活に極力自然との接触を取り入れる)自然生活運動；自然療法.

na･tu･ris･ta [na.tu.rís.ta] 形 自然生活運動の；自然療法の. — 男 囡 自然生活運動家；自然療法主義者.

na･tu･ró･pa･ta [na.tu.ró.pa.ta] 男 囡 自然療法医, 漢方治療の専門家.

na･tu･ro･pa･tí･a [na.tu.ro.pa.tí.a] 囡 自然療法, 漢方治療.

nau- 「船」の意の造語要素. → *náutica, nauta*. [←〖ギ〗]

nau･fra･gar [nau.fra.gár] 103 自 **1** 難破する；(海で)遭難する. barco *naufragado* 難破船.
2 失敗する, 挫折(ﾏｻﾞﾂ)する.

*nau･fra･gio [nau.frá.xjo] 男 **1** 難破, 難船；(海での) 遭難. víctima de ～ 難船者, 遭難者.
2 失敗, 挫折(ﾏｻﾞﾂ). hacer ～ 失敗する.
3 大惨事, 災厄. **4** 難破した船の残骸(ｻﾞﾝｶﾞｲ).
[←〖ラ〗*naufragium* (*nāvis*「船」+ *-fragium*「砕けること」)]

náu･fra･go, ga [náu.fra.go, -.ga] 形 難破した, 難船した.
— 男 囡 **1** (海難事故の) 遭難者, 難船者, 漂流者. sociedad de salvamento de ～s 遭難者救護会.
2 〖ラ米〗(ｽﾗﾝｸﾞ)ぼんやりしている人.
— 男 〖魚〗サメ.

nau･ma･quia [nau.má.kja] 囡 古代ローマ帝国で行われた海戦の見世物.

Nau･ru [náu.ru] 固名 ナウル：太平洋上の共和国. 首都 Yaren.

nau･rua･no, na [nau.rwá.no, -.na] 形 ナウルの, ナウル人の.
— 男 囡 ナウル人.

*náu･se･a [náu.se.a] 囡 〖主に複数で〗 **1** 吐き気, むかつき. sentir [tener] ～s 吐き気がする, 胸がむかつく. **2** 不快(感), 嫌悪(感), 嫌気(感); 反感. darle ～s (a + 人) 〈人〉にむしずが走る.

nau･se･a･bun･do, da [nau.se.a.βún.do, -.da] 形 吐き気を催させる, むかつくような；嫌な.

nau･ta [náu.ta] 男 〖文章語〗海の男；船乗り, 水夫(ｽｲﾌ).

-nau･ta 「航海者, 飛行士」の意の造語要素. → *aeronauta, astronauta*.

náu･ti･co, ca [náu.ti.ko, -.ka] 形 **1** 航海の, 航海に関する. club ～ ヨットクラブ. rosa *náutica* (羅針盤の) 指針面, 羅牌(ﾗﾊｲ).
2 海の, 水上の. deportes ～s 水上スポーツ.
— 男 航海術；操船術.

nau･ti･lo [nau.tí.lo] 男 〖貝〗オウムガイ.

nau･ya･ca [nau.já.ka] 囡 鼻腔(ﾋﾞｺｳ)が4つあるように見える毒ヘビの一種.

na･va [ná.βa] 囡 〖地理〗(山間の)くぼ地, 低地.

*na･va･ja [na.βá.xa] 囡 **1** (折り畳み式の) **ナイフ**；小刀. ～ cabritera (動物の) 皮はぎナイフ. ～ de injertar 接ぎ木用ナイフ. ～ de muelle 飛び出しナイフ.
2 (折り畳み式の) かみそり (= ～ *de afeitar*). ～ barbera 西洋かみそり. ～s de rasurar 〖ラ米〗(ｻﾞﾝｶﾞｲ)かみそりの刃.
3 〖貝〗マテガイ, ミゾガイ. **4** 悪口, 毒舌, (言葉の)とげ. **5** (イノシシなどの) 牙(ｷﾊﾞ).
6 〖昆虫〗の毒針.
[←〖俗ラ〗*navacula* ←〖ラ〗*novācula*]

navaja (マテガイ)

na･va･ja･zo [na.βa.xá.θo / -.so] 男 (ナイフによる)

navajeo

刺し[切り]傷；かみそり傷．
na·va·je·o [na.ba.xé.o] 男 ナイフで刺すこと．
na·va·je·ro, ra [na.ba.xé.ro, -.ra] 男 女 (ナイフを使う) 強盗．
— 男 かみそりのケース；かみそりをふく布［用具］．
na·va·jo, ja [na.bá.xo, -.xa] 形 ナバホ人の．
— 男 女 ナバホ人：北米の先住民族．

*__na·val__ [na.bál] 形 船の，航海の，海軍の．
averría ～ 海難，海損. constructor ～ 造船業者. agregado ～ 海軍武官. mecánico ～ 機関士. base ～ 海軍基地. combate ～ 海戦. Escuela N～ Militar 海軍兵学校.

na·var·ca [na.bár.ka] 男 《史》(1) 古代ギリシアの軍艦の指揮官［指令官］．(2) 古代ローマ帝国の海軍の指揮官［指令官］，艦長．

*__Na·va·rra__ [na.bá.ra] 固名 1 ナバラ．(1) スペイン北部の地方；自治州．→ autónomo. (2) スペインの県；県都．バスク語では Nafarroako.
　2《史》Reino de ～ ナバラ王国．10世紀初めに成立, 1512年カトリック王 Fernando によって征服され, 1515年 Castilla 王国に併合された．
［ローマ人侵入以前のイベリア半島先住民語に由来し，［スペイン］*nava*，［バスク］*naba*「盆地, 平原」に関連のある語形と考えられる］

*__na·va·rro, rra__ [na.bá.ro, -.ra] 形 （スペインの）ナバラの；《史》ナバラ王国の． — 男 女 ナバラの住民［出身者］.

na·va·rro·a·ra·go·nés, ne·sa [na.ba.řo.a.ɣo.nés, -.né.sa] 形 （スペインの）ナバラとアラゴン Aragón の． — 男 女 ナバラとアラゴンの住民［出身者］．
— 男 ナバラとアラゴンで話される方言．

Na·vas de To·lo·sa [ná.bas ðe to.ló.sa] 固名 las ～ ラス・ナバス・デ・トローサ：スペイン南部 Jaén 県の村．♦1212年ここでの戦いでキリスト教徒軍がイスラム軍を破り，以後レコンキスタが急速に進展した．

*__na·ve__ [ná.be] 女 1 船舶，艦艇（▶ 屋根のある船舶や昔の大型帆船．櫓(ろ)や櫂(かい)で進むものは含まない）． las ～s de Cristóbal Colón クリストファー・コロンブスの艦隊．～ nodriza 母船．
　2 宇宙船（= ～ espacial）．3 《建》教会堂の身廊, 側廊． ～ central 身廊． ～ lateral 側廊．4（工場・倉庫などに使われる）1階建ての建物, 棟．5 《アミ アルキラ ～ industrial．《広告》工場貸します．《ラミ》《話》(1)（アルゼン）（ウルグ）（チリ）（パラ）自動車．(2)（ラミ）大型高級車．
La Nave de San Pedro ローマカトリック教会．
quemar las naves 背水の陣を敷く，あとに引けない強い決心をする．
［←［ラ］*nāvem* (*nāvis* の対格)；関連 *navío*, *naval*, *navegar*, (*astro*)*nauta*, *naufragio*．［英］*navy*］

na·ve·ci·lla [na.be.θí.ja ‖ -.sí.-] 女《カト》→ naveta 1.

na·ve·ga·bi·li·dad [na.be.ɣa.bi.li.ðáð] 女 （川・海などの）航行可能性．

na·ve·ga·ble [na.be.ɣá.ble] 形 《川・海などが》航行可能な．

*__na·ve·ga·ción__ [na.be.ɣa.θjón / -.sjón] 女 1 航行, 航海；航空. abierto a la ～ 航行自由の. ～ submarina 潜水航行. ～ a vela 帆船航行. ～ costera [de cabotaje] 沿岸航行. ～ de altura 遠洋航海. ～ fluvial 河川航行. ～ aérea 航空（航法）；空中飛行. ～ por espacio 宇宙航行. certificado de ～ 航行（能力）証明書. líneas de ～ 航路. carta de ～ 海図.
　2 航海［航空］術，航法. sistema de ～ Decca（電波による）デッカ航法．3 《IT》ネットサーフィン．

na·ve·ga·dor, do·ra [na.be.ɣa.ðór, -.ðó.ra] 形 航行する，航海する．
— 男 女 航海者，航行者；航海士，航空士．
— 男 《IT》ブラウザ，ナビゲーター． ～ de coche カーナビ．

na·ve·gan·te [na.be.ɣán.te] 形 航海［航行］する．
— 男 女 1 航海者，船乗り；航海士，航空士. el Infante Enrique el N～ (ポルトガルの) エンリケ航海王子 (1394-1460). 2 インターネット利用者．

*__na·ve·gar__ [na.be.ɣár] 自 1 航海する，航行する，船で行く． ～ a la vela 帆走する． ～ en conserva 船団を組んで航行する．
　2 飛行する．3 《IT》ネットサーフィンする（= ～ por internet）．
— 他 …を航行する；海上輸送する． ～ los mares 航海する．
saber navegar 世渡り［立ち回り］がうまい．
［←［ラ］*nāvigāre* (*nāvis*「船」+ *agere*「進める」)；関連 *navegante, navegación*. ［英］*navigate*］

navegue(-) / navegué(-) 活 → navegar.

na·vel [na.bel, na.bél] ［英］女《植》ネーブル（= naranja）．

na·ve·li·na [na.be.lí.na] 女《植》ワシントンネーブル.

na·ve·ta [na.bé.ta] 女 1《カト》（典礼用の）舟形香炉．2（書き物机の）引き出し．3《考古》（スペイン Baleares 諸島の）先史時代の墓．◆舟を伏せた形に石を積み上げた青銅器時代の遺跡．

nav·i·cert [na.bi.θér(t) / -.sér(t)] ［英］男 *navigation certificate* の縮約形 （封鎖海域）航行許可証．

na·ví·cu·la [na.bí.ku.la] 女《植》ハネケイソウ．

na·vi·cu·lar [na.bi.ku.lár] 形 舟状の，舟形の. hueso ～ 《解剖》舟状骨．

★★na·vi·dad [na.bi.ðáð] 女 1 [N-] クリスマス；（時に複数で）クリスマスの季節（▶12月初・中旬から1月6日の御公現の祝日まで）. árbol de N～ クリスマスツリー. tarjeta de N～ クリスマスカード. paga extra de N～ クリスマスボーナス. ¡Feliz N～! メリークリスマス. felicitar las N～es クリスマスを祝う. Pasaré las N～es en mi pueblo. クリスマス (休暇) は故郷で過ごすつもりです.
　2 [N-]《宗》キリストの降誕．3（主に複数で）年齢．
［←［古ス］*nativitad*；←［ラ］*nātīvitās*「出生」（*nāscī*「生まれる」より派生）］

na·vi·de·ño, ña [na.bi.ðé.ɲo, -.ɲa] 形 クリスマス（用）の．

na·vie·ro, ra [na.bjé.ro, -.ra] 形 船舶の，海運の. compañía *naviera* 船会社．
— 男 船主，船舶所有者．
— 女 船（舶）会社．

na·ví·o [na.bí.o] 男 1（大型の）船，船舶；艦艇. capitán de ～ 艦長, 艦長；海軍大佐．2（昔の3本マストの）軍艦．
Navío Argos《星座》アルゴ座．

ná·ya·de [ná.ja.ðe] 女《ギ神》ナイアス：美しい少女の姿をした水の精．

Na·za·ré [na.θa.ré / -.sa.-] 固名 ナザレ：ポルトガル中西部の港湾都市．

na·za·re·nas [na.θa.ré.nas / -.sa.-] 女 （複数形）

necesidad

《ラ米》《(ホ)》《(ᄇ)》《(ラᅮ)》【馬】(ガウチョ gaucho が用いた) 大型の拍車.

na・za・re・no, na [na.θa.ré.no, -.na / -.sa.-] 形 (イスラエル北部の都市) ナザレ Nazaret の, ナザレ出身の. ━女 **1** ナザレの住民[出身者]. **2** 原始キリスト教徒.
━男 **1** イエス・キリスト (= El *N*~); (紫色の長衣を着た) イエス・キリストの像.
2【カト】(聖週間の行列の) 長衣をまとい先のとがった長ずきんをかぶった人. **3**《複数で》【美術】ナザレ派. **4**【植】クロウメモドキの一種.

Na・za・ret [na.θa.ré(t) / -.sa.-] 固名【聖】ナザレ: イスラエル北部の町で, キリストが少年時代を過ごした地. [← [ラ] *Nazareth*← [ギ] *Nazaret*]

na・za・rí [na.θa.rí / -.sa.-] 形《複 ~es》
(13世紀から15世紀にグラナダにあったスペイン最後のイスラム王朝) ナスル王朝の; ナスル王朝始祖ユースフ・イブン・ナスルの子孫の.
━男女 ナスル王朝の人; ナスル王朝始祖の子孫.

na・za・rí・ta [na.θa.rí.ta / -.sa.-] 形 男女 → nazarí.

nazc- 《語根》→ nacer.

Naz・ca [náθ.ka / nás.-] 固名 ナスカ: ペルー南部の都市. ♦1-8世紀間に, ナスカ文化が栄えた地. 彩文土器, 海岸砂漠地方の台地の巨大な地上絵で知られる.

*****na・zi** [ná.θi / -.si] 形 [ド] *Nationalsozialist* の縮約形 ナチ(ス)の, ナチ党[主義]の.
━男女 ナチ党員; ドイツ国家社会主義者.

na・zis・mo [na.θís.mo / -.sís.-] 男 ナチズム, ドイツ国家社会主義.

na・zis・ta [na.θís.ta / -.sís.-] 形 ナチズムを信奉する; 国家社会主義の. ━男女 ナチズム信奉者; 国家社会主義者.

Nb【化】niobio ニオブ.

N. B.《略》*nota bene* [ラ] 注, 注記 (= Nótese bien).

-ncia《接尾》**1**「…の性質」の意を表す女性名詞語尾. ▶ -ante で終わる形容詞からは -ancia, -ente で終わる形容詞からは -encia となる. ⇒ frag*ancia*, prud*encia*. **2**「動作, 結果」の意を表す女性名詞語尾. ▶ -ar 動詞の場合は -ancia, -er, -ir 動詞の場合は -encia となる. ⇒ asist*encia*, vigil*ancia*.

Nd【化】neodimio ネオジム.

N. del A.《略》*nota del autor* 著者の注釈, 原注.
N. del E.《略》*nota del editor* 編集者の注釈.
N. del T.《略》*nota del traductor* 訳注.

Ne【化】neón ネオン.

NE 男《略》*nor(d)este* 北東.

ne・ar・ca [ne.ár.ka] 男 → navarca.

ne・bla・du・ra [ne.bla.ðú.ra] 女 **1** (麦の) 黒穂病. **2**【獣医】(羊の) 旋回病.

ne・blí [ne.blí] 男《複 ~es》【鳥】ハヤブサ.

*****ne・bli・na** [ne.blí.na] 女 **1** たちこめた [流れる] 霧. **2** 視界[理解]を妨げるもの, かすみ, 曇り.

ne・bli・ne・ar [ne.bli.ne.ár] 自《ラ米》《(ホ)》《3人称単数・無主語で》霧雨[小雨]が降る.

ne・bli・no・so, sa [ne.bli.nó.so, -.sa] 形 霧がたちこめた, 霧が流れる.

Ne・bri・ja [ne.brí.xa] 固名 ネブリハ Elio Antonio de ~, 本名 Antonio Martínez de Cala (1441-1522): スペインの文法学者・人文主義者. 著書 *Gramática castellana*『カスティーリャ語文法』(1492).

ne・bu・lar [ne.bu.lár] 形【天文】星雲の.

ne・bu・li・za・ción [ne.bu.li.θa.θjón / -.sa.sjón] 女 霧状化, 噴霧.

ne・bu・li・za・dor, do・ra [ne.bu.li.θa.ðór, -.ðó.ra / -.sa.-] 形 霧状にする, 噴霧の. ━男 噴霧器, アトマイザー, スプレー.

ne・bu・li・zar [ne.bu.li.θár / -.sár] 97 他 霧状にする.

ne・bu・lo・sa・men・te [ne.bu.ló.sa.mén.te] 副 あいまいに, 不鮮明に.

ne・bu・lo・si・dad [ne.bu.lo.si.ðá*d*] 女 **1** 曇り, 曇り空, 曇天. **2** あいまい, 不明瞭(ぜん), 不鮮明.

ne・bu・lo・so, sa [ne.bu.ló.so, -.sa] 形 **1** 曇った, どんよりした; 霧の多い, もやのかかった. **2** あいまいな; 不鮮明な; 濁った, 不透明な. un discurso ~ わかりにくい話. ━男【天文】星雲.

ne・ce・ar [ne.θe.ár / -.se.-] 自 **1** ばかげたことを言う, ばかげたまねをする. **2** つまらぬことに強情を張る.

ne・ce・dad [ne.θe.ðá*d* / -.se.-] 女 **1** 愚かさ, ばかげたこと, ナンセンス. decir *~es* / soltar una ~ ばかなことを言う. hacer una ~ ばかなまねをする.

ne・ce・sa・ria・men・te [ne.θe.sá.rja.mén.te / -.se.-] 副 必然的に, 必ず, やむを得ず.

*****ne・ce・sa・rio, ria** [ne.θe.sá.rjo, -.rja / -.se.-] 形

1(1)《多くは名詞 +》《ser +》必要な, 欠くことのできない, 必須(ᄉ)の (↔innecesario). *Fue necesaria* la intervención de los bomberos. 消防隊の出動が必要だった. adoptar [tomar] las medidas *necesarias* para… …に必要な対策をとる. más de lo ~ 必要以上に. Cumple las condiciones *necesarias*. 必要条件を満たしている. *Es* ~ un millón de euros para llevarlo a cabo. それを実行するには100万ユーロが必要だ. si *es* ~ もし必要なら. Me *eres* ~. 私には君が必要だ.

(2)《ser +》《+不定詞 / que+接続法 …することが》必要である. *Es* ~ *abonar* este terreno. この土地に肥料をやらねばならない. *Es* ~ *que lleguemos* a las siete para coger el tren. その列車に乗るためには7時に着かなくてはならない. No *es* ~ *que vengas* si no quieres. 来たくなければ君は来なくてもいい.

2《+名詞 / 名詞 +》《ser +》必然の, 不可避の, 当然の. consecuencia *necesaria* 当然の結果. la *necesaria* reforma de la ONU 避けては通れない国連の改革. El estado de la enferma hace *necesaria* una transfusión de sangre. 患者の容態から見て輸血が必要だ.

lo estrictamente necesario 最低限必要なもの[こと]. Sólo le he dicho *lo estrictamente* ~. 私は彼[彼女]に必要なことだけしか言わなかった.

[← [ラ] *necessārium* (*necessārius* の対格); 関連 necesidad, necesitar. [英] *necessary*]

ne・ce・ser [ne.θe.sér / -.se.-] 男 **1** 洗面道具, 化粧ケース. **2** 道具箱; 箱と道具一式. ~ de afeitar ひげそり道具. ~ de costura 裁縫箱. [← [仏] *nécessaire*]

*****ne・ce・si・dad** [ne.θe.si.ðá*d* / -.se.-] 女 **1** 必要, 必要性. de primera ~ 必要不可欠な. en caso de ~ いざというときには.

2《主に複数で》必要なもの, 必需品. satisfacer las *~es* 必要を満たす. Hoy en día el ordenador portátil es una ~. 今日ではノート型パソコンは必需品だ.

3 必然性. ~ lógica 論理的必然性.

4 窮乏, 困窮, 生きるために必要なものの不足; 飢え, ひもじさ. Al morir su padre quedaron en la

necesitado

mayor ~. 彼らは父親に死なれて日々の糧にも事欠くようになった. **Me caigo de** ~. 腹が減ってふらふらだ. **5** 苦境, 難局; 苦労. **pasar** ~**es** 辛酸をなめる.
hacer de la necesidad virtud 避けられない[いやな]ことを腹を決めて気持ちよく行う[受け入れる].
hacer sus necesidades 用を足す, 排泄(する).
La necesidad aguza el ingenio.《諺》必要は発明の母 (←必要が才知を磨く).
La necesidad carece de ley.《諺》必要の前に法律なし.
necesidad de+不定詞 …する必要性. *No hay* ~ *de llorar por eso.* そんなことに涙を流す必要はない.
por necesidad 必要から, 必然的に.

ne·ce·si·ta·do, da [ne.θe.si.tá.ðo, -.ða / -.se.-] 形 **1**《**de…** …を》必要とする. *verse* ~ *a* +不定詞 …することを余儀なくされる. *Estoy [Me veo]* ~ *de consejo.* 私には助言が必要だ. *Anda un poco* ~ *de dinero.* 彼はちょっと金に困っている.
2 困窮した, 貧乏な. *Es una familia muy necesitada.* あの家族はとても貧しい.
――男女 困窮者, 貧者 (= pobre).

ne·ce·si·tar [ne.θe.si.tár / -.se.-] 他 必要とする;《+不定詞 | **que+接続法 …する》必要がある. *Necesitamos vuestra colaboración.* 私たちは皆さんの協力を必要としています. *Te necesitan en la cocina.* 台所で君を呼んでいるよ. *Para terminarlo necesitaremos tres horas.* 仕上げまでに3時間かかるだろう. *Necesito hablar contigo.* どうしても君と話したいことがあるんだ. *Necesito que me ayudes.* ぜひとも君に手伝ってもらいたい. *No necesita venir personalmente.* 直接おいでにならなくても結構です.
――自《**de…** …を》必要とする. *Necesitamos de tu conocimiento.* 私たちには君の知識が必要だ.
――**~·se** 再 (3人称で) 必要とする, 必要である. *Se necesitan dos tipos de licencia para este trabajo.* この仕事には2種の免許が必要です. *Se necesita vendedor/a.*《広告》店員募集中. *Se necesita ser un necio para negar un hecho tan claro.*《強調》これほど明らかな事実を否定するなんてよっぽどばかだ.
¡Se necesita!《驚き・拒絶を伴った返答》まさか, それはひどい. *Parece que van a cobrar el aparcamiento. — ¡Se necesita!* 駐車場を有料にするらしい. —うそでしょう.

*ne·cio, cia [né.θjo, -.θja / -.sjo, -.sja] 形 **1**《軽蔑》ばかな, 愚かな. **2** 見えっ張りの, 高慢な. **3**《ラ米》(1)《コロン》《᛫ャ》《エネ゙》《話》いたずら好きの. (2)《コロン》《話》《軽蔑》うるさい, 迷惑な. (3)《ラ米》《病気が》しつこい, なかなか治らない. (4)《コロン》《ᲤᲞ》《ᲢᲨ》《話》感じやすい, 神経の細い. ――男女 ばか者, まぬけ. [←〔ラ〕*nescium* (*nescius* の対格); *nescīre*「知らない」(*ne*〈否定〉+ *scīre*「知っている」) より派生. 関連 necedad. [英] *nescience*]

né·co·ra [né.ko.ra] 女〖動〗カニの一種.

necro-「死, 死体」の意の造語要素. → *necrológico, necropsia.* [←〔ギ〕]

ne·cro·fa·gia [ne.kro.fá.xja] 女 死肉[腐肉]を食べること.

ne·cró·fa·go, ga [ne.kró.fa.go, -.ga] 形 腐肉[死肉]を食べる, 食屍(しし)の.

ne·cro·fi·lia [ne.kro.fí.lja] 女 屍姦(しかん); 死体(性)愛.

ne·cró·fi·lo, la [ne.kró.fi.lo, -.la] 形 屍姦(しかん)の, 死体性愛的. ――男女 屍姦(しかん)症の人, 死体性愛者.

ne·cro·fo·bia [ne.kro.fó.bja] 女 死亡恐怖症; 死体恐怖症.

ne·cro·fo·ro [ne.kró.fo.ro] 男〖昆〗シデムシ, マイソウムシ.

ne·cro·la·trí·a [ne.kro.la.trí.a] 女 死者崇拝.

ne·cro·lo·gí·a [ne.kro.lo.xí.a] 女《新聞などの》死亡記事, 死亡欄; 故人略歴.

ne·cro·ló·gi·co, ca [ne.kro.ló.xi.ko, -.ka] 形 死亡記事の; 故人略歴の. *noticia necrológica* 死亡記事.

ne·cro·man·cia [ne.kro.mán.θja / -.sja] / **ne·cro·man·cí·a** [ne.kro.man.θí.a / -.sí.-] 女 交霊術; 巫術(ふじゅつ) (= nigromancía).

ne·cró·po·lis [ne.kró.po.lis] 女《単複同形》**1**《古代》の埋葬地, 古墳. **2**《文章語》墓地, 霊園.

ne·crop·sia [ne.króp.sja] 女 検死, 死体解剖 (= autopsia).

ne·cro·sar [ne.kro.sár] 他 壊死(えし)させる.

ne·cros·co·pia [ne.kros.kó.pja] 女 → necropsia.

ne·cros·có·pi·co, ca [ne.kros.kó.pi.ko, -.ka] 形 検死の, 死体解剖の.

ne·cro·sis [ne.kró.sis] 女《単複同形》〖医〗壊死(えし), 壊疽(えそ).

néc·tar [nék.tar] 男 **1**〖植〗(花の) 蜜(みつ). **2**〖ギ神〗ネクタル: 神々の飲む不老不死の酒. → ambrosía. **3** 美味な飲み物; 甘露. [←〔ラ〕*nectar*←〔ギ〕*néktar* (*nek-*「死」+ *-tar*「克服する」);「不老不死の(妙薬)」が原義]

nec·tá·re·o, a [nek.tá.re.o, -.a] 形〈花が〉蜜(みつ)を分泌する; 甘美な, 美味の.

nec·ta·ri·no, na [nek.ta.rí.no, -.na] 形 → nectáreo. ――男〖植〗ネクタリン: モモの一種.

nec·ta·rio [nek.tá.rjo] 男〖植〗蜜腺(みつせん).

nec·ton [nék.ton] 男 ネクトン, 遊泳生物.

ne·em [ne.ém] 男〖植〗ニーム: 薬効があるとされるセンダン科の樹木.

ne·er·lan·dés, de·sa [ne(.e)r.lan.dés, -.dé.sa] 形 オランダの, ネーデルランドの, オランダ人[語]の. *Países Bajos.*
――男女 オランダ人 (= holandés).
――男 オランダ語: 西ゲルマン語の一つ.

ne·fan·do, da [ne.fán.do, -.da] 形 忌まわしい, 憎むべき, 極悪(非道)の. *un crimen* ~ 凶悪犯罪.

ne·fas·to, ta [ne.fás.to, -.ta] 形 **1** 不吉な, 縁起の悪い. **2** 悪い, 有害な. **3**《話》ひどい, 全くだめな.

ne·fa·to, ta [ne.fá.to, -.ta] 形《ラ米》《ᲤᲞ》《話》ばかな, 愚かな.

ne·fe·li·na [ne.fe.lí.na] 女〖鉱〗霞石(かすみいし): 準長石類の鉱物.

ne·fe·lio [ne.fé.ljo] 男 **1**〖医〗角膜片雲. **2**〖植〗ランプータンの実.

ne·fe·lión [ne.fe.ljón] 男〖医〗ヌベクラ, 角膜片雲, 雲翳(うんえい).

ne·fe·lis·mo [ne.fe.lís.mo] 男〖気象〗雲の状態.

ne·fral·gia [ne.frál.xja] 女〖医〗腎臓(じんぞう)痛.

ne·frec·to·mí·a [ne.frek.to.mí.a] 女〖医〗片側の腎臓(じんぞう)摘出.

ne·fre·gar [ne.fre.gár] 103 自《ラ米》《ᲤᲞ》《話》《**a**+人〈人〉にとって》重要ではない, 大したことではない.

ne·fri·dio [ne.frí.djo] 男 無脊椎(むせきつい)動物の排泄(はいせつ)器官.

ne·frí·ti·co, ca [ne.frí.ti.ko, -.ka] 形 腎炎(えん)の；腎臓の. cólico ～ 腎炎性疝痛(せんつう).
ne·fri·tis [ne.frí.tis] 女《単複同形》腎(じん)(臓)炎.
ne·fro·cal·ci·no·sis [ne.fro.kal.θi.nó.sis / -.si.-] 女《単複同形》《医》腎(じん)石灰化症.
ne·fro·lo·gí·a [ne.fro.lo.xí.a] 女 腎臓(じんぞう)(病)学.
ne·fro·lo·go, ga [ne.fro.lo.go, -.ga] 男 女 腎臓(じんぞう)病専門医, 腎臓(じん)(病)学者.
ne·frón [ne.frón] 男 → nefrona.
ne·fro·na [ne.fro.na] 女《生化》ネフロン：腎臓(じんぞう)構造の最小単位.
ne·fro·pa·tí·a [ne.fro.pa.tí.a] 女 腎(じん)(症). ～ de reflujo 逆流性腎症.
ne·frop·to·sis [ne.frop.tó.sis] 女《単複同形》《医》腎(じん)下垂.
ne·fro·sis [ne.fró.sis] 女《単複同形》《医》ネフローゼ, 腎(じん)(臓)症.
ne·ga·ble [ne.gá.ble] 形 否定[否認, 拒否]できる.
*__ne·ga·ción__ [ne.ga.θjón / -.sjón] 女 **1** **否定**, 否認, 拒絶, **拒否** (↔ afirmación). la ～ de los hechos 事実の否認.
2《文法》否定. **3** 欠如. Es la ～ de la inteligencia. 彼[彼女]はお世辞にも理知的とは言えない. *ser una negación en...* …に関して無能である.
ne·ga·do, da [ne.gá.ðo, -.ða] 形 **1** 否定[拒否]された. **2** 能力のない, 役に立たない；不向きな. ～ de entendimiento 理解力のない. ～ para las matemáticas 数学の才が全くない.
── 男 女 役立たず, 能なし.
ne·ga·dor, do·ra [ne.ga.ðor, -.ðó.ra] 形 否定する, 打ち消しの, 否認的な. ── 男 女 否定者, 拒絶者.
☆ne·gar [ne.gár] 90 他 **1** (1) **否定する**, 打ち消す, 否認する. El acusado *negó* cualquier vínculo con la banda armada. 被告(ひこく)は武装集団とのいっさいの関わりを否認した. ～ la responsabilidad 責任を否定[回避]する.
(2)《+不定詞 / **que** +接続法・直説法》《…ということを》否定する. María *negó* rotundamente *que* su marido la *hubiera dejado*. マリアは夫に去られたという話をきっぱり否定した. La policía *niega estar* en contacto con el secuestrador. 警察は誘拐犯人との接触の事実はないとしている.
2《**a...** …に》**断る**, 拒否する；**拒絶する**. ～ la solicitud 申請を拒絶する. ～ la entrada al edificio 建物への立ち入りを拒絶する. El banco *me negó* un préstamo. 私は銀行に貸し付けを断られた(► *me* が *a...* に相当).
3 〈人を〉〈自分とつながり・関係のあるものとして〉認めない；絶縁する. No puedes ～ a tu mejor amigo. 親友を見捨ててはいけないよ.
── 自 否定する.
~·se 再《**a...** …に》**拒否する**；《**a** +不定詞 / **a que** +接続法 …すること》を拒む. La empresa *se negó a* la negociación. 会社側は交渉を拒否した. Los jugadores *se negaron a* reconocer la derrota. 選手たちは敗北を認めようとしなかった. El presidente *se niega a que* sus empleados *trabajen* sin corbata. 社長は社員のノーネクタイ勤務を認めない. Aunque me pidan de las ayude, *me negaré*. 彼らが助けを求めてきても私は断る.
[- [ラ] *negāre*, [関連] negación, negativo, denegar. [英] *deny*, negate, negative]
*__ne·ga·ti·va__ [ne.ga.tí.ba] 女 **1** 否定, 否認, 打ち消し. contestar con la ～否[ノー]と答える.
2 拒絶, 拒否, 辞退. Su ～ le trajo muchas dificultades. 拒否したことで彼[彼女]は多くの困難に出会うことになった. ～ rotunda きっぱりとした拒絶.
ne·ga·ti·va·men·te [ne.ga.tí.ba.mén.te] 副 否定的に, 不利に；悲観的に；害を及ぼすように.
ne·ga·ti·vis·mo [ne.ga.ti.bís.mo] 男 否定論[主義]；消極論[主義].
*__ne·ga·ti·vo, va__ [ne.ga.tí.ðo, -.ða] 形 **1** **否定の**, 否認の (↔ afirmativo)；拒絶の；反対の. oración *negativa*《文法》否定文. respuesta *negativa* 拒絶の返答.
2 **不利な**, 害を及ぼすような. factor ～ マイナスの要因. resultado ～ 思わしくない結果.
3 悲観的な, 消極的な. No tienes que ser ～. 悲観的になってはいけないよ.
4《数》マイナスの, 負の；《電》陰極の；《医》(検査などで) 陰性の (↔ positivo).
── 男《写》ネガ.
ne·ga·tos·co·pio [ne.ga.tos.kó.pjo] 男 (レントゲン写真などの映写用) シャーカステン, ライトボックス.
ne·ga·trón [ne.ga.trón] 男《物理》陰電子, ネガトロン.
ne·gli·gé [ne.gli.jé] [仏] 男 (女性用の) 部屋着, 化粧着》ネグリジェ.
*__ne·gli·gen·cia__ [ne.gli.xén.θja / -.sja] 女 **怠慢**, おろそか, だらしなさ；不注意, 無頓着(むとんちゃく). Perdió su carnet de conducir por ～. 彼[彼女]は不注意で運転免許証を紛失してしまった.
ne·gli·gen·te [ne.gli.xén.te] 形 **1** 怠慢な, ずぼらな；投げやりな, ぞんざいな；だらしのない (↔ diligente). ～ en [para] sus deberes 義務の遂行に怠慢な. **2** 不注意な；無頓着(むとんちゃく)な. Es un conductor ～. 彼は注意散漫な運転手だ.
── 男 女 怠慢な人, だらしない人, 不注意な人.
ne·gli·gen·te·men·te [ne.gli.xén.te.mén.te] 副 怠慢に, 不注意に.
ne·go·cia·bi·li·dad [ne.go.θja.bi.li.ðáð / -.sja.-] 女 **1** (証券などが) 譲渡[売買]できること, 流通性, 市場性. **2** 交渉の可能性.
ne·go·cia·ble [ne.go.θjá.ble / -.sjá.-] 形 **1** 取り引きできる；(証券などが) 譲渡[売買]できる；流通性のある. **2** 交渉の余地がある.
*__ne·go·cia·ción__ [ne.go.θja.θjón / -.sja.sjón] 女 **1 取引**, 売買, 商談；(証券などの) 譲渡, 流通. **2** 交渉, 折衝, 協議. en ～ 交渉中である. entablar *negociaciones* 交渉に入る.
ne·go·cia·do [ne.go.θjá.ðo / -.sjá.-] 男 **1** 局, 部, 課. jefe de ～ 局長, 部長, 課長. **2**《ラ米》(1)《チ》店舗, 商店. (2)《ラプラタ》《コロン》やみ[不正]取引.
ne·go·cia·dor, do·ra [ne.go.θja.ðor, -.ðó.ra / -.sja.-] 形 交渉の；取引の.
── 男 女 交渉者, 協議者.
ne·go·cian·te [ne.go.θján.te / -.sján.-] 形 **1** 商売の, 商売に従事する. **2**《軽蔑》金もうけ主義の.
── 男 女 **1** 商人, 売買業者；実業家 (= comerciante). ～ al por mayor 卸商人.
2 駆け引き上手, やり手. **3** 金もうけ主義者.
*__ne·go·ciar__ [ne.go.θjár / -.sjár] 82 自 **1**《**en...** / **con...** …を》**取引する**, 商う, 売買する. ～ *en* cereales 穀物を商う. ～ al por mayor [menor] 卸売り[小売り]をする.
2 交渉する, 協議する. ～ con México メキシコと折衝する.
── 他 **1** …を話し合う, 取り決める, 協定する. ～ un tratado de paz 講和条約の交渉をする.
2 うまく処理する, さばく；〈証券などを〉譲渡する, 売

却する，換金する；〈手形を〉割り引く．

ne·go·cio [ne.gó.θjo / -.sjo] 男 **1** ビジネス，業務，取引，商売．Tengo un ~ de venta de jamones. 私はハム販売のビジネスをしている．viaje de ~s 業務出張．hombre de ~s 実業家．~ en Internet インターネットビジネス．hacer un buen [mal] ~ 有利な［不利な］取引をする．**2** 店，小売店．poner un ~ 店を開く，商売を始める．**3** 利益，もうけ；有利な取引．hacer ~ もうける．~ redondo うまい話．menudo ~《皮肉》うまい話, うまい口．**4**《しばしば軽蔑的》職業．**5**《ラ米》(1)《話》うわさ話，ゴシップ．(2)《ヒネネ》《ホネネ》《ヒネ》事実, 本当．(3)《ヒネネ》《ホネネ》《ヒネ》事業，事業所．
encargado de negocios 代理大使［公使］．
hacer su negocio! 私利私欲に走る；私腹を肥やす．
¡Mal negocio! それはひどい．
［← ［ラ］ *negōtium* (*nec*《否定》+ *ōtium*「暇」)．
関連 negociar．［英］*negotiation*「交渉」］

ne·gra [né.gra] 形 女 →negro.
ne·gra·da [ne.grá.ða] 女《ラ米》(1)《集合的》黒人奴隷，黒人の集団．(2)《話》《軽蔑》黒人独特の表現［言動］．
ne·gral [ne.grál] 形〈木が〉黒っぽい．— 男（または女）黒松．
ne·gre·ar [ne.gre.ár] 自 黒くなる，黒ずむ；黒く見える；暗くなる．— 他《ラ米》《話》(1)〈人に〉屈辱を与える．(2)差別する，孤立させる．
ne·gre·cer [ne.gre.θér / -.sér] 34 自 黒くなる（= ennegrecer）．
ne·gre·rí·a [ne.gre.rí.a] 女《ラ米》→negrada.
ne·gre·ro, ra [ne.gré.ro, -.ra] 形 黒人奴隷売買の．barco ~ 黒人奴隷船．— 男 女 **1** 黒人奴隷商人．**2** 人使いの荒い人，無慈悲な主人；搾取者．
ne·gri·lla [ne.grí.ʝa | -.ʎa] 女《印》ボールド体，肉太活字．♦この辞書で見出し語に使用している活字．
ne·gri·llo [ne.grí.ʝo | -.ʎo] 男 **1**《植》ニレ類．**2**《ラ米》(銅を含む)銀鉱石．
ne·gri·to, ta [ne.grí.to, -.ta] 形《印》ボールド体の．— 男 女 **1** 黒人の子供．**2** ネグリト：東南アジアの小柄な黒人種．— 男《鳥》セアタカオオランチョウ．— 女 **1**《印》ボールド体，肉太活字（= negrilla）．**2**《ラ米》(1)《ホネネ》星屑，罰点．(2)《ホネネ》《植》ニワトコ．(3)《ヒネネ》《複数で》《植》黒インゲン豆．
［negro + 縮小辞］
ne·gri·tud [ne.gri.túð] 女 黒人性，黒人の特質，黒人文化．
Ne·gro [né.gro] 固名 el ~ ネグロ川．(1) コロンビアに発するアマゾン川の大支流の一つ．(2) アルゼンチンとブラジルの国境を流れるウルグアイ川の支流．(3) 大西洋に注ぐアルゼンチン中南部の川．(4) ニカラグアとホンジュラスの国境を流れて太平洋に注ぐ川．

ne·gro, gra [né.gro, -.gra] 形 **1**《多くは名詞+》《ser+ / estar+》黒い，黒色の，黒っぽい．lucir [llevar] brazaletes ~s (黒い)喪章を着ける．con pintura acrílica ~ mate くすんだ黒のアクリル絵具で（► 色を表す形容詞が他の色彩語によって修飾されているときは，共に性数変化しない）．cerveza *negra* 黒ビール．cinturón ~《柔道などの》黒帯．pan ~ 黒パン．tabaco ~ 黒みがかった強いタバコ．~ como el azabache (髪の)漆黒(とっこく)の．~ como el carbón [el tizón, la pez] 真っ黒な．café ~ ブラックコーヒー(= café solo)．jamón de pata *negra* 黒足豚のハム．la caja *negra* (del avión) (飛行機の)ブラックボックス．un agujero ~《天文》ブラックホール．
2《(ser+)》《話》黒人(種)の．ser de raza *negra* 黒人である．
3《名詞+》邪悪な，不正な，よこしまな．lista *negra* ブラックリスト．mercado ~ 闇(やみ)市，闇相場．bolsa de dinero ~ ブラックマネー市場．
4《多くは名詞+》《ser+ / estar+》(空模様などが)暗い；どんよりした．*estar* ~ como la boca del lobo 真っ暗だ．El cielo se está poniendo ~. 空が暗くなってきた．la noche *negra* 真っ暗な夜．la nube *negra* 黒雲．
5《+名詞 / 名詞+》《ser+ / estar+》陰うつな，悲観的な，悲惨な．Veo el futuro completamente ~. 先真っ暗だ．suerte *negra*《話》不運．tener ideas *negras*《話》ふさぎ込む，意気消沈する．verlo todo ~《話》悲観的になる．las pinturas *negras* de Goya ゴヤの『黒い絵』．la leyenda *negra* 黒い伝説．los ~s presagios 不吉な前兆．
6《多くは名詞+》《ser+ / estar+》《話》すごく汚れた，汚い．Tus manos *están negras*. 君の手は真っ黒だ［汚れている］．
7《estar+》《話》腹を立てた，いらだった，激高した．*estar* ~ con... …のことでかんかんに怒っている．poner a+人 ~〈人〉を怒らせる（► negro は〈人〉に性数一致）．*estar* ~ de envidia 嫉妬(しっと)に狂っている．
8《estar+》《話》真っ黒に日焼けした．Volvió *negra* de la playa. 彼女は真っ黒になって海(の避暑)から戻った．
9《estar+》《話》(実現が)難しい．Si no eres especialista lo tienes ~. 君が専門家でなければそれは難しい．
10〈恐ろしいほど〉ひどい，すごい．un frío ~ すごい寒さ．**11**《小説・映画の》暗黒街の，犯罪の．la novela *negra* ギャング小説．**12**《音楽》《名詞+》4 分音符の．**13**《名詞+》〈道路が〉アスファルト舗装の．**14**《estar+》《性的に》興奮している．
— 男 女 **1** 黒人．**2** 奴隷．**3**《話》ゴーストライター．**4**《ラ米》《話》《家族・友人間の呼びかけ》ねえ，まえ，あなた，(私の)かわいい人（► 縮小辞のついた ne-grito で用いられることが多い）．
— 男 **1** 黒，黒色．fotografías en blanco y ~ 白黒の写真．~ azabache 漆黒(しっこく)(の)，黒 (光りした)（► 形容詞句としても用いられる）．fundido en ~ (映画・テレビなどの)フェードアウト．Van vestidos de ~. / Visten de ~. 彼らは黒い服を着ている．No fumo ~. 私は黒タバコは吸わない．**3** 日焼け．**4**《ラ米》《ホネネ》ブラックコーヒー．
— 女 **1**《音楽》4 分音符．**2** (先端を丸めた)フェンシング用の剣．**3** 不運，不運．tener la *negra* ついていない．**4**《ラ米》《ホネネ》星屑，罰点．
aguas negras 汚水．
cena de negros《ラ米》《ホネネ》騒々しい集まり．
el Mar Negro 黒海．la flota del *Mar N*~ 黒海艦隊．
humor negro ブラックユーモア．
negro animal《化》骨炭．
negro de humo 油煙，すす．
negro de la uña 爪(つめ)あか；ほんの少し．
negro de marfil 象牙(ぞうげ)を焼いて作った黒色顔料．
negro espiritual《音楽》(北米の)黒人霊歌．
negro sobre blanco《文章語》書面で．poner ~

sobre blanco... ...を書面に認(ほた)める.
números negros 《経》黒字. *volver a los números* ～*s* 黒字になる.
pasarlas negras 《話》ひどい[ぞっとするような]目に遭う. *Las pasamos negras aquella noche.* その夜は大変だった.
ponerse negro 《話》(1) 日焼けする. (2) 怒る, むっとなる. (3) 〈ものごとが〉調子が悪くなる; 雲行きが怪しくなる. ▶ *negro* は主語に性数一致.
tener la negra 《話》運が悪い, 運の悪いことが続く.
trabajar como un negro 《話》真っ黒になって[一生懸命に]働く. *Los obreros trabajan como* ～*s*. 労働者たちはあくせく働く. ▶ *negro* は主語に性数一致.
valer un negro con pito y todo 《ラ米》(33)《話》(値段が)すごく高い.
valer un negro con su cachimbo 《ラ米》(33)《話》(値段が)すごく高い.
verse negro [***vérselas negras***] ***para***+不定詞《話》…するのにひと苦労する.
[←《ラ》*nigrum* (*niger* の対格); 関連 *negruzco, denigrar*]

ne・gro・a・fri・ca・no, na [ne.gro.a.fri.ká.no, -.na] 形 **1** ブラックアフリカの, サハラ砂漠以南のアフリカ地域の. **2** (サハラ砂漠以南に住む)アフリカ黒人の.
— 男 (サハラ砂漠以南に住む)アフリカ黒人.

ne・gró・fi・lo, la [ne.gró.fi.lo, -.la] 男 女 黒人びいきの人; 黒人奴隷廃止論者.

ne・groi・de [ne.gról.ðe] 形 《時に軽蔑》黒色人種の, ネグロイドの. — 女 (ヒトの四大種区分の一つの黒色人種)ネグロイド.

ne・gror [ne.grór] 男 → *negrura*.

ne・gru・ra [ne.grú.ra] 女 黒, 黒さ.

ne・gruz・co, ca [ne.grúθ.ko, -.ka / -.grús.-] 形 黒みがかった, 黒ずんだ.

negue- / negué(-) 活 → *negar*.

ne・gui・jón [ne.gi.xón] 男 《医》齲食(32)症, 虫歯.

ne・gui・lla [ne.gí.ja | -.ʝa] 女 《植》ムギセンノウ, ムギナデシコ.

ne・gus [né.gus] 男 《単複同形》エチオピアの皇帝.

neis [néis] 男 《地質》片麻岩 (= *gneis*).

néi・si・co, ca [néi.si.ko, -.ka] 形 → *gnéisico*.

ne・ja [né.xa] 女 《ラ米》(33)ゆでたトウモロコシで作ったトルティージャ *tortilla*.

ne・ja・yo・te [ne.xa.jó.te] 男 《ラ米》(33)トウモロコシをゆでる石灰を加えた水.

nel [nél] 副 《ラ米》(33)《俗》いいえ, いや, 違います.

ne・ma [né.ma] 女 (手紙の)封, 封印.

ne・ma・tel・min・to [ne.ma.tel.mín.to] 形 《動》線形動物(門)の.
— 男 《複数で》線形動物門:回虫, 十二指腸虫など.

ne・ma・tó・ce・ro [ne.ma.tó.θe.ro / -.se.-] 形 《動》糸角亜目の.
— 男 《複数で》糸角亜目:蚊, チョウバエなど.

ne・ma・to・do [ne.ma.tó.ðo] 形 《動》線虫(回虫)の.
— 男 《複数で》《動》線虫:回虫, 十二指腸虫など.

ne・me [né.me] 男 《ラ米》(33)アスファルト.

ne・mer・ti・no [ne.mer.tí.no] 形 《動》紐形(32)動物(門)の.
— 男 《複数で》紐形動物門;ヒモムシ.

Né・me・sis [né.me.sis] 固名 《ギ神》ネメシス:復讐(ちゅう)と応報天罰の女神.

né・mi・ne dis・cre・pan・te [né.mi.ne ðis.kre.pán.te] [《ラ》] 満場一致で (= *por unanimidad*).

ne・mó・ni・ca [ne.mó.ni.ka] 女 → *nemotecnia*.

ne・mo・ro・so, sa [ne.mo.ró.so, -.sa] 形 《文章語》森の; 森に覆われた.

ne・mo・tec・nia [ne.mo.ték.nja] 女 記憶術.

ne・mo・téc・ni・co, ca [ne.mo.ték.ni.ko, -.ka] 形 記憶術の, 記憶を助ける. — 女 記憶術.

***nene, na** [né.ne, -.na] 男 女 《話》**1** 小さい子供;赤ちゃん;《呼びかけ》僕ちゃん, お姉ちゃん. ▶ 定冠詞を伴って話し手を指すことがある. **2** 《ラ米》(37)(33)少年, 少女.
— 男 《呼びかけ》いとしい人, かわいい人.

ne・né [ne.né] 男 《ラ米》(ほ ネ)《話》小さい子供.

ne・ne・que [ne.né.ke] 形 《ラ米》(33)体が弱い.

ne・ni・to, ta [ne.ní.to, -.ta] 男 女 《ラ米》(37)(33)《話》赤ちゃん, 赤ん坊.

ne・nú・far [ne.nú.far] 男 《植》スイレン.

neo, a [né.o, -.a] 形 [*neocatólico* の省略形] 新カトリック主義の; 保守反動的な.
— 男 **1** 教皇権至上[強化]主義者. **2** 新カトリック主義者.
— 男 《化》ネオン (= *neón*).

nenúfar
(スイレン)

neo- 「新しい」の意を表す造語要素. → *neoclásico, neorrealismo*. [←《ギ》]

ne・o・ca・le・do・nio, nia [ne.o.ka.le.ðó.njo, -.nja] 形 (南太平洋の)ニューカレドニア *Nueva Caledonia*(島)の, ニューカレドニア人の.
— 男 女 ニューカレドニア(島)の人.

ne・o・ca・pi・ta・lis・mo [ne.o.ka.pi.ta.lís.mo] 男 新資本主義.

ne・o・ca・to・li・cis・mo [ne.o.ka.to.li.θís.mo / -.sís.-] 男 ネオカトリシズム, 新カトリック主義. ♦スペインでは厳格なカトリックの伝統の復活を目指す宗教・政治上の運動.

ne・o・ca・tó・li・co, ca [ne.o.ka.tó.li.ko, -.ka] 形 新カトリック主義の.

ne・o・ce・lan・dés, de・sa [ne.o.θe.lan.dés, -.sa / -.se.-] 形 ニュージーランド *Nueva Zelanda* の, ニュージーランド人の.
— 男 女 ニュージーランド人.

ne・o・cla・si・cis・mo [ne.o.kla.si.θís.mo / -.sís.-] 男 新古典主義.

ne・o・clá・si・co, ca [ne.o.klá.si.ko, -.ka] 形 新古典主義の. — 男 女 新古典主義者.

ne・o・co・lo・nia・lis・mo [ne.o.ko.lo.nja.lís.mo] 男 (経済的支配による)新植民地主義.

ne・o・co・lo・nia・lis・ta [ne.o.ko.lo.nja.lís.ta] 形 新植民地主義の. — 男 女 新植民地主義者.

ne・o・con・ser・va・dor, do・ra [ne.o.kon.ser.βa.ðór, -.ðó.ra] 形 新保守主義(者)の.

ne・o・cór・tex [ne.o.kór.teks] 男 《単複同形》《解剖》新皮質.

ne・o・cris・tia・nis・mo [ne.o.kris.tja.nís.mo] 男 新キリスト教(主義).

ne・o・cris・tia・no, na [ne.o.kris.tjá.no, -.na] 形 新キリスト教(主義者)の.
— 男 女 新キリスト教主義者.

ne・o・cri・ti・cis・mo [ne.o.kri.ti.θís.mo / -.sís.-] 男 新批判主義, 新カント主義.

ne・o・di・mio [ne.o.ðí.mjo] 男 《化》ネオジム:希土類元素(記号 Nd).

ne・o・es・co・lás・ti・ca [ne.o.es.ko.lás.ti.ka] 女 新スコラ哲学.

ne・o・fa・cha [ne.o.fá.tʃa] 形 《話》《軽蔑》ネオファシストの. — 男 女 《話》《軽蔑》ネオファシスト.

ne·o·fas·cis·mo [ne.o.fas.θís.mo / -.sís.-] 男 ネオファシズム.

ne·o·fas·cis·ta [ne.o.fas.θís.ta / -.sís.-] 形 ネオファシズムの. ― 男女 ネオファシズムの信奉者.

ne·ó·fi·to, ta [ne.ó.fi.to, -.ta] 男女 **1**〖カト〗新信徒, 新改宗者. **2** 新規加入者, 新参者, 初心者.

ne·ó·ge·no, na [ne.ó.xe.no, -.na] 形 〖地質〗新第三紀の. ― 男〖地質〗新第三紀.

ne·o·gó·ti·co, ca [ne.o.gó.ti.ko, -.ka] 形 〖建〗ネオゴシック(様式)の.

ne·o·gra·fís·mo [ne.o.gra.fís.mo] 男 新書記法: 発音に影響を与えない新たな綴り方. en seguida を enseguida と綴るなど.

ne·o·hip·py [ne.o.xí.pi // -.hí.-] 形〖複 neohippies〗ネオヒッピーの, 現代のヒッピーの.
― 男女 ネオヒッピー, 現代のヒッピー.

ne·o·im·pre·sio·nis·mo [ne.oim.pre.sjo.nís.mo] 男〖美〗新印象主義.

ne·o·la·tí·no, na [ne.o.la.tí.no, -.na] 形 ロマンス語(系)の. lenguas *neolatinas* ロマンス諸語. → romance.

ne·o·lec·tor, to·ra [ne.o.lek.tór, -.tó.ra] 男女 最近読み書きを覚えた人.

ne·o·li·be·ral [ne.o.li.be.rál] 形 ニューリベラルの, 新自由主義の. ― 男女 新自由主義者.

ne·o·li·be·ra·lis·mo [ne.o.li.be.ra.lís.mo] 男〖経〗新自由主義.

ne·o·lí·ti·co, ca [ne.o.lí.ti.ko, -.ka] 形〖史〗新石器時代の. ― 男 新石器時代.

ne·o·ló·gi·co, ca [ne.o.ló.xi.ko, -.ka] 形 新(造)語の.

ne·o·lo·gis·mo [ne.o.lo.xís.mo] 男 新語(法), 新造語.

ne·ó·lo·go, ga [ne.ó.lo.go, -.ga] 男女 新語の使用者.

ne·o·lu·di·ta [ne.o.lu.dí.ta] 男女〖話〗ネオラッダイト: コンピュータによる技術革新に反対する人.

ne·o·me·nia [ne.o.mé.nja] 女〖天文〗新月; (古代ギリシアの)新月祭日.

ne·o·mi·ci·na [ne.o.mi.θí.na / -.sí.-] 女〖薬〗ネオマイシン.

ne·o·mu·dé·jar [ne.o.mu.đé.xar] 男〖建〗〖美〗新ムデハル様式.

ne·ón [ne.ón] 男〖化〗ネオン(記号 Ne); ネオン管. alumbrado de ～ ネオン照明.

ne·o·na·tal [ne.o.na.tál] 形〖医〗新生児の.

ne·o·na·to, ta [ne.o.ná.to, -.ta] 男女 新生児.

ne·o·na·to·lo·gí·a [ne.o.na.to.lo.xí.a] 女 新生児学, 新生児医療.

ne·o·na·tó·lo·go, ga [ne.o.na.tó.lo.go, -.ga] 男女 新生児専門医.

ne·o·na·zi [ne.o.ná.θi / -.si] 形 ネオナチの, ネオナチズムの. ― 男女 ネオナチ(ズム)の信奉者.

ne·o·na·zis·mo [ne.o.na.θís.mo / -.sís.-] 男 ネオナチ, ネオナチズム.

ne·o·pla·sia [ne.o.plá.sja] 女〖医〗新生組織形成; (特に)腫瘍(しゅよう)形成.

ne·o·plá·si·co, ca [ne.o.plá.si.ko, -.ka] 形 〖医〗腫瘍(しゅよう)(形成)の, 新生物(形成)の.

ne·o·plas·tia [ne.o.plás.tja] 女〖医〗移植再生治療.

ne·o·plas·ti·cis·mo [ne.o.plas.ti.θís.mo / -.sís.-] 男 新造形主義運動: 20世紀半ばにオランダの画家らを中心に始まった芸術運動.

ne·o·pla·to·ni·cis·mo [ne.o.pla.to.ni.θís.mo / -.sís.-] 男 → neoplatonismo.

ne·o·pla·tó·ni·co, ca [ne.o.pla.tó.ni.ko, -.ka] 形 新プラトン主義[学派]の.
― 男女 新プラトン学派の哲学者.

ne·o·pla·to·nis·mo [ne.o.pla.to.nís.mo] 男〖哲〗新プラトン主義.

ne·o·pre·no [ne.o.pré.no] 男 ネオプレン: 耐寒・耐熱性合成ゴム.

ne·o·punk [ne.o.púnk // -.pánk] 形 ネオパンクの.
― 男女 ネオパンク支持者.

ne·o·rre·a·lis·mo [ne.o.r̃e.a.lís.mo] 男〖映〗〖文学〗ネオリアリズム, 新写実主義.

ne·o·rre·a·lis·ta [ne.o.r̃e.a.lís.ta] 形 ネオリアリズムの, 新写実主義の.
― 男女 ネオリアリズム作家, 新写実主義者.

ne·o·te·nia [ne.o.té.nja] 女〖生物〗ネオテニー, 幼形成熟.

ne·o·yor·qui·no, na [ne.o.jor.kí.no, -.na] 形 ニューヨーク Nueva York の.
― 男女 ニューヨークの住民[出身者].

ne·o·za·pa·tis·mo [ne.o.θa.pa.tís.mo / -.sa.-] 男 新サパタ主義. → Zapata.

ne·o·ze·lan·dés, de·sa [ne.o.θe.lan.dés, -.dé.sa / -.se.-] 形 男女 → neocelandés.

ne·o·zoi·co, ca [ne.o.θói.ko, -.ka / -.sói.-] 形 〖地質〗新生代の. ― 男 新生代.

Ne·pal [ne.pál] 固名 ネパール(王国): 首都 Katmandú.
[←〖ネパール〗*Nepāl*←〖サンスクリット〗*Nepāla*「ネパール渓谷」]

ne·pa·lés, le·sa [ne.pa.lés, -.lé.sa] 形 ネパールの, ネパール人[語]の. ― 男女 ネパール人.
― 男 ネパール語: 近代インド諸語の一つ.

ne·pa·lí [ne.pa.lí] 形〖複 ～es, ～s〗→ nepalés.

ne·pen·tá·ce·o, a [ne.pen.tá.θe.o, -.a / -.se.-] 形〖植〗捕虫袋をもった.
― 女 **1** ウツボカズラ. **2**(複数で)ウツボカズラ科.

ne·pen·te [ne.pén.te] 男〖植〗(捕虫袋をもつ)食虫植物.

ne·pe·ria·no, na [ne.pe.rjá.no, -.na] 形〖数〗ネーピアの. logaritmo ～ ネーピアの対数.

ne·po·te [ne.pó.te] 男 ローマ教皇の縁者で側近になった者.

ne·po·tis·mo [ne.po.tís.mo] 男(ローマ教皇が親族を取り立てた)閥族主義; 縁者重用, 縁者びいき.

nep·tú·ne·o, a [nep.tú.ne.o, -.a] 形〖ロ神〗ネプトゥヌスの, ネプチューンの; 海の; 海王星の.

nep·tu·nia·no, na [nep.tu.njá.no, -.na] / **nep·tú·ni·co, ca** [nep.tú.ni.ko, -.ka] 形〖地質〗水成(岩)の, 堆積による.

nep·tu·nio [nep.tú.njo] 男〖化〗ネプツニウム: 超ウラン元素(記号 Np).

nep·tu·nis·mo [nep.tu.nís.mo] 男〖地質〗水成論.

Nep·tu·no [nep.tú.no] 固名 **1**〖ロ神〗ネプトゥヌス, ネプチューン: 海神. ギリシア神話の Poseidón に当たる. **2**〖天文〗海王星. [←〖ラ〗*Neptūnus*]

ne·quá·quam [ne.kwá.kwam] 間投〖話〗決して(…ない).

ne·qui·cia [ne.kí.θja / -.sja] 女 邪悪, 悪意.

ne quid ni·mis [né kíđ ní.mis]〖ラ〗ほどほどに(= de nada demasiado).

nerd [nérđ]〖英〗形〖複 ～s〗〖軽蔑〗コンピュータ[テレビ]おたくの. ― 男女 コンピュータ[テレビ]おたく.

ne·rei·da [ne.réi.đa] 女 **1**〖ギ神〗ネレイス, 海の

Ne·re·o [ne.ré.o] 固名 《ギ神》ネレウス：海神.
ne·ri·ta [ne.rí.ta] 女 《生物》アマオブネガイ.
ne·rí·ti·co, ca [ne.rí.ti.ko, -.ka] 形 大陸棚の, 大陸棚海域の.
ne·ro·lí [ne.ro.lí] / **ne·ro·li** [ne.ro.li] 男 ネロリ：ビターオレンジの花から抽出した精油.
ne·rón [ne.rón] 男 残忍な人.
Ne·rón [ne.rón] 固名 ネロ：ローマ皇帝（在位54–68）．暴君として有名.
　[←〔ラ〕*Nerōnem*（*Nerō* の対格）（原義は「強い（人）」）]
ne·ro·nia·no, na [ne.ro.njá.no, -.na] 形 ネロのような, 暴君的な.
Ne·ru·da [ne.rú.đa] 固名 ネルーダ Pablo ～, 本名 Neftalí Ricardo Reyes (1904–73)：チリの詩人. ノーベル文学賞（1971年）．作品 *Veinte poemas de amor y una canción desesperada*『二十の愛の詩と一つの絶望の歌』．
Ner·va [nér.ba] 固名 ネルウァ Marcus Cocceius ～：ローマ皇帝（在位96–98）．五賢帝の最初の皇帝.
ner·va·do, da [ner.bá.đo, -.đa] 形 《植》葉脈の浮き出た.
ner·va·du·ra [ner.ba.đú.ra] / **ner·va·tu·ra** [ner.ba.tú.ra] 女 1【建】リブ：円天井などの肋材（ろくざい）. 2《植》葉脈；《昆》翅脈（しみゃく）.
nér·ve·o, a [nér.be.o, -.a] 形 神経の（ような）.
ner·via·ción [ner.bja.θjón / -.sjón] 女 《植》葉脈；《昆》翅脈.
＊**ner·vio** [nér.bjo] 男 1 神経, 神経組織. acústico 内耳神経. ～ autónomo 自律神経. ～ coclear 蝸牛神経. ～ facial 顔面神経. ～ intercostal 肋間神経. ～ isquiático 坐骨神経. ～ lingual 舌神経. ～ lumbar 腰神経. ～ óptico 視神経. ～ parasimpático 副交感神経. ～ sensitivo 感覚神経. ～ simpático 交感神経. ～ trigémino 三叉（みつまた）神経. ～ vago 迷走神経.
　2 筋, 腱(けん), 靭帯(じんたい)；《植》葉脈；《昆》翅脈(しみゃく). 4【建】リブ：円天井の肋材(ろくざい), 格縁(ごうぶち). 5（製本の）背とじ糸. 6 気力, 活力, バイタリティー. una persona con mucho ～ 気力にあふれた人. ～ de acero 豪胆. tener ～ 活力がある. 7《複数で》神経過敏, 神経の興奮. ataque de ～s ヒステリーの発作. crispar [atacar] a+人 los ～s 人の神経を逆なでする. enfermo de los ～s 神経を病んだ. hecho un manojo de ～s《話》神経が高ぶった. guerra de ～s 神経戦. poner los ～s de punta《話》神経をいらだたせる. tener los ～s bien templados 落ち着いている.
　ser un puro nervio 非常に神経質である.
　[←《俗》*nervium* ←〔ラ〕*nervus*；〔関連〕nervioso, neurosis. 〔英〕*nerve, nervous*「神経質な」]
ner·vio·sa [ner.bjó.sa] 形 → nervioso.
ner·vio·sa·men·te [ner.bjó.sa.mén.te] 副 神経質に, いらいらして.
ner·vio·si·dad [ner.bjo.si.đáđ] 女 → nerviosismo.
ner·vio·sis·mo [ner.bjo.sís.mo] 男 1 神経過敏；いらだち；興奮, 緊張. 2 気しろ, 不安, 動揺.

＊**ner·vio·so, sa** [ner.bjó.so, -.sa] 形 1《名詞＋》神経の, 神経組織の, 神経性の. sistema ～ 神経系. centros ～s 神経中枢. anorexia *nerviosa*《医》神経性拒食症.
　2《多くは名詞＋》《ser＋》落ち着きがない；興奮している. Es un niño ～ y no sabe estar ni un minuto quieto. 落ち着きのない子供で1分だってじっとしていない.
　3《＋名詞 / 名詞＋》《estar＋》緊張している；神経過敏な；いらいらしている. No se lo digas ahora, *está* muy ～ y se enfadará mucho. 今は彼にそれを言うな, いらいらしているからすごく怒るよ. ponerse ～ いらいらする, 緊張する. 4（肉などの）筋のある.

Ner·vo [nér.bo] 固名 ネルボ Amado ～(1870–1919)：メキシコの詩人.
ner·vo·si·dad [ner.bo.si.đáđ] 女 1 神経の働き；神経質. 2（理論などの）確かさ, 説得力. 3（金属の）柔軟性.
ner·vo·so, sa [ner.bó.so, -.sa] 形 → nervioso.
ner·vu·do, da [ner.bú.đo, -.đa] 形 1 頑丈な, 強靭(きょうじん)な, 精力的な. 2 筋ばった, 血管が浮き出た.
ner·vu·ra [ner.bú.ra] 女 本のとじ糸：本の背に浮き出たとじ糸の列で装飾でもある.
nes·ca·fé [nes.ka.fé] 男 《商標》インスタントコーヒー.
nes·cien·cia [nes.θjén.θja / -.sjén.sja] 女 無知, 無学（＝ignorancia）.
nes·cien·te [nes.θjén.te / -.sjén.-] 形 無知な, 無学な.
nes·ga [nés.ga] 女 《服飾》（フレア・幅を出すため衣服に継ぎ足す）三角形の布, ゴアー, まち.
nes·ga·do, da [nes.gá.đo, -.đa] 形 《服飾》まちを入れた；斜め[バイアス]に裁った.
nes·gar [nes.gár] 103 他 （衣服に）三角形の布[ゴアー]を入れる；（布目に対し）斜めに裁つ.
nes·to·ria·nis·mo [nes.to.rja.nís.mo] 男 《宗》（シリアの大司教）ネストリウス *Nestorio* の教義,（中国で）景教.
nes·to·ria·no, na [nes.to.rjá.no, -.na] 形 ネストリウス派（教義）の. ━ 男女 ネストリウス派の信徒.
net [nét] 〔英〕女 《ＩＴ》インターネット.
ne·ta·men·te [né.ta.mén.te] 副 明瞭(めいりょう)に, 掛け値なしに.
net.art [nét (pún.to) árt] 〔英〕男 《ＩＴ》《美》インターネットアート：インターネット上で鑑賞できる芸術作品.
ne·ti·que·ta [ne.ti.ké.ta] 女 《ＩＴ》ネチケット, ネットワーク・エチケット.
net·i·quette [ne.ti.ké.te] 〔英〕女 → netiqueta.
＊**ne·to, ta** [né.to, -.ta] 形 1 正味の, 掛け値なしの. beneficio ～ 純益. peso ～ 正味重量. precio ～ 正味価格. sueldo ～（給料の）手取り額.
　2 はっきりした, 明瞭(めいりょう)な；純粋の, 生のままの. castellano ～ 生粋(きっすい)のカスティーリャ語. Déjate de circunloquios y dime la verdad *neta*. 回りくどいしゃべり方はやめてありのままの真実を話せ.
━ 男《建》台胴.
　[←〔仏〕（または〔カタルーニャ〕）*net*「清潔な；正味の」←〔ラ〕*nitidus*「きれいな, 光り輝く」(→ nítido)；〔関連〕〔英〕*net*「正味の」, *neat*「きちんとした」]

neu·ma [néu.ma] 男 《音楽》ネウマ：グレゴリオ聖歌など, 中世の単旋音楽の記譜に用いられた記号.
neu·má·ti·co, ca [neu.má.ti.ko, -.ka] 形 空気の, 気体の；空気作用[利用]の, 圧搾空気による.
━ 男《自》タイヤ. ～ de juego de ～s タイヤ一式. ～ contra pinchazos / ～ sin cámara (de aire) チューブレス・タイヤ. ～ de repuesto [recambio] スペアタイヤ. ～ radial ラジアルタイヤ.

[←〔ラ〕*pneumaticum* (*pneumaticus* の対格；形「空気に関する」) ←〔ギ〕*pneumatikós* (*pneûma*「空気, 風, 息」より派生，関連 neumonía].

neu·mo·cis·tis [neu.mo.θís.tis / -.sís.-] 女《単複同形》〖医〗ニューモシスティス.

neu·mo·co·co [neu.mo.kó.ko] 男 肺炎球菌.

neu·mo·co·nio·sis [neu.mo.ko.njó.sis] 女《単複同形》〖医〗塵肺(症)症.

neu·mo·gás·tri·co [neu.mo.gás.tri.ko] 形 迷走神経(性)の. ━男 迷走神経(= nervio vago).

neu·mo·lo·gí·a [neu.mo.lo.xí.a] 女〖医〗呼吸器病学.

neu·mo·ló·gi·co, ca [neu.mo.ló.xi.ko, -.ka] 形 呼吸器病学の.

neu·mo·lo·go, ga [neu.mó.lo.go, -.ga] 男 呼吸器専門医.

neu·mo·ní·a [neu.mo.ní.a] 女〖医〗肺炎 (= pulmonía). ～ atípica primaria 原発性非定型性肺炎. ～ carinii カリニ肺炎.

neu·mó·ni·co, ca [neu.mó.ni.ko, -.ka] 形 肺の；肺炎の. ━男 肺炎患者.

neu·mo·pa·tí·a [neu.mo.pa.tí.a] 女〖医〗肺の病気.

neu·mo·tó·rax [neu.mo.tó.raks] 男《単複同形》〖医〗気胸. ～ artificial 人工気胸(術).

neu·ra [néu.ra] 女〖医〗神経質な, 動揺した.
━女《話》**1** 強迫〔固定〕観念, 妄想.
2 ゆううつ; 神経衰弱(症).

neu·ral [neu.rál] 形〖解剖〗神経(系)の. terapia ～ 神経治療.

neu·ral·gia [neu.rál.xja] 女〖医〗神経痛. ～ trigémino 三叉神経痛. ～ mieloóptica subaguda スモン病 (=NMOS).

neu·rál·gi·co, ca [neu.rál.xi.ko, -.ka] 形
1〖医〗神経痛の.
2 急所の. punto ～ 弱点, ウィークポイント.

neu·ras·te·nia [neu.ras.té.nja] 女 **1**〖医〗神経衰弱(症). **2** ゆううつ.

neu·ras·té·ni·co, ca [neu.ras.té.ni.ko, -.ka] 形 **1**〖医〗神経衰弱(症)の. **2** ゆううつな.
━男 女 神経衰弱(症)患者.

neu·ris·ma [neu.rís.ma] 男 (または女)〖医〗動脈瘤(´リュゥ), 脈瘤.

neu·ri·ta [neu.rí.ta] 女〖解剖〗軸索.

neu·ri·tis [neu.rí.tis] 女《単複同形》神経炎.

neuro-「神経, 神経系統」の意を表す造語要素. 母音の前で neur-. ⇒ *neur*algia, *neur*osis. [←〔ギ〕]

neu·ro·a·na·to·mí·a [neu.ro.a.na.to.mí.a] 女 神経解剖学.

neu·ro·bio·lo·gí·a [neu.ro.bjo.lo.xí.a] 女 神経生物学.

neu·ro·bió·lo·go, ga [neu.ro.bjó.lo.go, -.ga] 男 女 神経生物学者.

neu·ro·blas·to [neu.ro.blás.to] 男〖生物〗神経芽細胞.

neu·ro·blas·to·ma [neu.ro.blas.to.ma] 男〖医〗悪性胚細胞腫瘍(ﾖｳ).

neu·ro·cien·cia [neu.ro.θjén.θja / -.sjén.sja] 女 神経科学.

neu·ro·ci·ru·gí·a [neu.ro.θi.ru.xí.a / -.si.-] 女〖医〗神経外科(学).

neu·ro·ci·ru·ja·no, na [neu.ro.θi.ru.xá.no, -.na / -.si.-] 男 女 神経外科医.

neu·ro·e·je [neu.ro.é.xe] 男 **1** 中枢神経.
2 軸索.

neu·ro·en·do·cri·no, na [neu.ro.en.do.krí.no, -.na] 形 神経内分泌(系)の.

neu·ro·en·do·cri·no·lo·gí·a [neu.ro.en.do.kri.no.lo.xí.a] 女 神経内分泌学.

neu·ro·en·do·cri·nó·lo·go, ga [neu.ro.en.do.kri.nó.lo.go, -.ga] 男 女 神経内分泌学者.

neu·ro·es·que·le·to [neu.ro.es.ke.lé.to] 男〖生物〗(体)内骨格: 脊椎(ﾂｲ)動物の骨格.

neu·ro·fi·bro·ma·to·sis [neu.ro.fi.bro.ma.tó.sis] 女〖医〗神経線維腫症.

neu·ro·fi·sio·lo·gí·a [neu.ro.fi.sjo.lo.xí.a] 女〖医〗神経生理学.

neu·ro·lo·gí·a [neu.ro.lo.xí.a] 女 神経(病)学.

neu·ro·ló·gi·co, ca [neu.ro.ló.xi.ko, -.ka] 形〖医〗神経(病)学の.

neu·ró·lo·go, ga [neu.ró.lo.go, -.ga] 男 女〖医〗神経(病)学者, 神経科医.

neu·ro·ma [neu.ró.ma] 男〖医〗神経腫(ｼｭ).

neu·ro·na [neu.ró.na] 女 ニューロン: 神経単位. *patinar las neuronas* *a*+人〈人〉の頭が変になる；〈人〉の頭が変である. *Le patinan las* ～*s*. 彼〔彼女〕は頭がおかしい (▶ le が *a*+人に相当).

neu·ro·nal [neu.ro.nál] 形 ニューロンの. red ～ ニューロン網.

neu·ró·pa·ta [neu.ró.pa.ta] 男 女 神経病患者.

neu·ro·pa·tí·a [neu.ro.pa.tí.a] 女〖医〗神経病.

neu·ro·pa·to·lo·gí·a [neu.ro.pa.to.lo.xí.a] 女〖医〗神経病理学.

neu·ro·psi·co·lo·gí·a [neu.ro.si.ko.lo.xí.a] 女 神経心理学.

neu·ro·psi·quia·trí·a [neu.ro.si.kja.trí.a] 女 神経精神病学.

neu·róp·te·ro [neu.róp.te.ro] 形〖昆〗脈翅(ﾑｹ)類の. ━男〖複数で〗脈翅類.

neu·ro·sí·fi·lis [neu.ro.sí.fi.lis] 女《単複同形》〖医〗神経梅毒.

neu·ro·sis [neu.ró.sis] 女《単複同形》〖医〗神経症, ノイローゼ. ～ de obsesión 強迫神経症. ～ histérica ヒステリー神経症.

neu·ró·ti·co, ca [neu.ró.ti.ko, -.ka] 形 神経症の, ノイローゼになった.
━男 女 神経症(ノイローゼ)患者.

neu·ro·ti·zar [neu.ro.ti.θár / -.sár] 97 他 動揺させる, 錯乱させる.

neu·ró·to·mo [neu.ró.to.mo] 男〖医〗神経切離用メス.

neu·ro·trans·mi·sor, so·ra [neu.ro.trans.mi.sór, -.só.ra] 形 神経伝達物質の.
━男 神経伝達物質.

neu·ro·tro·fi·na [neu.ro.tro.fí.na] 女〖医〗ニューロトロフィン.

neu·ro·ve·ge·ta·ti·vo, va [neu.ro.be.xe.ta.tí.ḃo, -.ḃa] 形 植物性〔自律〕神経(系)の.

*__neu·tral__ [neu.trál] 形 中立の, 一方に与(ｸﾐ)しない, 偏らない；中立国の. estado [país] ～ 中立国. mantenerse ～ 中立を保つ. punto ～〖車〗(ギアの)ニュートラル. ━男 女 中立者.
━男 中立国.

neu·tra·li·dad [neu.tra.li.ḋáḋ] 女 中立(状態), 中立性. ～ permanente 永世中立. mantener la ～ 中立を守る.

neu·tra·lis·mo [neu.tra.lís.mo] 男 中立主義, 中立論〔政策〕.

neu·tra·lis·ta [neu.tra.lís.ta] 形 中立主義(者の

ni

の；どっちつかずの. países ～s 中立国.
——男女 中立主義者；どっちつかずの人.

neu·tra·li·za·ble [neu.tra.li.θá.ble / -.sá.-] 形 中和できる，弱めることが出来る.

neu·tra·li·za·ción [neu.tra.li.θa.θjón / -.sa.sjón] 女 **1** 中立化，中立宣言.
2 無力化；相殺，帳消し. ～ del veneno 毒消し.
3《化》中和，中性化. **4**《音声》中和. **5**《スポ》（自動車レースなどでの）タイム・距離の無効化.

neu·tra·li·za·dor, do·ra [neu.tra.li.θa.đór, -.đó.ra / -.sa.-] 形《化》中和の，中和物［剤］の.
——男 中立にさせるもの；無効にするもの；中和物［剤］.

neu·tra·li·zar [neu.tra.li.θár / -.sár] 97 他 **1** 中立化する，偏らなくする.
2 相殺する，無効にする. ～ el veneno con un antídoto 解毒剤で毒を消す. La selección consiguió ～ la diferencia de tres goles. 選抜チームは 3 ゴール差を縮めるのに成功した.
3《化》中和させる，中性化する.
4《音声》中和させる. **5**《スポ》（自転車レースなどで）（タイム・距離）を無効化する.
——～·se 再 中立になる，中和する；無効になる.

neu·tri·no [neu.trí.no] 男《物理》ニュートリノ，中性微子.

***neu·tro, tra** [néu.tro, -.tra] 形 **1** 中間的な，どっちつかずの；はっきりしない. color ～ 中間色. palabras *neutras* あいまいな言葉. sabor ～ はっきりしない味.
2 感情を出さない；無表情の. hablar en un tono ～ 感情を抑えた調子で話す. mirada *neutra* 感情のない視線.
3（政治的に）中立の. mantener una postura *neutra* 中立的な立場をとる. **4**《化》中和した，中性の. jabón ～ 中性石けん. **5**《電》中性の，非帯電の.
6《生物》中性の，無性の. **7**《文法》中性の. artículo ～ 中性冠詞 (→ lo). género ～ 中性.
——男《文法》中性.
[←（ラ）*neutrum*（*neuter* の対格）「（2つのうちの）どちらでもない」]〖関連〗neutral(idad), neutrón.〖英〗*neuter, neutral*.

neu·tro·fi·lia [neu.tro.fí.lja] 女《医》好中球増多.

neu·tró·fi·lo [neu.tró.fi.lo] 男《医》単球：白血球の一種.

neu·trón [neu.trón] 男《物理》中性子，ニュートロン. bomba de *neutrones* 中性子爆弾.

neu·tro·pe·nia [neu.tro.pé.nja] 女《医》好中球減少症.

***ne·va·da** [ne.bá.đa] 女 降雪；積雪. fuerte (copiosa) ～ 大雪. En esta región no he visto caer una ～ tan intensa. この地方でこれほど強く雪が降るのを私は見たことがない.

Ne·va·da [ne.bá.đa] 固名 Sierra ～ (1)（スペイン語圏各地にある）ネバダ山脈. (2) シエラ・ネバダ：米国カリフォルニア州の山脈. →nevar 語源.

ne·va·di·lla [ne.ba.đí.ja ǁ -.ʎa] 女《植》ミチヤナギ.

ne·va·di·to [ne.ba.đí.to] 男《料》糖衣がかけられたデニッシュパン.

ne·va·do, da [ne.bá.đo, -.đa] 形 **1** (estar+) 雪の積もった，雪で覆われた. montañas *nevadas* 雪で覆われた山々. Todo el campo *está* ～. 野原一面に雪が積もっている. **2**《文章語》雪のように白い. cabeza *nevada* 白髪の頭. **3**《ラ米》(1) 万年雪のいただいた. (2)（ヲウ）〈家畜が〉白いぶちのある.
——男《ラ米》(1) 万年雪の山. El N～ de Sajama（ボリビア西部の）サハマ山 (6542 m). N～ del Ruiz（コロンビアの）ネバド・デル・ルイス火山 (5399 m). (2)（ヲウ）刺繍（しゅう）.

***ne·var** [ne.bár] 8 自《3 人称単数・無主語で》雪が降る. En esta región *nieva* mucho en febrero. この地方は 2 月にたくさんの雪が降る. Llueva o *nieve*, se realizará la ceremonia. 雨が降ろうが雪が降ろうが，式典は実施される.
——他 白くする，…に白色を散らす. ～ la tarta de chocolate con azúcar チョコレートケーキに粉砂糖をふりかける. La enfermedad *nevó* su cabello en poco tiempo. 病気のせいでわずかの間に彼［彼女］の髪は白くなった.
[←（俗）ラ *nivare*（［ラ］*nix* より派生）；〖関連〗nevasca, Sierra Nevada（「雪に覆われた山脈」が原義）]

ne·vas·ca [ne.bás.ka] 女 吹雪；降雪.

ne·vati·lla [ne.ba.tí.ja ǁ -.ʎa] 女《鳥》セキレイ.

ne·va·zo [ne.bá.θo / -.so] 男 → nevasca.

ne·va·zón [ne.ba.θón / -.són] 女《ラ米》(ヲウ)(ｸ)(ヲウ) 雪あらし，吹雪，降雪.

***ne·ve·ra** [ne.bé.ra] 女 **1** 冷蔵庫；クーラー［アイス］ボックス (= frigorífico, refrigerador). mantener [guardar] la carne en la ～ 肉を冷蔵庫で保存する. bolsa ～ クーラーバッグ．「冷凍庫」は congelador.
2 氷室，雪貯蔵室. **3**《話》たいへん寒い場所. Esta habitación es una ～. この部屋は冷え冷えする.

ne·ve·ro [ne.bé.ro] 男 雪渓，万年雪原.

ne·vis·ca [ne.bís.ka] 女 小雪. caer una ～ 小雪が舞う.

ne·vis·car [ne.bis.kár] 102 自《3 人称単数・無主語で》小雪が舞う.

ne·vo·so, sa [ne.bó.so, -.sa] 形〈土地・気候が〉雪の多い；雪の降りそうな.

ne·vus [né.bus] 男《単複同形》《医》母斑（はん）.

new·bie [njú.bi]（英）男女《IT》インターネットの初心者ユーザー.

news·group [njus.grúp]（英）男《複 ～s》《IT》インターネット上でニュースについて議論を行う人々；ニュースに関する掲示板.

news·let·ter [njus.lé.ter]（英）男《複 ～s, ～》→boletín.

new·ton [njú.ton] 男《物理》ニュートン：力の単位（略 N）.

new·to·nia·no, na [nju.to.njá.no, -.na] 形 ニュートン Newton の，ニュートン学派の.

ne·xo [nék.so] 男 **1** つながり，結びつき (= vínculo)；関連，関係. establecer [estrechar] un ～ entre los vecinos 住民間の結びつきを作る［強める］. palabras sin ～ 脈絡のない言葉.
2《文法》連結辞［語］.

ngul·trum [(e)ŋ(.)gul.trúm] 男 ヌルタム，ニュルタム：ブータンの通貨単位.

****ni** [ni]接続 ▶ y の否定.
1（否定表現をつなげて）(…も) …もない. Mi padre no fuma *ni* bebe. 父はタバコも酒もやらない. Nunca he viajado *ni* a Hokkaido *ni* a Kyusyu. 私は北海道へも九州へも旅行したことがない. No lo sabes *ni* te importa. 君はそれを知らないからか，気にならないんだ (▶ 最初の no を ni とすることもできる. ⇀ *Ni* lo sabes *ni* te importa.).
▶ ni が動詞の後に来ると動詞を否定する no が必要だが，動詞の前に来ると no は不要. ⇀ No lo saben

ni Pilar *ni* Manuel. ピラールもマヌエルもどちらもそれを知らない. *Ni* con ella, *ni* con nadie, he hablado. 僕は彼女とも誰とも話したことはない.

——[ní] 副《否定の強調》…さえ…ない. ¡*Ni* se te ocurra llamarme! 私に電話するなんて絶対だめ. ¿Sabes quién viene? — *Ni* idea. 誰が来るのかわからない. 全然. ¿Me ayudas? — *Ni* hablar. 手伝ってくれるかい. — とんでもない. No tenía tiempo *ni* de comer. 私は食事をする時間さえなかった. No quiero *ni* hablar con él. 彼とは話すのさえ嫌だ.
¡*ni que*+接続法過去! 《話》…でもあるまいし, とんでもない. No te lo pedirá... ¡*Ni que fuera* estúpido! 彼は君にそれを頼まないだろう. ばかでもあるまいし.
ni que+接続法 *ni que*+接続法 …も…ないし…もない.
ni siquiera …すら…ない. *Ni siquiera* nos dijo adiós. 彼[彼女]は私たちにさよならも言わなかった.
sin... ni... …も…もなしで. Ella estuvo en la fiesta *sin* cantar *ni* bailar. 彼女はパーティーの席で歌いも踊りもしなかった.

[←[ラ] *nec*～ *neque* (ne (否定) + -*que*「そして」; 「そして…ない, また…でもない」)]

Ni 【化】níquel ニッケル.

ni·a·ci·na [nja.θí.na / -.sí.-] 囡【化】ナイアシン, ニコチン酸.

nia·ra [njá.ra] 囡 積みわら.

ni·be·lun·gos [ni.be.lúŋ.gos] 男《複数形》【神話】(チュートン伝説の小人族) ニーベルング人; ニーベルンゲンの勇士たち. *La Canción de los N*～『ニーベルンゲンの歌』(中世ドイツの叙事詩).

ni·ca [ní.ka] 形《ラ米》(*) 《話》ニカラグアの.
——男《話》ニカラグア人.

ni·ca·ra·gua [ni.ka.rá.gwa] 囡《主に複数で》【植】ホウセンカ (= balsamina).

***Ni·ca·ra·gua [ni.ka.rá.gwa] 固名 ニカラグア: 中央アメリカ中央部の共和国 / 面積: 13万km² / 人口: 約534万 / 首都: Managua / 言語: スペイン語 (公用語), 英語 / 通貨: córdoba oro (1 c = 100 centavos) / 住民: メスティーソ (69%), 白人 (17%), 黒人 (9%), 先住民 (5%) / 宗教: カトリック (95%); 守護聖人—アスンシオンの聖母.
◆1502年にコロンブス Colón が到着 (第4回航海), 1520年代からスペイン人の植民が進む. 1821年独立後, メキシコ帝国, 中米連邦に属したが, 1838年4月中米連邦解体と共に再独立.
[ニカラグア湖周辺を治めていた部族の長 *Nicarao* の名前に由来すると言われる]

*ni·ca·ra·güen·se [ni.ka.ra.gwén.se] / **ni·ca·ra·güe·ño, ña** [ni.ka.ra.gwé.ɲo, -.ɲa] 形 ニカラグアの, ニカラグア人の.
——男囡 ニカラグア人.
——男 ニカラグアのスペイン語.

ni·ca·ra·güe·ñis·mo [ni.ka.ra.gwe.ɲís.mo] 男 **1** ニカラグア特有のスペイン語法[表現・語義・単語]. **2** ニカラグア人気質; ニカラグア的特質 (讃美).

Ni·ce·a [ni.θé.a / -.sé.-] 固名【史】ニケア, ニカイア: 小アジア北西部の古代都市.

ni·ce·no, na [ni.θé.no, -.na / -.sé.-] 形 ニケアの.
——男囡 ニケア人.

ni·che [ní.tʃe] 男囡《ラ米》(ᵃᶠ) 《話》《軽蔑》アフリカ系の人.

ni·cho [ní.tʃo] 男 **1**【建】壁龕 (ᵍᵃⁿ), ニッチ: 像・花瓶などを置く壁のくぼみ. Pirámide de los ～s (メキシコの El Tajín の) 壁龕のピラミッド. **2** 柩 (ʰⁱᵗˢ̣ᵍ) や つぼを安置する壁穴.
nicho de mercado【経】ニッチ, すきま市場.
nicho ecológico【生物】生態的地位.

nick [ník] [英] 男→nickname.

nic·ki [ní.ki] [英] 男→niqui.

nick·name [nik.néim] [英] 男【IT】ハンドル, ハンドルネーム.

ni·co·cia·na [ni.ko.θjá.na / -.sjá.-] 囡【植】タバコの.

Ni·co·lás [ni.ko.lás] 固名 **1** San ～ 聖ニコラウス: 4世紀小アジアのミラの司教. ロシアの守護聖人. **2** ニコラス: 男子の洗礼名. [←[ラ] *Nicolāus*＝[ギ] *Nikólāos* (*nīkân*「征服する」+ *lāós*「人民」;「人民の征服者」が原義);【関連】[ポルトガル] *Nicolau*. [仏] *Nicolas, Nicole*. [伊] *Nicola, Nicolò*. [英] *Nicholas*. [独] *Niklas, Nikola(u)s*]

ni·có·ti·co, ca [ni.kó.ti.ko, -.ka] 形 ニコチン中毒の.

ni·co·ti·na [ni.ko.tí.na] 囡【化】ニコチン. [タバコを初めてフランスに持ち込んだ Jean Nicot (リスボン駐在フランス大使, 1530？-1600) の名による]

ni·co·ti·na·mi·da [ni.ko.ti.na.mí.ða] 囡【化】ニコチンアミド.

ni·co·tí·ni·co, ca [ni.ko.tí.ni.ko, -.ka] 形 ニコチンの.

ni·co·ti·nis·mo [ni.ko.ti.nís.mo] / **ni·co·tis·mo** [ni.ko.tís.mo] 男【医】ニコチン中毒.

ni·cro·mo [ni.kró.mo] 男 ニクロム合金.

nic·ta·ción [nik.ta.θjón / -.sjón] 囡【医】まばたき, 瞬目.

nic·ta·gi·ná·ce·as [nik.ta.xi.ná.θe.as / -.se.-] 囡《複数形》【植】オシロイバナ科.

nic·tá·lo·pe [nik.tá.lo.pe] 形 昼盲 (症) の;【医】昼盲 [夜盲] の人[動物].

nic·ta·lo·pí·a [nik.ta.lo.pí.a] 囡【医】昼盲 (症); 夜盲 (症), 鳥目.

nic·ti·ta·ción [nik.ti.ta.θjón / -.sjón] 囡【医】眼瞼 (ᵍᵃⁿ) けいれん.

nic·ti·tan·te [nik.ti.tán.te] 形 membrana ～【動】瞬膜.

nic·to·fo·bia [nik.to.fó.bja] 囡 暗所 [暗闇] 恐怖症.

ni·da·ción [ni.ða.θjón / -.sjón] 囡【医】着床: 受精卵が子宮粘膜に着くこと.

ni·da·da [ni.ðá.ða] 囡 (巣の中の) 一腹のひな; 一腹の (鳥の) 卵.

ni·dal [ni.ðál] 男 **1** 巣, 巣箱, 卵を産む[抱く]場所. **2** (本物または偽物の) 抱き卵. **3** 行きつけの場所, たまり場. **4** 隠し場所; 隠れ場所.

ni·de·ro [ni.ðé.ro] 男《ラ米》(ᶜᶠ) 鳥類の産卵場所, 巣 (箱).

ni·dí·co·la [ni.ðí.ko.la] 形〈鳥類が〉留巣性の, 孵化 (ʰᵃ) 後しばらく巣にとどまる.

ni·di·fi·ca·ción [ni.ði.fi.ka.θjón / -.sjón] 囡 巣造り.

ni·di·fi·car [ni.ði.fi.kár] 自動 巣造りをする, 巣ごもる.

ni·dí·fu·go, ga [ni.ðí.fu.go, -.ga] 形〈鳥類が〉離巣性の, 孵化 (ʰᵃ) 後すぐに巣を離れる.

ni·do [ní.ðo] 男 **1 (鳥類などが卵を産み育てる) 巣, (アリ・ネズミ・ヘビなどの) 巣 (▶ミツバチの巣は colmena, クモの巣は telaraña). ～ *de golondrinas* ツバメの巣.
2 (鶏舎などの) 産卵場所 (= nidal, ponedero).

3病院の新生児室.**4**《親愛》家,家庭.~ de amor 愛の巣.**5**似たような種類のものが多く集めてある場所.**6**(悪党などの)巣窟(そうくつ),隠れ家,隠し場所.~ de piratas 海賊の巣窟. ~ de víboras 悪党の巣窟.**7**(一般に悪事・悪い事柄の)もと,温床,源.~ de discusión いさかいの種.

caer del nido 人の言うことをうのみにする.
caerse del [de un] nido / parecer que se ha caído del [de un] nido うぶ[純真]である,世間知らずである.
camas de nido (収納のための)入れ子式のベッド.
encontrar el pájaro en el nido お目当ての人を見つける.
En los nidos de antaño, no hay pájaros hogaño.《諺》過去を取り戻すことはできない(←去年の巣に今年の鳥はいない).
mesas de nido (入れ子式の)ネストテーブル.
nido de abeja(s) ハチの巣模様の刺繡(ししゅう).
nido de ametralladoras《軍》機関銃座.
nido de urraca《軍》トーチカ.
patearle el nido (a+人)〈人〉の計画をだめにする.

[←〔ラ〕*nīdum* (*nidus* の対格);関連〔英〕*nest*]

NIE [ní.e] 男《略》*N*úmero de *I*dentificación de *E*xtranjeros 外国人登録番号.

ᐩnie·bla [njé.bla] 囡 **1** 霧;かすみ,もや.~ densa [espesa, intensa] 濃霧. Hay ~. 霧が出ている. El lago está cubierto por una ~ fina. 湖は細かい霧に覆われている. Se echa la ~ encima. (突然)霧がかかる. ~ meona《話》霧雨. tarde de ~ 霧の深い午後.

2 混沌(こんとん),あいまい. perderse [sumirse] en la ~ de la memoria 記憶があいまいになる.

3《植》黒穂病,さび病.

[←〔ラ〕*nebulam* (*nebula* の対格);関連 neblina, nebuloso.〔英〕*nebula*]

nieg- 話 → negar.

niel [njél] 男《技》黒金[ニエロ]象眼.

nie·la·do [nje.lá.ðo] 男《技》黒金[ニエロ]象眼(細工).

nie·lar [nje.lár] 他 黒金[ニエロ]で象眼する.

niés·pe·ra [njés.pe.ra] **/ niés·po·la** [njés.po.la] 囡《植》→ níspero.

nie·ta [njé.ta] 囡 → nieto.

nie·tas·tro, tra [nje.tás.tro, -.tra] 男 囡 継子(ままこ)の子供,義理の孫.

ᐩnie·to, ta [njé.to, -.ta] 男 囡 **1** 孫. Mi vecina tiene once ~s. 私の隣人は11人の孫がいる.**2** 子孫.¿Quién sabe cómo vivirán nuestros ~s! 私たちの子孫がどのような暮らしをするかにもわからない.

[男性形は女 nieta より派生,nieta←〔俗ラ〕*nepta*←〔ラ〕*neptis*「孫娘;めい」;関連〔ポルトガル〕*neto, ta*「孫」〔英〕*nephew*「おい」, *niece*「めい」]

nie·tzsche·a·no, na [ni.tʃe.á.no, -.na] 形 ニーチェ哲学の;ニーチェ派の.

——男 囡 ニーチェ派,ニーチェ哲学信奉者.

niev- 話 → nevar.

ᐩnie·ve [njé.βe] 囡 **1** 雪. En febrero hay siempre ~ por aquí. 2月にはこのあたりにはいつも雪がある. Cae la ~. 雪が降る. bola de ~ 雪つぶて. copo de ~ 雪片. muñeco de ~ 雪だるま. ~ virgen 踏まれていない雪.

2《複数で》降雪. las primeras ~s 初雪. Año de ~s, año de bienes.《諺》降雪の年は繁栄の年.

3 雪のような白さ,純白のもの;《比喩的》白髪.

4《TV》スノーノイズ:電波障害などで起こる画面の白いちらつき.**5**《ラ米》**(1)**(タリ)(氾)シャーベット;アイスクリーム.**(2)**(*米)《隠》《俗》コカイン.

——話 → nevar.

a punto de nieve (卵白を)雪のように泡立てた. Se han batidas las claras *a punto de* ~. 卵白を泡立ててメレンゲにする.

avecilla de las nieves《鳥》セキレイ.

[←《俗ラ》* neve*←〔ラ〕*nix*;関連 nevar.〔ポルトガル〕〔伊〕*neve*.〔仏〕*neige*.〔英〕*snow*.〔独〕*Schnee*]

nie·ve·ro, ra [nje.βé.ro, -.ra] 男 囡《ラ米》(ヵリ)アイスクリーム商.

NIF [níf] 男《略》*N*úmero de *I*dentificación *F*iscal 納税者番号.

ni·fe [ní.fe] 男《地質》ニフェ:ニッケルと鉄などからなると考えられている地球の中心核.

Ní·ger [ní.xer] 固名 ニジェール:アフリカ西部の共和国. 首都 Niamey.[←《仏》*Niger* (元来は川の名)]

Ni·ge·ria [ni.xé.rja] 固名 ナイジェリア:アフリカ西部の連邦共和国. 首都 Abuja.[←〔英〕*Nigeria; Niger*「ニジェール川」より派生]

ni·ge·ria·no, na [ni.xe.rjá.no, -.na] 形 **1** ナイジェリアの,ナイジェリア人の.

2 ニジェールの,ニジェール人の.

——男 囡 **1** ナイジェリア人.**2** ニジェール人.

ni·ge·ri·no, na [ni.xe.rí.no, -.na] 形 ニジェールの,ニジェール人の.

——男 囡 ニジェール人.

ni·gé·rri·mo, ma [ni.xé.ři.mo, -.ma] 形 [negro の絶対最上級]《文章語》漆黒の,真っ黒な.

night-club [náif.kluβ // -.klaβ] 男 囡《複》~s, ~es) ナイトクラブ.

ni·go·la [ni.gó.la] 囡《海》(昇降用の)段索.

ni·gro·man·cia [ni.gro.mán.θja / -.sja] **/ ni·gro·man·cí·a** [ni.gro.man.θí.a / -.sí.-] 囡 交霊術,巫術(ふじゅつ);《話》黒魔術 (= necromancia).

ni·gro·man·te [ni.gro.mán.te] 男 囡 交霊術師,巫術師;黒魔術師.

ni·gro·mán·ti·co, ca [ni.gro.mán.ti.ko, -.ka] 形 交霊術の,巫術の;黒魔術の.

——男 囡 交霊術師,巫術師;黒魔術師.

ni·gua [ni.gwa] 囡《昆》スナノミ.

——形《ラ米》(ヵリ)《話》泣き虫の,弱虫な.

pegarse como nigua《ラ米》(ヵリ)(中米)(コル)(ベネ)人にべったりとくっつく「まとわりつく].

ni·hi·lis·mo [ni.(i.)lís.mo] 男《哲》ニヒリズム,虚無主義.

ni·hi·lis·ta [ni.(i.)lís.ta] 形 虚無主義の,ニヒリズムの. ——男 囡 虚無主義者,ニヒリスト.

Ni·ké [ni.ké] 固名《ギ神》ニケ:勝利の女神. ローマ神話の Victoria にあたる.

Ni·lo [ní.lo] 固名 el ~ ナイル川. alto ~ 上ナイル.[←〔ラ〕*Nīlus*←〔ギ〕*Neîlos* (古代エジプト語 *nwy*「水」に関連?)]

ni·lón [ni.lón] 男 ナイロン.[←〔英〕*nylon*]

ni·ló·ti·co, ca [ni.ló.ti.ko, -.ka] 形 **1** ナイル川の,ナイル川流域の.**2** ナイロート系の.

——男 囡 ナイロート系の言語を話す人.

nim·bar [nim.bár] 他 …に光輪をつける. águila *nimbada*《紋》光輪をつけている鷲.

nim·bo [nim.bo] 男 **1** (聖像の)光輪,円光,頭光.
2《天文》(日・月などの)かさ,暈輪(うんりん). la luna con su ~ かさのかかった月.**3**《気象》乱雲,雨雲.

nim·bo·es·tra·to [nim.bo.es.trá.to] 男《気象》

乱層雲.
ni・mie・dad [ni.mje.ðáð] 囡 **1** ささいなこと, 取るに足りないこと. discutir por una 〜 ささいなことで議論する. **2** 過度;冗長;細心. con 〜 過度に;綿密に.

ni・mio, mia [ní.mjo, -.mja] 形 **1** ささいな, 取るに足りない. de *nimia* importancia どうでもいいような. preocuparse por los detalles 〜*s* ささいなことを心配する. **2** 過度の;冗長な, くどい;細心[小心]の. explicación *nimia* くどい[詳しい]説明.

nin・fa [ním.fa] 囡 **1** 【神話】妖精 (ﾖｳｾｲ), ニンフ. **2** (話) 美しい娘, 乙女. **3** 売春婦. **4** 【昆】若虫:トンボ・バッタなど不完全変態をする昆虫の幼虫. **5** 《複数で》【解剖】小陰唇.

nin・fá・li・do, da [nim.fá.li.ðo, -.ða] 形 【昆】タテハチョウ科の. ━ 男 タテハチョウ科のチョウ;《複数で》タテハチョウ科.

nin・fe・a [nim.fé.a] 囡 【植】スイレン.

nin・fe・á・ce・a [nim.fe.á.θe.a / -.se.-] 囡 【植】スイレン科の植物;《複数で》スイレン科.

nin・fo [ním.fo] 男 (話) ナルシスト.

nin・fó・ma・na [nim.fó.ma.na] 囡 (女の) 色情狂.

nin・fo・ma・ní・a [nim.fo.ma.ní.a] 囡 【医】ニンフォマニア:女性の性欲異常亢進症.

nin・fo・ma・ní・a・co, ca [nim.fo.ma.ní.a.ko, -.ka] **/ nin・fo・ma・nia・co, ca** [nim.fo.ma.njá.ko, -.ka] 形 ニンフォマニアの, 女性異常性欲症の.

:nin・gún [niŋ.gún] 形 《不定》《+男性単数名詞》ninguno の語尾消失形.

nin・gu・ne・ar [niŋ.gu.ne.ár] 他 無視する;さげすむ, 軽視する.

nin・gu・ne・o [niŋ.gu.né.o] 男 (他者に対する) 軽視, 無関心.

:nin・gu・no, na [niŋ.gú.no, -.na] 形 《不定》[男性単数名詞の前で ningún となる] (⇔*alguno*)《多くは+名詞》**1**《否定》(…の中の) 一つの…もない, ひとりの…ない. Aquí no hay *ningún* libro. ここには一冊も本がない. En *ningún* otro lugar he visto esto. 他のどこでもこんなこと見たことがない. No lo he encontrado en *ninguna* parte. それはどこにも見あたらなかった. No conozco a *ninguna* amiga tuya. 僕は君の友達の誰も知らないよ. ▶ *ninguno* が動詞より後に来ると動詞を否定する no が必要だが, 動詞の前に来ると no は不要. ▶ 名詞の後に来ることもまれにあり, その場合には alguno と置き換えが可能. ⇒ El embajador no hizo comentario 〜 [*alguno*]. 大使はいかなるコメントもしなかった. ▶ 複数形 ningunos はまれ. 時に複数で扱われる名詞を修飾することがある. ⇒ No tiene *ningunas* ganas de trabajar. 彼[彼女]は全く働く気がない.

2 (+名詞)《強調》決して…でない, …どころではない. No es *ningún* imbécil. 彼は決して無能ではない.

━ 代名 《不定》《否定》一つ[ひとり]も…ない, 何[どれも, 誰]も…ない. Aunque escribí a varios compañeros, no me contestó 〜. 何人か仲間に手紙を出したが, (そのうちの) 誰も返事をくれなかった. No he visto *ninguna* de estas películas. 私はこれらの映画のどれも見ていない. ▶ *ninguno* が主語として用いられ, 後に de nosotros, de vosotros などが続く場合に, 動詞は de 以下の代名詞に一致することがある. ⇒ *N*〜 de nosotros tenemos [tiene] novia. 僕たちは誰も恋人がいない. *N*〜 tenemos novia. 僕たちの誰も恋人がいない. No lo sabe 〜 de ellos. / *N*〜 de ellos lo sa-

be. 彼らのうちの誰もそれを知らない.
[←(古スペイン) *niguno*←(ﾗ) *nec ūnus*「ひとりで…ない」]

nin・ja [nín.xa // nín.ja] (日) 男 忍者.

ni・not [ni.nót] 男 (スペイン Valencia の火祭りで燃やされる) 人形.

ni・ña [ní.ɲa] 囡 → niño.

ni・ña・da [ni.ɲá.ða] 囡 子供っぽい振る舞い, 幼稚.

ni・ña・to, ta [ni.ɲá.to, -.ta] 形 《軽蔑》**1** 未熟な, 青二才の. **2** (軽蔑の) 生意気な. ━ 男 《軽蔑》若僧, 青二才;生意気な若者. ━ 男 牛の胎児.

ni・ñe・ar [ni.ɲe.ár] 自 子供っぽい振る舞いをする, 子供じみたことをする.

ni・ñe・rí・a [ni.ɲe.rí.a] 囡 **1** 子供っぽい振る舞い;幼稚な行い. Deja de hacer esas 〜*s*. そんな子供みたいなことはやめなさい. **2** ささいなこと;くだらないこと. enfadarse por 〜*s* ささいなことで怒る.

ni・ñe・ro, ra [ni.ɲé.ro, -.ra] 形 子供好きな. ━ 男 囡 ベビーシッター. trabajar como [de] 〜 ベビーシッターとして働く.

ni・ñe・ta [ni.ɲé.ta] 囡 瞳 (ﾋﾄﾐ) (= niña del ojo).

:ni・ñez [ni.ɲéθ / -.ɲés] 囡 《複 niñeces》 **1** 幼年 [少女] 時代, 幼年期 (= infancia). los recuerdos de la 〜 子供のころの思い出. tener [vivir] una 〜 feliz 幸せな子供時代を過ごす. En mi 〜 había pocas tiendas por aquí. 私が小さいころこのあたりにはほとんど店がなかった. **2** 初期, 揺籃 (ﾖｳﾗﾝ) 期. la 〜 de la civilización 文明の揺籃 (ﾖｳﾗﾝ) 期. **3**《主に複数で》子供っぽいこと, 子供じみた行い.
volver a la niñez もうろくする, 子供に返る.

:ni・ño, ña [ní.ɲo, -.ɲa] 形 **1** 子供の, 幼い. Tu hermano es todavía muy 〜 para viajar solo. 君の弟はひとりで旅するにはまだ小さすぎる. **2** 未熟な;幼稚な, 子供っぽい. **3** (ﾗ米) (ﾋﾃﾞﾝ) (果物が) 青い, 熟していない.

━ 男 囡 **1** 子供, 幼児;男の子, 少年;女の子, 少女. de 〜 子供のころに. desde 〜 子供のころから. 〜 de pañales [pecho, teta] 乳飲み子, 乳児. el *N*〜 幼子イエス (=*N*〜 Jesús). 〜 bien [pera, pijo] 金持ちの子息, いい家のお坊ちゃん. 〜 bitongo [zangolotino] (体は大きいのに) 子供っぽい若者. 〜 burbuja (免疫力がなく) 無菌室に隔離されている子供. 〜 probeta 試験管ベビー. 〜 prodigio 神童.

2 (話) (幼い) 息子, 娘. Tengo dos *niñas*. 私には娘がふたりいる. Vamos a tener un 〜. 私たちにはもうすぐ子供ができます.

3 未熟者, 青二才;子供っぽい人. **4**《親愛・時に非難の呼びかけ》ねえ, 君. **5** (ﾗ米)《呼びかけ》(身分が上の若者に対して) お坊ちゃま, お嬢さま.

━ 囡 **1** 瞳 (= pupila).

2 (ﾗ米) (ﾋﾃﾞﾝ) 独身女性, 未婚の女.
comerse los niños crudos (食人鬼などが) 子供を食べてしまう. ◆親が子をたしなめるときの表現.
El Niño【気象】エル・ニーニョ現象:エクアドルからペルー沿岸に起こる海水温の上昇現象. 世界の気候に重大な影響を与える. 特にクリスマス (el Niño「幼子イエスの意」) ごろによく起こることから. → La Niña.
El Niño de la bola (1) (地球を表す球を持った) 幼子イエス. (2) 幸運な人.
estar como niño con zapatos nuevos《話》大喜びである, 大満足である.
La Niña【気象】ラ・ニーニャ現象:東太平洋赤道域の海水温が低くなる現象.
la niña bonita (宝くじなどで) 数字の15.
Los niños y los locos dicen las verdades.

《諺》子供はうそをつかない.

niño bonito《話》お気に入り (の人), 寵児(ちょう);うぬぼれ屋の若者, 格好だけの若者.

niño gótico うぬぼれ屋の若者, 格好だけの若者.

niño mimado お気に入り (の人).

¡No seas niño! 《愛情のこもった非難》ばかな [子供みたいな] ことはやめなさい.

¡Qué... ni qué niño muerto!《話》…なんてとんでもない. **¡Qué** poeta **ni qué ~ muerto!** 何が詩人なものか.

querer a+人 **como [más que] a las niñas de** SUS **ojos**〈人〉を目に入れても痛くないほど大事にする, かわいがる.

ser la niña de SUS **ojos** 目に入れても痛くないほどかわいい.

nio·bio [njó.bjo] 男【化】ニオビウム, ニオブ：金属元素 (記号 Nb).

nio·so·ma [njo.só.ma] 男【化】ニオソーム.

nio·to [njó.to] 男【魚】ホシザメ類.

ni·pa [ní.pa] 女【植】ニッパヤシ：果実は食用. [←[マレー] *nipah*]

ni·pis [ní.pis] 男 (ニッパヤシなどで作るフィリピンの) 薄手の布地.

ni·ple [ní.ple] 男《ラ米》(1)《ラプ》《タサン》【建】ニップル. (2)《タサン》手製爆発物, 手製爆薬.

***ni·pón, po·na** [ni.pón, -.pó.na] 形日本の, 日本人の (= japonés). — 男 女 日本人.

ní·quel [ní.kel] 男 **1**【化】ニッケル (記号 Ni). **2**《ラ米》(1)《タサン》《複数で》《話》お金, 銭. (2)《タサン》ニッケル硬貨, 小銭.
[←[スウェーデン] *kopparnickel*←[独] (*Kupfer-*)*nickel* (*Kupfer*「銅」+ *Nickel*「いたずら悪魔」;「悪魔のいたずらで銅に見えるが銅でない金属」の意でスウェーデンの鉱山学者 von Cronstedt が命名)]

ni·que·la·do, da [ni.ke.lá.ðo, -.ða] 形 ニッケルめっきした. — 男 ニッケルめっき.

ni·que·lar [ni.ke.lár] 他 ニッケルめっきをする.

ni·que·le·ra [ni.ke.lé.ra] 女《ラ米》《タサン》財布, 小銭入れ.

ni·que·li·na [ni.ke.lí.na] 女【鉱】紅砒(こう)ニッケル鉱.

ni·qui [ní.ki] 男《複 ~s》(ニットの) Tシャツ.

ni·quis·co·cio [ni.kis.kó.θjo / -.sjo] 男《話》くだらない仕事, つまらぬこと.

nir·va·na [nir.bá.na] 男 **1** (仏教における) 涅槃(ねはん), 寂滅, ニルバーナ；超脱 (の境地). **2**《話》平静, 平安.
estar en el nirvana 心地よい, 楽しい.

nís·ca·lo [nís.ka.lo] 男【菌類】→ mízcalo.

nis·co·me [nis.kó.me] 男《ラ米》《タサン》(トルティージャ *tortilla* 用のトウモロコシをゆでる) 鍋(なべ).

nís·pe·ro [nís.pe.ro] 男【植】セイヨウカリン；ビワ (の木・実). **~ del Japón**【植】ビワ.

nís·po·la [nís.po.la] 女【植】セイヨウカリンの実；ビワの実.

nis·tag·mo [nis.táɣ.mo] 男【医】眼振.

ni·ti·dez [ni.ti.ðéθ / -.ðés] 女 **1** 澄明さ, 透明性. **~ del agua** 水の透明度. **2** 明確さ, 明瞭(めいりょう)さ. **expresar con toda ~** はっきりと表現する. **3** 清廉, 潔白.

ní·ti·do, da [ní.ti.ðo, -.ða] 形 **1** 《ser+ / estar+》澄みきった, 透明な. **atmósfera nítida** 澄んだ大気.
2 明確な, 明瞭(めいりょう)な. **definición nítida** 明確な定義. **foto nítida** 鮮明な写真. **3** 潔白な, 汚れのない. **4**《ラ米》《タサン》よい, すてきな, すばらしい.

ni·to [ní.to] 男【植】フサシダ科ニクサ属の一種.

ni·tra·ción [ni.tra.θjón / -.sjón] 女【化】硝化, ニトロ化.

ni·tra·do, da [ni.trá.ðo, -.ða] 形 硝酸塩で処理した, 硝化した, ニトロ化した.

ni·tral [ni.trál] 男 硝石層.

ni·trar [ni.trár] 他【化】硝化する, 窒素 (化合物) と化合させる.

ni·tra·to [ni.trá.to] 男【化】硝酸塩, 硝酸エステル. **~ de plata** 硝酸銀. **~ de potasio** 硝酸カリウム. **~ de sodio** 硝酸ナトリウム. **~ de Chile**【鉱】チリ硝石.

ni·tre·ra [ni.tré.ra] 女《ラ米》(チ) → nitral.

ni·tre·rí·a [ni.tre.rí.a] 女 硝石の採掘地.

ní·tri·co, ca [ní.tri.ko, -.ka] 形【化】(5価の) 窒素の, 窒素を含む. **ácido ~** 硝酸.

ni·tri·fi·ca·ción [ni.tri.fi.ka.θjón / -.sjón] 女【化】硝化, 硝化作用.

ni·tri·lo [ni.trí.lo] 男【化】ニトリル.

ni·tri·to [ni.trí.to] 男【化】亜硝酸塩, 亜硝酸エステル.

ni·tro [ní.tro] 男【化】硝石, 硝酸カリウム (= salitre). [←[ラ] *nitrum*←[ギ] *nítron*「ソーダ石」(→ natrón)]

ni·tro·ben·ce·no [ni.tro.ben.θé.no / -.sé.-] 男【化】ニトロベンゼン.

ni·tro·ce·lu·lo·sa [ni.tro.θe.lu.ló.sa / -.se.-] 女【化】ニトロセルロース, 硝化綿.

ni·tro·ge·na·do, da [ni.tro.xe.ná.ðo, -.ða] 形【化】窒素を含む. **abono ~** 窒素肥料.

ni·tró·ge·no [ni.tró.xe.no] 男【化】窒素 (記号 N).

ni·tro·gli·ce·ri·na [ni.tro.gli.θe.rí.na / -.se.-] 女【化】ニトログリセリン：ダイナマイトなどの原料.

ni·tro·so, sa [ni.tró.so, -.sa] 形【化】亜硝酸の；(3価の) 窒素を含む.

ni·tro·to·lue·no [ni.tro.to.lwé.no] 男【化】ニトロトルエン.

ni·tru·ra·ción [ni.tru.ra.θjón / -.sjón] 女 窒化処理.

ni·tru·ro [ni.trú.ro] 男【化】窒化物.

niu·yo·ri·can [nju.jo.rí.kan] 男 女《話》ニューヨークに住む [で生まれた] プエルトリコ系市民.

ni·va·ción [ni.ba.θjón / -.sjón] 女【地質】雪食.

ni·val [ni.bál] 形 雪の, 積雪の.

****ni·vel** [ni.bél] 男 **1** 水準, 程度, レベル, (社会的地位などの) 高さ. **deportista de alto ~** 高いレベルのスポーツ選手. **~ económico** 経済水準. **~ de vida** 生活水準. **~ inicial** 入門. **~ básico** 初級. **~ intermedio** 中級. **~ avanzado** 上級. **~ superior** 最上級. **Siempre está al ~ de las circunstancias.** いつも機に応じて対処できる. **El coche ha mostrado un buen ~ de fiabilidad.** その車は高水準の信頼性を示した. **Tiene un buen ~ de español.** 彼 [彼女] は高いスペイン語力をもっている.

2 (水面・液面の) 高さ, 水位；(ものなどの) 高さ, 高度. **La altura del puente sobre el ~ del río es de 4 metros.** 水面からの橋の高さは4メートルだ. **al ~ del mar** 海抜0メートルで. **100 metros sobre**

nivelación

el ～ del mar 海抜100メートル. al ～ de mis ojos 私の目の高さで. curvas de ～ 等高線. plano de ～ 水平面.

3 水準器, レベル. ～ de burbuja [aire] 水泡式水準器. ～ de agua 連通管式水準器. ～ de albañil (れんが工などが水平をとるのに使う) 下げ振り.

4 階, レベル. Ha habido un hundimiento en la mina, en el ～ 5. 鉱山の5階で崩落があった.

a nivel de... …の点で (▶ この用法は誤用とされるがよく用いられる). A ～ de estadísticas el candidato republicano va ganando. 数字の上では, その共和党の候補者は勝ちつつある.

a nivel 水平に, まっすぐに, 同じ高さに.

paso a nivel 踏切.

[←［カタルーニャ］*nivell*（または［古仏］*nivel*, *livel*）←（俗ラ）**libellum*（［ラ］*libella*「小銀貨；水準」(*libra*「秤」+縮小辞)；語頭の l- → n- の変化は異化による？；関連 *nivelar*, *desnivel*. ［英］*level*]

ni·ve·la·ción [ni.βe.la.θjón / -.sjón] 囡 水平にすること；平均［平等, 均一］化. ～ del terreno 地ならし. ～ de las diferencias sociales 社会的格差の平均化.

ni·ve·la·dor, do·ra [ni.βe.la.ðór, -.ðó.ra] 形 平らにする, ならす. — 男 **1** 水準測量技師. **2** 高低平均化する機具, ならし機. — 囡 ブルドーザー.

***ni·ve·lar** [ni.βe.lár] 他 **1** 平らにする；地ならしをする（= *allanar*). ～ el terreno con un rastrillo くまで地面をならす.

2 平等にする, 均一にする；《con... …と》釣り合いを取る（= *igualar*). ～ las diferencias de precio 価格の差をならす. ～ la producción *con* la demanda 生産を需要に合わせる.

3〘土地を〙水準儀で測量する.

— *se* 再 水平になる；平等になる. Va a ～se el desequilibrio económico existente entre los dos países. 二国間の経済格差はなくなるだろう.

ní·ve·o, a [ní.βe.o, -.a] 形〘文章語〙雪の（ような）, 雪白の（= *blanco*). *nívea* luz 白い光. *nívea* piel 白い肌.

ni·vo·so, sa [ni.βó.so, -.sa] 形〘文章語〙雪の多い（= *nevoso*). — 男 雪月：フランス革命暦の第4月. 12月21［22, 23］日 – 1月19［20, 21］日.

nix·ta·mal [ni(k)s.ta.mál] 男〘ラ〙（タマル *tamal* などの材料となる）石灰水でゆでたトウモロコシ.

Ni·za [ní.θa / -.sa] 固名 ニース：フランスの南東部の都市.

ni·zar·do, da [ni.θár.ðo, -.ða / -.sár.-] 形 ニース生まれの, ニースの. — 男 囡 ニースの住民［出身者］.

níz·ca·lo [níθ.ka.lo / nís.-] 男 = *mízcalo*.

nn [e.ne.é.ne] 男 囡〘略〙*ningún nombre*〘ラ米〙(ララ)《単複同形》軍事政権時代の失踪者.

NNE〘略〙*nornordeste* 北北東.

NNO〘略〙*nornoroeste* 北北西.

***no** [nó] 副 **1**〘肯定の問いに対して〙いいえ, いや；〘否定の問いに対して〙はい, そうです. ¿Vienes mañana? — *No*, tengo otro compromiso. 明日君は来ますか. ——いいえ, 明日は他の約束があります. ¿Quieres café? — *No*, gracias. コーヒーいかがですか. ——いいえ, 結構です. ¿No sois hermanas? — *No*, somos amigas. 君たちは姉妹じゃないの. ——え え, 友達です.

2《+動詞》〘否定〙…ではない, しない. *No* somos novios. 私たちは恋人ではありません. Mañana *no* habrá clase. 明日は授業がありません. *No* aparcar. 駐車禁止. *No* te preocupes. 心配しないで. ▶ 動詞を省略して否定の節の代用として用いられる場合がある. → Yo creo que ellos vienen, pero él me dijo que *no*. 私は彼らが来ると思っているが, 彼は私に彼らは来ないと言った.

3〘驚き〙〘反語〙（時に間投詞的に）まさか, そんな, …ですって. ¿*No* quedará algo de dinero? お金が少しも残らないですって. Yo lo hice todo. — ¡*No*! 私が全て作りました. ——えっ, まさか.

4〘文末につけて確認・付加疑問〙…ですね, 違いますか. Es chileno, ¿*no*? 彼はチリ人ですよね.

5《+名詞・形容詞》…でない（もの［人］）, 非…, 不…. *no fumadores* 非喫煙者. *objeto volador no identificado* 未確認飛行物体, UFO（略 OVNI）.

6〘否定の意味を含む虚辞〙No me muevo aquí hasta que *no* me lo digas. 君がそれを私に言うまで私はここを動かないからね. Es mejor que sobre que *no* (que) falte. 不足するよりも余るほうがよい.

— 男《複 *noes*》**1** いいえという返事, 否定, 否認.

2 反対票. Habrá más de dieciocho *noes*. 18以上の反対票があるだろう.

a no (que) ... 〘ラ米〙(ララ)…するやいなや.

a que no. 〘話〙《不信・挑発的態度》…するのは無理だ, …する訳がない；《単独で》まさか. ¡*A que no* lo puedes hacer tú solo! 君がひとりでそれをするなんて無茶だ. ¿Te atreves? — ¡*A que no*! やってみるかい. ——とんでもない.

en la de no 〘ラ米〙(ララ)〘話〙そうでなければ, さもないと.

¡que no! 〘否定を強調〙だから違うって. ¡*Cómetelo*! — ¡*Que no*! 食べてしまいなさいよ. ——だから, 嫌だって言ってるのに.

¡Y que no + 直説法*!* 〘強調〙本当に…だ, 全く…だ. *Y que no es* guapo que digamos. 格好いいといったらないのだから.

[←［ラ］*nōn*; *ne-* (否定) より派生；関連 a(b)-, in- (いずれも否定接頭辞), *ni*, *non*. ［仏］*non*, *ne*. ［英］*no*, *not*]

No〘化〙*nobelio* ノーベリウム.

No., N.º, no.〘略〙*número* …番, ナンバー.

NO〘略〙*noroeste* 北西.

no·bel [no.βél] 男《単複同形》ノーベル賞 (= *premio* ～).

— 男 囡《時に単複同形》ノーベル賞受賞者.

no·be·lio [no.βé.ljo] 男〘化〙ノーベリウム：人工放射性元素（記号 No).

no·bi·lia·rio, ria [no.βi.ljá.rjo, -.rja] 形 貴族の, 貴族階級の. heredar un título ～ 爵位を継ぐ.

— 男 貴族名鑑.

no·bi·lí·si·mo, ma [no.βi.lí.si.mo, -.ma] 形 [*noble* の絶対最上級] この上なく高貴な.

***no·ble** [nó.βle] 形 **1**《多くは名詞+》**貴族の**. familia ～ 貴族の家系. ～ por su linaje / ～ en su proceder / ～ de abolengo [cuna] / de ～ linaje 貴族出身の. la planta ～ de la casa Batlló バッリョ館 (Gaudí の建築) の貴族階.

2《+名詞 / 名詞》《*ser*+》**崇高な**, 高貴な, 高尚な, 高潔な, 上品な；すばらしい (↔*innoble*). un toro ～ (闘争心のある) 気高い闘牛. en el sentido más ～ de la palabra その言葉の最も高貴な意味で. el ～ arte del rejoneo 見事な馬上闘牛の技. Puede haber ～*s* razones. きちんとした理由があるかも知れない.

3《+名詞 / 名詞》《*ser*+》上質の, 高級な, 高価な；la zona ～ de Madrid マドリードの一等地. el más ～ vino de la Rioja リオハ産の最上質［最高

級]のワイン. muebles de madera(s) 〜(s) 高級材使用の家具.
4〖名詞＋〗化学的に不活性的の,〈金属が〉貴の,〈ガスが〉希の. gas 〜 希ガス. metales 〜s 貴金属.
5(ser＋)〖動物が〗〈人間に〉忠実な.
――男 貴族. ――男〖スペインの〗旧金貨.
[←[ラ] *nōbilem* (*nōbilis* の対格)「知られた, 著名な; 高貴な」(*nōscere*「知っている」より派生). 関連 nobleza, conocer. [英] *noble*.

*no.ble.za [no.blé.θa / -.sa] 女 **1**貴族, 貴族階級, 貴族の身分, 貴族の称号. *N*〜 obliga. 高い身分はそれなりの精神的義務を伴う(▶慣用表現). títulos de 〜 爵位(◆高位から低位へ duque 公爵, marqués 侯爵, conde 伯爵, vizconde 子爵, barón 男爵).
2高尚さ, 気品; 誠実さ;〈動物・人の〉従順さ. Resistió con 〜 a la tentación. 彼[彼女]は威厳をもって誘惑に抵抗した. 〜 de ademanes 物腰の気品. Esta raza de perros se conoce por su gran 〜. この種の犬はその従順さで知られている.

no.blo.te, ta [no.bló.te, -.ta] 形 品格があって気取らない.

no.buk [no.búk] 男〖服飾〗ヌバック, 起毛皮革.

no.ca [no.ká] 女〖動〗ヨーロッパイチョウガニ.

no.caut [no.káuṯ] 男〖ラ米〗ノックアウト.
[←[英] *knockout*]

no.ce.da [no.θé.ða / -.sé.-] / **no.ce.dal** [no.θe.ðál / -.se.-] 女 クルミの林[畑](＝ nogueral).

no.cen.te [no.θén.te / -.sén.-] 形 有害な; 罪を犯した. ――男 罪人.

*****no.che** [nó.tʃe] 女 **1**夜, 宵, 夜間; 暗くなる時間. por la 〜 夜に, 夜中に. toda la 〜 一晩中. esta 〜 今晩, 今夜. a boca de 〜 宵の口に. al caer[cerrar]la 〜 夕暮れに. durante la 〜 夜の間に. en las altas horas de la 〜 夜更けに. (muy) entrada la 〜 (とっぷりと)日が暮れて. la 〜 anterior 前夜. media 〜 真夜中(＝ medianoche). 〜 cerrada[negra](窤窤). 〜 y día 昼も夜も. hacer 〜 1泊する, 一夜を過ごす. hacerse de 〜 夜になる. pasar la 〜 一夜を過ごす. traje de 〜 夜会服. 〜 de estreno 劇の初日. función de 〜 〖演〗夜の部. *Las mil y una* 〜*s* 『千夜一夜物語』. A esa hora ya será de 〜. その時刻にはもう暗くなっているだろう.
2暗黒, 暗闇. la noche oscura del alma 魂の暗夜. **3**悲しさ, メランコリー.
buenas noches《あいさつ》**おやすみなさい,こんばんは**. dar las *buenas* 〜 おやすみを言う.
de la noche a la mañana / *de la mañana a la noche* 一夜にして, 非常に短い時間で.
De noche todos los gatos son pardos. 《諺》夜目遠目笠(窅)のうち(←夜はあらゆる猫が茶色になる).
Noche Buena クリスマスイブ(＝ Nochebuena).
noche de los tiempos 大昔, 太古の昔.
noche de perros 天気の悪い夜, 眠れない時を過ごした夜.
Noche Triste 〖史〗悲しみの夜: Cortés 一行がazteca 人の大蜂起(彸)により王都 Tenochtitlán を脱出した夜(1520年6月30日).
Noche Vieja 大みそかの夜(＝ Nochevieja).
pasar en[*de*]*claro la noche* 徹夜する.
pasar la noche en blanco[*vela, claro*]/ *pasar una noche toledana* 徹夜する, 眠れぬ夜を過ごす.
ser (*como*) *la noche y el día* / *parecerse como el día a la noche*(2人の人・2つのものが)夜と昼のように全く対照的である.
[←[古スペイン] *noite* ←[ラ] *nox*. 関連 anoche, anochecer, nocturno. [ポルトガル] *noite*. [仏] *nuit*. [伊] *notte*. [英] *night*. [独] *Nacht*]

*No.che.bue.na [no.tʃe.bwé.na] 女 **1**クリスマスイブ. 〜 chiquita《ラ米》(窤窤)聖母マリア無原罪の御宿りの祝日前夜(12月7日).
2[n-]〖植〗ポインセチア, ショウジョウボク(＝ flor de 〜): メキシコ原産トウダイグサ科の低木.

no.che.bue.no [no.tʃe.bwé.no] 男 クリスマスケーキ; クリスマスイブに燃やす薪(窤).

no.che.ci.ta [no.tʃe.θí.ta / -.sí.-] 女《ラ米》(窤窤)(話)黄昏(窤), 夕刻. a la 〜 夕方に.

no.cher.nie.go, ga [no.tʃer.njé.ɣo, -.ɣa] 形 夜歩きする.

no.che.ro, ra [no.tʃé.ro, -.ra] 形《ラ米》→ nocherniego. ――男 女《ラ米》(**1**)(窤窤)夜警;(病院の)看護人. (**2**)(窤窤)夜勤労働者.
――男《ラ米》(窤窤)(窤)ナイトテーブル.

*No.che.vie.ja [no.tʃe.bjé.xa] 女 **大みそかの夜**. cena de 〜 大みそかの晩餐(窤).

no.chi.zo [no.tʃí.θo / -.so] 男〖植〗野生のハシバミ.

*no.ción [no.θjón / -.sjón] 女 **1**概念, 観念, 考え. no tener la menor 〜 de... …がまるでわかっていない. **2**《主に複数で》基礎知識, 初歩的知識, 心得. Ramón tiene algunas *nociones* de inglés. ラモンにはいささか英語の心得がある.
[←[ラ] *nōtiōnem* (*nōtiō* の対格) (*nōscere*「知る; 認識する」より派生). 関連 conocer. [英] *notion*]

no.cio.nal [no.θjo.nál / -.sjo.-] 形 概念的な, 観念上の.

no.ci.vi.dad [no.θi.bi.ðáð / -.si.-] 女 有毒性, 有害.

*no.ci.vo, va [no.θí.bo, -.ba / -.sí.-] 形 **有害な**(＝ perjudicial). 〜 para la salud 健康に有害な. efectos 〜s del tabaco タバコの有害性.

no.cla [no.kla] 女〖動〗→ noca.

noct- 「夜」の意の造語要素. → noctiluca, nocturno. [←[ラ]]

noc.tam.bu.lar [nok.tam.bu.lár] 自 夜歩きする; 夜遊びする.

noc.tam.bu.lis.mo [nok.tam.bu.lís.mo] 男 **1**(話)夜遊びの癖. **2**〖医〗夜歩くこと. **3**夢遊病.

noc.tám.bu.lo, la [nok.tám.bu.lo, -.la] 形 **1**夜遊びする. **2**〖動〗夜行性の. **3**夜に行われる[起こる]. ――男 女 夜遊びをする人.

noc.ti.lu.ca [nok.ti.lú.ka] 女 **1**〖昆〗ホタル(＝ luciérnaga). **2**〖動〗夜光虫.

noc.tí.va.go, ga [nok.tí.βa.ɣo, -.ɣa] 形〖文章語〗夜出歩く(さまよい歩く).

noc.tu.ria [nok.tú.rja] 女〖医〗夜尿症.

noc.tur.nal [nok.tur.nál] 形 → nocturno.

noc.tur.ni.dad [nok.tur.ni.ðáð] 女 **1**夜であること. El ladrón entró en el domicilio aprovechando la 〜. 泥棒は闇(彸)に乗じて住居に侵入した. **2**〖法〗夜間の犯罪に対する刑の加重情状.

*noc.tur.no, na [nok.túr.no, -.na] 形 **1**夜の, 夜間の; 夜に行われる. cielo 〜 夜空. club 〜 ナイトクラブ. tarifa *nocturna* 夜間料金. tren 〜 夜行列車. vuelo 〜 夜間飛行, 夜行便. clase *nocturna* 夜間授業. fiesta *nocturna* 夜会.
2〖動〗夜行性の;〖植〗花が夜開く. rapaz *nocturna* 夜行性猛禽(窤)類. **3**孤独な, もの悲しげな.
――男 **1**〖音楽〗夜想曲, ノクターン; 情緒的なセレナード. **2**〖カト〗宵課, 夜課: 聖務日課の朝課 maiti-

nes のひとつ.
[←〔ラ〕*nocturnum* (*nocturnus* の対格) (*nox*「夜」より派生);〖関連〗pernoctar.〔英〕*nocturne*〕

no·da·ción [no.ða.θjón / -.sjón] 囡〖医〗結節による運動障害.

no·dal [no.ðál] 形 節の, 結節の. punto ~〖数〗〖天文〗〖地質〗交点,〖光〗節点;線路の分岐点.

no·do [nó.ðo] 男 **1**〖天文〗交点,〖物理〗波節.〖医〗結節. **2** → No-Do.

No-Do [nó.ðo] 男《略》*noticiario documental* スペインのニュース映画(社).

no·dri·za [no.ðrí.θa / -.sa] 囡 **1** 乳母. **2** 給油機[装置]. avión ~ 空中給油機. barco [buque, nave] ~ 母船, 補給船. **3**《ラ米》(*)看護婦.

no·du·lar [no.ðu.lár] 形 節の, 節状の.

nó·du·lo [nó.ðu.lo] 男 小さな節;〖地質〗団塊,〖医〗小(結)節,〖植〗根粒. ~ sinusal 洞結節.

No·é [no.é] 固名〖聖〗ノア. El arca de ~ ノアの箱舟〔Jehová [Yahvé] が起こした大洪水をノアの一族と多種動物が逃れた舟〕
[←〔ラ〕*Nōa* または *Nōē*←〔ギ〕*Nôe*←〔ヘブライ〕*Nō'aḥ*「休息」の意〕

no·e·ma [no.é.ma] 男〖哲〗(フッサール現象学の)ノエマ.

no·e·má·ti·co, ca [no.e.má.ti.ko, -.ka] 形〖哲〗(フッサール現象学の)ノエマの.

no·e·sis [no.é.sis] 囡《単複同形》(フッサール現象学の)ノエシス, 純粋思惟[し].

no·é·ti·co, ca [no.é.ti.ko, -.ka] 形〖哲〗(フッサール現象学の)ノエシスの.

no·ga·da [no.ɣá.ða] 囡 クルミを使ったソース.

no·gal [no.ɣál] 男〖植〗クルミ(の木);クルミ材, ウォールナット. ►「クルミの実」は nuez.
[←〔後ラ〕*nucālem* (*nucālis* の対格) 形「クルミのような」(*nux*「クルミ」より派生)〕

no·ga·li·na [no.ɣa.lí.na] 囡 クルミの殻からつくる染料.

no·gue·ra [no.ɣé.ra] 囡〖植〗クルミ(の木) (= nogal).

nogal (クルミの木)

no·gue·ra·do, da [no.ɣe.rá.ðo, -.ða] 形 クルミ材[ウォールナット]色の, 黒褐色の.

no·gue·ral [no.ɣe.rál] 男 クルミの林 (= noceda).

no·gue·rón [no.ɣe.rón] 男 クルミの木.

No·kia [nó.kja] 固名 ノキア:フィンランドの通信機器メーカー.
— 男 ノキアの携帯電話.

no·li·ción [no.li.θjón / -.sjón] 囡〖哲〗無欲.

no·li me tán·ge·re [nó.li me.tán.xe.re / -.táp.je.-] 〔ラ〕 **1**〖聖〗わたしにすがりつくのはよしなさい (= No me toques):イエスが復活後マグダラのマリアに与えた警告の言葉〔ヨハネ 20:17〕.
2《比喩的》触れてはならないもの.

no·lun·tad [no.lun.táð] 囡 →nolición.

nó·ma·da [nó.ma.ða] 形 遊牧の;放浪の, 流浪の (= errante). tribu ~ 遊牧民族. llevar una vida ~ 放浪生活を送る.
— 男 匿 遊牧民の;放浪の, 流浪の民.

nó·ma·de [nó.ma.ðe] 形 →nómada.

no·ma·de·ar [no.ma.ðe.ár] 自 遊牧 [放浪] する, さまよう.

no·ma·dis·mo [no.ma.ðís.mo] 男 遊牧, 遊牧生活;放浪生活.

no·más [no.más] 副《ラ米》ただ…だけ, ちょうど.

nom·bra·dí·a [nom.bra.ðí.a] 囡 名声, 評判 (= fama).

***nom·bra·do, da** [nom.brá.ðo, -.ða] 形 **1** 指名された, 任命された.
2 述べられた;前述の. ~ más adelante 下記の, 後述の. **3** 有名な, 名高い. Es un escritor muy ~ en su país. 彼は自国で大変有名な作家である.

***nom·bra·mien·to** [nom.bra.mjén.to] 男 指名, 任命;辞令(書). ~ del nuevo presidente 新議長の任命. otorgar el ~ 任命する.

***nom·brar** [nom.brár] 他 **1** 〈人・ものの〉名を挙げる, 名を口に出す. ~ a todos los graduados en voz alta 大きな声で卒業生全員の名前を読み上げる. El autor *nombra* unas veces a este científico. 作者はこの科学者に数回言及している. *Nombra* tres personajes históricos de tu interés. 興味のある歴史的人物を 3 人挙げなさい.
2《para...〈任務〉のために /+役職名 …に》〈人を〉指名する, 任命する. ~ *para* el cargo de representante al señor Guerra ゲーラ氏を代表者として指名する. Fue *nombrada presidenta* de la junta. 彼女は委員会の議長に指名された. **3** 命名する, 名づける.

***nom·bre** [nóm.bre] 男 **1** 名前, 名, 名称. ~ y apellido(s) 氏名. poner ~ a... / poner ~ a...... ...に名前をつける. Le pusieron de ~ María de la Luz. 彼女はマリア・デ・ラ・ルスと名づけられた. ¿Cuál es su ~ ? — Mi ~ es Jorge Vidal Alonso. お名前は —ホルヘ・ビダル・アロンソです. No sé el ~ de la película. 私はその映画のタイトルを知らない. Éste es mi amigo Pedro, "el…" por mal ~. この人は私の友人のペドロで, あだ名は…です. ~ artístico 芸名. ~ comercial 商号, 屋号. ~ compuesto 複合名 (José María, Isabel María など). ~ de dominio〖IT〗ドメイン名. ~ de guerra (地下活動などで用いる)偽名. ~ de pila 洗礼名. ~ de pluma ペンネーム. ~ de religión 修道名. ~ hipocorístico 愛称 (Francisco の Paco, Concepción の Concha など). ~ postizo 仮名(ぎ).
2 名声 (= buen ~). tener mucho ~ 名声が高い. hacerse un ~ 名を上げる.
3〖文法〗名詞 (= ~ sustantivo). ~ abstracto [concreto] 抽象[具象]名詞. ~ animado [inanimado] 有生[無生]名詞. ~ común [apelativo, genérico] 普通名詞. ~ colectivo 集合名詞. ~ contable [discontinuo] 可算名詞. ~ incontable [no contable, continuo] 不可算名詞. ~ propio 固有名詞.
— 話 → nombrar.

a nombre de... …の名前で, 名義で. El coche está *a* — *de* mi padre. その車は父名義だ. ¿A — *de* quién? — *A* — *de* García Zamora.《ホテルなどの予約で》お名前は. —ガルシア・サモラです. Aquí hay una carta *a* — *de* Lucía Sánchez. ルシア・サンチェス宛の手紙がここにある.

caer en el nombre de... …の名前を思い出す.

dar SU *nombre* (1) 名前を告げる, 名乗る. (2)《a+人〈人名〉を》子として認知する;養子にする.

de nombre (1) 名前だけの, 名目上の. rey *de* ~ 名ばかりの王. (2)《+名称を表す語》 …という名の. (3) 名前で. La conozco *de* ~ 彼女は名前だけ知っ

ています. (**4**) 有名な.

¡En (el) nombre de Dios! 《懇願》お願いだから. **en nombre de...** (1) …に代わって; …を代表して. dar las gracias en ~ de**l** presidente 社長に代わってお礼を述べる. (2) …の名において. en ~ de la ley 法の名にかけて. en ~ de la amistad 友達のよしみで.

llamar [decir] las cosas por su nombre 率直に話す[言う].

no tener nombre(何とも名づけようがないほど)ひどい, 話にならない.

sin nombre (1) 無名の; 取るに足りない. (2) 名づけようのない.

[←〔ラ〕*nōmen* ; 関連 nominal, denominar, nominativo, anónimo, sinónimo. 〔ポルトガル〕〔伊〕*nome*. 〔仏〕*nom*. 〔英〕*name*. 〔独〕*Name*〕

nom·bre·te [nom.bré.te] 男 《ラ米》(％ゲ)《話》あだ名, ニックネーム.

no·men·cla·dor [no.meŋ.kla.ðór] / **no·men·clá·tor** [no.meŋ.klá.tor] 男 **1** 一覧表, 地名[人名]表. ~ de calles 街路名一覧表.
2 (科学・技術などの)用語集.

no·men·cla·tu·ra [no.meŋ.kla.tú.ra] 女 専門用語(集), 術語(集). ~ química 化学用語(集).

no·me·ol·vi·des [no.me.ol.bí.ðes] 男《単複同形》
1《植》ワスレナグサ. ▶時に 複.
2 ネームプレート付きのブレスレット.

nó·mi·co, ca [nó.mi.ko, -.ka] 形 → gnómico.

nó·mi·na [nó.mi.na] 女 **1** 名簿, 台帳. ~ de los docentes 教員名簿. **2** 従業員名簿 (= plantilla), 賃金台帳. estar en ~ 正社員である. ~ de salarios 給料原簿. Nuestra empresa cuenta con una ~ de más de 2,000 empleados. わが社は2000人以上の社員を抱えている. **3** 給料 (= paga); 給与明細. cobrar la ~ 給料を受け取る.

no·mi·na·ción [no.mi.na.θjón / -.sjón] 女 指名, ノミネート (= nombramiento).

no·mi·na·do, da [no.mi.ná.ðo, -.ða] 形 (賞に)ノミネートされた. —男 女 ノミネート者.

no·mi·na·dor, do·ra [no.mi.na.ðór, -.ðó.ra] 形 指名[任命]する. —男 指名[任命]者.

no·mi·nal [no.mi.nál] 形 **1** 名前の, 名目上の; 公称の. el jefe ~ 名ばかりの上司. sueldo ~ 名目賃金. valor ~ 額面価格.
2 名前の, 名前による. relación ~ 名簿. votación ~ 記名投票. **3**《文法》名詞の, 名詞的な. predicado ~ 名詞的述部. sintagma ~ 名詞句.

no·mi·na·lis·mo [no.mi.na.lís.mo] 男《哲》唯名論, 名目論.

no·mi·na·lis·ta [no.mi.na.lís.ta] 形 唯名論的な, 名目論の. —男 女 唯名論者, 名目論者.

no·mi·na·li·za·ción [no.mi.na.li.θa.θjón / -.sa.sjón] 女《言》名詞化.

no·mi·na·li·zar [no.mi.na.li.θár / -.sár] 97 他《文法》名詞化する. **—se** 再 名詞化する.

no·mi·nal·men·te [no.mi.nál.mén.te] 副 名目上は; 名前で, 名指しで; 名詞的に.

no·mi·nar [no.mi.nár] 他 **1** 指名[任命]する (= nombrar). ~ a + 人 (como) candidato a presidente〈人〉を大統領候補に指名する. **2** (**para ...** に)ノミネートする. Ha sido *nominado para* el premio Nadal. 彼はナダル賞(スペインの文学賞)にノミネートされた. **3** 命名する (= denominar).

no·mi·na·ti·vo, va [no.mi.na.tí.bo, -.ba] 形
1《文法》主格の. **2**《商》〈小切手・株券などが〉記 前入りの, 記名の (= nominal). cheque ~ 記名式小切手. título ~ 記名証券[株券].
—男 **1**《文法》主格 (= caso ~). **2**《複数で》初歩, 基礎.

no·mi·ni·lla [no.mi.ní.ja ‖ -.ʎa] 女 支払い伝票.

no·mo [nó.mo] 男 → gnomo.

no·mo·gra·ma [no.mo.ɡrá.ma] 男 計算図表, ノモグラム.

no·mon [nó.mon] 男 → gnomon.

no·mó·ni·ca [no.mó.ni.ka] 女 → gnomónica.

nom·pa·rell [nom.pa.réɫ] 男《印》ノンパレル活字: 6ポイント活字. [←〔仏〕*non pareille*]

non [nón] 形
—男《複数で》**1** 奇数 (= número *non*, impar). por el lado de los *nones* de la calle 通りの奇数番の側を通って. jugar a pares y *nones* 丁半遊びをする. **2** 拒否,「ノー」と言うこと. decir (que) *nones*《話》きっぱりと拒否する.

andar de nones 《話》定職を持たずにいる, ぶらぶらしている.

de non《話》(対の)片方しかない; 相手がいない, あぶれた. un zapato *de non* 靴の片方. estar *de non* 独りぼっちである.

no·na [nó.na] 女 **1** (古代ローマの)第9時から始まる1日の時間区分の4番目: 現在の午後3時から6時まで. ♦その他の時間帯は prima(午前6時から), tercia (正午から), sexta (正午から).
2《カト》9時課: キリストの十字架上の死の時刻, 午後3時ごろに行う祈り. **3**《複数で》(ローマ暦で3・5・7・10月の)第7日, (その他の月の)第5日.

no·na·da [no.ná.ða] 女 つまらないこと, ささいなこと, 無価値なもの (= nadería). [no + nada]

no·na·ge·na·rio, ria [no.na.xe.ná.rjo, -.rja] 形 90歳代の. —男 女 90歳代の人.

no·na·gé·si·mo, ma [no.na.xé.si.mo, -.ma] 形《数詞》**1** 第90(番目)の. ~ primero [segundo] 第91[第92]の. **2** 90分の1の (= noventavo).
—男 90分の1.

no·na·go·nal [no.na.ɡo.nál] 形 九角形の, 九辺形の.

no·ná·go·no, na [no.ná.ɡo.no, -.na] 形 九角[辺]形の. —男 九角形 (= eneágono).

no·na·to, ta [no.ná.to, -.ta] 形 **1** 帝王切開で生まれた; (家畜が母親の死後)切開して生まれた.
2 未存在の, まだ生まれていない.

no·ne·co, ca [no.né.ko, -.ka] 男 女《ラ米》(ᶜʰ)《話》ばか, まぬけ.

no·nes [nó.nes] 副《話》《間投詞的・強調》だめだ, いや.

no·nin·gen·té·si·mo, ma [no.niŋ.xen.té.si.mo, -.ma] 形《数詞》**1** 第900 (番目)の. **2** 900分の1の. —男 900分の1.

no·nio [nó.njo] 男 副尺(ﾌﾞｸ), バーニャ.

no·no, na [nó.no, -.na] 形《数詞》**1** 第9 (番目)の (= noveno).
décimo ~ 第19の. **2** 9分の1の. —男 女《ラ米》(ｺﾞ)(ｱｸﾞ)祖父, 祖母.

non plus ul·tra [nóm plús úl.tra] 男 〔ラ〕極上, 極致, 無上のもの (= no

nopal (ウチワサボテン)

nó·nu·plo, pla [nó.nu.plo, -.pla] 形 9倍の.
— 男 9倍.

no·pal [no.pál] 男【植】ウチワサボテン, オプンチア; 熱帯アメリカ原産. ● 果実は higo chumbo, tuna. 「サボテン」は cacto, cactus. →前ページに図.
ir al nopal sólo cuando tiene tunas 《ラ米》(ｸﾞｱ)実をつけるときだけウチワサボテンのところへ行く（相手が景気がいい時だけ親交を深める）. [← 〔ナワトル〕 *nopalli*]

no·pa·le·da [no.pa.lé.ða] / **no·pa·le·ra** [no.pa.lé.ra] 女 ウチワサボテンの群生地.

no·pa·li·to [no.pa.lí.to] 男 《ラ米》(ﾒｷ)(ｸﾞｱ)（食用となる）ウチワサボテンの葉肉.

no·que [nó.ke] 男 **1** 皮なめし用の水槽. **2**（圧搾機の中の）オリーブの油. **3** 《ラ米》(ｴｸ)(ｳﾙ)(穀物などを入れる）革袋, 幹をくりぬいた器.

no·que·a·da [no.ke.á.ða] 女 《ラ米》【スポ】（ボクシング）ノックアウト（パンチ）.

no·que·a·dor, do·ra [no.ke.a.ðór, -.ðó.ra] 形 【スポ】（ボクシング）ノックアウトする[した], ノックアウト勝ちの. —男 女 【スポ】ノックアウトによる勝利者.

no·que·ar [no.ke.ár] 他 【スポ】（ボクシング）ノックアウトする. [← 〔英〕 *knock out*]

no·que·ro [no.ké.ro] 男 皮なめし工［職人］.

no·ra·bue·na [no.ra.ßwé.na] 女 祝詞, 祝いの言葉 (= enhorabuena). ¡N~! おめとう.
— 副 幸いにも, めでたく.

no·ra·dre·na·li·na [no.ra.ðre.na.lí.na] 女【生化】ノルアドレナリン.

no·ray [no.rái] 男【複 noráis, ~es】【海】係柱.

no·ra·ma·la [no.ra.má.la] 副 悪いことに, 折悪(ｱｼ)しく (= enhoramala).

nor·co·re·a·no, na [nor.ko.re.á.no, -.na] 形 朝鮮民主主義人民共和国[北朝鮮]の.
— 男 女 朝鮮民主主義人民共和国[北朝鮮]の人.

nor·des·tal [nor.ðes.tál] 形 北東の, 北東部の.

***nor·des·te** [nor.ðés.te] 男 北東 (部)（略 NE）; 北東の風 (= viento ~);《形容詞的に》北東の.

nor·des·te·ar [nor.ðes.te.ár] 自【海】（磁針が）北から東を指す.

***nór·di·co, ca** [nór.ði.ko, -.ka] 形 **1** 北の.
2 北欧の, スカンジナビアの. los tres países ~s 北欧三国. **3**【スポ】ノルディックの. combinada *nórdica* ノルディック複合競技. — 男 女 北部の人; 北欧人. — 男 北欧諸語: デンマーク語, ノルウェー語, スウェーデン語などを指す.

nor·dis·ta [nor.ðís.ta] 形 (米国の南北戦争の) 北軍側の (= federal) (↔sudista).
— 男 女 北軍側の人, 北部連邦支持者.

***no·res·te** [no.rés.te] 男 →nordeste.

no·ria [nó.rja] 女 **1**（馬が引く）水くみ水車; 揚水機. **2**（遊園地の）水車形観覧車. **3**《ラ米》(**1**)(ﾒｷ)(ｸﾞｱ)井戸. (**2**)(ﾒｷ)排水管.

****nor·ma** [nór.ma] 女 **1** 規範, 規準; 規格;【言】規範. Hay que respetar ciertas ~s de conducta. 一定の行動規準を守らなくてはならない. ~ ortográfica 正書法上の規範. ~ y uso 規範と用法.
2 規則, 規定, 法律; 原則. La Constitución como ~ fundamental del Estado 国家の基本法としての憲法. como ~ 原則として.
3 [N-]【星座】じょうぎ座 (= Escuadra).
[← 〔ラ〕 *nōrman* (nōrma の対格)【関連】normal, enorme.【英】*normal, norm*]

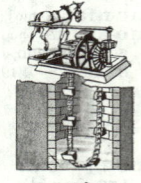

****nor·mal** [nor.mál] 形 **1**《多くは名詞＋》《ser ＋ / estar ＋》正常な, 普通の, 標準の (↔anormal). superior a lo ~ 標準以上の. temperatura ~ 平熱; 常温. el ~ funcionamiento 正常な機能. llevar una vida ~ ふつうの生活を送る. algo que se sale de lo ~ 常軌を逸していること. como lo más ~ del mundo ごく当たり前のことのように. un talento fuera de lo ~ 並外れた才能 (の持ち主). en condiciones ~es 正常な状態で. Se le ve drogado. Nunca *está* ~. 彼は麻薬をやっているようだが, まともなことがない.
2【化】（溶液の）1 規定の; 直鎖状に連結した炭素原子を持つ.
3【数】垂直の;（配列・分布が）正規の. la línea ~ 法線. el plano ~ 法平面.
— 女 **1** 師範学校, 教員養成大学 (= escuela ~)（ﾍﾟ）（スペインでは escuela universitaria de profesorado de EGB の名称で呼ばれる). la Escuela N~ Superior de París パリ高等師範学校.
— 副（話）正常に, 普通に. hablar ~ 普通に話す.
entrar dentro de lo normal (*que* ＋接続法)（…するのは）普通のことである. ¿*Entra dentro de lo* ~ *que* los bebés *duerman* de un tirón? 赤ん坊がぐっすり眠るのは普通なのか.
¡*Normal!* 当たり前だ. Me suspendieron en matemáticas. —¡*N*~! Hacía tiempo que no estudiabas nada. 数学を落とした. 一当たり前だ. ずいぶん前から全然勉強してなかっただろう.
ser normal que ＋接続法 …は当然だ. *Es* ~ *que se disculpe*. 彼[彼女]が謝るのは当然なことだ. No *es* ~ *que tarden* tanto en solucionar el problema. 彼らがその問題の解決にこんなに手間取るのは尋常ではない.

***nor·ma·li·dad** [nor.ma.li.ðáð] 女 正常, 常態. La situación en el país ha vuelto a la ~. 国内の状況は正常に戻った. con ~ 正常に.

nor·ma·lis·ta [nor.ma.lís.ta] 男 女 **1** 師範学校の学生, 教育実習生.
2 《ラ米》(ｸﾞｱ)師範学校等の教師. →normal.

nor·ma·li·za·ción [nor.ma.li.θa.θjón / -.sa.sjón] 女 **1** 正常化. **2** 標準化, 規格化.

nor·ma·li·zar [nor.ma.li.θár / -.sár] 97 他 **1** 正常化する (= regularizar). ~ las relaciones entre los dos países 二国間の関係を正常化する. ~ el servicio de transporte 交通機関の運行を平常に戻す.
2 標準[規格]化する (= estandarizar). ~ la ortografía de una lengua ある言語の正書法を定める.
— ~.*se* 正常[平常]に戻る; 標準[規格]化される. Después de su dimisión *se ha normalizado* la situación. 彼[彼女]の辞任後, 事態は平常に戻った.

nor·mal·men·te [nor.mál.mén.te] 副 通常 (は).

Nor·man·dí·a [nor.man.dí.a] 固名 ノルマンディー: フランス北西部のイギリス海峡に臨む地方.
[*normando* より派生]

nor·man·do, da [nor.mán.do, -.da] 形 **1** ノルマンディーの. **2**【史】ノルマン人の.
— 男 女 **1** ノルマンディーの住民[出身者]

2〖史〗ノルマン人：8-11世紀にヨーロッパ諸地方に侵入して植民した古代スカンディナビア人.
— 男 ノルマンディー方言.
［←〔古仏〕*Normant*←〔中ラ〕*Nortmannus*←〔古スカンディナビア〕*Nordhmann*-(「北の人」が原義)；関連 norte]

nor.mar [nor.már] 他《ラ米》(ﾃｸ)(ﾎﾝ)…の基準[規格]を定める.

***nor.ma.ti.vo, va** [nor.ma.tí.ƀo, -.ƀa] 形 標準[規範]の, 規範的な. gramática *normativa* 規範文法. — 女 規範, 規則.

nor.nor.des.te [nor.nor.dés.te] /
nor.no.res.te [nor.no.rés.te] 男 北北東《略 NNE》；北北東の風, 《形容詞的に》北北東の.

nor.nor.o.es.te [nor.nor.o.és.te] /
nor.no.rues.te [nor.no.rwés.te] 男 北北西《略 NNO》；北北西の風, 《形容詞的に》北北西の.

nor.oc.ci.den.tal [no.rok.θi.ðen.tál / -.si.-] 形 北西(部)の.

***nor.o.es.te** [no.ro.és.te] 男 北西《略 NO》；北西の風(= viento (del) ～), 《形容詞的に》北西の. parte ～ 北西部.

nor.o.es.te.ar [no.ro.es.te.ár] 自〖海〗〈磁針が〉北から北西を指す；〈風が〉北西風に変わる.

nor.o.rien.tal [no.ro.rjen.tál] 形 北東(部)の.

nor.sa [nór.sa] 女《ラ米》(ﾊﾟ+)(ｸﾞｱﾃﾏﾗ) → nurse.

nor.ta.da [nor.tá.ða] 女 北風.

***nor.te** [nór.te] 男 **1** 北, 北部《略 N》. al ～ (de ...) (…の)北に.

2《形容詞的に》北[北部]の, 北から吹く. con rumbo ～ 北方向に. lado ～ 北側. polo ～ 北極. región (del) ～. 北部地方. viento (del) ～ 北風. ～ magnético 北磁極.

3 目標. La paz del mundo debe ser nuestro ～. 世界平和が我々の目指す目標であるべきだ. perder el ～ 目標を失う. **4**《ラ米》(**1**) (ﾒｷｼｺ)アメリカ合衆国. (**2**) (ｴｸｱﾄﾞﾙ)(10月－2月の間に降る)季節はずれの雨. (**3**) (ﾍﾟﾙｰ)(一般に)風. (**4**) (ﾁﾘ)(北風と共に降る)霧雨, 小雨.

［←〔古仏〕*nord*←〔古英〕*north*；関連 norteño, nórdico, normando, Noruega]

nor.te.a.fri.ca.no, na [nor.te.a.fri.ká.no, -.na] 形 北アフリカの. — 男 女 北アフリカの人.

***Nor.te.a.mé.ri.ca** [nor.te.a.mé.ri.ka] 固名 北アメリカ, 北米.

***nor.te.a.me.ri.ca.no, na** [nor.te.a.me.ri.ká.no, -.na] 形 **1** 北米の. Los mexicanos son ～s. メキシコ人は北アメリカ人だ.

2 アメリカ合衆国の. productos ～s 米国製. — 男 女 **1** 北米人. **2** 米国人.

nor.te.ar [nor.te.ár] 他 **1**〖海〗北に針路を取る.
2《ラ米》(ﾒｷｼｺ)〈人の〉気を狂わせる.
— 自 **1** 北風に変わる.
2《ラ米》(ﾊﾟ+)(ﾍﾞﾈｽﾞｴﾗ)(ｺﾛﾝﾋﾞｱ)(ﾁﾘ)(雨を伴った)北風が吹く.

nor.te.co.re.a.no, na [nor.te.ko.re.á.no, -.na] 形 朝鮮民主主義人民共和国の；北朝鮮の. — 男 女 朝鮮民主主義人民共和国の人；北朝鮮人.

nor.te.ño, ña [nor.té.ɲo, -.ɲa] 形 **1** 北の, 北部の. (特にスペイン・ヨーロッパの)北部の. — 男 女 北部の人；(特にスペイン・ヨーロッパの)北部の人.

nor.tes.tos.te.ro.na [nor.tes.tos.te.ró.na] 女〖生化〗ノルテストステロン.

nór.ti.co, ca [nór.ti.ko, -.ka] 形 → nórdico.

nor.ti.no, na [nor.tí.no, -.na] 形《ラ米》(**1**) 北部地方に住む, 北部地方在住の. (**2**) (ﾁﾘ)(ﾍﾟﾙｰ)北の, — 男 女《ラ米》北部地方居住[在住]者.

No.rue.ga [no.rwé.ɣa] 固名 ノルウェー(王国)：首都 Oslo. [←〔中ラ〕*Norvegia*←〔古スカンディナビア〕*Norvegr*「北方地域」が原義]

no.rue.go, ga [no.rwé.ɣo, -.ɣa] 形 ノルウェーの, ノルウェー人[語]の. — 男 女 ノルウェー人. — 男 ノルウェー語：北ゲルマン[ノルド]語の一つ.

no.rues.te [no.rwés.te] 男 → noroeste.

nos [nos] 代名《人称》[1人称複数] ▶ ふつう動詞のすぐ前に置かれるが, 不定詞・現在分詞・肯定命令形とともに用いる場合はその後に付ける.

1《直接目的語》私たちを. Ellos *nos* han ayudado. 彼らが私たちを手伝ってくれた. ¿*Nos* comprende usted? あなたは私たちの言うことがわかりますか.

2《間接目的語》私たちに, 私たちにとって, 私たちから. No *nos* dijeron nada. 彼らは私たちに何も言わなかった. Trató de extraer*nos* información. 彼[彼女]は私たちから情報を引き出そうとした. ▶ 直接目的語の代名詞とともに用いる場合には, その前に置く. — *Nos* lo ha enseñado. 彼[彼女]は私たちにそれを教えた.

3《再帰代名詞》 → se² **1**, **2**, **3**, **4**. ▶ 動詞の1人称複数現在形に後置して「…しましょう」の意味で用いられる場合には, 動詞の最後の -s が脱落する. — Vámonos. 行きましょう.

［←〔ラ〕*nōs*「私たちを」(対格形)；主格も〔ラ〕では同形]

no.se.o.lo.gí.a [no.se.o.lo.xí.a] 女 → gnoseología.

no.se.o.ló.gi.co, ca [no.se.o.ló.xi.ko, -.ka] 形 → gnoseológico.

no.so.co.mio [no.so.kó.mjo] 男 病院 (= hospital).

no.so.fo.bia [no.so.fó.ƀja] 女 病気[疾病]恐怖症.

no.so.ge.nia [no.so.xé.nja] 女〖医〗病因；病因学.

no.so.gra.fí.a [no.so.gra.fí.a] 女〖医〗疾病記述学.

no.so.lo.gí.a [no.so.lo.xí.a] 女〖医〗疾病分類学.

no.so.ló.gi.co, ca [no.so.ló.xi.ko, -.ka] 形 疫病分類学の.

no.so.ma.ní.a [no.so.ma.ní.a] 女〖医〗心気(神経)症.

no.so.mán.ti.ca [no.so.mán.ti.ka] 女 祈禱療法.

***nos.o.tros, tras** [nos.ó.tros, -.tras] 代名《人称》[1人称複数]

1《主語》私たちは[が]. *N*～ ya no somos lo que éramos. 私たちはもう以前の私たちではない. ▶ (**1**) 他と対比させる場合, また主語を強調する場合を除いては省略されることが多い. (**2**) 論文・講演・演説などで, 1人称単数の代わりに用いられる場合がある. *N*～ planteamos aquí una nueva vía de investigación. 著者はここに新たな研究法を提唱する.

2《前置詞＋》私たち. Para ～ lo más sorprendente fue su triunfo contundente. 私たちにとって最も驚くべきことは彼[彼女](ら)の圧倒的な勝利だった. *A* ～ no nos gustan los deportes. 私たちはスポーツは好きではありません.
entre nosotros ここだけの話だが.
［←〔古ラ〕*nos*-←〔ラ〕*nōs*；中世末期に強調形として -*otros* をつけた形が使われ始め, 後にこれが一般形になる]

***nos.tal.gia** [nos.tál.xja] 女 郷愁, 望郷；懐旧の念. sentir ～ de... …を懐かしむ, 懐旧する.

nos·tál·gi·co, ca [nos.tál.xi.ko, -.ka] 形 郷愁を誘う; 昔を懐かしむ. recuerdo ～ 懐かしい思い出.

nos·tal·gio·so, sa [nos.tal.xjó.so, -.sa] 形 《ラ米》(ﾁ) → nostálgico.

nos·ti·cis·mo [nos.ti.θís.mo / -.sís.-] 男 → gnosticismo.

nós·ti·co, ca [nós.ti.ko, -.ka] 形 男 女 → gnóstico.

nos·tra·mo, ma [nos.trá.mo, -.ma] 男 女 《主人に対する呼びかけ》だんな様, 奥様 (＝ nuestramo).
── 男 《海》《contramaestre に対する呼びかけ》掌帆長(殿), 兵曹長(殿).

nos·tras [nós.tras] 形 《性数不変》《病気が》ある国[地方]に特有な; (特にヨーロッパの)風土的な. cólera ～ 地方性コレラ.

︎︎no·ta[1] [nó.ta] 女 **1 メモ, 覚え書, 記録; 短信.** tomar ～(s) メモする. Le he dejado una ～ encima de la mesa. 私は彼[彼女]にテーブルの上にメモを残した.
2 注, 傍注, 注釈; (文中に用いる)記号, 符号. ～ a pie de página 脚注. ～ marginal 欄外の注. Te he puesto algunas ～s en el informe; revísalas. 君の報告書にいくつかメモを書いておいたから見直しなさい.
3 成績; よい成績; 《複数で》通知表(♦sobresaliente 優, notable 良, aprobado 可, suspenso 不可). sacar buenas ～s よい成績をとる. dar una mala ～ 悪い点を与える.
4 伝票, 勘定書き. Tráigame la ～. お勘定をお願いします.
5 音符.
6 音(♦do, re, mi, fa, sol, la, si ドレミファソラシ). ～ dominante (音階の)第5音, 属音. **7** 《法》(判決取り消しの控訴に関する)簡単な裁判記録. **8** (外交上)文書, 通達, 覚書. ～ diplomática 外交文書[通牒(ﾁｮｳ)]. ～ verbal 口上書. **9** 特徴, 特色; 評判. de mala ～ 評判の悪い. de ～ 有名な. **10** 《ラ米》約束[支払]手形.
── 男 《話》やつ. ¿Pero qué quiere ese ～? でもあいつは何が望みなんだ.
dar la nota (話)目立つ, 人目をひく.
nota discordante 調子はずれの音; 調和を乱す言動.
orzar la nota (話)誇張する.
pasarse la nota 《ラ米》(ﾒｷｼ) (話)大げさに言う.
tomar (buena) nota (de...) (…に)留意する, (…)を気にかける.

nota (音符)

1 ～ redonda 全音符. 2 ～ blanca 2分音符.
3 ～ negra 4分音符. 4 ～ corchea 8分音符.
5 ～ semicorchea 16分音符. 6 ～ fusa 32分音符.
7 ～ semifusa 64分音符.

no·ta[2] [nó.ta] 活 → notar.

no·ta be·ne [nó.ta bé.ne] 〘ラ〙 注, 注記 (＝ Nótese bien)《略 N. B.》.

no·ta·bi·li·dad [no.ta.bi.li.ðáð] 女 **1** 著名; 顕著さ. **2** 著名人, 名士.

no·ta·bi·lí·si·mo, ma [no.ta.bi.lí.si.mo, -.ma] 形 [notable の絶対最上級] 非常に著名な; 極めて顕著な.

︎︎no·ta·ble [no.tá.ble] 形 **1** (＋名詞/名詞＋) **顕著な, 注目に値する, 著しい.** Con el tratamiento se observó una ～ mejoría. 治療により著しい改善が見られた. ～ diferencia 大きな違い.
2 (＋名詞/名詞＋) 優れた, 非凡な, すばらしい; 有名な. obra ～ 特筆すべき作品. abogado ～ 著名な弁護士.
── 男 **1** (成績の) 良. → nota[1] 3.
2 《複数で》名士, 有力者. asambleas de ～s《史》(フランスの)名士議会.

no·ta·ble·men·te [no.tá.ble.mén.te] 副 目だって, 顕著に.

no·ta·ción [no.ta.ðjón / -.sjón] 女 **1** (記号体系による)表示(法), 表記(法). ～ química 化学記号(法). ～〔数〕記数法(＝ ～ matemática); 〔音楽〕記譜法(＝ ～ musical). **3** 注釈, メモ.

︎︎no·tar [no.tár] 他 (1) …**に気づく, …を感じとる**《que＋直説法 …ということに》気づく. ～ un cambio de temperatura 気温の変化に気づく. ～ un dolor en la espalda 背中に痛みを覚える. Ella *notó que se le acercaba* un coche. 彼女は車が一台近づいてくるのに気づいた. (2)《＋形容詞・副詞・名詞および その相当語句》(人・ものが)《…であることに》気づく(► 形容詞は自的語の性・数に一致する). La *noto rara* hoy. 今日, 彼女は様子が変だ.
2 書き留める; …に注[しるし]をつける.
3 《de＋形容詞・名詞および その相当語句 …であると》評する; 非難する. Fue *notado de arrogante*. 彼は傲慢(ｺﾞｳﾏﾝ)であると非難された.
── ～**·se** 再 **1** 《3人称で》感知される, 見てとれる. *Se le notaba* un cansancio en su voz. 彼[彼女]の声には疲れが感じられた. A ella no *se le nota* la edad. 彼女は年を感じさせない. **2** 《＋形容詞・副詞・名詞および その相当語句》自分が《…であることに》気づく(► 形容詞は主語の性・数に一致する). Estos días *me noto* más *vieja*. 最近私は老け込んだような気がする.
hacer notar 指摘する. El jefe me *hizo* ～ que yo era la responsable. 上司は私に責任があると指摘した.
hacerse notar 注目を集める, 目立つ. El periodista *se hace* ～ por su influencia sobre los políticos. そのジャーナリストは政治家への影響力で目立っている.
[← 〘ラ〙 *notāre* (nota 「しるし」より派生)]【関連】anotar, notable, notación. 〘英〙*note*〙

no·ta·rí·a [no.ta.rí.a] 女 公証人の職; 公証人事務所.

no·ta·ria·do, da [no.ta.rjá.ðo, -.ða] 形 公正証書にした. ── 男 公証人の仕事;《集合的》公証人.

no·ta·rial [no.ta.rjál] 形 公証人の; 公証人の作成した. acta ～ 公正証書.

no·ta·ria·to [no.ta.rjá.to] 男 公証人の資格[職務].

︎no·ta·rio, ria [no.tá.rjo, -.rja] 男 女 **1 公証人.** ante ～ 公証人の前で. pasante de ～ 公証人見習い.
2 証人. **3** 書記.
notario de diligencias 執行官.

note·book [nóut.buk] 〘英〙 男 [複 ～s, ～] ノー

トパソコン.

no‧ti‧cia [no.tí.θja / -.sja] 囡 **1** 知らせ；便り, 消息, 音信. mala 〜 悪い知らせ. traer 〜s 知らせをもたらす. Es la primera 〜 que tengo. それは初耳だ. No tengo 〜s suyas desde hace cinco años. 私は5年前から彼[彼女](ら)の消息を耳にしていない. A la espera de sus 〜s. 《手紙》返事をお待ちしております.
2（新）情報, ニュース；最近の出来事；うわさ. 〜 bomba ビッグニュース. 〜 necrológica (新聞の) 死亡記事. Me ha bajado el colesterol a 190, lo que es una buena 〜. コレステロールが190になった, よいニュースだ. No me había llegado la 〜 de que le iban a nombrar director. 彼が部長になるなどということは聞いていなかった. La 〜 ha hecho temblar a toda la nación. その出来事は国中を揺るがせた. circular la 〜 de que... …というううわさが広まる.

[類語] *noticia* は情報, 報道としての「ニュース」→ últimas *noticias* 最新のニュース. *novedad* は「ニュースになる出来事［もの］」→ últimas *novedades* 新製品. *novedades* de la semana 週間ニュース, 今週の出来事.

3（複数で）（話）（テレビ・ラジオなどの）ニュース. No leo el periódico, sólo veo 〜s en la tele. 僕は新聞は読まない, テレビのニュースを見るだけだ.
4 知識, 認識.
dar una noticia a＋人 〈人〉に知らせを伝える.
Las malas noticias llegan las primeras. 《諺》便りのないのはよい便り（←悪い知らせは真っ先に来る）.
tener noticia(*s*) *de*... …について知っている, 〈人〉から便りを受ける.
[←［ラ］*nōtitiam* (*notitia* の対格)「知識；うわさ」(*nōscere*「知っている」の完了分詞 *nōtus* より派生）；[関連] *conocer*]

no‧ti‧ciar [no.ti.θjár / -.sjár] 82 他 知らせる, 通知する, 通報する.
no‧ti‧cia‧rio [no.ti.θjá.rjo / -.sjá.-] 男 《ラジオ》《TV》ニュース（番組）；ニュース映画. 〜 deportivo スポーツニュース.
no‧ti‧cie‧ro, ra [no.ti.θjé.ro, -.ra / -.sjé.-] 形 報道の, ニュースの.
— 男 囡 (ラ米)(ｸﾞｧﾃ)(ﾆｶﾗ)(ﾊﾟ)(ｴﾙｻﾙ)→ noticiario.
no‧ti‧ción [no.ti.θjón / -.sjón] 男 （話）ビッグニュース, センセーショナルなニュース. [noticia＋ 増大辞]
no‧ti‧cio‧so, sa [no.ti.θjó.so, -.sa / -.sjó.-] 形 (*de*... …を）知って, 熟知して.
— 男 囡 (ラ米)(ﾎﾟ)ニュース（番組）.
*no‧ti‧fi‧ca‧ción [no.ti.fi.ka.θjón / -.sjón] 囡
1 通知, 通告, 告示. **2** 通知書, 通告書.
no‧ti‧fi‧ca‧do, da [no.ti.fi.ká.ðo, -.ða] 形 《法》通知[告示]された.
— 男 囡 被通告人.
‡**no‧ti‧fi‧car** [no.ti.fi.kár] 102 他 通知する, 通告する, 知らせる.
no‧ti‧fi‧ca‧ti‧vo, va [no.ti.fi.ka.tí.βo, -.βa] 形 通知する, 通告の. nota *notificativa* 通知書.
no‧to¹ [nó.to] 男 南風.（＝austro）.
no‧to² [nó.to] 活 → notar.
no‧to, ta¹ [nó.to, -.ta] 形 世に知られた, 周知の.
no‧to, ta² [nó.to, -.ta] 形 私生の, 庶出の.
no‧to‧ria‧men‧te [no.tó.rja.mén.te] 副 明らかに.
no‧to‧rie‧dad [no.to.rje.ðáð] 囡 **1** 有名, 評判,

名声. **2** 明白さ.
‡**no‧to‧rio, ria** [no.tó.rjo, -.rja] 形 **1** よく知られた, 周知の；有名な. criminal 〜 名うての犯罪者. 〜 a todos あまねく知られた.
2 明白な. ser público y 〜 歴然としている.
no‧tro [nó.tro] 男 《ラ米》(ﾁﾘ)(ｱﾙｾﾞﾝ)《植》ヤマモガシ科エムボスリウム属の一種.
no‧ú‧me‧no [no.ú.me.no] 男 《哲》本体, 実体, 物自体 (↔fenómeno).
nov.（略）*noviembre* 11月.
no‧va [nó.βa] 囡 《天文》新星.
no‧va‧ción [no.βa.θjón / -.sjón] 囡 《法》(契約などの) 更改, 変更.
no‧va‧dor, do‧ra [no.βa.ðór, -.ðó.ra] 男 囡 改革(論)者, 革新者.
no‧val [no.βál] 形 **1** （土地が）初めて開墾[耕作]される, 新開の. **2** （開墾地で）初収穫の.
no‧var [no.βár] 他 《法》更改[更新]する.
no‧va‧da [no.βa.tá.ða] 囡 **1** （新入生・新兵に対する）悪ふざけ. dar una 〜 a... …に新入生[新人]いびりをする. ◆スペインの学生寮などで新入生が一度は経験する上級生による儀式. もっともポピュラーなのは hacer la petaca（ベッドのシーツを横に二つ折りにして足を伸ばせないようにする）など.
2 初心者のへま, 未熟ゆえの失敗. pagar la 〜〈初心者が〉へまをする, 失敗する.
no‧va‧to, ta [no.βá.to, -.ta] 形 新米の；未経験の. 〜 en los negocios 商売に不慣れな.
— 男 囡 初心者, 新米；新入生.
no‧va‧tor, to‧ra [no.βa.tór, -.tó.ra] 男 囡 →novador.
no‧ve‧cen‧tis‧mo [no.βe.θen.tís.mo / -.sen.-] 男 《文学》ノベセンティスモ：1900年から1930年にかけてスペインを中心に起こった文学運動[潮流].
no‧ve‧cen‧tis‧ta [no.βe.θen.tís.ta / -.sen.-] 形 ノベセンティスモの；ノベセンティスモに傾倒した.
— 男 囡 ノベセンティスモ傾倒者.
*no‧ve‧cien‧tos, tas** [no.βe.θjén.tos, -.tas / -.sjén.-] 形 《数詞》900の；900番目の.
— 男 900（の数字）.
‡‡**no‧ve‧dad** [no.βe.ðáð] 囡 **1** 新しさ, 斬新(ｻﾞﾝｼﾝ)さ. En el mundo de los ordenadores, las 〜es dejan de serlo en sólo unos meses. コンピュータの世界では新しいものも2・3か月で古くなる.
2 最近の事件[出来事], ニュース. ¡Hombre! ¿Qué tal? ¿Alguna 〜? やあ, 元気かい. 何か変わったことはあるかい. ¡Qué 〜! これはビッグニュースだ. 〜 de la semana 今週の出来事. ⇒ noticia [類語].
3 目新しさ. ¿A los niños les gustó la niñera? — Claro, por la 〜. 子供たちベビーシッターが気に入った. — もちろん, もの珍しさでね.
4 変化, 進展, 異常.
5 （複数で）新作, 新製品；新刊書；（ウェブサイトの）更新情報. últimas 〜es 最新製品. Ya están a la venta las 〜es de este otoño. もう秋の新作を売っているよ.
sin novedad (alguna) (**1**) 無事に. ¿Llegó *sin* 〜? — Sí, gracias a Dios. 無事に着きましたか. — ええ, おかげさまで. (**2**) 変化なく；異常なく. pasar el día *sin* 〜 一日を何事もなく過ごす. *Sin* 〜 *en el frente*『西部戦線異常なし』（レマルク作の小説）.
[←［ラ］*novitātem* (*novitās* の対格；*novus*「新しい」より派生）；[関連]［英］novelty]

no·ve·do·so, sa [no.βe.ðó.so, -.sa] 形 **1** 新しい,新奇な,斬新な.
2《ラ米》新しい物好きな,新しがり屋の.
no·vel [no.βél] 形 新進の,新米の.
――男 女 新人,初心者,新参者.

****no·ve·la** [no.βé.la] 女 **1 小説** (▶ 短編小説は *cuento*). ～ *bizantina* (ギリシャ古典小説をまねた) ビザンチン小説. ～ *contemporánea* 現代小説. ～ *de aventuras* 冒険小説. ～ *caballeresca* [*de caballería*] 騎士道小説. ～ *de folletín* (新聞の) 連載小説. ～ *de tesis* (19世紀末から20世紀初の) 傾向小説, 問題小説. ～ *epistolar* 書簡体小説. ～ *histórica* 歴史小説. ～ *negra* (社会風刺的な) 探偵小説. ～ *pastoril* 牧人小説. ～ *picaresca* ピカレスク小説. ～ *policiaca* 推理小説. ～ *por entregas* 連載小説. ～ *realista* 写実小説. ～ *rosa* (多くの場合ハッピーエンドの) 恋愛小説, 感傷小説. ～ *sentimental* (15, 16世紀の多くの場合悲劇の) 恋愛小説, 感傷小説.
2 (文学ジャンルとしての) 小説;《集合的》小説. Estudia la ～ *hispanoamericana*. 彼[彼女]はイスパノアメリカ小説を研究している.
3 フィクション, うそ; うそのような出来事.
4 (ラジオ・テレビの) ドラマ, 連続小説. Mi abuela escucha todos los días ～*s radiofónicas*. 祖母は毎日ラジオ小説を聞いている. **5** *N*～*s*《史》(ユスチニアヌス宝典以後のローマ法の) 改訂勅法.
[← [伊] *novella*「新しい話, ニュース」が原義); [ラ] *novus*「新しい」より派生; 関連 novelesco, novelista. [英] *novel*]
no·ve·la·ble [no.βe.lá.βle] 形 小説化できる.
no·ve·la·do, da [no.βe.lá.ðo, -.ða] 形 小説化された;小説形式の. *obra histórica novelada* 史実を小説化した作品.
no·ve·la·dor, do·ra [no.βe.la.ðór, -.ðó.ra] 男 女 → novelista.
no·ve·lar [no.βe.lár] 他 小説化する.
――自 **1** 小説を書く. **2** 話を捏造(ねつぞう)する.
no·ve·le·ar [no.βe.le.ár] 自《話》**1** 小説を書く;誇張して話を言う;うそを言う.
2《ラ米》(アンデス) 詮索する.
no·ve·le·rí·a [no.βe.le.rí.a] 女 **1** 新しもの好き.
2 話好き. **3** 現実離れした考え, 夢想. **4** 作り話, ゴシップ.
no·ve·le·ro, ra [no.βe.lé.ro, -.ra] 形 **1** ゴシップ好きの, うわさ好きの, 夢想家の. **2** 新しもの好きの. **3** 空想的な. **4** 小説好きの. ――男 女 **1** 小説の好きな人. **2** 空想家. **3** 新しもの好きな人. **4** ゴシップ好きな人.
no·ve·les·co, ca [no.βe.lés.ko, -.ka] 形 **1** 小説の, 小説的な. *género*～(ジャンルとしての) 小説.
2 空想的な, 現実離れした. *situación novelesca* 現実離れした状況.
***no·ve·lis·ta** [no.βe.lís.ta] 男 女 **小説家**.
no·ve·lís·ti·ca [no.βe.lís.ti.ka] 女 **1** 小説文学;《集合的》小説. **2** 小説研究, 小説論.
no·ve·lís·ti·co, ca [no.βe.lís.ti.ko, -.ka] 形 小説の.
no·ve·li·zar [no.βe.li.θár / -.sár] 97 他 小説化する.
no·ve·lón [no.βe.lón] 男 **1**《軽蔑》長編通俗小説. **2** すばらしい長編小説.
no·ve·na [no.βé.na] 女 **1**《カト》(1) (神・聖母・聖人にささげる) 9日間の祈り;9日間の祈りの祈禱(きとう)書. (2) 死者に対する9日間の供養.
2《ラ米》(アンデス) 野球チーム, ナイン.

no·ve·na·rio [no.βe.ná.rjo] 男《カト》**1** 服喪の9日間;死後9日目に行われる供養.
2 (聖人にささげる) 9日間の祈り.
no·ven·dial [no.βé.no, no.βen.djál] 形 9日間の喪の.

****no·ve·no, na** **1** 9番目の, 第9の. *Llegó en ～ lugar en el maratón y no consiguió ningún premio.* 彼[彼女]はマラソンで9番目に着いたので入賞しなかった.
2 9分の1の. *una novena parte de los españoles* スペイン人の9分の1.
――男 9分の1 (= la *novena* parte). *cuatro ～s* 9分の4.
[← [俗ラ] *novenu← [ラ] *novēnus*「9ずつの」(*novem*「9」より派生); 関連 noviembre. [英] *nine*]

****no·ven·ta** [no.βén.ta] 形《数詞》**1**《+名詞》90の, 90人[個]の. **2**《名詞+》90番目の. ――男 90;90の数字.
[← [古スペ] *novaenta*← [俗ラ] *novaginta*← [ラ] *nōnāgintā* ← *nō(vē)nus*「第9番の;9ごとの」より派生; 関連 nueve]
no·ven·ta·vo, va [no.βen.tá.βo, -.βa] 形《数詞》**1** 第90 (番目) の (= nonagésimo). **2** 90分の1の. ――男 90分の1.
no·ven·ta·y·o·chis·ta [no.βen.tai.o.tʃís.ta, -.ta.jo.-] 形 98年の世代の.
――男 女 98年の世代の作家. ♦1898年スペインが米西戦争に敗北し, キューバ, プエルトリコ, フィリピンを失ったころに形成された作家たちのグループ. スペインの歴史と民族の精神を全面的に検証し, 自国の再生への道を求めた. 代表的な作家は Unamuno, Azorín, Valle-Inclán, Baroja, Antonio Machado, Ramiro de Maeztu.
no·ven·tón, to·na [no.βen.tón, -.tó.na] 形《話》90歳代の. ――男 女《話》90歳代の人.
no·via [nó.βja] 女 → novio.
no·viar [no.βjár] 82 自《ラ米》(チリ)(コ)(アル)(**con**... と) 恋人付き合いする.
no·viaz·go [no.βjáθ.ɣo / -.βjás.-] 男 婚約;婚約期間. *Han tenido un ～ de siete años.* 彼らには7年間の婚約時代があった. *romper su ～* 婚約を解消する.
no·vi·cia·do [no.βi.θjá.ðo / -.sjá.-] 男 **1**《カト》(修道誓願を立てるための) 修練期;《集合的》修練者;修練院. **2** 見習い[修業] 期間, 見習い[修業中] の身分.
no·vi·cio, cia [no.βí.θjo, -.θja / -.sjo, -.sja] 形 新米の, 未経験の. ～ *en los negocios* 仕事に未熟な. ――男 女 **1**《カト》修練者. **2** 初心者, 初学者; 見習い, 新米. **3** 控えめな人.

****no·viem·bre** [no.βjém.bre] 男 **11月** (略 *nov.*). *el cinco de ～* 11月5日. *En ～ y diciembre coma quien tuviere y quien no tuviere siembre.*《諺》11月と12月は持つ者は食えばいい, 持たざる者は種をまけ.
[← [ラ] *Novembrem* (*November* の対格) (*novem*「9」より派生; ローマ古暦の第9月); 関連 [ポルトガル] *novembro*. [仏] [伊] *novembre*. [英] [独] *November*]

no·vie·ro, ra [no.βjé.ro, -.ra] 形《話》ほれっぽい, 恋人関係になりたがる.
no·vi·lla [no.βí.ʎa ‖ -.ʎá, -.] 女 → novillo.
no·vi·lla·da [no.βi.ʎá.ða ‖ -.ʎá-, -.] 女 **1**《闘牛》若牛による闘牛. ♦本物の闘牛に不適格な成牛が出ることもある. **2**《集合的》若牛.

nu·vi·lle·ro [no.βi.jé.ro ‖ .-ʝe-.] 男 **1** 若牛飼い, 若牛番. **2** 〖闘牛〗見習闘牛士, 若牛相手の闘牛士. **3** 〘話〙ずる休みする生徒.

no·vi·llo, lla [no.βi.ʎo, -.ʎa ‖ -.ʝo, -.ʝa] 男 女 **1** (2–3歳の)若牛. **2** 〖複数で〗若牛による闘牛. ― 男 **1** 妻に不貞を働かれた夫. **2** 〖ラ米〗(㋖)(㋘) 2, 3歳の去勢牛.
hacer novillos 〘話〙ずる休みする, 学校をサボる.
[←〖ラ〗*novellum* (*novellus* の対格) 形 「新しい」+ 縮小辞)]

no·vi·lu·nio [no.βi.lú.njo] 男 新月.

no·vio, via [nó.βjo, -.βja] 男 女 **1** 恋人, ボーイフレンド, ガールフレンド；婚約者, フィアンセ. ser ~s formales 正式に婚約している. Manolo acaba de romper con su *novia* Clara. マノロは恋人のクララと別れたばかりだ. Tengo ~. 私は付き合っている人がいる (▶ 具体的な恋人に言及せず, 付き合っている人がいるというニュアンスで無冠詞). Elisa tiene un ~ que se llama Marcos. エリサにはマルコスという名の彼がいる. **2** 新郎, 花婿；新婦, 花嫁. ¡Vivan los ~s! 新郎新婦万歳. traje de *novia* 花嫁衣装. viaje de ~s 新婚旅行 (= luna de miel). Los ~s llegaron tarde a la iglesia. 新郎新婦は教会に遅れて到着した. **3** 〘話〙〖複数で〗欲しいと思う人々. En mi empresa los destinos que tienen más ~s son las capitales europeas. 私の会社では任地として一番人気があるのはヨーロッパの国々の首都だ.
quedarse compuesto y sin novia / *quedarse compuesta y sin novio* 〘話〙当てが外れる；結婚を目前にして相手に捨てられる.
[←〖俗ラ〗*novius*, *-via*「新郎, 新婦」(〖ラ〗*novus*「新しい」より派生)]

no·ví·si·mo, ma [no.βí.si.mo, -.ma] 形 [*nuevo* の絶対最上級] **1** 非常に新しい, 真新しい, 最新の. *Novísima* Recopilación (スペインで1845年に編纂された) 最新法令集. **2** 最後の.
― 男 〖複数で〗〖宗〗四終：死・審判・地獄・天国からなる死後の四大事.

no·vo·ca·í·na [no.βo.ka.í.na] 女 〖薬〗〖商標〗ノボカイン：局所麻酔剤.

no·vo·his·pa·no, na [no.βois.pá.no, -.na] 形 〘文章語〙Nueva España 出身の, スペイン統治時代のメキシコ出身の.

no·yó [no.jó] 男 (焼酎(㋛㋩)に苦扁桃(㋐㋷)・砂糖で味付けした) リキュール. [←〖仏〗*noyau*「果実の芯(㋣)」]

Np 〖化〗neptunio ネプツニウム.

N. S. (J. C.) 〘略〙*N*uestro *S*eñor (*J*esucristo) 我らの主 (イエス・キリスト).

N. T. 〘略〙*N*uevo *T*estamento 新約聖書.

-nte 〘接尾〙**1** 動詞に付いて「…する (ような) の」の意を表す形容詞語尾. **2** 動詞について「…する人」の意を表す名詞語尾. ▶ -ar 動詞の場合は -ante, -er, -ir 動詞の場合は -(i)ente となる. また **2** で女性をさす場合は -nta となることがある. → apremiante, asistente, dependienta.

NU 〘略〙*N*aciones *U*nidas. → ONU.

nu·ba·da [nu.βá.ða] 女 **1** にわか雨, 驟雨(㋛㋠). **2** 多数, たくさん.

nu·ba·do, da [nu.βá.ðo, -.ða] 形 → nubarrado.

nu·ba·rra·da [nu.βa.řá.ða] 女 → nubada.

nu·ba·rra·do, da [nu.βa.řá.ðo, -.ða] 形 〈布地が〉雲紋 [波紋] のある. seda *nubarrada* 雲紋のある絹地.

nu·ba·rrón [nu.βa.řón] 男 **1** 黒雲, 雷雲, 雲. **2** 〘話〙問題, 障害.

nu·be [nú.βe] 女 **1** 雲. ~ oscura y amenazadora. 暗くて雨を予感させる雲. ~ de tormenta 嵐雲. mar de ~s 雲海. En mis sueños podía sobrevolar las ~s. 夢の中で僕は雲の上を飛べた.

〖関連〗雲：altocúmulo 高積雲. altoestrato 高層雲. cirro 絹雲. cirrocúmulo 絹積雲. cirroestrato 絹層雲. cúmulo 積雲. cúmulonimbo 積乱雲. estrato 層雲. estratocúmulo 層積雲. fractocúmulo 片積雲. fractoestrato 片層雲. nimboestrato 乱層雲.

2 (昆虫などの) 大群；(雲のように見える一面の) 煙, ほこり, 砂塵(㋐). una ~ de mosquitos [abejas, langostas, moscas] 蚊(㋖) [ハチ, イナゴ, ハエ] の大群. levantar una ~ de polvo 土煙を上げる. **3** (好ましくない人・ものの) 一群, 大群. Le ha rodeado una ~ de periodistas [fotógrafos, cámaras] al salir del aeropuerto. 空港の出口で彼は一群の新聞記者 [カメラマン, カメラ] に取り囲まれた. **4** (疑惑・不満・悲哀・心配などの) 陰り, 曇り. No hay una ~ en mi felicidad. 私の幸福にはなんの陰りもない. **5** (宝石・透明なものの) 曇り, 傷. **6** (目の) かすみ, (角膜の外の) 混濁, 斑点(㋩). **7** 〖ラ米〗(㋖)(菓子・花を入れた祭日用の) 飾りかご.
caer de las nubes びっくりする；夢から現実の世界に戻る, 夢から覚める.
como caído de las nubes 突然, 思いがけなく. La reunión iba bien hasta que el director general apareció *como caído de las* ~s. 局長が突然現れるまでは会議はうまくいっていた.
descargar la nube (1) どしゃぶり [あらし] になる. (2) 堪忍袋の緒が切れる.
estar [*vivir*] *en las nubes* / *andar por las nubes* ぼんやりしている, うっかりしている；現実離れしている. No entendió nada de lo que dijo el profesor pues *estaba en las* ~s. 彼[彼女]はぼうっとしていたので先生の言ったことが何もわからなかった. Él es un artista, y como *vive en las* ~s, no se preocupa nada del dinero. 彼は芸術家で現実離れしていてお金のことは何も気にしない.
nube de verano [*lluvia*] 夕立, 夕立雲；(一時的な) 小さないさかい；不快感, 怒り. pasar como *una* ~ *de verano* 一時的である, 長く続かない. Esa pelea ha sido simplemente *una* ~ *de verano*. そのいさかいはほんの一時的なものだった.
poner... por las nubes …をほめちぎる. Me *han puesto por las* ~s. 私はべたほめされた.
por las nubes 非常に高価な. ▶ 動詞 estar, ponerse をとることが多い. ➪ Con tantos tifones como llegan ahora las verduras están *por las* ~s. 台風が次々にやってくるので今野菜が非常に高い.
[←〖ラ〗*nūbem* (*nūbēs* の対格) より.] nublar, nuboso, nubada. 〖ポルトガル〗*nuvem*. 〖仏〗*nuage*. 〖伊〗*nube*]

nu·bien·se [nu.βjén.se] 形 (アフリカ北東部の地方, 古代の王国) ヌビア Nubia の. ― 男 ヌビア人.

nu·bí·fe·ro, ra [nu.βí.fe.ro, -.ra] 形 〘文章語〙雲のある, 雲をはらむ, 雲を呼ぶ.

nú·bil [nú.βil] 形 〈主に女性が〉婚期の, 結婚適齢期の, 年ごろの.

nu·bi·li·dad [nu.βi.li.ðáð] 女 結婚適齢期 (にあること).

nu·bi·lo·so, sa [nu.bi.ló.so, -.sa] 形 《文章語》 **1** 曇った,雲で覆われた. **2** 不運な;陰気な.

nu·bio, bia [nú.bjo, -.bja] 形 (アフリカ北東部の)ヌビアの. —男女 ヌビア人. —男 ヌビア語.

*__nu·bla·do, da__ [nu.blá.ðo, -.ða] 形 **1** 曇った, どんよりとした. cielo ~ 曇った空. Está ~. 曇っている. 〈表情が〉曇った, 陰った. mirada *nublada* por el odio 憎悪にみちた目つき.
— 男 **1** 曇天, 一面の黒雲[あらし雲]. levantarse el ~ 空が晴れる. **2** 危険;不安, 不機嫌, 怒り. **3** → nube 3.
descargar el nublado (1) どしゃ降り[あらし]になる. (2) 堪忍袋の緒が切れる.
pasar el nublado 空が晴れる;怒りが治まる;危険[不安]がなくなる.

nu·blar [nu.blár] 他 **1** 〈雲が〉覆う;暗くする, 覆い隠す. Los nubarrones *nublaban* el cielo. 黒雲が空を覆っていた. **2** 〈視界・心などを〉曇らせる. Las lágrimas me *nublaron* los ojos. 涙で私は目が見えなくなった. **3** 〈幸福・名声などに〉暗い影を投げる, 陰らす;〈理性を〉かき乱す. La discusión *nubló* la alegría reinante. その議論のために盛り上がっていた雰囲気が台なしになってしまった.
— ~·**se** 再 〈空・心などが〉曇る. *Se me ha nublado* la vista. 私は目がかすんだ.

nu·bla·zón [nu.bla.θón / -.són] 男 《ラ米》 曇天, 曇り空.

nu·blo, la [nú.blo, -.la] 形 → nublado 1.
— 男 **1** 暗雲, 雨雲. **2** 〈穀物の〉黒穂病.

nu·blo·so, sa [nu.bló.so, -.sa] 形 **1** → nublado 1. **2** 不運な;陰気な.

nu·bo·si·dad [nu.bo.si.ðáð] 女 曇り, 曇天.

*__nu·bo·so, sa__ [nu.bó.so, -.sa] 形 雲の多い. cielo ~ 曇天.

*__nu·ca__ [nú.ka] 女 うなじ, 襟足. golpe en la ~ (ボクシング)ラビットパンチ.
[← 〔中ラ〕 *nucha* ← 〔アラビア〕 *nukhā* 「脊髄(ずい)」;関連〔英〕 *nucha*]

nu·cle·a·do, da [nu.kle.á.ðo, -.ða] 形 核のある.

*__nu·cle·ar__ [nu.kle.ár] 形 核の, 原子核の;原子力の. armas ~*es* 核兵器. central ~ 原子力発電所. física ~ 原子核物理学. fisión ~ 核分裂. fusión ~ 核融合. guerra ~ 核戦争. prueba ~ 核実験. reactor ~ 原子炉. refugio ~ 核シェルター.

nu·cle·a·rio, ria [nu.kle.á.rjo, -.rja] 形 → nuclear.

nu·cle·a·ri·za·ción [nu.kle.a.ri.θa.θjón / -.sa.sjón] 女 (発電所の)原子力化, 原子力発電所の建設, (軍隊・国の)核武装化, 核兵器装備.

nu·cle·a·ri·zar [nu.kle.a.ri.θár / -.sár] 97 他 **1** 〈地域に〉原子力発電所を建設する. A pesar de las protestas, *nuclearizaron* mi tierra natal. 反対運動にもかかわらず, 私の故郷に原子力発電所が建設された.
2 〈軍隊・国を〉武装化する, 〈軍隊・国に〉核兵器を装備する. ~ el ejército 軍隊に核兵器を装備する.

nu·clei·co, ca [nu.kléi.ko, -.ka] 形 〖生化〗 ácido ~ 核酸. → desoxirribonucleico.

*__nú·cle·o__ [nú.kle.o] 男 **1** 核, 核心, 最重要部分 ; 芯(しん), 〈集合物・集団などの〉中心部分. El ~ del problema es la dificultad de comunicación. 問題の核心はコミュニケーションの難しさにある. Tratamos de ver el ~ central de las cosas para encontrar la verdad. 我々は真実を発見するためにものの核心部分を見ようとする.
2 〈果物の〉種, 核 ; 〈木の実の〉仁 ; 〖電〗(コイルの)核心.
3 集落, 居住地. ~ residencial 住宅地. ~ urbano 都市部. ~ de población 人口密集地域.
4 〖生物〗 細胞核 (= ~ celular). **5** 〖物理〗原子核. Los protones y los neutrones constituyen el ~ del átomo. 原子核はプロトンとニュートロンで構成されている. **6** 〖天文〗(星の)中心部 ; (地球の) 核, (彗星(すい)の)核. ~ de la tierra 地球の核. ~ interno [externo] (地球の)内核[外核]. ~ del [de un] cometa 彗星核. **7** 〖言〗(句の)核. El ~ del sintagma nominal "el coche rojo" es el sustantivo "coche". 「赤い車」という名詞句の核は「車」という名詞である.
[← 〔ラ〕 *nucleum* (*nucleus* の対格) (原義は「クルミの実の食べられる部分」) ; *nux* 「クルミ」より派生 ; 関連〔英〕 *nucleus*]

nu·cle·o·lo [nu.kle.o.lo] 男 〖生物〗 核小体, 仁(じん).

nu·cle·ón [nu.kle.ón] 男 〖物理〗核子 : 陽子と中性子の総称.

nu·cle·o·pro·te·í·na [nu.kle.o.pro.te.í.na] 女 〖生物〗 核たんぱく質.

nu·cle·ó·si·do [nu.kle.ó.si.ðo] / **nu·cle·ó·ti·do** [nu.kle.ó.ti.ðo] 男 〖生化〗 ヌクレオチド.

nu·co [nú.ko] 男 《ラ米》(チ) 〖鳥〗 ミミズク.

nu·di·llo [nu.ðí.jo ‖ -.ʎo] 男 **1** 《主に複数で》指の関節. pegar con los ~*s* (指の節で)ノックする.
2 (編み物の)目. **3** 埋め木.
comerse [morderse] los nudillos いらいらする.
[*nudo* + 縮小辞]

nu·dis·mo [nu.ðís.mo] 男 裸体主義, ヌーディズム.

nu·dis·ta [nu.ðís.ta] 形 裸体主義者の ; ヌーディストの. — 男女 裸体主義者 ; ヌーディスト.

*__nu·do__ [nú.ðo] 男 **1** 結び目, 結び. hacer un ~ 結ぶ, 結び目を作る. ~ corredizo 引き結び. ~ de rizo 平(ひら)結び. ~ plano [llano] 一重[止め]結び. ~ de la corbata ネクタイの結び目.
2 絆(きずな), つながり. ~ de la amistad 友情の絆. ~ del matrimonio 夫婦の結びつき.
3 合流点, 交点. ~ de comunicación 通信[交通]の要所. ~ ferroviario 乗換駅. ~ de carreteras (幹線道路の)ジャンクション.
4 (茎の)節, (幹・根の)こぶ, 節目 ; 〖解剖〗結節, こぶ ; (動物の)関節 ; 〖言〗(枝分かれ図の)節点.
5 核心, 要点, クライマックス. ~ de la cuestión 問題の核心. ~ de la novela 小説の山場. **6** 〖海〗ノット. navegar a quince ~*s* (por hora) (時速)15ノットで航行する. **7** 苦悩, 苦問. Sentí un ~ en el estómago antes de la entrevista. 面接の前私はとても胃が痛くなった.
hacérsele [ponérsele, atravesársele] un nudo (a + 人) *en la garganta* (感動などで)〈人〉ののど[胸]が詰まる.
nudo gordiano ゴルディオスの結び目 ; 難問, 難題. → gordiano.
[← 〔ラ〕 *nōdum* (*nōdus* の対格) ; 関連 anudar, nudoso, nudillo ; 〔英〕*net*「網」]

nu·do, da [nú.ðo, -.ða] 形 《文章語》裸の. *nuda* propiedad 〖法〗虚有権, 裸所有権. ~ propietario 〖法〗虚有権者.

nu·do·si·dad [nu.ðo.si.ðáð] 女 **1** こぶ状の部分. **2** 〖医〗結節, 節.

nu·do·so, sa [nu.ðó.so, -.sa] 形 節の多い, 節だった. manos *nudosas* 節くれだった手.

nue·ce·ro, ra [nwe.θé.ro, -.ra / -.sé.-] 男 女 クルミ売り.
nue·ces [nwé.θes / -.ses] 女 nuez の複数形.
nue·ga·do [nwé.ɣa.ðo] 男 **1**《主に複数で》ヌガー：砕いたクルミなどが入った糖菓. **2** コンクリート.
***nue·ra** [nwé.ra] 女 嫁, 息子の妻 (= hija política). ▶「娘婿」は yerno.
nues·tra [nwés.tra, nwes.-] 形 → nuestro.
nues·tra·mo, ma [nwes.trá.mo, -.ma] 男 女 [nuestro amo の縮約形] **1**《呼びかけ》だんな様, 奥様. **2**《隠》公証人.

****nues·tro, tra** [nwés.tro, -.tra] 形《所有》[前置・後置形, 複数形は nuestros, nuestras] 私たちの (▶ 所有されるもの[人]の性数によって語尾変化する. 名詞の前に置かれる場合には冠詞などと一緒に用いられることはなく, 文中では弱く発音される).

(1) [nwes.tro, -.tra]《+名詞》*nuestra* casa 私たちの家. 《名詞+》dos primos ～s 私たちのいとこのうち 2 人. Eso no es problema. それは私たちの問題ではない. (3)《ser+》¿*Son* éstos ～s? これらが私たちのものですか. (4)《定冠詞+》Esta maleta es más grande que *la nuestra*. このスーツケースは私たちのより大きい. La próxima estación es *la nuestra*. 次が私たちの降りる駅です.
(*Esta*) *es la nuestra*. さあ (私たちの) チャンスだ.
los nuestros 私たちの家族[仲間].
una de las nuestras 私たちらしい (いつもの) ふざけ[いたずら, へま].
Ya es nuestro [*nuestra*]. やったね, もうこっちのものだ.
[← [ラ] *nostrum* (*noster* の対格);〔関連〕[仏] *notre*]

nue·va [nwé.ɓa] 女《主に複数で》ニュース, 知らせ, 消息 (= noticia). ━ 形 → nuevo.
coger de nuevas a+人《話》〈人〉に思いがけない知らせが届く.
hacerse de nuevas (何かを聞いて) 驚いたふりをする.
la buena nueva (1)《カト》福音書. (2) 新しい[よい]知らせ.

Nue·va Cas·ti·lla [nwé.ɓa kas.tí.ja / -.ʎa]〔固名〕〔史〕ヌエバ・カスティーリャ. (1) スペイン統治時代初期のペルーの別称. (2) スペイン統治時代のフィリピンの Luzón 島.

Nue·va Es·pa·ña [nwé.ɓa es.pá.ɲa]〔固名〕〔史〕ヌエバ・エスパーニャ. (1) スペイン統治時代のメキシコの別称. ◆17世紀, 江戸時代日本では「ノビスパン」の名で知られていた. (2) 副王領：スペイン統治時代, パナマ地峡部を南限とする行政版図. フィリピンも含まれた. 1535年設置.

Nue·va Ga·li·cia [nwé.ɓa ɣa.lí.θja / -.sja]〔固名〕〔史〕ヌエバ・ガリシア：ヌエバ・エスパーニャ副王領内のメキシコ西部地方. 現在の Jalisco 州にあたる.

Nue·va Gra·na·da [nwé.ɓa ɣra.ná.ða]〔固名〕〔史〕ヌエバ・グラナダ副王領：スペイン統治時代, 現在のコロンビアを中心にエクアドル・ベネズエラ・パナマおよびペルーとブラジルの一部を含む行政版図. 1717年設置.

nue·va·men·te [nwé.ɓa.mén.te] 副 改めて, 再び.

Nue·va York [nwé.ɓa jórk]〔固名〕ニューヨーク. (1) 米国北東部の州. (2) ニューヨーク市. [[英] *New York* (1674年命名) の前半をスペイン語訳, 後半を借用；*York* はヨーク公爵, 後の英国王ヨーク 2 世にちなむ].

Nue·va Ze·lan·da [nwé.ɓa θe.lán.da / -.se.-]〔固名〕ニュージーランド：首都 Wellington. [[オランダ] *Nieuw*「新しい」+都市 *Zeeland* (オランダ南西部の地名；*zee*「海」+ *land*「陸」) のスペイン語訳]

****nue·ve** [nwé.ɓe] 形《数詞》**1**《+名詞》9 の, 9 人 [個] の. **2**《名詞+》9 番目の. En este cuarto hay ～ personas. この部屋には 9 人の人がいる. Son las ～ de la noche. 夜 9 時で.
━ 男 9；9 の数字 (ローマ数字IX).
[← [ラ] *novem*;〔関連〕noveno, nono, noventa, noviembre. [ポルトガル] [伊] *nove*. [仏] *neuf*. [英] *nine*. [独] *neun*]

****nue·vo, va** [nwé.ɓo, -.ɓa] 形 **1**《+名詞 / 名詞+》《ser+》／《estar+》新しい, 新しく作られた[生まれた]；《名詞+》《estar+》新品 (のまま) の. la casa *nueva* 新築の家. palabra *nueva* 新語. vino ～ 新しいワイン (新酒). las ventas de automóviles ～s 新車の販売. el precio de la vivienda *nueva* 新築住宅価格. la luna *nueva* 新月. la [el] internet de la *nueva* generación 新世代のインターネット. las *nuevas* tecnologías 新技術. entrada en vigor de la *nueva* ley 新法の発効. abrir una *nueva* cuenta 新しい口座を開く. crear ～s puestos de trabajo 新たな雇用を生み出す. El coche *está* ～. この自動車はまだ新しい.

2《+名詞》新たな, 今度の, 再びの. la *nueva* casa 今度 [新築] の家. el ～ presidente 新大統領 [議長]. la *nueva* Yugoslavia 新ユーゴスラビア. publicar un ～ libro 新しい本を出す. el ～ año escolar 新学年. tu *nueva* dirección 君の新住所. una *nueva* subida de los tipos de interés 利率の再上昇.

3《+名詞 / 名詞+》《ser+》／《estar+》(これまでとは) 変った, 別の, 目新しい, 初めて見聞きする. No habrá caras *nuevas* en el gobierno. 政府に新顔はいないだろう. Para mí *es* una *nueva* experiencia. 私には初めてのことです.

4《多くは+名詞 / 名詞+》《ser+》日が浅い, 新参 [新人] の. un ～ miembro de la familia 家族の新しいメンバー. ～s alumnos 新入生. un ～ profesor 新任の先生. *ser* ～ en el oficio 職務に就いて日が浅い.

5《名詞+》〔史〕(キリスト教徒に) 改宗した. cristianos ～s 改宗キリスト教徒.

6《estar+》《話》生気を取り戻した. Una hora de siesta me ha dejado (como) ～. 1時間の昼寝で私は生き返ったみたいだ. Después de ducharme *estoy* [me he quedado] como *nueva*. 私はシャワーですっきり元気になった.
━ 男 女 新人, 新入生.

de nueva cuenta《ラ米》→ de nuevo (1).
de nuevas (話). Si entras aquí *de nuevas*, ... もし君がここに初めて入ると, …. pillar [coger] a+人 *de nuevas* 〈人〉を驚かす. Esto no me pilla *de nuevas*. これには私はびっくりしない. hacerse *de nuevas* 知らないふりをする.
de nuevo (1) 再び. repetir *de* ～ また繰り返す. Hágalo Ud. *de* ～. もう一度やってください. (2) 新品の. estar vestido *de* ～ 新調の服を着ている.
lo nuevo 新しいこと. *Lo* ～ no es necesariamente lo mejor. 新しいものが必ずしも最良のものとは限らない. tirar lo viejo y quedarse con *lo* ～ 古き

を捨て新しきにつく.
No hay nada nuevo bajo el sol. 《聖》太陽の下(ぇ),新しいものは何ひとつない〈コヘレトの言葉1：9〉．
¿Qué hay de nuevo? 何か変わったことがありますか．

[←[ラ]*novum*(*novus*の対格)；関連 novedad, novio, noviazgo, novela．[英]*new, now*]

Nue·vo Mé·xi·co [nwé.βo mé.xi.ko] 固名 ニューメキシコ：メキシコに接する米国西部の州．◆米国・メキシコ戦争後1848年に米国に割譲．[1562年スペイン人により命名；「新メキシコ」の意味]

***nuez** [nwéθ / nwés] 囡《複 nueces》**1** クルミ(→ nogal)；(一般に)堅果，ナッツ，木の実．cascar *nueces* クルミを割る．~ de corojo ゾウゲヤシの実．~ moscada ナツメグ．~ vómica マチン；マチンの種子(ストリキニーネの原料).
2《解剖》のどぼとけ(= ~ de Adán). rebanarle la ~ (a+人)《話》〈人〉ののどをかき切る．**3**《音楽》(弦楽器の弓の)ナット，調整ねじ．**4**(銃・弓の)逆鈎(ぎ゚ぎ゚),掛け金．**5**《ラ米》《俗》《話》睾丸(ポ).

[←[ラ]*nucem* (*nux*の対格)；関連 nogal, núcleo．[英]*nut*]

nue·za [nwé.θa / -.sa] 囡《植》セイヨウスズメウリ．

nu·ga·to·rio, ria [nu.ga.tó.rjo, -.rja] 形《文章語》《まれ》あざむく，だまそうとする，偽の．

nu·li·dad [nu.li.ðáð] 囡 **1**《法》無効，無効力．
2 無能；無能な人．ser una ~ para… …に関して(全く)役に立たない．

***nu·lo, la** [nú.lo, -.la] 形 **1** 無効の，効力のない．~ y sin valor《法》完全に無効な．voto ~ 無効票．**2** 役に立たない，無能の，無価値の．Soy ~ para los deportes. 私はスポーツが全く苦手です．
3(一部などが)無効の．combate ~(ボクシングの)引き分け，ドロー．**4** 存在しない，ゼロの．

[←[ラ]*nūllum* (*nūllus* の対格)；関連 anular．[英]*null*]

núm. (略)*núm*ero ナンバー, 番号, 号．

Nu·man·cia [nu.mán.θja / -.sja] 固名 ヌマンシア：イベリア半島の制圧を目指すローマ軍と土着のケルト・イベリア人の間で激しい攻防戦(前143-133)が展開された地域. → Escipión.

nu·man·ti·no, na [nu.man.tí.no, -.na] 形
1(スペイン中北部にあった古代の町)ヌマンシアの.
2 非常に勇敢な.
── 男囡 ヌマンシア人.

nu·men [nú.men] 男《複 númenes》**1**(芸術家の)インスピレーション，霊感．~ poético 詩的霊感．
2(キリスト教にとって)異教の神．

nu·me·ra·ble [nu.me.rá.ble] 形 数えられる；番号のつけられる．

***nu·me·ra·ción** [nu.me.ra.θjón / -.sjón] 囡 **1** 数え方, 計算法．~ decimal [binaria]十[二]進法．
2 数えること，番号付け．Han cambiado la ~ de la calle. 通りの番地が変更された．
3 記数法．~ arábiga [romana]アラビア[ローマ]数字による記数法．

nu·me·ra·do, da [nu.me.rá.ðo, -.ða] 形 番号のついた；〈入場券が〉座席指定の．

nu·me·ra·dor [nu.me.ra.ðór] 男 **1** 番号印字器，ナンバリング・マシン．**2**《数》分子．▶「分母」は denominador．「分数」は fracción.

nu·me·ra·do·ra [nu.me.ra.ðó.ra] 囡 番号印字器，ナンバリング・マシン．

── 男《文法》数詞．

nu·me·rar [nu.me.rár] 他 **1** …に番号を打つ，順番をつける．**2** 数える，勘定する．

nu·me·ra·rio, ria [nu.me.rá.rjo, -.rja] 形 **1** 専任の，正式の．profesor ~ 専任教員．profesor no ~ 非常勤教員．**2** 数の，数に関する．
── 男(専任教員[職員])．→ profesor 類語．
── 男 正金, 現金．

nu·mé·ri·ca·men·te [nu.mé.ri.ka.mén.te] 副 数字上では, 数の上では．

***nu·mé·ri·co, ca** [nu.mé.ri.ko, -.ka] 形 数の, 数による, 数字上の．valor ~ 数値．

nu·me·ri·to [nu.me.rí.to] 男 *montar un [el] numerito*《話》《軽蔑》(1) (みっともない言動で)注目を浴びる, ひと騒動起こす．(2)《a+人〈人〉に》腹を立てる, いらいらする．

****nú·me·ro** [nú.me.ro] 男 **1** 数；数字．en ~s redondos 概数で．~ arábigo [romano] アラビア[ローマ]数字．~ atómico 原子番号．~ cardinal [ordinal] 基[序]数．~ complejo 複素数．~ decimal 小数．~ dígito デジット(1桁で表せる数．10進法なら0から9)．~ entero 整数．~ fraccionario [quebrado] 分数．~ impar [par] 奇[偶]数．~ mixto 混数．~ natural 自然数．~ positivo [negativo] 正[負]数．~ primo 素数．~ racional [irracional] 有理[無理]数．~ real [imaginario] 実[虚]数．
2 数量．~ de alumnos 生徒数．~ de votos 投票数．en gran ~ 多数の；多数で．un buen ~ de… かなりの数の….
3 番号, 番地；番地；(宝くじの)券．~ de teléfono 電話番号．~ premiado 当選番号．~ de matrícula 登録番号．pedir ~ 整理番号を取る；予約する．Mis abuelos viven en el ~ ocho de esta calle. 祖父母はこの通りの8番地に住んでいます．El examen es en el edificio ~ cuatro. 試験は4号館でおこなう．
4(雑誌などの)号．~ atrasado バックナンバー．~ extraordinario [especial] 特別号．último ~ 最新号．
5(靴・手袋などの)サイズ；(編み棒などの)号, 号数．¿Qué ~ calzas? 靴のサイズは何だい．
6《演》出し物, 演目．
7(治安警察隊の)平隊員．**8**《文法》数．~ singular [plural] 単[複]数．concordancia en ~ 数の一致．~種類, 部類．entrar en el ~ de… …の部類に入る．**10**《ラ米》《俗》おもしろい人．
de número 正式の, 正規の. miembro *de* ~ 正会員．
en número de… …という数の．Hubo participantes *en* ~ *de* veinte. 20人の参加者がいた．
en números rojos 赤字の．entrar *en* ~s rojos 赤字になる．
hacer número 数を増やす；頭数をそろえる．
hacer números《話》金の計算をする．
Libro de los Números《聖》(旧約の)民数記．
montar un [el] número《話》《軽蔑》(1)(みっともない言動で)注目を浴びる, ひと騒動起こす．Ya no quiero salir con ella porque el otro día se emborrachó y me *montó un* ~ delante de todos. もう彼女と出かけたくないよ, この前酔っ払って皆の前で醜態をさらしたんだから．(2)《a+人〈人〉に》腹を立てる, いらいらする．
número dos《話》ナンバー2(の人)．
número uno《話》トップ, ナンバー1(の人)．

sin número 無数の.
[← [ラ] *numerum* (*numerus* の対格)「数」;【関連】numeral, numeroso, enumerar. [英] *number, numeral*]

nu·me·ro·lo·gí·a [nu.me.ro.lo.xí.a] 囡 数秘学, 数霊術.

nu·me·ró·lo·go, ga [nu.me.ró.lo.go, -.ga] 男囡 数秘学者, 数霊術者.

nu·me·rós·co·po [nu.me.rós.ko.po] 男 誕生数秘学, 誕生日占い.

nu·me·ro·si·dad [nu.me.ro.si.ðáð] 囡 多数.

✱✱nu·me·ro·so, sa [nu.me.ró.so, -.sa] 形 〖名詞+〗〈集団などが〉大きな, 構成員[物]の多い (▶ 集合名詞を修飾). grupo ～ 大きなグループ. clase *numerosa* 大きなクラス. familia *numerosa* 大家族, 子供の多い家族. La clase de mi hijo es muy *numerosa*. 息子のクラスはとても大人数だ. **2**《複数で》《+名詞》非常に多数の, おびただしい. Hay ～s pueblos por el estilo. 似たような村がたくさんある.

nu·mis·má·ti·co, ca [nu.mis.má.ti.ko, -.ka] 形 古銭学の. ── 男囡 古銭学者, 古銭収集家.
── 囡 古銭学の.

nu·mu·li·ta [nu.mu.lí.ta] / **nu·mu·li·tes** [nu.mu.lí.tes] 男〖numulites は単複同形〗貨幣石, 銭石.

✱✱nun·ca [núŋ.ka] 副 **1** 《否定》決して…ない, 絶対に…ない (▶ 動詞の前に来る場合は no 不要. 動詞の後ろに来る場合は ni と共に用いる). Pedro no llega tarde ～. / Pedro ～ llega tarde. ペドロは絶対に遅刻しない.
2《否定》一度も…ない. No hemos estado ～ [N～ hemos estado] en Latinoamérica. われわれはラテンアメリカに一度も行ったことがない.
3《反語の疑問文・疑惑を表す文で》かつて, 今までに. ¿Has oído ～ una historia así? 君はいったいそんな話を聞いたことがあるかい. ▶ 反語ではない普通の疑問文では, alguna vez を使う.
casi nunca めったに…ない, ほとんど…ない. Aquí *casi* ～ nieva. ここではめったに雪は降らない.
como nunca かつてないほど. Me encuentro bien *como* ～. 私は今までにないほど体調がいい.
¡Hasta nunca!《二度と会いたくない人に対して》永久にさようなら.
más(...) que nunca かつてないほど(…). Últimamente está estudiando *más que* ～. 近ごろ彼[彼女]は今までにないほど勉強している. Hoy estoy *más feliz que* ～. 今日私は最高に幸せだ.
nunca más 二度と…ない. No las invitaremos a casa ～ *más*. 私たちは彼女たちをもう二度と家に呼ばない. No volvió a su pueblo ～ *más*. 彼[彼女]は二度と村に戻らなかった.
[← [ラ] *numquam* (*nē*《否定》+ *umquam* 「いつか, 一度」)]

nun·cha·co [nuɲ.tʃá.ko] / **nun·cha·ku** [nuɲ.tʃá.ku] 男 ヌンチャク.

nun·cia·tu·ra [nun.θja.tú.ra / -.sja.-] 囡 **1**《特にローマ教皇の》大使の職[地位, 権限, 任期, 住居]. **2**《カト》(スペインの)教皇庁控訴院.

nun·cio [nún.θjo / -.sjo] 男 **1** 教皇大使 (= ～ apostólico). **2** 使者, 使節; 兆し. Ha sido el ～ de la buena nueva. 彼は朗報の使者となった. Este viento es ～ de lluvia. この風は雨になる前触れだ.

nun·cu·pa·to·rio, ria [nuŋ.ku.pa.tó.rjo, -.rja] 形〈書状が〉遺贈[献呈, 任命]に関する.

nun·qui·ta [nuŋ.kí.ta] 副《ラ米》決して[一度も]…ない. [nunca + 縮小辞]

nun·qui·ti·ta [nuŋ.ki.tí.ta] 副《ラ米》(⁽⁺⁾) → nunquita.

nu·ño [nú.ɲo] 男《ラ米》(⁽⁺⁾)【植】ニワゼキショウ: アヤメ科の植物.

nup·cial [nup.θjál / -.sjál] 形《文章語》結婚(式)の, 婚礼の. banquete ～ 結婚披露宴. galas ～*es* ウエディングドレス, 花嫁衣装. marcha ～ ウエディングマーチ, 結婚行進曲.

nup·cia·li·dad [nup.θja.li.ðáð / -.sja.-] 囡 婚姻率.

nup·cias [núp.θjas / -.sjas] 囡《複数形》《文章語》結婚(式). casarse en segundas ～ 再婚する.

nur·se [núr.se] [英] 囡 (外国人の)子守, 乳母.

nur·se·ry [núr.se.ri] [英] 囡《複 ～s, ～es》《ラ米》(⁽ʸ⁺⁾)(病院の)新生児室.

nu·ta·ción [nu.ta.θjón / -.sjón] 囡 **1**【天文】章動: 月・太陽の引力による地球の自転軸の周期的変化. **2**【植】生長[転頭]運動.

nu·tra [nú.tra] 囡 → nutria.

nu·tria [nú.trja] 囡【動】カワウソ; カワウソの毛皮. ～ marina ラッコ. ▶「ヌートリア」は coipo.

nu·tri·cio, cia [nu.trí.θjo, -.θja / -.sjo, -.sja] 形 **1**→ nutritivo. **2** 養う, 扶養する. padre ～ 養父.

nu·tri·ción [nu.tri.θjón / -.sjón] 囡 栄養; 栄養摂取, 栄養作用.

nu·tri·cio·nal [nu.tri.θjo.nál / -.sjo.-] 形 栄養の, 滋養の.

nu·tri·do, da [nu.trí.ðo, -.ða] 形 **1** 栄養を取った. mal ～ 栄養不良の.
2 たくさんの; 盛大な. *nutrida* asistencia 多数の出席者. aplausos ～s 盛大な拍手. fuego ～【軍】激しい砲撃, 猛射. **3**《*de...*》…の豊富な, いっぱいの. estudio ～ *de* datos データの豊富な研究.

nu·trien·te [nu.trjén.te] 形 栄養を与える; 培う.
── 男 栄養(素), 養分.

nu·tri·men·to [nu.tri.mén.to] / **nu·tri·mien·to** [nu.tri.mjén.to] 男 **1** 栄養摂取. **2** 栄養, 食物.

✱nu·trir [nu.trír] 他 **1** 養う; 栄養[養分]を与える;《*de...*》…を与える, 供給する. ～ a un bebé 赤ん坊に栄養を与える. El río *nutre de* agua a toda la ciudad. その川が町全体に水を供給している.
2 はぐくむ, 助長する. Los recuerdos *nutren* mi odio. 思い出すたびに私は憎しみを募らせている.
3 いっぱいにする.
── ～**·se** 再 **1**《*con... / de...*》(…から)栄養[養分]を取る. El recién nacido *se nutre de* la leche materna. 新生児は母乳から栄養を得る.
2《*de...*》…で)いっぱいになる.

✱nu·tri·ti·vo, va [nu.tri.tí.ðo, -.ða] 形 栄養のある, 栄養の. valor ～ 栄養価. alimento ～ 栄養のある食べ物.

nu·triz [nu.tríθ / -.trís] 形《複 nutrices》《文章語》栄養を与える; 培う.

nu·tró·lo·go, ga [nu.tró.lo.go, -.ga] 男囡 栄養士.

nu·yo·rri·que·ño, ña [nu.ʝo.ři.ké.ɲo, -.ɲa] 形 ニューヨーク在住プエルトリコ人の.
── 男囡 ニューヨーク在住プエルトリコ人.

ny [ní] 囡 ニュー (N, ν): ギリシア語アルファベットの第13字.

ny·lon [nái.lon] [英] 男 ナイロン (= nilón).

Ñ ñ

前舌面を硬口蓋に密着させ、息を鼻に抜いて声を出す「ニャ行」. 日本語の「ニ」は ni よりも ñi に近い.

Ñ, ñ [é.ne] 囡 スペイン語字母の第15字. ▶ スペイン語のñはnとは別の独立した字母で, アルファベット順ではnとoの間.

ña [ná] 囡 《ラ米》《話》《呼びかけ》奥さん. →ño.

ña·ca·ni·ná [na.ka.ni.ná] 囡 《ラ米》《アルゼ》【動】(ヘビの一種)キクラグラスの一種.

ñá·ca·ra [ná.ka.ra] 囡 《ラ米》《中米》潰瘍(ホラ), ただれ.

ña·ca·ra·tiá [na.ka.ra.tjá] 男 《ラ米》《アルゼ》【植】とげのある高木:その実は食用になる.

ñá·ca·te [ná.ka.te] 間投 《ラ米》《メシ》《衝撃音など》パン, バシャッ, ピシャッ;バッ.

ña·chi [ná.tʃi] 男 《ラ米》《チ》(牛などの)血・塩・唐辛子・スパイスを使った料理.

ña·co [ná.ko] 男 《ラ米》《チ》半液体状のパン生地.

ña·cun·dá [na.kun.dá] 男 《ラ米》《アルゼ》【鳥】シロラオオヨタカ.

ña·cu·ru·tú [na.ku.ru.tú] 男 《複 ~s, ~es》《ラ米》【鳥】アメリカワシミミズク.

ña·me [ná.me] 男 **1** 【植】ヤマイモ. **2** 《ラ米》《話》(1) (ダ゙)(アルゼ)(ほラる)でかい足. (2) (スシミ)でくの坊.

ñan·dú [nan.dú] 男 《複 ~es, ~s》【鳥】(南米産の)アメリカダチョウ, レア.

ñan·du·bay [nan.du.bái] 男 《複 ~s, ~es》《ラ米》《アルゼ》【植】プロソピス属の小木.

ñame (ヤマイモ)

ñan·du·tí [nan.du.tí] 男 《複 ~es, ~s》ニャンドゥティ:繊細なレース編み.

ñan·ga [náŋ.ga] 囡 《ラ米》(1) (中米)沼地帯, 湿地帯. (2) (ヂ)小片, 小量.

ñan·ga·da [naŋ.gá.da] 囡 《ラ米》(1) かむこと, かみつき. (2) 愚行, でたらめ, いい加減.

ñan·ga·do, da [naŋ.gá.đo, -.đa] 形 《ラ米》《チ》足が悪い, 足の不自由な.

ñan·ga·pi·chan·ga [naŋ.ga.pi.tʃáŋ.ga] 男 囡 《ラ米》《アルゼ》《まれ》思った以上に役に立つ[価値のある]もの.

ñan·ga·pi·ré [naŋ.ga.pi.ré] 男 《ラ米》【植】ピタンガ, ブラジルチェリー.

ñán·ga·ra [náŋ.ga.ra] 形 《ラ米》《話》《軽蔑》左翼活動家の, 左翼支持者の. ━ 男 囡 《ラ米》《話》《軽蔑》左翼活動家, 左翼支持者.

ñan·go, ga [náŋ.go, -.ga] 形 《ラ米》(1) (中南)(コロ)《話》やせた, やせ細った. (2) (チ)(雛鳥(゚ン)などの)よちよち歩く. (3) (アルゼ)足の不自由な. (4) (アルゼ)不格好な, 野暮ったい.

ñan·go·tar·se [naŋ.go.tár.se] 再 《ラ米》(アルゼ)うずくまる, しゃがむ. (2) (カリブ)おびえる, おどおどする.

ñan·gue [náŋ.ge] 男 囡 《ラ米》《アルゼ》《俗》ばか者, 愚か者.

ña·ña·ra [na.ná.ra] 囡 《ラ米》《ほン》小さな傷跡.

ñá·ña·ras [ná.ña.ras] 囡 《複数形》《ラ米》《話》恐怖による震え, 寒気.

ña·ño, ña [ná.ɲo, -.ɲa] 形 《ラ米》《話》(1) (チ)かな, 愚かな. (2) (エクア)(アルゼ)(子が)甘やかされた, 行儀が悪い. (3) (中米)(アルゼ)親しい, 親密な. ━ 男 (1) (エクア)(コロ)子供, 赤ん坊. (3) (エクア)(アルゼ)甘やかされた子供. (4) (中米)(アルゼ)親友, 親しい人.

ña·ño·so, sa [na.ɲó.so, -.sa] 形 《ラ米》《話》(1) 大げさに不平を言う. (2) 優柔不断な.

ña·pa [ná.pa] 囡 《ラ米》(1) (アンデ)(アルゼ)(ダ)(アルゼ)(中米)(ほる)《話》おまけ;心付け, チップ. (2) (エクア)(チ)(コロ)景品, おまけ.
ni de ñapa 《ラ米》《アルゼ》《ほる》《話》決して…でない.

ña·pan·go, ga [na.páŋ.go, -.ga] 男 囡 《ラ米》《アルゼ》混血児, メスティーソ mestizo, ムラート mulato;田舎の若者.

ña·pin·dá [na.pin.dá] 男 《ラ米》《アルゼ》【植】アカシア属の一種.

ña·que [ná.ke] 男 《集合的》がらくた.

ñas·ca [nás.ka] 囡 《ラ米》《アルゼ》マリファナタバコの吸い終わりの部分.

ña·to, ta [ná.to, -.ta] 形 《ラ米》《話》(1) (アルゼ)《話》めめしい. (2) (アルゼ)形の悪い, 仕上がりの悪い;よこしまな. (3) (アルゼ)《話》鼻にかかった, 鼻声の. (4) (中米)《話》鼻ぺちゃの;かわいい. ━ 囡 《ラ米》(1) (ペル)《俗》死, 死亡. (2) 《時に複数で》《話》鼻.

ñau·pa [náu.pa] 男 *en tiempos de ñaupa* 《話》大急ぎで, すぐに, あわてて.

ñe·cla [né.kla] 形 《ラ米》《話》ひ弱な. ━ 囡 《ラ米》《チ》《遊》小さな凧(ポ).

ñe·co [né.ko] 男 《ラ米》《アルゼ》《話》げんこつ, 殴りつけ.

ñe·que [né.ke] 形 《ラ米》《話》(1) 強い, 活力のある;やり手の. (2) (スシミ)(中米)勇敢な;不吉な, 嫌な感じのする. ━ 男 (1) (アルゼ)活力, 元気. (2) (中米)(アルゼ)びんた, パンチ. (3) 《複数で》(アルゼ)握りこぶし.

ñe·ro, ra [né.ro, -.ra] 男 囡 《ラ米》《アルゼ》(ほる)《話》《俗》《親愛をこめた呼びかけ》なあ, 友よ.

ñi·que [ní.ke] 男 《ラ米》《話》(1) (中米)突き, ぶつかり. (2) (中米)げんこつで殴ること, パンチ.

ñi·qui·ña·que [ni.ki.ná.ke] 男 《話》役立たずの人[もの].

ñis·ca [nís.ka] / **ñiz·ca** [níθ.ka / nís.-] 囡 《ラ米》(1) (アンデ)(中米)(チ)(ほる)小量, 小片. (2) (アルゼ)(中米)糞尿(ベンニョン).

ño [nó] 男 《ラ米》《話》《呼びかけ》だんな(様). →ña.

ño·ca [nó.ka] 囡 《ラ米》《アルゼ》亀裂(ポン).

ño·cha [nó.tʃa] 囡 《ラ米》【植】パイナップル科ブロメリア属の植物:ござなどに用いられる.

ño·clo [nó.klo] 男 【料】ニョクロ:ワインやアニスを加えたマカロン macarrón に似た焼き菓子.

ño·co, ca [nó.ko, -.ka] 形 《ラ米》《アルゼ》(ダ)(エクア)(アルゼ)指が1本ない;片手の, 片腕の. ━ 男 《ラ米》(1) (チ)ストレートパンチ. (2) (アルゼ)切り

株, 切断された手足の残りの部分.

ño·la [ɲó.la] 囡《ラ米》(**1**) (コロン)(中米)糞尿(たちう). (**2**) (中米)ただれ, できもの.

ñon·gar·se [ɲoŋ.gár.se] 103 再《ラ米》(コロデン)しゃがむ, うずくまる；ねじれる.

ñon·go, ga [ɲóŋ.go, -.ga] 形《ラ米》《話》(**1**) (キス)(中)ばかな, 愚かな. (**2**) (中)ぐずな；ぺこぺこした. (**3**) (コロデン)(コロチア)手足の不自由な (**4**) (コロデン)でき損ないの. (**5**) (ニカラ)ぺてんの；見苦しい；不吉な；感じやすい, 敏感な.

ño·ñe·rí·a [ɲo.ɲe.rí.a] / **ño·ñez** [ɲo.ɲéθ / -.ɲés] 囡 [ñoñez は複 ñoñeces] **1** 味気なさ, そっけなさ. No dice más que *ñoñeces.* 彼[彼女]はくだらないことしか言わない.
2 小心, 内気. **3** 気取り, 上品ぶること. **4**《ラ米》《話》(**1**) (中)老衰, もうろく. (**2**) (キス)ばかさ加減. (**3**) (タリ)かわいがり, ほめそやし.

ño·ño, ña [ɲó.ɲo, -.ɲa] 形 **1** 味気ない, そっけない. **2** 澄ました, 上品ぶった；固くるしい. **3**《ラ米》《話》(**1**) (中)老いぼれた, もうろくした. (**2**) (タリ)(ベル)思い上がった, 甘えた.
── 男囡《話》おもしろみのない人；そっけない人.

ño·qui [ɲó.ki] 男 **1**〖料〗ニョッキ：小麦粉にジャガイモなどを混ぜ, 団子にしてゆでたもの. **2**《ラ米》(アチ)《話》顔への殴打.
[←〔伊〕*gnocchi* (*gnocco* の複数形)]

ño·ra [ɲó.ra] 囡〖植〗辛い唐辛子の一種.

ñor·bo [ɲór.bo] 男《ラ米》(アチス)(中米)〖植〗トケイソウ.

ñor·da [ɲór.ða] 囡《俗》→ mierda.

ñór·di·ga [ɲór.ði.ga] 囡《俗》→ mierda.

ñu [ɲú] 男［複 ~s, ñúes］〖動〗ヌー：アフリカ産のウシカモシカ.

ñu·fla [ɲú.fla] 囡《ラ米》(チ)価値のないもの；取るに足りない人.

ñus·ca [ɲús.ka] 囡《ラ米》(ベヌ)(コロデン)《俗》糞尿(たちう).

ñu·tir [ɲu.tír] 自《ラ米》(コロデン)《話》ぶつぶつ言う, こぼす.

ñu·to, ta [ɲú.to, -.ta] 形《ラ米》(チス)(コロデン)碾(ひ)きつぶした, 碾いた, 粉にした.

O o

音価は常に「オ」であり,英語のようにこの字をオウなどと読んだりすることはない.前後の音によって多少口が開き気味になったり閉じ気味になったりするが,意識せずに日本語の「オ」の要領で発音すればよい.

O, o [ó] 囡 [複 ～es, ～s] スペイン語字母の第16字;アルファベットのoの名称.
no saber hacer la o con un canuto 《話》何も知らない,無知である.

o [o] 接続 [o-, ho- で始まる語の前では uになる. *siete u* ocho 7か8. ayer *u* hoy 昨日か今日.]
1 または,あるいは,…**か**…**か**;…ないしは…. ¿Quieres café *o* té? コーヒーか紅茶を召し上がりますか. Llegarán hoy *o* mañana. 彼らは今日か明日着く予定です. ¿Estudias *o* trabajas? 君は学校へ行っているの,それとも働いているの. No sé si vienen *o* no. 彼らが来るのかどうかわかりません. Tú *o* yo les avisaremos. 君と僕が彼らに知らせることにしよう. Tú *o* ella nos llamáis. 君か彼女が私たちに電話をしてね. ▶ 二者択一を強調するときは o を… o…にする. *O* me ayudas *o* me marcho. 君が手伝ってくれるか,僕が帰ってしまうかどちらかだ. ▶ 数字の間にはゼロと混同しないように o の上にアクセント記号をつけることがある. *El* curso termina el día 30 *ó* 31. 授業は30日か31日に終わる.
2 《命令формат+》…しなさい,さもないと…. *Corre, o* no cogerás el tren. 急いで. そうでないと列車に乗り遅れるよ.
3 つまり,すなわち,言い換えると. Corrieron diez millas, *o* unos dieciséis kilómetros. 彼らは10マイル,すなわち,約16キロ走った.
o sea (que)... すなわち…. Nos marchamos el próximo domingo, *o sea* el 14 de junio. 私たちは次の日曜日,つまり,6月14日に出発します.
接続法+**o**+接続法 《譲歩》…だろうと…だろうと,いかに…でも. Quieras *o* no quieras, tienes que hacerlo. 君が好むと好まざるにかかわらず,それをしないといけない. Haga bueno *o* haga malo, iremos de viaje. 天候にかかわらず,我々は旅行に出る.
[←〔ラ〕*aut*, 関連〔仏〕*ou*].

o / 《略》《商》*orden* 注文(書).

-o 《接尾》名詞語尾. 動詞に付けて「動作,結果,状態,手段,産物,費用,場所」などを表す. → *abono, cabreo, correo, toreo*.

O 《略》**1**【化】*oxígeno* 酸素. **2** *oeste* 西.

OACI [o.á.θi / -.si] 《略》*Organización de la Aviación Civil Internacional* (国連) 国際民間航空機関〔英 ICAO〕.

*o·a·sis [o.á.sis] 男《単複同形》**1 オアシス. 2** 憩いの場,安らぎ. Este parque es un ～ para los ciudadanos. この公園は市民の憩いの場である.

O·a·xa·ca [o.a.xá.ka] 固名 オアハカ:メキシコ南部の州;州都 (= ～ *de Juárez*). ◆州都の近くに6-11世紀の *zapoteca* 人の都市 *Monte Albán*, *Mitla* の遺跡がある. 歴史地区は *Monte Albán* と共に世界遺産 (1987年登録). [←〔ナワトル〕*Uaxyacac* (原義「ヒョウタン畑の始まる所」)]

ob·ce·ca·ción [oβ.θe.ka.θjón / -.se.-.sjón] 囡 頑迷,思い込み.

ob·ce·ca·do, da [oβ.θe.ká.ðo, -.ða / -.se.-] 形 目がくらんだ;かたくなな,頑迷な.

ob·ce·car [oβ.θe.kár / -.se.-] 102 他 分別を失わせる,目をくらませる. La ira *obcecó* su inteligencia. 怒りで彼[彼女]の頭はおかしくなってしまった.
— ～·**se** 再 分別を失う,かたくなになる;《con… / en… / por…》…に) 固執する. ～*se con ganar dinero* 金もうけに執着する.

ob. cit. 《略》*obra citada* 前掲書中に.
[← *citato*]

ob·du·ra·ción [oβ.du.ra.θjón / -.sjón] 囡 頑固,強情.

o·be·de·ce·dor, do·ra [o.be.ðe.θe.ðór, -.ðó.ra / -.se.-] 形 従順な,素直な.

***o·be·de·cer** [o.be.ðe.θér / -.sér] 34 他 〈人・命令に〉従う,服従する;〈規則を〉守る. ～ *a sus padres* 両親の言うことを聞く. ～ *la ley al pie de la letra* 一字一句法律を守る.
— 自 **1** 《**a…**〈操縦者・操作〉に》》〈ものや機械などが〉順応する,反応する. El volante *me obedecía* perfectamente. ハンドルは完全に私の思いのままに動いた. Este caballo *obedece* muy bien *a* las riendas. この馬は手綱さばきによくついてくる. **2** 《**a…**〈動機・原理など〉に》…が基づく;〈人が〉従う. ～ *al instinto* [*a la razón*] 本能[理性]に従う. Nuestro proyecto *obedece a* intereses de todo el pueblo. 私たちの計画は全国民の利益に沿うものである. Su fracaso *obedece a* su propio carácter. 彼[彼女](ら)の失敗は自らの性格に起因する.
[←〔ラ〕*oboedīre* (*ob*-「…に向かって」+ *audīre* 「聞く」),関連 obediente, 〔英〕*obey*].

o·be·de·ci·mien·to [o.be.ðe.θi.mjén.to / -.si.-] 男 服従,従順;遵守.

obedezc- → obedecer.

*o·be·dien·cia [o.be.ðjén.θja / -.sja] 囡 **1 服従**,従順;遵守. ～ *ciega* 盲従. *prestar la* ～ *a...* …に服従する. **2**【宗】(権威・修道院長に対する) 服従,服従.

*o·be·dien·te [o.be.ðjén.te] 形 **従順な,服従する;言うことを聞く. *niño* ～ 聞き分けのよい子.

o·be·lis·co [o.be.lís.ko] 男 **1** オベリスク,方尖(ほうせん)塔. **2**【印】ダガー,短剣符(†).

o·ben·ca·du·ra [o.βen.ka.ðú.ra] 囡【海】《集合的》シュラウド. → obenque.

o·ben·que [o.βén.ke] 男【海】シュラウド:マストの支え索.

o·ber·tu·ra [o.βer.tú.ra] 囡【音楽】序曲.

o·be·si·dad [o.βe.si.ðáð] 囡 肥満,太りすぎ.

o·be·so, sa [o.βé.so, -.sa] 形 肥満の,太りすぎの.
— 男 太りすぎの人,肥満症の人.

ó·bi·ce [ó.βi.θe / -.se] 男 障害,邪魔. *Eso no fue* ～ *para que siguiese mi camino*. 私のやり方を貫くのにそれはなんの妨げにもならなかった.

o·bis·pa·do [o.βis.pá.ðo] 男 司教の職[位];司教館.

o·bis·pal [o.βis.pál] 形 司教の (= episcopal).

o·bis·pa·lí·a [o.bis.pa.lí.a] 囡 **1** 司教館. **2** 司教職；司教区.

o·bis·pi·llo [o.bis.pí.ʎo ‖ -.ʝo] 男 **1** 聖ニコラウスの日に司教の服装で盛儀ミサに出席する少年. **2** 【動】鳥の尾の付け根. **3**→obispo **2**.

‡**o·bis·po** [o.bís.po] 男 **1** 【カト】司教，(ギリシャ正教・英国国教会の) 主教；(プロテスタントの) 監督；(仏教の) 僧綱(そう)； ~ auxiliar 補佐司教. **2** (豚の腸詰の) 大きなモルシージャ morcilla. **3** 【魚】トビエイ属の一種.
trabajar para el obispo ただ働きをする
[←〔ラ〕*episcopum* (*episcopus* の対格) ←〔ギ〕*epískopos*（「監視人，番人」が原義）；関連 arzobispo, episcopal. 〔英〕*bishop*]

obispo (司教)

ó·bi·to [ó.bi.to] 男 死亡，逝去, 他界.

o·bi·tua·rio [o.bi.twá.rjo] 男 **1** (教会の) 命日表，過去帳；死者名簿. **2** (新聞の) 死亡欄. **3** 〖ラ米〗死亡.

‡**ob·je·ción** [oḃ.xe.θjón / -.sjón] 囡 反論, 異論, 不服, 反対. levantar [poner, hacer] una ~ 異論を唱える, 反対する, 不服を言う. ~ de conciencia 良心的徴兵拒否.

ob·je·ta·ble [oḃ.xe.tá.ble] 形 反論可能な.

ob·je·tan·te [oḃ.xe.tán.te] 形 反論する, 反対する, 異論を唱える, 不服とする.
— 男 反対者, 異議を唱える人.

‡**ob·je·tar** [oḃ.xe.tár] 他 **反論する**, 反対する, 異論を唱える, 不服を申し立てる. Le *objeté* que no lo podríamos hacer. 私は彼[彼女]に逆らって我々にそんなことができるはずはないと言った. No tengo nada que ~. 私に異存はありません.
— 自 良心的徴兵拒否をする.

ob·je·ti·va·ción [oḃ.xe.ti.ba.θjón / -.sjón] 囡 客観化.

ob·je·ti·va [oḃ.xe.tí.ba] 形 → objetivo.

ob·je·ti·va·men·te [oḃ.xe.ti.ba.mén.te] 副
1 客観的に（判断して），公平に. analizar ~ el acontecimiento 事件を客観的に分析する. **2** 実際に, 現実に. un contrato ~ inválido 実際には無効の契約.

ob·je·ti·var [oḃ.xe.ti.bár] 他 客観化する, 対象化する.

*‡**ob·je·ti·vi·dad** [oḃ.xe.ti.bi.ðáð] 囡 **客観性**, 公正. con ~ 客観的に[公正に].

ob·je·ti·vis·mo [oḃ.xe.ti.bís.mo] 男 【哲】客観主義, 客観論 (↔subjetivismo).

‡**ob·je·ti·vo, va** [oḃ.xe.tí.ḃo, -.ḃa] 形 （名詞 +）
1 (**ser +**) **客観的な**；公正な (↔subjetivo). criterios [datos] ~s 客観的な規準[データ]. estimación *objetiva* 客観的評価. pruebas *objetivas* 客観テスト. crítica *objetiva* 偏見のない批評. **2** 【文法】目的格[語]の. la oración *objetiva* 目的格節. **3** 【医】(症状が) 他覚性の.
— 男 **1 目的**, 目標, ねらい. el ~ de reducir el déficit 赤字削減という目的. conseguir [lograr, cumplir, alcanzar] el principal ~ 主な目的を達成する. el ~ prioritario [final] 優先[最終]目的. perseguir un ~ 目標を追い求める. tener como ~ +不定詞 …することを目的とする.
2 〖軍〗標的. bombardeos contra ~s militares 軍事目標への爆撃.
3 (対物)レンズ, 対物鏡. ~ gran angular 広角レンズ. ~ zoom ズームレンズ.

‡**ob·je·to** [oḃ.xé.to] 男 **1 もの**, 事物；《複数で》品. ~ alargado 長いもの. ~ voluminoso かさばるもの. ~s de valor 貴重品. ~s de uso personal 身の回りの品. oficina de ~s perdidos 遺失物保管所.
2 目的, 目標, ねらい (=objetivo). ~ de su visita 訪問の目的. con tal ~ このような目的で. tener por ~… …を目的とする. con el ~ de [+不定詞 / que+接続法] …の目的で. La escuela lo compró con el ~ de que los niños puedan aprender con más interés. 学校は子供たちがより興味を持って学べるようにそれを購入した. El ~ principal de esta reunión es aclarar los problemas. この会議の目的は問題を明らかにすることだ. Su nuevo proyecto carece de ~. 彼[彼女] (ら) の新しいプロジェクトは無意味だ.
3 対象, 的；題材. ~ de investigación 研究の対象. ~ de valoración 評価対象. ~ de admiración 賞賛の的. ~ de interés 興味の的. ~ de polémica 議論の的, 争点. hacer a+人 ~ de… 〈人〉を…の対象にする. Le hacen siempre ~ de chistes pero lo quieren mucho. 彼はいつもジョークの種にされるがとても好かれている. **4** 〖文法〗目的語. ~ directo [indirecto] 直接[間接]目的語.
no tener objeto que +接続法 …には意味がない.
objeto volador [volante] no identificado 未確認飛行物体《略 OVNI》〔英〕UFO.
sin objeto 無意味に, あてもなく.
[←〔ラ〕*objectum* (*objectus* の対格)「対置」；*obicere*「前に置く；対立させる」（*ob-*「前に」+ *jacere*「投げる」）の完了分詞より派生；関連 objetivo, objeción, sujeto. 〔英〕*object*]

ob·je·tor, to·ra [oḃ.xe.tór, -.tó.ra] 男 囡 反対者. ~ de conciencia 良心的徴兵拒否者.

ob·je·tual [oḃ.xe.twál] 形 具体的な, 客観的な.

o·bla·ción [o.bla.θjón / -.sjón] 囡 奉献, 奉納.

o·bla·da [o.blá.ða] 囡 〖魚〗サドルシーブリーム：東太平洋に生息するタイ科の魚.

o·blar [o.blár] 他 〖ラ米〗(ᵷ)支払う, 弁済する.

o·bla·ta [o.blá.ta] 囡 **(1)** 【カト】(ミサのための) 献金, 寄進. **(2)** 《集合的》(聖別前の) パンとぶどう酒.

o·bla·ti·vo, va [o.bla.tí.ḃo, -.ḃa] 形 奉献の, 奉納(金)の.

o·bla·to, ta [o.blá.to, -.ta] 形 【カト】献身修道会[オブレート会] (士) の.
— 男 献身修道会士, オブレート会士.

o·ble·a [o.blé.a] 囡 **1** オブラート. **2** 【カト】ホスチア：ミサで用いる薄焼きのパン (= hostia). **3** 封じ紙, 封かん紙. **4** 【IT】ウエハー. **5** 〖話〗薄っぺらなもの；やせ細った人[動物]. **6** 〖ラ米〗(ᵷ)郵便切手.

o·bli·cuán·gu·lo, la [o.bli.kwáŋ.gu.lo, -.la] 形 【数】斜角の.

o·bli·cuar [o.bli.kwár] 87 他 傾かせる, 斜めにする. — 自 〖軍〗(**hacia…** …の方へ) 斜め行進する.

o·bli·cui·dad [o.bli.kwi.ðáð] 囡 斜め, 傾斜；傾斜度[角].

o·bli·cuo, cua [o.blí.kwo, -.kwa] 形 **1** 斜めの, 傾いた. mirada *oblicua* 横目, 流し目. línea *oblicua* 斜線. ángulo ~ 斜角. **2** 【文法】斜格の.
— 男 【解剖】斜筋. — 囡 【数】斜線.
[←〔ラ〕*obliquum* (*obliquus* の対格)；関連 〔英〕*oblique, elbow*]

obligación

o·bli·ga·ción [o.bli.ga.θjón / -.sjón] 囡 **1** 義務, 務め；責務, 責任；自分自身への義務, 本分. por ～ 義務として. ～ civil 民事責任. ～ solidaria 連帯責任. ～ moral 道徳的責任. cumplir con [faltar a] sus *obligaciones* 自分の務めを果たす[怠る]. verse en la ～ de... …する責任を感じる. ～ de [＋不定詞／que＋接続法] …する義務. El rey se siente en la ～ de que el pueblo viva felizmente. 王は民が幸せに暮らせるようにする義務を感じている.
2 義理, 恩義. No te sientas en la ～ de devolverme el favor. お返しをしなければいけないと思わないでください.
3 〖商〗債務, 負債；債券, 社債. *obligaciones* del Estado / *obligaciones* estatales 国債. ～ al portador 無記名債券. ～ nominativa 記名債券. emitir *obligaciones* 債券を発行する.

> 類語 *deber* は「道徳, 倫理, 責任上生じる義務」, *obligación* は「契約, 法律などで他から求められる義務」. → Es un *deber* ayudar a los heridos. けが人を助けるのは義務である. Tengo la *obligación* de estar en la oficina hasta las cinco. 私は5時までに会社を離れられない.

o·bli·ga·cio·nis·ta [o.bli.ga.θjo.nís.ta / -.sjo.-] 男囡〖商〗債権者, 債券〔社債, 公債〕所持者.

o·bli·ga·do, da [o.bli.gá.ðo, -.ða] 形 **1** 義務づけられた, 強制的な. estar [verse] ～ a＋不定詞 …せざるをえない. La asistencia no es *obligada*. 出席は自由[任意]である.
2 感謝した, 恩義を感じた. Le estoy muy ～ a usted. 私はあなたにたいへん感謝しております.
— 男囡 (村・町の日用品の供給を請負う)商人.
— 男〖音楽〗オブリガート.

o·bli·gar [o.bli.gár] 103 他 **1** 《a＋不定詞／a que＋接続法 …するように》義務づける, 強いる；無理強いする. Le *obligaron* a estudiar latín. 彼女はラテン語を勉強させられた. Nadie te *obliga* a estar conmigo. 君には私と一緒にいてもらう必要なんてないからな. La lluvia nos *obligó* a atrasar la salida. 私たちは雨で出発が遅れた. Me *obligaron* a que lo *hiciera* enseguida. 私はすぐにそれをやらされた.
2 〖法・規則など〗…に効力を及ぼす.
3 《まれ》…に無理に力を加える；〈ある行為を〉力ずくで行う.
4 〖法〗差し押さえる.
5 《まれ》《a＋人 〈人〉に》〈親切な行為を〉する.
6 《ラ米》《ﾁﾘ》《ｶﾘﾌﾞ》〈人に〉酒を振る舞う；返杯する.
— ～·se 再《a＋不定詞《…するのを》義務づける, 余儀なくされる, 《…》しなければならない. *Me obligo a escribir* el diario cada día. 毎日日記を書くことにしている.
［← ［ラ］*obligāre* (*ob-*「…の方へ」＋*ligāre*「結ぶ」)；関連 obligación. ［英］*obligate*］

o·bli·ga·ti·vo, va [o.bli.ga.tí.βo, -.βa] 形 義務の；強制的な.

o·bli·ga·to·rie·dad [o.bli.ga.to.rje.ðáð] 囡 義務(であること)；強制(であること).

o·bli·ga·to·rio, ria [o.bli.ga.tó.rjo, -.rja] 形 義務の；強制的な. enseñanza *obligatoria* 義務教育. ～ llevar puesto el cinturón de seguridad. 安全ベルトの着用は義務づけられている.

obligue(-) / obligué(-) 動→obligar.

o·bli·te·ra·ción [o.bli.te.ra.θjón / -.sjón] 囡 〖医〗閉塞(へいそく)の, 遮断(しゃだん).

o·bli·te·ra·dor, do·ra [o.bli.te.ra.ðór, -.ðó.ra] 形 〖医〗閉塞(へいそく)の, 遮断(しゃだん)する.

o·bli·te·rar [o.bli.te.rár] 他 **1** 〖医〗閉塞(へいそく)させる, 遮断(しゃだん)する. **2** 抹消する, 取り消す. **3** 《ラ米》消す, 抹消する；跡形もなくする.
— ～·se 再 〖医〗閉塞する.

o·blon·go, ga [o.blóŋ.go, -.ga] 形 細長い, 縦長の；長円形の, 楕円(だえん)の.

ob·nu·bi·la·ción [oβ.nu.βi.la.θjón / -.sjón] 囡 **1** 理性を失うこと；《比喩的》目がかすむこと. **2** 〖医〗視界のかすみ.

ob·nu·bi·lan·te [oβ.nu.βi.lán.te] 形 目をくらませる, 混乱させる；魅了する.

ob·nu·bi·lar [oβ.nu.βi.lár] 他 **1** 理性を曇らせる；夢中にさせる. Los celos le *obnubilaban* la mente. 彼[彼女]は嫉妬(しっと)に目がくらんでいた.
2 視界を曇らせる.
— ～·se 再 理性を失う；ぼうっとなる.

o·bo·e [o.ßó.e] 男〖音楽〗オーボエ.
— 男囡 オーボエ奏者.

o·bo·ís·ta [o.ßo.ís.ta] 男囡〖音楽〗オーボエ奏者.

o·bo·lo [ó.ßo.lo] 男 **1** オボロス：古代ギリシアの小額貨幣(6分の1ドラクマ), 重量単位(0.72グラム). **2** 小額の寄付[献金]. dar su ～ 貧者の一灯をかかげる.

o·bra [ó.ßra] 囡 **1** 作品. 著作, 著書；《集合的》作品群. ～ de teatro 戯曲. ～ de arte 芸術作品. ～ literaria 文学作品. ～s completas 全集. ～s de la escuela flamenca フランドル派の作品. ～ maestra 傑作.
2 《主に複数で》(修理・建築・改修などの)工事；工事現場. hacer ～s en... …を工事する. ～s públicas 公共土木事業. ～ de construcción 工事[建築]現場. Atención, ～s. (標識)工事中につき注意. Cerrado por ～s. 改装[改修]中につき閉店[休館].
3 仕事, 作業；成果, 出来ばえ. poner manos a la ～ 仕事にとりかかる. mano de ～ 人手, 労働力. ～ de encargo 請負仕事. ¡Manos a la ～! 仕事にとりかかろう. Este mantel tiene mucha ～. このテーブルクロスはとても手がかっている.
4 仕業, 所業. Esto es ～ de ladrones profesionales. これはプロの泥棒の仕業だ.
5 (宗教的・道徳的な)行為, 業. ～ benéfica 慈善行為；慈善団体. ～ de caridad 慈善事業. buenas ～s 慈善行為.
6 (木造に対して)石[れんが]造り. **7** (洗礼・埋葬などで)教会に払う費用. **8** 〖冶〗(溶鉱炉の)火床, 炉床.
9 《ラ米》(1) (ｺﾛﾝ)建設中の建物. (2) (ｺﾛﾝ)れんが造り；れんが工場.

de obra 行動で, 行為で. agredir *de* ～ 実力行使する, 暴力を用いる. maltratar *de* ～ 殴る, 暴力をふるう.

de [*en*] *obras* 工事中の[で]. museo *en* ～s 改装中の美術館. Estamos *en* [*de*] ～s en casa. 家は改装中です.

obra de romanos 難事業, 大事業.

obra muerta 〖海〗乾舷.

obra negra 《ラ米》(ｺﾛﾝ)(建物の)構造, 骨組み.

obra pía 慈善団体, 宗教財団.

Obras son amores, que no buenas razones.

obras (工事)

《諺》言葉よりも実行が大切である.
obra viva〖海〗喫水部.
por obra (*y gracia*) de... …のおかげで,…の働きによって. *por ~ de magia* 魔法によって. *por ~ y gracia de*l Espíritu Santo 聖霊の力で; 自然に, ひとりでに.
[←［古スペイン］*huebra*←［ラ］*opera* (→ *ópera*);関連］obrar, obrero, cooperación.［伊］［英］*opera*「オペラ」.［独］*Oper*「オペラ」]

o·bra·da [o.bɾá.ða]〖女〗**1** 1日の仕事量. **2** オブラーダ:スペインの農地面積の単位. ♦地域により異なる. Burgos では5400平方メートル, Palencia では5383.1平方メートル, Segovia では3930.3平方メートル, Valladolid では4688.2平方メートル.

o·bra·de·ra [o.bɾa.ðé.ɾa]〖女〗《ラ米》(ｸﾞｧﾃﾏﾗ)(ﾀﾞｳ)(ｴﾙｻﾙ)(ｺｽﾀﾘ)(ﾊﾟﾅﾏ)《俗》下痢.

o·bra·dor, do·ra [o.bɾa.ðóɾ, -.ðó.ɾa]〖形〗仕事をする, 作業の. ―〖男〗〖女〗仕事をする人, 作業者. ―〖男〗仕事場, 作業場.

o·bra·je [o.bɾá.xe]〖男〗**1** 製作, 製造;製品. **2** 仕事場, 作業場. **3**《ラ米》(1)(ｱﾙｾﾞﾝ)伐採作業場;製材所;木材置き場. (2)(ﾒﾋｺ)豚肉店. **3**〖史〗オブラヘ. ♦スペイン統治時代のメキシコ・ペルーなどで先住民・黒人奴隷が就労を強いられた織物工場.

o·bra·je·ro [o.bɾa.xé.ɾo]〖男〗**1** (労働者の)監督, 親方, 頭. **2**《ラ米》(1)(ｱﾙｾﾞﾝ)製材所所有者;伐採人夫. (2)(ｴｸｱ)職人, 熟練工. (3)(ﾒﾋｺ)豚肉店主.

*o·brar** [o.bɾáɾ]〖自〗《文章語》**1** 行動する, 振る舞う. ~ **como Dios manda** 神の命じるままに行動する. ~ **de una manera indiscreta** 軽率に振る舞う. **Es hora de ~.** 今が行動を起こす時だ.
2《文章語》…が機能する, 効力を持つ. *Por fin comienza a ~ el tratamiento.* やっと治療の効果が出てきた. *En el expediente deben ~ los siguientes documentos.* 書類の中には次の証明書が用意されていなければならない.
3《婉曲》排便する. *El enfermo lleva tres días sin ~.* 病人は3日もお通じがない. **4** 工事をする.
―〖他〗**1**〈偉業などを〉行う, もたらす. *El medicamento obró un milagro en el enfermo.* その薬は病人に驚くべき効果をもたらした.
2〈材料に〉手を加える;〈建造物を〉作る. ~ **la madera** 木材に細工をする.
obrar en poder [manos] de+人《文章語》〈書類・情報などが〉〈人〉の手中にある.

o·bre·ra [o.bɾé.ɾa]〖形〗〖女〗→ obrero.

o·bre·gón [o.bɾe.ɣón]〖男〗(1568年にスペインのMadrid で Bernardino Obregón により設立された)オブレゴン教団の団員;《複数で》オブレゴン教団.

o·brep·ti·cia·men·te [o.bɾep̬.tí.θja.mén.te / -.sja.-]〖副〗事実を偽って.

o·brep·ti·cio, cia [o.bɾep̬.tí.θjo, -.θja / -.sjo, -.sja]〖形〗虚偽の申告による.

o·bre·rí·a [o.bɾe.ɾí.a]〖女〗**1** 労働者の職. **2**〖カト〗教会財産委員会.

o·bre·ril [o.bɾe.ɾíl]〖形〗《話》労働者の, 職工の.

o·bre·ris·mo [o.bɾe.ɾís.mo]〖男〗**1** 労働運動. **2**《集合的》労働者, 労働者階級.

o·bre·ris·ta [o.bɾe.ɾís.ta]〖形〗労働運動の;労働者擁護の. ―〖男〗〖女〗労働者擁護主義者, 労働運動家.

o·bre·ro, ra [o.bɾé.ɾo, -.ɾa]〖形〗**1** 労働の, 労働者の. *el movimiento ~* 労働運動. *clase obrera* 労働者［勤労者］階級. *un barrio ~* 労働者街［地区］. *la solidaridad obrera* 労働者団結. *el sindicato ~* 労働組合. *el Partido Socialista O~ Español* スペイン社会主義労働（者）党（略 PSOE）. *Comisiones Obreras* 労働者委員会（スペインの共産党系労働組合）（略 CCOO）.
―〖女〗労働者, 工員, 職人. ~ **de la construcción** 建設労働者. ~ **metalúrgico** 鉄鋼労働者. ~ **industrial [agrícola]** 工場［農業］労働者. ~ **especialista** 技能労働者, 専門職人. ~ **portuario** 港湾労働者［沖仲仕］. → empleado [類語].―〖男〗〖カト〗教会財産管理委員. ―〖女〗〖昆〗働きバチ（= abeja *obrera*）;働きアリ（= hormiga *obrera*）.

obs·ce·ni·dad [obs.θe.ni.ðáð / -.se.-]〖女〗猥褻(ﾜｲｾﾂ)な, みだらな;猥褻行為, みだらなもの［こと］.

obs·ce·no, na [obs.θé.no, -.na / -.sé.-]〖形〗猥褻(ﾜｲｾﾂ)な, みだらな. *filme ~* 猥褻な映画.

obs·cu·ra·men·te [obs.kú.ɾa.mén.te]〖副〗→ oscuramente.

obs·cu·ran·tis·mo [obs.ku.ɾan.tís.mo]〖男〗→ oscurantismo.

obs·cu·ran·tis·ta [obs.ku.ɾan.tís.ta]〖形〗〖男〗〖女〗→ oscurantista.

obs·cu·re·cer [obs.ku.ɾe.θéɾ / -.séɾ]〖34〗〖他〗→ oscurecer.

obs·cu·re·ci·da [obs.ku.ɾe.θí.ða / -.sí.-]〖女〗→ oscurecida.

obs·cu·re·ci·mien·to [obs.ku.ɾe.θi.mjén.to / -.si.-]〖男〗→ oscurecimiento.

obs·cu·ri·dad [obs.ku.ɾi.ðáð]〖女〗→ oscuridad.

obs·cu·ro, ra [obs.kú.ɾo, -.ɾa]〖形〗→ oscuro.

ob·se·cra·ción [oβ.se.kɾa.θjón / -.sjón]〖女〗懇願, 嘆願.

ob·se·cuen·cia [oβ.se.kwén.θja / -.sja]〖女〗服従, 追従.

ob·se·cuen·te [oβ.se.kwén.te]〖形〗従順な, 服従する.

ob·se·quia·dor, do·ra [oβ.se.kja.ðóɾ, -.ðó.ɾa]〖形〗歓待する, 物を贈る. ―〖男〗〖女〗歓待する人, 贈り物をする人;主人役, ホスト役.

ob·se·quian·te [oβ.se.kján.te]〖形〗〖男〗〖女〗→ obsequiador.

ob·se·quiar [oβ.se.kjáɾ]〖82〗〖他〗**1**《con... …を》贈る, 贈呈する. ~ **a un amigo *con* libros** 友達に本を贈る. **2**《con...》〈…で〉歓待する, もてなす,《…を》勧める. ~ *con* **un banquete** 宴会を開いてもてなす. ~ *con* **una copa de vino español** スペインのワインを一杯勧める. **3** 言い寄る, 口説く.

ob·se·quio [oβ.sé.kjo]〖男〗**1** 贈り物. ~ **del autor**（著者の）贈呈本. **2** 心遣い, 心尽くし, 歓待. *deshacerse en ~ con*+人〈人〉を心からもてなす.
en obsequio a [de]... …に敬意を表して.

ob·se·quio·sa·men·te [oβ.se.kjó.sa.mén.te]〖副〗親切に;追従的に, へつらって.

ob·se·quio·si·dad [oβ.se.kjo.si.ðáð]〖女〗親切さ, 心遣い.

ob·se·quio·so, sa [oβ.se.kjó.so, -.sa]〖形〗**1** 親切な, 心遣いの細やかな, 行き届いた. ~ **con todo el mundo** 誰にでも気を配る.
2 追従的な, 《ラ米》(ﾒﾋｺ)贈り物好きな.

ob·ser·va·ble [oβ.seɾ.βá.ble]〖形〗観察できる, 観測できる.

***ob·ser·va·ción** [oβ.seɾ.βa.θjón / -.sjón]〖女〗**1** 観察, 観測;注目, 注視;認知, 知覚;（病院などでの）経過観察. *capacidad de ~* 観察力. ~ *acertada* 的を射た観察. *estar bajo ~* 経過観察中である. *observaciones me-*

teorológicas 気象観測. **2** 監視, 偵察. vuelo de ～ 偵察飛行. **3** 意見, 忠告; 反論, 注解; 疑問点などの注, メモ. hacer una ～ 忠告する, 意見を述べる. He escrito mis *observaciones* al pie de la página. ページの下にコメントをメモしておきました. **4** (法律などの)遵守(ｼﾞｭﾝｼｭ). ～ de la ley [las reglas] 法律[規則]遵守.

*ob·ser·va·dor, do·ra [oƀ.ser.ƀa.ðór, -.ðó.ra] 形 観察力のある；観察する.
— 男 女 **1** 観察者, 観測者.
2 立会人, オブザーバー. **3** 偵察者, 監視者.

ob·ser·van·cia [oƀ.ser.ƀán.θja / -.sja] 女 **1** 遵守, 遵行. ～ de las leyes 法の遵守. poner en ～… ～を厳格に守らせる. **2** (目上に対する)礼儀, 敬意. **3** 《カト》(修道会の)規則, 会則.

ob·ser·van·te [oƀ.ser.ƀán.te] 形 **1** 観察する, 観測する. **2** 遵守する, 厳守する.
— 男 《カト》フランシスコ会原始会則派修道士.

*****ob·ser·var** [oƀ.ser.ƀár] 他 **1** 観察する, 観測する, じっくり見る. ～ la herida 傷を調べる. ～ la pantalla スクリーンを見つめる. ～ el movimiento de los enemigos 敵の動きを見守る. Se quedó *observando* la foto un largo rato. 彼[彼女]は長いこと写真に見入った.
2 (観察によって)気づく；《que +直説法 …であることを》見てとる. *Observó* un leve cambio en la cara de su hija. 彼[彼女]は娘の表情の小さな変化に気がついた. Me acerqué y *observé que* dentro *había* cuatro hombres. 私は近づいて中に4人の男がいるのを見てとった.
3 《que +直説法 …であると》(観察に基づいて)述べる, 評する. Sobre este tema el diputado *observó que* faltaban recursos. この点について, 議員は資金が不足していると述べた. **4** 《規則・命令を》遵守する. ～ las reglas de circulación 交通ルールを守る. **5** 《ラ米》《人に》注意を促す.
hacer observar… ～を指摘する, …に注意を喚起する. Se *hizo* ～ que para solucionar el problema se necesitaban medidas urgentes. その問題を解決するために緊急の対策が必要とされていることが指摘された.
[←《ラ》*observāre*(*ob*-「…に対して」+ *servāre*「注意を払う, 番をする」)；【関連】observación, observancia, observador, conservar. 《英》*observe*, *observer*]

ob·ser·va·to·rio [oƀ.ser.ƀa.tó.rjo] 男 観測所；気象台(= ～ meteorológico)；天文台(= ～ astronómico)；監視所.

*ob·se·sión [oƀ.se.sjón] 女 強迫観念, 妄想. tener la ～ de la muerte 死の強迫観念に取りつかれている.

ob·se·sio·nan·te [oƀ.se.sjo.nán.te] 形 妄想を呼ぶ, 強迫的な.

*ob·se·sio·nar [oƀ.se.sjo.nár] 他 〈妄想などが〉取りつく, 付きまとう, 強迫する. Me *obsesiona* su mirada. 私は彼[彼女]の視線が気になって仕方がない.
— ～·se 再 《con… / por…》に取りつかれる. *Se obsesiona con* alcanzar el éxito. 彼[彼女]は成功するという考えに取りつかれている.

ob·se·si·vo, va [oƀ.se.sí.ƀo, -.ƀa] 形 **1** 強迫的な. neurosis *obsesiva* 《医》強迫神経症.
2 思い込みの強い, 妄想的な.

ob·se·so, sa [oƀ.sé.so, -.sa] 形 強迫観念に悩まされた；(特に性的な)妄想に取りつかれた.
— 男 女 強迫観念に悩まされる人；(特に性的な)妄想に取りつかれた人.

ob·si·dia·na [oƀ.si.ðjá.na] 女 《鉱》黒曜石[岩].

ob·so·les·cen·cia [oƀ.so.les.θén.θja / -.sén.sja] 女 (不動産の)老朽化, 時代遅れになること.

ob·so·les·cen·te [oƀ.so.les.θén.te / -.sén.-] 形 老朽化した, 古くなった；時代遅れの.

ob·so·le·to, ta [oƀ.so.lé.to, -.ta] 形 廃れた, 古めかしい. técnicas *obsoletas* 時代遅れの技術.

obs·ta·cu·li·za·ción [oƀs.ta.ku.li.θa.θjón / -.sa.sjón] 女 妨げること, 邪魔.

obs·ta·cu·li·zar [oƀs.ta.ku.li.θár / -.sár] 97 他 妨げる, 邪魔する. ～ el paso 通行を妨害する.

*obs·tá·cu·lo [oƀs.tá.ku.lo] 男 障害, 障害物, 邪魔なもの；妨害；困難(= dificultad);《スポ》(スポーツの)障害物. superar [vencer] un ～ 障害を克服する. poner ～ 妨害する. erizado de ～*s* 障害の多い. carrera de ～*s* 《スポ》障害物競走. Para los que van en silla de ruedas cualquier ～ pequeño les puede impedir el paso. 車いすの人にとってはどのような小さなものでも通行の妨げになる.
[←《ラ》*obstāculum*；*obstāre*「はばむ」(*ob*-「前に」+ *stāre*「立っている」)より派生.【関連】obstante.《英》*obstacle*]

:obs·tan·te [oƀs.tán.te] 形 *no obstante* (**1**) = はいえ, しかしながら(= sin embargo). Ganó en las elecciones generales; *no* ～, la oposición sigue teniendo una gran fuerza. 総選挙には勝ったが, 野党は強い勢力を持ちつづけている. (**2**) …にもかかわらず(= a pesar de). *No* ～ la oposición de los padres, hizo lo que quería. 両親の反対にもかかわらず, 彼[彼女]は自分のやりたいことをやった.
[←《ラ》*obstantem* (*obstans* の対格) (*obstāre*「はばむ」の現在分詞).【関連】obstáculo]

obs·tar [oƀs.tár] 自 《para que +接続法 …することの》邪魔になる, 妨げる. ► 3人称・否定文で用いられる. Eso no *obsta para que continúe*. それは僕が続けてやる妨げにはならない.

obs·te·tra [oƀs.té.tra] 男 女 産婦人科医.

obs·te·tri·cia [oƀs.te.trí.θja / -.sja] 女 《医》産科(学).

obs·té·tri·co, ca [oƀs.té.tri.ko, -.ka] 形 《医》産科の, 産科に関する.

obs·ti·na·ción [oƀs.ti.na.θjón / -.sjón] 女 頑固, 頑迷, 強情. con ～ かたくなに；しつこく.

obs·ti·na·da·men·te [oƀs.ti.ná.ða.mén.te] 副 頑固に；執拗(ｼﾂﾖｳ)に.

obs·ti·na·do, da [oƀs.ti.ná.ðo, -.ða] 形 **1** 頑固な, 強情な. **2** 執拗(ｼﾂﾖｳ)な, 粘り強い, 辛抱強い.

obs·ti·nar [oƀs.ti.nár] 他 《ラ米》(ﾙﾌﾞ)迷惑をかける. — ～·se 再 **1** 《en…》…に》強情を張る；固執する, 執着する. *Se obstina* en negarlo. 彼[彼女]はあくまでそれはだめだと言い張る. ～*se en* una decisión 頑として決心を曲げない. **2** 《ラ米》(ﾙﾌﾞ)退屈する, うんざりする.

obs·truc·ción [oƀs.truk.θjón / -.sjón] 女 **1** 妨害, 邪魔；《スポ》オブストラクション. tácticas de ～ 妨害戦術. **2** 《医》閉塞(ﾍｲｿｸ).

obs·truc·cio·nar [oƀs.truk.θjo.nár / -.sjo.-] 他 《ラ米》さえぎる；邪魔する, 妨げる.

obs·truc·cio·nis·mo [oƀs.truk.θjo.nís.mo / -.sjo.-] 男 組織的な妨害, 議事(進行)妨害.

obs·truc·cio·nis·ta [oƀs.truk.θjo.nís.ta / -.sjo.-] 形 組織的な妨害をする, 議事の進行を妨げる.
— 男 女 組織的な妨害者, 議事妨害者.

obs·truc·tor, to·ra [oβ̞s.truk.tór, -.tó.ra] 形 **1** 妨害する, 邪魔する. **2**《医》閉塞(^(ヘイソク))を起こす.
— 男 女 妨害者.

obs·truir [oβ̞s.trwír] 48 他 **1**〈道などを〉ふさぐ. **2** 妨害する, 邪魔する. ~ el paso 通行を妨害する.
— ~·se 再 詰まる. Se obstruyó el lavabo. 洗面台(のパイプ)が詰まった.

ob·tem·pe·rar [oβ̞.tem.pe.rár] 他 従う, 遵守する;同意する.

*__ob·ten·ción__ [oβ̞.ten.θjón / -.sjón] 女 **1** 獲得;達成. ~ de datos データの入手. **2** 抽出.

obtendr- 活 → obtener.

__ob·te·ner__ [oβ̞.te.nér] 43 他 **1**〈望んだものを〉獲得する, 手に入れる. ~ una beca 奨学金を手に入れる. ~ un buen trabajo いい職を得る. ~ el pasaporte パスポートを取る. ~ éxito 成功する. ~ un fin 目的を達成する. *Obtuvimos el siguiente resultado.* 私たちは次のような結果を得た. **2** 抽出する, 取り出す. Lo ponemos a hervir hasta ~ un jarabe espeso. どろっとしたシロップができるまで沸騰させます.
— **~·se 再 (de... / a partir de...**〈材料〉から)〈生産物などが〉作られる. El chicle *se obtiene de esta planta.* ガムはこの植物から作られる.
[←〔ラ〕*obtinēre*(占有する, 占有する, 手に入れる); *ob-*「完全に」+ *tenēre*「保つ;所有する」(→ tener);〔関連〕obtención.〔英〕*obtain*〕

obteng- 活 → obtener.

ob·te·ni·ble [oβ̞.te.ní.ble] 形 入手[達成]可能な, 獲得できる.

ob·ten·tor [oβ̞.ten.tór] 男 獲得した;〔カト〕聖職禄(^(ロク))を受けた. — 男 聖職禄受領者.

ob·tes·ta·ción [oβ̞.tes.ta.θjón / -.sjón] 女《修辞》(神・人・自然物などに)照覧を求めること.

obtien- 活 → obtener.

ob·tu·ra·ción [oβ̞.tu.ra.θjón / -.sjón] 女 **1**(パイプなどの)詰め. **2** 穴をふさぐこと;(歯の)充填(^(ジュウテン)). **3** 閉塞(^(ヘイソク)). velocidad de ~《写》シャッター速度.

ob·tu·ra·dor, do·ra [oβ̞.tu.ra.ðór, -.ðó.ra] 形 ふさぐ, 詰まらせる, 閉じる.
— 男 **1** 栓, 詰めもの. **2**《写》シャッター. ~ de cortina フォーカルプレーン・シャッター. **3**《解剖》鎖孔[膜]. **4**《機》チョーク.

ob·tu·rar [oβ̞.tu.rár] 他〈穴などを〉ふさぐ, 詰め物をする, 閉じる.
— **~·se 再**〈穴などが〉ふさがる, 詰まる.

ob·tu·sán·gu·lo [oβ̞.tu.sáŋ.gu.lo] 形《数》鈍角の (↔acutángulo). triángulo ~ 鈍角三角形.
— 男 鈍角三角形.

ob·tu·so, sa [oβ̞.tú.so, -.sa] 形 **1** 鈍い, 先の丸いángulo ~《数》鈍角. **2** 鈍感な, のろまな, 愚鈍な. ~ de entendimiento 頭の回転の悪い.

obtuv- 活 → obtener.

o·bué [o.βwé] 男 → oboe.

o·bús [o.βús] 男 **1** 曲射砲;砲弾, 曲射砲弾. **2**(タイヤチューブの)バルブキャップ.

ob·ven·ción [oβ̞.ben.θjón / -.sjón] 女《主に複数で》特別[臨時]手当.

ob·ven·cio·nal [oβ̞.ben.θjo.nál / -.sjo.-] 形 特別[臨時]の手当の.

ob·via·men·te [oβ̞.bja.mén.te] 副 **1** 明らかに, はっきりと;わかりきったように. Su actitud es ~ equivocada. 彼[彼女](ら)の態度は明らかに間違っている. **2**(単独で)もちろん, そのとおり. *O~,* te

llevo al cine conmigo. もちろん, 君を映画に連れて行くよ. ¿Ha traído usted su documento? — *O~.* 証明書はお持ちですか. — もちろんです.

ob·viar [oβ̞.bjár] 82 他 **1**〈障害などを〉取り除く;回避する. ~ un inconveniente 不都合な点を取り除く. **2**〈自明のことなどを〉省略する, 言及しない.
— 自《まれ》妨げる, 妨害する.

ob·vie·dad [oβ̞.bje.ðáð] 女 明白さ, 明瞭さ.

*__ob·vio, via__ [óβ̞.bjo, -.bja] 形 **明らかな**, 明白な, はっきりとした. como es ~ 言うまでもなく, 明らかに. ~ es decir que... …は言うまでもない, 明らかである. Es ~ que está enamorado de ella. 彼が彼女に恋しているのは明らかだ.
[←〔ラ〕*obvium* (*obvius* の対格)「手近にある, 見つけやすい」(*ob-*「前に;…に逆らって」+ *via*「道路」+形容詞語尾);〔関連〕*obvious*〕

oc [ók] lengua de *oc*(南フランスの)オック語. → oíl.

o·ca[1] [ó.ka] 女 **1**《鳥》ガチョウ. **2**《遊》すごろく遊び (=juego de la *oca*):9つ目ごとに盤上にガチョウの絵があることから.

o·ca[2] [ó.ka] 女《植》カタバミの一種:アンデス高地原産で, 根茎は食用.

o·cal [o.kál] 形 **1**〈ナシ・リンゴなどが〉大粒の. **2**(バラなどが)大輪の. **3**〈蚕が〉くっついて 2 匹で作る, 玉繭の. — 男 **1** 玉繭 (=capullo ~). **2**《ラ米》(^(メキシコ))(^(グア))《話》《植》ユーカリの木.

O·cam·po [o.kám.po] 男 固名 オカンポ. (1) Victoria ~ (1891-1979). アルゼンチンの作家, 雑誌 *Sur* の主催者. (2) Silvina ~ (1903-94). アルゼンチンの作家.

o·ca·pi [o.ká.pi] 男 → okapi.

o·ca·ri·na [o.ka.rí.na]〔伊〕女《音楽》オカリナ.

*__o·ca·sión__ [o.ka.sjón] 女 **1 機会**, おり, (特定の)とき. en la primera ~ 機会があり次第. en *ocasiones* ときどき, ときおり. en varias *ocasiones* 何度か. con ~ de... …の機会[おり]に. Con ~ de la boda de su primo, visitó París por primera vez. いとこの結婚式の機会にパリを初めて訪問した. Este congreso internacional es una ~ para conocer a colegas. この国際会議は同業者に知り合う機会だ. La ~ hace al ladrón.《諺》機会は盗人を生む(時と場合によって人は何をするかわからない).
2 チャンス, 好機 (=oportunidad). ~ de oro 最高の好機. ~ única またとないチャンス. ~ de gol ゴールチャンス. perder una ~ 時機を失する. aprovechar una ~ チャンスを生かす. dejar escapar una ~ チャンスを逃す. asir [coger, agarrar] la ~ por los cabellos [pelos] 好機をやっとのことで捕まえる.
3 安売り, バーゲン;特売品. de ~ 値下げした. a precio de ~ バーゲン価格で. coches de ~ 中古車, お買い得車.
4 口実 (=excusa);理由, 原因. La visita de su amigo era una ~ para faltar a la reunión. 友人が来るというのは会議に欠席するための口実だった. dar ~ a+人〈人〉に口実を与える. Así le das ~ a José de no hacer su trabajo. 君はそうやってホセに仕事をしない口実を与えてしまっている. No le des ~ de quejarse. 彼[彼女]に不平を言うすきを与えるな. **5** 危機, 危険.
A la ocasión la pintan calva → calvo.
[←〔ラ〕*occāsiōnem*(*occāsiō* の対格)(*occidere*「落ちる, 沈む」より派生);〔関連〕occidente, caer.〔英〕

o·ca·sio·na·dor, do·ra [o.ka.sjo.na.đór, -.đó.ra] 形 原因となる,引き起こす. ——男女 原因者,張本人.

o·ca·sio·nal [o.ka.sjo.nál] 形 **1** たまの；臨時の,その場限りの. trabajo ～ 臨時の仕事. **2** 偶然の,思いがけない. encuentro ～ 奇遇.

o·ca·sio·na·lis·mo [o.ka.sjo.na.lís.mo] 男【哲】偶因論,機会原因論.

o·ca·sio·nal·men·te [o.ka.sjo.nál.mén.te] 副 **1** 偶然に,思いがけなく. **2** 時折,ときどき.

*__o·ca·sio·nar__ [o.ka.sjo.nár] 他 **引き起こす**,原因となる；誘発する,招く. Mi imprudencia *ocasionó* una catástrofe. 私の軽率さが破局を招いた.

o·ca·so [o.ká.so] 男 **1** 日没,日の入り；日没時. **2** 衰退；末期,終焉(しゅうえん),最期. en el ～ de la vida 晩年に. **3** 西,西方.

*__oc·ci·den·tal__ [ok.θi.đen.tál / -.si.-] 形 **1** 西の,西方の；西部の. costa ～ 西海岸. hemisferio ～ 西半球. Asia ～ 西アジア. **2** 西洋の,西欧の,欧米の. países ～*es* 西欧諸国. civilización ～ 西洋文明. filosofía ～ 西欧哲学. ——男女 西洋人,西欧人. Los japoneses tiene una forma de pensar muy diferente de los ～*es*. 日本人は西洋人とはずいぶん違う考え方をしている.

oc·ci·den·ta·lis·mo [okθi.đen.ta.lís.mo / -.si.-] 男 西欧主義,西欧趣味；西欧の特質.

oc·ci·den·ta·lis·ta [okθi.đen.ta.lís.ta / -.si.-] 形 西欧主義の. ——男女 西欧主義(崇拝)者；西洋通[かぶれ].

oc·ci·den·ta·li·za·ción [okθi.đen.ta.li.θa.θjón / -.si.-.sa.sjón] 女 西洋化,西欧化.

oc·ci·den·ta·li·zar [okθi.đen.ta.li.θár / -.si.-.sár] 97 他 …を西洋化する,西欧化する. ——～·**se** 再 西洋化[西欧化]する.

*__oc·ci·den·te__ [ok.θi.đén.te / -.si.-] 男 **1** 西,西方；西部 (↔oriente) (▶ 大文字で使われることが多い). al O～ 西方に. el ～ de Europa ヨーロッパ西部. **2** 《*O*～》西欧,欧米諸国. cultura musical tradicional del *O*～ 西欧の伝統的音楽文化. [← [ラ] *occidentem* (*occidens* の対格) (*occidere*「落ちる,沈む」の現在分詞より派生）；「太陽が沈む所」が原義)）．関連 caer. [英] *occident*]

oc·ci·duo, dua [ok.θí.đwo, -.đwa / -.sí.-] 形 落日の；西の，末期の，終焉(しゅうえん)の.

oc·ci·pi·tal [ok.θi.pi.tál / -.si.-] 形 【解剖】後頭(部)の. ——男 後頭骨 (= hueso ～).

oc·ci·pu·cio [ok.θi.pú.θjo / -.si.-.sjo] 男 【解剖】後頭(部).

oc·ci·sión [ok.θi.sjón / -.si.-] 女 横死,変死；殺人.

oc·ci·so, sa [ok.θí.so, -.sa / -.sí.-] 形 変死した,殺害された. ——男女 変死者,(殺人事件の)被害者.

oc·ci·ta·no, na [ok.θi.tá.no, -.na / -.si.-] 形 (南仏の)オック地方の，オック語の. ——男女 オック地方の人. ——男 オック語 (= lengua de oc).

OCDE [o.θe.đe.é / (略)] Organización de Cooperación y Desarrollo Económico / Organización para la Cooperación y el Desarrollo Económico 経済協力開発機構 [英 OECD].

o·ce·a·na·rio [o.θe.a.ná.rjo / -.se.-] 男 水族館.

O·ce·a·ní·a [o.θe.a.ní.a / -.se.-] 固名 オセアニア,大洋州. [← [仏] *Océanie* (*océan*「大洋」+ *-ie*「地域」)；関連 océano.

o·ce·á·ni·co, ca [o.θe.á.ni.ko, -.ka / -.se.-] 形 大洋の,海洋の. clima ～ 海洋性気候. dorsal ～ 海嶺.

O·ce·á·ni·das [o.θe.á.ni.đas / -.se.-] / **O·ce·á·ni·des** [o.θe.á.ni.đes / -.se.-] 女《複数形》【ギ神】オケアノスとテテュスから生まれた3000人の水の女神たち (▶ 単数形でその一人ひとりを指すこともある).

*__o·cé·a·no__ [o.θé.a.no / -.sé.-] 男 **1 大洋，海洋**. *O*～ Atlántico 大西洋. *O*～ Glacial Antártico 南極海. *O*～ Glacial Ártico 北極海. *O*～ Índico インド洋. *O*～ Pacífico 太平洋. **2** 広大,無限,莫大(ばく). ～ de amargura 果てしない悲しみ. [← [ラ] *Ōceanum* (*Ōceanus* の対格)「大洋(神)」← [ギ] *Ōkeanós*；関連 oceánico, Oceanía. [英] *ocean*]

O·cé·a·no [o.θé.a.no / -.sé.-] 固名【ギ神】オケアノス：大洋[水]の神.

o·ce·a·no·gra·fí·a [o.θe.a.no.gra.fí.a / -.se.-] 女 海洋学.

o·ce·a·no·grá·fi·co, ca [o.θe.a.no.grá.fi.ko, -.ka / -.se.-] 形 海洋学の.

o·ce·a·nó·gra·fo, fa [o.θe.a.nó.gra.fo, -.fa / -.se.-] 男女 海洋学者.

o·ce·la·do, da [o.θe.lá.đo, -.đa / -.se.-] 形【動】単眼の；眼状斑の.

o·ce·lo [o.θé.lo / -.sé.-] 男 **1**【昆】単眼. **2**【動】(鳥・昆虫の)目玉模様の斑紋(はん).

o·ce·lo·te [o.θe.ló.te / -.se.-] 男【動】オセロット：アメリカ産オオヤマネコ. [← [ナワトル] *ocēlōtl*]

o·ce·na [o.θé.na / -.sé.-] 女【医】臭鼻症.

o·char [o.tʃár] 他 (1)《ラ米》《話》(ひもで)(杭)けしかける. (2)(杵)見張る. ——自《ラ米》《話》ほえる.

o·cha·va [o.tʃá.ba] 女 **1** 8分の1. **2** (建物の)角を切り落とした平面；角を切り落として作ったファサード.

o·cha·va·do, da [o.tʃa.bá.đo, -.đa] 形 八角形の.

o·cha·var [o.tʃa.bár] 他 **1** (角を落として)八角形にする. **2**《ラ米》面取りする,隅を切る.

o·cha·vo [o.tʃá.bo] 男 **1** (スペインで17世紀ごろから19世紀まで使われていた)銅貨. no tener (ni) un ～《話》一文無しである. no valer un ～ なんの値打ちもない. **2** 八角形の建物[場所].

o·cha·vón, vo·na [o.tʃa.bón, -.bó.na] 形 cuarterón と白人の混血の. ——男女 cuarterón と白人との混血の人.

*__o·chen·ta__ [o.tʃén.ta] 形《数詞》**1** (＋名詞) 80の, 80人[個]の. **2** (名詞＋) 80番目の. ——男 80；80の数字(ローマ数字 LXXX). [← [古スペイン] *ochaenta* ← [俗ラ] *octaginta* ← [ラ] *octōgintā* (*octō*「8」より派生)]

o·chen·ta·vo, va [o.tʃen.tá.bo, -.ba] 形《数詞》80分の1の. ——男 80分の1.

o·chen·te·no, na [o.tʃen.té.no, -.na] 形《数詞》80番目の,第80の.

o·chen·tón, to·na [o.tʃen.tón, -.tó.na] 形《話》80歳代の. ——男女 80歳代の人.

*__o·cho__ [ó.tʃo] 形《数詞》**1** (＋名詞) 8の, 8つの, 8人[個]の. familia compuesta por ～ miembros 8人家族. a las ～ 8時に. **2**《名詞＋》8番目の. en el año ～ de su reinado 治世8年目に. ——男 8；8の数字(ローマ数字Ⅷ).

OCU

ocho días 1週間(後). aplazar para dentro de ~ *días* 1週間延期する. volver a los ~ *días* 1週間後に帰る.

ser más chulo que un ocho 《話》ひどく生意気である, 横柄である.

[←〔ラ〕*octō*.〔関連〕octavo, octágono, octubre.〔ポルトガル〕*oito*.〔仏〕*huit*.〔伊〕*otto*.〔英〕*eight*.〔独〕*acht*]

‡**o·cho·cien·tos, tas** [o.tʃo.θjén.tos, -.tas / -.sjén.-]〔数詞〕800の; 800番目の(=octigentésimo). tres mil *ochocientas* personas 3800人の人. página *ochocientas* 800ページ. la posición número ~ 800番目の位置.
— 男 800(の数字)(ローマ数字 DCCC). en mil ~ treinta y dos 1832年に.

‡**o·cio** [ó.θjo / -.sjo] 男 **1** 余暇, 暇. Mi madre pinta en sus ratos de ~. 私の母は余暇に絵を描く.
2 無為, 怠惰. dejar ~ 怠惰な暮らしをやめる. vivir en el ~ 無為の日々を送る.
3 《主に複数で》気晴らし, 娯楽.

o·cio·sa·men·te [o.θjo.sa.mén.te / -.sjó.-] 副 何もしないで, 怠けて; 無意味に.

o·cio·se·ar [o.θjo.se.ár / -.sjo.-] 自 《ラ米》《⁽ᵖ⁾》のらくらと暮らす, ぶらぶらする; 怠ける.

o·cio·si·dad [o.θjo.si.ðáð / -.sjo.-] 女 **1** 無為, 怠惰. La ~ es madre de todos los vicios. 《諺》無為は悪徳のもと(小人閑居して不善をなす).
2 《主に複数で》暇つぶし, 無意味な言動.

‡**o·cio·so, sa** [o.θjó.so, -.sa / -.sjó.-] 形 **1** 無意味な, 無益な. *palabras ociosas* 無駄口. **2** 怠惰な, 無精な. *vida ociosa* ぐうたらな生活. **3** 何もしていない; 使用されていない, 動いていない. Las máquinas están *ociosas*. それらの機械はいま遊んでいる. — 男 ぶらぶらしている人, 怠け者, 無精者.

o·cluir [o.klwír] 48 他 《医》《器官》を閉塞(⁽ᵃ⁾ᶜ)させる, 詰まらせる.
— ~·**se** [o.klu.sjón] 女 **1** 《医》《器官》が閉塞する, 詰まる.

o·clu·sión [o.klu.sjón] 女 **1** 《医》《器官》の閉塞(⁽ᵃ⁾ᶜ). ~ *intestinal* 腸閉塞. **2** 《音声》閉鎖.

o·clu·si·vo, va [o.klu.sí.βo, -.βa] 形 **1** 《医》閉鎖の; 閉塞(⁽ᵃ⁾ᶜ)の. **2** 《音声》閉鎖音の.
— 女 《音声》閉鎖音(=*consonante oclusiva*).

o·co·te [o.kó.te] 男 《ラ米》《⁽ᵖ⁾》《⁽ᵐᵉˣ⁾》《植》テオコーテマツ.

o·co·zo·al [o.ko.θo.ál / -.so.-] 男 《ラ米》《⁽ᵐᵉˣ⁾》《動》ガラガラヘビの一種.

o·co·zol [o.ko.θól / -.sól] 男 《植》モミジバフウ: 北米産のマンサク科の木.

OCR [ó.θe.é.r̃e / -.se.-] 男 《略》《IT》《英》*optical character reader [recognition]* オーシーアール: 手書き文字や印字された文字を光学的に読み取り, 文字を特定し, 文字データを入力する装置.

o·crá·ce·o, a [o.krá.θe.o, -.a / -.se.-] 形 黄土(色)の.

o·cre [ó.kre] 男 黄土(絵の具原料)のオーカー, オークル; 黄土色. ~ *amarillo* 黄土. ~ *rojo* 代赭(⁽ᵃ⁾ᶜ)色; 代赭石. — 男 黄土(色)の, オークルの.

oct. 《略》*octubre* 10月.

octa- 「8」の意の造語要素. oct-, octo- は異形. *octá*gono, *oct*eto, *octi*gentésimo. [←〔ギ〕]

oc·ta·é·dri·co, ca [ok.ta.é.ðri.ko, -.ka] 形 《数》八面体の.

oc·ta·e·dro [ok.ta.é.ðro] 男 《数》八面体.

oc·ta·go·nal [ok.ta.go.nál] 形 《数》八角形の.

oc·tá·go·no, na [ok.tá.go.no, -.na] 形 《数》八角形の. — 男 八角形.

oc·ta·na·je [ok.ta.ná.xe] 男 オクタン価.

oc·ta·no [ok.tá.no] 男 《化》オクタン. *índice de* ~ (ガソリンの)オクタン価.

oc·ta·nol [ok.ta.nól] 男 《化》オクタノール.

oc·tan·te [ok.tán.te] 男 **1** 《海》八分儀. **2** 《数》八分円. **3** [O-] 《星座》はちぶん座.

oc·ta·va [ok.tá.βa] 女 **1** 《カト》(大祝日から数えて)8日間; 8日目. **2** 《詩》8行詩, 8行連句. **3** 《音楽》オクターブ, 8度音程.

oc·ta·via·no, na [ok.ta.βjá.no, -.na] 形 《史》(後にローマ皇帝アウグストゥス Octavio César Augusto となった)オクタビアヌスの. *paz octaviana* 永く安定した平和.

oc·ta·vi·lla [ok.ta.βí.ʎa ‖ -.ʎa] 女 **1** (全紙16ページ取りの)八つ折り(判). **2** (政治的な)宣伝ビラ. **3** 《詩》(一行が8音節以下の)8音節詩.

oc·ta·vín [ok.ta.βín] 男 《音楽》ピッコロ.

Oc·ta·vio [ok.tá.βjo] 固名 オクタビオ: 男子の洗礼名. [←〔ラ〕*Octāvius* (*octāvus*「8番目の」より派生; 「八男」が原義). 〔関連〕〔ポルトガル〕*Otávio*.〔仏〕*Octave*.〔伊〕*Ottavio*.〔英〕*Octave, Octavius*.〔独〕*Oktavian*]

‡**oc·ta·vo, va** [ok.tá.βo, -.βa] 形 《数詞》**1** 8番目の, 第8の. la *octava* impresión del diccionario 辞書の第8刷. Tenemos una buena vista pues vivimos en el ~ piso. 私たちは8階(日本の9階)に住んでいるから眺めがいい. **2** 8分の1の.
— 男 8分の1(=*octava parte*). tres ~*s.* 8分の3. en ~ 八つ折版の.
octavos de final ベスト8決定戦, 準々々決勝.
[←〔ラ〕*octāvum* (*octāvus* の対格; *octō*「8」より派生); 〔関連〕〔英〕*octave*.〔日〕オクターブ]

oc·te·to [ok.té.to] 男 **1** 《音楽》八重唱[奏]団; 八重唱[奏]曲. **2** 8個1組のもの; 《IT》オクテット(=8ビット).

oc·tin·gen·té·si·mo, ma [ok.tin.xen.té.si.mo, -.ma] 《数詞》**1** 第800(番目)の. **2** 800分の1の. — 男 800分の1.

octo- octa-の異形.

oc·to·ge·na·rio, ria [ok.to.xe.ná.rjo, -.rja] 形 80歳代の. — 男 女 80歳代の人.

oc·to·gé·si·mo, ma [ok.to.xé.si.mo, -.ma] 《数詞》**1** 第80(番目)の. **2** 80分の1の. — 男 80分の1.

oc·to·go·nal [ok.to.go.nál] 形 → octagonal.

oc·tó·go·no, na [ok.tó.go.no, -.na] 形 男 → octágono.

oc·tó·po·do, da [ok.tó.po.ðo, -.ða] 形 《動》(タコなど)八腕目の. — 男 《複数で》八腕目(の動物).

oc·to·si·lá·bi·co, ca [ok.to.si.lá.βi.ko, -.ka] 形 8音節の.

oc·to·sí·la·bo, ba [ok.to.sí.la.βo, -.βa] 形 8音節の. — 男 8音節の語; 8音節の詩行.

oc·tós·ti·lo, la [ok.tós.ti.lo, -.la] 形 《建》8柱式の.

‡**oc·tu·bre** [ok.tú.βre] 男 10月 (《略》oct.). el tres de ~ 10月3日. En ~ no molesta la lumbre. 《諺》10月は火が恋しい.
[←〔ラ〕*Octōbrem* (*Octōber* の対格; *octō*「8」より派生); 〔ローマ古暦の第8月〕〔英〕*October*]

óc·tu·ple [ók.tu.ple] / **óc·tu·plo, pla** [ók.tu.plo, -.pla] 形 8倍の. — 男 8倍.

OCU [ó.ku] 女 《略》*Organización de Consumidores y Usuarios* 消費者連盟.

o·cu·je [o.kú.xe] 男【植】テリハボク：カリブ原産で，オトギリソウ科.

o·cu·lar [o.ku.lár] 形 目の，目による，視覚上の. globo 〜〘解剖〙眼球. testigo 〜 目撃者. —— 男 接眼レンズ，接眼鏡.

o·cu·lar·men·te [o.ku.lár.mén.te] 副 目で見て，視覚的に.

o·cu·lis·ta [o.ku.lís.ta] 形 眼科の. —— 男 女 眼科医，目医者(= médico 〜). ir al 〜 眼科に行く.

o·cul·ta·ción [o.kul.ta.θjón / -.sjón] 女 **1** 隠蔽(ぺい)，隠匿；隠れること，潜伏. 〜 de bienes〘法〙財産の隠匿. **2** 空とぼけ，知らんふり. **3** 【天文】掩蔽(えんぺい)，星食.

o·cul·ta·dor, do·ra [o.kul.ta.đór, -.đó.ra] 形 隠す，隠蔽する，隠蔽(ぺい)する. —— 男 女 隠匿者，隠蔽者.

o·cul·ta·men·te [o.kúl.ta.mén.te] 副 **1** 隠して，隠れて；お忍びで. **2** 神秘的に.

****o·cul·tar** [o.kul.tár] 他 **1** 覆い隠す，見えなくする. 〜 a un fugitivo de la policía 逃亡者を警察の目からかくまう. 〜 la cara entre las manos 両手で顔を覆う. 〜 un cuchillo en la maleta スーツケースにナイフを隠し持つ. Unos árboles *ocultaban* la casa de las miradas de los transeúntes. 数本の木が通行人の目から家を遮っていた.
2〈意図・感情などを〉見せないようにする；〈情報などを〉秘密にする. 〜 una noticia ニュースを言わないでおく. 〜 la verdad al pueblo 国民に真実を隠す. A ti no te *oculto* nada. 私は君には何の隠し事もしない.
—— 〜·se 再 **1**〈3人称で〉〈特に天体が〉隠れる，見えなくなる.〈感情・情報などが〉隠蔽される. El sol se *ocultó* detrás de las nubes. 太陽は雲の後うに隠れた. A nadie *se le oculta* que es difícil. それが困難なのは誰の目にも明らかである.
2 身を隠す. El niño *se ocultó* tras la cortina. 子供はカーテンの後うに隠れた.
[—〘ラ〙*occultāre* (*occultus*「隠された」より派生)；関連 ocultismo；〘英〙*occult*.〘日〙オカルト]

o·cul·tis [o.kúl.tis] *de ocultis*〘話〙隠れて，こっそり.

o·cul·tis·mo [o.kul.tís.mo] 男 神秘学，オカルティズム，心霊研究.

o·cul·tis·ta [o.kul.tís.ta] 形 神秘学の，オカルトの. —— 男 女 神秘学者，オカルト信奉者.

***o·cul·to, ta** [o.kúl.to, -.ta] 形 **1** 隠れた，隠された；裏の，奥にある. influencia *oculta* 隠れた影響力. motivo 〜 奥に潜む動機. **2** 秘密の，神秘の，不可知の. ciencias *ocultas* 神秘学，秘術，オカルト.
—— 活 → ocultar.
de oculto お忍びで.
en oculto ひそかに，こっそりと.

o·cu·me [o.kú.me] 男 (ベニヤ板用の) ガボン材.

o·cu·mo [o.kú.mo] 男【ラ米】(ペズエ)【植】タロイモ：サトイモ科の植物.

o·cu·pa [o.kú.pa] 男 女〘話〙→ okupa.

***o·cu·pa·ción** [o.ku.pa.θjón / -.sjón] 女 **1** 仕事，職業；〈従事している〉活動. buscar 〜 職を求める. ¿Cuál es su 〜 actual? 今お仕事は何をしていらっしゃるのですか. La (tasa de) 〜 ha aumentado este mes. 今月就業率は上昇した. Cocinar es una de mis *ocupaciones* favoritas. 料理は私の好きなことの一つです. Mis *ocupaciones* no me permiten asistir. 所用で出席できません.
2（場所の）使用，利用（率）. solicitar la licencia para la 〜 de un local comercial 店舗の使用許可を申請する. El espectáculo registró la mayor 〜 de público en estos diez años. そのショーはこの10年間で最高の観客動員率を記録した.
3 占拠；〘軍〙占領；〘法〙占有. 〜 de la Península por los romanos ローマ人の半島支配. ejército de 〜 占領軍.
4〘修辞〙予弁法(= anticipación).
[—〘ラ〙*occupātiōnem* (*occupātiō* の対格, *occupāre*「占める」より派生)；関連 desocupado.〘英〙*occupation*]

o·cu·pa·cio·nal [o.ku.pa.θjo.nál / -.sjo.-] 形 職業(上)の，職業に関する. terapia 〜 作業療法.

***o·cu·pa·do, da** [o.ku.pá.đo, -.đa] 形 (+ **estar**) **1** 忙しい，多忙の. Estoy muy 〜 estos días. この数日，私はたいへん忙しい.
2 使用中の，ふさがった，占領された，占領されている. ¿Está 〜 el asiento? この席はふさがっていますか. Tengo las manos *ocupadas*. 私は手がふさがっている. El teléfono *está* 〜. 電話は話し中です.
3（化粧室などの表示）使用中.

o·cu·pa·dor, do·ra [o.ku.pa.đór, -.đó.ra] 形 男 女 → ocupante.

o·cu·pan·te [o.ku.pán.te] 形 占める，占有する；占拠する；居住の. fuerza [tropa] 〜 占領軍.
—— 男 女 **1** 占有者，占拠者；現住者；〘軍〙占領軍(の一員). **2** 乗客.

****o·cu·par** [o.ku.pár] 他 **1** (1)〈空間を〉〈ものが〉占める，ふさぐ. 〜 mucho sitio. たくさん場所をとる. Los libros *ocupan* la mitad de mi habitación. 私の部屋の半分は本がふさいでいる. Un restaurante *ocupará* la planta baja. 1階にレストランが入ることになる. (2)〈空間を〉〈人が〉占領する，占拠する.
2 (1)〈時間を〉〈仕事などが〉ふさぐ，とる. El trabajo doméstico me *ocupa* toda la mañana. 私は家事に午前中いっぱいかかる. (2) (**en...**)〈人が〉〈(…)に〉〈時間を〉費やす，用いる. *Ocupo* mi tiempo libre *en* la jardinería. 私は空き時間を庭仕事に費やす.
3〈仕事などが〉〈人を〉拘束する，かかりきりにさせる. Este es el problema que nos *ocupa* por ahora. これが私たちが目下，専念して取り組んでいる問題だ. **4**〈地位・職務に〉就く. 〜 un puesto en una empresa 会社である職に就く. 〜 el primer lugar en la liga リーグで1位になる. **5**〈人を〉雇う，〈人に〉仕事を提供する. La industria textil *ocupa* a más de diez mil personas. 1万人以上が繊維工業で職を得ている. **6**〈不法品を〉押収する. La policía *ocupó* diez armas de fuego. 警察は10丁の銃を押収した. **7**〘ラ米〙(`ﾒｽﾞ)(`ﾁﾘ)(`ﾎﾞﾘ)(`ｺﾞﾐ)使う，用いる.
—— 〜·se 再 (**de...** / (時に) **en...**)〈仕事などに〉従事する；(**de...**〈分野〉を)取り扱う；(**de...**〈人・もの〉の)面倒をみる. 〜*se de* [*en*] alimentar a los niños 子供たちを養う役を果たす. Ya *me ocupo* yo *del* asunto. その件の処理は私にまかせてください. *Ocúpate de* tus cosas. 自分のやるべきことに専念しなさい.
[—〘ラ〙*occupāre* ; *ob-*「完全に」+ *capere*「つかむ」(→ *caber*). 関連 ocupación, ocupante, preocupar.〘英〙*occupy*]

***o·cu·rren·cia** [o.ku.řén.θja / -.sja] 女 **1** 思いつき；考え；機知. Tienes cada 〜. 君はよくとっぴなことを思いつくな. ¡Vaya 〜! 何を思いつくことやら.

tener ～ ユーモアに富んでいる. **2** 出来事, 事件. **3** 出現頻度数.
o·cu·rren·te [o.ku.rén.te] 形 機知に富んだ, ユーモアあふれた；創意に富む.
o·cu·rri·do, da [o.ku.r̄í.ðo, -.ða] 形 **1** 起こった, 生じた. lo ～ 出来事.
2 《ラ米》《話》機知に富んだ, 冗談のうまい.
＊＊o·cu·rrir [o.ku.r̄ír] 自 《3人称で》…が起こる (=suceder). ¿Cuándo *ocurrió* el terremoto? 地震はいつ起こったのですか. ¿Qué lo *ocurre*? 君, どうしたの.
— ～·**se** 再 **1** 《3人称で》(**ocurrírsele** (a+人))《〈人〉が》〈考えなどを〉思いつく,《〈人〉に》〈考えなどが〉浮かぶ (▶ 主語は動詞の後ろに来る傾向がある). Nunca *se me ocurrió* trabajar aquí. ここで働くことになるなんて思ってもみなかったよ. Me he dormido sin echar la llave a la puerta. —¡A quién *se le ocurre*! ドアに鍵をかけないで寝ちゃったよ. —そんなことする人なんていないよ. ▶ 用例中の me, le が a+人 に相当. **2**《ラ米》《話》駆けつける.
por lo que pueda ocurrir 念のため (=por si acaso).
[←［ラ］*occurrere*「…の方へ走る；起こる」(*ob-*「…の 方 へ」+*currere*「走る」)；関連 ocurrencia.［英］*occur*]
o·da [ó.ða] 女 ［詩］オード, 頌歌 (誌), 頌詩.
o·da·lis·ca [o.ða.lís.ka] 女 **1** オダリスク,（オスマントルコの）ハレムに仕える女奴隷；ハレムの女.
2 セクシーな女性.
ODECA [o.ðé.ka] 《略》*Organización de Estados Centroamericanos* 中米機構.
o·de·ón [o.ðe.ón] 男 （古代ギリシャ・ローマの）音楽堂；（一般に）音楽堂, オペラ劇場.
＊＊o·diar [o.ðjár] 82 他 **1** 憎む,（ひどく）嫌う. ～ a muerte ひどく嫌う. No solamente no la amaba, sino que la *odiaba*. 彼女を愛していなかったどころか, 嫌っていました. ¿Por qué me *odia* tanto? なぜ, そんなに私を嫌うの? ¿Te gusta la física? — No, la *odio*. 君は物理が好きですか. — いいえ, 大嫌いです. **2**《ラ米》《話》うんざりさせる,〈人に〉迷惑をかける.
＊o·dio [ó.ðjo] 男 **1**（**a...** / **por...** …に対する）憎悪, 憎しみ；(激しい) 嫌悪. ～ a la injusticia 不正への憎しみ. ～ mortal 殺意を抱くほどの憎悪. mirada de ～ 憎悪のまなざし. sentir ～ *por...* …に憎しみを抱く. tomar [cobrar] ～ *a...* …に憎悪を抱く. tener ～ *a...* …を憎む, 憎んでいる. Tengo ～ *a* esa película. 私はその映画が大嫌いだ. Siente ～ *por* su jefe. 彼[彼女]は上司が大嫌いである.
2《ラ米》《話》面倒, 厄介.
— 話 → odiar.
[←［ラ］*odium* (*ōdisse*「憎む」より派生)；関連 odiar.［英］*odium*「憎悪, 悪評」]
o·dio·sa·men·te [o.ðjó.sa.mén.te] 副 憎らしげに. Estás tratando ～ a Antonio. 君のアントニオに対する態度はひどすぎる.
o·dio·se·ar [o.ðjo.se.ár] 他《ラ米》《話》《話》うんざりさせる,〈人に〉迷惑をかける.
o·dio·si·dad [o.ðjo.si.ðáð] 女 **1** 憎悪, 嫌悪.
2《ラ米》《話》面倒, 煩わしさ.
o·dio·so, sa [o.ðjó.so, -.sa] 形 **1** 嫌悪すべき, 憎らしい；嫌な. hacerse ～ 憎まれ者になる, 嫌われる.

2《話》不快な, 反感を呼ぶ. un olor ～ 嫌なにおい.
3《ラ米》(軽度）うるさい, 厄介な, 煩わしい.
o·di·se·a [o.ði.sé.a] 女 **1** *La O*～『オデュッセイア』：ギリシアの詩人ホメロス Homero 作の叙事詩.
2（長期の）冒険旅行, 波瀾 (誌) の連続.
O·di·se·o [o.ði.sé.o] 固名 → Ulises.
o·dó·me·tro [o.ðó.me.tro] 男 **1** 歩数計 (= podómetro). **2**（自動車の）走行距離計；タクシーメーター, 料金表示器 (= taxímetro).
o·do·na·to, ta [o.ðo.ná.to, -.ta] 形 ［昆］トンボ目の. — 男 トンボ；《複数で》トンボ目.
o·don·tal·gia [o.ðon.tál.xja] 女 ［医］歯痛.
o·don·tál·gi·co, ca [o.ðon.tál.xi.ko, -.ka] 形 ［医］歯痛の；歯痛を止める.
odonto-「歯」の意を表す造語要素. 母音の前で odont-. ⇨ *odont*algia, *odont*ológico.［←ギ］
o·don·to·ce·to [o.ðon.to.θé.to / -.sé.-] 形 ［動］ハクジラ亜目の. — 男 ハクジラ亜目に属する動物；《複数で》ハクジラ亜目.
o·don·to·lo·gí·a [o.ðon.to.lo.xí.a] 女 ［医］歯科医学, 歯学. escuela de ～ 歯科医学校.
o·don·to·ló·gi·co, ca [o.ðon.to.ló.xi.ko, -.ka] 形 歯科(医)学の, 歯学の.
o·don·tó·lo·go, ga [o.ðon.tó.lo.go, -.ga] 男 女 歯科医, 歯科医師.
o·do·ran·te [o.ðo.rán.te] 形 においのある, におう.
o·do·rí·fe·ro, ra [o.ðo.rí.fe.ro, -.ra] / **o·do·rí·fi·co, ca** [o.ðo.rí.fi.ko, -.ka] 形 香りのよい, かぐわしい, 芳香性の.
o·dre [ó.ðre] 男 **1**（酒・油を入れる）革袋. **2**《話》酔っ払い；大酒飲み.
o·dre·rí·a [o.ðre.rí.a] 女 革袋 odre 工場[店].
o·dre·ro [o.ðré.ro] 男 革袋職人[商].
OEA [o.e.á] 《略》*Organización de Estados Americanos* 米州機構［英 OAS］.
OECE [o.e.θé / -.sé] 《略》*Organización Europea de Cooperación Económica* 欧州経済協力機構［英 OEEC］.
OECS [o.éks] 《略》*Organization of Eastern Caribbean States* ［英］東カリブ海諸国機構.
o·e·ne·gé [o.e.ne.xé] 女 《略》→ ONG.
o·e·no·te·rá·ce·o, a [o.e.no.te.rá.θe.o, -.a / -.se.-] 形 ［植］アカバナ科マツヨイグサ属の.
— 女《複数で》アカバナ科マツヨイグサ属の植物.
o·ers·ted [o.ers.téð] / **o·ers·te·dio** [o.ers.té.ðjo] 男 ［物理］エルステッド：磁界の強さを表す単位［略 Oe］.
o·es·nor·o·es·te [o.es.no.ro.és.te] / **o·es·nor·rues·te** [o.es.no.rwés.te] 男 西 北 西《略 ONO》西北西の風；（形容詞的に）西北西の.
o·es·sud·o·es·te [o.e(s).su.ðo.és.te] / **o·es·su·dues·te** [o.e(s).su.ðwés.te] 男 → oesuroeste.
＊＊o·es·te [o.és.te] 男 **1** 西, 西部.《略 O》al ～ (de...) (…の) 西に. película del O～ 西部劇. una habitación que da al～ 西向きの部屋.
2《形容詞的に》西[西部]の, 西から吹く. con rumbo ～ 西方向に向かって. lado ～ 西側. región (del) ～西部地方. viento (del) ～西風.
[←［古英］*west*（［古英］から［仏］*ouest* 経由で入ったとも考えられる）；関連 víspera.]
o·es·sud·o·es·te [o.e.su.ðo.és.te] / **o·e·su·dues·te** [o.e.su.ðwés.te] 男 → oesuroeste.
o·e·sur·o·es·te [o.e.su.ro.és.te] / **o·e·su·rues·te** [o.e.su.rwés.te] 男 西 南 西

ofendedor

《略 OSO》；西南西の風；《形容詞的に》西南西の.

o·fen·de·dor, do·ra [o.fen.de.dór, -.dó.ra] 形 男女 → ofensor.

***o·fen·der** [o.fen.dér] 他 **1**〈人を〉**侮辱する**,〈人の〉感情を害する；〈人に〉危害を加える. ~ de palabra 言葉で侮辱する. sin ánimo de ~ 怒らせるつもりはないのですが (▶ 慣用表現). El profesor me *ofendió* con su comentario despectivo. 先生は軽蔑的な論評をして私を侮辱した.
2〈名誉・価値などを〉**傷つける**；〈感覚に〉不快感を与える. ~ la dignidad 自尊心を傷つける. ~ la moral 風紀を損なう. ※ 時に直接目的語の前で前置詞の a を伴う. ⇒*Esa música ofende* al oído. その音楽は耳障りだ.
— ~·**se** 再《por... …で》《con... …に対して》**腹を立てる**,感情を害する. ~*se con* los periodistas *por* su actitud 新聞記者の態度に腹をたてる. *No se ofenda*. 気を悪くしないでください.
[←［ラ］*offendere*「殴る；怒らせる」(*ob*-「…に対して」+ *-fendere*「打つ」). 関連 ofensa, ofensivo, defender.［英］*offend*「不快感を与える」]

o·fen·di·do, da [o.fen.dí.do, -.da] 形 **1** 侮辱された；怒った,不快になった. darse por ~ 屈辱を感じる,腹を立てる. **2** 傷つけられた,危害を受けた.
— 男女 傷ついた人；侮辱された人；怒った人.

*o·fen·sa** [o.fén.sa] 女 **1 侮辱**,無礼；感情を傷つけること［もの］. **2**『法』罪,犯罪.

*o·fen·si·vo, va** [o.fen.sí.bo, -.ba] 形 **1 侮辱的な**,無礼な；不快な. chiste ~ 侮辱的なジョーク.
2 攻撃的な,攻勢の. equipo ~ 攻撃的なチーム.
— 女 攻撃,攻勢,襲撃. *ofensiva* y defensiva 攻守. pasar a la *ofensiva* 攻勢に出る.

o·fen·sor, so·ra [o.fen.sór, -.só.ra] 形 **1** 侮辱する,怒らせる,不快な. **2** 攻撃する,襲う.
— 男女 侮辱する者,無礼者；加害者.

o·fe·ren·te [o.fe.rén.te] 形 提供する；(祈りなどを) 捧げる. — 男女 提供者,贈与者；奉納者.

*o·fer·ta** [o.fér.ta] 女 **1 申し出；提供(物)**. aceptar una ~ de ayuda 援助の申し出を受け入れる. rechazar una ~ de matrimonio プロポーズを断る. página de ~s de empleo 求人欄. Tenemos una variada ~ de espectáculos para el verano. 私どもは夏のさまざまなイベントの企画を用意しております.
2 特売,バーゲンセール；特別提供品［価格］. comprar una ~ 安売り品を買う. En esta tienda hay ~s muy buenas. この店ではとてもいい品を割安で売っている. Esta chaqueta está en [de] ~. このジャケットは特別価格になっている.
3『経』供給. la ley de la ~ y la demanda 需要と供給の法則. reducir la ~ del petróleo 石油の供給量を減らす. **4**『商』付け値；売買の申し出. ~ (en) firme 確定売り申し込み. **5** 約束；(神や聖人への) 誓願. cumplir con una ~ hecha a los clientes 顧客の約束を果たす.
[←［俗］*offerita < [ラ] *offerre*「前へ置く；提供する」(→ ofrecer) より派生, 関連 oblata.［英］*offer*]

o·fer·tan·te [o.fer.tán.te] 形 値引きする,特売の.
— 男女 特売する人.

o·fer·tar [o.fer.tár] 他《ラ米》売り出す,提供する.『商』入札する.

o·fer·to·rio [o.fer.tó.rjo] 男《カト》(ミサ中の) パンとぶどう酒の奉献；奉献文［歌］.

off [óf]《英》*en off* (演劇・映画の) 陰の.

off the record オフレコで.

of·fice [ó.fis]《仏》男 配膳(鉗)室.

off·set [óf.seṱ]《英》男 オフセット印刷(機).

off·shore [óf.sor / -.ʃor]《英》形《単複同形》**1** 沖の, 沖合いで操業している. **2** 海外での, 海外に拠点をおいた.

off·side [of.sái, or.- // of.sai(d)]《英》男《ラ米》(ぞス)《スポ》オフサイド (= fuera de juego).

***o·fi·cial** [o.fi.θjál / -.sjál] 形《名詞+》《ser+》**1 公式の**, 正式の, 公認の, 公的な. los tipos de interés ~es 公定歩合. hacer público un comunicado ~ 公式声明を発表する. la residencia ~ del gobernador civil 知事公邸. encontrarse de visita ~ en... …に公式訪問中である. viviendas de protección ~ 公的規制住宅 (90平方メートル未満で公的規制に則って建築・販売・賃貸される住宅)《略 VPO》. de forma ~ 正式に, 公式に. según (informan) fuentes ~es 公式筋によれば. un coche ~ 公用車. documento ~ 公文書. El castellano es la lengua ~ del Estado. スペイン語は国の公用語である.
2 政府の, 官庁の；公立の. publicarse en el boletín ~ del Estado [BOE] 官報に掲載される. la Escuela O~ de Idiomas 公立語学学校.
— 男 (ラ) **1**『軍』将校, 士官；尉官. ~ del ejército 軍の将校. ~ retirado [de complemento] 退役［予備役］将校. ~ subalterno 尉官, 下級将校. ~ en activo 現役将校. ~ de guardia『海』当直士官. ~ general 将官, 将軍. ~ militar.
2 公務員, 役人；事務職. ~ mayor 事務局長. ~ de sanidad 衛生官吏, 検疫官.
3『宗』教会裁判所判事.
— 男《女性形は oficiala》. 職工, 職人 (▶ 親方 maestro と徒弟 aprendiz との間の職階). ~ de peluquería 理髪師, 美容師.

primer oficial (1) 一等航海士. (2) (公証人のもとの) 筆頭事務員.

o·fi·cia·la [o.fi.θjá.la / -.sjá.-] 女《男性形は oficial》**1** 女子工員；女性の職人. ~ de primera en peluquería 一級美容師［理容師］. **2** 女子事務員.

o·fi·cia·la·da [o.fi.θja.lá.ða / -.sja.-] 女《ラ米》(モ)(ジ)(セ)『話』《軽蔑》士官連中, 将校ども.

o·fi·cia·lí·a [o.fi.θja.lí.a / -.sja.-] 女 **1** 事務員［職員］の職［身分］. **2** 職人の資格.

o·fi·cia·li·dad [o.fi.θja.li.ðáð / -.sja.-] 女 **1** 公的性格, 公共性；公式［正式］であること.
2『軍』《集合的に》士官, 将校団.

o·fi·cia·lis·mo [o.fi.θja.lís.mo / -.sja.-] 男 官僚主義；《ラ米》政府関係［支持］者.

o·fi·cia·lis·ta [o.fi.θja.lís.ta / -.sja.-] 形 **1** 官僚主義の. **2**《ラ米》政府関係［支持］(者)の.
— 男女 官僚主義者. **2** 政府関係［支持］者.

o·fi·cia·li·za·ción [o.fi.θja.li.θa.θjón / -.sja.-.sa.sjón] 女 公式化, 正式化；公認.

o·fi·cia·li·zar [o.fi.θja.li.θár / -.sja.-.sár] 97 他 公式にする, 正式にする；公認する.

*o·fi·cial·men·te** [o.fi.θjál.mén.te / -.sjál.-] 副 **1 公式に**, 正式に. Mañana nos lo comunicarán ~. 明日私たちにその正式な通知がある.
2 表向きは. O~ está en la oficina. 彼［彼女］は表向きは会社にいることになっている.

o·fi·cian·te [o.fi.θján.te / -.sján.-] 形《カト》(ミサ・祭式を) 司式する. — 男 (ミサなどの) 司式者.

o·fi·ciar [o.fi.θjár / -.sjár] 82 他 **1**〈ミサ・祭式を〉

司式する. ～ la misa dominical 日曜日のミサをとり行う. **2** 公式に通知する. ━ 自 **1**《**de...** …の》役を務める, 働きをする. ～ **de** intermediario 仲介者を務める. **2**《ミサを第…》司式する.

o·fi·ci·na [o.fi.θí.na / -.sí.-] 女 **1** 事務所, オフィス; 勤め先, 仕事場; 役所; 執務室, 研究室. zona de ～s オフィス街. ir a la ～ 会社に行く. horario de ～ オフィスアワー. ～ de farmacia 調剤室. ～ de intereses 大使館を置かない国での窓口機関. ～ de correos 郵便局. ～ de patentes 特許局. ～ de turismo 観光案内所. ～ de investigación 研究所. máquina de ～ 事務機器. **2**《複数で》(地下などの)家事室; 物置.
3《ラ米》(**1**)(チ)硝石工場. (**2**)(キューバ)公職.
[←[ラ] *officīnam* (*officīna* の対格)「仕事場」(*opifex*「職人」より派生); 関連 oficio, oficial. [英] *office*]

o·fi·ci·nal [o.fi.θi.nál / -.si.-] 形《植物が》薬用の. planta ～ 薬用植物. **2** 薬局で調合された.

o·fi·ci·nes·co, ca [o.fi.θi.nés.ko, -.ka / -.si.-] 形《軽蔑》お役所的な, 官僚的な.

o·fi·ci·nis·ta [o.fi.θi.nís.ta / -.si.-] 男 女 事務員, 会社員.

o·fi·cio [o.fí.θjo / -.sjo] 男 **1** 職業;《特に手工業のあるいは力を必要とする》仕事［職務］. ～ manual 手工業, 手仕事. No hay ～ malo. 職業に貴賤(きせん)なし. Se busca una persona con los conocimientos y experiencia adecuados en ～s artesanales. 手工芸業の知識と経験を持った人を探している.
2 熟練,《仕事上の》経験［知識］. aprender un ～ 仕事を覚える. saber su ～ 仕事を熟知している. artes y ～s 技術工芸. En el pueblo hay un electricista con mucho ～. 村には熟練の電気技師が一人いる.
3 機能, 働き; 役目, 任務.
4 公文書, 公式の通牒. Si se retira la denuncia la comunicación del Juez se hará por medio de un ～. 告訴が取り下げられたら判事は公文書でそれを通達する.
5《カト》日課祈禱(きとう), 聖務, 典礼;《主に複数》礼拝,《特に聖週間の》宗教上の儀式. ～ de difuntos 死者の儀式. los ～s de la Semana Santa 聖週間の祭式.

関連 oficios divinos [mayores] 聖務日課: maitines 朝課 (真夜中すぎに唱える), laudes 讚課 (真夜中すぎ, 朝課の後). prima 一時課 (午前6時ごろ). tercia 三時課 (午前9時ごろ). sexta 六時課 (正午). nona 九時課 (午後3時ごろ). vísperas 晩課 (日没時). completas/completorio 終課 (一日の終わりの祈禱).

6《宮殿の》食事支度室［係］;《家庭の》配膳室. ～ de boca 王の食膳係.
buenos oficios 仲介, 世話, 尽力; お節介.
de oficio (**1**) 職権上の;《訴訟・捜査などが》告訴なしに法によって始められる. (**2**) 国費による, 公の. abogado *de* ～ 国選弁護人. (**3**) …を職とする, 本職の. carpintero *de* ～ 本職の大工.
no tener [sin] oficio ni beneficio《話》仕事も収入も無い; 脈絡のない.
Santo Oficio《史》異端審問所.
ser del oficio《話》売春婦である.
viejo oficio 売春.
[←[ラ] *officium* ; *opificium* (*opus*「仕事」+ *facere*「作る」+ 名詞語尾) の変形; 関連 oficial, oficina. [英] *office*]

o·fi·cio·na·rio [o.fi.θjo.ná.rjo / -.sjo.-] 男《カト》聖務日課書.

o·fi·cio·sa·men·te [o.fi.θjó.sa.mén.te / -.sjó.-] 副 非公式に; でしゃばって.

o·fi·cio·si·dad [o.fi.θjo.si.ðáð / -.sjo.-] 女 **1** 非公式(性). **2** お節介, でしゃばり. **3** 勤勉.

o·fi·cio·so, sa [o.fi.θjó.so, -.sa / -.sjó.-] 形 **1**《情報などが》非公式の. de fuente *oficiosa* 非公式筋の［から］. **2**《新聞などが》政府筋の;《組織などが》半官の. **3** 調停役を務める, 仲裁する; お節介な, でしゃばりの. **4** 勤勉な. **5** 有用な, 役立つ.

o·fi·dio, dia [o.fí.ðjo, -.ðja] 男 女《動》《蛇》の, ヘビ類の. ━ 男 ヘビ;《複数で》ヘビ類.

o·fi·má·ti·ca [o.fi.má.ti.ka] 女【ＩＴ】オフィスオートメーション, ＯＡ; ＯＡ機器.

o·fi·má·ti·co, ca [o.fi.má.ti.ko, -.ka] 形【ＩＴ】オフィスオートメーションの, ＯＡ(機器)の.

o·fio·la·trí·a [o.fjo.la.trí.a] 女 蛇信仰［崇拝］.

o·fi·ta [o.fí.ta] 女《鉱》オファイト.

o·fiu·co [o.fjú.ko] 男《星座》へびつかい座 (= Serpentario).

o·fiu·ra [o.fjú.ra] 女 → ofiuro.

o·fiu·ro [o.fjú.ro] 男 クモヒトデ;《複数で》クモヒトデ綱.

o·fiu·roi·de·o, a [o.fju.roi.ðé.o, -.a] 形 クモヒトデ綱の. ━ 男《複数で》クモヒトデ綱.

O.F.M.《略》《カト》 *Ordo Fratrum Minorum* [ラ] フランシスコ会 (= *orden de los hermanos menores*).

o·fre·cer [o.fre.θér / -.sér] 34 他 **1**《a+人〈人に〉》提供する, 差し出す; 申し出る,《報奨などを》約束する. ～ un cigarrillo タバコを一本差し出す. ～ un apoyo 支持を申し出る. ～ una oportunidad 機会を与える. ～ la mano (握手などのため) 手を差し出す. ～ un café コーヒーを一杯勧める. ～ una despedida al profesor 先生のために送別会を開く. *Le ofrecí* un puesto en mi oficina y lo aceptó. 彼［彼女］に私の事務所で働くように誘ったところ承諾してくれた. *Ofrecemos* diez mil yenes *a* quien encuentre el perro. 犬を見つけてくださった方に1万円差し上げます.
2《様相・事象を》現す, 見せる. Este caso *ofrece* muchos problemas. この件には問題が多い. La habitación *ofrece* buena vista. その部屋は景観がいい. El ladrón no *ofreció* resistencia al ser arrestado. 泥棒は逮捕されたとき, 抵抗を示さなかった.
3《a+人〈神・聖人に〉》捧げる, 供える (= ofrendar). ～ un sacrificio *a* un dios 神にいけにえ[苦行]を捧げる. ～ una misa ミサを捧げる.
4《*por...* 〈…〉《値を》つける. Te *ofrezco* hasta dos mil dólares *por* el cuadro. 私はその絵に2000ドルまでなら出そう.
━ ～**se** 再 **1** 身を差し出す, 労力を提供する;《a+不定詞 / *para*+不定詞 …することを》申し出る. ～*se de* intermediario 仲介役を買って出る. Un invitado *se ofreció a [para] llevar*me al hospital. 招待客のひとりが私を病院まで連れて行くと申し出てくれた.
2《3人称で》提供される;《事象が》現れる, 発生する. No sabemos lo que pueda ～*se* después. あとで何が起こるかはわからない. *Se me ofreció* una duda. 私の心にある疑念がわいた.
3《疑問文・否定文で》《a+人〈人〉に》《提供しても

いたいことが)思い浮かぶ. ¿Qué *se le ofrece*? 何かご用はございますか.
[← [古スペイン] *ofrir* ← [俗ラ] *offerire ← [ラ] *offerre* (*ob*-「…の方へ」+ *ferre*「運ぶ」); [関連] oferta, ofrecimiento, ofrenda, [英] *offer*]

***o‧fre‧ci‧mien‧to** [o.fre.θi.mjén.to / -.si.-] 男 **1** 提供；申し出. aceptar [rechazar] el ~ de colaboración 協力の申し出を受け入れる[拒否する]. **2** 奉納, 奉献.

o‧fren‧da [o.frén.da] 女 (神への)ささげ物, 供物；寄進, 献金；贈り物.

o‧fren‧dar [o.fren.dár] 他 (**a...** / **por...** …に, …のために) ささげる, 供える；寄進する, 寄付する. ~ su alma *a* Dios 神に心をささげる. *Ofrendó* su vida *por* la patria. 彼[彼女]は祖国に命をささげた.

ofrezc- 活 → ofrecer.

of‧tal‧mia [of.tál.mja] / **of‧tal‧mí‧a** [of.tal.mí.a] 女 《医》眼炎.

of‧tál‧mi‧co, ca [of.tál.mi.ko, -.ka] 形 《医》目の；眼病の, 眼科の. arteria *oftálmica* 眼動脈.

oftalmo-「目」の意の造語要素. 母音の前ではoftalm-. ⇒ *oftalm*ia, *oftalmo*scopio. [← [ギ]]

of‧tal‧mo‧lo‧gí‧a [of.tal.mo.lo.xí.a] 女 眼科学.

of‧tal‧mo‧ló‧gi‧co, ca [of.tal.mo.ló.xi.ko, -.ka] 形 《医》眼科(学)の.

of‧tal‧mó‧lo‧go, ga [of.tal.mó.lo.go, -.ga] 男 女 眼科医 (= oculista).

of‧tal‧mo‧ple‧jí‧a [of.tal.mo.ple.xí.a] 女 《医》眼筋まひ.

of‧tal‧mos‧co‧pia [of.tal.mos.kó.pja] 女 《医》検眼鏡による検査(法), 眼底検査.

of‧tal‧mos‧co‧pio [of.tal.mos.kó.pjo] 男 検眼鏡.

o‧fus‧ca‧ción [o.fus.ka.θjón / -.sjón] 女 **1** 目がくらむこと, 眩惑(ゲンワク). **2** 理性の乱れ, 無分別.

o‧fus‧ca‧mien‧to [o.fus.ka.mjén.to] 男 → ofuscación.

o‧fus‧car [o.fus.kár] 他 **1** 目をくらませる. El sol me *ofuscó*. 私は日の光に目がくらんだ. **2** 理性を乱し, 惑わす. ~ *por* la pasión 激情のあまり理性を失う. No te dejes ~ *por* las apariencias. 外見に惑わされるな.
— ~**se** 再 **1** (**por...** …に)目がくらむ. **2** 眩惑(ゲンワク)される, 理性を失う, 無分別になる. **3** (**con...** …に)取りつかれる. **4** 《ラ米》(俗)不愉快な思いをする.

o‧ga‧ño [o.gá.ɲo] 副 → hogaño.

o‧gra [ó.gra] 女 性格の悪い女性, 性悪女. → ogro.

o‧gro [ó.gro] 男 **1** 《童話・民話の》人食いの巨人. **2** 《話》鬼のような人, 残忍な人. ▶ 時に女性形 ogresa, ogra も用いられる.

*****oh** [ó] 間投 **1** 《驚き・賞賛・喜び・悲しみ・不快感など》ああ, おっ, へえ. ¡*Oh*, qué bien! それはすばらしい. **2** 《sí [no] の前で肯定・否定を強める》¡*Oh*, sí! それはそうですよ.

O'Hig‧gins [o.xí.gins] 固名 オヒギンス Bernardo ~ (1778–1842). チリの独立運動指導者.

ohm [óm] 男 → ohmio.

óh‧mi‧co, ca [ó.mi.ko, -.ka] 形 《電》オームの, 抵抗のある.

oh‧mio [ó.mjo] 男 《電》オーム：電気抵抗の単位(記号Ω).

oí- 活 → oír.

o‧í‧ble [o.í.ble] 形 聞こえる, 聞き取れる.

o‧í‧da [o.í.ða] 女 *de* [*por*] *oídas* うわさに聞いて, 聞き伝えで. conocer *de* ~ 話に聞いて知っている.

o‧i‧dio [o.í.ðjo] 男 《植》オイディウム菌(ブドウの木に寄生する白っぽい菌), うどんこ病.

****o‧í‧do** [o.í.ðo] 男 **1** 聴覚, 聴力. agradable al ~ 耳に心地よい. duro de ~ 耳が遠い. estar mal de ~ 耳が悪い. **2** 《解剖》(聴覚器官としての)耳. ~ interno 内耳. ~ medio 中耳. ~ externo 外耳. → oreja. **3** 音感. tener buen ~ 耳がよい, 音感がよい. ~ absoluto 絶対音感. **4** (鉄砲の)火門；(発砲の)導火線孔.

abrir el oído [*los oídos*] 耳を傾ける, 注意深く聞く.

aguzar [*alargar*] *el oído* [*los oídos*] 耳を澄ます.

al oído (1) 小声で, 耳元で. (2) 聞いただけで. aprender *al* ~ 聞いただけで覚える.

aplicar el oído 耳を傾ける.

cerrar los oídos a... …に耳をふさぐ, 耳を貸さない.

dar oídos a... / *prestar oído*(*s*) *a...* …に耳を貸す, …を相手にする.

de oído 聞き覚えで. tocar el piano *de* ~ 聞き覚えでピアノを弾く.

entrar... a+人 por un oído y salir por el otro (人)にとって馬耳東風である.

hacer oídos sordos 聞こえないふりをする, 耳を貸さない.

llegar a oídos de... …の耳に入る.

¡*Oído al parche!* 《注意を喚起して》よく聞きなさい.

pegarse al oído (曲などが)耳になじむ, 覚えやすい.

*regalar*le *el oído* [*los oídos*] (*a*+人) 《話》(人)にお世辞を言う.

ser todo oídos 熱心に聞く.

*silbar*le [*zumbar*le] *los oídos* (*a*+人) 《悪く言われて》(人)の耳が痛い.

oi‧dor, do‧ra [oi.ðór, -.ðó.ra] 形 聞く. — 男 女 聞く人, 聞き手. — 男 **1** 《古語》裁判官, 判事. **2** 《史》オイドル, 聴訴官：スペイン統治時代の聴訴院 audiencia で行政・司法を司った官吏.

oi‧do‧rí‧a [oi.ðo.rí.a] 女 oidor の職務[権限].

oig- 活 → oír.

oi‧ga [ói.ga] → oír.

o‧íl [o.íl] lengua de *oíl* オイル語(中世の北方フランス語). → oc.

****o‧ír** [o.ír] 50 他 **1** …が聞こえる, …を耳にする. *Oigo* un ruido en el cuarto de arriba. 上の部屋で物音が聞こえる. No te *oigo* bien. 君の声がよく聞こえない. He *oído* la noticia esta mañana. 私はそのニュースを今朝聞いた. ▶ oír + 不定詞[現在分詞] + 直接目的補語で「…が…する[している]のを耳にする」という意味になる. ⇒ *Oí* cantar a la niña. 私は女の子が歌うのを聞いた. Lo *oí* chocar con la valla. 私はそれがガードレールとぶつかる音を聞いた. He *oído* decir que va a casarse con una hija de alto linaje. 聞くところによると彼は良家の娘と結婚するそうだ. → escuchar [類語]. **2** 傾聴する, 耳を貸す；聴講する. *oír* la radio ラジオを聞く. *oír* a sus padres 親の言うことに耳を貸す. *oír* un ruego 願いを聞き届ける. *oír* misa ミサにあずかる. No lo vuelvas a hacer. ¿Me *oyes*? 二度とするんじゃないよ. わかったかい. **3** 《法》《申し立てを》聞く；…の申し立てを聞く. **4** 《ラ米》…から便りがある.

— ~·se 再 〈音・声が〉聞こえる, 耳に届く. *Se oyó una voz de mujer detrás de la puerta.* ドアの向こうで女性の声が聞こえた. *No se oye nada.* 何も聞こえない.
como lo oyes [*oye*] お聞きのとおりだ, (信じられないが) それが事実だ.
como quien oye llover 聞き流して. *Atienden mis reclamaciones como quien oye llover.* 私は苦情を言っても取り合ってもらえない.
Las paredes oyen.《諺》壁に耳あり.
¡Lo que hay que oír!《話》そんなばかな.
No hay peor sordo que el que no quiere oír.《諺》聞こうとしない人ほど耳を貸さない者はいない.
¡Oiga!《親しくない人に呼びかけて》**すみません**, ちょっと;《電話で相手の声が聞こえないときに通話状態を確認して》もしもし.
oír al revés 誤解する.
oír de...《ラ米》…から便りがある.
oír hablar de... …について聞く.
oír mal 耳が遠い; 誤解する.
Oír, ver y callar.《諺》聞け, 見よ, そして黙せよ (余計な口出しはするな).
¡Oye!《話》《親しい間柄で相手の注意を引いて》ねえ, おい, ちょっと;《非難》おいおい.
[←[ラ] *audīre*;関連 oído, oyente, audiencia, audición. [英] *ear, audio, audition*]

o·ís·lo [o.ís.lo] 男 女《話》愛する人; 愛妻.

OIT [o.i.té]《略》*O*rganización *I*nternacional del *T*rabajo (国連) 国際労働機関 [英 ILO].

o·ja·da [o.xá.ða] 女《ラ米》(ワビン) 天窓.

o·jal [o.xál] 男 **1** ボタン穴. *con una flor en el ~* ボタン穴 [襟] に花を差して. **2** 穴. **3**《ラ米》(ワビン)《卑》肛門.

*****¡o·ja·lá!** [o.xa.lá] 間投《強い願望》**どうか…であるように, …であって欲しい**. *¿Dejará de llover pronto? —¡O~!* 雨はすぐにやむかな. —そうだったらいいね. *¡O~ (que) apruebe!* どうか合格しますように. *¡O~ (que) viviera aún!* まだ生きててさえいてくれたなら. *¡O~ fuera así!* もしそうであったならばなあ. ► 常に接続法の動詞を伴う. 実現性があれば現在形, なければ過去形. 過去に対する非現実的な願望は過去完了形. [←[古スペイン] *oxalá* (-x- の音は [∫])←[アラビア] *wa shā' Allāh* 「神のおぼしめしがありますように」; 関連 Alá]

o·ja·lar [o.xa.lár] 他〈衣服に〉ボタン穴を開ける [付ける].

o·ja·la·te·ro, ra [o.xa.la.té.ro, -.ra] 形《話》消極的な政党支持の. — 男 女 消極的な政党支持者.

o·jan·co [o.xáŋ.ko] 男 **1** → *cíclope*.
2《ラ米》(ダリ)《魚》フエダイ.

o·ja·ran·zo [o.xa.rán.θo / -.so] 男《植》(1) クマシデ属の一種. (2) セイヨウキョウチクトウ.

OJD [o.xo.ta.ðé]《略》*O*ficina de *J*ustificación de la *D*ifusión de la *P*rensa 新聞普及審査委員会.

o·je·a·da [o.xe.á.ða] 女 ちらっと見ること, 一瞥(ハウツ). *de una ~* ざっと目を通して, ちらりと見て. *echar [dar] una ~ a...* …をちらっと見る.

o·je·a·dor, do·ra [o.xe.a.ðór, -.ðó.ra] 男 女
1《狩》勢子(ジ). **2**《スポ》スカウトマン.

o·je·ar[1] [o.xe.ár] 他 **1**《狩》狩り出す, 追い立てる. **2** 脅して追い払う.

o·je·ar[2] [o.xe.ár] 他 **1** ざっと見る; ちらっと見る. *~ los titulares del periódico de hoy* 今日の新聞の見出しに目を通す. **2**《ラ米》(ワビン)(ダリ)のろい

の目で見る, 目でのろう (= *aojar*).

o·jén [o.xén] 男 アニス酒 (の一杯), アニスリキュール.

o·je·o [o.xé.o] 男《狩》狩り出し, 追い立て.

o·je·ra [o.xé.ra] 女 **1**《主に複数で》(目の) 隈(ホ)). *tener ~s* 目の下に隈ができている. **2** 洗眼用コップ.

o·je·ri·za [o.xe.rí.θa / -.sa] 女 恨み; 嫌悪, 反感. *tenerle [tomarle] ~ (a+人)*〈人〉に恨みを抱く; 反感を持つ.

o·je·ro·so, sa [o.xe.ró.so, -.sa] 形 目に隈(ホ)のできた.

o·je·te [o.xé.te] 男《ラ米》(*ᴹ*)けちな. — 男 **1** (靴などの) ひも穴, 鳩目(ホ¹). **2**《ラ米》(ワビン)《卑》肛門.

o·jia·le·gre [o.xja.lé.gre] 形《話》目の生き生きした, 目の輝いた.

o·jien·ju·to, ta [o.xjeŋ.xú.to, -.ta] 形《話》めったに泣かない.

o·ji·gar·zo, za [o.xi.gár.θo, -.θa / -.so, -.sa] 形 青い目の.

o·ji·mel [o.xi.mél] / **o·ji·miel** [o.xi.mjél] 男《薬》オキシメル: 蜂蜜(ホミツ)と酢で作る飲み薬.

o·jí·me·tro [o.xí.me.tro] 男《話》目算する力. *a ojímetro* 目分量で, 適当に.

o·ji·mo·re·no, na [o.xi.mo.ré.no, -.na] 形《話》茶色の目の.

o·ji·ne·gro, gra [o.xi.né.gro, -.gra] 形《話》黒い目の.

o·ji·prie·to, ta [o.xi.prjé.to, -.ta] 形《話》黒い目の.

o·ji·to [o.xí.to] 男 *¡O~ con...!* …に注意しろ. [*ojo* + 縮小辞]

o·ji·tuer·to, ta [o.xi.twér.to, -.ta] 形 斜視の.

o·ji·va [o.xí.ba] 女 **1**《建》(ゴシック建築の) オジーブ, 対角線リブ; 尖頭(ピジ) アーチ.
2《軍》(ミサイル・魚雷などの) 弾頭 (部); ノーズコーン: ロケットや誘導弾の先端部.

o·ji·val [o.xi.bál] 形 尖頭(ピジ) 迫持(ピジ) の, 尖頭形になった. *arco ~* 尖頭アーチ. *estilo ~* 尖頭迫持型, ゴシック様式.

o·ji·zai·no, na [o.xi.θái.no, -.na / -.sái.-] 形《話》斜視の, 目付きの悪い.

o·ji·zar·co, ca [o.xi.θár.ko, -.ka / -.sár.-] 形 → *ojigarzo*.

*****o·jo** [ó.xo] 男 **1**《解剖》**目, 眼**. *con sus propios ojos* 自分自身の目で. *delante de los ojos de...* …の目の前で, 見ている前で. *guiñar el ojo* ウインクする. *no dar crédito a sus ojos* わが目を疑う. *ojos azules* 青い目. *ojos achinados* 細くつりあがった目. *ojos rasgados* 細い[切れ長の]目. *ojo compuesto*《動》複眼. *banco de ojos* アイバンク. *ojo a la funerala* [*virulé*]《話》青あざのできた目. *ojos como platos* 見開いた目. *con los ojos como platos* 目を丸くして. *ojos reventones* [*saltones, de sapo, de besugo*]《話》出目, ぎょろ目. *ojos de carnero* [*cordero*] *degollado*《話》悲しげな目.

2 視線, 目つき. *bajar [no levantar] los ojos* 目を伏せる. *clavar los ojos en...* …を凝視する. *no quitar ojo a... / no quitar el ojo [los ojos] de [encima a]...* …から目をそらさない. *tener los ojos en...* …を凝視する.

3 注意, 用心; 警戒. *tener mucho ojo con...* …に気をつける. *andar(se) con ojo / andar(se) [estar, ir] con cien ojos* 用心する, 警戒する. *estar [ir] ojo avizor* 用心している, 警戒している. *pe-*

ojo

lar el *ojo*《ラ米》用心する, 警戒する.
4《間投詞的に》気をつけろ. ¡*Ojo* (con...)! (…に)注意しろ.
5 見る目, 観察力. tener buen *ojo* para... …に目端が利く. *ojo* clínico 洞察力; 医者の慧眼(敬).
6 穴, 孔;（網の）目;（パン・チーズなどの）ガス孔. *ojo* de la aguja 針の穴. *ojos* de las tijeras はさみの柄の目. *ojo* de la cerradura 鍵穴. *ojo* del culo《俗》肛門.
7（橋脚のアーチ下の）穴.
8（平地の）湧水地, 泉.
9（ハリケーンなどの）目, 中心. **10**（スープに浮いた）油の輪。（クジャクの羽などの）目玉模様. **11**（洗濯物に）石けんを塗ること. **12**〖印〗(1)（活字の）字面, 印刷面. (2) b, p などの穴の部分.
abrir el *ojo* [los *ojos*]《話》(1) 用心する. (2) 目を覚ます, 気づく;開眼する.
abrirle los *ojos* (a+人) 〈人〉の目を覚まさせる, 開かせる.
aguarse los *ojos* 目が涙でいっぱいになる.
aguzar los *ojos* しっかりと[じっと]見る, 目を光らせる.
alegrársele (a+人) los *ojos* 〈人〉が(喜びで)目を輝かせる.
a los *ojos* de... …によると, …の目から見ると.
a *ojo* (de buen cubero)《話》目分量で, およそのところ. Eché la sal *a ojo*. 私は塩を目分量で入れた.
a *ojos* cerrados / a cierra *ojos* (1) 目をつぶって. (2) 確かめもしないで;はなから信用して. No hay que creer nada *a ojos cerrados*. なにごともむやみに信じてはいけない.
a *ojos* vistas 目に見えて, 明らかに.
bailarle (a+人) los *ojos* 〈人〉が目を輝かせる.
cerrar los *ojos* (1)（思わず）目をつぶる;《主に否定文で》眠る. no *cerrar los ojos* 一睡もしない. (2) 死ぬ. (3) 思い切って行動する;《a... / ante... …に》目をつぶる, 見て見ぬふりをする.
como los *ojos* de la cara とても大切に[大事に].
con los *ojos* abiertos (1) 目を見開いて. mirar *con los ojos abiertos* de par en par 目を大きく開いて見つめる. (2) 注意して. Es mejor caminar *con los ojos abiertos*. 注意して歩く方がいい.
con los *ojos* cerrados → a *ojos* cerrados.
con los *ojos* fuera de las órbitas (恐怖・怒りなどで)目をむいて.
cuatro *ojos* 《軽蔑》めがねをかけた人.
Cuatro ojos ven más que dos. / Más ven cuatro ojos que dos.《諺》三人寄れば文殊の知恵（←1人で見るより2人で見るほうが確かだ）.
dar un *ojo* de la cara por...《主に過去未来形の動詞と共に》どうしても…が欲しい[したい]. Daría un *ojo de la cara por* hablar con ella. どうしても彼女と話がしたい.
¡Dichosos los *ojos* (que te [le, os, les] ven)! お久しぶりですね, お会いできてうれしいです.
Donde pone el ojo, pone la bala. ねらったものは外さない, 必ず射止める（▶ 慣用表現）.
dormir con los *ojos* abiertos 用心する, 警戒する.
echar el *ojo* a...《話》…を物欲しそうに見る.
echar un *ojo* a...《話》(1) 見張る, 気をつけて見る. (2) ちらっと見る.
El ojo del amo engorda al caballo.《諺》馬を肥やすには飼い主の世話が一番（何事も当事者が管理すべし）.

en los *ojos* de+人〈人〉のいるところで.
entrarle por el *ojo* derecho (a+人)〈人〉の気に入る.
entrarle por el *ojo* izquierdo (a+人)〈人〉の気に入らない.
entrarle por los *ojos* (a+人)〈人〉が外見から気に入る.
en un abrir (y cerrar) de *ojos*《話》瞬く間に.
estar con cien *ojos* 用心している.
hablar con los *ojos* 目が表情豊かである.
hacer *ojo*《ラ米》(*)(ぢ)魔法[のろい]をかける;凶眼でにらむ.
hasta los *ojos* (1)（ある状況に陥って）身動きが取れないで;（借金で）首が回らないで. (2) 飽き飽きして.
írsele (a+人) los *ojos* tras...〈人〉が…を物欲しそうに見る.
meter... por los *ojos* a+人 〈人〉に…を気に入らせる;売りつける.
meterse por el *ojo* de una aguja 抜け目がない.
mirar... con buenos [malos] *ojos* …を好感[反感]をもって見る.
mirar... con *ojos* de... …を…の目で見る. *mirar con ojos de* hermana 姉のような目で見る.
mirar... con otros *ojos* …を違った目で見る, 異なる見方をする.
¡No es nada lo del *ojo*! 事の重大さをわかっていませんね（▶ 問題が大したことではないと思っている人に言う）.
no pegar *ojo* [el *ojo*, un *ojo*, los *ojos*]《話》眠れない, 一睡もできない.
no saber dónde tiene los *ojos* 鈍い, まぬけである.
no tener a donde [a quien] volver los *ojos* 頼れる人がいない.
no tener *ojos* en la cara《話》目が節穴である.
no tener *ojos* más que para... …しか見えない, …のことしか考えない.
¡*Ojo* al parche!《話》《注意を喚起して》よく聞きなさい.
***ojo* de buey** 円窓;〖海〗舷窓;〖植〗周辺花のあるキク科の総称.
***ojo* de gallo [pollo]** うおのめ, たこ.
***ojo* de gato** 〖鉱〗猫目石, キャッツアイ.
***ojo* del huracán**《比喩的》台風の目.
***ojo* de perdiz** 〖服飾〗（布地の）ひし形の模様.
***ojo* de pescado**《ラ米》(ダ)(ヾ)(ぢ)（手・指の）たこ.
***ojo* de pez**〖写〗魚眼レンズ.
***ojo* mágico**〖電〗マジックアイ;《ラ米》(メキ)(ダ)(ヾ)（ドアの）のぞき穴.
Ojo por ojo, diente por diente.《諺》目には目を, 歯には歯を.
Ojos que no ven, corazón que no siente.《諺》知らぬが仏（知らなければ[目に見えなければ]胸は痛まない）.
parecerse en el blanco de los *ojos* 全く似ていない, 似ても似つかない.
pasar los *ojos* por... …をざっと[ちらっと]見る.
picar el *ojo*《ラ米》(グア)ウインクする.
poner... delante de los *ojos* de+人 〈人〉に…をはっきりとわからせる.
poner los *ojos* en... …に目をつける, …を狙う.
poner los *ojos* en blanco (delante de...) (…に)目を白黒させる, 感嘆する.
revolver los *ojos* (激怒して)目をむく.

sacarse los ojos(互いに)激しくけんかする, 争う.
*salir*le (*a*+人) *a los ojos* 感情が〈人〉の顔に出る.
saltar a los ojos 明らかである.
*saltar*le *los ojos* (*a*+人)〈人〉の目を傷つける, 目を引っこ抜く.
*saltarse*le (*a*+人) *los ojos* 〈人〉が物欲しそうに見る.
ser el ojo [*ojito*] *derecho de*...〈話〉〈人〉が…のお気に入りである.
ser todo ojos〈話〉注視している, 目を皿にしている.
tener a+人 *entre ojos* [*sobre ojo*]〈人〉を嫌っている.
tener ojos para... …ばかりを気にかける.
torcer los ojos 目をそむける, 横目で見る.
un ojo de la cara〈話〉大金. costar [valer] un ～ *de la cara* 目が飛び出るほど高い; 高くつく.
*volver*le *los ojos* (*a*+人) (1)〈人〉に関心を向ける. (2)〈人〉に頼る.
[←〚ラ〛*oculum* (*oculus* の対格);〖関連〗ojear, anteojo, antojarse, oculista.〚ポルトガル〛*olho*.〚仏〛*œil*.〚伊〛*occhio*.〚英〛*eye, ocular, oculist*.〚独〛*Auge*〛

o·jón, jo·na [o.xón, -.xó.na] 形〈ラ米〉〈話〉目の大きな.

Ojos del Sa·la·do [ó.xos ðel sa.lá.ðo] 固名 オホス・デル・サラド:アルゼンチンとチリの国境に位置する火山. 6885 m.［この場合の Ojo は「泉」の意.「塩辛いものの泉」が原義；塩分を含んだ地面がチリを流れる間欠水泉の源泉になっている］

o·jo·so, sa [o.xó.so, -.sa] 形〈チーズ・パンなどが〉ガス孔の多い, 穴のあいた.

o·jo·ta [o.xó.ta] 囡〈ラ米〉(ᴹ*) (1) サンダル. (2) ラマのなめし革.

o·jo·tes [o.xó.tes] 男《複数形》〈ラ米〉(ᴬᴰ*)(ᴹ*)《話》ぎょろ目.

o·jue·los [o.xwé.los] 男《複数形》 **1** にこにこした目, うれしそうな目；いたずらっぽい目つき. **2** めがね.

OK / O. K. [o.kéi] 間投 オーケー[英 OK].

o·ka·pi [o.ká.pi] 男【動】オカピ:アフリカ産キリン科の哺乳(ᴴᴺ)動物.

o·ku·pa [o.kú.pa] 男 囡〈話〉(空き家の) 不法占拠(占住)者.

o·ku·pa·ción [o.ku.pa.θjón / -.sjón] 囡 不法占拠.

o·ku·par [o.ku.pár] 他 不法占拠する, 不法に住みつく.

***o·la [ó.la] 囡 **1** (海の) 波, うねり；急激な気象現象の変化. *ola de calor* [*frío*] 熱波[寒波]. una creciente *ola* de eventos climáticos extremos 増加する異常気象の波. Con el cambio de viento se levantaron las *olas*. 風が変わって波が強くなった. **2**《比喩的》波, 高まり；殺到 (=oleada). una *ola* de delincuencia 犯罪の急激な増加. *ola* democrática 民主主義の波. *ola* de protestas 抗議の殺到. *ola* de manifestantes デモ参加者の殺到. *ola* de inmigración 移民の波.
nueva ola〚映〛(フランスの)ヌーベルバーグ；芸術音楽などの新しい傾向.

¡o·le ! [ó.le] **/ ¡o·lé !** [o.lé] 間投《踊り手・闘牛士などへのかっさい・激励》いいぞ, 見事だ, しっかり.
— 男 Andalucía の舞踊[舞曲].

o·le·á·ce·o, a [o.le.á.θe.o, -.a / -.se.-] 形【植】モクセイ科の. — 囡《複数で》【植】モクセイ科の植物.

o·le·a·da [o.le.á.ða] 囡 **1** 波動；波の衝撃.

2 (人などの)波. la primera ～ del ataque 攻撃の第一波. **3**〈ラ米〉(ᴬᴰ*)《話》(賭(ᵏ)け事で)つき.

o·le·a·do, da [o.le.á.ðo, -.ða] 形《カト》終油の秘跡を授けられた. — 男 終油を授かった人.

o·le·a·gi·no·si·dad [o.le.a.xi.no.si.ðáð] 囡 油を含んでいること, 油性.

o·le·a·gi·no·so, sa [o.le.a.xi.nó.so, -.sa] 形 油性の, 油を含んだ. planta *oleaginosa* 採油植物.

o·le·a·je [o.le.á.xe] 男 波浪, 大波, 打ち寄せる波.

o·le·ar¹ [o.le.ár] 自 波立つ, うねる, 波打つ.

o·le·ar² [o.le.ár] 他 終油の秘跡を授ける.

o·le·a·rio, ria [o.le.á.rjo, -.rja] 形 → oleoso.

o·le·as·tro [o.le.ás.tro] 男【植】野生のオリーブ.

o·le·a·to [o.le.á.to] 男【化】オレイン酸塩, オレインエステル.

o·le·cra·non [o.lé.kra.non] 男【解剖】肘頭(ᶜʰᵘ):ひじの端.

o·le·de·ro, ra [o.le.ðé.ro, -.ra] 形 においを発する, 臭い.

o·le·dor, do·ra [o.le.ðór, -.ðó.ra] 形 においのある.

o·lei·co [o.léi.ko] 形 オレイン酸の.

o·le·í·co·la [o.le.í.ko.la] 形 オリーブ栽培の；オリーブ油製造の.

o·lei·cul·tor, to·ra [o.lei.kul.tór, -.tó.ra] 男 囡 オリーブ栽培者；オリーブ油製造(業)者.

o·lei·cul·tu·ra [o.lei.kul.tú.ra] 囡 オリーブ栽培；オリーブ油製造(業).

o·le·í·fe·ro, ra [o.le.í.fe.ro, -.ra] 形〈植物が〉油脂を含んだ, 油脂を産する. planta *oleífera* 採油植物.

o·le·í·na [o.le.í.na] 囡【化】オレイン:脂肪の油状部.

ó·le·o [ó.le.o] 男 **1** 油絵(の具). pintar al ～ 油絵の具で描く. pintura al ～ 油絵. **2**《カト》聖油, 聖香油:洗礼・秘跡の際に用いる. santos ～*s* 聖油. **3** オリーブ油. **4**〈ラ米〉(ᴬᴰ*) 洗礼.

o·le·o·duc·to [o.le.o.ðúk.to] 男 石油輸送管路, パイプライン.

o·le·o·gra·fí·a [o.le.o.gra.fí.a] 囡 油絵風石版画(法).

o·le·ó·me·tro [o.le.ó.me.tro] 男 油比重計.

o·le·o·rre·si·na [o.le.o.r̄e.sí.na] 囡 オレオレジン, 含油樹脂.

o·le·o·si·dad [o.le.o.si.ðáð] 囡 油性, 油質, 油っこさ.

o·le·o·so, sa [o.le.ó.so, -.sa] 形 **1** 油の. **2** 油性の, 油状の.

o·ler [o.lér] 25 他 **1〈…のにおいを〉かぐ；〈においを〉感じる. Tengo gripe y no *huelo* nada. 私は風邪を引いていて何のにおいもわからない.
2《話》〈ことを〉かぎまわる, 詮索する. A veces vienen aquí para ～ lo que hacemos. ときどき彼らは私たちが何をしているかを詮索しにここへやってきます.
3《話》〈ことを〉かぎつける;《que+直説法 …である と》感づく (▶ 再帰代名詞を伴って用いられることが多い). *Huelo* que no *está* contento. 彼は満足していないようだ.
— 自 (*a*... …の) **1** においがする；においを放つ. *Olía a* pan recién hecho. 焼きたてのパンのにおいがした. *Huele a* quemado. きな臭い. Te *huele* un poco el aliento. 君の息が少しにおう.
2 疑いがある, …気味である. Esto *huele a* traición. これは裏切りかも知れない. En este proyecto hay algo que me *huele* mal. このプロジェクトは

olestra

私には何か悪い予感がする. Su elocución me *huele a rancio.* 彼[彼女](ら)の言葉遣いは私には古臭い感じがする. ▶ 間接目的語代名詞を伴う場合がある.
3 《3人称単数で》《(de)…の》気配である. Ya *huele a otoño.* もう秋の気配を感じる.
— ~.**se** 再《事に》感づく;《que + 直説法 …であると》感じる. *Me huelo que están* enfadados *conmigo.* 彼らは私のことを怒っているようだ.
no olerlas〈人が〉何も気づかない.
oler a tigre《話》〈人・場所が〉ひどいにおいがする.
oler que APESTAR〈ものが〉ひどいにおいである.
[←〔ラ〕*olēre*;関連 olor, inodoro, olfato, ozono.〔英〕*odor*, *ozone*]

o·les·tra [o.lés.tra] 男《人工油脂》オレストラ.

o·le·te·ar [o.le.te.ár] 他《ラ米》(ぞ)《話》〈他人の生活を〉かぎ回る.

o·le·tón, to·na [o.le.tón, -.tó.na] 男《ラ米》(ぞ)《話》人のことに関心の強い, 詮索(セス)好きな.

ol·fa [ól.fa] 男 女《ラ米》(スァ)《話》ぺこぺこする人, 追従者.

ol·fac·ción [ol.fak.θjón / -.sjón] 女 においをかぐこと.

ol·fa·te·ar [ol.fa.te.ár] 他 **1** …のにおいをかぐ, 鼻をくんくんさせる. **2** かぎつける, 見抜く. **3**《話》かぎ回る, 詮索(セス)する.
— 自 **1** においをかぐ. **2**《**en**…》を》詮索する.

ol·fa·te·o [ol.fa.té.o] 男 **1** においをかぐこと.
2 かぎつけること, 見抜くこと; 詮索(セス).

ol·fa·ti·vo, va [ol.fa.tí.bo, -.ba] 形 嗅覚(キュゥ)の. nervio ~ 嗅覚神経.

ol·fa·to [ol.fá.to] 男 **1** 嗅覚(キュゥ). órgano del ~ 嗅覚器官. **2** 直観, 第六感, 勘のよさ. tener ~ para los negocios 商才がある.
[←〔ラ〕*olfactum* (*olfacere* の対格); *olfacere*「嗅(カ)ぐ」(*olēre*「においを放つ」+ *facere*「作る」より派生 [関連] olfatear, olfacción.〔英〕*olfaction*]

ol·fa·to·rio, ria [ol.fa.tó.rjo, -.rja] 形 嗅覚の; 直観の.

o·lí·ba·no [o.lí.ba.no] 男 乳香: カンラン科ニュウコウ属の木から採れる樹脂.

o·lien·te [o.ljén.te] 形《まれ》においのする, 香る.

o·lie·ra [o.ljé.ra] 女《カト》聖(香)油容器.

o·li·fan·te [o.li.fán.te] 男 オリファント, 象牙製ラッパ.

o·li·gar·ca [o.li.gár.ka] 男 女 寡頭政治の支配者.

o·li·gar·quí·a [o.li.gar.kí.a] 女 寡頭政治, 少数独裁政治; 少数の支配者集団.

o·li·gár·qui·co, ca [o.li.gár.ki.ko, -.ka] 形 寡頭政治の. régimen ~ 寡頭制.

o·li·gis·to [o.li.xís.to] 男《鉱》赤鉄鉱.

o·li·go·ce·no, na [o.li.go.θé.no, -.na /-.sé.-] 形《地質》漸新世の, 漸新統の.
— 男 **1** 漸新世. **2**《地層で》漸新統.

o·li·go·cla·sa [o.li.go.klá.sa] 女 灰曹長石, オリゴクレース.

o·li·go·e·le·men·to [o.li.go.e.le.mén.to] 男《生化》微量元素[要素]: 動物・植物の組織内に微量必要とされる金属元素.

o·li·go·fre·nia [o.li.go.fré.nja] 女《医》(先天性の)重度知的障害.

o·li·go·fré·ni·co, ca [o.li.go.fré.ni.ko, -.ka] 形 精神遅滞(者)の. — 男 女 精神遅滞者.

o·li·go·po·lio [o.li.go.pó.ljo] 男《経》売り手寡占.

o·li·go·que·to [o.li.go.ké.to] 男《動》貧毛類生物;《複数で》貧毛網.

o·li·gos·per·mia [o.li.gos.pér.mja] 女《医》精子欠乏症.

o·li·go·te·ra·pia [o.li.go.te.rá.pja] 女 遺伝子ミネラル療法, 微量元素を用いた治療.

o·li·go·tro·fia [o.li.go.tró.fja] 女 貧栄養.

o·li·gu·ria [o.li.gú.rja]女《医》貧尿, 乏尿.

O·lim·pia [o.lím.pja] 固名《史》オリンピア: ギリシア西部の古代都市で, オリンピック競技発祥の地. la estatua de Zeus en ~ オリンピアのゼウス像(◆世界七不思議の一つ). [←〔ラ〕*Olympia*←〔ギ〕*Olympía* (*Ólympos* 'Olimpo' より派生)]

o·lim·pia·da [o.lim.pjá.ða] / **o·lim·pí·a·da** [o.lim.pí.a.ða] 女 **1**《主に O-》《主に複数で》《スポ》(国際)オリンピック(競技)大会. ~ blanca / ~ de invierno 冬季オリンピック大会.
2《史》(古代の)オリンピック競技会; オリンピア紀, オリンピアード: 紀元前776年以後のオリンピア競技会から次の競技会までの4年間を暦の1期とした.

o·lím·pi·ca·men·te [o.lím.pi.ka.mén.te] 副《話》高慢に, 横柄に.

*****o·lím·pi·co, ca** [o.lím.pi.ko, -.ka] 形 **1** オリンピック(大会)の; オリンピックに出場した. juegos ~s オリンピック(競技)大会. villa *olímpica* オリンピック村. antorcha *olímpica* オリンピック聖火. Comité *O*~ Internacional 国際オリンピック委員会(略 COI 〔英〕IOC). **2**《ギ神》オリンポス山の; オリンピアの.
3《話》高慢な, 横柄な. desdén ~ 尊大なさげすみ.
— 男 女 オリンピック選手.

o·lim·pis·mo [o.lim.pís.mo] 男 オリンピック精神[活動].

O·lim·po [o.lím.po] 男 **1**《ギ神》オリンポス山(= Monte ~): ギリシアの神々が住んだとされる山.
2《集合的》オリンポスの神々.
[←〔ラ〕*Olympus*←〔ギ〕*Ólympos*]

o·lin·go [o.lín.go] 男《ラ米》(メメシ)《動》ホエザル.

o·lis·car [o.lis.kár] 自他 古 → olisquear.

o·lis·co, ca [o.lís.ko, -.ka] / **o·lis·cón, co·na** [o.lis.kón, -.ko.na] 形《ラ米》(メル)《話》詮索(セス)好きな.

o·lis·co·so, sa [o.lis.kó.so, -.sa] 形《ラ米》悪臭を放つ; 腐りかけた.

o·lis·que·ar [o.lis.ke.ár] 他 自 **1**《話》においをかぐ, 鼻をくんくんさせる.
2《話》《軽蔑》詮索(セス)する, かぎ回る.
— 自 嫌なにおいがする, 悪臭を放つ.

o·li·va [o.lí.ba] 女 **1** オリーブの実(= aceituna). aceite de ~ オリーブ油.
2 オリーブの木(= olivo).
3《鳥》フクロウ.
color verde oliva オリーブ色(の), 黄緑色の.

oliva
(オリーブ)

o·li·vá·ce·o, a [o.li.bá.θe.o, -.a /-.se.-] 形 オリーブ色がかった, 黄緑色の.

o·li·var [o.li.bár] 男 オリーブ園, オリーブ畑.

o·li·var·da [o.li.bár.ða] 女 **1**《鳥》ハヤブサ.
2《植》オオグルマ.

o·li·va·re·ro, ra [o.li.ba.ré.ro, -.ra] 形 オリーブ栽培の, オリーブ産業の. región *olivarera* オリーブ生産地. industria *olivarera* オリーブ産業.
— 男 女 オリーブ栽培者.

O·li·va·res [o.li.bá.res] 固名 オリバレス伯公爵 conde-duque de ~, Gaspar de Guzmán (1587-1645): スペイン王 Felipe 4世の寵臣(チょ).

o·li·vas·tro [o.li.bás.tro] 男 【植】 ～ de Rodas アロエ.

o·li·ve·ra [o.li.bé.ra] 女 →olivo.

O·li·ve·rio [o.li.bé.rjo] 固名 オリベリオ:男子の洗礼名. [←〔仏〕Olivier ? 〔中高地ドイツ〕Alfihar 〔「小妖精(ﾎﾞｳ)の軍隊」が原義〕関連〔ポルトガル〕Oliveiros, 〔伊〕Oliviero, 〔英〕〔独〕Oliver]

o·li·ve·ro [o.li.bé.ro] 男 オリーブ貯蔵所.

O·li·ve·te [o.li.bé.te] 固名 オリーブ山, 橄欖(ﾄﾞﾝ)山 (= Monte ～): キリストが受難および昇天した所とされるエルサレム東方の丘. [←〔ラ〕Olīvētum「オリーブ園」; 関連 olivo]

o·li·ví·co·la [o.li.bí.ko.la] 形 オリーブ栽培[生産]の.

o·li·vi·cul·tor, to·ra [o.li.bi.kul.tór, -.tó.ra] 男 女 オリーブ栽培[生産]者, オリーブ園経営者.

o·li·vi·cul·tu·ra [o.li.bi.kul.tú.ra] 女 オリーブ栽培.

o·li·ví·fe·ro, ra [o.li.bí.fe.ro, -.ra] 形 〖文章語〗オリーブの木が繁茂する, オリーブが豊かに実る.

o·li·vi·llo [o.li.bí.jo ‖ -.ʎo] 男 【植】モクセイ科フィリレア属の一種: 地中海地方原産.

o·li·vi·no [o.li.bí.no] 男 【鉱】橄欖(ﾄﾞﾝ)石, ペリドット.

*__**o·li·vo**__ [o.lí.bo] 男 オリーブの木; オリーブ材. huerto de ～s オリーブ畑[園]. ramo de ～ オリーブの枝(平和・和解の象徴). una mesa de ～ オリーブ材でできた机. Monte de los O～s オリーブ山(= Olivete). O～ y aceituno, todo es uno. 〖諺〗五十歩百歩(←オリーブと呼ぼうが橄欖(ﾄﾞﾝ)と呼ぼうが同じこと). → oliva.

tomar el olivo 〖闘牛士が〗柵(ｻｸ)の中に逃げ込む; 退散する.

[←〔ラ〕olivus←〔ラ〕olīva; 関連 oliva, olivar, óleo, petróleo. 〔英〕olive, petroleum]

o·li·vo·so, sa [o.li.bó.so, -.sa] 形 〖文章語〗→olivífero.

*__**o·lla**__ [ó.ja ‖ -.ʎa] 女 **1** 鍋, 深鍋(ﾅﾍﾞ). ～ a [de] presión / ～ exprés 圧力鍋. cocer las alubias en una ～ インゲン豆を鍋で煮る. poner la ～ al fuego 鍋を火にかける. **2** 【料】煮込み料理, シチュー. ～ podrida (肉・豆・腸詰めなどの)煮込み. **3** (川などの)淵.

olla de grillos 大混乱の場, 騒々しい場所.

[←〔ラ〕ōllam (ōlla の対格)「鍋, 壺(ｵ)」]

o·lla·o [o.já.o ‖ -.ʎá.-] / **o·lla·do** [o.já.ðo ‖ -.ʎá.-] 男 【海】(帆などの)鳩目(ｸﾞ)穴.

o·llar [o.jár ‖ -.ʎár] 男 (馬・ロバの)鼻の穴, 鼻孔.

o·lla·za [o.já.θa ‖ -.ʎá.-/-.sa] 女 大鍋(ﾅﾍﾞ). A cada ～ su coberteraza. 〖諺〗適材適所(←それぞれの大鍋にはその大ぶたを). [olla + 増大辞]

o·lle·ra [o.jé.ra ‖ -.ʎé.-] 女 【鳥】アオガラ, シジュウカラ.

o·lle·rí·a [o.je.rí.a ‖ -.ʎe.-] 女 鍋(ﾅﾍﾞ)屋; (集合的) 鍋職.

o·lle·ro, ra [o.jé.ro, -.ra ‖ -.ʎé.-] 男 女 鍋(ﾅﾍﾞ)職人; 鍋屋. Cada ～ alaba su puchero. 〖諺〗鍋職人はみな自分の鍋をほめる(人は自慢をしたがるものだ).

o·lle·ta [o.jé.ta ‖ -.ʎé.-] 女 (話)ばかな.
— 女 (ラ米) (1) (ｺﾛﾝﾋﾞｱ)(ﾍﾞﾈｽﾞｴﾗ)チョコレート[ココア]沸かし器. (2) (ｴｸｱﾄﾞﾙ)こんろ; (川床の)くぼみ.

o·llu·co [o.jú.ko ‖ -.ʎú.-] 男 (ラ米) (ﾍﾟﾙｰ)【植】(食用の塊茎をつける)バセラ科ウルクス属の一種.

ol·ma [ól.ma] 女 【植】ニレ olmo の大樹.

ol·me·ca [ol.mé.ka] 形 オルメカの.
— 男 女 オルメカ人. ◆前1500年から後300年にかけてメキシコ湾岸部の La Venta を中心に文化を築き, ピラミッド(神殿)・暦・巨石人頭像などを残した. maya, zapoteca, Teotihuacán 文化に大きな影響を与えた.

ol·me·da [ol.mé.ða] 女 ニレの林.

ol·me·do [ol.mé.ðo] 男 → olmeda.

ol·mo [ól.mo] 男 【植】ニレ類.

o·ló·gra·fo, fa [o.ló.gra.fo, -.fa] 形 〖遺言状などが〗自筆の. 〖遺言状などの〗自筆文.

o·lo·mi·na [o.lo.mí.na] 女 (ラ米) (ﾁﾘ)【魚】グッピーの一種.

o·lo·po·po [o.lo.pó.po] 男 (ラ米) (ｴｸｱﾄﾞﾙ)【鳥】ナンベイヒナフクロウ.

*__**o·lor**__ [o.lór] 男 **1** (a... …の) におい. ～ a rosa バラの香り. ～ a quemado 焦げ臭いにおい. desprender ～ においを発する. agua de ～ オーデコロン. Este jabón tiene buen ～. この石けんはいいにおいがする. La habitación tiene mal ～. 部屋はいやなにおいがする. → perfume 類語.

2 気配, 徴候. **3** (ラ米)(ﾒｷｼｺ) 薬味, 香辛料.

al olor de... (話)…に引き寄せられて, …に釣られて. *al ～ del dinero* お金に釣られて.

*dar*le *el olor de...* (a+人) 〈人〉が…の疑いを抱く.

en olor de multitud(es) 群衆の歓呼を受けて.
en olor de santidad 高徳の誉れをもって. *morir en ～ de santidad* 高徳の誉れのうちに死ぬ.
estar al olor de... …を待ち望む.

o·lo·ri·zar [o.lo.ri.θár / -.sár] 97 他 においをつける.

o·lo·ro·so, sa [o.lo.ró.so, -.sa] 形 よいにおいの, かぐわしい(= aromático).
— 男 オロローソ: シェリー酒の一種. → jerez.

o·lo·te [o.ló.te] 男 (ラ米) (ﾒｷｼｺ)(ﾁﾘ)(1) トウモロコシの穂軸. (2) 取るに足りない人[もの], つまらない人[もの].

o·lo·te·ar [o.lo.te.ár] 男 (ラ米) (ﾒｷｼｺ)(ﾁﾘ)【農】トウモロコシを取り入れる[収穫する].

o·lo·te·ra [o.lo.té.ra] 女 (ラ米) (ﾒｷｼｺ)(ﾁﾘ)(1)(集合的) トウモロコシの穂軸; トウモロコシの穂軸の置き場. (2) (先住民が使う)トウモロコシの脱穀具.

OLP [o.e.le.pé] 女 (略) *Organización para la Liberación de Palestina* パレスチナ解放機構[英 PLO].

ol·vi·da·ble [ol.bi.ðá.ble] 形 忘れられやすい.

ol·vi·da·di·zo, za [ol.bi.ða.ðí.θo, -.θa / -.so, -.sa] 形 **1** 忘れっぽい, 物忘れしやすい. *hacerse el ～* 忘れたふりをする. **2** 恩知らずの.

ol·vi·da·do, da [ol.bi.ðá.ðo, -.ða] 形 **1** 忘れられた, 見捨てられた. **2** 忘れっぽい; 恩知らずの. **3** (ラ米)(ﾒｷｼｺ)健忘症の.
— 男 女 忘れっぽい人; 恩知らずの人.

*__**ol·vi·dar**__ [ol.bi.ðár] 他 **1** (うっかり, あるいは意識[努力]して) 忘れる, 忘れ去る. ～ *la contraseña* パスワードを忘れる. ～ *el pasado* 過去を忘れる. *Nunca olvidaré tus palabras*. 君の言葉は忘れないよ. *Nadia todavía no ha olvidado a su ex marido*. ナディアは別れた夫のことをまだ忘れきっていない.

2 (que+直説法 …であることを) (うっかり, あるいは意識[努力]して) 忘れる. *Habíamos olvidado por completo que teníamos una cita*. 僕らは約束があることをすっかり忘れていた. *No tienes que ～ que todos te queremos mucho*. 皆が君のこと大好きだ

olvido

ってこと忘れちゃだめだよ.

3《+不定詞》《…するのを》(うっかり)忘れる. Estaba tan ocupada que *olvidé llamarte*. あまり忙しくて，あなたに電話するのを忘れちゃった. ▶**1**-**3** の全ての用法において再帰代名詞の使用が可能. ただし，その場合は前置詞 de を用いる. →再 **1**.

── **〜.se** 再 忘れる. (1)《**de…** …を》(うっかり，あるいは意識[努力]して)忘れる，忘れ去る. *Olvídese del estrés y disfrute*. ストレスを忘れてお楽しみください.

(2)《**de que**+直説法 …であることを》(うっかり，あるいは意識[努力]して)忘れる. *Parece que te olvidas de que eres* un hombre casado. 君は自分が妻帯者であることを忘れているようだね.

(3)《**de**+不定詞 …することを》(うっかり)忘れる. *Me olvidé de traer* la llave de la tienda. 店の鍵を持ってくるの忘れたよ.

2〈もの・事が〉**忘れられる**.(1)《**olvidársele**(**a**+人)》〈人〉は…を(うっかり)忘れる. *Se me han olvidado* los apuntes en el aula. 教室にノートを忘れてきた. *A los niños se les olvida* rápidamente el dolor. 子供たちはすぐ痛みを忘れる.

(2)《**olvidársele que**+直説法(**a**+人)》〈人〉は…であることを(うっかり)忘れる. *A Carmen se le olvidaba que* ese día *había* huelga de trenes. カルメンはその日電車のストライキがあることを忘れていた.

(3)《**olvidársele**+不定詞(**a**+人)》〈人〉は…するのを(うっかり)忘れる. *¡Mamá!, se te ha olvidado encender* el horno. お母さん，オーブンのスイッチを入れ忘れてるよ. ▶再 **1** では忘れる主体が主語であるのに対し，再 **2** では忘れられる対象(ものごと)が主語となり，忘れる主体は le (a+人) で表す.

¡Olvídame! / *¡Que me olvides!* ほっといてくれ.

[←[俗ラ] *oblitare;[ラ]*oblītus*(*oblīvīscī*「忘れる」の完了分詞)より派生.[関連][英]*oblivious*]

***ol·vi·do** [ol.bí.ðo] 男 **1** 忘却, 忘れられること; 失念, 忘れること. en el 〜 忘却の中に. caer [quedar] en el 〜 忘れ去られる. dar [echar, dejar] en el 〜 忘れる. enterrar [hundir, sepultar] en el 〜 きれいさっぱり忘れる. estar en el 〜 忘れられている. relegar al 〜 過去のこととして葬り去る. rescatar [sacar] del 〜 忘れられていたものを思い出させる. 〜 de Dios 神の忘却. 〜 de sí mismo 忘我, 利他主義. El 〜 de su cumpleaños enfadó mucho a su prometida. 誕生日を忘れたことが婚約者をひどく怒らせた.

2 手抜かり, うっかり, 見過ごし. No le avisé de la reunión por 〜. うっかりと彼[彼女]に会議のことを知らせなかった.

3 愛情をなくすこと. El 〜 de su novia le quitó las ganas de trabajar. 彼は恋人に愛想がなくなって, 仕事をする気がなくなった.

── 活 → olvidar.

ol·vi·dón, do·na [ol.bi.ðón, -.ðó.na] 形《ラ米》(話)忘れっぽい, 物忘れしやすい.

O·mán [o.mán] 固名 Sultanato de 〜 オマーン国:アラビア半島東端の首長国. 首都 Muscat [Mascate]. [←[アラビア]*'Umān*]

o·ma·ní [o.ma.ní] 形《複 〜es, 〜s》オマーンの, オマーン人の. ── 男女 オマーン人.

o·ma·so [o.má.so] 男《反芻動物の》第三胃, 葉胃.

om·bli·ga·da [om.bli.ɣá.ða] 女《皮革で》へそにあたる部分.

om·bli·go [om.blí.ɣo] 男 **1**【解剖】へそ; へその緒. **2** 中心, 中心点. creerse el 〜 del mundo 自分を中心に世界が回っていると思う.
encogérsele [*arrugársele*] (*a*+人) *el ombligo*《話》〈人〉がたじたじとなる, おじけづく.
ombligo de Venus【植】ベンケイソウ科ウムビリクス属の一種:ヨーロッパ原産.

om·bli·gue·ra [om.bli.ɣé.ra] 女《ラ米》(ごル)《話》ストリッパー.

om·bli·gue·ro [om.bli.ɣé.ro] 男 新生児のへそを保護するための包帯.

om·bli·guis·mo [om.bli.ɣís.mo] 男《話》自己中心(主義);独善(主義), ひとりよがり.

om·brí·a [om.brí.a] 女 日陰(=umbría).

om·bú [om.bú] 男《複 〜es, 〜s》【植】オンブー:Pampa に点在する南米産の大木.

om·buds·man [óm.bu(ð)s.man] [英]男《複 〜, ombudsmen》オンブズマン(=defensor del pueblo).

o·me·ga [o.mé.ɣa] 女 **1** オメガ (Ω, ω):ギリシア語アルファベットの第24[最終]字. **2** 最後, 終わり.

ombú (オンブー)

o·men·tal [o.men.tál] 形【解剖】網(も)の.

o·men·to [o.mén.to] 男【解剖】網(も):内臓を支える腹膜のひだ.

o·me·ya [o.mé.ja] 形 (イスラム史上最初の王朝)ウマイヤ朝の. ── 男女 (ウマイヤ朝初代カリフ)ムアーウィアの子孫.

O·me·yas [o.mé.jas] 男《複数形》【史】ウマイヤ朝:ダマスカスを首都としたイスラム王朝(661-750). またその支族がスペインに立てた後ウマイヤ朝(756-1031).

ó·mi·cron [ó.mi.kron] 女 オミクロン (O, o):ギリシア語アルファベットの第15字.

o·mi·nar [o.mi.nár] 他〈凶事を〉予言する.

o·mi·no·so, sa [o.mi.nó.so, -.sa] 形 **1** 忌むべき, 嫌悪すべき, ひどい. Década *Ominosa* 忌むべき10年間:フェルナンド7世の治世中, 自由主義の3年間(1820-23年)を経て再度成立した絶対王政期(1823-33年)を指す. **2** 不吉な, 凶兆を示す.

o·mi·si·ble [o.mi.sí.ble] 形 省略できる, 省略可能な.

***o·mi·sión** [o.mi.sjón] 女 **1** 省略, 脱落. la 〜 de acento アクセント符号の脱落.

2 怠慢, なおざり; 手抜かり, 見過ごし.

o·mi·so, sa [o.mí.so, -.sa] 形 **1** 省略した.

2 怠慢な, 不注意な.

***o·mi·tir** [o.mi.tír] 他 **1** 省略する, 言わないでおく. **2**《+不定詞》…し落とす, …し忘れる, …し損なる. *Omitió decírmelo*. 彼[彼女]は私にそれを言わずに済ませられた.

[←[ラ] *omittere* (*ob*-「かなたへ」 + *mittere*「送る」);[関連] omisión, omiso, meter.[英]*omit*]

omni-「全…, すべての」の意を表す造語要素. *omni*potencia, *omni*sciencia. [←[ラ]]

***óm·ni·bus** [óm.ni.bus] 男 **1**《単複同形》《ラ米》(ララ)乗合自動車, バス;(19世紀の)乗合馬車.

2 tren 〜 普通列車[電車].

om·ni·di·rec·cio·nal [om.ni.ði.rek.θjo.nál / -.sjo.-] 形【ラジオ】【TV】全指向性の, 全方向性の. antena 〜 全方向性アンテナ. micrófono 〜

マイクロホン.

om·ní·mo·da·men·te [om.ní.mo.ða.mén.te] 副 網羅的に, 総括的に.

om·ní·mo·do, da [om.ní.mo.ðo, -.ða] 形 網羅する, 総括的な. poder ~ 絶対的権力.

om·ni·po·ten·cia [om.ni.po.tén.θja / -.sja] 女 全能, 万能；大権力.

om·ni·po·ten·te [om.ni.po.tén.te] 形 全能の, 絶大な権限を持つ, 強大な力を持った. Dios ~ 全能の神. → todopoderoso.

om·ni·pre·sen·cia [om.ni.pre.sén.θja / -.sja] 女 **1** 遍在 (= ubicuidad). **2** いたる所に顔を出すこと.

om·ni·pre·sen·te [om.ni.pre.sén.te] 形 **1** 遍在する. **2** (estar+) どこにでも顔を出す, つきまとう.

om·ni·sa·pien·cia [om.ni.sa.pjén.θja / -.sja] 女 → omnisciencia.

om·ni·sa·pien·te [om.ni.sa.pjén.te] 形 全知の, 博識の.

om·nis·cien·cia [om.nis.θjén.θja / -.sjén.sja] 女 全知, 博識.

om·nis·cien·te [om.nis.θjén.te / -.sjén.-] / **om·nis·cio, cia** [om.nís.θjo, -.θja / -.sjo, -.sja] 形 全知の, 博識の.

óm·nium [óm.njum] [独] 男 **1** 総合商社 [企業]. **2** [スポ] (自由形式の) 総合自転車レース；(馬の年齢性別を問わない) 混合レース.

om·ní·vo·ro, ra [om.ní.bo.ro, -.ra] 形 [動] 雑食性の. — 男 女 雑食動物.

o·mó·pla·to [o.mó.pla.to] / **o·mo·pla·to** [o.mo.plá.to] 男 [解剖] 肩甲(ﾋﾟｮｳ)骨.

OMS [o.e.mé.se] 女 (略) Organización Mundial de la Salud 世界保健機構 [英 WHO].

on [ón] [英] 男 (電化製品が) オンの状態.

-ón, ona (接尾) **1** 増大辞. → casona, hombrón. → -azo. **2** 動詞に付いて「急激な動作」の意を表す男性名詞語尾. → apagón, empujón. **3** 動詞に付いて「いつも…する, …癖のある」の意を表す名詞・形容詞語尾. → llorón, preguntón. **4** (1)「…の大きい, 多い」の意を表す形容詞語尾. → barrigón, cabezón. (2)「…のない, …の少ない」の意を表す形容詞語尾. → pelón, rabón. **5** 数詞に付いて「…歳くらいの」の意を表す名詞・形容詞語尾. → cincuentón.

o·na·gra [o.ná.gra] 女 [植] マツヨイグサ.

o·na·gra·rie·as [o.na.gra.rjé.as] 女 《複数形》 [植] アカバナ科マツヨイグサ属の植物.

o·na·gro [o.ná.gro] 男 **1** [動] アジアノロバ, オナガー：野生ロバ. **2** 投石器.

o·na·nis·mo [o.na.nís.mo] 男 自慰, オナニー. ♦ユダの息子 Onán にちなむ (創世記38：9).

o·na·nis·ta [o.na.nís.ta] 形 自慰の, オナニーの. — 男 女 自慰をする人, オナニスト.

***on·ce** [ón.θe / -.se] 数 詞 **1** (+名詞) 11 の；11人[個]の. ~ personas 11人の人々. a las ~ 11時に. Son las ~ de la noche. 午後11時です. **2** (名詞+) 11番目の. el siglo XI 11世紀. Pío XI (教皇) ピウス[ピオ] 11世 (在位1922-39). el día ~ de junio 6月11日.
— 男 **1** 11；11の数字 (ローマ数字 XI).
2 (サッカーチームの) 11人1組, イレブン. el ~ inicial スターティングメンバーの11人.
las **once** (通例, 午前11時ごろに取る) 軽食；《ラ米》 (ﾁﾘ)(ｺﾛ)(ﾎﾞﾘ)午後の軽食, おやつ.
[← [ラ] *ūndecim* (*ūnus*「1」+ *decem*「10」)]

ONCE [ón.θe / -.se] (略) Organización Nacional de Ciegos Españoles 国立スペイン盲人協会. ♦盲人の売り歩く宝くじcupón の発行組織. 収益は盲人の救済基金に当てられる.

on·ce·ar [on.θe.ár / -.se.-] 自 《ラ米》(ｱﾙｾﾞﾝ)(ｺﾛ)(ﾁﾘ) (午後の) おやつ [軽食] を食べる.

on·ce·a·vo, va [on.θe.á.bo, -.ba / -.se.-] 形 11分の1の. — 男 11分の1 (= undécimo).

on·ce·jo [on.θé.xo / -.sé.-] 男 [鳥] アマツバメ.

ONCE
ONCEの宝くじの売店

on·ce·no, na [on.θé.no, -.na / -.sé.-] 数詞 **1** 第11の, 第11番目の (= undécimo). **2** 11分の1の. — 男 11分の1.

on·co·gén [oŋ.ko.xén] 男 [医] 腫瘍(ﾖｳ)[がん] 遺伝子.

on·co·gé·ni·co, ca [oŋ.ko.xé.ni.ko, -.ka] 形 腫瘍(ﾖｳ)[がん] 遺伝子の.

on·co·lo·gí·a [oŋ.ko.lo.xí.a] 女 [医] 腫瘍(ﾖｳ)学.

on·co·ló·gi·co, ca [oŋ.ko.ló.xi.ko, -.ka] 形 腫瘍(ﾖｳ)学の.

on·có·lo·go, ga [oŋ.kó.lo.go, -.ga] 男 女 腫瘍(ﾖｳ)専門医.

on·co·rra·tón [oŋ.ko.ra.tón] 男 [医] (がん研究用の) 実験用マウス.

***on·da** [ón.da] 女 **1** 波；波形, 波状のもの. *~s que se forman al tirar una piedra al agua* 石を投げたときに水面に現れる波形. *la cresta de la* ~ 波頭.
2 波打つこと, (髪の) ウェーブ. *formar* ~s 波打つ. *Su cabello tiene* ~. 彼[彼女]の髪はウェーブがかっている.
3 [物理] (音・光・電気などの) 波. ~ ultracorta [extracorta] 超短波. ~ corta 短波. ~ media [normal] 中波 (= AM). ~ larga 長波. longitud de ~ 波長. ~ acústica [sonora] 音波. ~ de luz 光波. ~ electromagnética 電磁波. ~ estacionaria 定常波. ~ expansiva [de choque] 衝撃波. ~ hertziana ヘルツ波, (放送の) 電波. ~ portadora 搬送波. ~ sísmica 地震波. ~ ultrasonora. superficial 表面波. ~s amortiguadas 減衰波.
4 スカラップ；衣服などの縁に用いる波形.
5 (炎・光などの) 揺らめき.
6 《ラ米》 (ﾒﾋ)(ｴﾙｻ)(ｸﾞｱﾃ) 流行, 風潮.
agarrar la onda 《ラ米》(ﾒﾋ)(ｴﾙｻ) 《話》 わかる, 時流に乗る.
buena[mala] onda 《ラ米》(ﾒﾋ)(ｴﾙｻ) 《話》よい[悪い]こと.
captar [coger] la onda 《話》(話の流れ・暗示を) 理解する, 意を汲む.
estar en la misma onda 《話》好みや意見が一致する
estar en la onda 《話》流行の先端を行く；*(de... …の)* 話についていく.
[← [ラ] *undam* (*unda* の対格)；[関連] ondular, ondina, inundar, abundante. [仏] *ondine*「水の女神」, [英] *undulate, water, wet*]

On·da [ón.da] 固名 La ~ オンダ：1960年代メキシコで若者文化を原点として生じた文化潮流. 文学の主な作家に José Agustín, Gustavo Saínz など.

on·de·a·do, da [on.de.á.ðo, -.ða] 形 波打つ、うねっている；波形の；〈髪が〉ウェーブのかかった.

on·de·an·te [on.de.án.te] 形 **1** 波打つ、波状の. **2** 〈旗などが〉翻っている.

on·de·ar [on.de.ár] 自 **1** 波打つ、うねる；波状になる. **2** 〈風に〉翻る、なびく；〈火・炎が〉揺らめく. Sus cabellos *ondeaban* al viento. 彼[彼女]の髪は風に揺れていた. ── 他 波打たせる、たなびかせる.
── ~·se 再 揺れ動く.

on·de·o [on.dé.o] 男 **1** (水面の)波動、うねり、波立ち. **2** (旗などの)翻ること、(髪の)揺れ；(火・炎の)揺らめき.

on·di·na [on.dí.na] 女 《神話》オンディーヌ：北欧神話の水の精.

on·di·so·nan·te [on.di.so.nán.te] 形 《文章語》〈波が〉騒ぐ、うねる.

on·do·so, sa [on.dó.so, -.sa] 形 波立つ、うねる.

on·du·la·ción [on.du.la.θjón / -.sjón] 女 **1** 波立ち、うねり；《物理》波、波動. la ~ del terreno 土地の起伏. **2** (髪の)ウェーブ. ~ permanente パーマ(ネント). **3** 曲がりくねり、蛇行.

on·du·la·do, da [on.du.lá.ðo, -.ða] 形 **1** 波状の、波形の. cartón ~ 段ボール. **2** 起伏のある. **3** (髪が)ウェーブのかかった.

on·du·lan·te [on.du.lán.te] 形 **1** 波状の、〈水面が〉波立っている；起伏のある、曲がりくねった. **2** 〈髪が〉ウェーブのある. **3** 〈火・炎が〉揺らめいている.

on·du·lar [on.du.lár] 自 **1** 波打つ、うねる；〈旗が〉翻る；〈炎が〉揺らめく. El agua del estanque *ondulaba*. 池の水が波打っていた. **2** 蛇行する、うねると曲がる. El río *ondula* en gran curva. 川は大きく蛇行している.
── 他 波形にする、波打たせる；〈髪に〉ウェーブをつける. La brisa *ondulaba* la cortina. そよ風でカーテンが揺れていた.

on·du·la·to·rio, ria [on.du.la.tó.rjo, -.rja] 形 波状の、波動する；起伏のある. movimiento ~ 波動. mecánica *ondulatoria*《物理》波動力学.

o·ne·ro·so, sa [o.ne.ró.so, -.sa] 形 **1** 費用のかかる、負担になる. Tener aficiones suele resultar ~. 趣味を持つと出費がかさむものだ.
2 煩わしい、面倒な. 《法》負担付きの、有償の.

O·net·ti [o.né.ti] 固名 オネッティ Juan Carlos ~ (1909-94)：ウルグアイの小説家. 作品 El astillero『造船所』.

on·fa·co·me·li [oɱ.fa.ko.mé.li] 男 (未熟なブドウの搾り汁に蜂蜜(はちみつ)を混ぜて発酵させた昔の)薬用ワイン.

ONG [o.e.ne.xé] 女 《略》《複 ~, ~s》*organización no gubernamental* 非政府組織《英 NGO》.

ó·ni·ce [ó.ni.θe / -.se] 男 (または女)《鉱》縞瑪瑙(しまめのう)、オニキス.

o·ni·co·fa·gia [o.ni.ko.fá.xja] 女 《医》咬(こう)爪(そう)症(しょう)、爪(つめ)をかむ癖.

o·ni·có·fo·ro [o.ni.kó.fo.ro] 形 《動》倍脚網の、ヤスデ類の. ── 《複数で》倍脚網、ヤスデ類.

o·ni·co·man·cia [o.ni.ko.mán.θja / -.sja] / **o·ni·co·man·cí·a** [o.ni.ko.man.θí.a / -.sí.-] 女 (爪(つめ)に油や煤煙(ばいえん)を塗ってできる筋で見る)爪占い.

ó·ni·que [ó.ni.ke] 男 《鉱》→ónice.

o·ni·qui·na [o.ni.kí.na] 男 《鉱》縞瑪瑙(しまめのう)の、オニキスの. piedra ~ オニキス、縞瑪瑙.

o·ní·ri·co, ca [o.ní.ri.ko, -.ka] 形 夢の、夢のような.

o·ni·ris·mo [o.ni.rís.mo] 男 **1** 《心》夢幻症；夢幻状態. **2** 夢的なイメージを表現しようとする芸術の方向性、オニリスム.

o·ni·ro·man·cia [o.ni.ro.mán.θja / -.sja] / **o·ni·ro·man·cí·a** [o.ni.ro.man.θí.a / -.sí.-] 女 夢占い、夢判断.

ó·nix [ó.niks] 男 《単複同形》《鉱》→ónice.

on·line / on line [on.láin] 《英》《性数不変》オンラインの. servicios ~ オンラインサービス.
── 男 (または女)《単複同形》オンライン.

ONO 《略》*oesnoroeste* 西北西.

onoma- 「名称、名前」の意の造語要素. 時に onomato-. ⇒ *onomá*stico, *onoma*topeya. [←〔ギ〕]

o·no·man·cia [o.no.mán.θja / -.sja] / **o·no·man·cí·a** [o.no.man.θí.a / -.sí.-] 女 姓名判断.

o·no·ma·sio·lo·gí·a [o.no.ma.sjo.lo.xí.a] 女 《言》名義論《↔semasiología》.

o·no·ma·sio·ló·gi·co, ca [o.no.ma.sjo.ló.xi.ko, -.ka] 形 《言》名義論の.

o·no·más·ti·co, ca [o.no.más.ti.ko, -.ka] 形 固有名詞の、名前の. índice ~ 固有名詞[人名]索引.
── 女 **1** 固有名詞学：人名・地名など固有名詞の起源・歴史を研究する学問. **2** 霊名の祝日《= día ~》. ◆教会暦に従って祝う、自分の命名の元となった守護聖人の祝日.

o·no·ma·to·pe·ya [o.no.ma.to.pé.ja] 女 **1** オノマトペ：擬声語、擬音語. **2** 《修辞》声喩(せいゆ)法.

o·no·ma·to·pé·yi·co, ca [o.no.ma.to.pé.ji.ko, -.ka] 形 擬声[擬音](語)の；声喩(せいゆ)法の.

o·no·qui·les [o.no.kí.les] 女 《単複同形》《植》アルカンナ：ムラサキ科. 根から赤色染料が採れる.

ón·ti·co, ca [ón.ti.ko, -.ka] 形 《哲》存在の、実体の.

on·ti·na [on.tí.na] 女 《植》ヨモギの一種.

onto- 「実在、存在」の意の造語要素. ⇒ *onto*logía. [←〔ギ〕]

on·to·gé·ne·sis [on.to.xé.ne.sis] 女 《単複同形》→ontogenia.

on·to·ge·nia [on.to.xé.nja] 女 《生物》個体発生. ▶「系統発生」は filogenia.

on·to·gé·ni·co, ca [on.to.xé.ni.ko, -.ka] 形 《生物》個体発生の、個体発生的な.

on·to·lo·gí·a [on.to.lo.xí.a] 女 《哲》存在論、本体論.

on·to·ló·gi·co, ca [on.to.ló.xi.ko, -.ka] 形 《哲》存在論[本体論]的な.

on·to·lo·gis·mo [on.to.lo.xís.mo] 男 《哲》存在論[本体論]主義.

on·tó·lo·go [on.tó.lo.go] 男 《哲》存在論学者、本体論者.

*****ONU** [ó.nu] 《略》*Organización de las Naciones Unidas* 国際連合(機構)、国連《英 UN, UNO》.

o·nu·ben·se [o.nu.bén.se] 形 (スペインの)ウエルバ Huelva (旧称 Ónuba)の.
── 男 女 ウエルバの住民[出身者].

on·za[1] [ón.θa / -.sa] 女 **1** オンス：ヤード・ポンド法の質量の単位. 常用オンス(28.35グラム)；(貴金属・宝石の)トロイオンス(31.10グラム)、薬用オンス(31.1034グラム)；液量オンス(英国28.412ミリリットル、米国29.573ミリリットル). **2** オンサ：スペイン、メキシコで用いられた重さの単位(28.76グラム). **3** (昔の)1オンス金貨《= de oro》.
onza de chocolate 板チョコを8等分したものの一つ. [←〔ラ〕*uncia (uncia* の対格)；[関連]《英》*ounce*]

on·za[2] [ón.θa / -.sa] 女 《動》(1) ユキヒョウ：中央ア

ジア産. (2)《ラ米》アメリカヒョウ, ジャガー.
on·za·vo, va [on.θá.bo, -.ba / -.sá.-]形《数詞》11分の1の. ━男 11分の1.
o·o·ci·to [o.(o.)θí.to / -.sí.-]男《生物》→ ovocito.
o·o·ga·mia [o.(o.)gá.mja]女《生物》卵生殖, 卵接合, オーガミー.
o·o·gé·ne·sis [o.(o.)xé.ne.sis]女《単複同形》《生物》卵形成 (=ovogénesis).
o·o·go·nia [o.(o.)gó.nja]女《生物》卵原細胞.
o·o·go·nio [o.(o.)gó.njo]男《植》胚嚢(はいのう).
o·o·lí·ti·co, ca [o.(o.)lí.ti.ko, -.ka]形《地質》オーライトの, 魚卵状の.
o·o·li·to [o.(o.)lí.to]男《地質》オーライト, 魚卵状(石灰)岩.
o·os·fe·ra [o(.o.)s.fé.ra]女《植》卵球.
o·os·po·ra [o(.o.)s.pó.ra]女《植》卵胞子.
op.《略》**1**《商》*operación* 取引, 売買.
2《音楽》*opus*〔ラ〕作品(番号) (=obra). Chopin, *op.* 21 ショパン作品21.
O.P.《略》《カト》*Orden de Predicadores* 聖ドミニコ会.
o·pa [ó.pa]形《ラ米》(ブラジル)(ブラジル)《話》(1) 愚かな, ばかな. (2) 耳と口の不自由な.
━間投《ラ米》(1) やあ, よう. (2) (ブラジル)やめろ, よせよ. (3) (チリ)気をつけろ; どっこいしょ.
OPA [ó.pa]女《略》*Oferta Pública de Adquisición*《経》(株式の)公開買付け, TOB.
o·pa·car [o.pa.kár]他《ラ米》不透明にする, 曇らせる. ━ ~se 再《ラ米》〈空が〉曇る.
o·pa·ci·dad [o.pa.θi.dáđ / -.si.-]女 不透明(度), 不明瞭さ.
***o·pa·co, ca** [o.pá.ko, -.ka]形 **1 不透明な**, 光を通さない. cristal ~ 曇りガラス. **2** (**a...**〈熱など〉を)遮断する, 不伝導性の. pantalla *opaca* a los rayos X X線を通さないスクリーン. **3** 輝きのない, 暗い; さえない. sonido ~ 鈍い音. hombre ~ ぱっとしない人. **4** ゆううつな, 陰気な, 重苦しい.
[← 〔ラ〕*opācum* (*opācus* の対格) 「暗い」, [関連]〔英〕*opaque*]
o·pa·do, da [o.pá.đo, -.đa]形 **1** 思い上がった, うぬぼれた. **2**〈言葉が〉誇張された. **3**《ラ米》(コロンビア)(ベネズエラ)やつれた, (目の周りに)くまができた.
o·pal [o.pál]男 (キャンブリック・ペルカリンに似た)綿の薄い布地. 絹に似て光沢があり滑らか.
o·pa·les·cen·cia [o.pa.les.θén.θja / -.sén.sja]女 乳白光, オパール色の光.
o·pa·les·cen·te [o.pa.les.θén.te / -.sén.-]形 オパール色の, 乳白光を発する.
o·pa·li·no, na [o.pa.lí.no, -.na]形 オパールの, オパール色の光を帯びた. ━女 乳白ガラス.
ó·pa·lo [ó.pa.lo]男《鉱》オパール, たんぱく石.
o·par [o.pár]他《経》株式公開買い付けをする, TOBする. La empresa va a ~ su rival. その会社はライバル会社をTOBするつもりだ.
op·ción [op̯.θjón / -.sjón]女 **1 選択**; 選択権;《複数で》**選択肢**. No hay ~. 選択の余地がない.
2 (**a...**〈地位・肩書きなど〉を得る)権利, 資格; (付随する)特典. Los que tienen más de tres años de experiencia en esta compañía tienen ~ *a* ese cargo. この会社で3年以上勤務した経験のある者は, その役職に就く資格がある.
3《商》(売買の)オプション, 選択権.
op·cio·nal [op̯.θjo.nál / -.sjo.-]形 任意の, 随意の, 自由選択の; オプションの.

op.cit.《略》*opere citato*〔ラ〕前掲書 (=obra citada). → ob. cit.
o·pe·ar [o.pe.ár]自《ラ米》(アルゼンチン)(ウルグアイ)《話》ばかなことをする, 愚にもつかないことを言う.
o·pen [ó.pen]形《性数不変》(特にテニス・ゴルフで) (プロ・アマを問わない)オープンの. ━男《複 ~, ~s, ~es》《スポ》オープンのゲーム, トーナメント (=abierto). la final masculina del O~ de Estados Unidos 全米オープンの男子決勝.
OPEP [o.pép]女《略》*Organización de Países Exportadores de Petróleo* 石油輸出国機構〔英 OPEC〕.
:**ó·pe·ra** [ó.pe.ra]女 **1 歌劇, オペラ.** ~ bufa オペラブッファ, 喜歌劇. ~ cómica 喜歌劇, オペラコミック. cantante de ~ オペラ歌手. **2** 歌劇場, オペラ劇場. [← 〔伊〕*opera*「労働;作品;オペラ」← 〔ラ〕*opera*「労働;作品」(→ obra), [関連] *operar, obrar*.〔英〕*opera, operate*]
o·pe·ra·ble [o.pe.rá.ble]形 **1** 使用できる, 操作できる;実行[実施]可能な. **2** 手術可能の.
※※o·pe·ra·ción [o.pe.ra.θjón / -.sjón]女 **1 操作**, 運転;**作業**. poner en marcha la ~ 作業を開始する. Es una ~ arriesgada. 危険な作業だ.
2 作用, 働き, 活動. ~ del entendimiento《哲》悟性の働き. ~ de la gracia《宗》恩寵(おんちょう)の働き. *operaciones* de rescate 救助活動.
3 手術. ~ quirúrgica 外科手術. ~ cesárea 帝王切開. someterse a una ~ de estómago 胃の手術をする.
4 運営, 営業;《商》取引. ~ comercial 商取引. ~ bursátil 株式取引. **5**《警察・軍隊の》作戦, 戦略. ~ militar 軍事作戦. ~ de limpieza 掃討作戦. ~ contra narcotraficantes 麻薬密売者の取り締まり. **6**《数》演算. Las *operaciones* que hay que aprender son sumar, restar, multiplicar y dividir. 学ばなければならない演算は足し算, 引き算, 掛け算, 割り算だ. **7** 犯罪. **8**《ラ米》(チリ)鉱山開発, 採鉱.
operación retorno 休暇からのUターンラッシュ.
operación salida 休暇への出発ラッシュ.
o·pe·ra·cio·nal [o.pe.ra.θjo.nál / -.sjo.-]形 作戦(上)の, 操作上の;《数》演算の.
o·pe·ra·dor, do·ra [o.pe.ra.đór, -.đó.ra]男 女
1 (機械などの)操作員, 運転者, オペレーター;電話交換手. **2** 執刀医. **3**《映》撮影技師, カメラマン;映写技師. **4**《商》ディーラー. ~ de fondos de inversión 投資ファンドディーラー.
━男 (ときに女) 電信電話企業[事業者]. ~ de telefonía móvil [fija] 携帯[固定]電話事業者.
━男《数》《IT》演算子, 作用素.
tour operador 団体旅行業者.
o·pe·ran·do [o.pe.rán.do]男《数》(演算の対象となる)演算数, 被演算子.
o·pe·ran·te [o.pe.rán.te]形 **1** 動いている, 作用する. **2** 効果的な, 効きめがある. medicamento ~ 効きめがある薬.
***o·pe·rar** [o.pe.rár]他 **1** (**de...**〈患部〉に関して)〈人に〉**手術を施す**. Me *operaron del* estómago. 私は胃の手術を受けた. Hay que ~ el tumor. 腫瘍(しゅよう)の手術が必要だ.
2〈変化などを〉もたらす, 生み出す. ~ un cambio en las relaciones económicas 経済関係に変化をもたらす. ~ un milagro 奇跡を起こす.
3 〈装置などを〉操作する, 作動させる.
4《ラ米》開発する;採鉱する.

— 自 **1** 《要件などが》作用する；《装置などが》作動する. *Esta regla opera bajo las siguientes condiciones.* この規則は次の条件下で働く.

2《特定の目的をもって》活動する, 操業する；《商》取引する；《軍》作戦行動を行う. *Operan en este barrio dos bandas de narcotraficantes.* この地区で活動している麻薬密売グループは 2 つある. *Este banco opera en el ámbito regional.* この銀行は地方を基盤として営業している. **3**《数》演算をする, 計算する. ~ *con decimales* 小数計算をする.

— **~·se** 再《de...》《患部に関して》手術を受ける；〈患部の〉手術を受ける. *Mi tío se operó con éxito del [el] corazón.* おじは心臓手術に成功した.

o·pe·ra·rio, ria [o.pe.rá.rjo, -.rja] 男 女 工員, 職人. ~ *de máquina* 機械操作員. ~ *electricista* 電気工. ~（病人の告解を聞く）聴聞僧.

o·pe·ra·ti·va·men·te [o.pe.ra.tí.ba.mén.te] 副 効果的に；有効性の観点から；操作上.

o·pe·ra·ti·vi·dad [o.pe.ra.ti.bi.ðáđ] 女 有効性, 効果性, 効率；作業能力, 操作性.

o·pe·ra·ti·vo, va [o.pe.ra.tí.ɓo, -.ba] 形 **1** 効果のある, 有効な. *remedio* ~ 有効な解決策[手段]. **2**《*estar*+》機能している, 作動している；作用している.

o·pe·ra·to·rio, ria [o.pe.ra.tó.rjo, -.rja] 形 手術の, 外科手術後の. *choque* ~ 術後ショック.

o·per·cu·la·do, da [o.per.ku.lá.đo, -.đa] 形 《生物》(えらぶた・貝などのような) ふたやすきまを閉じる部位をもっている.

o·per·cu·lar [o.per.ku.lár] 形 《生物》 ふたやすきまを閉じる部位の, ふたやすきまを閉じる部位を使った.

o·pér·cu·lo [o.per.ku.lo] 男 **1**《動》(魚の) 鰓蓋 (ホミネミ)；貝蓋. **2**《植》蓋, 蘚蓋 (ミミュッ).

o·pe·re·ta [o.pe.ré.ta] 女 《音楽》 オペレッタ, 軽歌劇, 喜歌劇.

de opereta《話》悪い, 下手な.

[—《伊》*operetta*]

o·pe·rí·a [o.pe.rí.a] 女《ラ米》(ヌェ)《話》ばかなこと, 愚行.

o·pe·ris·ta [o.pe.rís.ta] 男 女 オペラ歌手.

o·pe·rís·ti·co, ca [o.pe.rís.ti.ko, -.ka] 形 オペラの, 歌劇の, オペラ風の.

o·piá·ce·o, a [o.pjá.θe.o, -.a / -.se.-] 形 **1**《薬》アヘンの, アヘン入りの. **2**《薬》アヘン（のような）鎮静効果のある. — アヘン由来のもの.

o·pia·ta [o.pjá.ta] 女《薬》アヘン製剤.

o·pi·la·ción [o.pi.la.θjón / -.sjón] 女《医》無月経, 月経の異常停止；閉塞 (ミミ)(症)；水腫 (ミミ).

o·pi·lar·se [o.pi.lár.se] 再《医》（精神的影響で）月経が止まる.

o·pi·mo, ma [o.pí.mo, -.ma] 形 豊かな, 豊饒 (ピミネミネ) な；豊富な.

o·pi·na·ble [o.pi.ná.ble] 形 意見の分かれる, 賛否両論のある.

o·pi·nan·te [o.pi.nán.te] 男 女 発言者.

***o·pi·nar** [o.pi.nár] 他《*sobre...* / *de...*》(...について) …という意見をもつ, …と考える；《*que*+直説法 …であると》考える. *¿Qué opinas sobre esas posturas?* 君はそういう態度をどのように考えますか. *¿Qué es lo que opina al respecto?* その点に関してのあなたの意見はどうですか. *Hay mucha gente que opina lo mismo.* 同じように考える人がたくさんいます. *Opino que ellos están en lo cierto.* 彼らは正しいと思います (▶ 否定の場合は接続法. → *No opino que tenga razón.* もっともだとは思いません).

— 自《*de...* / *sobre...*》(...について) 意見を述べる, 意見を持つ. *Juan no deja de* ~. フアンは必ず意見を述べる. *¿Puedo* ~ *de este asunto?* この件について意見を言ってもいいですか.

*****o·pi·nión** [o.pi.njón] 女 **1** 意見, 考え, 見解. ~ *ajena* 他人の意見. ~ *pública [común]* 世論. *cambiar de* ~ 考えを変える. *dar su* ~ 〈自分の〉意見を述べる. *salvo mejor* ~ 他に名案がなければ. *en* ~ *general* 一般的見解では. *Soy de la* ~ *de que...* 私は…という意見だ. *Mi* ~ *es que...* 私の意見は…だ. *Es cuestión de* ~. それは見解の相違だ. → *idea* 類語.

2 評判. *gozar de buena [mala]* ~ 評判がいい[悪い]. *andar en opiniones* いろいろ言われている. *abundar en la misma opinión* 同じ意見である. *casarse con su opinión* 自説に固執する.

en opinión de+人《人》の意見では. *en mi* ~ 私の考えでは. *En* ~ *de mi abuelo, todos los jóvenes somos unos bárbaros.* 祖父の意見では, 我々若者はみんな野蛮なんだそうだ.

tener buena [mala] opinión de... …をよく[悪く]思う.

[—［ラ］*opīniōnem* (*opīniō* の対格) (*opīnārī*「考える」より派生)；関連《英》*opinion*]

o·pio [ó.pjo] 男 アヘン (ケシの実 *adormidera* から作る)；まひさせるもの. *dar el* ~ *a*+人《話》〈人〉をうっとりさせる.

o·pio·ma·ní·a [o.pjo.ma.ní.a] 女 アヘン中毒[常用].

o·pió·ma·no, na [o.pjó.ma.no, -.na] 形 アヘン中毒[常用]の. — 男 女 アヘン中毒[常用]者.

o·pí·pa·ra·men·te [o.pí.pa.ra.mén.te] 副 (食事を) 豪華に, ぜいを尽くして. *Ayer comimos y bebimos* ~ *en este restaurante.* 昨日私たちはこのレストランで盛大に飲み食いした.

o·pí·pa·ro, ra [o.pí.pa.ro, -.ra] 形《特に食事が》豪華な, ぜいを尽くした. *banquete* ~ 豪華な饗宴 (ﾛ゙).

o·pis·tó·do·mo [o.pis.tó.đo.mo] / **o·pis·to·do·mo** [o.pis.to.đó.mo] 男 → *opistódomos*.

o·pis·to·do·mos [o.pis.to.đó.mos] / **o·pis·to·dó·mos** [o.pis.to.đó.mos] 男 《考古》(ギリシャ神殿の) 後ろ側の部分, 後室, オピストドモス.

o·plo·te·ca [o.plo.té.ka] 女 武器博物館；武器収集.

o·po·bál·sa·mo [o.po.bál.sa.mo] 男《植》 ギレアドバルサムノキ；オレオ樹脂[メッカバルサム]を採る.

opondr- 活 ⇒ *oponer*.

o·po·nen·te [o.po.nén.te] 形 反対する, 対立する, 抗する. — 男 女 反対者, 対立者.

****o·po·ner** [o.po.nér] 41 他 過分 は *opuesto*

1 (1)《意見・考え・論拠などを》《相手の意見・立場に対する反対意見として》提示する, 唱える. *Nadie pudo* ~ *ningún argumento para impedir su dimisión.* 誰も彼[彼女]に辞任を思いとどまらせるような瓜爪をあげられなかった. (2)《抵抗・異議・難色を》示す. ~ *reparos* 躊躇 (ﾁﾑﾓﾁ) する. *El enemigo no opuso ninguna resistencia ante nuestro ataque.* 敵は我々の攻撃に対し, なんら抵抗を示さなかった.

2《ものを》(障害物・障壁として) 置く.

— **~·se** 再《*a...*》…に反対する, 反論する, 反対の姿勢をとる；《複数の人・ものが》(互いに) 相反する. *Nos oponemos a esta propuesta tan absurda.* 我々はこんなばかげた提案には反対だ. *Nuestras posturas se oponen radicalmente.* 私たちの姿勢

は根本的に対立している. **2** 《**a que**＋接続法 …すること に》反対する, 反論する; 反対の姿勢をとる. Mi madre *se opuso a que me casara* con Alberto. 母は私がアルベルトと結婚することに反対した. 《**a**＋不定詞 …するのに》反対する, 抵抗を示す. *Me opongo a firmar* este documento. 僕はこの書類にサインするのをお断りだ.
[←[ラ]*oppōnere* (*ob*-「に逆らって」＋*pōnere*「置く」); 関連 oposición. [英]*oppose*]

opong- 園 →oponer.

o·po·ni·ble [o.po.ní.ble] 形 《**a...** …に》反対できる, 対抗できる; 対置できる.

o·po·pó·na·co [o.po.pó.na.ko] 男 [植] オポパナックス: 香料用の芳香樹脂が採れる.

o·por·to [o.pór.to] 男 (ポルトガル産の) 甘口ワイン, ポートワイン. →Oporto.

O·por·to [o.pór.to] 固名 ポルト: ポルトガル北西部の地方; 港湾都市. ♦ポートワインの産地, 積出港として有名.
[←[古ポルトガル] *Oporto* ([ポルトガル] *Porto*); *o* (定冠詞) ＋*porto*「港」; 関連 puerto. [英]*port*]

o·por·tu·na [o.por.tú.na] 形 →oportuno.

o·por·tu·ni·dad [o.por.tu.ni.dád] 囡 **1 機会; 好機 (＝ocasión). ～ de negocio ビジネスチャンス. la gran ～ de su vida 人生のビッグチャンス. aprovechar una ～ チャンスを生かす. dejar escapar la ～ 好機を見逃す. igualdad de ～*es* educativas 教育の機会均等. No he tenido nunca la ～ de conocer al profesor de mi hijo. 息子の先生を知る機会がまだない. No pierda esta ～. このチャンスを逃さない. **2** 好都合, 適切さ. Estaba deprimida pero la ～ de su visita me animó especialmente. 落ち込んでいたけれど, あなたが来てくれたおかげで元気になりました.
3 《複数で》バーゲン. ¡Aprovechen estas ～*es* antes de que se agoten los artículos! 商品が売り切れになる前にこのバーゲンで購入しましょう.

o·por·tu·nis·mo [o.por.tu.nís.mo] 男 日和見主義, ご都合主義, 便宜主義.

o·por·tu·nis·ta [o.por.tu.nís.ta] 形 日和見主義の, ご都合主義の, 便宜主義的な.
— 男 囡 日和見主義者, ご都合主義者, 便宜主義者.

o·por·tu·no, na [o.por.tú.no, -.na] 形 **1 適切な, 好都合な, ふさわしい; タイムリーな. tomar las medidas *oportunas*. 適切な手段をとる. considerar [creer] ～ 都合がいいと考える. consejo ～ 当を得た忠告. lugar ～ 適切な場所. momento ～ ちょうどいい時. visita *oportuna* 折りよい訪問. ser ～ [＋不定詞 / que＋接続法] …するのにふさわしい. Ahora es ～ visitar a mi familia. 今は家族を訪問するのにふさわしい. Es ～ que manifestemos nuestra unanimidad. 全会一致であることを示す好機だ.
2 機知に富んだ, 臨機応変の. Estuvo ～ en sus réplicas. 彼は機知に富んだ返答をした.
[←[ラ] *opportūnum* (*opportūnus* の対格) (*ob*-「…の方へ」＋*portus*「港」＋形容詞語尾; 「港に向かう, 順風の」が原義); 関連 oportunidad, oportunismo. [英]*opportune*, *opportunity*]

o·po·si·ción [o.po.si.θjón / -.sjón] 囡 **1 反対, 抵抗; 対立, 反目. ～ de posturas 意見の対立. en ～ con... …に反対[対立]して. Se mantuvo firme en su ～. 彼[彼女]は強硬に反対し続けた. Su propuesta encontró una fuerte ～. 彼[彼女]の提案は強い反対にあった. Su idealismo estaba en ～ con las tendencias del momento. 彼[彼女]の理想は, 当時の傾向に反するものだった.
2 《集合的》野党. partido de (la) ～ 野党 (►「与党」は partido gubernamental [en el poder]). el líder de la ～ 野党党首.
3 《スペイン》《時に複数で》(特に公務員の) 採用試験. Ganó las *oposiciones* de diplomático. 彼[彼女]は外交官試験に合格した. concurso ～ 採用試験.
4 [天文] 衝. ～ de Marte (地球から見て火星が太陽の反対側にある) 火星の衝.

o·po·si·cio·nal [o.po.si.θjo.nál / -.sjo.-] 形 反対の, 対立した; 野党の; 採用[選抜]試験の.

o·po·si·cio·nis·ta [o.po.si.θjo.nís.ta / -.sjo.-] 形 反対党[派]の, 野党の.
— 男 囡 反対党[派]の一員, 野党党員.

o·po·si·tar [o.po.si.tár] 自 《**a...** / **para...** …の》採用[選抜]試験を受ける.

o·po·si·tor, to·ra [o.po.si.tór, -.tó.ra] 男 囡 **1** 対抗者, 反対者. **2** 立候補者, 志望[志願]者.

o·po·sum [o.po.súm] 男 [動] オポッサム, フクロネズミ: 南北アメリカに生息.

o·po·te·ra·pia [o.po.te.rá.pja] 囡 [医] 臓器療法.

o·po·te·rá·pi·co, ca [o.po.te.rá.pi.ko, -.ka] 形 臓器療法の.

*o·pre·sión [o.pre.sjón] 囡 **1** 押すこと, 締めつけ. **2** 圧迫, 迫害, 抑圧; 弾圧. la ～ a los débiles 弱い者いじめ. sufrir [gemir] bajo ～ 抑圧に苦しむ.
3 圧迫感. ～ de [en el] pecho 胸苦しさ.

o·pre·si·va·men·te [o.pre.sí.ba.mén.te] 副 抑圧的に; 重苦しく.

o·pre·si·vo, va [o.pre.sí.bo, -.ba] 形 **1** 抑圧的な, 圧制的な. ley *opresiva* 過酷な法律. el régimen ～ 圧政. **2** 重苦しい, 息の詰まるような.

o·pre·so, sa [o.pré.so, -.sa] 形 →oprimido.

o·pre·sor, so·ra [o.pre.sór, -.só.ra] 形 抑圧的な, 圧制的な.
— 男 囡 抑圧者, 圧制者.

o·pri·mi·do, da [o.pri.mí.ðo, -.ða] 形 **1** 抑圧された, 圧制に苦しむ. los pueblos ～*s* 圧制下にある人々. **2** 圧迫された, 重圧感に苦しむ. tener el corazón ～ 胸苦しさを感じる. — 男 囡 圧制にあえぐ人, 被抑圧者. los ～*s* 虐げられた人々.

*o·pri·mir [o.pri.mír] 他 **1** 押す; 締めつける. ～ un botón ボタンを押す. Estos zapatos me *oprimen* los pies. この靴は私の足にはきつい.
2 抑圧する, 虐げる. Esas leyes *oprimen* a los más débiles. その法律は最も弱い人々を虐げている.
3 《心に》重くのしかかる, 打ちひしぐ; 悩ませる, 苦しめる. ～ el corazón 胸を締めつける. La emoción *oprimía* a los espectadores. 観客は感動で胸を詰まらせた.

o·pro·biar [o.pro.βjár] 82 他 …の面目を失わせる, 名誉を傷つける.

o·pro·bio [o.pró.βjo] 男 不名誉, 屈辱, 恥; 面汚し. cubrir de ～ 不面目なめに遭わせる. para mayor ～ たいへん恥ずかしいことに. ser el ～ de su familia 一家の面汚しである.

o·pro·bio·sa·men·te [o.pro.βjó.sa.mén.te] 副 不名誉なことに, 辱めを受けて.

o·pro·bio·so, sa [o.pro.βjó.so, -.sa] 形 不名誉な, 恥ずべき, 不面目な.

op·ta·ción [op.ta.βjón / -.sjón] 囡 [修辞] 願望法, 希求法.

*op·tar [op.tár] 自 **1** 《**por...** …を》 選ぶ;

optativo 1422

《**entre...** …から》**選択する**, 選出する. ~ *por una línea de conducta* 行動方針を採択する. ~ *entre dos candidatos* 2名の候補者の中から選出する. *Optó por quedarse.* 彼[彼女]は残ることにした. **2** 《**a...**》《…に》**志願する**, 《…を》得ようとする. *Tú puedes ~ a jefe de departamento.* 君なら部長になる資格がある.

op·ta·ti·vo, va [*op*.ta.tí.bo, -.ba] 形 **1** 随意の, 任意の. *asignatura optativa* 選択科目. **2** 《文法》願望[希求]を表す. 《文法》願望法, 希求法.

óp·ti·co, ca [*óp*.ti.ko, -.ka] 形 **1** 目の, 視力の, 視覚の. *nervio ~* 視神経. *ángulo ~* 視角. *ilusión óptica* 錯視, 錯覚. **2** 光学の. *fibra óptica* 光ファイバー. *instrumentos ~* 光学器械.
— 男 女 **1** 検眼士. **2** めがね屋; 光学機器製造[販売]業者. — 女 **1** 光学. めがね[レンズ]製造技術. *óptica electrónica* 電子光学. **2** めがね屋[店]; 光学機器販売店. **3** 視点, 観点.

op·ti·ma·ción [*op*.ti.ma.θjón / -.sjón] 女 → optimización.

óp·ti·ma·men·te [*óp*.ti.ma.mén.te] 副 見事に, 完璧(%)に.

op·ti·mar [*op*.ti.már] 他 → optimizar.

op·ti·ma·te [*op*.ti.má.te] 男 名士, 著名人.

***op·ti·mis·mo** [*op*.ti.mís.mo] 男 **1** オプティミズム, 楽観論, 楽天主義 (↔pesimismo). *Este ~ carece de fundamento.* この楽観論には根拠がない. **2** 《哲》楽天観[論]; 最善観. [*óptimo* ← 〔ラ〕*optimus* より派生; 関連 〔英〕*optimism*]

***op·ti·mis·ta** [*op*.ti.mís.ta] 形 楽天的な, 楽観主義の (↔ pesimista). *Estoy muy ~ con el futuro.* 私は将来にとても楽観的だ.
— 男 女 **オプティミスト**, 楽天家, 楽観主義者.

op·ti·mi·za·ción [*op*.ti.mi.θa.θjón / -.sa.sjón] 女 最善のものにすること, 最もよい結果を得ること; 最大限に生かすこと;《IT》最適化.

op·ti·mi·zar [*op*.ti.mi.θár / -.sár] 97 他 **1** …を最善のものにする, 最もよい結果を得る. **2** …できるだけよい結果を出すようにする, 最大限に活用する. *Es necesario ~ los recursos humanos.* 人材を最大限に生かすことが必要です. **3** 《IT》最適化する.

***óp·ti·mo, ma** [*óp*.ti.mo, -.ma] 形 [*bueno* の絶対最上級] **最上の**, 最良の, 最高の (↔*pésimo*). *porvenir ~* 輝かしい未来. *¡O~!* すてき, お見事.
— 男 最適条件.
[← 〔ラ〕*optimum* (*optimus* の対格; *bonus*「よい」の最上級); 関連 *optimismo*. 〔英〕*optime, optimism*]

op·to·me·trí·a [*op*.to.me.trí.a] 女 視力検査, 視力測定, 検眼.

op·tó·me·tro [*op*.tó.me.tro] 男 《光》屈折計.

o·pues·ta·men·te [o.pwés.ta.mén.te] 副 反対に, 逆に, 向かい合って.

***o·pues·to, ta** [o.pwés.to, -.ta] [*oponer* の過分]
形 **1 反対の**, 正反対の, 逆の. *dos versiones opuestas* 相反する 2 つの解釈. *gustos ~s* 正反対の好み. *en sentido ~* 逆の方向に. *opiniones opuestas* 正反対の意見.
2 向かい合いの, 反対側の; 敵対する. *acera opuesta* 向かい側の歩道. *equipo ~* 対戦チーム. *ángulos ~s* 《数》対頂角. *bando ~* 敵側.
3 《**a...** …に》**反した**; 反対派の, 反対する. ~ *a una medida* 基準に合わない. *El nuevo alcalde es ~ a la construcción de la presa.* 新市長はダム建設に反対している.

4 《植》《葉が》対生の. *hojas opuestas* 対生の葉.

o·pug·na·ción [o.puǥ.na.θjón / -.sjón] 女 **1** 論破, 反論. **2** 攻撃, 襲撃.

o·pug·na·dor [o.puǥ.na.đór] 男 **1** 反論者, 論敵. **2** 攻撃者, 襲撃者.

o·pug·nar [o.puǥ.nár] 他 **1** …に論破する, 反論する. **2** 攻撃する, 襲撃する.

o·pu·len·cia [o.pu.lén.θja / -.sja] 女 豊富, 豊満; 富裕, 裕福. *vivir en la ~* ぜいたくに暮らす.

o·pu·len·ta·men·te [o.pu.lén.ta.mén.te] 副 豊富に; 裕福に.

o·pu·len·to, ta [o.pu.lén.to, -.ta] 形 豊富な, 豊満な; 富裕な, 裕福な. *disfrutar de un desayuno ~* たっぷりの朝食を味わう. *mujer de pechos ~s* 豊満な胸の女性.

o·pus [ó.pus] 〔ラ〕 男 《音楽》作品(番号) (略 *op.*).

opus- 接 → oponer.

o·pús·cu·lo [o.pús.ku.lo] 男 小品, 小論文; 小冊子, パンフレット.

O·pus Dei [ó.pus đéi] 〔ラ〕《カト》 オプス・デイ: 1928年スペインの Madrid で José María Escrivá 神父 (1902-75) によって創立された宗教団体.

o·pus·de·ís·ta [o.pus.đe.ís.ta] 形 オプス・デイの.
— 男 女 《カト》 オプス・デイのメンバー.

o·pu·sia·no, na [o.pu.sjá.no, -.na] 形 男 女 《話》《軽蔑》 → opusino.

o·pu·si·no, na [o.pu.sí.no, -.na] 形《話》《軽蔑》 オプス・デイの. — 男 女 《話》《軽蔑》オプス・デイのメンバー.

o·que [ó.ke] *de oque* ただで.

o·que·dad [o.ke.đáđ] 女 **1** 穴, 穴ぼこ; くぼみ, へこみ. **2** 空洞, うろ. **3** 空虚, 内容のないこと.

o·que·dal [o.ke.đál] 男 (下草を取り払った) 高木だけの山林.

o·que·rue·la [o.ke.rwé.la] 女 (糸の) もつれ.

-or (接尾) **1** 「結果, 状態」の意を表す男性名詞語尾. → *ardor, temblor*. **2**「性質」の意を表す男性名詞語尾. → *amargor, grandor*.

-or, ora (接尾) 「…する, …する人[もの]」の意を表す名詞・形容詞語尾. → *defensor, revisor, actor*.

o·ra [ó.ra] 接続 [*ahora* の語頭音消失形] 《文語》**1** (繰り返して) **1** 時には…また時には…, …したり…したり. *ora sabio ora ignorante* 時には賢明にまた時には無知に. **2** …であろうと…であろうと. *ora de día, ora de noche* 昼夜を問わず.

***o·ra·ción** [o.ra.θjón / -.sjón] 女 **1 祈り**, 祈禱(き); 祈りの言葉; 神を崇めること. *oraciones por la paz mundial* 世界平和への祈り. *El padre nuestro es la ~ más conocida.* 主の祈りは最も知られた祈りだ. *El niño rezó sus oraciones antes de acostarse.* 子供は床に寝る前にお祈りをした. *Se requiere silencio pues es un sitio para la ~.* 神を崇める場所なので静かにしなければなりません.
2 (複数で) 《カト》公教要理の第 1 条; お告げ, アンジェラスの鐘. *toque de oraciones* 晩のお告げ.
3 《文法》文, 節. *~ interrogativa* 疑問文. *~ impersonal* 無人称構文. *~ relativa* 関係節. *~ subordinada* 従属節. *parte de la ~* 品詞.
4 演説, 式辞. *pronunciar una ~ fúnebre* 弔辞を述べる.
oración de ciego 単調な議論.
romper las oraciones 話に割って入る.
[← 〔ラ〕*ōrātiōnem* (*ōrātiō* の対格; *ōrāre*「語る」より派生); 関連 *oral, adorar*. 〔英〕*oration*].

o·ra·cio·nal [o.ra.θjo.nál / -.sjo.-] 形 〖文法〗文の; 文の形をした, 節の.

o·rá·cu·lo [o.rá.ku.lo] 男 **1** 神託, 神命, 託宣, オラクル. *O~ manual*『神託必携』(Graciánの箴言(しん)集).**2** (神を象徴する)偶像, 聖画; 神殿, 神託所. **3** 〖皮肉〗大先生.
oráculo del campo 〖植〗カミツレ.
palabras de oráculo どうにでもとれる返事.

o·ra·dor, do·ra [o.ra.dór, -.dó.ra] 男 女 演説者, 弁士; 雄弁家.━ 男 説教師, 伝道者, 宜教師.

o·ra·je [o.rá.xe] 男 悪天候, 荒れ模様.

***o·ral**[1] [o.rál] 形 **1** 口頭の, 口述の. *aprobar examen ~* 口頭試問に受かる. *tradición ~* 口承伝承. **2** 口の, 口腔(こう)の; 経口の; 〖心〗口唇の. *por vía ~* 経口で. *estadio ~* 口唇期.
3 〖言〗(鼻音に対して)口音の. ━ 男〖言〗口音(↔ *nasal*).
[← 〚ラ〛*ōrālem* (*ōrālis* の対格) (*ōs*「口」より派生); 関連*orar, oración.* 〚英〛*oral*]

o·ral[2] [o.rál] 男 〚ラ米〛(アルゼン)(ウル) 金鉱; 多量の金.

ó·ra·le [ó.ra.le] 間投 **1** 〖激励〗(1) がんばれ. (2) 〖驚き・感嘆〗おっ, あっ. **2** 〚ラ米〛(メシ)(グワ)(ほか)〖俗〗(1) 了解, オーケー. (2) 〖突然の出来事に応じて〗どうしたの.

o·ral·men·te [o.rál.mén.te] 副 口頭で, 言葉で.

O·ran·ge [o.ráŋ.xe] 個名 〖史〗 *Guillermo de ~* オラニエ公ウィレム(1533-84); ネーデルラント北部諸州の独立の主導者.
2 オラニエ家: 1815年以降のオランダ王家.

o·ran·gis·ta [o.raŋ.xís.ta] 形 オレンジ党の. ◆オレンジ党はアイルランドのプロテスタント系組織. ━ 男 女 オレンジ党のメンバー, オレンジ党を擁護する人.

o·ran·gu·tán [o.raŋ.gu.tán] 男 **1** 〖動〗オランウータン. **2** 醜い人, 毛むくじゃらの[無骨な]人.
[← 〚マレー〛*orang utan*「森の人」が原義)]

o·ran·te [o.rán.te] 形 祈る, 礼拝中の. *estatua ~* 〚美〛オランス像 (古代・中世美術にみられる両手を挙げた男女の立像・半身像). ━ 男 女 祈る人.

***o·rar** [o.rár] 自 **1** (*por...* ...のために)祈る, 祈願する(= *rezar*). *~ por los difuntos* 死者のために祈る. **2** 演説する.

o·ra·te [o.rá.te] 男 女 狂人, 精神障害者.

o·rá·ti·co, ca [o.rá.ti.ko, -.ka] 形 〚ラ米〛(アルゼン)(ウル) 狂気の; 半狂乱の.

o·ra·to·ria [o.ra.tó.rja] 女 雄弁; 雄弁術.

o·ra·to·ria·men·te [o.ra.tó.rja.mén.te] 副 演説口調で, 雄弁に.

o·ra·to·ria·no [o.ra.to.rjá.no] 男 オラトリオ会士.

o·ra·to·rio, ria [o.ra.tó.rjo, -.rja] 形 演説の; 雄弁な, 雄弁家の. ━ 男 **1** 祈祷(き)室, 小礼拝堂(= *capilla*). **2** 〖音楽〗オラトリオ, 聖譚(たん)曲. **3** [O-] オラトリオ会: 1564年イタリアの聖Felipe Neriが創立した在俗司祭団.

or·be [ór.ße] 男 **1** 世界, 地球; 集合体, 全体. *en todo el ~* 世界中で. **2** 円; 球体, 天体. **3** 〖魚〗ハリセンボン(= *pez erizo*).

or·bi·cu·lar [or.bi.ku.lár] 形 球形の, 丸い輪になった; 〖解剖〗輪筋の.
━ 男 〖解剖〗輪筋(= *músculo ~*).

ór·bi·ta [ór.bi.ta] 女 **1** 〖天文〗軌道. *~ del satélite artificial* 人工衛星の軌道. *poner en ~* 軌道に乗せる.
2 活動範囲, 領域, 勢力圏. *Tiene una ~ de actuación muy amplia.* 彼[彼女]の活動範囲はたいへん広い. **3** 〖解剖〗眼窩(か). *tener los ojos fuera de las ~s* 目をむく. **4** 〖物理〗電子軌道.
[← 〚ラ〛*orbitam* (*orbita* の対格)「わだち」; *orbis*「円, 輪」(→ *orbe*) より派生, 関連 *exorbitante*. 〚英〛*orbit*]

or·bi·tal [or.bi.tál] 形 **1** 〖天体などの〗軌道の. *vuelo ~* 軌道飛行. **2** 〖解剖〗眼窩(がん)の.

or·bi·tar [or.bi.tár] 他 (...の周囲を)軌道を描いて回転する. ― 自 軌道を描いて回転もする. *La Tierra orbita alrededor del Sol.* 地球は太陽の周りを軌道にして回っている.

or·bi·ta·rio, ria [or.bi.tá.rjo, -.rja] 形 → *orbital*.

or·ca [ór.ka] 女 〖動〗シャチ, サカマタ.

or·ci·na [or.θí.na / -.sí.-] 女 〖化〗(医薬・分析試薬用の)オルシノール.

or·co [ór.ko] 男 地獄; 黄泉(よみ)の国, 冥府(めい).

ór·da·go [ór.da.go] 男 (トランプゲーム *mus* で) 有り金を全部賭(か)けること.
de órdago 〖話〗すごい, この上ない. *película de ~* すばらしい映画. *jaleo de ~* ものすごい騒ぎ.

or·da·lí·a [or.da.lí.a] 女 〖複数形 *~s*〗〖史〗(中世の)神判, 神明裁判, 試罪法.

***or·den** [ór.ðen] 男〖複 *órdenes*〗**1** 順序, 順番. *~ de las palabras* 語順. *~ de sucesión* 継承順位. *por ~ cronológico* [*alfabético*] 年代[アルファベット]順に. *por ~ de edad* [*antigüedad*] 年齢の順に. *ponerse* [*colocarse*] *en ~* 順番に並ぶ. *seguir el ~* 順を追う, 正しい順を辿る. *estar en ~* 順序が正しい, 順序良く並んでいる. *estar en ~ inverso* 順序が逆である. *~ del día* (議事)日程. *en el ~ natural de las cosas* 自然の成り行きに従って.

2 秩序, きちんとしていること; 整理, 整頓. *~ público* 治安. *mantener* [*turbar*] *el ~* 治安を維持する[乱す]. *fuerzas del ~* 公的秩序維持力, 警察力. *~ establecido* 既成秩序. *llamar al ~* 静粛を求める; 規律を守らせる. *restablecer el ~* 治安を回復する. *reponer en ~* 整頓する. *volver al ~* 〈ものごと・人が〉元の状態に戻る; 落ち着きを取り戻す. *La habitación está en ~.* 部屋は整理されている.

3 種類, 範疇, 分野; 〖建〗様式, オーダー; 〖生物〗目; 〖軍〗隊形. *de otro ~* 別種の. *de cosas* 全く別の異なる. *de primer ~* 第一級の. *~ dórico* [*corintio, jónico*] ドーリス[コリント, イオニア]様式. *~ de los coleópteros* 鞘翅(しょうし)目. *~ cerrado* [*abierto*] 密集[散開]隊形. *~ de combate* 戦闘隊形. *En el ~ económico se plantean ciertos problemas.* 経済面でいくつか問題が提起されている.

4 〖数〗順序; 次数. **5** 〖カト〗叙階(を受けること). *~ sacerdotal* 聖職者としての叙階. **6** 〖史〗(ギリシア・ローマ時代の)階級.

━ 女 **1** 命令, 指図; 注文; 〖法〗令状; 〖商〗発注; 〖ＩＴ〗指令. *El dueño del negocio dio a sus empleados ~ de abrir los domingos.* その商店の店主は使用人に日曜日も開店するよう命じた. *seguir* [*obedecer*] *la ~* 命令に従う. *de ~ de...* ...の命令により. *real ~* 勅令. *~ de detención* [*arresto*] 逮捕状. *~ de registro* 家宅捜査令状. *~ de comparecencia* 出頭命令. *~ formal* [*terminante*] 絶対命令. *~ de compras* 買い注文. *~ de expedición* [*pago*] 出荷[支払い]指示書. *¡A la ~!* おおせのとおりに; 了解. *¡A sus órdenes!* 〖謙譲〗何なりと申しつけください; 〖軍〗了解.

2 〖史〗騎士団, 教団; 〖カト〗修道会. *~ de Temple* テンプル騎士団. *~ de las carmelitas* カルメル修道会. *órdenes mendicantes* 托鉢修道会.

ORDEN

3《カト》《主に複数で》品級;叙階(= *órdenes sagradas*). **4** 勲章, 勲位.
con orden y concierto きちんと, きちょうめんに.
dar* [*tener*] *la orden de 《+不定詞 / *que*+接続法》…する命令を出す[受けている]. *Ella le dio a su marido la ~ de que cocinara los domingos.* 彼女は夫に日曜は料理するように命令した.
del orden de... / por el orden de... 〈数量が〉…ぐらいの;〈前後の.
de orden 保守的な.
en orden a... 〈まれ〉…のために;…に関する.
estar a la orden del día 日常茶飯事である.
sin orden ni concierto 何の基準もなく, でたらめに.
[←〔ラ〕*ōrdinem* (*ōrdō* の対格);〔関連〕*ordenar, coordinar, desorden,*〔英〕*order*]
ORDEN [ór.ðen] 囡《略》*Organización Democrática Nacionalista* 民族民主主義機構(エルサルバドルのテロ組織).

***or·de·na·ción** [or.ðe.na.θjón / -.sjón] 囡 **1** 配置, 配列, 順序 (立て);整頓整理. *~ alfabética de los fuentes* アルファベット順での資料の整理.
2 整備, 開発. *~ rural* 地域整備[開発]. *~ de los recursos* 資源開発(計画). **3**《カト》(司祭の)叙階(式). **4**《美》構図. **5**《ＩＴ》ソート. **6**(官庁の)会計局 (= *~ de pagos*). **7**→ *orden*

or·de·na·da·men·te [or.ðe.ná.ða.mén.te] 副 きちんと, 整然と;きちょうめんに.

***or·de·na·do, da** [or.ðe.ná.ðo, -.ða] 形 **1** 順序正しい, 整然とした. *una habitación ordenada* 整理された部屋. **2**〈人が〉きちんとした, きちょうめんな. **3**《**a...**…に》向けられた, 差し向けられた. **4**《カト》叙階された.
—男 叙階を受けた人.
—囡《数》縦座標, Y座標 (↔*abscisa*).

***or·de·na·dor** [or.ðe.na.ðór] 男《スペイン》コンピュータ. *~ de huésped* ホストコンピュータ. *~ personal* パソコン. *~ de escritorio* デスクトップコンピュータ.

or·de·na·dor, do·ra [or.ðe.na.ðór, -.ðó.ra] 男囡 社長, 所長, 主任. —形〈人が〉きちょうめんな, 整理好き[上手]の;命令するのが好きな.
ordenador de pagos 会計局員.

or·de·na·mien·to [or.ðe.na.mjén.to] 男 **1** 法令, 布告, 勅命. *~ de Alcalá* (1348年スペインのアルカラデ·エナレスで制定された)法令集. *~ real* [*de Montalvo*] (1484年制定の *Castilla* の)法令集.
2《集合的》規則, 条令, 法則.
3 配列, 配置;整理, 整備.

or·de·nan·cis·mo [or.ðe.nan.θís.mo / -.sís.-] 男《軽蔑》規則を厳格に守る[守らせる]傾向.

or·de·nan·cis·ta [or.ðe.nan.θís.ta / -.sís.-] 形 厳格な, 規律にうるさい. —男囡 厳しい上司[上官];厳格な人, 規律にうるさい人.

or·de·nan·do [or.ðe.nán.do] 男《カト》叙階志願者.

or·de·nan·te [or.ðe.nán.te] 形 (特に商業取引の実行を)命令する. —男《商》(特に商業取引の実行を)命令する人;支払名義人.
—男《カト》受階者, 叙階を受ける人.

or·de·nan·za [or.ðe.nán.θa / -.sa] 囡 **1**《時に複数で》法令;条例;軍規. *~s municipales* (地方公共団体の)条例. **2** 命令, 指示. **3** (絵画·建築の)構成, 配置. —男囡 (会社の)使い走り, 雑務係. —男《軍》伝令, 当番兵.

****or·de·nar** [or.ðe.nár] 他 **1** (きちんと) 並べる, 配列[配置]する;整頓する;《ＩＴ》ソートする. *~ las fichas numéricamente* [*alfabéticamente*] カードを番号[アルファベット]順に並べる. *~ la casa* 家をかたづける.
2《**a**+人（人）に》(1) **指示する**. *El médico me ordenó* *una serie de exámenes.* 医者は私に一連の検査を指示した. (2)《+不定詞 / *que*+接続法…するよう》**命令する**, 指示する. *Nos han ordenado hacer un estudio detallado del asunto.* 私たちはその件について詳細に調べるように命令された. *Me ordenaron que les diera los datos por escrito.* 私はその件について書面でデータを提出するように命令された.
3《まれ》《**a**+不定詞…するために》〈労力を〉つぎ込む. **4**《聖職を表す名詞》〈人を〉…に叙階する. **5**《ラ米》(*)(*)(食堂に)注文する (= *pedir*).
—**~·se** 再《カト》((**como, de**)+聖職を表す名詞)…に叙階される. *¿Dónde se ordenó usted (como) sacerdote?* どこであなたは司祭に叙階されたか.
ordeno y mando 有無を言わせない, 絶対服従である.
[←〔ラ〕*ōrdināre* (*ōrdō*「順序」より派生);〔関連〕*ordenanza,*〔英〕*order, ordinance*]

or·de·ña [or.ðé.ɲa] 囡《ラ米》(ⁿ)(ʳ)(ᵖˡ) 乳搾り, 搾乳.

or·de·ña·de·ro [or.ðe.ɲa.ðe.ro] 男 **1** (牛·ヤギの)搾乳所. **2** 搾乳用の桶(ᵗ) (容器).

or·de·ña·dor, do·ra [or.ðe.ɲa.ðór, -.ðó.ra] 形 乳を搾る, 搾乳の. —男囡 搾乳者. —男 搾乳器.

or·de·ñar [or.ðe.ɲár] 他 **1** 乳を搾る, 搾乳する. *~ una vaca* 牛の乳を搾る.
2 (乳搾りの手つきで果樹の枝をしごいて)実を落とす.
3《比喩的》搾り取る, 利用しつくす. *Ordeña a su tío.* 彼[彼女]がおじをいいように利用している.
[←〔俗ラ〕*ordiniare「整える」(牧夜の仕事ではこれが「乳を搾る」ことに該当);*ōrdō*「順序」より派生]

or·de·ño [or.ðé.ɲo] 男 **1** 搾乳. **2** (果樹の枝から) 実をしごき落とすこと.

or·di·ga [ór.ði.ɣa] 間投 *¡ (Anda) la órdiga!*《話》《驚き·感嘆》おやおや, まあ.

or·di·nal [or.ði.nál] 形 順序を表す, 序数の. *adjetivos numerales ~es*《文法》序数形容詞.
—男 序数(= *número ~*). ▶ 序数をアラビア数字で表すときは, 数字の右肩に小さく序数形容詞の語尾(男性単数形は º, 女性単数形は ª) を付す. ⇀ 1º [*primero*], 1ª [*primera*].

or·di·na·ria [or.ði.ná.rja] 形 → *ordinario*.

or·di·na·ria·men·te [or.ði.ná.rja.mén.te] 副 通常, たいてい.

or·di·na·riez [or.ði.na.rjéθ / -.rjés] 囡 [複 *ordinarieces*] **1** 粗暴, 下品;野卑な[行為]. *Es de una ~.* 彼[彼女]は本当に不作法だ. *¡Qué ~!* なんて下品な.
2 (品質が)普通であること, 上等でないこと.

****or·di·na·rio, ria** [or.ði.ná.rjo, -.rja] 形 **1** 普通の;通常の, 日常の;定例の. *correo ~* 普通郵便. *tarifa ordinaria* 普通料金. *gastos ~s* 日々の支出. *comité ~* 定例委員会. *período ~ de sesiones* 定例会議の会期. *horario ~* 通常のスケジュール.
2 (よくも悪くも)並みな, 平凡な. *obra ordinaria* ありきたりの作品. *persona ordinaria* 平凡な人.
3 粗野な, 下品な. *gestos ~s* がさつな態度.
4 〈裁判·判事が〉通常の. *juicio ~* 一審, (軍法会議

でない）通常裁判. juez ～ 通常判事.
— 男 女 粗野な人. Es un ～ y no sabe comportarse en una situación formal. 粗野な男で, 公式の場での振る舞い方を知らない.
— 男 **1** 生活費. **2** 配達人, 使い走り.
de ordinario しばしば；いつもは, 普通に.
[← [ラ] *ōrdinārium* (*ōrdinārius* の対格；*ōrdō*「順序」より派生）；関連 extraordinario.［英］*ordinary*]

or·do·ví·ci·co, ca [or.ðo.βí.θi.ko, -.ka / -.si.-] 男 [地質] オルドビス紀.
— 形 オルドビス紀の, オルドビス紀の地層の.

o·re·a [o.ré.a] / **o·ré·a·da** [o.ré.a.ða] 女 [ギ神] → oréade.

o·ré·a·de [o.ré.a.ðe] 女 [ギ神] オレイアス：山のニンフ [精].

o·re·ar [o.re.ár] 他 風 [外気] に当てる, 風を入れる. ～ *una camisa* シャツを風に当てる. ～ *un cuarto* 部屋の換気をする. — ～·**se** 再 風に当たる；《話》新鮮な空気を吸う (= airearse).

o·ré·ga·no [o.ré.ga.no] 男 [植] オレガノ, ハナハッカ：葉を乾燥させて香辛料に用いる.

o·re·ja [o.ré.xa] 女 **1** 耳；耳たぶ. *pabellón de la* ～ 耳殻. ～*s gachas* [*tiesas*] （動物の）垂れ下がった [ぴんと立った] 耳. ～*s de soplillo* 《話》大きく頭から立った耳. *cortar una* ～ [*dos* ～*s*]《闘牛》耳1本 [2本] を得る (◆闘牛士が見せた技によって倒した牛から切り取ることを許される.)

orégano（オレガノ）

2 （両側に対になった）耳のような形のもの；（鍋などの）取っ手；（靴の）前革；（ひじ掛けいすの）そで；（ハンマーの）釘抜き部；[農]（鋤の）撥土 (はつど) 板. *sillón de* ～*s* そでいす, ウィングチェア.
3 《ラ米》(1) (*集) 受話器；補聴器. (2) (*ダテン*)《話》うわさ好きな人. (3)《話》好奇心；立ち聞き. (4) (*ж)《俗》秘密警察.
— 男 女 《ラ米》(1) (*カリブ海*)(*ソ米) スパイ, 密告屋. (2) (*ダテン*) おべっか使い.

agachar [*bajar*] *las orejas*（議論などで）降参する, 脱帽する.
aguzar las orejas /《ラ米》(*集) *parar la*(*s*) *oreja*(*s*) 耳をそばだてる, 耳を澄ます.
aplastar [*planchar*] *la oreja*《話》眠る.
asomar [*descubrir*, *enseñar*] *la oreja* 本性を表す；しっぽを出す. *El político asomó la* ～ *de la hipocresía*. その政治家は偽善者の顔をさらけ出した.
*calentar*le *las orejas*（a+人）〈人〉を叱責 (しっせき) する, お仕置きする.
*comer*le *la oreja*（a+人）《話》しつこく言う, 繰り返す.
con las orejas caídas [*gachas*]《話》意気消沈して, 落胆して.
de oreja a oreja 〈口・笑いの〉大きな. *sonrisa de* ～ *a* ～ 満面の笑み.
estar de oreja《ラ米》(*集)《話》心配する.
*mojar*le *la oreja*（a+人）(1)〈人〉に挑む, 挑発する. (2)〈人〉に恥をかかせる.
oreja de abad (1) クレープの一種. (2) [植] ペンケイソウ科ウムブリクス属の一種.
oreja de fraile [植] カンアオイ.
oreja marina / *oreja de mar* [貝] アワビ.

*poner*le *las orejas coloradas*（a+人）〈人〉を非難する, とがめる.
ser un orejas《軽蔑》耳が大きい.
tirar de la oreja a Jorge 賭け事をする.
tirar de las orejas a+人 (1) (誕生日を祝福して年の数だけ)〈人〉の耳を引っ張る. (2)〈人〉に耳を引っ張ってお仕置きをする.
ver las orejas al lobo 差し迫った危険に（ようやく）気づく；危ない目に遭う.
vérsele la oreja（a+人）〈人〉が本性をあらわに見せる. *A ella se le ve la* ～. 彼女は本性が見えている.
[← [ラ] *auriculam* (*auricula* の対格)「かわいらしい耳」(*auris*「耳」+縮小辞)；関連 pestorejo.［スペイン］[英] *auricular*.［ポルトガル］*orelha*.［仏］*oreille*.［伊］*orecchio*.［英］*ear*.［独］*Ohr*]

o·re·ja·no, na [o.re.xá.no, -.na] 形《ラ米》《話》(1) 引っ込み思案の, 小心な；人嫌いな. (2)〈家畜が〉焼き印を押していない. (3) (ぎル)用心深い.
— 男 女《ラ米》(*集)(*ダテン*) 田舎者.

o·re·je·ar [o.re.xe.ár] 自 **1** (動物が) 耳を動かす.
2《ラ米》(1) 盗み聞きをする. (2) (*ダテン*)(*チリ*) 疑う, 怪しむ. (3) (*コロン*) 耳を引っ張る.

o·re·je·ro, ra [o.re.xé.ro, -.ra] 形《ラ米》《話》(1) 疑い深い, 用心深い. (2) (*コロン*) 告げ口する. (3) (*ダテン*) 意地の悪い. — 男《ラ米》《話》腹心, 片腕.
— 女 **1** （主に複数で）（帽子の）耳覆い, （ヘルメットなどの）耳当て. **2** （鋤の）撥土 (はつど) 板. **3** （先住民の）耳飾り.

o·re·je·ta [o.re.xé.ta] 女 柄, 取っ手.

o·re·ji·sa·no, na [o.re.xi.sá.no, -.na] 形〈家畜が〉（耳などに）焼き印を押していない.

o·re·jón, jo·na [o.re.xón, -.xó.na] 形《ラ米》(*ダテン*)(*メ*)(*スペイン*)《話》粗野な, 無知な.
— 男 **1** 耳を引っ張ること. *darle*（a+人）*un* ～〈人〉の耳を引っ張る；（特に子供に）お仕置きをする.
2 干した桃 [アンズ]. **3**（複数で）[史] インカ帝国の貴族. 身分の高い開く通過儀礼ののちに戦士になれる貴族層. **4**《ラ米》(*ダテン*) [医] 甲状腺腫 (しゅ)；牧童, 草原の人. (2) (*ソ米) 妻に甘い夫.
— 女（複数で）《ラ米》大きな拍車.

o·re·ju·do, da [o.re.xú.ðo, -.ða] 形〈動物が〉耳の長い, 垂れ耳の；〈人が〉耳の大きい.
— 男 [動] ウサギコウモリ.

o·re·jue·la [o.re.xwé.la] 女（器・鍋・盆などの対になる輪形の）取っ手.

o·ren·sa·no, na [o.ren.sá.no, -.na] 形（スペインの）オレンセの. — 男 女 オレンセの住民 [出身者].

O·ren·se [o.rén.se] 固名 オレンセ：スペイン北西部の県；県都. ガリシア語では Ourense.

o·re·o [o.ré.o] 男 **1** 外気にさらすこと, 換気. *Esta habitación necesita un* ～. この部屋は換気が必要だ. **2** そよ風.

o·re·o·se·li·no [o.re.o.se.lí.no] 男 [植] セリ科ワラボウフウ属の一種：ヨーロッパ原産.

O·res·tes [o.rés.tes] 固名 [ギ神] オレステス：Agamenón と Clitemnestra の息子. 父を殺した母と愛人アイギストス Egisto を姉 Electra と共に殺して, 父のあだを討った.

o·re·ta·no, na [o.re.tá.no, -.na] 形 [史]（古代スペイン中央南部の）オレタニア Oretania の；（オレタニアの首都）オレト Oreto の. ◆オレタニアは現在の Ciudad Real, Toledo, Jaén にあたる.
— 男 女 オレタニア人；オレトの住民.

or·fa·na·to [or.fa.ná.to] 男 孤児院.

or·fa·na·to·rio [or.fa.na.tó.rjo] 男《ラ米》孤児

or·fan·dad [or.fan.dád] 囡 **1** 孤児の境遇. **2** 孤児年金, 孤児に対する生活保護. **3**《比喩的》孤立無援, 孤独.

or·fe·bre [or.fé.bre] 男 金[銀]細工師.

or·fe·bre·rí·a [or.fe.bre.rí.a] 囡 金[銀]細工.

or·fe·li·na·to [or.fe.li.ná.to] 男 孤児院 (= orfanato). [←〔仏〕orphelinat]

Or·fe·o [or.fé.o] 固名《ギ神》オルフェウス：トラキアの詩人で竪琴(髭)の名手. [←〔ラ〕Orpheus←〔ギ〕Orpheús]

or·fe·ón [or.fe.ón] 男《音楽》(伴奏なしの) 合唱団.

or·fe·ó·ni·co, ca [or.fe.ó.ni.ko, -.ka] 形 合唱団の.

or·fe·o·nis·ta [or.fe.o.nís.ta] 男囡 合唱団員.

ór·fi·co, ca [ór.fi.ko, -.ka] 形 オルフェウスの.

or·fis·mo [or.fís.mo] 男 オルフェウス教：ギリシャ神話のオルフェウスを始祖とする密儀宗教で, 死後の命と輪廻(ホ͜ん)転生が特徴.

or·fo [ór.fo] 男《魚》ヨーロッパダイ属.

or·gan·dí [or.gan.dí] 〔仏〕 男《複 ~es, ~s》(織物) オーガンディ.

or·ga·ne·ro [or.ga.né.ro] 男 オルガン製造 [修理] 職人.

organice(-) / organicé(-) 活 → organizar.

or·ga·ni·cis·mo [or.ga.ni.θís.mo / -.sís.-] 男 **1**《医》器官説, 臓器病説. **2**《社会》有機体説〔論〕, 生体論.

or·ga·ni·cis·ta [or.ga.ni.θís.ta / -.sís.-] 形 **1**《社会》有機体説〔論〕の. **2**《医》器官説の. ― 男囡《社会》有機体論者.

ˇor·gá·ni·co, ca [or.gá.ni.ko, -.ka] 形 **1** 生命をもっている. seres ~s 生命体. **2** 有機の, 有機生物の；有機農法の. verduras ~ *gánicas* 有機野菜. cultivo ~ 有機栽培. ácido ~ 有機酸. **3** 有機化学の, 炭素を含む. química *orgánica* 有機化学. compuesto ~ 有機化合物. mercurio ~ 有機水銀. **4**《医》臓器の, 器官性の. enfermedad *orgánica* 臓器の病気. **5** 調和のとれた；《美》自然物を思わせる. arquitectura *orgánica* 有機的建築.

(basura) **orgánica** (有機ごみ)

or·ga·ni·gra·ma [or.ga.ni.grá.ma] 男《企業などの》組織図, 機構図；〔ＩＴ〕フローチャート.

or·ga·ni·lle·ro, ra [or.ga.ni.ʝé.ro, -.ra ‖ -.ʎé.-] 男囡 手回しオルガン弾き.

or·ga·ni·llo [or.ga.ní.ʝo ‖ -.ʎo] 男 手回しオルガン.

ˇˇor·ga·nis·mo [or.ga.nís.mo] 男 **1** 生物, 有機体. ~ unicelular 単細胞生物. ~ humano 人体. **2** 生物組織,《集合的》臓器. la cantidad de energía que precisa el ~ para su funcionamiento 生体組織が機能するために必要とするエネルギー量. Su ~ está muy desgastado por la edad. 彼〔彼女〕の臓器は年齢のせいでひどく衰えている. **3** 組織, 機関, 機構. ~ internacional 国際機関. ~ del gobierno 政府機関.

or·ga·nis·ta [or.ga.nís.ta] 男囡《音楽》(パイプ) オルガン奏者.

or·ga·ni·to [or.ga.ní.to] 男《ラ米》《多》→ organillo.

or·ga·ni·za·ble [or.ga.ni.θá.ble / -.sá.-] 形 組織できる.

ˇor·ga·ni·za·ción [or.ga.ni.θa.θjón / -.sjón] 囡 **1** 組織化 (↔desorganización)；構成, 編成, 企画. la ~ del festival フェスティバルの立案. Su forma de trabajar requiere más ~. 彼〔彼女〕はもっときちんとした方法で仕事をこなすべきだ. La ~ del concierto no estuvo al nivel esperado. コンサートの企画は期待したレベルではなかった.
2 団体, 機構, 組織. O~ de las Naciones Unidas 国際連合 (略 ONU) 〔英 UNO〕. O~ del Tratado de Atlántico Norte 北大平洋条約機構略 (略 OTAN) 〔英 NATO〕. O~ Internacional del Trabajo 国際労働機関 (略 OIT) 〔英 ILO〕. O~ Mundial de la Salud 世界保健機関 (略 OMS) 〔英 WHO〕. ~ no gubernamental 非政府組織 (略 ONG) 〔英 NGO〕. ~ sin ánimo de lucro 特定非営利活動法人 (略 OSAL) 〔英 NPO〕.
3 有機体.

ˇor·ga·ni·za·do, da [or.ga.ni.θá.ðo, -.ða / -.sá.-] 形 **1** 組織 [化] された, 系統だった；〈人が〉てきぱきとした, きちんと仕事をこなせる. una persona *organizada* 物事をてきぱきと〔計画的に〕進める人. **2** 有機体の, 器官を備えた.

ˇor·ga·ni·za·dor, do·ra [or.ga.ni.θa.ðór, -.ðó.ra / -.sa.-] 形 組織する, 編成する, 組織的な. ― 男囡 組織者, 主催者, 発起人, オーガナイザー, (労働組合などの) オルグ. ― 男《生物》(胚(ミ)の中の) 形成体.

ˇˇor·ga·ni·zar [or.ga.ni.θár / -.sár] 97 他 **1** 組織 (化) する, 構成する；設立する. ~ la resistencia 抵抗運動を組織する. ~ una cooperariva [orquesta] 協同組合[オーケストラ]を組織する. Los vecinos *organizaron* un equipo de rescate. 近隣住民が救援隊を組織した.
2 グループ分けする, 整理する. El profesor *organizó* la clase en cuatro grupos. 教師はクラスを4つのグループに分けた.
3 計画的に行う；準備する, 企画する. Hay que ~ bien el trabajo antes de empezar. 仕事を始める前によく計画を立てないといけない.
― ~·se 再 **1** 組織 (化) される, 編成される. Los pequeños agricultores *se organizaron* en cooperativas. 零細農家は協同組合に組織化された.
2 計画的にものごとを行う, 組織立って行う. Mañana tengo dos ponencias y no sé cómo *organizarme*. 明日は研究発表が2つあるのでどうすればいいかわからない.
3 催される, 企画される. *Se organizó* una gran fiesta de cumpleaños. 盛大な誕生パーティが計画された. **4**《スペイン》発生する, 起こる, 生じる. Cuando se supo la noticia *se organizó* un gran escándalo. その知らせが届くと大騒ぎになった.

or·ga·ni·za·ti·vo, va [or.ga.ni.θa.tí.βo, -.βa / -.sa.-] 形《話》統率の, 組織する, (計画などに従って) 準備する.

ˇór·ga·no [ór.ga.no] 男 **1**《動植物の体内の》臓器, 器官. ~s del aparato digestivo 消化器官. ~s genitales 生殖器. transplante

de ~s 臓器移植. clonación de ~ クローン臓器. ~ afectado por cáncer がんに侵された臓器. El ~ del donante comenzó a latir en el pecho del receptor. 提供者の臓器は被提供者の胸の中で鼓動を始めた.
2 機関, 組織. ~ legislativo [administrativo, judicial] 立法[行政, 司法]機関.
3 機構, 装置. ~ de transmisión 伝導装置. ~ motor 駆動装置. **4**《音楽》オルガン. ~ barroco バロックオルガン. ~ de manubrio 手回しオルガン. recital de ~ オルガンリサイタル. **5**《古語》(昔飲食店などで使われていた)冷蔵庫.
[←〔ラ〕*organum*〔道具，楽器〕←〔ギ〕*órganon* (*érgon*「仕事」の派生語) ;〔関連〕organillo, organismo, organizar.〔英〕*organ*]

or·ga·no·gé·ne·sis [or.ɣa.no.xé.ne.sis] 囡《単複同形》《医》器官形成, 器官発生.

or·ga·no·ge·nia [or.ɣa.no.xé.nja] 囡 器官形成[発生]学.

or·ga·no·gra·fí·a [or.ɣa.no.ɣra.fí.a] 囡 器 官学.

or·ga·no·lép·ti·co, ca [or.ɣa.no.lép.ti.ko, -.ka] 形 感覚器によって知覚される, 官能の ; 感覚器を刺激する.

or·ga·no·lo·gí·a [or.ɣa.no.lo.xí.a] 囡 臓器学, 器官学.

or·ga·no·te·ra·pia [or.ɣa.no.te.rá.pja] 囡《医》臓器療法.

or·gá·nu·lo [or.ɣá.nu.lo] 男《生物》細胞小器官.

or·ga·num [or.ɣa.núm] 男《音楽》オルガヌム：9-13世紀の初期多声楽(曲).

or·gan·za [or.ɣán.θa / -.sa] 囡 オ ー ガ ン デ ィ ー (=organdí) : 薄く透明な綿の布地.

or·gas·mo [or.ɣás.mo] 男 オルガスムス, 性的興奮.

or·gí·a [or.xí.a] 囡 **1** はめを外した宴会, 乱痴気騒ぎ(の酒盛り) ; 乱交パーティー. **2** 放婬(ほういん), 耽溺(たんでき). **3**《複数で》(古代ギリシア・ローマの) バッカス祭, 酒神祭.

or·giás·ti·co, ca [or.xjás.ti.ko, -.ka] 形 乱痴気騒ぎの, 無礼講の.

or·gu·llo [or.ɣú.ʝo ‖ [oɣ.-] 男 **1** 誇り, 自尊心. herir su ~ 誇りを傷つける. Nunca pierdas tu ~. 決して誇りは失うな. El niño enseñó con ~ la medalla que ganó en la competición. 子供は大会でもらったメダルを得意げに見せた.
2 高慢さ, 尊大さ, 思い上がり (↔humildad). no caber en sí de ~ / no reventar de ~ 有頂天になっている. tener mucho ~ 思い上がっている. Tiene tanto ~ que nunca pide perdón. 彼[彼女]は自尊心が強く絶対に謝罪しない. **3** 自慢の種. Es el ~ del pueblo. 彼[彼女]は村の誇りだ.
[←[カタルーニャ]*orgull*←[フランク]*urgōli「優秀さ」 ;〔関連〕orgulloso]

or·gu·llo·so, sa [or.ɣu.ʝó.so, -.sa ‖ -.ʝó.-] 形
1 誇りにする, 自慢にする ;《estar+》《de... を》誇りに思う. *Estoy orgullosa de* mí misma. 自分を誇りに思っている. Debes *estar ~ de* tu hijo. 息子さんのことを自慢に思うべきですよ.
2 高慢な, 尊大な ; プライドが高い. Es ~ y arrogante. 彼は高慢で傲慢(どうまん)な性格だ.

o·rí [o.rí] / **o·ri** [ó.ri] 間投 (隠れんぼうで) もういいよ. ― 男 隠れんぼう.

o·ri·bí [o.ri.bí] / **o·ri·bi** [o.ri.bi] 男 囡 [el ~, un [una] ~]《動》オリビ：アフリカに生息する小型のレイヨウ.

o·rien·ta·ción [o.rjen.ta.θjón / -.sjón] 囡 **1** 指導 (=instrucción), 方向付け, オリエンテーション. ~ profesional 職業指導. Después de recibir alguna ~ he elegido estudiar derecho. ガイダンスを受けた後で法学を勉強することを選択した.
2 方位, 方位角, 建物などの向き. ~ por las estrellas 星で方角を決めること. con ~ al este 東向きの. No se veía la tele por la mala ~ de la antena. アンテナの向きがよくなかったのでテレビが見えなかった. **3** 方向感覚. El sentido de la ~ de ciertos animales es mejor que el de los hombres. 動物の中には人間より方向感覚が優れたものがある. No tengo sentido de la ~. 私は方向音痴です.
4 傾向, 動向. ~ conservadora 保守的傾向. No me gusta la ~ que están tomando las cosas. 私はことの成り行きが気に入らない. **5**《スポ》オリエンテーリング (=deporte de ~).

o·rien·ta·dor, do·ra [o.rjen.ta.ðór, -.ðó.ra] 形 指導する, 案内する.
― 男 囡 進路[職業]指導担当者, カウンセラー.

o·rien·tal [o.rjen.tál] 形 **1** 東の, 東の ; 東部の (↔occidental). Iglesia ~ 東方教会. región ~ 東部地方. Europa ~ 東欧.
2 東洋の ; 近東諸国の ;《史》オリエントの. religiones *~es* 東洋宗教. civilización ~ オリエント文明 ; 東洋文明. danza ~ ベリーダンス (=danza del vientre). filosofía ~ 東洋哲学.
― 男 囡 **1** 東洋人, 近東諸国人.
2《ラ米》(ラグアィ)ウルグアイ人. ♦República O~ del Uruguay (ウルグアイ東方共和国) の名称から.

o·rien·ta·lis·mo [o.rjen.ta.lís.mo] 男 東洋趣味, 東洋民族の特質 ; 東洋学.

o·rien·ta·lis·ta [o.rjen.ta.lís.ta] 形 東 洋 趣 味 [学]の. ― 男 囡 東洋学者, 東洋通.

o·rien·ta·li·zar [o.rjen.ta.li.θár / -.sár] 97 他 東洋風にさせる[する]. ― ~·**se** 再 東洋風になる.

o·rien·tar [o.rjen.tár] 他 **1** 《a... / hacia... …の方に》《ものを》向ける ;《人・ものを》方向づける. ~ la antena *hacia* el noroeste 北西にアンテナを向ける. ~ sus esfuerzos *al [hacia* el] estudio 努力を勉学に向ける. Aquí el café está *orientado a* la exportación. ここではコーヒーは輸出用に当てられている. ~ la vela 《海》帆の向きを調整する.
2 《人に》方向[居場所]を教える ; 必要な知識を与える. ~ a los niños sobre el uso del ordenador コンピュータの使用方法を子供たちに指導する. El policía nos *orientó* en el plano. 警官は地図の上で私たちがどこにいるかを教えてくれた.
― ~·**se** 再 **1** 《a... / hacia... …の方向に》向かう, 進む. Nuestro interés *se orienta a* [*hacia*] la historia del país. 私たちの関心は自国の歴史にある. El barco *se orientó hacia* la isla. 船は島の方向に向かった. **2** 《人・動物が》進む方向[現在の位置]を判断する. *~se* con una brújula [por las estrellas] 磁石 [星の位置] で方向を確認する. Pronto *me he orientado* perfectamente en el trabajo. すぐに私は仕事の要領を完全につかんだ.

o·rien·ta·ti·vo, va [o.rjen.ta.tí.βo, -.βa] 形 目安[指標]となる, 参考となる. El precio ~ del ordenador es de 1.000 euros. そのパソコンは通常1000ユーロぐらいです.

o·rien·te [o.rjén.te] 男 **1** 東, 東方 ; 東部 (► 主に O~) (=este). El sol sale por ~ y se pone por occidente. 太陽は東から昇り西に沈む.

orificación

2 [O-] 東洋［諸国］；近東［諸国］；《史》オリエント. los tres Reyes Magos de *O*~ 東方の三賢人. Extremo [Lejano] *O*~ 極東. *O*~ Medio / Medio *O*~ 中東. *O*~ Próximo / Cercano *O*~ 近東. Imperio Romano de *O*~ 東ローマ帝国. **3** 東風. **4** 真珠の光沢. **5** 起源，誕生. **6** 《比喩的》青年期，青春時代. **7** オリエント占星術. **8** フリーメーソンの支部. Gran *O*~ フリーメーソンの本部.
[←〔ラ〕*orientem* (*oriēns* の対格)「朝日；東」(*orīrī*「起きる，(太陽が) 現れる」の現在分詞より派生)]

o·ri·fi·ca·ción [o.ri.fi.ka.θjón / -.sjón] 囡 《医》(歯への) 金の充塡（じゅうてん）.

o·ri·fi·car [o.ri.fi.kár] 102 他 《医》〈歯に〉金を充塡（じゅうてん）する.

o·ri·fi·ce [o.ri.fi.θe / -.se] 男 金細工師.

o·ri·fi·cio [o.ri.fi.θjo / -.sjo] 男 (何らかの機能を果たす) 穴，孔，開口部. ~ auditivo externo 《解剖》外耳道. ~ de admisión 取入口. ~ de colada 《冶》出銑（しゅっせん）口. ~ de salida 排出口. ~ nasal [de la nariz] 鼻孔.

o·ri·fla·ma [o.ri.flá.ma] 囡 **1** 《史》フランス国王の旗［王旗］. ♦11-15世紀に用いられた. もとサン・ドニ修道院の旗であった赤地に金色の炎と星が描かれている.
2 (風にはためく) 旗章，旗，幟（のぼり）.

o·ri·frés [o.ri.frés] 男 金［銀］のモール.

o·ri·gen [o.rí.xen] 男 《複 *orígenes*》 **1** 起源，始まり (=comienzo) (↔fin)；源，発生源；出所，由来. ~ de la vida 生命の起源. una canción de ~ español スペイン起源の歌. ~ de un río 川の源流. ~ de la llamada recepción de EU. de ~ 元々からの. desde SU ~ 最初から. en SU ~ 初めは，当初，もともと. tener SU ~ en... …に由来する. Estas palabras tienen su ~ en la Biblia. これらの言葉は聖書に由来している. Se admiten cambios sólo por los fallos de ~. 元々の欠陥のみ交換可能だ.
2 出身，家柄；原産. argentina de ~ japonés 日系アルゼンチン人女性. país de ~ 原産国. café de ~ colombiano コロンビア原産コーヒー. denominación de ~ calificada 特選原産地呼称（略DOC）. certificado de ~ 《商》原産地証明. Su hija se casó con un hombre de ~ humilde. 彼［彼女］の娘は生まれの卑しい男性と結婚した.
3 原因，理由 (=motivo). el ~ de la epidemia 伝染病の原因. los *orígenes* de la disputa 口論の原因. **4** 《数》座標の原点，基点.
dar origen a... …のもととなる. Su comportamiento *dio* ~ *a* varios rumores. 彼［彼女］の行動は色々なうわさの火種となった.
[←〔ラ〕*originem* (*origō* の対格；*orīrī*「起きる，生まれる」より派生) 〔関連〕 original, originalidad, originario, aborigen. 〔英〕*origin*]

o·ri·gi·nal [o.ri.xi.nál] 形 《ser +》 **1** 《名詞 +》 本来の，原作の；オリジナルの. el pecado ~ (de Adán) 《聖》(アダムの) 原罪. basado en una idea ~ 最初［オリジナル］の考えに基づいて. desmarcarse del guión ~ 原作のシナリオと一線を画く. en su lengua ~ 原語で. ¿Prefieres ver películas dobladas o en versión ~ subtitulada? 君は吹き替えと字幕付きの原語［オリジナル］版のどちらが好き？
2 《+名詞 / 名詞+》 独創的な，オリジナルの，ユニークな，独自の. una idea ~ ユニークな考え. un vehículo de ~ diseño 独創的なデザインの車. Las obras deberán *ser* ~*es* e inéditas. 作品はオリジナルで未発表ものに限る.
3 《+名詞 / 名詞+》 珍奇な，風変わりな. un comportamiento ~ 風変わりな振る舞い.
4 《名詞+》 原産の，出身の. país ~ 出生国. El escarabajo hércules *es* ~ *de* América Central. ヘラクレスオオカブトは中央アメリカ原産である.
—— 男囡 変わり者，奇人.
—— 男 **1** 原本，原画，原版，原文，原語，原作. **2** (本の) 原稿，手稿. ~ de imprenta (印刷物の) 原稿.
3 (絵・写真の) 実物，本人，モデル. El retrato se parece al ~. その肖像画は本人に似ている.

o·ri·gi·na·li·dad [o.ri.xi.na.li.ðáð] 囡 **1** 独創(性)，オリジナリティー；創意. edificio lleno de ~*es* 独創性に富んだ建物.
2 奇抜さ；奇行，奇態. Esa actriz siempre llama la atención por su ~ en el vestir. その女優は服装の奇抜さで常に注目を集めている.

o·ri·gi·nal·men·te [o.ri.xi.nál.mén.te] 副 本来は，最初は；独創的に.

o·ri·gi·nar [o.ri.xi.nár] 他 引き起こす，もたらす，生み出す. los gastos *originados* (発生した) 経費. El desmonte suele ~ inundaciones. 山林伐採はしばしば洪水の原因となる.
—— ~*se* 再 起こる，生じる. A causa de la falta de noticias *se originó* una confusión. 情報不足のため混乱が生じた.

o·ri·gi·na·ria·men·te [o.ri.xi.ná.rja.mén.te] 副 もともとは，そもそも，元来.

o·ri·gi·na·rio, ria [o.ri.xi.ná.rjo, -.rja] 形 **1** 元の，元来の. 《*de*... …の》 原因となる. en su forma *originaria* 元の形で，原形どおりに. una decisión *originaria de* disgustos 不満の原因となった決定.
2 《*de*... …の》 生まれの，起源の，原産の. Soy ~ *de* Bogotá. 私はボゴタの生まれだ. planta *originaria de* América del Sur 南米原産の植物.

o·ri·lla [o.rí.ja ‖ -.ʎa] 囡 **1** 岸，岸辺；川辺，河原；道路脇，道端. Paseamos por la ~ del mar. 私たちは海岸を散歩した. En las ~*s* de este río hay flores muy bonitas. この川辺には美しい花が見られる. → playa 〔類語〕
2 へり，端 (= borde). la ~ de la mesa テーブルの縁. **3** 《ラ米》《複数で》(**1**) 《俗》 (道路脇の) 排水溝，どぶ. (**2**) 《マドリ》《ミク》郊外，町外れ；場末.
a [en] la orilla de... …のすぐ近くに. *a la* ~ *de la muerte* 死の淵に. La abuela vive *a la* ~ *de* mi casa. 祖母は私の家のすぐ近くに住んでいる.
de orilla 《ラ米》《グ》《話》 取るに足りない，つまらない.
salir de la orilla 苦境を脱する.
ser de orilla 《ラ米》《プ》 (病)気が変わりやすい.
[←〔俗ラ〕*orella (〔ラ〕*ōra*「縁，境」+縮小辞)]

o·ri·llar [o.ri.jár ‖ -.ʎár] 他 **1** 〈布地の〉縁を飾る，縁取りする；縁かがりをする. ~ con galón 飾りひもで縁を飾る. **2** 〈障害・困難などを〉回避する，克服する；〈問題・仕事を〉解決する，片づける. *He orillado* mis cosas. 私の仕事は片づいた. **3** 《ラ米》(人)(人)を詰める. —— ~ (·se) 自 再 岸にたどり着く.

o·ri·lle·ro, ra [o.ri.jé.ro, -.ra ‖ -.ʎé.-] 《ラ米》(ラ米)(ラ米)町外れに住む.

o·ri·llo [o.rí.jo ‖ -.ʎo] 男 (布地の) 縁，へり.

o·rín [o.rín] 男 **1** 鉄さび. **2** 《まれ》《複数で》尿.

o·ri·na [o.rí.na] 囡 尿，小便.

o·ri·nal [o.ri.nál] 男 尿器，溲瓶（しびん）.

o·ri·nar [o.ri.nár]《まれ》自 放尿する,小便をする. —他 (尿道から)出す,排尿する. ~ sangre 血尿が出る. —~·se 再 小便をもらす,粗相をする. ~se en la cama 寝小便をする.

O·ri·no·co [o.ri.nó.ko] 固名 el ~ オリノコ(川):ベネズエラを東西に貫流する川.
[先住民語起源で「カヌーで渡る所」が原義？]

o·rin·que [o.ríŋ.ke] 男《海》ブイロープ,浮標索.

-orio, ria《接尾》**1**「軽蔑」の意を表す名詞語尾. ~ casorio. **2**「…に関する」の意を表す形容詞語尾. → ilusorio, mortuorio.

o·riol [o.rjól] 男《鳥》→ oropéndola.

O·rión [o.rjón] 固名《星座》オリオン座(= Cazador).

o·ri·ta [o.rí.ta] 副《ラ米》(縮小)《話》今すぐに.

o·riun·dez [o.rjun.déθ / -.dés] 女 原産;生まれ,出身. un fruto de ~ americana アメリカ原産の果実.

o·riun·do, da [o.rjún.do, -.da] 形《de+地名…》原産の;生まれの,出身の. una planta *oriunda de México* メキシコ原産の植物. persona *oriunda de Burgos*(スペインの)ブルゴス生まれの人. —男(その)土地の人[出身者]. —男(外国籍でありながら父親か母親がスペイン人であるため)スペイン人と同じ条件でプレーする外国人サッカー選手.

ó·rix [ó.riks] 男《単複同形》《動》オリックス.

O·ri·za·ba [o.ri.θá.ba / -.sá.-] 固名 **1** オリサバ:メキシコ中部の都市. **2** オリサバ(山)(= el Pico de ~):メキシコの最高峰(5675 m). ♦ナワトル語で Citlaltépetl「星の山」.

or·la [ór.la] 女 **1**(布地·衣服の)縁取り,縁飾り;(本などの)飾り図案,飾り罫. **2**《紋》オール:盾の紋と平行に配された帯. **3**(卒業などの)記念写真(額).

or·la·du·ra [or.la.ðú.ra] 女《集合的》縁取り,縁飾り.

or·lar [or.lár] 他 **1** 縁取りする,縁飾りをつける;…を囲む. ~ con [de] *árboles* 木の図案で縁取りをする. **2**《紋》オールを付ける.

or·lo[1] [ór.lo] 男《音楽》(アルプス地方の)オーボエ(の一種).

or·lo[2] [ór.lo] 男《建》(円柱の)台座.

or·lón [or.lón] 男《商標》オーロン:合成繊維の一種.

or·me·sí [or.me.sí] 男《複 ~es, ~s》波型模様を作る丈夫な絹の布地.

or·mi·no [or.mí.no] 男《植》サルビアの一種.

*****or·na·men·ta·ción** [or.na.men.ta.θjón / -.sjón] 女 装飾,飾り付け. el exceso de ~ 装飾過多.

or·na·men·tal [or.na.men.tál] 形 飾りの,装飾の;飾りだけの. friso ~(壁の)帯状装飾.

or·na·men·tar [or.na.men.tár] 他 飾る,装飾する(= adornar).

or·na·men·to [or.na.mén.to] 男 **1** 飾り,装飾;装飾品. **2**《比喩的》美点,美徳. **3**《複数で》《宗》(礼拝用の)祭服と祭壇用具(~ s sagrados).

or·nar [or.nár] 他《de… / con…》…で)飾る(= adornar). ~ la *pared* 壁を飾る.
—~·se 再 飾りを着ける,装う.

or·na·to [or.ná.to] 男《格式》《集合的》飾り,装飾;装飾品.

ornito-「鳥」の意を表す造語要素. → *ornito*logía, *ornito*rrinco. [←(ギ)]

or·ni·to·del·fo, fa [or.ni.to.ðél.fo, -.fa] 形《動》単孔目の.

or·ni·tó·ga·la [or.ni.tó.ga.la] 女《植》オーニソガラム:ユリ科.

or·ni·to·lo·gí·a [or.ni.to.lo.xí.a] 女 鳥類学.

or·ni·to·ló·gi·co, ca [or.ni.to.ló.xi.ko, -.ka] 形 鳥類学の,鳥類に関する.

or·ni·tó·lo·go, ga [or.ni.tó.lo.go, -.ga] 男女 鳥類学者.

or·ni·to·man·cia [or.ni.to.mán.θja / -.sja] / **or·ni·to·man·cí·a** [or.ni.to.man.θí.a / -.sí.-] 女《まれ》(飛び方·鳴き声による)鳥占い.

or·ni·tó·po·dos [or.ni.tó.po.ðos] 男《複数形》《古生》鳥脚類[亜目].

or·ni·to·rrin·co [or.ni.to.r̄íŋ.ko] 男《動》カモノハシ:オーストラリア産の卵生哺乳(ほにゅう)類.

or·ni·to·sis [or.ni.tó.sis] 女《医》鳥類病.

or·no [ór.no] 男《植》マンナトネリコ,マンナノキ:灰色で滑らかな幹を持ち,白っぽい花を咲かせる落葉樹.

*****o·ro** [ó.ro] 男 **1** 金(記号 Au);黄金. El *oro* es el más maleable de los metales. 金は金属の中でもっとも展性がある. baño de *oro* 金めっき. chapado en [de] *oro* 金めっきした. la fiebre del *oro* ゴールド·ラッシュ. lavado de *oro* 砂金採集. mina de *oro* 金鉱. *oro* de ley 純金. *oro* batido / *oro* en hojas [panes] / pan de *oro* 金箔. *oro* blanco ホワイトゴールド. *oro* bajo 純度の低い金. *oro* en barras 金の延べ棒. lingote de *oro* 金塊. *oro* nativo 砂金. *oro* molido [en polvo] 金粉. patrón *oro* 金本位制. reserva de *oro* 金準備高. **2**《集合的》金細工,金製品. **3**《抽象的》金,財産;金目のもの. **4**《遊》(スペイン·トランプ)金貨の札;《複数で》金貨の組札. **5**《スポ》金メダル(= medalla de *oro*). ganar el *oro* 金メダルを獲得する. **6** 金色;《形容詞的に》金色の. ▶形容詞的に用いる場合,一般的に性数不変.

a precio de oro《話》非常に高い値段で. Lo compraría *a precio de oro*. どんなに高くてもそれを買うだろうに.

bodas de oro 金婚式.

como los chorros del oro《話》とても清潔に,ぴかぴかに.

como oro en paño 大切に,後生大事に.

de oro (1) 金製の. reloj *de oro* 金時計. (2) すばらしい,光り輝く;黄金期の. corazón *de oro* 気高い心. voz *de oro* 美声. edad *de oro* 黄金時代. Siglo *de Oro* 黄金世紀:16-17世紀スペインの文学·美術の最盛期.

el oro y el moro《話》とてつもない(額の)もの[こと]. pedir *el oro y el moro* 法外な値段を請求する. prometer *el oro y el moro* できない約束をする.

hacerse de oro 金持ちになる.

la gallina de los huevos de oro《話》金の成る木,無尽蔵に金を持つ人.

No es oro todo lo que reluce.《諺》輝くもの必ずしも金ならず.

oro negro 石油.

poner a+人 de oro y azul《話》(人)をののしる,侮辱する.

ser oro molido (人·ものが) すばらしい.

[←[ラ] *aurum*;[関連] dorado, áureo, aureola]

o·ro·ban·ca [o.ro.báŋ.ka] 女《植》ハマウツボ科ハマウツボ属の一種.

o·ro·ban·cá·ce·as [o.ro.baŋ.ká.θe.as / -.se.-] 女

《複数形》ハマウツボ科の植物.
o·ro·bias [o.ró.βjas] 男《単複同形》小粒の香(ミラ).
o·ro·gé·ne·sis [o.ro.xé.ne.sis] 女【地質】造山作用[運動].
o·ro·ge·nia [o.ro.xé.nja] 女【地質】造山作用学, 山岳形成学.
o·ro·gé·ni·co, ca [o.ro.xé.ni.ko, -.ka] 形【地質】造山作用(学)の.
o·ro·gra·fí·a [o.ro.gra.fí.a] 女 **1** 山岳学；山岳誌. **2** 山地地形,(山岳の)起伏.
o·ro·grá·fi·co, ca [o.ro.grá.fi.ko, -.ka] 形 山岳誌学の；山岳誌に関する.
o·ro·me·trí·a [o.ro.me.trí.a] 女 山岳測量.
o·ron·do, da [o.rón.do, -.da] 形 **1** 〈つぼなどが〉胴の膨らんだ. **2**《話》太鼓腹の, 腹の突き出た；太った. **3** (**estar**＋)《話》満足げな, 得意満面の. Caminaba muy ～ con sus nuevos zapatos. 彼は新しい靴を履いていかにもうれしそうに歩いていた. **4**《ラ米》(ミキメネシ)落ち着いた.
o·ro·ni·mia [o.ro.ní.mja] 女 山・山脈の名前の由来を研究する地名学の分野.
o·ró·ni·mo [o.ró.ni.mo] 男 山・山脈の名前またはそれらの地名.
o·ron·ja [o.rón.xa] 女【植】テングタケ.
o·ro·pel [o.ro.pél] 男 **1** (金に似せた)真鍮箔(はく). **2** 安ぴか物. de ～ 安ぴかの, 見かけ倒しの. **3** 虚飾, 見せびらかし. gastar mucho ～ 見えをはる, ひけらかす.
o·ro·pén·do·la [o.ro.pén.do.la] 女【鳥】**1** コウライウグイス. **2**《ラ米》(メキシコ)ムクドリモドキ.
o·ro·pi·men·te [o.ro.pi.mén.te] 男【鉱】雄黄.
o·ro·ya [o.ró.ja] 女《ラ米》(メキシコ)(谷間の)渡しかご.
o·ro·zuz [o.ro.θúθ / -.sús] 男【植】カンゾウ (＝regaliz).
***or·ques·ta** [or.kés.ta] 女 **1**【音楽】オーケストラ, 管弦楽団；楽団, バンド. director de ～ オーケストラの指揮者. ～ de cámara 室内管弦楽団. ～ de baile [jazz] ダンス[ジャズ]バンド. ～ sinfónica 交響管弦楽団. **2** オーケストラボックス, 演奏者席. [←[ラ] *orchēstram* (*orchēstra* の対格)「(劇場内の)元老院議員席」←[ギ] *orkhḗstra*「(劇場内の)合唱歌舞団席」(*orkheísthai*「踊る」より派生）.【関連】[英] *orchestra*]
or·ques·ta·ción [or.kes.ta.θjón / -.sjón] 女【音楽】オーケストレーション, 管弦楽作曲[編曲], 管弦楽法.
or·ques·tal [or.kes.tál] 形【音楽】オーケストラの, 管弦楽(団)の, 管弦楽のための.
or·ques·tar [or.kes.tár] 他 **1** オーケストラ用に作曲[編曲]する. ～ una composición ある曲をオーケストラ用に編曲する.
2 大々的に宣伝する, 派手に言いふらす；〈様々な要素を〉うまく組み合わせる, (組織化して)統括する.
or·ques·ti·na [or.kes.tí.na] 女【音楽】小編成の楽団. ◆通常は踊りのための音楽を演奏する.
or·qui·dá·ce·o, a [or.ki.ðá.θe.o, -.a / -.se.-] 形 →orquídeo.
— 女《複数で》【植】ラン科の植物(の総称).
or·quí·de·o, a [or.kí.ðe.o, -.a] 形【植】ラン科の.
— 女 ラン科の植物；その花.
or·qui·tis [or.kí.tis] 女《単複同形》【医】睾丸(ぶん)炎.

Ors [órs] 固名 ドルス Eugenio [Eugeni] d'*Ors*, 筆名 Xenius (1882-1954)：スペインの哲学者・批評家. 著書 *Glosari*『語録』.
or·say [or.sái] [英]【スポ】オフサイド.
***en** orsay*《話》(1) ぼんやりしている, (2) 法を犯している状態である.
Or·te·ga [or.té.ga] 女【鳥】クロハラサケイ.
Or·te·ga y Gas·set [or.té.ga i ga.sé(t)] 固名 オルテガ・イ・ガセー José ～ (1883-1955)：スペインの哲学者. 作品 *La Rebelión de las masas*『大衆の反逆』.
or·ti·ga [or.tí.ga] 女【植】イラクサ.
or·ti·gal [or.ti.gál] 男 イラクサの生い茂った土地.
or·to [ór.to] 男 日[月, 星]の出；東 (↔ocaso).
orto- 「正しい, まっすぐな」の意を表す造語要素. ⇒*orto*doxo, *orto*gonal. [←[ギ]]
or·to·cen·tro [or.to.θén.tro / -.sén.-] 男【数】(三角形の)垂心.

ortiga (イラクサ)

or·to·cla·sa [or.to.klá.sa] 女【鉱】→ortosa.
or·to·cro·má·ti·co, ca [or.to.kro.má.ti.ko, -.ka] 形【写】整色性の.
or·to·don·cia [or.to.ðón.θja / -.sja] 女 **1**【医】矯正歯学, 歯科矯正学. **2**【医】歯科矯正, 歯列矯正.
or·to·don·cis·ta [or.to.ðon.θís.ta / -.sís.-] / **or·to·don·tis·ta** [or.to.ðon.tís.ta] 男女【医】矯正歯科医, 矯正歯学の専門家.
or·to·do·xia [or.to.ðók.sja] 女 **1** 正統, 正統性. ～ política 政治的正統性. **2** (カトリックの)正統信仰. **3** ギリシャ正教会.
***or·to·do·xo, xa** [or.to.ðók.so, -.sa] 形 **1** 正統(派)の, オーソドックスな (↔heterodoxo)；標準的な. opinión *ortodoxa* 正統的な意見. teoría *ortodoxa* 伝統的な学説. **2** カトリックの教義に正統的な. doctrina *ortodoxa* 正統な教理. **3** ギリシャ正教の. la iglesia *ortodoxa* ギリシャ正教会. — 男 女 **1** 正統派の人[作家, 画家]. **2** ギリシャ正教徒.
or·to·dro·mia [or.to.ðró.mja] 女【海】【航空】大圏航法；最短距離航路, 大圏コース.
or·to·dró·mi·co, ca [or.to.ðró.mi.ko, -.ka] 形【海】【航空】大圏航法[コース]の.
or·to·e·dro [or.to.é.ðro] 男【数】四角柱. El cubo es un ～. 立方体は一種の四角柱だ.
or·to·e·pí·a [or.to.e.pí.a] 女 →ortología.
or·to·fo·ní·a [or.to.fo.ní.a] 女 **1** 発音矯正, 発音矯正科, 発音矯正学. **2**【言】(ある言語の)(標準的な)という意味で)正確な発音.
or·to·fó·ni·co, ca [or.to.fó.ni.ko, -.ka] 形 発音矯正(科)の.
or·to·fo·nis·ta [or.to.fo.nís.ta] 男女 発音矯正[学]の専門家.
or·to·gé·ne·sis [or.to.xé.ne.sis] 女《単数同形》【生物】定向進化.
or·to·go·nal [or.to.go.nál] 形【数】直角の, 直交の. proyección ～ 正射影.
or·to·go·nio [or.to.gó.njo] 形【数】直角の. triángulo ～ 直角三角形.
***or·to·gra·fí·a** [or.to.gra.fí.a] 女 **1** 正字法, 正書法；(正しい)綴(ミ)り. cometer una falta de ～ 綴りを間違う. manual de ～ 綴り字教本.
2 正射影(による立面図).
or·to·gra·fiar [or.to.gra.fjár] 81 他 正字法に従っ

or·to·grá·fi·co, ca [or.to.ɣrá.fi.ko, -.ka] 形 正字法の, 正書法の; 綴(つづ)り字上の. error ～ 綴りの誤り. signos ～s (アクセント・ハイフンなどの) 綴り字記号.

or·tó·gra·fo, fa [or.tó.ɣra.fo, -.fa] 男 女 正字[正書]法学者, 正字[正書]法の専門家.

or·to·i·ma·gen [or.toi.má.xen] 女 (特に人工衛星からの) 正射写真, 正射写真図, オルソフォト [グラフ].

or·to·lo·gí·a [or.to.lo.xí.a] 女 【言】正音学, 正しい発音(法); 正しい話し方.

or·to·ló·gi·co, ca [or.to.ló.xi.ko, -.ka] 形 正音学の; 正しい話し方の.

or·to·ni·xia [or.to.ník.sja] 女 爪(つめ)矯正.

or·to·pan·to·mo·gra·fí·a [or.to.pan.to.mo.ɣra.fí.a] 女 【医】(上あごから下あごの) パノラマX線撮影法, パノラマX線写真, パノラマX線断層撮影法.

or·to·pe·da [or.to.pé.ða] 男 女 【医】整形外科医, 整形外科[学]の専門家 (= ortopedista).

or·to·pe·dia [or.to.pé.ðja] 女 【医】整形外科, 整形外科学.

or·to·pé·di·co, ca [or.to.pé.ði.ko, -.ka] 形 **1** 整形外科(学)の. pierna *ortopédica* 義足. **2**《話》《軽蔑》不自然で目立つ.
—— 男 女 整形外科医.

or·to·pe·dis·ta [or.to.pe.ðís.ta] 男 女 整形外科医.

or·to·plas·tia [or.to.plás.tja] 女 【医】欠陥のある形状の身体部位を修正する外科手術[処置], 形成外科の手術[処置].

or·tóp·te·ro, ra [or.tóp.te.ro, -.ra] 形 【昆】直翅(ちょくし)類の. —— 男《複数で》直翅類.

or·to·re·xia [or.to.rék.sja] 女 健康食に対する病的な強迫観念 (= ～ nerviosa).

or·to·sa [or.tó.sa] 女 【鉱】正長石.

or·to·si·fón [or.to.si.fón] 男 【植】クミスクチン: マレー半島原産. 医療目的用いられる.

or·to·ti·po·gra·fí·a [or.to.ti.po.ɣra.fí.a] 女 活版印刷正書法.

or·to·ti·po·grá·fi·co, ca [or.to.ti.po.ɣrá.fi.ko, -.ka] 形 活版印刷正書法の.

o·ru·ga [o.rú.ɣa] 女 **1** イモムシ, 毛虫, 青虫. **2**【機】無限軌道(装置), 無限軌道. tractor de ～ キャタピラ式トラクター. **3**【植】ヤマガラシ.

o·ru·jo [o.rú.xo] 男 **1** (ブドウ・オリーブなどの) 搾りかす. **2** (ブドウの搾りかすから作る) 蒸留酒.

or·va·lle [or.βá.ʎe ‖ -.ʝe] 男 【植】サルビアの一種.

or·va·llo [or.βá.ʎo ‖ -.ʝo] 男 (ずっと降り続く) 霧雨(きりさめ), こぬか雨.

ó·ryx [ó.riks] 男 → órix.

or·za¹ [ór.θa / -.sa] 女 (保存食を蓄える) かめ, つぼ.

or·za² [ór.θa / -.sa] 女 【海】**(1)** 船首を風上に向けること; (帆船が) 風上に向かって切り上がること. **(2)** ラフ, 縦帆の前縁. **(3)** センターボード.

or·za·ga [or.θá.ɣa / -.sá.-] 女 【植】ハマアカザ.

or·zar [or.θár / -.sár] 97 自 【海】船首を風上に向ける; 〈ヨットなどが〉風上に向かって切り上がる, ラフする; 帆がはためく.

or·zue·lo¹ [or.θwé.lo / -.swé.-] 男 【医】麦粒腫(ばくりゅうしゅ), ものもらい.

or·zue·lo² [or.θwé.lo / -.swé.-] 男 (狩猟用の) 鉄製のわな.

OS [os] 代名《人称》[2人称複数] ▶ ふつう動詞のすぐ前に置かれるが, 不定詞・現在分詞・肯定命令形とともに用いる場合はその後に付ける.

1《直接目的語》君[おまえ, あなた]たちを. Mañana *os* llevaré al zoo. 明日君たちを動物園に連れて行くよ.

2《間接目的語》君[おまえ, あなた]たちに, 君[おまえ, あなた]たちにとって, 君[おまえ, あなた]たちから. *Os* tiene mucho miedo. 彼[彼女]は君たちをとても怖がっている. ▶ 直接目的語の代名詞とともに用いられる場合には, その代名詞の前に置かれる. → *Os* lo juro. 君たちにそれを誓うよ.

3《再帰代名詞》→ se², **1**, **2**, **3**, **4**, **5** ▶ 肯定命令形に付ける場合, idos を除いて, 肯定命令形の最後の -d が省略される. → Lava*os* las manos antes de comer. 食事の前に手を洗いなさい.
[←《古スペイン》vos←《ラ》*vōs* (対格形) 「あなた方を, 君たちを」]

¡os! [ós] 間投 → ¡ox!

Os 【化】osmio オスミウム.

o·sa [ó.sa] 女 **1** → oso. **2**【星座】*Osa Mayor* おおぐま座. *Osa Menor* こぐま座.

o·sa·da·men·te [o.sá.ða.mén.te] 副 大胆にも; 図々しく.

o·sa·dí·a [o.sa.ðí.a] 女 **1** 大胆さ, 果敢. con gran ～ 大胆不敵にも. **2** 厚顔, 無恥.

o·sa·do, da [o.sá.ðo, -.ða] 形 **1** 大胆な, 果敢な. **2** 厚顔無恥な, 恥知らずな, 破廉恥な.

o·sa·men·ta [o.sa.mén.ta] 女 (人・動物の) 骨格, 骨組み.

o·sar [o.sár] 自 《+不定詞》大胆にも《…》する, あえて《…》する. *Osó responder*nos con insolencia. 彼[彼女]は生意気にも我々に対して横柄な返事をした.

o·sa·rio [o.sá.rjo] 男 骨の埋められる[埋められた]場所; 納骨堂.

o·sa·su·nis·ta [o.sa.su.nís.ta] 形《スポ》(サッカー) クラブ・アトゥレティコ・オサスナ Club Atlético Osasuna の. —— 男 女 クラブ・アトゥレティコ・オサスナの選手[ファン].

O.S.B. 《略》*O*rden de *S*an *B*enito 《カト》聖ベネディクト会.

os·car / ós·car [ós.kar] 【英】《複 ～s》男《映》オスカー (米国の映画アカデミー賞受賞者に与えられる小像); アカデミー賞.

os·ca·ri·za·ble [os.ka.ri.θá.ble / -.sá.-] 形《映》アカデミー賞にノミネートされうる[されるような].

os·ca·ri·za·do, da [os.ka.ri.θá.ðo, -.ða / -.sá.-] 形《映》アカデミー賞を受賞した (= premiado con un oscar).

os·ca·ri·zar [os.ka.ri.θár / -.sár] 97 他《映》アカデミー賞を授与する (= premiar con un oscar).

os·cen·se [os.θén.se / -.sén.-] 形《スペインの》オスカ Osca (Huesca の旧称) の.
—— 男 女 ウエスカ[オスカ]の住民[出身者].

os·ci·la·ción [os.θi.la.θjón / -.si.la.sjón] 女 **1** 揺れ, 振動; 振幅. **2** 変動, 不安定; 動揺, 躊躇(ちゅうちょ). ～ de los precios de las acciones en la bolsa de valores 株価の変動.

os·ci·la·dor [os.θi.la.ðór / -.si.-] 男 【物理】振動子; 【電】発振器. ～ de cuarzo 水晶発振器.

os·ci·lan·te [os.θi.lán.te / -.si.-] 形 **1** 振動性の; 揺れ動く, 変動する. **2** ためらう, 動揺する.

*****os·ci·lar** [os.θi.lár / -.si.-] 自 **1** 振動する, 揺れる; ぐらつく. péndulo que *oscila* 左右に揺れている振り子. La escalera de tijera *está oscilando*. 脚立がぐらついている.

2《entre...》《…の間で》変動する, 揺れ動く. Los precios *oscilan*. 価格が上下している. La tempera-

tura mínima de Tokio *osciló entre* los 15 y los 25 grados el mes pasado. 先月の東京の最低気温は15度から25度の間を変動した. **3** ためらう, 動揺する. Su estado de ánimo *oscilaba* constantemente. 彼[彼女]の精神状態はたえず不安定であった.
[←〔後ラ〕*ōscillāre*（[ラ] *ōscillum*「ぶらんこ」より派生）;〖関連〗oscilación, oscilatorio, oscilador, oscilógrafo.〔英〕*oscilate, oscilator*]

os·ci·la·to·rio, ria [os.θi.la.tó.rjo, -.rja / -.si.-] 形 振動の, 揺れ動く. movimiento ~ del péndulo 振り子の振幅運動.

os·ci·ló·gra·fo [os.θi.ló.gra.fo / -.si.-] 男【電】オシログラフ, 振動記録計.

os·ci·los·co·pio [os.θi.los.kó.pjo / -.si.-] 男【電】（陰極線管）オシロスコープ.

os·ci·tan·cia [os.θi.tán.θja / -.si.-.sja] 女 不注意, 怠慢, 油断.

os·co, ca [ós.ko, -.ka] 形【史】(イタリア南東部の先住民) オスク人の. ━ 男女 オスク人.
━ 男 オスク語: イタリック語派の一つ.

ós·cu·lo [ós.ku.lo] 男 **1**《文章語》接吻(殼), 口付け. ~ de paz〖カト〗（ミサ中の）平和［親睦(殼)］の接吻［あいさつ］. **2**〖生物〗（海綿などの）排水孔.

os·cu·ra [os.kú.ra] 形 →oscuro.

os·cu·ra·men·te [os.kú.ra.mén.te] 副 ひっそりと, 目立たずに; 隠れて, 陰で.

os·cu·ra·na [os.ku.rá.na] 女（ラ米）**(1)**（^チ*）(^{ニカ})（^{ホン}_{ラス}）暗闇(殼); 暗雲. **(2)**（^{メキ}_コ）火山灰.

os·cu·ran·tis·mo [os.ku.ran.tís.mo] 男 反啓蒙(殼)主義, 蒙昧(殼)主義.

os·cu·ran·tis·ta [os.ku.ran.tís.ta] 形 反啓蒙［蒙昧(殼)］主義(者)の.
━ 男女 反啓蒙［蒙昧］主義者の.

os·cu·re·cer [os.ku.re.θér / -.sér] 34 他 **1**（明かりを弱めて・消して）暗くする; 曇らせる; 黒ずませる. ~ un color 色を暗くする. *Oscurecieron* la sala antes de poner la película. 映画の上映前にホールの照明が落とされた.
2 …から光輝を奪う,〈名声などを〉汚す; 見劣りさせる. Ese rumor *oscureció* su brillante carrera. そのうわさのせいで彼[彼女]の輝いた経歴に傷がついた.
3 あいまい[不明瞭]にする; 理解しにくくする. ~ la verdad 真実をぼかす. No te andes con rodeos, que *oscurecen* el discurso. 回りくどい言い方はやめてくれ, 話の筋がわからなくなるから.
4（理性・判断力を）乱す, 混乱させる. ~ la mente 思考力を鈍らせる.
5【美】【写】（絵画・写真などに）陰影をつける. ~ el fondo del cuadro 絵の背景に陰影をつける.
━ 自《3人称単数・無主語で》暗くなる; 日が暮れる. al ━ 暗くなって［なるころに］.
━ ~·se 再 **1**（空が）曇る, 暗くなる. **2** 不明瞭になる, 曖昧になる, ぼやける; 陰る.

os·cu·re·ci·da [os.ku.re.θí.ða / -.sí.-] 女 夕暮れどき, 日暮れどき, たそがれどき.

os·cu·re·ci·mien·to [os.ku.re.θi.mjén.to / -.si.-] 男 **1** 暗くなる［する］こと, 曇る［曇らせる］こと; 暗色になること. **2** 不明瞭(殼), あいまい.

*os·cu·ri·dad** [os.ku.ri.ðáð] 女 **1** 暗闇(殼), 暗いこと（↔claridad）. tener miedo a la ~ 暗がりを怖がる.
2《まれ》不明瞭さ, 難解さ. Si no lo entiendes, es por la ~ de sus explicaciones. 君に理解できなかったとしたらそれは彼の説明が不明瞭だからだ.

3《まれ》世に知られないこと, 無名. El pintor se murió en una completa ~ sin tener ningún reconocimiento. 画家は全く世に知られることなくひっそりと亡くなった.
4 身分の低さ; 無教養, 無知.

os·cu·ro, ra [os.kú.ro, -.ra] 形 **1**《+名詞/名詞+》《ser+》《estar+》暗い, 闇(殼)の; の; どんよりした（↔claro）. cueva[habitación] *oscura* 薄暗い洞穴［部屋］. una *oscura* noche 暗夜. cámara *oscura* 暗室. la naturaleza de la materia *oscura*〖天文〗暗黒物質の正体. Hoy hace un día frío y ~. 今日は寒くてどんよりしている. *Estaba* ya ~ cuando llegamos. 我々が着いたときにはもうすっかり暗かった.
2《多くは名詞+》《ser+》暗色の, 地味な. con gafas *oscuras* 黒めがねをかけた. llevar un traje ~ ダークスーツを着ている. gris ~ ダークグレー. una falda rojo ~ ダークレッドのスカート（▶名詞+色の形容詞『+oscuro の場合, 色の形容詞と oscuro は無変化).
3《+名詞/名詞+》《ser+》怪しい, 得体が知れない, うさんくさい; いまわしい, 後ろめたい. un asunto ~ 後ろめたいこと[仕事]. sus ~s negocios inmobiliarios 彼［彼女］(ら)の怪しげな不動産取引き. Tiene un pasado ~. 彼［彼女］には暗い過去がある.
4《+名詞/名詞+》《ser+/estar+》不明瞭な, あいまいな, 理解しにくい, わかりにくい. *Ese ~ objeto del deseo* de Buñuel ブニュエルの『欲望のあいまいな対象』. aclarar los puntos ~s はっきりしない点を明らかにする.
5《+名詞/名詞+》《ser+/estar+》《比喩的》暗い, 見込みのない. El porvenir *es* muy ~. 前途はとても暗い. **6**《+名詞/名詞+》世に知られていない, 無名の; 身分の卑しい. llevar una vida *oscura* 世に埋もれて[ひっそりと]暮らす. de origen ~ 素性の卑しい; 原因不明の.
━ 男 **1**【美】陰影. **2**【演】暗転.
a oscuras **(1)** 暗闇で, 暗がりに. Ha caído el sol y ya está *a oscuras*. 日が沈んで暗くなった. **(2)**《話》何も知らされずに, わからずに.
oscuro como boca de lobo 真っ暗な.
[←〔ラ〕*obscūrum*（*obscūrus* の対格）;〖関連〗oscuridad, oscurecer.〔英〕*obscure*]

o·se·ar [o.se.ár] 他 →oxear.

O·se·as [o.sé.as] 固【聖】**(1)** ホセア: 紀元前8世紀のイスラエルの預言者. **(2)**（旧約の）ホセア書《略 Os》.

o·se·ci·co [o.se.θí.ko / -.sí.-] **/ o·se·ci·llo** [o.se.θí.jo ‖ -.ƛo / -.si.-] **/ o·se·ci·to** [o.se.θí.to / -.sí.-] 男 hueso+縮小辞.

o·se·í·na [o.se.í.na]〖生化〗オセイン, 骨質.

ó·se·o, a [ó.se.o, -.a] 形 骨の; 骨質の, 骨性の. tejido ~ 骨組織.

o·se·ra [o.sé.ra] 女 クマのねぐら.

o·se·ro [o.sé.ro] 男 → osario.

o·sez·no [o.séθ.no / -.sés.-] 男 子グマ. →oso.

o·se·zue·lo [o.se.θwé.lo / -.swé.-] 男 hueso+縮小辞.

o·siá·ni·co, ca [o.sjá.ni.ko, -.ka] 形 オシアン Ossián の; オシアン風の詩の. ♦オシアン Ossián は 3 世紀のスコットランドの伝説的英雄, 詩人.

o·sí·cu·lo [o.sí.ku.lo] 男【解剖】小骨. ~ de oído 耳小骨.

o·si·fi·ca·ción [o.si.fi.ka.θjón / -.sjón] 女 骨化

ostiario

o·si·fi·car(·se) [o.si.fi.kár(.se)] 他 自 再 骨化[骨]する, 骨になる.

o·sí·fra·go, ga [o.sí.fra.go, -.ga] 男 女 〖鳥〗 ヒゲワシ.

os·man·lí [os.man.lí] 形 オスマン・トルコの. — 男 女 トルコ人.

os·ma·zo·mo [os.ma.θó.mo / -.só.-] 男 (肉の) 風味の素.

os·mio [ós.mjo] 男 〖化〗 オスミウム：金属元素 (記号 Os).

ós·mo·sis [ós.mo.sis] / **os·mo·sis** [os.mó.sis] 女 〖単複同形〗 **1** 〖物理〗〖化〗 浸透(性). **2** 相互に影響を及ぼすこと.

os·mó·ti·co, ca [os.mó.ti.ko, -.ka] 形 **1** 浸透(性)の. la presión *osmótica* 浸透圧. **2** 相互に影響し合う.

OSO 《略》oessudoeste 西南西.

‡**o·so, sa** [ó.so, -.sa] 男 女 **1** 〖動〗 クマ. *oso* blanco [marítimo] 白クマ. *oso* polar 北極グマ. *oso* negro 黒クマ. *oso* pardo ヒグマ. *oso* de felpa 縫いぐるみのクマ. ▶ 「子グマ」は osezno.

2 クマのような動物. *oso* colmenero コアリクイ. *oso* hormiguero アリクイ. *oso* lavador アライグマ. *oso* marino オットセイ. *oso* marsupial コアラ. *oso* panda パンダ (▶ 複数形は *osos* panda).

3 《ラ米》(㍿)《話》空威張りする人.
— 男 毛深くて醜い男；人付き合いの悪い男.
¡*Anda la osa*! 《話》《驚き》おやまあ, おやおや.
hacer el oso 《話》(**1**) 人を笑わせるようなことをする [言う], ふざける. (**2**) 女をくどく, 女の気を引く. [←〖ラ〗 *ursum* (*ursus* の対格)；関連 ártico. 〖ポルトガル〗 *urso*. 〖仏〗 *ours*. 〖伊〗 *orso*]

-oso 〖接尾〗 **1** 「豊富, 多量」の意を表す形容詞語尾. ⇨ acet*oso*, sudor*oso*. **2** 「…に似た, …の性質を持った」の意を表す形容詞語尾. ⇨ esponj*oso*, apest*oso*.

o·so·so, sa [o.só.so, -.sa] 形 骨の, 骨のような；骨のある, 骨ばった.

os·so·bu·co [o.so.bú.ko] 男 〖料〗 オッソブーコ：イタリア料理で牛の脛(㊧)肉の煮込み, 米とトマトが付く.

os·ta·ga [os.tá.ga] 女 〖海〗 帆桁(㊥)を引き揚げる索 [鎖].

¡**os·te**! [ós.te] 間投 → ¡oxte!

os·te·al·gia [os.te.ál.xja] 女 〖医〗 骨痛(㊥).

os·te·íc·tio, tia [os.te.ík.tjo, -.tja] 形 〖魚〗 硬骨(㊥)魚類 〖綱〗の. — 男 硬骨(㊥)魚類 〖綱〗に属する魚, 《複数で》硬骨(㊥)魚類 〖綱〗.

os·te·í·na [os.te.í.na] 女 〖生化〗 骨質.

os·te·í·tis [os.te.í.tis] 女 〖単複同形〗〖医〗 骨炎. ~ fibrosa 線維性骨炎.

os·ten·si·ble [os.ten.sí.ble] 形 《格式》明らかな, 明白な；あからさまな. hacer ~ 明らかにする.

os·ten·si·ble·men·te [os.ten.sí.ble.mén.te] 副 明らかに；これ見よがしに.

os·ten·sión [os.ten.sjón] 女 → ostentación.

os·ten·si·vo, va [os.ten.sí.bo, -.ba] 形 明らかな, 明白な. un gesto ~ de desprecio 軽蔑(㊥)をあらわにした態度.

os·ten·so·rio [os.ten.só.rjo] 男 〖カト〗 聖体顕示台.

os·ten·ta·ción [os.ten.ta.θjón / -.sjón] 女 **1** 《軽蔑》見せびらかし, 誇示；見え, てらい. con ~ 見えを張って, これ見よがしに. hacer ~ de feminista フェミニストを気どる. **2** 《格式》提示, 明示.

os·ten·ta·dor, do·ra [os.ten.ta.ðór, -.ðó.ra] 形 見せびらかす, これ見よがしの. — 男 女 見えっ張り.

‡**os·ten·tar** [os.ten.tár] 他 **1** 《格式》 **見せびらかす**, 誇示する. ~ riquezas 富をひけらかす. ~ SU poder 権力を誇示する.

2 《格式》見せる, 示す. *Ostenta* un gran talento de escritor. 彼は作家としてすばらしい才能を示している. Los jugadores *ostentan* sus nombres en la camiseta. 選手たちが着ているシャツには各々の名前が示されている. **3** 〈権利・肩書き・資格などを〉保持する, 有する. ~ un título de licenciado en ciencias 理学士の称号を持つ.

os·ten·ta·ti·vo, va [os.ten.ta.tí.bo, -.ba] / **os·ten·ta·to·rio, ria** [os.ten.ta.tó.rjo, -.rja] 形 見せびらかしの, これ見よがしの, 見えっ張りの.

os·ten·to·so, sa [os.ten.tó.so, -.sa] 形 (**1**) 豪華な, きらびやかな. de forma *ostentosa*. 大げさに. (**2**) あからさまな, これ見よがしの.

os·te·o·ar·tri·tis [os.te.o.ar.trí.tis] 女 〖単複同形〗〖医〗 骨関節炎.

os·te·o·blas·to [os.te.o.blás.to] 男 造骨細胞, 骨芽細胞.

os·te·o·ci·to [os.te.o.θí.to / -.sí.-] 男 〖解剖〗 骨細胞(㊥).

os·te·o·clas·tia [os.te.o.klás.tja] 女 〖医〗 砕骨(㊥)術.

os·te·o·clas·to [os.te.o.klás.to] 男 〖解剖〗 破骨(㊥)細胞.

os·te·o·gé·ne·sis [os.te.o.xé.ne.sis] 女 〖単複同形〗〖生化〗 骨発生(㊥), 骨形成(㊥).

os·te·o·in·te·gra·ción [os.te.o.in.te.gra.θjón / -.sjón] 女 〖医〗 骨統合(㊥), オッセオインテグレーション.

os·te·o·li·to [os.te.o.lí.to] 男 〖医〗 化石骨.

os·te·o·lo·gía [os.te.o.lo.xí.a] 女 骨学：骨の解剖学.

os·te·o·ló·gi·co, ca [os.te.o.ló.xi.ko, -.ka] 形 骨学の.

os·te·ó·lo·go, ga [os.te.ó.lo.go, -.ga] 男 女 骨学者.

os·te·o·ma [os.te.ó.ma] 男 〖医〗 骨腫(㊥).

os·te·o·ma·la·cia [os.te.o.ma.lá.θja / -.sja] 女 〖医〗 骨軟化症.

os·te·o·mie·li·tis [os.te.o.mje.lí.tis] 女 〖単複同形〗〖医〗 骨髄炎.

os·te·ó·pa·ta [os.te.ó.pa.ta] 男 女 整骨医.

os·te·o·pa·tía [os.te.o.pa.tí.a] 女 **1** 骨障害, 骨症. **2** 〖医〗 整骨治療学.

os·te·o·plas·tia [os.te.o.plás.tja] 女 〖医〗 骨形成術.

os·te·o·po·ro·sis [os.te.o.po.ró.sis] 女 〖単複同形〗〖医〗 骨粗鬆(㊥)症, 骨多孔(㊥)症.

os·te·o·po·ró·ti·co, ca [os.te.o.po.ró.ti.ko, -.ka] 形 〖医〗 骨粗鬆(㊥)症の. — 男 女 骨粗鬆(㊥)症の患者.

os·te·o·sar·co·ma [os.te.o.sar.kó.ma] 男 〖医〗 骨肉腫(㊥).

os·te·o·sín·te·sis [os.te.o.sín.te.sis] 女 〖単複同形〗〖医〗 骨接合(㊥), 骨接合術.

os·te·o·sis [os.te.ó.sis] 女 〖単複同形〗〖医〗 非炎症性の骨の病気.

os·te·o·to·mía [os.te.o.to.mí.a] 女 〖医〗 骨切術.

os·tial [os.tjál] 男 港口, 運河の出入り口.

os·tia·rio [os.tjá.rjo] 男 〖カト〗 守門：門番役の聖職者で最下級の職能.

os·tio·lo [os.tjó.lo] 男【植】気孔(きこう)の開口部.
os·tión [os.tjón] 男【貝】大型のカキ.
os·tra [ós.tra] 女 **1**【貝】カキ. ~ perlera 真珠貝. **2**《話》ひどく内気な人.
aburrirse como una ostra《話》死ぬほど退屈する, 飽き飽きする.
¡Ostras!《スペイン》《話》《驚き・賞賛・不快・怒り》なんてことだ. まあおどろいた. *¡O~! -- ¿Qué ha pasado?* なんてことだ. 一何があったの.
os·tra·cis·mo [os.tra.θís.mo, -.sís.-] 男 **1**【史】(古代ギリシアの)オストラキスモス, 陶片追放.
2 公職追放. *condenar al ~* 公職追放に処する.
os·tral [os.trál] 男 カキ養殖場.
os·tre·ro, ra [os.tré.ro, -.ra] 形 カキ(牡蠣)の, カキのような. ━ 女 カキ売り. ━ 男 **1** カキ養殖場; 真珠養殖場. **2**【鳥】ミヤコドリ.
os·trí·co·la [os.trí.ko.la] 形 カキ養殖の.
os·tri·cul·tor, to·ra [os.tri.kul.tór, -.tó.ra] 男女 カキ養殖業者.
os·tri·cul·tu·ra [os.tri.kul.tú.ra] 女 カキ養殖(業).
os·trí·fe·ro, ra [os.trí.fe.ro, -.ra] 形 カキの生育する, カキのよく採れる.
os·tro¹ [ós.tro] 男 貝紫を出すカイ(貝)類;(貝)紫色.
os·tro² [ós.tro] 男 南;南風.
os·tro·go·do, da [os.tro.ɣó.ðo, -.ða] 形【史】東ゴートの. ━ 男女 東ゴート人.
os·trón [os.trón] 男【貝】大型のカキ.
os·tu·go [os.tú.ɣo] 男 **1** 隅. **2** かけら, 微量.
o·su·do, da [o.sú.ðo, -.ða] 形 → huesudo.
o·su·no, na [o.sú.no, -.na] 形 クマの, クマのような.
o·ta·cús·ti·co, ca [o.ta.kús.ti.ko, -.ka] 形 補聴の.
o·tal·gia [o.tál.xja] 女【医】耳痛.
***OTAN** [ó.tan]《略》*Organización del Tratado del Atlántico Norte* 北大西洋条約機構〔英 NATO〕.
o·tá·ri·do [o.tá.ri.ðo] 形【動】アシカ科の. ━ 男 アシカ科の動物;《複数で》アシカ科.
o·ta·rio, ria [o.tá.rjo, -.rja] 形《ラ米》《俗》《話》まぬけの, だまされやすい, お人よしな.
o·ta·te [o.tá.te] 男《ラ米》(メキ)(グァテ)竹;ステッキ.
-ote, ta《接尾》増大辞. → -azo. ⇒ cabezota, grandote. ► 時に縮小辞. ⇒ camarota, islote.
o·te·a·dor, do·ra [o.te.a.ðór, -.ðó.ra] 男女 見張る, 監視する. ━ 男女 見張り, 監視人.
o·te·ar [o.te.ár] 他《格式》(1) 見渡す, 見下ろす. *Desde este monte oteo toda la llanura.* この山から私は平野全体が見渡せる. (2) 見つめる, 凝視する;見張る. ~ *el horizonte* 地平線を見つめる.
o·te·lo [o.té.lo] 男《話》嫉妬(とう)深い男.
o·te·ro [o.té.ro] 男 小丘, 小山.
OTI《略》*Organización de Televisiones Iberoamericanas* イベロアメリカテレビ機構.
ó·ti·co, ca [ó.ti.ko, -.ka] 形 耳の, 聴覚の.
o·ti·tis [o.tí.tis] 女《単複同形》【医】耳炎. ~ *externa* 外耳炎. ~ *interna* 内耳炎. ~ *media* 中耳炎.
o·to [ó.to] 男【鳥】ヨーロッパコノハズク.
oto-「耳」の意の造語要素. 母音の前では ot-. *otorrinolaringología, otoscopia.* [← ギ].
o·to·ba [o.tó.βa] 女【植】ニクズク科ニクズク属の一種.

o·to·la·rin·go·lo·gí·a [o.to.la.riŋ.go.lo.xí.a] 女 → otorrinolaringología.
o·to·lo·gí·a [o.to.lo.xí.a] 女 耳科学.
o·to·ló·go, ga [o.to.ló.ɣo, -.ɣa] 男女 耳科医.
o·to·mán [o.to.mán] 男 オットマン:絹・綿・毛製の布地. 厚く丈夫で畝を持つ.
o·to·ma·no, na [o.to.má.no, -.na] 形【史】オスマン・トルコの, オスマン帝国の;(現代の)トルコ(共和国)の, (広く)トルコの. *Imperio O~* オスマン帝国. ━ 男女 オスマン・トルコ人;トルコ人. ━ 女 トルコ風長いす, オットマン.
o·to·mí·a [o.to.mí.a] 女《ラ米》悪行, 乱暴, 暴言.
o·to·ña·da [o.to.ɲá.ða] 女 **1** 秋(の間), 秋季. **2** 秋の牧草.
o·to·ñal [o.to.ɲál] 形 **1** 秋の, 秋らしい. *una mañana ~* ある秋の朝.
2《文章語》老年の, 晩年の. *edad ~* 老齢.
o·to·ñar [o.to.ɲár] 自 **1** 秋を過ごす. **2**(草が)秋に育つ. **━·se** 〔再〕(土地が)秋雨で潤う.
o·to·ñi·zo, za [o.to.ɲí.θo, -.θa / -.so, -.sa] 形 **1** 秋に育つ. **2** → otoñal.
o·to·ño [o.tó.ɲo] 男 **1** 秋, 秋季. *en (el) ~* 秋に. → verano 語源. **2** 秋の二番生(草). **3**《文章語》初老期. *el ~ de la vida* 人生の秋. [←〔ラ〕*autumnus*(〔ラ〕の対格),関連 otoñal. 〔ポルトガル〕 *outono*. 〔仏〕 *automne*. *autunno*. 〔英〕 *autumn*〕.
o·tor·ga·mien·to [o.tor.ɣa.mjén.to] 男 **1** 授与;譲渡(譲与);公布. ~ *de un privilegio* 特権の授与. **2** 許可, 認可, 承認. **3**【法】(契約書・遺言状などの)文書[証書](の作成).
o·tor·gan·te [o.tor.ɣán.te] 形 譲渡(者)の, 授与の;許可の. ━ 男女 譲渡者;承認者.
o·tor·gar [o.tor.ɣár] [03] 他 **1**〔格式〕(a… …に)(報奨・権利などを)与える;(要求などを)許諾する. ~ *un premio a un científico.* 科学者に賞を授与する. ~ *importancia a un asunto* ある事の重要性を付与する. ~ *el último deseo a un condenado* 囚人の最後の願い事を聞き入れる. *Me han otorgado el premio especial del jurado.* 私は審査員特別賞をもらった.
2【法】(法律などを)発効させる;(文書などを)(正当な手順を経て)作成する. ~ *un contrato en nombre de la compañía* 会社の名前で契約書を発効させる. ~ *testamento* 遺言書を作成する. [←〔俗ラ〕**auctoricare*;←〔ラ〕*auctor*「保証人」(→ autor)より派生. 関連 autorizar. 〔英〕 *authorize*〕.
otorgue(-) / otorgué(-)〔活〕→ otorgar.
o·to·rra·gia [o.to.řá.xja] 女【医】耳出血.
o·to·rre·a [o.to.ře.á] 女【医】耳漏.
o·to·rri·no [o.to.ří.no] 男女《略》【医】《話》耳鼻咽喉(いんこう)科医. → otorrinolaringólogo.
o·to·rri·no·la·rin·go·lo·gí·a [o.to.ři.no.la.riŋ.go.lo.xí.a] 女【医】耳鼻咽喉(いんこう)科学.
o·to·rri·no·la·rin·gó·lo·go, ga [o.to.ři.no.la.riŋ.ɣó.lo.ɣo, -.ɣa] 男女 耳鼻咽喉(いんこう)科医.
o·tos·co·pia [o.tos.kó.pja] 女【医】耳の内部の(精密)検査.
o·tos·co·pio [o.tos.kó.pjo] 男【医】耳鏡.
o·tro, tra [ó.tro, -.tra] 形《不定》 **1**(+名詞)他の, 別の, それ以外の, その他の;もう一つの, もう片方の;残りの;《*que...* …と》別の, 異なった(► 既知の2つの対象の「残りの方」を指すときは, 定冠詞を付ける. ⇒ *Sólo uno se fue; el otro se quedó.* ひとりだけ行き, もうひとりは残った. ► 既

りが2つ以上の場合に, その残りすべてを指すときは定冠詞を付ける. ~ Sólo uno se fue ; *los otros* se quedaron. 1人だけ行き, 他の者は残った). ~s muchos 他の人たちの人々]. ~s pocos 他にほんの数人 [個]. *otra* persona 誰か他の人, 別人. *La otra* semifinal もう一方の準決勝. ~ libro nuevo もう一冊の新刊書. por ~ lado 他方. en *otras* ocasiones 他の場合には, 別の機会に. con *otras* palabras 言い換えれば. Lo haremos ~ día. それはいつかやろう. Tengo *otra* hermana. 私にはもうひとり姉[妹]がいる. No se le ocurre *otra* cosa que... 彼[女]は…しか思いつかない. No queda ~ remedio que... …より仕方がない. ¿Leíste la *otra* novela? 君はもう一冊の小説も読んだかい. ¿No comiste los ~s pasteles? 君, 残りのケーキを食べなかったのかい. (▶ otro + 品質形容詞+ ~ *nue-vo modelo* de coche もう一つの新車モデル. *ningún* ~ *país* 他のいかなる国も…ない.

2 《+数詞・不定形容詞など》そのうえに…の, さらに…の. Nos dieron *otros mil* euros. 彼[女]らはさらに1000ユーロ我々にくれた. Vinieron *otras muchas* mujeres. 他にも大勢女の人が来た. Debe de haber ~s *dos*. まだ他に2つあるはずだ.

3 《定冠詞+ **otro**+時の名詞(句)》このあいだの…. *el* ~ *día* 先日, このあいだ. *La otra* noche cené en casa de mis padres. 先日の夜私は両親の家で夕食を食べた. Estuvimos en Tokio *el* ~ *fin de semana*. 私たちはこのあいだの週末東京にいた.

4 《**al otro**[**a la otra**]+時の名詞(句)》《話》次の…(=siguiente). *al* ~ *día*(その)翌日に. No saldré la semana que viene sino *a la otra*. 私は来週ではなくその次の週に出発するでしょう.

5 《**uno** と対比して, 対象が2つ以上なら(**el**) **otro**, 3つ以上なら **otros**》repetir *una y otra* vez 何度も[しつこく]繰り返す. *unas* veces obligatoriamente, *otras* veces voluntariamente ときに義務的に, またときに自発的に.

6 《**ser**+》《文章語》違った, 異なった. La realidad es muy *otra*. 現実はまったく異なる. Los tiempos son ~s. 時代が変わった. Hoy te encuentro ~. 君は今日は別人のようだ.

7 《+固有名詞など》第二の, よく似た. Tiene que nacer ~ *Picasso*. 第二のピカソが生まれなければならない.

─**代名**《不定》**1** 他のもの, 別のもの ; 他の人, 別人. algún ~ 他の誰[何]か. algunos ~s 他の何人か, 他にいくつか. muchos ~s 他のたくさんのもの[人々]. Que lo haga ~. 他の誰かがやればよい, 私は嫌だね. Algunos se fueron y ~s se quedaron. 帰ってしまった者もいたが, 残った者もいた. ningún ~ 他のだれもそのような.

2 もう一つのもの, もうひとりの人. *Otra* [*O*~], por favor. 《バル bar などで》もう一杯ください. Ésta es *otra* de mis hermanas. これはもうひとりの姉[妹]だ. Ayer vino ~. 昨日もうひとり来た.

3 《**uno** と対比して》de *un* momento a ~ 今にも ; 一瞬ごとに. ni lo *uno* ni lo ~ いずれも…ない. de *un* lado a ~ あっちこっち. Hay *uno* para mí y ~ para ti. 一つは僕のでもう一つは君のだ.

4 《定冠詞+》（**1**）《俗》《相手も知っている人の名前を言う代わりに》あいつ. Me lo ha dicho *el* ~. あいつにそう言われた. （**2**）《話》《婉曲》愛人.

5 《**lo**+》《話》《卑俗なことを言い替えて》あれ. A ese tío le gusta mucho hacer *lo* ~. あいつはあれをするのが大好きだ.

alguna que otra vez ときどき.

como otro cualquiera どこにでもあるような. Es una idea *como otra cualquiera*. それは月並みな考えだ.

de otra manera [*forma*] / *de otro modo*（**1**）他の方法で, 違う風に. como no podía ser *de otra manera*... それより仕方がなかったので…. por correo electrónico o *de* ~ *modo* Eメールか別の方法で. （**2**）さもなくば. Dime la verdad, *de* ~ *modo*, no te podré ayudar. 本当のことを言って, でないと, 助けてあげられない.

en otro tiempo / *en otra época* 昔は, 以前は.

entre otras（*cosas*）（他にもいろいろあるが）とりわけ, 数ある中で. El Atlético ganó en Santander, *entre otras cosas*, por errores del árbitro. 審判のミスや何やらで, アトレチコはサンタンデールで勝った.

¡Hasta otra! ではまた近いうちに, また今度.

lo otro 他のこと[もの]. hablar de esto y de *lo* ~ あれやこれや話す.

los otros 他人. Lo más fácil es envidiar a *los* ~s. 他人をねたむのはともたやすい.

ninguna otra cosa [*persona*] まさにそのもの[人].

no ser otro que... …に他ならない. *No fue* ~ *que* el director. それは他ならぬ校長その人だった.

¡Otra! アンコール, もう一度！；《驚き・不機嫌》また か.

otra cosa（**1**）別個のもの. Eso es *otra cosa*. それは別問題だ. （**2**）さらにまた, それと, それから. Oye, *otra cosa*... あっそうだ, それから….

Otra vez será.《慰め》今度があるさ. No hemos alcanzado la cumbre. —*Otra vez será.* 登頂できなかった. —次がある.

otro que（*no fuera*[*fuese*]）... …以外の他のもの[人]. Cualquier *otro no fueras* tú lo hubiese aceptado. 君以外なら誰がそれを承諾するだろう.

¡Otro（*que tal*）*!* / *¡Otro que tal*[*bien*] *baila!* 似たりよったりだ.

otro tanto / *otros tantos* 同量のもの, 同数のもの[人]. Se marcharon veinte y ~s *tantos* llegaron. 20人が立ち去り, 別の20人が着いた.

ser de los otros[*las otras*]《ラ米》《 *》ホモセクシュアル[レズビアン]である.

[← 〔ラ〕 *alterum*（*alter* の対格）「2つのうちの1つ(の), 他の」] 〖関連〗alterar, alternar, alternativo. 〖英〗other, *alter*]

o·tro·ra [o.tró.ra] **副**《文章語》以前は, かつて.

o·tro·sí [o.tro.sí] **副**《古語》さらに, その上（=además）. **ser** ~ 追加の嘆願書.

OUA [o.u.á] **女**《略》*O*rganización para la *U*nidad *A*fricana アフリカ統一機構〖英 OAU〗.

ou·gui·ya [ou.gí.ja] **女** ウギア（=uguiya）（記号 UM）＝モーリタニアの通貨単位.

oui·ja [(g)wí.dʒa] (g)wí.-] **女**《商標》ウィージャボード, ヴィジャ盤 ; こっくりさん[占い]用の板, こっくり板.

out [áut] 〖英〗**形**《性数不変》《話》**1** 流行に疎い, 現状に疎い. **2** 話の主題[内容] がわかっていない. **3** 流行からはずれた, 流行遅れの ; 時代遅れの. Mamá, ya está ~ este tipo de faldas. ママ, もうこの手のスカートはもうはやらないの.

─**間投**《スポ》(テニスで) アウト.

out·ing [áu.tin] 〖英〗男 有名人の私生活の情報を明らかにする[暴露する]こと.

out·put [áu.puʈ] 〖英〗男〖複 ~s〗〖軽〗**1** 生産, 製造；製品；生産高. **2**〖IT〗出力, アウトプット (↔input).

out·sid·er [auʈ.sái.ðer] 〖英〗男女〖複 ~s〗**1** 知られておらずまた勝てそうにもない競争者. **2** 一般的な傾向から外れた人, 非主流派の人.

out·sourc·ing [auʈ.súr.θin / -.sin] 〖英〗男 アウトソーシング, 外部委託 (=externalización).

ou·zo [ú.θo / -.so] 〖英〗男 ウゾー：ギリシャのアニス系のリキュール, 透明でアルコール度数が高い.

o·va [óβa] 女 **1**〖植〗アオサ (属), アオノリ. *ova marina* ボウアオノリ. **2**〖まれ〗〖複数で〗魚卵, 腹子. **3** → *óvolo*.

o·va·ción [o.βa.θjón / -.sjón] 女 大かっさい；大歓迎. *Fue acogido por el público con una calurosa ~.* 彼は民衆から熱烈な歓迎を受けた.

o·va·cio·nar [o.βa.θjo.nár / -.sjo.-] 他 かっさいする, 拍手を送る；大歓迎する.

o·va·do, da [o.βá.ðo, -.ða] 形 **1**〈鳥が〉受精した. **2** 卵形の, 楕円(だえん)形の.

o·val [o.βál] 形 卵形の, 楕円(だえん)形の.

o·va·la·do, da [o.βa.lá.ðo, -.ða] 形 楕円(だえん)[卵]形の (= oval).

o·va·lar [o.βa.lár] 他 卵形[楕円(だえん)形]にする.

ó·va·lo [ó.βa.lo] 男 卵形, 楕円(だえん)形.

o·var [o.βár] 自 卵を産む (= aovar).

o·vá·ri·co, ca [o.βá.ri.ko, -.ka] 形〖解剖〗卵巣の；〖植〗子房の.

o·va·riec·to·mí·a [o.βa.rjek.to.mí.a] 女〖医〗卵巣摘出(術).

o·va·rio [o.βá.rjo] 男 **1**〖解剖〗卵巣；〖植〗子房. **2**〖軽〗卵形剣術(けんじゅつ).

o·va·rio·to·mí·a [o.βa.rjo.to.mí.a] 女〖医〗卵巣切開(術).

o·va·ri·tis [o.βa.rí.tis] 女〖単複同形〗〖医〗卵巣(らんそう)炎.

✦**o·ve·ja** [o.βé.xa] 女 **1**〖動〗羊；雌羊. *un rebaño de ~s* 羊の群れ. *contar ~s*（眠れないときに）羊の数を数える. ▶「雄羊」は *carnero*, 「子羊」は *cordero, borrego*. **2**〖ラ米〗(1)(男女)〖動〗リャマ, ラマ. (2)〖ラ米〗(デアド)(ニカラグア)雄羊. (2)〖軽蔑〗売春婦.
Cada oveja con su pareja.〖諺〗類は友を呼ぶ.
encomendar las ovejas al lobo 羊を狼(おおかみ)にゆだねる (危険と知っていて, みすみす財産などを他人の手にゆだねる).
oveja negra [*descarriada*]〖話〗厄介者, はみ出し者. *Es la ~ negra de la familia.* 彼[彼女]は家族の持て余し者だ.
[← 〖ラ〗*oviculam* (*ovicula* の対格)「子羊」(*ovis*「羊」+縮小辞)；関連〖ポルトガル〗*ovelha*]

o·ve·je·rí·a [o.βe.xe.rí.a] 女〖ラ米〗(テ)羊の飼育(場).

o·ve·je·ro, ra [o.βe.xé.ro, -.ra] 形 羊飼いの, 羊を見張る. *perro ~* 牧羊犬.
— 男女 羊飼い. — 女〖ラ米〗(アルゼ)羊小屋.

o·ve·jo [o.βé.xo] 男〖ラ米〗(テ)雄羊.

o·ve·jón [o.βe.xón] 男〖ラ米〗(ニカラ)羊毛の帽子.

o·ve·ju·no, na [o.βe.xú.no, -.na] 形 羊の, 羊のような. *ganado ~* 牧羊.

o·ve·ra [o.βé.ra] 女 鳥の卵巣.

o·ver·book·ing [o.βer.βú.kin] 〖英〗男 **1** オーバーブッキング (= sobrecontratación, sobreocupación, sobreventa). **2** 満席, 満員.

o·ve·re·ar [o.βe.re.ár] 他〖ラ米〗(アルゼ)(チリ)〖話〗こんがりと焼く, きつね色に焦がす.

o·ve·ro, ra [o.βé.ro, -.ra] 形〈特に馬が〉赤白混じりの, 桃色がかった.
— 男女 毛色が桃色がかった動物[馬].

o·ve·rol [o.βe.ról] 男〖ラ米〗〖服飾〗オーバーオール, 作業服 (= mono). [← 〖英〗*overall*]

o·ve·ten·se [o.βe.tén.se] 形 (スペインの) オビエドOviedoの. — 男女 オビエドの住民[出身者].

o·vi·ci·da [o.βi.θí.ða / -.sí.-] 形 殺卵性の. — 男〖薬〗殺卵(さつらん)剤[薬], 害虫や寄生虫の卵を殺すための化合物.

O·vi·dio [o.βí.ðjo] 固名 オビディウス Publio ~ Nasón (前43 – 後17)：ローマの詩人.
[← 〖ラ〗*Ovidius*]

ó·vi·do, da [o.βí.ðo, -.ða] 形〖動〗ヒツジ類の.
— 男〖複数で〗ヒツジ類.

o·vi·duc·to [o.βi.dúk.to] 男〖解剖〗卵管, 輸卵管.

o·vie·dis·ta [o.βje.ðís.ta] 〖スポ〗(スペインのサッカーチーム) レアル・オビエド Real Oviedo の.
— 男女 レアル・オビエドの選手[ファン].

O·vie·do[1] [o.βjé.ðo] 固名 オビエド：スペイン北部の県；県都. ◆昔の Asturias 王国の首都.

O·vie·do[2] [o.βjé.ðo] 固名 オビエド Gonzalo Fernández de ~ (1478 – 1557)：スペイン王室に任命された公式記録者.

o·vi·for·me [o.βi.fór.me] 形 卵形の, 楕円(だえん)形の.

o·vil [o.βíl] 男 (家畜の) 囲い場.

o·vi·lla·do [o.βi.já.ðo ‖ -.ʝá.-] 形 (糸・ひもなどの) 玉をつくる.

o·vi·lla·do·ra [o.βi.ja.ðó.ra ‖ -.ʝa.-] 女 糸玉を作る機械, 玉巻き機.

o·vi·llar [o.βi.jár ‖ -.ʝár] 他〈糸を〉巻く, 糸玉にする. — *~se* 再 身を縮める, 体を丸くする.

o·vi·lle·jo [o.βi.jé.xo ‖ -.ʝé.-] 男〖詩〗8音節の3行連句と1行の韻脚からなる10行詩. *decir se ~* 2人以上の組で即興の詩を吟じ合い, 前者と同音韻をつけて続ける歌合わせ.

o·vi·llo [o.βí.jo ‖ -.ʝo] 男 **1** (糸・毛糸などの)玉. **2** まるめたもの；山積み. **3** もつれ, 混乱.
hacerse un ovillo (1) 身を縮める, 体を丸くする. (2) どぎまぎする；言いよどむ.
Por el hilo se saca el ovillo.〖諺〗一を聞いて十を知る.

o·vi·no, na [o.βí.no, -.na] 形 ヒツジのような. *ganado ~*〖集合的〗ヒツジ.
— 男〖動〗ヒツジ；〖複数で〗ヒツジ類 (= óvido).

o·ví·pa·ro, ra [o.βí.pa.ro, -.ra] 形〖動〗卵生の. *animal ~* 卵生動物. — 男女 卵生動物.

o·vis·cap·to [o.βis.káp.to] 男〖動〗産卵器[管].

ov·ni [óβ.ni] 男〖略〗*objeto volador no identificado* 未確認飛行物体[英 UFO].

o·vo [ó.βo] 男〖建〗卵形装飾.

o·vo·al·bú·mi·na [o.βo.al.βú.mi.na] 女〖生化〗卵白たんぱく質, 卵白アルブミン, オボアルブミン；乾燥卵白.

o·vo·ci·to [o.βo.θí.to / -.sí.-] 男〖生物〗卵母細胞.

o·vo·gé·ne·sis [o.βo.xé.ne.sis] 女〖単複同形〗〖生物〗→ *oogénesis*.

o·vo·go·nia [o.βo.ɣó.nja] 女〖生物〗→ *oogonia*.

o·voi·de [o.βói.ðe] 形 卵形の. — 男 卵形(体).

o·voi·de·o, a [o.βoi.ðé.o, -.a] 形 → *ovoide*.

ó·vo·lo [ó.βo.lo] 男〖建〗丸身彫刻(ちょうこく)；卵形装飾.

o·vo·pro·duc·to [o.βo.pro.ðúk.to] 男 卵製品.

o·vo·so, sa [o.ßó.so, -.sa] 形〈魚が〉腹子を持った.
o·vo·ve·ta·ria·no, na [o.ßo.ße.xe.tá.rjá.no, -.na] 男女 エッグベジタリアン，卵も食べる菜食(主義)者. ► 乳製品も摂取しない菜食(主義)者は lactovegetariano.
o·vo·vi·ví·pa·ro, ra [o.ßo.ßi.ßí.pa.ro, -.ra] 形【動】卵胎生の. ━男 卵胎生動物.
o·vu·la·ción [o.ßu.la.θjón / -.sjón] 女【生物】排卵.
o·vu·lar[1] [o.ßu.lár] 形【生物】卵子の；【植】胚珠(ﾊｲｼｭ)の.
o·vu·lar[2] [o.ßu.lár] 自【生物】排卵する.
o·vu·la·to·rio, ria [o.ßu.la.tó.rjo, -.rja] 形【生物】排卵の，排卵に関する.
ó·vu·lo [ó.ßu.lo] 男 1【生物】卵子，卵細胞. 2【植】胚珠(ﾊｲｼｭ). 3【医】避妊用膣(ﾁﾂ)座薬.
¡ox! [óks] 間投〈鳥などを追う声〉しっしっ.
o·xá·ci·do [ok.sá.θi.ðo / -.si.-] 男【化】→ oxoácido.
o·xa·la·to [ok.sa.lá.to] 男【化】シュウ酸塩.
o·xá·li·co, ca [ok.sá.li.ko, -.ka] 形【化】シュウ酸の. ácido ～ シュウ酸.
o·xá·li·da [ok.sá.li.ða] 女【植】カタバミ.
o·xa·li·dá·ce·as [ok.sa.li.ðá.θe.as / -.se.-] 女【複数形】【植】カタバミ科の植物).
¡o·xe! [ók.se] 間投→ ¡ox!
o·xe·ar [ok.se.ár] 他〈犬・鳥などを〉しっしっと言って追う.

oxálida (カタバミ)

oxi-「酸素」または「酸，酸味のある，鋭い，急速な」の意を表す造語要素. 母音の前では ox-. → oxácido, oxihemoglobina, oxítono. [← ｷﾞ]
o·xi·a·can·ta [ok.sja.kán.ta] 女【植】サンザシ.
o·xi·a·ce·ti·lé·ni·co, ca [ok.sja.θe.ti.lé.ni.ko, -.ka] 形【化】酸素アセチレンの. soplete ～ 酸素アセチレントーチ[バーナー].
o·xi·á·ci·do [ok.sjá.θi.ðo / -.si.-] 男【化】→ oxoácido.
o·xi·da·ble [ok.si.ðá.ßle] 形 酸化しやすい，さびやすい (↔ inoxidable).
o·xi·da·ción [ok.si.ða.θjón / -.sjón] 女 1【化】酸化(作用). 2 さびること，さびつき.
o·xi·da·do, da [ok.si.ðá.ðo, -.ða] 形 1 さびた，さびついた. 2【化】酸化した. 3 動きが鈍った，使いものにならない.
o·xi·dan·te [ok.si.ðán.te] 形 酸化させる，さびつかせる. ━男 酸化剤，オキシダント.
o·xi·dar [ok.si.ðár] 他 1【化】酸化させる；さびつかせる. 2【話】〈…の動きを〉鈍らせる. ━ ～·se 再 1【化】酸化する；さびる，さびつく. El cerrojo *se ha oxidado*. 差し錠がさびついてしまった. 2【話】〈…の動きが〉鈍る.
*****ó·xi·do** [ók.si.ðo] 男 1【化】**酸化物**. ～ de carbono 一酸化炭素. ～ de hierro 酸化鉄. 2 (金属の) さび.
o·xi·ge·na·ción [ok.si.xe.na.θjón / -.sjón] 女 1【化】酸素処理，酸素添加，酸化. 2 外気吸入.
o·xi·ge·na·do, da [ok.si.xe.ná.ðo, -.ða] 形 1 酸素を含む. agua *oxigenada* 過酸化水素水, オキシドール. 2 脱色した. pelo ～ 脱色した髪.
o·xi·ge·nan·te [ok.si.xe.nán.te] 形 酸素供給の，

o·xi·ge·nar [ok.si.xe.nár] 他 1【化】酸素で処理する，酸素を添加する. 2 (場所に) 外気を入れる. ～ la habitación 部屋の換気をする. ━ ～·se 再 1【話】(オキシドールで) 〈髪を〉脱色する. 2【話】外気を吸う.
*****o·xí·ge·no** [ok.sí.xe.no] 男 1【化】**酸素** (記号 O). botella de ～ 酸素ボンベ. ～ a alta presión 高圧酸素. ～ líquido 液体酸素. 2【話】新鮮な空気. [[仏] *oxygène* (←[ｷﾞ] *oxys*「鋭い；すっぱい」よりフランス人 A.L.Lavoisier が造語) (関連) oxidar, oxidante, oxítono.[英] *oxygen, oxidant*]
o·xi·ge·no·te·ra·pia [ok.si.xe.no.te.rá.pja] 女【医】酸素療法.
o·xi·go·nio [ok.si.gó.njo] 形【数】鋭角の. triángulo ～ 鋭角三角形.
o·xi·he·mo·glo·bi·na [ok.sje.mo.glo.βí.na] 女【生物】酸素ヘモグロビン.
o·xi·m(i)el [ok.sjm(j)él] 男 → ojimel.
o·xí·mo·ron [ok.sí.mo.ron] 男 [複 ～, ～s, oxímoros]【修辞】矛盾(ﾑｼﾞｭﾝ)語法，撞着(ﾄﾞｳﾁｬｸ)語法. ► 矛盾する意味の語や表現の組み合わせによる修辞法.
o·xi·pé·ta·lo [ok.si.pé.ta.lo] 男【植】ガガイモ科リトウワタ.
o·xi·to·ci·na [ok.si.to.θí.na / -.sí.-] 女【生化】オキシトシン. ♦脳下垂体から分泌され，子宮の収縮と母乳の分泌を促進する.
o·xí·to·no, na [ok.sí.to.no, -.na] 形【文法】最後の音節にアクセントのある (= agudo). ━男 最後の音節にアクセントのある語.
o·xiu·ro [ok.sjú.ro] 男【動】ギョウチュウ.
o·xo·á·ci·do [ok.so.á.θi.ðo / -.si.-] 男【化】酸素酸，オキソ酸.
o·xo·nien·se [ok.so.njén.se] 形 (英国の) オックスフォード (大学) の. ━男 女 1 オックスフォードの住民. 2 オックスフォード大学の出身者.
¡ox·te! [ós.te] 間投《人・動物などを追い払う声》しっしっ，あっちへ行け. *sin decir oxte ni moxte*《まれ》ひと言も言わずに.
oy- 活 → oír.
o·ya·mel [o.ja.mél] 男【植】オヤメル：アメリカ大陸産の樅(ﾓﾐ). 製紙原料となる白色の木材がとれる.
o·ye [ó.je] 活 → oír.
¡o·ye! [ó.je] 間投《聞き手の注意を引き，驚き・賞賛・不快を示して》おい，ねえ，ちょっと. → oír.
*****o·yen·te** [o.jén.te] 形 聞いている，傾聴する. alumno ～ 聴講生. ━男女 1 聞き手，聴衆，聴取者. Este programa tiene muchísimos ～s. この番組は非常に聴取者が多い. 2 (大学などの) 聴講生.
o·zo·ce·ri·ta [o.θo.θe.rí.ta / -.so.se.-] 女【鉱】臭蠟(ｼｭｳﾛｳ).
o·zo·na [o.θó.na / -.só.-] 女【化】→ ozono.
o·zo·ni·zar [o.θo.ni.θár / -.so.-.sár] 97 他【化】オゾン化する；オゾン処理する.
*****o·zo·no** [o.θó.no / -.só.-] 男【化】**オゾン**：酸素の同素体. capa de ～ オゾン層.
o·zo·nó·me·tro [o.θo.nó.me.tro / -.so.-] 男【化】オゾン計.
o·zo·nos·fe·ra [o.θo.nos.fé.ra / -.so.-] 女 (大気圏の) オゾン層 (= capa de ozono).
o·zo·no·te·ra·pia [o.θo.no.te.rá.pja / -.so.-] 女 オゾン療法，オゾンを用いる治療法.

P p

日本語の「パ行」と同じように発音する.

P, p [pé] 女 スペイン語字母の第17字.
p 《略》**1** *p*eso 重量. **2** 《音楽》*p*iano 弱く.
p. 《略》**1** *p*ágina ページ. **2** *p*adre 神父, 師. **3** *p*apa 教皇.
P 《略》**1** 〖化〗phósphoros〔ギ〕リン(= fósforo). **2** 〖車〗Parking〔英〕駐車場;《交通標識》駐車可.
P., p., pdo. 《略》*p*asado 先の, 去る…. el *pdo.* mes 先月.
p.a. 《略》〖化〗*p*eso *a*tómico 原子量.
Pa 〖化〗protactinio プロトアクチニウム.

‡**pa·be·llón** [pa.βe.jón ǁ -.ʎón] 男 **1** パビリオン, …館, 仮設展示場. el ~ español en la feria internacional de muestras 国際見本市のスペイン館.

pabellón de servicios universitarios
(学生会館)

2 別棟;あずまや, 小屋. ~ de caza 狩猟小屋.
3 (円錐形の) 大型テント; (寝室・玉座などの) 天蓋(がい). **4** (国・団体の) 旗;船籍. izar el ~ nacional 国旗を掲揚する. **5** 〖音楽〗(管楽器の) 朝顔, らっぱ状の口. **6** 〖解剖〗外耳;耳殻(= ~ de la oreja). **7** 〖建〗装飾的突出部. **8** (宝石の) パビリオン:ブリリアントカットの下部の斜面. **9** 〖軍〗叉銃(さじゅう).
10 保護, 庇護(ひご). **11** 《ラ米》《キューバ》かき氷.
dejar alto el pabellón de... (活躍によって) …の名声を高める.
El pabellón cubre la mercancía. (1) 船旗は船荷貨を保護する:国際法上, 戦時下の中立国の航行は庇護される. (2) 他人の威光を借りて無理をとおす.
quedar alto el pabellón de... …の名声が高まる.
[←《古スペイン》「野営用のテント」←《古仏》*paveillon*(《仏》*pavillon*) ←《ラ》*papiliō*「チョウ」;チョウの羽と風にはためくテントとの類似から転義;〖関連〗《英》*pavilion*]

pa·bi·lo [pa.βí.lo] / **pá·bi·lo** [pá.βi.lo] 男 **1** (ろうそく・トーチの) 芯(しん), 灯心(とう). **2** 灯心の火が灯(とも)っている部分, 灯心の炭化した部分.

pa·bi·lón [pa.βi.lón] 男 (糸巻き棒から) 少し垂れた糸.

Pa·blo [pá.βlo] 固名 **1** 〖聖〗San ~ 聖パウロ(?-67):新約聖書中の14編の書簡の筆者. 祝日6月29日. **2** パブロ:男子の洗礼名.
¡Guarda, Pablo! 《話》《警告》危ない.
[←《ラ》*Paulus*;〖関連〗Paulo. 《ポルトガル》*Paulo*. 《仏》《英》《独》*Paul*. 《伊》*Paolo*]

pá·bu·lo [pá.βu.lo] 男 **1** 《格式》栄養物, 食料.
2 《スペイン》活動を支えるもの;糧.
dar pábulo a... …を誘発する, 助長する.

pa·ca¹ [pá.ka] 女 〖動〗パカ:中南米産の大型の齧歯

(げっし)動物. [←〖トゥピ〗*paca*]

pa·ca² [pá.ka] 女 **1** (特に羊毛などの) 梱(こり), 梱包. una ~ de algodón 1梱の綿. **2** 《ラ米》《コスタリカ》卸売り用のパッケージ.

Pa·ca [pá.ka] 固名 パカ:Francisca の愛称.

pa·ca·na [pa.ká.na] 女 〖植〗ペカン (の木):クルミの一種.

pa·ca·to, ta [pa.ká.to, -.ta] 形 **1** 内気な, おどおどした, 控えめすぎる. **2** 道徳に厳しすぎる;何にでも騒ぎ立てる.

pa·cay [pa.kái̯] 男 〖複〗pacaes, ~es 《ラ米》《ペルー》〖植〗グアモ (の木). → guamo.

pa·ca·ya [pa.ká.ja] 女 《ラ米》(1) 《中米》〖植〗パカヤ:新芽は食用となるヤシの低木. (2) 《コスタリカ》《話》腹立ち.

pa·ca·yar [pa.ka.jár] 男 《ラ米》《中米》グアモ園.

pa·ce·de·ro, ra [pa.θe.ðé.ro, -.ra ǁ -.se.-] 形 牧草用の.

pa·ce·du·ra [pa.θe.ðú.ra ǁ -.se.-] 女 (家畜に) 牧草を与えること.

pa·cen·se [pa.θén.se ǁ -.sén.-] 形 **1** (スペイン Extremadura 地方の) バダホス Badajoz の. **2** (ポルトガルの) ベジャ Beja の. — 男 女 **1** バダホスの住民[出身者]. **2** ベジャの住民[出身者].

pa·ce·ño, ña [pa.θé.ɲo, -.ɲa ǁ -.sé.-] 形 (ボリビアの首都の) ラ・パス La Paz の.
— 男 女 ラ・パスの住民[出身者].

pa·cer [pa.θér ǁ -.sér] 34 他 (家畜に) 牧草を食べさせる. — 自 (家畜が) 牧草を食べる.

pa·ces [pá.θes ǁ -.ses] 女 paz の複数形.

pa·cha [pá.tʃa] 女 《ラ米》(1) 《中米》ほ乳瓶. (2) 《ニカラグア》水筒.

pa·chá [pa.tʃá] 男 〖複〗~s パシャ:昔のトルコの高官の称号 (= bajá).
vivir como un pachá 《話》豪勢な暮らしをする.

pa·cha·cho, cha [pa.tʃá.tʃo, -.tʃa] 形 《ラ米》《キューバ》《話》ずんぐりした, 太った;短足の.

pa·cha·co, ca [pa.tʃá.ko, -.ka] 形 《ラ米》《中米》《話》ひ弱な;役立たずの.

pa·cha·ma·ma [pa.tʃa.má.ma] 女 《ラ米》《ラプラタ》《ボリビア》パチャママ:インカの大地母神 (= Madre Tierra).

pa·cha·man·ca [pa.tʃa.máŋ.ka] 女 《ラ米》《ペルー》石焼きのバーベキュー, 野外パーティー;騒ぎ, 騒動.

pa·chan·ga [pa.tʃáŋ.ga] 女 **1** 《話》大騒ぎ, どんちゃん騒ぎ. **2** 《ラ米》《中米》パーティー, 宴会. (2) 《ニカラグア》パチャンガ:軽快なダンス[曲].

pa·chan·gue·ar [pa.tʃaŋ.ge.ár] 自 《ラ米》《話》(1) パーティーに行く. (2) 《ニカラグア》パーティーを開く.

pa·chan·gue·ro, ra [pa.tʃaŋ.gé.ro, -.ra] 形 **1** 〈音楽が〉単純でにぎやかな, のりのいい. Me gusta mucho la música ~ y bailable. 私はのりがよくて踊れる音楽がすごく好きなの. **2** 《軽蔑》〈演奏家・楽

paca¹ (パカ)

譜・楽団々)低俗で質の低い音楽を扱う.
pa·chan·gui·ta [pa.tʃaŋ.gí.ta] 女《スポ》《サッカー》(特に練習における)リラックスしたパス回し.
pa·cha·rán [pa.tʃa.rán] 男 → patxaran.
pa·chas [pá.tʃas] 女 *A pachas*《話》折半(就)で, 半々で; 中途半端に(= a medias).
pa·che·co [pa.tʃé.ko] 形《ラ米》《キス》《ゴ巻》《話》寒さ.
pa·chi·che [pa.tʃí.tʃe] 形《ラ米》《話》(1) だめになった, 悪い状態の. (2) 《ジト》(人が)年をとりしわのある.
pa·cho, cha [pa.tʃo, -.tʃa] 形《ラ米》(1) 《中米》《キス》《話》ずんぐりした, 小太りの. (2) 《ジト》《話》腰の重い. (3) 《中米》《ジト》平らな, 平べったい.
pa·cho·cha [pa.tʃó.tʃa] 女《ラ米》(1) → pachorra. (2) 《ジト》《話》お金, 銭.
pa·chol [pa.tʃól] 男《デ》《ジト》もつれ髪, もじゃもじゃの髪.
pa·chón, cho·na [pa.tʃón, -.tʃó.na] 形 **1**《話》のんきな, のろまな. **2**《ラ米》(1)《中米》《キス》《話》毛の長い, 毛深い. (2) 《ゾル》太っちょの.
— 男 女《話》のろま, のんきな人.
— 男 バセット犬(= perro ~).

pachón (バセット犬)

pa·cho·rra [pa.tʃó.ra] 女《話》ぐず, のんき.
pa·cho·rra·da [pa.tʃo.rá.ða] 女《ラ米》(ダリ)(プラタ)(ゾル)《話》でたらめ, たわ言.
pa·cho·rre·ar [pa.tʃo.ře.ár] 自《ラ米》《中米》《話》手間取る, ぐずぐずする.
pa·cho·rrien·to, ta [pa.tʃo.rjén.to, -.ta] 形《ラ米》《ゾル》《チ》→ pachorrudo.
pa·cho·rro, rra [pa.tʃó.ro, -.řa] 形《ラ米》《ジト》《メキシ》《ゾル》→ pachorrudo.
pa·cho·rru·do, da [pa.tʃo.řú.ðo, -.ða] 形《話》のろまな, のんきな人.
pa·cho·ta·da [pa.tʃo.tá.ða] 女《ラ米》《話》でたらめ, いい加減なこと.
pa·chu·cho, cha [pa.tʃú.tʃo, -.tʃa] 形《話》**1**《果物が》熟しすぎた;《花が》しおれた. **2**《人が》元気のない;気が沈んだ. *estar ~* ふさぎ込んでいる.
pa·chu·co, ca [pa.tʃú.ko, -.ka] 形《ラ米》《話》けばけばしい, 派手な.
— 男 女《ラ米》(1)《ジト》《話》(服装の)派手な人;趣味の悪い人. (2)《米》(主に読むテキサス州の) エル・パソ El Paso の住民[出身者], メキシコ系米国人.
pa·chu·lí [pa.tʃu.lí] 男《複 ~es, ~s》《植》パチョリ(香油の採れるシソ科の植物);パチョリから採れる香料.

pa·cien·cia [pa.θjén.θja / -.sjén.sja] 女 **1** 忍耐, 辛抱, 忍耐力, 辛抱強さ. *tener* ~ 忍耐強い;辛抱する. *con* (*santa*) ~ じっと我慢して. *perder la* ~ 堪忍袋の緒が切れる. *No tengo* ~ *ahora para leer todo esto*. 今は私にはこれを全部読むだけの忍耐力はない. *Se me agotó la* ~. 私は堪忍袋の緒が切れた. *Con* ~ *se gana el cielo*.《診》待てば海路の日和あり (= 辛抱すれば天にも届く.)
2 根気, がんばり. *con* ~ 根気よく. *Este trabajo requiere mucha* ~. この仕事には根気が必要だ. *La* ~ *es la madre de la ciencia*.《診》根気は科学の母.
3 悠長, ゆっくり. *llevar* [*tomar*]... *con* ~ 気長に…をする. **4** アーモンド入りの小さいクッキー.
acabar con la paciencia de + 人 / *acabar*le (*a* + 人) *la paciencia* 〈人〉を我慢できなくする, 〈人〉をいらいらさせる.
armarse [*cargarse*] *de paciencia* 忍耐強く構える.
paciencia del Santo Job 並外れた忍耐力.
paciencia y barajar 辛抱するしかない.
probarle (*a* + 人) *la paciencia* / *poner a prueba la paciencia de* + 人 〈人〉を何度もいらいらさせる. *No pongas a prueba su* ~, *que no es tan santo*. 彼だって聖人君子じゃないんだから我慢にも限界があるぞ (▶ *su* が *de* + 人に相当).

pa·cien·cio·so, sa [pa.θjen.θjó.so, -.sa / -.sjen.-] 形 忍耐力のある, 我慢強い.

pa·cien·te [pa.θjén.te / -.sjén.-] 形 **1** 我慢強い, 忍耐力のある, 根気の. *Hay que ser* ~ *pero todo tiene un límite*. 我慢強くなくてはならないが何事にも限度がある. *Estos trabajos requieren personas educadas y* ~s. これらの仕事には礼儀正しく辛抱強い人が求められている. **2**《文法》受身の. *sujeto* ~ 受身の主語.
— 男 女 **1** 患者, 病人. *La comunicación entre el* ~ *y el médico es muy importante*. 患者と医師のコミュニケーションはとても大切だ. **2**《哲》受動者, ある行為を受ける主体. **3**《文法》被動作主.
[← [ラ] *patientem* (*patiēns* の対格← *patī* 「耐える」の現在分詞) [関連] *paciencia, pasión, padecer*. [英] *patient*]

pa·cien·te·men·te [pa.θjen.te.mén.te] 副 忍耐強く, 根気よく.
pa·cien·zu·do, da [pa.θjen.θú.ðo, -.ða / -.sjen.sú.-] 形《話》実に忍耐強い, 非常に我慢強い.
pa·ci·fi·ca·ción [pa.θi.fi.ka.θjón / -.si.-.sjón] 女 **1** 和解, 調停;和平工作. **2** 鎮圧;平穏.
pa·ci·fi·ca·dor, do·ra [pa.θi.fi.ka.ðór, -.ðó.ra / -.si.-] 形 仲裁する;平定の, 鎮圧の.
— 男 女 **1** 平定者, 鎮圧者. **2** 仲裁者, 調停者.
pa·ci·fi·car [pa.θi.fi.kár / -.si.-] 100 他 **1** 和解[和睦(ぼく)]させる. **2** 平定する;鎮圧する.
— 自 和平交渉をする.
— *~se* 平静を取り戻す, 冷静になる.
Pa·cí·fi·co [pa.θí.fi.ko / -.sí.-] 固名 *el* (*Océano*) ~ 太平洋. *el* ~ *Sur* 南太平洋. *el* ~ *Norte* 北太平洋.
[1520年ヨーロッパ人として初めて太平洋を航海したポルトガル人マゼラン Magallanes が「穏やかな海」の意味で命名. → *paz*]

pa·cí·fi·co, ca [pa.θí.fi.ko, -.ka / -.sí.-] 形 **1** 穏やかな, 平静な;平和を好む. *corazón* ~ 温和な心. *Es una persona pacífica y no le gusta discutir*. 彼[彼女]は穏やかな人で口論を好まない.
2 平和(的)な;平時の. *revolución pacífica* 無血革命. *Después de 5 años de guerra por fin han empezado a llevar una vida pacífica*. 5年にわたる戦争の後, やっと平和な生活がやってきた.
pa·ci·fis·mo [pa.θi.fís.mo / -.si.-] 男 平和主義, 不戦主義.
pa·ci·fis·ta [pa.θi.fís.ta / -.si.-] 形 平和主義(者)の, 不戦主義(者)の. — 男 女 平和[不戦]主義者.
pack [pák] [英] 男《複 ~s》パック, ひと包み.
pack·ag·ing [pá.ka.jin // -.ke.-] [英] 男 **1**(商品を魅力的に見せるための)包装[梱包(ごん)], パッケージング. **2** 容器類の製造販売.
Pa·co [pá.ko] 固名 パコ:Francisco の愛称.
pa·co, ca [pá.ko, -.ka] 形《ラ米》(1)《中米》赤い, 赤みを帯びた. (2)《ゾル》(家畜が)耳の垂れた.

Pacorro

— 男 1 〖動〗 バカ → paca¹. 2 〖史〗(スペイン保護領下のモロッコでモーロ人の)狙撃(そげき)兵. 3 《ラ米》(1)《㊥》赤(色). (2)《コル》〖隠〗麻薬の包み. (3)《チリ》《ウルグ》《ペル》《話》警官, 巡査 (► 赤っぽい制服から). 4 《㊥》(鉄分の混じった)銀鉱石. (5)《コル》《話》口内炎.

Pa·co·rro [pa.kó.ro] 固名 パコーロ：Francisco の愛称.

pa·co·ta [pa.kó.ta] 女 《ラ米》《チリ》《話》→ pacotilla 1.

pa·co·ti·lla [pa.ko.tí.ʝa || -.ʎa] 女 1 《まれ》(船員が持ち込める)船賃無料の商品. 2 《ラ米》《チリ》《ウルグ》《話》群衆, 烏合(うごう)の衆；徒党.
de pacotilla 《話》価値のない, つまらない.
hacer su *pacotilla* たっぷりもうける.

pa·co·ti·lle·ro, ra [pa.ko.ti.ʝé.ro, -.ra || -.ʎé.-] 形 1 安物雑貨商人の. 2 《ラ米》《チリ》《話》粗野な, 無礼な. — 男 女 1 安物雑貨の商人. 2 《ラ米》《チリ》行商人, 呼び売り人.

***pac·tar** [pak.tár] 他〖協定・条約などを〗締結する, 〈…について〉合意に達する. ~ una tregua navideña クリスマス休戦協定を結ぶ.
— 自 《con...》〈…と〉協定を結ぶ, 〈…に〉合意する. ~ *con* el diablo 悪魔に魂を売る；密約する.

pac·tis·mo [pak.tís.mo] 男〖政〗協調主義：協定を結び(対立を避けつつ)ものごとを進めること.

pac·tis·ta [pak.tís.ta] 形 1 協調主義(者)の. 2 協定の. — 共 協調主義者, 協調しをがむ人.

***pac·to** [pák.to] 男 契約, 協定, (主に軍事的)条約 (► 一般の条約は tratado). firmar [hacer] un ~ 協定を結ぶ. romper un ~ 協定を破棄する. ~ a la griega 政治理念の違うグループが連立を組むこと. ~ de cooperación 協力協定. ~ de no agresión 不可侵条約. ~ de [entre] caballeros 紳士協定. ~ social 社会協定. P~ de Varsovia ワルシャワ条約.

pa·cú [pa.kú] 男 《ラ米》《㊥》《ウルグ》〖魚〗(メチニスに似た)カラシン科の淡水魚.

pa·cue·ca [pa.kwé.ka] 女 《ラ米》《ウルグ》《話》足の悪臭.

pá·cul [pá.kul] 男 〖植〗パクル：マニラ麻に似た繊維が採れるフィリピン産の野生のバショウ.

pad [pád] [英] 男 《複 ~s, ~》 1 コントロールパッド, (電子的機構をボタンで操作する)操作装置. 2 → alfombrilla¹.

pa·da·no, na [pa.dá.no, -.na] 形 (イタリアの)ポー Po 川の. — 男 女 ポー川沿岸の住民[出身者].

pad·del [pá.del] 男 → paddle.

pad·dle [pá.del] 男 《スポ》 パドルテニス：テニスコートの約半分のコートでスポンジボールを打ち合う.

pad·dock [pá.đok] [英] 男 《複 ~s, ~》 1 (競馬場やドッグレース場の)パドック. 2 (オートサーキットの)パドック：レース前に参加者がいる場所.

***pa·de·cer** [pa.đe.θér / -.sér] 34 他 1 〈苦痛に〉悩む, 〈苦痛を〉感じる. ~ un dolor fuerte en la espalda 背中に強い痛みがある.
2 〈病気などを〉患う. Los vegetarianos tienen menos riesgo de ~ trastornos cardiacos. ベジタリアンの方が心臓の病気になる危険性が低い.
3 〈損害などを〉被る, 〈痛手を〉受ける；〈間違いなどを〉犯す. Aquel pueblo *padeció* un fuerte terremoto hace varios años. その町は何年か前に大地震に見舞われた.
4 《まれ》〈面倒なことに〉耐える, 我慢する.
— 自 《con... / por... / de... …で》苦しむ, 悩む.
2 《de...》〈病気など〉を患う. *Padece del* corazón. 彼[彼女]は心臓を悪くしている.
3 《de...》〈痛手を〉被る；〈ものが〉損傷する. La empresa *padeció de* una fuerte crisis financiera por las bajas ventas. その企業は売り上げが落ちて深刻な財政危機を被った.
[← 〖古スペイン〗*padir* ← 〖ラ〗*patī*「苦しむ, 耐える」] 関連 compadecer, compatible, paciente, pasión, pasivo; *patient, passive*]

pa·de·ci·mien·to [pa.đe.θi.mjén.to / -.si.-] 男 1 苦しみ, 苦痛, 苦悶(くもん). 2 病苦；病気, 疾患. → enfermedad 類語.

pá·del / pa·del [pá.del] 男 〖スポ〗→ paddle.

padezc- 活 → padecer.

pa·di·lla [pa.đí.ʝa || -.ʎa] 女 小型フライパン；パン焼き窯(がま).

pa·dras·tro [pa.drás.tro] 男 1 継父. ► 継母は madrastra. 2 《軽蔑》(子供に)つらくあたる父親. 3 (指の)ささくれ. 4 障害物, 妨害.

pa·dra·zo [pa.drá.θo / -.so] 男 《話》(子供に)甘い父親.

***pa·dre** [pá.đre] 男 1 父, 父親 (↔ madre). ~ de familia 家長. ~ adoptivo 養父. ~ político 義理の父 (= suegro). día del ~ 父の日. A mi ~ le gusta mucho el golf. 私の父はゴルフが大好きです. Él fue como un ~ para mí. 彼は私にとって父親のような人だった.
2 《複数で》両親. de los ~s a los hijos 親から子へ. Mis ~s están de viaje ahora. 私の両親は今旅行に出ています.
3 〖宗〗[P-] (三位一体の第一位格である) 父なる神 (= P~ Eterno). → persona.
4 〖カト〗神父. el ~ Miguel ミゲル神父. ~ de almas 高位聖職者. ~ espiritual 聴罪司祭. P~ Santo / Santo P~ 教皇, ローマ法王. P~ de la Iglesia / Santo P~ (初期キリスト教会の)教父.
5 創始者, 開祖, …の父. ~ de la patria 建国の父；《皮肉》国会議員.
6 祖；長老；《複数で》祖先, 先祖. nuestros primeros ~s アダムとイブ. Nuestros ~s fundaron esta ciudad. 私たちの先祖がこの町を造った.
7 (種付け用家畜の)雄. 8 源, 起源.
— 形 1 《話》すごい, 度を越した. darse la vida ~ 豪勢な[気楽な]生活をする. tener un éxito ~ 大成功を収める.
2 《ラ米》《㊥》《ウルグ》《話》かっこいい, すてきな.
cada uno [una] de su padre y de su madre 不ぞろいの, まちまちの. Las sillas del salón son *cada una de su ~ y de su madre.* 客間のいすはみんなまちまちだ.
de padre y muy señor mío 《話》大変な, ひどい；巨大な.
no tener padre ni madre ni perrito [perro] que LE *ladre* 《話》天涯孤独である.
padre conscripto (古代ローマの)元老院議員.
padre nuestro → padrenuestro.
sin padre ni madre, ni perro que LE *ladre* 天涯孤独の(で).
¡Tu padre! 《俗》《怒り》ちくしょう, この野郎.
[← 〖ラ〗*patrem* (*pater* の対格). 関連 paterno, patrón, patria, patriarca. 〖ポルトガル〗*pai*. 〖仏〗*père*. 〖伊〗*padre*. 〖英〗*father, paternal*. 〖独〗*Vater*]

pa·dre·ar [pa.đre.ár] 自 1 〈雄が〉種つけする.

2 父親に似る、父親譲りである.
pa·dre·jón [pa.ðre.xón] 男 **1** 男のヒステリー.
  2 《ラ米》《ｻﾞｯｸﾊﾞﾗﾝ》→padrillo.
pa·dre·nues·tro [pa.ðre.nwés.tro] 男 《カト》パーテル・ノステル, 主禱(とう)文, 主の祈り (= padre nuestro).
pa·dri·llo [pa.ðrí.jo ‖ -.ʎo] 男 《ラ米》《ｵｽ》《ｼﾞｪﾙ》種馬.
pa·dri·na [pa.ðrí.na] 女 →madrina.
pa·dri·naz·go [pa.ðri.náθ.go / -.nás.-] 男 **1** (洗礼に立ち会う)代父の役. **2** 《比喩的に》保護, 後援.
***pa·dri·no** [pa.ðrí.no] 男 **1 代父**, 名(付け)親. ◆ 子供の洗礼などに立ち会い, 宗教教育などを保証する人. →compadre, madrina. **2** 《複数で》代父母. **3** (結婚式での)新婦の付添人; (決闘の)立会人, 介添人. **4** 後援者, 庇護者; 《話》コネ.
pa·dri·sí·mo, ma [pa.ðrí.si.mo, -.ma] 形 《ラ米》《話》最高の, 最良の.
pa·drón [pa.ðrón] 男 **1** (町村の)人口調査簿, 住民名簿. hacer el ~ 人口調査をする.
  2 手本, 模範, 型. **3** 標石, 標柱. **4** 悪評; 不名誉, 不面目. **5** 《話》子供を甘やかす父 (= padrazo). **6** 《ラ米》(1) 《ﾒﾋｺ》車の登録番号. (2) 《ﾗﾌﾟﾗ》種牛. (3) 《ﾁﾘ》《ｳﾙｸﾞ》《ﾎﾟ米》《ｴｸｱ》種馬.
pa·dro·te [pa.ðró.te] 男 《ラ米》(1) 《ﾒﾋｺ》《ﾎﾟ米》《ｱﾒﾘｶ》《ﾊﾞﾗｸﾞ》種馬; 種牛. (2) 《ｶﾘﾌﾞ》《俗》売春宿の主人; ぽん引き.
Padua [pá.ðwa] 固名 パドバ:イタリア北部の都市.
***pa·e·lla** [pa.é.ja ‖ -.ʎa] 女 《料》**パエリャ**:肉, 魚介類, 野菜, サフランなどで炊き込んだValencia起源の米料理. ~ (a la) valenciana バレンシア風パエリャ. ~ de mariscos 魚介のパエリャ. ~mixta 肉と魚介のパエリャ.

paella (パエリャ)

[←《カタルーニャ》*paella*「フライパン」←《古仏》*paele*(《仏》*poêle*) ←《ラ》*patella*「小なべ, 皿」]
pa·e·lla·da [pa.e.já.ða ‖ -.ʎá.-] 女 パエリャ paellaが中心の料理.
pa·e·lle·ra [pa.e.jé.ra ‖ -.ʎé.-] 女 パエリャ paella用の平鍋(なべ).
¡paf! [páf] 擬 (ものが当たったり, 落ちた音)ドスン, ピシャ, バン.
pa·flón [pa.flón] 男 《建》(軒蛇腹のような壁面から突出した部分の)下面, 下端(たん).
pág. (略) *página* ページ.
***pa·ga** [pá.ga] 女 **1 給料**, 月給; 小遣い. cobrar la ~ 給料を受け取る. hoja de ~ 給料明細書. ~ extra [extraordinaria] 特別手当. →sueldo
《類語》. **2** (親が子供に与える)小遣い. **3** 支払い日. día de ~ 支払い日. **4** (罪・過ちの)償い, 代償, 報い.
  — 活 →pagar.
pa·ga·ble [pa.gá.ble] 形 支払い可能な; 償うことができる.
pa·ga·de·ro, ra [pa.ga.ðé.ro, -.ra] 形 支払うべき一覧払いの. ~ a plazos 分割払いの. ~ al portador 持参人払いの. ~ a noventa días 一覧後90日払いの.
pa·ga·do, da [pa.gá.ðo, -.ða] 形 **1** 支払い済みの, 支払われた. ~ por adelantado 前払いした.
  2 報われた; 償われた. un amor mal ~ 片思い.
  3 雇われた, 金で買われた. asesino ~ 殺し屋. **4** 思い上がった, 得意になった. ~ de sí mismo 自己満足している.
pa·ga·dor, do·ra [pa.ga.ðór, -.ðó.ra] 形 支払い者[人]の, 支払者[人]; 経理係, 給料支払い係. **2** 《ラ米》(*問) 金払いのよい人.
pa·ga·du·rí·a [pa.ga.ðu.rí.a] 女 《まれ》支払所; 会計課, 経理課.
pa·ga·m(i)en·to [pa.ga.m(j)én.to] 男 支払い, 納付.
pa·ga·ni·ni [pa.ga.ní.ni] 男 女 《ラ米》《キリスト教・ｱﾙｼﾞｪﾝ》《話》他人の勘定を支払う人.
pa·ga·nis·mo [pa.ga.nís.mo] 男 異教信奉, 異教思想[精神], 偶像崇拝; (集合的)異教徒.
pa·ga·ni·zar [pa.ga.ni.θár / -.sár] 97 他 異教徒にする, 異教化する. — ~·se 再 異教(徒)化する.
pa·ga·no, na [pa.gá.no, -.na] 形 **1** (キリスト教・ユダヤ教にとって)異教の, 異教徒の; 無信仰の (= gentil). **2** 《話》他人の分まで払わされる; 他人の罪を着る. **3** 《ラ米》《ﾊﾞﾗｸﾞ》知らない, 疎(うと)い.
  — 男 **1** (キリスト教・ユダヤ教から見た)異教徒. **2** 《話》他人の分まで払わされる人; 他人の罪を着る人. Siempre soy yo el ~. いつも僕が人の尻拭(しりぬぐ)いをさせられる.
****pa·gar** [pa.gár] 103 他 **1** 《代金を》**支払う**, 《経費などを》払う; (a + 人) 《人》の代わりに費用を出す. ~ la deuda 借金を支払う. ¿Cuánto *pagaste* por el coche? 車にいくら払ったのですか. Su tío *le pagó* sus estudios. 彼[彼女]のおじさんが彼[彼女]に学費を出してやった (► le が a + 人に相当).
  2 《好意などに》報いる, 《恩を》返す. ¡Dios se lo *pague*! あなたに神のご加護がありますように. **3** 《con……で》《誤った行為の罪を》償う, つけを払う. Esto lo vas a ~ caro. これは後で高くつくぞ.
  — 自 **1** 支払う; つけを払う. ~ por adelantado 前払いする. ~ a plazos 分割払いする. ¿Puedo ~ con tarjeta de crédito? クレジットカードで支払いができますか. Ellos debían ~ por lo que hicieron. 彼らは行ったことの償いをすべきだった. **2** 《ラ米》《ﾒﾋｺ》利益を生む, 儲かる.
  — ~·se 再 **1** 《自分の費用で》まかなう. Ella trabaja de noche para ~*se* sus estudios. 自分の学費を支払うために彼女は夜働いている.
  2 《格式》《de…》…であることに》うぬぼれる, 自慢に思う. Él *se paga de* tener un hijo inteligente. 彼は頭のいい息子がいることを自慢している.
  pagarla 《ラ米》《話》うまくいく, ラッキーである.
  pagársela(s) (*todas juntas*) (a + 人) 《話》(脅し》 《人》に仕返しをすることになる, 覆讐する. ► 未来形で用いることが多い. *Me las pagaréis todas juntas*. 君たち覚えておけよ (► me が a + 人に相当).
  [←《古スペイン》「《債権者を》満足させる, 静める」←《ラ》*pācāre*「静める」(*pāx*「平和」より派生); 関連 paga, pagador, 《英》*pay*]
pa·ga·ré [pa.ga.ré] 男 《商》約束手形. ~ del tesoro 国債. — 活 →pagar.
pa·ga·ya [pa.gá.ja] 女 櫂(かい), 水かき(板).
pa·gel [pa.xél] 男 《魚》ニシキダイ.
****pá·gi·na** [pá.xi.na] 女 **1** (本などの)**ページ** (略 p., pág.); (印刷物の)一枚. la ~ siguiente [anterior] 次[前]のページ. pasar

paginación

la ～ページをめくる. Véase la ～ cuatro. 4ページ参照. Abre el libro por la ～ veintiuno. 21ページを開いてください.
2 ～ *pro*. Leo primero las ～s de las noticias internacionales. 私はまず最初に国際ニュースのページを読む. **3** (歴史・人生の)一時期, 出来事. empezar una nueva ～ de la vida 人生の新しいページをめくる. **4**〖IT〗**ウェブページ**. visitar una ～ web ウェブページを訪問する.
páginas amarillas 職業別電話帳, イエローページ
[←〚ラ〛*pāginam* (*pāgina* の対格)「(書物の)1葉」; 関連〚英〛*page*]

pa·gi·na·ción [pa.xi.na.θjón / -.sjón]〚女〛**1**(本などの)ページ打ち, 丁付け; (打ってある)ページ数.
2〖IT〗ページング.

pa·gi·nar [pa.xi.nár]〚他〛(本などに)ページを打つ, 丁付けする.

*︎**pa·go**¹ [pá.go]〚男〛**1** 支払い, 納入; 支払金. hacer [efectuar] un ～ 支払いする. ～ a cuenta 内払い(金). ～ a plazos 分割払い. ～ (por) adelantado [anticipado] 前払い. ～ al contado 現金払い. ～ contra entrega [reembolso] 代金引き換え渡し. ～ en especie 現物支給. ～ inicial 頭金.
2 報い, 代償. recibir el ～ de sus acciones 悪行の報いを受ける. el ～ de la gloria 栄誉の代償. en ～ de... …の報いとして, …を評価して.
—圊 → pagar.
dar el (mal) pago a+人 …に恩を仇(ﾞ)で返す.
de pago 有料の. canal *de* ～〖TV〗有料チャンネル.

pa·go² [pá.go]〚男〛**1**(ブドウ・オリーブの)農園, 生産地区. **2** 村落, 集落. **3**《複数で》《話》町, 地方, 田舎. **4**〚ラ米〛故郷, 郷土, 故国.

pa·go, ga [pá.go, -.ga]〚形〛〚商〛支払いを受けた; 支払い済みの (= pagado).

pa·go·da [pa.ɣó.ða]〚女〛仏塔, パゴダ. ～ de cinco pisos 五重の塔.

pa·go·te [pa.ɣó.te]〚男〛《話》いつも割りを食う人; 他人の罪を着る人.

pa·gro [pá.gro]〚男〛〚魚〛ヨーロッパマダイ.

págs.〚女〛〖略〛《複数形》página (ページ) の複数形.

pa·gua [pá.gwa]〚女〛〚ラ米〛〚植〛ヘルニア; 腫物(ﾞ).

pa·gua·cha [pa.ɣwá.tʃa]〚女〛〚ラ米〛〚チ〛《話》(1) → pagua. (2) ヒョウタン; 容器. (3) (メロンなど)丸くて大きなもの; 背中の瘤(ﾞ); 丸い頭. (4) 放屁.

pa·gua·la [pa.ɣwá.la]〚女〛〚ラ米〛〚チ〛〚魚〛メカジキ (= pez espada).

pague(-) / pagué(-)〚活〛→ pagar.

pa·gu·ro [pa.ɣú.ro]〚男〛〚動〛ヤドカリ.

pai [pái]〚男〛〚ラ米〛(ﾒ)(ﾎ)(ﾁﾞ)パイ, 焼き菓子.

pai·che [pái.tʃe]〚男〛〚ラ米〛〚ﾍﾟ〛〚魚〛パイチェ, アラパイマ. ◆パイチェはアマゾン産の巨大な淡水魚ピラルクーのペルーでの呼び名.

pai·co [pái.ko]〚男〛〚ラ米〛(ﾒ)(ﾎ)〚植〛ケアリサウソウ: アカザ科. 花穂は駆虫剤となる.

pai·do·fi·lia [pai.ðo.fí.lja]〚女〛→ pedofilia.

pai·dó·fi·lo, la [pai.ðó.fi.lo, -.la]〚形〛→ pedófilo.

pai·do·lo·gí·a [pai.ðo.lo.xí.a]〚女〛児童学, 育児学.

pai·la [pái.la]〚女〛**1** 平鍋(ﾞ). **2**〚ラ米〛(1)〚ﾁﾞ〛サトウキビ伐採用の大刀. (2)〚ﾐ〛水たまり.

pai·le·bot [pai.le.bót] / **pai·le·bo·te** [pai.le.bó.te]〚男〛《複 ～s, ～es / ～s》小型スクーナー.

[←〚英〛*pilot boat*]

pai·le·ro, ra [pai.lé.ro, -.ra]〚男〛〚女〛〚ラ米〛(1)(ﾐ)(ﾒ)(ﾁﾞ)(製糖工場で)大鍋(ﾞ)の係. (2)〚ｺﾛ〛《話》イタリア人移民. (3)〚ﾐ〛〚ﾁﾞﾃﾞ〛〚ﾍﾟ〛鍋屋, 銅器職人.

pail·let·te [pai.jé.te // pa.jét]〚仏〛〚女〛〚服飾〛スパンコール (=lentejuela).

pai·lón [pai.lón]〚男〛**1** 大きな平鍋(ﾞ)〚フライパン〛. **2**〚ラ米〛(1)〚ﾁﾞﾃﾞ〛渦巻き. (2)〚ﾁﾞ〛〚ﾁﾞﾃﾞ〛穴. (3)〚ﾁﾞﾃﾞ〛〚ﾍﾟ〛〚ﾎﾞ〛〚ﾐ〛[paila + 増大辞]

pai·lón, lo·na [pai.lón, -.ló.na]〚男〛〚女〛〚ラ米〛(ﾐ)《話》子供のような大人.

pai·pay / pai·pái [pai.pái]〚男〛〚複 ～s〛(シュロの葉などで作った)うちわ.

pai·rar [pai.rár]〚自〛〚海〛(帆を上げたまま)停泊[停船]する.

pai·ro [pái.ro]〚男〛〚海〛(船の帆を上げたままの)停泊, 停船. estar al ～ 停泊している.
estar [quedarse] al pairo 行動をしないでいる, 様子[時機]をうかがう.

****pa·ís** [pa.ís]〚男〛**1** 国; 国土; 地方; 国民; 祖国. ～ desarrollado 先進国. en vías de desarrollo 発展途上国. ～ miembro de la Unión Europea 欧州連合の加盟国. P～ Vasco バスク地方. ～ de las hadas おとぎの国. El daño del tifón se extendió por el ～ entero. 台風の被害は国全体に広がった. Todo el ～ se ha conmovido con la noticia. 国全体がそのニュースに感動した.

> 類語 *estado* は制度としての「国家」, *nación* は民族としての「国家」を示すのに対し, *país* は文明や風習に力点を置いている. *patria* は「祖国」, *territorio* は「領土」「国土」の意.

2 扇の地紙[布]. **3** 風景画.
vivir sobre el país〚軍〛現地住民の費用負担で駐屯する; 他人の金をあてにして暮らす.
[←〚仏〛*pays*「国 (国民), 地方 (住民); 村 (人)」←〚ラ〛*pāgēnsis*「村人」(*pāgus*「村」の派生語); 関連 paisaje, paisano, pagano.〚英〛*peasant, pagan*]

pai·sa [pái.sa]〚形〛〚ラ米〛《話》(1)〚ｺﾛ〛(コロンビアの県)アンティオキア Antioquia の. (2)〚ﾐ〛同郷の, 同国人の. —〚男〛〚女〛(1)〚ｺﾛ〛アンティオキアの住民[出身者]. (2)〚ﾐ〛同郷人, 同国人.

*︎**pai·sa·je** [pai.sá.xe]〚男〛**1** 風景, 景色. ～ natural 自然の風景. ～ montañoso [costero] 山[海]岸の風景. ～ pintoresco 絵のような景色. P～s *después de la batalla*『戦いの後の光景』(Goytisoloの小説). ～s y bodegones 風景画と静物画. **3** 扇の地紙[布].
[←〚仏〛*paysage* (*pays*「国; 地方」より派生)]

pai·sa·jis·mo [pai.sa.xís.mo]〚男〛**1** 風景画. **2** 景観設計, ランドスケープデザイン.

pai·sa·jis·ta [pai.sa.xís.ta]〚形〛風景画の.
—〚男〛〚女〛風景画家.

pai·sa·jís·ti·co, ca [pai.sa.xís.ti.ko, -.ka]〚形〛風景[画]の, 風景[画]に関する.

pai·sa·na [pai.sá.na]〚女〛(田舎風の踊り・音楽)パイサーナ.

pai·sa·na·da [pai.sa.ná.ða]〚女〛〚ラ米〛〚ﾁﾞ〛(集合的)地方人, 田舎者, 農民.

pai·sa·na·je [pai.sa.ná.xe]〚男〛**1** 同郷人であること, 同郷人意識. **2** (軍人に対して)一般市民, 民間人. **3**《ラ米》〚ﾁﾞ〛→ paisanada.

*︎**pai·sa·no, na** [pai.sá.no, -.na]〚形〛**1** 同郷人の,

paje

同国の. **2** 田舎(の人)の. **3** 民間人の.
― 男 女 **1** 同郷人, 同国人. un ～ mío (私と)同郷の人. **2** 農民；田舎の人. **3** (軍人に対して)民間人, 一般市民. ir de ～ 平服で行く. traje de ～ 平服, 私服 (→ uniforme). **4** 《ラ米》(1) 《ｻﾞ》山地の人, 高地住人. (2) 《ｶﾘﾌﾞ》《ｺﾛﾝﾋﾞ》中国人. (3) 《ｴﾙｻﾙ》外国人. (4) 《ﾎﾟﾘｳﾞｨｱ》スペイン人.

Pa·í·ses Ba·jos [pa.í.ses bá.xos] 固名 オランダ(王国)：首都 Amsterdam. 正称はネーデルラント王国 Reino de los ～. ♦ スペイン全盛時代に, オランダ, ベルギー, フランス北部地方の領有地につけられた名称. → neerlandés, holandés. [〖仏〗*Pays-Bas* (原義は「土地の低い国々」)の訳. [オランダ] *Nederland* もフランス語からの訳語を単数化したもの]

pai·sis·ta [pai.sís.ta] 男 女 風景画家 (= paisajista).

‡**pa·ja** [pá.xa] 女 **1** (集合的) わら, 麦わら; (1本の)わら. choza de ～ わら小屋. echar ～s わらくずを引く. techo de ～ わら葺の屋根.
2 ストロー. beber zumo con una ～ ストローでジュースを飲む. **3** 内容[中身]がない, つまらないもの; 蛇足. meter ～ (文章などを)引き延ばす. **4** 《俗》自慰. hacerse una ～ マスターベーションをする. **5** 《ラ米》《ｱﾙ》《ﾒｷ》蛇口 (= ～ de agua).
hombre de paja 傀儡(ﾗﾙ)人, ダミー.
no dormirse en las pajas 《話》油断しないでいる.
por un quítame allá esas pajas 《話》ごくささいなことで, 理由もなく.
pura paja 《ラ米》《ｸﾞｱﾃ》《話》真っ赤なうそ.
ver la paja en el ojo ajeno y no ver la viga [tranca] en el propio 自分の欠点には気づかずに他人のあら探しをする.
[← 〖ﾗ〗 *paleam* (*palea* の対格)；関連 pajar, empajar]

pa·ja·da [pa.xá.ða] 女 (ふすまとわら混合の)まぐさ.
pa·ja·do, da [pa.xá.ðo, -.ða] 形 → pajizo.
pa·jar [pa.xár] 男 干し草[わら]置き場.
pá·ja·ra [pá.xa.ra] 女 **1** 雌の鳥, 小鳥；雌のウズラ. → pájaro. **2** 凧(ﾀｺ); 折り紙の鳥. **3** 《ｱﾝﾀﾞ》浮気女. **4** 《スポ》(特に自転車競技で)急なスタミナ切れ.
dar pájara a+人 《ラ米》《ｺﾛﾝﾋﾞ》《ｴｸｱ》(人)をだます, ぺてんにかける.
pájara pinta 負けた人に罰を与えるゲーム.

pa·ja·ra·da [pa.xa.rá.ða] 女 《ﾍﾞﾈ》《ｶﾘﾌﾞ》鳥の群れ.
pa·ja·re·ar [pa.xa.re.ár] 自 **1** 鳥を捕る.
2 放浪生活を送る. **3** 《ラ米》(1) 《ﾒｷ》〈馬が〉びくつく. (2) 《ﾁﾘ》《話》ぼんやりする, うっかりする. (3) 《ﾁﾘ》〈話〉注意を払う, 耳をそばだてる. ― 他 《ラ米》(1) 〈鳥を〉追い払う. (2) 《ｺﾛﾝﾋﾞ》うかがう, 見張る; 殺害する. ― ～·se 再 《ラ米》《ｺﾞｽ》《俗》どじを踏む.
pa·ja·re·ra [pa.xa.ré.ra] 女 鳥小屋, 鳥籠.
pa·ja·re·rí·a [pa.xa.re.rí.a] 女 **1** 小鳥屋. **2** 鳥の大群.
pa·ja·re·ro, ra [pa.xa.ré.ro, -.ra] 形 **1** 鳥に関する. **2** 〈人が〉ふざけ好きの, ひょうきんな. **3** 〈服・色などが〉派手な, けばけばしい. **4** 《ラ米》(1) 《ｶﾘﾌﾞ》《ｺﾛﾝﾋﾞ》《ﾒｷ》〈馬が〉元気のいい. (2) 《ｺﾞｽﾞ》お節介な.
― 男 女 (小)鳥商人, 鳥飼い；鳥撃ち.
pa·ja·re·te [pa.xa.ré.te] 男 パハレテ：スペインの上等なシェリー酒. ♦ Jerez 近くの Pajarete 修道院で作られたことに由来.
pa·ja·ri·lla [pa.xa.rí.ʝa ‖ -.ʎa] 女 〖植〗オダマキ.
pa·ja·ri·ta [pa.xa.rí.ta] 女 **1** 蝶(ﾁｮｳ)ネクタイ. llevar ～ 蝶ネクタイをする.
2 折り紙の鳥 (= ～ de papel).
pajarita de las nieves 〖鳥〗ハクセキレイ.
pa·ja·ri·to [pa.xa.rí.to] 男 **1** 小鳥, ひな鳥.
2 小さな人, かわいい人. **3** 《ラ米》《話》(1) 《ｴｸｱ》なよなよした男. (2) 《ｸﾞｱﾃ》虫けら.
comer como un pajarito 少食である.
Me lo dijo un pajarito. (うわさの出所を伏せて)誰かさんから聞いたよ.
quedarse [morirse] como un pajarito 安らかに息を引き取る.
quedarse pajarito 《話》(寒さで)凍える.
[pájaro + 縮小辞]

‡**pá·ja·ro** [pá.xa.ro] 男 **1** 鳥, 小鳥；《複数で》鳥類. Oímos cantar a los ～s en el bosque. 森で鳥が歌うのが聞こえる. Los ～s trinan. 小鳥がさえずる. Más vale ～ en mano que ciento volando. 《諺》明日の百より今日の五十 (← 飛んでいる百羽より手中の一羽の方が価値がある). ～ azul 幸福の青い鳥. ～ bobo ペンギン (= pingüino). ～ carpintero キツツキ. ～ de mal agüero 不吉な鳥. ～ del sol ゴクラクチョウ (= ave del Paraíso). ～ diablo オオバン. ～ mosca ハチドリ. ～ perdigón おとり用の雄シャコ.
類語 *ave* と *pájaro* は同義としても用いられるが, pájaro は小型の鳥一羽一羽の意, ave は種としての「鳥」の意で区別される.
2 《ラ米》(1) 《ﾒｷ》《話》なよなよした男, ホモセクシュアルの人. (2) 《ｸﾞｱﾃ》《卑》ペニス, 陰茎. (3) 《ｺﾞｽ》動物. **4** 《ｶﾘﾌﾞ》囚人, 同房者.
a vista de pájaro 上空から見た；概観的な. Madrid *a vista de* ～ 上空から見たマドリード.
El pájaro voló. 当てが外れた.
matar dos pájaros de un tiro 一石二鳥.
pájaro gordo 重要人物, 大物, 財力のある人 (= pez grande).
tener pájaros en la cabeza / tener la cabeza llena de pájaros / tener la cabeza a pájaros 《話》分別がない, 頭がおかしい；抜けている, うわの空である.
[← 〖古スペイン〗 *pássaro* ― 〖俗ラ〗 *passar* ← 〖ラ〗 *passer* 「スズメ」. 関連 [ポルトガル] *pássaro*]

pá·ja·ro, ra [pa.xa.ro, -.ra] 形 **1** 《話》抜け目がない, 狡猾(ｺｳｶﾂ)な. **2** 《ラ米》(1) 《ｸﾞｱﾃ》軽薄な, 怪しい. (2) 《ﾒｷ》着飾った, 上の空の. ― 男 女 **1** 《話》油断のならない人, 狡猾な人. ～ de cuenta 金銭にからむ悪賢い人, 要注意人物. No te fíes de él, porque es un ～ de cuidado e intentará aprovecharse de ti. 彼のことは信用するな, 油断のならないやつでいつでも君のことを利用しようとするから. **2** 《ラ米》《ﾒｷ》《話》ぼんやりした[まのぬけた]人. ▶ 女性を指して pájaro を用いることもある.

pa·ja·rón, ro·na [pa.xa.rón, -.ró.na] 形 《ラ米》《ﾒｷ》《話》ぼやっとした, まのぬけた.
― 男 女 《ラ米》《ﾒｷ》《話》信用のおけない人；当てにならない人；けばけばしい身なりの人.
pa·ja·ro·ta [pa.xa.ró.ta] / **pa·ja·ro·ta·da** [pa.xa.ro.tá.ða] 女 《話》でっち上げ, デマ.
pa·ja·rra·co, ca [pa.xa.ŕa.ko, -.ka] 男 女 ずる賢いやつ；抜け目ないやつ. ― 男 〖軽蔑〗(大きな)醜い鳥.
pa·ja·rru·co [pa.xa.rú.ko] 男 → pajarraco.
pa·ja·za [pa.xa.θa / -.sa] 女 馬が食い残したわら.
pa·je [pá.xe] 男 **1** 小姓, 従者, 召使い.
2 〖海〗見習い水夫. **3** 鏡台, 化粧台, ドレッサー. **4** 〖カト〗(大)司教に付き添う司祭.

[←［古仏］page←［伊］paggio］
pa.je.a [pa.xé.a] 囡《植》ネギモドキ.
pa.je.ar [pa.xe.ár] 自 **1**《馬が》まぐさをよく食べる. **2** 身を処する, 行動する. Cada uno tiene su modo de ～. 人それぞれの身の処し方がある. ── 他《ラ米》(コロン)《話》密告する. ── ～**.se** 再《ラ米》(コロン)自慰をする.
pa.je.ci.llo [pa.xe.θí.jo ‖ -.ðo / -.sí.-] 男 洗面器台.
pa.jel [pa.xél] 男《魚》→ pagel.
pa.je.ra [pa.xé.ra] 囡《馬小屋の》わら［まぐさ］置き場.
pa.je.rí.a [pa.xe.rí.a] 囡 まぐさ取り扱い店.
pa.je.ro [pa.xé.ro] 男 **1** わら売り人. **2**《ラ米》(1)(コロン)(チリ)(メキシコ)(プエルトリコ)《俗》《軽蔑》自慰をする人. (2)(アルゼンチン)《話》《軽蔑》意気地のない人.
pa.jil [pa.xíl] 形 小柄の, 従者の; 見習水夫の.
pa.ji.lla [pa.xí.ja ‖ -.ʎa] 囡 **1** トウモロコシの葉を巻いたタバコ. **2** ストロー. **3**《ミ》(グ)(サルバドル)麦わら帽子.
pa.ji.lle.ro, ra [pa.xi.jé.ro, -.ra ‖ -.ʎé.-] 男 囡《俗》(金と引きかえに)性的サービスをする人.
pa.ji.ta [pa.xí.ta] 囡 ストロー. [paja+縮小辞]
pa.ji.zo, za [pa.xí.θo, -.θa / -.so, -.sa] 形 **1** 麦わら色の, 淡黄色の. **2** 麦わら［ストロー］の（ような）; わら葺(ぶき)の.
pa.jo [pá.xo] 男 フィリピン産の小型のマンゴー.
pa.jo.le.ro, ra [pa.xo.lé.ro, -.ra] 形《話》腹立たしい, いまいましい, うるさい. una *pajolera* vida うんざりする生活.
── 男 囡《話》腹立たしい人, いまいましいやつ.
pa.jón [pa.xón] 男 **1**（麦畑に残った）長く太い麦わら. **2**《ラ米》(コロン)(メキシコ)縮れた髪, ぼさぼさの髪. [paja+増大辞]
pa.jo.nal [pa.xo.nál] 男 **1**（麦などの）刈り株だらけの土地. **2**《ラ米》(チ)(コロン)(アルゼンチン)やぶ.
pa.jo.so, sa [pa.xó.so, -.sa] 形 わらの多い; わらの（ような）.
pa.jo.te [pa.xó.te] 男（作物にかぶせる）むしろ, こも.
pa.ju.do, da [pa.xú.ðo, -.ða] 形《ラ米》(コロン)《話》噂好きの.
pa.jue.la [pa.xwé.la] 囡 **1** 硫黄を塗ったわらなどの束: 硫黄でいぶしてワイン樽(だる)の消毒に使う.
2《ラ米》(1)(コロン)《音楽》(楽器の)つめ, ばち. (2)(アルゼンチン)(チ)(グ)つまようじ. (3)(グ)(サルバドル)マッチ. (4)(グ)《俗》《軽蔑》売春婦, 娼婦(しょうふ). (5)(ミ)(グ)ひも.
pa.jue.ra.no, na [pa.xwe.rá.no, -.na] 形《ラ米》(アルゼンチン)田舎者の, おのぼりさんの.
pa.jun.cio [pa.xún.θjo / -.sjo] 男《軽蔑》小姓.
pa.ju.no, na [pa.xú.no, -.na] 形 → pajil.
Pa.kis.tán [pa.kis.tán] 固名 パキスタン（イスラム共和国）: 首都 Islamabad.
[←［英］*Pakistan*←［ウルドゥー］*Pākistān*（イスラム教徒の4つの居住地域名の一部をつなぎ合わせたものとする解釈などがある)]
pa.kis.ta.ní [pa.kis.ta.ní] 形［複～es, ～s］パキスタンの, パキスタン人の. ── 男 囡 パキスタン人.
PAL [pál]［英］《略》*P*hase *A*lternating *L*ine パル: ヨーロッパのテレビ放送システム.
pa.la [pá.la] 囡 **1** シャベル, スコップ. ～ cargadora シャベルカー（のショベル）. ～ mecánica パワーショベル. ～ topadora《ラ米》(アルゼンチン)ブルドーザー.
2 へら状の道具; ケーキサーバー, 魚用ナイフ,（洗濯用の）棒たたき,（皮なめし職人の）肉そぎ包丁. ～ matamoscas ハエたたき. ～ de panadero パン焼き用の柄の長い木べら. **3**（卓球・テニス・ハイアライ jai alai などの）ラケット. **4** へら状の部分; オールの水かき, プロペラ・スクリューなどの羽根, 舵(かじ)先, 蝶番(ちょうつがい)の板金. **5**（靴の）甲皮;（軍服の）肩章のような部分; 結んだネクタイの前垂れ. **6**《植》ウチワサボテンの茎節. **7**《主に複数で》上前歯;（子馬の）門歯. **8**（宝石をはめ込む指輪の）台. **9**《海》補助帆. **10** 巧妙さ, 狡猾(こうかつ)さ. **11**《ラ米》(アルゼンチン)《話》縁故, コネ.
la pala y el azadón 肉体労働.
[←［ラ］*pālam*（*pāla* の対格),［関連］paleta.［英］*palette*]

⁂pa.la.bra [pa.lá.bra] 囡 **1** 語, 単語. escribir una ～ en la pizarra 黒板に単語を一つ書く. repetir ～ por ～ 一語一語繰り返す. ～ de doble sentido 2つの意味を持つ語, 掛詞(かけことば). ～ clave キーワード. ～s cruzadas クロスワードパズル. juego de ～s 言葉遊び, しゃれ. ～ de paso パスワード（= contraseña). ～ fea [malsonante] 汚い言葉. ～ culta 教養語. ～ vulgar 俗語. ～ derivada《文法》派生語. ～ compuesta《文法》複合語.

2 言葉;《主に複数で》発言; 文言. cambiar unas ～s con+人〈人〉と二言三言言葉を交わす. cortar la ～ a+人〈人〉の言葉を遮る. decir una ～ al oído ちょっと耳打ちする. con [dichas] estas ～s こう言うと. ahorrar ～s 無駄なことを言わない. gastar ～s (en vano) いくら話しても相手に話が通じない. gastar pocas ～ 余計なことを言わない; 口数が少ない. hacer uso de la ～ 発言する. no dirigir la ～ a+人（怒って）〈人〉に口をきかない. no tener [encontrar] ～s para expresar... ...をどう言ったらいいのかわからない. según las ～s de un escritor ある作家の言葉によれば. sentarse en la ～《ラ米》(コロン)会話を独り占めする. ser de pocas ～s 口数が少ない. ～s de buena crianza 社交辞令. ～s de presente（結婚式での）誓いの言葉. ～s gruesas 罵詈雑言(ばりぞうごん). ～s mágicas 呪文, 魔法の言葉. Retiro mi ～. 前言を撤回します.

3《単数形で否定辞と組んで》ひと言も…ない. no decir [pronunciar] ～ ひと言も言わない. no saber ni una ～ de... ...について何も知らない;（ある言語について）全然できない. sin decir (una) ～ ひと言も言わずに. ¡Ni una ～ más! もうそれ以上何も言うな.

4 言語能力; 話術. perder la ～ 口をきけなくなる. el don de la ～（天賦の）言語能力.

5 約束. cumplir (con) su ～ 約束を果たす. dar (su) ～ / empeñar la ～ 約束する, 言質を与える. faltar a su ～ 約束を破る, 信義にもとる. mantener [guardar] la ～ 約束を守る. ～ al aire [viento] 空約束, 中身のない言葉. ～ de honor [rey] 確約. ～ de matrimonio 婚約. hombre de ～ 信義にあつい人. bajo la ～ de... ...の口約束で.

6 発言の機会, 発言権. conceder [dar] la ～ a+人〈人〉に発言を認める. pedir la ～ 発言の許可を求める. Ahora tiene la ～ el entrenador. 次は監督のお話です. **7**《複数で》言い争い, 口論. tener unas ～s con+人 / trabarse de ～s con+人〈人〉と言い争う, 口論する. **8**《宗》聖言, ロゴス,（三位一体の第2位である）キリスト; 啓示. ～ de Dios 福音（書). ～ divina 福音（書). P～ キリスト.
a la primera palabra 最初のひと言で; 言い値で.
A palabras necias, oídos sordos.《諺》たわご

paladar

とに耳を貸さない.
bajo palabra 仮の. libertad *bajo* ～ 仮釈放；〖軍〗(捕虜の)恭順宣言；
bajo SU *palabra* 口約束だけで；名誉にかけて.
beber(*se*) *las palabras de*+人 〈人〉の話に聞きほれる；いいなりになる.
buenas palabras(実を伴わない)耳に心地よい言葉，甘い言葉.
*coger*le [*tomar*le] *la palabra* (*a*+人) / *cogerse la palabra de*+人 〈人〉から言質(げち)をとる，〈人〉の言葉を約束とみなす.
comerse las palabras(単語などを)読み飛ばす，書き落とす.
correr la palabra 〖軍〗命令[伝言]を順次送り伝える.
decir a+人 *cuatro palabras bien dichas* 〈人〉に思ったことをはっきりと言う.
dejar a+人 *con la palabra en la boca* 〈人〉に最後まで話させない；〈人〉の話の途中で席を立つ.
de palabra 口頭で；口約束だけで，口先だけで.
en cuatro [*dos*, (*muy*) *pocas*, *unas*] *palabras* 手短に.
en otras palabras 言い換えれば.
en toda la acepción [*extensión*] *de la palabra* 文字どおり，あらゆる意味で.
en una palabra ひと言で言えば，要するに.
*faltar*le *las palabras* (*a*+人)(感情などを)どう伝えるべきかわからない.
Las palabras se las lleva el viento. 《諺》言葉は風が運び去る(言葉は後に残らない).
llevar la palabra 代弁する.
medias palabras 暗示, ほのめかし；不明瞭な言葉使い. *entender* [*comprender*] *a medias* ～*s* 話の途中でわかる. *hablar a medias* ～*s* ほのめかす；言葉を濁す.
medir las palabras 慎重に言葉を選ぶ.
no ser más que palabras (言っていることに)中身がない，口先だけである.
no tener más que palabras 口先だけである.
no tener más que una palabra 実直である，約束に背かない.
¡*Palabra* (*de honor*)! 誓うよ，必ず，間違いない.
palabras mayores 暴言；重大な結果をもたらすこと.
quedarse con la palabra en la boca 言いかけて口をつぐむ.
¡*Santa palabra*! 《食事などの誘いに》それはありがたい.
tomar la palabra (会議などで)発言する，演説する；長々と話す.
tratar mal de palabra a+人 〈人〉を口汚くののしる.
última palabra (1) 最終結論，最終提案. *decir* [*tener*, *dar*] *la última* ～ 決断を下す；最終的に決定する. (2). 最新型の，最新の流行. *Es la última* ～ *en cámaras digitales*. それはデジタルカメラの最新型だ.
[←〔古スペイン〕*parabla*「話, 言葉」←〔ラ〕*parabola*「寓話」←〔ギ〕*parabolé* ［関連〕parlar, parlamento, parabólico. 〔仏〕*parler, parole*. 〔英〕*parable, parabole*]

pa·la·bra·da [pa.la.ƀrá.ða] 囡 → palabrota.
pa·la·bre·ar [pa.la.ƀre.ár] 自《ラ米》(ﾃﾟﾙ)〈隠〉説き伏せながら話す, たぶらかす.
── 他《ラ米》(1) (ﾃﾞﾙﾍﾟ)(ｴﾞｱﾘ)(ｷ)〈人〉に口約束をする.

pa·la·bre·ja [pa.la.ƀré.xa] 囡〈軽蔑〉なじみのない[奇妙な]言葉. [palabra＋縮小辞]
pa·la·bre·o [pa.la.ƀre.o] 男 → palabrería.
pa·la·bre·rí·a [pa.la.ƀre.rí.a] 囡 無駄口，饒舌(じょう).
pa·la·bre·rí·o [pa.la.ƀre.rí.o] 男 → palabrería.
pa·la·bre·ro, ra [pa.la.ƀré.o, -.ra] 形 **1** 無駄口の多い，多弁の. **2** 口先だけの，当てにならない.
── 男 囡 **1** 無駄口の多い人，多弁家. **2** 口先だけの人，当てにならない人.
pa·la·bris·ta [pa.la.ƀrís.ta] 男 囡 → palabrero.
pa·la·bri·ta [pa.la.ƀrí.ta] 囡. *Le dije cuatro* ～*s*. 私は彼[彼女]にひと言言ってやった. [palabra＋縮小辞]
pa·la·bro [pa.lá.ƀro] 男 **1** おかしな[間違った]言葉[表現]. **2**〈話〉下品な[侮辱的な]言葉(＝palabrota).
pa·la·brón, bro·na [pa.la.ƀrón, -.ƀró.na] 形 → palabrero.
pa·la·bro·ta [pa.la.ƀró.ta] 囡 **1** 汚い[品のない]言葉，悪態. *decir* ～*s* 悪態をつく.
2《ラ米》(ﾁﾘ)学者風の言葉.
pa·la·bro·te·ro, ra [pa.la.ƀro.té.ro, -.ra] 形 下品な言葉を習慣的に使う. ── 男 囡 下品な言葉を習慣的に使う人.
pa·la·bru·do, da [pa.la.ƀrú.ðo, -.ða] 形《ラ米》(ｷ)〈話〉口の悪い, 口汚い.
pa·la·ce·te [pa.la.θé.te / -.sé.-] 男 小さな宮殿；(領主などの)館(やかた), 邸宅. [palacio＋縮小辞]
pa·la·cial [pa.la.θjál / -.sjál] 形《ラ米》〈話〉豪華な, 壮麗な.
pa·la·cia·no, na [pa.la.θjá.no, -.na / -.sjá.-] 形 → palaciego.
pa·la·cie·go, ga [pa.la.θjé.go, -.ga / -.sjé.-] 形 宮廷の, 王宮の. *vida palaciega* 宮廷生活.
pa·la·cio [pa.lá.θjo / -.sjo] 男 **1 宮殿, 御殿；豪邸, 館. *el P*～ *Imperial* 皇居. *el P*～ *Real* 王宮. *P*～ *de la Moncloa*(スペインの)首相官邸. ～ *ducal* 侯爵(こう)邸. ～ *episcopal* 司教邸. ～ *presidencial* 大統領官邸.
2 公共建造物. *P*～ *de Comunicaciones* 中央郵便電話局. *P*～ *de Congresos* [*de las Cortes*] 国会議事堂. *P*～ *de Justicia* 裁判所. *Las cosas de palacio van despacio*. 《話》お役所仕事はのろい. (←宮殿のことがらはゆっくり進む)
[←〔ラ〕*palātium ; Palātium* (大宮殿のあるローマの丘 Palatino)の普通名詞化；［関連〕〔英〕*palace*]

Palacio Real (王宮：マドリード)

pa·la·da [pa.lá.ða] 囡 シャベルひと掘り(分)；(オールの)ひと漕(こ)ぎ；(スクリューの)一回転.
pa·la·dar [pa.la.ðár] 男 **1**〖解剖〗口蓋(こう). *velo del* ～ 軟口蓋. ～ *duro* 硬口蓋.

2 味覚, 味感. tener el ～ fino 舌が肥えている, 味にうるさい. **3** 審美眼, 鑑賞力.
[←[俗ラ] *palatare([ラ] palātum「口蓋」より派生); [関連] palatal(izar). [英] palate]

pa·la·de·ar [pa.la.ðe.ár] 他 **1** 味わう, 賞味する.
2 《比喩的》味わう, 鑑賞する, 享受する.
3 〈赤ん坊に〉蜜(⤴)などを含ませる.
── 自 〈赤ん坊が〉乳を欲しがって口を動かす.

pa·la·de·o [pa.la.ðé.o] 男 味わうこと, 賞味; 鑑賞.

pa·la·dial [pa.la.ðjál] 形 **1** 『音声』硬口蓋(ホ¨)音の(=palatal). **2** 口蓋の.

pa·la·dín [pa.la.ðín] 男 **1** 『文章語』(武勲をたてた)勇士, 戦士. **2** 『格式』擁護者, 守護者.

pa·la·di·na·men·te [pa.la.ðí.na.mén.te] 副 公然と, 明らかに.

pa·la·di·no, na [pa.la.ðí.no, -.na] 形 明らかな, 明白な; 公然の.

pa·la·di·o [pa.lá.ðjo] 男 『化』パラジウム: 軽白金族元素(記号 Pd).

pa·la·dión [pa.la.ðjón] 男 **1** 『ギ神』パラディオン: 守護の象徴としての女神 Palas の像. **2** 保護(神), 守り神.

pa·la·do, da [pa.lá.ðo, -.ða] 形 『紋』〈盾を〉6つの縦棒に分け交互に彩色した.

pa·la·fi·to [pa.la.fí.to] 男 水上家屋.

pa·la·frén [pa.la.frén] 男 **1** 『格式』(婦人や王の行進用などのおとなしい)乗用馬; 下僕用の乗用馬.

pa·la·fre·ne·ro [pa.la.fre.né.ro] 男 『格式』馬丁; 馬の飼育係.

pa·la·men·ta [pa.la.mén.ta] 女 『海』『集合的』櫂(⤴), オール.

pa·la·na [pa.lá.na] 女 《ラ米》《ペル》鋤(⤴), 鍬(⤴).

***pa·lan·ca** [pa.láŋ.ka] 女 **1** てこ; レバー, ハンドル. ～ del freno de mano ハンドブレーキ. ～ de cambios ギアチェンジレバー. ～ de mando 『航空』操縦桿(⤴). ～ de mando del timón (船の)舵(⤴), (飛行機の)方向舵(⤴). ～ de primer [segundo, tercer] género 一[二, 三]元てこ. hacer ～ てこを使う; (てこで)こじ開ける. ► てこの「支点」は fulcro, punto de apoyo.
2 『スポ』(水泳の)飛び板. salto de ～ 飛び込み(競技).
3 (荷物を運ぶ)かつぎ棒. **4** (丸太と土で築いた)孤塁. **5** 『話』つて, コネ. tener una ～ en el ministerio その役所にコネがある. **6** 《ラ米》《コア》《ニカ》《パラ》(舟を操る)竿(⤴), 水棹(⤴).
[←[俗ラ] *palanca←[ラ] phalangae〔複数形〕「荷重, ころ」←[ギ] phálanx; [関連] falange]

pa·lan·ca·da [pa.laŋ.ká.ða] 女 てこによるひと押し.

pa·lan·ca·na [pa.laŋ.ká.na] 女 洗面器, 金だらい.

pa·lan·ga·na [pa.laŋ.gá.na] 女 **1** 洗面器, 金だらい(=jofaina). **2** 《ラ米》(1) 《アン》《チ》大皿, ボール. (2) (脱穀用)たたき棒.
── 共 《ラ米》《アン》《チ》『話』おしゃべりな人, 軽率な人, ぶしつけな人.

pa·lan·ga·na·da [pa.laŋ.ga.ná.ða] 女 《ラ米》《チ》『話』自慢, うぬぼれ, ほら.

pa·lan·ga·ne·ar [pa.laŋ.ga.ne.ár] 自 《ラ米》《チ》『話』自慢する, ほらを吹く.

pa·lan·ga·ne·ro [pa.laŋ.ga.né.ro] 男 洗面器台.

pa·lan·gre [pa.láŋ.gre] 男 『海』延縄(なわ).

pa·lan·gre·ro [pa.laŋ.gré.ro] 男 延縄(⤴)漁船; 延縄漁の漁師.

pa·lan·que·ar [pa.laŋ.ke.ár] 他 《ラ米》(1) 《アン》《舟を》竿(⤴)で操る. (2) てこで動かす, てこにする. (3) 《アン》《チ》《アル》てこ入れする, 後押しする.
── 自 《ラ米》《アン》《チ》『話』縁故[コネ]を利用する.

pa·lan·que·ra [pa.laŋ.ké.ra] 女 (棒ぐいの)柵(⤴), 砦柵(⤴).

pa·lan·que·ro, ra [pa.laŋ.ké.ro, -.ra] 男 女 押し込み強盗.
── 男 **1** 鍛冶(⤴)屋のふいご係. **2** 《ラ米》(1) (⤴)(鉄道の) 制動手. (2) 《アン》木材切り出し「伐採」人. (3) (⤴)船頭.

pa·lan·que·ta [pa.laŋ.ké.ta] 女 **1** 短い金てこ, バール. **2** 『史』(マストなどを破砕する)砲弾. **3** 《ラ米》(1) (メヒ)(重量挙げの)バーベル. (2) (メヒ)(グア)トウモロコシ粉に糖蜜(みつ)を入れた菓子.
── 男 女 《ラ米》(コス)『話』『軽蔑』中国人.
[palanca + 縮小辞]

pa·lan·quín[1] [pa.laŋ.kín] 男 (東洋で用いた)駕籠(⤴), 輿(⤴).

pa·lan·quín[2] [pa.laŋ.kín] 男 『海』(1) クリューガーネット: 大横帆を帆桁(ほばた)に畳み込む索. (2) 滑車巻き上げ機.

Pa·la·os [pa.lá.os] 固名 パラオ(共和国): 西太平洋の主にパラオ諸島から成る国. 首都 Melekok.

pa·la·pa [pa.lá.pa] 女 パラパ: 椰子(やし)の葉で屋根を葺(ふ)いた木造の小屋.

Pa·las [pá.las] 固名 『ギ神』パラス: 女神 Atenea の別称(=～ Atenea).

pa·la·san [pa.la.sán] [タガログ] 男 『植』トウ(藤).

pa·las·tro [pa.lás.tro] 男 (錠前などの)板金; (薄い)鉄板, 鋼鉄板.

pa·la·tal [pa.la.tál] 形 **1** 『音声』硬口蓋(ホ¨)音の.
2 口蓋の. **3** 硬口蓋音: i, ñ, ch など.

pa·la·ta·li·za·ción [pa.la.ta.li.θa.θjón / -.sa.sjón] 女 『音声』(硬)口蓋(ホ¨)音化.

pa·la·ta·li·zar [pa.la.ta.li.θár / -.sár] 97 他 『音声』〈子音を〉(硬)口蓋(ホ¨)音化する.

pa·la·ti·na·do [pa.la.ti.ná.ðo] 男 『史』(神聖ローマ帝国の)宮中伯の位; 宮中伯領.

pa·la·ti·no, na[1] [pa.la.tí.no, -.na] 形 口蓋(ホ¨)(骨)の, 口蓋音の. bóveda *palatina* 口蓋.
── 男 口蓋骨.

pa·la·ti·no, na[2] [pa.la.tí.no, -.na] 形 **1** 宮廷の, 王宮の. **2** (王宮・帝国の)高官の; 宮中伯の. ── 男 『史』(神聖ローマ帝国・フランス・ポーランドの)宮中伯.

pa·la·to·gra·ma [pa.la.to.ɣrá.ma] 男 『音声』パラトグラム, 口蓋(ホ¨)図: 調音(ɕɔ̃)の際の舌と口蓋との接触面の図.

pa·la·zo [pa.lá.θo / -.so] 男 シャベルなどでの一撃.

pa·la·zón [pa.la.θón / -.són] 男 (骨組み用の)材木.

pal·ca [pál.ka] 女 《ラ米》(1) 《アン》《ペル》(道・線路・川の)分岐点. (2) 《アン》(枝の)二股(また)部.

***pal·co** [pál.ko] 男 (劇場などの) **ボックス席**, 桟敷席. ～ de autoridades ロイヤルボックス(席). ～ principal (2階の)ボックス(席). ～ de platea 1階桟敷席. ～ de proscenio 舞台両脇(⤴)のボックス(席). ～ escénico 舞台.
[←[伊] *palco*←[ゲルマン] *balkōn*-「梁(はり)」; [関連] balcón. [英] *balk*「妨害」, *balcony*〕

pal·de [pál.de] 男 《ラ米》《チ》棒, すき; 短剣, 短刀.

pa·lé [pa.lé] 男 パレット(運搬用荷台・枠組み).

pa·le·a·da [pa.le.á.ða] 女 《ラ米》《チ》《俗》殴打て, なぐりつけ.

pa·le·al [pa.le.ál] 形 『動』(軟体(なた)動物の)外套(ほ¨)膜の[に関する].

pa·le·ar [pa.le.ár] 他 **1** シャベルで掘る, シャベルですくう. **2** 〈穀物を〉ふるい分ける. **3** 《ラ米》(1)〈船を〉竿(ぎお)で操る. (2)《話》盗む, くすねる.
— ~·se 再《ラ米》(ﾒｷ)〈酒を〉一杯ひっかける.
Pa·len·cia [pa.lén.θja / -.sja] 固名 パレンシア:スペイン北西部の県;県都.
pa·len·que [pa.léŋ.ke] 男 **1** 柵(さく); (柵で囲まれた)催場所, 競技場. **2**《ラ米》(1)(ｱﾙｾﾞ)〈家畜をつなぐ〉柱, 杭(くい). (2)(ｺﾛﾝ)騒々しい場所. (3)(ｸﾞｱﾃ)闘鶏場.
Pa·len·que [pa.léŋ.ke] 固名 パレンケ:メキシコ南東部 Chiapas 州北部の maya 文明古典期後期 (600?-900?) の神殿建築遺跡群. 1987年世界遺産に登録.
pa·len·que·ar [pa.leŋ.ke.ár] 他《ラ米》(ｱﾙｾﾞ)《農》〈家畜を〉杭(くい)[柱]につなぐ.
pa·len·ti·no, na [pa.len.tí.no, -.na] 形 (スペインの)パレンシア Palencia の. — 男 女 パレンシアの住民[出身者].
pa·leo- 「古, 旧, 原始」の意の造語要素. 母音の前では pale-. → *paleo*grafía, *paleo*lítico, *paleo*zoico. [← ギ]
pa·le·o·an·tro·po·lo·gí·a [pa.le.o.an.tro.po.lo.xí.a] 女 古人類学.
pa·le·o·an·tro·pó·lo·go, ga [pa.le.o.an.tro.pó.lo.go, -.ga] 男 女 古人類学者.
pa·le·o·ce·no, na [pa.le.o.θé.no, -.na / -.sé.-] 形《地質》暁新世(ぎょうしんせい)の. — 男 暁新世.
pa·le·o·cris·tia·no, na [pa.le.o.kris.tjá.no, -.na] 形 **1** 初期キリスト教(共同体, 徒)の. **2** 初期キリスト教美術の. — 男 初期キリスト教美術.
pa·le·o·fi·to·lo·gí·a [pa.le.o.fi.to.lo.xí.a] 女 古植物学.
pa·le·ó·ge·no, na [pa.le.ó.xe.no, -.na] 形《地質》古第三紀(だいさんき)の. — 男 古第三紀.
pa·le·o·gra·fí·a [pa.le.o.gra.fí.a] 女 古文書学; 古書体.
pa·le·o·grá·fi·co, ca [pa.le.o.grá.fi.ko, -.ka] 形 古文書学の; 古書体研究の.
pa·le·ó·gra·fo, fa [pa.le.ó.gra.fo, -.fa] 男 女 古文書学者.
pa·le·o·lí·ti·co, ca [pa.le.o.lí.ti.ko, -.ka] 形 旧石器時代の. — 男 旧石器時代. ~ inferior [medio, superior] 旧石器時代初期[中期, 後期].
pa·le·o·lo·gí·a [pa.le.o.lo.xí.a] 女 古代語研究.
pa·le·ó·lo·go, ga [pa.le.ó.lo.go, -.ga] 形 古代語研究の. — 男 女 古代語学者.
pa·le·on·to·gra·fí·a [pa.le.on.to.gra.fí.a] 女 記述化石学, 古生物誌.
pa·le·on·to·grá·fi·co, ca [pa.le.on.to.grá.fi.ko, -.ka] 形 記述化石学の, 古生物誌の.
pa·le·on·to·lo·gí·a [pa.le.on.to.lo.xí.a] 女 古生物学.
pa·le·on·to·ló·gi·co, ca [pa.le.on.to.ló.xi.ko, -.ka] 形 古生物学の.
pa·le·on·tó·lo·go, ga [pa.le.on.tó.lo.go, -.ga] 男 女 古生物学者.
pa·le·o·te·rio [pa.le.o.té.rjo] 男《古生》パラエオテリウム:絶滅したウマ亜科の動物.
pa·le·o·zoi·co, ca [pa.le.o.θói.ko, -.ka / -.sói.-] 形《地質》古代代の. — 男 古代代.
pa·le·o·zoo·lo·gí·a [pa.le.o.θo.(o.)lo.xí.a / -.so.-] 女 古動物学.
pa·le·rí·a [pa.le.rí.a] 女 (湿地の)排水(法).
pa·ler·mi·ta·no, na [pa.ler.mi.tá.no, -.na] 形 (シチリア島の)パレルモ Palermo の. — 男 女 パレルモの住民[出身者].
pa·le·ro [pa.lé.ro] 男 シャベル職人;シャベル作業員;《軍》(昔のシャベル作業の)工兵.
Pa·les·ti·na [pa.les.tí.na] 固名 パレスチナ:イスラエルを中心とする地中海沿岸地方. ♦聖書では Canaán, 約束の地.
[← [ラ] *Palaestina* ← [ギ] *Palaistínē* ← [ヘブライ] *Pelesheth*「ペリシテ(人の国)」]
pa·les·ti·no, na [pa.les.tí.no, -.na] 形 パレスチナの. — 男 女 パレスチナ人.
pa·les·tra [pa.lés.tra] 女 **1** (古代の)競技場, 闘技場. **2** 競争の場;論争の場. **3**《文章語》闘い, 試合. *salir* [*saltar*] *a la palestra* (1) 論戦[競技]に加わる. (2) 有名になる, デビューする.
pa·le·ta [pa.lé.ta] 女 **1** こて, へら. ~ *de albañil* (左官の)こて. **2**《美術》パレット;《IT》パレット;《比喩的》色調, 色あい. **3** (水車の)平水受け板, (タービン・スクリューなどの)羽根, (オールの)水かき. **4** へら状の道具;(料)小型スコップ[シャベル];《料》フライ返し. **5**《解剖》肩胛(けんこう)骨;《話》前菌. **6** (クリケットなどの)バット;(卓球などの)ラケット. **7**《闘牛》(牛の)角先の外側. **8**《ラ米》(1)(ﾒｷ)へら型の洗濯用)たたき棒. (2) (ｱﾙｾﾞ)(ｺﾛﾝ)(鍵(かぎ)の)かかり. (3) (ﾁﾘ)(ﾒｷ)(ｺﾛﾝ)(棒付きの)アイスクリーム. (4) (ｸﾞｱﾃ)棒つきキャンディー.
media paleta 半人前の左官.
[pala + 縮小辞]
pa·le·ta·da [pa.le.tá.ða] 女 **1** シャベル一杯(分);こてのひとなすり(分).
2 シャベルによる一撃. **3**《話》粗野な振る舞い.
pa·le·ta·zo [pa.le.tá.θo / -.so] 男《闘牛》牛の角の一撃. *El toro le dio un* ~. 彼[彼女]は牛に角で突かれた.
pa·le·te·ar [pa.le.te.ár] 自 〈オールを〉空漕(からこ)ぎする;〈スクリューが〉空転する. **2**《ラ米》(ﾁﾘ)当てがはずれる, 失敗する;職を失う.
— 他《ラ米》(ﾒｷ)(1)《馬》〈馬の背を〉軽くたたく. (2) おべっかを使う, おもねる.
pa·le·te·o [pa.le.té.o] 男 (オールの)空漕(からこ)ぎ;(スクリューの)空転.
pa·le·te·rí·a [pa.le.te.rí.a] 女 **1** 田舎者の[粗野な]振る舞い;田舎者の集団. **2**《ラ米》アイスキャンディー屋.
pa·le·te·ro, ra [pa.le.té.ro, -.ra] 男 女《ラ米》アイスキャンディー売り. — 形《ラ米》(ﾒｷ)結核(菌)の.
pa·le·ti·lla [pa.le.tí.ʝa ‖ -.ʎa] 女 **1**《解剖》(1) 肩胛(けんこう)骨. (2) 胸骨軟骨. **2** (動物の)肩肉. ~ *de cordero* 子羊の肩肉. **3** ろうそく立て. **4**《ラ米》(ﾒｷ)《農》(家畜の耳の)切り込み, 目印.
[paleta + 縮小辞]
pa·le·ti·za·ción [pa.le.ti.θa.θjón / -.sa.sjón] 女 パレット palé を使った商品管理[保管]システム.
pa·le·ti·zar [pa.le.ti.θár / -.sár] 97 他 パレットを使って商品を管理[保管]する, パレタイズする.
pa·le·to, ta [pa.lé.to, -.ta] 形《軽蔑》田舎者の, 粗野な. — 男 女《軽蔑》田舎者.
— 男《動》ファローシカ, ダマシカ (= gamo).
pa·le·tó [pa.le.tó] [仏] 男《複 paletoes》パルトー:厚手のハーフコート.
pa·le·tón [pa.le.tón] 男 (鍵(かぎ)の)歯, かかり.
pa·li [pá.li] 形 パーリ語の.
— 男 パーリ語:古代インドの言語. 原始仏教聖典および現在の南方小乗仏教圏の聖典語.
pa·lia [pá.lja] 女《カト》祭壇掛け布;聖櫃(せいひつ)覆い;聖杯布.

pa·lia·ca·te [pa.lja.ká.te] 男《ラ米》(綿製でプリント柄の)大きいチーフ，スカーフ．
pa·lia·ción [pa.lja.θjón / -.sjón] 女 (痛みなどの)緩和；取り繕い，弁解．
pa·lia·da·men·te [pa.ljá.ða.mén.te] 副 ひそかに，こっそりと．
pa·liar [pa.ljár] 83 他 **1**〈病気・痛みなどを〉和らげる，鎮める．**2**〈感情を〉隠す，ごまかす．**3** 弁解する，取り繕う．
pa·lia·ti·vo, va [pa.lja.tí.βo, -.βa] 形 **1**〈病気・痛みなどを〉和らげる，鎮める．**2** 取り繕う，一時しのぎの．── 男《医》緩和剤；一時しのぎ，取り繕い．
pa·lia·to·rio, ria [pa.lja.tó.rjo, -.rja] 形 一時しのぎの，取り繕いの．
pa·li·de·cer [pa.li.ðe.θér / -.sér] 34 自 **1** 青ざめる，血の気を失う．Al oír la noticia ella *palideció*. 知らせを耳にして彼女は青ざめた．**2** 色あせ，輝きが失せる．La fama de este artista *está palideciendo*. その芸術家の名声も失われつつある．
pa·li·dez [pa.li.ðéθ / -.ðés] 女《複 palideces》**1** 青ざめること，蒼白(はく)．**2**(色・光の)薄さ；色あせ．
palidezc- 縮 → palidecer.
pá·li·do, da [pá.li.ðo, -.ða] 形 **1** 青ざめた，蒼白(はく)な，血の気のない．ponerse ～ (顔が)真っ青になる．Estás ～．¿Te encuentras bien? 顔色が悪いよ．大丈夫かい．
2(色・光が)淡い，さめた．azul ～ 淡い青．luz *pálida* 薄明かり．**3** 生気のない，冴えない；印象に残らない，精彩を欠く文体．Estuve en la misma clase pero tengo un ～ recuerdo de ese chico. 同じクラスにいたがその子は印象が薄い．
rostro pálido 青ざめた顔；(先住民に対して)白人．
[←［ラ］*pallidum* (*pallidus* の対格); *pallēre*「色あせている」より派生．［関連］palidez.［英］*pale*]
pa·li·do·so, sa [pa.li.ðó.so, -.sa] 形《ラ米》(少し)青ざめた；生気のない (= pálido).
pa·li·du·cho, cha [pa.li.ðú.tʃo, -.tʃa] 形《話》少し顔色が悪い，いくぶん青ざめた．
pa·lier [pa.ljér]〔仏〕男《機》軸受け，ベアリング．
pa·li·lle·ro [pa.li.jé.ro ‖ -.ʎé.-] 男 **1** 楊枝差し［入れ］．**2** ペン軸．
pa·li·llo [pa.lí.jo ‖ -.ʎo] 男 **1** 細い［小さい］棒(状のもの)；爪楊枝(つまようじ)(= ～ de dientes)；(ドラムの)スティック(= ～ de tambor)；(レースの)糸巻き．
2《複数で》箸(はし)．comer con ～s 箸で食べる．**3**（塑像用の）へら．**4**《闘牛》バンデリーリャ banderilla, 銛(もり)．**5**(葉タバコの)葉脈；(ブドウの)茎．**6**《話》やせている人．estar hecho un ～ 骨と皮ばかりである．**7**《複数で》カスタネット．**8**《複数で》《話》初歩(的な技法)，基本．**9**《複数で》《話》ささいなこと，つまらないもの．**10** おしゃべり，雑談．**11**《ラ米》(1)(チャン)(ヒニン)ペン軸．(2)(ヒニン)洗濯ばさみ．
tocar todos los palillos《話》あらゆる手を尽くす．[palo + 縮小辞]
palim-/palin-「再び」の意の造語要素．⇒ *palingenesia*.［←〔ギ〕］
pa·limp·ses·to [pa.limp.sés.to] 男(古文書の)重ね書き羊皮紙(前の字を消しその上に書いたもの)；再生羊皮紙．
pa·lín·dro·mo [pa.lín.dro.mo] 男 回文：前後どちらからも同じに読める語句．⇒ *Dábale arroz a la zorra el abad*. 修道院長が雌狐(めぎつね)に米をやっていた．→ capicúa.
pa·lin·ge·ne·sia [pa.liŋ.xe.né.sja] 女 再生，蘇生(そせい).

pa·lin·ge·né·si·co, ca [pa.liŋ.xe.né.si.ko, -.ka] 形 蘇生(そせい)の，再生の．
pa·li·no·dia [pa.li.nó.ðja] 女《格式》前言取り消し，撤回．cantar la ～ 前言を取り消す；誤りを認める．
pa·lio [pá.ljo] 男 **1**(4本以上の棒でささげる)天蓋(てんがい)．**2** パリウム：右肩の上または下で縛ってとめた古代ギリシア・ローマの男性の外衣．**3**《カト》パリウム：大司教用肩衣(かたぎぬ)．**4**《紋》Y字形の紋章図形 (= perla)．**5** 競技の勝者に与えられる絹の旗．**6**(聖職者の)長いコート，ケープ．**7**《映》反射板．
recibir a+人 bajo palio〈人〉を盛大に歓迎する．
pa·li·que [pa.lí.ke] 男《話》雑談，無駄話．dar ～ a+人〈人〉と無駄話をする．estar de ～ 雑談をしている．
pa·li·que·ar [pa.li.ke.ár] 自《話》雑談をする．
pa·li·san·dro [pa.li.sán.dro] 男《植》ブラジルシタン；紫檀材．
pa·lis·ta [pa.lís.ta] 男女 **1** ボート競技の選手．**2** ラケット球技の選手．
pa·li·to [pa.lí.to] 男 **1**(小さい)棒，細い棒．
2 アルゼンチン・パンパ pampa の民俗舞踏．**3**《ラ米》(ホレチャン)(1)(クリケットに似た)球技．(2)《複数で》洗濯ばさみ．
pisar el palito《ラ米》(コロンビア)《話》わなにかかる．[palo + 縮小辞]
pa·li·to·que [pa.li.tó.ke] 男 → palitroque 1, 2.
pa·li·tro·que [pa.li.tró.ke] 男 **1** 小さな棒，棒切れ．**2**《闘牛》バンデリーリャ banderilla, 銛(もり)．**3**《ラ米》(ヒニン)(コロンビア)(ボウリングに似た)棒倒し遊び，スキットル(をする遊び)．
pa·li·za [pa.lí.θa / -.sa] 女 **1**(続けざまの)殴打，連打（▶ 比喩的にも用いられる）．dar [pegar] una ～ 連打する，めった打ちにする．Los críticos le dieron una ～ a la novela. 批評家連中は彼［彼女］の小説をさんざんにこき下ろした．**2**《話》大敗，惨敗．Les pegamos una ～. やつらをこてんぱんにやっつけた．**3**《話》疲れること［仕事］．Limpiar mi cuarto ha sido una ～. 部屋を片付けるのは大変だった．
── 男女《話》うんざりさせる［退屈な］人．serun[una]～ うっとうしい人である（▶ un [una] ～s を用いることもある）．
dar la paliza《話》うんざりさせる．
darse la paliza (1)《話》懸命に働く；必死になる，大変な思いをする．(2)《俗》いちゃつく．
pa·li·za·da [pa.li.θá.ða / -.sá.-] 女 **1** 柵［1 列］囲い；柵で囲った所．**2**《防水》堰(せき)．**3**《ラ米》(1)(メキシコ)(コロンビア)流木．(2)(コロンビア)(魚・野菜・米の)煮込み．(3)(コロンビア)にぎやかな集まり．
pa·lla [pá.ja ‖ -.ʎa] 女《ラ米》(ヒニン)(コロンビア)《話》情婦．
pa·lla·dor [pa.ja.ðór ‖ -.ʎa.-] 男《ラ米》(ヒニン)(ウルグアイ) → payador.
pa·llar¹ [pa.jár ‖ -.ʎár] 男《ラ米》(コロンビア)(1)《植》インゲンマメ．(2) 耳たぶ．
pa·llar² [pa.jár ‖ -.ʎár] 他《鉱》〈鉱石を〉選別する．── 自《ラ米》(ヒニン)(ウルグアイ) → payar.
pa·lla·sa [pa.já.sa ‖ -.ʎá.-] 女《ラ米》(ヒニン)(コロンビア)(コロンビア)(わら製の)マットレス．
pal·let [pa.lé(t)]〔英〕男《複 ～s》→ palé.
pa·llón [pa.jón ‖ -.ʎón] 男(灰吹き法で得られる)金［銀］の粒；(灰吹き法の中間段階で行う)試金．
pa·llo·za [pa.jó.θa ‖ -.ʎó.- / -.sa] 女 円形で石造り，わら葺(ぶ)きの小屋．♦スペインの Galicia や León などに特有で，人と家畜が共に暮らす．
palm [pálm]〔英〕女《複 ～, ～s》《IT》手のひら

palmito

大の携帯用コンピュータ，PDA．

pal·ma [pál.ma] 囡 **1** 〖植〗ヤシ，シュロ（＝palmera）；ナツメヤシ；ヤシ［シュロ］の葉（◆四旬節の最終日曜日である「枝の日曜日」Domingo de Ramos に使われる）．～ brava（フィリピン産）オウギバヤシ．～ de abanico パルミラヤシ；オキナワシモドキ．～ indiana ココヤシ．～ real ダイオウヤシ（◆キューバの国樹）．aceite de ～ パームオイル．cesto [escoba] de ～ ヤシの葉のかご［ほうき］．～ de oro パルムドール：カンヌ映画祭の最高の賞．
2 手のひら（＝～ de la mano）；手袋の手のひらの部分．leer la ～ de la mano 手相を読む．
3《複数で》**手拍子**，拍手かっさい．batir [dar] ～s 手拍子を打つ．
4 栄誉，勝利．～ de la victoria 勝利の栄光．andar en ～s 皆に賞賛されている．llevarse [ganar] la ～ 優れる，勝つ．► しばしば皮肉・軽蔑の意味で使われる．➪ El niño siempre se lleva la ～ haciendo burradas. その子はいつもばかなことをしては賞賛の的になる．**5** 馬のひづめの裏．
como la palma de la mano（1）大変平らな．（2）いとも容易な．
conocer... como la palma de la mano …を熟知している．
llevar [tener, traer] en palmas [palmitas] a＋人《話》〈人〉を丁重に扱う，細かく気を配る．
［←［ラ］*palmam*（*palma* の対格），関連］palmar, palmera, palmo．［英］*palm*］

Pal·ma[1] [pál.ma] 圄名 ～ de Mallorca パルマ・デ・マジョルカ：スペイン Baleares 県の県都．

Pal·ma[2] [pál.ma] 圄名 パルマ Ricardo ～（1833-1919）：ペルーの作家．作品 *Tradiciones peruanas* 『ペルー伝記集』．

pal·má·ce·o, a [pal.má.θe.o, -.a / -.se.-] 形 ヤシ科の．— 囡 ヤシ科の植物；《複数で》ヤシ科．

pal·ma·cris·ti [pal.ma.krís.ti] 囡〖植〗ヒマ，トウゴマ．

pal·ma·da [pal.má.ða] 囡 **1** 平手でたたくこと；（親しみをこめて）軽くぽんとたたくこと．dar una ～ a＋人 en el hombro〈人〉の肩を軽くたたく．
2《主に複数で》**拍手，手拍子**；（注意を喚起するなどのために）手をたたくこと．dar ～s 拍手をする；手拍子をとる．
dar palmas en la espalda 背中をポンとたたく；なれなれしくする．

pal·ma·di·lla [pal.ma.ðí.ja ‖ -.ʝa] 囡 パルマディージャ：相手の手をたたいてパートナーを選び出す踊り．

pal·ma·do, da [pal.má.ðo, -.ða] 形 ➔ palmeado．

*****pal·mar**[1] [pal.már] 形 **1** ヤシでできた，シュロの．
2 手のひらの．músculo ～〖解剖〗手掌筋．**3** 1 掌尺の．➔ palmo．**4** 明らかな，自明の．
— 男 ヤシ林，シュロ林．

pal·mar[2] [pal.már] 自《話》（通常は目的格代名詞laをともなって）死ぬ．

pal·ma·rés [pal.ma.rés] 男《単複同形》**1** 受賞者名簿，勝利者リスト．
2（特にスポーツでの輝かしい）経歴，履歴．

pal·ma·rio, ria [pal.má.rjo, -.rja] 形 明らかな，自明の．

pal·ma·ro·te [pal.ma.ró.te] 男《ラ米》（ﾍﾞﾈｽﾞ）ジャノス Llanos（平野）の住民［出身者］；田舎者，無学者．

Pal·mas [pál.mas] 圄名 Las ～（de Gran Canaria）ラス・パルマス（デ・グラン・カナリア）：スペインの県；県都，カナリア諸島 Gran Canaria 島の港湾都市．

pal·ma·to·ria [pal.ma.tó.rja] 囡 **1** 皿型の柄付きろうそく立て．
2（罰として生徒の手を打つ）木のへら．

palmatoria
(柄付きろうそく立て)

pal·me·a·do, da [pal.me.á.ðo, -.ða] 形 **1** シュロの葉の形をした；手のひら状の；〖植〗掌状の．**2**〖動〗水かきのある．pata *palmeada* 水かきのある足．

pal·me·ar [pal.me.ár] 自 **1** 拍手する；手をたたく．**2**（ボートなどに乗り，綱などを引きながら）移動する．
— 他 **1**〖スポ〗(バスケット)〈リバウンドボールを〉押し込むようにシュートする．
2〖印〗〈活字の印刷面を〉平らにする，ならす．

pal·men·se [pal.mén.se] 形（スペイン Canarias の県および都市）ラス・パルマス（デ・グラン・カナリア）Las Palmas（de Gran Canaria）の．
— 男囡 ラス・パルマスの住民［出身者］．

pal·me·o [pal.mé.o] 男 **1** 手拍子．**2**〖スポ〗(バスケットボール)ボールを押し込むようにシュート．**3** 手のひらの長さ［1 掌尺］を基準に計ること．

pal·mer [pal.mér] / **pál·mer** [pal.mér] 男《複～s》（測定器の）マイクロメーター．

pal·me·ra [pal.mé.ra] 囡 **1**〖植〗ヤシ（の木・葉），シュロ．～ enana フェニックス，シンノウヤシ．～ datilera ナツメヤシ．**2**〖料〗ハート形のパイ菓子．

pal·me·ral [pal.me.rál] 男 ヤシ林［園］．

pal·me·ro, ra [pal.mé.ro, -.ra] 形（スペイン Canarias の島）ラ・パルマ島 La Palma の．
— 男囡 **1** ヤシ園の世話をする人．**2** 聖地パレスチナへの巡礼者．◆中世にシュロの葉を持ち帰ったところから．**3**（スペイン Canarias の島）ラ・パルマの住民［出身者］．**4**（フラメンコで）手拍子を打つ人．
— 男《ラ米》(ｱﾙｾﾞﾝ)(ﾊﾟﾗｸﾞｱ)(ｳﾙｸﾞｱ)〖植〗ヤシ（の木）．

pal·me·sa·no, na [pal.me.sá.no, -.na] 形（スペイン Baleares の島）パルマ・デ・マジョルカ Palma de Mallorca の．
— 男囡 パルマ・デ・マジョルカの住民［出身者］．

pal·me·ta [pal.mé.ta] 囡（罰として生徒の手を打つ）木のへら；木のへらで手を打つこと．

pal·me·ta·zo [pal.me.tá.θo / -.so] 男 **1** 木のへらで手を打つこと．**2** 叱責（しっせき），譴責（けんせき）．dar un ～ a＋人〈人〉をしかる，非難する．

pal·mi·che [pal.mí.tʃe] 男〖植〗(1) ダイオウヤシ（の実）．(2) アメリカアブラヤシ．(3) チャボトウジュロ（の実）．

pal·mí·fe·ro, ra [pal.mí.fe.ro, -.ra] 形《文章語》シュロ［ヤシ］の生い茂った．

pal·mi·for·me [pal.mi.fór.me] 形 ヤシの木の形状をした．

pal·mí·pe·do, da [pal.mí.pe.ðo, -.ða] 形〖鳥〗水かきのある．
— 男 水鳥；《複数で》《集合的》水鳥，游禽（ゆうきん）類．

pal·mis·ta [pal.mís.ta] 男囡《ラ米》(ｸﾞｱﾃ)(ｺﾛﾝ)手相見．

pal·mi·ta [pal.mí.ta] 囡 *llevar [traer, tener] en palmitas a*＋人 ➔ palma．
［palma＋縮小辞］

pal·mi·to[1] [pal.mí.to] 男〖植〗(1) チャボトウジュロ：地中海原産の掌状葉のヤシ．(2) チャボトウジュロの芽：食用．

pal·mi·to[2] [pal.mí.to] 男《話》（女性の）ほっそりした（美しい）顔［容姿］．tener buen ～ きれいな顔をし

ている.

***pal·mo** [pál.mo] 男 **1** 掌尺：長さの単位. 約21センチ. ♦手を開いて親指の先から小指の先までの長さ. **2** 狭い空間［土地］. **3** 壁にコインを投げる子供の遊び.

con un palmo de lengua (fuera)《話》へとへとになって；息を切らして.
crecer a palmos ぐんぐん成長する.
dejar a+人 con un palmo de narices《話》〈人〉をがっかりさせる，〈人〉の期待を裏切る.
no adelantar [ganar] un palmo de terreno ほとんど進歩がない.
no haber (ni) un palmo ほとんど差［違い］はない.
palmo a palmo (1) 少しずつ, 徐々に. *avanzar ～ a ～* じりじりと進む. (2) 十二分に，隅々まで.
palmo de tierra 猫の額ほどの土地.
quedarse con un palmo [dos palmos] de narices《話》あっけにとられる；がっかりする，期待を裏切られる.

pal·mo·te·ar [pal.mo.te.ár] 自 手をたたく；拍手かっさいする.
pal·mo·te·o [pal.mo.té.o] 男 拍手，拍手かっさい.
palm·top [pálm.top]《英》男【ＩＴ】= palm.

***pa·lo** [pá.lo] 男 **1** 棒；柱 ▶特に細いもの, 棒状のもの. *～ de la escoba* ほうきの柄. *～ de amasar*《ラ米》《タゑ》麺(ゑ)棒.

2 木material. *cuchara y tenedor de ～* 木製のスプーンとフォーク. *pierna de ～* 木製の義足.

3（棒による）殴打；痛手. *jarabe de ～*《話》（罰として）棒で叩くこと. *matar a ～s* 棒で殴殺する. *dar (de) ～s* 打ちのめす. *moler [doblar] a ～s*《話》さんざんに打ちのめす. *Esta reforma ha dado un ～ a la agricultura.* この改革は農業にとって打撃となった. *La pérdida del mejor jugador ha sido un ～ para el equipo.* 最高の選手がいなくなったことはチームにとって大きな痛手だった.

4 批判，非難. *Los críticos dieron un ～ a la obra.* 批評家たちは作品をこき下ろした. **5**《話》いやなこと, 悪い経験. *Se llevó un ～ cuando su amiga lo engañó.* 彼は友人にだまされたとき非常につらい思いをした. **6**《船》マスト, 帆柱（= mástil）；支柱. *～ mayor* メインマスト. *～ de trinquete [de mesana]* フォア［ミズン］マスト. **7**《遊》（トランプ）（四種類ある）組札. *jugar del mismo ～* 前に出た札と同じマークの札を出す. **8**《音楽》（フラメンコの, 特に伝統的な）曲, リズム. **9** 絞首刑. **10**（文字 b, d, p, q などの）縦の線. **11**《話》《闘牛》バンデリーリャ banderilla. **12**《スポ》(1)（サッカーなどの）ゴールポスト（= ～ *de la portería*）. (2)（野球の）バット；（ポロなどの）スティック；（ゴルフの）クラブ. (3)（ビリヤードに似た chapó ゲームの）ピン. **13** 果物の柄. **14** 止まり木. **15**《紋》（盾の）縦帯. **16**《ラ米》(1)（よじ登って先端の賞品を取り合うための）脂［石けん］を塗った柱. (2)《タゑ》《タゑ》（酒の）一気飲み. (3) 木, 樹木. *～ brasil* ブラジルスオウ（材）. *～ dulce* カンゾウ（の根）. *～ de hule* ゴムの木. *～ de rosa* シタン. (4)《タゑ》*a pique*《タゑ》《タゑ》打ち杭(ぐ).

a medio palo《ラ米》《タゑ》半分酔っ払って；中途半端に.
a palo seco (1)（特に飲食物について）何も添えずに, それだけで. (2)【音楽】（フラメンコのカンテ cante が）伴奏を伴わないで. (3) 飲まず食わずで, 何も食べずに. (4) そっけなく；突然に. (5)（船が）帆をたたんで.
caérsele (a+人) los palos del sombrajo《話》

〈人〉が落胆する.
darle un palo (a+人)《話》〈人〉が気がのらない, おっくう［面倒］である；恥ずかしい.
dar palos de ciego《話》相手構わず殴る；考えなしに行動する.
darse el palo《俗》いちゃつく.
dar un palo 法外な金をとる.
De tal palo tal astilla.《諺》蛙の子は蛙 (←この棒からはこの棒切れ).
echar a+人 a palos ひどい方法で〈人〉を追い出す, 叩き出す.
estar hecho un palo やせこけている.
más sucio que el palo de un gallinero《話》非常に汚い.
más tieso que un palo《話》《軽蔑》とても硬い；お高くとまった.
meter un palo a+人《話》〈人に〉罰を与える.
no dar un palo al agua《話》ぐうたらで何もしない, なまけている.
palo grueso《ラ米》大物, 実力者.
palos de agua《ラ米》どしゃ降り.
que cada palo aguante su vela 各自の義務や仕事に責任を持つべきである.
ser de palo《ラ米》(*ミ*)（石のように）感じない.
ser un palo《ラ米》（ｷｶﾞ）（ﾃﾞｨ）(*ミ*) 非凡なことである，すばらしいことである.

[← [ラ] *pālum* (*pālus* の対格). 関連 palenque. 【英】pole].

pa·lo·duz [pa.lo.dúθ / -.dús] 男【植】カンゾウ.

***pa·lo·ma** [pa.ló.ma] 女 **1**【鳥】ハト（▶雌雄の区別をしない場合は paloma, 特に雌バトは palomo, 小バトは pichón). *inocente como una ～* ハトのように無邪気な. *Arrulla la ～.* ハトがクークー鳴く. *～ bravía [silvestre]* 土バト, 野バト. *～ capuchina* カプチンバト. *～ de moño* カンムリバト. *～ doméstica [duenda]* イエバト, トバト. *～ pavona* クジャクバト. *～ torcaz* モリバト. *～ zurita* ヒメモリバト. *～ mensajera* 伝書バト. *～ de la paz*【聖】（オリーブの葉をくわえた）平和のハト.

2 温厚な人（= *sin hiel*), 無邪気な人；【政】ハト派, 穏健派（↔ halcón, gavilán).

3（呼びかけ）（女性に）いとしい人. **5** *～ mía* 私のかわいい人. **4**（酒 水割りアニス酒. **5**（複数で）白波. **6** [P-]【星座】はと座. **7**《ラ米》(1)（ﾚﾝﾞ）《卑》ペニス, 陰茎. (2)（ｷﾃ）（ﾐｴﾞ）（ﾁﾚ）【遊】凧(凧). (3) (*ミ*)【昆】チョウ.

pedir una paloma《ラ米》（ﾚﾝﾞ）《話》ヒッチハイクする.

[← [俗] *palumba*（[ラ] *palumbēs*「モリバト」)].

pa·lo·mar[1] [pa.lo.már] 男 鳩舎(ｷﾊ), ハト小屋.
pa·lo·mar[2] [pa.lo.már] 形《古語》(糸が)細縒(ﾖﾘ)の.

pa·lo·me·ar [pa.lo.me.ár] 自 **1** ハト狩りをする. **2** 丁寧に［時間をかけて］ハトを育てる. ―他《ラ米》(1)（ｷﾃ）（ﾑﾐ）だます. (2)（ﾚﾝﾞ）《話》狙撃(ｽﾞｹ)する.

pa·lo·me·ra [pa.lo.mé.ra] 女 **1** 小型の鳩舎(ｷﾊ). **2** 小さな荒れ地.

pa·lo·me·rí·a [pa.lo.me.rí.a] 女 ハト狩り.

pa·lo·me·ta [pa.lo.mé.ta] 女 **1**【魚】スジイケガツオ, コバンアジ. **2**【技】蝶(ｺﾞｳ)ナット. **3**（三角形の）棚受け.

pa·lo·mi·lla [pa.lo.mí.ja / -.ʎa] 男【動】《ラ米》(*ピ*)(*ﾂ*)（ﾐﾞ）（ﾁﾚ）《話》不良, ごろつき；（ﾐ）いたずら者, 抜け目のない者. ―女 **1**【昆】ガ（蛾）；サナギ. **2** 馬の尻(ｼ)（の上部）. **3**【技】蝶(ｺﾞｳ)ナット. **4**（三角形の棚受

け．**5**〈心棒の〉軸受け，〈自転車の〉スポーク止め．**6**《複数で》白波．**7**《ラ米》(1)《タリ》牛の脚肉．(2)(ᴹᵉˣ)(ᴿᵢᶜ)(ᶜᵒˡ)《話》群衆，野次馬；遊び仲間．
palomilla de tintes《植》アルカンナ．
pa·lo·mi·lla·da [pa.lo.mi.ʝá.ða ‖ -.ʎá.-] 囡《ラ米》(ᶜᵉⁿ)ちょっとしたいたずら［悪ふざけ］．
pa·lo·mi·na [pa.lo.mí.na] 囡 **1** ハトの糞(ふん)．**2**《植》カラクサケマン．
pa·lo·mi·no [pa.lo.mí.no] 男 **1** 子バト．**2** 鳥の糞(ふん)．**3**《話》〈下着についた〉便の汚れ．**4**《話》ばか．**5**《ラ米》(ᵛᵉⁿᵉᶻ)(ᴷᵒˡ)白馬．
pa·lo·mi·ta [pa.lo.mí.ta] 囡 **1**《主に複数で》ポップコーン．**2** 水割りのアニス酒．**3**《スポ》(ゴールキーパーの)ダイビングセーブ．**4**《ラ米》(1)《話》かわいい人．(2)(ᴹᵉˣ)《昆》ガ(蛾)．
pa·lo·mo [pa.ló.mo] 男《鳥》雄バト；モリバト(= *paloma torcaz*)．→ **paloma**．
pa·lo·mo, ma [pa.ló.mo, -.ma] 形《ラ米》(ᵛᵉⁿᵉᶻ)(ᴷᵒˡ)(ᴱˢᵖᵃⁿ)白馬の．男《話》お人好し，まぬけ．
pa·lo·san·to [pa.lo.sán.to] / **pa·lo santo** [pá.lo sán.to] 男《植》**1** パロサント，ローズウッド：熱帯産．黒っぽく目の詰まった木質で家具や楽器に使用．**2** カキ；柿の果実(= *caqui*)．**3** ユソウボク．
pa·lo·ta·da [pa.lo.tá.ða] 囡 細い棒［ばち］で打つこと．
no dar palotada (1) 〈事が〉うまくいかない，はかどらない．(2) 的外れである．
pa·lo·ta·zo [pa.lo.tá.θo / -.so] 男 **1**《闘牛》角の一撃．**2**(ᴹᵉˣ)(ᴴᵒⁿ)麵(メン)棒で殴ること．
pa·lo·te [pa.ló.te] 男 **1** 小さな［細い］棒；〈楽器の〉ばち，スティック．**2**（字を習い始めた子供の書く）棒線．**3** 棒状のキャラメル．**4**《ラ米》(1)《昆》カマキリ．(2)(ᶜʰⁱ)くびき．(3)(ᵛᵉⁿ)背高のっぽ．(4)(ᶜʰⁱ)(ᴱᶜ)(ᶜᵉⁿ)麵(メン)棒．— 男《話》大金持ち．
pa·lo·te·ar [pa.lo.te.ár] 自 **1** 棒と棒を打ち合わせる．**2** 口角泡を飛ばし，激しく議論する．
pa·lo·te·o [pa.lo.té.o] 男 言い争い，口論．
pal·pa·ble [pal.pá.βle] 形 **1** 手で触れうる；触知できる；《医》触診できる．*unos bultos* ~*s* 手で触ってわかるしこり．**2** はっきりした，明白な．
pal·pa·ble·men·te [pal.pá.βle.mén.te] 副 はっきりと，明らかに．*La producción ha aumentado* ~. 生産は目に見えて増加した．
pal·pa·ción [pal.pa.θjón / -.sjón] 囡 触れること，触知；《医》触診．
pal·pa·dor [pal.pa.ðór] 男《技》探針，探触子．
pal·pa·du·ra [pal.pa.ðú.ra] 囡 → *palpación*．
pal·pa·mien·to [pal.pa.mjén.to] 男 → *palpación*．
pal·par [pal.pár] 他 **1** 手で触れる；《医》触診する；手探りする．*El médico le palpó el vientre*. 医者は［彼女に］彼女の腹部を触診した．**2** 思い知る，痛感する．*Ahora palpa los efectos de su pereza*. 彼［彼女］は今になって自分の怠慢の結果を思い知らされている．*Se palpaba el malestar en toda la oficina*. オフィス全体に居心地の悪さが感じられた．
pal·pe·bral [pal.pe.βrál] 形《解剖》眼瞼(けん)［まぶた］の．
***pal·pi·ta·ción** [pal.pi.ta.θjón / -.sjón] 囡 **1**《主に複数で》鼓動；動悸(き)．*tener palpitaciones* 動悸がする．**2**〈体の部分の〉〈ぴくぴくする〉震え．
pal·pi·tan·te [pal.pi.tán.te] 形 **1** 鼓動を打っている，ぴくぴく動いている．**2** 最新の，〈今〉話題の；興味深い．*con un interés* ~ 強い関心をもって．**3**〈灯りが〉点滅する．

***pal·pi·tar** [pal.pi.tár] 自 **1**〈心臓が〉鼓動する；動悸(き)を打つ．*Cuando hablo en público, me palpita el corazón*. 人前で話をするとき，私は心臓がドキドキする．**2**〈体の一部・物体が〉ぴくぴく動く．**3**〈感情が〉わき出る，息づく．
— ~**.se** 再《ラ米》予感がする，胸騒ぎがする．
pal·pi·te [pal.pí.te]《ラ米》(ᵃʳᵍ)(ᶜᵒˡ)(ᶜʰⁱ)(ᵁʳᵘ)虫の知らせ，胸騒ぎ，予感．
pál·pi·to [pál.pi.to] 男 虫の知らせ，胸騒ぎ，予感．
pal·po [pál.po] 男《昆》触鬚(ひげ)．
pal·qui [pál.ki] 男《植》パルキ：ナス科ヤコウカ属の低木で石けんの原料，発汗剤などに用いられる．
pal·quis·ta [pal.kís.ta] 共 窓やバルコニーから侵入する泥棒．
pal·ta [pál.ta] 囡《ラ米》(1)(ᴹᵉˣ)《植》アボカド(の実)．(2)(ᵃʳᵍ)《話》心配，悩み．(3)(ᶜʰⁱ)正装．
pal·to [pál.to] 男《ラ米》(ᴱᶜ)(ᶜʰⁱ)《植》アボカド(の木)．
pal·tó [pal.tó] 男《ラ米》(ᵁʳᵘ)(ᴾᵘᵉʳ)(ᴱᶜ)《服飾》上着，ジャケット．
pa·lú·di·co, ca [pa.lú.ði.ko, -.ka] 形《医》マラリアの，マラリアにかかった．*fiebre palúdica* マラリア．**2** → *palustre*[2]．— 男《医》マラリア患者．
pa·lu·dis·mo [pa.lu.ðís.mo] 男《医》マラリア(= *malaria*)．
pa·lum·ba·rio [pa.lum.bá.rjo] 形 *halcón* ~《鳥》オオタカの一種．
pa·lur·do, da [pa.lúr.ðo, -.ða] 形《話》〈軽蔑〉さつな，田舎者の．— 男《話》〈軽蔑〉田舎者．
pa·lus·tre[1] [pa.lús.tre] 男（左官などの）こて．
pa·lus·tre[2] [pa.lús.tre] 形《動物》沼沢［沼辺，湿地］の．
pam [pám] 間投《射撃音・打撃音・爆発音》パン．
pa·me·la [pa.mé.la] 囡（女性用のつば広の）麦わら帽子．
pa·me·ma [pa.mé.ma] 囡《スペイン》**1** くだらないこと，ばかげたこと．*¡Déjate de* ~*s!* ばかなことはやめろ．**2** お世辞，おべっか．**3**（反感・嫌悪などの）大げさな態度；気どり．
***pam·pa** [pám.pa] 囡 **1** パンパ，大草原．*la* ~ *argentina* アルゼンチンのパンパ．**2**(ᶜʰⁱ)硝石埋蔵地帯；郊外，広々とした場所．
— 形《ラ米》(1) パンパの；パンパに住む先住民の．(2)(ᴷᵒˡ)〈牛馬が〉頭の白い．(3)(ᵁʳᵘ)〈取引などが〉不正な，いかがわしい，怪しい．(4)(ᴾᵉʳ)弱々しい．
a la pampa《ラ米》野外で．
a lo pampa《ラ米》(ᵁʳᵘ)パンパに住む先住民の流儀に倣って．
estar en sus pampas《ラ米》(ᶜᵉⁿ)くつろいでいる．
quedar en pampa《ラ米》(ᴾᵉʳ)(1) がっかりする．(2) 裸でいる．
[←《ケチュア》《アイマラ》*pampa*]
pam·pa·na [pám.pa.na] 囡 ブドウの葉．
pam·pa·na·je [pam.pa.ná.xe] 男 **1**《集合的》ブドウの葉［芽］；ブドウの芽［巻きひげ］の繁茂．**2** 無用の事物；《集合的》役に立たない物，がらくた．
pam·pa·ni·lla [pam.pa.ní.ja ‖ -.ʎa] 囡（未開民族の）下帯，腰巻き．
pám·pa·no[1] [pám.pa.no] 男 ブドウの芽［巻きひげ］；ブドウの葉．
pám·pa·no[2] [pám.pa.no] 男《魚》サルパ：タイの一種(= *salpa*)．
pam·pa·no·so, sa [pam.pa.nó.so, -.sa] 形〈ブドウなどが〉芽や巻きひげをいっぱいつけた．
pam·pe·a·no, na [pam.pe.á.no, -.na] 形《ラ米》(ᴹᵉˣ)パンパ *pampa* の，大草原の．

―男女《ラ米》(™*)パンパの住民[出身者].
pam・pe・ar [pam.pe.ár] 他《ラ米》(ニテン)(1)《人の》背中をたたく.(2)《こね玉を》伸ばす.
― 自《ラ米》pampa[大草原]を旅する.
pam・pe・ra・da [pam.pe.rá.ða] 女《ラ米》(™*)パンパpampaから吹きつける強い風.
pam・pe・ro, ra [pam.pé.ro, -.ra] 形 パンパpampaの. ― 男女 パンパの住民[出身者].
― 男《ラ米》(1)(ｱﾙｾﾞﾝ)パンペロ:アルゼンチン南部のPatagonia地方から吹きつける乾いた寒風.(2)(ﾁﾘ)(™*)《鳥》クロミズナギドリ属の鳥.
pam・pers [pam.pérs] 男《単複同形》《商標》《ラ米》紙おむつ.
pam・pi・no, na [pam.pí.no, -.na] 形《ラ米》チリ領パンパpampaの.
― 男女《ラ米》チリ領パンパの住民[出身者].
pam・pi・ro・la・da [pam.pi.ro.lá.ða] 女 1 くだらないこと,ばかげた言動. 2 《料》パンとニンニクをすりつぶして水を加えたソース.
pam・pli・na [pam.plí.na] 女 1 《植》(ハコベなど)ナデシコ科の植物. 〜 de agua ヤチハコベ属の植物;ハイハマボッスの一種.
2 《主に複数で》《話》ばかげたこと,くだらないこと.Déjeme de 〜s. ばかげたことはやめてくれ.
3 《主に複数で》《話》へつらい,お世辞. 4 《主に複数で》《話》(反感・嫌悪などの)大げさな態度;気どり.
pam・pli・na・da [pam.pli.ná.ða] 女《スペイン》《主に複数で》ばかげたこと;お世辞.
pam・pli・ne・ro, ra [pam.pli.né.ro, -.ra] / **pam・pli・no・so, sa** [pam.pli.nó.so, -.sa] 形 ばかげたことを言う;お追従を言う;追従を好む.
Pam・plo・na [pam.pló.na] 固名 パンプローナ:スペイン北東部,Navarra県の県都.バスク語ではIruna. ♦7月7日のSan Fermín祭で通りに牛を放すことで有名.
pam・plo・na・da [pam.plo.ná.ða] 女《ラ米》(™*) → pamplinada.
pam・plo・nés, ne・sa [pam.plo.nés, -.né.sa] / **pam・plo・ni・ca** [pam.plo.ní.ka] 形《スペイン》(の)パンプローナPamplonaの.
― 男女 パンプローナの住民[出身者].
pam・pón [pam.pón] 男《ラ米》(ｺﾞﾛ)大きな囲い場.
pam・por・ci・no [pam.por.θí.no / -.sí.-] 男《植》シクラメン(= ciclamen).
pam・prin・ga・da [pam.priŋ.gá.ða] 女 1 脂に浸したパン. 2 《話》ばかげたこと,くだらないこと.

**pan [pán] 男 1 パン. un pedazo [trozo] de *pan* パンひと切れ. una rebanada [tajada] de *pan*《食》パン1枚. comprar dos *panes* パンを2本買う. *pan* con mantequilla [mermelada] バター[ジャム・マーマレード]をつけたパン. pan con tomate パン・コン・トマテ(トマトを塗ったフランスパン). *pan* ácimo [ázimo] 種なしパン. *pan* negro [moreno] 黒パン. *pan* blanco [candeal] 白パン. *pan* de centeno ライ麦パン. *pan* de Cádiz マジパンに似た菓子パン. *pan* de flor 上質の小麦粉で作ったパン. *pan* francés フランスパン. *pan* de barra (棒状の)フランスパン. *pan* de molde [sándwich, caja] / *pan* americano [inglés] 食パン. *pan* tostado トースト. *pan* de Viena ミルクパン,ロールパン. *pan* genovés ジェノバ風パン(刻んだアーモンドをのせたパン). *pan* integral 全粒パン. *pan* rallado [molido] パン粉. *pan* sentado 焼いてから時間のたったパン. *pan* tierno 焼きたてのパン. *pan* de munición 軍隊や刑務所で支給される質の悪いパン.

pan con tomate (パン・コン・トマテ)

2 生活の糧,(日々の)糧,食糧. *pan* de cada día 日々の食べ物. ganarse el *pan* 食い扶持(ち)を稼ぐ. quitarle el *pan* de la boca (a+人) 《人》から生計の資(ξ)を奪う. comer el *pan* de+人 《人》に雇われている.

3 《時に複数で》《集合的》小麦;穀類. tierra de *pan* llevar 小麦の生産適地.

4 塊:パイ生地. *pan* de azúcar 円錐形の固形の砂糖. *pan* de jabón 固形石けん. *pan* de higo(s) 干しイチジクの菓子. 5《金・銀の》箔. *pan* de oro 金箔. 6 ホスチア,聖餅. 7 《ラ米》(™=)膣(&).

A buen hambre no hay pan duro. 《諺》空腹に固いパンなし(空っ腹にはまずいものはない).

A falta de pan, buenas son tortas.《諺》パンがなければ種なしパンでもおいしい(欲するものがないならありあわせで我慢すべきだ).

a pan y agua 何も口にせずに;パンと水しか口にしないで.

árbol de(l) pan《植》パノキ.

como el pan bendito 少しずつ,ちびちびと.

Con pan y vino se anda el camino.《諺》腹が減っては戦はできぬ(←パンとワインがあれば道を歩ける).

Con su pan se lo coma. 向こうは自分のパンを食べたらよい(こっちの知ったことか,勝手にすればいい).(►慣用表現).

Contigo, pan y cebolla.《諺》手鍋さげても(←君と一緒ならパンとタマネギだけでよい:あなたなら貧乏暮らしもいとわない).

Dame pan y llámame [dime] tonto [perro].《諺》パンをくれ,それからばかと呼んでくれ:得になればなんと言われようともかまわない.

echar panes《ラ米》(ｱﾙｾﾞﾝ)(ｳﾙ)空威張りをする.

hacer un pan como unas hostias《話》(ものごとを)台無しにする.

(llamar) al pan, pan y al vino, vino《話》包みかくさずに(言う),歯に衣着せぬ言い方をする.

más bueno que el pan (1)《話》魅力的な体つきをした. (2)とても人がよい.

no pedir pan《話》(ものが)邪魔にならない,何かの役にはなる.

No sólo de pan vive el hombre.《聖》人はパンだけで生きるものではない(マタイ4:4).

pan bendito (1)《カト》聖別されたパン. (2)ありがたいもの.

pan de los ángeles [fuertes] / pan de vida / pan del cielo / pan eucarístico《カト》聖別されたパン,ホスチア,聖体.

pan de muerto《ラ米》(死者の日 día de los muertosに祭壇に捧げる)死者のパン.

pan sin sal 野暮な人;のろま.

pan y circo《話》《軽蔑》(政府・為政者が)必要最低限のもの[食事]と娯楽を与えて民衆を手なずけること;パンと見世物.

pan y quesillo《植》ナズナ;アカシアの花.

por un mendrugo [pedazo] de pan 二束三文で,わずかな金で.

Quien da pan a perro ajeno, pierde el pan y pierde el perro.《諺》他人の犬を養うものはパンも犬も失う:見ず知らずの人への親切はかえって仇

る.
ser el pan (nuestro) de cada día よくあることだ.
ser pan comido 《話》至極簡単なことだ, 朝飯前だ.
ser un pedazo [trozo, cacho] de pan / ser bueno como un pedazo de pan 《話》本当に人がよい.
vender a+人 ***pan caliente*** 《ラ米》《￼》〈人〉にこびへつらう.
venderse como pan caliente 飛ぶように売れる.
[← [ラ] *pānem* (*pānis* の対格); 関連 panadero, penecillo, panificar, empanada. [英] food]

Pan [pán] 固名《ギ神》パン:森林・牧羊の神. 上半身はひげの生えた毛深い人間でヤギの角・耳・足をもつ. ローマ神話の Fauno に当たる.

PAN [pán] 《略》*Partido de Acción Nacional* (メキシコの) 国民行動党.

pan-「全…, 汎(ﾊﾝ)…, 完全な」の意の造語要素. ➡ *panamericano, panorama.* [← [ギ]]

pa·na¹ [pá.na] 囡 **1** コールテン, コーデュロイ. ~ lisa ベルベット. **2** 《ラ米》(*)糸くず, 毛羽.

pa·na² [pá.na] 男 囡 《ラ米》《話》(1) (ｷ)(車の) 故障, 停止. *quedarse en* ~〈車が〉故障する. (2) (ｷ)肝臓; 勇気, 肝っ玉. *tener* ~ 度胸が据わっている.

pá·na·ce [pá.na.θe / -.se] 囡 《植》セリ.

pa·na·ce·a [pa.na.θé.a / -.sé.-] 囡 **1** 万能薬, 万病薬. ~ *universal* (錬金術師が求めた不老不死の) 霊薬. **2** 《比喩的》特効薬, 秘薬.

pa·na·ché [pa.na.tʃé] 男 《料》(調理した野菜の) 盛り合わせ (= ~ *de verduras*).

pa·na·de·rí·a [pa.na.ðe.rí.a] 囡 **1** パン屋; 製パン所, パン焼き場. **2** パン製造業.

pa·na·de·ro, ra [pa.na.ðé.ro, -.ra] 男 囡 パン屋 (の店員), パン職人.
— 囡 (棒で) 殴ること.

pa·na·di·zo [pa.na.ðí.θo / -.so] 男 《医》瘭疽(ﾋｮｳｿ).

panadería (パン屋)

pa·na·do, da [pa.ná.ðo, -.ða] 形 〈スープなどに〉パンが入った.

pan·a·fri·ca·nis·mo [pa.na.fri.ka.nís.mo] 男 汎(ﾊﾝ)アフリカ主義, 全アフリカ主義.

pan·a·fri·ca·no, na [pa.na.fri.ká.no, -.na] 形 汎(ﾊﾝ)アフリカ主義の, 全アフリカ主義の.

pa·nal [pa.nál] 男 **1** (ミツバチの) 巣 (房); ハチの巣構造のもの. **2** カルメラ菓子.

***Pa·na·má** [pa.na.má] 囡 **1** (刺繍用によく使われる) パナマ布. **2** パナマ帽.

****Pa·na·má** [pa.na.má] 固名 **パナマ**:中央アメリカ南部の共和国 / 面積:7.7万 km² / 人口:約310万 / 首都:(*Ciudad de*) Panamá / 言語:スペイン語 (公用語), 英語 / 通貨:balboa (1 B =100 *centésimos*) / 住民:メスティーソ (70%), 黒人 (14%), 白人 (10%), 先住民 (6%) / 宗教:カトリック (93%).
♦1501年スペイン人 Rodrigo de Bastidas が到着後スペインの植民が進む. 1513年には Balboa が地峡を横断し太平洋を発見. 1821年独立した大コロンビアの1州 [地峡州] となる. 1903年コロンビアより分離独立.
Canal de Panamá パナマ運河:太平洋側の Panamá と大西洋側の Colón を結ぶ. 運河地帯は1903年以降米国の租借地であったが, 新条約 (1977年成立) によって1999年12月31日正午をもってパナマに返還された. [トゥピ語またはグアラニ語起源?]

pa·na·me·nis·mo [pa.na.me.nís.mo] 男 **1** パナマ特有のスペイン語法 [表現, 語義, 単語]. **2** パナマ人気質; パナマ的特質 (讃美).

*pa·na·me·ño, ña** [pa.na.mé.ɲo, -.ɲa] 形 パナマの, パナマ人の.
— 男 囡 パナマ人. — 男 パナマのスペイン語.

Pan·a·me·ri·ca·na [pa.na.me.ri.ká.na] 固名 ~ *Carretera* ~ パンアメリカン・ハイウエー:米国南部から中米・チリを経て, アルゼンチンの Buenos Aires に至るハイウエー.

pan·a·me·ri·ca·nis·mo [pa.na.me.ri.ka.nís.mo] 男 汎(ﾊﾝ)アメリカ主義, 全アメリカ主義.

pan·a·me·ri·ca·nis·ta [pa.na.me.ri.ka.nís.ta] 形 汎(ﾊﾝ)アメリカ主義の, 全アメリカ主義の.
— 男 囡 汎(ﾊﾝ)アメリカ主義者, 全アメリカ主義者.

pan·a·me·ri·ca·no, na [pa.na.me.ri.ká.no, -.na] 形 **1** 汎(ﾊﾝ)アメリカの, (北中南米を含めた) 全アメリカの. *congreso* ~ 全アメリカ会議. *juegos* ~*s* 全米選手権. **2** 汎アメリカ主義の, 全アメリカ主義の.

pa·na·mi·tos [pa.na.mí.tos] / **pa·ná·mos** [pa.ná.mos] 男 《複数形》《ラ米》(ｺﾞﾙ)インゲンマメ; 日々の食事.

pan·á·ra·be [pa.ná.ra.βe] 形 男 囡 →*panarabista*.

pan·a·ra·bis·mo [pa.na.ra.βís.mo] 男 汎(ﾊﾝ)アラブ主義, 全アラブ主義.

pan·a·ra·bis·ta [pa.na.ra.βís.ta] 形 汎(ﾊﾝ)アラブ主義 [アラブ民族主義] (者) の.
— 男 囡 汎(ﾊﾝ)アラブ主義者, アラブ民族主義者.

pa·na·rra [pa.ná.ra] 男 《話》《軽蔑》薄のろ, のろま.

pa·na·te·la [pa.na.té.la] 囡 大きく薄いビスケット.

pa·na·te·nai·co, ca [pa.na.te.nái.ko, -.ka] 形 パンアテナイア祭の.

pa·na·te·ne·as [pa.na.te.né.as] 囡 《複数形》(アテネの守護女神 Atenea に捧げられた) パンアテナイア祭.

pa·na·vi·sión [pa.na.βi.sjón] 囡 《映》《商標》パナビジョン:65mmフィルムと特殊なレンズを用いる撮影・映写技術.

pan·ca [páŋ.ka] 囡 《ラ米》(ｺﾞﾙ)(トウモロコシの) 苞(ﾎｳ).

pan·car·di·tis [paŋ.kar.ðí.tis] 囡 《単複同形》《医》汎心臓炎.

pan·car·ta [paŋ.kár.ta] 囡 (デモなどの) プラカード, 横断幕, 垂れ幕;(選挙などの) ポスター.

pan·ce·ra [pan.θé.ra / -.sé.-] 囡 よろいの胴当て.

pan·ce·ta [pan.θé.ta / -.sé.-] 囡 (塩漬けの) 豚ばら肉 [三枚肉], ベーコン;パンチェッタ.

pan·chi·to [pan.tʃí.to] 男 揚げピーナッツ.

Pan·cho [pán.tʃo] 固名 《ラ米》パンチョ:*Francisco* の愛称.

pan·cho, cha [pán.tʃo, -.tʃa] 形 **1** 《話》平静な, 落ち着いた;冷淡な. *quedarse tan* ~ 顔色一つ変

えない. **2** 《ラ米》(1) (ｺﾛ)褐色の, 茶色の. (2) (ﾒｷｼ)(ｴﾙｻ)平べったい；ずんぐりした. (3) (*ﾁﾘ)つまらない；(見てくれの)悪い.
— 男 《ラ米》(ｺﾛ) 《話》ホットドッグ.

pan·cis·mo [pan.θís.mo / -.sís.-] 男 《軽蔑》ご都合主義, 日和見主義.

pan·cis·ta [pan.θís.ta / -.sís.-] 形 《軽蔑》日和見(ﾐ)的な, ご都合主義の.
— 男 女 《軽蔑》日和見(ﾐ)[ご都合]主義者.

pan·cra·cias·ta [paŋ.kra.θjás.ta / -.sjás.-] 男 《史》(古代ギリシアの格闘技) パンクラチオン競技者.

pán·cre·as [páŋ.kre.as] 男 《単複同形》《解剖》膵臓(ｽｲｿﾞｳ).

pan·cre·á·ti·co, ca [paŋ.kre.á.ti.ko, -.ka] 形 《解剖》膵臓(ｽｲｿﾞｳ)の. jugo ~ 膵液.

pan·cre·a·ti·na [paŋ.kre.a.tí.na] 女 《生化》パンクレアチン.

pan·cre·a·ti·tis [paŋ.kre.a.tí.tis] 女 《単複同形》《医》膵(ｽｲ)[臓]炎.

pan·cro·má·ti·co, ca [paŋ.kro.má.ti.ko, -.ka] 形 《写》《物理》全整色の, パンクロの. película *pancromática* パンクロフィルム (通常のカラーフィルムのこと).

pan·da¹ [pán.da] 男 《動》パンダ (= oso ~). ~ gigante ジャイアントパンダ. ~ menor レッサーパンダ.

pan·da² [pán.da] 女 **1** 《話》遊び仲間, グループ；徒党, やから (= pandilla). **2** 回廊, 歩廊.

pan·da·ná·ce·o, a [pan.da.ná.θe.o, -.a / -.se.-] / **pan·dá·ne·o, a** [pan.dá.ne.o, -.a] 形 《植》タコノキ科の. — 男 タコノキ科の植物；《複数で》タコノキ科.

pan·de·ar(·se) [pan.de.ár(.se)] 自 再 **1** (木材・壁などが)反る, たわむ. **2** 《ラ米》(*ﾁﾘ)(ｺﾛ)《話》しりごみする, たじろぐ；撤回する.

pan·dec·tas [pan.dék.tas] 女 《複数形》**1** 《法》法典, 法令全集. **2** 《史》学説彙纂(ﾚﾝｻﾝ)：ユスティニアヌス帝が編集した『ローマ法大全』の主要部分). **3** 取引先勘定帳.

pan·de·mia [pan.dé.mja] 女 《医》世界的[全国的]な流行病；汎(ﾊﾝ)流行病.

pan·dé·mi·co, ca [pan.dé.mi.ko, -.ka] 形 《医》世界的[全国的]な流行病の.

pan·de·mo·nio [pan.de.mó.njo] / **pan·de·mó·nium** [pan.de.mó.njum] 男 地獄, 喧噪(ｹﾝｿｳ)[混乱]の場 (を極めた場所).

pan·de·o [pan.dé.o] 男 (木材・壁などの) 反り, たわみ.

pan·de·ra·da [pan.de.rá.ða] 女 **1** 《集合的》タンバリン. **2** 《話》くだらない[間の抜けた]発言, たわ言.

pan·de·re·ta [pan.de.ré.ta] 女 タンバリン.
la España de pandereta (フラメンコ・闘牛などの) 観光向けのスペイン, 異国情緒あふれる[ステレオタイプ化された]スペイン.
zumbar la pandereta a+人 《話》〈人〉を殴る.

pan·de·re·ta·zo [pan.de.re.tá.θo / -.so] 男 タンバリンのひと打ち, タンバリンをたたくこと.

pan·de·re·te [pan.de.ré.te] 男 **1** 薄い壁. **2** 《建》小口積みれんがの仕切り壁 (= tabique de ~).

pan·de·re·te·ar [pan.de.re.te.ár] 自 タンバリンを打ち鳴らす；タンバリンの音に合わせて踊る.

pan·de·re·te·o [pan.de.re.té.o] 男 **1** タンバリンを鳴らすこと, タンバリンの音. **2** タンバリンを打ち鳴らして囃(ﾊﾔ)すこと；タンバリンの音に合わせて踊ること.

pan·de·re·te·ro, ra [pan.de.re.té.ro, -.ra] 男 女 タンバリン奏者.

pan·de·ro [pan.dé.ro] 男 **1** 大型のタンバリン. **2** 《話》尻. **3** 凧(ﾀｺ). **4** 《話》まぬけ；ばかでおしゃべりな人.

pan·di·lla [pan.dí.ja || -.ʎa] 女 **1** (遊び) 仲間, グループ. una ~ de niños 子供の遊び仲間. **2** 《軽蔑》徒党, 一派. una ~ de ladrones 泥棒の一味.

pan·di·lla·je [pan.di.já.xe || -.ʎá.-] 男 《徒党を組んでの》悪巧み, 悪事.

pan·di·lle·ro, ra [pan.di.jé.ro, -.ra || -.ʎé.-] 男 女 遊び仲間のメンバー；(悪事を働く)徒党の一員.

pan·di·no, na [pan.dí.no, -.na] 形 《ボリビア北部の県》パンド Pando の.
— 男 女 パンドの住民[出身者].

pan·dit [pan.dít] 男 賢者, 尊師, パンディット：学識の高いバラモン僧・賢者に対する称号 (= ~ del hindi).

pan·do, da [pán.do, -.da] 形 **1** (木材・壁などが)反った, たわんだ. **2** 〈川・流れなどが〉ゆっくりした, 緩慢な. **3** 〈人が〉悠々とした, のんびりした, 動きが鈍い. **4** 〈皿が〉(深皿に対して) 平たい. **5** 《ラ米》(1) (*ﾁﾘ)(ﾎﾞﾘ)傾いた；酔った. (2) (ｺﾞﾃﾞ)《話》平らな.
— 男 盆地.

Pan·do·ra [pan.dó.ra] 固名 《ギ神》パンドラ：ヘパイストス Hefesto が泥から造った人類最初の女性. caja de ~ パンドラの箱 (◆禁を破って箱を開けたため, 災いと罪悪が世界に広がり, 底に希望だけが残った).

pan·dor·ga [pan.dór.ga] 女 **1** 《話》動きの鈍い太った女性. **2** 凧(ﾀｺ). **3** 《ラ米》(1) (ｺﾛ)《話》迷惑, ごまかし. (2) (ｱﾙｾﾞ)《話》悪ふざけ.

pan·dor·go, ga [pan.dór.go, -.ga] 形《ラ米》《話》(1) (ｸﾞｱﾃ)まぬけの, 薄のろの. (2) (ｸﾞｱﾃ)太っちょの.

pa·ne·ar [pa.ne.ár] 自 (ｺﾛ)(ﾁﾘ)《話》空威張りする, 強がりを言う.

pa·ne·ci·llo [pa.ne.θí.jo || -.ʎo / -.sí.-] 男 小型のパン. [pan+縮小辞].

pa·ne·ci·to [pa.ne.θí.to / -.sí.-] 男《ラ米》《複数で》ロールパン.

pa·ne·gí·ri·co, ca [pa.ne.xí.ri.ko, -.ka] 形 賞賛の, 賛辞を述べる. — 男 賛辞, 頌詞(ｼｮｳｼ) (= elogio).

pa·ne·gi·ris·ta [pa.ne.xi.rís.ta] 男 女 賞賛者；心酔者.

pa·ne·gi·ri·zar [pa.ne.xi.ri.θár / -.sár] 97 他 賞賛する, 褒めたたえる.

pa·nel [pa.nél] 男 **1** 《建》ボード, パネル；羽目板, 鏡板. **2** (部屋・窓などの)仕切り, パーティション. **3** (大型の) 掲示板, 表示板. ~ electrónico 電光掲示板. ~ (計器などを置く) パネル, …盤. ~ de control コントロールパネル. ~ solar ソーラーパネル, 太陽電池板. **5** パネルディスカッション；《集合的》(ディスカッションの)パネラー. **6** (ｺﾞﾃﾞ)《集合的》(コンクールなどの)審査員. (2) (*ﾁﾘ)《車》小型バン.

pa·ne·la [pa.né.la] 形 《ラ米》(ｺﾞﾃﾞ)(ｴﾙｻ)(ﾎﾝｼﾞ)《話》感じの悪い；うるさい；おべっかを使う.
— 女 《ラ米》(1) (ﾒｷｼ)(ｺﾞﾃﾞ)(*ﾊﾟﾅ)(ｸﾞｱﾃ)(ｴﾙｻ)黒砂糖. (2) (ｴｸ)麦わら帽子.

pa·ne·lar [pa.ne.lár] 他 (表面を) パネル[ボード] で覆う.

pa·ne·lis·ta [pa.ne.lís.ta] 男 女 パネリスト, パネラー, 討論の参加者.

pa·nen·ce·fa·li·tis [pa.nen.θe.fa.lí.tis / -.se.-] 女 《単複同形》《医》全脳炎.

pa·ne·ro, ra [pa.né.ro, -.ra] 形 パン好きな, パンを

よく食べる. ― 男 (大きな)パンかご. ― 女 **1** (食卓用・運搬用)パンかご. **2** 《まれ》小麦粉や穀物を貯蔵する場所.

pan·es·la·vis·mo [pa.nes.la.bís.mo] 男 汎(ﾊﾝ)スラブ主義.

pan·es·la·vis·ta [pa.nes.la.bís.ta] 形 汎(ﾊﾝ)スラブ主義の. ― 男女 汎スラブ主義者.

pa·ne·to·ne [pa.ne.tó.ne] [伊] パネトーネ：イタリアのドライフルーツの入ったドーム型菓子パン.

pan·eu·ro·pe·ís·mo [pa.neu.ro.pe.ís.mo] 男 (ﾊﾝ)ヨーロッパ主義.

pan·eu·ro·pe·ís·ta [pa.neu.ro.pe.ís.ta] 形 汎(ﾊﾝ)ヨーロッパ主義の. ― 男女 汎ヨーロッパ主義者.

pan·eu·ro·pe·o, a [pa.neu.ro.pé.o, -.a] 形 汎(ﾊﾝ)ヨーロッパの, 全ヨーロッパの.

pan·fi·lis·mo [paɱ.fi.lís.mo] 男 (度を越えた)お人よし.

pán·fi·lo, la [páɱ.fi.lo, -.la] 形 **1** のろまな, 鈍い. **2** お人よしの, だまされやすい. **3** 《ラ米》《ﾇﾞ》《話》青白い, 青ざめた. ― 男女 **1** ぐず, のろま. **2** お人よし, だまされやすい人. ― 男 《遊》「パンフィロ」と言ってマッチの火を一気に消す遊び.

pan·fle·ta·rio, ria [paɱ.fle.tá.rjo, -.rja] 形 《ラ米》扇動的な；中傷的な, 攻撃的な.

pan·fle·tis·ta [paɱ.fle.tís.ta] 男女 **1** 小冊子の著者, 中傷的な文書の作者.

pan·fle·to [paɱ.flé.to] 男 **1** パンフレット, (特に政治的・思想的内容の)小冊子[ちらし]. **2** 怪文書；(政治的・思想的内容の)中傷文書；扇動的文書. [←英]*pamphlet*

pan·ga [páŋ.ga] 女 《ラ米》《ﾂﾞ》《ｸﾞ》渡し舟, はしけ.

pan·gal [paŋ.gál] 男 《ラ米》《ｷﾞ》パンゲ pangue の生い茂った土地.

pan·ga·ré [paŋ.ga.ré] 形 《ラ米》《ｷﾞ》《ｯﾞｳﾞ》《馬が》鹿毛の, 赤茶色の.

pan·ge·lín [paŋ.xe.lín] 男 〖植〗アンジェリン：南米産のマメ科アンディラ属の巨木.

pan·ge lin·gua [páŋ.xe líŋ.gwa // páŋ.je-] [ラ] 男 〖カト〗パンジェ・リングア, 舌よ歌え：この詩節で始まる二つの聖歌, 特に聖トマス・アクィナスの作った聖体の祝日のミサ用のものが有名.

pan·ger·má·ni·co, ca [paŋ.xer.má.ni.ko, -.ka] 形 汎(ﾊﾝ)ゲルマン主義の, 全ドイツ主義の.

pan·ger·ma·nis·mo [paŋ.xer.ma.nís.mo] 男 汎(ﾊﾝ)ゲルマン主義, 全ドイツ主義.

pan·ger·ma·nis·ta [paŋ.xer.ma.nís.ta] 形 汎(ﾊﾝ)ゲルマン主義の. ― 男女 汎ゲルマン主義者, 全ドイツ主義者.

pan·go·lín [paŋ.go.lín] 男 〖動〗センザンコウ.

pan·gue / **pan·gui** [páŋ.ge] [páŋ.gi] 男 《ラ米》〖植〗パンゲ：グンネラ科グンネラ属の一種.

pan·he·lé·ni·co, ca [pa.ne.lé.ni.ko, -.ka] 形 **1** 汎(ﾊﾝ)ギリシアの. **2** 全ギリシア(人)の.

pan·he·le·nis·mo [pa.ne.le.nís.mo] 男 汎(ﾊﾝ)ギリシア主義；全ギリシア主義.

pa·nia·gua·do, da [pa.nja.gwá.ðo, -.ða] 形 《話》《軽蔑》お気に入りの. ― 男 **1** 《話》《軽蔑》お気に入り(の人)；側近. **2** (住み込みの)召使い.

pa·nia·guar·se [pa.nja.gwár.se] 86 再 《ラ米》《ﾂﾞﾗﾞ》《ｸﾞ》《話》ぐるになる, 共謀する.

***pá·ni·co, ca** [pá.ni.ko, -.ka] 形 パニックの, 怖れおののかせる；〈恐怖が〉異常に大きい. horror 〜 身のすくむような怖さ. ― 男 恐慌, (特に集団的な)恐怖, パニック. sembrar el 〜 恐慌状態を引き起こす.
[←〖ギ〗*panikón* (*deîma panikón*「パン神によって引き起こされた恐怖」の *deîma*「恐怖」の部分が省略されてできた形) [関連]〖英〗*panic*]

pa·ní·cu·la [pa.ní.ku.la] 女 〖植〗円錐(ｽｲ)花序.

pa·ní·cu·lo [pa.ní.ku.lo] 男 〖解剖〗皮下脂肪層.

pa·nie·go, ga [pa.njé.ɣo, -.ɣa] 形 《まれ》 **1** 〈土地などが〉小麦を生産する. tierra *paniega* 小麦畑. **2** パン好きな, パンをよく食べる. ― 男女 《まれ》パン好きな人, パンをよく食べる人.

pa·ni·fi·ca·ble [pa.ni.fi.ká.ble] 形 〈穀物・その粒粉が〉パンにできる.

pa·ni·fi·ca·ción [pa.ni.fi.ka.θjón / -.sjón] 女 パンを焼くこと；パン製造.

pa·ni·fi·ca·do·ra [pa.ni.fi.ka.ðó.ra] 女 製パン所, パン工場；パン[製粉]販売所.

pa·ni·fi·car [pa.ni.fi.kár] 102 他 〈小麦粉などで〉パンを焼く.

pa·ni·lla[1] [pa.ní.ja ‖ -.ʎa] 女 《まれ》パニーリャ：油の容量単位. 4分の1ポンドに相当する.

pa·ni·lla[2] [pa.ní.ja ‖ -.ʎa] 女 (畝の細かい)コールテン[コーデュロイ].

pan·is·lá·mi·co, ca [pa.nis.lá.mi.ko, -.ka] 形 汎(ﾊﾝ)イスラム主義の.

pan·is·la·mis·mo [pa.nis.la.mís.mo] 男 汎(ﾊﾝ)イスラム主義.

pan·is·la·mis·ta [pa.nis.la.mís.ta] 形 汎(ﾊﾝ)イスラム主義の. ― 男女 汎イスラム主義者.

pa·ni·zo [pa.ní.θo / -.so] 男 **1** 〖植〗アワ. **2** 《ラ米》《ｷﾞ》鉱脈, 鉱床；もうけ仕事, 金のなる木.

pan·nus [pán.nus] 男 〖単複同形〗〖医〗パンヌス：角膜の炎症を原因とする慢性的な角膜表層部の混濁.

pa·no·cha [pa.nó.tʃa] 女 **1** → panoja. **2** 《ラ米》(1)《ﾒｷ》《ｸﾞ》《ﾋﾟ》トウモロコシのパンケーキ. (2)《ｸﾞ》粗糖, 黒砂糖. (3)《ﾒﾙ》《ｸﾞ》陰門.

pa·no·cho, cha [pa.nó.tʃo, -.tʃa] 形 (特に農業について)スペインのムルシア Murcia の灌漑農地 huertaの. ― 男女 ムルシアの灌漑農地の人[農民]. ― 男 ムルシアの灌漑農地で話されるスペイン語.

pa·no·ja [pa.nó.xa] 女 **1** (アワ・キビ・トウモロコシの)穂 (= mazorca). **2** 〖植〗円錐(ｽｲ)花序. **3** (数匹を尾でとめて扇形にした)小魚のフライ[串揚げ].

pa·nol [pa.nól] 男 〖海〗→ pañol.

pa·no·li [pa.nó.li] 形 《話》〈人が〉単純な；優柔不断な；まぬけな. ― 男女 単純な人；優柔不断な人.

pa·no·plia [pa.nó.plja] 女 **1** 甲冑(ﾁｭｳ)ひとそろい, 武具一式. **2** 武具の収集品. **3** (剣などを掛けた盾形の)武具飾り. **4** 武器学, 武具学.

pan·óp·ti·co, ca [pa.nóp.ti.ko, -.ka] 形 〈建物が〉汎視(ｼ)性の, 一面所から内部全体が見渡せる. ― 男 汎視性を備えた建物.

***pa·no·ra·ma** [pa.no.rá.ma] 男 **1** 全景, 眺望, パノラマ. 〜 nocturno 夜景. El mirador ofrece un 〜 impresionante. 展望台からは素晴しい眺望が開けている. **2** 展望, 概観. cambio de 〜 状況の変化. 〜 actual 現状. 〜 cultural 文化的展望. 〜 económico 経済展望. 〜 histórico de la literatura 文学の歴史的概観. **3** パノラマ, 回転画：湾曲した面, あるいは円環状のものの内側に眺望を描き臨場感を出す画(法) (= cosmorama). [〖ギ〗*pan*-「すべて」+〖ギ〗*hórāma*「眺め」；[関連] cinerama]

pa·no·rá·mi·co, ca [pa.no.rá.mi.ko, -.ka] 形 全景の, パノラマ(型)の. pantalla *panorámica* パノ

panqué

ラマ用スクリーン. vista *panorámica* 全景.
— 囡 **1**〖映〗パノラミックショット, パン. **2** 全景, 眺望.

pan·qué [paŋ.ké] 男 《ラ米》(エネネ)(コロナ)(キッム)パンケーキ. [← 〔英〕*pancake*]

pan·que·ca [paŋ.ké.ka] 囡《ラ米》(コロナ)パンケーキ.

pan·que·que [paŋ.ké.ke] 男《ラ米》→ **panqué**.

PANRICO [pan.rí.ko] 〖略〗*Panificio Rivera Costafreda* S.L. (スペインの) リベラ・コスタフレダ製パン会社.

pans·per·mia [pans.pér.mja] 囡〖生物〗パンスペルミア説, 胚種(はいしゅ)広布説: 生命は胚種の形で全宇宙に存在し適合した環境で発生するという説.

pan·ta·grué·li·co, ca [pan.ta.grwé.li.ko, -.ka] 形 (フランスの作家ラブレー1494?~1553の作品に登場する巨人) パンタグリュエルのような; 〈食欲・食事の量が〉並外れた, 大盤振る舞いの.

pan·ta·lán [pan.ta.lán] 男 (小さな船のための) 桟橋.

pan·ta·le·ta [pan.ta.lé.ta] 囡《ラ米》(中ア)(コロナ)(キッム)《主に複数で》〖服飾〗パンティー, ショーツ.

*****pan·ta·lla** [pan.tá.ja ǁ -.ʎá.-] 囡 **1** スクリーン, 画面. ~ de cristal líquido 液晶画面. ~ (de) plasma プラズマ画面. ~ del televisor テレビ画面. ~ del ordenador コンピュータディスプレイ. ~ para proyector プロジェクター用スクリーン. ~ táctil タッチスクリーン. pequeña ~《話》テレビ. ~ grande《話》映画.
2 映画界, 芸能界. una estrella de la ~ 映画スター. llevar... a la ~ …を映画化する.
3 (電灯・ランプなどの) 笠, シェード (= ~ de lámpara).
4 遮蔽物, (防熱・防音などの) シールド; 暖房用ついたて; 影をつくるもの. ~ acústica 防音〖遮音〗壁, バフル (スピーカーボックスの低音用隔壁). ~ protectora 防護シェルター. hacer ~ con la mano 手で顔を覆う. ~ 隠れみの. Esa empresa era una ~ para ocultar negocios sucios. その会社は汚いビジネスを隠すための隠れみのとなっていた. ~ de humo《比喩的》煙幕.
6《ラ米》(1) (コロナ)イヤリング. (2) ボディーガード, 取り巻き; 部下. (3) (コロナ)扇, うちわ. (4) (コロナ)大鏡.

pan·ta·lla·zo [pan.ta.já.θo ǁ -.ʎá.- / -.so] 男《話》〖IT〗スクリーンショット, 画面キャプチャ画像.

pan·ta·lle·ar [pan.ta.je.ár ǁ -.ʎe.-] 圓《ラ米》(コロナ)(キッム)《話》気取る.

pan·ta·lle·ro, ra [pan.ta.jé.ro, -.ra ǁ -.ʎé.-] 男囡《ラ米》(コロナ)(キッム)《話》気取り屋.

*****pan·ta·lón** [pan.ta.lón] 男 **1**《時に複数で》〖服飾〗ズボン, スラックス. quitarse los *pantalones* ズボンを脱ぐ. ~ bombacho [bávaro] ニッカーボッカーズ. ~ corto [largo] 半[長]ズボン. ~ vaquero [tejano] ジーンズ. falda ~ キュロットスカート. traje ~ パンツスーツ.
2《複数で》《話》男性.
3《ラ米》(タ゛)《主に複数で》勇気.
bajarse los pantalones《話》屈辱的な譲歩をする.
llevar [*ponerse*] *los pantalones*《話》(家庭内の) 主導権を握る. En mi casa es mi mujer quien *lleva los pantalones*. わが家では妻が手綱を握っている.
[← 〔仏〕*pantalon* ← 〔古伊〕*Pantal(e)one* (ヴェネツィアの守護聖人)]

pan·ta·lon·ci·llo [pan.ta.lon.θí.jo ǁ -.só / -.

sí.-] 男〖服飾〗 **1**《時に複数で》パンティー (= braga). **2**《ラ米》(コロナ)(キッム)《複数で》《話》(下着の) パンツ, ブリーフ, トランクス (= calzoncillo). [*pantalón* + 縮小辞]

pan·ta·lo·ne·ro, ra [pan.ta.lo.né.ro, -.ra] 男囡 ズボンの仕立職人.

pan·ta·lo·ne·ta [pan.ta.lo.né.ta] 囡《ラ米》(コロナ)水着.

pan·ta·nal [pan.ta.nál] 男 沼地, 湿地帯.

*****pan·ta·no** [pan.ta.no] 男 **1** 沼, 湿地; 貯水池, ダム. **2**《比喩的》泥沼, 窮地; 障害. salir de un ~ 窮地を脱する.

pan·ta·no·so, sa [pan.ta.nó.so, -.sa] 形 **1** 沼地の, 湿地の; ぬかるんだ. **2** 困難な, 面倒な. negocio ~ 煩わしい仕事.

pan·ta·sa·na [pan.ta.sá.na] 囡 (縦網と横網を組み合わせた) 引き網漁法.

pan·te·ís·mo [pan.te.ís.mo] 男 汎(はん)神論; 多神教.

pan·te·ís·ta [pan.te.ís.ta] 形 汎(はん)神論の; 多神教の.
— 男 汎神論者; 多神教徒.

pan·te·ís·ti·co, ca [pan.te.ís.ti.ko, -.ka] 形 汎(はん)神論の; 多神教 (徒) の.

pan·te·ón [pan.te.ón] 男 **1** パンテオン: ギリシア・ローマの万神殿を祭った万神殿. **2** 霊廟(れいびょう); 墓地, 霊園. ~ de familia 先祖代々の墓所. **3**《集合的》(多神教・神話の) 神々. **4**《ラ米》鉱石.

pan·te·o·ne·ro, ra [pan.te.o.né.ro, -.ra] 男囡《ラ米》墓掘り人, 墓守.

pan·te·ra [pan.té.ra] 囡 **1**〖動〗ヒョウ;《ラ米》(コロナ)ジャガー; オセロット. ~ negra 黒ヒョウ. **2**〖鉱〗豹紋瑪瑙(めのう). **3**《ラ米》《話》 (1) (コロナ)威張りちらす人, はったり屋; (商売で) 強気の人. (2) (タ゛)詐欺師. — 形《ラ米》(キッム) 〈女性が〉美しいオセロ.

pan·ti [pán.ti] 男《複 ~s》《主に複数で》〖服飾〗パンティーストッキング.

pan·ti·me·dias [pan.ti.me.ðjas] 囡《複数形》《ラ米》《話》〖服飾〗パンティーストッキング.

pan·to·crá·tor [pan.to.krá.tor] 男〖美〗全能のキリスト, パントクラトール (のキリスト): 左手に福音書を持って座り, 右手で祝福するキリストの像. ◆ビザンチン・ロマネスク美術におけるキリスト像.

pan·tó·gra·fo [pan.tó.gra.fo] 男 **1** 縮図器, 写図器. **2** (電車の) パンタグラフ.

pan·tó·me·tra [pan.tó.me.tra] 囡 **1**〖数〗足に目盛りのあるコンパスに似た道具. **2**〖測〗水平角を測定するための機器, パントメーター.

pan·tó·me·tro [pan.tó.me.tro] 男 → **pantómetra**.

pan·to·mi·ma [pan.to.mí.ma] 囡 **1** パントマイム, 無言劇. **2** 見せかけ, ポーズ, 茶番劇. Toda su queja no es más que una ~. 彼 [彼女] はいろいろ不平を言っているが, あれはうわべだけのことだ.

pan·to·mí·mi·co, ca [pan.to.mí.mi.ko, -.ka] 形 パントマイム [無言劇] の; 身ぶり [手まね] の.

pan·to·mi·mo [pan.to.mí.mo] 男 パントマイム俳優, 無言劇役者.

pan·to·que [pan.tó.ke] 男〖海〗船底外板; ビルジ [船底湾曲部] 外板.

pan·to·rri·lla [pan.to.rí.ja ǁ -.ʎá.-] 囡 **1**〖解剖〗ふくらはぎ. **2**《ラ米》(タ゛)脚が厚かましさ; 見え.
acariciar la pantorrilla a + 人《ラ米》(コロナ)〈人〉におもねる, こびへつらう.

pan·to·rri·llu·do, da [pan.to.ri.jú.ðo, -.ða ǁ -.ʎú.-] 形 **1** ふくらはぎ [脚] の太い. **2**《ラ米》

pants [pánts] [英] [男] 《複数形》《ラ米》(スポーツ用)ジャージ, スウェットスーツ(=chándal).
pan・tu・fla [pan.tú.fla] [女] スリッパ, 室内履き.
pan・tu・flo [pan.tú.flo] [男] ➡ pantufla.
pant・y [pán.ti] [英] [複 〜s, panties] 《時に複数で》《服》パンティーストッキング.
pa・nu・do, da [pa.nú.đo, -.đa] [形] 《ラ米》《俗》《話》勇敢な, 男まさい.
pa・nue・la [pa.nwé.la] [女] 《ラ米》(ﾎﾟｼﾞｭﾗｽ)粗糖.
pa・nul [pa.núl] [男] 《ラ米》《俗》《植》セロリ.
pan・za [pán.θa / -.sa] [女] **1** 《話》太鼓腹; 腹, おなか. **2** 《動》反芻(ﾊﾝｽｳ)動物の第一胃, こぶ胃. **3** (容器などの)丸い胴, 膨らみ.
  panza de burra 《話》曇り空.
pan・za・da [pan.θá.đa / -.sá.-] [女] **1** 《話》大量, 過度. una 〜 de...《話》たくさんの…. darse una 〜 de reír《話》抱腹絶倒する. **2** 《話》満腹. **3** 腹を[で]打つこと. Me di una 〜 al tirarme al agua. 水に飛び込んだ時に私は腹を打った.
pan・za・zo [pan.θá.θo / -.sá.so] [男] **1** ➡ panzada **3**. **2** 《ラ米》(ﾎﾟｼﾞｭﾗｽ)満腹.
pan・zer [pan.θér / -.sér] [独] [男] パンツァー: 第二次世界大戦のドイツの戦車.
pan・zón, zo・na [pan.θón, -.θó.na / -.són, -.só.-] [形] 太鼓腹の, 腹の出た; 太った. ― [男] [女] 太鼓腹の人, 太った人. ― [男] 大量. un 〜 de... 飽きる[うんざりする]ほど….
  darse un panzón de +不定詞 《話》飽きるほど[大いに] …する.
  [panza+増大辞]
pan・zu・do, da [pan.θú.đo, -.đa / -.sú.-] [形] **1** 太鼓腹の, 腹の出た; 太った. **2** 胴の丸い, 膨らんだ. **3** 《ラ米》(ﾎﾟｼﾞｭﾗｽ)身ごもった, はらんだ.
pa・ñal [pa.nál] [男] **1** おしめ, おむつ; (乳児に着せる)おくるみ; 《複数で》産着. 〜 de papel 紙おむつ. niños en [de] 〜es おしめを当てている[産着を着た]赤ちゃん. **2** 《複数で》生まれ, 家柄. **3** 《ラ米》幼年期; 揺籃(ﾖｳﾗﾝ)期, 初期. **4** ワイシャツのすそ.
  estar en pañales (1) おしめを当てている. (2) 《話》未熟である; 知識がない. (3) 《話》初期の, 揺籃期にある.
  haber salido de pañales 物心がついている.
pa・ñe・rí・a [pa.ne.rí.a] [女] **1** 服地屋, 毛織物店. **2** 《集合的》服地, 毛織物. **3** 毛織物工場.
pa・ñe・ro, ra [pa.né.ro, -.ra] [形] 毛織物の, 繊維の. industria pañera 毛織物[繊維]産業.
  ― [男] [女] 毛織物製造業者, 服地販売業者.
pa・ñe・te [pa.né.te] [男] **1** (質の悪い)薄手の布. **2** 《複数で》キリスト像の腰布. **3** (漁師などの)腰布. **4** 《ラ米》(1)(ｳ)《馬》(馬の)鞍(ｸﾗ)下布. (2)(ｳ)《複数で》(競技用の)トランクス. (3)(ﾄﾞﾐ)化粧しっくい[スタッコ]塗り. [paño+縮小辞]
pa・ñi [pá.ɲi] [男] 《ラ米》(ﾁﾘ)日光浴の場所, 日だまり.
pa・ñi・to [pa.ɲí.to] [男] (飾ったり掛けたりするための)布地; テーブルクロス.
***pa・ño** [pá.no] [男] **1** 毛織物, ウール地. traje de 〜 negro 黒のウールのスーツ. **2** (四角い)布, 布切れ; ふきん; ぞうきん. 〜 de altar 祭壇布. 〜 de cocina ふきん. 〜 de manos ハンドタオル. 〜 de mesa テーブルクロス. 〜 fúnebre (mortuario, de tumba)棺に掛ける布. 〜 higiénico 生理用ナプキン.
3 布地の一幅. **4** 壁掛け, タペストリー. **5** (鏡・宝石などの)曇り, 汚れ; 傷. **6** 壁面. **7** 《海》(広げた)帆.
8 《複数で》衣服, 着物. **9** 《複数で》《美》(衣服などの)波形のひだ, ドレープ; ひだの表現. **10** (皮膚の)しみ, あざ. **11** 《ラ米》(1)(ﾒｷ)(ｸﾞｱﾃ)ハンカチ; ショール. (2)(ｺﾛﾝ)漁網. (3)(ｺｽﾀ)(ﾎﾟﾘﾋﾞ)畑地.
  al paño 舞台のそでで.
  conocer el paño 《話》よく分かっている, 万事心得ている.
  dar un paño 〈プロンプターが〉台詞(ｾﾘﾌ)をつける.
  El buen paño en el arca se vende. 《諺》良い品は看板を必要としない.
  en paños menores 《話》裸同然で, 下着姿で.
  haber paño (de) que cortar 話す[指摘する]べきことがふんだんにある; やるべきことが山ほどある.
  paño de lágrimas 《話》愚痴の聞き役, 慰め役.
  paño de la Verónica 【カト】(ヴェロニカの)聖顔布. ➡ Verónica.
  paños calientes 《話》中途半端な手段, その場しのぎの策.
  ser del mismo paño 《話》似たりよったりだ, 同じ性質[種類]のものである.
  [← [ラ] *pannum* (*pannus* の対格)「布片」; [関連] pañuelo. [英] *panel*]
pa・ñol [pa.nól] [男] 《海》船倉, 貯蔵庫. 〜 de municiones 弾薬倉. 〜 de víveres 食料貯蔵室.
pa・ño・la・da [pa.no.lá.đa] [女] (賞賛・抗議の意思表示として)ハンカチ[スカーフ]を振ること; ハンカチ[スカーフ]をまとめて干すこと.
pa・ño・le・rí・a [pa.no.le.rí.a] [女] ハンカチ[スカーフ]屋.
pa・ño・le・ta [pa.no.lé.ta] [女] **1** (女性の三角形の)肩掛け, ショール. **2** (闘牛士の)細いネクタイ.
pa・ño・lón [pa.no.lón] [男] (絹の)肩掛け, ショール.
pa・ño・sa [pa.nó.sa] [女] **1** 《闘牛》ムレータ(=muleta). **2** 《まれ》(毛の)マント.
***pa・ñue・lo** [pa.nwé.lo] [男] **1** ハンカチ; (厚手の)ポケットティッシュ(=〜 de papel)(▶薄手のティッシュペーパーは kleenex 【商標】). 〜 de bolsillo ポケットチーフ, ハンカチ. Se sonó la nariz con un 〜. 彼[彼女]はハンカチで鼻をかんだ. **2** スカーフ(=〜 de cuello), ショール.
  El mundo es un pañuelo. 《話》世間は狭い(▶思いがけない場所で知人に会ったときのせりふ).
***pa・pa**¹ [pá.pa] [男] **1** [P-] 【カト】(ローマ)教皇, 法王. **2** 《話》パパ, お父さん(=papá); 《複数で》パパとママ. 〜 grande 《ラ米》祖父, おじいちゃん. P〜 Noel サンタクロース.
  Papa negro 《話》イエズス会の総長.
  [← [後ラ] *pāpa*「教皇, 司教; パパ」← [ギ] *páppas*「パパ」; [関連] papal, papado, papaúla. [英] *pope*]
pa・pa² [pá.pa] [男] 《話》**1** 《複数で》かゆ, 流動食; 食べもの. **2** デマ, 流言; ばかげたこと.
  ni papa 《話》全く, 全然. no saber [entender] *ni* 〜 全く知らない[わからない].
  papa caliente 《話》厄介な問題, 面倒.
pa・pa³ [pá.pa] [女] 《ラ米》 (1) ジャガイモ. 〜 de caña キクイモ. 〜 del aire ヤマノイモ. 〜 dulce サツマイモ. 〜 maceada(*ﾁﾘ)マッシュポテト. ➡ patata. (2) 球根. **3** 《俗》殴打, 一撃, 一発. (4) (ｱﾙ)《話》掘り出し物; 割のいい仕事. (5) (ｷｭｰﾊﾞ)《話》うそ, 作り事. (6) 《複数で》(ｳ)(塊状)鉱床. (7) (ｱﾙ)《話》簡単なこと. (8) (ﾎﾟﾘﾋﾞ)靴下の穴. [←[ケチュア] *papa*「ジャガイモ」]
****pa・pá** [pa.pá] [男] [複 〜s] **1** パパ, お父さん(=papa, papi)(↔mamá) (▶padre の幼児語または親しみを込めた呼び方). 《ラ米》では pa-

papable

dre の意味で普通に使われる). Mi ～ es arquitecto. 僕のパパは建築家だ. ¡P～, ven aquí! パパ, こっちに来てよ. ～ grande《ラ米》祖父. hijo [hija] de ～ / niño [niña] de ～《軽蔑》(金持ちの)お坊ちゃん[お嬢さん]. **2**《複数で》両親.
Papá Noel サンタクロース.
[←〔仏〕*papa*←〔後ラ〕*pāpa*「パパ；教皇, 司教」←〔ギ〕*páppas*《引用》(関連)papa¹「教皇」《英》*papa*]

pa·pa·ble [pa.pá.ble]《カト》〖形〗《枢機卿(ホッ)が》教皇に選ばれそうな, 教皇に選ばれるにふさわしい.

pa·pa·char [pa.pa.tʃár]《他》《ラ米》《話》《ニメ》《ミホ》なでる.

pa·pa·cho [pa.pá.tʃo]《男》《ラ米》愛撫(ポ⁴), 手で優しく触れること.

pa·pa·cla [pa.pá.kla]《女》《ラ米》《話》《ミホ》(食べ物などをくるむ)幅の広いバナナの葉.

pa·pa·co·te [pa.pa.kó.te]《男》《ラ米》《ペ⁴》《遊》凧(ミ).

pa·pa·da [pa.pá.ða]《女》**1** 二重あご. **2** → papadilla.

pa·pa·di·lla [pa.pa.ðí.ʝa ‖ -.ʎa]《女》(動物のあごや首の下の)肉垂, のど袋.

pa·pa·do [pa.pá.ðo]《男》**1**《カト》教皇の位, (教皇の)在位期間. **2** 教皇制. **3**《集合的》教皇, 歴史上の教皇たち.

pa·pa·fi·go [pa.pa.fí.go]《男》《鳥》**(1)** ズクロムシクイ属の鳥. **(2)** (ニシ) コウライウグイス.

pa·pa·ga·yo [pa.pa.gá.jo]《男》**1**《鳥》オウム (の総称): オウム, インコ, ヨウムなど. repetir como un ～《話》受け売りする, 口まねをする. hablar más que un ～ のべつ幕なしにしゃべる.
2《話》おしゃべりな人, オウム返し[受け売り]する人. **3**《魚》ベラ (の一種). **4**《植》ハゲイトウ, (三色の)アマランス. **5**《動》マツゲハブ. **6**《ラ米》**(1)**《ニメ》《ミホ*》《ジ⁵》《ペ⁴》凧(ミ). **(2)** (ニメ) 溲瓶(ミ).

pa·pa·hí·go [pa.pa.í.go]《男》**1** (目と鼻だけの出た)防寒ずきん, 目出し帽.
2《鳥》くちばしの細長いムシクイの類.

pa·pa·hue·vos [pa.pa.(g)wé.ßos]《男》《単複同形》 → papanatas.

pa·pa·í·na [pa.pa.í.na]《女》《化》パパイン：パパイヤの果実に含まれるプロテアーゼ.

pa·pa·í·to [pa.pa.í.to]《男》papá+ 縮小辞.

pa·pal¹ [pa.pál]《形》《カト》教皇の. decretos ～*es* 教皇令.

pa·pal² [pa.pál]《男》《ラ米》ジャガイモ畑.

pa·pa·li·na¹ [pa.pa.lí.na]《女》**1** (耳当て付きの)帽子. **2** (女性用の)ナイトキャップ.

pa·pa·li·na² [pa.pa.lí.na]《女》《話》酔い. coger una ～ 酔っ払う.

pa·pal·men·te [pa.pál.mén.te]《副》教皇として；教皇の権威によって.

pá·pa·lo [pá.pa.lo]《男》《植》パパロ：メキシコ産. 紫色の花をつけその葉は香辛料に使われる.

pa·pa·lón, lo·na [pa.pa.lón, -.ló.na]《男》《女》《ラ米》《ジ⁵》《話》怠け者, ろくでなし.

pa·pa·lo·te [pa.pa.ló.te]《男》《ラ米》**(1)**《タ¹》《ジ⁵》《ニメ》《ミホ*》凧(ミ). **(2)**《ニメ》《ミホ*》《昆》チョウ.

pa·pa·lo·te·ar [pa.pa.lo.te.ár]《自》《ラ米》《ペ⁴》《ニメ》《話》ぶらつく, ほっつき歩く.

pa·pa·mos·cas [pa.pa.mós.kas]《男》《単複同形》《鳥》ヒタキ科の小鳥. ——《男》《女》《単複同形》《話》薄のろ；まぬけ.

pa·pa·mó·vil [pa.pa.mó.ßil]《男》《話》ローマ教皇専用車. ◆色は白でガラス張りで, 装甲されており教皇が訪問先で移動する際に用いられる.

pa·pa·na·tas [pa.pa.ná.tas]《男》《女》《単複同形》《話》薄のろ, ばか；お人よし.

pa·pa·na·te·rí·a [pa.pa.na.te.rí.a]《女》《話》 → papanatismo.

pa·pa·na·tis·mo [pa.pa.na.tís.mo]《男》ばかさ加減, お人よしぶり；だまされやすいこと.

pa·pan·du·jo, ja [pa.pan.dú.xo, -.xa]《形》熟しすぎた, (熟れて)柔らかくなり過ぎた.

pa·pan·go [pa.páŋ.go]《男》《ラ米》《ジ⁵》《遊》ビー玉(遊び).

pa·pa·pa [pa.pa.pá]《女》《ラ米》《プ⁴》《話》ばかげたこと；愚かなこと.

pa·par [pa.pár]《他》《食べ物を》かまずに飲み込む；《特にやわらかいもの・液状のものを》食べる；《話》食べる.

papar moscas ぼんやり[うっとり]している.
¡Pápate ésa! いい気味だ, ざま見ろ.

pa·pa·raz·zi [pa.pa.rá.θi / -.si ‖ -.tsi]〔伊〕《男》《複→, ～s》パパラッチ：スクープを狙って有名人を追い回すカメラマン.

pa·pa·ro·te, ta [pa.pa.ró.te, -.ta]《男》《女》間の抜けた人；お人よし.

pa·pa·rra·bias [pa.pa.řá.ßjas]《男》《女》《単複同形》怒りっぽい人.

pa·pa·rru·cha [pa.pa.řú.tʃa] / **pa·pa·rru·cha·da** [pa.pa.řu.tʃá.ða]《女》《話》**1** くだらないこと, ばかげたこと. **2** 作り話, デマ.

pa·pa·rru·ta [pa.pa.řú.ta]《女》《ラ米》《チ》《話》見えっ張り, まやかし屋.

pa·pa·ve·rá·ce·o, a [pa.pa.ße.rá.θe.o, -.a / -.se.-]《形》《植》ケシ科の植物の；《複数で》ケシ科.

pa·pa·ve·ri·na [pa.pa.ße.rí.na]《女》《化》パパベリン：アヘンに含まれるアルカロイド.

pa·pa·ya [pa.pá.ja]《女》**1**《植》パパイヤ(の実).
2《ラ米》**(1)**《タ¹》《ニメ》《ミホ*》《卑》女性器. **(2)**《ペ⁴》《隠》ごく簡単なこと. [カリブ語族系]

pa·pa·yal [pa.pa.jál]《男》《ラ米》パパイヤ畑[園].

pa·pa·yo [pa.pá.jo]《男》《植》パパイヤ(の木).

pa·pe·ar [pa.pe.ár]《自》**1**《話》食事する. Vamos a ～ por aquí, que hay un restaurante muy bueno. このあたりで食べよう, いいレストランがあるんだ.
2 口ごもる, どもる.

pa·pel [pa.pél]《男》**1** (材質としての)紙；紙状のもの. una hoja de ～ 紙一枚. envolver en ～ de periódico 新聞紙に包む. ～ de barba 端が裁断されていない紙. ～ en blanco 何も書かれていない紙. ～ viejo 古紙. ～ de escribir 便せん, 筆記用紙. ～ biblia インディアペーパー. ～ bristle ブリストル紙. ～ carbón [de calco, de calcar] カーボン紙. ～ cartulina 上質紙. ～ cebolla オニオンスキンペーパー. ～ celo 透明接着フィルム [テープ]. ～ (de) celofán セロファン紙. ～ charol [satinado] 光沢紙. ～ continuo ロールペーパー. ～ crepé [pinocho] クレープペーパー. ～ cuadriculado 方眼紙. ～ cuché アート紙. ～ de cartas 便箋(ぢ). ～ de cocina クッキングペーパー. ～ de copia コピー用紙. ～ de dibujo 画用紙. ～ de embalar [envolver, embalaje] 包装紙. ～ pintado 壁紙. ～ [aluminio, estaño] アルミホイル. ～ de estraza ハトロン紙. ～ de filtro 濾紙(ぢ). ～ de lija [esmeril] サンドペーパー. ～ de oficio 公文書用紙. ～ de paja わら半紙. ～ engomado [de pegar, de goma] ガムテープ, 粘着

ーブ. ~ de seda / ~ manila 薄葉紙. ~ de regalo プレゼント用の包装紙. ~ de tornasol 《化》リトマス試験紙. ~ higiénico / 《ラ米》《**》 sanitario,《ｽﾍﾟｲﾝ》《ﾁﾘ》《ｱﾙｾﾞﾝﾁﾝ》 ~ de toilette トイレットペーパー. ~ kraft クラフト紙. ~ maché 紙粘土. ~ pintado 壁紙. ~ rayado 罫紙. ~ reciclado 再生紙. ~ secante 吸い取り紙. ~ sensible 感光紙. ~ sulfurizado 硫酸紙. ~ tela 化繊紙. ~ timbrado (レターヘッドつき) 便箋（ｾﾝ）; 印紙［公印］などのついた用紙. ~ vegetal トレーシングペーパー. ~ vergé [verjurado] 透かし模様［筋］の入った紙. ~ picado 《ラ米》《**》紙吹雪.

2 紙きれ, 印刷物,《主に複数で》新聞. sacar un ~ del bolsillo ポケットから紙きれを取り出す. tirar ~es al suelo 紙くずを床に捨てる. ~ volante (広告の) ちらし, 案内状. ~ periódico 新聞紙上記.

3《主に複数で》**書類**; 身分証明書. tener los ~es en regla 正規の証明書を持つ. inmigrantes sin ~es 不法滞在の移民. ~es de a bordo 船舶備え付け書類. ~ sellado [timbrado] 印紙貼り付け書類. ~ sin sellado 無印紙書類.

4〖商〗紙幣（= moneda）;《集合的》有価証券,（支払い, 約束）手形;《ラ米》《ﾒﾍｼｺ》1ペソ紙幣. ~ de pagos al Estado / ~ del Estado 収入印紙. emitir dos millones de euros en ~ 紙幣で200万ユーロ発行する. alza del precio del ~ 株価格の上昇.

5 役割, 役目. hacer el ~ de... …の役をする. hacer [cumplir] su ~ 自分の役目を果たす; 役に立つ. desempeñar [jugar] un ~ importante en... …で重要な役割を果たす. Tu ~ es obedecer. 君は言われたとおりにしていればいいのだ.

6〖演〗役, キャスト. ~ principal / primer ~ 主役. ~ secundario / segundo ~ 脇役. hacer [representar, interpretar] un ~ ある役を演じる. encajar muy bien en un ~ はまり役である.

blanco como el papel（顔に）血の気がない.
de papel 書類だけの.
hacer buen [mal] papel《話》うまくやる［しくじる］; 役に立つ［立たない］.
hacer el papel とり繕う, ふりをする, とぼける.
papel de fumar (1) タバコの巻き紙. (2) 薄くてすぐにだめになりそうな紙［もの］.
papel de oficio (1) 公的機関の用いるレターヘッドつき便箋（ｾﾝ）. (2) 事務用箋.
papel mojado 効力を失った［役に立たない］書類［もの］ごと; 実質的な約束. quedar en ~ *mojado* 効力を失う, 意味のないものになる.
perder los papeles《興奮して》取り乱す.
sobre el papel 理論上は, 紙の上では.
［←〖カタルーニャ〗*paper*「紙」←〖ラ〗*papyrus*「パピルス（紙）」←〖ギ〗*pápyros*.〖関連〗papelería.〖英〗*paper*］

pa·pe·la [pa.pé.la]〖女〗 **1**《話》身分証明書,（公的）書類. **2**〖隠〗（1回分の）麻薬の包み, 一包の麻薬.
pa·pe·la·da [pa.pe.lá.ða]〖女〗《ラ米》《話》見せかけ, ふり.
pa·pe·la·men [pa.pe.lá.men]〖男〗《話》文書や印刷物の集まり［束］, 一式の文書や印刷物.
pa·pe·le·ar [pa.pe.le.ár]〖自〗 **1** 書類をかき回す. **2** 見せびらかす, 見栄を張る.
pa·pe·le·o [pa.pe.lé.o]〖男〗 **1** 面倒な書類上の手続き;（必要）書類一式. el ~ administrativo お役所仕事. **2**（何かを探して）書類を引っかき回すこと.
pa·pe·le·ra [pa.pe.lé.ra]〖女〗 **1** 紙くず入れ, くずかご. **2** 製紙工場. **3** 書き物机, 書類整理棚. **4**《ラ米》《ﾒﾍｼｺ》書類鞄（ｶﾊﾞﾝ）.

papelera（紙くず入れ）

***pa·pe·le·rí·a** [pa.pe.le.rí.a]〖女〗 **1** 文房具店. **2**《ラ米》《**》古紙回収業者の店.
pa·pe·le·rí·o [pa.pe.le.rí.o]〖男〗《ラ米》書類の山.
pa·pe·le·ro, ra [pa.pe.lé.ro, -.ra]〖形〗 **1** 製紙業の; 紙に関する. industria *papelera* 製紙工業. **2** 目立ちたがり屋の, 見えっ張りの.〖男〗〖女〗 **1** 文具店の店主［店員］. **2** 製紙［紙製品］業者, 紙商人. **3**《ラ米》(1)《ｱﾙｾﾞ》新聞売り. (2)《話》へまな人; 大仰な人.

***pa·pe·le·ta** [pa.pe.lé.ta]〖女〗 **1** 紙片, カード; 券. ~ de empeño / ~ del monte (de piedad) 質札. ~ de rifa 福引券. **2** 証書, 証明書; 申込書. ~ de citación 出頭命令書. **3** 投票用紙 (= ~ de votación);（試験の）問題用紙. **4** 成績表, 採点表. **5**《話》厄介, 面倒. plantear una ~ difícil 厄介な問題を起こす. **6**《ラ米》(1)《ﾒﾍｼｺ》名刺. (2)《ｶﾞﾃﾏﾗ》広告, ちらし, ビラ.

pa·pe·li·llo [pa.pe.lí.jo | -.ʎo] **1**（1回分の）粉薬の包み［袋］. **2** 巻きタバコ用の紙; 紙巻きタバコ.［papel + 縮小辞］
pa·pe·li·na[1] [pa.pe.lí.na]〖女〗〖服飾〗絹のポプリン.
pa·pe·li·na[2] [pa.pe.lí.na]〖女〗（広口の）コップ, グラス.
pa·pe·li·na[3] [pa.pe.lí.na]〖女〗〖隠〗（1回分の）麻薬の包み, 一包の麻薬.
pa·pe·li·ne·ro, ra [pa.pe.li.né.ro, -.ra]〖男〗〖女〗（1回分ごと小分けにした紙の包みを売る）末端のヘロインの売人.
pa·pe·lis·ta [pa.pe.lís.ta]〖男〗〖女〗 **1** 製紙業者; 紙問屋の主人, 紙販売店店員. **2** 壁紙張り（職人）. **3**《ラ米》《ｳﾙｸﾞｱｲ》《ﾁﾘ》《話》訴訟好きな人.
pa·pe·li·to [pa.pe.lí.to]〖男〗 小さな紙, 紙片, 紙切れ; 端役.［papel + 縮小辞］
pa·pe·lón, lo·na [pa.pe.lón, -.ló.na]〖形〗《話》見えっ張りの, 気取った. ―〖男〗〖女〗見えっ張りの人, 気取り屋. ―〖男〗 **1** 笑いものになる役, 損な役割. hacer un ~ 三枚目を演じる. **2** 無用の［どうでもよい］書類; 反故（ｺ）. **3** 上質厚紙. **4**《ラ米》《ﾒﾍｼｺ》《ﾎﾝｼﾞｭﾗｽ》固形砂糖, 粗糖.
pa·pe·lo·ne·ro, ra [pa.pe.lo.né.ro, -.ra]〖形〗《ラ米》《ﾁﾘ》《話》こっけいな役回りの, 三枚目の.
pa·pe·lo·rio [pa.pe.ló.rjo]〖男〗《主に複数で》《集合的》《軽蔑》書類の山, 紙の山.
pa·pe·lo·te [pa.pe.ló.te]〖男〗 **1**《話》《軽蔑》無駄な［どうでもよい, できの悪い］書類. **2**《まれ》古紙.
pa·pe·lu·cho [pa.pe.lú.tʃo]〖男〗《軽蔑》紙くず, できの悪い書類.
pa·pe·o [pa.pé.o]〖男〗《話》食事, 食べ物.
pa·pe·ra [pa.pé.ra]〖女〗〖医〗(1)《複数で》（流行性）耳下腺炎, おたふく風邪. (2) 甲状腺腫（ｼｭ）(= bocio). (3)《複数で》腺病, 瘰癧（ﾗﾚｷ）.
pa·per·back [péi.per.bak]〖英〗〖男〗 ペーパーバック（の本）.
pa·pe·ro, ra [pa.pé.ro, -.ra]〖形〗《ラ米》(1) ジャガイモの. (2)《ｱﾙｾﾞ》《**》《ｳﾙｸﾞｱｲ》《話》うそつきな, 当てにならな

い. ──囡《ラ米》ジャガイモ栽培農家；ジャガイモ売り. ──男パンがゆ鍋(㉚).

pa·pi [pá.pi] 男《話》《幼児語》パパ, お父ちゃん.

pa·pial·bi·llo [pa.pjal.bí.ʝo ‖ -.ʎo] 男《動》ムナジロテン・イイズナなどイタチ科の肉食小動物.

pa·pia·men·to [pa.pja.mén.to] 男 パピアメント：オランダ領アンティル諸島で用いられるクレオール語の一つ.

pa·pi·la [pa.pí.la] 囡 1《解剖》(粘膜上の)小突起, 乳頭. ~s gustativas (舌の)味蕾(ﾐ̀ｲ).
2《植》突起毛, 乳頭状突起.

pa·pi·lar [pa.pi.lár] 形《解剖》《植》突起性の, 乳頭(状)の.

pa·pi·lio·ná·ce·o, a [pa.pi.ljo.ná.θe.o, -.a / -.se.-] 形《植》《花冠が》蝶(ﾁﾖｳ)形の；マメ科の.
──囡 マメ科の植物；《複数で》マメ科.

pa·pi·lla [pa.pí.ʝa ‖ -.ʎa] 囡 1 かゆ, 離乳食.
2《医》X線造影剤, バリウム.
echar la primera papilla《話》吐く, 激しい嘔吐(ｵｳﾄ)を催す.
hacer papilla...《話》…を粉々にする, 壊す；〈人〉をぐったりさせる.
hecho papilla《話》ぐったりした, くたくたになった；ぽんこつになった.

pa·pi·llo·te [pa.pi.ʝó.te ‖ -.ʎó.-] 男 カールペーパー, 毛巻き紙；(カールペーパーで巻いた)巻き毛.
a la papillote (肉・魚を)紙やアルミ箔などで包み焼きにした.

pa·pi·lo·ma [pa.pi.ló.ma] 男《医》(1) 乳頭腫, (いぼ・たこなど), 皮膚・粘膜の)良性腫瘍, パピローマ. (2) 乳頭炎.

pa·pi·lo·ma·vi·rus [pa.pi.lo.ma.bí.rus] 男《医》《単複同形》(ヒト)パピローマ・ウイルス, (ヒト)乳頭腫ウイルス.

pa·pión [pa.pjón] 男《動》ヒヒ.

pa·pi·ro [pa.pí.ro] 男 1《植》パピルス, カミガヤツリ. 2 パピルス紙；パピルス紙の古文書. 3《ラ米》(ﾒ)紙；新聞；文書, 証明書.

pá·pi·ro [pá.pi.ro] 男《話》(高額)紙幣.

pa·pi·ro·fle·xia [pa.pi.ro.flék.sja] 囡 折り紙(工芸).

pa·pi·ro·la [pa.pi.ró.la] 囡 折り紙で作られた像[作品].

papiro
(パピルス)

pa·pi·ro·lo·gí·a [pa.pi.ro.lo.xí.a] 囡 パピルス(古文書)学.

pa·pi·ró·lo·go, ga [pa.pi.ró.lo.go, -.ga] 男 囡 パピルス(古文書)学者.

pa·pi·ro·ta·da [pa.pi.ro.tá.ða] 囡 → papirotazo.

pa·pi·ro·ta·zo [pa.pi.ro.tá.θo / -.so] 男 1 (頭などに)指ではじくこと. 2《ラ米》(ｺﾞﾝ)《話》ばかげたこと.

pa·pi·ro·te [pa.pi.ró.te] 男 1 → papirotazo 1.
2 まぬけな人, ばか者.

pa·pi·ru·sa [pa.pi.rú.sa] 囡《ラ米》(ｼﾞｮ)《俗》いかす女, いい女.

pa·pi·sa [pa.pí.sa] 囡 女性の教皇. la ~ Juana (伝説上の)女教皇フアナ[ヨハンナ]. → Juana.

pa·pis·mo [pa.pís.mo] 男《宗》《軽蔑》(非カトリックキリスト教徒から見た)ローマカトリック教；教皇制, 教皇第一主義.

pa·pis·ta [pa.pís.ta] 形《宗》《軽蔑》ローマカトリック教の, 教皇(第一主義)の, 教皇派の.
──男 囡《軽蔑》(非カトリックキリスト教徒にとって)ローマカトリック教徒；教皇礼賛者.
ser más papista que el papa《話》当事者よりも熱心である, 義務などに異常なまでに忠実である.

pa·po [pá.po] 男 1 (動物・鳥類の)のど袋, 肉垂. 2 二重あご. 3 (鳥の)嗉嚢(ｿﾉｳ)(= buche). 《医》甲状腺腫(ｼｭ). 5《猛禽(ﾓｳｷﾝ)類の)1回分のえさ. 6《話》厚かましさ；のんき, ぐず. 7《俗》女性性器.

pa·po·rre·ta [pa.po.ře.ta] 囡《ラ米》(ｺﾞﾝ)《話》記憶, 機械的に憶えたことを繰り返すこと. *saber de* ~ (理解せずに)暗記している.

pa·po·rre·te·ro, ra [pa.po.ře.té.ro, -.ra] 形《ラ米》(ｺﾞﾝ)《話》記憶に頼って話す.

pá·pri·ka [pá.pri.ka] 囡《植》パプリカ, アマトウガラシ；パプリカから作る赤い粉末(香辛料).

pa·pú [pa.pú] / **pa·pú·a** [pa.pú.a] 形《複 ~, ~es, ~s, / ~s》パプアの, パプア人の.
──囡 男 パプア人.
──男 パプア諸語：ポリネシア諸語の一グループ.
[← [マレー] *pěpuah*「縮れ毛の」]

Pa·pú·a Nue·va Gui·ne·a [pa.pú.a nwé.ba gi.né.a] / **Pa·pua-Nue·va Gui·ne·a** [pá.pwa.nwé.ba gi.né.a] 固名 パプアニューギニア：南西太平洋上の国. 首都 Port Moresby. [→ papú]

Pa·pua·sia [pa.pwá.sja] 固名 パプア島：ニューギニア島の別称. [→ papú]

pa·pu·do, da [pa.pú.ðo, -.ða] 形〈鳥などが〉のどの膨らんだ, 肉垂[嗉嚢(ｿﾉｳ)]のある.

pa·pu·jo, ja [pa.pú.xo, -.xa] 形《ラ米》《話》(1)(ﾒｷ)おどの膨れた. (2)(ﾒｷ)むくんだ；顔色の悪い, 青ざめた.

pá·pu·la [pá.pu.la] 囡《医》丘疹(ｷｭｳｼﾝ).

pa·que·ar [pa.ke.ár] 他 狙撃(ｿｹﾞｷ)する.

pa·que·bot [pa.ke.bó(t)] 男《仏》→ paquebote.

pa·que·bo·te [pa.ke.bó.te] 男 (郵便物と乗客を運ぶ)定期船, 連絡船.

✱✱pa·que·te [pa.ké.te] 男 1 包み, 小包, パッケージ. ~ *postal* 郵便小包. ~ *bomba* 小包爆弾. *hacer un* ~ 荷造りする. *Llegó un* ~ *de mi madre.* 母からの荷物が届いた.
2 1 パック, 1 束, 1 箱. un ~ de café [arroz, cigarrillos]コーヒー[米, タバコ]1パック.
3 ひとまとまり. *Se acepta sólo la devolución de todo el* ~. 一式全て揃っている場合のみ返品可能. ~ *de acciones* 同一名義人の全株式. ~ *de medidas* 一連の対策.
4《IT》パケット. ~ *de programas* プログラムパッケージ.
5 パッケージツアー. 6 定期船, 連絡船. 7《印》1000字の組版. 8 (話)介(バイクや自転車の)同乗者. *ir de* ~ (2輪車に)同乗する. 9《俗》(男性がズボン・水着を着た際の)股間の膨らみ, もっこり. 10《ラ米》(1)(ｺﾞﾝ)《話》厄介, 面倒；いかさま. ¡*Vaya un* ~! 何たることだ. *hacer el* ~ だます. (2)《話》エレガントな人, ダンディーな人. *estar hecho un* ~ めかしこんでいる. (3)(ﾎ)《話》うそつき. (4)(ｺﾞﾝ)(ｼﾞｮ)《話》うそ. (5)(ｼﾞｮ)一等賞.
darse paquete《ラ米》(ｺﾞﾝ)(ﾒｷ)《話》気取る；もったいぶる.
meter a+人 un paquete《話》〈人〉に罰を与える, 叱る；〈人〉から罰金をとる.
[← [仏] *paquet*；[関連] paca², empacar. [日] パック]
pack(age). [日] パック]

pa·que·te, ta [pa.ké.te, -.ta] 形 《ラ米》(1) 《誇》《話》めかし込んだ, 着飾った. (2) 《ラテン》不真面目な.
pa·que·te·ar [pa.ke.te.ár] 自 《ラ米》《誇》《話》めかし込む, 着飾る.
pa·que·te·rí·a [pa.ke.te.rí.a] 女 **1** 箱［束］の単位で販売［搬送］される商品；一荷［箱, 束］単位の取引. **2** 《ラ米》(1) 《ホ》裁縫道具店. (2) 《誇》装身具, おめかし.
pa·que·te·ro, ra [pa.ke.te.ro, -.ra] 形 **1** 梱包(読)する. **2** 《ホ》《ラテン》《誇》《話》うそつきの.
— 男 女 梱包係；〖新聞・雑誌の〗配送係.
pa·que·tu·do, da [pa.ke.tú.đo, -.đa] 形 《ラ米》《誇》《話》めかし込んだ, 着飾った.
pa·qui·dér·mi·co, ca [pa.ki.đér.mi.ko, -.ka] 形 **1** 〖動〗厚皮動物の, 厚皮動物についての. **2** ゾウのような, ゾウの特徴を有する. **3** 〖医〗硬皮［強皮］症〖病〗の, 硬皮［強皮］症〖病〗に関する.
pa·qui·der·mo [pa.ki.đér.mo] 形 〖動〗(ゾウ・カバ・サイなど) 厚皮動物の, ゾウの. — 男 厚皮動物；《複数》〘集合的〙厚皮動物, 厚皮類.
pa·quín [pa.kín] 男 《ラ米》(ホ*)(プエルトリコ)(キューバ)漫画, コミック.
Pa·quis·tán [pa.kis.tán] 固名 → Pakistán.
pa·quis·ta·ní [pa.kis.ta.ní] [複～es, ~s] 形 パキスタンの, パキスタン人の (= pakistaní).
— 男 女 パキスタン人.
Pa·qui·ta [pa.kí.ta] 固名 パキータ：Paca (Francisca の愛称) ＋縮小辞.
Pa·qui·to [pa.kí.to] 固名 パキート：Paco (Francisco の愛称) ＋縮小辞.

★★par¹ [pár] 形 **1** 〘名詞＋〙《ser＋》**偶数の**, 2で割れる (↔impar, non). número *par* 偶数.
2 《ser＋》《文章語》同等の, 酷似した. Padres e hijos no son *pares*. 親と子供は同じではない.
3 〖解剖〗〖器官が〗左右対称の.
— 男 **1 2つ**；いくつか, 2・3 (のもの). desde hace un *par* de años 2年 (ほど) 前から. Voy a decirle un *par* de palabras. 彼[彼女]にひとことふたこと言ってやるつもりだ.
2 対, 2組 [2つ] 1組；〘農耕用牛馬の〙2頭. un *par* de zapatos 靴1足. dos *pares* de banderillas 2組の〘闘牛用の飾り付きの〙銛(も). *par* ordenado 〖数〗順序対.
3 同等, 互角, 比肩するもの. no tener *par* 並ぶものがない, ぬきんでている.
4 偶数. jugar [echar] a *pares* y nones 手の中のものを偶数か奇数か当てて遊ぶ；丁半の勝負をする.
5 《スポ》〖ゴルフ〗パー, 基準打数. dos bajo[sobre] *par* 2アンダー[オーバー]パー.
6 〖イギリスの〗上院〖貴族院〗議員. el derecho de los *pares* hereditarios 世襲議員の特権.
7 〖史〗重臣〖大貴族〙(の称号), 侯. → paresa.
8 〖建〗〖屋根の〙垂木(&), 合掌(%&). **9** 〖電〗カップル, 電対；〖物理〗偶力 (= *par* de fuerzas).
— 女 **1** 〖商〗平価, 額面 (価格).
2 《複数》〖医〗胎盤 = placenta).
a la par (1) 一緒に, 同時に；しかも. (2) 〖商〗平価で, 額面で. cambio *a la par* 平価による換算. (3) 《*de...* ...の》近くに, そばに；同じくらいに.
a la par que... / ***al par que...*** ...しながら, 同時に.
al par → a la *par* (1).
a par de... ...の近くで[に]；...と同じくらいに.
a pares (1) 2つずつ. (2) たくさん.
de par en par 〖扉・窓などを〙いっぱいに開けて.

el par motor 〖機〗トルク.
ir a la par 《もうけ》山分けする, 平等に分ける.
sin par 《文章語》比類ない, たぐいまれな.
[-］§] *parem* (*pār* の対格), 〖関連〗pareja, aparejo. 〖英〗*pair*]

par² [par] 前 *¡Par Dios!* 〖古語〗神かけて, 後生だから, なんたることだ.

★★pa·ra¹ [pa.ra] 前 ► por との使い分けは por を参照.
❶ 〖目的・用途・行き先・適合性〗
 1〖目的〗...のために；《＋不定詞 / *que*＋接続法 ...する》 ために. ¿P～ qué sirve esto? これは何の役に立つのですか. Mi primo estudia ～ (*ser*) *médico*. 私のいとこは医者になるために勉強している. No estoy aquí ～ *ayudar*te. 君を手伝うために来たんじゃないよ. No me queda tiempo ～ esas cosas. そんなことをしている暇はない. Abrí la ventana ～ *que entrara* el aire. 風が入るように窓を開けた. ► 結果を表すこともある. ⇒ Vino ～ *volverse* al poco tiempo. 彼[彼女]は来てしばらくすると帰っていった. ➔ por ① 〖類語〗.
 2〖用途〗...用の (＋不定詞 ...する) ための. Quiero un jarabe ～ la tos. 咳(漏)止めのシロップが欲しい. ¿P～ cuántas personas quiere la habitación? —P～ tres. 〖ホテルで〗何人用の部屋がよろしいでしょうか. —3人部屋をお願いします. Necesito una herramienta ～ *abrir* las latas. 缶を開ける道具が必要だ.
 3〖あて先〗...宛の. Este paquete es ～ ti. この小包は君宛だよ. Compró un collar ～ su perro. 彼[彼女]は犬に首輪を買った.
 4〖方向・行き先〗...の方へ向かって, ...行きの. un billete ～ Ávila アビラまでの切符. ～ atrás 後の方へ. ～ arriba [abajo] 上[下] の方へ. ir ～ viejo 年をとる. Vamos ～ el norte. 我々は北に向かう. Iba ～ casa cuando me lo encontré. 家に向かっていたとき彼に出くわした. Mi abuelo va ～ los ochenta. 祖父は80歳になろうとしている. ➔ por ⑥ 〖類語〗.
 5〖適合・利益〗...にとって, ...のために. El tabaco no es bueno ～ la salud. タバコは健康によくない. Ha sido muy desagradable ～ nosotros. 彼[彼女]は私たちに対してとても不愉快な態度をとった.
 6〖機能・職能〗...のために. La han contratado ～ secretaria. 彼女は秘書として採用された. No está capacitado ～ ese cargo. 彼はこの役職を果たす能力がない.
 7〖能力・認可〗...のための. Es muy mala ～ la música. 彼女は音楽の才能がない. Ya he conseguido permiso ～ salir. 私はもう出かける許可を得た.
❷ 〖観点・基準〗
 1〖判断基準・対比〗...としては.
Esta niña está muy alta ～ su edad. この娘は年のわりにとても背が高い. Hace demasiado calor ～ ser mayo. 5月にしては暑すぎる. No es ～ tanto. それほど大騒ぎするほどでもないよ.
 2〖意見〗...にとっては. P～ mucha gente, es un pesado. 多くの人にとって, 彼はうっとうしい存在だ.
❸ 〖時限・期間〗
 1〖期限〗...までに. P～ las ocho estaremos aquí. 私たちは8時までにここへ来るよ. Lo habré terminado ～ el viernes. 金曜日までにそれを終えてしまいます. Faltan tres días ～ el partido. 試合まであと3日です. Saldremos ～ las seis. 私たちは6時ごろには出かけるつもりです. Volveremos

para

~ Semana Santa. 私たちは聖週間のころに戻ってきます. **2**《期間》…分の, …の間の. Tengo dinero sólo ~ un par de días. 私は2・3日分のお金しかない. ¿P~ cuántos días quiere la habitacion?《ホテルで》何日間の滞在をご希望ですか. Me voy ~ unas semanas. 私は何週間か留守にします. ~ siempre 永久に. → por ⑤ 〖類語〗.
dar para... …を買うための金を与える.
estar para＋不定詞 (1)…するところである. La reunión está ~ *acabar*. 会議はもう終わる. (2)…する気分である. No estoy ~ *salir hoy*. 今日は出かける気分ではない. (3)…する余裕がある, …できる状況[立場]にある.
ir para... (期間が)…経つ. Va ~ *tres meses que no lo vemos*. 彼に会わずにもう3か月経った.
para con... …に対して, …に対する. Es siempre cariñosa ~ *con* sus alumnos. 彼女はいつも生徒にやさしい.
para sí 自分自身に, 心の中で. Lo leí ~ *mí*. 私はそれを黙読した.
名詞＋*que para qué*《話》すごい…. Hacía un calor que ~ qué. すごく暑かった.
[←？［古スペイン］*pora* (*por*＋*a*);〖関連〗parabién]

pa.ra² [pá.ra] 活 → parar.
para-《接頭》「近隣, 近接, …以外」などの意. — *paradigma*, *paradoja*, *paramilitar*.
para- 活 → parar.
pa.ra.be.llum [pa.ra.bé.lum] 男 **1** 自動小銃, 軽機関銃. **2** パラベルム弾：短試用の9ミリ径弾薬.
pa.ra.bién [pa.ra.bjén] 男《主に複数で》祝いの言葉, 祝辞. dar el ~ [los *parabienes*] お祝いを言う.
▶ para bien sea からの合成語.

pa.rá.bo.la [pa.rá.bo.la] 囡 **1**《宗教的・道徳的な》たとえ話, 寓話(^{ぐうわ}). **2**《数》放物線.
[←[ラ] *parabolam* (*parabola*の対格) ← [ギ] *parabolé*;〖関連〗palabra, [英] *parable*, *parabole*, *parabola*, [日] パラボラ(アンテナ)]

pa.ra.bó.li.co, ca [pa.ra.bó.li.ko, -.ka] 形 **1** 比喩(^{ひゆ})の, たとえ話の, 寓話(^{ぐうわ})的な. **2** 放物線状の, パラボラ［ボウル］型の. *línea parabólica* 放物線. *micrófono* ~ 集音マイク. — 囡《通信》パラボラアンテナ (= *antena parabólica*).

pa.ra.bo.li.zar [pa.ra.bo.li.θár / -.sár] 97 他 **1**(これ)たとえ話にする, 寓話(^{ぐうわ})化する. **2**《数》放物線状にする.

pa.ra.bo.loi.de [pa.ra.bo.lói.ðe] 男《数》放物面.

pa.ra.bri.sas [pa.ra.brí.sas] 男《単複同形》《車》フロントガラス, 風防ガラス (= *guardabrisa*).

pa.ra.ca [pa.rá.ka] 男《話》→ paracaidista.
— 囡《ラ米》(アン)(^{ペル})(太平洋から吹いてくる)海風, 強風.

pa.ra.ca.í.das [pa.ra.ka.í.ðas] 男《単複同形》 **1** パラシュート, 落下傘. tirarse [lanzarse] en ~ パラシュートで降下する. **2** (エレベーターなどの)落下防止装置.

pa.ra.cai.dis.mo [pa.ra.kai.ðís.mo] 男 パラシュート［落下傘］降下 (の技術); スカイダイビング. practicar el ~ スカイダイビングをする.

pa.ra.cai.dis.ta [pa.ra.kai.ðís.ta] 形 パラシュート［落下傘］降下の. tropas ~s《軍》落下傘部隊.
— 男 囡 **1** スカイダイバー. **2**《軍》落下傘兵. **3**《ラ米》(^{メキシコ})(^{アルゼ})(^{ペル})(^{ベネ})《話》招待されずにパーティーに押しかける人, 招かれざる客.

pa.ra.cen.te.sis [pa.ra.θen.té.sis / -.sen.-] 囡《単複同形》《医》穿刺(^{せんし})(術).

pa.ra.ce.ta.mol [pa.ra.θe.ta.mól / -.se.-] 男《薬》パラセタモール：解熱・鎮痛薬.

pa.ra.chis.pas [pa.ra.tʃís.pas] 男《単複同形》(煙突・暖炉の)火の粉よけ;《電気》火花止め.

pa.ra.cho.ques [pa.ra.tʃó.kes] 男《単複同形》《車》バンパー, 緩衝装置.

pa.ra.cro.nis.mo [pa.ra.kro.nís.mo] 男 記時錯誤：実際よりも後の年月日を付けること.

*__**pa.ra.da**__ [pa.rá.ða] 囡 **1** 止まること, 停止;停車. hacer ~ 停止[停車]する. ~ en seco 急停車. **2** 停留所;タクシー乗り場 (= ~ de taxis). ~ de(l) autobús バス停(留所). ¿Dónde está la ~ más cercana? ここからいちばん近いバス停はどこですか.

parada de autobús (バス停)

3 中断, 中止;休止. **4** 滞在(地), 宿泊. **5** (家畜を追い込む)囲い場. **6** (馬の)種付け場. **7** 行進, パレード;《軍》示威行進, 閲兵(式). ~ *militar* 軍事パレード (= desfile). **8**《軍》(軍隊の)集結(地). **9** 賭(か)け金. doblar la ~ 賭け金を倍に増やす. **10** ダム, 堰(^{せき}). **11**《スポ》(サッカー) セービング；キーパーによる捕球. **12**《ラ米》(1)(^メε)《話》自慢；見え, 虚勢；気取り. (2) (^{コロ}ンビ)《話》いたずら, ごまかし. (3) (^ラプラタ) 青空市場. (4) (^キ_ユーバ)(^{プエル}トリコ)《俗》卑怯(^{ひきょう})な手口.
parada discrecional バスなどが乗客の求めに応じて停車すること, またその場所.
parada nupcial《動》(鳥類などの)求愛行動.

pa.rade [pa.rá.ðe / -.réið]《英》*hit parade* ヒットパレード：ヒットした作品を売上順, 人気順に配列したもの.

pa.ra.de.ar [pa.ra.ðe.ár] 自《ラ米》(^{ラプ}ラタ)《con...を》自慢する；見せびらかす.

pa.ra.de.ro [pa.ra.ðé.ro] 男 **1** 居場所；落ち着き先, 行き先. averiguar el ~ de... …の所在を調べる. No conozco su ~. 彼[彼女]の居場所を知らない. **2**《ラ米》(1) (^{チリ})駅, 停車場；ターミナル. (2) (^{メキシコ})(^{グアテ}マラ)(^{ペル})バス停.

pa.ra.diás.to.le [pa.ra.ðjás.to.le] 囡《修辞》逆転：似た意味の言葉を違いを際立たせて使用する手法.

pa.ra.dig.ma [pa.ra.ðíɣ.ma] 男 **1** 模範, 典例. **2** パラダイム, 理論的枠組み. **3**《文法》語形変化表;《言》範列. → sintagma.

pa.ra.dig.má.ti.co, ca [pa.ra.ðiɣ.má.ti.ko, -.ka] 形 **1** 模範[典型]の, 模範[典型]的な. **2** パラダイムの. **3**《文法》語形変化表の;《言》範列の, 範列的な.

pa.ra.di.ña [pa.ra.ðí.ɲa] 囡《スポ》(サッカー)(ペナルティキックで)蹴(け)り動きを止めること.

pa.ra.di.sia.co, ca, pa.ra.di.sí.a.co, ca [pa.ra.ði.sjá.ko, -.ka / pa.ra.ði.sí.a.ko, -.ka] 形 天国の(ような), 楽園の(ような).

*__**pa.ra.do, da**__ [pa.rá.ðo, -.ða] 形 **1** 停止した, 作動していない；じっとした. El reloj está ~.

止まっている. **2** 閉鎖した, 休業中の. Por la huelga de los obreros, la fábrica está *parada*. 労働者のストで工場は操業停止している. **3** 失職した, 失業中の. **4** 臆病の; 優柔不断な. **5** のろい; 怠惰な, 怠け者の. **6** 面くらった, 呆気(ぁっ)にとられた. **7**《ラ米》(1) 立っている, 突っ立った. (2)《ラ米》《話》高慢な, 威張った; 虚栄心の強い.
— 男 女 **1** 失業者. El número de ~s se ha incrementado mucho. 失業者数が大幅に増加した. **2** 優柔不断[臆病]な人; 怠け者.
— 男《ラ米》(1)《ホ*゚ル*》外見, 風貌(ぼう). (2)《ホ*゚ル*》立ち上がること.
caer parado《ラ米》うまく切り抜ける[立ち回る].
dejar a+人 parado《ラ米》《*米*》《野球で》〈人〉を見逃し三振にとる[〈人〉との約束をすっぽかす.
estar bien [*mal*] *parado* ついている[不運である];《ラ米》社会的に恵まれている[不遇である].
salir bien [*mal*] *parado* 成功する[失敗に終わる], ついている[いない].
traerla parada《ラ米》《*米*》《俗》勃起(ぼっ)する.

***pa·ra·do·ja** [pa.ra.ðó.xa] 女 **1** 逆説, パラドクス. **2** 矛盾(した考え[事柄]); 皮肉なできごと. **3** へ理屈.
[←《古》*paradoxa* (*paradoxos* 形)「常識外れの」の中性複数形);《関連》《英》*paradox*]

pa·ra·dó·ji·ca·men·te [pa.ra.ðó.xi.ka.mén.te] 副 **1** 逆説的に. **2** 矛盾して. **2** 逆説的に言えば, 逆説的なことに.

pa·ra·dó·ji·co, ca [pa.ra.ðó.xi.ko, -.ka] 形 逆説的な, 矛盾した; 逆説を好む.

pa·ra·dor, do·ra [pa.ra.ðór, -.ðó.ra] 形 **1**《馬が》きちんと止まる. **2** 博打(ばく)好きな, 大金を賭(ゕ)ける. — 男 女 賭博(とば)師, 大金を賭ける人. — 男 **1** パラドール, 国営ホテル (= ~ *nacional de turismo*).《スペイン独特の国営宿泊施設. 修道院, 宮殿, 貴族の館などを改造したものが多い. 類語. **2** → *hotel* 類語. **2**（街道沿いの）宿屋.

pa·ra·es·ta·tal [pa.ra.es.ta.tál] 形 半官半民の, 公社制の; 秘密裏に国の支援を受けた; empresa ~ 公社, 公団.

pa·ra·far·ma·cia [pa.ra.far.má.θja / -.sja] 女 医薬品以外の健康[衛生]用品・化粧品などを扱う店.

pa·ra·fer·na·les [pa.ra.fer.ná.les] 形《複数形》《法》妻に所有権のある. bienes ~ （嫁資以外の）妻が処分できる財産.

pa·ra·fer·na·lia [pa.ra.fer.ná.lja] 女 **1**《話》派手にすること, 仰々しく飾ること; けばけばしさ. con mucha ~ とても派手に[な]. **2** 装(身)具.

pa·ra·fi·na [pa.ra.fí.na] 女 パラフィン (蠟(ろう)). aceite de ~《薬》（緩下剤用の）パラフィン油.

pa·ra·fi·na·do [pa.ra.fi.ná.ðo] 男 パラフィンの塗布, パラフィン加工.

pa·ra·fi·nar [pa.ra.fi.nár] 他 パラフィン加工する, パラフィンを塗る[染み込ませる].

pa·ra·fra·se·a·dor, do·ra [pa.ra.fra.se.a.ðór, -.ðó.ra] 男 女 釈義者, 注解者.

pa·ra·fra·se·ar [pa.ra.fra.se.ár] 他 言い[書き]換える, 注解する.

pa·rá·fra·sis [pa.rá.fra.sis] 女《単複同形》**1** 注解;《言》言い換え; パラフレーズ. **2** 韻文訳; 意訳.

pa·ra·frás·ti·co, ca [pa.ra.frás.ti.ko, -.ka] 形 言い[書き]換えの, 説明的な.

pa·ra·gé·ne·sis [pa.ra.xé.ne.sis] 女《単複同形》《鉱》共生：一つの岩石に異なる鉱物が含まれること.

pa·ra·go·ge [pa.ra.gó.xe] 女《文法》語尾音添加：語尾に無意味な1字または1音節が加わること. → *feliz* → *felice*.

pa·ra·gó·gi·co, ca [pa.ra.gó.xi.ko, -.ka] 形 語尾音添加の.

pa·ra·gol·pe [pa.ra.gól.pe] 男《時に複数で》《ラ米》《車》バンパー, 緩衝装置 (= *parachoques*).

pa·rá·gra·fo [pa.rá.gra.fo] 男 → *párrafo*.

pa·ra·gra·ma [pa.ra.grá.ma] 男 ある語を構成する一文字を換えて他の語にすること.

***pa·ra·guas** [pa.rá.gwas] 男《単複同形》**1** 傘, 雨傘. Llévate ~. 傘を持っていきなさい. ~ plegable 折り畳み傘. ~ nuclear 核の傘. **2** 影響下, 勢力範囲. 《ラ米》《ホ*゚ル*》《ラ米》キノコ.
[*parar* + *agua*;《関連》*paracaídas*, *parasol*,《英》*parachute*]

****Pa·ra·guay** [pa.ra.gwái] 固名 **1 パラグアイ**：南米中部の共和国 / 面積：40.7万km² / 人口：約580万 / 首都：Asunción / 言語：スペイン語, グアラニー語 (公用語) (90%) / 通貨：guaraní (1 G = 100 céntimos) / 住民：メスティーソ (95%), 先住民 (2%), 白人 (2%) / 宗教：カトリック (国教) (97%)；守護聖人 Cacupé の聖母.
♦Perú と Río de la Plata 地方を結ぶ交通の要所として, 1537年 Asunción が建設された. 先住民 guaraní 人の抵抗が強く, 内陸で格別の鉱物資源もなかったため, 大々的なスペイン人の植民活動は展開されなかった. イエズス会によるインディオ村 Reducción 経営 (17-18世紀) が有名. 1778年, Perú 副王領から Río de la Plata 副王領となり, 1811年5月14日独立. **2** el ~ パラグアイ川：ブラジル西部に発し, パラグアイ中部を貫流して Paraná 川と合流する.

pa·ra·gua·ya [pa.ra.gwá.ja] 女《植》モモ (の一種).

pa·ra·gua·yis·mo [pa.ra.gwa.jís.mo] 男 **1** パラグアイ特有のスペイン語法[表現, 語義, 単語]. **2** パラグアイ人気質; パラグアイの特質 (讚美).

***pa·ra·gua·yo, ya** [pa.ra.gwá.jo, -.ja] 形 **パラグアイの**, パラグアイ人の. — 男 女 **パラグアイ人**. — 男 **1** パラグアイのスペイン語. **2**《ラ米》(1)《ホ*゚ル*》山刀, マチェテ machete. (2)《ホ*゚ル*》鞭(むち). (3)《ホ*゚ル*》渦巻きパン.

pa·ra·gua·zo [pa.ra.gwá.θo / -.so] 男 傘で叩くこと, 傘による打撃.

pa·ra·güe·ría [pa.ra.gwe.rí.a] 女 傘店, 傘屋.

pa·ra·güe·ro, ra [pa.ra.gwé.ro, -.ra] 男 女 傘商人, 傘職人, 傘を修繕する人. — 男 傘立て. — 女《ラ米》傘立て.

pa·ra·güi·ta [pa.ra.gwí.ta] 女 ~ de sapo《ラ米》《ホ*゚ル*》《植》キノコ.

pa·ra·hú·so [pa.ra.ú.so] 男 ろくろ錐(きり), 舞い錐.

***pa·ra·í·so** [pa.ra.í.so] 男 **1**《宗》**エデンの園** (= *edén*, ~ *terrenal*). el ~ *perdido* 失楽園. **2**《宗》**天国** (= *cielo*, *alturas*). ▶「地獄」は *infierno*. **3 楽園**, 理想郷,《比喩的》天国; 理想的な場所. España es el ~ de los veraneantes europeos. スペインはヨーロッパの避暑客の楽園だ. **4**

pa·ra·je [pa.rá.xe] 男 **1** (人里離れた)所, 場所; 地域. ~ desconocido 見知らぬ場所. ¿Qué haces por estos ~s? こんな所で何をやっているのかね. ~ salvaje 荒れ地, 未開の地. **2** 状態, 様子.

pa·ral [pa.rál] 男 **1** 足場用の腕木;《ラ米》(ｸﾞｱﾃ)(建物などの)支え, 支柱. **2**【海】(進水用の)ころ.

pa·ra·lác·ti·co, ca [pa.ra.lák.ti.ko, -.ka] 形【天文】【光】視差の.

pa·ra·la·je [pa.ra.lá.xe] 女【天文】【光】視差.

pa·ra·la·lia [pa.ra.lá.lja] 女【心】言語錯誤: 意図した音が他の音に置き換わる障害.

pa·ra·le·la [pa.ra.lé.la] 女 **1** 平行線. **2**(複数で)【スポ】平行棒(= barras ~s). ~s asimétricas 段違い平行棒.

pa·ra·le·la·men·te [pa.ra.lé.la.mén.te] 副 **1** 平行して, 平行に. **2** 同時に, 並行的に. **3** 同様に, 類似して.

pa·ra·le·le·pí·pe·do [pa.ra.le.le.pí.pe.ðo] 男【数】平行六面体.

pa·ra·le·lis·mo [pa.ra.le.lís.mo] 男 **1** 平行, 並列. **2** 相関関係, 対応; 類似. Se reconoce un ~ entre A y B. AとBとの間に相関関係が認められる. **3**【修辞】対句法, 並行体[法].

***pa·ra·le·lo, la** [pa.ra.lé.lo, -.la] 形 **1** 《a... / con...》...に) 平行の; 並列の. líneas paralelas 平行線. una calle paralela a la Calle de Goya ゴヤ通りと並行する通り. correr ~ a... ...に並行して走る. circuito ~【電】並列回路. **2** 類似する; 同時進行の. caso ~ 類例. Tu experiencia es paralela a la mía. 君の経験は私のによく似ている. **3** 対比する, 相関関係のある, 対比の. Las Vidas Paralelas de Plutarco プルタークの『対比列伝』(『英雄伝』のこと).
— 男 **1** 比較, 対照. establecer un ~ entre... ...を比較して論じる; ...の間に相関関係を認める. **2** 類似点. **3**【地理】緯度線(= latitud). **4**【電】並列. **5** 平行面.
en paralelo 同時に; 平行に; 並列して.
[←[ラ] parallēlum (parallēlus の対格) ←[ギ] parállēlos ;【関連】[英] parallel]

pa·ra·le·lo·gra·mo [pa.ra.le.lo.ɣrá.mo] 男【数】平行四辺形.

pa·ra·lim·pia·da [pa.ra.lim.pjá.ða] / **pa·ra·lim·pí·a·da** [pa.ra.lim.pí.a.ða] 女(時に複数で) パラリンピック(= paraolimpiada).

pa·ra·lím·pi·co, ca [pa.ra.lím.pi.ko, -.ka] 形 パラリンピックの(= paraolímpico).

pa·ra·lís [pa.ra.lís] 男【話】【医】まひ.

***pa·rá·li·sis** [pa.ra.li.sis] 女《単複同形》**1**【医】まひ(症), 不随. ~ cerebral 脳性まひ. ~ del plexo braquial 腕神経叢まひ. ~ espástica 痙性まひ. ~ facial 顔面神経まひ. ~ infantil 小児まひ. ~ parcial 部分的まひ. ~ periódica 周期性まひ. ~ progresiva 進行性まひ. **2**(話) まひ状態, 停滞; 不振.

pa·ra·lí·ti·co, ca [pa.ra.lí.ti.ko, -.ka] 形【医】まひした, (半身)不随の. — 男 女 まひ患者.

pa·ra·li·za·ción [pa.ra.li.θa.θjón / -.sa.sjón] 女 **1** まひ. **2** 停滞, まひ状態.

pa·ra·li·za·dor, do·ra [pa.ra.li.θa.ðór, -.ðó.ra / -.sa.-] 形 → paralizante.

pa·ra·li·zan·te [pa.ra.li.θán.te / -.sán.-] 形 **1** まひさせる, しびれさせる. **2** 停滞させる. **3** 身動きできなくさせる, 身のすくむような.

***pa·ra·li·zar** [pa.ra.li.θár / -.sár] 97 他 **1** まひさせる, 不随にする. paralizado de una pierna 片足がまひした. **2** 動きを止めさせる; 停滞させる, 妨げる(= inmovilizar). paralizado de terror 恐怖に身がすくんで. ~·se 再 **1** まひする, 不随になる. **2** 停滞する, まひ状態になる; 動けなくなる.
[←[仏] paralyser ; [ラ] paralysis 「まひ」(←[ギ] parálysis) より派生;【関連】[英] paralysis]

pa·ra·lo·gis·mo [pa.ra.lo.xís.mo] 男【論】(論者自身が気づかない)誤った論理, 誤謬(ごびゅう)推理.

pa·ra·mag·né·ti·co, ca [pa.ra.maɣ.né.ti.ko, -.ka] 形【電】常磁性の.

pa·ra·mag·ne·tis·mo [pa.ra.maɣ.ne.tís.mo] 男【電】常磁性.

pa·ra·mar[1] [pa.ra.már] 男《ラ米》(ﾒｷｼｺ)(ｺﾛﾝ)(ﾍﾞﾈｽﾞ)(アンデス山地の)吹雪の季節.

pa·ra·mar[2] [pa.ra.már] / **pa·ra·me·ar** [pa.ra.me.ár] 自《ラ米》(ﾒｷｼｺ)(ｺﾛﾝ)(ﾍﾞﾈｽﾞ)《3人称単数・無主語で》霧雨が降る.

pa·ra·me·cio [pa.ra.mé.θjo / -.sjo] 男【生物】ゾウリムシ, ゾウリムシ属の生物.

pa·ra·mé·di·co, ca [pa.ra.mé.ði.ko, -.ka] 形 (看護・医療事務などの)医療関係の, 診療補助部門の.

pa·ra·men·to [pa.ra.mén.to] 男 **1** (ものの表面を覆う)飾り(布), 掛け布. **2**【建】(壁などの)面; (切り石の)面. **3**【馬】飾り馬衣.

pa·ra·me·ra [pa.ra.mé.ra] 女 **1** 荒野, 不毛地帯. **2**《ラ米》(ﾍﾞﾈｽﾞ)【医】高山病.

pa·ra·me·ro, ra [pa.ra.mé.ro, -.ra] 形《ラ米》(ﾋﾟﾙ)(ﾍﾞﾈｽﾞ)高地に住む; 山岳部生まれの.

pa·ra·mé·tri·co, ca [pa.ra.mé.tri.ko, -.ka] 形 パラメーターの, 助変数の; 媒介変数の.

pa·ra·me·tri·zar [pa.ra.me.tri.θár / -.sár] 97 他 パラメーター[変数]化する, パラメーターで表示する.

***pa·rá·me·tro** [pa.rá.me.tro] 男 **1**【数】【物理】【IT】パラメーター, 助変数;【言】媒介変数. **2**(統計の)母集団特性値. **3**(考慮すべき)要素, 要因. **4**《ラ米》(ｺﾛﾝ)線, 筋.

pa·ra·mi·li·tar [pa.ra.mi.li.tár] 形 (組織が)軍隊的な, 準軍事的な; (秘密裏に)軍の支援を受けた.

pa·ram·ne·sia [pa.ram.né.sja] 女【医】錯記憶, 記憶錯誤: 実際の体験と空想が混同される記憶障害.

pá·ra·mo [pá.ra.mo] 男 **1** 荒地, 不毛地帯; 厳寒の地. **2**《ラ米》(1) 霧雨. (2) (ﾒｷｼｺ)(ｺﾛﾝ)(ﾍﾞﾈｽﾞ)吹雪. (3) (ｴｸｱ)高地, 山岳地帯.

pa·ra·mo·so, sa [pa.ra.mó.so, -.sa] 形《ラ米》(ｺﾛﾝ)霧雨のよく降る, 雨の多い.

pa·ra·mu·no, na [pa.ra.mú.no, -.na] 形《ラ米》(ｺﾛﾝ)山岳地帯の; 高地出身の, 山岳地帯に住む.

Pa·ra·ná [pa.ra.ná] 固名 el ~ パラナ川: ブラジル南部に発し, Paraguay 川, さらに Uruguay 川と合流して Río de La Plata に注ぐ.

pa·ran·gón [pa.raŋ.ɡón] 男 類似; 対比, 比較. belleza sin ~ 比類のない美しさ.

pa·ran·go·na [pa.raŋ.ɡó.na] 女【印】《集合的》パランゴン: 活字の大きさによる名称の一つ (比較的大きめのもの); パランゴン活字(20ポイント活字).

pa·ran·go·na·ble [pa.raŋ.ɡo.ná.ble] 形《con...

pa·ran·go·nar [pa.raŋ.go.nár] 他 **1**《con... …と》比較する，対照する．**2**《印》〈ポイントの違う活字の入った行け〉長さをそろえる．

pa·ra·nin·fo [pa.ra.nín.fo] 男 **1**（大学の）講堂．**2**（婚礼の）付添い人．**3** 幸福の使者．

pa·ra·noi·a [pa.ra.pá.ro, -.nó.ja] 女 **1**《医》偏執症，妄想症，パラノイア．**2**《話》強迫観念，妄想．

pa·ra·noi·co, ca [pa.ra.nói.ko, -.ka] 形 偏執[妄想]症の．— 男女 偏執症者，パラノイア患者．

pa·ra·no·ma·sia [pa.ra.no.má.sja] 女 → paronomasia.

pa·ra·nor·mal [pa.ra.nor.mál] 形〈現象が〉科学的な説明ができない，超常的な．

pa·ra·o·fi·cial [pa.ra.o.fi.θjál / -.sjál] 形 半ば公式の［公的な］，公式のものではないがそれと同様に機能する，準公式の．

pa·ra·o·lim·pia·da [pa.ra.o.lim.pjá.ða] 女《主に複数で》パラリンピック．

pa·ra·o·lím·pi·co, ca [pa.ra.o.lím.pi.ko, -.ka] 形 パラリンピックの（＝paralímpico）．

pa·ra·pa·ro [pa.ra.pá.ro] 男《ラ米》(ﾌﾞﾗｼﾞ)《植》ムクロジの一種：果皮・樹皮を石けんとして用いる．

pa·ra·pen·te [pa.ra.pén.te]《仏》男《複 〜s》パラグライダー，パラグライディング．

pa·ra·pen·tis·ta [pa.ra.pen.tís.ta] 男女 パラグライダーを行う人，パラグライダー愛好者．

pa·ra·pe·tar [pa.ra.pe.tár] 他（胸壁で）隠す，かくまう．
— **〜·se** 再 **1** 胸壁に身を隠す．**2** 物陰に隠れる，避難する；逃避する．*Se ha parapetado en su habitación.* 彼［彼女］は自分の部屋に引きこもった．*〜se tras el silencio* だんまりを決め込む．

pa·ra·pe·to [pa.ra.pé.to] 男 **1** 手すり，欄干；ガードレール．**2**《軍》胸壁；土塁(ﾙｲ)，バリケード．

pa·ra·ple·jia [pa.ra.plé.xja] /
pa·ra·ple·jí·a [pa.ra.ple.xí.a] 女《医》対まひ，不全まひ；下半身不随．

pa·ra·plé·ji·co, ca [pa.ra.plé.xi.ko, -.ka] 形 対まひの；下半身不随の．

pa·ra·po·co [pa.ra.pó.ko] 形《話》役立たずの，取り柄のない．— 男女 能なし，役立たず．

pa·ra·po·li·cial [pa.ra.po.li.θjál / -.sjál] 形《組織が》非公式だが警察に似た機能を持つ，準警察的な，私警の．

pa·ra·psi·co·lo·gí·a [pa.ra.si.ko.lo.xí.a] 女（心霊現象・超能力などを扱う）超心理学．

pa·ra·psi·co·ló·gi·co, ca [pa.ra.si.ko.ló.xi.ko, -.ka] 形 超心理学の．

pa·ra·psi·có·lo·go, ga [pa.ra.si.kó.lo.go, -.ga] 男女 超心理学者，超心理学の専門家．

＊＊pa·rar [pa.rár] 自 **1** 止まる，停止する．*Ya ha parado la lluvia.* もう雨はやんだ．*Este tren para en cada estación.* この列車は各駅に止まります．*Pare aquí, por favor.* ここで（車を）とめてください．
2《de＋不定詞 …することを》やめる．*La niña no paraba de llorar.* その女の子は泣きやまなかった．**3** 宿泊する，逗留(ﾄｳﾘｭｳ)する；いる，暮らす．*Esta noche pararemos en este hostal.* 今夜はこのオスタルに泊まろう．**4**《a... / en...》(…に)至る；行き着く；(《人》の)ものになる．*Este camino va a 〜 al bosque.* この道の先は森になっている．*Nuestros esfuerzos pararon en nada.* 我々の努力は無駄に終わった．*〜 en manos de...* …の手に落ちる．**5** ストライキをする．*Hoy paran los trabajadores de esta fábrica.* 今日この工場の労働者はストをする．**6**（en...）決定する，決める．*Pararon en que abandonarían el plan.* 彼らはその計画を放棄することにした．**7**《ラ米》立てる，起こす．
— 他 **1** 止める，停止させる；遮る．*〜 el coche* 車を止める．*〜 el tráfico* 交通を遮断する．*〜 la música* 音楽を止める．
2《スポ》（サッカーなどで）〈パス・シュートを〉カットする，（フェンシングなどで）〈突きを〉剣でかわす，受け止める．*〜 un penalti* ペナルティーキックを止める．
3 押しとどめる；《闘牛》〈牛（の突進）を〉止める．
4《狩》〈猟犬が〉〈獲物を〉教える．
5 賭(ｶ)ける；配置する．
— **〜·se** 再 **1** 立ち止まる；《a＋不定詞》立ち止まって(…)する，じっくり(…)する；《en... …に》時間をとる．*No nos podemos 〜 aquí.* ここで立ち止まる（車を止める）ことはできない．*〜se en seco* 急停止する．*〜se a pensar* 腰を据えて考える．*sin 〜se en detalles* 細かいことは気にせずに．*No te pares en tonterías.* くだらないことでぐずぐずするな．
2（突然）止まる；機能しなくなる．*Se me paró el reloj.* 私の時計が止まってしまった．
3（まれ）《＋形容詞（状態）》になる．**4**《ラ米》立つ，立ち上がる（＝levantarse）．(2)(ﾒｷｼｺ) 目覚める；（ベッドから）起き上がる．(3)(ｺﾛﾝﾋﾞｱ)(ﾍﾞﾈｽﾞｴﾗ)(ﾁﾘ)(ｱﾙｾﾞﾝﾁﾝ) 財をなす，金持ちになる．(4)(*中南米) 病床から離れる．
¿(A) dónde vamos [iremos] a parar?《話》いったいどうなってしまうのか．
¡Dónde va a parar!《話》(2つのものを比較して）比べものにならない，大違いだ．*Claro que me importas más que mi trabajo, ¡dónde va a 〜!* 仕事より君が大切に決まってるじゃないか．比べる方がおかしいよ．
ir a parar a [en]... 最後は…になる，至る；（場所）に行きつく．*¿Dónde quiere usted ir a 〜?* あなたは何を言いたいのですか．
no parar (1) ずっと動き回っている，落ち着きがない．(2) いつまでもやめない，あきらめない，必死でやる．
parar (en) mal 失敗する，悪い結果［状況］になる．
parar mientes en... …のことを考える．*sin 〜 mientes en las consecuencias* 後先を考えずに．
parársele (a＋人)《ラ米》〈人〉にたてつく．
sin parar 絶えず，続けて，ひっきりなしに．*trabajar [estudiar] sin 〜* 休まず働く［勉強する］．
venir a parar a [en]... (1) 最後は…になる．*Sus ilusiones han venido a 〜 en eso.* 彼［彼女］（ら）の夢は結局それだけのことに終わった．(2)（熟慮［話し合い］の結果）…にたどりつく．
y para [pare] de contar（いくつか列挙してから）そのほかは「ない」，それきりだ，全て，終りだ．
[←〔古スペイン〕「ある位置・状態に置く」←〔ラ〕*parāre*「用意する」；関連 parada, parador, aparato, preparar．〔英〕prepare]

pa·ra·rra·yo [pa.ra.řá.jo] 男 → pararrayos.

pa·ra·rra·yos [pa.ra.řá.jos] 男《単複同形》**1** 避雷針．**2**（電気機器の）避雷器．

pa·ras·ce·ve [pa.ras.θé.be / -.sé.-] 女（ユダヤ教で）（安息日の準備をする）金曜日；（キリスト教で）聖金曜日．

pa·ra·se·le·ne [pa.ra.se.lé.ne] 女《天文》幻月：雲などに見える光の輪．

pa·ra·si·co·lo·gí·a [pa.ra.si.ko.lo.xí.a] 女 → parapsicología.

pa·ra·si·co·ló·gi·co, ca [pa.ra.si.ko.ló.xi.ko, -.ka] 形 → parapsicológico.

pa·ra·si·có·lo·go, ga [pa.ra.si.kó.lo.go, -.ga] 男 女 → parapsicólogo.

pa·ra·sim·pá·ti·co, ca [pa.ra.sim.pá.ti.ko, -.ka] 形《解剖》副交感神経の. ― 男 副交感神経.

pa·ra·sín·te·sis [pa.ra.sín.te.sis] 女《単複同形》《言》並置総合. ― 接頭辞 des ＋ alma ＋接尾辞 ado で desalmado となる類のもの.

pa·ra·sin·té·ti·co, ca [pa.ra.sin.té.ti.ko, -.ka] 形《言》並置総合の.

pa·ra·sis·mo [pa.ra.sís.mo] 男 → paroxismo.

pa·ra·si·tar [pa.ra.si.tár] 他 寄生する. La rafflesia *parasita* a estas plantas. ラフレシアはこれらの植物に寄生します.

pa·ra·si·ta·rio, ria [pa.ra.si.tá.rjo, -.rja] 形 寄生(性)の;寄生動物［植物, 虫］の;(病気が)寄生虫による. enfermedad *parasitaria* 寄生虫症.

pa·ra·si·ti·ci·da [pa.ra.si.ti.θí.ða / -.sí.-] 形 寄生動物［植物］を殺す, 寄生虫を駆除する. ― 男 駆虫剤, 虫下し.

pa·ra·sí·ti·co, ca [pa.ra.sí.ti.ko, -.ka] 形 → parasitario.

pa·ra·si·tis·mo [pa.ra.si.tís.mo] 男 **1** 寄生. **2**《軽蔑》居候, 寄生生活.

pa·rá·si·to, ta [pa.rá.si.to, -.ta] 形《de... …に》寄生する;寄食する, 居候の. insectos 〜s 寄生虫. ― 男 **1**《生物》寄生生物［動物, 植物］. 〜 de intestino 腸内寄生虫. **2** 居候, 食客;他人や社会に寄生する人;ひも. **3**《複数で》(ラジオ・テレビの)空電(＝〜s atmosféricos);電波障害, 雑音. [←〔ラ〕*parasitum* (*parasītus* の対格)「食客;居候」;←〔ギ〕*parásītos*「居候」;関連〔英〕*parasite*]

pa·ra·si·to·lo·gí·a [pa.ra.si.to.lo.xí.a] 女 寄生虫［体］学.

pa·ra·si·to·sis [pa.ra.si.tó.sis] 女《単複同形》**1**《医》寄生虫症. **2** 寄生生物の侵入.

pa·ra·sol [pa.ra.sól] 男 **1** 日傘, パラソル (＝quitasol). **2**《写》レンズフード. **3**《車》サンバイザー. **4**《植》散形花序. [parar「止める」＋sol「日光」;関連 paraguas]

pa·rás·ta·de [pa.rás.ta.ðe] 男《建》(柱を補強するために後ろに立てる)柱形(はしら), 付柱(はしら).

pa·ra·ta [pa.rá.ta] 女 段々畑.

pa·ra·ta·xis [pa.ra.ták.sis] 女《文法》並列, 並立;文, 句を接続詞なしに並べること.

pa·ra·tí·fi·co, ca [pa.ra.tí.fi.ko, -.ka] 形《医》パラチフスの;パラチフスにかかった. ― 男 女 パラチフス患者.

pa·ra·ti·foi·de·a [pa.ra.ti.foi.ðé.a] 形 パラチフス(性)の. ― 女《医》パラチフス (＝fiebre 〜).

pa·ra·ti·roi·de·o, a [pa.ra.ti.roi.ðé.o, -.a] 形《解剖》副甲状腺の, 上皮小体の.

pa·ra·ti·roi·des [pa.ra.ti.rói.ðes] 形《性数不変》《解剖》副甲状腺(炎)の. ― 女《単複同形》副甲状腺 (＝glándula 〜).

pa·ra·to·pes [pa.ra.tó.pes] 男《単複同形》《ラ米》(鉄道車両などの)緩衝器.

pa·ra·tu·ber·cu·lo·sis [pa.ra.tu.ßer.ku.ló.sis] 女《単複同形》《獣医》ヨーネ病, パラ結核.

pa·ra·tu·ber·cu·lo·so, sa [pa.ra.tu.ßer.ku.ló.so, -.sa] 形《獣医》ヨーネ病の, パラ結核の.

par·ca [pár.ka] 女《文章語》死;[P〜]《ロ神》パルカ:生死を司る運命の3女神 Parcas の一人ひとり.

par·ca·men·te [pár.ka.mén.te] 副 つましく, 質素に, ひかえ目に, 少し.

par·ca·sé [par.ka.sé] 男《ラ米》(語)パーチーシ, インドすごろく (＝parchís).

par·ce·la [par.θé.la / -.sé.-] 女 **1** (土地の)一区画, 区分地. **2** 小片, 少量.

par·ce·la·ble [par.θe.lá.ßle / -.se.-] 形 区分けできる, 細分化できる.

par·ce·la·ción [par.θe.la.θjón / -.se.-.sjón] 女 (土地の)区分け, 細分化.

par·ce·lar [par.θe.lár / -.se.-] 他《土地を》区分けする;細分する. 〜 un bosque 森林を区分けする.

par·ce·la·rio, ria [par.θe.lá.rjo, -.rja / -.se.-] 形 小土地の, 土地(地)の. concentración *parcelaria* 小土地の整理統合.

par·cha [pár.tʃa] 女《ラ米》《植》トケイソウ:ペルー・ブラジル原産.

par·char [par.tʃár] 他《ラ米》…に継ぎ当てをする.

par·che [pár.tʃe] 男 **1** 継ぎ当て, 継ぎ布;(パンク修理などに用いる)パッチ. bolsillo de 〜 (服の)パッチポケット. **2** 膏薬(テネ), 湿布(薬). **3** 余計な付け足し, 不手際な手直し. **4** 応急処置, 一時凌(ヒ)ぎ. **5** 太鼓(の皮). **6**《闘牛》牛の額につけたリボン飾り. **7**《IT》パッチ. **8**《医》(アレルギー反応を調べる)パッチテスト用小片;医療用パッチ. **9**《ラ米》(ヤ)(話)図々しい人. *pegar un parche a*＋人《話》《人》から金品をだまし取る.

par·che·ar [par.tʃe.ár] 他 当て布［継ぎ当て, パッチ］をあてる［する］;応急処置をする, 一時しのぎをする.

par·chís [par.tʃís] / **par·che·si** [par.tʃé.si] 男 [複〜〜s] インドすごろく, パーチージ.

par·cho [pár.tʃo] 男《ラ米》(タバ)(コロビア)継ぎ当て;絆創膏.

‡**par·cial** [par.θjál / -.sjál] 形 **1** 部分的な, 一部分の;不完全な. elecciones 〜es 補欠選挙. negación total y negación 〜《文法》全否定と部分否定. trabajo a tiempo 〜 パートの仕事. eclipse 〜《天文》部分食. **2** 偏った, 不公平な. juicio 〜 一方的に偏った判断. Su opinión es 〜 y por lo tanto injusta. 彼[彼女] (ら)の意見は一方的で, それゆえ不公平だ. **3** 党派的な, 党派心の強い;(特定の人や集まりを)支持[信奉]する. ― 男 女 支持者, 信奉者;同志. ― 男 **1** 中間試験 (＝examen 〜). **2**《スポ》中間スコア, 試合の途中経過. [←〔ラ〕*partiālem* (*partiālis* の対格;*pars*「部分」より派生);関連 imparcial.〔英〕*partial*]

par·cia·li·dad [par.θja.li.ðáð / -.sja.-] 女 **1** 部分的であること, 局部性;不完全さ. **2** えこひいき, 不公平. **3** 派閥, 党派, 徒党.

par·cial·men·te [par.θjál.mén.te / -.sjál.-] 副 **1** 公平さを欠いて, 不公平に. **2** 部分[局部]的に(は).

par·ci·dad [par.θi.ðáð / -.si.-] 女 → parquedad.

par·cí·si·mo, ma [par.θí.si.mo, -.ma / -.sí.-] 形 [parco の絶対最上級] **1** 非常にわずかな, ごく少ない. **2** たいへん質素な, 倹約した.

par·co, ca [pár.ko, -.ka] 形《en...》**1** (…の)わずかな, 少しの. 〜 *en* el hablar / 〜 *en* palabras 口数の少ない, 寡黙な. 〜 *en* el comer 少食な. 〜 *en* sueldo 薄給. **2**《…が》控えめな, つましい. 〜 *en* gastar 倹約した.

par·có·me·tro [par.kó.me.tro] 男 → parquímetro.

par·dal [par.đál] 男 **1**【鳥】(1) スズメ. (2) ムネアカヒワ. **2**【動】(1) ヒョウ. (2) キリン (= camello ～). **3**【植】トリカブト. **4**《話》田舎者. **5**《話》ずるい［抜けめのない］人；いたずらっ子.

par·de·ar [par.đe.ár] 自 褐色がかって見える, 褐色になる.

par·de·la [par.đé.la] 女【鳥】ミズナギドリ.

¡par·diez! [par.đjéθ / -.đjés] 間感《話》《まれ》《失望・感嘆・怒り》おやおや, まあ, なんてこった.

par·di·llo, lla [par.đí.ʝo, -.ʝa ‖ -.ʎo, -.ʎa] 形 人のよい；田舎者の. ━ 男女 お人よし；田舎者.
━ 男【鳥】ムネアカヒワ.

***par·do, da** [pár.đo, -.đa] 形 **1** 褐色の, 茶色の. oso ～ ヒグマ. **2**〈天気・空・雲が〉どんよりした, 暗い. **3**〈声が〉響きのない, くぐもった. **4**《ラ米》《ｱﾝﾃｨﾙ》《ﾒﾘｶ》《ﾌﾟｴﾙﾄﾘｺ》ムラート mulato の.
━ 男【動】(雄)ヒョウ.
gramática parda 抜けめなさ, ずるさ.
[← 《古》*pardus* 男「雄ヒョウ」(←［ラ］*párdos*)；後にこの名詞は［ラ］*leō*「ライオン」+［ラ］*pardus* の2語並記で表され *pardus* は主に「ヒョウ」の体の模様や色を示す形容詞として使用；関連 leopardo].

Par·do Ba·zán [pár.đo ba.θán / -.sán] 固名 パルド・バサン Emilia ～ (1851-1921)：スペインの作家. 作品 *La cuestión palpitante*『今日の問題』.

par·dus·co, ca [par.đús.ko, -.ka] /
par·duz·co, ca [par.đúθ.ko, -.ka / -.đús.-] 形 褐色［茶色］がかった；黒っぽい.

pa·re·a·do, da [pa.re.á.đo, -.đa] 形 **1**【詩】連押韻の, 対韻の. versos ～s 連押韻, 対句.
2〈家が〉棟続きの.
━ 男《複数で》連押韻：同じ押韻が2行続くこと.
━ 男 棟続きの家, テラスハウス.

pa·re·ar [pa.re.ár] 他 **1**〈2つのものを〉組み合わせる, 対にする. **2**【闘牛】〈牛に〉(2本の)バンデリーリャ banderilla[銛(ｸﾞ)]を突き刺す.

****pa·re·cer** [pa.re.θér / -.sér] 34 自 **1** (1)《+名詞・形容詞・副詞およびその相当語句》…のように見える, 感じられる. Usted *parece* buena *persona*. あなたはいい方のようですね. La señora *parecía enfadada*. その婦人は怒っているようだった. Dices que estás enfermo pero no *lo pareces*. 君は病気だと言うがそうは見えない. Mi abuelo no *parece tener* la edad que tiene. 祖父はとても年齢には見えない (▶ 不定詞の意味上の主語は文全体の主語と同一). (2)《**parecer**le (a+人)〈人〉に》《+名詞・形容詞・副詞およびその相当語句》…のように思われる, 判断される. La película *me pareció aburrida*. 映画は退屈に思えた. ¿*Qué te parecen* estos zapatos? この靴どう思う. ¿*Qué te parece* si quedamos a las diez? 10時に待ち合わせるのはどうだい. ¿*Te parece bien* que vayamos de pesca? 釣りに行くなんてはどうだい (▶ que 節の中の動詞は接続法). ¡*Me parece muy bien* [*mal*]! とても良い［話にならない］.
2《3人称単数形・無主語で》(1)《**que**+ 主に直説法》…のようだ；《**parecer**le (a+人)〈人〉に》のようにい思われる. *Parece que va a* llover. 雨になりそうだ. *Me parece que tú estudias demasiado*. 君は勉強しすぎだと思う. ¿Quién *te parece que ganará*? 君は誰が勝つと思う. *Me parece que sí* [*no*]. 私はそう思う［思わない］. ▶ 話し手の確信が低いとき以下は接続法. → *Parece que sean gemelos*. 彼らは双子みたいだ. *No parece que haya acuerdo común*. 意見の一致がないように思われる. (2)《**parecer**le (a+人)〈人〉に》《+不定詞》《自分が》…するように思われる (▶ 不定詞の意味上の主語は a+人で表される). *Me ha parecido oír* su voz. 彼［彼女］(ら)の声を聞いたように思った.
3《**parecer**le (a+人)〈人〉に》よいと思われる, 好都合である. Comemos aquí, si *te parece*. よかったらここで食べましょう. ¿*Te parece* que hablemos de tu trabajo? 仕事の話をしましょうか.
4《+名詞およびその相当語句》まるで…のようだ, …に似ている. Este tejido es tan suave que *parece seda*. この繊維はとても柔らかくてまるで絹のようだ. *Parece mentira* que+接続法 …がうそのようだ.
5 現れる, 姿を現す；(紛失物が)出てくる.
━ ～**·se** 再 **1** (**a**... …に)似ている. El niño *se parece* mucho a su abuelo. その子はおじいさんにそっくりだ. Esto no es café, ni nada que *se le parezca*. これはコーヒーとは似ても似つかぬものだ.
2《複数主語で》互いに似ている. Los dos hermanos no *se parecen* nada. その兄弟は全然似ていない. *Se parecen* en el carácter [las facciones]. 彼らは性格［顔立ち］が似ている.
━ 男 **1** 意見, 考え. ser del mismo ～ 同じ意見である. según el ～ de los peritos 専門家の見解によれば. tomar ～ de+人〈人〉に意見を求める. → idea 類語. **2** 外見, 容姿. El joven era de buen ～. その若者は容姿が整っていた. ▶ buen, mal を伴って用いられることが多い.
al parecer* / *a lo que parece 見た目には, 一見したところ, どうやら.
a su parecer …の考えでは, …によれば. Estas medidas son indispensables *a mi* ～. 私の考えではこの対策は必要不可欠だ.
aunque no lo parezca とてもそうは見えない［思えない］が, 実のところは.
como* (*bien*) *te parezca 君の好きなように, 都合のいいように.
¿No te* [*le*] *parece? 《確認》そう思わないか［思いませんか］.
***parece como si*+接続法過去［過去完了］** あたかも…のように［…だったように］見える. *Parece como si no lo deseara*. 彼［彼女］はそのことを望んでいないのようだ.
***parece que quiere*+不定詞** …する兆しが見える. *La economía parece que quiere recobrarse*. 経済復調の兆しがある.
***parece ser que*+直説法** …ということのようだ. *Parece ser que es* lo único que se puede hacer. どうやらそれが唯一やれることのようだ.
por el bien* [*buen*] *parecer 体裁のために, 外見を繕って. *Nos recibieron por el buen* ～. 彼らは体裁を整えるために私たちを迎え入れただけだ.
según parece 見たところ, どうやら.
[← 《俗ラ》*parescere「現れる」← ［ラ］*pārēre*；関連 aparecer, comparecer, tra(n)sparente. ［英］*appear*].

***pa·re·ci·do, da** [pa.re.θí.đo, -.đa / -.sí.-] 形
1 (**a**... …に) (**de**... / **en**... …が)似ている, 類似の；同じような. *de tamaño* ～ 大きさが同じくらいの. Los dos hermanos son muy ～s *en* carácter. あの兄弟ふたりは性格がとてもよく似ている. Es muy ～ *a* su hermano. 彼は兄にそっくりだ. un algo ～ 似たようなもの. **2** (**bien** [**mal**] を伴い) 器量のよい［悪い］, 美しい［醜い］.
━ 男 似ていること, 類似；類似点. tener ～

pa·re·ci·mien·to [pa.re.θi.mjén.to/ -.si.-] 男 《ラ米》(1)(ミナ》(ミナ》相似, 類似. (2)(ミナ》(裁判所へ)の)出頭.

pa·red [pa.réd] 女 **1** 壁, 内壁, 外壁; 塀. ~ de ladrillos レンガの壁. ~ divisoria [intermedia] 中間壁, 仕切り壁. ~ maestra 〖建〗主壁. ~ medianera 共有壁. calendario de ~ 壁掛けカレンダー. reloj de ~ 壁掛け時計. colgar... en la ~ を壁にかける. entre cuatro ~es 家[部屋]に閉じこもって. Las ~es oyen. 〖諺〗壁に耳あり(←壁は聞いている). → muro 〖類語〗.
2 (入れ物などの) 側面, 内壁;〖解剖〗《時に複数で》(器官の)内壁. ~ de un tarro 瓶のガラスの壁. ~ interior del intestino delgado 小腸の内壁. ~ celular 細胞壁. ~ gástrica 胃壁.
3 (山の)壁面, 切り立った岩壁. La ~ Norte del Monte Cervino マッターホルンの北壁.
4 〖スポ〗(サッカー)壁パス.
5 人垣, (ものなどの)山; 障害物.
blanco como la pared 顔面蒼白な.
caérsele (a+人) las paredes encima 〈人〉にとって非常に居心地が悪い, 気詰まりである.
como si hablara a una [la] pared 〖話〗壁に向かって話すような, 相手にしてもらえない. Le pedí ayuda pero *como si hablara a una* ~. 彼[彼女]に助けを求めたが, 完全に知らん顔された.
darse contra [por] las paredes 壁にぶち当たる.
dejar a+人 pegado a la pared (論争で)〈人〉を完璧にやっつける, しどろもどろ[たじたじ]にする.
estar entre la espada y la pared 〖話〗(どちらも好ましくない二者からの)選択を迫られる.
poner a+人 contra la pared 〖話〗〈人〉に困難な決断を迫る.
subirse por las paredes 〖話〗かんかんに怒る, 頭にくる; ご気嫌斜めである. Estoy que *me subo por las paredes*. 腹が煮えくり返る思いだ.
[←〖ラ〗*parietem* (*pariēs* の対格)]

pa·re·da·ño, ña [pa.re.đá.ɲo, -.ɲa] 形 《部屋の》一つ隔てた(だけの).

pa·re·dón [pa.re.đón] 男 **1** 防壁; 擁壁(***) .
2 (廃墟(***)の)残壁. **3** 銃殺処刑場の壁. ¡Al ~! (銃殺の号令》撃て. llevar a+人 al ~ 〈人〉を銃殺する. [pared + 増大辞]

pa·re·ja [pa.ré.xa] 女 **1 2人, 2匹, 2つ; ペア, 一対;(主に男女の)カップル, 動物のつがい. formar una buena ~ いいカップルである. una ~ de amigos 仲良しのふたり. en ~s それぞれペアになって. por ~s 組になって, 2つ[2人]ずつ. vivir en ~ 同棲する.
2 恋人. Acaba de romper con su ~. 彼[彼女]は恋人と別れたばかりだ.
3 一対のものの片方; ペアの相手, パートナー. la ~ de este zapato この靴の片方.
4 《時に複数で》〖遊〗(トランプ) 同じ札2枚, ペア;(さいころの)ぞろ目. una ~ de ocho 8のワンペア.
5 (2人組の)警官;《ラ米》(馬・牛などの) 2頭立て.
correr parejas よく似ている, (2つの事柄が)同時に起こる, 両立する. Su talento y su esfuerzo *corren* ~s y tiene un gran éxito. 才能と努力が相まって彼[彼女]は大成功を収めている.
hacer (buena) pareja con... ...と同類である, 似たようなものである; よく理解し合っている.
pareja de hecho 結婚はしていないが法的に認められたカップル.

pa·re·je·rí·a [pa.re.xe.rí.a] 女 《ラ米》《ダリ》《ミナ》《話》うぬぼれ, 虚栄心; 気取り.

pa·re·je·ro, ra [pa.re.xé.ro, -.ra] 形 **1** 似たり寄ったりの, 互角の. (2)《ラ米》《ダリ》《ミナ》《話》うずうずしい, 厚かましい. (2)《ミナ》《ダリ》《馬が》駿足(***)の. (3)《ミナ》《話》誰とも親しくなる.
── 男 女 (1)《ラ米》(チ)《話》ラブホテル. (2)《ミナ》競走馬, 駿馬(***).

pa·re·jo [pa.ré.xo] 副 《ラ米》(1) 同時に, 一緒に.
duro y parejo 《ラ米》《ミナ》一生懸命に.

pa·re·jo, ja [pa.ré.xo, -.xa] 形 **1** 同じ(ような), 同等の. Gana un sueldo ~ al mío. 彼[彼女]は僕と同じ給料をもらっている.
2 《まれ》むらのない, 均一の. pintar un color ~ むらなく色を塗る. **3** 《ラ米》(1) 平らな, 平べったい. (2)《チ》平等な. (3) (*南)正直な.
── 男 女 《ラ米》《ダリ》《*南》(ダンスの)相手, パートナー.
estar [quedar] parejo con+人 《ラ米》《*南》〈人〉に貸し借りがない.
[←〖ラ〗*pariculus (*pār* 「等しい」+縮小辞)]
〖関連〗pareja, aparejo, 〖英〗*pair*, *peer*

pa·re·mia [pa.ré.mja] 女 諺, 格言.

pa·re·mio·lo·gí·a [pa.re.mjo.lo.xí.a] 女 俚諺(***), 格言研究.

pa·re·mio·ló·gi·co, ca [pa.re.mjo.ló.xi.ko, -.ka] 形 諺(***)研究[学]の.

pa·re·mió·lo·go, ga [pa.re.mjó.lo.go, -.ga] 男 女 諺(***)研究[学]者.

pa·ré·ne·sis [pa.ré.ne.sis] 女 《単複同形》叱責, 訓戒; 叱咤(***)激励.

pa·rén·qui·ma [pa.réŋ.ki.ma] 男 〖解剖〗実質組織,〖植〗柔組織.

pa·ren·qui·ma·to·so, sa [pa.reŋ.ki.ma.tó.so, -.sa] 形 〖解剖〗実質(組織)の;〖植〗柔組織の.

pa·ren·te·la [pa.ren.té.la] 女 《話》《集合的》親族, 親戚, 一族郎党.

pa·ren·te·ral [pa.ren.te.rál] 形 〖医〗(薬剤の投与や栄養の摂取について) 腸管外の, 非経口の.

pa·ren·tes·co [pa.ren.tés.ko] 男 **1** 血縁〖姻戚(***)〗関係;《集合的》親族. ~ político 姻戚関係. **2** 関連, 結びつき. ~ lingüístico (言語間の) 同族関係, 同系であること. ~ espiritual 〖カト〗洗礼式の司祭と代父母とが洗礼を授けた子との間に結ぶ関係[間柄].

*pa·rén·te·sis [pa.rén.te.sis] 男 《単複同形》**1** 括弧; 丸括弧, パーレン( ). ~ dobles 二重パーレン(( )). ~ cuadrados 角括弧 [ ]. abrir [cerrar] el ~ 括弧を開く[閉じる]. poner... entre ~ ...を括弧の中に入れる.
2 挿入語句〖文〗; 余談. Los ~ largos hacen oscuro el discurso. 余談が過ぎると要節を得ない演説となる. **3** 中断, 合間. Hicieron un ~ en la reunión. 会議は一時中断された. **4** 括弧の内容, 括弧内の語句.
entre paréntesis ついでながら, ちなみに; 括弧に入れて. *sea dicho entre* ~ ついでに言えば.
[←〖後ラ〗*parenthesis* 「付加注, 挿入句」←〖ギ〗*parénthesis* 「挿入句」]〖関連〗〖英〗*parenthesis*]

pa·ren·té·ti·co, ca [pa.ren.té.ti.ko, -.ka] 形 括弧の; 挿入語句〖文〗の; 合間の.

pa·re·o[1] [pa.ré.o] 男 (2つを)組にすること, 対にすること.

pa·re·o[2] [pa.ré.o] 男 (腰に巻く)パレオ, 腰布.

pa·rer·gon [pa.rér.gon] 男 (付け足しの)飾り;付随的なもの.
pa·re·sa [pa.ré.sa] 女 《史》大貴族夫人. → **par 7**.
pa·re·sia [pa.ré.sja] 女 《医》(筋肉収縮力が弱まる)不全[軽度]まひ.
pa·res·te·sia [pa.res.té.sja] 女 《医》感覚[知覚]異常(症), 異常感覚[知覚], 錯感覚.
parezc- 活 → parecer.
par·go [pár.go] 男 《魚》(地中海・大西洋の)マダイ.
par·go, ga [pár.go, -.ga] 形 《ラ米》(ミミ)《話》《話》女のような, ななよした.
par·he·lia [pa.ré.lja] 女 → parhelio.
par·he·lio [pa.ré.ljo] 男 《天文》幻日: 太陽の両側に現れる薄明色の光像.
par·hi·le·ra [pa.ri.lé.ra] 女 《建》棟木.
pa·ria [pá.rja] 男女 **1** ハリジャン: インドの最下層民. **2** (特に社会からの)のけ者; 法の恩恵を受けられない人. **3** 《複数で》《史》租税.
pa·rián [pa.rján] 男 《ラ米》(ﾆﾈ)大きな市(ﾋﾞ), 市場.
pa·ri·da [pa.rí.ða] 形 《女性形のみ》分娩(ﾍﾞﾝ)をした(ばかりの). recién ~ 分娩直後の.
— 女 **1** 分娩したばかりの女性, 褥(ﾙﾞ)婦.
2 《俗》無意味な[ばかげた]言動; たわ言.
pa·ri·dad [pa.ri.ðáð] 女 **1** 《文章語》同等(性), 平等(性), 同質(性).
2 《経》(他国通貨との)平価; (通貨の)比価, パリティ —. ~ de cambio 為替平価. **3** 比較.
pa·ri·de·ra [pa.ri.ðé.ra] 形 《女性形のみ》多産な.
— 女 (家畜・特に綿羊類の)出産場所; 出産(期).
***pa·rien·te, ta** [pa.rjén.te, -.ta] 形 親戚の; 《話》同様の, 似た.
— 男女 **1** 親戚(ｾﾝ)(▶ parienta は口語でのみ使われる). ~ cercano [lejano] 近い[遠い]親戚. ~ mayor 本家. medio ~ 遠縁. ~ político [consanguíneo] 姻族[血縁].
2 《話》配偶者[妻・夫], 恋人.
— 女 《話》妻, かみさん; 奥さん.
[← [ラ] *parentem* (*parēns* の対格)「親」(*parere*「生む」より派生); 関連 parentela, parentesco, emparentar. [英]*parent*]
pa·rie·tal [pa.rje.tál] 形 **1** 壁の. **2** 頭頂部の.
— 男 《解剖》頭頂骨(= hueso ~).
pa·rie·ta·ria [pa.rje.tá.rja] 女 《植》イラクサ.
pa·ri·fi·ca·ción [pa.ri.fi.ka.θjón / -.sjón] 女 例証, 実例.
pa·ri·fi·car [pa.ri.fi.kár] 102 他 例証する, 例示する.
pa·ri·gua·yo, ya [pa.ri.gwá.jo, -.ja] 形 《ラ米》(ﾄﾞ)《話》下手な; つまらない.
pa·ri·hue·la [pa.ri.(g)wé.la] 女 《主に複数で》**1** 2本の長い棒に板を渡し, その上にものを乗せて2人で運ぶ道具. **2** 担架; ストレッチャー, 移動小型ベッド.

parietaria (イラクサ)

pa·ri·ma [pa.rí.ma] 女 《ラ米》(ﾍﾞﾈｽ)《鳥》アンデスフラミンゴ.
pa·ri·pé [pa.ri.pé] [ロマ] 男 《話》ごまかし, うそ. dar el ~ だます, 欺く.
hacer el paripé ふりをする, 取り繕う; 親切ごかしに振る舞う. Se detestan, pero en público *hacen el ~*. 彼らは憎み合っているが, 人前では取り繕っている.
pa·ri·pi·na·do, da [pa.ri.pi.ná.ðo, -.ða] /
pa·ri·pin·na·do, da [pa.ri.pin.ná.ðo, -.ða] 形 《植》(葉が)偶数羽状の.
***pa·rir** [pa.rír] 自 **1** (動物が)**子を産む**; 出産する; (まれに)産卵する. **2** 《話》(人間が)子を産む.
2 (不明な点などが)明らかになる, 明るみに出る. *Ya ha parido.* ああ, わかった.
— 他 **1** 《話》産む. **2** 《話》《比喩的》生み出す, 案出する. **3** 〈考えなどを〉うまく説明する.
¡Maldita sea la madre que te parió!《俗》なんてことだ; このばか野郎; もう勝手にしろ.
parirla《俗》へまをする. *¡La hemos parido!* しまった, まずかったな.
poner a+人 a parir《話》〈人〉を非難[批判]する, なじる, しかる; 〈人〉の悪口を言う.
ponerse a parir《話》具合が悪くなる, 体調を崩す.
[← [ラ] *parere*; 関連 parto, pariente. [英]*parent*]
Pa·rís [pá.ris] 固名《ギ神》パリス: トロヤ王プリアモス Príamo の子; スパルタ王妃ヘレネ Helena を誘拐しトロヤ戦争の原因をつくった.
Pa·rís [pa.rís] 固名 パリ: フランスの首都. → Lutecia. [← [古仏] *Paris* [後ラ] *Parisii* (地名) ← [ラ]*Parisii*「(ケルト系)ゴール人」]
pa·ri·sién [pa.ri.sjén] 《単数形のみ》形 (フランスの)パリの (▶ 単数形にのみ用いられる).
— 男女 パリの住民[出身者].
[← [仏]*parisien*]
pa·ri·sien·se [pa.ri.sjén.se] 形 男女 → parisino, na.
pa·ri·si·lá·bi·co, ca [pa.ri.si.lá.bi.ko, -.ka] / **pa·ri·sí·la·bo, ba** [pa.ri.sí.la.bo, -.ba] 形 〈詩行・単語が〉偶数音節の.
pa·ri·si·no, na [pa.ri.sí.no, -.na] 形 (フランスの)パリの. — 男女 パリの住民[出身者], パリっ子.
pa·ri·ta·rio, ria [pa.ri.tá.rjo, -.rja] 形 双方同数の代表者からなる; 労使同数の. *comisión paritaria* (労使などの)合同委員会.
pa·ri·to·rio [pa.ri.tó.rjo] 男 分娩(ﾍﾞﾝ)室.
par·ka [pár.ka] 女 (毛皮の)フードが付いた丈の短いコート, パーカ.
par·ke·ar [par.ke.ár] 他 《ラ米》駐車する (= parquear, aparcar).
par·ke·ri·za·ción [par.ke.ri.θa.θjón / -.sa.sjón] 女 《技》パーカライジング, パーカー防錆(ﾎﾞｳ)法.
park·ing [pár.kin] [英] 男 《複 ~s, ~》駐車場 (= aparcamiento). ~ de pago [~ gratuito] 有料[無料]パーキング.
par·kin·son / pár·kin·son [pár.kin.son] 男 《複 ~s, ~》《医》パーキンソン病.

parking (パーキング)

par·la [pár.la] 女 流暢, 饒舌(ｼﾞｮｳ); 無駄口, 雑談. *Todo cuanto dijo no fue más que ~*. 彼[彼女]の話はすべてくだらないおしゃべりでしかなかった.
par·la·men·tar [par.la.men.tár] 自 **1** 交渉する. **2** 《話》話し合う, 会話をする.
***par·la·men·ta·rio, ria** [par.la.men.tá.rjo, -.rja] 形 議会の, 国会の; 議会制の. *inmunidad parlamentaria* 議員特権. *sistema ~* 議会制度.
— 男女 (国会)議員.
— 男 (休戦交渉に当たる)軍使.

par·la·men·ta·ris·mo [par.la.men.ta.rís.mo] 男 議会制度, 議会 (政治) 主義.

★par·la·men·to [par.la.mén.to] 男 **1**（英国・フランス・イタリアなどの一般に2院からなる）**国会**, 立法府（▶ スペインは Cortes, 米国・中南米諸国は Congreso, 日本は Dieta）; 国会議事堂. ~ europeo 欧州議会. El ~ aprobó la proposición de ley. 議会は法案を通過させた. Los diputados de la oposición no quisieron ir al ~ como señal de protesta. 野党議員は抗議のしるしに国会へ行くことを拒否した.
2《史》（フランスの）高等法院. **3** 討議, 談判, 交渉. **4**《演》見ぜりふ, 演説. **5** 会話, おしゃべり.

par·lan·chín, chi·na [par.laɲ.tʃín, -.tʃí.na] 形《話》おしゃべりな, 無駄口の多い.
——男 女《話》おしゃべりな人.

par·lan·te [par.lán.te] 形《機械などが》しゃべる, 話す; 発声の. muñeco ~ しゃべる人形.
——男《ラ米》(1)《警》《車》クラクション. (2)《俗》(ラテ)スピーカー.

par·lar [par.lár] 他《軽蔑》しゃべる, 言いふらす.
——自 **1**《軽蔑》(のべつまくなしに) しゃべる, 雑談する. **2**《鳥が》人の声をまねる, 話すようにさえずる. **3**《機械などが》話す.

par·la·to·rio [par.la.tó.rjo] 男 (修道院・監獄などの) 面会室.

par·le·rí·a [par.le.rí.a] 女 **1** 饒舌(ぜつ), 多弁; おしゃべり. **2** うわさ, 陰口.

par·le·ro, ra [par.lé.ro, -.ra] 形 **1** よくしゃべる, おしゃべりな; うわさ好きな. **2**《鳥が》(よく) さえずる. **3**《川などが》さらさらと快い音をたてる. **4** 表情に富む. ojos ~s 表情豊かな眼差(ざ)し.

par·le·ta [par.lé.ta] 女《話》取り留めのない話; 雑談, おしゃべり.

par·lo·te·ar [par.lo.te.ár] 自《話》ぺちゃくちゃしゃべる, 無駄話をする.

par·lo·te·o [par.lo.té.o] 男《話》おしゃべり, 無駄話.

par·me·sa·no, na [par.me.sá.no, -.na] 形 (イタリア北部の) パルマ Parma の. ——男 女 パルマの住民 [出身者]. ——男 パルメザンチーズ (= queso ~).

par·na·sia·nis·mo [par.na.sja.nís.mo] 男 高踏派: フランス詩壇で19世紀後半に興った運動.

par·na·sia·no, na [par.na.sjá.no, -.na] 形 (フランス詩壇で) 高踏派の. ——男 女 高踏派の詩人.

par·na·so [par.ná.so] 男 **1**《文学》《集合的》(一時代・地域の) 詩人たち, 詩壇. **2** 詩, 詩選集.

Par·na·so [par.ná.so] 固名 パルナッソス (山): Apolo とミューズたち las Musas が住んでいたと伝えられるギリシア中部の山.

par·né [par.né] [ロマ] 男《俗》金, 現金.

★pa·ro¹ [pá.ro] 男 **1** 停止, 止める [止まる] こと. ~ cardíaco 心 (臓) 停止.
2 失業 (= desempleo); 《集合的》失業者. ~ estacional 季節的失業. ~ encubierto 不完全就業. estar en ~ (forzoso) 失業している, 職がない.
3 失業保険, 失業給付金.
4 操業停止; ロックアウト, 工場閉鎖. **5** ストライキ, 罷業 (= ~ laboral, huelga). **6**《ラ米》(1)《チ》《話》ほら吹き, 空威張りする人. (2)《ラ米》《俗》言葉. (3)《コア》《ドミ》《ウル》賽(さい)を振ること, (ダイスの) ひと振り. ~ y pinta さいころ [ダイス] 遊び.
——活 → parar.
en paro《ラ米》《コア》《ドミ》同時に, 一度に.

pa·ro² [pá.ro] 男《鳥》シジュウカラ科の鳥. ~ carbonero シジュウカラ.

pa·ro·dia [pa.ró.dja] 女 **1** (名作の) もじり, パロディー. **2** 皮肉・風刺・諧謔(かいぎゃく)を盛り込んだ模倣, ものまね; まね事.

pa·ro·diar [pa.ro.ðjár] 82 他 **1**〈名作を〉もじる, (パロディーとして) 作り替える.
2 ちゃかして [おもしろおかしく] まねる, ものまねする.

pa·ró·di·co, ca [pa.ró.ði.ko, -.ka] 形 パロディーの, もじりの.

pa·ro·dis·ta [pa.ro.ðís.ta] 男 女 パロディー作者 [役者].

pa·ro·la [pa.ró.la]《伊》女 **1** 能弁, 多弁 (= labia). **2**《話》長話, 饒舌(じょう). **3**《ラ米》《ラテ》言葉. ——男《ラ米》(チ) ほら吹き, 空威張りする人.

pa·rón [pa.rón] 男 **1**《馬》立ち往生. **2** 急停止.

pa·ro·ni·mia [pa.ro.ní.mja] 女 (語の) 同源, 同音, 語形 [語音] 類似.

pa·ro·ní·mi·co, ca [pa.ro.ní.mi.ko, -.ka] 形 同源の, 類音 [類形] の.

pa·ró·ni·mo, ma [pa.ró.ni.mo, -.ma] 形 同語源の, 類音の, 語形の似た.
——男 同源語, 語形 [語音] 類似語.

pa·ro·no·ma·sia [pa.ro.no.má.sja] 女 **1**《修辞》掛け言葉, 語呂(ごろ)合わせ. → *Poco a poco* hila la vieja el *copo* 少しずつおばあさんは糸を紡ぐ.
2 (2語で強勢母音のみが異なる) 類音関係. → *masa* と *mesa*. **3**《集合的》類音語.

pa·ro·no·más·ti·co, ca [pa.ro.no.más.ti.ko, -.ka] 形 類音関係の, 類音語の; 語呂(ごろ)合わせの.

pa·ró·ti·da [pa.ró.ti.ða] 女 **1**《解剖》耳下腺. **2**《医》耳下腺炎.

pa·ro·ti·di·tis [pa.ro.ti.ðí.tis] 女《単複同形》《医》耳下腺(せん)炎.

pa·ro·xis·mo [pa.rok.sís.mo] 男 **1**《格式》(感情の) 激発, 発作的行動. **2**《医》(疾病の) 発作, 極期.

pa·ro·xís·ti·co, ca [pa.rok.sís.ti.ko, -.ka] 形《感情・感覚の》高揚の, 高揚に関係した; 《病気の》発作[悪化]の, 発作 [悪化] に関係した.

pa·ro·xí·to·no, na [pa.rok.sí.to.no, -.na] 形《文法》最後から2番目の音節にアクセントがある (= grave).
——男 最後から2番目の音節にアクセントがある語.

par·pa·de·ar [par.pa.ðe.ár] 自 **1** まばたきをする, まばたく. **2**〈光が〉ちらちらする;〈星などが〉きらきら光る, きらめく.

par·pa·de·o [par.pa.ðé.o] 男 **1** またたき, まばたき. **2** (光の) ちらつき,（星の) きらめき, きらきら光ること. ~ de pantalla 画面の点滅.

★pár·pa·do [pár.pa.ðo] 男《解剖》**まぶた**, 眼瞼(がんけん). restregarse los ~s まぶたをこする.
[←《俗ラ》*palpetrum ←［ラ］palpebra (palpāre「なでる」より派生)［関連］parpadear］

par·par [par.pár]〈カモ・アヒルが〉鳴く.

★★par·que [pár.ke] 男 **1 公園**, (宮廷などに隣接する) 庭園. ~ nacional (natural) 国立 [自然] 公園. ~ zoológico 動物園 (= zoo). En aquel ~ hay toboganes y columpios. その公園には滑り台やぶらんこがある.
2 (一定の目的を持った) 敷地; 地区. ~ de bomberos [incendios] 消防署. ~ industrial [empresarial] 工業 [ビジネス] 地区. ~ tecnológico テクノパーク. ~ de atracciones 遊園地. ~ temático テーマパーク. ~ de pelota(*ェル*) 野球場.
3 [集]; 《軍》廠(しょう). ~ de artillería 砲廠. ~ de coches [estacionamiento] 駐車場.

par·sec

4《集合的》車両；車両保有台数. ～ automovilístico (国・地域などの) 保有する全自動車. ～ móvil (省庁・公共機関などの) 保有する車両, 公用車. **5** ベビーサークル. **6**《ラ米》(1)《⌒》(公共) 広場. (2)《ラ米》《ラ》《ロデン》《⌒》軍需品人, 武器, 弾薬. (3)(*₃)(おもちゃのピストル用) 火薬.
[←〔仏〕*parc*「公園：牧養場」←〔中ラ〕*parricus*「牧養場」;〔関連〕aparcar. 〔英〕*park*]

par·qué [par.ké]男《複 parquets》**1** 寄せ木張りの床. **2** (株式取引所の) 立会所.

par·que·a·de·ro [par.ke.a.đé.ro]男《ラ米》《ロデン》《⌒》駐車場.

parqueadero (駐車場)

par·que·ar [par.ke.ár]他《ラ米》駐車する.
—自《ラ米》(*₃)《俗》座る；居座る, 長居する.

par·que·dad [par.ke.đáđ]女 **1** 節約, 倹約；質素. la ～ de las raciones 糧食の乏しさ. **2** 控えめ, 節度.

par·que·o [par.ké.o]男《ラ米》駐車；駐車場.

par·quet [par.ké(t)]〔仏〕男 → parqué.

par·quí·me·tro [par.kí.me.tro]男 パーキングメーター.

pa·rra [pá.r̄a]女 **1** ブドウのつる, ブドウの木；ブドウ棚. **2**《ラ米》《タリ》《ロデン》《⌒》《植》カズラの一種.
parra virgen《植》シッサス, ノブドウ.
subirse a la parra《話》(1) 偉ぶる, 空威張りをする. (2) 調子に乗る, つけ上がる. (3) かっとなる, 激怒する.

Pa·rra [pá.r̄a]固名 パラ. (1) Nicanor ～(1914-)：チリの詩人. (2) Violeta ～(1917-67)：チリの歌手. 新しい歌 Nueva canción の代表的存在.

parquímetro (パーキングメーター)

pa·rra·fa·da [pa.r̄a.fá.đa]女《話》**1** 打ち明け話, 打ち解けた会話. echar una ～ じっくりと話をする. **2**《軽蔑》長ったらしい話.

pa·rra·fe·ar [pa.r̄a.fe.ár]自 打ち明け話をする；長話をする.

pa·rra·fe·o [pa.r̄a.fé.o]男 → parrafada.

pá·rra·fo [pá.r̄a.fo]男 **1 段落. hacer ～ aparte 段落を改める. Esta carta tiene cinco ～s. この手紙は5段落からなっている. **2**《複数》語句, 表現. **3** パラグラフ記号(¶, §). **4**《法》項.
echar un párrafo con+人《話》《人》と雑談する.
párrafo aparte 話は変わるが.
[←〔中ラ〕*paraphus←〔ラ〕*paragraphus*「新しい章, 節を示す記号」；章, 節」←〔ギ〕*parágraphos*

「(対話の中で) 話し手が代わるごとに引く線」(*parágraphein*「そばに書く」より派生)；〔関連〕〔英〕*paragraph*]

pa·rra·gón [pa.r̄a.ɣón]男 (銀含有量を調べる) 純銀検査棒.

pa·rral [pa.r̄ál]男 ブドウ棚, ブドウ畑；伸びたブドウの木[つる].

pa·rran·da [pa.r̄án.da]女 **1**《話》ばか騒ぎ, 浮かれ騒ぎ. andar [estar] de ～ どんちゃん騒ぎをする. irse de ～ 騒ぎ歩く；遊びに出かける. **2** (夜の街頭で演奏し歌う) 楽団, 楽隊. **3**《ラ米》《ロデン》《⌒》多量；(がらくたの) 山.

pa·rran·de·ar [pa.r̄an.de.ár]自《話》愉快に騒ぎ回る, どんちゃん騒ぎをする.

pa·rran·de·o [pa.r̄an.dé.o]男《話》どんちゃん騒ぎ, ばか騒ぎ.

pa·rran·de·ro, ra [pa.r̄an.dé.ro, -.r̄a]形 どんちゃん騒ぎをする, お祭り騒ぎをする.
—男女 どんちゃん騒ぎをする (のが好きな) 人.

pa·rran·dis·ta [pa.r̄an.dís.ta]《話》どんちゃん騒ぎをする人, ばか騒ぎする人.

pa·rra·que [pa.r̄á.ke]男《話》不意のちょっとした体の不調[不快感].

pa·rrar [pa.r̄ár]自〈枝が〉広く張る.

pa·rri·ci·da [pa.r̄i.θí.đa / -.sí.-]形 親殺しの, 近親者殺しの. —男女 親殺し, 尊族[近親者] 殺し犯.

pa·rri·ci·dio [pa.r̄i.θí.djo / -.sí.-]男 親殺し, 尊族[近親者] 殺人.

pa·rri·lla¹ [pa.r̄í.ja ‖ -.ʎa]女 **1** (肉などを焼く) 焼き網, グリル. bistec a la ～ 網焼きステーキ. carne asada en la ～ 網焼き肉. ～ eléctrica 電気グリル.
2 網焼き料理店, グリルレストラン.
3《まれ》(テレビ・ラジオの) 番組. **4** (炉・機関車の) 火格子, 火床. **5** (食事もとる) ダンスホール, キャバレー, ナイトクラブ. **6**《ラ米》(車の上に載せる) ラック.
parrilla de salida(カーレースの) スタートポジション, スタートグリッド.

pa·rri·lla² [pa.r̄í.ja ‖ -.ʎa]女 (土器の) つぼ, 水差し.

pa·rri·lla·da [pa.r̄i.já.đa ‖ -.ʎá.-]女 (肉・魚類の) 網焼き料理, バーベキュー.

pa·rri·za [pa.r̄í.θa / -.sa]女《植》野生のブドウ.

pa·rro [pá.r̄o]男《鳥》カモ, アヒル.

pa·rro·cha [pa.r̄ó.tʃa]女《魚》シラス.

*pá·rro·co [pá.r̄o.ko]形《カト》(教区 parroquia の) 主任司祭の.
—男《カト》(教区の) 主任司祭 (= cura ～).

pa·rrón [pa.r̄ón]男 → parriza.

*pa·rro·quia [pa.r̄ó.kja]女 **1**《カト》教区教会；聖堂区, (小) 教区 (= curato).
2《集合的》教区[聖堂区] 所属信者, 教区民.
3《集合的》顧客. **4** ガリシア地方の行政区画.
cumplir con la parroquia 復活祭に聖体を拝領する.
[←〔後ラ〕*parochia*←〔ギ〕*paroikía* (*paroikos*「近隣に住む人；よそ者」より派生)；〔関連〕parroco. 〔英〕*parish*]

pa·rro·quial [pa.r̄o.kjál]形《カト》教区の. iglesia ～ 教区教会. terrenos ～es 教区領.

pa·rro·quia·no, na [pa.r̄o.kjá.no, -.na]形 教区の. —男女 **1**《カト》教区の信者[信徒], 教区民. **2** 常連 (客), 得意客.

par·sec [par.sék]男《天文》パーセク：天文学上の距離の単位. 3.259光年.

par.si [pár.si] 男 **1** パルシー(教徒). ◆イスラム教徒の迫害を避けて7-8世紀にペルシアからインドへ逃れたゾロアスター教徒. **2** パルシー語：パルシー教徒が(特に教典を記すために)用いたペルシア語.

par.si.mo.nia [par.si.mó.nja] 女 **1** ゆったり[のんびり]していること, 悠長. con ～ のんびりと.
 2 質素；控えめ. **3** 冷静さ.

par.si.mo.nio.so, sa [par.si.mo.njó.so, -.sa] 形 **1** 質素な；控えめな. **2** ゆったり[のんびり]した, 悠長な.

par.sis.mo [par.sís.mo] 男 《宗》パルシー教：ペルシア系のインド・ゾロアスター教.

***par.te¹ [pár.te] 女 **1** 部分, 一部. una ～ integral 一部分, 構成要素. dividir en tres ～s 3つに分ける. en dos ～s iguales 等分に. formar ～ de... …の一部分となる, …の一員となる. la primera [segunda] ～ del partido 試合の前[後]半. Una ～ del equipo no ha llegado todavía. チームの一部の人がまだ到着していない.
 2 場所, 地域；方面, 側. ir a otra ～ よそへ行く. en aquella ～ あそこで. en alguna ～ de España スペインのどこかで. en cualquier ～ どこでも. en todas ～s 至るところで. en ninguna ～ どこにもない. en otra ～ どこか他のところで. en todas las ～s del mundo 世界中で. en todas del mundo 各大陸. por ambas ～s del río 川の両岸で. ～ interior de una casa 家の内部. mirar a otra ～ そっぽを向く. por todas ～s あちこちに；あらゆる点で. ～ sensible《比喩的》急所, 弱点. ¿De qué ～ de Japón eres tú? 君は日本のどこの出身ですか.
 3 (敵・味方などの)一方, 側, 派. tercera ～ 第三者. la ～ obrera 労働者側.
 4 《法》(訴訟・契約などの)当事者. la ～ acusadora [actora] 訴追側, 検事側；原告側. la ～ contraria (訴訟の)相手側. la ～ recurrida (離婚訴訟などの)被告. constituirse ～ en contra de+人 〈人〉を相手取って裁判を起こす.
 5 分担；取り分；関与. cobrar [pagar] su ～ 分け前を取り立てる[自分の分を払う]. tener ～ en... …にかかわりを持っている. tomar ～ en... …に参加する.
 6 《演》役；(劇団の構成員としての)俳優. hacer la ～ de... …の役を演じる. hacer bien su ～ 自分の役を上手に演じる.
 7 《序数詞・分数詞+》…分の1；《数》約数, 整除数. una [la] cuarta ～ 4分の1. (las) dos terceras ～s 3分の2. disminuir... en una tercera ～ …を3分の1減らす. ～ alícuota 《数》約数.
 8 (書物の)部, 編. la segunda ～ del Quijote ドン・キホーテの後編. **9** (血統の)系, (父・母)方(%). primos por [de] ～ de madre 母方のいとこ. **10** 《音楽》声部, パート. **11** 《主に複数で》(主に男性の)局部, 陰部, 恥部. ～s pudendas 陰部. **12**《ラ米》(*ホネミ)(機械・器具の)部品, パーツ.
 ― 男 **1** 報告(書). ～ de defunción 死亡診断書. ～ de guerra 戦況報告. ～ facultativo [médico] 病状報告書. ～ meteorológico 気象情報. **2** (軍事・外交などの)急送公文書, 公電. **3** 声明(書), コミュニケ. **4** (ラジオなどによる)報道, ニュース番組.
 a partes iguales 均等に, 平等に.
 dar parte a+人 (1) 〈人〉に報告をする. (2) 〈人〉を仲間に入れる.
 de [desde]... a esta parte《時間》…前から, …以来. De unos días *a esta* ～ no la vemos. 私たちは数日前から彼女の姿を見ていない.
 de parte a parte 端から端まで, 貫通して；徹底して, 一貫して.
 de SU **parte / de parte de**+人 (1) 〈人〉としては. No hay ninguna opinión *de mi* ～. 私の方からは意見はありません. (2) 〈人〉から；〈人〉に代わって. Muchos recuerdos *de mi* ～. 私からよろしくとお伝えください. Saludos cordiales *de* ～ *de* mis padres. 私の両親からくれぐれもよろしくとのことです. ¿*De* ～ *de quién*?《電話で》どちらさまですか. (3) 〈人〉に味方して. ponerse *de* ～ *de*+人 〈人〉の側につく, 〈人〉に味方する. tener a+人 *de* su ～ 〈人〉を味方につけている.
 de una y otra parte 両側から[に]；双方ともに, あちこちから.
 echar [tomar]... a buena [mala] parte …をよく[悪く]解釈する.
 en gran parte 大部分(は), ほとんど.
 en parte 部分的に；少しは, ある程度は. *En* ～ lo entiendo y *en* ～, no. 理解できるところもあるし, できないところもある.
 entrar [ir] a la parte en... …に参加する；…を分け合う.
 la mayor parte 大部分, 大半. *La mayor* ～ *de los habitantes no se han dado cuenta del accidente.* 大部分の住民はその事件に気づかなかった.
 la parte del león 獅子(ද)の分け前, 不当に大きい取り分.
 llevar la mejor [peor] parte 優勢[劣勢]に立つ.
 llevarse la mejor [peor] parte もっとも得[損]をする, 独り占めする[割りをくう].
 no ir a ninguna parte 大したことではない, 重要ではない.
 no llevar a ninguna parte 役に立たない.
 no parar en ninguna parte 居場所が定まらない；落ち着きがない.
 parte de la oración 《文法》品詞.
 parte por... parte por... 一つには…の理由で, また一つには…の理由で.
 poner [hacer]... *de* SU **parte** 〈努力など〉を尽くす.
 por otra parte 一方[他方]；そのうえ.
 por partes 少しずつ, だんだんと.
 por SU **parte / por parte de**+人 〈人〉としては, 〈人〉については. *Por mi* ～ no hay nada que decir. 私としては何も言うことはない.
 Por todas partes se va a Roma.《諺》すべての道はローマに通じる.
 por una parte... y por otra (parte)... 一方では…, 他方では…. *Por una* ～ estoy mejor y *por otra* estoy peor. 一方で私はよくなっているが, 他方では悪くなっている.
 saber de buena parte 信頼できる筋から聞く.
 salva sea la parte《婉曲》お尻.
 ser juez y parte 自分で自分を裁く.
 ser parte en [a, para]... …にひと役買っている, …に関係がある.
 [← [ラ] *partem* (*pars* の対格)；関連 parcial, partícula, partir, aparte. [英] *part*].

par.te² [pár.te] 自 → **parte**.
par.te.luz [par.te.lúθ/-.lús] 男《複 parteluces》《建》(窓の)縦仕切り, 中方立(諔゙)て.
par.te.naire [par.te.nér] 男 女《複 ～s》(芸術・芸能活動での)相手, パートナー. [← 《仏》*partenaire*]

par·te·no·gé·ne·sis [par.te.no.xé.ne.sis] 囡《単複同形》〖生物〗単為〘処女〙生殖.

Par·te·nón [par.te.nón] 固名 パルテノン: 前5世紀アテネに建てられた女神 Atenea を祀(まつ)るドーリス式神殿.
[← ﾗ] Parthenon←［ｷﾞ］Parthenōn; Parthénos「(女神)アテナ」(原義は「処女」)より派生]

par·te·nue·ces [par.te.nwé.θes / -.ses] 男《単複同形》クルミ割り(器).

par·te·ro, ra [par.té.ro, -.ra] 男 囡 助産師, 産婆; 産科医 (= comadrón).

par·te·rre [par.té.r̄e] 男 **1** 花壇; 庭園. **2**〖演〗一階前方の席.

par·te·sa·na [par.te.sá.na] 囡 矛(の一種).

par·ti·ble [par.tí.ble] 形 分けられる, 分離できる.

par·ti·ción [par.ti.θjón / -.sjón] 囡 **1** 分配, 分与. ~ de la herencia 遺産分配. **2** 分割, 区分. **3**〖数〗除法, 割り算 (= división). **4**〖紋〗(盾形紋章の)区分.

par·ti·cio·ne·ro, ra [par.ti.θjo.né.ro, -.ra / -.sjo.-] 形 → partícipe.

‡**par·ti·ci·pa·ción** [par.ti.θi.pa.θjón / -.si.-.sjón] 囡 **1** 《en... …への》参加, 関与. ~ en un crimen [los sucesos] 犯罪 [事件] への関与. ~ en el juego [campeonato, proyecto] ゲーム [選手権, 企画] への参加.
2〖経〗資本参加, 出資; 占有率; (出資額による利益の)持分. Tiene ~ en la empresa. 彼 [彼女] はその会社に出資している. ~ en los beneficios 労資間の利益分配.
3 (宝くじの)分券 (宝くじの1つの番号の billete (券) を10枚に分けたものを décimo (10分の1券), さらにそれを分割して売ったものの一枚一枚を participación と呼ぶ); 宝くじ購入資金.
4 案内状, 通知, 連絡. ~ de boda 結婚式の案内状. dar ~ de sus propósitos 自分の意図を知らせる. **5**〖スポ〗エントリー.

par·ti·ci·pa·cio·nis·mo [par.ti.θi.pa.θjo.nís.mo / -.si.-.sjo.-] 男 (労働者による)経営参加(運動).

par·ti·ci·pa·do, da [par.ti.θi.pá.ðo, -.ða / -.si.-] 形〈企業が〉経営 [資本] 参加を受けた.

‡**par·ti·ci·pan·te** [par.ti.θi.pán.te / -.si.-] 形 参加する, 加わる.~los equipos ~s en... …に出場するチーム. ─ 男 囡《en... …への》参加者, 出場者. los ~s en la manifestación デモの参加者.

‡**par·ti·ci·par** [par.ti.θi.pár / -.si.-] 自 **1**《en... 〈活動など〉に》参加する, 加わる. ~ en una reunión 会合に参加する. ~ en un partido 試合に出場する. ~ en un negocio 商売に出資する. ~ en un delito 犯罪に加担する. ~ en la vida social de la comunidad 地域の人と付き合いをする.
2《de... …を》共有する, 分け合う; 併せ持つ. ~ de la misma emoción que los jugadores 選手と同じ感動を分け合う. Participo de tu punto de vista. 私の見方は君と同じだ.
3《de... / en... …の》分配を受ける. ~ de [en] los beneficios 利益に預かる. ~ de [en] la herencia 遺産の分与を受ける.
─ 他《a+人〈人〉に》知らせる, 伝える. ~ la boda a los familiares próximos 親族に結婚の通知をする. Le participamos que hemos recibido su solicitud. 申込書を確かに受領しましたのでお知らせいたします.
[← ﾗ] participāre (pars「部分」, 関与より派生); 関連 participante.〔英〕participate]

par·ti·ci·pa·ti·vo, va [par.ti.θi.pa.tí.βo, -.βa / -.si.-] 形《話》(集団活動に)しばしば参加する, 参加に積極的な.

par·tí·ci·pe [par.tí.θi.pe / -.si.-] 形 参加 [関与] する. ─ 男 囡 **1** 参加者; 関与 [当事] 者. **2** 受益者, 受取人.
hacer partícipe a+人 de... …を〈人〉と共有する; …を〈人〉に知らせる. *Hizo* ~ *de* la buena noticia *a* todos los amigos. 彼 [彼女] はそのよい知らせをすべての友人と分かち合った.
ser partícipe en... (1) …に参加 [関与] する. (2) …の共同経営者である; …の共犯者である.

par·ti·ci·pial [par.ti.θi.pjál / -.si.-] 形〖文法〗分詞の.

par·ti·ci·pio [par.ti.θí.pjo / -.sí.-] 男〖文法〗分詞. ~ (de) pasado 過去分詞 (►「現在分詞」は gerundio).

‡**par·tí·cu·la** [par.tí.ku.la] 囡 **1** 微粒子, 小片. **2**〖物理〗粒子. ~ alfa アルファ粒子. ~ beta ベータ粒子. ~ elemental 素粒子. **3**〖文法〗(1) (副詞・前置詞・接続詞などの) 不変化詞, 小辞, 小詞. (2) 接頭 [接尾] 辞.

‡**par·ti·cu·lar** [par.ti.ku.lár] 形 **1**《名詞＋》《ser＋》個人の, 個人的な; 私の, 私的な (↔público). secretaria ~ 私設秘書. domicilio ~ 私邸 [自宅]. asuntos ~es 私事. coche ~ 自家用車. correspondencia ~ 私信. profesor ~ 家庭教師. de forma ~ 個人的に; 特に. dar [impartir] clases ~es de inglés 英語の個人教授をする.
2《多くは名詞＋》《ser＋》特別な, 特殊な (↔general). en circunstancias ~es 特殊な状況では.
3《名詞＋》《ser＋》《a... …に》特有の, 固有な. ~ a [de] un país ある国に特有の. el estilo ~ del artista その芸術家独特のスタイル.
4《＋名詞 / 名詞＋》《ser＋》独特の, 類例のない, 珍しい. un sabor ~ 独特な味. su ~ forma de entender el jazz 彼 [彼女] (ら) 独特のジャズの理解の仕方. **5**《多くは名詞＋》個々の, 具体的な. en este caso ~ (特に) この場合は.
─ 男 **1** 問題, 事柄. No sé nada de este ~. この件については私は何も知らない. **2** 私人, 個人, 一般人. vestido de ~ 私服を着た [着て]. El acceso a la red está prohibido a los ~es. ネットへのアクセスは一般の方 [関係者以外] はできません.
de particular 特別の. no tener [hay] nada *de* ~. 何も変わったことはない.
en particular 特に, 殊に, とりわけ. Todos tienen que asumir sus responsabilidades, y *en* ~ el presidente del Gobierno. 全員責任を取らなければならない, とりわけ首相は.
sin otro particular / sin nada de particular《手紙》まずは用件のみ. *Sin otro* ~ le saluda atentamente. まずは用件のみにて失礼します.
[← ﾗ] particulārem (particulāris の対格) (pars「部分」より派生); 関連 partícula, particularidad.〔英〕particular]

‡**par·ti·cu·la·ri·dad** [par.ti.ku.la.ri.ðáð] 囡 **1** 特殊 (性); 独自性, 特徴.
2 ひいき, 偏愛. **3** 《主に複数で》(重要でない) 詳細, 細部. sin entrar en ~es 細部に触れずに.

par·ti·cu·la·ris·mo [par.ti.ku.la.rís.mo] 男 **1** 自己中心主義, 排他主義.
2 (ある社会・地域特有の) 表現 (法).

par·ti·cu·la·ris·ta [par.ti.ku.la.rís.ta] 形 自己

particularización

中心的な, 排他的な. ——男女 自己中心主義者.
par·ti·cu·la·ri·za·ción [par.ti.ku.la.ri.θa.θjón / -.sa.sjón] 女 **1** 特殊化；個別化.
2 詳細, 詳説.
par·ti·cu·la·ri·zar [par.ti.ku.la.ri.θár / -.sár] 97 他 **1** 特殊化する, 特徴づける. **2** 特別扱いする, ひいきする. **3** 詳細に述べる, 詳説する.
—— **~·se** 再 **1**《por...》…で 目立つ, 特徴づけられる, 識別できる. **2** 名を上げる, 有名になる. **3**《con...》…を特別扱いする, …と特別懇意にする.
par·ti·cu·lar·men·te [par.ti.ku.lár.mén.te] 副 特に, とりわけ；個別に.

par·ti·da [par.tí.da] 女 **1** 出発. hora de ~ 出発時刻. punto de ~ 出発点.
2（役所・教会の個人に関する）記録, 記録簿；証明書. ~ de nacimiento [defunción] 出生[死亡]証明書. ~ de matrimonio 結婚証明書.
3（賞品の注文・発送・受領の）一定量, 一回の積送品. La siguiente ~ de este producto nos llegará al final del mes. この製品の次の入荷は月末になる.
4（予算書・決算書・領収書・帳簿などの）項目, 品目；記帳, 簿記. ~ arancelaria 関税品目.（contabilidad por）~ doble [simple] 複式[単式]簿記.
5 試合, 勝負. jugar una ~ de naipes [ajedrez] トランプ[チェス]のゲームをする. dar la ~ por ganada 勝負がついたと考える. echar una ~ 《話》ひと勝負する. **6** 一行, 一団；《軍》小分隊, 支隊. ~ de caza 狩猟隊. ~ de gente 群集. ~ de ladrones 盗賊の一団. **7**《話》手口, やり方. ~ serrana 汚いやり口. jugar una mala ~ 汚い手を使う. **8** 死. **9**《ラ米》(⁽ᵐ⁾)(ᵉ⁾髪の分け目.
—— 形 → partido.
andar [*recorrer*] *las siete partidas* 色々なところを歩き回る.
ganar la partida a... …から勝ち取る.
Las Siete Partidas 七部法典《カスティーリャ・レオン王 Alfonso 10世が13世紀に編纂》.
por partida doble 2倍の, 2回の.

par·ti·da·rio, ria [par.ti.ðá.rjo, -.rja] 形 **1**《de...》〈主義・意見など〉の **賛成の**, 味方の；信奉する. Soy ~ de la privatización de empresas públicas. 私は公社の民営化に賛成だ. **2** ゲリラの.
—— 男女 **1 支持者**, 信奉者, 味方；援護者.
2《軍》ゲリラ（= guerrillero）. **3**（地区の）担当医.
4《ラ米》(ᶜ⁾)分益小作人, 共同経営者.
par·ti·dis·mo [par.ti.ðís.mo] 男 **1** 偏愛, えこひいき. El ~ de sus decisiones causó polémica. 彼[彼女]の決定に際してのえこひいきぶりは論争を引き起こした. **2** 党利党略, 党派心.
par·ti·dis·ta [par.ti.ðís.ta] 形 党派の, 党派心の強い. —— 男女 党派心の強い人, えこひいきする人.

par·ti·do, da [par.tí.ðo, -.ða] 形 **1** 分けられた, 分かれた；割れた. **2**【紋】(縦に) 2分した. **3** 気前のよい.
—— 男 **1 政党**《= ~ político》, 党派；陣営. ~ del gobierno 与党. ~ de la oposición 野党. ~ demócrata [comunista, liberal, socialista] 民主[共産, 自由, 社会]党. régimen de ~ único 単一政党制. votar a un ~ 政党に投票する.
2 後援, 味方, 支持者. tener ~ 支持者を持つ；(人にも)てる；大成功する.
3 利益, 得.
4 方針；手段. tomar el ~ de... …という手段を取る.
5【スポ】（主に球技の）**試合**. bola de ~ マッチポイント. ~ amistoso 親善試合. ~ de desempate 同点決勝戦. ~ de fútbol [tenis] サッカー[テニス]の試合. ~ contrario 対戦相手. → batalla 類語.
6【スポ】ハンディキャップ.
7（司法・行政上の）管轄地域；(医師の)担当地域. ~ judicial (地方) 裁判所の管轄区域. cabeza de ~ 地方裁判所のある都市, 県庁所在地.
8 結婚相手. un buen ~ 良縁. ser buen ~《話》結婚相手としてふさわしい. **9**《ラ米》(⁽ᵐ⁾)(ᵉ⁾)(⁽ᵃ⁾)(ᵍ⁾)(髪の)分け目. (2)(⁽ᵃ⁾)(ゲームの)ひと勝負, 一手.
(3)(⁽ᵃ⁾)農地, 区画；収穫の割当分.(4)(ᵐᵉˣ)分益小作制.(5)(ᵐ⁾)採掘した鉱石の分配.
al partido《(⁽ᵃ⁾)(ˢᵃ)(ᵉ⁾)(ˢᵛ)》等分して, 均等に.
darse a partido 屈する, 譲る.
sacar partido《de...》《a...》《最大限》利用する,《…から》利益を得る. Va todos los días a clase pero no *saca* ningún ~ *de* ello. 彼[彼女]は毎日授業に出ているが, 全く役に立っていない.
(2) 汁や汗を吸う.
tomar partido por... (1) …に決める, …を選びとる. (2) …の味方をする, 肩を持つ.

par·ti·dor, do·ra [par.ti.ðór, -.ðó.ra] 形 分配する；割る. —— 男女 分配者；割る人. —— 男 **1** 割る道具；(髪を分ける)細長い柄；分水閘(ᶻ). ~ de nueces クルミ割り(器). **2**【数】除数.
par·ti·du·ra [par.ti.ðú.ra] 女 (髪の)分け目.
par·ti·m(i)en·to [par.ti.m(j)én.to] 男 → partición.
par·ti·qui·no, na [par.ti.kí.no, -.na] 男女 (オペラの)わき役.

par·tir [par.tír] 他 **1**《en...》…に)**分ける**, 分割する. *Partió* el pan *en* dos. 彼[彼女]はパンを2つに分けた. ¿Me *partes* otra rodaja de melón? メロンをもう少し私に切り分けてくれますか.
2 割る, 壊す. *Partió* el lapiz *en* dos. エンピツを2つに折ってしまった. Le *partieron* la cara. 彼[彼女]は顔を殴られた. Ese cuento me *partió* el corazón. その話に私はすごく心が痛んだ.
3《con...》…と/《entre...》…の(間で)分け合う, 分配する. ~ la herencia 遺産を分配する. *Partió* su ganancia con su hermano. 彼[彼女]はもうけを兄[弟]と分け合った. **4**【数】割る(= dividir). 78 *partido* por 2 es igual a 39. 78割る2は39.
5【遊】〈カードを〉切る. **6**《話》(人を)苦しめる, 悩ませる；台無しにする. La noticia nos *partió* por completo. その知らせに私たちは愕然(ᵍᵃ⁾)としている. **7**《ラ米》(ᵐᵉˣ)(ᵍᵗ)《話》落第させる.
—— 自 《de...》
1《…から》《para... / hacia... / a...》…に向けて) **出発する**. El *partió de* aquí ayer *para* Cuba a hacerse cargo de la empresa. 彼は会社の任務に着くために昨日キューバに向けて出発した.
2《…から》始める；生じる, 由来する. ~ *de* cero ゼロから始める. Esa nueva tendencia *partió de* Francia. その新しい傾向はフランスから始まった.
3《…から》導く,《…に》基づく, 拠る. *partiendo de* esta teoría この理論に基づいて.
—— **~·se** 再 **1** 〈自分の体の部位を〉切り裂く, 〈歯・骨などが〉折れる, 割れる. *Me partí* una uña al caer de una escalera. 階段から落ちて私は爪(⁽ᵐ⁾)が割れた. **2** 割れる, 壊れる. *Se partió* el saco por la mitad. 袋は真ん中で裂けた. **3**《話》《con...》…に〉大笑いする(= ~ de risa). ¡Yo *me parto con* aquel tipo! あいつったら本当におかしいわ.

a partir de... …から；…に基づいて. *a ～ de* mañana 明日から. Escribió el relato *a ～ de un hecho real.* 彼[彼女]は事実に基づいた話を書いた.
[←[ラ] *partīrī*「分ける」(*pars*「部分」の派生語);
[関連] partida, partido, partidario, compartir.
[英] part, depart]

par·ti·sa·no, na [par.ti.sá.no, -.na] 男女 パルチザン, レジスタンス, ゲリラ, 占領軍・政府に抵抗する民兵組織の戦闘員.

par·ti·ti·vo, va [par.ti.tí.ḇo, -.ḇa] 形 **1** 分けられる, 分割できる. **2** 《文法》部分を示す；《数詞》が分数の. ― 男《文法》部分詞, 部分格.

par·ti·to·cra·cia [par.ti.to.krá.θja / -.sja] 女 政党の行き過ぎた権力；政党によって運営される政府.

par·ti·tu·ra [par.ti.tú.ra] [伊] 女《音楽》楽譜. *～ de orquesta* 総譜, スコア.

*par·to¹ [pár.to] 男 **1** 分娩(ぶん), 出産. *～ sin dolor* 無痛分娩. *～ prematuro* 早産. *mal ～* 流産. *～ difícil* 難産. *～ feliz* [*fácil*] 安産. *asistir a un ～* 出産に立ち会う, 助産する. *estar de ～* お産の床にっく, 分娩中である. *morir de ～ / quedarse en el ～* 〈産婦が〉お産で死ぬ；〈子が〉死産となる.
2《比喩的》産み出すこと, 産出；創作物, 作品.
3 新生児.
el parto de los montes 大山鳴動してネズミ一匹, 期待外れ.
venir el parto derecho 期待どおりになる.

par·to² [pár.to] 活 →partir.

par·to, ta [pár.to, -.ta] 形《西アジアにあったイラン系遊牧民の国 *Partia*(前248–後226)人》の. ― 男女 パルティア人. *la flecha del ～* 捨て台詞(ぜりふ)(♦パルティア人が退却しながら矢を射かけたことから).

par·tu·rien·ta [par.tu.rjén.ta] 形《女性形のみ》分娩(ぶん)中の, 分娩直後の. ― 女 産婦.

par·ty [pár.ti] [英] 女《複 ～s, parties, ～》(個人的な・小規模な)パーティー.

pá·ru·lis [pá.ru.lis] 男《単複同形》《医》歯肉炎.

par·va [pár.ḇa] 女 **1**(脱穀場に広げられた)脱穀前[後]の穀物. **2** 大量, たくさん.

par·va·da [par.ḇá.ḏa] 女 **1**《集合的》刈り取った穀物. **2** ひと孵(かえ)りのひな. **3**(ラ米)《鳥》の群れ.

par·ve·dad [par.ḇe.ḏáḏ] / **par·vi·dad** [par.ḇi.ḏáḏ] 女 少量, 微少. *con ～ de medios* 乏しい手段で.

par·vo, va [pár.ḇo, -.ḇa] 形 わずかな, 少量の；《文章語》小さな.

par·vu·la·rio [par.ḇu.lá.rjo] 男 **1** 幼稚園, 保育園. **2**《集合的》幼児.

par·vu·lis·ta [par.ḇu.lís.ta] 男女 幼稚園[保育園]の先生.

pár·vu·lo, la [pár.ḇu.lo, -.la] 形 幼い；無邪気な, あどけない. ― 男女 幼児, 小児. *escuela* [*colegio*] *de ～s* 幼稚園, 幼児学校.

pa·sa¹ [pá.sa] 女 **1** レーズン, 干しブドウ. *～(s) de Corinto*(小粒で種なしの)レーズン. *～ gorrona*(大粒の)干しブドウ. **2**(黒人の)縮れ毛.
estar hecho una pasa / *quedarse como una pasa*《話》やせ細ってしわが寄っている.

pa·sa² [pá.sa] 女 **1**《海》水路, 航路. **2**(ゲームでの)パス. **3**《古語》(渡り鳥の)道筋, コース.

pa·sa³ [pá.sa] 活 →pasar.

pa·sa·ba·las [pa.sa.ḇá.las] 男《単複同形》弾丸の直径計測器.

pa·sa·ble [pa.sá.ḇle] 形 **1** まあまあの, まずまずの. *El resultado fue ～.* 結果はまずまずだった.
2《ラ米》(**1**)〈川などが〉歩いて渡れる. (**2**)(メキシコ)売却できる, さばける.

pa·sa·ble·men·te [pa.sá.ḇle.mén.te] 副 まずまず, まあまあ.

pa·sa·bo·cas [pa.sa.ḇó.kas] 男《単複同形》《ラ米》(コロンビア)(酒の)つまみ.

pa·sa·bo·la [pa.sa.ḇó.la] 女《遊》(ビリヤード)切り返し：手玉を最初の的玉に当てた後にクッションさせ2番目の玉に当てること.

pa·sa·bor·do [pa.sa.ḇór.ḏo] 男《ラ米》(メキシコ)搭乗券.

pa·sa·ca·lle [pa.sa.ká.je ‖ -.ʎe] 男《音楽》(**1**) テンポの速い行進曲. (**2**) パッサカリア：バロック音楽の一形式で, スペイン起源のテンポの遅い3拍子の舞her曲.

pa·sa·ca·se·te [pa.sa.ka.sé.te] / **pa·sa·cas·set·te** [pa.sa.ka.sét] 男《ラ米》カセットデッキ, カセットプレーヤー(= casete).

pa·sa·cin·tas [pa.sa.θín.tas / -.sín.-] 男《ラ米》(メキシコ)《単複同形》テープレコーダー.

*pa·sa·da [pa.sá.ḏa] 女 **1** 通ること, 通過, 通行. *A la primera ～ no lo vi.* 最初通ったときにはそれに気づかなかった.
2(一度の)動作；ひと拭き, ひと塗り. *dar una ～ con la plancha a un pantalón* ズボンにアイロンをかける. *dar una ～ de pintura* ペンキを塗る. *dar dos ～s de jabón a la ropa* 服を2度洗いする. *dar unas ～s al suelo con el aspirador* 掃除機で床を掃除する. *la última ～* 最後の仕上げ.
3(ést複数で)》針仕事；仕付け縫い, 仮縫い.
4 通路. **5** 飛行. **6**(ゲームの)勝負, 手合わせ. **7**《話》言い過ぎ, やり過ぎ；並外れたもの. **8**《ラ米》《話》(**1**)(メキシコ)叱りつけること, 説教. (**2**)(キューバ)こらしめ. (**3**)(コロンビア)恥, 赤面.
― 形 →pasado.
dar pasada 大目に見る.
de pasada (**1**) ついでに, ちなみに. *dicho sea de ～* ついでに言えば, ついでながら. (**2**) ざっと. *leer un libro de ～* 本をざっと読む.
hacer [*jugar*] *una mala pasada a*+人《話》〈人〉をひどい目に遭わせる, 〈人〉にひどい仕打ちをする.

pa·sa·de·ro, ra [pa.sa.ḏé.ro, -.ra] 形 **1**(道など)通れる；我慢できる(= pasable). **2** 通過[通行]できる.
― 男(または女) (**1**)(浅瀬などの)飛び石, 踏み石；渡し板. **2**(ひも用の)往来, 通し.
― 女 **1**《海》繋(つな)り縄, スパニヤン. **2**《ラ米》(**1**)(チリ)政党のくら替え. (**2**)(キューバ)獣道. (**3**)(ブラジル)《複数で》靴ひも.

pa·sa·di·llo [pa.sa.ḏí.jo ‖ -.ʎo] 男 両面刺繍(しゅう).

pa·sa·dis·cos [pa.sa.ḏís.kos] 男《単複同形》《ラ米》レコードプレーヤー(= tocadiscos).

pa·sa·di·zo [pa.sa.ḏí.θo / -.so] 男 **1** 通路, 廊下.
2 狭い抜け道, 路地, 裏道.

pa·sa·do, da [pa.sá.ḏo, -.ḏa] 形 **1《+名詞 / 名詞+》過ぎ去った, 前の. *el año ～* 去年, 昨年. *la semana pasada* 先週. *el viernes ～* 先週の金曜日(に). *el ～ viernes* (*día*) 20 *de diciembre* 去る12月20日の金曜日(に). *el ～ fin de semana* 先週末(に). *tiempos ～s* 昔, 古い時代. *olvidar lo ～* 過ぎたことを忘れる.
2《+名詞》…が過ぎて(▶副詞句を作る). *～ mañana* 明後日, あさって. *pasadas las 12* [*doce*] 12時過ぎに.
3《*estar*+》古めかしい, 時代遅れの；使い古した, す

り切れた. ～ de moda 流行遅れの. Tu jersey está ～. 君のセーターはすり切れている.
4《名詞＋》《estar＋》食べごろを過ぎた, 腐りかかった,《花が》盛りを過ぎた. leche *pasada* 酸っぱくなった牛乳.
5《名詞＋》《estar＋》《特に肉が》火の通った（＝hecho）. bien ～ 中までよく焼いた, ウェルダンの. medio ～ ミディアムの. poco ～ レアの. →bistec.
6《隠》《麻薬・アルコールで》ラリっている, おかしくなっている. **7**〖文法〗過去（時制）の. **8**〖闘牛〗（とどめがつぼより）後ろの.
── 男 **1** 過去, 昔のこと. olvidar el ～ 過去を忘れる. **2**《複数で》先祖, 祖先. **3**〖文法〗過去（形）, 過去時制. **4** 敵方へ寝返った者. **5**《ラ米》《俗》ドライブルーツ.
huevo pasado por agua 半熟卵.
Lo pasado, pasado (está). 済んだことは済んだこと；過去のことは水に流そう.

pa·sa·dor, do·ra [pa.sa.ðór, -.ðó.ra] 形 通る, 通過する. ── 女 密輸業者.
── 男 **1**（料理用の）濾し器, フィルター. **2** かんぬき, 差し錠；（ドアロックの）ピン. ～ de seguridad 安全錠. **3**（長い）ヘアピン, 帽子用留めピン；ネクタイピン；（金属製の細長い）敷章つり. **4**（蝶番（ちょうつがい）の）心棒. **5** 飾りボタン；《複数で》カフスボタン. **6**〖海〗網通し針, マリンスパイク. **7**（弩（いしゆみ）の）矢. **8**《複数で》《ラ米》《俗》靴ひも.

pa·sa·du·ra [pa.sa.ðú.ra] 女 **1** 通行, 通過. **2**（子供の）ひきつけ.

*__pa·sa·je__ [pa.sá.xe] 男 **1** 通行, 通過；通行料. **2** 乗車券, 切符；運賃, 料金. ～ de autobús バス代. ～ de avión 航空券［料金］. ～ de ferrocarril 汽車賃.
3《集合的》（船・飛行機などの）乗客. （狭い）通路, 路地；〖海〗海峡, 瀬戸. **5**（文学作品・楽曲の）一節, くだり. **6**〖音楽〗経過句, パッセージ. **7** もてなし, 歓待. **8**《ラ米》《俗》共同住宅. （1）（ラ米）《俗》袋小路, 行き止まり. （3）（ラ米）《古》物語, 逸話.

*__pa·sa·je·ro, ra__ [pa.sa.xé.ro, -.ra] 形 **1** 一時的な, つかの間の（↔duradero）；通りがかりの. amor ～ はかない恋. capricho ～ 一時の気まぐれ. moda *pasajera* 一時的な流行. malestar ～ 一過性の体調不良. **2** 人通りの多い. calle *pasajera* 賑やかな通り. **3**〈鳥が〉渡りの. ave *pasajera* 渡り鳥.
── 男 女 **1** 乗客, 旅客（＝viajero）（▶船や飛行機の乗務員は tripulante）. barco de ～ 客船. lista de ～s 乗客名簿. Señores ～s《空港などのアナウンスでの呼びかけ》ご乗客の皆様. A pesar del accidente no hubo ninguna víctima entre los ～s y la tripulación. 事故にもかかわらず乗客乗員は皆無事だった. **2** 通りがかりの人, 通行人. **3**《ラ米》渡し守, 船頭, 渡し舟乗客.

pa·sa·ma·ne·rí·a [pa.sa.ma.ne.rí.a] 女 （衣服・タペストリーなどの）飾りひも, へり飾り；飾りひも［へり飾り］工場；飾りひも店.

pa·sa·ma·ne·ro, ra [pa.sa.ma.né.ro, -.ra] 男 女 飾りひも［へり飾り］の製造者［販売人］.

pa·sa·ma·nos [pa.sa.má.no] 男 **1**（階段・エスカレーターの）手すり. **2** 飾りひも, モール. **3**〖海〗ガングウェー,（舷側（げんそく）づたいの）常設歩路. **4**《ラ米》(1)（ラ米）《俗》つり革. (2)（ラ米）《俗》チップ, 心付け.

pa·sa·ma·nos [pa.sa.má.nos] 男《単複同形》＝pasamano 1. →右段に図.

pa·sa·mon·ta·ñas [pa.sa.mon.tá.ɲas] 男《単複同形》防寒帽. →右段に図.

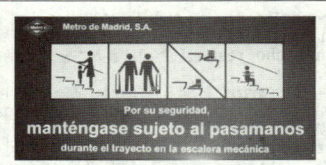

pasamanos（手すり）

pa·san·te [pa.sán.te] 形 **1** 通過[通行]する, 通る. **2**〖紋〗（動物が）パッサント［歩行態］の.
── 男 女 **1** 見習い, 実習生, 助手. ～ de pluma（法律事務所の）見習い弁護士. **2** 教授補佐, 教員助手.
── 男〖カト〗補佐司祭, 助司祭.

pasamontañas（防寒帽）

pa·san·tí·a [pa.san.tí.a] 女 見習い［実習生, 教員補佐］の身分；見習い期間, 実習期間.

pa·sa·pa·lo [pa.sa.pá.lo] 男《ラ米》（酒の）つまみ.

pa·sa·pán [pa.sa.pán] 男 奇術, 手品.

pa·sa·pa·sa [pa.sa.pá.sa] 男 奇術, 手品.

pa·sa·por·tar [pa.sa.por.tár] 他 **1**《話》殺す. **2**《話》手早くすませる. ～ un trabajo 仕事を手早く片付ける. **3**《話》追い払う. *Pasaportó* a su hijo a Francia. 彼［彼女］は息子をフランスへ厄介払いした. **4** …にパスポートを発行する.

*__pa·sa·por·te__ [pa.sa.pór.te] 男 **1** パスポート, 旅券. expedir un ～ 旅券を発給する. control de ～s 出入国審査（場）. ～ diplomático 外交旅券. ～ oficial 公用旅券. **2**〖軍〗外出証. **3**（比喩的）《a… への》パスポート, 手段, 保障. ～ a la fama 名声へのパスポート. **4** 自由裁量, 行動の自由. dar ～ para… …する自由を与える.
dar pasaporte a＋人（人）を追い出す, 解雇する；殺す.
[←〔仏〕passeport（passer「通る」＋port「港」；原義は「港の通行許可証」）／関連〔英〕passport］

pa·sa·pu·rés [pa.sa.pu.rés] 男《単複同形》（料理用の）裏漉（うらご）し器, マッシャー.

*__***pa·sar*** [pa.sár] **1**《por… …を》通る, 通過する；経由する, 立ち寄る. ～ por la calle 通りを行く. ～ por un puente 橋を渡る. ～ por la derecha 右側を通る. Este tren *pasa por* Chihuahua. この列車はチワワ経由だ. ¿Mañana *pasa por* mi casa? あした私の家に寄ってくれますか. *Pasaré por* ti esta tarde. 今日の午後, 君のところに寄るから. Déjeme ～, por favor. 通してください. La cama no *pasa por* la puerta. ベッドはドアから入らない.
2〈出来事が〉起こる, 生じる. como si no *hubiera pasado* nada なにごともなかったかのように. Y el accidente, ¿cómo *pasó*? その事故はどのようにして

pasar
No pasar. 「進入禁止」

pasar

して起こったのですか。¿Qué *pasa*? どうしたの, 何かあったの. Aquí no *pasa* nada. なんでもありません, 大丈夫です. Lo mismo *pasa* con él. 彼だって事情は同じです. ▶ 人物を経験する人物を特定するにはa+人または間接目的人称代名詞を用いる. → ¿Qué te *pasa*? 君どうしたの.

3 《**de...** 〈場所〉から》《**a...** 〈場所〉へ》**移動する**; 〈ものが〉伝わる; 〈人が〉奥へ入る. ~ *de* mano *a* mano 手から手に渡る. Pase, pase. どうぞお通り[お入り]ください. La epidemia *pasó a* otras regiones. 伝染病は他の地域に広がった. La obra *pasó de* un coleccionista *a* un museo. その作品はある収集家のものから美術館のものになった.

4 《**de...** 〈ある状況〉から》《**a...** 〈次の状況〉へ》**移行する**; 《**a**+不定詞》次に[続いて]〈…〉する, 〈…〉し始める. ~ *de* la vida *a* la muerte 死ぬ. ~ *de* la pobreza *a* la riqueza 貧乏から裕福になる. *Paso* ahora *a* su pregunta. 今からあなたの質問に移ります. *Pasó a* recitar otra poesía. 彼[彼女]は別の詩の朗読に移った.

5 〈時が〉**経過する**, 過ぎ去る. a medida que *pasan* los años 年月がたつにつれて. ¡Cómo *pasa* el tiempo! 時のたつのはなんと早いことか. Antes de que *pase* el verano, vamos a la playa. 夏が終わる前に海へ行こう.

6 《**de...** …を》**超過する**, 過ぎる. ~ *de* los límites 限度を越える. No *pasa de* los cuarenta años. 彼[彼女]は40歳を超えていない. De ahí no *pasa*. それだけだ, それが限度だ. *De* ésta no *pasa*. もうこれっきりだ. *De* hoy no *pasa* que lo haga. 私は今日中にそれをやります.

7 終わる; 〈障害・困難が〉なくなる〈苦痛・怒り・病気などが〉止まる, 消える. ~ *de* moda 流行遅れになる. Ya *pasarán* los malos momentos. 悪いときはすぐに終わるでしょう.

8 受け入れられる; 合格する; 〈法案などが〉通る. Tal excusa no *pasa*. そんな弁解は通らない. *Pase* por una vez. 一度だけは大目に見よう.

9 《**por...**》〈…として〉通っている, 〈…と〉見なされる. hacerse ~ *por...* 自分を…だと偽る, …になりすます. *Pasa por* el científico más importante. 彼は最も有力な科学者として知られている. No *pasó por* invitado. 彼は客扱いされなかった.

10 《**por...**》…を我慢する; 克服する; やり抜く. ~ *por* una crisis 危機を乗りきる. ~ *por* una época difícil 困難な時期を堪え忍ぶ. *Pasaría por* todo con tal de conseguir ese trabajo. 私はその仕事を得るためなら何でも我慢します.

11 暮らす, 過ごす. ~ con poco わずかな費用でなんとか暮らしていく. Podemos ~ sin comer unos días. 私たちは数日食べないでも過ごせる.

12 〈遊〉〈トランプで〉〈話〉《**de...** …に》参加しない. *Paso*. 私はパスします. ~ *de* un tema ある話題に参加しない. Esta noche estoy muy cansada, así que *paso de* salir. 今夜はとても疲れているので出かけるのはパスするわ.

── 他 **1** 〈場所を〉**通る**, 通過する; **渡る**. ~ la montaña [sierra] 山[山脈]を越える. ~ un puente [un río, una calle] 橋[川, 通り]を渡る. ~ la frontera 国境を通り抜ける. El tren *ha pasado* la estación de Toledo. 列車はトレド駅を通過した.

2 《**a...** …に》**移す**, 移動させる; 渡す; 譲り渡す. ~ la mesa de la sala *al* estudio 机を居間から書斎に移動させる. ~ la pelota [el balón] *a*+人 〈人〉にボールを渡す. ~ los poderes *a...* …に権限を委譲する. *Pása*me el azúcar. 砂糖をこっちへ回してくれ (▶ me が a... に相当).

3 超える, 追い越す; しのぐ. ~ un camión トラックを追い越す. Ya *ha pasado* los ochenta años. 彼[彼女]はもう80歳を超えている. Mi primo me *pasa* dos centímetros. いとこは私より2センチ背が高い.

4 〈時を〉**過ごす**; 〈生活を〉送る. ~ la noche fuera 夜を野外で過ごす. ~ el rato 暇をつぶす. ~ una vida miserable 惨めな生活をする. Van a ~ unos días en Málaga. 彼らはマラガで数日間を過ごすことにしている. *Pasó* la tarde leyendo. 彼[彼女]は読書をして午後を過ごした.

5 合格する, パスする. ~ un examen [la selectividad] 試験[大学選抜試験]に合格する. ~ la eliminatoria 予選を通過する.

6 〈試練・苦痛を〉経験する; 耐える. ~ hambre 飢えに苦しむ. ~ mucho frío ひどい寒さを経験する. ~ un mal rato 嫌な[つらい]思いをする. ~ miedo 怖い思いをする. ¡Lo que *he pasado*! 私がどんなめに遭ったか.

7 《**por...**》〈場所〉に〈手・布などを〉すべらせる; 〈ページを〉めくる; 〈書類などに〉目を通す. ~ la mano *por* el pelo 髪を手でなでる. ~ el paño *por* el mueble 家具を拭く. ~ la aspiradora 掃除機をかける. ~ las cuentas del rosario ロザリオの珠を繰る. ~ lista 出欠をとる. ~ por encima ざっと目を通す. ~ (la) página ページをめくる.

8 《**a**+人 〈人〉に》〈病気などを〉うつす, 伝染させる. Le he *pasado* mi constipado. 私は彼[彼女]に風邪をうつしてしまった (▶ le が a+人 に相当).

9 〈病気・障害などを〉克服する;〈ある期間を〉持ちこたえる. El enfermo no *pasará* un mes. 病人は1か月ともたないだろう.

10 《**a...** / **con...** …に》〈通話者を〉取りつぐ;〈伝言などを〉伝える;〈代金を〉まわす. ~ un aviso 知らせを通知する. ~ un recado al jefe 上司に伝言を伝える. ¿Me puede ~ *con* la recepción? フロントにつないでください. *Pása*me *a* [*con*] María, que quiero hablar con ella. マリアと話したいから取り次いでよ. *Pase* esta cuenta *a* mi habitación. この勘定を私の部屋につけておいてください.

11 《**por...**》〈場所〉を通過させる; 飲み込む; 〈…で〉漉(こ)す. ~ el hilo *por* el ojo de la aguja 針の穴に糸を通す. ~ la leche *por* el colador 牛乳を漉し器に通す. El paciente no puede ~ la comida todavía. その患者はまだ食べものを飲み込むことができない.

12 〈客を〉通す, 案内する. El camarero *pasó* al cliente al salón. ウェイターは客をサロンに案内した.

13 許す; 見落とす, 抜かす. No debes ~le todas sus tonterías. 君は彼[彼女]のばかげた振舞いを許すべきでない. Ya te *he pasado* muchas. 今まで君のことは何度も大目に見てやっているんだぞ. *Pasaré* esta lección. この課は飛ばします.

14 密輸する, こっそり持ち込む; 〈にせ金などを〉流す. ~ tabaco por la frontera 国境でタバコを持ち込む. **15** 〈映画などを〉放映 [放送] する. ~ una película por la tele 映画をテレビで流す.

── **~se** 再 **1** 《**por...** …に》立ち寄る. Intentaré *~me por* la oficina mañana. 明日, 事務所に顔を出すようにします.

2 《**a...** …に》**移動する**; 転向する. *~se al* otro cuarto 別室に移る. *~se al* enemigo 敵に寝返る. *~se al* otro bando 他の派閥に変節する.

3 過ぎ去る，終わる．*Ya se ha pasado* el verano. 夏はもう過ぎ去った． **4** 度が過ぎる．*~se de la raya* 限度を越える．*~se con las preguntas* 質問をしすぎる．*No te pases.* 調子に乗るな．*Se pasa en mostrar agradecimiento.* 彼[彼女]の礼の言い方は丁寧すぎる． **5** ⟨一定期間を⟩過ごす．*Me pasé* un mes entero en mi cigarral. 私は別荘でまるひと月過ごした． **6** 我慢する，間に合わせる，なんとかやっていく．*~se con un vaso de agua* 水一杯で我慢する．*~se sin calefacción* 暖房なしですます． **7** (a+人)⟨(人)から⟩抜け落ちる；⟨(人)に⟩見過ごされる．*Ya se me pasará* el mareo. すぐに気分が悪いのは治ると思う．*No se le pasa* nada. 彼[彼女]は何一つ見落とさない．*Se me ha pasado* avisarle el resultado. 私は彼[彼女]に結果を伝えるのを忘れてしまった．▶ 用例で me, le が a+人 に相当． **8** ほどよい状態を失う，盛りを過ぎる；しおれる，色あせる．*Estos melocotones se están pasando.* これらの桃は腐りはじめている． **9** ⟨ねじなどが⟩緩む．**10** ⟨容器が⟩漏る，穴があく．**11** (*por...* ⟨自分の体の部位⟩に) すべらせる，通す．*~se el peine* 髪にくしを通す．*~se la mano por el pelo* 自分の髪に手をやる．
── 男 暮らし向き．*tener un buen ~* いい暮らしをする．

ir pasando / pasarla ⟨ラ米⟩(*諯) ⟨話⟩なんとかやっている，どうにかこうにか暮らしている．
Lo que pasa es que... 実は…ということだ．
no pasar de ser... …にすぎない．*La vida no pasa de ser* una ilusión. 人生は幻想に過ぎない．
pasar adelante 話を続ける，先へ進む．
pasar... a [en] limpio …を清書する．
pasar de largo 通り過ぎる，素通りする．
pasarlo 過ごす，暮らす．*¿Cómo lo pasas?* どういう調子だ．*¿Qué tal lo pasó en la fiesta?* パーティーではいかがでした．
pasarlo [pasárselo] bien 楽しむ，愉快なひとときを過ごす．*¡Que lo pase bien!* 存分にお楽しみください．▶ ⟨ラ米⟩では pasarlo の代わりにしばしば pasarla を用いる．
pasarlo [pasárselo] en grande とても楽しいひと時を過ごす．
pasarlo [pasárselo] mal うんざりする，ひどい目に遭う．
pasar por encima de... …の上を通り越す，…を踏み越えて行く，…を横取りする．
pasarse de+形容詞 あまりにも…すぎる．*~se de bueno* [*generoso*] 人がよすぎる．
pase lo que pase たとえ何があっても，いずれにせよ．
y que pase lo que quiera [*quiera*] 後は結果を待つだけだ，後はどうなろうと構わない．*Hemos tomado todas las medidas y que pase lo que pase.* あらゆる手段を尽くした．後は結果を待つのみだ．
[← ⟨俗⟩ *passare ⟨ラ⟩ *passus*「歩み」より派生，⟨関連⟩ *pasaje, pase*. ⟨英⟩ *pass*]

pa·sa·re·la [pa.sa.ré.la] 女 **1** 歩道橋；(建設現場などの) 渡り板；(橋梁・機械室などの) 高所の歩行[作業] 通路．**2**〖海〗タラップ，ガングウェー．**3** (ファッションショーなどの) 張り出し舞台，キャットウォーク．
pa·sa·rra·to [pa.sa.řá.to] 男 ⟨ラ米⟩(メキ)(コロ)(チリ)(エクア) → pasatiempo.
***pa·sa·tiem·po** [pa.sa.tjém.po] 男 **気晴らし，娯楽，楽しみ．*por ~* 気晴らしで，楽しんで．
pa·sa·to·ro [pa.sa.tó.ro] *a pasatoro*〖闘牛〗すれ違いざまに (銛⟨もり⟩·剣などを刺す).

pa·sa·vo·lan·te [pa.sa.bo.lán.te] 男 **1** 素早い動き．**2** 軽率な行動．**3** (昔の) 口径の小さい大砲．
pa·sa·vo·le·o [pa.sa.bo.lé.o]〖スポ〗(球技などで) 打ち返したボールの) エンドライン・オーバー．
pas·cal [pas.kál] 男 **1**〖物理〗パスカル：圧力・応力の単位 (記号 Pa). **2** [P-]〖IT〗パスカル：プログラム作成に用いられ，パソコンでも用いられる汎用プログラム言語．
pas·ca·na [pas.ká.na] 女 ⟨ラ米⟩(™ᴱ) (人里離れた) 宿駅，(旅の) 休息地，宿泊地；一行程，旅程．
***pas·cua** [pás.kwa] 女 **1** [主に P-] **復活祭，イースター** (= *P~ de Resurrección*, *P~ florida*). ♦キリストの復活を祝う祝祭日．春分後の最初の満月の後の日曜日．*comulgar por P~ florida* (カトリック信者の義務として) 復活祭にあたって聖体を受ける．*huevo de P~s* 復活祭の卵，イースター・エッグ．
2 [主に P-] **降誕祭，クリスマス** (= *P~ de Navidad*); (複数で) 降誕祭 (12月24日) から主の御公現の祝日 (1月6日) までの期間．*dar las ~s* クリスマスおめでとうを言う．*¡Felices P~s y próspero Año Nuevo!* クリスマスおめでとう，そしてよい新年を．*pasar las ~s en familia* 家でクリスマス休暇を過ごす．
3 [主に P-]〖カト〗(1) 主の御公現の祝日 (= *día de los Reyes Magos*). (2) 聖霊降臨の大祝日 (復活祭後の7回目の日曜日) (= *P~ de Pentecostés, P~ del Espíritu Santo*).
4 [P-] (ユダヤ教の) 過越(すぎこし)の祭り (出エジプトを記念する大祭)；五旬節，ペンテコステ (過越から50日目).
cara de Pascua ⟨話⟩笑顔．
de Pascuas a Ramos めったに…しない，ごくまれに．
estar como unas pascuas 陽気 [上機嫌] である．
hacer la pascua a+人 ⟨話⟩ ⟨人⟩をうんざりさせる，困らせる．
Y santas pascuas. ⟨話⟩それで終わりだ [決まった]．
[← (後ラ) *pascha*←〖ギ〗*páskha*「過越の祭り」←〖ヘブライ〗*pesah*，〖関連〗〖英〗*Pasch*]

Pas·cua [pás.kwa] *Isla de ~* パスクア島，イースター島，ラパ・ヌイ：チリ領の南太平洋上の孤島．英語名 *Easter*. ♦モアイと呼ばれる巨大石像とポリネシア唯一の文字が残されている．1995年世界遺産登録．[1722年の復活祭の日に発見されたことにちなむ]
pas·cual [pas.kwál] 形 復活祭の；クリスマスの；(ユダヤ教で) 過越(すぎこし)の祭りの．
***pa·se** [pá.se] 男 **1 許可 (証)，承諾 (状)．
2 (輸送・通行) **許可証，入場券，定期乗車券，パス．3** ファッションショー．**4** 上映，上演．**5**〖スポ〗送球，パス；(フェンシングの) フェイント．*~ adelantado* [*adelante*] 前方パス．*~ hacia atrás* 後方パス．*~* ⟨遊⟩ (トランプ) パス．**7**〖闘牛〗パセ．**8** (催眠術をかけるときの) 手の動き；(手品師などの) 手さばき．**9** ⟨ラ米⟩ (1) パスポート．(2) (アルゼ)運転免許証．── 格 → pasar.
pa·se·an·de·ro, ra [pa.se.an.dé.ro, -.ra] 形 ⟨ラ米⟩(⽶)(ᴺⁿᴸ)(ᶜᴼᴸ) ⟨話⟩散歩好きの．
pa·se·an·te [pa.se.án.te] 共 通りを行く，散歩する．── 男 **1** 散歩 [散策] する人．**2** 暇人．*~ en corte* のらくら者，ぶらぶらしている者．
***pa·se·ar** [pa.se.ár] 自 **1** (*por...* ⟨場所⟩を) **散歩する**，(徒歩で・乗り物で) 回る．*~ por un parque* 公園を散歩する．*~ en coche* [*bicicleta*] ドライブ [サイクリング]する．*Fuimos a ~ por el río el domingo.* 日曜日私たちは川遊びに出かけた．▶ 他

帰代名詞を伴う. → 再 **1**.
2 〈馬が〉並足で歩く. **3** 《ラ米》《俗》休む, 休養する.
— 他 **1** 〈人・動物を〉連れ歩く; 散歩させる. ～ al perro 犬を散歩させる. ～ al hijo todos los fines de semana 毎週末子供を連れて出かける.
2 見せて回る, 持ち歩く. ～ su nuevo sombrero 新しい帽子をかぶって出かける.
3 〈視線などを〉あちこち移動させる, 巡らす. ～ su mirada por el cuarto 部屋を見渡す. El ciego *paseó* sus manos por la estatua. 盲人は手で像を探った. **4** 《ラ米》《*》浪費する, 使い果たす.
— ～·se 再 **1** (**por...** 〈場所〉を) 散歩する, (徒歩で・乗り物で) 回る. El equipo vencedor *se paseó por* todas las calles. 優勝チームは町中をパレードした.
2 〈人が〉動き回る; ぶらぶらする. ～*se por* una habitación 部屋を歩き回る.
3 (**por...**) 〈…を〉表面的に学ぶ; 〈…に〉ざっと触れる. ～*se por* un libro 本にざっと目を通す. El Presidente *se paseó por* la historia del país en su discurso. 大統領は演説で自国の歴史を簡単に概観した. **4** 〈考え・感覚などが〉駆け巡る. Un escalofrío se le *paseó* por el cuerpo. 彼[彼女]の体に悪寒が走った. **5** 《話》《スポ》楽勝する.
pa·se·í·llo [pa.se.í.jo ‖ -.ío.] 男 《闘牛》入場式行進.
pa·se·o [pa.sé.o] 男 **1** 散歩, ひと回り. dar un ～ 散歩する. ir de ～ 散歩に行く. bicicleta de ～ シティーバイク. dar un en bicicleta [coche, barca, yate] 自転車[車, ボート, ヨット]でひと回りする.
2 通り (► 通りの名前には一般的に calle が使われるのに対して, paseo は大通りの名前につけられることが多い); 散歩道, 遊歩道. *P*～ de la Castellana (Madrid の) カステリャーナ通り. ～ marítimo 海岸通り. En los ～s japoneses hay muchos árboles de cerezo. 日本の遊歩道には桜の木がたくさんある.
3 (歩いて行ける) 短い距離. De mi casa a la escuela no hay más que un ～. 家から学校まではほんのひと歩きです. **4** 《話》容易なこと. **5** 《闘牛》入場行進. capote de ～ 闘牛士が作法などで使う豪華なケープ. **6** 《ラ米》(**1**) 《ᴭ》《話》とても簡単なこと. (**2**) 《*》パレード, 行列. ～ cívico 市民パレード; 仮装行列. — 話 → pasear.
dar el paseo a +人 (**1**) 《史》《話》(スペイン内戦時に) 〈人〉をこっそり郊外に連れ出して銃殺する. (**2**) 《ラ米》《ᴭ》《俗》〈人〉を殺す.
mandar [enviar, echar]... a paseo 《話》 …を追い払う, 無視する; …と手を切る.
¡Váyase [Vete] a paseo! とっとと失せろ.
pa·se·ri·for·me [pa.se.ri.fór.me] 形 《鳥》スズメ目の. — 男 《鳥》スズメ目の鳥;《複数形》スズメ目.
pa·se·ro [pa.sé.ro] 男 《ラ米》《ᴭ》(渡し船の) 船頭.
pa·si·bi·li·dad [pa.si.βi.li.ðáð] 女 感受性, 敏感さ.
pa·si·ble [pa.sí.βle] 形 感受性の強い, 傷つきやすい.
pa·sie·go, ga [pa.sjé.go, -.ɣa] 形 (スペインのカンタブリア州の) パス渓谷の. — 男女 パス渓谷の人.
— 女 (名門の家屋の) 乳母.
pa·si·flo·ra [pa.si.fló.ra] 女 《植》トケイソウ (= pasionaria).
pa·si·flo·rá·ce·as [pa.si.flo.rá.θe.as / -.se.-] 女《複数形》《植》トケイソウ科の植物.
pa·sil¹ [pa.síl] 男 **1** (川などを渡るために置かれた) 渡り石. **2** 浅瀬. **3** 細い通路, 小道.
pa·sil² [pa.síl] 男 干しブドウにするためにブドウの実を干す場所.
pa·si·lla [pa.sí.ja ‖ -.ʎa] 女 パシージャ (= chile ～) : トウガラシの一種で暗赤色で細身. ソースを作るのに使われる.
***pa·si·llo** [pa.sí.jo ‖ -.ʎo.] 男 **1** 廊下 (= corredor); 通路. ～ rodante 動く歩道. Mi cuarto es el que está a la derecha del ～. 僕の部屋は廊下の右側のだ. ¿Ventanilla o ～? (飛行機・電車などの座席が) 窓側がよろしいですか, 通路側ですか.
2 (人ごみやたくさんのものが置かれている間に空けられた) 通り道. **3** 《演》(**1**) 劇場内の通路; 立見席. (**2**) 寸劇. **4** 《議会の》ロビー. **5** 《服飾》大きな針目[ステッチ]. **6** 《ラ米》(**1**) (玄関の) 泥落とし, マット. (**2**) 《ᴭ》《ᴭ》軽快な民族舞踊音楽の一種.
pasillo aéreo (国際法上規定された) 航空路.
[paso + 縮小辞]
****pa·sión** [pa.sjón] 女 **1** 情熱, 情念;(悪い意味で) 激情; 熱狂, 熱中; 恋情. dejarse llevar por la ～ 熱情に身を委ねる. dominado por la ～ 激情に駆られて. dominar [reprimir] las *pasiones* 激情を抑える. tener ～ por... …に熱中している. bajar ～ 強い食欲(原), 嫉妬(ᴦ). Yo la quiero con ～. 私は彼女を熱愛している.
2 熱愛の対象, 大好きなもの[人]; 情熱を傾ける対象. Trabaja en una casa comercial pero su verdadera ～ es la pintura. 彼[彼女]は商社で働いているが真に情熱を傾けているのは絵画だ. Ella es mi ～. 彼女が僕の熱愛する人だ. La ～ de su vida era ayudar a los más necesitados. 彼[彼女](ら)は最も貧しい人々を助けることに人生をかけた.
3 主に P-]《宗》キリストの受難(福音書に描かれるキリストのエルサレム入城から十字架にかけられるまで). Las procesiones de Semana Santa conmemoran la ～, muerte y resurrección de Jesucristo. 聖週間の聖体行列はキリストの受難と死, 復活を記念する.
4 《宗》(楽曲・演劇・絵画・聖書の朗読などの) キリストの受難物語. *La ～ según San Mateo* 『マタイ受難曲』(バッハ作曲).
[← 《後》 *passiōnem* (*passiō* の対格) 《ラ》 *patī* 「苦しむ, 耐える」の完了分詞 *passus* より派生) 関連 apasionar, padecer, paciente. [英] *passion*. [独] *Passion*]
pa·sio·nal [pa.sjo.nál] 形 **1** 情欲の, 恋愛の; 痴情的な. crimen ～ 痴情犯罪. **2** 情熱的な.
pa·sio·na·ria [pa.sjo.ná.rja] 女 《植》トケイソウ.
pa·sio·na·rio [pa.sjo.ná.rjo] 男 《カト》キリスト受難の書; 殉教伝.
pa·sion·ci·lla [pa.sjon.θí.ja ‖ -.ʎa / -.sí.-] 女 (ねたみなどの) 早い感情. [pasión + 縮小辞]
pa·si·to [pa.sí.to] 副 そっと, 静かに. [paso + 縮小辞]
pa·si·tro·te [pa.si.tró.te] 男 (馬などの) 小速足; 小走り.
pa·si·vi·dad [pa.si.βi.ðáð] 女 受動性, 消極性.
***pa·si·vo, va** [pa.sí.βo, -.βa] 形 **1** 受け身の, 消極的な; 不活発な (↔activo). actitud *pasiva* 受動的態度. desempeñar un papel ～ 消極的な役割を演じる. obediencia *pasiva* 黙従. resistencia *pasiva* (非協力など) 消極的抵抗.
2 (年金などの) 受給の. clases *pasivas* 年金受給層 [生活者]. haberes [derechos] ～s / pensión *pasiva* (受給する) 年金, 恩給. población *pasiva* 非労

pasionaria
(トケイソウ)

pasma

働人口. **3**《文法》受動(態)の.
— 男《商》負債, 債務. en el ～ 借方において, 負債側は. — 安《文法》受動態(= voz *pasiva*).
[←［ラ］*passivum* (*passivo* の対名)圀「受け身の；耐えている」；*patī*「苦しむ；受容する」(→ *padecer*) より派生；関連［英］*passive*]

pas·ma [pás.ma] 安《話》《軽蔑》警察, ポリ, サツ.
pas·ma·do, da [pas.má.ðo, -.ða] 厖 **1** 驚いた, ぼうっと[呆然と]した. dejar ～ a +人(人)をびっくりさせる, あきれさせる. ～ de admiración 驚嘆[びっくり]して. **2** 凍えた；霜枯れた. **3**《ラ米》(1) 化膿(%)した, 腫(%)れた. (2)《話》むくんだ；生気のない. (4)(物が)干からびた. (4)(⁴*) 《話》味気ない, つまらない. (5) (⁴*) (⁵*)《話》怠惰な.
— 男 安《話》ぼうっとした人, まぬけ.

pas·mar [pas.már] 他 **1** びっくり[仰天]させる, 呆然(%)とさせる. Su respuesta me *ha pasmado*. 彼[彼女](ら)の答えに私は呆然とした.
2 凍えさせる；霜枯れさせる. **3**《まれ》気絶させる.
— ～·se 再 **1**《*de*... …に》びっくり[仰天]する, 呆然(%)となる. El público *se pasmó* ante tan grandioso espectáculo. 観衆は壮大なショーに思わず息を飲んだ. **2** 凍える；霜枯れる. **3**《医》破傷風にかかる. **4** 色あせる；艶(%)がなくなる. **5**《まれ》気絶する. **6**《ラ米》(1) 腫(%)れる, 化膿(%)する；むくむ. (2)(⁴*)(⁵*)(物が)干からびる, しぼむ.

pas·ma·ro·ta [pas.ma.ró.ta] 安 **1**《話》(驚き・ショックなどを示す)大げさな身ぶり. **2** けいれんしたような身ぶり.

pas·ma·ro·te [pas.ma.ró.te] 男《話》ぼうっとした人, まぬけ.

pas·ma·zón [pas.ma.θón / -.són] 男《ラ米》(⁴*)(⁵*)(⁵*) → pasmo 4.

pas·mo [pás.mo] 男 **1** 驚嘆すべきもの[こと]；驚き, 仰天. Esa noticia le produjo un ～. そのニュースに彼[彼女]は驚くばかりだった. **2** 悪寒, 寒け, 発熱. **3**《医》破傷風. **4**《ラ米》《医》熱病；炎症.

pas·mo·sa·men·te [pas.mó.sa.mén.te] 副 驚くほど, とてつもなく.

pas·mo·so, sa [pas.mó.so, -.sa] 形 驚くべき, 仰天させる, とてつもない.

pa·so [pá.so] 男 **1 通行, 通過；横断. al ～ del tren 列車の通過時に. a mi ～ por Buenos Aires 私がブエノスアイレスに立ち寄ったときに. ave de ～ 渡り鳥. ～ del Ecuador (船が赤道を通過するときに祝う)赤道祭；学業の前期課程を無事通過したことを祝う大学生の祭り. dar [dejar] ～ a... …に道を譲る[あける]. Prohibido el ～. 《標識》立入禁止, 進入禁止. ¡P～ (libre)! 道をあけろ. El ～ es libre. 通行可能. Observaban el ～ de los viajeros por la frontera. 彼らは旅行者の国境通過を観察していた.
2 通り道, 通路；峠；海峡. ～ a nivel (鉄道の)踏切. ～ a desnivel 立体交差. ～ de peatones [cebra] 横断歩道[ゼブラ・ゾーン]. ～ elevado 陸橋, 歩橋(%). ～ subterráneo 地下道. ～ de popa a proa (後甲板から前甲板への)通路. quitar... del ～ …を邪魔にならないところにかたづける. P～ de Calais ドーバー海峡.
3 歩(%), 一歩；歩幅. a tres ～s 3歩先に. adelantar cuatro ～s 4歩前に出る, 少し前進する. dar un ～ adelante 一歩前へ出る. enderezar sus ～s a [hacia]... …へ足を運ぶ, …に向かう. medir a ～s 歩測する, 行ったり来たりする. ¡Un ～ al frente, mar! 《軍》《号令》一歩前へ. Lo difícil es el primer ～. 難しいのは最初の一歩だ.
4 歩調, 足取り, ペース；(ダンスの)ステップ；足跡. aminorar [aflojar] el ～ 歩調を緩める. alargar [apretar, acelerar, aligerar] el ～ 歩調を速める. andar al mismo ～ que... …と足並みをそえる, …に遅れをとらないようにする. ～ firme しっかりした足取り. con ～ rápido 早足で. con ～s sigilosos 忍び足で. llevar el ～ 《軍》歩調を取って歩く, 歩調をそろえる. Advirtieron unos ～s en la nieve. 彼らは雪の中の足跡に気づいた. ～ de la oca (ナチスドイツ軍式の)足をまっすぐに伸ばして上げる歩調. ～ de vals [tango] ワルツ[タンゴ]のステップ. ～ a dos [cuatro] (バレエの)パド・ドゥ[カトル]. ～ doble パソドブレ(= pasodoble). *Los ～s perdidos*『失われた足跡』(Carpentier の小説).
5 通行権；通行料；通行許可書. ～ franco [libre] 通行自由. ～ protegido (交通上の)先行権, 優先権.
6 前進, 進歩；昇進. La industria aeronáutica ha dado un gran ～ últimamente. 航空産業は近年めざましい進歩を遂げた.
7 推移, 経過. el ～ del tiempo 時間の経過.
8 苦境, 難局. sacar a +人 de un mal ～〈人〉を苦境から救う. salir del ～ 窮地を切り抜ける.
9 (主に複数で)手続き；処置；手段. dar ～s para... …のための処置を講じる. Me costó muchos ～s obtener ese documento. その書類を手に入れるためには多くの手続きが必要だった.
10 (戸口の)敷居；(階段の)段. **11** 出来事, 事件, エピソード. **12**《IT》パス. **13** (車の)追い越し. **14**《カト》キリスト受難の各局面；(聖週間の行列に引き出される)彫像；その山車(%). **15**《演》幕間狂言, 小劇. **16**《服飾》縫い目, ステッチ. **17**《技》ピッチ, ねじが1回転で進む距離. **18**《馬》常歩(%). ～ de ambuladura [andadura] アンブル. ～ de costado パッサージュ. → galope. **19**《スポ》(複数で)トラベリング. **20** (川の)川の)浅瀬, 渡し場.
— 副 **1** 穏やかに. **2** ゆっくりと, 落ち着いて. Hable ～. 急がずに[落ち着いて]話してください.
— 動 → pasar.

abrir paso a... …を通らせる, …のために道をつける[あける].
abrir(se) paso (1) 道を切り開く, 活路を見いだす. *abrir(se)* ～ a codazos ひじで押し分けて通る, 無理やり通る. *abrir(se)* ～ a tiros 発砲しながら前進する；武力に訴えて目的を達する. *abrir(se)* ～ entre... 〈群衆など〉を押し分けて進む, 〈敵陣〉を突破する. (2) 認められる, 成功する. *abrir(se)* ～ en la vida 立身出世する.
a buen paso 速く, 急いで. llevar *a buen* ～ てきぱきと進める, 急がせる.
a cada paso いつも, しばしば；行く先々に.
a dos [cuatro, pocos, unos] pasos de... …のすぐ近くに, …の一歩手前に. estar *a dos* ～*s de la muerte* 死に瀕(%)している.
a este [ese] paso / al paso que va この調子でいくと, この分では.
a grandes pasos 大またで；急いで, 急速に. avanzar *a grandes* ～*s* 長足の進歩を遂げる, とんとん拍子で進む.
al paso (1) 通りがかりに, 途中で. coger... *al* ～ 通りがかりに…を拾う. (2) 歩く速度で, ゆっくり. ir *al* ～ 徐行する；《馬》並み足で進む.
al paso que... …と同時に, …につれて；…するのなら. *Al* ～ *que* avanza el día, sube la tempera-

tura. 日が高くなるにつれ, 気温は上がる.
andar en malos pasos 《比喩的》道を踏み外す, 後ろ暗いことをやっている.
a paso de +形容詞 / ***a paso*** +形容詞 …の歩調で.
a ～ *de ataque* [*carga*] / *a* ～ *gimnástico* [*redoblado*] 駆け足で, 急いで. *a* ～ *de tortuga* [*buey, carreta*] のろのろと. *a* ～ *lento* [*tirado*] 大急ぎで.
a ～ *lento* ゆっくりと, 徐々に. *a* ～*s agigantados* 急速に, 急激に. *a* ～ *ligero* 駆け足で; 軽やかに.
a un paso de... →a dos *pasos* de...
ceder el paso a... …に道を譲る, 譲歩する. *Ceda el* ～. 《交通標識》一旦停止.
cerrar [***cortar***] ***el paso a...*** …の通行を妨げる, 〈うわさなど〉が広がるのを防ぐ.
coger el paso 歩調を合わせる.
dar un paso 措置を講じる, 行動を起こす. *dar un buen* ～ 適切な措置を講じる.
dejar (***el***) ***paso libre a...*** (1) …に道を譲る, 道をあける. (2) …に通行を許可する.
de paso (1) 一時的に. Estaba *de* ～ *en* Madrid. 私はちょっとマドリードに滞在しただけだ. (2) 通りがかりに, ついでに. entrar *de* ～ 立ち寄る. dicho sea *de* ～ ついでに言えば, ちなみに.
marcar el paso 足踏みする; 歩調を取る. (2) 《ラ米》おとなしく従う, 服従する.
no (***poder***) ***dar un paso sin...*** …なしでは何もできない; 《+不定詞》必ず (…) する. El chico *no da un* ～ *sin consultar al jefe*. その青年は何につけ上司に相談する.
paso adelante 進展, 向上. Este descubrimiento ha sido un gran ～ *adelante*. この発見は大いなる前進であった.
paso a paso 一歩一歩, 徐々に, 着実に; シングルステップ [ステップ・バイ・ステップ] 操作で.
paso atrás 後退. dar un ～ *atrás* 一歩後退する.
pillar de paso a +人 〈人〉の行く道の途中にある, 〈人〉にとってついでである.
por sus pasos contados ゆっくり, マイペースで.
primeros pasos よちよち歩き; 初歩; デビュー. dar los *primeros* ～s 最初の行動を起こす. dar sus *primeros* ～s *en diplomacia* 外交界にデビューする.
romper el paso 歩調を崩す, 歩みを止める.
salir al paso a +人 〈人〉の前に立ちはだかる, 〈人〉を待ち伏せる.
salir al paso de... …に反論する, …の根拠を否定する.
volver sobre sus pasos もと来た道を引き返す, 初めの意見に立ち戻る; 前言を取り消す.
[←[ラ] *passum* (*passus* の対格) 「歩調」(*pandere* 「広げる」の派生語); 関連 pasar, pasaje, pasear. 英 *pace*, *passage*]

pa·so, sa [pá.so, -.sa] 形《果物が》干した. *ciruela pasa* 干しプラム, プルーン. *uvas pasas* 干しブドウ, レーズン.

pa·so·do·ble [pa.so.dó.ble] 男《音楽》パソドブレ: 闘牛の際に演奏される行進曲ふうの2拍子の軽快な曲とその踊り.

pa·so·so, sa [pa.só.so, -.sa] 形《ラ米》(1) 《紙などが》濾過 (%) 性の, 吸収力のある. (2) 《チ》《コ》《手足が》汗ばんだ, 汗まみれの. (3) 《チ》《コ》伝染性の.

pa·so·ta [pa.só.ta] 形《話》無気力 [無関心]な.
— 男 女《話》反社会的で無気力 [無関心]な若者.

pa·so·tis·mo [pa.so.tís.mo] 男《話》(周囲のごとと・社会に対して) 無関心 [無気力] であること, 無関心 [無気力] な態度; しらけた態度.

pas·pa [pás.pa] 女《ラ米》《ミ》ひび割れ, あかぎれ.

pas·pa·du·ra [pas.pa.dú.ra] 女《ラ米》《ミ》→ paspa.

pas·par·se [pas.pár.se] 再《ラ米》《ミ》《ミ》ひびが切れる, あかぎれになる.

pas·par·tú [pas.par.tú] [仏] 男《複-s》(絵と額縁の間の)マット. ♦紙または布製であることが多い.

pas·pié [pas.pjé] 男 パスピエ: フランス起源の活発な舞踏 (曲). [←[仏] *passe-pied*]

pas·quín [pas.kín] 男《政府・人を批判する》風刺文, 落書.

pás·sim [pá.sim] [ラ] 《引用文献の》あちこちに, 随所に (= aquí y allá).

pass·ing-shot [pá.sin.ʃot] [英] 男《スポ》(テニス) パッシング (ショット).

pass·word [pás.u(ɡw)ord(d)] [英] 男《複-s, ～》パスワード (= contraseña).

***pas·ta** [pás.ta] 女 **1** 糊 (%) 状のもの, ペースト. ～ *dentífrica* [*de dientes*] 練り歯磨き. ～ *de madera* 木材パルプ. ～ *de papel* 製紙用パルプ. ～ *de gambas* シュリンプペースト. ～ *de hígado* レバーペースト.
2 パイ生地, 種. ～ *de hojaldre* 折り込みパイ生地. **3** パイ, クッキー, ケーキ.
4 パスタ: マカロニ, スパゲッティなどの総称.
5 (本の) 総革 [クロス] 製本. libro en ～ 装丁本. media ～ / ～ *holandesa* 背革製本, 背革綴 (%) じ.
6《俗》お金. aflojar [soltar] la ～ 金を払う. **7** 素質, 才能; 性格. Tiene ～ *de torero*. 彼には闘牛士の素質がある. **8** (金・銀などの) 鋳塊, インゴット.
9《ラ米》(1)《コ》悠長さ. (2)《コ》牧草地, (*m) 干し草.
buena pasta《話》温厚な性格. ser de *buena* ～ 気だてのよい人である. Tiene muy *buena* ～. 彼 [彼女] は好人物だ.
pasta gansa 大金.
[←[後ラ] *pāsta* ←[ギ] *pástē* 「大麦粉を混ぜたソース」; 関連 pastel. [英] paste]

pas·ta·flo·ra [pas.ta.fló.ra] 女 スポンジケーキ.
ser de pastaflora《話》気立てのよい人である.

pas·ta·je [pas.tá.xe] 男《ラ米》放牧地; 放牧料.

pas·tal [pas.tál] 男《ラ米》牧草地.

pas·tar [pas.tár] 他《家畜》(家畜) に牧草を食わせる, 放牧する. — 自《家畜が》草を食 (は) む.

pas·te·ar [pas.te.ár] 他 **1** → pastar. **2**《話》《ラ米》(ニ) うかがう, スパイする. — 自 → pastar.

pas·te·ca [pas.té.ka] 女《海》切欠 (%) き滑車, スナッチブロック: ロープのかけはずしができる滑車.

***pas·tel** [pas.tél] 男 **1** ケーキ, パイ. ～ *de crema* [*almendras*] クリーム [アーモンド] ケーキ. ～ *de carne* ミートパイ. ～ *de frutas* フルーツパイ.
2 パステルカラー; パステル画 (= pintura al ～), パステルクレヨン. *azul* ～ パステルブルー. pintar [dibujar] *al* ～ パステル画を描く. **3**《話》ごまかし, いかさま, 不正. descubrir el ～ トリック [いかさま] を見破る; 秘密を漏らす. **4**《話》(乳幼児の) うんち; 不快なもの. **5**《話》出来ばえの悪い仕事. **6**《印》活字が乱れた組み版 [ページ]; (鋳造用に溶かす) 活字 (インクの). **7**《話》背が低く太った人.
hierba pastel《植》タイセイ.
[←[古仏] *pastel* ([仏] *pâte*) ; 関連 pastelería]

pas·te·le·ar [pas.te.le.ár] 自 **1**《話》妥協 [迎合] する, 裏取引する, 陰謀を企てる. **2**《ラ米》《パ》《話》

pas・te・le・o [pas.te.lé.o] 男《話》妥協；裏取引，陰謀.

pas・te・le・rí・a [pas.te.le.rí.a] 女 **1**（パイ・タルト・クッキーなどの）菓子店，ケーキ店；ケーキ製造［販売］，《集合的》ケーキ，菓子.

pas・te・le・ro, ra [pas.te.lé.ro, -.ra] 形 **1** ケーキ店［製造］の. **2**《ラ米》《ラブラ》《話》陰口を言う，陰謀家の.
— 男 女 **1** ケーキ（製造）職人；ケーキ販売人.
2《話》日和見(ﾋﾖﾘ)主義者，八方美人. **3**《ラ米》《話》(1)《ラブラ》カンニングをする人. (2)《ラブラ》陰口を言う人；陰謀家.

pastelería（ケーキ店）

pas・te・lis・ta [pas.te.lís.ta] 男 女 パステル画家.

pas・te・lón [pas.te.lón] 男 **1** ミートパイ（の一種）. **2**（コンクリート製の）舗石.［pastel＋増大辞］

pas・ten・co, ca [pas.tén.ko, -.ka] 形《家畜が》乳離れし牧草を食べ始めた.
— 男 女 乳離れし牧草を食べ始めた家畜.

pas・te・ri・za・ción [pas.te.ri.θa.θjón / -.sa.sjón] / **pas・teu・ri・za・ción** [pas.teu.ri.θa.θjón / -.sa.sjón] 女 低温殺菌法.

pas・te・ri・zar [pas.te.ri.θár / -.sár] / **pas・teu・ri・zar** [pas.teu.ri.θár / -.sár] 他 低温殺菌する. leche *pasterizada* 低温殺菌牛乳.

pas・ti・che [pas.tí.tʃe] 男 **1**（文学・美術の）模作，模倣. **2**《音楽》パスティッチョ：オペラなどで複数の作品を抜粋してメドレー風に綴(ﾂﾂﾞ)ったもの.
［←《仏》*pastiche*←《伊》*pasticcio*］

pas・ti・lla [pas.tí.ʝa / -.ʎa] 女 **1** 錠剤；トローチ. ~ contra el dolor 痛み止め錠剤. ~ de menta ハッカ入りトローチ，ペパーミントキャンディー. ~ para la tos [la garganta] 咳(ｾｷ)止めドロップ，のどあめ. ~ de jabón 化粧石けん. una ~ de chocolate チョコレートのひとかけら. **3**《IT》チップ（= chip）：集積回路が構成された半導体の小片. **4**《ラ米》《ラブラ》《俗》お金.
a toda pastilla《話》大急ぎで，全速力で.

pas・ti・lle・ro, ra [pas.ti.ʝé.ro, -.ra / -.ʎé.-] 男 女《話》錠剤状の麻薬を使用する人. — 男 タブレットケース，錠剤などを入れる小箱［ケース］.

pas・ti・na・ca [pas.ti.ná.ka] 女 **1**《魚》アカエイ. **2**《植》アメリカボウフウ，パースニップ.

pas・ti・zal [pas.ti.θál / -.sál] 男 牧草地.

pas・to [pás.to] 男 **1 牧草地，放牧地；放牧**. ~ comunal 共同牧草地［放牧地］. derecho de ~ 放牧権.
2 牧草，まぐさ；飼料，餌(ｴｻ). dar... de ~ …を餌としてやる. ~ seco 乾燥飼料.
3 餌食(ｴｼﾞｷ)；糧. El incidente sirvió de ~ a los periódicos. その事件が格好の新聞種となった. Las novelas son su ~. 小説は彼（彼女）にとって心の糧だ. ~ espiritual（信者の）教事. ser del fuego [incendio] / ser de las llamas 炎に包まれる，焼け落ちる. Su nombre sirve de ~ al chismorreo. 彼（彼女）の名前はゴシップによく登場する.
4（鳥の）1 回分の餌. **5**《ラ米》(1) 草，芝. (2)《ピプラ》《俗》マリファナ.

a (todo) pasto《話》たっぷりと；やたらに.
dar pasto a... …のもととなる，…をもたらす.
de pasto いつもの. vino de ~ テーブルワイン.

pas・tón[1] [pas.tón] 男《話》大金，多額のお金. ¡100 dólares! Es un ~ para nosotros. 100ドルだって．それは私たちにとっては大金だよ.

pas・tón[2] [pas.tón] 男 牧草地になっているやせた土地.

pas・tor, to・ra [pas.tór, -.tó.ra] 男 女 **羊飼い，牧童**. ~ de cabras ヤギ飼い. perro ~ 牧羊犬.
— 男《宗》（プロテスタントの）牧師，聖職者；《カト》牧者；司教，司祭. El Buen P~ よき牧者キリスト. ~ universal 教皇.
pastor alemán [alsaciano]《動》シェパード.
pastor belga《動》ベルジアンシェパード.
［←《ラ》*pāstor*「放牧する」(→ pacer)より派生］《関連》pastoral, pastoril］

pas・to・ral [pas.to.rál] 形 **1** 羊飼いの；田園生活の，牧歌的な. poesía ~ 田園詩. poeta ~ 田園詩人. **2** 聖職者の，牧者の；司祭〔司教〕の. anillo ~ 司教指輪.
— 女 **1** 牧歌，田園詩. **2**《カト》司教教書（= carta ~）. **3**《音楽》パストラル，田園曲，牧歌.

pas・to・re・ar [pas.to.re.ár] 他 **1**（家畜に）草を食べさせる，放牧する. **2**（聖職者が）導く，善導する. **3**《ラ米》《話》(1)《カブラ》《ガブラ》待ち伏せする. (2)《ピプラ》猫かわいがりをする. (3)《ラブラ》《女性に》言い寄る.
— 自 **1**（家畜が）草を食(ﾊ)む.
2《ラ米》《ピプラ》不運な目に遭う，一杯食わされる.

pas・to・re・la [pas.to.ré.la] 女 **1** 牧人歌. **2**《文学》（南仏プロバンスやスペイン・ガリシア地方の）叙情詩，牧歌. **3**《ラ米》《ガブラ》《チ方》キリスト生誕劇.

pas・to・re・o [pas.to.ré.o] 男（家畜に）草を食べさせること，放牧.

pas・to・ril [pas.to.ríl] 形 **1** 牧人の，羊飼いの. vida ~ 牧人生活. **2**《文学》牧歌的な. novela ~ 牧人小説：16世紀スペインで興ったジャンルの一つ.

pas・to・si・dad [pas.to.si.dád] 女 **1**（ペーストのような）柔らかさ；《絵》絵の具の厚み. **2**（口中の）べたつき，粘つき. **3**《美》（絵の具の）厚塗り.

pas・to・so, sa [pas.tó.so, -.sa] 形 **1**（ペーストのように）柔らかい. **2**《美》（絵の具を）厚く塗った. **3**《声の》柔らかい，滑らかな. **4** 粘つく，ねばねばする. tener la boca [lengua] *pastosa* 口の中がねばねばする. **5**《ラ米》(1)《ガブラ》《チ方》牧草の生えた. (2)《アブラ》《話》のん気な，怠惰な，無精な.

pas・tún [pas.tún] 形（アフガニスタンの）パシュトゥン（人）の，パシュト語の. — 男 女 パシュトゥン人.
— 男 パシュト語.

pas・tu・ra [pas.tú.ra] 女 **1** 牧草地，牧場.
2 牧草；（1回分の）飼料，まぐさ.

pas・tu・ra・je [pas.tu.rá.xe] 男 **1** 共同牧草地［放牧地］. **2** 放牧賃.

pa・su・do, da [pa.sú.ðo, -.ða] 形《ラ米》《タブラ》《ピプラ》縮れ毛の，ちりちり髪の.

pat.《略》*patente* 特許，パテント.

pa・ta [pá.ta] 女 **1**（動物の）**足，脚**；（牛・豚などの）もも肉. ~ de un caballo [una rana, un cangrejo] 馬［カエル，カニ］の脚［足］.
2（家具などの）脚. ~ de una mesa [un sofá, una copa] 机［ソファー，グラス］の脚. una silla de cuatro ~s 四本脚のいす.
3《話》《軽蔑》《親愛》（人間の）脚. Ese tipo tiene ~s cortas. あいつは短足だ.
4《服飾》（ポケットの）ふた. **5**《ラ米》(1)《ガブラ》

patata

(2)《ｱﾙｹﾞﾝ》才能のある人．(3)《ﾁﾘ・ｳﾙｸﾞｱｲ》《俗》レスビアン．
a cuatro patas《話》四つんばいになって．
a la pata coja《話》片足跳びで(＝a pipiricojo).
a la pata la llana《話》気取らずに，遠慮なく．
andar a patas《話》這(は)う．
a pata《話》歩いて(＝a pie).
de pata negra〈イベリコ生ハムが〉黒豚の；《比喩的》〈人・ものの〉程度が高い，非常に質がよい．
echar [tirar] las patas por alto《話》かっとなる．
enseñar [sacar] la pata本心をのぞかせる．
estirar la pata《俗》死ぬ．
hacer la pata《ラ米》《チ》《話》おべっかを使う，へつらう．
mala pata《話》不運，タイミングの悪さ．Aquel día tuve la **mala ～** de llegar tarde. あの日運悪く遅刻してしまった．
meter la pata《話》失態を演じる；よけいな口出しをする；無礼な言動をする．
pata de cabra《靴職人の》底革の磨き棒，かなてこ；《家具の》湾曲した脚．
pata de gallina (1) 木・木材に中心から放射状に入った割れ目．(2)《ラ米》《ﾁﾘｱ》《背のない》腰掛け，スツール．
pata de gallo (1)《複数で》目じりのしわ．(2)《植》カモガヤ．(3)《服飾》《鶏の足跡のような》千鳥格子．(4)《話》暴言，失言．
pata de león《植》ハゴロモグサ．
pata de palo義足．
pata de rana《ラ米》ダイビング用の足ひれ．
patas arriba《話》あおむけに，ひっくり返って；乱雑をきわめて．Mi habitación está ～**s arriba**. 私の部屋はめちゃくちゃに散らかっている．
pata sola《ラ米》《ｺﾛﾝ》《遊》石けり遊び．
poner a＋人 de patas [patitas] en la calle〈人〉を追い出す，首にする．
salir con una pata de bancoとんちんかんなことを言う．
salir [irse] por patas（困難・危険から）逃げ出す．

pa·ta·ca [pa.tá.ka] 囡《植》キクイモ；キクイモの塊茎（＝aguaturma).

pa·ta·che [pa.tá.tʃe] 男 **1**（昔の）軍用連絡艇，哨戒(しょう)艇；小型商船．**2**《ラ米》(1)《ﾁﾘ》（荷役用の）平底船．(2)《ｶﾘﾌﾞ》食べ物；《麦と肉の》スープ．

pa·ta·cho [pa.tá.tʃo] 男《ラ米》(1)《ｺﾛﾝ》平底船．(2)《ﾍﾟﾙｰ》ラバの列．

pa·ta·cón [pa.ta.kón] 男 **1**（昔の）銀貨；少額の銅貨．**2**《ﾗ米》(1)《ｺﾛﾝ》輪切りにしたバナナを揚げたもの，バナナチップス．(2)《ﾁ》あざ．

<u>**pa·ta·da**</u> [pa.tá.ða] 囡 **1** けること；踏みつけること．dar una ～ a la puerta ドアをけとばす．dar ～**s** en el suelo 地団太を踏む．largar una ～ en el trasero 尻(しり)をけとばす．
2 手続き；手間，手数．Le costará muchas ～**s** lograrlo. それを得るには大変な手間がかかるでしょう．
3《ラ米》(1)《ﾒｷｼｺ》《ｱﾙｹﾞﾝ》（銃の）反動．(2) 酒酔い．
a patadas《話》たくさんに，たっぷりと．Hay pasteles a ～**s**. ケーキがどっさりある．(2) 手荒に，乱暴に．tratar a ～**s** 乱暴に扱う；こき使う．
dar cien patadas a＋人〈人〉に不愉快な思いをさせる．
dar la patada a＋人〈人〉を解雇する，ほうり出す．
darse (de) patadas〈色などが〉調和しない．
de patadas《ラ米》(1)《ｺﾛﾝ》《話》すごく，強烈に．

(2)《ｳﾙｸﾞｱｲ》《ﾁﾘ》《俗》ひどく，最悪の状態で．
echar a＋人 a patadas《話》〈人〉を追い出す，つまみ出す；解雇する．
hacer... a patadas《話》…をあまり考えずにやる，大ざっぱにやる．
hacer... en dos patadasあっという間に…をする．

pa·ta·dón [pa.ta.ðón] 男《話》強烈な足蹴(あし)り．[patada＋増大辞]

pa·ta·fí·si·co, ca [pa.ta.fí.si.ko, -.ka] 形 パタフィジック《空想科学》の．— 男 パタフィジシャン，空想科学者．— 囡 パタフィジック，空想科学：不合理なこと，ありえないようなことに関する学問．

pa·ta·gón, go·na [pa.ta.ɣón, -.ɣó.na] 形 パタゴニアの．— 男囡 パタゴニア地方の住民[出身者]．
[←《古スペイン》*Patagón*（16世紀の騎士道物語に登場する怪物；1520年マゼランが先住民のたくましい足を見て *patagones*「巨人たち」と呼んだのが始まり）]

Pa·ta·go·nia [pa.ta.ɣó.nja] 固 パタゴニア：南米大陸の南端部．アルゼンチンとチリの南部のマゼラン Magallanes 海峡に至るまでの地方．
[《古スペイン》*patagón*「巨人」より造語；→ patagón]

pa·ta·gó·ni·co, ca [pa.ta.ɣó.ni.ko, -.ka] 形 パタゴニアの．

pa·ta·gua [pa.tá.ɣwa] 囡 **1**《植》パタグア：チリ原産の樹木．**2**《ラ米》《チ》マテ茶器を置く皿[盆]．

pa·ta·jú [pa.ta.xú] 男《ラ米》《ﾍﾞﾈｽﾞ》《植》オウギバショウ，タビビトノキ．

pa·ta·le·ar [pa.ta.le.ár] 自（怒って）足をばたばたさせる；地団太を踏む．

pa·ta·le·o [pa.ta.lé.o] 男 地団太を踏むこと；足をばたつかせること．
el derecho de [al] pataleo《話》悔しがること．

pa·ta·le·ta [pa.ta.lé.ta] 囡《話》大げさな不快感の表明，癇癪(かんしゃく)．A Pedro le dio una ～. ペドロは癇癪を起こした．

pa·tán [pa.tán] 形《話》**1** がさつな，粗野な，野蛮な．**2** 無作法な，下品な．— 男《話》**1** 粗野な人，田舎者，野蛮人．**2** 下品な人．

pa·ta·ne·rí·a [pa.ta.ne.rí.a] 囡《話》粗野，野蛮；下品；無知．

¡pa·ta·plaf! [pa.ta.pláf]《擬》ガシャン，ガチャン，ガタン．

¡pa·ta·plún! [pa.ta.plún]《擬》（ものが落ちて・ぶつかって）カタン，ガツン，ガタン．

pa·ta·ra·ta [pa.ta.rá.ta] 囡 **1** 大げさな表現[表情]，気取り，ばか丁寧．**2** ばかげたこと．

pa·ta·rrá·ez [pa.ta.řá.eθ/-.es] 男《海》プリベンタ：補強・補助用の索具[ロープ]．

pa·ta·ru·co, ca [pa.ta.rú.ko, -.ka] 形《ラ米》《ｴｸｱﾄﾞ》《話》粗野な，がさつな；臆病(おくびょう)な．— 男 悪魔．

Pa·tas [pa.tás] 男《単複同形》悪魔．

pa·ta·sa·gria [pa.ta.sá.ɣrja] 囡《ラ米》《ｺﾛﾝ》《ﾍﾞﾈｽﾞ》《複数で》《話》X脚の人．

pa·tas·ca [pa.tás.ka] 囡《ラ米》(1)《ﾍﾟﾙｰ》《話》けんか，口論．(2)《ｱﾙｹﾞﾝ》トウモロコシ・豚肉のスープ．

<u>**pa·ta·ta**</u> [pa.tá.ta] 囡 **1**《植》**ジャガイモ**（►スペイン南部・《ラ米》では papa が一般的）. puré de ～**s** マッシュポテト．tortilla de ～**s**（卵とジャガイモを材料とする）スペイン風オムレツ．～**s bravas** パタタ・ブラバ（ガーリックやトマトを使った辛いソースをかけたフライドポテト）（→次ページに図）．～**s fritas** フライドポテト；ポテトチップ．～ **dulce**《植》サツマイモ．～ **de caña**《植》キクイモ．♦ジャガイモの原産地は南米 Andes 地帯とされる．16世紀後半にヨーロッパに伝

patatal

わった. 日本へは17世紀オランダ船によりジャカトラ(現ジャカルタ)から渡来したためジャガタライモと称された.
2《話》価値のないもの,質の悪いもの;不良品. He comprado una cámara que es una auténtica 〜. 全く役に立たないカメラを買った.
3《話》写真をとるときのかけ声. ¡P〜! はい, チーズ!
ni patata《話》全く, ちんぷんかんぷん. ¿Entiendes algo de ruso? — *Ni* 〜. ロシア語は少しわかるかい. —いや全然.
patata caliente《話》(誰もが避けたがる)やっかいな問題.
[←[タイノ] *batata*「サツマイモ」(*b-* → *p-* の変化は papa「ジャガイモ」の影響)]

patata (ジャガイモ)

patatas bravas (パタタ・ブラバ)

pa·ta·tal [pa.ta.tál] / **pa·ta·tar** [pa.ta.tár] 男 ジャガイモ畑.
pa·ta·tán [pa.ta.tán] ⇒ patatín.
pa·ta·te·ro, ra [pa.ta.té.ro, -.ra] 形 **1** ジャガイモの;ジャガイモ栽培[販売]の. **2** ジャガイモ好きな. **3**《話》〈将校が〉(兵卒から)成り上がった. **4**《話》ぶかっこうな. ― 男 女 **1** ジャガイモ栽培者[売り]. **2** 成り上がり将校.
pa·ta·tín [pa.ta.tín], *que* (*si*) *patatín que* (*si*) *patatán*《話》あれやこれやと;のらりくらりと.
pa·ta·to, ta [pa.tá.to, -.ta] / **pa·ta·tu·co, ca** [pa.ta.tú.ko, -.ka] 形《ラ米》(ﾆｶ)丸々太った, ずんぐりした.
pa·ta·tús [pa.ta.tús] 男《単複同形》《話》気絶, 失神, 卒倒. Le dio un 〜. 彼[彼女]は突然気を失った.
pa·ta·vi·no, na [pa.ta.bí.no, -.na] 形 (イタリアの)パドバ Padua の.
― 男 女 パドバの住民[出身者].
patch·work [pátʃ.(g)wor(k)] [英] 男 パッチワーク.
pa·té [pa.té] 男《料》パテ. [←[仏] *pâté*]
pa·te·a·da [pa.te.á.ða] 女《ラ米》(ﾒｷ)遠出.
pa·te·a·dor, do·ra [pa.te.a.ðór, -.ðó.ra] 形《ラ米》〈動物が〉, けり癖がついた.
pa·te·a·du·ra [pa.te.a.ðú.ra] 女 **1** 踏みつけること;けとばすこと.
2《話》がみがみ言うこと;ぴしゃりと言うこと.
3 (不満・怒りなどを表して)足を踏み鳴らすこと.
pa·te·a·mien·to [pa.te.a.mjén.to] 男 → pateadura.
pa·te·ar [pa.te.ár] 他 **1**《話》けりつける, 踏みつける. **2** (不満・怒りなどを表して)足で踏み鳴らす. **3** 奔走する, 駆け回る. **4**《ラ米》(1)《話》消化不良を起こす. (2) (ｺﾛ)げんなりさせる. (2)(ﾁﾘ)罵倒(ﾄｳ)する.
― 自 **1**《話》(怒って)足を踏み鳴らす.
2 (何かを手に入れるために)駆けずり回る. **3**《スポ》ける, キックする;(ラグビー)パントする. **4**《ラ米》(1)〈動物が〉ける. (2)〈銃が〉(反動で)跳ね返る. (3)(ﾁﾘ)駆けずり回る. ― 〜·**se** 自 駆けずり回る.
pa·te·na [pa.té.na] 女《カト》聖体皿, パテナ.

limpio como una patena / *más limpio que una patena* きわめて清潔な.
pa·ten·ta·do, da [pa.ten.tá.ðo, -.ða] 形 特許を取った. *marca patentada* 登録商標.
― 男 女 専売特許権所有者.
pa·ten·tar [pa.ten.tár] 他 **1** 〈発明に〉特許権を与える. **2** 特許権を取得[登録]する. *Patentaron su nuevo invento*. 彼[彼女]の新しい発明に特許が与えられた.
pa·ten·te [pa.tén.te] 形 **1** 明らかな, 明白な. *hacer* 〜 明らかにする. **2**《商》《法》許可された. *letras* 〜*s*《史》開封勅許状.
― 女 **1** (発明の)特許(権), パテント. *obtener la* 〜 *de...* …の特許を取る. **2** 許可[認可](証);証明書. 〜 *de corso* 他国商船拿捕(ﾎ)免許状. 〜 *de navegación* 船籍証明書. 〜 *de sanidad* (船員・船客の)健康証明書. 〜 *limpia* [*sucia*] 完全健康[罹患(ｶﾝ)]証書. **3** 評判, 信用. Tiene 〜 *de hombre generoso*. 彼は気前がよいので有名だ. **4**《ラ米》(ﾁﾘ)(ｳﾙ)(車の)ナンバープレート.
― 男《ラ米》(1) (ｴｸﾄﾞ)運転免許証. (2) (ｴｸ)特許医薬品.
de patente《ラ米》(ﾁﾘ)《話》すばらしい.
[←[ラ] *patentem* (*patēns* の対格) (*patēre*「明白である」の現在分詞);[関連][英] *patent*]
pa·ten·te·men·te [pa.tén.te.mén.te] 副 明らかに, 一目瞭然(ﾘｮｳｾﾞﾝ)に.
pa·ten·ti·za·ción [pa.ten.ti.θa.θjón / -.sa.sjón] 女《技》パテンティング:鋼線に熱処理を施し強度を高めること.
pa·ten·ti·zar [pa.ten.ti.θár / -.sár] 97 他 明白にする, 明らかにする. *Ha patentizado su preocupación*. 彼[彼女]は懸念を表明した.
pa·te·o [pa.té.o] 男 (怒りなどを表して)足を踏み鳴らすこと;地団太.
pá·ter [pá.ter] 男《複 〜s》《話》従軍司祭[牧師]. 〜 *familias* (古代ローマにおける)家長, 家父長 (=paterfamilias).
pa·te·ra [pa.té.ra] 女 (喫水の浅い)小さな船. *Los inmigrantes ilegales cruzaron el mar en una* 〜. その密入国者たちは小船に乗って海を渡ってきた.
pá·te·ra [pá.te.ra] 女 パテラ[杯], (供犠(ｷﾞｮｳ)の際の)献酒(ｹﾝ)用の皿.
pa·ter·fa·mi·lias [pa.ter.fa.mí.ljas] 男《単複同形》(古代ローマの)家長, 家父.
pa·ter·nal [pa.ter.nál] 形 **1** 父親(として)の. *autoridad* 〜 父権. **2** 父親らしい;父親的な.
pa·ter·na·lis·mo [pa.ter.na.lís.mo] 男 家父長主義;(父親的)温情主義.
pa·ter·na·lis·ta [pa.ter.na.lís.ta] 形 家父長主義の;温情主義の. ― 男 女 家父長主義者.
pa·ter·nal·men·te [pa.ter.nál.mén.te] 副 父らしく, 父親流に.
pa·ter·ni·dad [pa.ter.ni.ðáð] 女 **1** 父親であること, 父性, 父性愛;父子関係. *La* 〜 *acarrea muchas responsabilidades*. 父たることは多くの責任を伴う. *investigación de la* 〜 非嫡出子の父の確認.
2 発案者[原作者]であること. *atribuir la* 〜 *de un libro a*+人 ある本を〈人〉の作とする.
pa·ter·no, na [pa.tér.no, -.na] 形 父親の, 父親としての;父方の, 父系の. *el abuelo* 〜 父方の祖父. [←[ラ] *paternum* (*paternus* の対格);[関連] *paternidad*. [英] *paternal*]
pa·ter·nós·ter [pa.ter.nós.ter] 男《単複同形》
1 (特にラテン語の)パーテル・ノステル, 主祷(ﾄｳ)文, 主

pa.te.ro, ra [pa.té.ro, -.ra] 形《ラ米》《話》(1)(ﾂ)へつらう．(2)(ﾂ)うそつきの．

pa.te.rro.lis.mo [pa.te.r̃o.lís.mo] 男《ラ米》(ﾊﾞｽﾞ)無関心；無気力，怠慢．

Pa.te.ta [pa.té.ta] 男《話》悪魔．llevarse ~ a +人〈人〉が死ぬ．

pa.té.ti.ca.men.te [pa.té.ti.ka.mén.te] 副 悲壮[悲壮]に，痛々しく．

pa.té.ti.co, ca [pa.té.ti.ko, -.ka] 形 **1** 悲壮[哀れ，悲痛]な．una escena *patética* 痛ましい光景．*patética* mirada 悲痛なまなざし．La *Patética*, la sexta sinfonía de Tchaikovski チャイコフスキーの交響曲第六番《悲愴(ｿﾞｳ)》．**2**《ラ米》(ﾂ)明らかな．

pa.te.tis.mo [pa.te.tís.mo] 男 哀切，悲痛．una escena de gran ~ 愁嘆場．

pa.thos [pá.tos] 男 **1** パトス，情念(→ logos)．**2**《修辞》情動法．

pa.tí [pa.tí] 男《ラ米》(ﾗﾌﾟﾗﾀ)《魚》パティ：ラプラタ川 Río de la Plata 流域に生息する大魚で食用．

-patía「苦痛，病気，感情」の意を表す造語要素．→ neuro*patía*, sim*patía*. [←[ギ]]

pa.tia.bier.to, ta [pa.tja.bjér.to, -.ta] 形《話》がに股(ﾏﾀ)の．

pa.tial.bi.llo [pa.tjal.bí.jo ‖ -.ʎo] 男《動》ジャコウネコ，ジェネット．

pa.ti.al.bo, ba [pa.tjál.βo, -.βa] / **pa.ti.blan.co, ca** [pa.ti.βláŋ.ko, -.ka] 形《動物》脚の白い．

pa.ti.bu.la.rio, ria [pa.ti.βu.lá.rjo, -.rja] 形 **1** 凶悪，恐ろしい，身の毛のよだつ．rostro ~ 凶悪な人相．drama ~ 身の毛もよだつ[恐ろしい]出来事．**2** 絞首台の．

pa.tí.bu.lo [pa.tí.βu.lo] 男 絞首台；死刑．carne de ~ 極悪人．

pa.ti.chue.co, ca [pa.ti.tʃwé.ko, -.ka] 形 X脚の(= patizambo, zambo). — 男女 X脚の人．

pa.ti.co.jo, ja [pa.ti.kó.xo, -.xa] 形《話》足の不自由な．— 男女《話》足の不自由な人．

pa.ti.cor.to, ta [pa.ti.kór.to, -.ta] 形 短足の (↔ patilargo)．

pa.ti.di.fu.so, sa [pa.ti.ði.fú.so, -.sa] 形《話》びっくりした，面くらった．quedarse ~ たまげる．

pa.ti.es.te.va.do, da [pa.tjes.te.βá.ðo, -.ða] 形 O脚の．— 男女 O脚の人．

pa.ti.hen.di.do, da [pa.tjen.dí.ðo, -.ða] 形〈哺乳(ﾆｭｳ)類が〉偶蹄(ｸﾞｳﾃｲ)の，蹄(ﾂﾒ)の二つに割れた．

pa.ti.lar.go, ga [pa.ti.lár.ɣo, -.ɣa] 形 足の長い．

pa.ti.lla [pa.tí.ja ‖ -.ʎa] 女 **1** もみあげ，ほおひげ；〈女性の〉ほおの愛敬(ｷｮｳ)毛[カール]．~ barba 類語．**2**〈めがねの〉つる．**3**〈ポケットの〉雨ぶた．**4** 撃鉄の止め金．**5**〈木工の〉ほぞ；《建》止め具，大くぎ．**6** 古楽器ビウエラ vihuela の左手の位置．**7**《ラ米》(ｸﾞ)(ﾍﾞﾈ)(ﾌﾟｴﾙ)(ﾒﾎｼ)《植》スイカ．(2)(ｶﾘﾌﾞ)(ｺﾛ)腰掛け，ベンチ．(3)(ｷ)取り木；〈話〉くだらないこと．

Pa.ti.llas [pa.tí.jas ‖ -.ʎas] 男《単複同形》《話》悪魔．

pa.ti.llu.do, da [pa.ti.jú.ðo, -.ða ‖ -.ʎú.-] 形《話》もみあげ[ほおひげ]の濃くて長い．

pa.tín¹ [pa.tín] 男 **1** スケート靴；スケート靴の刃[ローラー]．~ de hielo アイススケート靴．~ de ruedas ローラースケート靴．~「スケートボード」= monopatín. **2** 子供靴．**3**〈子供の遊び道具の〉スクーター．**4** カタマラン型船舶；水上自転車 (= hidropedal). **5**〈リュージュ・そりなどの〉滑走部．~ de cola《航空》〈飛行機の〉尾そり．**6**《機》すべり座；ブレーキパッド；〈電流をとる〉接点．

pa.tín² [pa.tín] 男《鳥》アホウドリ (= albatros)．

pa.tín³ [pa.tín] 男 patio + 縮小辞．

pa.tín⁴ [pa.tín] 女《ラ米》(ｷ)《俗》《軽蔑》売春婦，娼婦(ｼｮｳ)．

pá.ti.na [pá.ti.na] 女 **1**（特にブロンズに生じる）緑青(ｼｮｳ)．**2**（古い油絵などの）くすんだ色調，〈年代物の〉色艶，錆(ｻﾋﾞ)．dar ~ a... ...に古色を帯びさせる．

pa.ti.na.de.ro [pa.ti.na.ðé.ro] 男 スケートリンク，ローラー[アイス]スケート場．

pa.ti.na.do [pa.ti.ná.ðo] 男 昔のもののように見えるようにすること，古色を施すこと．

pa.ti.na.dor, do.ra [pa.ti.na.ðór, -.ðó.ra] 男女 スケートをする人，スケーター．

pa.ti.na.du.ra [pa.ti.na.ðú.ra] 女《ラ米》(ﾒﾎｼ)滑ること．

***pa.ti.na.je** [pa.ti.ná.xe] 男 **1** スケート．~ artístico フィギュアスケート．~ sobre hielo アイススケート．~ sobre ruedas ローラースケート．~ de velocidad スピードスケート．**2**〈車の〉スリップ．

***pa.ti.nar¹** [pa.ti.nár] 自 **1** スケートをする．~ sobre hielo [ruedas] アイス[ローラー]スケートをする．**2**〈車が〉スリップする，滑る；足を滑らせる．Al frenar *patinó* el coche. ブレーキを踏んだら車がスリップした．**3**《話》へまをする，間違う，失言する；《ラ米》《話》失敗する；（試験に）滑る，落第する．

pa.ti.nar² [pa.ti.nár] 他（人工的に）古色を帯びさせる，錆(ｻﾋﾞ)をつける．

pa.ti.na.zo [pa.ti.ná.θo / -.so] 男 **1**〈車の〉スリップ，横滑り．**2**《話》へま，失敗 (= planchazo). dar [pegar] un *patinazo*〈車が〉スリップする；へまをやる．

pa.ti.ne.ta [pa.ti.né.ta] 女（片足で地面をけって進む）キックボード．

pa.ti.ne.te [pa.ti.né.te] 男 → patineta．

pa.ti.ni.llo [pa.ti.ní.jo ‖ -.ʎo] 男 patio + 縮小辞．

pa.ti.nó.dro.mo [pa.ti.nó.ðro.mo] 男 スケートリンク．

patineta
(キックボード)

****pa.tio** [pá.tjo] 男 **1**（スペイン風建築の）パティオ，中庭；庭．Es un piso interior y sólo tiene ventanas que dan al ~. それは内側のマンションなので，中庭に面した窓しかない．~ de escuela [recreo, juego] 校庭，運動場．

2 ものなどがおいてある場所，部屋；《演》劇場などの一階席，平土間 (= ~ de butacas, platea). ~ de armas 練兵場．~ de caballos 馬房．

3《ラ米》(1) 操車場．(2)(ｱﾙｾﾞ)(ｷ)裏庭，囲い場．*¡Cómo está el patio!* なんてひどいこと．*patio de luces* 明かり取りの中庭，光庭．*patio de Monipodio* 盗賊の巣窟(ｿｳ)．*patio trasero* 裏庭；他国[地域]に従属した国[地域]．

[←? [古プロバンス]*patu*「共同牧草地」← [ラ] *pactum*「協定」]

pa.ti.que.brar [pa.ti.ke.βrár] 8 他〈獣の〉脚を折る．

pa.ti.quín [pa.ti.kín] 男《ラ米》(ﾍﾞﾈ)《話》きざな男．

pa.tis.se.rie [pa.ti.se.rí] [仏] 女《複 ~s》**1** ケーキ[菓子]屋．**2** ケーキ[菓子]製造（所），ケーキ[菓子]販売（所）．**3**《集合的》ケーキ，菓子 (= pastelería).

pa·ti·ta [pa.tí.ta] 囡 *a patita(s)* 徒歩で. *poner a... de patitas en la calle*《話》…を追い出す；解雇する.
[pata+ 縮小辞]

pa·ti·tie·so, sa [pa.ti.tjé.so, -.sa] 形 **1** 足が硬直した[動かない], 足の感覚がなくなった. *quedarse ～ por el frío* 寒さで足が凍える. **2**《話》びっくり仰天した. *dejar ～ a+人* (人）をびっくりさせる. *quedarse ～* 面くらう. **3**《話》気取った, 澄ました.

pa·ti·tuer·to, ta [pa.ti.twér.to, -.ta] 形 **1** 脚の曲がった. **2**《話》曲がった, ゆがんだ.

pa·ti·zam·bo, ba [pa.ti.θám.bo, -.ba / -.sám.-] 形 X脚の,膝(ひざ)内反の. ─男囡 X脚の人.

***pa·to, ta** [pá.to, -.ta] 男囡 **1** カモ, アヒル. *～ salvaje [silvestre]* ノガモ, マガモ. *～ de flojel* ケワタガモ.
2《話》まぬけな人, 鈍い人；おもしろくない人. **3**（パーティーなどが）退屈なこと. **4**《ラ米》(1)《チリ》《俗》かも, だまされやすい人. (2)《チリ》《話》泥棒. *malo*《ラ米》《チリ》犯罪者. (3)《チリ》《タリ》《チリ》《俗》同性愛者. (4)《チリ》《話》無一文, すっかんぴん. (5)《エクア》ご紹介；口がおたい人；《話》無賃乗車者. ─男 (*ェル*) おまる；便器.
hacerse pato《ラ米》《メキ》《話》知らんぷりをする.
hecho un pato《話》ずぶぬれ[汗ぐっしょり]の, ずぶぬれで.
la edad del pato《話》思春期, 未熟な年齢.
pagar el pato《話》尻(しり)ぬぐいをする, ぬれぎぬを着る.
salga pato o gallareta どうなろうとも.
ser el pato de la boda [fiesta]《ラ米》《話》三枚目を演じる；もの笑いの種になる.

pato-「病気」の意の造語要素. ⇒ *patógeno, patología*. [←［ギ］]

pa·to·cha·da [pa.to.tʃá.ða] 囡 でたらめ；ばかげたこと. *decir ～s* ばかなことを言う. *hacer ～s* へまをする, どじを踏む.

pa·to·fo·bia [pa.to.fó.bja] 囡《心》疾病恐怖症；病気になることに対する病的な恐れ.

pa·to·ge·ne·sia [pa.to.xe.né.sja] 囡《医》発病学, 病原論.

pa·to·gé·ne·sis [pa.to.xé.ne.sis] / **pa·to·ge·nia** [pa.to.xé.nja] 囡《医》病原[論], 病因[論].

pa·to·gé·ni·co, ca [pa.to.xé.ni.ko, -.ka] 形《医》発病(学)の, 病原(論)の.

pa·to·ge·no, na [pa.tó.xe.no, -.na] 形《医》発病の, 病原の. *gérmenes ～s* 病原菌.

pa·to·jo, ja [pa.tó.xo, -.xa] 形 足の不自由な；（アヒルのように）体を左右にゆらして歩く.
─男囡 **1** 足の不自由な人. **2**《ラ米》(1)《チリ》小太りの人. (2)《エクア》《メキ》《コロンビ》子供；恋人；街の不良.

***pa·to·lo·gí·a** [pa.to.lo.xí.a] 囡《医》**病理学**；病気.

pa·to·ló·gi·co, ca [pa.to.ló.xi.ko, -.ka] 形《医》病理学(上)の；病的な.

pa·tó·lo·go, ga [pa.tó.lo.go, -.ga] 男囡 病理学者.

pa·to·ma·che·ra [pa.to.ma.tʃé.ra] 囡《ラ米》《コロンビア》《話》騒ぎ声, 騒音.

pa·to·so, sa [pa.tó.so, -.sa] 形《話》**1** どじな,（動きが）鈍い, 不器用な. **2**（人をおもしろがらせようとするが）つまらない, おもしろくない.
─男囡《話》どじなやつ；鈍い人；おもしろくない人.

pa·to·ta [pa.tó.ta] 囡《ラ米》《チリ》《エクア》《タリ》《話》不良グループ.

pa·to·te·ar [pa.to.te.ár] 自《ラ米》《アルゼン》《話》力や親密さを見せつける；脅す, 威嚇(いかく)する.

pa·to·te·ro [pa.to.té.ro] 男《ラ米》《タリ》街の不良.

pa·tra·ña [pa.trá.ɲa] 囡《話》大うそ, 作り話.

pa·tra·ñe·ro, ra [pa.tra.ɲé.ro, -.ra] 男囡 大ぼら吹き.

pa·tra·que·ar [pa.tra.ke.ár] 他《ラ米》《チリ》《話》盗む, かすめ取る；（街頭で）襲う.

pa·tra·que·ro [pa.tra.ké.ro] 男《ラ米》《チリ》《話》泥棒；強盗, 追いはぎ.

****pa·tria** [pá.trja] 囡 **1** 祖国, 母国. *volver a la ～* 祖国に帰る. *la madre ～* 母国,（植民地から見た）本国. *～ adoptiva / la segunda ～ celestial* 天国. *Todo por la P～*. すべて祖国のために. (▶ スペインの軍隊の標語). *Día de la P～* 祖国の日. → *país* 〖類語〗. **2** 故郷, 出生地（=la *～ chica*). *añorar la ～* 故郷を思う. *hacer patria* 故郷に貢献する；《話》自分の利益のために行動する.
merecer bien de la patria 国の誉れとなる.
patria potestad《法》親権.
[←［ラ］*patriam (patria* の対格；*pater*「父」より派生；「父の国」が原義）；〖関連〗 *patriota, patriotismo*. [英] *patriot*]

pa·tria·da [pa.trjá.ða] 囡《ラ米》《チリ》（祖国のための）反乱, 武力蜂起(ほうき)；勇敢な行為.

pa·triar·ca [pa.trjár.ka] 男 **1**《聖》（旧約のイスラエル民族の）族長, 祖. *～ Abraham* 太祖アブラハム. **2**《カト》総大司教；（ギリシア正教会の）総主教. **3** 家父長, 族長；古老, 長老. *El otoño del ～*『族長の秋』(García Márquez の小説). **4**（教団・教派などの）創始者, 開祖.
vivir como un patriarca 安楽に暮らす.

pa·triar·ca·do [pa.trjar.ká.ðo] 男 **1**《カト》総大司教職[区]；（ギリシア正教）総主教職[区]. **2** 家父長制（社会）.

pa·triar·cal [pa.trjar.kál] 形 総大司教の；総主教の；家父長制の, 家族主義的な. ─囡 総大司教［総主教］の教会；総大司教［総主教］区.

Pa·tri·cia [pa.trí.θja / -.sja] 固名 パトリシア：女子の洗礼名.

pa·tri·cia·do [pa.tri.θjá.ðo / -.sjá.-] 男 **1**（古代ローマの）貴族階級. **2**（集合的）貴族.

Pa·tri·cio [pa.trí.θjo / -.sjo] 固名 パトリシオ：男子の洗礼名. [←［ラ］*Patricius*（原義は「（古代ローマの）貴族」；*pater*「父」より派生）；〖関連〗［ポルトガル］*Patrício*. [仏]*Patrick, Patrice*. [伊]*Patrizio*. [英]*Patrick*]

pa·tri·cio, cia [pa.trí.θjo, -.θja / -.sjo, -.sja] **1** 古代ローマの貴族の. **2** 貴族（階級）の, 高貴な. ─男囡 **1** 古代ローマの貴族；パトリキ（初期の元老院議員）, パトリキウス（後期ローマ帝国・ビザンツ帝国時代の爵位を授けられた人）. **2** 貴族（階級出）の人, 名門の人.

pa·tri·li·ne·al [pa.tri.li.ne.ál] 形 父系[制]の, 父方の.

pa·tri·mo·nial [pa.tri.mo.njál] 形 世襲財産の, 先祖伝来の.

***pa·tri·mo·nio** [pa.tri.mó.njo] 男 **1** 財産；世襲（相続）財産. *～ nacional* 国有財産. *～ forestal del Estado* 国家森林資源, 国有林. *～ real* 王室財産, 王室御料地. **2** 歴史的遺産, 伝承, 伝統. *～ cultural* 文化遺産；文化財. *P～ de la Humanidad*（ユネスコ）世界遺産.
patrimonio hereditario《生物》遺伝形質.

[←［ラ］*patrimōnium*（*pater*「父」より派生）;「父親から相続した財産」が原義］関連［英］*patrimony*］

pa·trio, ria [pá.trjo, -.rja] 形 **1** 祖国[自国]の, 出生地の. amor 〜 愛国心. suelo 〜 故郷, 故郷. **2** 父の, 父親としての.

pa·trio·ta [pa.trjó.ta] 形 愛国的な, 愛国者の.
── 共 愛国者, 愛国心の.
──女《ラ米》（^中米）〖植〗バナナ.

pa·trio·te·rí·a [pa.trjo.te.rí.a] 女 《軽蔑》狂信的な[うわべだけの]愛国主義.

pa·trio·te·ris·mo [pa.trjo.te.rís.mo] 男 《軽蔑》（行き過ぎた・表面だけの）愛国主義（的な態度や誇示）（= patriotería）.

pa·trio·te·ro, ra [pa.trjo.té.ro, -.ra] 形 狂信的な[うわべだけの]愛国主義の.
── 男女 狂信的な[うわべだけの]愛国主義者.

pa·trió·ti·co, ca [pa.trjó.ti.ko, -.ka] 形 愛国（者）の. conducta *patriótica* 愛国的行動.

pa·trio·tis·mo [pa.trjo.tís.mo] 男 愛国心, 愛国主義.

pa·trís·ti·co, ca [pa.trís.ti.ko, -.ka] 形 （初期キリスト教の）教父（学）の, 教父の著作に関する.
── 女 教父学, 教父研究.

pa·tro·ci·na·dor, do·ra [pa.tro.θi.na.ðór, -.ðó.ra / -.si.-] 形 後援する, スポンサーとなる.
── 男女 後援者, スポンサー.

pa·tro·ci·nar [pa.tro.θi.nár / -.si.-] 他 後援する（= auspiciar）, スポンサーになる. campaña *patrocinada* por... …主催[後援]のキャンペーン.

pa·tro·ci·nio [pa.tro.θí.njo / -.sí.-] 男 後援, 支援, 賛助. con [bajo] el 〜 de... …の後援[協賛]による.

pa·tro·lo·gí·a [pa.tro.lo.xí.a] 女 **1** 教父学, 教父研究. **2** 教父文献集.

pa·trón, tro·na [pa.trón, -.tró.na] 男女 **1** 〖カト〗守護聖人（= patrono）, 守護聖女《♦教会がまつったり, 国・都市街・グループなどの庇護者となる聖人や聖母》; 本尊;《きれ》自分の名前の聖人（= Santo）. El 〜 de España es Santiago Apóstol. スペインの守護聖人は聖ヤコブである. La Virgen del Pilar fue proclamada *patrona* de la ciudad de Zaragoza. ピラールの聖母がサラゴサ市の守護聖母と決められた.
2 後援者, 庇護者, パトロン; 恩人. El gran artista nunca se olvidó del 〜 que le protegió de joven. その偉大な芸術家は若いころ援助してくれた人のことを決して忘れなかった.
3 経営者; 親方; 上司; 船長. Trabajó siempre para el mismo 〜. 彼[女]はずっと同じ主人のもとで働いた. 〜 de esta obra この工事の親方. 〜 del barco pesquero 漁船の船長. Donde hay 〜 no manda marinero.《諺》船長のいるところでは船員は指揮しない（主人の命令は絶対である）.
4（宿屋・下宿屋の）主人, 女将. **5**（奴隷の）所有者.
── 男 **1** 型, 原型; 規範, モデル;〖服飾〗（服の）型紙. Nuestra economía sigue el 〜 europeo. わが国の経済はヨーロッパ型である. Para hacer el vestido, lo más difícil es hacer el 〜. ドレスを作るのに一番難しいのは型紙をとることだ.
2（度量衡の）原基. el kilogramo 〜 キログラム原器. **3**〖経〗貨幣本位制. el 〜 oro 金本位制. **4**（樹木の）支柱, 接木の台木.

cortado por el mismo patrón《話》互いによく似て. Ella y su marido piensan de forma completamente igual, es decir, están *corta-* *dos por el mismo* 〜. 彼女と夫は全く同じものの考え方をして互いにそっくりだ.
[←［ラ］*patrōnum*（*patrōnus* の対格）; *pater*「父」より派生］関連 patrono, patrocinar.［英］*patron*]

pa·tro·na·je [pa.tro.ná.xe] 男（服の）型紙のデザイン[製造].

pa·tro·nal [pa.tro.nál] 形 **1** 雇用者の, 経営者側の. sindicato 〜 雇用者連合. la clase 〜 経営陣. **2**〖カト〗守護聖人の. fiesta 〜 守護聖人の祝日.
── 女《集合的》経営者側.
cierre patronal 工場閉鎖, ロックアウト.

pa·tro·na·to [pa.tro.ná.to] 男 **1** 後援, 支援, 助成. bajo el 〜 de... …の後援の下に.
2 協会, 団体; 財団. 〜 de turismo 観光協会. 〜 de los Amigos de... …の友の会.
3（慈善事業・財団の）理事会; 役員会. **4**《集合的》雇用[経営]者; 雇用者連合, 経営者団体.
patronato real 王室の聖職推挙権.

pa·tro·naz·go [pa.tro.náθ.go / -.nás.-] 男 後援, 支援. bajo el 〜 de... …の後援の下に. A Santa Bárbara corresponde el 〜 de la artillería. 聖女バルバラは砲兵隊の守護聖人である.

pa·tro·ne·ar [pa.tro.ne.ár] 他（船長として）〈船を〉指揮する.

pa·tro·ní·mi·co, ca [pa.tro.ní.mi.ko, -.ka] 形 父（祖先）の名（先祖）の名を取った[名にちなむ]. ── 男 父（祖先）の名を取った名前[姓, 名字]. ⇒Fernando から Fernández, Martín から Martínez など.

pa·tro·ni·zar [pa.tro.ni.θár / -.sár] 97 他《ラ米》後援する, スポンサーになる, ひいきにする.

pa·tro·no, na [pa.tró.no, -.na] 男女 **1** 主人, 親方, 上司. **2**〖カト〗守護聖人. **3** 守護者,（芸術・慈善事業の）後援者, スポンサー. **4** 経営者, 雇用者.

pa·tru·lla [pa.trú.ja ‖ -.ʎa] 女 **1** 巡察, パトロール, 哨戒（よう）. coche 〜 パトロールカー. estar de 〜 en [por]... …を巡回[巡視]する, パトロール中である. **2** パトロール隊, 哨戒機[艇]. 〜 costera 沿岸警備隊. **3** 一団, グループ. una 〜 de rescate 救助隊.

coche patrulla (パトロールカー)

pa·tru·lla·je [pa.tru.já.xe ‖ -.ʎá.-] 男 パトロール, 巡視, 哨戒.

pa·tru·llar [pa.tru.jár ‖ -.ʎár] 自 他 巡回[巡視]する, パトロールする.

pa·tru·lle·ro, ra [pa.tru.jé.ro, -.ra ‖ -.ʎé.-] 形 巡視の, パトロールの, 哨戒（よう）の.
── 男（または 女）**1** 巡視艇, 哨戒艇. **2** 哨戒機, 偵察機. **3**《ラ米》（^{メキ}）（^{ユリ}）（^{スヤ}）パトロールカー.

pa·tu·cho, cha [pa.tú.tʃo, -.tʃa] 形《ラ米》（^中米）短足の, 足の短い; ずんぐりした.

pa·tu·co [pa.tú.ko] 男 ベビーブーティー: 赤ん坊に履かせる履き物.

pa·tu·do[1] [pa.tú.ðo] 男〖魚〗メバチマグロ.

pa·tu·do[2] [pa.tú.ðo] 男《ラ米》（^{中米}）悪魔.

pa·tu·do, da [pa.tú.ðo, -.ða] 形《話》〈人・動物が〉足の大きい.

pa·tue·co, ca [pa.twé.ko, -.ka] 形《ラ米》（^中米）《話》《軽蔑》脚の曲がった.

pa·tul [pa.túl] 男《ラ米》ろうそく.

pa·tu·le·a [pa.tu.lé.a] 女《話》**1** 腕白たち, 騒々しい子供たち. **2** 無規律な兵隊. **3** 無規律な[ならず者の]集団.

pa·tu·le·co, ca [pa.tu.lé.ko, -.ka] 形《ラ米》(X脚・がに股など)脚が曲がった.

pa·tu·le·jo, ja [pa.tu.lé.xo, -.xa] 形《ラ米》(ᵅ)《話》X脚の, 足が曲がった.

pa·tu·le·que [pa.tu.lé.ke] 形《ラ米》(ᵅᶜ)《話》X脚の, 足が曲がった.

pa·tu·llar [pa.tu.jár ‖ -.ʎár] 自 **1** 足を踏み鳴らす. **2**《話》あちこち動き回る; いつも忙しくしている. **3**《話》おしゃべりをする.

pa·tu·rro, rra [pa.tú.r̄o, -.r̄a] 形《ラ米》(ᶜᵒˡ)ずんぐりした, 太っちょの.

pa·txa·ran [páts.kwa.ran][バスク]男 パチャラン (=pacharán): リンボクの実を浸して作るリキュール. スペインのナバラ地方の特産.

Pátz·cua·ro [páts.kwa.ro] 固名 パツクアロ(湖): メキシコ中部 Michoacán 州の湖. ♦漁業 mariposa を使った漁で有名. 11月1日に湖中のJanitzio 島で精霊祭が行われる.

pa·tzi·to [pa.tsí.to] 男 タマル tamal の一種. ♦タマルはトウモロコシの粉を練り中に具を入れたもので, トウモロコシの葉で蒸し焼きにしたもの. 小さくて甘い.

pau·jí [pau.xí] / **pau·jil** [pau.xíl] 男《ラ米》(ᵖᵉʳ)【鳥】ホウカンチョウの一種.

pa·úl [pa.úl] 形《カト》聖ビンセンシオ・ア・パウロ会の, ラザリスト会の. ― 男 **1** [P~]《複数で》聖ビンセンシオ・ア・パウロ会, ラザリスト会. **2** 湿原.

pau·lar¹ [pau.lár] 自《話》しゃべる.
  Ni paula ni maula.《話》口を開きさえしない.
  sin paular ni maular《話》ひと言もしゃべらないで.

pau·lar² [pau.lár] 男 沼地, 湿地; ぬかるみ.

pau·la·ti·na·men·te [pau.la.tí.na.mén.te] 副 ゆっくりと, 少しずつ, 徐々に. →despacio [類語]

pau·la·ti·no, na [pau.la.tí.no, -.na] 形 ゆっくりした, 少しずつの, 漸進的な (=lento, gradual).

pau·li·lla [pau.lí.ja ‖ -.ʎa] 女【昆】ガ(蛾).

pau·li·na [pau.lí.na] 女 **1**【カト】(教皇の)破門状, 破門の勅書. **2**《話》叱責(ᶜᵒˡ), 懲戒.
  3《話》匿名の非難の手紙[投書].

pau·li·nia [pau.lí.nja] 女【植】(熱帯アメリカ原産の)ムクロジ科パウリニア属の植物.

pau·lis·ta [pau.lís.ta] 男 **1** (ブラジルの)サンパウロ São Paulo(スペイン語名 San Pablo)の. **2** (ブラジルのサッカーチーム)サンパウロ São Paulo の.
  ― 男女 **1** サンパウロの住民[出身者]. **2**【スポ】(サッカーチーム)サンパウロの選手[ファン].
  ― 男【カト】聖パウロ会修道士.

Pau·lo [páu.lo] 固名 パウロ: 男子の洗礼名.
  [←[ラ] *Paulus* ; → Pablo]

pau·lo·nia [pau.ló.nja] 女【植】キリ.

pau·pe·ris·mo [pau.pe.rís.mo] 男 (社会全体の)貧困状態, 貧困層の存在.

pau·pe·ri·za·ción [pau.pe.ri.θa.θjón / -.sa.sjón] 女 貧困化.

pau·pe·ri·zar [pau.pe.ri.θár / -.sár] 97 他〈地域・集団を〉paulonia(キリ)窮乏化させる.

pau·pé·rri·mo, ma [pau.pé.r̄i.mo, -.ma] 形 [pobre の絶対最上級]《文章語》極貧の.

⁑**pau·sa** [páu.sa] 女 **1** 休止, 中断, 休憩. a ~s とぎれとぎれに, 間隔を置いて. hacer una ~ 中断[休憩]する. **2** のろさ, 緩慢. con ~ ゆっくりと. **3**【音楽】休止(符). ~ *negra* [*corchea*] 4[8]分休符.
  [←[ラ] *pausam* (*pausa* の対格) ←[ギ] *páusis* (*pauéin*「止まる」より派生); 関連 posar, reposar. [英] *pause*]

pau·sa·da·men·te [pau.sá.ða.mén.te] 副 ゆっくりと.

pau·sa·do, da [pau.sá.ðo, -.ða] 形 ゆっくりした, 落ち着いた. ~ *en el hablar* 話し方がのんびりした.

pau·sar [pau.sár] 自他 中断する, 遅らせる. ~ *el juego* ゲームを中断する.

⁂**pau·ta** [páu.ta] 女 **1** 規準; 規範, 手本. *servir de ~ a...* …の手本となる. *dar* [*marcar*] *la ~* 模範を示す.
  2 罫(ᵏᵉⁱ)線.
  3 罫線のついた下敷き (=falsilla). **4**【音楽】五線紙 (=partitura). **5** 定規, 物差し (=regla).

pau·ta·do, da [pau.tá.ðo, -.ða] 形 **1** 罫(ᵏᵉⁱ)のある, 五線の引いてある. *papel ~* 罫紙.
  2 きちんとした. *vida pautada* 規則正しい生活.
  ― 女(または男)【音楽】五線紙.

pau·tar [pau.tár] 他 **1** 〈紙などに〉罫線を引く. **2** …に規準を設ける. **3**【音楽】〈紙に〉五線を引く.

pa·va [pá.ba] 女 **1**【鳥】→ pavo. **2** ふいご. **3**《話》(タバコの)吸いさし, 吸い殻. **4**《ラ米》(ᶜʰⁱ)(ᵖᵉʳ)(ᵇᵒˡ)(ᶜᵒˡ)【服飾】(つば広の)麦わら帽子. (ᵃʳᵍ)(ᵘʳᵘ)(マテ茶用の)湯沸かし. (3)(ᵃʳᵍ)(ᶜʰⁱ)《話》悪ふざけ, 冷やかし, きつい冗談. (4)(ᵃʳᵍ)(ᵘʳᵘ)垂れた前髪. (5)(ᵃʳᵍ)(ᵛᵉⁿ)複舵(ᵇⁿ).
  pelar la pava《話》〈恋人同士が〉愛を語り合う.

pa·va·da [pa.bá.ða] 女 **1** シチメンチョウの群れ.
  2 ばかげた[おもしろくない]こと.

pa·va·na [pa.bá.na] 女 **1** パバーヌ: 16世紀ごろ始まった舞踊(曲). *P~ para una infanta difunta de Ravel* ラベル(作曲)の『亡き王女のためのパバーヌ』. **2** (女性の)ケープの一種.

pa·ve·ar [pa.be.ár] 自 (1)《ラ米》(ᵃʳᵍ)(ᵘʳᵘ)(ᶜʰⁱ)《話》〈恋人同士が〉愛の言葉を交わす. (2) (ᵃʳᵍ)(ᵘʳᵘ)《話》ずる休みする, サボる. (3) (ᶜʰⁱ)(ᵃʳᵍ)《話》ばかげたことをする[言う]. (4) (ᵃʳᵍ)《話》ぶらつく, ほっつき歩く. (5) (ᵃʳᵍ)働くふりをする.
  ― 他《ラ米》(1) (ᶜᵒˡ)(俗)殺害する. (2) (ᶜʰⁱ)(ᶜᵒˡ)冷やかす, からかう.

pa·ve·rí·a [pa.be.rí.a] 女《ラ米》(ᶜʰⁱ)(ᵃʳᵍ)《話》愚かなこと.

pa·ve·ro, ra [pa.bé.ro, -.ra] 男女 **1** シチメンチョウ飼育[販売]業者. **2**《ラ米》(ᶜʰⁱ)(ᶜᵘᵇ)《話》冗談好きな人. ― 男 (スペイン Andalucía の)つば広の帽子.

pa·vés [pa.bés] 男 **1** (中世の兵士が用いた長方形の)大盾. **2** 敷石舗装.
  alzar [*levantar*] *a+人 sobre el pavés* 〈人〉を(王・首領などの)地位につける; 祭り上げる.

pa·ve·sa [pa.bé.sa] 女 (紙・わらなどの)火の粉, 火花; 灰.
  estar hecho una pavesa 見る影もなくやつれている, 非常に衰弱している.

pa·ví·a [pa.bí.a] 女【植】**1** モモの一種: イタリアのパビーア産で実は薄い皮を持つ. **2** pavía の実.

Pa·ví·a [pa.bí.a] 固名 パビーア: イタリア北部ロンバルディア州の都市.

pá·vi·do, da [pá.bi.ðo, -.ða] 形 おびえた, 臆病(ᵇʸᵒ)な.

pa·vi·men·ta·ción [pa.bi.men.ta.θjón / -.sjón] 女 舗装(工事);(敷石・タイルなどによる)床張り.

pa·vi·men·tar [pa.bi.men.tár] 他 (石・アスファルトなどで)舗装する;(敷石・タイルなどで)床を張る. *calle pavimentada* 舗装道路.

pa·vi·men·to [pa.bi.mén.to] 男 **1** 舗装;床(張り). **2** 舗装材料,床材.

pa·vio·ta [pa.bjó.ta] 女《鳥》カモメ(= gaviota).

pa·vi·po·llo [pa.bi.pó.jo | -.ʎo] 男 **1**《鳥》シチメンチョウのひな. **2**《話》頭の鈍い人;つまらない人.

pa·vi·so·so, sa [pa.bi.só.so, -.sa] 形 まぬけな;おもしろくない. ── 男女 まぬけ;おもしろくない人.

pa·vi·to, ta [pa.bí.to, -.ta] 男女《ラ米》(ベネズ)(話)若者,青年.

pa·vi·ton·to, ta [pa.bi.tón.to, -.ta] 形 男女 → pavisoso.

pa·vo, va [pá.bo, -.ba] 男女 **1**《鳥》シチメンチョウ. ～ *real* クジャク. ♦「美しい鳥」の意のtolteca 人の神聖な鳥で,祝いごとに出された食べ物であった. 北米・メキシコ原産. 1492年のコロンブスのアメリカ大陸到達以後,ヨーロッパに輸入された. **2**《話》おもしろみのない人;まぬけ. **3**《話》(方言)(*)(発信)無賃乗客. *ir de* ～ ただ乗りする. **(2)**(俗)油断できない人.

pavo (シチメンチョウ)

── 男 **1**《星座》P～ (real) くじゃく座. **2**(俗) 5ペセタ貨幣(= duro). **3**《ラ米》(1)(グア)(話)風船玉,叱責(しっせき),非難. **(2)**(遊)凧(たこ). *comer pavo*《話》(ダンスで)〈女性が〉誰にも誘われない, 壁の花になる;《ラ米》幻滅する;赤恥をかく;(チリ)だまされる.

edad del pavo《話》思春期.

encendido como un pavo《話》真っ赤になって.

hacerse el pavo《ラ米》(ベネズ)とぼける, しらばくれる.

hincharse como un pavo real / ser más orgulloso que un pavo《話》大得意である,尊大である.

írsele (a+人) los pavos《ラ米》(チリ)〈人〉が愚にもつかないことをしでかす[口にする].

subírsele (a+人) el pavo《話》顔を赤らめる.

tener (el) pavo《話》内気で,人見知りする.

[←《古スペイン》*pavo*「クジャク」←〔ラ〕*pāvus*「雄のクジャク」《関連》《英》*peacock, peahen*]

pa·vón [pa.bón] 男 **1**《鳥》クジャク(= pavo real). **2**《昆》クジャクヨコバイ. **3**《技》(鋼鉄の腐食防止のための)青みがかった酸化被膜.

pa·vo·na·do, da [pa.bo.ná.do, -.ða] 形 **1** 暗青色の. **2** 酸化被膜の. ── 男 (鋼鉄の)酸化被膜.

pa·vo·nar [pa.bo.nár] 他 〈鋼鉄(の表面)を〉酸化被膜で覆う.

pa·vo·ne·ar [pa.bo.ne.ár] 自 高慢になる, 気取って歩く. ── 他 だます, 欺く.

── ～·se 再 (*de...*) …を自慢する,見せびらかす.

pa·vo·ne·o [pa.bo.né.o] 男 威張ること,うぬぼれ,見せびらかし.

pa·vor [pa.bór] 男 恐怖, ひどい恐れ. *El ～ causó más muertos que el propio incendio.* 火事そのものよりもパニックで多くの死者が出た.

pa·vo·ro·sa·men·te [pa.bo.ró.sa.mén.te] 副 ぞっとするほどに, 恐ろしいことに.

pa·vo·ro·so, sa [pa.bo.ró.so, -.sa] 形 恐ろしい, ぞっとするような.

pa·vo·so, sa [pa.bó.so, -.sa] 形《ラ米》(ベネズ)(話)不運な;不吉な.

pa·vun·cio, cia [pa.bún.θjo, -.θja / -.sjo, -.sja] 形《ラ米》(キ)(話)**(1)** ばかな,愚かな. **(2)** 信じやすい,だまされやすい.

pa·ya [pá.ja] 女《ラ米》(キ)(アラブ) → payada.

pa·ya·ca·te [pa.ja.ká.te] 男《メキシコ》(話)大きく派手な図柄の入った)ハンカチ.

pa·ya·da [pa.já.ða] 女《ラ米》(キ)(アラブ) payador の即興の歌. ～ *de contrapunto* 即興の歌競(うたくら)べ.

pa·ya·dor [pa.ja.ðór] 男《ラ米》(キ)(アラブ) ガウチョ gaucho の吟遊詩人, 旅楽師. ♦19世紀のラプラタ地方で活躍. ギターを奏でながら, 聴衆の求めに応じ即興の歌をうたった. アルゼンチンの Santos Vega は特に有名.

pa·ya·du·ra [pa.ja.ðú.ra] 女《ラ米》(キ)(アラブ) → payada.

pa·ya·ma [pa.já.ma] 女《ラ米》(グ)(複数で)《服飾》パジャマ.

pa·yar [pa.jár] 自《ラ米》(キ)(アラブ) 即興で歌う.

pa·ya·sa·da [pa.ja.sá.ða] 女 道化の仕事;場違いでばかげた言動;悪ふざけ. *hacer ～s* おどける.

pa·ya·se·ar [pa.ja.se.ár] 自《ラ米》(話) おどける.

pa·ya·so, sa [pa.já.so, -.sa] 男女 **1** 道化師,ピエロ. **2** おもしろい人,お調子者. *hacer el ～* 道化を演ずる.

── 男 《話》ふざけた,不まじめな.

pa·yés, ye·sa [pa.jés, -.jé.sa] 男女 (スペイン Cataluña 地方・Baleares 諸島の)農民. *payeses de remensa*(中世 Cataluña 地方で)土地に縛られた農奴.

pa·yo, ya [pá.jo, -.ja] 形 **1** 田舎者の;無知の,だまされやすい. **2** ジプシー[ロマ]にとって)ジプシー[ロマ]でない. **3**《ラ米》**(1)**(グアテ)(キ)(人が)白子の;(髪が)亜麻色の. **(2)**(キ)(話)派手な.

── 男女 **1** 田舎者,だまされやすい人. **2** (ジプシー[ロマ]にとって)ジプシー[ロマ]以外の人. **3**《話》ばか,とんま.

pa·yue·las [pa.jwé.las] 女《複数形》《医》水痘(すいとう), 水疱瘡(みずぼうそう)(= viruelas locas).

paz [páθ / pás] 女 [複 *paces*] **1** 平和,平時. *Guerra y paz*『戦争と平和』(トルストイの作品). *paz mundial* 世界平和. *paz perpetua* 恒久平和. *mantener la paz* 平和を維持する. *paloma de la paz* 平和のハト.

2 講和, 講和条約;《複数で》和解, 仲直り. *firmar la paz* 講和条約に調印する. *conversaciones de paz* 和平交渉. *tratados de paz* 講和条約. *la paz de los Pirineos* ピレネー条約(♦1659年のスペイン・フランス間の講和条約). *hacer las paces* 仲直りする. *poner paz entre...* …を和解させる.

3 平安;治安, 秩序;安心. *paz octaviana*(ローマ帝国オクタビアヌス帝時代にあったような)泰平. *paz y tranquilidad* 平和と静けさ. *vivir en paz* 平穏に暮らす. *romper la paz* 平安を脅かす. *tener la conciencia en paz* 良心にやましいところがない. *con paz* 落ち着いて, 安心して.

4《カト》**(1)** 平和のあいさつ(♦ミサの最後に司祭のよびかけで行う). *dar la paz* 平和のあいさつをする.

(2) 接吻(せっぷん)牌(♦司祭や信者が接吻する聖像を描いた銀牌).

¡A la paz de Dios! さようなら;こんにちは. ▶「神の平和のもとへ」の意から

¡Aquí paz y después gloria! / ¡Y en paz!《話》全部終わった;(結論づけて)これで決まりだ.

dejar... en paz …をそっとしておく, じゃましない. *¡Déjame en paz!* ほっておいてください. *El vende-*

dor no me *deja en paz*. そのセールスマンが私にうるさくつきまとう. *Deja en paz* esa silla. そのいすはそのままにしておきなさい.

descansar [reposar] en paz 〈死者が〉安らかに眠る. Nuestro abuelo ya *descansa en paz*. 私たちの祖父はもう亡くなっています. Que *en paz descanse*. 安らかにお眠りください《略 q.e.p.d》. ▶ 死者に言及するとき, Mi abuela María, *que en paz descanse*, era…「今は亡き祖母のマリアは…」のように使う.

estar en paz (1) 平和である. (2) 貸し借りなしになる; (賭(ﾍ)けで) 引き分けになる. Ella me invitó aquella vez y ahora la invito yo, así *estamos en paz*. 彼女はあのときおごってくれたから今度は私がおごろう, これでおあいこだ.

no dar paz a la lengua しゃべりまくる.

¡Vaya[Vete] en paz! / ¡Vaya[Vete] con la paz de Dios! お元気で; もうこりごりだ.

[←〔ラ〕*pācem* (*pāx* の対格); 関連 pacífico, apaciguar. 〔英〕*peace*「平和」, 平穏], *Pacific*「太平洋」]

Paz¹ [páθ / pás] 固名 → La Paz.

Paz² [páθ / pás] 固名 パス Octavio 〜 (1914-98): メキシコの詩人・批評家. ノーベル文学賞(1990). 作品 ¿*Águila o sol*? 『鷲(ﾜ)か太陽か』.

paz·gua·te·rí·a [paθ.gwa.te.rí.a / pas.-] 囡 愚直 [無邪気] (な言動).

paz·gua·to, ta [paθ.gwá.to, -.ta / pas.-] 形 愚直な, 単純な; 何にでも大騒ぎする.
── 男 囡 単純な人; 無邪気な人; まぬけ.

pa·zo [pá.θo / -.so] 男 (スペイン Galicia 地方の) 田園の屋敷, 館(ﾔｶﾀ).

pa·zo·te [pa.θó.te / -.só.-] 男 【植】アリタソウ: アンティル諸島・メキシコ原産.

Pb 【化】plumbum [ラ] 鉛(= plomo).

pbro. (略) *presbítero* 司祭.

PC [pe.θé / -.sé] [英](略) *personal computer* パーソナルコンピューター; *partido comunista* 共産党.

PCC [pe.θe.θé / -.se.sé] 男 (略) *Partido Comunista de Cuba* キューバ共産党.

PCE [pe.θe.é / -.se.é] 男 (略) *Partido Comunista de España* スペイン共産党; *Partido Conservador de Ecuador* エクアドル保守党.

¡pche! / ¡pchs! [ps!] 間感 1 〔無関心・不快・疑い〕ふん, へん, ちぇっ.
2 〔俗〕〔呼びかけ〕おい, ちょっと.

PCN [pe.θe.éne / -.se.-] 男 (略) *Partido de Conciliación Nacional* (エルサルバドルの) 国民協議党.

Pd 【化】paladio パラジウム.

P.D. (略) (1) *posdata* 追伸, 追記 (= *post data*). (2) *por delegación* 代理で.

PDA [pe.ðe.á] [英](略)『IT』*personal digital assistant* 個人用の携帯情報端末.

PDC [pe.ðe.θé / -.sé] 男 (略) *Partido Demócrata Cristiano* (チリやエルサルバドルの) キリスト教民主党.

pe [pé] 囡 アルファベットの p の名称.
de pe a pa (話) 始めから終わりまで. Me lo he leído *de pe a pa*. 私はそれを全部読んだ.

p.e., p.ej. (略) *por ejemplo* たとえば, 例として.

pe·a [pé.a] 囡 (俗) 酔っ払うこと, 泥酔. *agarrar una pea* ぐでんぐでんに酔っ払う. *tener una pea encima* へべれけに酔っ払っている.

*** pe·a·je** [pe.á.xe] 男 (有料道路などの) 通行料; 料金所. *carretera [autopista] de* 〜 有料道路.

pe·a·je·ro, ra [pe.a.xé.ro, -.ra] 男 囡 通行料徴収人.

pe·al [pe.ál] 男 1 ストッキング[くつ下]の足先部分.
2 レッグウォーマー. 3 〔ラ米〕(1) 投げ縄; ロープ.
(2) (ﾀﾞﾒﾅ)(話) わな, 策略.

pe·a·lar [pe.a.lár] 他 〔ラ米〕(動物を) 投げ縄で捕らえる.

pe·a·na [pe.á.na] 囡 1 (像などを載せる) 台(座) (= pedestal). 2 窓の下枠. 3 (祭壇前の) 壇.
Por la peana se adora [besa] al santo. 《諺》将を射んと欲すればまず馬を射よ.

*** pe·a·tón, to·na** [pe.a.tón, -.tó.na] 男 囡 1 歩行者, 通行人 (= transeúnte, viandante). *paso de peatones* 横断歩道.
2 郵便配達人.
[←〔仏〕*piéton* (*pied*「足」より派生); 関連〔英〕*pedestrian*]

pe·a·to·nal [pe.a.to.nál] 形 歩行者の, 通行人の; 歩行者向けの. *calle* 〜 歩行者専用路. *zona* 〜 歩行者天国.

pe·a·to·na·li·zar [pe.a.to.na.li.θár / -.sár] 自 他 (道路を) 歩行者専用にする, 歩行者天国にする.

peatón *paso…*「歩行者は横断歩道を」

pe·be·ta [pe.bé.ta] 囡 〔ラ米〕〔ﾀﾞﾒ〕(話) 女の子.

pe·be·te [pe.bé.te] 男 1 香, 線香. 2 (花火などの) 導火線. 3 (話) 悪臭を放つもの. 4 〔ラ米〕(1) (ﾀﾞﾒ) 上質のタバコ. (2) (ﾀﾞﾒ) 男の子, 少年, 若者; 背の低い人.

pe·be·te·ro [pe.be.té.ro] 男 香炉.

pe·bre [pé.bre] 男 (1 と 2 では囡 も) 1【料】(酢・ショウ・ニンニク・パセリ・タマネギ・トマトを混ぜた) ソース. 2 コショウ. 3 〔ラ米〕(ﾁﾘ)マッシュポテト.

pe·ca [pé.ka] 囡 そばかす. *cara llena de* 〜*s* そばかすだらけの顔.

*** pe·ca·do** [pe.ká.ðo] 男 1 〔宗教上・道徳上の〕罪, 罪悪 (▶ 法律上の犯罪は crimen); 過ち. 〜 *original* 原罪 (●アダムとイブの失楽園の物語に起因). 〜 *mortal* 大罪. 〜 *venial* 小罪. 〜 *de omisión* 怠慢の罪. 〜 *nefando* 男色. *cometer un* 〜 罪を犯す. *confesar los* 〜*s* 罪を告白する. *estar [vivir] en* 〜 罪を負っている. *morir en* 〜 罪を背負ったまま死ぬ. *pagar (por) sus* 〜*s* 罪の報いを受ける. *llevar en el* 〜 *la penitencia* 罪は罰を伴う. *En el* 〜 *va la penitencia.* 《諺》罪には罰が伴うものだ; 過ちには災いがつきものである. *No hay* 〜 *sin remisión.* 許しのない罪はない. *P*〜 *confesado es medio perdonado.* 《諺》罪を懺悔(ｻﾞﾝｹﾞ)すれば半分許されたことになる. *Todo* 〜 *merece perdón.* すべての罪は許される. → **culpa** 類語.

関連 *los siete pecados capitales* 七つの大罪. 〜 *de avaricia* 物欲の罪. 〜 *de envidia* ねたみの罪. 〜 *de gula* 貪食(ﾄﾞﾝｼﾞｷ)の罪. 〜 *de pereza* 怠惰(ﾀｲﾀﾞ)の罪. 〜 *de ira* 憤怒の罪. 〜 *de lujuria* 色欲の罪. 〜 *de soberbia* 傲慢(ｺﾞｳﾏﾝ)の罪.

2 (話) 罰が当たるようなこと, 嘆かわしいこと; 欠点. ¡Qué 〜! なんということだ. Mi 〜 *es comer hela-*

dos. 私の欠点はアイスクリームに目がないことだ.
3 悪魔 (=demonio). **4** トランプ遊びの一種 (手札の合計点が9点になると勝ちになるゲーム).
人+de mis pecados《話》《親愛》私の(人).
hijo de mis ~s この[うちの]どら息子.
de pecado《話》とてもおいしい, とてもすてきな.
más feo que un pecado《話》ひどく醜い.

pe·ca·dor, do·ra [pe.ka.ðór, -.ðó.ra] 形 罪を犯す, 罪深い. ── 男 女 (道徳・宗教上の) 罪人(禁), 罪を犯しそうな人. ── 女 売春婦; 不倫する女性.
pecador de mí(言い訳で)私としたことが, 情けない.

pe·ca·mi·no·so, sa [pe.ka.mi.nó.so, -.sa] 形 **1** 罪深い, 不道徳な, 不純な. **2** 罪の, 罪人の.

pe·cán [pe.kán] 女《植》**1** ペカン (ナッツ) の木, ピーカン (ナッツ) の木.
2 ペカン (ナッツ), ピーカン (ナッツ) (=pacana). ◆北米産のナッツの一種. 名称は先住民の言葉に由来.

***pe·car** [pe.kár] 回 自 **1** (宗教・道徳上の) 罪を犯す. *~ contra la ley de Dios* 神の掟(穿)に背いて罪を犯す. *~ de palabra [obra]* 言葉[行為]で罪を犯す. **2** 過ちを犯す, 誤る, 道を踏み外す. **3** (ユーモラスに) 誘惑に負ける, 弱い. *Si veo pasteles, volveré a ~.* ケーキを見たら, また手が出てしまう.
pecar de+形容詞 …しすぎる, 度を越す. *~ de generoso* 気前がよすぎる. *no ~ de generoso*(必ずしも) 寛大(すぎる) というわけではない. *~ de severo* 厳しすぎる. *~ de confiado* なれなれしすぎる.
pecar de [con la] intención 邪悪な考えを持つ.
pecar por... …の欠陥を持つ, …が欠点である. *~ por defecto* やり足りない, 標準に達しない. *~ por exceso* やりすぎる, 度を越す. *~ por omisión* 怠慢すぎる.
[← [ラ] *peccāre*; 関連 pecado]

pe·ca·rí [pe.ka.rí] / **pé·ca·ri** [pé.ka.ri] 男《動》ペッカリー, ヘソイノシシ; 南北アメリカに生息.

pec·blen·da [pek.blén.da] 女《鉱》瀝青(淺)ウラン鉱, ピッチブレンド.

pec·ca·ta mi·nu·ta [pe.ká.ta mi.nú.ta] [ラ]《話》微罪, ささいな過ち.

pe·ce·ci·llo [pe.θe.θí.jo ‖ -.ó / -.se.sí.-] 男 *pez*¹+縮小辞.

pe·ce·ra [pe.θé.ra ‖ -.sé.-] 女 金魚鉢, 水槽.

pe·ces [pé.θes / -.ses] 男 *pez* の複数形.

pe·cha [pé.tʃa] 女《ラ米》(髪)→ pechada.

pe·cha·da [pe.tʃá.ða] 女《ラ米》**(1)**(胸・肩での) 押し, 押しのけ. **(2)**(騎手が馬の胸を使って) 押すこと;(家畜の) 追い立て. **(3)**(髪)《話》無心, たかり.
darse una pechada de trabajar《話》みっちり働く.

pe·cha·dor, do·ra [pe.tʃa.ðór, -.ðó.ra] 男 女《ラ米》詐欺師, 他人を犠牲にして生活する人.

pe·cha·men [pe.tʃá.men] 男《俗》(女性の大きな) 胸[乳房].

pe·char [pe.tʃár] 他 **1**《法》《史》(税金を) 払う, 納める. **2**《ラ米》(胸・肩で) 押す;(騎手が) (馬の胸で) (牛などを) 突いて追い立てる. **(3)**(髪) 強引に手に入れる. ── 自《話》(*con...* …を) 担う, 引き受ける, 負う (=apechugar, cargar). *~ con el trabajo más difícil* 最も困難な仕事を引き受ける.

pe·cha·zo [pe.tʃá.θo / -.so] 男《ラ米》**(1)**(肩・胸での) 押しのけ. **(2)**(髪)借金. **(3)** 身勝手な行為, 傍若無人な行動. **(4)**(髪)《話》無心, たかり.

pech·blen·da [peʧ.blén.da] 女《鉱》瀝青(淺)ウラン鉱, ピッチブレンド.

pe·che [pé.tʃe]《ラ米》(中米)《話》やせけた, 衰弱した. ── 男 **1** → pechina 1. **2**《ラ米》(中米)孤児; 幼児.

pe·che·ra [pe.tʃé.ra] 女 **1**(衣服の) 胸部 (ワイシャツの) 前立て; 飾り胸当て (= ~ postiza);(婦人服の) 胸のひだ飾り. **2**(馬の) 首当て, 頸帯(然), 胸懸(然). **3**《話》(女性の豊かな) 胸, 乳房. **4**《ラ米》(鍛)(職人の) エプロン, 前掛け.

pe·che·ro, ra [pe.tʃé.ro, -.ra] 形 **1**《史》納税義務のある, 課税対象の. **2** 平民[庶民]の. ── 男 **1** よだれ掛け;(衣服の) 胸部, 胸当. **2** 平民; 庶民. **3**《史》納税(義務)者.

pe·chi·blan·co, ca [pe.tʃi.bláŋ.ko, -.ka] 形 (動物の) 胸の白い.

pe·chi·ca·to, ta [pe.tʃi.ká.to, -.ta] 形《ラ米》(鍛)《話》けちな, しみったれた.

pe·chi·co·lo·ra·do [pe.tʃi.ko.lo.rá.ðo] 男 → pechirrojo.

pe·chin·gan·ga [pe.tʃi.góŋ.ga] 女 トランプゲームの一種; 手札 9 枚の合計得点で勝負を決める; エースから 9 までそろった手.

pe·chi·na [pe.tʃí.na] 女 **1**《建》(円屋根の) ペンデンティブ, 穹隅(穿*). **2**(スペイン Santiago de Compostela から巡礼者が持ち帰った) ホタテガイの貝殻.

pe·chi·rro·jo [pe.tʃi.ró.xo] 男《鳥》ヨーロッパコマドリ.

pe·chi·sa·ca·do, da [pe.tʃi.sa.ká.ðo, -.ða] 形《話》思い上がった, 高慢な.

pechina (ペンデンティブ)

*****pe·cho** [pé.tʃo] 男 **1** 胸, 胸部;《解剖》呼吸器, 肺. *con la mano derecha sobre el ~* 胸に右手を置いて. *estar enfermo del ~* 呼吸器の病気を患っている. *La atrajo hacia su ~.* 彼は彼女を自分の胸の方に引き寄せた.
2(女性の) バスト, 乳房. *tener poco ~* バストがあまり大きくない. **3** 胸のうち, 心. *quedarse con... en el ~* …を心に留めておく. **4** 意気, 気力; 勇気. **5** 傾斜, 坂. **6**《史》(王や領主に支払った) 税金.
abrir su pecho a+人(人)に胸のうちを明かす, 心を開く.
a pecho descubierto 無防備で[に]; 正々堂々と; 包み隠さずに.
a todo pecho《ラ米》(鍛)(髪)《話》大声で, 叫んで.
criar a+人 a sus pechos〈乳児〉に乳をやる;〈人〉を養育する;〈人〉を世話[保護]する.
*dar el pecho a...***(1)**〈乳児〉に乳をやる, 授乳する. **(2)**〈危険など〉に立ち向かう; 責任をとる.
de pechos(欄干などに) よりかかって.
echarse [meterse]... entre pecho y espalda《話》…を平らげる, がぶ飲みする.
no caberle en el pecho (*a*+人)〈人〉の〈感情など〉が押さえられない.
partirse el pecho por... …に尽力する, 躍起になる.
sacar pecho 胸を張る, しっかり立つ.
tomar el pecho〈乳児が〉乳を飲む.
tomar(se)... a pecho(s) …を気に病む; …を深刻に受け止める; …に腹を立てる. *No te lo tomes tan a ~.* それをそんなに気にするなよ.
[← [ラ] *pectus*; 関連 peto. [スペイン] [英] *pectoral*. [ポルトガル] *peito*. [仏] *poitrine*. [伊] *petto*]

pe·chón, cho·na [pe.tʃón, -.tʃó.na] 形《話》《ラ

pe·cho·ño, ña [pe.tʃó.ɲo, -.ɲa] 形《ラ米》(?)(?)《話》信心深いふりをする, 信心家ぶる.

pe·chu·ga [pe.tʃú.ɡa] 女 **1**《鶏などの》胸肉. una ~ de pollo 若鳥のささ身. **2**《話》《女性の襟もとからちらりと見える》乳房, 胸. **3** 傾斜, 斜面. **4**《ラ米》(1)(?)(?)(?)(?)(?)《話》厚かましさ, 厚顔. (2)(?)(?)度胸, 沈着; 大胆. (3) (ウラ) 《話》迷惑, 不快.

pe·chu·gón, go·na [pe.tʃu.ɡón, -.ɡó.na] 形 **1**《俗》《女性が》胸の豊かな; むっちりした. **2**《ラ米》《話》(1) ずうずうしい, 厚かましい. (2) かかりの, 厚病の. (3)(?)大胆な, 度胸のある. (4) 欲の皮が張った.
— 男 女《ラ米》《話》(1)(?)(?)(?)(?)(?)(?)(?)(?)(?)ずうずうしい[厚かましい]やつ. (2) 厚病. (3)(?)大胆な人, 度胸のある人. (4) 欲の皮の張った人.
— 女《俗》胸の豊かな女性.
— 男 **1** 胸への一撃; 胸を打つこと; 正面からぶつかり合うこと. **2** 頑張り.

pe·chu·gue·ra [pe.tʃu.ɡé.ra] 女 **1** 空咳(?); しつこい咳. **2**《ラ米》(?)(?)(?)(?)(1) しわがれ声. (2) 胸の病, 気管支炎.

pe·ci·na [pe.θí.na / -.sí.-] 女 軟泥, へどろ.

pe·ci·nal [pe.θi.nál / -.si.-] 男 泥沼, へどろが堆積した池.

pe·ci·no·so, sa [pe.θi.nó.so, -.sa / -.si.-] 形 泥だらけの, へどろが堆積した(?).

pe·cio [pé.θjo / -.sjo] 男 **1**《難破船の》漂流[漂着]物, 浮き荷. **2**《漂着物の》取得権.

pe·cio·la·do, da [pe.θjo.lá.ðo, -.ða / -.sjo.-] 形 《植》葉柄のある.

pe·cí·o·lo [pe.θí.o.lo / -.sí.-] / **pe·cio·lo** [pe.θjó.lo / -.sjó.-] 男 《植》葉柄.

pé·co·ra [pé.ko.ra] 女 **1** 羊. **2**《軽蔑》売春婦; 悪女 (= mala ~).

pe·co·so, sa [pe.kó.so, -.sa] 形 そばかすのある. cara pecosa そばかすだらけの顔.
— 男 女 そばかすだらけの人.

pe·co·tra [pe.kó.tra] 女《ラ米》(?)こぶ, 腫物(?); 《医》骨腫; 《棒などの》節, こぶ.

pec·ti·na [pek.tí.na] 女《化》ペクチン.

pec·tí·ne·o, a [pek.tí.ne.o, -.a] 形《解剖》《筋肉が》櫛(?)状の. — 男《解剖》櫛状筋.

pec·ti·ni·for·me [pek.ti.ni.fór.me] 形《植》《動》櫛(?)状の, 歯状の, 歯状の突起のある.

pec·to·ral [pek.to.rál] 形 **1** 胸(部)の. músculos ~es 胸筋. aleta ~《魚》胸びれ. **2** 咳(?)止めの. jarabe ~ 咳止めシロップ. pastillas ~es 咳止めドロップ.
— 男 **1**《解剖》胸筋. **2**《カト》《高位聖職者の》胸掛け用十字架. **3**《ユダヤ教の大司祭が身につける》胸飾り. **5**《スポ》《胸に着ける》ゼッケン.

pec·to·sa [pek.tó.sa] 女《化》ペクトーゼ.

pec·tus ex·ca·va·tum [pék.tus e(k).ska.bá.tum] 男 漏斗(?)胸.

pe·cua·ca [pe.kwá.ka] 女《ラ米》(?)(?)(?)(?)(?)蹄(?), 《人の》足の悪臭.

pe·cua·rio, ria [pe.kwá.rjo, -.rja] 形 家畜の; 畜産の.

pe·cue·ca [pe.kwé.ka] 女 → pecuaca.

pe·cu·la·do [pe.ku.lá.ðo] 男《法》《公金の》使い込み, 着服, 横領.

*****pe·cu·liar** [pe.ku.ljár] **1** 独特の; 特殊な. Esta obra tiene características ~es. この作品は独自の特徴を持っている.
2 特異な; 一風変わった, 妙な. Este edificio tiene una forma tan ~ que llama la atención de los turistas. この建物はとても変わった形をしているので, 旅行者の注目の的だ.
[← [ラ] peculiārem (peculiāris の対格)「個人財産の」; 特異な」(peculium「個人財産」より派生); この名詞はさらに pecus「家畜」より派生], 関連 peculiaridad. [英] peculiar]

*****pe·cu·lia·ri·dad** [pe.ku.lja.ri.ðáđ] 女 特殊性, 独自性; 特色, 特徴 (= particularidad).

pe·cu·lio [pe.kú.ljo] 男 **1** 持ち金, 自分の金 [財産]. Lo tuve que pagar de mi ~. 自腹でそれを払わねばならなかった. **2**《古代ローマで》個人財産.

pe·cu·nia [pe.kú.nja] 女《話》銭, 金.

pe·cu·nia·ria·men·te [pe.ku.njá.rja.mén.te] 副 **1** 金銭的に, 財政的に. **2** 現金で.

pe·cu·nia·rio, ria [pe.ku.njá.rjo, -.rja] 形 金銭(上)の. pena pecuniaria《法》罰金刑, 財産刑.

ped- **1** 母音の前の pedi-の異形. → pedestal.
2 母音の前の pedo-の異形. → pediatría.

*****pe·da·go·gí·a** [pe.ða.ɡo.xí.a] 女 教育学, 教授法. En la universidad estudié ~. 私は大学で教育学を勉強した.

*****pe·da·gó·gi·co, ca** [pe.ða.ɡó.xi.ko, -.ka] 形 教育学の, 教授法の, 教育的な.

pe·da·go·go, ga [pe.ða.ɡó.ɡo, -.ɡa] 男 女 **1** 教育者, 教師; 教育学者. **2** 養育係, 家庭教師. **3** 介添え, 付添い.
[← [ラ] paedagōgum (paedagōgus の対格)「(家庭)教師」→ [ギ] paidagōgós (paîs「子供」+ agōgós「導く人」; 「子供たちの世話をし, 学校に連れて行く奴隷」が原義); 関連 pedagogía, pedantesco, pediatría, pedología]

pe·da·je [pe.ðá.xe] 男 → peaje.

pe·dal [pe.ðál] 男 **1** ペダル, 踏み板. dar a los ~es のペダルを踏む. los ~es de una bicicleta ペダル. ~ de embrague [de acelerador, de freno] クラッチ[アクセル, ブレーキ]ペダル.
2《音楽》《パイプ・オルガンの》ペダル; 足鍵盤(?); 保続音. ~ fuerte《ピアノの》ダンパー[ラウド]ペダル.
3《話》酔い (= cogorza).
[← [ラ] pedālem (pedālis の対格) 形「足の」(pēs「足」より派生); 関連 [英] pedal]

pe·da·la·da [pe.ða.lá.ða] 女 ペダルを足で踏むこと, ペダルのひと踏み.

pe·da·le·ar [pe.ða.le.ár] 自 ペダルを踏む, 自転車をこぐ.

pe·da·le·o [pe.ða.lé.o] 男 ペダルを踏むこと, 自転車をこぐこと.

pe·dá·ne·o, a [pe.ðá.ne.o, -.a] 形 村落の, 地区の. juez ~《法》《村・集落などで軽微な犯罪を扱う》地方判事. — 男《村などの》行政官.

pe·da·ní·a [pe.ða.ní.a] 女 村落, 小行政地区; 《地方判事の》管轄地区.

pe·dan·te [pe.ðán.te] 形 学者ぶった, 知ったかぶりをする. — 男 女 **1** 学者ぶる人, 衒学(?)者. **2**《昔の》家庭教師.

pe·dan·te·ar [pe.ðan.te.ár] 自《ラ米》《話》《軽蔑》学識をてらう, 知ったかぶりをする.

pe·dan·te·rí·a [pe.ðan.te.rí.a] 女 学者ぶること, 衒学(?)趣味.

pe·dan·tes·co, ca [pe.ðan.tés.ko, -.ka] 形 学者ぶった, 知ったかぶりをする, 衒学(?)的な.

pe·dan·tis·mo [pe.ðan.tís.mo] 男 学者[物知り]

ぷること, 衒学(的).

***pe·da·zo** [pe.ðá.θo / -.so] 男 **1** 一片, 一部分; 断片, 小片. un ~ de tarta [queso, pan] ケーキ[チーズ, パン] 一切れ. ~ de papel 紙片. a ~s ばらばらに. hacer ~s a... …をめちゃくちゃにする, ずたずたに裂く; こっぴどくやっつける. hacerse ~s こっぱ微塵(みじん)となる. saltar en ~s 粉々に吹き飛ぶ.
2 《話》人, やつ. ~ de alcornoque [animal, bruto]《軽蔑》愚か者, ろくでなし. ~ de carne 鈍感な人, 不人情な人. ~ de mi [del] alma / ~ de mi [del] corazón / ~ de mis [de las] entrañas《特に母親から子供への呼びかけ》愛しい子.
caerse a pedazos《話》今にも崩れ落ちそうである; くたくたに疲れている.
estar hecho pedazos《話》粉々になっている; くたくたに疲れている.
morirse [estar muerto] por los pedazos de+人《話》〈人〉にぞっこん首ったけである.
pedazo de pan《比喩的》生活に最小限必要なもの; 好人物.
[←〔ラ〕*pittacium*「羊皮紙の小片; 絆創膏(ばんそうこう)」←〔ギ〕*pittákion*].

pe·der [pe.ðér] 自《俗》おならをする, 放屁(ほうひ)する. **—~·se** 再《俗》おならをする, 放屁する (= peer).
pe·de·ras·ta [pe.ðe.rás.ta] 男 **1** 年少者相手の男色者, 少年愛趣味の男; 男色者, 同性愛者.
pe·de·ras·tia [pe.ðe.rás.tja] 女 少年愛; 男色.
pe·der·nal [pe.ðer.nál] 男 **1** シリカ, 二酸化ケイ素. **2** 火打ち石 (= sílex).
duro como un [el] pedernal〈岩のように〉とても堅い, とても冷酷である.
pe·des·tal [pe.ðes.tál] 男 **1**（彫像・柱などの）台（座）, 柱脚 (= peana). ~ *es* de mármol 大理石の台座. **2**《比喩的》踏み台, 足がかり, 手段.
tener [poner] a+人 *en un pedestal*〈人〉を心から尊敬する[あがめ立てる].
pe·des·tre [pe.ðés.tre] 形 **1**《スポ》徒歩[駆け足]の, 歩行者(用)の. carrera ~ 競歩. **2** 平凡な, 陳腐な. palabras ~s 陳腐な言葉. **3** 粗野な, 下品な.
pe·des·tris·mo [pe.ðes.trís.mo]《スポ》競歩, 徒歩や駆け足による競技.
pedi-「足」の意を表す造語要素. → *pedicuro, pediluvio*. [←〔ラ〕]
pe·dí·a·tra [pe.ðí.a.tra] / **pe·dia·tra** [pe.ðjá.tra] 男 女 小児科医.
pe·dia·trí·a [pe.ðja.trí.a] 女《医》小児科.
pe·diá·tri·co, ca [pe.ðjá.tri.ko, -.ka] 形《医》小児科の, 小児科学[医学]の.
pe·di·ce·lo [pe.ði.θé.lo / -.sé.-] 男 **1**《植》(キノコの) 柄. **2**《植》(小) 花柄(かへい), (小) 花梗(かこう), (小) 果柄.
pe·di·coj [pe.ði.kó(x)] 男 片足跳び, けんけん.
pe·di·cu·la·do, da [pe.ði.ku.lá.ðo, -.ða] 形《植》(小) 花柄のある, (小) 果柄のある.
pe·di·cu·lar [pe.ði.ku.lár] 形 シラミの（わいた）.
pe·di·cu·lo [pe.ði.ku.lo] 男 **1**《植》（花・葉・果実などの）柄 (= pedúnculo).
2《解剖》（器官・構造を支える）柄. **3**《格式》シラミ.
pe·di·cu·lo·sis [pe.ði.ku.ló.sis] 女《単複同形》《医》シラミ（寄生）症; シラミの感染. ~ pubis 毛じらみ症.
pe·di·cu·ris·ta [pe.ði.ku.rís.ta] 男 女《ラ米》足治療師[医] (= pedicuro).
pe·di·cu·ro, ra [pe.ði.kú.ro, -.ra] 男 女 足専門の治療医 (= callista). **—** 女 **1**（うおのめ・たこなどの）足治療. **2** ペディキュア.

pe·di·da [pe.ðí.ða] 女（男性が恋人または恋人の親に対して）結婚の承諾を求めること[儀式], 求婚, プロポーズ (= petición de mano).
pe·di·de·ra [pe.ði.ðé.ra] 女《ラ米》(チリ)(コロン)(ペル)(ベネ) → petición.
***pe·di·do** [pe.ðí.ðo] 男 **1**《商》注文, 発注; 注文品. entregar un ~ 注文品を渡す. anular el ~ 注文を取り消す. hacer un ~ 注文する. hoja de ~ 注文用紙. los ~s pendientes 受注残高.
2 要求, 願い, 請求. a ~ de... …の依頼によって.
pe·di·dor, do·ra [pe.ði.ðór, -.ðó.ra] 形 ねだる, 要求の多い, 口うるさい.
— 男 女 **1** 懇願者, 請願者. **2** 顧客, 得意客.
pe·di·gón, go·na [pe.ði.ɣón, -.ɣó.na] 形 女 → pedigüeño.
ped·i·gree / pe·di·grí [pe.ði.ɣrí]〔英〕 男（動物の）血統（書）.
pe·di·güe·ño, ña [pe.ði.ɣwé.ɲo, -.ɲa] 形《話》ねだる; しつこい, 執拗(しつよう)な.
— 男 女《話》ねだり屋; しつこい人.
pe·di·lón, lo·na [pe.ði.lón, -.ló.na] 形 男 女《ラ米》(ボリ)(エクア)(ゴアテ)(グアテ)(メキ) → pedigüeño.
pe·di·lu·vio [pe.ði.lú.bjo] 男（主に複数で）(治療のための) 脚浴, 足湯.
pe·di·men·to [pe.ði.mén.to] 男 **1** 請願, 申請.
2《法》訴訟, 起訴状, 請願書. ~ del fiscal 検察官の起訴状.
pe·din·che [pe.ðín.tʃe] 形《ラ米》(メキ)〈人が〉しつこくねだる[せがむ].

****pe·dir** [pe.ðír] 1 他 **1** 求める; 要求する. ~ dinero 金を無心する. ~ perdón (disculpa) 許しを乞(こ)う. ~ limosna 施しを乞う. ~ permiso 許可を求める. ~ hora para una entrevista 面接の時間を予約する. ~ socorro [auxilio] 助けを求める. ~... años de cárcel 懲役…年を求刑する. Quiero ~te un favor. 君に頼みたいことがある. La policía le *pidió* el carné de identidad. 警官は彼[彼女]に身分証明書の（提示）を求めた.
2〈a+人〈人〉に〉〈que+接続法 / 時に+不定詞…するよう〉頼む, 依頼する. *Me han pedido que la busque* en el aeropuerto. 私は空港に彼女を迎えに行くよう頼まれた. *Te pido que me escuches.* 俺(おれ)の話を聞いてくれ. ▶ 用例中の me, te が a+人に相当.
3 注文する, 発注する. ~ dos libros por Internet インターネットで本を2冊注文する. ¿Qué has *pedido*? 君は何を注文したの. He *pedido* una caña. 私は生ビールを注文した.
4〈ものが〉必要とする, 要求する. Tal oficio *pide* paciencia. そうした仕事は忍耐が必要だ. Esta flor *pide* más sol. この花はもっと日光が必要だ.
5《*por*...》〈売り値を〉つける,〈代価を〉請求する. ~ cincuenta euros *por* el alojamiento 宿代として50ユーロ請求する. *Pide* demasiado *por* esta casa. この家への彼[彼女]の言い値は高すぎる.
6〈女性に対する〉結婚の許しを（両親などに）求める. Fue a verlos para ~ a su hija. 彼はお嬢さんをくださいと言うために彼らのもとへでかけた.
7《法》〈差し止めなどを〉訴える, 提訴する. ~ en justicia 告訴する. ~ la expropiación de... …の収容を請求する.
— 自 **1** 施しを乞う. ~ a la puerta de la iglesia 教会の門のところで施しを乞う.
2《遊》(トランプ) カードを要求する; 出したカードと同じ組のカードを要求する.

pedo

No hay más que pedir. → haber.
No se puede pedir más. これ以上いい話はない.
pedir la luna かなわないことを願う, 高望みする.
pedir prestado... …を借りてくれと頼む. Tuve que ~le *prestados* diez euros. 私は彼[彼女]に10ユーロ借りなければならなかった. Me *pidió prestada* la bici. 私は彼[彼女]に自転車を貸してほしいと頼まれた (► prestado は目的語の性数に一致する).
[←[ラ] *petere*「追求する, 熱望する; 要求する」; 関連 petición, apetito. [英] *petition*]

pe·do [pé.ðo] 男 **1** 《俗》屁(^), おなら (= ventosidad). echar(se) [pegar(se), tirar(se)] un ~ おならをする.
2 《話》(酒・麻薬による) 酔い, 酩酊(ない). estar ~ 酔っ払っている. ponerse (un) ~ [コジ](コシ)酔う. Es mejor que no conduzcas con el ~ que llevas. そんなに酔っているなら, 運転しないほうがいい.
3 《ラ米》**(1)** (*_集)けんか, 騒ぎ. **(2)** (コシ)困難, 面倒なこと.
agarrar... de puro pedo 《ラ米》(コシ)《俗》…をしつこく追い回す.
al pedo 《ラ米》(コジ)(コシ)《俗》無駄に, 無益に.
pedo de lobo 《植》ホコリタケ科のキノコ.
por pedo 《ラ米》(コシ)《俗》思いがけず, 偶然に.
¡Puro pedo! 《ラ米》(*_集)《俗》うそつけ; まさか.

pedo-「子供, 子孫」の意の造語要素. → *pedología*. [←[ギ]]

-pedo「足, ひづめ」の意の造語要素. → cuadrú*pedo*, solí*pedo*. →-podo.
[←[ラ] *pēs*「足」(対格 *pedem*)]

pe·do·fi·lia [pe.ðo.fí.lja] 女 小児性愛.
pe·dó·fi·lo, la [pe.ðó.fi.lo, -.la] 形 小児性愛の.
pe·do·gé·ne·sis [pe.ðo.xé.ne.sis] 女 《単複同形》
1 土壌生成(学). **2** 《生物》幼生生殖.
pe·do·lo·gí·a [pe.ðo.lo.xí.a] 女 **1** 育児学, 小児科学. **2** 土壌学.
pe·do·rre·ar [pe.ðo.r̄e.ár] 自 《話》**1** 立て続けにおならをする; 人目をはばからず[あたり構わず]おならをする. **2** おならの音を口で模倣する.
pe·do·rre·o [pe.ðo.r̄é.o] 男 **1** 《話》立て続けにおならをすること; 人目をはばからず[あたり構わず]おならをすること. **2** 《ラ米》(コシ)《俗》**(1)** あざけり, からかい, 嘲笑(シュ). **(2)** 叱責(シ).
pe·do·rre·ro, ra [pe.ðo.r̄é.ro, -.ra] 形 《俗》しょっちゅう[あたり構わず]おならをする. ━ 男 女 《俗》よくおならをする人. ━ 女 《俗》おならの連発.
pe·do·rre·ta [pe.ðo.r̄é.ta] 女 口を使って出すおならの音に似(せ)た音.
pe·do·rro, rra [pe.ðó.r̄o, -.r̄a] 形 **1** → pedorrero. **2** 《話》《軽蔑》(人が)不快な, 迷惑な. ━ 男 女 **1** → pedorrero. **2** 《話》《軽蔑》不快な人, 迷惑な人.
pe·dra·da [pe.ðrá.ða] 女 **1** 投石(による)一撃; その跡. Rompió el cristal de una ~. 彼[彼女]は石を投げてガラスを割った. matar a ~*s* 石を投げて殺す. pegar una ~ a+人 〈人〉に石をぶつける.
2 中傷, 当てこすり, 悪口雑言.
venir [*caer*] *como pedrada en ojo de boticario* 《話》渡りに舟だ.
pe·dral [pe.ðrál] 男 《海》(漁網などの)重り石.
pe·dre·a [pe.ðré.a] 女 **1** 投石によるけんか; 石合戦. **2** 《農》(農業に甚大な被害を与える)あられ[ひょう]を伴う嵐. **3** (宝くじの)小額当選金.
pe·dre·gal [pe.ðre.ɣál] 男 石の多い土地, 岩石で覆

われた場所.
pe·dre·gón [pe.ðre.ɣón] 男 《ラ米》(コジ)(*_集)(コシ) → pedrejón.
pe·dre·go·so, sa [pe.ðre.ɣó.so, -.sa] 形 **1** 石の多い, 岩石だらけの. campo ~ 石ころだらけの原野.
2 《医》結石(症)の. ━ 男 女 結石症の人.
pe·dre·gu·llo [pe.ðre.ɣú.ʎo || -.ʝo] 男 《ラ米》(コジ)(コシ)砂利.
pe·dre·jón [pe.ðre.xón] 男 大きな石, 丸石.
pe·dre·ñal [pe.ðre.ɲál] 男 (昔の)燧石(ヒウチ)銃, フリントロック式銃.
pe·dre·ra [pe.ðré.ra] 女 石切り場, 採石場.
pe·dre·rí·a [pe.ðre.rí.a] 女 《集合的》宝石, 貴石.
pe·dre·ro, ra [pe.ðré.ro, -.ra] 男 女 石工, 石職人. ━ 形 《ラ米》(コジ)《話》乱暴な, しつけの悪い.
━ 男 **1** 《史》昔の投石用の火器, 投石砲; 投石兵.
2 《ラ米》(コジ)(*_集)(コシ) → pedregal.
pe·dre·ta [pe.ðré.ta] 女 石ころ遊びの小石.
pe·dris·ca [pe.ðrís.ka] 女 → pedrisco.
pe·dris·cal [pe.ðris.kál] 男 石の多い土地.
pe·dris·co [pe.ðrís.ko] 男 **1** 大量に降る大粒のあられ[ひょう].
2 《集合的》小石, 砂利; 大量の小石が降ること.
pe·dri·zo, za [pe.ðrí.θo, -.θa / -.so, -.sa] 形 石の多い, 石ころだらけの (= pedregoso).
━ 女 石の多い場所; 石垣, 石塁.

Pe·dro [pé.ðro] 固名 **1** San ~ 聖ペテロ, 前名 Simón (? - 60 ?): キリストの十二使徒のひとりで初代ローマ教皇; 祝日 6月29日. nave de San ~ カトリック教会.
2 ~ I el Cruel ペドロ1世残酷王: カスティーリャ・レオン国王(在位1350-69).
3 ペドロ: 男子の洗礼名. 愛称 Perico.
Bien (*se*) *está San Pedro en Roma.* 《諺》そのままにして動かさ[変え]ないほうがよい (←聖ペテロはローマがよい).
Pedro Botero 《話》悪魔.
Pedro Jiménez (スペイン Jerez 産の)ブドウの一種; 甘口のワイン (= pedrojiménez).
[←[ラ] *Petrus*←[ギ] *Pétros* (*pétros*「石」より派生); 関連 piedra. [ポルトガル] *Pedro*. [仏] *Pierre*. [伊] *Pietro*. [英] 男 *Peter*]

pe·dro·che [pe.ðró.tʃe] 男 → pedregal.
pe·drus·co [pe.ðrús.ko] 男 《軽蔑》(未加工の)原石, 荒石.
pe·dun·cu·la·do, da [pe.ðuŋ.ku.lá.ðo, -.ða] 形 《植》花柄のある; 《動》肉茎のある.
pe·dun·cu·lar [pe.ðuŋ.ku.lár] 形 《植》花柄の.
pe·dún·cu·lo [pe.ðúɲ.ku.lo] 男 《植》花柄, 花梗(コウ)(= pedículo); 《解剖》(脳の)脚; 《動》(クラゲ・エビ・カニなどの)柄, 肉茎.
peel·ing [píːl.iŋ] [英] 男 《複 ~s, ~》ピーリング: 皮膚の古くなった角質層を剝がし再生を促す美容のための施術.
pe·er(.se) [pe.ér(.se)] 69 自 再 《俗》おならをする (= pederse).
pe·ga[1] [pé.ɣa] 女 **1** 接着, 貼り付け, 貼付; 接着剤, 糊. **2** (ピッチなどの)(上)塗り; 塗装, 塗布. **3** 《話》難問; 障害, 難癖. aclarar una ~ a un alumno 生徒の難問に答える. asunto lleno de ~*s* 難問だらけの件. Hay una ~. 問題がある. Hoy no hay ninguna ~ para conseguir un pasaporte. 最近はパスポートを取るのは面倒ではない. poner ~*s* a+人 〈人〉の粗捜しをする, けちをつける. ~*s* をする.
4 《話》悪ふざけ, 冗談. **5** 《話》打つ[殴る]こと. **6**

《魚》コバンザメ. **7** 発破薬の点火. **8**《ラ米》(1)《引》《話》感染期間, 蔓延(まん)期；最盛期. estar en la 〜 男《話》盛りである；ちょうどころ合いである. (2)《テクノア》《ニカ》《話》仕事場, 職. (3)《ラフ》鳥もち.
de pega《話》偽造の, 偽の. *billete de* 〜 偽礼.

pe·ga² [pé.ɡa] 囡《鳥》カササギ.

pe·ga·da [pe.ɡá.ða] 囡 **1**《スポ》(テニス・ペロタなど)打撃, 打法, ストローク；(ボクシング)パンチ, キック；(パンチ・キックの)力. *la potente* 〜 *del campeón* チャンピオンの強烈なパンチ. **2**《ラ米》《プエルトリコ》《話》うそ, ごまかし；偶然の成功, 的中.

pe·ga·di·llo [pe.ɡa.ði.ʝo ‖ -.ʎo] 男《ラ米》《テクノア》レース, 縁飾り.
pegadillo de mal de madre でしゃばりで小うるさい屋.

pe·ga·di·zo, za [pe.ɡa.ðí.θo, -.ða / -.so, -.sa] 形 **1** ねばねばした, べとべとした. *Tengo las manos pegadizas*. 手がべとべとする. **2**《話》居候の, たかりの. **3** 感染する, 移りやすい. *tener una risa pegadiza* (人に)つられて笑う. **4**〈メロディーなどが〉覚えやすい. **5** 偽の；取り外しの利く.
— 男《話》居候, たかり屋.

pe·ga·do, da [pe.ɡá.ðo, -.ða] 形 **1** くっついた, 貼りついた, 密着した. *Él y ella iban* 〜*s uno a otro*. 彼と彼女はぴったり寄り添って歩いていた. *pelo* 〜 なでつけた髪. *codos* 〜*s al cuerpo*《軍》直立不動. *el oído* 〜 *a la pared* 壁に耳をあてた. *La leche está pegada*. ミルクが焦げついてしまった. **2**《話》苦手な, 無能な. *estar* 〜 *en matemáticas* 数学に弱い. **3**《話》困惑した, 呆然とした. *dejar* a+人 〜〈人〉を当惑させる. *quedarse* 〜 途方に暮れる. — 男《薬》貼り薬, 膏薬.

pe·ga·dor [pe.ɡa.ðór] 男 **1** 発破工.
2《スポ》(ボクシング)パンチ力のあるボクサー.

pe·ga·du·ra [pe.ɡa.ðú.ra] 囡 **1** 付着, 接着, 粘着. **2** 継ぎ目, 接合[縫合]点. **3**《ラ米》《テクノア》《ピアノ》《話》からかい.

pe·ga·jo·si·dad [pe.ɡa.xo.si.ðáð] 囡 **1** 粘着性, 付着性. **2** 粘り気, 粘度. **3**《話》(人が)しつこくて煩しいこと.

pe·ga·jo·so, sa [pe.ɡa.xó.so, -.sa] 形 **1** ねばねば[べとべと]した, 粘着性の. *Esta crema es pegajosa*. このクリームはねばねばしている. **2** 伝染性の, 移りやすい. **3**〈人が〉甘ったれの, べたべたした；しつこい. **4**《スポ》(ディフェンス・マークが)執拗(しつよう)な.

pe·ga·men·to [pe.ɡa.mén.to] 男 糊(のり), **接着剤**.

pe·ga·mín [pe.ɡa.mín] 男《話》接着剤, 糊.

pe·ga·moi·de [pe.ɡa.mói.ðe] 男 (布・紙の防水加工用)セルロースの一種.

pe·ga·mos·cas [pe.ɡa.mós.kas] 囡《単複同形》《植》(1) ナデシコ科の草, ムシトリナデシコ. (2) レストハローに類するマメ科ハリモクシュク属の草. ◆花には粘着性があり虫がくっつく.

pe·gar [pe.ɡár] 他 **1** (a... / en... / sobre... …に)くっつける；貼る, 接着する. *goma de* 〜 糊(のり), 接着剤. 〜 *un sello en el sobre* 封筒に切手を貼る. 〜 *una tirita a la herida* 傷口に絆創膏(ばんそうこう)を貼る. 〜 *el piano a la pared* 壁にピアノをぴったりつける.
2 縫い付ける. 〜 *un botón a la camisa* シャツにボタンをつける.
3 (a... …に)〈火を〉つける. 〜 *fuego a un papel* 紙に火をつける.
4〈人を〉殴る；〈一撃を〉加える. 〜 *a un niño* 子供をぶつ. 〜 *un golpe sobre...* …を叩く. 〜 *una bofetada* a+人〈人〉に平手打ちを食らわす. 〜 *un puntapié a...* …をけっ飛ばす. 〜 *un palo contra...* …を棒で殴る. 〜 *un tiro* 一発撃つ, 発射する. *Me pegó en la cara*. 私は彼に顔を殴られた.
5〈声などを〉出す；〈ある行為を〉行う. 〜 *un grito* 叫び声をあげる. 〜 *un salto* [*bote*] 飛び上がる. 〜 *saltos de alegría* 飛び上がって喜ぶ. 〜 *un susto* [*respingo*] a+人〈人〉をびっくりさせる. 〜 *un tostón* うんざりさせる. 〜 (*un*) *hit* [*doble, triple, jonrón*] ヒット[二塁打, 三塁打, ホームラン]を打つ.
6 (a+人)〈〈人〉に〉〈病気を〉感染させる, 《〈人〉を》〈悪習などに〉染める；〈思想などに〉かぶれさせる. *Los niños me pegaron el catarro*. 私は子供たちに風邪をうつされた. ▶ *me* が a+人 に相当.
7《IT》ペーストする.
8《ラ米》(1)《キューバ》留める, 固定する；〈馬などを〉車につなぐ. (2)《コロンビア》〈仕事などを〉始める, 取り掛かる.
— 自 **1** (en... / a... …に)くっつく；隣接する. *La universidad pega a mi casa*. 大学は家のすぐそばだ. *El sofá pega en la pared*. そのソファは壁にぴったりくっついている.
2 (con... …と)似合う, 釣り合う；韻を踏む. *Este cuadro no pega aquí*. この絵はここにはふさわしくない. *Este sombrero no pega con el traje*. この帽子は服とあっていない.
3 (con... / contra... / en... …に)当たる, ぶつかる；つまずく. 〜 (*la*) *con* +人〈人〉とぶつかる, 口論する. *La moto pegó con* [*contra*] *la pared*. そのバイクは壁にぶつかった.
4 (sobre... / en... …を)打ちつける, たたく. 〜 *con los nudillos sobre la mesa* コツコツとテーブルをたたく.
5〈太陽が〉照りつける. *El sol pega fuerte esta mañana*. 今朝は日差しがきつい.
6〈心などに〉触れる；思いつく. *La conferencia me ha pegado bien*. その講演はとても心に残った.
7《話》はやる；流行する. *Este diseño está pegando ahora*. このデザインはいまはやっている.
8《ネガティブ》響く. **9**《植物が》根づく.
— ~·se 再 **1** (a... …に)くっつく, まつわりつく；接近する；押しかける. ~*se a la pared* 壁にへばりつく. ~*se como una lapa*〈話〉〈人〉にへばりつく；まとわりつく. ~*se al suelo* 地面に伏せる. *un coche que se pega muy bien a la carretera* 路面に吸いつくように走る車. *Estas hojas de papel se han pegado y no se pueden separar*. これらの紙はくっついてしまってはがれない. *El taxi se pegó a la acera*. そのタクシーは歩道にぴたりと寄って止まった.
2 焦げつく. *El arroz se ha pegado*. ごはんが焦げついた.
3〈悪習・病気などが〉感染する, うつる；印象に残る. *Se me ha pegado ese poema*. その詩はとても印象に残った. *Esta canción se me ha pegado al oído*. この歌が私の耳から離れない.
4《複数主語で》殴り合う, 争う；《con... …と》ぶつかる. *Miguel y Pedro se están pegando*. ミゲルとペドロが殴り合っている.
5 (a... …に)夢中になる, 好きになる.
6《話》過ごす, 暮らす.
7《話》《強意》〈ある行為を〉思いきって行う；〈感情などを〉経験する. ~*se un atracón de carne* 肉をたらふく食べる. ~*se un susto tremendo* 肝をつぶす. ~*se un viaje a París* パリに旅行する.
dale [*hale*] *que te pego*《話》必死に, 執着して. *Está dale que te pego rezando*. 彼[彼女]は一心

Pegaso

不乱に祈っている.
no pegar ojo → ojo.
pegar fuerte 《話》大成功を収める.
pegarla 《ラ米》《話》幸運をつかむ, 望みを手にする.
pegarle a... (a+人)《ラ米》〈人〉が…にふける, 夢中になる. *Le pega fuerte a la lectura.* 彼[彼女]は読書に夢中だ.
pegársela 《話》ぶつける, 転ぶ; 事故に遭う.
pegársela (a+人)《話》〈人〉をからかう, だます. *Se la pegó a su colega.* 彼[彼女]は同僚をだました.
pegarse un tiro ピストル自殺する. ¡Es (como) ~*se un tiro*! 《比喩的》もうだめだ.
sin pegar un tiro 一戦も交えずに, たやすく.
[←《ラ》*picāre*「ピッチを塗る」(*pix*「ピッチ」より派生);〔関連〕despegar, pegajoso.〔英〕pitch]

Pe·ga·so [pe.gá.so] 固名 **1**《ギ神》ペガソス, ペガサス, 天馬: 有翼の神馬. **2**《星座》ペガスス座.

pe·ga·so [pe.gá.so] 男 《魚》ウミテング.

pe·ga·ta [pe.gá.ta] 女 《話》まやかし, ぺてん.

pe·ga·ti·na [pe.ga.tí.na] 女 ステッカー, シール; ワッペン.

pegaso (ウミテング)

pe·ga·ti·vo, va [pe.ga.tí.bo, -.ba] 形 《ラ米》《獣医》《蜜蜂》べとべとした, よくくっつく; 伝染しやすい.

peg·ma·ti·ta [peɣ.ma.tí.ta] 女 《鉱》ペグマタイト: 花崗(ミラ)岩の一種.

pe·go [pé.go] 男 **1** トランプを2枚重ねてごまかすこと. **2**《話》ぺてん, いかさま. *dar el* ~ いかさまを働く, だます.

pe·gón, go·na [pe.ɣón, -.ɣó.na] 形《話》〈子供が〉よく人を殴る, すぐ手が出る.
— 男 女 《話》すぐ手が出る子供.

pe·gos·te [pe.ɣós.te] 男 《ラ米》→ pegote **1**.

pe·go·te [pe.ɣó.te] 男 **1**《話》どろどろ[べとべと]のもの. **2**《話》継ぎはぎ, (不細工な)継ぎ当て; (他と調和しない)余計な付け足し. **3**《話》粥; どろどろ[べたべた]の料理. **4**《話》しつこい人. **5**《話》うそ. **6**《話》出来損ない. **7**《話》《話》(食事中の)押しかけ客.

pe·go·te·ar [pe.ɣo.te.ár] 自 《話》食事時をねらって押しかける.

pe·go·te·rí·a [pe.ɣo.te.rí.a] 女 《話》食事時に他人の家に押しかけること.

pe·go·te·ro, ra [pe.ɣo.té.ro, -.ra] 形 うそつきの (=mentiroso). — 男 女 うそつき.

pe·gual [pe.ɣwál] 男 《ラ米》《馬》(馬具の)腹帯, 鞍帯(ᵃん).

pegue(-) / pegué(-) 活 → pegar.

pe·gue·ra [pe.ɣé.ra] 女 やに[タール]を採るために松を焼く穴; (剪毛(⁽ᵏ²⁾)後に羊に)松やに[タール]で印をつける所.

pe·gue·ro [pe.ɣé.ro] 男 松やに[タール]採取[加工, 販売]業者.

pe·gu·jal [pe.ɣu.xál] 男 私有財産;(地主が小作人に報酬として与える)無料小作地; わずかな財産.

pe·gu·ja·le·ro [pe.ɣu.xa.lé.ro] 男《まれ》**1** 小規模な[零細の]農家 (=pelantrín). **2** 小規模な[零細の]牧畜業者.

pe·gu·jar [pe.ɣu.xár] 男《まれ》**1** 財産, 資産. **2**《古語》小規模な農地 (=pegujal).

pe·gu·jón [pe.ɣu.xón] 男 毛玉.

pe·gun·ta [pe.ɣún.ta] 女 (羊などにつける)松やにの印.

pe·gun·to·so, sa [pe.ɣun.tó.so, -.sa] 形 ねばねば[べとべと]した, 粘着性の.

pe·hual [pe.(ɣ)wál] 男 → pegual.

pe·huén [pe.(ɣ)wén] 男《ラ米》(アルゼン)《植》チリマツ: ナンヨウスギ科.

pe·huen·che [pe.(ɣ)wén.tʃe] 形《軽蔑》アンデス山脈の一地域に住む. — 男 女《軽蔑》アンデス山脈の一地域の住人; アラウカノ araucano 人.

pei·na [péi.na] 女 飾りぐし.

pei·na·da [pei.ná.ða] 女《話》髪をとかすこと.

pei·na·do, da [pei.ná.ðo, -.ða] 形 **1** 髪をとかした. **2**〈男性が〉めかし込んだ, 服装に凝った.
— 男 **1** 髪型, ヘアスタイル. **2**（ヘア）セット; 整髪. **3**（警察による）一斉捜索.

pei·na·dor, do·ra [pei.na.ðór, -.ðó.ra] 形 整髪の. — 男 女 理容師, 美容師. — 男 **1** 整髪用ケープ: 整髪時に女性の肩からはおる布. **2**《ラ米》鏡台. — 女 梳毛(ᶻう)機.

pei·na·du·ra [pei.na.ðú.ra] 女 **1** 髪をとかすこと, ブラッシング. **2**（複数で）(ブラッシングによる)抜け毛.

pei·nar [pei.nár] 他 **1** …の髪をとかす, 整髪する; …にブラシをかける. … a un niño 子供の髪をとかしてやる. *Peino mi peluca a diario.* 私は毎日かつらにくしを入れる.
2 …を刈る 〈羊毛など動物の毛を〉すく. **4** …の土砂を取り除く［削り取る］. **5**（戸板・窓が）(かすかに)かする, こする. **6**（警察が）一斉捜索をする, ブラシする. **7**〈波が〉こびる, へつらう.
— ~·se 再（自分の）髪をとかす; 髪をセットしてもらう.
peinar el balón《スポ》(サッカー)効果的なキックをする.
peinar los naipes《遊》(トランプ)不正な切り方をする.

pei·na·zo [pei.ná.θo / -.so] 男（窓・扉などの）横木.

pei·ne [péi.ne] 男 **1** くし; すきぐし. ~ *espeso* 目の細かいくし[すきぐし]. *pasarse el* ~ 髪をとかす. **2** くし状の器具. ~ *de balas*（火器の）弾薬装填(ᵗᵉᵏ)器. **3** 梳毛(ᶻう)機, (織機の)おさ. **4**《演》(舞台天井の)梁(はり)構え. **5**《ラ米》(ゴキㇱア)(畑などにしかける)わな.
enterarse de lo que vale un peine《話》《脅し》思い知る.
[←《ラ》*pectinem*（pectenの対格）;〔関連〕peinar]

pei·ne·ci·llo [pei.ne.θí.ʎo ‖ -.ʎo / -.sí.-] 男 小さな飾りぐし [*peine* + 縮小辞].

pei·ne·ta [pei.né.ta] 女（螺鈿(ラで)細工などの）飾りぐし. ~ *de teja* (mantilla を留める)透かし模様の飾りぐし.

pei·ni·lla [pei.ní.ja ‖ -.ʎa] 女《ラ米》(コロンビ)(ベネズ)山刀, マチェテ (=machete).

p. ej.（略）*por ejemplo* 例えば.

pe·je [pé.xe] 男 **1** ~ *ángel* カスザメ. ~ *araña* トゲシマ（スズキ目）. ~ *buey*《ラ米》(メキシ)《動》カイギュウ. ~ *diablo* カサゴ. **2**《話》ずるい男.
— 形《ラ米》(メキシ) ばかな, 愚かな.

pe·je·mu·ller [pe.xe.mu.jér ‖ -.ʎér] 男《動》カイギュウ, マナティー. → manatí.

pe·je·pa·lo [pe.xe.pá.lo] 男（燻製(ᵏʰん)の)棒鱈(ᵇð).

pe·je·rrey [pe.xe.réi] 男《魚》ペヘレイ: 南米産. トウゴロウイワシ科に属する魚の総称.

pe·je·sa·po [pe.xe.sá.po] 男《魚》アンコウ (=rape). → 次ページに図.

pe·ji·gue·ro, ra [pe.xi.gé.ro, -.ra] 形《話》面倒[厄介]な,〈文句が多くて〉うるさい.
— 男 女《話》面倒[厄介]な人,〈文句が多くて〉うるさい人.
— 女《話》面倒[厄介]なこと, 不都合なこと.
hierba pejiguera〖植〗アツバヤコウボク.

Pe·kín [pe.kín] 固名 ペキン(北京：中国[中華人民共和国]の首都.

pe·ki·nés, ne·sa [pe.ki.nés, -.né.sa] 形北京の. — 男 女 北京の住民[出身者]. — 男 **1** 北京語；北京官話. **2** ペキニーズ：愛玩(㲯)犬.

pe·la [pé.la] 女 **1**〈果物などの〉皮をむく[はぐ]こと. **2**《俗》ペセタ(= peseta). **3**《ラ米》《話》(1)ぶつこと,鞭(ム*)打ち.(2)《㋩》大仕事,骨折り.

pe·la·da [pe.lá.ða] 女 **1** 脱毛処理をした羊[ヤギ]の皮. **2**《ラ米》(1)(㋐)(㋚)はげ頭,坊主頭.(2)(㋘)(㋛)(㋣)(㋒)《話》へま,失敗,間違い.(3)《㋙》散髪,ヘアカット.(4)(㋙)《俗》死,死亡.(5)(㋡)真実.(6)(㋛)草競馬.

pe·la·dal [pe.la.ðál] **/ pe·la·dar** [pe.la.ðár] 男《ラ米》(㋙)(㋣)荒野,荒地.

pe·la·de·ra [pe.la.ðé.ra] 女 **1**〖医〗脱毛症,禿頭(㋣)病. **2**《ラ米》(㋕)(㋐)陰口,悪口；《㋒》荒地.

pe·la·de·ro [pe.la.ðé.ro] 男 **1**〈豚・鳥の〉皮はぎ場. **2**《ラ米》(㋚)(㋕)(㋐)(㋒)荒地.

pe·la·dez [pe.la.ðéθ / -.ðés] 女《ラ米》(1)《㋙》《話》貧乏,困窮.(2)(㋙)不作法,粗野,卑しさ.

pe·la·di·lla [pe.la.ðí.ʎa || -.ʝa-] 女 **1** ドラジェ,シュガー・アーモンド. **2** 丸い小石.

pe·la·di·llo [pe.la.ðí.ʎo || -.ʝo-] 男 **1**〖植〗アンズの一種；その実. **2**《複数で》刈り取った羊毛.

pe·la·do, da [pe.lá.ðo, -.ða] 形 **1** はげた,毛のない. *cabeza pelada* はげ頭. **2** 皮をむいた[はいだ]. **3** 草木が生えていない,丸裸の；〈作物・牧草などが〉刈り取られた. *montaña pelada* はげ山. **4**〈樹木などが〉葉のない；枝を払った. **5**〈骨などが〉肉をこそぎ落とされた. **6** 端数のない,きっかりの. *un número* ~ 端数のない数. Nos pagaron el salario ~s. 給料分だけ払ってくれた. Tengo diez euros ~s. ちょうど10ユーロだけ持っている. **7**〈成績・給料が〉ぎりぎりの. **8**(estar +)《話》無一文の. **9**《ラ米》無礼な,恥知らずの,ずうずうしい.
— 男 女 **1**《話》金に困っている人. **2**(1)《ラ米》(㋙)《まれに《スペイン》》庶民；《話》粗野な人.(2)《ラ米》《話》子供,若者.
— 男 **1** 伐採地. **2** 散髪.

pe·la·dor, do·ra [pe.la.ðór, -.ðó.ra] 形 皮をむく[はぐ]. — 男 皮むき器.

pe·la·du·ra [pe.la.ðú.ra] 女 皮をむく[はぐ]こと；むいた皮,くず(= monda).

pe·la·fus·tán, ta·na [pe.la.fus.tán, -.tá.na] 男 女《話》《軽蔑》無精者,怠け者,ごくつぶし.

pe·la·gallos [pe.la.gá.ʎos || -.ʝos-] 男《単複同形》→ pelagatos.

pe·la·ga·tos [pe.la.gá.tos] 男 女《単複同形》《話》《軽蔑》《社会的に》役に立たない人,何の取り柄もない人,貧乏人(= pelanas).

pe·la·gia·nis·mo [pe.la.xja.nís.mo] 男〖宗〗ペラギウス説. → Pelagio.

pe·la·gia·no, na [pe.la.xjá.no, -.na] 形 ペラギウス(派)の. — 男 女 ペラギウス派(の人).

pe·lá·gi·co, ca [pe.lá.xi.ko, -.ka] 形 **1**〖格式〗海の,海洋の〖遠洋の〗. **2**〖生物〗遠洋の,漂流の. *fauna pelágica* 外洋[漂泳]性動物群. **3**〖地質〗深海堆積の.

Pe·la·gio [pe.lá.xjo] 固名 ペラギウス(354-420?)：ローマで活躍した英国の修道士・神学者.

pe·la·gos·co·pio [pe.la.gos.kó.pjo] 男 海底探査装置.

pe·la·gra [pe.lá.gra] 女〖医〗ペラグラ：ニコチン酸[ビタミン]の欠乏による胃腸障害,皮膚の紅斑(㋧),神経障害などの症候群.

pe·la·gro·so, sa [pe.la.gró.so, -.sa] 形 ペラグラ(病)の. — 男 女 ペラグラ(病)患者.

pe·lai·re [pe.lái.re] 男《まれ》《毛織物の》起毛[梳毛(㋚)]職人.

pe·la·je [pe.lá.xe] 男 **1**〖畜〗〈動物の〉毛,毛並み. **2**《集合的》《話》《軽蔑》多毛,長くて濃い[もじゃもじゃの]毛. **3**《話》《軽蔑》外見；毛並み,部類. A ese bar acude gente del mismo ~. そのバルはあの手の連中のたまり場だ.

pe·lam·bre [pe.lám.bre] 男(または 女) **1**《集合的》《刈り取った》毛. **2**《話》《軽蔑》多毛,もじゃもじゃの髪. **3**《まれ》はげ. **4**《ラ米》(㋙)《話》(1)うわさ話,ゴシップ.(2)悪口,非難,中傷.

pe·lam·bre·ra [pe.lam.bré.ra] 女 **1**《集合的》《話》《軽蔑》もじゃもじゃの毛；長い髪. **2** はげ(頭).

pe·la·men [pe.lá.men] 男《話》《集合的》刈り取った毛.

pe·la·nas [pe.lá.nas] 男 女《単複同形》《話》《軽蔑》取るに足りない人,つまらない人(= pelagatos).

pe·lan·dus·ca [pe.lan.dús.ka] 女《話》《軽蔑》 **1** 売春婦. **2** 社会的地位のない女性,評判の悪い女.

pe·lan·trín [pe.lan.trín] 男《小さな土地を所有する》自作農.

pe·lan·trín, tri·na [pe.lan.trín, -.trí.na] 男 女《ラ米》(㋙)文無し,貧乏人,見るも哀れな人.

pe·la·pa·ta·tas [pe.la.pa.tá.tas] 男《単複同形》 ジャガイモの皮むき器.

†pe·lar [pe.lár] 他 **1**〈野菜などの〉皮をむく；〈貝の〉殻をとる. ~ *uvas* [una naranja, un árbol]ブドウ[オレンジ,樹木]の皮をむく. **2**〈鳥類の〉羽をむしる；〈動物の〉皮をはぐ,毛をむしる. **3** 髪を短く切る,《スペイン》《話》散髪する. **4**《話》奪い取る,金品を巻き上げる；賭(㋕)け事で丸裸にする. Unos bandidos le *pelaron* en la calle. 彼は悪党に身ぐる(㋛)みはがれた. **5**《話》こき下ろす,悪口を言う. **6**《㋙》(1)《話》殴る,打つ.(2)《㋚》《俗》殺す.
— 自《ラ米》(㋚)(1)《話》うっかりする.(2)《俗》死ぬ.
— ~·se 再 **1** 髪を切ってもらう；自分で髪を切る. **2**〈日焼けなどで〉皮がむける；〈病気などで〉髪が抜ける. *Me he pelado* tomando el sol. 日焼けして皮がむけた. **3**《ラ米》《話》(1)(㋐)(㋚)(㋣)(㋒)当てが外れる；しくじる.(2)(㋙)(㋾)(㋚)《俗》逃げる,逃走する.(3)(㋙)当惑する,混乱する.

duro [*malo*] *de pelar*《話》困難な,やり遂げにくい；頑として譲らない. Era un trabajo *duro de* ~, pero por fin lo terminamos. 難しい仕事だったがやっとできた.

hacer un frío que pela → frío.
pelar los dientes《ラ米》歯をむいて笑う.
pelar los ojos《ラ米》目をむく.
pelársela《俗》マスターベーションをする.
pelárselas por...《話》…を切望する.

que se las PELAR《話》一生懸命に. El niño corre *que se las pela* y llegó el primero. その子は一生懸命走り1等にたった.
[←［ラ］*pilāre* (*pilus*「毛髪」より派生)；関連［英］*peel*「(果物の)皮」]

pe·la·re·la [pe.la.ré.la] 囡 はげ；脱毛症.
pe·lar·go·nio [pe.lar.gó.njo]
囡［植］ゼラニウム, テンジクアオイ.
pe·la·rrue·cas [pe.la.r̃wé.kas]
囡《単複同形》《話》貧しい糸紡ぎ女.
pe·lás·gi·co, ca [pe.lás.xi.ko, -.ka] 厖 ペラスギ人［語］の.
pe·lás·go, ga [pe.lás.go, -.ga] 厖 ペラスギ人［語］の. — 图 ペラスギ人：有史以前にギリシア, 小アジア, 東部地中海諸島に住んでいたといわれる.

pelargonio (ゼラニウム)

Pe·la·yo [pe.lá.jo] 固名 Don ～ ドン・ペラヨ：アストゥリアス王国初代の王(在位718-737). レコンキスタの端緒を開いた. → Covadonga.
pe·laz·ga [pe.láθ.ga / -.lás.-] 囡 けんか, 争い.
pe·la·zón [pe.la.θón / -.són] 囡 (《ラ米》(*)(ᶜᵒˡ))《話》うわさ話, 陰口；窮乏, 貧乏.
pel·da·ño [pel.dá.no] 男 (階段・はしごなどの) 段, ステップ. una escalera de treinta ～s 30段の階段.

*pe·le·a [pe.lé.a] 囡 **1** 争い；けんか, 殴り合い；口論. buscar ～《話》けんかを買う. La chiquillería siempre está de ～ en la calle. 子供たちはいつも外でけんかしている. → batalla 類語.
2《スポ》格闘技；(動物の)闘い；《ラ米》(*)ボクシング. gallo de ～《鳥》闘鶏, シャモ. ～ de gallos 闘鶏(試合), 鶏合わせ. **3** 奮闘, 努力.
pe·le·a·do, da [pe.le.á.ðo, -.ða] 厖 けんかした, 仲が悪い. estar ～ con +人〈人〉と仲たがいしている.
pe·le·a·dor, do·ra [pe.le.a.ðór, -.ðó.ra] 厖 けんか好きな — 囲《鳥》闘鶏, シャモ.
— 男 好戦的な人, けんか好き.

*pe·le·ar [pe.le.ár] 自 **1**《por...のために》《con... / contra...…と》〈人・動物と〉けんかする, 戦う, 争う. ～ contra los invasores 侵略者と戦う. ～ por la herencia 遺産相続争いをする. ～ con un amigo por una tontería つまらないことで友人とロげんかをする. ～ a brazo partido 取っ組み合いのけんかをする. Dos perros *pelean* entre sí. 2匹の犬がけんかしている. ▶ 時に再帰代名詞を伴う. → 再.
2《con... / contra...…を相手に》奮闘する, 格闘する. ～ contra la injusticia 不正と戦う. ～ con el ordenador コンピュータと格闘する. ～ para sacar la casa adelante 必死になって家庭を支える.
— **~·se** 再《複数主語で》けんかする,《con +人〈人〉と》仲たがいする.
[←［古スペイン］「髪をつかみ合ってけんかする」；pelo (←［ラ］*pilus*) より派生]

pe·le·char [pe.le.tʃár] 自 **1** (動物の) 毛［羽］が生え［抜け］変わる；毛［羽］が生える.
2《話》《まれ》市［毛皮］の毛が抜け落ちる.
3《話》運が開ける；(病人が)快方に向かう.
pe·le·cho [pe.lé.tʃo] 男《ラ米》(ᶜʰ)(ᵐᵉˣ)(蛇などの) 脱皮した皮；古着, ぼろ着.
pe·lel [pe.lél] 男 ライトエール：淡色のビール.
[←［英］*pale ale*]
pe·le·le [pe.lé.le] 男 **1** (謝肉祭の) 人形, わら人形.
2［服飾］(幼児用の)オーバーオール, 寝巻きの一種.
3《話》《比喩的》操り人形, 手先. Es un ～ en manos de su mujer. 彼は妻の言いなりだ.
pe·len·den·gue [pe.len.déŋ.ge] 男 → perendengue.
pe·le·ón, o·na [pe.le.ón, -.ó.na] 厖 けんか[口論]好きな, けんか早い. — 男 囡 悶着(ᵐᵒⁿᶜʰᵃᵏᵘ)を起こす人, けんか早い人. — 男 安ワイン (= vino ～). — 囡 けんか, 殴り合い；口論.
pe·le·o·ne·ro, ra [pe.le.o.né.ro, -.ra] 厖《ラ米》(ᶜᵒˡ)(*ᵐᵉˣ)(ᴾʳ) → peleón.
pe·le·ri·na [pe.le.rí.na] 囡 (女性用の)ケープ.
pe·le·ro [pe.lé.ro] 男《ラ米》**(1)**(ᶜᵃʳ)(動物の)毛. **(2)**(*ᵐᵉˣ)(ᵛᵉⁿ)(ᴾᶻ)《馬》(馬の) 鞍(ᵏᵘʳᵃ)下敷き. **(3)**(ᶜʰ)《複数で》ぼろ, 雑巾.
pe·le·te [pe.lé.te] 男 **1** (バカラ賭博(ᵗᵒᵏᵘ)などで) 立ったままの賭(ᵏᵃ)け手. **2**《話》一文無し, すかんぴん.
en pelete 丸裸で, 素っ裸で.
pe·le·te·rí·a [pe.le.te.rí.a] 囡 **1** 毛皮商, 皮革(皮)加工業者；皮革［毛皮］製品店.
2《集合的》毛皮(類). **3**《ラ米》(ᶜᵘᵇ)靴店.
pe·le·te·ro, ra [pe.le.té.ro, -.ra] 厖 毛皮の；皮革加工の. industria *peletera* 皮革加工業. — 男 囡 毛皮商人, 皮革加工［販売］業者.
pe·li [pé.li] 囡《略》《話》映画 (= película).
pe·li·a·gu·do, da [pe.lja.ɣú.ðo, -.ða] 厖《話》厄介な；難しい, 込み入った. un trabajo ～ 厄介な仕事. un asunto ～ 込み入った事柄.
pe·li·ca·no / pe·lí·ca·no [pe.li.ká.no] 男 **1**《鳥》ペリカン. **2** (歯科用の) 鉗子(ᵏᵃⁿ).
pe·li·cor·to, ta [pe.li.kór.to, -.ta] 厖 髪の短い, ショートヘアの.

※pe·lí·cu·la [pe.lí.ku.la] 囡 **1** 映画. dar [echar, poner] una ～ 映画を上映する. (～ de) largometraje 長編映画. ～ de miedo [terror] スリラー映画. ～ del Oeste 西部劇. ～ muda 無声映画. ～ no apta para menores 成人指定映画. estreno de la ～ 映画の封切.

　類語　*película* は個々の作品, *cine* は総称としての「映画」, 映画界, 映画館を指す.

2 フィルム. revelar una ～ フィルムを現像する. ～ negativa ネガフィルム. carrete de ～ (写真の)フィルム. ～ en blanco y negro de 8 mm 白黒の8ミリフィルム. **3** 薄皮, 薄膜. **4**《ラ米》(ᵃʳ)間の抜けた行動；口論, けんか騒ぎ.
Allá películas.《話》(人の言うことに耳をかさない相手に対して)勝手しろ.
de película《話》並外れた, すばらしい. Ahí se pasa *de* ～. そこでは本当に最高の時が過ごせる. un beso *de* ～ 夢のようなキス.
[←［中ラ］*pellicula*「小さな［愛らしい］毛皮」(*pellis*「皮革」+縮小辞)；関連［英］*pellicle*「薄皮」]

pe·li·cu·lar [pe.li.ku.lár] 厖 膜膜(状)の, 薄皮の.
pe·li·cu·le·ro, ra [pe.li.ku.lé.ro, -.ra] 厖《話》**1** 映画の；映画好きの. **2** 夢想的な, 現実離れした.
— 男 囡《話》**1** 映画ファン；映画関係者；映画俳優. **2** 夢想家, 現実離れした人. **3**《ラ米》(ᶜᵒˡ)ほら吹き.
pe·li·cu·li·na [pe.li.ku.lí.na] 囡《ラ米》(ᶜᵒˡ)《話》**(1)** 趣味の悪い映画. **(2)** 露出趣味, 自己顕示.
pe·li·cu·lón [pe.li.ku.lón] 男《話》**1** とてもよい映画, 名画；(映画の) 大作. **2** 長く退屈な映画.
pe·li·fo·rra [pe.li.fó.r̃a] 囡《話》売春婦.
pe·li·grar [pe.li.ɣrár] 自 危険な状態にある. Si continúa la inflación, *peligra* la economía del país. インフレが続くと国の経済が危ない.

tensiones internas hacen ~ el equilibrio del país. 国内の緊張が国の安定を脅かしている。

pe·li·gro [pe.lí.gro] 男 **1** 危険, 危機. ¡Atención! ¡P~ de muerte! 注意! 死の危険(◆高圧線などの注意書き). en ~ de extinción 絶滅の危機にある. estar enfermo de ~ 危篤(きく)状態である. enfrentarse a un ~ 危険に立ち向かう. estar en (el) ~ de [+不定詞 / que +接続法] ...の危険にさらされている. estar fuera de ~ 危険を脱した. huir [escapar] de un ~ 危険から逃れる. Las copias ilegales ponen en ~ la continuidad del mercado. 不正コピーは市場の継続性を危険にさらす. Quien busca el ~ en él perece. 《諺》危険を探す者は危険の中で命を落とす.
2 脅威;危険物, 危険人物. En las autovías cualquier obstáculo puede ser un verdadero ~. 高速道路ではどんな障害物も本当の危険物になりうる. Ese tipo es un ~. あいつは危ないやつだ.

> 【類語】*peligro* は目前の危険, *riesgo* は危険の起こる可能性, リスク. ⇌ *Esta inversión no tiene ningún riesgo.* この投機には全く危険がない.

correr (*el*) *peligro de* [+不定詞 / *que*+接続法] ...のおそれがある. Si enviamos los paquetes por correo, *corremos el ~ de que* no *lleguen* a tiempo. 荷物を郵送すると締め切りに間に合わない危険がある.
[←[古スペイン] *periglo*← [ラ] *perīculum* 「試み;冒険, 危険」] 【関連】*peligroso*. [英] *peril*.

pe·li·gro·si·dad [pe.li.gro.si.ðáð] 女 危険性, 危うさ.

pe·li·gro·so, sa [pe.li.gró.so, -.sa] 形 **1** 危険な, 危ない;《+不定詞 / que +接続法...することは》危険である. Es ~ *que salgas* a la calle a esta hora. この時間に出かけるのは危ない. Es ~ *decidir* todo solo. ひとりですべてを決めるのは危険だ.
2 危険の原因となる, 物騒な;《*de* [*para*] +不定詞 ...するのに》危険な. empresa *peligrosa* 危険な企て. elemento ~ 危険分子. enfermedad *peligrosa* 命にかかわる病気. combustible ~ de manejar 取り扱い上危険を伴う燃料.

pe·li·lar·go, ga [pe.li.lár.go, -.ga] 形 長髪[ロングヘア]の.

pe·li·llo [pe.lí.ʎo ‖ -.ʎo] 男 (いさかいなどの) ささいなきっかけ.
echar pelillos a la mar 《話》水に流す, 仲直りする.
no reparar [*pararse*] *en pelillos* 細かいことにこだわらない.
Pelillos a la mar. 仲直りしよう, 水に流そう.
[pelo + 縮小辞]

pe·li·llo·so, sa [pe.li.jó.so, -.sa ‖ -.ʎó.-] 形 《話》怒りっぽい, 神経過敏な.

pe·lín [pe.lín] 男 *un pelín* 《話》ほんの少し.

pe·lli·rro·jo, ja [pe.li.řó.xo, -.xa] 形 赤毛の. ── 男 女 赤毛の人.

pe·li·rru·bio, bia [pe.li.řú.βjo, -.βja] 形 金髪[ブロンド]の. ── 男 女 金髪[ブロンド]の人.

pe·li·ta [pe.lí.ta] 女 泥岩, 泥質[泥土]岩.

pe·li·tre [pe.lí.tre] 男 《植》ジョチュウギク.

pe·li·tri·que [pe.li.trí.ke] 男 安物;安物の飾り.

pe·lla [pé.ʎa ‖ -.ʎa] 女 **1** 丸い塊, 玉, 小球. ~ de mantequilla バターの塊. **2** (ケーキの飾り用の) メレンゲなどの塊. **3** (未加工の) 豚の脂肪, ラード. **4** (カリフラワー・アーティチョーク・キャベツなどの) 結球;食べる部分. **5** 《話》(借金・詐取された金の) 総額.
hacer pellas 《話》学校をサボる.

pe·lle·ja [pe.ʎé.xa ‖ -.ʎé.-] 女 **1** (動物の)(毛)皮, 羊毛; (人間の)皮膚. **2** 《話》やせこけた人. **3** 《俗》売春婦, 娼婦(しょうふ). **4** 《話》命, 生命. jugarse la ~ 命を張る. salvar a+人 la ~ 〈人〉を入れる救う.

pe·lle·je·rí·a [pe.ʎe.xe.rí.a ‖ -.ʎe.-] 女 **1** 皮革製品工場[店]; 製革業. **2** (集合的) なめし革, 皮革. **3** 《ラ米》(アラメ⁽ᵏ⁾)苦難, 災難;窮乏.

pe·lle·je·ro, ra [pe.ʎe.xé.ro, -.ra ‖ -.ʎé.-] 男 女 **1** 皮なめし職人. **2** 皮革商人.

pe·lle·jo, ja [pe.ʎé.xo, -.xa ‖ -.ʎé.-] 形 《話》《軽蔑》感じの悪い, 悪意のある.
── 男 **1** (動物の) 皮;皮革; (人の) 皮膚 (の小片). **2** (ブドウなど果物の) 皮. **3** ワインを入れる革袋 (= odre). **4** 《話》飲んだくれ. **5** 《俗》売春婦. **6** 《話》生命, 命. dar [dejar, perder, soltar] el ~ 命を落とす. defender el ~ 命を守る. jugarse [arriesgar(se)] el ~ 《話》命をかける.
estar [*hallarse*] *en el pellejo de*+人 《話》〈人〉の立場に立つ. No quisiera *estar* [*hallarme*] *en su* ~. 彼[彼女]と同じめには遭いたくない.
mudar el pellejo 生活[習慣]を変える.
no caber en el pellejo 《話》丸々と太っている;大満足である.
no tener más que el pellejo がりがりにやせている.
quedarse en el pellejo [*los pellejos*] 《話》ひどくやせる.
quitar a+人 *el pellejo* 〈人〉を殺す;〈人〉をこき下ろす.
salvar el pellejo 《話》生き延びる.

pe·lle·ju·do, da [pe.ʎe.xú.ðo, -.ða ‖ -.ʎé.-] 形 皮膚のたるんだ.

pe·lli·ca [pe.jí.ka ‖ -.ʎí.-] 女 毛皮のベッドカバー; (羊飼いの) 毛皮[革]のコート, なめし革の小片.

pe·lli·co [pe.jí.ko ‖ -.ʎí.-] 男 (羊飼いの) 革コート.

pe·llin·ga·jo [pe.jiŋ.gá.xo ‖ -.ʎiŋ.-] 男 《ラ米》(アルゼン)(パラグ)(チ)ぞうきん, みすぼらしい服;がらくた.

pe·lli·za [pe.jí.θa ‖ -.ʎí.-, -.sa] 女 **1** 毛皮のコート;毛皮[厚手の布]で縁取りをしたコート.
2 《軍》ドルマン;軽騎兵のケープ風コート.

pe·lliz·car [pe.jiθ.kár ‖ -.ʎiθ.- / -.jis.-] 102 他 **1** つねる, 挟む. ~ a+人 en la mejilla 〈人〉のほおをつねる. **2** (身体の一部に) 軽いけがを負わせる. **3** 少しつまみ取る; 《話》つまみ食いをする. *Pellizqué* el bollo. 私は菓子パンをつまみ食いした.
──~·se 動 **1** 〈自分の体を〉つねる, つまむ.
2 〈自分の身体の一部を〉挟む. Se *pellizcó* el dedo al cerrar el cajón. 彼[彼女]は引き出しを閉めるときに指を挟んだ. **3** 〈身体の一部同士が〉挟まる.

pe·lliz·co [pe.jíθ.ko ‖ -.ʎíθ.- / -.jís.-] 男 **1** つねる[挟む] こと;つねった跡. dar [tirar, coger] un ~ a+人 〈人〉をつねる.
2 ひとつまみ, 少量. **3** 刺すような痛み, 激痛. ~ en el corazón 心臓を刺すような痛み.
pellizco de monja (1) きつくつねること. (2) 砂糖をまぶした小さな揚げ菓子.
un buen pellizco 《話》大金.

pe·llo [pé.ʎo ‖ -.ʎo] 男 柔らかい毛皮のジャケット.

pe·llón [pe.ʎón ‖ -.ʎón] 男 《ラ米》(鞍(くら)敷き用の) 羊のなめし革.

pel·ma [pél.ma] 形 《話》うんざりさせる, うっとうしい, しつこい. ── 男 女 《話》うっとうしい人, のろま.

¡No seas ~! なにをもたもたしているんだ.
——男 こってりした[胃にもたれる]食べ物.
dar la pelma **a**+人《まれ》〈人〉に同じことをくり返してうんざりさせる.

pel.ma.zo, za [pel.má.θo, -.θa / -.so, -.sa] 形《話》→pelma.

pe.lo [pé.lo]男 **1** 毛, 髪の毛；体毛. tener el ~ rubio [negro, liso, rizado] 金髪[黒髪, 直毛, 巻き毛]である. tener poco ~ 髪の毛が薄い. cortarse el ~ 髪の毛を切る, 散髪する. cortarle [hacerle] el ~ (a+人) 〈人〉の髪を切る[セットする]. pasarse el ~ をとかす. teñirse el ~ 髪の毛を染める. tirarse de los ~s 身の毛をかきむしる；(けんかで) 髪の毛を引っ張り合う. el ~ echado para atrás オールバック. sin ~s en barba あごにひげのない. de rata《軽蔑的》薄い髪の毛. ~ fino うぶ毛. ~ malo《ラ米》《方》黒い縮れ毛. ▶ 1本の毛は un ~. → arrancar unos ~s de la cabeza 頭から数本の毛を抜く.
2 (動物の)毛, 毛皮；(鳥の)羽毛；(葉・茎の表皮の)毛. ~ de camello ラクダの毛 (織物). el cuerpo cubierto de ~ 毛に覆われた体. de ~ suave [duro] 毛の柔らかい[固い]. dos caballos del mismo ~ 毛並みの同じ2頭の馬.
3 (紙・布などの)けば；糸(くず), 繊維；生糸. **4** (金属・ガラスの) ひび；(宝石の) きず. **5**《話》わずか, ほんの少し. ni un ~ 少しも…ない. No corre un ~ de aire. わずかの風もない. **6** 困難, 不都合. tener ~s 面倒[厄介]だ. **7**《遊》(ビリヤード) キス (玉と玉の接触). **8**《医》乳腺炎. **9** 糸のこ. **10**《ラ米》《方》身長.

a contra pelo →contrapelo.
agarrarse [asirse] de un pelo わらにもすがる思いになる, どんなチャンスにでもすがろうとする.
al pelo (1) 毛並みに沿って. (2) 正確に, ちょうど. (3) 都合よく, 折よく. venir *al* ~ おあつらえ向きだ, ぴったりだ.
a medios pelos ほろ酔いで.
a pelo (1) 無帽で；むき出しで；裸で. (2) 鞍(ሩ)を置かずに；飾り[防御]なしで. montar *a* ~ 裸馬に乗る. (3) →*al pelo* (2) (3).
buscar pelos en la sopa あら探しをする, ささいなことに難癖をつける.
caérsele el pelo (a+人)《話》〈人〉がしかられる.
cortar un pelo en el aire 〈刃物が〉鋭利である；〈人が〉賢い, 洞察力がある.
dar a+人 *para el pelo* 〈人〉をこめた打ちにする；《比喩的》痛い目に遭わす.
de medio pelo ありきたりの, 普通の. granujas *de medio* ~ そこらのチンピラ.
echar buen pelo よくなる, 上向きになる.
en pelo →a pelo (1) (2).
estar a [en] un pelo de... / faltar un pelo para... もう少しで…するところだ. Estuve a un ~ *de* perder el tren. 私は間一髪で列車に乗り遅れるところだった. Faltó un ~ *para* que nos ganaran el partido. 私たちはもう少しで試合に負けるところだった.
estar hasta los pelos de... 《話》…にうんざりしている, 飽き飽きしている.
hombre de pelo en pecho 勇気ある男；薄情な男.
*lucir*le (a+人) *el pelo* (皮肉)〈人〉が順調だ；ひどいありさまだ. No haces nada y así *te luce* el ~. 何もしないでいるからごのありさまだ.

medio pelo《ラ米》《話》(1)《ラ米》《方》中流社会. (2)《ラ米》低品質.
no tener pelos en la lengua《話》口さがない, ずけずけものを言う.
no tener (un) pelo de tonto 抜け目がない, 利口である. Entre sus ventajas está la de *no tener un* ~ *de tonto*. 彼の長所の一つは利口であることだ.
no verle el pelo (a+人)〈人〉を全く見かけない.
*ponérse*le (a+人) *los pelos de punta*《話》〈人〉の身の毛がよだつ.
por los pelos / por un pelo《話》間一髪で, かろうじて. Se libró *por los* ~s. 彼[彼女]はあやうく逃げのびた.
*relucir*le (a+人) *el pelo*《話》〈人〉が太って血色がいい.
soltarse el pelo 髪を乱す；好き勝手に行動する, 放蕩(½)な生活をする.
tener pelos 厄介である.
tener pelos en el corazón 勇気がある；冷酷[冷徹]である.
tomarle el pelo (a+人)〈人〉をからかう. ¿Lo dices en serio o *me estás tomando el* ~? まじめに言ってるの, それともからかってるの.
traer por los pelos 関係ないことをこじつけて話す.
[←《ラ》*pilum* (pilus の対格); 【関連】pelar, pelirrojo.《ポルトガル》*pêlo*.《仏》*poil*「体毛」.《伊》*pelo*.《英》*peel*「(果物などの)皮」]

pe.lón, lo.na [pe.lón, -.ló.na] 形 **1** 髪を短く刈った. un chico ~ 髪の短い少年. **2** はげ頭の；髪の少ない. un ~ de calva brillante 頭のはげあがった人. **3** 文無しの. **4**《ラ米》《方》毛深い；長髪の.
——男 女 **1** はげ頭の人；髪の薄い人；髪を短く刈り込んだ人；スキンヘッド. **2**《話》貧乏人, 文無し. **3**《ラ米》《方》子供, 幼児.
——男《ラ米》(1)《ラ米》《植》モモの一種；《ラ米》《方》干し桃. (2)《ラ米》《方》死亡. (3)《ラ米》《方》しくじり. (4)《ラプ》《方》皮はぎ, 皮むき. ——男 女《医》脱毛 (症).
la pelona《話》死, 死亡.

pe.lo.ne.rí.a [pe.lo.ne.rí.a] 女《話》貧乏, 文無し.
pe.lo.ní.a [pe.lo.ní.a] 女《医》脱毛症.
pe.lo.po.nen.se [pe.lo.po.nén.se] 形 (ギリシア南部の) ペロポネソス (半島) の.
——男 女 ペロポネソス (半島) の住民[出身者].
Pe.lo.po.ne.so [pe.lo.po.né.so] 固名 ペロポネソス (半島) (= Isla de Pélope): ギリシア南部の半島. ビザンティン時代に半島の形から Morea「桑の葉」と呼ばれた. [←《ラ》*Peloponnēsus*←《ギ》*Pelopónnēsos*]
pe.lo.si.lla [pe.lo.sí.ja [.ʎa] 女 →vellosilla.
pe.lo.so, sa [pe.ló.so, -.sa] 形 毛のある, 毛の多い.

pe.lo.ta [pe.ló.ta] 女 **1** ボール, 球, 玉. ~ de tenis テニスボール. ~ bombeada《スポ》(サッカー) ロブ, ロビング. ~ corta《スポ》(テニス) 球足の短い打球. ~ rasante《スポ》(テニス) ドライブ. juego de ~《史》(メソアメリカ先住民の) 球技.
2 ボール遊び, 球技. jugar a la ~ 球技をする. **3** ペロタ, ハイアライ (= ~ vasca). → jai alai. **4** 弾丸, 砲丸. **5**《俗》頭 (= cabeza). **6** (複数で)《俗》睾丸(ᅼᅩ) (= cojones). **7**《ラ米》(1)《グア》《ホ》(牛革張りの) 小舟. (2)《ラ米》《俗》ばか者, 愚か者. (3)《コス》《ラプ》《話》愛人. (4)《ニカ》《ラプ》《話》情熱, 情愛；熱望. (5)《タブ》《俗》野球.
——形《話》ごますりの.
——男 女《俗》ごますりをする人. hacer la ~ ごますりをする,

ご機嫌取りをする (= pelotillero).
echarse la pelota 責任を回避する.
en pelota(s) / en pelota picada 《俗》素っ裸で. dejar a+人 *en* ～〈人〉を丸裸にする；〈人〉から金を巻き上げる；身ぐるみはぐ；容赦なく批判する.
estar hasta las pelotas de...《俗》…にうんざりしている.
hacer la pelota 《話》…にへつらう, こびる.
hacerse una pelota 《話》縮こまる；頭がこんがらかる.
jugar a la pelota con+人《話》〈人〉を食いものにする.
La pelota está aún en el tejado. 《話》(問題などが) まだ解決していない, 棚上げになったままである.
La pelota está en el tejado de... (ものごとの進行や問題などが) …次第である.
pasar(se) la pelota 責任をたらい回しにする.
quedarse en pelota 《俗》素っ裸になる；無一文になる.
rechazar [devolver, volver] la pelota a+人《話》〈人〉に同じ論法で言い返す；同じことをやり返す.
tocarse las pelotas 《俗》何もしない, 怠ける.
[←《古仏》*pelote*「小さな球」←《俗》*pilo(*t*)-*ta* ([ラ] *pila*「球」+縮小辞); [関連] píldora. [英 *pill*]

pe·lo·ta·ri [pe.lo.tá.ri] 男女 《スポ》ペロタ pelota [ハイアライ jai alai] の選手.

pe·lo·ta·zo [pe.lo.tá.θo / -.so] 男 **1** ボールの投げつけ [一撃]. Le dio un ～ en la cara. ボールが彼 [彼女] の顔に当たった. **2** 《話》(酒の) 一杯, ひと飲み. **3** (投機的事業による) 荒稼ぎ. **4** 《隠》麻薬の使用. **5** 《ラ米》《*》ずるさ, 抜けめなさ.

pe·lo·te [pe.ló.te] 男 (いすなどに詰める) ヤギの毛.

pe·lo·te·ar [pe.lo.te.ár] 他 《帳簿などを》照合する.
——自 **1** (練習で) ボールをける [打つ, 投げる]；ボール遊びをする. **2** 《*con...*～》(ボールのように) 投げる. **3** 口論する, 言い争う, もめる. **4** 《ラ米》(1) 《ブラ》《話》〈人〉を手荒く [ぞんざいに] 扱う. (2) 《チ》小耳にはさむ. (3) 《グ》渡し船で川を渡る.
——*～·se*《責任の所在が》たらい回しにされる.

pe·lo·te·o [pe.lo.té.o] 男 **1** 《スポ》(練習の) ラリー, ドリブル, パス. **2** 《話》ごますり, へつらい.

pe·lo·te·ra [pe.lo.té.ra] 女 《話》(特に女同士の) けんか, 口争い. armar una ～ 《話》騒動を起こす. armar una ～ a+人 〈人〉にけんかをふっかける.

pe·lo·te·rí·a [pe.lo.te.rí.a] 女 《話》ヤギの毛.

pe·lo·te·ro, ra [pe.lo.té.ro, -.ra] 形《話》《まれ》ごますりの, おべっかつかいの.
——男 **1** (サッカー・野球など球技の) 選手. **2** 《話》ごまをする人.
escarabajo pelotero 《昆》クソムシ.
traer a+人 *al pelotero* 〈人〉をてんてこ舞いさせる；言いなりにさせる.

pe·lo·ti·lla [pe.lo.tí.ja ‖ -.ʎa] 女 **1** (主に複数で) 毛玉. **2** 《話》鼻くそ. **3** 《話》おべっか, へつらい. hacerle (a+人) la ～ 《話》〈人〉にへつらう.
[*pelota* + 縮小辞]

pe·lo·ti·lle·o [pe.lo.ti.jé.o ‖ -.ʎé.-] 男《話》《軽蔑》→ peloteo.

pe·lo·ti·lle·ro, ra [pe.lo.ti.jé.ro, -.ra ‖ -.ʎé.-] 形《話》こびへつらう. ——男女《話》おべっか使い, ごますり.

pe·lo·tón [pe.lo.tón] 男 **1** 大きいボール. **2** 群衆, 一団；《スポ》(自転車競技などの) 集団. el ～ de los torpes 《話》落ちこぼれグループ. **3** 《軍》分隊, 小隊.

～ *de ejecución* 銃殺 (執行) 隊.
[*pelota* + 増大辞]

pe·lo·tu·do, da [pe.lo.tú.ðo, -.ða] 形《ラ米》《チ》《ラプ》《コ》役に立たない, 無能な.

pel·tre [pél.tre] 男 白鑞(しろめ), ピューター：亜鉛(あえん), 錫(すず), 鉛の合金.

pe·lú [pe.lú] 男 《複》*～es* 《ラ米》《ドミ》《プ》【植】マメ科の木.

***pe·lu·ca** [pe.lú.ka] 女 **1** かつら, ウィッグ. llevar (una) ～ かつらを着けている. ponerse una ～ かつらをかぶる. **2** 《話》かつらを着けた人. **3** 《話》小言；叱責(しっせき). **4** 《ラ米》《*》《話》髪の毛.

pe·lu·che [pe.lú.tʃe] [仏] 女 **1** フラシ天, プラッシュ：ビロードの一種.
2 ぬいぐるみ. oso de ～ くまのぬいぐるみ.

pe·lu·cón, co·na [pe.lu.kón, -.kó.na] 形《話》(1) 《コア》《ニ*》髪が長い [多い]. (2) 《エク》保守的な；保守党の. (3) 《チリ》社会的地位の高い, 上流社会の. ——男《話》(1) 《エク》保守派；保守党員. (2) 《ニ*》大物, 重要人物. ——《話》(スペイン, 特にブルボン王家の Carlos 4世までの王の胸像が刻まれた) 金貨.

pe·lu·de·ar [pe.lu.de.ár] 自《ラプ》(1) (ペルデを狩る) (ムツオビ) アルマジロ *peludo* 猟をする. (2) ぬかるみの中を歩く；ぬかるみに入る.

pe·lu·do, da [pe.lú.ðo, -.ða] 形 **1** 毛深い, 毛のふさふさした, 毛むくじゃらの；長髪の. **2** 《ラ米》《話》困難な. (2) 《*》成長した, 大人の.
——男 **1** (毛の長いフラシ天製の) 丸ござ.
2 《ラ米》(1) 【動】アルマジロ (の一種). (2) 《ラプ》《話》酔い. agarrarse [pescarse] un ～ 酔う.

pe·lu·que·a·da [pe.lu.ke.á.ða] 女《ラ米》《ラプ》《ブライ》《ニ*》散髪, ヘアカット.

pe·lu·que·a·do [pe.lu.ke.á.ðo] 男《ラ米》《ラプ》《ブライ》《ニ*》散髪, ヘアカット.

pe·lu·que·ar [pe.lu.ke.ár] 他《ラ米》《ラプ》《ニ*》《ブラ》〈人の〉散髪をする.

***pe·lu·que·rí·a** [pe.lu.ke.rí.a] 女 **1** 理容 [理髪] 店, 美容院. ir a la ～ 床屋へ行く. ～ de señoras 美容院. → *tienda* [関連]
2 理容 [理髪] 業 [技術].
[*peluca* (←《古スペイン》*perruca*) より派生]

***pe·lu·que·ro, ra** [pe.lu.ké.ro, -.ra] 男女 **1** 理容 [理髪] 師；美容師.
2 《ラ米》《*》賭(かけ)けにいつも勝つ人.

pe·lu·quín [pe.lu.kín] 男 **1** 部分かつら, ヘアピース. **2** (17, 18世紀後半の) 紳士用かつら.
ni hablar del peluquín 《話》とんでもない, 論外だ.

pe·lu·sa [pe.lú.sa] 女 **1** (花・果実などの) 綿毛(わたげ)；産毛. **2** (布の) 毛羽. soltar ～ 毛羽立てる. **3** ほこり, 綿ぼこり. **4** 《話》《幼児語》(子供同士の) ねたみ. sentir ～ やきもちを焼く. **5** 《ラ米》《*》《プエ》《話》《集合的》下層民.

pe·lu·sien·to, ta [pe.lu.sjén.to, -.ta] 形《ラ米》《ラプ》《ニ*》《話》毛深い, 毛むくじゃらの.

pe·lu·si·lla [pe.lu.sí.ja ‖ -.ʎa] 女 **1** 【植】キク科ミヤマコウゾリナ属の一種. **2** 《話》→ pelusa.

pe·lu·so [pe.lú.so] 男《話》(隠) 召集兵；志願兵；新兵.

pel·via·no, na [pel.bjá.no, -.na] / **pél·vi·co, ca** [pél.bi.ko, -.ka] 形【解剖】骨盤の.

pel·vis [pél.bis] 女《単複同形》【解剖】骨盤. ～ renal 腎盂(じんう).

Pemex / PEMEX [pe.méks] 固名 《略》*Petróleos Mexicanos* (国有) メキシコ石油公社, ペメックス.

pena

pe·na [pé.na] 囡 **1** 罰;《法》刑罰;天罰. condenar a+人 una ~ de diez años de cárcel 〈人〉に10年の禁固刑を科す. imponer una ~ 刑罰を科す. pronunciar una ~ 刑を宣告する. ~ accesoria 付加刑. ~ capital [de muerte, de la vida] / última ~ 死刑, 極刑. ~ pecuniaria 罰金刑(罰). ~s eternas 《カト》永遠の劫罰(業). ~ máxima 最大の罰;《スポ》ペナルティキック.
2 (精神的)苦痛, 苦悩. avivar la ~ 悲しみを新たにする. causar a+人 mucha ~ 人を悲しませる. morir(se) de ~ 悲しみで死にそうになる. tener [sentir] ~ 心が痛む.
3 《主に複数で》苦労, 骨折り, 労力. ahorrarse la ~ de... …する手間をはぶく. con muchas ~s y esfuerzos [fatigas] さんざん苦労して. pasar muchas ~s 苦労する.
4 《話》(肉体の)痛み (=dolor). tener una ~ en el costado わき腹が痛い.
5 《鳥》大羽;風切り羽と尾羽.
6 《海》三角帆の帆桁の上端. **7** 《ラ米》(1) 恥;じらい;臆病. (2) (ﾆｶ)《複数で》亡霊.
a duras [grandes, malas] penas / a penas やっと, かろうじて. *A duras ~s* obtuve la entrada. やっとの思いで私は入場券を手に入れた.
ahogar las penas つらさを忘れる; 憂さを晴らす. *Para ahogar las ~s* bebíamos juntos. つらさを忘れるため我々は共によく飲んだものだった.
¡Allá penas! 知るものか, かまうものか.
alma en pena (1)《カト》煉獄(ﾚﾝ)に落ちた魂. (2) 寂しい人, かわいそうな人.
bajo pena de... (違反すれば) …の罰を受けるという条件で. *No pegar carteles bajo ~ de* multa. 《掲示》貼り紙禁止, 違反者には罰金.
darle pena (a+人) [+不定詞 / que+接続法] (1) 〈人〉が…を残念に[悲しく]思う. *Me da ~ verte tan triste*. 私は君の悲しそうな顔を見るのがつらい. *Me da ~ que él no pueda* asistir a la ceremonia. 彼が式に出席できないのは残念だ. (2)《ラ米》〈人〉が…を恥ずかしく思う.
dar pena [+不定詞 / que+接続法] …とは残念な[つらい]ことだ. *Da ~ ver* cómo están. 彼らの状態を見ると痛ましい.
de pena《話》ひどく, 最悪に; ひどい. pasarlo *de ~* 最悪の時間を過ごす.
estar que DAR pena 見るも哀れ[無残]である.
pasar la pena negra《話》とてもつらい[悲しい]思いをする.
pasar pena por... …のことを心配する.
¡Qué pena! 何とかわいそうな!; それは残念だ.
ser una pena [+不定詞 / que+接続法] …とは残念だ, 気の毒だ. *Es una ~ que* ella *haya muerto*. 彼女が亡くなったなんてとても残念だ. *Sería una ~ vender* la casa. 家を売ったら悔いが残るだろう.
sin pena ni gloria 可もなく不可もなく, 平凡に. *vivir sin ~ ni gloria* 平々凡々な人生を送る. El actor hizo su papel *sin ~ ni gloria*. その俳優は無難に役をこなした.
valer [merecer] la pena (1) 価値がある. una película que *merece la ~* (de ver) 一見の価値のある映画. (2)《+不定詞 / que+接続法》…する価値がある. *Vale la ~ visitar* el museo. その博物館は行く価値がある. *No merece la ~ molestarse*. わざわざするほどのこともない. *Merece la ~ que trabajes* más en este terreno. 君がこの分野でもっと働いてみる価値はある.

[←《ラ》*poenam* (*poena* の対格) ←《ギ》*poinḗ*「罰金, 身代金」] 《関連》penal(idad), penoso, apenas. 《英》*pain, penalty*「刑罰;罰金;ペナルティー」]

pe·na·ble [pe.ná.ble] 厖 罰すべき, 処罰に値する.
pe·na·cho [pe.ná.tʃo] 男 **1** (鳥の)冠毛, とさか.
2 (かぶと・頭の)羽飾り. ~ *de plumas*《軍》軍帽の羽飾り. **3**《話》おごり, 見え.
pe·na·do, da [pe.ná.đo, -.đa] 厖 **1** 悲しんでいる, 嘆き悲しむ. **2** 骨の折れる, 困難な, 面倒な.
—— 男 囡 囚人, 服役囚.
pe·nal [pe.nál] 厖 刑罰の, 刑法(上)の, 刑事の. código ~.《法》刑法典.
—— 男 **1** 刑務所 (=prisión, presidio).
2《ラ米》《スポ》(サッカー)(ペナルティーエリア内での)反則, ファウル;ペナルティー(キック).
pe·na·li·dad [pe.na.li.đáđ] 囡 **1**《主に複数で》苦しみ, 苦労. pasar muchas ~es 苦労を重ねる.
2《法》刑罰, 処罰;罰.
pe·na·lis·ta [pe.na.lís.ta] 厖 刑法[刑事]を専門とする. —— 男 囡 刑法学者;刑事専門の弁護士. → civilista.
pe·na·li·za·ción [pe.na.li.θa.θjón / -.sa.sjón] 囡 **1** 制裁, 処罰 (↔despenalización);処罰すること, 罰則[ペナルティー]を科すこと;罰.
2《スポ》(反則に対する)ペナルティー.
pe·na·li·zar [pe.na.li.θár / -.sár] 97 他 罰する;《スポ》ペナルティーを科す.
pe·nal·ti [pe.nál.ti] / **pé·nal·ti** [pé.nal.ti] / **pe·nal·ty** [pe.nál.ti] 男
[複 ~s / ~s / ~(e)s]《スポ》(反則に対する)ペナルティー;反則;ペナルティーキック (=tiro de ~). punto de ~ ペナルティー・スポット.
casarse de penalti《話》思わぬ妊娠のため結婚する. ▶ pénalti は《ラ米》[←《英》*penalty*]
pe·nar [pe.nár] 他 罰する, 処罰[制裁]する (=sancionar). Le *penaron* con cinco años. 彼には五年の刑が科せられた.
—— 自 **1** 苦しむ, 悶(ﾓﾀﾞ)える;苦痛を味わう. ~ *de amores* 恋に思い悩む.
2《con...》(…で)苦しむ, 《…のことを》心配する. *Penó mucho con* su negocio. 彼[彼女]は事業のことが気がかりだった. **3**《por...》…を切望する.
pe·na·tes [pe.ná.tes] 男《複数形》《宗》ペナテス:古代ローマで, 家・家庭の守護神.
pen·ca [péŋ.ka] 囡 **1** (サボテンなどの)肉質の葉.
2 (キャベツの葉などの)主脈, 筋の部分.
3 刑具用の革製の鞭(ﾑﾁ). **4**《ラ米》(1) (ﾁﾘ)うちわ. (2)《卑》ペニス, 陰茎. (3) (ｸﾞｱﾃ)刃. (4) (ｺﾛﾝ)(ﾍﾞﾈ)《話》酔い. (5) (ﾀﾞﾘ)(ﾆｶ)(ﾊﾟﾅ)ヤシの葉.
a la pura penca《ラ米》(ｸﾞｱﾃ)(ﾎﾝ) 裸同然に[で];ぼろをまとった.
hacerse de pencas《ラ米》(ｺﾞｽﾀ)(ｺﾛﾝ)(ｴﾙｻ)《話》関係ない[聞こえない]ふりをする, 無関心を装う.
penca de...《ラ米》(ｺﾛﾝ)(ﾍﾞﾈ)《話》見栄えのよい…, 立派な…. ~ *de* hombre 恰幅(ｶｯﾌﾟｸ)のいい男. ~ *de casa* 豪邸.
pen·car [peŋ.kár] 102 自 **1**《話》よく[熱心に]働く.
2 困難にもかかわらず〈仕事・責任を〉引き受ける, 困難に負けず努力する (=apencar).
pen·co, ca [péŋ.ko, -.ka] 厖《ラ米》(ﾒｷ)(ｸﾞｱﾃ)がさつな, 粗野な;薄のろな, ばかな. —— 男 **1**《話》役に立たない馬, やせ馬 (=jamelgo). **2**《話》まぬけ;怠惰な人. **3**《ラ米》(1) (ｸﾞｱﾃ)馬. (2) (ﾒｷ)庶子.
un penco de hombre《ラ米》(ｺﾛﾝ) 立派な男.

pen·cón, co·na [peŋ.kón, -.kó.na] 形 (チリ中南部の県)コンセプシオン Concepción の.
— 男 女 コンセプシオンの住民[出身者].

pen·dan·ga [pen.dáŋ.ga] 女 **1**《スペイン》《遊》(トランプ)金貨の10 (= sota de oros).
2《話》売春婦.

pen·dan·go, ga [pen.dáŋ.go, -.ga]形《ラ米》《話》(1)（ﾎﾝ ｼﾞｭ）腰病(ﾋｮｳ)な, 気の弱い. (2)（ｺﾛ）女のような, なよなよした. (3)（ﾒｷ）動きが鈍い; 病弱な.

pen·de·ja·da [pen.de.xá.da] 女《ラ米》《話》(1) ばかげた言動. (2) 臆病(ﾋｮｳ)さ, 卑怯(ﾋｷｮｳ).

pen·de·je·ar [pen.de.xe.ár] 自《ラ米》(1)（ﾒｷ）（ｺﾛ）ばかなことをする[言う]. (2)（ﾁﾘ）《話》時間を失う.

pen·de·je·ta [pen.de.xé.ta] 男 女《ラ米》（ﾒｷ）《話》ばか, まぬけ.

pen·de·jo, ja [pen.dé.xo, -.xa] 形《ラ米》(1)（ﾒｷ）（ｺﾞｱ）《話》抜けめのない, ずる賢い. (2)（ﾎﾟｴ）（ﾒｷ）ﾁﾘ)（ﾎﾟｴ）《俗》弱虫, 臆病な, 卑劣な. — 男 **1** 陰毛. **2**《ラ米》（ﾒｷ）《俗》妻に浮気された男.
— 男 女《ラ米》(1)《俗》間抜け, 薄のろ. (2)（ｺﾛ）青二才, 若僧. (3)（ﾒｷ）卑劣漢. (4)（ﾒｷ）（ｺﾞｱ）（ｺﾛ）（ｶﾘ）《俗》卑怯(ﾋｷｮｳ)な人, 卑劣な人.
hacer pendejo a＋人《ラ米》（ﾒｷ）(人)をかつぐ.
hacerse pendejo《ラ米》（ﾒｷ）（ｺﾞｱ）（ｶﾘ）《俗》知らないふりをする.

pen·den·cia [pen.dén.θja / -.sja] 女 **1**《格式》けんか, 口論. armar una 〜 けんかを始める.
2《古語》未解決の状態; 訴訟中の状態.

pen·den·cie·ro, ra [pen.den.θjé.ro, -.ra / -.sjé.-] 形 けんか好きな, けんか早い.
— 男 女 けんかっ早い人.

pen·der [pen.dér] 自 **1**《de... …から》ぶら下がる, 垂れる, 掛かる. Los frutos *penden de* las ramas. 実が枝になっている.
2《de... …に》よる, 依存する. Esto *pende de* su decisión. このことは彼[彼女]の決心にかかっている.
3《en... …について》《訴訟・争いが》未解決である; 係争中である. **4**《比喩的》《脅威・危険が》重くのしかかる. *Pende* sobre nosotros una amenaza. ある脅威が我々の心に重くのしかかっている.
［←［ラ］*pendēre*; 関連 pendiente, péndola¹, depender. ［英］*pending, pendant, depend*］

‡**pen·dien·te** [pen.djén.te] 形 **1** 未解決の, 未処理の;《法》係争中の; 懸案の, 未定の. cuenta 〜 未決済勘定. deudas 〜s 未払い負債. asignatura 〜 未履修科目. asunto 〜 未処理の案件. La reunión está 〜 porque no sabemos cuándo vuelve el presidente. いつ社長が帰ってくるかわからないので会議の予定は未定だ. La reforma educativa ha dejado 〜 la informática como asignatura obligatoria. 教育改革は情報処理を必須科目にするか否かの決定を先延ばしにした.
2《de... …に》注意を払っている; 期待して待つ, 心配して待つ. estar 〜 *de*... …に注意して見る, 待つ. Todo el mundo está 〜 *de* la decisión del jefe. 皆が上司の決定に注目している.
3 ぶら下がった. La lámpara está 〜 del techo. 電灯は天井からぶら下がっている. **4** 傾いた.
— 男 **1** イヤリング, ピアス, 耳飾り; ペンダント. **2**（鉱床の）上層部. **3**《紋》旗の下部.
— 男 坂, 斜面. 〜 suave [pronunciada, empinada] 緩やかな[急な]坂.
estar pendiente de los labios de＋人→labio.

pen·dil [pen.díl] 男 (女性用の)マント.
tomar el pendil《話》立ち去る, いなくなる.

pen·dol [pen.dól] 男《主に複数で》《海》船底清掃のため荷を片側に寄せること.

pén·do·la¹ [pén.do.la] 女 **1** (時計などの)振り子; 振り子時計. **2**《建》クイーンポスト, 対束(ﾂｲｿｸ); 屋根組みを支える垂直の対の柱. **3**《土木》(釣り橋などの)つり材, 垂直ワイヤー.

pén·do·la² [pén.do.la] 女 羽ペン.

pen·do·la·je [pen.do.lá.xe] 男 (拿捕(ﾀﾎ)した船に対する)押収[没収]権.

pen·do·la·rio, ria [pen.do.lá.rjo, -.rja] 男 女 達筆な人, 能書家. → caligrafía.

pen·do·le·ar [pen.do.le.ár] 自《ラ米》(1) よく書き物をする. (2)（ﾒｷ）うまい字を書く. (3)（ﾒｷ）(苦難などを)耐え忍ぶ, 乗り切る.

pen·do·lis·ta [pen.do.lís.ta] 男 女《まれ》達筆な人; 代筆屋, 代書屋 (= memorialista).

pen·do·lón [pen.do.lón] 男《建》真束(ｼﾝﾂｶ): 小屋組みの真ん中にある垂直の束.

pen·dón, do·na [pen.dón, -.dó.na] 形《話》《軽蔑》**1**〈女性が〉ふしだらな. **2** のらくら者の, 生活が乱れた. — 男 女《主に男性形で》《軽蔑》**1** ふしだらな女性; 売春婦 (= golfa). **2** 自堕落な人.
— 男 **1** 標旗; 軍[隊]旗; ペナント; 槍旗(ｿｳ). **2** (幹から出た)新苗条.

pen·do·ne·ar [pen.do.ne.ár] 自《話》遊び歩く, ほっつき歩く.

pen·do·ne·o [pen.do.né.o] 男《話》《軽蔑》ぶらつくこと, ほっつき歩くこと; だらしない生活.

pen·do·nis·ta [pen.do.nís.ta] 形 (行列で)旗を持っている, 旗手の. — 男 女 旗手.

pen·du·lar [pen.du.lár] 形 振り子の. movimiento 〜 振り子運動. Talgo 〜 振り子式タルゴ列車.

pén·du·lo, la [pén.du.lo, -.la] 形 ぶら下がった, 掛かった. — 男 振り子;（時計などの)振り子.
［←［ラ］*pendulum* (*pendulus* の対称)（*pendēre* 「つるす」より派生）; 関連［英］*pendulum*］

pe·ne [pé.ne] 男《解剖》ペニス, 陰茎 (= falo).
［←［ラ］*pēnem* (*pēnis* の対称; 原義は「しっぽ」); 関連 pincel(ar), penicilina. ［英］*penis*］

pe·ne·ca [pe.né.ka] 男 女《ラ米》（ﾁﾘ）(1)《話》子供, 幼児; 学童. (2) 初等学校.

Pe·né·lo·pe [pe.né.lo.pe] 国名《ギ神》ペネロペ: Odiseoの妻. 夫の長期不在中, 貞節を守り通した.

pe·ne·ne [pe.né.ne] 男 女《略》*p*rofesor *n*o *n*umerario 非常勤講師 (= PNN).

pe·ne·que [pe.né.ke] 形《話》酔った, 泥酔の.

pe·ne·tra·bi·li·dad [pe.ne.tra.bi.li.ðáð] 女 入り込めること, 貫通性; 透過[浸透]性.

pe·ne·tra·ble [pe.ne.trá.ble] 形 **1** 入り込める, 貫通できる; 透過性の.
2 見抜かれる, 看破できる; 理解できる, わかる.

pe·ne·tra·ción [pe.ne.tra.θjón / -.sjón] 女 **1** 入り込むこと, 侵入; 貫通; 浸透, 滲透.
2《スポ》ゴール突破. **3**《格式》《まれ》洞察力, 見抜く力, 理解(力). tener gran 〜 鋭い洞察力を持つ.

pe·ne·tra·dor, do·ra [pe.ne.tra.ðór, -.dó.ra] 形 → penetrante.

‡**pe·ne·tran·te** [pe.ne.trán.te] 形 **1** 貫く(ような). con mirada 〜 鋭い目付きで. frío 〜 身を刺す寒さ. dolor 〜 全身を貫く痛み. **2**〈音・声・叫び声〉耳をつんざく. voz 〜 よく通る[甲高い]声. **3** 鋭い, 洞察力の持つ. Tiene una inteligencia 〜. 明敏な頭脳の持ち主である. análisis 〜 鋭い分析.

pe·ne·trar [pe.ne.trár] 自 《en...》 1 《場所に》《por...(経路)から》入り込む, 侵入する. El ladrón *penetró en* la casa *por* la ventana. 泥棒は窓から家に入った. El budismo *penetró en* Japón en el siglo Ⅵ. 仏教は6世紀に日本に伝来した.
2 《…に》〈液体・気体が〉染み込む；〈影響などが〉浸透する. El agua derramada *penetró en* el suelo. こぼれた水は床に染み込んだ.
3 《〈感覚・皮膚・心など〉に》食い入る, 強い印象を残す. La experiencia *penetró en* mi alma. その経験は私の心に焼きついた. El frío *penetraba en* los huesos. 骨まで染みるような寒さだった.
4 《意図・秘密・本質などを》洞察する, 見通す. ~ *en* los misterios de la naturaleza 自然の神秘のなぞを解く. ~ *en* los sentimientos de otros 他人の感情を奥底まで知る.
— 他 **1** 〈場所・感覚などを〉突き刺す, 貫く；〈場所に〉入り込む. La bala *penetró* el brazo de un soldado. 弾丸は兵士の腕に命中した. Un dolor punzante me *penetró* el corazón. 私は鋭い痛みを心臓に感じた. **2** 〈意図・秘密・本質などを〉洞察する, 見通す. **3** 〈人に〉性器を挿入する.
— ~·se 再《de......と》隅々まで理解する. Quiero *que te penetres* bien de la importancia del asunto. この件の重要性を君にちゃんとわかってほしい.
[←[ラ] *penetrāre*；[関連] [英] *penetrate*]

pe·neu·vis·ta [pe.neu.bís.ta] 形 バスク国民党 Partido Nacionalista Vasco の. — 男女 バスク国民党員[支持者]. ▶ 略語の PNV [pe.(e.)ne.ú.be] +ista から.

pén·fi·go [pém.fi.go] 男《医》天疱瘡(てんぽうそう).

pen·ga 女《ラ米》《俗》バナナの房.

peni-「ほとんど」の意の造語要素. 母音の前では pen-. → *peni*llanura, *pen*ínsula, *pen*último.
[←[ラ]]

pe·ni·bé·ti·co, ca [pe.ni.bé.ti.ko, -.ka] 形 ペニベティコ山系の：Gibraltar からスペインの Alicante 県の Nao 岬までの山脈を含む.

pe·ni·ci·li·na [pe.ni.θi.lí.na / -.si.-] 女《薬》ペニシリン.

pe·ni·ci·llium [pe.ni.θí.ljum / -.sí.-] 男 ペニシリウム, アオカビ類：ペニシリンの原料となる.

pe·ní·ge·ro, ra [pe.ní.xe.ro, -.ra] 形《文章語》翼[羽]のある.

pe·ni·lla·nu·ra [pe.ni.ja.nú.ra ‖ -.ʎa.-] 女《地質》基準面平原, 準平原.

***pe·nín·su·la** [pe.nín.su.la] 女 **1**《地》半島. *P*~ Yucatán ユカタン半島.
2《スペイン》イベリア半島 (= *P*~ Ibérica)：カナリア諸島などの島部を除いたスペイン・ポルトガル領土. La nubosidad domina en toda la *P*~. 半島部は全域が曇りである.
[←[ラ] *paeninsulam* (*paenīnsula* の対格) (*paene*「ほとんど」+ *īnsula*「島」)]

***pe·nin·su·lar** [pe.nin.su.lár] 形 **1** 半島の, 半島にある. **2** (特にカナリア諸島に対して) イベリア半島の. **3**《史》〈新大陸生まれの人 criollo に対比して〉本国の. — 男女 **1** 半島の住民. **2** (アフリカのスペイン領の住民と区別して) イベリア半島の住民. **3**《史》本国(生まれ)のスペイン人.

pe·ni·que [pe.ní.ke] 男 ペニー：英国の貨幣単位.

***pe·ni·ten·cia** [pe.ni.tén.θja / -.sja] 女 **1** 悔悛(かいしゅん), 悔い改め.
2 贖罪(しょくざい)；(贖罪のための) 苦行. como ~ 償いとして. 罪滅ぼしに. cumplir la ~《カト》罪の償いをする. imponer una ~ a +人 〈人〉に苦行を科する；〈人〉を罰する.
3《カト》〈許し〉の秘跡 (= sacramento de la ~). **4** 異端審問の処罰. **5** (一般的に) 罰, 仕置き. en ~ 罰として. **6**《話》嫌なこと, 不快なこと. ¡Menuda ~ quedarme solo en casa! 僕ひとりが家に残るなんてひどいよ.
hacer penitencia 償いをする；嫌な[不快な]ことをする；簡単な食事をする.
llevar en el pecado la penitencia 自業自得である.

pe·ni·ten·cia·do, da [pe.ni.ten.θjá.ðo, -.ða / -.sjá.-] 宗教裁判所によって処罰[処刑]された. — 男《ラ米》囚人, 服役囚.

pe·ni·ten·cial [pe.ni.ten.θjál / -.sjál] 形 告解の, 悔悛(かいしゅん)の, 贖罪のための. celebración ~《カト》告解の秘跡.

pe·ni·ten·ciar [pe.ni.ten.θjár / -.sjár] 82 他 罰する, …に苦行を科する.

pe·ni·ten·cia·rí·a [pe.ni.ten.θja.rí.a / -.sja.-] 女 **1** 刑務所, 教護院 (= prisión). **2**《カト》(**1**) 聴罪司祭の職務. (**2**) (教皇庁の)内赦院.

pe·ni·ten·cia·rio, ria [pe.ni.ten.θja.rjo, -.rja / -.sjá.-] 形 **1** 悔悟の, 悔悛(かいしゅん)の. **2** 懲治の, 刑務所の. — 男《カト》聴罪司祭[師].

pe·ni·ten·te [pe.ni.tén.te] 形 **1** 悔悟の, 悔い改めた. **2**《ラ米》《俗》ばかな, 愚かな.
— 男女 **1** 罪を悔いている人.
2《カト》悔悛者, 告解者. **3** 悔悛のために宗教行事の行列に加わる人. **4**《ラ米》《俗》岩山の頂.

pe·no, na [pé.no, -.na] 形 男女 ⇒ cartaginense, cartaginés.

pe·nol [pe.nól] 男《海》ヤードアーム, 桁端(こうたん).

pe·no·sa·men·te [pe.nó.sa.mén.te] 副 どうにかこうにか；やっとの思いで.

***pe·no·so, sa** [pe.nó.so, -.sa] 形 **1** つらい, 骨の折れる. un trabajo ~ つらい仕事. Sería ~ decírselo. 彼[彼女]にそれを言うのはつらいだろう.
2 痛ましい, 悲しむべき, 悲痛な. una noticia *penosa* 悲報. ambiente ~ 重苦しい雰囲気. cara *penosa* 沈痛な面持ち.
3 悲惨な, 困り果てた. una situación *penosa* みじめな状況. **4**《ラ米》《コスタリカ》《コロンビア》《ほまえ》《メキシコ》《話》恥ずかしがりの, 内気な；臆病(おくびょう)な.

pen·quis·to, ta [peŋ.kís.to, -.ta] 形 (チリ中南部の) コンセプシオン Concepción の.
— 男女 コンセプシオンの住民[出身者].

***pen·sa·do, da** [pen.sá.ðo, -.ða] 形 考えられた, 考えた, 熟慮した. una solución mal *pensada* 思慮の足りない解決策. No seas mal ~. そんなにひねくれたものを考えていけない. (Está) bien ~. よい考えだ.
el día [*en el momento*] *menos pensado* 思いもかけない日[時]に. *Ella me visitó en el momento menos ~.* 彼女は思いがけない時に訪ねてきた.
tener pensado +不定詞 …することに決めてある.

pen·sa·dor, do·ra [pen.sa.ðór, -.ðó.ra] 形 考える, 思索する；思慮深い.
— 男女 考える人, 思索家, 思想家.

***pen·sa·mien·to** [pen.sa.mjén.to] 男 **1** 思考, 考え；思いつき；思考力. malos ~s 悪い考え. adivinar [leer] el ~ 人の考えを読む, 言い当てる. llevar... en el ~ ...のことを考えている. Me han dicho algo que no me habría pasado nunca por el ～. 私は自分が思いつきもしなかったようなことを言われた. **tener el ～ de**+不定詞 …する意志がある. *Yo tengo el ～ de cambiarme de trabajo.* 仕事を変えることを考えている. **venirle [acudirle] (a+人) al ～** ふと頭に浮かぶ. → **idea** [類語].

2 意見, 見解；意図. *Aclárame tus ～s.* 君の意見をはっきり言ってくれ.

3 思想；〖個人の〗哲学. *historia del ～* 思想史. *～ oriental* 東洋思想. *el ～ de Platón* プラトンの思想. *libertad de ～* 思想の自由. *libre ～* 自由思想. *control de ～* 思想統制.

4 格言, 金言. *P～*『パンセ』(パスカル著). → **aforismo** [類語].

5 疑い, 疑念.

6 〖植〗パンジー, サンシキスミレ (=trinitaria).

como el pensamiento あっという間に, たちまち.
en un pensamiento ごく手短に, かいつまんで.
ni por pensamiento 夢にも思わない, 考えたこともない.

pensamiento (パンジー)

pen·san·te [pen.sán.te] 〖形〗考える, 思索する. *bien ～* 〖社会的に認められるような〗適切な考えをもつ人. *cabeza ～* 《話》〖ある集団の〗指導者.

﹡﹡pen·sar¹ [pen.sár] 〖8〗〖他〗**1 考える,** 熟慮する；《**que**+直説法 …と》思う. *~ bien un problema* ある問題をよく検討する. *Pienso que ésta es la única solución.* 私はこれが唯一の解決法だと思う. *¿Qué piensa usted de los toros?* あなたは闘牛についてどう思いますか. *No pienses que soy ciego.* 私の目を節穴だと思うなよ. *piense lo que piense* 彼［彼女］がどう思おうとも. *pensándolo bien* よく考えて見ると. *Esto es para ~lo.* これは考えてみる必要がある. *Piensa bien lo que has dicho.* 自分の言ったことをよく考えなさい.

2 考案する, 考えつく；《**que**+接続法 …と》頭に思い浮かべる. *~ un plan* 計画を立案する. *~ un nombre para el hijo* 息子の名前を考える. *~ un aparato bien pensado para durar mucho* 耐久性がよく考えられた器具. *sólo con ～lo* そのことを考えただけで. *Estamos pensando que él pueda ayudarnos.* 私たちは彼が助けてくれるかもしれないと考えている. *No pensé que estuvieran tan cansados.* 彼らがそんなに疲れているとは思いつかなかった.

3 《+不定詞》…するつもりである. *¿Qué piensas hacer mañana?* あした君は何をするつもり. *Esta tarde pienso ir al cine.* 今日の午後私は映画に行こうと思っている.

──〖自〗**1** 考える, 思考する. *¿Pensarán los animales?* 動物たちはものごとを考えるのだろうか. *Pienso, luego existo.* 我思う, ゆえに我あり〖フランスの哲学者デカルトの言葉〗.

2 《**en**...》《…のことを》思い巡らす, 《…について》あれこれ考える. *~ en todas las posibilidades* すべての可能性を考慮に入れる. *~ en lo peor* 最悪の事態を考える. *¿En qué piensas?* 君は何のことを考えているの. *Pienso en las vacaciones de verano.* 私は夏休みのことを考えています. *Pienso mucho en ella.* 私は彼女のことがとても気になっている.

3 《**en**+不定詞》《…しようと》思う, 《…することを》思いつく；もくろむ. *¿Has pensado alguna vez en dejar el trabajo?* 仕事をやめようかと思ったことがあるかい.

── ～·se 〖再〗**1** 心に思う, 思案する. *Ya me lo pensaba yo.* 私が思っていたとおりだ.

2 《3人称で》〖一般に〗考えられる. *Se piensa que es del siglo XV.* それは15世紀のものと考えられている.

cuando menos se piensa [lo pensamos] 思いがけず, 予期せぬときに, 不意に. *Vinieron cuando menos lo pensábamos.* 彼らは不意にやってきた.
Cuando menos se piensa salta la liebre. 《諺》やぶから棒 (←思いがけないときにウサギが跳ねる).
dar que pensar a+人 〖人〗に考えさせる, 考える機会［材料］を与える；懸念させる.
dar(se) en pensar 思い込む, 考え始める.
¡Ni lo piense [pienses]! 《謝辞や謝罪に対して》どういたしまして；気にしないでください.
¡Ni pensarlo! 論外だ, とんでもない.
pensar bien [mal] de+人 〖人〗をよく［悪く］思う.
pensar con los pies 《話》いい加減なことを言う.
pensar entre [para] sí 心中ひそかに考える.
Piensa mal y acertarás. 《諺》なにごとも悪く考えておけば間違いない.
si bien se piensa よくよく考えてみると.
sin pensarlo よく考えずに, 思わず；不意に, 思いがけず.
¡Y pensar que...! …だなんて, …とは〖驚きだ, 嘆かわしい〗. *¡Y ～ que estábamos tan contentos!* それなのに私たちときたら大喜びしていたんだなんて.

[← 〖ラ〗*pēnsāre* 「〖重さを〗量る；熟考する」, [関連] pensamiento, pesar. 〖仏〗*pensée*, *penser*. 〖英〗*ponder*, *pound* 「〖重量単位〗ポンド」]

pen·sar² [pen.sár] 〖8〗〖他〗〖家畜に〗飼い葉を与える.

pen·sa·ti·vo, va [pen.sa.tí.βo, -.βa] 〖形〗**1** 《**estar**+》考え込んだ, 沈思黙考の；もの思いにふけった.
2 内省的な.

pen·sel [pen.sél] 〖男〗〖植〗向日性の花.

pen·se·que [pen.sé.ke] 〖男〗《話》言い訳, 言い逃れ, 弁解.

pen·sil [pen.síl] / **pén·sil** [pén.sil] 〖形〗垂れ下がった, 宙ぶらりんの.
──〖男〗〖まれ〗名園.

﹡﹡pen·sión [pen.sjón] 〖女〗**1 年金,** 恩給. *cobrar la [una] ～* 年金を受け取る. *Los autónomos deben cotizar más de 15 años para cobrar una ～.* 個人事業者は年金を受け取るために15年以上掛け金を支払わなければならない. *~ alimenticia* 〖離婚後に支払う〗扶養手当. *~ de [por] incapacidad permanente absoluta* 恒久完全障害年金, 一級障害者年金. *~ de invalidez* 障害者年金. *~ de jubilación [retiro]* 退職者年金. *~ de vejez* 老齢年金. *~ vitalicia* 終身年金. *plan de pensiones* 年金プラン貯金.

2 安いホテル, 安宿；下宿 (●まかない付きのところが多い), 長期滞在用の民宿. *~* hotel [類語].

3 宿泊代, 下宿代；食事つき宿泊代. *El 28 de cada mes tengo que pagar la ～ a la patrona.* 毎月28日には大家さんに下宿代を払わなければいけない.

4 助成金, 奨学金 (=beca).

5 《話》精神的な負担, 気苦労；嘆き, 悲しみ.

media pensión 朝食の他に一食つく宿泊. *Mi hijo va al colegio en régimen de media ～.* 私の息子は給食のある学校へ行っている.
pensión completa 三食つきの宿泊.

[← 〖ラ〗*pēnsiōnem* (*pēnsiō* の対格) 「支払い」；*pendere* 「つるす；量る；支払う」(→ **pender**) より派

生;〖関連〗〖英〗*pension*]

pen·sio·na·do, da [pen.sjo.ná.ðo, -.ða] 形 年金[扶養手当]を受給している;奨学金を支給される. *jubilados ~s* 年金生活者.
— 男 女 年金[扶養手当]受給者;奨学生.
— 男 《まれ》寄宿舎[学校] (= *internado*).

pen·sio·nar [pen.sjo.nár] 他 **1** 年金[扶養手当]を与える;奨学金を支給する.
2 地代[家賃]をかける.
3 《ラ米》迷惑[心配]をかける.

pen·sio·na·rio [pen.sjo.ná.rjo] 男 **1** 宿代[地代]支払者. **2** (共和制体での)評議員.

pen·sio·nis·ta [pen.sjo.nís.ta] 男 女 **1** 寄宿生;下宿人. **2** 年金[扶養料]受給者;奨学生.
hogar del pensionista [*jubilado*] 年金受給者(老人)のための福祉クラブ.
medio pensionista 学校で給食を受ける通学生.

penta- 「5」の意を表す造語要素. ときに *pente-*. また母音の前で *pent-*. → *pentá*gono, *Penta*teuco, *pent*odo. [←〖ギ〗]

pen·ta·cor·dio [pen.ta.kór.ðjo] 男 (昔の)五弦琴.

pen·ta·dác·ti·lo, la [pen.ta.ðák.ti.lo, -.la] 形 〖動〗五指[趾]の,五本指の. — 男 五本指の動物.

pen·ta·de·cá·go·no [pen.ta.ðe.ká.go.no] 男 = *pentedecágono*.

pen·ta·e·dro [pen.ta.é.ðro] 男 〖数〗五面体.

pen·ta·go·nal [pen.ta.go.nál] 形 五角形の,五辺形の.

pen·tá·go·no, na [pen.tá.go.no, -.na] 形 五角形の,五辺形の. — 男 **1** 〖数〗五角形,五辺形. **2** [P-] (米国)国防総省,ペンタゴン. ◆五角形の建物から.

pen·ta·gra·ma [pen.ta.grá.ma] / **pen·tá·gra·ma** [pen.tá.gra.ma] 男 〖音楽〗五線譜.

pen·tá·me·ro, ra [pen.tá.me.ro, -.ra] 形 **1** 〖植〗〈花が〉五片からなる. **2** 〖昆〗五関節ある.

pen·tá·me·tro [pen.tá.me.tro] 男 〖詩〗(古典で)五歩格,五脚律の哀歌. **2** 五歩格の.

pen·ta·no [pen.tá.no] 男 〖化〗ペンタン.

pen·tar·quí·a [pen.tar.kí.a] 女 〖史〗(1) (古代カルタゴなどの)五頭政治,五頭政府. (2) (19世紀初頭の英国・フランス・プロイセン・オーストリア・ロシアの)五国同盟.

pen·ta·sí·la·bo, ba [pen.ta.sí.la.βo, -.βa] 形 〖詩〗五音節の[からなる]. — 男 五音節詩行.

Pen·ta·teu·co [pen.ta.téu.ko] 男 〖聖〗モーセ五書. ◆旧約の創世記 *Génesis*, 出エジプト記 *Éxodo*, レビ記 *Levítico*, 民数記 *Números*, 申命記 *Deuteronomio* の五書.
[←〖後ラ〗*Pentateuchus*←〖ギ〗*Pentáteukhos* (*penta-* 「5つの」+ *teúkhos* 「紙の巻き物」)]

pen·ta·tle·ta [pen.tat.lé.ta] 男 女 〖スポ〗五種競技の選手.

pen·ta·tlón / pen·tath·lon [pen.tat.lón] 男 〖スポ〗五種競技. (1) (古代オリンピックで)幅跳び,円盤投げ,短距離走,槍〖投げ,レスリング. (2) (近代五種で)馬術,フェンシング,水泳,ピストル,クロスカントリー (= ~ *moderno*).

pen·ta·va·len·te [pen.ta.βa.lén.te] 形 〖化〗五価の.

Pen·te·cos·tés [pen.te.kos.tés] 男 **1** 〖カト〗聖霊降臨の大祝日 (= *domingo de* ~).
2 ペンテコステ,五旬節〖祭〗:ユダヤ教で過越の祭から50日目.
[←〖ラ〗*Pentēcostē*←〖ギ〗*pentēcostḗ* 「50番目」]

pen·te·de·cá·go·no [pen.te.ðe.ká.go.no] 男 〖数〗十五角形.

pen·to·do [pen.tó.ðo] 男 〖電〗五極管.

pen·to·tal [pen.to.tál] 男 〖薬〗〖商標〗ペントタール:麻酔剤,催眠剤.

*****pe·núl·ti·mo, ma** [pe.núl.ti.mo, -.ma] 形 終わりから2番目の. — 男 女 終わりから2番目のもの.
[←〖ラ〗*paenultimum* (*paenultimus* の対格) (*paene* 「ほとんど」+ *ultimus* 「最後の」);〖関連〗*antepenúltimo*. 〖英〗*penultimate*]

*****pe·num·bra** [pe.núm.bra] 女 **1** ほの暗さ,薄暗がり. **2** 〖天文〗(日食・月食の際の)半影;(太陽黒点周辺の)半暗部.

pe·nu·ria [pe.nú.rja] 女 不足;(生活必需品の)欠乏;貧困,貧窮. ~ *de tiempo* 時間不足.

*****pe·ña** [pé.ɲa] 女 **1** 岩,岩石 (= *roca*), 岩山.
2 集まり,サークル,会. ~ *futbolística* サッカー同好会. ~ *deportiva* (スポーツの)後援会.
3 《話》友人同志の集まり,グループ.
4 《ラ米》(1) (ﾒﾋｼｺ)(ｸﾞｱﾃﾏﾗ)(ﾎﾝｼﾞｭﾗｽ)(ｺﾛﾝﾋﾞｱ)耳の聞こえない人. (2) (ﾁﾘ)質屋;金貸し.
[←〖ラ〗*pinnam* (*pinna* の対格) 「羽;岩の尖壁」(岩山を岩になぞらえた);〖関連〗〖英〗*pen, pin*]

pe·ña·ran·da [pe.ɲa.rán.da] 女 《話》質屋.

pe·ñas·cal [pe.ɲas.kál] 男 岩の多い丘.

pe·ñas·ca·zo [pe.ɲas.ká.θo / -.so] 男 《ラ米》(ﾁﾘ)石つぶて,投石.

pe·ñas·co [pe.ɲás.ko] 男 **1** 大岩;岩壁.
2 〖解剖〗(側頭骨の)錐体,岩骨.
3 〖貝〗アクキガイ科の巻き貝.

pe·ñas·co·so, sa [pe.ɲas.kó.so, -.sa] 形 岩の多い,岩だらけの.

pe·ñas·que·ar [pe.ɲas.ke.ár] 自 《ラ米》(ﾁﾘ)石を投げる.

pe·ña·zo [pe.ɲá.θo / -.so] 形 《話》退屈な,うんざりする,わずらわしい. — 男 《話》退屈な[うんざりする,わずらわしい]人[こと].

pe·ñis·car [pe.ɲis.kár] 102 他 《ラ米》(1) つねる;挟む. (2) つまむ;つまみ食いする. — ·se 再 〈自分の体の一部を〉つねる;挟む (= *pellizcar*).

pe·ñís·co·la [pe.ɲís.ko.la] 女 《古語》半島 (= *península*).

pe·ño [pé.ɲo] 男 捨て子.

pe·ñol [pe.ɲól] 男 → *peñón*.

pé·ño·la [pé.ɲo.la] 女 **1** 羽ペン,鵞(がちょう)ペン. **2** (ある作家の)作風,作品.

pe·ño·la·da [pe.ɲo.lá.ða] 女 ひと筆,一筆.

pe·ñón [pe.ɲón] 男 大岩;岩山,岩壁. *el* ~ *de Gibraltar* ジブラルタルの岩山 (→ *Hércules*). [*peña* + 増大辞]

pe·ñus·co [pe.ɲús.ko] 男 《ラ米》(ｸﾞｱﾃﾏﾗ)(ﾎﾝｼﾞｭﾗｽ)群衆;雑踏;山積み,詰め込み.

pe·o [pé.o] 男 《ラ米》(ﾁﾘ)《俗》おなら,へ.

pe·ón [pe.ón] 男 **1** 日雇い労働者,労務者,作業員;下働き. ~ *caminero* 道路工夫.
2 全軍の信頼をよせる人物;目的達成のために利用する人物,手段. **3** 〖遊〗(1) (チェスの駒などの)ポーン; (チェッカー・ドミノなどの)駒. (2) 独楽(こま). **3** 〖軍〗歩兵. **5** 〖闘牛〗助手の闘牛士 (= ~ *de brega*).
6 《まれ》歩行者. **7** 〖機〗回転軸. **8** 《ラ米》(1) 農園労働者,作男. (2) 〖将〗見習い,弟子.
[←〖俗ラ〗*pedō* (〖ラ〗*pēs* 「足」より派生);〖関連〗〖英〗*pawn* 「(チェスの)ポーン」]

pe·o·na·da [pe.o.ná.ða] 女 **1** (日雇い労働者の)1日の仕事量,1日分の仕事. **2** 《集合的》日雇い労

働者. **3** 耕地面積の単位：約3.8アール.
pe･o･na･je [pe.o.ná.xe] 男 **1**《軍》《集合的》歩兵. **2**《集合的》日雇い労働者, 工夫, 人夫；下働き.
pe･o･nar [pe.o.nár] 自《ラ米》《ﾌﾞ》肉体労働［力仕事］に就く, 日雇い労働者として働く.
pe･o･ne･rí･a [pe.o.ne.rí.a] 女（ひとりが働く）1日（分）の耕作面積.
pe･o･ní･a¹ [pe.o.ní.a] 女《植》(1) シャクヤク. ～ arbónea ボタン. (2)《ラ米》トウアズキ, キツネマメ.
pe･o･ní･a² [pe.o.ní.a] 女《史》(征服後兵士に与えられた) 分与地.
pe･on･za [pe.on.θa / -.sa] 女 **1**《遊》(鞭(ﾑﾁ)を打って回転力をつける) たたき独楽(ｺﾞﾏ). **2**《話》小柄でせわしない人.
bailar como una peonza《話》くるくる回る, 軽快に［優雅に］踊る.

peonía¹（シャクヤク）

pe･or [pe.ór] 形［malo の比較級］**1**（多くは＋名詞／名詞＋）〈ser＋／ estar＋〉《que…mejor). mucho [aún, todavía] ～ ずっとひどい. Esta fruta *es* ～ [*más mala*] *que ésa.* この果実はそれよりも悪い. La situación no *es* ni mejor ni ～ *que antes.* 状況は好転も悪化もしていない. Estamos en ～*es* condiciones *que* en 1986. 私たちは今, 1986年より悪い状況にある.
2（＋名詞）〈ser＋〉（定冠詞・所有形容詞を伴って）［最上級］**最も悪い**, 最悪の, 最低の. *lo* ～ 最悪のもの, 最低のこと. en *el* ～ sentido de la palabra の言葉の最も悪い意味で. una *de las* ～*es* crisis de su historia 史上最悪の危機の一つ. *Son los* ～*es* del colegio. 学校でいちばん出来の悪い連中だ. Aquello *era mi* ～ castigo. あんなにこどくやられたのは初めてだった. *Lo* ～ está por llegar [venir]. 最悪の事態はこれからだ.
— 副［mal の比較級］**より悪く**, よりまずく；［最上級］最低に, 最悪に. cada vez ～ しだいに悪く. ～ *para ti* 君には気の毒だが. El enfermo está ～ *que nunca*. 患者の容態はかつてないほど悪い. Son los ～ pagados de Europa. 彼らはヨーロッパでいちばん低賃金だ.
a lo peor《話》(望ましくないことに言及して) 多分, おそらく. *A lo* ～ estoy equivocado. 多分私は間違っているでしょう.
de mal en peor しだいに悪く, だんだんひどく. Las cosas van *de mal en* ～. 事態は悪化する.
de peor en peor《話》《ﾌﾞ》→ de mal en *peor*.
en el peor de los casos 最悪の場合に. *En el* ～ *de los casos* el petróleo costaría 70 dólares el barril. 最悪の場合石油は1バレル70ドルになるだろう.
ir a peor さらに悪くなる.
La peor parte se la lleva el más débil. いちばん割を食うのはいつも弱い者だ.
lo peor de todo es que ＋直説法 最悪のことは…だ.
Peor es nada.《ラ米》〈動物・ものが〉多少なりとも役に立つ, ないよりはましに.
peor que peor (1) 輪をかけてひどい. (2) 事態をよけい悪くする, なおいっそう悪い.
ponerse en lo peor 最悪の場合を考える.
tanto peor → *peor* que *peor*.
y lo que es peor さらに悪いことには.
［←［ﾗ］*pējorem* (*pējor* の対格)（*malus* 「悪い」の比較級）；関連 empeorar, peyorativo, pesimismo.［英］*pejorative*］

pe･o･rí･a [pe.o.rí.a] 女 悪化, 退歩, 低下；もっとひどい［悪い］こと.
pe･pa [pé.pa] 女《ラ米》(1)（ｺﾛﾝ）《話》うそ, でたらめ. (2)（ﾒｷｼ）《話》ごろつき. (3)（ｶﾘ）《俗》マリファナ. (4)（ｺﾞﾝ）丸薬, 錠剤. (5)（ﾁﾘ）種, 種子. (6)（ｺﾛﾝ）《話》頭. (7) ～ y palmo《ラ米》《遊》ビー玉（遊び）. (8)（ﾁﾘ）《俗》クリトリス.
Pe･pa [pé.pa] 固名 ペパ：Josefa の愛称.
¡Viva la Pepa! (1) わあ, よかった. (2) ちくしょう, いまいましいやつめ. ♦1812年スペインの憲法［カディス憲法］が公布された日が San José（愛称 Pepe, 女性形 Pepa）の祝日（3月19日）であったことから.
pe･pa･zo [pe.pá.θo / -.so] 男《ラ米》《話》(1)（ｺﾛﾝ）うそ, でたらめ. (2)（ﾍﾞﾈｽﾞ）ひと打ち, 一撃, ひと投げ；当たり, 命中.
pe･pé [pe.pé] 形（スペインの）国民党 Partido Popular の. — 男 **1** 国民党員［支持者］(► 略語 PP [pe.pé] から). → pepero. (2)《ラ米》《ﾁﾘ》スペイン人観光客.
Pe･pe [pé.pe] 固名 ペペ：José の愛称.
pe･pe, pa [pé.pe, -.pa] 男 女《ラ米》《話》(1)（ﾒｷｼ）孤児. (2)（ﾎﾝｼﾞｭ）ねだり屋.
— 男 **1**（話）できの悪いメロン. **2**《ラ米》《話》(1)（ﾒｷｼ）哺乳(ﾎﾆｭｳ)瓶. (2)（ﾌﾟ）(ほ乳瓶の) 乳首, おしゃぶり. (3)（ｺﾛﾝ）《話》伊達(ﾀﾞﾃ)男, しゃれ者.
ponerse como un pepe《話》いやになるほど食べる.
pe･pe･a･do, da [pe.pe.á.ðo, -.ða] 形《ラ米》《ﾒｷｼ》《話》かわいい, 素敵(ｽﾃｷ)な, すばらしい.
pe･pe･na･do, da [pe.pe.ná.ðo, -.ða] 男 女《ラ米》《ﾌﾟ》《ﾒｷｼ》《話》孤児；捨て子, 拾い子.
pe･pe･nar [pe.pe.nár] 他《ラ米》(1)（ｺﾞﾘ）《ﾌﾟ》《ﾒｷｼ》拾う, 取り上げる. (2)（ﾒｷｼ）捕らえる. (3)（ﾒｷｼ）ポケット［袋］の中を捜す. (4) 盗む. (5)（ﾒｷｼ）《孤児》を引き取る.
pe･pe･ro, ra [pe.pé.ro, -.ra] 形《話》(スペインの) 国民党 Partido Popular 支持の. — 男 女《話》国民党支持者.
Pe･pín [pe.pín] 固名 ペピン：José の愛称.
pe･pi･nar [pe.pi.nár] 男 キュウリ畑.
pe･pi･na･zo [pe.pi.ná.θo / -.so] 男 **1**《話》(大砲などを) ぶっ放すこと. **2**《話》(爆弾などの) 破裂. **3**《話》(サッカーなどの) 弾丸シュート.
pe･pi･ni･llo [pe.pi.ní.jo ‖ -.ʎo] 男 小さいキュウリ（のピクルス）.［pepino ＋ 縮小辞］
pe･pi･no [pe.pí.no] 男 **1**《植》キュウリ. ～ del diablo テッポウウリ.
2《話》できの悪いメロン. **3**《話》1000ペセタ紙幣. **4**《ラ米》《ﾒｷｼ》《スポ》ゴール.
(*no*) *importar un pepino* → importar.
(*no*) *valer un pepino* 全く価値がない.

pepino（キュウリ）

pe･pión [pe.pjón] 男 ペピオン：13世紀ごろカスティーリャで用いられた小額硬貨.
pe･pi･ta [pe.pí.ta] 女 **1**（リンゴ・ナシなどの）種, 種子. ► 桃・オリーブなどの種は hueso, ヒマワリ・スイカの種は pipa.
2（砂金などの天然の）金属塊.
3《獣医》家禽(ｶｷﾝ)の舌にできる伝染病. **4**《ラ米》(1)（ﾒｷｼ）（ｸﾞｱﾃ）（ﾎﾝｼﾞｭ）《俗》カボチャの種. (2)（ｱﾙｾﾞﾝ）カカオの実.
Pe･pi･ta [pe.pí.ta] 固名 ペピータ：Josefa の愛称.
pe･pi･to [pe.pí.to] 男 **1** 肉を挟んだサンドイッチ.

Pepito

2（クリームまたはチョコレートをはさんだ）細長い菓子パン.
3《ラ米》(ﾒｷｼ)(ﾊﾟﾅ)(ﾌﾟｴﾙﾄ)《話》しゃれ者, 伊達(ﾀﾞﾃ)者.

Pe.pi.to [pe.pí.to]《固名》ペピート：Joséの愛称.

pe.pi.to.ria [pe.pi.tó.rja]《女》**1** フリカッセ：刻んだ肉の白ソース煮込み. **2** 黄身ベースのソースで煮込んだ鶏料理 (= gallina [pollo] en ～). **3** ごたまぜ.

pe.pla [pé.pla]《女》《話》厄介な人[もの]. *ir* [*venir*] *con peplas*《話》厄介ごとばかり持ち込む.

pe.plo [pé.plo]《男》ペプロス：古代ギリシアの女性用上着. 縁飾りのある布を肩から垂らし, 腰で結んで着用した.

pe.plum [pé.plum]《男》《複 ～s, ～》《映》古典古代［ギリシャ・ローマ時代］に時代設定がされた映画.

pé.plum [pé.plum]《男》→ peplum.

pe.pón [pe.pón]《男》《植》スイカ (= sandía).

pe.po.na [pe.pó.na]《女》**1**（厚紙製の）大きな人形. **2**《話》赤ら顔で太った女.

pe.pó.ni.de [pe.pó.ni.đe] / **pe.pó.ni.da** [pe.pó.ni.đa]《女》《植》ウリ状果：ウリ科植物の果実の総称.

pep.si.na [pep.sí.na]《女》《生化》ペプシン.

pép.ti.co, ca [pép.ti.ko, -.ka]《形》消化の.

pép.ti.do, da [pép.ti.đo, -.đa]《形》《生化学》ペプチドの. —《男》《生化学》ペプチド.

pep.to.na [pep.tó.na]《女》《生化》ペプトン.

pe.que [pé.ke]《男》《話》子供, ちび.

pe.quén [pe.kén]《男》《ラ米》(ｷ)《鳥》アナホリフクロウ.

pe.que.ña [pe.ké.na]《形》→ pequeño.

pe.que.ña.jo, ja [pe.ke.ná.xo, -.xa]《形》《話》ちっぽけな；かわいい, 可憐(ﾚﾝ)な. —《男》《女》小柄な人；子供, おちびちゃん.

*__**pe.que.ñez**__ [pe.ke.néθ / -.nés]《女》《複 pequeñeces》**1** 小さいこと, 小型.
2 わずかなこと；取るに足りないもの. *no pararse* [*reparar*] *en pequeñeces* ささいなことにこだわらない. **3** 幼少(期)；下端のゆかないこと. **4** 卑しさ, もしさ, 卑劣さ.

pe.que.ñín, ñi.na [pe.ke.pín, -.pí.na]《形》《男》《女》pequeño + 縮小辞.

*__**pe.que.ño, ña**__ [pe.ké.ɲo, -.ɲa]《形》**(1)**《多くは+名詞／名詞+》《ser+ / estar+》(寸法が)**小さい**, 小型の；短い (→ menor, mínimo). la *pequeña* y mediana empresa 中小企業 (=pyme). ～s agricultores 小農, 小規模農家. los ～s accionistas 小株主. la *pequeña* pantalla テレビ画面 (► la gran pantalla は「映画のスクリーン」). dedo ～ 小指 (→dedo). coche ～ 小型車. cámara de ～ formato 小型カメラ. a [en] *pequeña* escala 小規模の［に］. leer la letra *pequeña* 小さな字を読む. Este jersey se me ha quedado ～. このセーターは私には小さくなった.
(2)《(+名詞／名詞+)》《ser+ / estar+》背が低い. hombre ～ de estatura 背の低い男. Para su edad el niño *está* ～. 年の割りにその子は小さい.
2《多くは+名詞》《ser+》(数量が) 少ない, わずかな. una *pequeña* cantidad de vino 少量のワイン. un ～ número de alumnos 少数の生徒. un ～ grupo de periodistas 小グループの新聞記者. Mis ingresos *son* ～s. 私の収入はわずかだ.
3《名詞+》《ser+》(年齢が) 小さい, 幼い. cuando yo *era* ～ 私が小さかったころ. el hijo más ～ 末っ子. hermano ～ 弟[末弟, 幼い兄弟].
4《多くは+名詞》《ser+》(重要性・期間・強さなどが) ちょっとした, 取るに足りない. una *pequeña* parte de... …のほんの一部. las *pequeñas* cosas entre padres e hijos 親子の間のささいな事柄. Se hizo una *pequeña* herida en un dedo. 彼[彼女]は指に軽い怪我をした.
—《男》《女》**1** 子供, 年少者；《定冠詞を伴って》最年少の人. la madre de la *pequeña* その女の子の母. En casa soy el ～. 僕は家族の中でいちばん年下です. de [desde] ～ 子供のころに[から]. ¡Los ～s a la cama! 子供は寝なさい.
2 小さい人, 小柄な人.
dejar pequeño a... …を目立たなくする, 影を薄れさせる. El Everest *deja* ～ al monte Olimpo, de casi tres mil metros de altura. エベレスト山はほぼ3000メートルの高さのオリンポス山の影も薄くする.
en pequeño ミニチュアの, 小型版の. reproducción *en* ～ 縮小模型.
pequeño burgués プチブル, 小市民.

pe.que.ño.bur.gués, gue.sa [pe.ke.ɲo.bur.gés, -.gé.sa]《形》《軽蔑》プチ[小]ブルジョア的な[の], 小市民的な[の]. —《男》《女》プチ[小]ブルジョアの人, 小市民.

pe.que.ñue.lo, la [pe.ke.ɲwé.lo, -.la]《形》《男》《女》pequeño + 縮小辞.

pe.que.ro [pe.ké.ro]《男》《ラ米》(ｱﾙｾﾞ)(トランプの) いかさま師.

pe.quín [pe.kín]《男》ペキン絹；ペキン織り.

Pe.quín [pe.kín]《固名》→ Pekín.

pe.qui.nés, ne.sa [pe.ki.nés, -.né.sa]《形》**1** ペキン(北京)の. **2**《動》チンの. —《男》《女》ペキンの住民[出身者]. —《男》《動》チン.

per [per]《前》*per cápita* 頭割りで[の], 1人当たりの. PNB [Producto Nacional Bruto] *per cápita* 国民1人当たりの総生産［GNP］.

per-《接頭》「強意」の意. まれに peri-. → perdurar, perfección, peripuesto, perjurar. [← [ﾗ]]

*__**pe.ra**__ [pé.ra]《女》**1** 西洋ナシ. ～ *de agua* 水気の多い西洋ナシ. **2** やぎひげ (→ perilla). **3** 西洋ナシ形の器具；電球, 円形スイッチ；スポイト；浣腸(ｶﾝﾁｮｳ)器. **4** 実入りのいい楽な仕事, 割がよい仕事. **5**《ラ米》(ｷ)あご.
—《形》《時に性数不変》(若者が) 気どった. niño ～ 良家の上品で気まぐれな子供. pollo ～《話》おしゃれに着飾った気どった若者.
hacerle (a+人) la pera《ラ米》(ﾒｷｼ)《話》〈人〉との約束をすっぽかす.
partir peras con+人《話》〈人〉と絶交する.
pedir peras al olmo《話》楡(ﾆﾚ)に梨を求める (できないことを望む).
ponerle (a+人) las peras a cuarto《話》〈人〉にお灸(ｷｭｳ)をすえる, 厳しく叱る.
ser la pera《話》ひどい；すごい, すばらしい.
ser una pera en dulce《話》〈人・ものが〉すばらしい資質をもっている.
[← [ﾗ] *pira* (*pirum* 「ナシ」の複数形)；［関連］peral, pereda, [英] *pear*]

pe.ra.da [pe.rá.đa]《女》ナシの砂糖煮；ナシ酒.

pe.ral [pe.rál]《男》《植》西洋ナシ(の木). *firme como un peral*《ラ米》(ｷ)《話》強い, 頑丈な.

pe.ra.le.da [pe.ra.lé.đa]《女》ナシ園.

pe.ra.le.jo [pe.ra.lé.xo]《男》《植》(熱帯アメリカ産

の)キントラノオ科マルピギア属の植物.

pe・ral・ta・do, da [pe.ral.tá.ðo, -.ða] 形 **1**(アーチ・ドームを支える)柱のある. un arco 〜(支える)柱のあるアーチ. **2** バンク(片勾配)の, バンク状の.

pe・ral・tar [pe.ral.tár] 他 **1** 【建】〈アーチに〉迫台(ぜりだい)をつける, 高くする, 脚柱(支柱)をつける.
2(道路・鉄道のカーブに)片勾配(かたこうばい)[カント]をつける. curva *peraltada* バンク式カーブ.

pe・ral・te [pe.rál.te] 男 **1** 【建】(アーチの)迫高(ぜりだか);(アーチの)垂石(かなめいし)から上がり, 脚柱.
2(道路・鉄道のカーブの)片勾配(かたこうばい), カント.

pe・ral・to [pe.rál.to] 男 高さ.

pe・ran・tón [pe.ran.tón] 男 **1** 【植】ホウキギ.
2 背の高い人. **3** 大きな扇子.

per・bo・ra・to [per.bo.rá.to] 男 【化】過ホウ酸塩. 〜 sódico 過ホウ酸ナトリウム.

per・ca [pér.ka] 女 【魚】スズキ科の食用淡水魚.

per・cal [per.kál] 男 キャラコに似た綿布.
conocer bien el percal《話》誰[何]のことか心得ている.

per・ca・la [per.ká.la] 女《ラ米》→ percal.

per・ca・li・na [per.ka.lí.na] 女(主に裏地用の)綿布.

per・cán [per.kán] / **per・can・que** [per.káŋ.ke]《ラ米》(チリ)かび(= moho).

***per・can・ce** [per.kán.θe / -.se] 男 **1** 災難, 不慮の出来事(= contratiempo).
2 臨時収入, 余得. los 〜s del oficio《皮肉》役得.

***per・ca・tar・se** [per.ka.tár.se] 再 (**de...**)(…に)気づく;(…を)自覚する, 悟る, 読み取る. *Me he percatado del peligro*. 私は危険を察知した.

per・ce・be [per.θé.be / -.sé.-]
男《複数で》【貝】エボシガイ, ペルセベ:塩ゆでにして食べる. — 男 女《話》ばか者, 愚か者, まぬけ.

per・cen・til [per.θen.tíl / -.sen.-] 男 百分【順】位, 百分位数, パーセンタイル(= centil).

***per・cep・ción** [per.θep.θjón / -.sep.sjón] 女 **1** 知覚, 感知, 認知. 〜 extrasensorial【心】超感覚的知覚.
2 考え, 思考, 認識.
3(給料・年金などの)受け取り, 領収, 受給; 徴収.

per・cep・cio・nis・mo [per.θep.θjo.nís.mo / -.sep.sjo.-] 男 【哲】知覚説.

per・cep・ti・bi・li・dad [per.θep.ti.βi.li.ðáð / -.sep.-] 女 【格式】知覚力, 感知しうること.

***per・cep・ti・ble** [per.θep.tí.ble / -.sep.-] 形 **1** 認知できる, 知覚可能な. **2** 受け取るべき, 領収できる; 支払われるべき; 徴収されうる.

per・cep・ti・vo, va [per.θep.tí.βo, -.βa / -.sep.-] 形 【格式】知覚する. facultades *perceptivas* 知覚力.

per・cep・tor, to・ra [per.θep.tór, -.tó.ra / -.sep.-] 形 **1** 知覚[感知]する, 識別する.
2(税などを)受け取る, 徴収する.
— 男 女 **1** 知覚する人, 千里眼(を持った人).
2 受け取り人;集金人;徴税官.

***per・cha**¹ [pér.tʃa] 女 **1** ハンガー, 洋服掛け, 帽子掛け. **2**(支えの)棒;【海】帆柱(ほばしら)用材, 桁(けた)用材.
3(鳥の)止まり木. **4**(鳥を捕獲するの)わな, 投げ縄.
5 起毛. **6**《話》(人の)容姿. tener buena 〜 スタイルがいい. **7**《ラ米》**(1)**(チリ)(人の)群れ. **(2)**(エクア)

《服飾》ジャケット, 上着. **(3)**(ボリ)《服飾》スーツ, ドレス. **(4)**(ウルグ)(パラグ)《話》ぜいたく, おしゃれ;派手.
(5)(パラグ)新しい[しゃれた]服. **(6)**(チリ)積み重ね.

per・cha² [pér.tʃa] 女 【魚】スズキ科の食用淡水魚.

per・cha・do, da [per.tʃá.ðo, -.ða] 形 **1** 【紋】〈鳥が〉止まり木にとまった.

per・char [per.tʃár] 他(起毛機で)〈布を〉毛羽立てる;起毛する.

per・chel [per.tʃél] 男 漁網掛け;漁網掛け場.

per・che・ro [per.tʃé.ro] 男《集合的》洋服掛け;(玄関などの)コート[帽子, 傘]掛け.

per・che・rón, ro・na [per.tʃe.rón, -.ró.na] 形 【動】〈馬が〉ペルシュロン種の.
— 男 女(重輓馬(じゅうばんば))ペルシュロン.

per・chón [per.tʃón] 男 【農】新芽を残しすぎたブドウの枝.

per・cho・nar [per.tʃo.nár] 自 **1** 【農】(ブドウの)新芽のついた枝を残す. **2** 【狩】わなを仕掛ける.

per・chu・do, da [per.tʃú.ðo, -.ða] 形《ラ米》(エクア)《話》おしゃれの, めかし込んだ.

****per・ci・bir** [per.θi.βír / -.si.-] 他 **1** 感知する, (五感または知力で)感じ取る, (**que**+直説法 …であることが)わかる. 〜 un soplo de aire 一陣の風を感じる. 〜 una sombra en la ventana 窓に影を感じる. 〜 un tono irónico en la voz 声に皮肉な調子を感じ取る. 〜 la importancia del problema 問題の重要性を認識する. Pronto *percibí* que eso *era* imposible. すぐに私はそれが不可能だとわかった.
2(報酬・給付金などを)受け取る, 受給する. 〜 un salario 賃金を受け取る. 〜 una pensión 年金の給付を受ける.

[←[ラ]*percipere*「知覚する;把握する」(*capere*「捕らえる」より派生);【関連】percepción.【英】*perceive*]

per・ci・for・me [per.θi.fór.me / -.si.-] 形 【魚】スズキ科の, 《複数で》スズキ科.

per・clo・ra・to [per.klo.rá.to] 男 【化】過塩素酸塩.

per・clo・ru・ro [per.klo.rú.ro] 男 【化】過塩化物.

per・co・ce・rí・a [per.ko.θe.rí.a / -.se.-] 女 銀の彫金.

per・co・cho [per.kó.tʃo] 男《ラ米》(コロ)《話》汚れた服[布地].

per・co・llar [per.ko.jár ‖ -.ʎár] 15 他 **1**《俗》盗む, くすねる, こっそり取る. **2**《ラ米》**(1)**(メキ)不正に入手する. **(2)**(メキ)買い占める.

per・cu・chan・te [per.ku.tʃán.te] 男《ラ米》(メキ)《話》ばか(者), まぬけ.

per・cu・cien・te [per.ku.θjén.te / -.sjén.-] 形 衝撃を与える;傷を負わせる.

per・cu・dir [per.ku.ðír] 他 **1** つやを失わせる;(顔の)色つやをあせさせる.
2 …に汚れを染み込ませる;汚くする.

per・cu・sión [per.ku.sjón] 女 **1** 【医】打診.
2【音楽】打楽器(= instrumento de 〜).
3【軍】(雷管などの)撃発, 着発. arma de 〜 撃発銃. **4** 打つ[たたく]こと, 打撃.

per・cu・sio・nis・ta [per.ku.sjo.nís.ta] 男 女 打楽器奏者, パーカッショニスト.

per・cu・sor [per.ku.sór] 男 **1**(銃の)撃針, 撃鉄.
2 機械部品の)槌(つち).

per・cu・tir [per.ku.tír] 他 **1** 打つ, 殴る, たたく.
2【医】〈医者が〉〈体の一部を〉打診をする.

per・cu・tor [per.ku.tór] 男 → percusor.

per・de・dor, do・ra [per.ðe.ðór, -.ðó.ra] 形 負け

perder

— 男 女 失う[失った]人, 損をする[した]人, 敗者. buen [mal] ~ 負けて潔い[未練がましい]人.

per·der [per.dér] 12 他 **1** 失う, なくす. ~ el trabajo 仕事を失う. ~ un anillo 指輪をなくす. ~ la vida en un accidente 事故で命を落とす. ~ el contacto con+人 (人)と連絡が取れなくなる. ~ una costumbre 習慣をやめる. *Perdió* todo el dinero en el juego. 彼[彼女]はギャンブルで有り金をすべて失った.

(人に)死なれる, 〈人と〉死別する; 〈人を〉見失う. ~ a su padre en la guerra 戦争で父親をなくす. He perdido a mi hijo en el parque de atracciones. 遊園地で息子を見失ってしまった.

3 〈体の部位・機能などを〉失う, 損なう; 〈体重が〉減る. ~ el apetito 食欲がなくなる. ~ el color 色あせる(恐れ・驚きで)青くなる. ~ el dominio de sí mismo 自制心を失う. ~ el juicio [la razón] 正気[理性]を失う. ~ la memoria 記憶を失う. ~ el tino 判断力を失う. ~ la vista 失明する. ~ cinco kilos 5キロやせる. correr hasta ~ la respiración 息が切れるほど走る. *Estoy perdiendo* pelo. 私は髪の毛が薄くなってきている.

4 〈感情などを〉なくす;〈礼儀などを〉忘れる. ~ el respeto a la tradición 伝統を尊重しなくなる. ~ la esperanza [el interés] 希望[興味]を失う. ~ la ilusión por... …に対する憧れを失う. ~ el miedo 恐れを捨てる. ~ los modales マナーを忘れる. Él *perdió* la vergüenza y la invitó a salir. 彼は恥ずかしさを忘れて彼女をデートに誘った.

5 〈時間・労力などを〉浪費する. sin ~ el momento すぐさま, 即座に. No hay tiempo que ~. ぐずぐずしている時間はない. No *pierdas* energía en esto. こんなことに労力を費やすな. *Perdí* un año entero preparando el examen. 私はその試験の準備に丸1年を費やしてしまった.

6 〈機会などを〉逃す;〈乗り物に〉乗り遅れる. ~ una buena oportunidad いい機会を逃す. ~ el autobús [tren, avión] バス[列車, 飛行機]に乗り遅れる.

7 〈勝負・試合に〉負ける;【法】〈訴訟に〉敗れる. ~ el partido por dos a cero 2対0で試合に負ける. ~ el pleito 敗訴する.

8 〈試験などに〉落ちる, 落第する. ~ la oposición 採用試験に落ちる.

9 〈人を〉破滅させる, 堕落させる; …をだめにする, 腐らせる. Esa ambición te *perderá*. その野心が君をだめにするだろう.

10 〈道に〉迷う, 〈方向が〉わからなくなる; 〈筋道などが〉つかめなくなる. ~ el rumbo 方角を見失う. ~ el hilo de la conversación 会話の展開についていけなくなる.

11 〈空気・水などが〉…から抜ける, 漏れる. Esta cisterna *pierde* agua. このタンクは水漏れがする.

— 自 **1** (…の状況・質が)悪化する; 縮小する. ~ en intensidad 強度[勢い]が衰える. ~ en salud 健康が衰える. ~ en peso 体重が落ちる. Esta marca *ha perdido* mucho en cuanto a calidad. この銘柄は質が落ちた.

2 負ける; 損をする. ~ (por) uno a cero ante [contra] el equipo argentino アルゼンチンに1-0で負ける. ~ al ajedrez チェスで負ける. ~ en la Bolsa 株で損をする.

3 …の評価が下がる. *Ha perdido* mucho con ese escándalo. 彼[彼女]はスキャンダルで大変評判を落とした. **4** 〈布などが〉色が落ちる, 退色する. Esta prenda *pierde* al lavarla. この服は洗うと色が落ちる. **5** 〈容器が〉漏る.

— ~se 再 **1** …が失われる, 〈(a+人〈人から)〉紛失する. *Se me perdió* el paraguas. 私は傘をなくした. ▶ me が a+人 に相当.

2 見えなくなる, 聞こえなくなる, 消えうせる. El avión *se perdió* de vista enseguida. 飛行機はすぐに見えなくなってしまった. El ruido del tren *se perdió* en el túnel. 列車の音はトンネルの中に消えていった.

3 (道に)迷う; わけがわからなくなる; 途方にくれる. *Me perdí* en el camino. 私は途中で道に迷った. *Me pierdo* con tantas tareas. 私は宿題が多すぎてついていけない. *Se perdió* en el discurso y se quedó callado. 彼は演説で言葉に詰まって立ち往生した.

4 無駄になる; 傷む, 腐敗する. ~se la cosecha 収穫がだめになる. Si no vienes al concierto, *se perderá* una entrada. 君がコンサートに来ないと券が一枚無駄になる.

5 堕落する, 破滅する; 〈ラ米〉娼婦(ょぅ)になる. ~se por culpa de un amigo ある友人のせいで身を持ち崩す. **6** (**por...** …に) 没頭する, 熱を上げる. ~se por la búsqueda del tesoro 宝探しに血眼になる. ~se por una mujer ある女性に夢中になる. **7** 〈船が〉難破する, 沈没する.

echar a perder …をだめにする, 失敗させる. *echar a* ~ un plan 計画を台無しにする.

El que todo lo quiere, todo lo pierde. 《諺》二兎を追うものは一兎も得ず (←全てをほしがる者は全てを失う).

llevar las de perder 不利である, 勝ち目がない.

no habérsele perdido nada (a+人)〈人〉にはそこにいる理由がない. *No se le ha perdido nada* en este lugar. 彼[彼女]はこの場所にいてもしょうがない.

no tener nada que perder 失うものは何もない, 怖いものなしだ.

perdérselo いい機会を失う, 損をする. Yo no voy a esas fiestas.—Pues tú *te lo pierdes*. 僕はそういうパーティーには行かない. —君が損するだけだよ.

¡Piérdete! とっとと消えうせろ.

salir perdiendo 負けに回る; 割を食う, 損する.

[← 〔ラ〕*perdere* 「浪費する」失う」 (*per*- 「極端に」 + *dare*「与える」) 関連 pérdida, perdición]

per·di·ción [per.ði.θjón / -.sjón] 女 **1** (身の)破滅; 破滅の原因 [誘因]; 放蕩(ξ₅), 放埒(ξ₅). ir a su ~ 破滅する. Será tu ~ それがおまえの身の破滅のもととなるだろう. antro de ~ 〈軽蔑〉悪(德)の巣窟. **2** 【宗】永罰.

pér·di·da [pér.ði.ða] 女 **1** 喪失, 紛失. ~ de audición 聴力の減退. ~ del sentido [conocimiento] 意識喪失.

2 (主に複数で) 損害, 損傷; なくしたもの; 失った数量. ~s y ganancias 損益. vender con ~ 【商】損をして売る. La catástrofe natural ha ocasionado grandes ~s en la economía del país. 自然災害は国の経済に大きな損失を与えた.

3 漏れ, 溢出;《複数で》子宮出血. ~ de gas ガス漏れ.

4 無駄, 無駄遣い. Es una gran ~ de tiempo. それは大きな時間の無駄だ.

5 死; 【軍】死傷者(数). ~s humanas 人的被害. Pasa los días como muerta con la ~

perecer

marido. 彼女は夫の死に会い，毎日を死んだように過している. sentir la ~ de+人 〈人〉の死を悼む.
no tener pérdida 簡単に見つかる. El hotel está delante de la estación. *No tiene* ~. そのホテルは駅の前です. 簡単に見つかります.
per·di·da·men·te [per.ðí.ða.mén.te] 副 **1** 激しく，ぞっこんで. Juan está enamorado ~ de María. フアンはマリアが死ぬほど好きだ.
2 《まれ》無駄に.
per·di·di·zo, za [per.ði.ðí.θo, -.θa / -.so, -.sa] 形 **1** なくしたふりをした；わざと負けた. *hacer*... ~ …を隠す，わざとなくす. *hacerse* ~ (試合などで) わざと負ける. **2** こっそり抜け出した. *hacerse el* ~ こっそり抜け出す，急にいなくなる.
***per·di·do, da** [per.ðí.ðo, -.ða] 形 **1** 失われた，迷い子になった. Me encontré ~ en una ciudad desconocida. 私は見知らぬ町で道に迷った. **2** 《話》どうしようもない，手に負えない. *un borracho* ~ 飲んだくれ. **3** 《軽蔑》身をもちくずした，放蕩(ほう)な. **4** 《ラ米》《話》職に就いていない；落ちぶれた.
— 男 女 《軽蔑》放蕩者，遊び人，やくざ者.
— 女 《印》余り丁. — 女 売春婦.
a las perdidas 《ラ米》《カリブ》《中》時々.
estar perdido por... …に夢中になる，ほれる.
ponerse perdido de... 《話》…でとても汚れる.
per·di·do·so, sa [per.ði.ðó.so, -.sa] 形 → perdedor.
per·di·gar [per.ði.gár] 103 他 **1** 〈ヤマウズラなどの野鳥の肉を〉(保存のため)焙(あぶ)る，軽く焼く.
2 (こってりした味にするために)〈鳥肉に〉脂を加えて焼く. **3** 《話》準備する，整える.
per·di·gón¹ [per.ði.gón] 男 **1** 散弾.
2 【鳥】シャコ〔ヤマウズラ〕のひな；おとり用のシャコ〔ヤマウズラ〕. **3** 《話》話すときに飛ばすつば.
echar perdigones 《話》早口にしゃべる，まくし立てる，つばを飛ばす.
per·di·gón² [per.ði.gón] 男 《話》若い浪費家；賭博(とば)で大敗する人.
per·di·go·na·da [per.ði.go.ná.ða] 女 **1** 散弾の発射. **2** 散弾によるけが.
per·di·gue·ro, ra [per.ði.gé.ro, -.ra] 形 〈動物が〉シャコ猟をする. *perro* ~ セッター，猟犬.
— 男 (猟師から)獲物を買う商人.
— 女 (昔，猟師が用いた)シャコを入れる袋.
per·di·mien·to [per.ði.mjén.to] 男 → perdición, pérdida.
per·dis [pér.ðis] 男 《単複同形》《話》道楽者，放蕩(とう)者.
per·diz [per.ðíθ / -.ðís] 女 《複 perdices》【鳥】シャコ；ヤマウズラ，アカアシイワシャコ. ~ blanca [blancal, nival] ライチョウ.
marear la perdiz 《話》時間を無駄にする.
Y vivieron felices, comieron perdices y a mí no me dieron. 《物語の終わりの句》それからずっと彼らは幸せに暮らしました，めでたし.

****per·dón** [per.ðón] 男 **1** 許し；寛容；【法】赦免；【カト】贖罪(しょく)，免罪. *conceder el* ~ *a*+人 〈人〉を赦免する. *conseguir* [*obtener*] ~ *de*+人 〈人〉の許しを得る. *pedir* ~ *a*+人 *por*... 〈人〉に…の許しを乞う；謝る. Me han pedido ~ pero el daño está hecho. 後で謝られたが，もう取り返しがつかない. *No cabe* ~. それには弁解の余地もない.
2 (ろうそく・油などの)熱い滴.
3 《複数で》巡礼のみやげ.

— 間投 ごめんなさい，すみません. ¡*P*~! 申し訳ありません. ¿*P*~? 《丁寧》(相手の言うことを聞き返して)何とおっしゃいましたか. ¡*P*~! Tengo una pregunta. すみません，質問があるのですが.
con perdón (***de los presentes***) 失礼ですが(▶汚い言葉や，失礼なことを言うとき，言ったときに挿入句として用いる). Es una mierda, *con* ~. それはくそみたいにひどいものだ，汚い言葉ですみません.
con perdón sea dicho こう言ってはなんですが.
per·do·na·ble [per.ðo.ná.ble] 形 許せる；容認できる，勘弁できる (↔imperdonable).
per·do·na·dor, do·ra [per.ðo.na.ðór, -.ðó.ra] 形 許す；寛容な.

****per·do·nar** [per.ðo.nár] 他 **1** 〈落ち度を〉許す；《que+接続法 …するという無礼を》許す；《por... 〈落ち度〉に関して》〈人を〉勘弁する. ~ *un pecado* 罪を許す. ¿Me *perdonas*? 僕のことを許してくれるかい. *Perdona* la expresión. こんな表現を使ってごめんなさい. *Perdone que le interrumpa*. お話の途中ですみません. Espero que me *perdones por* la tardanza. 遅れてしまったことを許してくれ. Está usted *perdonado*. 《謝罪の言葉の返答》もういいですよ.
2 《**a**+人 〈人〉から》《義務》を免除する. ~ la deuda 借金を免除する.
3 《主に否定文で》見逃す；〈機会などを〉逃す；〈努力などを〉惜しむ. El diputado no *perdona* medio de enriquecerse. その代議士は富を得るために手段を選ばない.
— 自 **1** 許す，勘弁する. *Perdone* usted si le he ofendido. 気を害されたのだったら申し訳ありません. **2** 《主に否定文で》見逃す，手加減をする. La enfermedad no *perdona*. 病は容赦ないものだ.
[← 〔後ラ〕 *perdōnāre* (〔ラ〕 *per*-「完全に」+〔ラ〕 *dōnāre*「贈る」. 関連 perdón. 〔英〕*pardon*]
per·do·na·vi·das [per.ðo.na.βí.ðas] 男 女 《単複同形》《話》強がり；空威張りする人.
per·du·la·rio, ria [per.ðu.lá.rjo, -.rja] 形
1 無頓着(とんちゃく)な，だらしのない，ずぼらな.
2 悪徳の，不道徳な，堕落した. **3** よく物を失くす.
— 男 女 **1** (身なりの)だらしない人，ぞんざいな人. **2** 放蕩(とう)者，道楽者；厄介者. **3** よく物を失くす人.
per·du·ra·bi·li·dad [per.ðu.ra.βi.li.ðáð] 女 《格式》永遠(性)，永続性；耐久性.
per·du·ra·ble [per.ðu.rá.ble] 形 **1** 《格式》永続的な；永遠の，永久の，不滅の. **2** 持ちのよい，耐久力のある. — 女 《服飾》サージ：梳毛(そもう)織物の一種.
per·du·ra·ble·men·te [per.ðu.rá.ble.mén.te] 副 永遠に，永久に，末長く，いつまでも.
per·du·ra·ción [per.ðu.ra.θjón / -.sjón] 女 持続，永続，長く続くこと.
***per·du·rar** [per.ðu.rár] 自 **1** 永続する，持続する，存続する. Todavía *perduran* los efectos del alcohol. まだ酒気が抜けない. **2** 《**en...** …に》固執する. *Juan* su obstinación 意を張る.
pe·re·ce·ar [pe.re.θe.ár / -.se.-] 他 《話》(怠けて)遅らせる，(だらだらと)引き延ばす.
pe·re·ce·de·ro, ra [pe.re.θe.ðé.ro, -.ra / -.se.-] 形 一時的な，つかの間の，はかない；やがては滅ぶべき；長持ちしない. — 男 《話》貧乏.
***pe·re·cer** [pe.re.θér / -.sér] 34 自 **1** (事故で)死ぬ，非業の死をとげる. En el accidente *perecieron* cinco personas. その事故で 5 人が亡くなった.
2 滅びる，消滅する. **3** 《**ante...** …の前で》手も足も出ない. **4** 堕落する；貧窮する，どん底に落ちる.

—~・se 再 **1** 《por...》《…が》欲しくてたまらない，たまらなく《…》したいと思う． **2** 《de... で》死にそうである．~se de hambre 死ぬほど腹がすいている．
[←〔古スペイン〕perir←〔ラ〕perīre；関連〔英〕perish]

pe・re・ci・mien・to [pe.re.θi.mjén.to / -.si.-] 男 **1** 消失，消滅． **2** 事故死，非業の死． **3** 堕落；貧窮．

pe・re・cua・ción [pe.re.kwa.θjón / -.sjón] 女 比例配分；税金の均等割り当て．

pe・re・da [pe.ré.ða] 女 ナシ園．

pe・re・gri・na [pe.re.grí.na] 女 《ラ米》《ﾒｷｼ》《遊》石けり遊び．

pe・re・gri・na・ción [pe.re.gri.na.θjón / -.sjón] 女 **1** 巡礼，聖地詣(ﾓ)で．ir en ~ a Santiago de Compostela サンティアゴ・デ・コンポステラへ巡礼に行く． **2** 長旅，遍歴，(未知の土地への)旅． **3** 〘話〙奔走，東奔西走． **4** 〘神〙(永遠の生命，死に至るまでの)人生．

pe・re・gri・na・je [pe.re.gri.ná.xe] 男 **1** 巡礼． **2** (目的のある)長旅(= peregrinación).

pe・re・gri・nan・te [pe.re.gri.nán.te] 形 巡礼する，遍歴する，巡礼する． —— 男 巡礼者；旅人．

pe・re・gri・nar [pe.re.gri.nár] 自 **1** 巡礼する，遍路に出かける． **2** 《por...》《…を》行脚(ｱﾝｷﾞｬ)する，遍歴する；《(未知の土地)》を旅する． **3** 《por... …を》奔走する，駆けずり回る． **4** 人生行路を歩む．

pe・re・gri・ni・dad [pe.re.gri.ni.ðáð] 女 珍奇．

pe・re・gri・no, na [pe.re.grí.no, -.na] 形 **1** (見知らぬ土地を)旅する，巡礼する． **2** 〈鳥が〉渡りの． **3** (動植物などが)外来の，よそ者の，珍奇な，変な． una idea *peregrina* 一風変わった考え． **4** 〘軽蔑〙珍奇な，奇な． **5** 〘文章語〙並外れた，すばらしい． **6** 〘神〙(この世の)人生を歩む． —— 男 巡礼者；【類語】→ viajero．
[←〔ラ〕peregrīnum (peregrīnus の対格)「外国人」；関連 peregrinar．〔英〕*pilgrim*]

pe・re・jil [pe.re.xíl] 男 **1** 〘植〙パセリ，オランダゼリ． **2** (主に複数で)(女性の服・髪に付けた)過度の飾り． **3** (複数で)(誇示のため並べる兼任の)肩書き．

pe・re・nal [pe.re.nál] 形 → perenne．

pe・ren・ce・jo [pe.ren.θé.xo / -.sé.-] 男 → perengano．

pe・ren・ción [pe.ren.θjón / -.sjón] 女 〘法〙(訴権の)消滅時効．

pe・ren・de・ca [pe.ren.dé.ka] 女 〘話〙売春婦．

pe・ren・den・gue [pe.ren.déŋ.ge] 男 耳飾り，イヤリング；〘話〙安物の装身具．

pe・ren・ga・no, na [pe.reŋ.gá.no, -.na] 男 女 〘話〙誰それ，かくかくしかじかの人，さる人． mengano y ~ なんのなにがし． ▶ fulano, mengano などの後に付けて使われる．

pe・ren・nal [pe.ren.nál] 形 → perenne．

pe・ren・ne [pe.rén.ne] 形 **1** 長続きする，持続する；永久の；不断の，絶え間ない． belleza ~ 永遠の美． **2** 〘植〙多年生の；常緑の；宿根の．árbol de hojas ~s 常緑樹，常盤(ﾄｷﾜ)木．

pe・ren・ne・men・te [pe.ren.ne.mén.te] 副 **1** 永遠に，永久に． **2** 絶えず，いつも，不断に．

pe・ren・ni・dad [pe.ren.ni.ðáð] 女 〘格式〙永遠，永久；永続性；持続性．

pe・ren・ni・fo・lio, lia [pe.ren.ni.fó.ljo, -.lja] 形 〘植〙常緑樹の，常緑の．

pe・ren・to・rie・dad [pe.ren.to.rje.ðáð] 女 **1** 緊急，切迫，急迫． **2** 最終的なこと，決定的なこと；有無を言わさぬこと．

pe・ren・to・rio, ria [pe.ren.tó.rjo, -.rja] 形 **1** 緊急の，差し迫った． **2** 〈決定・命令などが〉最終的な．con tono ~ きっぱりとした口調で．plazo ~ 最終期間．
excepción perentoria 〘法〙妨訴抗弁．

pe・re・ro [pe.ré.ro] 男 (昔の果物の)皮むき器．

pe・res・troi・ka [pe.res.trói.ka] [ロシア語] 女 ペレストロイカ．

Pé・rez [pé.reθ / -.res] 固名 **1** アントニオ・ペレス Antonio ~ (1540-1611)：スペインの政治家，Felipe2世の秘書官．アラゴンにおける反王権内乱を勃発させるきっかけを作った． **2** ペレス・ガルドス Benito ~ Galdós (1843-1920)：スペインの小説家・劇作家．作品 *Fortunata y Jacinta*『フォルトゥナータとハシンタ』． **3** ペレス・デ・アヤラ Ramón ~ de Ayala (1881-1962)：スペインの小説家・批評家．作品 *Tinieblas en las cumbres*『頂の闇(ﾔﾐ)』．
[〔古スペイン〕Pero (Pedro の異形) +〔古スペイン〕-ez (「Pedro の子」の意) ;→ Pedro]

pe・re・za [pe.ré.θa / -.sa] 女 **1** 怠惰，怠慢，無精，ものぐさ．Me da ~ ir al cine. 私は映画館へ行くのが面倒だ．tener ~ de +不定詞 …するのも億劫(ｵｯｸｳ)だ．~ mental 無気力．¡Qué ~! 面倒くさいなあ．sacudir la ~ 〘話〙奮起する，気力を出す．pecado de ~ 〘カト〙怠惰の罪(七つの大罪の一つ)． **2** のろさ，鈍さ． **3** 〘ラ米〙(1) 〘動〙ナマケモノ．(2) 〘ﾒｷｼ〙迷惑，嫌なこと．(3) 〘ｺﾛﾝ〙デッキチェア．
[←〔ラ〕pigritiam (*pigritia* の対格)；関連 perezoso, pigricia]

perezc- 活 → perecer．

pe・re・zo・sa [pe.re.θó.sa / -.só.-] 女 《ラ米》《ｳﾙｸﾞｱｲ》(ｺﾛﾝ) デッキチェア．

pe・re・zo・sa・men・te [pe.re.θó.sa.mén.te / -.só.-] 副 **1** 怠けて，のらくらして． **2** ぐずぐずと，のろく．

pe・re・zo・so, sa [pe.re.θó.so, -.sa / -.só.-] 形 **1** 怠惰な，ものぐさな．Estos últimos días estoy ~. この数日やる気が起きない． **2** 寝坊な，いぎたない．No seas ~. さっさと起きなさい． **3** 動きの遅い，緩慢な．arroyo ~ 流れの緩やかな川．
—— 男 **1** 怠け者，無精者，のらくら者．
—— 男 **1** 〘動〙ナマケモノ． **2** 〘ラ米〙(1) 〘ｺﾛﾝ〙〘ﾌﾟｴﾙﾄﾘｺ〙安全ピン，留めピン．(2) 〘ﾁﾘ〙クッション．

per・fec・ción [per.fek.θjón / -.sjón] 女 **1** 完璧さ，完全，完成(↔ imperfección)．pretender [aspirar a] la ~ 完璧さを目指す．camino de ~ 完璧への道． **2** 完璧なもの，非の打ち所のないもの；《複数で》長所．hallar *perfecciones* en... …に長所を見出す．La práctica hace la ~. 〘諺〙習うより慣れよ(←練習が完璧をつくる)．
a la perfección 非のうちどころなく．

per・fec・cio・na・dor, do・ra [per.fek.θjo.na.ðór, -.dó.ra / -.sjo.-] 形 **1** 完全にする，完成する． **2** 改善[改良]する；向上させる．

per・fec・cio・na・mien・to [per.fek.θjo.na.mjén.to / -.sjo.-] 男 **1** 完成(する[させる]こと)，仕上げ． **2** 改良，改善；進歩，向上．

per・fec・cio・nar [per.fek.θjo.nár / -.sjo.-] 他 **1** 完全にする，完璧(ｶﾝﾍﾟｷ)にする；仕上げる，完成[成就]する． **2** 改良[改善]する；向上させる，磨きをかける．*Perfeccionó* su español en España. 彼[彼女]はスペインでスペイン語に磨きをかけた．
—— ~・se 再 **1** 完全になる，仕上がる． **2** 〘法〙(契約が)正式なものになる．

per・fec・cio・nis・mo [per.fek.θjo.nís.mo / -.

sjo.-] 男 完全主義,完璧主義.
per·fec·cio·nis·ta [per.fek.θjo.nís.ta / -.sjo.-] 形 完全主義の.
— 男 女 完全主義者,完璧(%)主義者.
per·fec·ta [per.fék.ta] 形 → perfecto.
per·fec·ta·men·te [per.fék.ta.mén.te] 副 完全に,完璧に.No lo he entendido ～. 完全にはわからなかった. ¿Cómo te va? —¡P～! どう調子だ. —完璧だ.
per·fec·ti·bi·li·dad [per.fek.ti.bi.li.ðáð] 女 1 完成度,完全性. 2 改善の余地.
per·fec·ti·ble [per.fek.tí.ble] 形 1 より完全になりうる. 2 改善[改良]可能な.
per·fec·ti·vo, va [per.fek.tí.βo, -.βa] 形 1 完全にする. 2 《文法》完了相の.

per·fec·to, ta [per.fék.to, -.ta] 形 1 完璧な,完全な;申し分ない,すばらしい. solución perfecta 申し分ない解決策. tranquilidad perfecta 水をうったような静寂. Doña Perfecta 『ドニャ・ペルフェクタ』(Pérez Galdós の小説). Compré un ordenador de segunda mano en ～ estado. 完璧な状態の中古コンピュータを買った. No ha podido rechazar la oferta, que era demasiado perfecta para él. 彼はそのオファーがあまりに完璧だったのでそれを断われなかった.
2 (+名詞) 全くの,徹底した. un ～ caballero 完璧な紳士. un ～ desconocido 赤の他人.
3 《文法》完了(時制) ～ compuesto 現在完了. futuro ～ 未来完了. pretérito ～ simple 点過去.
— 間投 よろしい,結構です;よくやった;そのとおりだ. Lo terminaré esta noche y se lo llevaré mañana. — Muy bien. P～. 今晩仕上げて明日お届けします. —そうですか,助かります.
[←[ラ]*perfectum* (*perfectus* の対格); *perficere* 「完成する」 (*per*-「完全に」+ *facere*「作る」)の完了分詞; 関連 perfección. 英 *perfect*]

per·fi·dia [per.fí.ðja] 女 《格式》不信,不実;背信,裏切り.
pér·fi·do, da [pér.fi.ðo, -.ða] 《格式》形 不信の,不実な;背信の,裏切りの.

*per·fil** [per.fíl] 男 1 横顔;プロフィール;側面. ～ izquierdo 左側から見た顔. retrato de medio ～ 少し横を向いた肖像. ver a+人 de ～ (人)を横顔から見る.
2 外形;輪郭. Primero dibujas el ～ de negro y luego lo coloreas. 最初に輪郭を黒で描き,それから色を塗りなさい. tomar ～es 下に敷いて輪郭を写す. Estaba tan lejos que sólo se veía el ～. あまりに遠いので外形しか見えなかった. ～ aerodinámico 流線型の外形.
3 断面図. ～ transversal 横断図.
4 (主に複数で)(性格・作風を示す)特徴. estilos de nítidos ～es renacentistas ルネッサンス期独特の澄明な文体. En la página web sale el ～ de ese actor. ホームページにその俳優のプロフィールが出ている. ～ psicológico 心理的側面.
5 文字の線の細い部分;細かい筆遣い.
6 最後の仕上げ. 7 紙の周りなどの目立たない細かい模様. 8 (工事・芸術作品などに使われるいろいろな形態の)金属棒. 9 (複数で)他人への配慮,礼儀正しさ. *de perfil* 横から. visto *de* ～ 横から見て.
[←[古プロバンス]*perfil*「折り返して縫った布の」ふち;輪郭 ([ラ]*filum*「糸」より派生) 関連 perfilar. 英 *profile*]

per·fi·la·do, da [per.fi.lá.ðo, -.ða] 形 1 面長の;(鼻が)形の整った. 2 (*estar* +) 上首尾の,上出来の. 3 特有の,独特な. 4 流線形の.
— 男 《ラ米》(*)(化粧のよい)裁縫.
per·fi·la·dor, do·ra [per.fi.la.ðór, -.ðó.ra] 形 1 輪郭を描く. 2 仕上げる. — 男 女 輪郭を描くもの,仕上げをするもの;リップペンシル,アイペンシル.

*per·fi·lar** [per.fi.lár] 他 1 輪郭を描く,外形を描く(= delinear). 2 横顔を描く,側面(図)を描く. 3 形作る,形を与える,性格づける. 4 仕上げる,(細部を)つめる;磨き上げる,推敲(芻)する.
— ～·se 再 1 横向きになる,横顔を見せる.
2 具体的に決まる,輪郭が固まる;形を取る. Los proyectos *se van perfilando*. 計画は固まりつつある. 3 (はっきり)姿を見せはじめる,輪郭がくっきり浮かぶ. El campanario *se perfilaba* en el cielo. 鐘楼が空にくっきり浮かび上がっていた. 4 (顔の部位の)ラインを際立たせる,念入りに化粧する;盛装する.
5 《闘牛》(マタドールが)とどめの体勢に入る. 6 《ラ米》(1) やせ細る,形相が変わる. (2) (多分)《スポ》(相手陣内に切り込んで)シュートする. (3) (多分) 血の気を失う,生気がなくなる.

per·fluo·ro·car·bo·no [per.flwo.ro.kar.βó.no] 男 過フルオロカーボン《略 PFC》:代替フロンの一つ.
per·fo·lia·do, da [per.fo.ljá.ðo, -.ða] 形 《植》突き抜きの,茎が葉を貫通している.
— 女 《植》セリ科ミシマサイコ属の一種.
per·fo·lia·ta [per.fo.ljá.ta] 女 《植》 → perfoliada.
per·fo·ra·ción [per.fo.ra.θjón / -.sjón] 女 1 穴あけ,打ち抜き,パンチ[はさみ]入れ. 2 穴,ミシン目;(切手の)目打ち;(フィルムの)パーフォレーション. 3 掘削,ボーリング. ～ de un túnel トンネル掘削 [貫通]. 4 《医》穿孔(穎). ～ gástrica [de estómago] 胃穿孔.
per·fo·ra·do, da [per.fo.rá.ðo, -.ða] 形 穴があいている;ミシン目のついた,穴あきの. úlcera *perforada* 《医》穿孔(穎)性潰瘍(穎).
— 男 ミシン目(入れ).
per·fo·ra·dor, do·ra [per.fo.ra.ðór, -.ðó.ra] 形 1 穴をあける,穿孔(穎)用の. 2 ミシン目を入れる. 3 掘削用の. — 男 女 《IT》キーパンチャー (= perforista). — 女 《技》 1 穴あけ器,パンチ,穿孔機. 2 打抜器,穴あけはさみ. 3 鑿岩(穎)機,ドリル.
per·fo·ran·te [per.fo.rán.te] 形 穴をあける;ミシン目を入れる;掘削する.

*per·fo·rar** [per.fo.rár] 他 1 …に穴をあける,くり抜く;ボーリングする. ～ un agujero en la pared 壁に穴をあける. ～ un túnel en el monte 山にトンネルを掘る. 2 貫く. un túnel que *perfora* una montaña 山を貫くトンネル. ～ los oídos 耳をつんざく. 3 …にミシン目をつける;パンチ[はさみ]を入れる. 《医》(器官を)穿孔(穎)する.
— ～·se 再 《医》(器官に)孔ができる. *Se le perforó* el pulmón. 彼[彼女]は肺に穴が開いた.
[←[ラ]*perforare*; 関連 horadar. 英 *perforate*]
per·fo·ris·ta [per.fo.rís.ta] 男 女 《IT》キーパンチャー:穿孔(穎)機でコンピュータ用のデータカードを作成する人.
per·for·mance [per.fór.mans] 〔英〕女(または男) 1 パフォーマンスアート. 2 公演,興行. 3 能力,性能. 4 《スポ》結果,よい成績.
per·fu·ma·de·ro [per.fu.ma.ðé.ro] 男 香炉.
per·fu·ma·dor, do·ra [per.fu.ma.ðór, -.ðó.ra] 形 1 香りをつける,芳香を放つ. 2 香水を調合す

る. ― 男 調香師, 香水調合師.
― 男 **1** 香炉, 薫炉. **2** 香水スプレー. **3** 香りをつける[芳香を放つ]もの.

*per・fu・mar [per.fu.már] 他 **1** ...に芳香を与える, 香りをつける, 香りで満たす. **2** (人に)香水をつける. ― 自 芳香を放つ, いい香りがする.
― ・se 再 (自分に)香水をつける.
[←〔古プロバンス〕*perfumar*;〔ラ〕*per*-「完全に」+〔ラ〕*fūmāre*「煙る」(→ fumar);関連 perfume.〔英〕*perfume*〕

*per・fu・me [per.fú.me] 男 **1** 香水, 香料. darse [echarse] ~ 香水をつける. **2** 香り, 芳香, 心地よい匂い (↔hedor).
[類義] *olor* は一般的に「におい, 香り」, *aroma, fragancia, perfume* は「芳香」.

per・fu・me・rí・a [per.fu.me.rí.a] 女 **1** 化粧品店[売り場], 香水店[売り場].
2 《集合的》化粧品;香水, 香料.
3 化粧品[香水]製造・販売業, 香水製造[調合](法).

per・fu・me・ro, ra [per.fu.mé.ro, -.ra] → perfumista.

per・fu・mis・ta [per.fu.mís.ta] 共 女 香水販売業者, 香水店の店員;調香師, 香水調合師.

per・func・to・rio, ria [per.funk.tó.rjo, -.rja] 形 そんざいな, 大ざっぱな;考えなしの, 気のない.

per・fun・dir [per.fun.dír] 他 《医》輸液する;点滴する, 輸血する;灌流(かんりゅう)する.

per・fu・sión [per.fu.sjón] 女 **1** 《医》灌流(かんりゅう), 環流;点滴, 輸血. **2** 《医》軟膏(なんこう)の塗布.

per・ga・mi・no [per.ga.mí.no] 男 **1** 羊皮紙. en ~ 羊皮紙装丁の. ― vegetal (羊皮紙に似た)パーチメント紙. **2** (羊皮紙の)文書, 証明書. **3** 《複数で》貴族の称号[家系], 貴族の証明書. tener ~s 貴族の出である. [←〔中ラ〕*pergamīnum*←〔ラ〕*pergamēna*←〔ギ〕*pergamēnē*; *pergamēnós* 形「(最初に羊皮紙が作られた小アジアのギリシャ人の町)ベルガモン」のより派生した. 関連 〔英〕*parchment*〕

per・ge・nio [per.xé.njo] 男 **1** → pergeño.
2 《ラ米》風采(ふうさい)の上がらない人;汚らしい子供(ぶぞく);《話》小利口な子供, 生意気な小僧.

per・ge・ñar [per.xe.ɲár] 他 **1** 大まかに作成する, ざっと描く;概略を述べる.
2 下書きする, 下絵を描く.

per・ge・ño [per.xé.ɲo] 男 **1** 外見, 見かけ.
2 概略, 大筋;下書き.

pér・go・la [pér.go.la] 女 **1** パーゴラ, つる棚, 日陰棚. **2** 屋上庭園.

pe・ri [pé.ri] 女 ペリ:ペルシャ神話の妖精(ようせい).

peri- 「周囲, 近接」の意を表す造語要素. → *periferia*, *perihelio*. [←〔ギ〕]

pe・ri・a・nal [pe.rja.nál] 形 《解剖》肛門周辺の.

pe・rian・tio [pe.rján.tjo] / pe・rian・to [pe.rján.to] 男 《植》花被, 花萼(かがく), 萼(がく)と花冠.

pe・ri・ca [pe.rí.ka] 女 **1** 《スペイン》《遊》トランプの (truque ゲームにおいて)金貨のジャック (= sota de oros). **2** (大型の)ジャックナイフ. **3** 《ラ米》(1) 《コロンビア》《ベネズエラ》かみそり, ナイフ;山刀;短剣. (2) 《コスタリカ》《コロンビア》泥棒.

pe・ri・car・dio [pe.ri.kár.ðjo] 男 《解剖》心膜, 心嚢(しんのう).

pe・ri・car・di・tis [pe.ri.kar.ðí.tis] 女 《単複同形》《医》心膜炎, 心嚢(しんのう)炎.

pe・ri・car・pio [pe.ri.kár.pjo] / pe・ri・car・po [pe.ri.kár.po] 男 《植》果皮;皮[外果皮]と果肉[中果皮], 種のすぐ周りにある内果皮からなる.

pe・ri・cia [pe.rí.θja / -.sja] 女 **1** 熟練[熟達]した技能, 巧みな腕前;経験豊富. **2** 造詣(ぞうけい)の深さ.

pe・ri・cial [pe.ri.θjál / -.sjál] 形 専門家の, 専門家による. dictamen [informe, tasación] ~ 専門家の意見書[報告書, 査定(額)]. someter al juicio ~ 専門家の鑑定にゆだねる. ― 男 《法》鑑定官.

Pe・ri・cles [pe.rí.kles] 固名 ペリクレス (前490ころ–429):古代アテネの政治家・軍人.

pe・ri・cli・tar [pe.ri.kli.tár] 自 **1** 衰える, 衰退する;廃れる. **2** 危機に瀕(ひん)する, 危うくなる.

*pe・ri・co [pe.rí.ko] 男 **1** 《鳥》インコ. **2** 大きな扇. **3** (前髪用の)ヘアピース. **4** 《話》背の高い[大型の]おまる, (寝室用)便器, 溲瓶(しびん). **5** 《海》(帆船の)ミズントゲルンスル(に張る帆). **6** 大きなアスパラガス. **7** 《スペイン》《遊》(トランプの truque ゲームにおいて)コインの馬. **8** 《隠》コカイン. **9** 《ラ米》(1) 《コロンビア》《コスタリカ》タマネギ入り卵焼き, いり卵 (= huevos ~). (2) 《カリブ》《卑》ペニス, 陰茎. (3) 《コロンビア》ミルク入りコーヒー. (4) 《ペルー》甘い言葉, おべんちゃら. (5) 《話》誰か.

Pe・ri・co [pe.rí.ko] 固名 ペリコ:Pedro の愛称.
más duro que la pata de Perico 《話》とても硬い.
Perico (*el*) *de los palotes* 《話》どこかの誰か, 誰でもいないか(誰か).
Perico entre ellas 《話》いつも女に混じっている男.

pe・ri・co, ca [pe.rí.ko, -.ka] 男 女 《ラ米》《話》(1) 《コロンビア》《メキシコ》《エクアドル》《チリ》おしゃべり, 話し好き;うわさをふれまわる人. (2) 《カリブ》《コロンビア》酔っ払い.
― 女 《ラ米》《カリブ》《俗》ラジオ.

pe・ri・cón, co・na [pe.ri.kón, -.kó.na] 形 万能な, 〈牽引(けんいん)の馬・ラバが〉馬車のどの位置もこなす. ― 男 (または女) 万能なもの;(馬車のどの位置もこなす)馬, ラバ. ― 男 **1** 《音楽》ペリコン:アルゼンチン, ウルグアイの舞踊とその音楽. **2** 大きな扇. **3** 《スペイン》《遊》(トランプの quinola ゲームにおいて万能札となる)コインの馬.

pe・ri・co・te [pe.ri.kó.te] 男 《ラ米》(1) 《ペルー》《話》《動》ノネズミ. (2) 《アルゼンチン》《ベネズエラ》幼児, 子供. (3) 《ジル》《話》(子供の)泥棒.

pe・ri・co・te・ar [pe.ri.ko.te.ár] 他 《ラ米》《ジル》...を盗む, 奪う. ― 自 《ラ米》《ジル》盗む, 奪う.

pe・ri・crá・ne・o [pe.ri.krá.ne.o] 男 《解剖》頭蓋(ずがい)骨膜.

pe・ri・do・ti・ta [pe.ri.ðo.tí.ta] 女 《鉱》橄欖(かんらん)岩:橄欖石を多量に含んだ火成岩.

pe・ri・do・to [pe.ri.ðó.to] 男 《鉱》ペリドット:宝石として用いられる緑色の透明な橄欖(かんらん)石.

pe・rie・co, ca [pe.rjé.ko, -.ka] 形 (同緯度で180度向こう側の)地球の反対側に住む.
― 男 女 (同緯度で)地球の反対側に住む人.

*pe・ri・fe・ria [pe.ri.fé.rja] 女 **1** 郊外, 近郊. **2** 周囲, 外周. **3** 《数》円周 (= circunferencia).

*pe・ri・fé・ri・co, ca [pe.ri.fé.ri.ko, -.ka] 形 **1** 郊外の, 近郊の. **2** 周囲の;周辺の. **3** 二次的な, あまり重要でない. **4** 《IT》周辺装置[機器].

pe・ri・fo・llo [pe.ri.fó.ʎo ‖ -.ʝo] 男 **1** 《植》セルフィーユ, チャービル:薬味としてサラダなどに用いる. ~ *obroso* 《植》スイートシスリー.
2 《主に複数で》《話》《軽蔑》(特に女性の洋服・髪の)ごてごてした飾り, 「趣味の悪い」飾り.

pe・ri・fo・ní・a [pe.ri.fo.ní.a] 女 ラジオ放送(業), 無線放送設備[基地].

pe・ri・fo・no [pe.rí.fo.no] 男 無線放送機器[装置].

pe・ri・for・me [pe.ri.fór.me] 形 《格式》(形が)洋ナ

pe·ri·fra·se·ar [pe.ri.fra.se.ár] 自 遠回しに言う, 回りくどく言う；迂言(うん)法を用いる.

pe·rí·fra·sis [pe.rí.fra.sis] 女〖単複同形〗**1**〖文法〗迂言(うん)法(＝ ~ verbal)：ある種の動詞的が, 不定詞, 現在分詞, 過去分詞と結び付いて成句を成したり, 態や相を表したりすること. → Estoy comiendo. 私は食事中だ(進行相). Fue capturado. 彼は捕まった(受動態). Echó a llorar. 彼[彼女]は泣きだした(起動相). Tengo que ir. 私は行かなくてはならない(義務). **2**〖修辞〗迂言(うん)法：ひとつの語を他の語に言い換えること. → el gran azul 大きな青(＝ el mar 海). **3** 回りくどい言い方, 婉曲(えんきょく)な表現.

pe·ri·frás·ti·co, ca [pe.ri.frás.ti.ko, -.ka] 形 迂言(うん)法的な；回りくどい, 婉曲(えんきょく)な.

pe·ri·ga·llo [pe.ri.ɣá.ʎo ‖ -.ʝa.-] 男 **1** あごのしわ. **2** 麻縄で作った投石器. **3**〖海〗鉤(かぎ), (つり下げ用の)索. **4** (髪につける色鮮やかな)リボン. **5**《話》ひょろ長い人.

pe·ri·ge·o [pe.ri.xé.o] 男〖天文〗近地点(↔apogeo)：月·人工衛星などが軌道で最も地球に近づく点.

pe·ri·gla·ciar [pe.ri.gla.θjár / -.sjár] 形 **1**(侵食や起伏について)氷(河)によって作られた. **2** 氷河周辺の, 周氷河の.

pe·ri·go·nio [pe.ri.ɣó.njo] 男〖植〗花被, 花蓋.

pe·ri·he·lio [pe.ri.é.ljo] 男〖天文〗近日点.

pe·ri·lla [pe.rí.ja ‖ -.ʎa] 女 **1** やぎひげ. → barba [類語]. **2** 耳たぶ(＝ ~ de la oreja). **3** (つまみ·電球など)洋ナシ形のもの[飾り] **4** 鞍(くら)頭. **5** 葉巻の吸い口.

¿De perilla(s)!《話》なんてタイミングのいいこと. *venirle (a+人) de perilla(s)*《話》〈人〉にとり願ったりかなったりである, 丁度いい時にやってくる.

pe·ri·llán, lla·na [pe.ri.ján, -.já.na ‖ -.ʎán,-.ʎá.-] 形《まれ》《親愛》いたずらな, 悪賢い.

—男女《まれ》《親愛》いたずらな人, いたずらっ子.

pe·ri·llo [pe.rí.jo ‖ -.ʎo] 男 クッキー(の一種).

pe·ri·lus·tre [pe.ri.lús.tre] 形 きわめて優れた, 有名な, 名高い.

pe·ri·mé·tri·co, ca [pe.ri.mé.tri.ko, -.ka] 形 周囲の, 周辺の.

pe·rí·me·tro [pe.rí.me.tro] 男 (図形などの)周囲(の長さ), 周辺. ~ de caderas ヒップのサイズ. ←〔中〕*perimetros*←〔ギ〕*perímetros (peri-*「周りの」*+ métron*「大きさ」)；[関連][英]*perimeter*]

pe·ri·na·tal [pe.ri.na.tál] 形〖医〗周産期の, 産前産後の；周生期の.

pe·rín·cli·to, ta [pe.ríŋ.kli.to, -.ta] 形〖文章語〗高名な, 名に七負う；傑出した.

pe·rin·do·la [pe.rin.dó.la] 女 (指で回す)小さな独楽(ごま).

pe·ri·né [pe.ri.né] 男〖解剖〗会陰(えいん).

pe·ri·ne·al [pe.ri.ne.ál] 形〖解剖〗会陰[部]の.

pe·ri·ne·o [pe.ri.né.o] 男〖解剖〗→ periné.

pe·ri·neu·mo·ní·a [pe.ri.neu.mo.ní.a] 女〖医〗肺炎；胸膜肺炎；〖獣医〗ウシ肺炎.

pe·ri·no·la [pe.ri.nó.la] 女 **1** (指で回す)小さな独楽(ごま). **2** 小柄で快活な女性. **3** 洋ナシ形の装飾. **4**《ラ米》《話》子供, 少年, 少女.

pe·rin·qui·na [pe.riŋ.kí.na] 女 反感.

pe·rin·qui·no·so, sa [pe.riŋ.ki.nó.so, -.sa] 形 敵愾心(てきがいしん)の強い, 反感を抱いた.

pe·rí·o·ca [pe.rí.o.ka] 女 要約, 要旨；梗概.

pe·rió·di·ca [pe.rjó.ði.ka] 形 → periódico.

pe·rió·di·ca·men·te [pe.rjó.ði.ka.mén.te] 副 定期的に.

pe·rio·di·ci·dad [pe.rjo.ði.θi.ðáð / -.si.-] 女 定期性, 周期性；周期.

*__**pe·rió·di·co, ca**__ [pe.rió.ði.ko, -.ka] 形 **1** 定期的な；周期的な；断続的な. reunión *periódica* 定期集会. sistema ~ (元素の)周期系. tabla *periódica* (元素の)周期表. el movimiento ~ de los planetas 惑星の周期的運行. fiebre *periódica* 間欠熱. **2** 定期刊行の. publicación *periódica* 定期刊行物. revista *periódica* 定期刊行の雑誌. **3**〖数〗循環の. fracción decimal *periódica* 循環小数.

—男(＝diario)；定期刊行物；新聞. papel de ~ 新聞紙. puesto de ~s 新聞スタンド. ~ amarillo (ゴシップ記事を中心にした)新聞. ~ de la mañana [tarde] 朝[夕]刊. ~ mural 壁新聞.

pe·rio·di·cu·cho [pe.rjo.ði.kú.tʃo] 男《軽蔑》俗悪新聞, 三流紙.

pe·rio·di·que·ro, ra [pe.rjo.ði.ké.ro, -.ra] 男女《ラ米》《話》新聞売り.

*__**pe·rio·dis·mo**__ [pe.rjo.ðís.mo] 男 **1** ジャーナリズム. dedicarse al ~ ジャーナリズムに携わる. ~ amarillo (興味本位の)イエロージャーナリズム. **2** 新聞学(科).

periodismo gonzo ゴンソー·ジャーナリズム：独断と偏見に基づいた[偏向的な]ジャーナリズム[報道].

*__**pe·rio·dis·ta**__ [pe.rjo.ðís.ta] 男女 ジャーナリスト, 新聞記者(＝informador). ~ político 政治記者. ~ de televisión テレビ報道記者. ~ gráfico 報道カメラマン.

*__**pe·rio·dís·ti·co, ca**__ [pe.rjo.ðís.ti.ko, -.ka] 形 ジャーナリズムの, 新聞雑誌(記者)の. artículo ~ 新聞記事. estilo ~ ジャーナリスティックな文体.

pe·rio·di·za·ción [pe.rjo.ði.θa.θjón / -.sa.sjón] 女 時代を区分すること；時代区分.

*__**pe·rí·o·do**__ [pe.rí.o.ðo] */* **pe·rio·do** [pe.rjó.ðo] 男 **1** (ある一定の)時間, 年月；(歴史·生涯などの)期間, 時期, 時代(＝época). ~ de arrendamiento 賃貸契約期間. ~ de exámenes 試験期間. ~ de (las) vacaciones 休暇の時期. ~ de sesiones de la asamblea general 総会の会期. ~ electoral 選挙期間. ~ de prueba 試用期間. los grandes ~s de la historia 歴史の最も輝かしい時代.

2〖考古〗紀：代の下位区分. ~ jurásico de la era mesozoica 中生代ジュラ紀.

3〖物理〗〖天文〗周期；(ある現象·動作の)一期間. ~ de péndulo 振り子の周期. ~ de rotación de la tierra 地球の公転周期.

4〖医〗(1) **月経**, 生理(＝menstruación, regla, menstruo)；月経期間 estar con el ~ 生理中である. (2)(病気·生理現象の)段階, 過程. ~ de celo 発情期. ~ de convalecencia [incubación] 回復[潜伏]期.

5〖数〗循環小数の循環節(◆2.34343434…の34が循環節). **6**〖言〗結合文：いくつかの節を y や pero などの接続詞で結合した文. "Yo fui al parque y comí un bocadillo" es un ~. 「公園に行ってサンドイッチを食べた」は結合文だ. **7**〖音楽〗楽節, 楽段.

[←〔後ラ〕*periodus*←〔ギ〕*períodos*「天体の公転；周期(性)」(*peri-*「周りに」*+ hodós*「道」)；[関連] periódico, periodista.［英］*period*]

pe·rio·don·cia [pe.rjo.ðón.θja / -.sja] 女〖医〗歯周病[歯周治療]学；歯槽膿漏(しそうのうろう)の外科治療.

pe·rio·don·tal [pe.rjo.ðon.tál] 形 歯周の.

pe·rio·don·ti·tis [pe.rjo.ðon.tí.tis] 囡《単複同形》【医】歯周炎, 歯根膜炎.

pe·rios·tio [pe.rjós.tjo] 男【解剖】骨膜.

pe·rios·ti·tis [pe.rjos.tí.tis] 囡《単複同形》【医】骨膜炎.

pe·ri·pa·té·ti·co, ca [pe.ri.pa.té.ti.ko, -.ka] 形 **1**【哲】逍遥(しょうよう)学派の, アリストテレス学派の (= aristotélico). **2**《話》こっけいな, 奇妙きてれつな; むちゃくちゃな. — 男 囡【哲】逍遥学派の人, アリストテレス学派の人.

pe·ri·pa·te·tis·mo [pe.ri.pa.te.tís.mo] 男【哲】アリストテレス哲学; 逍遥(しょうよう)学派, アリストテレス学派.

pe·ri·pe·cia [pe.ri.pé.θja / -.sja] 囡 **1**【文学】(劇・物語などでの) 急転, どんでん返し. **2** 思いもかけぬ出来事, ハプニング; 波瀾(はらん).

pe·ri·plo [pe.rí.plo] 男 **1**【格式】諸国を巡る長旅. **2** (船による昔の) 世界一周(記), 諸国見聞(録); 周航(記), 島『大陸』を船で一周すること.

pe·ríp·te·ro, ra [pe.ríp.te.ro, -.ra] 形【建】周囲に円柱を巡らせた, 周柱式の. — 男 周柱式建築, 周柱式神殿.

pe·ri·pues·to, ta [pe.ri.pwés.to, -.ta] 形《話》めかし込んだ, 着飾った.

pe·ri·que·ar [pe.ri.ke.ár] 自 **1**〈女性が〉しょっちゅう外出する. Ana siempre va [anda] *periqueando*. アナはいつも外出している. **2**《ラ米》《話》(1)《中米》甘い言葉を言う, 口説く. (2)《チリ》おしゃべりする.

pe·ri·que·te [pe.ri.ké.te] 男《話》わずかな時間. en un ~ あっという間に, たちまち; 急いで.

pe·ri·qui·llo [pe.ri.kí.jo ‖ -.ʎo] 男 **1** 砂糖菓子. **2** 前髪用のヘアピース.

pe·ri·quín [pe.ri.kín] 男 スペイン Santander 地方の踊り.

pe·ri·qui·to, ta [pe.ri.kí.to, -.ta] 形 (カタルーニャのスポーツクラブ) RCD Español [Real Club Deportivo Español / Reial Club Deportiu Espanyol] de Barcelona の. — 男 **1** RCD Español の選手. **2**《話》若者. — 男 **1**《鳥》小型インコ. **2**《まれ》スプリンクラー.

pe·ris·cio, cia [pe.rís.θjo, -.θja / -.sjo, -.sja] 形 白夜の国に住む. — 男 囡《複数で》白夜の国に住む人々.

pe·ris·có·pi·co, ca [pe.ris.kó.pi.ko, -.ka] 形 **1** 潜望〖展望〗鏡の. **2**〈レンズが〉広角用の.

pe·ris·co·pio [pe.ris.kó.pjo] 男 潜望鏡; 〔塹壕(ざんごう)などの〕展望鏡.

pe·ri·so·dác·ti·lo [pe.ri.so.ðák.ti.lo] 形【動】奇蹄(きてい)類の. — 男【動】奇蹄類の動物; 《複数で》奇蹄類. ▶「偶蹄類」は artiodáctilo.

pe·ri·so·lo·gí·a [pe.ri.so.lo.xí.a] 囡 冗語 (法); 重言.

pe·ris·ta [pe.rís.ta] 男 囡 盗品を売買する人, 故買人.

pe·ris·tál·ti·co, ca [pe.ris.tál.ti.ko, -.ka] 形【解剖】〈胃腸など消化管の動き・働きが〉蠕動(ぜんどう)する.

pe·ris·tal·sis [pe.rís.ta.sis] 囡《単複同形》【修辞】演題, 論題, テーマ (= tema).

pe·ris·ti·lo [pe.ris.tí.lo] 男 **1**【建】周柱(廊). **2** 柱廊に囲まれた中庭.

pe·ri·ta·ción [pe.ri.ta.θjón / -.sjón] 囡 (専門家による) 鑑定; 鑑定書, 鑑定報告書.

pe·ri·ta·je [pe.ri.tá.xe] 男 **1** (専門家による) 鑑定 (書). **2** 工業〖商業〗学校の (専門) 課程〖勉強〗.

pe·ri·tar [pe.ri.tár] 他 鑑定〖査定〗する, (専門家が) (専門的な) 報告をする. Los profesores *peritaron* los daños del terremoto. 教授たちはその地震の被害報告を行った.

*__pe·ri·to, ta__ [pe.rí.to, -.ta] 形 **(en...** …の) 専門家の, **精通している**, 造詣(ぞうけい)が深い. — 男 囡 専門家, (ある分野の) 熟達者; 鑑定人; 技師, 工業学校修了者; 商業学校修了者. ~ aeronáutico 航空技師. ~ agrónomo 農学技師. ~ electricista 電気技師. ~ en contabilidad [mercantil] 会計士. ~ tasador 鑑定士. [←〔ラ〕*peritum* (*peritus* の対格); 関連 experto, experiencia. 〔英〕*expert*]

pe·ri·to·ne·al [pe.ri.to.ne.ál] 形【解剖】腹膜の.

pe·ri·to·ne·o [pe.ri.to.né.o] 男【解剖】腹膜.

pe·ri·to·ni·tis [pe.ri.to.ní.tis] 囡《単複同形》【医】腹膜炎.

per·ju·di·ca·do, da [per.xu.ði.ká.ðo, -.da] 形 **1** 損害〖被害〗を受けた; 傷つけられた. **2**〈手形などが〉不備のある, 完全でない. **3**《話》へとへとになった, 不快な. **4**《話》酔っぱらった.

per·ju·di·ca·dor, do·ra [per.xu.ði.ka.ðór, -.ðó.ra] / **per·ju·di·can·te** [per.xu.ði.kán.te] 形 害をもたらす, 有害な, 損なう.

*__per·ju·di·car__ [per.xu.ði.kár] 他…**に害を与える**, 害する, 損なう. ~ los intereses de+人〈人〉の利益を損なう. ~ la fama 名声に傷をつける. ~ la imagen de+人〈人〉に対する印象を悪くする. ~ la salud 健康に悪影響を及ぼす. Esa corbata te *perjudica*. そのネクタイは君には似合わない. — ~·se 再 自らの評判〖健康〗を損ねる, 損害〖悪影響〗を受ける, 自らを傷つける.

per·ju·di·cial [per.xu.ði.θjál / -.sjál] 形 **(a... / para...** …に) 有害な, (…を) 害する; 不利な. ~ *al* estado de salud 健康によくない.

per·ju·di·cial·men·te [per.xu.ði.θjál.mén.te / -.sjál.-] 悪い形で, 害を与えて, 不利に.

perjudique(-) / perjudiqué(-) 活→perjudicar.

*__per·jui·cio__ [per.xwí.θjo / -.sjo] 男 **害**, 損失; 痛手, 損なうこと. causar a... ~ に痛手を与える, …を損なわせる. daños y ~s【商】損害. en [con] ~ de... …を損なって. en ~ SUYO (人の) 不利〖損〗になるように. reparar el ~ que se ha hecho 受けた損害を償う. sufrir (grandes) ~s (大) 損害を被る.

sin perjuicio de... …を損なわずに.

sin perjuicio de [+不定詞 / *que*+接続法] …するのは別として. Escríbeme, *sin* ~ *de que* me *llames*. 電話だけじゃなくて手紙もくれ.

[←〔ラ〕*praejūdicium*「前判断」; 損害」(*prae-*「前に」+ *jūdicium*「判断」); 関連 perjudicar, prejuicio]

per·ju·rar [per.xu.rár] 自 **1** 偽りの誓いをする; 宣誓を破る;【法】偽証する. **2** 何度も〖強く〗誓う. — ~·se 再 偽りの誓いをする; 宣誓〖誓い〗を破る.

per·ju·rio [per.xú.rjo] 男 偽りの誓い; 背誓;【法】偽証(罪).

per·ju·ro, ra [per.xú.ro, -.ra] 形【格式】偽りの誓いをする, 宣誓〖誓い〗を破る; 偽証する. — 男 囡【格式】偽誓者, 誓いを破る人; 偽証者.

*__per·la__ [pér.la] 囡 **1** 真珠. ~ artifial 人工真珠. ~ cultivada 養殖真珠. ~ fina [natural] 天然真珠. pescador de ~s 真珠貝採り (人). →margarita **2**.

2 大切な人[もの], 貴重な[すばらしい]もの[人], 宝. La niña es la ～ de la familia. その子は家族の宝だ. **3** (ローヤルゼリーなどを入れた)ソフトカプセル; 小丸薬. **4** 〖紋〗Y字形の紋章図形. **5** 《形容詞的에》《性数不変》真珠の(ような). gris ～ パール・グレー(の).

de perlas 見事に, すばらしく; 折よく. Baila de ～s. 彼[彼女]はたいへん上手に踊る. caer de ～s 時宜を得ている, 適切である.

irle [venirle] (a+人) de perlas 〈人〉にぴったりである, おあつらえ向きである; 好都合だ, 時宜にかなっている.

[← ? (俗)] *pernula 「真珠; 貝の一種」 [(ラ)]*perna* 「ハム; (貝柱がハムに似た)貝の一種」+縮小辞」; 他のロマンス語([カタルーニャ][仏]または[伊])を経由してスペイン語に入った可能性がある; 関連 [英] *pearl*]

per·la·do, da [per.lá.ðo, -.ða] 形 **1** 真珠色の; 真珠のような輝きのある. azul ～ 淡灰青. cebada *perlada*(小球状の)精白した小麦. **2** 真珠のような形の. **3** 真珠のついた, 真珠状のもので飾った.

per·lar [per.lár] 他 (詩)(水滴・涙などが)覆う, 濡らす, つたう. Las lágrimas *perlaron* sus ojos. 涙が彼[彼女](ら)の目に浮かんだ.

— ～·se 再 **1** 《文章語》 *(de...* …で)濡れる. Se le *perlaba* la frente *de* sudor. 彼[彼女]の額に玉の汗がにじんでいた. **2** 〈点火プラグの電極どうしを〉(スパークが出ないようにして)一緒にする.

per·lé [per.lé] (仏) 男 飾り縫い・編み物用のつやのある木綿糸. algodón ～ (刺繍(ﾀｼﾕｳ)用の)パール・コットン.

per·le·che [per.lé.tʃe] 男 〖医〗口角炎.

per·le·rí·a [per.le.rí.a] 女 〖集合的に〗真珠, 真珠のついたアクセサリー.

per·le·ro, ra [per.lé.ro, -.ra] 形 真珠の. industria *perlera* 真珠産業.

per·le·sí·a [per.le.sí.a] 女 〖医〗(1) まひ. (2) (震えを伴う)筋肉の衰え.

per·lí·fe·ro, ra [per.lí.fe.ro, -.ra] 形 真珠を生み出す. ostra *perlífera* 真珠貝.

per·li·no, na [per.lí.no, -.na] 形 真珠色の, 真珠の輝きのある.

per·li·ta [per.lí.ta] 女 **1** 〖鉱〗フォノライト, 響岩 [石]. **2** 〖冶〗パーライト, 真珠岩.

per·lon·gar [per.loŋ.gár] 自 〖海〗沿岸航行 [巡航]する. — 他 〈引き綱を〉張る.

per·ma·ne·cer [per.ma.ne.θér / -.sér] 34 自 **1 (+形容詞・副詞およびその相当語句 …の状態で)ままでいる[ある]. *Permanecimos* despiertos toda la noche esperando tu llamada. 僕らは, 君からの電話を待って一晩中起きていた. — 形容詞は主語と性数一致する.

2 (+副詞およびその相当語句 (特定の位置・場所)に)とどまる, 滞在する, (一定期間)いる. ¿Cuánto tiempo piensas *permanecer en Japón*? どのくらい日本に滞在するつもりなの.

[← [ラ] *permanēre* (*per*-「徹底的に」+ *manēre* 「とどまる」); 関連 permanencia, permanente. [英] *permanent*]

*per·ma·nen·cia [per.ma.nén.θja / -.sja] 女 **1** 滞在の, (一定期間特定の場所・地位・状態などに)いる[ある]こと (= estancia). durante mi ～ en el extranjero 私の外国滞在中. **2** 永続(性), 不変(性). la ～ de las leyes 法律の永続性. **3** 《複数で》(補講などの)教師の正規授業外労働(時間), 残業.

*per·ma·nen·te [per.ma.nén.te] 形 **1** 永続する, 恒久的な; 変わらない, 常時の (↔temporal); 長持ちする. colores ～s あせない色. paz ～ 恒久平和. residencia ～ 永住権. domicilio ～ 定住所. diente ～ 永久歯.

2 常設の, 常置の; 《軍隊》が常駐する. comisión ～ 常任委員会. exposición ～ 常設展. miembros ～s del Consejo de Seguridad de la ONU 国連常任理事国. servicio ～ 24時間サービス. — 女 パーマ. hacerse la ～ パーマをかけてもらう.

per·ma·nen·te·men·te [per.ma.nén.te.mén.te] 副 ずっと, 不変に.

permanezc- 活 → permanecer.

per·man·ga·na·to [per.maŋ.ga.ná.to] 男 〖化〗過マンガン酸塩.

per·man·sión [per.man.sjón] 女 → permanencia.

per·me·a·bi·li·dad [per.me.a.βi.li.ðáð] 女 浸透[透水]性, 透過性; 透磁性 (↔impermeabilidad).

per·me·a·ble [per.me.á.βle] 形 **1** 透過[浸透]性の, (水などを)通す (↔impermeable).

2 〈他人の考え・行動に〉影響されやすい.

pér·mi·co, ca [pér.mi.ko, -.ka] 形 〖地質〗ペルム紀[二畳紀](系)の. — 男 ペルム紀, 二畳紀: 古生代最後の紀. 約2.9–2.5億年前.

per·mi·si·ble [per.mi.sí.βle] 形 許容できる, 容認できる, 許せる.

per·mi·sión [per.mi.sjón] 女 **1** 《格式》許可. **2** 《格式》許容, 容認.

per·mi·sio·na·rio [per.mi.sjo.ná.rjo] 男 (ラ米)公の許可を得た人; 公認団体[機関].

per·mi·si·vi·dad [per.mi.si.βi.ðáð] 女 **1** 過度に寛容であること, 自由放任. **2** 寛容(性).

per·mi·si·vo, va [per.mi.sí.βo, -.ba] 形 **1** (*con*... …を)容認する, 認める. **2** 寛容な.

per·mi·so [per.mí.so] 男 **1 許可, 認可. Tenemos ～ para utilizar estos aparatos. 我々はこれらの器具を用いる許可を得ています. pedir ～ para ir al baño トイレに行く許可を求める. Les di ～ para que se casaran. 私は彼らに結婚する許可を与えた.

2 (軍隊・職場などでの)休暇. estar de ～ 休暇中である. licencia con ～ ilimitado 無制限の休暇. Tómate un ～ para descansar. 骨休めに休暇をとりなさい. ～ de maternidad 出産(・育児)休暇.

3 許可証. ～ de conducir 運転免許証 (=carné de conducir). ～ de construir 建築許可証. ～ de residencia (外国人)滞在許可証.

¿Da su permiso? 《入室の際に》入ってもよろしいでしょうか.

Permiso. / Con (su) permiso. 《丁寧な注意喚起》失礼します, ちょっとすみません.

per·mis·tión [per.mis.tjón] 女 (液体の)混合.

per·mi·ti·de·ro, ra [per.mi.ti.ðé.ro, -.ra] 形 → permisible.

per·mi·ti·do, da [per.mi.tí.ðo, -.ða] 形 許可された, 許された, 容認された.

per·mi·ti·dor, do·ra [per.mi.ti.ðór, -.ðó.ra] 形 許可を与える, 許可する. — 男 女 許可を与える人.

**per·mi·tir [per.mi.tír] 他 (*a*+人 〈人〉に) (1) 許す, 許可する. ¿*Me permite* su carné de identidad, por favor? すみませんが, 身分証明書(の提示)をお願いします.

(2)《+行為を表す名詞 …を》/《+不定詞 / que +

接続法 …すること を ）許す；黙認する，容認する．*Permítele salir* con nosotros. 彼[彼女]を私たちと一緒に外出させてあげてよ．¡No *os permito que os comportéis* así! 君たちのそんな態度は許さないからな．No le *permitieron* la *salida* del país 彼[彼女]は出国を許可されなかった．

2《＋行為を表す名詞 …を》可能にする，《＋不定詞 / que＋接続法 …すること を ）可能にする（＝posibilitar）．un método que *permite* un *uso* eficiente de la energía エネルギーの効率的使用を可能にする方法．Esta técnica nueva *permite obtener* una imagen global del asunto. この新しい手法でその問題の全体像を捉えることができる．El clima suave de esta región *permitía que se desarrollase* la vida de muchos animales. この地域の温暖な気候は多くの動物の生命が育つのを可能にしていた．

— ~·se 再 **1**（自分に）容認する．De vez en cuando *se permite* bebidas alcohólicas. 彼[彼女]はときどき酒を飲んでいる．

2《1人称現在形で》《丁寧》《＋不定詞》《…させて》いただく，あえて（…）する；僭越(ぜん)ながら…を行使する．*Me permito recordar*le que aquí no se puede sacar fotos con flash. ここではフラッシュでの写真撮影はできないことをご注意申し上げます．*Me permito* la libertad de escribirle. 勝手ながらお便りさせていただきます．

3《3人称単数で》《＋行為を表す名詞 …が》許される，《＋不定詞 / que＋接続法 …すること が ）許される．No *se permite la entrada* a menores de 15 años. 15歳以下の入場はできません．¿Me *permite*?（許可を求めて）よろしいでしょうか．[←［ラ］*permittere*「行かせる；許す」；*per*-「向こうへ」＋*mittere*「行かせる」（→meter）；関連 permiso, *permitir*, 英 *permit*]

per·mu·ta [per.mú.ta] 女 **1**〖格式〗交換，取り替え．**2** 入れ替え，相互交代；公務員どうしの配置交換．

per·mu·ta·bi·li·dad [per.mu.ta.bi.li.ðáð] 女 交換できること，交換の可能性．

per·mu·ta·ble [per.mu.tá.ble] 形 **1** 交換［取り替え］可能な；入れ替え［相互交代］できる．**2**〖数〗置換できる．〖言〗置換可能な．

per·mu·ta·ción [per.mu.ta.θjón / -.sjón] 女 **1** 交換，取り替え．**2**〖数〗順列，相互交代（＝permuta）．**2**〖数〗順列；置換．**3**〖言〗置換．

per·mu·ta·dor [per.mu.ta.ðór] 男 転換器，切り替えスイッチ．

per·mu·tar [per.mu.tár] 他 **1**《con... / por... …と》交換する，取り替える．**2**（特に公務員が）〈職務・任地などを〉入れ替える，相互交代する．**3**〖数〗〖言〗置換する．

per·na [pér.na] 女 〖貝〗マクガイ，（熱帯産の）イガイ．

per·na·da [per.ná.ða] 女 **1** 〖海〗索．**2** 足げり，キック．dar ~s 足げりする．derecho de pernada 〖史〗領主の初夜権．

per·nam·bu·co [per.nam.bú.ko] 男 palo de ~ ペルナンブーコ，フェルナンブーコ：ブラジルスオウ材の一種．

per·ne·a·dor, do·ra [per.ne.a.ðór, -.ðó.ra] 形 脚力のある，健脚の．

per·ne·ar [per.ne.ár] 自 **1** 足をばたばた動かす［ばたつかせる］．**2** 地団太を踏む，じれったい思いをする．**3**（足を棒にして）駆けずり回る．

per·ne·ra [per.né.ra] 女 ズボンの足（の部分）．

per·ne·ta [per.né.ta] 女 en pernetas 足[すね]を出して．

per·ne·te [per.né.te] 男〖まれ〗（小型の）ボルト．[perno＋縮小辞]．

per·ni·a·bier·to, ta [per.nja.β̞jér.to, -.ta] 形 脚[足]の開いた，がに股の；両脚を広げた．

per·ni·cio·sa·men·te [per.ni.θjó.sa.mén.te / -.sjó.-] 副 有害に，害をもたらして．

per·ni·cio·so, sa [per.ni.θjó.so, -.sa / -.sjó.-] **1** 非常に有害な，被害をもたらす；悪性の（＝perjudicial）．~ para la salud 健康に有害な．insecto ~ 害虫．**2**〖ラ米〗〖俗〗(1)〖話〗酒に酔った．(2)〖話〗怠け者の，怠惰な．

per·nil [per.níl] 男 **1**（動物の）腿(もも)；（豚などの）腿肉，脚．**2** → pernera．

per·nio [pér.njo] 男 蝶番(ちょうつがい)．

per·ni·que·brar [per.ni.ke.β̞rár] 8 他〖まれ〗〈人・動物の〉足を折る．— ~·se 再 足を骨折する．

per·ni·tuer·to, ta [per.ni.twér.to, -.ta] 形 足の曲がった．

per·no [pér.no] 男 ボルト．

per·noc·ta [per.nók.ta] 女 泊まること，宿泊；外泊．pase (de) ~〖兵士の〗外泊許可．— 男 外泊許可の出た兵士．

per·noc·tar [per.nok.tár] 自《en... …に》泊まる，宿をとる；外泊する．

per·no·tar [per.no.tár] 他 気づく，察知する．

pe·ro[1] [pé.ro] 男 **1**〖植〗（洋ナシ形の）リンゴ（の木）．**2**〖ラ米〗〖俗〗〖俗〗〖植〗ナシ（の木）．

＊＊pe·ro[2] [pé.ro] 接続 **1**《逆接》しかし，でも．Mi habitación es pequeña ~ cómoda. 私の部屋は小さいけど快適だ．Es muy buena, ~ a mí no me gusta. 彼女はいい子だけど，私は気に入らない．Llovía mucho, ~ salimos de compras. 雨が激しかったけど，我々は買い物に出かけた．

2《文頭で》《強調》(1)《相手の発言を受けて》でも．*P*~ tú dices justo lo contrario. でも君はまったく反対のことを言ってるんだよ．(2)《驚き・非難など》えっ，まあ．*P*~, ¡tú por aquí! こんなところに君がいるなんてどうしたの．*P*~, ¿quieres dejar de hablarme así? お願いだから，私にそんな話し方をするのはよしてくれる．

3〖話〗《peroの前後に同じ形容詞・副詞を繰り返して強調》La película es aburrida, ~ aburrida. その映画は本当に退屈だ．

— 男[pé.ro] **1** 欠点，欠陥；難点．sin un ~ 完全な，欠点のない．Este plan tiene muchos ~s. この計画は欠点だらけだ．poner [encontrar] ~s a ... …のあらを探す，けちをつける．**2** 反対，異議．Nos pondrán algún ~. 私たちは何か異論を突きつけられるだろう．No hay ~ que valga. 「しかし」もへったくれもない．

¡pero bueno!〖驚き・否認〗そんな，とんでもない．Dicen que quieren asistir. —¡*P*~ bueno! 彼らは参加したいと言っているよ．—とんでもない．

pero que muy＋形容詞・副詞〖話〗〖強調〗見事に…な[に]．

pero si...〖驚き・非難〗全く，だって…．Vamos ahora mismo. —*P*~ *si* son las nueve. 今すぐ行こう．—でも9時だよ．[←［後ラ］*per hoc*「このために；（否定で）しかし」]

pe·ro·gru·lla·da [pe.ro.ɣru.ʝá.ða ‖ -.ʎá.-] 女〖話〗わかりきったこと，誰にでもわかること．

pe·ro·gru·lles·co, ca [pe.ro.ɣru.ʝés.ko, -.ka ‖ -.ʎés.-] 形 **1**〖話〗ばかばかしい，くだらない．**2**〖話〗わかりきった，今さら言うまでもない，周知の

Pe·ro·gru·llo [pe.ro.grú.jo ‖ -.ʎo] 固有 *de Perogrullo* 言うのもばかばかしい, わかりきった.

pe·ro·ji·mé·nez [pe.ro.xi.mé.neθ / -.nes] 男 ペ(ド)ロヒメネス(種); (スペイン Jerez 産のブドウの一種); そのブドウで作ったワイン (= Pedro Jiménez).

pe·rol [pe.ról] 男 **1** (丸底の)両手鍋. **2** 《ラ米》(1)(ﾁﾘ)(3本足の)鉄鍋. (2)(ｴｸｱﾄﾞﾙ)(頭の大きい)釘(ｸｷﾞ). (3)(ﾍﾞﾈｽﾞ)《話》(漠然と)もの, こと. (4)(ﾍﾞﾈｽﾞ)ブリキの容器. (5)(ｴｸｱﾄﾞﾙ)(ﾍﾞﾈｽﾞ)台所用品; がらくた; 取るに足りないやつ, 役立たず. (6)(ｺﾛﾝﾋﾞｱ)片手鍋.

pe·ro·la [pe.ró.la] 女 小型で丸底の両手鍋(ﾅﾍﾞ).

pe·ro·le·ro [pe.ro.lé.ro] 男 《ラ米》(ｺﾛﾝﾋﾞｱ)ブリキ職人.

Pe·rón [pe.rón] 固有 ペロン. (1) Juan Domingo ～ (1895-1974): アルゼンチンの軍人・政治家・大統領 (在位1946-55, 73-74). (2) María Eva Duarte de ～ (1919-52): アルゼンチンの女優. Juan Domingo ～ 2度目の妻, Evita の愛称で大衆の支持を得る. (3) María Estela Martínez de ～ (1931-): Juan Domingo ～ の3度目の妻, アルゼンチンの大統領(在位1974-76). 通称 Isabel ～.

pe·ro·né [pe.ro.né] 男 《解剖》腓骨(ﾋｺﾂ).

pe·ro·ne·o, a [pe.ro.né.o, -.a] 形 《解剖》腓骨(ﾋｺﾂ)(筋)の. ― 男 《解剖》腓骨筋 (= músculo ～).

pe·ro·nis·mo [pe.ro.nís.mo] 男 ペロン Perón 主義.

pe·ro·nis·ta [pe.ro.nís.ta] 形 ペロン党[派]の, ペロン主義の. ― 男 女 ペロン支持者[主義者], ペロン党[派]の人.

pe·ro·ra·ción [pe.ro.ra.θjón / -.sjón] 女 **1** 演説, 長広舌, 弁舌. **2** 《軽蔑》くどくど able する演説. **3** 《修辞》(演説の)結び, 締めくくり. **4** 議論を呼ぶ説. **5** 懇願, 切なる訴え.

pe·ro·rar [pe.ro.rár] 自 **1** 《話》《軽蔑》演説をする, 一席ぶつ; (相手はおかまいなしで)滔々(ﾄｳﾄｳ)と話す, もったいぶって話す. **2** 懇願する, 切に訴える.

pe·ro·ra·ta [pe.ro.rá.ta] 女 《話》《軽蔑》退屈な演説, (うっとうしい)熱弁.

per·ó·xi·do [pe.rók.si.ðo] 男 《化》過酸化物. ～ de hidrógeno 過酸化水素.

per·pen·di·cu·lar [per.pen.di.ku.lár] 形 《a...》(…と)直角に交わる; (…に)垂直の. ― 女 垂(直)線.

per·pen·di·cu·la·ri·dad [per.pen.di.ku.la.ri.ðáð] 女 垂直(状態), 直角(状態).

per·pen·di·cu·lar·men·te [per.pen.di.ku.lár.mén.te] 副 垂直に, 直角に.

per·pen·dí·cu·lo [per.pen.dí.ku.lo] 男 **1** 錘重(ｵﾓﾘ). **2** (直)(三角形の)高さ. **3** 振り子.

per·pe·tra·ción [per.pe.tra.θjón / -.sjón] 女 犯行[犯罪, 過失]を犯すこと.

per·pe·tra·dor, do·ra [per.pe.tra.ðór, -.ðó.ra] 形 犯罪[悪事]を犯した. ― 男 女 犯罪人, 犯人; 罪人.

per·pe·trar [per.pe.trár] 他 〈犯罪を〉犯す, 〈犯行に〉およぶ.

per·pe·tua [per.pé.twa] 女 《植》(1) (ムギワラギクなど)切ったあと数か月もつ花, 永久花, イモーテル. (2) ムギワラギク, その花. ～ de las nieves ミヤマウスユキソウ, エーデルワイス.

per·pe·tua·ción [per.pe.twa.θjón / -.sjón] 女 永久化, 永続; 存続. la ～ de las especies en peligro de extinción 絶滅の危機に瀕した種の保存.

per·pe·tua·men·te [per.pé.twa.mén.te] 副 永久に.

per·pe·tuar [per.pe.twár] 84 他 生き長らえさせる, 永続させる, 不朽[不滅]のものにする. ― ～**·se** 再生き長らえる, 不滅のものとなる, 永久に生き続ける.

per·pe·tui·dad [per.pe.twi.ðáð] 女 永続(性), 存続. *a perpetuidad* (1) 永久に. (2) 終身の, 死ぬまで続く. *trabajos forzados a* ～ 終身強制労働(の刑).

***per·pe·tuo, tua** [per.pé.two, -.twa] 形 **1** 永久の, 永続する; 絶え間ない, 絶え間のない. *calendario* ～ 万年カレンダー. *nieves perpetuas* 万年雪. *sepultura perpetua* 永代墓. *amenaza perpetua* 絶えまない脅威. **2** 終身の; 定年を迎えるまでの. *cadena perpetua* 終身刑. *exilio* ～ 終身国外追放. [←[ラ] perpetuum (perpetuus の対格) 「不断の」; 関連 *perpetual*]

per·pia·ño [per.pjá.ɲo] 形 《男性形のみ》〈アーチが〉身廊に迫り出した, 肋材(ﾛｸｻﾞｲ)のある, 肋材で支えた. *arco* ～ リブアーチ. ― 男 《建》石積みの突き抜け石, つなぎ石.

per·ple·ja·men·te [per.plé.xa.mén.te] 副 途方に暮れて, 当惑して; うろたえて.

***per·ple·ji·dad** [per.ple.xi.ðáð] 女 **当惑**, 困惑, 狼狽(ﾛｳﾊﾞｲ).

***per·ple·jo, ja** [per.plé.xo, -.xa] 形 《estar +》**当惑した**, 途方に暮れた, 狼狽(ﾛｳﾊﾞｲ)した. *dejar* ～ 当惑させる. *quedar(se)* ～ 当惑する, まごつく.

per·pun·te [per.pún.te] 男 (刀剣類から身を守る)綿入れ胴着, プールポワン.

per·qué [per.ké] 男 問答形式の韻文 [詩].

per·qui·rir [per.ki.rír] 30 他 《まれ》(丹念に)調べる, 調査する, 探す.

per·qui·si·ción [per.ki.si.θjón / -.sjón] 女 調査, 捜査.

per·qui·si·dor, do·ra [per.ki.si.ðór, -.ðó.ra] 形 《まれ》(丹念に)調べる. ― 男 女 《まれ》(丹念に)調べる人.

pe·rra [pé.r̄a] 女 **1** 《動》→ perro. **2** 《話》センティモ貨幣. ～ *chica* 5センティモ貨. ～ *gorda* [*grande*] 10センティモ貨. *Estoy sin una* ～. 私は一文無しだ. **3** (複数で)《話》お金. **4** 《話》(子供の)かんしゃく; 泣きわめき. *coger* [*agarrar*] *una* ～ かんしゃくを起こす. **5** けだるさ, ものうさ. **6** 《話》(強い)欲望; ばかげた考え, 頭を離れないこと[もの], 妄想. *Ha cogido* [*Está con, Tiene*] *la* ～ *de un coche deportivo*. 彼[彼女]はスポーツカーが欲しくてたまらない. **7** 《ラ米》(1)(ｺﾛﾝﾋﾞｱ)古帽子; (ﾎ･)チチャ酒 chicha (を入れる) 革袋. (2)(ｺﾛﾝﾋﾞｱ)《話》酔い. (3)(ﾍﾟﾙｰ)《俗》《軽蔑》売春婦, 娼婦(ｼｮｳ). *dos* [*tres, cuatro*] *perras* 《話》わずかなお金. *no tener una perra* 《話》文無しである. *¡para ti la perra gorda!* 《話》《話を打ち切るときに》好きにしたらいい, もういいよ, もうやめだ.

pe·rra·da [pe.r̄á.ða] 女 **1** 《まれ》犬の群れ. **2** 《話》《まれ》(言動の)あくどさ, 意地悪, 汚い手.

pe·rra·je [pe.r̄á.xe] 男 《ラ米》(ｺﾛﾝﾋﾞｱ)(ﾍﾞﾈｽﾞ)猟犬の群れ.

pe·rra·men·te [pé.r̄a.mén.te] 副 惨めに, ひどく.

pe·rra·mus [pe.r̄á.mus] 男 《ラ米》(ﾁﾘ)(ｱﾙｾﾞﾝ)《服飾》レインコート (= gabardina).

pe·rren·gue [pe.r̄éŋ.ge] 男 《話》**1** 怒りっぽい人. **2** 黒人.

pe·rre·ra [pe.r̄é.ra] 女 **1** 犬舎, 野犬収容所. **2** (公的機関の)野犬捕獲車; 犬の運搬車両. **3** 《話》割

の悪い仕事. **4**《話》金払いの悪い人. **5**《話》(子供の) かんしゃく, 泣きわめき. **6**《俗》少年鑑別所. **7**《ラ米》(ニカ)(ミラテ)《話》けんか, いざこざ.

pe·rre·rí·a [pe.r̄e.rí.a] 囡 **1**《話》《言動の》あくどさ, 意地悪, 汚い手. hacerle una ~ (a+人)《人》をぺてんにかける. **2**《まれ》犬の群れ. **3**《集合的》与太者, ならず者. **4**《話》ののしり, 怒号, 罵声(ばせい). decir ~s de+人《人》を口汚く非難する.

pe·rre·ro, ra [pe.r̄é.ro, -.r̄a] 形 愛犬家の, 犬好きの. — 男 **1**《公的機関の》野犬捕獲人. **2** 猟犬の世話[飼育]係. **3**《まれ》愛犬家.

pe·rrez·no [pe.r̄éθ.no / -.r̄és.-] 男 → perrillo **1**.

pe·rri·lla [pe.r̄í.ja ‖ -.ʎa] 囡《ラ米》(*Mex)(Guat)《医》ものもらい.

pe·rri·llo [pe.r̄í.jo ‖ -.ʎo] 男 **1** 小さな犬, 子犬. **2** 撃鉄. **3** 彎(わん)の一種. [perro+縮小辞]

pe·rri·to [pe.r̄í.to] 男 小さな犬, 子犬. *perrito caliente*〖料〗ホットドッグ. ~ caliente de chorizo チョリソをはさんだホットドッグ. [perro+縮小辞]

pe·rro, rra [pé.r̄o, -.r̄a] 男 囡 **1〖動〗犬. tener un ~ 犬を飼う. sacar a pasear al ~ 犬を散歩させる. Cuidado con el ~.《掲示》犬に注意. ~ callejero [vagabundo] / ~ sin dueño のら犬. ~ corredor [cobrador, rastrero] 猟犬. ~ de casta 純血種の犬. ~ de aguas スパニエル. ~ de lanas プードル. ~ de muestra ポインター. ~ de presa《スパニッシュ》マスチフ. ~ de San Bernardo セントバーナード. ~ de Terranova ニューファウンドランド犬. ~ salchicha ダックスフント. ~ guardián 番犬. ~ lazarillo [guía] 盲導[介助]犬. ~ pastor 牧羊犬, シェパード. ~ policía 警察犬. ~ podenco 優秀な猟犬. **2**〖星座〗los P~s de caza りょうけん座;《オリオン座の近くの》おおいぬ座, こいぬ座. **3**《話》ろくでなし, 人でなし. La ciudad y los ~s『都会と犬ども』(Vargas Llosa の小説). **4**《話》怠け者. **5** 忠実な部下 [家来]. **6**《軽蔑》モーロ人;ユダヤ人. **7**《まれ》めんどり,(Ⱬ)(ペテン). **8**《まれ》頑固な人.

— 形 **1**《話》《軽蔑》《人が》残酷な, 人でなしの;ろくでもない. **2**《話》みじめな, 不幸な;劣悪な, ひどい. vida perra 最悪の人生, みじめな生活. Pasé una noche perra. ひどい一夜を過ごした. **3**《話》やる気のない, 怠けた.

— 副《ラ米》(Col)《話》眠く, 居眠り.

a espeta perros 急に, 不意に;あわてて.
andar [estar, llevarse] como el perro y el gato [como perros y gatos] 犬猿の仲である.
¡A otro perro con ese hueso! 他の人に言ってくれ;冗談言うな, おととい来い.
A perro flaco todo se le vuelven pulgas. / A perro flaco todo son pulgas.《諺》泣き面に蜂(←やせ犬にのみがたかる).
atar los perros con longaniza《皮肉》贅沢(ぜいたく)三昧をする, いい暮らしをする.
cara de perro《話》不機嫌な顔, 険しい顔.
dar perro a+人《人》に待ちぼうけをくわせる;《人》を怒らせる.
dar perro muerto a+人《人》をだます, 《人》をからかう.
darse a perros《まれ》いらいらする.
de perros《話》とても悪い[ひどい];不快な. con un humor de ~s 不機嫌に, 怒って.
echar [soltar] a+人 los perros《人》を厳しく非難する.
echar... a perros《時間などを》無駄に費やす.
el perro del hortelano (que ni come ni deja comer (al amo)) けちで意地悪な人;自分ができない[したくない]ことを他人にもさせないとする人.
estar como los perros en misa 場違いだ, まごついている.
estar como perro en cancha de bochas《ラ米》(Arg) */ estar como perro en barrio ajeno*《ラ米》(Arg) 居心地がよくない, 落ち着かない.
hacer perro muerto《ラ米》(Mex)(Ven) ただで利用する;ただ食いする.
hinchar el perro 大げさに言う[する].
irle (a+人) como a los perros en misa《人》にものごとがうまくいかない;《人》が場違いである.
morir como un perro みじめな死に方をする, 淋しく死ぬ.
Muerto el perro, se acabó la rabia.《諺》犬が死ねば狂犬病も終わる(原因がなくなれば厄介ごとも収まるものだ).
No quiero perro con cencerro. そんなものならいらない(▶慣用表現).
Perro ladrador poco mordedor. / Perro que ladra no muerde.《諺》吠える犬はかまない.
perro marino〖魚〗ツノザメなど小型のサメ類.
perro viejo《話》経験を積んだ抜けめのない人, 古だぬき.
Por dinero baila el perro.《諺》金のためなら犬も踊る.
todo junto, como al perro los palos(悪いことが)いちどきにくる, 泣きっ面にはち.
tratar a+人 como a un perro《人》を犬のように粗末に扱う, 虐待する.
[語源不詳. [古スペイン] では「犬」を表す語は can (←[ラ] canis), perro は俗語; can の関連 [ポルトガル] cão. [仏] chien. [伊] cane. [英] hound 「猟犬」, kennel 「犬小屋」. [独] Hund]

pe·rro·na [pe.r̄ó.na] 囡《話》(昔の) 10センティモ [硬] 貨 (= perra gorda).

pe·rro·que·te [pe.r̄o.ké.te] 男〖海〗トゲルンマスト:トップマストの上に付けるマスト.

pe·rru·ni·lla [pe.r̄u.ní.ja ‖ -.ʎa] 囡 ペルニーリャ:バター・小麦粉・砂糖でできた小型の菓子パン.

pe·rru·no, na [pe.r̄ú.no, -.na] 形《軽蔑》犬の, 犬のような, 犬に関する.
— 囡 **1** 犬用のビスケット (= pan de perro).
2 菓子の一種 (= torta *perruna*).
tos perruna《話》激しい咳(せき).

per·sa [pér.sa] 形 ペルシアの, ペルシア人の (= persiano, pérsico). — 男 囡 ペルシア人. — 男 ペルシア語: インド・イラン語の一つ.

per se [per sé] [ラ] それ自体, それ本来の (= por sí mismo).

persona

*per·se·cu·ción [per.se.ku.θjón / -.sjón] 囡 **1** 追跡, 追撃, 探索. ir en ~ de+人〈人〉を追跡する. **2** 迫害；追いかけ回すこと；嫌がらせ. *persecuciones religiosas* 宗教的迫害. sufrir ~ por... …の理由で迫害を受ける. **3**（目的の）追求. **4**【法】起訴, 法的追求；根絶運動.

per·se·cu·tor, to·ra [per.se.ku.tór, -.tó.ra] 形 追跡[追求]する, 迫害する；つきまとう；【法】起訴する. ── 男 囡 迫害者, 追跡者, 起訴する人.

per·se·cu·to·rio, ria [per.se.ku.tó.rjo, -.rja] 形 **1** 追跡する；追求する. **2** 迫害の；つきまとう. *manía persecutoria* 被害妄想.

per·se·gui·ble [per.se.ɣí.ble] 形（司法上）起訴されるべき, 起訴されうる.

per·se·gui·dor, do·ra [per.se.ɣi.ðór, -.ðó.ra] 形 **1** 追跡する；追求する. **2** 迫害する；つきまとう. ── 男 囡 **1** 追跡者. **2** 迫害者. ── 囡（ラ米）(コ¹)【話】二日酔い.

per·se·gui·mien·to [per.se.ɣi.mjén.to] 男 **1** 追跡；追求. en ~ de... …を追って. **2** 迫害.

*per·se·guir [per.se.ɣír] ③ 他 **1** 追跡する；追撃する. El coche patrulla *persigue* al ladrón. パトカーが泥棒を追跡する. El misil *persiguió* al avión. ミサイルが飛行機を追撃した（▶ 直接目的語がものの場合でも を を伴うことがある）. **2** 追いかける, つきまとう；〈人を〉追い回す；〈人に〉しつこく言い寄る. Ella *persiguió* al actor hasta que por fin consiguió su autógrafo. 彼女はその俳優を追いかけ回し, ついにはサインをもらった. Me *persigue* la mala suerte. 私は不運にばかり見舞われている. **3**（宗教的・政治的に）迫害する. En la Era Edo los cristianos fueron *perseguidos*. 江戸時代キリスト教徒は迫害された. **4**〈目的・理想を〉追求する, 目指す. 追い求める. ~ *la ganancia* 利益を追求する. Los periodistas *persiguen* la verdad. 新聞記者たちは真実を追い求める. EEUU *persigue endurecer la lucha contra el cibercrimen*. 合衆国はネット犯罪との戦いを強化することを目指す. **5**【法】起訴する, 訴追する.

Per·se·o [per.sé.o] 固名 男 **1**【ギ神】ペルセウス：Zeus と Dánae の子で Medusa を退治した英雄. **2**【星座】ペルセウス座. [←[ラ] *Perseus*←[ギ] *Perseús*]

per·se·ve·ran·cia [per.se.βe.rán.θja / -.sja] 囡 辛抱, 根気；頑固, 固執. ~ *en el trabajo* [*en estudiar*] 仕事[勉強]での粘り強さ. ~ *final*【カト】臨終に聖寵(ᵏᵉⁱ)の状態を保持していること.

per·se·ve·ran·te [per.se.βe.rán.te] 形 辛抱強い, 根気のよい；かたくなな（↔*inconstante*）.

per·se·ve·ran·te·men·te [per.se.βe.rán.te.mén.te] 副 辛抱強く；かたくなに.

per·se·ve·rar [per.se.βe.rár] 自 **1**（**en...** …を）根気よく続ける, 屈せずやり通す. ~ *en una empresa* 仕事を最後までやり遂げる. **2**（**en...** …に）固執する, いつまでも…であり続ける. ~ *en su opinión* 自分の意見にこだわる. *Persevera en callarse*. 彼[彼女]は相変わらず黙り込んだままである. **3**（まれ）持続[長続き]する, 長びく.

Per·sia [pér.sja] 固名 ペルシア帝国；ペルシア（イランの旧称, 1935年改称）. [←[ラ] *Persia* または *Persis*←[ギ] *Persís*←[古代ペルシア] *Pārsa*]

per·sia·na [per.sjá.na] 囡 **1** ブラインド, よろい戸；すだれ. ~ *veneciana* ベネチアン・ブラインド. → 右段に図. **2** 絹の花柄プリント地. [← [仏] *persienne*（[古仏] *persien* 「ペルシアの」の女性形の名詞化）；関連 Persia, persa]

per·sia·ne·ro, ra [per.sja.né.ro, -.ra] / **per·sia·nis·ta** [per.sja.nís.ta] 男 囡 ブラインド[よろい戸]業者[職人].

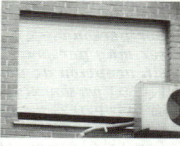

per·si·ca·ria [per.si.ká.rja] 囡【植】タデ.

pér·si·co, ca [pér.si.ko, -.ka] 形 ペルシアの. Golfo *P*~ ペルシア湾. ── 男【植】モモ（の木・実）.

persig- 語 → perseguir.

per·sig·nar [per.siɣ.nár] 他（祝福・祈願・清めなどのために）〈人に〉（額・口元・胸の三箇所で）十字を切る；十字架の印を付ける. ── ~·se 再（祈願・驚きなどのために）十字を切る.

pér·si·go [pér.si.ɣo] 男【植】→ pérsico.

per·sis·ten·cia [per.sis.tén.θja / -.sja] 囡 **1** 固執, 頑固；根気, 粘り強さ. ~ *en el error* 誤りを認めない頑固さ. ~ *en rehusar* かたくなに拒み続ける態度. **2** 長期におよぶこと, しつこく続くこと；持続, 永続. ~ *de la enfermedad* 長期に渡る病気.

*per·sis·ten·te [per.sis.tén.te] 形 **1** 固執する, 頑固な, しつこい；辛抱強い, 根気のある. **2** 持続性の, 長続きする. **3**【植】宿存の；常緑の.

*per·sis·tir [per.sis.tír] 自 **1**（**en...** …に）固執する；いつまでも（粘り強く）…し続ける；頑張る. ~ *en creer* 頑として信じ続ける. **2** 持続する, 存続する, 長びく.

***per·so·na [per.só.na] 囡 **1**（動物・ものと区別して）人間；（名前・性別などを知らない, 言いたくない）人. *una mesa para ocho* ~*s* 8 人用のテーブル. ~ *mayor* 成人. **2**（特定の）人物；人格者, 重要人物, 一人前の人. *Será un hombre pero, pero como* ~ *es despreciable*. 彼は金持ちかもしれないが人間としては最低だ. *Es buena* ~ *pero yo no me fiaría de su trabajo*. 彼[彼女]はいい人だが仕事の面では僕は信頼しない. *dárselas de* ~ *importante* / *hacerse* ~ ひとかどの人物のように振る舞う. *gran* ~ 偉大な人. ~ *de categoría* 名士, 高官. ~ *de cuidado* ろくでなし. ~ *de orden* 慣習を重んじる人. ~ *en cargo* 担当者. ~ *en cuestión* 当人. ~ *humana*（尊厳を尊重されるべき）人；人格者. **3**【法】人, 人格（♦法律上の権利と義務の主体）. ~ *jurídica* [*social*] 法人. ~ *física* [*natural*]（法律上の）個人, 自然人. ~ *civil* 民間人. *tercera* ~ 第三者. **4**【文法】人称. *la primera* [*segunda, tercera*] ~ 第1[2, 3]人称. ~ *agente* 動作主. ~ *paciente* 被動作主. **5**【宗】位格, ペルソナ. ♦父 el Padre, 子 el Hijo, 精霊 el Espíritu Santo のそれぞれを指す.

de persona a persona 1対1で.

en la persona de... …に代わって.

en persona (1)（代理でなく）自分で, 本人が；直接に. *No se lo envío por correo, se lo llevaré en* ~. 郵便では送らない, 自分で持っていくよ. (2)

persiana（ブラインド）

persicaria（タデ）

personación

…の化身[権化]. enciclopedia *en* ～ 生き字引. Es el diablo *en* ～. 彼[彼女]は悪魔そのものだ.
por persona 一人当たり.
ser muy persona 《話》理性的で理解のある人だ.
sin acepción de personas えこひいきしないで.
[←[ラ] *persōnam* (*persōna* の対格)「(芝居の)仮面」;(劇中の)役;人物」←[エトルリア] *phersu*「仮面」.[関連] personal, personalidad, personaje. [ポルトガル] *pessoa*.[仏] *personne*.[伊] *persona*. [英] *person*.[独] *Person*]

per·so·na·ción [per.so.na.θjón / -.sjón] 囡 (自ら)出向くこと;《法》出頭, 出廷.

per·so·na·je [per.so.na.xe] 囲 **1 重要人物, 名士, 著名人. un ～ del mundo político 政界の大物. ～ histórico 歴史上の人物. ～ real [ficticio] 実在[架空]の人物. Es un ～. 彼[彼女]はひとかどの人物だ.
2 登場人物. ～ de una novela 小説の登場人物. ～ protagonista [principal] 主人公.
3《話》変わり者, 奇妙な人;《皮肉》大したやつ.

per·so·nal [per.so.nál] 形 **1（名詞＋）**(ser＋)** 個人の, 個人固有の;私的, 個性的な. un asunto ～ 個人的な問題, 私事. efectos ～*es* 身の回りの品. gastos ～*es* 個人的な出費. mi opinión ～ 私見. su vida ～ 彼[彼女](ら)の私生活. amigo ～ 私的な友人. la intimidad ～ 個人のプライバシー. su visión ～ del mundo 彼[彼女]の私的な世界観. de uso ～ para (su) uso ～ 私用の[に]. por motivos [razones] ～*es* 一身上の都合で. hablar a título ～ 個人として[私的に]話す. secretario ～ 個人秘書.
2 本人(直接)の, 第三者を交えない. una entrevista ～ 直接面談, 個人面接. una carta ～《手紙》親展. **3** 人的な, 人の. No se produjeron daños [desgracias] ～*es*.《文章語》死傷者はいなかった.
4《文法》人称の. pronombre ～ 人称代名詞.
── 囲 **1**《集合的》員, スタッフ, 人員, 要員. contratar ～ 職員を雇う. los gastos de ～ 人件費. el ～ de administración (行政)職員, 事務局員. el ～ docente 教員. el ～ directivo 管理職, 幹部. el ～ sanitario 医療スタッフ. el ～ civil 民間人職員. el ～ de tierra [vuelo](空港の)地上スタッフ[運航乗務員, 客室乗務員].
2 人事. el departamento de ～ / la sección de ～ 人事課. **3** (1)《話》人々 (= gente, público). No hay que aburrir al ～. 人を退屈させてはいけない. (2)《ユーモラスに》《複数の聞き手に向かって》みなさん. Bueno, ¿qué va a tomar el ～? それじゃ, みんな何を食べる. **4**（昔の）人頭税. ── 囡《スポ》(バスケット)パーソナルファウル (= falta ～).
personal estéreo《ラ米》《ぞ》(ぞ")ヘッドホンステレオ (= walkman).

*per·so·na·li·dad [per.so.na.li.ðáð] 囡 **1**（他人の目に映じる）性格;個性;人柄;《心》人格. formación de la ～ 人格形成. test de ～ 性格テスト. tener mucha ～ 個性が強い. sin ～ 個性のな

い. doble ～《心》二重人格. ～ múltiple / desdoblamiento de ～《心》多重人格.
2（特定の）人物;（ある方面の）有名人. culto a la ～ 個人崇拝. Es una ～ en el mundo del cine. 彼[彼女]は映画界ではひとかどの人物だ.
3《主に複数で》個人攻撃, 人物批評.
4《法》法人格 (= ～ jurídica);法的能力.

per·so·na·lis·mo [per.so.na.lís.mo] 囲 **1** 個人崇拝, 身びいき. **2** 個人主義, 個人プレー. **3**《哲》人格主義. **4** 個人攻撃.

per·so·na·lis·ta [per.so.na.lís.ta] 形 **1** 個人崇拝の, 身びいきする. **2** 個人第一の, めいめいが好き勝手なことをする. **3** 人格主義(者)の.
── 圐 個人崇拝[身びいき]する, 個人主義者, 利己主義者. **3** 人格主義者.

per·so·na·li·za·ción [per.so.na.li.θa.θjón / -.sa.sjón] 囡 個人化, カスタマイズ, 個人の必要[好み]に合わせること. ～ de la interfaz de ordenador コンピュータのインターフェースのカスタマイズ.

per·so·na·li·za·do, da [per.so.na.li.θá.ðo, -.ða / -.sá.-] 形 個人の必要[好み]に合わせた;カスタマイズされ, 特定の人物[集団]に属していることを明らかにする特徴を備えた, 名前の(頭文字)がついた.

per·so·na·li·zar [per.so.na.li.θár / -.sár] 97 他 **1** 個人の必要[好み]に合わせる, カスタマイズする. En este buscador, los usuarios pueden ～ los resultados. この検索エンジンではユーザは検索結果をカスタマイズできる.
2《文法》〈単人称動詞を〉3人称単数以外の主語と用いる. ➡ Amanecemos en una playa. 私たちは浜辺で夜明けを迎える.
3 身びいきする.
── 自 具体的な人の名を挙げる, 個人に言及する.

*per·so·nal·men·te [per.so.nál.mén.te] 副 **1** 個人的には;私としては, 私[自分]としては. *P*～ no creo que él sea la persona adecuada. 個人的には彼が適任だとは思わない.
2 自ら, 自分で;個人的に;直接会って (= en persona). Es un trabajo de grupo pero la mayor parte la tengo que hacer yo ～. それはグループワークだが大部分は私が自分でやらなければならない. Lo conozco de vista pero no ～. 彼を見たことはあるが個人的には知らない.
3 個人として, 人として. Como compañero de trabajo lo aguanto pero ～ no lo soporto. 私は彼を仕事の仲間としては我慢するが人としては耐えられない. **4** 利己的に.

per·so·nar·se [per.so.nár.se] 再 **1** 本人が出向く,〈当事者・関係者が〉(特定の場所)に行く[来る]. La policía *se personó* rápidamente en el lugar del crimen. 警察はただちに犯行現場に駆けつけた. **2**《法》(裁判などに)出頭する. **3**（話し合いなどを するために）集まる, 会合する, 会談する.

per·so·ne·rí·a [per.so.ne.rí.a] 囡 **1** 代理[代行]権;代行業務. **2**《法》法人格;法的能力.

per·so·ne·ro [per.so.né.ro] 囲 代理人, 代行者.

per·so·ni·fi·ca·ción [per.so.ni.fi.ka.θjón / -.sjón] 囡 **1** 擬人化, 人格化;体現, 具現. **2** 権化, 化身, 象徴. **3**《修辞》擬人法 (= prosopopeya).

per·so·ni·fi·car [per.so.ni.fi.kár] 100 他 **1** 擬人化する, 人に見立てる. ～ los animales 動物を擬人化する. **2** 体現する, 具現する, 象徴する. La avaricia *personificada*. 彼[彼女]は貪欲(ぞ")を絵に描いたような人間だ.

per·so·ni·lla [per.so.ní.ja ‖ -.ʎa] 囡《話》《軽蔑》

子供；人；《軽蔑》小柄な人，ちび．
[persona＋縮小辞]

per·so·nu·do, da [per.so.nú.ðo, -.ða] 形 がっしりした，堂々とした体格の．

***pers·pec·ti·va** [pers.pek.tí.ba] 女 **1** 《主に複数で》(将来の) 見通し，前途. buenas ~s económicas 経済の明るい見通し．
2 視点，観点．(=punto de vista). desde la ~ educativa 教育的観点からみると．
3 眺望，見晴らし，展望．Al salir del túnel, de repente se abrió una ~ impresionante. トンネルを抜けると突然見事な眺望が開けた．
4 全体像，客観性；(時間的・空間的な) 距離をおいてものごとを見ること；(客観性を持つための) 時間［距離］. Siempre tiene muchas ideas pero le falta un poco de ~. 彼[彼女]はいつも多くのアイディアを持っているが少し客観性に欠ける．No tenemos suficiente ~ para juzgar estos acontecimientos. 全貌がつかめていないので，今回の件についてはまだ判断が下せない．
5 【美】遠近法，透視画法；遠近法を利用して描いた図，透視図．~ caballera 斜投影図．~ lineal [cónica] 線遠近法，透視図法．~ 3D [tridimensional] 3次元透視図．
en perspectiva (1) 遠近法で；一望の下に. (2) 予想された. El joven tiene un maravilloso futuro *en* ~. その若者には素晴らしい前途が待っている．
perspectiva aérea 【美】空気遠近法．
[~ 〖中 ラ〗(*ars*) *perspectiva*「光学」(*perspectivus*「光[視覚]に関する」の女性形)｜関連｜〖英〗*perspective*]

pers·pec·ti·vis·mo [pers.pek.ti.bís.mo] 男
1 【哲】遠近法主義．**2** 【文学】複数の視点から描写する[物語る]手法．

pers·pec·ti·vo, va [pers.pek.tí.bo, -.ba] 形 遠近法の，透視図(法)の. dibujo ~ 透視図．

pers·pi·ca·cia [pers.pi.ká.θja / -.sja] 女 洞察力，鋭敏さ；視力のよさ．

pers·pi·caz [pers.pi.káθ / -.kás] 形 《複 perspicaces》 **1** 眼識の鋭い，洞察力のある，鋭敏な．
2 遠くまで見通せる，視力がいい．

pers·pi·cui·dad [pers.pi.kwi.ðáð] 女 **1** 明快，明瞭(めいりょう)，分かりやすさ．**2** 透明，澄んでいること．

pers·pi·cuo, cua [pers.pí.kwo, -.kwa] 形
1 《話し方・文体が》明快[明瞭(めいりょう)]な，わかりやすい．**2** 澄んだ，透明な．

per·sua·di·dor, do·ra [per.swa.ði.ðór, -.ðó.ra] 形 説得する，説得力のある．— 男 女 説得する人．

*per·sua·dir** [per.swa.ðír] 他 **1** 《**a**＋不定詞／**para que**＋接続法 …するように》説得する. Le *persuadí a dejar* de fumar. タバコをやめるように彼に言ってきかせた．dejarse ~ 言いくるめられる．
2 《*de*... …を》納得させる（= convencer）(↔disuadir). Le *persuadí de* mi sinceridad. 彼に私の誠意をわかってもらえた．La *persuadí de que* no *mentía*. 私がうそをついていないことを彼女に納得してもらった．
— **·se** 再 《*de*... …を》納得する，了承する；確信する，信じ込む．

per·sua·si·ble [per.swa.sí.ble] 形 納得のいく，得心のいく．

per·sua·sión [per.swa.sjón] 女 **1** 説得；説得力．**2** 納得，確信．

per·sua·si·va [per.swa.sí.ba] 女 説得力がある．

per·sua·si·vo, va [per.swa.sí.bo, -.ba] → persuasor.

per·sua·sor, so·ra [per.swa.sór, -.só.ra] 形 説得力のある；口説き上手な．— 男 女 説得者．

***per·te·ne·cer** [per.te.ne.θér / -.sér] 34 自 《**a...**》
1 《…の》所有[もの]である．Estas casas *pertenecen a* mi padre. これらの家は私の父のものだ．
2 《…に》帰属する，所属する；《…の》一部である．Yo *pertenezco a*l equipo de fútbol del colegio. 私は小学校のサッカーチームのメンバーです．Este tornillo *pertenece a* esa silla. このねじはそのものだ．**3** 《…に》関係している．Eso *pertenece a*l pasado. それは過去の話だ．**4** 《…の》役目である；《…に》権限[責任]がある．A mí no *me pertenece* decidir. 私には決定を下す権限はない．

per·te·ne·ci·do [per.te.ne.θí.ðo / -.sí.-] 男 → pertenencia.

*per·te·ne·cien·te** [per.te.ne.θjén.te / -.sjén.-] 形 《**a...**》《…に》(所)属する．una finca ~ al Estado 国有地．

*per·te·nen·cia** [per.te.nén.θja / -.sja] 女 **1** 所属，所有；所有権．cosas de su ~ (…人の) 所有物．reivindicar la ~ de... …に対する所有権を主張する．**2** 《主に複数で》所持品；所有物．**3** 付随するもの；領地，領土．

pertenezc- 活 → pertenecer.

pér·ti·ga [pér.ti.ɣa] 女 竿(さお)，棒，ポール．salto con [de] ~ 《スポ》棒高跳び．

pér·ti·go [pér.ti.ɣo] 男 (馬車の) 轅(ながえ)．

per·ti·gue·ro [per.ti.ɣé.ro] 男 《カト》(銀の) 錫杖(しゃくじょう)捧持(ほうじ)者．

per·ti·na·cia [per.ti.ná.θja / -.sja] 女 **1** 執拗(しつよう)，しつこさ；頑固，強情．**2** 持続，永続．

per·ti·naz [per.ti.náθ / -.nás] 形《複 pertinaces》
1 執拗(しつよう)な，しつこい（= persistente）．
2 頑固な，強情な．**3** 持続する，長期に渡る．

per·ti·naz·men·te [per.ti.náθ.mén.te / -.nás.-] 副 しつこく，かたくなに．

per·ti·nen·cia [per.ti.nén.θja / -.sja] 女 **1** 《格式》適切なこと，妥当性．**2** 関連性．

*per·ti·nen·te** [per.ti.nén.te] 形 **1** 適切な，妥当な，時宜[状況]にかなった．**2** 《**a...** …に》かかわる．en lo ~ *a*... …に関して．**3** 【言】意味を弁別する，関与的な．

per·ti·nen·te·men·te [per.ti.nén.te.mén.te] 副 適切に．

per·tre·char [per.tre.tʃár] 他 **1** 【軍】《*de*... / *con*...》〈武器・弾薬・食糧などを〉…に補給[供給]する；《まれ》〈軍隊などに〉兵器を供給する．**2** 用意する，調達する，集める．— **·se** 再 《*de*... / *con*...》《…を》補給する，調達する；《…の》補給を受ける．

per·tre·chos [per.tré.tʃos] 男《複数形》**1** 【軍】軍需品，兵器（= ~ militares）．**2** 器具，用具（一式）．~ de labranza 農具．~ de pesca 釣り道具．

per·tur·ba·ble [per.tur.bá.ble] 形 かき乱す，不安にさせる，錯乱させる．

per·tur·ba·ción [per.tur.ba.θjón / -.sjón] 女 **1** 混乱，攪乱(こうらん)．*perturbaciones* sociales 社会不安．~ del orden público 騒乱（罪）．**2** 動揺，動転，狼狽(ろうばい)．**3** 【医】(精神) 錯乱（= ~ mental）；変調，障害．**4**【通信】(電波の) 妨害（= ~ acústica）．**5** 【気象】大気の変動[乱れ]（= ~ atmosférica）．**6** 【天文】摂動．**7** 【海】磁針の変調，乱れ（= ~ de la aguja）．

per・tur・ba・do, da [per.tur.ƀá.ðo, -.ða] 形 動転した, 錯乱した; 変調をきたした.
— 男 女 精神錯乱者.

per・tur・ba・dor, do・ra [per.tur.ƀa.ðór, -.ðó.ra] 形 かき乱す; 錯乱させる; 妨害する.
— 男 女 (社会秩序の) 攪乱(者), 破壊活動分子.

per・tur・bar [per.tur.ƀár] 他 **1** かき乱す, 混乱させる; 妨害する. ~ el orden público 治安を乱す. ~ el proyecto 計画の進展を妨げる.
2 動転させる, 狼狽(ろうばい)させる, 不安にさせる.
3 錯乱させる. **4** …の体をこわす, …に変調をきたす.
— ~・se 再 **1** 動転する, 狼狽する.
2 (精神が) 錯乱する, おかしくなる.

Pe・rú [pe.rú] 固名 **1** (el) ~ ペルー：南米西部の共和国 / 面積：128.5万km² / 人口：約2700万 / 首都：Lima / 言語：スペイン語, ケチュア語, アイマラ語 (公用語) / 通貨：nuevo sol (S/. 1 = 100 céntimos) / 住民：先住民 (45%), メスティーソ (37%), 白人 (15%) / 宗教：カトリク (90%); 守護聖人―リマの聖ローサ, ミラグロの聖ガロ. ◆12世紀にCuzcoを中心にインカ帝国が成立. 1532年スペイン人Pizarro によって征服されて以降, ペルー副王領はスペインの南米統治の中心となる. 1824年完全独立.
2 [史] ペルー副王領 (= Virreinato del ~).
◆スペイン統治時代に現在のペルー, パナマ, コロンビア, エクアドル, ボリビア, ラプラタ, チリを支配下に置いた. *valer* [*costar*] *un Perú* すばらしい, 非常に価値が高い; (値段が) 高い.
[パナマ湾周辺の先住民の首長名 *Birú* に由来. 最初パナマ以南の太平洋岸地域の名称. 後にインカ帝国だけを指す名称となる]

pe・rua・nis・mo [pe.rwa.nís.mo] 男 **1** ペルー特有のスペイン語用法[表現, 語義, 単語].
2 ペルー人気質, ペルー人の特質 (讃美).

pe・rua・no, na [pe.rwá.no, -.na] 形 ペルーの; ペルー人の. — 男 女 ペルー人.
— 男 ペルーのスペイン語.

pe・rué・ta・no, na [pe.rwé.ta.no, -.na] 形 《ラ米》《話》煩わしい, うんざりする; ばかな.
— 男 女 《ラ米》《話》(1)(ボリ)でしゃばり. (2)(カリ)ごろつき.

pe・ru・le・ro [pe.ru.lé.ro] 男 **1** 陶器のつぼ.
2 深鍋(なべ) [土鍋] 職人. → perol.

pe・ru・via・no, na [pe.ru.ƀjá.no, -.na] 形 男 女 → peruano.

per・ver・sa・men・te [per.ƀér.sa.mén.te] 副 邪悪にも, 悪らつに.

per・ver・si・dad [per.ƀer.si.ðáð] 女 邪悪, 凶悪.

per・ver・sión [per.ƀer.sjón] 女 **1** 背徳行為, 非行. **2** 堕落, 退廃. **3** 倒錯. **4** ~ sexual 性的倒錯.
4 未成年への性的教唆; 未成年との性的行為 (= ~ de menores). **5** 歪曲(わいきょく), 改竄(かいざん).

per・ver・so, sa [per.ƀér.so, -.sa] 形 **1** 邪悪な, 凶悪な, 悪らつな. **2** 倒錯した. **3** いたずらな, 手に負えない. — 男 女 **1** 悪党, 極道; 堕落した人. **2** いたずらっ子, 悪童. 変質者, 変質者.

per・ver・ti・do, da [per.ƀer.tí.ðo, -.ða] 形 **1** [医] 異常な; 倒錯した. **2** 堕落している, ゆがんだ.
— 男 女 (性的) 倒錯者, 変質者.

per・ver・ti・dor, do・ra [per.ƀer.ti.ðór, -.ðó.ra] 形 堕落[退廃] させる, 有害な.
— 男 女 堕落させる人.

per・ver・ti・mien・to [per.ƀer.ti.mjén.to] 男 → perversión.

per・ver・tir [per.ƀer.tír] 27 他 **1** 堕落させる, 退廃させる; だめにする. **2** (秩序を) 乱す, 紊乱(びんらん)す. **3** 歪曲(わいきょく)する, 改竄(かいざん)する.
— ~・se 再 堕落する, 悪に染まる; 非行に走る.

per・vin・ca [per.ƀíŋ.ka] 女 [植] ヒメツルニチニチソウ.

per・vi・ven・cia [per.ƀi.ƀén.θja || -.sja] 女 存続, 残存.

per・vi・vir [per.ƀi.ƀír] 自 生き長らえる, 存続する, (消えずに) 残る (= perdurar).

per・vul・gar [per.ƀul.gár] 103 他 公表する, 公にする; 広める, 流す.

pe・sa [pé.sa] 女 **1** 分銅, 重り; [機] 釣り合い重り; [測量] 下げ振り. ~s y medidas 度量衡. una balanza y sus ~s 秤(はかり)と分銅引きの時計. **2** (複数で)《スポ》バーベル; 亜鈴. levantamiento de ~s 重量挙げ, ウエートリフティング. **3**《ラ米》(1)(コン)(エク)(ペル)(ベネ) 精肉店, 肉屋. (2)(チ)《話》体重計. — 活 → pesar.

pe・sa・be・bés [pe.sa.ƀe.ƀés] 男 (単複同形) (乳幼児用の) 台秤(だいばかり), 体重計.

pe・sa・car・tas [pe.sa.kár.tas] 男 (単複同形) 封書秤(はかり), レタースケール.

pe・sa・da [pe.sá.ða] 女 計量; 1回に計る量, 量目.

pe・sa・dez [pe.sa.ðéθ || -.ðés] 女 **1** 重み, 重さ; 肥満. la ~ de un bulto 包みの重さ.
2 重苦しさ, だるさ, 大儀. sentir ~ en todo el cuerpo 体中がだるい. **3** 鈍重, のろのろしていること. la ~ de sus movimientos 動作の鈍さ. **4** しつこさ, くどさ; うんざり; 退屈. **5** 面倒 [退屈] なもの [人]. Este hombre, ¡qué ~! なんてうるさいやつだ. **6** 生まじめ, 頑固, 石頭.

pe・sa・di・lla [pe.sa.ðí.ja || -.ʎa] 女 **1** 悪夢. ~ 悪夢のような. tener una ~ 悪い夢を見る. → sueño. **2** 心配の種; 不安感, 恐怖 (感). Es mi ~. それは私の不安の種だ.

pe・sa・do, da [pe.sá.ðo, -.ða] 形 **1** 重い (↔ligero). abrigo ~ 重いコート. artillería *pesada* 重砲 (部隊). camión de carga *pesada* 大型トラック. industria *pesada* 重工業. peso ~ 《スポ》重量級.
2 〈体の一部分が〉重い; 疲れている. andar con piernas *pesadas* 重い足取りで歩く. Tengo el estómago ~. 胃が重い.
3 〈食べ物が〉しつこい, 胃にもたれる. Hoy no quiero ningún plato ~ porque tengo acidez. 胃がもたれているから今日はしつこい食べものはいらない.
4 〈仕事などが〉**大変な**, きつい, つらい. Es ~ aprender la conjugación de los verbos pero es muy importante. 動詞の活用を覚えるのは面倒だが, 大切だ. un trabajo ~ 大変な仕事.
5 〈人・動物・機械などが〉動きがゆっくりの, のろのろした; 鈍重な; 鈍い. Tiene un andar ~. 彼[彼女]は足取りが重い. Esta bicicleta está muy *pesada*; necesita aceite. 自転車のペダルが重い, 油が必要だ.
6 〈本・映画・話などが〉**退屈な**, うんざりする; 理屈っぽい; 長ったらしい, くどい. La conferencia resultó *pesada*. その講演にはうんざりした. más ~ que un saco de plomo 死ぬほど退屈な.
7 〈人の性格・行動が〉**しつこい**; わずらわしい, 面倒な; 厳しい. Los niños se han puesto muy ~s pidiendo que les compre juguetes. 子供たちはおもちゃを買って欲しいとうるさい. ¡Qué ~ eres! おまえくどいぞ.
8 (装飾などが) ごてごてした, くどい, 重々しい. La

decoración del salón es *pesada*. 居間の装飾はごてごてしている.
9 〈天気が〉うっとうしい, 暑苦しい. **10** 〈事柄が〉攻撃的な, 人を怒らせるような. una broma *pesada* あくどい冗談. **11** 〈眠りが〉深い. **12** 〈化〉比重が大きい, 原子量が多い. aceite ~ 重油. agua *pesada* 重水. hidrógeno ~ 重水素. metal ~ 貴金属. **13** 〖農〗〈土地が〉固い, 耕しにくい. **14**〈ラ米〉〈ロップ〉すばらしい;〈人が〉有名な, 影響力がある.
— 男 気 煩わしい人, くどい [うるさい] 人, しつこい人.

pe·sa·dor, do·ra [pe.sa.ðór, -.ðó.ɾa] 形 **1** 計量の, 計量用の. — 男 女 **1** 計量係[者]. **2**《ラ米》(ロップ)(ピュア)(ビュア)肉商人, 肉屋.

pe·sa·dum·bre [pe.sa.ðúm.bre] 女 **1** 不快, 苦悩, 苦痛;悲嘆, 悲痛. **2** 不和.

pe·sa·je [pe.sá.xe] 男 計量. el ~ de los boxeadores 両ボクサーの計量.

pe·sa·le·ches [pe.sa.lé.tʃes] 男《単複同形》乳脂計.

pe·sa·li·co·res [pe.sa.li.kó.res] 男《単複同形》〖物理〗(1) 水より比重の軽い液体の重さを計る機器. (2) アルコール度浮き秤〈*ロアク*〉気量計.

pé·sa·me [pé.sa.me] 男 悔やみ, 哀悼, 弔詞. dar el ~ por la muerte de+人〈人〉の死に哀悼の意を表する. Le expreso mi más sentido ~. 心からお悔やみ申し上げます.

pe·san·te [pe.sán.te] 形 **1** 重い.
 2 嘆き悲しむ, 悲嘆にくれる.

pe·san·tez [pe.san.téθ / -.tés] 女〖物理〗重力, 引力;重量.

*****pe·sar** [pe.sár] 他 **1** …の重さを量る, 計量する. ~ una carta 封書の重さをはかる. ¿Me *pesa* usted este paquete? この小包の重さを量ってくださいませんか.
 2〈慎重に〉検討する, 吟味する. ~ el pro y el contra 得失を検討する. ~ las ventajas y desventajas 利点と欠点をよく考える. ~ sus palabras 言葉を選んで話す. **3**《ラ米》(1)〈ロップ〉(ピュア)〈肉〉小売り[量り売り]する. (2)〈チリ〉はばかる, 遠慮する.
 — 自 **1** 〈…の〉重量がある un paquete que *pesa* tres kilos 重さ3キロの小包. ¿Cuánto *pesas* tú? —*Peso* setenta kilos. 君の体重はいくら. — 70キロだ.
 2 重く感じられる, 重さがある. ~ poco 少しも重くない. ~ menos que... …よりも軽い. Esta bolsa *pesa* muchísimo. このかばんはひどく重い. ¡Este niño *pesa* una tonelada! この子はなんて重いのだろう. Me *pesan* los zapatos. 靴が重たい.
 3 〈a+人〈人〉に〉負担[重荷]となる;《sobre... …の上に》のしかかる. ~le (a+人) en el alma〈人〉の心の重荷になる. Muchas obligaciones *pesan sobre* él. 彼には多くの責務が重くのしかかっている. *Le pesan* los años. 彼[彼女]も年には勝てない(► le は a+人に相当). **4**《*pesarle* (a+人)〈人〉の》心を締めつける, 後悔のもとになる, 後悔させる. Me *pesa* que no haya venido. 彼[彼女]が来ていないのは残念だ(► que 以下が主語. また節内の動詞は接続法). *Ya te pesará!* いつか後悔するぞ. **5**《*en... …*》に影響を及ぼす, 力を発揮する. Mis argumentos *pesaron* mucho *en* su decisión. 私の意見は彼[彼女]〈ら〉の決断に大いに発揮した. Ese político *pesa* mucho *en* el mundo de la política. その政治家は政界に影響力が強い.
 — ~·se 再 自分の体重を量る.
 — 男 **1** 悲しみ, 心痛. causar ~ a+人〈人〉を悲

しませる. con gran ~ 心が引き裂かれる思いで. sentir ~ por la muerte de un amigo 友人の死を悼む. **2** 後悔, 悔恨. sentir [tener] ~ por sus fracasos 失敗を悔やむ.
a pesar de... …にもかかわらず;…だとしても.
 a ~ *de* mis rechazos 私が拒否しているのにもかかわらず. Partieron *a* ~ *de* que estaba lloviendo. 雨が降っていたにもかかわらず彼らは出発した. No renunciaré *a* ~ *de* todo. それでも[何があっても]私はあきらめない. ► 一般的に de の後ろには不都合・困難・反対などを表す語が来る.
a pesar de+人 / *a* SU *pesar* / *a pesar* SUYO〈人〉の意思に反して,〈人〉の気持ちを無視して. Dejó la carrera *a* ~ *de* la oposición de sus padres. 彼[彼女]は両親の反対を押し切って大学をやめた. Me obligaron a hacerlo muy *a mi* ~. 私はまったく気が進まなかったのにそれをやらされた.
a pesar de los pesares 何があっても, あらゆる困難を排して.
mal que le *pese* (a+人)〈人〉が望まなくても, いやだと思っていても.
pesarle (a+人) *las bolas* [*pelotas*]《ラ米》(*メキ*)怠ける.
pese a... …にもかかわらず(=a ~ de...). *Pese* al mal tiempo, el barco zarpó rumbo a Barcelona. 悪天候にもかかわらず, その船はバルセロナに向けて出港した.
pese a quien pese 何があろうとも. Lo terminaré para la próxima semana, *pese a quien pese*. 何があってもそれを来週までに終わらせるぞ.
[←〚ラ〛*pēnsāre*「〈重さを〉量る;判断する」(→ pensar); 〖関連〗pesado, peso.〖英〗*pound*]

pe·sa·rio [pe.sá.ɾjo] 男 〖医〗(1)(避妊用)ペッサリー. (2) ペッサリー:子宮後屈症の矯正に用いる器具. (3) 膣(ちつ)座薬.

pe·sa·ro·so, sa [pe.sa.ɾó.so, -.sa] 形《*estar*+》**1** 悔やんでいる, 後悔している. **2** 嘆き悲しんでいる, 悲痛な.

***pes·ca** [pés.ka] 女 **1** 漁, 魚釣り;漁業;漁法. barco [barca] de ~ 漁船. estar de ~ 漁の最中である. ir de ~ 釣りに行く. ~ con caña 竿釣り, 一本釣り. ~ con red 網漁. ~ costera 沿岸漁業. ~ de altura / ~ de alta mar 遠洋漁業. ~ de arrastre 引き網漁. ~ de bajura [litoral] 近海[沿海]漁業. **2**〈集合的〉(漁の対象となる)魚. Aquí hay mucha ~. ここはよく釣れる. **3** 漁獲高, 水揚げ. La ~ de esta semana ha sido buena [mala]. 今週は大漁[不漁]だった.
... y toda la pesca《話》…など, 等々;その他全員[もろもろ].

pes·ca·da [pes.ká.ða] 女 **1**〖魚〗メルルーサ(=merluza). **2**(メルルーサなどの)干物, 干魚.

pescada
(メルルーサ)

***pes·ca·de·rí·a** [pes.ka.ðe.ɾí.a] 女 魚屋, 鮮魚店, (スーパーなどの)鮮魚コーナー. → 次ページに図.

pes·ca·de·ro, ra [pes.ka.ðé.ɾo, -.ɾa] 男 女 鮮魚店の店主[店員], 魚売り.

pes·ca·di·lla [pes.ka.ðí.ja ‖ -.ʎa] 女 **1**〖魚〗メルルーサ merluza の幼魚. ♦尾を口にくわえた丸い形でフライにされる. **2** メルルーサに似た形の小型の魚.
ser la pescadilla que se muerde la cola 堂々巡りである, 悪循環に陥っている.
[pescada+縮小辞]

pes·ca·do
[pes.ká.đo]男 **1**(食品としての)魚；魚肉(▶生き物としての魚は pez). plato de ~ 魚料理. azul [blanco] 青 [白身] 魚. crudo 生魚, 刺身. **2**〖魚〗タラ, 塩だら. **3**《ラ米》《፰፳》《ɹɹ》《俗》秘密警察(官).
*ahumárse*le *el pescado*《a+人》(人)をいらだたせる.
día de pescado〖カト〗小斎日：肉を食べない日, 金曜日.
[←〔ラ〕*piscātum*(*piscāri*「釣る」の完了分詞の対格)；「釣り上げられたもの」が原義]

pes·ca·dor, do·ra [pes.ka.đór, -.đó.ra] 形 漁(業)の, 釣りの.
— 男 女 **1**釣り人；漁師, 漁夫. **2** ~ de caña 釣り師. ~ de perlas 真珠採りの漁夫.

pes·can·te [pes.kán.te] 男 **1**(馬車の)御者台；(オープンカーの)運転席. **2**(壁につけた)フック, ハンガー掛け. **3**〖演〗(舞台の)迫(ɑɑ)り, 迫り上げ[下げ]機構. **4**(クレーンの)腕. **5**〖海〗ダビット, (ボートを吊る)鉤柱(ɑɑɡ). ~ de áncora アンカーダビット. ジブ, ブーム.

pes·car [pes.kár] 112 他 **1**〈魚などを〉釣る, 獲る；(水中から)引き上げる. ~ calamares イカを釣る. ~ el salmón con caña 釣りざおでサケを釣り上げる. **2**《話》うまく手にいれる, 自分のものにする. ~ un buen trabajo いい職にありつく. ~ su príncipe azul 白馬の王子様をつかまえる. ~ el sueño 眠りにつく. **3**《話》(病気などに)かかる. ~ un resfriado 風邪を引く. ~ una borrachera 酩酊する. **4**《話》(人を)つかまえる, 不意打ちする；(+現在分詞)(人を)《…している現場を》押さえる. *La pescaron copiando en el examen.* 彼女はテストでカンニングしているところを見つかった. **5**《話》…の意味がわかる, ぴんとくる；理解する. *No pesca ni un chiste.* 彼[彼女]はジョークが全くわからない.
— 自 **1**釣り[漁]をする. ir a ~ 釣りに行く. **2**《ラ米》《፳፰》《ɹɹ》《話》うとうとする.
[←〔ラ〕*piscāri*(*piscis*「魚」より派生)；【関連】pescado, pesca(dor), piscina,〔英〕*piscatory*]

pes·co·ce·ar [pes.ko.θe.ár / -.se.-] 他《ラ米》(1)〈首筋・頭を〉ぶつ, 殴る. (2)(ɑ)〈首根っこを〉捕まえる.

pes·co·za·da [pes.ko.θá.đa / -.sá.-] 女 → pescozón.

pes·co·zón [pes.ko.θón / -.són] 男《話》(首筋・頭を)殴りつけること.

pes·co·zu·do, da [pes.ko.θú.đo, -.θú.đa / -.sú.-] 形 首の太い, 猪首(ɡɡ)の.

pes·cue·zo [pes.kwé.θo / -.so] 男 **1**(動物の)首. torcer el ~ a una gallina 鶏を絞める. **2**《話》(人の)首, 首筋. **3**高慢；虚栄, 見え. sacar el ~ 見えを張る, 威張る.
*apretar*le [*estirar*(le), *retorcer*le, *torcer*le] *el pescuezo*《a+人》《話》《脅し》〈人〉を絞め殺す, ひねり殺す；ただでは済ませない.

pes·cue·zón, zo·na [pes.kwe.θón, -.θó.na / -.són, -.só.-] 形《ラ米》《話》首の太い, 猪首(ɡɡ)の；首の長い.

pe·se·bre [pe.sé.bre] 男 **1**(畜舎に備えつけた)まぐさ[飼い葉]桶(ɡɡ). **2**家畜小屋, 畜舎. **3**キリスト降誕の場面を表した人形(一式)(= belén).

pe·se·bre·ra [pe.se.bré.ra] 女 **1**(畜舎に据えられた)まぐさ桶(列), まぐさ桶の列. **2**《ラ米》(ɡɡ)(ɡɡ) → pesebre **3**.

pe·se·brón [pe.se.brón] 男 (馬車などの)床, 蹴込(ɡɡ).

pe·se·ra [pe.sé.ra] 女《ラ米》(ɡɡ)《俗》売春婦.

pe·se·ro [pe.sé.ro] 男《ラ米》(ɡɡ)(ɡɡ) (1)乗合タクシー. ◆運賃が1 peso であったことから. (2)(ɡɡ)(ɡɡ) 肉屋；畜殺人.

pe·se·ta [pe.sé.ta] 女 **1**ペセタ(=《俗》pela)(略 pta(s).)：2002年にユーロが導入されるまでのスペインの通貨単位. **2**(複数で)《話》金, 財産.
— 形《ラ米》(ɡɡ)(ɡɡ)《俗》手に負えない.
cambiar la peseta《話》(酔いなどで)嘔吐(ɡɡ)する.
mirar la peseta《話》お金を節約する, 検約する.
no tener ni una peseta / estar sin una peseta《話》一文無しである.

pe·se·ta·da [pe.se.tá.đa] 女《ラ米》(ɡɡ)《話》からかい, 揶揄(ɡɡ), 冗談.

pé·se·te [pé.se.te] 男 (まれ)(間投詞的に)災いあれ.

pe·se·te·ro, ra [pe.se.té.ro, -.ra] 形 **1**《話》《軽蔑》がめつい, けちな, 守銭奴の. **2**値段[料金]が1ペセタの. **3**《ラ米》《話》(1) (ɡɡ)(ɡɡ)(ɡɡ)たかり屋の. (2) (ɡɡ)(ɡɡ) しがない, 稼ぎの少ない. (3) (ɡɡ)卑しい.
— 男 女《話》《軽蔑》金の亡者；けち, しまりや.

¡pe·sia! [pé.sja] 間投 ちくしょう, いまいましい.

pe·siar [pe.sjár] 82 自 ののしる, のろう, 悪口雑言を吐く.

pé·si·ma·men·te [pé.si.ma.mén.te] 副 手の施しようもないほどひどく[悪く].

pe·si·mis·mo [pe.si.mís.mo] 男 悲観主義, 厭世(ɡɡ)観；悲観論, ペシミズム(↔optimismo). [pésimo(←〔ラ〕*pessimus*; *malus*「悪い」の最上級)より派生, 【関連】pesimista, peor,〔英〕*pessimism*]

pe·si·mis·ta [pe.si.mís.ta] 形 悲観[厭世(ɡɡ)]的な；悲観主義の, 厭世主義の(↔optimista). *No seas tan ~.* そう悲観ばかりするな, 元気を出せ.
— 男 女 ペシミスト, 悲観的な人, 悲観主義者.

pé·si·mo, ma [pé.si.mo, -.ma] 形 [malo の絶対最上級]最悪の, 最低の(↔óptimo). un gusto ~ 悪趣味.

pe·so [pé.so] 男 **1**重さ, 重量；体重；規定の重さ. medir el ~ de... …の重さをはかる. perder [ganar] ~ やせる[太る]. vender... a(1) ~ …を量り売りする. ¿Cuál es el ~ de este baúl? — Es de tres kilos. この旅行かばんの重さは何キロですか. — 3キロです. ~ bruto 総重量. ~ neto 正味量. ~ corrido 少し多めの重量. ~ en vivo (畜殺前の)生体重. ~ específico 比重. ~s y medidas 度量衡.
2重要さ, 影響力. argumentos de (mucho) ~ (たいへん)重みのある意見. hombre de ~ 有力者. razón de ~ 重要な理由. tener ~ 重みがある, 説得力がある. no tener mucho ~ / ser cosa de poco ~ あまり重要ではない, 取るに足りない.
3重いもの, (精神的)重荷, 重圧. cargar con ~ 重いものを持つ. sufrir el ~ de la responsabilidad 責任の重さに苦しむ. notar el ~ de los años 寄る年波には勝てないと感じる. quitarle 《a+人》un ~ de encima 〈人〉の肩の荷をおろしてやる.

4 重苦しさ, だるさ. sentir ~ en las piernas [la cabeza] 脚[頭]が重い.
5 ペソ：アルゼンチン・ウルグアイ・キューバ・コロンビア・チリ・ドミニカ共和国・メキシコ・フィリピンの貨幣単位（略 $）.
6 〖スポ〗(**1**) (競馬でレース前後の騎手の) 体重検査；負担重量. (**2**) (ボクシングなどの) ウエート, 重量制. ~ mosca フライ級. ~ gallo バンタム級. ~ pluma フェザー級. ~ ligero ライト級. ~ wélter ウェルター級. ~ medio ミドル級. ~ semipesado ライトヘビー級. ~ pesado ヘビー級. (**3**) 砲丸, 砲丸投げ (= lanzamiento de(l) ~). (**4**) 《複数で》バーベル. levantamiento de ~s 重量挙げ.
7 秤(はかり) ; (秤の) 分銅, おもり. ~ de baño ヘルスメーター. ~ de cocina キッチン用の秤.
8 〖物理〗重量; 重力. ~ atómico [molecular] 原子[分子]量. **9** 《ラ米》(*)ドル.
— 活 → pesar.
a peso de oro [plata] 高い値段で.
caer de [por] su (propio) peso 《話》自明の理である.
coger [tomar] ... en peso 手で…の重さを量る；(事の成否・得失を)熟考する.
en peso (**1**) 空中で, 高く吊り上げて. levantar *en* ~ 宙に高々と持ち上げる. (**2**) 丸ごと. El pueblo *en* ~ estaba de fiesta. 村中が祭りに沸いていた.
hacer caer el peso de la justicia sobre... …を罰する.
hacer peso 目方の不足を補う；(主張・可能性に)重みを与える.
llevar... en peso …を腕を伸ばして支える；ひとりで取り仕切る. Lleva la dirección de la compañía *en* ~. 彼[彼女]はひとりで会社を切り盛りしている.
peso muerto (**1**) 重荷, お荷物；障害となるもの[人]. (**2**) (船舶の)(最大)積載重量；(機械などの)自重(じちょう).
peso pesado 影響力のある人, 重要人物.
valer su peso en oro 値千金である；とても高価である.
[← [ラ] *pēnsum* 「(1 日に紡ぐ)羊毛の量；重さ」 (*pendere* 「量る, 重さがある」の派生語) ；「ペソ」(通貨単位)は「重さ」より転義；[関連] peseta, pesar. [英] *pound*]

pé·sol [pé.sol] 男〖植〗エンドウ(豆).
pe·sor [pe.sór] 男《ラ米》(タノ)(タノ) 目方, 重量.
pes·pun·tar [pes.pun.tár] 他 → pespuntear.
pes·pun·te [pes.pún.te] 男 返し縫い, バックステッチ. medio ~ ランニング・ステッチ.
pes·pun·te·ar [pes.pun.te.ár] 他 返し縫いする.
pesque(-) / pesqué(-) 活 → pescar.
pes·que·ra [pes.ké.ra] 女 **1** 漁場, 釣り場. **2** 防波堤.
pes·que·rí·a [pes.ke.rí.a] 女 **1** 漁業, 水産業；魚釣り；漁獲. **2** 漁場, 釣り場.
pes·que·ro, ra [pes.ké.ro, -.ra] 形 **1** 漁業の, 漁の, 釣りの；漁師[釣り人]の. buque ~ 漁船. industria *pesquera* 漁業. puerto ~ 漁港. **2** (ズボンが)くるぶしまで届かない, 八分[七分]丈(たけ)の.
— 男 漁船, 釣り舟 (= barco ~).
pes·quis [pés.kis] 男《単複同形》《話》《まれ》明敏さ, 洞察力, 賢明さ.
pes·qui·sa [pes.kí.sa] 女 捜査, 調査, 取り調べ；(家宅) 捜索. hacer ~s judiciales sobre... …について法的な取り調べを行う.

— 男《ラ米》(チリ)(コロ)秘密警察, 捜査官.
pes·qui·sa·dor [pes.ki.sa.ðór] 男《ラ米》(チリ)(コロ)秘密警察, 捜査官.
pes·qui·sar [pes.ki.sár] 他 捜査する；調査する；(家宅) 捜索する.
pes·qui·si·dor, do·ra [pes.ki.si.ðór, -.ðó.ra] 形 捜査[調査]する；(家宅)捜索の.
— 男 女 取調官, 調査[捜査]官.

*****pes·ta·ña** [pes.tá.ɲa] 女 **1** まつげ. **2** 縁, へり. **3** 〖動〗繊毛 (= ~ vibrátil); 〖植〗葉毛. **4** (車輪の)輪縁, リム. **5** (本のカバーの)折り返し, 耳. **6** (布地の)伏せ縫い(の部分)；縁飾り. **7** (巻き取り式で開ける缶詰の)先端, 舌. **8** 〖IT〗タブ.
echar una pestaña 《ラ米》(チリ)《話》短い昼寝をする.
no mover pestaña まばたき一つしない, 注視している；平然としている.
no pegar (ni una) pestaña 一睡もしない.
quemarse las pestañas 《話》夜遅くまで勉強する；目を使う仕事をする.
tirar pestaña 《ラ米》(*)《俗》眠る.

pes·ta·ñar [pes.ta.ɲár] 自《ラ米》(ᶜᵛ)(ᴴᴼᴺ)(ᴾᴬᴺ) → pestañear.

pes·ta·ñe·ar [pes.ta.ɲe.ár] 自 まばたきする.
sin pestañear (**1**) まばたきひとつせず, 集中して. (**2**) 平然として. (**3**) すぐに, 迷うことなく.

pes·ta·ñe·o [pes.ta.ɲé.o] 男 まばたき.

pes·ta·ñi·na [pes.ta.ɲí.na] 女《ラ米》(コロ)マスカラ.

pes·ta·zo [pes.tá.θo / -.so] 男 《話》悪臭.

*****pes·te** [pés.te] 女 **1** 〖医〗ペスト；悪疫, 伝染病. ~ aviar 家禽(きん)ペスト (ニューカッスル病の旧名). ~ bovina 牛疫. ~ bubónica 腺(せん)ペスト. ~ equina 馬疫. ~ negra 黒死病. ~ porcina 豚疫.
2 悪病, 恐ろしい病気.
3 《話》悪臭, 臭気. ¡Qué ~! ひどい匂いだ. echar ~ 悪臭を放つの.
4 《話》害をなすもの[人]; 害毒, 害悪；腐敗, 退廃；厄介者. ¡Estos niños son la ~! この子供たちは全く手に負えない. huir de +人 como la ~ 〈人〉をひどく忌み嫌う. echar ~s《ラ米》(*)面倒ゃを起こす. **5** 《話》(害虫・害獣などの)異常発生；大群, 大量. una ~ de ratas ネズミの異常発生. **6** 《複数で》ののしり(の言葉)；罵倒(ばとう), 悪口. decir [echar, hablar] ~s de +人《話》〈人〉の悪口を言う. **7** 《ラ米》(ᴾᴸᴬᵀ)(ᴬᴺᴰ)インフルエンザ. (**2**) 《方》天然痘.
[← [ラ] *pēstem* (*pēstis* の対格) 「疫病」；[関連] [英] *pest*]

pes·ti·ci·da [pes.ti.θí.ða / -.sí.-] 男 (殺虫剤・除草剤・殺鼠(ねずみ)剤などの) 農薬, 駆除剤.

pes·tí·fe·ra·men·te [pes.tí.fe.ra.mén.te] 副 有害に, 悪臭を放って.

pes·tí·fe·ro, ra [pes.tí.fe.ro, -.ra] 形 **1** 悪臭のする. **2** 有害な, 危険な. **3** ペスト(性)の, ペスト[疫病]の原因となる；伝染病の, 有害な, 困った.

pes·ti·len·cia [pes.ti.lén.θja / -.sja] 女 **1** 悪疫, 疫病. **2** 害悪, 害毒. **3** 悪臭, 臭気.

pes·ti·len·cial [pes.ti.len.θjál / -.sjál] 形 → pestilente.

pes·ti·len·cio·so, sa [pes.ti.len.θjó.so, -.sa / -.sjó.-] 形 **1** ペスト(性)の, ペスト[疫病]の.

pes·ti·len·te [pes.ti.lén.te] 形 **1** 悪臭を放つ；〈匂いが〉ひどい. **2** ペスト[疫病]の原因となる；有害な.

pes·ti·llo [pes.tí.jo ‖ -.ʎo] 男 **1** 掛け金, スライド

pestiño

[差し]錠，かんぬき．~ **de golpe** ばね式の錠前．
　2（ドアロックの）舌．**3**《ラ米》《話》恋人．
pes·ti·ño [pes.tí.ɲo] 男 **1** ペスティーニョ：蜂蜜(ﾊﾁﾐﾂ)に浸した揚げ菓子．**2**《話》うんざりさせる[退屈な，やっかいな]もの[人]．
pes·to [pés.to] 《伊》男　ペストソース，《ジェノバ風》バジルソース：バジル・ニンニク・オリーブオイル・チーズなどで作るイタリア風ソース．**al ~** ペストソースをかけた．
pes·to·re·jo [pes.to.ré.xo] 男《太い》襟首，うなじ．
pes·to·so, sa [pes.tó.so, -.sa] 形　**1** 悪臭を放つ．
　2 ペストにかかった；悪疫におかされた．
pes·tu·zo [pes.tú.θo / -.so] 男《話》《軽蔑》醜男，とても醜い男性．
pe·su·ña [pe.sú.ɲa] 女 **1→ pezuña 1**．
　2《ラ米》(1)《話》(人の)足の悪臭．(2)《ｺﾛ》《ﾍﾞﾈ》景品,おまけ．(3) 足の汚れ．
PET [pét] 男《略》《化》《英》*polyethylene terephthalate* ポリエチレンテレフタレート：ペットボトルの原料になるポリエチレン樹脂．
pe·ta [pé.ta] 女 **1**《話》マリファナ[大麻]タバコ．
　2《ラ米》(1)(背中の)こぶ；出っ張り，湾曲．(2) 迷惑，面倒[者]；退屈．
peta-《接頭》「1000兆(倍)」の意を表す造語要素，ペタ．
pe·ta·ca [pe.tá.ka] 女《性数不変》《ラ米》《話》(1)《ｸﾞｱﾃ》粗野な，がさつな．(2) 怠け者の，怠惰な．
　― 男 女《ラ米》《話》(1) ずんぐりした人．(2) 怠け者，ものぐさ．― 女　**1** 刻みタバコ入れ；シガレットケース．　**2**（携帯用の平らな）洋酒入れ．**3**《ラ米》(1)《ﾒﾋｺ》スーツケース，旅行かばん．(2)《ﾀﾞﾘ》《複数形》《俗》大きな尻(ｼﾘ)；豊かな胸．(3)《ﾁﾘ》《車》トランク．**echarse con las petacas**《ラ米》《ｶﾘﾌﾞ》《ﾒﾋｺ》怠ける；気力をなくす，しりごみする．**hacer la petaca**《話》（いたずらで）ベッドの上掛けのシーツを二つ折りにして足を伸ばせないようにする．
pe·ta·cón, co·na [pe.ta.kón, -.kó.na] 形《ラ米》(1)《ｺﾛ》《俗》丸々太った，ずんぐりした．(2)《ﾎﾝ》《ｴｸｱ》《ｺﾛ》《俗》尻の大きな．(3)《ﾍﾟﾙ》《話》猫背の．(4)《ｺﾛ》《話》腹のつき出た，ほてい腹の；のろまな；怠惰な．
pe·ta·cu·do, da [pe.ta.kú.ðo, -.ða] 形《ラ米》(1)《ｺﾛ》《俗》尻の大きな．(2)《話》太った．(3)《ﾍﾟﾙ》《話》猫背の．(4)《ｺﾛ》《話》腹のつき出た；のろい；ものぐさな．
pe·ta·do, da [pe.tá.ðo, -.ða] 形《話》《*estar* +）《*de...* で》(場所が)一杯である，ぎっしり詰まっている．
pe·ta·lis·mo [pe.ta.lís.mo] 男《史》葉片追放：シチリア島のシラクサ人がオリーブの葉などに名を託して行った投票による追放刑．
*****pé·ta·lo** [pé.ta.lo] 男《植》花弁，花びら．
pe·ta·loi·de [pe.ta.lói.ðe] 形《植》花弁状の．
pe·tan·ca [pe.táŋ.ka] 女《遊》ペタンク：金属の球を転がして標的にどれだけ近いかを競うゲーム．
pe·tan·que [pe.táŋ.ke] 男《ﾁﾘ》天然銀鉱．
pe·tar¹ [pe.tár] 自《話》(***petarle*** (**a** +人) + 名詞・不定詞《人》は)…が好きである，…がしたい．**Hoy no me peta ir de compras**. 今日は買い物には行きたくない．
pe·tar² [pe.tár] 自 **1** 床をたたく，ドアをノックする．
　2《話》怒らせる，憤慨する．
pe·tar·de·ar [pe.tar.ðe.ár] 他 **1**〈場所で〉爆竹を鳴らす．
　2 だます；〈金品を〉だまし取る，〈人に〉たかる．
　3〈城門・城壁などを〉爆破する．
　― 自 **1**〈特に原動機が〉爆竹のような音を出す．
　2《話》《軽蔑》うわべだけの振る舞いをする；くだらないことをする．
pe·tar·de·o [pe.tar.ðé.o] 男《話》軽薄な態度[行動]，くだらないこと，うわべだけの振舞い．
pe·tar·dis·ta [pe.tar.ðís.ta] 男 女《話》たかり屋，ペてん師．
　― 男《ラ米》《ｺﾛ》《話》悪徳政治家．
pe·tar·do, da [pe.tár.ðo, -.ða] 形 **1**《話》退屈な，つまらない；うっとうしい．
　2《話》〈人・ものが〉だめな，役に立たない；質の悪い．
　3《話》〈人が〉気取った；目立ちたがりの，嫌味な．
　4《ラ米》《ｺﾛ》《話》酒に酔った．
　― 男 女《話》退屈な人，つまらない人；うっとうしい人；醜い人；嫌味な人；ろくでもない人．
　― 男 **1** 爆竹，かんしゃく玉．**tirar ~s** 爆竹を鳴らす．**2**（昔の城門・城壁などの破壊用の）爆破装置；雷管．**~ de señales**（鉄道の）信号雷管．**3**《話》たかり，ペてん，詐欺．**pegar un ~** たかる，ぺてんにかける．**4**《話》退屈なもの[こと]，つまらないもの[こと]，役に立たぬもの．**5**《話》ハシッシュ，マリファナ[大麻]タバコ．
pe·ta·te [pe.tá.te] 男 **1**（シュロ製の）ござ，むしろ，マット；《話》寝ござ．**2**《話》(旅行の)荷物；(兵士・船員・囚人などが携帯用に丸く巻いておく)私物．**3**《俗》くだらない奴，ろくでなし．**4**《俗》詐欺師．
dejar a+人 **en un petate**《ラ米》《ﾌﾟｴ》《ｺﾛ》〈人〉を破産させる，無一文にする．
doblar el petate《ラ米》《ﾌﾟｴ》《ｺﾛ》《俗》死ぬ．
liar el petate《話》荷物をまとめる，立ち去る；死ぬ．
pe·ta·te·ar·se [pe.te.te.ár.se] 再《ラ米》《ｺﾛ》《俗》死ぬ．
pe·te·ne·ra [pe.te.né.ra] 女 ペテネラ：4行8音節の歌詩がついたスペイン Andalucía 地方の民謡．
salir(**se**) ***por peteneras***《話》とんちんかんなことをする[言う]，関係ない[見当外れの]ことを言う[する]．
pe·te·quia [pe.té.kja] 女《医》点状出血，溢血(ｲｯｹﾂ)点．
pe·te·ra [pe.té.ra] 女　けんか，口論；（子供がものを欲しがって）泣きわめくこと．
pe·te·ri·bí [pe.te.ri.bí] 男《植》→ **petiribí**．
pe·ti·ca·no [pe.ti.ká.no] / **pe·ti·ca·non** [pe.ti.ká.non] 男《印》26ポイントの活字．
*****pe·ti·ción** [pe.ti.θjón / -.sjón] 女 **1** 願い；嘆願，要請，請願；《法》申し立て，訴え．**~ a...** …への要望．**~ al gobierno** 政府への要求．**a ~ de...** …の要請に従って．**a ~ del público** 人々の要望に応えて．**hacer [presentar] una ~** 要望する．**consulta previa ~ de hora** 予約診療．**~ de más** 法外の要求[請求]．**denegación de la ~** 申請却下．

　2 申請書；請願書，陳情書．**~ a...** …への要望書．**~ al Parlamento Europeo** 欧州議会への要望書．**presentar [entregar, elevar] una ~** 申請書を提出する．
petición de mano プロポーズ；婚約(式)：通常新郎(の両親)が新婦の両親に結婚の承諾を願い出る．
petición de principio《論》先決問題要求の虚偽：論証を必要とする論点をすでに論証されたものとして前提にする虚偽．
[←[ラ] *petitiōnem* (*petitiō* の対格) (*petere* 「求める」より派生)；関連 *peticionario*．[英] *petition*]
pe·ti·cio·nar [pe.ti.θjo.nár / -.sjo.-] 他《ラ米》請願する，申請する，請える．
pe·ti·cio·na·rio, ria [pe.ti.θjo.ná.rjo, -.rja

sjo.-] 形 請願の, 申請[陳情]する.
— 男 女 請願者, 申請者, 陳情者.

pe·ti·co·te [pe.ti.kó.te] 男 《ラ米》(ﾂﾞ)《服飾》ペチコート, スリップ.

pe·ti·fo·que [pe.ti.fó.ke] 男《海》フライング・ジブ: 船首の最前方の三角帆.

pe·ti·grís [pe.ti.grís] 男 (毛皮業界で) リス (の毛皮).

pe·ti·llo [pe.tí.jo ‖ -.ʎo] 男《服飾》(女性の)三角形の胸飾り (布・宝石).

pe·tí·me·tre, tra [pe.ti.mé.tre, -.tra] 男 女《軽蔑》しゃれ者, めかし屋, ダンディー.

pe·ti·pó·a [pe.ti.pó.a] 男《ラ米》(ﾂﾞ)《複数で》《植》グリンピース.

pe·ti·púa [pe.ti.pú.a] 男《ラ米》(1)(ｸﾞ)《複数で》《植》グリンピース. (2)(ｺｽﾞ)缶詰のグリンピース.

pe·ti·ri·bí [pe.ti.ri.bí] 男《植》(ﾌﾟﾗﾀ)ペテレビ: カキバチシャノキの一種. 家具材や建材に使用.

pe·ti·rro·jo [pe.ti.ŕó.xo] 男《鳥》ヨーロッパコマドリ.

pe·ti·so, sa [pe.tí.so, -.sa] 形《ラ米》(ﾂﾞ)(ｸﾞ)(ﾁﾞ)《話》小柄な, 背丈の低い. — 男《ラ米》小馬; 小男.

petirrojo
(ヨーロッパ
コマドリ)

pe·ti·sú [pe.ti.sú] [複 ~s, ~,
~es] 男 シュークリーム.
[← 《仏》*petit chou*]

pe·ti·to·rio, ria [pe.ti.tó.rjo, -.rja] 形 請願の, 嘆願の. *mesa petitoria* 募金台.
— 男 **1** 《話》しつこい要望, 懇請.
2 (薬局の) 常備医薬品リスト. *medicamento incluido en el ~ del Seguro de Enfermedad* 健康保険取り扱い医薬品.

pe·ti·zo, za [pe.tí.θo, -.θa / -.so, -.sa] 形 男 → petiso.

pe·ti·zón, zo·na [pe.ti.θón, -.θó.na / -.són, -.só.-] 形《ラ米》(ﾁﾞ)(ﾌﾟﾗﾀ)(ﾂﾞ) → petiso.

pe·to [pé.to] 男 **1** (甲冑(ｶｯﾁｭｳ)・フェンシングの胴衣の)胸甲, 胸当て; (野球の捕手の)プロテクター.
2 《服飾》胸当て, 胸飾り; エプロンの胸当て; よだれ掛け; オーバーオール. *~ de trabajo* 胸当て付き作業ズボン, オーバーオール.
3 《闘牛》ペト: ピカドール *picador* の馬に付ける通常革製の防御具. **4** (カメの)腹甲. **5** 《まれ》鍬(ｸﾜ)などの金属部分の外側. **6** 《ラ米》(ﾍﾞﾈ)《魚》カマスサワラ.

pe·tral [pe.trál] 男《馬》胸帯(ﾑﾅｵﾋﾞ).

pe·trar·ques·co, ca [pe.trar.kés.ko, -.ka] 形 ペトラルカの, ペトラルカ風の.

pe·trar·quis·mo [pe.trar.kís.mo] 男 ペトラルカ風, ペトラルカ調.

pe·trar·quis·ta [pe.trar.kís.ta] 形 ペトラルカ的作風の, ペトラルカ風の.
— 男 女 ペトラルカ調の詩人, ペトラルカ崇拝者.

pe·trel [pe.trél] 男《鳥》ミズナギドリ科の鳥; ウミツバメ科の鳥.

pé·tre·o, a [pé.tre.o, -.a] 形 **1** 石の; 石のような.
2 石の多い, 石ころだらけの (= pedregoso).
Arabia Pétrea 石のアラビア: アラビア半島の砂漠地帯.

pe·tri·fi·ca·ción [pe.tri.fi.ka.θjón / -.sjón] 女 石化(作用); 石化物.

pe·tri·fi·can·te [pe.tri.fi.kán.te] 形 石化作用のある.

pe·tri·fi·car [pe.tri.fi.kár] 102 他 **1** 石化する.
2 石のように硬くする, 硬直させる. **3** 《驚き・恐れで》仰天させる, 茫然(ﾎﾞｳｾﾞﾝ)とさせる, 身動きできなくさせる.

— **~·se** 再 **1** 石化する; 石のようになる, 硬直する.
2 仰天する, 茫然とする, 身動きできなくなる.

pe·trí·fi·co, ca [pe.trí.fi.ko, -.ka] 形 石化する.

pe·tro·dó·lar [pe.tro.dó.lar] 男《経》《主に複数で》オイルダラー. [← 《英》*petrodollar*]

pe·tro·gé·ne·sis [pe.tro.xé.ne.sis] 女《単複同形》岩石生成, 岩石成因論.

pe·tro·gli·fo [pe.tro.glí.fo] 男 (有史以前の) 岩面陰刻, 岩面画, ペトログリフ.

pe·tro·gra·fí·a [pe.tro.gra.fí.a] 女 記載岩石学; 岩石分類学.

pe·tro·grá·fi·co, ca [pe.tro.grá.fi.ko, -.ka] 形 (記載)岩石学の.

pe·tro·le·a·do [pe.tro.le.á.ðo] 男《技》石油噴霧; 石油洗浄.

pe·tro·le·ar [pe.tro.le.ár] 他《技》…に石油を噴霧する; (洗浄・殺菌のため)石油に浸す.
— 自 (船が)石油を積み込む.

*****pe·tró·le·o** [pe.tró.le.o] 男 石油. *barril de ~* 石油樽(ﾀﾞﾙ). *campo de ~* 油田. *crisis del ~* 石油危機. *pozo de ~* 油井. *refinería de ~* 精油所. *Organización de Países Exportadores de P~* 石油輸出国機構《略 OPEP》《英 OPEC》.
[← 《中ラ》*petroleum*《ラ》*petra* 「石」+《ラ》*oleum*]《関連》《英》*petroleum*]

pe·tro·le·o·quí·mi·co, ca [pe.tro.le.o.kí.mi.ko, -.ka] 形 → petroquímico.

*****pe·tro·le·ro, ra** [pe.tro.lé.ro, -.ra] 形 **1** 石油の. *la industria petrolera* 石油工業.
2 《ラ米》→ petrolífero.
— 男 **1**《俗》放火による破壊活動をする人. **2** 石油小売商人. — 男 石油タンカー (= *buque ~*). *~ de crudo* 原油輸送船. — 女《ラ米》(ｺﾛ)石油鉱床.

pe·tro·lí·fe·ro, ra [pe.tro.lí.fe.ro, -.ra] 形 石油を含む [蔵する], 石油を産出する. *plataforma petrolífera* 油井調査のための海洋プラットフォーム. *pozo ~* 油井. *prospección petrolífera* 石油の試掘. *yacimiento ~* 油層.

pe·tro·lo·gí·a [pe.tro.lo.xí.a] 女 岩石学.

pe·tro·ló·gi·co, ca [pe.tro.ló.xi.ko, -.ka] 形 岩石学の.

pe·tro·quí·mi·co, ca [pe.tro.kí.mi.ko, -.ka] 形 石油化学の; *productos ~s* 石油化学製品.
— 女 石油化学; 石油化学技術[工業].

pe·tro·so, sa [pe.tró.so, -.sa] 形 **1** 石の多い, 石ころだらけの. **2** 《解剖》(側頭骨)錐体(ｽｲﾀｲ)の.

Pet·to·ru·ti [pe.to.rú.ti] 固有名 ペトルチ Emilio ~ (1892-1971): アルゼンチンの画家.

pe·tu·do, da [pe.tú.ðo, -.ða] 形 背骨の湾曲した, 脊柱(ｾｷﾁｭｳ)後湾症の, 猫背の. — 男 女 背骨の湾曲した人, 脊柱後湾症の人, 猫背の人.

pe·tu·lan·cia [pe.tu.lán.θja / -.sja] 女《まれ》《軽蔑》横柄, 傲慢(ｺﾞｳﾏﾝ), 思い上がり.

pe·tu·lan·te [pe.tu.lán.te] 形 横柄な, 傲慢(ｺﾞｳﾏﾝ)な.
— 男 女 横柄な人, 傲慢な人.

pe·tu·lan·te·men·te [pe.tu.lán.te.mén.te] 副 横柄に, 思い上がって.

pe·tu·nia [pe.tú.nja] 女《植》ペチュニア: 南米, メキシコ, 北米の南部に分布. → 次ページに図.

peu·ce·dá·no [peu.θé.ða.no / -.sé.-] 男《植》セリ科ミツバグサ属の一種.

peu·co [péu.ko] 男《ラ米》(ﾁﾞ)《鳥》ノスリ属の鳥.

pe·ú·co [pe.ú.ko] 男《まれ》(毛縫りの) ベビーソックス, (ベビー)ブーティー (= *patuco*).

peu·mo [péu.mo] 男《ラ米》(ﾁﾞ)(ﾂﾞ)《植》クスノキ

科シナスクスモドキ属の一種.
cocer peumos en la boca 《ラ米》(Ý) 《話》口が重い.
peu·qui·no, na [peu.kí.no, -.na] 形 《ラ米》灰色がかった.
pe·yo·ra·ti·vo, va [pe.jo.ra.tí.bo, -.ba] 形 〈単語・表現が〉軽蔑(ﾝ)的な(意味の) (= despectivo).
pe·yo·te [pe.jó.te] 男 **1** 【植】ペヨーテ, ウバタマ: メキシコ・米国南西部産の麻酔性物質を含むサボテン. **2** ウバタマから採った幻覚剤. [[ナワトル] 起源]

petunia
(ペチュニア)

***pez¹ [péθ / pés] 男 [複 **peces**] **1** 魚;《複数で》魚類 (▶ 食用としての魚は pescado. 主に複数形で食用の川魚を指す場合もある). El *pez* grande se come al chico. 《諺》弱肉強食 (←大きい魚は小さい魚を食べる). Por la boca muere el *pez*. 《諺》口は災いのもと (←口が原因で魚が死ぬ). *pez de agua dulce* 淡水魚. *pez de colores* 金魚. *pez de San Pedro* ニシマトウダイ. *pez dipneo* 肺魚. *pez espada* メカジキ. *pez globo* フグ; ハリセンボン. *pez luna* マンボウ. *pez martillo* シュモクザメ. *pez mujer*《ラ米》/ *pez buey*/《畜》 *pez caballo* マナティ. *pez volador* [*volante*] トビウオ.
2 《形容詞及びその相当語句を伴って》《話》《軽蔑》…の人, やつ. *buen pez* ずる賢いやつ. *pez de cuidado* やくざ, ろくでなし. *pez gordo* 大物, お偉方. *pez chico*《比喩的》餌食.
3 苦労して手に入れたもの; 獲物. *coger el pez* ねらったものを手中に収める.
4 【農】(畑に積み上げた小麦などの)山 (積み). **5**《主に複数で》 [P-] 【星座】双魚宮 (= Piscis). *Pez austral* みなみのうお座. *Pez volador* とびうお座. el *Pez espada* かじき座.
como pez en el agua《話》水を得た魚のように. En Inglaterra no hablaba nada, pero en España está *como pez en el agua* porque sabe el español muy bien. 彼[彼女]はイギリスでは何も話さなかったがスペイン語がよくできるので, スペインでは水を得た魚のように元気だ.
estar pez en...《話》〈特に授業科目が〉できない; …に無知[無関心]である. Yo *estoy pez en* este tema, así que no me pidas opiniones. 僕はこのテーマは全くだめだから意見を聞かないで.
reírse de los peces de colores《話》大したことではないと考える; 平然としている.
[←[ラ] *piscem* (*piscis* の対格).〖関連〗pescado, piscina.〖ポルトガル〗peixe.〖仏〗poisson.〖伊〗pesce.

pez (魚)

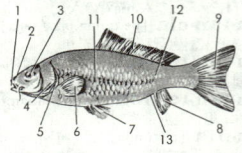

1 boca 口. 2 nariz 鼻孔. 3 ojo 眼. 4 opérculo 鰓蓋(えらぶた). 5 agalla 鰓. 6 aleta pectoral 胸びれ. 7 aleta ventral 腹びれ. 8 aleta anal 臀(しり)びれ. 9 aleta caudal 尾びれ. 10 aleta dorsal 背びれ. 11 línea lateral 側線. 12 escamas 鱗(うろこ). 13 ano 肛門(こうもん).

〖英〗*fish*.〖独〗*Fisch*

pez² [péθ / pés] 女 **1** タール, ピッチ.
2 【医】新生児の胎便.
[←[ラ] *picem* (*pix* の対格).〖関連〗〖英〗*pitch*]
pe·zón [pe.θón / -.són] 男 **1** 乳首, 乳頭; ほ乳瓶の乳首. **2** 出っ張り, 突起;(レモンなどの)円錐(ﾇﾝ)形の出っ張り. **3**【植】〈葉・実・花の〉柄, 軸. **4**【機】ハブの先端部. **5** 岬.
pe·zo·ne·ra [pe.θo.né.ra / -.so.-] 女 **1** (授乳中の女性が使う)乳頭キャップ. **2** (車軸の)輪止めピン[くさび].**3**【車】ハブキャップ.**4**《ラ米》(ﾋﾍ)ほ乳瓶.
pez·pa·lo [peθ.pá.lo / pes.-] 男 棒ダラ, 干ダラ.
pez·pi·ta [peθ.pí.ta / pes.-] 女【鳥】セキレイ; ハクセキレイ.
pez·pí·ta·lo [peθ.pí.ta.lo / pes.-] 男 → pezpita.
pez·ue·lo [pe.θwé.lo / -.swé.-] 男 (布の)織り口, 織り端.
pe·zu·ña [pe.θú.ɲa / -.sú.-] 女 **1** ひづめ. ► pezuña は牛・羊の分割蹄(ﾂﾒ)で, 馬蹄は主に casco.
2《話》《軽蔑》人の足, 手.
3《ラ米》(1)足のあか. (2)(ﾂﾞﾌﾞ)《俗》足の悪臭.
¡pf! [pf]間投〈嫌悪の表現〉プー, フー.
pfen·nig [fé.nix, -.nik]〖独〗ペニヒ: ドイツの基本通貨単位だったマルクの補助通貨単位.
pH 男【化】ピーエッチ, ペーハー, 水素イオン指数.
phi [fi] 女 ファイ (Φ, φ): ギリシャ語アルファベットの第21字.
pho·to·fin·ish [fo.to.fí.nis // -.niʃ]〖英〗女【スポ】(着順)判定写真 (= foto finish, foto-finish; foto de llegada).
pi [pí] 女 **1** ピー, パイ (Π, π): ギリシャ語アルファベットの第16字. **2** 【数】パイ, 円周率 (π).
pia·che¹ [pjá.tʃe] *tarde piache*《話》遅れて, 間に合わないで.
pia·che² [pjá.tʃe] 男 《ラ米》(ﾍﾞﾈｽﾞ)呪医(ﾉﾛﾝ); 医者.
pia·da [pjá.ða] 女 **1** ピョピヨ[ピーピー]というひな鳥の鳴き声. **2**《話》借りものの表現, 受け売り.
pia·dor, do·ra [pja.ðór, -.ðó.ra] 形 ピヨピヨ[ピーピー]鳴く.
pia·do·sa·men·te [pja.ðó.sa.mén.te] 副 情け深く; 信心深く.
*pia·do·so, sa [pja.ðó.so, -.sa] 形 **1** 慈悲深い, 情け深い. **2** 敬虔(ﾀﾞ)な, 信心深い (= devoto). *alma piadosa* 敬虔な心.
mentira piadosa 罪のない[方便としての]うそ.
pia·fa·dor, do·ra [pja.fa.ðór, -.ðó.ra] 形 〈馬が〉前脚で地面を踏み鳴らす癖のある.
pia·far [pja.fár] 自 〈馬が〉(いらだって)地面を前脚で踏み鳴らす.
pia·je·no [pja.xé.no] 男《ラ米》(ﾍﾟﾙｰ)(ﾂﾞﾌﾞ)【動】ロバ.
pial [pjál] 男《ラ米》投げ縄.
pia·lar [pja.lár] 他《ラ米》〈動物を〉投げ縄で捕まえる.
pia·ma·dre [pja.má.ðre] / **pia·má·ter** [pja.má.ter] 女【解剖】軟膜, 柔膜.
pian [pján] *pian, pian* [*piano*]《話》だんだんと, 少しずつ.
pia·ní·si·mo [pja.ní.si.mo] 副 → pianissimo.
pia·nis·si·mo [pja.ní.si.mo]〖伊〗副【音楽】ピアニシモ(で), できるだけ弱く.
*pia·nis·ta [pja.nís.ta] 男 女 **1** ピアニスト.
2 ピアノ製作者, ピアノ職人; ピアノ商人.
pia·nís·ti·co, ca [pja.nís.ti.ko, -.ka] 形 ピアノ

の, ピアノのための.

pia.no [pjá.no]男 ピアノ. practicar el ~ ピアノを練習する. acompañamiento de ~ ピアノ伴奏. afinador de ~s ピアノ調律師. cuerda de ~ ピアノ線. ~ de cola グランドピアノ. ~ vertical アップライトピアノ. ~ de media cola 小型グランドピアノ. ~ de manubrio 手回しオルガン. ~ electrónico 電子ピアノ. solo de ~ ピアノソロ. sonata para ~ ピアノソナタ.
——副《音楽》小さな[強い]音で, ピアノで.
Piano, piano. 《話》だんだんと, 少しずつ.
tocar el piano ピアノを弾く;《話》食器を洗う;《ラ米》《話》かすめ取る, 盗む.
[←[伊] *piano* (*pianoforte* の省略形);*piano*「弱く」(←[ラ] *plānus*「平らな」) + *forte*「強く」(←[ラ] *fortis*「強い」), 「強弱をつけて弾ける(クラビコード)」が原義;[関連] pianista, pianísimo.[英] *piano*]

pia.no.for.te [pja.no.fór.te]男 → piano.

pia.no.la [pja.nó.la]女《商標》**1** ピアノラ：自動ピアノ. **2** (ピアノの)自動演奏装置.

pian.te [pján.te]形《話》文句の多い, 不平を言う.
——男《話》不平屋, ぶつぶつ言う人.

piar [pjár] 81 自 **1** (ひな鳥が)ピヨピヨ鳴く;〈小鳥が〉ピーピー鳴く. **2**《話》しゃべる. **3**《話》《*por...*》…をしつこくせがむ.

piarla(s)《話》(さかんに)不平[文句]を言う.

pia.ra [pjá.ra]女 (豚の)群れ;《まれ》(馬・羊の)群れ.

pias.tra [pjás.tra]女 **1** ピアストル：エジプト, レバノン, スーダン, シリアの補助通貨単位.
2 (16世紀イタリアの)ピアストル金貨[銀貨].

Piaz.zol.la [pja.θó.la / -.só.-]固名 ピアソラ. Ástor ~ (1921−92). アルゼンチンのバンドネオン奏者・作曲家.

PIB [pe.i.bé]男《略》《経》*Producto Interior Bruto* 国内総生産[英 GDP].

pi.be, ba [pí.be, -.ba]男 女《ラ米》《ラブ》《話》子供;若者. che ~《ラブ》《話》使い走り.

pi.be.rí.o [pi.be.rí.o]男《ラ米》《ラブ》《話》子供たち.

pi.ca [pí.ka]女 **1** (歩兵が使っていた)槍(ャッ);槍兵(キャ). **2**《闘牛》ピカドールの槍. **3**《複数で》(トランプの)スペード. **4**《医》異食(症). **5**《鳥》カササギ. **6** (石工の)ハンマー. **7** 深さ[長さ]の単位：3.89メートル. **8**《ラ米》《話》**(1)**《ラ米》《ラブ》《ペル》ゴムの樹液の採取. **(2)**《ラブ》《ペル》恨み, 憎しみ. **(3)**《ラブ》いらだち, もどかしさ. **(4)** 森の小道. **(5)**《プエル》ルーレット.
poner una pica en Flandes 難しいことをやってのける, 大手柄である.

pi.ca.ce.ra [pi.ka.θé.ra / -.sé.-]女《ラ米》《ラブ》《ペル》《話》恨み.

pi.ca.cho [pi.ká.tʃo]男 尖峰(キャ゚).

pi.ca.da [pi.ká.ða]女 **1** → picadura.
2《ラ米》**(1)**《ラブ》《ペル》《農》(家畜の)炭疽(タ́)病. **(2)**《ラブ》安酒場, 食堂. **(3)**《ラブ》鋭い痛み. **(4)**《エク》《*ラ米*》《ラブ》山の小道. **(5)**《ラブ》《ラブ》瀬, 浅瀬. **(6)**《ラブ》《話》不機嫌, 怒り.

pi.ca.de.ro [pi.ka.ðé.ro]男 **1** 乗馬学校, 馬術練習所;(調馬用の)馬場. **2**《話》《隠》(主に秘密に)逢引する場所[部屋, 家]. **3** 発情期のシカの掘る穴. **4** (木工用の)固定台. **5**《海》(船台に船殻を支える)竜骨[腹]盤木(バ). **6**《ラ米》《ラブ》畜殺場.

pi.ca.di.llo [pi.ka.ðí.jo ǁ -.ʎo]男 **1** (チョリソ chorizo などを作るために味付けした)ひき肉;(肉・野菜を)細かく刻んだもの, みじん切り. ~ de carne ひき肉, ミンチ. ~ de cebolla タマネギのみじん切り.
2《料》ピカディーリョ：ひき肉とさまざまな野菜を煮込んだ料理. **3**《ラ米》《*フィリ*》紙吹雪.
estar hecho picadillo《話》ひどく疲れた.
hacer picadillo a... をこてんぱんにやっつける, ひどい目に遭わせる;粉々にする.

pi.ca.di.to [pi.ka.ðí.to]男《ラ米》《ラブ》《ゴエラ》《話》酒のつまみ.

pi.ca.do [pi.ká.ðo]男 **1** 細かく刻むこと.
2 (飛行機などの)急降下. en ~ 急降下で, まっさかさまに. **3**《映》ハイアングル. **4** (装飾用たばこの)穴あけ. **5**《音楽》スタッカート, 断音. **6** ひき肉, ひき肉料理の一種. **7** (切符の)はさみ入れ, パンチング. **8** (エンジンの)ノッキング. ~ del motor).

*****pi.ca.do, da** [pi.ká.ðo, -.ða]形 **1** (虫などに)刺された, かまれた.
2 虫食いの. diente ~ 虫歯. ropa *picada* de polilla 虫食い穴のある衣服.
3 あばたの. ~ de viruelas (天然痘の)あばただらけの. **4** 細かく刻んだ, 挽(ミ)いた, みじん切りの. carne *picada* ひき肉. tabaco ~ 刻みタバコ. **5** (細かい)穴のあいた. zapato ~ (甲などに)細かい飾り穴模様のついた短靴. de puntos ~ ミシン目の入った. **6** むっとした, 腹を立てた. estar ~ con+人 (人)に腹を立てている. **7** (飲食物が)腐った, (ワインが)酸っぱくなった. vino ~ 酸っぱいワイン. **8** (海が)波立ち騒ぐ, 荒れた. mar *picada* 荒海. **9**《ラ米》《話》**(1)** ほろ酔い気分になった. **(2)**《ラブ》《賭》け事・酒に)中毒になった. **(3)**《ラブ》刃物による傷を負った. **(4)**《*フィリ*》食欲をそそられた.
en pelota picada《俗》素っ裸で.
nota picada《音楽》スタッカート(記号).

pi.ca.dor, do.ra [pi.ka.ðór, -.ðó.ra]男女 **1**《闘牛》ピカドール. ♦ banderillero や matador の前に出場して, 馬上から雄牛の肩を槍(ャッ)で突き刺す役. **2** (馬の)調教師. ——男 **1** (つるはしを使う)鉱夫, 坑夫. **2** 肉切り台, まな板.

picador (ピカドール)

——女 肉挽(ʰ)き機;細かく切り刻む機械[道具].

pi.ca.du.ra [pi.ka.ðú.ra]女 **1** (虫などが)刺すこと, かむこと;刺し跡[傷], かみ傷.
2 (くちばしで)つつくこと;ついばむこと;(ヘビが)かむこと. **3** 刻みタバコ. **4** (ものの表面にあいた)小さな穴;(衣服・木などの)虫食いの穴. **5** (早期の)虫歯の穴. tener una ~ 虫歯が1本ある.

pi.ca.fi.go [pi.ka.fí.go]男《鳥》ニシコウライウグイス (= papafigo).

pi.ca.flor [pi.ka.flór]男 **1**《鳥》ハチドリ (= colibrí). **2**《ラ米》浮気な男, 女たらし.

pi.ca.ga.lli.na [pi.ka.ga.jí.na ǁ -.ʎí.-]女《植》ハコベ, ツメクサ.

pi.ca.gre.ga [pi.ka.gré.ga]女《鳥》モズ.

pi.ca.jón, jo.na [pi.ka.xón, -.xó.na] / **pi.ca.jo.so, sa** [pi.ka.xó.so, -.sa]形《話》怒りっぽい, 短気な. ——男 女《話》短気な人.

pi.cal [pi.kál]男 (街道の)合流点, 十字路.

picamaderos

pi・ca・ma・de・ros [pi.ka.ma.đé.ros] 男《単複同形》『鳥』キツツキ(= pájaro carpintero).

pi・ca・na [pi.ká.na] 女《ラ米》(1)(ﾊﾟﾗ)(牛追いの)突棒. (2)(自衛の)高電圧の棒(= ～ eléctrica); 高電圧の棒による拷問. (3)(ﾊﾟﾗ)(ｱﾙｾﾞ)(牛の)尻(ﾀ)肉.

pi・ca・ne・ar [pi.ka.ne.ár] 他《ラ米》(ﾊﾟﾗ)(ｱﾙｾﾞ)(1)(牛を)突き棒で突く. (2)高電圧の棒で突く. (3)《話》(野次って)いらいらさせる.

*__pi・can・te__ [pi.kán.te] 形 1 (ぴりっと)辛い, 辛味[薬味]の利いた；(匂いが)つんとくる. salsa ～(チリソースなど)ぴりっと辛いソース.
 2 しんらつな, 痛烈な；(話などが)きわどい, 性的示唆に富んだ. chiste ～ きつい[きわどい]冗談. palabras ～s きわどい言葉.
 3 酸っぱい. vino ～ 酸っぱいワイン. 4《ラ米》《話》悪趣味な.
 ── 男 1 (ぴりっとした)辛味. 2 痛烈さ, しんらつさ. 3 (辛みのある)香辛料, トウガラシ, コショウ. 4《ラ米》(ｱﾙｾﾞ)(ｳﾙｸﾞ)香辛料のよく利いた料理. (2)(ﾊﾟﾗ)(ｱﾙｾﾞ)(ﾎﾞﾘ)チリソース.

pi・can・te・rí・a [pi.kan.te.rí.a] 女《ラ米》(ﾁﾘ)(ﾍﾟﾙ)(ﾎﾞﾘ)香辛料を利かせた料理の大衆食店；大衆食堂.

pi・ca・ño, ña [pi.ká.ɲo, -.ɲa] 形 やくざな, ならず者の, 不良の；無頼の.
── 男 (靴の)補修類.

pi・cap [pi.káp] 男《ラ米》(ｱﾙｾﾞ)(無蓋の荷台のある)トラック.

pi・ca・pe・dre・ro [pi.ka.pe.đré.ro] 男 石工.

pi・ca・pi・ca [pi.ka.pí.ka] 男(または女)(粉状もしくは微毛状の)かゆみやくしゃみを誘発する物質. polvillos de ～ 催痒(ﾖｳ)粉末.
── 女《ラ米》『植』スロアネア：ホルトノキ科.

pi・ca・plei・tos [pi.ka.pléi.tos] 男 女《単複同形》《話》1《軽蔑》弁護士；訴訟依頼人のない弁護士. 2 訴訟好きな人；口論[議論]好きな人, うるさ型.

pi・ca・por・te [pi.ka.pór.te] 男 1 (ドアの)たたき金, ノッカー. 2 掛け金；(自動ロック式ドアの)ラッチボルト. (ドアの)ノブ, ハンドル.

pi・ca・pos・te [pi.ka.pós.te] 男『鳥』キツツキ(= pájaro carpintero).

pi・ca・puer・co [pi.ka.pwér.ko] 男『鳥』ヒメアアラ.

*__pi・car__ [pi.kár] 100 他 1〈虫が〉刺す；〈ヘビなどが〉かむ；〈鳥が〉口ばしでつつく. La abeja me picó. 私はハチに刺された. Me ha picado un mosquito [bicho]. 私は蚊[虫]に刺された.

> 類語 針などとがった先で「刺す」は *pinchar, punzar*, 釘(ｸｷﾞ)を打ちつけたり, 穂先などを深く「突き刺す」のは *clavar*, とがった先で「突く」は *picar*, フォークなどでつついて食べるときは *picar, pinchar* を用いる.

 2〈鳥が〉〈餌(ｴｻ)を〉ついばむ；〈魚が〉〈餌に〉食いつく. Los pajaritos *pican* las migas de pan. 小鳥がパンくずをついばんでいる. ～ el anzuelo 釣り針にかかる；おとりになる.
 3 細かく刻む, みじん切りにする, 挽(ﾋ)く. ～cebolla [perejil] タマネギ[パセリ]をみじん切りにする. ～ carne 肉を挽く. ～ hielo 氷を砕く.
 4〈食べ物を〉つまむ, (とがったもので)つつく. ～ uvas ブドウをつまむ. ¿Quieres ～ algo? 何かつまむ?
 5〈刺激物が〉〈口・舌を〉ひりひりさせる；〈皮膚などを〉ちくちくさせる. La pimienta me *pica* la lengua. コショウで舌がひりひりする. El jersey me *pica* mucho. セーターがちくちくする.
 6《話》〈人を〉憤慨させる, むっとさせる. Las críticas *picaron* al escritor. その作家は批評に腹を立てた.
 7《話》〈興味などを〉そそる,〈感情などを〉刺激する；〈感情などが〉〈人に〉うずく,〈人を〉奮い立たせる. La película me *picó* el interés. その映画に私は興味をそそられた. Me *pica* la curiosidad por saberlo. 私はそれを知りたくてうずうずしている.
 8 腐食する；磨耗する；〈歯を〉虫歯にする. ～ el metal 金属をさびつかせる. El ácido *pica* los dientes. 酸は歯を腐食する.
 9〈固いものを〉尖ったもので叩く[削る]；〈石・壁などを〉こつこつ削る, 削り取る.
 10 (装飾用などに)…に穴を開ける；〈紙などに〉ミシン目を入れる；〈切符を〉切る. ～ un billete 切符にはさみを入れる. 11〈馬に〉拍車をかける, 言うことをきかせる；〈拍車を〉かける. 12『闘牛』(ピカドール picador が)〈牛を〉槍(ﾔﾘ)で突く. 13『遊』(ビリヤード)(引き玉にするために)〈玉の〉下側を突く, 回転をかけるために)〈手玉を〉薄く打つ. ～ la bola verticalmente マッセをする. 14『スポ』〈ボールを〉地面にバウンドさせる；(サッカー)(主にヘディングで)〈ボールを〉上から下に向かってたたく. 15『IT』〈テキストを〉入力する, 打ちこむ. 16『音楽』スタッカートで演奏する. 17《話》(明白さを)帯びる. 18『絵画』〈(ﾎｳのように)仕上げの筆を加える. 19『軍』〈敵を〉追撃する. 20『海』(1)(斧などで)切る. (2) ピッチを上げて漕(ｺ)ぐ. (3)〈砲弾を〉撃つ. 21《ラ米》(1) 自分のものにする, 盗む. (2)《話》悩ませる.
── 自 1 刺す, 突く. ～ en la pared 壁に穴をあける. Las espinas de esta planta *pican*. この木はとげが刺さる.
 2〈鳥が〉ついばむ；〈魚が〉(餌に)食いつく. Los peces no *pican* hoy. 今日は魚がかからない.
 3〈鳥・虫・ヘビなどが〉つつく, 刺す, かむ.
 4〈de...〉 …を〉つまむ, 少しずつ食べる.
 5〈食べ物が〉ぴりっと辛い；〈ワインが〉酸っぱい. Esta salsa *pica* mucho. このソースはとても辛い.
 6〈体の部位が〉かゆい, ちくちくする；〈衣服が〉かゆみを与える. Me *pican* los ojos con el humo. 煙が目にしみて痛い. Me *pica* el muslo. 太ももがかゆい. El jersey *pica* en el cuello. セーターの首周りがちくちくする.
 7〈寒さ・風が〉しみる；〈太陽が〉じりじりと照りつける. Hoy *pica* el sol. 今日は太陽が照りつけている.
 8〈en...〉 …に〉つまむ, 手を出す. ～ *en* muchos deportes いろいろなスポーツをかじる.
 9〈en...〉(…に)ほとんど近い, (…と)紙一重である. ～ *en* viejo そろそろ年寄りの領域に入る. ～ *en* poeta 詩人らしいところがある.
 10《話》だまされる, ひっかかる. ～ en la trampa わなにひっかかる. ¡*Has picado*! 引っかかったな.
 11〈鳥・飛行機が〉急降下する.
 12 ノックする. ～ a la puerta ドアをたたく.
 13〈ﾊﾞｽｸ〉(ｱﾙｾﾞ)《話》その場を去る, 行ってしまう.
── ～・se 再 1〈衣服・木などが〉虫に食われる, 穴があく, すり切れる；〈歯が〉虫歯になる. El abrigo *se picó* por la polilla. コートに虫がついた. *Se me ha picado* una muela. 奥歯が虫歯になった.
 2〈衣服などが〉変色する；〈金属が〉さびる, さびていく.
 3〈食べ物・飲み物が〉だめになる,〈ワイン・牛乳などが〉すっぱくなる, 酸敗する. Con el tiempo *se picaron* las manzanas. 時間がたってリンゴが腐った.
 4 (自分に)刺す. Me *piqué* con un alfiler en el

dedo. 私はピンで指を刺してしまった. **5**《話》《**por**... …のせいで》《**con**... …に対して》むっとする, 憤慨する; 興奮[発奮]する, うずうずする. **~se con** un comentario コメントに腹を立てる[奮起する]. **6**《話》《**de**... …であることを》自慢する, 気取る. **~se de poeta** 詩人を気取る. **7**《海が》波立つ. **8**《動物の雄が》発情する. **9**《俗》麻薬を注射する. **10**《ラ米》《話》（1）(*米)(ジ米)慌てる. （2）酔う, 酔っ払う.
A quien le pique que se rasque.《諺》やりたい人にはやらせておけばよい（←かゆい人は自分でかけばよい）.
picarle (**a**+人) **los ojos**〈人〉の目が痛くなる;《ラ米》(*米)〈人〉をばかにする.
picar(**más**[**muy**])**alto**《話》高望みする.
picarse del pecho《ラ米》(タ゛)胸を患う, 肺病になる.
picárselas《ラ米》あわてて立ち去る, 逃げ出す.
[← 《俗ラ》*piccare《ラ》*pīcus「キツツキ」より派生;［関連］pico, pícaro.［英］pick, (wood-)pecker]

pí·ca·ra·men·te [pí.ka.ra.mén.te] 副 **1** ずる賢く, 抜けめなく; 卑劣に. **2** いたずらっぽく. **mirar...~** …を意地の悪い[いたずらっぽい]目で見る.

pi·ca·ra·za [pi.ka.rá.θa / -.sa] 囡《鳥》カササギ（= urraca）.

pi·ca·ra·za·do, da [pi.ka.ra.θá.ðo, -.ða / -.sá.-] 形《鳥》カササギの羽毛をもった.

pi·car·de·ar [pi.kar.ðe.ár] 他 …に悪さ[いたずら]を教える. ― 自 **1** 悪さ[いたずら]をする. **2** きわどい[色っぽい]ふるまい[言動]をする.
― **~se** 再 悪の道に足を踏み入れる, 悪に染まる.

pi·car·dí·a [pi.kar.ðí.a] 囡 **1** いたずら, 悪さ; 〔子供の〕いたずら. **2** 悪知恵, ずる賢さ, 抜けめのなさ. **3** 詐欺, ぺてん. **4** 〔下品ではない〕きわどさ, 艶(ネ゙)っぽさ; きわどいこと, 艶っぽいこと. **5** 〔下品ではない〕色っぽい話［冗談］, 艶話［冗談］; 艶笑話. **6**〔複数で〕悪態, 無礼な言動. **7** ならず者の一団.

pi·car·dí·as [pi.kar.ðí.as] 男〔単複同形〕《服飾》ベビードール.

pi·car·do, da [pi.kár.ðo, -.ða] 形 **1**〔フランス北部〕ピカルディー地方出身[産]の. **2** ピカルディー地方の. ― 男 囡 ピカルディー地方の住民[出身者].
― 男 ピカルディー方言.

pi·ca·res·ca·men·te [pi.ka.rés.ka.mén.te] 副 **1** 悪党[ならず者]のように. **2** いたずらっぽく. **3** ピカレスク小説風に.

pi·ca·res·co, ca [pi.ka.rés.ko, -.ka] 形 **1** 悪党の, ならず者の. novela *picaresca* ピカレスク小説, 悪漢小説. **2** いたずらっぽい, おちゃめな. una mirada *picaresca* いたずらっぽい視線.
― 囡 **1**〔集合的〕悪党, 無頼漢, ごろつき.
2 無頼の生活[人生]; 詐欺, ぺてん.
3《文学》ピカレスク小説, 悪漢小説. ◆ならず者の主人公がエピソードを連ねて語る一体の小説で, 近代の写実的小説の誕生に大きな影響を与えた. → Guzmán.

pí·ca·ro, ra [pí.ka.ro, -.ra] 形 **1** たちの悪い, 悪党の; ずる賢い, 抜けめない, 奸知(ホェ)にたけた.
2《話》《親愛》いたずらな, おちゃめな, 腕白な. ¡Qué ~ es este! この子はなんて腕白なんだ!
3〈言動が〉きわどい, 色っぽくて機知に富んでいるが下品ではない. **4** 悪意のある; 破廉恥な, あくどい. palabras *pícaras* とげのある言葉. este ~ mundo このいまいましい世の中.

― 男 囡 **1**《文学》ピカレスク小説の主人公. **2** 悪党; 悪賢い人, 抜けめのない人. **3**《話》《親愛》いたずらっ子. **4** 恥知らず, ろくでなし.
pícaro de cocina 見習いコック, 皿洗い.

pi·ca·rón, ro·na [pi.ka.rón, -.ró.na] 形《話》《親愛》いたずらな, 抜けめのない. ― 男 囡《話》《親愛》いたずらっ子, 抜けめのない人. ― 男《ラ米》(ジ米)(ペ)揚げ菓子. [pícaro+増大辞]

pi·ca·ro·ne·ra [pi.ka.ro.né.ra] 囡《ラ米》(ジ米)ピカロン picarón 売りの（またはそれを作る）女性.

pi·ca·rre·lin·cho [pi.ka.r̄e.lín.tʃo] / **pi·ca·rro** [pi.ká.r̄o] 男《鳥》キツツキ (= pájaro carpintero).

pi·ca·sia·no, na / pi·cas·sia·no, na [pi.ka.sjá.no, -.na] 形 ピカソ Picasso の; ピカソの〔作品〕風の.

Pi·cas·so [pi.ká.so] 固名 ピカソ Pablo Ruiz ~ (1881-1973): スペインの画家. キュービスムの創始者. 作品 *Guernica*『ゲルニカ』.

pi·ca·tie·rra [pi.ka.tjé.r̄a] 囡《ラ米》(ジ米)雌鶏(ダネ).

pi·ca·tos·te [pi.ka.tós.te] 男《料》小さく切って揚げた[トーストにした]パン; クルトン.

pi·ca·za[1] [pi.ká.θa / -.sa] 囡《鳥》カササギ（= urraca）. ~ **chillona** [manchada] ズアカエンザ.

pi·ca·za[2] [pi.ká.θa / -.sa] 囡 小型の〔唐〕鍬(分).

pi·ca·zón [pi.ka.θón / -.són] 囡 **1** むずがゆさ, 掻痒(ホェ)感; ちくちくすること. **2**《話》いらだち, 腹立ち; 不快感, 嫌気; 後悔.

pi·ce·a [pi.θé.a / -.sé.-] 囡《植》エゾマツ, トウヒの類.

pi·cha[1] [pí.tʃa] 囡《俗》陰茎.

pi·cha[2] [pí.tʃa] 囡《ラ米》(ホ)毛布; 情婦.

pi·cha·do, da [pi.tʃá.ðo, -.ða] 形《ラ米》(ジ米)《話》逃げ腰の, 小心な.

pi·cha·na [pi.tʃá.na] 囡《ラ米》(ジ米)ほうき.

picea（エゾマツ）

pi·chan·ga [pi.tʃáŋ.ga] 囡《ラ米》(1) (ジ米)→ pichana. (2) (ペ)サッカーで遊ぶこと; ホームパーティー. (3) (ペ)ひき肉料理. (4) (ジ米)《話》騒ぎ.

pi·chan·go [pi.tʃáŋ.go] 男《ラ米》(ペ)犬.

pi·char [pi.tʃár] 自《ラ米》(ジ米)《俗》セックスをする. ― **~se** 再《ラ米》(ジ米)《話》恥ずかしがる.

pi·che[1] [pí.tʃe] 男《植》パンコムギ.

pi·che[2] [pí.tʃe] 形《ラ米》(ジ米)(ジ米)腐った, 傷んだ. ― 男《ラ米》(1) (*米, ジ米)《話》けちな人. (2) (ジ米)《話》恐れ. (3) (ジ米)《話》突き飛ばすこと; 凝乳; 赤色. (4) (ア)(ジ米)(ジ米)《動》アルマジロ〔の一種〕.

pi·chel [pi.tʃél] 男《蝶番(ホェッ)式の蓋(ホ)のついた. 主に錫(ホ)でできた〕ジョッキ, 大コップ. un ~ **de cerveza** 大ジョッキ一杯のビール.

pi·chi [pí.tʃi] 男 **1**《服飾》ジャンパースカート.
2《ラ米》(ジ米)《植》ナス科の薬用植物.

pi·chí [pi.tʃí] 男《ラ米》(ジ米)(ペ)《卑》小便, おしっこ.

pi·chi·ca·ta [pi.tʃi.ká.ta] 囡《ラ米》(ジ米)(ペ)(ジ米)《隠》コカイン, 麻薬.

pi·chi·ca·te·ro, ra [pi.tʃi.ka.té.ro, -.ra] 男 囡《ラ米》(ジ米)(ペ)《隠》コカイン常用者.

pi·chi·ca·to, ta [pi.tʃi.ká.to, -.ta] 形《ラ米》けちな, しみったれた.

pi·chi·chi [pi.tʃí.tʃi] 男《スポ》(サッカー)（特にスペ

pi‧chi‧co‧te [pi.tʃi.kó.te] 形 《ラ米》《ララ》《話》けちな, しみったれた.

pi‧chi‧lín‧go, ga [pi.tʃi.líŋ.go, -.ga] 男 女 《ラ米》《話》子供, 幼児.

pi‧chín [pí.tʃin] 男 《言》→ pidgin.

pi‧chín [pi.tʃín] 男 《ラ米》《ララ》(1)《卑》小便, おしっこ.

pi‧chin‧cha [pi.tʃín.tʃa] 女 《ラ米》《ララ》《話》掘り出し物; 値引き; うまみのある商売.

pi‧chin‧go [pi.tʃíŋ.go] 男 《ラ米》《パ米》水差し, 水つぼ; がらくた, 廃品.

pi‧chi‧rre [pi.tʃí.r̄e] 形 《ラ米》《ホン》《ニカ》《話》けちな, しみったれた.

pi‧chi‧rre‧ar [pi.tʃi.r̄e.ár] 自 《ラ米》《ニカ》《ホン》けちけちする.

pi‧chi‧ru‧che [pi.tʃi.rú.tʃe] 形 《ラ米》《キ》《ララ》《話》取るに足りない, 軽度に値する.
—— 男 《ラ米》《ララ》《話》取るに足りない人.

pi‧cho‧le‧ar [pi.tʃo.le.ár] 自 《ラ米》《話》(1)《ララ》浮かれ騒ぐ. (2)《ララ》いかさまで勝つ. (3)《ララ》わずかな金を賭ける.

pi‧chón, cho‧na [pi.tʃón, -.tʃó.na] 男 1 《鳥》子バト(特に巣立ちについて言う). → paloma. 2 《ラ米》(1)《*米》《卑》陰茎.
—— 男 1 《話》《まれ》《親愛》かわいい人. Ven acá ~. こっちへおいで, かわいい子. 2 《ラ米》(1)《ララ》新米, 未熟者. (2) ひな鳥.
—— 形 《ラ米》《ベズ》臆病《ララ》な, 小心の.

pi‧cho‧ne‧ar [pi.tʃo.ne.ár] 他 《ラ米》《ララ》ぺてんにかける, だまし取る. (2)《アア》《パ米》殺す. (3)《キ》刺す, 突く. (4)《キス》《パ米》助けを求める; 借用する. (5)《*米》(スポーツで)いとも簡単に負かす.
—— 自 《ラ米》《話》(1)《ララ》《ラア》(賭ごとで)かもにする. (2)《*米》《ララ》愛撫《ララ》する.

pi‧chu‧la [pi.tʃú.la] 女 《ラ米》《ララ》《卑》陰茎.

pi‧chu‧le‧a‧dor, do‧ra [pi.tʃu.le.a.dór, -.dó.ra] 男 女 《ラ米》《ララ》貪欲《ララ》な商人; けち, しみったれ.

pi‧chu‧le‧ar [pi.tʃu.le.ár] 自 《ラ米》《話》(1)《ララ》小商いを営む; 欲得ずくでやる. (2)《ララ》《ララ》わずかな金を賭ける; けちけちする. (3)《ララ》値切る.
—— 他 《ララ》だます, からかう.

pi‧chu‧le‧o [pi.tʃu.lé.o] 男 《ラ米》《話》(1)《ララ》《キ》《ララ》《話》けち, 物惜しみ. (2)《ララ》《ララ》小商い; 少額の賭《ララ》け.

pi‧chu‧lín [pi.tʃu.lín] 男 《ラ米》《キ》《ララ》《話》子供のペニス, おちんちん.

pi‧chu‧rri [pi.tʃú.r̄i] 間投 《親愛》ねえ; おまえ, あなた, 愛しい人.

Pi‧cio [pí.θjo / -.sjo] 男 *más feo* [*tonto*] *que Picio* 《話》非常に醜い[ばかな].

pick up / pick-up [pi.kú(p) // pi.káp, pi.kap] 〔英〕 男 《複 ~, ~s》 1 (スピーカー・ラジオつき)レコードプレーヤー(= tocadiscos). 2 ピックアップトラック. 3 (レコードプレーヤーの)ピックアップ.

pic‧nic [pík.nik] 〔英〕 男 ピクニック, 遠足, 野外での食事. ir de ~ ピクニックに行く.

píc‧ni‧co, ca [pík.ni.ko, -.ka] 形 肥満体[型]の.
—— 男 女 肥満した人. Los ~s deben vigilar su dieta. 肥満した人は日々の食事に注意を留意すべきだ.

pic‧nó‧me‧tro [pik.nó.me.tro] 男 《物》比重瓶, ピクノメーター.

pi‧co¹ [pí.ko] 男 1 (鳥の)くちばし, (昆虫の)吻《ふん》, くちさき. ~ *de halcón* タカ状のくちばし. 2 《話》(しゃべる道具としての)口; 雄弁. *callar* [*cerrar*] *el* ~ 《話》口をつぐむ, 黙る; 黙らせる. *no abrir el* ~ 《話》しゃべらない. *darle al* ~ 《話》《軽蔑》よくしゃべる. *irse del* ~ 口をすべらせる. *perderse por el* ~ 口が災いする.

3 峰, 頂; 鋭峰; 山頂の尖った山. ~ *de una montaña* 山の峰.

4 とがった先, 角, 出っ張り. *golpearse contra el* ~ *de la mesa* 机の角にぶつかる. *sombrero de dos* ~*s* 二角帽(ナポレオンなど19世紀に将校がかぶった帽子). *sombrero de tres* ~*s* 三角帽子(17, 18世紀に流行した帽子).

5 つるはし; (石工用の)先のとがったハンマー.

6 くちばし状のもの; (水差しなどの)(つぎ)口, (鍋《なべ》)の口, (カンテラの)火口《ほぐち》. ~ *de colada* (転炉の)流出口.

7 (三角形の)布おむつ.

8 少し, 端数(► 数を表す表現+ y pico で「…とちょっと」「いくらか」の意味になる); (端数の)残り, 残額; 釣り銭. *cien euros y* ~ 100ユーロ余り. *Son las tres y* ~. 3時ちょっと過ぎだ. 9 《不定冠詞+》かなりの額. *costar un* (*buen*) ~ / *salir por un* ~ かなりの額の費用がかかる. 10 《隠》麻薬の注射[薬, 液]. 11 甲殻類の前バサミ. 12 《鳥》キツツキ (= *pájaro carpintero*). ~ *verde* ヨーロッパアオゲラ. 13 《ラ米》(1)《ララ》《鳥》オオハシ(= ~ *de frasco* [*canoa*]). (2)《ララ》《アア》《ララ》《話》キス, 接吻《ララ》. (3)《キ》《動》フジツボ. (4)《*米》《卑》ペニス, 陰茎. (5)《キア》《ララ》大量, 多数, たくさん.

andar [*irse*] *de picos pardos* 《話》浮かれ騒ぐ, どんちゃん騒ぎする; 遊び歩く, いかがわしい場所に行く.

a pico de jarro 容器からじかに, らっぱ飲みで.

darse el pico 《ラ米》《俗》《話》キスをし合う.

de pico 《話》口先だけの, 空約束の.

de picos pardos 《話》乱痴気騒ぎの; お祭り騒ぎの.

flauta de pico 《音楽》リコーダー(= flauta dulce).

hacer el pico a+人 〈人〉を扶養する, 食いぶちをあてがう.

hincar el pico 《俗》死ぬ, くたばる; 降参する.

hora pico 《ラ米》《ララ》ラッシュアワー.

pico de cigüeña 《植》ゼラニウム.

ser [*tener*] *un pico de oro* 口達者である.

[「くちばし」←[ラ] *beccus* ←[ケルト] *beccus*; 関連 picotear. 〔英〕 *beak*; 「峰」は picar より派生; 関連 〔英〕 *peak*]

pi‧co² [pí.ko] 男 (フィリピンの)重量の単位: 63.262キログラム.

pi‧co‧fe‧o [pi.ko.fé.o] 男 《ラ米》《ララ》《鳥》オオハシ.

pi‧co‧lar‧go, ga [pi.ko.lár.go, -.ga] 形 《ラ米》《ホチ》《話》口答えする; 陰口を言う; 引っかき回す.

pi‧co‧le‧to [pi.ko.lé.to] 男 《話》治安警察官, 治安警察に属する人.

pi‧cón, co‧na [pi.kón, -.kó.na] 形 1 〈馬などが〉出っ歯の. 2 怒りっぽい, 短気な. 3 《ラ米》《アア》《ララ》口答えの多い; 陰口を言う; ずうずうしい. (2)《ララ》《ララ》人を食ったような. (3)《*米》《ララ》ほろ酔いの. (4)《ララ》《ララ》〈からかいや中傷に〉敏感な. (5)《ララ》《ララ》おしゃべりな. —— 男 1 (火鉢用の細かい)木炭. 2 《魚》(1)コイ科バルブス属の淡水魚. (2) 鼻先のとがったガンギエイ科のエイ. 3 (相手を挑発するような)冷やかし. 4 粉米. 5 (スペインの)カナリア諸島特有のソース(...

mojo ～).
dar picones《ラ米》《俗》《話》嫉妬させる.
pi·co·ne·ro, ra [pi.ko.né.ro, -.ra] 男 女 木炭を作る[売る]人. ― 男《闘牛》ピカドール picador.
pi·cor [pi.kór] 男 むずがゆさ, 搔痒(そうよう)感;ちくちくすること;(舌が)ひりひりすること. dar ～ かゆがらせる;ひりひりさせる.
pi·co·re·to, ta [pi.ko.ré.to, -.ta] 形《ラ米》《話》(コラ)(*ペ)(ドミニカ)(ベネズ)おしゃべりな, 口の軽い.
pi·co·ro·co [pi.ko.ró.ko] 男 ピコロコ：ペルーやチリの沿岸に生息するフジツボ科の生物で食用.
pi·co·so, sa [pi.kó.so, -.sa] 形 1《ラ米》(分)(1)(ぴりっと)辛い. (2) しんらつな；陽気な.
2 あばたのある.
pi·co·ta [pi.kó.ta] 女 1 (罪人[処刑された者の首]の)さらし台. poner... en la ～ (人を)さらし者にする, 辱める. 2 尖塔(せんとう);尖峰;尖塔[尖峰]の先端. 3《話》鼻. 4《植》(肉厚で先端のやや尖った)サクランボ. 5《遊》2本の棒を投げて倒し合う子供の遊び. 6《海》(ポンプの柄の)支え.
pi·co·ta·da [pi.ko.tá.ða] 女 → picotazo.
pi·co·ta·zo [pi.ko.tá.θo / -.so] 男 1 くちばしでつつくこと；(虫が)刺すこと;(蛇が)かむこと.
2 くちばしでつつかれた跡；刺し[かみ]傷.
pi·co·te·a·do, da [pi.ko.te.á.ðo, -.ða] 形 1 くちばしでつつかれた. 2 くちばしのある；くちばし状の.
pi·co·te·ar [pi.ko.te.ár] 他 1 くちばしでつつく, つつく, つまむ, つまみ食いをする.
― 自 1 色々なものを少しずつ食べる, つまむ. 2《話》ぺちゃくちゃしゃべる. 3《馬が》上下に首を振る.
― ～se 再《女性が》(ささいなことで)言い争う, 口論する.
pi·co·te·o [pi.ko.té.o] 男 1 くちばしでつつくこと. 2《話》色々なものを少しずつ食べること, つまみ食い.
pi·co·ti·je·ra [pi.ko.ti.xé.ra] 女【鳥】クロハサミアジサシ.
pi·co·tón [pi.ko.tón] 男《ラ米》(コラ)(ェクア)(ペ)(ア) → picotazo.
pí·cri·co [pí.kri.ko] 形【化】ピクリン酸の. ácido ～ ピクリン酸.
pic·to·gra·fí·a [pik.to.gra.fí.a] 女 絵文字による表記(法);絵文字.
pic·to·grá·fi·co, ca [pik.to.grá.fi.ko, -.ka] 形 絵文字の, 絵文字による.
pic·to·gra·ma [pik.to.grá.ma] 男 絵文字, ピクトグラフ, 絵グラフ.
pic·tó·ri·co, ca [pik.tó.ri.ko, -.ka] 形 1 絵の, 絵画の. interés ～ 絵に対する関心. motivo ～ 絵のモチーフ. Demuestra habilidades *pictóricas*. 彼[彼女]には絵の才能がある.
2 絵画的な, 絵になる. paisaje ～ 絵になる風景.
pi·cú·a [pi.kú.a] 女《ラ米》《話》(1) 小さな凧(たこ);商売にたけた人; 娼婦(しょうふ). (2) (ベネズ)気弱な人.
pi·cu·da [pi.kú.ða] 女《ラ米》(分)【魚】オニカマス.
pi·cu·di·lla [pi.ku.ði.ʝa ‖ -.ʎa] 女【鳥】タカブシギ；タシギ.
pi·cu·do, da [pi.kú.ðo, -.ða] 形 1 先のとがった. sombrero ～ とんがり帽子. 2 鼻面の突き出た. 3《話》おしゃべりの；注ぎ口のある. 5 くちばしのある[長い]. 6 尖峰(せんぽう)の. 7《ラ米》《話》(1)(メ)きざな. (2)(グァテ)ずるい. (3)(メ)傑出した；影響力の大きい. (4)(ベネズ)すばらしい, とてもいい. ― 男 焼き串(ぐし).
pi·cu·re [pi.kú.re] 男《ラ米》(1)(ベネズ)《話》逃亡者. (2)(ベネズ)(トウガラシ・塩・ニンニクなどで作る)調味料.

pi·cu·re·ar·se [pi.ku.re.ár.se] 再《ラ米》(ベネズ)《話》逃亡する, 遁走(とんそう)する.
pid- 活 → pedir.
pi·dén [pi.ðén] 男《ラ米》(チ)【鳥】クイナの一種.
pidg·in [píð.jin ‖ pí.dʒin] 男 1 ピジン. (2) (アジア・アフリカの港町, 特に中国で用いられた, 商業用の)ピジン英語.
pidg·in-eng·lish [píð.jin ín.glis ‖ pí.dʒin ín.glif]《英》ピジン英語.
pí·do·la [pí.ðo.la] 女《遊》馬跳び. saltar a ～ 馬跳びをする.
pi·dón, do·na [pi.ðón, -.ðó.na] 形《話》ねだり屋の, 願いごとの多い；懇願する, 物ごいする (=pedigüeño). ― 男 女《話》お願いしてばかりの人；懇願する人, 物ごい[する人].

**pie [pjé] 男 1 (人間・動物の) 足 (► くるぶしから下の部分.「足全体」は pierna) ; (靴下・靴の)足を包む部分；靴(下)を履いた足. con los pies juntos 両足をそろえて. ligero [lento] de *pies* 足の速い[遅い], 俊足[鈍足]の. huellas de *pies* de perro [caballo] 犬[馬]の足跡. *pie* cavo 甲の高い足. *pie* plano 扁平足. *pie* zambo 内反足. caminar [andar] con *pies* pesados 重い足取りで歩く. golpear el suelo con el *pie* 足で床を蹴る[鳴らす]. poner los *pies* en... 《話》…に足を踏み入れる, 立ち入る. tener buenos [muchos] *pies* 足が達者である. tener los *pies* hacia fuera [dentro] 外股(そとまた)[内股(うちまた)]である. el *pie* de las medias ストッキングの足の部分. Límpiese los *pies* en el felpudo. マットで靴の汚れを落としてください.
2 (家具・器物の)脚, 台；(特にベッドの)足の方；(柱の)基部. los *pies* de un sofá ソファーの脚. el *pie* de una lámpara 電気スタンドの脚. el *pie* de una copa de vino ワイングラスの脚. el *pie* de la cama ベッドの足もと.
3 (建物・木などの)最下部,(山などの)ふもと. al *pie* de la colina 丘のふもとで. al *pie* de la escalera 階段の下で.
4 最後, 末尾(↔cabeza);(文書の)末尾の余白. a [al] *pie* de la página ページの最下部に. *pie* de imprenta (本の)奥付(◆扉の下[裏]側にあることも多い). firmar al *pie* de un documento 書類の末尾にサインする.
5 機会, 口実；基盤, 根拠. dar *pie* a [para]... …を引き起こす, …のきっかけを与える. tomar *pie* de... …を口実にする.
6 (写真・図版などの)説明文, キャプション. el *pie* de una fotografía 写真の説明文.
7 (長さの単位) 1 フィート (30.48センチ) ; 《古語》(スペイン Castilla の) 1 ピエ (約28センチ).
8 【植】茎, 軸, 幹；(接木用の)台木；一株. mil *pies* de lechugas 1000株のレタス. veinte *pies* de olivos オリーブ20本. **9**【詩】韻脚. *pie* forzado 前もって決めた韻律に従って作る詩；その韻脚. *pie* quebrado 4 音節または 5 音節の行とそれ以上の音節の行 (通例 8 音節) が組み合わされた詩の形式. **10**(ワインなどの)おり, 沈殿物; (ブドウ・オリーブの)搾りかす. **11**【演】次の台詞への きっかけとなる言葉, キュー. **12**【数】基線. **13**《ラ米》(キ)手付け金.
a cuatro pies 四つん這いで.
a los pies de +人 / *a* SUS *pies*〈人〉の足もとに, 〈人〉にかしずいて；〈人〉の言いなりで. Señora, *a los pies de* usted. 奥様, 謹んであなたにお仕えします.
al pie de... …の下部で[に], …の近くに；《話》(ま ね)ほぼ…, 約….

pie

al pie de fábrica 工場渡し価格で, 原価で.
al pie de la letra 文字どおり, 厳密な意味で; 逐語的に.
al pie del cañón (すぐ問題に対処できるよう) 待機して, 職責[職場]から離れないで, 仕事にかかりきりで.
al pie de obra 現場渡しの価格で.
a pie 徒歩で. ir *a pie* 歩いて行く.
a pie enjuto 足をぬらさずに; 楽々と, 危なげなく.
a pie firme 足を踏ん張って; 断固として. aguantar [esperar] *a pie firme* 辛抱強く耐える[待つ].
a pie llano 上がり下がりすることなく, 同じ階に; 楽に.
a pie(s) juntillas / a pie juntillo (1) 足を揃えて. saltar *a pie juntillas* 両足を揃えて跳ぶ. (2) なんの疑いも持たずに. Cree *a pie juntillas* todo lo que le dicen. 彼[彼女]は人の言うことをなんでもそのまま信じる.
arrastrarse a los pies de + 人 〈人〉に対する威厳を失う, 〈人〉に頭が上がらなくなる.
asentar el pie [los pies] en... …について慎重に行動する.
atado de pies y manos 手足を縛られて;《比喩的》身動きできない状態で.
besar los pies a + 人 〈人〉の足もとにひれ伏す;《手紙の末尾に添えて》謹白, 敬白.
buscar tres [cinco] pies al gato《話》わざわざ事をややこしくする.
caer de pies (1) (困難を) 無事に乗り切る. (2) → nacer *de pie(s)*.
cojear del mismo pie《話》《軽蔑》《複数主語で》同じ穴のむじなである;《que + 人 〈人〉と》同じ欠点をもっている.
con buen pie / con el pie derecho 首尾よく, 幸先よく. empezar *con buen pie* 幸先のいいスタートを切る.
con el pie bien sentado 落ち着いて, 慎重に.
con los pies《話》でたらめに, 下手に, まずく. trabajar *con los pies* いい加減な仕事をする.
con los pies por delante《話》死んで. salir *con los pies por delante* 死体となって出てくる.
con mal pie / con el pie izquierdo 出だしからまずく, 縁起が悪く. levantarse *con el pie izquierdo* 朝からまずいスタートを切る.
con pie(s) de plomo《話》用心深く, 慎重に.
con un pie en... …しかかって, まさに…に行きかかって. *con un pie en* el sepulcro 棺おけに片足を突っこんで. *con un pie en* el estribo まさに出発しようとして.
con un pie en el aire 不安定に. estar *con un pie en el aire* 不安定な状態にある, 一か所にじっとしていない.
dar... con el pie …を蹴(け)る;〈人〉をばかにする.
de a pie 徒歩の; 一般〈人〉の. soldado *de a pie* 歩兵.
de (los) pies a (la) cabeza 頭から足の先まで, 完全に.
de pie(s) (1) 立って; 起きて, 寝ないで. estar *de pie* 立っている. ponerse *de pie* 立ち上がる. llevar *de pie* 寝ないでいる. (2)(写真などが)全身[立った姿]の.
echar pie a tierra(車・馬から)降りる.
echar pie atrás 言を撤回する, 心変わりする.
en pie (1) 立って(= de pie). ponerse *en pie* 立ち上がる. (2)(特に病人が)起きて. (3) 収穫前の状態で;(家畜が)畜殺前で. (4)《estar, quedar, seguir* などの動詞と共に》未処理のままで; 有効で.
en pie de guerra 戦闘準備のできた.
en pie de igualdad / sobre un pie de igualdad 対等の立場で.
fallarle (a + 人) los pies 〈人〉がバランスを失う, ひっくり返りそうになる.
hacerle (a + 人) un pie agua《話》〈人〉をうんざりさせる.
hacer pie (水の中で) 足が底に届く;(仕事ぶりが) 着実である; 腰を据える.
írsele los pies (a + 人) 〈人〉が足を滑らす; へまをする.
nacer [caer] de pie(s)《話》幸運である, 幸運な星の下に生まれる.
no dar pie con bola《話》何をやっても失敗する.
no poner los pies en... …に行かない.
no tener ni pies ni cabeza《話》要領を得ない, でたらめである.
no tenerse [sostenerse] en pie (1) へとへとである, 体がふらつく. (2) ばかげている.
pararle los pies [el carro] (a + 人) 〈人〉の動きを抑える; 行き過ぎをたしなめる.
perder pie (水中で)足が立たなくなる; 狼狽(ろうばい)する, 混乱する.
pie ante pie 少しずつ, 一歩ずつ.
¡Pie a tierra!《軍》馬を降りろ.
pie de amigo 支柱, 支え.
pie de atleta《医》水虫.
pie de becerro《植》アルム: サトイモ科の植物.
pie de burro《動》フジツボ.
pie de cabra バール, くぎ抜き;《貝》カメノテ.
pie de liebre《植》(1) シャグマハギ: マメ科シャジクソウ属の牧草. (2) クローバーの一種.
pie derecho《建》(建物を垂直方向に支える)間柱;(アーチの)立ち上がり, 側柱.
pie de rey (工具の)ノギス.
pies con cabeza 互い違いに, あべこべに.
Pies, ¿para qué os quiero? 逃げるが勝ちだ(▶慣用表現).
poner... en pie 〈事業などを〉興す; …の基礎固めをする.
poner pies en polvorosa / irse [salir] por pies《話》雲隠れする, 姿をくらます.
saber de qué pie cojear + 人《話》〈人〉の弱点を知っている. Sé de qué pie cojeas. 君の欠点は知ってるよ. ▶cojear は〈人〉によって変化する.
sacar los pies del plato [del tiesto, de las alforjas]《話》(急に)大胆になる, 横柄な態度をとる[口をきく].
ser pies y manos de + 人《話》〈人〉の右腕である.
sin pies ni cabeza でたらめな.
tener los pies en [sobre] la tierra 〈人が〉現実的である; 地に足がついている.
tener un pie en... (1) …のすぐそばまできている. (2) …に片足を突っ込んでいる.
tratar... con la punta del pie 〈人を〉ぞんざいに扱う.
un pie tras otro 歩いて.
vestirse por los pies《強調》男である, 男らしく振る舞う.
volver pie atrás 引き返す; 前言をひるがえす.
[◀ [ラ] *pedem* (*pēs* の対格). 関連 pedestre, pedal, peón. [ポルトガル] *pé*. [仏] *pied*. [伊] *piede*. [英] *foot, pedicure, pedestrian*. [独] *Fuss*]

pie [pjé] 男《ラ米》《チ》手付け, 契約金.

pie·ce·ci·to [pje.θe.θí.to / -.se.sí.-] 男 pie＋縮小辞.

‡pie·dad [pje.ðáð] 女 **1** 哀れみ, 同情, 憐憫(牀). hombre sin ～ 情け容赦のない人. dar ～ 哀れみを誘う. mirar a... ～ …を同情の目で見る. mover... a ～ 〈人に〉同情の気持ちを起こさせる. sentir ～ por [de]... …に哀れみを感じる. tener ～ de... …を哀れむ, 気の毒に思う. Señor, ten ～. Cristo, ten ～. 主よ憐れみたまえ, キリスト憐れみたまえ〔◆聖母への賛歌の一節〕.
 2〔宗〕信仰心, 敬虔(慤)さ.
 3〔格式〕敬愛, 孝心, 敬意. ～ filial 子への情愛.
 4〔美〕〔宗〕悲しみの聖母, ピエタ：十字架からおろされたイエスの遺体を抱いて嘆く聖母マリアの絵[像].
monte de piedad 公設質屋.
por piedad 後生ですから.
[← 〔ラ〕*pietātem* (*pietās* の対格)；関連 pío, piadoso.〔英〕*pity*]

‡pie·dra [pjé.ðra] 女 **1** 石, 石ころ, 岩石；(宝石などの)原石. lanzar [tirar] una ～ 石を投げる. ～ de cal 石灰岩. ～ de chispa [〔ラ米〕(〔ᄉ〕)fuego] / ～ pedernal 火打ち石. ～ de encendedor [mechero] ライターの石. ～ del altar (祭壇の)祭台. ～ de molino [moler] 臼石(な), 挽(ᐖ)き石. ～ de sillería 切石. ～ de toque 試金石. ～ afiladora / ～ de afilar [amolar] 砥石(ᐗ). ～ ácuea [acuosa] 水成岩. ～ arenisca 砂岩. ～ berroqueña 花崗岩 (＝granito). ～ eruptiva [ígnea, volcánica] 火成岩. ～ fundamental 礎石. ～ imán 天然磁石. ～ meteórica 隕石. *P*～ Negra (メッカの)黒石. ～ pómez 軽石. ～ preciosa 宝石. ～ de cumpleaños 誕生石. ～ artificial [falsa] 人工宝石. ～ fina 準宝石, 半貴石. lavado a la ～ ストーンウォッシュの.
 2〔主に単数〕石材, 石材. ～ de construcción 建築用材. camino de ～ 石畳の道. casa de ～ 石造りの家. estatua de ～ 石像. puente de ～ 石橋. primera ～ 礎石.
 3〔比喩的〕堅いもの；冷たいもの, 感情のないもの[人]. pan tan duro como una ～ 石のように固いパン. corazón de ～ (石のように)冷たい心, 冷酷. corazón duro como la ～ 強剛(ᐃ)な意志. mudo como una ～ 石のように押し黙った. **4**〔話〕〔医〕結石 (＝mal de ～). tener ～*s* en el riñón 腎臓に石がある. **5** 雹(ᐚ), あられ (＝granizo). caer ～ 雹[あられ]が降る. **6** 孤児院. **7** ゲームの得点. **8**〔ラ米〕(〔ᐔ〕)(〔ᐜ〕)厄介者, 世話の焼ける人.
ablandar las piedras 〈石の冷たい〉心を動かす[和らげる]. Sus lamentos *ablandan las ～s*. 彼[彼女]の嘆き声は冷たい心を動かす.
a tiro de piedra 目と鼻の先に.
cerrar(...) a piedra y lodo〈…を〉固く閉じる.
dejar a＋人 *de piedra*〈人〉を呆然とさせる,〈人〉の心を凍りつかせる. La noticia de su muerte me *ha dejado de ～*. 彼[彼女]の死の知らせに私は凍りついた.
estar tres piedras〔ラ米〕〔ᐛ〕(〔ᐔ〕)〔俗〕〈人・もの〉がものすごい.
Hasta las piedras lo saben. そんなことは誰もが知っている.
levantarse hasta las piedras contra＋人 世の中全てが〈人〉を非難する.
Menos da una piedra.〔話〕ないよりましだ.
no dejar piedra por mover あらゆる手段をつくす.

no dejar piedra sobre piedra 徹底的に破壊する[される].
pasar por la piedra(いやなことでも)やらざるをえない.
pasarse por la piedra a＋人〔話〕〈人〉に屈辱を与える, いやおうなしにやらせる；〔俗〕〈人〉と性交する, 〈人〉をものにする.
piedra angular (1)〔建〕隅石. (2) 基盤, 大黒柱.
piedra de(*l*) *escándalo* 騒ぎ[うわさ]のもと.
Piedra del Sol 太陽の石. ► メキシコのアステカ人 azteca の宇宙観を表す, 15世紀後半に作られた円盤状の石の暦.
piedra filosofal (1)(練金術における)賢者の石. (2) 万能策, 奥の手.
piedra miliar 道標, 里程標；(人生の)転機.
Piedra movediza, nunca moho la cobija.〔諺〕転石, 苔(ᐌ)を生ぜず.
poner [*colocar*] *la primera piedra* 礎石を置く；事業を始める, 礎を築く.
quedarse de piedra〈人が〉呆然とする, 凍りつく.
tirar la piedra y esconder la mano〔話〕素知らぬ顔[陰]でひどい[悪い]ことをする.
tirar [*arrojar*] *la primera piedra* 最初に非難する.
tirar piedras al tejado ajeno 他人を非難する.
tirar piedras a [*contra, sobre*] *su tejado* 自分に不利になるようなことをする[言う].
tirar piedras contra... …に石を投げる；…を非難する.
[← 〔ラ〕*petram* (*petra* の対格)「岩, 石」← 〔ギ〕*pétra*；関連 petrificar, petróleo.〔ポルトガル〕*pedra*.〔仏〕*pierre*.〔伊〕*pietra*.〔英〕*petro-, petrify*]

pie·dre·ci·ta [pje.ðre.θí.ta / -.sí.-] 女 piedra＋縮小辞.

‡piel [pjél] 女 **1** (人間の)皮膚, 肌；(動物の)皮. ～ seca 乾燥肌. Tiene la ～ blanca. 彼[彼女]は肌が白い. *Cambio de ～*『脱皮』(Fuentes の小説).
 類語 *piel* が(脊椎(ᐠ))動物全体の皮膚を表すのに対して, *cutis* は人間, 顔について指す.
 2 なめし皮；毛皮. ～ de ante スエード. ～ de ternera カーフスキン. ～ sintética 合成皮革. abrigo de ～*es* 毛皮のコート.
 類語 *piel* は材質としての皮革, また毛皮, バックスキンなど, しなやかなamong革を指すが, *cuero* はやや厚めのなめし革を指して用いる.
 3 (果物の)皮. ～ de plátano バナナの皮. Quítale la ～ a la pera. 洋ナシの皮をむきなさい.
 類語 リンゴ, モモなどの薄い皮は *piel*, バナナ, レモンなどの比較的厚い皮は *cáscara* を用いる.
 4〔話〕命. ▶ 特に成句で用いられる.
dejarse [*jugarse*] *la piel en...* …に命をかける；一生懸命努力する.
la piel de toro〔スペイン〕イベリア半島, スペイン. ◆イベリア半島の形から.
pagar con la piel / *perder la piel* (何かの代價で)命を落とす.
piel de ángel [*seda*](特にウェディングドレス用の)光沢のある滑らかなシルク.
piel de gallina 鳥肌 (＝carne de ～). tener ～ *de gallina* 鳥肌が立つ.
piel de naranja(セルライトの沈着によってできた)オレンジピールスキン；(製菓材料の)オレンジピール.

piélago

piel roja《軽蔑》北米先住民(の).
*sacar*le [*quitar*le] *la piel a tiras* (a+人)《話》(はばかることなく)〈人〉の悪口を言う.
salvar la piel《話》命拾いする.
ser de la piel de Barrabás / ser la piel del diablo《話》《親愛》〈子供が〉いたずらっ子である.
vender la piel del oso antes de cazarlo 取らぬ狸(なき)の皮算用をする(←狩りに行く前に熊の皮を売る).
[←[古スペイン] *pielle*←[ラ] *pellis*; [関連] pellejo, película. [英] *fell*「毛皮」*film*「フィルム」]

pié·la·go [pjé.la.go] 男 **1**《文章語》海, 海原；沖合. **2** 多量, 非常にたくさん. un 〜 de problemas 山積する問題. **3**《文章語》空間, 余地.

pie·li·tis [pje.lí.tis] 女《単複同形》《医》腎盂(ぅ)炎.

pie·lo·ne·fri·tis [pje.lo.ne.frí.tis] 女《単複同形》《医》腎盂(ぅ)腎炎.

piens- 活 → pensar.

pien·so¹ [pjén.so] 男 (主に乾燥した) 飼料, 飼い葉. 〜 compuesto 混合飼料.

pien·so² [pjén.so] 男 考えること, 考え. ¡Ni por 〜! (誰)夢にも思わない. ——活 → pensar.

pierc·ing [pír.θin / -.sin][英] 男《複 〜s, 〜》**1** ピアシング, ピアス用の穴を開けること. **2** ピアス用の穴. **3** ピアス.

pierd- 活 → perder.

Pié·ri·des [pjé.ri.ðes] 女《複数形》《ギ神》ピーエリデス：ムーサの女神たち. → musa.

pier·na [pjér.na][女] **1 脚, 下肢 (特にひざから足首まで) (▶「足」は pie,「腿(も)」は muslo). 〜s en arco O脚. cruzar las 〜s 脚を組む.
2 (動物・鳥の)脚(の肉). 〜 de cordero al romero 子羊腿肉のローズマリー風味. **3** 脚の形状をしたもの；(衣服の)脚部, すそ；(器具の)脚. **4**《複数で》《話》脚力. tener buenas 〜s 健脚である. **5**《ラ米》(ゲ)ゲームをする人；遊び相手；機械な人.
dormir a pierna suelta [*tendida*]《話》ぐっすり眠る.
estirar las piernas 脚をほぐす (ために歩く), 脚を慣らす.
hacer piernas 足腰を鍛える, 歩く.
salir por piernas de...《話》…から早早に去る, 逃げ出す；(事業など)から退く.
[←[ラ] *pernam* (*perna* の対格)「腿(も)(肉)」, [関連] pernear. [ポルトガル] *perna*]

pier·na·men [pjer.ná.men] 男《話》(特に女性の) (両)足, 脚. ▶ ユーモラスな意味あいを持つ.

pier·nas [pjér.nas] 男《単複同形》《スペイン》《話》(1) 取るに足りない人, 何の力もない人. (2)《巡回の》警察官.

pier·ni·cor·to, ta [pjer.ni.kór.to, -.ta] 形 足の短い, 一方の足の短い人.

pie·rrot [pje.ró(t)][仏] 男 ピエロ, 道化役.

pie·tis·mo [pje.tís.mo] 男《宗》敬虔(ぎ)主義：17世紀ドイツのルター派教会から起こった運動.

pie·tis·ta [pje.tís.ta] 形 敬虔(ぎ)主義[派]の.
——男女《宗》敬虔主義者.

pie·za [pjé.θa / -.sa] 女 **1 (ひと組, ひとそろいの中の) 一個；(あるものを構成する)部品, 部分. juego de cubiertos de 84 〜s 84ピースのカトラリー[ナイフ・フォーク・スプーン]のセット. vestido de una sola 〜 ワンピース. 〜s de un motor エンジン部品. 〜 de recambio [repuesto] 交換用部品.
2 (それ自体まとまった) ひとつ, 一片；(食べ物などを数える単位としての) 一個, ひと切れ；一員；断片, 破片. 〜 de una 〜 ひと塊の. una 〜 de carne 肉のひと切れ. dos 〜s de fruta 果物2個. 〜 de artillería (軍) 火器, 大砲. 〜 de 〜 一件書類. 〜 de convicción 証拠品. **3** (ひとつの)芸術作品；(芸術的価値のある)宝石, 道具, 家具. 〜 de museo 陳列品, 美術品. 〜 de plata 銀製品. **4**《演》(特に一幕ものの)戯曲, 劇作品；《音楽》小曲, (短い) 楽曲；《音楽》(ジャズなどの)ナンバー. 〜 de Lope de Vega ロペ・デ・ベガの小品. interpretar una 〜 romántica ロマンチックな小曲を演奏する.
5 (リビング・寝室などの)部屋. La casa tiene el salón y otras cuatro 〜s. その家は広間とその他に4間ある.
6 あて布, 服を修繕する布切れ. poner una 〜 継ぎを当てる. **7** (織物の) 一反；(紙の) ひと巻き：一度に製造される量. **8**《話》人, やつ (▶ 若者をさす場合が多い)；腕白な子供. ¡Es una buena [linda] 〜! あいつはなかなかのやつだ. **9** (チェスなどのボードゲームの) 駒 (= ficha)；(ジグソーパズルの)ピース. **10** (狩・釣りの) 獲物. Ha cazado una buena 〜. 彼[彼女]はいい獲物をしとめた. **11** 少しの距離；しばらくの時間. **12**《まれ》貨幣, 硬貨. **13**《紋》幾何学的紋章図形：palo, banda, cabrio, faja などの総称.
buena pieza《ラ米》(ぅ゙) 言うばかりで実行しない人.
cambiar la pieza《ラ米》同じことをくどくど言うのをやめる.
dejar a+人 de una pieza 〈人〉を面食らわせる. Esta noticia *me dejó de una* 〜. この知らせに私は呆然とした.
de una pieza《話》唖然(ぎ)とした；びっくりした.
dos piezas《服飾》ビキニ (= biquini).
por pieza(s) ばらばらに, 切れ切れに.
quedarse de una pieza《話》唖然(ぎ)とする. Al enterarme de esa noticia *me he quedado de una* 〜. そのニュースを知って私は驚きのあまり口もきけなかった.
ser de una pieza《ラ米》率直な[裏表のない]人である.
[←[中う] *petia*←[ケルト] *pettia* ; [関連] empezar. [英] *piece*]

pie·zo·e·lec·tri·ci·dad [pje.θo.e.lek.tri.θi.ðáð / -.so.-.si.-] 女《物理》圧電気, ピエゾ電気.

pie·zo·e·léc·tri·co, ca [pje.θo.e.lék.tri.ko, -.ka / -.so.-] 形《物理》圧電気の, 圧電性の. efecto 〜 圧電効果.

pie·zo·me·trí·a [pje.θo.me.trí.a / -.so.-] 女 **1** 圧力測定, 圧縮率測定. **2** 圧力研究.

pie·zo·mé·tri·co, ca [pje.θo.mé.tri.ko, -.ka / -.so.-] 形 圧縮率測定の.

pie·zó·me·tro [pje.θó.me.tro / -.só.-] 男《物理》ピエゾメーター：(1) 流体の圧縮率を測定する装置. (2) 圧力測定器, 水圧計.

pí·fa·no [pí.fa.no] 男 **1**《音楽》ファイフ, 軍楽隊などで用いられた高音の横笛. **2** ファイフ奏者.

pi·fia [pí.fja] 女 **1**《遊》(ビリヤード)突き損ない. **2**《話》失敗, へま. hacer una 〜 しくじる, どじを踏む. **3**《ラ米》《話》(1)(ぅ゙)(ぉ゙)冷やかし, あざ笑い；悪ふざけ. (2)(ぎ)(あざけりの)口笛.

pi·fia·dor, do·ra [pi.fja.ðór, -.ðó.ra] 形《ラ米》(ぅ゙)(ぉ゙)ふざけた, 冷やかしの；〈人を〉からかう.

pi·fiar [pi.fjár] 82 自 **1**《遊》(ビリヤード)玉を突き損なう. **2**《話》しくじる, へまをする. **3**《ラ米》(ぅ゙)(ぎ)(ぅ゙)《話》失望する, 当てが外れる. ——他《ラ米》

(ｷ)(ｾﾞﾙ)(ｺﾞ)《話》冷やかす,あざける；かつぐ.
pifiarla《話》失敗する,しくじる.
pi·gar·go [pi.ɡár.ɡo]《鳥》オジロワシ.
Pig·ma·lión [piɡ.ma.ljón]《固名》《ギ神》ピグマリオン：自作の象牙の女人像に恋をしたキプロスの王.
pig·men·ta·ción [piɡ.men.ta.θjón / -.sjón] 囡 **1** 色素沈着. **2**《まれ》着色.
pig·men·tar [piɡ.men.tár] 他 **1** 着色する. **2** 色素を沈着させる. ━ ~se 再 色素が沈着する.
pig·men·ta·rio, ria [piɡ.men.tá.rjo, -.rja] 形 色素の；色素を分泌する.
pig·men·to [piɡ.mén.to] 男 **1** 色素. **2** 顔料,絵の具.
pig·me·o, a [piɡ.mé.o, -.a] 囡 **1**《ギ神》ピュグマイオイ. **2**《人類》ピグミー. **3** ちび,背の低い人. **4** 取るに足りない人. ━ 形 **1** ピュグマイオイの. **2** ピグミーの. **3** 背のとても低い. **4** 取るに足りない. **5**《ラ米》(ｴﾞﾌﾟ)《話》頭が悪い.
pig·no·ra·ción [piɡ.no.ra.θjón / -.sjón] 囡《格式》質入れ,抵当に入れること.
pig·no·rar [piɡ.no.rár] 他 **1**《格式》質に入れる,抵当に入れる. **2**《不利な条件で》売る,投げ売りする.
pig·no·ra·ti·cio, cia [piɡ.no.ra.tí.θjo, -.θja / -.sjo, -.sja] 形《格式》質入れの,担保の.
pi·gri·cia [pi.ɡrí.θja / -.sja] 囡 **1**《格式》怠惰,怠慢,無精. **2**《ラ米》(ﾒｷ)つまらないもの,ささいなこと；少量.
pi·í·do [pi.í.ðo] 男《鳥が》(1回) ピーと鳴くこと,鳴き声.
pi·ja [pí.xa] 囡《ラ米》(ｺﾞ)《卑》ペニス,陰茎.
pi·ja·da [pi.xá.ða] 囡《話》(**1**) 取るに足りないこと,ばかげたこと.(**2**) 見苦しい［これみよがしの］装飾品.(**3**) 見栄,上流気取り.(**4**) 煩わしいこと［言動］.
*****pi·ja·ma** [pi.xá.ma] 男(《ラ米》で時に囡) **1** パジャマ (= piyama). ▶「上着」chaqueta と「ズボン」pantalón からなる. **2** パフェ,アイスクリームサンデー：アイスクリーム・プリン・果物などを盛ったデザート. [← 英 pyjamas ← ヒンディー pāejāma「イスラム教徒の緩いズボン」；関連 仏 pyjama. 英 pajama(s)]
pi·je [pí.xe] 男《ラ米》(ﾁ)(ｺﾞﾙ)《話》めかした,きざな. ━ 男《ラ米》(ﾁ)(ｺﾞﾙ)《話》しゃれ者,きざな男.
pi·je·rí·a [pi.xe.rí.a] 囡《ラ米》(ﾁ)《集合的》《集合的》上品ぶった振る舞いや物言い,上流階級を気取ること.
pi·je·rí·o [pi.xe.rí.o] 男《話》《軽蔑》上品ぶった人々.
pi·jez [pi.xéθ / -.xés] 囡《話》《軽蔑》→ pijería.
pi·ji·je [pi.xí.xe] 男《ラ米》(ﾒｷ)(ﾁﾘ)《鳥》ハシグロリュウキンカモ.
pi·jo, ja [pí.xo, -.xa] 形《話》《軽蔑》外見ばかり気にする,上流階級気取りの,見えっぱりの. ━ 男囡《話》《軽蔑》外見ばかり気にするやつ,上流階級気取りの人. ━ 男《卑》陰茎. (*y*) *un pijo*《俗》少しも(…ない)；とんでもない.
pi·jo·ta [pi.xó.ta] 囡《魚》《まれ》メルルーサ merluza の稚魚.
pi·jo·ta·da [pi.xo.tá.ða] 囡 → pijada.
pi·jo·te·ar [pi.xo.te.ár] 自《ラ米》(ﾁ)(ｺﾞﾙ)《話》けちなことをする,けちけちする.
pi·jo·te·rí·a [pi.xo.te.rí.a] 囡《話》**1** ばかげたこと,つまらないこと. **2** 厄介,面倒. No me vengas con ~. 面倒をかけないでくれ. **3** 気取り,上品ぶること. **4**《集合的》上流気取りの連中. **5**《ラ米》(ｺﾞﾙ)(ｺﾞ)さもしさ,けち,いやしいこと.

pi·jo·te·ro, ra [pi.xo.té.ro, -.ra] 形《話》**1**《軽蔑》面倒な,うるさい,煩わしい. este ~ niño この面倒な子供. **2**《ラ米》(ﾁ)(ｺﾞﾙ) けちな,しみったれた. ━ 男囡《話》《軽蔑》煩わしいやつ；何かとけちをつける人.
*****pi·la**¹ [pí.la] 囡 **1**《話》**積み重ね,山積み；多数；大量**. una ~ de libros 山積みの本. Tiene una ~ de niños. 彼女は子だくさんだ. en ~ / por ~*s*《ラ米》(ｴﾞﾌﾟ)大量に,たくさん. **2**《建》橋脚,橋台. **3**《羊毛の》年間剪毛(ｾﾝﾓｳ)量. [「積み重ね」← ラ pila「柱」；関連 英 pile]
*****pi·la**² [pí.la] 囡 **1**（乾）**電池**,バッテリー. funcionar con ~*s* 電池で動く. ~ atómica 原子炉 (= reactor nuclear). ~ alcalina アルカリ電池. ~ recargable 充電池. ~ seca 乾電池. ~ de botón ボタン電池. Se ha agotado la ~. 電池が切れた. **2**（台所の）流し,シンク (= ~ de fregar)；洗面台；(噴水の)水盤. **3**《カト》洗礼盤；聖水盤. nombre de ~ 洗礼名,霊名. sacar de ~…〈人の〉代父［代母］になる. **4** 教区教会 (= parroquia). **5**《紋》パイル：底辺が盾の3分の2幅の逆三角形. **6**《ラ米》(**1**) 噴水. (**2**) (ｺﾞ)(水道の) 蛇口,栓. *cargar las pilas*《話》〈人が〉エネルギーを補給する. *como una pila*《話》〈気持ちが〉高ぶっている. *ponerse las pilas*《話》気を引き締めることを行う. [「水盤」← ラ *pīla*「うす」]
pi·la·da [pi.lá.ða] 囡《ラ米》(ｴﾞﾌﾟ) 山積み,多量.
pi·la·do, da [pi.lá.ðo, -.ða] 形《ラ米》(ｴﾞﾌﾟ)《成功などが》確実な,約束された；簡単な.
*****pi·lar** [pi.lár] 男 **1**《建》**柱,支柱；橋脚,橋台**. ~ de hierro 鉄柱. ~ de hormigón armado 鉄筋コンクリートの橋台. **2**《比喩的》大黒柱,中心人物；礎［支え］となるもの. **3**《まれ》道標,標石. **4**（噴水の）水盤. **5**《スポ》(ラグビー)プロップ：フォワード第1列の両側の選手. [「柱」← 俗ラ *pilare ← ラ *pila*；関連 英 *pillar*]
Pi·lar [pi.lár]《固名》**1** Nuestra Señora del ~ 聖母ピラール. ▶スペイン Zaragoza に祀(ﾏﾂ)られる,大理石柱の上に立つ聖母像. Santiago el Mayor とともに,スペインの女性の守護者：祝日10月12日. **2** ピラル：女子の洗礼名. 愛称 Pili, Piluca. [pilar より；「柱」の上に立っているところから]
pi·las·tra [pi.lás.tra] 囡 **1**《建》四角い柱,柱形(ﾁｭｳｹｲ)；付柱,片蓋(ｶﾀﾌﾞﾀ)柱. **2**《ラ米》(ﾒｷ)(ドア・窓)の刳形(ｸﾘｶﾞﾀ), モールディング.
Pi·la·to [pi.lá.to]《固名》ピラト Poncio ~ (?-36?)：キリストの処刑を許可したローマのユダヤ総督.
pi·la·tu·na [pi.la.tú.na] 囡《ラ米》(ｴﾞﾌﾟ)(ﾁ)(ﾁﾘ)(ｴﾞﾌﾟ)《話》悪ふざけ,いたずら.
pi·la·tu·no, na [pi.la.tú.no, -.na] 形《ラ米》(ｴﾞﾌﾟ)《話》卑怯(ﾋｷｮｳ)な,不正の.
pil·ca [píl.ka] 囡《ラ米》石と泥でできた塀［壁］.
pil·ca·te [pil.ká.te] 男《ラ米》(ﾒｷ)《話》(薄汚れた) 子供,少年,少女.
pil·cha [píl.tʃa] 囡《ラ米》《話》(**1**) (ﾁ)(ｺﾞﾙ)《軽蔑》安物の衣類,身にまとうもの；古着. (**2**) (ｺﾞﾙ)恋人, 愛人.
pil·che [píl.tʃe] 男《ラ米》(ﾒｷ)(ｴﾞﾌﾟ)(ヒョウタン・ヤシの実の) 容器.
pil·co [píl.ko] 男《ラ米》(ﾁ)ポンチョの首穴；(手足の)あかぎれ.
*****píl·do·ra** [píl.do.ra] 囡 **1** 丸薬. **2** 経口避妊薬,

pileta

ビル. ～ del día (de) después 性交後避妊薬. *dorar la píldora* 嫌なことをやんわりと言う,オブラートに包む(←苦い丸薬を金箔でくるむ). *tragarse la píldora*《話》(嘘を)信じ込む,だまされる;嫌なことを知る.
[← 〚ラ〛*pilulam* (*pilula* の対格), *pila*「球」+縮小辞);〚関連〛pelota.〚英〛*pill*]

pi.le.ta [pi.lé.ta] 囡 **1**(大型の)貯水槽. **2** 流し,シンク. **3** 小さな聖水盤. **4**《ラ米》(?) (1) (水泳)プール. (2)(家畜の)水飲み場.[pila² + 縮小辞]

pil.gua [píl.gwa] 囡《ラ米》(?)(編み)かご.

Pi.li [pí.li] 固名 ピリ:Pilar の愛称.

pi.lí.fe.ro, ra [pi.lí.fe.ro, -.ra] 形《植》毛のある,毛におおわれた.

pi.li.güe [pi.lí.gwe] 形《ラ米》(実が)しなびた.
—— 男 囡《ラ米》(*)(?)《話》取るに足りない人.

pi.li.la [pi.lí.la] 囡《幼児語》おちんちん.

pi.li.lo, la [pi.lí.lo, -.la] 形《ラ米》(??)(?)《話》(軽蔑)ぼろをまとった. —— 男 囡《ラ米》(??)(?)《話》(軽蔑)浮浪者.

pi.lin.tru.ca [pi.lin.trú.ka] 囡《ラ米》(?)《話》だらしのない女.

pi.lla.da [pi.já.ða ‖ -.ʎá.-] 囡《話》**1** ぺてん;悪ふざけ,悪事. **2**《ラ米》(?)(?)不意打ち;鉢合わせ.

pi.lla.je [pi.já.xe ‖ -.ʎá.-] 男(兵士による)略奪,強奪.

*__**pi.llar**__ [pi.jár ‖ -.ʎár.-] 他 **1**《話》捕まえる;追いつく. Huyeron tan rápido que no pudo ～ a ninguno. 彼[彼女]らはすごい勢いで逃げたので彼[彼女]は誰も捕まえることができなかった.
2〈人の〉**不意を突く**;(+場所を表す句 …で)出くわす,見つける;(+現在分詞 …しているの)を見つける,捕まえる. Nos *pillaron* fumando. 私たちはタバコを吸っている現場を押さえられた. La sirena nos *pilló* en el ascensor. サイレンが鳴ったときに私たちはエレベーターの中にいた.
3《話》手に入れる,手にする. **4**《話》〈病気などに〉かかる,〈ある種の精神状態に〉なる. ～ un resfriado 風邪をひく. ～ una borrachera 酔っ払う. ～ una rabieta 激怒する. **5**〈車などが〉轢(?)く,〈ドアなどが〉〈身体の一部などを〉挟む. ～〈a+人〉〈人から〉奪う. Me han *pillado* la cartera en el tren. 私は電車で財布を取られた(▶ ＝ a+人 に相当).
7《話》(まれ)(冗談などの意味)を理解する,分かる. **8**《話》(うそなどを)見破る. **9**《ラ米》(?)(俗)小便をする.
10《話》(**pillarle** (a+人)+遠近を表す語 …から見て遠く[近く]に)ある. Iré en taxi, porque el hospital *me pilla* demasiado lejos. タクシーで行きますよ,病院は私には遠すぎるから. ▶ ＝ a+人 がない場合もある. → La universidad *pilla* muy cerca de aquí. 大学はここからすぐ近くだ.
—— ～**.se** 再(体の部分・服など)を挟む. Me *pillé* el pañuelo con la ventana. 私は窓にスカーフを挟んだ.

pi.llas.tre [pi.jás.tre ‖ -.ʎás.-] 男 囡《話》ずる賢いやつ[子供];いたずらっ子;悪いやつ.

pi.llas.trón [pi.jas.trón ‖ -.ʎás.-] 男 → pillastre.

pi.lle.ar [pi.je.ár ‖ -.ʎe.-] 自《話》**1** やくざな生活を送る. **2** ごまかす,だます;〈子供が〉いたずらする.

pi.lle.rí.a [pi.je.rí.a ‖ -.ʎe.-] 囡《話》**1** ぺてん;いたずら. **2** 小賢しさ;悪事,ぺてん. **3**《集合的》不良,ごろつき.

pi.lle.te [pi.jé.te ‖ -.ʎé.-] 男 腕白小僧,いたずらっ子.[pillo + 縮小辞]

pi.llín, lli.na [pi.jín, -.jí.na ‖ -.ʎín, -.ʎí.-] 男 囡 いたずらっ子,ずる賢いやつ.[pillo + 縮小辞]

pi.llo, lla [pí.jo, -.ʎo ‖ -.ʎo, -.ʎa] 形《話》ずる賢い;いたずらな;〈人,特に若者が〉不良の.
—— 男 囡《話》**1** ずる賢いやつ[子],いたずらっ子,わんぱく小僧;無頼人;やくざ者,ちんぴら.
A pillo, pillo y medio.（諺）上には上がある.

pi.llue.lo, la [pi.jwé.lo, -.la ‖ -.ʎwé.-] 形 腕白な,いたずら好きの,ずる賢い. —— 男 囡 腕白小僧,いたずらっ子.[pillo + 縮小辞]

pil.ma.ma [pil.má.ma] 囡《ラ米》(?)乳母.

pil.me [píl.me] 男 (1)《昆》ツチハンミョウ科の甲虫の一種. (2)《話》やせ細った人.

pi.lo [pí.lo] 男《ラ米》(1) (?)《植》湿地に生える低木の一種;樹皮は吐剤用. (2)(?)《話》大量,多数,たくさん.

pi.lo.car.pi.na [pi.lo.kar.pí.na] 囡《薬》ピロカルピン:ヤボランジの葉から採るアルカロイド;眼圧低下用などに使われる.

pi.lón¹ [pi.lón] 男 **1**(噴水の)水盤;(泉・井戸のそばに備えた家畜の水飲み・洗濯用の)水槽.
2《話》多量. un ～ de... たくさんの….
3 乳鉢,粉砕機;大白(?). **4**〔乳白〕《ラ米》(*)(??) 《話》おまけ,心付け. de ～ ただで. (2)(?)ご. (3) (??)すり鉢,粉砕器. (4) (??)農作物の集積場. (5)(??)棒つきキャンディー.

pi.lón² [pi.lón] 男 (1)(円錐(?)形の)固形砂糖.
2 (竿秤(?)の)分銅,(圧搾機の)重し石. *martillo* ～ (鍛造用の)落としハンマー.
3(目印などに用いる)柱,石柱.

pi.lón³ [pi.lón]《建》古代エジプト神殿の塔門(= pilono).

pi.lón, lo.na [pi.lón, -.ló.na] 形《ラ米》(?)片耳が欠けた,耳のない;取っ手が片方しかない.

pi.lon.ci.llo [pi.lon.θí.jo ‖ -.ló. / -.sí.-] 男《ラ米》(?)(円錐形に固めた)赤砂糖. **2** 親切な人.

pi.lon.go, ga [pi.lóŋ.go, -.ga] 形 **1** 教区教会の[に属する]. **2**〈栗が〉干された. —— 囡 干し栗(?).

pi.lo.no [pi.ló.no] 男 (古代エジプトの神殿の)塔門,パイロン(= pilón).

pi.ló.ri.co, ca [pi.ló.ri.ko, -.ka] 形《解剖》幽門の.

pí.lo.ro [pí.lo.ro] 男《解剖》幽門.

pi.lo.rri.za [pi.lo.ří.θa / -.sa] 囡《植》根冠(?);(コケの)蘚帽(?);(花・実の)かさ.

pi.lo.si.dad [pi.lo.si.ðáð] 囡 多毛性,毛深さ.

pi.lo.so, sa [pi.ló.so, -.sa] 形 **1** 毛の,毛の生えた. folículo ～ 毛嚢(?). sistema ～ 体毛.
2 毛深い.

pi.lo.ta.je [pi.lo.tá.xe] 男 **1** (船・飛行機の)操縦,運転;操縦術. ～ sin visibilidad 計器飛行.
2《建》《集合的》基礎杭(?),パイル.
3《海》水先案内;水先案内料.

pi.lo.tar [pi.lo.tár] 他 **1** 操縦する,運転する.
2 (船の)水先案内をする;案内する,導く.

pi.lo.te [pi.ló.te] 男《建》基礎杭(?),杭,パイル. construido sobre ～s 基礎杭の上に建てられた.

pi.lo.te.ar [pi.lo.te.ár] 他 **1** → pilotar.
2《ラ米》(1)指導する;運営する. (2)(?)(人を)食い物にする.

*__**pi.lo.to**__ [pi.ló.to] 男 囡 **1** パイロット,操縦士;オートレーサー. avión sin ～ 無人機. ～ de línea / ～ civil 定期航路パイロット. ～ de pruebas

トパイロット,テストドライバー.
 2〘海〙水先案内人;一等航海士;(商船の)副船長. ～ de altura 外洋航路の操舵(ボ゙)員. ～ práctico 沿岸水先案内人.
─**男 1** 表示灯;パイロットランプ. ～ trasero テールライト. ～ de(l) freno ブレーキランプ.
 2(ガス器具の)口火,種火.
 3(ラ米)(ズァ゙゙)《服飾》レインコート.
─**形**《性数不変》実験的な,試験的な. fábrica [planta] ～ 実験工場,パイロットプラント. piso ～ モデルルーム.
 piloto automático 自動操縦[運転].
 [←?〚伊〛*piloto*←〚中ギ〛*pēdótēs*「舵手」(〚ギ〛*pēdón*「舵棒」の派生語);〚関連〛〚英〛*pilot*]

pil·pin·to [pil.pín.to] 男(ラ米)(ズゥ゙゙)(ボ゙)〘昆〙チョウ(= mariposa).

pil·sen [píl.sen] 囡 ピルゼンタイプのビール;《ラ米》(ナ゙)ビール.

pil·tra [píl.tra] 囡《俗》ベッド,寝台(= cama). *irse a la* ～《話》寝る.

pil·tra·fa [pil.trá.fa] 囡 **1**〘主に複数で〙残飯,残り物. **2**《話》ぼろぼろした一片,ぼんこつ;汚いもの. **3** 食べるところのほとんどない肉. **4**《話》骨と皮ばかりの人,げっそりやつれた人;廃人,落ちぶれた人. **5**(ラ米)《話》(ゴ゙ミ)掘り出し物,格安品;もうけ. (**2**)(複数で)古着.

pil·tra·fien·to, ta [pil.tra.fjén.to, -.ta] 形(ラ米)《話》(**1**)(ザ)(ボ゙)ぼろをまとった. (**2**)(ナ゙)活気のない.

pil·tra·fo·so, sa [pil.tra.fó.so, -.sa] 形《ラ米》(ボ゙)《話》ぼろをまとった.

pil·tra·fu·do, da [pil.tra.fú.ðo, -.ða] 形《ラ米》(ボ゙)《話》虚弱な,やせぼっちの.

pil·tre [píl.tre] 形(ラ米)(ボ゙)(**1**)(ボ゙)(ズゥ゙゙)(メ゙)(ボ゙)おしゃれな,きざな. (**2**)(ナ゙)しなびた,しわだらけの.

Pi·lu·ca [pi.lú.ka] 固名 ピルカ: Pilar の愛称.

pi·lu·cho, cha [pi.lú.tʃo, -.tʃa] 形(ラ米)(ナ゙)《俗》裸の;下半身裸の.

pi·men·tal [pi.men.tál] 男 ピーマン[トウガラシ]畑.

pi·men·te·ro [pi.men.té.ro] 男 **1**〘植〙コショウ(の木).
 (**2**)(卓上の)こしょう入れ.

pi·men·tón [pi.men.tón] 男〘料〙パプリカ(パウダー):赤辛トウガラシの粉末. ～ dulce パプリカ(辛味がない). ～ picante カイエンヌペッパー(辛味がある).

pimentero (コショウの木)

pi·men·to·ne·ro, ra [pi.men.to.né.ro, -.ra] 形《スポ》(スペインのサッカーチーム)レアル・ムルシア Real Murcia Club de Fútbol の. ─男囡 **1** パプリカ売り. **2**《スポ》レアル・ムルシアの選手,レアル・ムルシア [ファン]. ─男〘鳥〙ヨーロッパコマドリ.

*pi·mien·ta [pi.mjén.ta] 囡 コショウ(の実). echar ～ にコショウを振りかける. ～ blanca 白コショウ. ～ negra 黒コショウ. ～ inglesa オールスパイス. ～ molida 挽きコショウ. ～ en grano 粒コショウ.

 [←〚後ラ〛*pigmenta* (*pigmentum*「薬味」の複数形;[ラ]では「絵の具;薬」の意);〚関連〛pimiento, pimentón, pintar.〚仏〛*piment*,〚日〛ピーマン]

*pi·mien·to [pi.mjén.to] 男 **1** (**1**) ピーマン(の実);トウガラシ(の実). ～ chile キダチトウガラシ;トウガラシ粉. ～ morrón [de bonete, de hocico de buey] 甘トウガラシ,ピーマン. (**2**) コショウ(の木). **2**〘料〙パプリカ. **3** さび病,さび菌.
 ponerse como un pimiento《話》(恥ずかしさで)顔が真っ赤になる.
 un pimiento (**1**) 価値のないもの,二束三文. (**2**) 全く[ほとんど](…ない)importarle *un* ～ (a+人)(人)にとってどうでもいい.
 ¡(y) un pimiento!《話》《強い拒否》とんでもない;強い拒否.

pim·pam·pum [pim.pam.púm] 男〘遊〙人形倒し;並べた人形にボールを投げて倒すゲーム.

pim·pan·te [pim.pán.te] 形 **1**《話》平然とした,何くわぬ顔をした;さっそうとした.
 2(自分の外見などに)満足した,意気揚々とした.

pim·pi·do [pim.pí.ðo] 男〘魚〙ヤモリザメなど小型の鮫.

pim·pi·ne·la [pim.pi.né.la] 囡〘植〙ワレモコウ(バラ科).

pim·plar(·se) [pim.plár(.se)] 他 自 再《話》(酒を)(大量に・一気に)飲む,鯨飲(ゲ゙)する.

pim·po·lla·da [pim.po.ʝá.ða ‖ -.ʎá.-] 囡 → pimpollar.

pim·po·llar [pim.po.ʝár ‖ -.ʎár] 男 若木の植えられた場所[農園],苗床.

pimpinela (ワレモコウ)

pim·po·llo [pim.pó.ʝo ‖ -.ʎo] 男 **1** 新芽,若芽;若枝;つぼみ.
 2(特に松の)若木,苗木. **3** 咲きかけのバラ,バラのつぼみ. **4**《話》かわいい子供;はつらつとした若者,若々しい人. **5** 美少女,美少年.

pim·pón [pim.pón] 男〘スポ〙卓球(= tenis de mesa).

pim·po·rro [pim.pó.ro] 男《話》(素焼きの)水差し,水入れ(= botijo):口をつけずに回し飲みするのに用いられる.

pin [pín]〚英〛男《複 ～s, ～es》 **1** ピンバッジ,ピン付きの記章. **2**〘IT〙(接続部の)ピン.

PIN [pín] 男《略》〘IT〙*Personal Identification Number* 暗証番号.

pi·na·be·te [pi.na.βé.te] 男〘植〙モミ(の木).

pi·na·ca·te [pi.na.ká.te] 男 (ラ米)(メ゙) (**1**)〘昆〙ゴミムシダマシ. (**2**)《俗》まぬけ,薄のろ.

pi·ná·ce·o, a [pi.ná.θe.o, -.a / -.se.-] 形〘植〙マツ科の.─囡〘植〙マツ科の植物;《複数で》マツ科.

pi·na·cle [pi.ná.kle] 男〘遊〙ピノクル:英国で生まれたトランプゲーム.

pi·na·co·te·ca [pi.na.ko.té.ka] 囡《格式》美術館,絵画館,画廊.

pi·ná·cu·lo [pi.ná.ku.lo] 男 **1** 建物の最上部;〘建〙(ゴシック様式の)小尖塔(ボ゙),ピナクル.
 2《格式》頂点,絶頂. *estar en el ～ de la gloria* 栄光の頂点を極める.

pi·na·da [pi.ná.ða] 囡 → pinar.

pi·nar [pi.nár] 男 松林.

pi·na·re·ño, ña [pi.na.ré.ɲo, -.ɲa] 形(キューバの)ピナル・デル・リオ Pinar del Río の.
 ─男囡 ピナル・デル・リオの住民[出身者].

pi·nas·tro [pi.nás.tro] 男〘植〙カイガンショウ(海岸松).

pi·na·tar [pi.na.tár] 男 松林,松の苗床.

pi·na·tí·fi·do, da [pi.na.tí.fi.ðo, -.ða] 形〘植〙(葉が)羽状中裂の,羽状になった.

pi·na·za [pi.ná.θa / -.sa] **1**囡〘海〙昔の小型帆船.
 2 (松などの針葉樹の)枯れ葉.

pin·ball [pím.bal ‖ -.bol]〚英〛男《複 ～s, ～》

【遊】ピンボール．

pin・ca・rras・ca [piŋ.ka.rás.ka] 囡 → pincarrasco．

pin・ca・rras・co [piŋ.ka.rás.ko] 男 【植】アレッポパイン：地中海沿岸地方原産のマツ．

***pin・cel** [pin.θél / -sél] 男 **1** 筆, 絵筆, 刷毛(はけ)．
2 画風, 筆致. el ～ místico de El Greco エル・グレコの神秘的な画風． **3** 絵を描くこと；【集合的】絵画, 作品． **4** 【海】タール刷毛．
estar [*ir*] *hecho un pincel* 着飾っている.
[←[ラ] *pēnicillum* (*pēnicillus* の対格；*pēnis*「しっぽ」+ 縮小辞)；関連 pincelada, pene, penicilina]

pin・ce・la・da [pin.θe.lá.ða / -.se.-] 囡 **1** 絵筆のひと塗り；絵筆[刷毛(はけ)]で塗ること． **2** (文学作品の)作風, 筆致；〈概念・特徴が〉凝縮された文章．
dar la(*s*) *última*(*s*) *pincelada*(*s*) 最後の仕上げをする．

pin・ce・lar [pin.θe.lár / -.se.-] 他 〈絵を〉描く；〈人の〉肖像画を描く．

pin・cha [pín.tʃa] 男囡 ディスクジョッキー．
— 囡 **1** 〈植物・動物の〉とげ, 針． **2** 〈女性の〉見習いコック, 〈女性の〉厨房の下働き．

pin・cha・dis・cos [pin.tʃa.ðís.kos] 男囡 〈単複同形〉ディスコ・ラジオの〉ディスクジョッキー．

pin・cha・du・ra [pin.tʃa.ðú.ra] 囡 刺すこと, 刺し傷．

***pin・char** [pin.tʃár] 他 **1** 突く, 刺す；刺して取る[固定する]． ～ un trozo con el tenedor フォークでひと切れ取る． Las espinas *pinchan*. とげがちくちく刺す． → picar 類語．
2 《話》いらいらさせる, 怒らせる；刺激する．
3 《話》(*para que* +接続法 …するよう)けしかける, 励まず, そそのかす．
4 《話》注射する． **5** 《話》〈レコードを〉かける． **6** 【IT】インストールする；〈アイコンを〉クリックする．
7 〈電話などを〉盗聴する． **8** 《ラ米》《俗》〈かぎ回る．
— 自 **1** 〈乗り物のタイヤが〉パンクする． Es la cuarta vez que *pinchamos* en esta carretera. この道でパンクしたのはこれで4度目だ．
2 しくじる, 失敗する． No podemos ～ de nuevo. 我々は過ちを繰り返すことはできない．
— ～*se* 再 **1** (とがったもので自分の体を)刺す．
2 《俗》〈麻薬を〉打つ．
ni pinchar ni cortar 《話》なんの役にも立たない, 期待できない． Pedro *ni pincha ni corta* en este asunto. この件ではペドロはなんの役にも立たないよ．

pin・cha・ú・vas [pin.tʃa.ú.ßas] 男 〈単複同形〉
1 《軽蔑》無責任なやつ, 役立たず；ろくでなし．
2 〈闘牛〉下手なマタドール matador．

pin・cha・zo [pin.tʃá.θo / -.so] 男 **1** ひと突き, ひと刺し． dar un ～ ひと突きする． **2** 刺し傷, 突き刺．
3 〈ものの表面にあいた〉穴；〈タイヤの〉パンク． Tuvo un ～ durante el viaje de vuelta. 帰り道で彼[彼女]の車がパンクしてしまった． **4** 刺すような痛み．
5 《話》注射． **6** 盗聴． **7** 《話》失敗, しくじり． **8** 挑発；そそのかし, けしかけること．

pin・che [pín.tʃe] 男囡 (1) 《ラ米》《ラプラ》《俗》みみっちい, けちな． (2) (*ᴹ墨) 《話》卑怯(ひきょう)な, 卑劣な．
— 男囡 見習いコック, 〈厨房の下働き． ▶ 女性の場合には pincha とも言う．
— 男 《ラ米》 (1) 《ラプラ》《婦人帽の》留めピン． (2) (*ᴹ墨)《話》ごろつき, ろくでなし． (3) (*ᴹチリ*)駄馬． (4) (*ᴹ墨)平の職員． (5) (*ᴹチリ*)《俗》密告者, 告げ口屋． (6) (*ᴹ墨)洗濯挟み．

pin・chi・to [pin.tʃí.to] 男 《スペイン》《料》(爪楊枝(つまようじ)に刺した)つまみ；《複数で》《集合的》つまみ, 軽い食べもの． [pincho + 縮小辞]

pin・cho [pín.tʃo] 男 **1** 先のとがったもの, 針；(動植物の)とげ． Cuidado, que esta planta tiene ～s. 気をつけて, この植物にはとげがあるよ．
2 《スペイン》《料》《料理用の》串(くし), (串に刺した)つまみ, (爪楊枝(つまようじ)で食べられる程度の大きさの)つまみ．
3 《複数で》《料》《集合的》つまみ． **4** 〈税関の〉荷物検査用の刺し棒． **5** 《ラ米》《チリ》《婦人帽の》留めピン．
pincho(*s*) | *pinchito*(*s*) *moruno*(*s*) (スパイスをきかせた)肉の串焼き．

pin・cho, cha [pín.tʃo, -.tʃa] 形 **1** おしゃれな；めかし込んだ, 着飾った． **2** すました, 気取った, (自分の外観などを)鼻にかけた． **3** 威張った, 脅しの利いた．

pin・chón [pin.tʃón] 男 【鳥】ズアオアトリ．

pin・chu・do, da [pin.tʃú.ðo, -.ða] 形 とげのある, 針のある；先のとがった．

pin・cia・no, na [pin.θjá.no, -.na / -.sjá.-] 形 (スペイン北西部の)バリャドリード Valladolid の．
— 男囡 バリャドリードの住民[出身者]．

pin・cu・llo [piŋ.kú.jo ‖ -.ʎo] 男 《ラ米》《ペルー》ピンクーリョ：大型のケーナ quena．

pin・dá・ri・co, ca [pin.dá.ri.ko, -.ka] 形 ピンダロスの, ピンダロス風の．

Pín・da・ro [pín.da.ro] 固名 ピンダロス (前520-440ころ)：ギリシアの叙情詩人．
[←[ラ] *Pindarus*←[ギ] *Píndaros*]

pin・don・ga [pin.dóŋ.ga] 囡 《話》《軽蔑》遊び歩く女．

pin・don・gue・ar [pin.doŋ.ge.ár] 自 《話》**1** 出歩く, ほっつき回る, 遊び歩く, ぶらつく．
2 《軽蔑》なまけて不規則な生活を送る．

pin・don・gue・o [pin.doŋ.gé.o] 男 《話》遊び歩くこと, ぶらぶらすること．

pi・ne・al [pi.ne.ál] 形 【解剖】松果体の． cuerpo [glándula] ～ 松果体[腺(せん)]．

pi・ne・da [pi.né.ða] 囡 松林 (= pinar)．

pi・ne・do [pi.né.ðo] 男 《ラ米》松林 (= pinar)．

pin・ga [píŋ.ga] 囡 《ラ米》《ペルー》《卑》ペニス, 陰茎． — 男 《ラ米》(*ᴹ墨)油断のならない人．

pin・ga・jo [piŋ.gá.xo] 男 **1** 《話》ぼろ, ぼろきれ, 布きれ． **2** 《話》服にあいた穴, ほつれ, 布の一部が破れてぶらさがっていること． **3** 《話》やつれた人, (気力的に)落ち込んだ人, 《健康状態が》悪化した人． **4** みすぼらしい人, うらぶれた人．

pin・ga・ni・lla [piŋ.ga.ní.ja ‖ -.ʎa] 男囡 《ラ米》《話》しゃれ者, だて男． — 男囡 《ラ米》取るに足りない人．
en pinganillas 《ラ米》《チリ》《カリ》つま先立ちで；(しゃがんで；不安定な状態《姿勢》で．

pin・ga・ni・llo, lla [piŋ.ga.ní.jo, -.ja ‖ -.ʎo, -.ʎa] 形 《ラ米》《話》 (1) (*ᴹチリ*)(*カリ*)粋(いき)な, しゃれた． (2) (*ᴹラプラ*)肥えた, 太った．

pin・ga・ni・tos [piŋ.ga.ní.tos] *en pinganitos* 《話》よい身分で, 裕福に． poner... *en* ～ 〈人を〉出世させる．

pin・gar [piŋ.gár] 103 自 **1** 釣り下がる, ぶらさがる, 垂れ下がる． **2** 服の一方が他方よりも長くなっている． **3** 〈濡れたものが〉液体を滴らせる． **4** (酒を飲むために)酒袋を持ち上げる． **5** 傾く． **6** 跳ぶ, 跳ねる．
poner... pingando 《話》…をこきおろす, ひどく悪く言う．

pin・go [píŋ.go] 男 **1** 《話》ぼろ, ぼろ切れ．
2 身持ちの悪い人, ふしだらな人． **3** 《複数で》《話》

安物の服；すり切れた［穴のあいた］服；服のすり切れ，ほつれ，切れてぶらさがっている布. **4**《ラ米》**(1)**《(ᴹ)》《(ᴰ)》《話》悪童，いたずら小僧. **(2)**《(ᴰ)》悪魔；悪人. **(3)**《(ᴷ)》《(ᴾᴿ)》元気な子，活発な子. **(4)**《(ᴺ)》駄馬. **(5)**《(ᴱᶜ)》《(ᴾᴿ)》《動》馬，駿馬. **(6)**《(ᴹˣ)》木材，角材.
poner como un pingo... …の悪口を言う，…をこきおろす.
salir [*estar*] *de pingo*《話》出歩く，遊び歩く；しゃべりをする，ばか騒ぎする.

pin·go·ne·ar [piŋ.go.ne.ár] 自《話》《まれ》出歩く，ほっつき回る，遊び歩く (= pindonguear).

pin·go·ne·o [piŋ.go.né.o] 男《話》おしゃべりをすること，楽しむこと；油を売ること. de ~ にぎやかに騒いで，遊び回って.

pin·go·pin·go [piŋ.go.píŋ.go] 男《植》マオウ科に属するアンデス山岳地帯の針葉樹.

pin·go·ro·ta [piŋ.go.ró.ta] 女 頂上，てっぺん.

pin·go·ro·te·ar [piŋ.go.ro.te.ár] / **pin·go·te·ar** [piŋ.go.te.ár] 自《ラ米》《(ᴷ)》飛び跳ねる，跳ね回る.

pin·go·ro·tu·do, da [piŋ.go.ro.tú.ðo, -.ða] 形 とても高い，高所にある；高い地位の.

ping-pong [pím.poŋ // píŋ.poŋ]《英》男《スポ》卓球 (= pimpón, tenis de mesa).

pin·gu·cho, cha [piŋ.gú.tʃo, -.tʃa] 形《ラ米》《(ᴷ)》《話》みすぼらしい，哀れな. — 男《ラ米》《(ᴷ)》浮浪児.

pin·güe [píŋ.gwe] 形 **1** 豊富な，あり余るほどの；(もうけなどが) 大きな. obtener ~s beneficios 大もうけする. **2** 脂肪質の，太った.

pin·güi·ne·ra [piŋ.gwi.né.ra] 女 **1** ペンギンの集団営巣[繁殖]地，ペンギン・ルッカリー. **2**《話》非常に寒い場所.

pin·güi·no [piŋ.gwí.no] 男 **(1)**《鳥》ペンギン. **(2)**《オオウミガラス.

pin·guo·si·dad [piŋ.gwo.si.ðáð] 女 脂肪質，脂ぎっていること；肥満.

pi·ní·fe·ro, ra [pi.ní.fe.ro, -.ra] 形《詩》松の多い.

pi·ni·llo [pi.ní.ʝo || -.λo] 男《植》**(1)** シソ科キランソウ属の一種. **(2)** カズラの一種.

pi·ni·nos [pi.ní.nos] 男《複数形》《ラ米》→ pinitos.

pi·ni·tos [pi.ní.tos] 男《複数形》《話》**(1)**《まれ》(幼児などの) 歩き始め，よちよち歩き. **(2)** 第一歩，初歩. **(3)** (病後の) 足慣らし.
hacer pinitos よちよち歩く；《**en...**〈芸術・学問など〉を》始める；足慣らしをする.

pin·na·do, da [pin.ná.ðo, -.ða] 形《植》〈葉が〉羽状の，羽状複葉の.

pin·ní·pe·do, da [pin.ní.pe.ðo, -.ða] 形《動》鰭脚(きゃく)類の.
— 男 女《話》鰭脚類の動物：アザラシ，セイウチなど；《複数で》鰭脚類.

***pi·no** [pí.no] 男 **1**《植》**マツ**；松材 (▶「松かさ」は piña，「松の実」は piñón). ~ albar [común, silvestre] オウシュウアカマツ. ~ alerce カラマツ. ~ carrasco (地中海沿岸原産の) アレッポパイン. ~ piñonero [doncel, manso, real] カサマツ (梢(こずえ)が傘状に開き，実を食用とする). ~ rodeno [bravo, marítimo] カイガンショウ. resina de ~ 松やに. **2**《文章語》船，帆船.
a pino (鐘を打つとき) ぐるぐる回しながら.
el quinto pino《話》非常に遠いところ；へんぴなところ. Mi casa está en *el quinto* ~. 僕の家はとても遠い.
hacer el pino《話》逆立ちする.
hacer pinos よちよち歩きを始める；(芸術・学問などを) 始める.
plantar un pino《話》トイレに行く，排便する.
ponerle pino《ラ米》《(ᴹˣ)》《話》努力する，頑張る.
ser (*como*) *un pino de oro* 〈人が〉さっそうとしている，りりしい姿である.
[←［ラ］*pīnum* (*pīnus* の対格);〖関連〗pinar, piña. 〖伊〗*pino*. 〖仏〗*pin*. 〖英〗*pine*]

pi·no, na [pí.no, -.na] 形《まれ》急勾配(こうばい)の，険しい. una escalera larga y *pina* 長くて急な階段.

pi·no·cha [pi.nó.tʃa] 女 松葉，松の枝葉.

Pi·no·chet [pi.no.tʃé(t)] 固名 ピノチェト Augusto ~ Ugarte (1915–2006)：チリの軍人・大統領 (1973–90). 73年にクーデターでアジェンデ Allende から政権を奪取，反対派への過酷な弾圧も含む軍政を指揮.

pi·nol [pi.nól] 男《ラ米》ピノーレ. **(1)** バニラなどの粉を混ぜたもので，ココアに加える. **(2)** トウモロコシを煎(いり)り，粉にして水に溶かしたもの.

pi·no·la·te [pi.no.lá.te] 男《ラ米》《(ᴷ)》ピノーレ・pinole・水・砂糖を使用した飲料.

pi·no·le [pi.no.le] 男《ラ米》→ pinol **(1)**.

pi·no·li·llo [pi.no.lí.ʝo || -.λo] 男《ラ米》《(ᴷ)》ひいた焼きトウモロコシ・蜂蜜で作る飲料.

pi·no·so, sa [pi.nó.so, -.sa] 形 松の生えた.

pin·rel [pin.řél] 男《主に複数で》《話》(人間の) 足.

pin·sa·par [pin.sa.pár] 男 スペインモミの林.

pin·sa·po [pin.sá.po] 男《植》スペインモミ：Málaga 原産の観賞用針葉樹.

pin·ta¹ [pín.ta] 女 **1** まだら，ぶち，斑点(はん)；まだら模様. a ~ s 水玉[まだら]模様の. **2** 外観，格好；印象，様相. tener buena ~ おいしそう[よさそう]である；健康そうである. tener mala ~ (状況などが) かんばしくない；顔色が悪い. tener ~ de... …のように見える. Con esa ~ no le recibirán en ningún sitio. その様子では彼はどこへ行っても受け入れられないでしょう.
3《遊》**(1)** (ある種のトランプ・ゲームで) 最初のめくり札. **(2)** (トランプの四隅にある) 組札の印.
4《医》**(1)** 斑点病，しみ. **(2)**《複数で》チフス.
5 一滴，したたり. **6**《ラ米》**(1)**《(ᴬʳ)》《(ʙ)》《(ᶜʜ)》《農》(家畜の) 毛色. **(2)**《(ᴷ)》さいころ遊び (の一種). **(3)**《(ᴹˣ)》《(ᴷ)》ずる休み. **(4)**《家系，血統. **(5)**《(ᴷ)》高純度の鉱石. **(6)**《(ᴷ)》《話》《軽蔑》黒人種.
— 男 女《話》やくざ者，ごろつき，恥知らずな人；つまらない人.

pin·ta² [pín.ta] 女 **1** パイント：主に英語圏で使われる液量単位. 国により異なる. 英国では0.568リットル. 米国では0.473リットル.
2 1パイントのビールジョッキ；1パイントのビール.

pin·ta³ [pín.ta] 活 → pintar.

Pin·ta [pín.ta] 固名 La ~ ピンタ号. ◆Santa María 号, Niña 号と共にコロンブス Colón の第1回探検航海に参加したカラベラ船. → carabela.

pin·ta·cil·go [pin.ta.θíl.go / -.síl.-] 男《鳥》ベニヒワの一種.

pin·ta·da [pin.tá.ða] 女《鳥》ホロホロチョウ.

pin·ta·de·ra [pin.ta.ðé.ra] 女《料》(パン・パイ・ビスケットなどの生地に) 縁飾りを付ける器具.

pin·ta·di·llo [pin.ta.ðí.ʝo || -.λo] 男 → pintacilgo.

pin·ta·do, da [pin.tá.ðo, -.ða] 形 **1** 描かれた，彩色された；色彩に富んだ. ~ de azul 青く塗られた. papel ~ 壁紙. Recién ~.《掲示》ペンキ塗りたて.
2 化粧した，飾りつけた. pan ~ (結婚式・パーティー

用に作られた)飾りパン. **3** 斑点(殊)のある, まだらの.
4 《話》《**a...** …に》瓜(ξ)二つの, そっくりの. **5** 《ラ米》(ξ)(デ*)(ξ-)(ξ*)《話》とてもよく似ている.
— 男 彩色, 絵をかくこと.
— 囡 (政治的内容の)落書き, いたずら書き.
el más pintado《話》上手, 巧者; うってつけ[ぴったり]の人; あらゆる人. *Eso le puede pasar al más 〜*. それはどんな達人にも[誰にでも]起こりうることだ.
que ni pintado《話》(estar, ir, quedar, venir と共に) ぴったりで, 都合よく. *Ese traje te está que ni 〜*. その服は君にとてもよく似合っている. *Este cuadro queda aquí que ni 〜*. この絵はこの場所によく合う.

pin・ta・la・bios [pin.ta.lá.βjos] 男《単複同形》(主にスティック型の)口紅, リップスティック.

pin・ta・mo・nas [pin.ta.mó.nas] 男 囡《単複同形》《話》《軽蔑》(1) へぼ絵かき. (2) くだらないやつ.

****pin・tar** [pin.tár] 他 **1** 〈絵を〉〈絵の具などで〉描(ﾂ)く, …の絵を描く; 彩色する. ~ un cuadro [retrato] 絵[肖像画]を描く. 〜 flores al óleo 油絵で花を描く.
2 (ペンキなどで) 塗る, 塗装する; 〈**de**... 〈色〉で〉塗る[塗りつぶす]. 〜 la pared 壁にペンキを塗る. 〜 la casa *de* blanco 家を白く塗装する.
3 (言葉で) 生き生きと描写する, 説明する; 誇張して表す. *El autor pinta con detalle el ambiente del siglo XVI*. 作者は16世紀の雰囲気を細部まで描き出している. *No será tan fácil como lo pintas*. 君が言うほど易しくはないだろう.
4 〈人に〉化粧を施す;〈**a**＋人〉(人の)〈体の部分に〉化粧[彩色]を施す. *La pintaron muy bien para la ocasión.* 彼女はその日のためにとても上手にお化粧をしてもらった. *Boquitas pintadas*『赤い唇』(Puigの小説).
5 〈パン・パイ・ビスケットなどの生地に〉縁飾りをつける;〈料理など〉飾り付ける. **6** 〈記号などを〉書き入れる, 書く. 〜 el logotipo ロゴを入れる.
— 自 **1** 絵を描く. *Pintas muy bien*. 君は絵がとてもうまいね.
2 〈ペンなどで〉書ける;色がつく.
3 《話》(主に否定文・疑問文で)〈**en**... …について〉価値[影響力]をもつ, 重要である, 役に立つ. *En este trabajo no pinto nada*. この職場では私は何の力もない. *¿Qué pinta ese tipo en nuestra reunión?* そいつが僕たちの集まりで何の役に立つというんだ.
4【遊】(スペイン・トランプ)〈マークが〉切り札である. *Pintan* oros. 金貨[ダイヤ]が切り札だ.
5 様相を見せる. *La situación no pintaba tan bien*. 状況はそんなにうまく行きそうになかった. **6** 〈果実が〉熟する, 色づく. ※ 時に再帰代名詞を伴う. → 囲 **2**. **7** 《ラ米》(ξ*)死ぬ;《話》ずる休みする.
— 〜**・se** 再 **1** 化粧をする;〈体の部分〉に彩色[化粧]をする. 〜**se** las uñas [los labios] 爪(ζ)[唇]にマニキュア[口紅]を塗る. *Estas chicas se pintan mucho*. この女の子たちは化粧が濃い.
2 (まれ)〈果実が〉熟する, 色づく.
3 (まれ)(3人称で) 現れる, 表出する. *En la cara de la niña se pintó una sonrisa*. 女の子の顔にほほえみが浮かんだ. **4**《ラ米》(ξ*)立ち去る, 逃げる.
pintarla 見栄を張る.
pintarlas [*pintárselas*] *solo para...*《話》…なら得意である. *Mi hermana se las pinta sola para ganar amistades*. 私の姉[妹]は新しい友達づくりにかけてはお手のものだ.
[— [俗ラ]*pinctare〈[ラ]*pingere*「描く」の完了分詞 *pictus* の異形 *pinctus より派生)［関連] pintor, pintura, pinta, pictografía. [英] paint, picture「絵；写真；映画」.

pin・ta・rra・jar [pin.ta.r̄a.xár] / **pin・ta・rra・je・ar** [pin.ta.r̄a.xe.ár] 他《話》塗りたくる, 〈絵を〉下手に[いいかげんに]描く.
— 〜**・se** 再《話》《軽蔑》厚化粧する.

pin・ta・rra・jo [pin.ta.r̄á.xo] 男《軽蔑》下手くそな絵, わけのわからない絵.

pin・ta・rro・ja [pin.ta.r̄ó.xa] 囡【魚】トラザメ.

pin・ta・ú・ñas [pin.ta.ú.ɲas] 男《単複同形》マニキュア[液], ネイルカラー[ポリッシュ].

pin・ti・pa・ra・do, da [pin.ti.pa.rá.ðo, -.ða] 形 **1**《話》都合よい, 折しい. *llegar* [*venir*] 〜 ちょうどよい時に到着する[来る]. **2** 適切な, ぴったりの. *venir (que ni)* 〜 *a* [*para*]... …に都合がよい, ふさわしい. *Esta corbata viene pintiparada con ese traje*. このネクタイはこの背広にぴったりだ. **3**《**a**... …に》よく似た, そっくりの. *Es* 〜 *a su abuelo*. 彼はおじいさんに生き写しである. **4**《ラ米》《話》(1)（ξ*)(ζ*)着飾った. (2)(ζ)誇らしげな.

pin・ti・pa・rar [pin.ti.pa.rár] 他《話》《**con**... …と》比べる.

pin・to [pín.to] 過 → pintar.

Pin・to [pín.to] 固名 ピント:スペイン Madrid の南約60キロにある衛星都市. 新興工業地区.
estar entre Pinto y Valdemoro《話》どっちつかずの態度を取る[状態である]; ほろ酔い機嫌である.

pin・to, ta [pín.to, -.ta] 形 **1** まだらの, ぶちの. *caballo* 〜 まだらの馬. *judía pinta* ぶちインゲンマメ. **2**《ラ米》(1)(ζ*)《話》小利口な, 抜けめのない. (2)(ζ*)酔っ払った. (3)(*ζ)浅黒い.

pin・to・jo, ja [pin.tó.xo, -.xa] 形 まだらの, ぶちの;染みのついた.

pin・tón, to・na [pin.tón, -.tó.na] 形 **1**〈果実が〉色づき始めた. **2**〈れんがが〉焼きむらのある. **3**《ラ米》《話》(1)(ζ*)ほろ酔い加減の. (2)(ζ*)《話》見た目がいい.
— 男【昆】アワノメイガ (トウモロコシの茎につく害虫); アワノメイガ病.

pin・to・ne・ar [pin.to.ne.ár] 自《ラ米》(ζ**)《話》若く見える.

****pin・tor, to・ra** [pin.tór, -.tó.ra] 男 囡 **1** 画家, 絵かき. 〜 *de cuadros* 画家. 〜 *decorador* 室内装飾家. 〜 *escenógrafo*【演】(舞台の) 背景画家. 〜 *paisajista* 風景画家. *exposición de* 〜*es renacentistas* ルネッサンス画家の展覧会. **2** ペンキ屋, 塗装工. **3**《ラ米》(ζ*)《話》見えっ張り, うぬぼれ屋.
— 男 [P-]【星座】がか(画家)座.
pintor de brocha gorda《話》ペンキ屋;《軽蔑》へぼ絵かき.

***pin・to・res・co, ca** [pin.to.rés.ko, -.ka] 形 **1** 絵のような, 画趣に富む. *paisaje* 〜 絵にかいたような風景. **2** 個性に富む, 独創的な. **3** 奇抜な;こっけいな. *traje* 〜 派手な服.

pin・to・res・quis・mo [pin.to.res.kís.mo] 男 **1** 絵のような美しさ, 画趣に富むこと. **2** 個性的なこと, 独創性 (を好むこと), 奇抜さ.

pin・to・rre・ar [pin.to.r̄e.ár] 他《話》ごてごて塗る. 〜 *de azul y rojo* 青と赤を塗りたくる.

pin・to・so, sa [pin.tó.so, -.sa] 形《ラ米》(ζ*)《話》エレガントな, 着飾った.

pin.tu.ra [pin.tú.ra] 囡 **1** 絵を描くこと；画法，塗装，彩色. ～ a la acuarela [aguada] 水彩画［グワッシュ］画（法）. ～ al fresco フレスコ画（法）. ～ al óleo 油絵（画法）. ～ al pastel パステル画；パステルカラー. ～ al temple テンペラ画. ～ con pistola スプレー塗装；エアブラシ画. la ～ de la casa 家ům のペンキ塗り.

2 絵画；絵，絵画作品（＝cuadro）. ～s barrocas バロック絵画. ～s rupestres 洞窟(ﾄﾞｳｸﾂ)壁画. museo [galería] de ～s 美術館［画廊］. ～ de Picasso ピカソの絵. Goya fue un gran maestro de la ～. ゴヤは絵画の巨匠であった.

3 絵の具, 顔料；塗料，ペンキ. ～ acrílica アクリル絵の具. ～ plástica 合成樹脂絵の具. Cuidado con la ～.《掲示》ペンキ塗りたて.

4（文学的）描写, 叙述. Hizo una ～ exacta de la situación. 彼［彼女］は状況を的確に述べた.

5《複数で》《集合的》化粧品.

no poder ver... ni en pintura …が大嫌いである，(人の)顔など見たくもない. Es tan descarado que *no lo puedo ver ni en* ～. 彼はとても厚かましいので顔も見たくない.

pin.tu.re.ro, ra [pin.tu.ré.ro, -.ra] 形 **1**《話》気取った, 体裁ぶった. **2**《闘牛》非常にうまい, 芸術的な. ─ 男 《話》気取り屋, 気取り屋.

pí.nu.la [pí.nu.la] 囡《光》照準器.

pin.yin [piɲ.jín] 男 ピンイン：中国語の発音をラテン文字で表記したもの.

***pin.za** [pín.θa / -.sa] 囡《単数または複数で》**1** 挟むもの, ピンセット, 鉗子(ｶﾝｼ), 毛抜き, 洗濯挟み；トング. ～s de dentista 抜歯鉗子. ～s para [de] depilar 毛抜き. ～s para el azúcar 角砂糖挟み. ～ sujetapapeles 紙挟み, クリップ.

2《動》(エビ・カニなどの)はさみ.

3《服飾》縫いつまみ, ダーツ. **4**《政》中道与党に対する左右両陣営からの圧力. **5** 電話の盗聴. **6**《ラ米》(ﾀﾞﾌﾟ)(ｺﾛﾝﾋﾞ)(ﾁﾘ)(ﾊﾟﾗ)《複数で》ペンチ, プライヤー.

coger [*agarrar*] *... con pinzas* …が触るのも嫌なくらい汚らしい；腫物(ｾﾞｯ)に触るように…を扱う.

sacarle (a+人) *con pinzas*《話》(人)に口を割らせる.

pin.za.mien.to [pin.θa.mjén.to / -.sa.-] 男

1《医》(二方向からの)圧迫.

2（ピンセットで）挟むこと.

pin.zar [pin.θár / -.sár] 97 他 **1** ピンで挟む(固定する). **2** つまむ, 挟む. **3** (指などで挟んで)折り曲げる. **4**《政》(中道与党を)(左右両陣営が)協調して圧力をかける.

pin.zón [pin.θón / -.són] 男《鳥》アトリ（＝～ real）.

***pi.ña** [pí.ɲa] 囡 **1**《植》松かさ, 松ぼっくり（→ pino）；松かさ状のもの；球果. **2**《植》パイナップル（＝～ americana）. ◆原産地ブラジル. 熱帯アメリカで広く栽培されていた. コロンブス Colón が第２回航海でカリブ海諸島から持ち帰る. 日本への伝来は1845年.

pinzón（アトリ）

3 結束の固い一団, 一丸(ｲﾁｶﾞﾝ)となった人々［もの］, 徒党, 派閥. formar una ～ 一丸となる.

4 パインクロス：パイナップルの葉の繊維で織った布.

5《海》(索の)縒(ﾖ)り継ぎ. **6**《冶》(銀の精錬時に生じる)スラグ, 残滓(ｻﾞﾝｼ)塊. **7**《ラ米》(1)(ｶﾞﾘﾌ)(銃の)輪胴, (2)(ﾀﾞﾌﾟ)(穀(ｺｸ)), (3)(ｺﾛﾝﾋﾞ)(ﾊﾞｴﾈ)殴打. (4)(ｺﾛﾝﾋﾞ)ついてない人, 不幸な人.

pi.ñal [pi.ɲál] 男《ラ米》パイナップル園[畑].

pi.ñar [pi.ɲár] 他《ラ米》(ｶﾘﾌﾞ)《話》だます, 欺く.

pi.ña.ta [pi.ɲá.ta] 囡 **1** ピニャータ：四旬節の第１日曜日の仮装舞踏会［謝肉祭］に菓子などを入れてつるした壺(ﾂﾎﾞ)を目隠しで棒で割る. メキシコでは posada に子供たちが行う. **2**《俗》深鍋(ﾅﾍﾞ). **3**《ラ米》(ｶﾘﾌﾞ)取り合い, 奪い合い；たくさん, 豊富.

pi.ña.te.rí.a [pi.ɲa.te.rí.a] 囡《ラ米》強盗.

pi.ña.zo [pi.ɲá.θo / -.so] 男《ラ米》(ﾀﾞﾌﾟ)(ｺﾛﾝﾋﾞ)(ﾊﾞｴﾈ)《話》強い殴打, 殴りつけ.

pi.ñis.car [pi.ɲis.kár] 他《ラ米》(ｶﾘﾌﾞ)つねる.

pi.ñis.co [pi.ɲís.ko] 男《ラ米》(ｶﾘﾌﾞ)《話》(1) つねること. (2) ほんの少し, 少量.

pi.ño [pí.ɲo] 男 **1**《俗》(主に複数で)歯.

2《ラ米》(ｶﾞﾘﾌ)《農》(家畜の)群れ.

pi.ñol [pi.ɲól] 男《ラ米》(ｺｽﾀﾘ)挽いた焼きトウモロコシで作る飲料.

pi.ñón¹ [pi.ɲón] 男 **1** 松の実[種]. → pino.

2（群れの最後部について馬丁を乗せる）ロバ.

3 鳥の翼の先端の小骨. **4**（銃の）撃鉄.

estar a partir un piñón《話》《複数主語で》親密である, 仲がよい.

pi.ñón² [pi.ɲón] 男 **1**《機》小歯車, ピニオン. ～ de cambio 中間歯車. ～ planetario 遊星歯車.

2（自転車の）チェーンホイール, 鎖歯車. ～ fijo 固定ギア. ～ libre フリーホイール. ～ mayor 大ギア.

ser de piñón fijo 頑固である.

pi.ño.na.ta [pi.ɲo.ná.ta] 囡《菓子》アーモンド入りヌガー.

pi.ño.ne.ro [pi.ɲo.né.ro] 形《植》松の実のなる. pino ～（地中海沿岸地方原産の）カサマツ：食用の実のなる松の総称. ─ 男《鳥》アトリ.

pi.ñue.la [pi.ɲwé.la] 囡 **1** イトスギの実[球果].

2 絹布.

***pí.o** [pí.o] 男 **1**（擬）(ひな・小鳥の鳴き声)ピヨピヨ, チュッチュッ. **2**《話》欲求, 欲望. tener el *pío de...* …が欲しくて[したくて]たまらない.

no decir ni pío《話》一言もしゃべらない.

Pí.o [pí.o] 固男 ピオ（男の洗礼名. *Pío nono* [IX] ローマ教皇ピウス９世（在位1846-78）：バチカン公会議を召集.

[←（ラ）*Pius*（原義は敬虔(ｹｲｹﾝ)な(人)）；関連 pío. [ポルトガル]*Pio*. [伊]*Pio*. [仏]*Pie*. [英][独]*Pius*]

***pí.o, a**¹ [pí.o, -.a] 形 **1** 敬虔(ｹｲｹﾝ)な, 信心深い, 篤信の. **2** 慈悲深い, 情け深い；慈善の. **3**《話》《まれ》信心家ぶる, 信心面した.

[←（ラ）*pium* (*pius* の対格)「愛情深い」；関連 piedad, piadoso. [英]*pious*]

pí.o, a² [pí.o, -.a] 形 (馬・牛・ロバが)（白と他の色との）まだらの. [←（仏）*pie*]

pio.cha [pjó.tʃa] 囡 **1** 片側のとがったつるはし.

2（1）(ｶﾞﾘﾌ)やぎひげ. (2)(ｱｽﾄ)(とがった)あごひげ. (3)(ｼﾞﾃﾞ)《話》《間投詞的に》すばらしい！.

pio.der.mia [pjo.dér.mja] 囡《医》膿皮症.

pio.ge.nia [pjo.xé.nja] 囡《医》化膿(ｶﾉｳ).

pio.je.rí.a [pjo.xe.rí.a] 囡 **1** シラミだらけ(であること). **2** 貧乏, 微賤.

pio.ji.llo [pjo.xí.ʎo ‖ -.ʝo.-] 男《昆》ハジラミ.

pio.jo [pjó.xo] 男 **1**《昆》シラミ；ハジラミ.

2《ラ米》(ｶﾞﾘﾌ)《話》酒に酔った.

como piojo《ラ米》(ｶﾞﾘﾌ)《話》酒に酔った.

como piojo(s) en costura《話》すし詰めになって, 押し合いへし合いの状態で.

piojo de mar《動》(鯨などに寄生する)クジラジラミの類.

pio.jo.so, sa [pjo.xó.so, -.sa] 形 **1** シラミがたかった, シラミだらけの. **2**《話》汚らしい；みすぼらしい；

pio.jue.lo [pjo.xwé.lo] 男【昆】(1) ハジラミ．アブラムシ，アリマキ（= pulgón）．[piojo + 縮小辞]

pio.la [pjó.la] 形《ラ米》すばらしい．
— 女《ラ米》(1) 綱，縄，ひも．(2)《話》ずる賢い．

pio.lar [pjo.lár] 自〈小鳥が〉ピヨピヨ［ピービー，チュッチュッ］と鳴く．

pio.let [pjo.lé(t)] 男［複 ~s］ピッケル．

pio.lín [pjo.lín] 男《ラ米》《俗》綱，縄，ひも．

pion / pión [pjon, pi.ón] 男【物理】パイオン，パイ中間子：中間子の一種で，湯川秀樹が存在を予言．

pión, pio.na [pjón, pjó.na] 形 ピヨピヨとよく鳴く，チュッチュッと鳴く．

pion.co, ca [pjóŋ.ko, -.ka] 形《ラ米》(1)《話》下半身が裸の．(2)《話》うずくまった．(3)《馬が》尾の短い．

*__pio.ne.ro, ra__ [pjo.né.ro, -.ra] 男 女 **開拓者，先駆者**，パイオニア． ~ en el estudio del átomo 原子物理学研究の先駆者．— 形 先駆者の．

pio.ní.a [pjo.ní.a] 女 ブカレ bucare の実．

pior.no [pjór.no] 男【植】**1** レダマ（= gayomba）：一種の木．**2** アデノカルプス（= codeso）．

pio.rre.a [pjo.ré.a] 女【医】膿漏(33)，膿汁；歯槽膿漏（= ~ alveolar）．

pio.tó.rax [pjo.tó.ráks] 男《単複同形》【医】膿胸．

*__pi.pa__ [pí.pa] 女 **1 パイプ**；（タバコの）一服．fumar en ~ パイプで吸う，パイプをくゆらす．**2**（まれ）（ワイン・油用の）大樽(%)；大樽一杯の量．**3**（スイカ・メロンなどの）種；（食用のカボチャやヒマワリの）種．**4** 麦笛；（シャリュモーなどの）吹口［マウスピース］．**5**《話》ピストル．**6**（爆弾などの）信管．**7**《ラ米》(1)《話》《俗》腹，腹部．(2)《話》《俗》未熟なココヤシの実．(3) 給油［水］車．(4)《*㊟》導管．
— 形《女性形のみ》《話》すばらしい，かっこいい．
— 副 **1**《話》楽しく，愉快に．pasárselo [pasarlo] ~《話》楽しく過ごす．**2**《話》すばらしく．
「パイプ；樽」←［古スペイン］「小型フルート」←［俗ラ］*pipa（［ラ］pīpāre「さえずる」より派生）【関連】pipeta．［英］pipe；「種」は pepita より派生．

pi.pe.ño [pi.pé.no] 男《ラ米》（チリ産の）白ワイン；木樽(*%)に保存されたその年のワイン．

pi.pe.rá.ce.o, a [pi.pe.rá.θe.o, -.a / -.se.-] 形【植】コショウ科の．
— 女【植】コショウ科の植物；（複数で）コショウ科．

pi.pe.rí.a [pi.pe.rí.a] 女（集合的）大樽．

pi.pe.ri.na [pi.pe.rí.na] 女【化】ピペリン：コショウなどから抽出されるアルカロイド．

pi.per.mín [pi.per.mín] 男 ペパーミントリキュール，ペパーミント酒．

pi.pe.ro, ra [pi.pé.ro, -.ra] 女 パイプ売り；ヒマワリの種（食用）の売る人，菓子売り．

pi.pe.ta [pi.pé.ta] 女 **1** ピペット．**2**（口にくわえた）幼児の親指．

pi.pi [pi.pí] 男 **1**《話》シラミ；若造，青二才．**2**《ラ米》《俗》《卑》ペニス，陰茎．

pi.pi¹ [pi.pí] 男［複 ~s］《話》**1**《幼児語》おしっこ．hacer ~ おしっこする．**2**（子供の）おちんちん．

pi.pi² [pi.pí] 男［複 ~es, ~s］【鳥】ヒワミツドリ；タヒバリ（= pitpit）．

pi.pián [pi.pján] 男《ラ米》ピピアン．(1) トウガラシの種・カボチャの種・ピーナッツなどを使ったソース；そのソースを使った肉料理．(2)《㊟》臓物料理．

pi.piar [pi.pjár] 自〈ひな鳥が〉ピヨピヨ［ピーピー，チュッチュッ］と鳴く．

pi.pi.cha [pi.pí.tʃa] 女《ラ米》【植】パパロの一種：メキシコ料理で調味料として使われる．

pi.pi.cie.go, ga [pi.pi.θje.ɣo, -.ɣa / -.sje.-] 形《ラ米》《㊟》近視の，近眼の．

pi.pil [pi.píl] 男 女《㊟》《話》《軽蔑》メキシコ人．

pi.pi.la [pi.pí.la] 女《ラ米》(1)【鳥】シチメンチョウ．(2)《俗》売春婦．

pi.pi.la.cha [pi.pi.lá.tʃa] 女《ラ米》《㊟》(1)【昆】トンボ．(2) 小型飛行機．

pi.pi.lo [pi.pí.lo] 男《ラ米》《㊟》(1)【鳥】シチメンチョウの雛(%)．(2)《*㊟》《俗》（男性の）同性愛者；（売春婦の）ひも．

pi.pil.tin [pi.píl.tin] 男《話》《複数形》ピピルティン：アステカ文明の社会における貴族（神官・軍人・政治家など）のこと．

pi.pio.le.ra [pi.pjo.lé.ra] 女《ラ米》《㊟》《話》子供の群れ．

pi.pio.lo, la [pi.pjó.lo, -.la] 男 女《話》**1**《親愛》(かわいい)子供．**2** 新米，未熟者；若者，青二才．**3**《ラ米》(1) 子供，幼児．(2)《㊟》背の低い人，ちび．(3)《㊟》《㊟》お人よし，ばか者．
— 男《複数で》《*㊟》金，銭．

pi.pi.ri.co.jo [pi.pi.ri.kó.xo]《話》*a pipiricojo* 片足で（= a la pata coja）．

pi.pi.ri.ga.llo [pi.pi.ri.ɣá.jo ‖ -.ʎo] 男【植】マメ科オノブリキス属の一種：飼料用．

pi.pi.ri.jai.na [pi.pi.ri.xái.na] 女《話》巡回喜劇団．

pi.pi.rín [pi.pi.rín] 男《ラ米》《㊟》《話》（普段の）食事．

pi.pi.ri.ta.ña [pi.pi.ri.tá.ɲa] 女 麦笛．

pi.pi.to.ria [pi.pi.tó.rja] 女《ラ米》《*㊟》黒砂糖とカボチャの種で作る菓子．raza ~《軽蔑》メキシコ人，メキシコ系アメリカ人．

pi.po, pa [pí.po, -.pa] 形《ラ米》《話》(1)《㊟》《㊟》太鼓腹の．(2)《㊟》《㊟》満腹の，食傷ぎみの．
— 男 女《㊟》《㊟》《㊟》子供，幼児；不正を働く従業員．— 男 **1** 種．**2**【鳥】(キツツキ科の) コアカゲラ．**3**《ラ米》(1)《㊟》《㊟》安酒．(2)《㊟》《俗》殴打；密造酒．(3)《㊟》《話》非難；不満．

pi.po.cho, cha [pi.pó.tʃo, -.tʃa] 形《ラ米》《㊟》《話》満腹の．

pi.pón, po.na [pi.pón, -.pó.na] 形《ラ米》《話》(1)《㊟》《㊟》《㊟》《軽蔑》腹の出た；満腹の．(2)《㊟》《話》働かずして給料をもらう．
— 男 女《㊟》子供．

pi.pon.cho, cha [pi.pón.tʃo, -.tʃa] 形《ラ米》《㊟》《話》腹の出た；満腹の．

pi.po.te [pi.pó.te] 男《ラ米》《㊟》ゴミ箱；大きな容器．

pi.pu.do, da [pi.pú.ðo, -.ða] 形《話》すばらしい，すてきな，すごい．

pi.que [pí.ke] 男 **1**《話》恨み；不和，敵意．tener un ~ con + h 〈人〉に恨みを抱く，ねたむ．Ellas siempre andan de ~. 彼女たちはいつも反目している．**2**《話》競争心，ライバル意識；競争，張り合うこと．**3**《ラ米》《話》勇気，自負心．**4**【昆】スナノミ．**5**《ラ米》(1)（ボールの）バウンド．(2)《㊟》戸口．(3)《㊟》《㊟》《㊟》《㊟》小道．(4)《㊟》《㊟》《㊟》【鉱】立て坑．
a pique de... …する間際に，今にも…しそうな．
echar a pique...（船）を沈没させる；…を破壊する

る, 破産させる.
hacer un pique 《ラ米》《タク》《話》金を借りる；金
をたかる.
irse a pique 〈船が〉沈没する；失敗する, 破産する.
pique- / piqué(-) 活 →picar.
pi·qué [pi.ké] 《仏》男 ピケ, 浮き出し織り.
pi·que·ra [pi.ké.ra] 女 1 (ミツバチの巣の) 出入り口. **2** 樽(たる)の側面につけた中身を出すための穴. **3** 〖冶〗出銑口, 栓孔(せんこう), 出湯口. **4** (ランプの) 火口. **5** 《ラ米》(1) 《カリブ》《中米》(ナイトクラブの) ホステス, 女給. (2) 《カリブ》安酒場.
pi·que·ro [pi.ké.ro] 男 **1** 〖史〗槍兵. **2** 〖闘牛〗ピカドール. **3** 《ラ米》《アンデス》《中米》鉱夫.
pi·que·ta¹ [pi.ké.ta] 女 **1** つるはし, ピッケル. **2** (特にテント用の) 小さい杭.
estar condenado a la piqueta 〈建物が〉取り壊される (ことになっている).
pi·que·ta² [pi.ké.ta] 女 《ラ米》《中米》安ワイン.

piquero (槍兵)

pi·que·ta·zo [pi.ke.tá.θo / -.so] 男 《ラ米》(1) くちばしでつつくこと, 刺し傷；虫さされ. (2) 《コロン》はさみで切ること.
pi·que·te [pi.ké.te] 男 **1** ピケ: ストライキなどでの裏切りやスト破りを監視するグループ. **2** 〖軍〗(特別任務を負った) 小隊, 班. ~ *de ejecución* 銃殺隊. **3** 軽い刺し傷. **4** (衣類にあいた) 穴, 虫食い穴. **5** (測量用の) 標識杭(くい). **6** (小型の) 杭. **6** 《ラ米》(1) 《タク》(家畜の) 囲い場. (2) 《メキシ》小楽隊, 下手な楽団. (3) 《コロン》野外での食事, ピクニックの弁当. (4) 《メキシ》虫刺され；コーヒーにたらすリキュール. (5) 《中米》侮辱；挑発.
pi·que·te·a·de·ro [pi.ke.te.a.ðé.ro] 男 《ラ米》《コロン》街道沿いの食堂, ドライブイン.
pi·qui·ña [pi.kí.ɲa] 女 《ラ米》(1) 《カリブ》《コロン》《エクア》かゆみ；むずがゆさ. (2) 《コロン》《カリブ》羨望(せんぼう), 恨み.
pi·qui·tuer·to [pi.ki.twér.to] 男 〖鳥〗イスカ.
pi·ra [pí.ra] 女 **1** (火葬・火刑の) 火. **2** かがり火, たき火 (= *hoguera*). **3** 〖紋〗上向きの三角形.
irse de pira 授業をサボる；遊び歩く.
pi·ra·can·to [pi.ra.kán.to] 男 〖植〗ピラカンサ(ス), トキワサンザシ.
pi·ra·cu·cú [pi.ra.ku.kú] 男 →*pirarucú*.
pi·ra·do, da [pi.rá.ðo, -.ða] 形 **1** 《話》気が触れた, 少しおかしい. **2** 《ラ米》《メキシ》死んだ.
— 男 女 《話》正気でない人, 気が触れた人.
pi·ra·gua [pi.rá.gwa] 女 **1** (アメリカ大陸・オセアニアの先住民が用いた) 丸木舟, (大型軽量の) カヌー. ~ *deportiva* 競技用カヌー. **2** 〖スポ〗シェルボート. **3** 〖植〗(熱帯アメリカ産) アンスリウム. **4** 《ラ米》《カリブ》かき氷.
pi·ra·güis·mo [pi.ra.gwís.mo] 男 〖スポ〗カヌー[カヤック]競技.
pi·ra·güis·ta [pi.ra.gwís.ta] 男 女 カヌー[カヤック]選手.
pi·ra·mi·dal [pi.ra.mi.ðál] 形 **1** ピラミッド状の, 角錐(かくすい)状の. **2** 〖まれ〗巨大な, とてつもない. **3** 〖解剖〗錐体の. *músculo* ~ 錐体筋.
‡**pi·rá·mi·de** [pi.rá.mi.ðe] 女 **1** ピラミッド (◆マヤ・インカ・アステカのピラミッドは角錐(かくすい)台形の神殿の基壇であるが, 例外的に墓として用いられる場合もあった). *las* ~s *del Sol y de la Luna* (メキシコ Teo-tihuacán の) 太陽のピラミッドと月のピラミッド. *las* ~s *de Egipto* エジプトの大ピラミッド. **2** 〖数〗角錐, ピラミッド. ~ *truncada* 切頭角錐. *tronco de* ~ 角錐台. **3** ピラミッド形のもの. ~ *de edad* ピラミッド形年齢分布グラフ.

pirámide (ピラミッド: メキシコのテオティワカン)

pi·ra·mi·dón [pi.ra.mi.ðón] 男 〖商標〗ピラミドン；鎮痛・解熱剤.
pi·ran·del·lia·no, na [pi.ran.de(l).ljá.no, -.na] 形 ピランデッロ[ピランデロ]の, ピランデッロ風の, ピランデッロの作品のような. ◆Luigi Pirandello (1867-1936) はシチリア (イタリア) 出身の劇作家；小説家.
pi·ra·ña [pi.rá.ɲa] 女 〖魚〗ピラニア: 南米の Amazonas 川, Orinoco 川に生息する淡水魚. [←[トゥピ] *pirãia* (*pirá*「魚」+ *'ãia*「歯」)；「歯のある魚」が原義]
pi·rar·se [pi.rár.se] 再 **1** 《話》出ていく；逃げる, 消える. *Estoy deseando pirarme.* 僕は逃げ出したいよ. **2** 《話》授業などを休む, サボる. **3** 《*por*...…に》夢中になる；気が狂う. **4** 《ラ米》《メキシ》死ぬ.
pirárselas (1) 出ていく, 逃げ出す. (2) 授業をサボる.
pi·ra·ru·cú [pi.ra.ru.kú] 男 複 ~*es*, ~s ピラルクー, アラパイマ: アマゾンに生息する大型淡水魚.
‡pi·ra·ta [pi.rá.ta] 形 **1** 海賊の, 海賊行為をする. **2** 剽窃(ひょうせつ)の；盗用の；著作[特許]権侵害の, 正規の許可を受けてない. *edición* ~ 海賊版.
— 共 **1** 海賊；乗っ取り犯. ~ *aéreo* 飛行機乗っ取り犯, ハイジャック犯人. **2** 著作権侵害者. **3** 無情な人, 冷酷な人. **4** 《ラ米》《*中米*》《俗》泥棒.
pirata informático データ・ソフトウェアの不正使用を行う人.
pi·ra·te·ar [pi.ra.te.ár] 自 **1** 海賊行為を働く. **2** 剽窃(ひょうせつ)する, 著作[特許]権を侵害する.
— 他 〈本・CD・ビデオ・アプリケーションソフトウェアなどの〉海賊版を作成[販売]する, 違法コピーを売る.
pi·ra·te·o [pi.ra.té.o] 男 《話》海賊行為, 知的所有権の侵害行為 (= *piratería*).
pi·ra·te·rí·a [pi.ra.te.rí.a] 女 **1** 海賊行為. ~ *aérea* ハイジャック. **2** 剽窃(ひょうせつ), 著作[特許]権侵害, 違法コピーの作成[販売]. **3** 盗み.
pi·ra·ya [pi.rá.ja] 女 《ラ米》〖魚〗→*piraña*.
pir·ca [pír.ka] 女 《ラ米》《*中米*》《アンデス》の石壁.
pir·co [pír.ko] 男 《ラ米》《チリ》トウモロコシ・カボチャ・インゲンマメの煮込み料理.
pi·re·nai·co, ca [pi.re.nái.ko, -.ka] 形 ピレネー Pirineos 山脈の, ピレネー地方の.
— 男 女 ピレネー地方の住民[出身者].
pi·ré·ti·co, ca [pi.ré.ti.ko, -.ka] 形 〖医〗発熱(性)の, 発熱した.
pi·re·to·lo·gí·a [pi.re.to.lo.xí.a] 女 〖医〗発熱学.
pí·rex [pí.reks] 男 →*pyrex*.
pi·re·xia [pi.rék.sja] 女 〖医〗発熱.

pir·gua [pír.gwa] 囡《ラ米》(^{ｹﾁｭｱ})納屋, 穀倉.

pi·ri·for·me [pi.ri.fór.me] 形 洋ナシの形をした, 下膨れの (= periforme).

pi·ri·ne·o, a [pi.ri.né.o, -.a] 形 ピレネー山脈の; ピレネー地方の (= pirenaico).

Pi·ri·ne·os [pi.ri.né.os] 固名 (la cordillera de) los 〜 ピレネー（山脈）:スペインとフランスの国境に位置する山脈.

pi·ri·no·la [pi.ri.nó.la] 囡《ラ米》(1) (^{ｷｭｰﾊﾞ})《遊》小さなコマ. (2)《ラ米》幼児.

pi·ri·pi [pi.rí.pi] 形《話》ほろ酔いの.

pi·ri·ta [pi.rí.ta] 囡《鉱》黄鉄鉱.

pir·lán [pir.lán] 男《ラ米》(^{ｺﾛﾝﾋﾞｱ})戸口の石段.

pir·li·te·ro [pir.li.té.ro] 男《植》サンザシ.

pi·ro [pí.ro] 男《話》逃げること, サボること. darse el 〜 ずらかる, 逃げ出す; サボる.

piro- 「火, 高熱, 火成の」の意の造語要素. → *pirófo-ro*, *pirolisis*, *piroscopio*. [←《ギ》]

pi·ro·e·lec·tri·ci·dad [pi.ro.e.lek.tri.θi.ðáð / -.si.-] 囡《物理》焦電気, ピロ[パイロ]電気.

pi·ro·fó·ri·co, ca [pi.ro.fó.ri.ko, -.ka] 形《化》自然発火性の.

pi·ró·fo·ro [pi.ró.fo.ro] 男《物理》自然物: 空気に触れると発火するもの.

pi·ro·gé·ne·sis [pi.ro.xé.ne.sis] 囡《単複同形》《化》発熱.

pi·ró·ge·no, na [pi.ró.xe.no, -.na] 形 1《地質》火成の. 2《医》発熱性の.
── 男《医》発熱性の物質[ウィルス, 病気], 発熱源.

pi·ro·gra·ba·do [pi.ro.gra.βá.ðo] 男 焼き絵; 焼き絵術.

pi·ro·gra·ba·dor, do·ra [pi.ro.gra.βa.ðór, -.ðó.ra] 男 囡 焼き絵を製作する人.
── 男 焼き絵を製作する道具.

pi·ro·gra·bar [pi.ro.gra.βár] 他 焼き絵[ウッドバーニング]をする. Los alumnos *pirograbaron* sus nombres en la madera. 生徒たちはその木材に自分たちの名前を焼き絵で書いた.

pi·ro·gra·fí·a [pi.ro.gra.fí.a] 囡 焼き絵[ウッドバーニング]の術; 焼き絵術[ウッドバーニング].

pi·ro·la·trí·a [pi.ro.la.trí.a] 囡 拝火, 火に対する崇拝.

pi·ro·li·sis [pi.ro.lí.sis] 囡《単複同形》《物理》《化》熱分解.

pi·ro·lo·gí·a [pi.ro.lo.xí.a] 囡 燃焼学, 熱処理学.

pi·ro·lu·si·ta [pi.ro.lu.sí.ta] 囡《鉱》軟マンガン鉱 (= manganesa).

pi·ro·man·cia [pi.ro.mán.θja / -.sja] / **pi·ro·man·cí·a** [pi.ro.man.θí.a / -.sí.-] 囡 火占い.

pi·ro·ma·ní·a [pi.ro.ma.ní.a] 囡 放火癖.

pi·ró·ma·no, na [pi.ró.ma.no, -.na] 形 放火癖のある, 放火魔の.
── 男 囡 放火魔.

pi·ro·me·trí·a [pi.ro.me.trí.a] 囡《物理》高温測定(学·法).

pi·ró·me·tro [pi.ró.me.tro] 男《物理》高温計, パイロメーター.

pi·ro·pe·ar [pi.ro.pe.ár] 他《話》(主に外見に対して)ほめ言葉を言う, ほめやかす.

pi·ro·pe·o [pi.ro.pé.o] 男 (主に外見に対する)ほめ言葉を投げること.

pi·ro·po [pi.ró.po] 男 1《話》(主に外見に対する)ほめ言葉. decirle [echarle] 〜s (a+人)〈人〉をほめる, 冷やかす.
2《鉱》クバンザクロ石, ガーネット; ルビー.
3《ラ米》(^{ｺﾛﾝﾋﾞｱ})《話》叱責の, 非難の.

[←《ラ》*pyrōpum* (*pyrōpus* の対格)「(赤く輝く銅と金の)合金」←《ギ》*pyrōpós*「炎に似た」; 修辞法で輝くもののシンボルとして使われ, 後に美女へのお世辞のたとえとなる]

pi·ros·co·pio [pi.ros.kó.pjo] 男《物理》高温計; 熱源探査機.

pi·ros·fe·ra [pi.ros.fé.ra] 囡《地球内部の》溶岩.

pi·ro·sis [pi.ró.sis] 囡《単複同形》《医》胸焼け.

pi·ro·tec·nia [pi.ro.ték.nja] 囡 1 花火製造(法); 花火の打ち上げ. 2 (火薬を混合する) 火工術.

pi·ro·téc·ni·co, ca [pi.ro.ték.ni.ko, -.ka] 形 花火製造(法)の, (花火)打ち上げの; 火工術の.
── 男 花火製造者, 花火師; 火工術師.

pi·ro·xe·na [pi.rok.sé.na] 囡《鉱》輝石.

pi·ro·xe·no [pi.rok.sé.no] 男《鉱》→ *piroxena*.

pi·ro·xi·li·na [pi.rok.si.lí.na] 囡《化》硝化綿, ピロキシリン.

pir·quén [pir.kén] 男《ラ米》(^{ﾁﾘ}) *a*(*l*) pirquén 《鉱》採掘料を支払って.

pir·qui·ne·ro [pir.ki.né.ro] 男《ラ米》(^{ﾁﾘ}) (1) 手作業の鉱山労働者. (2) けちな人.

pi·rrar [pi.r̄ár] 再《話》(*pirrar*le (a+人))《〈人〉が》夢中になる; 《〈人〉が》大好きである. Me *pirra* el cine. 私は映画が大好きだ.
── 〜**se** 再《話》(*por*... ...に)目がない, 夢中になる. Ella *se pirra por* todo lo que sea dulce. 彼女は甘いものに目がない. Los niños *se pirran por* la playa. 子供たちは海へ行きたくてうずうずしている.

pí·rri·co, ca [pí.r̄i.ko, -.ka] 形 1 辛勝の, 犠牲の大きい. victoria *pírrica* ピュロスの勝利 (◆アスクルムの戦い (前279年) で Pirro 王の軍隊が多くの犠牲を払ってローマ軍を破ったが, 利は小さかった).
2 (古代ギリシアの)戦舞の.
── 囡 (古代ギリシアの)戦舞, ピュリケーの踊り.

pi·rrin·ga [pi.r̄íŋ.ga] 囡《ラ米》(^{ｺｽﾀﾘｶ})《話》小さな人.

pi·rri·quio [pi.r̄í.kjo] 男《詩》(ギリシア・ラテン詩の) 短短格[弱弱格], 二短音歩.

Pi·rro [pí.r̄o] 固名 1《ギ神》ピュロス: アキレウスAquiles の子で, Neoptólemo の別名.
2 ピュロス (前319-272): 古代ギリシアのエペイロス王. → *pírrico*.

[←《ラ》*Pyrrhus*←《ギ》*Pýrrhos*]

pi·rro·nis·mo [pi.r̄o.nís.mo] 男《哲》(古代ギリシアの哲学者ピュロン Pirrón 前360?‒270?の)懐疑説.

pi·rru·ris [pi.r̄ú.ris] 男《単複同形》《話》《軽蔑》金持ちぶるやつ.

pi·rue·ta [pi.rwé.ta] 囡 1 飛び跳ねること, 跳躍; (ダンスの)ピルエット.
2 言い逃れ; 身をかわすこと; (苦境などを切り抜ける)離れ業. Con un hábil 〜 Neoptólemo evitó la pregunta. 彼(彼女)はその質問をうまくかわした. 3《馬》ピルエット, 後肢旋回: 後脚を軸とした360度回転.

pi·rue·tar [pi.rwe.tár] 自 1《植》野生のナシ(の木·実). 2 突起, 突き出た部分.

pi·rue·te·ar [pi.rwe.te.ár] 自 1 旋回する.
2《馬》ピルエットする.
3 飛び跳ねる. 4 はぐらかす, 言い逃れる.

pi·ru·la [pi.rú.la] 囡 1《話》汚い手口, だましうわさ. 2 興奮剤.
montar una pirula《話》ひどく怒る.

pi·ru·le·ta [pi.ru.lé.ta] 囡《商標》(丸い)棒付きキャンデー.

pi·ru·lí [pi.ru.lí] 男[複 〜es, 〜s]《ラ米》(^{ｸﾞｱﾃﾏﾗ})(円

pi·ru·lo, la [pi.rú.lo, -.la] 形《ラ米》《⟨゚⟩》《話》すてきな, 楽しい. ― 男 女《ラ米》《⟨゚⟩》《⟨ジ⟩》《話》やせっぽちの子供. ― 男 女《⟨゚⟩》《幼児語》おちんちん (▶ pichula の婉曲表現).

pis [pís] 男《話》《幼児語》おしっこ (= pipí, pichí). hacer [hacerse] *pis* おしっこする.

pi·sa [pí.sa] 女 **1** 踏みつけ; (ブドウなどを) 踏みつぶすこと; 圧搾器にかける1回分の量. **2**《話》殴打; 足蹴(ホ)の. ― 男 → pisar.

pi·sa·da [pi.sá.ða] 女 **1** 踏むこと; (ブドウなどを) 踏みつぶすこと. **2** 通った跡, 足跡. las ~*s* de un calzado 靴の跡. **3** 歩み; 足音; 足で打つこと. Con ~*s* suaves se acercó hasta la puerta. 彼女[は足音を忍ばせて戸口に近づいた. **4** (織物の) 縮絨(セキ).
seguir las pisadas de [*a*] + 人〈人〉のまねをする.

pi·sa·de·ra [pi.sa.ðé.ra] 女《ラ米》《⟨゙⟩》じゅうたん.

pi·sa·de·ro [pi.sa.ðé.ro] 男《ラ米》《⟨ジ⟩》《俗》売春宿, 娼家(シャ).

pi·sa·do, da [pi.sá.ðo, -.ða] 形《ラ米》《⟨゙⟩》《話》パートナーの言いなりの,〈夫が〉妻の尻に敷かれている,〈妻が〉夫の言いなりの. ― 男 (印刷機による) 加圧.

pi·sa·dor, do·ra [pi.sa.ðór, -.ðó.ra] 形 **1** 踏む. **2**〈馬〉脚を高く引き強く降ろす. ― 男 (ワイン用の) ブドウを踏む人. ― 男 ブドウ圧搾機.

pi·sa·du·ra [pi.sa.ðú.ra] 女 踏むこと, ひと踏み; 足跡 (= pisa, pisada).

pi·sa·no, na [pi.sá.no, -.na] 形 (イタリアの) ピサ Pisa 生まれの, ピサの. ― 男 女 ピサの住民 [出身者].

pi·sa·pa·pe·les [pi.sa.pa.pé.les] 男《単複同形》文鎮, 紙押さえ.

‡‡pi·sar [pi.sár] 他 **1** 踏む; 踏み固める. ~ (el pie) a la pareja en un baile ダンスで相手の足を踏む. ~ el acelerador アクセルを踏む. ~ las uvas (ワインなどを作るために)ブドウを踏む. *Pisé* el escenario por primera vez a los diez años. 私は10歳で初舞台を踏んだ.
2《主に否定文で》〈場所に〉足を踏み入れる, 現れる. Después no volví a ~ la universidad. それから私は二度と大学に行かなかった. No *pisó* la calle por un mes. 彼[彼女]は1か月外に出なかった. ~ la Luna 月に降り立つ. Prohibido ~ el césped. 《掲示》芝生に入るべからず.
3〈人を〉踏みつけにする;〈規則などを〉踏みにじる. ~ al rival ライバルを圧倒する. ~ los derechos 権利を踏みにじる. No te dejes ~ por nadie. ひどい扱いを受けて黙っていてはだめだよ.
4 …の上に載る, 重なる. La maleta *pisa* el cable. スーツケースの下にコードはさまっている.
5《話》《a + 人〈人〉から》…を先に取る, 横取りする. Si no te das prisa, *te* van a ~ la idea. 急がないと誰かにそのアイディアを盗られてしまうよ.
6 押す, つぶす;《音楽》〈弦を〉つまびく;〈鍵盤を〉たたく.
7〈鳥の雄が〉〈雌に〉交尾する.
8《ラ米》《⟨゙⟩》《⟨ジ⟩》《俗》姦通(ネミ)する.
― 自 **1** 歩く, 進む. ~ firme 確かな足取りで進む. ~ despacio そっと歩く. Vigile donde *pisa*. 足元にお気をつけください.
2《sobre…》…の上に(階に)ある. **3** 行く [来る], 足を踏み入れる. **4**《ラ米》《⟨ボ⟩》《俗》セックスをする.
― ~·se 再《ラ米》《⟨アボ⟩》《話》へまをする; 当てが外れる.
pisar fuerte《話》自信を持ってある; 好調である, La empresa *pisa fuerte* en el mercado europeo. この会社はヨーロッパ市場で実績をあげている.
[← 〔俗〕*pinsare* ← [ラ] *pinsere*「踏みつぶす」;【関連】pisa, pisada, piso, pistón,〔英〕*piston*]

pi·sas·fal·to [pi.sas.fál.to] 男 アスファルト.

pi·sa·ver·de [pi.sa.βér.de] 男《話》《軽蔑》おしゃれな男, きざな男.

pis·ca [pís.ka] 女 **1**《まれ》→ pizca.
2《ラ米》(**1**)《⟨ジ⟩》トウモロコシの収穫. (**2**)《⟨メ⟩》《俗》《軽蔑》売春婦, 娼婦(カッ).

pis·ca·dor [pis.ka.ðór] 男《ラ米》《⟨ジ⟩》(トウモロコシの) 刈り取り機.

pis·car [pis.kár] 102 自《ラ米》《⟨ジ⟩》トウモロコシを収穫する; トウモロコシの皮をむく.

pis·ca·tor [pis.ka.tór] 男 (気象予報・占いのついた)暦.

pis·ca·to·rio, ria [pis.ka.tó.rjo, -.rja] 形《格式》**1** 釣り(人)の, 漁業 [漁師]の.
2《詩・文章が》漁師が登場する.

pis·cí·co·la [pis.θí.ko.la / -.sí.-] 形 養魚の, 養殖の; 魚 (類) の.

pis·ci·cul·tor, to·ra [pis.θi.kul.tór, -.tó.ra / -.si.-] 男 女 養魚家, 養殖業者.

pis·ci·cul·tu·ra [pis.θi.kul.tú.ra / -.si.-] 女 養魚, 養殖.

pis·ci·fac·to·rí·a [pis.θi.fak.to.rí.a / -.si.-] 女 養殖施設, 養魚場, 養殖場; 魚の孵化(ケ)場.

pis·ci·for·me [pis.θi.fór.me / -.si.-] 形《格式》魚の形をした.

‡pis·ci·na [pis.θí.na / -.sí.-] 女 **1** (水泳用の) プール. ~ cubierta 室内プール. ~ olímpica オリンピックプール. ~ climatizada 温水プール.
2 (魚を飼う) 池, 養魚池, 生け簀(プ). **3** (初代教会の) 洗礼盤; 《カト》教会内の聖水・灰を捨てる場所.
tirada a la piscina《スポ》(サッカーでペナルティキックを狙った)ダイビング.
[← [ラ] *piscinam* (*piscina* の対格)「養魚池」(*piscis*「魚」の派生語);【関連】〔仏〕*piscine*]

pis·cis [pís.θis / -.sis] 形《性数不変》うお座生まれの. mujeres ~ うお座生まれの女性.
― 男 [P-]《星座》うお座 (= los Peces);《占星》双魚宮: 黄道十二宮の第12宮.
― 男 女《単複同形》うお座生まれの人. Soy ~. 私はうお座.

pis·cí·vo·ro, ra [pis.θí.βo.ro, -.ra / -.sí.-] 形《格式》魚食性の, 魚食動物.

pis·co[1] [pís.ko] 男《ラ米》ピスコ: ペルーの港町 Pisco 付近でブドウから作られる蒸留酒.
entre pisco y nazca《ラ米》《⟨゙⟩》酒に酔った.

pis·co[2] [pís.ko] 男《ラ米》《⟨ペ⟩》(**1**)《鳥》シチメンチョウ. (**2**) やつ, 男.

pis·coi·ro, ra [pis.kói.ro, -.ra] 男 女《ラ米》《⟨゙⟩》《話》活発な [利口な] 子供.

pis·co·la·bis [pis.ko.lá.bis] 男《単複同形》
1《話》間食, 軽食. **2**《ラ米》食前酒.

pis·cu·cha [pis.kú.tʃa] 女《ラ米》《⟨エルサル⟩》《遊》凧(を).

pi·si·co·rre [pi.si.kó.ře] 男《ラ米》《⟨プエル⟩》小型バス.

pi·si·for·me [pi.si.fór.me] 形 **1** エンドウマメの形をした. **2**《解剖》〈骨が〉豆のように偏平な. hueso ~ 豆状骨.

‡‡pi·so[1] [pí.so] 男 **1** (建物・乗り物などの) 階, 階層 (= planta). casa de seis ~*s* 6階建ての家. autobús de dos ~*s* 2階建てバス. Vive en el sexto ~. 彼[彼女]は7階に住んでいる. Los primeros ~s del edificio están ocupados por numerosas oficinas. そのビルの下層階にはたくさんの事務所が入っている. ◆日本の1階に当たるのは ~ bajo, planta baja で, 2階に当たるのが primer ~. 3階から順に segundo ~ (3階), tercer ~ (4階)とずれていく.

2 マンション (の一戸, 共同住宅内の) 一世帯分. ~ de tres habitaciones 3部屋あるマンション. ~ amueblado 家具付きマンション. ~ de lujo 高級マンション. ~ piloto モデルルーム. Su ~ el tercero derecha. 彼[彼女](ら) の部屋は4階の右側だ.

3 路面, 床, 地盤. el ~ del pavimento 舗装路面. ~ de parqué 寄せ木張りの床.

4 (食べ物などの)段, 層. un cohete de dos ~s 2段式ロケット. Para la fiesta, María preparó una tarta de tres ~s. パーティーのためにマリアは3段のケーキを用意した.

5 〖地質〗層. ~ geológico 地層. **6** 靴底. ~ de crepé クレープソール. ~ de goma ゴム底. ~ de suela 革底. **7** 〖鉱〗(同じ深さでの)採鉱作業, 地均(ならし). **8** 《ラ米》(1) (ｷ)(ｺﾛ)テーブルセンター. (2) (ﾁ)(ﾒｷ)マット, じゅうたん. (3) (ｷ)腰掛け, 踏み台, 台. *piso franco* 隠れ家, (テロリストなどの)アジト.

pi·so² [pí.so] 男 →*pisar*.

pi·són [pi.són] 男 **1** (まれ)(地固め用の)大槌(づち); (織り機の)布を叩く槌(づち). **2** 《ラ米》(1) 《俗》足を踏んづけること. (2) (ｻﾙ)重い足取り.

pi·so·te·ar [pi.so.te.ár] 他 **1** 踏みつける, 踏みつぶす. **2** (人を)不当に扱う; 踏みにじる, 蹂躙(じゅうりん)する. ~ la dignidad humana 人としての尊厳を踏みにじる. **3** (法律などを)無視する, 侵す.

pi·so·te·o [pi.so.té.o] 男 **1** (まれ)踏みつける[つぶす]こと. **2** 踏みにじること, 蹂躙(じゅうりん); 無視.

pi·so·tón [pi.so.tón] 男 《話》(足を)踏んづけること. dar a+人 un ~ 〈人の〉足を踏む.

pis·pa·jo [pis.pá.xo] 男 《話》**1** ほとんど価値のないもの. **2** 小柄で元気な人[子供]. **3** 布切れ, ぼろ. **4** 虚弱な人[子供].

pis·par [pis.pár] 他 **1** 《話》かっぱらう, 盗む. **2** (ｱﾙ)(ｳﾙ)(ﾊﾟﾗ)《話》うかがう, 詮索(せんさく)する. —— ~·**se** 再 《話》酔っ払う.

pis·pás / pis pas / pis pas [pis.pás] 男 《話》 *en un pispás* 一瞬で, 素早く, さっと.

pis·pe·ar [pis.pe.ár] 他 《ラ米》(ﾌﾟﾗﾀ)調査する, スパイする; 嗅ぎ回る.

pis·pi·re·ta [pis.pi.ré.ta] 女 《ラ米》《話》(1) (ｱﾙ)(ﾌﾟﾗﾀ)おしゃべりな人. (2) (ﾒｷ)コケティッシュな女性.

pis·po·rra [pis.pó.ra] 女 《ラ米》(ﾒｷ)大きなこぶ.

pis·que·ño, ña [pis.ké.ɲo, -.ɲa] 形 (ペルーの)ピスコ Pisco の. —— 男 女 ピスコの住民[出身者].

*****pis·ta** [pís.ta] 女 **1** 跡, 足跡, 痕跡(こんせき). ~ del zorro キツネの足跡.

2 手がかり, 形跡; (答えを導くための)ヒント. estar sobre la ~ 手がかりを得ている, かぎつけている. ~ falsa 誤った手がかり.

3 〖スポ〗(競技用の)走路, トラック; (ボウリングの)レーン; コート; ゲレンデ. ~ de hipódromo 競馬場. ~ de tenis テニスコート. ~ de patinaje スケートリンク. corredor en ~ (自転車競技で)トラックレースの選手. ~ de ceniza (オートレース用の)ダートトラック. ~ de baile ダンスフロアー.

4 (飛行場の) 滑走路 (= ~ de aterrizaje); 専用道路, 高速自動車道. ~ para ciclistas サイクリングロード, 自転車専用レーン. **5** (録音・記録用の)トラック.

~ sonora サウンドトラック. **6** 仮設道路, 状態の悪い道路. **7** (サーカス・祭りの)舞台.

[← 〖伊〗*pista* (*pesta* の異形); 〖古伊〗*pistare* 「押しつぶす」 (← (後ラ) *pistāre*) より派生; 関連 pistón, pisar. 〖英〗*piston* 「ピストン」]

pis·ta·che [pis.tá.tʃe] 男 **1** ピスタチオ入りの菓子[アイスクリーム]. **2** (ﾒｷ)ピスタチオ.

pis·ta·che·ro [pis.ta.tʃé.ro] 男 〖植〗ピスタチオの木.

pis·ta·cho [pis.tá.tʃo] 男 ピスタチオの実, ピスタチオ・ナッツ.

pis·te·ar [pis.te.ár] 自 《ラ米》(ﾒｷ) (1) 〈隠〉酒を飲む. (2) 昼寝をする.

pis·te·ro [pis.té.ro] 男 **1** 吸い吞(のみ). **2** 《ラ米》(ｺﾛﾁ)(殴打による)目の周りの青あざ.

pis·te·ro, ra [pis.té.ro, -.ra] 形 《ラ米》(ﾒｷ)《話》金目当ての.

pis·ti·lo [pis.tí.lo] 男 〖植〗雌蕊(しずい), めしべ.

pis·to [pís.to] 男 〖料〗**1** ピストゥ: トマト・ナス・タマネギ・ピーマンなどの角切りを炒(いた)めて煮込んだ料理. **2** ごたまぜ, 寄せ集め. **3** 《ラ米》(1) (ﾁｬ)(ﾎﾝ)(ｺﾞｱ)(ﾆｶ)《話》お金, 銭. (2) (ｺﾞｱ)《話》酒のひと飲み. (3) (ﾒｷ)銃身. (4) (ﾎﾝ)アルコール; 少量.

darse pisto 《話》自慢する, 偉ぶる.

*****pis·to·la** [pis.tó.la] 女 **1** ピストル, 拳銃(けんじゅう). disparo [tiro] de ~ 拳銃の発射, 銃声. ~ automática 自動拳銃. Los policías entraron en el edificio armados de ~s. 警官たちはピストルで武装してその建物に入った.

2 (ペンキ・殺虫剤などの) 吹き付け器, 噴霧器. pintar a ~ スプレーガンで塗装する.

3 (まれ)棒状のパン, バゲット. **4** 通信弾[照明弾]を打つ小砲. **5** 《ラ米》(ｺﾞｱ)《俗》ばか者, 愚か者.

poner a+人 una pistola en el pecho 〈人に〉有無を言わせずやらせる, やむを得ない状況に立たせる.

[← 〖独〗 *Pistole* ← 〖チェコ〗 *pišťal*; 関連 〖英〗 *pistol*]

pis·to·la·da [pis.to.lá.ða] 女 《ラ米》(ｺﾞｱ)《俗》ばかげたこと.

pis·to·le·ra [pis.to.lé.ra] 女 **1** ピストルの(革)ケース, ホルスター. **2** 《複数で》《話》腹についたぜい肉.

pis·to·le·ris·mo [pis.to.le.rís.mo] 男 **1** ピストルの携帯; ピストル犯罪; 強盗行為. **2** 《集合的》ギャング[ガンマン] (たちの存在).

pis·to·le·ro, ra [pis.to.lé.ro, -.ra] 男 女 **1** ピストル強盗, ギャング; ガンマン. **2** 殺し屋.

pis·to·le·ta [pis.to.lé.ta] 女 《ラ米》(ﾌﾟｴﾙ)(ﾄﾞﾐ)(ｺﾛ)小型ピストル[拳銃(けんじゅう)].

pis·to·le·ta·zo [pis.to.le.tá.θo / -.so] 男 **1** 《話》ピストルの発射, 開始の合図. ~ de salida スタートの合図.

pis·to·le·te [pis.to.lé.te] 男 小型ピストル.

pis·tón [pis.tón] 男 **1** 〖機〗ピストン. el recorrido del ~ ピストンの往復運動 (行程). **2** 雷管. **3** 〖音楽〗(金管楽器の)ピストンバルブ, 音栓; 《ラ米》コルネット.

pis·tón, to·na [pis.tón, -.tó.na] 形 《ラ米》(ﾒｷ)《俗》ぐでんぐでんに酔った, へべれけの.

pis·to·nu·do, da [pis.to.nú.ðo, -.ða] 形 《話》すごい, すばらしい, すてきな.

pis·tu·do, da [pis.tú.ðo, -.ða] 形 《ラ米》(ﾒｷ)《話》金持ちの, 裕福な.

pi·ta¹ [pí.ta] 女 **1** 〖植〗リュウゼツラン (= maguey): メキシコ原産. → *mezcal, tequila*.

2 アロー繊維: リュウゼツラン, イトランなどから採る繊維で, 綱・細工物などに用いる. **3** 《ラ米》(1) (ｺﾛ)(ﾍﾞﾈ)

pi・ta² [pí.ta] 囡 **1** 非難の口笛, 野次. recibir una ～ 野次られる. **2**《話》（主に複数で）《呼びかけ》（鶏に）コッコ；鶏を呼ぶ声；雌鶏(ﾒﾝﾄﾞﾘ).

pi・ta³ [pí.ta] 囡 ビー玉；おはじき, 小石,《複数で》石投げ遊び.

pi・ta・da [pi.tá.ða] 囡 **1** 呼び子［笛, 警笛, 汽笛］の音. **2**（観客の）非難［野次］の口笛. **3**《話》無茶な言動, とっぴな考え. dar una ～ とっぴなことをする［言う］. **4**《ラ米》(ﾀﾊﾞｺ)(タバコの）一服, ひと吸い.

pi・ta・dor, do・ra [pi.ta.ðór, -.ðó.ra] 男 囡《ラ米》喫煙家.

Pi・tá・go・ras [pi.tá.go.ras] 固名 ピタゴラス：紀元前6世紀のギリシアの哲学者・数学者. tabla de ～ 九九の表.

pi・ta・gó・ri・co, ca [pi.ta.gó.ri.ko, -.ka] 形 ピタゴラス（学派）の. ─ 男 囡 ピタゴラス学派の人.

pi・ta・go・rín, ri・na [pi.ta.go.rín, -.rí.na] 男 囡 《話》勤勉で優秀な学生；賢い人；物知りぶった人.

pi・ta・go・ris・mo [pi.ta.go.rís.mo] 男 【哲】ピタゴラスの学説.

pi・ta・ha・ya [pi.ta.á.ja] 囡《ラ米》【植】ピタヤ, ドラゴンフルーツ. ◆実は食用.

pi・ta・ja・ña [pi.ta.xá.ɲa] 囡《ラ米》(ｺﾛﾝ)(ﾍﾞﾈ) → pitahaya.

pi・tan・de・ro, ra [pi.tan.dé.ro, -.ra] 形《ラ米》(ﾁﾘ)タバコを吸う. ─ 男 囡《ラ米》(ﾁﾘ)喫[愛]煙家.

pi・tan・ga [pi.táŋ.ga] 囡《ラ米》(ｱﾙｾﾞ)【植】ピタンガ, タチバナアデク（フトモモ科の高木）；ピタンガの実.

pi・tan・za [pi.tán.θa / -.sa] 囡 **1**（まれ）（困窮者への）配給. **2**（1日分の）配給食糧；割り当て量[額]；（食糧・給水など）日々配給されるもの. **3** 日々の糧, 毎日の食事；《話》（ユーモラスに）食事. **4**《ラ米》《話》(1)（ｸﾞｱﾃ）(ﾁﾘ)もうけ物, 得. (2)（ﾁﾘ）冗談, からかい.

pi・ta・ña [pi.tá.ɲa] 囡 目やに（= legaña）.

pi・ta・ño・so, sa [pi.ta.ɲó.so, -.sa] 形 目やにだらけの. ─ 男 囡 目やにだらけの人.

*__pi・tar__¹ [pi.tár] 自 **1** 笛［口笛, ホイッスル］を吹く；警笛［ホーン, クラクション］を鳴らす；非難の口笛を吹く, 野次を飛ばす. **2**《話》順調である, うまくいく. **3**【スポ】審判を務める. **4**《話》牛耳る, 力を握っている. **5** 高い音をたてる；〈笛が〉鳴る；うなる, わんわんいう. **6**《ラ米》(ﾒﾋｺ)タバコを吸う.

─ 他 **1**（非難の）口笛を浴びせる. ～ una obra de teatro 芝居を野次る.

2【スポ】ホイッスルを鳴らして〈反則を〉とる［指摘する］, 笛で合図する. ～ el final del partido 試合の終了を合図する. **3**【スポ】《試合の》審判を務める. **4**《ラ米》《話》(1)（ﾒﾋｺ）〈タバコを〉吸う. (2)（ｺﾛﾝ）〈人に〉プレゼントをする. (3)（ｺｽﾀ）(ﾁﾘ)盗む. (4)（ｺﾛﾝ）売る. (5)（ｸﾞｱﾃ）干す, からかう.

pitando とても急いで. Se fue *pitando*. 彼[彼女]はあわてふためいて行ってしまった.

pi・tar² [pi.tár] 他《食料などを》分配[配給]する.

pi・ta・rra [pi.tá.ra] 囡 **1** 目やに. **2** ハウスワイン.

pi・ta・rro・so, sa [pi.ta.ró.so, -.sa] 形 目やにのたまった.

pi・tay [pi.tái] 男《ラ米》(ｸﾞｱﾃ)(ｳﾙｸﾞ)【医】発疹(ﾊｯｼﾝ).

pi・ta・zo [pi.tá.θo / -.so] 男《ラ米》(1) 呼び子, 警笛；汽笛. (2)（ﾁﾘ）《俗》告発.

pit・bull [pít.βul] ［英］形《性数不変》【動】ピットブルの. ─ 男 ［複 ～s, ～］ピットブル（= perro ～）：短毛で短い尾を持つ犬. 獰猛(ｶﾞｳﾓｳ)で闘犬・ボディーガード用に用いられる.

pit・cher [pi.tʃer] ［英］［複 ～s, ～］ 男 囡【スポ】（野球の）投手, ピッチャー.

pi・te [pí.te] 男《ラ米》(ｺｽﾀ)《話》ほんの少し, 少量.

pi・te・ar [pi.te.ár] 自《ラ米》(ﾁﾘ)呼び子[笛]を吹く.

pi・te・cán・tro・po [pi.te.kán.tro.po] 男 ピテカントロプス：ジャワ原人 Hombre de Java の旧称.

pi・te・ra [pi.té.ra] 囡《ラ米》(ﾌﾟｴﾙﾄ)【植】リュウゼツラン.

pi・tez・na [pi.téθ.na / -.tés.-] 囡（狩猟用罠(ﾜﾅ)の）止め金, スプリング.

pi・tia [pí.tja] 囡《ギ神》→ pitonisa.

Pi・tias [pí.tjas] 固名 ピュティオス. → Damón.

pí・ti・co, ca [pí.ti.ko, -.ka] 形 **1** アポロン Apolo の. **2**（古代ギリシアの）デルフォイ Delfos の,（デルフォイの古名）ピュティア Pitio の.

pi・ti・do [pi.tí.ðo] 男 **1** 笛［警笛, 汽笛］の音. Lo llamó con un ～. 私はクラクションで彼を呼んだ. **2**（継続的な）うなり, 甲高い音.

pi・ti・hué [pi.ti.(g)wé] 男《ラ米》(ﾁﾘ)(1)【鳥】キツツキ（の一種）. (2) ひ弱な[やせっぽちの]子供.

pi・ti・lle・ra [pi.ti.jé.ra ‖ -.ʎé.-] 囡 **1** タバコ入れ, シガレットケース. **2** タバコ工場の女子工員.

pi・ti・llo [pi.tí.jo ‖ -.ʎo] 男 **1**《話》紙巻きタバコ. liar un ～ タバコを巻く, 紙巻きタバコをつくる. echar un ～ タバコを吸う, 一服する.

2《ラ米》(ﾒｷｼ)(ｺﾛﾝ)(ﾍﾞﾈ)ストロー.

pí・ti・ma [pí.ti.ma] 囡 **1**《話》酔い, 酩酊(ﾒｲﾃｲ). coger una ～ 酔っ払う.

2【医】（心臓部に貼る）パップ, 湿布.

pi・ti・mi・ní [pi.ti.mi.ní] 男 ［複 ～es］【植】ミニバラ（= rosa de ～）：小さな花の咲くイバラなどのバラ科の植物.

de pitimini 小さな；取るに足りない.

pi・tio, tia [pí.tjo, -.tja] 形 アポロン Apolo の；デルフォイ Delfos の.

pi・tí・o [pi.tí.o] 男 → pitido.

pi・ti・pié [pi.ti.pjé] 男（まれ）（地図の）縮尺,（縮尺を示す）スケールバー.

pi・ti・pua [pi.tí.pwa] 囡《ラ米》(ﾌﾟｴﾙﾄ)《複数で》【植】グリンピース.

pi・ti・ria・sis [pi.ti.rjá.sis] 囡《単複同形》【医】粃糠疹(ﾋｺｳｼﾝ).

pi・ti・rre [pi.tí.r̃e] 男《ラ米》(ｶﾘﾌﾞ)【鳥】タイランチョウ. al canto del ～ 夜明けに, 朝早く.

pi・ti・yan・qui [pi.ti.jáŋ.ki] 男 囡《ラ米》(ｶﾘﾌﾞ)《話》ヤンキーかぶれ.

*__pi・to__ [pí.to] 男 **1** 笛；笛の音；汽笛, 警笛, ホイッスル；《話》クラクション；甲高い音. soplar un ～ 笛を吹く. voz de ～ 甲高い声.

2 指を鳴らすこと［音］（= castañeta）.

3《話》紙巻きタバコ（= pitillo）.

4【遊】（遊びに用いる羊などの）距骨(ｷｮｺﾂ), 小石, ビー玉. **5**【遊】（ドミノの）1の数, 1点棒. **6**【昆】（南米産の）マダニ. **7**【鳥】キツツキ. ～ real ヨーロッパアオゲラ. **8**《俗》陰茎. **9**《ラ米》(1)（ﾒｷｼ）パイプ, キセル. (2)（飲み物にする）炒(ｲ)ったトウモロコシなどの粉. (2)（ｺﾛﾝ）(ﾌﾟｴﾙﾄ)《俗》マリファナのタバコ.

Cuando pitos, flautas, cuando flautas, pitos.《諺》ものごとは思いどおりにはならない.

entre pitos y flautas あれやこれやの理由で.

importarle tres pitos (a+人)《ラ米》(ﾒｷｼ)《話》〈人〉にとって全然かまわない.

pito del sereno《話》取るに足りない人；つまらぬも

pitoche

ο. **tomar por el ～ del sereno** こき使う；みくびる.

por pitos o（por）flautas《話》何やかやと理由をつけて.

un pito《話》全く［ほとんど］(…ない). Le importa *un* ～ el examen de mañana. 彼［彼女］には明日の試験なんかどうでもいいのだ. ¡No me importa *un* ～! くそくらえだ.

pi·to·che [pi.tó.tʃe] 男 呼び子, 笛.
un pitoche 全く［ほとんど］(…ない). **no valer *un* ～**《話》なんの価値もない, 全く無意味である. **no importarle（a＋人）*un* ～**（人）にとって全くどうでもよい.

pi·to·fle·ro, ra [pi.to.flé.ro, -.ra] 男 女 **1**《話》下手な演奏家, へぼ音楽家.
2 世話焼き, お節介；うわさ好き.

pi·toi·toy [pi.toi.tói] 男《ラ米》《?》【鳥】セイタカシギの一種. ◆ピトイトイと鳴くことから.

pi·tón[1] [pi.tón] 男 **1**【P-】【ギ神】ピュトン：Apolo に退治されたデルフォイ Delfos の大蛇.
2【動】ニシキヘビ. **3** 占い師, まじない師.

pi·tón[2] [pi.tón] 男 **1**（牛などの）生えかけの角；角の先端, 【闘牛】角. **2**（口をつけたり回し飲みをする容器の）口, 飲み口, 注ぎ口. **3** 若芽, 新芽. **4** 突起(物), 出っぱり. **5**《俗》女性の乳房. **6**《ラ米》(1)（ホースの）筒口. (2)《ジチ》雨錨(?). (3)《?》土掘り棒.
de pitón《ラ米》《ジオ》《話》すばらしい, とてもよい.

pi·to·na·zo [pi.to.ná.θo / -.so] 男（牛などの角による）傷.

pi·ton·go, ga [pi.tón.go, -.ga] 形《ラ米》《?》《話》酔った, 酔っ払った.

pi·to·ni·sa [pi.to.ní.sa] 女 **1**【ギ神】ピュティア：Apolo の神託を伝えたデルフォイ Delfos の巫女(?).
2 女占い師, 女まじない師.

pi·to·pau·sia [pi.to.páu.sja] 女《話》男性更年期
(＝andropausia).

pi·to·páu·si·co, ca [pi.to.páu.si.ko, -.ka] 形《話》男性更年期の. —— 男 女《話》男性更年期の人.

pi·to·ra [pi.tó.ra] 女《ラ米》《ジェン》【動】毒蛇の一種.
pi·to·re·ña [pi.to.ré.ɲa] 女《ラ米》【鳥】ヤマシギ.
pi·to·rre·ar·se [pi.to.r̃e.ár.se] 再《話》《**de**...を》からかう, 冷やかす, ばかにする.

pi·to·rre·o [pi.to.ré.o] 男《話》からかうこと, 悪ふざけ.
tomar(se) a pitorreo《話》ちゃかす.

pi·to·rro [pi.tó.r̃o] 男 **1**（botijo など, 口をつけて回し飲みをする容器の）口, 飲み口, 注ぎ口.
2《話》（本体から）突き出た部分, 首.

pi·tos·po·ro [pi.tos.pó.ro] 男 【植】トベラ：常緑の低木. 白い花を咲かせる.

pi·to·te [pi.tó.te] 男《話》騒ぎ, 騒動.
un pitote《話》ほとんど(…ない).

pit·pit [pit.pít] 男 【鳥】ヒワミツドリ；タヒバリ.
pi·tra [pí.tra] 女《ラ米》《?》皮膚の荒れ.

pi·tre [pí.tre] 形《ラ米》《ダ?》《?ア?》《ジオ》《話》めかしこんだ, 着飾った.
—— 男《ラ米》《ダ?》《?ア?》《ジオ》《話》しゃれ者, きざな男.

pi·tu·co, ca [pi.tú.ko, -.ka] 形《ラ米》《?》《?》《ジオ》《話》きざな.

pi·tu·fo, fa [pi.tú.fo, -.fa] 男 女 **1**《話》背の低い子供［人］；《親愛》おちびさん. **2**《話》市警察官. **3**（童話に出てくる）青い小人.

pi·tui·ta [pi.twí.ta] 女【解剖】粘液, 鼻汁, 唾(?).
pi·tui·ta·rio, ria [pi.twi.tá.rjo, -.rja] 形【解剖】（鼻）粘液の,（鼻）粘液を分泌する.
—— 女 【解剖】(1)（脳）下垂体（＝ glándula *pituitaria*）. (2) 鼻粘液膜（＝ membrana *pituitaria*）.

pi·tui·to·so, sa [pi.twi.tó.so, -.sa] 形 **1** 粘液の多い. **2** ＝ pituitario.

pi·tu·so, sa [pi.tú.so, -.sa] 形《話》〈子供が〉かわいい, かわいらしい, 愛らしい.
—— 男 女《話》かわいい子, あどけない子；子供.

pi·tu·to [pi.tú.to] 男《ラ米》《?》(1)《話》縁故, コネ；コネで得た地位や利益；（非公式で本職と平行して行う）アルバイト, 臨時の仕事. (2) 小さく突き出ている管.

piu·co, ca [pjú.ko, -.ka]《ラ米》《?》内気な.
piu·lar [pju.lár] 自 ➡ piar.
piu·quén [pju.kén]《ラ米》《?》【鳥】ノガン（の一種）.
piu·re [pjú.re] 男《ラ米》《?》（食用の）貝の一種.

pí·vot / pí·vot [pí.βo(t)] [仏] 男 女 [複 ～s]【スポ】（バスケット）センター, ポストプレーヤー；（ハンドボール）ポストプレーヤー.

pi·vo·tan·te [pi.βo.tán.te] 形 **1**（軸で）回転する, 回転軸を備えた. **2**【植】直根の. raíz ～ 直根：茎から続いた地中の根の太い部分.

pi·vo·tar [pi.βo.tár] 自 **1**（軸で）回転する.
2【スポ】（バスケット）ピボットターンする.

pi·vo·te [pi.βó.te] 男 **1**【機】ピボット, 旋回軸, 支持軸. **2** 軸の先端. **3**【スポ】ポストプレーヤー, 要となる選手, ピボット；司令塔；（サッカー）守備的ミッドフィルダー, ボランチ. **4**（駐車防止のための）ポール.

pí·xel / pi·xel [pík.sel] 男《英》[複 ～es, ～s]【IT】ピクセル, 画素.

pi·ya·ma [pi.ʝá.ma] 男（または女）パジャマ. ► スペインでは主に pijama が用いられる.
piyama de madera《ラ米》《ジア》《話》棺(?), 棺桶.

Pí y Mar·gall [pí i mar.gáʎ // -.gáʎ] 固名 ピ・イ・マルガル Francisco [Francesc] ～ (1824–1901) スペインの思想家, 政治家. 連邦主義者として共和党を主導し, 第一共和制下では一時大統領を務めた.

＊**pi·za·rra** [pi.θá.r̃a / -.sá.-] 女 **1** 黒板（＝ encerado）；（学習用）石板. salir a la ～ 黒板の前に行く. **2** スレート, 粘板岩.

pi·za·rral [pi.θa.r̃ál / -.sa.-] 男 スレート採掘場.
pi·za·rre·ño, ña [pi.θa.r̃é.ɲo, -.ɲa / -.sa.-] 形 **1** スレート(色)の, 石板(状)の. **2** 粘板岩質の.

pi·za·rre·rí·a [pi.θa.r̃e.rí.a / -.sa.-] 女 スレート採掘場；スレート加工場.

pi·za·rre·ro [pi.θa.r̃é.ro / -.sa.-] 男 **1** スレート工, 屋根ふき職人. **2**《ラ米》《ジェン》《?カ?》石筆.

pi·za·rrín [pi.θa.r̃ín / -.sa.-] 男 **1** 石筆.
2《俗》ペニス.

Pi·za·rro [pi.θá.r̃o / -.sá.-] 固名 ピサロ Francisco ～ (1475?–1541) スペインのコンキスタドール conquistador で Inca 帝国の征服者.

pi·za·rrón [pi.θa.r̃ón / -.sa.-] 男《ラ米》黒板；【スポ】得点掲示板, スコアボード.

pi·za·rro·so, sa [pi.θa.r̃ó.so, -.sa / -.sa.-] 形 粘板岩を含有する, スレート質の, スレート(のような).

piz·ca [píθ.ka / pís.-] 女 **1**《話》少し, 少量；ひと口, ひとつまみ. Yo sólo comí una ～ de pan. 私はパンをひと口食べただけだ. No hay ～ de vino. ワインは一滴もない. Con una ～ de suerte hubiera ganado yo. つきがちょっとでもあったら私は勝っていたのに. Se parece una ～ a su padre. 彼［彼女］は父親にほんの少し似ている.
2《ラ米》《?》（主にトウモロコシの）取り入れ；《?》綿花

の)取り入れ.
ni pizca 《話》全然 (…でない), 少しも (…でない). Eso no me gusta ni ~. 私はそれが大嫌いだ.

piz·car [piθ.kár / pis.-] 他 **1** 《話》つねる, つまむ, 挟む (= pellizcar). **2** ちょっぴり取る[つまむ]. **3** 《ラ米》《(方)》〈トウモロコシを〉取り入れる; 収穫する.

piz·co [píθ.ko / pís.-] 男 **1** つねる[つまむ, 挟む]こと. **2** ひとつまみ(の量), 少々.

pi·zo·te [pi.θó.te / -.só.-] 形 《ラ米》《(中米)》《話》ばかな, 愚かな.
——男 《ラ米》《(中米)》《(方)》《動》ハナグマ.

piz·pi·re·to, ta [piθ.pi.ré.to, -.ta / pis.-] 形 《話》〈特に女性が〉快活な, 生き生きとした. すてきな.

piz·pi·ri·ga·ña [piθ.pi.ri.gá.ɲa / pis.-] 女 手をつねり合ってふざけること.

piz·pi·ta [piθ.pí.ta / pis.-] 女 《鳥》ハクセキレイ.

piz·pi·ti·llo [piθ.pi.tí.jo ‖ -.ʎo / pis.-] 男 → pizpita.

piz·za [pí.θa / -.sa ∥ -.tsa] 〔伊〕 女 《料》ピッツァ, ピザ.

piz·ze·rí·a [pi.θe.rí.a / -.se.- ∥ -.tse.-] 〔伊〕 女 ピザ専門店.

piz·ze·ro, ra [pi.θé.ro, -.ra / -.sé.- ∥ -.tsé.-] 男 女 ピザを作る[配達する]人.

piz·zi·ca·to [pi.θi.ká.to / -.si.- ∥ -.tsi.-] 〔伊〕 男 《音楽》ピッチカート(奏法).

pl. 《略》*plural* 複数; *plaza* 広場.

*__pla·ca__ [plá.ka] 女 **1** 板, 薄板. ~ de acero 鋼板. ~ de cobre 銅板. ~ de hielo (路面などに張った) 氷. ~ de horno オーブンの天板. ~ solar ソーラーパネル. ~ (de) vitrocerámica 電子調理器.
2 プレート, 表示板, 銘板; 表札, (壁などの)飾り板. ~ (de matrícula) (自動車の) ナンバープレート. ~ conmemorativa (歴史的人物・出来事などの)記念プレート.
3 記章, 勲章; (警官などの) バッジ. **4** 《写》感光板; レントゲン写真. **5** 《地質》プレート. el Pacífico 太平洋プレート. tectónica de ~s プレートテクトニクス. **6** (口内・のどの) 炎症[化膿(ˢ̣ˢ)]部分. **7** 層, 被膜. ~ dental ~ de sarro 歯石, 歯垢(). **8** 《ラ米》《俗》警官, 巡査, お巡り.
placa giratoria 《鉄道》転車台.
[←《仏》*plaque*; *plaquer* (金属の薄板を張りつける) (←《中オランダ》*placken*「張る」); 関連《英》 *plaque*]

pla·ca·bi·li·dad [pla.ka.βi.li.ðáð] 女 なだめやすさ, 温和.

pla·ca·ble [pla.ká.βle] 形 → aplacable.

pla·ca·je [pla.ká.xe] 男 《スポ》(ラグビーなどの) タックル. hacer un ~タックルする.

pla·car¹ [pla.kár] 他 《古語》和らげる, 鎮める.

pla·car² [pla.kár] 他 《スポ》(ラグビーなどで) タックルする. No se puede ~ a un jugador alrededor del cuello o de la cabeza. 選手の首や頭の周辺をタックルしてはいけません.

pla·card [pla.kár] 〔仏〕 男 [複 *placares*] 作り付けの家具[たんす].

pla·car·te [pla.kár.te] 男 張り紙, ポスター, 掲示.

pla·ce·ar [pla.θe.ár / -.se.-] 他 **1** 〈食品などを〉市場に出す, 売りに出す, 売る. **2** 発表する, 公表する.

pla·ce·bo [pla.θé.βo / -.sé.-] 男 《薬》偽薬, プラシーボ.

pla·cel [pla.θél / -.sél] 男 《海》→ placer **2**.

plá·ce·me [plá.θe.me / -.se.-] 男 《主に複数で》祝辞, お祝い(の言葉) (= felicitación).

pla·cen·ta [pla.θén.ta / -.sén.-] 女 《解剖》胎盤; 《植》胎座.

pla·cen·ta·ción [pla.θen.ta.θjón / -.sen.-.sjón] 女 **1** 《生物》胎盤形成. **2** 《植》胎座[胚珠]の配列[形式].

pla·cen·ta·rio, ria [pla.θen.tá.rjo, -.rja / -.sen.-] 形 胎盤を有する; 胎座を有する.
——男 《動》胎盤を有する動物, 真獣類の動物; 《複数で》有胎盤類, 真獣類.

pla·cen·te·ra·men·te [pla.θen.té.ra.mén.te / -.sen.-] 副 楽しく, 気持ちよく.

pla·cen·te·ro, ra [pla.θen.té.ro, -.ra / -.sen.-] 形 楽しい, 気持ちのよい, 心地よい, 感じのよい. Es un jardín ~. それは気持ちのよい庭だ.

pla·cen·tín, ti·na [pla.θen.tín, -.tí.na / -.sen.-] 形 女 → placentino.

pla·cen·ti·no, na [pla.θen.tí.no, -.na / -.sen.-] 形 **1** (スペイン Guipúzcoa の) プラセンシア Placencia の. **2** (イタリア北部の) ピアチェンツァの.
——男 女 (スペインの) プラセンシアの住民[出身者]; (イタリアの) ピアチェンツァの住民[出身者].

*__pla·cer__ [pla.θér / -.sér] 35 自 (**placerle** (a+人)) 《(人)にとって》喜びである, 《(人)が》うれしい. *A él le placían estos olores.* 彼はこの匂いが好きだった. *¿No le place hablar con ellos?* 君は彼らと話ができることがうれしくないのかい. *Si le place, deje un mensaje.* よろしければ, メッセージを残してください.
——男 **1** 喜び, 楽しさ; 娯楽, 慰め. sentir un ~ うれしく思う. tener el [un] ~ de [en]+不定詞 …することができうれしい. Es un ~ conocerle (a usted). あなたとお知り合いになれてうれしいです, 初めまして. *Recuerdo aquel momento con* ~. 私はあのときのことを懐かしく思い出します. **2** 砂鉱; 《海》(海底の)砂地; 浅瀬, 砂州. ~ aurífero 金の取れる砂鉱. **3** 《ラ米》(1) 《(中米)》原っぱ, 荒れ地. (2) 《(ラ プ)》耕形地, 作付け地. (3) 真珠採り.
a placer 喜んで; 快適に; 思う存分.
[自, 男 **1** ←〔ラ〕*placēre*; 男 **2**, **3** ←〔カタルーニャ〕*placer*「浅瀬」(*plaça*「広場」より派生)]

pla·ce·ro, ra [pla.θé.ro, -.ra / -.sé.-] 形 **1** 広場の. **2** 露天商の. **3** 《軽蔑》ぶらぶらしている.
——男 女 **1** 露店商. **2** 《軽蔑》ぶらぶらしている人, ひま人. ——女 《ラ米》《(中米)》《軽蔑》粗野な女.

plá·cet [plá.θet / -.set] 男 《単複同形》(外交官の任命に対する接受国の)承認, アグレマン. dar el ~ アグレマンを与える, 承認する.

pla·ce·ta [pla.θé.ta / -.sé.-] 女 **1** 小広場. **2** 《ラ米》(1) 台地, 段丘地. [*plaza* + 縮小辞]

pla·ci·dez [pla.θi.ðéθ / -.si.ðés] 女 穏やかさ, 平静, 温和.

*__plá·ci·do, da__ [plá.θi.ðo, -.ða / -.si.-] 形 穏やかな, 落ち着いた, 温和な.

pla·cien·te [pla.θjén.te / -.sjén.-] 形 《格式》楽しい, 快い, 気持ちのよい.

plá·ci·to [pla.θí.to / -.sí.-] 男 意見, 見解.

pla·dur [pla.ðúr] 男 《商標》プラドゥール: 石膏ボード[プラスターボード]の一種.

pla·fón [pla.fón] 男 **1** 天井灯. **2** 装飾用の覆い. **3** 《建》(1) (軒蛇腹などの) 下端(ˢ̣ˢ). (2) (天井の)装飾, ばら装飾.

pla·ga [plá.ga] 女 **1** 大災害, 天災, 災難. *las diez* ~s *de Egipto* 《聖》エジプトの十の災い(モーセたちのエジプト脱出を助けるため, 神がエジプトのファラオ (王) に下した十の災害) 〈出エジプト記7-12〉. *La se-*

plagado

quía es una ～ frecuente en España. 干魃(ｶﾝﾊﾞﾂ)はスペインではよく起こる災害である. **2** 《有害物の》異常発生, はびこること[もの]；害虫；有害植物；虫害. una ～ de langostas イナゴの大発生. **3**《話》《主に軽蔑》過剰, 過多. Hay ～ de frutas. うんざりするほど果物がある.

pla·ga·do, da [pla.gá.đo, -.đa] 形 **(de...** …で) いっぱいの. carta *plagada de* faltas 間違いだらけの手紙. ～ *de hijos* 子だくさんの.

pla·gar [pla.gár] 103 他 **(de...** …で) いっぱいにする. ～ *de heridas* 傷だらけにする.
— **～·se** 再 **(de...** …で) いっぱいになる.

pla·giar [pla.xjár] 82 他 **1** 剽窃(ﾋｮｳｾﾂ)する, 盗作する；不法にコピーする.
2《ラ米》誘拐する, 人質にする.

pla·gia·rio, ria [pla.xjá.rjo, -.rja] 形 剽窃(ﾋｮｳｾﾂ)する, 盗作の.
— 男 女 **1** 剽窃者, 盗作者. **2**《ラ米》誘拐犯.

pla·gio [plá.xjo] 男 **1** 剽窃(ﾋｮｳｾﾂ), 盗作.
2《ラ米》誘拐.

pla·gio·cla·sa [pla.xjo.klá.sa] 女 〖地質〗斜長石.

pla·gióstomo [pla.xjós.to.mo] 男 〖魚〗《サメ・エイなどの》軟骨魚；《複数形で》板鰓亜綱.

pla·gue·ar [pla.ge.ár] 自《ラ米》《ﾘｵﾌﾟﾗﾀ》《話》たらたらと不満を言う.

pla·gui·ci·da [pla.gi.θí.đa /-.sí.-] 形 有害な動植物を殺す, 殺虫性の. — 男 殺虫剤, 除草剤.

★★plan [plán] 男 **1 計画, 案；予定, 意図, 心づもり.** hacer ～*es* 計画を立てる. ～ *de ahorro* 貯蓄プラン. ～ *de desarrollo* 開発計画. ～ *de estudios* 学習[研究]計画, カリキュラム. ～ *de pensiones* 年金制度. ～ *de vuelo* フライトプラン. cambiar de ～ 予定を変更する. Llevó a cabo su ～ *de viajar por toda Europa.* 彼[彼女]はヨーロッパ一周旅行の計画を実現した.
2 構想, 筋書き；構成. el ～ *de una novela* 小説の構成.
3《時の》過ごし方, 楽しみ方. Vamos a pasarlo en ～ *grande.* 思いっきり楽しくやろうよ.
4《話》《一時的な》男女関係, 情事；《軽蔑》その相手(=ligue). Aquellos chicos andan por las discotecas en busca de ～. あの男たちはナンパしようとディスコをうろついている.
5〖医〗食餌(ｼｮｸｼﾞ)療法, ダイエット. seguir un ～ *de adelgazamiento* ダイエットをしている.
6 水準, レベル；高度, 高さ. **7**〖海〗船底の平面部.
8〖鉱〗《水平坑道の》床層. **9**〖建〗(1)《山刀などの》平. (2)《ｸﾞｧﾃﾏﾗ》《ｻ》裾野(ｽｿﾉ). (3)《ｺﾛﾝﾋﾞｱ》《ｻ》船底. (4) 平原, 平野.
a todo plan《話》派手に, 盛大に, 豪勢に.
en plan 〔+形容詞 / *de*...〕《話》…の態度[意図, 方法]で；…の準備をした. *en ～ político* 政治的見地から. *en ～ serio* まじめに. *en ～ de broma* 冗談で. *viajar en ～ económico* 安上がりな方法で旅行する. Carlos y yo seguimos *en ～ de amigos.* カルロスと私は友達の関係を続けている.
en plan de +不定詞《話》…するつもりで, …するように.
hacer plan a+人《話》〈人〉に都合がよい, ふさわしい.
no ser plan《話》役に立たない, 不愉快である, 都合が悪い. Ya son las once y todavía está en la cama. ¡Esto *no es* ～! もう11時だというのに彼[彼女]はまだ寝ている. 困ったものだ.
seguir un plan de ataque (1)《事業などの》戦略を進める, 企画する. (2)《軍隊が》《戦略どおり》攻撃する.
[← 〔仏〕*plan* ← 〔古仏〕*plant*; *planter*「植える」(←〔ラ〕*plantāre*) より派生.〖関連〗*planear, planificar, plano*.〖英〗*plan*]

pla·na [plá.na] 女 **1**《本・雑誌・新聞などの》ページ, 面. a toda ～ 全面の. estar en la primera ～ *de la actualidad* ニュースの1面を賑わしている. **2**《子供の》習字, 書写. **3** 平原, 平地.
— 男 → plano.
a plana (y) renglón《印刷・書写などで》原本どおりに；うってつけの, ぴったりの.
corregir [enmendar] la plana a+人〈人〉の欠点を指摘する, あらを見つける；〈人〉に勝る.
plana mayor〖軍〗将校団, 幕僚；責任者, 幹部；《話》首脳部.
tirarse la plana《ラ米》《ｴｸｱﾄﾞﾙ》《俗》しくじる, 失敗する.

pla·na·dor [pla.na.đór] 男 平磨工；銀[金属]をたたいて平らにする職人.

pla·na·ria [pla.ná.rja] 女〖動〗プラナリア.

pla·na·zo [pla.ná.θo / -.so] 男 (1)《マチェテ *machete* の》刃の平で打つこと. (2)《ｱﾙｾﾞﾝﾁﾝ》横転.
(3)《ﾒｷｼｺ》《話》酒のひと飲み.

*****plan·cha** [plán.tʃa] 女 **1 金属板, 延べ板, 板金.** ～ *de blindaje*《軍艦・戦車などの》装甲鋼板.
2《料理用の》**鉄板**. a la ～ 鉄板焼きの.
3 アイロン, こて；アイロンがけ[仕上げ]；《集合的》アイロンをかけた[かける]衣類.
4〖印〗《鉛》版.
5《話》へま, どじ. tirarse [hacer] una ～ どじを踏む. jugarse ～《ラ米》《ﾒｷｼｺ》反応がのろい. **6**〖スポ〗《空中での》水平姿勢；《水泳の》仰向け姿勢；《サッカーで》足裏でタックルすること, スパイクの裏を見せること. hacer la ～ 水平姿勢をとる；仰向けに浮く. **7**〖海〗道板, タラップ. **8**《ラ米》(1)《ｻ》《話》恥ずかしい思い. (2)《ﾒｷｼｺ》無賃乗車. (3)《ﾍﾞﾈｽﾞｴﾗ》内気な人.
pasar la plancha《ラ米》《ﾆｶﾗｸﾞｱ》こびる, お世辞を言う.
[←〔仏〕*planche*「板」←〔後ラ〕*planca*;〖関連〗*planchar, palanca*.〖英〗*plank*「厚板」]

plan·cha·da [plan.tʃá.đa] 女 **1**〖海〗浮き桟橋.
2《ラ米》《ｱﾙｾﾞﾝﾁﾝ》《ｳﾙｸﾞｧｲ》《話》大失敗, へま, どじ.

plan·cha·do, da [plan.tʃá.đo, -.đa] 形 **1** アイロンがけした, プレスされた. **2** 途方にくれた. **3**《ラ米》《話》(1)《ｱﾙｾﾞﾝﾁﾝ》《ｳﾙｸﾞｧｲ》着飾った, おしゃれした. (2)《ﾒｷｼｺ》破産した, 無一文の. (3)《ｺﾛﾝﾋﾞｱ》走った, 利口な；大胆な, 勇敢な. (4)《ｻ》殴られた. (5)《ｻ》待ちぼうけを食わされた.
— 男 **1** アイロンがけ[仕上げ], プレス. camisa que no necesita ～ ノーアイロンのシャツ.
2 アイロンをかけた[かける]衣類.

plan·cha·dor, do·ra [plan.tʃa.đór, -.đó.ra] 男 女 アイロンを使う[かける]人, アイロンがけ職人.
— 男 アイロン台. **2** プレス機, 業務用アイロン.

***plan·char** [plan.tʃár] 他 **1 アイロンをかける,** アイロン仕上げをする, プレスする. ～ *una camisa* シャツにアイロンをかける. *mesa de* ～ アイロン台.
2《話》ぺちゃんこにする. **3**《話》《精神的に》打ちのめす, いやな思いをさせる. **4**〈しわなどを〉のばす, 《髪に》ストレートパーマをかける. **5**〈CDなどを〉コピーする, 焼く. **6**《ラ米》《話》(1)《ｻ》〈人〉に待ちぼうけを食わせる. (2)《ﾀﾞﾝｽ》《ｸﾞｧﾃﾏﾗ》《ｻ》こびへつらう.
— 自《ラ米》《話》(1)《ｻ》《ﾀﾞﾝｽで》壁の花になる. (2)《ｻ》へまをやる.

planchar oreja《ラ米》(*﹅*)《俗》眠る.

plan·cha·zo [plaɲ.tʃá.θo / -.so] 男 **1**《話》大失敗，へま，どじ. tirarse un ~ どじを踏む.
2《ラ米》(水泳の)腹打ち. **3**（軽い）アイロンがけ. dar un ~ 軽くアイロンをかける.

plan·che·ar [plaɲ.tʃe.ár] 他 板金で覆う；装甲を施す.

plan·che·ta [plaɲ.tʃé.ta] 女《土木》(三脚に取り付けられた作図用)平板.
echarla de plancheta《話》空威張りする, 虚勢を張る.

plan·chis·ta [plaɲ.tʃís.ta] 男 女 板金工, 金属板取り扱い業者.

plan·chón, cho·na [plaɲ.tʃón, -.tʃó.na] 形《ラ米》(ｱﾙｾﾞﾝﾁﾝ)《話》こびへつらう.
— 男 **1** 大きな板金. **2**《話》大失敗, どじ, へま. **3**《ラ米》(**1**)(*﹅*)(雪に覆われた)台地. (**2**)(ｴｸｱﾄﾞﾙ)(*﹅*)(雪に覆われた)土しけ. [plancha + 増大辞]

plan·co [pláŋ.ko] 男 → planga.

planc·ton [pláŋk.ton] 男《集合的》《生物》プランクトン.

planc·tó·ni·co, ca [plaŋk.tó.ni.ko, -.ka] 形《生物》プランクトンの, プランクトンに関する.

pla·ne·a·dor [pla.ne.a.ðór] 男《航空》グライダー, 滑空機（= avión sin motor）.

pla·ne·a·do·ra [pla.ne.a.ðó.ra] 女 高速モーターボート.

pla·ne·a·mien·to [pla.ne.a.mjén.to] 男 立案, 企画, プランニング；構想.

*****pla·ne·ar** [pla.ne.ár] 他 **1**計画する，...の計画を立てる，手はず［準備］を整える；構想を練る. ~ una reforma 再建計画を立てる. ~ un viaje 旅行の計画を立てる. **2**《ラ米》(ｺﾛﾝﾋﾞｱ)(ｺﾞｽﾀﾘｶ)(ﾎﾝｼﾞｭﾗｽ)(ﾒﾆｼｺ)(マチェテ machete などで)平打ちを食らわせる.
— 自（飛行機が）滑空する；（鳥が）滑翔（ｶｯｼｮｳ）する. vuelo *planeado*《航空》滑空飛行.

pla·ne·o [pla.né.o] 男 滑空；滑翔（ｶｯｼｮｳ）.

✱✱pla·ne·ta [pla.né.ta] 男 **1**《天文》惑星, 遊星. nuestro ~ 地球. ~ exterior [superior] 外惑星. ~ interior [inferior] 内惑星. ~ menor 小惑星. ~ enano 矮(ﾜｲ)惑星. Neptuno es un ~ del sistema solar. 海王星は太陽系の惑星である. ▶「恒星」は estrella fija.
2 衛星（= satélite）.

関連惑星：Mercurio 水星. Venus 金星. globo terrestre, La Tierra 地球. Marte 火星. Júpiter 木星. Saturno 土星. Urano 天王星. Neptuno 海王星.

[← 後ラ] *plānēta* ← ［ギ］*planétēs*「放浪者」（*planásthai*「放浪する」より派生）. 関連 planetario. ［英］*planet*(*arium*)]

pla·ne·ta·rio, ria [pla.ne.tá.rjo, -.rja] 形 **1** 惑星の, 遊星の（ような）. sistema ~ 太陽系惑星. exploración *planetaria* 惑星探査. **2** 全世界的な.
— 男 プラネタリウム(館)；太陽系儀.

pla·ne·toi·de [pla.ne.tói.ðe] 男《天文》小惑星, 小遊星（= asteroide）.

plan·ga [pláŋ.ga] 女《鳥》シロカツオドリ.

pla·ni·cie [pla.ní.θje / -.sje] 女《格式》大平原, 平野.

*****pla·ni·fi·ca·ción** [pla.ni.fi.ka.θjón / -.sjón] 女 計画（化）, 立案. ~ familiar 家族計画. ~ económica 経済［財政］計画.

pla·ni·fi·car [pla.ni.fi.kár] 102 他 計画（化）する, 計画的に組織［編成］する.

pla·ni·lla [pla.ní.ʎa ‖ -.ʝa] 女《ラ米》(**1**) 表, 一覧表；目録, 名簿；従業員表, 賃金台帳. (**2**)(乗り物の)回数券. (**3**)(ﾒﾆｼｺ)(ｺﾞｽﾀﾘｶ)書式；申込用紙, 申請書；請求書, 明細書；給与明細書, 決算報告書. (**4**)(ﾌﾟｴﾙﾄﾘｺ)(*﹅*)(ｷｭｰﾊﾞ)投票用紙.

pla·ni·me·tri·a [pla.ní.me.trí.a] 女 面積測定（法）, 測面法；平面図法；測量術.

pla·ní·me·tro [pla.ní.me.tro] 男 プラニメーター, 面積計, 測面器.

pla·nis·fe·rio [pla.nis.fé.rjo] 男 (世界地図の)平面球図；平面天球図；星座表. → mapa [関連].

plan·ning [plá.nin] ［英］［複 ~s] 計画(表), 生産［作業]計画.

✱✱pla·no, na [plá.no, -.na] 形 **1** 平らな, 平坦な；平べったい, 滑らかな. espejo ~ 平面鏡. pie ~ 偏平足. superficie *plana* 平面. terreno ~ 平地. zapatos ~s かかとの低い靴.
2《数》平面（図形）の；水平の. ángulo ~ (180度の)平角.
— 男 **1** 平面図；街路図；設計図, 見取り図. hacer [alzar, levantar] un ~ 図面を引く. ~ acotado 等高線地図. ~ de la ciudad (区画ごとに街路名・番地まで記した)市街地図. → mapa [関連].
2 面, 平面；《数》平面. ~ de incidencia《物理》入射面, 投射面. ~ inclinado 斜面.
3 局面, 側面, 視点. estudiar desde el ~ teórico 理論面から研究する. Ese país está en crisis tanto en el ~ político como en el económico. その国は政治的にも経済的にも危機的状況にある.
4《TV》《映》《写》ショット, ワンシーン；《美》《演》景. primer ~ / ~ corto クローズアップ. ~ americano ミディアムショット. ~ general [largo] / ~ de conjunto ロングショット. en el primer [segundo, último] ~ 前景［中景, 遠景］に. ~ de fondo 背景, 遠景；舞台奥.
5 水準, 高さ, レベル；社会階層. de primer ~ 一流の, 最重要の. Se mueven en un ~ social diferente. 彼らは違う世界に生きている.
6《航空》(飛行機の) 翼. ~ de cola 水平尾翼.
de plano (**1**) 真正面から. caer *de* ~ 大の字に倒れる. (**2**) 完全に；きっぱりと；率直に. rechazar *de* ~ きっぱりと拒絶する. El sol daba *de* ~ en la habitación. 日の光がその部屋いっぱいに差し込んでいた. (**3**) 手のひらで.
en primer plano 前面に出て, 目立って, 脚光を浴びて. estar *en primer* ~ 脚光を浴びる, 人目を引く. poner *en primer* ~ 前面に出す, 目立たせる. ponerse *en primer* ~ 有力な役を演じる；世人の耳目をひく.
［形 ← ［ラ］*plānus* (→ llano). 関連 planicie, explanar. ［英］*plain*, *plane*. 男［仏］*plan* (→ plan). 関連 planta, plantear. ［英］*plan*]

pla·no·cón·ca·vo, va [pla.no.kóŋ.ka.ƀo, -.ƀa] 形《光》(レンズが)平凹の.

✱✱plan·ta [plán.ta] 女 **1** 植物, 草木；樹木, 低木；作物. ~ acuática 水生植物. ~ anual 一年生植物. ~ bienal 二年生植物. ~ carnívora 食虫植物. ~ carnosa 多肉質の植物. ~ del amor レセダ, モクセイソウ. ~ forrajera 飼料作物. ~ herbácea 草本植物. ~ medicinal [oficinal] 薬用植物. ~ parásita 寄生植物. ~ perenne 多年生植物. ~ rastrera ほふく植物. ~ trepadora つる植物. ~ tropical 熱帯植物.
2 植え込み, 鉢植え；植林地. cuidar [regar] las ~s 植物を世話する［に水をやる］. ~ de adorno 観

plantación

賞用〔観葉〕植物. ~ de interior 室内の鉢植え. ~ de jardín 園芸植物.

3 (建物の)階 (= piso); (鉱脈の)層. un edificio de cinco ~s 5階建ての建物. ~ baja 1階. Vivo en la primera ~. 私は2階に住んでいる. → piso. **4** プラント, 工場施設; 設備装置. ~ eléctrica 発電所. ~ química 化学工場. ~ siderúrgica 製鉄工場. **5** 足の裏; (ダンス・フェンシングの)スタンス, 足の位置〔構え〕. **6** 容姿, 体格. Este mozo tiene muy buena ~. この青年はとても体格がよい. **7** (特に基礎部分・各棟の)平面図, 間取り図. dibujar el ~ de la casa 家の平面図を描く. **8** (実行)計画, プログラム. **9** 〖数〗垂線の足.

— 活 → plantar².

de (nueva) planta 基礎工事から新しく; 最初から再び. construir una casa *de nueva* ~ 家を新築する. Carmen decidió hacerlo todo *de nueva* ~. カルメンは全てをゼロからやり直すことに決めた.

echar plantas (話)威張りちらす, 脅しつける.

[← 〘ラ〙*plantam* (*planta* の対格)「芽, 苗木; 足の裏」(*plantāre*「植える」より派生) 足の裏で踏みつけて苗木を植えたことによる]. 〖関連〗plantón, plantación, plan(o), plantear; 〖英〗*plant*.

plan·ta·ción [plan.ta.θjón / -.sjón] 囡 **1** (大規模な)農場, 農園, プランテーション. ~ de plátanos バナナ農園. ~ de café コーヒー農園. → hacienda.

2 《集合的》(植え付けられた)植物, 作物; 植え付け, 種まき.

plan·ta·do, da [plan.tá.ðo, -.ða] 形 **1** (植物などの)植わった, 植え付けられている.

2 〘ラ米〙(*大)(*話)めかし込んだ, 着飾った.

bien plantado (話) (1) 容姿〔風采(ﾌｳｻｲ)〕のよい, 体格のよい. (2) 〘ラ米〙(*大)(*話)めかし込んだ.

dejar a + 人 plantado (話) 〈人〉を突然縁を切る, 〈人〉を見捨てる; 〈人〉と会う約束をすっぽかす.

plan·ta·dor, do·ra [plan.ta.ðór, -.ðó.ra] 形 植える, 植え付ける, 種をまく.

— 男 囡 栽培者, 植え付ける〔種をまく〕人.

— 男 (種まき・植え付け用の)穴掘り具〔機〕.

plan·tai·na [plan.tái.na] 囡 〖植〗オオバコ.

plan·ta·je [plan.tá.xe] 男 **1** 《集合的》生えている植物, 草木. **2** 植え付け. **3** 〘ラ米〙(ﾒｷｼｺ)(ｸﾞｱﾃﾏﾗ)(ｺﾛﾝﾋﾞｱ)容姿, 容貌(ﾎﾞｳ), 顔つき.

plan·tar¹ [plan.tár] 形 〖解剖〗足の裏の.

plan·tar² [plan.tár] 他 **1 〈植物を〉**植える**; 《*de*...》〈土地に〉植える. ~ unos rosales en el jardín 庭にバラの木を植える. ~ una semilla 一粒の種をまく. ~ un terreno *de olivos* 土地にオリーブを植える.

2 〈杭などを〉打ち込む; 〈ものを〉置く, 設置する; 〈制度などを〉確立する. ~ una bandera 旗を立てる. ~ un puesto 露店を出す. ~ una mesa テーブルを据える. ~ un ideal 理想を打ち立てる.

3 《話》《*en*...》〈場所〉に〈人〉を移動させる, ほうり込む; 《*a* + 人》〈人〉に対して〔意思に反して〕〈ものを〉[身につけさせる]. ~ *a* los periodistas *en* la calle 記者たちを通りに放り出す. Ella *me plantó* la foto delante de los ojos. 彼女は私の目の前に写真を突きつけた. **4** 《話》《*a* + 人》〈人〉に〉(殴打・キスなどを〉(いきなり) 与える; 〈言葉などを〉ぶつける. *Me plantaron* un bofetón [insulto]. 私は一発殴られた[ののしられた]. **5** 《話》〈人〉に待ちぼうけを食わせる; 〈異性を〉ふる. Su novia lo *plantó* por una pequeña discusión. 彼はつまらない口論のせいで恋人にふられた. **6** 《話》〈人〉を押し留める, 制止する.

Lo *plantaron* cuando iba a hablar. 話し出そうとしたとき, 彼は押し留められた.

— ~·se 再 **1** 《話》立ちはだかる; 《*en*...〈思わぬ場所〉に》留まる. ~*se* ante el espejo 鏡の前に陣取る. ~*se* ante la bandera nacional 国旗の前で立する. ~*se en* la final 決勝戦に残る. El camión *se plantó en* medio del camino. トラックは道のまん中で止まった.

2 《話》《*en*...〈場所〉に》(あっという間に)到着する〔現れる, 立ち寄る〕. En dos horas *nos plantamos* allí. 2時間で私たちはそこに着いた. ~*se* ante el portero ゴールキーパーの前に躍り出る.

3 〈動物が〉踏んばって動かなくなる; 《*en*... …に》固執する. ~*se en* su decisión あくまで決心を変えないでいる. El soldado *se plantó* ante una orden tan irrazonable. その兵士は理不尽な命令にがんとして言うことをきかなかった.

4 《話》〈特別な衣服を〉身につける, 着込む.

5 《話》〘遊〙(トランプで)新たにカードを引かない.

6 〘ラ米〙(ﾒｷｼｺ)(*大)(*話)めかし込む, 着飾る.

plan·ta·rio [plan.tá.rjo] 男 苗床 (= almáciga).

plan·te¹ [plán.te] 男 **1** 集団抗議; 抗議行動, 就業拒否. **2** 約束をすっぽかすこと, 長時間待たせること.

3 〘ラ米〙(ﾒｷｼｺ)新事業を開始するための資本金.

plan·te² [plán.te] 活 → plantar².

plan·te·a·mien·to [plan.te.a.mjén.to] 男

1 (問題などの)提起, 説明, 判断.

2 (改革・機構の)創設, 制定, 着手. **3** 着想, 構想.

plan·te·ar [plan.te.ár] 他 **1 〈人が〉〈問題などを〉**提起する**, 出す; 〈方法などを〉提示する, 説明する. ~ una duda 疑問を提起する. ~ una solución 解決法を提案する. El gobierno *nos plantea* dos opciones. 政府は私たちに2つの選択肢を与えている. El profesor *plantea* muy bien el tema a los estudiantes. 先生は学生にそのテーマをとてもわかりやすく説明した.

2 …の(構想[計画]を立てる. ~ una novela 小説の構想を立てる. ~ un edificio ビルの建設を計画する. ~ un nuevo negocio 新しい商売の計画を立てる.

3 〈事物・人が〉〈問題などを〉出現させる, 引き起こす; 原因となる. La decisión *planteó* muchas dificultades. その決定のために多くの困難が生じた.

— ~·se 再 **1** 《3人称で》起こる. *Se me planteó* la necesidad de mudarme. 私は引越ししなければならなくなった.

2 〈可能性などを〉検討する; 《+ 不定詞 …しようと》考える. En ese momento *me planteé* dejar el trabajo. そのとき私は仕事をやめようかと思った.

plan·tel [plan.tél] 男 **1** 苗床, 苗木畑.

2 養成所, 訓練所. **3** (特に専門家の)グループ, スタッフ. **4** 〘ラ米〙 (1) (ｱﾙｾﾞﾝﾁﾝ)学校. (2) (ﾁﾘ)《集合的》繁殖用の家畜; 優良家畜.

plan·te·o [plan.té.o] 男 → planteamiento.

— 活 → plantear.

plan·ti·fi·ca·ción [plan.ti.fi.ka.θjón / -.sjón] 囡 (制度・組織などの)制定, 創設; (改革の)着手.

plan·ti·fi·car [plan.ti.fi.kár] 102 他 **1** 〈制度・組織などを〉設ける, 制定する, 創設する; 着手する.

2 (話)〈打撃・キスなどを〉突然与える, 与える.

3 (話)《まれ》《*en*...》《ある場所》に》(無理やり)〈人を〉立たせる, 移動させる; 《あるべきでない場所》に》…を置く (= plantar).

— ~·se 再 **1** 《話》《まれ》たちまち着する. *Se plantificó* en la casa sin avisarnos. 彼[彼女]は前触れなしに突然家に来た.

plan·tí·gra·do, da [plan.tí.gra.ðo, -.ða] 形 《動》蹠行動物の. ― 男 蹠行動物：ヒト・クマなどのように, 足の裏を地につけて歩く動物.

plan·ti·lla [plan.tí.ja ‖ -.ʎa] 女 **1** 靴底, (靴の)中底, (靴の)敷き革, 中敷き, (靴下・ストッキングの)修繕底. ~ ortopédica (靴に入れる)矯正用中敷き.
2 《集合的》職員, 従業員. estar en [ser de] ~ en una empresa ある企業の正社員である.
3 型, 型紙. **4** 《集合的》(チームの)選手. **5** 雲形(うんけい)定規. **6** 見え, 虚勢. **7** 《天文》天体. **8** 《ラ米》(*)(野球の)ファーストミット.

plan·ti·lla·zo [plan.ti.já.θo ‖ -.ʎá.- / -.ja.-] [so] 男 《スポ》(サッカー)スパイクの裏を相手選手に向ける反則.

plan·tí·o, a [plan.tí.o, -.a] 形 《土地が》植え付けできる；植え付けられた.
― 男 **1** 植え付けたばかりの畑. ~ de patatas ジャガイモ畑. ~ de lechugas レタス畑. **2** 植え付け, 種まき. **3** 接ぎ木(用の枝).

plan·tis·ta [plan.tís.ta] 共 **1** 植木職人；庭師.
2 《話》強がりを言う人, 空いばり屋.

plan·to[1] [plán.to] 男 **1** 《古語》嘆き, 嗚咽(おえつ).
2 《詩》哀歌, 悲歌, エレジー.

plan·to[2] [plán.to] 男 → plantar[2].

plan·tón [plan.tón] 男 **1** 《約束を》すっぽかすこと, 長時間待たされること.
2 苗, 苗木；挿し木, 接ぎ木(用の枝). **3** 《話》門番, 守衛；(軍隊で罰として命じられる長時間の)歩哨(ほしょう), 哨兵. **4** 《ラ米》《話》容姿, 容貌(ようぼう), 顔つき.
dar (*un*) *plantón a* + 人《話》〈人〉を待たせる, 〈人〉をすっぽかす.
de plantón 立って, 動かずに.
estar de plantón 《話》(罰として)長時間の歩哨に立っている；待ちぼうけを食う.

plán·tu·la [plán.tu.la] 女 《植》芽, 芽生え, 実生.

pla·nu·do, da [pla.nú.ðo, -.ða] 形 《海》《船が》平底の.

pla·ñi·de·ro, ra [pla.ɲi.ðé.ro, -.ra] 形 《格式》嘆き悲しむ, 悲しげの. *voz plañidera* 悲しげな声, 涙声. ― 女 (埋葬時の職業としての)泣き女.

pla·ñi·do [pla.ɲí.ðo] 男 (悲しみの)うめき(声), 嘆き.

pla·ñi·mien·to [pla.ɲi.mjén.to] 男 泣くこと, 悲嘆.

pla·ñir(**·se**) [pla.ɲír(.se)] 72 自 再 《格式》声をあげて泣く, うめく, 嘆き悲しむ.

pla·qué [pla.ké] 男 《複 ~s》金めっき, 金側(きんがわ)；銀めっき, 銀側.

pla·que·ta [pla.ké.ta] 女 **1** 《解剖》血小板.
2 (壁・床の)化粧タイル.

pla·quín [pla.kín] 男 (丈の長い)鎖かたびら.

pla·sen·cia·no, na [pla.sen.θjá.no, -.na / -.sjá.-] 形 (スペイン Cáceres の) プラセンシア Plasencia の. ― 男 女 プラセンシアの住民[出身者].

plasm-「形成する」の意の造語要素. ⇒ *plasm*ar, *plast*a. [← ギ]

plas·ma[1] [plás.ma] 男 **1** 《生化》プラズマ, 血漿(けっしょう). **2** 《生物》原形質 (= protoplasma). **3** 《物理》プラズマ.

plas·ma[2] [plás.ma] 女 《鉱》→ prasma.

-plasma「形成されたもの」の意の造語要素. ⇒ cata*plasma*, proto*plasma*.

plas·ma·ción [plas.ma.θjón / -.sjón] 女 具象化, 造形化.

plas·mar [plas.már] 他 **1** 形作る, 造形する, 型に取る. *Plasmó la figura en barro.* 彼[彼女]は土で像を作った. **2** 〈イメージを〉形象する, 造形する. *El artista plasmó su pena.* その芸術家は自分の苦しみを形に表した. ― ~**·se** 再 (**en...** …に)実体化する, 具体化する. *El descontento popular se plasmó en una huelga general.* 大衆の不満はゼネストとなって表れた.

plas·má·ti·co, ca [plas.má.ti.ko, -.ka] 形 《生化》血漿[プラズマ]の.

plast- → plasm-.

plas·ta [plás.ta] 形 《話》煩わしい, うっとうしい.
― 女 **1** 《軽蔑》練り物, こねたもの；《話》どろどろ[ぐしゃぐしゃ]したもの. *El arroz está hecho una* ~. ご飯が柔らかすぎてべたべたしている.
2 《話》原形をとどめていないもの, ぺちゃんこ. *Al llegar al suelo se hizo una* ~. 地面に落ちてぺちゃんこになった.
3 《話》不格好なもの, 出来損ない；不手際なこと. *¡Vaya una* ~ *de reunión!* なんてひどい会合なんだ. **4** 《話》(家畜の)糞(ふん). **5** 《ラ米》(*)ヘアオイル.
― 共 《話》《軽蔑》煩わしい人, うっとうしい人；《ラ米》怠け者.
dar la plasta a + 人〈人〉を煩わせる.

plas·te [plás.te] 男 下塗り剤.

plas·te·cer [plas.te.θér / -.sér] 34 他 …にしっくいを詰める[塗る].

plas·te·ci·do [plas.te.θí.ðo / -.sí.-] 男 目止め, 陶砂(とうさ)引き, 下地のしっくい塗り.

plas·te·li·na [plas.te.lí.na] 女 → plastilina.

plas·ti·ci·dad [plas.ti.θi.ðáð / -.si.-] 女 **1** 可塑性, 柔軟性. **2** 表現性, (言葉が)表現に富んでいること.

plás·ti·co, ca [plás.ti.ko, -.ka] 形 **1** プラスチック(製)の；(ビニール・ポリプロピレン・セルロイドなどの)合成樹脂(製)の. *material* ~ プラスチック材.
2 形ある形にできる, 可塑性の；柔軟な.
3 造形の, 造形的な. *artes plásticas* 造形芸術.
4 表現力のある. *una descripción plástica* 生き生きとした描写.
5 《医》形成の. *cirugía plástica* 形成外科(手術).
― 男 **1** プラスチック, 合成樹脂. ~*s* industriales 工業用プラスチック. *bolsa de* ~ ポリ袋, ビニール袋. **2** プラスチック爆薬. *bomba de* ~ プラスチック爆弾.
― 女 造形美術.
[← ラ] *plasticum* (*plasticus* の対格) ← ギ *plastikós* (*plássein*「形作る」より派生)；関連 plástica, plasma, 英 *plastic*].

plas·ti·fi·ca·ción [plas.ti.fi.ka.θjón / -.sjón] 女
1 (身分証などの)ラミネート[プラスチック]加工.
2 《技》可塑化, 柔軟化.

plas·ti·fi·ca·do [plas.ti.fi.ká.ðo] 男 プラスチック[ラミネート, 合成樹脂]加工.

plas·ti·fi·can·te [plas.ti.fi.kán.te] 形 可塑化する, 柔軟にする.

plas·ti·fi·car [plas.ti.fi.kár] 102 他 **1** プラスチック[ラミネート, 合成樹脂]加工を施す；プラスチック[合成樹脂]で覆う.
2 可塑性[柔軟性]を持たせる, 可塑化する.

plas·ti·li·na [plas.ti.lí.na] 女 《商標》色[カラー]粘土.

plas·ti·que·ro, ra [plas.ti.ké.ro, -.ra] 男 女 雪面をプラスチック[合成樹脂]製のそりで滑る人.

plas·to [plás.to] 男 《植》色素体, プラスチド.

plas·trón [plas.trón] 男 **1**〘服飾〙胸飾り，プラストロン：ワイシャツの胸部を覆う糊付(のり)けして堅くした布．**2**（19世紀末に流行した）幅広ネクタイ．**3**（鎧(よろい)の）胸当て，胸甲．

***pla·ta** [plá.ta] 女 **1** 銀（記号 Ag）；銀器，銀食器，銀細工，銀製品（＝～ labrada）. pendientes de ～ 銀のイヤリング［ピアス］. cubertería de ～ 銀の食器セット．limpiar la ～ 銀器を磨く．～ alemana 洋銀（銅・亜鉛・ニッケルの合金）．～ de ley 純度保証付きの銀．
2 銀貨；〘スポ〙銀メダル（＝medalla de ～）. Él ganó la ～ en natación en los Juegos Olímpicos. 彼はオリンピックの水泳で銀メダルをとった．
3《ラ米》(チリ)(パナマ)(パラグアイ)《話》お金，富．hacer ～ 金持ちになる．pagar en ～ 現金で払う．tener mucha ～ 裕福である．sin ～ すかんぴんの．
4〘紋〙銀色，白色．
bodas de plata 銀婚式．
en plata《話》単刀直入に，手短に；要するに．
manos* [*manitas*] *de plata 器用な人．
papel de plata アルミホイル．
[← 〔俗ラ〕**platta*「皿；金属板」（イベリア半島では特に「銀板」）；**plattus*「平たい」より派生；古くは dinero の代用語で，その用法は現在の中南米に残っている；関連 platero, platería, platino, plato. 〔英〕*plate, flat*]

Pla·ta [plá.ta] 固名 La ～ ラプラタ：アルゼンチンの Buenos Aires 州の州都，港湾都市．

pla·ta·ban·da [pla.ta.ƀán.da] 女（帯状）花壇；〘建〙蛇腹，刳形(くりがた)．[←〔仏〕*plate-bande*]

pla·ta·da [pla.tá.đa] 女《ラ米》ひと皿（分），盛り．

***pla·ta·for·ma** [pla.ta.fór.ma] 女 **1** 台，壇；演壇，教壇；舞台．～ de lanzamiento（ロケットなどの）発射台．～ de salida（競泳の）スタート台．～ giratoria（鉄道の）転車台．～ de perforación（海底油田の）石油掘削リグ．～ continental 大陸棚．
2（主に政治的な）集団．**3**（バス・電車の）乗降口（付近の座席のない部分），デッキ；無蓋(むがい)貨車．**4** 足場，きっかけ，手段；口実．Le va a servir de ～ para la fama. 彼［彼女］にとって名声を得るきっかけとなるだろう．**5**〘機〙（時計の歯車の）歯切り機．**6**（政党の）綱領，政策要綱．～ electoral 選挙綱領，公約．
7《ラ米》(アルゼンチン)（駅の）プラットホーム．
[←〔仏〕*plate-forme*（*plate*「平らな」＋ *forme* 'forma'）；関連〔英〕*platform*]

pla·tal [pla.tál] 男 大金，財産（＝dineral）．

pla·ta·le·a [pla.ta.lé.a] 女〘鳥〙ペリカン（＝pelícano）．

pla·ta·nal [pla.ta.nál] / **pla·ta·nar** [pla.ta.nár] 男 バナナ農園．

pla·ta·na·zo [pla.ta.ná.θo / -.so] 男《ラ米》《話》（1）(中米)(ベネズエラ)(メキシコ)横倒し，横転．（2）(ベネズエラ)政府の崩壊［転覆］；政治家の失脚．

pla·ta·ne·ro, ra [pla.ta.né.ro, -.ra] 形 **1** バナナの．**2**《ラ米》（1）(キューバ)〈馬が〉走りが軽やかな．（2）(プエルトリコ)プエルトリコ（特有）の．**―** 男〘植〙バナナの木．**―** 男 女《ラ米》(中米)(メキシコ)バナナ売り，バナナ商人；バナナ栽培者．**―** 女《ラ米》(コロンビア)(プエルトリコ)(メキシコ)バナナ農園．
viento platanero《ラ米》(キューバ)強風．

***plá·ta·no** [plá.ta.no] 男 **1** バナナ（の木・実）．un racimo de ～s バナナ１房．► 中南米では主に banana. **2**〘植〙プラタナス，スズカケノキ．➜右段に図．
[←〔ラ〕*platanum*（*platanus* の対格）「プラタナス」←〔ギ〕*plátanos*；共に葉が大きいことからの転義か？；関連〔英〕*platanus*]

pla·ta·nu·tre [pla.ta.nú.tre] 男《ラ米》(カリブ)揚げバナナチップ．

pla·te·a [pla.té.a] 女〘演〙平土間席，1階前方の席（＝patio）；（1階の）桟敷（＝palco de ～）．

plátano
（プラタナス）

pla·te·a·do, da [pla.te.á.đo, -.đa] 形 **1** 銀めっきの．**2** 銀（色）の．**3**〈髪が〉白い．**4**《ラ米》(メキシコ)金のある，裕福な．**―** 男 **1** 銀器（類）．**2** 銀めっき（すること）．

pla·te·a·dor, do·ra [pla.te.a.đór, -.đó.ra] 男 女 銀張り職人，銀めっき職人．

pla·te·a·du·ra [pla.te.a.đú.ra] 女 銀張り，銀めっき（すること）．

pla·te·ar [pla.te.ár] 他 **1** 銀を張る［かぶせる］，銀めっきする．**2**《ラ米》(グアテマラ)(メキシコ)売る；換金する．
― 自 髪が白くなる．

pla·tel [pla.tél] 男 **1** 皿，盆．**2** 大金，大枚．

pla·tel·min·to [pla.tel.mín.to] 形〘動〙扁形(へんけい)動物の．**―** 男《複数で》扁形動物門．

pla·ten·se [pla.tén.se] 形 ラプラタ川の；（アルゼンチンの）ラプラタ市 La Plata の．
― 男 女 ラプラタ川流域の住民［出身者］；ラプラタ市の住民［出身者］．

pla·te·res·co, ca [pla.te.rés.ko, -.ka] 形〘建〙プラテレスク様式の．
― 男 プラテレスク様式：16世紀ごろのスペインの非常に技巧的なルネッサンス建築装飾法．代表的なものにサラマンカ大学がある．

pla·te·rí·a [pla.te.rí.a] 女 **1** 銀細工（術）．artículos de ～ 銀細工製品，銀器類．**2** 銀細工工房［店］，貴金属店；銀細工師の住んでいた街［地域］．

pla·te·ro, ra [pla.té.ro, -.ra] 形〈ロバが〉銀色を帯びた灰色の．**―** 男 女 銀細工師［職人］；貴金属商．

plá·ti·ca [plá.ti.ka] 女 **1** 話，会話，おしゃべり．Se pasaron la tarde de ～. 話をして午後を過ごした．estar de ～ / sostener una ～ おしゃべりをしている，話の最中である．**2**（教会の）短い説教．
a libre plática〘海〙検疫済み入港許可を得て［得た］．

pla·ti·car [pla.ti.kár] 102 自《ラ米》話をする，おしゃべりをする．**―** 他 協議する．

pla·ti·ja [pla.tí.xa] 女〘魚〙ツノガレイの一種．

pla·ti·llo [pla.tí.ʝo ‖ -.ʎo] 男 **1** 小皿；天秤(てんびん)皿；皿状のもの．pasar el ～ 献金皿を回す，寄付［お恵み］を集める．**2** 平円盤；円盤状の物．～ volante [volador] 空飛ぶ円盤．**3**《複数で》〘音楽〙シンバル．**4** うわさ［陰口］の種．el ～ del día《ラ米》(メキシコ)話題の出来事．**5**〘料〙プラティーリョ：ひき肉の煮込み料理．**6**《ラ米》(中米)(メキシコ)料理の一品．[plato＋縮小辞]

pla·ti·na [pla.tí.na] 女 **1**（顕微鏡の）載物台，ステージ．**2**（機械の）工作台．**3**〘印〙（平圧式印刷機の）圧盤．**4** カセットデッキ．

pla·ti·na·do [pla.ti.ná.đo] 男 白金めっき．

pla·ti·nar [pla.ti.nár] 他 白金をかぶせる，白金［プラチナ］めっきをする．

pla·ti·ní·fe·ro, ra [pla.ti.ní.fe.ro, -.ra] 形 白金を含む，プラチナを生じる．yacimiento ～ 白金鉱床．

pla·ti·no [pla.tí.no] 男 **1**〘化〙白金，プラチナ（記号 Pt）．esponja de ～ 白金海綿．
2《複数で》〘車〙（スパークプラグの）中心電極．
rubio platino プラチナ・ブロンド．

pla·ti·rri·no, na [pla.ti.ří.no, -.na] 形〘動〙広鼻猿類の．**―** 男《複数で》広鼻猿類．

pla·to
[plá.to] 男 **1** 皿. lavar [fregar] los ~s 皿を洗う. ~ hondo [sopero] スープ皿. ~ llano [pando] 平皿. ~ frutero 果物皿. ~ de postre デザート[サラダ]皿.
2 料理, ひと皿の料理, 一品. comida de tres ~s 3品料理. primer ~ 前菜, コースのひと皿目. segundo ~ / ~ fuerte メインディッシュ. ~ dulce (プリンなどの)デザート. ~ combinado ひと皿盛りの定食. ~ del día 日替わりメニュー[定食]. ~ típico 名物料理. ~ exquisito おいしい料理.
3 (毎日の)食事;養うこと. hacer el ~ a+人 〈人〉を養う. faltar a+人 cama y ~ 〈人〉が寝食に困る. **4** 皿状のもの. (1) 〖天秤(設)〗の皿. (2) 〖スポ〗(射撃の)クレー. tiro al ~ クレー射撃. (3) (プレーヤーの)ターンテーブル. (4) 〖車〗(クラッチの)円板 (=~ del embrague), (自転車の)チェーンホイール. **5** 〖建〗(ドーリス式建築で)メトープに付けられた円形の装飾. **6** うわさの種;批評の的. **7** 《ラ米》《俗》笑いの種[ネタ];一風変わった[おもしろい]人.

comer en un mismo plato 《話》同じ釜(ま)の飯を食う, 大変仲がよい. ¿Desde cuándo *hemos comido en un mismo* ~? / ¿*En qué* ~ *hemos comido juntos*? 妙になれなれしくしないでください.

huevos al plato (トマトソースなどを加えて焼いた)卵料理.

no haber quebrado [*roto*] *un plato* 《話》過ちて[悪事を]犯したことがない.

ojos como platos 大きく見開いた目.

pagar los platos rotos 《話》尻ぬぐいをする, 濡れ衣を着せられる.

plato fuerte (1) メインディッシュ. (2) 目玉となるもの, メインイベント.

¡Qué plato! 《ラ米》《カリブ》《コ》《話》わあ, おもしろい;変なの.

sacar los pies del plato 《話》大胆になる.

ser plato de segunda mano [*mesa*] 《話》《軽蔑》軽視される;のけ者にされる.

ser plato de SU *gusto* 《話》〈人〉の好みに合う.

[←〖俗ラ〗*plattus* 「平たい」, 〖ラ〗「皿」←〖ギ〗*platýs* 形「平たい;広い」, 〖関連〗chato, plata. 〖英〗plate, flat]

pla·tó [pla.tó] 男 〖映〗〖TV〗(スタジオの)セット, フロア. [←〖仏〗*plateau*]

pla·tón [pla.tón] 男 《ラ米》(1) 大皿, 盛り皿. (2) 洗面器, 金だらい. (3) 《カリブ》大土鍋(会).
[plato+増大辞]

Pla·tón [pla.tón] 固名 プラトン(前427-347):ギリシアの哲学者. Sócrates の弟子. → academia.
[←〖ラ〗*Plató(n)*←〖ギ〗*Plátōn*]

pla·tó·ni·ca·men·te [pla.tó.ni.ka.mén.te] 副 純精神的に, 観念的に, 理想的に.

pla·tó·ni·co, ca [pla.tó.ni.ko, -.ka] 形 **1** プラトンの, プラトン哲学[学派]の, プラトン的な. **2** 純精神的な, 観念的な. amor ~ プラトニックラブ.
— 男 女 プラトン学派の人, プラトン主義者.

pla·to·nis·mo [pla.to.nís.mo] 男 **1** プラトン哲学[主義]. **2** プラトン主義の行為, 精神主義的の行為.

pla·tu·do, da [pla.tú.ðo, -.ða] 形 《ラ米》《話》金持ちの, 裕福な.

plau·si·bi·li·dad [plau.si.bi.li.ðáð] 女 **1** もっともらしさ;容認できること.
2 賞賛できること, 賞賛に値すること.

plau·si·ble [plau.sí.ble] 形 **1** もっともらしい;容認できる, 納得できる.
2 賞賛できる, 推賞するに足る, 立派な.

plau·si·ble·men·te [plau.sí.ble.mén.te] 副 たえて, 賞賛して, 賞賛に値するように.

play [pléi] 〖英〗男 (AV機器の)再生ボタン.

pla·ya
[plá.ja] 女
1 浜辺, 砂浜;海水浴場, ビーチ. ir a la ~ 海水浴に行く. veranear en la ~ 海で夏の休暇を過ごす. ~s malagueñas マラガの海水浴場. cabeza de ~ 〖軍〗海岸堡(は).

〖類語〗*playa* は「浜辺」などの砂地. *costa* は「海岸」または「海岸地帯」. → En la *costa* del Atlántico de Cádiz hay kilómetros de *playa* de arena fina. カディスの大西洋岸には細かい砂の浜が何キロにもわたって続いている. *litoral* は1国のまたは1大陸の「沿岸部」を集合的に指す学術用語 (→el *litoral* mediterráneo 地中海沿岸). *orilla*, *ribera* は「岸」.

2 《ラ米》(1) 《リオプ》(羊の)剪毛(覚)場. (2) 《リオプ》《チ》広い用地, 敷地. (鉄道の)操車場 (=~ de maniobras). ~ de estacionamiento 《リオプ》《チ》《ペ》駐車場.
[←〖後ラ〗*plagia*←〖ギ〗*plágia*「側, わき」(中性複数形)]

pla·ya·zo [pla.já.θo / -.so] 男 広大な浜, 長い海岸. [playa+増大辞]

play·back / play-back / play back [pléi.bak] 〖英〗男 〖TV〗〖映〗口パク:歌やせりふをあらかじめ録音し, それに合わせて歌うふりをすること.

play·boy / play-boy / play boy [pléi.boi] 〖英〗〖複 ~s, ~〗男 プレイボーイ.

pla·ye·ro, ra [pla.jé.ro, -.ra] 形 海辺の, 海浜の;海水浴用の. sandalias *playeras* ビーチサンダル. —男 女 (浜辺から来て)魚を売り歩く人.
—男 《ラ米》《コ》(ガ) 港湾労働者. —女 **1** ゴム草履. **2** (時に複数で)〖音楽〗プラジェーラ:スペイン Andalucía 地方の民謡. **3** 《ラ米》長いTシャツ.

pla·yo, ya [plá.jo, -.ja] 形 《ラ米》《リオプ》(底の)浅い, 平坦(ない)な. —男 《ラ米》《リオプ》小さなベンチ.

play·off / play-off / play off [pléi.of] 〖英〗男 〖複 ~s, ~〗〖スポ〗プレーオフ.

pla·za
[plá.θa / -.sa] 女 **1** 広場 (略 plza.). P~ de Colón コロンブス広場. El Ayuntamiento está ubicado en el lado norte de la P~ Mayor. 市役所は中央広場の北側にある.

plaza mayor (中央広場:マドリード)

2 (催しの)場所. (1) (食料品などの)市場 (=mercado). ir a la ~ 市場へ行く. ~ de abastos (食料

plazc- 1560

品の)卸市場. (2) 闘牛場(=~ de toros). (3) ~ de armas 練兵場.
3 空間, スペース；席, 座席. aparcamiento [estacionamiento] de quinientas ~s 500台収容の駐車場. reservar una ~ 座席を予約する. coche de cuatro ~s 4人乗りの車.
4 地位, 職, ポスト(=puesto). cubrir una ~ 欠員を埋める. ocupar una ~ ある地位を占める. sacar ~ 職を得る. ~ vacante 欠員, 空席. Ha obtenido la ~ de profesor titular en una universidad privada. 彼はある私立大学の専任教員の職を得た. **5** 要塞(紮の)(都市)(=~ fuerte). **6** (商業な)地区, 区域, 消費地. jefe de ~ 支店長, 支社長. **7** 《冶》炉床.
hacer la plaza 買い出しに行く.
hacer plaza con... …を小売りする.
¡Plaza!《古語》道をあけろ, どいたどいた.
plaza de soberanía 直轄統治領.
sacar... a la plaza …を公表する, 知らしめる.
sentar plaza《軍》(志願して)入隊する.
[←[俗》]*plattea*←[ラ]*platēa*「通り」←[ギ]*plateía*「広い通り」(*platýs*「広い」の名詞化)［関連］desplazar, reemplazar.［英］*place*]

plazc-［屈］→ placer.

*****pla·zo** [plá.θo / -.so]［男］**1** 期間, 期限. en el ~ de un año 1年のうちに. en un ~ de quince días 2週間で. en breve ~ 短期間で. prorrogar el ~ 期限を延長する. terminar(se) el ~ 期限が切れる. Tenemos un ~ de tres meses para pagar la cuenta. 支払いまでに3か月の期間がある.
2 (手形などの)支払い期日, 満期(日). El ~ vence mañana. 明日満期になる. vencimiento del ~ 支払い期日, 満期日. a ~ vencido 満期日[支払い期日]に. **3** 猶予(期間), 延期(期間). ~ de respiro 支払い猶予期間. ~ suplementario 返済延期期間.
4 分割払い (の1回分), 割賦(フ), 月賦. a ~s 分割払いで. Lo pagamos en doce ~s. 12回払いで支払います.
a corto plazo ただちに, 短期間に[の]. un préstamo *a corto* ~ 短期貸し付け. Esta medicina hace efecto *a corto* ~. この薬は即効性がある.
a largo plazo 長期間に[の]. inversión *a largo* ~ 長期の投資.
a medio plazo 中期的な.
a plazo fijo 定期で[の]. cuenta [depósito] *a* ~ *fijo* 定期預金. letra pagadera *a* ~ *fijo* 定期払い手形.
[←[古スペイン]*plazdo*←[中ラ]*placitum*「公判日, 決められた日」([ラ]*placēre*「喜ばせる」より派生；「望みどおり決められた日」が原義)；[関連]aplazar.]

pla·ze·le·ta [pla.θo.lé.ta / -.so.-] / **pla·zue·la** [pla.θwé.la / -.swé.-]［女］(庭園などにある)小さな広場.[plaza + 縮小辞]

ple [plé]［男］《スポ》球を壁に打ちつける球技：frontón の一種.

ple·a·mar [ple.a.már]［女］満潮(時), 高潮(期) (↔bajamar).

ple·be [plé.be]［女］**1** 庶民, 一般大衆；《史》(古代ローマの)平民. **2**《話》《軽蔑》下層民. **3**《ラ米》(*ᵣ*)子供たち.

ple·be·yez [ple.be.yéθ / -.jés]［女］庶民[平民]気質.

***ple·be·yo, ya** [ple.bé.jo, -.ja]［形］**1** 庶民の；(古代ローマの)平民の. **2** 粗野な.

— ［男］［女］庶民；平民.

ple·bis·ci·ta·rio, ria [ple.bis.θi.tá.rjo, -.rja / -.si.-]［形］国民投票の, 人民投票の.

ple·bis·ci·to [ple.bis.θí.to / -.sí.-]［男］**1** 国民投票 (=referéndum). **2** (古代ローマの)平民決議.

ple·ca [plé.ka]［女］《印》(一本線の)罫(次), 罫線.

plec·tog·na·to [plek.tog.ná.to]［男］《魚》フグ(亜)目の. — ［男］(複数で)フグ(亜)目.

plec·tro [plék.tro]［男］**1** (弦楽器の)つめ, ピック；ばち. **2** 詩想；詩趣；詩形.

ple·ga [plé.ga]［屈］→ placer.

ple·ga·ble [ple.gá.ble]［形］折り畳める, 折り畳み(式)の. silla ~ 折り畳み式いす.

ple·ga·de·ra [ple.ga.dé.ra]［女］**1** ペーパーナイフ (=cortapapeles). **2** (製本用の)折りべら. **3** (カウンターに取り付けられた)出入り口.

ple·ga·di·zo, za [ple.ga.dí.θo, -.θa / -.so, -.sa]［形］折り曲げやすい.

ple·ga·do [ple.gá.ðo]［男］**1** 折り畳むこと；ひだ[プリーツ]をつけること. **2** ひだ, プリーツ；折り目.

ple·ga·dor, do·ra [ple.ga.ðór, -.ðó.ra]［形］折り畳み(式)の, 折り重ねられる. — ［男］紙折り用へら；ペーパーナイフ. — ［女］《印》折り畳み機.

ple·ga·du·ra [ple.ga.ðú.ra]［女］→ plegado.

ple·ga·mien·to [ple.ga.mjén.to]［男］**1**《地質》(地層の)褶曲(紫う). **2** (軽度)服従, 屈服. **3** 折り畳むこと.

***ple·gar** [ple.gár]［9］［他］**1** 折る, 折り畳む, 折り目をつける；折り曲げる. ~ una camisa シャツを畳む. **2** ひだ[プリーツ]をつける. **3** (製本するために)(紙)を折る. **4**《話》(仕事などを)終える.
— **~se** ［再］**1** 折れる, 曲がる.
2《a...》に屈服する, 服従する, 譲る.
[←[ラ]*plicāre*；［関連］pliego, pliegue, aplicar, explicar.［英］*plication*「折り畳み」]

ple·ga·ria [ple.gá.rja]［女］《宗》**1** 祈り, 祈願 (=oración). **2** (正午の)祈りの鐘.

pleis·to·ce·no, na [pleis.to.θé.no, -.na / -.sé.-]［形］《地質》更新世の. — ［男］更新世：約1670万年前–1万年前.

plei·ta [pléi.ta]［女］(アフリカハネガヤなどの)編みひも[帯].

plei·te·a·dor, do·ra [plei.te.a.ðór, -.ðó.ra]［形］**1** 訴訟を起こす. **2** 訴訟好きの. — ［男］［女］訴訟好きの人.

plei·te·an·te [plei.te.án.te]［形］訴訟中の. — ［男］［女］訴訟当事者(=las partes ~s).

plei·te·ar [plei.te.ár]［自］**1** 訴訟する, 訴える. **2** 論争する, 議論する. — ［他］取り決める.

plei·te·sí·a [plei.te.sí.a]［女］**1** 敬意, 尊敬. rendir ~ a+人〈人〉に敬意を表する, 賛辞を呈する. **2** 協定, 協約.

plei·tis·ta [plei.tís.ta]［形］訴訟好きの；けんか早い. — ［男］［女］訴訟好きな人；けんか早い[好きな]人.

plei·tis·to, ta [plei.tís.to, -.ta]［形］《ラ米》(乳ン)(ケァ) → pleitista.

***plei·to** [pléi.to]［男］**1**《法》**訴訟**, 裁判；申し立て. entablar ~ 訴えを起こす. ganar un ~ 勝訴する. poner ~ a+人〈人〉を訴える. tener un ~ con+人〈人〉と裁判で争っている. el ~ de X contra Y YにXがかける訴訟. ~ civil 民事訴訟. ~ criminal 刑事訴訟. **2** 確執, 反目；争い, けんか. **3**《ラ米》(*ᵣ*)ボクシング(の試合).
dar el pleito por concluso《法》結審する.
pleito homenaje(君主への)忠誠の誓い.

plin

[←〔古仏〕plait←〔後ラ〕placitum「意にかなったこと, 決定(されたこと)」;〔ラ〕placēre「喜ばせる」より派生]

ple·na [plé.na] 形 → pleno.
ple·na·men·te [plé.na.mén.te] 副 全く, 完全に.
ple·na·mar [ple.na.már] 女〖海〗→ pleamar.
ple·na·ria·men·te [ple.ná.rja.mén.te] 副 完全に, 十分に; 正式に, 本式に.
ple·na·rio, ria [ple.ná.rjo, -.rja] 形 **1** 全員出席の, 全体構成の. sesión *plenaria* 全体[本]会議, 総会. **2** 完全な, 十分な; 全部の, 全体の. indulgencia *plenaria*〖カト〗全免償, 全贖宥(しょくゆう).
ple·ni·lu·nio [ple.ni.lú.njo] 男 満月 (= luna llena).
ple·ni·po·ten·cia [ple.ni.po.tén.θja / -.sja] 女 全権.
ple·ni·po·ten·cia·rio, ria [ple.ni.po.ten.θjá.rjo, -.rja / -.sjá.-] 形 全権の, 全権を有する, 全権を委任された. embajador extraordinario y ~ 特命全権大使. ministro ~ 全権公使.
— 男 女 全権大使[使節].
*‡**ple·ni·tud** [ple.ni.túð] 女 **1** 十分, 完全, 充実, 充満. tener ~ de poderes 全権を握っている. en ~ 十分に. **2** 絶頂, 全盛, 最盛期 (= apogeo). en la ~ de… …の全盛期に. alcanzar la ~ 全盛(期)に達する. **3** (体液・分泌物の)過多, 過度.
*‡***ple·no, na** [plé.no, -.na] 形 **1** (+名詞) …のただ中の, 中の; 最高(潮)の, 盛りの. a[en] ~ día 真っ昼間に. una obra de *plena* madurez 最盛期の作品. en ~ verano 真夏に. en ~ centro [corazón] de… …のど真ん中に. en *plena* calle 通りの真ん中で. en *plena* guerra 戦争のまっただ中. en *plena* selva 密林の奥深く. en *plena* cara まともに顔面に. funcionar a ~ rendimiento フル稼働[操業]する. estar en ~ proceso de recuperación de sus lesiones ちょうど怪我の回復途中にある. En *pleno* forma y listo para jugar. 私は絶好調だし, いつでもプレーできる.
2(多くは+名詞 / 名詞+)(ser+ / estar+) 完全な, 十分な. la *plena* integración en la OTAN NATOへの完全加盟. en *plena* actividad 盛んに活動している. en *plena* posesión de SU capacidad [SUS facultades] の能力を十分に発揮して. a ~ sol 日向(ひなた)に[で]; 日当たりのよい. hacia la democracia *plena* 完全な民主主義へ. ser miembro de ~ derecho 正会員である. concederle ~s poderes 彼[彼女]に全権を委(ゆだ)ねる. alcanzar el ~ empleo 完全雇用を達成する. tener *plena* confianza en… …を100パーセント信頼している.
3〖文章語〗(名詞+)(estar+)(de… …で)いっぱいの, 満ちた (= lleno) (↔vacío). una vida *plena* de felicidad 幸せいっぱいの生活.
4〖ラ米〗(なまり)〖話〗よい, すてきな, すばらしい.
— 男 **1** 全体会議, 総会 (= la asamblea en ~). el P~ del Congreso de los Diputados 衆議院本会議. convocar un ~ extraordinario 臨時本会議を招集する. **2**(くじなどで)全部を当てること. conseguir un ~ en la quinielas キニエラで全部当てる. **3**〖スポ〗(ボウリング)ストライク. hacer un ~ ストライクをとる.
de pleno 完全に, もろに. Ha acertado Vd. *de* ~. あなたは大正解です[大当たりです].
en pleno 全体で; 全員一致で (= en bloque). El Gobierno dimitió *en* ~. 内閣は総辞職した.

[←〔ラ〕plēnus [十分な];[関連]lleno, plenario, plenitud. [英]*plenitude*]

ple·on [plé.on] 男〖動〗甲殻類の胴.
ple·o·nas·mo [ple.o.nás.mo] 男〖修辞〗冗語(法). —Lo vi *con mis ojos*. (自分の目でそれを見た)のイタリック部分.
ple·o·nás·ti·ca·men·te [ple.o.nás.ti.ka.mén.te] 副 冗語的に, 冗長に.
ple·o·nás·ti·co, ca [ple.o.nás.ti.ko, -.ka] 形 冗語の, 冗漫な.
ple·pa [plé.pa] 女〖話〗**1** 持病持ち.
2 欠点の多い人[もの].
ple·sí·me·tro [ple.sí.me.tro] 男〖医〗打診板.
ple·sio·sau·rio [ple.sjo.sáu.rjo] / **ple·sio·sau·ro** [ple.sjo.sáu.ro] 男〖古生〗プレシオサウルス: 中生代の海生の首長竜の一種.
ple·ti·na [ple.tí.na] 女 **1**(通例厚さ2-4ミリメートルの)鉄板. **2** カセットデッキ.
plé·to·ra [plé.to.ra] 女 **1**〖医〗体液過剰(症); 多血(症). **2** 過剰, 過多.
ple·tó·ri·co, ca [ple.tó.ri.ko, -.ka] 形 **1**(de…よい性質…に)あふれた. **2**(人が)楽観的な.
pleu·ra [pléu.ra] 女 **1**〖解剖〗胸膜, 肋膜(ろくまく).
2〖医〗胸膜炎.
pleu·ral [pleu.rál] 形〖医〗胸膜の, 肋膜(ろくまく)の.
pleu·re·sí·a [pleu.re.sí.a] 女〖医〗胸膜炎, 肋膜(ろくまく)炎.
pleu·rí·ti·co, ca [pleu.rí.ti.ko, -.ka] 形〖医〗胸膜炎の, 肋膜(ろくまく)炎の; 胸膜の, 肋膜の. derrame ~ 胸膜滲出(しんしゅつ)液. — 男 女 胸膜[肋膜]炎患者.
pleu·ri·tis [pleu.rí.tis] 女〖単複同形〗〖医〗胸膜炎, 肋膜(ろくまく)炎.
pleu·ro·di·nia [pleu.ro.ðí.nja] 女〖医〗胸膜痛.
pleu·ro·nec·ti·for·me [pleu.ro.nek.ti.fór.me] 形〖魚〗カレイ目の.
— 男 カレイ目の魚; (複数で)カレイ目.
ple·xi·glás [plek.si.glás] 男〖商標〗プレキシガラス: 航空機の窓などに用いる合成樹脂の強化ガラス.
ple·xo [plék.so] 男〖解剖〗叢(そう): 神経・血管などの網状構造. ~ solar 腹腔神経叢. ~ sacro 仙骨神経叢.
plé·ya·de [plé.ja.ðe] 女 **1**〖文学〗プレイヤード派: 16世紀フランスの7人の詩人.
2(文豪などの)傑出した人物集団; 七大家.
Plé·ya·des [plé.ja.ðes] 固名 **1**〖ギ神〗プレイアデス: Atlas の7人の娘.
2〖天文〗プレアデス星団, すばる(星).
pli·ca [plí.ka] 女 **1**(指定期日まで開封できない)封緘(ふうかん)書簡; 条件付捺印(なついん)証書.
2〖医〗(ポーランド)糾髪(きゅうはつ)症 (= ~ polaca).
plie·go [pljé.go] 男 **1** 真ん中で折った紙; 全紙 (= folio). **2** 封書, 密封書類. **3**〖印〗折り(丁); 折り記号, 折本. ~(s) de cordel (詩・物語などの安い)折本.

pliego de cargos 告訴箇条.
pliego de condiciones(契約書などの)条件, 条項事項.
pliego de descargo(s) 答弁書.
*‡**plie·gue** [pljé.ge] 男 **1** 折り目, 畳み目.
2 ひだ, プリーツ. los ~s de una falda スカートのひだ. **3**〖地質〗褶曲(しゅうきょく).
plie·gue·ci·llo [plje.ge.θí.jo ‖ -.ʎo / -.sí.-] 男 四つ折りの紙(8ページ分). [pliego + 縮小辞]
plim [plím] 間投 → plin.
plin [plín] 間投 ¡*A mí plin!*〖話〗私には全然関係

Plinio

ない, 僕は知らないよ.

Pli·nio [plí.njo] 固名 **1** 大プリニウス ~ el Viejo (23?-79): 古代ローマの博物学者. **2** 小プリニウス ~ el Joven (61?-113): 古代ローマの政治家. 大プリニウスの甥(おい). [← [ラ] *Plinius*]

plin·to [plín.to] 男 **1** 【建】柱礎, 台座, 柱脚. **2**(体操の)跳び箱; 四角の台.

plio·ce·no [pljo.θé.no / -.sé.-] 形【地質】鮮新世の. — 男 鮮新世: 約500万年前-170万年前.

pli·sa·do, da [pli.sá.ðo, -.ða] 形 (細かい)ひだのついた. — 男 **1** ひだをつけること, 折り畳むこと (= plegado). **2** ひだ, プリーツ.

pli·sar [pli.sár] 他 ひだ[プリーツ]をつける (= plegar). ~ una falda スカートにひだをつける.

PLN [pe.(e.)le.é.ne]《略》*Partido de Liberación Nacional*(コスタリカの)国民解放党.

plo·ma·da [plo.má.ða] 女 **1** 錘重(じゅう), (大工などの)下げ振り糸[定規]. **2**【海】測深線, 測鉛 (= sonda). **3**(魚網の)おもり. **4** 鉛筆代わりの鉛の棒. **5**(鉛の玉のついた)革鞭(むち).

plomada (下げ振り糸)

plo·mar [plo.már] 他 鉛で封印する.

plo·ma·zo [plo.má.θo / -.so] 男 **1**《話》《軽蔑》うんざりさせる人. **2**(散弾で撃たれた)傷, 弾痕(こん). **3**《ラ米》(メネ゙)(メネ゙ル)(ホゾ)《話》銃撃, 銃弾の1発[命中].

plom·ba·gi·na [plom.ba.xí.na] 女【鉱】黒鉛, 石墨, グラファイト.

plo·me·ar [plo.me.ár] 自 **1**(散弾が)(的に)命中する, 的中する. **2**《ラ米》(メネ゙ル)拳銃(じゅう)で撃つ.

plo·me·ra [plo.mé.ra] 女《ラ米》(メネ゙ル)(メネ゙ル)(ホゾ)撃ち合い, 銃撃戦.

plo·me·rí·a [plo.me.rí.a] 女 **1** 鉛(加工)工場; 鉛床保管所, 鉛倉庫. **2**(屋根の)鉛板ふき; 鉛板でふいた屋根. **3** 水道工事, 配管技術. **4**《ラ米》水道工事屋; 配管用品販売店.

plo·me·ro, ra [plo.mé.ro, -.ra] 男 **1** 鉛職人. **2**《ラ米》鉛管[配管]工, 水道修理業者.

plo·mí·fe·ro, ra [plo.mí.fe.ro, -.ra] 形 **1**【鉱】鉛を含む[生じる]. **2**《話》うっとうしい, 退屈な.

plo·mi·zo, za [plo.mí.θo, -.ða / -.so, -.sa] 形 **1** 鉛色の; 鉛のような. **2** 鉛を含む.

*plo·mo [pló.mo] 男 **1**【化】鉛 (記号 Pb). ~ blanco 白鉛(鉱). ~ argentífero / ~ de obra 銀鉛鉱. ~ dulce 精鉛. soldadito de ~ 鉛の兵隊. **2**(釣りのおもり, 鉛錘(すい); 測鉛. **3**(鉛の)散弾, 弾丸. **4**(複数で)【電】ヒューズ. Se fundieron los ~s. ヒューズが切れた. **5**《話》退屈なもの[人], 厄介な人[もの]. **6**《ラ米》(1)(ギ)(ホゾ)灰色. (2)(ゴデ)(メネ゙ル)撃ち合い, 銃撃戦.

a plomo 垂直に.
caer a plomo《話》ばったり倒れる, どしんと落ちる.
caer como un plomo すとんと落ちる.

[← [ラ] *plumbum*; 関連 plúmbeo, aplomar. [英] *plumb*]

plo·mo, ma [pló.mo, -.ma] 形《ラ米》(1) 鉛のような, 鉛色の. (2)(ホゾ)のろまな.

plo·mo·so, sa [plo.mó.so, -.sa] 形 **1** → plomizo. **2**《ラ米》(メネ゙)《話》うんざりする, うっとうしい.

plot·ter [pló.ter] [英] 男 [複 ~s, ~]【IT】プロッター: 図形出力装置.

plug- 固 → placer.

plu·ma [plú.ma] 女 **1 羽(毛); 非常に軽いもの. ~ de ganso ガチョウの羽. edredón de ~ 羽布団. sombrero de ~ 羽根付きの帽子. penacho de ~s 羽根飾り. Esta bicicleta es una ~. この自転車は羽のように軽い. **2** ペン, ペン先; 《ラ米》ボールペン (= esferográfica). ~ estilográfica / ~ fuente 万年筆. tomar la ~ ペンを執る, 書き始める. **3** 文筆家; 文筆活動; 文体; 書体. En el simposio se reunieron las mejores ~s del país. シンポジウムにはその国の最良の作家たちが集まった. Tiene una ~ mordaz. 彼[彼女]の文体はしんらつだ. tener buena ~ 文才がある. vivir de su ~ 文筆で生計をたてる. **4**【機】(クレーンの)腕, ジブ; 【船】(積荷用)起重機. **5**《話》(男性が)女性的なこと. tener ~ 女性的である. Se le ve la ~. 彼は同性愛者のようだ. **6**《ラ米》(1)(ネ゙ル)《話》うそ, でたらめ. (2)(ニネ゙)シャワー. (3)(タリ゙)(ゴデ)(ホゾ)蛇口. (4)(メネ゙)(メネ゙ル)(ゴデ)(ホゾ)《俗》《軽蔑》売春婦, 娼婦(ほう).

al correr de la pluma 筆のおもむくままに.
a vuela pluma 走り書きで, 殴り書きで.
dejar correr la pluma 自由に筆を走らせる, のびのびと書く.

peso pluma《スポ》フェザー級(のボクサー). → peso.

[← [古スペイン]「羽; 羽ペン」← [ラ] *plūma*「羽」; 関連 [英] *plume*]

plu·ma·da [plu.má.ða] 女 ひと筆, 一筆書くこと; (署名などの)飾り書き.

plu·ma·do, da [plu.má.ðo, -.ða] 形 羽のある, 羽の生えた.

plu·ma·fuen·te [plu.ma.fwén.te] 女《ラ米》万年筆.

plu·ma·je [plu.má.xe] 男 **1**(集合的)羽毛, 羽衣(え). **2**(帽子・胸などにつける)羽飾り.

plu·ma·je·rí·a [plu.ma.xe.rí.a] 女 大量の羽(飾り), 羽毛の塊.

plu·ma·rio, ria [plu.má.rjo, -.rja] 形 羽毛(細工)の. arte *plumaria* 羽毛細工. — 男 **1**《ラ米》(メネ゙)(ホゾ)《話》《軽蔑》三文文士, 売れない文筆家; へぼ記者; 公証人, 代書人. — 女《ラ米》(ゴデ)ペン軸.

plu·mas [plú.mas]《頭【単複同形】《話》《服飾》ダウンジャケット (= plumífero).

plu·ma·zo [plu.má.θo / -.so] 男 **1**(ペンで)さっと線を引くこと. Lo taché de un ~. 私はそれをひと筆[一線]で抹消した. **2** 羽布団, 大きな羽まくら.
de un plumazo たちどころに, 瞬く間に.

plu·ma·zón [plu.ma.θón / -.són] 女 **1**(集合的)羽毛, 羽衣(え); 大量の羽(飾り), 羽毛の塊.

plum·ba·gi·na [plum.ba.xí.na] 女 → plombagina.

plum·ba·gi·ná·ce·a [plum.ba.xi.ná.θe.a / -.se.-] 女【植】イソマツ;(複数で)イソマツ科(の植物).

plúm·be·o, a [plúm.be.o, -.a] 形 **1** 鉛の, 鉛のように重い. **2** 退屈な, しつこい, うんざりする.

plúm·bi·co, ca [plúm.bi.ko, -.ka] 形【化】鉛の, 鉛を含む.

plum·bí·fe·ro, ra [plum.bí.fe.ro, -.ra] 形 鉛を含んだ.

plum·cake [pluŋ.kéik // plum.-] [英] 男 フルーツケーキ, プラムケーキ.

plu·me·a·do [plu.me.á.ðo] 男【美】(細い線による)陰影.

plu·me·ar [plu.me.ár] 他 **1**(ペンで)書く. **2**【美】(線で)陰影をつける. — 自《ラ米》(ゴデ)娼婦(ほう)になる, 放縦に生きる. — ~·se 再《ラ米》(メネ゙)(ゴデ)(ホゾ)《話》逃げる, 逃走する.

plú・me・o, a [plú.me.o, -.a] 形 羽のある, 羽で覆われた.

plu・me・rí・a [plu.me.rí.a] 女《集合的》羽; 羽毛の塊, 多量の羽毛.

plu・me・ri・lla [plu.me.rí.ja‖-.ʎa] 女《ラ米》《ᵃ》《植》花の赤いミモザ.

plu・me・ri・o [plu.me.rí.o] 男 → plumería.

plu・me・ro [plu.mé.ro] 男 **1** 羽のはたき, 羽ぼうき. **2**(帽子の)羽飾り (= plumaje). **3** 筆箱, ペン皿. **4**《ラ米》(1) ペン軸. (2)《ᵃⁿ⁾ᶻ》《ᵃ》《ᵃ⁾ᶻ》事務工. *vérsele* (*a*+人) *el plumero*《話》(人)の考え[意図]がわかる.

plu・mier [plu.mjér]《仏》男 筆箱, ペン皿.

plu・mí・fe・ro, ra [plu.mí.fe.ro, -.ra] 形 羽のある, 羽のついた. ━男 女《話》《軽蔑》新聞記者; 物書き. ━男《服飾》ダウンジャケット.

plu・mí・gra・fo [plu.mí.gra.fo] 男《ラ米》《ᵃⁿ⁾ᶻ》フェルトペン, マーカー.

plu・mi・lla [plu.mí.ja‖-.ʎa] 女 **1** ペン先. **2**《植》幼芽. **3**《ラ米》(弦楽器の)つめ. [pluma + 縮小辞]

plu・mín [plu.mín] 男 (万年筆の)ペン先.

plu・mis・ta [plu.mís.ta] 男 女 **1**(特に裁判での)書記, 事務官. **2** 羽細工師[商].

plu・món [plu.món] 男 **1**(鳥の)綿毛, むく毛. **2**《ラ米》《ᵃ》《ⁿᵃ》フェルトペン.

plu・mo・so, sa [plu.mó.so, -.sa] 形 羽で覆われた, 羽毛の多い.

plú・mu・la [plú.mu.la] 女《植》幼芽.

‡**plu・ral** [plu.rál] 形 **1**《文法》複数(形)の (↔singular). **2** 多様な. *debate libre y* ~ 自由で多様な議論. ━男《文法》複数(形)《略 pl.》. *la tercera persona del* ~ 3 人称複数. ~ *de modestia* 謙譲の複数: 意見を述べるときなどに謙遜(ᵏˢᵃ)して自分のことを 1 人称複数で述べる表現法.

plu・ra・li・dad [plu.ra.li.ðáð] 女 **1** 多様性, 複数性. **2** 多数, 大多数. *a* ~ *de votos* 過半数で. *una* ~ *de personas* 多くの人々.

plu・ra・lis・mo [plu.ra.lís.mo] 男 **1**《哲》多元論, 多元性. → monismo, dualismo. **2** 多党制. **3** 複数, 複数性.

plu・ra・lis・ta [plu.ra.lís.ta] 形 多元論の, 多元主義の. ━男 女 多元論者, 多元主義者.

plu・ra・li・zar [plu.ra.li.θár / -.sár] 97 他《文法》(通常単数形の言葉を)複数(形)にする. ━自 複数形で話す; 複数化する.

pluri-「多, 複」の意を表す合成語の造語要素. → *pluri*lingüe. [←《ラ》]

plu・ri・ce・lu・lar [plu.ri.θe.lu.lár / -.se.-] 形《生物》多細胞の, 多細胞から成る.

plu・ri・cul・tu・ral [plu.ri.kul.tu.rál] 形 多文化の.

plu・ri・di・men・sio・nal [plu.ri.ði.men.sjo.nál] 形 多[複数]次元の.

plu・ri・dis・ci・pli・nar [plu.ri.ðis.θi.pli.nár / -.si.-] 形 学際的な, 複数の学問領域にわたる.

plu・ri・em・ple・a・do, da [plu.rjem.ple.á.ðo, -.ða] 形 兼業[職]の, 複数の職を持っている. ━男 女 兼業[職]している人, 複数の職を持つ人.

plu・ri・em・ple・o [plu.rjem.plé.o] 男 兼業, 兼業.

plu・ri・lin・güe [plu.ri.líŋ.gwe] 形 多言語に通じた, 多言語を話す; 多言語で書かれた.

plu・ri・lin・güís・ti・co, ca [plu.ri.liŋ.gwís.ti.ko, -.ka] 形 多言語の. *un Estado* ~ 多言語国家.

plu・ri・na・cio・nal [plu.ri.na.θjo.nál / -.sjo.-] 形 多民族の. *un Estado* ~ 多民族国家.

plu・ri・na・cio・na・li・dad [plu.ri.na.θjo.na.li.ðáð / -.sjo.-] 女 多民族性.

plu・ri・par・ti・dis・mo [plu.ri.par.ti.ðís.mo] 男 多党制.

plu・ri・par・ti・dis・ta [plu.ri.par.ti.ðís.ta] 形 多党(制)の, 多数党からなる; 多党制主義の. ━男 女 多党制主義者.

plu・ri・va・len・cia [plu.ri.ba.lén.θja / -.sja] 女 多目的性, 多用性; 多才.

plu・ri・va・len・te [plu.ri.ba.lén.te] 形 **1**《化》多価の. **2** 多様な, 多様な価値[用途, 目的]を持つ.

plus [plús] 男《臨時》手当; ボーナス; 臨時収入. ~ *de carestía de vida* ボーナス.

plus・ca・fé [plus.ka.fé] 男《ラ米》(コーヒーの後に飲む)リキュール, 食後酒.

plus・cuam・per・fec・to [plus.kwam.per.fék.to] 男《文法》過去完了(形) (= pretérito).

plus・mar・ca [plus.már.ka] 女《スポ》新記録, レコード. *batir la* ~ 新記録を樹立する, 記録を更新する.

plus・mar・quis・ta [plus.mar.kís.ta] 男 女 新記録樹立者, 記録保持者.

plus ul・tra [plús úl.tra]《ラ》さらに向こうへ, かなたへ; 更なる前進 (= más allá). ◆スペイン国章に記されている PLVS VLTRA (▶ 昔は v が u として用いられた). *Gibraltar* 海峡の西の大洋や大陸を指し, Colón 以降の航海時代の標語であった.

plus・va・lí・a [plus.ba.lí.a] 女 **1**(不動産などの)高騰, 値上がり. **2** 資本利得[キャピタルゲイン]課税.

Plu・tar・co [plu.tár.ko] 固名 プルタルコス, プルターク (46?-120?): ギリシアの哲学者・伝記作者. 作品 *Vidas paralelas*『対比列伝(英雄伝)』. [←《ラ》 *Plutarchus* ←《ギ》 *Ploútarkhos*「富裕な支配者」が原義]

plú・te・o [plú.te.o] 男(本立てなどの)棚, 段.

pluto-「富, 金権」の意の造語要素. → *pluto*crático. [←《ギ》]

plu・to・cra・cia [plu.to.krá.θja / -.sja] 女 **1** 金権政治, 金権支配. **2** 富豪階級, 財閥.

plu・tó・cra・ta [plu.tó.kra.ta] 男 女 金権政治家, 金権主義者; 富豪, 財閥.

plu・to・crá・ti・co, ca [plu.to.krá.ti.ko, -.ka] 形 金権政治の, 金権支配の; 富豪の, 財閥の.

Plu・tón [plu.tón] 固名 **1**《ギ神》プルトン: 冥界(ᵉᵢ)の王, 死者の国の神 Hades の呼称. **2**《天文》冥王星. [←《ラ》 *Plūtō*(*n*) ←《ギ》 *Ploútōn*]

plu・tó・ni・co, ca [plu.tó.ni.ko, -.ka] 形《地質》火成論の; (岩石が)深成の. *roca plutónica* 深成岩.

plu・to・nio [plu.tó.njo] 男《化》プルトニウム: 放射性元素(記号 Pu). [←《近ラ》 *plūtōnium* (《ラ》 *Plūtōn*「プルトン」より造語)]

plu・to・nis・mo [plu.to.nís.mo] 男《地質》火成論 (=vulcanismo) (↔neptunismo), 深成活動.

plu・vial [plu.bjál] 形 雨の, 雨による, 湿地の. *aguas* ~*es* 雨水. *erosión* ~ 雨水による浸食. ━男《鳥》ナイルチドリ.

capa pluvial《カト》プルビアーレ: 特別な礼拝・行列のときに司祭が着用するカッパ.

plu・ví・me・tro [plu.bí.me.tro] 男 → pluviómetro.

plu・vio・me・trí・a [plu.bjo.me.trí.a] 女 降水量[雨量]研究; 降水量[雨量]測定(法).

plu・vio・mé・tri・co, ca [plu.bjo.mé.tri.ko, -.ka] 形 雨量計の, 雨量測定の.

plu·vió·me·tro [plu.bjó.me.tro] 男 雨量計, 雨量測定器.

plu·vio·si·dad [plu.bjo.si.ðáđ] 女 降雨量.

plu·vio·so, sa [plu.bjó.so, -.sa] 形 雨の多い, 雨がよく降る. (= lluvioso).
— 男 雨月：フランス共和暦の第5月. 1月20[21, 22]日－2月18[19, 20]日.

plza. 略 *plaza* 広場.

Pm 【化】 prometio プロメチウム.

PM [pe.é.me] 女 略 *Policía Militar* 憲兵(隊).

P.M., p.m. 略 *post meridiem* [ラ] 午後 (= después del mediodía).
2 【化】 *peso molecular* 分子量.

p/n. 略 【商】 *peso neto* 正味重量.

PN [pe.éne] 男 略 *Partido Nacional* (ホンジュラスの) 国民党.

PNB [pe.(e.)ne.bé] 男 略 *producto nacional bruto* 国民総生産 [英 GNP].

PNN [pe.(e.)ne.éne] 男 略 *profesor no numerario* 非常勤講師 (= penene).

PNV [pe.(e.)ne.ú.be] 男 略 *Partido Nacionalista Vasco* バスク民族主義党.

Po 【化】 polonio ポロニウム.

Po 男 略 *paseo* 遊歩道, 散歩道；大通り.

P.O., p.o., p/o. 略 【商】 *por orden* 注文により, 指図により.

po·a [pó.a] 女 【植】イネ科イチゴツナギ属の各種草本. 【海】(帆船の)はらみ綱, ボウライン.

po·be·da [po.bé.ða] 女 ポプラの林 [木立].

po·bla·cho [po.blá.tʃo] 男 《軽蔑》貧しい村.

po·bla·ción [po.bla.θjón / -.sjón] 女 **1 住民；人口. ~ activa 労働人口. ~ de derecho 常住人口. ~ flotante 流動 [浮動] 人口. concentración de la ~ 人口集中. densidad de ~ 人口密度. México tiene una ~ aproximada de cien millones de habitantes. メキシコの人口はおよそ1億人である. **2** 市, 町, 村, 集落；市街地 (= pueblo, poblado). ~ industrial 工業都市. ~ rural 農村. **3** 【生物】(特定地域の)個体群 [数]；(統計の)集団. ~ de pinos 松の群生地. una encuesta realizada sobre una ~ de dos mil estudiantes 学生2000人の母集団に対して行われたアンケート. **4** 植民, 入植 (= poblamiento). ~ de un desierto 砂漠の植民. **5** 《ラ米》(1) 《詩》(農場内の)母屋, 家屋. (2) 《チ》貧困地区.

po·bla·cio·nal [po.bla.θjo.nál / -.sjo.-] 形 人口の；住民の.

po·bla·da [po.blá.ða] 女 《ラ米》《黛》(1) 暴動, 蜂起(鬯ݸ), 反乱. (2) 群衆, 暴徒.

*po·bla·do, da [po.blá.ðo, -.ða] 形 《de...》 **1** 《(人・動物)が》住んでいる, 生息する. **2** 《(草木)が》生えている, 《(樹木)の》ある. **3** 《ひげが》濃い；《眉が》太い. **4** 《(もの)が》多い, 満ちている. composición *poblada* de faltas 間違いだらけの作文.
— 男 集落, 村落. atravesar un ~ ある集落を通って行く.

po·bla·dor, do·ra [po.bla.ðór, -.đó.ra] 形 居住している.
— 男 女 居住者, 住民；植民者, 入植者.

po·bla·mien·to [po.bla.mjén.to] 男 定住, 定着；入植, 移住.

po·bla·no, na [po.blá.no, -.na] 形 **1** (メキシコの)プエブラ Puebla 州 [市] の. **2** 《ラ米》村の, 田舎の. — 男 女 **1** プエブラ州 [市] の住民 [出身者].

2 《ラ米》村人, 田舎の人.

*po·blar [po.blár] 15 他 **1** 《con+人 〈人〉を》 〈(土地に) 居住させる, 植民する；移住する. ~ la zona *con* extranjeros その地区に外国人を住まわせる. **2** 《de...》〈(場所に)》〈(植物)を〉植える；〈(動物)を〉繁殖させる. ~ un río *de* truchas 川にマスを放流する. **3** 〈(場所に)》〈(人)が〉住む；〈(動植物)が〉生息する. Estos insectos *pueblan* las selvas. これらの虫はジャングルに生息する. **4** 〈(空間)〉を満たす.
— 自 住みつく；集落を作る.
— **~·se** 再 《de... / con...》…で満ちる, 一杯になる. La sala *se pobló de* niños. 会場は子供であふれかえった.

po·bo [pó.bo] 男 【植】(ハコヤナギ・ギンドロなど) ポプラの一種.

po·bre [pó.bre] 形 《絶対最上級は《文章語》paupérrimo, 《話》pobrísimo》 **1 《名詞+》《ser+ / estar+》貧しい, 貧乏な (↔rico). países ~s pobres 貧しい国々. una familia ~ 貧しい家庭. más ~ que las ratas [una rata] きわめて貧しい. Murió ~. 彼 [彼女] は貧困のうちに亡くなった. **2** 《名詞+》《ser+ / estar+》《en... / de...》…が乏しい, 不足している. ~ *en* mineral(es) 鉱物資源 [ミネラル] の乏しい. comida ~ *en* vitaminas ビタミンの少ない食事. una tierra ~ 痩せた土地. ~ *de* cabeza 《闘牛》角(2)の短い. Las frutas son ~s *en* grasas y proteínas. 果物は脂肪とたんぱく質が少ない. **3** 《多くは+名詞》見すぼらしい, 貧相な, 貧弱な. ~ consuelo ほんの慰め. los ~s resultados みじめな [期待はずれの] 結果. en ~ traje 粗末な服で. hacer un ~ papel 下手に演じる. El equipo ofreció una ~ impresión. チームの調子はひどかった. **4** 《+名詞》かわいそうな, 哀れな, 不幸な. la ~ gente 気の毒な人たち. Es un ~ hombre que no entiende nada. 彼は何もわからないかわいそうな男だ. El ~ niño está herido. かわいそうに男の子はけがをしている. Acuérdate de lo que decía tu ~ mamá, que en paz descanse. 亡くなった気の毒なお母さんが言ったことを思い出しなさい.
— 男 女 **1** 貧しい人, 貧乏人. hacer más pobres a los ~s 貧しい人たちをより貧しくする. hacerse el ~ 貧しいふりをする. Bienaventurados los ~s de espíritu. 《聖》心貧しき者は幸せである《マタイ5：3》.
2 物ごい (= mendigo).
3 哀れな人, かわいそうな人. ¡P~(...)! 《間投詞的に》かわいそうに [な…]. ¡P~!, está sola. かわいそうに, ひとりぼっちだ.
¡Pobre de...! (1) 《間投詞的に》かわいそうな…. ¡P~ *de* mí! ああ情けない. ¡P~ *de* ti! かわいそうに. (2) 《脅し》《話》…は後悔するぞ. ¡P~ *de* ti si vuelves a portarte mal! また行儀が悪かったら, わかってるね. ¡P~ *de* quien se olvide del cumpleaños de su madre! 母親の誕生日を忘れるようなやつはだめだ.
pobre de solemnidad 極貧 [赤貧] の(人).
[←[ラ] *pauperem* (*pauper* の対格, *paucus* [少ない] より派生). 関連 pobreza, pauperismo. [英] *poor, poverty*]

po·bre·ci·to, ta [po.bre.θí.to, -.ta / -.sí.-] 形 女 pobre + 縮小辞.

po·bre·men·te [pó.bre.mén.te] 副 貧しく, みすぼらしく, 惨めに.

po·bre·rí·a [po.bre.rí.a] 女 → pobretería.

po·bre·rí·o [po.β̞re.rí.o] 男《ラ米》(ｺﾛﾝ)(ﾁ)(ﾌﾟｴﾙ)→ pobretería.

po·bre·te, ta [po.β̞ré.te, -.ta] 形《話》《皮肉》不幸な (► 女性形は pobrete も用いる).
— 男 女《皮肉》不幸な人，かわいそうなやつ．
— 女 売春婦，娼婦(ﾋﾞﾝﾞ)．[pobre + 縮小辞]

po·bre·te·ar [po.β̞re.te.ár] 自 貧乏人のように振る舞う．

po·bre·te·rí·a [po.β̞re.te.rí.a] 女 1《集合的》貧乏人；物乞い．2 貧窮，貧乏．3 貪欲(ﾄﾞﾝ)さ；けち．

po·bre·tón, to·na [po.β̞re.tón, -.tó.na] 形 貧しい；みすぼらしい．— 男 女 貧しい人．

*****po·bre·za** [po.β̞ré.θa / -.sa] 女 1 貧乏，貧困，貧乏 (↔ riqueza). vivir en la ~ 暮らし向きが貧しい．bolsa de ~ スラム地区 (の住民). beneficio de ~《法》貧困者訴訟費用扶助(制度)．

2 《de... ...の》欠乏，不足．~ de recursos 資源の不足．~ de vocabulario 語彙(ｺﾞｲ)の貧弱さ．~ de espíritu 心の貧しさ．3《謙遜》わずかな財産．

po·ca[1] [pó.ka] 男《ラ米》《遊》ポーカー．

po·ca[2] [pó.ka] 形《代名》→ poco.

pó·car [pó.kar] 男《ラ米》(ﾁ)《遊》ポーカー (= póquer).

po·ce·ro, ra [po.θé.ro, -.ra / -.sé.-] 男 女 1 井戸掘り人．2 (井戸・下水などの) 清掃人．

po·ce·rón [po.θe.rón / -.se.-] 男《ラ米》(ﾌﾟｴﾙ)(ﾁ)水たまり；ため池．

po·ce·ta [po.θé.ta / -.sé.-] 女《ラ米》(ﾍﾞﾈｽﾞ)便器．

po·cha [pó.tʃa] 女 1 (早生の) 白いんげん．
2 (トランプの) 札当てゲーム．
3《ラ米》(ﾁ) うそ，でたらめ．

po·chis·mo [po.tʃís.mo] 男《ラ米》(ﾒﾄﾞｼ) (主に米国カリフォルニア California のメキシコ系住民が用いる) 英語混じりの訛(ﾅﾏ)ったスペイン語；スペイン語訛の英語の語句，スパングリッシュ．⇒ marketa マーケット，troca トラック，chorcha チャーチ [教会] など．

po·cho, cha [pó.tʃo, -.tʃa] 形 1 腐った，腐りかけた．manzana pocha 腐りかけたリンゴ．
2《話》体調のよくない；元気のない；顔色のよくない．Estás muy ~. 顔色がひどく悪いよ．
3 色あせた；〈植物が〉しおれた．4《ラ米》(1)(ﾁ)《話》ずんぐりした，小太りの．(2)(ﾒｷ) アメリカナイズされた；英語混じりのスペイン語を話す．
— 男 女《ラ米》(1)(ﾁ)《話》ずんぐりした人，小太りの人．(2)(*ｺﾞ)(ﾒｷ)《話》《軽蔑》メキシコ系米国人 (= chicano)；(英語混じりの訛(ﾅﾏ)ったスペイン語・スパングリッシュを話す) メキシコ人，米国かぶれのメキシコ人．
— 男《ラ米》(ﾒｷ) 英語混じりのスペイン語．

po·cho·cho, cha [po.tʃó.tʃo, -.tʃa] 形《ラ米》(ﾁ) 太っちょの，ずんぐりした．

po·cho·clo [po.tʃó.klo] 男《ラ米》(ｱﾙｾﾞ) ポップコーン．

po·cho·la·da [po.tʃo.lá.ða] 女《話》すてきなもの [人]，かわいいもの [人]．

po·cho·lo, la [po.tʃó.lo, -.la] 形《話》すてきな，かわいらしい．

po·cho·te [po.tʃó.te] 男《ラ米》(1)(*ｺﾞ)(ﾒｷ)《植》セイバ，ボンバコプシス：パンヤ科．(2)(ｸﾞｱﾃ) にきび，吹出物．

po·cil·ga [po.θíl.ga / -.síl.-] 女 1 豚小屋 (= porqueriza)．
2《話》(屋根のある) 汚い [臭い] 場所 (= cuadra)．

po·ci·llo [po.θí.ʝo / -.sí.-] 男 1 (圧搾場などでワイン・オリーブ油などを貯蔵するために床に埋め込んだ) つぼ，かめ．2 (ココア用の) 小さなカップ．3《ラ米》(1) カップ，茶碗．(2)(ｸﾞｱﾃ) 柄杓(ﾋｼｬｸ)．

pó·ci·ma [pó.θi.ma / -.si.-] 女 1 煎(ｾﾝ)じ薬；煮た野菜の汁．recetar una ~ 煎じ薬を処方する．
2《話》奇妙なまずい飲み物．

po·ción [po.θjón / -.sjón] 女 1 煎(ｾﾝ)じ薬，秘薬，水薬．2 飲み物，飲料．

*****po·co, ca** [pó.ko, -.ka] 形 1 (+ 名詞)《ser +》《否定的》(ほんの) 少しの，(ごく) わずかな；ほとんど...ない，あまり...ない (► 多量 [多数] と比較して少なさを強調)．~s días después そのほんの数日後に．pocas veces まれに，めったに...ない．de ~ interés あまり興味がない．con cara de ~s amigos 不機嫌な顔をして．hace (muy) ~ tiempo (ほんの) 少し前に．Tiene ~ dinero. 彼 [彼女] は少ししか金を持っていない．Queda poca leche. 牛乳が少ししか残っていない．Hay ~s árboles en este jardín. この庭には木がわずかにあるだけだ．Es muy ~. それはごくわずかだ．Aquí son pocas las casas antiguas. ここには古い家は少ない．España fue uno de los ~s países que les ofreció refugio. スペインは彼らを保護した数少ない国の一つだった．

2 《unos pocos + 複数名詞》《肯定的》いくつかの，少数の (► 全くないことと比較してあることを強調)．unos ~s años ほんの数年．unas pocas casas 何軒かの家．

3 《un poco + 単数名詞》《肯定的》《話》少しの，少量の．un ~ tiempo 少しの時間 [あいだ]．un ~ pan 少しのパン．una poca leche 少しのミルク ► それぞれ un ~ de tiempo, un ~ de pan, un ~ de leche と言うのが普通．→ 代名

— 代名《不定》1 《un poco de + 単数名詞》《肯定的》少しの，少量の，若干の．un ~ de agua 少量の水．Un ~ de pan, por favor. パンを少しください．con un ~ de suerte 少し運がよければ．poner un ~ de orden en sus papeles 書類を少し整理する．Carmen habla un ~ de japonés. カルメンは日本語が少し話せる．Queda un ~ de leche. 牛乳が少し残っている (► 口語では後続の名詞の性に一致して una poca de leche, una poca de gracia のように言うことがある)．

2 《単数で》《否定的》ごくわずかなもの；わずかな時間．Falta ~ para las vacaciones. 休暇までもうすぐだ．

3 《複数で》《否定的》(ごく) わずかなもの [人]；《unos pocos》《肯定的》少数のもの [人]．unos ~s de los que quedan 残った者の何人か．A su edad hay ~s que aguanten esas juergas nocturnas. 彼 [彼女] の年で，あんな夜の大騒ぎが平気な者はあまりいない．► pocos que の+接続法．一方，los pocos que の多くは+直説法．⇒ Es uno de los ~s que ha(n) roto este silencio. 彼はこの沈黙を破った数少ないひとりだ．

— 副 1《否定的》(ほんの) 少し，(ごく) わずか；ほとんど...ない，あまり...ない．~ antes [después] (de las nueve) (9時) 少し前 [後] に．Bebo ~. 私はほとんど飲まない．Es ~ inteligente. 彼 [彼女] はあまり利口ではない．Se quedó ~ allí. 彼 [彼女] はそこにわずかしか滞在しなかった．Es ~ probable que esto ocurra. こんなことはまず起こりそうにない．Me equivocaba por muy ~. 私はほんの少し間違っただけだ．Hay que elogiar lo ~ bueno que hay. あまりよくないこともほめなければならない．

2 《un poco》《肯定的》少し (は)．un ~ más joven que yo 私より少し若い．un ~ menos ca-

ro que el tuyo 君のより少し安い. Córrase *un* ~ *a la derecha.* 少し右へ寄ってください. Estás *un* ~ *pálido estos días.* 君は近ごろ顔色がよくない.
▶ un *poco* + 名詞は形 3, un *poco* de は代名.
(a) *cada poco* ひっきりなしに, しょっちゅう (= (a) cada ~ tiempo). *Viaja cada* ~ *a España.* 彼[彼女]はよくスペインへ旅行する.
a (los) pocos (*segundos, minutos, meses, años*など時の名詞) *de* (+名詞 / +不定詞 / *que*...) ...の数日[秒, 分, か月, 年]後に; (▶ *que* + 活用形は過去の場合, 接続法過去 *ra* 形が多い. *a las pocas horas* [*semanas*] *de que* も同様). *La Radio nació a* (*los*) ~*s días de que las tropas alemanas entraron en la Unión Soviética.* そのラジオ局はドイツ軍がソビエト連邦に入ったわずか数日後に生まれた.
al poco de +不定詞 ...すると(すぐに), ...してから. *Montaron un bar al* ~ *de casarse.* 彼らは結婚すると(すぐに)バルを出した.
a(l) poco (*tiempo* [*rato* など時の名詞] *de* (+不定詞 / +名詞 / +*que*...)) (▶ *que*+ 活用形は, 過去の場合, 接続法過去 *ra* 形が多い. (1) (その)すぐ後で. *Se avisó a la policía y al* ~ *llegaron los agentes.* 警察に連絡があって, すぐに警官が来た. *La conocí al* ~ *de que viniera de Australia.* 彼女がオーストラリアから来た直後に私は知り合った. (2) ...のすぐ前に. *A* ~ *del final de la primera parte debutó Raúl.* 前半終了直前にラウルは初出場した.
¡A poco! 《ラ米》《*》《俗》えっ, まさか.
a poco + 直説法現在 → por *poco* (1).
a poco de... → *a(l) poco* (*tiempo*...).
a poco más + 直説法現在 → por *poco* (1).
¿a poco no? 《ラ米》《ネット》《俗》《確認を求めて》そうでしょ. *El ser vegetariano es saludable, ¿a* ~ *no?* 菜食主義は体にいいでしょ.
A poco (*no*)... 《ラ米》《ネット》《俗》《疑問・念押し》《文頭で》...ということ?, ...ということだ (= *es que*). *¿A* ~ *no lo conoces?* 君は彼[それ]を知らないってこと. *A* ~ *sería aburridísimo.* 彼は退屈しきっているということでしょう.
a [por, con] poco que + 接続法 (1) 《条件》少しでも...すれば. *A* ~ *que reflexiones, lo podrás entender.* 少し考えればわかるだろう. (2) 《譲歩》どんなに...でなくても. *A* ~ *inteligente que sea lo entenderá.* いかに彼[彼女]が利口でなくてもそれはわかるだろう.
a pocos 少しずつ, 少量ずつ (= ~ a ~).
cada poco → (a) cada *poco*.
como hay pocos 《強調》またとないくらいの. *Es un genio como hay* ~*s.* 彼はとびきりの天才だ.
como poco 少なくとも (↔como mucho). un 50 % *como* ~ 少なくとも50パーセント.
con poco que + 接続法 → a *poco que* + 接続法.
de a poco 《ラ米》《ネット》→ *poco a poco*.
de pocas + 直説法現在 → por *poco* (2).
de poco + 直説法現在 → por *poco* (2).
en poco estar que (*no*) + 接続法 《過去または完了の時制で》もう少しで[危うく]...するところだった (= estar en ~ de + 不定詞). *En* ~ *estuvo que los dos* (*no*) *nos ahogásemos.* 私たちふたりはおぼれ死ぬところだった.
entre poco すぐに. *Ya entre* ~ *acabamos.* もうすぐ終わります.
estar en poco de + 不定詞 《過去または完了の時制で》→ en *poco* estar que + 接続法.
hace poco 少し前に[から]. *Hace* ~ (*que*) *llegué.* ちょっと前に私は着きました. *Trabajo desde hace* ~. 少し前から私は働いています.
lo poco que + 直説法 どれほど...でないか; わずかしかないもの (→lo *poquito que* + 直説法). *Y ya sabes lo* ~ *que me gusta leer.* でもねえ, 僕は読書が大の苦手なんだ.
Muchos pocos hacen un mucho. 《諺》塵(℅)も積もれば山となる.
no es poco それは大した[相当な]ものだ. *Gana mil euros, que no es* ~. 彼[彼女]は1,000ユーロを稼ぐが, 相当な額だ.
no... ni poco ni mucho / no... ni mucho ni poco 全く...ない.
no poco(*s*) (*de*...) かなりの(人, もの). *provocar no* ~*s problemas* さまざまな問題を引き起こす. *no* ~*s de los presentes* 出席者の何人か.
o poco menos あるいはそれに類したもの. *Sin sombrero nos cogemos una insolación o* ~ *menos.* 帽子をかぶらないと日射病か何かにかかってしまう.
poca cosa たいしたこと, 取るに足りないこと. *¿Qué hicisteis?* — *Poca cosa.* 君たち何をやったんだ. — 別に大したことではないよ.
poco a poco 少しずつ, 徐々に;《間投詞的に》あわてるな, ゆっくり. *P*~ *a* ~ *se va convirtiendo en una realidad.* 徐々にそれは現実になりつつある. *P*~ *a* ~ *la vieja hila el ovillo.* 《諺》塵(℅)も積もれば山となる (→老女は少しずつかたまりから糸を紡ぐ).
→ despacio 類語.
poco más [*menos*] (*de*...) (...)より それほど多く[少なく]はない. *desde hace* ~ *más de un mes* 1か月ちょっと前から.
poco o nada ほとんどない(に等しい). *Esto* ~ *o nada tiene que ver con el tamaño del país.* これは国の大きさとはほとんど無関係だ.
¡Poco + 形容詞・副詞 *que...!* 《皮肉》すごく...だ. *¡P*~ *orgullosa que estaba ella de su hijo!* 彼女が息子をどれほど自慢していることか.
por pocas + 直説法現在 → por *poco* (1).
por poco (1) 《+直説法現在形》もう少しで[すんでのところで]...するところだった. *Por* ~ *me caigo.* 私はもう少しで転ぶところだった. (2) 少しの差で. *Ha perdido por* ~ *el partido.* 彼[彼女]は惜しいところでその試合に負けた. (3) ささいなことで.
por poco no + 点過去 → por *poco* (1).
por poco que + 接続法 → a [por, con] *poco que* + 接続法.
por poco que sea たとえわずかでも. *Haz deporte, por* ~ *que sea, para no engordar.* 太らないために, 少しでもスポーツをしなさい.
por si fuera [*fuese*] *poco* さらに悪いことに, おまけに. *El día que fuimos al campo llovió y por si fuera* ~ *tuvimos una avería.* ピクニックに行ったら雨に降られおまけに車が故障してしまった.
ser para poco 体力がない; 凡庸だ, ぱっとしない.
sobre poco más o menos 《話》→ poco *más* o *menos*.
tener... en poco ...を尊重しない, 軽くみる; 意に介さない. *Me tiene en* ~ *y se cree muy superior.* 彼[彼女]は私を軽くみて, 自分がはるかに上だと思っている.
[←ラ] *paucum* (*paucus* の対格). 関連 *parvo*, *pobre*. [英] *few*

po·co·nón [po.ko.nón] / **po·co·tón** [po.ko.

tón] 男《ラ米》(ｺﾛﾝ)《話》たくさん.

po・da [pó.ða] 囡 刈り込むこと, 剪定(ｾﾝﾃｲ), 整枝；剪定期(= podadura).

po・da・de・ra [po.ða.ðé.ra] 囡 鎌；剪定(ｾﾝﾃｲ)ばさみ.

po・da・dor, do・ra [po.ða.ðór, -.ðó.ra] 形 剪定(ｾﾝﾃｲ)する. ― 男 囡 剪定する人.

po・da・du・ra [po.ða.ðú.ra] 囡 剪定(ｾﾝﾃｲ)(= poda).

po・da・gra [po.ðá.gra] 囡《医》(主に足部の)痛風.

po・dal [po.ðál] 形 足の, 足に関する.

po・dar [po.ðár] 他 **1**（木などを）剪定(ｾﾝﾃｲ)する, 刈り込む. ~ un rosal バラの木を剪定する. ~ unas ramas 枝を刈り込む.
2 切り取る, 削除する. ~ lo superfluo 余分な部分を切り詰める.

po・den・co, ca [po.ðéŋ.ko, -.ka] 形《動》ポデンコ種の. ― 男 ポデンコ：ハウンド系の猟犬.

po・der [po.ðér] 26 自 **1《助動詞的に》《+不定詞》
(1)《可能》《状況・資格・能力から》…することができる, …が可能である. Desde aquí *podemos* ver bien la torre. ここからその塔をよく見ることができます. Mañana *puedo venir* aquí a las ocho. 明日はここに 8 時に来ることができます. No *podemos vivir* sin agua. 私たちは水なしでは生きられない. Este depósito *puede* contener hasta veinte litros de agua. このタンクは水を 20 リットルまで入れることができる. *Puedes ir* en taxi. タクシーでも行けますよ. ▶ 不定詞は省略されることがある. ― Lo haré si *puedo*. やれたらそうします. → saber 類語.
(2)《許可》…してもよい；《否定文で》《禁止》…してはいけない. ¿*Puedo entrar*? 入ってもいいですか. Ya *puedes irte*. もう帰っていいよ. Su padre le dijo que *podía ir* de pesca con su amigo. 彼[彼女]の父さんは友達と釣りに行ってもいいと言った. No *puedes decir* esto a tu madre. お母さんにこのことを言ってはいけないよ.
(3)《可能性》…かもしれない, …でありうる；《否定文で》…であるはずがない. Esta tarde *puede llover*. 午後には雨になるかもしれない. *Puede venir* en cualquier momento sin avisarnos. 彼[彼女]は今にも私たちに知らせないで来るかもしれない. Esta medida *puede haber* sido un error. この方策は間違っていたかもしれない. No *puede ser* de otra manera. 他の方法ではありえない. *Puede ser.* そうかもしれない. No *puede ser.* そんなはずはない. ¿Cómo *puede ser*? どうしてそんなことになるんだ.
(4)《疑問文で》《依頼》…してくれませんか；…してくれないか. ¿*Puede* usted *cerrar* la puerta? ドアを閉めていただけませんか. ¿Me *puedes hacer* un favor? 頼みごとを聞いてもらえないか.
(5)《線過去・過去未来・接続法過去で》《非難》…してもよさそうなものだ. Por lo menos *podría saludarnos*. せめて私たちにあいさつしてもよさそうなものだ. Bien *podías haber*lo *hecho* antes. せめて前もってやっておいてもよかったのに.
2 …の能力がある. El dinero *puede* mucho. 金があれば何でもできる. El que *puede* lo más *puede* lo menos. 《諺》大事をなしうるものは小事もなしうる. aquellos que *pueden* 有能な人々, 余裕ある人たち.
3《話》〈人に〉勝つ, 〈人より〉能力がある. Tú *puedes* a Fernando. 君ならフェルナンドに勝てる. Me *pudo* el sueño. 私は眠気に負けた.
4《ラ米》(ﾒｷ)(ﾁﾘ)(ﾌﾟｴﾙ)《話》〈人を〉怒らせる. Su manera de hablar me *puede*. やつ(ら)の話し方には我慢がならない.

― **~・se** 再《3 人称で》《+不定詞》一般に…できる. ¿*Se puede* aparcar aquí? ここには駐車できますか.
― 男 **1**（もの・人が本来持つ）力；能力；効力. ~ adquisitivo 購買力. ~ de reflexión 思考力. ~ de repercusión 回復力, 弾力. ~*es* sobrenaturales 超能力. El tiempo tiene el ~ de cambiarlo todo. 時間のにはすべてを変える力がある.
2 影響力, 支配力. una persona con mucho ~ 影響力の大きい人. tener un amplio ~ sobre los medios de comunicación マスコミに広範囲な影響力を持つ.
3 権力；政権；権力者. estar en el ~ 政権の座にある. llegar al ~ 権力の座につく. obtener [ejercer] el ~ 権力を握る[行使する]. ocupar [asumir] el ~ 権力につく. ~ absoluto 絶対権力. ~*es* fácticos（職業界・マスコミ・宗教などの）勢力. partido del [en el] ~ 政権政党, 政府与党. ~*es* públicos 公的権力. ~ real 王権. ~ espiritual 宗教勢力. ~ temporal（神の権力に対して）国家権力. abuso de ~ 権力の濫用.
4《法》(1) 権限. ~ ejecutivo [judicial, legislativo] 行政[司法, 立法]権. entrega [transmisión] de ~*es* 権限の委譲. división [separación] de ~*es* 権限の分離[分割]. (2)《主に複数で》代理権, 委任(状). dar ~*es* 委任する. enviar a un delegado con plenos ~*es* 全権を委任して代理人を送る.
5 所有, 所有権. llegar [pasar] a ~ de+人〈人〉の手に入る[移る]. La carta vino a mi ~. 私はその手紙を手に入れた. **6**《軍》兵力, 軍事力. ~ militar 軍事力. ~ disuasivo 戦争抑止力. **7**《物》《化》《光》エネルギー；（レンズなどの）強度, 倍率, 屈折率. ~ oxidante 酸化力. **8**《技》出力, パワー.

a [hasta] más no poder (1)《形容詞・副詞などびその相当語句》この上なく（…）. Es malo *a más no* ~. 彼は極悪人だ. (2)《動詞+》これ以上できないほど, 限度ぎりぎりまで（…する）. *comer a más no* ~ 腹いっぱい食べる. *disfrutar a más no* ~ 楽しむだけ楽しむ.

a poder de... …の力で, …のおかげで. Le convencieron *a* ~ *de* ruegos. 彼はしつこく頼まれて引き受けた.

a poder ser できれば, 可能ならば.

a todo (SU) *poder* / *a* SU *poder* 力いっぱい, 全力で；あらゆる手段で.

bajo el poder de... …の支配[管理]のもとで, …の手の中に.

de poder a poder 互角に, 対等に.

estar en poder de+人〈人〉の支配下にある, 意のままである；〈人〉の手中にある. Todos esos documentos *están en* ~ *del* abogado. それらの書類はすべて弁護士のもとにある.

hacer un poder 努力[奮起]する.

no poder con... …をもてあます；…に我慢ならない. *no* ~ CONSIGO 自分に嫌気がさす, 我慢ならず. *No puedo con* sus palabras. やつ(ら)の言うことには我慢ならない. *No puedo con* este niño. この子は手に負えない.

no poder más これ以上できない[食べられない, 我慢できない]. Ya *no puedo más*. もうだめだ.

no poder más que+不定詞 …しかできない, …するだけだ. *No puedo más que decír*selo a mi jefe. 私には上司にそれを伝えることしかできません.

no poder (por) menos de [que]+不定詞 / *no poder sino...* …せざるを得ない. No *pude me-*

poderdante 1568

*nos de invitar*la a la cena. 彼女を夕食に招待しないわけにはいかなかった.
poder con... …に立ち向かえる；…を扱える. Este chico *puede con* lo que le den. この青年は与えられることを何でもこなせる.
poderlas 《ラ米》(*₂)(🇬🇹)《話》有力である，勢力がある.
por poder(es) 代理で，代理人を立てて. casarse *por ~es* (相手が不在のため)代理人に誓約させて結婚する. obrar *por ~es* 代理人を立てて行う.
Puede. おそらく，多分. ¿Vienes mañana? —*Puede.* 明日来られる. —多分ね.
Puede (ser) que + 接続法 …ということはありうる，…かもしれない. *Puede que ganen* las elecciones. 彼らは選挙に勝つかもしれない.
¿Se puede? 入ってもよろしいでしょうか. ►「どうぞ」は Adelante.
[← 〔俗〕*potere* ← 〔ラ〕*posse*；関連 poderoso, potencia, posible, apoderar. 〔英〕*power*, *potent*「有力な」 *potential*「可能な」]

po·der·dan·te [po.ðer.dán.te] 男 女 《法》委任者，委託者，(代表権・代理権などの)授権者.
po·der·ha·bien·te [po.ðe.ra.βjén.te] 男 女 《法》代理人，受託者；代表者.
po·de·río [po.ðe.río] 男 1 権力，勢力，影響力. ~ *del rey* 国王の権力. 2 力，強さ. 3 富，財産.
po·de·ro·sa [po.ðe.ró.sa] 形 → poderoso.
po·de·ro·sa·men·te [po.ðe.ró.sa.mén.te] 副 1 力強く，強力に. 2 強烈に.
****po·de·ro·so, sa** [po.ðe.ró.so, -.sa] 形 1 力のある，勢力のある. una nación *poderosa* 強国. una máquina *poderosa* 強力な機械. 2 (手段などが)有効な，効果的な. un remedio muy ~ *contra la gripe* インフルエンザにとてもよく効く薬. 3 (理由・動機が)強固な，決定的な. un motivo ~ 強い動機. 4 財力のある，富裕な. —男 女 権力者，有力者. *los ~s* 権力者(階級).
po·dia·tra [po.ðjá.tra] / **po·dí·a·tra** [po.ðí.a.tra] 男 女 《ラ米》足病医，足専門の医者.
po·dio [pó.ðjo] / **pó·dium** [pó.ðjum] 男 1 《建》(列柱の土台となる)基壇，ポディウム. 2 (スポーツなどの)表彰台；壇；《音楽》指揮台. el primer puesto del ~ 表彰台の最上段，優勝者の段.
podo- / **-podo, da** 《足》の意を表す造語要素. 母音の前では pod-. → *pod*iatra, *podó*metro. [← 〔ギ〕]
-pode「足, 脚」の意の造語要素. -pode のときも. → artró*podo*, cefaló*podo*, trí*pode*. [← 〔ギ〕]
***po·do·lo·gí·a** [po.ðo.lo.xí.a] 女 《医》足病学.
po·dó·lo·go, ga [po.ðó.lo.go, -.ga] 男 女 《医》足病医, 足病学の専門家.
po·dó·me·tro [po.ðó.me.tro] 男 歩数計.
po·dón [po.ðón] 男 大型の鎌；剪定(ﾈﾙ)具.
podr- 活 → 1 poder. 2 pudrir.
po·dre [pó.ðre] 女 膿(ｳﾐ) (= pus).
po·dre·dum·bre [po.ðre.ðúm.bre] 女 1 腐ること, 腐敗 (= pudrimiento, putrefacción). un olor a ~ 腐敗臭. 2 腐ったもの[部分]. Las moscas pululan en aquella ~. あの腐ったものにハエがうごめいている. 3 膿(ｳﾐ). 4 堕落, 腐敗, 退廃. la ~ *moral* 道徳的退廃. la ~ *política* 政治腐敗. 5 悩み 苦悩[悲しみ].
po·dri·de·ro [po.ðri.ðé.ro] 男 1 堆肥(ﾀｲ)置き場；ごみ捨て場 (= pudridero). 2 (霊所・霊廟(ﾋﾞｮｳ)で埋葬までの)死体安置場.

po·dri·do, da [po.ðrí.ðo, -.ða] 形 1 腐った, 腐敗した. oler a ~ 腐敗臭がする. 2 堕落した, 退廃的な. El gobierno de aquel país está ~. その国の政府は腐敗している. estar ~ *de dinero* 《話》金の亡者だ. 3 《ラ米》(🇬🇹)退屈した, 飽きた.
po·dri·go·rio [po.ðri.gó.rjo] 男 《話》持病の多い人, 多病の人.
po·dri·mien·to [po.ðri.mjén.to] 男 腐敗(物), 腐ること；変質 (= pudrimiento).
po·drir [po.ðrír] 79 他 → pudrir.
***po·e·ma** [po.é.ma] 男 1 《文学》(作品としての)詩 (= poesía). ~ *en prosa* 散文詩. ~ *en verso* 韻文詩. ~ *épico* 叙事詩 (= épica). ~ *lírico* 叙情詩 (= lírica). ~ *dramático* 劇詩. ~ *heroico* 英雄詩, 武勲詩. 2 《音楽》詩(曲). ~ *sinfónico* 交響詩. 3 《話》風変わりなもの, こっけいなこと.
ser todo un poema 《話》風変わりである, こっけいである.
po·e·ma·rio [po.e.má.rjo] 男 詩集, 詩歌集.
po·e·má·ti·co, ca [po.e.má.ti.ko, -.ka] 形 詩の, 詩的な, 詩のような.
****po·e·sí·a** [po.e.sí.a] 女 1 (文学形式・技巧としての)詩, 韻文. recital de ~ 詩のリサイタル. ~ *bucólica* 田園詩. ~ *dramática* 劇詩. ~ *épica* 叙事詩. ~ *lírica* 叙情詩. ~ *pura* 純粋詩. ~ *religiosa* 宗教詩. hacer ~ 詩を作る.
2 詩作(品)；(ある詩人・国・時代の)詩(集). ~ *barroca* バロック様式の詩. una ~ *de García Lorca* ガルシア・ロルカの詩. antología de ~ *latinoamericana contemporánea* 現代ラテンアメリカ詩選集.
3 詩情, 詩趣.
[← 〔ラ〕*poēsis* ← 〔ギ〕*poíēsis*「作ること, 創作」；関連 poética, poema. 〔英〕*poetry*]
****po·e·ta** [po.é.ta] 男 1 詩人 ►女性形は poetisa も使われる. ~ *laureado* 桂冠詩人. ~ *épico* 叙事詩人. ~ *lírico* 叙情詩人. ~ *cortesano* / ~ *de la corte* 宮廷詩人. ~ *clásico* 古典主義詩人. ~ *romántico* ロマン主義詩人. ~ *amoroso* 恋愛詩人. ~ *trágico* 悲劇詩人. 2 《ラ米》文筆家, 作家. [← 〔ラ〕*poētam* (*poēta* 男 の対格) ← 〔ギ〕*poiētēs*「製作者；詩人」；関連 poetastro, poético, poema. 〔英〕*poet*]
po·e·tas·tro [po.e.tás.tro] 男 《軽蔑》三流詩人.
po·é·ti·ca·men·te [po.é.ti.ka.mén.te] 副 詩的に, 詩で.
:**po·é·ti·co, ca** [po.é.ti.ko, -.ka] 形 詩の；詩的な, 詩情のある. estilo ~ 詩的な文体.
—女 《詩》詩法；詩学, 詩論.
***po·e·ti·sa** [po.e.tí.sa] 女 女流詩人, 閨秀(ｹｲｼｭｳ)詩人. → poeta.
po·e·ti·za·ción [po.e.ti.θa.θjón / -.sa.sjón] 女 1 詩にすること, 詩的に表現すること.
2 詩を作ること, 詩作.
po·e·ti·zar [po.e.ti.θár / -.sár] 97 他 詩(的)にする, 詩で表す. —自 詩を作る, 詩作する.
po·grom [po.gróm] / **po·gro·mo** [po.gró.mo] 男 (少数民族に対する組織的な)虐殺, 殲滅(ｾﾝﾒﾂ)；(特に帝政ロシアにおける)ユダヤ人大虐殺, ポグロム. [← 〔ロシア〕*pogrom*]
po·í·no [po.í.no] 男 樽(ﾀﾙ)台.
point·er [póin.ter] 〔英〕形 《動》ポインターの. —男 《複 ~s》(犬の)ポインター.
poi·qui·lo·ter·mia [poi.ki.lo.tér.mja] 女 変温性, 冷血性.
poi·qui·lo·tér·mi·co, ca [poi.ki.lo.tér.mi.

ko, -.ka] / **poi·qui·lo·ter·mo, ma** [poi.ki.lo.tér.mo, -.ma] 形 変温性の, 冷血の.

poi·se [pói.se] 男〘物理〙ポアズ：粘度の単位《略 P》.

po·ke·mon / po·ké·mon [po.ké.mon] 〔日〕男《複 ～, ～s》〘商標〙ポケモン：ゲーム「ポケットモンスター」に登場するキャラクターの総称.

pók·er [pó.ker]〔英〕男 → **póquer**.

po·la [pó.la] 女《ラ米》〘ﾌﾟｴﾙﾄﾘｺ〙〘話〙ビール.

po·la·ca [po.lá.ka] 女〘軍〙（スペインの陸軍士官学校で用いられたダブルの）軍服.

po·la·co, ca [po.lá.ko, -.ka] 形 ポーランドの, ポーランド人［語］の. —男女 ポーランド人. 2 《軽蔑》カタルーニャ人. 3《ラ米》〘ﾌﾟｴﾙﾄﾘｺ〙《俗》警官, 巡査, お巡り. —男 1 〘言〙ポーランド語：西スラブ語の一つ. 2《複数形》スペインで政権 (1850-54) に就いたポーランド系の政党.

po·la·cra [po.lá.kra] 女〘海〙（昔地中海で使われた）2本［3本］マストの帆船.

po·lai·na [po.lái.na] 女 1 ゲートル. 2 《ラ米》〘ﾌﾟｴﾙﾄﾘｺ〙〘ｴｸｱﾄﾞﾙ〙〘ﾎﾝｼﾞｭﾗｽ〙《話》面倒なこと；当て外れ.

po·la·qui·u·ria [po.la.kju.rja]〘医〙頻尿.

po·lar [po.lár] 形 1（地球の南北両極の）極地の；北極の, 南極の. círculo ～ 極圏. casquete ～（火星の）極冠. clima ～ 極地気候. estrella ～ 北極星. oso ～ ホッキョクグマ, 白クマ. regiones ～*es* 極地（方）. → **polo¹**. 2 極寒の.

po·la·ri·dad [po.la.ri.ðáð] 女〘物理〙〘陽〘陰〙〙極性, 両極性；〘電気機器の〙電極.

po·la·ri·me·tro [po.la.rí.me.tro] 男〘物理〙偏光計.

po·la·ris·co·pio [po.la.ris.kó.pjo] 男〘物理〙偏光器, 偏光測定器.

po·la·ri·za·ción [po.la.ri.θa.θjón / -.sa.sjón] 女 1 （問題・出来事などへの）注意・関心の集中. la ～ política 政治的関心の集まり. 2 〘物理〙偏光；分極.

po·la·ri·zar [po.la.ri.θár / -.sár] 97 他 1 〘物理〙偏光させる；分極する. 2（人の注意を）集中させる. —**~se** 再 1 〘物理〙偏光する；極性を持つ. 2《en...に》〈注意・関心などが〉集中する.

po·la·roid [po.la.rójð] 女〘商標〙ポラロイドカメラ.

po·las·tas [po.lás.ta] 女《ラ米》〘ﾌﾟｴﾙﾄﾘｺ〙〘ｴｸｱﾄﾞﾙ〙《話》意気込み, （ものごとを始めるための）活力, 気合い.

pol·ca [pól.ka] 女 1 〘音楽〙ポルカ：ボヘミアから起こった2拍子の舞踊［舞曲］. 2 《ラ米》(1)〘服飾〙〘ﾒｷｼｺ〙ブラウス；〘ﾁﾘ〙〘ｺﾛﾝﾋﾞｱ〙ジャケット, 上着. (2)〘化粧瓶. (3)《ﾊﾟﾅﾏ》皿のセット［一式］. (4)《ﾊﾟﾗｸﾞｱｲ》馬の鞭(鋩).
a la polca 《ラ米》〘ﾎﾟﾘﾋﾞｱ〙《ﾊﾟﾗｸﾞｱｲ》(1)馬に女乗りに乗って. (2)《ﾎﾟﾘﾋﾞｱ》尻(ﾆｽﾞ)の方に乗って.
el año de la polca 大昔.

pól·der [pól.der]〔オランダ〕男《複 ～s》ポルダー：海面よりも低いオランダの干拓地.

po·le·a [po.lé.a] 女 1 滑車 (= **garrucha**). ～ *fija* 定滑車. ～ *movible* 動滑車. *elevar... con* ～ …を滑車で持ち上げる. 2 ベルト車.

po·le·a·das [po.le.á.ðas] 女《複数形》かゆ, ミルクがゆ (= **gachas**).

*po·lé·mi·co, ca** [po.lé.mi.ko, -.ka] 形 1 論争を引き起こす. *el* ～ *artículo* 論争を呼ぶ記事［論文］. 2 議論好きの. *Es un hombre* ～. 彼は論争好きの男だ. —男 論争, 論戦.

po·le·mis·ta [po.le.mís.ta] 形 論争する；論争好きの. —男女 論客, 論争者；論争好き.

po·le·mi·zar [po.le.mi.θár / -.sár] 97 自《so-

**bre... …について》《con... …と》論争する, 論議する.

po·len [pó.len] 男《複 **pólenes**》《集合的》〘植〙花粉.

po·len·ta [po.lén.ta] 女 1 〘料〙ポレンタ：トウモロコシ粉に水・スープを加えて火にかけ, 練りあげた粥(ｶｲ)《イタリア料理》. 2（ラ米）(1)〘ｳﾙｸﾞｱｲ〙〘話〙すばらしいもの. (2)〘ﾁﾘ〙〘ｱﾙｾﾞﾝﾁﾝ〙トウモロコシ粉で作る料理. (3)〘ﾁﾘ〙〘ｱﾙｾﾞﾝﾁﾝ〙トウモロコシ粉の一種. (4)〘ﾁﾘ〙〘話〙力.

po·le·o [po.lé.o] 男 1 〘植〙ハッカ, メグサハッカ；ミントティー. 2 《話》うぬぼれ, もったいぶり. 3 《話》木枯らし, 寒風.

po·le·ra [po.lé.ra] 女《ラ米》〘服飾〙(1)〘ｱﾙｾﾞﾝﾁﾝ〙〘ｳﾙｸﾞｱｲ〙〘ﾊﾟﾗｸﾞｱｲ〙Tシャツ. (2)〘ﾁﾘ〙（編み目の細かい）タートルネックセーター.

po·li [pó.li] 男女 1 《話》警官, お巡り. —女《話》警察, 警官隊.

poli-〘「多, 複；〘化〙重合された」の意を表す造語要素. → *polígrafo, polisílabo, polivinilo*. [← ギ]

-poli / -polis〘「都市」の意を表す造語要素. → **megalópolis, metrópoli, necrópolis**. [← ギ]

po·li·a·del·fo, fa [po.lja.ðél.fo, -.fa] 形〘植〙多（体）雄蕊(ｼﾍﾞ)の.

po·li·a·mi·da [po.lja.mí.ða] 女 1 〘化〙ポリアミド. 2 ポリアミド繊維.

po·li·an·dra [po.lján.dra] 形 一妻多夫の.

po·li·an·dria [po.lján.drja] 女 1 一妻多夫. 2（植物の）多雄蕊(ｼﾍﾞ)の. 3（動物の）一雌多雄.

po·lian·te·a [po.ljan.té.a] 女 雑録, 雑記.

po·li·ar·quí·a [po.ljar.kí.a] 女 多頭政治.

po·li·ar·te·ri·tis [po.ljar.te.rí.tis] 女《単複同形》〘医〙多発性動脈炎. ～ *nodosa* 結節性多発性動脈炎.

po·li·ar·tri·tis [po.ljar.trí.tis] 女《単複同形》〘医〙多発性関節炎.

po·li·bán [po.li.bán] 男 ベンチバス, 座る部分のある小さな浴槽.

Po·li·chi·ne·la [po.li.tʃi.né.la] 固名〘演〙プルチネラ：イタリアのナポリ笑劇の道化役. [← 伊] *Pulcinella*

Polichinela （プルチネラ）

po·li·cí·a [po.li.θí.a / -.sí.-] 女 1 警察（► 「警察署」は *comisaría*）；警察制度. *Lo busca la* ～. 彼は警察に手配されている. *llamar a la* ～ 警察を呼ぶ. *Viene la* ～. 警察が来たぞ. ～ *urbana [municipal]* 市警察. ～ *judicial* 司法警察. ～ *montada* 騎馬警察［隊］. ～ *secreta* 私服警察. ～ *nacional [gubernativa]* 国家警察. ～ *militar* 憲兵［隊］《略 PM》. ～ *de tráfico* 交通警察. *puesto de* ～ 交番, 駐在所. 2 治安, 公安. *la* ～ *de un estado* 一国の治安. 3 礼儀正しさ, 丁重 (= *cortesía*). —男女 警察官 (= *agente de* ～). *mujer* ～ 婦人警官. *perro* ～ 警察犬.
[← [ラ] *politīam (politīa* の対格)「国家, 政府」← ギ *politéia*「市民権；政治；国家」(*pólis*「都市」の派生語)；関連 *político*.

policía （警察官）

policiaco

[英]*police, policy*. [独]*Polizei*]

po·li·cia·co, ca [po.li.θjá.ko, -.ka / -.sjá.-] / **po·li·cí·a·co, ca** [po.li.θí.a.ko, -.ka / -.sí.-] 形 **1** 警察の, 警官の. redada *policiaca* 一斉捜査. **2** 〈小説などが〉探偵[推理]ものの. novela *policiaca* 推理[探偵]小説.

*__po·li·cial__ [po.li.θjál / -.sjál] 形 **1** 警察の (= policiaco). **2** 警察に支配されている. estado ～ 警察国家. ──男 女 《ラ米》(⁽*⁾ₐ) 《俗》警官, 巡査, お巡り.

po·li·ci·te·mia [po.li.θi.té.mja / -.si.-] 女 《医》赤血球増加(症).

po·li·clí·ni·ca [po.li.klí.ni.ka] 女 (主に私立の)総合病院. → hospital.

po·li·clí·ni·co, ca [po.li.klí.ni.ko, -.ka] 形 総合病院の. ──男 (主に私立の)総合病院(= policlínica).

po·li·co·pia [po.li.kó.pja] 女 複写機, マルチグラフ(= copiador, multicopista).

po·li·cro·ís·mo [po.li.kro.ís.mo] 男 《物理》多色性: 見る角度によって異なった色を示す性質.

po·li·cro·ma·do, da [po.li.kro.má.ðo, -.ða] 形 多色(彩飾)の.

po·li·cro·mar [po.li.kro.már] 他 多色彩色を行う.

po·li·cro·mí·a [po.li.kro.mí.a] 女 多彩色.

po·li·cro·mo, ma [po.li.kró.mo, -.ma] / **po·lí·cro·mo, ma** [po.lí.kro.mo, -.ma] 形 多彩色の (= multicolor).

po·li·cul·ti·vo [po.li.kul.tí.βo] 男 (農作物の)多種同時栽培.

po·li·de·por·ti·vo, va [po.li.ðe.por.tí.βo, -.βa] 形 総合スポーツセンターの, 総合運動場の. ──男 総合スポーツセンター, 総合運動場.

po·li·dip·sia [po.li.ðíp.sja] 女 《医》煩渇(ﾊﾝ)(症), 多渇症. ～ compulsiva 心因性多飲症.

po·li·é·dri·co, ca [po.ljé.ðri.ko, -.ka] 形 多面の, 多面体の.

po·li·e·dro [po.ljé.ðro] 男 《数》多面体. ～ regular 正多面体.

po·li·és·ter [po.ljés.ter] 男 《化》ポリエステル. fibra ～ ポリエステル繊維.

po·li·es·ti·re·no [po.ljes.ti.ré.no] 男 《化》ポリスチレン, スチロール樹脂.

po·li·e·ti·le·no [po.lje.ti.lé.no] 男 ポリエチレン.

po·li·fa·cé·ti·co, ca [po.li.fa.θé.ti.ko, -.ka / -.sé.-] 形 **1** 多面的な, 多相の. **2** 多才な, 多芸の.

po·li·fa·gia [po.li.fá.xja] 女 《医》多食(症), 大食性.

po·li·fá·si·co, ca [po.li.fá.si.ko, -.ka] 形 《物理》多相の. corriente *polifásica*《電》多相電流.

po·li·fo·ní·a [po.li.fo.ní.a] 女 **1** 《音楽》多声音楽, ポリフォニー; 対位法的手法. **2** 《言》多音, 多音性: c, g など同一文字が2つ以上の音価を持つこと.

po·li·fó·ni·co, ca [po.li.fó.ni.ko, -.ka] 形 **1** 《音楽》多声音楽の, ポリフォニーの; 対位法的手法による. **2** 《言》多音性の.

po·lí·fo·no, na [po.lí.fo.no, -.na] 形 → polifónico.

po·li·ga·lia [po.li.gá.lja] 女 《医》(産婦の)乳汁過多(症).

po·li·ga·mia [po.li.gá.mja] 女 複婚; (特に)一夫多妻(制). → monogamia, poliandria.

po·lí·ga·mo, ma [po.lí.ga.mo, -.ma] 形 **1** 複婚の; (特に)一夫多妻の. **2** 〈植物が〉雌雄混株の; 〈動物が〉多婚の. ──男 女 複婚者; 多妻[夫]婚者.

po·li·ge·nis·mo [po.li.xe.nís.mo] 男 《人類》人類多原発生説 (↔ monogenismo).

po·li·ge·nis·ta [po.li.xe.nís.ta] 形 人類多原発生説の. ──男 女 人類多原発生論者.

po·li·gi·nia [po.li.xí.nja] 女 **1** 多妻[夫]婚;《動》多婚;《植》多雌蕊(ｼｽ)(性).

po·li·glo·tí·a [po.li.glo.tí.a] 女 複数の言語に通じていること.

po·li·glo·tis·mo [po.li.glo.tís.mo] 男 多言語使用; 多言語に通じていること.

po·li·glo·to, ta [po.li.gló.to, -.ta] / **po·lí·glo·to, ta** [po.lí.glo.to, -.ta] 形 多言語に通じた, 多言語で書かれた. ──男 女 多言語に通じた人. ▶ 口語では男性形も políglota / poliglota. ──男 (複数言語)対訳聖書.

po·li·go·ná·ce·o, a [po.li.go.ná.θe.o, -.a / -.se.-] 形《植》タデ科の. ──女《複数で》タデ科(の植物).

po·li·go·nal [po.li.go.nál] 形 《数》多角形の, 多辺形の.

po·lí·go·no, na [po.lí.go.no, -.na] 形 → poligonal. ──男 **1** 《数》多角形, 多辺形. ～ regular 正多角形. **2** (都市計画における用途別)地区, 地域. ～ de desarrollo 開発地域. ～ industrial 工業団地. ～ de tiro 《軍》射撃訓練場.

po·li·gra·fí·a [po.li.gra.fí.a] 女 **1** (多分野にわたる)著述. **2** 〈まれ〉暗号作成術; 暗号解読法.

po·li·grá·fi·co, ca [po.li.grá.fi.ko, -.ka] 形 暗号作成[解読]法の;(多方面にわたる)著述活動の.

po·lí·gra·fo [po.lí.gra.fo] 男 **1** (多分野にわたる)著述, 多作家;暗号解読者.

po·li·in·sa·tu·ra·do, da [po.li(.i).n.sa.tu.rá.ðo, -.ða] 形 《化》ポリ不飽和の, 多価不飽和の.

po·li·lla [po.lí.ʎa || -.ja] 女 **1** 《動》**a** 《虫》(衣類につく)イガ; ガ(蛾): イガの幼虫. **2** 少しずつ蝕(ﾑｼ)んでいくもの. *caerle polilla* (*a*+人)《ラ米》(ﾔﾄﾞﾘ)《話》(人)に嫌われる.

po·li·ma·tí·a [po.li.ma.tí.a] 女 博識, 博学.

po·li·me·rí·a [po.li.me.rí.a] 女 **1** 《化》重合. **2** 《生物》多数性.

po·li·me·ri·za·ción [po.li.me.ri.θa.θjón / -.sa.sjón] 女 《化》重合.

po·lí·me·ro [po.lí.me.ro] 男 《化》重合体, ポリマー. ～ alto ハイポリマー.

po·li·me·trí·a [po.li.me.trí.a] 女 《詩》一つの詩の中に複数の韻律があること, 詩に複数の韻律を含めること.

po·li·mio·si·tis [po.li.mjo.sí.tis] 女 《単複同形》《医》多発性筋炎.

po·li·mor·fis·mo [po.li.mor.fís.mo] 男 **1** 《生物》多形性. **2** 《化》同質異像, 多形. **3** 《言》多形態性.

po·li·mor·fo, fa [po.li.mór.fo, -.fa] 形 多形の.

po·lín [po.lín] 男 **1** ころ, ローラー. **2** (荷の下に置く)三角柱の角材. **3** 《ラ米》(ﾒｷ) 《鉄道》枕木.

Po·li·ne·sia [po.li.né.sja] 固名 ポリネシア: ハワイ, ニュージーランド, イースター島を頂点とする三角形内の地域. [← 《仏》*Polynésie*(「多島(海)地域」が原義); 《ギ》*poly-*「多くの」+《仏》*-nésie*「諸島地域」(《ギ》*nêsos*「島」より派生)]

po·li·ne·sio, sia [po.li.né.sjo, -.sja] 形 ポリネシアの, ポリネシア人の. ──男 女 ポリネシア人.

po·li·neu·ri·tis [po.li.neu.rí.tis] 女 《単複同形》《医》多発性神経炎.

po·lí·ni·co, ca [po.lí.ni.ko, -.ka] 形 花粉の.

po·li·ni·za·ción [po.li.ni.θa.θjón / -.sa.sjón] 女【植】授粉, 受粉.

po·li·ni·zar [po.li.ni.θár / -.sár] 97 他【植】〈昆虫・風などが〉授粉する; 受粉させる. La abeja *poliniza* flores de varias especies de plantas. ハチはさまざまな植物の花を受粉させる.

po·li·no·mio [po.li.nó.mjo] 男【数】多項式.

po·li·no·sis [po.li.nó.sis] 女《単複同形》【医】花粉症.

po·li·nu·cle·ar [po.li.nu.kle.ár] 形 複数の核を持つ, 多核の.

po·lio [pó.ljo] 女 [poliomielitis の省略形]《話》【医】小児まひ, ポリオ.

po·lio·mie·lí·ti·co, ca [po.ljo.mje.lí.ti.ko, -.ka] 形【医】小児まひにかかった, ポリオの.
—— 男 女 小児まひ[ポリオ]患者.

po·lio·mie·li·tis [po.ljo.mje.lí.tis] 女《単複同形》【医】ポリオ, 灰白髄炎, (脊髄(芯)性)小児まひ.

po·lior·cé·ti·ca [po.ljor.θé.ti.ka / -.sé.-] 女 要塞(蒜)攻防術, 攻城法.

po·lis·pas·to [po.lis.pás.to] 男 → polispasto.

po·lí·pe·ro [po.lí.pe.ro] / **po·li·pe·ro** [po.li.pé.ro] 男 (サンゴなどの) ポリプ群体.

po·li·pé·ta·lo, la [po.li.pé.ta.lo, -.la] 形 花弁の多い, 多弁の.

po·li·piel [po.li.pjél] 男 人工皮革, 合成皮革.

po·li·pla·no [po.li.plá.no] 形〈飛行機が〉複葉の, 複翼の.

po·li·ploi·de [po.li.plói.ðe] 形【生物】〈生物が〉倍数体の. —— 男 倍数体.

pó·li·po [pó.li.po] 男 **1**【医】ポリープ. **2**【動】(1)ポリプ: ヒドラ, イソギンチャクなど, 腔腸(法)動物の有刺胞腺のうち着生生活に適するもの. (2) タコ.

po·li·po·dio [po.li.pó.ðjo] 男【植】オオエゾデンダ.

po·li·po·sis [po.li.pó.sis] 女《単複同形》【医】ポリープ症: 特に結腸粘膜に沿って生じるポリプ.

po·li·po·te [po.li.pó.te] 男【修辞】→ poliptoton.

po·líp·ti·co [po.líp.ti.ko] 男【美】ポリプティック, 衝立画: 複数のパネルによって構成される絵画.

po·lip·to·ton [po.lip.tó.ton] 男【修辞】変形反復, 同語[異形]反復.

po·li·que·to [po.li.ké.to] 形【動】多毛類の.
—— 男 多毛類の生物;《複数で》多毛類.

po·lis [po.lís] 女【史】《単複同形》ポリス, (古代ギリシアの) 都市国家.

po·li·sa·cá·ri·do [po.li.sa.ká.ri.ðo] 男【化】多糖類.

po·li·sar·cia [po.li.sár.θja / -.sja] 女【医】肥満(症) (= obesidad).

po·li·sa·rio, ria [po.li.sá.rjo, -.rja] 形 ポリサリオ[西サハラ民族解放]戦線の. —— 男 女 ポリサリオ[西サハラ民族解放] 戦線のメンバー. —— 男 [P-] ポリサリオ[西サハラ民族解放]戦線: (Frente) *Político* de *Liberación* del *Sáhara* y *Río* de *Oro* の略称. 西サハラの独立を目指す武装組織.

po·li·se·mia [po.li.sé.mja] 女【言】多義(性).

po·li·sé·mi·co, ca [po.li.sé.mi.ko, -.ka] 形【言】
1 多義の, 複数の意味を持つ. **2** 多義(性)の.

po·li·sé·pa·lo, la [po.li.sé.pa.lo, -.la] 形【植】多萼片(※)の.

po·li·si·lá·bi·co, ca [po.li.si.lá.bi.ko, -.ka] 形 → polisílabo.

po·li·sí·la·bo, ba [po.li.sí.la.bo, -.ba] 形【文法】多音節の. —— 男 多音節語.

po·li·sín·de·ton [po.li.sín.de.ton] 男【修辞】(強調としての) 連辞畳用, 接続詞の多用 (↔asíndeton). —— a ti y a tus hijos y a tus hermanos おまえ, おまえの子供たちや, おまえの兄弟たちに.

po·li·sín·te·sis [po.li.sín.te.sis] 女《単複同形》【言】多総合的.

po·li·sin·té·ti·co, ca [po.li.sin.té.ti.ko, -.ka] 形【言】多総合的な. lengua *polisintética* 多総合的言語 (♦北米先住民の言語やエスキモー[イヌイット]語のように文全体を一語にまとめてしまうような言語).

po·li·són [po.li.són] 男【服飾】バッスル: スカートの後ろを膨らませるための腰まて[枠組み].

po·lis·pas·to [po.lis.pás.to] 男【機】複滑車.

po·lis·ta [po.lís.ta] 形【スポ】ポロの.
—— 男 女 ポロの選手.

po·lis·ti·lo, la [po.lis.tí.lo, -.la] 形 **1**【建】多柱(式)の, 柱の多い. **2**【植】花柱の多い.

po·lit·bu·ró [po.lid.bu.ró] 男 (旧ソ連・東欧諸国の) 共産党政治局: 1952–66年は幹部会 presidium と改称された.

po·li·téc·ni·co, ca [po.li.ték.ni.ko, -.ka] 形 理工科の, 応用科学 (教育) の. escuela *politécnica* 理工科大学. universidad *politécnica* 工科大学.

po·li·te·ís·mo [po.li.te.ís.mo] 男 多神教, 多神論 (↔monoteísmo).

po·li·te·ís·ta [po.li.te.ís.ta] 形 多神(教)を信じる; 多神教の, 多神論の.
—— 男 女 多神教信者, 多神論者.

po·lí·ti·ca [po.lí.ti.ka]女 **1 政治; 政治活動; 政治学. dedicarse a la ~ 政治にたずさわる. retirarse de la ~ 政界を引退する. hablar de ~ 政治を論じる. entrar en ~ 政治の世界に入る, 政治家になる. el mundo de la ~ 政界. la ~ partidista 政党政治. ~ nacional [internacional] 国内[国際]政治. una nueva forma de hacer ~ 新たな政治手法.
2 政策, (会社の) 経営方針. impulsar la ~ de reinserción de presos 服役者の社会復帰政策を押し進める. ~ agraria 農業政策. ~ antiterrorista テロ防止政策. ~ cultural 文化政策. ~ económica 経済政策. ~ educativa 教育政策. ~ exterior 外交(政策). ~ interior 内政. ~ monetaria 通貨政策. ~ fiscal y financiera 財政・金融政策. ~ social 社会政策. ~ de buena vecindad 善隣外交政策.
3 策略, 術策; 手腕, 才量. Es buena ~ mirar en varios sitios antes de comprar. 買い物をする前には色々見て回るのがうまいやり方だ.
4 礼儀, 丁重.
5《ラ米》(礼儀とされる)少量の食べ[飲み]残し.
—— 形 女 → político.

*po·lí·ti·ca·men·te** [po.lí.ti.ka.mén.te] 副 政治的に.

po·lí·ti·cas·tro, tra [po.lí.ti.kás.tro, -.tra] 男 女《話》《軽蔑》政治屋; 二流の政治家.

po·lí·ti·co, ca [po.lí.ti.ko, -.ka]形 **1《名詞 +》《ser +》政治の, 政治的な; 政治学(上)の. buscar una solución *política* 政治的解決をさぐる. pedir asilo ~ en... ...への政治亡命を求める. asumir las responsabilidades *políticas* 政治責任をとる. partido ~ 政党. economía *política*(政治)経済学. derecho ~ 憲法学. la crisis *política* 政治的危機. la inestabilidad *política* 政情不安. la clase *política* españo-

la スペインの政治家たち. presos ～*s* 政治犯. el poder ～ y (el) económico 政治力と経済力.
2 (名詞＋) 義理の, 姻戚(%)の, 結婚による. Es pariente ～ suyo. 彼は妻[夫]方の親戚である. padre ～ 義父, 舅(%)(＝suegro). hija *política* 義理の娘, (息子の) 嫁 (＝nuera). hermano ～ 義兄[弟] (＝cuñado). familia *política* 妻[夫]の実家.
3 社交的な, 外交的な, 如才ない, やり手の.
4 丁寧な, 礼儀正しい; よそよそしい, 打ち解けない.
―― 男 女 政治犯.
[←[ラ] *politicum* (*politicus* の対格) ←[ギ] *polītikós* (*pólis*「都市」より派生;「都市(国家)の, 市民の」が原義); 関連 política, apolítico. [英] *political*]

po·li·ti·cón, co·na [po.li.ti.kón, -.kó.na] 形
1 政治好きな, 政治かぶれした. **2** 仰々しい, ばか丁寧な. ―― 男 女 **1** 政治好きな人, 政治かぶれした人.
2 堅苦しい人, ばか丁寧な人, 仰々しすぎる人.

po·li·ti·que·ar [po.li.ti.ke.ár] 自 **1** (話)(軽蔑) 政治談義に花を咲かせる.
2 (話)(軽蔑) 政治に手を出す. **3** 《ラ米》政治を利用して不正を行う, 私腹を肥やす.

po·li·ti·que·o [po.li.ti.ké.o] 男 **1** (話)(軽蔑) 政治談義. **2** (話)(軽蔑) 政治に手を出すこと. **3** 《ラ米》汚職政治.

po·li·ti·que·rí·a [po.li.ti.ke.rí.a] 女 ➡ politiqueo.

po·li·ti·za·ción [po.li.ti.θa.θjón / -.sa.sjón] 女 政治化, 政治問題化.

po·li·ti·zar [po.li.ti.θár / -.sár] 97 他 **1** 政治化する **2** 政治意識を高めさせる. ～ a las masas 大衆の政治意識を高める.
―― ～·se 再 政治意識を持つ.

po·li·to·lo·gí·a [po.li.to.lo.xí.a] 女 政治学.

po·li·tó·lo·go, ga [po.li.tó.lo.go, -.ga] 男 女 政治学者.

po·li·to·na·li·dad [po.li.to.na.li.ðáð] 女 《音楽》多調性.

po·li·trau·ma·tis·mo [po.li.trau.ma.tís.mo] 男 《医》複合外傷.

po·li·u·re·ta·no [po.lju.re.tá.no] 男 《化》ポリウレタン.

po·liu·ria [po.ljú.rja] 女 《医》多尿(症).

po·li·va·len·cia [po.li.ba.lén.θja / -.sja] 女 **1** 多用途, 多目的性; 多才. **2** 《医》多効性. **3** 《化》多価性 (＝plurivalencia).

po·li·va·len·te [po.li.ba.lén.te] 形 **1** 多目的の, 用途の広い; 多才な. **2** 《医》〈ワクチン・血清などが〉いくつかの病気に効く, 多効性の. vacuna ～ 多効性ワクチン. **3** 《化》多価の.

po·li·vi·ni·lo [po.li.ƀi.ní.lo] 男 《化》ポリビニール.

pó·li·za [pó.li.θa / -.sa] 女 **1** 証券, 証書; 契約書. suscribir [rescindir] una ～ 保険をかける[解約する]. ～ adicional (保険の)補足[追加]証書. ～ de seguros 保険証書.
2 収入印紙, 証紙. poner una ～ en... …に収入印紙を貼(は)る. **3** 《ラ米》政策, 方針.

po·li·zón [po.li.θón / -.són] 男 **1** 密航者.
2 怠け者, のらくら者, 放浪者.

po·li·zon·te [po.li.θón.te / -.són.-] 男 (話) 警官, お巡りさん.

pol·ka [pól.ka] 女 《音楽》 ➡ polca.

po·lla [pó.ja ‖ -.ʎa] 女 **1** (雌の)若鶏, 若い雌鶏. ～ cebada (食肉用に)肥育した鶏. ～ de agua 《鳥》バン; オオバン. ➡ pollo.
2 (俗) ペニス, 陰茎.
3 《ラ米》(1) (ˊ‐)(ˊ‐)(ˊ)(‐‐)(話) (競馬などの)賭(か)け金の総額. (2) (ˊ‐) 卵・牛乳・シナモン・リキュールを混ぜ合わせたポンチ. (3) (ˊ‐)(話) カンニングペーパー. (4) (ˊ‐)(話) 慈善目的の宝くじ.

po·lla·da [po.ʝá.ða ‖ -.ʎá.-] 女 **1** (集合的)(同じ産卵で孵化(ふか)した鶏などの)ひな. Las dos aves son de la misma ～. その2羽の鳥は同じときに卵から孵(か)ったものだ. **2** (一発の)白砲(ひょう)弾.

po·llas·tre [po.jás.tre ‖ -.ʎás.-] 男 若鶏.
―― 男 (話)(大人ぶった)子供, 若僧.

po·llas·tro, tra [po.jás.tro, -.tra ‖ -.ʎás.-] 男 女 大きく育った鶏. ―― 男 女 ずる賢いやつ.

po·lle·ar [po.je.ár ‖ -.ʎe.-] 自 (話) 色気づく; 大人びる. Mi hijo empieza ya a ～. うちの息子はもう色気づき始めた.

po·lle·ra [po.jé.ra ‖ -.ʎé.-] 女 **1** 鶏小屋, 鶏舎. **2** (籐(とう)で)できた)幼児用歩行器.
3 ペチコート. **4** [P-] 《天文》すばる, プレアデス星団 (＝ Pléyades). **5** 《ラ米》(1) (ˊ‐)(女性の)民族衣装. (2) (ˊ‐)《カト》(法衣の)スータン. (3) (ˊ‐)(ˊ‐)(ˊ)(‐‐)スカート. (4) (ˊ‐)ローストチキン店. (5) (ひよこの飼育・運搬用の)籐(とう)のかご.

po·lle·rí·a [po.je.rí.a ‖ -.ʎe.-] 女 **1** 鳥肉店, 鶏卵店. **2** (ˊ‐)(ˊ‐)幼年時代; 子供, 幼児.

po·lle·ro, ra [po.jé.ro, -.ra ‖ -.ʎé.-] 男 女 **1** 鳥(肉)屋; 養鶏家. **2** 密入国請負業者.

po·lle·ru·do, da [po.je.rú.ðo, -.ða ‖ -.ʎé.-] 形 《ラ米》(ˊ‐)(話) 臆病(おくびょう)な, 気の弱い.
―― 男 女 (話)(軽蔑) 僧侶(そうりょ), 聖職者.

po·lli·no, na [po.jí.no, -.na ‖ -.ʎí.-] 形 (話)(軽蔑) ばかな, まぬけな. ―― 男 女 **1** (調教前の若い)ロバ. **2** (話)(軽蔑) ばか, まぬけ.

po·lli·to, ta [po.jí.to, -.ta ‖ -.ʎí.-] 男 女 **1** ひな鳥, ひよこ. **2** (話) 少年, 少女. [pollo＋縮小辞]

po·llo [pó.jo ‖ -.ʎo] 男 **1** 鶏肉, チキン. ～ asado ローストチキン. ～ tomatero (トマトで煮込む)若鶏. **2** (鳥の)ひな, ひな鳥 (▶「雄鶏(おんどり)」は gallo, 「雌鶏(めんどり)」は gallina, 「若鶏」は pollito). **3** (話) 若者, 少年 (＝ pollito). **4** (話) つば, 痰(たん) (＝ escupitajo). **5** カイコの幼虫. **6** 毛変わり前の鳥. **7** (話) ずるいやつ.
echarse el pollo 《ラ米》(ˊ‐)(俗)逃げる, ずらかる.
montar un pollo 騒ぎたてる.
ojo de pollo うおのめ, たこ (＝ ojo de gallo).
pollo pera (話) きざな若者, しゃれ者.
sacar pollos〈鳥が〉卵を抱いてひなにする 孵(かえ)す.
sudar como un pollo (話)(強意) 汗だくになる.
[←[ラ] *pullum* (*pullus* の対格)「動物の子; ひな」; 関連 empollar, pulular. [英] *pullulate*]

po·llue·lo [po.ʝwé.lo ‖ -.ʎwé.-] 男 ひよこ, ひな鳥. [pollo＋縮小辞]

po·lo¹ [pó.lo] 男 **1** (地球の)極; 極地. ～ norte [ártico, boreal] 北極. ～ sur [antártico, austral] 南極.
2 《電》電極; 《物理》(磁石の)極. ～ negativo 負極. ～ positivo 正極. ～ magnético 磁極.
3 棒付きアイスキャンディー (＝ helado).
4 (ものの性質・人の気質・意見などの)対極, 正反対, 極端. Lo que piensas tú es el ～ opuesto de lo que piensa él. 君の考えは彼の考えと真っ向から対立するものだ. **5** (注意・関心の)焦点, 中心. **6** 地域, 地帯. ～ de desarrollo 開発地域.
de polo a polo 端から端まで; 正反対の, かけ離れた.

polvoroso

[←〔ラ〕*polum* (*polus* の対格) ←〔ギ〕*pólos*「(回転の)軸」関連 polar, polarizar. [英] *pole*]

po·lo² [pó.lo] 男 **1**《スポ》ポロ(競技). ~ acuático 水球. **2**《服飾》ポロシャツ.
[←〔英〕*polo* 関連［日］ポロシャツ]

po·lo³ [pó.lo] 男 ポロ: スペイン Andalucía 地方の民謡. → *cante* (*jondo*).

Po·lo [pó.lo] 固名 ポロ : Leopoldo の愛称.

po·lo·le·ar [po.lo.le.ár] 他《ラ米》(ﾁｼﾞ)(ﾁ) 話 困らせる; 言い寄る, 誘惑する. —自《ラ米》(ﾁｼﾞ)(ﾁ) 話 戯れる, いちゃつく; (異性と)つきあう.

po·lo·le·o [po.lo.lé.o] 男 話 気を引くこと; 求愛.

po·lo·lo, la [po.ló.lo, -.la] 男《ラ米》(ﾁ) 話 ボーイフレンド, ガールフレンド; 恋人, 愛人.
—男 **1**(主に複数で)(子供用・女性下着の)ブルマー. **2**《ラ米》(ﾁｼﾞ)(ﾁ) (1) 片手間仕事, (2) わずらわしいやつ. (3) 女好き.
—女《ラ米》(ﾁｼﾞ)(ﾁ) コケティッシュな娘, 浮気娘.

po·lo·nés, ne·sa [po.lo.nés, -.né.sa] 形 ポーランドの, ポーランド人の (= polaco). —男 ポーランド人. —女 **1**《音楽》ポロネーズ: ポーランド起源の舞踊[舞曲]. **2**《服飾》ポロネーズ: 毛皮付きの18世紀のコート風ドレス.

Po·lo·nia [po.ló.nja] 固名 ポーランド (共和国): 首都 Varsovia. [←〔中ラ〕*Polonia* [ポーランド] *Polanie*「ポーランド人」(原義は「平地の住民」)より派生. 関連 plano, llano]

po·lo·nio [po.ló.njo] 男《化》ポロニウム: 放射性元素 (記号 Po).

pol·ter·geist [pól.ter.gais(t)] 〔独〕男〔複 ~s, ~〕ポルターガイスト (現象).

pol·trón, tro·na [pol.trón, -.tró.na] 形 怠惰な, 無精な. —女 **1** 安楽いす. **2** 話 いいポスト.

pol·tro·ne·rí·a [pol.tro.ne.rí.a] 女 怠惰, 無精.

po·lu·ción [po.lu.θjón / -.sjón] 女 **1** 汚染, 公害 (= contaminación). ~ atmosférica 大気汚染. **2**《医》遺精. ~ nocturna 夢精.

po·lu·cio·nar [po.lu.θjo.nár / -.sjo.-] 他《水質, 大気など環境を》汚染する. Los vertidos industriales *polucionan* los ríos de la región. 産業廃水がその地域の川を汚染する.

po·lu·to, ta [po.lú.to, -.ta] 形 汚れた, 汚い, 不浄な (↔ impoluto).

Pó·lux [pó.lu*k*s] 固名 **1**《ギ神》ポルックス: Zeus と Leda の間に生まれた双子のうちのひとり. → *Cástor*. **2**《天文》ポルックス: ふたご座の β 星.

pol·va·re·da [pol.ba.ré.da] 女 **1** 土煙, 砂ぼこり. levantar una ~ 砂ぼこりを立てる. **2** 大騒ぎ, 騒動. armar [levantar] una ~ ひと騒動起こす.

pol·ve·ra [pol.bé.ra] 女 **1** コンパクト; (化粧品の)パウダーケース. **2**《ラ米》(ｷｭ) → polvareda.

pol·ve·ro [pol.bé.ro] 男《ラ米》(ﾒ) (ﾄﾞﾐﾝ) (ｴﾙｻ)(ﾎﾝ)(ｶ)(ﾆｶ) 土煙, 砂ぼこり. (2) (ﾋﾟ) ハンカチ.

pol·vi·llo [pol.bí.ʝo ‖ -.ʎo] 男《ラ米》(1) 話 穀類を枯らす菌. (2)《植》(ｺﾛ)(ﾍﾞ) さび病. (3) (ﾌﾟ) 葉巻タバコのくず. (4) (ﾒ) 製靴用の革. (5) (ﾎﾟ) 米ぬか; もみ.

★★★**pol·vo** [pól.bo] 男 **1** 塵, ほこり. hacer [levantar] ~ 塵ほこりを立てる. quitar [limpiar] el ~ a... …のほこりを払う. ~ cósmico 宇宙塵(ｼﾞﾝ).
2 粉, 粉末; 俗 ヘロイン. convertirse en ~ 粉々になる. reducir a ~ 粉々にする. leche en ~ 粉ミルク. nieve en ~ 粉雪. oro en ~ 金粉, 砂金. tabaco en ~ 嗅(ｶﾞ)ぎタバコ. ~ de almidón でんぷん. ~ de carbón 石炭の粉, 炭塵. ~ de gas [blanqueo] (漂白用のあくを取る) 石灰の粉. ~ de hornear《ラ米》ベーキングパウダー. ~s de picapica [pica pica] 痒(ｶｲ)み粉末.
3(複数で)(化粧用の) パウダー; 粉薬. ~s de arroz [de tocador] 粉おしろい. ~s de talco ベビーパウダー. ponerse ~s おしろいをはたく.
4 少量, 少し. un ~ de sal 塩ひとつまみ.
5 俗 性交. echar un ~ セックスする.

hacer morder el polvo a+人 話 (人)を打ち負かす.

hacer polvo 話 打ちのめす; 台無しにする. Estos zapatos de tacón me *hacen* ~ los pies. このハイヒールの靴をはくと足がとても疲れる.

hecho polvo《話》(強意) (疲れて) くたくたになった; ひどく疲れた. María está *hecha* ~ porque ha trabajado sin descansar. 休まずに働いたのでマリアはへとへとに疲れている.

limpio de polvo y paja《話》正味の; 罪[責任]のない.

morder el polvo 打ち負かされる; 屈辱を味わう.

no vérsele ni el polvo (a...)《ラ米》(ｺﾛ)(ﾁﾞ)(ｺﾞ)(ｸﾞ) 話 …が脱兎(ﾄﾞ)のごとく逃げる.

polvos de la madre Celestina《話》魔法の薬; ほれ薬.

sacudir el polvo a+人〈人〉を殴る.

[←〔俗ラ〕*polvus←〔ラ〕*pulvis*; 関連 pólvora, empolvar. [英] *powder*]

★**pól·vo·ra** [pól.bo.ra] 女 **1** 火薬, 弾薬, 爆薬. ~ de algodón 綿火薬. fábrica de ~ y explosivos 火薬製造工場. ~ de mina 発破用火薬. ~ negra 黒色火薬.
2(集合的) 花火. dispararse ~ 花火を打ち上げる. **3** 怒りっぽさ, 短気.

gastar (la) pólvora en chimango《ラ米》(ｱﾙｾﾞ) ふさわしくない[役立てられない]人に贈り物をする.

gastar (la) pólvora en salvas《話》無駄骨を折る.

no haber inventado la pólvora《話》あまり利口でない; 特別なことが何もない.

ser un barril de pólvora 一触即発の危険をはらむ.

pol·vo·re·ar [pol.bo.re.ár] 他〈粉を〉振りまく, まぶす.

pol·vo·re·ra [pol.bo.ré.ra] 女 (化粧用の) コンパクト, パウダーケース (= polvera).

★**pol·vo·rien·to, ta** [pol.bo.rjén.to, -.ta] 形 ほこりだらけの, ほこりっぽい. cuarto ~ ほこりだらけの部屋.

pol·vo·ri·lla [pol.bo.rí.ja ‖ -.ʎa] 男 話 落ち着きのない人; 衝動的な人.

pol·vo·rín [pol.bo.rín] 男 **1** 火薬庫, 弾薬庫.
2 粉火薬; 小さな火薬入れ, 火薬筒. **3** 話 一触即発の状態[場所]. Este país es un ~. この国は一触即発の状態にある. (2)《ラ米》(ｱﾙｾﾞ)《昆》カ (蚊); ブヨの一種. (2) (ｺﾛ)(ﾎﾞ)(ﾁ) 土[砂]ぼこり.

pol·vo·ris·ta [pol.bo.rís.ta] 男 花火職人; 花火製造者 (= pirotécnico).

pol·vo·ri·zar [pol.bo.ri.θár / -.sár] 97 他 **1**〈粉を〉まく, 振りかける (= espolvorear).
2〈液を〉霧状にする[吹く] (= pulverizar).

pol·vo·rón [pol.bo.rón] 男《料》ポルボロン: 小麦粉・砂糖・バターで作ったクリスマスの菓子で, 口に含むとすぐ溶ける. → 次ページに図.

pol·vo·ro·so, sa [pol.bo.ró.so, -.sa] 形 ほこりっ

ほい, ほこりだらけの (= polvoriento).
po·ly·es·ter [po.ljés.ter] [英] 男【化】→ poliéster.
po·ma [pó.ma] 女 **1** 〈小粒で青い〉リンゴ. **2** 香水瓶, 香水瓶入れ[箱]. **3** 〈ラ米〉(1)〈台湾〉軽石;【植】フトモモ, ホトウ(の実). (2)〈幼〉小瓶. (3)〈チリ〉水差し.
po·má·ce·o, a [po.má.θe.o, -.a / -.se.-] 形【植】(昔の分類法で)ナシ状果の, リンゴ類の.
── 女 リンゴ[ナシ]属の植物.
po·ma·da [po.má.ða] 女 軟膏(なん);(化粧用)クリーム. ▶ 整髪用のポマードは gomina.
Po·ma de A·ya·la [pó.ma ðe a.já.la] 固名 ポマ・デ・アヤラ Felipe Guamán ～ (1534-1615): ペルーの先住民の年代記作者. →cronista.
po·mar [po.már] 男 果樹園[畑]; (特に)リンゴ園[畑].
po·ma·ra·da [po.ma.rá.ða] 女 リンゴ畑, リンゴ園 (= manzanar).
po·ma·rro·sa [po.ma.ró.sa] 女【植】フトモモの実.
po·me·lo [po.mé.lo] 男【植】グレープフルーツ(の木[実]). zumo de ～ グレープフルーツジュース.
pó·mez [pó.meθ / -.mes] 形 軽石 (= piedra ～).
po·mo [pó.mo] 男 **1** (ドアなどの)ノブ, 握り, 取っ手. **2** (剣・杖の)柄頭(ぎら). **3**【植】ナシ状果: リンゴ・ナシなど. **4** (リキュール・香水などを入れる)フラスコ, 小瓶. **5** 〈ラ米〉(1)〈アルゼ〉(化粧用)のパフ. (2)〈台湾〉酒瓶.
pomo de leche 〈ラ米〉〈ニカ〉ほ乳瓶.
pom·pa [póm.pa] 女 **1** (富・権威の)誇示, 見せびらかし. hacer ～ de... …を見せびらかす. **2** 壮麗さ, 華麗さ, 華やかさ (= suntuosidad). con gran ～ 華々しく, 絢爛(けんら)豪華に. **3** 泡, あぶく. ～ de jabón シャボン玉. **4** (服などが風をはらんで)膨らむこと. **5** (荘厳・華麗な)行列, お供. **6**【海】ポンプ (= bomba). **7** 〈ラ米〉〈話〉尻(しり).
pompas fúnebres 葬式, 葬儀; 葬儀社.
pom·pe·ro [pom.pé.ro] 男 シャボン玉を作る玩具: チューブ型容器とシャボン玉を作るためのリング付きふたで構成される.
Pom·pe·ya [pom.pé.ja] 固名 ポンペイア: 前79年 Vesubio 山の噴火で埋没したローマの古代都市.
pom·pe·ya·no, na [pom.pe.já.no, -.na] 形 (古代ローマの)ポンペイの. ── 男女 ポンペイ人.
Pom·pe·yo [pom.pé.jo] 固名 ポンペイウス Cneo ～ Magno (前106-48): ローマの将軍・政治家. [←[ラ] *Pompējus*].
pom·pis [póm.pis] 男 〈単複同形〉〈話〉〈親愛〉〈婉曲〉お尻(しり) (= culo).
pom·po, pa [póm.po, -.pa] 形 〈ラ米〉〈チリ〉〈アルゼ〉先の丸い, 角の落ちた, 切れ味の悪い.
pom·pón [pom.pón] 男【服飾】ポンポン, 飾り房, 玉房.
pom·po·ne·ar·se [pom.po.ne.ár.se] 再 誇る, 自慢する, 見せびらかす (= pavonearse).
pom·po·si·dad [pom.po.si.ðáð] 女 **1** 壮麗さ, 華麗さ, 豪華さ. **2** 尊大さ, 仰々しさ, もったいぶったこと.
pom·po·so, sa [pom.pó.so, -.sa] 形 **1** 華麗な, 華やかな, 豪華な. un banquete ～ 豪華な宴会. **2** 目立つ, けばけばしい. **3** 〈文体などが〉仰々しい; 気取った, もったいぶった.
pó·mu·lo [pó.mu.lo] 男【解剖】ほお骨; ほお, ほっぺた. ～s salientes 高いほお骨.
pon[1] [pón] 男 *pedir pon* 〈ラ米〉〈カリブ〉〈話〉ヒッチハイクをする.
pon[2] [pón] 活 →poner.
pon·cha [pón.tʃa] 女 〈ラ米〉〈話〉【服飾】かぶり毛布.
pon·cha·da [pon.tʃá.ða] 女 **(1)**〈タリ〉〈話〉パンク. **(2)**〈チリ〉〈アルゼ〉ポンチョのひと包み分; 多量; 多額.
pon·cha·do, da [pon.tʃá.ðo, -.ða] 形 〈ラ米〉〈話〉がっしりした, 筋骨隆々の.
pon·char [pon.tʃár] 他 〈ラ米〉〈メキシ〉 **(1)**〈話〉(テレビ・ラジオを)つける. **(2)**【スポ】(野球)(ピッチャーを)交替させる. **(3)** 切りすぎる;(大事なものを)失う. **(4)**〈キュ〉(タイヤを)パンクさせる. **(5)**〈メキ〉〈話〉(試験に)落ちる, 落第する.
── 自 〈ラ米〉 **(1)**〈メキシ〉〈話〉けんかに勝つ. **(2)**〈キュ〉パンクする. **(3)**〈メキシ〉〈話〉失敗する; 試験に落ちる.
── **~·se** 再 〈ラ米〉 **(1)**〈話〉パンクする. **(2)**〈タリ〉〈カリブ〉当てが外れる, だまされる.
pon·che [pón.tʃe] 男 パンチ, ポンチ: ラム酒やワインなどに水・レモン・砂糖などを加えた飲み物.
pon·che·ra [pon.tʃé.ra] 女 **1** パンチを入れる鉢, パンチ・ボール. **2** 〈ラ米〉**(1)**〈エクア〉〈中ア米〉〈メキシ〉〈話〉洗面器, たらい. **(2)**〈キュ〉湯わかし.
*****pon·cho** [pón.tʃo] 男【服飾】ポンチョ: 元来は南米の Andes 山脈の先住民が着用した, 真ん中に頭を通す穴のある外套(がい).
*arrastrar*le *el poncho* (a+人) 〈ラ米〉〈チリ〉〈話〉〈人〉を挑発する, 〈人〉にけんかを売る.
*pisar*le *el poncho* (a+人) 〈チリ〉〈人〉を怒らせる;〈人〉に挑戦する.
pon·cho, cha [pón.tʃo, -.tʃa] 形 **1** 怠け者の, 怠惰な; おとなしい. **2** 〈ラ米〉**(1)**〈アルゼ〉まるまると太った. **(2)**〈メキシ〉(動物が)尾のない[短い];〈服が〉丈の短い.
pon·cí [pon.θí / -.sí] / **pon·ci·dre** [pon.θí.ðre / -.sí.-] 男[女] 形 →poncil.
pon·cil [pon.θíl / -.síl] 形【植】シトロンの.
── 男 カラタチの類, シトロン.
pon·de·ra·ble [pon.de.rá.βle] 形 **1** 賞賛に値する, ほめられるべき. **2** 重みがある; 重さを量れる.
pon·de·ra·ción [pon.de.ra.θjón / -.sjón] 女 **1** 慎重さ, 細心さ, 落ち着き. Habla con ～. 彼[彼女]は慎重に話す. **2** 熟考, 熟慮, 思索; 吟味 (= consideración). **3** 絶賛, ほめたたえ. **4** バランス, 平衡, 釣り合い. **5** 計量.
exceder a toda ponderación 計り知れない.
pon·de·ra·da·men·te [pon.de.rá.ða.mén.te] 副 慎重に, 落ち着いて.
pon·de·ra·do, da [pon.de.rá.ðo, -.ða] 形 慎重な, 落ち着いた; 控えめな; 分別のある.
pon·de·ral [pon.de.rál] 形 重さについて, 重さに関する.
pon·de·rar [pon.de.rár] 他 **1** 賞賛する, ほめたたえる (= elogiar). ～ un libro de un novelista ある作家の本を賞賛する. **2** 熟考する, (あれこれ)じっくり考える; 慎重に検討する. **3** …の重さを量る; …の価値を計る.
pon·de·ra·ti·vo, va [pon.de.ra.tí.βo, -.βa] 形 **1** 賞賛する, ほめたたえる. **2** 誇張的な, 大げさな, 過度の.

pon·de·ro·so, sa [pon.de.ró.so, -.sa] 形 **1** 重量のある、重い. **2** 落ち着いた；思慮深い、慎重な.
pon·do, da [pón.do, -.da] 形《ラ米》(ｴｸｱﾄﾞﾙ)《話》ずんぐりした、小太りの. ―男《ラ米》(ｴｸｱﾄﾞﾙ)甕(ﾊﾒ).
pondr- 話 →poner.
po·ne·de·ro, ra [po.ne.ðé.ro, -.ra] 形 **1** 置くことのできる. **2**〈ニワトリなど家禽(ｷﾝ)が〉産[採]卵箱；産卵場所（＝nidal, nido）. **2**〈産卵を促す〉抱き卵.
po·ne·dor, do·ra [po.ne.ðór, -.ðó.ra] 形 **1**（よく）卵を産む. una gallina *ponedora* よく卵を産む雌鶏(ﾒﾝ). **2**〈馬が〉後ろ足で立つように訓練された. ―男 **1**〈ニワトリなど〉. **2**〈競売の〉入札者. ―女（主に鶏などの）産卵させる鳥.

*__po·nen·cia__ [po.nén.θja / -.sja] 女 **1**（会議・研究会などの）報告、発表. presentar una ～ sobre... ...について発表する.
2 発表者[報告者]（のグループ）. **3** 調査委員（会）.
po·nen·te [po.nén.te] 形 報告[発表]する.
―男女 **1** 報告[発表]者. **2**《法》調停[裁定]者.

*__po·ner__ [po.nér] 40 他 [過分 は *puesto*] **1**（1）《＋場所を表す副詞句》〈特定の場所・位置〉に）置く、据える、入れる. *Pon* la butaca *en* este rincón. ひじ掛けいすはここの隅に置いて.
(2) 加える、加え入れる. Vamos a ～ un poco de hierbas aromáticas al pollo. 鶏肉に香草を少々加えましょう.
2 つける、装着する. Ayúdame a ～ las cadenas al coche. 車にチェーンを付けるの手伝って.
3《a...》〈人・動物などに〉〈衣服・装飾品などを〉着せる、つける. ¿Puedes ～le el bañador *a* Álvaro? アルバロに水着を着せてもらえるかしら. ▶ a＋人 は間接目的人称代名詞で表される.
4《＋形容詞・副詞およびその相当語句》（...の状態に）する、（...の状態になるように）置く. Tu actitud me *pone enferma*. あなたの態度には気分が悪くなるわ. *Pon* los vasos *boca abajo*. コップを伏せて置いて. ～ *rojo [colorado]* 赤面させる. ～ *recto* まっすぐにする［置く］. ▶ 形容詞は目的語と性数一致する.
5《a...》（...に）〈名前〉つける、《...を》...と名づける. *Le pusieron* Laura *a* la niña. 女の子はラウラと名づけられた.
6〈電気機器・機械などを〉作動させる；セットする. Si tienes calor, ahora mismo *pongo* el aire acondicionado. 暑かったら今すぐエアコンをつけるね. ¿*Has puesto* el contestador? 留守電をセットしたのかい.
7 準備する、支度をととのえる. ～ la mesa 食卓を準備する、テーブルセッティングをする. Señores, ¿qué les *ponemos* hoy? お客さま、今日は何にいたしましょうか.
8〈場所を〉（必要な設備・備品などを設置し使用できるよう）整える、準備する. Antes de la mudanza, al menos quiero terminar de ～ la cocina en la nueva casa. 引っ越しの前に少なくとも新居のキッチンだけは整備しておきたい.
9〈努力・資金などを〉注ぎ込む、投入する；費やす. Pedro *puso* muchísimo dinero en el proyecto. ペドロはその企画に大金を注ぎ込んだ. Si no *pones* esfuerzo de tu parte, ella nunca te comprenderá. 君の側で努力しなければ、彼女はいつまでも君を理解しないだろう.
10 賭(ｶ)ける；《a que＋直説法》《...であることを》〈...を〉賭ける、《...であると》...と誓う. Tra-

baja bien; *he puesto* mi honor en este asunto. 私はこの件に名誉を賭けているんだからしっかりやってくれ. *Pongo* 20 euros *a que* ella *aprueba* el examen. 私は彼女の試験合格に20ユーロ賭ける.
11〈課題・義務などを〉課す、〈罰・罰金などを〉科す. A Paula le *han puesto* una multa por exceso de velocidad. パウラはスピード違反で罰金を科された.
12（1）記入する、書く. *Ponga* su nombre en esta casilla. この空欄にお名前を記入してください.
（2）《3人称単数形で》《話》...と書いてある. Aquí pone que la reunión es a las cinco. ここには会議は5時からだと書いてある. En el manual pone que no lo acerquemos al fuego. マニュアルにはそれを火に近づけるなと書いてあるよ.
13〈a...〉〈電報・電子メール・ファックスなどを〉送る；《a... / con...》...と》〈長距離電話を〉かける. Te *pondré* un correo electrónico en cuanto sepa algo. 何かわかったらすぐにメールを出すからね. ～ una conferencia *a [con]* Nueva York ニューヨークに長距離電話をかける.
14〈電話で〉《con＋人》〈人）に〉替わる、つなげる. ¿Por favor, me puede ～ *con* Pablo Soto? パブロ・ソトさんをお願いしたいのですが.
15（1）《a＋不定詞》〈人に〉〈...〉させる；《ものを》〈...〉する. Mis padres me *pusieron a estudiar* Derecho contra mi voluntad. 私は両親に無理やり法学を専攻させられた. ～ *a secar* la ropa 服を乾かす. ～ *a calentar* el horno オーブンを温める.
(2)《de...》〈...として〉働かせる、《...の役を》務めさせる. Te vamos a ～ *de* coordinadora de los cursos de verano. 君に夏季コースのコーディネーターを務めてもらうことにしよう.
16〈裁判・訴訟を〉起こす、〈告訴・告発の〉手続きをする. Hemos decidido ～ una denuncia contra la constructora por incumplimiento de contrato. 建設会社を契約不履行で訴えることにした.
17（1）《a...》〈...に〉〈抵抗・難色を〉示す、表明する. Los sindicatos *pusieron* objeciones *a* las medidas del gobierno. 労働組合は政府の対策に対し反対を表明した. ～ resistencia 抵抗を示す. (2)〈顔つき・様子を〉してみせる. Raúl *puso* cara de lástima, pero a mí no me puede engañar. ラウルは残念そうな顔をしたけど、僕はだまされない. ～ buena cara いい顔をする、理解を示す.
18《de... / por... / como...》〈人を〉《...として》扱う、《...に》呼ばわりする. Cuando mi madre se enteró, se enfadó mucho y me *puso de* mentiroso. 母は事実を知るとひどく怒り、私をうそつきと責めた. ▶ 主に非難・軽蔑をこめたマイナスの評価を表す.
19《por... / como...》...として》挙げる、提出する、たてる. El profesor *puso* como ejemplo a su hijo. 先生は息子さんを例として使った. ¿A quién vamos a ～ *por* testigo? 誰を証人に立てよう.
20《話》〈ラジオ・テレビで〉〈劇場などで〉上演・上映する. ¿En qué cadena *ponen* esta serie televisiva? このテレビドラマはどこの局でやってるの. En este cine *ponen* películas en versión original. この映画館では映画を吹き替えなしで上映する.
21《que＋直説法・接続法 ...と》想定する、仮定する. *Pongamos que* te *toca* la lotería. ¿Seguirías trabajando? 宝くじに当たったとして、君は仕事続けるかい. ▶ 主に命令形または分詞構文 poniendo que...で用いられる.
22〈卵生動物が〉〈卵を〉産む. Mi canario *ha*

puesto dos huevos. 私のカナリアは卵を2つ産んだ. ▶ 頻繁に目的語を省いて用いられる. Esta gallina ha dejado de ～. この雌鶏は産卵しなくなった.

— **～･se** ❶ 《衣服･装飾品などを》**着る, つける**. Suelo ～*me* un traje pantalón para ir a trabajar. 私は仕事にはたいていパンツスーツを着ていく. ¿Qué zapatos te vas a ～? どの靴を履くつもりなの.

2《特定の場所･位置に》**つく, 身をおく**. Tenéis que ～*os* más a la derecha. 君たちはもう少し右に寄らないといけないよ. Vamos a ～*nos* cerca de la chimenea. 暖炉の側に座ろう.

3《+形容詞･副詞およびその相当語句》

(1)《(…の)に》**なる, 変わる**. ～*se enfermo* [*malo*] 病気になる. ～*se bueno* 健康になる. ～*se fuerte* たくましくなる. ～*se triste* 悲しくなる. ～*se de buen* [*mal*] *humor* 機嫌がよく[悪く]なる. ～*se de manifiesto* 明らかになる. ～*se de moda* はやる, 流行する. Inés se puso furiosa. イネスは激怒した. ▶ 形容詞は主語と性数一致する.

(2)《…の体勢･姿勢･立場を》**とる, 構える**. ～*se boca arriba* 仰向けになる. ～*se de rodillas* ひざまずく. ～*se de pie* 立ち上がる. ～*se de espalda* 背を向ける. ～*se a favor* [*en contra*] *de la propuesta* 提案に賛成[反対]の立場をとる.

(3)《**de…**》《(…で)》一杯になる, (…)だらけになる;(…)で汚れる. *Nos pusimos de barro hasta las rodillas*. ひざまで泥だらけになった.

4《電話に》出る. Perdone, mi hija no puede ～*se* ahora mismo. すみませんが, 娘は今ちょっと電話に出られないのですが.

5 (1)《a+不定詞》《(…し)**始める**, (…に)取りかかる. Ahora mismo *ponte a preparar* los papeles. 今すぐ書類の用意を始めなさい.

(2)《話》《**con…**》《(…を)始める, (…に)取りかかる. Primero vamos a ～*nos con* la limpieza. まず は掃除にかかろう.

(3)《話》《**a…**》《…に)真剣に取り組む. Si de verdad *te pones* a ello, podrás licenciarte este año. 本当に真面目に取り組めば, 今年卒業できるよ.

6《**de…**…として》働き始める. Mi hija *se ha puesto de* cajera en el supermercado del barrio. うちの娘は近所のスーパーでレジ係として働き始めた.

7《太陽･月などが》沈む, 地平線の下に隠れる. Tenemos que darnos prisa; pronto *se pondrá* el sol. 急がないと. すぐに日が沈むからね.

8《話》《アルコール･麻薬の摂取･性行為などの影響を》強く感じる;《麻薬を》使う, 摂取する. Aquellos hombres ya estaban muy *puestos*. 彼らはすでにかなり酔っていた.

9《特定の場所に》着く, 現れる. Dentro de dos horas *nos pondremos* en París. 2時間後で私たちはパリ到着だ.

10《話》《まれ》《**con…**》(…と)張り合う, (…と)対抗する;《ラ米》《**con**+人 (人)と》《**a que**+直説法 …に関して》賭(ザ)けをする. *Me pongo contigo a que* Pedro no viene. 賭(カ)けてもいいけど, ペドロは来ないわ.

11《話》《人の発話をそのまま引用して》…と言う. De repente, él *se puso*: "¡Baila conmigo!". 突然, そいつが「俺(ホ)と踊れ」と言った.

12《ラ米》《(*)》《**con…**》(…と)付き合う.

— 男《まれ》推測(=suponer). Si con aquel regalo, es un ～, la quiso seducir, entonces fracasó. これは単なる憶測なんだけど, もし彼があの贈り物で彼女を誘惑するつもりだったんなら, 失敗したも同然だ. ▶ 不定冠詞を伴い単数形で用いる.

poner a+人 a bien con+人 《人》を《人》と仲直りさせる.

poner a parir a+人《人》をこきおろす.

poner bien [***mal***]… 《話》…をほめる[けなす], …に関してよく[悪く]言う. Quiero ver esta película aunque los críticos la *han puesto* bastante *mal*. 評論家の受けはあまりよくないけど僕はこの映画が見たいな.

ponerse de largo〈若い女性が〉社交界にデビューする.

ponérselas《ラ米》《エクア》《(*)》《(*)》《グア》酔っ払う.

[← [ラ] *pōnere*;【関連】posición, postura, postal, componer, posponer. 【英】*position, compose*「作る;作文する;作曲する」, *postpone*]

po･ney / pó･ney [pó.ni] 男《複 ～s / ～s》【動】→pony.

pong- 屈 →poner.

pon･ga･je [poŋ.gá.xe] 男《ラ米》《ボリ》《ペ》《先住民の小作人に課される農園》の無給労働.

pon･go[1] [póŋ.go] 男 **1**【動】オランウータン(=orangután). **2**《ラ米》《ボリ》(1)《まれ》植え付けの季節労働. (2)先住民の使用人[小作人]. (3)川の深く幅の狭い難所.

pon･go[2] [póŋ.go] 屈 →poner.

po･ni [pó.ni] 男【動】→pony.

po･nien･te [po.njén.te] 男 **1** 西, 西方(=oeste)(↔levante). **2** 西風.

sol poniente 落日(½ʊ), 入り日.

pon･le･ví [pon.le.βí] 男《かかとの非常に高い昔のハイヒールのタイプ. [← [仏] *pont-levis*「跳ね橋」]

pon･qué [poŋ.ké] 男 ケーキ(=tarta).

pon･ta･je [pon.tá.xe] 男【史】→pontazgo.

pon･taz･go [pon.táθ.go / -.tás.-] 男 渡橋料.

pon･te･ar [pon.te.ár] 他 橋を架ける.

Pon･te･ve･dra [pon.te.βé.ðra] 固名 ポンテベドラ:スペイン北西部の県[県都].

pon･te･ve･drés, -dré.sa [pon.te.βe.ðrés, -.ðré.sa] 形《スペインの》ポンテベドラの.

— 男 女 ポンテベドラの住民[出身者].

pón･ti･co, ca [pón.ti.ko, -.ka] 形【史】黒海の;《小アジアの古代国家》ポントス Ponto の.

pon･ti･fi･ca･do [pon.ti.fi.ká.ðo] 男【カト】教皇の職[位, 在位期間];《大》司教の職[任期]. *acceder al* ～ 教皇[(大)司教]の座に就く.

pon･ti･fi･cal [pon.ti.fi.kál] 形【カト】教皇の;《大》司教の.

— 男 **1**【カト】《司教用》定式書;《主に複数で》《司教用》祭服飾り. **2**《教区が受け取った》十分の一税.

de pontifical 司教服を着て;晴れ着で[礼服]を着て.

pon･ti･fi･car [pon.ti.fi.kár] 自 **1** 横柄な話し方をする, 尊大な態度を取る(=dogmatizar).

2【カト】《教皇･(大)司教が》ミサを執行する.

***pon･ti･fi･ce** [pon.tí.fi.θe / -.se] 男 **1**【カト】教皇;司教, 大司教. El Sumo *P*～ ローマ教皇. **2**《古代ローマ》大神官.

***pon･ti･fi･cio, cia** [pon.ti.fí.θjo, -.θja / -.sjo, -.sja] 形【カト】**教皇の**;司教の, 大司教の.

pon･to [pón.to] 男《古》《大》《文章語》海(=mar).

pon･to･cón [pon.to.kón] 男 **1** 蹴(ゲ)ること, 足蹴(ゲ)り(=puntapié). **2**《ラ米》《エクア》突き飛ばすこと.

pon･tón [pon.tón] 男 **1**【海】(1) はしけ(舟). (2) 舟橋, 浮き橋;ポンツーン:桟橋の代わりに用いられる

箱船. **2** 丸木舟；渡し板. **3** (倉庫・病院として使われる) 古い係留船.

pon·to·ne·ro [pon.to.né.ro] 男 **1** 〖軍〗架橋兵；舟橋架設者. **2** はしけの操縦を仕事にする人.

po·ny [pó.ni] 〖英〗男 〖複 ~s〗〖動〗ポニー, 小型の馬. el ~ macho [hembra] 雄[雌]ポニー.

pon·zo·ña [pon.θo.ɲa, -.só.-] 女 **1** 毒物, 毒. **2** 有害なもの, 悪影響を与えるもの. la ~ de una mala doctrina 悪い教義の弊害.

pon·zo·ño·so, sa [pon.θo.ɲó.so, -.sa / -.so.-] 形 **1** 毒を持つ, 有毒の, 有害な. **2** 悪意のある, 腹黒い.

pool [púl] 〖英〗男 〖複 ~S〗〖商〗**1** 企業連合；カルテル；プール (制). **2** (複数の企業やグループで利用する)共同施設[要員, 車].

pop [póp] 〖英〗〖性数不変〗形 大衆向きの, ポップ(アート)の. música *pop* ポップミュージック.
— 男 ポップミュージック；ポップアート.

po·pa [pó.pa] 女 **1** 〖海〗船尾, 艫(とも)(↔proa). a ~ 船尾に, 後方に. virar con viento en ~ 風下に向きを変える. **2** 《俗》尻(しり). **3** [P-]〖星座〗~ とも(船尾)座.

po·par [po.pár] 他 **1** 甘やかす, ちやほやする；こびる, へつらう. **2** あざける, さげすむ.

po·pe [pó.pe] 男 **1** 〖宗〗(ギリシア正教の)司祭. **2** 実力者.

po·pe·lín [po.pe.lín] 男 〖服飾〗ポプリン：畝織りの布地.

po·pe·li·na [po.pe.lí.na] 女 → popelín.

po·pi [pó.pi] 男 《ラ米》(1) (幼)〖幼児語〗お尻. (2) (コス)スポーツシューズ.

po·pín [po.pín] 男 《ラ米》(幼)〖幼児語〗お尻.

po·plín [po.plín] 男 《ラ米》→ popelín.

po·plí·te·o, a [po.plí.te.o, -.a] 形 〖解剖〗膝窩(しっか)の, ひかがみの.

po·pó [po.pó] 男 **1** 《婉曲》《話》うんち. **2** 《ラ米》(幼)〖幼児語〗お尻.

Po·po·ca·té·petl [po.po.ka.té.petl] 固名 ポポカテペトル(山)：メキシコ中部の火山. 5452 m. ♦Popoの愛称で呼ばれる. [← 〖ナワトル〗*Pōpōcatepetl* (*pōpōca* 「よく煙を吹き上げる」+ *tepētl*「山」)]

po·po·cho, cha [po.pó.tʃo, -.tʃa] 形 《ラ米》(コロ)(1)《話》いっぱいの, 飽き飽きした. (2)《話》満腹の.

po·po·ro [po.pó.ro] 男 《ラ米》(1) (コロ)(エクア)こぶ, 腫(は)れ. (2) (ニカラ)こん棒.

po·po·ro·po [po.po.ró.po] 男 《ラ米》(グアテ)〖複数で〗ポップコーン.

po·po·te [po.pó.te] 男 《ラ米》(メヒ)わら；ストロー.

pop·per [pó.per] 〖英〗男 ポッパーズ：麻薬の一種. 亜硝酸アミル[ブチル]のこと.

po·pu·la·che·rí·a [po.pu.la.tʃe.ri.a] 女 《軽蔑》安っぽい人気, 俗受け.

po·pu·la·che·ro, ra [po.pu.la.tʃé.ro, -.ra] 形 《軽蔑》通俗的な, 庶民的な；大衆に受ける, 大衆受けしようとする. *drama* ~ 大衆演劇.

po·pu·la·cho [po.pu.lá.tʃo] 男 《軽蔑》庶民；一般大衆.

po·pu·lar [po.pu.lár] 形 **1** 《多くは名詞 +》《ser +》大衆の, 大衆的な, 庶民の；通俗的な. *música* ~ ポピュラー音楽. *canción* ~ 流行歌；民謡. *un barrio* ~ *de Madrid* マドリードの下町『繁華街』. *costumbres* ~ 民俗. *creencia* ~ 民間信仰. *el lenguaje* ~ 俗語(的な言い回し). *lo* ~ 大衆性, 庶民性.
2 《名詞 +》人民の, 国民の. *la voluntad* ~ 国民の意思. *la República P*~ *(de) China* 中華人民共和国. *consulta* ~ 市民[県民]投票. *el frente* ~ 人民戦線. *gobierno* ~ 人民政府. *la soberanía* ~ 主権在民. *el ejército* ~ 人民[国民]軍. *carrera* ~ 市民ミニマラソン. *la educación* ~ 国民教育.
3 《+名詞 / 名詞 +》《ser +》人気のある, 評判のよい. *hacerse* ~ 評判になる, 人気が出る. *El tenis es tan* ~ *como el fútbol en España*. テニスはスペインではサッカーと同じように人気がある. *Es* ~ *en el colegio*. 彼[彼女]は学校での人気者だ. *un cantante* ~ 人気歌手. *un periodista* ~ 有名な記者.
4 《名詞 +》廉価(れんか)な, 買いやすい. *una edición* ~ *de El Quijote*『ドン・キホーテ』の廉価版.
5 (スペインの)国民党 Partido Popular の. *un diputado* ~ 国民党の国会議員.
— 男 女 (スペインの)国民党員[支持者]
[← 〖ラ〗*populārem* (*populāris* の対格, *populus*「民衆」より派生); 関連 popularidad. 〖英〗*popular*]

po·pu·la·ri·dad [po.pu.la.ri.ðáð] 女 人気, 評判.

po·pu·la·ris·mo [po.pu.la.rís.mo] 男 大衆性, 庶民性, 通俗性.

po·pu·la·ris·ta [po.pu.la.rís.ta] 形 通俗趣味の.
— 男 女 通俗趣味の人.

po·pu·la·ri·za·ción [po.pu.la.ri.θa.θjón / -.sa.sjón] 女 普及；大衆化, 通俗化.

po·pu·la·ri·zar [po.pu.la.ri.θár / -.sár] 97 他 大衆化する, 通俗化する；普及させる, 広める.
— ~**se** 再 普及する.

po·pu·la·zo [po.pu.lá.θo / -.so] 男 → populacho.

po·pu·le·ón [po.pu.le.ón] 男 鎮痛用軟膏(なんこう), ポプラ軟膏.

po·pu·lis·mo [po.pu.lís.mo] 男 **1** 人民主義；《軽蔑》ポピュリズム, 大衆 (迎合) 主義. ♦国民, 一般民衆の意志と利益を第一義的に置く政治綱領. 大恐慌 (1929年) 後の南米諸国で隆盛した.
2 (ロシアの) 人民主義：ナロードニキの思想.

po·pu·lis·ta [po.pu.lís.ta] 形 人民主義(者)の；《軽蔑》大衆 (迎合) 主義 (者) の. — 男 女 人民主義(支持) 者；《軽蔑》大衆 (迎合) 主義者.

po·pu·lo·so, sa [po.pu.ló.so, -.sa] 形 人口の多い, 人口密度の高い；人のいっぱいの.

po·pu·rrí [po.pu.ri̯] / **po·pu·rri** [po.pú.ri̯] 男 **1** 〖音楽〗接続曲, メドレー.
2 寄せ集め, ごたまぜ.

po·que·dad [po.ke.ðáð] 女 **1** 臆病(おくびょう)さ, 気の弱さ, 小心 (= timidez). **2** 少ないこと；欠乏, 不足 (= escasez). *la* ~ *de sus recursos* 資力が乏しいこと. **3** つまらないもの, ささいなこと.

pó·quer [pó.ker] 男 〖遊〗(トランプの) ポーカー；ポーカーダイス (= ~ *de dados*).
cara de póquer 《話》ポーカーフェイス.
[← 〖英〗*poker*]

po·qui·ta [po.kí.ta] 形 → poquito.

po·qui·te·ro, ra [po.ki.té.ro, -.ra] 形 《ラ米》(メヒ)《話》(1) ちまちました. (2) けちな.

po·qui·tín [po.ki.tín] 男 poquito + 縮小辞.

po·qui·to, ta [po.kí.to, -.ta] 形 副 代名
a poquito(s) ほんの少しずつ, だんだん. *sorbiendo a* ~ *s el café* コーヒーをちびちびすすりながら.
poquito a poco [poquito] 少しずつ；徐々に. *Hay que ir* ~ *a poco*. 少しずつ行かなければならない.
ser muy poquito 《ラ米》(アルゼ)(ウルグ)(パラ)意気地がな

い.
un poquito 《肯定的》ほんの少し(は). conocer *un* ~ el país その国のことをほんの少し知っている. *un* ~ más joven que yo 私より少しだけ若い.
[poco+縮小辞]

por [por] 前 **I** 《動機・理由・根拠》

1 《動機》…のためを思って,…のために. *Por* su familia él podría hacer cualquier cosa. 彼は自分の家族のためにならどんなことでもできるだろう. Lo hice *por* ti. 僕は君のためを思ってそれをした[作ったんだ].

> 類語 *por* は動機・根拠を表し, *para* は直接的な目的・目標を表す. Lo hice *para* ti. 僕は君にあげるためにそれを作った. Lo hice *por* dinero. 金のためにそれをしたんだ. Vamos a brindar *por* nuestro futuro. 我々の未来のために乾杯しよう. Vengo *por* verla. 彼女に会えるためと思って来ました.

2 《原因・理由》…のゆえに,…のために. *por* eso それで,だから. *Por* no saber qué decir me fui. 何と言っていいのかわからないので,私は出て行った. No pude levantarlo *por* lo pesado que era. それがとても重くて私は持ち上げられなかった. Le pusieron una multa *por* exceso de velocidad. スピード違反で彼[彼女]は罰金を課された. Nadie la quiere *por* su mal carácter. 彼女は性格が悪いので誰からも好かれていない. Gracias *por* la información. お知らせくださって感謝します.

2 《目標・支持》

1 《目標》…を求めて,…を呼びに. ¿Hoy ha venido alguien preguntando *por* mí? 今日誰か私のことを訪ねてきた人はいたかい. Voy *por* tabaco. タバコを取りに行ってくるよ. → *a por*.

2 《支持・賛成・選択》…のために. La mayoría votó *por* el partido socialista. 多数が社会党に投票した. Optamos *por* viajar a Europa. 我々はヨーロッパ旅行の方を選んだ.

3 《感情・関心の対象》…に対して. Tiene mucho cariño *por* su sobrino. 彼[彼女]は甥(ﾌ)がとても好きだ. Tengo curiosidad *por* saber lo que hacen. 私は彼らがしていることに興味がある.

3 《代理・代替・資格》

1 《代理》…の代わりに. Ella vino *por* su hija. 彼女は娘の代わりに来た. Javier dará la clase *por* mí. ハビエルが私の代講をしてくれます.

2 《代替》…と交換に. Quiero cambiar este jersey *por* uno más pequeño. このセーターをもっと小さいのと換えたい.

3 《代価・数量》…で. Vendí mi casa *por* cuarenta millones de yenes. 私は家を4000万円で売った.

4 《資格・相当》…として. Pasa *por* trabajador pero es perezoso. 彼は働き者と思われているが怠け者だ. Lo tomaron *por* jefe. 彼は上司と間違えられた.

5 《割合》…につき; 《掛け算》…掛ける. *por* semana 1週間につき. *por* día 1日につき. Cobran diez euros *por* persona. ひとりにつき10ユーロ徴収される. El tren corre a unos doscientos kilómetros *por* hora. その列車は時速約200キロで走る. Hay que pagar un diez *por* ciento de impuesto. 10パーセントの税金を払わないといけない. Dos *por* seis son doce. 2掛ける6は12.

4 《方法・手段》

1 《方法・手段》…で. Mandé el paquete *por* correo aéreo. 航空便で小包を送った. ¿Viajamos *por* tren o *por* avión? 列車か飛行機かどちらで旅行しようか.

2 《媒介》…を通して,…によって. Lo supe *por* un amigo. それは友人を通じて知りました.

3 《判断の基準》…によって. *por* lo visto 見たところ. La conocí *por* el peinado. 彼女だと髪形でわかった. *por* lo que dicen 人のうわさによると.

4 《様態》…で. punto *por* punto 一点ずつ. *por* orden alfabético アルファベット順に. Lo cogió *por* el brazo derecho. 彼は右腕をつかまれた.

5 《受動文の動作主》…によって. El documento fue firmado *por* el ministro. 大臣によってその書類は署名された.

6 《限定・関連》…については,…に関しては. *Por* lo que dijiste ya veremos. 君の言った件については後で何とかします. *Por* mí, no te molestes. 私のことについては気にしないで.

5 《期間・時間帯》

1 《期間・継続》…の間. Mi hermano trabajó *por* muchos años en la empresa. 私の兄[弟]はその会社に長年勤務した. Vendré *por* tres días. 私は3日間の予定で来るつもりです.

2 《漠然とした時間・期間》…(ころ)に. *por* ahora 今のところ,今. *por* entonces そのころ. *por* aquella época あの時期に. Estudio *por* la mañana y trabajo *por* la noche. 私は午前中勉強して夜は働いています. Volvieron *por* el diez de septiembre. 彼らは9月10日ごろ帰って来た.

> 類語「…ころ」の *por* に対し *para* は期限を表す. Volveré *por* marzo. 3月ごろに戻ってきます. Volveré *para* marzo. 3月までに戻ってきます.

6 《場所・経路》

1 《経路》(1)…を通って. Viajaremos a Madrid *por* Burgos. 私たちはブルゴスを通ってマドリードまで旅行します. El ladrón entró *por* esta ventana. 泥棒はこの窓から侵入した.

> 類語 経路の *por* に対し *para* は方向を表す. Vamos *por* Sevilla. セビーリャを通って行く. Vamos *para* Sevilla. セビーリャに向かって行く.

(2) …に沿って,…の中をずっと. Iremos *por* este camino. この道を行こう. ▶他の前置詞と一緒に用いられることがある. → Corrimos *por* entre los árboles. 私たちは木々の間を通って走った.

2 《漠然とした場所》…あたりに. ¿Hay un banco *por* aquí? このあたりに銀行はありますか. Me gustaría viajar *por* Europa. ヨーロッパをずっと旅行してみたい. Está *por* Cuenca. それはクエンカあたりにある.

7 《+不定詞》まだ…していない (→ *estar por*+不定詞). Todavía me quedan cosas *por* hacer. 私はまだすることが残っている.

a por… …をとりに,…を探しに (→ **2** 1. *por* 単独よりも多用される). Voy *a por* el vino. ワインを取ってくるよ. Salí *a por* tabaco. 私はタバコを買いに出た. Lo enviaron *a por* el médico. 彼に医者を呼びにやらせた.

estar por +不定詞 (1) まだ…していない. La cama *está por hacer*. ベッドをまだ整えていない. (2) …したいと思う. *Estoy por vender*lo. それを売りたいと思う.

¿Por? 《話》どうして (=¿por qué?). Mañana no te podré ver. — *¿Por?* 明日は君に会えないよ. —どうして.

por +形容詞・副詞+*que* +接続法《譲歩》たとえ…

でも. *Por bueno que sea, no te ayudará.* 彼がいくらいい人でも君の手伝いはしてくれないよ.
por qué → qué.
por si (*acaso*) …かもしれないので. *Llévate la llave por si no estoy en casa.* 私が家にいないかもしれないので鍵を持っていって.
si no es por... …がいなかったら.
[←〔俗〕*por*←〔ラ〕*prō*「…の前に；…のために；…によって」;〖関連〗〔仏〕*pour*.〔英〕*for*.〔独〕*für*]

por·ca·chón, cho·na [por.ka.tʃón, -.tʃó.na] 形 汚らしい, 不潔な. ― 男 女 豚, 不潔な人. [*puerco* + 増大辞]

por·ca·llón, llo·na [por.ka.ʎón, -.ʎó.na ‖ -.ʎón, -.ʎó.-] 形 男 女 → porcachón.

***por·ce·la·na** [por.θe.lá.na / -.se.-] 女 **1** 磁器；磁器製品. ~ china 中国産磁器.
2 青磁色；(青磁色の)上薬. → cerámica.
[←〔伊〕*porcellana*（本来「コヤスガイ」を意味したが，表面の類似から「磁器」に）；〖関連〗〔英〕*porcelain*]

por·ce·la·ni·ta [por.θe.la.ní.ta / -.se.-] 女〖鉱〗碧玉（へきぎょく）.

***por·cen·ta·je** [por.θen.tá.xe / -.sen.-] 男 **1** パーセンテージ, 百分率, 百分比. *Le dan cierto ~ sobre las ventas.* 彼[彼女]は売り上げの何パーセントかをもらう. *un gran ~ de estudiantes* 学生の大部分. ▶「パーセント」は por ciento.
2 率, 割合, 歩合. ~ *de modulación* 変調率. ~ *de defunciones* 死亡率.

por·cen·tual [por.θen.twál / -.sen.-] 形 パーセンテージの, 百分率の.

por·che [pór.tʃe] 男 **1** 玄関, ポーチ, 車寄せ.
2 前廊, ポルチコ：本建築に付属した屋根付き玄関.
3 アーケード；柱廊 (= soportal).

por·ci·cul·tu·ra [por.θi.kul.tú.ra / -.si.-] 女 養豚.

por·ci·no, na [por.θí.no, -.na / -.sí.-] 形 豚の (= porcuno). ganado ~ 豚.
― 男 **1** 子豚 (= cochinillo). **2**《複数で》《集合的》豚. **3** こぶ, たんこぶ.
pan porcino〖植〗ブタマンジュウ, シクラメン.

***por·ción** [por.θjón / -.sjón] 女 **1** 部分；(板チョコなどの)かけら. *una ~ de tierra* 土地の一角. *dividir [cortar] una tarta en porciones iguales* ケーキを等分する. *Le di una ~ de lo que tenía.* 私は彼[彼女]に持っているものの一部を分けてやった.
2 割り当て, 持ち分. *La ~ de cada uno sale a cien euros.* 1人の取り分は100ユーロになる.
3 ある量；かなりの量. *una ~ reducida de frutas* わずかばかりの果物. *Llegó una ~ de gente.* かなりの人が来た.

por·cu·li·zar [por.ku.li.θár / -.sár] 97 他 **1**《卑》…に獣姦[ソドミー], 肛門性交を行う.
2《卑》うんざりさせる, 不快にする.

por·cu·no, na [por.kú.no, -.na] 形 **1** 豚の, 豚に似た. ⟨果実が⟩豚の餌（えさ）にしかならない, 品質の悪い. ― 男《複数で》《集合的》豚.

por·dio·se·ar [por.djo.se.ár] 自 **1** 施しを求める, 物ごいする (= mendigar). **2** 哀願する.

por·dio·se·o [por.djo.sé.o] 男 物ごい；哀願.

por·dio·se·rí·a [por.djo.se.rí.a] 女 物ごい；哀願.

por·dio·se·ro, ra [por.djo.sé.ro, -.ra] 形 物ごいする；物ごいの(ような)；みすぼらしい身なりの. ― 男 女 物ごいする人 (= mendigo). [←¡Por Dios!]

po·rex·pán [po.re(k)s.pán] 男 発泡ポリスチレン [スチロール].

por·fí·a [por.fí.a] 女 **1** 粘り強さ, 不屈. **2** 頑固さ, 強情, 執拗（しつよう）さ. **3** 激論, 口論.
a porfía 人に負けまいと；張り合って.

por·fia·da·men·te [por.fjá.ða.mén.te] 副 頑固に, 強情に；しつこく, 執拗（しつよう）に.

por·fia·do, da [por.fjá.ðo, -.ða] 形 **1** 粘り強い, 不屈の (= persistente). **2** 頑固な, 強情な, しつこい (= obstinado). *un vendedor ~* しつこいセールスマン. ― 男 女 頑固な人, 強情な人. ― 男《ラ米》（タシオ）（ヒオ）（ホゥ）人形, 起き上がりこぼし.

por·fia·dor, do·ra [por.fjá.ðor, -.ðó.ra] 形 男 女 → porfiado.

por·fiar [por.fjár] 81 自 **1** (*en...* …に)固執する, 粘り強く(言い)続ける. ~ *en negar* 否定し続ける. ~ *en que...* …をしつこく要求する；…と力説する. *Porfía en que es así.* 彼[彼女]はそうだと言い張っている. **2** ねだる, せがむ. **3** 口論する.

pór·fi·do [pór.fi.ðo] 男〖鉱〗斑岩（はんがん）.

por·fi·ria [por.fí.rja] 女〖医〗ポルフィリン症.

por·fi·ris·mo [por.fi.rís.mo] 男 → porfiria.

por·fi·ri·na [por.fi.rí.na] 女〖生化〗ポルフィリン.

por·fo·lio [por.fó.ljo] 男 アルバム (= álbum, portfolio).

po·rí·fe·ro [po.rí.fe.ro] 形〖動〗海綿動物門の.
― 男 海綿動物門の生物；《複数で》海綿動物門.

***por·me·nor** [por.me.nór] 男 **1**《主に複数で》詳細, 細部. *los ~es de un asunto* 事の詳細.
2 二義的なこと, ささいなこと.

por·me·no·ri·zar [por.me.no.ri.θár / -.sár] 97 他 詳述する, 詳しく説明する.

por·no [pór.no] 形《話》ポルノの, ポルノに関する (= pornográfico).
― 男《複（一，-s》《話》ポルノ (= pornografía).

por·no·gra·fí·a [por.no.ɣra.fí.a] 女 ポルノ(グラフィー)；好色文学, 猥褻（わいせつ）物, ポルノ雑誌.

por·no·grá·fi·co, ca [por.no.ɣrá.fi.ko, -.ka] 形 ポルノの；猥褻（わいせつ）文書の.

por·nó·gra·fo, fa [por.nó.ɣra.fo, -.fa] 男 女 ポルノ作家, 好色文学者；春画家.

po·ro¹ [pó.ro] 男〖解剖〗(皮膚などの)毛穴, 小孔；〖植〗気孔；〖昆〗気門.

po·ro² [pó.ro] 男 **1**〖植〗ニラネギ, リーキ.
2《ラ米》（タシオ）（ヒオ）（ホゥ）マテ茶を入れる器.

po·ron·go [po.róŋ.go] 男《ラ米》(1) （ペル）丸い焼き物の器. (2) （タシオ）（ヒオ）（ホゥ）ひょうたん. (3) （ホゥ）マテ茶の器 (= mate).

po·ro·ró [po.ro.ró] 男《ラ米》（ヒオ）（ホゥ）ポップコーン.

po·ro·ro·ca [po.ro.ró.ka] 女《ラ米》（ホゥ）(河口からの)逆流, 逆潮.

po·ro·si·dad [po.ro.si.ðáð] 女 有孔性, 多孔性.

po·ro·so, sa [po.ró.so, -.sa] 形 多孔性の, 多孔質の；小穴の多い.

po·ro·tal [po.ro.tál] 男《ラ米》（南米）畑.

po·ro·to [po.ró.to] 男《ラ米》(1) （ヒオ）（ホゥ）《話》へなちょこ, ざこ, 小者. (2) （ホゥ）《話》子供. (3) （南米）豆, インゲン豆, 豆の煮込み. (4) （ホゥ）得点；的中.
anotarse un poroto《ラ米》（パラグ）(1)《話》正解を言う. (2)《話》得点をあげる.

por qué [por ké] → qué.

***porque** [por.ke]〖接続〗 **1** (1) なぜならば, …だから. *No vino ~ no quiso.* 彼[彼女]は来たくなかったので来なかった. *Os lo repito ~ es muy importante.* とても重要なことなので君たちにもう一度繰り返します. ▶ porque で導かれる節は,

porqué

ふつう主文の後に置かれる. (2)《否定語と共に》《+接続法》…だからといって,たとえ…でも. *No ~ me amenaces* vas a conseguir que te lo diga. たとえ君が脅したって,私にそれを言わせることはできないよ. **2** 《+接続法》…するように,…するために(=para que).

porque sí [no] [断定的な肯定・否定]だってそうなんだから[嫌といったら嫌だから]. *¿Por qué piensas así? —P~ sí.* どうしてそう思うの?—だってそうなんだもの. *¿Por qué no la invitas? — P~ no.* どうして彼女を誘わないの. —どうしてもさ.
[←por+que]

por·qué [por.ké] 男 **理由**,原因. saber el ~ de cada cosa それぞれのものごとの訳を知る. el ~ de los dichos 諺(ﾆﾁ)の由来. *No ha explicado el ~ de su ausencia.* 彼[彼女]は欠席の理由を説明しなかった.

por·que·rí·a [por.ke.rí.a] 囡《話》**1** 汚いもの,廃物; 汚物. *Esta calle es una ~.* この通りはまるで掃きだめだ. **2** 値打ちのないもの,くだらないもの. *Este reloj es una ~.* この時計は安物だ. *Siempre cuenta ~s.* 彼[彼女]はいつもくだらない話ばかりしている. **3** 卑劣[下品]なこと. **4** ジャンクフード.
estar hecho una porquería 《話》たいへん汚い. *Tu cuarto está hecho una ~.* 君の部屋は足の踏み場もないほど散らかっている.

por·que·ri·za [por.ke.rí.θa / -.sa] 囡 豚小屋,豚舎(=pocilga).

por·que·ri·zo, za [por.ke.rí.θo, -.θa / -.so, -.sa] 男囡 →porquero.

por·que·ro, ra [por.ké.ro, -.ra] 男囡 豚の飼育業者.

por·que·ta [por.ké.ta] 囡 【昆】エンジムシ;カイガラムシ(=cochinilla).

po·rra [pó.ra] 囡 **1** こん棒;警棒. *guardia de la ~* 交通警官. **2** 大ハンマー,鉄槌(ﾂﾁ). **3** 《揚げ菓子の》《ラ米》:太くて長い棒状のチュロ churro. **4** 《話》当てっこ賭博(ﾄﾞｸ). **5** 《話》《ser+》《子供の遊びの順番で》びり. **6** 《話》うぬぼれ,自慢(=presunción). **7** 《ラ米》(1) (ﾂﾘ)(ﾏﾁ)(ﾁﾘ)後頭部のほうに伸びた髪. (2) (ﾒﾋ)(ﾉﾐ)前髪の房. (3) (ﾂﾘ)政治ゴロ. (4) (ﾍﾞｽ)聴衆の中の)さくら. (5) (チームの)ファン(=hinchada). (6) (ｺﾛ)《話》頭のよい人.
echar porras 《ラ米》(ﾒﾋ)(ﾁﾘ)《話》励ます,応援する.
irse a la porra 〈計画が〉だめになる;壊れる;失敗する.
mandar [enviar] a +人 a la porra 《話》〈人〉を追い払う,〈人〉と縁を切る;拒否する.
¡Porra(s)! 《話》《親愛》《婉曲》もういいよ,いいかげんにしろよ.
¡Vete [Váyase, Que se vaya] a la porra! 《話》(転倒による)失せやがれ,くそ食らえ;失せろ!

po·rra·ce·ar [po.ra.θe.ár / -.se.-] 他《ラ米》(ｺﾞﾏﾁ)(ｸﾞﾝ)打つ,殴る.

po·rra·da [po.rá.ða] 囡 **1** 《話》多数,多量(=montón). *una ~ de dinero* 大金. **2** こん棒による殴打. **3** 《話》ばかげたこと(=necedad).

po·rra·ta [po.rá.ta] 囡 マリファナたばこを習慣的に吸う. ― 男囡 マリファナたばこを習慣的に吸う人(=porrero).

po·rra·zo [po.rá.θo / -.so] 男 **1** 《話》殴打,一撃. *Le di un ~ con el libro en la cabeza.* 私は本で彼[彼女]の頭をたたいた.
2 衝突(=golpe);(転倒による)強打. *Se pegó [dio] un ~ contra un árbol.* 彼[彼女]は木に激突した. **3** 《ラ米》(ﾆｸ)《話》たくさん,多量.
de un porrazo 《ラ米》《話》一度に,一気に.

po·rre·rí·a [po.re.rí.a] 囡《話》**1** ばかげたこと[行い](=tontería).
2 わずらわしい[面倒な]要求[要件].

po·rre·ro, ra [po.ré.ro, -.ra] 形《話》マリファナたばこを習慣的に吸う. ― 男 マリファナたばこを習慣的に吸う人(=porreta).

po·rre·ta [po.ré.ta] 男囡《話》マリファナタバコ常用者.
― 囡 【植】**1** (リーキ・ニンニク・タマネギなどの)葉. **2** (穀類の)芽.
en porreta 丸裸で.

po·rri·llo [po.rí.jo ‖ -.ʎo] 男 *a porrillo*《話》たくさん. *ganar dinero a ~* 金をしこたま稼ぐ.

po·rro [pó.ro] 男 **1** 《話》マリファナ[ハッシシ]を混ぜたタバコ(=canuto). **2** →puerro. **3** 《ラ米》(ﾂﾘ)(片面張りの)太鼓,太鼓による踊り.

po·rro, rra [pó.ro, -.ra] 形《話》ばかな,頭が鈍い(=torpe). 形 ばか,まぬけ.

po·rrón, rro·na [po.rón, -.ró.na] 形 《話》ばかな,頭が鈍い,のろまな(=torpe). ―男 **1** ポロン: 細長いつぎ口のあるガラス製のワイン用容器. **2** (素焼きの)水つぼ,水差し.

po·rru·do, da [po.rú.ðo, -.ða] 形 **1** (棒状のものが)大きい.
2 《ラ米》(ｱﾙ)(ﾉﾐ)《話》もじゃもじゃ頭の;頭の大きい.

porrón (ポロン)

por·ta [pór.ta] 形《女性形の》【解剖】. *vena ~* 門静脈. ―囡 **1** 【解剖】門脈. **2** 【海】舷窓(ﾏﾄﾞ),艇門,砲門.
a porta gayola 《闘牛》牛が場内に入ってきたときに行うパセ pase の一種.

por·ta·e·ro·na·ves [por.ta.(a.)e.ro.ná.βes] 男《単複同形》【軍】 →portaaviones.

por·ta·al·miz·cle [por.ta.(.a)l.míθ.kle / -.mís.-] 男 【動】ジャコウジカ.

por·ta·a·vio·nes [por.ta.(a.)βjó.nes] 男《単複同形》【軍】航空母艦,空母.

por·ta·ban·de·ra [por.ta.βan.dé.ra] 囡 (旗竿(ｻｵ)を支える腰の)ベルト.

por·ta·be·bés [por.ta.βe.βés] 男《単複同形》
1 クーハン,携帯用のベビーベッド.
2 ベビーキャリア;だっこ[おんぶ]ひも.

por·ta·car·tas [por.ta.kár.tas] 男《単複同形》ブリーフケース,書類かばん,書類入れ(=cartera).

por·ta·ción [por.ta.θjón / -.sjón] 囡《ラ米》(特に武器の)携帯,携行;不法所持.

por·ta·con·te·ne·do·res [por.ta.kon.te.ne.ðó.res] 男《単複同形》コンテナ船.

por·ta·da [por.tá.ða] 囡 **1** (建物の)正面,ファサード(=fachada);玄関,正面の装飾.
2 (本の)扉,タイトルページ;(雑誌の)表紙,(新聞の)第一面. **3** 絹織物の縦糸の数の単位.

por·ta·de·ra [por.ta.ðé.ra] 囡 (馬につける)荷かご,荷籠;(ブドウ摘みの)背負いかご.

por·ta·di·lla [por.ta.ði.ʝa ‖ -.ʎa] 囡 【印】(本の)前扉,小扉(=anteportada);(本の)中扉,仮扉.

por·ta·do, da [por.tá.ðo, -.ða] 形 《bien [mal] を伴い》身なりのよい[悪い];品行のよい[悪い].

*por·ta·dor, do·ra [por.ta.ðór, -.ðó.ra] 形 運ぶ, 運搬する.
— 男 女 **1** 運ぶ人；運搬人, ポーター. **2** 〖医〗保菌者, キャリア (= ~ de gérmenes). **3** 所有者；(小切手・手形の)持参人；(手紙の)使者. cheque al ~ 持参人払い小切手.
— 男 (取っ手の付いた)盆.

por·ta·e·qui·pa·jes [por.ta.e.ki.pá.xes] 男 〔単複同形〕 **1** (車の)トランク. **2** (自転車の)荷台. **3** (バス・電車の)網棚. ▶ portaequipaje の形も.

por·ta·es·quís [por.ta.es.kís] 男 〔単複同形〕 〖車〗スキーキャリア.

por·ta·es·tan·dar·te [por.ta.es.tan.dár.te] 男 〖軍〗旗手；旗艦.

por·ta·fil·tros [por.ta.fíl.tros] 男 〔単複同形〕 **1** (コーヒーメーカー・エスプレッソマシンの)フィルターホルダー, フィルターを載せる台.
2 〖写〗(カメラの)フィルターホルダー.

por·ta·fo·lios [por.ta.fó.ljos] 男 〔単複同形〕書類入れ[かばん]. ▶ portafolio の形も.

por·ta·fo·tos [por.ta.fó.tos] 男 〔単複同形〕フォトフレーム, 写真立て.

por·ta·fu·sil [por.ta.fu.síl] 男 (ライフル銃を肩にかける)ベルト.

por·ta·ga·yo·la [por.ta.ga.jó.la] 女 〖闘牛〗 *a portagayola* (牛が出てくる)出口の前で.

por·ta·guión [por.ta.gjón] 男 〖軍〗連隊旗手.

por·ta·he·li·cóp·te·ros [por.ta.e.li.kóp.te.ros] 男 〔単複同形〕 〖軍〗ヘリ[ヘリコプター]空母.

por·ta·he·rra·mien·tas [por.ta.e.řa.mjén.tas] 男 〔単複同形〕 〖機〗カッター・ヘッド：切削工具を取り付ける装置.

*por·tal [por.tál] 男 **1** 〖建〗玄関, ホール, ロビー (= zaguán). **2** 〖建〗ポーチ, 張り出し玄関. **3** 〔複数で〕アーケード, 拱廊 (きょう) (= soportal). **4** キリスト生誕場面の飾り物 (= belén), (ベレンの)馬小屋. **5** (都市・大建造物などの)門, 城門. **6** 〖IT〗(インターネットの)ポータルサイト.

portales (アーケード)

por·ta·la·da [por.ta.lá.ða] 女 (中庭に通じる)表門, 表玄関, ゲート, 大門.

por·ta·lám·pa·ras [por.ta.lám.pa.ras] 男 〔単複同形〕 〖電〗ソケット.

por·ta·lá·piz [por.ta.lá.piθ / -.pis] 男 〔複 portalápices〕鉛筆ホルダー, 鉛筆のキャップ.

por·ta·li·bros [por.ta.lí.bros] 男 〔単複同形〕ブックバンド.

por·ta·li·gas [por.ta.lí.gas] 男 〔単複同形〕《ラ米》(ガ)(ガ)ガーター, 靴下留め (= liguero).

por·ta·lón [por.ta.lón] 男 **1** 表門, 大門. **2** 〖海〗ガングウエー；舷門(げん)：乗下船の出入り口.

por·ta·ma·le·tas [por.ta.ma.lé.tas] 男 〔単複同形〕(自動車の)トランク.

por·ta·man·tas [por.ta.mán.tas] 男 〔単複同形〕(旅行用毛布をくくる)ベルト.

por·ta·mi·nas [por.ta.mí.nas] 男 〔単複同形〕シャープペンシル (= lapicero).

por·ta·mo·ne·das [por.ta.mo.né.ðas] 男 〔単複同形〕小銭入れ, 財布, がま口.

por·tan·te [por.tán.te] 男 (馬の)側対歩, アンブル：同じ側の両脚を同時に上げて進む歩き方.
tomar [*agarrar*, *coger*] *el portante* 《話》早々に退散する.

por·ta·ñue·la [por.ta.ɲwé.la] 女 **1** 〖服飾〗フライ：ズボンのファスナー部分を隠す比翼.
2 《ラ米》(?)〖車〗ドア.

por·ta·ob·je·ti·vo [por.ta.oβ.xe.tí.βo] 男 〖写〗レンズホルダー, レンズマウント, レンズチューブ.

por·ta·ob·je·tos [por.ta.oβ.xé.tos] 男 〔単複同形〕(顕微鏡の)スライドガラス. ▶ portaobjeto とも.

por·ta·plu·mas [por.ta.plú.mas] 男 〔単複同形〕ペン軸, ペンホルダー.

*por·tar [por.tár] 他 運ぶ；携帯する；〈猟犬が〉〈獲物を〉くわえてくる. ~ *una maleta* スーツケースを持っている 〖法〗.
— **~·se** 再 **1** 振る舞う. ~*se bien* 立派に振る舞う, 品行がよい, 行儀よくする. *Pórtate bien, Diego.* ディエゴ, 行儀よくしなさい. **2** 《話》期待に応える, 立派にやり遂げる. **3** 〈帆が〉順風を受けている.
[← 〔ラ〕*portāre*；〖関連〗portero, portátil, aportar. 〖英〗*portable*「携帯用の」, *porter*]

por·ta·rre·tra·tos [por.ta.ře.trá.tos] 男 〔単複同形〕写真立て. ▶ portarretrato とも.

por·ta·rro·llos [por.ta.řó.jos ‖ -.ʎos] 男 〔単複同形〕ペーパーホルダー, トイレットペーパーホルダー. ▶ portarrollo とも.

*por·tá·til [por.tá.til] 形 携帯用の. *ordenador* ~ ノートパソコン.

por·ta·ven·ta·ne·ro [por.ta.βen.ta.né.ro] 男 扉窓の建具を扱う大工.

por·ta·vian·das [por.ta.βján.das] 男 〔単複同形〕《ラ米》弁当箱.

por·ta·vo·ces [por.ta.βó.θes; -.ses] 男 女 portavoz の複数形.

por·ta·vo·cí·a [por.ta.βo.θí.a / -.sí.-] 女 スポークスパーソンの役割；代弁者の役割.

*por·ta·voz [por.ta.βóθ / -.βós] 男 女 〔複 portavoces〕スポークスパーソン, 代弁者. — 男 **1** 政党の機関紙. **2** 〖軍〗メガホン (= bocina).

por·taz·go [por.táθ.go / -.tás.-] 男 〖史〗(道路・橋などの)通行税[料]；料金所.

por·ta·zo [por.tá.θo / -.so] 男 戸を乱暴に閉めること. *dar un* ~ 戸をばたんと閉める. *oír un* ~ ばたんと閉まる音を聞く.
dar un portazo a + 人 〈人〉を手荒に追い出す.

*por·te [pór.te] 男 **1** 身なり, 外見, 風采(ふう). *de* ~ *distinguido* 立派な立ち居振る舞いの.
2 (主に複数で)運賃, 輸送費, 送料. *franco de* ~ 送料[郵便料金]無料の. ~ *debido* 送料着払い. ~ *pagado* 送料前払い. **3** 運送, 運搬 (= *transporte*). **4** 種類, タイプ. **5** 大きさ, 容積.

por·te·a·dor, do·ra [por.te.a.ðór, -.ðó.ra] 形 ものを運ぶ. — 男 女 運搬人, ポーター.

por·te·ar [por.te.ár] 他 (料金を取って)運ぶ, 運送する. — 自 《ラ米》(チリ)(ラプラタ)(ばたんと)出て行く.
— **~·se** 再 **1** 〈戸・窓などが〉ばたんと閉まる. **2** 〈渡り鳥が〉移動する.

por·ten·to [por.tén.to] 男 驚くべきこと[もの, 人]；驚異. *Es un* ~ *de inteligencia.* 彼[彼女]は驚くほど頭がいい.

por·ten·to·sa·men·te [por.ten.tó.sa.mén.te] 副 驚くばかりに, 並外れて, ひどく.

por·ten·to·so, sa [por.ten.tó.so, -.sa] 形 驚嘆すべき, 驚異的な (= prodigioso).

por.te.ño, ña [por.té.ɲo, -.ɲa] 形 **1**(アルゼンチンの)ブエノスアイレス Buenos Aires の. Éste es el tango ～. これが本場のタンゴだ. ◆Buenos Aires の旧称 Puerto に由来する. **2**(チリの)バルパライソ Valparaíso の. **3**(スペインの)プエルト・デ・サンタ・マリア Puerto de Santa María の.
— 男女 **1** ブエノスアイレスの住民[出身者]. **2**(チリの)バルパライソの住民[出身者]. **3**(スペインの)プエルト・デ・サンタ・マリアの住民[出身者]. ▶ その他 Puerto を冠する地名や港湾都市にも用いる.

*__**por.te.rí.a**__ [por.te.rí.a] 女 **1** 守衛室, 門衛所；管理人[守衛]の職. **2**【スポ】(サッカーなどの)ゴール. **3**【海】(集合的)敵266(称).

por.te.ril [por.te.ríl] 形《軽蔑》管理人[守衛]の；管理人[守衛]室の.

*__**por.te.ro, ra**__ [por.té.ro, -.ra] 男女 **1** 守衛, 門番；(マンションなどの)管理人. el ～ del Reino de los cielos 天国の門番(◆聖ペテロのこと). hermano ～(修道院の)受付係の修道士. ～ electrónico [automático] インターホン付き自動開錠装置. ～ de estrados(議会・裁判所の)衛視. **2**【スポ】ゴールキーパー(= guardameta).
— 女《話》うわさ好きの人.

portería (守衛室)

por.te.zue.la [por.te.θwé.la / -.swé.-] 女(乗り物の)ドア, 昇降口. [puerta + 縮小辞]

por.te.zue.lo [por.te.θwé.lo / -.swé.-] 男《ラ米》(?ﾁｮ)(?)山峡, 狭間(?).

port.fo.lio [port.fó.ljo] 男 アルバム (= álbum, porfolio).

por.ti.ca.do, da [por.ti.ká.ðo, -.ða] 形【建】ポルティコ[柱廊, ポーチ]のある[を備えた].

pór.ti.co [pór.ti.ko] 男【建】ポルティコ, 柱廊(玄関); ポーチ. ～ griego ギリシア柱廊. los ～s de la catedral de Burgos ブルゴス大聖堂の正門. el ～ de la Gloria en Santiago de Compostela サンティアゴ・デ・コンポステラ大聖堂の栄光の門. **2**【建】回廊, 歩廊.

pórtico (ポルティコ)

por.tier [por.tjér] 男 扉のカーテン, 仕切りカーテン. [←(仏)portière]

por.ti.lla [por.tí.ja ‖ -.ʎa] 女 **1**(農場などの)出入り口. **2**【海】舷窓(ｹﾞﾝｿｳ), 船窓.

por.ti.llo [por.tí.jo ‖ -.ʎo] 男 **1**(大扉わきなどに設けられた)小門, くぐり戸；(城壁の)わき門 (= postigo). **2**(壁・柵(?)などの)通路, 抜け穴. **3**(山あいの)細道, 峠. **4** 糸口, 突破口. **5**(皿などの)欠けた部分.

port.land [port.lán(d)] / **pórt.land** [pórt.lan(d)] [英] 男 ポルトランドセメント (= cemento ～)；水硬セメントの一種.

Por.to [pór.to] 固名 →Oporto.

Port of Spain [pórt of es.péin, pór.tofs.péin] 固名 ポート・オブ・スペイン：トリニダード・トバゴ共和国の首都. [以前 Puerto España と言われたが19世紀初め英国領となってからはその英訳形が正式名称となる]

por.tón [por.tón] 男 **1** 表門, 大門; 玄関扉. **2**《ラ米》(1)扉. (2)(?)裏口, 裏門. [puerta + 増大辞]

por.tor [por.tór] 男(サーカス・曲芸などで)支える人, 受け止める人.

por.to.rri.que.ño, ña [por.to.ri.ké.ɲo, -.ɲa] 形 プエルトリコPuerto Rico の, プエルトリコ人の. — 男女 プエルトリコ人.
— 男 プエルトリコのスペイン語.

por.tua.rio, ria [por.twá.rjo, -.rja] 形 港の, 港湾の. policía portuaria 港湾警察. instalaciones portuarias 港湾施設. trabajador ～ 港湾労働者.

*__**Por.tu.gal**__ [por.tu.ɣál] 固名 ポルトガル：正称ポルトガル共和国. República Portuguesa. 首都リスボン Lisboa. → Lusitania. [←〔ポルトガル〕Portugal ←〔古ポルトガル〕Portugale ←ラテン Portucal(e)(レオン王国内の Duero 川以北の伯爵領) ← Portucale(都市名；現在のポルト) ←〔後ラ〕Portuscale; Portus (←〔ラ〕portus「港」；Duero 川北岸の港町；現在のポルト) + Cale(Duero 川南岸の町；現在の Vila Nova de Gaia)]

*__**por.tu.gués, gue.sa**__ [por.tu.ɣés, -.ɣé.sa] 形 ポルトガルの, ポルトガル人[語]の.
— 男女 ポルトガル人.
— 男 ポルトガル語：イベロ・ロマンス語系の一つ.

por.tu.gue.sa.da [por.tu.ge.sá.ða] 女 大げさな言動, 誇張.

por.tu.gue.sis.mo [por.tu.ge.sís.mo] 男 ポルトガル語からの借用語；ポルトガル語特有の表現 (= lusitanismo).

por.tu.la.no [por.tu.lá.no] 男【海】港湾海図帳.

por.tu.ñol [por.tu.ɲól] 男 ポルトガル語訛(ﾅﾏ)りのスペイン語；ポルトガル語とスペイン語が混ざった言葉.

*__**por.ve.nir**__ [por.be.nír] 男 **1** 将来, 未来. en el ～ 将来は, 今後は. Tenemos que preocuparnos de nuestro ～. 私たちの将来のことを考えなくては. un ～ espléndido 洋々たる未来. **2** 将来性, 前途. un joven con [sin] ～ 前途のある[見込みのない]若者. tener el ～ asegurado 将来が保証されている.

pos [pós] 男 デザート.
en pos de... …の後に；…を求めて.

pos-《接頭》「後の[に]」の意. しばしば post-. →*posdata, posponer.* [←〔ラ〕]

*__**po.sa.da**__ [po.sá.ða] 女 **1** 宿屋, 旅館；宿(ﾔﾄﾞ), 宿泊. dar ～ a + 人 ～人に宿を提供する. **2** 住居, 家. **3** ナイフ・フォーク・スプーンの旅行用セット. **4**《主に複数で》《ラ米》《カト》ポサーダ：ヨセフとマリアが宿を探し歩いたことをしのんで, クリスマス前9日間に行われる祭り.

Po.sa.da [po.sá.ða] 固名 ポサダ José Guadalupe ～ (1852–1913)：髑髏(?)画で有名なメキシコの版画家.

po.sa.de.ño, ña [po.sa.ðé.ɲo, -.ɲa] 形(アルゼンチンの)ポサーダス Posadas の.
— 男女 ポサーダスの住民[出身者].

po.sa.de.ro, ra [po.sa.ðé.ro, -.ra] 男女 宿屋・旅館などの)主人. — 男 **1**(荒縄などで作った円筒形の)腰掛け. **2**【解剖】直腸下部, 肛門(?).
— 女《複数で》《話》尻(?)(= nalgas).

po.sa.pié [po.sa.pjé] 男 乗降用のタラップ.

*__**po.sar**__ [po.sár] 他 **1**(**sobre**...の上に)(そっと)置く, のせる. *Posó* su mano *sobre* mi hombro. 彼[彼女]は私の肩に手を置いた. **2**(**en**...に)目をやる, 眺める. ～ la mirada [la

posible

vista, los ojos] 見る，目をやる．**3**（休息のため）〈荷を〉下ろす．
━ 自 ポーズを取る，（写真・絵の）モデルになる．La modelo *posa* ante [para] el pintor. モデルは画家の前でポーズを取る．━ ~·se 再 **1**（**en...** …に）〈鳥などが〉留まる；〈飛行機が〉着陸する．**2**〈液体中のおりが〉沈む，沈殿する．
[← [後ラ] *pausāre*（[ラ] *pausa*「休止」より派生）；関連 posada, aposentar. [英] *pause*]

po·sa·va·sos [po.sa.βá.sos] 男《単複同形》コースター，コップ敷き．

pos·ba·lan·ce [pos.ba.lán.θe / -.se] 男《商》決算後（= postbalance）．

pos·bé·li·co, ca [pos.βé.li.ko, -.ka] 形 戦後の，戦争の後の．

pos·ca·fé [pos.ka.fé] 男（食後にコーヒーと共にまたはコーヒーの後で出す）酒，リキュール．

pos·co·mu·nis·mo [pos.ko.mu.nís.mo] 男 共産主義崩壊以降．

pos·da·ta [pos.ðá.ta] 女《手紙》追伸，二伸（略 P.D.）．

po·se [pó.se] [英] 女 **1**（モデルなどの）ポーズ，姿勢（= actitud, postura）．**2** 気取り，ふり．

po·se·e·dor, do·ra [po.se.(e.)ðór, -.ðó.ra] 形 所有する，所持する．━ 男 女 所有者，持ち主，保持者．Ella es la *poseedora* de la casa. 彼女がその家の所有者だ．~ de un récord 記録保持者．

＊＊**po·se·er** [po.se.ér] 69 他 **1**〈もの・財産などを〉所有する；〈長所・知識などを〉備えている．~ el treinta por ciento del capital 資本の30パーセントを所有する．~ conocimientos de medicina 医学の知識を持つ．
2〈人（の心）を〉支配する，自由にする．~ el alma a+人〈人〉の心を支配する．La *poseyó* el espíritu de su madre. 彼女に母親の霊が乗り移った．
3〈異性と〉肉体関係を持つ．
━ ~·se 再 自分をコントロールする．
[← [ラ] *possidēre*（*potis*「有力な」+ *sedēre*「座っている」）；「主人として座っている」が原義；関連 posesión. [英] *possess*]

poseí- 活 → poseer.

po·se·í·do, da [po.se.í.ðo, -.ða] 形 **1**（**de... / por...**〈感情など〉に）取りつかれた，支配された．**2**（**de...** …を〉自負した，うぬぼれた．Está muy ~ *de sí mismo*. 彼は自信満々だ．**3** 悪霊に取り憑(つ)かれた．━ 男 女 **1**（霊・感情などに）取りつかれた人．**2** うぬぼれ屋．

Po·sei·dón [po.sei.ðón] 固名《ギ神》ポセイドン：海神．ローマ神話の Neptuno に当たる．

pos·e·lec·to·ral [pos.e.lek.to.rál] 形 → postelectoral.

＊**po·se·sión** [po.se.sjón] 女 **1** 所有，所持．entrar en ~ de …の所有となる．Él está en ~ de la medalla de oro olímpica. 彼はオリンピックの金メダル保持者である．La obra maestra está en ~ de un millonario. その傑作はある大富豪が所有している．Lo detuvieron por ~ de droga. 彼は麻薬の所持で逮捕された．
2《主に複数で》所有物，資産；所有地（= propiedades）．Todas sus *posesiones* fueron donadas a una casa de beneficencia. 彼[彼女](ら)の全財産はある慈善団体に寄付された．
3《主に複数で》領土，属領．El país perdió la mayoría de sus *posesiones* de ultramar. その国は海外領土の大部分を失った．
4（霊が）乗り移ること；（感情などに）とりつかれること．~ diabólica [demoníaca] 悪魔の憑依(ひょうい)．
5《ラ米》（**1**）(中米) 小作人の家[土地]．（**2**）(エクアドル) 農場．
dar posesión de un cargo a+人〈人〉に地位を明け渡す．
tomar posesión de... …を手に入れる；…に就任する．El señor López *tomará* ~ *del* cargo el mes que viene. ロペス氏が来月その役職に就任する予定だ．

po·se·sio·nar [po.se.sjo.nár] 他 (**de...** …を)引き渡す，譲り渡す．━ ~·se 再 (**de...** …を)手に入れる；横取りする，占領する．

po·se·si·vo, va [po.se.sí.βo, -.βa] 形 **1**《文法》〈代名詞・形容詞が〉所有の，所有を示す．**2** 独占欲の強い，支配したがる．━ 男《文法》所有詞．

po·se·so, sa [po.sé.so, -.sa] 形 悪霊に取り憑(つ)かれた（= poseído）．━ 男 女 悪霊に取り憑かれた人．

po·se·sor, so·ra [po.se.sór, -.só.ra] 形〈人が〉所有している．━ 男 女 所有者（= poseedor）．

po·se·so·rio, ria [po.se.só.rjo, -.rja] 形《法》占有の；占有から生じる．

posey- 活 → poseer.

pos·fe·cha [pos.fé.tʃa] 女（小切手・書信などの）先日付，事後日付．

pos·fi·jo [pos.fí.xo] 男《文法》→ postfijo.

pos·gra·do [pos.grá.ðo] 男 → postgrado.

pos·gra·dua·do, da [pos.gra.ðwá.ðo, -.da] 形 男 女 → postgraduado.

pos·gue·rra [pos.gé.ra] 女 → postguerra.

＊**po·si·bi·li·dad** [po.si.βi.li.ðáð] 女 **1** 可能であること（↔ imposibilidad）．Gracias a la beca, tuve la ~ de estudiar en España. 奨学金のおかげで，私はスペインに留学することができた．
2 可能性，見込み；《主に複数で》選択肢．Todavía hay ~ de que venga. 彼[彼女]が来る可能性はまだある．Ella tiene ~ de ganar un premio en el concurso. 彼女はそのコンクールで受賞する見込みがある．un joven de muchas ~*es* 非常に将来性のある若者．
3《主に複数で》手段；資力．una empresa de muchas ~*es* 資力の大きな企業．Comprarme un chalé está fuera de mis ~*es* económicas. 別荘を買うのは私の経済力では無理だ．
dentro de sus *posibilidades*〈人〉にとって可能な範囲内に．Conseguir un sobresaliente en esa asignatura no está *dentro de mis* ~*es*. その科目で優をとるのは私の力では無理だ．

po·si·bi·lis·mo [po.si.βi.lís.mo] 男 制度内改革主義，現実的改革主義．

po·si·bi·lis·ta [po.si.βi.lís.ta] 形 **1** 制度内改革主義の．**2** 現実的改革主義の．━ 男 女 **1** 制度内改革主義者．**2** 現実的改革主義者．

＊**po·si·bi·li·tar** [po.si.βi.li.tár] 他 可能にする，容易にする．

＊＊**po·si·ble** [po.sí.βle] 形《ser+》**1**（+名詞 / 名詞+）可能な，できる；《+不定詞 / **que**+接続法 …することが》可能な，できる．las ~ *s* soluciones al problema その問題の可能な解決策．si (me) *es* ~ もし(私に)できれば．Este sueño *era* ~ de realizar. この夢は実現可能だった．Será ~ *llegar* a un acuerdo. 合意できるだろう．Dios hizo ~ el milagro. 神はその奇跡を起こした．Coubertin hizo ~ *que* en 1896 *se inauguraran* en Atenas las olimpiadas. クーベルタンは1896年にア

テネでのオリンピック開催を実現させた.
2《多くは+名詞》あり得る, 起こり得る; 《que+接続法 …する》かも知れない. un ~ error ありそうな間違い. las ~s irregularidades cometidas行われた可能性のある不正. el primer ~ caso de "vacas locas" 狂牛病の最初の疑経症例. *Es muy* ~. ありそうなことだ. ¡No *es* ~! さあね, 冗談でしょう (=¿*Es* ~?). *Es que venga* mañana. 彼[彼女]は明日来るかも知れない. ¿*Será* ~ *que* no te lo *haya dicho*? 彼[彼女]は君にそれを伝えなかったことも言うのかい. *Es más que* ~ *que tengamos* presidente a finales de marzo. 3月末には大統領が決まっている可能性は十分にある.
3《名詞+》可能な限りの. tan pronto como sea ~ できるだけ早く. por [con] todos los medios ~s あらゆる手段を尽くして. el mayor número ~ de ciudadanos できる限り多くの市民に.
— 男《複数で》《話》資力, 経済力; 策, 手段. Fue un hombre de ~s. 彼は資産家だった.
a ser posible《依頼の表現》もしできれば. *A ser* ~, encárguese usted. もし可能なら, (あなたが)お引き受けください.
¿*Cómo es posible?*《驚き》まさか.
¿*Cómo es posible que* +接続法*?* ってどういうこと, まさか…だなんて.
dentro de lo posible → en lo *posible*.
de ser posible もし可能なら. *De ser* ~, debe funcionar todo el tiempo. 可能なら, それは四六時中動かなければならない.
el [*la, los, las*]+[形容詞比較級+名詞/名詞+形容詞比較級]+*posible*(*s*) できるだけ~, 可能な限り~. *de la mejor manera* ~ 最善の方法で, できるだけうまく. incorporar *el mayor número* ~ *de* ciudadanos a la sociedad de la información できる限り多くの市民を情報社会に参画させる. *en menor* (*plazo de*) *tiempo* ~ できる限り短時間[期間]に. *de la forma más rápida* ~ できる限り速く. *en* (*la medida de*) *lo posible* できるだけ, 可能な限り. evitar *en la medida de lo* ~ los atascos できる限り渋滞を避ける. Utilice *en lo* ~ el español. できるだけスペイン語を使ってください.
Es posible. 《肯定でも否定もせずに》多分. ¿Lloverá mañana? — *Es* ~. 明日は雨かな. — そうかもね.
¿*Es* [*Será*] *posible*? 《驚き》まさか, ありえない. Ha pasado el examen de ingreso. — ¿*Es* ~? 彼[彼女]は入学試験に受かったよ. — まさか.
hacer lo mejor [*más*] *posible* → hacer (todo) lo *posible*.
hacer (*todo*) *lo posible* 最善[全力]を尽くす. Voy a *hacer todo lo* ~ para [por] ayudarte. 君を助けるためにできる限りのことをしよう.
lo máximo [*mínimo*] *posible* 最大[小]限(に).
[←[ラ]*possibilem* (*possibilis* の対格); *posse* 「できる」(→ poder) より派生]; [関連] posibilidad, posibilitar; [英]*possible*]
lo +形容詞[副詞]比較級+ *posible* できるだけ…(に). *lo más pronto* ~ できるだけ早く(=lo antes ~). hacerlo *lo mejor* ~ できる限りうまくさせる.

po·si·ble·men·te [po.sí.ble.mén.te] 副おそらく, 多分. Ella es, ~, la mejor de la clase. 彼女が多分クラスで1番目. ¿Quién tiene que ir? — *P*~ yo mismo. 誰が行かなくてはならないのかい. — おそらく僕自身だよ. ▶ 直説法未来(完了), 接続法現

在(完了), 接続法過去(完了)が多く使われる. → *P*~ *tenga* miedo de no dar buena impresión. 彼[彼女]はおそらくいい印象を与えないことを恐れているのだろう. *P*~ no *podrán* hacerlo todo. 多分彼らはすべてをやることはできないだろう.

[類語] *posiblemente* はものごとが起こる可能性があること, *probablemente* は高い確率でものごとが起こると予測されることを示す.

※po·si·ción [po.si.θjón / -.sjón] 女 **1** 姿勢, ポーズ (=postura). ~ de firmes [descanso] 気をつけ[休め]の姿勢. poner... en ~ vertical [horizontal] …を垂直[水平]にする. adoptar diferentes *posiciones* さまざまなポーズをとる.
2 位置, 場所. la ~ de la Tierra con respecto al Sol 太陽に対する地球の位置. Me gustaría cambiar la ~ de la cama. 私はベッドの位置を変えたい.
3 地位, 身分 (=puesto, situación). ~ social 社会的地位. ~ económica 経済的状況. ~ acomodada 裕福な身分. ~ elevada 高い社会的地位. ocupar una ~ honrosa 名誉ある地位を占める.
4 態度, 姿勢 (=actitud). ~ flexible [firme] 柔軟な[断固とした]態度. tener una ~ a favor [en contra] de... …に賛成[反対]の立場をとっている. adoptar una ~ neutral 中立の立場をとる.
5《軍》陣地, 拠点. tomar *posiciones* 配置につく, 陣取る. Los soldados avanzaron con valentía hasta las *posiciones* enemigas. 兵士たちは勇敢に敵陣まで前進した. **6**《数》推測, 仮定 (=suposición). **7**《スポ》守備位置; 順位. El atleta ocupa la segunda ~ del ranking. その選手はランキングの2位である. **8**《法》(訴訟当事者の) 主張, 論点; (裁判官の) 尋問. **9**《ラ米》職, ポスト.
coronar una posición《軍》敵陣を奪取する.
en posición 正常な位置に, しかるべき場所に.
[←[ラ] *positiōnem* (*positiō* の対格, *pōnere* 「置く」より派生); [関連] [英]*position*]

po·si·cio·nal [po.si.θjo.nál / -.sjo.-] 形 姿勢の; 位置の.

po·si·cio·na·mien·to [po.si.θjo.na.mjén.to / -.sjo.-] 男 位置[立場]取り; 姿勢, 態度.

po·si·cio·nar [po.si.θjo.nár / -.sjo.-] 他 **1** 配置する. **2**《商標・商品を》特定の市場に的を絞って出す.
— ~·*se* 再 身を置く, 立場を取る. El grupo *se posicionó* como un partido de izquierda. そのグループは左派政党の立場を取った.

po·si·ti·va [po.si.tí.ba] 形 → positivo.

po·si·ti·var [po.si.ti.bár] 他《写》**1** 焼き付けする, プリントする (=imprimir).
2 ネガ[陰画]をポジ[陽画]にする; ポジを得る.

po·si·ti·vis·mo [po.si.ti.bís.mo] 男 **1**《哲》実証主義, 実証哲学, 実証論. **2** 実利主義, 現実主義.

po·si·ti·vis·ta [po.si.ti.bís.ta] 形 **1**《哲》実証主義[者]の, 実証主義的な. **2** 実利主義の, 現実的な.
— 男女 **1**《哲》実証主義者. **2** 実利主義者.

po·si·ti·vi·zar [po.si.ti.bi.θár / -.sár] 97 他 肯定的[積極的]な性格を与えること.

※po·si·ti·vo, va [po.si.tí.bo, -.ba] 形 **1** 肯定の, 肯定的な (↔negativo). Ha dado una respuesta *positiva* a nuestra propuesta. 彼[彼女]は私たちの提案に了承の返事をしてきた.
2 積極的な, 建設的な. comentario ~ 建設的なコメント. Enrique es una persona que siem-

pre aporta energía *positiva*. エンリケはいつも前向きな活力にあふれる人だ.
3 好ましい, 実用的な. resultado ~ 好ましい結果. experiencia *positiva* 役に立つ経験.
4 確実な, 明らかな. un hecho ~ 明白な事実. experimentar una mejoría *positiva*(病状が)目に見えて回復する.
5 〈残高などが〉黒字の, プラスの;《医》陽性の. saldo ~ en la cuenta 口座残高の黒字. El test de embarazo de Ana dio ~. アナの妊娠検査は陽性だった. **6** 《数》正の, プラスの. **7** 《電》陽の, 正の;《写》陽画[ポジ]の. **8** 〈法令などが〉実定の. **9** 《文法》原級の. **10** 実証的な;実利的な. filosofía *positiva* 実証哲学.
── 男 **1** 《写》陽画, ポジ (=prueba *positiva*)(↔negativo). **2** 《文法》原級. **3** 《スポ》勝ち点.
[←〔ラ〕*positīvum* (*positīvus* の対格)「慣習的な」(*pōnere*「置く」より派生)] [関連] positivismo.〔英〕*positive*]

pó·si·to [pó.si.to] 男 **1** 協同組合, 互助組織.
2 (凶作時の)種子貸し付け制度;公営穀物倉庫.

po·si·trón [po.si.trón] 男 《物理》陽電子.

pos·ma [pós.ma] 形 《話》動作ののろい, のんびりした;うんざりさせる. ── 男 女 《話》のろま, ぐず;厄介者. ── 男 《話》のろさ, 悠長さ.

pos·me·ri·dia·no, na [pos.me.ri.ðjá.no, -.na] 形 午後の, 午後に行われる. ── 男 子午線の西側にある天体の赤緯のパラレルの位置 (=postmeridiano).

pos·mo·der·ni·dad [pos.mo.ðer.ni.ðáð] 女 ポストモダン, ポストモダニズム.

pos·mo·der·nis·mo [pos.mo.ðer.nís.mo] 男《文学》後期モデルニスモ:主に Vallejo, Huidobro, Neruda などモデルニスモの影響を受けつつ前衛的な作風へ移行した詩人の世代を示す.

pos·mo·der·no, na [pos.mo.ðér.no, -.na] 形 ポストモダン[ポストモダニズム]の.
── 男 女 ポストモダン主義者.

po·so [pó.so] 男 **1** 沈殿物, おり. formar ~ かすがたまる. **2** (心の)しこり, 傷跡. **3** 休息, 休憩所.

po·so·lo·gí·a [po.so.lo.xí.a] 女 《医》薬量学;投薬量.

po·so·ló·gi·co, ca [po.so.ló.xi.ko, -.ka] 形 《薬》薬量学の;投薬[調剤]量の.

pos·o·pe·ra·to·rio, ria [po.so.pe.ra.tó.rjo, -.rja] 形 男 → postoperatorio.

pos·pa·la·tal [pos.pa.la.tál] 形 女 《音声》→ postpalatal.

pos·par·to [pos.pár.to] 形 男 → postparto.

pos·po·ner [pos.po.nér] 41 他 [過分 pospuesto] **1** 延期する, 繰り延べる (= diferir, aplazar). **2** (a... …の)次に置く, 後に置く (↔anteponer). ~ el interés personal *al* general 私益を公益の次に考える. **3** (a... …より)低く評価する, 軽んじる (= postergar). **4** 《文法》後置する.

pos·po·si·ción [pos.po.si.θjón / -.sjón] 女 **1** 延期, 繰り延べ (= aplazamiento). **2** 次に置くこと, 後回し, 下位に考えること. **3** 《文法》後置;後置詞.

pos·po·si·ti·vo, va [pos.po.si.tí.βo, -.βa] 形 《文法》後置の.

pos·pro·duc·ción [pos.pro.ðuk.θjón / -.sjón] 女 → postproducción.

pos·pues·to, ta [pos.pwés.to, -.ta] 形 [posponer の過分] 《文法》後置された.

pos·ro·man·ti·cis·mo [pos.r̄o.man.ti.θís.mo / -.sís.-] 男 → postromanticismo.

pos·ro·mán·ti·co, ca [pos.r̄o.mán.ti.ko, -.ka] 形 → postromántico.

post- 《接頭》pos- の異形. ~ *post*balance, *post*glacial.

pos·ta [pós.ta] 女 **1** 駅伝, 継ぎ馬. caballo de ~ 駅馬. **2** 駅, 宿場. **3** (宿場間の)距離. **4** 駅馬車 (= silla de ~). **5** 小粒の散弾[鉛玉]. **6** (肉などの)ひと切れ, 一片. **7** 賭(か)け金. **8** 《建》渦巻き形[波形, S字形]装飾. **9** 《ラ米》(1) 《チリ》《話》真実, 本当のこと. (2) 《チリ》ボールベアリング. (3) 《チリ》(鉄道の)まくら木. ── 《チリ》飛脚.
a posta 《話》故意に, わざと.

*‡**pos·tal** [pos.tál] 形 郵便の. código ~ 郵便番号. distrito ~ 郵便区. servicio ~ 郵便業務. giro ~ 郵便為替. impreso ~ 書籍小包. paquete ~ 郵便小包. ahorro ~ 郵便貯金. apartado (casilla) ~ 私書箱. de tamaño ~ はがき大の. la Unión P~ Universal 万国郵便連合.
── 女 絵はがき, 郵便 (= tarjeta ~).
[←〔伊〕*postale*; *posta*「郵便局, 郵便制度」(←「郵便の馬の乗り継ぎ駅」←〔古伊〕「(うまやの中で)馬に割り当てられた場所」←〔ラ〕*pōnere*「置く」の完了分詞女性形 *posita*) より派生.[関連]〔英〕*postal*]

post·ba·lan·ce [post.βa.lán.θe / -.se] 男 《商》決算後. venta ~ 棚卸セール.

post·bé·li·co, ca [post.βé.li.ko, -.ka] 形 → posbélico.

post·da·ta [post.ðá.ta] 女 → posdata.

post·di·lu·via·no, na [post.ði.lu.βjá.no, -.na] 形 《聖》ノアの大洪水後の.

post·dor·sal [post.ðor.sál] 形 《音声》後部舌背音の.

pos·te [pós.te] 男 **1** 柱, 支柱;柱標;棒杭(ぐい). ~ telegráfico 電信柱. ~ indicador 道標. quedarse parado como un ~ 《話》竿(さお)立ちになる.
2 《スポ》ゴールポスト.
3 (学校で罰として)立たされること.
ir [*caminar, andar*] *más tieso que un poste* 《話》いばって[きどって]歩く.
oler el poste 危険を察知する.

post·e·lec·to·ral [pos.te.lek.to.rál] 形 選挙後の (↔preelectoral).

pos·te·ma [pos.té.ma] 女 **1** 《医》膿瘍(ようう)(= apostema);《ラ米》《チリ》膿(うみ);腫物(はれもの).
2 厄介な[うるさい]人.

pos·te·mi·lla [pos.te.mí.ja ‖ -.ʎa] 女 《ラ米》歯肉の膿瘍(ようう).

pós·ter [pós.ter] 〔英〕[複 ~s] 男 ポスター.

pos·te·res·tan·te [pos.te.r̄es.tán.te] 《ラ米》(郵便)局留め扱い所 (= lista de correos).

pos·ter·ga·ción [pos.ter.ga.θjón / -.sjón] 女
1 遅延;後回し, 延期.
2 軽視, なおざり. sufrir una ~ 軽んじられる.

pos·ter·gar [pos.ter.gár] 103 他 **1** 後回しにする;延期する. **2** 下位に置く, 軽視する. Lo han *postergado* en el escalafón. 彼は昇進が遅れた.

pos·te·ri·dad [pos.te.ri.ðáð] 女 **1** 後世, 後代;子孫, 後裔(えい). dejar una obra maestra para la ~ 後世に傑作を残す. Todo lo juzgará la ~. すべては後世の人々が判断してくれるだろう.
2 死後の名声.

*‡**pos·te·rior** [pos.te.rjór] 形 **1** (a... …より)〈時間・順序が〉後の, 次の (↔anterior). La rueda de prensa fue ~ *a* la conferencia. 記者会見は会議の後に行われた. **2** 〈位置が〉後ろの (=trase-

ro). asiento ～ 後部座席. tres primeros vagones y cuatro ～**es** 先頭3車両と後部4車両. **3** 〖音声〗〈調音点が〉舌音の.
[← 〖ラ〗 *posteriōrem* (*posterior* の対格, *posterius* 「後に続く」の比較級); 〖関連〗*póstumo*. 〔英〕*posterior*]

pos·te·ri·o·ri [pos.te.rjó.ri] 〖ラ〗→**a posteriori**.

pos·te·rio·ri·dad [pos.te.rjo.ri.ðáđ] 囡 (時間的に)後であること. con ～ (a...) (…より)後で, (…の)後に.

pos·te·rior·men·te [pos.te.rjór.mén.te] 副 (**a**... …の)後で; (**a que**＋接続法 …した)後に.

post·fi·jo [post.fí.xo] 男 〖文法〗接尾辞(＝posfijo, sufijo).

post·gra·do [post.grá.đo] 男 大学院〔課程〕(＝posgrado).

post·gra·du·a·do, da [post.gra.ðwá.đo, -.đa] 形 大学院(課程)の. ― 男 囡 大学院生.

post·gue·rra [post.gé.r̄a] 囡 戦後. en la ～ 戦後に ＝ posguerra. ▶ 「戦前」は anteguerra.

pos·ti·go [pos.tí.go] 男 **1** 鎧戸(よろい), 雨戸. **2** くぐり戸；のぞき窓, 小窓. **3** 隠し戸, 裏口；(町の)裏門.

pos·ti·lla [pos.tí.ja‖-.ʎa] 囡 **1** 〖医〗かさぶた (＝costra). **2** 注解, 注釈.

pos·ti·llón [pos.ti.jón‖-.ʎón] 男 駅馬車〔馬車〕の騎乗御者.

post·im·pre·sio·nis·ta [pos.tim.pre.sjo.nís.ta] 形 後期印象派の. ― 男 囡 後期印象派の画家.

pos·tín [pos.tín] 男 (まれ) (軽蔑) 気取り；虚飾. darse ～ (話) (軽蔑) 気取る.
de postín 豪華な. un traje *de* mucho ～ とても豪華な服. un restaurante *de* ～ 高級レストラン.

pos·ti·ne·ar [pos.ti.ne.ár] 自 (話) 気取る.

pos·ti·ne·ro, ra [pos.ti.né.ro, -.ra] 形 (話) **1** きざな, 気取った. **2** 〈衣服が〉気取った, 豪華な.

pos·ti·zo, za [pos.tí.θo, -.θa／-.so, -.sa] 形 **1** 本物でない, 人工の；偽りの, 装った. cabellos ～**s** 入れ毛, かもじ. dentadura *postiza* 入れ歯, 義歯. nombre ～ 偽名, 仮名. pestaña *postiza* 付けまつげ. cuello ～ 付け襟. sonrisa *postiza* 作り笑い.
2 釣り合わない, 調和しない.
― 男 入れ毛, ヘアーピース.

post·me·ri·dia·no, na [post.me.ri.ðjá.no, -.na] 形 午後の. ― 男 〖天文〗天体が子午線より西にあること；その位置.

post me·ri·diem [post me.rí.đjem] 〖ラ〗 午後 (＝después del mediodía) (略 p. m.).

post·mo·der·ni·dad [post.mo.ðer.ni.ðáđ] 囡 →posmodernidad.

post·mo·der·nis·mo [post.mo.ðer.nís.mo] 男 →posmodernismo.

post·mo·der·no, na [post.mo.ðér.no, -.na] 形 男 囡 →posmoderno.

pos·tó·ni·co, ca [pos.tó.ni.ko, -.ka] 形 〖音声〗強勢のある音節の後の, sílaba *postónica* 強勢のある音節の後の音節 (↔protónico).

post·o·pe·ra·to·rio, ria [pos.to.pe.ra.tó.rjo, -.rja] 形 〖医〗術後の；術後経過の, 術後期の.
― 男 術後経過, 術後期.

pos·tor, to·ra [pos.tór, -.tó.ra] 男 囡 (競売の)入札者. mejor [mayor] ～ 最高入札者.

post·pa·la·tal [post.pa.la.tál] 形 〖音声〗後部硬口蓋(こうがい)音の. ― 囡 後部硬口蓋音.

post·par·to [post.pár.to] 形 産褥(さんじょく)(期)の, 産後の. ― 男 **1** 産褥(期), 産後 (＝puerperio). **2** 産後の(衰弱した)状態.

post·pro·duc·ción [post.pro.đuk.θjón／-.sjón] 囡 ポストプロダクション：映画・テレビの撮影後に行われるさまざまな編集処理.

pos·tra·ción [pos.tra.θjón／-.sjón] 囡 **1** 衰弱, 憔悴(しょうすい). **2** ひざまずくこと, 跪座(きざ).

pos·tra·do, da [pos.trá.đo, -.đa] 形 衰弱した, 憔悴(しょうすい)した. ～ por la calentura 熱で衰弱して. ～ por la desgracia 不幸に打ちひしがれて.

pos·trar [pos.trár] 他 (肉体的・精神的に)衰弱させる, 憔悴(しょうすい)させる；打ちのめす.
― ～·**se** 再 **1** 〈**ante**... …の前に〉ひざまずく, 跪座(きざ)する. **2** 衰弱する；憔悴する, 打ちひしがれる.

pos·tre [pós.tre] 形 最後の.
― 男 **1** デザート. tomar fruta de ～ デザートに果物を食べる. a los ～**s** 食後に. **2** 〖遊〗(トランプ)最後に手札を動かす人. ▶ 先手は mano.
a la [*al*] *postre* 最終的には, 結局.
para postre さらに〈悪いことに〉, おまけに.
[postrero (← postrimero) [ラ] *postrēmus*「最後の」の派生語より派生；〖関連〗posterior]

pos·tre·mo, ma [pos.tré.mo, -.ma] 形 最後の, 最終の；最後部の.

pos·trer [pos.trér] 形 postrero の語尾消失形.

pos·tre·ro, ra [pos.tré.ro, -.ra] 形 (男性単数名詞の前で postrer となる) 最後の, 最終の；最後部の (＝último). el día ～ 最終日. el ～ suspiro 末期の息. ― 男 囡 最後の〔ものの・人〕.

pos·tri·mer [pos.tri.mér] 形 postrimero の語尾消失形.

pos·tri·me·rí·a [pos.tri.me.rí.a] 囡 (主に複数で) **1** 晩年, 末期. en las ～**s** del siglo XX [veinte] 20世紀の終わりに. **2** 〖神〗四終 (＝novísimos)：死後の人間の四大事. muerte 死, juicio 審判, infierno 地獄, paraíso 天国.

pos·tri·me·ro, ra [pos.tri.mé.ro, -.ra] 形 《文章語》→ postrero.

post·ro·man·ti·cis·mo [post.r̄o.man.ti.θís.mo／-.sís.-] 男 ポストロマン主義.

post·ro·mán·ti·co, ca [post.r̄o.mán.ti.ko, -.ka] 形 ポストロマン主義(の時代)の.

post scrip·tum [po.ses.kríp.tum, po.tes.-] 〖ラ〗〖手紙〗追伸, 二伸 (＝ posdata) (略 P.S.).

pos·tu·la·ción [pos.tu.la.θjón／-.sjón] 囡 (街頭)募金. ～ contra el cáncer がん撲滅募金.

pos·tu·la·do [pos.tu.lá.đo] 男 **1** 〖数〗〖論〗公理, 公準；先決要件. ～**s** de la geometría euclidiana ユークリッド幾何学の公理. **2** 基本理念, 主義.

pos·tu·la·dor, do·ra [pos.tu.la.ðór, -.đó.ra] 形 **1** 募金を集める. **2** 〖カト〗修道志願する.
― 男 囡 →postulante.
― 男 〖カト〗列福列聖調査請願者.

pos·tu·lan·te, ta [pos.tu.lán.te, -.ta] 男 囡 **1** 募金を集める人. **2** 〖カト〗修道志願者.

pos·tu·lar [pos.tu.lár] 他 **1** 〈理念・主義を〉擁護する；要請する. ～ la defensa del medio ambiente 環境保護を求める. **2** 《ラ米》(プエル)(チリ) (**1**) 候補者に立てる. (**2**)〈弁護士業を〉営む.
― 自 寄付を募る, (街頭で)募金を集める. ～ para la Cruz Roja 赤十字のために募金を募る.

pós·tu·ma·men·te [pós.tu.ma.mén.te] 副 (話題になっている人物の父親・作品の作者の)死後に.

pós·tu·mo, ma [pós.tu.mo, -.ma] 形 **1** 〈作品などが〉死後の. obra *póstuma* 死後出版された作品. **2** 〈子が〉父の死後に生まれた.

pos·tu·ra [pos.tú.ra] 囡 **1**（位置をとった）**姿勢, 構え, ポーズ, 体勢**（= posición）. ～ incómoda 窮屈な姿勢. → actitud [類語]. **2** 心構え, 態度, 立場（= posición, actitud）. No sé qué ～ tomar. いったいどんな態度を取ったらいいのだろう. endurecer su ～ ante... …に対して態度を硬化させる. **3** 入札価格. **4** 賭（か）け金（= puesta）. **5**（鳥の）産卵;《集合的》卵（= puesta）. **6** 獲物を狙う猟師が身を隠す場所. **7**〖植物の〗植え付け.
hacer postura《話》競り値を上げる.
postura del sol 日没.
[←［ラ］*positūram*（*positūra* の対格）「位置」（*pōnere*「置く」の派生語）;［関連］posición.［英］*posture*]
pos·tu·ral [pos.tu.rál] 形 姿勢の.
post·ven·ta [post.βén.ta] → posventa.
post·ver·bal [post.βer.βál] 形〖文法〗（語が）動詞から派生した（= deverval）. ─ 男 動詞派生の語.
pos·ven·ta [pos.βén.ta] 形 販売後の. servicio ～ アフターサービス.
pos·ver·bal [pos.βer.βál] 形 → postverbal.
po·ta [pó.ta] 囡 **1**〖動〗アメリカオオアカイカ. **2** 胴が膨らんだ広口の両手鍋. **3**《話》吐いたもの, 嘔吐（おう）物. **4** 錨冠.
po·ta·bi·li·dad [po.ta.βi.li.ðáð] 囡 飲用可能であること.
po·ta·bi·li·zar [po.ta.βi.li.θár / -.sár] 97 他 飲用化する, 飲めるようにする.
po·ta·ble [po.tá.βle] 形 **1** 飲むのに適した, 飲用の. agua ～ 飲料水. **2**《話》まずまずの, まあまあ行ける. Su última película es ～. 彼［彼女］の新しい映画はまあまあだ.
[←［ラ］*pōtābilem*（*pōtābilis* の対格, *pōtāre*「大いに飲む」より派生）;［関連］［英］*potable*]
po·ta·ción [po.ta.θjón / -.sjón] 囡 飲むこと; 飲料.
po·ta·je [po.tá.xe] 男 **1** 豆・野菜の煮込み［シチュー］. → sopa [類語]. **2**《話》ごたまぜ, 寄せ集め. **3** たくさんの材料を混ぜた飲み物. **4** 乾燥豆.
[←［仏］*potage*（*pot*〚土鍋（なべ）, 壺（つぼ）〛の派生語）;［関連］［英］*pot(t)age*]
po·tá·mi·de [po.tá.mi.ðe] 囡《主に複数で》〖ギ神〗ポタミス: 川の精［ニンフ］.
po·tar¹ [po.tár] 他 **1** 飲む. **2**《話》吐く, 嘔吐（おう）する. ─ 自《話》吐く, 嘔吐する.
po·tar² [po.tár] 他（重りや計器を）検定する.
po·ta·sa [po.tá.sa] 囡〖化〗カリ化合物. ～ cáustica 苛性（かせい）カリ.
po·tá·si·co, ca [po.tá.si.ko, -.ka] 形〖化〗カリウムの, カリウムを含む. cloruro ～ 塩化カリウム.
po·ta·sio [po.tá.sjo] 男〖化〗カリウム（記号 K）.
po·te [pó.te] 男 **1**（スペイン Galicia や Asturias の）肉・豆・野菜で作る煮込み料理.
2（取っ手の付いた3本足の）鉄鍋（てつなべ）. **3** 深鍋. **4** 金属製のつぼ. **5** 壺（つぼ）, 甕（かめ）, 瓶. **6** 植木鉢. **7**《話》（泣く前の）膨れっ面. **8**《話》化粧. **9**《ラ米》(1)〚イスパ〛ブリキ缶; ガラス容器. (2)〚アルゼ〛〚ウルグ〛フラスコ; ビン. (3)〚プエル〛缶詰.
darse pote《話》粋（いき）がる, 気取る.
*****po·ten·cia** [po.tén.θja / -.sja] 囡 **1 力, 能力**. ～ auditiva 聴力. ～ visual 視力. ～ muscular 筋力. Esta aspiradora tiene tres diferentes ～s. この掃除機には強さが3段階ある.
2 権力, 勢力; 支配者. La ～ económica de ese país es indiscutible. その国の経済力は議論の余地

がない. las grandes ～s futbolísticas サッカーの強豪チーム.
3 強国, 超大国. las grandes ～s（特に第二次世界大戦後の）大国. primera ～ mundial 世界大国. ～ nuclear 核保有国.
4〖物理〗動力, 出力; 仕事率. la ～ de un motor エンジンの出力. ～ efectiva 実効出力. ～ al freno ブレーキ馬力, 軸馬力. ～ nominal 公称［定格］出力. ～ real 実効出力.
5〖数〗累乗, べき（= elevación a ～s）. elevar un número a la cuarta ～ ある数を4乗する. cinco elevado a la tercera ～ 5の3乗.
6〖哲〗～s del alma 精神の3機能: 理性 entendimiento, 意志 voluntad, 記憶力 memoria.
7〖哲〗可能性.
8（男性の）性的能力. **9**（イエス・モーセ像の）後光.
en potencia 潜在的に, 起こりうる. Es un gran escritor *en* ～, pero aún tiene que mejorar su estilo. 彼は大作家になる可能性を秘めているがまだ文体を向上させる余地がある.
po·ten·cia·ción [po.ten.θja.θjón / -.sja.sjón] 囡 **1** 強化, 増強. **2**〖数〗累乗法.
po·ten·cia·dor, do·ra [po.ten.θja.ðór, -.ðó.ra / -.sja.-] 形 強力［可能］にする, 促進する.
─ 男 **1** 強化［可能］にするもの. **2** 化学調味料.
*****po·ten·cial** [po.ten.θjál / -.sjál] 形 **1 潜在的な, 可能性のある, 力のある**. **2 動力の, 仕事率の**. energía ～ 位置エネルギー, ポテンシャル・エネルギー. **3**〖文法〗可能法の. modo ～ 可能法（直説法過去未来・過去未来完了）.
─ 男 **1 潜在力, 潜在能力; 可能性**. ～ industrial de una nación 一国の潜在的工業力. ～ humano 人的資源.
2〖電〗〖物理〗電位; ポテンシャル. caída de ～ 電位降下. diferencia de ～ 電位差.
3〖文法〗可能法（直説法過去未来・過去未来完了）.
po·ten·cia·li·dad [po.ten.θja.li.ðáð / -.sja.-] 囡 潜在力, 潜在能力. ～ industrial 潜在的工業力.
po·ten·cial·men·te [po.ten.θjál.mén.te / -.sjál.-] 副 **1** 潜在［能力］的には. **2** 理論上は.
po·ten·ciar [po.ten.θjár / -.sjár] 82 他 **1** 強化する, …に力を与える; 可能にする; …の可能性を増す. El intercambio cultural *potencia* las relaciones internacionales. 文化交流は国際関係を強化する.
po·ten·ció·me·tro [po.ten.θjó.me.tro / -.sjó.-] 男 **1**〖電〗〖物理〗電位差計, ポテンショメーター.
2（音量・音質などの）調整つまみ.
po·ten·ta·do, da [po.ten.tá.ðo, -.ða] 男 囡 **1** 有力者, 権力者. **2** 君主, 君王.
*****po·ten·te** [po.tén.te] 形 **1 力のある, 強力な; 馬力がある; 権力がある, 勢力がある**. país muy ～ 大国. ～ explosión 大爆発. coche ～ 馬力のある車. **2**《話》ばかでかい. grito ～ 大きな叫び声.
3（男性が）性的能力のある.
[←［ラ］*potentem*（*potēns* の対格, *posse*「できる, 能力がある」（→ *poder*）の現在分詞）;［関連］potencia(1), impotente, omnipotente.［英］*potent*]
po·ten·te·men·te [po.tén.te.mén.te] 副 強力に, 効果的に.
po·ten·za [po.tén.θa / -.sa] 囡〖紋〗各先端がT字形の十字.
po·ten·za·do, da [po.ten.θá.ðo, -.ða / -.sá.-] 形〖紋〗T字形の. cruz *potenzada* 各先端がT字形の十字.
po·ter·na [po.tér.na] 囡〖築城〗裏門, 通用門.

po·tes·tad [po.tes.táđ] 女 **1** 権限, 権威, 権力. ~ paterna / patria ~《法》親権. **2**《複数で》能天使：キリスト教で九天使のうち第6位.

po·tes·ta·ti·vo, va [po.tes.ta.tí.bo, -.ba] 形 **1** 選択自由の, 任意の (= facultativo) (↔ obligatorio). **2**《法》契約当事者の一方の意思による, 随意の.

po·tin·gue [po.tíŋ.ge] 男《話》**1** まずい飲み薬. **2** まずい[まずそうな]食べ物[飲み物]. **3**《主に複数で》(クリーム状の)化粧品.

po·ti·to [po.tí.to] 男 (瓶に入った)ベビーフード.

po·to [pó.to] 男 **1**《植》ポトス. **2**《ラ米》(俗) 尻の穴. (俗) 後, 下端. (2) (チリ)(パラ)素焼きの器, 陶器；ヒョウタンの容器.

po·to·co, ca [po.tó.ko, -.ka] 形《ラ米》(チリ)(パラ)《話》ずんぐりした, 小太りの.

po·tón, to·na [po.tón, -.tó.na] 形《ラ米》(チリ)(俗) 尻の大きな.

po·to·sí [po.to.sí] 男《複 ~es, ~s》無尽蔵の富. ser [valer] un ~ 値千金である.

Po·to·sí [po.to.sí] 固名 ポトシ：ボリビア南部の県；県都. ♦標高3500-4000mに位置する. 1545年に銀山が発見され, 1570年代に導入された水銀アマルガム法とmita 労役により銀の産出高は飛躍的に伸びた. メキシコのZacatecasとともに新大陸の銀山の代名詞となる. ポトシ市街は1987年世界遺産に登録.
[鉱物資源の豊かな山の名が起源；←？[ケチュア] potocsi「ごろごろ鳴る, 爆発する」]

po·to·si·no, na [po.to.sí.no, -.na] 形 (ボリビアの)ポトシの. ━男女 ポトシの住民[出身者].

po·tra [pó.tra] 女 **1**《話》幸運, つき. **2** (歯が生え替わるまでの)雌の子馬. **3**《話》ヘルニア.

po·tra·da [po.trá.đa] 女 子馬の群れ.

po·tran·co, ca [po.tráŋ.ko, -.ka] 男女 (3歳未満の)子馬.

po·tre·ar [po.tre.ár] 自 **1** 若者ぶる. **2**《ラ米》(チリ)(パラ)跳ね回る, 飛び跳ねる. ━他 **1**《話》(拷問(冖)台で)拷問する. **2** 動き回らせる[働かせる]. **3**《ラ米》(1) (ラプ)(ペル)殴る, 打つ. (2)《医》馬などを慣らす.

po·tre·ro, ra [po.tré.ro, -.ra] 男女 子馬の飼育人. ━男 **1** 子馬の牧場. **2**《ラ米》(1) (アルゼ)(パラ)空き地, 遊び場. (2) 牧場, 家畜飼育場. (3) (チリ)(ペル)荒れ地.

po·tri·llo [po.trí.jo ‖ -.ʎo-] 男《ラ米》(1) (アンデ)(チリ)小舟. (2) (メヒ)ジョッキ.

po·tro, tra [pó.tro, -.tra] 男女 **1** (歯が生え替わるまでの4歳6か月未満の)子馬. **2** 腕白な子供；無分別な若者.
━男 **1**《スポ》跳馬. ~ con aros 鞍馬(ﾂ). **2** 拷問(冖)台. **3** (牛馬をつなぐ)枠, 首かせ. **4** お産いす. **5** 苦痛を与えるもの. **6**《ラ米》(1)《話》きれいなもの. (2) (メヒ)《話》美人. (3) (チリ)(ラプ)《医》ヘルニア；腫瘍(ﾖ). (4) (メヒ)種馬.

potro (牛馬をつなぐ枠)

po·tro·so, sa [po.tró.so, -.sa] 形 **1**《話》運のいい. **2**《医》ヘルニアの.

po·ya [pó.ja] 女 **1** 共同パン焼き窯の使用料. **2** 亜麻くず.

po·ya·ta [po.já.ta] 女 (壁に取り付けた)食器棚, 棚.

po·ya·to [po.já.to] 男 段々畑 (= terraza).

po·ye·te [po.jé.te] 男 poyo + 縮小辞.

po·yo [pó.jo] 男 **1** (壁に取り付けられた)ベンチ, 腰掛け. **2** 裁判官に支払われていた裁判の料金.

po·za [pó.θa / -.sa] 女 水たまり；(川の)淵(勹), (池の)深み.

po·zal [po.θál / -.sál] 男 **1** つるべ, 手桶. **2** 井桁(纸). **3** (床に埋め込んだ)かめ.

po·zan·co [po.θáŋ.ko / -.sáŋ.-] 男 (増水後に河原にできる)水たまり.

*****po·zo** [pó.θo / -.so] 男 **1** 井戸. ~ airón 井戸. ~ artesiano 掘り抜き井戸. ~ petrolífero / ~ de petróleo 油井. ~ minero 鉱山の立て坑. ~ de registro マンホール. **2** (地面の)穴；(川の)深み. ~ de lobo 落とし穴[わな]. ~ negro 汚水[汚物]だめ. ~ de maldad 極悪人. **4**《比喩的》深み；無尽蔵, 宝庫. ~ de ciencia [sabiduría] 博識な人. ~ de maldad 極悪人. **4**《話》(トランプの)賭(ｶ)け金；(すごろく遊びの)oca という休みの升目. **5**《海》船倉, (船底の)曲穴目；(漁船の)生け簀(ｲ). **6**《ラ米》(1) (プエ)(メヒ)穴. (2) (ラプ)(チリ)(メヒ)水たまり. (3) (アルゼ)(メヒ)泉, 水源. (4) (チリ)(俗)浴場.

caer en un pozo 忘れ去られる.
pozo sin fondo《話》底なしの人[もの], 貪欲(ﾄﾞﾝ)な人. Su ambición es un ~ *sin fondo*. 彼[彼女](らな)の野心はとどまるところがない.
[←[ラ] puteum (puteus の対格)「穴, 井戸」；[関連] [英] pit「(地面の)穴」]

pozo (井戸)

po·zol [po.θól / -.sól] 男 → pozole.

po·zo·le [po.θó.le / -.só.-] 男《ラ米》(メヒ)(中米)ポソレ. (1) 豚の頭でだしを取り, トウモロコシ・豚肉・野菜・トウガラシを煮込んだ料理[スープ]. (2) トウモロコシ粉に水・カカオ・トウガラシ・砂糖などを混ぜた飲み物.

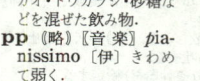

pozole (ポソレ：メキシコ)

pp《略》《音楽》*pi*anissimo《伊》きわめて弱く.

pp.《略》《複数形》*p*áginas.

PP [pe.pé] 男《略》*P*artido *P*opular (スペイン)国民党. ♦前身は AP (*A*lianza *P*opular).

Pr《化》praseodimio プラセオジム.

pra·cri·to [pra.krí.to] / **prá·cri·to** [prá.kri.to] 男《言》プラークリット：古代・中世インドの文語サンスクリット Sánscrito に対して口語.

*****prác·ti·ca** [prák.ti.ka] 女 **1** 実践, 実行. la teoría y la ~ 理論と実践. la puesta en ~ de una política ある政策を実行に移すこと. aceptar la creencia y la ~ del budismo 仏教の信仰と実践を受け入れる. La ~ del voluntariado se está difundiendo entre los jóvenes. ボランティア活動への参加が若者の間に広がってきている.

2《時に複数で》練習；実習. hacer ~s docentes 教育実習をする. Hace falta ~ para aprender esa técnica. その技術を身につけるには練習が必要だ.

3 実績, 経験. Tengo ~ atendiendo a los enfermos. 私は病人の介護の経験がある.
4 慣行, 慣例. Aquí es una ~ habitual pagar en dólares. ここではドルで払うのが慣わしだ.
——形 → práctico.
en la práctica 実際には, 現実には.
La práctica hace maestro. (諺)経験が名人をつくる(経験を積んで一人前となる).
llevar... a la práctica / poner... en práctica …を実行に移す. poner en ~ los consejos del profesor 先生のアドバイスを実行に移す.
[←〔後ラ〕*practicē←〔ギ〕praktikḗ(praktikós「活発な」より派生); 関連 práctico, pragmático. 〔英〕practical「実際的な」, practice〕

prac·ti·ca·ble [prak.ti.ká.ble] 形 **1**〈道が〉通り抜けられる, 通行可能な. **2**〈窓・戸が〉開閉できる. **3**《まれ》実行[実施]できる.

prac·ti·ca·je [prak.ti.ká.xe] 男 水先案内(業, 手数料).

****prác·ti·ca·men·te** [prák.ti.ka.mén.te] 副
1 実際上 (= de hecho, en la práctica); ほとんど. P~, todos los problemas se han solucionado. 事実上全ての問題は解決した. Mido ~ lo mismo que tú. 私は君とほとんど同じ背の高さだ.
2 実践的に, 実習によって.

prac·ti·can·ta [prak.ti.kán.ta] 女 → practicante.

prac·ti·can·te [prak.ti.kán.te] 形 実行[実践]している;〈宗教の〉おきてを守る.
——男女 **1** 実行者, 実践者;〈宗教の〉おきてを守る人. ~ de deporte スポーツをやっている人. católico ~ (教会に行くなど)教義を実践しているカトリック信者. **2**〈資格のある医師・薬剤師の〉助手, 医療士.
▶ 女性形は practicanta も用いられる.

****prac·ti·car** [prak.ti.kár] 102 他 **1** (1)〈活動などを〉**実践する**,(日常的に)行う. ~ tenis テニスをする. ~ la pintura 絵を描く. ~ el hábito de la lectura 読書の習慣に親しむ. ~ el budismo 仏教徒である, 仏教徒としての勤めを果たしている. ~ la filosofía de Gandhi ガンジーの哲学を実践する. ¿Qué deporte practicas? 君は何のスポーツをしてるの. (2)〈特定の目的をもつ行為を〉実行する. ~ una operación 手術を行う. ~ la detención 身柄を拘束する. ~ diligencias 手続き[用事]をする.
2 練習する, 実習する. Debes ~ el piano dos horas al día. 君は毎日2時間ピアノを練習すべきだ.
3〈穴などを〉開ける. ~ un agujero de ventilación en la pared 壁に換気口を開ける.
——自 **1** 練習[実習]する. **2**《宗》〈教義を〉実践する.

*****prác·ti·co, ca** [prák.ti.ko, -.ka] 形 **1** 実用**的な**, 実践的な; 便利な. clases prácticas 実習, 演習. manual ~ 実践マニュアル. método ~ 実践的方法. un consejo ~ 実際的な助言. Vivimos en una casa muy práctica. 私たちはたいへん住みやすい家に暮らしている.
2 現実(主義)的な, 実利的な (= pragmático). hombre ~ 現実的な人. adoptar una actitud práctica 現実的な態度をとる.
3《en...》…に熟練した, 経験を積んだ. abogado muy ~ en problemas civiles 民事に精通した弁護士. un cirujano ~ 熟練した外科医.
——男女 精通した人, 達者な人.
——男(沿岸)水先案内人; 水先船. barco del ~ パイロットボート.

prac·ti·cón, co·na [prak.ti.kón, -.kó.na] 形《話》〈人が〉(理論よりも)実践[経験]を重視する.
——男女《話》(理論よりも)実践[経験]を重視する人.

practique(-) / practiqué(-) 活 → practicar.

pra·dal [pra.ðál] 男 → prado.

****pra·de·ra** [pra.ðé.ra] 女 **1** 大牧場,(広い)牧草地. **2** 大草原.

pra·de·rí·a [pra.ðe.rí.a] 女《集合的》牧草地, 牧場; 草原.

pra·dial [pra.ðjál] 男 草月:フランス革命暦の第9月(5月20[21]日 – 6月18[19]日).

****pra·do** [prá.ðo] 男 **1** 牧草地; 草原.
2(自然)遊歩道. **3**《ラ米》《ﾒﾋﾞｺ》芝生, 草地.
[←〔ラ〕prātum; 関連 pratense].

Pra·do [prá.ðo] 固名 Museo del ~ (スペイン Madrid の)プラド美術館 (= el ~).

Pra·ga [prá.ga] 固名 プラハ:チェコ共和国の首都.
[←〔中ラ〕Praga←〔チェコ〕Praha〕

prag·ma·ti·ca·men·te [prag.má.ti.ka.mén.te] **1** 実用主義的に. **2**《言》語用論的に(見て).

prag·má·ti·co, ca [prag.má.ti.ko, -.ka] 形
1 プラグマティズムの, 実用主義の. **2**《言》語用論の. **3**(国内法などを)解釈する.
——男女 **1** 実用主義者, 実際的な人. **2**(国内法などの)解釈をする法律家.
——女 **1**《史》王令, 勅令. **2**《言》語用論.

prag·ma·tis·mo [prag.ma.tís.mo] 男《哲》プラグマティズム, 実用主義.

prag·ma·tis·ta [prag.ma.tís.ta] 形 **1** 実用主義の, 実用主義者の. **2**《言》語用論の.
——男女 プラグマティスト, 実用主義者.

pra·guen·se [pra.gén.se] 形(チェコの)プラハの; プラハ出身の. ——男女 プラハの住民[出身者].

pra·li·né [pra.li.né] 男《仏》プラリネ:アーモンドやヘーゼルナッツ入りのチョコレートクリーム.

pra·se·o·di·mio [pra.se.o.ðí.mjo] 男《化》プラセオジム:希土類元素(記号 Pr).

pra·sio [prá.sjo] 男《鉱》緑石英.

pras·ma [prás.ma] 男《鉱》濃緑玉髄.

pra·ten·se [pra.tén.se] 形 草原[牧草地]に生える[生息する].

pra·ti·cul·tu·ra [pra.ti.kul.tú.ra] 女 草地農業.

pra·ve·dad [pra.ße.ðáð] 女 堕落, 非道, 不道徳.

pra·via·na [pra.ßjá.na] 女 スペインの Asturias 地方の民謡.

pra·xis [prák.sis] 女《単複同形》**1** → práctica 1. **2**(マルクス主義で)実践.

PRD [pe.(e.)r̄e.ðé]《略》**1** Partido Revolucionario Demócrata(パナマの)民主革命党.
2 Partido Revolucionario Dominicano ドミニカ革命党.

pre-《接頭》「前の[に], 先の[に]」の意. →predominar, prehistoria, prever. [←〔ラ〕]

pre·a·cuer·do [pre.a.kwér.ðo] 男 予備協定, 事前合意.

pre·a·da·mi·ta [pre.a.ða.mí.ta] 男《聖》アダム以前に存在したと考えられた人間.

pre·a·da·mí·ti·co, ca [pre.a.ða.mí.ti.ko, -.ka] 形《聖》アダム以前の; アダム以前に存在したと考えられた人間の.

pre·ám·bu·lo [pre.ám.bu.lo] 男 **1** 序文, 序言, 前文 (= prefacio, prólogo).
2 長い前置き, 回りくどい言い方. Di lo que quieres y no emplees tantos ~s. 前置きはやめて言いたいことを言いなさい. sin ~s 単刀直入に.

pre·a·vi·so [pre.a.bí.so] 男 予告, 事前通達.

pre·ben·da [pre.bén.da] 女 **1**〖カト〗(聖堂参事会員などの)聖職禄(?). **2**《話》実入りのいい仕事. **3** 臨時収入, 援助金.

pre·ben·da·do [pre.ben.dá.ðo] 男〖カト〗(聖職禄(?)を受けている)聖職者.

pre·bos·taz·go [pre.bos.táθ.go / -.tás.-] 男 首長[権力者]の地位;〖カト〗聖堂参事会長の職務[地位].

pre·bos·te [pre.bós.te] 男 **1**《軽蔑》(団体・結社の)首長, 頭領(= dirigente). **2**《軽蔑》権力者, お偉方(= mandamás). **3**〖カト〗聖堂参事会長.

pre·ca·len·ta·mien·to [pre.ka.len.ta.mjén.to] 男 **1**〖スポ〗ウォーミングアップ. **2**〖機〗予熱すること.

pre·cám·bri·co, ca [pre.kám.bri.ko, -.ka] 形〖地質〗先カンブリア時代の. ━男 先カンブリア時代: 約46億年 – 約5億8千万年前.

pre·cam·pa·ña [pre.kam.pá.ɲa] 女 キャンペーン[運動]前の期間, 事前キャンペーン[運動].

pre·can·di·da·to, ta [pre.kan.di.ðá.to, -.ta] 男女 立候補者候補.

pre·ca·ria·men·te [pre.ká.rja.mén.te] 副 不確かに, 不安定に;仮に, あやふやに. El sistema sanitario del país funciona ～. その国の保健制度はちゃんと機能していない.

pre·ca·rie·dad [pre.ka.rje.ðáð] 女 **1**(必要なものの)不足, 欠如. **2** 不安定, 心もとなさ, 不確かさ.

pre·ca·rio, ria [pre.ká.rjo, -.rja] 形 **1** 不安定な, 心もとない, 不確かな. *precaria* salud 病弱. *precaria* situación económica 不安定な経済状況. **2**〖法〗仮の, 占有の.

de precario 暫定的に.
en precario 不安定に.

pre·ca·ri·za·ción [pre.ka.ri.θa.θjón / -.sa.sjón] 女 流動化, 不安定化.

*pre·cau·ción [pre.kau.θjón / -.sjón] 女 **1** 用心, 注意(= prudencia). andar [ir] con ～ 用心する. extremar las *precauciones* 最大限に用心する. **2** 予防(策). por ～ 念のため.

tomar precauciones 予防措置[対策]をとる. En invierno *tomo* ciertas *precauciones* para no resfriarme. 冬になると私は風邪をひかないようにいくつかの予防策をとる.

pre·cau·cio·nar·se [pre.kau.θjo.nár.se / -.sjo.-] 再 用心する, 警戒する;予防策を取る.

precaución (注意)

pre·cau·te·lar [pre.kau.te.lár] 他 予防措置を講じる(= precaver).

pre·cau·to·rio, ria [pre.kau.tó.rjo, -.rja] 形 用心のための, 予防の.

pre·ca·ver [pre.ka.βér] 他 用心する, 警戒する;未然に防ぐ. ━～*se* 再 **(de...** / **contra...** …に対して)用心する;予防策を取る. ～*se de* un peligro 危険に備えて警戒する. ～*se contra* la contaminación 汚染に対して予防策を講ずる.

pre·ca·vi·da·men·te [pre.ka.βí.ða.mén.te] 副 用心深く, 慎重に.

pre·ca·vi·do, da [pre.ka.βí.ðo, -.ða] 形 用心深い, 注意深い, 慎重な.

pre·ce·den·cia [pre.θe.ðén.θja / -.se.-.sja] 女 **1**(時間的・空間的に)先立つこと, 先行. **2** 優位, 優先(権). Tienen ～ los ancianos. お年寄り優先です.

*pre·ce·den·te [pre.θe.ðén.te / -.se.-] 形《多くは名詞+》**(ser+)** **(a...)** (…より)前の, 先行する, 先立つ(↔siguiente). en el mismo período del ejercicio ～ 年度同期に. con respecto al año ～ 前年比. los años ～*s a* la guerra 戦争前の歳月.

━男 先例, 前例. un mal ～ 悪い前例. Su hazaña carece de ～*s* en la Liga Española. 彼[彼女](ら)の偉業はスペインリーグで並ぶものがない. No tiene ～*s* en la historia del país. (そんなことは)その国の歴史上かつてない.

sentar [*crear*] (*un*) *precedente* [*precedentes*] 先例を作る. Eso podría *sentar un* peligroso ～. それは危険な先例を作ることになるだろう.

servir de precedente 先例となる. El fallo *servirá de* ～ para evitar el hasta ahora injusto tratamiento. 判決は今までの不当な待遇を改める先例となるだろう.

sin precedentes 前例のない, いままでにない, 異例の. un hecho *sin* ～*s* en la historia 前代未聞の出来事.

sin que sirva de precedente 今回限り. Por una vez, y *sin que sirva de* ～, estoy de acuerdo con ellos. 一度だけ今回に限り, 私は彼らに賛成する.

*pre·ce·der [pre.θe.ðér / -.se.-] 他 自 **1 (a...)** (…に)先行する, 先立つ(, (…の)前にある(= anteceder). Nos *precedía* el coche fúnebre. 霊柩(れいきゅう)車が我々の前を進んだ.

2 (a... …より)優位にある, 勝る.

[← 〖ラ〗*praecēdere*「前進する;先行する」; *prae-*「前へ」+ *cēdere*「行く」(→ ceder);〖関連〗precedente, 〖英〗*precede*].

pre·cep·tis·ta [pre.θep.tís.ta / -.sep.-] 形 規律の, 教訓的な. ━男女 規律[戒律]を説く人.

pre·cep·ti·va·men·te [pre.θep.tí.βa.mén.te / -.sep.-] 副 命令[規則]として, 強制[義務]的に.

pre·cep·ti·vo, va [pre.θep.tí.βo, -.βa / -.sep.-] 形 義務的な, 命令的な. ━女 **1**(集合的)規則, 規範. **2** *preceptiva* literaria《集合的》文学上の約束事.

*pre·cep·to [pre.θép.to / -.sép.-] 男 規則, 決まり;戒律, 掟. cumplir con el ～〖宗〗義務を果たす;復活祭の期間に聖体拝領をする. fiesta [día] de ～〖カト〗守るべき祝日, 信者がミサに出席すべき祝日.

pre·cep·tor, to·ra [pre.θep.tór, -.tó.ra / -.sep.-] 男女 家庭教師, 教育係.

pre·cep·tuar [pre.θep.twár / -.sep.-] 84 他(規則・戒律を)規定する, 定める.

pre·ces [pré.θes / -.ses] 女《複数形》**1**〖カト〗(神・聖母・聖人への)祈り;願い. **2**(祈禱(きとう)文として教会が使う)聖書の章句. **3**〖カト〗(教皇庁への)請願.

pre·ce·sión [pre.θe.sjón / -.se.-] 女〖天文〗歳差運動. ～ de los equinoccios 春[秋]分点歳差.

2 言うべきことを故意に言わないこと, 黙止.

pre·cia·do, da [pre.θjá.ðo, -.ða / -.sjá.-] 形 **1** 貴重な, 価値のある. obra muy *preciada* 評価の高い作品. **2** うぬぼれた, 思い上がった.

pre·ciar [pre.θjár / -.sjár] 82 他 尊重する, 評価する(= apreciar).
━～*se* 再 **(de...** …を)自慢する, 鼻にかける. ～*se de* orador 雄弁家を自認する. *Se precia de*

inteligente. 彼[彼女]は自分を頭がいいと思っている.
pre·cin·ta [pre.θín.ta / -.sín.-] 囡 **1** (税関の)認印, 検印. **2** (箱などの角を補強する)革.
pre·cin·ta·do [pre.θin.tá.ðo / -.sin.-] 男 → precinto.
pre·cin·tar [pre.θin.tár / -.sin.-] 他 **1** 封印する; 封印を押す. **2** (事故現場などを)封鎖する.
pre·cin·to [pre.θín.to / -.sín.-] 男 封印, 封緘(ﾌｳｶﾝ); 検印; 封印用のテープ[シール]. colocación de ~ 封印の貼付(ﾁｮｳﾌ). violación [quebrantamiento] de ~ 封印破棄.

pre·cio [pré.θjo / -.sjo] 男 **1 値段; 料金;《複数で》物価. ¿Qué ~ tiene esa camisa? / ¿Cuál es el ~ de esa camisa? —El ~ es de 20 euros. そのシャツはいくらですか. —20ユーロです. Suben [Bajan] los ~s. 物価が上がる[下がる]. aumentar el ~ 値上げする. disminuir [rebajar] el ~ 値下げする. la política de ~s 価格政策. ~ de venta al público 小売販売価格(略 P.V.P.》. ~ ofrecido 言い値. ~ al contado 現金価格. ~ de coste [costo] 原価. ~ de lista 表示価格. ~ neto 正味価格. control de ~s 物価統制. fijación de ~(s) 価格決定. ajuste de ~s 価格調整. lista de ~s 料金表. ~ alambicado [estudiado] 底値. ~ al por mayor [menor] 卸売り[小売り]価格. ~ corriente / ~ de mercado 市場価格. ~ de compra 購入価格. ~ de fábrica 工場渡し価格. ~ de tasa 評価[相場]価格. ~ de venta 売値. ~ fijo 定価. ~ fuerte 最高価格. ~ por unidad 単価. ~ tope 限界価格. ~ de liquidación [ganga] バーゲン・プライス.
[類語] *precio* は「価格, 料金, 値段」, *tarifa* は運賃・電気料金など体系的な価格表に基づく「料金」, 「費用」は *coste*, *costo*, 「経費, 雑費」は *gastos*, 「代金」は *importe*, 「勘定書, 請求書」は *cuenta*.
2 価値, 値打ち(=valor); 代償. hombre de gran [mucho] ~ 立派な男. fuera de ~ 値がつけられない, 貴重な. **3** 賞金. poner ~ a la cabeza de +人 《人》の首に賞金をかける.
a cualquier [*todo*] *precio* たとえいくらでも; どんな犠牲を払っても. Lo haré *a cualquier* ~. どんなことがあってもそれをするつもりだ.
a [*al*] *precio de...* …を犠牲にして, …の代償を払って. Ha conseguido el puesto, pero *al* ~ *de* su salud. 彼[彼女]は地位を手に入れたが, 健康を損ねた.
no tener precio 貴重である. Para los damnificados la ayuda de los voluntarios *no tiene* ~. 被災者にとってボランティアの支援はかけがえのないものである.
poner precio a... …に値を付ける.
tener ... en gran precio …を高く評価する, 尊重する.
[← 〔ラ〕*pretium*; 関連 precioso, apreciar, despreciar. 〔英〕*price*]
pre·cio·sa [pre.θjó.sa] 形 → precioso.
pre·cio·si·dad [pre.θjo.si.ðáð / -.sjo.-] 囡 **1** 美しいもの[人], すばらしいもの[人]; 貴重[高価]なもの. Esta pulsera es una ~. このブレスレットは実に美しい. ¡Qué ~ de niña! なんてかわいい子だろう. **2** 美しさ, すばらしさ.
pre·cio·sis·mo [pre.θjo.sís.mo / -.sjo.-] 男 **1**《文体などの》凝りすぎ. **2**《文学》プレシオジテ: 言葉遣いなどの洗練を重視した17世紀フランスの風潮.
pre·cio·sis·ta [pre.θjo.sís.ta / -.sjo.-] 形《文学》プレシオジテの;《文体などが》凝った.
— 男 囡《文学》プレシオジテの作家; 凝り性の人.

pre·cio·so, sa [pre.θjó.so, -.sa / -.sjó.-] 形 (+名詞 / 名詞+)《ser+ / estar+》 **1 貴重な, 高価な. piedra *preciosa* 宝石. No olvides que la vida es lo más ~ que tienes. 命こそ最も大切なものだということを忘れるな. No quiero perder ni un momento de mi ~ tiempo. 私は大事な時間の一瞬も無駄にしたくない.
2 美しい, かわいらしい; 見事な. una mujer *preciosa* きれいな女性. un bebé ~ かわいい赤ちゃん. El nuevo coche de Pedro *es* ~. ペドロの今度の車はすばらしい. María *estaba preciosa* con ese vestido de fiesta. そのパーティードレスを着たマリアはすてきだった.
3 機知に富んだ, ユーモアのある.
pre·cio·su·ra [pre.θjo.sú.ra / -.sjo.-] 囡《ラ米》見事.
pre·ci·pi·cio [pre.θi.pí.θjo / -.si.-.sjo] 男 **1** 崖(ｶﾞｹ), 断崖(ﾀﾞﾝｶﾞｲ), 絶壁; 深淵(ｼﾝｴﾝ). caer al ~ 淵(ﾌﾁ)に転落する. **2** 危機. estar al borde del ~ 危機に瀕(ﾋﾝ)している.
*pre·ci·pi·ta·ción [pre.θi.pi.ta.θjón / -.si.-.sjón] 囡 **1** 大急ぎ, 大あわて, 性急. con ~ 大あわてして, 大あわてで. **2**《主に複数で》(雨・雪などの)降水; 降水量. **3**《化》沈殿. **4** 落下.
pre·ci·pi·ta·da·men·te [pre.θi.pi.tá.ða.mén.te / -.si.-] 副 大急ぎで, あわてふためいて.
pre·ci·pi·ta·do, da [pre.θi.pi.tá.ðo, -.ða / -.si.-] 形 大急ぎの, 大あわての; 性急な.
— 男《化》沈殿物.
*pre·ci·pi·tar [pre.θi.pi.tár / -.si.-] 他 **1**(高い所から)投げ[突き]落とす. *Precipitó* el libro por la ventana. 彼[彼女]は本を窓から投げた.
2 急がせる, 促す. La huelga *precipitó* su dimisión. ストライキが彼[彼女]の辞任を早めた.
3《化》沈殿させる.
— 自《化》沈殿する.
— ~·se 自 **1** 飛び降りる, 飛び込む, 落ちる. *Se precipitó* desde las alturas. 彼[彼女]は高い所から身を躍らせた. **2**(予想以上に)《事が》早く起こる. **3** 急ぐ, あわてる. *~se al decir que...* 急いで…と言う. **4** 突進する, 急いで行く. ~*se hacia* la salida 出口に殺到する.
[← 〔ラ〕*praecipitāre*「真っ逆さまに突き落とす」(*prae-*「前に, 先に」+ *caput*「頭」+動詞語尾); 関連 precipitación, precipicio. 〔英〕*precipitate*]
pre·ci·pi·to·so, sa [pre.θi.pi.tó.so, -.sa / -.si.-] 形 **1** 険しい, 切り立った. **2** 大あわての, 性急な.
pre·ci·sa [pre.θí.sa] 形 → preciso.
pre·ci·sa·do, da [pre.θi.sá.ðo, -.ða / -.si.-] 形 強いられた(=obligado, forzado). verse ~ a +不定詞 …せざるを得ない.

pre·ci·sa·men·te [pre.θí.sa.mén.te / -.sí.-] 副 **1 正確に, はっきりと. El testigo relató ~ cómo había ocurrido el accidente. 目撃者は事故がどのように起こったかを正確に語った.
2 まさに, ちょうど. ~ por eso まさにそのために. P~ iba a llamarte. 今ちょうど君に電話しようと思っていたところだ. P~ fue ella quien me lo aconsejó. 私にそれを助言したのは他ならぬ彼女だった. **3**(間投詞的に)《同意・肯定》全くそのとおりだ;

《反意・不都合》あいにく. ¿Entonces quieres decir que el protagonista es el asesino? — P〜. じゃあ, 君は主人公が人殺しだと言うのかい. —そのとおり. P〜 hoy no traje el libro, pero si quieres te lo traigo mañana. あいにく今日はその本を持って来なかったが, もし必要なら明日持って来てあげる. **4**《挿入句的に》ところで, 余談だが. Aquella chica, 〜, es Teresa, la novia de Carlos. ところで, あの娘がカルロスの恋人のテレサだ.
5 特に, 格別に, わざわざ.

pre·ci·sar [pre.θi.sár / -.si.-]他 **1《細部を》明確にする, はっきりさせる. 〜 los detalles 詳細を明らかにする. 〜 el número exacto 正確な数を述べる. 〜 una información 情報をより正確にする. La policía *precisó* que los tres sospechosos eran del mismo pueblo. 警察は3人の容疑者が同じ村の出身であることを明らかにした.
2 必要とする. El caso *precisa* más investigaciones. その件はもっと調査が必要だ.
3《a+不定詞 …することを》《人に》強制する, 余儀なくさせる. Me vi *precisado a obedecer*lo. 私は彼に従わざるを得なかった.
——自 **1**《de... …を》必要とする. Este aparato *precisa de* un cable especial. この器具は特殊なケーブルを必要とする.
2《ラ米》《?》急を要する, 差し迫っている. Me *precisa* hablar con Vd. 至急あなたと話したい.
——〜·se 再《3人称で》必要とされる.

*pre·ci·sión [pre.θi.sjón / -.si.-] 囡 **1** 正確さ, 精密さ;《複数で》詳細, 明細. hablar con 〜 精密に話す. misiles [reloj] de 〜 精度の高いミサイル [時計]. Se requiere alta 〜. 高度の精密さが要求される. Me avisaron pero no me dieron *precisiones*. 知らせは受けたが詳細は聞いていない.
2 必要性. Tuvo 〜 de ganar más dinero. 彼 [彼女] はもっとお金を稼がなくてはならなかった. Me veo en la 〜 de cambiar de idea. 私は考えを変えなくてはならないようだ.

pre·ci·so, sa [pre.θí.so, -.sa / -.sí.-]形 **1《名詞+》《ser+》必要な, 不可欠な. Es 〜 tener en cuenta... …の考慮が欠かせない. adoptar las medidas *precisas* para... …に必要な措置をとる. cuando sea 〜 必要なときに. ser 〜 que+接続法 …が《どうしても》必要である. Es 〜 que vengas. 君が来ないとどうにもならない.
2《多くは名詞+》《ser+》正確な, はっきりした; 明快な, 簡明な. dar (las) instrucciones *precisas* 明確な指示を出す. datos 〜s 正確なデータ. el lugar 〜 はっきり決まった場所. un estilo 〜 わかりやすい文体. una respuesta *precisa* 明快な答え.
3《多くは名詞+》《多くは時間的に》まさにその, 当の. en el 〜 momento [instante] en que+直説法・接続法 ちょうど…するときに. en ese 〜 instante [momento] ちょうどそのとき.
——形 → precisar.
para ser (más) preciso(s) (より) 正確には (=para ser *precisos*) (▶多くは複数で用いられる). Vendrá el próximo mes, *para ser (más)* 〜*s*, el 17 de marzo. 彼 [彼女] は来月来るだろう, より正確には3月17日に.
[<[ラ] *praecisum* (*praecīsus* の対格) 「切り離された; 切り立った」(*praecīdere*「切り離す」の完了分詞). [関連] precisión, precisar. [英] *precise*]

pre·ci·ta·do, da [pre.θi.tá.ðo, -.ða / -.si.-] 形 前記の, 前述の, 上述の.

pre·ci·to, ta [pre.θí.to, -.ta / -.sí.-] 形 神に見放された, 地獄に落とされた. ——男 囡 地獄に落とされた人.

pre·cla·ro, ra [pre.klá.ro, -.ra] 形 高名な, 卓抜な, 傑出した.

pre·clá·si·co, ca [pre.klá.si.ko, -.ka] 形 前古典の; 古典期以前の.

pre·co·ci·dad [pre.ko.θi.ðáđ / -.si.-] 囡 **1** 通常よりも早いこと. **2** 早熟. **3** 早咲き, 早生(?).

pre·co·ci·na·do, da [pre.ko.θi.ná.ðo, -.ða / -.si.-] 形《食品が》調理済みの, 出来合いの.

pre·cog·ni·ción [pre.koɡ.ni.θjón / -.sjón] 囡《文章語》予知, 予見.

pre·co·lom·bi·no, na [pre.ko.lom.bí.no, -.na] 形 先コロンブス期の, Colón のアメリカ大陸到着 (1492年) 以前の. civilizaciones *precolombinas* (アステカ・マヤ・インカなどの) 新大陸の古代文明.

pre·con·ce·bi·do, da [pre.kon.θe.βí.ðo, -.ða / -.se.-] 形 事前に考えられた, 考慮済みの; 思い込みの. idea *preconcebida* 先入観.

pre·con·ce·bir [pre.kon.θe.βír / -.se.-] 17 他 あらかじめ考える; 前もって計画する. plan *preconcebido* 前もって用意したプラン.

pre·con·gre·sual [pre.koŋ.ɡre.swál] 形 国会開催 (直) 前の.

pre·co·ni·za·ción [pre.ko.ni.θa.θjón / -.sa.sjón] 囡 **1** 提唱, 推進, 助言. **2**《カト》《枢機卿(?)会議における高位聖職者選定に関する》教皇告示.

pre·co·ni·za·dor, do·ra [pre.ko.ni.θa.ðór, -.ðó.ra / -.sa.-] 形 提唱 [推進] する, 助言の, 勧告の. ——男 囡 **1** 提唱 [推進] 者. **2** 支持者, 賛同者. **3** 賞賛者.

pre·co·ni·zar [pre.ko.ni.θár / -.sár] 97 他 **1** 称揚する; 提唱する; 支持する. 〜 un gobierno de coalición 連立政府案を提唱する. **2**《カト》《教皇が》《枢機卿(?)会議で》《高位聖職者を》告示する.

pre·con·tra·to [pre.kon.trá.to] 男 予備契約.

pre·cor·dial [pre.kor.ðjál] 形《解剖》前胸部の.

pre·cor·di·lle·ra [pre.kor.ði.jé.ra ‖ -.ʎé.-] 囡 山のふもと, 山麓(?);《ラ米》《?》アンデス山脈の支脈.

pre·coz [pre.kóθ / -.kós] 形《複 precoces》**1** 早熟な, ませた. Es un niño 〜 para su edad. この子は年の割にませている. **2** 早生(?)の, 早なりの. manzana 〜 早生のリンゴ. **3** 早めの, いつもより早い. **4**《病気などが》早期の. *eyaculación precoz* 早漏.

*pre·cur·sor, so·ra [pre.kur.sór, -.só.ra] 形 前触れの; 先駆けの. signos 〜*es* de la desgracia 災いの前兆. ——男 囡 先駆者, 先覚者.

pre·da·dor, do·ra [pre.ða.ðór, -.ðó.ra] 形 略奪する (=saqueador); 捕食する, 捕食性の. ——男 囡 略奪者, 捕食動物.

pre·da·to·rio, ria [pre.ða.tó.rjo, -.rja] 形 略奪 [強奪] の; 捕食の.

pre·de·ce·sor, so·ra [pre.ðe.θe.sór, -.só.ra / -.se.-] 男 囡 **1** 前任者; 先輩, 先達 (↔sucesor). **2**《主に複数で》《広義で》先祖 (=antepasado).

pre·de·ci·ble [pre.ðe.θí.βle / -.sí.-] 形 予言 [予報] 可能な (↔impredecible).

*pre·de·cir [pre.ðe.θír / -.sír] 52 他 [過去分は predichoʼs] 予言する [予報する]. Los expertos *predicen* la caída del dólar. 専門家はドルの下落を予測している. → adivinar [類語].

pre·de·la [pre.ðé.la] 囡 プレデラ (=sotabanco): 祭壇背後の飾り台の下部のこと.

pre·des·ti·na·ción [pre.ðes.ti.na.θjón / -.sjón] 囡 **1** 宿命, 運命. **2** 『神』救霊の予定; 救霊予定説.

pre·des·ti·na·do, da [pre.ðes.ti.ná.ðo, -.ða] 形 （**estar**＋）**1** （**a...**）（…に）運命づけられた. 《…を》約束された, 予定された. **2** 『神』救霊を約束された. ━ 男 囡 救霊を約束された人.
━ 男 囡 妻を寝とられた男.

pre·des·ti·nar [pre.ðes.ti.nár] 他 **1** 《**a...** …に》予定する, 運命づける. *Habían predestinado las ganancias a fines benéficos.* 彼らは利益を慈善目的にあてることを決めてあった.
2 『神』〈神が〉救霊を約束する.

pre·de·ter·mi·na·ción [pre.ðe.ter.mi.na.θjón / -.sjón] 囡 前もって決まっていること.

pre·de·ter·mi·nar [pre.ðe.ter.mi.nár] 他 前もって決める, あらかじめ定める.

pré·di·ca [pré.ði.ka] 囡 **1** （特にプロテスタントの）説教（= sermón）. **2** 〖複数で〗〖軽蔑〗熱弁; お説教. *¡Déjate ya de ~s!* お説教はもうたくさんだ.

pre·di·ca·ble [pre.ði.ká.ßle] 形 **1** 説教の主題となりうる. **2** （属性として）断定しうる.
━ 男 〖論〗（アリストテレスの論理学で）客位語.

pre·di·ca·ción [pre.ði.ka.θjón / -.sjón] 囡 **1** 説教; 布教, 宣教.
2 〖言〗〖論〗述語, 主語について叙述する語.

pre·di·ca·de·ras [pre.ði.ka.ðé.ras] 囡 〖複数形〗〖話〗雄弁, 弁が立つこと.

pre·di·ca·do [pre.ði.ká.ðo] 男 **1** 〖文法〗述語, 述部. ~ nominal 名詞的述部. ~ verbal 動詞的述部. **2** 〖論〗賓辞（ひんじ）.

pre·di·ca·dor, do·ra [pre.ði.ka.ðór, -.ðó.ra] 形 説教の. ━ 男 囡 説教家［者］; 説教師.

pre·di·ca·men·to [pre.ði.ka.mén.to] 男 **1** 威信, 権威; 影響力 (= autoridad). *gozar de gran ~ en* [entre]... …で［の間で］絶大な影響力を持つ.
2 〖論〗範疇（はんちゅう）. **3** 〖ラ米〗窮地, 難局. *poner a+人 en un ~* 〈人〉を窮地に立たせる.

*‡**pre·di·car** [pre.ði.kár] 自 他 **1** 説教する. *El Cura predicaba un sermón desde el púlpito.* 司祭は説教台から説教していた.
2 〈教えなどを〉広める. ~ la fe [palabra de Dios] 信仰［福音］を広める. ~ una doctrina [idea] ある教義［考え］を広める.
3 いさめる, 諭す, 助言する. ~ contra+人 〈人〉をいさめる. *El gobierno predicaba paciencia ante la inflación creciente.* 政府は増大するインフレに耐えるよう呼びかけていた.
4 公にする, 明らかにする. **5** ほめすぎる. **6** 〖文法〗〈主語の性質・行為を〉叙述する.
[← 〖ラ〗*praedicāre*「公言する」（*prae-*「（人の）前で」＋ *dicāre*「宣言する」）; 関連 predicador. 〖英〗 preach, predicate]

pre·di·ca·ti·vo, va [pre.ði.ka.tí.ßo, -.ßa] 形 〖文法〗述語の, 述部の; 〈形容詞が〉叙述的な.
━ 男 〖文法〗叙述補語（= complemento ~）.

*‡**pre·dic·ción** [pre.ðik.θjón / -.sjón] 囡 **予言, 予報**. *hacer ~* [*predicciones*] 予言する.

pre·di·cho, cha [pre.ði.tʃo, -.tʃa] [predecir の過分] 形 **1** 前述の, 上述の.
2 予言［予報］された.

pre·dic·ti·vo, va [pre.ðik.tí.ßo, -.ßa] 形 予言［予報］する; 前兆となる.

*‡**pre·di·lec·ción** [pre.ði.lek.θjón / -.sjón] 囡 ひいき, 偏愛; 気に入り, 愛好. *sentir una ~ por...* …をえこひいきする; …を特に好む.

pre·di·lec·to, ta [pre.ði.lék.to, -.ta] 形 気に入りの, 大好きな. *hijo ~* 秘蔵っ子. *ciudad predilecta de los pintores* 画家好みの町.
━ 男 囡 お気に入りの人［もの］.

pre·dio [pré.ðjo] 男 地所, 所有地, 不動産 (= finca). ~ *rústico* 農地. ~ *urbano* 宅地.

pre·dis·po·ner [pre.ðis.po.nér] 41 他 [過分]は predispuesto] **1** 仕向ける; 吹き込む. *Tus palabras me predispusieron a pensar mal de él.* 君に話を聞いていたせいで彼に悪い先入観を持ってしまった. **2** 《**a favor de...** …に》好感を抱かせる; 《**en contra de... / contra...** …に》反感［偏見］を抱かせる. **3** （病気などに）感染しやすくする.
━ ~·**se** 再 《**a favor de...** …に》好意を抱く; 《**en contra de... / contra...** …に》反感［偏見］を抱く.

pre·dis·po·si·ción [pre.ðis.po.si.θjón / -.sjón] 囡 傾向; 素質, 素因; 体質. *tener ~ a...* …の傾向がある.

pre·dis·pues·to, ta [pre.ðis.pwés.to, -.ta] [predisponer の過分] 形 （**estar**＋）先入観を持った. ~ *contra* [*en contra de*]... …に反感［偏見］を抱いた. **2** （**ser**＋）《**a...** …に》かかりやすい. *Soy ~ a los catarros.* 私は風邪をひきやすい.

pre·do·mi·nan·te [pre.ðo.mi.nán.te] 形 優勢な, 有力な, 支配的な; 顕著な.

pre·do·mi·nan·te·men·te [pre.ðo.mi.nán.te.mén.te] 副 支配的に, 優勢［優位］に; とりわけ.

*‡**pre·do·mi·nar** [pre.ðo.mi.nár] 自 《**sobre...** より》**1** 優勢である, 優位に立つ, 支配的である. *Los intereses generales deben ~ sobre los particulares.* 全体の利益が個人の利益に優先せねばならない. **2** （高さが）勝る. *Este edificio predomina sobre aquel otro.* この建物はあの建物を見下ろす格好になっている.

*‡**pre·do·mi·nio** [pre.ðo.mí.njo] 男 **優越**, 優位, 優勢; 支配, 優先. *No podemos admitir el ~ de la fuerza sobre la razón.* 理性に対する力の優越を容認できない. *cuadro con ~ de azul* 青を基調にした絵.

pre·dor·sal [pre.ðor.sál] 形 **1** 〖解剖〗背部の前にある. **2** 〖音声〗前舌音の. ━ 囡 〖音声〗前舌音.

pre·dor·so [pre.ðór.so] 男 〖音声〗前部舌背.

pre·e·lec·to·ral [pre.(e.)lek.to.rál] 形 選挙前の (↔postelectoral).

pre·e·mi·nen·cia [pre.(e.)mi.nén.θja / -.sja] 囡 **1** 優位, 卓抜, 傑出. *dar ~ a...* …を優先させる. **2** 特権, 特典, 優遇.

pre·e·mi·nen·te [pre.(e.)mi.nén.te] 形 上位の, 優位の, 卓抜した, 傑出した. *cargo ~* 幹部職.

pre·es·co·lar [pre.(e.)s.ko.lár] 形 就学前の. *enseñanza ~* 就学前教育.
━ 男 幼稚園, 保育園 (= jardín ~).

pre·es·ta·ble·ci·do, da [pre.(e.)s.ta.ßle.θí.ðo, -.ða / -.sí.-] 形 事前に制定［設立］された.

pre·es·tre·no [pre.(e.)s.tré.no] 男 試写（会）, 試演（会）.

pre·ex·cel·so, sa [pre.(e)(k)s.θél.so, -.sa / -.sél.-] 形 秀逸な, 卓越した.

pre·e·xis·ten·cia [pre.(e)k.sis.tén.θja / -.sja] 囡 先在, 前存, 以前に存在したこと.

pre·e·xis·ten·te [pre.(e)k.sis.tén.te] 形 先在の, 前存の, 以前に存在した.

pre·e·xis·tir [pre.(e)k.sis.tír] 自 先在する, 前存する, 以前から存在する.

pre·fa·bri·ca·do, da [pre.fa.ßri.ká.ðo, -.ða]

prefabricar

形《建》プレハブの, 現地組み立て式の.
pre.fa.bri.car [pre.fa.bri.kár] 他 《建物などを》プレハブ方式で作る;《部品などを》前もって作る.
pre.fa.cio [pre.fá.θjo / -.sjo] 男 **1** 序文, 序言, 緒言, 前書き; hacer un ～ 序文を書く. 「あとがき」は epílogo. **2**《カト》(ミサのときの)序唱.
pre.fec.to, ta [pre.fék.to, -.ta] 男女 **1** (学校の)指導係. **2**《ラ米》公共施設の守衛. —男 **1**《史》(古代ローマの)長官, 司令官, 総督. **2**《カト》(教皇庁)の各聖省の長官. **3** (フランスの各省庁の)長官.
pre.fec.tu.ra [pre.fek.tú.ra] 女 **1** prefecto の職務(権限). **2** 県, 州, (県)庁.
*****pre.fe.ren.cia** [pre.fe.rén.θja / -.sja] 女 **1** 優先権 (= prioridad). dar ～ a... …を優先する. Los socios del club tienen ～ para sacar buenas localidades. そのクラブの会員は優先的によい席をとれる. ～ de paso 優先通行(権).
2 好み; ひいき (= predilección). tener [mostrar] ～(s) por [hacia] ... …をひいきする. Este jugador goza de la ～ del entrenador. この選手は監督のお気に入りだ.
3 特別(観覧)席 (= asiento [butaca] de ～).
pre.fe.ren.cial [pre.fe.ren.θjál / -.sjál] 形 → preferente.
*****pre.fe.ren.te** [pre.fe.rén.te] 形 **1** 上位[優位]の. ocupar un lugar ～ 上席につく. clase ～《航空》ファーストクラス;《鉄道》一等車, ファーストクラス.
2 好ましい; 優先の, 特待の;《商》特恵の. trato ～ 優遇. acciones ～s 優先株. tarifas arancelarias ～s 特恵関税. disposiciones ～s 優遇措置.
pre.fe.ren.te.men.te [pre.fe.rén.te.mén.te] 副 **1** 好んで, 優先して. **2** 主に, 特に.
*****pre.fe.ri.ble** [pre.fe.rí.ble] 形 《a... …より》よい, 望ましい; 都合がいい. Es ～ callar a decir tonterías. くだらないおしゃべりをするくらいなら黙っていることだ. Es ～ que dejes el coche en casa. 車は家に置いてくる方が望ましい (▶ que 以下の動詞は接続法).
pre.fe.ri.ble.men.te [pre.fe.rí.ble.mén.te] 副 むしろ, どちらかというと; 好んで. Se busca un profesor de español, ～ latinoamericano. スペイン語講師募集, ラテンアメリカ出身者が望ましい.▶形容詞, 分詞, 補語の前に置かれる. 人称変化した動詞に前置される例は少なく, 通常意志を示す文脈において用いられる.
pre.fe.ri.do, da [pre.fe.rí.ðo, -.ða] 形 大好きな, お気に入りの. —男女 お気に入り.
*****pre.fe.rir** [pre.fe.rír] 27 他 《a... …より》**1** …の方をより好む; …の方が好ましい. Prefiero el pescado a la carne. 私は肉より魚の方が好きだ. ¿Qué preferís, cerveza o vino? 君たち, ビールとワインのどちらがいいですか.
2 《+不定詞 | que+接続法》《…することを》好む,《…する方が》いい. Prefirió quedarse en casa. 彼[彼女]は家に残る方を選んだ. Preferiría morirme a obedecerle. 彼の言うことを聞くくらいなら私は死んだ方がましだ. Prefiero que me lo digas todo. 私は君が全てを言ってくれる方がいい.
[← [ラ] praeferre (prae-「前へ」+ferre「運ぶ」「前へ運ぶ, 前に置く」が原義)〕〔関連〕preferencia.〔英〕prefer〕
prefier- 活 → preferir.
pre.fi.gu.ra.ción [pre.fi.gu.ra.θjón / -.sjón] 女 予想, 予測; 予示.

pre.fi.gu.rar [pre.fi.gu.rár] 他 予想する, 前もって示す; 予示する.
— ～.se 再 前もって示される, 予想される.
pre.fi.ja.ción [pre.fi.xa.θjón / -.sjón] 女《文法》接頭辞の付加.
pre.fi.jar [pre.fi.xár] 他 **1** あらかじめ決める, 前もって決める. **2**《文法》接頭辞を付ける.
pre.fi.jo, ja [pre.fí.xo, -.xa] 形 **1** あらかじめ決められた.**2**《文法》接頭辞の. —男 **1** (電話の)市外局番, 地域[国]番号. **2**《文法》接頭辞.
pre.fi.nir [pre.fi.nír] 他 期限[期日]を決める, 日時を指定する.
prefir- 活 → preferir.
pre.flo.ra.ción [pre.flo.ra.θjón / -.sjón] 女《植》花芽期: つぼみの中で花弁が折り畳まれている状態.
pre.fron.tal [pre.fron.tál] 形 前頭葉前部の.
pre.ful.gen.te [pre.ful.xén.te] 形 まぶしいほど光り輝く.
pre.gón [pre.ɣón] 男 **1** (公式行事の)開会の辞, 祝辞. **2** (役人による街頭での)触れ口上, 告知. **3** (物売りの)呼び声. **4**《古語》(人前での)称揚, 賞賛. **5**《スペイン》(教会での)婚姻公告.
*****pre.go.nar** [pre.ɣo.nár] 他 **1** 《物売りが》呼び売りする. **2** (触れ口上により)公告する, 告知する;《秘密などを》言い明かす; つい触らす (= divulgar). **3** (公然と)ほめそやす, 称賛する (= elogiar).
pre.go.ne.ro, ra [pre.ɣo.né.ro, -.ra] 形 触れ歩く, 触れ回る; 口の軽い.
— 男女 **1** 開会の辞を述べる人. **2** (公示・告示を)告知する人. **3** (秘密などを)触れ歩く[回る]人.
pre.gue.rra [pre.ɣé.ra] 女 戦前 (= anteguerra).
*****pre.gun.ta** [pre.ɣún.ta] 女 質問, 質疑; (試験の)問題, 設問. hacer una ～ 質問する. ～s y respuestas 質疑応答. cuestionario de ～s (アンケートなどの)質問票. ～ capciosa ひっかけの質問. ～ indiscreta ぶしつけな質問. asediar de [con] ～s a... …を質問攻めにする. responder a las ～s del examen 試験問題に答える. No contestó a mi ～. 彼[彼女]は私の質問に答えなかった. → cuestión 類語.
— 活 → preguntar.
estar a la cuarta [*última*] *pregunta*《話》すかんぴんである.
pre.gun.ta.de.ra [pre.ɣun.ta.ðé.ra] 女《ラ米》(ょぅの)質問攻め.
pre.gun.ta.dor, do.ra [pre.ɣun.ta.ðór, -.ðó.ra] 形 質問する, 質問好きな; 詮索(けさ)好きの.
— 男女 質問者; 質問[詮索]好きな人.
*****pre.gun.tar** [pre.ɣun.tár] 他《a+人〈人〉に》**1** 質問する, 尋ねる (↔ responder). Ahora te voy a ～ una cosa. それじゃ, 君に一つ質問するよ. ¿De qué murió su padre? — No *me* lo *preguntes*. 彼[彼女](ら)のお父さんは何で亡くなったのですか — 私にはわかりません. ▶ 用例中 te, me が a+人 に相当.
2《疑問詞+直説法 …を / si+直説法 …かどうかを》質問する, 尋ねる. *Le pregunté qué quería* hacer. 私は彼[彼女]に何をしたいのか尋ねた. *Me pregunto si había estado* en Valencia. 私は彼[彼女]がバレンシアにいたことがあるかどうか質問された. ▶ 用例中 le, me が a+人 に相当.
— 自 **1** 《sobre... …について》質問する. Quisiera ～ *sobre* este asunto. この件で質問したいのですが. **2** 《por... …について》問い合わせる. An duvo

pre·gun·tar … toda la mañana *preguntando por* la niña. 彼[女女]は午前中ずっと女の子のことを尋ね歩いた. — **~se** 再 1 自問する, 思いをめぐらす. *Me pregunto si han llegado ya.* 彼らはもう着いただろうか. 2 《複数主語で》質問しあう. [←〔ラ〕*percontārī* (*contus*「竿(ॠ)」より派生；「(竿で) 川・海の底を探る」が原義)；〔関連〕pregunta, preguntón]

pre·gun·tón, to·na [pre.gun.tón, -.tó.na] 形 《軽蔑》質問好きの, 聞きたがり屋の, 詮索(ﾞ)好きな. *un niño ~* なんでも聞きたがる子供. — 男 女 《話》聞きたがり屋, 質問好き.

pre·gus·tar [pre.gus.tár] 他 (王・貴人などの飲食物を)毒見する.

pre·he·lé·ni·co, ca [pre.(e.)lé.ni.ko, -.ka] 形 古代ギリシア文明以前の, 前ギリシア[時代]の.

pre·his·pá·ni·co, ca [preis.pá.ni.ko, -.ka] 形 〈アメリカ大陸の事物が〉スペイン人による征服・植民以前の(= precolombino).

pre·his·to·ria [preis.tó.rja] 女 1 先史時代；先史学. 2 (ある状況・出来事の)起源, 前段階, 前史.

pre·his·tó·ri·co, ca [preis.tó.ri.ko, -.ka] 形 1 先史時代の, 有史以前の. 2 《話》時代遅れの, 古くさい.

pre·in·cai·co, ca [prein.kái.ko, -.ka] 形 《史》プレ[先]インカ期の.

pre·ins·crip·ción [preins.krip.θjón / -.sjón] 女 (履修登録の)仮登録, 仮[事前]申し込み.

pre·is·lá·mi·co, ca [preis.lá.mi.ko, -.ka] 形 前イスラム[時代]の, イスラム以前の.

pre·ju·bi·la·ción [pre.xu.bi.la.θjón / -.sjón] 女 早期退職.

pre·ju·bi·la·do, da [pre.xu.bi.lá.ðo, -.ða] 形 早期退職者の. — 男 女 早期退職者.

pre·ju·di·cial [pre.xu.ði.θjál / -.sjál] 形 《法》先決すべき；予審すべき.

pre·ju·di·cio [pre.xu.ðí.θjo / -.sjo] 男 → prejuicio.

pre·jui·cia·do, da [pre.xwi.θjá.ðo, -.ða / -.sjá.-] 形 (…に)偏見を持った, 先入観を抱いた.

*★**pre·jui·cio** [pre.xwí.θjo / -.sjo] 男 先入観, 予断；偏見. *No lo encuentras inteligente porque tienes ~s.* 先入観で見ているから彼の頭のよさがわからないのだ. *No tiene ~s raciales.* 彼[女女]は人種的偏見を持っていない. *crearle a+人 un ~* 〈人〉に偏見を抱かせる.

pre·juz·gar [pre.xuθ.gár / -.xus.-] 103 他 予断する, 早まった判断を下す.

pre·la·cí·a [pre.la.θí.a / -.sí.-] 女 《カト》高位聖職者の職[地位].

pre·la·ción [pre.la.θjón / -.sjón] 女 1 《*sobre*...》(…に対する)優先, 上位. *orden de ~* 優先順位. *~ de los intereses generales sobre los particulares* 私益に対する公益の優先. *tener ~ sobre*... …に優先する. 2《ラ米》《ﾞ》《車》優先権.

pre·la·do [pre.lá.ðo] 男 《カト》(大司教・司教・修道院長などの)高位聖職者.

pre·la·ti·cio, cia [pre.la.tí.θjo, -.θja / -.sjo, -.sja] 形 高位聖職者の.

pre·la·tu·ra [pre.la.tú.ra] 女 → prelacía.

pre·la·va·do [pre.la.bá.ðo] 男 予洗, 予洗い.

pre·li·mi·nar [pre.li.mi.nár] 形 予備の；前置きの, 序の；草案の, 草稿の. — 男 1 前置き, 序文. 2 準備, 予備行為[折衝]；《主に複数で》(講和条約の)仮条約.

pre·li·mi·nar·men·te [pre.li.mi.nár.mén.te] 副 予備に, 前もって, 仮に.

pre·lu·diar [pre.lu.ðjár] 82 他 1 …の前触れとなる, 前兆となる. 2《音楽》〈楽器の〉調音をする. — 自《音楽》チューニングする；(演奏前に)軽く弾いてみる.

pre·lu·dio [pre.lú.ðjo] 男 1 前触れ, 序幕, 始まり (= anuncio). 2《音楽》(1) 前奏曲, プレリュード. (2) チューニング；演奏前の楽器[声]の調整.

pre·ma·má [pre.ma.má] 形 《性数不変》マタニティーの, 妊婦[用]の.

pre·ma·tri·mo·nial [pre.ma.tri.mo.njál] 形 結婚前の, 婚前の. *cursillo ~* 結婚講座.

pre·ma·tu·ra·men·te [pre.ma.tú.ra.mén.te] 副 時期尚早に, 早まって. *envejecer ~* 早く老ける.

pre·ma·tu·ro, ra [pre.ma.tú.ro, -.ra] 形 時期尚早の, 早まった, 早計の. *parto ~* 早産. — 男 女 早産児, 未熟児.

pre·me·di·ta·ción [pre.me.ði.ta.θjón / -.sjón] 女 前もって考えること, 計画を練ること；《法》予謀. *con ~* (*y alevosía*) 《法》計画的に, 故意に；用意周到な.

pre·me·di·ta·da·men·te [pre.me.ði.tá.ða.mén.te] 副 あらかじめ, 計画的に.

pre·me·di·ta·do, da [pre.me.ði.tá.ðo, -.ða] 形 前もって考えた, 計画的な；《法》予謀された, 故意の.

pre·me·di·tar [pre.me.ði.tár] 他 前もって考える, …の計画を練る；《法》〈犯罪を〉予謀する.

pre·mia·ción [pre.mja.θjón / -.sjón] 女 《ラ米》表彰, 授賞.

*★**pre·miar** [pre.mjár] 82 他 称賛する；《*con...*》を…〉授与する, (コンクールなどで)賞を与える. *~ a+人 por su heroísmo* 〈人〉の英雄的行為を称える. *La premiaron con mil euros.* 彼女は1000ユーロの賞金をもらった. *obra premiada* 受賞作品.

pre·mier [pre.mjér] 〔仏〕男 女 (主に英国の)首相；《ラ米》(ﾞ)首相.

pre·mière [pre.mjér] 〔仏〕女 初演, 封切り.

*★★**pre·mio** [pré.mjo] 男 1 賞；賞品, 賞金. *~ gordo* (宝くじの) 1等賞. *primer ~* 1等賞. *~ extraordinario* 特別賞. *~ de consolación* 残念賞. *dar* [*otorgar*] *un ~* 賞を授ける. *recibir* [*ganar, obtener*] *un ~* 賞を受ける[獲得する]. *El tercer ~ de la lotería le tocó a un vecino toledano.* 宝くじの3等賞はあるトレド市民に当たった. 2 コンクール, 競技会；そこで与えられる賞. *presentarse a un ~ literario* ある文学賞に応募する. *gran ~ internacional* 世界グランプリ. *~ Cervantes* セルバンテス賞 (▶ スペイン語の文学賞). 3 受賞者. *Ésta es la última obra del ~ Nobel de literatura.* これはそのノーベル文学賞作家の最新作である. 4《経》割増し金, プレミアム；(レートによる)額面超過額. [←〔ラ〕*praemium*「報酬；分捕り品」；〔関連〕〔英〕*premium*]

pre·mio·si·dad [pre.mjo.si.ðáð] 女 手際の悪さ, 不器用.

pre·mio·so, sa [pre.mjó.so, -.sa] 形 1 鈍い, のろまな, ぐずな. 2 (文体・話し方が)おぼつかない, たどたどしい, ぎこちない. 3 切迫した, 緊急の. 4 (服が)窮屈な, きつい. 5 厳しい, 手厳しい.

pre·mi·sa [pre.mí.sa] 女 1《論》前提. 2《主に複数で》前提[必要]条件, 根拠となる事項[理由づけ, 主張]. *Establecidas* [*Sentadas*] *estas ~s, po-*

pre·mi·so, sa [pre.mí.so, -.sa] 形 **1** あらかじめ送った. **2** 準備された, 用意のできた. **3** 【法】事前の, 先立つ.

pre·mo·lar [pre.mo.lár] 形 前臼歯(キュウシ)の, 小臼歯の. — 男 前臼歯, 小臼歯.

pre·mo·ni·ción [pre.mo.ni.θjón / -.sjón] 女 **1** 予感, 虫の知らせ. **2**〈病気の〉徴候, 前兆.

pre·mo·ni·to·rio, ria [pre.mo.ni.tó.rjo, -.rja] 形 **1** 予感の, 虫の知らせの. **2**【医】前駆の.

pre·mo·ni·zar [pre.mo.ni.θár / -.sár] 97 他 予告[予言]する (= presentir, anunciar).

pre·mo·rir [pre.mo.rír] 29 自 [過分] は premuerto]【法】(ある人よりも)先に死亡する.

pre·mu·nir·se [pre.mu.nír.se] 再《ラ米》《de... / contra...》(…に対して)用心する, 先手を打つ, 防ぐ.

pre·mu·ra [pre.mú.ra] 女 **1** 切迫, 緊急; 迅速. con 〜 急いで, すぐに. **2**〈時間・場所の〉不足, 欠如. con 〜 de tiempo 急いで, あわてて. por 〜 de espacio 場所[スペース]がないので.

pre·na·tal [pre.na.tál] 形 出生[出産]前の.

‡**pren·da** [prén.da] 女 **1** 衣類, 衣料品, 履き物; 布製品. 〜 de vestir 衣服. 〜s de cama (シーツなどの)寝具. 〜s de mesa 食卓用リネン. en 〜s interiores 下着姿で. **2** 担保, 抵当, 形(カタ), 保証. dar... en 〜 …を抵当に入れる. **3**〈友情・愛などの〉証(アカシ)し, 証拠. en 〜 de... …のしるしとして. **4** 資質, 美点. tener buenas 〜s 長所がある. **5**《呼びかけ》かわいい人[子]. **6**《話》評判の怪しい人. **7**《複数で》罰金のある遊び[ゲーム]. **8**《ラ米》**(1)**《ニカラ》最愛の人. **(2)**《集合的》宝石.

*no doler*le prendas 《a+人》やるべきことをきちんと実行する, いかなる努力[金品]も惜しまない; 深く自分の非を認める.

no soltar prenda《話》口を割らない[滑らせない].

[← [古スペイン] peñdra← péñora← [ラ] pígnora (pígnus「担保」の複数形); 関連 prendar, pignorar,「英] pignus]

pren·dar [pren.dár] 他 **1** …を魅了する. **2** 質[抵当, 担保]に取る. — 〜·se 再《de... …に》魅せられる, 心を奪われる, 恋する. *Me prendé de* su foto. 私は彼[彼女]らの写真に魅了された.

pren·de·de·ra [pren.de.đé.ra] 女《ラ米》《コロンビア》ウェートレス.

pren·de·de·ro [pren.de.đé.ro] 男 **1** 留め金; ピン, ホック, ブローチ. **2** 握り, 柄, 取っ手. **3**〈髪を押さえる〉リボン.

pren·de·dor, do·ra [pren.de.đór, -.đó.ra] 形 支える, 留める. — 形 女 支える[留める]人. — 男 留め金, ピン (= alfiler);《ラ米》ブローチ.

pren·de·du·ra [pren.de.đú.ra] 女 卵黄の胚点(ハイテン).

‡**pren·der** [pren.dér] 77 他 **1** 捕らえる; つかむ. 〜 a un sospechoso 容疑者を逮捕する. *La niña me prendió* por el brazo. 少女は私の腕をつかんだ.

2 …に火をつける;《a... …に》〈火を〉つける;《en+人 〈人〉に》〈感情を〉湧き上がらせる. 〜 un cigarrillo タバコに火をつける. 〜 fuego a la casa 家に火を放つ. 〜 el odio *en* el alma de+人〈人〉の心に憎悪を燃え上がらせる. 〜 la alarma 警鐘を鳴らす.

3《en... …に》(ピンなどで)留める; 引っ掛ける. 〜 un clavel *en* la solapa 上着の襟にカーネーションをつける. **4**〈雌と〉交尾する. **5**《ラ米》〈器具の〉スイッチを入れる,〈明かりなどを〉付ける. 〜 un televisor テレビをつける. 〜 la música 音楽をかける. *Prende* la luz. 明かりをつけてちょうだい.

— 自 **1** 火がつく; 点火する. *Estas leñas prenden* con rapidez. この薪は火がつきやすい. *El motor no prende.* エンジンがかからない.

2〈植物などが〉根づく;〈ワクチンなどが〉つく.

3〈流行・思想などが〉受け入れられる, 広まる. *La música prendió* en los setenta. その音楽は70年代に流行した. **4** 引っかかる, 留まる. *El ancla prendió* hace. 錨(イカリ)が海底に引っかかった.

— 〜·se 再 **1**〈ものが〉燃える, 燃え上がる;〈活動などが〉盛り上がる. *En un momento el edificio se prendió* en medio de las llamas. ビルは一瞬にして燃え上がった.

2《en...〈自分の体・服〉に》(ピンなどで)留める. *Ella se prendió* una flor en el pelo. 彼女は髪に花を挿した. **3**《a... / de... …に》しがみつく;〈ものが〉引っかかる. *La niña se prendió del* brazo de su madre. 女の子は母親の腕をつかんだ. *Las ostras se prenden a* la roca. 牡蠣(カキ)は岩に張り付く. **4** 着飾る. **5**《ラ米》**(1)**《ウルグアイ》間に合う,(こと)足りる; 都合がいい. **(2)**《コロンビア》《話》酔っ払う. **(3)**《アルゼンチン》《話》怒る, 憤慨する.

*prender*las《ラ米》《コロンビア》《話》逃げ出す.

[← 《俗》[ラ] prendere← [ラ] prehendere [関連 presa, preso, aprender, comprender.[仏] prendre「取る」.[英] get, comprehend, prison]

pren·de·rí·a [pren.de.rí.a] 女 古道具店, 古着屋.

pren·de·ro, ra [pren.dé.ro, -.ra] 男 女 古物商, 古道具商, 古着商.

pren·di·do, da [pren.dí.đo, -.đa] 形 **1**《(que-dar+》引っ掛かった, からみついた; うっとりした. *Quedó* 〜 de la belleza del paisaje. 彼[彼女]は風景の美しさに心を奪われた. **2**《ラ米》《話》**(1)**《コロンビア》酒に酔った. **(2)**《コロンビア》着飾った, おしゃれな. **(3)**《メキシコ》便秘をしている. **(4)**《チリ》麻薬中毒の.

— 男 ブローチ状の「髪]飾り.

pren·di·mien·to [pren.di.mjén.to] 男 **1** 逮捕, 取り押さえ. **2** キリストの捕縛(の絵・彫刻). **3**《ラ米》《ベネズエラ》興奮, 熱狂.

pre·ne·an·der·tal [pre.ne.an.der.tál] 形 ネアンデルタール人以前の.

pre·no·ción [pre.no.θjón / -.sjón] 女 【哲】先取観念;(デカルトなどの)生得観念.

pre·nom·bra·do, da [pre.nom.brá.đo, -.đa] 形《ラ米》上記の, 前述の.

pre·nom·bre [pre.nóm.bre] 男 (古代ローマで)第一名; 洗礼名, クリスチャンネーム.

‡**pren·sa** [prén.sa] 女 **1** 出版物,(特に)新聞. *Me he enterado de su muerte* por la 〜. 私は彼[彼女]の死を新聞で知った. 〜 diaria 日刊紙. 〜 amarilla 低俗な新聞[雑誌]. 〜 del corazón ゴシップ雑誌. → periódico.

2 報道機関, ジャーナリズム; 記者団. agencia de 〜 通信社. conferencia [rueda] de 〜 記者会見. libertad de 〜 報道[出版]の自由.

3【機】印刷機; 印刷(術). 〜 offset オフセット印刷機. 〜 rotativa 輪転機.

4 圧搾機; 圧縮機. 〜 hidráulica 液圧[油圧]プレス. 〜 de uva ブドウ搾り機.

dar... a la prensa …を出版する.

en prensa 印刷中の[で].

meter... en prensa …を印刷に回す.
sudar la prensa(フル回転で)大量に刷る.
tener buena [*mala*] *prensa*〔話〕世間で好評[不評]である. Esta película *ha tenido mala* 〜 *en Japón*. この映画は日本では評判が悪かった.
[←[カタルーニャ]*premsa*; *prémer*「圧迫する」(←[ラ]*premere* より派生); [関連] presión, imprimir. [英]*press*]

pren·sa·do, da [pren.sá.ðo, -.ða] 形 プレスした, 圧搾した. ― 男 **1** プレス, 圧搾, 圧縮. **2** (布の)つや; つや出し.

pren·sa·dor, do·ra [pren.sa.ðór, -.ðó.ra] 形 プレスする, 圧搾[圧延]する. ― 男 女 プレス工[係], 圧搾機械.

pren·sa·du·ra [pren.sa.ðú.ra] 女 プレス, 圧搾, 圧縮.

‡**pren·sar** [pren.sár] 他 **プレスする**, 圧搾する, 圧縮する.

pren·sa·te·las [pren.sa.té.las] 男《単複同形》(ミシンの)押さえ金.

pren·sil [pren.síl] 形〖動〗〈足・尾などが〉つかむのに適している, 把握力のある. *cola* 〜 (サルの)巻き尾.

pren·sión [pren.sjón] 女 つかむ[握る]こと; 捕獲.

pren·sis·ta [pren.sís.ta] 男 印刷工.

pren·sor, so·ra [pren.sór, -.só.ra] 形〖鳥〗対指足の. ― 男 〖鳥〗《複数で》対指足類.

pre·nun·ciar [pre.nun.θjár / -.sjár] 82 他 予告する, 予報する, 予言する.

pre·nun·cio [pre.nún.θjo / -.sjo] 男 予告, 予報, 予言.

pre·nup·cial [pre.nup.θjál / -.sjál] 形 結婚前の, 婚前の(= antenupcial).

pre·ña·do, da [pre.ná.ðo, -.ða] 形 **1** 妊娠した, 受胎している. **2** 内に秘めた. **3** (*de...* …で)満ちた, 孕(は ら)んだ. *palabras preñadas de amenazas* 脅迫に満ちた言葉. **4**〈壁が〉たわんで崩れそうな.
― 男 妊娠; 妊娠期間; 胎児.

pre·ñar [pre.nár] 他 **1** 妊娠させる.
2《*de...* …で》満たす, いっぱいにする.

pre·ñez [pre.néθ / -.nés] 女《複 preñeces》妊娠; 妊娠期間.

pre·o·cu·pa·ción [pre.o.ku.pa.θjón / -.sjón] 女 **1**《*por...* …についての》**心配**, 不安; 懸念, 危惧(き). *Tengo una gran* 〜 *por su salud*. 彼[彼女](ら)の健康がかなり心配だ. **2**《主に複数で》心配, 厄介の種. *En la nueva compañía me han aumentado las preocupaciones*. 会社を移って厄介ごとが増えた. **3**〖ラ米〗特別の配慮, 世話.

pre·o·cu·pa·do, da [pre.o.ku.pá.ðo, -.ða] 形 心配した, 不安な. *estar* 〜 *por...* …を心配している.

pre·o·cu·pan·te [pre.o.ku.pán.te] 形 心配な, 心配させる, 気がかりな.

pre·o·cu·par [pre.o.ku.pár] 他 **1** (1)〈人を〉**心配させる**, 不安にさせる; 気にさせる. *Me preocupa mucho lo que va a pasar*. これから起こることが私には不安です. (2)《+不定詞 / *que*+接続法 …が》〈人に〉気になる, 心配である(▶ 主語は不定詞または que+ 接続法の部分). *Nos preocupa mucho no saber* nada *de ella*. 彼女のことが何もわからないのが私たちはとても心配です. *Me preocupa no haber sido* amable *con ella*. 私は彼女に親切にしてやらなかったと気になっている. ¿*Te preocupa que lo sepa tu padre*? 君のお父さんがそれを知ってしまうのが心配ですか.
2〈人の〉興味を引く. *Ya sé que a ti sólo te preocupa el dinero*. おまえはお金にしか興味がないとはもうわかっている. **1**, **2** とも直接目的人称代名詞ではなく, 間接目的人称代名詞が用いられる傾向がある.

― 〜**se** 再 **1**《*por...* / *de...* …のことを》**心配する**, 気にする. *No te preocupes*. 心配するなよ. *Se preocupa por nada*. 彼[彼女]は心配性だ.
2《*de...* …のことに》気を配る;《**de**+不定詞 / **de** *que*+接続法 …するように》気を配る. *Ella se preocupa de la decoración*. 彼女が装飾については気をつけてくれている. *Se preocupa de que* las palabras *sean bonitas*. 彼[彼女]は言葉がきれいになるように心を配っている.
3《ラ米》配慮する, 面倒を見る.
[←[ラ]*praeoccupāre*「先取りする」(*prae-*「先に」+ *occupāre*「占める」); [関連] preocupación. [英]*preoccupy*「…の心を奪う」]

pre·o·lím·pi·co, ca [pre.o.lím.pi.ko, -.ka] 形 オリンピック予選の, オリンピック予選出場選手[チーム]の; オリンピックの前の.
― 女 オリンピック予選出場選手[チーム].
― 男 オリンピック予選.

pre·or·di·na·ción [pre.or.ði.na.θjón / -.sjón] 女〖神〗(神意による)予定.

pre·or·di·na·da·men·te [pre.or.ði.ná.ða.mén.te] 副〖神〗神があらかじめ定めたとおりに.

pre·or·di·nar [pre.or.ði.nár] 他〖神〗予定する, あらかじめ…の運命を定める.

pre·pa [pré.pa] 女 (ラ米)(俗)→ preparatoria.

pre·pa·go [pre.pá.go] 男 プリペイド方式, 前払い. *tarjetas* (*de*) 〜 プリペイドカード.

pre·pa·la·tal [pre.pa.la.tál] 形〖音声〗前部硬口蓋(がい)(音)の. ― 女 前部硬口蓋音. 〜*ch*, *ñ* など.

‡**pre·pa·ra·ción** [pre.pa.ra.θjón / -.sjón] 女 **1 準備**, 用意. *estar en* 〜 準備中である. 〜 *del* [*para el*] *examen* 試験勉強. 〜 *física* 準備運動.
2 素養, 知識. *Este chico tiene una buena* 〜 *en informática*. この青年は情報処理の知識が豊富である. **3** 調合, 調剤. **4** 顕微鏡標本, プレパラート.

‡**pre·pa·ra·do, da** [pre.pa.rá.ðo, -.ða] 形《*para...* …の》**準備の整った**, 用意された; 覚悟のできた. *La cena está preparada*. 夕食の支度ができている. *Está bien* 〜 *para ese trabajo*. 彼はその仕事をするのにとても適している. *comida preparada* 調理済み食品. ― 男 調合薬.

pre·pa·ra·dor, do·ra [pre.pa.ra.ðór, -.ðó.ra] 男 女 **1** 準備する人, (実験室などの)助手.
2〖スポ〗指導員, コーチ.

pre·pa·ra·mien·to [pre.pa.ra.mjén.to] 男 準備, 用意, 支度;(スポーツの)訓練, トレーニング.

‡**pre·pa·rar** [pre.pa.rár] 他 **1 準備をする**, 用意する. 〜 *la comida* 食事の支度をする. 〜 *la lección* 学課の予習をする. 〜 *un examen* 試験勉強をする. 〜 *la maleta* 旅の支度をする. 〜 *un café* コーヒーを入れる. 〜 *una medicina* 薬の調合をする. 〜 *las patatas* ジャガイモを調理[下ごしらえ]する. 〜 *una huelga* ストライキを計画する. *El suceso preparó el camino para la revolución*. その事件によって革命への道が開かれた.
2《*para...* …のために》〈人を〉準備させる, 覚悟させる;〈人・動物を〉訓練する. 〜 *a los estudiantes para el examen final* 学生たちに期末テストのための勉

強を教えこむ. ～ a los niños *para* el evento 子供たちにその行事を迎える心構えを言い聞かせる. Hay que ～la *para* darle la noticia. そのニュースを彼女に言う前に心の準備をさせておかなければ.

3 でっち上げる. El resultado *había sido preparado*. 結果は操作されていた.

— ～.se 再 **1** 《para... …に備えて》準備を整える；訓練する；《para [a]+不定詞 …する》心の準備をする. ～*se para* un partido 試合のために練習をする. ¿Ya *te has preparado para ir* a la fiesta? もうパーティーに行く支度はできたかい. *Prepárese a conocer* un nuevo mundo. 新しい世界を知る心の準備をしてください.

2 《3人称で》…の気配がある, …に見舞われそうである. *Se está preparando* otra guerra en la región. その地域でまた戦争がありそうである.

[←[ラ] *praeparāre* (*prae*-「前に」+ *parāre*「用意する」); 関連 preparación, preparativo. [英] *prepare*]

*pre·pa·ra·ti·vo, va [pre.pa.ra.tí.βo, -.βa] 形 準備の, 予備的な. — 男 《主に複数で》準備, 用意. hacer los ～s de viaje 旅行の準備をする.

pre·pa·ra·to·rio, ria [pre.pa.ra.tó.rjo, -.rja] 形 準備の, 予備的な. — 男 予備的学習；予科. — 男 (ラ米) (メジ) 大学進学課程；高等学校.

pre·par·ti·do [pre.par.tí.ðo] 男 試合前(の時間).

pre·po [pré.po] 男 de ～ (ラ米) (アジ) (話) むりやり, 力ずくで.

pre·pon·de·ran·cia [pre.pon.de.ɾán.θja / -.sja] 女 優勢, 優位 (= primacía, supremacía).

pre·pon·de·ran·te [pre.pon.de.ɾán.te] 形 優勢な, 支配的な. voto ～ キャスティングボート.

pre·pon·de·rar [pre.pon.de.ɾár] 自 **1** 優勢である, 支配的である (= predominar). **2** 重さで勝つ.

pre·po·ner [pre.po.néɾ] 41 他 《過分は prepuesto》前に置く；優先させる (= anteponer).

pre·po·si·ción [pre.po.si.θjón / -.sjón] 女 《文法》前置詞.

pre·po·si·cio·nal [pre.po.si.θjo.nál / -.sjo.-] 形 《文法》前置詞の, 前置詞的な (= prepositivo). caso ～ 前置詞格.

pre·po·si·ti·vo, va [pre.po.si.tí.βo, -.βa] 形 《文法》前置詞の, 前置詞によって表される. sintagma ～ 前置詞句.

pre·pó·si·to [pre.pó.si.to] 男 **1** (会・団体の)長. **2** 《宗》(修道会の)長, 修道院長, 総長.

pre·po·si·tu·ra [pre.po.si.tú.ɾa] 女 (会・団体の)長の職；修道院長の職.

pre·pos·te·rar [pre.pos.te.ɾáɾ] 他 (物事を)逆にする, 順序をめちゃめちゃにする.

pre·pós·te·ro, ra [pre.pós.te.ɾo, -.ɾa] 形 (前後が)逆転した, 時機の狂った；時機が外れた.

pre·po·ten·cia [pre.po.tén.θja / -.sja] 女 優勢, 優位, 権力(の乱用).

pre·po·ten·te [pre.po.tén.te] 形 優勢な, 有力な；権力を乱用[誇示]する.

pre·pu·cio [pre.pú.θjo / -.sjo] 男 《解剖》(陰茎の)包皮.

pre·rra·fae·lis·mo [pre.r̄a.fa.e.lís.mo] 男 (19世紀中期英国に起こった)ラファエロ前派の芸術運動.

pre·rra·fae·lis·ta [pre.r̄a.fa.e.lís.ta] 形 ラファエロ前派の. — 男 女 ラファエロ前派の芸術家[画家].

pre·rro·ga·ti·va [pre.r̄o.ɣa.tí.βa] 女 **1** 特権, 特典. **2** 大権；国の最高権力.

pre·rro·mán·ce [pre.r̄o.mán.θe / -.se] 形 《言》ラテン語以前の；ロマンス語以前の. — 男 ラテン語以前の言語；ロマンス語以前の言語.

pre·rro·má·ni·co, ca [pre.r̄o.má.ni.ko, -.ka] 形 前ロマネスク様式の[に関する]. — 男 前ロマネスク様式.

pre·rro·ma·no, na [pre.r̄o.má.no, -.na] 形 古代ローマの支配の前の；前ローマ時代の.

pre·rro·man·ti·cis·mo [pre.r̄o.man.ti.θís.mo / -.sís.-] 男 前ロマン主義.

pre·rro·mán·ti·co, ca [pre.r̄o.mán.ti.ko, -.ka] 形 前ロマン主義の. — 男 女 前ロマン主義の作家.

*pre·sa [pré.sa] 女 **1** 捕獲物, 獲物, 餌食(えじき)；戦利品. hacer ～ 餌食にする. ser ～ de... …の餌食になる. ser ～ de pesadillas 悪夢に苦しめられている.

2 捕まえること, 捕獲, 拿捕(だほ). hacer ～ en... …を捕まえる；〈火が〉…に燃え移る. perro de ～ 猟犬.

3 ダム, 堰(せき), 水門；貯水池；用水溝. ～ de contención 貯水池.

4 牙(きば), 犬歯. **5** (猛禽(きん)類の)爪(つめ), 鉤(かぎ)爪. ave de ～ 猛禽 (= ave rapaz, ave de rapiña).

pre·sa·da [pre.sá.ða] 女 (水車用の)ため水, 貯水.

pre·sa·do, da [pre.sá.ðo, -.ða] 形 薄緑色の.

pre·sa·giar [pre.sa.xjáɾ] 82 他 …の前兆を示す；予言する, 予告する.

pre·sa·gio [pre.sá.xjo] 男 **1** 前兆, 兆し, 前触れ (= anuncio). buen [mal] ～ 吉[凶]兆.

2 予感, 虫の知らせ (= premonición).

pre·sa·gio·so, sa [pre.sa.xjó.so, -.sa] / pré·sa·go, ga [pré.sa.ɣo, -.ɣa] / pre·sa·go, ga [pre.sá.ɣo, -.ɣa] 形 前兆の, 前兆となる.

pres·bia·cu·sia [pres.βja.kú.sja] 女 《医》老人性難聴.

pres·bi·cia [pres.βí.θja / -.sja] / pres·bi·o·pí·a [pres.βjo.pí.a] 女 《医》老眼.

prés·bi·ta [prés.βi.ta] / prés·bi·te [prés.βi.te] 形 老眼の. — 男 女 老眼の人.

pres·bi·te·ra·do [pres.βi.te.ɾá.ðo] / pres·bi·te·ra·to [pres.βi.te.ɾá.to] 男 司祭職；長老職.

pres·bi·te·ral [pres.βi.te.ɾál] 形 司祭の；長老の.

pres·bi·te·ria·nis·mo [pres.βi.te.ɾja.nís.mo] 男 (プロテスタントの)長老制度, 長老教会主義：プロテスタントの一派派.

pres·bi·te·ria·no, na [pres.βi.te.ɾjá.no, -.na] 形 長老派(教会)の. — 男 女 長老派教会員[信徒].

pres·bi·te·rio [pres.βi.té.ɾjo] 男 **1** 聖堂内陣.

2 司祭会議；《宗》司祭団；(長老派教会の)中会：地区の全教会の司祭と長老からなる評議会.

pres·bí·te·ro [pres.βí.te.ɾo] 男 《カト》司祭 (= cura)；《宗》長老.

pres·cien·cia [pres.θjén.θja / -.sjén.sja] 女 予知, 予感, 先見.

pres·cin·den·cia [pres.θin.dén.θja / -.sin.-.sja] 女 排除, 除外；看過, 無視；不関与, 無関心.

pres·cin·den·te [pres.θin.dén.te / -.sin.-] 形 《ラ米》(話)無関係の, かかわりのない；無関心の.

pres·cin·di·ble [pres.θin.dí.βle / -.sin.-] 形 無視できる, 排除可能な (↔ imprescindible).

*pres·cin·dir [pres.θin.díɾ / -.sin.-] 自 (**de...**)

1 《〈不必要なもの〉を》省く；無視する. Para ahorrar tiempo, *prescindiremos de* los detalles. 時間を節約するために詳細は省きます.

2 《…》なしで済ます；あきらめる. No pode-

mos ~ *de* su colaboración. 私たちは彼[彼女]（ら）の協力なしではやっていけない.
[←［ラ］*praescindere*「切り離す, (関係を) 断つ」(*prae*-「前で」+ *sindere*「切り裂く」); 関連 (im)prescindible]

pres·cri·bir [pres.kri.bír] 75 他 過去 は prescrito] **1**《医》〈薬・療法を〉処方[指示]する.
2《法》 人に命じる, 指示する；規定する.
— 自《法》〈権利・義務などが〉消滅する；時効になる.

pres·crip·ción [pres.krip.θjón / -.sjón] 女
1《医》処方；処方箋. ~ *facultativa* 処方箋.
2 規定, 指示, 命令. **3**《法》時効；消滅時効.

pres·crip·ti·ble [pres.krip.tí.ble] 形 **1** 規定を受ける. **2**《法》時効にかかる；時効によって生じる[取得できる].

pres·crip·to, ta [pres.kríp.to, -.ta] 形 → prescrito.

pres·cri·to, ta [pres.krí.to, -.ta] [prescribir の過去] 形 **1** 規定された, 指示[処方]された.
2《法》時効の成立した.

pre·se·a [pre.sé.a] 女 宝石, 宝玉, 宝物 (= joya, alhaja).

pre·se·lec·ción [pre.se.lek.θjón / -.sjón] 女《スポ》シード；予備選抜.

pre·se·lec·cio·na·do, da [pre.se.lek.θjo.ná.ðo, -.ða / -.sjo.-] 形《スポ》予備選抜された；シードされた].

✱✱pre·sen·cia [pre.sén.θja / -.sja] 女 **1** 存在, 出席 (↔ausencia). Tu ~ *me es indispensable*. 君の存在が私には不可欠だ.
2 面前, 人前. *Estamos en* ~ *de un acontecimiento trascendental*. 私たちは今, 世紀の出来事を目の当たりにしている. *en* [*a*] ~ *de*+人《人》の面前で. *Todo ocurrió en nuestra* ~. すべてが私たちの目の前で起こった.
3 容姿. *de buena* ~ 風采 (ふうさい)の立派な.
presencia de ánimo 沈着, 冷静.

pre·sen·cial [pre.sen.θjál / -.sjál] 形 居合わせる. *testigo* ~ 目撃者. *asignatura* ~ スクーリング科目.

✱pre·sen·ciar [pre.sen.θjár / -.sjár] 82 **1**〈出来事を〉目撃する, 目の当たりにする. ~ *un accidente* 事故の現場に居合わせる. ~ *un milagro* 奇跡に立ち会う.
2《催し物を》観覧する；〈行事に〉出席する. ~ *un entierro* 葬儀に参列する. ~ *el juicio* 裁判を傍聴する. *Nunca he presenciado una corrida de toros*. 私はまだ闘牛を見たことがない.

pre·sen·ta·ble [pre.sen.tá.ble] 形 人前に出せる, 見苦しくない, 体裁のよい；紹介[推薦]できる.

✱pre·sen·ta·ción [pre.sen.ta.θjón / -.sjón] 女 **1** 提出；提示. *Exigimos la* ~ *de la documentación necesaria*. 私たちは必要書類の提出を要求した.
2 紹介；披露. *carta de* ~ 紹介状. ~ *en sociedad*（女性の）社交界へのデビュー.
3 候補に立てること；推薦. ~ *como candidato a alcalde* 市長候補として立てること.
4 外見, 体裁. *En la comida japonesa, se tiene muy en cuenta la* ~ *de cada plato*. 日本食では各料理の見ばえに大変気を使う.
5 発表；展示会. ~ *en público* 公開. ~ *de un nuevo modelo de coche* 新車の発表.
6（番組などの）司会. *La* ~ *del programa fue realizada por un conocido actor*. その番組は有名な俳優が進行役となった.
7 *La P*~《カト》聖母マリアの奉献祭：11月21日.
8《医》胎位. **9**《ラ米》(チ)(ララ)陳情書, 請願.

✱pre·sen·ta·do, da [pre.sen.tá.ðo, -.ða] 形
1 提出された；紹介された；応募した. *obra presentada* 応募作品.
2〈神学者が〉教授に推挙されている.
— 男 聖職禄（ろく）付きの聖職に推挙された人.
bien [*mal*] *presentado*（展示のために）きちんと[雑に]仕上げられた.

pre·sen·ta·dor, do·ra [pre.sen.ta.ðór, -.ðó.ra] 形 示す, 提出する, 紹介する.
— 男 女（番組・ショーなどの）司会者；プレゼンター.

pre·sen·tá·ne·o, a [pre.sen.tá.ne.o, -.a] 形 すぐに効く, 即効性の.

pre·sen·tan·te [pre.sen.tán.te] 形 男 女 → presentador.

✱✱pre·sen·tar [pre.sen.tár] 他 **1**《*a*+人《人》に》提示する, 提出する；見せる. *Él presentó ayer la renuncia*. 彼は昨日辞表を提出した.
2《*a*+人《人》に》紹介する. *José, te presento a Carmen, mi mejor amiga*. ホセ, 君に私の親友のカルメンを紹介します. *Me parece que no me han presentado*. まだ私を紹介してもらってないと思うけど.
3《*a*+人《人》に》〈感情などを〉表明する, 表す. ~ *sus respetos a*+人《人》に敬意を表する. ~ *sus disculpas a*+人《人》に謝罪する.
4〈特徴などを〉呈する. *Esta región presenta un clima tropical*. この地方は熱帯性の気候を呈する.
5《TV》《ラジオ》〈番組などを〉制作する, 上演[放映]する. *Próximamente presentaremos un nuevo programa concurso*. 近々新しいクイズ番組をお届けします.
6《*a*... / *para*... …に》推挙する, 推す. ~ *como candidatas a varias mujeres* 候補者として数人の女性を推挙する.
7《*a*... …に》出場させる, 登場させる. ~ *una novela a un concurso* 小説をコンクールに出す.
— ~·*se* 再 **1** 自己紹介する. *Permítame que me presente*. 私に自己紹介させてください.
2《*a*... …に》出場する, 参加する；《*a*... / *para*... …に》志願する, 申し出る. ~*se como candidato a las elecciones* 選挙に立候補する. *¿Vas a* ~*te al examen?* 君は試験を受けますか. *Ella se presentó a la reunión sin ser invitada*. 彼女は招かれていないのに会合に現れた.
3（突然）現れる, 生じる；姿を現す. *si se me presenta la ocasión* 私に機会がありましたら. *Se presentaron distintos problemas*. さまざまな問題が生じた. *En aquel momento él se presentó como mediador*. あのとき彼は仲介者として現れた.
4《+形容詞・副詞またはその相当語句》…のように見える. *Las cosas no se presentan fáciles para ellos*. ものごとは彼らにとって容易であるようには見えない.

✱✱pre·sen·te [pre.sén.te] 形 **1**《名詞＋》《*estar*＋》いる, 居合わせる；出席している, 参列している；《*en*... …に》ある (↔ausente). *estar* ~ *en la reunión* [*el acto*] 会議[行事]に出席[参加]している. *las personas* ~*s* 出席者. *La palabra está* ~ *en la memoria de todos*. その言葉はみんなの記憶に残っている. *¡P*~*!*（出席の）返事）はい.
2《+名詞》《文章語》本…, この. *la* ~ *carta* 本状. *en el primer trimestre del* ~ *año* 本年の

第1四半期に. la ~ legislatura(立法議会の)今会期. la entrada en vigor de la ~ ley 本法律の発効. en el ~ capítulo この章において.
3 《多くは名詞＋》**現在の**, 当面の. en la situación ~ 現状では. en el momento ~ 現在[現時点](は). lo ~ 現在, 今今.
―男女 出席者. Para sorpresa de todos los ~s, el pequeño Mozart lo tocó perfectamente. 出席者全員が驚いたことに, 幼いモーツァルトはそれを完璧に演奏した.
―男 **1** 現在, 現下；今月. el ~ y (el) futuro del cine español スペイン映画の現在と未来. en el ~ 現在は. hasta el ~ 今までに. al [de, por el] ~ 目下のところ, さしあたり. He recibido su carta del 24 del ~. 今月24日の貴信拝受いたしました.
2 《文章語》贈り物, プレゼント (= regalo).
3 《文法》現在時制, 現在形. participio de ~ 現在分詞(形). el ~ histórico 歴史的現在(▶ 過去のことを表現する現在形).
―女《主に公用文で》la ~ この手紙, 本状.
―囲 → presentar.
hacer presente... *a*+人 …を〈人〉に知らせる, 指摘する；…について〈人〉の注意を喚起する.
hacerse presente 現れる, 姿を見せる.
mejorando lo presente《丁寧》あなたのことは言うに及ばず[もちろんのこと]（▶ その場にいない第三者を賞賛する際に用いられる慣用句). Señora, su hija es muy guapa, *mejorando lo* ~. 奥さん, あなたの美しさは申すまでもありませんが, お嬢さんもたいへんきれいですね.
tener presente... …を心に留める, 覚えておく；考慮に入れる. Hay que *tener* (muy) ~ esta posibilidad. この可能性があることを（決して）忘れてはならない. *tener* ~ que ＋直説法・接続法 …を心に留める, 覚えておく；…を考慮に入れる(▶ 直説法は「…であると」, 接続法は命令「…するように」). ➡ La compañía debe *tener* muy ~ *que* no se *repitan* estos accidentes. 会社はこのような事故を二度と起こさないよう肝に命ずるべきである.
[← ［ラ］*praetem* (*praesēns* の対格)；*praeesse* 「先頭に立つ」(*prae*-「前に」＋ *esse* 「居る」)の現在分詞；関連] presencia, (re)presentar. [英] *present*]

pre.sen.ti.mien.to [pre.sen.ti.mjén.to] 男 予感, 虫の知らせ, 胸騒ぎ.

*****pre.sen.tir** [pre.sen.tír] 27 他 **予感する**, 虫の知らせを感じる, 胸騒ぎを覚える. *Presiento* que este asunto acabará mal. この件は悪い結末を迎えるような気がする.

pre.se.pio [pre.sé.pjo] 男 まぐさ桶(⸺)；馬[牛]小屋, 家畜小屋.

pre.se.ra [pre.sé.ra] 女《植》ヤエムグラ(属の植物).

pre.ser.va.ción [pre.ser.ba.θjón / -.sjón] 女 保護, 防護, 予防；保存.

pre.ser.va.dor, do.ra [pre.ser.ba.ðór, -.ðó.ra] 形 保護[防護]する, 予防のための.

*****pre.ser.var** [pre.ser.bár] 他 **1**《*de*... …から/ *contra*... …に対して》**保護する**, 防護する, 予防する. **2**《ラ米》保つ, 保存する. ― ~*se* 再《*de*... …から / *contra*... …に対して》身を守る.

pre.ser.va.ti.vo, va [pre.ser.ba.tí.bo, -.ba] 形 予防用の, 保護[防護]用の. ― 男 コンドーム.

pre.si.da.rio [pre.si.ðá.rjo] 男 → presidiario.

*****pre.si.den.cia** [pre.si.ðén.θja / -.sja] 女 **1** 大統領[会長, 議長, 社長など]の職[地位, 任期, 職場]. ocupar la ~ 議長を務める.
2 統轄[主宰]者(集団).

pre.si.den.cia.ble [pre.si.ðen.θja.ble / -.sja.-] 形《ラ米》〈人が〉大統領[総裁, 会長]候補の.
― 男女《ラ米》大統領[総裁, 会長]候補者.

:**pre.si.den.cial** [pre.si.ðen.θjál / -.sjál] 形 大統領[会長, 議長, 社長など]の.

pre.si.den.cia.lis.mo [pre.si.ðen.θja.lís.mo / -.sja.-] 男《政》大統領制.

pre.si.den.cia.lis.ta [pre.si.ðen.θja.lís.ta / -.sja.-] 形《政》大統領制の.
― 男女《政》大統領制支持者.

pre.si.den.te, ta [pre.si.ðén.te, -.ta] 男女 **1 社長；会長；議長. ~ de una empresa 会社の社長. ~ de una mesa (選挙管理) 委員長. ~ de un tribunal 裁判長. consejero [consejera] ~ de un comité [審議] 会長, 理事長. La han elegido *presidenta* de la asamblea 彼女は議長に選ばれた.
2 大統領 (＝ *P*~ de la república)；首相 (＝ *P*~ del gobierno). *P*~ argentino アルゼンチン大統領. el antiguo [anterior] *P*~ 元[前]大統領. **3** 修道院長代理.
― 女 大統領[議長, 委員長]夫人.

pre.si.dia.ble [pre.si.ðjá.ble] 形 刑務所に入るべき.

pre.si.dia.rio, ria [pre.si.ðjá.rjo, -.rja] 男女 服役囚, 囚人.

pre.si.dio [pre.sí.ðjo] 男 **1** 刑務所, 監獄. condenar a ~ 刑務所に入れる. **2** 懲役. diez años de ~ 懲役10年. **3** 砦(とりで), 要塞(ようさい), 駐屯地；守備隊, 駐屯軍. **4**《比喩的》援助, 保護.

:**pre.si.dir** [pre.si.ðír] 他 **1** 〈人が〉〈組織・行事などの〉**長を務める**, …を統轄する. ~ una reunión 会議の議長を務める. ~ un país 国の首長を務める. ~ el duelo 喪主を務める. El desfile estaba *presidido* por el alcalde. 行列を先導していたのは市長だった.
2〈場所の〉中心的な位置にある；〈雰囲気・特徴などが〉…を支配する. La foto de los niños *presidía* su mesa. 彼[彼女](ら)の机のいちばん目立つ場所には子供たちの写真が飾られていた. La precisión *preside* sus pinturas. 彼[彼女](ら)の絵において顕著に目立つのはその精密さである.
[←［ラ］*praesidēre*「前に座っている」；司会をする」；*prae*-「前に」＋ *sedēre*「座っている」；関連] presidente, presidio. [英] *preside*]

pre.si.dium [pre.sí.ðjum] 男 (旧ソ連の) 最高会議幹部会. ≒ politburó.

present- 囲 → presentir.

pre.si.lla [pre.sí.ʝa | -.ʎa] 女 **1**《服飾》(ボタンを掛け合わせるための) ループ, (スカートの) 吊(つ)りひも, ベルトどおし, ホックの環. **2** ボタン穴かがり. **3**《ラ米》(1)(軍人などの) 肩章. (2)(⸺)(⸺) ヘアピン.

presint- 囲 → presentir.

pre.sin.to.ní.a [pre.sin.to.ní.a] 女 **1** チャンネル[周波数]プリセットの装置.
2 チャンネル[周波数]プリセット.

pre.sión [pre.sjón] 女 **1 圧力；押すこと. medir la ~ del agua 水圧を測る. gas de alta [baja] ~ 高圧[低圧]ガス. ~ arterial [sanguínea] 血圧. ~ atmosférica 気圧. Siguen las bajas *presiones* sobre la península. 低気圧が半島上空に停滞している.

2《比喩的》圧力, 影響力. ~ social 社会的圧力. grupo de ~ 圧力団体. confesar bajo ~ 強制されて自白する. **3**《スポ》(敵に対する)執拗なマーク. *a presión* 圧力によって, 圧迫されて. meter... *a* ~ …を押し込む, 詰め込む. olla *a* ~ 圧力鍋. *ejercer [hacer] presión sobre...* …を押さえつける; 圧力をかける. Los manifestantes *han ejercido* una fuerte ~ *sobre* el Gobierno. デモ隊は政府に大きな圧力をかけた.
[←〔ラ〕*pressiōnem* (*pressiō* の対格, *premere*「押さえる」より派生)]〔関連〕impresión. 〔英〕*pressure*]

*pre·sio·nar [pre.sjo.nár] 他 **1** 押す. ~ un botón ボタンを押す.
2《a+人 (人)》に》《para〔+不定詞／que+接続法〕…するよう》**圧力をかける**; 強制[強要]する.
3《スポ》マークする(プレッシャーをかける).

*pre·so, sa [pré.so, -.sa] [prender の過分] 形
1 捕らわれた; 囚われた. estar ~ en la cárcel 投獄されている. El ejército tenía ~*s* a muchos soldados enemigos. 軍は多くの敵の兵士を捕らえていた. **2**《de...》(感情など)に》捕らわれた. ~ *de* ira 怒りに駆られた. ~ *de* pánico パニックに襲われた.
— 男 女 囚人, 捕虜. ~ común 一般囚人. ~ político／~ de conciencia 政治犯.
[←〔ラ〕*prēnsum* (*prēnsus* の対格, *prehendere*「捕らえる」の完了分詞)]〔関連〕presa, apresar. 〔英〕*prison(er)*]

pre·so·crá·ti·co, ca [pre.so.krá.ti.ko, -.ka] 形 ソクラテス以前の, ソクラテス以前の哲学者の.
— 男 女 ソクラテス以前の哲学者.

pre·so·te·ra·pia [pre.so.te.rá.pja] 女 プレソセラピー, (足などの)空気圧マッサージ.

press·ing [pré.sin] 〔英〕男 《スポ》プレス, プレッシング(=presión): 相手を執拗にマークしてプレッシャーを与えること.

*pres·ta·ción [pres.ta.θjón／-.sjón] 女 **1** 給付, 手当. ~ por maternidad 出産手当[給付]. *prestaciones sociales* (雇用者への)福利厚生業務[施設]; 福利厚生費給付.
2 奉仕, 貢献, 寄与; 提供, 援助. ~ personal 勤労奉仕;《法》(市町村が課した)夫役(ぶく). **3**《複数で》(機械などの)性能, 機能. **4** 課税, 課役; 年貢.

pres·ta·di·zo, za [pres.ta.dí.θo, -.θa／-.so, -.sa] 形 貸与できる.

*pres·ta·do, da [pres.ta.ðo, -.ða] 形 **貸した, 借りた**. dar ~ 貸す. pedir [tomar] ~ 借りる. pedir dinero ~ お金を貸してくれるように頼む. El único ejemplar que tenemos está ~. 1 冊しかない本が貸し出し中.
de prestado (1) 借りて, 借り物で. tener *de* ~ 借り物である. vivir *de* ~ (他人)の居候になる, 寄食する. (2) (仕事などが)一時的な, 臨時の.

pres·ta·dor, do·ra [pres.ta.ðór, -.ðó.ra] 男 女 貸し主.

pres·ta·men·te [prés.ta.mén.te] 副 素早く, 敏速に, 機敏に.

pres·ta·mis·ta [pres.ta.mís.ta] 男 女 金貸し, 高利貸し; 質店経営者.

*prés·ta·mo [prés.ta.mo] 男 **1** 貸すこと, 貸与. el ~ de libros 本の貸し出し.
2 貸与したもの; 貸し付け(金); 借(入)金. ~ hipotecario 抵当[担保付き]貸し付け. pedir [solicitar] a+人 un ~〈人〉に借金を申し込む. dar [conceder] a+人 un ~〈人〉に融資する. recibir un ~ por un valor de un millón de dólares 100 万ドルの融資を受ける. **3**《言》借用(語).

pres·tan·cia [pres.tán.θja／-.sja] 女 **1** 気品, 品格. **2** すばらしさ, 優秀さ.

pres·tar [pres.tár] 他 **1《a+人 (人)に》**貸す**.
¿*Me prestas* tu boli? 君のボールペンを私に貸してくれますか.
2《a...》〈協力などを〉申し出る, 〈力を〉貸す, 〈注意を〉向ける. ~ apoyo [ayuda] *a*... …を支援[援助]する. ~ atención *a*... …に注意を向ける. ~ juramento 誓う. Todos *prestaron* oídos sordos a lo que decía Juan. 誰もフアンの言うことを相手にしなかった.
3《雰囲気などを》伝える. La decoración *presta* un aire de fiesta. その飾りつけはお祭りの雰囲気を出している. **4**《声優などが》吹き替えをする. ~ SU voz al protagonista de la película de animación アニメーション映画の主人公の声を吹き替える.
5《ラ米》(1)《アデ》《チェ》…から借りる, 無心する. (2)《アデ》《チェ》…に適する, 合う. No me *presta* la vida urbana. 都会の暮らしは私には向かない.
— 自 **1**《生地などが》伸びる. **2** 役立つ.
— ~·se 再 **1**《a+不定詞 …することを》(進んで)申し出る. Muy pocas personas *se prestaron a cooperar*. わずかな人たちが協力を申し出た.
2《a...》同意している. No sé por qué, pero ellos *se prestaron a* participar en ese proyecto. なぜかはわからないが, 彼らはそのプロジェクトに参加することに同意した.
3《para.／a...》…に》適している, 向いている. Tu carácter no *se prestaba para* ello. 君の性格はそれには向いていなかった. **4**《a...》…の》余地がある, …を受けやすい. Esto *se podía* ~ *a* malentendidos. それは誤解される可能性があった.
[←〔ラ〕*praestāre*「供給する」(*prae-*「前に」+*stāre*「立っている」,「前に立つ」が原義);〔関連〕 préstamo, prestatario, prestamista]

pres·ta·ta·rio, ria [pres.ta.tá.rjo, -.rja] 形 借りる. — 男 女 借り手, 借り主.

pres·te [prés.te] 男 《カト》(助祭つきでミサを司る)司祭.
Preste Juan プレスター・ジョン: アジアにキリスト教王国を築いたと言われる中世の伝説上の王.

pres·te·za [pres.té.θa／-.sa] 女 迅速, 敏捷(ぴょう), 機敏 (↔ lentitud). con ~ 素早く, 機敏に.

pres·ti·di·gi·ta·ción [pres.ti.ði.xi.ta.θjón／-.sjón] 女 手品, 奇術, マジック.

pres·ti·di·gi·ta·dor, do·ra [pres.ti.ði.xi.ta.ðór, -.ðó.ra] 男 女 手品師, 奇術師.

pres·ti·giar [pres.ti.xjár] 82 他 …の権威[評判]を高める.

*pres·ti·gio [pres.tí.xjo] 男 **1** 名声, 信望 (↔ desprestigio). una marca de gran ~ 信望の高いブランド. Este diccionario tiene gran ~. この辞書は大変評判がよい. Está en juego el ~ de nuestra compañía. 私たちの会社の名声がかかっている.
2(手品・魔術などの)魔力, 錯覚. **3** 策略, ごまかし.
[←〔ラ〕*praestigium*←〔ラ〕*praestīgiae*《複数形》[眩惑(なく), 詐欺」;〔関連〕 prestigiar, prestigioso. 〔英〕*prestige*]

pres·ti·gio·sa·men·te [pres.ti.xjó.sa.mén.te] 副 権威をもって.

*pres·ti·gio·so, sa [pres.ti.xjó.so, -.sa] 形 **権威のある, 名声[信望]のある**.

pres・ti・mo・nio [pres.ti.mó.njo] 男 → préstamo.

pres・ti・ño [pres.tí.ɲo] 男 《蜂蜜(ミッ)をつけた》パンケーキ.

pres・to [prés.to] 話 → prestar.

pres・to, ta [prés.to, -.ta] 形 《格式》**1** (**a... / para...** …の) 用意のできた. estar ~ *a* salir いつでも出かけられる. **2** 素早い, 敏速な, 即席の. ~ *en* las respuestas 返事の早い. *presta* contestación 即答. ― 男《音楽》プレスト (の楽章), 急速調.
― 副 **1**《詩》素早く, 時を移さず, ただちに. Ven ~. すぐ来てくれ. **2**《音楽》プレストで.

pre・su・mi・ble [pre.su.mí.ble] 形 推定〔仮定〕できる; ありそうである.

pre・su・mi・ble・men・te [pre.su.mí.ble.mén.te] 副 おそらく, 多分; 推測では.

pre・su・mi・do, da [pre.su.mí.ðo, -.ða] 形 うぬぼれた, 生意気な, 気取り. ― めかし込んだ.
― 男女 うぬぼれ屋, 気取り屋.

‡pre・su・mir [pre.su.mír] 自 **1**《**de**+形容詞・名詞・不定詞》(…である[…を持つ]と) **うぬぼれる**; 《…を》自慢にする. ~ *de tener* muchos amigos 友人の多さを自負する. ~ *de* ser un *personaje importante* 重要人物であるとうぬぼれる. ~ *de* buena *memoria* 記憶力のよさを誇る. ▶ 形容詞は主語の性・数に一致する. =*Mi hermana presume de* lista. 私の姉[妹]は自分で頭がいいと思っている.
2 めかしこむ. A ella le gusta ~ *en* cualquier ocasión. 彼女はどんな場合でもおしゃれをするのが好きである.
― 他 **1** 推定する; 《**que**+直説法 …ではないかと》思う. La policía *presume que* lo *ha hecho* él. 警察は彼がやったのではないかと考えている.
2《ラ米》《カリブ》《俗》〈人に〉言い寄る, 口説く. *ser de presumir* 推測される. Como *era de* ~, este disco no tuvo éxito. 推測どおり, このCDはヒットしなかった.
[← 《ラ》*praesūmere* (*prae*-「前に」+ *sūmere*「取る」;「先取りする」が原義)]《関連》presunción, sumir. [英]*presume*]

pre・sun・ción [pre.sun.θjón / -.sjón] 女 **1** うぬぼれ, 自負心; 気取り.
2 推測, 推論;《法》推定. ~ *legal* 法律上の推定.

pre・sun・ta・men・te [pre.sún.ta.mén.te] 副 **1**《法》推定上 (は). **2** おそらく.

pre・sun・ti・vo, va [pre.sun.tí.βo, -.βa] 形 推測の, 推定に基づく.

‡pre・sun・to, ta [pre.sún.to, -.ta] 形 《+名詞》推定上の, 推定[仮定]に基づく;《…の疑いのある. Es el ~ *autor* del crimen. 彼はその犯罪の容疑者だ. ~ *heredero*《法》推定相続人.

pre・sun・tuo・sa・men・te [pre.sun.twó.sa.mén.te] 副 うぬぼれて, 思い上がって.

pre・sun・tuo・si・dad [pre.sun.two.si.ðáð] 女 うぬぼれ, 慢心, 生意気, 気取り.

pre・sun・tuo・so, sa [pre.sun.twó.so, -.sa] 形 うぬぼれた, 慢心した, 思い上がった, 気取った.
― 男女 うぬぼれ屋, 高慢な人.

‡pre・su・po・ner [pre.su.po.nér] 41 他 《過分》は presupuesto] **1** 前もって想定する. **2** 前提とする. **3** 見積もる, 予算を立てる.

pre・su・po・si・ción [pre.su.po.si.θjón / -.sjón] 女 想定, 仮定; 前提 (条件).

pre・su・pues・ta・ción [pre.su.pwes.ta.θjón / -.sjón] 女 予算[見積もり] の作成.

pre・su・pues・tal [pre.su.pwes.tál] 形《ラ米》算(上)の, 予算に関する.

pre・su・pues・tar [pre.su.pwes.tár] 他 …の予算を立てる;《**en...** …と》…の予算を見積もる. *Hemos presupuestado* el edificio *en* cien millones. 我々はビルの建築費を1億と見積もった.

‡pre・su・pues・ta・rio, ria [pre.su.pwes.tá.rjo, -.rja] 形《国家》予算の, 予算に関する.

pre・su・pues・tí・vo・ro, ra [pre.su.pwes.tí.βo.ro, -.ra] 形《ラ米》《話》《軽蔑》国[税金]を食い物にする. ― 男女《ラ米》《話》《軽蔑》役人, 税金泥棒.

‡pre・su・pues・to [pre.su.pwés.to]《presuponer の過分》男 **1** 予算; 予算案; 見積もり (書); 生活費, 運営費. aprobar el ~ 予算案を可決する. equilibrar el ~ 収支の均衡を保つ. hacer un ~ 予算を立てる. ~ *familiar* 家計. ~ *del Estado* 国家予算. ~ *general* 一般会計予算. ~ *extraordinario* 臨時予算, 特別予算. ~ *provisional* 暫定予算. ~ *rectificativo* 補正予算.
2《格式》想定, 仮定. **3** 理由, 口実.

pre・su・ra [pre.sú.ra] 女 **1** 火急, 迅速; 圧迫, 窮迫. **2**《史》(9-10世紀の) 土地の先取権, プレスラ権.

pre・su・ri・za・ción [pre.su.ri.θa.θjón / -.sa.sjón] 女《航空》与圧, 加圧.

pre・su・ri・zar [pre.su.ri.θár / -.sár] 97 他《航空》〈機内を〉通常の気圧に保つ, 与圧[加圧]する.

pre・su・ro・sa・men・te [pre.su.ró.sa.mén.te] 副 急いで, あわただしく.

pre・su・ro・so, sa [pre.su.ró.so, -.sa] 形 急いでいる, あわてている, 急ぎの. con paso ~ 急ぎ足[早足]で. Se dirigió ~ a su casa. 彼はあわてて家に向かった. ~ *de* marcharse 急いで出かけようと.

pre・tal [pre.tál] 男《馬》胸懸(む).

prêt à por・ter [pre.ta.por.té]《仏》男《服飾》プレタポルテ, 高級既製服.

pre・tem・po・ra・da [pre.tem.po.rá.ða]《スポ》プレシーズン, プレマッチ, シーズン前.

pre・ten・cio・si・dad [pre.ten.θjo.si.ðáð / -.sjo.-] 女 うぬぼれること; 見栄を張ること; 気取ること.

pretal 《胸懸》

pre・ten・cio・so, sa [pre.ten.θjó.so, -.sa / -.sjó.-] 形 見栄っ張りの, 気取った. *coche* ~ 派手な車.
― 男女 見栄っ張り, 気取り屋.

pre・ten・den・cia [pre.ten.dén.θja / -.sja] 女 → pretensión.

‡‡pre・ten・der [pre.ten.dér] 他 **1** (1)〈目標物・地位などを〉**得ようとする**, ねらう. ~ el trono 王位をねらう. ~ un puesto de trabajo 職を志望する. ~ una subida de impuestos 増税をもくろむ. ¿Qué *pretendes* con esa carta? 君はその手紙で何を得ようとしているんだ.
(2)《+不定詞 …》**しようとする**;《**que**+接続法 …》させようとする;〈望みを〉達成しようとする. Todos *pretendían conocerlo*. 皆が彼と知り合いになろうとしていた. Él pretende *que* yo le *siga ciegamente*. 彼は私を盲目的に従わせようとしていた.
2《+不定詞 / **que**+直説法 …であると》見せかけようとする;〈あたかも事実のように〉主張する. *Pretendió haber sido* amiga del fallecido. 彼女は故人の友人だったようにと装った.
3 求愛する. Un chico me *pretende* desde hace meses. 何か月も前から私に言い寄ってくる青年がいる.
[←《ラ》*praetendere*「前に差し出す; 口実にする」

prevenido

(*prae-*「前に」+ *tendere*「張る」); 関連 pretensión. [英]*pretend*]

pre·ten·di·da·men·te [pre.ten.dí.ða.mén.te] 副…と言われるが; …ということになっている.

pre·ten·di·do, da [pre.ten.dí.ðo, -.ða] 形 《+名詞》想定上の, 見せかけの, 自称…の. el 〜 poeta 自称詩人. *pretendida* amabilidad 見せかけの親切.

***pre·ten·dien·te, ta** [pre.ten.djén.te, -.ta] 形 《a... …を》に切望する, 目指す, ねらう.
—男 女 **1** 《a... …の》志願者 (= aspirante). 〜 *a* la presidencia 大統領候補. **2** 王位継承権主張者. —男 求愛者, 求婚者.

***pre·ten·sión** [pre.ten.sjón] 女 **1** 望み, 願い; もくろみ, 抱負, 意図 (= propósito). Tiene la 〜 de casarse conmigo. 彼[彼女]は私と結婚したがっている. tener muchas *pretensiones* 大望を抱いている.
2 野望, 自負, 気取り. sin *pretensiones* 気取らない, 控えめな. tener *pretensiones* de inteligente インテリをもって自任している, インテリぶる.
3 《a... / sobre... …の》権利, (権利の)主張. 〜 *sobre* el terreno 土地所有権の要求.

pre·te·ri·ción [pre.te.ri.θjón / -.sjón] 女 **1** 故意に言及しないこと, 無視. **2** 《法》(遺言における)相続人の脱落. **3** 《修辞》逆言法, 暗示的看過法: 言及の意志はないと言って, 逆に注意を喚起する方法.

pre·ter·in·ten·cio·na·li·dad [pre.te.rin.ten.θjo.na.li.ðáð / -.sjo.-] 女 《法》意図していたより悪い結果になること.

pre·te·rir [pre.te.rír] 27 他 **1** 無視する, 言及しないでおく. **2** 《法》相続から外す. ▶ 不定詞, 過去分詞のみが用いられる.

***pre·té·ri·to, ta** [pre.té.ri.to, -.ta] 形 **1** 過去の, 昔の, 過ぎ去った. No hables de épocas *pretéritas*, habla de lo actual. 過ぎ去った昔のことではなくて, 現在のことを話してくれ. **2** 《文法》過去時制の.
—男 **1** 《文法》**過去時制**, 過去形. 〜 anterior 直前過去. 〜 imperfecto 線過去. 〜 indefinido 点過去. 〜 perfecto 現在完了. 〜 pluscuamperfecto 過去完了.
2 過去, 以前(の出来事).

pre·ter·mi·tir [pre.ter.mi.tír] 他 見過ごす, 省略する (= omitir).

pre·ter·na·tu·ral [pre.ter.na.tu.rál] 形 超自然的な; 異常な, 奇異な (= sobrenatural).

pre·ter·na·tu·ra·li·zar [pre.ter.na.tu.ra.li.θár / -.sár] 97 他 変形[変質]させる.
— 〜·se 再 変形[変質]する.

pre·tex·ta [pre.té(k)s.ta] 女 (古代ローマの)紫のへりのついた上着: 行政官などが着した上着 toga の一種.

pre·tex·tar [pre.te(k)s.tár] 他 口実に使う, 言い訳にする. *Pretextó* tener dolor de cabeza para volver pronto. 彼[彼女]は頭痛にかこつけて早く帰った.

***pre·tex·to** [pre.té(k)s.to] 男 口実, 言い訳 (= excusa). poner 〜*s* 言い訳をする. ¿Qué 〜 tienes esta vez para no entregar la tarea? 今度はどんな言い訳で宿題が出せないというの.
bajo ningún pretexto 決して…ない.
[←[ラ]*praetextum* (*praetextus* の対格, *praetexere*「前を覆う」)の完了分詞より派生] 関連 pretextar, tejer. [英]*pretext*]

pre·til [pre.tíl] 男 **1** 欄干, 手すり. **2** (転落防止用の)手すりの付いた通路[遊歩道]. **3** 《ラ米》(1) (カリブ) 前庭. (2) (コロン) (石の)ベンチ. (3) (カリブ) 縁石.

pre·ti·na [pre.tí.na] 女 **1** ベルト, ウエストバンド.

2 胴回り, ウエスト. **3** 《ラ米》(1) (カリブ) (カリブ) 革の鞭(で). (2) (メキシ) (ズボンの)前あき.

pre·ti·ni·lla [pre.ti.ní.ja || -.ʎa] 女 (昔の)女性用ベルト.

pre·tó·ni·co, ca [pre.tó.ni.ko, -.ka] 形 アクセントのある音節の直前にある (= protónico).

pre·tor [pre.tór] 男 《史》(古代ローマの) 法務官, プラエトル.

pre·to·rí·a [pre.to.rí.a] 女 《史》(古代ローマの) 法務官の職.

pre·to·rial [pre.to.rjál] 形 《史》(古代ローマの) 法務官の.

pre·to·ria·nis·mo [pre.to.rja.nís.mo] 男 (軍人の) 政治的影響力, 軍部の政治的介入.

pre·to·ria·no, na [pre.to.rjá.no, -.na] 形 **1** → pretorial. **2** 近衛兵の.
—男 《史》(古代ローマの)近衛兵, 親衛隊.

pre·to·rio, ria [pre.tó.rjo, -.rja] 形 → pretorial.
—男 《史》(古代ローマの) 法務官の官邸[裁判所].

pre·tu·ra [pre.tú.ra] 女 → pretoría.

preu [préu] 男 《話》→ preuniversitario.

pre·u·ni·ver·si·ta·rio, ria [preu.ni.ber.si.tá.rjo, -.rja] 形 大学進学課程[予科]の. curso 〜 大学進学課程(スペインの以前の教育制度. 1年の課程で略して preu と呼ばれていた. COU の前身).
—男 大学進学課程. —男 大学進学課程の生徒.

pre·val·dr– → prevaler.

***pre·va·le·cer** [pre.ba.le.θér / -.sér] 34 自 **1** 《entre... …の中で / sobre... …に対して》**優位[優勢]を占める**, 勝る, 支配的である. *Prevaleció sobre* los demás candidatos en la elección. 彼[彼女]は選挙で他の候補者より優位に立った. **2** 成長する, 増大する; 存続する. **3** 根づく, 根を張る.

pre·va·le·cien·te [pre.ba.le.θjén.te / -.sjén.-] 形 優勢な, 優位にある, 支配的な.

pre·va·len·cia [pre.ba.lén.θja / -.sja] 女 **1** 存続, 継続. **2** 優勢, 有力. **3** 《医》有病率.

pre·va·len·te [pre.ba.lén.te] 形 《en... …に》広く見られる, 優勢な.

pre·va·ler [pre.ba.lér] 自 → prevalecer.
— 〜·se 再 《de... …を》利用する, 《…に》つけ込む (= aprovecharse).

pre·va·ri·ca·ción [pre.ba.ri.ka.θjón / -.sjón] 女 背任[背信](行為), 涜職; 義務違反.

pre·va·ri·ca·dor, do·ra [pre.ba.ri.ka.ðór, -.ðó.ra] 形 背任[背信]の. —男 女 背任者, 涜職者.

pre·va·ri·car [pre.ba.ri.kár] 102 自 **1** 背任[背信]行為をあえてする, 涜職する; 違反する.
2 気がおかしくなる, たわごと[むちゃなこと]を言う.

pre·va·ri·ca·to [pre.ba.ri.ká.to] 男 → prevaricación.

***pre·ven·ción** [pre.ben.θjón / -.sjón] 女 **1** **予防**, 防止, 予防策[措置]; (事前の) **用心**, 警戒. 〜 *del crimen* 犯罪防止. con 〜 用心して, 慎重に. tomar la 〜 予防策を取る. **2** 用意, 準備. las *prevenciones* para el viaje 旅支度. **3** 注意, 警告. **4** 先入観, 偏見. tener 〜 *contra*... …に偏見を抱く. **5** 留置所, 警察分署. llevar a + 人 a la 〜 (人)を警察に連行する. **6** 《軍》衛兵; 衛兵所. **7** 《法》preventivo の中性.

pre·ve·ni·do, da [pre.ße.ní.ðo, -.ða] 形 **1** 準備のできた, 支度の整った. **2** 警戒した; 用心深い, 慎重な. **3** いっぱいの, ふんだんに用意された.
Hombre prevenido vale por dos. 《諺》用意周

pre·ve·nir [pre.βe.nír] 45 他 **1** 《害・病気などを》予防する; 《que+接続法 …することを》防ぐ. ～ la contaminación del ambiente 環境汚染を防止する. Esta medicina *previene que* se debiliten los huesos. この薬は骨の弱化を予防する. Más vale ～ que remediar [curar]. 《諺》転ばぬ先の杖 (←治療より予防).

2 (1) 《de... 〈危険など〉を》警告する,知らせる. Nadie me *previno del* frío que hace aquí. 誰もこの寒さを私に教えてくれなかった. (2) 《a+人〈人〉に》《que+直説法 …と》警告する, (前もって)告げる. Te *prevengo que* no voy a cambiar de idea. 言っておくが,私の考えは変わらない. (3) 《a+人〈人〉に》《que+接続法 …するように》警告する. Me *previnieron que* no *fuera* a ese país. 私はその国に行かないように警告された.

3 《contra... …に対する》警戒を促す,悪い印象を吹き込む; 《en [a] favor de... …に対する》よい印象を吹き込む. Hay quien *nos previene contra* vuestro grupo. 君たちのグループのことを悪く言ってくる者がいる.

4 〈必要なものを〉そろえる. ～ lo necesario para una fiesta パーティーに必要なものを準備する.

5 〈危険などを〉予測する. ～ un enorme cataclismo 巨大異変を予知する. **6** 《法》〈裁判所が〉審判事項の)予備調査をする; 予備審理を命じる.

— 自 《contra...》《危険などに》予防する, 《…に》用心する. Hay que ～ *contra* los incendios. 火事に気をつけなければならない.

— ～**se** 再 **1** 《contra... / de... 〈危険など〉に》備える, 準備を整える. ～*se contra* toda eventualidad いかなる事態にも備える. ～*se de* los robos 盗難に遭わないように気をつける.

2 《de... 〈必要なもの〉を》そろえる,準備する. ～*se de* armas 武器を用意する.

pre·ven·ti·vo, va [pre.βen.tí.βo, -.βa] 形 予防の,防止用の. medicina *preventiva* 予防医学. medidas *preventivas* 予防策. detención *preventiva* 《法》予防拘禁.

pre·ven·to·rio [pre.βen.tó.rjo] 男 (主に結核患者用の)療養所,サナトリウム. ～ infantil (身内に伝染病のある子供を収容する)予防収容所.

pre·ve·o [pre.βé.o] 活 → prever.

***pre·ver** [pre.βér] 61 他 [過分 は previsto]
1 〈…の生起を〉予想する, 予見する. ～ una guerra [lluvia] 戦争[雨]が近いことを予知する. ～ una bajada de precios 物価の下落を見越す.

2 《para...》《…のために》準備する; 《…に》備える. El gobierno *ha previsto* todas las medidas *para* evitar la corrupción. 政府は汚職を防止する全ての策を講じた.

ser de prever 予想される. Como *era* de ～, se divorciaron pronto. 予想どおり彼らはすぐ離婚した.

*****pre·vio, via** [pré.βjo, -.βja] 形 **1** 事前の, 前もっての; 《a... …に》先立つ. cuestión *previa* 先決問題. conocimientos ～*s* 予備知識. una reunión *previa a* la asamblea general 全体会議に先立つ部会. vista *previa* [IT]

2 《副詞的に》…の後に(=después de). Se dará la contraseña ～ pago de la cuota. 料金支払後にパスワードが与えられる. *previa* consulta a los interesados 当事者との事前協議を経て. ～ aviso de un mes 1か月前の事前通告の後に.
materia *previa* 《ラ米》《学》再履修科目.

[← [ラ] *praevium* (*praevius* の対格, *prae*-「前に」+ *via*「道」+形容詞語尾); 関連 [英] *previous* 「先の,前の」]

pre·vi·si·ble [pre.βi.sí.βle] 形 予見できる, ありそうな,予測可能な.

pre·vi·si·ble·men·te [pre.βi.sí.βle.mén.te] 副 予測どおり, 予見どおり.

***pre·vi·sión** [pre.βi.sjón] 女 **1** 予見, 予測;先見(の明);予報. ～ del tiempo 天気予報. las *previsiones* del plan quinquenal 5か年計画の見通し. **2** 用心, 慎重, (事前の)措置. en ～ de... …に備えて. ～ social 社会保障. **3** 概算, 見積もり, 推定(値).

pre·vi·si·vo, va [pre.βi.sí.βo, -.βa] 形 《ラ米》 → previsor.

pre·vi·sor, so·ra [pre.βi.sór, -.só.ra] 形 先見の明のある. poco ～ 先のことを考えない, 軽率な.
— 男 女 先見の明の持ち主, 用意周到な人.

***pre·vis·to, ta** [pre.βís.to, -.ta] [prever の過分] 形 **1** 予見[予期]された; 当然の, わかりきった. Tenía ～ su fracaso. 彼[彼女] (ら)の失敗は私にはわかりきっていた. como ～ 予想されていたように.

2 規定された, 定められた. ～ por los estatutos 定款[約款]で定められた. No es un caso ～ por la ley. こんなケースは法に規定がない.

prez [préθ / prés] 男 (または 女) 《複 preces》名誉, 誉れ, 栄誉, 名声; 栄光. ▶ 主に honra y ～, gloria y ～ のように他の同義語と共に用いられる.

PRI [prí] 男 《略》*Partido Revolucionario Institucional* (メキシコの)制度的革命党.

Prí·a·mo [prí.a.mo] 男 《ギ神》プリアモス: トロヤ最後の王. Héctor, Paris, Cassandra の父.
[← [ラ] *Priamus* ← [ギ] *Príamos*]

pria·pis·mo [prja.pís.mo] 男 《医》持続勃起(症).

prie·ta [prjé.ta] 女 《ラ米》《食》ブラッドソーセージ.

prie·to, ta [prjé.to, -.ta] 形 **1** 〈体が〉引き締まった; 〈衣服などが〉ぴったりした, きつい, 窮屈な; いっぱい詰め込んだ, 圧縮された.

2 黒い. **3** けちな. **4** 《ラ米》(1)《タブ》《*》《話》《軽蔑》黒人の. (2) 浅黒い; 日焼けした.

prie·tuz·co, ca [prje.túθ.ko, -.ka / -.tús.-] 形 《ラ米》《タブ》《*》《話》黒っぽい, 黒味がかった.

***pri·ma** [prí.ma] 女 **1** → primo.
2 《商》(1) 特別手当, プレミアム, 賞与金, 報奨金, 奨励金. ～ de flete 《海》運賃割り戻し金; 船長謝礼金. ～ de [por] rendimiento 出来高で支払われるボーナス. (2) 保険料(= ～ de seguro). **3** 《カト》(聖務日課の)一時課: 午前6時ごろに唱える祈り. **4** 《音楽》第1弦. **5** 《軍》(4交代の夜間歩哨(ほうしょう))勤務の)最初の班: 午後8-11時. → cuarto. **6** 《鳥》(雌の)タカ. → halcón. **7** (古代ローマの) 1日の時間区分の1番目: およそ午前6時から9時まで. → nona. **8** 《ラ米》《話》変わりつき, 語気. bajar la ～ 言葉を慎む. subir [alzar] la ～ 語気を荒くする.

pri·ma·cí·a [pri.ma.θí.a / -.sí.-] 女 **1** 第一, 首位, 卓越. la ～ mundial en el tenis テニスの世界トップの座. **2** 優先(順位), 上位. **3** 《カト》(教皇)首座権; 首座大司教権.

pri·ma·cial [pri.ma.θjál / -.sjál] 形 首座大司教の, 首位権に関する.

pri·ma·da [pri.má.ða] 女 《話》まぬけなこと, 愚かさ. Es una ～ pagar tanto. そんなに払うなんてばかげている.

pri·ma·do, da [pri.má.ðo, -.ða] 形 〖カト〗首座大司教の. — 男 **1** 〖カト〗(1) 首座大司教:一国の司教,大司教の中で首座を占める大司教. (2) (教皇)首位権. **2** 優先,首位,上位.

pri·ma don·na [prí.ma ðó.na]〔伊〕女 プリマドンナ:オペラの主役女性歌手.

pri·ma fa·cie [prí.ma fá.θje / -.sje]〔ラ〕一見して (= a primera vista).

pri·mal, ma·la [pri.mál, -.má.la] 〈羊・ヤギが〉一年子の, 1 歳以上 2 歳未満の. — 男〈羊・ヤギの〉一年子. — 女 絹ひも,絹の組み[編み]ひも.

*** pri·mar** [pri.már] 他 **1** …に優先権を与える,優先する. **2** …に奨励[助成]金を交付する;賞を与える. — 自 《sobre... …より》優位にある,優れている.

*** pri·ma·rio, ria** [pri.má.rjo, -.rja] 形 **1** 最初の,第一の; 主要な. escuela *primaria* 小学校. enseñanza *primaria* 初等教育. elecciones *primarias* 予備選挙. El objetivo ～ de este viaje es visitar a mis tíos. この旅行の第一の目的はおじ夫婦を訪ねることだ. **2** 基本的な, 根本的な. instintos ～*s* 基本本能. necesidades *primarias* 生活必需品. trilogía de colores ～*s* 三原色. **3** 原始的な,未開の. herramientas *primarias* 原始的な道具. **4** 無教養な; 直情的な. tener un comportamiento ～ 粗野な態度をとる. **5** 〖地質〗初生の. era *primaria* 古生代. — 男 〖電〗(変圧器などの) 一次コイル. — 女 **1** 初等教育; 小学校. **2** 予備選挙.
[←〔ラ〕*prīmārium* (*prīmārius* の対格)「第一の」; *prīmus*「先端の; 初めの, 第一の」(→ primo) より派生, 〖関連〗primero. 〖英〗*primary*]

pri·ma·te [pri.má.te] 形 〖動〗霊長類の. — 男 **1** 傑出した人物, 重要人物, 著名人. los ～*s* de la banca 金融界のお歴々. **2** 〖動〗霊長類の動物;《複数で》霊長類.

*** pri·ma·ve·ra** [pri.ma.bé.ra] 女 **1** 春, 春季. → verano 〖語源〗. **2** 青春 (期), 盛りの時期, 盛期. en la ～ de la vida 若い盛りに. **3** (特に若い女性の) 年. Tiene dieciséis ～*s*. 16 歳の春である. **4** 〖植〗サクラソウ, プリムラ. **5** 花柄模様の綿の布地; 色の美しい華美な品物. — 形 **1** 〖話〗ばか, とんま. **2** 〖話〗だまされやすい, 抜けている.
[←〔古スペイン〕「早春」←〔俗ラ〕*prima vera*←〔ラ〕*prīmō vēre*「早春に」(*prīmum vēr*「早春の奪格形」; 〖関連〗primaveral, verano. 〖ポルトガル〕〔伊〕*primavera*]

pri·ma·ve·ral [pri.ma.be.rál] 形 春の, 春らしい; 青春の. tarde ～ 春の午後.

pri·maz·go [pri.máθ.ɡo / -.más.-] 男 **1** いとこ同士[関係]. **2** 〖カト〗首位権 (= primacía).

pri·me·ar·se [pri.me.ár.se] 再 〖話〗《複数主語で》〈王侯・王族などが〉 親しいとこと呼び合う.

*** pri·mer** [pri.mér] 形 primero の語尾消失形.

pri·me·ra [pri.mé.ra] 女 **1** 〖車〗ロー (ギア). **2** (乗り物の) 1 等, ファーストクラス. viajar en ～ 1 等車で行く. **3** トランプ遊びの一種;《複数で》切り札, でき役. — 形 女 → primero.

pri·me·re·ar [pri.me.re.ár] / **pri·me·riar** [pri.me.rjár] 自 〖ラ米〗(窪) (1) 最初に殴りかかる, 機先を制する. (2) (車で) ローギアに入れる.

pri·me·ri·zo, za [pri.me.rí.θo, -.θa / -.so, -.sa] 形 **1** 始めたばかりの, 未熟な, 駆け出しの. **2** 〖医〗初産の. — 男 女 初産婦.

*** pri·me·ro, ra** [pri.mé.ro, -.ra] 形 [男性単数名詞の前で primer となる] **1** 《多くは＋名詞/名詞＋》第 1 の, 1 番目の, 最初の; 初歩の, 基本の, 初等の. *primer* piso 2 階 (→ piso¹). página *primera* 第 1 ページ. *primera* clase 1 等, 1 級. en *primer* lugar まず第一に. por *primera* vez 初めて. de *primera* mano 新品の. *primera* enseñanza 初等教育. *primera* línea 第一線, 最前線, 最先端. *primeras* materias 原料, 素材. ▶ 人・ものを指す名詞表現を作る. — ～ de año 1 月 1 日. alumno de ～ 1 年生. Eres la *primera* de la cola. 君が列の先頭だよ. → 男 女. **2** 《＋名詞》主要な, 主な, 最重要の; 優れた, 一流の. artículos de ～ *primera* necesidad 必要不可欠の品. *primer* ministro 首相. la *primera* dama ファーストレディー. *primera* actriz 主演女優. *primeras* autoridades 要人. **3** 以前の, かつての. el estado ～ 元の状態. — 男 女 《de... / en... / entre... …の中で》第一; 第一人者. Es la *primera* de su clase. 彼女はクラスで一番だ. ～ entre sus pares その道の第一人者. ～ de cordada (登山でザイルで結び合った) 先頭の人. ser el ～ en＋不定詞 …することでは最初である, 真っ先に…する. — 副 **1** 一番目に, 最初に. Haz esto ～. まずはこれをやって.くれ. **2** 前に, 先に. Llegaré ～ que tú. 私の方が君より先に着くだろう. **3** …よりもむしろ. P～ morir que vivir en la esclavitud. 奴隷となって生きるよりはむしろ死んだ方がいい.

a la primera (*vez*) 1 回目で. conseguir *a la primera* (*vez*) 一度で成功する.
a las primeras / *de buenas a primeras* 突然, 出し抜けに, いきなり.
a primeros de (*mes*) (月の) 初めに, 初旬に. Saldré de viaje *a* ～*s de* julio. 7 月早々に旅に出ます.
de primera 一流の, 優秀な.
de primero 最初は, 初めは; 前は.
primera hora 早い時間. Vino por la mañana a *primera hora*. 彼[彼女]は朝一番に来た.
venirle a＋人 de primera (人の) 役に立つ; 都合がよい, 時宜に適(カナ)う, よく似合う.
[←〔ラ〕*prīmārium* (*prīmārius* の対格)「第一の」(→ primario); *prīmus*「先端の, 初めの, 第一の」(→ primo) より派生, 〖関連〗〔仏〕*premier*. 〖英〗*primary*]

prime time [práim táim] 〔英〕男 [複 ～, ～*s*] (テレビの) ゴールデンアワー.

pri·me·vo, va [pri.mé.bo, -.ba] 形 〔最) 年長の.

pri·mi·ce·rio, ria [pri.mi.θé.rjo, -.rja / -.sé.-] 形 第一位の, 最上位の, 筆頭の. — 男 〖カト〗(教会の合唱隊の) 先唱者, 主唱者, 聖歌隊長.

pri·mi·cia [pri.mí.θja / -.sja] 女 **1** 《主に複数形》(農作物の) 初物, 初なり, 初穂; (初めて出る) 結果, 成果. **2** 最新情報, スクープ. dar la ～ de... …を最新情報として伝える.

pri·mi·cial [pri.mi.θjál / -.sjál] 形 初物の, 最初の収穫の; 最初の成果の; 最新情報の.

pri·mi·cle·rio [pri.mi.klé.rjo] 男 → primicerio.

pri·mi·ge·nio, nia [pri.mi.xé.njo, -.nja] 形 最初の, 本来の; 根源の, 根本の.

pri·mi·lla [pri.mí.ja ‖ -.ʎa] 女 **1** 初犯[初罪]に

primípara

対する赦免. **2**〖鳥〗チョウゲンボウ：ハヤブサ科.
pri・mí・pa・ra [pri.mí.pa.ra] 形〖医〗初産の.
— 女 初産婦.
pri・mi・ti・va [pri.mi.tí.ba] 形 → primitivo.
pri・mi・ti・va・men・te [pri.mi.tí.ba.mén.te] 副
1 最初に, 原初は. **2** 太古に. **3** 原始的に, 素朴に.
pri・mi・ti・vis・mo [pri.mi.ti.bís.mo] 男 **1** 原始性, 未開性. **2**〖美〗原始主義, プリミティビズム. **3** 粗野, 野卑.

**pri・mi・ti・vo, va [pri.mi.tí.bo, -.ba] 形
1 最初の, 元の. conservar SU estado 〜 元の状態を保つ.
2 原始の, 太古の. arte 〜 原始芸術. terrenos 〜s〖地質〗始原岩層.
3 原始的な；素朴な；未開の. sociedad primitiva 未開社会. utensilios 〜s 原始的な道具類. **4** 粗野な, 無教養な. un comportamiento 〜 粗野な態度. **5**〖文法〗(派生語ではない) 基語の. palabra primitiva 基語. **6**〖美術〗ルネッサンス以前の.
— 男 女 **1** 原始人, 未開人；粗野な人. **2** ルネッサンス以前の芸術家.
lotería primitiva《スペイン》6つの数字を合わせる国営の宝くじ.
［←〔ラ〕*primitīvum* (*primitīvus* の対格)；*primus*「最初の，第一の」(→ primo) より派生；〖関連〗〖英〗*primitive*］

pri・mo, ma [prí.mo, -.ma] 形 **1 第一の, 最初の. materia *prima* 原料.
2《話》お人よしの, 無邪気な. Es tan 〜 que no se da cuenta de que le engañan. 彼は人がよすぎてだまされていることに気づかない.
3〖数〗素数の. número 〜 素数.
— 男 女 **1** いとこ (=〜 hermano [carnal]). 〜 segundo またいとこ. **2** 卿 (► スペイン国王が書簡などで大公に使った敬称). **3**《話》お人よし, まぬけ.
hacer el primo《話》(簡単に) だまされる, 利用される. *Hizo el* 〜 *y pagó mucho más de lo que vale.* 彼 [彼女] はだまされて実際の値段よりもずっと多く払ってしまった.
ser primo hermano そっくりである.
［「いとこ」←〔ラ〕(*cōnsobrīnus*) *primus*「第一の (いとこ)」；「第一の」←〔ラ〕*primus*「初めの, 第一の」；〖関連〗primero, primitivo, primordial；〖ポルトガル〗*primo*「いとこ」；〖伊〗*prima donna*「プリマ・ドンナ」；〖英〗*prime*］

Pri・mo de Ri・ve・ra [prí.mo ðe r̃i.ßé.ra] 固名
1 Miguel 〜 ミゲル・プリモ・デ・リベラ (1870-1930)：スペインの軍人・政治家. 1923年, クーデタにより独裁政権を樹立した. **2** José Antonio 〜 ホセ・アントニオ・プリモ・デ・リベラ (1903-36)：Miguel の息子. 1933年, Falange を創設.
pri・mo・gé・ni・to, ta [pri.mo.xé.ni.to, -.ta] 形
最初に生まれた, 長子の. — 男 女 長子, 長男, 長女.
pri・mo・ge・ni・tu・ra [pri.mo.xe.ni.tú.ra] 女 長子の身分；長子の権利.
vender la primogenitura por un plato de lentejas〖聖〗一皿の豆料理と引き替えに長子の権利を売る (目先の利益に惑わされてより大きな利益を失う)〈創世記25：30-34〉.
pri・mor [pri.mór] 男 **1** (細工などの) 繊細さ, 精巧さ, 見事さ；入念, 細心. *hecho con* 〜 見事な出来栄えの. 入念に作られたもの, 見事な作品, 美しいもの. *Este bordado es un* 〜. この刺繍は実に見事だ. *Esta chica es un* 〜. この娘は本当に愛らしい. **3** 立派な人.

que es un primor すばらしく, ものすごく. *Canta que es un* 〜. 彼 [彼女] の歌はすばらしい.
*pri・mor・dial [pri.mor.djál] 形 **基本的な**, 第一義的な；不可欠の, 重要不可欠の. *Es de importancia* 〜. それは何にも増して重要なことだ.
pri・mor・dio [pri.mór.djo] 男〖生物〗原基.
pri・mo・ro・sa・men・te [pri.mo.ró.sa.mén.te] 副 繊細に, 巧みに.
pri・mo・ro・so, sa [pri.mo.ró.so, -.sa] 形 繊細な, 細心の, 巧みな；すばらしい, 見事な.
prí・mu・la [prí.mu.la] 女〖植〗サクラソウ.
pri・mu・lá・ce・o, a [pri.mu.lá.θe.o, -.a / -.se.-] 形〖植〗サクラソウ科の.
— 女 サクラソウ科の植物；《複数で》サクラソウ科.
prin・ceps [prin.θéps / -.séps] 形〖性数不変〗初版の. edición 〜 infanta. → príncipe.
*prin・ce・sa [prin.θé.sa / -.sé.-] 女 **1** 王女；(スペインで) 王位継承権を持つ王女. ♦スペインでは継承権を持たない王女は infanta. → príncipe.
2 皇太子妃, 妃殿下. **3** 女大公；大公 [君主] 夫人.
prin・ci・pa・da [prin.θi.pá.ða / -.si.-] 女 権力の乱用 [悪用], 越権.
prin・ci・pa・do [prin.θi.pá.ðo / -.si.-] 男 **1** 君主 [王族, 大公] の位；その統治する領土, 公国 (領). El P〜 de Andorra アンドラ公国.
2 第一位, 首位；卓越. **3**《複数で》〖カト〗権天使：天使の9階級中, 第7番目の天使.

prin・ci・pal [prin.θi.pál / -.si.-] 形 **1《多くは+名詞 / 名詞+》(ser+) **主な**, 主要な, 中心的な, 第一の；重要な, 本質的な (► 多くは, 定冠詞+で修飾される). el 〜 objetivo 最大の目的. el actor 〜 主演男優. la carretera 〜 幹線道路. la puerta 〜 正面玄関 [入り口]. oración 〜〖文法〗主節. el 〜 partido de la oposición 最大野党. las 〜*es* fuentes de ingresos 主な収入源. la 〜 causa de muerte 第一の死亡原因. convertirse en el 〜 accionista de la empresa 筆頭株主になる. el 〜 problema es que+直説法 いちばんの問題は…である. lo 〜 es que+接続法・直説法 肝心なことは…である (► +接続法は命令を, +直説法は事柄を表す. — Lo 〜 es que tengamos un poco de paciencia (接続法). 重要なことは我々が少し我慢することだ. Lo 〜 es que es un país estable (直説法). 肝心なのはそこが安定した国であるということだ.
2 傑出した；気高い, 高貴な. **3** (建物の階が) 中2階の. **4** 初版の.
— 男 **1** 元金, 元手. **2** (組織の) 長, 社長, 店主, 工場長, 主任；〖ラ米〗(〖*〗) 校長. **3** 中2階. ►「1階」は planta baja. **4**〖商〗〖法〗(代理人に対し) 本人 (=poderdante). **5** (守備隊の) 本営, 本拠地.
［←〔ラ〕*principālem* (*principālis* の対格)；*princeps*「第一人者, 長, 君主」(→ príncipe) より派生；〖関連〗〖英〗*principal*］
prin・ci・pa・li・dad [prin.θi.pa.li.ðáð / -.si.-] 女 最上位, 優位, 第一位.
prin・ci・pal・men・te [prin.θi.pál.mén.te / -.si.-] 副 **基本的に, 主に；特に**.

prín・ci・pe [prín.θi.pe / -.si.-] 男 **1 王子, 皇子；皇太子；王族 (► スペインでは王位を継承しない王子は infante. → princesa.). 〜 heredero 王位継承の王子, 皇太子. 〜 real 第一王子, 皇太子. 〜 de Asturias (スペイン王位継承者の称号) スペイン皇太子. 〜 de Gales 英国皇太子；〖服飾〗グレンチェック. 〜 consorte 女王の夫君.

azul [encantado](おとぎ話の)王子様；理想の男性．**2** 君主, 大公. P~ de Mónaco モナコ大公. vivir como un ~ 王侯のようにぜいたくに暮らす．

3 第一人者, 王者. ~ de los ingenios(セルバンテスを指して)才人たちの王. ~ de la Iglesia 枢機卿(⁽ᵏᵉⁱ⁾). ~ de las tinieblas サタン，悪魔の長．

4《昆》女王バチの幼虫．

—形〈書物が〉初版の. edición ~ 初版(本)．▶「重版」は reimpresión. → princeps.

[←［ラ］*princeps* (*prīncĕns* の対格)「第一人者, 長, 君主」; *prīmus*「第一の」+ *-ceps*「取る人」(*capere*「取る」より); princesa←［仏］*princesse*; *prince*「王子」←［ラ］*princeps* より派生, 関連 principio. 英 *prince, princess*]

prin·ci·pe·la [prin.θi.pé.la / -.si.-] 女 薄手の毛織物．

prin·ci·pes·co, ca [prin.θi.pés.ko, -.ka / -.si.-] 形 **1** 王子の, 君主の；王子のような, 王子然とした. **2** 豪華な；威厳のある, 慇懃(⁽ⁱⁿ⁾)な.

prin·ci·pia·dor, do·ra [prin.θi.pja.ðór, -.ðó.ra / -.si.-] 形 …を始める, 創設の.
—男女 開始者, 創始者．

prin·ci·pian·ta [prin.θi.pján.ta / -.si.-] 女《話》→ principiante.

prin·ci·pian·te [prin.θi.pján.te / -.si.-] 形 (習い)始めたばかりの, 初心者の, 見習いの．
—男女 初心者, 初学者, 入門者, 見習い．

＊prin·ci·piar [prin.θi.pjár / -.si.-] 97 他 始める, 開始する (= comenzar, empezar, iniciar).
—自 始まる；《con… / en… / por…》 …で, …から, …をもって》始まる. ~ a+不定詞 …し始める. *Ha principiado* el calor. 暑くなり始めた. La representación teatral *principió con* [*por*] unas palabras del señor. 劇の幕に先立って作者の挨拶があった. La carretera *principia en* la costa. その街道は海岸を起点としている.

＊＊prin·ci·pio [prin.θi.pjo / -.sí-] 男 **1** 始め, 始まり；初めの部分 (= comienzo) (↔ fin, final). del [desde el] ~ al [hasta el] fin 始めから終わりまで, 一部始終. desde el ~ 最初から. empezar por el ~ 最初から始める. El ~ de su conferencia fue un poco aburrido. 彼[彼女]の講演の冒頭は少々退屈だった. P~ quieren las cosas.《諺》何事も始めは難しいものだ［最初が肝心だ］.

2 原因, 起源；根源. tener ~ en… …に端を発する, …に由来する. Es el ~ del fin. それがその結末の原因である.

3 原理, 原則. ~ de Arquímedes アルキメデスの原理. ~ de la conservación de la energía《物》エネルギー保存の法則. ~ de economía 経済原理. ~s fundamentales 根本原理. a la luz del ~ de… …の原則に照らして．

4 (主に複数で)主義, 行動原理；節操. Mis ~s no me permiten hacerlo. 自分の主義からしてこんなことできないよ. tener por ~ …を信条とする, 決まって…する. una persona sin ~s 節操のない人.

5(主に複数で)初歩, 基礎知識. aprender los ~s del español スペイン語の基礎を学ぶ. **6**(機械などの)原理, 仕組み. **7**《化》成分, 要素. **8**《料》(スペインの煮込み料理 cocido の後に出される)肉［魚］料理. **9**《印》(複数で)(書物の)前付け. → colofón.

al principio / *por principio* 最初は［に］, 初めは［に］. *Al* ~ no sabía qué hacer. 初めはどうしたらよいかわからなかった. *al* ~ *del discurso* 演説の冒頭に.

a principios de… (月など期間の)初めに. *a* ~*s de* [*del*] *mes* 月初めに. *a* ~*s del siglo* XX 20世紀初頭に.

dar principio a… …を始める．

en principio 原則として, 大筋において．

en un principio = *al principio*.

[←［ラ］*prīncĭpium*；関連 principiar, príncipe, primero. 英 *principle*]

prin·ci·po·te [prin.θi.pó.te / -.si.-] 男《話》見栄っ張り, ぜいたく好み．

prin·ga·da [priŋ.gá.ða] 女 脂汁をつけたパン．

prin·gar [priŋ.gár] 100 他 **1** 脂で汚す, べとべとにする.**2**(パンなどに)脂汁［肉汁］につける. **3**《話》巻き込む, 仲間に入れる. ~ a+人 en un asunto〈人〉をある事に巻き込む. **4**《話》(他の)名誉を汚す, 信用を失墜させる. **5**《話》けがをさせる, 傷つける. **6**(刑罰で)煮え油をかける. **7**《ラ米》(1)(泥水を)はね掛ける. (2)(ｴｸｱﾄﾞﾙ)病気を移す. (3)(ﾁﾘ)(ｸﾞｱﾃ)妊娠させる, 孕(⁽は⁾)ませる．

—自 **1**《話》不当に多く働かされる. **2** 罪をかぶる. **3**《話》うまい汁を吸う, うまく手出しする, 首を突っ込む. **5**《話》負ける, こっぴどくやられる. **6**《ラ米》(ﾁﾘ)(ﾌﾟｴﾙﾄ)(ｸﾞｱﾃ)霧雨[小雨]が降る．

—～se 再 **1**《con… / de…》 (脂っぽいもので)汚れる；油だらけになる. **2**…に手を出す, 首を突っ込む. **3**《話》うまい汁を吸う, 私腹を肥やす．

pringarla (1)《話》へまをする. (2)《俗》死ぬ．

prin·go [príŋ.go] 男《ラ米》(ｸﾞｱﾃ)滴；一滴, 少量．

prin·gón, go·na [priŋ.gón, -.gó.na] 形 脂染みた, 脂で汚れた, 脂の染み. **2**《話》私腹を肥やすこと, 不正利得．

prin·go·so, sa [priŋ.gó.so, -.sa] 形 脂で汚れた, 油染みた, (汚れで)べとついた．

prin·gue [príŋ.ge] 男(時に女) **1** (調理中の肉などから出る)脂汁. **2** 脂の染み；(油)汚れ. **3**(刑罰で)煮え油をかけること. **4**(雪)のよう)うっとうしこと, やっかいなもの. **5**《ラ米》(1)(ﾁﾘ)(ｴｸｱﾄﾞﾙ)(ｸﾞｱﾃ)(液体の)滴. (2)(ﾀﾗ)(ｸﾞｱﾃ)(泥水の)はね. (3)(ﾒｷｼ)やけど．

prión [prjón] 男《生物》プリオン：ウシ海綿状脳症などの原因となる．

prio·no·don·te [prjo.no.ðón.te] 男《動》(1) 貧歯類哺乳類の一種. (2)《ラ米》(ﾌﾞﾗ)大型のアルマジロの一種(絶滅種)．

prior, prio·ra [prjór, prjó.ra] 男 女《カト》修道院長；(大修道院の)副修道院長．
—男 **1**《カト》(1) 騎士修道会長. (2) 司教座聖堂の司教. (3) 教区司祭. **2**(通商担当の)領事．

prio·ral [prjo.rál] 形 prior [priora]の．

prio·ra·to [prjo.rá.to] 男 **1** 修道院長［副院長］の地位［職］；修道院長［副院長］の管轄区域. **2** スペイン Tarragona 県 Priorato 産の赤ワイン．

prio·raz·go [prjo.ráθ.go / -.rás.-] 男 → priorato 1.

＊prio·ri·dad [prjo.ri.ðáð] 女 優先, 優先権；より重要なこと. dar ~ a… …を優先する. tener ~ sobre… …より優先される. el tema de mayor ~ 最重要の[急を要する]課題．

[←［ラ］*priōritātem* (*priōritās* の対格)；［ラ］*prior* 「第一の；より以前の」(→ prior)；関連 英 *priority*]

＊prio·ri·ta·rio, ria [prjo.ri.tá.rjo, -.rja] 形 優先する, より重要である. ser ~ 優先する, 優先権を持つ．

prio·ri·zar [prjo.ri.θár / -.sár] 97 他 優先する. Los padres *priorizaron* la seguridad de sus

pri·sa [prí.sa] 囡 **1** 急ぎ；緊急. con mucha ~ 大急ぎで. Hay ~s. 急いでいる，急ぎの用事で. estar [andar] con ~ 急いでいる. Hoy no tengo [llevo] ~. 今日はゆっくりできます. tener ~ en [por]... 急いで…する必要がある. ➡ despacio [関連].
2 《主に複数で》(人・仕事などの)殺到. Al principio del semestre hay muchas ~s en la secretaría. 学期初めには事務局は大変込み合う.
a prisa 早く，急いで (= aprisa).
a toda prisa 全速力で，大急ぎで.
correr prisa 急を要する，差し迫っている.
darse prisa 急ぐ. ¡Date ~! 急げ!
de prisa 早く，急いで (= deprisa).
de prisa y corriendo 大急ぎで.
meter [*dar*] *prisa a*+人 《話》(人)をせかす.
Vísteme despacio que tengo prisa. 《諺》急がば回れ (=急いでいるからこそゆっくり服を着せてくれ).
vivir de prisa 健康を顧みずがむしゃらに働く.
[←[古スペイン] *priessa*「急ぎ，(あわてた人々の)ひしめき合い；警報」←[ラ] *pressa*「圧迫」(*premere*「圧迫する」の完了分詞中性複数形) [関連] aprisa, apresurar. [英] press].

pris·cal [pris.kál] 男 夜間の家畜の囲い場.

pris·ci·lia·nis·mo [pris.θi.lja.nís.mo / -.si.-] 男 プリスシリアノ Prisciliano 主義：4-6 世紀のスペインのキリスト教の一教義で異端とされた.

pris·co [prís.ko] 男 [植] アンズ (の木・実).

pri·sión [pri.sjón] 囡 **1** 刑務所，監獄 (=cárcel). en ~ 刑務所で服役中の. reducir a+人 a ~ (人)を刑務所に入れる.
2 《法》禁固(刑) (▶ *arresto* より重く *reclusión* より軽い刑). condena [pena] de ~ 禁固刑. condenar a+人 a cinco años de ~ (人)を禁固 5 年に処す. auto de ~ 拘留(ﾘﾕｳ)状. ~ mayor 6 年から 12 年の禁固刑. ~ menor 6 か月から 6 年の禁固刑. ~ preventiva (裁判中の)未決犯の勾留(ｺｳﾘﾕｳ).
3 (肉体的・精神的)束縛. Para él vivir con sus padres fue una verdadera ~. 彼にとって両親との生活はまさに牢獄のようなものだった.
4 《複数で》(昔の)手枷(ﾃｶｾ)，足枷. **5** 逮捕，捕縛.
[←[ラ] *prehēnsiōnem* (*prehēnsio* の対格，*prehendere*「取る」より派生). [関連] prisionero. [英] *prison*]

pri·sio·ne·ro, ra [pri.sjo.né.ro, -.ra] 男 囡
1 (特に思想的な理由による)囚人；捕虜. caer ~ 捕らえられる，捕虜になる. hacer ~ a+人 (人)を捕らえる. liberar a un ~ 囚人を釈放する. ~ de guerra 捕虜. campo de ~s 捕虜収容所.
2 (比喩的)《**de**+…》…のとりこ. ~ *de amores* 恋のとりこ. Todavía sigue *prisionera del* pasado. 彼女はいまだ過去に捕らわれている.

pris·ma [prís.ma] 男 **1** 《数》角柱. ~ triangular 三角柱. **2** [光] プリズム. **3** 《鉱》(結晶体の)形(ｹｲ). **4** 視点，観点 (= punto de vista). [←[後ラ] *prísma*←[ギ] *prísma*, *prísmatos*「角材；おがくず」が原義) [関連] prismático. [英] *prism*]

pris·má·ti·co, ca [pris.má.ti.ko, -.ka] 形 **1** [数] 柱体の，角柱形の. **2** プリズム (状) の，分光の. colores ~s del ~ プリズムの 7 色.
— 男 《複数で》プリズム双眼鏡.

pris·te [prís.te] 男 [魚] カジキマグロ.

prís·ti·no, na [prís.ti.no, -.na] 形 **1** 元の，昔のままの，本来の. **2** 純粋な，汚れのない.

pri·va [prí.βa] 囡 《話》飲酒，酒.

pri·va·ci·dad [pri.βa.θi.dád / -.si.-] 囡 プライバシー.

pri·va·ción [pri.βa.θjón / -.sjón] 囡 **1** 剥奪(ﾊｸﾀﾞﾂ)；喪失；節制. ~ *de libertad* 自由の剥奪.
2 《主に複数で》欠乏，窮乏；不自由. pasar [sufrir] *privaciones* 窮乏する，不自由な思いをする.

pri·va·da [pri.βá.ða] 囡 便所；汚物の山.
— 形 ➡ privado.

pri·va·de·ro [pri.βa.ðé.ro] 男 下水掃除人.

pri·va·do, da [pri.βá.ðo, -.ða] 形 **1** 私的な，個人的な. vida *privada* 私生活. documento ~ 私文書. de propiedad *privada* 私有の. una visita *privada* 私的な訪問. No te metas tanto en mis asuntos ~s. 私の個人的なことにそんなに口出ししないで. una clase *privada* 個人授業.
2 内々の，内密の (= íntimo). reunión *privada* 秘密会議. hacer una fiesta *privada* 内輪のパーティーをする.
3 私立の，民間の (↔ público). empresa *privada* 民間企業. universidad *privada* 私立大学.
4 《*de*+…》…のない，欠けた. ~ *de libertad* 自由を奪われた. ~ *del* oído 聴力を失った.
5 《ﾗﾒ》(1)《話》気がふれた，頭のおかしい. (2)《ｱﾙｾﾞ》《ﾎﾞﾘ》《話》気を失った，ぐんなりとなった.
— 男 寵臣(ﾁﾖｳｼﾝ)，お気に入り.
en privado 私的に，内々に. Hablemos de esto *en* ~. このことについては内々に話し合おう.

pri·van·za [pri.βán.θa / -.sa] 囡 (君主の)寵愛(ﾁﾖｳｱｲ)，お気に入り；引き立て.

pri·var [pri.βár] 他 **1** 《*de*+…》(既得権・能力・機会など)を…から奪う；《*de*+不定詞 …することを》できなくする；禁じる. ~ *a* la población *de* libertad 住民から自由を奪う. ~ *a* una persona *de* [*del*] empleo 人から職を奪う. La guerra *privó a* mucha gente *de* sus hogares. 戦争のために多くの人が家庭を失った. El médico me *ha privado de comer* carne. 私は医者に肉食を禁じられた.
2 (人を)気絶させる.
— 自 **1** 《話》(**a**+人 〈人〉を) とりこにする，夢中にさせる. *Me priva* esta novela. 私はこの小説が大好きだ. **2** 流行する，もてはやされる. Este año *privan* las chaquetas cortas. 今年は短めのジャケットがはやりだ. **3** 《*con*+人 〈人〉の》寵愛(ﾁﾖｳｱｲ)を受ける. Pretenden ~ *con* el emperador. 彼らは皇帝に取り入ろうとしている. **4** 《俗》酒を飲む.
— ~·*se* 再 **1** 《*de*... 〈楽しみなど〉を》やめる，断つ；手放す. *Me he privado de* gastar en ropa. 私は服を買いあさるのをやめにした. **2** 《*por*... …が欲しくて / *por*+不定詞 …したくて》たまらない. Mi esposa *se priva por* las joyas. 私の妻は宝石に目がない. **3** 気を失う.
[←[ラ] *prīvāre*. [関連] privado, privilegio. [英] *deprive*, *private*「個人の，私的の」]

pri·va·ti·vo, va [pri.βa.tí.βo, -.βa] 形 **1** 固有の，特有な，独占的な. Esa facultad es *privativa del* rey. その権限は王のみに備わる.
2 奪う，禁止する. **3** 《文法》欠如[否定]を表す. prefijo ~ 否定を表す接頭辞 (a-, in- など). oposición *privativa* 《音声》欠如的対立：有声音と無声音，鼻音と口音などの対立を指す.

pri·va·ti·za·ción [pri.βa.ti.θa.θjón / -.sa.sjón] 囡 民営化；払い下げ.

pri·va·ti·za·dor, do·ra [pri.βa.ti.θa.ðór,

pri·va·ti·zar [pri.ba.ti.θár / -.sár] 97 他 民営化する；払い下げる（↔estatalizar, estatificar, nacionalizar）. Este año, el gobierno *privatizó* la compañía telefónica. 今年，政府はその電話会社を民営化した．

pri·vi·le·gia·do, da [pri.bi.le.xjá.ðo, -.ða] 形 **1** 特権を与えられた，特典を持つ. **2** 比類ない，たぐいまれな. memoria *privilegiada* 抜群の記憶力．
—— 男 女 特権［特典］を持つ人［団体］. unos pocos ～s 少数の特権階級の人々．

****pri·vi·le·giar** [pri.bi.le.xjár] 82 他 特権［特典］を与える；恩恵を施す．

pri·vi·le·gia·ti·vo, va [pri.bi.le.xja.tí.ßo, -.ßa] 形 特権を含む，特典のある．

‡**pri·vi·le·gio** [pri.bi.lé.xjo] 男 **1** 特権，特典；特別免除. **2** 特権［特典］の認可証，許可書. **3** 恩典，名誉. Es un ～ volver a verle. あなたにまたお会いできて光栄です．

****pro** [pró] 男 利益，得；賛成. los *pros* y los contras 利点と難点，損益，賛否. no estar ni en *pro* ni en contra 賛否どちらでもない．
—— 前[pro] …のために［の］，…に賛成して．
en pro de... …の利益を図って，…のための. campaña *en pro de* la conservación del medio ambiente 環境保護のためのキャンペーン．
hombre de pro 高潔な人，立派な人物．
pro forma 形式上，形式として．

pro- 〘接頭〙 **1** 「…の代わりに［の］」，文法用語で「代…」の意. → *proc*ónsul, *proh*ijar, *pro*nombre. **2** 「前に，先に，前方へ」の意. → *pro*feta, *pró*logo, *pro*longar. **3** 「前で，正面で」の意. → *pro*fano, *pro*hibir, *pro*teger. **4** 「公に」の意. → *pro*clamar, *pro*pagar. [← ［ラ］]

pro·a [pró.a] 女 **1** 〘海〙船首，舳先(へさき)（↔popa）. mascarón de ～ 船首像．
2 （飛行機の）機首，（車の）前面．
poner la proa a... 〘話〙（手に入れようと）…にねらいをつける；…に反対する．
poner proa a... 〈場所〉へ向かう，…へ舳先を向ける．

‡**pro·ba·bi·li·dad** [pro.ba.bi.li.ðáð] 女 **1** 見込み，可能性，蓋然(がいぜん)性. según toda ～ 十中八九，きっと. tener poca ～ de 見込みはほとんどない. **2** 〘数〙確率. ～es de vida 平均余命.
関連 probabilidad. ［英］*probable, provable*]

‡**pro·ba·ble·men·te** [pro.bá.ble.mén.te] 副《＋直説法・接続法》きっと；多分，おそらく. *P*～ *lloverá* [*llueva*] *mañana*. きっと［多分］明日は雨だろう. → posiblemente 類語．

pro·ba·ción [pro.ba.θjón / -.sjón] 女 **1** 立証，証明，証拠. **2** 〘カト〙修練．

pro·ba·da·men·te [pro.bá.ða.mén.te] 副 証明済みの，証明された．

pro·ba·do, da [pro.bá.ðo, -.ða] 形 **1** 証明された，立証済みの，確実な. Es remedio ～. それは効きめの確かな治療法だ. **2** 〘法〙（判決で）事実と認められた. **3** 苦労を重ねた，試練を経た．

pro·ba·dor, do·ra [pro.ba.ðór, -.ðó.ra] 形 **1** 試す，試験する. **2** 証拠となる，立証に使える．
—— 男 女 試す人，試験者；試験器［装置］．
—— 男 **1** 試着室. **2** 《ラ米》マネキン人形．

pro·ban·za [pro.bán.θa / -.sa] 女 〘法〙立証；証拠．

‡**pro·bar** [pro.bár] 15 他 **1** 〈ことの真偽〉を証明する，明らかにする，《que＋直説法 …であることを》明らかにする. Queremos ～ la verdad de sus palabras. 私たちは彼［彼女］（ら）の言葉が本当であることを証明したいのです. Todo esto *prueba que* usted *tiene* razón. このこと全てがあなたが正しいことを証明しています．
2 試す，テストする，試験する. Tuvimos la suerte de ～ el nuevo modelo. 私たちは運よく新しいモデルを試すことができた. Queremos ～las para elegir la protagonista. 主役を選ぶために彼女たちを試験したい．
3 〈飲食物の〉味見をする；〈飲食物を〉口にする. ¿No quieres ～ un trocito? 少し食べてみませんか. No *he probado* nunca esta fruta. 私はこの果物は今までに口にしたことはありませんでした．
—— 自 **1** 《a＋不定詞 …することを》試す；…しようとする. *Probé a ponerme* un collar. 私はネックレスをつけてみた. **2** 試す. Déjame ～. 私に試させて. **3** 《スペイン》《a＋人〈人〉に》適する. *Me prueba* (bien) echarme una siesta. 私は昼寝をすると体調がいい. ▶ bien, mal などの副詞を伴うことがある．
—— ～·se 再 （洋服などを）試着する. ¿Puedo *probarme* estos zapatos? この靴をはいてみていいですか．[← ［ラ］*probāre*「試す，確認する，是認する」]関連 probable, aprobar, comprobar. ［英］*prove*]

pro·bá·ti·ca [pro.bá.ti.ka] 形 piscina ～ 古代エルサレム・ソロモン神殿前の生贄(いけにえ)を清める水槽．

pro·ba·ti·vo, va [pro.ba.tí.ßo, -.ßa] 形 証拠となる，立証する（＝probatorio）．

pro·ba·to·rio, ria [pro.ba.tó.rjo, -.rja] 形 立証に役立つ，証拠になる．
—— 男 〘法〙証拠提出の猶予期間．

pro·ba·tu·ra [pro.ba.tú.ra] 女 〘話〙（煩わしい）試み，試し，試験．

pro·be·ta [pro.bé.ta] 女 **1** 試験管；メスシリンダー. niño ～ 試験管ベビー. **2** （写真現像用）バット. **3** 圧力計. **4** （火薬実験用の）爆圧計．

pro·bi·dad [pro.bi.ðáð] 女 実直，誠実，廉直．

‡**pro·ble·ma** [pro.blé.ma] 男 **1** （解決すべき）問題，課題. resolver [solucionar] un ～ 問題を解決する. poner [presentar] un ～ 問題提起する. enfrentarse con un ～ 問題に直面する［立ち向かう］. ～s económicos 経済問題［事情］. ～ de la vivienda 住宅問題. El paro es un ～ prioritario. 失業は優先課題である．

2 悩み, 面倒, 困ったこと. He tenido ～s con mi jefe. 私は上司とトラブルを起こした. Siempre que viene trae ～s. 彼[彼女]は来るたびに面倒を持ってくる. **3**《数学などの》問題, 課題. dar solución a un ～ de matemáticas 数学の問題を解く.
[←［ラ］*problēma*—［ギ］*próblēma*「前に投げ出されたもの」, 課題, 問題］［関連］［英］*problem*］

***pro·ble·má·ti·co, ca** [pro.ble.má.ti.ko, -.ka] 形 **問題のある, 問題の多い**; 疑わしい. Su futuro se presentaba ～. 彼[彼女]の未来は前途多難であった. ── 女《集合的》問題. la *problemática* económica de nuestro país わが国の経済問題.

pro·ble·ma·ti·za·ción [pro.ble.ma.ti.θa.θjón / -.sa.sjón] 女 問題設定, 問題化.

pro·ble·ma·ti·zar [pro.ble.ma.ti.θár / -.sár] 97 他 問題化する, 問題化して扱う. Los autores *problematizan* la metodología tradicional. 筆者らは伝統的な方法論を問題にしている.

pro·bo, ba [pró.βo, -.βa] 形 実直な, 誠実な.

pro·bós·ci·de [pro.βós.θi.ðe / -.si-] 女 **1**《動》（ゾウなどの）鼻. **2**（昆虫などの）吻(ふん), 口先.

pro·bos·cí·de·o [pro.βos.θí.ðe.o / -.si-] / **pro·bos·ci·dio** [pro.βos.θí.ðjo / -.sí-] 形《動》長鼻[ゾウ]目の. ── 男《動》長鼻[ゾウ]目の動物;《複数で》長鼻[ゾウ]目.

pro·ca·ci·dad [pro.ka.θi.ðáð / -.si-] 女 **1** 横柄な態度[口の利き方], 無礼な振る舞い［言葉］. **2** 破廉恥, みだら, 下品.

pro·ca·í·na [pro.ka.í.na] 女《化》プロカイン: 局部麻酔剤に用いられる.

pro·ca·rion·te [pro.ka.rjón.te] 形 男 女 → procariota.

pro·ca·rio·ta [pro.ka.rjó.ta] 形《生物》原核生物の. ── 女 原核生物.

pro·caz [pro.káθ / -.kás] 形《複 procaces》**1** 尊大な, 横柄な, 無礼な. **2** 破廉恥な, みだらな, 下品な.

***pro·ce·den·cia** [pro.θe.ðén.θja / -.se.-.sja] 女 **1** 起源, 出所; 出身. Toda su familia es de ～ catalana. 彼[彼女]の一族は全員カタルーニャの出身だ. **2**（船・飛行機の）出航［出発］地;（鉄道の）始発駅. **3**《法》（起訴・請願などの）根拠, 理非. **4** 妥当性.

***pro·ce·den·te** [pro.θe.ðén.te / -.se.-] 形 **1**《de...》（…から）来る;（…に）由来する;（…）出身の. el tren ～ de Madrid マドリード発の列車. palabras ～s d*el* latín ラテン語に由来する言葉. **2**《法的・道徳的に》適切な, 妥当な.

*****pro·ce·der** [pro.θe.ðér / -.se.-] 自 **1**《de...》《出発点・起源・出所など》から》**発する**;（…に）由来する. Este tren *procede* de Salamanca. この列車はサラマンカ発だ. Mi nombre *procede* d*el* griego. 私の名前はギリシャ語に由来している. La información *procede* de una fuente fiable. 情報は確かな筋からのものである. La mayoría *procede* de los países asiáticos. 大部分がアジアの出身である.
2 行動する. ～ en justicia 公正に振る舞う. ～ en las investigaciones 調査を進める.
3《a...》〈行動に〉移る, とりかかる. ～ a votar 投票に移る. Hay que ～ cuanto antes a la restauración de la obra. なるべく早く作品の修復にかからなければならない.
4〈事柄が〉適切である, 妥当である. En ese caso *procede* suspender[que suspendan] el tratamiento. その場合は治療を中止するほうがよい. El documento será escrito en español o en inglés, según *proceda*. 書類は適宜スペイン語, あるいは英語で記されなければならない.
── 男 行動, 振る舞い.
[←［ラ］*prōcēdere*「前進する」; *prō-*「前へ」+ *cēdere*「進む」(→ ceder);［関連］procedente, procesión, procedimiento,［英］*proceed*］

pro·ce·di·men·tal [pro.θe.ði.men.tál / -.se.-] 形 手続き(上)の, 方法(上)の.

***pro·ce·di·mien·to** [pro.θe.ði.mjén.to / -.se.-] 男 **1**（いくつかの過程を踏む）**方法**, 手順. ～ efectivo 効果的な方法. probar varios ～s いくつかの方法を試す. seguir un ～ ortodoxo オーソドックスな方法をとる. ～ inductivo [deductivo] 帰納[演繹(えき)]法. ～ en línea《IT》オンライン処理. **2**《法》訴訟, 手続き. ～ legal 法的手続き. civil 民事訴訟. ～ penal 刑事訴訟. ～ ejecutivo 強制執行.

pro·ce·la [pro.θé.la / -.sé.-] 女《文章語》あらし, 時化(しけ).

pro·ce·lo·so, sa [pro.θe.ló.so, -.sa / -.se.-] 形《文章語》あらしの, 時化(しけ)の.

pró·cer [pró.θer / -.ser] 形 **1** 身分[地位]の高い, 高貴な, 著名な. una familia ～ 名門の家. **2**《文章語》そびえる, 高い. ── 男《文章語》貴人; 名士, 著名人.

pro·ce·ra·to [pro.θe.rá.to / -.se.-] 男 身分[地位]の高さ; 貴人らしさ, 高位の人の威厳.

pro·ce·ri·dad [pro.θe.ri.ðáð / -.se.-] 女 **1** 高貴, 崇高. **2** 早熟, 早生(わせ).

pro·ce·ro, ra [pro.θé.ro, -.ra / -.se.-] / **pró·ce·ro, ra** [pró.θe.ro, -.ra / -.se.-] 形 → prócer.

pro·ce·ro·so, sa [pro.θe.ró.so, -.sa / -.se.-] 形 背が高く精悍(かん)な顔だちの, 堂々たる.

pro·ce·sa·do, da [pro.θe.sá.ðo, -.ða / -.se.-] 形《法》告訴された; 訴訟の, 告訴文の.
── 男 女《法》被告(人), 告訴された人.

pro·ce·sa·dor [pro.θe.sa.ðór / -.se.-] 男《IT》（演算）処理装置, プロセッサー. ～ de textos ワード・プロセッサー.

pro·ce·sal [pro.θe.sál / -.se.-] 形《法》訴訟の, 訴訟文の. costas ～es 訴訟費用. derecho ～ 訴訟法. ── 男《法》訴訟.

pro·ce·sa·mien·to [pro.θe.sa.mjén.to / -.se.-] 男 **1** 起訴, 告訴, 告発. auto de ～ 起訴状. **2**《IT》処理. ～ de datos データ処理. **3** 加工, 処理.

pro·ce·sar [pro.θe.sár / -.se.-] 他 **1**《por...》で》起訴する, 告発する. Lo *procesaron por* incendiario. 彼は放火罪で起訴された.
2《IT》処理する. ～ un texto ワープロで書く.
3 処理する, 加工する.

***pro·ce·sión** [pro.θe.sjón / -.se.-] 女 **1**《宗教上の》**行列, 行進;**《話》（人・動物の）列. la ～ del Corpus《カト》聖体行列. → 次ページに図. **2**（ものごとの）連なり, 移り変わり. la ～ de los días 移り行く日々. **3**《神》発出. ～ del Espíritu Santo 聖霊の発出.
andar [*ir, llevar*] *la procesión por dentro*《話》(平静を装っているが)内心穏やかではない.
No se puede repicar y estar en la procesión.《諺》一度にいろいろなことはできない (←行列で鐘の鳴らし役と参列役をひとりでこなすのは無理).

pro·ce·sio·nal [pro.θe.sjo.nál / -.se.-] 形 整列した, 行列の.

pro·ce·sio·nar [pro.θe.sjo.nár / -.se.-] 自 行列に加わる, 行列になる, 行列を作る. Estas imágenes

procesión (行列：聖週間の行列)

procesionan en Semana Santa. これらの像は聖週間の行列に加わります.

pro·ce·sio·na·ria [pro.θe.sjo.ná.rja / -.se.-] 囡 〖昆〗ギョウレツケムシ.

pro·ce·sio·na·rio [pro.θe.sjo.ná.rjo / -.se.-] 男 〖カト〗行列式書[行列賛歌].
— 形 行列式書[賛歌]の.

pro·ce·so [pro.θé.so / -.sé.-] 男 **1** 過程, 推移. estar en ～ de crecimiento 成長過程にある. ～ de paz 和平プロセス. ～ mental 思考過程. La enfermedad tiene un ～ lento. 病気はゆっくり進行している.
2 方法, 手順. ～ de fabricación de automóviles 自動車の製造工程. ～ químico 化学処理.
3 時間枠, 期間. En un ～ de cinco días se mejorará la situación. 5日間で状況は改善するだろう. **4** 〖法〗訴訟, 裁判. abrir un ～ contra+人 por... …のかどで〈人〉を起訴する. **5** 〖ＩＴ〗処理. ～ de datos データ処理. ～ en línea オンライン処理. ～ por lotes バッチ処理. **6** 隆起, 突起.
[←[ラ] *prōcēssum* (*prōcēssus* の対格)「前進；(時の)経過」; *prōcēdere*「前進する, (時が)過ぎる」(→ proceder) の完了分詞より派生; 関連 procesar, procesión. [英] process「過程；進行」]

pro·che·che·no, na [pro.tʃe.tʃé.no, -.na] 形 親チェチェン Chechenia の, チェチェン支持の.

pro·ción [pro.θjón / -.sjón] 男 〖天文〗プロキオン: こいぬ座 Can Menor の1等星.

pro·cla·ma [pro.klá.ma] 囡 **1** 声明；訓示, 訓令. **2**《複数で》〖カト〗結婚告示 (= amonestación). correr las ～s 結婚を告示する.

pro·cla·ma·ción [pro.kla.ma.θjón / -.sjón] 囡 **1** 宣言；布告, 公表. **2** 即位式, 就任式. **3** かっさい, 歓呼.

***pro·cla·mar** [pro.kla.már] 他 **1** 宣言する, 布告する, 公表する. ～ la independencia 独立を宣言する. El presidente *proclamó* el estado de emergencia. 大統領は非常事態宣言を発令した.
2(+役職名・称号)(…に)(人)を任命する (= nombrar);(…を)(人)に授与する. La *proclamaron* premio Nobel. 彼女にノーベル賞が授与された. La Constitución le *proclama* rey y heredero a su hijo. 憲法は彼を王, その息子を後継者と定めている. Fue *proclamado* campeón en el torneo. 彼はトーナメントでチャンピオンになった.
3 明らかに示す, あらわにする (= revelar). Esa actitud *proclamaba* su ira. その態度が彼[彼女]の怒りをはっきり示していた. **4** 歓呼する, かっさいを送る.
— ～·se 再 **1**(+役職名・資格 …であると)自ら宣言する.
2(+称号・資格・役職名 …に)なる. La selección italiana *se proclamó campeona del mundo*. イタリアの選抜サッカーチームが世界チャンピオンになった.

pro·cli·sis [pro.klí.sis] 囡 〖単複同形〗〖音声〗後接：単音節の語が後続の語とアクセントの面で一体化して発音されること.

pro·clí·ti·co, ca [pro.klí.ti.ko, -.ka] 形 〖音声〗後接の.

pro·cli·ve [pro.klí.βe] 形 《a...》(悪い意味で)(…の)傾向がある, 性癖がある.

pro·cli·vi·dad [pro.kli.βi.ðáð] 囡 《a...》(悪いことへの)傾向, 性癖.

pro·co·mún [pro.ko.mún] /

pro·co·mu·nal [pro.ko.mu.nál] 男 公益.

pro·cón·sul [pro.kón.sul] 男 〖史〗(古代ローマの)プロコンスル：執政官の任期を終えた者が任命される属州の総督.

pro·con·su·la·do [pro.kon.su.lá.ðo] 男 〖史〗(古代ローマの)プロコンスルの地位[職, 任期].

pro·con·su·lar [pro.kon.su.lár] 形 〖史〗(古代ローマの)プロコンスルの, 前執政官の.

pro·cor·da·do, da [pro.kor.ðá.ðo, -.ða] 形 〖生物〗原索動物門の. — 男 〖生物〗原索動物門の生物；《複数で》〖生物〗原索動物門.

pro·cre·a·ción [pro.kre.a.θjón / -.sjón] 囡 出産, 生殖.

pro·cre·a·dor, do·ra [pro.kre.a.ðór, -.ðó.ra] 形 出産[生殖]力のある. — 男 囡 親.

pro·cre·ar [pro.kre.ár] 他 〈子を〉産む[つくる].

proc·ti·tis [proḱ.ti.tis] 囡 〖単複同形〗〖医〗直腸炎.

proc·to·lo·gí·a [proḱ.to.lo.xí.a] 囡 〖医〗肛門科.

proc·to·ló·gi·co, ca [proḱ.to.ló.xi.ko, -.ka] 形 〖医〗肛門科の.

proc·tó·lo·go, ga [proḱ.tó.lo.go, -.ga] 男 囡 〖医〗肛門科医.

proc·tos·co·pia [proḱ.tos.kó.pja] 囡 〖医〗直腸[肛門]鏡検査 (= rectoscopia).

proc·tos·co·pio [proḱ.tos.kó.pjo] 男 〖医〗直腸鏡, 肛門鏡 (= rectoscopio).

pro·cu·ra [pro.kú.ra] 囡 **1** 代理(権). **2** 精励, 精勤. **3** → procuraduría. **4** 《ラ米》獲得.
— 活 → procurar.

pro·cu·ra·ción [pro.ku.ra.θjón / -.sjón] 囡 **1** 代理権. por ～ 代理で. **2** 精励, 精勤. **3** → procuraduría.

pro·cu·ra·dor, do·ra [pro.ku.ra.ðór, -.ðó.ra] 形 代理(人)の. — 男 囡 **1** 代理人；〖法〗訴訟代理人；弁護士. **2** 検察官, 検事. **3** 管財人；〖宗〗財務管理者[司祭].
procurador en [a, de] Cortes(スペインで Franco 時代の)国会議員.

pro·cu·ra·du·rí·a [pro.ku.ra.ðu.rí.a] 囡 **1** 訴訟代理人の職[執務室].
2 財務管理人の職[執務室].

***pro·cu·rar** [pro.ku.rár] 他 **1**(+不定詞 / *que*+接続法 …するように)努める；…を得ようと努める. *Procura* ser útil a los demás. 人の役に立つように努めなさい. Debemos ～ *que* todos los clientes *estén* satisfechos. 私たちは全てのお客様が満足するように努めなければならない. ～ la paz [justicia] 平和[正義]を求める.
2 《a+人 (人)に》(必要としているものを)与える；もたらす. ～ alojamiento *a*+人 (人)に宿泊場所を提供する.

procurrente

3 〈procuradorの職務を〉遂行する.
4 《ラ米》《话》訪ねる, 探す.
— 自 《por... …のために》尽くす, 奮闘する.
— ~·se 再 手に入れる. *Me procuraré* una cámara para el viaje. 旅行のためにカメラを手に入れるつもりだ.
[←［ラ］*prōcūrāre*「世話をする」；*prō*-「…のために」+ *cūrāre*「心配する, 世話をする」(→ *curar*)；関連 procurador. ［英］*procure, cure*]

pro·cu·rren·te [pro.ku.r̄én.te] 形《地理》(イタリア半島のように)海に大きく突き出た半島.

pro·de [pró.đe] 男《ラ米》《话》サッカーくじ.

pro·di·ción [pro.đi.θjón / -sjón] 女 裏切り, 背信.

pro·di·ga·li·dad [pro.đi.ɣa.li.đáđ] 女 浪費, 無駄遣い；気前のよさ.

pro·di·ga·men·te [pró.đi.ɣa.mén.te] 副 浪費して；惜し気なく, 気前よく.

pro·di·gar [pro.đi.ɣár] 103 他 **1** 浪費する, 乱費する. **2** 惜しみなく与える, 気前よく与える. — cuidados 骨身を惜しまず世話をする. *Prodigaron* las alabanzas. 彼らは惜しみない賛辞を送った.
— ~·se 再 **1** 《en... …に》骨身を惜しまない, 尽力する. *Se prodiga en* amabilidades con nosotros. 彼[彼女]は私たちに本当に親切にしてくれる.
2 よく姿を見せる；目立ちたがる.

*prodigio [pro.đi.xjo] 男 **1** 驚異, 不思議, 奇跡. realizar ~s 奇跡を起こす.
2 天才, 奇才. Es un — tocando el piano. 彼[彼女]はピアノを弾かせたら天才だ.

pro·di·gio·sa·men·te [pro.đi.xjó.sa.mén.te] 副 驚異的に；すばらしく.

pro·di·gio·si·dad [pro.đi.xjo.si.đáđ] 女 驚異, 非凡さ.

*pro·di·gio·so, sa [pro.đi.xjó.so, -.sa] 形 **1** 驚異的な, 不思議な, 奇跡的な. un hecho ~ 驚異的な出来事.
2 驚くべき, 天才的な. un éxito ~ 大成功.

pró·di·go, ga [pró.đi.ɣo, -.ɣa] 形 **1** 浪費家の, 浪費する. el hijo ~ 《聖》放蕩(ほうとう)息子(ルカ15：11–32). **2** 物惜しみしない, 気前のよい. ~ de [en] alabanzas 賞賛を惜しまない. ~ con todos 誰にしても気前のよい. **3** 豊富な, 富んだ；多産の. la *pródiga* naturaleza 豊かな自然. un — novelista 多作な小説家. — 男 浪費家；気前のよい人.

pro·dró·mi·co, ca [pro.đró.mi.ko, -.ka] 形 《医》前駆症の, 前徴の.

pró·dro·mo [pró.đro.mo] 男 《医》前駆症状.

pro·duc·ción [pro.đuk.θjón / -sjón] 女 **1** 生産；生産量；生産物. aumentar [incrementar] la ~ 増産する. ~ agrícola 農業生産. ~ industrial 工業生産. ~ de coches 車の製造. ~ en serie [masa] 大量生産. ~ bruta 総生産高. ~ anual de café コーヒーの年間生産量.
2 (芸術作品・興行作品の)制作；作品. ~ cinematográfica 映画制作[作品]. ~ poética 詩作. lanzar una ~ musical 曲を売り出す. programa de ~ inglesa イギリス制作の番組. dedicarse a la ~ literaria 文学の創作活動に従事する.

pro·du·cen·te [pro.đu.θén.te / -.sén.-] 形 生産する, 製造する；製作する.

pro·du·ci·bi·li·dad [pro.đu.θi.bi.li.đáđ / -.si.-] 女 生産[産出, 制作]可能性, 生産能力.

pro·du·ci·ble [pro.đu.θí.ble / -.sí.-] 形 生産[産出, 制作]可能な.

pro·du·ci·do [pro.đu.θí.đo / -.sí.-] 男 《ラ米》《话》利益, もうけ.

*pro·du·cir [pro.đu.θír / -.sír] 37 他 **1** (1)〈産物を〉〈人が〉生産する, 産出する. La provincia *produce* naranjas de primera calidad. この県では最上のオレンジが作られている. El olivo andaluz *produce* un aceite exquisito. アンダルシアのオリーブからは上質の油が採れる. (2)〈製品を〉製造する. Esta empresa *produce* la mitad de los coches nacionales. この企業は国産車の半分を生産する. (3)〈作品を〉制作する, 創作する. ~ un programa [una película] 番組[映画]を制作する. ~ una obra teatral 戯曲を書く；劇作品を上演する.
2〈結果・状態などを〉生み出す, もたらす；〈利益などを〉生む. ~ un efecto 効果をもたらす. ~ una satisfacción 満足を与える. ~ una enfermedad 病気を引き起こす. Esa noticia me *produjo* mucho dolor. そのニュースに私はとても心が痛んだ. El negocio *produce* un seis por ciento de ganancias. その商売で6パーセントの利益が出る.
3《法》〈証拠などを〉提出する. ~ testimonios ante los tribunales 法廷に証拠を提出する.
— ~·se 再 **1**(3人称で)生じる, 起こる. La explosión *se produjo* a las siete. 爆発は7時に起きた. *Se produjo* un silencio entre los dos. ふたりの間に静寂が流れた. **2**〈外傷・感情などを〉自分自身に生じさせる. *Se produjo* una herida al saltar la verja. 彼は柵を飛び越えるときに傷をこしらえた. **3** 自分の意図を表現する.
[←［ラ］*prōdūcere*「前へ導く；生み出す」(*prō*-「前へ」+ *dūcere*「導く」) 関連 producción, productor. ［英］*produce*]

pro·duc·ti·vi·dad [pro.đuk.ti.bi.đáđ] 女 生産性, 生産力. ~ laboral 労働生産性. aumentar la ~ 生産性を高める.

pro·duc·ti·vis·mo [pro.đuk.ti.bís.mo] 男 生産主義.

*pro·duc·ti·vo, va [pro.đuk.tí.bo, -.ba] 形 生産的な, 生産力のある；生産を生む. tierra *productiva* 肥沃な土地. Fue una conferencia *productiva*. 生産的な会議だった.

pro·duc·to [pro.đúk.to] 男 **1** 生産物, 製品. ~s agrícolas 農産物. ~s alimenticios 食料品. ~ básico [primario] 第一次製品. ~s de consumo 消費物資. ~ de primera necesidad 生活必需品. ~ derivado 副産物. ~s industriales [manufacturados] 工業製品. ~s químicos 化学製品. ~ de marca ブランド商品. ~s de la tierra (ある国・地域の)産物.
2 所産, 結果. ~ de la imaginación 想像力の産物. El éxito ha sido ~ de su gran esfuerzo. 成功は彼[彼女]の大きな努力の結果だった.
3《商》利益；売上高(=~ de una venta)；生産(高). ~ bruto 総売上額[高]. ~ neto [líquido] 正味売上高. ~ interior bruto 《スペイン》 /《ラ米》 ~ interno bruto 国内総生産《略 PIB》《英 GDP》. ~ de las naranjas オレンジの生産(高).
4《数》積. El ~ de (multiplicar) tres por tres es nueve. 3かける3は9である.

*pro·duc·tor, to·ra [pro.đuk.tór, -.tó.ra] 形 生産の, 生産する；製作[制作]する.
— 男 女 **1** 生産者, 製造者. venta directa del ~ al consumidor 産地直売. **2**《映》《TV》制作者, プロデューサー. — 女《映》《TV》制作会社.

produj- 届 → producir.

produzc- 届 → producir.

pro·e·jar [pro.e.xár] 自 流れ〔風〕に逆らって漕(こ)ぐ.

pro·el [pro.él] 形《海》船首に近い.
—— 男 船首で漕(こ)ぐ人, バウマン.

pro·e·mio [pro.é.mjo] 男 序文, 緒言；前置き.

pro·e·ta·rra [pro.e.tá.řa] 形 エタ ETA (バスク祖国と自由) 支持(者)の.

pro·e·za [pro.é.θa / -.sa] 女 1 手柄, 功績；蛮勇. ~ militar 武勲, 戦功. 2《ラ米》(アアアメ゙)(コン゙)虚勢.

prof.（略）*profesor* 先生.

pro·fa·na·ción [pro.fa.na.θjón / -.sjón] 女 冒瀆(ぼうとく), 不敬.

pro·fa·na·dor, do·ra [pro.fa.na.ðór, -.ðó.ra] 形 神聖を汚す；不敬の.
—— 男 女 神聖を汚す者；不敬な人.

pro·fa·na·men·te [pro.fá.na.mén.te] 副 畏れ知らずにも, 失礼にも, 冒瀆(ぼうとく)的に.

pro·fa·na·mien·to [pro.fa.na.mjén.to] 男 → profanación.

pro·fa·nar [pro.fa.nár] 他 1 神聖を汚す, 冒瀆(ぼうとく)する；無礼を働く.
2〈故人の思い出などを〉汚す, 損なう.

pro·fa·ni·dad [pro.fa.ni.ðáđ] 女 1 冒瀆(ぼうとく), 不敬；不道徳. 2 華美, ぜいたく.

pro·fa·no, na [pro.fá.no, -.na] 形 1 世俗の, 俗界の. 2 神聖を汚す, 冒瀆(ぼうとく)的な. 3 〈en... ...に〉疎い, 門外漢の, 素人の. Soy ~ *en* música clásica. 私はクラシック音楽に疎い. 4 不道徳な, 下品な.
—— 男 女 門外漢, 素人. 2 俗物, 俗人.

pro·fár·ma·co [pro.fár.ma.ko] 男 体内で活性化する薬剤.

pro·fa·sa [pro.fá.sa] 女《生物》(細胞分裂の)前期.

pro·fe·cí·a [pro.fe.θí.a / -.sí.-] 女 1 預言, 神託, お告げ. las ~s de Isaías《聖》イザヤの預言.
2《話》予測, 予知.

pro·fe·rir [pro.fe.rír] 27 他 口に出して言う, 声高に言う. ~ insultos 罵倒(ばとう)する.

pro·fe·sar [pro.fe.sár] 他 1 信奉する, …に帰依する. ~ el cristianismo キリスト教を信奉する.
2〈感情を〉抱く, 温める. ~ un amor profundo a+人〈人〉に深い愛情を抱く.
3 (特に大学で) 教える. ~ matemáticas 数学を教える. ▶ 冠詞を伴わない. 4 …を職業とする. ~ la medicina 医学にたずさわる. ▶ 冠詞を伴う.
—— 自《カト》修道誓願を立てる.

***pro·fe·sión** [pro.fe.sjón] 女 1 職業. ~ liberal 自由業. ¿Qué ~ tiene usted? ご職業は何ですか. Es escritor de ~, pero a veces trabaja de pianista en este café. 彼の本業は作家だが, ときどきこのカフェでピアノを弾いて稼いでいる. 2 (信条などの) 表明；《カト》修道立願, 誓願(式). hacer ~ de fe 信条〔信仰〕を表明する. ~ de fe 信仰告白〔宣言〕.
hacer profesión de... …を自慢する, てらう.
[←[ラ] *professiōnem* (*professiō* の対格)「本来「公言」の意味があり, 自分の名前や職業を人に「公言」することから「職業」の意味となった). [関連] profesar, profesor. [英] *profession*]

***pro·fe·sio·nal** [pro.fe.sjo.nál] 形《名詞＋》
1 (ser+) プロの, 本職の. vida ~ プロ生活. soldados ~*es* 職業軍人〔職業兵〕. la Liga de Fútbol P~《略 LFP》プロサッカーリーグ. desde el punto de vista ~ 玄人(くろうと)の目から見て. comenzar su carrera ~ プロの道を歩み出す.
2 職業(上の), 職業に関する. formación ~ 職業教育(訓練). enfermedad ~ 職業病. guardar el secreto ~ 職業上の秘密を守る.
3 有能な,〈仕事・技量が〉プロの. Es un médico muy ~. 彼は名医だ.
—— 男 女 1 本職, 専門家, 玄人, プロ. hacerse ~ プロ(選手)になる. 2《スポ》職業[プロ]選手. debutar como ~ [en ~*es*] プロデビューする. Pasé a ~*es* a los 23 años. 私は23歳でプロになった. 3 常習者(犯). un ~ del crimen 犯罪常習者.
—— 女《婉曲》売春婦.

pro·fe·sio·na·li·dad [pro.fe.sjo.na.li.ðáđ] 女 職業[プロ]意識. 職業性.

pro·fe·sio·na·lis·mo [pro.fe.sjo.na.lís.mo] 男 職業意識, プロ精神.

pro·fe·sio·na·li·za·ción [pro.fe.sjo.na.li.θa.θjón / -.sa.sjón] 女 職業化, 仕事化, プロ化.

pro·fe·sio·na·li·zar [pro.fe.sjo.na.li.θár / -.sár] 97 他 職業化する；専門家[プロ]にする.
—— ~*se* 再 プロになる.

pro·fe·sio·nal·men·te [pro.fe.sjo.nál.mén.te] 副 職業上, 専門的には.

pro·fe·sio·nis·ta [pro.fe.sjo.nís.ta] 形《ラ米》(メヒュト)(1) 職業の. (2) プロの, 本職の.
—— 男 女《ラ米》(メヒュト)(1) 本職の人, プロの人, 玄人. (2) 熟達した人.

pro·fe·so, sa [pro.fé.so, -.sa] 形《カト》誓願を立てた, 立願の.
—— 男 女《カト》誓願修道士[修道女], 修道立願者.

***pro·fe·sor, so·ra** [pro.fe.sór, -.só.ra] 男 女 1 (中等教育以上の) 教員, 教官；(学校の) 先生, 教師. Tengo una pregunta, *profesora*. 先生, 質問があります. Mañana no tenemos la clase del ~ Sánchez. 明日サンチェス先生の授業はない. Nuestro ~ de historia es muy exigente. 私たちの歴史の先生はとても厳しい. ~ de escuela 学校の先生. ~ de universidad 大学の教員. ~ numerario [no numerario] 専任[非専任]講師. ~ auxiliar 助手. ~ adjunto [agregado] 准教授. ~ sustituto 代講教員. ~ titular 正教員；助教授. ~ visitante 客員教授.

[類語] *profesor* は教諭, 教員, 広く教師一般を指す. *maestro* は特に「小学校の先生」. *catedrático* は「(正) 教授」. 日本語の教授, 助教授, 講師に当たる正式呼称は制度により一定しない. 現在のスペインの大学組織では専任教員 *numerarios* は *catedrático* と *titular* の2種. *lector* は「外国人語学教師」. *instructor* は「指導員」. *profesor particular* は「個人教授, 家庭教師」.

2 (楽団などの) 演奏者.
[←[ラ] *professōrem* (*professor* の対格)「(公教育の) 先生」(*profitērī*「公に知らせる」より派生); [関連] profesorado, profesar, profesión. [英] *professor*]

pro·fe·so·ra·do [pro.fe.so.rá.đo] 男 1《集合的》教員. 2 教職.

pro·fe·so·ral [pro.fe.so.rál] 形 教員の；教職の.

***pro·fe·ta** [pro.fé.ta] 男 預言者 (▶ 女性形は profetisa). cuatro ~s mayores《聖》四大預言者 (Isaías, Jeremías, Ezequiel, Daniel). Nadie es ~ en su tierra.《諺》預言者故郷に容(い)れられず (故郷では有名人もただの人).

pro·fe·tal [pro.fe.tál] 形 → profético.
pro·fé·ti·co, ca [pro.fé.ti.ko, -.ka] 形 預言者[予言者]の；預言[予言]の, 予言的な.
pro·fe·ti·sa [pro.fe.tí.sa] 女 女性の預言者[予言者], 巫女(ｺ). ▶ 男性形は profeta.
pro·fe·ti·za·dor, do·ra [pro.fe.ti.θa.ðór, -.ðo.ra / -.sa.-] 形 預言[予言]する, 預言[予言]の. ── 男女 預言者；予言者.
pro·fe·ti·zan·te [pro.fe.ti.θán.te / -.sán.-] 形 預言[予言]する.
pro·fe·ti·zar [pro.fe.ti.θár / -.sár] 97 他 預言する；予言する. → adivinar 類語.
pro·fi·cien·te [pro.fi.θjén.te / -.sjén.-] 形 熟練[熟達]した.
pro·fi·lác·ti·co, ca [pro.fi.lák.ti.ko, -.ka] 形 《医》(病気を)予防する, 予防の. ── 男 コンドーム. ── 女 《医》予防医学.
pro·fi·la·xis [pro.fi.lák.sis] 女 《単複同形》《医》予防法.
pro·fi·te·rol [pro.fi.te.ról] 男 プロフィトロール：クリームを詰めた菓子でチョコレートがかかっている.
pró·fu·go, ga [pró.fu.go, -.ga] 形 逃亡[脱走]した. ── 男女 逃亡者. ── 男 徴兵忌避者.
pro·fun·da [pro.fún.da] 形 → profundo.
***pro·fun·da·men·te** [pro.fún.da.mén.te] 副 深く；大いに；心から. respirar ~ 深呼吸する. quedarse ~ dormido 深い眠りに落ちる. Lamento ~ su muerte. 私は彼[彼女]の死を心から悼む.
***pro·fun·di·dad** [pro.fun.di.ðáð] 女 1 深さ, 深度. trescientos metros de ~ 300メートルの深さ. El río tiene poca ~. この川は浅い.
2 奥行き. Este armario tiene dos metros de altura, uno de anchura y setenta centímetros de ~. このロッカーは高さ2メートル, 幅1メートル, 奥行70センチある.
3 深遠, 奥底, (精神的)深さ. ~ de su amor 愛の深さ. ~ de su alma 心の底の.
4 《複数で》深部. las ~es del océano 大洋の底. **en profundidad** 深く, 掘り下げて, 徹底的に. **profundidad de campo** 《写》被写界深度.
pro·fun·di·za·ción [pro.fun.di.θa.θjón / -.sa.sjón] 女 深化, 掘り下げ.
***pro·fun·di·zar** [pro.fun.di.θár / -.sár] 97 他 1 深くする, 深く掘る. 2 深める, 究める；精査する. ~ el tema テーマを掘り下げる. ── 自 (**en...** …を) 掘り下げる, 深く究める. Tenemos que ~ más *en* el asunto. この件をもっと検討しなければならない.
****pro·fun·do, da** [pro.fún.do, -.da] 形 1 (+名詞／名詞+)(**ser**+／**estar**+) 深い；奥行きのある. Por aquí las aguas *son* muy *profundas*. このあたりは水深が深い. olla *profunda* 深鍋. bosque ~ 深い森. herida *profunda* 深い傷, 深手.
2 《多くは+名詞／名詞+)(**ser**+)《比喩的》深い；心からの. amor [odio] ~ 深い愛情[憎悪]. suspiro [sueño] ~ 深いため息[眠り]. sentir una *profunda* tristeza 深い悲しみを感じる. Deseo expresarles a todos mi ~ agradecimiento por su apoyo. 皆さんの支援に深い感謝を表します.
3 《多くは+名詞／名詞+)(**ser**+)(程度が)甚だしい；顕著な. dolor ~ 激痛. hacer una reverencia *profunda* 深々とお辞儀をする. una *profunda* diferencia 明らかな違い.
4 《多くは+名詞+)(**ser**+)(人・考えなどが)深遠な；難解な；深層の. *Es* una persona muy *profunda*. 彼[彼女]はとても深遠な人だ. concepto ~ 難解な概念. psicología [estructura] *profunda* 深層心理学[構造]. 5 (声が)低く響く. hablar con voz *profunda* 低く響く声で話す. 6 典型的な, 模範的な. nobleza *profunda* 真の気高さ.
[←［ラ］*profundum* (*profundus* の対格)「深い, 底なしの」(*fundus*「底」より派生)；関連 profundidad, profundizar. [英] profound「深遠な, 心底からの」]
pro·fu·sa·men·te [pro.fú.sa.mén.te] 副 多量に, おびただしく.
pro·fu·sión [pro.fu.sjón] 女 多量, 過多, おびただしさ. explicar con ~ de detalles くだくだしく説明する.
pro·fu·so, sa [pro.fú.so, -.sa] 形 多量の, おびただしい.
pro·ge·nie [pro.xé.nje] 女 1 《集合的》子孫. 2 血筋, 血統, 家系.
pro·ge·ni·tor, to·ra [pro.xe.ni.tór, -.tó.ra] 男女 直系の先祖, 直系尊属. ── 男 《複数で》両親.
pro·ge·ni·tu·ra [pro.xe.ni.tú.ra] 女 1 血筋, 血統；子孫. 2 《古語》→ primogenitura.
pro·ge·ria [pro.xé.rja] 女 《医》早老症, プロジェリア症候群.
pro·ges·tá·ge·no [pro.xes.tá.xe.no] 男 《医》プロゲストゲン, 合成黄体ホルモン.
pro·ges·te·ro·na [pro.xes.te.ró.na] 女 《生化》プロゲステロン：黄体ホルモンの一種.
prog·na·tis·mo [prog.na.tís.mo] 男 《医》上顎(ｶﾞｸ)前突(症)；《人類》突顎.
prog·na·to, ta [prog.ná.to, -.ta] 形 あごの突き出た, 突顎(ｶﾞｸ)の. ── 男女 あごの突き出ている人.
prog·ne [próg.ne] 女 《文章語》ツバメ (= golondrina).
prog·no·sis [prog.nó.sis] 女 《単複同形》(特に気象の)予報；予知, 予測.
****pro·gra·ma** [pro.grá.ma] 男 1 計画, 予定 (= plan, proyecto). ~ del congreso 会議予定表. ~ de vuelo フライト・スケジュール. Tenemos un ~ de viaje muy apretado. 私たちの旅行の計画はとても過密である. ¿Qué tienes para esta noche? 今夜何か予定あるの.
2 (テレビなどの) 番組 (表), (映画・演劇などの) プログラム. Hoy no hay ningún ~ interesante en la televisión. 今日はおもしろいテレビ番組はない. un ~ deportivo [informativo, de variedades] スポーツ[情報, バラエティー]番組. ~ del concierto 演奏会のプログラム. ~ continuo 《映》連続上映, 入れ替えなし. ~ de mano (通りで配られる)上映プログラム.
3 (政党の) 綱領. ~ electoral 選挙綱領. ~ político 政策綱領.
4 授業計画, カリキュラム. ~ de la asignatura de matemáticas 数学の時間割り. ~ de estudios 学習カリキュラム. 5 《IT》《機》プログラム. ~ de ensamblaje アセンブリ・プログラム.
[←［後］*programma*「布告, 告知」←［ギ］*prógramma*；関連 [英] *program*「プログラム」]
pro·gra·ma·ble [pro.gra.má.ble] 形 プログラム可能な, プログラムできる；(家電などが)予約可能な.
***pro·gra·ma·ción** [pro.gra.ma.θjón / -.sjón] 女 1 計画作成；番組編成.
2 《TV》《ラジオ》《集合的》番組. 3 (機械・装置などの)設定, セット. 4 《IT》プログラミング.
pro·gra·ma·dor, do·ra [pro.gra.ma.ðór, -.

ra]形 **1**計画[プログラム]を作成する, 番組編成する. **2**〖ＩＴ〗プログラミングの. ━男 女 **1**計画作成者; 番組編成者. **2**〖ＩＴ〗プログラマー.
━男(家電などの)予約装置.

‡**pro·gra·mar** [pro.gra.már] 他 **1**計画を立てる, 予定表を作る. ～ una reforma 改革案を練る. **2**(ラジオ・テレビなどの)番組を作る, 編成する. **3**(装置などを)設定する, セットする. **4**〖ＩＴ〗プログラムを作る. ━自 番組編成をする.
━**~.se** 再 計画を立てる.

pro·gra·má·ti·co, ca [pro.gra.má.ti.ko, -.ka] 形 計画の, 綱領の, プログラムの.

pro·gre [pró.gre] 形 [略][progresista の語尾省略形]《話》進歩的な, 進歩[革新]主義者の.
━男 女《略》《話》進歩的な人, 進歩[革新]主義者.

‡**pro·gre·sar** [pro.gre.sár] 自 **1**(**en...** …において)進歩する, 発展する, 向上する. Mi hijo no *progresa* nada *en* sus estudios. 私の息子は学力が少しも伸びない. **2**(**hacia...** …の方へ)前進する.

pro·gre·sí·a [pro.gre.sí.a] 女《集合的》《話》《軽蔑》進歩(主義)的な人の集まり.

pro·gre·sión [pro.gre.sjón] 女 **1**進歩, 発展, 進行. **2**《数》数列. ～ aritmética 等差数列. ～ geométrica 等比数列.

pro·gre·sis·mo [pro.gre.sís.mo] 男 進歩主義, 革新主義.

***pro·gre·sis·ta** [pro.gre.sís.ta] 形 **進歩[革新]主義の**, 進歩的な. periódico ～ 革新系新聞.
━男 女 進歩[革新]主義者.

pro·gre·si·va·men·te [pro.gre.sí.ba.mén.te] 副 徐々に, 次第に, 段階的に.

pro·gre·si·vi·dad [pro.gre.si.bi.ðáð] 女 進歩性, 発展性; 累進性. ～ del impuesto 税の累進性.

‡**pro·gre·si·vo, va** [pro.gre.sí.bo, -.ba] 形 **1**進歩的な, 前進的な. política *progresiva* 進歩主義的政策. **2**漸進的な; 累進の. impuesto ～ 累進課税. **3**《文法》進行形[形式].

‡‡**pro·gre·so** [pro.gré.so] 男 **1進歩**, 発展(= adelanto, avance) (↔retroceso). hacer ～s 進歩する. Hay que ver los ～s que ha hecho este futbolista. このサッカー選手の成長には目を見張る. El enfermo hace ～s lentos pero seguros. 病人はゆっくりだが確実に回復している. ～ de la industria 産業の発展. ～ de la educación 教育の向上. ～ de la epidemia 疫病の蔓延[拡大].
2進行, 前進;《軍》(敵地への)進軍. con el ～ del tiempo 時代と共に. el trabajo en ～ 進行中の仕事.
[⇐ [ラ] *prŏgressum* (*prŏgressus* の対格; *prŏgredī*「前進する, 進歩する」の完了分詞より派生)〖関連〗*progress*]

‡**pro·hi·bi·ción** [proi.βi.θjón / -.sjón] 女 **禁止**, 禁制. levantar la ～ de... …の禁止を解除する.

pro·hi·bi·cio·nis·ta [proi.βi.θjo.nís.ta / -.sjo.-] 形 禁止主義の. ━男 女 禁止主義者.

pro·hi·bi·do, da [proi.βí.ðo, -.ða] 形 禁止された. dirección *prohibida* 車両進入禁止. ～ aparcar 駐車禁止. ～ el paso 通行禁止. ～ fijar carteles 張り紙禁止. ～ fumar 禁煙.

‡‡**pro·hi·bir** [proi.βír] 92 他 **(a+人 …に)** (1) **禁止する**. Han impuesto el precio único, *prohibiendo* hacer descuentos. 統一価格が設定されて, 値引きが禁止された.
(2)《+不定詞 / que+接続法 …することを》禁止する. Tengo *prohibido* salir sola. 私はひとりで外出することが禁止されている. El médico le *prohíbe jugar* al fútbol durante un mes. 医者は彼に１か月間サッカーを禁じている. Nos *prohibieron que utilizáramos* el ascensor. 私たちはエレベーターを使うことを禁止された.
━**~.se** 再《３人称で》禁止される. *Se prohíbe* la entrada a menores de 18 años. 18歳未満入場お断り.
[⇐ [ラ] *prohibēre* (*prō-* 「前方に, 遠くに」+ *habēre*「持つ」で「引き離す」が原義);〖関連〗prohibición.〖英〗*prohibit*]

pro·hi·bi·ti·vo, va [proi.βi.tí.βo, -.βa] 形 **1**禁止の. ley *prohibitiva* 禁止法[規定]. **2**〈値段が〉ひどく高い. Actualmente los pisos están a un precio ～. 最近マンションは手の出ない値段だ.

pro·hi·bi·to·rio, ria [proi.βi.tó.rjo, -.rja] 形 禁止の, 禁止的な.

pro·hi·ja·ción [proi.xa.θjón / -.sjón] 女 → prohijamiento.

pro·hi·ja·mien·to [proi.xa.mjén.to] 男 **1**養子縁組. **2**(他人の考えなどの)受け売り.

pro·hi·jar [proi.xár] 88 他 **1**養子にする.
2〈他人の考えなどを〉受け売りする.

pro·hom·bre [pro.óm.bre] 男 **1**(ある分野で)傑出した人物, 大家(たいか). **2**(ギルドの)親方, マイスター.

pro·in·di·vi·sión [proin.di.βi.sjón] 女《法》(遺産などの)不分割状態.

pro in·di·vi·so [proin.di.βí.so] [ラ] 不分割の (= sin dividir).

pro·in·do·ne·sio, sia [proin.do.né.sjo, -.sja] 形 親インドネシアの.

pro·ís [pro.ís] / **pro·íz** [pro.íθ / -.ís] 男《海》係船柱, 舫(もや)い杭(ぐい); 舫い綱.

pró·ji·ma [pró.xi.ma] 女 **1**《俗》ふしだらな女, あばずれ; 売春婦. **2**《話》女房. **3**《話》《軽蔑》あいつ, あの女. **4**醜い女.

pro·ji·mi·dad [pro.xi.mi.ðáð] 女《ラ米》(ミﾎﾟ) (ﾆｶ) (ﾎﾟﾙ) 隣人愛, 思いやり, 哀れみ.

pró·ji·mo [pró.xi.mo] 男 **1**隣人, 他人. Ama al ～ como a ti mismo.《聖》隣人を自分のように愛しなさい〈マタイ 19 : 19〉. ser bueno con su ～ 他人に対して親切である. **2**《話》《軽蔑》あいつ, やつ.
[⇐ [ラ] *proximum* (*proximus* の対格; *proximus* 形 「最も近い」より)]

pról. 《略》 prólogo 序文, 序幕.

pro·lap·so [pro.láp.so] 男《医》(直腸・子宮などの)脱(出症).

pro·le [pró.le] 女 **1**《集合的》子孫, (特に)子供.
2《話》たくさんの人, 集団.

pro·le·gó·me·no [pro.le.gó.me.no] 男 **1**《主に複数で》序説, 序論. **2**《複数で》長々とした[くどい]前置き.

pro·lep·sis [pro.lép.sis] 女《単複同形》 **1**〖修辞〗

予弁法：反論を予期して前もって反駁(ばく)しておく法. **2**《文学》予期的表示.

pro·le·ta [pro.lé.ta]形《話》プロレタリアの, 労働者［無産］（階級）の(= proletario).
— 男 女《話》プロレタリア, 労働者.

pro·le·ta·ria·do [pro.le.ta.rjá.ðo] 男 プロレタリアート, 無産［労働者］階級 (↔burguesía).

pro·le·ta·rio, ria [pro.le.tá.rjo, -.rja] 形 **1** プロレタリアの, 無産［労働者］階級の (↔burgués). **2** 平民の, 大衆的な, 俗な.
— 男 女 プロレタリア, 無産［労働者］階級の人.

pro·li·fe·ra·ción [pro.li.fe.ra.θjón / -.sjón] 女 **1**《生物》（細胞の）増殖, 繁殖. **2** 増大, 急増；蔓延(えん).

pro·li·fe·ran·te [pro.li.fe.rán.te] 形 増殖する, 繁殖する.

pro·li·fe·rar [pro.li.fe.rár] 自 **1**《生物》（細胞分裂などにより）増殖する, 繁殖する. **2** 増大する, 急増する；蔓延(えん)する.

pro·lí·fe·ro, ra [pro.lí.fe.ro, -.ra] 形 → prolífico.

pro·lí·fi·co, ca [pro.lí.fi.ko, -.ka] 形 **1** 多産の, 生殖力のある. Las palomas son *prolíficas*. ハトは繁殖力が強い. **2** 多作の. un novelista ~ 多作な小説家.

pro·li·ji·dad [pro.li.xi.ðáð] 女 **1** 冗長, 冗漫. **2** 細かさ, 詳細さ.

pro·li·jo, ja [pro.lí.xo, -.xa] 形 **1** 冗長な, 冗漫な, くどい. estilo ~ 冗漫な文体. **2** 入念な, 綿密な. **3**《ラ米》(ラテンアメリカ)清潔な, きちんとした.

pro·lo·gar [pro.lo.gár] 他 …の序文［プロローグ］を書く.

:**pró·lo·go** [pró.lo.go] 男 **1** 序文, プロローグ；（劇・オペラなどの）序幕 (↔epílogo). un libro con ~ y notas de Salinas サリーナスの序文と注釈付きの本. **2**《比喩的》序幕, 発端, 前触れ. Un buen jerez es el marco ~ a una buena cena. 上等のシェリー酒はすばらしい夕食の幕開けである.
[← [ラ] *prologus*「芝居の前口上」← [ギ] *prólogos* (*pro*-「前もって」+ *lógos*「言葉」)；関連 prolegómenos, epílogo.［英］*prologue*]

pro·lo·guis·ta [pro.lo.gís.ta] 男 女 序文執筆者.

pro·lon·ga [pro.lóŋ.ga] 女《軍》（砲架と牽引(いん)車を結びつける）長綱.

:**pro·lon·ga·ción** [pro.loŋ.ga.θjón / -.sjón] 女 **1**（時間的）延長, 延期, 引き延ばし. ~ de la sesión 会期延長. ~ del plazo de pago 支払い期限の延期. **2**（空間的）延長, 伸長；延長部分. la ~ del metro 地下鉄路線の延長.

pro·lon·ga·da·men·te [pro.loŋ.gá.ða.mén.te] 副 長々と, 詳細にわたり. hablar ~ 長々と話をする.

pro·lon·ga·do, da [pro.loŋ.gá.ðo, -.ða] 形 細長い；延びた；延期された.

pro·lon·ga·dor, do·ra [pro.loŋ.ga.ðór, -.ðó.ra] 形 引き延ばしの, 引き延ばす.
— 男 女 引き延ばす人, 引き延ばす物.

pro·lon·ga·mien·to [pro.loŋ.ga.mjén.to] 男 → prolongación.

:**pro·lon·gar** [pro.loŋ.gár] 他 〈…の時間・長さを〉**延長する**, 延ばす. ~ la estancia 滞在を延ばす. ~ una carretera 道路を延長する. Decidieron ~ el horario de servicio al público durante el verano. 夏の間営業時間を延長する決定がなされた. —~·se 再 **1**〈…の時間・長さが〉延長される, 長くなる. *Se prolongó* una hora el examen. 試験が1時間延長された. **2**（3人称で）伸びる, 続く. Esta senda *se prolonga* hasta el lago. この小道は湖まで続いている.
[← [ラ] *prōlongāre*, (*prō*-「前に」+ *longus*「長い」+ 動詞語尾)；関連 prolongación.［英］*prolong*]

pro·me·cio [pro.mé.θjo / -.sjo] 男《化》プロメチウム (= prometio).

pro·me·diar [pro.me.ðjár] 82 他 **1** 平均値を出す. **2** 半分に分ける, 半分にする.
— 自 **1**〈あるものの〉半ばに達する. al ~ el mes de junio 6月の半ばに. **2** 仲裁する, 仲介する.

:**pro·me·dio** [pro.mé.ðjo] 男 **1** 平均, 平均値［点］. hacer [sacar] el ~ 平均値を出す. en [como] ~ 平均して. Ganan un ~ de dos mil euros. 彼らは平均2000ユーロの収入を得ている. **2** 中間点, 真ん中.

pro·me·sa [pro.mé.sa] 女 **1 約束**, 誓い；約束するもの. hacer una ~ a... …に約束する. cumplir (con) la ~ 約束を果たす. faltar a la ~ 約束を破る. Hizo la ~ de no fumar. 彼[彼女]は禁煙の誓いをした. **2**（希望の兆し, 有望さ. Esta actriz es una ~. この女優は将来有望だ. **3** 将来有望な人；ホープ. Este jugador es una ~ del equipo. この選手はチームの有望株だ.

pro·me·san·te [pro.me.sán.te] 男 女《ラ米》(ラテンアメリカ) 巡礼者 (= peregrino).

pro·me·se·ro, ra [pro.me.sé.ro, -.ra]《ラ米》(ラテンアメリカ) → promesante.

pro·me·ta·zi·na [pro.me.ta.θí.na / -.sí.-] 女《薬》プロメタジン；抗ヒスタミン剤.

pro·me·te·dor, do·ra [pro.me.te.ðór, -.ðó.ra] 形 前途有望な, 見込みのある, 期待できる.

pro·me·te·o [pro.me.té.o] 男 → prometio.

Pro·me·te·o [pro.me.té.o] 固名《ギ神》プロメテウス：天上の火を盗み人間に与えたことから, Zeusに岩山に鎖でつながれ, 毎日鷲(わし)に肝臓を食われる苦しみを受けた. → Epimeteo. [← [ラ] *Promētheus* ← [ギ] *Promētheús*「先を考える男」の意)]

***pro·me·ter** [pro.me.tér] 他 **1**（+不定詞 / que+直説法（過去）未来形…することを）《a+人（人）に》**約束する**；…を請け負う. Usted *ha prometido informar*me de todo lo que pasa en la oficina. あなたは会社で起こっていることを全て私に報告することを約束しました. *Me prometieron* ayudas económicas. 私は経済的な援助が約束された. **2**（a+人〈人〉に）（que+直説法 …であると）断言する. *Te prometo que* no lo *he hecho* yo. 私が地下でそれをやったのではないことを君に断言する. No puedo más, *te lo prometo*. 私はもう無理だ, 本当だよ. **3** 誓う, 約束する. ~ un cargo ante el rey 任務の遂行を王の前で宣誓する. **4**〈よいことを〉期待する；（+不定詞 …する）見込みがある. Esta novela *promete ser* entretenida. この小説は楽しめると思うよ. **5**（con+人〈人〉と）婚約させる.
— 自 有望である, 見込みがある. El concierto de esta noche *promete*. 今晩のコンサートは期待できそうだ.

— ~·**se** 再 **1** 自分に誓う. Siempre me acuesto *prometiéndo*me a mí misma, "Mañana me levantaré temprano." いつも私は自分に「明日は早起きするぞ」と誓って寝る. **2**（a+人〈人〉と）婚約する. *Se prometió a* ella en otoño. 彼は秋に彼女と婚約した. **3**（a... …に）身を捧げる. **4**（スペイ

ン》〈よいことを〉確信する, 期待する；約束する.
prometérselas (muy) felices 《スペイン》《話》(大きな)夢を抱く, (大いに)期待する.
[←［ラ］*prōmittere*；*prō*-「前に」+ *mittere*「送る」(→ meter)；関連 prometedor, promisión. [英]*promise*]

pro·me·ti·do, da [pro.me.tí.ðo, -.ða] 形 **1** 約束した, 約束された. cumplir con lo ～ 約束を守る. Tierra *Prometida* 〖聖〗約束の地(カナン).
2 婚約した. ～ con... …と婚約した.
— 男 女 婚約者, フィアンセ.

pro·me·ti·mien·to [pro.me.ti.mjén.to] 男 → promesa 1.

pro·me·tio [pro.mé.tjo] 男 〖化〗プロメチウム：希土類元素 (記号 Pm).

pro·mi·nen·cia [pro.mi.nén.θja / -.sja] 女 **1** 突出, 突起；(土地の)隆起. **2** 卓越, 傑出, 抜群.

pro·mi·nen·te [pro.mi.nén.te] 形 **1** 突出[突起]した. **2** 優れた, 際立った, 卓越[傑出]した.

pro·mis·cua·ción [pro.mis.kwa.θjón / -.sjón] 女 **1** (肉食を禁ずる四旬節などに)肉を食べること.
2 (無節操に)様々な活動に参加すること.

pro·mis·cua·men·te [pro.mís.kwa.mén.te] 副 性的に乱れて；雑多に；曖昧に.

pro·mis·cuar [pro.mis.kwár] 87 自 **1** (四旬節などに)肉を食べること.
2 (無分別に)様々な活動に首をつっこむ.

pro·mis·cui·dad [pro.mis.kwi.ðáð] 女 **1** 相手を特定しない性的関係, 乱交.
2 雑多, 乱雑. **3** あいまいさ, 多義[両義]性.

pro·mis·cuo, cua [pro.mís.kwo, -.kwa] 形 **1** 性的に乱れた, 乱交の.
2 雑多の, ごたまぜの. **3** あいまいな, 両義[多義]の.

pro·mi·sión [pro.mi.sjón] 女 約束. 〖聖〗Tierra de *P*～ 約束の地(カナン).

pro·mi·so·rio, ria [pro.mi.só.rjo, -.rja] 形 約束の, 保証する. juramento ～ 宣誓.

*****pro·mo·ción** [pro.mo.θjón / -.sjón] 女 **1** 昇進, 昇級, 昇格. **2** 促進, 奨励；販売促進(= ～ de ventas). **3** 同期生. ser de la misma ～ universitaria 大学の同期生である. **4** 〖スポ〗(上位リーグへの)入れ替え戦 (= partido de ～).

pro·mo·cio·nal [pro.mo.θjo.nál / -.sjo-.] 形 (販売などを)促進する, (販売)促進の.

*****pro·mo·cio·nar** [pro.mo.θjo.nár / -.sjo-.] 他 **1** 促進する；…の販売を促進する, 売り込む. **2** 昇進[昇格]させる. — 自 〖スポ〗(**con**... …と)入れ替え戦をする. — ～**se** 再 昇進[昇格]する.

pro·mon·to·rio [pro.mon.tó.rjo] 男 **1** 丘, 高台. **2** 岬, 突端. **3** 積み上げたもの；隆起. ～ de papeles うず高い書類の山.

*****pro·mo·tor, to·ra** [pro.mo.tór, -.tó.ra] 形 促進する, 奨励する.
— 男 女 **1** 発起人；促進者；主唱者. ～ de ventas 販売[普及]促進者. **2** プロモーター, 興行主. *promotor de la fe* 〖カト〗列聖[列福]調査検事.

pro·mo·ve·dor, do·ra [pro.mo.βe.ðór, -.ðó.ra] 形 → promotor.

*****pro·mo·ver** [pro.mo.βér] 22 他 **1** 促進する, 奨励する, 振興する.
2 昇級させる, 昇進させる, 昇格させる. ～ a +人 a gerente 〈人〉を部長[マネージャー]に昇進させる.
3 引き起こす, 誘発する. ～ un escándalo 物議をかもす. **4** (訴訟・審理などを)始める, 開始する. ～ un juicio contra +人 〈人〉を告訴する.

pro·mul·ga·ción [pro.mul.ɣa.θjón / -.sjón] 女 **1** (法律などの)発布, 公布. **2** 発表, 公表.

pro·mul·ga·dor, do·ra [pro.mul.ɣa.ðór, -.ðó.ra] 形 発布の, 公布の. — 男 女 発布者, 公布者.

pro·mul·gar [pro.mul.ɣár] 103 他 **1** (法律を)発布する, 公布する. **2** 発表する[公表]する.

pro·na·ción [pro.na.θjón / -.sjón] 女 〖解剖〗(手の)回内(運動)：手のひらを下や後ろに向ける運動.

pro·na·dor [pro.na.ðór] 形 〖解剖〗回内の. músculo ～ 〖解剖〗回内筋.

pro·na·os [pro.ná.os] 男 《単複同形》〖建〗プロナオス：古代神殿の前室.

pro·no, na [pró.no, -.na] 形 **1** (**a**... …の)傾向がある. **2** 腹ばいの, うつぶせの. decúbito ～ 〖医〗伏臥(ふくが)位.

pro·no·gra·dis·mo [pro.no.ɣra.ðís.mo] 男 〖動〗四足動物の体を地面と平行にする歩様, 伏位歩行.

pro·nom·bre [pro.nóm.bre] 男 〖文法〗代名詞. ～ demostrativo 指示代名詞. ～ indefinido 不定代名詞. ～ interrogativo 疑問代名詞. ～ personal 人称代名詞. ～ posesivo 所有代名詞. ～ reflexivo 再帰代名詞. ～ relativo 関係代名詞.

pro·no·mi·na·do, da [pro.no.mi.ná.ðo, -.ða] 形 〖文法〗verbo ～ 代名動詞.

pro·no·mi·nal [pro.no.mi.nál] 形 〖文法〗(1) 代名詞の, 代名詞的な. (2) 再帰代名詞を伴う. verbo ～ 代名動詞(再帰代名詞を伴って用いられる動詞).

pro·no·mi·nal·men·te [pro.no.mi.nál.mén.te] 副 代名詞的に, 代名詞の機能で, 代名詞として.

pro·nos·ti·ca·ción [pro.nos.ti.ka.θjón / -.sjón] 女 予想, 予測；予報.

pro·nos·ti·ca·dor, do·ra [pro.nos.ti.ka.ðór, -.ðó.ra] 形 予想[予測]する；予言[予報]する.
— 男 女 予想[予測]するもの, 予言者, 予報者.

pro·nos·ti·car [pro.nos.ti.kár] 102 他 予測する, 予想する；予報する. → adivinar 類語.

pro·nós·ti·co [pro.nós.ti.ko] 男 **1** 予想, 予測；予言 (= predicción). ～ del tiempo 天気予報.
2 〖医〗予後. de ～ leve 病状が軽い. de ～ grave 病状が予断を許さない. ～ reservado 判断に苦慮する病状. **3** 兆候, 前兆.

pron·ta [prón.ta] 形 → pronto.

pron·ti·to [pron.tí.to] 副 pronto + 縮小辞.

pron·ti·tud [pron.ti.túð] 女 **1** 素早さ, 敏捷(びんしょう), 機敏. con ～ 素早く, 迅速に.
2 明敏, 俊敏, 鋭敏.

*****pron·to, ta** [prón.to, -.ta] 形 **1** (**ser**+) 早い, 時期尚早の. Aunque *es* ～, ya podemos hacer algunas valoraciones. まだ早いですが, いくらか評価をすることはできます.
2 (**ser**+) 〈多くは+名詞〉素早い. una *pronta* solución del problema 問題の素早い解決.
3 (**estar**+) 〈**a**... / **para**... 〉 すぐに…する) 準備の整った. Ella siempre *está pronta* para escuchar los problemas de los amigos. 彼女はいつでもすぐに友達の悩みを聞いてくれる. Ella *estará pronta a* dejar el trabajo. 彼女は仕事を辞める覚悟はできているのだろう.
— 副 **1** すぐに, まもなく. No te muevas de aquí, que volveré ～. 君はここを動かないでいて. すぐ戻るから. La ciudad se convirtió ～ en un importante centro industrial. その都市はまもなく重要な産業の拠点となった.
2 (時間より) 早く；朝早くに (= temprano). Lle-

prontuario

gamos ～ a la cita. 私たちは約束に早く着いた.
―男 《話》素早い反応；(突然の)発作, 変化. Le dio un ～, y se fue. 彼(彼女)は何かかびんと来て, 行ってしまった.
al pronto 最初は.
de pronto 突然(＝de repente).
Hasta pronto. 《あいさつ》ごきげんよう, いずれまた.
más pronto o más tarde 遅かれ早かれ.
por de pronto / por lo pronto まずは, 今のところは.
tan pronto A *como* B Aするかと思えばBする.
Tan ～ está llorando *como* se pone a reír. 彼(彼女)は泣いているかと思えば笑いだす.
tan pronto como... …するとすぐに. *Tan ～ como* se enteró de la situación, escribió una carta a su novio. 彼女はその状況がわかるとすぐ, 恋人に手紙を書いた. ► como に続く動詞が未来を表すときは接続法. ―*Tan ～ como* llegue a casa, me acostaré. 私は家に着いたらすぐ寝ます.
[←[ラ] *prōmptum* (*prōmptus* の対格) 「明白な；用意のできた；敏捷(ご)な」(*prōmere* 「取り出す, 示す」の完了分詞); 関連 prontitud. [英] *prompt* (*er*)]

pron·tua·rio [pron.twá.rjo] 男 便覧, 手引き, マニュアル. ～ de ortografía 正書法手引き書.

pró·nu·ba [pró.nu.ba] 囡 《文章語》(結婚式で)新郎の付添い人.

pro·nun·cia [pro.nún.θja / -.sja] 囡《ラ米》《話》反乱, 決起, クーデター.

pro·nun·cia·ble [pro.nun.θjá.ble / -.sjá.-] 形 発音できる, 発音しやすい；断言[公言]できる.

*pro·nun·cia·ción [pro.nun.θja.θjón / -.sja.sjón] 囡 1 発音；発音法. ～ figurada 発音法表示. 2 発表；《法》宣告, la ～ de la sentencia 判決の申し渡し. 3 (賛否の)意思表示, 表明.

pro·nun·cia·do, da [pro.nun.θjá.đo, -.đa / -.sjá.-] 形 1 発音された, 口に出して言われた, 述べられた. 2 際立った, 人目をひく, 特徴ある. facciones *pronunciadas* 目立つ顔立ち. de curvas *pronunciadas* (体)の曲線美の.

pro·nun·cia·dor, do·ra [pro.nun.θja.đór, -.đó.ra / -.sja.-] 発音する；公言する；宣告する.
―男 囡 発音[公言, 宣告]する人, 発音者.

pro·nun·cia·mien·to [pro.nun.θja.mjén.to / -.sja.-] 男 1 軍の反乱, 武力蜂起(緯), クーデター. 2 《法》判決の言い[申し]渡し, 宣告. 3 賛否の表明.

*pro·nun·ciar [pro.nun.θjár / -.sjár] 他 1 発音する. ～ bien una palabra 単語を正確に発音する. 2 述べる, 【演】[発言]する. ～ un discurso 演説する. 3 【法】宣告する. ～ un fallo 判決を言い渡す. 4 際立たせる, 目立たせる. Esa falda *pronuncia* sus curvas. そのスカートは彼女の曲線美をひときわ引き立たせている. ―自 発音する.
―～**·se** 再 1 言明する, 表明する, 態度を明らかにする. No quiero *pronunciarme* sobre este asunto. この件に関しては態度を明らかにしたくない. 2 反乱を起こす, 蜂起(緯)する. 3 際立つ, 目立つ.
[←[ラ] *prōnuntiāre* (*prō*-「(人)前で」＋ *nuntiāre* 「知らせる」); 関連 pronunciación, anunciar. [英] *pronounce*]

pro·nun·cio [pro.nún.θjo / -.sjo] 男 1 【カト】ローマ教皇使節代理.
2 《ラ米》《話》反乱, 武力蜂起(緯).

pro·pa·ga·ción [pro.pa.ga.θjón / -.sjón] 囡 1 普及, 伝播(緯), 流布. 2 増殖, 繁殖.

pro·pa·ga·dor, do·ra [pro.pa.ga.đór, -.đó.ra] 形 1 普及の, 伝播(緯)の, 流布する. 2 繁殖させる[する]. ―男 囡 普及者, 宣伝者. ～ de noticias falsas 誤報を広める人.

*pro·pa·gan·da [pro.pa.gán.da] 囡 1 宣伝(活動), 広報, プロパガンダ. ～ de gobierno 政府の広報活動. ～ electoral 選挙運動. ～ política(しばしば誇大な)政治宣伝. 2 宣伝ビラ, 広告, ちらし. revista de ～ 宣伝用雑誌. Las paredes están llenas de ～. 壁は広告でいっぱい.
hacer propaganda de... …を宣伝する；ほめる.
[←[近ラ] (*Sacra Congregātiō dē*) *prōpāgandā* (*fidē*) 「(信仰の)流布(のための聖省)」(バチカン布教聖省の名称流布); *prōpāgāre* 「繁殖する」より派生]

pro·pa·gan·dis·ta [pro.pa.gan.dís.ta] 形 (思想・政党の)宣伝の, 広告の.
―男囡 (思想・政党の)宣伝者, 広告者.

pro·pa·gan·dís·ti·co, ca [pro.pa.gan.dís.ti.ko, -.ka] 形 1 布教の；流布する. 2 宣伝の, 広告の.

*pro·pa·gar [pro.pa.gár] 103 他 1 広める, 普及させる. ～ la noticia ニュースを広める.
2 繁殖させる, 増殖する.
―～**·se** 再 1 広まる, 普及する；蔓延(款)する. El fuego *se propagó* rápidamente. 火はあっという間に燃え広がった. 2 繁殖[増殖]する.

pro·pa·ga·ti·vo, va [pro.pa.ga.tí.bo, -.ba] 形 増殖[繁殖]力のある.

pro·pa·la·dor, do·ra [pro.pa.la.đór, -.đó.ra] 形 暴露する人, 言い触らす.
―男 囡 暴露する人, 言い触らす人.

pro·pa·lar [pro.pa.lár] 他 暴露する, 言い触らす. ～ una noticia あるニュースをすっぱ抜く.

pro·pa·no [pro.pá.no] 男 【化】プロパン(ガス).

pro·pa·ro·xí·to·no, na [pro.pa.roǩ.sí.to.no, -.na] 形 【文法】語尾から3音節目にアクセントのある(＝esdrújulo).

pro·par·ti·da [pro.par.tí.đa] 囡 出がけ, 出し立て.

pro·pa·sar [pro.pa.sár] 他 …の節度を越える, 行き過ぎる, 度を越える. ―～**·se** 再 1 (*con*...に…ついて)度を越す. No *te propases con* el alcohol. 飲みすぎてはいけないよ. 2 (*con*＋人 《特に異性》に対して)無礼な振る舞いをする.

pro·pe·déu·ti·co, ca [pro.pe.đéu.ti.ko, -.ka] 形 初歩の, 入門の, 予備知識の.
―囡 入門教育；準備教育[訓練].

pro·pe·la [pro.pé.la] 囡《ラ米》(緯)(緯)船外機.

pro·pe·len·te [pro.pe.lén.te] 形 (スプレーなどの)高圧ガスの.
―男 (ロケットなどの)推進剤[薬], 推薬, プロペラント(＝propergol)；(スプレーなどの)高圧ガス.

pro·pen·der [pro.pen.đér] 自 (*a*...の, …する)傾向がある. *Propende a* la tristeza. 彼(彼女)は沈みがちである. *Propende a* hablar demasiado. 彼(彼女)はしゃべりすぎるきらいがある.

pro·pen·sión [pro.pen.sjón] 囡 1 傾向, 性向, 性癖. tener ～ a resfriarse 風邪をひきやすい. 2 好み, 嗜好(緯).

pro·pen·so, sa [pro.pén.so, -.sa] 形 (*a*... の)傾向がある, しがちである. ser ～ *a* la ira 怒りっぽい. Es muy ～ *a* emborracharse. 彼は酒にのまれやすい.

pro·per·gol [pro.per.gól] 男 【化】(ロケットの)推進燃料, 推進薬.

pro·pia [pró.pja] 形 → propio.

pro·pia·men·te [pró.pja.mén.te] 副 正確には, 厳密に言えば.

pro·pi·cia·ción [pro.pi.θja.θjón / -.sja.sjón] 女 **1** なだめる[鎮める]こと, 慰撫(いぶ). **2**《宗》(神の怒りを鎮めるための)供物, 生贄(いけにえ).

pro·pi·cia·dor, do·ra [pro.pi.θja.ðór, -.ðó.ra / -.sja.-] 形 有利[好都合]に働く;…—男 女 有利[好都合]に働くもの;好意を得る人[もの].

pro·pi·ciar [pro.pi.θjár / -.sjár] 82 他 **1** 有利[好都合]にする, 容易にする, 引き起こす. La política económica *propició* la inestabilidad social. その経済政策は社会不安をもたらした. **2**〈好意を〉得る. **3**《ラ米》後援する.
— **~·se** 再《好意を》得る.

pro·pi·cia·to·rio, ria [pro.pi.θja.tó.rjo, -.rja / -.sja.-] 形〈神を〉なだめる, 宥和的な. víctima *propiciatoria* para los dioses 神々の怒りを鎮める生贄(いけにえ).
— 男 **1**《カト》祈祷(きとう)台. **2**《古語》契約の箱の蓋(ふた)を覆う黄金の板. **3** (像・聖人・聖遺物など)聖なるもの, 神聖物.

pro·pi·cio, cia [pro.pi.θjo, -.θja / -.sjo, -.sja] 形《**a...** / **para...**…に》好都合な, 適した;好意的な. ocasión *propicia* 好機. Es la persona más *propicia* para este trabajo. 彼[彼女]はこの仕事に打ってつけだ.

✱✱pro·pie·dad [pro.pje.ðáð] 女 **1**《法》所有権 (=derecho de ~). de ~ de+人 (人)の所有する. Vivo en un piso de mi ~. 私は(自分名義の)分譲マンションに住んでいる. ~ horizontal (集合住宅・ビルなどの) 共同所有権. ~ industrial (特許権・商標権などの) 工業所有権. ~ intelectual 知的所有権. ~ literaria 著作権, 版権. nuda ~ 虚有権. de ~ privada [pública] 私有[公有]の.
2 所有地, 不動産;所有物 (=posesión). Este terreno es ~ del municipio. この土地は市有地である. ~ particular 私有財産. títulos de ~ 不動産登記証書. **a bien** 類語.
3 (主に複数で) 特質, 属性. Esta hierba tiene ~es curativas. この草には治療効果がある. Una de las ~es de la plata es conducir la electricidad. 銀の性質の一つは電気を通すことである.
4 (言葉の) 正確さ, 的確さ. emplear una palabra con ~ 言葉を正しく用いる.
5 (本物との) 酷似, そっくりなこと. reproducir... con toda ~ …を忠実に再現する.
6 (主に複数で)《ＩＴ》プロパティ. **7** (聖職者の) 物欲, 所有欲. **8**《音楽》(聖歌の) 3種類のヘクサコード.
cámara de la propiedad (都市の) 地主[家主] 組合.
en propiedad (1) 所有物として. Me han cedido este piso *en* ~. 私はこのマンションを譲渡された. (2) (役職の) 専任として, 正規に. La profesora Torres tiene la cátedra *en* ~. トーレス先生は正教授である.

pro·pien·da [pro.pjén.da] 女 (刺繍(ししゅう)枠に固定した) 布地.

✱pro·pie·ta·rio, ria [pro.pje.tá.rjo, -.rja] 形 **1**《**de...**…を》所有する. un millonario ~ *de* esta finca この地所を所有する大富豪. **2** (役職が) 専任の, 正規の. maestro ~ 専任教師. **3** (聖職者が) 物欲に駆られた.
— 男 女 **1** 所有者;地主, 家主;経営者. ser ~ de... …を所有している. el ~ de las acciones 株主. El ~ nos quiere subir el alquiler. 家主は家賃を上げたがっている.
2 (役職が) 正規[専任]の人. El profesor López es ~ de la cátedra de literatura española. ロペス先生はスペイン文学の正教授である.
3 物欲に駆られた聖職者.

pro·pi·le·o [pro.pi.lé.o] 男《建》(古代ギリシアの) 神殿入り口 (の柱廊).

✱pro·pi·na [pro.pí.na] 女 **1** チップ, 心付け, 祝儀. dar una ~ a un camarero ボーイにチップを渡す. dejar una ~ チップを置く.
2《話》アンコール (曲).
de propina《話》さらに, おまけに.
[←[中ラ] *propina*「贈り物」;[ラ] *propināre*「乾杯する, 酒を勧める」(→ propinar) より派生;関連[英] *propine*「贈り物(をする)」]

pro·pi·nar [pro.pi.nár] 他 **1** (不快なものを) 与える, 食らわせる. ~ una paliza 一発見舞う.
2 飲ませる, 一杯おごる, 振る舞う.
3 投薬する. **4** チップを渡す, 心付けを施す.

pro·pin·cui·dad [pro.piŋ.kwi.ðáð] 女 近接, 間近.

pro·pin·cuo, cua [pro.píŋ.kwo, -.kwa] 形 近接の, 近くの.

✱✱pro·pio, pia [pró.pjo, -.pja] 形 **1**《+名詞》《代名詞・名詞の意味を強めて》…本人の, …自身の;…自体の (→ mismo **2**). su ~ hijo 実の息子. según sus *propias* palabras 彼[彼女] 自身の言葉によれば;[ラ] *propiāre* 自己新記録を出す. defender sus ~s intereses 自分の利益を守る. Lo vi con mis ~s ojos. それを私はこの目で見たんだ. Salió por su ~ pie del coche. 彼[彼女]は自力で車から出た. como [según] reconoce el ~ gobierno 当の政府が認めるように[認めるところでは]. El ~ autor lo explica en su libro. 作者自身そのことを自著の中で語っている. Fue el ~ Paco. それは他でもないパコだった.
2《+名詞》《**ser**+》自分の, それ自体の. amor ~ 自負心, 自尊心. defensa *propia* 自己防衛. el coeficiente de recursos ~s 自己資本比率. en coche ~ マイカーで. brillar con luz *propia* 自ら (の光で) 輝く. trabajar por cuenta *propia* 自分で働く[自営業である]. ganar por méritos ~s 自力で勝つ[勝ち取る]. Tiene [Crea] un estilo ~. 独自のスタイルがある[を作り出す]. Vive en casa *propia* [en su *propia* casa]. 彼[彼女]は持ち家[自宅]に住んでいる.
3 (多くは名詞+)《**ser**+》《**de...**…に》固有の, 特有の, 独特の, 本来の. La llovizna *es propia de* esta región. こぬか雨はこの地方に特有なものである. El catalán es la lengua *propia* de Cataluña. カタルーニャ語はカタルーニャ固有の言語である. en el sentido ~ de la palabra その語の本来の意味で(の). Has salido [estás, quedas] muy ~ en la foto. その写真はとても君らしく写っている. nombre ~《文法》固有名詞.
4《名詞+》《**ser**+》相応しい, ふさわしい. achaques ~s de la [su] edad 年相応の持病. una teoría *propia* para explicar este hecho この事実を説明するに足る理論. ser ~ que+接続法 …は適切である. No *es* ~ que lo haga yo. 私が(そう)するのは適切でない.
5《+名詞》同じ, 同一の. al ~ tiempo 同時に. Lo ~ sucede con.... …についても同様である.
6 天然の, 生まれつきの;持ち前の. su pelo ~ 地[自]毛(もう).

propóleos

7《ラ米》《間投詞的に》もちろんいいよ, 結構だ.
― 男 **1** 使い走り, メッセンジャーボーイ. **2**《主に複数で》《史》公有財産, 公有地.

a petición propia 自ら望んで. Comparecerá *a petición propia* en el congreso. 彼[彼女]は自らの希望で国会に現れるだろう.

caer(se) por [de] su propio peso 自ら落ちる, 倒れる. El gobierno *caerá por su ~ peso* tarde o temprano. 政府は遅かれ早かれ倒れるだろう. **2** 自明である.

de propio/《ラ米》《ｺﾞﾛｱ》《ｶﾘﾌﾞ》*al propio* わざと, 故意に; わざわざ. Fui *de ~* a su casa para hablar con él. 私は彼と話をするためにわざわざ家まで出向いた.

en propias manos 個人的に; 自ら.

Es propio. 《ｺﾞﾛｱ》どうぞ, ご遠慮なく. ► Con permiso. 「失礼します, すみません」に対する応答.

propios y extraños《文章語》すべての人たち.

[← [ラ] *proprium* (*proprius* の対格)] [関連] propiedad, propietario, apropiar, impropio. [英] *proper*]

pro·pó·le·os [pro.pó.le.os] 男 《単複同形》蜜蠟（ﾐﾂﾛｳ）.

propondr- 活 → proponer.

pro·po·ne·dor, do·ra [pro.po.ne.ðór, -.ðó.ra] 形 男 女 → proponente.

pro·po·nen·te [pro.po.nén.te] 形 提案する, 提起する. ― 男 女 提案者, 提出者.

★★★pro·po·ner [pro.po.nér] 41 他 [過分 は propuesto] **1** 《a+人〈人〉に》(1)〈計画などを〉**提案する**. *Propusieron* la creación de un nuevo sistema. 新しいシステムの創設が提案された. ¿*Te propuso* matrimonio? 君は彼[彼女]に結婚を申し込まれたのですか.
(2)《+不定詞 / *que* +接続法 …することを》**提案する**, …するように誘う. Ella *me propuso que fuéramos* a su casa. 彼女は自分の家に来たらどうかと私に提案してくれた. *Me propuso ir* juntos al cine. 彼[彼女]は一緒に映画に行こうと私を誘いました.

2《*para*… に / *como*… として》〈人〉を推挙する, 推す; 《a+人〈人〉に》〈任務などを〉任せる. *Le vamos a ~ para* director del proyecto. 私たちは彼をプロジェクトのリーダーに推薦します.

3《a+人〈人〉に》〈問題などを〉出す (= poner). *Nos propusieron* varias cuestiones. 私たちにはいくつかの問題が出された.

― *~·se* 再 **1**《+不定詞 …することを》決心する, …するよう努める. *Nos proponemos* no *discutir* con ellos. 彼らと議論はしないことにします.
2 意図する, 計画する. No *me propongo* grandes metas. 私は大きな目標は考えていません.
3《ラ米》《ｺﾞﾛｱ》思う.

[← [ラ] *prōpōnere* (*prō-*「前に」+ *pōnere*「置く」「前に置く」が原義); [関連] proposición, propuesta, propósito. [英] *propose*]

propong- 活 → proponer.

★pro·por·ción [pro.por.θjón / -.sjón] 女 **1**（部分間〈全体との〉部分の）**釣り合い**, 均整. fuera de ~ 不釣り合いな. Según este cálculo, no hay ~ entre gastos e ingresos. この計算によると, 支出と収入のバランスがとれていない.

2 割合, 比率; 《数》比例. No sabemos en qué ~ intervino él. どの程度彼が関与したのか私たちにはわからない. en ~ con [de]… …に比例して. ~ aritmética [geométrica] 等差[等比]比例. ~ directa [inversa] 正[反]比例. en una ~ de cinco a uno 5対1の割合で. en una importante ~ de casos 大多数の場合において.

3《主に複数で》規模, 大きさ;《事の》重大さ. en grandes *proporciones* 広範囲にわたって, 大規模に. una empresa de *proporciones* gigantescas 巨大企業. Todavía se desconocen las *proporciones* del desastre. 災害の規模はまだ判明していない. dadas las *proporciones* de… …の重大性を考慮すれば. **4** 機会, チャンス. esperar una buena ~ 好機到来を待つ. **5**《複数で》《ラ米》《ｺﾞﾛｱ》財産, 資産.

[← [ラ] *prōportiōnem* (*prōportiō* の対格) ← *prōportiōne*「分け前に応じて」; *prō*「…に応じて」+ *portiōne*「分け前」(奪格形); [関連] porción, proporcionar. [英] *proportion*]

pro·por·cio·na·ble [pro.por.θjo.ná.ble / -.sjo.-] 形 比例し得る, 釣り合う.

pro·por·cio·na·do, da [pro.por.θjo.ná.ðo, -.ða / -.sjo.-] 形 **1** 釣り合った, 均整の取れた. bien ~ 釣り合いの取れた. una persona de estatura *proporcionada* ほどよい背丈の人.
2 ふさわしい, 相応な, 妥当な. un sueldo ~ al trabajo 労働に見合った賃金.

★pro·por·cio·nal [pro.por.θjo.nál / -.sjo.-] 形 **1** 比例した, **釣り合った**, 相応の. reparto ~ 比例配分. **2**《数》比例の.

pro·por·cio·na·li·dad [pro.por.θjo.na.li. ðáð / -.sjo.-] 女 比例性, 相応.

pro·por·cio·nal·men·te [pro.por.θjo.nál. mén.te / -.sjo.-] 副 比例して, 釣り合って, 相応に.

★pro·por·cio·nar [pro.por.θjo.nár / -.sjo.-] 他 **1**《*a*… …に》《必要なもの・手段を》**提供する**, 与える. ~ una vivienda *a* los afectados por el desastre 被災者に住宅を提供する. ~ información *a* los interesados 興味のある人に情報を提供する.
2 生み出す;《a+人〈人〉に》〈感情・状態などを〉引き起こす, もたらす. El resultado *les proporcionó* una enorme alegría. その結果に彼らは大いに喜んだ.
3《*a*… …に》釣り合わせる, 適応させる. ~ los gastos *a* los ingresos 収入に応じて支出を調整する.

― *~·se* 再 **1** 手に入れる, 調達する. Trato de *~me* toda comodidad. 私はできるだけ快適に暮そうと心がけている.
2《3人称で》釣り合う; 与えられる.

★pro·po·si·ción [pro.po.si.θjón / -.sjón] 女 **1 提案**, 申し出 (= propuesta). Después de una larga discusión, aceptaron [rechazaron] mi ~. 長い議論の末, 私の提案は承認[却下] された. hacer una ~ de matrimonio 結婚を申し込む. ~ deshonesta 性的な誘い.
2《文法》節, 文. ~ principal [subordinada] 主節[従属節]. **3**《数》《論》命題, 定理 (= enunciado). **4**《職務などへの》推薦.

★★pro·pó·si·to [pro.pó.si.to] 男 **1 意図**, 意志 (= intención). tener el ~ de+不定詞 …するつもりである. hacer(se) el ~ de+不定詞 …するという決心をする. tener buenos ~s 善意[誠意]を持っている.
2 目的, 目標. con el ~ de+不定詞 …する目的で. con este ~ この目的のために. ¿Cuál es el ~ de este proyecto? このプロジェクトの目的は何ですか.

al propósito この件に関して;《ラ米》わざと, 故意

a propósito (1) ちょうどよく, (目的に) かなった. hacer una pregunta poco *a* ～ の的外れの質問をする. Este vestido no es *a* ～ para ir de excursión. この服はハイキングには向いていない. (2) わざと, 故意に. Perdone, no lo hice *a* ～. すみません, わざとやったわけではないのです. (3) 《間投詞的に》ところで, さて. *A* ～, ¿cómo te va con tu nuevo trabajo? そういえば, 今度の君の仕事はどう?
a propósito de... …に関して, …について. Discutían *a* ～ *de* una noticia del periódico. 彼らは新聞に載った記事のことで議論していた.
de propósito わざと, 故意に; わざわざ.
fuera de propósito 的外れの, 場違いの, 時機外れの.

pro·pre·tor [pro.pre.tór] 男 《史》 (古代ローマの) プロプラエトル, 属州総督. ♦pretor の任期の終わりに属州を統治するため派遣された法務官.

prop·to·sis [proṗ.tó.sis] 女 《医》 眼球突出.

* **pro·pues·ta** [pro.pwés.ta] 女 **1** 提案, 提議; 申し出. a ～ de... …の提案によって. Voy a hacerle una ～. 提案があります. **2** 建議 (書); 答申 (書). **3** (職務・地位への) 推薦, 紹介. Mi jefe ha hecho mi ～ para este cargo. 上司がこの任務に私を推薦してくれた.

pro·pues·to, ta [pro.pwés.to, -.ta] [proponer の過分] 形 提案された, 提議 [提起] された. el plan ～ 提 (議) 案.

pro·pug·na·ción [pro.pug̣.na.θjón / -.sjón] 女 支持, 擁護.

pro·pug·ná·cu·lo [pro.pug̣.ná.ku.lo] 男 **1** 要塞(ょぅ), 砦(とり). **2** 防衛, 防護 (物).

pro·pug·nar [pro.pug̣.nár] 他 支持する, 擁護する.

pro·pul·sar [pro.pul.sár] 他 **1** 推進する, 前進させる; 促進. **2** 拒絶する, はねつける.

pro·pul·sión [pro.pul.sjón] 女 推進 (力). ～ a chorro reacción / ～ a [de, por] reacción ジェット推進.

pro·pul·sor, so·ra [pro.pul.sór, -.só.ra] 形 推進の, 推進力のある. cohete ～ 推進ロケット.
—男 女 推進者.

propus- 活 → proponer.

pro·ra [pró.ra] 女 《文章語》 → proa **1**.

pro·rra·ta [pro.r̄á.ta] 女 (比例配分した) 分け前, 割り当て, 分担額. a ～ 比例して, 案分して.

pro·rra·te·ar [pro.r̄a.te.ár] 他 比例配分する, 割り当てる.

pro·rra·te·o [pro.r̄a.té.o] 男 比例配分, 分配, 割り当て. a ～ 比例して, 案分して.

pró·rro·ga [pró.r̄o.ga] 女 **1** 延期, 延長. **2** 《スポ》 延長時間; 延長戦. **3** 《軍》 徴兵猶予.

pro·rro·ga·ble [pro.r̄o.gá.ble] 形 延期 [延長] できる, 猶予されうる.

pro·rro·ga·ción [pro.r̄o.ga.θjón / -.sjón] 女 延期, 延長, 猶予.

pro·rro·gar [pro.r̄o.gár] 103 他 延期する, 延長する, 引き延ばす.

pro·rro·ga·ti·vo, va [pro.r̄o.ga.tí.βo, -.βa] 形 延期する, 延期のための.

pro·rrum·pir [pro.r̄um.pír] 自 (**en...**) 突然 (…) する, (…) し出す. ～ *en* gritos de alegría 突然, 歓喜の大声をあげる. ～ *en* lágrimas わっと泣き出す. ～ *en* carcajadas 急に笑い出す. Los espectadores *prorrumpieron en* aplausos. 観客が一斉に拍手をした.

* **pro·sa** [pró.sa] 女 **1** 散文, 散文体; 散文集. poemas en ～ 散文詩. ▶「韻文」は verso.
2 月並, つまらなさ; ありふれたこと. la ～ de la vida 人生の平凡さ. **3** 《話》無駄話, 駄弁. gastar [traer] mucha ～ 無駄口をたたく. **4** 《ラ米》(1) 《中》高慢, 横柄. (2) 《ﾒﾋｼ》《ｸﾞｱﾃ》仰々しさ.
[← [ラ] *prōsam* (*prōsa* の対格) (*prōrsus* "直線的な; 散文的な" より派生); 関連 prosaico, prosista, prosificar. [英] *prose*]

pro·sa·do, da [pro.sá.ðo, -.ða] 形 散文で書かれた, 散文の, 散文的な.

pro·sa·dor, do·ra [pro.sa.ðór, -.ðó.ra] 男 女 **1** 散文作家. **2** 《話》おしゃべりな [口の軽い] 人.

pro·sai·ca·men·te [pro.sái.ka.mén.te] 副 味気なく, つまらなく.

pro·sai·co, ca [pro.sái.ko, -.ka] 形 **1** 平凡 [月並] な, ありふれた, 味気ない. **2** 散文 (体) の.

pro·sa·ís·mo [pro.sa.ís.mo] 男 **1** 散文的なこと, 散文性. **2** 平凡さ, 月並み. el ～ de las tareas cotidianas 日々の仕事の味気なさ.

pro·sa·pia [pro.sá.pja] 女 《時に軽蔑》 (高貴な) 家柄. un caballero de su ～ 名門の紳士.

pros·ce·nio [pros.θé.njo / -.sé.-] 男 《演》前舞台 (舞台の) 額縁, プロセニアム (アーチ). palco de ～ 舞台わきの特別席.

pros·cri·bir [pros.kri.βír] 75 他 [過分 は proscrito] **1** 〈格式〉(国外に) 追放する. **2** 〈慣習などを〉禁止する, 差し止める.

pros·crip·ción [pros.krip.θjón / -.sjón] 女 **1** 《格式》国外追放, 国外退去. **2** 禁止, 差し止め.

pros·crip·tor, to·ra [pros.krip.tór, -.tó.ra] 形 追放する, 放逐する. —男 追放を命ずる人.

pros·cri·to, ta [pros.krí.to, -.ta] [proscribir の 過分] 形 追放された; 禁じられた, 差し止められた. un libro ～ 発禁本. —男 女 追放された人.

pro·se·cu·ción [pro.se.ku.θjón / -.sjón] 女 続行, 継続; 追求. ～ de la huelga ストライキの続行.

pro·se·gui·ble [pro.se.gí.βle] 形 続けられる, 続行できる, 継続しうる.

pro·se·gui·mien·to [pro.se.gi.mjén.to] 男 続行, 継続.

* **pro·se·guir** [pro.se.gír] 3 他 **続ける**, 継続する; (休止のあと) 続行 [再開] する. ～ los estudios hasta el final 最後まで研究を続ける. Después de un rato de silencio *prosiguió* la conversación. しばらく黙ってから彼 [彼女] は会話を続けた.
—自 **1** 〈事象が〉続く, 持続する. La guerra *prosiguió* durante dos años. 戦争は 2 年間続いた. **2** (**con...** / **en...** …を) 〈人が〉続ける, 続行する. ～ *con* la lectura 読書を続ける. **3** (+ 現在分詞 …) し続ける. *Prosiguió* hablando sin hacerme caso. 彼 [彼女] は私にかまうことなく話し続けた.

pro·se·li·tis·mo [pro.se.li.tís.mo] 男 改宗 [転向] 勧誘; (政党などへの) 熱心な勧誘.

pro·se·li·tis·ta [pro.se.li.tís.ta] 形 改宗 [転向] 勧誘の. —男 女 改宗 [転向] 勧誘者.

pro·sé·li·to, ta [pro.sé.li.to, -.ta] 男 女 (宗教の) 新帰依者, 改宗 [転向] 者; (政党などの) 新加入者.

pro·sén·qui·ma [pro.séŋ.ki.ma] 男 《植》繊維組織, 紡錘(ずい)組織; 《動》繊維細胞組織.

pro·si·fi·ca·ción [pro.si.fi.ka.θjón / -.sjón] 女 散文化.

pro·si·fi·car [pro.si.fi.kár] 102 他 〈韻文を〉 散文にする, 散文化する.

prosig- 圏 → proseguir.

pro·si·mios [pro.sí.mjos] 男《複数形》《動》原猿類：キツネザル，ロリスの類.

pro·sis·ta [pro.sís.ta] 男女 散文作家.

pro·sís·ti·co, ca [pro.sís.ti.ko, -.ka] 形 散文の，散文体の，散文で書かれた.

pro·so·dia [pro.só.ðja] 女 1 発音法，韻律. 2《詩》韻律学，詩形論. 3《言》韻律素論，プロソディー.

pro·só·di·co, ca [pro.só.ði.ko, -.ka] 形 発音に関する；《言》韻律(素論)の.

pro·so·po·gra·fí·a [pro.so.po.ɣra.fí.a] 女《修辞》(人物・動物の)外観[体形]描写.

pro·so·po·pe·ya [pro.so.po.pé.ja] 女 1《修辞》擬人法, 活喩(か゚ つ)法. 2《話》仰々しさ，もったいぶった話し方.

pros·pec·ción [pros.pek.θjón / -.sjón] 女 1《鉱》探鉱，試掘，(地下資源の)調査. ~ del petróleo 石油の試掘. prospecciones geológicas 地質調査. ~ por fotografía aérea 航空写真調査. 2 予備調査. ~ de mercado 市場調査.

pros·pec·tar [pros.pek.tár] 他 調査する；《鉱》試掘する.

pros·pec·ti·vo, va [pros.pek.tí.βo, -.ba] 形 未来の，将来の. ― 女 未来学.

pros·pec·to [pros.pék.to] 男 1 (薬品・機械などに添付される)使用法説明書. 2 (広告用の)ちらし，パンフレット.

pros·pec·to, ta [pros.pék.to, -.ta] 形《ラ 米》(メキシコ)有望な.

*__pros·pe·rar__ [pros.pe.rár] 自 1 繁栄する，栄える. Los negocios *prosperan*. 事業は繁盛している. 2 〈意見などが〉賛同者を得る；成功する. No *prosperó* tu idea. 君のアイディアは受け入れられなかった. ― 他 繁栄させる；成功させる.

*__pros·pe·ri·dad__ [pros.pe.ri.ðáð] 女 1 繁栄, 繁盛，隆盛. la época de ~ 隆盛期. 2 成功, 幸運，上首尾.

pros·per·mia [pros.pér.mja] 女《医》早漏症.

*__prós·pe·ro, ra__ [prós.pe.ro, -.ra] 形 1 繁栄[繁盛]した. comercio ~ 繁盛している商売. una nación *próspera* 隆興国. 2 順調な，幸運な. ¡P~ Año Nuevo! 新年おめでとう.

pros·ta·glan·di·na [pros.ta.ɣlan.dí.na] 女《生化》プロスタグランジン.

prós·ta·ta [prós.ta.ta] 女《解剖》前立腺(#).

pros·tá·ti·co, ca [pros.tá.ti.ko, -.ka] 形《解剖》前立腺(#)の. ― 男 前立腺疾患患者.

pros·ta·ti·tis [pros.ta.tí.tis] 女《単複同形》《医》前立腺(#)炎.

pros·ter·na·ción [pros.ter.na.θjón / -.sjón] 女 平身低頭，平伏；ひざまずくこと，跪拝.

pros·ter·nar·se [pros.ter.nár.se] 再 平伏する，平身低頭する；ひざまずく.

prós·te·sis [prós.te.sis] 女《言》→ prótesis 1.

pros·té·ti·co, ca [pros.té.ti.ko, -.ka] 形《言》→ protético.

pros·ti·bu·la·rio, ria [pros.ti.βu.lá.rjo, -.rja] 形 売春宿の.

pros·tí·bu·lo [pros.tí.βu.lo] 男 売春宿.

prós·ti·lo [prós.ti.lo] 形《建》〈古代神殿が〉前柱廊式の.

pros·ti·tu·ción [pros.ti.tu.θjón / -.sjón] 女 1 売春(行為). 2 (才能の)切り売り，身売り. 3 堕落，腐敗.

pros·ti·tuir [pros.ti.twír] 48 他 1 売春させる，身売りさせる. 2 〈能力・名誉などを〉(金のために)売る，汚す，悪用する. ~ SU talento por dinero 才能を切り売りする. 3 堕落させる.
― ~·se 再 1 売春する，身を売る. 2 堕落する.

pros·ti·tu·to, ta [pros.ti.tú.to, -.ta] 男女 金で体[才能]を売る人；男娼；売春婦, 娼婦(ホミ).

pro·su·do, da [pro.sú.ðo, -.ða] 形《ラ 米》(1)(メキシコ)(チリ)《話》もったいぶった，仰々しい. (2)(チリ)《動作が》鈍い.

pro·ta [pró.ta] 男《話》主人公の，主役の. ― 男女《話》主人公, 主役(=protagonista).

pro·tac·ti·nio [pro.tak.tí.njo] 男《化》プロトアクチニウム：放射性金属元素(記号 Pa).

pro·ta·go·nis·mo [pro.ta.ɣo.nís.mo] 男 1 主役(であること)：主役に必要な能力・資質. 2 目立ちたがること, 自分を実際以上に価値あるものと見せようとすること；傍若無人.

*__pro·ta·go·nis·ta__ [pro.ta.ɣo.nís.ta] 男女 1 (小説・劇などの)**主人公**；**主役**. La ~ de esta película es una actriz de larga carrera en Argentina. この映画の主役はアルゼンチンのベテラン女優である. 2 (事件などの)中心人物, 主役. ~ del proceso de paz 和平プロセスの立役者.

*__pro·ta·go·ni·zar__ [pro.ta.ɣo.ni.θár / -.sár] 97 他 …の主役を演ずる. ¿Quién *protagoniza* la película? その映画の主役は誰ですか.

pro·ta·lo [pro.tá.lo] / **pró·ta·lo** [pró.ta.lo] 男《植》前葉体.

pró·ta·sis [pró.ta.sis] 女《単複同形》1《文法》(条件文の)前提節, 条件節(↔apódosis). 2《演》導入部, 前提部, 序幕.

*__pro·tec·ción__ [pro.tek.θjón / -.sjón] 女 **保護，防護**；庇護(♯). ~ de la naturaleza 自然保護. sistema de ~ 保護制度(制度)；servicio de ~ civil (災害時の公的な)市民保護活動. ~ de datos personales 個人情報の保護. bajo la ~ de... …の庇護のもと. buscar ~ 保護を求める. dar ~ a... …を保護する. Esta crema sirve de ~ contra el sol. このクリームは太陽から肌を守る.

pro·tec·cio·nis·mo [pro.tek.θjo.nís.mo / -.sjo.-] 男 保護貿易(政策[制度])(↔librecambismo).

pro·tec·cio·nis·ta [pro.tek.θjo.nís.ta / -.sjo.-] 形 保護貿易(政策)の. ― 男女 保護貿易主義者[論者].

*__pro·tec·tor, to·ra__ [pro.tek.tór, -.tó.ra] 形 **保護[庇護]する**, 保護用の. color ~ 保護色. sociedad *protectora* de animales 動物愛護協会. ― 男女 **保護者**, 庇護者, 後援者. ▶ 女性形は protectriz もある.
― 男《スポ》(ボクシング)マウスピース；防具, プロテクター.
protector de pantalla《IT》スクリーンセーバー.

pro·tec·to·ra·do [pro.tek.to.rá.ðo] 男 保護関係[政治]；保護国, 保護領. ejercer su ~ sobre un país ある国を保護領とする.

pro·tec·to·rí·a [pro.tek.to.rí.a] 女 保護領制の行使, 保護領化.

pro·tec·to·rio, ria [pro.tek.tó.rjo, -.rja] 形 保護の, 擁護[庇護(♯)]する.

pro·tec·triz [pro.tek.tríθ / -.trís] 女[複 protectrices] → protector.

pro·te·ger [pro.te.xér] 他 **1**(**de...** / **contra...**〈危険・外敵〉から)〈防護物・人が〉〈もの・人を〉**保護する**, 守る;〈危険を〉防ぐ. ~ una planta del viento 植木を風から守る. ~ las industrias nacionales 国内産業を保護する. Las montañas protegen al pueblo contra el enemigo. 山が村を敵から守っている.

2(経済的・精神的に)支援する, 庇護する. Antes la aristocracia protegía a los artistas. 昔は貴族が芸術家を支えていた. Ella protege demasiado a su hijo. 彼女は息子を大事にしすぎだ.

— ~**se** 再 (**de...** …から)身を守る;〈体の部位を〉守る. ~se del frío con una manta 毛布で寒さをしのぐ. ~se los ojos del sol 日光から目を守る.
[← [ラ] prōtegere (prō- 「前で」 + tegere 「覆う」; 関連 protección. [英] protect]

pro·te·ge·slip [pro.te.xes.líp] 男 [複 ~s, ~] パンティライナー.

pro·te·gi·do, da [pro.te.xí.ðo, -.ða] 形 保護[庇護(ひ)]された. una especie protegida 保護種.
— 男 女 お気に入り, 目をかけられている者.

pro·tei·co, ca [pro.téi.ko, -.ka] 形 **1**〈考え・形態などが〉変化する, 変わりやすい, 変幻自在の.
2 たんぱく質を含む, たんぱく質性の.

pro·te·í·na [pro.te.í.na] 女 [生化] **たんぱく質**.

pro·te·í·ni·co, ca [pro.te.í.ni.ko, -.ka] 形 たんぱく質の.

pro·tei·nu·ria [pro.tei.nú.rja] 女 [医] たんぱく尿.

protej- 活 → proteger.

pro·te·les [pro.té.les] 男 [単複同形][動] ツチオオカミ, アードウルフ:小型のハイエナ.

Pro·te·o [pro.té.o] 固名 [ギ神] プロテウス:変身と予言の能力のある海神.

proteles
(ツチオオカミ)

pro·ter·vi·dad [pro.ter.βi.ðáð] 女 邪悪さ, よこしま.

pro·ter·vo, va [pro.tér.βo, -.βa] 形 [格式] 邪悪な, 悪意のある, ひねくれた. — 男 女 ひねくれ者.

pro·té·si·co, ca [pro.té.si.ko, -.ka] 形 [医](歯科・外科の)補綴(てつ)術の.
— 男 女 [医] 補綴技術師;歯科技工士.

pró·te·sis [pró.te.sis] 女 [単複同形] **1** [医] 補綴(てつ)(術), 人工器官[装具]. ~ dental 義歯. **2** [言] 語頭音添加:特にラテン語からスペイン語になる段階で sp-, st-, sk- で始まる語の語頭にeが添加された現象を指す. ⇒ spatium 空間 → espacio, stēlla 星 → estrella, scūtum 盾 → escudo など.

pro·tes·ta [pro.tés.ta] 女 **1 抗議**;抗議行動. hacer una manifestación en ~ por el desempleo 失業に抗議してデモをする. Ese libro levantó una tempestad de ~s. その本はあらしのような抗議を巻き起こした.

2 抗議文書. enviar una ~ a un ministro 閣僚に抗議文書を送る.

3 誓約;[法] 申し立て, 主張. hacer ~s de inocencia 無罪を主張する. declarar bajo ~ de decir verdad 真実を述べるという誓約のもとに宣言する. protesta de mar [海] 海難報告書.

pro·tes·ta·ción [pro.tes.ta.θjón / -.sjón] 女 **1** 抗議, 異議. **2** 公言, 断言, 誓約. ~ de fe 信仰誓約. ~ de lealtad 忠誠宣言.

pro·tes·tan·te [pro.tes.tán.te] 形 **1**[宗] プロテスタントの, 新教徒の. **2** 抗議の.

— 男 女 **1**[宗] **プロテスタント**, 新教徒. ◆神聖ローマ帝国皇帝 Carlos 5世(スペイン Carlos 1世)の改革否認への抗議に由来. **2** 抗議者.

pro·tes·tan·tis·mo [pro.tes.tan.tís.mo] 男 [宗] プロテスタント主義, 新教;《集合的》プロテスタント教会.

pro·tes·tar [pro.tes.tár] 自 **1**(**contra...** …に反対して / **por** [**de**]... …について)**抗議する**;不満を表す. ~ contra la subida de impuestos 増税に抗議する. La audiencia protestó por la mala interpretación del grupo. 観衆はバンドの下手な演奏に不満を表した. Protesto, su señoría. 裁判長, 異議あり.

2(**de...** …を)主張する, 申し立てる. ~ de su inocencia 無実を主張する. ~ de su ignorancia 知らないと申し立てる.

— 他 **1**[商](**a**+人 〈人〉に)〈手形の〉引き受け[支払い]を拒否する. El banco nos protestó dos letras. 銀行は私たちに2つの手形の引き受けを拒否した.
2 …に不満を表す;(**que**+接続法 …であることに)抗議する. ~ la decisión del árbitro 審判の決定に抗議[ブーイング]する. **3**〈信条・立場などを〉宣言する, 主張する, (**que**+直説法 (前言に抗議して)《…と》主張する;《su lealtad 忠誠を宣言する.
[← [ラ] prōtestārī 「証言する, 公言する;抗議する」; prō-「(人)前で」+ testārī (testis「証人」より派生);関連 protestante, protestación, testigo. [英] protest]

pro·tes·to [pro.tés.to] 男 [商](手形などの)拒絶証書(作成). ~ por falta de aceptación 引受拒絶証書. ~ por falta de pago 支払拒絶証書.

pro·tes·tón, to·na [pro.tes.tón, -.to.na] 形 [話][軽蔑](つまらないことでも)抗議をよくする, 不平の多い. — 男 女 [話][軽蔑] 何にでも盾突く人, 不平屋.

pro·té·ti·co, ca [pro.té.ti.ko, -.ka] 形 [言] 語頭音添加の.

pró·ti·do [pró.ti.ðo] 男 [生化] たんぱく質.

pro·tis·ta [pro.tís.ta] 形 [生物] 原生生物の.
— 男 [生物] 原生生物;《複数で》原生生物界.

proto- 「第一の, 原始の, 最初の」の意を表す造語要素. ⇒ protohistoria, prototipo. [←[ギ]]

pro·to·ac·ti·nio [pro.to.ak.tí.njo] 男 [化] プロトアクチニウム(= protactinio).

pro·to·clo·ru·ro [pro.to.klo.rú.ro] 男 [化] 第一塩化物.

pro·to·co·lar¹ [pro.to.ko.lár] 他 → protocolizar.

pro·to·co·lar² [pro.to.ko.lár] 形 儀礼の;儀礼的な.

pro·to·co·la·rio, ria [pro.to.ko.lá.rjo, -.rja] 形 儀礼にかなった, 正式の;儀礼的な. visita protocolaria 表敬訪問. una carta protocolaria 公式書簡.

pro·to·co·li·za·ción [pro.to.ko.li.θa.θjón / -.sa.sjón] 女 [法] 遺言の検認(権).

pro·to·co·li·zar [pro.to.ko.li.θár / -.sár] 97 他 **1** 議定書を作る, 公正証書に記録する. **2** [医](まれ)〈病気の〉治療計画を作成する;〈病気・病状の〉推移段階を見きわめる.

pro·to·co·lo [pro.to.kó.lo] 男 **1 儀礼**, 典礼. jefe de ~ 儀典長. **2** しきたり, 礼儀, 作法. sin ~s 堅苦しいことは抜きにして. **3** 外交議定書. el P~ de Kioto (1997年, 地球温暖化防止会議の) 京都議定書. **4** 公正証書の原本 (= ~ notarial). **5**[IT]**プロトコル**, 通信規約.

protohistoria

pro·to·his·to·ria [pro.tois.tó.rja] 囡 **1** 原史(時代):先史時代と歴史時代の間. **2** 原史研究.

pro·to·his·tó·ri·co, ca [pro.tois.tó.ri.ko, -.ka] 形 原史(時代)の.

pro·to·már·tir [pro.to.már.tir] 男 先駆的殉教者. ◆聖ステファノ Esteban (殉教年は紀元32-37年の間とされている)を指す.

pro·tón [pro.tón] 男【物】陽子, プロトン.

pro·tó·ni·co, ca¹ [pro.tó.ni.ko, -.ka] 形【物理】陽子の, プロトンの. masa *protónica* プロトン質量.

pro·tó·ni·co, ca² [pro.tó.ni.ko, -.ka] 形 アクセントのある音節の直前の.

pro·to·no·ta·rio [pro.to.no.tá.rjo] 男 **1**【史】主席公証人, 主席書記官. **2**【カト】使徒座秘書官, 教皇秘書(= ~ apostólico).

pro·to·plas·ma [pro.to.plás.ma] 男【生物】原形質:核 núcleo と細胞質 citoplasma からなる.

pro·to·plas·má·ti·co, ca [pro.to.plas.má.ti.ko, -.ka] 形【生物】原形質の.

pro·to·rax [pro.tó.raks] 男【単複同形】【昆】前胸, 第一胸節.

pro·to·tí·pi·co, ca [pro.to.tí.pi.ko, -.ka] 形 プロトタイプ的な, 原型[典型]的な.

pro·to·ti·pi·zar [pro.to.ti.pi.θár / -.sár] 97 他 プロトタイプ化する, モデル化する. En esta película, el protagonista *prototipiza* a la generación Y. この映画で主人公はY世代をモデル化している.

pro·to·ti·po [pro.to.tí.po] 男 **1** 原型, プロトタイプ;試作品. ~ de coche 試作車.
2 典型, 模範. el ~ de la belleza 典型的な美人.

pro·tó·xi·do [pro.tók.si.ðo] 男【化】第一酸化物.

pro·to·zo·a·rio, ria [pro.to.θo.á.rjo, -.rja / -.so.-] / **pro·to·zo·o** [pro.to.θó.o / -.só.-] 形 原生動物の.
── 男【生物】原生動物;(複数で)原生動物界.

pro·trác·til [pro.trák.til] 形【動物】〈舌が〉伸長性のある.

pro·trom·bi·na [pro.trom.bí.na] 囡【生化】プロトロンビン:血液凝固の一要素.

pro·tu·be·ran·cia [pro.tu.be.rán.θja / -.sja] 囡 **1** 隆起, 突起, こぶ. **2**【天文】《主に複数で》(太陽の)紅炎, プロミネンス.

pro·tu·be·ran·te [pro.tu.be.rán.te] 形 隆起した, 突起した, 突き出た.

pro·tu·tor, to·ra [pro.tu.tór, -.tó.ra] 男 囡【法】準後見人, 代理後見人.

prous·tia·no, na [prous.tjá.no, -.na] 形 (フランスの作家)プルーストの, プルーストに関する.

***pro·ve·cho** [pro.bé.tʃo] 男 **1** 利益, 利潤;益, 得. De este negocio no podemos obtener ningún ~. この商売からは全く利益をあげられない. de ~ 役に立つ, 有益な. Intenté convencerla sin ningún ~. 彼女を説得しようとしたが無駄だった.
2 進歩, 上達(= aprovechamiento). Estudió español con mucho ~. 彼[彼女]はスペイン語がたいへん上達した. trabajar con ~ 効率的に働く.
3 (飲食物の)栄養, 滋養. Si te lo tomas tan deprisa, no te hará ningún ~. そんなに急いで食べたら全然身につかない.
¡Buen provecho! 《話》(特に食事を)お楽しみあれ, ゆっくり召し上がれ. →右段に図.
en provecho de... …に有利に.
en provecho propio 自分に都合よく.
sacar provecho de... …から利益を得る;…を活用[利用]する.

[←[ラ] *prŏfectum* (*prŏfectus* の 対 格) '進歩;利益'; *prŏficere* 「前進する;貢献する」(*prō-*「前へ;…のために」+ *facere*「する」);【関連】*aprovechar.* [英] *profit*]

¡Buen provecho! (召し上がれ)

pro·ve·cho·sa·men·te [pro.be.tʃó.sa.mén.te] 副 有利に, 有益に, 好都合に.

***pro·ve·cho·so, sa** [pro.be.tʃó.so, -.sa] 形 **1** 有益な, 役に立つ, 有用な. ~ a [para] la salud 健康に良い. experiencia *provechosa* 有益な経験. **2** 利益になる, もうかる. negocio ~ 利益のあがる商売.

pro·vec·to, ta [pro.bék.to, -.ta] 形【格式】**1** 高齢の, 年を取った;高齢者の. **2** 円熟した, 成熟した.

***pro·ve·e·dor, do·ra** [pro.be.(e.)ðór, -.ðó.ra] 形 調達の, 供給の. empresa *proveedora* de acceso a Internet インターネットアクセスプロバイダー企業. ── 男 囡 供給者, 調達[提供]者;納入業者. ~ de fondos 資金供給者, 出資者.
── 男【IT】プロバイダー.

***pro·ve·er** [pro.be.ér] 70 他【過分】は provisto, proveído] **1** 《*de...*》…を》供給する, 与える;準備する. ~ a+人 de ropa 〈人〉に服を支給する.
2 〈問題を〉処理する, 解決する. **3** 〈職を〉提供する, 〈空いたポストを〉補充する. **4**【法】〈判決を〉申し渡す, 裁決する.
── ~**se** 再 **1** 《*de...*》…を》用意する, 準備する.
2 大便をする.

proveí— 活 → proveer.

pro·vei·mien·to [pro.bei.mjén.to] 男 供給, 補給, 調達, 準備.

pro·ve·nien·cia [pro.be.njén.θja / -.sja] 囡 出所, 由来, 出発点.

***pro·ve·nien·te** [pro.be.njén.te] 形 《*de...*》(…から)来た, 《…に》由来する(= procedente).

***pro·ve·nir** [pro.be.nír] 45 自 《*de...*》(…から)来る, 生ずる, 《…に》由来[起因]する. Este viento tan frío *proviene* del norte. この冷たい風は北から吹いている. Esto *proviene* de falta de comprensión. これは理解不足によるものだ.
[←[ラ] *prōvenīre* (*prō-*「前へ」+ *venīre*「来る」)]

Pro·ven·za [pro.bén.θa / -.sa] 固名 プロバンス *Provence*:フランス南東部, 地中海に臨む地方.

pro·ven·zal [pro.ben.θál / -.sál] 形 プロバンス(地方)の. ── 男 囡 プロバンスの住民[出身者].
── 男 プロバンス語:ガロ・ロマンス語の一つ. ◆中世に吟遊詩人 trovador の言語として栄えた.

pro·ven·za·lis·mo [pro.ben.θa.lís.mo / -.sa.-] 男 プロバンス語に由来する言い回し[語彙(ぃ)].

pro·ven·za·lis·ta [pro.ben.θa.lís.ta / -.sa.-] 男 囡 プロバンス語[文学]研究家.

pro·ver·bial [pro.ber.bjál] 形 **1** 諺の, 金言の, 格言的な. frase ~ 金言, 故事.
2 周知の, よく知られた.

pro·ver·bial·men·te [pro.ber.bjál.mén.te] 副 諺[格言]どおりに;《+形容詞》あまねく《…な》. Su tacañería es ~ conocida. 彼[彼女]のけちぶりを知らない人はいない.

***pro·ver·bio** [pro.bér.bjo] 男 **1** 諺, 格言, 金言. → aforismo 類語. **2** 諷劇:諺・格言を題材にした小

provey- 活 → proveer.

pró·vi·da·men·te [pró.bi.ða.mén.te] 副《文語》慎重に、周到に.

*pro·vi·den·cia [pro.bi.ðén.θja / -.sja] 囡 **1** 摂理, 神意;[P~]神. la Divina P~ 神の摂理.
2《主に複数で》措置, 対策, 方策. tomar [dictar] ~s necesarias para... …するための措置を講ずる, 手を打つ. **3**《法》決定, 裁定, 判決. tomar [dictar] una ~ 決定を下す.
[←[ラ] *prōvidentiam* (*prōvidentia* の対格)「予見」; *prōvidēre*「予見する」(*prō*-「先に」+ *vidēre*「見る」; → proveer) より派生. 関連[英] *providence*]

pro·vi·den·cial [pro.bi.ðen.θjál / -.sjál] 形 **1** 摂理の, 神意の. **2** 願ってもない, 運のよい.

pro·vi·den·cia·lis·mo [pro.bi.ðen.θja.lís.mo / -.sja.-] 男《哲》《万象》摂理説, 神意説.

pro·vi·den·cia·lis·ta [pro.bi.ðen.θja.lís.ta / -.sja.-] 形 摂理説の. ― 男 摂理説の信奉者.

pro·vi·den·cial·men·te [pro.bi.ðen.θjál.mén.te / -.sjál.-] 副 摂理によって; 幸運にも.

pro·vi·den·ciar [pro.bi.ðen.θjár / -.sjár] 82 他〈措置を〉講じる;《法》裁決[裁定]する.

pro·vi·den·te [pro.bi.ðén.te] 形《文語》先見の明のある慎重な; 用意周到な, 恵み深い.

pró·vi·do, da [pró.bi.ðo, -.ða] 形《文語》用意周到な; 恵み深い. la *próvida* naturaleza 恵み深い自然.

provien- 活 → provenir.
provin- 活 → provenir.

*pro·vin·cia [pro.bín.θja / -.sja] 囡 **1** 県; 州. la capital de ~ 県都, 県庁所在地. la ~ de Badajoz バダホス県. En España cada comunidad autónoma se divide en ~s. スペインでは各自治州が県に分かれている.
2《主に複数で》(首都・大都市に対して) 地方, 田舎. vivir en ~s [en la ~] 地方[田舎]で暮らす. Felipe es de ~s y conoce poca gente en esta ciudad. フェリペは地方の出身でこの町に知り合いは少ない.
3《カト》修道会管区 (=~ religiosa); 教会管区. **4**《史》古代ローマの属州.
[←[ラ] *prōvinciam* (*prōvincia* の対格)「勢力範囲」; 属領, 地方」. 関連[英] *province*]

*pro·vin·cial [pro.bin.θjál / -.sjál] 形 **1** 県の, 州の. diputación ~ 県議会. **2** 地方の, 田舎の.
― 男《カト》修道会管区長, 教会管区長.

pro·vin·cia·la [pro.bin.θjá.la / -.sjá.-] 囡《カト》女子修道会の管区長.

pro·vin·cia·la·to [pro.bin.θja.lá.to / -.sja.-] 男《カト》管区長の職務[任期].

pro·vin·cia·lis·mo [pro.bin.θja.lís.mo / -.sja.-] 男 **1** 特定の地方特有の語法[表現・単語], お国[地方]訛(なま)り. **2** 地方第一主義, (排他的な)愛郷心.

pro·vin·cia·nis·mo [pro.bin.θja.nís.mo / -.sja.-] 男 **1**《軽蔑》(偏狭な)地方主義, 地方[田舎]気質. **2** 地方性; お国[地方]訛(なま)り.

pro·vin·cia·no, na [pro.bin.θjá.no, -.na / -.sjá.-] 形 **1** 地方の, 田舎の. **2**《話》田舎くさい, 野暮ったい. **3**《軽蔑》偏狭な. **4** 都会に慣れない, 田舎暮らしの. ― 男囡 地方の人, 田舎者.

pro·vi·rus [pro.bí.rus] 男《単複同形》《生物》《医》プロウイルス.

pro·vi·sión [pro.bi.sjón] 囡 **1** 供給, 支給, 補給. las oposiciones para la ~ de la vacante 欠員補充試験. **2**《主に複数で》貯蔵品, 備蓄; 食糧. **3** 用意, 準備; 蓄え. hacer ~ de... …を蓄える. **4** (予防的な) 手段, 処置. **5**〈職などの〉割り当て. **6**《法》裁決.

provisión de fondos《経》(手形決済のための)引当資金, 準備金;《法》訴訟準備金.
[←[後ラ] *prōvisiōnem* (*prōvisiō* の対格)「供給; 食糧」←[ラ]「予見; 用心」; *prōvidēre*「予見する」(何かに備えて) 用意する」(→ proveer) より派生. 関連 provisional. [英] *provision*]

*pro·vi·sio·nal [pro.bi.sjo.nál] 形 **一時的な**, 仮の, 臨時の. alojamiento ~ 仮住まい. gobierno ~ 臨時政府. medida ~ 暫定措置.

pro·vi·sio·na·li·dad [pro.bi.sjo.na.li.ðáð] 囡 一過性, 一時性; 一時しのぎ, 当座の間に合わせ.

pro·vi·sio·nal·men·te [pro.bi.sjo.nál.mén.te] 副 一時的に, 仮に, 臨時に.

pro·vi·sor, so·ra [pro.bi.sór, -.só.ra] 男 供給者, 納入業者. ― 男《カト》司教総代理; 司教に任命され司教と共に教会内の訴訟を担当する裁判官.
― 囡《カト》(女子修道院の) 管理係.

pro·vi·so·ra·to [pro.bi.so.rá.to] 男 供給[調達]業, 納入業; その事務所.

pro·vi·so·ri·a [pro.bi.so.rí.a] 囡 **1** → provisorato. **2** (修道院などの) 食糧庫.

pro·vi·so·rio, ria [pro.bi.só.rjo, -.rja] 形《ラ米》provisional.

*pro·vis·to, ta [pro.bís.to, -.ta] [proveer の過分] 形 〈de... …を〉**備えた**, 持った, 蓄えている. un animal ~ de cuernos 角のある動物.
― 男《ラ米》(ラフ)食料, 糧食.

pro·vo·ca·ción [pro.bo.ka.θjón / -.sjón] 囡 **1** 挑発, 扇動, 教唆. **2** 誘発.

pro·vo·ca·dor, do·ra [pro.bo.ka.ðór, -.ðó.ra] 形 挑発的な, 挑戦的な; 怒らせるような; 刺激的な. una mirada *provocadora* 挑発的なまなざし.
― 男囡 挑発者, けしかける人, 扇動者.

pro·vo·can·te [pro.bo.kán.te] 形 挑発的な, 挑戦的な, 刺激的な.

*pro·vo·car [pro.bo.kár] 102 他 **1**〈人を〉**挑発する**, 怒らせる;《a... …に向かって》気持ちをあおり立てる. ~ a un compañero con su actitud desafiante 挑発的な態度で同僚を怒らせる. ~ a la masa *a* la rebelión 大衆を暴動に駆り立てる.
2〈人を〉性的に興奮させる, 刺激する. ~ a un hombre con su vestido atrevido 大胆なドレスで男の気を引く. **3**〈出来事・反応などを〉引き起こす, 誘発する. ~ una discusión petulante を呼ぶ. ~ risas 笑いを誘う. Este enfrentamiento *provocó* la guerra. この衝突が戦争のきっかけとなった.
― 自 **1**《話》嘔吐(おうと)する, 吐く. **2**《ラ米》(ラフ)(ブラブ)《a+人〈人〉が》…を欲しくなる;(+不定詞 …)》したくなる (=apetecer). No *me provoca* ir hoy. 僕は今日はどうも行く気にならない (▶ me が a+人に相当).
[←[ラ] *prōvocāre* (*prō*-「前へ」+ *vocāre*「呼ぶ」); 関連 voz. [英] *provoke*]

pro·vo·ca·ti·vo, va [pro.bo.ka.tí.bo, -.ba] 形 **1** 挑発的な, 挑戦的な. Me miró de forma *provocativa*. 彼(女)は挑むようににらんだ. **2** 色っぽい, 欲情をそそる. una mujer *provocativa* 色っぽい女性. una risa *provocativa* あだっぽい笑い.

pro·xe·ne·ta [prok.se.né.ta] 男囡 売春斡旋(あっせん)

人；ぽん引き，ひも．

pro・xe・né・ti・co, ca [prok.se.né.ti.ko, -.ka] 形 売春斡旋(ホミミミ)業の．

pro・xe・ne・tis・mo [prok.se.ne.tís.mo] 男 売春斡旋(ホミ).

pró・xi・ma [prók.si.ma] 形 → próximo.

pró・xi・ma・men・te [prók.si.ma.mén.te] 副 **1** 近々，近いうちに． **2** およそ，ほぼ．

***pro・xi・mi・dad** [prok.si.mi.dáđ] 女 **1** 近いこと，近接. en la ~ de las vacaciones 休暇明けで．2《主に複数で》付近，近所. Naufragaron en las ~*es* de la costa. 海岸近くで難破した．

****pró・xi・mo, ma** [prók.si.mo, -.ma] 形 **1**《多くは＋名詞》《多くは定冠詞・所有詞など限定詞と共に用いる》(発話時点から見て)次の，来るべき(▶「その次の」は siguiente). *su* viaje [彼女]の次の旅行. *la próxima* semana 来週. *la [una] próxima* reunión 今度の会議[次々ある会議]. *el* ~ presidente 次期大統領. *los* ~ *cinco años* これからの5年. a partir del ~ mes de septiembre 来たる9月以降. entrar en vigor *el* ~ 1 de octubre この[来年の] 10月1日に発効する. en *los* ~s días 近日中に．
2《多くは名詞＋》《ser＋ / estar＋》(場所・時間的に)(**a**… …に)近い，近くにある，隣接の. en un futuro ~ 近い将来. en fecha *próxima* 近いうちに，間もなく. una cantidad *próxima al 50％* 50パーセントに近い量. según fuentes *próximas* al presidente 大統領に近い筋によれば. Oriente *P*~ [el *P*~ Oriente]近東(▶ Oriente *P*~ は無冠詞で，*P*~ Oriente は定冠詞＋で用いられることが多い). Mi casa *está próxima a* la salida de la autopista. 私の家は高速道路の出口の近くにある. Ya *están próximas* las vacaciones de Navidad. もうすぐクリスマス休暇だ. La situación de Granada *es próxima a* la de otras provincias andaluzas. グラナダの状況は他のアンダルシアの県と似たりよったりだ．
estar próximo a＋不定詞 もうすぐ…する．
la próxima vez que＋接続法 今度…するときは．
próximo pasado《文章語》直前の. el día 17 de abril ~ *pasado* 去る4月17日(に)．
[← [ラ] *proximus* (*proximus* の対格) → prójimo；[関連] proximidad．[英] (*ap*)*proximate*]

prox・y [prók.si] [英] 男《複 ~s》《ＩＴ》プロキシ (サーバー)：内部ネットワークのコンピュータの代わりにインターネットとの接続を仲介するコンピュータ．

***pro・yec・ción** [pro.jek.θjón / -.sjón] 女 **1** 発射，放射，射出．
2 映写，上映. ~ de diapositivas スライドの映写. **3** 普及，伝播(ﾃﾝ)；影響(力). empresa de ~ mundial 世界規模の企業. **4** 計画(の)，考案. **5**《数》投影(図). ~ cónica 円錐(タ)図法，円錐投影. ~ ortogonal 正射影. **6**《心》投影．

****pro・yec・tar** [pro.jek.tár] 他 **1**(光などを)投げかける；投げ出す，放出する. ~ un misil ミサイルを発射する. ~ el cuerpo hacia adelante 体を前へ突き出す. El farol *proyectaba* su luz a la calle. 街灯が道を照らしていた．
2(**en…** / **sobre…** …に)〈姿・画像などを〉映し出す；〈観念・感情などを〉投影させる. ~ una imagen *sobre* la pantalla スクリーンに映像を映し出す. ~ el futuro 未来図を描き出す. ~ un deseo *sobre* su pintura 欲望を絵に投影する．
3(事業などの)計画を立てる；《＋不定詞 …する》計画を立てる；見積もる. ~ un viaje 旅行の計画を立てる. ~ un presupuesto 予算を見積もる. Nuestro grupo *proyecta hacer* una exposición. 私たちのグループは展示会を開こうと計画している．
4 設計する；〈機械の〉設計図を描く. ~ un parque 公園を設計する．
5《数》《物理》《**en…** / **sobre…** …に》〈形を〉投影[射影]する. ~ un cono *sobre* un plano 円錐を平面に投影する．
━～・se 再 《3人称で》映し出される，投影される. En la actitud del niño *se proyecta* su debilidad. その子の行動には弱さが反映されている．
[← [ラ] *prōjectāre*(「前へ投げる」が原義)；[関連] proyecto．[英] *project*]

pro・yec・til [pro.jek.tíl] 男 (弾丸・砲弾などの)発射体，ミサイル. ~ teledirigido 誘導弾[ミサイル]. ~ balístico 弾道弾，弾道ミサイル．

pro・yec・tis・ta [pro.jek.tís.ta] 共 **1** 設計者；製図工. **2** 企画者，立案者．

pro・yec・ti・vo, va [pro.jek.tí.bo, -.ba] 形 **1** 計画の，投射の，発射の. **2**《数》投影の．

****pro・yec・to** [pro.jék.to] 男 **1** 計画，企画 (=plan). hacer [realizar] un ~ 計画を立てる[実現する]. Tenemos el ~ de ir de vacaciones a Suiza. 私たちは休暇でスイスに行く計画である．
2 草案，草稿；見積もり. ~ de acuerdo 協定案. ~ de resolución 決議案. presentar un ~ de ley 法案を提出する．
3 (全体的な)設計(図). ~ de una planta industrial 工業プラントの設計．
━ 直 → proyectar．
en proyecto 計画中の. tener *en* ~… …を計画中である．

pro・yec・tor [pro.jek.tór] 男 **1** 映写機，プロジェクター. **2** サーチライト，投光器；スポットライト．

***pru・den・cia** [pru.đén.θja / -.sja] 女 **1** 慎重さ，用心深さ. con ~ 慎重に．
2 分別，賢明，思慮深さ. comportarse con ~ 節度をもって振る舞う. **3**《カト》賢明．

pru・den・cial [pru.đen.θjál / -.sjál] 形 分別のある，思慮深い；ほどほどの. una cantidad ~ 適当な額[量]．

pru・den・ciar・se [pru.đen.θjár.se / -.sjár.-] 再《ラ米》(ﾒｷ)(ﾍﾟﾙ)(ｸﾞｱ)こらえる；慎重に行動する．

***pru・den・te** [pru.đén.te] 形 **1** 慎重な，用心深い；思慮深い(↔imprudente). consejo [comportamiento] ~ 思慮深い助言[ふるまい]. Mi hermana es muy ~ al volante. 私の姉は車の運転がとても慎重だ. Lo más ~ sería esperar con paciencia. 辛抱強く待つのが最も賢明でしょう．
2 節度のある，ほどほどの. acostarse a una hora ~ 適当な時間に就寝する．
[← [ラ] *prūdentem* (*prūdēn* の対格)「洞察力のある；慎重な」(*prōvidēre*「予見する」の現在分詞 *prōvidēns* の縮約形)；[関連][英] *prudent*]

prueb- 直 → probar．

****prue・ba** [prwé.ba] 女 **1** 証拠；証明，《複数》証拠書類[物件]. con las ~*s* en la mano 動かぬ証拠を持って. ofrecer [aportar] una ~ 証拠を示す. peso de la ~ 立証責任. salvo ~ en contrario 反証がない限り. ~ absoluta 確証. ~ indiciaria [de indicios] 状況証拠. ~ material 物的証拠. ~ semiplena 不完全な証拠. Tuve que dar ~ de mi inocencia. 私は自分の無実の証

明しなければならなかった.

2《比喩的》しるし, 兆候. en ～ de amistad 友情の証しに. como ～ de agradecimiento 感謝のしるしとして. Los estudiantes están dando ～ de su descontento. 学生たちは不満の色を示している.

3 試験, テスト；実験, 検査. someter... a ～ …を検査する. una ～ de aptitud 適性検査. Hoy tengo dos ～s de español. 今日, 私はスペイン語のテストが2つある. hacerse una ～ de sangre 血液検査をする[受ける]. ～ nuclear 核実験. ～ patrón ベンチマークテスト. ～ teórica [práctica] 学科[実技]試験. ～ de inteligencia 知能テスト. ～ de paternidad 実父確定検査. ～ de nivel クラス分けのテスト, プレイスメントテスト. ～ de alcohol 酒気帯び検査. mesa de ～s 実験台.

4 試練, 試運転, 試食［飲］, 試着, 試験. hacer una con... …を試す. período de ～ 試用期間. sala de ～s 試着室.

5 試練. pasar duras ～s つらい試練を乗り越える. sufrir duras ～s en la vida 人生の辛酸をなめる.

6《スポ》競技(種目)；試合, トライアル；代表選手選考(試合). primera ～ (競技, 試技の)一本目. ～ eliminatoria 予選. ～ mixta (スキーなどの)複合競技. **7**《数》検算. hacer ～ de una suma 足し算の検算をする. ～ del nueve 九去法(9で割って検算する方法). **8**《印》(主に複数で)校正刷り, ゲラ. ～ de autor 著者校正. ～ de imprenta ゲラ[校正]刷り. primera ～ 初校刷り. (► 「再校刷り」は contraprueba, segunda ～). ～ definitiva 校了ゲラ. corregir ～s 校正をする.

9《写》プリント, 焼き付け. ～ negativa ネガ, 陰画. ～ positiva ポジ, 陽画. **10**(版画の)初刷り, 試し刷り (=～ de artista). **11**(検査・分析用の)見本, サンプル. **12**《ラ米》(1)曲芸, アクロバット；手品. (2)《茂》サーカス.

── 活 → probar.

a guisa de prueba 試験的に, 試みに.

a prueba 試しに, 試験的に；実験済みの. tomar a＋人 *a* ～ *por un mes* 1か月(人)を試験的に採用する.

a prueba de... …を通さない；…に耐える. *a* ～ *de agua* 防水(加工)の. *a* ～ *de bomba*(s) 頑丈な. *a* ～ *de choques* 耐震の, 衝撃に耐える.

a toda prueba 何に対しても屈しない；頑丈な. una voluntad *a toda* ～ 鉄の意志.

banco de pruebas 砲身[銃身]の検査台；(機械の)検査台.

prueba de fuego 試練, 正念場；決定的な証明[局面].

pruebas al canto《話》動かぬ証拠.

ser prueba de... …の証拠である, …を示している. ～ *de ello es* そのの証拠には…ということだ.

prue·bis·ta [prwe.bís.ta] 男《ラ米》(1)軽業師, 曲芸師；手品師. (2)《ｱﾙｾﾞ》校正係.

prui·na [prwí.na] 女 **1**《植》(葉・茎・実を覆う)蝋(ろう)状の物質(の層). **2**《古語》霜.

pru·na [prú.na] 女《植》セイヨウスモモ, プラム (=ciruela).

pru·no [prú.no] 男《植》セイヨウスモモの木, プラムの木 (=ciruelo).

pru·ri·go [pru.rí.ɡo] 男《医》痒疹(ようしん).

pru·ri·to [pru.rí.to] 男 **1**《医》掻痒(そうよう)症, かゆみ. **2** 抑えがたい欲望, 強い望み. tener [sentir] el ～ de＋不定詞 何がなんでも…したくなる.

Pru·sia [prú.sja] 固名 プロイセン, プロシア：旧ドイツ帝国の一王国 (1701-1918).

[◄[中ラ]*Prussia* (スラブ語起源？)]

pru·sia·no, na [pru.sjá.no, -.na] 形 **1** プロイセンの, プロシアの. **2**《話》(まれ)規律に厳しい.

── 男 プロイセン人, プロシア人.

pru·sia·to [pru.sjá.to] 男《化》青酸塩, シアン化物.

prú·si·co, ca [prú.si.ko, -.ka] 形《化》青酸の, シアン化水素の. ácido ～ 青酸, シアン化水素酸.

PS. / P. S.《略》*post scriptum* [ラ] 追伸 (=posdata).

pseudo- →seudo-.

pseu·do·mo·na [seu.ðo.mó.na] 女 →seudomona.

pseu·dó·ni·mo, ma [seu.ðó.ni.mo, -.ma] 形 男 →seudónimo.

pseu·dó·po·do [seu.ðó.po.ðo] 男 → seudópodo.

psi [psí] 女 プシー, プサイ (Ψ, ψ)：ギリシア語アルファベットの第23字.

psi·cas·te·nia [si.kas.té.nja] 女《医》精神衰弱(症).

psico- 「霊魂, 精神」の意を表す造語要素. ► sico- となることも. 母音 a の前で時に psic-, e, i の前では psiqu-. →*psico*drama, *psiquia*tría. [◄[ギ]]

psi·co·a·ná·li·sis [si.ko.a.ná.li.sis] 男《単複同形》精神分析(学).

psi·co·a·na·lis·ta [si.ko.a.na.lís.ta] 形 精神分析(学)の. ── 男女 精神分析学者；精神分析医.

psi·co·a·na·lí·ti·co, ca [si.ko.a.na.lí.ti.ko, -.ka] 形 精神分析の.

── 男女《まれ》精神分析学者[医].

psi·co·a·na·li·zar [si.ko.a.na.li.θár / -.sár] 97 他 (人の)精神分析をする.

── ～·se 再 精神分析を受ける.

psi·co·de·lia [si.ko.ðé.lja] 女 サイケデリック・ムーブメント：1960年代のポピュラー音楽などの運動で, 幻覚剤の使用が伴うことがあった.

psi·co·dé·li·co, ca [si.ko.ðé.li.ko, -.ka] 形 **1** 幻覚的な, サイケデリックの. **2** サイケデリック調の, けばけばしい. **3**《話》風変わりな, へんてこな. **4** サイケデリック・ムーブメントの.

psi·co·dra·ma [si.ko.ðrá.ma] 男《心》心理劇(療法), サイコドラマ：患者の集団に即興劇を演じさせる心理療法の一つ.

psi·co·fár·ma·co [si.ko.fár.ma.ko] 男《薬》向精神薬.

psi·co·fí·si·ca [si.ko.fí.si.ka] 女《医》精神物理学.

psi·co·fi·sio·lo·gí·a [si.ko.fi.sjo.lo.xí.a] 女 →sicofisiología.

psi·co·fo·ní·a [si.ko.fo.ní.a] 女 科学的に説明のできない[超常的な]音声(現象).

psi·co·gé·ni·co, ca [si.ko.xé.ni.ko, -.ka] / **psi·có·ge·no, na** [si.kó.xe.no, -.na] 形 心因性の.

psi·co·ki·ne·sia [si.ko.ki.né.sja] 女 → psicoquinesis.

psi·co·ki·ne·sis [si.ko.ki.né.sis] 女《単複同形》→ psicoquinesis.

psi·co·lin·güis·ta [si.ko.liŋ.ɡwís.ta] 男女 心理言語[言語心理]学者 (=sicolingüista).

psi·co·lin·güís·ti·co, ca [si.ko.liŋ.ɡwís.ti.ko, -.ka] 形 心理言語[言語心理]学の. ── 女 心理言語[言語心理]学.

psi·co·lo·gí·a [si.ko.lo.xí.a] 囡 **1** 心理学. analítica 分析心理学. ~ anormal 異常心理学. ~ clínica 臨床心理学. ~ de la Gestalt ゲシュタルト心理学. ~ experimental 実験心理学. ~ criminal 犯罪心理学. ~ infantil 児童心理学. ~ profunda 深層心理学. ~ social 社会心理学.
2 心理(状態). ~ de masas 群集心理.
3 他人の心理を理解する才能. Rosa es una dependienta que tiene mucha ~ para vender bien. ロサは客の心理をとらえて売るのがうまい店員である.
[←[近ラ]*psychologia*(最初16世紀にドイツで使用);[ラ]*psycho*-「心, 魂, 命」(←[ギ]*psȳkhḗ*[命, 魂])+[ラ]*-logia*「研究」(関連)[英]*psychology*]

psi·co·ló·gi·co, ca [si.ko.ló.xi.ko, -.ka] 形 **1** 心理学の, 心理学的な. novela *psicológica*心理小説. **2** 心理的な, 精神的な. guerra *psicológica* 心理戦争, 神経戦. presión *psicológica* 精神的プレッシャー.

psi·có·lo·go, ga [si.kó.lo.go, -.ga] 男囡心理学者; 心理をとらえるのが上手な人.
—形 心理に通じた.

psi·co·me·trí·a [si.ko.me.trí.a] 囡 **1** 精神測定, 精神測定学. **2** サイコメトリー. 残留思念感知.

psi·co·mo·tor, to·ra [si.ko.mo.tór, -.tó.ra] 形〖心〗精神運動(性)の. ▶ 女性形は psicomotriz も用いられる.

psi·co·mo·tri·ci·dad [si.ko.mo.tri.θi.ðáð / -.si.-] 囡〖心〗精神運動(性).

psi·co·mo·triz [si.ko.mo.tríθ / -.trís] 形〘複 psicomotrices〙〖心〗精神運動(性)の. ▶ psicomotor の女性形.

psi·co·neu·ro·sis [si.ko.neu.ró.sis] 囡〘単複同形〙〖医〗精神神経症.

psi·có·pa·ta [si.kó.pa.ta] 男囡 精神病質者.

psi·co·pa·tí·a [si.ko.pa.tí.a] 囡 精神病質.

psi·co·pá·ti·co, ca [si.ko.pá.ti.ko, -.ka] 形 精神病質の. —男囡 精神病質者.

psi·co·pa·to·lo·gí·a [si.ko.pa.to.lo.xí.a] 囡〖医〗精神病理学.

psi·co·pa·to·ló·gi·co, ca [si.ko.pa.to.ló.xi.ko, -.ka] 形 精神病理学の.

psi·co·pe·da·go·gí·a [si.ko.pe.ða.go.xí.a] 囡 教育心理学.

psi·co·pe·da·go·go, ga [si.ko.pe.ða.gó.go, -.ga] 男囡 教育心理学者.

psi·co·qui·ne·sia [si.ko.ki.né.sja] 囡 → psicoquinesis.

psi·co·qui·ne·sis [si.ko.ki.né.sis] 囡〘単複同形〙念力, 念動, サイコキネシス.

psi·co·sis [si.kó.sis] 囡〘単複同形〙 **1**〖医〗精神病. ~ maníaco-depresiva そううつ病.
2《話》(個人・集団の)精神不安, 強迫観念.

psi·co·so·cial [si.ko.so.θjál / -.sjál] 形〖心〗心理社会的な.

psi·co·so·cio·lo·gí·a [si.ko.so.θjo.lo.xí.a / -.sjo.-] 囡 心理社会学.

psi·co·so·má·ti·co, ca [si.ko.so.má.ti.ko, -.ka] 形 心身相関の, 精神身体の.

psi·co·tec·nia [si.ko.ték.nja] 囡 心理学応用技法.

psi·co·téc·ni·co, ca [si.ko.ték.ni.ko, -.ka] 形 心理学応用技法の.

psi·co·te·ra·peu·ta [si.ko.te.ra.péu.ta] 男囡 精神[心理]療法医, 心理療法士.

psi·co·te·ra·péu·ti·co, ca [si.ko.te.ra.péu.ti.ko, -.ka] 形〖医〗心理[精神]療法の.

psi·co·te·ra·pia [si.ko.te.rá.pja] 囡〖医〗心理[精神]療法.

psi·có·ti·co, ca [si.kó.ti.ko, -.ka] 形 精神病の. —男 精神病患者.

psi·co·tró·pi·co, ca [si.ko.tró.pi.ko, -.ka] 形 → psicótropo.

psi·có·tro·po, pa [si.kó.tro.po, -.pa] / **psi·co·tró·po, pa** [si.ko.tró.po. -.pa] 形 向精神性の, 精神に作用する. —男 向精神薬 (= fármaco ~, psicofármaco).

psi·cró·me·tro [si.kró.me.tro] 男 乾湿球温度計, 乾湿計.

psi·que [sí.ke] 囡〖心〗魂, 心; プシケ: 意識・無意識の精神生活の全体.

Psi·que [sí.ke] 固名〖ギ神〗プシュケー: 美少女の姿となり Eros に愛された霊魂の化身. [←[ラ]*Psȳchē* ←[ギ]*Psȳkhḗ* (*psȳkhḗ* 「命, 魂」より派生)]

psi·quia·tra [si.kjá.tra] / **psi·qui·a·tra** [si.kí.a.tra] 男囡〖医〗精神病(専門)医, 精神科医. *estar de psiquiatra*《話》(時にユーモラスに)精神的に不安定である[おかしい].

psi·quia·trí·a [si.kja.trí.a] 囡〖医〗精神医学.

psi·quiá·tri·co, ca [si.kjá.tri.ko, -.ka] 形 精神医学の. —男 精神科病院.

psí·qui·co, ca [sí.ki.ko, -.ka] 形 **精神の**, 心的な. *trauma* ~ 精神的の外傷.

psi·quis [sí.kis] 囡〘単複同形〙→ psique.

Psi·quis [sí.kis] 固名 → Psique.

psi·quis·mo [si.kís.mo] 男 心理現象, 心理作用.

psi·tá·ci·do, da [si.tá.θi.ðo, -.ða / -.si.-] 形〖鳥〗オウム科の.
—囡〖鳥〗オウム科の鳥;《複数で》〖鳥〗オウム科.

psi·ta·cis·mo [si.ta.θís.mo / -.sís.-] 男 暗記を基礎にした教授[学習]法.

psi·ta·co·sis [si.ta.kó.sis] 囡〘単複同形〙〖医〗オウム病.

pso·as [só.as] 男〘単複同形〙〖解剖〗腰筋.

PSOE [pso.é] 男〘略〙*Partido Socialista Obrero Español* スペイン社会主義労働者党.

pso·ria·sis [so.rjá.sis] 囡〘単複同形〙〖医〗乾癬(せん).

Pt 〖化〗*platino* 白金, プラチナ.

pta(s). 囡〘略〙*peseta(s)*.

pte·ri·do·fi·to, ta [te.ri.ðo.fí.to, -.ta] 形〖植〗シダ植物のシダ植物門に属する.
—囡〖植〗シダ植物門;《複数で》〖植〗シダ植物門.

ptero- 「羽, 翼」の意の造語要素. [←[ギ]]

pte·ro·dác·ti·lo [te.ro.ðák.ti.lo] 男〖古生〗翼竜.

ptia·li·na [tja.lí.na] 囡〖生化〗プチアリン: 唾液(だえき)中のでんぷん分解酵素(= tialina).

ptia·lis·mo [tja.lís.mo] 男〖医〗流涎(りゅうぜん)症, 唾液(だえき)[分泌]過多(= tialismo).

pto·le·mai·co, ca [to.le.mái.ko, -.ka] 形 (古代ギリシアの天文学者) プトレマイオスの; 天動説の. → Tolomeo.

Pto·le·me·o [to.le.mé.o] 固名 → Tolomeo.

pto·ma·í·na [to.ma.í.na] 囡〖生化〗プトマイン, 屍毒(しどく).

pto·sis [tó.sis] 囡〘単複同形〙〖医〗下垂症; 眼瞼(がんけん)下垂症.

pts. 〘略〙〘複数形〙*pesetas*; *puntos*.

Pu 〖化〗*plutonio* プルトニウム.

pú·a [pú.a] 囡 **1** 堅くて先がとがったもの;(くしの)

歯；(フォークの）先.
2 (植物の)とげ；(ヤマアラシ・ウニなどの)針. Me he clavado una *púa* en el dedo. 指にとげが刺さった.
3『音楽』(弦楽器用の)爪(♣), ピック. **4** 独楽(ₓ)の軸.
5 心に刺さったとげ, 悩みごと, ゆううつの種. **6**『話』ずる賢い人, 抜けめのない人. **7**『農』接ぎ穂. **8**《主に複数で》《俗》ペセタ. **9**《ラ米》(ᵍₓ)(ᶻᵍ)(ᵘᵍ)蹴爪(ᵘᵍ). (**2**)《主に複数で》(ᵍₓ)(ᶻᵍ)(ᵘᵍ)レコード針.
saber cuántas púas tiene un peine《話》抜け目ない, 簡単にはだまされない.

pua·zo [pwá.θo / -.so] 男《ラ米》(ᶻᵍ)蹴爪(ᵘᵍ)によるかき傷.

pub [páb]《英》男《複 ~s, ~es, ~》酒場, パブ.

pú·ber [pú.ber]形《格式》思春[青年]期の, 思春期に達した, 年ごろの. la edad ~ 思春期.
── 男 女《格式》若者, 青年.

pu·ber·tad [pu.ber.táđ] 女 思春期, 青春期.

pu·bes [pú.bes] 男《単複同形》→ pubis.

pu·bes·cen·cia [pu.bes.θén.θja / -.sén.sja] 女 → pubertad.

pu·bes·cen·te [pu.bes.θén.te / -.sén.-] 形 **1**《格式》思春期の, 年ごろの. **2**『植』軟毛のある.

pu·bia·no, na [pu.bjá.no, -.na] 形 恥丘の；『解剖』恥骨の.

pu·bis [pú.bis] 男《単複同形》恥丘；『解剖』恥骨 (= hueso ~).

pú·bli·ca [pú.bli.ka] 形 → público.

pu·bli·ca·ble [pu.bli.ká.ble] 形 出版[発表]できる, 公表できる.

pu·bli·ca·ción [pu.bli.ka.θjón / -.sjón] 女 **1 出版, 刊行. fecha de ~ 本の出版年月日. revista de ~ mensual 月刊誌.
2 公表, 発表. ~ de documentos secretos 秘密文書の公開.
3 出版物, 刊行物. catálogo de *publicaciones* de una editorial ある出版社の刊行物目録. Él tiene abundantes *publicaciones* sobre el tema. 彼はそのテーマに関する多くの著作がある.

pú·bli·ca·men·te [pú.bli.ka.mén.te] 副 おおっぴらに, 公然と.

pu·bli·ca·no [pu.bli.ká.no] 男『史』(古代ローマの)収税吏.

pu·bli·car [pu.bli.kár] 他 **1〈作者・出版社が〉〈作品などを〉**出版する**, 刊行する, 《**en...**》〈出版物に〉載せる. ~ una novela 小説を出版する. ~ un artículo [una viñeta] *en* un diario 日刊紙に記事[漫画]を載せる.
2〈情報を〉公表する, 広める；暴露する. ~ el horario del curso 講義の時間割を発表する. ~ una noticia en exclusiva ニュースを特集で伝える. ~ las amonestaciones (婚姻などの)公告をする.
── **~se** 再《3人称で》出版される；公表される.

*pu·bli·ci·dad [pu.bli.θi.đáđ / -.si.-] 女 **1** 広告, 宣伝 (= propaganda). agencia de ~ 広告代理店. sección de ~ 広報部. ~ redaccional (記事の体裁をとった)新聞広告. Últimamente hacen mucha ~ de este cosmético en la televisión. 最近テレビでこの化粧品をよく宣伝している.
2 公表, 周知 (= divulgación). Se ha dado ~ a la convocatoria del concurso. コンクールの募集要項が公表された. Este periodista dio ~ al escándalo del ministro. この記者が大臣のスキャンダルをすっぱ抜いた.

pu·bli·cis·ta [pu.bli.θís.ta / -.sís.-] 男 女 **1** 広告業者. **2** ジャーナリスト. **3** 公法学者.

pu·bli·ci·tar [pu.bli.θi.tár / -.si.-] 他 …を広告に出す, …の広告を出す. Se *publicitan* los últimos modelos en TV. その最新モデルはテレビで宣伝している.

*pu·bli·ci·ta·rio, ria [pu.bli.θi.tá.rjo, -.rja / -.si.-] 形 広告の, 宣伝の. empresa *publicitaria* 広告会社. medios ~s 宣伝媒体.
── 男 女 広告業者；ジャーナリスト.

pu·bli·co [pu.blí.ko]《話》→ publicar.

**pú·bli·co, ca [pú.bli.ko, -.ka] 形《名詞+》
(**ser+**) **1** 公の, 公共の, 公衆の (↔privado). orden ~ 治安. servicio (s) ~(s) 公共サービス. sanidad *pública* 公衆衛生. teléfono ~ 公衆電話. opinión *pública* 世論.
2 官公の, 公務の. la empresa *pública* 公営企業. los poderes ~s 公的機関, 官公庁. la hacienda *pública* 国家財政. la cadena *pública* 国営[公共]チャンネル. el sistema ~ de pensiones 公的年金制度. el Ministerio de Obras *Públicas*, Transportes y Medio Ambiente 公共事業・運輸・環境省. un delito de malversación de caudales ~s 公金横領の罪. el saldo de deuda *pública* 国債残高. reducir el déficit ~ 財政赤字を減らす.
3 公然の, 周知の. Es ~ que + 直説法. …は周知のことである. ser ~ y notorio 公然の事実である.
4 公開の, 公設の.
── 男 **1** 公衆, 観客, 民衆, 人々. el ~ en general 一般大衆. el precio de venta al ~ 希望小売り価格(略 PVP). aviso al ~ 公告, 告示. Horario de atención al ~: de 8,30 a 14 h. de lunes a viernes 営業時間は月曜から金曜の8時半から14時まで. La Casa Batlló abre sus puertas al ~ por primera vez. ガウディ作のバトリョ邸が初めて一般に公開される. La sala estaba llena de ~. 部屋は人でいっぱいだった.
2 聴衆, 観客, 視聴者, 読者. película apta para todos los ~s 一般向け映画. Cada escritor tiene su ~. どの作家にも愛読者はいるものだ.
casa pública 売春宿.
en público 公に, 人前で. Hace tiempo que no aparecen *en* ~. 彼らはずいぶん公の場に姿を見せない. Nadie lo dice *en* ~, pero nadie lo duda. 誰もそれを公言していないが, 疑う人はいない.
gran público《多くは定冠詞+》大衆, 一般人 (= el ~ en general). casi desconocido para *el gran* ~ 一般大衆[一般人]にほとんど知られていない.
hacer público... …を公表する. hacer *pública* su defunción 彼[彼女]の死を公にする. ► público は目的語に性数一致する.
mujer pública 売春婦, 娼婦(ᵘ).
sacar [*dar*] *al público...* (**1**) …を出版する, 上梓(ᵘ)する. Acaba de dar *al* ~ su primer libro. 彼[彼女]は最初の本を上梓(ᵘ)したところだ. (**2**) …を公表する, 一般に知らせる.
[← [ラ] *pūblicum* (*pūblicus* の対格)；[関連] publicar, publicación, publicista, república. [英] *public, publish*]

publique(-) / publiqué(-)活 → publicar.

pu·bli·rre·por·ta·je [pu.bli.r̃e.por.tá.xe] 男《スペイン》広告記事.

pu·ca·rá [pu.ka.rá] 男《ラ米》(ᵁˣ)『史』インカ帝国時代の砦(ᵘᵍ) [小堡(ᵘ)]；(スペイン統治時代に未征服地に築いたスペイン人の)要塞(ᵘᵍ), 砦.

pu·ce·la·no, na [pu.θe.lá.no, -.na / -.se.-] 形 《話》(スペインの)バリャドリード Valladolid の,バリャドリード出身の. — 男女 《話》バリャドリードの住民[出身者]. — 女 《鉱》ボリソン.

pu·cha [pú.tʃa] 女《ラ米》(1)《ﾁﾘ》花束. (2) 《ｴｸｱﾄﾞﾙ》《話》少し,少量,ちょっと.
¡La pucha! / ¡Pucha! 《ラ米》《話》まさか,そんな,ばかな.

pu·char [pu.tʃár] 自 1《話》押す,押し戻す;支える. Juan y Antonio *pucharon* el coche para quitarlo de la calle. フアンとアントニオは道路から退かすために車を押した. 2《話》話す(=hablar).

pu·che·ca [pu.tʃé.ka] 女《ラ米》《ｴｸｱﾄﾞﾙ》《複数で》《卑》女性の胸,乳房.

pu·che·ra·zo [pu.tʃe.rá.θo / -.so] 男 1 鍋での殴打. 2《話》《軽蔑》選挙の不正操作. dar ~ 不正な選挙をする.

pu·che·re·ar [pu.tʃe.re.ár] 他(子供を)上手に養育する. — 自(1)《ラ米》《ﾁﾘ》貧しい食事をする. (2)《ｱﾙｾﾞﾝﾁﾝ》稼ぎが十分でない.

pu·che·ro [pu.tʃé.ro] 男 1《スペイン》土鍋(ﾄﾞﾅﾍﾞ), 鍋. 2（豆と肉などの）煮込み料理. 3《話》毎日の食事. ganarse el ~ 日々の糧を得る. calentar [hacer cocer] el ~ なんとか暮らしを立てる. 4《主に複数で》泣き面. hacer ~s 《話》べそをかく,《ラ米》《ｳﾙｸﾞｱｲ》ふくれっ面をする.

pu·ches [pú.tʃes] 男(または女)《複数形》穀物がゆ,オートミール(= gachas).

pu·chin·ga [pu.tʃíŋ.ga] 女《話》ペニス,陰茎.

pu·chi·to, ta [pu.tʃí.to, -.ta] 男女《ラ米》《ｱﾙｾﾞﾝﾁﾝ》《話》末っ子.

pu·cho [pú.tʃo] 男《ラ米》(1)《ｱﾙｾﾞﾝﾁﾝ》《話》タバコ;吸い殻. (2)《ｱﾙｾﾞﾝﾁﾝ》《ﾁﾘ》末っ子. (3)《ﾍﾟﾙｰ》余り物,残りかす. (4)《ﾍﾟﾙｰ》少量,少額.
a puchos 《ラ米》《ﾍﾟﾙｰ》少しばかり. *de a ~s* 少しずつ.
no valer un pucho 《ラ米》《ﾍﾟﾙｰ》何の役にも立たない.
sobre el pucho 《ラ米》《ｳﾙｸﾞｱｲ》すぐに,ただちに.

pu·co [pú.ko] 男《ラ米》《ﾍﾟﾙｰ》素焼きの碗(ﾜﾝ).

pud- 活 → poder.

pud·ding [pú.ðiŋ] 男《英》男《複 ~s, ~》《料》プディング,プリン.

pu·den·do, da [pu.ðén.do, -.da] 形 羞恥(ｼｭｳﾁ)心をあおる. partes *pudendas* 恥部,陰部. — 男 ペニス, 陰茎.

pu·di·bun·dez [pu.ði.bun.déθ / -.dés] 女《複 pudibundeces》《格式》《軽蔑》ひどく上品ぶること,取り澄ました様子.

pu·di·bun·do, da [pu.ði.bún.do, -.da] 形《話》ひどく上品ぶった,取り澄ました.

pu·di·cia [pu.ðí.θja / -.sja] 女 慎み;誠実;羞恥(ｼｭｳﾁ).

pú·di·co, ca [pú.ði.ko, -.ka] 形 慎みのある,節度のある;羞恥心のある.

pu·dien·te [pu.ðjén.te] 形《話》富裕な,豊かな;有力な.
— 男女《話》金持ち,有力者. los ~s 富裕階級.

pu·dín [pu.ðín] / **pu·din** [pú.ðin] 男《複 ~s, ~》《料》プディング.
[← 《英》*pudding*]

pu·din·ga [pu.ðíŋ.ga] 女《地質》礫岩(ﾚｷｶﾞﾝ).

*****pu·dor** [pu.ðór] 男 1 恥;性的羞恥(ｼｭｳﾁ)心,恥じらい. sin ~ 破廉恥な. atentado contra el ~ 強制猥褻(ﾜｲｾﾂ)罪. ultraje contra el ~ 公然猥褻罪. 2 慎み,節度. 3 誠実さ.

pu·do·ro·so, sa [pu.ðo.ró.so, -.sa] 形 羞恥心のある,節度のある,上品な;取り澄ました.

pu·dri·ción [pu.ðri.θjón / -.sjón] 女 → pudrimiento.

pu·dri·de·ro [pu.ðri.ðé.ro] 男 1 ごみ捨て場,ごみため. 2（墓地内の）仮の遺体安置所.

pu·dri·mien·to [pu.ðri.mjén.to] 男 1 腐ること,腐敗. 2 腐敗物.

*****pu·drir** [pu.ðrír] 79 他 [過分] は podrido 1 腐らせる,腐敗させる;だめにする. 2 不愉快にさせる,いらいらさせる. — 自 葬られている. — **~se** 再 1 腐敗する,腐る. 2 台無しになる,駄目になる. 3 不快になる,いらいらする.
¡Así [Ojalá] te pudras! 《話》ざまあ見ろ.
¡Que se pudra! 《話》くたばれ,ざまあ見ろ.

pu·dú [pu.ðú] 男《複 ~es》《ラ米》《ﾁﾘ》《動》(アンデス産の小型の)アカシカ.

Pue·bla [pwé.bla] 固名 プエブラ：メキシコ中南部の州 ; 州都 (= ~ de Zaragoza, ~ de los Ángeles). 歴史地区は1987年世界遺産に登録.

pue·bla·da [pwe.blá.ða] 女《ラ米》《ﾍﾟﾙｰ》《話》群衆;暴動.

pue·ble [pwé.ble] 男《集合的》鉱山労働者.

pue·ble·ri·no, na [pwe.ble.rí.no, -.na] 形 1 村の,田舎の;ひなびた. 2《軽蔑》田舎者の,粗野な,やぼな. — 男女 村人,田舎に住む人;田舎者.

pue·ble·ro, ra [pwe.blé.ro, -.ra] 形《ｱﾙｾﾞﾝﾁﾝ》町の,都会の;めかしこんだ,きざな.

*****pue·blo** [pwé.blo] 男 1 村;（田舎）町. ser de ~ 地方出身[田舎出]である. ~ de mala muerte ひどい片田舎.
2 国民;民族. el ~ español スペイン人. Se firmó la paz entre los dos ~s. 2つの民族間で講和条約が結ばれた.
3 民衆,庶民;(統治者に対する)人民. ~ bajo 下層階級(の人々). defensor del ~ 行政監察官[オンブズマン]. El gobierno debe respetar la voluntad del ~. 政府は人民の意思を尊重すべきである.
— 活 → poblar.
pueblo elegido 選ばれた人々,選民;ユダヤ民族.
[← 《ﾗﾃﾝ》*populus* (*populus* の対格)《関連》popular(idad), poblar, población. 《英》*people, popular, population*]

pued- 活 → poder.

puel·che [pwél.tʃe] 男女 プエルチェ人(アンデス山脈東部に住む先住民). — 男《ラ米》《ﾁﾘ》(1) アンデス山脈から西に吹き下ろす寒風. (2) プエルチェ語.

*****puen·te** [pwén.te] 男 1 橋. pasar [cruzar] el ~ 橋を渡る. construir un ~ sobre el río 川に橋を架ける. ~ colgante つり橋. ~ de barcas 舟橋,浮き橋. ~ levadizo 跳ね橋,可動橋. ~ transbordador 運搬橋. ~ peatonal 歩道橋. ~ grúa 橋形クレーン. → 次ページに図.
2 休日に挟まれた平日を休日にすること;その日(= día ~);それによる休み. El viernes hacemos ~ y tenemos cuatro días de vacaciones. 金曜日は休みにするので,4日間(木・金・土・日)の連休になる. En junio no hay ningún ~. 6月は一回も連休がない.
3《海》(1) ブリッジ,船橋,艦橋(=~ de mando). (2) デッキ,甲板. ~ de aterrizaje [despegue](航空母艦の)飛行甲板.

puente levadizo
(跳ね橋)

puente romano (ローマ橋：メリダ)

4【電】ブリッジ；ショート，短絡．**5**【音楽】(弦楽器の)駒(ミ)，柱．**6**(歯科の)ブリッジ．**7**(めがねの)ブリッジ．**8**(足の)土踏まず．**9**(体操の)ブリッジ．**10** 橋渡し役，仲介者．**11**(建築工事用)橋桁(蓝)．**12**(自動車の)車軸．~ *trasero* 後部車軸．**13**(水車の回転軸の)支柱．**14**《ラ米》(ブラジ)【解剖】鎖骨．
cabeza de puente【軍】橋頭堡(景荒).
hacer [tender] un puente de plata a+人〈人〉に絶好の機会を与える，あらゆる便宜をはかる．
puente aéreo【航空】シャトル便；(緊急時の)ピストン空輸．
puente de Varolio【解剖】(脳の)バロリオ橋．
tender un puente a+人〈人〉と融和をはかる，仲良くやろうとする．
[←〖ラ〗*pontem* (*pōns* の対格)；関連 *pontífice*.〖仏〗*pont*].

puen·te·ar [pwen.te.ár] 他 **1** …の回路をつなぐ，ブリッジする．**2**(組織の中で)…の頭越しにものごとを行う[連絡を取る]，組織の序列を無視する．*En cuanto al accidente, puenteé a mi jefe y le informé al presidente.* その事故については，上司には言わずに社長に知らせました．

puen·te·o [pwen.té.o] 男 **1** 回路の接続，ブリッジ．**2** 頭越しにものごとを行うこと，組織の序列の無視．

puen·ting [pwén.tin] 男【スポ】バンジージャンプ．

puer·ca·da [pwer.ká.ða] 女 (複 ~, ~s)《ラ米》《俗》卑劣な行為，下品なこと，汚い言葉．

*****puer·co, ca** [pwér.ko, -.ka] 男 女【動】**1**【動】ブタ(豚)．イノシシ．*echar margaritas a los* ~*s* 豚に真珠（を与える）．**2**《話》(侮辱)汚らしい人；卑劣な人，恥知らず．━形《話》**1** 汚い，汚れた，不潔な．**2**〈人が〉卑劣な，恥知らずな．
puerco de mar【動】ネズミイルカ．
puerco espín [*espino*]【動】ヤマアラシ．
puerco jabalí [*montés, salvaje*]【動】イノシシ．
puerco marino【動】イルカ．
[←〖ラ〗*porcum* (*porcus* の対格)；関連〖ポルトガル〗〖伊〗*porco*.〖仏〗*porc*.〖英〗*pork*「豚肉」].

puer·co·es·pín [pwer.ko.es.pín] 男【動】ヤマアラシ (= *puerco espín* [*espino*]).

pue·ri·cia [pwe.rí.θja / -.sja] 女 少年[少女]期；7歳から14歳ごろまでを指す．

pue·ri·cul·tor, to·ra [pwe.ri.kul.tór, -.tó.ra] 男 女 育児専門家．

pue·ri·cul·tu·ra [pwe.ri.kul.tú.ra] 女 育児，育児学【法】.

pue·ril [pwe.ríl] 形 **1** 子供の，子供らしい (= *infantil*)．**2** ばかげた，たわいのない．*una pregunta* ~ 幼稚な質問．*Es* ~ *pensar que puedes evitarlo.* それが避けられると思うなんて甘いよ．

pue·ri·li·dad [pwe.ri.li.ðáð] 女 **1** 子供らしさ；子供っぽさ，幼稚さ．**2** たわいないこと，くだらないこと，枝葉末節．

pue·ril·men·te [pwe.ríl.mén.te] 副 子供っぽく，大人気なく．

puér·pe·ra [pwér.pe.ra] 女《格式》出産直後の女性．

puer·pe·ral [pwer.pe.rál] 形【医】産褥(は()の，産後の．*fiebre* ~ 産褥熱．

puer·pe·rio [pwer.pé.rjo] 男【医】産褥(は()期，産後．

puer·que·za [pwer.ké.θa / -.sa] 女《ラ米》(ミジ)《話》(**1**) 汚い物，汚らしさ；卑劣なこと．(**2**) うじ虫．

pue·rro [pwé.ro] 男【植】ポロネギ，西洋ネギ，リーキ．

*****puer·ta** [pwér.ta] 女 **1** 門，出入り口．*entrar por la* ~ *principal* 正門から入る．*Llaman a la* ~. 玄関で誰かがチャイム[呼び鈴]を鳴らしている．~ *a* ~ 戸口から戸口へ，戸別訪問の．~ *accesoria* [*de acceso*] 通用門．~ *cochera* 車用の門，馬車門．~ *de arrastre*(闘牛場の)死んだ牛を場外へ引きずり出す門．~ *de emergencia* 非常口 (= *salida de emergencia*). ~ *de entrada*(正面)入り口．~ *de servicio* 通用門，従業員専用出入り口．~ *de la calle* 玄関，正門．~ *falsa* [*excusada, secreta*] 隠し戸，通用門，勝手口．~ *trasera* 裏門．*la* ~ *del Infierno* 地獄の門．

2 ドア，扉．*abrir* [*cerrar*] *la* ~ ドアを開ける[閉める]．~ *automática* 自動ドア．~ *giratoria* 回転ドア．~ *vidriera* ガラス扉．*coche de dos* [*cuatro*] ~*s* ツー[フォー]ドアの車．**3** 城門，(中世都市の)市門．**4** 門戸，(…に至る)道．*régimen de* ~*s abiertas* 門戸開放政策．*la* ~ *de la fama* 名声に至る道．**5**【スポ】(サッカーなどの)ゴール．**6**《比喩的》住居，住戸．*vecino de la* ~ *del al lado* 隣の家の住人．**7**《複数で》入市税；持ち込み料．
abrir la puerta a... …を容易にする；…に道を開く，…のきっかけを与える．
a las puertas 目前に，差し迫って；《*de...*の》瀬戸際に．*estar a las* ~*s de un conflicto* 一触即発の状態にある．
a puerta cerrada ひそかに；非公開で．
cerrar la puerta a... …をご破算にする，…をだめにする．
cerrar [*dar con*] *la puerta en las narices a*+人《話》〈人〉の鼻先でぴしゃりとドアを閉める；〈人〉を門前払いにする．
cerrársele todas las puertas (*a*+人)〈人〉が冷たくあしらわれる．
coger [*tomar*] *la puerta* (急に)立ち去る．
Cuando una puerta se cierra, otra se abre.《諺》捨てる神あれば拾う神あり (←一つの扉が閉まるとき，別の扉が開く).
dar puerta《ラ米》(*)ものを見せびらかす．
dejar [*reservarse*] *una puerta abierta* 逃げ道を残しておく，可能性を捨てないでおく．
de puerta《ラ米》(*)すばらしい．
de puertas adentro 家の中で，内々で．*Tienes que resolver los problemas de* ~*s adentro.* 君はそれらの問題を自分だけで解決しなければならない．
de puertas afuera 家の外で，公の場で．
echar las puertas abajo《話》戸が壊れるほど激しく叩く．
encontrar todas las puertas cerradas 四面

楚歌(を)の状態にある；八方ふさがりである.
en puertas 目前に, 差し迫って；《*de...* …を》目前にして. *Se quedó en ~s de ganar el título.* もう少しでタイトルを手にするところだった.
enseñar la puerta a+人 〈人〉を追い出す.
entrársele(*a*+人) *por las puertas* 〈人〉に〈思いがけないことが〉起こる.
escuchar detrás de la(*s*) *puerta*(*s*) 盗み聞きする, 立ち聞きする.
franquear las puertas a+人 〈人〉を歓待する；〈人〉の障害を取り除く.
ir de puerta en puerta 物ごいをして回る；頼んで回る；売り歩く.
llamar a la puerta de+人 〈人〉を訪ねる, 〈人〉に助けを求める.
poner a+人 *en la puerta de la calle* 〈人〉を追い出す, 首にする.
poner puertas al campo 無理な努力をする, 無理に抑えつける, くい止める.
por la puerta grande 意気揚揚と. *salir por la ~ grande de las Ventas* ベンタス闘牛場を意気揚々と後にする, ベンタス闘牛場で勝利を収める.
puerta con puerta すぐそばに, すぐ隣りに.
puerta franca 出入り自由；（持ち込み品の）免税.
salir por la puerta de los carros [*perros*] 《話》あたふたと逃げ出す；つまみ出される.
tener (*la*) *puerta abierta* 出入りが許されている, 《*para...* …を》自由にできる. *Tienes la ~ abierta para* lo que necesites. 必要なものは何でも使ってください.
[←〔ラ〕*portam*(*porta*の対格)；関連 *portal, portero*]

Puer·ta del Sol [pwér.ta ðel sól] 固名 プエルタ・デル・ソル, 太陽の門. (1) スペインの全国里程元標がある Madrid の広場. (2) ボリビアの Tiahuanaco にあるプレ・インカ期（7世紀頃）の巨石門.

puer·ta·ven·ta·na [pwer.ta.βen.tá.na] 女 〔窓の〕内側の扉. 2 鎧戸(は).

puer·te·ar [pwer.te.ár] 自 《ラ米》(1) 戸口に姿を見せる. (2) 《ラ》出口に殺到する.

puer·to [pwér.to] 男 1 港, 港湾（都市）. *entrar en el ~* 入港する. *salir del ~* 出港する. *~ comercial* 貿易港. *~ franco* [*libre*] 自由（貿易）港. *~ de amarre* [*matrícula*] 船籍港. *~ de arribada* [*escala*] 寄港地, 寄航港. *~ de carga* 船積み港. *~ deportivo* 〔ヨットなどの〕ハーバー. *~ marítimo* [*fluvial*] 海港〔河港〕. *~ naval* [*militar*] 軍港. *~ pesquero* 漁港. *~ aéreo* 空港. *boca de un ~* 港口.
2 山あいの道, 峠. *pasar* [atravesar, cruzar] *un ~ de montaña* 峠を越える. *~ seco* 国境の税関.
3 《文章語》避難所, 隠れ家；心の支え. *Fue siempre el ~ donde me refugiaba cuando tenía problemas.* 困ったことがあるといつも彼〔彼女〕が頼みの綱だった. 4 〖IT〗ポート.
llegar a (*buen*) *puerto* 無事に着く〔入港する〕；難局を乗り切る. *Sin ella las negociaciones no llegarán a buen ~.* 彼女なしでは交渉はうまくいかないだろう.
puerto de arrebatacapas 風の吹き荒れる場所；物騒な場所；（値段をふっかけて）ぼる店.
tomar puerto 入港する；安全な場所に逃げ込む.
[←〔ラ〕*portum*(*portus*の対格)；関連 *aeropuerto, aportar, oportuno, oportunidad.*〔英〕*port*]

Puer·to Prín·ci·pe [pwér.to prín.θi.pe / -.si.-] 固名 ポルトープランス：ハイチ共和国の首都.

Puer·to Ri·co [pwér.to ří.ko] 固名 プエルトリコ：西インド諸島中部の島. ♦1493年にコロンブス Colón の第2回航海により発見され, San Juan Bautista と命名された. 以後スペインの植民が進むが1898年の米西戦争の結果, 米国領となる. 公用語はスペイン語, 英語.
［コロンブスが入港した港 Puerto Rico「豊かな港」がのちに国名となる. →*borinqueño*］

puer·to·rri·que·ñis·mo [pwer.to.ři.ke.ɲís.mo] 男 1 プエルトリコ特有のスペイン語法〔表現・語義・単語〕. 2 プエルトリコ人気質；プエルトリコの特質（讃美）.

puer·to·rri·que·ño, ña [pwer.to.ři.ké.ɲo, -.ɲa] 形 プエルトリコの, プエルトリコ人の（= *portorriqueño*）. 男女 プエルトリコ人.

pues [pwes] 接続 1 《原因・理由・説明》…なので, …だから. *Mi madre no puede salir hoy, ~ no está bien.* 母は調子がよくないので, 今日は外出できない.
2 《前述の内容を受けて》
(1) 《文頭で》それなら, それでは. *P~, ya sabes lo que voy a hacer.* これで私が何をするつもりかわかるだろう. *No quiero comer. —P~, no comas.* 食べたくないよ. —じゃあ, 食べないで.
(2) 《文中で副詞的に》こうして, そのようにして；それなら. *Te repito, ~, que eso no me interesa.* だからもう一回同じことを言うけど, それには興味ないんだよ. *Tú no sabes nada, ~ cállate.* 君は何も知らないのなら, 口出しするなよ.
3 《間投詞的》《言いよどみ・ためらい》ええっと, まあ, そうですね. *¿Cuándo vuelves? —P~, dentro de dos meses.* いつ戻るの. —まあ, 2か月したらね.
4 《強調・反対》全く…, とんでもない. *¿Con quién fuiste? —P~, con mi novio.* 誰と行ったの. —そりゃ, 彼氏とよ. *P~, ¡hombre! ¿qué quieres que haga?* それでいって, 僕にどうしろっていうんだ. *A mí no me gusta este pintor. —P~, a mí me encanta.* 私はこの画家が好きじゃない. —ところが僕は大好きだね. *P~, sí.* そうだとも. *¡P~ claro!* もちろんだとも.
5 《条件》…なら. *P~ tanto te lo ha pedido, échale una mano.* あんなに頼んでいるのだから, ちょっと助けてやれよ.
6 《疑問文で》どうして, なぜ. *Mañana no voy a clase. —¿P~?* 明日は授業に行かないよ. —どうして.
pues bien さて, それでは.
pues que... …だから, …なので.
¿Pues qué? それで, どうした. 何だと！
[←〔中ラ〕*post*〔接続〕「…の後に」；←〔ラ〕前「…のあとに, …の後ろに」；関連 *después, postrero, póstumo.*〔スペイン〕〔英〕*posterior*]

pues·ta [pwés.ta] 女 1 〔日・月が〕沈むこと. *~ de*(1) *sol* 日没.
2 〔ある状態に〕置く〔置かれる〕こと. *~ al día* 最新〔当日〕のもの〔状態〕. *~ a punto*（エンジンなどの）調整. *~ de espaldas*（レスリングの）フォール. *~ en cultivo* 栽培〔養殖〕化. *~ en escena*（戯曲・脚本などの）上演；演出. *~ en marcha*（機械などの）始動. *~ en servicio* 業務開始.
3 賭(か)け金. 4 〔鳥類の〕産卵（期）；（生涯の）産卵数.
5 《ラ米》《ダ》〖スポ〗引き分け, 互角. *¡P~!* 引き分け

け, 勝負なし.
puesta de largo (1) 社交界へのデビュー. (2) (事業などが)軌道にのること.

pues·te·ro, ra [pwes.té.ro, -.ra] 男 女 《ラ米》(1) 屋台[店]の主人[売り子]. (2) (ラ)(ラ刁)牧場の管理人.

✱pues·to, ta [pwés.to, -.ta] [poner の過分] 形 《名詞 I》

1 《estar+》置かれた, 設けられた, 配置された. ～ en razón 理にかなった. con la vista [mirada] *puesta* en las próximas elecciones 次の選挙を見据えて. La mesa *está puesta*. 食事の用意ができた. Con las prisas, dejé la comida *puesta*. 急いでいたので私は食事を用意したままにしておいた.
2 身に着けた; 《人が》身なりを整えた. con lo ～ 着のみ着のままで. llevar ～ el cinturón de seguridad シートベルトを着けている. **3** 《estar+》《話》《en... …に》精通した. No estabas ～ en el tema. 君はそのことについて詳しくなかった.
— 男 **1** 職, 仕事; ポスト, 地位. ～s clave [claves] del gobierno 政府の主要ポスト. crear quince mil ～s de trabajo 1万5000人の雇用を生む. ocupar el ～ de director general 局長[長官, 総支配人]のポストに就いている. incorporarse a su ～ de trabajo 就任[着任]する. dejar [abandonar] su ～ 職を辞す.
2 順位, 位置. el tercer ～ de la clasificación 予選第3位. situarse en los primeros ～s de la lista リストの上位に位置する. Los tres tienen un ～ fijo en las semifinales. 準決勝の3人(の席)は決まっている.
3 売店, スタンド, 露店. un ～ de flores 露店の花屋. un ～ de helados 屋台のアイスクリーム屋.
4 場所, 位置; 持ち場, 部署. ¡A sus ～s! 《軍》部署につけ. ～ de socorro 救護所. ～ de abastecimiento 供給所.
5 《警備隊などの》駐屯地, 詰所; 駐在所. un ～ fronterizo 国境検問所. un ～ avanzado 前哨. el ～ de mando 司令所[室].
6 《狩》待ち伏せ場所. **7** 《馬の》種付け場. **8** 《ラ米》(1) (ラ刁)牧場管理人の家[敷地]. (2) 《IT》《ラ米》(ラ刁) ～ de trabajo ワークステーション (= estación de trabajo).

bien [*mal*] *puesto* 立派な[みすぼらしい]身なりの.
en el puesto de +人 (1) 《人》の立場なら. (2) 《人》の代わりに.
puesto que +直説法 (1) 《原因・動機・理由》…だから, …なので. Voy a recogerlo, ～ *que* nadie *quiere* ir. 誰も行きたがらないから僕が彼を迎えに行こう. (2) 《条件》…ならば. *P*～ *que quieres* aprobar, estudia más. 合格したければもっと勉強しなさい.
tenerlos bien puestos 勇気がある.
[← 《俗ラ》*postu「場所」, 《ラ》*pōnere*「置く」の完了過分*positus* より派生] 関連 posición, postura, apuesta. 英 post「地位; 郵便」.

puf [púf] 男 《複 ～s, ～》クッション付きの低い丸椅子. [← 《仏》*pouf*]

¡puf! [púf] 間投 《不快・嫌悪》うへっ, ふうっ.

pu·fo [pú.fo] 男 《話》ごまかし, ぺてん; ぼったくり. dar el ～ ごまかす.

pú·gil [pú.xil] 男 《スポ》ボクサー (= boxeador); (古代ローマの)拳闘(!"#)士.

pu·gi·la·to [pu.xi.lá.to] 男 **1** 《スポ》ボクシング (= boxeo); (古代ローマの)拳闘(!"#).
2 格闘, 殴り合い. **3** 激論, 口論.

pu·gi·lis·mo [pu.xi.lís.mo] 男 ボクシング.

pu·gi·lis·ta [pu.xi.lís.ta] 男 女 ボクサー, プロの格闘家; (古代ローマの)拳闘士.

pu·gi·lís·ti·co, ca [pu.xi.lís.ti.ko, -.ka] 形 ボクシングの; (古代ローマの)拳闘(!"#)の.

pug·na [púɡ.na] 女 **1** 闘い, 戦闘.
2 対立, 衝突. entrar en ～ con... …と対立[衝突]する. estar en ～ con... …と対立[激突]している; 相いれない.

pug·na·ci·dad [puɡ.na.θi.ðáð / -.si.-] 女 けんか好き, 好戦性.

pug·nar [puɡ.nár] 自 **1** 《por... …のために》争う, 闘う. ～ *por* defensa de la libertad 自由を守るために闘う. **2** 《*por* +不定詞 …しようと》もがく, 懸命に努力する. ～ *por entrar* 必死になって入ろうとする. [← 《ラ》 pugnāre (*pugnus*「握りこぶし」より派生); 関連 repugnar, repugnante. 英 *pugnacious*「けんか好きな」, *repugnant*「嫌な」]

pug·naz [puɡ.náθ / -.nás] 形 《複 pugnaces》争い好きな, けんかっ早い, 攻撃的な.

Puig [pwíɡ] 男 《固名》プイグ Manuel ～ (1932-90): アルゼンチンの小説家. 作品 *El beso de la mujer araña*『蜘蛛(:7)女のキス』. → boom.

pu·ja[1] [pu.xa] 女 (競売での)競り合い; 入札(価格), 付け値, 指し値. Se hicieron ～s fuertes. 彼らは激しく競り合った. hacer una ～ 値をつける, 入札する.

pu·ja[2] [pu.xa] 女 **1** 闘い, 努力, 奮闘. hacer una ～ 奮闘する.
2 《ラ米》(ラ刁)《話》叱りつけ, 叱責(!"#), 非難. *sacar de la puja a* +人 《話》《人》より優れている; 《人》を窮地から救う.

pu·ja·dor, do·ra [pu.xa.ðór, -.ðó.ra] 男 女 (競売などの)競り手, 入札者.

pu·ja·gua [pu.xá.ɡwa] 女 《ラ米》(ラ刁)《植》紫トウモロコシ.

pu·ja·men [pu.xá.men] 男 《海》帆の下縁, フット.

pu·jan·te [pu.xán.te] 形 《ser+/ estar+》たくましい; 力強い; 勢いのある.

pu·jan·za [pu.xán.θa / -.sa] 女 たくましさ; 力強さ; 勢い.

pu·jar[1] [pu.xár] 他 (競売品などを)競る, 競り上げる. — 自 **1** (競売の)値を付ける; 入札する.
2 《遊》(トランプ)競り値を宣言する.

pu·jar[2] [pu.xár] 自 **1** 《*por* [*para*] +不定詞 …しようと》必死になる, 奮闘する. **2** 《話》べそをかく, 泣き顔になる. **3** 《話》言葉に詰まりながらも言おうとする. **4** 《話》ためらう. **5** 《話》(排便時に)いきむ, りきむ. **6** 《ラ米》(*)(メ)(ニ)笑う.
pujar para adentro 《ラ米》(ラ刁)(*)(ニ)《話》笑ってます.

pu·je [pú.xe] 男 《ラ米》(ニ)小言, 説教.

pu·jo [pú.xo] 男 《主に複数で》**1** しぶり腹; 激しい便意[尿意]を感じながらも排泄できない状態. **2** 衝動, 欲望. sentir ～ de reírse こらえきれずに吹き出しそうになる. **3** 念願, 抱負. Tenía ～s de ser pintor. 彼は画家になる志を抱いていた. **4** 自負, 気取り. Es un escritorzuelo con ～s de gran no-

PUK

velista. 彼は文豪気取りの三文文士だ.
PUK [púk]《略》《英》*Patriotic Union of Kurdistan* クルド愛国同盟.
pu·la [pú.la] 男 プラ:ボツワナの通貨単位 (記号 Pu).
pu·lar·da [pu.lár.ða] 女 食用に肥育した若い雌鶏.
pul·chi·ne·la [pul.tʃi.né.la] 男 プルチネッラ (= polichinela):イタリアの無言劇の道化役.
pul·cri·tud [pul.kri.túð] 女 **1** 清潔, こぎれいさ. vestir con ～ こざっぱりとした身なりをする. **2** 入念, 丹精, 精緻(ぜいち), 細心.
pul·cro, cra [púl.kro, -.kra] 形《絶対最上級 *pulquérrimo, pulcrísimo*》**1**《ser+／estar+》きちんとした, 清潔な;きれい好きな, きちょうめんな. **2** 手のこんだ, 精巧な. **3**《話》まずまずの.
pu·len·to, ta [pu.lén.to, -.ta] 形《ラ米》(智)《話》とても良い, すばらしい, 最高の.
PULEVA [pu.lé.βa] 女《略》*Pura Leche de Vaca*:スペインのグラナダの乳製品製造会社.

__pul·ga__ [púl.ga] 女 **1**《昆》ノミ. ～ acuática [de agua]《動》ミジンコ. ～ de mar《昆》ハマトビムシ. **2**《話》小型の丸い形のボカディージョ bocadillo. **3** 小さな独楽(を). **4**《ＩＴ》バグ.
buscar las pulgas a+人《話》《人》に構う, わざと怒らせる.
estar con [tener] la pulga detrás de la oreja《話》落ち着かない.
sacudirse las pulgas《話》(いざという時に)頼りにならない, 責任逃れをする.
tener malas pulgas《話》たちが悪い, 気難しい.
[←《俗》*pulica*←《ラ》*pūlex*]
pul·ga·da [pul.gá.ða] 女 インチ:長さの単位 (1フィート [ピエ] pie の12分の1). ◆親指の太さから, 英国・米国では2.54センチ, スペインでは2.3センチ.
pul·gar [pul.gár] 男 親指 (= dedo ～).
[←《ラ》*pollicāris*「親指の (太さの)」(*pollex*「親指」より派生);[関連] pulgada]
pul·ga·ra·da [pul.ga.rá.ða] 女 **1** 親指ではじくこと. **2** ひとつまみ分. una ～ de tabaco タバコひとつまみ. **3** インチ.
Pul·gar·ci·to [pul.gar.θí.to / -.sí.-] 固名 親指小僧:フランス人 Perrault の童話の主人公.
pul·gón [pul.gón] 男《昆》アブラムシ, アリマキ.
pul·go·so, sa [pul.gó.so, -.sa] 形 ノミのいる, ノミだらけの.
pul·gue·ra¹ [pul.gé.ra] 女《植》プランタゴ・プシリウム.
pul·gue·ra² [pul.gé.ra] 女 弩(いしゆみ)の発射台;拷問器具の一種.
pul·gue·ro, ra [pul.gé.ro, -.ra] 形 ノミだらけの (= pulgoso). ── 男 女 ノミだらけの場所. ── 男《ラ米》独房, 留置所.
pul·guien·to, ta [pul.gjén.to, -.ta] 形《ラ米》ノミのいる, ノミだらけの (= pulgoso).
pul·gui·llas [pul.gí.jas ‖ -.ʎas] 女《スペイン》《単複同形》《話》気の短い人, かんしゃく持ち.
pu·li·da·men·te [pu.lí.ða.mén.te] 副 **1** こぎれいに. **2** 入念に. **3** 丁寧に, 礼儀正しく.
pu·li·dez [pu.li.ðéθ / -.dés] 女 **1** 輝き, 光沢;磨きあげられていること. **2** こぎれいさ, さっぱりしていること, 清潔. **3** 洗練, 上品, 優美, 優雅. **4** 入念, 丹念, 精巧さ.
pu·li·do, da [pu.lí.ðo, -.ða] 形 **1** 磨かれた, 光沢のある;滑らかな, すべすべした. metal ～ 美しく磨かれた金属. **2** 洗練された, 上品な, 優雅な (= refina-

do). estilo ～ 洗練された文体. **3** こぎれいな, こざっぱりした, 手入れの行き届いた. **4** 仕上がりの見事な, 精巧な. **5** 洗練されすぎて嫌みな.
── 男 **1**《技》研磨, つや出し. **2** 輝き, 光沢, 磨き.
pu·li·dor, do·ra [pu.li.ðór, -.ðó.ra] 形 磨く, つや出し用の. ── 男 つや出し剤;研磨器.
── 女 研磨機.
pu·li·men·ta·ción [pu.li.men.ta.θjón / -.sjón] 女 つや出し, 研磨.
pu·li·men·ta·do [pu.li.men.tá.ðo] 男 つや出し, 研磨;つや.
pu·li·men·tar [pu.li.men.tár] 他 磨き上げる, つや出しをする, 光沢 [つや] を与える (= pulir).
pu·li·men·to [pu.li.mén.to] 男 **1** 研磨, つや出し. **2** 光沢, つや (= brillo). **3** 磨き粉, 研磨剤.
pu·lir [pu.lír] 他 **1** 磨く, つや出しする;研磨する, 研ぐ. ～ el mármol [el vidrio] 大理石 [ガラス] を磨く. **2** 磨きをかける, 完璧(かな)にする. ～ el estilo 文体を整える. **3** あか抜けさせる, 洗練させる. **4** 美しく飾る, 着飾らせる. **5**《話》くすねる. **6**《話》(財産などを)浪費する. ▶時に再帰代名詞を伴って用いることがある. ── 男 **3**. ──～**se** 再 **1** 着飾る, めかし込む. **2** あか抜ける, 上品になる. **3**《話》(財産などを)浪費する. [←《古スペイン》*polir*←《ラ》*polīre*;[関連] *polish*]
pu·lla [pú.ʎa ‖ -.ʝa] 女 **1** 皮肉, 毒舌, とげのある言葉. tirar ～s a+人《人》を当てこする. **2** 卑猥(なる)な言葉. **3**《ラ米》(紫)山刀, マチェテ machete.
pull·man [púl.man]《英》《主に単複同形》《ラ米》(なる)(な)(きさ)(個室寝台付きの) 特等寝台車 [長距離バス]. ◆米国の鉄道車両設計者 G. M. Pullman の名に由来.
pull·o·ver [pu.ló.ßer]《英》男《複 ～es, ～s, -》= pulóver.

__pul·món__ [pul.món] 男 **1** 肺, 肺臓. ～ artificial [de acero]《医》(人工呼吸用の) 鉄の肺.
2《主に複数で》声量;持久力. ～ del equipo《スポ》持久力のある主力選手, チームの要. tener *pulmones* 声量 [持久力] がある. gritar con todas las fuerzas de los *pulmones* 声を限りに叫ぶ.
3（新鮮な空気を生み出す）緑地帯, 緑の多い場所.
a pleno [todo] pulmón／a pulmón lleno 声を限りに;肺いっぱいに. respirar *a pleno ～* 深呼吸する.
[←《ラ》*pulmōnem* (*pulmō* の対格);[関連] pulmonar, pulmonía.《英》*pulmonary*]
pul·mo·na·do, da [pul.mo.ná.ðo, -.ða] 形《動》有肺亜綱の. ──男《複数で》有肺亜綱.
pul·mo·nar [pul.mo.nár] 形 肺の, 肺に関する.
pul·mo·na·ria [pul.mo.ná.rja] 女《植》(1) ムラサキ科プルモナリア属の多年草. ◆肺結核治療に効くと信じられていた. (2) 樹幹に寄生する苔(こけ)・地衣類.
pul·mo·ní·a [pul.mo.ní.a]《医》肺炎 (= neumonía).
pu·ló·ver [pu.ló.ßer] 男《複 ～es, ～s》《ラ米》《服飾》プルオーバー:頭からかぶって着るセーター・シャツ. [←《英》*pullover*]
pul·pa [púl.pa] 女 **1** 果肉;(動物の)肉の柔らかい部分. Este melocotón tiene mucho hueso y poca ～. このモモは種ばかり大きくて, 食べるところがほとんどない. **2** (製紙用の) パルプ (= ～ de madera). **3** (サトウキビなどの) 搾りかす. **4**《解剖》髄, 髄質, 《植》(茎の) 髄. ～ dental [dentaria] 歯髄. **5**《ラ米》(ミン)骨なし肉;ヒレ肉.
pul·pa·ción [pul.pa.θjón / -.sjón] 女 パルプ化;

punción

(野菜などを)ペースト状にすること.
pul·pe·jo [pul.pé.xo] 男 **1**(耳たぶ・指の腹などの)肉質部. **2** 馬蹄(ば)の柔らかい部分.
pul·pe·rí·a [pul.pe.rí.a] 女《ラ米》(ぶ)食料雑貨店.
pul·pe·ro, ra [pul.pé.ro, -.ra] 男 女《ラ米》食料雑貨商(店主).
pul·pe·ta [pul.pé.ta] 女《料》薄切り肉,(丸めて中に詰め物をするような)柔らかい肉.
pul·pi·tis [pul.pí.tis] 女《単複同形》歯髄炎.
púl·pi·to [púl.pi.to] 男 (教会の)説教壇;説教師の職.
pul·po [púl.po] 男 **1**《動》タコ. **2**(荷台の荷物を固定する)フック付きのゴムひも. **3**《話》《軽蔑》触り魔,痴漢.
poner como un pulpo a +人《話》〈人〉をひどく殴る.

pulpo a la gallega
(ガリシア風タコ料理)

pul·po·so, sa [pul.pó.so, -.sa] 形 肉質の,多肉質の;果肉の多い;柔らかい.
pul·que [púl.ke] 男《ラ米》(ぶ)プルケ:リュウゼツランmagueyの搾りを発酵させて作った酒.
pul·que·ar [pul.ke.ár] 自《ラ米》(ぶ)プルケ pulqueを飲む.
— ~·se 再《ラ米》(ぶ)プルケで酔っ払う.
pul·que·rí·a [pul.ke.rí.a] 女《ラ米》(ぶ)(プルケ pulqueの)酒場.
pul·que·ro, ra [pul.ké.ro, -.ra] 男 女《ラ米》(ぶ)(プルケ pulqueを出す)酒場の主人.
pul·qué·rri·mo, ma [pul.ké.ri.mo, -.ma] 形 [pulcro の不規則な絶対最上級]《文章語》実に瀟洒(しゃ)な,実に身ぎれいな,清楚(そ)極まりない.
pul·sa·ción [pul.sa.θjón / -.sjón] 女 **1**《主に複数で》脈打つこと;脈拍,鼓動.
 2 押すこと;(弦を指の腹で)はじくこと;(タイプライターなどの)キー打ち,タッチ.
pul·sa·dor, do·ra [pul.sa.ðór, -.ðó.ra] 形 脈打つ,鼓動する.
— 男 押しボタン,スイッチ. ~ del timbre 呼び鈴の押しボタン. Da al ~. スイッチを押してくれ.
*****pul·sar** [pul.sár] 他 **1**〈パソコンのキーなどを〉,たたく,押す;〈弦などを〉はじく. ~ un botón ボタンを押す. **2** …の脈を診る[取る]. **3** 探る,打診する. ~ la opinión pública 世論の動向を探る.
— 自 脈打つ,鼓動する.
púl·sar [púl.sar] 男《天文》パルサー:自転する中性子星.
pul·sá·til [pul.sá.til] 形 脈打つ,ずきずきする.
pul·sa·ti·la [pul.sa.tí.la] 女《植》セイヨウオキナグサ.
pul·se·a·da [pul.se.á.ða] 女《ラ米》(ぶ)腕相撲.
pul·se·ar [pul.se.ár] 自 腕相撲をする.
pul·se·ra [pul.sé.ra] 女 **1** 腕輪,ブレスレット;(腕時計の)バンド;手首の包帯. reloj de ~ 腕時計. ~ de pedida 婚約腕輪.
 2 足輪,アンクレット.
pul·sí·me·tro [pul.sí.me.tro] 男 脈拍計.
pul·sión [pul.sjón] 女 **1**《心》欲動.
 2 推進,衝動,刺激.
*****pul·so** [púl.so] 男 **1** 脈,脈拍. ~ alternante 交互脈. ~ arrítmico [capricante, caprizante, irregular] 不整脈. ~ sentado [normal] 整脈. ~ formicante (微弱な) 蟻走(ぎ)脈. ~ dicroto 重複脈拍. ~ filiforme 糸様脈. ~ serratil [serrino] 頻脈. tomar el ~ a +人〈人〉の脈を取る.
 2 (手の)脈動部,脈拍.
 3 手先の器用さ. tener buen ~ 手先が器用である.
 4 慎重,細心さ,気配り. obrar con ~ 慎重に行動する. **5** 対立;拮抗(きっ)状態. mantener un ~ con... …と対立状態である. **6**《ラ米》(ぶ)(ぶ)ブレスレット.
a pulso(1)手先で;腕[手]の力だけで. dibujo *a* ~ (定規などを使わない)自在画. levantar *a* ~ 手先で軽々と持ち上げる.(2)自分の力だけで. ganarse [conseguir] *a* ~ 額に汗して手に入れる.
echar un pulso con +人〈人〉と腕相撲をする.
tener pulso《ラ米》(ぶ)ねらいをつけるのがうまい.
tomar el pulso(1)《**a...**》〈…の〉性能を試す.(2)《**a** +人》〈人〉の意見を聞く,《人》に》打診する.
pul·so·rre·ac·tor [pul.so.r̃e.ak.tór] 男《航空》パルス・ジェットエンジン.
pu·lu·la·ción [pu.lu.la.θjón / -.sjón] 女 繁殖,増殖;蝟集(いしゅう).
pu·lu·lan·te [pu.lu.lán.te] 形 群がる,うようよする.
pu·lu·lar [pu.lu.lár] 自 **1** 群がる,びっしり集まる.
 2 繁殖する,増殖する.
pul·ve·ri·za·ble [pul.ße.ri.θá.ßle / -.sá.-] 形 **1** 粉末にできる;粉砕可能な. **2** 霧状にできる.
pul·ve·ri·za·ción [pul.ße.ri.θa.θjón / -.sa.sjón] 女 **1** 粉末化;粉砕. **2** 霧状にすること,噴霧. **3** (相手を)撃破すること.
pul·ve·ri·za·dor [pul.ße.ri.θa.ðór / -.sa.-] 男 **1** 噴霧器;(香水などの)アトマイザー,スプレー. **2** (気化器の)ノズル,噴射弁;吹き付け器,スプレーガン.
pul·ve·ri·zar [pul.ße.ri.θár / -.sár] 97 他 **1** 粉末にする;細かく砕く,粉々にする. ~ un vaso コップを粉々に割る. **2** 霧状にする;噴霧する. **3** 撃破する,粉砕する. ~ al enemigo 敵を粉砕する. ~ el récord mundial 世界記録を大きく破る.
— ~·se 再 粉々になる,粉末になる;霧状になる.
pul·ve·ru·len·cia [pul.ße.ru.lén.θja / -.sja] 女 **1** 粉末(状態). **2** 粉[ほこり]だらけであること.
pul·ve·ru·len·to, ta [pul.ße.ru.lén.to, -.ta] 形 **1** 粉末にした,の. **2** 粉だらけの,ほこりまみれの(= polvoriento).
¡pum! [púm] 間投《擬》(銃声・打撃)バン,バン,ドン,ドカン,バタン.
hacer pum《幼児語》うんちをする.
ni pum《否定表現を伴って》全く…ない,少しも…ない. En las clases no escucho *ni pum*. 私は授業中何も聞いていない.
pu·ma [pú.ma] 男《動》ピューマ,アメリカライオン,クーガー:ネコ科. 南北アメリカに生息.〔← [ケチュア] *puma*〕
pu·mi·ta [pu.mí.ta] 女 軽石 (= piedra pómez).
pun [pún] 間投 → **¡pum!**.
pu·na [pú.na] 女 **1** 《時に P-》プーナ:ペルーからボリビアにかけて,アンデス山脈の高山(3000 m以上)に広がる寒冷な荒地. **2**《ラ米》(ぶ)(ぶ)《医》高山病 (= soroche)〔ケチュア語起源〕
punch [púntʃ] 《英》男《ラ米》(1)《複 ~, ~es, ~s》《スポ》(ボクシング)パンチ(力).(2)根性,迫力;敏捷(しょう)さ.
punch·ing ball [pún.tʃiŋ ból]《英》男《スポ》(ボクシング)パンチングボール.
pun·ción [pun.θjón / -.sjón] 女 **1**《医》穿刺(せん).

puncionar

~ lumbar 腰椎(ﾖｳﾂｲ)穿刺. **2**《古語》刺すような痛み, 激痛.

pun·cio·nar [pun.θjo.nár / -.sjo.-] 他〖医〗穿刺(ｾﾝｼ)する；細い針を突き刺すこと.

pun·do·nor [pun.do.nór] 男〖格式〗名誉心；面目, 体面；自尊心, 誇り.

pun·do·no·ro·so, sa [pun.do.no.ró.so, -.sa] 形 面目[体面]を重んじる, 誠実な.

pun·ga [púŋ.ga] 女《ラ米》(ﾁﾘﾍﾞﾈ)《話》盗み, 窃盗.
―― 男 女《ラ米》(ﾁﾘ)《話》すり；泥棒；《素性の》怪しい人.

pun·gen·te [puŋ.xén.te] 形《肉体的, 精神的》痛み［悲しみ］の原因となる, 刺激的な(=punzante).

pun·gir [puŋ.xír] 他 **1** 刺す, 突く.
2〈人を〉傷つける, 苦しめる.

pun·guis·ta [puŋ.gís.ta] 男 女《ラ米》(ｱﾙｾﾞﾝ)《話》すり；かっぱらい.

pu·ni·ble [pu.ní.ble] 形 罰すべき, 処罰に値する.

pu·ni·ción [pu.ni.θjón / -.sjón] 女〖格式〗罰, 処罰, 懲罰.

pú·ni·co, ca [pú.ni.ko, -.ka] 形 ポエニの, 古代カルタゴの (= cartaginés). las Guerras *Púnicas* ポエニ戦争 (ローマとカルタゴとの戦争；第1次前264-241, 第2次前218-201, 第3次前149-146).
―― 男 女 ポエニ人, 古代カルタゴ人.
―― 男 ポエニ語, 古代カルタゴ語.
fe púnica 背信, 裏切り；不誠実.

pu·nir [pu.nír]他〖格式〗罰する, 処罰する (=castigar). El papel de la justicia es juzgar y ~ los delitos. 司法の役割は犯罪を裁き, 罰することだ.

pu·ni·ti·vo, va [pu.ni.tí.bo, -.ba] 形 処罰の, 懲罰的な.

pu·ni·to·rio, ria [pu.ni.tó.rjo, -.rja] 形《ラ米》→ punitivo.

Pun·jab [puŋ.jáb] 固名 パンジャブ：インド北部・パキスタン中北部の地方.
［←〔仏〕*Pendjab*←〔ペルシア〕*Panjāb*←〔サンスクリット〕*Pañca Āpah*「五つの川」が原義；インダス川の五つの支流の流域を指す］

punk [púnǩ // pánǩ] 〔英〕形〔複 ~, ~s〕パンク（音楽・ファッション）の, パンクの好きな. peinado ~ パンクヘアー. ―― 男 女 パンクファン.
―― 男 パンク（ロック）；パンクファッション. ◆パンクは1970年代末に英国で現れた音楽の運動.

pun·ki [púŋ.ki // páŋ.-] 〔英〕形 → punk.

Pu·no [pú.no] 固名 プーノ：ペルーの Titicaca 湖に臨む県；県都.

***pun·ta** [pún.ta] 女 **1** (1) とがった先, 先端. ~ de una aguja 針の先. ~ de una espada 剣先. ~ de la lengua 舌先. ~ de una navaja ナイフの先, 刃先. ~s de los pelos 毛先. ~ del dedo 指先. ~ del pie つま先. escote en ~ [pico] Vネック. ~ del iceberg 氷山の一角. afilar [redondear] la ~ 先をとがらせる［丸める］. (2) 端, 角. ~ de la mesa テーブル［机］の角. **2**〖地理〗岬, 砂嘴(ｻｼ). ~ de Europa ヨーロッパ・ポイント（ジブラルタルの南端）.
3 釘；パリ丸釘.
4 エッチング針, 彫刻針. ~ seca ドライポイント用のニードル.
5 タバコの吸い殻.
6 少し, 少量. añadir una ~ de azúcar 砂糖少々を加える. Tiene sus ~s de poeta. 彼［彼女］には少し詩人めいたところがある.
7〖バレエ〗トウ（ダンス）；《複数で》トウシューズ. bailar de ~ トウダンスをする, つま先で踊る.
8《複数で》源流, 水源. **9**《ワインなどの》酸味. **10**《複数で》《縁飾り用の》波形のレース, ボーダーレース (=~s de encaje). **11**（牛の）角, （シカなどの）枝角. **12**《群れから離れた》家畜の小群. **13**〖狩〗猟犬が足を止めて獲物をうかがう姿勢. **14**〖軍〗尖兵隊. **15**〖紋〗盾形の下方3分の1. **16**《ラ米》(1) 群れ, 集まり；大量. (2) (ｸﾞｱﾃ)上質の葉タバコ. (3) (ｳﾙ)刃物. (4) (ｴﾙｻﾙ)皮肉.
―― 男〖スポ〗《サッカー》フォワード, ストライカー.
acabar [*terminar*] *en punta* 先がとがっている；中途半端に終わる, 尻(ｼﾘ)切れとんぼになる.
a punta de...《ラ米》《凶器》を用いて；…の力で. robar *a* ~ *de pistola* ピストルを突きつけて強盗を働く.
a punta de lanza きわめて厳格に.
a punta de pala《話》豊富に, ふんだんに.
de punta (1) 垂直に（立って）；とがって. con el pelo *de* ~ 髪の毛を逆立てて. (2) つま先立ちで. (3) 最先端の. tecnología (*de*) ~ 先端技術. (4) 対立して, 反目して.
de punta a cabo / de punta a punta 始めから終わりまで；端から端まで.
de punta en blanco (1) 着飾って. ponerse *de* ~ *en blanco* 着飾る. estar [ir] *de* ~ *en blanco* めかし込んでいる. (2) 甲冑(ｶｯﾁｭｳ)で身を固めて.
en punta《ラ米》(ﾒｷ)《話》大量に, まとめて, 一括して.
estar hasta la punta de los pelos de...《話》…に飽き飽きしている, うんざりしている.
hacer (*la*) *punta* 先頭に立つ, 先陣を行く.
hora punta ラッシュアワー, ピーク時. ► 複数形は horas ~ (時に horas ~s).
poner los nervios de punta a+人〈人〉の神経をとがらせる,〈人〉の神経に障る.
poner los pelos de punta a+人〈人〉の髪の毛を逆立てる,〈人〉をぞっとさせる.
ponerse de punta con+人〈人〉に敵意を抱く,〈人〉を毛嫌いする.
¡Por la otra punta!《話》とんでもない.
punta de diamante (1)（ガラスを切る）ダイヤモンド針. (2)〖建〗ダイヤモンドポイント彫り.
sacar punta a... (1) …をとがらす. sacar ~ a un lápiz 鉛筆を削る (=afilar). (2) …を歪曲(ﾜｲｷｮｸ)する, 曲解する. Sacan ~ a todo lo que digo. 私の言うことはなんでも曲げて取られる. (3) …を流用する；使い古す.
tener... en la punta de la lengua (1) …が口に出かかる,〜を言いそうになる. (2) …を思い出せず, のどまで出かかっている. Tengo el título de la película *en la* ~ *de la lengua*. その映画のタイトルを思い出せそうで出せない.
tener los nervios de punta 神経が張りつめている, 過敏になっている.
tratar a+人 *con la punta del pie*〈人〉を虐待する, 痛めつける.
velocidad punta 最高速度. ► 複数形は velocidades ~ (時に velocidades ~s).
［←〔後ラ〕*puncta*「刺すこと」（〔ラ〕*pungere*「刺す」より派生）；関連 puntiagudo, punto, punzar. ［英］*point*「先；点」］

Pun·ta A·re·nas [pún.ta a.ré.nas] 固名 プンタ・アレナス：チリ南部の州；州都.
［1764年英国人航海者 J. Byron（詩人バイロンの祖父）が海中に突き出た砂州を見て *Sandy Point* と命名.

pun·ta·ble [pun.tá.ble] 形 (競技会などが)公認の,記録として認められる.

pun·ta·da [pun.tá.ða] 女 **1** 編み目,針目,ステッチ. coser a ～s largas 大きな針目で縫う. dar unas ～s en... …を繕う. **2** 遠回しな言葉,ほのめかし. tirar [soltar, pegar] ～s [una ～] 遠回しに(いやみを)言う **3** 刺すような痛み,激痛. **4** 《ラ米》(1)(話)機知,才覚.(2)(*)うまい冗談.
no dar puntada《話》(1) 何もしない,手をこまぬいている.(2) 見当はずれのことを言う.
no dar puntada sin hilo [*nudo*]《話》計算ずくで行動する.

pun·ta·je [pun.tá.xe] 男 《ラ米》(*)(*)(*)(*)(*)得点,(試験などの)点数;ポイント.

pun·tal [pun.tál] 男 **1** 支え,支柱,突っ張り. **2**《比喩的》支え,よりどころ,担い手. Este chico es el ～ del equipo. この子はチームの大黒柱だ. **3**《海》(1)(船底から上甲板までの)高さ.(2) 支柱,スタンション. **4**《ラ米》軽食;おやつ.

pun·ta·no, na [pun.tá.no, -.na] 形 (アルゼンチンの)サン・ルイス San Luis の.
— 男 女 サン・ルイスの住民[出身者].

pun·ta·pié [pun.ta.pjé] 男 蹴ること,足蹴り. pegar [dar] un ～ a... …を蹴飛ばす.
a puntapiés《話》乱暴に,容赦なく. echar a+人 *a* ～s〈人〉を手荒に追い出す.
mandar a+人 *a puntapiés*《話》〈人〉を支配する,意のままに操る.

Pun·ta·re·nas [pun.ta.ré.nas] 固名 プンタレナス:コスタリカの県,県都.

pun·ta·re·nen·se [pun.ta.re.nén.se] 形 **1** (チリの)プンタ・アレナスの. **2** (コスタリカの)プンタレナスの.プンタ・アレナスの住民[出身者].
2 プンタレナスの住民[出身者].

pun·ta·zo [pun.tá.θo / -.so] 男 **1** (刃物による)刺し傷,突き傷. **2**《闘牛》角による突き(傷). **3**《話》いやみ,皮肉. tirar ～s 当てこすりを言う. **4**《話》おもしろいこと[もの],最高のこと[もの]. **5**《ラ米》(1) 一刺し;刺し傷.(2) → punterazo

pun·te·a·do [pun.te.á.ðo / -.ðo] 男 **1**《音楽》つま弾き,弾くこと. **2** 点描,点刻;点々,点線.

pun·te·a·dor [pun.te.a.ðór] 男 点線を引くための道具.

pun·te·ar [pun.te.ár] 他 **1** 印をつける;照合する,チェックする. ～ *el balance* 収支をチェックする.
2《美》点描する,点刻する.
3《音楽》〈弦楽器を〉つま弾く,弾く. **4** 縫う,ステッチをかける. **5**《ラ米》(1)(ﾗ)(ﾆ)〈土地を〉鋤(ｸ)き起こす.(2)(ﾗ)《話》〈グループなどの〉先頭に立つ.
— 自 **1**《海》(微風を利用するために)上手回しする.
2《闘牛》〈牛が〉角を突き上げて蹴る.

pun·tel [pun.tél] 男 (ガラス工芸用の)吹き棒.

pun·te·o [pun.té.o] 男 **1** (帳簿などの)チェック,照合. **2** 点描;点線. **3**《弦楽器の》つま弾き,弾くこと.

pun·te·ra [pun.té.ra] 女 **1** 靴先,(靴下などの)つま先. **2** つま革,飾り革:靴のつま先にあてた革. **3** (鉛筆などの)キャップ. **4**《話》足蹴(ｹ)り(= puntapié). de ～《サッカーのキックで》つま先で.

pun·te·ra·zo [pun.te.rá.θo / -.so] 男 足のつま先での一撃[ひと蹴り],足先のつま先で蹴ること.

pun·te·rí·a [pun.te.rí.a] 女 **1** 照準,ねらい;照準方向,照準線. disparar con ～ ねらいを定めて撃つ. enmendar [rectificar] la ～ 照準方向を正す.
2 射撃の腕前,射撃術. tener buena [mala] ～ 射撃が上手[下手]だ.
afinar [*corregir*] *la puntería* 慎重にねらう;細心の注意を払う.
poner la puntería (*en*...) / *dirigir la puntería* (*hacia*...) (…に)ねらいをつける,(…を)目指す.

pun·te·ro, ra [pun.té.ro, -.ra] 形 **1** 優れた,傑出した. un médico [equipo] ～ 優秀な医者[チーム].
2 ねらいの正確な. **3**《ラ米》(ﾗ)先導の;首位の.
— 男 女 **1** 傑出した人,飛び抜けた人;(スポーツ競技で)優位に立つ人. **2** (ﾗ)(ﾆ)(ﾗ)チームリーダー;(速さを競う競技で)首位に立つ人;先導者,先導獣. — 男 **1** 《教》(地図・図表などを指す)棒;ポインター;《IT》(コンピュータの)カーソル. **2** (金工用の)刻印器;(石工用の)のみ,たがね.
3 首位のチーム. **4** 時計の針.

pun·tia·gu·do, da [pun.tja.ɣú.ðo, -.ða] 形 先のとがった,鋭い.

pun·ti·for·me [pun.ti.fór.me] 形 点状の,点の大きさの.

pun·ti·lla [pun.tí.ja ‖ -.ʎa] 女 **1** (縁飾り用の)波形のレース,ボーダーレース. **2**《闘牛》プンティーリャ:闘牛にとどめを刺すために用いる短剣. **3** 罫(ｹｲ)引き.
dar la puntilla a... (特に闘牛で)〈牛〉にとどめを刺す;《比喩的》…の息の根を止める.
de puntillas / 《ラ米》(ﾗ)*en puntillas* つま先立って;こっそりと. andar *de* ～s つま先で歩く,忍び足で進む.

pun·ti·lla·zo [pun.ti.já.θo ‖ -.ʎá.- / -.so] 男 **1** 足で蹴(ｹ)ること,足蹴. **2** プンティーリャでのとどめの一撃.

pun·ti·lle·ro [pun.ti.jé.ro ‖ -.ʎé.-] 男《闘牛》プンティリェロ:マタドール matador の倒した闘牛に puntilla でとどめを刺す役割の闘牛士.

pun·ti·llis·mo [pun.ti.jís.mo ‖ -.ʎís.-] 男 点描画法.

pun·ti·llis·ta [pun.ti.jís.ta ‖ -.ʎís.-] 形 点描画法の. — 男 女 点描画家.

pun·ti·llo [pun.tí.jo ‖ -.ʎo] 男 **1** 体面,自尊心.
2《音楽》付点. [punto + 縮小辞]

pun·ti·llo·so, sa [pun.ti.jó.so, -.sa ‖ -.ʎó.-] 形《話》細かいことにこだわる,こせこせした;潔癖[神経質]すぎる.

pun·to [pún.to] 男 **1 (線に対する)点. ～ céntrico [central,medio] 中心点. ～s y líneas 点と線. ～ de intersección 交点. línea de ～s 点線.
2 (記号としての)点;終止符;句読点;ドット;(i, j の)点. letra de ～s 点字. dos ～s (:). ～ de admiración 感嘆符(¡!). ～ de interrogación 疑問符(¿?). ～ y coma セミコロン(;). ～s suspensivos 中断[中断]記号, 3点リーダ(…). ～ final ピリオド,終止符. ～ decimal 小数点.
3 (空間上の)点,地点,(体の)部位. atacar por dos ～s 2地点から攻撃する. ～ ciego《解剖》盲点;見落としてしまう事柄. ～ de arranque 起点;発端. ～ de articulación《音声》調音点. ～ de contacto 接点. ～ de fuga (遠近法の)消失点. ～ de partida [llegada] 出発[到達]点. ～ turístico 観光地. ～ de veraneo 避暑地. ～ estratégico 戦略拠点. ～ negro 難所,事故多発地点;毛穴の汚れ. ～ panorámico 見晴らしのよい場所. echar [señalar, hacer] el ～《海》現在位置を測定する.
4 論点;項目;要点. ～ clave キーポイント. ～

punto

de equilibrio 損益分岐点. ~ de honor 面子[体面]にかかわる問題. ~ de referencia (判断するうえでの重要さ) 参照点[事柄]. ~ débil [flaco] 弱点. ~ fuerte 強み, ~ neurálgico 微妙なところ; 重要地点. discutir los ~s importantes 重要点を議論する. No estoy de acuerdo en este ~. 私はこの点に賛成しかねます.

5 時点; 段階. ~ culminante クライマックス, 頂点. hasta cierto ~ ある程度までは.

6 (試験・成績の)点数, (ゲーム・スポーツの)得点; 《遊》(トランプの札の種類によって決められた)点数;(さいころ・ドミノの)目. vencer por ~s 判定勝ちする. de penalty ペナルティーによる得点.

7《物理》《化》(限界の温度を示す)点. ~ de congelación 凝固点, 氷点. ~ de ebullición 沸点. ~ de fusión 融点. ~ de inflamación 発火点. ~ de saturación 飽和点.

8 縫い目, 編み目, ステッチ; ほころびた縫い目[編み目], (ストッキングなどの)伝染. coger los ~s 編み目を拾う, 編み直す. escapársele (a+人) un ~〈人〉がひと目編み落とす. hacer ~ 編み物をする. de ~ニットの. labores de ~ レース;ニット製品. ~ de media メリヤス編み. ~ atrás 返し針. ~ de cadeneta チェーンステッチ. ~ de cruz クロスステッチ. ~ del derecho 平編み. ~ de doblradillo まつり縫い. ~ del revés パール編み. ~ elástico ゴム編み. ~ por encima かがり縫い.

9《医》(傷口の)縫い目. dar [poner] diez ~s de sutura 10針縫う. ~s de sutura 縫合線.

10 照準, (銃の)照星 (=~ de mira).

11 (ベルトなどの)(高さを調節する)穴.

12《古語》(辻馬車の)乗り場.

13 体面, 面目 (=~ de honra]. **14**《主に複数で》ペン先; 《比喩的》著述. **15**《地理》方位. ~s cardinales 基本方位 (► 東西南北). **16**《印》(活字の)ポイント. carácter de diez ~s 10ポイントの活字. **17**《音楽》符点, スタッカート記号; 音の高さ, ピッチ. **18**《数》乗の記号. ► 3・5 3 掛け 5. **19** 《話》悪党. buen ~ 抜け目のないやつ. ~ filipino 小悪党. ¡Estás hecho un ~! おまえってやつは, ひどいやつだ. **20**《医》(特に心臓の)激痛; 刺すような痛み. **21** 《話》当を得たこと[もの], 好都合なこと[もの]. ¡Sería un ~ que viniera a visitarnos! 私たちを訪ねてくれるといいんだがね. **22** 《話》ほろ酔い (気分). coger un ~ 酔いが回る.

a buen punto ちょうどよいときに.
al punto すぐに; 《料》ミディアムに.
al punto de... ちょうど…のときに.
al punto (de) que... (1) 《+直説法・接続法》ちょうど…するときに; …するとすぐに. Supe la noticia *al ~ que llegué*. 私は着いてすぐそのニュースを知った. ► que 節が未来に言及する場合には接続法が用いられる. (2) → *hasta el punto* [de+不定詞 / (de) que+主に直説法]
a punto (1) 用意されて, 支度ができて. Todo estaba *a ~ cuando llegamos*. 我々が着いたときには用意万端だった. (2) 定刻に; ちょうどよいところへ. llegar *a ~* 時間どおりに着く.
a [en] punto de caramelo 《話》ぴったりのタイミングで.
a punto fijo はっきりと, 正確に.
a tal punto que... → *hasta tal punto que...*
bajar de punto 低下する.
calzar muchos [pocos] puntos 目端が利く[利かない], 抜きん出る[愚鈍である].

con puntos y comas 詳細に.
dar el punto a... …を完璧(なり)に仕上げる.
dar en el punto 要点をつく, 言いあてる. Tu comentario *dio en el ~*. 君がコメントしたとおりだ.
de puntos 《ラ米》《*諦*》つま先立ちで.
de todo punto 完全に, まったく. Es *de todo ~* imposible. そんなこと絶対に不可能だ.
en punto (時間が)ちょうど. Son las dos *en ~*. ちょうど2時だ. Ven a las dos *en ~*. きっかり2時に来なさい.
en punto a... …に関しては.
en su punto ちょうどころ合いである. Los fideos ahora están *en su ~*. 麺(%)はちょうどよくゆであがっている.
estar a [en] punto de +不定詞 まさに…しようとしている; 《過去時制で》もう少しで…するところだった. *Estoy a ~ de salir*. 私はちょうど出かけるところだ.
ganar (muchos) puntos 評判を上げる, 信用を得る.
hacer punto de+不定詞 面目にかけても…しようとする.
hasta el punto [*de*+不定詞 / *(de) que*+主に直説法] …するほどまで. Trabajó *hasta el ~ de caer enferma*. 彼女は倒れるまで働いた.
hasta tal punto que [+主に直説法] あまりに…なので…だ, …するほど…だ. Yo estoy enfadado con Carmen *hasta tal ~ que no quiero oír hablar de ella*. 私はカルメンに腹が立っているので, 彼女の話題など聞きたくもない.
no perder punto 慎重に行う.
perder (muchos) puntos 信用[名声]を失う, 評判を落とす.
poner... a punto 〈エンジンなどを〉チューンアップする; 万全の準備をする; 仕上げる.
poner... en su punto …を完成する; 調整する; 正当に評価する.
poner los puntos a [en]... …に目[ねらい]をつける.
poner los puntos sobre las íes 細かい点まではっきりさせる; こと細かに説明する.
poner punto en boca 口を閉ざす. Sobre ese problema estaba decidido a *poner ~ en boca*. その問題については何も言わないと決めていた.
poner (un) punto final a... …に終止符を打つ, …を終わらせる.
punto crítico いちばん大事なとき; 《物理》臨界点.
punto de costado 《医》肋間(含)神経痛, 胸膜痛.
punto de mira 照準点, 標的; 注目の的.
punto de no retorno (1) (残余燃料による航空機の)帰還不能限界点. (2) 後戻りできない段階.
punto de vista 観点; 立場. desde el *~ de vista económico* 経済的観点から(いえば). ► 形容詞は punto に性数一致する. *desde los ~s de vista más diversos* よりさまざまな観点から.
¡Punto en boca! 他言無用, 何もしゃべるな.
punto menos que... ほとんど…. (=casi). El accidente fue *~ menos que inevitable*. その事故はほとんど避けがたいものだった.
punto muerto (1) 《車》(ギアの)ニュートラル; 《機》死点. (2) 停滞, 行き詰まり. encontrarse [estar] en (un) *~ muerto* 行き詰まっている. salir del *~ muerto* 行き詰まりから抜け出す. romper el *~ muerto* 行き詰まりを打開する.
punto por punto 詳細に, 逐一. analizar [explicar] *~ por ~* 詳細に分析[説明]する.

puñeta

punto y aparte (1)《書き取りで》ピリオド,そして行を変えて. (2) 別問題. Eso ya es 〜 *y aparte.* もうそれは別問題だ.
punto y seguido《書き取りで》ピリオド,そして行を続けて.
subir de punto 増大する. La dificultad *subió de* 〜 cada vez más. 困難はますます増した.
venir a punto《話》役に立つ,おあつらえ向きである.
y punto《話》これでその話は終わりだ. No habrá fiesta, *y* 〜. パーティーはないと言ったらないだ.
[←〔ラ〕*punctum*「刺すこと;点」(*pungere*「刺す」より派生);〖関連〗(a) puntar, puntuación, puntual.〔英〕*point, punctual, punctuation*]

pun·to·com [pun.to.kóm] / **pun·to com** [pún.to kóm] 形《主に性数不変》IT関連の,ドットコムの. 2 囡《単複同形》IT関連企業(= empresa 〜). ▶ 英語の dot-com より.

pun·to·so, sa [pun.tó.so, -.sa] 形 1 先のとがった. 2 細かいことが気になかる,枝葉末節にこだわる;きちょうめんな. 3 体面を重んずる.

pun·tua·ble [pun.twá.ble] 形 計算される,得点する.

***pun·tua·ción** [pun.twa.θjón / -.sjón] 囡 1 句読, 句読法; 句読点(= signos de 〜).
〖関連〗区切り記号: ¡ admiración / exclamación 感嘆符(¡!). coma コンマ(,). comillas 引用符(《 》, ' ', " "). diéresis / crema 分音符号, ウムラウト(¨). dos puntos コロン(:). dos rayas 2重ダッシュ(=). guión ハイフン(-). interrogación 疑問符(¿?). paréntesis 丸括弧 [( )]. paréntesis dobles 二重括弧 [《 》]. punto ピリオド(.). punto y coma セミコロン(;). puntos suspensivos 三点リーダー(...). raya ダッシュ(—).
2 《スポーツ》得点;《成績の》評価, 点数. He conseguido una buena 〜 en el examen. 私は試験でよい点を取った. 3 点数[得点]の記入.

***pun·tual** [pun.twál] 形 1 時間どおりの, 時間厳守の; きちょうめんな. Es muy 〜. 彼[彼女]は時間に正確だ.
2 正確な, 精密な, 信頼できる. un informe 〜 精細な報告書.
3 都合のよい, 適当な. una ocasión 〜 当を得た時機. 4 点の, 地点[時点]の.
— 副 時間どおりに, きちっと. Llegó 〜 a la cita. 彼[彼女]は時間どおりに待ち合わせにやって来た.
[← 〔中ラ〕*punctuālem* (*punctuālis* の対格);〔ラ〕*punctum*「刺すこと;点」(→ punto) より派生;〖関連〗puntualidad, puntualizar.〔英〕*punctual*]

pun·tua·li·dad [pun.twa.li.dáð] 囡 1 きちょうめん, 時間厳守. 〜 inglesa 時間厳守.
2 正確さ, 厳密さ. con 〜 正確に.

pun·tua·li·za·ción [pun.twa.li.θa.θjón / -.sa.sjón] 囡 明確にすること, 明確化, 明確な説明.

pun·tua·li·zar [pun.twa.li.θár / -.sár] 97 他
1 きちんと取り決める; はっきりさせる. *Puntualicemos* el lugar de la cita. 待ち合わせの場所をきちんと決めておこう.
2 心に刻みつける, 記憶する.
3 詳述する, 細かく説明する.

pun·tual·men·te [pun.twál.mén.te] 副 1 正確に, きちんと; 時間どおりに. pagar la renta 〜 家賃をきちんと払う.
2 詳細にわたって, こまごまと. Me contó 〜 lo sucedido. 彼[彼女]は出来事を逐一私に話した.

pun·tuar [pun.twár] 84 他 1《文章などに》句読点を打つ. 2《試験などに》点数を付ける,…の評価を出す.
— 自 1 評価をする, 成績をつける. Aquel profesor *puntúa* muy bajo. あの先生は点がからい. 2《スポ》得点として計算する; 得点する.

pun·tu·do, da [pun.tú.ðo, -.ða] 形 《ラ米》(1)(ﾌﾟｴﾙﾄﾘｺ)(ﾁﾘ) 鋭利な, とがった. (2)(ﾒｷｼｺ)(ﾁﾘ)(ﾍﾟﾙｰ)《話》機敏な. (3)(ﾁﾘ)《話》なれなれしい. (4)(ﾁﾘ)《話》怒りっぽい.

pun·tu·ra [pun.tú.ra] 囡 1 刺し傷, 刺傷.
2《印》(印刷機の紙押さえの) 爪(ﾂﾒ).
3《獣医》(馬などのひづめに施す) 瀉血(しゃけつ).

pun·za·da [pun.θá.ða / -.sá.-] 囡 1 刺すこと; 刺し傷. Me he dado una 〜 con el rosal. バラ(のとげ)が刺さった. 2 刺すような痛み, 激痛;《比喩的》煩悶(はんもん), 心のうずき. Me da 〜s el pie. 私は足がずきずき痛む. sentir 〜s de remordimiento 後悔の念に苛まれる. 3《ラ米》(ﾁﾘ)《話》ばかげたこと, 子供っぽいこと.

pun·za·du·ra [pun.θa.ðú.ra / -.sa.-] 囡 刺し傷

pun·zan·te [pun.θán.te / -.sán.-] 形 1 刺すような, 刺すように痛い. herida 〜 刺し傷.
2 しんらつな, 痛烈な.

pun·zar [pun.θár / -.sár] 97 他 1 刺す, 突く. → picar [類語]. 2 …に穴をあける, 穿孔(せんこう)する, 型を打ち抜く. 3 刺すような痛みを与える. 4《比喩的》《人を》傷つける, さいなむ. — 自 刺すように痛む.

pun·zó [pun.θó / -.só] 形 《ラ米》(ｱﾙｾﾞﾝﾁﾝ)(ｳﾙｸﾞｱｲ) 鮮紅色の.

pun·zón [pun.θón / -.són] 男 1 突き錐(きり), 千枚通し, ポンチ, たがね. 2 ビュラン, 彫刻刀. 3 (硬貨などの) 打印器, 打ち抜き器.

pu·ña·da [pu.ɲá.ða] 囡《話》げんこつで殴ること (= puñetazo). dar a+人 de 〜s《人》をげんこつで殴る.

pu·ña·do [pu.ɲá.ðo] 男 1 ひと握り, ひとつかみ. un 〜 de arena ひと握りの砂.
2 少量, 少数. un 〜 de gente 少数の人々.
a puñados たくさん, 大量に, 多量に. Gasta dinero *a* 〜*s*. 彼[彼女]は金遣いが荒い.
un puñado《話》大いに, たくさん;《*de*+名詞》たくさんの….

***pu·ñal** [pu.ɲál] 男 1 短剣, 短刀, 合口.
2《ラ米》《俗》(1) ホモセクシュアルの人. (2) 意気地なし, 臆病(ｵｸﾋﾞｮｳ)者.
poner a+人 *el puñal en el pecho*《話》《人》を脅迫する, 無理強いする.

pu·ña·la·da [pu.ɲa.lá.ða] 囡 1 (短剣などの) ひと突き; 刺し傷, 突き傷. 〜 de misericordia とどめのひと突き. Murió de una 〜. 彼[彼女]は短剣で刺されて死んだ. 2 衝撃, 打撃, 痛手. La pérdida de su hijo fue para ella una 〜. 息子を失ったことは彼女にとって大きな痛手だった. 3 裏切り, 背信.
coser a puñaladas a+人《話》《人》を何回も刺す, めった突きにする.
puñalada trapera《話》だまし討ち, 裏切り.
ser puñalada de pícaro《話》さし迫っている; 急(きゅう)いている.

pu·ñe·ta [pu.ɲé.ta] 囡 1《服飾》(ガウンなどのそで口の) レースがついた飾り. 2《話》迷惑なこと[もの], 厄介. 3《主に複数で》《話》ばかげたこと, ないこと. 4《ラ米》(ﾌﾟｴﾙﾄﾘｺ)《俗》自慰, オナニー.
de la(s) puñeta(s)《話》とんでもない, ひどい.
en la quinta puñeta《話》とんでもなく遠い所に.

puñetazo

enviar [mandar] a+人 a hacer puñetas《話》〈人〉を追い払う，相手にしない．
hacer la puñeta a+人《話》〈人〉をいらつかせる，しつこく構う．
irse a hacer puñetas《話》失敗に終わる．
¡Puñeta(s)!《俗》ちくしょうめ，なんてことだ．
¡Qué puñeta(s)!《俗》(前言を強調して)そうに決まっている；ちくしょう．
venirle (a+人) con puñetas《話》〈人〉をしつこく構そう，〈人〉にうるさく言う．▶ 否定命令で用いることが多い． → *No me vengas con ~s.* もうほうといてくれよ．
¡Vete a hacer puñetas!《話》とっとと失せろ．

pu・ñe・ta・zo [pu.ɲe.tá.θo / -.so] 男 げんこつで打つこと．*a ~s* げんこつで，握りこぶしで．*dar a+人 de ~s* 〈人〉をげんこつで殴る．*dar ~ sen...* ～をげんこつでこつこつやる．*darse (de) ~s*(複数主語で)殴り合いのけんかをする．

pu・ñe・te [pu.ɲé.te] 男 **1** 握りこぶしでの殴打(＝puñetazo)．**2** 腕輪，ブレスレット．**3** 手錠．

pu・ñe・te・rí・a [pu.ɲe.te.rí.a] 女《話》**1** 不快なもの[行動]，不愉快なもの[行動]．
2 無意味なもの，重要でないもの．

pu・ñe・te・ro, ra [pu.ɲe.té.ro, -.ra] 形 **1**《話》不愉快な；うんざりする；下品な．*vida puñetera* つまらない人生．**2** 困難な，難しい．*un trabajo ~* 面倒くさい仕事．**3**(*ser*＋／*estar*＋)満足しない；執拗な，うるさい．**4** 悪意に満ちた，ひどい．
── 男 女《話》口うるさい人；嫌なやつ，不愉快な人．

*‡**pu・ño** [pú.ɲo] 男 **1**(握り)こぶし，げんこつ．*a ~ cerrado* こぶしを固めて．*amenazar a+人 con el ~* こぶしを振り上げて〈人〉を脅す．*Los manifestantes gritaban ~ en alto.* デモ隊はこぶしを掲げて叫んでいた．
2《服飾》そで口．*~s con botones [de encaje]* ボタン[レース]のついたそで口；そで口の飾り．
3 握り，取っ手，柄．*~ del paraguas [del bastón]* 傘[杖]の柄．
4〈複数で〉力，気力，体力．*hombre de ~s* 強い男，活気のある人．*con [por] sus ~s* ～を自力で[自力で]．**5** 小さなもの．*un ~ de casa* ちっぽけな家．**6**《海》タック，(横帆の)風上下隅，(縦帆の)前端下隅．**7**《ラ米》《話》打撃，殴りつけ．
apretar los puños 最善を尽くす，努力する．
comerse los puños《話》ひもじい思いをする．
como puños《話》〈うそ・真実などが〉とても大きい．*Todo lo que dice son mentiras como ~s.* 彼[彼女]の言っていることはすべて真っ赤なうそだ．
como un [el] puño《話》**(1)**(物理的に)とても小さい，狭い．*una habitación como un ~* 狭苦しい部屋．**(2)**(抽象的に)とても大きい．*Es una verdad como un ~.* それは明白な事実だ．
de propio puño / de (SU) *puño y letra* 自筆の[で]，直筆の[で]．*Se han encontrado unas cartas de ~ y letra del escritor.* その作家自筆の手紙が数通見つかった．
estar con el corazón en un puño / tener el corazón en un puño(心配で)気が気でない，やきもきしている．
tener [meter] a+人 en un puño《話》〈人〉を牛耳る，支配する．*Cree que nos tiene en un ~, pero está equivocado.* 彼は私たちを支配していると思っているが違いだ．
[←〔ラ〕*pūgnum* (*pūgnus* の対格)；関連 puñada, puñetazo, pugnar]

pu・pa [pú.pa] 女 **1**(特に口元にできる)発疹(しん)，吹き出物．**2**(にきび跡の)かさぶた．**3**《幼児語》痛い痛い，けが．**4**《昆》蛹(さなぎ)．
hacer pupa a+人《話》〈人〉に痛い思いをさせる．
ser un pupas《話》運の悪い人．*¡Eres un ~s!* おまえは本当についてないなあ．

pu・pi・la [pu.pí.la] 女 **1**《解剖》瞳(ひとみ)，瞳孔(どうこう)．
2《話》利発さ，聡明(そうめい)さ．*tener ~* 頭が切れる．
3 娼婦(しょうふ)．
echer [dar] pupila a...《ラ米》《コブ》《チリ》《話》…を注視する．
tener mucha [buena] pupila 見る目がある．

pu・pi・la・je [pu.pi.lá.xe] 男 **1** 後見，保護；被後見人の身分．**2** 下宿，下宿屋；下宿料．**3** 駐車場の月[週]極め使用権[料]．

pu・pi・lar [pu.pi.lár] 形 **1** 被後見人の，未成年の．
2 瞳(ひとみ)の，瞳孔(どうこう)の．

pu・pi・lo, la [pu.pí.lo, -.la] 男 女 **1**《法》(後見人のついた)孤児．*casa de ~* 下宿屋，下宿(屋)．
3(先生から見た)生徒，弟子；(トレーナーから見た)選手．

pu・pi・tre [pu.pí.tre] 男 **1** 教室机，書き物机，勉強机．**2**(ワインの瓶などを斜め下向きに差し込んで保管する)棚，台．**3** コンソール，制御[操作]盤．*~ de mezcla* ミキサー，音量調整器．

pu・po [pú.po] 男《ラ米》《アルゼ》《チリ》《ペ》《話》へそ．

pu・pón, po・na [pu.pón, -.pó.na] 形《ラ米》《ベネズ》《グアテ》満腹の，腹一杯の；腹の出た，太った．

pu・pú [pu.pú] 男《ラ米》《幼児語》《プエル》《ホンジ》うんち．

pu・pu・rrí [pu.pu.rrí] 男《ラ米》《ボリ》《エクア》《コブ》《ホンジ》《話》ごたまぜ，寄せ集め．

pu・pu・sa [pu.pú.sa] 女《ラ米》**(1)**《ホンジ》三角形の甘いパン．**(2)**《ニカラグア》ププサ：肉・チーズ入りのトルティージャ tortilla．

pu・pu・se・rí・a [pu.pu.se.rí.a] 女《ラ米》《ニカラグア》ププサ pupusa 店．

pu・que [pú.ke] 形《ラ米》《ペ》**(1)**〈卵が〉腐った．**(2)** 体の弱い，病弱な．**(3)** 不妊の，子供ができない．

pu・quio [pú.kjo] 男《ラ米》《南米》泉；水源．

pu・ra [pú.ra] 形《ラ米》→ puro．

Pu・ra [pú.ra] 固名 プラ：Purificación の愛称．

*‡**pu・ra・men・te** [pú.ra.mén.te] 副 単に；純粋に；全く，無条件に．*Lo que dice Angel es ~ mentira.* アンヘルの言っていることは全く嘘だ．

pu・ra・na [pu.rá.na] 男 プラーナ：サンスクリット語で書かれた古代インドの聖典．

pu・ra・san・gre [pu.ra.sáŋ.gre] 形〈馬が〉サラブレッドの．── 男《動》サラブレッド．

pu・ré [pu.ré] 男《複 ~s》《料》ピューレ，裏ごし．*~ de patatas* マッシュポテト．*~ de tomates* トマトピューレ．
hacer puré...《話》…をくたくたにする．
hecho puré《話》くたくたになった．
[←〔仏〕*purée* (〔古仏〕*purer*「精製する」の過去分詞 *puree* より派生)]

pu・re・ar [pu.re.ár] 自 **1**《話》葉巻を吸う．
2《ラ米》《アルゼ》(酒を)あおる．

pu・re・ra [pu.ré.ra] 女 葉巻入れ，シガーケース(＝cigarrera)．

pu・re・ta [pu.ré.ta] 形《話》《軽蔑》**1** 純正[純粋]主義の．**2** 老いぼれの，年老いた．
── 男 女 **1**《話》《軽蔑》老人，老いぼれ．**2**《話》保守的な人；《話》《軽蔑》純正[純粋]主義の人．

*‡**pu・re・za** [pu.ré.θa / -.sa] 女 **1** 純粋，清らかさ；正，正しさ．*la ~ del aire* 空気のさわやかさ．*de*

sangre 純血, 家柄の純正さ. ～ del amor 愛の純粋さ. Nos encantó la ～ de la voz de la cantante. その歌手の澄んだ声が私たちを魅了した.

2 処女性, 純潔; 無垢性. la ～ de la Virgen María 聖母マリアの処女性.

pur·ga [púr.ɡa] 囡 **1** 下剤.

2 (製造工程で出る)くず, かす; 残滓(ざん).

3 粛清, パージ; (ごみなどの)一掃, 除去.

la purga de Benito 《話》(効果の疑わしい)万能薬, 特効薬; (効き目が強烈な)即効薬.

pur·ga·ción [pur.ɡa.θjón / -.sjón] 囡 **1** 下剤をかけること, 便通をつけること.

2 《主に複数で》《話》淋病(%) (= blenorragia).

3 月経; 経血. **4** 《宗》浄罪, 罪の清め.

pur·ga·dor, do·ra [pur.ɡa.ðór, -.ðó.ra] 形 (配管などの)不純物を取り除く.

— 男 《技》排水装置[コック].

pur·ga·mien·to [pur.ɡa.mjén.to] 男 浄化; 除去, 一掃.

pur·gan·te [pur.ɡán.te] 形 **1** 浄化する, 清める. iglesia ～ 《カト》浄(ぬ)めの教会(煉獄(%)に落ちた霊魂のこと). **2** 下剤の, 通じをつける.

— 男 下剤, 通じ薬.

pur·gar [pur.ɡár] 103 他 **1** (…から)(くず・かすを)取り除く, 除去する; 排出する. ～ un radiador ラジエーターに残った水を放出する. ～ un limonero レモンの実を摘果する. ～ el vientre 通じをつける.

2 粛正する, 一掃する. ～ el partido 党を粛正する.

3 下剤をかける. Le dieron una infusión al enfermo para ～lo. 病人には下剤をかけるために煎じ薬が渡された.

4 《罪》を償う. ～ su crimen 犯した罪を償う.

— 国 **1** 浄罪をする; 罪の償いをする.

2 毒素[異物]を排出する, 排膿(ぬ)する.

— ～·se 再 **1** 下剤を飲む.

2 《de... 》(面倒など)から)解放される, 逃れる.

pur·ga·ti·vo, va [pur.ɡa.tí.βo, -.βa] 形 浄化する, 清める; 通じをつける.

pur·ga·to·rio [pur.ɡa.tó.rjo] 男 **1** 《カト》煉獄(ごく); 罪の償いを果たしていないキリスト教徒の霊魂, 善行を積んだ非キリスト教徒の霊魂が行く場所. ánima [alma] del ～ 煉獄の魂. las penas del ～ 煉獄の苦しみ. **2** 《話》《比喩的》試練の場; (一時的な)苦しみ, 苦難.

Pu·ri [pú.ri] 固名 プリ: Purificación の愛称.

pu·ri·dad [pu.ri.ðáð] 囡 《格式》 **1** 清らかさ, 汚れなさ, 純粋さ, 純正 (= pureza). **2** 秘密, 隠しごと.

en puridad 率直に, 単刀直入に; 実際に; 秘密に.

pu·ri·fi·ca·ción [pu.ri.fi.ka.θjón / -.sjón] 囡 **1** 浄化, 純化.

2 [P-] 《カト》聖母マリアの清めの祝日(2月2日).

Pu·ri·fi·ca·ción [pu.ri.fi.ka.θjón / -.sjón] 固名 プリフィカシオン: 女子の洗礼名. 愛称 Pura, Puri.

[←〔ラ〕*pūrificātiōnem*（*pūrificātiō* の対格)「清め; 聖母マリアの清めの祝日」(この日に生まれた女の子に付ける)]

pu·ri·fi·ca·dor, do·ra [pu.ri.fi.ka.ðór, -.ðó.ra] 形 浄化する, 純化する. *planta purificadora de agua* 浄水プラント. — 男 清める人.

— 男 **1** 《カト》(ミサの終わりに聖杯を清める)聖杯ふきん; (ミサの終わりに司祭が指をふく)清伊巾(芯). **2** 浄化器. ～ de aire 空気清浄機.

pu·ri·fi·car [pu.ri.fi.kár] 102 他 **1** 純化する, 清浄にする; …から不純物を除去する. ～ el agua 水を浄化する. ～ los metales en el crisol 鉄をるつぼで精製する. **2** 〈魂などを〉浄化する. ～ el alma 魂を清める. **3** 洗練する.

— ～·se 再 身を清める, 清浄になる.

pu·ri·fi·ca·to·rio, ria [pu.ri.fi.ka.tó.rjo, -.rja] 形 **1** 純化する, 浄化する. **2** 罪を清める, 浄罪する.

purifique(-) / purifiqué(-) 活 → purificar.

pu·ri·na [pu.rí.na] 囡 《化》プリン.

Pu·rí·si·ma [pu.rí.si.ma] 囡 《カト》La ～ (聖母マリア)の無原罪の御宿り(祝日12月8日.

[←〔ラ〕*pūrissima*「最も清らかな(女)」(*pūrus*「純な」の最上級女性形)]

pu·ris·mo [pu.rís.mo] 男 (言語・思想などの)純粋主義, 純正論; 国語純化論[運動].

pu·ris·ta [pu.rís.ta] 形 (言語・思想上の)純正[純粋]主義の, 国語純化論[運動]の. — 囡 (言語・思想上の)純正主義者, 国語純化論者.

pu·ri·ta·nis·mo [pu.ri.ta.nís.mo] 男 **1** 清教主義, ピューリタニズム, 清教徒精神.

2 《軽蔑》(道徳に関する過度の)厳格主義.

pu·ri·ta·no, na [pu.ri.tá.no, -.na] 形 **1** 清教主義の, 清教徒の. **2** 《軽蔑》(道徳に関して過度に)〈人・行動が〉厳格な, 謹厳な. — 囡 清教徒, ピューリタン. 《軽蔑》厳格主義者, 謹厳な人.

pu·ro, ra [pú.ro, -.ra] 形 **1 (+名詞／名詞+) 《ser+／estar+》純粋な, 混じり気のない; 〈言語が〉純正の. castellano ～ 純粋のカスティーリャ語. un caballo de *pura* raza [sangre] サラブレッド. un anillo de oro ～ 純金の指輪. mantas de *pura* lana 純毛の毛布. naturaleza en estado ～ そのままの自然. un espectáculo al más ～ estilo americano 正真正銘のアメリカンスタイルのショー. Yo soy madrileño de *pura* cepa. 私は生粋のマドリードっ子.

2 (+名詞) 全くの, 純然たる; 明らかな. por ～ aburrimiento 単なる退屈から. Es la *pura* verdad. それはまぎれもない事実だ. La vi por *pura* casualidad. 全くの偶然で彼女を見かけた. Nos hemos salvado de ～ milagro. 私たちは奇跡的に助かった.

3 (多くは名詞+)《ser+／estar+》澄んだ, 澄みきった. agua *pura* 澄んだ水. respirar el aire ～ きれいな空気を吸う.

4 (名詞+) 〈学問などが〉純粋の, 純理論的な. la *Crítica de la razón pura* de Kant カントの『純粋理性批判』. ciencias *puras* 純粋科学 (↔ciencias aplicadas 応用科学).

5 (多くは名詞+)《ser+》純潔な, 清純な; 貞潔な (= casto). una joven *pura* 汚れなき乙女. un amor ～ 純粋な愛.

6 端正な, 完璧(%)な. perfil ～ 整った顔だち.

7 《ラ米》《話》**(1)** (+名詞)《ほえ》《ほぇぇ》《ぷぇ》…だけ. **(2)** 《お》《話》同じ. **(3)** 《お？》よく似た.

— 男 **1** 葉巻, シガー (= cigarro ～). con un ～ en la boca 葉巻をくわえて.

2 《話》罰, 制裁. No hay nadie que meta un buen ～ a estos ladrones. この泥棒たちを懲らしめる者がいない.

3 《ラ米》《お？》(サトウキビなどから作る)焼酎(弥ょう).

a puro (de)... …のおかげで. Se mantiene *a* ～ *de* vitaminas. ビタミンのおかげで体を保っている.

de puro (+形容詞・名詞 (*que* +直説法) ／ +不定詞) 極度に…のために, 異常に…なので. *De* ～ *cansado* se desmayó. 極度の疲れから彼は気を失った. Estuve dos días sin comer *de* ～ *miedo* (*que*

tenía). 私はあまりに怖くて2日間食事がのどを通らなかった. Casi se reventó las manos *de* ~ *aplaudir*. 彼[彼女]は拍手しすぎて手がはれるほどだった. *en los puros huesos* 骨だけの, やせ細った. Tendió al médico la mano *en los* ~*s huesos*. 彼[彼女]はやせ細った手を医者に差し出した.
por las puras 《ラ米》《チリ》《話》理由もなく.
[←[ラ]*pūrum* (*pūrus* の対格) [関連] pureza, purista, puritanismo, apurar, purificar. [英] *pure*]

*pur·pu·ra [púr.pu.ra] 形 《主に性数不変》赤紫色の.
— 女 1 赤紫色; 《紋》紫(色). → morado.
2 紫紅色の染料; 紫の布, (王侯・司教の) 紫衣.
3 《貝》(紫染料を採取する) アクキガイ (の一種). 4 《文章語》(人間の) 血. 5 帝位, 王位; 枢機卿(ᵏᵒᵘ)の地位 (= ~ cardenalicia). 6 《医》紫斑(ᵇᵃⁿ)病, 紫斑.
~ anafilactoide アナフィラクトイド紫斑病.

pur·pu·ra·do [pur.pu.rá.ðo] 男 枢機卿(ᵏᵒᵘ).
pur·pu·rar [pur.pu.rár] 他 1 (紙・布などを) 紫紅色に染める. 2 〈人に〉紫衣を着せる.
pur·pu·re·ar [pur.pu.re.ár] 自 紫紅色になる, 紫紅色に染まる[見える].
pur·pú·re·o, a [pur.pú.re.o, -.a] 形 赤紫色の, 紫紅色の.
pur·pu·ri·na [pur.pu.rí.na] 女 1 《化》プルプリン: 赤色染料. 2 (ニスなどに混ぜる) 青銅[白メタル]粉末; それを用いた絵.
pur·pu·ri·no, na [pur.pu.rí.no, -.na] 形 → purpúreo.
pu·rre·la [pu.r̃é.la] 女 《軽蔑》1 安ワイン.
2 《話》くず, かす; くだらない連中.
pu·rre·te, ta [pu.r̃é.te, -.ta] 男 女 《ラ米》《タソ》《話》子供, 小僧.
pu·rria [pú.r̃ja] / pu·rrie·la [pu.r̃jé.la] 女 → purrela 2.
pu·ru·sal·da [pu.ru.sál.da] [バスク] 女 プルサルダ: バスク地方の料理で, ポロネギ, タラ, ジャガイモの煮込み.
pu·ru·len·cia [pu.ru.lén.θja / -.sja] 女 《医》化膿(ᵏᵃ); 排膿 (= supuración).
pu·ru·len·to, ta [pu.ru.lén.to, -.ta] 形 化膿(ᵏᵃ)した, 膿(ᵘᵐⁱ)をもった. Tengo una herida *purulenta* en el codo. ひじの傷が化膿(ᵏᵃ)している.
pus [pús] 男 《医》膿(ᵘᵐⁱ), 膿汁(ᵘʲᵘᵘ).
pus- 接 → poner.
pus·ca·fé [pus.ka.fé] 男 《ラ米》《タソ》強い食後酒.
pu·si·lá·ni·me [pu.si.lá.ni.me] 形 小心な, 臆病(ᵉᵏⁱ)な, 意気地のない.
— 男 女 小心者, 臆病者, 意気地なし.
pu·si·la·ni·mi·dad [pu.si.la.ni.mi.ðáđ] 女 《格式》小心, 臆病(ᵉᵏⁱ), 意気地のなさ.
pús·tu·la [pús.tu.la] 女 《医》膿疱(ᵇᵒᵘ), プステル.
pus·tu·lo·so, sa [pus.tu.ló.so, -.sa] 形 《医》膿疱(ᵇᵒᵘ)(性)の; 膿疱のできた. erupción *pustulosa* 膿疱性発疹(ᵗᵉⁿ).

*pu·ta [pú.ta] 女 1 《卑》《軽蔑》売春婦. casa de ~s 売春宿; 無秩序な場所. 2 《卑》《軽蔑》誰とでも寝る女; 性悪女. 3 《遊》(トランプ) ジャック.
como puta por rastrojo 《卑》非常に困っている.
ir de putas 《卑》女を買う.
¡Me cago en la puta! 《卑》(失敗したときに)ちくしょう!
pu·ta·da [pu.tá.ða] 女 《卑》汚い手口, 卑怯(ᵏʸᵒᵘ)な手[行為]; 最悪の状況. El me ha hecho la ~ de dejarme plantada. 彼は卑怯にも私を見捨てた.
pu·tan·ga [pu.táŋ.ga] 女 《話》《軽蔑》売春婦, 娼婦(ˢʰᵒᵘ).
pu·ta·ñe·ar [pu.ta.ɲe.ár] 自 《俗》売春婦を買う (= putear).
pu·ta·ñe·ro [pu.ta.ɲé.ro] 形 《俗》売春婦をよく買う; 娼婦(ˢʰᵒᵘ)好きの.
pu·ta·ti·vo, va [pu.ta.tí.βo, -.βa] 形 〈血縁関係が〉推定上の; たてまえ上の, 仮の.
pu·ta·zo [pu.tá.θo / -.so] 男 《ラ米》《チリ》とても強い打撃[衝撃].
pu·te·a·da [pu.te.á.ða] 女 《ラ米》《話》叱りつけ, 叱責(ˢʰᵉⁿ), 非難.
pu·te·ar [pu.te.ár] 自 1 《卑》売春婦を買う. 2 売春する. 3 《ラ米》《話》ののしる, 罵倒(ᵇᵃᵗᵒᵘ)する.
— 他 《俗》うんざりさせる, 困らせる; こき使う.
pu·te·o [pu.té.o] 男 1 不快な思いをさせること, 嫌がらせ, いじめ. 2 《卑》売春; 買春.
pu·te·rí·a [pu.te.rí.a] 女 1 《卑》売春(行為), 売春業.
2 娼婦(ˢʰᵒᵘ)の集まる場所; 売春宿.
3 《話》(女の) 手管, へつらい, こび.
pu·te·rí·o [pu.te.rí.o] 男 1 《卑》売春. 2 《集合的》売春婦; 男娼(ˢʰᵒᵘ). 3 売春宿 (= prostíbulo).
pu·te·ro [pu.té.ro] 形 《卑》売春婦をよく買う, 娼婦(ˢʰᵒᵘ)好きの.
pu·tes·co, ca [pu.tés.ko, -.ka] 形 《話》売春婦の, 娼婦(ˢʰᵒᵘ)のような.
pu·ti·club [pu.ti.klúβ] [複] ~s, ~, ~es 男 《卑》売春宿 (= prostíbulo); (ホステスによる接客が中心の) バー.
pu·ti·doil [pu.ti.ðóil] 女 石油分解微生物の一種.
◆石油分解微生物は原油[石油] による汚染の除去に使われる.

*pu·to, ta [pú.to, -.ta] 形 《卑》1 卑劣な, いまいましい. ¿Cómo confías en ese ~ *mentiroso*? なんだってあんないやなうそつきのことを信用するんだ?
2 《名詞の前で強調》全くの, すごい; 《否定文で》少しの(…もない). Dime la verdad de una *puta* vez. きっぱりと本当のことを言ってしまえ. Yo *no* tengo *ni puta* idea de inglés. 私は英語が全くわからない.
3 困難な, やっかいな. El profesor nos puso un examen muy ~. 先生は私たちにとても難しい試験を出した.
4 売春の, ふしだらな; 〈男性が〉同性愛の.
— 男 女 卑劣な[いまいましい] 奴.
— 男 女 《卑》ホモセクシュアル; (体を売る)同性愛の男.
de puta madre 《俗》非常によく[よい]. pasárselo *de* ~ *madre* とても楽しく過ごす. El negocio me va *de* ~ *madre*. 仕事は大変順調である. Su concierto estuvo *de* ~ *madre*. 彼[彼女]のコンサートはすごくよかった.
pasarlas putas 《俗》つらい目にあう.
ser más puta que las gallinas 《俗》浮気女である.
pu·tón [pu.tón] 形 《卑》(性的に) 奔放な; 売春する.
▶女性形 putona が用いられることもある.
— 男 《卑》(性的に) 奔放な女性; 売春婦 (= prostituta). ~ verbenero ふしだらな男. ▶男性名詞であるが女性を指して用いられることが多い.
pu·tre·fac·ción [pu.tre.fak.θjón / -.sjón] 女 腐敗, 腐朽, 腐乱.
pu·tre·fac·ti·vo, va [pu.tre.fak.tí.βo, -.βa] 形 腐る原因となる, 腐敗させる.
pu·tre·fac·to, ta [pu.tre.fák.to, -.ta] 形 腐った, 腐敗[腐乱]した.

pu·tres·cen·cia [pu.tres.θén.θja / -.sén.sja] 囡 腐乱[腐敗]した状態.

pu·tres·ci·ble [pu.tres.θí.ble / -.sí.-] 形 腐敗しやすい, 腐りやすい.

pu·tri·dez [pu.tri.ðéθ / -.ðés] 囡 [複 putrideces] 腐敗(状態); 腐りやすさ.

pú·tri·do, da [pú.tri.ðo, -.ða] 形 腐った, 腐敗した.

putsch [pútʃ] [独もしくは英] 男 [複 〜s, 〜es, 〜] [政] 蜂起, 一揆, 叛乱.

putt [pót] [英] 男 [複 〜s, 〜] 《スポ》(ゴルフの)パット (= golpe corto).

put·ter [pó.ter] [英] 男 [複 〜s, 〜] 《スポ》(ゴルフの)パター.

Pu·tu·ma·yo [pu.tu.má.jo] 固名 **1** プトゥマヨ: コロンビア南西部の州. **2** el 〜 プトゥマヨ(川): 南米大陸北西部を流れる el Amazonas の支流.

pu·tu·to [pu.tú.to] 男 《ラ米》(ｱﾝﾃﾞｽ)ラッパの一種: 牛の角や貝殻でできている.

pu·ya [pú.ja] 囡 **1** (闘牛のピカドール picador が使う)槍(ﾔﾘ)の穂先; (家畜を追う)突き棒の先端 (= pica). **2** 《話》皮肉, 当てこすり (= pulla, puyazo). echar [tirar] una 〜 皮肉[嫌み]を言う.

pu·yar [pu.jár] 他 《ラ米》(1) (ｶﾘﾌﾞ)《車》…のアクセルを踏む. (2) (ｱﾝﾃﾞｽ)(ﾁ)《話》せき立てる, 促す. (3) (ﾀﾘ)(ﾂﾞﾃﾞｽ)(ﾁ)(ｱ)《話》困らせる, 悩ませる. (4) (ｹｱ)(ｶﾞｽ)(ｱ)(ﾁ)突く, 刺す, 傷つける. ― 自 《ラ米》(1) (ｺﾛﾝﾋﾞｱ)(ｱﾝﾃﾞｽ)(ﾁ)(ｱ)芽を出す, 芽が出る. (2) (ｾﾝﾄﾗﾙｱﾒ)(ｱﾝﾃﾞｽ)(ﾁ)(ｱ)努力する, 奮闘する.

pu·ya·zo [pu.já.θo / -.so] 男 **1** 《闘牛》(puya による)刺し傷, 突き傷. **2** 《話》皮肉, あてこすり (= pulla, puntada). soltar [tirar, lanzar] un 〜 あてこすりを言う.

pu·yo [pú.jo] 男 《ラ米》(ｱﾝﾃﾞｽ)厚手のポンチョ.

pu·yón [pu.jón] 男 《ラ米》(1) (ｱﾝﾃﾞｽ)(ｶﾞｽ)(闘鶏の)蹴爪(ｹｽﾞﾒ). (2) (ｱﾝﾃﾞｽ)とがったもの, 突起物; (サボテンなどの)とげ. (3) (ｾﾝﾄﾗﾙｱﾒ)(ｱﾝﾃﾞｽ)(ｶﾞｽ)新芽, つぼみ; (独楽(ｺﾏ)の)芯(ｼﾝ). (4) (ｱﾝﾃﾞｽ)(ｶﾞｽ)突く[刺す]こと; 突き傷, 刺し傷. (5) (ｶﾞｽ)(ｱﾝﾃﾞｽ)わずかな金, 小額.

pu·yu·do, da [pu.jú.ðo, -.ða] 形 《ラ米》(ｱﾝﾃﾞｽ)尖った, 鋭い.

puz·le / puz·zle [púθ.le / pús.-] [英] 男 ジグソーパズル; パズル (= rompecabezas). hacer un 〜 de mil piezas 1000ピースのパズルをする.

pu·zo·la·na [pu.θo.lá.na / -.so.-] 囡 ポゾラン: セメント原料の多孔質の凝灰岩, 火山灰の総称. [←[伊] pozzolana]

PVC [pe.u.βe.θé / -.sé] [英] 男 [略] 《化》 *p*oly-*v*inyl *c*hloride ポリ塩化ビニル.

PVP [pe.u.βe.pé] 男 [略] *p*recio de *v*enta al *p*úblico (スペイン) 希望小売価格. ► P.V.P. も用いられる.

py·lo·ri [pi.ló.ri] 形 《医》ヘリコバクターピロリ Helicobacter 〜 ピロリ菌: 胃の中に住み胃潰瘍(ｶｲﾖｳ)・十二指腸潰瘍の原因となる細菌.

py·me / PYME [pí.me] 囡 [複 〜s, 〜] [略] *p*equeña *y* *m*ediana *e*mpresa 中小企業. las 〜(s) españolas スペインの中小企業

Pyong·yang [pjoŋ.ján, pjón.jan // pjón.jaŋ] 固名 ピョンヤン (平壌): 朝鮮民主主義人民共和国(北朝鮮)の首都.

py·rex [pí.reks] [英] 男 《単複同形》《商標》パイレックス: 調理器具や実験器具に使用する耐熱ガラス.

Qq

外来語などの特殊な場合を除いて必ず直後に u の文字を伴い, que を「ケ」, qui を「キ」と発音する.

Q, q [kú] 囡 スペイン語字母の第18字.

q. 《略》*quintal métrico*(重さの単位)(メトリック・キンタル：メートル法で100キログラム.

qa·si·da [ka.sí.ða] 囡《詩》カシーダ (=casida): アラブ・ペルシアの詩形で単韻.

Qa·tar [ka.tár] 固名 カタール：アラビア半島東部の国, 首都 Doha.

qa·ta·rí [ka.ta.rí] 形〖複 ~es, ~s〗カタールの, カタール人の. ━ 男 囡 カタール人.

Q. B. S. M., q. b. s. m. 《略》*que besa*(n) *su mano*《手紙》敬具.

Q. D. G., q. D. G. 《略》*que Dios guarde*(故人の冥福(ﾒｲﾌｸ)を祈る言葉)神のご加護のあらんことを.

Q. E. P. D., q. e. p. d. 《略》*que en paz descanse*(故人の冥福(ﾒｲﾌｸ)を祈る言葉)安らかに眠りたまえ.

Q. E. S. M., q. e. s. m. 《略》*que estrecha*(n) *su mano*《手紙》敬具.

quad [kwád]〖英〗[複 ~s, ~] 四輪バギー〖英 ATV〗.

qua·dri·vium / qua·drí·vium [kwa.ðrí.βjum] 男 四 学, 四 科 (=cuadrivio, cuadrivium)：中世ヨーロッパの大学教育における科目で, 算術・音楽・幾何学・天文学で構成された.

quan·to [kwán.to] 男〖物理〗量子 (=cuanto, quántum).

quán·tum [kwán.tum] 男〖複 quanta〗量;〖物理〗量子. teoría de los *quanta* 量子論.

quark [kwárk]〖英〗男〖物理〗クォーク：素粒子の一つ.

quá·sar [kwá.sar]〖英〗男〖天文〗準星, クエーサー.

****que**[1] [ke]接続 ❶《名詞節・名詞相当語句を導く》…ということ.

1《+直説法》《知覚・確信・認知・伝達などの表現と共に》(…という) こと (を, は, …である) と. Creo *que llegarán* pronto. 彼らはもうすぐ着くと思う. Creo *que sí* [no]. そうだと [違う] と思う. Dicen *que van a subir los impuestos*. 税金が上がるという話だ. ¿Sabes *que esta tarde no vendrá la profesora?* 今日の午後先生が来ないって知ってる. Es cierto *que estos chicos trabajan* mucho. 確かにこの子たちはよく働く. Estoy segura de *que le gustará este regalo*. 私はこのプレゼントを彼[彼女]が気に入ってくれることを確信している. Claro *que sí* [no]. もちろんそうだ[そうではない]. Le pregunté (*que*) si *podía* venir por la noche. 私は彼[彼女]に夜来られるかどうか尋ねた.

2《+接続法》《疑惑・否定・蓋然性・感情・判断・要求・願望などの表現と共に》(…する) とは; (…するのでは) ないかと; (…する) ように. No creo *que venga* mañana. 私は明日彼 [彼女] が来ると思わない. Es probable *que lleguen* antes del anochecer. 日が暮れる前に彼らが到着することはありうる. Siento *que no hayan participado* todos los miembros. メンバー全員が参加しなかったのは残念だ. Quiero *que vengas* aquí enseguida. 私は君にすぐここへ来てもらいたい. Me dijeron *que dejara* de fumar. 私はタバコをやめるように言われた. Mi deseo es *que te mejores* pronto. 私の願いは君が早く元気になることです. Tengo la esperanza de *que salga* bien el proyecto. その計画がうまく行くように期待している. ¡Ojalá *que haga* buen tiempo mañana! どうか明日いい天気でありますように. ▶ 特に通信文などで que が省略されることがある. ⇒ Te ruego me *comuniques* tu llegada inmediatamente. 到着をすぐに知らせてください.

❷《副詞節・副詞相当語句を導く》

1《比較の対象》…より (…な); …と (同じ [異なる]). Miguel es más delgado *que* Marta. ミゲルはマルタよりやせている. Prefiero éste *que* aquél. 私はあれよりこのほうが好きだ. Tengo la misma idea *que* tú. 僕は君と同じ考えだ. Lo hicimos de otra manera *que nos enseñaron*. 私たちは教わったのと違う方法でそれをやった.

2《軽い理由》《話》《+直説法》《主に命令・推測・意思を表す表現の後で》…というのも, だって …だから. Más fuerte, por favor, *que oigo* mal. 耳が遠いんで, もっと大きな声でお願い. No puedo participar en esa actividad, *que no tengo* dinero. その活動には参加できません, お金がないので.

3《二者択一》さもなければ. Dámelo *que te pego*. それをよこせ, でないと殴るぞ.

4《仮定》もし…ならば. yo *que* tú 私が君の立場だったなら. *Que no lo puedes hacer*, avísame cuanto antes. もしそれができないなら, できるだけ早く知らせてくれ.

5《限定》《+接続法》…する限り. *que yo sepa* 私の知る限り.

6《結果》(…なので) …と (なる); …するほど (…である). Huele *que da* asco. 臭くて吐き気がする. Es un hombre de sangre caliente *que no hay quien le aguante*. 彼はかっとしやすい性格なので, 我慢できる人はいない. ▶ しばしば tan [tanto] と共に用いられる. ⇒ Está *tan cansado que no tiene ganas de hacer* nada. 彼はあまりに疲れていて何もする気にならない.

7《目的》《話》《(que) + 接続法》…するように. Vayan hasta el fondo, por favor, *que quepan* más. もっと入れるように奥へ詰めてください.

8《譲歩》《(que) + 接続法 que + no (+接続法)》(…し) ても (…しまい) と. *que llueva, que no llueva* 雨が降ろうが降るまいが. *queramos que no* (*queramos*) 好むと好まざるとにかかわらず.

9《様態》(…の) ように, (…する) くらい. El tiempo corre *que vuela*. 時は飛ぶように過ぎる. La sopa está *que quema*. スープがやけどするほど熱い.

10《対立》《+ no》…でなく. Fue su tía, *que no* su madre. それは彼 [彼女] (ら) のお母さんではなくおばさんだった.

❸《接続詞相当語句の一部として》

1《時》antes [después] de que... (…が)…する前[後]に. desde [hasta] que... …以来[するまで]. siempre que... …するときはいつでも. a medida que... …するにつれて. **2**《条件》con tal que... …する限り. a condición de que... …という条件で. a menos que... …でない限り. **3**《譲歩》a pesar de que... どんなに…しても. por más que... どんなに…しても. **4**《理由》ya que... / dado que... / puesto que... …であるからには, …であるので. **5**《目的》para que... (…が)…するために. **6**《結果》de modo [manera, forma] que... そのため(…になる). así que... それで, だから…. sin que... …することなしに.

4《主節・発話を導く》
1《間接命令》(+接続法) …させなさい, …するようにしてください. *Que pase* el siguiente. 次の方を通してください. *Que no entre* nadie. 誰も入らないように. *Que cante* Carmen. カルメンが歌えばいい.
2《願望文》(+接続法) …でありますように, …でといいの. *¡Que tengáis* buenas vacaciones! どうかよい休みを過ごしてください. *¡Que sean* felices los dos! おふたりが幸せになられますように.
3《不信・奇異》(+接続法) …だなんて. *¡Que tengamos* que aguantar el calor que hace! こんな暑さを我慢しなけりゃならないなんて.
4《話》《肯定・否定の強め》…だとも:《注意を促して繰り返す》;《前に言った内容を繰り返して》…だってば. ¿Y si viene el jefe? — *Que* no viene nadie. もしボスが来たらどうする. 一誰も来ないってば. Vamos, hijo. — *Que* no quiero. さあ行くよ. 一嫌だってば. *¿Estás seguro de que esto es de oro?* — *Que* sí, *que* sí. これは本当に金でできているのですか. 一もちろんですとも. *¡Eh, que* te vas a caer! ほら, ころびますよ. *¡Vete de aquí!, ¡que* te vayas! ここから出て行って, 出て行ってったら.
5《疑問文で》《反問》…ですって, …というのか. *¿Que* tú no lo sabes? 君, そんなことも知らないのか.
6《文修飾の副詞およびその相当語句+》*Seguramente que* no vendrán mañana. 多分明日彼らは来ないだろう. *En serio que* no quiero. 本当に嫌なんです.

5《前後に同じ語を反復して強調》corre *que* corre 走りに走って. habla *que* habla 話し続けて. dale *que* dale えんえんと, これでもかと.
¡A que + 直説法! 絶対…だ, きっと…だ. *¡A que llego* primero! — *¡A que* no! 絶対僕が一番に着くから. 一そんなはずない. *¿A que* no *adivinas* quién está ahí? そこにいるのが誰か当てられるかい.
el que + 主に接続法 …ということ, …という事実. Me extraña *el que* no *hayan dicho* nada de eso. そのことで何も言われなかったのは不思議でならない.
que si... que si... …だの…だの(言って). Nunca viene a mi casa, *que si* está ocupado, *que si* está mal. 忙しいとか調子が悪いとか言ってあいつはちっとも訪ねてこない.
[←[ラ]*quid*〖代名〗「何」;〖俗ラ〗では[ラ]*quod*(関係代名詞), [ラ] *quia* 〖接続〗「なぜなら」, [ラ] *quam* 〖副〗「…より; …ほどに」(比較の相手を示す)の用法を併せ持つようになった;〖関連〗〖英〗*what, who*]

que² [ke]〖代名〗〖関係〗**1**《事物・人を表す名詞(句)を先行詞として定冠詞なし》

1《制限用法》…する(人, もの). (1)《主語として》el reloj *que* está en la mesa テーブルの上にある時計. El chico *que* pasó aquí ayer es de mi pueblo. 昨日ここに立ち寄った青年は私の村の出身だ. tú *que* sabes mucho 君は物知りだから. ► 先行詞が不定の人[もの], あるいは存在しない人[もの]のとき, 関係節の中の動詞は接続法となる→**2**. ¿Hay alguien *que sepa* conducir? 運転のできる人は誰かいますか. No conozco a nadie *que sea* más fuerte que tú. 私は君より強い人を知らない.
(2)《直接目的語として》la mujer *que* vi ayer 私が昨日会った女性(► 人が先行詞でも a *que* にならない). La historia *que* estoy leyendo es muy interesante. 私が今読んでいる話はとてもおもしろい. ► 関係節内の動詞が不定詞のとき「…するべき人[もの]」という意味になる. ⇨ Tengo muchas cosas *que aprender*. 私には学ばなければならないことがたくさんある.
(3)《前置詞+*que*》(► 先行詞は主に事物. 用いられる前置詞は a, de, en, con 他の前置詞の場合, 非制限用法の場合には定冠詞+que, 定冠詞+cual, quien が用いられる→**2**. **2**, **3**, cual, quien). la pluma *con que* el autor escribió la obra その著者が作品を書いたペン. el libro *de que* te hablé 君に話した本. la silla *en que* estoy sentado 私の座っているいす. ► 先行詞が時を表す場合, 前置詞 en はしばしば省略される. ⇨ el día (*en*) *que* llegaste 君が到着した日. el año (*en*) *que* nací 私の生まれた年. en el momento (*en*) *que* salíamos 私たちが出かけようとしていたとき.
2《非制限用法》(1)《主語として》そしてそれ[その人]は. Los estudiantes, *que* viven cerca, no llegarán tarde. その学生たちは近くに住んでいるので遅刻しないだろう. (2)《直接目的語として》そしてそれ[その人]を. Es un sitio muy bonito, *que* conozco desde la infancia. それはとてもいいところで, 私は小さいころからよく知っている.
3《先行詞を含んで》…するもの, …すべきもの. Este resultado me da *que* pensar. この結果には考えさせられる. No tienes de *que* [*qué*] preocuparte. 君は何も心配することはない.

2 *el que, la que, los que, las que* (► 定冠詞は先行詞の性数に一致する)

1《先行詞を中に含んで》…する人[もの]. *La que* está cantando ahora es mi hija. 今歌っているのが私の娘だ. un coche como *el que* vemos al fondo 奥に見えているような車. Dios ayuda *al que* madruga. 《諺》早起きは3文の得(←神は早起きする者を助ける). ► 次のような強調構文を作る. Es su padre *el que* manda en casa. 彼[彼女](ら)の家を仕切っているのは父親である.
2《制限用法》《前置詞+**el que**》…する(人, もの). el libro *al que* me refiero 私が言及している本. la película *de la que* hablo 私が話題にしている映画.
3《非制限用法》《(前置詞+) **el que**》そしてその人[それ]は…. Le acompañaba una mujer. — ¿Cuál? — *La que* le regaló la corbata. 女性が彼と一緒にいたよ. 一どの人かな. 一彼にネクタイをプレゼントした人だよ. Estas revistas, de *las que* varias son mías, van a donarse a la biblioteca. これらの雑誌は, うち数冊が私のものなのだが, 図書館に寄贈されることになっている.

3 *lo que* (► 中性の定冠詞を伴ってことがらや漠然としたものを指す)

1《先行詞を中に含んで》…すること ; …する量. (1)《主語として》Eso fue *lo que* ocurrió esa noche. それがその夜起こったことだ. No sabes *lo que*

qué

me dolió. 私がどれだけつらかったかわかるまい. (2)《直接目的語として》Te digo *lo que* pienso. 私は思っていることを言いましょう. No sé exactamente *lo que* hay de Madrid a Barcelona. マドリードからバルセロナまでどれくらいあるのか私は正確には知らない. (3)《ser の補語として》Tú sabes *lo que* es vivir solo. 君はひとり暮らしはどういうことだかわかっているだろう. (4)《前置詞＋*lo que*》Es justo *en lo que* pensaba. それはちょうど私の考えていたことだ.

2《非制限用法》《前置詞＋》**lo que**《先行する文や節を受けて》そのこと. Ella decidió seguir estudiando en el extranjero, *lo que* entristeció mucho a sus padres. 彼女は留学を続けることにしたのだが, そのことは彼女の両親をとても悲しませた.

3《接続法＋**lo que**＋接続法》《譲歩》何が[を]…しようとも. *digan lo que digan* 彼らがなんと言おうと. *pase lo que pase* 何が起きようとも. *sea lo que sea* いずれにしても.

lo que es... …に関しては, …ということなら. *lo que es por mí* 私に関してだったら.

más [menos] ＋形容詞・副詞 *de lo que...* …するよりもっと…な[…するほど…でない]. Es *más rica de lo que* pensábamos. 彼女は私たちが思っていた以上に金持ちだ.

más [menos] ＋名詞 *de* ＋定冠詞 *que...* …するよりたくさん[少し]の…. Él pierde *más dinero del que* esperaba. 彼は予期した以上に金を失っている.

[←［ラ］quem（男性単数対格）; [関連]［英］what, who]

qué [ké]《代名》《疑問》《無変化》1** 何, どんなもの[こと]. *¿Qué* es esto? これは何ですか；これはどういうことだ. *¿Qué* es tu hermana? — Es profesora de bachillerato. 君のお姉さん[妹さん]は何をやっているんですか. — 中学校の教員です. *¿Qué* es un amigo para ti? 君にとって友人とはどういう人. *¿Qué* pasa? 何が起こったのですか, どうしたの. *¿Qué* haremos? 何をしようか, どうしようか. *¿Qué* le parece? あなたはどう思いますか. *¿De qué* se trata? 何のことですか. *¿En qué* piensas? 何のことを考えているの. *¿Para qué* sirve esto? これは何のためですか；《反語的に》これが何の役に立つというのか. *¿A qué* vienes? 何しに来たのか. *¿Qué* hay? / *¿Qué* es de tu vida?《あいさつ》どうだい調子は. ▶ 間接疑問文を作る. → Me pregunto *qué* le habrá pasado. 彼[彼女]はどうしたんだろう. ▶ 間接疑問文で従属節内の動詞が不定詞のときは「何を…すべきか[…できるか]」という意味になる. → No sé *qué* hacer. 私はどうしたらいいのかわからない. ▶ 発言の一部を聞き返すときにも用いられる. → No lo sientes? — ¿Sentir (el) *qué*? 感じないの. — 感じるって何を.

2《話》《疑問文の前で》どうだい, どうなの. *¿Qué?*, *¿lo estás pasando bien?* どう, 楽しんでるか.

3《反論して》何が…なものか. Estoy enfermo. — ¿*Qué* vas a estar enfermo? 病気なんだ. — どこが病気なのさ.

— 形《疑問》**1**《＋名詞》何の, どの;《話》どれくらいたくさんの. *¿Qué* hora es? 何時ですか. *¿Qué* edad tienes? 君の年はいくつ. *¿Qué* tipo de coche te gusta? 君はどんなタイプの車が好き. *¿Con qué* profesor vas a estudiar? どの先生について勉強するの. *¿De qué* tamaño? 大きさ[サイズ]はどれくらいですか. *¿Qué* dinero necesitas? どのくらいお金がいるの.

2《感嘆文》(1)《＋名詞》なんという…だろう. *¡Qué suerte!* なんて運がいいのだろう. *¡Qué calor hace!* 暑いなあ. *¡Qué miedo!* おお怖い. *¡Qué manera de hablar a los mayores!* 年上に向かってなんて口のききかただ. (2)《＋名詞＋*tan* [*más*]＋形容詞》なんて…な…だろう. *¡Qué chico tan* [*más*] *simpático!* なんていい子なんだろう.

— 副《疑問》**1**《感嘆文》《＋形容詞・副詞》なんと…な, どれほど…な. *¡Qué bien!* なんとすばらしい. *¡Qué divertido!* なんておもしろいんだ. *¡Qué despacio va este autobús!* このバスはなんてのろいんだ. *¡Qué mala suerte tengo!* 僕はなんてついてないんだろう. *¡Qué bien que baila ella!* 彼女はなんて上手に踊るんだ.

2《話》どれくらいたくさん, どれだけ. *¿Qué te costó el diccionario?* その辞書いくらだったの. *¿Qué mide esa torre?* そこの塔はどのくらい高いの.

por qué《疑問文で》(1) **なぜ, どうして**. *¿Por qué te has levantado tan temprano?* どうして君はこんなに早く起きたの. No sé *por qué* viene tan a menudo. 彼がなぜあんなに頻繁に来るのか私には分からない. (2)《**no**を伴って》…したらどうですか. *¿Por qué no vamos al cine?* 映画に行きませんか.

¿Qué?《聞き返して》え, あ.《驚き》なんですって.

¡Qué de＋名詞*!* なんとたくさんの…. *¡Qué de gente!* なんという大勢の人だろう.

¿Qué hubo?《ラ米》(あ)《あいさつ》《話》やあ, どうだい.

¡Qué tal!《ラ米》(*₃) これは驚いた.

¿Qué tanto?《ラ米》(*₃) いくら, どのくらい.

¿Y (eso) qué? それがどうしたの, だから何.

[←［俗ラ］*qued←［ラ］quid; [関連]［英］what]

que·be·qués, que·sa [ke.be.kés, -.ké.sa] 形（カナダの）ケベックの Quebec の.
— 男 女 ケベックの住民[出身者].

que·bra·cho [ke.brá.tʃo] 男《植》(1)（アカ）ケブラコ: 南米産のウルシ科. 樹皮は皮なめし・染料用. (2) シロケブラコ: 南米産のキョウチクトウ科. 樹皮は解熱剤など薬用. **2**（アカ）ケブラコ材: 材質が堅く家具, 橋梁(は.)杭(ṅ.)などに利用.

que·bra·da [ke.brá.ða] 女 **1** 山あいの道; 山峡, 峡谷, 渓谷. **2**《ラ米》渓流. (2) (ダンゴの)腰を折り曲げる動き. (3)(*₃)機会, チャンス;《スポ》(ビリヤード)最初の突き.
dar quebrada《ラ米》(*₃)《話》休ませる.

que·bra·de·ro [ke.bra.ðé.ro] 男
quebradero(s) de cabeza《話》悩み(の種). Ya tengo suficientes *—s de cabeza*. 悩みの種はもういやというほどある.

que·bra·di·zo, za [ke.bra.ðí.θo, -.ða / -.so, -.sa] 形 **1** 壊れやすい, 砕けやすい, もろい (= frágil). El cristal es 〜. ガラスは割れやすい. **2** 虚弱な, 病弱な (= enfermizo);〈声が〉細い, 弱々しい. salud *quebradiza* 虚弱体質. **3**〈性格などが〉弱い, 移り気の.

que·bra·do, da [ke.brá.ðo, -.ða] 形 **1** (estar＋)壊れた, 砕けた, 割れた. Él tiene un brazo 〜. 彼は片腕を骨折している. **2** 凸凹のある, 起伏の多い; 屈曲した. terreno 〜 起伏の多い土地. línea *quebrada* 折れ線, ジグザグ線. **3**〈色が〉くすんだ,〈顔色が〉すぐれない;〈声が〉かすれた, 弱々しい. voz *quebrada por la emoción* 感動で震える声. **4** 破産した,《ラ米》《話》お金のない, 貧乏の. **5**《医》ヘルニアを患った. **6**《数》分数の. *número* 〜 分数. **7**《ラ米》《話》(科目が)落第した;〈試験が〉とても難しい.
— 男 女 **1**《医》ヘルニア患者. **2**《法》破産者. **3**《ラ米》(*₃)《話》貧乏な人.

—男 1 〖数〗分数(= fracción). ～ compuesto 繁[重]分数. ～ decimal 小数. ～ impropio 仮分数. ～ propio 真分数.

2 《複数で》(罫線(ﾎ)入りの)書き方練習用紙.

3 〈ラ米〉(ﾃﾞ)上質だが穴のあいたタバコの葉.

que·bra·du·ra [ke.bra.ðú.ra] 女 1 割れ目, 裂け目, ひび. 2 切り通し, 渓谷, 谷間(= quebrada). 3 〖医〗ヘルニア(= hernia).

que·bra·ja [ke.bráxa] 女 裂け目, 亀裂(ﾚﾂ), ひび.

que·bra·jo·so, sa [ke.bra.xó.so, -.sa] 形 壊れやすい, 割れやすい, もろい.

que·bra·mien·to [ke.bra.mjén.to] 男 → quebrantamiento.

que·bran·ta·ble [ke.bran.tá.βle] 形 壊れやすい; きゃしゃな, か弱い.

que·bran·ta·do, da [ke.bran.tá.ðo, -.ða] 形 壊れた, 傷んだ, 弱った.

que·bran·ta·dor, do·ra [ke.bran.ta.ðór, -.ðó.ra] 形 1 違反する, 破る. 2 砕く, つぶす.

—女 (法の)違反者; 冒瀆(ﾄﾞｸ)者.

que·bran·ta·du·ra [ke.bran.ta.ðú.ra] 女 → quebrantamiento.

que·bran·ta·hue·sos [ke.bran.ta.(ɣ)wé.sos] 男〖単複同形〗 1 〖鳥〗(1) ヒゲワシ. (2) ミサゴ. 2 《スペイン》〈話〉退屈な人, うんざりさせる人. 3 《遊》ふたりが馬になり, 他のふたりがその背でいっしょにひっくり返る遊び.

que·bran·ta·mien·to [ke.bran.ta.mjén.to] 男 1 砕くこと, 破ること; 破壊, 粉砕. ～ de sellos 信書の開封. ～ de un hueso 骨折. 2 〖法〗(約束などの)違反, 不履行, 破棄. ～ de la ley 法律違反. ～ de destierro 追放処分への不服従. ～ de forma 〖法〗形式の不備. ～ del ayuno 断食の中止. 3 〈健康の〉低下, 衰え; 疲労, 消耗.

que·bran·ta·o·las [ke.bran.ta.ó.las] 男〖単複同形〗〖海〗防波堤, 波よけ; (大型ブイに連結する)補助ブイ. ～ rompeolas.

****que·bran·tar** [ke.bran.tár] 他 1 壊す, 砕く(= rajar). ～ aceitunas オリーブの実をつぶす.

2 違反する, 破る; 〖法〗〈遺言を〉無効にする. ～ la ley 法に背く. ～ una promesa 約束を破る.

3 弱らせる, 〈怒りなどを〉和らげる; 〈健康を〉害する, 損なる. ～ el ánimo [la moral] a+人 〈人〉の勇気を消沈させる. 4 無理に開ける, こじ開ける; (許可なく)立ち入る. Un grupo de la oposición *quebrantó* los sellos de las urnas. 反対派が投票箱を力ずくで開封した. 5 悩ます, うんざりさせる. 6 〈ラ米〉〈子馬を〉慣らす, 訓練する.

— ～ ·se 再 1 砕ける, 壊れる. 2 〈体力・気力などが〉弱る, 衰える. Últimamente *se está quebrantando* la unidad del equipo. 最近チームの結束が弱まっている. 3 〖海〗〈船の〉竜骨がゆがむ.

[quebrar (←〖古スペイン〗*crebar*「破裂する」←〖ラ〗*crepāre*「音が響く」より派生; 関連 quiebra, requiebro. 〖英〗〖仏〗*crevasse*. 〖日〗クレバス]

que·bran·to [ke.brán.to] 男 1 砕く[砕ける]こと, 破壊. 2 (体力・気力の)衰え, 落胆; 減退, 衰退. 3 損失, 損耗. ～ de fortuna 破産, 財政破綻(ﾀﾝ). 4 悲嘆, 苦悩; 哀れみ, 同情.

****que·brar** [ke.brár] 8 他 1 壊す, 砕く. ～ un vaso コップを割る.

2 折る, 曲げる. ～ el cuerpo 体を折り曲げる.

3 遮る, 中断させる; そらす. 4 〖スポ〗(サッカー)〈敵を〉かわす. 5 打ち破る, 打ち勝つ. 6 和らげる, 弱める. ～ el color 色調を弱める. 7 〈顔色を〉悪くする, 青ざめさせる. 8 〈ラ米〉(1) (ﾂﾁ)〈子馬を〉慣らす. (2) (ｺﾛﾝ)〈俗〉〈人〉を殺す.

—自 1 壊れる, 砕ける. 2 〖法〗破産する. La empresa *ha quebrado*. その企業は破産した. 3 《**con...** ...と》仲たがいをする. 4 弱まる, 和らぐ.

— ～ ·se 再 1 壊れる, 砕ける.

2 〈声が〉とぎれる, かすれる. *Se le quebró* la voz con la emoción. 感動のあまり彼[彼女]の声は震えた. 3 〈山脈・台地などが〉とぎれる. 4 《スペイン》〖医〗ヘルニアにかかる(= herniarse). 5 〈ラ米〉(ﾀﾞﾝｽ)(ダンスで)肩[腰]をくねらす; 肩を揺すって歩く.

quebrar el alba 夜が明け始める.

que·bra·za [ke.bra.θa / -.sa] 女 1 割れ目, 裂け目, 亀裂(ﾚﾂ). 2 〖医〗あかぎれ, ひび. 3 《複数で》(刀身などにできる)ひび, 割れ目.

que·bra·zón [ke.bra.θón / -.són] 女 〈ラ米〉(1) (ガラスなどが)割れる[砕ける]こと, 粉砕. (2) (ﾒﾋ)争い, 口論.

que·bro·so, sa [ke.βró.so, -.sa] 形 〈ラ米〉(ﾍﾞﾈ)〈話〉もろい, 壊れやすい.

que·char [ke.tʃár] 他 〈ラ米〉(ｺｽﾀﾘｶ)〖スポ〗(野球で)〈捕手が〉捕球する, キャッチする.

que·che [ké.tʃe] 男 〖海〗ケッチ: 2本マストの縦帆船. [← 〖英〗*ketch*]

que·che·ma·rín [ke.tʃe.ma.rín] 男 〖海〗2本マストの小型帆船.

que·chol [ke.tʃól] 男 〈ラ米〉(ﾒﾋ)〖鳥〗ヘラサギの一種.

****que·chua** [ké.tʃwa] 形 ケチュアの.

—男女 ケチュア人：ペルー, ボリビアなどの Andes 地方に居住する先住民. ～ indio.

—男 ケチュア語：inca 帝国の公用語. 現在でもペルー, ボリビアを中心に, エクアドルから中北部のアンデス地方でアイマラ aimara 語と共に広く用いられている先住民の言語.

[←〖ケチュア〗*qqechhua*(*kkechuwa*)「温暖な地」が原義？)]

que·co [ké.ko] 男 〈ラ米〉(ﾂﾁ)〈話〉売春宿, 娼家.

que·da[1] [ké.ða] 女 (夕方・夜間の)外出禁止(令), 外出禁止時刻; (外出禁止時刻を告げる)鐘, 鐘の音. tocar a ～ 外出禁止時刻を知らせる鐘を鳴らす. toque de ～ 外出禁止時刻を告げる鐘の音[合図]; 外出禁止令.

que·da[2] [ké.ða] 活 → quedar.

que·da·da [ke.ðá.ða] 女 1 居残り, 残留. 2 風が吹きやむこと, 凪(ﾅｷﾞ). 3 (球を)軽く打つこと. 4 《話》冗談, からかい. 5 〈ラ米〉(ｴﾙｻﾙ)(ﾌﾟｴ)(ｺﾛﾝ)(ﾊﾟﾗ)〈話〉〈軽蔑〉婚期を過ぎた女性.

que·da·do, da [ke.ðá.ðo, -.ða] 形 〈ラ米〉(ｺﾞｽﾀ)(ﾎﾟ)(ﾒﾋ)(ﾂﾁ)〈話〉ぐずぐずした, のろい, 優柔不断な.

que·da·men·te [ke.ða.mén.te] 副 静かに, 小声で; 落ち着いて, 穏やかに.

******que·dar** [ke.ðár] 自 1 (1) 残る, 余る. *Ha quedado* mucha bebida. 飲み物がたくさん余った.

(2) 《**para...** / **hasta...** ...まで》〈特定の距離・時間が〉残っている, (まだ)ある. *Quedan* dos kilómetros *hasta* el pueblo. 村まではあと2キロだ. Todavía *queda* un mes *para* las vacaciones de verano. まだ夏休みまで1か月ある.

(3) 《**por**+不定詞 ...すべき》...がある, 残っている. *Quedan* muchas cuestiones *por resolver*. 解決すべき問題が多く残されている. ▶ (2), (3)いずれの用法においても特定人物に関して述べる場合は間接目的人称代名詞が用いられる. *Me han quedado* cin-

cuenta euros. 僕は50ユーロ余った. **2**《+場所を表す副詞(句)》…に》とどまる, 居残る. Los niños se *quedaron en el colegio* hasta muy tarde. 子供たちは遅くまで学校に居残った. ▶ 再帰代名詞を伴う方が一般的. → 再 **2**. **3**《+場所を表す副詞(句)》…に》位置する, ある. La farmacia *queda detrás de aquel edificio alto*. 薬局はあの高い建物の後ろです. ¿*Dónde queda* la estación de metro más cercana? いちばん近い地下鉄の駅はどこですか.

類語 *quedar* は *estar* と異なり, 基本的に建物, 山, 川, 都市など移動の可能性のないものの位置を表す.

4(1)《+形容詞・副詞およびその相当語句》《(…の状態に》**なる**; 《(…の状態を)》**保つ**, 《(…の状態の)》ままでいる[ある]. María *quedó* pensativa al leer el mensaje. マリアはそのメッセージを読むと, じっと考え込んだ. Yo prefiero ~ *soltero* a casarme sin amor. 僕は愛のない結婚をするより独身のままでいるほうを選ぶ. ▶ 形容詞は主語と性数一致する. ▶ 再帰代名詞を伴う用法もある. → 再 **3**.
(2)《*quedar*le (a+人) +形容詞・副詞およびその相当語句》〈衣服などが〉《(人)に…》である. Esa falda *te queda* demasiado *larga*. そのスカートあなたには長すぎるわね. Estos zapatos *me quedan estrechos*. この靴は私には窮屈です.
(3)《*como*...》(ある行為・行動の結果として)《…と》思われる, 《…に》見なされる. No hagas eso si quieres ~ *como un caballero*. 紳士と思われたければそんなことはするな. ▶ まれに por が用いられることもある. ~ *por* embustero うそつきと思われる.
5(1)《複数主語で》(互いに)**会う約束をする**; 《con+人》〈人〉と》会う約束をする. Ana y Luisa han quedado a la puerta del cine. アナとルイサは映画館の入り口で会うことになっている. *He quedado con* mi novio a las nueve. 9時に彼と待ち合わせしてるの. (2)《**en**+不定詞 / **en que**+直説法》《…することを》約束する. Alberto *quedó en traer* el vino. アルベルトはワインを持ってくると約束した. *Quedamos en llamarnos* el lunes. 我々は月曜に電話で連絡を取りあうことにした.
6(期待・危惧に反して)《**en**...…に》終わる. Todo el esfuerzo *quedó en* nada. 全ての努力は無駄に終わった. **7**《ラ米》(1)《話》うまくいかない, 物別れに終わる. (2)《俗》死ぬ.
—⦿《話》《まれ》置く, 置きっぱなしにする (=dejar). ▶ 主にスペインの一部で用いられる.

—**~se** 再 **1**《+場所を表す副詞(句)》…に》**とどまる**, 居残る; 滞在する. *Me quedé en casa* todo el fin de semana. 週末ずっと家にいた. ¿Cuántos días van a *quedarse en Madrid*? マドリードには何日滞在なさいますか.
2〈ものを〉自分のものにする. —¿Le gustan estas gafas? —Sí, *me* las *quedo*. このメガネ気に入りましたか. —はい, いただきます. ▶ 対象が代名詞の場合に用いられることが多い. → 再 **4**(1).
3《+形容詞・副詞およびその相当語句》《(…の状態に》**なる**; 《(…の状態を)》**保つ**, 《(…の状態の)》ままでいる[ある]. ~*se satisfecho* 満足する. ~*se tranquilo* safe. ~*se triste* 悲しく落ち着く. ~*se solo* でいる. ~*se viudo* 妻に先立たれる. ~*se perplejo* 当惑する ~*se embarazada* 妊娠する. ~*se ciego* [*mudo, cojo, inválido*] 目[口, 足, 体]が不自由になる. Nada más acostarse, se *quedó* profundamen-

te *dormido*. 彼は横になるや否や深い眠りについた. Esta zona *se queda aislada* durante el invierno. この地域は冬の間, 孤立状態となる. ▶ 形容詞は主語と性数一致する. ▶ 特定人物にとっての状態を表す場合は, 間接目的人称代名詞が用いられる. → Este armario ya *se me ha quedado pequeño*. このクローゼット, 私には小さくなってしまった.
4《**con**...》
(1)《…を》**自分のものにする**. Cuando mi amigo regresó a Japón, *me quedé con* todos sus muebles. 僕の友人が日本に帰国した際, 家具を全て譲り受けた. Si te gusta, *quédate con* esa camiseta. そのTシャツ, 気に入ったならとっておいて. *Me quedo con* esa corbata. 《買い物などで》そのネクタイにします, そのネクタイをください. ▶ 対象が代名詞の場合, con を用いない用法もある. → *Se lo quedó* Carmen. それはカルメンが受け取った. → 再 **2**. (2)《…に》決める, 《複数の選択肢から》《…を》選ぶ. Entre la playa y la montaña, *me quedo con* la montaña. 海と山なら山を取るね. (3)《話》《…に》魅力を感じる, ひかれる. Me di cuenta de que *te estabas quedando con* aquel tal Jorge. 君があのホルヘとかいうやつにうっとりしてたのはお見通しさ. (4)《話》《〈人〉を》からかう, かつぐ.
5《*quedársele* (a+人)》《…の》記憶に残る. Si no lo apunto todo, no *se me queda*. 何でも書きとめておかないと, 記憶に残らないんだ.
6〈海・風などが〉静かになる, 治まる. **7**《婉曲》死ぬ. **8**《ラ米》(1)《？》まひする. (2)《*副》終わる.
¿*En qué quedamos*? 《相手の迷い・矛盾に対して》結局どうするんだ. いったいどっちなんだ. Yo quiero a José, pero también tengo dudas... —¿*En qué quedamos*? ホセのこと好きだけど, 迷いもあるの. —だからいったいどっちなのよ.
por... que no quede …なら問題ない. No sé qué pensarán los demás, pero *por mí que no quede*. 皆の意向はわからないが, 僕なら異存ないよ.
quedar atrás (1) 過去のこととなる. Los peores momentos *quedaron atrás*. 最悪のときは終わった. (2) 遅れをとる. ▶ 再帰代名詞を伴った用法もある.

quedar bien [*mal*] *con*+人 〈人〉にいい[悪い]印象を与える, よく[悪く]思われる. Tenemos que *quedar bien con* los vecinos. お隣さんにはいい印象を与えておかなくちゃ.

quedarse a oscuras 理解できずにいる, わからずじまいになる.

quedarse atrás → *quedar atrás* (2).

quedarse en blanco / *quedarse in albis* 思考回路が停止する, 頭が真っ白になる.

[←[ラ] *quiĕtāre*「静める」(*quiĕtus*「平穏な」より派生); 関連 quedo. 再 *quiet* 「静かな」]

que·di·to [ke.ðí.to] 副 quedo+縮小辞.

que·do, da [ké.ðo, -.ða] 形 **1** 静かな, 落ち着いた. El niño está muy ~. 子供はとてもおとなしくしている. **2**〈声が〉穏やかな, 静かな.
—副 静かに, 小声で; 落ち着いて, 穏やかに. hablar muy ~ とても静かに話す.

que·dón, do·na [ke.ðón, -.ðó.na] 形 《話》冗談好きの, ふざけ屋の.
—男 女《話》冗談好きの人, ふざけ屋の人.

*****que·ha·cer** [ke.a.θér / -.sér] 男《主に複数で》すべきこと, 用事 (= tarea, faena). nuestro ~ cotidiano 私たちの日々の務め. los ~*es* domésticos [de la casa]家事. ir a SUS ～*es* 自分の用を足しに行く.

quei・ma・da [kei.má.ða] 囡 ケイマーダ：（スペインの）ガリシア産の蒸留酒を温めてレモン・砂糖を加える.

que・ís・mo [ke.ís.mo] 男 《文法》特定の動詞について名詞節を導く que の前で前置詞 de が必要であるにもかかわらず, それを脱落させること.

‡**que・ja** [ké.xa] 囡 **1** 不平, 苦情；不満の原因. las ～s de los vecinos 近所の人々の不平. dar motivo de ～ 不平の種となる, 文句を言う口実を与える. dar ～(s) de... …について不平[愚痴]を言う. tener ～ de... …について不満をいだく.

2 うめき声, 悲しげな声, 嘆き (= lamento). las ～s de un enfermo 病人のうめき声.

3 《法》告訴, 訴え. presentar una ～ 告訴する, 訴えを起こす.

que・ja・de・ra [ke.xa.ðé.ra] / **que・jam・bre** [ke.xám.bre] 囡 《ラ米》《話》→ quejumbre.

‡**que・jar** [ke.xár] 他 苦しめる, 悩ます；悲しませる (= aquejar).

— ～・**se** 再 **1** 《de... / por... …について》嘆く, 不平を言う. No *me* puedo *quejar*. 私には文句は言えない. ～*se de*... a+人 （人）に…のことで不平を言う；訴え出る. ～*se de* hambre 空腹を訴える. *Se queja del* jefe. 彼は上司に不満を持っている. Ella *se queja de* que no le pagan lo suficiente. 彼女は十分な給料が出ないことを嘆いている.

2 うめく, うなる；悲しげな声をたてる (= gemir). ～*se* lastimosamente 痛ましいうめき声をあげる.

3 訴える, 告訴する.

[←[古スペイン]*他*←[俗ラ]*quassiare←[ラ] *quassāre*「揺り動かす；打ち砕く」. [関連] queja, quejumbre]

que・ji・ca [ke.xí.ka] 形 《スペイン》《話》不平の多い, 愚痴っぽい. No seas tan ～. そう文句を言うなよ.
— 男 囡 泣き言の多い人, 愚痴っぽい人.

que・ji・co・so, sa [ke.xi.kó.so, -.sa] 形 男 囡 《スペイン》→ quejica.

que・ji・do [ke.xí.ðo] 男 うめき声, うなり声；悲しげな声 (= gemido, lamento). dar [lanzar] ～s うめく；嘆く.

que・ji・go [ke.xí.go] 男 《植》カシワの一種.

que・ji・ge・ta [ke.xi.gé.ta] 囡 《植》（スペインに自生する）カシワの一種.

que・ji・llo・so, sa [ke.xi.jó.so, -.sa ‖ -.ʎó.-] 形 《話》いつも不平[苦情]を言う, 不平屋の, 愚痴(ぐち)っぽい (= quejica).

que・jón, jo・na [ke.xón, -.xó.na] 形 男 囡 → quejica.

que・jo・so, sa [ke.xó.so, -.sa] 形 《estar+》《de... / por... …に》不満の, 不服の. *Estoy* ～ *de* tu comportamiento. 私は君の振る舞いが不満です.

que・jum・brar [ke.xum.brár] 自 いつも不平を言う, 愚痴(ぐち)をこぼしてばかりいる.

que・jum・bre [ke.xúm.bre] 囡 **1** （不満の）つぶやき, （くどくどしい）不平, 愚痴.

2 （長い）うめき声, うなり声 (= gemido).

que・jum・bro・so, sa [ke.xum.bró.so, -.sa] 形
1 《ser+ / estar+》不平を言う, 愚痴っぽい (= quejica). **2** 《声・調子などが》嘆くような, 悲しげな (= lastimero). con tono ～ 哀れっぽい口調で.

que・len・que・lén [ke.leŋ.ke.lén] 男 《植》ヒメハギ科ヒメハギの一種：根は消化器系疾患の薬になる.

que・li [ké.li] 囡 《スペイン》《話》家, うち.

que・lí・ce・ro [ke.lí.θe.ro / -.se.-] 男 《動》（節足動物）の鋏角(きょう).

que・li・te [ke.lí.te] 男 《ラ米》《'*》《'*》野菜, 青物類；新芽, 芽, 芯(しん).

poner a+人 *como quelite* 〈人〉をさんざんこきおろす.

tener cara de quelite 青白い顔をしている.

que・lo [ké.lo] 男 《話》家, うち.

que・loi・de [ke.lói.ðe] 男 《医》ケロイド.

que・lo・nia [ke.ló.nja] 囡 《ラ米》《'*》《動》ウミガメ.

que・lo・nio [ke.ló.njo] 形 《動》カメ目の.
— 男 《複数で》《動》カメ目（の動物）.

quel・te・hue [kel.té.(g)we] 男 《鳥》ナンベイタゲリ：チリの湿地帯に生息.

que・ma [ké.ma] 囡 **1** 焼燬, 焼却；火災, 火事. la ～ de conventos 修道院の焼き打ち. **2** 《ラ米》(1) 《'*》焼畑場. (2) 《'*》《話》恥ずかしさ. (3) 《'*》野火. (4) 《'*》《話》酔い. — 活 → quemar.

dar [*hacer*] *quema* 《ラ米》《'*》命中させる.

huir de la quema 危険[窮地]から逃れる.

que・ma・de・ro [ke.ma.ðé.ro] 男 **1** 焼却場, 焼却炉. ～ de basuras ごみ焼却場. **2** 火刑台.

que・ma・do, da [ke.má.ðo, -.ða] 形 **1** 焼けた, 焦げた；やけどした. ～ por el sol 日焼けした.

2 《estar+》《con... …に》《話》疲れきった, うんざりした；頭にきた, むかついた. un futbolista ～ あごを出したサッカー選手.

3 (1) 男 (2) 《'*》《'*》《話》〈人が〉日に焼けた, （肌が）浅黒い. (1) 《'*》《'*》黒ずんだ. (3) 《'*》《話》目新しさのない. (4) 《'*》《話》恨んでいる；信頼できない. (5) 《'*》《'*》《話》運が悪い, 不幸な. (6) 《'*》《'*》《話》酔った. (7) 《'*》《'*》《話》破産した, 無一文の.

— 男 囡 やけどした人.

— 男 **1** 焦げた部分；焦げたにおい. Huele a ～. 焦げ臭いにおいがする. **2** 山の焼け跡, 野焼きした跡.
— 囡 《'*》《話》酔い.

que・ma・dor, do・ra [ke.ma.ðór, -.ðó.ra] 形 燃やす, 焼く. — 男 囡 放火犯人 (= incendiario).
— 男 **1** （ボイラーなどの）バーナー. ～ de gas ガスバーナー. **2** 《ラ米》《'*》《'*》《'*》ライター.

que・ma・du・ra [ke.ma.ðú.ra] 囡 **1** やけど（の跡）, 《医》熱傷. hacerse una ～ de tercer grado 三度熱傷（壊死(えし)を起こす段階のやけど）を負う. sufrir una ～ solar ひどく日焼けする.

2 《農》(1) 黒穂病（菌）. (2) 《'*》先枯れ.

‡‡**que・mar** [ke.már] 他 **1** 燃やす, 焼く. ～ una carta 手紙を燃やす. ～ un bosque 森を焼く. ～ cartuchos 発砲する. ～ la grasa corporal 体脂肪を燃やす. ～ vivo 生きたまま焼く. El fuego [terrorista] *quemó* la iglesia. 火事で教会が焼けた[テロリストが教会を焼き払った].

2 〈食べ物などを〉焦がす；…に焼け焦げを作る. ～ el pan del desayuno 朝食のパンを焦がす. El cigarrillo *quemó* el suelo. タバコで床に焼け焦げができた.

3 やけど[日焼け]させる；《a+人 〈人〉の》〈体の部位を〉やけど[日焼け]させる；〈食べ物などに〉熱さ[刺激]を感じさせる. El sol nos *quemaba* (en) la espalda. 太陽が私たちの背中をじりじり焼いていた. El café me ha *quemado* la lengua. コーヒーで舌がやけけた. ▶ nos, me が a+人 に相当.

4 〈熱・酸・電流などで〉…を損傷[腐食]する；〈植物を〉枯らす. La helada *quemó* las hojas. 霜で葉がだめになった. Ese producto puede ～ los teji-

dos. その製品は生体組織に損傷を与える可能性がある. **5**《財産などを》浪費する；《人・ものを》消耗させる. ~ dinero 散財する. ~ el tiempo 時間をつぶす. ~ la imagen de presidente 大統領のイメージを低下させる. Ese entrenador *quema* a los jugadores. そのコーチは選手たちをへとへとになるまでしごく. **6**《話》いらいらさせる, 不快にする. La propuesta *quemó* a los asistentes. その提案は出席者の怒りを買った. Me *quema* tener que hacer el trabajo de los demás. 他の人の仕事をしなくてはいけないのはうんざりだ. **7**《ラ米》《話》(1)《ジア》《人の》秘密を暴露する. (2)《コチア》《ジア》《人を》撃ち殺す, 撃ちぬく. (3)《タリ》《ジア》だます. (4)《中ア》非難する. (5)《ウア》浮気する. (6)《コチ》落第させる, 落とす.
— 自 **1** …がひどく熱い；熱を発する. Cuidado, que *quema*. 熱いから気をつけて. *Quemaba* el sol de verano. 夏の太陽が照りつけていた. **2**《ラ米》《アア》《話》破産する.

~·se 再 **1** 熱く感じる；やけど［日焼け］する；〈体の部位を〉やけど［日焼け］する. ~se con el sol 日焼けする. Me *quemé* (en) el brazo con el horno. 私はオーブンで腕をやけどをした. **2** 燃える, 焼ける；焦げる. Se me ha *quemado* el pescado. 魚が焦げてしまった. El motor *se quemó*. エンジンが焼き付いた.
3《話》《con...》《por...》…に対して〉〉《…のせいで》〉いらいらする, 怒る. ~se por un agravio 無礼に腹を立てる.
4 熱情にかられる. ~se en el amor 愛に身を焦がす. **5** 使い物にならなくなる, 消耗する. Con tantos años en el poder es normal que *se queme*. 長年権力の座にいると彼［彼女］が勢力を失うのも当然だ. **6**《話》（クイズなどで）正解に行き着きそうである. Ahora casi *te quemas*. それでほとんど当たりだ.
7《ラ米》《話》(1)《ジア》酔っ払う. (2)《ジア》落第する. (3)《コチア》《ジア》落胆する.

a quema ropa → quemarropa.
［←〔俗ラ〕 *caimare—［ラ］ *cremāre*「焼きつくす」；関連 quema.〔英〕*cremate*「火葬にする」］

que·ma·rro·pa [ke.ma.ŕó.pa] *a quemarropa* (1)（射撃で）ごく近くから, 至近距離で. Le dispararon seis balas *a* ~. 彼［彼女］は至近距離から6発撃ちこまれた. (2) あけすけに, ずけずけと.

que·ma·zón [ke.ma.θón / -.són] 囡 **1** 燃焼, 焼却；火事 (= quema). **2** 酷暑；焼けるような熱さ. **3** 痛み, ひりひりする感じ；かゆみ, むずがゆさ. **4** 人を傷つける言葉［態度］；傷つけられた感情. Sentía una gran ~ por haber sido tan mal tratado. 非常に無礼な扱いを受けて私の心はひどく傷ついた. **5**《ラ米》(1) 大安売り, 特売. precio de ~ 廉売価格, 特価. (2)《リオ》《ジア》《ボリ》（pampa パンパの）屋気楼（*しんき*）.

que·mo [ké.mo] 男《ラ米》《ジア》《話》ばかげた状況, きまり悪い状況, 困った状況.

que·mo [ké.mo] 活 → quemar.

que·món [ke.món] 男《ラ米》《メシ》(1) 大やけど. (2)《話》侮辱；恥.

que·na [ké.na] 囡 ケーナ：Andes 地域の民俗音楽に用いられる縦笛［葦（*あし*）笛］.

que·no·po·diá·ce·as [ke.no.po.ðjá.θe.as /-.se.] 囡《複数形》《植》アカザ科（の植物）.

que·o [ké.o] 間投 ちょっと, すみません. dar ~ （相手を驚かせるために）声をかける.

quep- 活 → caber.

que·pis [ké.pis] 男《単複同形》ケピ：フランスなどの筒形の軍帽（= kepí, kepis）. → 右段に図.

[←〔仏〕*képi*]

que·que [ké.ke] 男《ラ米》(1) パンケーキ；《コチア》《ジア》《ジア》ケーキ. (2)《ジア》《俗》（通俗の）ケツァル quetzal.

que·ran·dí [ke.ran.dí] 形 ケランディの, ケランディ語の. — 男 ケランディ人：Paraná 川右岸に住んでいた先住民. — 男 ケランディ語.

quepis
（ケピ）

que·ra·ti·na [ke.ra.tí.na] 囡《生化》ケラチン, 角質.

que·ra·ti·tis [ke.ra.tí.tis] 囡《単複同形》《医》角膜炎.

que·ra·to·mí·a [ke.ra.to.mí.a] 囡《医》角膜切開［術］(= queratotomía).

que·ra·to·sis [ke.ra.tó.sis] 囡《医》角化症. ~ actínica 光線性角化症.

que·ra·to·to·mí·a [ke.ra.to.to.mí.a] 囡 → queratomía.

que·re·lla [ke.ré.ja ‖ -.ʎa] 囡 **1**《法》訴え, 告訴；遺言無効の申し立て. Presentaron una ~ contra los responsables del accidente. 彼らはその事故の責任者に対して訴訟を起こした.
2 争い, けんか, 抗争. **3** 嘆き；うめき声.

que·re·lla·dor, do·ra [ke.re.ja.ðór, -.ðó.ra ‖ -.ʎa.-] 形 男 囡 → querellante.

que·re·llan·te [ke.re.ján.te ‖ -.ʎán.-] 形 訴える, 告訴する. — 男 囡《法》原告, 告訴人.

que·re·llar·se [ke.re.jár.se ‖ -.ʎár.-] 再 **1**《法》《contra...》〈…を〉告訴する,《…に対して》訴訟を起こす. **2** 不平を言う, 嘆く；うめき声をあげる.

que·re·llo·so, sa [ke.re.jó.so, -.sa ‖ -.ʎó.-] 形 不平［不満］の多い, 愚痴っぽい (= quejica).
— 男 囡 不満［泣き言］ばかり言う人.

que·re·me [ke.ré.me] 男《話》媚薬（*びやく*）.

que·ren·cia [ke.rén.θja / -.sja] 囡 **1** 故郷などへの愛着；帰巣［回帰］本能. **2** 古巣, 愛着のある場所；《ラ米》《ジア》《ボリ》《ジア》. **3**《闘牛》ケレンシア：闘牛場で牛が好みの「縄張り」だと思い込んだ）場所へ行く癖.

que·ren·cio·so, sa [ke.rén.θjo.so, -.sa / -.sjó.-] 形《ser》帰巣本能を持った, 帰巣本能の.

que·ren·dón, do·na [ke.ren.dón, -.dó.na] 形《ラ米》《話》(1) 優しい, かわいい. (2)《ジア》甘ったれの. (3)《ジア》にほれっぽい；男［女］好きの.
— 男 囡《話》愛人, 恋人.

que·rer [ke.rér] 13 他 **1《願望・意思》(1)《+ 事物を表す名詞》…が欲しい, …を欲しがる；〈もの・事態を〉求める. ¿Qué *quieres*? 何が欲しいの；何の用だ. *Quiero* un boli. 私はボールペンが欲しい. ¿Cuánto *quieren* por el cuadro? 彼らはその絵の値段としていくら要求しているのですか. No *quiero* tus excusas. 君の言い訳は聞きたくない. Se lo ofrecí pero no lo *quiso*. 私は彼［彼女］にそれを差し出したのだが, 受け取ろうとしなかった. Haga lo que *quiera*. あなたのしたいことをしてください. como usted *quiera* あなたのお望むように. cuando *quieras* いつでも, 好きなときに. si usted *quiere* よしければ, お望みなら. ▶ 疑問文で人にものを勧めることができる. → *¿Quiere* un aperitivo? 食前酒はいかがですか. → gustar 類語.

(2)《+ 不定詞》…したい, …することを望む；…しようとする. *Quiero* sacar una foto. 私は写真を一枚撮りたい. ¿Qué *quieres* tomar? 君は何を飲むの. Me *quiso* engañar. 彼［彼女］は私をだまそうとした. ▶ 線過去形や接続法過去形で婉曲な希望を述べることができる. → *Quería* saber si podía sustituirme

quesería

あなたに代わりをしていただけるかどうかがうかがいたかったのですが. *Quisiera ir* contigo. できれば君と一緒に行きたいのですが. ▶ 疑問文で依頼や勧誘を表すことができる. ⇒¿*Quiere pasar*me la revista, por favor? すみませんが, 雑誌を取ってくださいませんか. ¿*Quieres descansar* un poco? 少し休もうか.

(3)《**que**+接続法》《…してほしい, …する[…である]ことを望む》(▶ 主節と従属節の主語は異なる). *Quiero que vengas* pronto a mi oficina. 私は君にすぐ事務所に来てもらいたい. ¿*Qué quieres que haga*? 君は私にどうしてほしいんだ. *Quería que lo hicieses tú mismo*. 私は君自身にそれをやってもらいたかったのだが. *Quisiera que no lloviese mañana*. 明日は雨になりませんように. ▶ 疑問文で申し出をすることができる. ⇒¿*Quieres que te acompañe*? 一緒に行きましょうか.

2 〈人を〉愛する, 〈人が〉好きである; 愛好する. *Quiere* mucho a sus hijos. 彼[彼女]は息子たちをとても愛している. Te *quiero* (con todo mi corazón). (心から)君が好きだ. *Quiere* sinceramente a su pueblo natal. 彼[彼女]は生まれた村を心から愛している. → **amar**〖類語〗.

3 〈もの・事柄が〉…を必要とする, 要求する. Esta planta *quiere* agua. この植木は水やりが足りない. Esta corbata *quiere* una chaqueta más oscura. このネクタイにはもっと暗い色のジャケットが必要だ. Esta teoría *quiere* ser revisada. この理論は見直しの必要がある. La ley *quiere* que la voluntad del donante quede clara. 法律は提供者の意思が明確であることを義務付けている. ▶…に相当する部分は, 名詞・不定詞・que+接続法で表される. → 他**1**.

4 《+不定詞》今にも…しそうである, …する気配がある. *Quería amanecer*. 夜が明けかかっていた. *Quiere llover* en cualquier momento. 今にも雨が降りそうだ. Esta puerta no *quiere abrir*. このドアはどうしても開かない.

5 〈賭(*b*)け事で〉相手の賭け金に応じる.

— ~**·se** 再 **1** 《複数主語で》愛し合う. ~*se* como tórtolos キジバトのつがいのように仲睦まじい. Ellos *se quieren* mucho. 彼らはとても愛し合っている.

2 自分を愛する. ~*se a sí* mismo 自分自身を愛する.

— 男 愛情, 恋愛; 意思. las cosas del ~ 恋愛にかかわること. el ~ del pueblo 国民の意思.

como quiera que (**1**)《+接続法》《譲歩》どんなふうに…しても. *Como quiera que* te *contestes* te criticará. 君が何と答えようと彼[彼女]は君を責めるだろう. (**2**)《+直説法》《順接》…なので, …であるからには. *Como quiera que* no me *preguntaban*, yo me mantuve callado. 質問されなかったので私は黙っていた.

como quiera que sea いずれにしても; 何とかして.

cuando quiera que+接続法・直説法 …するときはいつでも.

do [*donde*] *quiera* → dondequiera.

por lo que más quieras お願いだから, 頼むから.

¿*Qué más quieres*? それ以上どうしろというんだ, つべこべ言うな.

¿*Qué más quisiera*? それは無理というものだ; それが可能であったらいいのに.

(*que*) *quieras que no* (*quieras*) 好むと好まざるにかかわらず.

querer bien [*mal*] *a*+人〈人〉に好意[反感]を抱く.

Querer es poder. 《諺》意思は力だ《意思のあるところには道がある》.

queriendo 故意に, わざと.

¡*Que si quieres*! もうたくさんだ; 全く無駄だ.

Quien bien te quiere [*quiera*], *te hará llorar*. 《諺》愛するがゆえの鞭(*), かわいい子には旅をさせよ《←あなたをよく思っている人はあなたを泣かせる》.

sin querer うっかり, 思わず. Apagué la luz *sin* ~. うっかり電気を消してしまった. Lo hice *sin* ~. 私は悪気があってそれをやったのではない.

[←[ラ] *quaerere*「尋ねる, 求める」.〖関連〗adquirir, inquirir, requerir, cuestión. [英] *require, request, question*]

que·re·sa [ke.ré.sa] 安 → cresa.

que·re·ta·no, na [ke.re.tá.no, -.na] 形 《メキシコの》ケレタロの. — 男 安 ケレタロの住民[出身者].

Que·ré·ta·ro [ke.ré.ta.ro] 固名 ケレタロ: メキシコ中部の州; 州都. ♦この地でメキシコ皇帝 Maximiliano (在位1864-67) が革命軍に銃殺された. 歴史史跡地区は1996年世界遺産に登録.

[先住民の言語で「球技場」の意味?]

¡que·ri·do, da [ke.rí.ðo, -.ða] 形 **1** 愛されている, 好きな. ~ por los jóvenes 若者たちに愛されている. nuestra *querida* patria わが愛する祖国. fórmula tan *querida* por+人〈人〉の得意な言葉, おはこの合言葉(?).

2《手紙》親愛なる, 拝啓. Mi *querido* amigo. 親愛なる友へ. **3**《ラ米》《デン》感じのよい.

— 男 安 **1**《呼びかけ》《愛する人に対して》あなた, おまえ. Sí, *querida*. そうだよ, おまえ. **2**《話》《軽蔑》情人; 愛人. echarse una *querida* めかけを囲う.

que·rin·dan·go, ga [ke.rin.dáŋ.go, -.ga] / **que·rin·don·go, ga** [ke.rin.dóŋ.go, -.ga] 男 安 《話》《軽蔑》愛人, 情人.

quer·mes [kér.mes] 男 《単複同形》 **1**《昆》タマカイガラムシ, エンジムシ (=kermes): ケルメスナラに寄生するカイガラムシ科の昆虫. 乾燥して赤色染料を採る. (**2**) ケルメス染料 (=grana). **2**《薬》硫化アンチモンと酸化アンチモンの混合物.《化》~ mineral 無定形三硫化アンチモン.

quer·més [ker.més] 男 **1** (聖人の祝日に伴う)祭り, 縁日 (=verbena); (特に17世紀の)祭りの様子を描いた絵画, タペストリー.

2 (主に慈善目的の) 野外パーティー. ▶ kermesse kermés, quermese も用いられる.

que·ro·sén [ke.ro.sén] / **que·ro·se·ne** [ke.ro.sé.ne] 男 → queroseno.

que·ro·se·no [ke.ro.sé.no] 男 灯油, ケロセン.

que·ro·sín [ke.ro.sín] 男 《ラ米》《キデン》(*ᵈ米*) → queroseno.

querr- 活 → querer.

que·rre·que [ke.ré.ke] 男《鳥》キツツキ.

que·ru·be [ke.rú.be] 男 → querubín.

que·ru·bín [ke.ru.bín] 男 **1** ケルブ, ケルビム, 智天使. ♦キリスト教で9天使のうちの第2位に属し, ルネッサンス以降の絵画の中で翼のある子供の姿や顔で描かれる.

2 (天使のように) 美しい子供.

quer·va [kér.ba] 安《植》トウゴマ, ヒマ: 実からひまし油を作る.

que·sa·da [ke.sá.ða] 安 チーズケーキ.

que·sa·di·lla [ke.sa.ðí.ja ‖ -.ʎa] 安 **1** チーズケーキ. **2** シロップやフルーツなどを詰めた菓子. **3** ケサディージャ: チーズ入りトルティージャ tortilla.

que·se·ar [ke.se.ár] 自 チーズを作る.

que·se·rí·a [ke.se.rí.a] 安 **1** チーズ店[工場].

que·se·ro, ra [ke.sé.ro, -.ra] 形 **1** チーズの. industria *quesera* チーズ産業. **2** チーズ好きの. ― 男 女 チーズ職人(作り), チーズ屋; チーズ売り. ― 女 **1** (つり鐘形のガラス蓋のついた)チーズ容器; (陶製の)保存用チーズ入れ. **2** チーズ工場.

que·si·llo [ke.sí.ʝo ‖ -.ʎo] 男 塩が添加されていない柔らかいチーズ.

que·si·to [ke.sí.to] 男 **1** (切り分けられた形で包装された)チーズの一片. **2** チーズ入りエンパナーダ empanada. [queso + 縮小語]

que·so [ké.so] 男 **1 チーズ. ~ curado [semicurado] 熟成[半熟成]チーズ. ~ fresco フレッシュチーズ. ~ (de) crema クリームチーズ. ~ fundido 溶けたチーズ; プロセスチーズ. ~ rallado 粉チーズ. ~ en lonchas スライスチーズ. ~ para untar チーズスプレッド. hamburguesa con ~ チーズバーガー.

queso manchego (ラ・マンチャのチーズ)

【関連】(1)スペインの主なチーズ: ~ de Burgos ブルゴス産の羊乳の軟質チーズ. ~ de Cabrales アストゥリアス地方カブラレス産の牛乳と羊・ヤギの乳のブルーチーズ. ~ gallego ガリシア産の牛乳と羊乳のチーズ. ~ de Mahón メノルカ島産のアザミの花を使って固めたチーズ. ~ manchego ラ・マンチャ産の羊乳の硬質チーズ. ~ (de) Villalón バリャドリッド県ビジャロン産の羊乳の軟質チーズ.

(2)チーズの主な種類: ~ (de) Brie ブリーチーズ(白かび). ~ (de) Camembert カマンベールチーズ(白かび). ~ Chester / Chéster チェシャーチーズ(半硬質). ~ (de) Emmental / Emmenthal エメンタールチーズ(硬質). ~ de Edam エダムチーズ(硬質). ~ Gorgonzola ゴルゴンゾラチーズ(青かび). ~ Gruyere / Gruyère グリュイエールチーズ(硬質). ~ Parmesano パルメザンチーズ(超硬質). ~ (de) Roquefort ロックフォールチーズ(青かび). ~ de bola (エダムチーズなどの)円形のチーズ. ~ azul ブルーチーズ. ~ de cabra [oveja] ヤギ[羊]の乳から作ったチーズ.

2 《主に複数で》《話》(人の)足. **3** 《ラ米》《*メ*》《*コ*》《俗》恥垢(ᵗ_{こう}).

darla con queso a+人《話》〈人〉をだます. *A nosotros nos la han dado con* ~. 私たちはだまされた.

medio queso(襟用の)アイロン台, うま.

queso de cerdo【料】豚などの頭肉のゼリー寄せ.

[← 【ラ】*cāseum* (*cāseus* の対格); 【関連】caseoso, quesadilla, requesón. [英] *cheese*]

ques·que·mil [kes.ke.míl] / **ques·qué·mil** [kes.ké.mil] 男 《ラ米》(⽅) (隠)肩掛け, ショール.

que·suis·mo [ke.swís.mo] 男【文法】cuyo の代わりに, 関係代名詞 que + 所有形容詞を使用すること.

que·tro [ké.tro] 男【鳥】オオフナガモ: 飛翔(ᵗ_{しょう})力がないことで知られる.

que·tzal [ke.tsál] 男 **1**【鳥】ケツァール, キヌバネドリ. ◆メキシコの Yucatán 半島および中央アメリカ原産の鳥. 雄は絹のように光る緑の長い2対の上尾筒があ る. azteca では神聖な鳥としてあがめられ, maya の芸術や神話にも登場し, 主に首長がその羽毛を身につけた. グアテマラの国鳥.

2 ケツァル: グアテマラの貨幣単位(略 Q).

[← [ナワトル] *quetzalli*「(キヌバネドリなどの美しい)尾羽」]

quetzal (ケツァル)

Quetzal·có·atl [ke.tsal.kó.atl] 固名【神話】ケツァルコアトル: メキシコ中央高原を中心とするメソアメリカで, 農業と文化の神として信仰された azteca の神.「羽毛のある蛇」の意.

2 ケツァルコアトル王: 古代メキシコの tolteca 人の王. ◆人身御供(ᵍ_く)に反対して追放された際,「一の葦(ᵃ_し)の年」に戻ると予言して東方へ去った. 征服者 Cortés が Veracruz 沖に姿を見せたのが偶然「一の葦の年」(1519年)であったため, ケツァルコアトルと同一視され, これがスペインの azteca 帝国征服を容易にした大きな要因となった.

que·ve·des·co, ca [ke.βe.ðés.ko, -.ka] 形 ケベードの, ケベード風の.

Que·ve·do [ke.βé.ðo] 固名 ケベード Francisco de ~ y Villegas (1580-1645): スペインの詩人・小説家. 作品 *Historia de la vida del Buscón llamado Don Pablos*『大悪党ドン・パブロスの生涯』, *Los sueños*『夢』.

que·ve·dos [ke.βé.ðos] 男《複数形》鼻めがね(= anteojos).

quex·qué·metl [kes.ké.metl] 男《ラ米》頭を出すための穴が開いたワンピース: メキシコの伝統衣装.

¡quia! / ¡quiá! [kjá] 間投《スペイン》《話》《強い否定・疑念》まさか, ばかな, とんでもない(= ¡cá!).

quia·ca [kjá.ka] 女【植】(チリに自生する)クノフラ科の植物: 樟(ᵗ_{しょう})などのたがに用いられる.

quian·ti [kján.ti] 男 キャンティ: イタリア中部トスカーナの Chianti 地方産の(主に)赤ワイン.

quias·ma [kjás.ma] 男 **1**【解剖】交差.
2【生物】キアスマ: 染色体の交差.

quias·mo [kjás.mo] 男【修辞】交差対句法, キアスムス.

qui·be·be [ki.βé.βe] 男《ラ米》(⽅) 騒然, 混乱した状態.

qui·bey [ki.βéi] 男【植】ロベリア, サワギキョウ: キキョウ科ミゾカクシ属の植物.

qui·bús [ki.βús] 男 → **kibutz**.

qui·che [kíʃ] 【仏】女《複 ~s, ~》キッシュ: パイ生地に卵・ベーコン・チーズなどをのせて焼いたフランス料理.

qui·ché [ki.tʃé] 形 キチェの, キチェ人[語]の. ― 男 女 キチェ人: グアテマラ・メキシコの先住民. ― 男 キチェ語: マヤ語族の一つ. ◆先住民最大の叙事詩 *Popol Vuh*『ポポル・ブフ(忠告の書)』が書かれている.

qui·chua [kí.tʃwa] 形 → **quechua**.

qui·chuis·ta [ki.tʃwís.ta] 男 女《ラ米》(1) ケチュア語の専門家, ケチュア語に造詣(ᵉ_い)の深い人. (2)(ᵇ_っᵍ_う)(ᵍ_く)ケチュア語を話す人.

qui·cial [ki.θjál / -.sjál] 男【建】(戸・窓の)側柱, 抱き.

qui·cio [kí.θjo / -.sjo] 男【建】(1)側柱, 抱き: 窓, 扉などの蝶番(ᵗ_ょ)を取りつける支柱. (2) 開いた窓・扉と壁のすきま.

fuera de quicio 我を忘れて, 逆上して; 〈ものごとが〉乱れて, 調子が狂って. *Últimamente todo parece estar fuera de* ~. 近ごろは何もかもがおかしくなっ

sacar a*+*la de quicio 〈人〉を逆上させる. Su actitud grosera terminó por *sacarme de* ～. 彼[彼女](ら)の不作法な態度に私はかっとなった.
sacar... de quicio …を誇張する. María siempre trata de *sacar* las cosas *de* ～. マリアはいつもものごとを大げさにとろうとする.
salir de (SU) *quicio* 度を越す, 自制心を失う.

quí·co [kí.ko] 男《話》ジャイアントコーン（= ki-ko）：トウモロコシの粒に塩味をつけ揚げたもの.

Quí·co [kí.ko] 固名 キコ：Enrique の愛称.
ponerse como el Quico 《話》たらふく食べる.

quid [kíð // kwíð] 男 要点, 本質, 主眼. ¡Ahí está el ～! そこが肝心なところだ. el ～ de la cuestión 問題の核心. ▶単数形のみが用いられる.
dar en el quid 要点[核心]をつく, 図星を指す.

quí·dam [kí.ðam // kwí.-] 男《話》《軽蔑》誰か, 誰かさん（= sujeto）；つまらない人, 取るに足りない人.

quid pro quo [kíð pro kwó // kwíð - -] 〔ラ〕（同等のによる）代替, 代用；お返し, 返礼（= una cosa por otra）. — 男 思い違い, 取り違え；誤解.

quie·bra [kjé.βra] 女 1 崩壊, 破綻(はたん)；失敗の恐れ. la ～ de los valores humanos 人間の価値観の崩壊. Este negocio no tiene ～. この事業に失敗の恐れはない. 2《商》破産, 倒産. declararse en ～ 破産を申し立てる. estar en ～ 破産状態にある.
3 裂け目, 亀裂(れつ).

quie·bra·ha·cha [kje.βra.á.tʃa] 男 → quebracho.

quie·bre [kjé.βre] 男 1 破壊, 崩壊, 折り曲げること；身をかわすこと. 2 断交, 断絶.

quie·bro [kjé.βro] 男 1（上体をひねって）身をかわすこと（= finta）；《闘牛》上半身をひねって牛から身をかわすこと. 2《スポ》（サッカー）ドリブル.
3《音楽》装飾音；顫音(せん), トリル（= gorgorito）.
dar un quiebro （サッカーなどで）ドリブルする；《闘牛士》身をかわして牛をかわす.
hacer un quiebro 避ける, 逃げる, よける.

＊＊quien [kjen] 代名《複 ～es》《関係》 ▶人を表す名詞（句）を先行詞とし, 先行詞の数に一致する.
1《制限用法》《前置詞＋》…する（人）. (1)《関係節内の動詞の直接目的語として》la persona *a* ～ quiero 私の愛する人. Los chicos *a* ～*es* viste ayer son los hijos de Manolo. 君が昨日見た少年たちはマノロの息子たちだ. ▶ *que* と異なり前置詞の a を必要とする. (2)《関係節内の動詞の間接目的語として》el profesor *a* ～ mostré la carta 私が手紙を見せた先生. (3)《関係節内の動詞の修飾句として》la niña *con* ～ está jugando mi hijo 私の息子が一緒に遊んでいる女の子. Ésta es la señora *de* ～ te hablé el otro día. こちらが先日君に話したご婦人だ. ▶制限用法の場合関係詞が主語となるときは quien でなく que が用いられる. → la chica *que* está ahí となにいる女の子.
2《非制限用法》《文章語》そしてその人は…. (1)《主語として》Su madre, ～ estaba preparando la comida, se dirigió a la puerta al oír aquella voz. 彼[彼女](ら)の母は食事の用意をしていたのだが, その声を聞くと家の戸口の方へ行った. (2)《前置詞＋》《直接・間接目的語あるいは動詞の修飾句として》Me llamó Marta, *con* ～ había tenido una dura discusión el día anterior. マルタが電話してきた. 私はその前日に彼女と激しい言い争いをしていた.

3《先行詞を中に含んで》…する人. Hay ～ dice que van a desaparecer los libros en papel. 紙製の本がなくなると言う人がいる. Habrá ～ lo sepa. そのことを知っている人もいるだろう. *Q*～ pierda paga. 負けた人が支払う. *Q*～ quiera preguntar, levante la mano, por favor. 質問のある方は挙手願います. ▶特定されない漠然とした人を指すときに多く用いられ, その場合関係節内の動詞は接続法をとる. ▶関係節内の動詞が不定詞のとき「…するべき[…することができる] 人」という意味になる. → No tiene a ～ [quién] consultar. 彼[彼女]には相談すべき人がいない. ▶次のような強調構文を作る. → A ～ se tiene que dirigir es a ese señor. それをおっしゃるべきなのはそちらの方に対してです.

4《接続法＋*quien*＋接続法》《譲歩》誰が…しようとも. *diga* ～ lo *diga* 誰がそう言おうと. *sea* ～ *sea* 誰であっても.

como quien+直説法 まるで…のように. Hace *como* ～ no *oye*. 彼[彼女]は聞こえないふりをしている.

no ser quien para+不定詞 …する資格がない. *No soy* ～ *para criticar*los. 私は彼らを批判できる立場にない.

quien más, quien menos 多かれ少なかれ皆. *Q*～ *más*, ～ *menos* es responsable. 多少の差はあれ皆が責任者だ.

[← 〔ラ〕*quem*（男性単数対格；主格は *quis*）；関連〔英〕*who*]

＊＊quién [kjén] 代名《複 ～es》《疑問》
1 誰, どなた. ¿*Q*～ es? — Soy María, ábreme. どなたですか. —マリアよ, 開けてちょうだい. ¿*Q*～es son estas dos niñas? — Son mis nietas. このふたりの女の子は誰. —私の孫たちよ. ¿*Q*～ hace la comida? 誰がご飯を作るの. ¿De ～ es este paraguas? この傘は誰のですか. ¿Con ～ ibas ayer? 昨日は誰と一緒だったの. ¿Con ～ hablo? 《電話》どちら様ですか. ¿De parte de ～ (取り次いで) どちら様ですか. ▶疑問詞が直接目的語となるとき前置詞の a を伴う. → *A* ～ quieres ver? 誰に会いたいの. ▶間接疑問文を作る. → Les pregunté ～ era el dueño. 彼らに主が彼らにだれであったか. ▶間接疑問文で従属節内の動詞が不定詞のとき「誰を[に] …すべき[できる] か」という意味になる. → No sé con ～ *contar*. 誰を頼っていいかわからない.
2《感嘆文》《驚き・反語》誰がいかった…か；《願望》《＋接続法過去》…だったらなあ. ¡*Q*～ no le va a conocer a usted! 誰があなたを知らないというのですか. ¡*Q*～ *pudiera*! それができたらなあ. ¡*Q*～ *hubiera estado* allí! その場にいたかったなあ. **3**《不定》《古語》《繰り返して》ある者は…, 別のものは….

no ser quién para+不定詞 → no ser *quien para*+不定詞.

¿Quién vive? / ¿Quién va? 《軍》(そこにいるのは) 誰か.

Van [vas, va, vais] a saber quién soy yo. 今に見てろう.

[← 〔ラ〕*quem*（男性単数対格；主格は *quī*）；関連〔英〕*who*]

quie·nes·quie·ra [kje.nes.kjé.ra] 代名《複数形》《不定》《まれ》quienquiera の複数形.

quien·quie·ra [kjeŋ.kjé.ra] 代名《不定》《que ＋接続法》…である〕誰でも. ～ *que lo vea* それ[彼]を見る者は誰でも. El responsable, ～ *que sea*, debe explicarlo ante nosotros. 責任者は, それが誰であれ私たちの前でそれを説明しなければならない. ▶複数形 quienesquiera はまれ.

quier- 囲 → querer.

quie・tar [kje.tár] 他 落ち着かせる, なだめる, 静める (=aquietar). Después del accidente, me *quietó* una copa de agua. その事故の後, コップ一杯の水が私を落ち着かせてくれた.
— **~・se** 再 落ち着く, 静まる (=aquietarse).

quie・tis・mo [kje.tís.mo] 男 1 〖宗〗静寂主義：スペインの司祭 Miguel de Molinos (1628-96) の神秘思想. 冥想（熟）を通して神と合一することを説き, 異端とされた. 2 平穏, 安らぎ；不活動, 無気力.

quie・tis・ta [kje.tís.ta] 形 静寂主義(者)の.
— 男女 静寂主義者.

*__quie・to, ta__ [kjé.to, -.ta] 形 1 《estar+》動かない, 静止した. quedarse [permanecer] ~ じっとする[している]. *estar* ~ como un poste [una estatua] 微動だにしない. No sabe *estarse* ~. 彼はじっとしていられない. ¡*Estate* ~! じっとしていなさい, 行儀よくしなさい. ¡Q~! 動くな, じっとして；(犬に) お座り；(馬に) どうどう. ¡Todo el mundo ~! 全員動くな. El proyecto *está* ~. 計画は頓挫（熟）したままだ.
2 《estar+ / ser+》(人・ものの) (状態・性格が) 静かな, 穏やかな, おとなしい. llevar una vida *quieta* 平穏な生活を送る. Hoy hace poco viento y el mar *está* ~. 今日は風はほとんどなく海も穏やかだ. ¡Déjame ~! ほっといてくれ. Es un niño muy ~. 彼はいたっておとなしい子供だ.
[← [ラ] *quiētum* (*quiētus* の対格) (→ quedo)；関連 inquieto, aquietar. [英] quiet]

*__quie・tud__ [kje.túd] 女 1 不動, 停止. mantener la ~ del paciente 患者の安静を保つ. 2 静けさ, 平穏. Un grito horrible perturbó la ~ de la mañana. 恐ろしい叫び声が朝の静寂を破った.

quif [kíf] 男 〖スペイン〗〖俗〗キフ, 大麻, ハシッシュ (=hachís, kif).

qui・güi [kí.gwi] 男 1 〖植〗キウイ；キウイフルーツ (=kiwi, quivi). 2 〖鳥〗キーウィ.

qui・hú・bo・le [kjú.bo.le] 間投 《ラ米》《話》《話》(あいさつや注意をひく呼びかけ) やあ, よう, ねえ.

qui・ja・da [ki.xá.ða] 女 〖解剖〗(哺乳（熟）動物の) あご, 顎骨（熟）.

qui・je・ra [ki.xé.ra] 女 1 (石弓の弓部につける) 金具. 2 (馬の) ほお革, 面繋（熟）. 3 〖技〗(木工の) 組み手 (継ぎ).

qui・je・ro [ki.xé.ro] 男 (用水路などの) 斜面.

qui・jo・nes [ki.xó.nes] 男 (単複同形) 〖植〗チャービル：セリ科. 葉はスープ・サラダなどの香料.

qui・jo・ta・da [ki.xo.tá.ða] 女 (時に軽蔑) ドン・キホーテ的行動.

qui・jo・te[1] [ki.xó.te] 男 ドン・キホーテ的な人, 夢想的で極端な理想主義者；正義感の強い人；理想とする自分の考えを押し売りする人.

qui・jo・te[2] [ki.xó.te] 男 1 (よろいの) 腿（熟）当て. 2 (馬の) 尻（熟）の上部.

Qui・jo・te [ki.xó.te] 固名 Don [el] ~ ドン・キホーテ：スペインの作家 Cervantes の小説 *El ingenioso hidalgo Don ~ de la Mancha* 『才智あふるる郷士ドン・キホーテ・デ・ラ・マンチャ』(第1部1605年, 第2部1615年) の主人公.
[初版本で使用された形は *Quixote* [ki.ʃó.te]]

qui・jo・te・rí・a [ki.xo.te.rí.a] 女 ドン・キホーテ的な行動[性格, 思考].

qui・jo・tes・co, ca [ki.xo.tés.ko, -.ka] 形 ドン・キホーテ型の [的な]. ideal ~ ドン・キホーテの理想. aventura *quijotesca* ドン・キホーテ的冒険.

qui・jo・til [ki.xo.tíl] 形 → quijotesco.

qui・jo・tis・mo [ki.xo.tís.mo] 男 ドン・キホーテ的性格 [考え, 行動].

qui・la [kí.la] 女 《ラ米》《話》《話》〖植〗熱帯アメリカ産のタケの一種：葉は飼料, 種は料理用.

qui・la・da [ki.lá.ða] 女 《ラ米》《話》大量.

qui・lar [ki.lár] 他 《卑》セックスする, 性交する (=copular).

qui・la・ta・dor [ki.la.ta.ðór] 男 (貴金属・宝石類の) 鑑定士.

qui・la・tar [ki.la.tár] 他 → aquilatar.

qui・la・te [ki.lá.te] 男 1 カラット. (1) 宝石・真珠の重さの単位で200ミリグラム. (2) 金の純度を表す単位. oro de veinticuatro ~s 24金, 純金.
2 《複数で》完成度. película de muchos ~s 《話》出来の良い映画. 3 昔の硬貨の一種.
por quilates 細かく, 詳細に.

quil・co [kíl.ko] 男 《ラ米》《話》大かご.

qui・lí・fe・ro, ra [ki.lí.fe.ro, -.ra] 形 〖解剖〗乳糜（熟）を送る [入れる].
— 男 乳糜管 (= vaso ~).

qui・li・fi・ca・ción [ki.li.fi.ka.θjón / -.sjón] 女 〖生化〗乳糜（熟）化 [生成].

qui・li・fi・car [ki.li.fi.kár] 他 〖生化〗乳糜（熟）にする.

qui・li・gua [ki.lí.gwa] 女 《ラ米》《話》負いかご.

qui・lla [kí.ja ǁ -.ʎa] 女 1 〖海〗竜骨, キール. colocar la ~ de un buque 竜骨を据える, 船を起工する. dar de ~ a un barco (船底掃除で) 船を横転させる. ~ de balance (船体の動揺を軽減する) ビルジキール. 2 (鳥の) 胸峰, 竜骨突起. 3 〖星座〗[Q-] りゅうこつ座 (=Carina).

qui・llan・go [ki.ján.go ǁ -.ʎán.-] 男 《ラ米》《話》《話》(先住民が用いる) 毛皮のマント.

qui・llay [ki.jái ǁ -.ʎái] 男 《ラ米》《話》《話》〖植〗キラヤ, セッケンボク：バラ科. 染み抜き剤に用いる.

quil・may [kil.mái] 男 《ラ米》《話》キョウチクトウ科エリトロプス[エキテス]属の植物：根は薬用.

Quil・mes [kíl.mes] 固名 キルメス：アルゼンチン東部, Buenos Aires 近郊の都市.

qui・lo[1] [kí.lo] 男 〖医〗乳糜（熟）.
sudar el quilo 《話》汗水垂らして働く.

qui・lo[2] [kí.lo] 男 キログラム (= kilo).

qui・lo[3] [kí.lo] 男 《ラ米》《話》〖植〗タデ科カンキチクの一種：実はチチャ酒 chicha 用, 根茎は薬用.

qui・lo・gra・mo [ki.lo.grá.mo] 男 → kilogramo.

qui・lo・li・tro [ki.lo.lí.tro] 男 → kilolitro.

qui・lom・be・ar [ki.lom.be.ár] 自 《ラ米》《話》売春宿を遊び歩く, 売春街に足しげく通う.

qui・lom・be・ra [ki.lom.bé.ra] 女 《ラ米》《話》《俗》(軽蔑) 売春婦, 娼婦（熟）.

qui・lom・bo [ki.lóm.bo] 男 《ラ米》《話》 (1) 《話》《話》《話》小屋, へんぴな所. (2) 《話》《話》《俗》 売春宿. (3) 《話》《俗》 やっかいな状況, 悩み；騒然 [雑然] とした状況 [場所]；騒ぎ.

qui・lo・me・tra・je [ki.lo.me.trá.xe] 男 → kilometraje.

qui・lo・mé・tri・co, ca [ki.lo.mé.tri.ko, -.ka] 形 男 → kilométrico.

qui・ló・me・tro [ki.ló.me.tro] 男 → kilómetro.

qui・lo・va・tio [ki.lo.bá.tjo] 男 → kilovatio.

quil・quil [kil.kíl] 男 《ラ米》《話》《話》〖植〗ウラジロ科のシダ植物：根は先住民の非常食.

quil・tre・ar [kil.tre.ár] 他 《ラ米》《話》煩わす.

quil・tro, tra [kíl.tro, -.tra] 男女 《ラ米》《話》 (1)

雑種犬, 子犬. (2)《話》小うるさいやつ, ちょこまかした人.

quim·ba [kím.ba] 囡《ラ米》(1)《俗》《(5)》(ダンスで)腰をくねらせること；《威俗》)体を揺すって歩くこと. (2)《(5)》《(5)》《(5)》サンダル, 草履(ぞ). (3)《(5)》《話》しかめっ面, 渋面. (4)《(5)》《複数で》《話》貧窮；借金.

quim·bam·bas [kim.bám.bas] 囡《複数形》《スペイン》《話》どこか遠い場所. en las ～ どこか遠い場所で.

quim·bo [kím.bo] 男《ラ米》(1)《(5)》腰振り, 体のくねらせ. (2)《(6)》山刀, マチェテ machete.

qui·me·ra [ki.mé.ra] 囡 1《格式》夢想, 空想；途方もない[ばかげた]考え. vivir de ～s 夢想を糧として暮らす. acariciar ～s 空想にふける. Tiene la ～ de que va a morirse pronto. 彼[彼女]はじきに死ぬんじゃないかと思い込んでいる.
2 [Q-]《ギ神》キマイラ：ライオンの頭・竜の尾・ヤギの胴を持ち, 口から火炎を吐く怪獣.
3《生物》キメラ：異なる発生系統の組織から成る物体. 4 争い, いさかい. buscar ～ いさかいを好む.

quimera (キマイラ)

qui·mé·ri·co, ca [ki.mé.ri.ko, -.ka] 形《格式》空想的な, 夢想的な, 非現実的な, 荒唐無稽(窗)の.

qui·me·ris·ta [ki.me.rís.ta] 形 1 夢想を抱いた, 妄想にふける. 2 争い好きの. — 男囡 1 夢想家, 妄想家. 2 けんか好き, トラブルメーカー.

qui·me·ri·zar [ki.me.ri.θár / -.sár] 97 自 幻想にふける, 妄想を抱く.

***quí·mi·co, ca** [kí.mi.ko, -.ka] 形 **化学の**, 化学的な. fórmula química 化学式. industria química 化学工業. productos ～s 化学製品. reacción química 化学反応. sustancia química 化学物質.
— 男囡 化学者.
— 囡 1 化学. química analítica 分析化学. química biológica 生化学. química inorgánica [mineral] 無機化学. química orgánica 有機化学.
2《話》相性のよさ. En esta clase hay buena química. このクラスは雰囲気がいい.
3《話》添加物の多い食品.
[— 〔中ラ〕 (ars) chimica「錬金の（術）」(chimia「錬金術」より派生.)〔関連〕químico, alquimia. 〔英〕chemistry]

qui·mi·fi·ca·ción [ki.mi.fi.ka.θjón / -.sjón] 囡《生化》（胃の消化による）糜粥(びじゅく)化, 糜汁(びじゅう)化.

qui·mi·fi·car [ki.mi.fi.kár] 他《生化》糜粥[糜汁(びじゅう)]にする. — ～·se 再 糜粥[糜汁]化する.

qui·mio·pro·fi·lác·ti·co [ki.mjo.pro.fi.lák.ti.ko] 男 化学予防物質；化学予防に用いる化合物.

qui·mio·pro·fi·la·xis [ki.mjo.pro.fi.lák.sis] 囡《単複同形》《医》化学予防；予防内服.

qui·mio·sín·te·sis [ki.mjo.sín.te.sis] 囡《単複同形》《生物》化学合成.

qui·mio·te·ra·pia [ki.mjo.te.rá.pja] 囡《医》化学療法.

qui·mo [kí.mo] 男《生化》糜粥(びじゅく), 糜汁(びじゅう).

qui·mo·no [ki.mó.no] [日] 男 1 着物, 和服 (= kimono). 2 柔道着, 空手着.

qui·mo·si·na [ki.mo.sí.na] 囡《化》キモシン.

qui·na¹ [kí.na] 囡 1 キナ皮：キナノキの樹皮. マラリア治療薬の原料. 2 キナ皮から作った飲み薬 [飲み物]. 3 キニーネ. 4《植》キナノキ (= quino).

más malo que la quina《話》ひどく嫌な.
tragar quina《話》（怒りなどを）ぐっとこらえる.

qui·na² [kí.na] 囡 1（宝くじで）5つの数字が当たること. 2（さいころ遊びで）5のゾロ目. 3《複数で》ポルトガルの紋章.

qui·na³ [kí.na] 囡《まれ》ガルバヌム：ゴム性樹脂 (= gálbano).

qui·na·do, da [ki.ná.ðo, -.ða] 形《飲み物などが》キナ quina の入った.

qui·na·rio, ria [ki.ná.rjo, -.rja] 形 5つからなる, 5つの要素[数字]からなる, 5個一組の. sistema ～ 5進法. — 男 1 5つの要素[数字]で構成されるもの, 5個一組. 2 5日続きの祈り[礼拝].

quin·ca·lla [kiŋ.ká.ʝa || -.ʎa] 囡 1 金物, 金物雑貨；《話》（安物の装飾品・金属製品などの）がらくた, 小間物. 2《(5)》小間物商, 雑貨店.

quin·ca·lle·rí·a [kiŋ.ka.je.rí.a || -.ʎe.-] 囡 1 金物屋, 雑貨屋. 2《集合的》金物類, がらくた.

quin·ca·lle·ro, ra [kiŋ.ka.jé.ro, -.ra || -.ʎé.-] 男囡 金物商人；金物職人.

****quin·ce** [kín.θe / -.se] 形《数詞》 1《+名詞》**15の**, 15人[個]の. ～ chicos 15人の少年. unos ～ libros 15冊ほどの本. ～ días 2週間, 15日 (►「2週間」は dos semanas であるが, 2泊3日の要領で14夜15日の15日を取り, このようにも言われる).
2《名詞+》15番目の. Luis XV [～] ルイ15世. el día ～ 15日. el siglo XV 15世紀.
— 男 1 15；15の数字（ローマ数字XV). 2（15人一組の）ラグビーチーム. 3（テニスなどの最初の得点）フィフティーン.
[— 〔ラ〕 quíndecim (quínque「5」+ decem「10」)]

quin·ce·a·ñe·ro, ra [kin.θe.a.ɲé.ro, -.ra / -.se.-] 形《人が》15歳（前後）の, ティーンエージャー[向き]の. — 男囡 15歳（前後）の人, ティーンエージャー.

quin·ce·a·vo, va [kin.θe.á.βo, -.βa / -.se.-] 形 15等分の, 15分の1. — 男 15分の1. tres ～s 15分の3.

quin·ce·na [kin.θé.na / -.sé.-] 囡 1 15日間；2週間；半月. la primera ～ de enero 1月の前半.
2 2週間分［半月分］の給料[賃金]. 3 15日間の拘留. 4《音楽》15度の音程：2オクターブの音程.
5《遊》15のヒントからある事柄を言い当てる遊び.

quin·ce·nal [kin.θe.nál / -.se.-] 形 15日ごとの；15日間続く；2週間の. publicación ～ 隔週刊行物.

quin·ce·nal·men·te [kin.θe.nál.mén.te / -.se.-] 副 2週間[半月]ごとに.

quin·ce·na·rio, ria [kin.θe.ná.rjo, -.rja / -.se.-] 形 15日ごとの, 隔週の (= quincenal).
— 男 15日間の拘留者.

quin·ce·no, na [kin.θé.no, -.na / -.sé.-] 形 15番目の；15分の1の. — 男囡 生後15か月のラバ.

quin·cha [kíɲ.tʃa] 囡《ラ米》(1)《(5)》（イグサと泥の）壁, 天井；よしず張り. (2)《(5)》《鳥》ハチドリ.
diversión de pata en quincha《ラ米》《(5)》《話》お祭り騒ぎ.

quin·char [kiɲ.tʃár] 他《ラ米》《(5)》…に（イグサと泥の）壁[天井]をつける；よしず張りにする.

quin·cho [kíɲ.tʃo] 男《ラ米》(1)《(5)》《(5)》よしず張り. (2)《(5)》よしず壁の小屋.

quin·chon·cho [kiɲ.tʃóɲ.tʃo] 男《植》キマメ：南米産のマメ科の植物. 実は食用.

quin·ci·ne·ta [kin.θi.né.ta / -.si.-] 囡《鳥》タゲ

quincuagena

り.

quin·cua·ge·na [kiŋ.kwa.xé.na] 囡 (同じ種類のものの) 50個の集まり.

quin·cua·ge·na·rio, ria [kiŋ.kwa.xe.ná.rjo, -.rja] 形 **1** 50を単位にした, 50単位で構成された. **2** 50歳 (代) の人.
— 男囡 50歳 (代) の人.

quin·cua·gé·si·mo, ma [kiŋ.kwa.xé.si.mo, -.ma] 形【数詞】**1** 50番目の. ~ primero 51番目の. ► 定冠詞などを伴って人・ものを指す名詞表現を作る. **2** 50分の1の.
— 男 50分の1. — 囡【カト】五旬節の主日: 復活祭より50日目の日曜日. 四旬節直前の日曜日.

quin·de [kín.de] 男《ラ米》(弦字)【鳥】ハチドリ.

quin·dé·ci·mo, ma [kin.dé.θi.mo, -.ma / -.si.-] 形《quinzavo》— 男 15分の1.

quin·de·nio [kin.dé.njo] 男 15年間.

qui·ne·sio·lo·gí·a [ki.ne.sjo.lo.xí.a] 囡 **1**【医】運動療法 (= kinesiterapia, quinesiterapia). **2** 運動療法学.

qui·ne·sió·lo·go, ga [ki.ne.sjó.lo.go, -.ga] 男囡 運動療法士.

qui·ne·sio·te·ra·pia [ki.ne.sjo.te.rá.pja] / **qui·ne·si·te·ra·pia** [ki.ne.si.te.rá.pja] 囡【医】~ kinesiterapia.

quin·fa [kím.fa] 囡《ラ米》(弦字) サンダル, 草履(弦字).

quin·gen·té·si·mo, ma [kiŋ.xen.té.si.mo, -.ma] 形 500番目の; 500分の1の. — 男 500分の1.

quin·go [kíŋ.go] 男《ラ米》(弦字)(弦字)《主に複数で》曲がりくねり, ジグザグ.

quin·gom·bó [kiŋ.gom.bó] 男【植】オクラ: アフリカ原産のアオイ科の低木. 主産地は南米. 実は食用. 繊維も採れる.

quin·gue·ar [kiŋ.ge.ár] 自《ラ米》(弦字)(弦字) 曲がりくねる, 蛇行する, ジグザグに進む.

qui·nie·la [ki.njé.la] 囡 **1** キニエラ: 公営の競技賭博(弦字), 特にサッカーのトトカルチョを指す. jugar a las ~s キニエラをする. ~ hípica 競馬. **2** (勝敗予想を記入する) キニエラ用紙. sellar la ~ キニエラ用紙に記入する. **3** キニエラの払い戻し金. **4**《話》予想. hacer ~s sobre... について予想する. **5**《ラ米》(弦字) 番号予想の宝くじ.

quiniela (キニエラ用紙)

qui·nie·lis·ta [ki.nje.lís.ta] 男囡 キニエラをする人.

qui·nie·lís·ti·co, ca [ki.nje.lís.ti.ko, -.ka] 形 キニエラの.

***qui·nien·tos, tas** [ki.njén.tos, -.tas] 形【数詞】500の; 500番目の. — hombres 500人の男【人】. ~ veinte 520. el año ~ 500年 (目). ~ euros 500ユーロ. el año ~ antes de Jesucristo 紀元前500年.
— 男 500; 500の数字 (ローマ数字 D). mil ~ 1500.

las mil y quinientas《話》非常に遅く [遅い時刻]. [←《俗》*quinientos←【ラ】*quīngentōs* (男性複数対格形; 主格形は *quīngentī*); *quīnque*「5」+ *centum*「100」]

qui·ni·na [ki.ní.na] 囡【薬】キニーネ: マラリアの特効薬, 解熱薬.

qui·no [kí.no] 男 **1**【植】キナノキ: 南米原産で樹皮 quina からキニーネを採る. **2** (収斂(弦字)剤・アストリンゼンなどとして使われる) 数種の植物から採取した汁液. **3** キナ皮 (= quina).

qui·no·a [ki.nó.a] 囡【植】キノア: Andes 山脈産のアカザ属の一年草. 葉, ヒエに似た種子は食用. [←【ケチュア】*quinua*]

quino (キナノキ)

quí·no·la [kí.no.la] 囡 **1**【遊】(トランプ) 同じ種類の札を4枚集めること [手];《複数で》その ゲーム. **2** 奇妙なこと, 変わったもの.
estar de quínolas 色がごたごたしている.

qui·no·lo·na [ki.no.ló.na] 囡【薬】キノロン.

quinque- 「5」の意を表す造語要素. — *quinque*lingüe, *quinque*nal.

quin·qué [kiŋ.ké]《複 ~s》男 石油ランプ.

quin·que·fo·lio [kiŋ.ke.fó.ljo] 男 **1**【植】バラ科キジムシロ属の植物 (= cincoenrama). **2**【建】(装飾用の) 五葉飾り, 五弁飾り.

quin·que·nal [kiŋ.ke.nál] 形 5年の, 5年ごとの, 5年間の. plan ~ 5か年計画.

quinqué (石油ランプ)

quin·que·ner·via [kiŋ.ke.nér.bja] 囡【植】ヘラオオバコ.

quin·que·nio [kiŋ.ke.njo] 男 **1** 5年間. **2** 勤続5年ごとの昇給.

quin·qui [kíŋ.ki] 男《スペイン》《話》ごろつき, ちんぴら.

quin·qui·na [kiŋ.kí.na] 囡 キナ皮 (= quina); キナノキ (= quino).

quin·ta [kín.ta] 囡 **1** 別荘, 別邸. **2**《スペイン》【軍】徴兵, 徴用, 召兵. entrar en ~s《話》徴兵年齢に達する, 兵役に就く. librarse de ~s 兵役を免除される. Ese hombre es de la misma ~ que yo. その男は私と同年度に召集された [同年兵だ]. **3**《スペイン》《話》同年生まれの人. Somos de la misma ~. 私たちは同い年だ. **4**【音楽】5度音程. **5**【車】5速. **6**【遊】(トランプ) 同種類の5枚続きのカード. **7**《ラ米》(1) (弦字)(弦字) 邸宅. (2) (弦字) 農地のついた家. (3) (弦字) 野外公会堂.
— 形 → quinto.

quin·ta·co·lum·nis·ta [kin.ta.ko.lum.nís.ta] 男囡 第5列隊員.

quin·ta·e·sen·cia [kin.ta.e.sén.θja / -.sja] 囡 **1** 精, エキス;《格式》精髄, 粋, 精華. ~ de la arquitectura gótica ゴシック建築の真髄. Esa chica es la ~ de la elegancia. あの子はエレガントそのものだ.
2【哲学】第5元素 (= quinta esencia).

quin·ta·e·sen·cia·do, da [kin.ta.e.sen.θjá.ðo, -.ða / -.sjá.-] 形 本質的な, 真髄の, 洗練された.

quin·ta·e·sen·ciar [kin.ta.e.sen.θjár / -.sjár] 82 他 ...の精髄 [真髄] を取り出す; 純粋にする, 純化する

quin·tal [kin.tál] 男 キンタル: 重量の単位で主に

quiquiriquí

100ポンド. 46キログラムに相当するが, 地域により異なる.

quintal métrico 100キログラム.

[←〔アラビア〕 *qinṭār* (重量の単位) ←〔アラム〕 *qinṭ(īn)ārā* ←〔後ギ〕 *kentēnárion* ←〔後ラ〕 *centēnárium* (〔ラ〕 *centēnárius* 「100個の」より); ← *centum* 「100」の派生語〕

quin·ta·na [kin.tá.na] 囡 別荘, 荘園; 農場.

quin·tan·te [kin.tán.te] 男 《海》五分儀.

quin·ta·ñón, ño·na [kin.ta.ɲón, -.ɲó.na] 形 〈人が〉百歳の; 高齢の. —男 囡 百歳の老人.

quin·tar [kin.tár] 他 **1** 《スペイン》 (くじ引きで)〈1つを〉5つのうちから選ぶ, 5ずつに分けた各組から選ぶ. **2** 《スペイン》 〈人を〉くじ引きで兵役に就くべきかを決める. **3** 《史》 …の五分の一税を納める. **4** 〈土地に〉(種まき前に) 5度目の鋤き返しを行う.
—自 **1** 〈月齢が〉5日目に達する. **2** 〈賃貸料・支払り値などの競りで〉〈値が〉5分の1競り上がる.

quin·te·rí·a [kin.te.rí.a] 囡 農場, 農園; 農家.

quin·ter·no [kin.tér.no] 男 **1** (5枚重ね折りの) ノート, 小冊子. **2** (5つの数字を当てる宝くじの) 当たり.

quin·te·ro, ra [kin.té.ro, -.ra] 男 囡 小作農, 小作人; 農場労働者.

quin·te·to [kin.té.to] 男 **1** 《音楽》クインテット, 五重奏[唱]団; 五重奏[唱]曲. el ~ para cuerdas 弦楽五重奏曲. **2** 《詩》 (一行9音節以上の) 5行詩. **3** 5つの要素から成るもの, 5人組.

quin·til [kin.tíl] 男 (ローマ古暦の) 第5月: 現在の7月.

quin·ti·lla [kin.tí.ʝa ‖ -.ʎa] 囡 《詩》 (一行8音節の) 5行詩.

quin·ti·lli·zo, za [kin.ti.ʝí.θo, -.θa ‖ -.ʎí.- / -.so, -.sa] 形 五つ子の. —男 囡 五つ子 (のひとり).

quin·tín [kin.tín] 男 イギリスの高級布地.

Quin·tín [kin.tín] 固名 **1** キンティン: 男子の洗礼名. **2** ← San Quintín. [←〔ラ〕 *Quintínus*; *Quíntus* 「クゥィントゥス」(← *quíntus* 「第5の」; 五男につける名) より派生〕

quin·to, ta [kín.to, -.ta] 形 《数詞》 **1 (多くは +名詞 / 名詞+) 〈ser+ / estar+〉第5の, 5番目の. en ~ lugar 5番目に. ocupar el ~ lugar [puesto] 第5位を占める. ▶定冠詞などを伴って人・ものを表す名詞表現を作る. Ana es la *quinta* en la cola. アナは列の5番目だ. Miguel estudia ~ de medicina. ミゲルは医学部の5年生だ.

2 (+名詞) 5分の1の. A mí me toca una *quinta* parte de la ganancia. 私には利益の5分の1が配当される.
—男 **1** 5分の1 (=la *quinta* parte).
2 《話》(徴兵による) 新兵 (=recluta).
3 小地所, 小区画地. **4** 《話》 ビールの小瓶. **5** 《史》5分の1の貢租[租税]; (遺言者が自由に遺贈できた) 遺産の5分の1. **6** 《史》 (昔の船乗りが先位を占める. 航海の5分の1にした時間の単位. **7** 《ラ米》 (1) (グア) 5センターボ硬貨. (2) (プエ) 宝くじの分券.

el quinto pino [*infierno*] / *los quintos infiernos* 《話》 とても遠い場所. Él vive en el ~ *pino*. 彼はとても遠くに住んでいる.

[←〔ラ〕 *quíntum* (*quíntus* の対格); 関連 quinta, quinteto. 英 *quintet*. 〔日〕クインテット]

quin·tral [kin.trál] 男 《ラ米》(チリ)(アル)《植》(1) マツグミ科フリグランスス属の一種. (2) 胸枕料病.

quín·tu·ple [kín.tu.ple] 形 → quíntuplo.

quin·tu·pli·ca·ción [kin.tu.pli.ka.θjón / -.sjón] 囡 5倍にする[なる]こと; 5倍の量〔数〕.

quin·tu·pli·car [kin.tu.pli.kár] 他 5倍する, 5倍にする. Sus ingresos anuales *quintuplican* los tuyos. 彼[彼女]の年収は君の5倍ある.
—~·se 再 5倍になる.

quín·tu·plo, pla [kín.tu.plo, -.pla] 形 5倍の.
—男 5倍.

qui·nua [kí.nwa] 囡 《植》キノア: 南米原産のアカザ属の一年草で, 種子は食用.

quin·zal [kin.θál / -.sál] 男 15フィートの長さの木材.

quin·za·vo, va [kin.θá.βo, -.βa / -.sá.-] 形 15等分の, 15分の1の. —男 15分の1.

qui·ñar [ki.ɲár] 他 《ラ米》(エク)《話》殴る; 殺す.

qui·ña·zo [ki.ɲá.θo / -.so] 男 《ラ米》(南米)《話》衝突, 激突.

qui·ñón [ki.ɲón] 男 **1** 共有地の持ち分. **2** (耕作地の) 割当地, 分割地, 小地所.

*quios·co [kjós.ko] 男 **1** (駅・広場の) 売店, キオスク (= kiosco). ~ de bebidas 清涼飲料売店. ~ de periódicos 新聞売店. **2** (公園・庭園の) あずまや. ~ de música 野外音楽堂. ~ de necesidad 公衆便所. [←〔仏〕 *kiosque* ←〔トルコ〕 *köşk*「(庭園にある) あずまや」←〔ペルシア〕 *kūshk*「柱廊玄関; 宮殿」; 関連 〔英〕 *kiosk*〕

quiosco (キオスク)

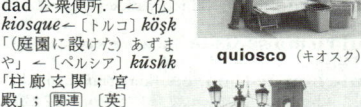

quios·que·ro, ra [kjos.ké.ro, -.ra] 男 囡 売店 [キオスク] の店員 [主人].

qui·pe [kí.pe] 男 《ラ米》 (1) (ベネ)(肩に載せて運ぶ) 包み, 束. (2) (グア)背嚢(はいのう), ずだ袋.

qui·po [kí.po] / **qui·pu** [kí.pu] 男 《主に複数で》キープ: ◆Inca 帝国の結縄文字. 結び目の位置やひもの色彩がそれぞれの意味を持ち, 記録・計量に用いられた. [←〔ケチュア〕 *quipu*「結び目」]

qui·que [kí.ke] 男 **1** → quiquiriquí 2. **2** 《ラ米》(チリ)(アル) 《動》グリソン: イタチ科. —形 《ラ米》(チリ)怒りっぽい, 短気な.

quioscos (キープ)

Qui·que [kí.ke] 固名 キケ: Enrique の愛称.

qui·qui [kí.ki] 男 《スペイン》 **1** 頭頂で結わえた (短い) 髪 (= quiquiriquí). **2** 《卑》セックス, 性交. echar un ~ セックスする, 性交する.

qui·qui·ri·güi·qui [ki.ki.ri.gwí.ki] 男 《ラ米》(グア) 《話》隠し事; 秘密の恋愛, 秘め事; 疑わしいこと.

qui·qui·ri·quí [ki.ki.ri.kí] 男 《複 ~es》 **1** 《擬》 (雄鶏(おんどり)の鳴き声) コケコッコー. ◆他言語の形: 〔ポルトガル〕 *cocorocó*. 〔仏〕 *cocorico*. 〔伊〕 *chicchi-*

richi.〔英〕*cock-a-doodle-doo.*〔独〕*kikeriki.*
2《スペイン》《話》頭頂で結わえた(短い)髪.
3《話》威張りたがる人, 偉ぶる人.

quir·guiz [kir.gíθ / -.gís] 形《複 quirguices》キルギスの. ━男女 キルギス人. ━男 キルギス語: テュルク系諸語の一つ.

qui·ri·co [ki.rí.ko] 男《ラ米》(怒気)使用人; 使い走り; こそ泥, 盗っ人.

qui·rie [kí.rje] 男 → kirie.

qui·ri·nal [ki.ri.nál] 形 (ローマ七丘の一つ) クイリナーレ丘の. **1** クイリナーレの丘. **2** (バチカン宮に対して) クイリナーレ宮殿; イタリア大統領官邸. **3**《複数で》《ロ神》クイリヌス神祭.

qui·ri·te [ki.rí.te] 男 古代ローマ市民.

quiro-〔接頭〕「手」を表す名詞・形容詞を作る要素. → quiromancia, quiromasaje.

qui·ró·fa·no [ki.ró.fa.no] 男 手術室.

Qui·ro·ga [ki.ró.ga] 固名 キロガ Horacio ~ (1878–1937): ウルグアイの短編作家. 作品 *Cuentos de amor, de locura y de muerte*『愛と狂気と死の物語』.

qui·ró·gra·fo, fa [ki.ró.gra.fo, -.fa] 形 〈証書が〉自筆の. ━男 自筆証書.

qui·ro·man·cia [ki.ro.mán.θja / -.sja] / **qui·ro·man·cí·a** [ki.ro.man.θí.a / -.sí.-] 女 手相術, 手相占い.

qui·ro·mán·ti·co, ca [ki.ro.mán.ti.ko, -.ka] 形 手相術の. ━男女 手相見, 手相占い師.

qui·ro·ma·sa·je [ki.ro.ma.sá.xe] 男 (手による)マッサージ.

qui·ro·ma·sa·jis·ta [ki.ro.ma.sa.xís.ta] 男女 (手による)マッサージを行う人.

qui·ro·prác·ti·co, ca [ki.ro.prák.ti.ko, -.ka] 男女 カイロプラクター, カイロプラクティック治療師. ━女〖医〗カイロプラクティック.

qui·ro·pra·xia [ki.ro.prák.sja] 女 → quiropráctica.

qui·róp·te·ro, ra [ki.róp.te.ro, -.ra] 形〖動〗手翼目の. ━男 翼手目の動物;《複数で》翼手目.

quir·quin·cho [kir.kíŋ.tʃo] 男《鷹》《話》〖動〗キルキンチョ: アルマジロの一種. ♦アンデスの先住民はこの甲羅で楽器チャランゴ charango を作る.

qui·rúr·gi·ca·men·te [ki.rúr.xi.ka.mén.te] 副 外科的に, 外科的には.

*****qui·rúr·gi·co, ca** [ki.rúr.xi.ko, -.ka] 形 **外科の**, 外科的な. operación *quirúrgica* 外科手術.

quis- 活 → querer.

quis·ca [kís.ka] 女《ラ米》(?)(?)(?)〖植〗ハシラサボテン属の一種. ♦とげを編み合わせて利用.

quis·cal [kis.kál] 男〖鳥〗オオクロムクドリモドキ属の鳥.

quis·co [kís.ko] 男《ラ米》(?)(?)(?)〖植〗ハシラサボテン属の一種.

qui·si·co·sa [ki.si.kó.sa] 女《話》なぞなぞ, パズル; 不可解なこと[もの].

quis·que [kís.ke] / **quis·qui** [kís.ki] 男《話》*cada quisque* [*quisqui*] それぞれ, めいめい. *todo quisque* [*quisqui*] みんな, 全員.

quis·qué·metl [kis.ké.metl] 男《ラ米》→ quexquémetl.

quis·qui·lla [kis.kí.ja ‖ -.ʎa] 男女《話》怒りっぽい人. ━女 **1** ささいなこと, つまらないこと, 取るに足りないこと. **2** 小エビ.
color quisquilla 薄いピンク.

quis·qui·llo·so, sa [kis.ki.jó.so, -.sa ‖ -.ʎó.-] 形 **1** 気難しい; 神経質な. *jefe* ~ 口やかましい上司. **2**《ser+ / estar+》怒りっぽい. ━男女 **1** 気難しい人; 神経質な人. **2** 短気な人.

quis·te [kís.te] 男 **1** 〖医〗嚢胞(のうほう), 嚢腫(のうしゅ). ~ *hidatídico* 包虫嚢. ~ *sebáceo* 皮脂嚢胞. **2** 包象, 包子, 囊子.

quís·ti·co, ca [kís.ti.ko, -.ka] 形 〖医〗嚢胞(のうほう)の, 嚢胞を持つ, 嚢胞性の. *fibrosis* ~ 嚢胞性線維症.

quis·to, ta [kís.to, -.ta] 形《bien [mal]+》〈人が〉評判の良い[悪い]. ▶ bienquisto, malquisto も用いられる.

qui·ta [kí.ta] 女 **1** (借金の)帳消し, 棒引き. **2**《ラ米》値引き, 割り引き. ━活 → quitar.
de quita y pon 取り外しできる, 〈付箋(ふせん)などが〉(貼って)はがせる (= de quitaipón).

qui·ta·ción [ki.ta.θjón / -.sjón] 女 **1** 所得, 収入; 俸給, 給料. **2** → quita 1.

qui·ta·es·mal·te [ki.ta.es.mál.te] 男 マニキュアの除光液.

qui·ta·fue·gos [ki.ta.fwé.gos] 男《単複同形》ファイアースクリーン, (暖炉の)火の粉よけの衝立(ついたて).

qui·ta·gra·pas [ki.ta.grá.pas] 男《単複同形》ホッチキスリムーバー.

qui·ta·gus·to [ki.ta.gús.to] 男《ラ米》(?)押しかけ客, でしゃばり, 邪魔者.

qui·tai·pón [ki.tai.pón] 男 *de quitaipón*《話》取り外しできる.

qui·ta·man·chas [ki.ta.mán.tʃas] 男《単複同形》クリーニング職人. ━男 染み抜き剤.

qui·ta·me·rien·das [ki.ta.me.rjén.das] 男《単複同形》〖植〗イヌサフラン, コルチカム.

qui·ta·mie·dos [ki.ta.mjé.ðos] 男《単複同形》(危険箇所に設置される)手すり, ロープ, ガードレール.

qui·ta·mo·tas [ki.ta.mó.tas] 男《単複同形》《話》おべっか使い, ごますり.

qui·ta·nie·ves [ki.ta.njé.bes] 男《単複同形》除雪機, 除雪車.

qui·tan·za [ki.tán.θa / -.sa] 女 返済受領 [領収] 証.

qui·ta·pe·li·llos [ki.ta.pe.lí.jos ‖ -.ʎos] 男女《単複同形》《話》おべっか使い, おべんちゃらを言う人.

qui·ta·pe·nas [ki.ta.pé.nas] 男《単複同形》《話》アルコール飲料, リキュール.

qui·ta·pe·sa·res [ki.ta.pe.sá.res] 男《単複同形》《話》慰め, 気晴らし.

qui·ta·pie·dras [ki.ta.pjé.ðras] 男《単複同形》〖鉄道〗排障器.

qui·ta·pón [ki.ta.pón] 男 (ラバにつける)頭飾り.
de quitapón 取り外しできる.

*****qui·tar** [ki.tár] 他 **1** (a... / de... …から) **取り除く**, 取り去る, 外す. ~ *la tapa* ふたを取る. ~ *la sed* のどの渇きをいやす. ~ *un dolor* 痛みを止める. ~ *una letra* [*palabra, frase*] 一文字[一語, 一文]削除する. ~ *una mancha* 染み抜く. ~ *el polvo* ほこりを払う. ~ *la mesa* 食卓を片づける. ~ *la piel a la pera* ナシの皮をむく. ~ *las impurezas a un mineral* 鉱石から不純物を取り除く. ~ *el abrigo a+人* 〈人〉のコートを脱がせてやる. ~ *a+人 una preocupación* 〈人〉の悩みを消してやる. *Le he quitado* la *idea de irse.* 私は彼[彼女]に行くことをあきらめさせた.
2 (1) 《a... …から》**奪う**, 奪い取る; 盗む; 損なう. ~*le la vida* (*a+人*) 〈人〉の命を奪う. ~*le el sueño* (*a+人*) 〈人〉の眠りを覚ます. ~ *la razón*

a... …の理を失わせる. ～le (a+人) las ganas de... 〈人〉から…する意欲をそぐ. ～le mucho tiempo (a+人) 〈人〉に手間を取らせる. ～ (el) valor a... …の価値を下げる. *Quítale* el videojuego *al* niño. その子からテレビゲームを取り上げなさい. *Le quitaron* el pasaporte. 彼[彼女]はパスポートを没収された. *Le quitaron* la plaza. 彼[彼女]は免職になった. *Me han quitado* el bolso. 私はハンドバッグを盗まれた. Victoria *le quitó* el novio *a* Elena. ビクトリアはエレーナから彼氏を奪った. Su fracaso no *le* quita nada a sus cualidades. 失敗はなんら彼[彼女]の品格を損なうものではない. (2) (a+人)《法》に禁止する;《人》から取り上げる.
3 〈もの・ことを〉とりやめる, 《de... …》〈人〉にやめさせる, あきらめさせる.
4《a+人》〈人〉の《法・債務・義務などを》免除する. La profesora *nos ha quitado* las tareas. 先生は私たちの宿題をなしにしてくれた (▶ nos は a + 人 に相当).
5 〈法令・判決・命令などを〉破棄する.
6《スポ》(フェンシング)〈相手の剣を〉払う.
— ～**se** 再 **1** 脱ぐ. ～*se* la boina [el abrigo] ベレー帽[コート]を脱ぐ. ～*se* la corbata [las gafas] ネクタイ[めがね]をはずす. En Japón hay que ～*se* los zapatos al entrar en casa. 日本では家に入るときに靴を脱がなければならない. Si tienes calor, *quítate* la chaqueta. 暑ければ上着を取りなさい.
2 取り除く, 捨てる. ～*se* años 若返る, 自分の年を若く言う(偽る). ～*se* la vida 自殺する. Eso *quíteselo* usted de la cabeza. どうかそのことは忘れてください[当てにしないでください].
3《de... …を》やめる, 回避する;…から立ち退く. ～*se de* fumar タバコをやめる. Consiguió ～*se de* la bebida. 彼[彼女]は酒を断つことができた. ¡*Quítate de* bobadas! ばかなことはやめや. ¡*Quítate de* mi vista! さっさと行け. ¡*Quítate de* ahí! そこをどいてくれ, 出て行け, そんな話はやめろ.
4 除去される;取れる, 消える. Esa mancha no *se* quita con agua. その染みは水では落ちない. Ya *se* me ha quitado el resfriado. もう風邪は治りました.
5《ラ米》(*中南米で)(*雑)〈雨が〉やむ, あがる.
no quitar... …であることに変わりはない.
no quitar que+接続法 …することを妨げない.
¡Quita! / ***¡Quita allá!*** / ***¡Quita de ahí!*** / ***¡Quita, hombre!***《話》まさか;いい加減にしろ, やめておけ;黙れ.
quitando... …を除いて(= a excepción de...). *Quitando* el primero me gustan todos. 最初の一つを除けば他は全部好きだ.
quitar... de encima [***delante***] / ***quitar... de en medio*** 〈邪魔なもの〉を取り除く, 厄介払いする;…を免除する.
quitarle (a+人) ***las palabras de la boca*** 〈人〉の話の腰を折る. *Me has quitado las palabras de la boca*. 君は私の話の腰を折ってしまった.
quitarle (a+人) ***un peso de encima*** 〈人〉を重荷から解放する, 安心させる.
quitarle ***de las manos*** (a+人) …が〈人〉に引っ張りだこである. *El nuevo producto nos lo quitan de las manos*. 新製品は私たちの間で引っ張りだこだ.

こだ.
quitarse de encima [***delante***] 免れる;逃れる.
quitarse de en medio 立ち去る;引っ込んでいる;自殺する.
sin quitar ni poner《話》忠実に, ありのまま.
[←[中ラ] *quiētāre* 「解放する, 放免する」([ラ] *quiētus* 「平穏な;妨げのない」より派生);【関連】quite, quitasol]

qui·ta·sol [ki.ta.sól] 男 パラソル (= parasol, sombrilla).
qui·ta·so·li·llo [ki.ta.so.lí.ljo ‖ -.ʝo] 男《ラ米》(中南米) (**1**) セリ科チドメグサ属の植物. (**2**) 食用キノコの一種.
qui·ta·sue·ño [ki.ta.swé.ɲo] 男《話》心配ごと, 気がかり.
qui·te [kí.te] 男 **1** 除去, 排除.
2 ひらりと体をかわすこと;《スポ》(フェンシング) 受け流し, かわし.
3 《闘牛》〈危機にある闘牛士を助けるために他の闘牛士が〉牛の注意をそらす技. dar el ～ 牛の注意をそらす. **4**《ラ米》《スポ》タックル.
estar al quite (**1**)《闘牛》牛の注意をそらす準備ができている. (**2**) 手を貸す用意ができている.
ir [***salir***] ***al quite*** すぐに助けにかけつける.
qui·te·ño, ña [ki.té.ɲo, -.ɲa] 形 (エクアドルの) キト Quitoの.
— 男 女 キトの住民[出身者].
qui·ti·na [ki.tí.na] 女《化》キチン質:節足動物の殻などの主成分.
qui·ti·no·so, sa [ki.ti.nó.so, -.sa] 形 キチン質の, キチン質を含んだ.
qui·to [kí.to] 活 → quitar.
***Qui·to** [kí.to] 固名 キト:エクアドルの首都. ♦15世紀後半 inca 人が征服して帝国の第2首都としたが, 1534年にスペイン人 Benalcázar により San Francisco de Quito が建設された. 1978年世界遺産に登録. [←[ケチュア] *Quito*]
qui·to, ta [kí.to, -.ta] 形《de... …を》免れた.
dar por quito a+人 〈人〉を自由の身にする.
qui·tón [ki.tón] 男《貝》ヒザラガイ.
qui·trín [ki.trín] 男《ラ米》(中南米) 幌(ﾎﾛ)付き2輪馬車.
quiú·bo·le [kjú.bo.le] 間投《ラ米》《話》 → quihúbole.
qui·vi [kí.bi] 男 **1**《植》キウイ;キウイフルーツの実 (=kiwi, quigüi). **2**《鳥》キーウィ.
✱✱qui·zá(s) [ki.θá(s) / -.sá(s)] 副《推測》おそらく — *Quizás*. 今日君は来ますか. — おそらくね. *Quizá sea posible ese cambio*. おそらくその変更は可能だろう. ▶ 通常動詞の前に置かれる. 動詞は接続法を取ることが多いが, 話し手の確信の度合いが強いと直説法を用いることがある. ⇒ *Quizá* es la única solución. 多分唯一の解決法だろう.
quizá(s) y sin quizá(s)《推測したことの確かさを表して》おそらく, いや絶対に(そうだ).
[←[古スペイン] *quiçab(e)*←[ラ] *quī sapit* 「誰が知っているか」;語末の -s の付加は, antes, entonces などからの類推による]
quó·rum [kwó.rum] 男 (複 ～s, ～) (会議・投票・裁決の) 定足数. ▶ 冠詞なしで用いられることが多い.
q.v.《略》*quod vide* [ラ] 参照せよ (= véase).

Rr

語頭および l, n, s の直後では，舌先で上の前歯の後ろの歯茎を急速に繰り返し叩く「ふるえ音」．その他の位置では，舌先が歯茎を一度はじく「はじき音」．ただし rr という綴(つづ)りのときは必ず「ふるえ音」で発音する．

R, r [é.r̃e / é.re] 囡 スペイン語字母の第19字.
R 〖記号〗 **1** 〖数学〗実数（= números reales）. **2** 〖物〗 roentgen（放射線量の単位）レントゲン.
R. （略）＝ **1** Real 国王の, 王家の, 王立の. **2** reverendo, reverencia 〖聖職者への敬称〗 …師.
Ra¹ [r̃á] 固名 ラー：古代エジプトの太陽神.
Ra² 〖化〗 radio ラジウム.
ra·ba [r̃á.ba] **1** （タラコでできた）釣り餌. **2** 《スペイン》《複数で》（カンタブリア・バスクの）イカのフライ.
echar la raba 《話》吐く.
ra·ba·da [r̃a.bá.ða] 囡 （食用の四足獣の）尻(しり)肉.
ra·ba·dán [r̃a.ba.ðán] 囲 **1** 牧夫頭. **2** 牧夫, 牧童.
ra·ba·di·lla [r̃a.ba.ðí.ja ‖ -.ʎa] 囡 **1** 〖解剖〗尾骨. **2** 《話》（鳥の）尾羽の付け根；（牛の）尻(しり)肉.
ra·bal [r̃a.bál] 囲 →**arrabal**.
ra·ba·le·ro, ra [r̃a.ba.lé.ro, -.ra] 形 囲 囡 →**arrabalero**.
ra·ba·nal [r̃a.ba.nál] 囲 ハツカダイコン畑.
ra·ba·ne·ro, ra [r̃a.ba.né.ro, -.ra] 形 《スペイン》《話》《軽蔑》がさつな, 粗野な振る舞い. *modales* ~*s* 粗野な振る舞い. — 囲 囡 **1** 《話》《軽蔑》がさつな人. **2** 大振り売り. — 囡 （卓上用の）ラディッシュを載せる容器.
ra·ba·ni·llo [r̃a.ba.ní.jo ‖ -.ʎo] 囲 **1** 〖植〗セイヨウノダイコン. **2** 荒っぽさ；無愛想. **3** うずうずする[はやる]気持ち. **4** 酸敗して発生するワインの酸味や渋味.
ra·ba·ni·to [r̃a.ba.ní.to] 囲 《ラ米》（方言）ハツカダイコン, ラディッシュ.
ra·ba·ni·za [r̃a.ba.ní.θa / -.sa] 囡 **1** ハツカダイコンの種子. **2** 〖植〗ロボウガラシの一種.
rá·ba·no [r̃á.ba.no] 囲 〖植〗ハツカダイコン, ラディッシュ. ~ *silvestre* セイヨウノダイコン.
tomar [*coger, agarrar*] *el rábano por las hojas* 《話》取り違える, 誤解する.
un rábano 全く（…ない）. *Le importa un* ~ *la política internacional.* 国際政治なんて, やつにはどうでもいいのだ.
¡(y) un rábano! 《話》だめだ, とんでもない.
Ra·bat [r̃a.bát] 固名 ラバト：モロッコの首都.
[← 〖アラビア〗 *Ribāṭ*（原義は「要塞(ようさい)化した僧院, 軍の駐屯地」）]
rab·do·man·cia [r̃aβ.ðo.mán.θja / -.sja] / **rab·do·man·ci·a** [r̃aβ.ðo.man.θí.a / -.sí.-] 囡 （水脈や鉱脈を探す）ダウジング（= **radiestesia**）.
ra·be·ar [r̃a.be.ár] 自 **1** （犬などが）尾を振る. **2** 〖海〗（船が）船尾を振る.
ra·bel¹ [r̃a.bél] 囲 〖音楽〗レベック：中世の3弦の擦弦楽器.
ra·bel² [r̃a.bél] 囲 《ユーモラスに》（子供の）尻.
ra·be·le·ro, ra [r̃a.be.lé.ro, -.ra] 囡 レベック奏者.
ra·be·o [r̃a.bé.o] 囲 **1** 尾を振ること, しっぽ振り. **2** 船を（過度に）振ること.

*rabel*¹
（レベック）

ra·be·ra [r̃a.bé.ra] 囡 **1** 後部. **2** 弩(いしゆみ)の発射台. **3** （荷馬車で）座席の板をつなぐ木片. **4** （選別後の）精製していない穀粒. **5** 柄をはめ込む場所.
ra·bí [r̃a.bí] 囲 〖複 ~es, ~s〗 →**rabino**.
***ra·bia** [r̃á.bja] 囡 **1** 《話》激怒, 憤激. *Me da oír tales mentiras.* そんなうそっぱちは聞きたくもない. *¡Qué* ~*!* くそー, 腹立たしい.
2 《話》反感, 嫌悪. *coger* [*tener, tomar*] ~ *a* + 人 〈人〉に反感を抱く,〈人〉を嫌いになる. *Me tiene* ~. 彼[彼女]は私に反感を持っている.
3 〖医〗狂犬病, 恐水病. *Muerto el perro, se acabó la* ~. 《諺》犬が死ねば狂犬病も絶滅する（災いを絶つにはもとを絶たなければならない）.
con rabia 《話》非常に, ひどく；激しく.
¡Rabia, rabieta [*rabiña*]*!* やーい, やーい；怒れ, 怒れ.
[← 〖俗ラ〗 *rabia* ← 〖ラ〗 *rabiēs*. 関連 〖英〗 *rage*, *rabies*]
ra·bia·ca·na [r̃a.bja.ká.na] 囡 〖植〗サトイモ科アリサルム属の一種.
ra·bia·de·ro [r̃a.bja.ðé.ro] 囲 《ラ米》（方言）《話》腹立たしいこと, 癪(しゃく)の種.
***ra·biar** [r̃a.bjár] 82 自 **1** （*de*... …に）ひどく苦しむ, ひどく痛む. ~ *de dolor* 激痛が走る. ~ *de hambre* ひどく空腹である.
2 （*contra*... …に対して）激怒する, 憤慨する. *estar a* ~ *con* + 人 〈人〉に対してかんかんに怒っている. *hacer* ~ *a* + 人 〈人〉を激怒させる；（羨望(せんぼう)・失望などで）〈人〉に地団太を踏ませる. *Está que rabia.* かんかんに怒っている. *José rabia contra su hermano porque se ha comido todo el pastel.* ホセは弟[兄]がケーキを全部食べてしまったのでかんかんに怒っている.
3 （*por*... …を）切望する. *Está rabiando por irse.* 彼[彼女]はここを出たくてうずうずしている.
4 《話》（*de*... …の）度を越す. *Tu novia rabia de felicidad.* 君の彼女は幸せで一杯だよ. *La sopa pica que rabia.* このスープは飛び上がるほど辛い.
a rabiar (1) 過激な, 激しい. *republicano a* ~ 徹底した共和主義者. (2) 熱狂的に, 激しく. *aplaudir a* ~ 熱狂的に拍手する. (3) とても, 大変. *Me gusta a* ~. 大好きである.
¡Para que rabie(s)! いいだろう, どうだ.
ra·bias·ca [r̃a.bjás.ka] 囡 《ラ米》（方言）怒り.
ra·bias·tar [r̃a.bjas.tár] 他〈動物を〉尾で縛る.
rá·bi·co, ca [r̃á.bi.ko, -.ka] 形 狂犬病の.
ra·bi·cor·to, ta [r̃a.bi.kór.to, -.ta] 形 **1** 尾の短い. **2** すその短い服を着た.
rá·bi·da [r̃á.bi.ða] 囡 **1** 〖史〗（砦(とりで)を兼ねた）イスラム教僧院：キリスト教王国との国境におかれた. **2** （モロッコの）修道院.
ra·bie·ta [r̃a.bjé.ta] 囡 《話》かんしゃく, 怒り. *coger una* ~ かんしゃくを起こす.

ra·bie·tas [r̄a.bjé.tas] 男 複 《単複同形》《話》かんしゃく持ち, 怒りっぽい人.

ra·bi·hor·ca·do [r̄a.bi.bjor.ká.ðo] 男 《鳥》グンカンドリ.

ra·bi·lar·go, ga [r̄a.bi.lár.go, -.ɣa] 形 **1** 尾の長い. **2** すその長い服を着た.
── 男 《鳥》オナガ.

rabihorcado
（グンカンドリ）

ra·bi·llo [r̄a.bí.jo ‖ -.ʎo] 男 **1** 短い尾(状のもの). **2** 《植》葉柄, 花柄, 果柄. **3**（ズボン・チョッキなどのウエストの）調節ベルト. **4**《植》ドクムギ. **5** 黒穂病の子囊, 殻.
mirar con [por] el rabillo del ojo... 《話》…を横目でそっと見る；警戒する, 嫌う.
rabillo del ojo《話》目じり.
[rabo＋縮小辞]

ra·bi·mo·cho, cha [r̄a.bi.mó.tʃo, -.tʃa] 形 《ラ米》《ﾒｷｼｺ》《ﾍﾟﾙｰ》尾のない；尾のない.

ra·bí·ni·co, ca [r̄a.bí.ni.ko, -.ka] 形 ラビ (教え) の [に関する]. *hebreo ～* ラビ・ヘブライ語.

ra·bi·nis·mo [r̄a.bi.nís.mo] 男 律法学者 [ラビ] の教義.

ra·bi·no [r̄a.bí.no] 男 **1** ラビ：ユダヤ教の律法学者.
2 ユダヤ人社会の霊的指導者.

ra·bión [r̄a.bjón] 男 急流, 早瀬.

ra·bio·sa·men·te [r̄a.bjó.sa.mén.te] 副 **1** 怒って. **2** 激しく, 過度に.

ra·bio·so, sa [r̄a.bjó.so, -.sa] 形 **1** *(estar＋)* 怒り狂った, 激怒した. *estar ～ con＋* 〈人〉にひどく腹を立てている. *～ de ira* かんかんに怒った. **2** 激しい, 強烈な, 猛烈な. *color ～* けばけばしい色. *deseo ～* 熱望. *dolor ～* 激痛. *sabor ～* 辛い味. **3** *(estar＋)* 狂犬病にかかった. *perro ～* 狂犬病の犬.
── 男 女 **1** 怒りっぽい人. **2** 狂犬病の犬.

rabino
（ラビ）

ra·bi·sal·se·ro, ra [r̄a.bi.sal.sé.ro, -.ra] 形 《主に女性形で》〈女性が〉しゃきしゃきした；厚かましい.

ra·bi·za [r̄a.bí.θa / -.sa] 女 **1**（釣り竿（ﾂ）の）先. **2** 《海》（固定用の）短いロープ. **3**《軽蔑》売春婦.

***ra·bo** [r̄á.bo] 男 **1** (動物の) 尾, しっぽ. *～ del perro* 犬のしっぽ.
2 尾状のもの；(衣類の) すそ. *～ del ojo* 目じり. **3** 葉柄, 花柄（ﾍﾞｲ）, 果柄 (＝rabillo). **4** 《俗》ペニス. **5**《ラ米》《ﾒｷｼｺ》《ﾊﾟﾅﾏ》《話》尻.
con el rabo entre las piernas [patas]《話》しっぽを巻いて；恥じ入って.
de cabo a rabo 最初から最後まで. *Leí el libro de cabo a ～.* 私はその本を全部読んだ.
faltar [quedar] el rabo por desollar《話》まだまだ難関が残っている.
rabo verde《ラ米》《話》好色な老人.
[←[ラ]*rāpum*「大根, かぶら」 関連《英》*rape*「アブラナ」]

ra·bón, bo·na [r̄a.bón, -.bó.na] 形 **1** 尾の短い, 切り尾の, 尾のない. **2**《ラ米》(1) 短い, 寸詰まりの.（ﾒｷ）背が低い. (2)《ｸﾞｱﾃ》《ｺﾞｽﾀ》〈刃物が〉柄のとれた. (3)《ｷ》半裸の. (4)《ｸﾞｱﾃ》《ﾎﾝｼﾞ》みすぼらしい, 寂れた.
── 女 《ラ米》(軍隊に随行する) 従軍婦.
hacer rabona《話》ずる休みする, サボる.

ra·bo·ne·ar(·se) [r̄a.bo.ne.ár(.se)] 自 再《ラ米》《ﾎﾞﾘ》《話》サボる.

ra·bo·pe·la·do [r̄a.bo.pe.lá.ðo] 男《動》オポッサム, フクロネズミ.

ra·bo·se·ar [r̄a.bo.se.ár] 他 しゃくしゃにする, ぼろぼろにする.

ra·bo·so, sa [r̄a.bó.so, -.sa] 形 すり切れた, ずたずたの.

ra·bo·ta·da [r̄a.bo.tá.ða] 女《話》無礼な言動, 横柄な振る舞い. *soltar ～s* 無礼な振る舞いをする, ぞんざいな口をきく.

ra·bu·do, da [r̄a.bú.ðo, -.ða] 形 尾の大きい [長い].

rá·bu·la [r̄á.bu.la] 男《軽蔑》(口ばかりの) へぼ弁護士.

ra·ca·ne·ar [r̄a.ka.ne.ár] 自《話》《軽蔑》**1** けちる, 出し惜しみする. **2** 怠ける, サボる.

ra·ca·ne·o [r̄a.ka.né.o] 男 → racanería.

ra·ca·ne·rí·a [r̄a.ka.ne.rí.a] 女 けちなこと；怠けること, サボること.

rá·ca·no, na [r̄á.ka.no, -.na] 形《話》**1** *(ser＋/estar＋)* けちな, しみったれの. **2**《スペイン》怠け者の. ── 男 女《話》**1** けち, しみったれ. **2**《スペイン》怠け者.

RACE [r̄á.θe / -.se] 男《略》*Real Automóvil Club de España* スペイン王立自動車クラブ.

ra·cha [r̄á.tʃa] 女 **1** 一陣の風, 突風. **2** 一連, 続き. *～ de frío* 寒波. *～ de derrotas* 負け続き. *estar en [de] ～*《話》幸運続きである. *tener una buena [mala] ～*《話》幸運 [不運] 続きである.
a rachas ときどき, 断続的に.

ra·che·a·do, da [r̄a.tʃe.á.ðo, -.ða] 形〈風が〉一時的に強く吹く.

ra·che·ar [r̄a.tʃe.ár] 自〈風が〉一時的に強く吹く. *Hoy rachea mucho y ha roto mi paraguas.* 今日は突風が何度も吹いたので私の傘は壊れてしまった.

***ra·cial** [r̄a.θjál / -.sjál] 形 人種の, 民族の, 人種 [民族] 上の. *prejuicio ～* 人種的偏見. *discriminación ～* 人種差別. *odio ～* 人種的憎悪.

ra·ci·mar [r̄a.θi.már / -.si.-] 他 (ブドウの収穫の後) 〈落ちた・残ったブドウの房を〉集める.
── ～·**se** 再 房状になる, 房をなして実る.

ra·ci·mi·fo·rme [r̄a.θi.mi.fór.me / -.si.-] 形 (果実・特にブドウの) 房. *～ de uvas* ブドウの房. **2**《植》(フジなどの) 花房；総状花序. **3** 群れ, 密集. *～ de casas* 密集した家屋.

ra·ci·mo·so, sa [r̄a.θi.mó.so, -.sa / -.si.-] 形 房の多い；房状の.

ra·ci·mu·do, da [r̄a.θi.mú.ðo, -.ða / -.si.-] 形 大きな房をつけた.

ra·cin·guis·ta [r̄a.θiŋ.gís.ta / -.siŋ.-] 形 (スポーツチームの) ラシン *Rácing* の；(スペインのサッカーチーム) ラシン・サンタンデルの.
── 男 女 ラシンのファン [選手]；ラシン・サンタンデルのファン [選手].

ra·cio·ci·nar [r̄a.θjo.θi.nár / -.sjo.si.-] 自 推理 [推論] する, 理性を働かせて考える.

ra·cio·ci·nio [r̄a.θjo.θí.njo / -.sjo.sí.-] 男 **1** 推理力, 思考力；理性. *carecer de ～* 理性に欠ける.
2 推理, 推論；思考.

***ra·ción** [r̄a.θjón / -.sjón] 女 **1** (食べ物の) 1人前, 1皿分. *una ～ de calamares fritos* イカのリング揚げ1人前. **2** ひとり当たりの割当量；《軍》(ひとり1日分の) 糧食. *～ diaria de trabajo* 1日の仕事の割当. *tener su ～ de…* …の配分を手にする.
a media ración 不十分に, かつかつで.
a ración けちけちと, 一定量ずつ.
ración de hambre 食べていけないほどの低賃金.

racionabilidad 1662

[← [ラ] ratiōnem (ratiō の対格)「計算」(→ razón) ; 関連 [英] ratio「比率, 割合」]

ra·cio·na·bi·li·dad [r̄a.θjo.na.bi.li.ðáð / -.sjo.-] 囡 判断力, 理性, 分別.

*__ra·cio·nal__ [r̄a.θjo.nál / -.sjo.-] 形 (↔irracional) **1** 理性の, 理性に関する ; **理性的な**, 理性を備えた. ser ～ 理性ある生き物, 人間. **2** 理に適(な)った, 合理的な. método ～ 合理的な方法. **3** 〖数〗有理の. número ～ 有理数.
── 男 囡 理性あるもの, 人間.

ra·cio·na·li·dad [r̄a.θjo.na.li.ðáð / -.sjo.-] 囡 合理性, 理に適(な)っていること ; 理性 (的であること).

ra·cio·na·lis·mo [r̄a.θjo.na.lís.mo / -.sjo.-] 男 合理主義, 理性主義 ; 〖哲〗合理論, 理性論.

ra·cio·na·lis·ta [r̄a.θjo.na.lís.ta / -.sjo.-] 形 合理主義の, 合理論の, 理性論の.
── 男 囡 合理主義者 ; 合理論者.

ra·cio·na·li·za·ción [r̄a.θjo.na.li.θa.θjón / -.sjo.-..sa.sjón] 囡 合理化.

ra·cio·na·li·zar [r̄a.θjo.na.li.θár / -.sjo.-.sár] 97 他 **1** 合理化する ; 理に適(な)ったものにする. **2** 〖数〗有理化する.

ra·cio·nal·men·te [r̄a.θjo.nál.mén.te / -.sjo.-] 副 理性的に, 理性に従って ; 合理的に.

ra·cio·na·mien·to [r̄a.θjo.na.mjén.to / -.sjo.-] 男 配給 (制度) ; (消費量などの) 制限. cartilla de ～ 配給手帳.

ra·cio·nar [r̄a.θjo.nár / -.sjo.-] 他 **1** 割り当てる ; 〖軍〗支給する. ～ el pan パンを配給制にする. **2** (消費量などを) 制限する.

*__ra·cis·mo__ [r̄a.θís.mo / -.sís.-] 男 **1 人種差別**, 人種的偏見. **2** (人種間に優劣があるとする) 人種主義.

*__ra·cis·ta__ [r̄a.θís.ta / -.sís.-] 形 **人種差別の** ; 人種主義の. ── 男 囡 **人種差別主義者**.

rack [r̄ák] [英] 男 [複 ～s, ～] ラック. mueble ～ 移動可能なラック[キャビネット].

ra·clet·te [r̄a.klét] [仏] 囡 [複 ～s] **1** 〖料〗ラクレット : スイスのチーズ料理の一つ. **2** ラクレット用の調理器具.

rá·cor [r̄á.kor] 男 **1** 〖技〗(管の) 接続部品, 継ぎ手 ; ネットワーク接続部品. **2** 〖映〗シーンのつながり, カット間の継続性. [← [仏] raccord]

rad [r̄áð] 男 [複 ～, ～s] 〖物理〗ラド : 放射能の吸収線量の単位 (1 rad=0.01 Gy) (記号 rd).

ra·da [r̄á.ða] 囡 〖海〗停泊地, 投錨(ﾁｮｳ)地.

ra·dar [r̄a.ðár] / **rá·dar** [r̄á.ðar] [英] 男 レーダー, 電波探知機. pantalla de ～ レーダースクリーン. ～ de alerta lejana 早期警戒レーダー. red de ～ レーダー網.

ra·da·ris·ta [r̄a.ða.rís.ta] 男 囡 レーダー技師.

ra·dia·ción [r̄a.dja.θjón / -.sjón] 囡 **1** 〖物理〗放射, 輻射(ﾌｸｼｬ) ; 放射物「線」. ～ solar 日射. ～ nuclear 核放射線. **2** (文化などの) 発信.

ra·diac·ti·vi·dad [r̄a.ðjak.ti.bi.ðáð] 囡 〖物理〗放射能. ～ artificial 人工放射能. ～ natural 天然放射能. ～ residual 残留放射能.

ra·diac·ti·vo, va [r̄a.ðjak.tí.bo, -.ba] 形 〖物理〗放射性の, 放射能のある. contaminación radiactiva 放射能汚染. desperdicios [desechos] ～s 放射性廃棄物. lluvia radiactiva 放射性降雨. material ～ 放射性物質.

ra·dia·do, da [r̄a.djá.ðo, -.ða] 形 **1** 放射状の, 輻射(ﾌｸｼｬ)した. **2** (1) 〈植物が〉周辺花を持つ. (2) 〈動物が〉放射相称をなす. **3** ラジオ放送の. programa ～ ラジオ番組. ── 男 周辺花を持つ植物 ; (ヒトデなど) 放射相称動物.

ra·dia·dor [r̄a.dja.ðór] 男 **1** 〖車〗ラジエーター, 冷却器. **2** 放熱器, 輻射(ﾌｸｼｬ)暖房器. ～ eléctrico 電気ヒーター. ～ de gas ガスヒーター.

ra·dial [r̄a.djál] 形 **1** 放射状の, 輻射(ﾌｸｼｬ)形の ; 半径の. carretera ～ (都心から伸びる) 放射状道路. neumáticos ～es ラジアルタイヤ.
2 〈ラ米〉〈ﾒｷｼｺ〉〈ﾁﾘ〉〈ｱﾙｾﾞﾝﾁﾝ〉ラジオの, ラジオ放送の[に関する].

ra·dián [r̄a.ðján] 男 〖数〗ラジアン, 弧度 : 平面角の単位 (略 rad).

*__ra·dian·te__ [r̄a.ðján.te] 形 **1** 《ser+ / estar+》**輝いている**, 光を放っている. punto ～ 〖天文〗光点, 光体. superficie ～ 発光面.
2 《ser+ / estar+》**輝くばかりの** ; 喜びに満ちた. rostro ～ 晴れやかな顔.
3 〖物理〗放射の, 輻射(ﾌｸｼｬ)の. calor ～ 放射熱.
losa radiante 床下暖房.

ra·diar [r̄a.ðjár] 82 他 **1** 〈ラジオ番組を〉放送する. **2** 放出する, 放射する. **3** 〖医〗照射する, 放射線にかける. **4** 〈ラ米〉(1) 〈ﾒｷｼｺ〉〈ﾁﾘ〉〈ｱﾙｾﾞﾝﾁﾝ〉抹消する, 除名する. (2) 〈ﾁﾘ〉〈機械などを〉使わずに放っておく.
── 自 光を放つ, 輝く.

ra·di·ca·ción [r̄a.ði.ka.θjón / -.sjón] 囡 **1** 根を下ろすこと ; 常習化, 定着, 定住.
2 〖数〗(ルートの) 開法.

*__ra·di·cal__ [r̄a.ði.kál] 形 **1 根本的な**, 基本的な. una reforma ～ 抜本的な改革. Este problema requiere un remedio ～. この問題には根本的な措置が必要だ. **2 急進的な**, 過激な. nacionalismo ～ 急進的な国家主義. izquierda ～ 急進的な左派. Me parecen demasiado ～es esas ideas. それらの考えは過激すぎるように思える. **3** 〖植〗根の, 根生の.
4 〖言〗語基の, 語根の.
── 男 囡 急進主義者, 過激論者. Los ～es del partido se enfrentaron con los conservadores. 党内の急進派が保守派と対立した.
── 男 **1** 〖言〗語基, 語根. **2** 〖数〗根号, ルート (記号 √). **3** 〖化〗基.
[← [ラ] radicālem (radicālis の対格)「根の」(radix「根」より派生) ; 関連 radicalismo. [英] radical]

ra·di·ca·lis·mo [r̄a.ði.ka.lís.mo] 男 急進主義, 過激論 ; 急進的[過激]であること.

ra·di·ca·li·za·ción [r̄a.ði.ka.li.θa.θjón / -.sa.sjón] 囡 急進化, 過激化.

ra·di·ca·li·zar [r̄a.ði.ka.li.θár / -.sár] 97 他 急進化させる, 過激にする.
── ～·se 再 急進化する, 過激化する.

ra·di·cal·men·te [r̄a.ði.kál.mén.te] 副 抜本的に ; 徹底的に ; 急進的に.

ra·di·can·do [r̄a.ði.kán.do] 男 〖数〗被開平 [法] 数 : (ルート記号) √の中の数のこと.

*__ra·di·car__ [r̄a.ði.kár] 70 自 《en... …に》**1 存在する**, 定住する. una finca que radica en Toledo トレドにある農場. **2** 〈原因・問題などが〉**由来する**, 基づく. El problema radica en la falta de dinero. 問題は資金不足にある. **3** 〈植物が〉根を張る, 根づく. ── ～·se 再 《en... …に》根づく, 根を張る ; 定住する.

ra·di·che·ta [r̄a.ði.tʃé.ta] 男 〈ラ米〉〈ｱﾙｾﾞﾝﾁﾝ〉〖植〗チコリ, キクニガナ : 食用.

ra·di·cí·co·la [r̄a.ði.θí.ko.la / -.sí.-] 形 〖動〗〖植〗根に寄生する.

ra·dí·cu·la [r̄a.ðí.ku.la] 囡 〖植〗幼根, 小根.

ra·di·cu·lar [r̄a.ði.ku.lár] 形 根の, 根に関する.

ra·dies·te·sia [r̄a.djes.té.sja] 囡 (水脈・鉱脈などの特有の放射の)感知能力;(占い棒・振り子の反応による)水脈[鉱脈]探知.

ra·dies·te·sis·ta [r̄a.djes.te.sís.ta] 男 囡 (水脈・鉱脈などの放射の)感知する能力を持つ人.

*__ra·dio__¹ [r̄á.djo] 男 **1** 半径;範囲. el ~ de un círculo 円の半径. en un ~ de cien kilómetros 半径100キロメートルの範囲で. ~ de giro 『車』最小回転半径. **2** (車輪の)輻(*), スポーク. **3** 『解剖』橈骨(ミゥ);前腕の軸状の長骨.
— 男 無線通信士 (= radiotelegrafista).
radio de acción (1) 行動半径, 勢力[活動]範囲. Este mando a distancia tiene un ~ *de acción* de 10 metros. このリモコンは10メートルの範囲で使える. (2) 『航空』『海』航続距離. de largo ~ *de acción* 航続距離の長い.
radio de población 町の外周から1.6キロの圏内.
[← 〔ラ〕*radium* (*radius* の対格);「車輪の輻(*), スポーク」が原義. 〔ラ〕ですでに「半径」「光線」などの意味が派生していた;関連 radiar, radioactivo, radiodifusión. 〔英〕*radio* 「ラジオ」, *radius* 「半径」]

ra·dio² [r̄á.djo] 男 『化』ラジウム (記号 Ra).

__ra·dio__³ [r̄á.djo] 男 **1** [radiodifusión の省略形] ラジオ, ラジオ放送(局), 無線通信. programa de ~ ラジオ番組. poner [apagar] la ~ ラジオをつける[消す]. escuchar las noticias por la ~ ニュースをラジオで聞く. ¿Puedes bajar la ~? ラジオの音を小さくしてくれないか.
2 ラジオ受信機 (= radiorreceptor). ~ despertador 目覚まし付きラジオ.
— 男 **1** 無線電報 (= radiotelegrama).
2 〔ラ米〕ラジオ (受信機).
radio macuto 《話》根拠のないうわさ. Me he enterado de esto por ~ *macuto*. 私はこのことを単なるうわさで知った.
radio pirata 《話》海賊放送(局).
radio taxi → radiotaxi. ▶ radio taxi は男性名詞または女性名詞扱いされる (radiotaxi は男性名詞). 複数形は radio taxis となる.

radio-「ラジオ, 無線, 電波, X線, 放射性[能]」の意を表す造語要素. ⇒ *radio*compás, *radio*grafía, *radio*sonda. [← 〔ラ〕]

ra·dio·ac·ti·vi·dad [r̄a.djo.ak.ti.ßi.ðáð] 囡 『物理』→ radiactividad.

ra·dio·ac·ti·vo, va [r̄a.djo.ak.tí.ßo, -.ßa] 形 『物理』→ radiactivo.

ra·dio·a·fi·cio·na·do, da [r̄a.djo.a.fi.θjo.ná.ðo, -.ða / -.sjo.-] 男 囡 アマチュア無線家, ハム愛好家.

ra·dio·as·tro·no·mí·a [r̄a.djo.as.tro.no.mí.a] 囡 電波天文学.

ra·dio·ba·li·za [r̄a.djo.ßa.lí.θa / -.sa] 囡 ラジオビーコン, 無線標識.

ra·dio·bio·lo·gí·a [r̄a.djo.ßjo.lo.xí.a] 囡 放射線生物学.

ra·dio·car·bo·no [r̄a.djo.kar.ßó.no] 男 『化』放射性炭素. datación por ~ 放射性炭素による年代測定.

ra·dio·ca·se·te [r̄a.djo.ka.sé.te] 男 ラジオカセット, ラジカセ.

ra·dio·co·mu·ni·ca·ción [r̄a.djo.ko.mu.ni.ka.θjón / -.sjón] 囡 無線通信, 無線連絡.

ra·dio·des·per·ta·dor [r̄a.djo.ðes.per.ta.ðór] 男 目覚ましアラーム付きラジオ.

ra·dio·diag·no·sis [r̄a.djo.ðjag.nó.sis] 囡 → radiodiagnóstico.

ra·dio·diag·nós·ti·co [r̄a.djo.ðjag.nós.ti.ko] 男 『医』レントゲン診断, X線診断.

ra·dio·di·fun·dir [r̄a.djo.ði.fun.dír] 他 (ラジオで)放送する.

ra·dio·di·fu·sión [r̄a.djo.ði.fu.sjón] 囡 ラジオ放送. estación de ~ ラジオ放送局. ~ comercial 民間放送. ~ pública 公共放送. ~ directa 生[実況]放送. ~ de [en, con] modulación de amplitud [frecuencia] AM [FM] 放送. ~ en onda corta 短波放送.

ra·dio·di·fu·sor, so·ra [r̄a.djo.ði.fu.sór, -.só.ra] 形 ラジオ放送の. estación *radiodifusora* ラジオ放送局. — 男 無線通信機.
— 囡 ラジオ放送局 (= emisora).

ra·dio·e·lec·tri·ci·dad [r̄a.djo.e.lek.tri.θi.ðáð / -.si.-] 囡 無線工学, 電波技術.

ra·dio·e·léc·tri·co, ca [r̄a.djo.e.lék.tri.ko, -.ka] 形 電波の, 無線の.

ra·dio·e·lec·tró·ni·ca [r̄a.djo.e.lek.tró.ni.ka] 囡 無線電子工学.

ra·dio·e·le·men·to [r̄a.djo.e.le.mén.to] 男 『化』放射性元素.

ra·dio·e·mi·so·ra [r̄a.djo.e.mi.só.ra] 囡 ラジオ放送局 (= emisora).

ra·dio·es·cu·cha [r̄a.djo.es.kú.tʃa] 男 囡 (ラジオの)聴取者, リスナー.

ra·dio·fa·ro [r̄a.djo.fá.ro] 男 無線標識, ラジオビーコン.

ra·dio·fo·ní·a [r̄a.djo.fo.ní.a] 囡 無線電話.

ra·dio·fó·ni·co, ca [r̄a.djo.fó.ni.ko, -.ka] 形 **1** ラジオ放送の. **2** 無線電話による.

ra·dio·fo·nis·ta [r̄a.djo.fo.nís.ta] 男 囡 無線電話技術者 (= radiotelefonista).

ra·dió·fo·no [r̄a.djó.fo.no] 男 無線電話機.

ra·dio·fo·to·gra·fí·a [r̄a.djo.fo.to.gra.fí.a] 囡 (無線)電波写真.

ra·dio·fre·cuen·cia [r̄a.djo.fre.kwén.θja / -.sja] 囡 無線周波数.

ra·dio·fuen·te [r̄a.djo.fwén.te] 囡 『天文』電波源;クエーサー, 準恒星状天体.

ra·dio·ga·la·xia [r̄a.djo.ga.lák.sja] 囡 『天文』電波星雲:強い電波を放射する星雲.

ra·dio·go·nio·me·trí·a [r̄a.djo.go.njo.me.trí.a] 囡 電波方向探知, 無線方位測定.

ra·dio·go·nió·me·tro [r̄a.djo.go.njó.me.tro] 男 電波方向探知機, 無線方位測定器.

ra·dio·gra·fí·a [r̄a.djo.gra.fí.a] 囡 レントゲン写真術; X線写真. hacerse una ~ レントゲン写真を撮ってもらう.

ra·dio·gra·fiar [r̄a.djo.gra.fjár] 81 他 …のレントゲン[X線]撮影をする.

ra·dio·grá·fi·co, ca [r̄a.djo.grá.fi.ko, -.ka] 形 放射線[エックス線, レントゲン]写真[術]の.

ra·dió·gra·fo, fa [r̄a.djó.gra.fo, -.fa] 男 囡 レントゲン技師.

ra·dio·gra·ma [r̄a.djo.grá.ma] 男 無線電報.

ra·dio·gra·mo·la [r̄a.djo.gra.mó.la] 囡 ラジオ付きレコードプレーヤー.

ra·dio·i·só·to·po [r̄a.djoi.só.to.po] 男 『物理』放射性同位元素[体], ラジオアイソトープ.

ra·dio·la [r̄a.djó.la] 囡 《ラ米》(アナ)(ベネ) ラジオ付きレコードプレーヤー.

ra·dio·la·rio, ria [r̄a.djo.lá.rjo, -.rja] 形 『生物』放散虫(目)の. — 男 放散虫, 放散虫目の生物;《複数で》放散虫目.

ra·dio·lo·ca·li·za·ción [r̄a.ðjo.lo.ka.li.θa. θjón / -.sa.sjón] 女 無線測位, 電波探知(法).
ra·dio·lo·gí·a [r̄a.ðjo.lo.xí.a] 女 放射線医学.
ra·dio·ló·gi·co, ca [r̄a.ðjo.ló.xi.ko, -.ka] 形 〖医〗放射線医学の[に関する].
ra·dió·lo·go, ga [r̄a.ðjó.lo.ɣo, -.ɣa] 男 女 放射線専門医；レントゲン技師.
ra·dio·me·trí·a [r̄a.ðjo.me.trí.a] 女 〖物理〗放射測定.
ra·dio·mé·tri·co, ca [r̄a.ðjo.mé.tri.ko, -.ka] 形 放射測定の.
ra·dió·me·tro [r̄a.ðjó.me.tro] 男 〖物理〗〖天文〗放射計, ラジオメーター.
ra·dio·mi·cró·me·tro [r̄a.ðjo.mi.kró.me.tro] 男 〖物理〗ラジオミクロメーター, 熱電放射計.
ra·dio·na·ve·ga·ción [r̄a.ðjo.na.ᵬe.ɣa.θjón / -.sjón] 女 〖航空〗〖海〗無線航法[航行].
ra·dio·na·ve·gan·te [r̄a.ðjo.na.ᵬe.ɣán.te] 男 女 航空[航海]無線士.
ra·dio·ne·cro·sis [r̄a.ðjo.ne.kró.sis] 女 〈単複同形〉〖医〗放射線壊死.
ra·dio·no·ve·la [r̄a.ðjo.no.ᵬé.la] 女 連続ラジオドラマ, 連続ラジオ小説.
ra·dio·o·pe·ra·dor, do·ra [r̄a.ðjo.(o.)pe.ra. ðór, -.dó.ra] 男 女 《ラ米》 電信[無線]技手, 無線通信士.
ra·dio·pa·tru·lla [r̄a.ðjo.pa.trú.ja ‖ -.ʎa] 女 《ラ米》(ᴾ゙ゥᴹᶜ)パトカー；(ᴾᵁᵉᴵᴾ)〈集合的に〉(無線通信を行う)パトカー.
ra·dio·quí·mi·ca [r̄a.ðjo.kí.mi.ka] 女 〖化〗放射化学.
ra·dio·rre·cep·tor [r̄a.ðjo.r̄e.θep.tór / -.sep.-] 男 ラジオ(受信機), 無線受信機.
ra·dios·co·pia [r̄a.ðjos.kó.pja] 女 レントゲン[X線, 放射線]透視, X線検査.
ra·dios·có·pi·co, ca [r̄a.ðjos.kó.pi.ko, -.ka] 形 レントゲン[X線, 放射線]透視の, X線検査の.
ra·dio·so, sa [r̄a.ðjó.so, -.sa] 形 光を放つ, 輝く.
ra·dio·son·da [r̄a.ðjo.són.da] 女 ラジオゾンデ: 高層気象の観測装置.
ra·dio·ta·xi [r̄a.ðjo.ták.si] 男 タクシー無線；無線タクシー.
ra·dio·tec·nia [r̄a.ðjo.ték.nja] 女 無線工学, 無線通信技術.
ra·dio·téc·ni·co, ca [r̄a.ðjo.ték.ni.ko, -.ka] 形 無線工学の. ━ 男 女 無線工学技師. ━ 女 → radiotecnia.
ra·dio·te·le·co·mu·ni·ca·ción [r̄a.ðjo.te. le.ko.mu.ni.ka.θjón / -.sjón] 女 無線通信.
ra·dio·te·le·fo·ní·a [r̄a.ðjo.te.le.fo.ní.a] 女 無線電話.
ra·dio·te·le·fó·ni·co, ca [r̄a.ðjo.te.le.fó.ni. ko, -.ka] 形 無線電話の.
ra·dio·te·le·fo·nis·ta [r̄a.ðjo.te.le.fo.nís.ta] 男 女 (無線)電話交換手, (無線)電話技師.
ra·dio·te·lé·fo·no [r̄a.ðjo.te.lé.fo.no] 男 無線電話機.
ra·dio·te·le·gra·fí·a [r̄a.ðjo.te.le.ɣra.fí.a] 女 無線電信(術).
ra·dio·te·le·gra·fiar [r̄a.ðjo.te.le.ɣra.fjár] 81 他 無線電信で送る.
ra·dio·te·le·grá·fi·co, ca [r̄a.ðjo.te.le.ɣrá.fi. ko, -.ka] 形 無線電信の.
ra·dio·te·le·gra·fis·ta [r̄a.ðjo.te.le.ɣra.fís.ta] 男 女 無線通信士, 無線技師.

ra·dio·te·lé·gra·fo [r̄a.ðjo.te.lé.ɣra.fo] 男 無線電信機.
ra·dio·te·le·gra·ma [r̄a.ðjo.te.le.ɣrá.ma] 男 無線電報.
ra·dio·te·les·co·pio [r̄a.ðjo.te.les.kó.pjo] 男 〖天文〗電波望遠鏡.
ra·dio·te·le·vi·sión [r̄a.ðjo.te.le.ᵬi.sjón] 女 **1** ラジオ・テレビ放送. **2** (ラジオ・テレビの両方を放送する)放送局.
ra·dio·te·ra·peu·ta [r̄a.ðjo.te.ra.péu.ta] 男 女 〖医〗放射線治療医.
ra·dio·te·ra·péu·ti·co, ca [r̄a.ðjo.te.ra.péu. ti.ko, -.ka] 形 〖医〗放射線治療の.
ra·dio·te·ra·pia [r̄a.ðjo.te.rá.pja] 女 〖医〗放射線療法.
ra·dio·te·rá·pi·co, ca [r̄a.ðjo.te.rá.pi.ko, -. ka] 形 〖医〗放射線療法の.
ra·dio·to·xi·ci·dad [r̄a.ðjo.tok.si.θi.ðáð / -. si.-] 女 〖医〗放射性毒性.
ra·dio·trans·mi·sión [r̄a.ðjo.trans.mi.sjón] 女 (ラジオ・テレビ・無線の)放送.
ra·dio·trans·mi·sor [r̄a.ðjo.trans.mi.sór] 男 無線送信機.
ra·dio·yen·te [r̄a.ðjo.jén.te] 男 女 (ラジオの)聴取者, リスナー.
ra·dium·te·ra·pia [r̄a.ðjun.te.rá.pja] 女 〖医〗放射線療法.
ra·dón [r̄a.ðón] 男 〖化〗ラドン(記号 Rn).
rá·du·la [r̄á.ðu.la] 女 〖動〗(軟体動物の)歯舌.
RAE [r̄á.e] 女 《略》 *Real Academia Española* スペイン王立アカデミー. → academia.
ra·e·de·ra [r̄a.e.ðé.ra] 女 **1** 削り[こすり]落とす道具；(左官などの)こて. **2** (鉱夫の小型の)鍬(ⁿʷ).
ra·e·di·zo, za [r̄a.e.ðí.θo, -.θa / -.so, -.sa] 形 削り落とせる.
ra·e·dor, do·ra [r̄a.e.ðór, -.dó.ra] 形 削り取る, こする. ━ 男 女 削る[こすり落とす]人[もの]. ━ 男 (穀物などを量るときの)斗かき, 升かき.
ra·e·du·ra [r̄a.e.ðú.ra] 女 **1** 削り[こすり]取ること；〈複数で〉削りかす, やすりくず. **2** (服の)すり切れ.
ra·er [r̄a.ér] 57 他 **1** 削る, 削り落とす, こすり落とす. **2** 〈表面を〉ならす. **3** 〈服などを〉すり切らす. **4** 根絶する, 撲滅する.
━~·se 再 〈服などが〉すり切れる.
Ra·fa [r̄á.fa] 固名 ラファ: Rafael の愛称.
Ra·fa·el [r̄a.fa.él] 固名 **1** San ~ 聖ラファエル: 大天使のひとり；祝日9月29日. **2** ラファエロ ~ Sanzio (1483-1520)：イタリアの画家・建築家. **3** ラファエル：男子の洗礼名. 愛称 Rafa.
(← 〈後ラ〉*Raphael* ← 〈ギ〉*Raphaël* ← 〈ヘブライ〉*Réphā'ēl*「神は人の病を救った」が原義)；〖関連〗〈ポルトガル〉*Rafael*. 〈仏〉*Rafael*. 〈伊〉*Raffaello*, *Raffaele*. 〈英〉*Raphael*. 〈独〉*Raffael*(*lo*)〉

rá·fa·ga [r̄á.fa.ɣa] 女 **1** 一陣の風, 突風. **2** 閃光(ᴱⁿᶜ), 稲光. **3** (直感的な)ひらめき, 思いつき. **4** (機関銃の)連射. **5** 《ラ米》(ᴾᵁᵉᴵᴾ)(ᴄᵒᴸ)(賭(ᵏ)けで)運[つき]が続くこと.
estar de [en] ráfaga 《ラ米》 (ᴬʳᵍ)不運続きである.
ra·fa·ño·so, sa [r̄a.fa.ɲó.so, -.sa] 形 《ラ米》(ᴾᵁᵉᴵᴾ)《話》 汚い；意地汚い.
ra·fez [r̄a.féθ / -.fés] 形 〈複 rafeces〉《まれ》安っぽい, 価値のない, 軽度に値する.
de rafez やすやすと, 簡単に.

ra·fia [r̄á.fja] 女【植】ラフィアヤシ；ラフィアヤシの繊維．

raft·ing [r̄áf.tin] [英] 男 [複 ～, ～s] ラフティング：ゴムボートによる急流下り．

rag·ga [r̄á.ga] 男 [話] → raggamuffin.

rag·ga·muf·fin [r̄a.ga.mú.fin // -.má.-] 男 ラガマフィン：ジャマイカの音楽で，単純なリズムの繰り返しが特徴．

ra·glán [r̄a.glán] 形【服飾】(性数不変) ラグランの．manga ～ ラグランそで．
— 男 (19世紀中ごろ流行した) 男性用外套(級).
[英国の将軍 Raglan 卿 (1788-1855) の名にちなむ]

rag·time [r̄ág.taim] [英] 男 ラグタイム：北米の，特にアフリカ系アメリカ人の音楽．

ra·gú [r̄a.gú] 男 [複 ～es, ～s] **1**【料】ラグー：肉，ジャガイモ，ニンジンなどのシチュー．**2**《ラ米》《俗》飢え. [← [仏] *ragoût*]

ra·gua [r̄á.gwa] 女 サトウキビの先端．

ra·hez [r̄a.éθ / -.és] 形 [複 raheces] **1** 安っぽい，価値のない；軽度に価値ある．**2** 簡単な (=refez).

rai [r̄ái] 男 [複 ～, ～s]【音楽】ライ：アルジェリアの大衆歌謡．

ra·í·ble [r̄a.í.ble] 形 こすり落とせる．

rai·ce·ar [r̄ai.θe.ár / -.se.-] 自《ラ米》(*ᵐʳ)(ᴮˢ)(ᶜʰ) 根づく．

rai·ce·ro [r̄ai.θé.ro / -.sé.-] 男《ラ米》(ᴮˢ)(他人の車への) 便乗；ヒッチハイク. **(1)** 根の塊，張った根．

ra·í·ces [r̄a.í.θes / -.ses] 女 raíz の複数形.

rai·ci·lla [r̄ai.θí.ʎa || -.ʎa / -.sí.-] 女【植】小根，幼根，胚(ᴱ)根，細根. [raíz + 縮小辞]

raid [r̄áid] [英] 男 [複 ～, ～s] **1** (自動車・オートバイの) 耐久レース. **2** 侵略，空襲. **3** 大胆な行動. **4**《ラ米》(ᴮˢ)(ᶜʰ) (他人の車への) 便乗；ヒッチハイク.

ra·í·do, da [r̄a.í.ðo, -.ða] 形 **1** すり切れた，着古した. **2** 恥知らずな，厚かましい.

rai·gam·bre [r̄ai.gám.bre] 女 (ときに男) **1**【植】(絡まり合った) 一塊の根. **2** 因習，伝統；深く根づいていること. costumbre de honda ～ en Castilla カスティーリャ地方に深く根づいた習慣.

rai·gón [r̄ai.gón] 男 **1** 太い根. **2**【解剖】歯根.

rai·grás [r̄ai.grás] 男【植】ホソムギ.

ra·íl [r̄a.íl] / **rail** [r̄áil] 男 レール，軌条 (= riel). construir los ～es 鉄道を敷く. red de ～es 鉄道網. ～ de seguridad ガードレール. ～ guía カーテンレール. [← [英] *rail*]

rai·mien·to [r̄ai.mjén.to] 男 **1** 削り [こすり] 取ること；こすり落としたもの，削りかす.
2 ずうずうしさ，恥知らず.

Rai·mun·do [r̄ai.mún.do] 固名 ライムンド：男子の洗礼名. [← [フランク] *Raginmund* (*ragin*「(神の) 助言」+ *mund*「手，保護」；「神の助言」が原義)] Ramón. [ポルトガル] *Raimundo*. [仏] [英] *Raymond*. [伊] *Raimondo*. [独] *Raimund*.

rais [r̄áis] 男 **1** (エジプトの) 大統領.
2 (パレスチナ人の) 指導者.

ra·íz [r̄a.íθ / -.ís] 女 [複 raíces] **1**【植】根. Las plantas tienen *raíces* diferentes. 植物にはさまざまな根がある. ～ adventicia (主根以外の) 不定根. ～ napiforme かぶら形の根.

2 (歯などの) 根. la ～ de una muela 歯根. la ～ del pelo 毛根.

3 根源，原因. la ～ del mal 悪の根源. la música de *raíces* africanas アフリカ起源の音楽.

4【文法】語根 (= radical, lexema). una palabra con ～ griega ギリシア語の語根を持つ単語.

5【数】根. ～ cuadrada [cúbica] 平方 [立方] 根.
a raíz de... …の直後に，…によって，…が原因で.
de raíz 元から，徹底的に. arrancar [cortar, sacar] *de* ～ 引っこ抜く；根絶する.
echar raíces 根を張る；定住 [定着] する. Muchos inmigrantes *echaron raíces* en esta ciudad. 多くの移民がこの都市に定住した.
tener raíces en... …に深く根を下ろす. La democracia *tiene raíces* profundas *en* este país. この国では民主主義が深く根付いている.
[← [ラ] *rādicem* (*rādix* の対格). 【関連】radicar, arraigar, ramo. [スペイン] [英] *radical*. [ポルトガル] *radish*. [仏] *racine*. [伊] *radice*. [英] *root*, *radish*. [独] *Wurzel*]

ra·ja [r̄á.xa] 女 **1** 裂け目，割れ目，ひび，亀裂；【服飾】スリット. abrirse una ～ 割れ目ができる，亀裂が入る. **2** (くし形に切った) メロン・スイカなどの一切れ，一片. una ～ de sandía スイカ一切れ. cortar en ～s くし形に切る. ← レモンなどの「輪切り」は rodaja. **3**《卑》(女性) 性器.
estar en la raja 《ラ米》(ᵖᶦᵖ)《話》生活に窮している.
hacer rajas... …を分ける，分配する.
sacar raja en... 〈分け前に〉にありつく.
tener raja《ラ米》(ᴾᴿ)《話》《軽蔑》黒人の血を引いている.

ra·já [r̄a.xá] 男 [複 rajaes] ラージャ：インドの王.
vivir como un rajá《話》優雅な暮らしをする.

ra·ja·bro·que·les [r̄a.xa.bro.ké.les] 男 (単複同形) → fanfarrón.

ra·ja·di·llo [r̄a.xa.ðí.ʎo || -.ʎo] 男 薄切りアーモンドの砂糖漬け.

ra·ja·do, da [r̄a.xá.ðo, -.ða] 形 **1** 裂けた，割れた. **2** (ᴱˢᴾ) 臆病 (ᴮⱼ₍₎) な，腰抜けの. **3**《ラ米》**(1)**(ᴱˢᴾ) 本物の，正当な. **(2)**(ᴸˢ) 酒に酔った. **(3)**(ᴾᴿ)(ᴮˢ) 猛スピードを出す. **(4)** (ᶜʰ) 〈人が〉不合格になった.
— 男 女《話》臆病者，意気地なし.
— 女 **1**《ラ米》(ᶜᴿ) 逃走. **2** (ᵖᶦᵖ) 臆病，裏切り. **(3)** (*ᵐʳ)(ᶜʰ)《卑》(女性) 性器.

ra·ja·dor, do·ra [r̄a.xa.ðór, -.ðó.ra] 形《ラ米》(ᵖᶦᵖ)《話》速い，軽快な；スピードを出して進む.

ra·ja·du·ra [r̄a.xa.ðú.ra] 女 **1** 裂け目，割れ目，ひび. **2** くし形に切ること.

ra·ja·ma·ca·na [r̄a.xa.ma.ká.na] 男《ラ米》(ᴱˢᴾ) つらい仕事，厄介ごと. — 女 頑固者，強情な人；熟練者.
a rajamacana《ラ米》(ᴱˢᴾ) 厳格に，徹底して.

ra·jar [r̄a.xár] 他 **1** ひびを入れる，ひび割れさせる；裂く，割る. El agua caliente *ha rajado* el vaso. 熱湯でコップにひびが入った. **2** くし形に切る. ～ un melón メロンをくし形に切る. **3**《話》〈刃物で〉傷つける. Lo *rajaron* los delincuentes. 彼は悪いやつらに刺された. **4**《ラ米》《話》**(1)** (ᴱˢᴾ)(ᴾᴿ)(ᶜᵒ)(ᴳᵗ) やっつける；いらだたせる. **(2)** (ᴾᴿ) 解雇する，首にする. **(3)** (ᵖᶦᵖ) 中傷する，けなす. **(4)** (ᵀᵃ)(ᴱˢᴾ)(ᴾᴿ) 不合格にする. **(5)** (ᶜʰ) 告発する.

— 自 **1**《話》ぺらぺらしゃべる，しゃべりまくる；不平を言う；《*de...* …のことを》汚い言葉でののしる. **2**《話》虚勢を張る；強がって出まかせを言う. **3**《ラ米》

(1)《話》後悔する, 気が変わる. (2)《俗》尻込みする. (3)《話》逃げる, 逃走する.
— ~.se 再 1 ひびが入る, 裂ける, 割れる. 2《話》腰砕けになる, おじけづく. 3《ラ米》《話》(1)《ラ米》降参する. (3)《話》酔っ払う. (4)《ラ米》《ラ米》大盤振る舞いをする. (5)《ラ米》密告する. (6)《ラ米》《ラ米》《ラ米》逃げ出す.

ra·ja·ta·bla [řa.xa.tá.bla] *a rajatabla*《話》厳格に, どんなことがあっても. cumplir una orden *a* ~ 命令を厳格に実行する. ▶ a raja tabla も用いられる.

ra·ja·ta·blas [řa.xa.tá.blas] 男《単複同形》《ラ米》《ラ米》《ラ米》しかりつけ, 叱責.
a rajatablas あわてふためいて.

ra·je [řá.xe] 男《ラ米》《ラ米》《話》(1) 逃亡, 遁走. tomar(se) el ~ 一目散に逃げ出す. (2) 解雇.

ra·je·a [řa.xe.á.bla] 女 1 ラシャの一種.
2《ラ米》《ラ米》密告者, 裏切り者.

ra·jo [řá.xo] 男《ラ米》《ラ米》*亀裂, 裂け目; ほころび.

ra·jón, jo·na [řa.xón, -.xó.na] 形《ラ米》《話》(1)《ラ米》《ラ米》臆病(びょう)な, 気の弱い. (2)《ラ米》《ラ米》《ラ米》気前がいい, 物惜しみしない. (3)《ラ米》虚勢を張る. — 男《ラ米》裂け目, 破れ.
— 男《ラ米》《ラ米》密告者.

ra·jo·na·da [řa.xo.ná.ða] 女《ラ米》《ラ米》虚勢, 空威張り, 強がり.

ra·jue·la [řa.xwé.la] 女 (細工が施されていない荒削りの)石板.

ra·ju·ñar [řa.xu.ɲár] 他《ラ米》《ラ米》ひっかく.

ra·la [řa.la] 女《ラ米》《ラ米》鳥の糞(ふん).

ra·le [řa.le] 男《ラ米》《ラ米》木製の鉢(器).

ra·le·a [řa.lé.a] 女《軽蔑》質(たち), 種類; 血筋, 家柄. Es un hombre de baja ~. あいつはけすなやつだ.

ra·le·ar [řa.le.ár] 自 1 薄くなる, まばらになる.
2〈ブドウの房が〉よく実らない, 実がつかない.
3 悪癖[本性]を現す.

ra·len·tí [řa.len.tí] 男《複 ~s, ~es》 1《車》アイドリング, 空転. funcionar al ~ アイドリングする. 2《映》スローモーション. escena al ~ スローモーション画面.
al ralentí〈活動が〉無気力な, 無気力に.

ra·len·ti·za·ción [řa.len.ti.θa.θjón / -.sa.sjón] 女 ゆっくりにする[なる]こと, 遅くする[なる]こと, スローモーションにする[なる]こと.

ra·len·ti·zar [řa.len.ti.θár / -.sár] 97 他 ゆっくりにする, 遅くする, スローモーションにする. (= lentificar) (↔acelerar). El virus *ralentiza* el funcionamiento del ordenador. そのウイルスはコンピュータの動作を遅くする.
— ~.se 再 ゆっくりになる, 遅くなる.

ra·lla·do, da [řa.já.ðo, -.ða ‖ -.ʎá.-] 形 (おろし金で)おろした. pan ~ パン粉.

ra·lla·dor [řa.ja.ðór ‖ -.ʎa.-] 男 おろし金.

ra·lla·du·ra [řa.ja.ðú.ra ‖ -.ʎa.-] 女
1 (おろし金などで)おろすこと; おろしたもの. ~ de queso おろしたチーズ.
2 おろし跡, 細い溝[筋].

ra·llar [řa.jár ‖ -.ʎár] 他 1 (おろし金で)おろす, すりおろす. ~ zanahorias ニンジンをおろす.
2《話》いらだたせる, うんざりさせる. **rallador**

ra·llo [řá.jo ‖ -.ʎo.] 男 おろし金; やすり (おろし金)り.

ra·lly [řá.li] 〔英〕男《複 ~es, ~s, rallies, ~》ラリー.

ra·lo, la [řá.lo, -.la] 形 1 〈髪・木などが〉まばらな, 密でない; 〈歯が〉すき間のある. 2 〈布などが〉目の粗い. 3《ラ米》(1)《ラ米》中身のない. (2)《ラ米》〈飲み物が〉薄い, 味のない.

RAM [řám] 〔英〕女《略》〖IT〗*random access memory* ランダムアクセスメモリー: 書き換え可能なメモリ, またそのチップ.

✲✲ra·ma [řá.ma] 女 1 (木の)**枝**. plantar de ~ …を挿し木する. podar las ~s de un árbol 木の枝を剪定(せんてい)する. 2 部門, 分野. las diferentes ~s del saber さまざまな学問分野. La lingüística es una de las ~s de la filología. 言語学は文献学の一分野である. 3 系統, 筋; 支流. 4〖印〗チェース: 組み版を締める鉄枠. 5《ラ米》《ラ米》《複数で》茂み, やぶ.
andarse [irse] por las ramas《話》枝葉末節にこだわる; 遠回しに言う.
en rama (1) 未加工の, 生の. canela *en* ~ シナモンスティック. algodón *en* ~ 原綿. (2)〖印〗製本していない.
de rama en rama 次々と, 目的を決めないで.

ra·ma·da [řa.má.ða] 女 1《集合的》枝.
2 (木の枝でできた)小屋, あずまや.

ra·ma·dán [řa.ma.ðán] 男 ラマダーン: イスラム暦の第9月. この月には日の出から日没まで断食する.

ra·ma·je [řa.má.xe] 男《集合的》枝.

ra·mal [řa.mál] 男 1 枝分かれしたもの; (鉄道・道路などの)支線, 支道; 支脈. De la carretera nacional arranca un ~ hacia Burgos. 国道からブルゴスに支線が1本通じている. ~ de trinchera〖軍〗枝壕(ごう), 横壕. (一つの踊り場を挟んだそれぞれの)一続きの階段. 3 (索・網の)絢(より). 4〖馬〗端綱.

ra·ma·la·zo [řa.ma.lá.θo / -.so] 男 1《話》(痛み・怒りなどの)発作, 強い痛み. 2《話》(よくない・おかしな)性向. tener un ~ de loco 少し気が変である. 3 突風; (雨の)吹きつけ. 4 鞭(むち)での一打ち, (鞭などで打ちつけた)跡; (病気の)跡.
tener (un) ramalazo《軽蔑》〈男性が〉女っぽい.

ra·ma·zón [řa.ma.θón / -.són] 女 1《集合的》枝, 切り枝. 2《ラ米》《ラ米》《ラ米》(シカなどの)枝角.

ram·bla [řám.bla] 女 1 (大雨などでできる)水路, 溝; 水流. 2 (特にスペインの Cataluña, Valencia, Baleares で)並木道, 遊歩道, 大通り. Las R~s (スペイン Barcelona の) ランブラス通り. 3 (織物の)張り枠, 幅出し機. 4 (ラ米)波止場, 埠頭(ふとう), 桟橋.

ram·bla·zo [řam.blá.θo / -.so] / **ram·bli·zo** [řam.blí.θo / -.so] 男 (大雨などでできる)水路, 溝.

ram·bu·tán [řam.bu.tán] 男〖植〗ランブータン: マレー半島原産の果物で, 赤くて柔らかい棘状の毛の生えた皮を持つ.

ra·me·a·do, da [řa.me.á.ðo, -.ða] 形 〈布・紙などが〉花模様の.

rá·me·o, a [řá.me.o, -.a] 形 枝の, 枝に関する.

ra·me·ra [řa.mé.ra] 女《卑》売春婦.

ra·me·rí·a [řa.me.rí.a] 女 売春; 売春宿.

ra·mi·fi·ca·ción [řa.mi.fi.ka.θjón / -.sjón] 女 1 枝分かれ, 細分化, 分岐. 2《主に複数で》(派生して起こる)結果. 3〖解剖〗(血管・神経などの)分枝, 分岐.

ra·mi·fi·car·se [řa.mi.fi.kár.se] 112 再 1 枝分かれする, 分枝する.
2 細分化する; 枝分かれして広がる.

ra·mi·lla [řa.mí.ja ‖ -.ʎa] 女 小枝. [rama + 縮小辞]

ra·mi·lle·te [řa.mi.jé.te ‖ -.ʎé.-] 男 1 (小さな)

花束, ブーケ；コサージュ. **2**《集合的》選りすぐりのもの；選集. ～ **de máximas grado fam.** 菓子／(果実・菓子を盛って食卓の中央に置く)飾り物.

ra·mi·lle·te·ro, ra [řa.mi.je.té.ro, -ra ‖ -.ʎe.-] 男女 花束売り. ━ 男 花瓶.

ra·mio [řá.mjo] 男《植》ラミー, カラムシ.

ra·mi·ren·se [řa.mi.řén.se] 形 **1** (Asturias y León の王)ラミーロの. **2**《建》ラミーロ調《様式》の.
◆ラミーロ調はラミーロ1世の芸術[建築]様式.

ra·mo [řá.mo] 男 **1 花束, (枝などの)束. ～ **de flores** 花束. ～ **de novia** 花嫁の持つブーケ. **2** (切り取った)枝, 小枝. ～ **de olivo** オリーブの小枝 (平和の象徴). **3** 部門, 分野 (=sector). **un** ～ **de la biología** 生物学の一分野. **4**《医》兆候, 傾向. **tener un** ～ **de apoplejía** 卒中の兆候がある.
de Pascuas a Ramos《話》ときどき, ときたま.
[←[ラ] *rāmum (rāmus* の対格)；関連 rama, ramificación. [英] *ramification* 枝分かれ]

ra·món [řa.món] 男 **1** (厳冬期などに家畜の飼料とする)枝葉. **2** (剪定(ﾃｲ)して捨てる)枝, 葉.

Ra·món [řa.món] 固名 ラモン；男の洗礼名. 愛称 Moncho. [←[古スペイン] *Raimon*←[古仏] *Raimund*←[フランク] *Raginmund* (→ Raimundo)]

ra·mo·ne·ar [řa.mo.ne.ár] 他 〈木を〉刈り込む, 剪定(ﾃｲ)する.
━ 自 **1** 剪定(ﾃｲ)する. **2** 〈動物が〉若葉を食べる.

ra·mo·ne·o [řa.mo.né.o] 男 **1** 刈り込み, 剪定(ﾃｲ). **2** 動物が若葉を食べること.

Ra·món y Ca·jal [řa.món i ka.xál] 固名 ラモン・イ・カハル Santiago ～ (1852-1934)：スペインの神経解剖組織学者；ノーベル医学生理学賞 (1906).

ra·mo·so, sa [řa.mó.so, -.sa] 形 枝の多い, 枝の茂った.

ram·pa [řám.pa] 女 **1** (昇降・出入りのための)スロープ；(高速道路などの)ランプウエー；ゲレンデ. ～ **de lanzamiento** (ロケット・ミサイルなどの)発射台. **2** 傾斜地, 坂. **3** (筋肉の)けいれん, こむら返り (=calambre).

ram·pan·te [řam.pán.te] 形 **1**《紋》〈ライオンなどが〉立ち上がって前脚を持ち上げた.
2《建》〈アーチが〉非対称の.

ram·pla [řám.pla] 女 《ラ米》 (ｺ) **(1)** トレーラー；二輪で木製の手押し車. **(2)**《話》傾斜路[地]；スロープ；ランプ.

ram·plón, plo·na [řam.plón, -.pló.na] 形 **1**《話》ありふれた, つまらない, 低俗な；粗悪な. *tío* ～ げすなやつ. *artículo* ～ 低俗な記事. *versos ramplones* 安っぽい詩. **2** 〈靴底が〉幅広で厚い.
━ 男 **1** 蹄鉄(ﾃｲﾃﾂ)の滑り止め.
2 (馬などのひづめを直す)蹄鉄の出っ張り.
aprobado ramplón 及第点ぎりぎりでの合格.

ram·plo·ne·rí·a [řam.plo.ne.rí.a] 女 低俗さ, 下品.

ram·po·llo [řam.pó.jo ‖ -.ʎo.-] 男 挿し木用の切り枝.

*ra·na [řá.na] 女 **1**《動》カエル. ～ **de zarzal** アマガエル. ～ **mugidora [toro]** ウシガエル. ～ **marina [pescadora]**《魚》アンコウ. *hombre* ～ 潜水士.
2《遊》コインを金属製のカエルの口に投げ入れるゲーム. **3** (乳児用の)ショートオール (= ranita). **4**《医》《複数で》→ ránula.
cuando las ranas críen pelo(s)《話》カエルに毛が生えたときのことだ (万が一にもそんなことはない).

no ser rana《話》まぬけではない；《**en**……に》熟達している.
salir rana《話》期待外れに終わる, 失敗する.
[←[ラ] *rānam (rāna* の対格)；関連［ポルトガル] *rã*. [仏] *grenouille*. [伊] *rana*]

ra·na·cua·jo [řa.na.kwá.xo] 男 → renacuajo.

ra·na·da [řa.ná.ða] 女 《ラ米》(ｱﾙｾﾞ) 《話》ずるいこと.

ran·ca·ja·da [řaŋ.ka.xá.ða] 女 (植物などの)根こそぎにすること.

ran·ca·jo [řaŋ.ká.xo] 男 とげ, いばら.

ran·cha·da [řaɲ.tʃá.ða] 女 《ラ米》**(1)** (ｱﾙｾﾞ)覆いのついた丸木舟. **(2)** (ｺﾛ)仮小屋, 掘っ建て小屋.

ran·char [řaɲ.tʃár] 自 《ラ米》(ｺﾛ)農場を渡り歩く. (ｴｸｱ)農場を商売して巡る. ━ ～**se** 再《ラ米》(ﾒﾋｺ)(ｴﾙｻﾙ)(ｺﾛ)野営する；居を定める.

ran·che·a·de·ro [řaɲ.tʃe.a.ðé.ro] 男 野営地；集落.

ran·che·ar [řaɲ.tʃe.ár] 自 **1** 野営する, キャンプする. **2** 集落を作る. **3** 襲う, 略奪する. **(2)** (ｺﾞ)食事をする. **(3)** (ｺﾛ)農場を渡り歩く. ━ 他 《ラ米》〈集落などを〉襲う, 略奪する.

ran·che·o [řaɲ.tʃé.o] 男 《ラ米》《話》略奪, 強奪.

ran·che·ra [řaɲ.tʃé.ra] 女 **1**《車》ステーションワゴン. **2** 《ラ米》(ﾒﾋｺ)(ｴﾙｻﾙ)(ｺﾞ)(ｺﾛ)(地方色豊かな)民謡.

ran·che·rí·a [řaɲ.tʃe.rí.a] 女 **1** (ｺﾞ)先住民居住区；農業労働者の家. **(2)** (ｴｸｱ)《話》田舎宿. **(3)** (ﾊﾟﾗ)貧困地区.

ran·che·rí·o [řaɲ.tʃe.rí.o] 男 《ラ米》(先住民などの)集落, 村落.

ran·che·ro, ra [řaɲ.tʃé.ro, -.ra] 形 《ラ米》**(1)** 田舎の, 牧場[農場]の. *música ranchera* 地方色豊かな民謡. (*m) カントリーミュージック. **(2)** (ｺﾞ)農場[牧畜]を熟知した. **(3)** (*m)(ｺﾞ)小心な；田舎者の.
━ 男 **(1)** (農場・軍隊などの)炊事係[当番]. **2** 牧場[農場]の監督；労働者. **3** 《ラ米》牧場[農場]主.

*ran·cho [řáɲ.tʃo] 男 **1** 牧場, 農場.
2 (兵隊・囚人などの大人数の)共同食事；同時に食事をする人々；《話》粗末な食事. **3** 集落. **4** 粗末な小屋. **5**《海》船員用の船室；当番班；(船に積み込まれた)食料. 《ラ米》**(1)** (ﾒﾋｺ)(ｴﾙｻﾙ)(ｺﾞ)小農場. **(2)** (ﾊﾟﾗ)変わら帽子. **(3)** (ｺﾛ)別荘. **(4)** (*m)農村.
alborotar el rancho《話》騒ぎを起こす.
hacer [formar] rancho aparte **(1)** 独自に行動する. **(2)** 《ラ米》(ｺﾞ)分家する.

ran·ciar·se [řan.θjár.se / -.sjár.-] 82 再 〈食品などが〉古くなる.

ran·cie·dad [řan.θje.ðáð / -.sje.-] 女 (食品などの)古さ；(家柄・習慣などの)古さ.

ran·cio, cia [řán.θjo, -.θja / -.sjo, -.sja] 形
1 〈食品などが〉古くなった, 腐敗した；悪臭を放つ.
2 〈ワイン・チーズなどが〉熟成した. *vino* ～ 年代物のワイン. **3** 古い, 昔からの；古くさい, 時代遅れの. *de* ～ *abolengo* 旧家の出身の. *vestido* ～ 流行遅れの服. **4** 〈人が〉感じの悪い. ━ 男 **1** (食品などの)古さ, 悪臭. *oler a* ～ 悪臭を放つ. **2** (布)の油汚れ.

ran·con·tán [řaŋ.kon.tán] 副 《ラ米》(ﾒﾋｺ)(ﾌﾟｴ) (ｱﾙﾄﾞ)現金で.

rand [řand(d)] 男《複 ～s, ～》ランド：南アフリカ共和国の通貨単位.

ran·da [řán.da] 女 レース；レース飾り.
━ 男 すり, こそ泥；悪党.

ran·da·do, da [řan.dá.ðo, -.ða] 形 レースで飾った, レースの(縁)飾りのある.

ran·de·ra [řan.dé.ra] 女 (女性の)レース編み職人.

ra·ne·ro, ra [r̄a.né.ro, -.ra] 形 カエルが多くすむ. — 男 カエルを捕る人. — 女 (カエルの多い)湿地.

ran·fa·ña [r̄am.fá.ɲa] 女 《ラ米》《チリ》《ニカ》うす汚い人.

ran·fa·ño·so, sa [r̄am.fa.ɲo.so, -.sa] 形 《ラ米》《チリ》《ニカ》《話》みすぼらしい；さもしい.
— 男 女 《ラ米》《プエルトリコ》いかさま師, ペテン師.

ran·fla [r̄áɱ.fla] 女 《ラ米》《チリ》《メキシコ》傾斜, 傾斜地.

ran·ga [r̄áŋ.ga] 女 《ラ米》《カリブ》《コロンビア》駄馬, 老馬.

rang·er [r̄áŋ.jer] [英] 男 女 (複 ~s, ~) **1**《軍》(米軍の)レンジャー部隊. **2**《軍》(米軍の)レンジャー隊員；(ラテンアメリカで)対ゲリラ部隊員.

ran·gí·fe·ro [r̄aŋ.xí.fe.ro] 男《動》トナカイ.

ran·glan [r̄áŋ.glan] / **ran·glán** [r̄aŋ.glán] [英] 男 → raglán.

*****ran·go**[1] [r̄áŋ.go] 男 **1** 地位, 身分, ランク；階級, 階層. de alto [mucho] ~ 上流の；地位の高い. conservar [mantener] su ~ (自分の)地位を保つ. **2**《ラ米》上等, 豪華.

ran·go[2] [r̄áŋ.go] 男《ラ米》《チリ》《プエルトリコ》《ニカ》《パナマ》駄馬, やせ馬.

ran·go·si·dad [r̄aŋ.go.si.ðáð] 女《ラ米》《チリ》寛大, 寛容, 気前のよさ.

ran·go·so, sa [r̄aŋ.gó.so, -.sa] 形《ラ米》《コスタ》《パナマ》《チリ》気前のいい, 物惜しみしない.

ran·gua [r̄áŋ.gwa] 女《機》ピボット軸受け, スラスト軸受け.

rá·ni·dos [r̄á.ni.ðos] 男 (複数形)《動》アカガエル科.

ra·ni·lla [r̄a.ní.ja ‖ -.ʎa] 女 (馬の)蹄叉(ていさ)：蹄底の三角形の角質部分.

ra·ni·ta [r̄a.ní.ta] 女 (乳児用の)ショートオール. (rana + 縮小辞)

rank·ing [r̄áŋ.kin] [英] 男 (複 ~s, ~) ランキング.

ran·que·ar [r̄aŋ.ke.ár] 他《スポ》《話》ランキングする, ランク付けする. Este equipo está *ranqueado* en el puesto 11 de la FIFA. そのチームはFIFAのランキングの11位にランクされている. ► 受け身の形で用いられることが多い.
— 自 ランキングが上がる, ランクアップする.

ran·ti·fu·so, sa [r̄an.ti.fú.so, -.sa] 形《ラ米》《アルゼンチン》《話》薄汚い；卑しい；怪しい, 不審な.

rá·nu·la [r̄á.nu.la] 女《医》《獣医》(舌の下にできる)がま腫(しゅ), ラヌラ.

ra·nun·cu·lá·ce·o, a [r̄a.nuŋ.ku.lá.θe.o, -.a / -.se.-] 形《植》キンポウゲ科の. — 女 キンポウゲ科の植物；(複数形で)キンポウゲ科.

ra·nún·cu·lo [r̄a.núŋ.ku.lo] 男《植》キンポウゲ.

ra·nu·ra [r̄a.nú.ra] 女 **1** (公衆電話・自動販売機などの)コインの投入口；《IT》(フロッピーディスクなどの)スロット. **2** (木材・石・金属などに刻んだ)溝. hacer una ~ en... …に溝を彫る[作る]. ~ de engrase《技》油溝.

ra·ña [r̄á.ɲa] 女 **1** (鉤(かぎ)のついた)タコ捕りの漁具. **2** 丘陵地.

ra·ño [r̄á.ɲo] 男 **1**《魚》カサゴ. **2** (カキなどを捕る)鉤(かぎ).

rap [r̄áp] [英] 男 (複 ~, ~es, ~s)《音楽》ラップ, ラップミュージック；ラップソング. ► 時に名詞に並置して形容詞的に用いられる. música ~ ラップミュージック.

ra·pa [r̄á.pa] 女 オリーブの花.

ranúnculo
(キンポウゲ)

ra·pa·bar·bas [r̄a.pa.βár.βas] 男《スペイン》(単複同形)《軽蔑》床屋 (= barbero).

ra·pa·ce·jo [r̄a.pa.θé.xo / -.sé.-] 男 房べり, フリンジ；房飾り (の芯(しん)).

ra·pa·ce·rí·a [r̄a.pa.θe.rí.a / -.se.-] 女 **1** 盗癖；盗み；強欲, 貪欲(どんよく). **2** 子供っぽいいたずら, 悪さ.

ra·pa·ci·dad [r̄a.pa.θi.ðáð / -.si.-] 女 盗癖；強欲, 貪欲(どんよく).

ra·pa·do, da [r̄a.pá.ðo, -.ða] 男 女《話》スキンヘッド.

ra·pa·dor, do·ra [r̄a.pa.ðór, -.ðó.ra] 形 ひげをそる. — 男《話》床屋, 理容師.

ra·pa·du·ra [r̄a.pa.ðú.ra] 女 **1** ひげそり. **2** (頭髪の)刈り込み, 坊主刈り. **3**《ラ米》赤砂糖；砂糖菓子.

ra·pan·te [r̄a.pán.te] 形 **1** 盗みを働く. **2**《紋》= rampante **1**.

ra·pa·piés [r̄a.pa.pjés] 男 (単複同形) ねずみ花火 (= buscapiés).

ra·pa·pol·vo [r̄a.pa.pól.βo] 男《話》叱責(しっせき), 大目玉. echar un ~ a + 人(人)をしかりつける.

ra·par [r̄a.pár] 他 **1**〈ひげを〉そる. **2**〈頭髪を〉坊主刈りにする, 短く刈る. **3**《話》奪う, ひったくる；盗む. — ~·**se** 再 **1** (自分の)ひげをそる. **2** 丸坊主になる.

ra·pa·ve·las [r̄a.pa.βé.las] 男 (単複同形)《軽蔑》(礼拝儀式で司祭を助ける)侍者；教会の雑用係.

ra·paz [r̄a.páθ / -.pás] 形 (複 rapaces) **1** 盗癖のある；強欲な, 貪欲な. **2** (鳥が)捕食性の. ave ~ 猛禽(もうきん). — 女 (複数で) 猛禽類.

ra·paz, pa·za [r̄a.páθ, -.pá.θa / -.pás, -.sa] 男 女 (複 rapaces) 子供, 少年, 少女.

ra·pa·za·da [r̄a.pa.θá.ða / -.sá.-] 女 子供らしい行為[いたずら].

ra·pe[1] [r̄á.pe] 男《魚》アンコウ.

ra·pe[2] [r̄á.pe] 男 大ざっぱなひげそり；坊主刈り. *al rape* 丸刈り[坊主刈り]に. *dar un rape*《話》しかりつける, 大目玉を食らわせる.

ra·pé [r̄a.pé] 男 かぎタバコ.

ra·pe·ar [r̄a.pe.ár] 自《音楽》ラップを歌う.

ra·pel / rá·pel [r̄á.pel]《仏》→ rappel.

ra·pe·lar [r̄a.pe.lár] 自 懸垂下降をする, アブザイルンする.

ra·pe·ro, ra [r̄a.pé.ro, -.ra] 形《音楽》ラップの. — 男 女《音楽》ラッパー (= rapper).

rá·pi·da [r̄á.pi.ða] 形 → rápido.

*****rá·pi·da·men·te** [r̄á.pi.ða.mén.te] 副 **1** 速く, 迅速に. **2** はかなく. **3**《話》すぐに.

*****rá·pi·dez** [r̄a.pi.ðéθ / -.ðés] 女 (複 rapideces) 速さ, 迅速. con ~ 素早く.

*****rá·pi·do, da** [r̄á.pi.ðo, -.ða] 形 **1** (+名詞 / 名詞+) (ser+ / estar+) 速い, 素早い, 迅速な；おおざっぱな (↔lento). una lancha *rápida* 高速船. un tren ~ 特急列車. la mujer más *rápida* del mundo 世界一足の速い女性. el ~ crecimiento de la economía 急速な経済成長. comida *rápida* ファーストフード. a pasos ~s 早足で. lo más ~ posible / de la forma más *rápida* posible できるだけ速く. más ~ de lo previsto 予定より速く[速く]. resolver por la vía *rápida* 迅速に解決する. jugar en [sobre] pista *rápida* 球足の速いコートでプレーする. echar un vistazo ~ al periódico 新聞にさっと目を通す. ga-

nar dinero 〜 手っ取り早くお金を稼ぐ. Arantxa *está* hoy muy *rápida*. アランチャは今日は動きがとても素早い. Esta cafetera *es rápida*. このコーヒーメーカーはコーヒーが速く出せる. Las horas pasan *rápidas*. 時間はすぐにたつ.
　2《ラ米》(1)《ｱﾙｾﾞﾝ》《ﾁﾘ》《ﾒｷｼｺ》(土地が)広々とした. (2)《ｸﾞｧﾃﾏﾗ》晴れた.
　——男 速く, 急いで, 敏速に ; はかなく, 一瞬のうちに ; すぐ(に). Estos coches corren más 〜 que otros. これらの車は他より速い. Todo ocurrió muy 〜. すべては一瞬のできごとだった. ¡Venga, 〜!《話》急げ, ぐずぐずするな.
　——男 **1** 特急列車 (=tren 〜) (→expreso). Tomo el 〜 de Barcelona en Guadalajara. 私はグアダラハラでバルセロナ発の特急に乗る.
　2《複数で》急流.
　3《ラ米》《ｱﾙｾﾞﾝ》《ﾁﾘ》《ﾒｷｼｺ》広野, 平原.
　[←《ラ》*rapidum* (*rapidus* の対格)(「性急な, あわただしい」が原義 ; *rapere*「引っとくる」より派生) 関連 rapidez, rapto. 英 *rapid*「速い」, *rape*]

ra·pie·go, ga [řa.pjé.go, -.ga] 形 猛禽(ﾓｳｷﾝ)類の. ave *rapiega* 猛禽.

ra·pi·ña [řa.pí.ɲa] 女 強奪, 略奪, 盗み.

ra·pi·ña·dor, do·ra [řa.pi.ɲa.ðór, -.ðó.ra] 男 強盗, 強奪者.

ra·pi·ñar [řa.pi.ɲár] 他《話》盗む, くすねる.

ra·pis·ta [řa.pís.ta] 男《話》床屋, 理容師.

ra·po [řá.po] 男《植》(食用になる)カブの根.

ra·po·na·zo [řa.po.ná.θo / -.so] 男《ラ米》《ｱﾙｾﾞﾝ》《話》ひったくり (=tirón).

ra·pón·chi·go [řa.pón.tʃi.go] 男《植》カブラギキョウ.

ra·pón·ti·co [řa.pón.ti.ko] 男《植》→ruipóntico.

ra·po·se·ar [řa.po.se.ár] 自 計略[策略]を用いる, 狡猾(ｺｳｶﾂ)に立ち回る.

ra·po·se·o [řa.po.sé.o] 男 狡猾(ｺｳｶﾂ)さ, ずるさ.

ra·po·se·ra [řa.po.sé.ra] 女 キツネの穴[巣].

ra·po·se·rí·a [řa.po.se.rí.a] 女 策略, たくらみ ; 狡猾(ｺｳｶﾂ)さ, ずるさ.

ra·po·se·ro, ra [řa.po.sé.ro, -.ra] 形 キツネ狩り用の. perro 〜 フォックスハウンド.

ra·po·sí·a [řa.po.sí.a] 女 → raposería.

ra·po·si·no, na [řa.po.sí.no, -.na] 形 → raposuno.

ra·po·so, sa [řa.pó.so, -.sa] 男女 **1**《動》キツネ (=zorro). **2**《話》狡猾(ｺｳｶﾂ)な人. **3**《ラ米》《ﾒｷｼｺ》《ﾍﾞﾈｽﾞｴﾗ》《話》子供, 小僧 ; ちんぴら.

ra·po·su·no, na [řa.po.sú.no, -.na] 形 キツネのような, キツネに特有の.

rap·pel [řá.pel] 男《仏》男《複 〜s, 〜es, 〜》 **1**《スポ》懸垂下降, ラペル, アプザイレン.
　2 還元割引 ; 購入量に応じた割引.

rap·per [řá.per] 男《英》男《複 〜s》《音楽》ラッパー (=rapero).

rap·port [řa.pór] 男《仏》男《複 〜s》報告, リポート.

rap·so·da [řap.só.ða] 男《文章語》詩人 ; 詩の朗読者.
　——男 **1** (古代ギリシアの)吟遊詩人. **2** 叙事詩の作者.

rap·so·dia [řap.só.ðja] 女 **1**《音楽》狂詩曲, ラプソディー. **2**《詩》(特にホメロスの)叙事詩の一節. (さまざまな作家の作品の)抜粋集.

rap·só·di·co, ca [řap.só.ði.ko, -.ka] 形 狂詩曲ふうの, ラプソディーの ; 叙事詩の.

rap·tar [řap.tár] 他 **1** 誘拐する, かどわかす.
　2《ラ米》《ﾒｷｼｺ》強姦(ｺﾞｳｶﾝ)する.

rap·to [řáp.to] 男 **1** 誘拐, かどわかし. **2**(感情の)ほとばしり. 〜 de ira 怒りの発作. **3** 恍惚(ｺｳｺﾂ), 陶酔. **4**《医》卒倒, 失神. **5**《ラ米》《ﾒｷｼｺ》強姦(ｺﾞｳｶﾝ).

rap·tor, to·ra [řap.tór, -.tó.ra] 男女 誘拐者.

ra·que [řá.ke] 男 **1**(浜で)難破船からの漂流物を拾うこと. **2**《ラ米》《ｺﾛﾝﾋﾞｱ》《話》掘り出し物, もうけ物 ; 不正な仕事.

ra·que·ar [řa.ke.ár] 自 (浜で)難破船からの漂流物を拾う. ——他《ラ米》《ｺﾛﾝﾋﾞｱ》《話》盗む, 奪う.

Ra·quel [řa.kél] 固名 ラケル : 女子の洗礼名 ;《聖》ラケル : ヤコブ(イスラエル) Jacob の妻.

ra·que·ta [řa.ké.ta] 女 **1**《スポ》ラケット. 〜 de tenis [ping-pong] テニス[卓球]のラケット.
　2 かんじき (= de nieve).
　3(賭博(ﾄﾊﾞｸ)場の)賭(ｶ)け金集めのくま手.
　4《スペイン》(方向転換用の半円形の)迂回路. hacer una 〜 迂回路を通って方向転換する.
　5《植》シシムブリウム, カキネガラシ.
　6《ラ米》《ﾒｷｼｺ》いかがわしい商売.
　[←《仏》*raquette*←《古仏》「手の平」←《アラビア》(方言) *rāḥet* ; 関連 《英》*racket*]

ra·que·ta·zo [řa.ke.tá.θo / -.so] 男 ラケットで打つこと, ラケットによる打撃.

ra·quial·gia [řa.kjál.xja] 女《医》脊椎(ｾｷﾂｲ)痛.

ra·quí·de·o, a [řa.kí.ðe.o, -.a] 形《解剖》脊柱(ｾｷﾁｭｳ)の, 脊椎(ｾｷﾂｲ)の. bulbo 〜 延髄.

ra·quis [řá.kis] 男《単複同形》 **1**《解剖》脊柱(ｾｷﾁｭｳ), 脊椎(ｾｷﾂｲ)(= columna vertebral). **2** 花軸, 葉軸. **3** 羽軸.

ra·quí·ti·co, ca [řa.kí.ti.ko, -.ka] 形 **1**《医》くる病の. **2**《話》虚弱な, 弱々しい, ひ弱な. **3**《話》不十分な, わずかな. sueldo 〜 わずかな給料.
　——男女 くる病患者.

ra·qui·tis·mo [řa.ki.tís.mo] 男《医》くる病.

ra·ra¹ [řá.ra] 女《ラ米》《ﾍﾞﾈｽﾞｴﾗ》《鳥》チリークサカリドリ.

ra·ra² [řá.ra] 形女 → raro.

ra·ra a·vis [řá.ra á.βis] 女《ラ》地上まれなるもの, 世にも珍しいもの (= rara ave). ◆命を断って貞節を守ったクレティア Lucrecia に対する言葉.

ra·ra·men·te [řá.ra.mén.te] 副 **1** まれに, めったに…ない. **2** 奇妙に.

ra·rá·mu·ri [řa.rá.mu.ri] 男 ララムリ人[タラウマラ人]の, ララムリ人に関する (= tarahumara).
　——男女 ララムリ人 (= tarahumara).
　——男 ララムリ語.

ra·re·fac·ción [řa.re.fak.θjón / -.sjón] 女 希薄化.

ra·re·fa·cer [řa.re.fa.θér / -.sér] 33 他《過分》は rarefecho》希薄化する, 希薄にする.
　——·se 自 希薄になる, 薄くなる. ▶ 2人称単数命令形は rarefaz のみ. また, 単純時制にのみ用いる.

ra·re·fac·to, ta [řa.re.fák.to, -.ta] 形 希薄化した, 希薄になった.

***ra·re·za** [řa.ré.θa / -.sa] 女 **1** まれなこと, 珍しいこと. **2** 珍しいもの, 珍品. **3**《主に複数で》奇態, 奇行, 風変わり.

ra·ri·fi·car [řa.ri.fi.kár] 10 他〈気体などを〉希薄化する, 希薄化する.
　——·se 自〈気体などが〉希薄になる.

ra·ri·fi·ca·ti·vo, va [řa.ri.fi.ka.tí.βo, -.βa] 形 希薄にさせる.

ra·rí·fi·co, ca [řa.rí.fi.ko, -.ka] 形《ラ米》《ﾁﾘ》(人が)奇妙な, 風変わりな.

ra·ro, ra [rá.ro, -.ra] 形 1 《+名詞／名詞+》《ser+》まれな，珍しい；希少な，ごくわずかな，数少ない．《+不定詞／que+接続法…は》妙だ，珍しい. libros ~s y antiguos 稀覯本(きこうぼん)と古書. salvo *raras* excepciones ごくまれな例を除くと. un paisaje de *rara* belleza 絶景. Esa gaviota es una especie *rara*. そのカモメは珍しい種だ. Tenía la *rara* virtud de hacer películas siempre diferentes. 彼[彼女]は絶えず異なった映画を作る奇才の持ち主だった. Ana da mucho miedo en las *raras* ocasiones en que se enfada. アナはたまに怒ると，とても怖い. *Rara* vez [*Raras* veces] se equivoca. 彼[彼女]はめったに間違えない. La nieve en esta zona *es rara*. この地帯では雪は珍しい. Sus visitas se hicieron cada vez más *raras*. 彼[彼女](ら)の足はしだいに遠のいていった. *Es ~ que* Mati no me haya dicho nada esta mañana. マティが今朝君に何も言わなかったのは変だ. No *es ~ que llegue* tarde al colegio. 彼[彼女]が学校に遅刻するのは珍しくない.
2 《+名詞／名詞+》《ser+／estar+》奇妙な，変わった，異常な. Me miró como a un bicho ~. 彼[彼女]はまるで変人を見るような目で私を見つめた. ¡Qué ~! 変わっているなあ. Soy fumador y, por ~ que parezca, estoy de acuerdo con que se prohíba fumar. 私は喫煙者で，妙に思われるかもしれないが，禁煙には賛成だ. Me siento *rara*. (私は)変な感じがする[少し気分が悪い]. Rafa, hoy *estás muy ~*. ラファ，今日はすごく変だよ.
3 《名詞+》《化》《元素が》希ガスの，第18族の. gas ~ 希ガス《helio ヘリウム, neón ネオン, argón アルゴン, criptón クリプトン, xenón キセノン, radón ラドン》.
─ 男 変人, 変わり者.
[← 〔ラ〕*rārum* (*rārus* の対格)「薄い；稀な」/ 関連 〔英〕*rare*〕

ra·rón [ra.rón] 形 《ラ米》(ジョジ)《話》《男性形のみ》ホモセクシュアルの. ─ 男 ホモセクシュアルの男性, 同性愛の男性.

ras [rás] 男 (…と)同じ高さ, (…と)同じ水平面(にあること).
al ras ぎりぎりに；なみなみと.
a ras de… …と同じ高さで.
a ras de tierra (1) 地表すれすれに. (2) 低俗な.
ras con [*en*] *ras* 同水準の, 同等の；まさにそのとき, 折しく.

ra·sa [řa.sa] 女 1 (布地の)目が粗いこと；粗くなっている部分. 2 (海岸線に向かって)緩やかに傾斜した地面. 3 高原, 平原.

ra·sa·du·ra [řa.sa.đú.ra] 女 平らにすること, ならすこと.

ra·san·te [řa.sán.te] 形 地面をかすめる, 地面すれすれの. tiro ~ 《軍》水平射撃. vuelo ~ 超低空飛行. ─ 女 (道の)傾斜, 坂. cambio de ~ 坂の勾配(こうばい)が変わる地点.

ra·sar [řa.sár] 他 1 かすめる. *rasando* el suelo 《航空》超低空飛行して. 2 すり切りにする, 平らにならす. 3 〈建物などを〉取り壊す, 更地にする.
─ *~·se* 再 晴れわたる.

ras·ca [řás.ka] 形 《ラ米》(ジョジ)《話》安い, 安っぽい；低俗な.
─ 女 1 《話》ひどい寒さ. 2 《ラ米》《話》(1) (ジョジ)安物；いいかげんな仕事. (2) (ジョジ)酔い；泥酔.

ras·ca·cie·los [řas.ka.θjé.los / -.sjé.-] 男 《単複同形》超高層ビル, 摩天楼.

ras·ca·cio [řas.ká.θjo / -.sjo] 男 《魚》カサゴ.

ras·ca·de·ra [řas.ka.đe.ra] 女 1 削り道具, かきべら. 2 馬ぐし, 毛すきぐし.

ras·ca·do, da [řas.ká.đo, -.đa] 形 1 ひっかかれた；削られた. 2 《ラ米》《話》(1) (メテ)向こう見ずな, 大胆な. (2) (ジョジ)(ジョジ)酒に酔った. ─ 男 (塗り直しのために)壁のペンキを削り落とすこと.

ras·ca·dor [řas.ka.đór] 男 1 ひっかくもの, かきとす道具, かき具. ~ *de aceite* 《車》(シリンダー内の油を落とす)スクレーパー・リング. 2 孫の手. 3 ヘアピン, かんざし. 4 (トウモロコシなどの実の)かき出し器.

ras·ca·du·ra [řas.ka.đú.ra] 女 1 (皮膚を)ひっかくこと；ひっかき傷, ひっかき跡. 2 削り取ること；かき落とし, そぎ落とし.

ras·ca·li·no [řas.ka.lí.no] 男 《植》ネナシカズラ属の植物.

ras·ca·mien·to [řas.ka.mjén.to] 男 1 (皮膚を)ひっかくこと. 2 かき落とし, そぎ落とし.

ras·ca·mo·ño [řas.ka.mó.ɲo] 男 ヘアピン, 飾りピン, かんざし.

ras·car [řas.kár] 102 他 1 (爪で)かく, ひっかく. Me dijo mi abuela que le *rascara* la espalda. 祖母は私に背中をかいてくれと言った. 2 こそげる, こすり落とす. 3 《話》〈弦楽器を〉下手に弾く. 4 《利益などを》得る. 5 《話》(皮膚に)ちくちくする. 6 《話》〈ワインなどが〉〈舌を〉刺す.
─ 自 1 《話》《en…》(場所などにおいて)責任を持っている, 力がある. 2 《ラ米》(ジョジ)《話》かゆい, かゆみを覚える.
─ *~·se* 再 1 (自分の体を)かく. 2 《ラ米》(ジョジ)(ジョジ)《話》酔っ払う.
No hay nada que rascar. 《話》全然だめだ；聞き出せることは何もない.
no rascarse con+人 《ラ米》(ジョジ)《話》(人)と気が合わない, 折り合いが悪い.
rascarse juntos 《ラ米》(ジョジ)(ジョジ)《話》徒党を組む, 結託する.
rascarse la barriga [*panza*] 《ラ米》(ジョジ)(ジョジ)《話》怠ける.
[← 〔俗ラ〕*rasicare* ← 〔ラ〕*rādere*「削る；ひっかく」]

ras·ca·tri·pas [řas.ka.trí.pas] 男 女 《単複同形》《話》〈弦楽器の〉下手な演奏家, 下手なバイオリン弾き.

ras·ca·zón [řas.ka.θón / -.són] 女 かゆみ, むずがゆさ.

ras·cle [řás.kle] 男 サンゴ採集道具(網).

ras·cón, co·na [řas.kón, -.kó.na] 形 1 〈ワインなどが〉舌を刺す, ぴりっとする. 2 《ラ米》(ジョジ)《話》〈子供が〉けんかっ早い, 短気な. ─ 男 《鳥》クイナ.

ras·co·ras·co [řas.ko.řás.ko] 男 (ジョジ)かき氷.

ras·cua·che [řas.kwá.tʃe] 形 《ラ米》《話》(1) (ジョジ)(ジョジ)文無しの. (2) (ジョジ)惨めな；がさつな；趣味の悪い.

ras·cu·ñar [řas.ku.ɲár] 他 → rasguñar.

ra·se·ar [řa.se.ár] 他 《スポ》〈ボールを〉グラウンダーでシュート[パス]する.

ra·se·ra [řa.sé.ra] 女 フライ返し；網じゃくし.

ra·se·ro [řa.sé.ro] 男 (穀物を量るときの)斗かき, 升かき.
medir… *por* [*con*] *el mismo rasero* …を公平[平等]に扱う.

ras·ga·do, da [řas.gá.đo, -.đa] 形 1 裂けた；ほころびた. 2 〈目が〉細く切れ上がった, 切れ長の；〈口が〉横に長い. 3 〈窓・バルコニーなどが〉横に広い, 幅広

の. **4** 《ラ米》《話》(1) (~ジツ)気前のいい, 物惜しみしない. (2) (~ジツ)率直な. ━━ 男 裂け目, ほころび.

ras·ga·du·ra [r̄as.ga.ðú.ra] 女 **1** 裂くこと, 引き裂くこと. **2** 裂け目, ほころび.

*__ras·gar__ [r̄as.gár] 103 他 **1** 裂く, 引き裂く, 破る. La zarpada del gato *rasgó* la cortina. ネコにひっかかれてカーテンが破れた. **2** 〈ギターなどを〉かき鳴らす. ━━**·se** 再 **1** 裂ける, 破れる. **2** 《ラ米》《俗》死ぬ.

*__ras·go__ [r̄ás.go] 男 **1** (絵・飾り書きなどの) 線, 筋 (=trazo); 《複数で》筆跡, 筆致. trazar ~s claros くっきりした線を書く. escritura de ~s enérgicos 力強い筆致の文字.
2 《複数で》顔だち, 容貌(ﾖｳﾎﾞｳ) (=~s faciales). ~s suaves 優しい顔つき. Ana tiene los mismos ~s que su hermana. アナはお姉さんと目鼻だちがそっくりだ.
3 特徴, 特質. ~s característicos 〈性格の〉特徴. ～ físico 身体的特徴. **4**《言》特徴, 素性. ～ distintivo 弁別的素性. **5** 〈英雄的な〉手柄, 功績, 〈崇高な〉行為, 行動 (=gesto). ～ de ingenio 天才的なひらめき. **6** 《ラ米》(1) 掘り割り, 用水路. (2)〈土地の〉1区画, 地所.
a grandes rasgos 大まかに, 概略的に.
[rasgar (← [古ラテン] *resgar* (← [ラ] *resecāre* 「切り込む, 切り取る」) より派生. [関連] rasguear]

ras·gón [r̄as.gón] 男 **1** (布の)裂け目, 破れ, ほころび. hacer un ~ en la falda スカートにかぎ裂きを作る. **2** 《ラ米》(~ジツ)〈馬に〉拍車をかけること.

rasgue(-) / rasgué(-) 活 → rasgar.

ras·gue·a·do [r̄as.ge.á.ðo] 男 → rasgueo.

ras·gue·ar [r̄as.ge.ár] 他 〈ギターなどを〉かき鳴らす. **2** 書きつける. ━━ 自〈ペンで〉飾り書きする.

ras·gue·o [r̄as.gé.o] 男 (ギターなどの) かき鳴らし.

ras·gu·ña·du·ra [r̄as.gu.ɲa.ðú.ra] 女 ひっかき傷; ひっかくこと.

ras·gu·ñar [r̄as.gu.ɲár] 他 **1** ひっかく. **2** 素描する, スケッチする.

ras·gu·ño [r̄as.gú.ɲo] 男 **1** ひっかき傷. **2** 素描, スケッチ, デッサン.

ra·si·lla [r̄a.sí.ja || -.ʎa] 女 **1** サージ. **2** 薄い中空のれんが.

ra·sión [r̄a.sjón] 女 ひげそり.

ras·mi·llar [r̄as.mi.jár || -.ʎár] 他 《ラ米》(~ジツ)ひっかく.

ras·mi·llón [r̄as.mi.jón || -.ʎón] 男 《ラ米》(~ジツ)ひっかき傷.

ra·so, sa [r̄á.so, -.sa] 形 **1** 滑らかな, すべすべした. cara *rasa* del niño 子供のすべすべした顔.
2 平らな, 平坦(ﾍｲﾀﾝ)な. Se extiende un inmenso campo ~. 大平原が果てしなく広がっている.
3 なみなみ[すり切り]一杯の. una cucharada *rasa* スプーンですり切り一杯. **4** 雲ひとつない, 晴れ渡った. **5**〈いすが〉背もたれのない. **6** 地面すれすれの. **7** 階級[位]のない, 平(ﾋﾗ)の. soldado ~ 一兵卒.
━━ 男 (織物の)サテン.
al raso 野外で, 露天で.
cielo raso 平天井.

ras·pa [r̄ás.pa] 男 女《話》**1** つっけんどんな人. **2** 《ラ米》(*メシﾞ)(~ジツ)がさつな人, 粗野な人.
━━ 女 **1**《魚》背骨. **2** (植) 芒(ﾉｷﾞ); (総状)《総称》花序[の]花柄; (ブドウの房の) 軸; (トウモロコシの) 穂軸; 花柄.
3《ラ米》(1)〈鍋(ﾅﾍﾞ)の〉焦げつき. (2) (ｸﾞｱﾃ)(~ジツ)黒砂糖. (3) (~ジツ)《話》叱りつけ, 非難. (4) (*メシﾞ)《話》冗談, 悪ふざけ; 騒ぎ. echar ~ 軽口をたたく.
(5) (~ﾌﾞ)粗目のやすり. (6) (~ジツ)ラスパ : 民族舞踊. (7) (~ジツ)《話》掻爬(ｿｳﾊ). ━━ 男《ラ米》(~ジツ)《俗》泥棒.
de raspa《ラ米》(*メシﾞ)《話》大急ぎで.

ras·pa·da [r̄as.pá.ða] 女 **1**《ラ米》(ｸﾞｱﾃﾉｸﾞｱﾑ)《話》叱りつけ, 叱責(ｼｯｾｷ), 非難.

ras·pa·di·lla [r̄as.pa.ðí.ja || -.ʎa] 女《ラ米》(~ﾙｰ)かき氷.

ras·pa·do [r̄as.pá.ðo] 男 **1** ひっかくこと; ひっかき傷. **2** 削り取ること. **3**《医》掻爬(ｿｳﾊ). **4**《ラ米》(1) (~ジツ)アイス(キャンディー). (2) (ﾀﾞｼ)(~ジツ)(~ﾑｶ)かき氷.

ras·pa·do, da [r̄as.pá.ðo, -.ða] 形《ラ米》(~ﾌﾞ)《話》厚かましい, ずうずうしい.

ras·pa·dor [r̄as.pa.ðór] 男 スクレーパー, 削り具, 削りナイフ.

ras·pa·du·ra [r̄as.pa.ðú.ra] 女 **1** 削り取ること; 削りかす. **2** ひっかくこと; ひっかき傷. **3**《ラ米》(砂糖の)焦げつき.

ras·pa·mien·to [r̄as.pa.mjén.to] 男 → raspadura 1, 2.

rás·pa·no [r̄ás.pa.no] 男《植》ビルベリー (の実): ツツジ科で果実は青黒い.

ras·pan·te [r̄as.pán.te] 形〈ワインなどが〉舌を刺すような.

ras·par [r̄as.pár] 他 **1** 削り取る, かき落とす, こそげる. **2** ひっかく, ひっかき傷をつける. **3** 〈衣服などが〉ちくちくする, 肌触りが悪い; 〈ワインなどが〉舌を刺す. vino que *raspa* la boca 舌にぴりっとくるワイン. **4** 盗む, くすねる. **5** かすめる, かすめて通る. El balón *raspó* el larguero. ボールがゴールのクロスバーをかすめた. aprobar *raspando* かろうじて合格する. **6** 《ラ米》(1) (~ﾎﾞﾘ)〈学生を〉落第させる. (2) (ﾎﾞﾘ)(~ｼﾞ)《話》叱る; 皮肉る. (3) (~ｼﾞ)《俗》殺す. (4) (*メシﾞ)《俗》セックスをする. ━━ 自 **1** ざらざらする, ちくちくする. Esta toalla *raspa*. このタオルは肌触りが悪い. **2** 〈ワインが〉舌を刺す. **3** 《ラ米》(~ｼﾞ)《話》立ち去る, 逃げる; 死ぬ. (2) 落第する.

ras·pe·ar [r̄as.pe.ár] 自 〈ペンが〉ひっかかる, 滑らない. ━━ 他《ラ米》(*メシﾞ)《話》きつく叱る, とがめる.
de raspear《ラ米》斜めに, ナナメに.

ras·pe·tón [r̄as.pe.tón] *de raspetón*《ラ米》斜めに, ななめに.

ras·pi·lla [r̄as.pí.ja || -.ʎa] 女《植》ワスレナグサ (=nomeolvides).

ras·pón [r̄as.pón] 男 **1** すりむけ, すり傷.
2 《ラ米》(1) (~ジツ)(~ﾑｶ)(ｸﾞｱﾃﾉｸﾞｱﾑ)《話》叱責(ｼｯｾｷ); 非難. (2) (~ジツ)麦わら帽子. (3) (~ジツ)皮肉, 当てつけ, 中傷.

ras·po·na·zo [r̄as.po.ná.θo / -.so] 男 → raspón 1.

ras·po·ne·ar [r̄as.po.ne.ár] 他《ラ米》(~ジツ)《話》しかる, とがめる.

ras·po·so, sa [r̄as.pó.so, -.sa] 形 **1** ざらざらした; 粗い. manos *rasposas* がさがさに荒れた手. **2** (口当たりが)強い, 鋭い. **3** 《ラ米》(1) (~ﾌﾞ)《話》けちな; おんぼろな. (2) (~ジツ)ふざける. (3) (*メシﾞ)でこぼこの.

ras·que·ra [r̄as.ké.ra] 女《ラ米》(~ジツ)かゆみ, かゆさ.

ras·que·ta [r̄as.ké.ta] 女 **1** スクレーパー, 削り具. **2**《ラ米》(ﾀﾞｼ)(*メシﾞ)馬ぐし.

ras·que·te·ar [r̄as.ke.te.ár] 他《ラ米》(~ジツ)(1)〈馬に〉馬ぐしをかける,〈馬の〉毛をすく. (2) (~ジツ)削る, こそげる.

ras·qui·ña [r̄as.kí.ɲa] 女《ラ米》(~ジツ)かゆみ, かゆさ.

ras·ta [r̄ás.ta] 形 男 女 → rastafari.

rastacuerismo 1672

―囡 ドレッドロックス，ドレッドヘア：ココナッツ油で丸く太く固めた髪の三つ編み．

ras·ta·cue·ris·mo [r̃as.ta.kwe.rís.mo] 男《ラ米》成金，成り上がり(者)；成金趣味；大盤振る舞い．

ras·ta·cue·ro [r̃as.ta.kwé.ro] 男 囡《話》《軽蔑》成金，成り上がり(者)．

ras·ta·fa·ri [r̃as.ta.fa.ri] 形 ラスタファリズム[ラスタファリアニズム]の；ラスタファリアンの．
―男 囡 ラスタファリズムの信奉者，ラスタ，ラスタファリアン．◆ラスタファリズムはジャマイカの宗教で，アフリカ回帰の思想を持つ．

ras·tel [r̃as.tél] 男 手すり，欄干．

ras·ti·llar [r̃as.ti.jár ‖ -.ʎár] 他 → rastrillar.

ras·ti·llo [r̃as.tí.jo ‖ -.ʎo] 男 → rastrillo.

ras·tra [r̃ás.tra] 囡 **1** (ひもに通したタマネギ・ニンニクなどの)ひとつなぎ (= ristra). **2** (重いものを引きずって運ぶための)台[布]，台車．**3** 馬鍬(まぐわ)，ハロー．**4** トロール網，底引き網，引き網．pescar a la ~ トロール漁をする．**5** 跡，足跡，わだち．**6** よくない結末；罰，当然の報い．**7**《ラ米》(1)《ラプ》(ガウチョ gaucho の)ベルトの飾り留め金．(2)《ラ米》《俗》《軽蔑》売春婦，娼婦(しょう)．
a la rastra 嫌々，無理やり．
andar [ir] a rastras 辛酸をなめる．
a rastras (1) 引きずって．(2) 嫌々，無理やり．La llevaron *a* ~*s* al médico. 彼女は無理やり医者に連れていかれた．(3) 長い間耐えて．llevar... *a* ~*s* (病気など)にずっと苦しんでいる．(4) やりかけて．
ir a rastras de＋人 (人)に頼る，当てにする．

ras·tral [r̃as.trál] 男《自転車の》トゥークリップ，トゥーストラップ (= calapié).

ras·tre·a·do [r̃as.tre.á.ðo] 男 ラストレアド：17世紀のスペインの舞踏の一種．

ras·tre·a·dor, do·ra [r̃as.tre.a.ðór, -.ðó.ra] 形 引きずる；跡をつける，追跡する．barco ~《海》トロール漁船．―男 囡 追跡する人[もの]．~ de minas 《海》掃海艇．

ras·tre·ar [r̃as.tre.ár] 他 **1** …の跡をつける，追跡する．**2** トロール網[底引き網]で捕る；《川を》さらう，《水底を》引き網などで引く．**3**《機雷を》取り除く，掃海する．**4**〈肉を〉卸売りする．**5** 調べる．―自 **1**《飛行機などが》地上すれすれに飛ぶ．**2** 馬鍬(まぐわ)でならす；くま手でかく．**3** 探りを入れる，調査する．

ras·trel [r̃as.trél] 男《建》板張りを支える材木，大引き (= ristrel).

ras·tre·o [r̃as.tré.o] 男 **1** (川・海底を)浚(さら)うこと；掃海．**2** トロール漁，底引き網漁．**3** 追跡，捜索，探索．

ras·tre·ra [r̃as.tré.ra] 囡《海》下部スタンスル[補助帆]．

ras·tre·ra·men·te [r̃as.tré.ra.mén.te] 副 卑しく，あさましく．

ras·tre·ris·mo [r̃as.tre.rís.mo] 男《ラ米》《話》つらい，おもねり；卑屈さ．

ras·tre·ro, ra [r̃as.tré.ro, -.ra] 形 **1** はう，はいずる，匍匐(ほふく)性の；引きずる．animal ~ 匍匐動物．tallo ~ 匍匐茎．vestido ~ すそを引きずる服．**2** あさましい，卑しい．ambiciones *rastreras* さもしい野心．**3** 地上すれすれに飛ぶ．
―男 囡 畜殺労働者，《肉の卸売市場の》作業員．
perro rastrero (特に鼻の利く)猟犬．

ras·tri·lla [r̃as.trí.ja ‖ -.ʎa] 囡 → rastrillo 1.

ras·tri·lla·da [r̃as.tri.já.ða ‖ -.ʎá.-] 囡 **1** くま手[レーキ]ひとかきの量．**2**《ラ米》(1)《ラプ》足跡，痕跡(こんせき)．(2)《タイプ》警察による一斉検挙．

ras·tri·lla·do [r̃as.tri.já.ðo ‖ -.ʎá.-] 男 **1** → rastrillaje. **2** (麻などを)すくこと．

ras·tri·lla·dor, do·ra [r̃as.tri.ja.ðór, -.ðó.ra ‖ -.ʎá.-] 男 囡 **1** くま手[レーキ]でかき集める人．**2** (麻などを)すく職人．―囡《農》集草機．

ras·tri·lla·je [r̃as.tri.já.xe ‖ -.ʎá.-] 男 くま手[レーキ]でかき集めること；馬鋤(まぐわ)[ハロー]でならすこと．

ras·tri·llar [r̃as.tri.jár ‖ -.ʎár] 他 **1**〈落ち葉などを〉くま手[レーキ]でかき集める；〈地面などを〉くま手を使ってきれいにする；馬鍬(まぐわ)[ハロー]でならす．~ las avenidas de un jardín 庭園の遊歩道をくま手で掃除する．**2**〈くずを除去するために〉〈麻などを〉すきぐしですく．**3**《ラ米》(1)《ラプ》発砲する．(2)《タイプ》《カリブ》〈マッチを〉する．(3)《ラプ》《タイプ》〈足を〉引きずる．―自《ラ米》(1)《エスパ》《ラプ》《タイプ》的を外す，〈弾が〉外れる．(2)《話》万引きする，かすめ取る．

ras·tri·lla·zo [r̃as.tri.já.θo ‖ -.ʎá.- / -.so] 男《ラ米》(1) 仮眠．(2) 軽食．

ras·tri·lle·ro, ra [r̃as.tri.jé.ro, -.ra ‖ -.ʎé.-] 男 囡《ラ米》《話》万引き，かっぱらい．

ras·tri·llo [r̃as.trí.jo ‖ -.ʎo] 男 **1** くま手，レーキ；《コンバインなどの》集草レーキ．**2** (麻などの)すきぐし．**3** (城塞(じょうさい)・監獄の)落とし格子，鬼戸．**4** (水路の浮遊物除去のための)鉄柵．**5** のみの市．《ラ米》《タイプ》ひげそり機．(2)《ラプ》物々交換，甘味品．

:ras·tro [r̃ás.tro] 男 **1** 跡，形跡；足跡；臭跡．ni ~ de... …の跡形もなく．no encontrar ~ de... …の跡[痕跡]を見いだせない．perder [seguir] el ~ de＋人《人》の足跡を見失う[たどる]．
2 くま手，レーキ．**3** 畜殺場；(毎週決まった曜日に開かれる)肉の市．《ラ米》《タイプ》(鉄の)遊底．
El Rastro スペイン Madrid の蚤(のみ)の市．
[← 《古スペイン》「すきの」跡」；← 〔ラ〕*rāstrum* 「すき，くわ」← *rādere* 「滑らかにする，削る[ひっかく]」より派生]《関連》rastrear, rastrillar, arrastrar. 〔英〕*raze*「倒す；削る」，*razor*, *eraser*]

El Rastro（蚤の市：マドリード）

ras·tro·jar [r̃as.tro.xár] 他《まれ》〈畑から〉刈り株を除去する[引き抜く]；〈畑の〉刈り残しを集める．

ras·tro·je·ar [r̃as.tro.xe.ár] 自《ラ米》(1)《タイプ》落ち穂拾いをする，刈り残しを集める．(2)〈家畜が〉畑の刈り株[刈り残し]を食べる．

ras·tro·je·ra [r̃as.tro.xé.ra] 囡 **1** (麦などの)刈り株の残った畑．**2** 家畜が畑の刈り株[刈り残し]を食べる時期．

ras·tro·je·ro [r̃as.tro.xé.ro] 男《ラ米》(1)《タイプ》(麦などの)刈り株畑．(2)《タイプ》《車》ジープ．(3)《タイプ》飼料用のトウモロコシ．

ras·tro·jo [r̃as.tró.xo] 男 **1** (麦などの)刈り株，(穂を刈り取った後の)新しい種まき(植付け)前の畑．**2**《ラ米》(1)《タイプ》《カリブ》《タイプ》(主に複数形で)くず，廃物，残り物．(2)《タイプ》荒れ地．

ra·su·ra [r̃a.sú.ra] 囡 **1** なめらかさ．**2** ひげそり．**3** 削り[こすり]落とすこと，削りとった跡；(複数形で)削りかす．**4** 酒石 (= tártaro).

ra·su·ra·dor [r̃a.su.ra.ðór] 男 電気かみそり．

ra·su·ra·do·ra [r̃a.su.ra.ðó.ra] 囡 《ラ米》→ rasurador.

ra·su·rar [r̃a.su.rár] 他 ひげをそる（= afeitar）. **— ~·se** 再（自分の）ひげをそる.

ra·ta[1] [r̃á.ta] 囡 **1**【動】(大型の) ネズミ, ラット；(雌の) ハツカネズミ. ~ **común** / ~ **de alcantarilla** ドブネズミ. ~ **negra** クマネズミ. ~ **blanca** 白ネズミ. → ratón **1**. **2**《話》《軽蔑》卑劣な人. — 男囡《話》《軽蔑》けちん坊. — 男《話》泥棒, こそ泥. ~ **de hotel** ホテル荒らし.
más pobre que las ratas / más pobre que una rata この上なく貧しい.
No había ni una rata. 人っ子ひとりいなかった.
No mataría ni a una rata. 彼[彼女]は虫も殺せぬ人間だ.
No se salvó ni una rata. 誰ひとりとして助からなかった；誰の身にも同じことが起きた.
rata de sacristía《話》こちこちの信者.

ra·ta[2] [r̃á.ta] 囡（為替相場などの）率, 割合.
rata por cantidad 割合に応じて, 比例して.

ra·ta·fí·a [r̃a.ta.fí.a] 囡 ラタフィア：サクランボ・ミザクラなどの果実酒.

ra·ta·nia [r̃a.tá.nja] 囡【植】(南米原産ヒメハギ科の) ラタニア；(強壮剤に用いられる) ラタニアの根.

ra·ta par·te [r̃a.ta pár.te] [ラ] 割り前, 比例配分 (= prorrata).

ra·ta·plán [r̃a.ta.plán] 《擬》(太鼓の音) ドンドン.

ra·te·ar [r̃a.te.ár] 自 **1**（地面を）はう, はいずる. **2**【機】〈エンジンが〉機能しなくなる. — 他 **1** くすねる, する. **2** 割り当てる, 比例配分する. **— ~·se** 再《ラ米》《コロン》《話》授業をさぼる.

ra·tel [r̃a.tél] 男【動】ラーテル：アナグマの一種.

ra·te·ra [r̃a.té.ra] 囡《ラ米》《結》ネズミ捕り.

ra·te·rí·a [r̃a.te.rí.a] 囡 **1** こそ泥, すり, 窃盗；(商取引の) 不正行為. **2**《話》《軽蔑》けち臭さ, みみっちさ.

ratel（ラーテル）

ra·te·rís·mo [r̃a.te.rís.mo] 男《ラ米》《ベネズ》《エクア》《チ》《結》こそ泥, 盗癖.

ra·te·ro, ra [r̃a.té.ro, -.ra] 形 **1** 泥棒の, こそ泥の. **un tío** ~ こそ泥. **2** 浅ましい, 早い. **3** はうような, はっていく. — 男 囡《話》《軽蔑》こそ泥, すり.
perro ratero 警察犬.

ra·ti·ci·da [r̃a.ti.θí.ða / -.sí.-] 男 殺鼠（さっそ）剤, 猫いらず.

ra·ti·fi·ca·ción [r̃a.ti.fi.ka.θjón / -.sjón] 囡 批准(書)；承認, 認可. ~ **de un tratado** 条約の批准.

*__ra·ti·fi·car__ [r̃a.ti.fi.kár] 102 他 批准する, 承認する. El Congreso de los Diputados español ratificó la Constitución Europea. スペインの国会はEU憲法を承認した. **— ~·se** 再 (en... …の有効性を) 認める, 承認する；確認する.

ra·ti·fi·ca·to·rio, ria [r̃a.ti.fi.ka.tó.rjo, -.rja] 形 批准するような, 承認[認可]しうる.

rat·ing [r̃á.tin] 《英》男（複 ~s, ~）**1**【経】格付け；《スポ》ランク (付け), ランキング. **2** 視聴率.

ra·tio [r̃á.tjo] 男（または囡）**1** 比, 比率；割合. **2**【経】率.

ra·to[1] [r̃á.to] 形（男性形のみ）*matrimonio rato* 性的交渉が不在の結婚.

*___**ra·to**[2] [r̃á.to] 男 短い時間, つかの間；（ある長さの）時間. **un buen** ~ かなりの時間, 長い間. ~**s libres** / ~**s de ocio** 暇, 自由時間. Salió hace un ~. 彼[彼女]はちょっと前に出かけた. Hace mucho ~ que no la veo. しばらく彼女に会っていない.
a cada rato 絶えず, ひっきりなしに.
al (poco) rato 少し後で, すぐに.
a ratos / de rato en rato ときどき, たまに.
a [en los] ratos perdidos 暇に.
a ratos... y a ratos... …したり…したり, …するかと思うとすぐまた…する. *A* ~*s está sonriente y a* ~*s serio.* 彼はにこにこしているかと思うとすぐに真顔になる.
¡Hasta cada rato!《ラ米》《話》いずれそのうち.
¡Hasta otro rato!《話》また会いましょう.
llevarse un mal rato 嫌な時を過ごす.
para rato しばらくの間. *Hay para* ~ *hasta...* …までまだかなり時間がある.
pasar el rato 時間をつぶす.
tener ratos《話》楽しい時を過ごす.
un (buen) rato / un rato largo《スペイン》《話》とても. *Sabe un* ~ *de geografía.* 彼[彼女]はすごく地理に詳しい.
[← [古スペイン]「瞬間」~ ? [ラ]*raptus*「発作」]

*__**ra·tón** [r̃a.tón] 男 **1**【動】ハツカネズミ, マウス（= ~ común）；(小型の) イエネズミ. ~ **almizclero** ジャコウネズミ. ~ **de campesino** / ~ **de campo** 野ネズミ. ~ **casero [doméstico]** イエネズミ. ~ **de monte** アカネズミ. ~ **espiquero** カヤネズミ. → **rata**[1].
2[IT] マウス. ~ **óptico** 光学式マウス.
3《ラ米》(1)《コスタ》ねずみ花火. (2)《キ》《俗》臆病者. (3)《ペ》《話》二日酔い. (4)《ベネズ》《話》迷惑. (5)《ベネズ》《話》力こぶ, 二頭筋.
ratón de biblioteca《話》本の虫.
sacarse el ratón《ベネズ》《話》迎え酒をする.
ser ratón de un agujero《ラ米》《*米》妻[夫]以外の異性に興味がない.
[*rata*+増大辞；関連[ポルトガル]*rato*「ネズミ」, *ratão*「大ネズミ」[仏][英] *rat*. [独] *Ratte*]

ra·to·na [r̃a.tó.na] 囡《話》雌ネズミ.

ra·to·nar [r̃a.to.nár] 他《ラ米》《結》かじる.

ra·ton·ci·to [r̃a.ton.θí.to / -.sí.-] 男《ラ米》《結》【遊】目隠しした鬼が捕まえた者の名を当てる遊び.
el ratoncito Pérez《話》子供っぽい人物.

ra·to·ne·ro, ra [r̃a.to.né.ro, -.ra] 形 ネズミの. **gato** ~ ネズミを捕る猫. **música** *ratonera*（ネズミの鳴き声のような）騒々しい音楽. — 囡 **1** ネズミ捕り. **2** ネズミ穴；ネズミの巣窟（そうくつ）；《話》みすぼらしい家. **3**《比喩的》わな. *caer en la ratonera*《話》わなに落ちる. **4**《話》(1)《グアテ》《ペ》《ウル》《ベネズ》《ラ米》《カ》寂れた店. (2)《グアテ》《ペ》《ウル》《ベネズ》小さな店. (3)《*米》《話》悪者の巣窟.

ra·to·nes·co, ca [r̃a.to.nés.ko, -.ka] 形 → ratonil.

ra·to·nil [r̃a.to.níl] 形 ネズミの. *la raza* ~ ネズミ類.

rau·co, ca [r̃áu.ko, -.ka] 形《文章語》しわがれ声の；耳障りな.

rau·dal [r̃au.ðál] 男 **1** 激流, 奔流, 急流. **2**《比喩的》氾濫（はんらん）, 洪水；大量. **un** ~ **de lágrimas** とめどなく流れる涙. ~**es de luz** あふれんばかりに差し込む光.
a raudales たっぷりと, ふんだんに.

rau·da·men·te [r̃áu.ða.mén.te] 副 速く, 押し寄せるように, 殺到して.

rau·do, da [r̃áu.ðo, -.ða] 形《文章語》速い, 素早

rau·lí [r̄au.lí] 男《ラ米》(ζ͡Æλ)(ἢ)【植】ラウリ樹:ブナ科ノトファグス属.

rau·ta [r̄áu.ta] 女《話》*coger* [*tomar*] *rauta* 道をたどる. → ruta.

rave [r̄éiḃ] [英] 男 レイブ:多くの人が集まり, テクノ音楽などが流されるパーティー.

ra·ve·na·la [r̄a.ḃe.na.la] 女 【植】オウギバショウ, 旅人の木. ◆葉柄に水を蓄え旅人の渇きをいやすところから.

rav·er [r̄éi.ber] [英] 男 女《複 -s》レイバー, レイブ rave の参加者.

ra·vio·les [r̄a.ḃjó.les] /
ra·vio·lis [r̄a.ḃjó.lis] 男《複数形》ラビオリ:パスタにひき肉を詰めたイタリア料理.

ravenala (オウギバショウ)

*__ra·ya__¹ [r̄á.ja] 女 **1** 線, 罫(⦅).~ de puntos 点線. trazar una ~ 線を引く. leer las ~s de la mano 手相を見る. **2** 筋, 縞, ストライプ. camisa a ~s ストライプのシャツ. **3** ダッシュ記号 (—). (1) 句と句の間に挿入する接続記号. dos ~s 等号 (=). (2) 会話文［せりふ］の前に付す記号. **4** (頭髪の)分け目. hacerse la ~ 髪を分ける. **5** 境界, 境目; 限度, 限界; [スポ] ライン. pasar(se) de la ~《話》度を越す, やりすぎる. la ~ de la ley 法の限界. pasar la ~ (陸上競技で)ラインをこえる. **6** ズボンの折り目. **7** 鉄砲の腔線(ζ̂λ)［腔条］. **8**【物理】スペクトルの線. **9**《隠》鼻から吸引する粉末の麻薬 (特にコカイン)の一服分. **10**《ラ米》(ζ͡Æλ)《話》探偵, 秘密警察. (2)《ξλ》賃金, 給金 ; 給料日.

dar ciento [*quince*] *y raya a*+人 *en*... …の点で(人)よりはるかに勝る.

mantener a raya a+人《話》(人)に分をわきまえさせる.

poner [*tener*] *a raya a*+人 (人)を抑える, 抑制する.

ra·ya² [r̄á.ja] 女【魚】エイ.

ra·ya·di·llo [r̄a.ja.ḋí.ʎo | -.ʎo] 男 縞(⦅)柄の木綿地.

ra·ya·do, da [r̄a.já.ðo, -.ða] 形 **1** 縞(⦅)の入った. tela *rayada* ストライプの布地.
2 罫(⦅)の入った. papel ~ 罫線紙.
3 施条のついた. cañón ~ 施条砲.
4《ラ米》(ζ͡Æλ)《話》大金持ちの.
— 男 **1** 縞, 縞柄. **2**《集合的》線, 罫, 罫線. **3** 線を引くこと. **4**（銃砲(ζ͡Æλ)内の）施条, 腔線(ζ̂λ).

ra·ya·dor [r̄a.ja.ðór] 男《ラ米》(1)(ξλ)給料支払係, 会計係. (2)(ζ͡Æλ)審判員. (3)(ζ͡λ)おろし金.

ra·ya·du·ra [r̄a.ja.ðú.ra] 女《ラ米》《話》頭がおかしいこと; 熱中, のぼせ上がり; 熱中する対象.

ra·ya·no, na [r̄a.já.no, -.na] 形 **1**《*con*...》と》隣接した, 境を接する. tierras *rayanas* con las mías 私の所と隣り合った土地. **2**《*en*...》《…の》境界(線)上の; 《…と》紙一重の. una humildad *rayana en* la miseria 悲惨とも言えるほどの貧しさ.

*__ra·yar__ [r̄a.jár] 他 **1** …に線［罫(ζ̂λ)］を引く;アンダーラインをつける; 線で消す. ~ un papel 紙に罫線を引く. *Raya* lo que está mal. 間違っているところを線で消しなさい.
2 ひっかき傷をつける. **3**（布に）縞(⦅)をつける;（銃腔(ζ͡Æλ)内に）施条をつける. **4**《ラ米》(1)(*λ)(ξλ)《賃金・給料》を支払う;《賃金・給料》を受け取る. (2)(ζ͡ŋテλ)

《馬に》拍車をかける, 駆り立てる. (3)(ζ͡λ)(ζ͡λ)《馬を》急停止させる. (4)(ζ͡ŋ)《話》非難する, 叱責(ξ͡Æλ)する. (5)(ζ͡Æλ)《話》落とす, 落第させる.

— 自 **1**《*con*...》…》隣接する, 接する. Su jardín *raya con* el mío. 彼［彼女］の家と私の家は庭が隣り合っている. **2**《*en*...》…》に》近い, 紙一重である. Este acto *raya en* la locura. この行為は狂気じみている. *Raya en* los cuarenta. 彼［彼女］は40歳に手が届こうとしている. **3** 優れる, 勝る. ~ *a gran altura* 卓越する, ぬきんでる.

— ~*se* 再 **1** ひっかき傷がつく. ~*se la pantalla del ordenador* パソコンのモニターに傷がつく.
2 (ζ͡λ) (1) (ζ͡λ)(ἢ)《話》頭がおかしくなる. (2) (ζ͡ŋテλ)(*λ)(ζ͡Æλ)望みがかなう; 裕福になる, 金回りがよくなる.

rayar el alba [*el día, la luz*] 夜が明ける.

ra·ye·ro [r̄a.jé.ro] 男《ラ米》(ζ͡Æλ)競馬の審判, ゴール判定者.

ra·yis·ta [r̄a.jís.ta] 形（スペインのサッカーチームラヨ・バリェカーノ・デ・マドリード El Rayo Vallecano de Madrid の. — 男 女 ラヨ・バリェカーノ・デ・マドリードの選手［ファン］.

*__ra·yo__ [r̄á.jo] 男 **1** 光線, 光の筋 ; 日光. ~ de sol 陽光. los ~s del sol 太陽光線. un ~ de luz 一筋の光. ~ reflejo 反射光. ~ refracto 屈折光. Un haz de ~s entraba por la ventana. 光が束(⦅)となって窓から差し込んでいた.

2 稲妻, 雷光; 稲妻の矢. ser alcanzado por el ~ 稲妻に打たれる. Murió fulminado por un ~. 彼［彼女］は落雷にあって死んだ. los ~s de Júpiter ジュピターの稲妻の矢. con la velocidad del ~ (稲妻のように)たちまちのうちに. más vivo que un ~ 才気煥発(ζ͡Æλ)な. salir como un ~ あたふたと飛び出していく. caer como un ~ まさに寝耳に水の出来事だ.

3【物理】光線, 放射線, 輻射(ζ͡λ)線. ~s catódicos 陰極線. ~s cósmicos 宇宙線. ~s alfa [beta] アルファ［ベータ］線. ~ de calor 熱線. ~s X エックス線. ~s Roentgen レントゲン線. ~s gamma ガンマ線. ~s infrarrojos 赤外線. ~s ultravioletas [UVA] 紫外線.

4 (車輪の)輻(⦅), スポーク.
5《話》俊敏な人, 素早い人; 活発な人. Esta niña es un ~. この女の子はほんとにすばしこい.
6《話》予期せぬ出来事, 不幸, 不運, 破滅.
a rayos《話》ひどく, 最悪に.
estar que ECHAR *rayos* 怒り心頭に発する, 怒り狂う.
Mal rayo te [*le*] *parta. / Que te* [*le*] *parta un rayo.* おまえ［やつ］の上に雷が落ちるがいい, こんちくしょう, くたばっちまえ.
rayo de luna ひらめき, 思いつき.
[←(ラ) *radium* (*radius* の対称)「車輪の輻(⦅); 光線」(→ *radio*); 【関連】rayón (←[英] ←[仏]) ; 繊維に光沢があるところから], enrayar. [英][ray]

ra·yo [r̄á.jo] 活 → raer.

ra·yón [r̄a.jón] 男 レーヨン.

ra·yue·la [r̄a.jwé.la] 女 **1** 短い線. **2** 投げ銭［石］遊び : 地面に引いた線に硬貨や石などを最も近く投げた者が勝つ遊び. **3**《ラ米》(ζ͡λ)《遊》石けり遊び.

ra·yue·lo [r̄a.jwé.lo] 男 【鳥】タシギ.

*__ra·za__ [r̄á.θa | -.sa] 女 **1** 人種, 民族. ~ negra [*amarilla*, *blanca*] 黒色［黄色, 白色］人種. ~ humana 人類. → racial.
2 (動物の)血統, 品種; (生物の)種族, 類. perro de

pura ～ 血統書付き[純血種]の犬. la ～ ratonil ネズミ類. aves de ～ migratoria 渡り鳥.
3 家系, 血筋. desmentir SU ～ 家名を汚す.
4 《すき間・亀裂などが》漏れる》光, 光線. **5** 亀裂(きれつ), ひび;《糸が片寄って薄く透けて見える》織りむら.
6 《獣医》爪(つめ)割れ. **7** 《ラ米》《Ⴍ軽》ヒスパニック.
de raza 《馬が》純血種の, サラブレッドの;《犬が》血統書付きの. *caballo de* ～ 純血種の馬. *perro de* ～ 血統書付きの犬.

ra·za·no, na [r̃a.θá.no, -.na / -.sá.-] 形《ラ米》(ラブ)(エプ)〈馬などが〉純血種の, 血統書つきの.

ra·zia [r̃á.θja / -.sja] 女 **1**《戦利品・破壊が目当ての》襲撃, 侵略. **2** 一斉検挙[捜索], 手入れ.

***ra·zón** [r̃a.θón / -.són] 女 **1** 理性；判断力. *perder la* ～ 分別を失う, 気がふれる. *juzgar con la* ～ 理性を持って判断する. *meter [poner] en* ～ a+人〈人〉に分別を持たせる. *uso de* ～ 分別, 物心.
2 理由, 根拠；動機. ～ *de Estado* 国是, 国家的理由. ～ *de ser* 存在理由. *con* ～ *o sin* ～ 理由の有無にかかわらず. *en* ～ *de [a]...* …という理由で. *exponer [decir]* SUS *razones* 訳を話す. *escuchar* SUS *razones* 言い訳を聞く. *No hay* ～ *que valga.* 訳も何もあるものか.
3 道理, 理屈；筋道；正当性. *con* ～ *que le sobra / con mucha [toda] la* ～ 正当に. *contrario a la* ～ 道理に反した. *estar cargado de* ～ 全く正しい. *estar fuera de* ～ 問題外だ, 話にならない, 見当はずれだ. *por una* ～ *o por otra* ああだこうだと. *seguir a la* ～ 道理に従う. *sin* ～ いわれなく.
4 伝言, メッセージ；情報. *mandar una* ～ *de que* + 接続法 …するようにということづてをする. *llevar una* ～ 伝言を伝える. *dar una* ～ *de...* …について知らせる. *Cerrado por vacaciones. R* ～ : *Café La Flauta.* 《掲示》休暇につき休業. 問い合わせはカフェ・ラ・フラウタまで. **5** 比率, 割合. *en* ～ *directa [inversa] a...* …に正比例[反比例]して. *a* ～ *de dos cada uno* 1人に2つの割合で. *a* ～ *de tres a dos* 3対2の割合で.
asistir a+人 *la razón*〈人〉の側に正当性がある,〈人〉の言い分のほうが正しい.
atender a razones 道理に従う. ▶ 主に否定文で用いられる.
cargarse de razón 根拠を十分に持つ.
con mayor razón なおさら.
dar la razón a+人〈人〉を正しいと言う,〈人〉に同意する.
dar razón de Sf 責任を果たす.
entrar en razón 納得する.
envolver en razones a+人〈人〉の頭を混乱させる.
estar (muy) puesto en razón 全く正しい.
Obras son amores, que no buenas razones.《諺》愛情は言葉よりも行動である.
ponerse en razón 納得する；(商談などで) 歩み寄る, 折り合いがつく.
quitar la razón a+人〈人〉に間違っていると言う,〈人〉に同意しない.
razón de pie de banco《話》途方もない話；屁理屈.
razón social 商号, 社名.
tener razón 正しい. *Tienes razón.* 君の言うとおりだ. *Usted tiene toda la razón.* ごもっともです.
[←［ラ］*ratiōnem* (*ratiō* の対格)「計算；推論；道理」(→ *ración*)；関連 *razonar, razonable.* ［英］*reason*「理由；分別」]

*****ra·zo·na·ble** [r̃a.θo.ná.ble / -.so.-] 形 **1** 理にかなった, もっともな；妥当な, 適正な. *dar excusas* ～ *s* 筋の通った言い訳をする. *pretensión* ～ もっともな要求. *precio* ～ 妥当な価格.
2 理性的な, 思慮分別のある. *persona* ～ 思慮深い人.

ra·zo·na·ble·men·te [r̃a.θo.ná.ble.mén.te / -.so.-] 副 **1** 道理[分別]をわきまえて. **2** 十分に；かなり.

ra·zo·na·da·men·te [r̃a.θo.ná.ða.mén.te / -.so.-] 副 道理に基づいて, 論理的に；熟慮した上で.

ra·zo·na·do, da [r̃a.θo.ná.ðo, -.ða / -.so.-] 形 道理[論理]に基づいた, 根拠のある；熟慮した上での. *una conclusión razonada* 理に適った結論；熟慮した上で出した結論.

ra·zo·na·dor, do·ra [r̃a.θo.na.ðór, -.ðó.ra / -.so.-] 形 理論家の, 理屈っぽい.
— 男 女 理論家, 理屈っぽい人.

*****ra·zo·na·mien·to** [r̃a.θo.na.mjén.to / -.so.-] 男 思考；推論, 推理；論証, 論拠. *Me convencieron sus* ～ *s.* 彼[彼女]の論証に私は納得した.

*****ra·zo·nar** [r̃a.θo.nár / -.so.-] 自 **1**（論理的に）思考する, 考える；推論する, 推理する. ～ *bien* うまく推理する, 理路整然と説明する. *Razona un poco antes de decidirte.* 決心する前に少しは考えなさい.
2 理由[根拠]を示す.
— 他 **1**〈答えを〉（論理的に）考え出す, 導き出す, 論証する. **2**〈収支勘定などを〉正確にする, 正しくする.

raz·zia [r̃á.θja / -.sja]《仏》女 侵略, 略奪.

Rb《化》rubidio ルビジウム.

R. D.《略》*real decreto* 勅令.

RDSI [e.r̃e.ðe.(e).se.í] 男《略》［ＩＴ］*Red Digital de Servicios Integrados*［英 ISDN］：電話やＦＡＸ, データ通信を統合して扱うデジタル通信網.

re [r̃é] 男《複》～ **s**《音楽》レ, ニ音, D音.

re-《接頭》**1**「再び」または「反動, 反作用」の意. ～ *reacción, recobrar, retornar.* **2**「強意」. ～ *reafirmar, reforzar.* **3**《話》形容詞, 副詞に付けて「とても」の意. → *rebién, reguapo.* ［←［ラ］］

Re《化》renio レニウム.

Re·a [r̃é.a]［固名］《ギ神》レア：Crono の妻で Zeus の母. 小アジアの大地母神 Cibeles に当たる.

re·a·bas·te·cer [r̃e.a.βas.te.θér / -.sér] 34 他《*de...*》〈人に·燃料を〉（新たに）供給する, 補給する.

re·a·bier·to, ta [r̃e.a.βjér.to, -.ta] 過分 → *reabrir*.

re·a·brir [r̃e.a.βrír] 73 他《過分は reabierto》再び開く[開ける]；再開する.

re·ab·sor·ber [r̃e.aβ.sor.βér] 他 再び吸収する.

re·ab·sor·ción [r̃e.aβ.sor.θjón / -.sjón] 女 再吸収.

*****re·ac·ción** [r̃e.ak.θjón / -.sjón] 女 **1** 反応, 反響. *Al darle la noticia tuvo una* ～ *inesperada.* 彼[彼女]にそのことを知らせると思わぬ反応があった.
2 反発, 反動；反動派. ～ *popular contra la reforma tributaria* 税制改革に対する民衆の反応.
3《化》《医》反応；《物理》反作用. ～ *cutánea* (ツベルクリンなどの) 皮膚反応. ～ *de injerto contra huésped* 移植片対宿主病. ～ *en cadena* 連鎖反応. ～ *nuclear* (原子) 核反応. ～ *química* 化学反応. *avión [motor] de [a]* ～ ジェット機[ジェットエンジン]. *propulsión por* ～ ジェット推進.
［*re-*「後へ, 反対に」+ *acción*；関連 *reaccionar*.

[英]*reaction*]

re·ac·cio·nar [r̄e.ak.θjo.nár / -.sjo.-] 自 **1**《a... …に》反応する;《ante... …に》対処する. Los consumidores *reaccionan* fácilmente *a* la publicidad de la promoción. 消費者は販売促進の宣伝につられやすい. **2**《contra... / ante... …に》反発する, 反抗する. **3** 再活性化する (= reactivarse). La bolsa empieza a ~ con esas medidas financieras. その金融政策によって株式市場は再び活発化しつつある. **4**《医》反応を示す;《con... …によって》回復する. El enfermo no *reacciona con* este tratamiento. 病人はこの治療を施しても回復しない. **5**《物理》反作用する;《化》《con... …に》反応する.

re·ac·cio·na·rio, ria [r̄e.ak.θjo.ná.rjo, -.rja / -.sjo.-] 形 反動的な;反動主義者;復古的な.
— 男 女 反動的な人, 反動主義者;復古的な人.

re·a·cio, cia [r̄e.á.θjo, -.θja / -.sjo, -.sja] 形 《a... …に》反抗的な, 反対の;乗り気でない, しぶる. Se mostró ~ *a* mi propuesta. 彼は私の提案に難色を示した. estar ~ *a* +不定詞 …したがらない.

re·a·con·di·cio·nar [r̄e.a.kon.di.θjo.nár / -.sjo.-] 他 修理する.

re·ac·tan·cia [r̄e.ak.tán.θja / -.sja] 女《電》リアクタンス.

re·ac·ti·va·ción [r̄e.ak.ti.ba.θjón / -.sjón] 女 **1** 景気の回復, 経済の立ち直り. **2**《化》《医》再活性化.

re·ac·ti·var [r̄e.ak.ti.bár] 他 再活性化する. ~ la sección de venta 販売部門を活性化する.

re·ac·ti·vo, va [r̄e.ak.tí.bo, -.ba] 形 **1** 反動的な, 反作用の. **2** 反応する. — 男《化》試薬, 試剤.

re·ac·to·ge·ni·ci·dad [r̄e.ak.to.xe.ni.θi.dáđ / -.si.-] 女《医》(ワクチン・薬の) よくない反応を起こす力.

re·ac·tor [r̄e.ak.tór] 男 **1**《物理》原子炉 (= ~ nuclear [atómico]). ~ reproductor 増殖炉. **2** ジェットエンジン;《航空》ジェット機.

re·a·cu·ña·ción [r̄e.a.ku.ɲa.θjón / -.sjón] 女 (貨幣の) 改鋳.

re·a·cu·ñar [r̄e.a.ku.ɲár] 他《貨幣》を改鋳する.

re·a·dap·ta·ción [r̄e.a.đap.ta.θjón / -.sjón] 女 **1** 再適応, 再適合. ~ a la sociedad 社会復帰. **2** 再訓練, 再教育. ~ profesional 職業再教育 [再訓練]. **3** (病人の) 機能回復, リハビリテーション.

re·a·dap·tar [r̄e.a.đap.tár] 他 **1**《a... …に》再適応させる, 再適合させる. **2** 再教育 [再訓練] する. **3**〈病人を〉機能回復させる.
— ~·se 再《a... …に》再び適応 [適合] する. ~*se a* la vida social 社会に復帰する.

re·ad·mi·sión [r̄e.ađ.mi.sjón] 女 再許可, 再認可;(職場・学校などへ) 復帰させる [復帰する] こと.

re·ad·mi·tir [r̄e.ađ.mi.tír] 他 **1** 再許可する, 再認可する. **2** 再雇用する, 再入学させる.

re·ad·qui·rir [r̄e.ađ.ki.rír] 30 他 取り戻す, 再び取得する.

re·a·fir·ma·ción [r̄e.a.fir.ma.θjón / -.sjón] 女 再確認, 再び断言すること, 確証すること.

*re·a·fir·mar** [r̄e.a.fir.már] 他 再び断言する;再確認する.
— ~·se 再《en... …を》再確認する, 追認する.

re·a·gra·var [r̄e.a.gra.bár] 他 再び [いっそう] 悪化させる. — ~·se 再 再び悪化する.

re·a·gru·pa·ción [r̄e.a.gru.pa.θjón / -.sjón] 女 再集合, 再編成. ~ familiar 家族の再編.

re·a·gru·pa·mien·to [r̄e.a.gru.pa.mjén.to] 男 → reagrupación.

re·a·gru·par [r̄e.a.gru.pár] 他 再び集める, 再編成する. — ~·se 再 再び集まる.

re·a·gu·di·zar [r̄e.a.gu.đi.θár / -.sár] 97 他 再び悪化させる.
— ~·se 他 再び悪化する, 深刻化する. Esa noche, la enfermedad *se reagudizó*, y murió mi padre. その晩, 病気が悪化して, 父は亡くなった.

re·a·jus·tar [r̄e.a.xus.tár] 他 再調整する, 再修正する;改定する;《婉曲》値上げする. El gobierno se propone ~ los impuestos. 政府は増税を計画している.

re·a·jus·te [r̄e.a.xús.te] 男 **1** 再調整, 再修正, 改定;《婉曲》値上げ. ~ de los salarios 給与の改定. ~ del presupuesto 予算の組み直し.
2 改変, 改造. ~ de un gobierno 内閣の改造.

re·al¹ [r̄e.ál] 形《名詞+》《ser+》現実の, 実際の, 本当の;実在の (↔irreal). la vida ~ 実生活. problemas ~es 現実問題. necesidades ~es 実際に必要なもの. imagen ~《物理》実像. transmisión de datos en tiempo ~ リアルタイムのデータ転送. el descenso en términos ~es 実質的な意味での下落. posibilidades ~es de éxito 実際に成功する可能性. el coste ~ 実質経費. el salario ~ 実質賃金. número ~《数》実数. una persona ~ / un personaje ~ 実在の人物. Esta novela está basada en hechos ~es. この小説は実話に基づいている.
darle (a+人) *la real* [*realísima*] *gana de*+不定詞《話》〈人〉が心から…したい. No *me da la* ~ *gana* (*de hacer* lo que debo hacer). (すべきことなのに) 私にはどうも気が進まない. ▶ me ~ a+人に相当).
[← [中ラ] *reālem* (*reālis* の対格)「物的な;事実の」([ラ] *rēs*「事物」より派生);【関連】 realidad, realismo, realizar. [英] *real*]

re·al² [r̄e.ál] 形 **1**《+名詞 / 名詞+》《ser+》王の, 国王の;王室の, 王家の. la casa [familia] ~ 王室. el palacio ~ 王宮, 宮殿. ~ decreto 勅令. el poder ~ 王権. el estandarte ~ 王旗. el Teatro R~ 王立劇場. la R~ Academia Española スペイン王立アカデミー. un jugador del R~ Madrid レアル・マドリードの選手.
2《名詞+》王にふさわしい, 王の威厳が備わった;威風堂々とした. águila ~《鳥》イヌワシ.
3《+名詞》《話》すばらしい, とてもすてきな;すごい. un ~ *mozo* ハンサムな青年. una ~ *tontería* まったくばかげたこと. **4**《史》〈ガレー船の〉旗艦の. la galera ~ (ガレー船の) 旗艦.
— 男 **1**《史》(11世紀から19世紀までスペイン・中南米で広く用いられた) レアル銀貨 (= ~ de vellón);(20世紀前半スペインで用いられた) レアル白銅貨 (1ペセタの4分の1, 25センティモに相当). **2**《史》(王・将軍の) 本営, 幕営. **3**《軍》陣営, キャンプ, 野営地. **4** 市の立つ場所. **5**《ラ米》(ブラジルの通貨) レアル. **6**《ラ米》(*㊒*) 12.5セント. ocho ~es 1ドル.
alzar el real [*los reales*] 出陣する.
(*ni*) *un real* [*dos reales*]《話》《否定を強調》一文も. No vale *un* ~. それは一文の値打ちもない. no tener *un* ~ びた一文ない.
por cuatro reales《話》二束三文で.
real de minas《ラ米》(⛏) 銀山のある町.
sentar [*asentar*] *sus reales* 居を定める, 定住する;《軍》陣を張る.
[← [ラ] *rēgālem* (*rēgālis* の対格;*rēx*「王」より派

生);[関連] regalía. [仏][英] *royal*.

re·a·la·da [r̃e.a.lá.ða] 女《ラ米》(ﾊﾟﾗ)《農》(家畜などの) 駆り集め；召集. echar 〜 駆り集める.

re·a·lar [r̃e.a.lár] 他《ラ米》(ﾊﾟﾗ) 駆り集める.

re·al·ce [r̃e.ál.θe / -.se] 男 **1** 浮き彫り, 浮き出し. bordar a [de] 〜 浮き出し刺繍(ｼｭｳ)する. **2** 輝き, 光彩；華麗. dar 〜 a una fiesta 祭りに華を添える. **3** 際立つこと, 重要性. poner de 〜 目立たせる, 浮き彫りにする. un asunto sin 〜 つまらないこと. **4**《美》(絵の)ハイライト, 最も明るい所；立体感.

realce(-) / **realcé**(-)〔活〕 → realzar.

re·al·dad [r̃e.al.dáð] 女 → realeza.

re·a·le·jo [r̃e.a.lé.xo] 男《音楽》小型のオルガン.

re·a·len·go, ga [r̃e.a.léŋ.go, -.ga] 形 **1**《史》〈領地が〉王家が領有する, 王室直轄の. **2**〈土地が〉国有の. **3**《ラ米》(1)〈家畜が〉飼い主のいない, 迷い込んだ. (2)(ｺﾛﾝ)(ﾊﾟﾗ)《話》ものぐさな, のんびりした；仕事に就いていない. (3)(ｺﾛﾝ)税のかからない. ── 男《ラ米》(1)(ｺﾛﾝ)(ﾊﾟﾗ)税；負担. (2)(ｺﾛﾝ)所有者のいないもの. *bienes de realengo* 王室財産.

re·a·le·ro [r̃e.a.lé.ro] 男《ラ米》(1)(ﾎﾞﾘ)タクシー運転手. (2)(ｺﾛﾝ)《話》たくさんのお金.

re·a·le·za [r̃e.a.lé.θa / -.sa] 女 王位, 王権；王威；王家, 王族.

realice(-) / **realicé**(-)〔活〕 → realizar.

***re·a·li·dad** [r̃e.a.li.ðáð] 女 **1** 現実, 真実. 〜 y ficción 現実と虚構. 〜 virtual 仮想現実. Mis temores se han convertido en 〜. 私の恐れは現実となった. **2** 実際, 事実. La 〜 es que... 実は…である；要するに…だ. Tenemos que atenernos a la 〜. 私たちは実際に即して行動しなければならない. **3**《哲》現実性；実在性. 〜 objetiva 客観的実在性. *en realidad* 実は, 本当は；現実[実質]的には. *En 〜 todavía no se ha solucionado el problema*. 実際にはまだ問題は解決していない. *tomar realidad* 現実になる. *Por fin su sueño tomó 〜*. ついに彼[彼女]（ら）の夢は実現した.

re·a·li·men·ta·ción [r̃e.a.li.men.ta.θjón / -.sjón] 女《電》《IT》フィードバック（= retroalimentación).

***re·a·lis·mo**[1] [r̃e.a.lís.mo] 男 **1** 現実主義, 現実的な考え方[見方]（↔ idealismo). **2**《文学》《美》写実主義, リアリズム；写実性. 〜 *mágico* 魔術的[マジック, マジカル]リアリズム. **3**《哲》実在論, 実念論.

re·a·lis·mo[2] [r̃e.a.lís.mo] 男 王政[王党]主義.

***re·a·lis·ta**[1] [r̃e.a.lís.ta] 形 **1** 現実主義の, 現実的な. **2**《文学》《美》写実主義の, リアリズムの. **3**《哲》実在論の, 実念論的の. ── 男 女 **1** 現実主義者, 実際家. **2**《文学》《美》写実主義の作家［画家］, 写実派. **3**《哲》実在論者, 実念論者.

re·a·lis·ta[2] [r̃e.a.lís.ta] 形 王政主義者の, 王党派の, 勤王主義の. ── 男 女 王政主義者, 王党派, 勤王家.

re·a·li·za·ble [r̃e.a.li.θá.ble / -.sá.-] 形 **1** 実行できる, 実現できる；達成[到達]できる. un plan 〜 実現可能な計画. **2**《商》換金可能な, 現金化できる.

***re·a·li·za·ción** [r̃e.a.li.θa.θjón / -.sa.sjón] 女 **1** 実現, 達成；実施. 〜 *de un sueño* 夢の実現. 〜 *de la democracia* 民主主義の実現. *favorecer la 〜 personal de las mujeres en la sociedad* 社会における女性の自己実現を後押しする. *aplazar la 〜 de las obras* 工事の実施を延期する. 〜 *de la idea*《哲》観念の実在化. **2** 作成；制作. 〜 *de una telenovela* ドラマの制作. 〜 *de una tesis doctoral* 博士論文の作成. **3** 成果；作品. *realizaciones literarias* 文学作品. *Esta película es la mejor* 〜 *del director*. この映画はその監督の最高作だ. **4**《商》現金化, 換金. 〜 *de beneficios* 利益の換金. **5**《ラ米》(ｱﾙｾﾞ)(ｳﾙ)バーゲンセール, 安売り.

re·a·li·za·dor, do·ra [r̃e.a.li.θa.ðór, -.ðó.ra / -.sa.-] 形 実現[実行]する. ── 男 女 **1** 実行[実施]する人. **2**《映》プロデューサー, 監督；《TV》ディレクター. **3**《TV》テクニカルディレクター.

***re·a·li·zar** [r̃e.a.li.θár / -.sár][97] 他 **1**〈行為を〉行う, 実行する. 〜 *una investigación* 調査を実施する. 〜 *una gira* ツアーをする. 〜 *una operación quirúrgica* 外科手術を行う. 〜 *unos trámites* 手続きを行う. 〜 *un gesto de gratitud* 感謝の身振りをする. 〜 *un gran esfuerzo para conseguirlo* それを手にいれるために大いに努力する. **2**〈希望・計画などを〉実現する, 達成する. 〜 *su deseo* 願いを実現する. 〜 *un objetivo* 目標を達成する. **3**《映》《TV》〈映画・番組などを〉制作する；〈作品などを〉作る. 〜 *un documental* ドキュメンタリーを作る. *El pintor realizó su primer dibujo ese año*. 画家はその年最初の絵を描いた. **4**《商》換金する, 現金化する. 〜 *beneficios* 利益を現金化する. 〜 *los bienes embargados* 差し押え財産を売却する. **5**《哲》実在化する. **6**《ラ米》(ﾒｷ)気が付く, 悟る. ── 〜·se 再 **1** 実現される；実施される. **2** 自己を実現する, (力を発揮して)達成感を得る. *Me siento realizado profesionalmente*. 私は仕事で成功したという満足感を持っている.

***re·al·men·te** [r̃e.ál.mén.te] 副 **1** 現実に, 本当に. *No lo puedes creer, pero 〜 ella ganó el premio*. 君は信じられないだろうけど, 本当に彼女が受賞したのだ. **2** 実際には, 実のところ. *Aunque parece joven, 〜 no lo es*. 彼は若く見えるが実際はそうではない. **3** 実を言うと. *R〜, no tengo ganas de verlos*. 本当は彼らに会いたくない.

re·a·lo·ja·mien·to [r̃e.a.lo.xa.mjén.to] 男 → realojo.

re·a·lo·jar [r̃e.a.lo.xár] 他 移住させる, 新たな場所に住まわせる；新たな集団に入れる. *Para la construcción del aeropuerto, las autoridades realojaron a los habitantes de este barrio*. 空港建設のために当局はこの地区の住人を移転させた.

re·a·lo·jo [r̃e.a.ló.xo] 男 移住させること；新たな集団に入れること.

re·al·po·li·tik [r̃e.al.po.li.tík] [独] 女 レアルポリティーク, 現実主義的政治.

re·al·qui·la·do, da [r̃e.al.ki.lá.ðo, -.ða] 形 転貸借の, また借りの. ── 男 女 転借人.

re·al·qui·lar [r̃e.al.ki.lár] 他 転貸する；転借する. 〜 *una habitación* 部屋をまた貸しする.

re·al·zar [r̃e.al.θár / -.sár][97] 他 **1** 引き立たせる, 際立たせる；華麗にする. **2** 持ち上げる, (位置を)高くする. **3** 浮き出し刺繍(ｼｭｳ)をする. **4**《美》明るい色で目立たせる, ハイライトを入れる. ── 〜·se 再 一段と引き立つ.

re·a·mar [r̃e.a.már] 他 **1** 熱愛する. **2**《古語》愛

re·a·ni·ma·ción [r̃e.a.ni.ma.θjón / -.sjón] 囡 再生, 蘇生(誓); 活気を取り戻すこと. ~ del mercado 市場の活性化.

re·a·ni·mar [r̃e.a.ni.már] 他 **1** 元気を取り戻させる, 生気を回復させる; 元気づける, 励ます. ~ la conversación 話をはずませる. Sus palabras me han reanimado. 彼[彼女]の言葉で私は元気づけられた. **2** 体力を回復させる; 意識を取り戻させる, 蘇生させる. Intentaron ~lo con la respiración boca a boca. (マウス・トゥ・マウス式)人工呼吸で彼の息を吹き返させようとした. ― ~·se 再 **1** 元気[体力]を取り戻す; 意識を取り戻す. Me reanimaré si como un poco. 少し食べたら私は元気が出るだろう. **2** 活気づく, 活発になる.

re·a·nu·da·ción [r̃e.a.nu.ða.θjón / -.sjón] 囡 再開, 続行; 更新. ~ de las relaciones diplomáticas 国交の回復. ~ del contrato 契約の更新.

re·a·nu·dar [r̃e.a.nu.ðár] 他 再び始める, 再開する, 続行する. ~ un debate 討論を再開する. ~ las clases 授業を再開する. ~ un servicio de autobuses バスの運行を再開する. ~ una amistad 旧交を温める. Después de un largo silencio, reanudaron la conversación. 長い沈黙の後, 彼らは再び会話を始めた. ― ~·se 再 再び始まる, 再開される. [re- 「再び」+ anudar ((ラ) *nōdus* 「結び目」より派生)]

re·a·pa·re·cer [r̃e.a.pa.re.θér / -.sér] [34] 自 **1** 再登場する, 再び現れる, 再び起こる. **2** 再び世に出る, 返り咲く, カムバックする.

re·a·pa·ri·ción [r̃e.a.pa.ri.θjón / -.sjón] 囡 **1** 再登場; 再出現. **2** リバイバル; 返り咲き, カムバック.

re·a·per·tu·ra [r̃e.a.per.tú.ra] 囡 再び始まる[始める]こと, 再開.

re·ar·güir [r̃e.ar.gwír] [49] 他 **1** 再び論証する. **2** 反論する(= redargüir).

re·ar·mar [r̃e.ar.már] 他 再軍備させる, 再武装させる. El dictador procedió a ~ el país. 独裁者は国の再軍備を始めた.

re·ar·me [r̃e.ár.me] 男 再軍備, 再武装.

re·a·se·gu·rar [r̃e.a.se.gu.rár] 他 …に再保険を掛ける; 再保証する.

re·a·se·gu·ro [r̃e.a.se.gú.ro] 男 再保険; 再保証.

re·a·su·mir [r̃e.a.su.mír] 他 〈職務・責任などを〉再び引き受ける, 取り戻す. ~ el trono 王として復位する. ~ 《上級部門が》〈下級部門の権限などを〉引き継ぐ.

re·a·sun·ción [r̃e.a.sun.θjón / -.sjón] 囡 〈職務・責任などを〉再び引き受けること; 引き継ぎ.

re·a·ta [r̃e.á.ta] 囡 **1** 《馬を1列につなぐ》綱, ひも. **2** 《つながれた馬などの》列. **3** 《2頭の馬の前につながれ先頭で荷車を引く》ラバ. **4** 《ラ米》《(ﾒﾋﾞ)》(1) 《ﾃﾞｶ》花壇, 植え込み. (2) 《(ｷﾞﾘ)》《(ﾇﾞﾖ)》《卑》陰茎. **(3)** メキシカンハット *charro* のひも.
de [*en*] *reata* 1列縦隊で; 次々と. *enganche de* [*en*] ― 《ロバなどの》1列つなぎ.
ser buena reata 《ラ米》《(ﾒﾋﾞ)》《(ｷﾞﾘ)》《話》いいやつである.

re·a·tar [r̃e.a.tár] 他 **1** 結び直す, 縛り直す; しっかりとくくる, 堅くつなぐ[結ぶ]. **2** 《馬・ロバなどを》1列につなぐ.

re·a·ta·zo [r̃e.a.tá.θo / -.so] 男 《ラ米》《(ｷﾞﾘ)》《話》げんこつ, 殴りつけ; 鞭打ち.

re·a·ti·za [r̃e.a.tí.θa / -.sa] 囡 《ラ米》《(ﾒﾋﾞ)》《(ｷﾞﾘ)》《俗》殴打, なぐりつけ.

re·a·vi·va·ción [r̃e.a.bi.ba.θjón / -.sjón] 囡 再び盛んにする[なる]こと, 活気づける[活気づく]こと.

re·a·vi·var [r̃e.a.bi.bár] 他 **1** 再び活気づける, 活力を与える. **2** かき立てる, あおる. ~ el interés 興味をわきたたせる. ~ el fuego 火を燃えたたせる.

re·ba·ba [r̃e.bá.ba] 囡 《縁・端・切り口などの》出っ張り, ギザギザ, バリ, まくれ. la ~ de la lata mal abierta うまく開けられなかった缶のぎざぎざ.

＊**re·ba·ja** [r̃e.bá.xa] 囡 **1** 値引き; 割引(額); 《複数で》バーゲンセール. hacer una ~ 値引きする. vender con ~ 割引価格で売る. grandes ~*s* 大安売り. época de ~*s* バーゲンシーズン. **2** 低下, 下落; バーゲン.

rebajas (バーゲンセール)

re·ba·ja·do, da [r̃e.ba.xá.ðo, -.ða] 形 **1** 低下した, 下落した; 減った. **2** 減額した, 値引いた. Todos nuestros artículos están ~*s* un diez por ciento. 当店は全商品10パーセント引きです. **3** 屈辱的な, 不面目な. **4** 《*estar* +》《*de*… …を》免除された. *Estoy* ~ *de gimnasia por estar resfriado*. 私は風邪をひいているので体育の授業を免除されている. **5** 《建》擬似三心〔扁円(笁)〕アーチの.
― 男 《軍》《当番兵などの》義務を免除された兵士.

re·ba·ja·mien·to [r̃e.ba.xa.mjén.to] 男 **1** 低下, 下落, 減少. ~ del nivel de agua 水位の低下. **2** 屈辱, 不面目な. **3** 《建》《アーチの》扁円(笁)化. **4** 《軍》《義務の》免除.

＊**re·ba·jar** [r̃e.ba.xár] 他 **1** 減額する, 値下げする; 値引きする. ~ diez euros 10ユーロ減額する. ~ a + 人 el sueldo 《人》の賃金を下げる. En aquella zapatería me *rebajaron* el precio en un 10 por ciento. あの靴屋で10パーセント値引きしてもらった. **2** より低くする, さらに下げる. ~ el terreno para cimentar 基礎を作るために地面を掘る. **3** 《色調・音などを》下げる, 弱める, 和らげる; 《液体を》薄める. **4** おとしめる; 降格する. **5** 《軍》《*de*… 《義務など》を》免除する. **6** 《建》扁円(笁)アーチ形にする.
― ~·*se* 再 **1** より低くなる. **2** 《*a*… / *ante*… …に》《*a*+不定詞 …して》へりくだる, 卑下する. No pienso ~ *me a pedirle* perdón. 彼に許しを請うほど私は落ちぶれてはいない. *Se rebaja ante los superiores*. 彼[彼女]は上役にぺこぺこする. **3** 《軍》《*de*… 《義務など》を》免除される.

re·ba·je [r̃e.bá.xe] 男 **1** より低くすること; 《厚みを》削ること. **2 →** *rebajo*. **3** 《軍》義務の免除. **4** 《ラ米》《(ﾒﾋﾞ)》安売り.

re·ba·jo [r̃e.bá.xo] 男 《技》さねはぎの溝.

re·ba·la·je [r̃e.ba.lá.xe] 男 **1** 《水流が形成する》渦. **2** 干潮, 引き潮. **3** 干潮〔引き潮〕で現れる干潟. **4** 《引き潮が形成する》砂浜の階段状の場所.

re·ba·lan·ce·o [r̃e.ba.lan.θé.o / -.sé.-] 男 釣り合い.

re·bal·gar [r̃e.bal.gár] [03] 自 大股(笁)で歩く.

re·bal·sa [r̃e.bál.sa] 囡 **1** 水たまり, ため池, よどみ. **2** 《医》貯留した体液; 充血, うっ血.

re·bal·sar [r̃e.bal.sár] 他 せき止める.
― ~·*se* 再 **1** せき止められる, 貯水池に水がたまる. **2** 《ラ米》《(ﾒﾋﾞ)》《(ﾇﾞﾖ)》氾濫(笂)する, あふれ出す.

re·bal·se [r̄e.bál.se] 男 堰(せき); せき止められた水.
re·ba·na·da [r̄e.ba.ná.ða] 女 **1** (主にパンの)薄切り, 1枚. una ～ de pan パン 1枚.
2 《ラ米》《俗》(戸·窓の) 掛け金.
re·ba·nar [r̄e.ba.nár] 他 **1** (薄く)切る, スライスする. **2** 《まれ》切断する.
— ～·se 再 〈自分の体の一部を〉切断する, 切り落とす.
re·ba·ña·de·ra [r̄e.ba.na.ðé.ra] 女 (井戸などに落ちたものを取るための)四つ爪(3)の鉤(<i>ガ</i>), 引っかけ鉤.
re·ba·ña·du·ra [r̄e.ba.na.ðú.ra] 女 **1** 《主に複数で》(鍋(な)·皿などにくっついている食べ物の) 残りかす. **2** きれいに[残りかすが全くない位に]平らげること.
re·ba·ñar [r̄e.ba.nár] 他 **1** 空にする, きれいに平らげる. ～ el plato con pan パンでぬぐって皿を平らげる. **2** 〈落ち穂などを〉拾い集める; そっくり持ち去る.
re·ba·ñe·go, ga [r̄e.ba.né.go, -.ga] 形 **1** (動物が)群れの; 群れをなす, 群生の. **2** 《比喩的》大勢に従う, 付和雷同する.
***re·ba·ño** [r̄e.bá.no] 男 **1** (羊などの) 群れ, 一団, 集団. un ～ de ovejas 一群の羊.
2 《集合的》《カト》(牧者としての聖職者に対して) 信者, 会衆. **3** 《比喩的》《軽蔑》付和雷同型の人々.
re·ba·sa·de·ro [r̄e.ba.sa.ðé.ro] 男 《海》安全航行海域.
***re·ba·sar** [r̄e.ba.sár] 他 **1** 超える, 上回る, 超過する. ～ una cantidad 一定量を超える. ～ la barrera del sonido 音速の壁を超える. ～ los límites 度を超す. Esa señora rebasa los cincuenta. その婦人は50歳を過ぎている.
2 追い抜く, 追い越す (= adelantar). **3** 〈危険な箇所を〉離す; 《海》〈障害物を〉迂回[<i>ウ</i>]する, 回航する.
re·ba·te [r̄e.bá.te] 男 戦闘, 合戦; けんか, 口論.
re·ba·ti·ble [r̄e.ba.tí.ble] 形 **1** 反駁(<i>クス</i>)[論駁, 論破]できる. **2** 《ラ米》《俗》〈席が〉倒すことのできる. asiento ～ リクライニングシート.
re·ba·ti·mien·to [r̄e.ba.ti.mjén.to] 男 反駁(<i>クス</i>), 論駁, 論破.
re·ba·tin·ga [r̄e.ba.tíŋ.ga] 女 《ラ米》(<i>中米</i>)(<i>カリブ</i>)→ rebatiña.
re·ba·ti·ña [r̄e.ba.tí.na] 女 《まれ》争奪, 取り合い.
a la rebatiña (1) 奪い合って. (2) 争奪戦になるように.
re·ba·tir [r̄e.ba.tír] 他 **1** 反駁(<i>クス</i>)する, 論駁する, やり込める. **2** 〈攻撃·提案·誘惑などを〉撃退する, はねつける, 退ける. **3** 差し引く, 控除する.
re·ba·to [r̄e.bá.to] 男 **1** 警鐘, 警報. tocar a ～ 警報を鳴らす, 急を告げる. **2** 《軍》奇襲, 不意打ち.
re·bau·ti·zar [r̄e.bau.ti.θár / -.sár] 97 他 …に再び洗礼を施す. → anabaptista.
re·be·ca [r̄e.bé.ka] 女 《服飾》カーディガン.
Re·be·ca [r̄e.bé.ka] 固名 **1** 《聖》リベカ: Issac の妻. **2** レベカ: 女子の洗礼名.
[←《後ラ》 *Rebecca* ←《ギ》 *Rebékka* ←《ヘブライ》 *Ribhqāh* (原義は「きずな(?)」; 関連《ポルトガル》 *Rebeca*. 《仏》 *Rébecca*. 《伊》 *Rebecca*. 《英》 *Rebecca, Rebekah*. 《独》 *Rebekka*]
re·be·co [r̄e.bé.ko] 男 《動》(ピレネー山脈に生息する)シャモア; アルプスカモシカ. → 右段に図.
re·be·lar·se [r̄e.be.lár.se] 再 《*contra...* …に》逆らう, 背く, 反抗する; 謀反[反乱]を起こす. ～ *contra el gobierno* 政府に反乱を起こす. ～ *contra* la *suerte* 運命に逆らう.

***re·bel·de** [r̄e.bél.de] 形 **1** 《多くは名詞+》反乱の, 反逆の, 謀反を起こした. el ejército ～ 反乱軍. soldados ～s 反乱軍兵士.
2 《多くは名詞+》《*ser* / *estar*》反抗的な, 扱いにくい. el espíritu ～ 反抗心. la actitud ～ 反抗的な態度. *ser* ～ *a...* …に反抗[反発]している. Hoy el chico *está* ～. 今日その子は反抗的だ.

rebeco
(シャモア)

3 《多くは名詞+》《*ser*》《話》統御できない; 〈病気が〉治りにくい. tos ～ しつこい咳(<i>セキ</i>). Mi pelo *es* ～. 私の髪はくせ毛だ. **4** 《法》出廷拒否の.
— 男 女 **1** 反逆者, 反乱者, 謀反人. caer en manos de los ～s 反乱軍[反逆者]の手に落ちる[渡る].
2 《法》出廷拒否者.
[← [古スペイン] *rebele* ← [ラ] *rebellis* (*bellum* 「戦争」の派生語); 関連 rebeldía, rebelarse, rebelión. [英] *rebel* 「反逆者」]

***re·bel·dí·a** [r̄e.bel.dí.a] 女 **1** 反逆, 反抗, 不服従. estar en ～ 反抗している. **2** 《法》欠席判決. condenado en ～ 法廷不出頭のまま判決が下された. sentencia en ～ 欠席判決[裁判].
declararse en rebeldía 出廷拒否を表明する; 反旗を翻す.

***re·be·lión** [r̄e.be.ljón] 女 **1** 反逆, 反乱, 謀反, 暴動, 蜂起(<i>ホウキ</i>). la ～ militar 軍部の反乱. *La* ～ *de las masas* 『大衆の反逆』(Ortega y Gasset の著作). **2** 《法》反逆罪.
re·be·lón, lo·na [r̄e.be.lón, -.ló.na] 形 〈馬が〉御しにくい.
re·ben·cu·do, da [r̄e.beŋ.kú.ðo, -.ða] 形 《ラ米》(<i>ニカ</i>)《話》頑固な, 強情な.
re·ben·que [r̄e.béŋ.ke] 男 **1** (ガレー船で使った)鞭(<i>ムチ</i>). **2** 《海》短い綱[索]. **3** 《ラ米》(<i>南米</i>)(<i>ラプラタ</i>)(乗馬用の)鞭.
re·ben·que·ar [r̄e.beŋ.ke.ár] 他 《ラ米》(<i>南米</i>)(<i>ラプラタ</i>)鞭(<i>ムチ</i>)打つ, 鞭打って駆り立てる.
re·bién [r̄e.bjén] 副 《話》とてもよく, 申し分なく.
re·bi·na [r̄e.bí.na] 女 《農》三度目の鋤(<i>スキ</i>)返し.
re·bi·nar [r̄e.bi.nár] 他 《農》(ブドウの木の) 三度目の鋤(<i>スキ</i>)返しをする.
re·bis·a·bue·lo, la [r̄e.bi.sa.bwé.lo, -.la] 男 女 高祖父[母] (= tatarabuelo).
re·bis·nie·to, ta [r̄e.bis.njé.to, -.ta] 男 女 玄孫, やしゃご (= tataranieto).
re·blan·de·cer [r̄e.blan.de.θér / -.sér] 34 他 柔らかくする, やわらげる; 軟化させる. La lluvia *ha reblandecido* el campo. 雨で畑(の土)が柔らかくなった. Los años le *han reblandecido* el cerebro. 年を取って〈彼女〉もぼけてしまった.
re·blan·de·ci·mien·to [r̄e.blan.de.θi.mjén.to / -.si.-] 男 柔らかくなる[する] こと, ふやけ, 軟化; 《医》軟化. ～ *cerebral* 脳軟化.
re·blu·jo [r̄e.blú.xo] 男 《ラ米》(<i>カリブ</i>)《話》がらくた, 寄せ集め.
re·bo·bi·na·do [r̄e.bo.bi.ná.ðo] 男 (フィルムなどの)巻き戻し; (ボビンの糸の)巻き移し.
re·bo·bi·nar [r̄e.bo.bi.nár] 他 **1** 〈フィルムなどを〉巻き戻す. **2** 〈ボビンの糸を〉他の糸と替える; 〈他のボビンに〉巻き移す.
re·bo·ci·llo [r̄e.bo.θí.jo || -.só./-.sí.-] / **re·bo·ci·ño** [r̄e.bo.θí.no / -.sí.-] 男 《服飾》ショール.
re·bo·llar [r̄e.bo.jár || -.ʝár-] 男 トルコガシの林.

re·bo·llo [r̄e.bó.ʝo ‖ -.ʎo] 男【植】トルコガシ.

re·bo·llu·do, da [r̄e.bo.ʝú.ðo, -.ða ‖ -.ʎú-.] 形 がっちりとした体格の.

re·bom·bar [r̄e.bom.bár] 自 → retumbar.

re·bo·ni·to, ta [r̄e.bo.ní.to, -.ta] 形《話》とてもすばらしい, とても美しい.

re·bor·de [r̄e.bór.ðe] 男 1 (落下防止・装飾用の)出縁(ぶち), 突き出し. 2 【技】リム, フランジ. 3 【音楽】(ギターなどの弦楽器の) 横板[側板].

re·bor·de·a·dor [r̄e.bor.ðe.a.ðór] 男 【機】(縁取りをする)フランジャー.

re·bor·de·ar [r̄e.bor.ðe.ár] 他 …にへり[縁]をつける, 縁取りする, …にフランジを付ける.

re·bo·ru·jo [r̄e.bo.rú.xo] 男《ラ米》《俗》《話》騒ぎ, 混乱.

re·bo·sa·de·ro [r̄e.bo.sa.ðé.ro] 男 放水口, 排水口; 放水路.

re·bo·sa·du·ra [r̄e.bo.sa.ðú.ra] 女 (液体が) あふれでること, 溢水(いっすい).

re·bo·sa·mien·to [r̄e.bo.sa.mjén.to] 男 → rebosadura.

re·bo·san·te [r̄e.bo.sán.te] 形《estar＋》《de... …で》あふれるばかりの, いっぱいの; 満ちあふれている. vaso ～ de agua 水がなみなみと入ったコップ. Está ～ de vitalidad. 彼[彼女]は精力がみなぎっている.

re·bo·sar [r̄e.bo.sár] 自 1 《de... …から》〈液体が〉あふれる. La bañera va a ～. 風呂(ふろ)の水があふれそうだ. El agua rebosa del vaso. 水がコップからあふれる.
2 《de...》満ちている, 《…で》いっぱいである. ～ de alegría 喜びに満ちている. ～ de entusiasmo 熱狂している. ～ de riquezas 金があり余るほどある. 3 みなぎる, 満ちる. Le rebosan las energías. 彼[彼女]には力がみなぎっている.
— 他 (収まりきらないほど) 豊富に持つ, …にあふれる. Mi abuelo rebosa salud. 私の祖父は健康そのものだ. Ella rebosó tristeza. 彼女は抑えきれずに悲しみを顔に出した.
— **～·se** 再〈容器・場所が〉満ちる, あふれる. El vaso se rebosó cuando eché hielo. 氷を入れたらコップがあふれた.

re·bo·so [r̄e.bó.so] 男《ラ米》(ラプラ)(デリア)(キン)(海岸に)打ち寄せられたもの.

re·bo·ta·ción [r̄e.bo.ta.θjón / -.sjón] 女 跳ね返り; 動揺.

re·bo·ta·do, da [r̄e.bo.tá.ðo, -.ða] 形 1 還俗(げんぞく)した. 2 転向した, 身を転じた. 3《話》怒った. 4《ラ米》(ラプラ)(デリ)(話)気性が激しい, 乱暴な. — 男 1 転向者. 2《話》無礼な人.

re·bo·ta·dor, do·ra [r̄e.bo.ta.ðór, -.ðó.ra] 形 跳ねる, 弾む.

re·bo·ta·du·ra [r̄e.bo.ta.ðú.ra] 女 1 跳ね返り, (リ)バウンド. 2 毛羽立て.

re·bo·tar [r̄e.bo.tár] 自 1 跳ねる, 跳ね返る, (リ)バウンドする. La pelota rebotó en el suelo. ボールが地面に落ちてバウンドした. hacer ～ una pelota contra la pared ボールを壁に当てて跳ね返す.
2 当たる, ぶつかる. Al caer su cabeza rebotó en el borde de la mesa. 彼[彼女]は転んだ拍子に机のへりにぶつかって飛んだ.
— 他 1 跳ね返す, 押し返す. 2《話》動揺させる, 怒らせる. 3 (1)《ラ米》(ラプラ)《話》〈依頼を〉断る. (2)(アンデス)〈水を〉かき回す.
— **～·se** 再 1《話》動揺する, いらだつ, 怒る.
2 (品質が) 変わる, 変色する.

re·bo·te [r̄e.bó.te] 男 1 跳ね (返り), 弾むこと, (リ)バウンド. 2《スポ》(バスケットの) リバウンドボール; (クイズ番組で) 次の人! 3《話》怒り. 4《ラ米》(メキ)《話》拒絶, 拒否.
de rebote (1) 跳ねて, 弾んで. (2) 結果的に, 余波を受けて. Su éxito, *de ～*, me beneficia. 彼[彼女](ら)の成功は結果的に私の利益につながる.

re·bo·te·a·dor, do·ra [r̄e.bo.te.a.ðór, -.ðó.ra] 形《スポ》(バスケットの選手が) リバウンドを担当する; リバウンドの. — 男 女《スポ》リバウンダー.

re·bo·te·ar [r̄e.bo.te.ár] 自《スポ》リバウンド (ボール)を取る, リバウンドする.

re·bo·ti·ca [r̄e.bo.tí.ka] 女 (薬局などの)店の奥にある部屋.

re·bo·zar [r̄e.bo.θár / -.sár] 97 他 1 【料】(食材に)衣をつける. ～ la carne con harina 肉に小麦粉をつける. 2《話》《de... …で》汚す.
— **～·se** 再 1《ケープ・マントなどで》顔を覆い隠す.
2《de... …で》汚れる.

re·bo·zo [r̄e.bó.θo / -.so] 男 1 (顔の下半分を覆う)ショール; 顔の下半分を覆い隠すこと. 2 《メキシコなどで女性が頭と肩を覆う》ショール. 3 見せかけ, まやかし. 4 《まれ》口実, 言い訳.
de rebozo こっそりと, 陰に隠れて.
sin rebozo(s) 率直に; 歯に衣(きぬ)を着せず.

re·bra·mar [r̄e.bra.már] 自 〈牛などが〉激しく鳴く;〈風・波が〉再び激しくなる, 咆哮(ほうこう)する; 怒鳴りちらす; 【狩】〈獣などが〉うなり返す.

re·brin·car [r̄e.briŋ.kár] 102 自 1 (喜んで) 飛び跳ねる. 2 【闘牛】〈牛が〉跳びかかる.

re·bro·tar [r̄e.bro.tár] 自 再び芽が出る; 再び起こる, 再発する.

re·bro·te [r̄e.bró.te] 男 1 発芽; 若芽. 2 再発.

re·bu·diar [r̄e.bu.ðjár] 82 自 (イノシシが)うなる.

re·bu·dio [r̄e.bú.ðjo] 男 (イノシシが) うなること; (イノシシの)うなり声.

re·bue·no, na [r̄e.bwé.no, -.na] 形《話》見事な, すばらしい.

re·bu·far [r̄e.bu.fár] 自〈動物が〉鼻息を荒くする.

re·bu·fo [r̄e.bú.fo] 男 1 (発砲後の)衝撃(波), 反動. 2《話》航跡;(自転車の)スリップストリーム.

re·bu·jal [r̄e.bu.xál] 男 1 〈家畜の群れを50頭単位で数えるときの〉端数の家畜. 2 狭くやせた土地.

re·bu·jar [r̄e.bu.xár] 他《話》1〈服などを〉くしゃくしゃに丸める. 2《con... 〈衣類・寝具など〉で》くるむ. — **～·se** 再《話》《con...》《…で》くるまる, 《…で》自分の身を覆う; 丸まる.

re·bu·ji·na [r̄e.bu.xí.na] / **re·bu·ji·ña** [r̄e.bu.xí.ɲa] 女《話》雑踏, 人込み; 喧噪(けんそう).

re·bu·jo [r̄e.bú.xo] 男 1 (糸・毛などの) もつれ合った塊; くちゃくちゃに丸めたもの. 2 雑に丸めた包み. 3《ラ米》(デリ)《話》がらくた, 寄せ集め.

re·bu·lli·cio [r̄e.bu.ʝí.θjo ‖ -.ʎí.- / -.sjo] 男 1 喧噪(けんそう), 雑踏. 2 騒動, 動揺.

re·bu·llir [r̄e.bu.ʝír ‖ -.ʎír] 72 自 もそもそ動き始める, うごめく. ▶時に再帰代名詞を伴う.
— 他《ラ米》(1)(デリ)〈液体を〉かき回す. (2) (ほか) かき立てる, 騒がす.

re·bum·bar [r̄e.bum.bár] 自〈砲弾などが〉音をたてて飛ぶ.

re·bum·bio [r̄e.búm.bjo] 男 騒音, 喧噪(けんそう).

re·bu·ru·jar [r̄e.bu.ru.xár] 他 → rebujar.

re·bus·ca [r̄e.bús.ka] 女 1 徹底的に探すこと, 探究, 調査. 2 (ブドウ・穀類などの) 収穫漏れ;(収穫漏れの) 摘み採り, 刈り取り; 落ち穂拾い. 3 かす, ケズ,

recalzar

残り物. **4**〖ラ米〗(1)〖ｸﾞｱﾃ〗〖ﾎﾝｼﾞ〗違法な商売, やみ取引;小商い. (2)〖ｺﾛﾝ〗余得.

re·bus·ca·do, da [r̃e.bus.ká.ðo, -.ða] 形 気取った, わざとらしい, 凝った. un estilo pedante y ～ 衒学(穀)的で凝りすぎた文体.

re·bus·ca·dor, do·ra [r̃e.bus.ka.ðór, -.ðó.ra] 形 **1** 探し回る;綿密に調査する. **2** 収穫漏れを摘み採る[刈り取る]. ── 男 女 **1** 探し回る人. **2** 収穫漏れを摘み採る[刈り取る]人. **3**〖ラ米〗〖ｺﾛﾝ〗〖話〗やりくりが上手な人.

re·bus·ca·mien·to [r̃e.bus.ka.mjén.to] 男 **1** ぎこちなさ, わざとらしさ;気取り. **2** (たくさんのものの中から)必死で探すこと, あさること.

re·bus·car [r̃e.bus.kár] 102 他 **1** 《en... …の中を / entre... …の中から》徹底的に探す, 探究する;あさる. Rebuscando entre los discos, encontré uno que no oía hacía tiempo. CDの山をあさっていて, 長い間聞いていない一枚を見つけた. **2** 〖農〗(ブドウ・穀類などの)収穫漏れを摘み採る[刈り取る]. ── ～se 再〖ラ米〗〖ｺﾛﾝ〗〖ﾍﾞﾈ〗そつなく立ち回る.

re·bus·co [r̃e.bús.ko] 男 → rebusca.

re·bus·que [r̃e.bús.ke] 男 **1** (問題解決のために)念入りに探すこと. **2** 偶然見つかるうまい解決策. **3**〖ラ米〗(1)〖ｺﾛﾝ〗その日暮らし;やりくり. (2)〖ﾊﾟﾗｸﾞ〗〖ｳﾙｸﾞ〗〖ｱﾙｾﾞ〗〖話〗不正な仕事;浮気, 不倫. (4)〖ｺﾛﾝ〗〖ﾍﾞﾈ〗〖話〗片手間仕事, アルバイト.

re·bu·te·ar [r̃e.bu.te.ár] 他〖話〗〖IT〗再起動する, リブートする.

re·bu·tir [r̃e.bu.tír] 他 詰め込む, 詰める.

re·buz·na·dor, do·ra [r̃e.buθ.na.ðór, -.ðó.ra / -.bus.-] 形〈ロバが〉鳴き声をたてる.

re·buz·nar [r̃e.buθ.nár / -.bus.-] 自 **1**〈ロバが〉鳴く. **2**〖話〗〖軽蔑〗だらしなく話す.

re·buz·no [r̃e.búθ.no / -.bús.-] 男 ロバの鳴き声.

re·ca·bar [r̃e.ka.bár] 他 **1** 《de... …から》(要請・懇願して)入手する, 獲得する. ～ fondos para... …のための資金を調達する. **2** (当然の権利として)要求する, 主張する;必要とする. ～ la libertad 自由を求める. ～ toda la atención 細心の注意を必要とする. **3**〖ラ米〗懇願する;しつこく頼む, せがむ.

re·ca·de·rí·a [r̃e.ka.ðe.rí.a] 女〖ラ米〗〖ｸﾞｱﾃ〗〖話〗青果店, 八百屋.

re·ca·de·ro, ra [r̃e.ka.ðé.ro, -.ra] 男 女 使いの者, 伝令, メッセンジャー.

*__re·ca·do__ [r̃e.ká.ðo] 男 **1** 伝言, 言付け, メッセージ (= mensaje). ¿Quiere dejarle un ～? ((彼女))に何か伝言はありますか. coger [tomar] el ～ 伝言を受ける. hacer ～s 使い走りをする. **2** 使い, 使者. Le mandé a un ～. 彼[彼女]のもとに使いを送った. **3** よろしくとの伝言 (= recuerdos). Me han dado ～s para ti. 皆から君によろしくとのことだ. **4** 用事, 用足し, 買い物. Me voy a hacer unos ～s. ちょっと用足しに出かける. **5**《集合的》用具, 道具. ～ de escribir 筆記用具. **6** 贈り物. **7**〖ラ米〗馬具, 乗馬用具一式.

[［古スペイン］*recadar*「集める」(← *recabdar* ← ［俗ラ］*recapitare* ← ［ラ］*receptāre*「再び取る」より派生]] 同 recaudo.

*__re·ca·er__ [r̃e.ka.ér] 56 自 **1** 《en...〈悪習など〉に》再び陥る, 再び転落[堕落]する. Ha recaído en la droga. 彼[彼女]はまた麻薬に手を出した. **2** 《en...〈病気〉に》再びかかる. ～ en la gripe 風邪がぶり返す. Si no te curas bien *recaerás*. 用心しないとまた病気になるよ. **3** 《en... / sobre...》(…に) 帰する, 落ちる;(…

の)ものになる. El premio *recayó en* el más digno. 賞はいちばんふさわしい人に贈られた. La conversación *recae* siempre *sobre* el mismo tema. 話題はいつも同じことにかかる.

4 《a... …に》〈建物の一部が〉面している. Mi ventana *recae al* patio. 私の部屋の窓は中庭に面している. **5** 〖言〗 《en...》 〈アクセントが〉かかる.

recaí- / recaig- 活 → recaer.

re·ca·í·da [r̃e.ka.í.ða] 女 **1** (旧悪への)逆戻り, 再転落. **2** (病気の)再発, ぶり返し.

re·ca·la·da [r̃e.ka.lá.ða] 女〖海〗陸地初認[接近].

re·ca·lar [r̃e.ka.lár] 他 (徐々に)染み込む, ぬらす. La lluvia me *ha recalado*. 雨でずぶぬれになった. ── 自 **1** 《en...〈港・陸地〉に》〈船が〉近づく. **2** 《話》《por... / en... …に》現れる, 立ち寄る. **3** 《en... …に》〈目標などに〉達する, 届く. **4**〖ラ米〗〖ｸﾞｱﾃ〗〖ｺﾞｽﾀﾘ〗〖ﾎﾝｼﾞ〗〖ﾆｶﾗ〗行きつく;転がり込む, 助けを求める. ── ～se 再 びしょぬれになる.

re·cal·ca·da [r̃e.kal.ká.ða] 女〖海〗(風・波による)船体の横傾斜.

re·cal·ca·da·men·te [r̃e.kal.ká.ða.mén.te] 副 **1** 一語一語をかみしめるように;何度も何度も. **2** ぎゅっと, ぎゅうぎゅう詰めにして.

re·cal·ca·du·ra [r̃e.kal.ka.ðú.ra] 女〖ラ米〗〖ｸﾞｱﾃ〗(まれ)脱臼(穀を).

re·cal·car [r̃e.kal.kár] 102 他 **1** 強調する;念を押す;(重要性を強調するために)〈特定の語句を〉強く[ゆっくり, はっきりと]言う. ～ la importancia 重要性を力説する. El profesor *recalcó* unas palabras que consideraba importantes. 先生は重要だと思う語句を強調して話した.

2 押さえつける, 圧縮する;(無理やり)押し込む, 詰め込む. ── 自〖海〗〈船が〉傾く. ── ～se 再 **1** (楽しげに・かみしめるように)言葉を繰り返す. **2**〖ラ米〗〖ﾒﾋｺ〗脱臼(穀を)する, 関節が外れる.

re·cal·ce [r̃e.kál.θe / -.se] 男 **1** (根元の)盛り土, 土寄せ. **2**〖建〗土台の補強. **3**〖美〗色つけ.

re·cal·ci·fi·car [r̃e.kal.θi.fi.kár / -.si.-] 102 他 (薬剤によって)〈…に〉カルシウムを補給する.

re·cal·ci·tran·te [r̃e.kal.θi.trán.te / -.si.-] 形 強情な, 頑固な, 意固地な;間違いを改めようとしない.

re·cal·ci·trar [r̃e.kal.θi.trár / -.si.-] 自 **1** 後ずさりする. **2** 言うことを聞かない, 頑強に抵抗する.

re·cal·cu·lar [r̃e.kal.ku.lár] 他 再計算する.

re·ca·len·ta·mien·to [r̃e.ka.len.ta.mjén.to] 男 **1** 再加熱, 温め直し. **2** 過熱 (状態), オーバーヒート. ～ del motor エンジンのオーバーヒート.

re·ca·len·tar [r̃e.ka.len.tár] 8 他 **1** 再び熱する, 温め直す. ～ la comida 料理を温め直す. **2** 熱しすぎる, 過熱させる. **3** (性的に)燃え上がらせる. ── ～se 再 **1** 熱くなりすぎる, 過熱する. Es frecuente que los motores de los coches *se recalienten* en las subidas. 登り坂では車のエンジンはしばしばオーバーヒートする. **2** (高温のために)〈農作物などが〉傷む, 腐る, 朽ちる. **3** (性的に)熱くなる, 発情する.

re·ca·len·tón [r̃e.ka.len.tón] 男〖話〗素早く強く加熱する[温まる]こと, 過熱する[させる]こと.

re·ca·li·fi·ca·ción [r̃e.ka.li.fi.ka.θjón / -.sjón] 女 (土地などの)再評価.

re·ca·li·fi·car [r̃e.ka.li.fi.kár] 他 102 (土地などを)再評価する.

re·cal·món [r̃e.kal.món] 男〖海〗(突然の)凪(ぎ).

re·cal·zar [r̃e.kal.θár / -.sár] 97 他 **1**〖農〗〈植物

re·cal·zo [r̃e.kál.θo / -so] 男 〖建〗土台の補強.
re·ca·ma·do [r̃e.ka.má.ðo] 男《金糸・銀糸・真珠などを用いる》浮き出し刺繡(ｼｼｭｳ).
re·ca·ma·dor, do·ra [r̃e.ka.ma.ðór, -.ðó.ra] 男女《金糸・銀糸・真珠などを用いる》縫い取り師.
re·ca·mar [r̃e.ka.már] 他《金糸・銀糸・真珠などで》縫い取る, …に浮き出し刺繡(ｼｼｭｳ)をする.
re·cá·ma·ra [r̃e.ká.ma.ra] 女 **1** 次の間; 衣装部屋. **2**《銃器の》薬室, 輪胴. **3**《話》用心, 慎重さ; 下心. Antonio tiene mucha ～. アントニオはなかなか本心を見せない[警戒心が強い]. **4**〖鉱〗火薬保管所. **5**《ラ米》(1) (ｸﾞｱﾃ)(ﾒｷｼ)寝室. (2) 花火.
re·ca·ma·re·ra [r̃e.ka.ma.ré.ra] 女《ラ米》(ﾒｷｼ)(ﾎﾃﾙの)客室メイド, お手伝い.
re·cam·biar [r̃e.kam.bjár] 82 他 **1** 部品などを)交換する, 取り替える. **2**〖商〗戻り[償還請求]為替手形を振り出す; 《手形を》再発行する.
re·cam·bio [r̃e.kám.bjo] 男 **1** (部品の)交換, 入れ替え; 詰め替え. **2** 交換部品, 予備部品, スペア; 代替品. rueda de ～ スペアタイヤ.
re·can·ca·mu·sa [r̃e.kaŋ.ka.mú.sa] 女《話》いんちき, いかさま, ぺてん.
re·can·ca·ni·lla [r̃e.kaŋ.ka.ní.ja / -.ʎa] 女 **1** けんけん: 子供の片足跳び遊び. **2**《時に複数で》《話》強調, 力説. hablar con ～ 語気を強めて話す.
re·can·ta·ción [r̃e.kan.ta.θjón / -.sjón] 女《前言の》取り消し, 撤回.
re·ca·pa·ci·tar [r̃e.ka.pa.θi.tár / -.si.-] 自 《sobre... …について》熟考する, よく考える.
—— 他 熟慮する, 熟考する.
re·ca·pi·tu·la·ción [r̃e.ka.pi.tu.la.θjón / -.sjón] 女 **1** 概括, 要約, 要旨. **2**〖生物〗発生反復(説).
re·ca·pi·tu·lar [r̃e.ka.pi.tu.lár] 他 要約する, …の要旨をまとめる.
re·car·ga [r̃e.kár.ɡa] 女 再び積むこと; 再充塡(ﾃﾝ); 再充電; 再課税.
re·car·ga·ble [r̃e.kar.ɡá.ble] 形 詰め替えできる, 再充電できる. pila ～ 充電式電池.
re·car·ga·do, da [r̃e.kar.ɡá.ðo, -.ða] 形 **1** 荷を積みすぎた. **2**〈文体などが〉凝りすぎた; 《de... 〈装飾など〉で》ごてごてした. ～ de adornos ごてごて飾りたてた. **3**《ラ米》(ﾁﾘ)《話》威張った, 気取った.
re·car·ga·mien·to [r̃e.kar.ɡa.mjén.to] 男 装飾が過剰なこと.
re·car·gar [r̃e.kar.ɡár] 103 他 **1** 再び積み込む; 再充塡(ﾃﾝ)する, 再充電する. ～ el fusil 鉄砲に再び弾を込める. ～ el mechero ライターに《オイル》を補給する. ～ el móvil (プリペイド式)携帯電話の通話料を追加する; 充電する. ▶ 充塡物はふつう表されないが, con を用いて表現することもある.
2《de...》《…を》《限度を超えて》積み込む, 詰め込む; 入れすぎる; 《《仕事・義務など》を》重く課す. ～ la cartera de libros かばんに本をぎゅうぎゅうに詰め込む. Has recargado de sal esta tortilla. このトルティージャは塩を入れすぎたね. Esto *recarga* mi presupuesto. これは私の予算ではちょっときつい.
3《de... / con... …で》ごてごて飾る. A mi mujer le gusta ～ la casa de muebles antiguos. 私の妻は家をアンティーク家具でごてごてと飾るのが好きだ.
4 増税する; 追徴[加徴]金を課す. ～ los impuestos (en) un diez por ciento 10パーセント増税する. **5**《負担を》増やす. **6**《刑期を》加重する, 《刑期を》延長する.
—— ～*se* 再 **1**《de... …で》ごてごて身を飾る.
2《de... …を》《頑張って》引き受ける. Me recargué de esas tareas. 私はその仕事を思い切って引き受けた. **3**〖医〗《熱が》上がる. **4**《閉鎖された場所の空気が》よどむ, にごる. **5**《ラ米》(ﾒｷｼ)《話》もたれる, 寄りかかる.

recargar el cuadro / recargar las tintas 誇張する, やりすぎる.

re·car·go [r̃e.kár.ɡo] 男 **1** 新たな[後からの]積み込み; 積みすぎ, 積載超過. **2** 追徴[加徴]金, 追加料金. un diez por ciento de ～ 10パーセントの割増し. **3** 刑罰の加重, 刑期延長. **4** 発熱, 体温が上がること, 再充塡(ﾃﾝ).
re·ca·ta·da·men·te [r̃e.ka.tá.ða.mén.te] 副 慎重に; 慎み深く.
re·ca·ta·do, da [r̃e.ka.tá.ðo, -.ða] 形 **1** 慎重な, 分別のある; 謙虚な, 内気な.
2〈特に女性が〉慎み深い, 節度のある.
re·ca·tar[1] [r̃e.ka.tár] 他 再調査[再検査]する.
re·ca·tar[2] [r̃e.ka.tár] 他 隠蔽(ﾍｲ)する, 包み隠す, 悟られないようにする. —— ～*se* 再 **1**《de... …について / de+不定詞 …することに》慎重にする, 気をつける. Nunca *se recata* de decir lo que piensa. 彼[彼女]は思ったことをなんのためらいもなく言う. **2**《de... …から》隠れる; 目立たないように振る舞う. ～*se* de la gente 人に会わないようにする.

sin recatarse おおっぴらに; ためらわず.

re·ca·to [r̃e.ká.to] 男 **1** 慎重, 分別, 沈着. **2**《特に女性の》節度, 慎み, 恥じらい. **3** 遠慮, 控えめ.
re·ca·tón [r̃e.ka.tón] 男《ラ米》(ｱﾙｾﾞ)つるはし.
re·ca·tón, to·na [r̃e.ka.tón, -.tó.na] 形 いつも値切る, 値切りたがる (＝regatón).
re·ca·to·na·zo [r̃e.ka.to.ná.θo / -.so] 男 槍(ﾔﾘ)の石突きで突くこと.
re·cau·char [r̃e.kau.tʃár] 他《古タイヤを》再生する (＝recauchutar).
re·cau·chu·ta·do [r̃e.kau.tʃu.tá.ðo] 男《古タイヤの》再生.
re·cau·chu·tar [r̃e.kau.tʃu.tár] 他《古タイヤを》再生する.
***re·cau·da·ción** [r̃e.kau.ða.θjón / -.sjón] 女 **1** 徴収, 集金. ～ de impuestos 徴税. **2** 売上高, 徴収額, 募金額; 収益. La ～ ascendió a veinte mil euros. 募金額は2万ユーロにのぼった. hacer una buena ～ かなりの収益を上げる.
3 税務署. Voy a pagar el impuesto en la ～. 税金を納めに税務署に行くところだ.
re·cau·da·dor, do·ra [r̃e.kau.ða.ðór, -.ðó.ra] 形 徴税の; 集金の, 受領する.
—— 男 女 徴税人; 収税(官)吏 (＝ ～ de contribuciones). oficina del ～ 徴税局.
re·cau·da·mien·to [r̃e.kau.ða.mjén.to] 男 **1** → recaudación 1, 2. **2** 収税吏の職務[担当地区].
re·cau·dar [r̃e.kau.ðár] 他 **1** 徴収[集金]する, 受領する; 徴税する. *Recaudaron* diez mil euros por impuestos. 税として1万ユーロが徴収された.

re·cau·da·to·rio, ria [r̃e.kau.ða.tó.rjo, -.rja] 形 徴収の, 集金の, 募金の.
re·cau·de·rí·a [r̃e.kau.ðe.rí.a] 女 《ラ米》《シシ》香辛料店; 青果物店.
re·cau·do [r̃e.káu.ðo] 男 **1** 用心, 警戒; 保護, 保管. estar a buen ～ 安全に保管されている. poner a buen ～ 安全な所にかくまう, 安全に隠す [保管する]. **2** 徴収, 徴税. **3** 《法》担保, 保証金, 保険金. **4** 《ラ米》《メシ》《中米》香辛料, 調味料; 野菜類.
recay- 活 → recaer.
re·ca·zo [r̃e.ká.θo / -.so] 男 (剣の) つば; (ナイフの) 背, 峰.
rec·ción [r̃ek.θjón / -.sjón] 女 《言》 支配.
rece(-) / recé(-) 活 → rezar.
re·ce·bar [r̃e.θe.βár / -.se.-] 他 **1** 〈道などに〉敷き砂 [砂利] を撒く. **2** 〈樽(たる)に〉補充する.
re·ce·bo [r̃e.θé.βo / -.sé.-] 男 **1** 敷き砂, 割りぐり石. **2** (目減りした樽(たる)の) 補填(ほてん)分.
re·ce·char [r̃e.θe.tʃár / -.se.-] 他 《狩》 待ち伏せる.
re·ce·cho [r̃e.θé.tʃo / -.sé.-] 男 見張り; 待ち伏せ.
re·ce·la·mien·to [r̃e.θe.la.mjén.to / -.se.-] 男 → recelo.
re·ce·lar [r̃e.θe.lár / -.se.-] 他 **1** 《que + 直説法》 《…のような》気がする, 《…ではないかと》 疑う; 《que + 接続法 …ではないかと》不安に思う, 恐れる. *Recelo que va a venir hoy.* 彼 [彼女] が今日来るような気がしてならない. *Recelo que me suceda* alguna desgracia. 何か嫌なことが私の身に起こりそうで不安だ. **2** (ロバと交尾させるために) 〈雌馬に〉当て馬をあてがう.
——自 《de... …を》疑う. ～ *de todo* すべてに疑惑を抱く.
re·ce·lo [r̃e.θé.lo / -.sé.-] 男 **1** 不信, 疑惑; 危惧(きぐ)(の念); 虫の知らせ. *mirar con* ～ うさん臭そうに見る. *tener* ～ *de*... …に不信を抱く. **2** 不安, 心配.
*****re·ce·lo·so, sa** [r̃e.θe.ló.so, -.sa / -.se.-] 形 **1** 疑い深い, 信用しない. *mostrarse* ～ 疑い深い態度を見せる. *una recelosa mirada* 疑惑のまなざし. **2** 《闘牛》 〈牛が〉慎重な.
re·cen·sión [r̃e.θen.sjón / -.sen.-] 女 (新聞・雑誌の) 書評; 論評, 評論.
re·cen·tal [r̃e.θen.tál / -.sen.-] 形 〈子羊・子牛が〉乳離れしていない. —— 男 (離乳前の) 子羊, 子牛.
re·cen·tar [r̃e.θen.tár / -.sen.-] [8] 他 〈パン生地に〉パン種を入れる.
—— ～*se* 再 新しくなる, 更新される.
re·cen·tí·si·mo, ma [r̃e.θen.tí.si.mo, -.ma / -.sen.-] 形 [reciente の絶対最上級] ごく最近の.
*****re·cep·ción** [r̃e.θep.θjón / -.sep.sjón] 女 **1** 受け取り, 受領. *Acusamos* ～ *de su envío.* お荷物確かに受け取りました. **2** 受け入れ; 入会, 加入. *dar noticia de la* ～ *del nuevo académico* 新学会員の入会を知らせる. **3** (ホテルの) フロント (会社の) 受付. *Cuando llegué al hotel en* ～ *no había nadie.* 私がホテルに着いたとき, フロントには誰もいなかった. **4** 接待; 接見 (式); 歓迎会, レセプション. *tributar una entusiasta* ～ 歓待する. *Asistí a la* ～ *que organizó el embajador de España.* 私はスペイン大使主催のレセプションに出席した. **5** 《ラジオ》《TV》 受信, 受像.
re·cep·cio·nar [r̃e.θep.θjo.nár / -.sep.sjo.-] 他 《ラ米》《ラジオ》《TV》で受信する.
re·cep·cio·nis·ta [r̃e.θep.θjo.nís.ta / -.sep.sjo.-] 共 (ホテルの) フロント係; (会社の) 受付係.
re·cep·tá·cu·lo [r̃e.θep.tá.ku.lo / -.sep.-] 男 **1** 入れ物, 容器; (何かが溜まる) 溝, くぼみ. **2** 《植》 花托(たく).
re·cep·tar [r̃e.θep.tár / -.sep.-] 他 **1** 《法》 〈犯人・盗品を〉 隠匿する; 〈犯罪を〉 隠蔽(いんぺい)する. **2** 迎える, 受け入れる.
re·cep·ti·vi·dad [r̃e.θep.ti.βi.ðáð / -.sep.-] 女 **1** 受容性, 感受性; 感度; (比喩的) 手ごたえ. **2** 《医》 罹患(りかん)性.
re·cep·ti·vo, va [r̃e.θep.tí.βo, -.βa / -.sep.-] 形 理解が早い, 感化されやすい; 感受性の強い.
re·cep·to [r̃e.θép.to / -.sép.-] 男 避難所, 隠れ場所.
*****re·cep·tor, to·ra** [r̃e.θep.tór, -.tó.ra / -.sep.-] 形 受け手の; 受信する, 受信機の. —— 男 **1** 受け手, 受取人. ～ *de riñón* 腎臓移植手術の被提供者. **2** 《言》 受信者 (↔ *emisor*). —— 男 **1** 受信機, 受像機, 受話器, レシーバー. ～ *de control* テレビモニター. **2** 《解剖》 《生物》受容器官, 感受器官; 《生化》 受容体.
re·cep·to·rí·a [r̃e.θep.to.rí.a / -.sep.-] 女 管財管理局, 収税吏の職 (務).
re·ce·sar [r̃e.θe.sár / -.se.-] 自 (一時的に) 休業 [休会] する, 〈活動を〉 休止する.
*****re·ce·sión** [r̃e.θe.sjón / -.se.-] 女 **1** 《経》 景気後退, 不景気. *profunda* ～ 深刻な不況. **2** 後退, 減退, 減少.
re·ce·si·vo, va [r̃e.θe.sí.βo, -.βa / -.se.-] 形 **1** 《経》 〈景気が〉 後退する, 後退傾向の. **2** 《生物》 劣性の. *herencia recesiva* 劣性遺伝.
re·ce·so [r̃e.θé.so / -.sé.-] 男 **1** (まれ) 逸脱, それること; 分離, 乖離. ～ *del sol* 《天文》 太陽の赤道からの振れ [偏差]. **2** 《ラ米》 休校, 休会; 休憩時間.
*****re·ce·ta** [r̃e.θé.ta / -.sé.-] 女 **1** 《料》 調理法; 作り方, レシピ. *pedir la* ～ *del pastel* ケーキの作り方を尋ねる. **2** 《医》 処方箋. *Este medicamento sólo se vende con* ～. この薬は医者の処方箋がないと売ってくれない. **3** (話) (適切な) 方法, こつ. *tener una* ～ *para hacer fortuna* 財を成す秘訣(ひけつ)がある. ～ *de vieja* (話) (病気療法など) 経験豊かなおばあちゃんの知恵.
[← 〔ラ〕 *recepta* (薬を作るために) 取られたもの」(*recipere* 「戻す, 受ける」の完了分詞中性複数); 関連 recetar. [英] *recipe* 「調理法」]
re·ce·ta·dor, do·ra [r̃e.θe.ta.ðór, -.ðó.ra / -.se.-] 男 処方医.
re·ce·tan·te [r̃e.θe.tán.te / -.se.-] 形 処方の, 処方する. —— 共 処方医.
*****re·ce·tar** [r̃e.θe.tár / -.se.-] 他 **1** 《医》 〈薬を〉 処方する. **2** (話) 頼み込む, 泣きつく. ～ *largo* くどくど頼む. **3** 《ラ米》《メシ》《中米》 〈パンチを〉 見舞う, 食らわせる.
re·ce·ta·rio [r̃e.θe.tá.rjo / -.se.-] 男 **1** 処方箋(せん); 処方記録簿; 調剤書. **2** 薬局方. **3** 作り方 [レシピ] 集. ～ *de cocina* 調理 [料理] 本.
re·cha·ce [r̃e.tʃá.θe / -.se] 男 《スポ》 クリア (= *despeje*), 押し戻すこと. —— 他 → rechazar.
rechace(-) / rechacé(-) 活 → rechazar.
re·cha·za·ble [r̃e.tʃa.θá.βle / -.sá.-] 形 拒絶できる; 拒絶に値する.
re·cha·za·dor, do·ra [r̃e.tʃa.θa.ðór, -.ðó.ra / -.sa.-] 形 拒絶する, 拒否の. —— 男 拒絶者.
re·cha·za·mien·to [r̃e.tʃa.θa.mjén.to / -.sa.-] 男 **1** 拒絶, 拒否, 否認. ～ *de una petición* 陳情

の却下.
2 撃退, はねつけ.

***re·cha·zar [r̃e.tʃa.θár / -.sár]⑼⑺ 他 **1** 拒む, 拒否する. ～ de pleno la oferta きっぱりと申し出を断る. *Rechazó* con energía su existencia. 彼[彼女]はその存在を強く否定した.
2 はじく, はね返す, 反発する. Esta cortina *rechaza* la luz. このカーテンは光をさえぎります.
3 〈敵に〉抵抗する, 撃退する. ～ un ataque 攻撃をかわす. **4** 《スポ》〈ボールを〉クリアする. **5** 《医》〈移植臓器に〉拒否反応を示す.
[←「古仏」*rechacier*; *re*-「再び」+ *chacier*「追う」(←「俗ラ」*captiare). 関連 rechazo, cazar. 英 chase「追いかける; 追い出す」

*re·cha·zo [r̃e.tʃá.θo / -.so] 男 **1** 拒絶, 拒否, 却下. **2** はね返り, 反動. **3** 《医》拒絶反応.
— 活 → rechazar.
de rechazo はね返って; 間接的に.

re·chi·fla [r̃e.tʃí.fla] 女 《話》野次(の口笛), あざけり(の言葉). Se retiró en medio de una ～. 彼[彼女]は野次の中を退場した.

re·chi·flar [r̃e.tʃi.flár] 他 …に(野次の)口笛を吹く; 野次る; からかう.
— ～·se 再 **1** 《de... …を》からかう, 嘲笑(ちょうしょう)する. **2** (ラ米)《話》怒る, むくれる, かっかする.

re·chín [r̃e.tʃín] 男 (ラ米)(メヒ)焼け焦げ(の食べ物); 焦げたもの. oler a ～ 焦げ臭い.

re·chi·na·dor, do·ra [r̃e.tʃi.na.ðór, -.ðó.ra] 形 きしむ.

re·chi·na·mien·to [r̃e.tʃi.na.mjén.to] 男 **1** きしみ, きしむ音. **2** 歯ぎしり(音).

re·chi·nan·te [r̃e.tʃi.nán.te] 形 → rechinador.

re·chi·nar [r̃e.tʃi.nár] 自 **1** きしむ, キーキー[ギーギー]音を立てる. ～le (a+人) los dientes 〈人〉が歯ぎしりする. **2** いやいやながらする, しぶしぶ行う.
3 (ラ米)《話》(1) 激怒する, むかっ腹を立てる. (2) (メヒ)不平を言う, ぶつくさ言う; ぶっきらぼうに答える.
— 他 きしませる.
— ～·se 再 (ラ米) (1) (メヒ)(プ*)(シ*) 〈食べ物などが〉焦げる. (2) (クセチ*)《話》怒り狂う, 憤慨する. (3) (メヒ)鳥肌が立つ.

re·chi·ni·do [r̃e.tʃi.ní.ðo] / **re·chi·no** [r̃e.tʃí.no] 男 キーキー鳴る音, きしむ音.

re·chis·tar [r̃e.tʃis.tár] 自 《話》(主に否定文で)口を利く, しゃべる. sin ～ 文句ひとつ言わずに.

re·chon·cho, cha [r̃e.tʃón.tʃo, -.tʃa] 形 《話》ずんぐりした, ずんぐりむっくりな.

re·chu·pe·te [r̃e.tʃu.pé.te] *de rechupete* 《話》最高の[に], すばらしい[く], 見事な. un caldo *de* ～ とてもおいしいスープ. pasarlo *de* ～ 実に楽しい思いをする.

re·cial [r̃e.θjál / -.sjál] 男 急流, 激流, 早瀬.

re·cia·men·te [r̃é.θja.mén.te / -.sja.-] 副 強く, 猛烈に.

re·cia·rio [r̃e.θjá.rjo / -.sjá.-] 男 《史》(古代ローマの)レティアリウス: 網とトライデント(切っ先が3つの槍(やり))を持って戦った剣闘士.

re·ci·bí [r̃e.θi.bí / -.si.-] 男 受領書, 受領済み(の署名). poner el ～ a [en] la factura 請求書に受領済みのサインをする. — 活 → recibir.

re·ci·bi·da [r̃e.θi.bí.ða / -.si.-] 女 《ラ米》(リオプ)歓迎, 歓待.

re·ci·bi·dor, do·ra [r̃e.θi.bi.ðór, -.ðó.ra / -.si.-] 形 受け取る, 受領する. — 男 女 受領者, 受取人. — 男 玄関ホール; 応接間; 待合室.

re·ci·bi·mien·to [r̃e.θi.bi.mjén.to / -.si.-] 男 受け入れ; 受け取り, 受領, 受領. **2** 歓待, もてなし. Tuvo muy mal ～. 彼[彼女]は冷たいもてなしを受けた. **3** 玄関ホール; 控えの間, 応接間; 待合室.

***re·ci·bir [r̃e.θi.bír / -.si.-] 他 **1** 受け取る, 受け取る(↔dar). ～ un premio 受賞する. ～ el nombre de... …と命名される. *Reciba* mi más cordial felicitación. 私の心からの祝福をお受けください. *Recibió* una paliza. 彼[彼女]は平手打ちされた. *Recibimos* un susto tremendo. 私たちはとても驚いた.
2 受け入れる; 迎え入れる. Juan *recibió* a Isabel por esposa. フアンはイサベルを妻として迎え入れた. La asociación *recibió* nuevos socios. 協会は新会員を受け入れた. El doctor no *recibe* visitas hoy. 先生は今日は診察しません.
3 迎える, 迎えに行く. ～ a+人 con los brazos abiertos 〈人〉を大歓迎する. Fueron a ～ a su madre al aeropuerto. 彼らは母親を空港に迎えに行った.
4 〈意見などを〉受け止める, 受け入れる; 〈扱いなどを〉受ける. ～ consejos de... …のアドバイスを受ける. *Recibió* el castigo que se merecía. 彼[彼女]は相応の罰を受けた. La propuesta fue bien *recibida*. 提案の受諾日はよかった. **5** 《通信》【ＩＴ】受信(受像)する. Aquí no *recibimos* la Televisión Española Internacional. ここはＴＶＥ(スペイン国際放送)の国際放送は受信できない. 《建材などを》支える. los pilares que *reciben* la bóveda 丸天井を支える支柱. **7** 〈攻撃を〉迎え撃つ; 《闘牛》〈牛を〉待ち構える. ～ al enemigo 敵を迎え撃つ.
— 自 (医者が)診察日である; 応対する, 接見する. El médico *recibe* los martes y los jueves. その医者の診察日は火曜日と木曜日だ.
— ～·se 再 (ラ米)(メヒ) (de... …の)学位を得る.
[←「ラ」*recipere*; *re*-「再び」+ *capere*「取る」(→caber). 関連 recibimiento, recibo, recepción, receptor. 英 *receive*]

*re·ci·bo [r̃e.θí.βo / -.sí.-] 男 **1** 受取り, 領収(書), レシート; 受理. acusar ～ 受領したことを通知する. carta con acuse de ～ 受領通知書. ～ de la solicitud 申請書の受理.
2 受け入れ, 歓迎, もてなし.
— 活 → recibir.
estar de recibo 〈人が〉客を迎える身支度ができている.
ser [*estar*] *de recibo* 〈ものが〉受け入れられる, (契約などの)条件を満たしている.

re·ci·cla·ble [r̃e.θi.klá.βle / -.si.-] 形 リサイクル[再生]可能な.

re·ci·cla·do, da [r̃e.θi.klá.ðo, -.ða / -.si.-] 形 再生された, リサイクルされた. papel ～ 再生紙.
— 男 → reciclaje.

re·ci·cla·je [r̃e.θi.klá.xe / -.si.-] 男 **1** 再生加工, リサイクル; 循環利用. **2** (管理者・技術者などの)再教育, 再訓練.

re·ci·cla·mien·to [r̃e.θi.kla.mjén.to / -.si.-] 男 → reciclaje.

*re·ci·clar [r̃e.θi.klár / -.si.-] 他 **1** 再生加工[利用]する, リサイクルする, 〈熱などを〉循環利用する. **2** 再教育する, 再訓練する.

re·ci·di·va [r̃e.θi.ðí.βa / -.si.-] 女 《医》(病気の)再発, ぶり返し.

re·ci·di·var [r̃e.θi.ði.βár / -.si.-] 自 (病気が)再発する, ぶり返す. Después de cinco meses, el cán-

reclamar

cer *recidivó* en la misma localización. 5か月後, 同じ部位にがんが再発した.

re·cie·dum·bre [r̃e.θje.ðúm.bre / -.sje.-] 囡 力強さ, たくましさ; 頑丈さ. ~ de la voz 声の力強さ. una persona de gran ~ (精神的に)たくましい人; 体が丈夫な人.

re·cién [r̃e.θjén / -.sjén] 副 [*recientemente* の語尾消失形] **1** 〈+過去分詞〉…したばかりの. estar ~ *llegado* 着いたばかりである. estar ~ *hecho* 行われた[できた]ばかりである. casa ~ *construida* 新築の家. un niño ~ *nacido* 生まれたばかりの赤ん坊. los ~ *casados* 新婚(夫婦). *R*~ *salido* del colegio, empecé a trabajar. 私は学校を出てすぐに働き始めた.
2 〖ラ米〗(1) たった今, ついさっき. *R*~ *llegaron* todos. みんな今しがた着いたところだ. (2) ちょうど, まさに. ~ *ahora* 今しがた; 今ごろになって, やっと. ~ *entonces* そのとき. ~ *allí* まさにそこで. (3) …するやいなや. *R*~ *salí de casa*, empezó a llover. 家を出るやいなや雨が降り出した.

re·cien·ci·to [r̃e.θjen.θí.to / -.sjen.sí.-] 副 〖ラ米〗(り)(ブテ)〖話〗たった今, ついさっき, ちょっと前に.

re·cien·te [r̃e.θjén.te / -.sjén.-] 形 [絶対最上級 は *recientísimo* あるいは 〖話〗 *recientísimo*] **1** 〈+名詞 / 名詞+〉〈**ser**+ / **estar**+〉最近の, 近ごろの, 最近起こった. los sucesos ~*s* 最近の出来事. una noticia ~ 最新のニュース. en un ~ estudio 最近の研究では. en fechas ~*s* 最近, 近ごろ. la historia ~ de España スペイン現代史. un ~ número de la revista その雑誌の最近号. Todavía está ~ su fallecimiento. 彼[彼女]の死はまだ記憶に新しい.
2 〈名詞+〉〈**ser**+ / **estar**+〉新鮮な, 真新しい. pan ~ 焼きたてのパン. queso ~ できたてのチーズ.
[←〖ラ〗 *recentem* (*recēns* の対格)「新しい, 新鮮な」; 〖関連〗〖英〗*recent*]

re·cien·te·men·te [r̃e.θjén.te.mén.te / -.sjén.-] 副 最近, 近ごろ. Han tenido un hijo ~. 彼らに最近子供が生まれた.

re·cin·to [r̃e.θín.to / -.sín.-] 男 **1** 囲い地, (柵(き)・生け垣・壁などで)囲われた土地[場所].
2 構内, 境内. el ~ de la escuela 校内. el ~ de la feria de muestras 見本市の会場.

re·cio, cia [r̃é.θjo, -.θja / -.sjo, -.sja] 形 **1** (力)強い, たくましい. un cuerpo ~ 頑丈な体. voz *recia* 大声.
2 太い, 太った; 厚い. pared muy *recia* 分厚い壁. un hombre alto y ~ 背が高くてがっちりした男性.
3 厳しい; 激しい. en lo más ~ del verano 夏の真っ盛りに. una *recia* discusión 白熱した議論. un ~ invierno 厳冬. pena *recia* 厳罰.
— 副 **1** 力強く, 大声で. hablar ~ 声高に[騒々しく]話す. **2** 激しく, ひどく. llover ~ 雨が激しく降る. luchar ~ y duro しゃにむに戦う.
de recio 激しく, 強く, 猛烈に.

ré·ci·pe [r̃é.θi.pe / -.si.-] 男 **1** 〖話〗処方(箋(乏)).
2 叱責(ﾗﾁ), 小言. dar un ~ こっぴどく叱る.

re·ci·pien·da·rio, ria [r̃e.θi.pjen.dá.rjo, -.rja / -.si.-] 男 囡 〖格式〗(正式に承認され迎え入れられる)新入会員.

re·ci·pien·te [r̃e.θi.pjén.te / -.si.-] 形 受け取る, 受領する.
— 男 **1** 容器, 器. **2** 〖化〗(蒸留器などの)受け器.

re·ci·pro·ca·ción [r̃e.θi.pro.ka.θjón / -.si.-

sjón] 囡 **1** 〖文法〗相互性. **2** 交換; 交互作用.
3 応酬, 報復.

re·ci·pro·ca·men·te [r̃e.θí.pro.ka.mén.te / -.sí.-] 副 相互に, お互いに.

re·ci·pro·car [r̃e.θi.pro.kár / -.si.-] 102 他 **1** 対応させる, 交換する.
2 …に同じ動作[態度]で応じる, 応酬する.

re·ci·pro·ci·dad [r̃e.θi.pro.θi.ðáð / -.si.-.si.-] 囡 **1** 相互(依存)関係; 交互作用; 交換. en ~ a su *gentileza* あなたのご親切へのお返しに. **2** 対抗措置, 報復, 仕返し. medidas de ~ 対抗手段. proceder en justa ~ 同じ報復手段に訴える. **3** (通商などの)互恵(主義). ~ *arancelaria* 互恵関税. **4** 〖文法〗相互性.

re·ci·pro·co, ca [r̃e.θí.pro.ko, -.ka / -.sí.-] 形 **1** 相互の, 相互的な; 互恵的な. amistad *recíproca* 相互の友情. odio ~ いがみ合い. verbo ~ 〖文法〗相互動詞(▶ Pedro y Juan se saludan. のように相互性を表す再帰動詞). comercio ~ 互恵通商.
2 相反する, 逆の, 正反対の; 〖数〗逆数の.
a la recíproca 逆の場合も同様に, お互い様を. Me dejaba sus apuntes cuando faltaba a clase y *a la recíproca*. 私が授業を休むと彼[彼女]は私にノートを貸してくれたし, 逆に彼[彼女]が休んだ時には私がノートを貸してあげた.
[←〖ラ〗 *reciprocum* (*reciprocus* の対格); 原義は「回帰の」; 〖関連〗 *reciprocidad*. 〖英〗 *reciprocal*]

re·ci·ta·ción [r̃e.θi.ta.θjón / -.si.-.sjón] 囡 朗唱, 吟唱; 暗唱.

re·ci·ta·do [r̃e.θi.tá.ðo / -.si.-] 男 **1** 〖音楽〗叙唱, レチタティーボ. →*recitativo*.
2 朗唱, 吟唱; 朗読する作品[詩].

re·ci·ta·dor, do·ra [r̃e.θi.ta.ðór, -.ðó.ra / -.si.-] 形 朗唱の, 吟唱する.
— 男 囡 朗唱者, 朗読する人; 暗唱者.

re·ci·tal [r̃e.θi.tál / -.si.-] 男 **1** (音楽・舞踊の)リサイタル, 独唱会, 独奏会; 朗読会. músico que ha dado ~*es* por todo el mundo 世界中でリサイタルを催した音楽家. ~ *poético* 詩の朗読会. ~ *de piano* ピアノリサイタル.
dar un recital 実力[模範]を示す.

re·ci·tar [r̃e.θi.tár / -.si.-] 他 朗唱する, 朗読[吟唱]する; 暗唱する. ~ *una poesía* 詩を朗読する. ~ *las tablas de multiplicar* 掛け算表[九九]を暗唱する.
[←〖ラ〗 *recitāre* 「朗読する, 暗唱する」(*re*- 「再び」 + *citāre* 「呼びたてる」); 〖関連〗 *recitación*. 〖英〗 *recite* 「朗唱する」, *recital*. 〖日〗リサイタル]

re·ci·ta·ti·vo, va [r̃e.θi.ta.tí.ßo, -.ßa / -.si.-] 形 〖音楽〗叙唱の, レチタティーボの. — 男 叙唱, レチタティーボ; オペラで語るように歌う唱法.

re·cla·ma·ción [r̃e.kla.ma.θjón / -.sjón] 囡 **1** (権利の) **要求**, 請求, 主張. ~ *del pago* 支払い請求. ~ *salarial* 賃上げ要求. **2** 異議(申し立て), 抗議, 苦情, クレーム. hacer una ~ 異議申し立てをする, 抗議する. libro [hoja] de *reclamaciones* (ホテルなどにある)苦情書き込み帳[用紙].

re·cla·man·te [r̃e.kla.mán.te] 形 要求[請求]する, 主張する. — 男 囡 要求者, 請求者, 主張者; 異議を申し立てる人. ~ *de la herencia* 遺産相続の権利を主張する人.

re·cla·mar [r̃e.kla.már] 他 **1** 〈a+人〈人〉に〉(当然の権利として) **要求する**, 請求する. ~ *un aumento de sueldo a la empresa* 会社に給料の値上げを要求する. ~ *para sí su parte de heren-*

cia 遺産の分与を要求する.
2〈人を〉必要とする;〖法〗〈犯罪人に〉出頭命令を下す. Te *reclaman* en la oficina. 事務所で君を呼んでいるよ. Es *reclamado* por la justicia. 彼は当局から手配されている.
3〈もの・人が〉〈対応などを〉必要とする, 要求する. Este problema *reclama* nuestra atención. この問題に私たちは注目する必要がある. Esta niña *reclama* un cuidado especial. この女の子には特別の気配りが必要だ. **4**〖狩〗〈人が〉〈鳥を〉〈鳥笛で〉呼びよせる;〈鳥が〉〈仲間を〉呼ぶ.
— 自《**contra...**…に対して**/ por...**…について》(口頭または書状で) **抗議する**, 異議[苦情]を申し入れる. ~ *contra* la decisión del comité 委員会の決定に異議を唱える. ~ *por* los servicios deficientes サービスの欠陥に抗議する.

re·cla·me [r̃e.klá.me] 男 (または 女)《ラ米》広告, 宣伝. mercadería de ~ 目玉[客寄せ]商品.

re·cla·mo [r̃e.klá.mo] 男 **1** おとりの鳥;(同類を呼ぶ)鳥の鳴き声, 鳥笛. la caza al ~ おとり猟. **2** 誘い, 呼びかけ. acudir al ~ de + 人〈人〉の呼びかけに応じる;甘い話に乗る. **3** 広告, 宣伝;宣伝文句, キャッチフレーズ. **4**〖商〗クレーム, 苦情. **5**〖法〗異議[不服]の申し立て. **6**〖印〗要語:ページ右下欄外に印刷された次ページの最初の語.

re·cla·món [r̃e.kla.món] 男 (風などが)急に弱くなること.

re·cli·na·ción [r̃e.kli.na.θjón / -.sjón] 女 寄りかかること;傾くこと.

*****re·cli·nar** [r̃e.kli.nár] 他《**contra...** / **en...** / **sobre...**…に》もたせかける, 寄りかからせる;傾ける. *Recliné* la escala *contra* la pared. 私ははしごを壁に立てかけた. Ella *reclinó* la cabeza *sobre* mi hombro. 彼女は私の肩に頭をもたせかけた.
— **~·se** 再 傾く;《**contra...** / **en...** / **sobre...**…に》寄りかかる, もたれる, もたれかかる.

re·cli·na·to·rio [r̃e.kli.na.tó.rjo] 男 **1** 祈禱台:ひざまずいて祈る信者席のいす. **2**(いすなどの)背もたれ, ひじ掛け(背もたれ付きの)いす, ソファー.

re·clui·do, da [r̃e.klwí.ðo, -.ða] 形 **1** 閉じこもった, 閉じこめられた.
2 監禁された;収監された;隔離された.

re·cluir [r̃e.klwír] 48 他 閉じ込める, 監禁する, 幽閉する;刑務所に入れる.
— **~·se** 再 (部屋に)閉じこもる, 引きこもる.

re·clu·sión [r̃e.klu.sjón] 女 **1** 投獄, 懲役;刑務所, 留置場. pena de ~ perpetua 終身(禁固)刑.
2 隠遁(いん), 引きこもり, 閉居.

re·clu·so, sa [r̃e.klú.so, -.sa] 形 投獄[収監]された;監禁された. población *reclusa* 囚人の数.
— 男 女 受刑者, 囚人.

re·clu·so·rio [r̃e.klu.só.rjo] 男 隠遁(いん)所;閉じ込められた場所.

re·clu·ta [r̃e.klú.ta] 男 女〖軍〗新兵;徴集兵;志願兵. — 女 **1** 徴兵, 徴募. **2**(人員の)募集. **3**《ラ米》(ァメ)家畜の駆り集め.

re·clu·ta·dor, do·ra [r̃e.klu.ta.ðór, -.ðó.ra] 形 **1**〖軍〗徴兵官, 徴募官. **2** 募集する人.

re·clu·ta·mien·to [r̃e.klu.ta.mjén.to] 男 **1**〖軍〗徴兵, 徴募;〖集合的〗(ある年度の)補充兵. **2** 募集.

re·clu·tar [r̃e.klu.tár] 他 **1**〖軍〗徴兵する, 徴集する. **2**〈労働者などを〉募集する, 募る. ~ voluntarios 志願者[有志]を募る. **3**《ラ米》(ァメ)〈焼き印を押すために〉〈家畜を〉駆り集める.

*****re·co·brar** [r̃e.ko.brár] 他(失ったものを)取り戻す, 回復する, 埋め合わせる;奪還する. ~ la salud 健康を回復する. ~ el buen humor 機嫌を直す. ~ la confianza 信頼を回復する. ~ aliento 息を吹き返す. ~ la esperanza 希望を取り戻す. ~ el espíritu [sentido, conocimiento] 意識を回復する. ~ su dinero (なくした)金を見つめる, 損失金を取り戻す.
— **~·se** 再 **1**《**de...**〈失ったもの・損失〉を》取り戻す;補償金を受け取る. **2**《**de...**》《…を克服して》健康を取り戻す;(…から)立ち直る. Se *recobrará* del todo en diez días. 彼は10日で全快するだろう. **3** 意識を回復する;正気を取り戻す.
[←[ラ] *recuperāre* (→ recuperar);*re-*「再び」+ *capere*「取る」(→ caber);〖関連〗recobro, cobrar, cobrador. 〖英〗*recover*]

re·co·bro [r̃e.kó.bro] 男 **1** 取り戻すこと;回復, 奪還. **2** 埋め合わせ.

re·co·cer [r̃e.ko.θér / -.sér] 24 他 **1** 煮直す, 焼き直す, 温め直す. **2** 煮[焼き]すぎる. **3**(金属・ガラスなどを)焼き戻す, 焼きなます. **4**《ラ米》(メメ)調理する.
— **~·se** 再《**de...**〈焦り・嫉妬(とつ)・恨みなど〉で》じりじりする;《**por...** / **con...**〈他人の行動などに〉に》悩む, さいなまれる;怒る. ~*se de* envidia 嫉妬でもだえ苦しむ. Me *recuezo con* la pereza de mis hijos. 私は息子たちのものぐささに腹が立つ.

re·co·chi·ne·ar·se [r̃e.ko.tʃi.ne.ár.se] 再《話》《**de...**…を》こばかにする, あざける.

re·co·chi·ne·o [r̃e.ko.tʃi.né.o] 男《話》(さらなる怒りを買うような)あざけり, 嘲笑(ちょう), 嘲弄(ちょう). con ~ こばかにして, あざけって. ¡Qué ~! こいつは傑作だ.

re·co·ci·do, da [r̃e.ko.θí.ðo, -.ða / -.sí.-] 形 煮[焼き]直した;煮[焼き]すぎた, 長い時間煮た[焼いた]. — 男 (金属などの)焼き戻し, 焼きなまし.

re·co·ci·na [r̃e.ko.θí.na / -.sí.-] 女 (調理室付属の)流し場;台所の奥の部屋.

re·co·da·de·ro [r̃e.ko.ða.ðé.ro] 男 ひじ掛け.

re·co·dar [r̃e.ko.ðár] 自 **1**〈川・道が〉曲がる, 曲がりくねる. **2**〈人が〉ひじをつく.
— **~·se** 再《**en...** / **sobre...**…に》ひじをつく. ~*se en* la mesa テーブルにひじをつく.

re·co·do [r̃e.kó.ðo] 男(川・道の)湾曲(部), 曲がり角.

re·co·ge·a·bue·los [r̃e.ko.xe.a.ßwé.los] 男〖単複同形〗(うなじの毛を押さえる)くし.

re·co·ge·de·ro [r̃e.ko.xe.ðé.ro] 男 **1** 物置場;集積場, 回集場. **2** ちり取り, ごみ取り.

re·co·ge·dor, do·ra [r̃e.ko.xe.ðór, -.ðó.ra] 女 集める人;(収穫物の)刈り取り[摘み取り]人.
— 男 **1** ちり取り, ごみ取り.
2(脱穀した麦などを)かき集める農具.

re·co·ge·mi·gas [r̃e.ko.xe.mí.gas] 男〖単複同形〗(食卓用の)パンくず掃除器.

re·co·ge·pe·lo·tas [r̃e.ko.xe.pe.ló.tas] 男 女〖単複同形〗(特にテニス・サッカーの)ボールボーイ[ガール].

re·co·ger [r̃e.ko.xér] 100 他 **1 拾う, 取り上げる. *Recogió* la pelota del suelo. 彼[彼女]は床からボールを拾った. *Recogí* el agua del suelo con una fregona. 私はモップで床の水をふき取った.
2 まとめる, しまう;かたづける. ~ la mesa 食卓の後片付けをする. Ella *recogió* sus cosas y se fue. 彼女は自分のものをまとめると帰ってしまった.

3〈あちこちから〉集める. ~ firmas 署名を集める. Tuve que ~ dinero para realizar el proyecto. 計画を実行するため資金を集めねばならなかった. **4**〈人を〉(約束の場所に)迎えに行く;〈ものを〉引き取る. ¿A qué hora voy a ~te? 何時に君を迎えに行こうか. Tengo que ir a Correos para ~ un paquete. 私は小包を引き取りに郵便局に行かなくてはならない. **5** 取り上げる, 取り入れる. ~ la herencia de... …を受け継ぐ. La exposición *recoge* sus obras más recientes. 展覧会では彼[彼女](ら)の最新作を取り上げている. **6** 収穫する, (報いなどを)(結果として)受ける, 手に入れる. ~ los frutos de... …の成果を手にする. **7** 迎え入れる, 保護する. El albergue es un lugar donde *recogen* a los sin techo. 宿泊所は家のない人を収容する場所です. **8** 蓄積する. ~ la humedad 湿気を帯びる. Esta tela *recoge* polvo. この生地はほこりがつく. **9**〈刊行物を〉押収する. **10**〈傘などを〉畳む;〈洋服などを〉縮める, 短くする. **11**〖闘牛〗〈牛を〉(闘牛士の方に)向ける.
—圓 片付ける. Vamos a salir, cuando acabes de ~. 君の片付けが終わったら出かけましょう.
—~**se** 圓 **1**〈自分の洋服を〉縮める;〈髪を〉まとめる. ~*se* el pelo en un moño 髪をまとめてアップにする. **2** 引き上げる, 帰る. Aquí la gente *se recoge* pronto. ここの人たちは引き上げるのが早い.
3〈en...…に〉閉じこもる, 専念する.

re·co·gi·do, da [r̄e.ko.xí.ðo, -.ða] 形 **1**〈人が〉隠遁(いんとん)した, 引きこもった;〈生活・人の状態が〉人付き合いのない, 引きこもりの. **2**(場所が)居心地のよい, (静かで)落ち着く. **3** 広がらない, あまり場所[スペース]をとらない, まとまった. dejar los papeles ~*s* en la mesa 書類を(散らかさずに)机の上にまとめておく. **4**〈髪が〉束ねた, アップにした;〈服が〉丈を詰めた, 短くした;たくし上げた. **5**〈動物が〉身の短い, ずんぐりした.
—男 隠遁した人, (特に)修道院に入った女性.
—男(飾り用に)まとめた部分, 束ねた部分. un ~ de pelo アップにした髪.
—女 **1** 回収, 収集. la *recogida* de la basura ごみの回収. *recogida* de correos 郵便物の収集. **2**〖農〗収穫. **3**〈寝る〉寝室へ行くこと, 就寝. **4**〘ラ米〙(**1**)〘チリ〙〘アンデス〙〖農〗(家畜の)駆り集め. (**2**)〘メキシコ〙警察の手入れ, 急襲.

re·co·gi·mien·to [r̄e.ko.xi.mjén.to] 男 **1** 没頭, 集中, 熱中;瞑想(めいそう). **2** 引きこもること, 隠遁(いんとん), 隠居;(修道院などの)隠遁の場所. **3**〈家畜を〉寄せ集めること.

recoj- 活 → recoger.

re·co·lec·ción [r̄e.ko.lek.θjón / -.sjón] 女 **1** 収穫, 取り入れ, 採取;収穫物;収穫物の. ~ de trigo 小麦の取り入れ. **2** 収集, 採集;回収, 集金. ~ de informaciones estadísticas 統計資料の収集. ~ de dinero お金の徴収. →右段に図. **3**〖宗〗静修, 黙想.

re·co·lec·tar [r̄e.ko.lek.tár] 他 **1** 収穫する, 取り入れる. **2** 収集する, 回収する, 集める (= juntar, reunir).

re·co·lec·tor, to·ra [r̄e.ko.lek.tór, -.tó.ra] 形 収穫する;収集する. —男 女 取り入れする人, 収穫する人;収集[回収]する人, 集金人, 徴税官.

re·co·le·gir [r̄e.ko.le.xír] 他 集める, 寄せ集める, かき集める.

re·co·le·to, ta [r̄e.ko.lé.to, -.ta] 形 **1**〈場所が〉静かな, 人気のない. una calle *recoleta* 閑散とした通り. **2** 引きこもった, 隠遁(いんとん)した. **3**〖カト〗修道者の. —男 女〖カト〗修道士[女];隠遁者.

re·co·lo·ca·ción [r̄e.ko.lo.ka.θjón / -.sjón] 女 再就職;再配置.

re·co·lo·car [r̄e.ko.lo.kár] 他 再雇用する.

re·com·bi·na·ción [r̄e.kom.bi.na.θjón / -.sjón] 女〖生物〗組み換え. ~ genética 遺伝子組み換え.

re·com·bi·nan·te [r̄e.kom.bi.nán.te] 形〈農産物が〉遺伝子組み換えの.

*****re·co·men·da·ble** [r̄e.ko.men.dá.ble] 形 勧められる, 推薦できる;《ser +》(+ 不定詞 / que + 接続法 …することは)望ましい. un joven poco ~ あまり感心できない若者. un libro ~ 推薦図書. No *es* ~ *que salgas* con mucho dinero. 大金を持って外出しない方がいいよ.

*****re·co·men·da·ción** [r̄e.ko.men.da.θjón / -.sjón] 女 **1** 推薦, 推奨, 推挙;推薦状. carta de ~ 推薦[紹介]状. Tiene muchas *recomendaciones*. 彼[彼女]には後ろ盾となる人が大勢いる. **2** 勧告, 勧め, 忠告. Olvidé las *recomendaciones* de mi padre. 私は父の忠告を忘れてしまった.

re·co·men·da·do, da [r̄e.ko.men.dá.ðo, -.ða] 形 **1** 勧められた, 推薦[推奨]された. **2**〘ラ米〙〘メキシコ〙〘コロン〙(郵便物が)書留の. —男 女 推薦された人, 後ろ盾[コネ]のある人.

re·co·men·dan·te [r̄e.ko.men.dán.te] 形 推薦の, 推薦する. —男 女 推薦者.

******re·co·men·dar** [r̄e.ko.men.dár] 8 他 **1**(a + 人〈人〉に)(1)〈ものを・人を〉推薦する, 推挙する. ~ a un estudiante como candidato a beca 奨学金受給者としてある学生を推薦する. ~ a un amigo ante el director para ocupar un puesto vacante その職の候補として部長に友人を売り込む. ¿Qué restaurante *me recomiendas*? どのレストランがおすすめかな (▶ *me* が a + 人 に相当). (**2**)(+ 不定詞 / que + 接続法 …することを)勧める;…を勧告する. El médico *me recomienda hacer* [*que haga*] más ejercicio. 私は医者からもっと運動をするように勧められている. ~ precaución *a* los turistas 用心するように旅行者に忠告する. **2**(a + 人〈人〉に)委ねる, 託す. Te *recomiendo* el niño. あなたにこの子をちょっとお願いします. **3**〈長所・言動などが〉〈人〉の価値を高める, 際立たせる. Le *recomienda* su abundante experiencia en el terreno. この分野での豊富な経験が彼のすばらしさを物語っている.
[← [中ラ] *recommendāre* ([ラ] *re-*「再び」+ *commendāre*「推薦する」);関連 recomendación. [英] *recommend*]

re·co·men·da·to·rio, ria [r̄e.ko.men.da.tó.rjo, -.rja] 形 推薦の;勧告の;忠告的な.

re·co·men·zar [r̄e.ko.men.θár / -.sár] 10 他 再

recomerse

び始める，再開する，やり直す．— 自 再び始まる．

re·co·mer·se [r̃e.ko.mér.se] 再 《**de...** ...に》ぴりぴりする，いらだつ，悶(もだ)える．～ **de celos** 嫉妬(しっと)に悶える．

recomiend- 活 → recomendar.

***re·com·pen·sa** [r̃e.kom.pén.sa] 女 償い，報い；報酬，褒美. **en ～ de**... ...のお返し[褒美]に.

re·com·pen·sa·ble [r̃e.kom.pen.sá.ble] 形 償いうる；報いられる，報酬のよい．

re·com·pen·sa·ción [r̃e.kom.pen.sa.θjón / -.sjón] 女 → recompensa.

re·com·pen·sar [r̃e.kom.pen.sár] 他 **1** 報いる，報酬[褒美]を与える，褒賞する. **Si sacas buenas notas, te lo *recompensaré* con un ordenador.** いい成績をとれたら褒美としてコンピュータを(買って)あげよう. **2** 償う，償いをする，埋め合わせをする；弁償[賠償]する.

re·com·po·ner [r̃e.kom.po.nér] 41 他 《過分 は recompuesto》**1** 作り直す，修理[修繕]する. **2** 《体》美しく着飾らせる.
— **～·se** 再 《話》おめかしする，美しく着飾る.

re·com·pra [r̃e.kóm.pra] 女 《経》再購入；買い戻し.

re·com·pues·to, ta [r̃e.kom.pwés.to, -.ta] [recomponer の 過分] 形 **1** 作り直された. **2** 修理[修繕]された. **3** きれいに着飾った，めかし込んだ.

re·con·cen·tra·ción [r̃e.kon.θen.tra.θjón / -sen.-.sjón] 女 → reconcentramiento.

re·con·cen·tra·mien·to [r̃e.kon.θen.tra.mjén.to / -.sen.-] 男 (精神などの)集中，専念；集結，結集.

re·con·cen·trar [r̃e.kon.θen.trár / -.sen.-] 他 **1** 一点に集める，結集させる. **La lente convergente *reconcentra* los rayos solares.** 凸レンズは太陽光線を1か所に集める. **2** 《**en...** ...に》〈関心・感情を〉集中する. **3** 凝縮[凝集，濃縮]する. **4** 〈感情などを〉内に秘める，隠す. ～ **la pasión** 情熱を内に秘める. — **～·se** 再 **1** 《**en...** ...に》熱中する，専念する；沈思する. ～ *se* **en la lectura** 一心に読書する. **2** 〈感情が〉募る，強くなる.

re·con·ci·lia·ble [r̃e.kon.θi.ljá.ble / -.si.-] 形 仲直りできる，和解できる；調停可能な.

***re·con·ci·lia·ción** [r̃e.kon.θi.lja.θjón / -.si.-.sjón] 女 **1** 仲直り，和解；調停.
2 《カト》(異端者・破門者などの)教会への復帰.

re·con·ci·lia·dor, do·ra [r̃e.kon.θi.lja.ðór, -.si.-/ -.ðó.ra] 形 和解の，調停の. — 男 女 調停者.

***re·con·ci·liar** [r̃e.kon.θi.ljár / -.si.-] 82 他 **1** 和解させる，仲直りさせる. **2** 《カト》〈異端者・破門者などを〉(教会に)復帰させる；〈神聖を汚された教会などを〉清める.
— **～·se** 再 **1** 《**con...** ...と》和解する，仲直りする，和睦する. **2** 《カト》教会に復帰する；(言い忘れた)罪を告解する.

re·con·co·mer·se [r̃e.koŋ.ko.mér.se] 再 → recomerse.

re·con·co·mio [r̃e.koŋ.kó.mjo] 男 **1** 苦悩，いらだち，不快感；後悔. **2** 悔しさ，恨み. **3** 切望，熱望. **4** 疑惑，疑心.

re·con·de·na·do, da [r̃e.kon.de.ná.ðo, -.ða] 形 《話》いまいましい，しゃくにさわる. **¡*Recondenada* vida!** こののいまいましい人生め！なんてこった.

re·con·di·tez [r̃e.kon.di.téθ / -.tés] 女 《複 reconditeces》**1** 隠されたもの，秘められたもの. **2** 深み，奥底；奥深さ，幽玄. **la ～ del alma** 心の奥底.

re·cón·di·to, ta [r̃e.kón.di.to, -.ta] 形 隠された，奥に秘められた；隠れた，奥まった. **lugar ～** 人目につかない場所. **en lo más ～ del alma [corazón]** 深く心の内で. **lo más ～ del asunto** 問題の核心.

re·con·duc·ción [r̃e.kon.duk.θjón / -.sjón] 女 《法》更新，延長.

re·con·du·cir [r̃e.kon.du.θír / -.sír] 37 他 **1** 《法》〈契約などを〉更新する，継続[延長]する. **2** (元の場所に)戻す；(元の話題・議題に)戻す.
— **～·se** 再 更新[継続]する.

re·con·fir·mar [r̃e.kon.fir.már] 他 再確認する，確かめ直す. ～ **la reservación del vuelo** 飛行機の予約を再確認する.

re·con·for·tan·te [r̃e.koɱ.for.tán.te] 形 元気づける，活力を与える；強壮の. — 男 《医》強壮剤.

re·con·for·tar [r̃e.koɱ.for.tár] 他 元気づける，活力を与える，気力を取り戻させる. **Una carta de mi amigo me *reconfortó*.** 友人からの手紙で私は元気づけられた. **2** 《医》強壮にする.

re·co·no·ce·dor, do·ra [r̃e.ko.no.θe.ðór, -.ðó.ra / -.se.-] それとわかる，識別する，検証する.

***re·co·no·cer** [r̃e.ko.no.θér / -.sér] 34 他 **1** 《**por...** 》(特徴)によって〉(特定の人・ものを)**識別する**，見分ける. ～ **la voz de un amigo** 友人の声を聞き分ける. ～ **a los gemelos *por* el pelo** 髪形で双子を見分ける. ～ **el cadáver** 遺体を確認する. **¿No me *reconoces*?** 私が誰かわからない？
2 (1)〈事実と〉**認める**，認識する. ～ **su pecado [derrota]** 自分の罪[敗北]を認める. ～ **la situación como un peligro [como peligrosa]** 状況が危険であることを認識する. (2) 〈正当と〉認める，承認する. ～ **a un hijo fuera del matrimonio** 婚外子を認知する. ～ **el nuevo gobierno** 新政府を承認する.
3 (実地に)調査する，偵察する；診察する. ～ **el terreno de juego antes del partido** 試合の前に試合会場を確かめる. **Me va a ～ el médico mañana.** 私は明日医者に診てもらう予定だ. **4** 評価する；〈好意などに〉感謝する. ***Reconocemos* su gran esfuerzo.** あなたのご尽力には感謝しています.
— **～·se** 再 **1** 《**en...** ...の中に》自分の姿を認める；(+形容詞・名詞およびその相当語句〈自分が〉...であると〉認める. ～ *se* **culpable** 自分の罪を認める. ～ *se* **en una tendencia** 自分がある傾向を持つと認める. **El profesor *se reconoce* como realista.** その先生は現実主義者であると自認している.
2 《3人称で》《**por...** 特徴》で〉見分けがつく；認識される. **El deterioro *se reconoce por* el olor.** 傷んでいることはにおいでわかる.

re·co·no·ci·ble [r̃e.ko.no.θí.ble / -.sí.-] 形 識別[判別]できる，見てそれとわかる.

re·co·no·ci·da·men·te [r̃e.ko.no.θí.ða.mén.te / -.sí.-] 副 **1** 明らかに；公然と，皆が認めて. **2** 感謝して.

re·co·no·ci·do, da [r̃e.ko.no.θí.ðo, -.ða / -.sí.-] 形 **1** 承認された，認知された. **un derecho constitucionalmente ～** 憲法で認められた権利.
2 (誰が見ても)明らかな，定評のある.
3 《**estar +**》《**por...** ...に》感謝している.

***re·co·no·ci·mien·to** [r̃e.ko.no.θi.mjén.to / -.si.-] 男 **1** 識別，見分けがつくこと.
2 承認，認知. ～ **de la soberanía** 主権の承認. ～ **de un hijo ilegítimo** 非嫡出子の認知. ～ **de deuda** 債務の認知. **el ～ o la negación de la**

acusación 起訴状の認否. **3** 検査, 点検; 診察, 診断. ～ de equipaje 手荷物検査. someterse a un ～ médico 健康診断を受ける. **4** 観測, 探査. ～ atmosférico 気象観測. ～ espacial 宇宙探査. avión de ～ 偵察機. **5** 感謝の念, 謝意(＝gratitud). en ～ a los servicios prestados ご尽力に感謝して.

reconozc- 〔活〕→reconocer.

re·con·quis·ta [r̄e.koŋ.kís.ta] 囡 **1** 再征服; 取り返し, 奪回. **2** [R-] 〖史〗レコンキスタ, 国土回復運動. ◆711年以降イスラム教徒によって占領されたイベリア半島をキリスト教徒の手に奪回した戦い. 1492年カトリック両王によるGranadaの奪回で完了.

re·con·quis·tar [r̄e.koŋ.kis.tár] 他 **1** 再征服する, 奪回する. ～ el territorio 領土を奪回する. **2** 取り戻す, 回復する. ～ la confianza de los clientes 客からの信用を取り戻す.

re·con·si·de·rar [r̄e.kon.si.ðe.r̄ár] 他 再考する, 考え直す, 再検討する. No hay posibilidad de que se *reconsidere* este asunto. この件が再考される可能性はない.

re·cons·ti·tu·ción [r̄e.kons.ti.tu.θjón / -.sjón] 囡 **1** 再建, 立て直し; 再構成, 再編成. ～ de la patria 祖国の再建. **2** 〖法〗(犯罪などの) 再現, 復元.

re·cons·ti·tuir [r̄e.kons.ti.twír] 48 他 **1** 再建する, 立て直す; 再構成する. ～ el partido 党を再建する. **2** 再現する, 復元する. El testigo *reconstituyó* el acontecimiento de aquel día. 証人はあの日の出来事を再現した. **3** 〖医〗〈器官などを〉正常に戻す, 再生させる.

—**～se** 再 **1** 再建される, 復興を遂げる. **2** 〈人体の器官・組織が〉元どおりになる, 回復する.

re·cons·ti·tu·yen·te [r̄e.kons.ti.tu.jén.te] 形 〈健康・体力を〉回復させる, 強壮の. — 男 強壮剤.

＊re·cons·truc·ción [r̄e.kons.truk.θjón / -.sjón] 囡 再建, 復興, 改造; 復元, 再現. plan para la ～ de la zona céntrica de la ciudad 都心部の再開発計画. la ～ del accidente 事故の再現.

re·cons·truc·ti·vo, va [r̄e.kons.truk.tí.βo, -.βa] 形 再建のための, 復元の.

＊re·cons·truir [r̄e.kons.trwír] 48 他 **1** 再建する, 復興する, 改造する. ～ el santuario principal destruido por el incendio 火災で消失した本殿を再建する. ～ el gobierno 内閣を改造する. **2** 再現する, 復元する, 再構成[再構築]する. ～ la vasija rota 壊れた壺(ᵗᵇ)を復元する. ～ la escena del crimen 犯行現場を再現する. **3** 〈心に〉呼び覚ます, 思い起こさせる. ～ el pasado 過去を思い起こす.

reconstruy- 〔活〕→reconstruir.

re·con·tar [r̄e.kon.tár] 15 他 **1** 数え直す. ～ las ovejas 羊の数を確かめる. **2** 〈物語などを〉改めて話す, де語る.

re·con·ten·to, ta [r̄e.kon.tén.to, -.ta] 形 《estar＋》大喜びの, とても満足した. — 男 大喜び, 歓喜.

recontra- 〔接頭〕〈(ラ米)〉(ᵗᵠᵗ)(ᵗᵒⁿ)(ᵗᵒⁿ)〈話〉「極端に, 非常に」の意. → *recontra*bueno, *recontra*caro.

re·con·ven·ción [r̄e.kom.ben.θjón / -.sjón] 囡 **1** 叱責(ᵗᶻᵗᵏ), 説教, 小言. **2** 〖法〗反訴, 反対訴訟.

re·con·ve·nir [r̄e.kom.be.nír] 45 他 **1** しかる, 責める. ～ a＋人 por... 〈人〉を…の理由でとがめる. **2** 〖法〗反訴する.

re·con·ver·sión [r̄e.kom.ber.sjón] 囡 **1** (特に経済上の) 再編成, 再転換, 再切り替え. **2** 再教育, 再訓練; 再改宗.

re·con·ver·sor, so·ra [r̄e.kom.ber.sór, -.só.ra] 形 再編[構造改革]を行う. — 男 再編[構造改革]を行う人.

re·con·ver·tir [r̄e.kom.ber.tír] 27 他 **1** 《en...》…に〉〈産業などを〉再転換する. **2** 再教育[再訓練]する; 再改宗させる.

re·co·pi·la·ción [r̄e.ko.pi.la.θjón / -.sjón] 囡 **1** 編纂(ᵗᵃ), 編集. **2** 集成, 収集; 選集. **3** 要約, 摘要. ～ de leyes 法令集成. **4** 法令集, 法典. la R～ (1567年編纂の)スペイン大法典. la Nueva R～(1775年編纂の)スペイン大法典. la Novísima R～(1805年編纂の)スペイン大法典. la ～ de leyes de los reinos de Indias (1680年編纂の)インディアス法典 (♦新大陸統治のための法典集成). **5** 〖IT〗収集. ～ de datos データ収集.

re·co·pi·la·dor, do·ra [r̄e.ko.pi.la.ðór, -.ðó.ra] 男 囡 編集者, 編纂(ᵗᵃ)者.

re·co·pi·lar [r̄e.ko.pi.lár] 他 **1** (一定の目的のもとに) 〈資料を〉集める. **2** 要約する. **3** 〈法令などを〉編纂(ᵗᵃ)[編集]する, 集成する.

re·co·pi·la·to·rio, ria [r̄e.ko.pi.la.tó.rjo, -.rja] 形 〈本などが〉選集の, 〈CDなどが〉ベスト盤の; 概要[編集]の. — 男 選集, ベスト盤.

re·cór·cho·lis [r̄e.kór.tʃo.lis] 間投 〈話〉〈驚き・怒り〉えっ, まあ, なんということだ (＝córcholis).

re·cord [r̄é.korð] 〈英〉 男 録音ボタン.

off the record オフレコ.

on the record オンレコ.

＊ré·cord [r̄é.korð] 〈英〉 男 [複 ～s] **1** 記録. batir [tener] un ～ 記録を破る [保持する]. establecer un nuevo ～ mundial 世界新記録を樹立する. mejorar el ～ de ventas セールス記録を更新する. ► 名詞の後で, 同格的に用いられることもある. この場合, 主に数変化しない. → cifras ～ 記録的な数字. **2** 記録保持者. Este atleta es el ～ nacional de la carrera de 100m. この陸上選手は100メートル走の国内記録保持者である.

en un tiempo récord 記録的なタイムで; ごく短時間で, たちまちのうちに.

re·cor·da·ble [r̄e.kor.ðá.βle] 形 思い出に残る, 印象的な.

re·cor·da·ción [r̄e.kor.ða.θjón / -.sjón] 囡 回想, 追憶, 思い出. un presidente de feliz ～ 思い出深い大統領.

re·cor·da·dor, do·ra [r̄e.kor.ða.ðór, -.ðó.ra] 形 →recordante.

re·cor·dan·te [r̄e.kor.ðán.te] 形 思い出させる, 偲(ᵗᵃᵇ)ばせる, 彷彿(ᵗᵒᵇ)とさせる.

＊＊re·cor·dar [r̄e.kor.ðár] 15 他 **1** 思い出す, 覚えている. Sí te *recordamos* muy bien. 本当に私たちは君のことをよく覚えていますよ. ¿No *recuerda* usted el nombre? あなたは名前を覚えていませんか. No *recuerdo* dónde he dejado mis gafas. 私はめがねをどこに置いたか覚えていない. **2** 《a＋人〈人〉に》…を思い出させる; 《que＋直説法…であることに》気づかせる; 《que＋接続法…することを》忘れないように注意する. *Te recuerdo que ya son las cinco.* 言っとくけど, もう5時だからね. *Recuérdame que le llame.* 彼に電話するのを忘れないように私に言ってね. ► 用例中の te, me が a＋人に相当.

3 《a＋人〈人〉に》…を連想させる. Este pintor *recuerda* a Picasso. この画家はピカソを彷彿(ᵗᵒᵇ)とさ

せます. Su fotografía *nos recuerda* a un hermano nuestro. 彼の写真を見ると私たちは兄のことを思い出します (► nos が a ＋人に相当). **4**《ラ米》(1)《ブラ》《ジア》目覚めさせる. (2)《中米》《チリ》《ジア》録音する.

— 自 覚えている, 思い出す. si mal no *recuerdo* 私の記憶に間違いがなければ.

[←［ラ］*recordārī* (*cor*「心」より派生;「再び心に浮かべる」が原義);[関連]recuerdo. [英]record. [日]レコード]

re·cor·da·ti·vo, va [r̄e.kor.ða.tí.βo, -.βa] 形 思い出させる, 暗示する. carta *recordativa* 督促状, (見込み客への)追いかけ勧誘状.

re·cor·da·to·rio, ria [r̄e.kor.ða.tó.rjo, -.rja] 形 思い出させる.
— 男 **1** 思い出させるもの[こと];通知(状). **2**（初聖体・結婚・修道誓願・死亡などの）記念カード. ◆キリストやマリアの絵, 故人の写真, 日付, 名前, 聖書の言葉などがのっている. **3** 教訓. para que te sirva de ～ 君への教訓になればと思って.

re·cor·de·ris [r̄e.kor.ðé.ris] 男《ラ米》《ジア》《話》思い出すこと;覚え書き.

re·cord·man [r̄e.kórð.man] [英] 男〔複 ～, ～s〕《スポ》(男性の)記録保持者 (= plusmarquista).

re·cord·wo·man [r̄e.korð.(g)ú.man] [英] 女〔複 ～, ～s〕《スポ》(女性の)記録保持者 (= plusmarquista).

***re·co·rrer** [r̄e.ko.r̄ér] 他 **1** 〈場所を〉巡る;歩き回る. ～ mundo 世界を巡る. ～ la ciudad 町を歩き回る. Su fama *ha recorrido* todas las fronteras del mundo. 彼の名声は世界のいたるところに広がった. ► 時に再帰代名詞を伴う. → 自.

2 〈距離を〉走破する, 進む. Para ir al trabajo debo ～ 200 kilómetros todos los días. 仕事に行くのに私は毎日200キロ通わないといけない. ► 時に再帰代名詞を伴う. → 自.

3 …に視線を巡らす, (印刷物に)目を通す, ざっと見る. La *recorrieron* de arriba abajo con la mirada. 彼女は上から下までじろじろ見られた.

4 〈ものを〉(すき間のないように)詰める. *Recorre* un poco las sillas, y podremos colocar una más. もう少しいすを詰めてください, そうすればもう一つ置くことができます.

— ～·se 再《強調》巡り歩く;踏破する. Me *recorrí* toda la ciudad buscándola. 私は彼女を探して市内を駆け回った.

re·co·rri·da [r̄e.ko.r̄í.ða] 女《ラ米》《ラプ》《ジア》歴訪, 巡回.

***re·co·rri·do** [r̄e.ko.r̄í.ðo] 男 **1** 巡り歩き, 歴訪, ツアー;踏破. un ～ por España スペイン巡り[旅行]. Es un ～ precioso. すばらしい旅です.

2 行程, 道程, 道のり;経路, 進路;(運行・集配サービスなどの)区間, 区域. ～ de la procesión 行列の順路. ～ del autobús バスの路線, 運行距離. el ～ del cartero 郵便配達人の配達区域.

3《スポ》(スキー・ゴルフ・乗馬などの)ひと回り, ラウンド. **4**《機》(1)(ピストンなどの)行程, ストローク. motor de cuatro ～s 4サイクルエンジン. **5**《話》(次から次に非を挙げて行う)説教, 小言. El jefe le dio un ～. 主任は次から次に非を挙げて注意した.

re·cor·ta·ble [r̄e.kor.tá.βle] 男 切り抜き絵.

re·cor·ta·do, da [r̄e.kor.tá.ðo, -.ða] 形 **1** 切り取った, 切り抜いた.

2 ぎざぎざの, のこぎりの歯のような. costas *recortadas* 出入りの激しい海岸. hojas *recortadas* 縁がぎざぎざの葉. **3**《ラ米》《話》(1)《スペ》《ジア》ずんぐりした. (2)《ラプ》《*》《ジア》金に困った, 貧窮した.

— 男 銃身の短いライフル (= escopeta *recortada*).

re·cor·ta·du·ra [r̄e.kor.ta.ðú.ra] 女 **1** 切り取り, 切断, 裁断. **2**《複数形で》切れ端, 裁ちくず.

***re·cor·tar** [r̄e.kor.tár] 他 **1** 切り取る, 切り抜く;刈り込む;裁断する. ～ figuras 図柄を切り取る. ～ el flequillo 前髪をカットする. ～ las ramas 枝を剪定[せんてい]する. **2** 減らす, 削減する, 省略する. ～ el presupuesto 予算を削減する. ～ la narración 話をはしょる. **3**《美》…の輪郭を描く. **4**《ラ米》《ジア》《話》〈人の〉悪口を言う.

— ～·se 再 …の輪郭が浮き上がる. La torre *se recortaba* en el cielo. 塔が大空にくっきり浮かび上がっていた.

re·cor·te [r̄e.kór.te] 男 **1** 切断, 裁断;刈り込み.
2 切り抜き, スクラップ. ～ de prensa 新聞の切り抜き. álbum de ～s スクラップブック.
3 削減, 縮小. ～s presupuestarios 予算の削減.
4 切り絵. **5**《闘牛》(牛の攻撃からの)身のかわし. **6**《複数形で》切れ端, 裁ちくず. **7**《ラ米》《ジア》除口, 悪口.

estar hecho de recortes 寄せ集めである.

re·cor·var [r̄e.kor.βár] 他 → encorvar.

re·cor·vo, va [r̄e.kór.βo, -.βa] 形 曲がっている, 湾曲した.

re·co·ser [r̄e.ko.sér] 他〈ほどいたものを〉縫い直す, (一度縫った上から)二度縫いする;繕う, かがる.

re·co·si·do [r̄e.ko.sí.ðo] 男 縫い直し, 二度縫い;繕い, かがり.

re·cos·ta·do, da [r̄e.kos.tá.ðo, -.ða] 形《en… …に》寄り掛かった, もたれ掛かった. estar ～ *en* un sillón ひじ掛けいすにもたれている.

re·cos·tar [r̄e.kos.tár] 15 他《en… / sobre… …に》(特に頭・上半身を)もたせ掛ける, もたせる.
— ～·se 再 **1**《en… / sobre… …に》もたれる, 寄り掛かる. **2** ちょっと横になる.

re·co·tín, ti·na [r̄e.ko.tín, -.tí.na] 男 女《ラ米》《グア》《話》落ち着きのない, そわそわした.

re·co·va [r̄e.kó.βa] 女 **1** 鶏[卵]の商売;鶏[卵]の市場. **2** 猟犬の群れ. **3**《ラ米》(1)《ラプ》アーケード, 歩廊. (2)《中米》食品市場, マーケット.

re·co·var [r̄e.ko.βár] 自 (商売で)鶏・卵を買い集める.

re·co·ve·co [r̄e.ko.βé.ko] 男 **1** (川・道などの)曲がり, 屈曲. **2** 隅;奥まった所;《比喩的》奥底. Conozco todos los ～s de este barrio. 私はこの地区の隅々まで知りつくしている. los ～s del alma [corazón] 心のひだ. **3**《主に複数で》回りくどさ, 遠回し(な言い方);(物事の)複雑さ. sin ～s 率直に;開けっ広げに. un asunto con muchos ～s 込み入った問題. **4**《ラ米》《ジア》手の込んだ飾り.

re·co·ve·ro, ra [r̄e.ko.βé.ro, -.ra] 男 女 卵[鶏]商人.

re·cre [r̄é.kre] 男《カト》(聖職者の)特別休暇.

re·cre·a·ble [r̄e.kre.á.βle] 形 楽しい, おもしろい, 気晴らしの.

re·cre·a·ción [r̄e.kre.a.θjón / -.sjón] 女 気晴らし, 娯楽;保養, 休養;レクリエーション.

***re·cre·ar** [r̄e.kre.ár] 他 **1** 再創造する, 再生する, 再現する. **2** 気晴らしをさせる;楽しませる, 元気づける. ～ la vista 目を楽しませる.

— ～·se 再《con… / en… …で》気晴らしをす

る；楽しむ. ~se en leer 読書を楽しむ. ~se con un hermoso espectáculo すばらしいショーを楽しむ.
[←［ラ］recreāre「新たに創造する；回復させる」(re-「再び」+ creāre「創造する」)；関連 recreo, recreación. ［英］recreate, recreation］

*re·cre·a·ti·vo, va [r̃e.kre.a.tí.βo, -.βa] 形 楽しい, おもしろい. 2 娯楽の, レクリエーションの. velada *recreativa* 楽しい夜の集まり. juegos ~s 娯楽用のゲーム. complejo ~ 総合娯楽施設.

re·cre·cer [r̃e.kre.θér / -.sér] 34 自 1 増える；増水する. 2 再び起こる, 再発する.
—~·se 再 元気を取り戻す.

re·cre·ci·mien·to [r̃e.kre.θi.mjén.to / -.si.-] 男 1 増大, 増加. 2 元気を取り戻すこと, 再起.

re·cre·men·to [r̃e.kre.mén.to] 男［医］体内で再吸収される分泌物.

*re·cre·o [r̃e.kré.o] 男 1 気晴らし, 娯楽, 楽しみ；気分転換. barco de ~ 遊覧船. casa de ~ 別荘. viaje de ~ 観光旅行. sala de ~ ゲームセンター. 2（学校の）休憩時間. 3 五感を喜ばせるもの, 目の保養になるもの. Esto es un ~ para la vista. これは目の保養になる.

re·crí·a [r̃e.krí.a] 女 飼育.

re·cria·dor, do·ra [r̃e.krja.ðór, -.ðó.ra] 男 女（馬・犬などの）飼育者, ブリーダー.

re·criar [r̃e.krjár] 81 他 飼育する.

re·cri·mi·na·ble [r̃e.kri.mi.ná.βle] 形 非難されるべき.

re·cri·mi·na·ción [r̃e.kri.mi.na.θjón / -.sjón] 女 非難, とがめ立て；抗争；反訴, 反対告訴. ~ mutua 非難の応酬.

re·cri·mi·na·dor, do·ra [r̃e.kri.mi.na.ðór, -.ðó.ra] 男 女 非難する人, とがめ立てする人；反訴[抗告]人.

re·cri·mi·nar [r̃e.kri.mi.nár] 他 1 責める, とがめる, 非難する. ~ a+人 por su conducta〈人〉の行いを非難する. 2 非難し返す；（自分への非難に対して）反論する, 言い返す.
—~·se 再（複数主語で）非を押しつけ合う. ~se unos a otros 互いに非難し合う.

re·cri·mi·na·to·rio, ria [r̃e.kri.mi.na.tó.rjo, -.rja] 形 非難の, 非難がましい.

re·cris·ta·li·za·ción [r̃e.kris.ta.li.θa.θjón / -.sa.sjón] 女 再結晶.

re·cru·de·cer [r̃e.kru.ðe.θér / -.sér] 34 他〈よくないことを〉激化[激増]させる；悪化させる.
—自 激しさを増す；ぶり返す, 悪化する. ~ el calor [frío] 暑さ[寒さ]がぶり返す. *Recrudece* la criminalidad. 犯罪率が激増する. ▶ 時に再帰代名詞を伴う.

re·cru·de·ci·mien·to [r̃e.kru.ðe.θi.mjén.to / -.si.-] 男（よくないことの）激増；ぶり返し, 悪化. ~ de la criminalidad 犯罪率の激増. ~ de una enfermedad 病状の悪化. ~ del odio 憎しみの増幅.

re·cru·des·cen·cia [r̃e.kru.ðes.θén.θja / -.sén.sja] 女 →recrudecimiento.

re·cru·des·cen·te [r̃e.kru.ðes.θén.te / -.sén.-] 形 ぶり返した, 悪化した.

rec·ta [r̃ék.ta] 女 →recto.

rec·tal [r̃ek.tál] 形［解剖］直腸の.

*rec·tan·gu·lar [r̃ek.taŋ.gu.lár] 形 1 長方形の, 矩形(く.)の, 四角形の. 2［数］直角の, 直角のある.

*rec·tán·gu·lo, la [r̃ek.táŋ.gu.lo, -.la] 形［数］直角の, 直角のある. triángulo ~ 直角三角形.
—男 長方形, 矩形(く.).
[←［中ラ］*rectangulum*; *rectangulus*「直角を持つ」(［ラ］*rectus*「まっすぐな」+ *angulus*「角」) より派生；関連［英］*rectangle*］

rec·ti·fi·ca·ble [r̃ek.ti.fi.ká.βle] 形 訂正[修正]できる, 矯正できる.

*rec·ti·fi·ca·ción [r̃ek.ti.fi.ka.θjón / -.sjón] 女 1 訂正, 修正, 矯正. 2［電］整流,［化］精留.

rec·ti·fi·ca·dor, do·ra [r̃ek.ti.fi.ka.ðór, -.ðó.ra] 形 訂正する, 修正する, 矯正する. —男［電］整流器. —女［技］研削盤, グラインダー.

‡rec·ti·fi·car [r̃ek.ti.fi.kár] 102 他 1 訂正する, 修正する. ~ una información 情報を訂正する. 2〈行いなどを〉矯正する, 正す；〈意見などを〉改める. 3 反論する, 反証する. 4 まっすぐにする. ~ una carretera 道路をまっすぐにする. 5［技］調整する；研削する. 6［電］整流する. 7［数］曲線の長さを求める. 8［化］精留する.
—~·se 再 心を入れ替える, 身を正す.

rec·ti·fi·ca·ti·vo, va [r̃ek.ti.fi.ka.tí.βo, -.βa] 形 訂正の, 修正の；矯正の.

rectifique(-) / rectifiqué(-) 活 → rectificar.

rec·ti·lí·ne·o, a [r̃ek.ti.lí.ne.o, -.a] 形 1 直線の；直線的な. 2 真っ正直な, 生一本な. de carácter ~ 生一本な性格の.

rec·ti·tud [r̃ek.ti.túð] 女 1 まっすぐなこと. 2 公正さ, 正直, 正しさ.

‡rec·to, ta [r̃ék.to, -.ta] 形 1（ser+ / estar+）まっすぐな, 直線の；垂直の. línea *recta* 直線. ángulo ~ 直角. caso ~［言］主格. 2 厳正な, 公正な（=justo）；正直な, 純な. árbitro ~ 公正な審判. hombre ~ 真っ正直な人. con la intención *recta* 純粋な気持ちから. 3（意味などが）本来の, 文字どおりの；正しい. en el sentido ~ de la palabra その語の本来の意味で. ▶「転義の」は figurado.
—副 まっすぐに. Sigue todo ~. このままどんどん行きなさい.
—男［解剖］(1) 直腸. (2) 直筋. ~ del abdomen 腹直筋. 2（書物の）右ページ（↔verso）.
—女［数］直線. 2 直線路, 直線コース. *recta final* 最後の直線コース；最終段階. Nuestro proyecto ya está en su *recta* final. 私たちの計画はすでに最終段階に入っている.
[←［ラ］*rēctum* (*regere*「支配する」の完了分詞 *rēctus* の対格)；関連 rectitud, rectificar, rectángulo.［英］*right*「正しい」]

‡rec·tor, to·ra [r̃ek.tór, -.tó.ra] 形 主導的な, 中心的な, 統轄する. fuerza *rectora* 主導力. idea *rectora* 主導的な考え.
—男 女 1 指導者, 長. el ~ del hospital 病院長. 2（大学の）学長, 総長. R~ Magnífico de la Universidad de Salamanca サラマンカ大学総長.
—男［カト］主任司祭.

rec·to·ra·do [r̃ek.to.rá.ðo] 男 学長[総長]の地位[職務, 在任期間]；学長[総長]室.

rec·to·ral [r̃ek.to.rál] 形 学長の, 学院長の.
—男［カト］司祭館.

rec·to·rar [r̃ek.to.rár] 自（ラ米）(プ*)治める, 統轄する.（大学の）学長[総長]になる.

rec·to·rí·a [r̃ek.to.rí.a] 女 1 学長[総長]の職務[権限]；学長[総長]の家. 2［カト］司祭館. 3 統御, 統轄, 統率.

rec·tos·co·pia [r̃ek.tos.kó.pja] 囡 【医】直腸鏡検査(法).

rec·tos·co·pio [r̃ek.tos.kó.pjo] 男 【医】直腸鏡, 肛門(ぶん)鏡.

re·cua [r̃é.kwa] 囡 **1** (馬・ロバなどの)隊列, 列. **2** 《話》《軽蔑》人の一団; 一連の事柄.

re·cua·drar [r̃e.kwa.ðrár] 他 …に額縁をつける; 枠で囲む.

re·cua·dro [r̃e.kwá.ðro] 男 **1** 四角い枠, 囲み. **2** (新聞などの)囲み記事.

re·cu·bier·to, ta [r̃e.ku.ƀjér.to, -.ta] 過分 → recubrir.

re·cu·bri·mien·to [r̃e.ku.ƀri.mjén.to] 男 被覆; 上塗り; 《建》(屋根がわらの)防水被膜; 上塗り材料. ～ electrolítico 電気分解によるめっき.

re·cu·brir [r̃e.ku.ƀrír] 74 他 過分 は recubierto] **1** …の表面を)完全に覆う. **2** 《con... / de... …で》コーティングする, 覆う. ～ la galleta de chocolate ビスケットをチョコレートで覆う.

re·cu·dir [r̃e.ku.ðír] 他 納める, 支払う. ─自《古語》戻る ; (1 か所に)集まる, 合流する.

re·cue·lo [r̃e.kwé.lo] 男 **1** 二番煎(せん)じのコーヒー. **2** (洗濯用の強い)灰汁(あく), 漂白剤.

re·cuen·to [r̃e.kwén.to] 男 数え上げ, 勘定 ; 数え直し. hacer el ～ de votos 票を数える.

recuerd- → recordar.

re·cuer·do [r̃e.kwér.ðo] 男 **1** 思い出, 記憶, 回想. tener un buen ～ de... …に関してよい思い出がある. tener un confuso [vago] ～ 漠然とした記憶がある. contar los ～s de... …の思い出話をする. *R~s de la Alhambra* 『アルハンブラ宮殿の思い出』(Francisco Tárrega 作の曲).

2 思い出の品, 記念 ; 土産(みやげ). en ～ de... …の記念として. ～s tradicionales 伝統的土産. tienda de ～s 土産物店. Guarda esto como ～. これを思い出にとっておきなさい.

3 《複数で》《a... …に》よろしく. Muchos ～s a tu familia. ご家族によろしく. Dele ～s a su padre de mi parte. お父様によろしくお伝えください.

─ 活 → recordar.

recuerdos (土産)

re·cuer·do, da [r̃e.kwér.ðo, -.ða] 形 《ラ米》《アル》《エクア》《話》目を覚ました, 眠りから覚めた.

re·cue·ro [r̃e.kwé.ro] 男 馬方, 馬子 ; ラバ追い.

re·cues·ta [r̃e.kwés.ta] 囡 **1** 要請, 通達. **2** 《古語》手続き. **3** 《古語》決闘, 挑戦. **4** 《古語》通知を載せた貼り紙[立て看板].

a toda recuesta 何が何でも, 決然と.

re·cues·to [r̃e.kwés.to] 男 斜面, 傾斜地.

re·cu·la·da [r̃e.ku.lá.ða] 囡 **1** 後ずさり, 後退 ; 退却. **2** (銃砲の)反動, しりごみ, 逡巡(ひんしゅん).

re·cu·lar [r̃e.ku.lár] 自 《話》 **1** 後ずさりする, 後退する ; 退却する. **2** しりごみする, 譲歩する.

re·cu·la·ti·va [r̃e.ku.la.tí.ba] 囡 《ラ米》《メヒ》後退.

re·cu·lo·nes [r̃e.ku.ló.nes] *a reculones* 後ずさりして.

re·cu·ñar [r̃e.ku.ɲár] 他 【鉱】…にくさびを入れる[打つ], くさびを打って砕く.

re·cu·pe·ra·ble [r̃e.ku.pe.rá.ƀle] 形 **1** 回収可能な, 再利用できる. **2** 取り戻せる, 回復できる. **3** 《休日などが》(後に)埋め合わせをすべき.

re·cu·pe·ra·ción [r̃e.ku.pe.ra.θjón / -.sjón] 囡 **1** 回復 ; 取り戻し. ～ de la salud 健康の回復. **2** 回収, 再利用. ～ de los plásticos usados 古いプラスチックの再利用. **3** 追試験 ; 補講.

re·cu·pe·ra·dor, do·ra [r̃e.ku.pe.ra.ðór, -.ðó.ra] 形 回復する ; 回収する. ─ 男 囡 回収者. ─ 男《機》レキュペレータ : 復熱装置.

re·cu·pe·rar [r̃e.ku.pe.rár] 他 **1** 《失ったものを》回復する, 取り戻す. ～ el dinero お金を取り戻す. ～ el sentido 意識を取り戻す. ～ el tiempo perdido 無駄にした時間を取り返す. ～ la salud 健康を取り戻す. ～ el sueño 睡眠不足を取り戻す. ～ este disco queremos ～ a los músicos olvidados. 私たちはこの CD で忘れられた音楽家たちを復活させたいと思っている.

2 (勉強・仕事などの)埋め合わせをする, 遅れを取り返す. ～ una asignatura (追試を受けて)不合格科目の単位を取得する. ～ dos días de trabajo 2 日分の仕事の埋め合わせをする.

3 《廃品などを》回収する, 集めて復元する. ～ el papel usado 古紙を回収する.

─ ～*se* 再 **1** 《de... …から》回復する, 立ち直る. ～*se de la sorpresa* 驚きから我に返る. ～*se de la pérdida de clientes* 顧客の減少から復調する.

2 《人が》元気になる ; 意識を取り戻す. *Cuando me recuperé, no había nadie alrededor.* 私が気がついたとき, 周りには誰もいなかった.

3 《事業などが》好転する. *El mercado se está recuperando.* 市場は上向いてきている.

[← 〔ラ〕*recuperāre*(→ recobrar) ; 関連 recuperación. 〔英〕*recover*]

re·cu·pe·ra·ti·vo, va [r̃e.ku.pe.ra.tí.ƀo, -.ƀa] 形 取り戻すための ; 回復させる.

re·cu·rren·cia [r̃e.ku.r̃én.θja / -.sja] 囡 回帰 ; 再発.

re·cu·rren·te [r̃e.ku.r̃én.te] 形 回帰性の ; 反復的な, 循環する. *fiebre* ～ 回帰熱. *nervio* ～ 反回神経. ─ 男 囡《法》上訴人.

re·cu·rri·ble [r̃e.ku.r̃í.ƀle] 形 (異議・不服を)申し立てできる, 訴えることができる.

re·cu·rrir [r̃e.ku.r̃ír] 自 **1** 《a... …に》頼る, すがる ; (手助けなどに)訴える. ～ a los parientes 親類縁者に助けを求める. *no tener a quien* ～ 頼る当てが誰もいない. ～ *a la huelga* ストライキに訴える. *Recurro a su generosidad.* あなた様のお情けにすがる次第です. **2** 《病気が》再発する, ぶり返す. **3** 元の場所に戻る, 回帰する. **4** 《法》不服の申し立てをする, 訴える. ～ *de* [*contra*] *la sentencia* 判決に不服として上告する.

─ 他《法》…に不服の申し立てをする.

re·cur·si·vo, va [r̃e.kur.sí.ƀo, -.ƀa] 形 **1** 《言》繰り返しの, 反復的な. **2** 《ラ米》《アル》(1) 策士の. (2) 商店の多い. (3) 恵まれた, 資力のある.

re·cur·so [r̃e.kúr.so] 男 **1** 方策, 手段. *como* [*en*] *último* ～ 最後の手段として. *hombre de* ～*s* 機転家, 才士. *No hay otro* ～. ほかに方策がない. *Se han agotado todos los* ～*s*. 万策尽きてしまった.

2 《複数で》資源 ; 資産, 資力. ～*s naturales* 天然資源. ～*s hidráulicos* 水力資源. ～*s petrolíferos* 石油資源. ～*s humanos* 人的資源. *carece*

de 〜s económicos 資力がない.
3《法》上告, 再審請求; 嘆願書, 陳情書. 〜 de casación 最高裁判所への上告. 〜 de apelación 上級の裁判所への上告. 〜 contencioso administrativo 行政不服審判請求. 〜 de amparo (憲法裁判所への) 保護申し立て.
[← [ラ] recursum (recursus の対格) 「回帰, 後退」; recurrere「走って帰る; 回帰する」(← recorrer, recurrir) より派生, [関連] correr, curso. [英] recourse]

re·cu·sa·ble [r̃e.ku.sá.ble] 形 忌避できる, 拒否[拒絶]できる; 忌避に値する.

re·cu·sa·ción [r̃e.ku.sa.θjón / -.sjón] 女 **1** 拒絶, 拒否; 却下. **2**《法》忌避 (申し立て).

re·cu·san·te [r̃e.ku.sán.te] 形 拒絶[拒否]する. ── 男 拒絶[拒否]者; 《法》忌避者.

re·cu·sar [r̃e.ku.sár] 他 **1** (格式) 拒絶する, 拒否する; 正当なものと認めない. **2**《法》(裁判官・陪審員などを) 忌避する.

red [r̃éd] 女 **1 網, 捕獲網. atrapar... con la red …を網で捕まえる. echar [tender] las redes 網を打つ; 準備する. red de pesca 魚網. red barredera トロール漁網. red de jorrar [jorro] 底引き網. red del aire かすみ網. red de cerco 巻き網.
2 ネット, 網状のもの; ヘアネット. red de alambre 金網. red de araña クモの巣. red de tenis テニスのネット.
3 (比喩的) …網, ネットワーク. red de transporte 交通網. red de carreteras 道路網. red ferroviaria 鉄道網. red de informaciones 情報網. red telefónica 電話網. red eléctrica 電気網. red de distribución de agua 給水網. red hidrográfica 水路網. red de servicio [ventas] サービス[販売] 網. red de sucursales 支店網. red de área local ローカルエリアネットワーク.
4《解剖》網状組織. red vascular 脈管系.
5 わな, 計略. caer en la red わなにかかる. tender una red a+人〈人〉にわなをかける.
aprisionar a+人 en sus redes〈人〉をとりこにする; まるめ込む.
[← [ラ] rētem (rēte の対格) [関連] enredar, reticular, retina]

*re·dac·ción [r̃e.ðak.θjón / -.sjón] 女 **1** 執筆, 文章作成. **2** 作文. hacer una 〜 sobre la excursión 遠足について作文を書く. **3** 編集 (作業). **4** 編集部 (局);《集合的》編集部[局]員.

re·dac·cio·nal [r̃e.ðak.θjo.nál / -.sjo.-] 形 作文[執筆]の, 編集の.

*re·dac·tar [r̃e.ðak.tár] 他 **1** 文章化する, 執筆する; 作文する. 〜 un informe 報告書を書く. **2** 編集する. ── 自 文章を書く.
[[ラ] redigere「元へ戻す; 徴収する」(re-「後へ; 再び」+ agere「導く; 行う」) の完了分詞 redactus より派生, [関連] redacción, redactor]

*re·dac·tor, to·ra [r̃e.ðak.tór, -.tó.ra] 形 編集する; 執筆する. ── 男 女 **1** 編集者; 編集部 (局) 員. 〜 jefe 編集長. **2** 執筆者, 書き手.

re·da·da [r̃e.ðá.ða] 女 **1** 一斉検挙, 手入れ; それによる逮捕者. hacer una 〜 en un casino カジノの手入れを行う. una 〜 de ladrones 一網打尽にされた泥棒. **2** 網打ち, 投げ網;《一回の漁獲高[獲物]》.

re·da·je [r̃e.ðá.xe] 男《ラ米》(ズホキ) 網, もつれ.

re·da·ño [r̃e.ðá.ɲo] 男 **1**《解剖》腸間膜.
2《複数で》《話》元気, 気力, 勇気. hombre de muchos 〜s いたって元気のある男.

re·dar [r̃e.ðár] 他 自 網を打つ[投げる].

re·dar·gu·ción [r̃e.ðar.gu.θjón / -.sjón] 女 反駁(はんばく), 反論; 逆手に取った論軍.

re·dar·güir [r̃e.ðar.gwír] 他 (格式) **1** 〈相手の議論を〉逆手に取って言い負かす, やり返す. **2**《法》反駁(はんばく)する, 反論する, 無効であると論駁する.

re·de·ci·lla [r̃e.ðe.θí.ja ‖ -.ʎa / -.sí.-] 女 **1** ヘアネット. **2** 反芻(はんすう)動物の第二胃, 網胃. **3** 網, メッシュ; 網袋; 網棚. [red +縮小辞]

re·de·cir [r̃e.ðe.θír / -.sír] 52 他 [過分] は redicho]《同じ事を》繰り返し言う, しつこく言う.

re·de·dor [r̃e.ðe.ðór] 男《文章語》周囲, 周辺. al [en] 〜 de… …の周囲に. → alrededor.

re·de·fi·ni·ción [r̃e.ðe.fi.ni.θjón / -.sjón] 女 再決定, 再定義.

re·de·fi·nir [r̃e.ðe.fi.nír] 他 再定義する, 定義し直す. El autor *redefine* la parabla "vivir" intrépidamente. 筆者は「生きる」という言葉を大胆に定義し直している.

re·de·jón [r̃e.ðe.xón] 男 **1** (サイズの小さい) ヘアネット. **2**《スペイン》ウズラ捕り用の網.

re·del [r̃e.ðél] 男《海》ルーフ・フレーム: 船首や船尾に用いる肋材(ろくざい).

re·den·ción [r̃e.ðen.θjón / -.sjón] 女 **1** 救出, 解放; 身請け. **2**《カト》贖罪(しょくざい), 救い. **3**《法》請け戻し, 買い戻し.

re·den·tor, to·ra [r̃e.ðen.tór, -.tó.ra] 形 **1** 請け戻しの, 買い戻しの. **2**《カト》贖罪(しょくざい)の.
── 男 女 請け戻し人, 身請け人; 救出者.
── 男 [R-] 救い主イエス・キリスト.
meterse a redentor お節介にも仲裁に入る.

re·den·to·ris·ta [r̃e.ðen.to.rís.ta] 形 レデンプトール修道会の, レデンプトール修道士[女]の.
── 男 女 レデンプトール会修道士[女].
── 男《複数で》《カト》レデンプトール会: イタリア人 San Alfonso María de Ligorio が1732年に創設.

re·de·ña [r̃e.ðé.ɲa] 女 たも網.

re·de·ro, ra [r̃e.ðé.ro, -.ra] 形 網(状)の.
── 男 女 網を作る[編む]人. ── 男 網で猟をする人.

re·des·cuen·to [r̃e.ðes.kwén.to] 男《商》再割引.

re·des·pa·char [r̃e.ðes.pa.tʃár] 他《ラ米》(ブェナス)転送[回送]する.

red·hi·bi·ción [r̃e.ði.βi.θjón / -.sjón] 女《法》(商品の欠陥などによる) 売買契約取り消し.

red·hi·bir [r̃e.ði.βír] 他《法》〈売買契約を〉取り消す.

red·hi·bi·to·rio, ria [r̃e.ði.βi.tó.rjo, -.rja] 形《法》売買契約取り消しの (対象となる).

re·di·cho, cha [r̃e.ðí.tʃo, -.tʃa] [redecir の 過分] 形《軽蔑》学者ぶった, (話し方が) 気取った.
── 男 女 学者ぶった人, (話し方が) 気取った人.

¡re·diez! [r̃e.ðjéθ / -.ðjés] 間投《話》《怒り・不快・驚き》おやまあ.

re·diez·mo [r̃e.ðjéθ.mo / -.ðjés.-] 男《史》十分の一税を支払った残りに再度課せられた十分の一の税.

re·di·fu·sión [r̃e.ði.fu.sjón] 女 (人工衛星網を使った) 中継放送.

re·dil [r̃e.ðíl] 男 (家畜の) 囲い場.

re·di·le·ar [r̃e.ði.le.ár] 他 (場所に) 家畜の囲い場を作る.

re·di·men·sio·nar [r̃e.ði.men.sjo.nár] 他 **1** 測定[計算]し直す. **2**《ラ米》(ブェナス)再編成する.

re·di·mi·ble [r̃e.ði.mí.ble] 形 **1** 請け戻せる, 買い

redimidor

re·di·mi·dor, do·ra [r̄e.ði.mi.ðór, -.ðó.ɾa] 形 女 → redentor.

re·di·mir [r̄e.ði.mír] 他 1 《de... …から》救い出す, 解放する, 自由にする. ~ de la pobreza 貧困から救い出す. 2 《身代金を払って》救出する, 請け戻す. ~ a los cautivos [esclavos] 捕虜[奴隷]を請け戻す. 3 《法》《de... (抵当・質)から》請け戻す；買い戻す. 4 《カト》救済する, あがなう. ― ~·se 再 (苦境から)立ち直る.

re·din·go·te [r̄e.ðiŋ.gó.te] 男 《服飾》ルダンゴット. (1) 18世紀の乗馬用コート [男性用外套(がいとう)]. (2) 女性用のシェープ・コート. [← [英] *riding-coat*]

¡re·diós! [r̄e.ðjós] 間投 《話》《怒り・不快・驚き》なんということだ, えっ, まあ, くそっ.

re·dis·tri·bu·ción [r̄e.ðís.tri.bu.θjón / -.sjón] 女 再分配, 再配布.

re·dis·tri·buir [r̄e.ðis.tri.bwír] 48 他 再分配する, 配り直す. ~ las rentas 所得を再分配する.

redingote (男性用外套)

ré·di·to [r̄é.ði.to] 男 (主に複数で)利子；収益. prestar dinero a ~ 利子付きで金を貸す.

re·di·tua·ble [r̄e.ði.twá.ble] 形 利子[収益]をもたらす.

re·di·tual [r̄e.ði.twál] 形 → redituable.

re·di·tuar [r̄e.ði.twár] 84 他 《ラ米》(多)(利子を)生む, (収益を)もたらす.

re·di·vi·vo, va [r̄e.ði.βí.βo, -.βa] 形 生き返った, よみがえった；生き写しの. Ella es su madre *rediviva*. 彼女は亡き母親に生き写しだ.

re·do·bla·do, da [r̄e.ðo.βlá.ðo, -.ða] 形 1 増強[倍増]された, 強化された. 2 (体格が)がっちりした, ずんぐりした.

re·do·bla·du·ra [r̄e.ðo.βla.ðú.ɾa] 女 → redoblamiento.

re·do·bla·mien·to [r̄e.ðo.βla.mjén.to] 男 増強, 倍増, 強化.

re·do·blan·te [r̄e.ðo.βlán.te] 男 1 小太鼓, サイドドラム. 2 小太鼓手, サイドドラム奏者.

re·do·blar [r̄e.ðo.βlár] 他 1 増強[倍増]する, 強化する. ~ SUS gritos さらに大きな声で叫ぶ. ~ SUS esfuerzos なおいっそう努力を重ねる. 2 〈釘(くぎ)などの先端を〉折り曲げる；〈布端などを〉二つに折る (= doblar). 3 繰り返し言う, 繰り返す. ― 自 太鼓[ドラム]を打ち鳴らす, 連打する. ― ~·se 再 倍増する.

re·do·ble [r̄e.ðó.βle] 男 1 → redoblamiento. 2 (太鼓・ドラムを)打ち鳴らすこと, 連打；連打音.

re·do·blón, blo·na [r̄e.ðo.βlón, -.βló.na] 形 〈釘(くぎ)などの〉先端を曲げられた. ― 男 リベット, 鋲(びょう)；引っかけ釘.

re·do·len·te [r̄e.ðo.lén.te] 形 痛みが残る, 痛みがうずく.

re·do·lor [r̄e.ðo.lóɾ] 男 なかなか消えない痛み[うずき].

re·do·ma [r̄e.ðó.ma] 女 1 フラスコ. 2 《ラ米》(1)(チリ)金魚鉢. (2)(コロンビア)標識灯, 灯；(道路の)アーチ.

re·do·ma·do, da [r̄e.ðo.má.ðo, -.ða] 形 1 ずる賢い, 狡猾(こうかつ)な. 2 全くの, どうしようもない. un pícaro ~ 大悪党.

re·do·món, mo·na [r̄e.ðo.món, -.mó.na] 形 《ラ米》(1)〈馬などが〉十分に飼い慣らされていない. (2)(チリ)(ペルー)《話》未熟の, 訓練不足の. (3)(キューバ)田舎臭い.

re·don·da [r̄e.ðón.da] 女 1 牧場, 牧草地. 2 《印》ローマン体 (= letra ~). 3 《音楽》全音符. 4 《海》横帆. ― 形 → redondo.
a la redonda 周囲に, 周辺に. en diez millas *a la* ~ 10マイル四方にわたって. Se oía a un kilómetro *a la* ~. 1キロ先でも聞こえた.

re·don·de·a·do, da [r̄e.ðon.de.á.ðo, -.ða] 形 ほぼ円形の, 円形に近い；丸みのある.

re·don·de·a·mien·to [r̄e.ðon.de.a.mjén.to] 男 → redondeo.

re·don·de·ar [r̄e.ðon.de.áɾ] 他 1 丸くする, 丸みをつける. 2 〈数字の〉端数を切り捨てる[切り上げる]. 3 〈衣服の〉すそ丈をそろえる. ~ los bajos [la falda] すそ[スカート丈]をそろえる. 4 《話》完全なものにする, 仕上げる. ― ~·se 再 1 丸くなる, 丸みを帯びる. 2 裕福になる, 財をなす. 3 (借金などを)完済する.

re·don·del [r̄e.ðon.dél] 男 1 《話》円, 丸. 2 《闘牛》闘技場. 3 《服飾》ケープ.

redondel (闘技場)

re·don·de·la [r̄e.ðon.dé.la] 女 《ラ米》(アルゼンチン)円, 丸；円周；丸い[円形の]もの (= redondel).

re·don·de·o [r̄e.ðon.dé.o] 男 1 丸みをつけること, 円形化, 球形化. 2 端数の切り捨て.

re·don·dez [r̄e.ðon.déθ / -.dés] 女 [複 redondeces] 1 丸いこと, 丸み, 球状. 2 《話》《主に複数で》(女性の胸や尻の)丸み. *en toda la redondez de la tierra* 世界中に[で].

re·don·di·lla [r̄e.ðon.dí.ja ‖ -.ʎa] 女 1 《詩》四行詩. ▶ 1行目と4行目, 2行目と3行目がそれぞれ韻を踏む. 2 《印》ローマン体 (= letra ~).

**re·don·do, da [r̄e.ðón.do, -.da] 形 1 丸い, 円形の；円筒形の；球形の. cara *redonda* 丸顔. mesa *redonda* 円卓(会議). 2 《話》完全な, 完璧(かんぺき)な. un negocio ~ 丸もうけの取引. un triunfo ~ 完璧な勝利. La tarta nos ha salido *redonda*. ケーキは完璧に仕上がった. 3 《話》明確な, きっぱりとした, 断固とした. responder con un "no" ~ 断固たる拒絶で応ずる. 4 端数のない；概数の. cuenta *redonda* 概算. número ~ 端数を持たない[切り捨てた]数. 100 [cien] euros en números ~*s* 100ユーロきっかり. 5 (活字が)丸みを帯びた立体の. 6 由緒正しい, 正真正銘の. un hidalgo ~ 生粋の郷士. 7 《ラ米》(1)(メキシコ)(キューバ)《話》ばかな, 愚かな, 飲み込みの悪い；無知な. (2)(キューバ)正直な. ― 男 1 丸い断面；(牛のもも肉などの)丸い塊；《話》硬貨. 2 《闘牛》回転しながらするパセ pase.

caer(se) (en) redondo《話》(気を失って)ばったりと倒れる.
en redondo (1) 丸く；一回転して. *dar una vuelta en* ～ ぐるっと一回転する.(2)《話》きっぱりと. *negarse en* ～ きっぱりと断る.(3) 周囲…. *El árbol tiene cinco metros en* ～. その木は幹周りが5メートルある.
[←[ラ]*rotundum* (*rotundus* の対格)；関連 redondear, redondez, rondó. [英]*round*]

re·don·dón [r̃e.ðon.dón] 男《話》大きな円.
re·do·pe·lo [r̃e.ðo.pé.lo] 男 *a [al] redopelo* 逆に；逆らって.
traer a redopelo a ＋人(人)にひどい仕打ちをする.
re·dor [r̃e.ðór] 男 **1** 丸ござ, 床マット. **2**《文章語》周辺, 付近 (= rededor). *en* ～ 周囲の[に].
re·do·rar [r̃e.ðo.rár] 他 …の金箔(ぱく)を張り替える, 金めっきしなおす.
re·do·va [r̃e.ðo.ßa] 女 レドバ：チェコのボヘミア地方のダンス[舞曲].
re·dox [r̃e.ðóks] 女《化》酸化還元.
re·dro [r̃é.ðro] 副《話》後に, 後方に.
re·dro·jo [r̃e.ðró.xo] 男 **1** 生育が遅れた果実 [花]；摘み残しのブドウ. **2** 発育の悪い子供. **3**《ラ米》(1)(衣服)ぼろ切れ；哀れなやつ；身をもちくずした女. (2)(食物)残り物.
re·dro·pe·lo [r̃e.ðro.pé.lo] 男 → redopelo.
re·drue·jo [r̃e.ðrwé.xo] 男 → redrojo **1**.
***re·duc·ción** [r̃e.ðuk.θjón / -.sjón] 女 **1** 縮小, 削減, カット. ～ *de armamentos* 軍備縮小. ～ *de la jornada laboral* 労働時間の短縮. ～ *del déficit financiero* 財政赤字の削減. **2** 簡約, 要約；縮約版. **3** 変換；帰着. **4** 鎮圧, 平定, 制圧. ～ *de los rebeldes* 反乱者たちの鎮圧. **5**《数》換算；約分. **6**《物理》気化, 液化, 固体化. **7**《化》還元. **8**《医》復位, 整復. **9**《論》還元. ～ *al absurdo* 背理法, 帰謬(びゅう)法. **10**《車》ギアを下げること. **11**《史》レドゥクシオン：スペイン統治時代, 中南米で先住民のキリスト教化のために建設された布教村. イエズス会によるパラグアイでの布教事業は特に有名.
re·duc·cio·nis·mo [r̃e.ðuk.θjo.nís.mo / -.sjo.-] 男《生物》《論》還元主義.
re·duc·cio·nis·ta [r̃e.ðuk.θjo.nís.ta / -.sjo.-] 形 還元主義の, 還元主義者の. — 男 女 還元主義者.
re·du·ci·ble [r̃e.ðu.θí.ßle / -.sí.-] 形 → reductible.
***re·du·ci·do, da** [r̃e.ðu.θí.ðo, -.ða / -.sí.-] 形 **1** 縮小された, 削減された；限定された. *una copia de tamaño* ～ 縮小版のコピー. **2** 狭い, 小さい；わずかの. *una familia reducida* 小家族. *un espacio* ～ 狭いスペース. *un rendimiento muy* ～ ごくわずかな収益. *tarifa reducida* 割引料金.
re·du·ci·dor, do·ra [r̃e.ðu.θí.ðor, -.ðó.ra / -.si.-] 男 女《ラ米》故買屋(= perista).
re·du·ci·mien·to [r̃e.ðu.θi.mjén.to / -.si.-] 男 → reducción.
****re·du·cir** [r̃e.ðu.θír / -.sír] 37 他《**a**... / **en**... …に》減らす, 縮小する, 弱める. ～ *el tamaño de*... …の大きさを小さくする. ～ *al mínimo* …を最小限にする. ～ *la velocidad* 減速する. *Nos hemos obligado a* ～ *la producción en un 20%*. 私たちは20パーセントの減産に追い込まれた.
2《**a**... …に》簡略化する；絞る. *Reduzca* el ensayo *a* dos páginas, por favor. エッセイを2ページにまとめてください. *Voy a* ～ mi intervención para cumplir el horario. 予定時間を守るために私は発言を短くするつもりです.
3《**a**...》(…(の状態)に) 甘んじさせる；(…を) 余儀なくさせる. ～ *a los rebeldes a la obediencia* 反乱者を服従させる.
4《数》《**a**... …に》(単位を)換算する；約分する. ～ *millas a kilómetros* マイルをキロメートルに換算する. **5**《物理》《**a**... …に》還元する. **6**《化》分解する. **6**《料》(汁などを)煮詰める, 濃縮する. **7**《医》(脱臼などを)整復する, 元どおりにする. **8**《ラ米》(俗)〈盗品を〉売買する.
— 自《車》《**de**... …から》《**a**... …に》減速する；《料》(汁などが)煮詰まる.
— ～**se** 再 **1** 減少する, 縮小する. *Se va reduciendo el número de estudiantes*. 学生数が減っていきます. **2**《**a**... …に》減じる, 小さくまとまる. *Su autoridad se ha reducido considerablemente al mínimo*. 彼[彼女](ら)の権限は実質最小になった. *Su discurso se reduce a lo siguiente*. 彼[彼女]の演説は次のようにまとめられる. **3**《**a**... …に》還元する, 変化する. *Con el terremoto el edificio se redujo a escombros*. 地震でその建物は瓦礫(がれき)と化した. **4**《**a**... …に》尽きる；(人が)集中する. *Nuestra labor aquí se reduce a vigilar*. 私たちのここでの任務は警備することに尽きる. *En este artículo nos reduciremos a los problemas siguientes*. この論文では次の問題に絞って扱います.
reducir al silencio a... …を黙らせる.
[←[ラ]*redūcere*「元に戻す」(*re*-「後ろへ」+ *dūcere*「導く」)；関連 reducción, irreductible. [英]*reduce*]

re·duc·ti·ble [r̃e.ðuk.tí.ßle] 形 **1** 縮小[削減]できる；変換できる.
2《数》約分できる；《化》還元できる.
re·duc·to [r̃e.ðúk.to] 男 **1**《比喩的》砦(とりで), 牙城(じょう). *el último* ～ *de la dominación árabe en España* スペインにおけるイスラム支配最後の牙城.
2 隠れ家. **3** 要塞, 砦.
re·duc·tor, to·ra [r̃e.ðuk.tór, -.tó.ra] 形《化》還元する；気化[液化, 固体化]する.
— 男 還元剤.
reduj- 活 → reducir.
***re·dun·dan·cia** [r̃e.ðun.dán.θja / -.sja] 女
1 (表現の) 重複, 冗語. **2** 過剰, 余剰. **3**《IT》冗長(度).
re·dun·dan·te [r̃e.ðun.dán.te] 形 重複した；余分な.
re·dun·dan·te·men·te [r̃e.ðun.dán.te.mén.te] 副 (表現を)余分に；(言葉を)重複して.
re·dun·dar [r̃e.ðun.dár] 自 **1**《《利益·不利益》に》帰する, なる. *Esto redundará en beneficio [perjuicio] de usted*. これはあなたの有利[不利]になるでしょう. **2**《…に》あふれる；過剰である. ～ *en citas* 引用が多すぎる.
re·du·pli·ca·ción [r̃e.ðu.pli.ka.θjón / -.sjón] 女
1 倍加, 倍増；強化. **2**《文法》重複, 畳語.
re·du·pli·car [r̃e.ðu.pli.kár] 108 他 **1** 倍加する, 倍増する. **2** 強化する.
reduzc- 活 → reducir.
re·e·di·ción [r̃e.(e.)ði.θjón / -.sjón] 女 再版, 重版；再刊.
re·e·di·fi·ca·ble [r̃e.(e.)ði.fi.ká.ßle] 形 再建可能な.
re·e·di·fi·ca·ción [r̃e.(e.)ði.fi.ka.θjón / -.sjón] 女 **1** 再建, 建て直し. **2** 立て直し, 再構築；挽回

re·e·di·fi·ca·dor, do·ra [r̃e.(e).ði.fi.ka.ðór, -.ðó.ra] 形 再建の；立て直す；挽回(ばんかい)のための．

re·e·di·fi·car [r̃e.(e).ði.fi.kár] 102 他 **1** 再建する，建て直す．**2** 立て直す，再構築する；挽回する．

re·e·di·tar [r̃e.(e).ði.tár] 他 再版する，重版する；再刊する．

re·e·du·ca·ción [r̃e.(e).ðu.ka.θjón / -.sjón] 女 **1** リハビリテーション，機能回復訓練，社会復帰療法．**2** 再教育，再訓練．

re·e·du·car [r̃e.(e).ðu.kár] 102 他 **1** …にリハビリテーションを施す，(身体器官の) 機能回復のための指導をする．**2** 再教育する．

re·el [r̃e.él] [英] 男 [複 ~s] 《ラ米》(ジラ)巻き枠，リール；[写] フィルム (= carrete).

re·e·la·bo·rar [r̃e.(e).la.bo.rár] 他 (計画・理論などを) 練り直す，立て直す．Tuvimos que ~ el proyecto por motivos económicos. 私たちは経済的な理由でその計画を立て直さなければならなかった．

re·e·lec·ción [r̃e.(e).lek.θjón / -.sjón] 女 再選．

re·e·lec·to, ta [r̃e.(e).lék.to, -.ta] 形 再選された．

re·e·le·gi·ble [r̃e.(e).le.xí.ble] 形 再選可能な．

re·e·le·gir [r̃e.(e).le.xír] 2 他 再選する．

re·em·bar·car [r̃e.(e).m.bar.kár] 102 他 再び乗船させる；再び積み込む，積み替える．—**~·se** 再 再び乗船する．

re·em·bar·que [r̃e.(e).m.bár.ke] 男 再乗船；積み替え．

re·em·bol·sa·ble [r̃e.(e).m.bol.sá.ble] 形 払い戻し可能な；(債券などが) 償還[換金] 可能な．

re·em·bol·sar [r̃e.(e).m.bol.sár] 他 払い戻す；償還する；返済する．—**~·se** 再 払い戻しを受ける．

re·em·bol·so [r̃e.(e).m.ból.so] 男 **1** 払い戻し (金)，償還；返済 (金)． contra [a] *reembolso* 代金着払いで．

re·em·pla·za·ble [r̃e.(e).m.pla.θá.ble / -.sá.-] 形 交換可能な；補充可能な．

re·em·pla·zan·te [r̃e.(e).m.pla.θán.te / -.sán.-] 男女 《ラ米》(ジラ)代理人，代行者；後任．

re·em·pla·zar [r̃e.(e).m.pla.θár / -.sár] 97 他 **1** (con… / por…) …と) 交換する，取り替える，置換する．~ A *con [por]* B A を B に取り替える．**2** (a…) (…に) 取って代わる，(…の) 後任になる．He reemplazado a José en ese puesto. ホセに代わって私がそのポストに就いた．

re·em·pla·zo [r̃e.(e).m.plá.θo / -.so] 男 **1** 取り替え；交代．**2** [軍] 新規徴兵；予備兵． de ~ 予備役の．

re·em·pren·der [r̃e.(e).m.pren.dér] 他 再開する．

re·en·car·na·ción [r̃e.(e).ŋ.kar.na.θjón / -.sjón] 女 [宗] 霊魂の再生，生まれ変わり；化身．

re·en·car·nar(·se) [r̃e.(e).ŋ.kar.nár(.se)] 自 再 [宗] (en… …に) (霊魂が) 生まれ変わる，再び受肉する．

re·en·con·trar [r̃e.(e).ŋ.kon.trár] 15 他 再発見する．—**~·se** 再 再会する．Después de un año, *nos reencontramos* en el mismo lugar. 1年後，私たちは同じ場所で再会した．

re·en·cua·der·na·ción [r̃e.(e).ŋ.kwa.ðer.na.θjón / -.sjón] 女 製本のし直し，再製本．

re·en·cua·der·nar [r̃e.(e).ŋ.kwa.ðer.nár] 他 製本し直す．

***re·en·cuen·tro** [r̃e.(e).ŋ.kwén.tro] 男 **1** 再会．**2** 衝突，ぶつかり；[軍] 小競り合い．

re·en·gan·cha·do [r̃e.(e).ŋ.gaɲ.tʃá.ðo] 男 [軍] (兵役後の) 再入隊兵．

re·en·gan·char [r̃e.(e).ŋ.gaɲ.tʃár] 他 [軍] (兵役を終えた者を) 再入隊させる．—**~·se** 再 《ラ米》再入隊する．**2** [話] 再び同じことをする．**3** 《ラ米》(ジラ)《話》(解雇した者を) 再雇用する．

re·en·gan·che [r̃e.(e).ŋ.gaɲ.tʃe] 男 **1** [軍] 再入隊；再入隊手当．**2** [話] 同じことの繰り返し．**3** 《ラ米》(ジラ)《話》再雇用．

re·en·gen·drar [r̃e.(e).ŋ.xen.drár] 他 再生する．

re·en·tra·da [r̃e.(e).n.trá.ða] 女 再突入． ~ en la atmósfera 大気圏再突入．

re·en·trar [r̃e.(e)n.trár] 自 再突入する．

re·en·viar [r̃e.(e).m.bjár] 81 他 送り返す，転送する．

re·en·vi·dar [r̃e.(e).m.bi.ðár] 他 (ゲームなどで) (賭(か)け金を) つり上げる．

re·en·ví·o [r̃e.(e).m.bí.o] 男 返送，転送．

re·en·vi·te [r̃e.(e).m.bí.te] 男 (ゲームなどでの) 賭(か)け金のつり上げ，賭け増し．

re·es·cri·bir [r̃e.(e).s.kri.bír] 75 他 [過分] は reescrito] 書き直す．La escritora *reescribió* la novela a causa de las duras críticas. その女性作家は厳しい批判のために小説を書き直した．

re·es·cri·tu·ra [r̃e.(e).s.kri.tú.ra] 女 書き直し．

re·es·tre·nar [r̃e.(e).s.tre.nár] 他 再演[再上映]する．

re·es·tre·no [r̃e.(e).s.tré.no] 男 再演，再上映．

***re·es·truc·tu·ra·ción** [r̃e.(e).s.truk.tu.ra.θjón / -.sjón] 女 **1** 再構成，再編成．**2** [経] 事業再構築，リストラ．

re·es·truc·tu·ra·dor, do·ra [r̃e.(e).s.truk.tu.ra.ðór, -.ðó.ra] 形 再構築[再編]する．—男女 再構築[再編] する人．

re·es·truc·tu·rar [r̃e.(e).s.truk.tu.rár] 他 **1** 再構成する，再編成する．**2** [経] 再構築[リストラ]する．

re·e·xa·mi·na·ción [r̃e.(e).k.sa.mi.na.θjón / -.sjón] 女 再検査，再検討；再試験．

re·e·xa·mi·nar [r̃e.(e).k.sa.mi.nár] 他 再検査する，再検討する；再試験する．

re·ex·pe·di·ción [r̃e.(e).(k)s.pe.ði.θjón / -.sjón] 女 転送；送返．Se ruega la ~. 転送願います．

re·ex·pe·dir [r̃e.(e).(k)s.pe.ðír] 1 他 転送する；送返する．Se ruega ~ al destinatario. このあて先へ転送願います．

re·ex·por·ta·ción [r̃e.(e).(k)s.por.ta.θjón / -.sjón] 女 再輸出．

re·ex·por·tar [r̃e.(e).(k)s.por.tár] 他 再輸出する．

re·fac·ción [r̃e.fak.θjón / -.sjón] 女 **1** 軽い食事．**2** 差額手当；[商] おまけ．**3** 《ラ米》(1) 修理，修復．(2) (ジラ)交換部品，スペア．(3) (ジラ)(メキ)(ジラ)(アル)(農園などの) 経費．**4** (ジラ)(メキ)(ジラ)(アル)短期間一時)貸し付け．

re·fac·cio·nar [r̃e.fak.θjo.nár / -.sjo.-] 他 《ラ米》(1) 修理する，修復する．(2) (ジラ)(メキ)(ジラ)(アル)資金援助する；融通する．

re·fa·jo [r̃e.fá.xo] 男 **1** [服飾] (厚手の) ペチコート，アンダースカート；スカート．**2** 《ラ米》(コロン)ビールとソーダ水を混ぜた飲み物．

re·fa·lar [r̃e.fa.lár] 他 《ラ米》(1) (カラ)(ジラ)取り上げる，奪う．(2) (ジラ)(メキ)《話》盗む，くすねる．—**~·se** 再 《ラ米》《話》(1) (ジラ)脱ぐ．(2) 立ち去る．

re·fan·fin·flar [r̃e.faɲ.fiɲ.flár] 他 《話》(人の) 注意をひかない．

refejar

refanfinflársela (a+人)〈人〉が気にならない、かまわない. *Me la refanfinflaba lo que me hacías.* あなたが私にしたことは、私には気にならなかった.

re·fec·ción [r̃e.fek.θjón / -.sjón] 囡 **1** 軽い食事 (= refacción). **2** 修理, 修復.

re·fec·to·rio [r̃e.fek.tó.rjo] 男 (修道院などの) 食堂.

re·fe·ree [r̃é.fe.ri, r̃e.-.rí] [英] 男 囡 《ラ米》《スポ》《スポ》(サッカーの) 審判.

※**re·fe·ren·cia** [r̃e.fe.rén.θja / -.sja] 囡 **1** 言及；関連づけ (= mención); 報告. hacer 〜 a... ...に言及する. con 〜 a... ...に関して. **2** 参考 (書目); 関連情報；(資料などの) 出典, リファレンス. libros [datos] de 〜 参考書[参考データ]. por 〜s 情報によれば. **3** 《複数で》(身元・技量などの) 証明書；照会 (先); (就職に必要な) 紹介状. pedir 〜s 紹介状を要求する. traer buenas 〜s いい紹介状をもっている. **4** 基準となるもの, 模範. punto de 〜 (参照すべき) 重要な情報.

re·fe·ren·cial [r̃e.fe.ren.θjál / -.sjál] 形 参照用の, 参考となる, 基準となる；《文法》指示的用法の.

re·fe·ren·ciar [r̃e.fe.ren.θjár / -.sjár] 82 他 言及する, 参照する, 関連づける. *Este autor referencia la Biblia a menudo.* この著者はしばしば聖書に言及する.

re·fe·ren·da·rio [r̃e.fe.ren.dá.rjo] 男 副署人.

re·fe·ren·do [r̃e.fe.rén.do] 男 ➔ referéndum.

*****re·fe·rén·dum** [r̃e.fe.rén.dum] 男 [複 〜s, 〜] **1** 国民投票. レファレンダム. someter a 〜 国民投票にかける. **2** (外交官が本国政府に指示を仰ぐための) 請訓書.

※**re·fe·ren·te** [r̃e.fe.rén.te] 形 (a... ...に) 関する. *informe 〜 al atentado* テロ事件に関するレポート. ── 男 《言》指示対象.

re·fe·rí [r̃e.fe.rí] / **ré·fe·ri** [r̃é.fe.ri] 男 囡 [複 〜s] 《ラ米》《スポ》 (サッカーの) 審判. [← [英] *referee*]

re·fe·ri·ble [r̃e.fe.rí.ble] 形 (a... ...に) 関連づけられる；帰すことができる.

*****re·fe·rir** [r̃e.fe.rír] 27 他 **1** (a+人 〈人〉に) 〈出来事などを〉語る, 物語る；《que+直説法 ...であると》語る. 〜 *un episodio* エピソードを語る. *Para mí es una respuesta suficiente, aunque no refiera detalles.* 詳細は語っていませんが, 私には十分な答えです.

2 (a... ...に) 当てはめる, 関連づける. *Referiría su éxito a su estancia en América.* 彼[彼女] (ら) の成功がアメリカ滞在に起因すると言えるだろう.

3 (a... ...に) 〈読者に〉参照させる. *Quiero* 〜 *a los lectores a las cifras del apéndice.* 読者の皆さんは巻末の数字を参照してほしい. **4** 《ラ米》(1) 《スポ》とがめる. (2) 《米》《話》侮辱する, ののしる.

── ~·se 再 (a... ...に) **言及する**. en [por] lo que *se refiere a...* ...に関しては. *¿A qué te refieres?* 君は何について言っているのですか.
[← [ラ] *referre* (*re-*「後ろへ」+ *ferre*「運ぶ」); 関連 referente, referencia, referéndum, refrendar. [英] *refer*]

re·fer·te·ro, ra [r̃e.fer.té.ro, -.ra] 形 けんか好きな, けんか早い.

refier- 活 ➔ referir.

re·fi·lón [r̃e.fi.lón] *de refilón* 《話》(1) 斜めに, はすに. *Un rayo de sol daba en la pared de* 〜. 太陽の光が壁に斜めに当たっていた. (2) ちらりと, かすめて. *ver de* 〜 ちらっと見る. *leer un libro de* 〜 本を斜め読みする.

re·fi·na·ción [r̃e.fi.na.θjón / -.sjón] 囡 ➔ refinado.

re·fi·na·de·ra [r̃e.fi.na.dé.ra] 囡 (チョコレート精製用の) 石ローラー.

re·fi·na·do, da [r̃e.fi.ná.đo, -.đa] 形 **1** 洗練された, あかぬけた；上品な. *manera de actuar refinada* 洗練されたふるまい. *joven* 〜 あかぬけた若者.
2 巧妙極まる, 手の込んだ.
3 精製[精錬]された. *azúcar* 〜 精糖.
── 男 精製, 精錬. *el* 〜 *del petróleo* 石油精製.

re·fi·na·dor, do·ra [r̃e.fi.na.đór, -.đó.ra] 形 精錬する, 精製する, 精留する. ── 男 精製工.

re·fi·na·du·ra [r̃e.fi.na.đú.ra] 囡 ➔ refinado.

re·fi·na·mien·to [r̃e.fi.na.mjén.to] 男 **1** 洗練, 上品さ；極み. 〜 *de crueldad* 残虐の極み. **3** 精製, 精錬.

re·fi·nan·cia·ción [r̃e.fi.nan.θja.θjón / -.sja.sjón] 囡 再融資, 再度の資金調達.

※**re·fi·nar** [r̃e.fi.nár] 他 **1** 精製する, 精錬する.
2 洗練する, 上品にする；磨きをかける. **3** 《ラ米》《ガ牧》〈家畜を〉掛け合わせる.
── ~·se 再 洗練される, 上品になる.

re·fi·ne·rí·a [r̃e.fi.ne.rí.a] 囡 精製所；精糖工場. 〜 *de petróleo* 製油所.

re·fi·no, na [r̃e.fí.no, -.na] 形 極上の；洗練された, 磨きぬかれた. ── 男 **1** 精製, 精錬 (= refinado). **2** (カカオ・砂糖などを売る) 食料品店. **3** 《ラ米》《ガ牧》純度の高い酒；ブランデー.

re·fir·mar [r̃e.fir.már] 他 **1** もたせ掛ける.
2 ...に承認を与える；批准する.

re·fis·to·le·rí·a [r̃e.fis.to.le.rí.a] 囡 《ラ米》《話》(1) 《米》《ゴキブリ》口先の巧みさ, 悪賢さ. (2) 《キナ》《ダナ》《ガナ》うぬぼれ, 気取り；偉ぶること. (3) 《タテ》お世辞, 追従.

re·fis·to·le·ro, ra [r̃e.fis.to.lé.ro, -.ra] 形 《ラ米》《話》(1) 《米》《ゴキブリ》口先だけの, 腹黒い；人騒がせな. (2) 《キナ》《ダナ》《ゴキブリ》《ガナ》うぬぼれた, 気取った；偉ぶった. (3) 《タテ》お世辞のうまい, 口達者な.

re·fi·to·le·ar [r̃e.fi.to.le.ár] 他 《話》お節介をやく, 〈つまらないことに〉首をつっこむ. ── 自 《話》お節介をやく, つまらないことに首をつっこむ. *Mis vecinos refitoleaban en todas mis cosas.* 隣近所の人たちは私のこと全てにおせっかいをやいた.

re·fi·to·le·ro, ra [r̃e.fi.to.lé.ro, -.ra] 形 **1** (修道院の) 食事係の. **2** 《話》お節介な, でしゃばりの. **3** 《話》気取った；めかしこんだ.
── 男 囡 **1** (修道院の) 食事係. **2** 《話》お節介な人；気取った人；めかしこんだ人.

re·flec·tan·te [r̃e.flek.tán.te] 形 反射する, 像を映す. *superficie* 〜 反射面.

re·flec·tar [r̃e.flek.tár] 他 自 《物理》反射する.

re·flec·tor, to·ra [r̃e.flek.tór, -.tó.ra] 形 《物理》反射する. ── 男 **1** 反射装置, 反射鏡 [板]. 〜 *de automóvil* 車のリフレクター. 〜 *de antena* アンテナの反射器. **2** (スポットライト・サーチライトなどの) 投光照明灯. **3** 《天文》反射望遠鏡.

re·fle·ja·do, da [r̃e.fle.xá.đo, -.đa] 形 反射した. *rayo* 〜 反射光線.

*****re·fle·jar** [r̃e.fle.xár] 他 **1** (光・熱・音などを) 反射する, はね返す. *El espejo refleja la luz.* 鏡は光を反射する. **2** 反映する, 映し出す. *una obra que refleja la época de modernismo* モダニズム [モデルニスモ] 時代を反映する作品. *Nuestros ojos*

reflejo

reflejan nuestros sentimientos. 目は心の窓.
— 自 反射する.
— ~・se 再 1 反射する. 2 《en... …に》反映される, 映る, 表れる. La felicidad *se reflejaba en* su rostro. 幸福感が彼[彼女]の顔に表れていた. La subida del precio de la materia prima *se refleja en* el del producto acabado. 原材料の値上がりは完成品の価格にはね返る.

re·fle·jo, ja [ře.flé.xo, -.xa] 形 1 反射した；反映した. rayo ~ 反射光線. 2 反射的な, 反射性の；(痛みが) 患部とは違う場所に現れる. 3 熟考した. 4 《文法》再帰的. pasiva *refleja* 再帰受動態.
— 男 1 反射光, 閃光(ｾﾝｺｳ), きらめき. 2 反映, 反射；映った像[影], 投影. ~ en el agua 水に映った影. 3 反射作用. 《複数で》反射神経. ~ condicionado 条件反射. tener buenos ~s 反射神経がいい. 4 一部染めた髪, メッシュ；色つや. [← 〔ラ〕 *reflexum* (*reflexus* の対格) 「逆行, 後退」(*reflectere* 「後ろへ曲げる」の完了分詞 *reflexus* より派生), 関連 reflejar, reflexión, flexible. 〔英〕 *reflex*]

re·fle·jo·te·ra·pia [ře.fle.xo.te.rá.pja] 女《医》→ reflexoterapia.

ré·flex [ré.fleks] 〔英〕形《写》《性数不変》〈カメラが〉レフレックスの, (ファインダー用に) 反射鏡を用いた.
— 男《単複同形》レフレックスカメラ.

re·fle·xi·ble [ře.flek.sí.ble] 形 反射される, 反射性の.

re·fle·xión [ře.flek.sjón] 女 1 熟考, 熟慮. con ~ 熟慮の上で. sin ~ 軽率に. 2 忠告, 意見；反省. Mi padre me hizo unas *reflexiones* muy oportunas. 父は私に実に的を射た助言をくれた. 3《物理》反射. la ~ de la luz 光の反射. 4《文法》再帰.
[← 〔中ラ〕 *reflexiōnem* (*reflexiō* の対格, (〔ラ〕 *reflectere* 「後ろへ曲げる」より派生), 関連 reflexionar, reflexivo, flexible. 〔英〕 *reflection*]

re·fle·xio·nar [ře.flek.sjo.nár] 自 熟考する, よく考える. ~ sobre un asunto ある事柄について深く考える. ~ antes de actuar 行動を起こす前にじっくり考える. — 他 …についてよく考える.

re·fle·xi·va·men·te [ře.flek.sí.ba.mén.te] 副 熟考して, 思慮深く.

re·fle·xi·vo, va [ře.flek.sí.bo, -.ba] 形 1 反射する. 2 熟考する, 思慮深い；慎重な. un niño ~ 何事にも慎重な少年. 3《文法》再帰の. verbo ~ 再帰動詞.

re·fle·xo·lo·gí·a [ře.flek.so.lo.xí.a] 女《医》リフレクソロジー, 反射学.

re·fle·xo·te·ra·pia [ře.flek.so.te.rá.pja] 女《医》リフレックス療法 (= reflejoterapia).

re·flo·re·cer [ře.flo.re.θér / -.sér] 34 自〈花が〉再び咲く；《比喩的》再び隆盛[繁栄]を取り戻す.

re·flo·re·ci·mien·to [ře.flo.re.θi.mjén.to / -.si.-] 男 返り咲き；再興.

re·flo·ta·ción [ře.flo.ta.θjón / -.sjón] 女 → reflotamiento.

re·flo·ta·mien·to [ře.flo.ta.mjén.to] 男 立て直し, 浮揚, 回復.

re·flo·tar [ře.flo.tár] 他 1〈船を〉引き上げる, 再び浮上がらせる. 2 立て直す, 立ち直らせる. Juan es la persona clave para ~ nuestra empresa. フアンは我々の会社を立て直すキーパーソンだ.
— 自 立ち直る, 回復する.

re·fluir [ře.flwír] 48 自 1 逆流する. 2 《en... …に》《結果的に》なる, 終わる.

re·flu·jo [ře.flú.xo] 男 1 引き潮. 2 後退, 衰退. 3 逆流.《医》(血液の)退流.

re·fo·ci·la·ción [ře.fo.θi.la.θjón / -.si.-.sjón] 女 → refocilo.

re·fo·ci·lar [ře.fo.θi.lár / -.si.-] 他 1 《con... 〈下品なことで〉で》楽しませる, おもしろがらせる. 2 元気づける. — 自 1 (まれ)性交する. 2《ラ米》《アンデス》(3人称単数・無主語で) 稲妻が光る, 電光が走る.
— ~・se 再 1 《con... 〈下品なことで〉で》楽しむ. 2 《con... / en... 〈他人の不幸で〉》おもしろがる.

re·fo·ci·lo [ře.fo.θí.lo / -.sí.-] 男 1 下品な楽しみ. 2《ラ米》《アンデス》稲妻, 雷光.

re·fo·res·ta·ción [ře.fo.res.ta.θjón / -.sjón] 女 植林.

re·fo·res·tar [ře.fo.res.tár] 他 植林する. Este año *hemos reforestado* 5 hectáreas más. 今年我々はさらに5ヘクタールの植林を行った.

re·for·ma [ře.fór.ma] 女 1 改革；改装, 矯正. hacer ~s financieras [agrarias] 財政[農地]改革を行う. proponer una ~ de la Constitución 憲法改正を提起する. Cerrado por ~s.《掲示》改装につき閉店. El museo necesita ~. 博物館には改修が必要だ. 2 [R-]《史》(1) 宗教改革：ローマ・カトリック教会に反旗を翻した16世紀の宗教運動. (2) (メキシコの) レフォルマ時代：Santa Ana 大統領失脚 (1854年) から Juárez 大統領再選 (1867年) までの保守派と改革派の抗争の時代.

re·for·ma·ble [ře.for.má.ble] 形 改革できる；改革すべき.

re·for·ma·ción [ře.for.ma.θjón / -.sjón] 女 改革, 変革, 改善 (= reforma).

re·for·ma·do, da [ře.for.má.ðo, -.ða] 形 1 改革された, 変革した；改善された. 2《宗》新教徒の, プロテスタントの. — 男 女《宗》新教徒, プロテスタント.

re·for·ma·dor, do·ra [ře.for.ma.ðór, -.ðó.ra] 形 改革する, 改善する. — 男 女 改革者, 改善者.

re·for·mar [ře.for.már] 他 1 改革する, 改正する. ~ la legislación 法を改正する. ~ la sociedad 社会を改革する. ~ un curso académico 履修課程を改編する. 2〈建物などを〉改装する；〈服などを〉リフォームする. una casa 家を改修する. El sastre me *reformó* el traje. 仕立て屋が私のスーツを直してくれた. 3〈人を〉改心させる；〈ふるまいなどを〉矯正する. ~ su conducta 行動を正す.
— ~・se 再 1 改心する, 更生する. Desde entonces *se reformó* y se hizo buena. そのとき以来彼女は改心してまともになった. 2 改善する, 改正される.

re·for·ma·ti·vo, va [ře.for.ma.tí.bo, -.ba] 形 改革[改善]する；改革の.

re·for·ma·to·rio, ria [ře.for.ma.tó.rjo, -.rja] 形 改革[改善]する；改心させる. — 男 少年院.

re·for·mis·mo [ře.for.mís.mo] 男 改革[革新, 改良]主義[運動, 政策].

re·for·mis·ta [ře.for.mís.ta] 形 改革[革新]主義[運動]の. — 男 女 改革主義者.

re·for·za·do, da [ře.for.θá.ðo, -.ða / -.sá.-] 形 補強[強化]された；増強された. cristal ~ 強化ガラス.

re·for·za·dor, do·ra [ře.for.θa.ðór, -.ðó.ra / -.sa.-] 形 補強の, 丈夫[頑丈]にするための.
— 男《写》補力液.

re·for·za·mien·to [ře.for.θa.mjén.to / -.sa.-] 男 強化, 補強；強化[補強]するもの (= refuerzo).

re·for·zar [ře.for.θár / -.sár] 20 他 1 強化する, 補強する, 増強する. ~ un tubo 管を補強する.

la vigilancia 警備を強化する. **2**〖写〗〈ネガを〉補力する. **3** 元気づける.

re·frac·ción [r̃e.frak.θjón / -.sjón] 囡〖物理〗屈折. ángulo de ～ 屈折角. índice de ～ 屈折率. doble ～ 複屈折.

re·frac·tan·te [r̃e.frak.tán.te] 形 屈折させる, 反射する.

re·frac·tar [r̃e.frak.tár] 他〖物理〗屈折させる.
— ～·se 再 屈折する.

re·frac·ta·rio, ria [r̃e.frak.tá.rjo, -.rja] 形 **1** 耐火性の, 耐熱性の. ladrillo ～ 耐火れんが.
2 《a...》《…に》反抗する,《…を》受けつけない. ser ～ a los cambios sociales 社会の変化について行けない. ser ～ a los idiomas 語学に不向きである. Mi hijo es ～ a la gripe. 私の子供は風邪をひきにくい.

re·frac·ti·vo, va [r̃e.frak.tí.bo, -.ba] 形〖物理〗屈折する, 屈折力のある.

re·frac·to, ta [r̃e.frák.to, -.ta] 形〖物理〗〈光線が〉屈折した.

re·frac·tó·me·tro [r̃e.frak.tó.me.tro] 男〖物理〗屈折計.

re·frac·tor [r̃e.frak.tór] 男 屈折望遠鏡.

***re·frán** [r̃e.frán] 男 **諺**(ことわざ), 格言, 金言. según reza el ～ 諺にあるように. → aforismo 類語.
[← 〔古スペイン〕「(歌の)繰り返し語句」 ← 〔古プロバンス〕*refranh*.〔関連〕refranero.〔英〕*refrain*].

re·fra·ne·ro [r̃e.fra.né.ro] 男 格言集, 金言集.

re·fra·nes·co, ca [r̃e.fra.nés.ko, -.ka] 形 諺(ことわざ)の, 格言めいた.

re·fran·gi·bi·li·dad [r̃e.fraŋ.xi.bi.li.ðáð] 囡 屈折性.

re·fran·gi·ble [r̃e.fraŋ.xí.ble] 形 屈折性の, 屈折を起こす.

re·fra·nien·to, ta [r̃e.fra.njén.to, -.ta] 形《ラ米》(キ) 諺(ことわざ)を使いたがる, よく格言を引用する.

re·fra·nis·ta [r̃e.fra.nís.ta] 両 諺好きな人, 好んで諺(ことわざ)を引用する人.

re·fre·ga·du·ra [r̃e.fre.ga.ðú.ra] 囡 → refregamiento.

re·fre·ga·mien·to [r̃e.fre.ga.mjén.to] 男 こすること; こすった跡.

re·fre·gar [r̃e.fre.gár] 9 他 **1**《話》こする; ごしごし磨く (= restregar).
2《話》非難する, ののしる, 当てつける.

re·fre·gón [r̃e.fre.gón] 男 **1**《話》こすること; こすった跡. **2**〖海〗突風 (= ráfaga).

re·fre·ír [r̃e.fre.ír] 6 他〔過分〕は refreído, refrito〕再び油で揚げる[炒める, 焼く]; 揚げすぎる.

re·fre·na·ble [r̃e.fre.ná.ble] 形 抑制[制御]できる.

re·fre·na·mien·to [r̃e.fre.na.mjén.to] 男 抑制, 制御; 自制.

re·fre·nar [r̃e.fre.nár] 他 **1** 抑える, 抑制する, 制御する. ～ la expresión de los sentimientos 感情を控え目に表現する. **2**〈馬を〉手綱で御する.
— ～·se 再 自制する, 控える.

re·fren·da·ción [r̃e.fren.da.θjón / -.sjón] 囡 **1** 副署すること; 副署. **2** 承認.

re·fren·dar [r̃e.fren.dár] 他 **1**《公文書などに》副署する, 裏書きする.
2〈パスポートを〉査証する. **3** 承認する, 支持する.

re·fren·da·rio, ria [r̃e.fren.dá.rjo, -.rja] 男 囡 副署person.

re·fren·da·ta [r̃e.fren.dá.ta] 囡 副署.

re·fren·do [r̃e.frén.do] 男 **1** 副署すること; 副署. **2** 承認, 支持. ley sometida al ～ popular 国民投票に付された法律. **3** 査証, ビザ.

re·fres·ca·da [r̃e.fres.ká.ða] 囡《ラ米》(メキ)《話》泳ぐこと; 水を浴びること.

re·fres·ca·mien·to [r̃e.fres.ka.mjén.to] 男 涼しくする[なる]こと; 冷却, 冷えること.

re·fres·can·te [r̃e.fres.kán.te] 形 さわやかな, 爽快(キキ)な気分にさせる. una brisa ～ さわやかな風.

***re·fres·car** [r̃e.fres.kár] 102 他 **1** 涼しくする, 冷やす. ～ las bebidas 飲み物を冷やす. **2**《記憶を》よみがえらせる, 新たにする. ～ la memoria 記憶をよみがえらせる. ～ el español スペイン語をさらい直す.
— 自 **1**（主に3人称・無主語で）涼しくなる, 冷える. Esta tarde ha refrescado un poco. 今日の午後は少し涼しくなった. **2** 涼む; 爽快(キキ)な気分になる, 気分を一新する. **3** 冷たい飲み物を取る. **4**〖海〗〈風が〉強まる. **5**《ラ米》(エクア) 軽食[おやつ]を食べる.
— ～·se 再 → 自 **2**, **3**.

***re·fres·co** [r̃e.frés.ko] 男 **1** 清涼飲料水, ソフトドリンク. **2** 軽い飲食物. **3**《ラ米》(ニカラ) 炭酸飲料. de refresco 新規の, 増援の.

refresque(-) / refresqué(-) 活 → refrescar.

re·fres·que·rí·a [r̃e.fres.ke.rí.a] 囡《ラ米》(中米)(メキ)(ジュースやアイスクリームを売る)売店[スタンド].

re·frí [r̃é.fri] 男《ラ米》(キ)冷蔵庫.

re·frie·ga [r̃e.frjé.ga] 囡 **1** 小競り合い. **2** 口論, けんか.

re·fri·ge·ra·ción [r̃e.fri.xe.ra.θjón / -.sjón] 囡 **1** 冷却; 冷蔵. ～ por aire [agua]〖機〗空冷[水冷]. agua de ～ 冷却水. ▶「冷凍」は congelación. **2** 冷房 (= aire acondicionado). **3** 軽い飲食物.

***re·fri·ge·ra·dor, do·ra** [r̃e.fri.xe.ra.ðór, -.ðó.ra] 形 冷却[冷蔵]する. — 男 冷却装置. — 男 (または囡) 冷蔵庫 (= frigorífico).

re·fri·ge·ran·te [r̃e.fri.xe.rán.te] 形 冷却する.
— 男 冷却剤; 冷却器.

re·fri·ge·rar [r̃e.fri.xe.rár] 他 **1** 冷やす, 冷却する; 冷房する. **2**〈食品を〉冷蔵する. carne *refrigerada* チルド肉.
— ～·(se) 自 **1** 冷える. **2** 生気を取り戻す.

re·fri·ge·rio [r̃e.fri.xé.rjo] 男 **1** 軽食, 間食. Se servirá un ～ en el avión. 機内では軽食のサービスがございます. **2** 爽快(キキ)感; 安らぎ, 安堵(キキ)感.

re·frin·gen·cia [r̃e.friŋ.xén.θja / -.sja] 囡〖物理〗屈折性[度].

re·frin·gen·te [r̃e.friŋ.xén.te] 形〖物理〗屈折させる, 屈折性の.

re·fri·gir [r̃e.friŋ.xír] 101 他 → refractar.

re·fri·to, ta [r̃e.frí.to, -.ta] [refreír の 過分] 形 揚げ直しの; 揚げすぎの.
— 男 **1**〖料〗ニンニク・タマネギなどを油で炒めたもの. **2**《話》《軽蔑》改作. Esta obra de teatro es un ～. この戯曲は前の作品の焼き直しだ.

re·fro·tar [r̃e.fro.tár] 他 → restregar, refregar.

re·fu·ci·lar [r̃e.fu.θi.lár / -.si.-] 自《ラ米》(アルゼ)(ウル)(3人称単数・無主語で)稲妻が走る.

re·fu·ci·lo [r̃e.fu.θí.lo / -.sí.-] 男《ラ米》(アルゼ) 稲妻, 稲光 (= refusilo).

refuerce(-) / refuerz- 活 → reforzar.

***re·fuer·zo** [r̃e.fwér.θo / -.so] 男 **1** 補強, 強化;

refugiado

補強材[布]. ~ de la guardia 警備の増強.
2《複数で》増援, 援軍. enviar ~s 援軍を送る.
3《ラ米》(1)《ｼﾞｬﾏｲｶ》軽食. (2)《ｺﾛﾝﾋﾞｱ》サンドウィッチ.

re·fu·gia·do, da [r̄e.fu.xjá.ðo, -.ða] 形 避難した; 亡命した, 国外に逃れた. — 男 女 避難民; 亡命者, 難民. ~ político 政治亡命者.

re·fu·giar [r̄e.fu.xjár] 82 他 かくまう, 保護する.
— ~·se 再 《de...…から》《en...…に》避難する; 亡命する; 《de...》《風雪などを》しのぐ. Se refugió en España cuando estalló la revolución. 革命が起こったとき, 彼[彼女]はスペインに亡命した. Nos refugiamos de la lluvia bajo el cobertizo. 私たちは軒下で雨宿りした.

re·fu·gio [r̄e.fú.xjo] 男 **1** 避難, 保護, 庇護. dar ~ a...…をかくまう.
2 避難所, 隠れ場所. ~ antiaéreo 防空壕. ~ atómico [nuclear] 核シェルター. ~ alpino [/ ~ de montaña] 登山者用の山小屋. acogerse en un ~ 避難する.
3 頼りになる人[もの]. Es un ~ para sus amigos. 彼[彼女]は友人にとって頼りがいある存在だ.
4(司直の手の及ばない)聖域; (貧民の)保護収容所; 貧民救助組織. **5** (路面電車の)安全地帯. **6**《ラ米》《ﾒｷｼｺ》(バス・路面電車の)停留所の張出し屋根.
[— [ラ] *refugium*(*refugere*「避ける, 逃げる」)より派生; [関連] refugiarse, refugiado. [英] *refuge*「避難(所)」]

re·ful·gen·cia [r̄e.ful.xén.θja / -.sja] 女 光, 輝, 光彩.
re·ful·gen·te [r̄e.ful.xén.te] 形 光り輝く.
re·ful·gir [r̄e.ful.xír] 自 光り輝く, きらめく.
re·fun·dar [r̄e.fun.dár] 他 再建する.
re·fun·di·ción [r̄e.fun.di.θjón / -.sjón] 女
 1[技]改鋳. **2** 改作, 改訂. **3** 併合, 統合.
re·fun·di·dor, do·ra [r̄e.fun.di.ðór, -.ðó.ra] 男 女 翻案家, 改作者, 改訂者.
re·fun·dir [r̄e.fun.dír] 他 **1**[技] 鋳直す, 改鋳する. ~ un cañón 大砲を鋳直す. **2** 改作する, 書き直す. **3** 併合する, 統合する. **4**《ラ米》(1)《ﾒｷｼｺ》《ｸﾞｱﾃﾏﾗ》《ｺﾞﾛﾝﾋﾞｱ》《話》紛失する. (2)《話》長期間刑務所に入れる. (3)《話》(経済的に)損害を与える; やりこめる; 不合格にする. (4)《ｺﾛﾝﾋﾞｱ》しまっておく.
re·fun·fu·ña·dor, do·ra [r̄e.fuɱ.fu.ɲa.ðór, -.ðó.ra] 形 ぶつぶつ不平を言う, 愚痴っぽい.
— 男 女 不平家.
re·fun·fu·ña·du·ra [r̄e.fuɱ.fu.ɲa.ðú.ra] 女 ぶつぶつ不平を言うこと, 愚痴.
re·fun·fu·ñar [r̄e.fuɱ.fu.ɲár] 自《話》ぶつぶつ不平を言う, 愚痴をこぼす. ~ entre dientes 口の中でぶつぶつ言う.
re·fun·fu·ño [r̄e.fuɱ.fú.ɲo] 男 不平, 愚痴. Déjate de ~. ぶつくさ言うのはやめろ.
re·fun·fu·ñón, ño·na [r̄e.fuɱ.fu.ɲón, -.ɲó.na] 形《話》不平[愚痴]の多い.
— 男 女《話》不平[愚痴]の多い人.
re·fu·si·lo [r̄e.fu.sí.lo] 男《ラ米》《ｱﾙｾﾞﾝﾁﾝ》《ｳﾙｸﾞｱｲ》稲妻 (=refucilo, relámpago).
re·fu·ta·ble [r̄e.fu.tá.ble] 形 論駁(はく)可能な, 反論できる, 反証の余地ある.
re·fu·ta·ción [r̄e.fu.ta.θjón / -.sjón] 女 論駁, 論駁(はく); 反駁(ばく).
re·fu·tar [r̄e.fu.tár] 他 論破する, 論駁(はく)する, 反論する. ~ un argumento ある意見に反論する.
re·fu·ta·to·rio, ria [r̄e.fu.ta.tó.rjo, -.rja] 形 論破[反論]に役立つ.

re·ga·de·ra [r̄e.ɡa.ðé.ra] 女 **1** じょうろ; スプリンクラー. **2** 灌漑(がい)用水路. **3**《ラ米》(1)《ﾒｷｼｺ》《ｸﾞｱﾃﾏﾗ》《ｺﾛﾝﾋﾞｱ》《ﾍﾟﾙｰ》《ﾁﾘ》《ｱﾙｾﾞﾝﾁﾝ》シャワー. (2)《ｺﾛﾝﾋﾞｱ》《話》つまらない演説.
estar como una regadera《話》気が狂っている.

re·ga·dí·o, a [r̄e.ɡa.ðí.o, -.a] 形 (土地が) 灌漑(がい)できる. tierras *regadías* 灌漑地. — 男 灌漑地. cultivo de ~ 灌漑農業. de ~ 灌漑地の.
re·ga·di·zo, za [r̄e.ɡa.ðí.θo, -.θa / -.so, -.sa] 形 → regadío.
re·ga·dor, do·ra [r̄e.ɡa.ðór, -.ðó.ra] 形 灌漑(がい)する; 散水する. — 男 女 灌漑する人; 散水する人. — 男《ラ米》《ﾒｷｼｺ》《ｺﾞﾛﾝﾋﾞｱ》《話》散水器 じょうろ.
re·ga·la [r̄e.ɡá.la] 女 [海] 舷縁(げん), ガンネル.
re·ga·la·da·men·te [r̄e.ɡa.lá.ða.mén.te] 副 快適に, 心地よく. vivir ~ 快適[優雅]に暮らす.
re·ga·la·do, da [r̄e.ɡa.lá.ðo, -.ða] 形 **1** 贈られた, もらった. **2** 快適な, 気楽な. llevar una vida *regalada* 気楽な生活をする. **3**《話》非常に安い, ただ同然の. No lo quiero ni ~. ただでも欲しくない. **4** 繊細な, 柔らかな.

re·ga·lar [r̄e.ɡa.lár] 他 **1**《a+人(人)に》プレゼントする, 贈る. Me *regalaron* un ramo de flores. 私は花束をプレゼントされた(► ~ は a+人に相当). **2**《人に》歓喜を表する, 敬う; 喜ばせる. Le *regalan* con toda clase de atenciones. 彼は注目の的になっている. **3**《話》安く売る. En aquella tienda *regalan* la ropa usada. あの店では古着を安く売っている.
— ~·se 再《con...》《…で》楽しむ, 《…を》享受する. ~*se con toda* *clase* *de lujos* ぜいを尽くす.
[← ? [仏] *régaler*「盛大にもてなす」; [古仏] *regal*「王の」(← [ラ] *rēgālis*) より派生; 「帝王のようにもてなす」が原義. [関連] regalo. [英] *regale*]

re·ga·lí·a [r̄e.ɡa.lí.a] 女 **1** [史] 国王の大権[特権]; (一般に) 特権, 特典. **2**《主に複数で》特別手当, 臨時手当. **3** 特許権[著作権]使用料, ロイヤルティー. **4**《ラ米》(1) プレゼント, 贈り物. (2)《ｴｸｱﾄﾞﾙ》《ﾁﾘ》(賃貸契約の)前払い, 前金. (3)《ｺﾛﾝﾋﾞｱ》すばらしさ, 優良. (4)《ｺﾛﾝﾋﾞｱ》石油採掘権料.
re·ga·li·cia [r̄e.ɡa.lí.θja / -.sja] 女 → regaliz.
re·ga·lis·mo [r̄e.ɡa.lís.mo] 男 帝王教権主義.
re·ga·lis·ta [r̄e.ɡa.lís.ta] 形 帝王教権主義の.
— 男 女 帝王教権主義者.
re·ga·liz [r̄e.ɡa.líθ / -.lís] 男 [複 regalices] [植] カンゾウ; カンゾウの乾燥した根; カンゾウのエキス.
re·ga·li·za [r̄e.ɡa.lí.θa / -.sa] 女 → regaliz.

re·ga·lo [r̄e.ɡá.lo] 男 **1** プレゼント, 贈り物. hacer un ~ a... …に贈り物をする. ~ de Navidad [cumpleaños] クリスマス[誕生日]プレゼント. papel de ~ 贈答用包装紙. a precio de ~ ただ同然の値段で.
regaliz(カンゾウ)
2 心地よいもの. Esta música es un ~ para el oído. この音楽は耳に心地よい. un ~ para el paladar ごちそう.
3《しばしば皮肉として》安楽, 快適. llevar una vida de ~ だらけきった暮らしをする.
4《話》掘り出し物, 安くてよい品 (=ganga).
— 形 → regalar.
regalo envenenado《話》甘い罠(わな).

re·ga·lón, lo·na [r̃e.ga.lón, -.ló.na] 形 **1** 快適な, 安楽な. vida *regalona* 安楽な生活. **2** 《ラ米》(ｸﾞｱﾃ)(ﾁﾘ)《話》甘やかされて育った.

re·ga·lo·ne·ar [r̃e.ga.lo.ne.ár] 他 《ラ米》(ﾁﾘ)(ｸﾞｱﾃ)(ﾍﾟﾙｰ) 猫かわいがりする. ── 自 《ラ米》《話》甘える.

re·gan·te [r̃e.gán.te] 形 灌漑(かんがい)の. ── 名 灌漑用水権の所有者; 用水番.

re·ga·ña·da [r̃e.ga.ná.da] 女 《ラ米》(ﾁｭﾆｶﾞ)(ﾒｷｼｺ)《話》しかりつけ, 叱責(しっせき), 非難.

re·ga·ña·dien·tes [r̃e.ga.ɲa.ðjén.tes] *a regañadientes* 《話》いやいやながら, 不承不承.

*****re·ga·ñar** [r̃e.ga.ɲár] 自 **1** 言い争う, 口論する. No *regañéis* más. けんかはやめろ. **2** 《con...と》仲たがいする (= reñir). He *regañado* con mi novio. 私, 彼とけんかしたの. **3** 不平を言う, ぶつぶつ文句を言う (= gruñir, refunfuñar). **4** 《犬が》うなる. **5** 《果実が》(熟れて)割れる, 裂ける.
── 他 しかる; 小言を言う, がみがみ言う. ~ a un niño 子供をしかりつける.

re·ga·ñi·na [r̃e.ga.ɲí.na] 女 **1** 《話》しかること, 叱責(しっせき). echar una ~ a+人〈人〉をしかりつける. **2** 言い争い, けんか.

re·ga·ñir [r̃e.ga.ɲír] 72 自〈犬が〉悲しげにほえる; 〈鳥が〉しつこく鳴く.

re·ga·ñi·za [r̃e.ga.ɲí.θa / -.sa] 女 《話》叱責(しっせき) (= regañina).

re·ga·ño [r̃e.gá.ɲo] 男 **1** しかること, 叱責(しっせき); 小言. **2** 険しい表情[言葉], 不満な仕草.

re·ga·ñón, ño·na [r̃e.ga.ɲón, -.ɲó.na] 形 怒りっぽい, 不平家の, 口やかましい. padre ~ 小うるさい父親. ── 男 女 不平家, 口やかましい人.

*****re·gar** [r̃e.gár] 9 他 **1** 〈植物などに〉**水をまく**; 〈場所に〉散水する. ~ las plantas del balcón ベランダの鉢に水をやる. ~ el césped 芝生に水やりをする. ~ las calles 道路に水をまく.
2 灌漑(かんがい)する; 〈川などが〉〈土地を〉潤す. El río *riega* toda la región. その川は地域全体を潤している.
3 《de... / con...》《液体で》ぬらす; 〈…を〉まき散らす. ~ la tierra con sudor 汗水たらして畑で働く. ~ el pollo con el jugo 鶏肉に肉汁を回しかける. ~ la casa de flores 家中に花を飾る. ~ el suelo de papeles 床に紙くずをまき散らす.
4 《con...〈飲み物〉》〈料理に〉添える. disfrutar de un exquisito plato de cerdo, *regado* con un buen tinto 上質の赤ワインと共に特上の豚料理を味わう. **5** 〈体の部位に〉血を送り込む. Las arterias que *riegan* el corazón son las coronarias. 心臓に血液を送るのは冠状動脈である. **6** 《ラ米》(1)《話》ぶつ, 殴る. (2) (ｺﾛﾝﾋﾞｱ)(ｴｸｱﾄﾞﾙ)倒す, 崩す; 張り倒す.
── 自 《ラ米》(1) (ｸﾞｱﾃ)《話》向こう見ずなことをする, 軽率に振る舞う. (2) (ﾒｷｼｺ)《話》冗談を言う, ふざける.
── ~·se 再 《ラ米》(1) 《うわさなどが》広まる. (2) (ｺﾛﾝﾋﾞｱ)《話》どなり散らす. (3) 《ﾒｷｼｺ》(ﾁﾘ)(ﾌﾟｴﾙﾄﾘｺ)散らばる, 四散する. (4) (ﾒｷｼｺ)《話》不機嫌になる, むっとする.
regarla 《ラ米》《話》失敗する, 失言する.
regarla con +人 《ラ米》《話》〈人〉を怒らせる.
[← [ラ] *rigāre*「水をかける, ぬらす」/ 関連 regadera, regajo, riego. [英] *irrigate*]

re·ga·ta¹ [r̃e.gá.ta] [伊] 女 《スポ》レガッタ, ボート[ヨット]レース [競技会].

re·ga·ta² [r̃e.gá.ta] 女 **1** 灌漑(かんがい)用水路. **2** 配線[配管]用の壁穴.

re·ga·te [r̃e.gá.te] 男 **1** 身をかわすこと. hacer un ~ さっと身をかわす. **2** 《スポ》《サッカーなどで》相手をかわすこと. **3** 《話》逃げの手, 言い抜け, ごまかし.

re·ga·te·a·dor, do·ra [r̃e.ga.te.a.ðór, -.ðó.ra] 形 《スポ》《サッカーなどで》相手をかわす.
── 男 女 《スポ》《サッカーなどで》相手をかわす選手.

re·ga·te·ar¹ [r̃e.ga.te.ár] 他 **1** 〈商品・価格を〉値切る. **2** 《主に否定文で》けちる, 惜しむ. no ~ esfuerzos [elogios] 努力[賛辞]を惜しまない. **3** 《主に否定文で》否定する, けちをつける. No le *regateo* inteligencia. 彼[彼女]の頭のよさを認めないわけではない. **4** 《スポ》《フェイントなどで》〈相手を〉かわす.
── 自 **1** 値切る. Si *regateas*, te bajarán el precio. 値切れば安くしてくれるよ. **2** 《スポ》《フェイントなどで》相手をかわす.

re·ga·te·ar² [r̃e.ga.te.ár] 自 《スポ》ボート[ヨット]レースをする.

re·ga·te·o [r̃e.ga.té.o] 男 **1** 値切ること, 値引き交渉. **2** 身[相手]をかわすこと.

re·ga·tis·ta [r̃e.ga.tís.ta] 男 女 《スポ》レガッタ選手.

re·ga·to [r̃e.gá.to] 男 《ごく細い》小川; 水たまり.

re·ga·tón [r̃e.ga.tón] 男 **1** 〈杖(つえ)・傘などの〉石突き (= contera). **2** 《海》ボートフックの先端. **3** 《ラ米》(ｺﾛﾝﾋﾞｱ)酒の飲み残し.

re·ga·tón, to·na [r̃e.ga.tón, -.tó.na] 形 値切るのが好きな. ── 名 よく値切る人.

re·ga·zar [r̃e.ga.θár / -.sár] 97 他 〈スカートを〉〈ひざまで〉まくり上げる. La chica *regazó* la falda para cruzar la charca del camino. その女の子は道にできた大きな水たまりを越えるためにスカートをまくりあげた.

re·ga·zo [r̃e.gá.θo / -.so] 男 **1** ひざ (座って腰から左右のひざ頭までの部分); (座ったときのスカートの) ひざ前の部分. El niño se sentó en el ~ de la madre. 子供は母親のひざの上に座った.
2 安らぎの場, 逃げ場 (= refugio).

re·gen·cia [r̃e.xén.θja / -.sja] 女 **1** 摂政政治; 摂政期間[職]. **2** 統治; 経営.

re·ge·ne·ra·ción [r̃e.xe.ne.ra.θjón / -.sjón] 女 **1** 再生; 再生利用. **2** 改生, 改心. **3** 《生物》再生.

re·ge·ne·ra·cio·nis·mo [r̃e.xe.ne.ra.θjo.nís. mo / -.sjo.-] 男 **1** 《史》再興運動: 米西戦争の敗北を契機で19世紀末のスペインで生じた運動. **2** (共同体の)道徳的・社会的な価値観の再生.

re·ge·ne·ra·cio·nis·ta [r̃e.xe.ne.ra.θjo.nís.ta / -.sjo.-] 形 《史》(19世紀末スペインの) 再興運動の, 再興運動家の.
── 男 (19世紀末スペインの) 再興運動家.

re·ge·ne·ra·dor, do·ra [r̃e.xe.ne.ra.ðór, -.ðó.ra] 形 再生[更生]させる. ── 男 女 再生[更生]者.

re·ge·ne·rar [r̃e.xe.ne.rár] 他 **1** 再生[復活]させる; 再生利用する. **2** 更生させる, 改心させる.
── ~·se 再 再生する; 更生する, 心を入れ替える.

re·ge·ne·ra·ti·vo, va [r̃e.xe.ne.ra.tí.βo, -.βa] 形 再生させる, 更正させる.

re·gen·ta [r̃e.xén.ta] 女 摂政の妻; 支配人[番頭] の妻.

re·gen·tar [r̃e.xen.tár] 他 **1** 経営する, 取り仕切る. **2** 臨時に務める, 代行する. **3** 《公務》を執行する, つかさどる.

re·gen·te [r̃e.xén.te] 形 **1** 統治する, 支配する, 采配(さいはい)を振る. **2** 摂政の. príncipe [reina] ~ 摂政皇太子[王妃]. ── 男 女 **1** 摂政. **2** 支配者, 経営者. **3** 《ラ米》(ﾒｷｼｺ)メキシコシティーの市長. ── 男 **1** (特に印刷所・薬局の) 支配人, 番頭. **2** 《史》判事, 裁

regentear

判所長.

re.gen.te.ar [r̃e.xen.te.ár] 他 → regentar 3.

reg.gae [ré.ge] [英] 男【音楽】レゲエ：ジャマイカ生まれのポピュラー音楽.

re.gia.men.te [r̃é.xja.mén.te] 副 豪華絢爛(けんらん)に.

re.gi.ci.da [r̃e.xi.θí.ða / -.sí.-] 形 国王殺しの, 弑逆(しいぎゃく)の. ― 男 女 国王殺害者.

re.gi.ci.dio [r̃e.xi.θí.djo / -.sí.-] 男 国王殺し, 弑逆(しいぎゃく).

re.gi.dor, do.ra [r̃e.xi.ðór, -.ðó.ra] 形 **1** 支配する, 統治の. **2** 経営する, 取り仕切る. ― 男 女 **1** 支配者, 統治者. **2**【演】【映】【TV】助監督. **3** 市会議員.

re.gi.do.rí.a [r̃e.xi.ðo.rí.a] / **re.gi.du.rí.a** [r̃e.xi.ðu.rí.a] 女 regidor の職[地位].

ré.gi.men ** [r̃é.xi.men] 男 [複 regímenes] **1** 政治[統治]形態；政府, 政権. ~ democrático 民主制. ~ parlamentario 議会制. ~ monárquico 君主制. ~ republicano 共和制. antiguo ~（特にフランス革命前の）旧体制, アンシャン・レジーム. ~ político 政体.
2 制度, 規則. ~ aduanero 関税制度. ~ abierto 囚人が監獄の外で一日を過ごす制度.
3 食餌(しょくじ)療法, ダイエット (= ~ alimenticio, dieta). estar a ~ ダイエット中である. ponerse a ~ 食餌療法を始める.
4 方法, 慣例,（ある現象の）状況, 模様. ~ de vida 生き方, 生活様式. ~ de lluvias 降水状況. **5**【文法】支配関係；被制辞（文法的に支配される要素）. El verbo "consistir" es la preposición "en". 動詞"consistir"の被制辞は"en"である.
6【機】（エンジン・モーターの）回転速度. ~ máximo 最高速度. ~ de crucero 経済速力.
[←［ラ］*regimen*「管理, 統治」（*regere*「支配する」より派生）］[関連]［英］*regime*]

re.gi.men.tar [r̃e.xi.men.tár] 他（ラ米）（ぐんたいを）編成する.

re.gi.mien.to [r̃e.xi.mjén.to] 男 **1**【軍】連隊.
2（地方自治体の）評議会, 参事会. **3** 運営, 管理；統制. **4**（ラ米）《話》多数；群衆.

re.gio, gia [r̃é.xjo, -.xja] 形 **1** 王の. **2** 壮麗な, 絢爛(けんらん)たる. **3**（ラ米）《話》すばらしい, すごい.

re.gión ** [r̃e.xjón] 女 **1** 地域, 地帯；地方. la ~ andina アンデス地方. ~ del valle del Ebro エブロ川流域. *regiones* selváticas 密林地帯. plato típico de la ~ 地方の名物料理. vinos de la ~ riojana リオハ地方のワイン.
2【軍】管区；領域. ~ militar 軍管区. ~ aérea 空軍軍管区. ~ marítima 海軍軍管区.
3【解剖】部位, 部. ~ frontal [occipital] 前頭[後頭]部. ~ torácica 胸部. ~ abdominal 腹部. ~ lumbar 腰部.
4（昔の哲学で）宇宙の構成要素（火・風・地・水）.
[←［ラ］*regiōnem*（*regiō* の対格）「直線；境界線；行政区, 地方」（*regere*「支配する」より派生）］[関連] regional. ［英］*region*]

re.gio.nal [r̃e.xjo.nál] 形 地方の, 地域の, 地帯の. desarrollo ~ 地方の発展. cocina ~ 郷土料理.

re.gio.na.lis.mo [r̃e.xjo.na.lís.mo] 男 **1** 地方（分権）主義. **2** 郷土愛. **3** 地方特有の言葉[表現].

re.gio.na.lis.ta [r̃e.xjo.na.lís.ta] 形 地方主義の；地方分権主義の. ― 男 女 地方主義者；地方分権主義者.

re.gio.na.li.za.ción [r̃e.xjo.na.li.θa.θjón / -.sa.sjón] 女 地方分権化, 地方分権化.

re.gio.na.li.zar [r̃e.xjo.na.li.θár / -.sár] 97 他 地方分権化する；地域に分割する.

re.gir *[r̃e.xír] 72 他 **1** 支配する, 統治する；〈法則などが〉〈もの・人を〉統御する. ~ una nación 国家を統治する. ~ una institución 団体を仕切る. ~ una relación del poder 力関係を左右する. el principio que *rige* una conducta ある行動を支配する原則. Esta ley *rige* la contratación de nuevos empleados. 新規の雇用契約はこの法の定めるところに従う.
2【文法】〈語句が〉〈他の語句・格を〉従える, 要求する. Estos verbos *rigen* la preposición "a". これらの動詞は前置詞の a をとる.
― 自 **1**〈規則などが〉有効である, 適用される. Hoy entran a ~ las nuevas tarifas. 今日から新料金になる. La elección es por un año que *rige* desde el primero de enero hasta el 31 de diciembre. 選挙は1月1日から12月31日までを1年と数え各年ごとに行う. el 15 del mes que *rige* 今月[当月]の15日.
2 正しく機能している；〈人が〉（判断力を失わずに）しっかりしている. Con sus noventa años mi abuelo ya no *rige* bien. 私の祖父は90歳で, 判断力が衰えてきている. **3**【海】（船の）舵(かじ)が効く.
― ~se 再（3人称で）[**por...** …に]支配される, 従う. El mercado se *rige* por la oferta y la demanda. 市場は需要と供給によって動く.
[←［ラ］*regere*；[関連] rey, regente, rector, regimiento, régimen, región. ［英］*rule*]

re.gis.tra.do, da [r̃e.xis.trá.ðo, -.ða] 形 登録[登記]した[された]. marca *registrada* 登録商標.

re.gis.tra.dor, do.ra [r̃e.xis.tra.ðór, -.ðó.ra] 形 登録[登記]する；記録する. caja *registradora* 金銭登録機, レジスター.
― 男 女 登記士（= ~ de la propiedad）.
― 男 記録[録音]機[装置].

re.gis.tra.du.rí.a [r̃e.xis.tra.ðu.rí.a] 女《話》身分証明書を交付する公的機関.

re.gis.trar *[r̃e.xis.trár] 他 **1**（場所・人・ものを）（隅々まで）**検査する**, 探索する. ~ la casa de un sospechoso 容疑者の家を家宅捜索する. ~ las maletas en la aduana 税関でスーツケースをチェックする. Nos *registraron* al entrar en el salón. 私たちは会場に入るときボディーチェックを受けた.
2 登録する, 登記する；記録する. ~ a su hijo 子供の出生届を出す. ~ los resultados en una agenda 手帳に結果を記録する.
3〈機器が〉（量・変化などを）表示する；〈現象などを〉示す；〈人が〉（現象などを）認める. El termómetro ha *registrado* 2 grados bajo cero. 温度計はマイナス2度を示した. Este siglo ha *registrado* un magnífico progreso tecnológico. 今世紀すばらしい技術革新が見られた. Aquí no *registramos* ninguna señal de vida. ここでは生命体は観測されていない.
4〈情報などを〉収録する；記載する. Este diccionario *registra* palabras de la Edad Media. この辞書は中世の単語を収録している. La prensa *registra* treinta muertos en el accidente. 報道機関は事故による死者は30人と伝えている.
5 録音する；録画する. ~ una conversación telefónica 電話の会話を録音する. ~ una entrevista en una cinta de video インタビューをビデオテー

re·gis·tro [r̃e.xís.tro] 男 **1** 登録, 登記；記録. ~ de antecedentes penales 前科記録. ~ de marcas 商標登録. ~ del sonido 録音, 吹き込み. ~ mercantil 商業登記.
2 登録簿, 登記簿, 帳簿. ~ civil 戸籍簿［台帳］. ~ de caja 現金出納簿［帳］. ~ de la propiedad 土地台帳. ~ de la propiedad industrial / ~ de patentes y marcas 特許権登録簿. ~ de la propiedad intelectual 著作権登録簿. ~ parroquial (洗礼・婚姻・死亡などの)教区記録. ~ de entrada [salida] 書類受領［発送］台帳.
3 (公)記録保存所, 登記所.
4 名簿, 表, 目録. ~ de erratas 正誤表. ~ electoral 選挙人名簿.
5 検査, 捜査, 捜索. ~ domiciliario 家宅捜査.
6〖言〗言語使用域. **7**〖音楽〗音域, 声域；(オルガンの)ストップ；(ピアノの)ペダル. **8**〖ＩＴ〗レジスタ.
9〖技〗検査穴［口］；(時計などの)調節つまみ. **10** (本の)しおり. **11** 側面, 面. **12** (ラ米)(1) (ﾍﾞﾈｽﾞｴﾗ)宗教的な挿絵［版画］. (2) (ﾎﾟﾘﾋﾞｱ)織物問屋.
registro de conducir《ラ米》(ｳﾙｸﾞｧｲ) 運転免許証.
tocar muchos registros / tocar todos los registros《話》色々な［あらゆる］手を打つ.
[←〔中ラ〕*registrum*←〔ラ〕*regesta* (中性複数形)；関連 registrar, 〔英〕*register*, 〔日〕レジスター]

re·gla [r̃é.gla] 女 **1** 定規, 物差し. trazar una línea con la ~ 定規で線を引く. ~ (en) T T定規. ~ graduada 目盛り付き定規. ~ de cálculo 計算尺.
2 規則, ルール；規定 (= reglamento). obrar según las ~s 規定どおりに行う. ~ del juego ゲームのルール. ~s ortográficas 正書法. ~ de oro 黄金律；基本的な決まり. Hay que observar las ~s de la circulación cuando conduces. 運転するときには交通法規を守らなければならない. No hay ~ sin excepción. 例外のない規則はない. La excepción confirma la ~. 例外があるということはすなわち規則がある証拠である.
3 法則, 公式. ~s físicas 物理の法則. ~ de tres [oro, proporción] 三数法, 比例算. las cuatro ~s 四則(加減乗除)；基礎知識, 初歩. ~ de aligación 混合法. ~ transformacional [transformativa]〖言〗変形規則.
4 方法, 心得；規範. ~s para utilizar la sala de ordenadores コンピュータルームの使用法. responder a una ~ 手本に従う.
5〖カト〗(修道会の)会則.
6《話》月経, 生理 (= menstruación, período). tener [estar con] la ~ 生理中である. venirle la ~ (a + 人) (人)が生理になる, (人)に生理が来る.
7 節度, 控えめ. comer con ~ 適度に食べる.
en (toda) regla 規定どおりに, しかるべき形で. Todo está *en* ~. すべてきちんとなっている；準備万端整っている.
poner... en regla …を整理する, きちんとする. *poner* los papeles *en* ~ 書類の書式を整える.
por regla general 一般に, 概して；たいてい, ふつう. *Por* ~ *general*, Carlos no viene los jueves. ふつう木曜日にはカルロスは来ない.
salir(se) de (la) regla 行き過ぎる, やりすぎる.
[←〔ラ〕*rēgulam* (*rēgula* の対格)「定規, (秤の)さお；基準」関連 reglamento, regular, arreglar, 〔英〕*rule*]

re·gla·da·men·te [r̃e.glá.ða.mén.te] 副 控え目に, 適度に.

re·gla·do, da [r̃e.glá.ðo, -.ða] 形 **1** (飲食に関して)控えめな, 節度のある. **2** 罫(ｹｲ)線入りの. papel ~ 罫紙. **3** 規制された, 統制された.

re·gla·je [r̃e.glá.xe] 男 **1**〖技〗調整, 調節；〖軍〗(照準の)修正. **2**〖集合的〗罫(ｹｲ)線；罫線を引くこと.

re·gla·men·ta·ción [r̃e.gla.men.ta.θjón / -.sjón] 女 **1** 規制, 統制. **2** 規定, 規則, 法規.

re·gla·men·tar [r̃e.gla.men.tár] 他 規制する, 統制する；…に関して規則［法規］を制定する.

re·gla·men·ta·ria·men·te [r̃e.gla.men.tá.rja.mén.te] 副 規則に従って, 規則によって.

re·gla·men·ta·rio, ria [r̃e.gla.men.tá.rjo, -.rja] 形 規定の, 正式の. en la forma *reglamentaria* 正式に. uniforme ~ 制服.

re·gla·men·ta·ris·mo [r̃e.gla.men.ta.rís.mo] / **re·gla·men·tis·mo** [r̃e.gla.men.tís.mo] 男 規則主義.

re·gla·men·tis·ta [r̃e.gla.men.tís.ta] 形 規則にうるさい, 規則一点張りの.
— 男女 規則にうるさい人, 規則一点張りの人.

*re·gla·men·to [r̃e.gla.mén.to] 男〖集合的〗**1** 規則, ルール. **2**〖法〗規則, 規定, 条例. ~ del tráfico 交通法規. → *ley*〖類語〗

*re·glar [r̃e.glár] 他 **1** 規制する, 統制する；規定する. **2**〖技〗調整する, 調節する. **3** (定規で)…に線を引く, 罫(ｹｲ)線を引く. — ~·se 再 **1** (a... …に)準拠する. **2** (por... …に)支配される, 導かれる.

re·gle·ta [r̃e.glé.ta] 女 **1**〖印〗インテル：活版の行間をあけるための薄い板. **2** (小型の)定規, 線引き.

re·gle·te·ar [r̃e.gle.te.ár] 他〖印〗(…の行間に)インテルを入れる；…の行間をあける.

re·glón [r̃e.glón] 男 (左官用の)大型定規.

re·glos·co·pio [r̃e.glos.kó.pjo] 男 光軸調整［検査］機.

re·go·ci·ja·do, da [r̃e.go.θi.xá.ðo, -.ða / -.si.-] 形 喜んだ, 楽しい, 愉快な.

re·go·ci·jan·te [r̃e.go.θi.xán.te / -.si.-] 形 喜ばせる, 楽しませる.

re·go·ci·jar [r̃e.go.θi.xár / -.si.-] 他 喜ばせる, 楽しませる. — ~·se 再 (**con**... …を)喜ぶ, 大いに楽しむ. ~*se con* los chistes ジョークを聞いて大笑いする.

re·go·ci·jo [r̃e.go.θí.xo / -.sí.-] 男 **1** 喜び, 楽しむこと, 笑い. con gran ~ mío 私にとってとてもうれしいことには. **2**《主に複数で》祭り, 各種行事, イベント (= ~s públicos).

re·go·de·ar·se [r̃e.go.ðe.ár.se] 再《話》**1** (**con**...) (…を)大いに楽しむ；((他人の不幸などを)喜ぶ. **2** (ラ米) (ﾒｷｼｺ)気取る, 上品ぶる. (2) (ｱﾙｾﾞﾝﾁﾝ)(ﾁﾘ)(ﾎﾞﾘﾋﾞｱ)《話》気難しい顔をする.

re·go·de·o [r̃e.go.ðé.o] 男《話》楽しむこと, 楽しみ；(他人の不幸などを)喜ぶこと.

re·go·de·ón, o·na [r̃e.go.ðe.ón, -.ó.na] 形《ラ

米)》(ﾖﾌﾟ)(ｷｭ)〖話〗小うるさい, 気難しい.

re·go·dien·to, ta [r̄e.go.djén.to, -.ta] /
re·go·dien·te [r̄e.go.djén.te] 形《ラ米》(ｺﾛﾝ)
(ｺﾞｽﾀﾘ)〖話〗気難しい.

re·gol·dar [r̄e.gol.dár] 18 自 げっぷをする, おくび
を出す (= eructar).

re·gol·do [r̄e.gól.do] 男 野生のクリ(の木).

re·gol·far(·se) [r̄e.gol.fár(.se)] 自 再《水》がよ
どむ;《風》が向きを変える.

re·gol·fo [r̄e.gól.fo] 男 1《水》のよどみ;《水・風》
の)逆流. 2 小さな入り江.

re·gor·de·te, ta [r̄e.gor.ðé.te, -.ta] 形〖話〗ずん
ぐりした, 太っちょの.

re·gra·ba·ble [r̄e.gra.βá.ßle] 形〖IT〗〈CD・
DVDが〉リライタブルの, 再書き込み可能な.

re·gra·ba·dor [r̄e.gra.βa.ðór] 男 DVD[CD]
レコーダー;〖IT〗(CD・DVDの)書き込み可能なド
ライブ.

re·gra·ba·do·ra [r̄e.gra.βa.ðó.ra] 女〖IT〗(C
D・DVDの)書き込み可能なドライブ.

re·gre·sar [r̄e.gre.sár] 自 (**a...** …に/ **de...**
…から) 戻る, 帰る. ~ al punto
de partida 出発点に戻る. ¿Cuánto tiempo hace
que *regresó* usted *de* Brasil? どのくらい前にあな
たはブラジルから戻られたのですか. Nunca podemos
~ al pasado. 我々は決して過去に戻ることはできませ
ん. Tengo que ~ inmediatamente. 私は直ちに
戻らなくてはなりません.
── 他《ラ米》(ｺﾛﾝ)〖話〗(**a**+人《人》に) 戻す, 返す, 返
却する. Ya tengo que ~*le* el dinero. もう彼にお
金を返さなければなりません.
── ~·**se** 再《ラ米》戻る, 帰る. ¿Y *se regresó*
pronto? で, すぐに帰ってきたのですか.

re·gre·sión [r̄e.gre.sjón] 女 1 後退, 後戻り;退
行. epidemia en ~ 下火になりつつある伝染病. 2
〖心〗退行. 3〖数〗(曲線の)回帰.

re·gre·si·vo, va [r̄e.gre.sí.βo, -.βa] 形 後退す
る;逆行[退行]する.

re·gre·so [r̄e.gré.so] 男 帰り, 帰還, 帰途. a su
~ 帰ってきたときに. estar de ~ 帰宅している.
──同→regresar.
[←〖ラ〗*regressum* (*regressus* の対格, *regredī*
「帰る」より派生); 関連 regresar, regresivo, re-
gresión. 〖英〗*regress(ion)*「後戻り」]

re·gru·ñir [r̄e.gru.ɲír] 73 自 1《豚》がしつこくぶ
ーブー鳴く,《犬など》がうなる. 2 しつこく不平を言う.
Mis padres *regruñían* todo el día sobre el
comportamiento del vecino. 両親は隣人の振る
舞いについて一日中不平を言っていた.

regué(-) / **regue-** 同→regar.

re·güel·do [r̄e.gwél.do] 男 げっぷ, おくび.

re·gue·ra [r̄e.gé.ra] 女 1 (灌漑(ｶﾞｲ)用の)溝.
2《ラ米》(ﾍﾞﾈ)〖海〗錨索(ﾋﾞｮｳ), 係留ロープ.

re·gue·re·te [r̄e.ge.ré.te] 男《ラ米》(ﾀﾞﾘ)〖話〗寄せ
集め.

re·gue·re·te·ar [r̄e.ge.re.te.ár] 他《ラ米》(ﾌﾟｴﾙﾄ)
〖話〗乱す, かき回す.

re·gue·ro [r̄e.gé.ro] 男 1 一筋, 一条. un ~ de
sangre 一筋の血. 2 →reguera **1**.
como un reguero de pólvora 瞬く間に.

re·guí·o [r̄e.gí.o] 男〖ラ〗.

re·gu·la·ble [r̄e.gu.lá.βle] 形 規制[調整]可能な,
調整[制御]しやすい.

re·gu·la·ción [r̄e.gu.la.θjón / -.sjón] 女 1 規制,
統制;管理. ~ de los precios 価格統制[調整].

~ de nacimientos 産児制限. ~ del tráfico 交
通規制. ~ de empleo 雇用調整. 2 調節, 調整.

re·gu·la·do, da [r̄e.gu.lá.ðo, -.ða] 形 1 規制
[調節]された, 規制された.

re·gu·la·dor, do·ra [r̄e.gu.la.ðór, -.ðó.ra] 形
規制する, 管理の, 調整の.
──男 1 調整器, レギュレーター;調節つまみ. ~ de
volumen 音量調節つまみ. 2〖音楽〗クレッシェンド
[デクレッシェンド]記号.

re·gu·lar[1] [r̄e.gu.lár] 形 1 (《名詞＋》《ser＋
/ estar＋》) 規則的な;定期的な
(↔irregular). movimiento [ritmo] ~ 規則正
しい動き[リズム]. llevar una vida ~ 規則的な生
活を送る. a intervalos ~*es* 一定間隔で. tener
un pulso [una respiración] ~ 脈拍[呼吸]が正常
である. servicio ~ de transporte 交通機関の通
常運行. vuelo ~ (飛行機の)定期便.
2 (《＋名詞 / 名詞＋》《ser＋》) 普通の, 中くらいの;
(《＋名詞 / 名詞＋》《ser＋ / estar＋》) 並みの, あまり
よくない. de tamaño ~ 中型[Mサイズ]の. un
hombre de estatura ~ 中背の男. una película
~ 平凡な映画.
3 整った, 均整の取れた. **4**〖文法〗規則変化の, 規則
的な. verbos ~*es* 規則動詞. **5**〖数〗等辺の, 等角
の. polígono [poliedro] ~ 正多角形[正多面体].
6〖カト〗修道会に属する. clero ~ 修道司祭. **7**
〖軍〗正規の, 正式な. ejército ~ 正規軍.
──男 修道会聖職者.
──男〖複数で〗〖史〗(スペイン保護領モロッコの) 現地
住民部隊;〖軍〗(スペインの Ceuta と Melilla の) 歩
兵部隊.
──副 まずまず;あまりよくなく. ¿Cómo te encuen-
tras? ─ R~. 調子はどう. ─まあまあだね. El exa-
men me salió ~. 試験の出来はあまりよくなかった.
por lo regular 一般に, ふつう(は).
[←〖ラ〗*regulārem* (*regulāris* の対格); *regula* 「定
規, 基準[リズム]」; 関連 irregular. 〖英〗*regular*]

re·gu·lar[2] [r̄e.gu.lár] 他 1 統制する, 管理する.
~ el precio 価格を統制する. ~ la circulación
交通整理をする. 2 規制する, 取り締まる. La ley *re-
gula* los derechos del consumidor. その法律は
消費者の権利を定めている. 3 調節する, 調整する.
Esta llave *regula* el paso de agua. この栓は水
の出を調節する. **4**《ラ米》(ｺﾛﾝ)計算する.
[←〖ラ〗*regulāre*; *regula* 「定規;基準」(→re-
gla) より派生; 関連 regulación. 〖英〗*regulate*]

re·gu·la·ri·dad [r̄e.gu.la.ri.ðáð] 女 規則正し
さ;均整;正規.
con regularidad 規則正しく, きちんと.

re·gu·la·ri·za·ción [r̄e.gu.la.ri.θa.θjón / -.sa.
sjón] 女 規則正しくすること, 正常化, 調整.

re·gu·la·ri·za·dor, do·ra [r̄e.gu.la.ri.θa.ðór,
-.ðó.ra / -.sa.-] 形 正規化する, 正常化する.
──男 女 正規化するもの, 正常化するもの.

re·gu·la·ri·zar [r̄e.gu.la.ri.θár / -.sár] 97 他 正
規にする, 正常化する, 調整する.

re·gu·lar·men·te [r̄e.gu.lár.mén.te] 副 1 規則
正しく, 定期的に. 2 中くらいの;平均以下の. 3 ふ
つう(は).

re·gu·la·ti·vo, va [r̄e.gu.la.tí.βo, -.βa] 形 規制
の, 管理の, 調整の.
──男 規制するもの, 調整するもの.

ré·gu·lo [r̄é.gu.lo] 男 1 小国の王, 小王 (= reye-
zuelo). **2** [R-]〖天文〗レグルス:しし座の α 星. **3**
〖神話〗バシリスク:息や眼光で人を殺すという怪物

(= basilisco). **4**《冶》マット, 鈹(%); 鉱石を製錬するとき, るつぼの底にできる硫化金属. **5**《鳥》キクイタダキ属の鳥の総称.

re·gur·gi·ta·ción [r̃e.gur.xi.ta.θjón / -.sjón] 女 (食べたものの)吐き戻し.

re·gur·gi·tar [r̃e.gur.xi.tár] 自 (食べたものを)吐き戻す.

re·gus·ta·do, da [r̃e.gus.tá.ðo, -.ða] 形《ラ米》(ダ')満足した, 喜んでいる.

re·gus·tar [r̃e.gus.tár] 他《ラ米》(認)(給)味わう, 賞味する.

re·gus·to [r̃e.gús.to] 男 後味; 余情 [余韻]; (主に不快な)感じ. un ~ a quemado 焦げたような味. dejar un ~ amargo 後味の悪さを感じさせる.

*****re·ha·bi·li·ta·ción** [r̃e.a.βi.li.ta.θjón / -.sjón] 女 **1**《医》リハビリテーション, 社会復帰のための治療[訓練]. **2** 再建, 復興. **3** 復権; 名誉回復.

re·ha·bi·li·tar [r̃e.a.βi.li.tár] 他 **1** 復権 [復位, 復職] させる; 回復させる. ~ la memoria 記憶を呼び戻す. **2** 再建する, 復興する. **3** 社会復帰させる.
— ~·se 再 **1**《de... から》回復する. **2** 社会復帰する.

*****re·ha·cer** [r̃e.a.θér / -.sér] 32 他［過分］は rehecho］**1** やり直す, 再びする, 繰り返す. **2** 作り直す; 修繕する; 回復させる. Tengo que ~ lo que he escrito antes. さっき書いたものを書き直さなくてはならない.
— ~·se 再 (元気を)取り戻す, 回復する; 立ち直る. No ha tardado en ~*se* después de la operación. 彼[彼女]は術後, 間もなく体力を回復した. [re-「再び」＋ hacer]

re·ha·la [r̃e.á.la] 女 **1** (数人の所有者から預かった)羊の群れ. **2** 猟犬の群れ [一団].

re·he·cho, cha [r̃e.é.tʃo, -.tʃa] [rehacer の 過分] 形 **1** がっしりした, ずんぐりした. **2** 回復した, 立ち直った.

*****re·hén** [r̃e.én] 男 女 **人質**. soltar al ~ 人質を解放する. To tienen como ~. 彼は人質に取られている.— 男 抵当, 質, かた.

re·hen·chi·do, da [r̃e(.e)ɲ.tʃí.ðo, -.ða] 形 ぎっしり詰まった, 膨らんだ. — 男 詰めもの.

re·hen·chi·mien·to [r̃e(.e)ɲ.tʃi.mjén.to] 男 ぎゅうぎゅうに詰めること, 膨らませること.

re·hen·chir [r̃e(.e)ɲ.tʃír] 1 他 詰める, 膨らませる.

re·her·vir [r̃e(.e)r.βír] 27 他 再び沸騰させる; 温め直す.— 自 になる, のぼせる.
— ~·se 再 発酵する, 腐る.

re·hi·dra·ta·ción [r̃ei.ðra.ta.θjón / -.sjón] 女 補水, (体内への)水分補給.

re·hi·la·do, da [r̃ei.lá.ðo, -.ða] 形《音声》rehilamientoを起こした (= rehilante).

re·hi·la·mien·to [r̃ei.la.mjén.to] 男《音声》レイラミエント: ある種の子音が調音点で通常よりも強い噪(%)音を伴うこと. [s][θ]の有声化, アルゼンチン・ラプラタ地方などでみられる[j]の[ʒ][ʃ]化など. → mismo, juzgar, caba*ll*o.

re·hi·lan·te [r̃ei.lán.te] 形 → rehilado.

re·hi·lar [r̃ei.lár] 92 自 **1**《矢などが》ブンブンと鳴る, うなりをたてる. **2**《音声》rehilamientoを伴って発音する. **3** 揺れる, 震える.
— 他 **1** よじる, 丸める. **2**《音声》〈子音を〉rehilamientoを伴って発音する.

re·hi·le·te [r̃ei.lé.te] 男 **1** 投げ矢, ダーツ. **2**《闘牛》バンデリーリャ. → banderilla. **3**《スポ》(バドミントンの)シャトルコック; バドミントン, 羽根突き.

re·hi·zo [r̃e.í.θo / -.so] 直 → rehacer.

re·ho·gar [r̃e.o.gár] 103 他《料》(煮込む前に油・バターで)弱火で軽く炒める. → asar [類語].

re·huir [r̃e.(g)wír, r̃eu.ír] 48 他 **1** 避ける, 回避する. ~ la responsabilidad 責任を回避する. **2**〈人を〉避ける, 敬遠する. ► 直説法現在の1・2人称数と3人称, 接続法現在の1・2人称単数と3人称, および命令形の2人称単数と3人称では u の上にアクセント符号が必要. → rehúyo, rehúya.

re·hu·me·de·cer [r̃eu.me.ðe.θér / -.sér] 34 他 濡らす, 湿らせる.
— ~·se 再 濡れる.

re·hun·dir [r̃eun.dír] 96 他 **1** 深く沈める; さらに深く掘る. **2** 浪費する. **3** → refundir.

*****re·hu·sar** [r̃eu.sár] 95 他 **拒む**, 断る, 拒絶する. ~ trabajar 働くことを拒否する. ~ una invitación 招待を断る.

reí- → reír.

rei·de·ro, ra [r̃ei.ðé.ro, -.ra] 形《話》笑わずにはいられない, すごくおかしい.

rei·dor, do·ra [r̃ei.dór, -.dó.ra] 形 **1** よく笑う; 陽気な. **2** 笑みを浮かべた, にこやかな.
— 男 女 よく笑う人, 陽気な人.

rei·ki [r̃éi.ki] [日] 男 レイキ, 霊気. ♦手当て療法の一種で, 日本で生まれた.

rei·lón, lo·na [r̃ei.lón, -.ló.na] 形《ラ米》(認)《話》にこやかな, 明るい.

re·im·plan·ta·ción [r̃eim.plan.ta.θjón / -.sjón] 女 **1**《医》再移植; 接合. **2** 再導入 [設置].

re·im·plan·tar [r̃eim.plan.tár] 他 **1** 再導入 [設置] する. **2** 再移植する; 接合する. El equipo de doctores *reimplantó* al paciente el tejido de su piel. 医師団は患者自身の皮膚組織を再移植した.

re·im·por·ta·ción [r̃eim.por.ta.θjón / -.sjón] 女 再輸入, 逆輸入.

re·im·por·tar [r̃eim.por.tár] 他 再輸入する, 逆輸入する.

re·im·pre·sión [r̃eim.pre.sjón] 女 再版, 増刷; 再版本. ~ pirata 海賊版.

re·im·pre·so, sa [r̃eim.pré.so, -.sa] 形 再版の, 増刷の.

re·im·pri·mir [r̃eim.pri.mír] 76 他 再版 [重版] する, 増刷する.

*****rei·na** [r̃éi.na] 女 **1 女王; 王妃** (►「王」は rey). Doña Sofía, *R*~ de España スペイン王妃ソフィア. la *R*~ Católica カトリック女王 (→ Isabel). ~ madre 皇太后 (王子を持つ女王). ~ viuda 王に先立たれた王妃, 亡夫から王位を継いだ女王. **2**《昆》女王. abeja ~ 女王バチ. **3**《遊》(チェス)クイーン (→ naipe). **4**《比喩的》女王, クイーン. ~ de la belleza 美の女王, 美人コンテストの優勝者. ~ de las fiestas 祭りの女王. **5**《話》《女性に対する愛情表現》おまえ, かわいい人. ¿Qué deseas, ~? 何が欲しいんだい, おまえ.
— 男 → reinar.
reina claudia《植》西洋スモモ.
reina de los ángeles / *reina del cielo*《カト》聖母マリア.
reina de los prados《植》シモツケソウ.
silla de la reina 2人が互いに腕を組んで作る輿(し).

rei·na·do [r̃ei.ná.ðo] 男 **1** 治世; 統治期間; 統治. bajo el ~ de Felipe Ⅱ (スペイン王)フェリペ2世の治世 (1556-98) に. **2** 支配, 君臨.

Rei·nal·do [r̃ei.nál.do] 固名 レイナルド: 男子の洗礼名. [← 〔ゲルマン〕*Raginwald* (*ragin*「(神の)忠

reinante

告」+ wald「支配」;「神の教えに従って統治する者」が原義);〖関連〗［ポルトガル］Reinaldo.［仏］Renaud, Regnault.［伊］Rinaldo.［英］Reynold.［独］Reinhold〕

rei・nan・te [r̃ei.nán.te] 形 統治する, 君臨する; 支配的な.

rei・nar [r̃ei.nár] 自 **1 君臨する, 王位にある. ～ en [sobre] un territorio ある領土に君臨する. El rey *reinó* durante diez años. その王は10年間在位した. El rey *reina* pero no gobierna. (王は)君臨すれども統治せず.
2《en... / entre...…の中で》優勢である; 《en...〈場〉を》〈状況・感情などが〉支配する. Este equipo *reina* en la liga de este año. 今年はこのチームがリーグのトップにいる. *En* la casa *reinaba* la alegría. 家には喜びがあふれていた.

re・in・ci・den・cia [r̃ein.θi.ðén.θja / -.si.-.sja] 女 再犯.

re・in・ci・den・te [r̃ein.θi.ðén.te / -.si.-] 形 再犯の; 常習犯の. ― 男女 再犯者; 常習犯.

re・in・ci・dir [r̃ein.θi.ðír / -.si.-] 自《en...〈誤り・過ち〉を》繰り返す; 再び罪を犯す. ～ *en* antiguos errores 昔の過ちをまた繰り返す.

re・in・cor・po・ra・ción [r̃ein.kor.po.ra.θjón / -.sjón] 女 再併合, 再編入; 復帰.

re・in・cor・po・rar [r̃ein.kor.po.rár] 他 **1**《a...…に》再び合体させる, 再合併させる. **2**《a...〈仕事・職場〉に》復帰させる.
― ～・se 再《a...》**1**《…と》再合体［再合併］する, 再編入する. **2**《〈仕事・職場〉に》復帰する.

rei・ne・ta [r̃ei.né.ta] 女 レネット, レネッタ: フランス原産の青リンゴ(= manzana ～).

re・in・fec・ción [r̃eim.fek.θjón / -.sjón] 女〖医〗再感染.

re・in・ge・nie・rí・a [r̃ein.xe.nje.rí.a] 女 リエンジニアリング, (業務・プロセスの)改善, 再設計.

re・in・gre・sar [r̃ein.gre.sár] 他 **1**《引き出したお金を》再入金する. **2** 再入院させる.
― 自 復帰する, 再加入する. ～ en un partido político 政党に再加入する.

re・in・gre・so [r̃ein.gré.so] 男 復帰, 再加入.

re・i・ni・cia・li・zar [r̃ei.ni.θja.li.θár / -.sja.-.sár] 97他 → reiniciar.

re・i・ni・ciar [r̃ei.ni.θjár / -.sjár] 82 他〖IT〗リセットする, 再起動する (=resetear); 再開する. Es necesario ～ el sistema después de esta instalación. このインストールの後で再起動が必要です.

*rei・no [r̃éi.no] 男 **1 王国**, 王領. ～ de Aragón アラゴン王国. El R～ Unido de los cielos 神の国, 天国. *El* ～ *de este mundo*『この世の王国』(Carpentierの小説).
2 領域, 世界. vivir en el ～ de la fantasía 空想の世界に生きる. **3**…界. el ～ animal [mineral, vegetal] 動物［鉱物, 植物］界.
3 → reinar.
［←［ラ］*rēgnum* (*rēx*「王」から派生);〖関連〗reinar］

rei・no・na [r̃ei.nó.na] 女 ドラッグクイーン: 目立つ形で女装をした男性の同性愛者.

rei・no・so, sa [r̃ei.nó.so, -.sa] 男女《ラ米》(1)(ﾃﾞﾌﾟ)山地の住民, 内陸部出身者. (2)(ｺﾛﾝ)コロンビア人.

:Rei・no U・ni・do [r̃éi.no u.ní.ðo] 固名 ～ de Gran Bretaña e Irlanda del Norte グレートブリテンおよび北アイルランド連合王国, 英国, イギリス: 首都Londres.《略 RU, GB》.

re・in・ser・ción [r̃ein.ser.θjón / -.sjón] 女 社会復帰.

re・in・ser・ta・do, da [r̃ein.ser.tá.ðo, -.ða] 男女 社会復帰した人.

re・in・ser・tar [r̃ein.ser.tár] 他 **1** 社会復帰させる. El objetivo de esta organización no es aislar a los criminales, sino ～los. この組織の目的は犯罪者を隔離することではなく, 社会復帰させることです. **2** 再び挿入する, 再び差し込む.
― ～・se 再 社会復帰する.

re・ins・ta・la・ción [r̃eins.ta.la.θjón / -.sjón] 女 再架設, 再設置.

re・ins・ta・lar [r̃eins.ta.lár] 他 再び取りつける［設置する］. ― ～・se 再《en...…に》再び住む.

re・in・te・gra・ble [r̃ein.te.grá.ble] 形 **1** 復帰［復職］できる, 再統合されうる. **2** 払い戻し可能な.

re・in・te・gra・ción [r̃ein.te.gra.θjón / -.sjón] 女 **1** 復帰, 復職; 再統合. **2** 払い戻し, 還付; 返済.

re・in・te・grar [r̃ein.te.grár] 他 **1** 復帰［復職］させる. **2** 返す; 払い戻す; 返済する. **3**〈文書に〉収入印紙を貼る(¹²). instancias *reintegradas* 収入印紙を貼った申請書.
― ～・se 再 **1**《a...…に》復帰する, 戻る, 復職する. ～*se a* su trabajo 職場に復帰する. ～*se a* la patria 祖国に戻る. **2** 受け取る, 取り戻す. Cuando cobre, *te reintegrarás* de lo que me adelantaste. 金が入り次第, 前貸ししてくれた分を君に返すよ. **3** 再び《合併》する.

re・in・te・gro [r̃ein.té.gro] 男 **1** → reintegración. **2** 収入印紙の額; 収入印紙 (= póliza). **3**(宝くじの)払い戻し, 償還.

re・in・ver・sión [r̃eim.ber.sjón] 女〖経〗再投資.

re・in・ver・tir [r̃eim.ber.tír] 27 他〖経〗再投資する. Para ampliar el negocio, *reinvirtieron* lo obtenido por las ventas. 事業を拡大するために, 彼らは売り上げで得た利益を全て再投資した.

re・ír [r̃e.ír] 5 自 **1《por... …を》**笑う**, おかしく思う. ～ a carcajadas 高笑いする. echarse a ～ 笑い出す. ¿Te has puesto a dieta? No me hagas ～. 君がダイエットを始めたんだって. 冗談はよしてくれよ.

〖関連〗大まかに言って reír(se) は声を出して「笑う」, sonreír(se) は声を立てずに「微笑する, にこにこする」, また時に *reírse* と同様に「あざ笑う, 薄笑いする」の意にもなる. *reír(se), sonreír(se)* に修飾語がついて, 様々な笑いの表現を表現する. *reír* entre dientes / *reírse* con una risilla sofocada くすくす笑う. *reír* abiertamente / *reír(se)* a carcajadas 大声を出してワッハッハと笑う. *reír* burlonamente [sarcásticamente] / sonreír desdeñosamente にやにや笑う. *reírse* por lo bajo / *sonreír* a escondidas にやりと笑う. sonreír a solas 思い出し笑いをする. また risa, carcajada などの名詞にによる成句もある. desternillarse [reventar] de *risa*「笑いころげる」, soltar una *carcajada*「呵々(ｶ)大笑する」.

2《文章語》…が輝く. ¡Cómo *ríe* la vida cuando uno es querido! 人に愛されていると人生ってすてきだな.
― 他 (1)《a+人〈人〉の》〈冗談・悪ふざけなどを〉笑う, おかしく思う. Nadie *le reía* los chistes. 彼[彼女]の冗談には誰も笑わなかった(▶ *le* が a+人に相当). (2)〈人を〉笑う.
― ～・se 再 **1**《por... / de... …を》笑う, おかしく

思う. La niña *se ríe por* cualquier cosa. その女の子には何もかもがおかしい.

2 《*de...* …を》ばかにする, あざける. *¿De qué te ríes*? 何がおかしいの. No *te* vayas a ～ *de mí*. 私のことばかにしないでよ.

3 《話》…が壊れる, だめになる. *Estas botas ya se ríen*. このブーツはもう寿命が近い.

reír a mandíbula batiente 大笑いする.

[← 〔ラ〕 *rīdēre*; 関連 risa, sonreír, ridículo. 〔英〕 *ridicule*「あざわらう」]

reis [ŕéis] 〔ポルトガル〕 男 《複数形》 レイス: ポルトガル・ブラジルのかつての少額通貨.

***re·i·te·ra·ción** [ŕei.te.ra.θjón / -.sjón] 女 繰り返し, 反復.

re·i·te·ra·da·men·te [ŕei.te.rá.ða.mén.te] 副 繰り返し, たびたび, 何度も.

re·i·te·ra·do, da [ŕei.te.rá.ðo, -.ða] 形 繰り返される, たびたび生じる.

***re·i·te·rar** [ŕei.te.rár] 他 **繰り返す**, 反復する, 再び言う. *Nos reiteró su reclamación*. 彼[彼女]は私たちに要求を繰り返し言った.

――～**se** 再 《*en...* …を》繰り返す; 曲げない.

[← 〔ラ〕 *reiterāre*; 関連 (re)iterativo. 〔英〕 *reiterate*]

re·i·te·ra·ti·vo, va [ŕei.te.ra.tí.βo, -.βa] 形 **1** 繰り返す, 反復する; 繰り返しの多い. **2** 《文法》《動詞などが》反復を表す.

rei·vin·di·ca·ble [ŕei.βin.di.ká.βle] 形 取り戻すことのできる, 回復可能な.

rei·vin·di·ca·ción [ŕei.βin.di.ka.θjón / -.sjón] 女 **1** 《権利の》要求, 請求. *reivindicaciones laborales* 労働者側の要求. **2** 《権利・名誉などの》回復, 復権. **3** 犯行声明.

***rei·vin·di·car** [ŕei.βin.di.kár] 102 他 **1 要求する**, …の権利を主張する. ～ *la herencia* 相続権を主張する. **2** 《名誉などを》回復する, 取り戻す; 《法》《権利を》回復する. **3** 《テロなどの》犯行声明を出す.

――～**se** 再 《ラ米》名誉を回復する, 嫌疑を晴らす.

rei·vin·di·ca·ti·vo, va [ŕei.βin.di.ka.tí.βo, -.βa] 形 要求する, 要求的な.

rei·vin·di·ca·to·rio, ria [ŕei.βin.di.ka.tó.rjo, -.rja] 形 《法》《権利の》要求[回復]のための.

‡**re·ja¹** [ŕé.xa] 女 **1** (鉄) **格子**; 格子窓. *poner ～s en las ventanas* 窓に格子を付ける.

2 《ラ米》(1) 《*》《俗》刑務所, 監獄. (2) 《》繕い, 継ぎはぎ. (3) 《*》家畜運搬用トラック.

entre rejas / tras las rejas 《話》牢屋(ろう)の中で.

re·ja² [ŕé.xa] 女 《農》鋤(すき)の刃; 鋤くこと. *dar una ～* 鋤く, 耕す.

re·ja·do [ŕe.xá.ðo] 男 格子, 鉄格子; 鉄柵(さく).

re·jal·gar [ŕe.xal.gár] 男 《鉱》鶏冠石: 花火製造に用いられる.

re·je·a·da [ŕe.xe.á.ða] 女 《ラ米》《*》《俗》殴打, なぐりつけ.

re·je·ar [ŕe.xe.ár] 他 《ラ米》《*》刑務所に入れる.

re·je·go, ga [ŕe.xé.go, -.ga] 形 《ラ米》《話》(1) 《*》なまけ者の, ぐずぐずした. (2) 《*》《話》《動物が》野生の; 手に負えない. ――《ラ米》《話》種々.

re·je·rí·a [ŕe.xe.rí.a] 女 鉄格子[鉄柵(さく)]造り; 《集合的》鉄格子, 鉄柵.

re·je·ro [ŕe.xé.ro] 男 鉄格子[鉄柵(さく)]職人.

re·jie·go, ga [ŕe.xjé.go, -.ga] 形 《ラ米》《》《》《話》野生の, 飼い慣らされていない; のろまな.

re·ji·lla [ŕe.xí.ja ‖ -.ʎa] 女 **1** 格子, 格子窓; のぞき窓. **2** (電車・バスなどの) 網棚. **3** 《籐(とう)》家具などの) 枝編み細工. **4** (炭をのせる) 網; 金属製のあんか. **5** 《電》グリッド, 格子. **6** 《ラ米》《》はい帳.

rejilla del radiador 《車》ラジエーターグリル.

[reja + 縮小辞]

re·jo [ŕé.xo] 男 **1** (鉄などの) とがったもの; (蜂などの) 針. **2** 《植》幼根, 胚根(はいこん). **3** (戸の) 補強用鉄枠. **4** 強さ, たくましさ. **5** 《ラ米》(1) 《》《》《まれ》鞭(むち); 手綱. (2) 《》《》生皮; 革ひも. (3) 《》棒, こん棒. **4** 《》搾乳; 《集合的》乳牛.

re·jón [ŕe.xón] 男 **1** とがった鉄棒; 槍(やり). **2** 《闘牛》(騎馬闘牛士の使う) 手槍. **3** 短刀. **4** こまの先端.

re·jo·na·zo [ŕe.xo.ná.θo / -.so] 男 《闘牛》手槍での突き[傷].

re·jo·ne·a·dor [ŕe.xo.ne.a.ðór] 男 《闘牛》(馬上から) 手槍(やり)で突く騎馬闘牛士.

re·jo·ne·ar [ŕe.xo.ne.ár] 他 《闘牛》(馬上から) 手槍(やり)で突く.

re·jo·ne·o [ŕe.xo.né.o] 男 《闘牛》(馬上から) 手槍(やり)を突き刺すこと.

re·ju·do, da [ŕe.xú.ðo, -.ða] 形 《ラ米》《》《》粘り気のある, べとべとした.

re·ju·ga·do, da [ŕe.xu.gá.ðo, -.ða] 形 《ラ米》《》《》《話》ずるい, 油断のならない, 悪賢い.

re·jun·tar [ŕe.xun.tár] 他 《ラ米》《》《》寄せ[駆り]集める; ひとまとめにする.

re·ju·ve·ne·ce·dor, do·ra [ŕe.xu.βe.ne.θe.ðór, -.ðó.ra / -.se.-] 形 若返りさせる, 若返りの; 現代化させる.

re·ju·ve·ne·cer [ŕe.xu.βe.ne.θér / -.sér] 34 他 若返らせる, 活気づける; 近代化する.

――～(·**se**) 自 再 若返る, 活気づく, 活力を取り戻す. *Se ha rejuvenecido desde que trabaja fuera de casa*. 外で働き出してから彼[彼女]はすっかり若返った.

re·ju·ve·ne·ci·mien·to [ŕe.xu.βe.ne.θi.mjén.to / -.si.-] 男 若返り; 近代化. ～ *de un centro de estudios* 研究センターの体制一新.

****re·la·ción** [ŕe.la.θjón / -.sjón] 女 **1 関係, 関連**. la ～ *entre la causa y el efecto* 因果関係. *no guardar ～ alguna con...* …と全く釣り合わない. *No veo ninguna ～ entre estos dos incidentes*. 私はこれら 2 つの出来事になんの関連性も見いだせない.

2 《主に複数で》(人・国家などの) 関係; 交際. *relaciones de parentesco* 親戚(しんせき)関係. *tener [estar en] buenas [malas] relaciones con...* …と親しく [仲悪く] 付き合う. *entablar relaciones comerciales* 通商関係を結ぶ. *estrechar las relaciones culturales con...* …との文化交流を深める. *romper las relaciones diplomáticas* 外交関係を断絶する. *ponerse en ～* 接触する, 連絡を取る. *mantener relaciones amistosas* 友好関係を保つ. *trabajar de relaciones* 渉外として働く.

3 《主に複数で》知人; 縁故関係, コネ (= contacto). *tener buenas relaciones en un ministerio* ある官庁にコネがある.

4 《複数で》恋愛関係, 性的関係 (= *relaciones amorosas [sexuales]*). *relaciones formales* (結婚を前提とした) 交際. *relaciones ilícitas* 不倫, 不義. *Se puso en relaciones con ella*. 彼は彼女といい仲になった.

5 一覧表, リスト. *facilitar la ～ de los accidentados* 遭難者のリストを発表する.

relacionado

6 陳述, 叙述, (=narración); 報告(書). Les hice una ~ de lo que me pasó en mi viaje. 私は旅で起こったことを彼[彼女]らに話して聞かせた. *Cartas de R~* (Azteca の征服者 Cortés が Carlos 5 世に書き送ったメキシコ征服の)『報告書簡』. **7** 比, 比率. ~ de compresión 【技】圧縮比. con a... ...に比例して. **8**〖文法〗関係. ~ de dependencia 従属関係. **9**〖法〗(判事補による)事件要点の説示. **10**(1)〖ラ米〗(*⃞墨)秘宝. (2)〖アンデス〗(民族舞踊で)ペアで歌いあう詩.
con relación a... / en relación con... ...に関連して;...と比較して. ¿Tienes algún comentario *en* ~ *con* este tema? このテーマに関して何かコメントはありますか. El precio ha subido mucho *con* ~ *al* año pasado. 去年に比べて大変物価が上がった.
hacer [sacar] relación a... ...に言及する. El presidente *hizo* ~ *a* las últimas noticias sobre ese tema. 大統領はそのテーマに関する最新ニュースに言及した.
relaciones públicas (1) 広報活動, 渉外. (2) 渉外係.
[←[ラ] *relātiōnem* (*relātiō* の対格, (*referre*「後々に向ける, 応答する」より派生), 〖関連〗relatar, relativo. 〖英〗*relation*〕

re・la・cio・na・do, da [r̄e.la.θjo.ná.ðo, -.ða / -.sjo.-] 形 《**con** ...》《...に》関する;《...と》関係〖関連〗のある, 結びつきがある. estar bien ~ 有力者と縁故がある.

re・la・cio・nal [r̄e.la.θjo.nál / -.sjo.-] 形 関係の; 関連を示す.

re・la・cio・nar [r̄e.la.θjo.nár / -.sjo.-] 他 **1《**con...**と》関係づける, 結びつける. ~ los signos *con* el significado 記号を意味と関連づける. ~ el crimen *con* el narcotráfico 犯罪を麻薬取引と関連づける. ~ los dos hechos para sacar una conclusión 2つの事実を結びつけて結論を出す. Mi padre quiere *me* ~ *con* gente de alta posición. 父は私を地位の高い人々と交際させたがっている. **2**〖文章語〗説明する, 報告する. En lo siguiente el aspirante deberá ~ su experiencia profesional. 次に応募者は職務経験を述べてください. **3**〈データなどを〉表にまとめる, リストにする. Este cuadro *relaciona* todas las obras del pintor. この表はその画家の全ての作品をまとめている.
— ~**se** 再 **1**《**con**+人《人》と》交友関係を持つ;《**con...** ...と》関わりを持つ. Tiene mucha capacidad para ~*se*. 彼[彼女]は巧みな交際術を持っている. Aquí *me relacioné con* el budismo. ここで私は仏教に関わるようになった.
2《3人称で》《**con...** ...と》関係づけられる;《複数主語で》互いに関係を持つ.
en [por] lo que se relaciona con [a] ...に関しては.

re・la・cio・nis・ta [r̄e.la.θjo.nís.ta / -.sjo.-] 男 女 広報担当者, PR担当者.

*re・la・ja・ción [r̄e.la.xa.θjón / -.sjón] 女 **1** 緩み, 弛緩(ふん). ~ de los músculos 筋肉の弛緩. **2** 緩和, 軽減;堕落. ~ de la tensión internacional 国際緊張の緩和. ~ de la autoridad 権威の低下. **3** くつろぎ;気晴らし;リラックス (すること). 〖医〗弛緩法;ヘルニア.

*re・la・ja・do, da [r̄e.la.xá.ðo, -.ða] 形 **1** 緩んだ;リラックスした;だらけた. **2**〖言〗〈音が〉弛緩した. **3**〖医〗ヘルニアを起こした.

re・la・ja・dor, do・ra [r̄e.la.xa.ðór, -.ðó.ra] 形 緊張を解く, リラックスさせる;緩める.

re・la・ja・du・ra [r̄e.la.xa.ðú.ra] 女 《ラ米》(キキ) 〖医〗ヘルニア.

re・la・ja・mien・to [r̄e.la.xa.mjén.to] 男 → relajación.

re・la・jan・te [r̄e.la.xán.te] 形 **1** 緩める;リラックスさせる. **2**《ラ米》(キ)(メキ)《話》〈味が〉甘すぎる. **3**〖医〗通じ薬, 〈緩〉下剤.

*re・la・jar [r̄e.la.xár] 他 **1** 緩める, ほぐす. ~ los músculos 筋肉をほぐす. **2** リラックスする, くつろがせる. Esta música me *relaja*. この音楽を聴くと私はリラックスできる. **3**〈規律などを〉軽減する, 寛大にする;だらけさせる. **4**《ラ米》《話》(1) (アンデス)(チリ)(メキ)〈食べ物が〉甘すぎてうんざりさせる. (2) (タイデ)(タリ)(*⃞墨)あざ笑う, ばかにする.
— ~**se** 再 **1** 緩む, ほぐれる. **2** くつろぐ, リラックスする. ~*se con* novelas policíacas 推理小説を読んでくつろぐ. **3** だらける, 自堕落になる.

re・la・jo [r̄e.lá.xo] 男 **1**《話》堕落, 乱れ, 放蕩(はう). **2**《話》息抜き, リラックス. **3**《ラ米》《話》(1) (ダカ)(タリ)どんちゃん騒ぎ, ばか騒ぎ. (2) (タイデ)(タリ)(キ)《話》悪ふざけ, 嘲笑. (3) (タイデ)(タリ)(キ)〈猥褻(はつ).

re・la・jón, jo・na [r̄e.la.xón, -.xó.na] 形《ラ米》(タリ)《話》人をばかにした;下劣な冗談を言う;堕落した.

re・la・mer [r̄e.la.mér] 他 ぺろぺろなめる, なめ回す.
— ~**se** 再 **1** 唇をなめる;舌なめずりする;〈動物が〉体をなめる.
2 嬉しがる, 悦に入る. Ella *se relame* pensando en su boda. 彼女は結婚式のことを考えて満足げにしている.
3 めかし込む;鼻高々になる.

re・la・mi・do, da [r̄e.la.mí.ðo, -.ða] 形 **1**《話》《軽蔑》気取った, きざな;凝りすぎた. **2**《ラ米》(エク)(*⃞墨)(アンデス)恥知らずな, ずうずうしい, 厚かましい.
— 男 女《話》《軽蔑》気取った[きざな]人.

*re・lám・pa・go [r̄e.lám.pa.go] 男 **1** 稲妻, 稲光. como un ~ 稲妻のように. pasar como un ~ 電光石火のごとく過ぎる. **2** 閃光(ほう), きらめき;ひらめき. Brilló en sus ojos un ~ de alegría. 一瞬, 彼[彼女]に喜びの光が輝いた. **3** 素早い人[もの]. ► 形容詞的に用いることがある. 主に数変化なし. → *viaje* あっという間に終わった旅行. *visita* ~つかの間の訪問. **4**〖獣医〗(馬の)角膜白斑(はく), 目ぼし. [[ラ] *lampas*「たいまつ, 明かり」(→ *lámpara*) (←[ギ] *lampás*) より派生, 〖関連〗relampaguear. 〖英〗*lamp*「明かり, ランプ」〕

re・lam・pa・gu・ce・ar [r̄e.lam.pa.gu.θe.ár / -.se.-] 自《ラ米》(キキ)(メキ)《話》きらめく, 輝く;まばたきをする.

re・lam・pa・gu・ce・o [r̄e.lam.pa.gu.θé.o / -.sé.-] 男《ラ米》(キキ)(メキ)きらめき, 輝き;瞬き.

re・lam・pa・gue・an・te [r̄e.lam.pa.ge.án.te] 形 閃光(ほう)を発する, きらめく.

re・lam・pa・gue・ar [r̄e.lam.pa.ge.ár] 自 **1**《3人称単数・無主語で》稲妻が光る. **2** 閃光(ほう)を発する, きらめく. Sus ojos *relampagueaban* de ira. 彼[彼女](ら)の目は怒りに燃えていた.

re・lam・pa・gue・o [r̄e.lam.pa.gé.o] 男 稲妻[稲光]の走ること;閃光(ほう), きらめき.

re・lam・pu・so, sa [r̄e.lam.pú.so, -.sa] 形《ラ米》(エク)《話》恥知らずな, ずうずうしい.

re・lan・ce [r̄e.lán.θe / -.se] 男 **1** 再び活発にするこ

と. **2** (賭(ｶ)けで) 2度目のチャンス. **3** 《ラ米》(†)《話》お世辞, 口説き.
de relance 偶然に, たまたま.
re·lan·za·mien·to [r̃e.lan.θa.mjén.to / -.sa.-] 男 再活性化, 活を入れること; 再販売.
re·lan·zar [r̃e.lan.θár / -.sár] 97 他 **1** 再び活性化する; 再び売り出す. **2** はねつける, 拒否する; はじき返す. **3** 再投票する.
re·lap·so, sa [r̃e.láp.so, -.sa] 形 **1** 再犯の, 累犯の.《宗》異端に戻った. ― 男 女 **1** 再犯者, 累犯者. **2**《宗》異端に戻った人. ― 男《医》(病気の)再発.

*__**re·la·tar**__ [r̃e.la.tár] 他 **1** 語る, 物語る; 報告する. *Ya nos relató dos veces las incidencias del partido.* 彼[彼女]は試合の経過を2度も私たちに語った. **2**《法》陳述する.

re·la·ti·va [r̃e.la.tí.ba] 形 女 → relativo.
re·la·ti·va·men·te [r̃e.la.tí.ba.mén.te] 副 **1** 相対的に, 比較的の(↔absolutamente). **2**《話》ある程度, 少し; かなり. **3**《a...》(…に)関しては, (…と)言えば. **4**《a... …に》比べて.
re·la·ti·vi·dad [r̃e.la.ti.bi.ðáð] 女 **1** 関連性, 相関性; 相対性. **2**《物理》(Einstein の) 相対性理論 (= teoría de la ～).
re·la·ti·vis·mo [r̃e.la.ti.bís.mo] 男《哲》相対主義.
re·la·ti·vis·ta [r̃e.la.ti.bís.ta] 形《哲》相対主義の;《物理》相対性理論の. ― 男 女《哲》相対主義者;《物理》相対性理論の支持者.
re·la·ti·vi·zar [r̃e.la.ti.bi.θár / -.sár] 97 他 相対化する. *Relativizando el riesgo, vale la pena hacer este negocio.* その危険性を相対的に考えれば, この事業はやる価値がある.

*__**re·la·ti·vo, va**__ [r̃e.la.tí.bo, -.ba] 形 **1**《名詞+》《ser+》《a... …に》関する, 関係[関連]のある. *en lo ～ a... …*に関しては. *Le hice unas preguntas relativas al problema.* 私は彼[彼女]にその問題についていくつか質問した.
2 相対的な (↔absoluto);《a... …に》相応する. *mayoría relativa* 相対的多数. *movimiento ～*《物理》相対運動. *precio ～ a su calidad* 品質に応じた価格. *valor ～* 相対的価値.
3《+名詞 / 名詞+》大したことのない; ある程度の. *una enfermedad de relativa importancia* 大したことのない病気. *El éxito de su segundo disco fue muy ～.* 彼[彼女](ら)の2作目のCDは大してヒットしなかった. *En aquel entonces la televisión era un objeto de ～ lujo.* その当時テレビは相当なぜいたく品だった. **4**《ser+》疑わしい, 議論の余地のある. *Lo que has dicho es muy ～, por lo que habrá gente que piense de otra manera.* そうとは言い切れないよ, 別の考え方の人もいるだろう. **5**《文法》(1) 関係を表す. *pronombre ～* 関係代名詞. (2) 相対的な. *superlativo ～* 相対最上級.
― 男《文法》関係詞.
― 女《文法》節 (= oración *relativa*).
― 男 女《ラ米》(*) 親戚.
[⃪[ラ]*relatīvum* (*relatīvus* の対格,) (*referre*「後ろに向ける, 応答する」より派生)] [関連] relatividad, relativismo. [英]*relative*]

*__**re·la·to**__ [r̃e.lá.to] 男 話, (短い) 物語; 叙述; 報告. *hacer un ～ de...* …について語る. *colección de ～s infantiles* 童話集. *El ～ de sus aventuras nos conmovió.* 彼[彼女](ら)の冒険物語に私たちは感動した.
[⃪[ラ]*relātum* (*relātus* の対格)「公報, 報告」 (*referre* に由来);[関連] relatar, relación. [英]*relate*「関係づける;物語る」]

re·la·tor, to·ra [r̃e.la.tór, -.tó.ra] 形 語る, 報告する. ― 男 女 **1** 語り手, ナレーター. **2** 報告者;《法》告発者. **3**《ラ米》(ﾘｸ)解説者.
re·la·to·rí·a [r̃e.la.to.rí.a] 女《法》告発者の職務[事務室].
re·lau·char [r̃e.lau.tʃár] / **re·lau·che·ar** [r̃e.lau.tʃe.ár] 自《ラ米》(†)《話》ずる休みをする.
re·la·var [r̃e.la.bár] 他 二度洗いする, 洗い直す;《鉱》再び洗鉱する.
re·lax [r̃e.láks]《英》《単複同形》男 リラックス.
re·lé [r̃e.lé]《電》継電器, リレー.
[⃪[仏]*relais*;[関連]《英》*relay*]
re·lease [r̃i.lís]《英》男《複~s, ～》《IT》リリース版.
re·le·er [r̃e.le.ér] 69 他 再読する, 読み直す.
re·le·ga·ción [r̃e.le.ga.θjón / -.sjón] 女 追放; 左遷.
re·le·gar [r̃e.le.gár] 103 他 追いやる; 追放する; 左遷する. *～ a un rincón* 隅に追いやる; 遠ざける. *～ al olvido* 忘れ去る.
re·len·te [r̃e.lén.te] 男 夜霧; 夜の冷気.
re·le·so, sa [r̃e.lé.so, -.sa] 形《ラ米》(†)《話》まぬけな.
re·le·va·ción [r̃e.le.ba.θjón / -.sjón] 女 **1**《法》(義務の) 免除. **2** 交替.
re·le·va·dor [r̃e.le.ba.ðór] 男《電》継電器.
*__**re·le·van·cia**__ [r̃e.le.bán.θja / -.sja] 女 重要性, 意義; 傑出.
*__**re·le·van·te**__ [r̃e.le.bán.te] 形 傑出した, 優れた; 重要な.
re·le·var [r̃e.le.bár] 他 **1**《de...》(…を) 免除する, (…から) 解放する; 罷免する. *～ a + de una obligación*〈人〉の義務を免除する. **2** 交替する, 引き継ぐ. *～ la guardia* 見張りを交替する. **3** 浮き上がらせる, 浮き彫りにする, 浮き彫りにする.
― ～·*se* 再《複数主語で》交替し合う.
re·le·vis·ta [r̃e.le.bís.ta] 形《スポ》リレー選手の. ― 男 女 リレー選手.
re·le·vo [r̃e.lé.bo] 男 **1** 交替; 交替要員;《軍》交替(兵[部隊]). *～ presidencial* 大統領の交替. *～ de la guardia en el palacio de Buckingham* バッキンガム宮殿の衛兵の交替. *tomar el ～ de...* …を引き継ぐ. **2**《複数で》《スポ》リレー競走 (= carrera de ～s). *400 [cuatrocientos] metros ～s* 400メートルリレー. *～s estilos* メドレーリレー. **3**《スポ》リレー(すること); リレー走者.
re·li·ca·rio [r̃e.li.ká.rjo] 男 **1**《カト》聖骨箱, 聖遺物箱. → 次ページに図. **2** (装身具の) ロケット.
re·lic·to, ta [r̃e.lík.to, -.ta] 形 遺産として残された.

*__**re·lie·ve**__ [r̃e.ljé.be] 男 **1**《美》浮き彫り, レリーフ. *alto ～* 高浮き彫り. *bajo ～* 浅浮き彫り. *medio ～* 半肉 (浮き) 彫り. *letras en ～* 打ち出し文字. **2** 突出, 隆起; (土地の) 起伏. *mapa en ～* 起伏図, 模型地図. *película en ～* 立体映画. **3** 際立つこと; 重要性. **4**《まれ》厚さ. **5**《まれ》《複数で》食べ残し, 残飯.
dar relieve a... …に重要性を持たせる.
de relieve 著名な, 卓越した.
poner de relieve... 〈論点などを〉浮き彫りにする,

強調する.
[[伊] rilievo ; rilevare「目立たせる」(←[ラ] relevāre「持ち上げる；軽くする」) より派生, [関連] relevar, llevar. [英] relief]

re·li·gión [r̃e.li.xjón] 囡 **1** 宗教；宗教心, 信仰. creer en una ~ ある宗教を信奉する. guerra de ~ 宗教戦争. ~ del Estado 国教. ~ natural [revelada] 自然[啓示]宗教. sin ~ 信仰を持たない. **2** 信条. tener la ~ de la justicia 公正さを信条とする. 【カト】修道会. entrar en ~ 修道院に入る.
[←[ラ] religiōnem (religiō の対格) =「(神に対する) 畏怖(\\), 畏敬；宗教」；[関連] religioso. [英] *religion*]

relicario (聖遺物箱)

re·li·gio·sa [r̃e.li.xjó.sa] 囲 →religioso.
re·li·gio·sa·men·te [r̃e.li.xjó.sa.mén.te] 副 **1** 宗教的には, 信心深く. **2** きちょうめんに, 厳格に.
re·li·gio·si·dad [r̃e.li.xjo.si.ðáð] 囡 **1** 宗教性；信仰心；信心深さ. **2** きちょうめんさ, きちんとさ. con toda ~ 実にきちょうめんに, きちんと.
re·li·gio·so, sa [r̃e.li.xjó.so, -.sa] 囲《名詞 +》(ser+)**1** 宗教の, 宗教に関する. creencias *religiosas* 信心. cumplir con sus deberes ~s《カト》(復活祭に)聖体を拝受する. música *religiosa* 宗教音楽.
2 信心深い, 敬虔(然)な. hombre ~ 信心深い男. ¿Te consideras ~ o eres más bien ateo? 君は自分を信心深いと思うか, それともむしろ無神論者か. **3**《カト》修道の；修道会に属する. orden *religiosa* 修道会. entrar en la vida *religiosa* 修道生活に入る. **4** 厳正な, 厳粛な. En la ceremonia reinaba un ~ silencio. 式典では厳粛な静けさが支配していた. **5** 律儀な；きちょうめんな.
— 围 囡 修道士[女]. hacerse ~ [*religiosa*] 修道士[女]になる.
re·lim·pio, pia [r̃e.lím.pjo, -.pja] 囲《話》ちりひとつない, とても清潔な.
re·lin·cha·da [r̃e.lin.tʃá.ða] 囡《ラ米》(ｺﾞｧﾃ)(ﾒﾋｼｺ)(馬の)いななき.
re·lin·cha·dor, do·ra [r̃e.lin.tʃa.ðór, -.ðó.ra] 囲〈馬が〉よくいななく.
re·lin·char [r̃e.lin.tʃár] 自〈馬が〉いななく.
re·lin·cho [r̃e.lín.tʃo] 围 **1**(馬の)いななき. dar ~s(馬が)いななく. **2**《話》歓声.
re·lin·ga [r̃e.líŋ.ga] 囡〖海〗(1)(帆の)縁索(な?), ボルトロープ. (2)(漁網の)浮標索.
re·li·quia [r̃e.lí.kja] 囡 **1** 遺物, 残存物；なごり. **2**〖カト〗(聖人・殉教者などの)聖遺物, 聖遺骨. **3** 思い出の品, 形見. ~ de familia 遺品. **4**(病気・事故の)後遺症. **5**《話》時代遅れの人[もの]. **6**《ラ米》(ｺﾞｧﾃ)献納品, 奉納物.
re·lla·ma·da [r̃e.ja.má.ða ‖ -.ʎa.-] 囡(電話の)リダイアル(機能).
re·lla·no [r̃e.já.no ‖ -.ʎá.-] 围 **1**(階段の)踊り場(= descansillo). **2**(斜面の)台状地.
re·lle·na [r̃e.jé.na ‖ -.ʎé.-] 囡《ラ米》(ｺﾛﾝﾋﾞｱ)(ﾍﾞﾈｽ)ブラッドソーセージ, 血の入った腸詰め.
*re·lle·nar [r̃e.je.nár ‖ -.ʎe.-] 他 **1**(con... / de... …で)いっぱいにする, 満たす. ~ las copas de vino グラスをワインで満たす. *Rellenó* el coche de tal forma que no podíamos movernos. 私たちは彼[彼女]の車にぎゅうぎゅう詰めにされて身動きもできなかった. ~ un sillón ひじ掛けのクッションに詰め物をする.
2 再び満たす；詰め直す；補充する. ~ una copa グラスにつぎ足す. **3**〖料〗詰め物をする. ~ un pollo 鶏に具を詰める. **4** 記入する, 書き込む. ~ un formulario 用紙に書き込む. **5**〈すき間・穴などを〉ふさぐ, 埋める.

re·lle·no, na [r̃e.jé.no, -.na ‖ -.ʎé.-] 囲 **1**(de... …で)いっぱい[ぎっしり]詰まった；込み合った. **2**(de... …で)何かで満たされた. pastel ~ de crema クリーム入りのケーキ. aceituna *rellena* de anchoa アンチョビーを詰めたオリーブ. **3** 記入された, 記入済みの. **4**《話》豊満な, 丸々とした. cara *rellena* ふっくらした顔. — 围 **1** 満たすこと, 詰めること；充填(弥ﾞ). **2**〖料〗詰め物, フィリング. **3** 充填物；目地(ﾒﾁ)(= material de ~). **4**《話》余談, (記事・写真などの)埋め草.
de relleno《話》付け足しの.

re·loj [r̃e.ló(x)] 围 **1** 時計. ~ a prueba de agua 防水時計. ~ atómico 原子時計. ~ automático 自動巻き時計. ~ de agua 水時計. ~ de arena 砂時計. ~ de bolsillo 懐中時計. ~ de caja [pie] グランドファーザークロック(振り子式の床置き大型箱時計). ~ de cuarzo クォーツ[水晶]時計. ~ de cuco はと時計. ~ de cuerda ぜんまい式時計. ~ de estacionamiento パーキングメーター. ~ de mesa [sobremesa] 置き時計. ~ de pared 掛け時計. ~ de péndulo 振り子時計. ~ de pulsera 腕時計. ~ despertador /《ラ米》(ﾒﾋｼｺ) ~ de alarma 目覚まし時計. ~ digital デジタル時計. ~ parlante (ラジオ・テレビの)時報. ~ registrador タイムレコーダー. ~ solar [de sol] 日時計. ~ telefónico 電話の時刻案内. dar cuerda a un ~ 時計を巻く. poner en hora un ~ 時計を合わせる. El ~ está adelantado [atrasado] diez minutos. この時計は10分進んでいる[遅れている]. Mi ~ está parado. 私の時計は止まっている. El ~ marcaba las doce cuando él se fue a dormir. 彼が床についたとき, 時計は12時を指していた. El ~ de la torre acaba de dar la una. 塔の時計が1時を打ったところだ. En mi ~ son las ocho en punto. 私の時計ではちょうど8時だ.
2 [R-]とけい座.

como un reloj《話》(時計のように)正確に, 規則正しく. José es *como un* ~. ホセは時間にとても正確だ. ir [marchar] *como un* ~ 正確に稼動する；(人が)便通が規則的にある.
contra reloj (1) la (carrera) *contra* ~ 〖スポ〗タイムレース. (2)《短》短時間で, できるだけ速く. trabajar *contra* ~ 一刻を争う仕事をする.
reloj biológico 体内時計.
ser un reloj《話》〈人・ものが〉とても正確である.
[←[古カタルーニャ] relotge←[ラ] hōrologium「日時計, 水時計」←[ギ] hōrológion (hóra「時」+ *lógion*「告げるもの」；[関連] relojero. [仏] *horloge*「(大)時計」]

re·lo·je·ar [r̃e.lo.xe.ár] 他《ラ米》(1)(ﾁﾘ)《話》こっそり見張る, 詮索する. (2)(ｳﾙｸﾞｱｲ)(馬の試走で)時間を計る. (3)(ﾊﾟﾗｸﾞｱｲ)注意深く見る, うかがう.
re·lo·je·ra [r̃e.lo.xé.ra] 囡 懐中時計入れ；時計を置く台.
re·lo·je·rí·a [r̃e.lo.xe.rí.a] 囡 **1** 時計屋；時計工場. **2** 時計製造技術.
de relojería 時計仕掛けの. bomba *de* ~ 時限爆弾.

re·lo·je·ro, ra [r̃e.lo.xé.ro, -.ra] 男 女 時計職人，時計修理工，時計屋.

re·lu·cien·te [r̃e.lu.θjén.te / -.sjén.-] 形 **1** 光り輝く，きらめく，きらきら光る. **2**（太って）血色の良い，健康そうな.

re·lu·cir [r̃e.lu.θír / -.sír] 36 自 **1** 輝く，きらめく，きらきら光る. El sol *reluce*. 太陽が光り輝く. El agua *reluce* bajo el sol. 水が日光できらきら輝く. **2**（por...）...において）異彩を放つ，秀でる，際立つ.
sacar a relucir...《話》...を不意に言い出す，...を暴露する.
salir a relucir《話》明るみに出る，暴露される.

re·luc·tan·cia [r̃e.luk.tán.θja / -.sja] 女 【物理】磁気抵抗.

re·luc·tan·te [r̃e.luk.tán.te] 形 気の進まない，不本意の. actitud ~ 不承不承な態度.

re·lu·jar [r̃e.lu.xár] 他《ラ米》《ﾌﾞﾗｼﾞﾙ》〈靴を〉磨く.

re·lum·bran·te [r̃e.lum.brán.te] 形 まぶしいほどの，目もくらむばかりの；きらきら輝く.

re·lum·brar [r̃e.lum.brár] 自 **1** ぴかぴか光る，きらめく. **2** 際立つ，秀でる.

re·lum·brón [r̃e.lum.brón] 男 **1** まぶしい光，ひらめき. **2**《話》見かけ倒し；見え，虚飾.
de relumbrón《話》うわべの，見かけ倒しの. *vestirse de* ~ けばけばしく［派手に］着飾る. Tiene un talento *de* ~. 彼［彼女］の能力は外見だけのものだ.

rem [r̃ém] 男〔複 ~s〕【物理】レム：放射能の線量当量の単位（1 rem＝0.01 Sv）.

re·ma·cha·do, da [r̃e.ma.tʃá.ðo, -.ða] 形《ラ米》《ﾌﾞﾗｼﾞﾙ》無口の，押し黙った. ― 男 リベット留め，鋲（ﾋﾞｮｳ）締め（釘（ｸｷﾞ）などの）頭をつぶすこと.

re·ma·cha·dor, do·ra [r̃e.ma.tʃa.ðór, -.ðó.ra] 男 女〔鋲打ち］工.
― 女 鋲打ち機，リベットハンマー；リベッター.

re·ma·char [r̃e.ma.tʃár] 他 **1** リベットで留める，鋲（ﾋﾞｮｳ）で締める. **2**（釘（ｸｷﾞ）などの）頭をつぶす. **3**（ベルトなどを）鋲で飾る. **4** 力説する，念を押す；固執する. ~ sus palabras（自分の）言葉を強調する.
― ~·se 再《ラ米》《ﾌﾞﾗｼﾞﾙ》押し黙る.

re·ma·che [r̃e.má.tʃe] 男 **1** リベット，鋲（ﾋﾞｮｳ）. **2** リベットで留めること，鋲留め；（釘（ｸｷﾞ）などの）頭をつぶすこと. **3**《遊》（ビリヤードの）（台の縁の球を）ねらい打つこと. **4**《ラ米》《話》頑固，強情.

re·ma·du·ro, ra [r̃e.ma.dú.ro, -.ra] 形《ラ米》〈果物が〉熟れすぎた；腐りかけた.

re·make [r̃e.má.ke // r̃i.méik] 〔英〕男〔複 ~s〕【映】リメイク（版）.

re·ma·lla·do·ra [r̃e.ma.ja.ðó.ra ‖ -.ʎa.-] 女 網織機，網を修繕する［作る］機械.

re·ma·llar [r̃e.ma.jár ‖ -.ʎár] 他〈網・布地を〉修繕する，繕う.

re·man·din·go [r̃e.man.díŋ.go] 男《ラ米》（ﾆｶﾞﾗ）《話》騒動，騒々しさ.

re·ma·nen·cia [r̃e.ma.nén.θja / -.sja] 女 【電】【物理】残留磁気.

re·ma·nen·te [r̃e.ma.nén.te] 形 **1** 残りの，余り物の. **2**《商》余剰の. **3**《電》【物理】残留磁気の.
― 男 **1** 残り，残余. **2**（差引）残高，残金. **3**（生産の）過剰量，剰余分.

re·man·gar [r̃e.maŋ.gár] 103 他（そで・すそを）折り返す，まくり上げる. con la camisa *remangada* ワイシャツの腕をまくって. ― ~·se 再 **1** 腕まくりする；まくり上げる. ~*se* las faldas スカートをたくし上げる. **2**《話》決心する，腹を決める.

re·man·go [r̃e.máŋ.go] 男 **1** まくり上げる［上げる］こと；腕まくり，すそまくり. **2**（衣服の）まくり上げた［たくし上げた］部分.

re·man·gui·llé [r̃e.maŋ.gi.jé ‖ -.ʎé] *a la remanguillé*《話》散らかって，乱雑に；でたらめに，雑に；不適切に.

re·man·sar·se [r̃e.man.sár.se] 再〈流れが〉緩慢になる，よどむ.

re·man·so [r̃e.mán.so] 男 **1** よどみ，潭（ﾌﾁ）；水たまり. **2** のろさ，緩慢さ.
un remanso de paz 平和のオアシス，安息の地.

re·mar [r̃e.már] 自 **1** 船を漕（ｺ）ぐ，櫂（ｶｲ）［オール］を操る. ~ contra la corriente 流れに逆らって漕ぎ進む. **2** 奮闘する，苦労する.

re·mar·ca·ble [r̃e.mar.ká.ble] 形 注目すべき；優れた，すばらしい.

re·mar·car [r̃e.mar.kár] 102 他 **1** ...にもう一度印をつける；印［記号］をつけ直す. **2** 強調する. **3**《ラ米》気づかせる，指摘する.

re·mas·car [r̃e.mas.kár] 102 他《ラ米》《ﾌﾞﾗｼﾞﾙ》反芻（ﾊﾝｽｳ）する；よく考える.

re·mas·te·ri·zar [r̃e.mas.te.ri.θár / -.sár] 〔英〕97 他 リマスター（化）する. La productora va a ~ la película digitalmente. 制作会社はその映画をデジタルリマスターする予定です.

re·ma·ta·da·men·te [r̃e.ma.tá.ða.mén.te] 副 完全に，とても；ひどく，絶望的に. ► 多くは否定的な意味を強める~. ~ tonto 全くばかな.

re·ma·ta·do, da [r̃e.ma.tá.ðo, -.ða] 形 **1**（ひどさ・質の悪さが）極めつきの，徹底的な. loco ~ 全く頭のおかしい人. un pillo ~ 札付きのやくざ. **2**（子供が）腕白な，いたずらな. **3**【法】有罪の宣告を受けた. **4**《ラ米》《ﾌﾞﾗｼﾞﾙ》《話》疲労困憊（ﾊﾟｲ）した.

re·ma·ta·dor, do·ra [r̃e.ma.ta.ðór, -.ðó.ra] 男 女 **1**《スポ》（サッカーなどで）得点者. **2** 競売人.

re·ma·tan·te [r̃e.ma.tán.te] 男 女（競売の）落札者.

***re·ma·tar** [r̃e.ma.tár] 他 **1** ...にとどめを刺す，息の根を止める；だめ押しをする. ~ un caballo herido 負傷した馬を殺す.
2 終える，完了する；最後を飾る. ~ una labor 仕事を片づける. *Remató* su discurso con una anécdota. 彼［彼女］はスピーチをある逸話で締めくくった. **3** 使いきる，使い果たす；飲み干す. **4** 糸止めする. **5**（競りで）最高値をつける，落札する. **6** 投げ売りする，安売りする. **7**《スポ》〈ゴール・スマッシュ・スパイクなどで〉決める. **8**《ラ米》(1)（ｷﾁ）《馬》〈馬を〉急停止させる. (2)（ｷﾁ）《ﾌﾞﾗｼﾞﾙ》《ﾇｸﾞ》競りで売買する.
― 自 **1**（en...）〈端・結末が〉（...に）なる，（...で）終わる. El campanario *remata* en punta. 鐘楼のてっぺんはとがっている.
2《スポ》ゴール［スマッシュ，スパイク］を決める；得点する. ~ de cabeza ヘディングシュートを決める.

re·ma·te [r̃e.má.te] 男 **1** 端，先端. **2** 仕上げ，完了；終わり. Dio ~ a su viaje con la visita a la catedral. 彼［彼女］は大聖堂訪問で旅行を締めくくった. **3** とどめを刺すこと，息の根を止めること. **4** 糸止め. **5**《スポ》〈ゴールへの〉シュート，ショット. ~ de cabeza ヘディングシュート. **6** 投げ売り，大安売り. →次ページに図. **7**（競りで）最高の付け値，落札；競売. **8**（建物や家具の）先端飾り，棟飾り. →次ページに図.
de remate《話》全く，完全に. tonto *de* ~ 救いようのないばか.
para [como] remate《話》なおその上に，かてて加

えて.
por remate 最後に;終わりに当たって.
re·ma·tis·ta [r̃e.ma.tís.ta] 男女 《ラ米》(ｱﾙｾﾞﾝﾁﾝ)(ｳﾙｸﾞｱｲ) 競売人.
rem·bol·sa·ble [r̃em.bol.sá.ble] 形 → reembolsable.
rem·bol·sar [r̃em.bol.sár] 他 → reembolsar.
rem·bol·so [r̃em.ból.so] 男 → reembolso.
re·me·cer [r̃e.me.θér / -.sér] 98 他 1 揺らす, 揺り動かす. 2 《ラ米》(ｱﾙｾﾞﾝﾁﾝ) 振る, ひらひらさせる.
——**se** 再 揺れる, 揺れ動く.
re·me·da·ble [r̃e.me.ðá.ble] 形 模倣できる, まねのできる.
re·me·da·dor, do·ra [r̃e.me.ða.ðór, -.ðó.ra] 形 模倣する, まね好きの.
——男女 まねをする人, 模倣者; 模造者; 物まね師.
re·me·dar [r̃e.me.ðár] 他 1 まねる, 模倣する; 模造する. 〜 *la voz de*+人〈人〉の声をまねる. 2 ふざけて[ばかにして]まねる; 猿まねをする.
re·me·dia·ble [r̃e.me.ðjá.ble] 形 救済できる, 打つ手がある; 治療できる, 治せる.
***re·me·diar** [r̃e.me.ðjár] 82 他 1 対処する, 手を打つ; 解決する. *El gobierno debe* 〜 *este estado de anarquía.* 政府は今の無政府状態をなんとかしなければならない. *Gritando no remedias nada.* 怒鳴るだけでは何も解決しないぞ. 2 回避する, 避ける. 3 治療する, 治す. 4 救済する, 援助する. *Siento no poder* 〜 *te.* 君に何もできなくて残念だ.
no poder remediar [*que*+接続法／+不定詞]《話》…することを避けられない; …せずにはいられない.
re·me·di·ción [r̃e.me.ði.θjón / -.sjón] 女 再測定, 再測量.

****re·me·dio** [r̃e.mé.ðjo] 男 1 (*contra...* / *de...* / *para...* …に対する) 策, 手段; 解決法 (= *solución*). *buscar* 〜 解決策を模索する. *como último* 〜 最後の手段として. *poner* 〜 *a...* …を解決する, …に手を打つ.
2 治療(法), 薬. *Fue a la farmacia y pidió un* 〜 *contra la tos.* 彼[彼女]は薬局に行って咳(せき)の薬を求めた. *El* 〜 *es peor que la enfermedad.*《諺》病気よりも《下手な》治療のほうが害になる. *A grandes males, grandes* 〜 *s.*《諺》重病には荒療治が必要だ.
3 助け, 慰め. *buscar* 〜 救いを求める. 4 補正, 修正. 5《法》控訴, 上訴. 6《貨幣》の公差.
ni para un remedio 全く…しない, 一つも…ない. *En ese hotel no quedaba una habitación ni para un* 〜. そのホテルには部屋が一つも残っていなかった.
no haber [*quedar, tener*] *más* [*otro*] *remedio que*+不定詞《話》…せざるを得ない. *No había otro* 〜 *que esperar* los. 彼らを待つしかなかった.
no tener remedio《話》〈人・ものが〉手の施しようがない. *Esta niña* [*Este caso*] *ya no tiene* 〜. この子[この件]はもうどうしようもない.
¡qué remedio! 仕方がない.
remedio casero 民間療法; 簡単なこつ.
remedio heroico 大治療;《比喩的に》荒療治, 思いきった手段.

sin remedio やむをえない; 救いようのない. *fracaso sin* 〜 必然的な失敗. *hombre sin* 〜 どうしようもない男.
[←［ラ］*remedium*「薬, 治療法; 救助策」(*medērī*「いやす;救う」より派生).【関連】remediar.［英］*remedy*]
re·me·dir [r̃e.me.ðír] 1 他 再計量[再測量]する.
re·me·do [r̃e.mé.ðo] 男 1 まね, 模倣.
2 茶番劇, パロディー.
re·mem·bran·za [r̃e.mem.brán.θa / -.sa] 女《格式》記憶; 思い出, 追憶.
re·me·mo·ra·ción [r̃e.me.mo.ra.θjón / -.sjón] 女《格式》回想, 思い出; 記憶.
re·me·mo·rar [r̃e.me.mo.rár] 他《格式》思い出す, 想起する; 思い出させる.
re·me·mo·ra·ti·vo, va [r̃e.me.mo.ra.tí.βo, -.βa] 形《格式》思い出させる, 想起させる; 記念の.
re·men·da·ble [r̃e.men.dá.ble] 形 修繕が利く, 改良できる.
re·men·da·do, da [r̃e.men.dá.ðo, -.ða] 形 継ぎはぎの, 繕った. *pantalones* 〜 *s* 継ぎの当たったズボン. 2〈動物が〉ぶちのある, まだらの.
——男 継ぎを当てること; 修繕.
re·men·dar [r̃e.men.dár] 8 他 1 修理する, 修繕する. 2 継ぎを当てる, 繕う. 3 補う, 補足する.
re·men·dón, do·na [r̃e.men.dón, -do.na] 形《話》《軽蔑》修理専門の. *zapatero* 〜 靴修理職人.
——男女《話》《軽蔑》靴修理職人; 仕立て直し職人.
re·me·neo [r̃e.me.né.o] 男 《ラ米》(踊りなどで) 速い動き.
re·men·sa [r̃e.mén.sa] 女 → payés.
re·me·ra [r̃e.mé.ra] 女 1《鳥》風切り羽, 飛び羽.
2《ラ米》(1)(ｱﾙｾﾞﾝﾁﾝ) シャツ, 肌着 (= *camiseta*). (2) (ｱﾙｾﾞﾝﾁﾝ) Tシャツ (= niqui).
re·me·ro, ra [r̃e.mé.ro, -.ra] 男女 漕(こ)ぎ手, 漕手(そうしゅ).
re·me·sa [r̃e.mé.sa] 女 1 船積み; 積み荷, 発送品. 2 送金; 送金高[額].
re·me·sar [r̃e.me.sár] 他 1 船積みする, 発送する.
2 (金銭を) 送る, 送金する.
re·me·ter [r̃e.me.tér] 他 1 押し込む, 詰め込む. 〜 *las sábanas* 敷布の端を (布団の下に) 折り込む. 〜 *la camisa* ワイシャツのすそを (ズボンの中に) 押し込む. 2 元に返す, 戻す.
re·me·zón [r̃e.me.θón / -.són] 男《ラ米》(1) (散発的な) 地震. (2) (ｱﾙｾﾞﾝﾁﾝ) 揺すること, 揺さぶり.
re·mi·che [r̃e.mí.tʃe] 男 (ガレー船の) 座席のすき間; ガレー船の漕刑(そうけい)囚.
remiend- 活 → remendar.
re·mien·do [r̃e.mjén.do] 男 1 修繕, 継ぎ当て.
2 繕った部分, かがり穴; 当て布. *echar un* 〜 *a un pantalón* ズボンに継ぎを当てる.
3《話》(一時しのぎの) 修理, 間に合わせ.
4 補充, 補足, 修正. 5 改善, 修正; 矯正. 6 (動物の) まだら, ぶち. 7《印》端物印刷.
a remiendos とぎれとぎれに, 断続的に.
ré·mi·ge [r̃é.mi.xe] 形 風切り羽の.
——女《鳥》風切り羽 (= remera).
re·mil·ga·do, da [r̃e.mil.gá.ðo, -.ða] 形《軽蔑》気取った, 上品ぶった; 小うるさい. *hacer el* 〜 体ぶる, 気取る.
re·mil·gar·se [r̃e.mil.gár.se] 103 再 1 いやに上品ぶる, 取り澄ます. 2 口うるさがる, 気難しくする.
re·mil·go [r̃e.míl.go] 男 1 気取り, 上品ぶること. *hacer* [*andar con*] 〜 *s* もったいぶる, 気取る.
2 気難しさ; 小うるささ.

re·mil·go·so, sa [ře.mil.gó.so, -.sa] 形 《ラ米》(ｸﾞｱﾃ)(ﾎﾝｼﾞｭ)(ｺﾛﾝ)(ﾁﾘ) → remilgado.

re·mi·li·ta·ri·za·ción [ře.mi.li.ta.ri.θa.θjón / -.sa.sjón] 女 再軍備.

re·mi·li·ta·ri·zar [ře.mi.li.ta.ri.θár / -.sár] 97 他 再軍備する.

ré·ming·ton [řé.min.ton] 男 レミントン銃：機関銃. ◆米国レミントン社の名に由来する.

re·mi·nis·cen·cia [ře.mi.nis.θén.θja / -.sén.sja] 女 1 《格式》回想, 追憶；おぼろな記憶. 2 《主に複数で》(先行の作品を)連想[彷彿]させるもの.

re·mi·ra·do, da [ře.mi.rá.ðo, -.ða] 形 1 用心深い, 慎重な. 2 きざな, 気取った. 3 好みの難しい；小うるさい.

re·mi·rar [ře.mi.rár] 他 1 もう一度見る, 見直す. 2 よく見る, 何度も見る. 3 詳しく調べる, 点検する.
— ~·se 再 1 (en... …に)気を配る[遣う].
2 うっとりと見つめる.

re·mi·se [ře.mí.se] 《仏》 男 (または 女) 《ラ米》(ｱﾙｾﾞﾝ)ハイヤー.

re·mi·si·bi·li·dad [ře.mi.si.βi.li.ðáð] 女 免除できること, 許容性.

re·mi·si·ble [ře.mi.sí.βle] 形 容赦できる, 許せる.

re·mi·sión [ře.mi.sjón] 女 1 送ること, 発送；受け渡し. la ~ de un paquete 小荷物の配送.
2 《医》(病状・痛みなどの)回復, 鎮静. la ~ de la fiebre 解熱. 3 《法》赦免, 容赦；(税などの)軽減, 免除. la ~ de los pecados 《カト》罪の許し. No hay pecado sin ~. 《諺》許しのない罪はない. ~ de derechos 関税免除. 4 参照, 参考；参照事項. texto lleno de *remisiones* 注の多い本文. 5 延期, 後回し. 6 《ラ米》積み荷, 積送品；荷札, 配送書. *sin remisión (de causa)* 必ず, 間違いなく.

re·mi·si·vo, va [ře.mi.sí.βo, -.βa] 形 1 参考の, 参照用の. nota *remisiva* 参照符号（＊, †, ‡など）. 2 赦免する, 容赦する；免除の.

re·mi·so, sa [ře.mí.so, -.sa] 形 1 (a... …に)気の進まない, 不承不承の. mostrarse *a*... …を嫌がる, …したがらない. 2 いい加減な, 投げやりな.

re·mi·sor, so·ra [ře.mi.sór, -.só.ra] 男 女 《ラ米》発送人, 送り主, 差出人.

re·mi·so·rias [ře.mi.só.rjas] 女 《複数形》《法》(事件・罪人などの)他の裁判所[法廷]への移送.

re·mi·so·rio, ria [ře.mi.só.rjo, -.rja] 形 赦免する, 免除しうる.

re·mi·te [ře.mí.te] 男 発送[差出]人の住所氏名《略 rte.》. una carta sin ~ 差出人不明の手紙.

re·mi·ten·cia [ře.mi.tén.θja / -.sja] 女 《医》(一時的な)快方, 鎮静.

re·mi·ten·te [ře.mi.tén.te] 形 1 発送[送付]する. la empresa ~ 発送元の会社.
2 《医》弛張(しちょう)性の, (熱が)間欠的な.
— 共 発送人, 差出人《略 rte.》. Devuélvase al ~. 差出人にお戻しください.

re·mi·ti·do [ře.mi.tí.ðo] 男 1 (有料で新聞に載る)記事, ニュース；広告.
2 《ラ米》(ｳﾙｸﾞ)積み込み, 出荷, 発送.

‡**re·mi·tir** [ře.mi.tír] 他 1 (a... …に)送る, 送付する. ~ un informe *a* la comisión 委員会に報告書を送る. Los interesados deben ~ un currículum vitae. 応募される方は履歴書をお送りください.
2 (a... …に)任せる, 委ねる. ~ un paciente *a* un especialista 専門医に患者を送る. ~ la decisión *a* la organización 判断を組織に委ねる. El caso *fue remitido a*l Tribunal Supremo. 事件は最高裁に送られた.
3 (a...)(〈別の場所・情報源〉を)〈人に〉参照させる；〈人を〉〈場所〉に差し向ける. ~ a una persona *al* pasado 人の目を過去に向けさせる.
4 軽減する；《法》(罰などを)免じる. ~ los pecados 罪を許す. 5 (a... …に)延期する, 延ばす.
— 自 1 弱まる；(症状が)治まる. Dentro de poco *remitirá* la fiebre. もう少しで熱は下がるでしょう.
2 (a... …別の場所・情報源〉を)引用する. El autor *remite* a varios informes para confirmarlo. 作者はそれを確認するために複数の報告書を引き合いに出している.
— ~·se 再 (a... …に)身を委ねる, 従う. ~*se a* la fuente original 元の情報源に従う. Sobre este tema *me remito a* los antecesores. この問題については先人の言葉に代弁してもらうことにする. Para más información *remítase a* la guía de servicios. 詳細については営業案内書をご覧ください.
［←《ラ》*remittere*「送り返す」(*re-*「後ろへ」+ *mittere*「送る」）関連 remisión. ［英］*remit*］

***re·mo** [řé.mo] 男 1 オール(櫂), 櫂(ｶｲ), (カヌーの)パドル. a ~ 漕(こ)いで, オールを使って. barca de ~ 漕ぎ舟. cruzar un río a ~ 川を漕いで渡る. ir a ~ 船を漕いで進む.
2 《スポ》漕艇(ｿｳﾃｲ). 3 《複数で》《話》(人間の)手足；(動物の)脚；(鳥の)翼. 4 《史》ガレー船の漕刑. 5 《複数で》骨折り, 苦難.
a remo y vela 急いで, ただちに, 素早く.
［←《ラ》*rēmum* (*rēmus* の対格)　関連 remar, remero. ［英］*oar*「オール」, *row*「こぐ」］

Re·mo [řé.mo] 固名 レムス：ローマ建国伝説の英雄ロムルスの双子の弟. → Rómulo.
［←《ラ》*Remus*］

re·mo·ción [ře.mo.θjón / -.sjón] 女 1 反復運動, 繰り返し. 2 (忘れられたテーマを)掘り返すこと. 3 解任, 免職, 解雇.

re·mo·de·la·ción [ře.mo.ðe.la.θjón / -.sjón] 女 1 (建築物などの)改築, 改装. 2 改造, 改編.

re·mo·de·lar [ře.mo.ðe.lár] 他 1 〈建築物などを〉改築[改装]する. 2 改造[改編]する. Este septiembre, el primer ministro va a ~ el Gabinete. この9月に首相は内閣改造を行うでしょう.

re·mo·jar [ře.mo.xár] 他 1 (水などに)浸す, つける；ずぶぬれにする. ~ garbanzos en agua durante una noche ヒヨコマメを一晩水に浸す. El chaparrón me *remojó* de arriba abajo. どしゃ降りの雨で私は全身びしょぬれになった.
2 ちょっと浸す, くぐらせる. ~ una galleta en el té ビスケットを紅茶に浸す. 3 《話》祝杯をあげる, 乾杯する. Esto hay que ~lo. これは祝杯ものだ. ~ un éxito 成功を祝して杯をあげる. 4 《ラ米》〈人に〉チップをやる, 心付けをする, 祝儀を包む.
— ~·se 再 1 (水などに)つかる, 浸る.
2 ぬれる, ずぶぬれになる.

re·mo·jo [ře.mó.xo] 男 1 (水などに)浸す[つける]こと；ずぶぬれ. tener la ropa en ~ 服はびしょぬれだ. 2 《ラ米》チップ, 心付け, 祝儀.
a [*en*] *remojo* 水に浸した, 水につかって.

re·mo·jón [ře.mo.xón] 男 1 《話》ずぶぬれ；どしゃ降り. ¡Qué ~! 全身びしょぬれだ, なんてひどいどしゃ降り!.
2 《料》(ミルク・肉汁などに浸して食べる)パン切れ.

re·mo·la·cha [ře.mo.lá.tʃa] 女 1 《植》ビート；サトウダイコン, テンサイ (= ~ azucarera). ~ forrajera 飼料用サトウダイコン. **2** ビートの食用根.

re·mo·la·che·ro, ra [r̃e.mo.la.tʃé.ro, -.ra] 形 ビートの. industria *remolachera* ビート産業. ― 男 女 ビート栽培者；ビート工場の労働者.

remolacha (ビート)

re·mol·ca·dor, do·ra [r̃e.mol.ka.ðór, -.ðó.ra] 形 牽引(けんいん)する, 曳航(えいこう)する. buque ～ 引き船.
― 男 **1** 【海】タグボート, 引き船. **2** 【車】牽引(けんいん)車.

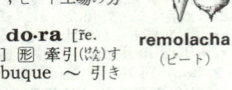

re·mol·car [r̃e.mol.kár] 102 他 **1** 牽引(けんいん)する, 曳航(えいこう)する. ～ abarloado 【海】横づけで曳航する. **2** 〈比喩的〉誘い込む, おびき寄せる.

re·mo·le·dor, do·ra [r̃e.mo.le.ðór, -.ðó.ra] 形 《ラ米》《オ》《話》騒ぎ好きな, 陽気な.

re·mo·lér [r̃e.mo.lér] 他 **1** ひき砕く, 粉砕する. **2** 《ラ米》《オ》《話》てこずらせる, 困らせる. ― 自 《ラ米》《オ》《話》騒ぎ回る, 浮かれ騒ぐ.

re·mo·lien·da [r̃e.mo.ljén.da] 女 《ラ米》《チ》《話》お祭り[どんちゃん]騒ぎ.

re·mo·li·nar(·se) [r̃e.mo.li.nár(.se)] 自 再 **1** 〈流れなどが〉渦を巻く, ぐるぐる回る. 2 〈ほこり・煙などが〉もうもうと立ちのぼる. **2** 群がる.

re·mo·li·ne·ar(·se) [r̃e.mo.li.ne.ár(.se)] 自 再
1 → remolinar(se). **2** 《ラ米》《ラブ》熟考して決める.

re·mo·li·no [r̃e.mo.lí.no] 男 **1** 渦(巻き); 竜巻, つむじ風. El viento iba levantando ～s de polvo. 風がもうもうとほこりを吹き上げていた. **2** (渦巻き状の)逆毛, 立ち毛. **3** 人だかり, 人込み. **4** 《話》混乱した状態, 無秩序.

re·mo·lón, lo·na [r̃e.mo.lón, -.ló.na] 形 《話》無精な, 怠惰な. ― 男 (イノシシの)上あごの牙(きば); (馬などの)臼歯(きゅうし). ― 男 女 怠け者, 横着者. hacerse el ～ なまける, サボる.

re·mo·lo·ne·ar(·se) [r̃e.mo.lo.ne.ár(.se)] 自 再 仕事を怠ける, サボる.

re·mo·lo·ne·o [r̃e.mo.lo.né.o] 男 怠惰, 無精.

re·mol·que [r̃e.mól.ke] 男 **1** 牽引(けんいん), 曳航(えいこう). dar ～ a... …を牽引[曳航]する. grúa ― レッカー車. **2** (自動車などの)付属車両, トレーラー；ハウストレーラー. **3** 引き綱, 牽引ロープ, 曳航索. *a remolque* (1) 牽引[曳航]されて[して]. ir *a* ～ *de*... …に引かれていく. (2) 《話》引きずられて, 言いなりに. Todo lo hace *a* ～ de su hermano mayor. 彼[彼女]は長兄の言いなりだ.

remolque(-) / remolqué(-) 活 → remolcar.

re·mon·ta [r̃e.món.ta] 女 **1** (靴底などの)修理. **2** (乗馬用ズボンの)革当て, (鞍(くら)の)詰め物. **3** 【軍】(1) (軍馬の)補充, 飼育. 補充馬 (2) 補充馬用鹿舎(ろくしゃ).

re·mon·ta·da [r̃e.mon.tá.ða] 女 《スポ》(順位, ランキングの)上昇, 上がること.

re·mon·ta·do·ra [r̃e.mon.ta.ðó.ra] 女 《話》靴修理店.

*****re·mon·tar** [r̃e.mon.tár] 他 **1** 登る；さかのぼる. *Remontó* el río hasta sus mismas fuentes. 彼[彼女]は水源まで川をさかのぼった.
2 〈空中へ〉上げる, 上昇させる. ～ la cometa 凧(たこ)を揚げる. ～ el vuelo 〈鳥などが〉空高く飛ぶ, 舞い上がる. **3** 〈困難などに〉打ち勝つ, 克服する. **4** 〈順位・地位など〉上げる. **5** (狩猟で)〈獲物を〉追い立てる. **6** 〈靴底などを〉修理する. **7** 【軍】馬を補充する.
― ～ *se* 再 **1** (過去に)さかのぼる, 帰する. ～ *se* hasta la prehistoria 先史時代までさかのぼる. El castillo *se remonta* al siglo XIV (catorce). その城は14世紀のものである. **2** 〈鳥などが〉空高く飛ぶ, 舞い上がる. **3** (a...) 〈…に〉総計が達する, 〈…の〉額に上る. Los gastos del viaje *se remontan a* mil euros. 旅費は総額で1000ユーロになる. **4** (a... 〈原点〉に)戻る, 立ち帰る.

re·mon·te [r̃e.món.te] 男 **1** 克服；登坂；遡上；上昇. **2** スキーリフト. **3** 《スポ》レモンテ (jai alai に似た競技で, ボールとかご状の用具を使用)；(レモンテ用の)かご状の器具.

re·mo·que·te [r̃e.mo.ké.te] 男 **1** 《話》《まれ》あだ名, ニックネーム. poner ～ あだ名をつける. **2** しんらつな言葉, 皮肉. **3** (顔への)げんこつ, パンチ. **4** 《話》人を口説くこと, 言い寄ること.

ré·mo·ra [r̃é.mo.ra] 女 **1** 《魚》コバンザメ. **2** 妨げ, 邪魔. Las viejas estructuras constituyen una ～ para el progreso. 旧態依然たる組織は発展の障害になる.

re·mor·der [r̃e.mor.ðér] 22 他 **1** かみ直す；繰り返しかじる, かじり取る. **2** 苦しめる, 悩ます. El recuerdo de su crimen le *remuerde* la conciencia. 犯した罪を思い出すたび彼[彼女]は良心が痛む.
― ～ *se* 再 後悔する, 自責の念にさいなまれる.

re·mor·di·mien·to [r̃e.mor.ði.mjén.to] 男 良心の呵責(かしゃく), 自責の念；後悔. tener ～ 心がとがめる. Siento ～s. 私は後悔している.

re·mos·tar [r̃e.mos.tár] 他 〈(樽(たる)の)ワインに〉ぶどう汁を加える. ― ～ *se* 再 〈ブドウなどが〉(傷ついて)汁を出す, 傷む；〈ワインが〉甘くなる.

re·mo·ta·men·te [r̃e.mó.ta.mén.te] 副 **1** 遠くで；はるか昔に. **2** ぼんやりと, 漠然と；あいまいに. *ni remotamente* 全く[全然](…ない).

re·mo·ti·dad [r̃e.mo.ti.ðáð] 女 《ラ米》《チ》遠いこと, 遠隔；遠い所.

*****re·mo·to, ta** [r̃e.mó.to, -.ta] 形 **1** (時間的・空間的に)遠い, 遠方の. países ～ 遠方の国々. control ― 遠隔操作, リモートコントロール. en el ― Imperio Romano その昔ローマ帝国において. en la *remota* antigüedad はるか遠い昔に. peligro ～ 遠い先の危険. Vive en un lugar muy ～. 彼[彼女]はとても遠くに住んでいる.
2 ありそうにない, 可能性の少ない. No existe ni la más *remota* posibilidad de recuperación. 完治の可能性は全くない.
3 漠然とした, 不明瞭(めいりょう)な. *remota* memoria あいまいな記憶.
¡Ni por lo más remoto! とんでもない, そんなことあるはずがない.
[⇐ [ラ] *remōtum* (*removēre* 「遠ざける」の完了分詞 *remōtus* の対格). 関連 remoción. [英] *remote*. [日] リモート(コントロール).

*****re·mo·ver** [r̃e.mo.bér] 22 他 **1** 動かす, 移動させる. ～ la mesa テーブルを移す.
2 取り除く, 除去する. ～ obstáculos 邪魔物を取り除く. **3** かき回す, かき混ぜる. ～ el café コーヒーをかき回す. **4** 〈問題などを〉考え直す；〈計画などを〉再開する. ～ un proyecto 計画を再開する. **5** 免職[解任]する, 更迭する.
― 自 «en... …を» 詮索する, かぎ回る.
― ～ *se* 再 体を動かす, 動き回る；動揺する. Al escuchar sus palabras *se removió* inquieto.

re·mo·vi·ble [r̄e.mo.ƀí.ble] 形 (全体の一部を)移動可能な, 取り外し可能な;〖IT〗〈記憶媒体などが〉リムーバブルの.

re·mo·vi·mien·to [r̄e.mo.bi.mjén.to] 男 解任, 免職;更迭.

re·mo·za·mien·to [r̄e.mo.θa.mjén.to / -.sa.-] 男 **1** 若返り;新装;クリーニング, 漂白. ~ de la tienda 店舗の改装. **2** 刷新, 一新.

re·mo·zar [r̄e.mo.θár / -.sár] 97 他 若返らせる, 若々しく見せる;新しくする.
— **~·se** 再 若返る, 若く見える;新しくなる. *Se ha remozado toda la ciudad para las fiestas.* 祭に備えて町全体の装いが新たにされた.

rem·pla·za·ble [r̄em.pla.θá.ble / -.sá.-] 形 → reemplazable.

rem·pla·zan·te [r̄em.pla.θán.te / -.sán.-] 男 女 → reemplazante.

rem·pla·zar [r̄em.pla.θár / -.sár] 97 他 → reemplazar.

rem·pla·zo [r̄em.plá.θo / -.so] 男 → reemplazo.

rem·pu·jar [r̄em.pu.xár] 他《話》ぐいと押す, 押しやる.

rem·pu·jón [r̄em.pu.xón] 男《話》ひと押し, ひと突き.

re·mu·da [r̄e.mú.ða] 女 **1** 交替, 取り替え. ~ de caballos 馬の交換. **2** 着替え (= ~ de ropa). **3**《ラ米》(1);(羊)替え馬. (2);(羊)鳥の群れ.

re·mu·da·mien·to [r̄e.mu.ða.mjén.to] 男 → remuda 1.

re·mu·dar [r̄e.mu.ðár] 他 取り替える, 交替させる.

remuev- 活 → remover.

re·mu·ne·ra·ble [r̄e.mu.ne.rá.ble] 形《格式》報酬に値する.

re·mu·ne·ra·ción [r̄e.mu.ne.ra.θjón / -.sjón] 女《格式》報いること;報酬, 代償.

re·mu·ne·ra·dor, do·ra [r̄e.mu.ne.ra.ðór, -.ðó.ra] 形《格式》**1** 報いる, 報酬を与える. **2** 利益のある, 割の合う. un trabajo ~ 割に合う仕事.
— 男 女 報いる人, 代償を払う人.

re·mu·ne·rar [r̄e.mu.ne.rár]《格式》他 **1** 報酬を与える, 代償を払う. **2**〈利益・収益〉を生む.

re·mu·ne·ra·ti·vo, va [r̄e.mu.ne.ra.tí.ƀo, -.ƀa] 形《格式》利益[収益]のある, 実入りのよい.

re·mu·ne·ra·to·rio, ria [r̄e.mu.ne.ra.tó.rjo, -.rja] 形《法》〈遺贈などが〉報酬としての, 報酬的な性格の.

***re·na·cen·tis·ta** [r̄e.na.θen.tís.ta / -.sen.-] 形 **1**《史》《美》ルネッサンスの, 文芸復興の;ルネッサンス様式の. estilo ~ ルネッサンス様式. **2** ルネッサンス研究の. — 男 女 **1** ルネッサンス研究家. **2** ルネッサンス運動家.

***re·na·cer** [r̄e.na.θér / -.sér] 34 自 **1** 再び生まれる, 生まれ変わる;よみがえる. *El ave fénix renació de sus cenizas.* 不死鳥は灰の中からよみがえった. *El día renace.* 夜が明ける.
2 生気を取り戻す, 元気になる. *Me siento ~.* 私は生き返ったような気持ちだ.

re·na·cien·te [r̄e.na.θjén.te / -.sjén.-] 形 再生しつつある;復活[復興]しつつある. el día ~ 曙(熱).

***re·na·ci·mien·to** [r̄e.na.θi.mjén.to / -.si.-] 男 **1** [R-]《史》ルネッサンス, 文芸復興(期). **2** 再生, 復活. el ~ de una nación 国家の復興.
— 形《性数不変》ルネッサンス期[様式]の.

re·na·cua·jo [r̄e.na.kwá.xo] 男 **1**《動》オタマジャクシ. **2**《ラ米》不快な人物. — 男 女《話》《親愛》ちび;(子供を指して)おちびちゃん.

re·nal [r̄e.nál] 形《医》腎臓(じん)の, 腎臓部の. insuficiencia ~《医》腎不全.

re·na·no, na [r̄e.ná.no, -.na] 形 ライン川の;ラインラントの.
— 男 (ドイツの)ラインラントの住民[出身者].

renazc- 活 → renacer.

ren·ci·lla [r̄en.θí.ja ǁ -.ʎa / -.sí.-] 女《主に複数で》口げんか;いさかい, 反目.

ren·ci·llo·so, sa [r̄en.θi.jó.so, -.sa ǁ -.ʎó.- / -.si.-] 形 けんか早い, 気の短い;怒りっぽい.

ren·co, ca [r̄éŋ.ko, -.ka] 形 足の不自由な.
— 男 女 足の不自由な人.

ren·con·trar [r̄eŋ.kon.trár] 15 他 → reencontrar.

***ren·cor** [r̄eŋ.kór] 男 **恨み**, 遺恨. *María me guarda ~ por lo que le hice.* マリアは私が彼女にしたことを恨んでいる. *No siento ~ hacia nadie.* 私は誰にも恨みを感じていない. ▶ rencor は odio「憎悪」ほど強くない.
[← [古スペイン] *rancor* ← [ラ] *rancor*「腐ったにおい;恨み」 [関連] rancio. [英] *rancor*「恨み」]

ren·co·ro·so, sa [r̄eŋ.ko.ró.so, -.sa] 形
1《ser+》恨みっぽい.
2《estar+》深く恨んでいる, 恨みを抱いている.

ren·cuen·tro [r̄eŋ.kwén.tro] 男 → reencuentro.

ren·da·jo [r̄en.dá.xo] 男《鳥》カケス, カシドリ.

ren·dar [r̄en.dár] 他 (土地・ブドウ畑に)2度目の鍬(くわ)[鋤(すき)]を入れる.

ren·di·bú [r̄en.di.ƀú] 男《まれ》丁重なもてなし;媚(こ)び, へつらい. hacer el ~ a+人〈人〉におもねる;〈人〉をもてなす. [← [仏] *rendez-vous*「会合」]

ren·di·ción [r̄en.di.θjón / -.sjón] 女 **1** 降伏, 屈服;(城市の)明け渡し. ~ incondicional 無条件降伏. *la ~ de Breda* (スペインの画家 Velázquez の)『ブレダ開城』(1635年. ◆オランダ独立戦争時の1625年, オランダ南部の要塞(ようさい)都市ブレダはスペイン軍によって陥落した). **2** 収益, 利潤. ~ de cuentas 会計[経理]報告, 収支報告書.

ren·di·da·men·te [r̄en.dí.ða.mén.te] 副 従順に, 服従して;親切に.

ren·di·do, da [r̄en.dí.ðo, -.ða] 形《estar+》**1** 疲れきった, やつれ果てた. **2**《de... に》忠実な, ほれこんだ;心酔した. ~ de amor por+人〈人〉に首ったけな. ~ admirador 熱心な崇拝者.

ren·di·dor, do·ra [r̄en.di.ðór, -.ðó.ra] 形《ラ米》産出量の多い;収穫[収益]率の高い.

ren·di·ja [r̄en.dí.xa] 女 すき間;亀裂(きれつ), 割れ目. *La luz entra por las ~s de la puerta.* 扉のすき間から日が差し込んでいる.

ren·di·mien·to [r̄en.di.mjén.to] 男 **1** 産出高, 生産額;生産性. ~ del arroz por hectárea 1ヘクタール当たりの米の収穫高. *Este terreno tiene un ~ bajo.* この土地は収穫が悪い. **2** 効率, 性能;成績. una máquina de gran ~ 高性能の機械. **3** こびへつらい, 追従;従順. **4** 疲労困憊(はい), 衰弱.

****ren·dir** [r̄en.dír] 1 他 **1** (敵などを)**屈服させる**, 降伏させる;〈人を〉服従させる. ~ la fortaleza 砦(とりで)を陥落させる. *Me rindes con tu belleza.* 君の美しさに脱帽だ. *Pronto me rindió el sueño.* まもなく私は睡魔に負けてしまった.
2〈人を〉疲労困憊(こんぱい)させる. *El peso de la carga me ha rendido.* 荷物が重かったので私はくたくた

になった.

3〈**a**...〉〈人・もの〉に)(敬意・信仰などを)捧げる;…を差し出す. ~ homenaje *al* gran músico 偉大な音楽家に敬意を表する. ~ SU alma *a* Dios 神に魂を捧げる,自分の御前へ行く. ~ culto *a* la naturaleza 自然を崇拝する. ~ un servicio *a* la sociedad 社会の役に立つ. ~ las armas (降伏して)武器を差し出す;(敬意のしるしとして)銃を捧げ持つ. ~ la ciudad 町を明け渡す.

4〈成果などを〉生み出す. ~ frutos 実を結ぶ. ~ intereses 利益を上げる.

5〈報告などを〉提出する. ~ cuentas (収支などを)報告する. **6** 吐く, 嘔吐(禿)する.

── 囯 **1** 成果を出す, その効率が上がる. Nuestro coche *rinde* muy bien. 僕たちの車はとても走りがいい. ¿Le *rinde* el trabajo? 仕事ははかどっていますか. El nuevo miembro del equipo no *rinde* mucho. チームの新メンバーはあまり貢献していない. **2**《ラ米》(1) 持ちがよい,長持ちする. (2) 膨らむ,膨張する.

── ~**se** 再 **1**(**a**... / **ante**... …に)屈服する,降参する;(**de**... …で)疲労困憊(恐)する. ~*se a* la evidencia 明白な事実を受け入れる. ~*se a* la razón 道理に屈する. ~*se de* cansancio 疲労でぐったりする. ~*se al* encanto de leer 読書の喜びに身を委ねる. No *me* voy *a* ~. 私は降参したりしないぞ. **2**《海》〈マストなどが〉折れる.

rendir examen《ラ米》(孙孙)(恐)試験を受ける.
rendir viaje 航海を終える.

[←[古スペイン]*render*←[俗ラ]*rendere*←[ラ]*reddere* '返す;ゆだねる'(*re*-'後ろへ'+ *dāre* 'dar'). [関連]rendición, renta.[英]*rent*]

re·ne [ŕé.ne] 女 → riñón.

re·ne·ga·do, da [r̃e.ne.gá.ðo, -.ða] 形 **1**(キリスト教からイスラム教へ)改宗した,背教の;転向した. **2**《話》短気の,怒りっぽい;口の悪い.

── 男女 **1**(キリスト教からイスラム教への)改宗者,背教者;変節漢. **2**《話》悪い人.

── 男《遊》(トランプ) 3人で行うゲームの一種.

re·ne·gar [r̃e.ne.gár] ⑨ 他 強く否定する,繰り返し否定する.

── 囯(**de**...) **1**《キリスト教からイスラム教へ》改宗する;〈信仰・信念〉を捨てる,変節する. ~ *de* SU fe (自分の)信仰を捨てる. **2**〈…と〉縁を切る,絶交する;〈…を〉嫌う. ~ *de* SU familia 家族と縁を切る. Todos tus amigos *renegarían de* ti. そばから友達がみな去って行くことになるよ. **3**〈…に〉文句をつける,不平を鳴らす;ぶつくさ言う. **4**〈…を〉のしる,悪口雨とたたく;冒瀆(鬆)する. **5**《ラ米》(敬)(禿)《話》かっとなる,腹を立てる.

re·ne·gón, go·na [r̃e.ne.ɣón, -.ɣó.na] 形《話》気難しい,すぐに不平を言う. ── 男女 不平家.

re·ne·gre·ar [r̃e.ne.ɣre.ár] 囯 濃い黒色[真っ黒]になる;真っ黒である. En la excursión *renegrearon* mis zapatos favoritos. 遠足中に私のお気に入りの靴は真っ黒になった.

re·ne·gri·do, da [r̃e.ne.ɣrí.ðo, -.ða] 形 真っ黒な,真ずんだ.
── 男《ラ米》(肌の)染み,あざ.

renegue- / renegué(-) 活 → renegar.

RENFE / Renfe [r̃ém.fe] 女《略》*Red Nacional de Ferrocarriles Españoles* スペイン国有鉄道,レンフェ.

ren·gí·fe·ro [r̃eŋ.xí.fe.ro] 男《動》トナカイ.

***ren·glón** [r̃eŋ.glón] 男 **1**(文字の)行. leer entre *renglones* 行間を読む. Fíjese en el tercer ~. 3行目に注意してください. **2**《話》《複数で》文章,書き物. poner unos *renglones* a +人 (人)に一筆書きを送る. **3** 支出項目.

a renglón seguido 続けて,すぐさま.

[←[古スペイン]*reglón*(*regla*「定規」+増大辞)]

ren·glo·na·du·ra [r̃eŋ.glo.na.ðú.ra] 女《集合的》(用紙の)罫(")線,罫.

ren·go, ga [r̃éŋ.go, -.ga] 形《まれ》足の不自由な.
── 男女《まれ》足の不自由な人.

ren·gue·ar [r̃eŋ.ɣe.ár] 囯《ラ米》《話》**(1)** 足を引きずる. **(2)**《きび》女の尻(")を追いかけ回す,言い寄る.

ren·gue·ra [r̃eŋ.ɣé.ra] 女《ラ米》→ renqueo.

reniег- 活 → renegar.

re·nie·go [r̃e.njé.ɣo] 男 **1**《主に複数で》《話》不平,文句. **2**〈…の〉呪誤い(怨); 悪態,罵言(禁)雑言.

reniegue(-) 活 → renegar.

re·nio [r̃é.njo] 男《化》レニウム(記号 Re).

re·ni·ten·cia[1] [r̃e.ni.tén.θja / -.sja] 女 拒絶,抵抗;嫌悪.

re·ni·ten·cia[2] [r̃e.ni.tén.θja / -.sja] 女(肌の)つやかさ.

re·no [r̃é.no] 男《動》トナカイ.

re·nom·bra·do, da [r̃e.nom.brá.ðo, -.ða] 形 有名な,名高い. un ~ abogado 高名な弁護士.

re·nom·bre [r̃e.nóm.bre] 男 **1** 高名;評判,名声. de ~ 有名な,評判の. **2** あだ名,ニックネーム;異名.

reno (トナカイ)

re·no·va·ble [r̃e.no.bá.ble] 形 更新できる;再開できる.

***re·no·va·ción** [r̃e.no.ba.θjón / -.sjón] 女 **1** 新しくする[なる]こと;更新,刷新. la ~ *del contrato* 契約更新. **2** 改装;改組,再編成. **3** 再開.

***re·no·va·dor, do·ra** [r̃e.no.ba.ðór, -.ðó.ra] 形 **1** 新しくする,更新[刷新]する. **2**(スペイン社会主義労働者党委員長,在任1974-97,スペイン首相,在任1982-96) Felipe González の政治姿勢の. **3** スペイン社会主義労働者党の.

── 男女 **1** 新しくする人,更新[刷新]する人. **2** スペイン社会主義労働者党(PSOE)員[支持者].

re·no·val [r̃e.no.bál] 男《ラ米》(孙孙)(禿)(")植林しなければならない土地.

***re·no·var** [r̃e.no.bár] ⑮ 他 **1** 新しくする;(別のものと)入れ替える. ~ los muebles 家具を買い替える. ~ la mitad de la Cámara 議員の半分を入れ替える. ~ el aire 換気する.

2(契約などを)更新する. ~ el pasaporte パスポートを更新する.

3 再生させる;再建する. ~ fuerzas 元気を取り戻す. ~ la popularidad 人気をよみがえらせる. ~ SU hostilidad 憎しみを新たにする. ~ un museo 博物館を改修する. Este siglo se caracteriza por un *renovado* interés por lo antiguo. この世紀は古いものへの関心がよみがえった時代として特徴づけられる. **4** 再び始める,再開する. ~ la marcha 再び歩き始める. ~ una discusión 議論を再開する.

── ~**se** 再 **1**《3人称で》新しくなる;再生する;再開する. Cada año *se renuevan* las promesas incumplidas. 毎年履行されない約束が繰り返される. **2** 生まれ変わる. Me he *renovado* y soy otra. 私は生まれ変わって別人になった.

[←[ラ]renovāre(novus「新しい」より派生);[関連] renovación, renuevo.[英]renovate]

ren·que·an·te [r̃en.ke.án.te] 形 **1** 足の不自由な,足を引きずっている. **2** 順調でない.

ren·que·ar [r̃en.ke.ár] 自 **1** 足を引きずる;障害に苦しむ. **2** 《話》なんとかしのぐ;かろうじて動く. Nuestras relaciones *renquean*. 我々の関係はぎくしゃくしている. Anda *renqueando* con su reuma. 彼[彼女]はリューマチで往生している. **3**《話》躊躇(ちゅうちょ)する,ためらう.

ren·que·o [r̃en.ké.o] 男 歩行困難,足を引きずること.

ren·que·ra [r̃en.ké.ra] 女《ラ米》足の障害,足が不自由なこと;足が不自由なさま.

***ren·ta** [r̃én.ta] 女 **1** 利息,利子;年金,恩給. ~ fija 固定金利. ~ variable 変動金利. producir una ~ anual de unos mil euros 年に約千ユーロの利子を生む. ~ vitalicia 終身年金. Mis abuelos vivían de sus ~s. 祖父母は年金で生活をしていた. **2** 賃借料,賃貸料(=alquiler). Paga una ~ mensual de 300 euros. 彼[彼女]は月300ユーロの家賃を払っている. ~ del piso マンションの家賃. ~ de bienes raíces / ~ de la tierra / ~ del suelo 地代. a ~ 賃貸借契約で. ~ de una finca urbana 賃借[賃貸]料. ~ de autos レンタカー. **3** 所得,収入(=ingresos). impuesto sobre la ~ 所得税. declaración de la ~ 所得申告. ~ per cápita 一人当たりの収入. ~ anual 年収. ~ bruta 総所得. ~ nacional 国民所得. ~(s) pública(s) 国家の歳入. política de ~s〈物価安定のための〉所得政策. **4** 国債(=~ del Estado). **5**《ラ米》レンタル. ~ de autos レンタカー.

renta de autos
(レンタカー:メキシコ)

vivir de las rentas《話》過去の蓄えのおかげで楽に過ごす.

[←[古仏]*rente*「地代」←[俗ラ]*reddita「収入」←[ラ]*reddita*(*reddere*「返す」・ゆだねる)の完了分詞中性複数形);[関連]rentero, arrendar, rendir.[英]*rent*.[日]レンタル]

ren·ta·bi·li·dad [r̃en.ta.bi.li.ðáð] 女 収益性,有利さ.

ren·ta·bi·li·za·ción [r̃en.ta.bi.li.θa.θjón / -.sa.sjón] 女 収益[有利]のあるものにすること.

ren·ta·bi·li·zar [r̃en.ta.bi.li.θár / -.sár] 97 他 収益を上げる,元を取る.

***ren·ta·ble** [r̃en.tá.ble] 形 利益になる,もうかる;有益な. un negocio ~ 実入りのいい仕事. Ya no es ~. もう収益が上がらなくなった.

ren·ta·do, da [r̃en.tá.ðo, -.ða] 形 **1**(金利・賃貸料などの)収入[所得]のある. **2**《ラ米》(ちゅうぶらりんの)労働賃金[報酬]を受ける,受給する.

***ren·tar** [r̃en.tár] 他 **1**(報酬・利益などを)生じる,もたらす. **2**《ラ米》(1)(もの)(ばしょ)(こうぐ)(ふく)(くるま)貸す,賃貸しする. (2)(もの)(ばしょ)賃借りする,レンタルする.

ren·te·ro, ra [r̃en.té.ro, -.ra] 男 女 **1**《まれ》小作人,小作農. **2**《ラ米》(もの)借家[借地]人.

rent·ing [r̃én.tin] [英] 男《複 ~, ~s》レンタルすること,賃貸し[借り]すること.

ren·tis·ta [r̃en.tís.ta] 男 女 **1** 債券[公社債]所有者,社債権者. **2** 金利生活者,資産家.

ren·tís·ti·co, ca [r̃en.tís.ti.ko, -.ka] 形 財務の,財政(上)の. reforma *rentística* 財政改革.

ren·toy [r̃en.tói] 男 **1**《話》当てこすり,皮肉;卑猥な言葉. **2**《遊》トランプ遊びの一種;そのゲームの切り札.

ren·trée [r̃an.tré] [仏] 女 帰還,帰ること;(休暇後の)再開.

re·nuen·cia [r̃e.nwén.θja / -.sja] 女《格式》**1** 嫌い,嫌悪;不本意. **2** 扱いにくさ,厄介.

re·nuen·te [r̃e.nwén.te] 形《格式》**1** いやいやながらの,不承不承の. **2**〈ものが〉扱いにくい,厄介な.

renuev- →renovar.

re·nue·vo [r̃e.nwé.βo] 男 **1**《植》(剪定(せんてい)後に出てきた)芽,新芽;若枝. echar ~s 芽を出す,発芽する. **2** 復活,再生,刷新(=renovación).

***re·nun·cia** [r̃e.nún.θja / -.sja] 女 **1** 放棄,断念. hacer ~ de... …を放棄[断念]する. ~ de los derechos《法》権利放棄[取り下げ]承認書. **3** 辞職,辞任;辞表.
—活 →renunciar.

re·nun·cia·ble [r̃e.nun.θjá.ble / -.sjá.-] 形 放棄できる,断念できる.

re·nun·cia·ción [r̃e.nun.θja.θjón / -.sja.sjón] 女 **1** 放棄,断念;拒絶. ~ a la guerra 戦争の放棄. **2** 自己犠牲.

re·nun·cia·mien·to [r̃e.nun.θja.mjén.to / -.sja.-] 男 →renunciación.

re·nun·cian·te [r̃e.nun.θján.te / -.sján.-] 形 放棄[断念]する,棄権の;辞する.
—男 女 放棄者,棄権者;世捨て人.

*****re·nun·ciar** [r̃e.nun.θjár / -.sjár] 82 自 **1**(1)《a... …を / a+不定詞 …することを》あきらめる,断念する. ~ a un viaje 旅行をあきらめる. ~ a seguir la carrera 大学を続けることを断念する. No pienso ~ a ella. 私は彼女をあきらめるつもりはない. (2)《a...〈権利・利益など〉を》(自発的に)放棄する. ~ a la herencia 相続権を放棄する. (3)《a...〈習慣など〉を》やめる. ~ al tabaco tabaco を捨てる. ~ a su religión 宗教を捨てる. ~ a la violencia 暴力を捨てる. (4)《a...〈職・地位など〉を》辞する. ~ al cargo 辞職する. ~ a la presidencia de un consejo 委員長職を降りる. →abandonar[類語].**5**《遊》(トランプ)要求された組と異なるカードを出す;パスする.
—他 放棄する,捨てる. ~ los derechos 権利を放棄する.

renunciar(se) a SI *mismo* 利己心を捨てる,現世的な欲を捨てる.

[←[ラ]*renuntiāre*「報告する;放棄する」(*nūntius*「通知」の派生語);[関連]renuncia(miento).[英]*renounce*]

re·nun·cia·ta·rio [r̃e.nun.θja.tá.rjo / -.sja.-] 男《法》(放棄された権利の)譲受人.

re·nun·cio[1] [r̃e.nún.θjo / -.sjo] 男 **1**《遊》(トランプ)場札と同種の持ち札を出さないこと. hacer ~ 場に出ているのとは別の組の札を出す.
2《話》ごまかし,うそ. coger ~ うそを見破る.

re·nun·cio[2] [r̃e.nún.θjo / -.sjo] 活 →renunciar.

ren·val·so [r̃em.bál.so] 男(ドア・窓の縁の)面取り.

re·ñi·da·men·te [r̃e.ɲí.ða.mén.te] 副 激しく,ひどく.

re·ñi·de·ro [r̃e.ɲi.ðé.ro] 男 闘鶏場.

re·ñi·do, da [r̃e.ɲí.ðo, -.ða] 形 **1**《estar+》仲

の悪い, 不和の. *estar* ~ *con un amigo* 友人と仲たがいをしている. **2** 《*ser*+/*estar*+》熾烈(きっ)な, 激烈な. *un partido muy* ~ 非常に激しい試合. *en lo más* ~ *de la lucha* けんかの真っ最中に. 《*estar*+》両立しない, 矛盾する. *Lo útil no está* ~ *con lo bello.* 便利さと美しさは両立する.

re·ñi·dor, do·ra [r̄e.ɲi.ðór, -.ðó.ra] 形 **1** けんか好きな, 議論好きな. **2** 怒りっぽい, 気の短い.

re·ñi·du·ra [r̄e.ɲi.ðú.ra] 女 《話》叱責(しっ), 大目玉, 小言.

*‡**re·ñir** [r̄e.ɲír] 4 自 **1** けんかする, 言い争う. *Siempre andan riñendo.* 彼らはいつもけんかばかりしている. **2** 仲たがいをする, いがみ合う. *He reñido con mi novio.* 恋人との仲がまずくなった.
── 他 **1** しかる, 小言を言う. ~ *a un niño* 子供をしかる. **2** 戦う. *El mal y el bien riñen batalla en el corazón de los hombres.* 人の心の中では悪と善が戦っている. ▶ *batalla*, *pelea* などが目的語となる.

re·o [r̄é.o] 男 女 **1** 【法】(1) 被疑者, 容疑者. *absolver a un reo* 容疑者を釈放する. *reo de muerte* 死刑を宣告された人. (2) 被告(人); 犯人, 罪人. *reo de Estado* 国事犯, 政治犯. **2** 《ラ米》《話》浮浪者, むさくるしいやつ, みすぼらしい人.
── 男 【魚】ブラウントラウト: サケ科の淡水魚.

re·o, a [r̄é.o, -.a] 形 罪のある, 罪を犯した.

re·o·ca [r̄e.ó.ka] 女 《話》*la* ~ すごいこと[もの, 人]. *Es la* ~ *esta película muda.* すごいよ, この無声映画は.

re·ó·fo·ro [r̄e.ó.fo.ro] 男 【電】導線, 電源線.

re·o·jo [r̄e.ó.xo] *de reojo* (1) 横目で. *mirar de* ~ 横目で見る, ちらりと見る. (2) 敵意のある目で; 不信の目で. *El asesino miraba de* ~ *a los testigos.* 殺人犯は証人たちを憎らしげににらみつけた.

re·o·la·do, da [r̄e.o.lá.ðo, -.ða] 形 【紋】赤い小円をちりばめた.

re·ó·me·tro [r̄e.ó.me.tro] 男 流量計; 電流計.

re·or·de·na·ción [r̄e.or.ðe.na.θjón / -.sjón] 女 再整理.

re·or·de·nar [r̄e.or.ðe.nár] 他 配列し直す, 再整理する.

*re·or·ga·ni·za·ción** [r̄e.or.ga.ni.θa.θjón / -.sa.sjón] 女 再編成, 改組; 改革. ~ *ministerial [del ministerio]* 内閣改造.

re·or·ga·ni·za·dor, do·ra [r̄e.or.ga.ni.θa.ðór, -.ðó.ra / -.sa.-] 形 再編成する. ── 男 女 再編成する人, 再組織者.

*re·or·ga·ni·zar** [r̄e.or.ga.ni.θár / -.sár] 97 他 再編成する, 改組する.

re·o·rien·ta·ción [r̄e.o.rjen.ta.θjón / -.sjón] 女 転換. ~ *de la política económica* 経済政策の転換.

re·os·tá·ti·co, ca [r̄e.os.tá.ti.ko, -.ka] 形 【電】加減抵抗(式)の.

re·os·ta·to [r̄e.os.tá.to] / **re·ós·ta·to** [r̄e.ós.ta.to] 男 【電】加減抵抗器.

re·pa·jo·le·ro, ra [r̄e.pa.xo.lé.ro, -.ra] 形 《話》(1)(＋名詞)《憤り・軽蔑》腹立たしい; 嫌な, うんざりする(= *pajolero*). *No me hacen ni* ~ *caso.* 私(の言うこと)を全く相手にしてくれない. (2) おもしろい, 楽しい; おどけた.

¡re·pám·pa·nos! [r̄e.pám.pa.nos] 間投 《驚き・怒り・不快》へえ, 何だって, まあ.

re·pan·chi·gar·se [r̄e.paɲ.tʃi.gár.se] / **re·pan·chin·gar·se** [r̄e.paɲ.tʃiŋ.gár.se] 103

再 → *repanti(n)garse*.

re·pa·no·cha [r̄e.pa.nó.tʃa] 女 《話》→ *reoca*.

re·pan·ti·gar·se [r̄e.pan.ti.gár.se] / **re·pan·tin·gar·se** [r̄e.pan.tiŋ.gár.se] 再 (いすなどに)ゆったりと座る, くつろぐ. *Se repantingaron en el sofá.* 彼[彼女]らはソファーでくつろいだ.

re·pa·ra·ble [r̄e.pa.rá.ble] 形 修理できる, 修繕可能な. *daño* ~ 修復できる損傷.

*‡**re·pa·ra·ción** [r̄e.pa.ra.θjón / -.sjón] 女 **1** 修理, 修繕, 修復. *hacer una* ~ *a a...* ~を修理[修繕]する. *reparaciones en el acto* [掲示] すぐ修理できます. *taller de reparaciones* 修理工場. **2** 補償, 賠償. ~ *del daño* 損害賠償.

re·pa·ra·dor, do·ra [r̄e.pa.ra.ðór, -.ðó.ra] 形 **1** 償いの, 補償[賠償]の. **2** 活気づける, 元気の出る; 強壮用の, 滋養の — 栄養[滋養]食. *medicina reparadora* 強壮薬. *sueño* ~ 爽快(そう)な眠り.
── 男 修理工, 修繕屋.

re·pa·ra·mien·to [r̄e.pa.ra.mjén.to] 男 **1** 修理, 修繕, 修復. **2** 補償, 賠償.

*‡**re·pa·rar** [r̄e.pa.rár] 他 **1** 修理する, 修繕する. ~ *un televisor* テレビを直す. ~ *una avería* 故障を直す. ~ *las goteras* 雨漏りを直す. *mandar [llevar] un coche a* ~ 車を修理に出す.

2 (誤りなどを) 正す; (損害などを) 埋め合わせる, 償う. ~ *una injusticia* 不正を正す. ~ *una ofensa cometida a otros* 他人に対する無礼を償う. *Tenemos que trabajar el doble para* ~ *los daños.* 損害を取り戻すために我々は 2 倍働かなければならない.

3 〈力などを〉取り戻す, 回復させる. *descansar para* ~ *energías* エネルギーを回復するために休憩する.

4 《ラ米》(1) 〈…の〉再試験を受ける. (2) 《話》《冗》まねてからかう, ふざけてまねる.

── 自 (*en...*) **1** 《しばしば否定文で》《《困難・問題点など》を》考慮する, 心に留める. *sin* ~ *en detalles* 細部にはかまわずに. *No reparé en las consecuencias del asunto.* 私は事の重大さをよく考えなかった.

2 (…に) 気づく, 目を留める. ~ *en un cuadro* ある絵に目を留める. *En ese momento reparé en que había perdido la ocasión.* 私はそのときやっと時機を逸したことに気づいた.

3 《ラ米》《⁺》《ぽ》〈馬が〉竿(さお)立ちになる.

[←〖ラ〗*reparāre* (*re-*「後ろへ, 元のように」+ *parāre*「準備する」)] 関連 *reparación*, *reparo*, *reparable*. 《英》*repair*.

re·pa·ra·ti·vo, va [r̄e.pa.ra.tí.bo, -.ba] 形 **1** 修理する, 修繕の. **2** 償いの, 補償[賠償]の.

re·pa·ris·ta [r̄e.pa.rís.ta] 形 《ラ米》《⁺》《ぽ》あら捜しをする, 揚げ足を取る.

re·pa·ris·to [r̄e.pa.rís.to] 形 《ラ米》《⁺》《ぽ》→ *reparista*.

re·pa·ro [r̄e.pá.ro] 男 **1** 意見; 異議, 不服. *José está siempre poniendo* ~s *a la cocina de Pilar.* ホセはいつもピラールの料理に注文をつける.

2 遠慮, ためらい, 気後れ. *aprobar una decisión con cierto* ~ しぶしぶ決定を承認する. *sin* ~ ためらわずに. *no tener* ~ *en*+不定詞 ためらわずに[恐れずに]…する. *No andes con* ~s. 躊躇(ちゅうちょ)するな, はっきり言え.

3 修理, 手入れ. **4** 【スポ】(フェンシング) 受け流し, 身のかわし. **5** 【医】治療, 手当; 胃の強壮薬. **6** 《ラ米》(1) 《⁺》《ぽ》〈馬の〉竿(さお)立ち. *tirar un* ~ 竿立ちになる. (2) 《防》防護物; 避難所.

re·pa·rón, ro·na [r̄e.pa.rón, -.ró.na] 形 難癖をつける, 揚げ足取りの (= *criticón*).

—男 女 あら捜しをする人, やかまし屋.

re・par・ti・ble [r̃e.par.tí.ble] 形 分割 [分配, 分担] できる.

re・par・ti・ción [r̃e.par.ti.θjón / -.sjón] 女 **1** 分配, 配分; 割り当て. **2** 分割, 区分. **3** 《ラ米》(ｷｭ)(ｺﾞｳ)(行政の)部局, 部署.

re・par・ti・da [r̃e.par.tí.ða] 女 《ラ米》(ｱﾙｾﾞﾝ)(ﾊﾟﾗｸﾞ)分配, 分割.

re・par・ti・de・ro, ra [r̃e.par.ti.ðé.ro, -.ra] 形 分配[分担]すべき, 分配しやすい.

re・par・ti・dor, do・ra [r̃e.par.ti.ðór, -.ðó.ra] 形 配達する; 配給する. —男 女 配達人; 配給[配布]者. ～ de la leche 牛乳配達人[業者]. ～ de periódicos 新聞配達人[業者].
—男 (灌漑(ｶﾝ)の)分水所, 給水口.

re・par・ti・ja [r̃e.par.tí.xa] 女 《ラ米》(ｺﾞｳ)《俗》分配; 山分け, 分け前.

re・par・ti・mien・to [r̃e.par.ti.mjén.to] 男 **1** 分担, 割り当て; 分配. **2** 課税, 賦課. **3** 《史》(1) スペイン人入植者への土地や先住民労働力の)分配授与, レパルティミエント. ◆この制度により先住民は農園, 鉱山で酷使され, 特にカリブ海諸島では16世紀前半に人口が激減した. この経験から大陸部ではエンコミエンダ encomienda (委託)制が導入された. (2) (先住民への)商品頒布制(= ～ de mercancías). ◆新大陸の代官 corregidores の多くは18世紀, 領内の先住民に不要不急のヨーロッパ商品を高く売りつけた.

re・par・tir [r̃e.par.tír] 他 **1** 《entre... ……の間で / en... ……に》分配する; 配分する. ～ una tarta *entre* los niños 子供にケーキを切り分ける. ～ los papeles *entre* los actores 役者に配役する. ～ a los asistentes *en* dos salones 出席者を2つの会場に分ける. ～ bien el tiempo 時間をうまく配分する.
2 《a... ……に》配る, 配達する; 配給する. ～ el correo 郵便を配達する. ～ agua *a* los vecinos 住民に水を支給する. ～ *a* cada jugador diez cartas 《遊》1人10枚ずつ札を配る.
3 均等に伸ばす; 分散させる. ～ la pintura en la pared 壁にペンキを均等に塗る.
4 《話》《a+人 〈複数の人〉に》(殴打を)食らわす.
—～・se 再 **1** 《複数主語で》……を分け合う. *Nos repartimos* las ganancias. 私たちはもうけを分け合った. **2** 分散する. Los descendientes *se repartieron* por todo el mundo. 子孫は世界中に散らばった.

re・par・to [r̃e.pár.to] 男 **1** 分配, 配分; 割り当て. ～ de beneficios 利益配当. ～ de premios 賞の授与. ～ de las cartas カードを配ること. hacer el ～ del dinero 金を分配する. Le tocó poco en el ～. 彼[彼女]は少しの分け前しかもらえなかった. **2** 分配; 区分, 分割. ～ de Polonia 《史》ポーランド分割. **3** 配達, 配送. ～ de correo [la leche] 郵便[牛乳]配達. coche [camioneta] de ～ 配送車. **4** 宅地造成地; 宅地開発. **5** 《ラ米》(ﾒﾄﾞ)《演》《映》キャスト, 配役.
—活 → repartir.

re・pa・sa・dor [r̃e.pa.sa.ðór] 男 《ラ米》(ｱﾙｾﾞﾝ)(ﾊﾟﾗｸﾞ)(ｳﾙｸﾞ)ふきん.

re・pa・sar [r̃e.pa.sár] 他 **1** 見直す, 調べ直す; 点検する. *Repasa* tu trabajo antes de entregarlo. 君の仕事を引き渡す前にもう一度見直しなさい.
2 復習する, おさらいする. Ahora *estamos repasando* lo que dimos en el primer trimestre. さあ一学期にやったことを復習しよう. El actor *repasó* su papel. 俳優は台詞(ｾﾘﾌ)のおさらいをした.
3 仕上げをする. ～ un cuadro 絵を仕上げる.
4 行き来させる, 往復させる. ～ la plancha por una arruga しわにアイロンをかける.
5 ざっと読む, 目を通す. ～ unas pruebas de imprenta 校正刷りに目を通す.
6 (衣服を)縫いなおす, 繕う. ～ los botones ボタンをつけ直す. **7** 簡単に[ざっと]掃除する. **8** 《ラ米》(ﾒﾄﾞ)ふく, 磨く, きれいにする.
—自 行き来する, 往復する; 引き返す. ～ por una calle 通りを引き返す.

re・pa・sa・ta [r̃e.pa.sá.ta] 女 《話》大目玉, 叱責(ｼｯｾｷ). dar una ～ a+人〈人〉をしかる.

*****re・pa・so** [r̃e.pá.so] 男 **1** 復習, おさらい; 反復. curso de ～ 復習コース.
2 (機械などの)検査, 点検; 整備. ～ general 総点検. último ～ 最終点検. **3** (衣服の)繕い, 縫いなおし. **4** 《話》大目玉, 叱責(ｼｯｾｷ).
dar un repaso (1) 復習する, おさらいする; ざっと読む[読み返す]. *Dio un* ～ a la lección diez. 彼[彼女]は第10課を復習した. (2) 点検する; 縫い直す. (3) しかりつける; 陰で悪く言う. (4) (知識・技量などで)大いに優れる, 図抜ける.

re・pas・tar [r̃e.pas.tár] 他 **1** 〈粉などを〉練り直す.
2 〈家畜に〉再び牧草を与える, 再び放牧する.

re・pa・te・ar [r̃e.pa.te.ár] 他 《話》迷惑をかける, 不愉快にする. Me *repateó* mucho la noticia. 私はそのニュースを聞いてとても不愉快になった.

re・pa・tria・ción [r̃e.pa.trja.θjón / -.sjón] 女 本国送還; 帰還.

re・pa・tria・do, da [r̃e.pa.trjá.ðo, -.ða] 形 本国に送還された; 帰還した, 引き揚げた.
—男 女 送還者; 帰還者, 引揚者.

re・pa・triar [r̃e.pa.trjár] 83 他 **1** 本国に送還させる, 帰国させる. —～・se 再 **1** 本国に送還される. **2** 帰国する; 帰還する, 引き揚げる.

re・pe¹ [r̃é.pe] 形 《話》2つ以上の, 繰り返された.

re・pe² [r̃é.pe] 男 《ラ米》(ｴｸｱ)すりつぶしたバナナとチーズを牛乳で煮た料理.

re・pe・char [r̃e.pe.tʃár] 自 **1** (坂・斜面を)登る.
2 ひと休みする. **3** 《ラ米》(ｺﾞｳ)(病気から)ゆっくり回復する.

re・pe・cho [r̃e.pé.tʃo] 男 **1** 急な坂, 急勾配(ｺｳﾊｲ). a ～ 坂を登って. **2** 《ラ米》(ｷｭ)《話》欄干; 逃げ場.

re・pei・na・do, da [r̃e.pei.ná.ðo, -.ða] 形 髪をきれいにかきあげた; 過剰にめかしこんだ.

re・pei・nar・se [r̃e.pei.nár.se] 再 念入りに髪をとかす; (くしで)髪を直す.

re・pe・la [r̃e.pé.la] 女 《ラ米》(ﾒｷ)(ﾁﾘ)(ｺﾞｳ)(ﾍﾞﾈ)(摘み残しのコーヒー豆の)再採集, 再収穫.

re・pe・lar [r̃e.pe.lár] 他 **1** 丸坊主にする, きれいに刈り込む; 髪を引っ張る. **2** 摘み取る, ちぎり取る. **3** 減らす, 削減する. ～ el presupuesto 予算を削る. **4** 〈馬を〉ひと走りさせる. **5** 《ラ米》(ｺﾞｳ)《話》……に不平を言う, 文句をつける.
—～・se 《ラ米》(ｷｭ)不快な思いをする; 後悔する.

re・pe・len・cia [r̃e.pe.lén.θja / -.sja] 女 《ラ米》(1) (ｸﾞｱﾃ)(ｺﾞｳ)(ｺﾞﾊﾞ)嫌悪, むしず. (2) (ｺﾞﾊﾞ)下品; 生意気.

re・pe・len・te [r̃e.pe.lén.te] 形 **1** はねつける, 寄せつけない. producto ～ de insectos 虫よけ. **2** 嫌悪を感じる; 《話》《軽蔑》知ったかぶりの. **4** 《ラ米》うるさい, ずうずうしい, 横柄な.
—男 女 知ったかぶり. —男 虫よけ, 防虫剤.

re・pe・ler [r̃e.pe.lér] 他 **1** はねつける; 断る, 拒絶する. ～ la idea その案を退ける.

repellar

2 追い返す, 追い払う. ~ a intrusos de su domicilio 家から侵入者たちを追い出す. ~ un ataque enemigo 敵の攻撃を退ける.

3 跳ね返す, はじく. El color blanco *repele* el calor. 白色は熱を反射する. Esta pintura *repele* el agua. この塗料は水をはじく.

4 不快にする, 嫌悪を感じさせる；ぞっとさせる. Las arañas me *repelen*. クモを見ると私はぞっとする.

── ~**.se** 再 仲が悪くなる, 気が合わなくなる.

re·pe·llar [r̃e.pe.jár‖-.ʎár] 他 [建]…にしっくい[プラスター]を塗る；塗り直す.

re·pe·llo [r̃e.pé.jo‖-.ʎo] 男 **1** しっくい塗り, 上塗り. **2** 《ラ米》(ﾁﾘ)(ﾀﾞﾝｽ中の体の)猥褻(ﾜｲｾﾂ)な動き.

re·pe·lo [r̃e.pé.lo] 男 **1** (布地・髪の)毛羽立ち, 逆毛；(木材・指の)ささくれ. **2** 不快, 嫌悪. dar ~ a+人(人)をうんざりさせる. **3** 《ラ米》いざこざ, 小さないさかい. **4** 《ラ米》(ﾒｷｼ)(ｸﾞｱﾃ)着古した服；ぼろ.

re·pe·lón [r̃e.pe.lón] 男 **1** (まれ)毛髪を引っ張ること. **2** (特に編み物の)伝線. **3** ひとつまみ, 少量. **4** (馬の)ひと走り, 疾走. **5** 《ラ米》厳しい非難(ﾅﾝ).

a repelones いやいやながら, 無理やり.

re·pe·lón, lo·na [r̃e.pe.lón, -.ló.na] 形 《ラ米》(ｸﾞｱﾃ)(話)不平屋の, 文句を言う, 口答えする.

re·pe·lu·co [r̃e.pe.lú.ko] 男(話) → repelús.

re·pe·lús [r̃e.pe.lús] / **re·pe·luz·no** [r̃e.pe.lúθ.no/-.lús.-] 男 **1**(話)身震い, おののき. dar ~ a+人(人)をぞっとさせる. **2** 恐怖, 嫌悪.

re·pen·sar [r̃e.pen.sár] 他 考え直す, 熟考する.

re·pen·te [r̃e.pén.te] 男 **1**(話)突然の動き, 衝動；ひらめき. Le dio un ~ de ira y se marchó. 彼[彼女]は急に怒り出して行ってしまった. Me dio el ~ que iban a engañarme. 私は彼[彼女]らにだまされるのではないかとふと思った.

2《ラ米》(ｸﾞｱﾃ)発作, けいれん, ひきつけ.

de repente (1)突然に, 急に. *De* ~ *se puso a llorar*. 彼[彼女]は突然泣き出した. (2)《ラ米》(ｺﾛﾝ)ひょっとすると, 多分.

[(de) repente←[ラ] *derepente* 副 (dē+*repente*)「突然に」](関連)*repentino*]

re·pen·ti·no, na [r̃e.pen.tí.no, -.na] 形 突然の, 急な, 不意の. muerte *repentina* 急死.

re·pen·tis·ta [r̃e.pen.tís.ta] 共 (まれ)即興で作る人, 即興詩人[演奏家]；初見で演奏する人.

re·pen·ti·za·ción [r̃e.pen.ti.θa.θjón/-.sa.sjón] 女 即興で行うこと；初見奏, 視唱.

re·pen·ti·zar [r̃e.pen.ti.θár/-.sár] 97 自 (まれ)初見で演奏する[歌う]；即興で作る.

re·pen·tón [r̃e.pen.tón] 男(話)突発；急発進. [repente + 増大辞]

re·pe·ra [r̃e.pé.ra] 女(話) *ser la repera* すごい, ひどい.

re·per·cu·sión [r̃e.per.ku.sjón] 女 反響, 影響；反映. un discurso que ha tenido mucha ~ 大反響を呼び起こした演説. de amplia ~ 影響が広範囲に及ぶ.

re·per·cu·ti·da [r̃e.per.ku.tí.ða] 女 → repercusión.

re·per·cu·tir [r̃e.per.ku.tír] 自 **1** 鳴り響く, 反響する. El ruido de sus pasos *repercutía* por el corredor. 彼の足音が廊下に響いていた. **2** 跳ね返る, 跳ね上がる. **3**《**en...** …に》影響を与える, 反響を呼ぶ. ~ *en* la formación de la persona 人間形成に影響を及ぼす. **4**《ラ米》悪臭を放つ.

── 他 **1** 鳴り響かせる, 反響させる. **2**[医]〈膿(ｳﾐ)な

どを〉散らす, 駆散する. **3**《ラ米》(ｱﾙｾﾞ)反論[反対]する.

── ~**.se** 再 鳴り響く, 反響する.

re·per·i·que·te [r̃e.pe.ri.ké.te] 男《ラ米》(話)安物の「変てこな」飾り[装身具]；強がり, ほら.

re·per·pe·ro [r̃e.per.pé.ro] 男《ラ米》(ﾄﾞﾐﾆ)(ﾌﾟｴﾙﾄ)混乱, 大騒ぎ(= revoltijo).

***re·per·to·rio** [r̃e.per.tó.rjo] 男 **1** レパートリー；上演種目, 演奏曲目. poner en el ~ レパートリーに加える. **2** 目録, 一覧表；類集. ~ de aduanas 通関総覧.

re·pe·sar [r̃e.pe.sár] 他 再計量する, 量り直す.

re·pes·ca [r̃e.pés.ka] 女(話)再試験；取り戻す.

re·pes·car [r̃e.pes.kár] 102 他(話)再試験をする；取り戻す.

re·pe·so [r̃e.pé.so] 男 **1** 量り直し, 再計量；再計量を実施する場所. **2**《ラ米》(ｱﾙｾﾞ)(話)おまけ, 景品.

de repeso (話)力いっぱい, 満身の力で加えて.

***re·pe·ti·ción** [r̃e.pe.ti.θjón/-.sjón] 女 **1** 繰り返し, 反復, 重複；[修辞]反復法. ~ de los errores 過ちの繰り返し.

2[美](作者自身による)複製.

de repetición (自動的に)繰り返す；連打式の. fusil *de* ~ (自動)連発銃.

re·pe·ti·da·men·te [r̃e.pe.tí.ða.mén.te] 副 繰り返して；たびたび, 何度も.

re·pe·ti·do, da [r̃e.pe.tí.ðo, -.ða] 形 繰り返された, 反復された；再びの. en *repetidas* ocasiones 何度も. *repetidas* veces たびたび, 繰り返して. Este sello está ~. このスタンプは二重に押されている.

re·pe·ti·dor, do·ra [r̃e.pe.ti.ðór, -.ðó.ra] 形〈学生が〉(学年を)繰り返す, 留年した. alumno ~ 留年生. ── 男 (大学などの)留年生, (大学受験の)補習教師. ── 男 (電話・テレビ・ラジオなどの)中継器[装置]；中継局.

***re·pe·tir** [r̃e.pe.tír] 1 他[現分] は repitiendo] **1** (1) 繰り返す；復唱する. *Repitió* de memoria mis palabras. 彼[彼女]は私の言葉を暗唱した. Los niños pequeños *repiten* lo que hacen los mayores. 小さな子供たちは年上の子供たちのやることを真似する. (2)《**a**+人(人)に》《**que**+直説法 …であると》繰り返して言う；《**que**+接続法 …するように》繰り返して言う. Te *repito que* ésa *es* una opinión personal mía. それは私の個人的な意見だとあなたに繰り返して言っておきます. Te *repito que tengas* mucho cuidado. 君に充分注意するように繰り返して言っておきます.

2 〈同じことを〉何度も行う, 〈同じことを〉繰り返し言う. El profesor *ha repetido* varias veces lo mismo a los alumnos. 先生は生徒に向かって何度も同じことを繰り返した. ▶再帰代名詞を伴って強調を表す場合がある. → 再 **2**. **3** (話) (科目を)再履修する. ~ curso 留年する. **4** 〈食べ物を〉おかわりする. ~ la ensalada サラダをおかわりする.

── 自 **1**《(**a**+人)〈人〉の口に》後味が残る. La cebolla *me repite*. タマネギは後味が残る (▶ me が a+人に相当). → 再 **2**.

2《**de...** …を》(食事などで)おかわりする. ~ *de sopa* スープのおかわりをする. Si te gusta, puedes ~. 好きならおかわりしていいよ. **3** 落third する.

── ~**.se** 再 **1** 〈3人称で〉繰り返される. ¡Ojalá no *se repita* nunca esta tragedia! この悲劇が二度と起こりませんように. **2** 〈同じことを〉何度も繰り返し言う. *Me repito* mucho pero quiero que quede

claro este concepto. 何度も繰り返しますが, この概念がはっきりするようにしたいのです. **3** 《(a+人)(人)の口に》後味が残る.
[←[ラ] *repetere* 「再び」+ *petere* 「求める」;「再び追求する」が原義; 関連 *repetición*. [英] *repeat*]

re·pe·ti·ti·vo, va [r̃e.pe.ti.tí.ßo, -.ba] 形 繰り返しの, 繰り返しの多い.

re·pi·car [r̃e.pi.kár] 102 他 **1** 〈鐘などを〉打ち鳴らす, 響かせる. **2** 再び刺す; ちくちくと刺す, 突く. **3** 〈肉・野菜を〉細かく切る, 刻む. **4** 《遊》(トランプ) (ピケットで) 手札の段階で90点を得る. ── 自 **1** 〈鐘などが〉鳴る, 鳴り響く. **2** 《ラ米》(ﾌﾞﾗｼﾞﾙ)歩き回る.
── ~·se 再 《de... …を》誇る, 自慢する.

re·pin·tar [r̃e.pin.tár] 他 **1** 塗り替える, 塗り直す. **2** 塗りたくる, 描きなぞる.
── ~·se 再 **1** 厚化粧をする. **2** 《印》二重刷りになる;〈印刷した文字が〉(他のページに) 移る.

re·pin·te [r̃e.pín.te] 男 **1** 塗り直し, 塗り替え; 厚化粧. **2** 《印》二重刷り, ずれ.

re·pi·pi [r̃e.pí.pi] 形 《話》《軽蔑》大人びた, ませた; インテリぶった. ── 男女 大人びた子, ませた子.

re·pi·que [r̃e.pí.ke] 男 **1** 〈鐘・太鼓を〉打ち鳴らすこと; 鐘の響き, チャイムの音.
2 《話》ささいなけんか, 口論.

re·pi·que·te [r̃e.pi.ké.te] 男 **1** にぎやかな鐘 [太鼓] の音. **2** 小競り合い, 衝突. **3** 《ラ米》(1) (ｺﾛ) (鳥の) さえずり. (2) (ﾁﾘ) 憤慨, 恨み.

re·pi·que·te·ar [r̃e.pi.ke.te.ár] 自 **1** 〈鐘が〉鳴り響く, 響き渡る. **2** 〈太鼓が〉鳴る;〈雨が〉音をたてる;〈機械が〉音をたてる. *La lluvia repiqueteaba en el tejado.* 屋根をたたく雨の音がする.
── 他 **1** 〈鐘・太鼓を〉鳴らす, 連打する. **2** (音をたてて) 叩く. ── ~·se 再 口げんかする, 口論する.

re·pi·que·te·o [r̃e.pi.ke.té.o] 男 **1** にぎやかな鐘 [太鼓] の音. **2** (雨・機械・機関銃などが発する) 連打音, たたく音. *el ~ de los dedos sobre la mesa* 指先でテーブルをとんとん打つ音.

re·pi·sa [r̃e.pí.sa] 女 **1** 棚. *~ de chimenea* マントルピース. *~ de ventana* 窓の下枠, 窓口.
2 《建》持ち出し, 持ち送り積み.

re·pi·sar [r̃e.pi.sár] 他 **1** 踏み直す, 何度も踏む; 踏み固める. **2** 頭にたたき込む, しっかり記憶する.

repit- ── → *repetir*.

re·piz·car [r̃e.piθ.kár / -.pis-] 102 他 つねる.

re·piz·co [r̃e.píθ.ko / -.pís-] 男 つねること.

re·pla·na [r̃e.plá.na] 女 《ラ米》(ﾍﾟﾙｰ)隠語.

re·plan·ta·ción [r̃e.plan.ta.θjón / -.sjón] 女 植え替え, 移植.

re·plan·tar [r̃e.plan.tár] 他 **1** 再び植える, 植え直す. **2** 植え替える, 移植する.

re·plan·te·a·mien·to [r̃e.plan.te.a.mjén.to] 男 再立案.

re·plan·te·ar [r̃e.plan.te.ár] 他 **1** 〈計画などを〉見直す, 練り直す.
2 《建》(地面に) 〈建物の〉見取り図を移し描く.

re·plan·te·o [r̃e.plan.té.o] 男 **1** 見直し, 練り直し. **2** (地面への) 見取り図の移し描き.

re·plan·ti·gar·se [r̃e.plan.ti.gár.se] 103 再 《ラ米》→ *repanti(n)garse*.

re·play [r̃e.plái // r̃i.pléi] 《英》男 [複 ~s, ~] **1** 《TV》リプレイ, リプレイボタン.

re·ple·ción [r̃e.ple.θjón / -.sjón] 女 **1** 充満, 充実; 過多. **2** 満腹, 飽食.

re·ple·ga·ble [r̃e.ple.gá.ble] 形 折り畳み式の, 引っ込み式の;《航空》〈車輪が〉格納式の.

re·ple·gar [r̃e.ple.gár] 9 他 **1** 折り畳む, 折り重ねる; 収納する. **2** 《軍》〈兵力を〉後方に下げる, 後退させる. ── ~·se 再 **1** 《軍》退却[撤退]する. **2** 引きこもる, 自分の世界に入る.

re·ple·tar [r̃e.ple.tár] 他 詰め込む, ぎゅうぎゅう詰めにする.
── ~·se 再 たらふく食べる, 満腹になる.

***re·ple·to, ta** [r̃e.plé.to, -.ta] 形 **1** 《de... …で》満ちた, はちきれそうな. *calle repleta de gente* 群衆で埋まった通り. *bolsa repleta* たんまり入っている財布. **2** 腹いっぱいの, たらふく食べた. *Estoy ~.* 僕はもう満腹だ. **3** 肥満体の, まるまると太った.

***ré·pli·ca** [r̃é.pli.ka] 女 **1** 反駁(はんばく); 反論; 口答え. *Se quedó sin ~.* 彼[彼女]は反論のしようがなくってしまった. **2** 《美》複製品, レプリカ. **3** 《法》(被告答弁に対する) 原告の第二の訴答.

re·pli·ca·ción [r̃e.pli.ka.θjón / -.sjón] 女 **1** 《生化》(分子が自己を) 複製すること. **2** 《古語》反論; 口答え. **3** 《古語》繰り返し.

***re·pli·car** [r̃e.pli.kár] 102 他 **1** 反駁(はんばく)する, 反論する. **2** 口答えする, 言い返す. *Los niños deben obedecer sin ~.* 子供は口答えせず言われたとおりするものだ. **3** 《法》〈原告が〉第二の訴答をする.
── 他 回答する, 答弁する; 反論する.

re·pli·ca·to [r̃e.pli.ká.to] 男 反駁(はんばく), 反論;《法》(被告に対する) 原告の第二の訴答.

re·pli·cón, co·na [r̃e.pli.kón, -.kó.na] 形 口答えばかりする, 理屈をこねる.
── 男女 口のへらない人, 理屈屋.

re·plie·gue [r̃e.pljé.ge] 男 **1** (顔などの) しわ; (土地の) 起伏の;(紙・布などの) 折り目, 畳み目.
2 《軍》後退, 退却.

replique(-) / repliqué(-) 活 → *replicar*.

re·po [r̃é.po] 男 《植》レポ: チリ原産の木. 材質は固く先住民が火をおこすのに用いた.

re·po·bla·ción [r̃e.po.bla.θjón / -.sjón] 女 **1** 再植民, 再入植. **2** 植林, 再び植えること. → *bosque* [類語].

re·po·bla·dor, do·ra [r̃e.po.bla.ðór, -.ðó.ra] 形 再植民[入植]する; 植林する. ── 男女 再入植者.

re·po·blar [r̃e.po.blár] 15 他 再植民[再入植]する; 再び繁殖[繁茂]させる.

re·po·dri·do, da [r̃e.po.ðrí.ðo, -.ða] 過分 → *repudrir*.

re·po·drir [r̃e.po.ðrír] 79 他 → *repudrir*.

re·po·llo [r̃e.pó.ʝo ∥ -.ʎo] 男 **1** キャベツ, 玉菜.
2 (玉菜の) 結球.

re·po·llu·do, da [r̃e.po.ʝú.ðo, -.ða ∥ -.ʎú.-] 形 **1** 〈植物の〉結球状の, 結球性の. **2** 《話》ふとっちょの, 肥満体の (= *rechoncho*).

repondr- 活 → *reponer*.

***re·po·ner** [r̃e.po.nér] 41 他 [過分は *repuesto*] **1** 補充する, 〈元の状態まで〉回復させる. *~ existencias* 在庫を補充する. *~ fuerzas* 力を補給する. *~ el fondo básico* 〔ファンド〕に資金を投入する. *~ la ropa en mal estado* 傷んだ服を買い換える. *El usuario debe ~ el libro perdido.* 利用者は紛失した本を弁償して返却しなければならない.
2 《*en...*》《元のところ》に置く;〈人を〉《〈元の部署〉に》配置する. *~ a un empleado en su cargo* 社員を復職させる.
3 《TV》再放送する;《映》再演[再上映]する. *~ una obra a petición del público* 人々の要望にこたえて作品を再演する. **4** 《*que*+直説法 …と》言い返す, (反論して) 答える (▶ 主に直説法点過去形で用い

repong-

られる). Eso no lo sabía. — *repuso* la chica. 「知らなかったのよ」と女の子は言い返した. **5** 《法》《判決》を差し戻す;《決定》を改める.
━～se 再 **(de...** 《病気・混乱など》から》《人が》回復する. ～*se del* susto 恐怖から立ち直る.
2《3人称で》修繕される;回復される.

repong- 語 → reponer.

re·pó·quer [r̃e.pó.ker] 男《遊》(トランプのポーカーで)ファイブカード.

*re·por·ta·je [r̃e.por.tá.xe] 男 ルポルタージュ, 現地報告;報道. ～ gráfico 写真[挿し絵]入り報道記事.

re·por·ta·je·ar [r̃e.por.ta.xe.ár] 他《話》ルポルタージュする, 報道する. El periodista se fue a primera línea para ～ la guerra. その記者は戦争を報道すべく最前線に向かった.

re·por·ta·mien·to [r̃e.por.ta.mjén.to] 男 抑制;自制, 慎み.

*re·por·tar [r̃e.por.tár] 他 **1** もたらす, 生み出す. Su participación sólo le *ha reportado* desgracias. 参加したことは彼[彼女]に不運しかもたらさなかった. **2** 持って行く[くる], 携えて来る[行く]. **3**《感情などを》静める, 落ち着かせる;抑える. **4**《石版に》《原図などを》写す, 転写する. **5**《ラ米》《*》《ｸﾞｱﾃ》《ｴﾙｻﾙ》《ﾆｶﾗ》(1) 告発する, 起訴する. (2) 報ずる;報告する.
━～se 再 落ち着く;自制する, 慎む. ¡*Repórtate*! 落ち着くんだ.

re·por·te [r̃e.pór.te] 男《まれ》**1** ニュース報道[記事]. **2** うわさ, ゴシップ記事. **3**《石版の》試し刷り. **4**《ラ米》《ｷｭｰﾊﾞ》《*》《ﾒｷｼ》報告, レポート.

re·por·te·ar [r̃e.por.te.ár] 他《ラ米》取材する;…の報道写真を撮る.

re·pór·ter [r̃e.por.ter] [英] 男 報道記者, 記者;レポーター.

re·por·te·ril [r̃e.por.te.ríl] 形 報告者の, 記者の.

re·por·te·ris·mo [r̃e.por.te.rís.mo] 男 報道業, 報道界.

*re·por·te·ro, ra [r̃e.por.té.ro, -.ra] 形 (報道)記者の, 通信員の. ━ 男 女 報道記者, レポーター;ニュース解説者. ～ de la sección de sucesos 社会部の記者. ～ gráfico 報道カメラマン.

re·por·tis·ta [r̃e.por.tís.ta] 男 女 石版印刷技師.

re·pos [ré.pos] 男《複数形》《経》レポ, 現先取引.

re·pos·a·bra·zos [r̃e.po.sa.brá.θos, -.sos] 男《単複同形》(いすなどの)ひじ掛け, アームレスト.

re·po·sa·ca·be·zas [r̃e.po.sa.ka.bé.θas, -.sas] 男《単複同形》(椅子などの)頭もたせ, ヘッドレスト.

re·po·sa·co·dos [r̃e.po.sa.kó.ðos] 男《単複同形》(いすなどの)ひじ掛け, アームレスト.

re·po·sa·da·men·te [r̃e.po.sá.ða.mén.te] 副 ゆったりと, のんびりと.

re·po·sa·de·ro [r̃e.po.sa.ðé.ro] 男《冶》(溶融金属を受ける)取瓶(とりべ).

re·po·sa·do, da [r̃e.po.sá.ðo, -.ða] 形 くつろいだ, 穏やかな;のんびりした.

re·po·sa·mu·ñe·cas [r̃e.po.sa.mu.ɲé.kas] 男《単複同形》(パソコン用)腕置き(枕), アームレスト.

re·po·sa·piés [r̃e.po.sa.pjés] 男《単複同形》(オートバイなどの)足載せ, ステップ.

*re·po·sar [r̃e.po.sár] 自 **1** 休息[休憩]する;くつろぐ, 息抜きをする. Después de comer suele ～ un rato. 食事のあと彼はよく一休みする. **2** 横になって休む, 仮眠する. **3** 葬られている, 埋葬されている. **4**《液体が》澄んでくる. **5**《料》《生地・種などが》落ち着く, 寝かしてある;蒸れる.

━ 他 **1** もたせかける, のせる. El niño *reposó* la cabeza sobre [en] mi hombro. 子供は私の肩に頭をもたせかけた. **2** 胃に落ち着かせる. ～ la comida 食後の休息をする. ━ **～se** 再《液体が》澄む.

re·po·se·ra [r̃e.po.sé.ra] 女《ラ米》《ｱﾙｾﾞﾝ》デッキチェア (=tumbona).

re·po·si·ción [r̃e.po.si.θjón / -.sjón] 女 **1** 返還, 返戻. **2** 復帰, 復職. **3** 再上映, 再演. **4** (新品との)取り替え, 交換. **5** 返答, 回答. **6** 補充, 補充. ～ de existencias 在庫品の補充. **7** (病気の)回復.

re·po·si·to·rio [r̃e.po.si.tó.rjo] 男 倉庫, 貯蔵所 (=almacén).

*re·po·so [r̃e.pó.so] 男 **1** 休息, 息抜き;休養. gozar de un bien merecido ～ それ相応の休暇を楽しむ. un mes de ～ absoluto 1か月間の絶対安静. tierra en ～ 休耕地[休閑]地. hacer ～ 療養する. **2** 平穏, 平静. turbar su ～ (人の)心の平穏を乱す. **3** 停止, 静止. La máquina está en ～. その機械は止まっている. **4** 永眠, 永遠(とわ)の休息 (=eterno ～). cuerpo en ～ 遺体.

re·pos·ta·da [r̃e.pos.tá.ða] 女《ラ米》とげとげしい返事, くってかかるような応答.

re·pos·ta·je [r̃e.pos.tá.xe] 男 (食料・燃料などの)補給.

re·pos·tar(·se) [r̃e.pos.tár(.se)] 他 再《燃料など》を補充する, 補給する.

re·pos·te·rí·a [r̃e.pos.te.rí.a] 女 **1** 菓子製造(業);菓子製造法. **2**《集合的》菓子, ケーキ類. **3** 菓子屋, ケーキ屋. **4** 食料貯蔵室;食器室.

re·pos·te·ro, ra [r̃e.pos.te.ró, -.ra] 男 女 ケーキ職人, 菓子職人. ━ 男 **1** 紋章入りの掛け布. **2**《ラ米》(1)《*》食料貯蔵庫. (2)《ペル》食器棚.

re·pos·tón, to·na [r̃e.pos.tón, -.tó.na] 形《ラ米》《ｷｭｰﾊﾞ》《話》つっけんどんな, とげとげしい;生意気な.

re·po·ten·te [r̃e.po.tén.te] 形《話》こらえきれない, どうしようもない. No me da la ～ gana. 私はあまり気乗りがしない.

re·pre·gun·ta [r̃e.pre.gún.ta] 女《法》(証人に対する)反対尋問, (反対尋問に対する)尋問, 反問.

re·pre·gun·tar [r̃e.pre.gun.tár] 他《法》反対尋問をする, (反対尋問について)反問する.

re·pre·hen·der [r̃e.pre(.e)n.dér] 他 → reprender.

re·pre·hen·si·ble [r̃e.pre(.e)n.sí.ble] 形 → reprensible.

re·pre·hen·sión [r̃e.pre(.e)n.sjón] 女 → reprensión.

re·pren·der [r̃e.pren.dér] 他《格式》とがめる, しかる. Le *reprendieron* su mala conducta. 彼[彼女]はその非行をとがめられた.

re·pren·si·ble [r̃e.pren.sí.ble] 形《格式》《まれ》しかられて当然の, 叱責(しっせき)に値する;非難されるべき.

re·pren·sión [r̃e.pren.sjón] 女《格式》叱責(しっせき);とがめだて, 非難.

re·pren·si·vo, va [r̃e.pren.sí.βo, -.βa] 形 とがめるような, 責めるような;非難する.

re·pren·sor, so·ra [r̃e.pren.sór, -.só.ra] 形 → reprensivo. ━ 男 女 とがめる人, 叱責(しっせき)する人.

re·pre·sa [r̃e.pré.sa] 女 せき止めること[もの];ダム, 堰(せき).

re·pre·sa·lia [r̃e.pre.sá.lja] 女 **1**《主に複数で》報復, 仕返し;復讐(ふくしゅう). como ～ por... …の仕返しとして. tomar [ejercer] ～s contra... …に対して報復する. **2** (戦時下の)敵国財産の押収.

re·pre·sa·liar [r̃e.pre.sa.ljár] 82 他 報復する, (報復として)罰[処分]する. El gobierno *represalió* a los disidentes. 政府は反体制分子に報復した.

re·pre·sar [r̃e.pre.sár] 他 **1** 〈まれ〉〈川を〉せき止める；ダム[堰(ぜき)]を造る.
2 〈感情などを〉抑える, 抑制する, こらえる.
3 〈拿捕(だほ)された船舶を〉奪い返す, 奪回する.

re·pre·sen·ta·ble [r̃e.pre.sen.tá.ble] 形 **1** 表現できる, 表示しうる. **2** 上演できる, 舞台化できる. **3** 代表[代理]できる.

re·pre·sen·ta·ción [r̃e.pre.sen.ta.θjón / -.sjón] 女
1 表現, 描写. ～ gráfica de diferentes sonidos 様々な音の記号表現. Esta pintura es la ～ de una escena bíblica. この絵は聖書の一場面の描写である.
2 上演, 公演（＝función）. una serie de cien *representaciones* 100回連続公演. Carlos fue a ver la ～ y se emocionó al final. カルロスはその公演を見に行き, 最後に感動した.
3 象徴；イメージ（＝imagen）；表象. una ～ de la batalla 戦いを象徴するもの.
4 代表(団)（＝delegación）；代理(権)；販売代理業[店]. ～ proporcional 比例代表制. ～ diplomática 外交代表団. ～ política 代議制. La ～ de la empresa visitó las instalaciones de la nueva tienda. その企業の代表が新店舗の施設を訪れた. Esta oficina lleva la ～ de los cantantes. この事務所が歌手たちの代理権をもっている. nuestra ～ comercial en Japón わが社の日本での販売代理店. **5** (社会的な)重み, 権威. hombre de ～ 重要人物, 要人. **6** 嘆願, 懇願. hacer *representaciones* a... …に陳情する. **7** 《法》承祖[代襲]相続. heredero por ～ 承祖相続人.
en representación de... …の代表[代理]として.
por representación 代理人をもって, 代理で.
asistir *por* ～ 代理人として[を立てて]参加する. firmar *por* ～ 代理として署名する.

re·pre·sen·ta·dor, do·ra [r̃e.pre.sen.ta.đór, -.đó.ra] 形 代表する, 代理の.
— 男 女 **1** 代表者；代理人. **2** 俳優, 役者.

re·pre·sen·tan·te [r̃e.pre.sen.tán te] 形 《名詞＋》代表の, 代理の. alumno ～ de la escuela 学校代表の生徒.
— 男 女 **1** 代表者, 代理人. ～ comercial 通商代表. ～ diplomático 外交官. Los diputados son ～s de los intereses del pueblo. 国会議員は国民の利益を代表する. Nuestros ～s van a asistir a la conferencia internacional. 我々の代表者がその国際会議に出席する. Firmaron un contrato con el ～ del artista. 彼[彼女]らはそのアーティストの代理人と契約を結んだ.
2 販売代理店[人]（＝agente comercial）. ～ de una compañía de seguros suiza スイスの保険会社の代理店. **3** 俳優.

re·pre·sen·tar [r̃e.pre.sen.tár] 他 **1** 表す, 象徴する. Este cuadro *representa* la esperanza del hombre. この絵は人類の希望を表している. La rama de laurel *representa* la victoria. 月桂樹は勝利を意味する.
2 〈人・ものが〉(言葉・図表などで)表現する, 記述する. La novela lo *representa* como un hombre serio. 小説は彼をまじめな男として描いている.
3 〈集合体を〉代表する. ～ a los electores 有権者を代表する. Estos pintores *representan* la corriente principal. これらの画家が主流を代表する.
4 〈役割を〉代行する. ～ al dueño del piso マンション所有者の代理を務める.
5 〈役柄を〉演じる；〈作品を〉上演する. ～ un papel importante en una película 映画で重要な役を演じる. ～ una ópera en el teatro nacional 国立劇場でオペラを上演する.
6 〈価値に〉相当する, 意義を持つ. Esta foto *representa* mucho para mí. この写真は私にとってとても重要なものだ. La educación *representa* el veinte por ciento de los gastos. 教育費は支出の20パーセントを占める. Eso *representaba* mi única alternativa. それが私の唯一の選択肢だった.
7 〈年齢に〉見える；…の様相を見せる. Tu abuelo *representa* unos sesenta años. 君のおじいさんは60歳くらいに見えるよ.
8 《古語》見せる, 示す（＝presentar）.
— ～*se* 再 **1** …を思い浮かべる, 思い描く. ～*se* una imagen イメージを思い浮かべる. **2** 上演される；《a＋人》〈人〉に思い浮かぶ. Ella siempre *se me representa* con aquella sonrisa. 彼女のことはいつもあの笑顔と共に思い出す.
［← ［ラ］ *repraesentāre*（*praesentāre*「差し出す」より派生）関連 representación, representante, representativo. [英] *represent*］

re·pre·sen·ta·ti·vi·dad [r̃e.pre.sen.ta.ti.bi.đáđ] 女 代表性, 代表(的)であること.

re·pre·sen·ta·ti·vo, va [r̃e.pre.sen.ta.tí.bo, -.ba] 形 **1** 表現する, 描写する. signos ～s de la riqueza 富を表象するしるし. **2** 代表[代理]の；代議員の, 代議制の. cargo ～ 代理職. régimen ～ 代議制. **3** 代表する, 代表的な；典型的な. **4** 意義のある, 重要な.

*re·pre·sión [r̃e.pre.sjón] 女 **1** 抑圧, 抑制；弾圧. **2** 《心》抑圧.

re·pre·si·vo, va [r̃e.pre.sí.bo, -.ba] 形 抑圧的な, 抑制的な；弾圧的な. la educación *represiva* 抑圧的な教育.

re·pre·sor, so·ra [r̃e.pre.sór, -.só.ra] 形 抑える, 抑制する；弾圧する.
— 男 女 抑圧者；弾圧[鎮圧]者.

re·pri·men·da [r̃e.pri.mén.da] 女 叱責(しっせき)；とがめること, 非難.

re·pri·mi·ble [r̃e.pri.mí.ble] 形 抑えられる, 制止[抑制]できる；禁止できる.

re·pri·mi·do, da [r̃e.pri.mí.đo, -.đa] 形 〈人が〉(性的に)抑圧された. — 男 女 (性的)被抑圧者.

*re·pri·mir [r̃e.pri.mír] 他 **1** 〈衝動・感情などを〉抑える, こらえる. no poder ～ una carcajada どうしても笑いをこらえられない. **2** 鎮圧する, 制圧する.
3 《心》抑圧する.
— ～*se* 再 自分を抑える. ～*se* de＋不定詞 …するのをこらえる.

re·pri·sar [r̃e.pri.sár] 他 《ラ米》《スペイン》《チリ》《グアテマラ》再上演[再上映]する.

re·pri·se [r̃e.prís] ［仏］ 女 《車》加速.

re·pri·va·ti·za·ción [r̃e.pri.ba.ti.θa.θjón / -.sa.sjón] 女 再民営化.

re·pri·va·ti·zar [r̃e.pri.ba.ti.θár / -.sár] 97 他 再民営化する. El Gobierno apunta a ～ la empresa petrolera. 政府はその石油会社を再民営化しようと目論んでいる.

re·pro·ba·ble [r̃e.pro.bá.ble] 形 非難されるべき, 責められるべき.

re·pro·ba·ción [r̃e.pro.ba.θjón / -.sjón] 囡《格式》非難, 叱責(とうせき).

re·pro·ba·do, da [r̃e.pro.bá.ðo, -.ða] 形 **1** 非難された, 叱責(とうせき)を受けた. **2** 不合格[落第]となった, 不可と判定された. **3**《宗》地獄に落ちた, 永罰を与えられた.

re·pro·ba·dor, do·ra [r̃e.pro.ba.ðór, -.ðó.ra] 形 非難[叱責(とうせき)]する; 不可とする.

re·pro·bar [r̃e.pro.bár] 15 他 **1** 容認しない, 否定する. *Repruebo* toda clase de violencia. 私はいかなる暴力も認めない. **2**《格式》非難する, とがめる. Las tías *reprobaron* mi comportamiento. おばたちは私の振る舞いをしかった. **3**《宗》永罰を与え, 地獄に落とす. **4**《ラ米》(ᴍᴇx)(ʀᴘʟ)不合格[落第]にする, 不可とする. Me han *reprobado* en las matemáticas. 数学で落ちてしまった.

re·pro·ba·to·rio, ria [r̃e.pro.ba.tó.rjo, -.rja] 形 非難の, とがめだてする.

ré·pro·bo, ba [r̃é.pro.bo, -.ba] 形 **1**《格式》非難されるべき; 邪悪な. **2**《宗》神に見捨てられた, 地獄に落ちる. ― 男 囡 **1** 邪悪な人. **2** 神に見捨てられた人, 地獄に落ちる人.

re·pro·ce·sa·mien·to [r̃e.pro.θe.sa.mjén.to / -.se.-] 男 再処理. la planta de ~ nuclear 核再処理工場.

re·pro·cha·ble [r̃e.pro.tʃá.ble] 形 非難されるべき, とがめられるべき.

re·pro·cha·dor, do·ra [r̃e.pro.tʃa.ðór, -.ðó.ra] 男 囡 非難する人, とがめる人.

*__re·pro·char__ [r̃e.pro.tʃár] 他 **非難する**, 責める. El profesor lo *reprochó* por su pereza. 先生は彼の怠慢をしかった.
― ~·se 再 自分自身を責める, 自責の念に駆られる.

*__re·pro·che__ [r̃e.pró.tʃe] 男 非難, 叱責(とうせき); 小言. en tono de ~ たしなめるような調子で.

*__re·pro·duc·ción__ [r̃e.pro.ðuk.θjón / -.sjón] 囡 **1 再現**; 再版, 復刻(版). ~ del *Diccionario de Autoridades* (1726年刊の)『スペイン語模範辞典』の復刻. ~ del sonido 音の再生.
2 複製(品), コピー. una ~ del cuadro de Picasso ピカソの絵の複製.
3《医》(病気の)再発. **4**《生物》生殖, 繁殖. ~ sexual [asexual] 有性[無性]生殖. **5**《経》再生産.

re·pro·du·ci·ble [r̃e.pro.ðu.θí.ble / -.sí.-] 形 **1** 再現できる, 再生できる; 復刻可能な. **2** 複製できる, 複写[模写]できる. **3** 再発の可能性がある. **4** 繁殖可能な.

*__re·pro·du·cir__ [r̃e.pro.ðu.θír / -.sír] 37 他 **1 再現する**; 〈音声・画像などを〉再生する; 〈文書などを〉複写する. ~ el sonido grabado 録音した音声を再生する. ~ un discurso por escrito 演説を文章に写し取る. ~ el color del cielo en la pintura 絵で空の色を再現する. Hace falta permiso para ~ el texto de un libro. 書物の文章を転載する場合は許可が必要である.
2《生物》増殖[繁殖]させる; 再形成する. ~ las células 細胞を増殖させる. **3**《経》再生産する.
― ~·se 再 **1** 増殖する, 繁殖する. ~se sexualmente 有性生殖を営む.
2《3人称で》再現される; 再発する. Se me ha *reproducido* el asma. 喘息(ぜんそく)が再発した.

re·pro·duc·ti·bi·li·dad [r̃e.pro.ðuk.ti.bi.li.ðáð] 囡 生殖能力, 繁殖力.

re·pro·duc·ti·vi·dad [r̃e.pro.ðuk.ti.bi.ðáð] 囡 **1** 再生性; 再生産性. **2** 繁殖性, 生殖力.

re·pro·duc·tor, to·ra [r̃e.pro.ðuk.tór, -.tó.ra] 形 **1**《解剖》生殖の; 種畜用の. **2** 複製を作る, 再生する. máquina *reproductora* 複写機.
― 男 種畜. ― 男 (録音・録画などの)再生装置[機器]; 《IT》複写穿孔(せんこう)機.

reproduj- / **reproduzc-** 活 → reproducir.

re·pro·gra·fí·a [r̃e.pro.gra.fí.a] 囡 複写(技術).

re·pro·grá·fi·co, ca [r̃e.pro.grá.fi.ko, -.ka] 形 複写(技術)の.

reps [r̃éps] 男《単複同形》畝織り, 横畝織り.

Rep·sol [r̃ep.sól] 固名 ~ YPF (*Yacimientos Petrolíferos Fiscales*)レプソル: 石油・ガス関連企業.

rep·ta·ción [r̃ep.ta.θjón / -.sjón] 囡 はい歩き, はい回り.

rep·tan·te [r̃ep.tán.te] 形 はう, はい回る.

rep·tar [r̃ep.tár] 自 はう, はって回る.

*__rep·til__ [r̃ep.tíl] 形《動》爬虫(はちゅう)類の.
― 男 爬虫類 (の動物); 《複数で》《集合的》爬虫類.

__re·pú·bli·ca__ [r̃e.pú.bli.ka] 囡 **1 共和国**; 共和政体, 共和制. R~ Dominicana ドミニカ共和国. R~ Argentina アルゼンチン共和国. ~ federal [popular] 連邦[人民]共和制. **2** 自治体. **3** 公益, 公共.
república de las letras / *república literaria* (ある国・時代の)文壇, 文学界.
[←〔ラ〕*rem publicam* (*rēs pūblica* の対格)「公のこと, 国務, 国家」; 関連 republicano.〔英〕*republic*]

re·pu·bli·ca·nis·mo [r̃e.pu.bli.ka.nís.mo] 男 共和制, 共和主義.

re·pu·bli·ca·ni·zar [r̃e.pu.bli.ka.ni.θár / -.sár] 97 他 共和国[政体]にする; 共和主義にする, 共和党員にする. ― ~·se 再 共和国[政体]になる; 共和主義になる, 共和党員になる.

*__re·pu·bli·ca·no, na__ [r̃e.pu.bli.ká.no, -.na] 形 共和国の, 共和政体の; 共和制の. el partido ~ 共和党.
― 男 囡 共和主義者, 共和制支持者; 共和党員.

re·pu·dia·ble [r̃e.pu.ðjá.ble] 形 **1**〈妻が〉離縁されて当然な, 離縁される可能性のある.
2〈権利などが〉放棄できる.

re·pu·dia·ción [r̃e.pu.ðja.θjón / -.sjón] 囡《法》(権利の)放棄. ~ de la herencia 相続権の放棄.

re·pu·diar [r̃e.pu.ðjár] 82 他 **1** (道徳的に)受けつけない, 拒絶[拒否]する (= rechazar).
2〈妻を〉(正当な理由で)離縁する.
3《法》〈相続権などを〉放棄する.

re·pu·dio [r̃e.pú.ðjo] 男 (妻の)離縁; 放棄, 拒否.

re·pu·drir [r̃e.pu.ðrír] 79 他《過分》は repodrido] **1** すっかり腐らせる, 腐敗させる. **2** 蝕(むしば)む, 痛めつける. ― ~·se 再 **1** 朽ちる, 朽ち果てる. **2**《話》憔悴(しょうすい)する, やつれ果てる.

re·pues·to, ta [r̃e.pwés.to, -.ta] [reponer の過分] 形 **1** (元の場所に)戻された; 復職した, 復帰した. **2** 取り替えられた, 交換された. **3** 〈健康を〉回復した, 取り戻した.
― 男 **1** 交換部品, スペアパーツ. **2** 備蓄, 蓄え; 糧食. Tenemos un buen ~ de gasolina. 我々のガソリンのストックは十分にある.
de repuesto 予備の, 代わりの. rueda *de* ~ 予備のタイヤ.

re·pug·nan·cia [r̃e.pug.nán.θja / -.sja] 囡 **1** 嫌悪, 反感; 不快. sentir [tener] ~ a [hacia]...

に嫌悪感を覚える. Las arañas me dan [causan] ~. 私はクモを見るとぞっとする. **2** 嫌気, 気が進まないこと. **3** 吐き気. **4** 矛盾, 不一致. ~ entre dos teorías 2つの理論の間の矛盾.

***re·pug·nan·te** [r̃e.puɡ.nán.te] 形 嫌悪感を起こさせる, 大嫌いな；不快な.

***re·pug·nar** [r̃e.puɡ.nár] 自 嫌悪を抱かせる, 不快感を催させる. Los sapos me repugnan. 私はヒキガエルを見るとぞっとする. Me repugnó su comportamiento. 私は彼〔彼女〕の態度にうんざりした. Me repugna tener que hacerlo. そんなことをするのは絶対に嫌だ. ── 他 嫌う, 嫌悪する.
── ~·se 再 矛盾する, 相反する.

re·pu·ja·do, da [r̃e.pu.xá.ðo, -.ða] 形〈金属などが〉打ち出し細工した, 圧印加工した.
── 男 打ち出し細工(品), 圧印加工(品).

re·pu·ja·dor, do·ra [r̃e.pu.xa.ðór, -.ðó.ra] 男 女 打ち出し細工職人.
── 男〔打ち出し細工の〕たがね, チゼル.

re·pu·jar [r̃e.pu.xár] 他〈金属などに〉浮き出し細工をする, 圧印加工する.

re·pul·gar [r̃e.pul.ɡár] 103 他 **1**〈布を〉へりを折り返して縫う, へり縫いをする. **2**【料】(パイ・ケーキなどに)縁飾りをつける.

re·pul·go [r̃e.púl.ɡo] 男 **1**【服飾】(布を折り返して縫った)へり, へり縫い. **2**【料】(パイ・ケーキの)縁飾り. **3**(樹皮の傷跡にできる)こぶ. **4**《複数で》《話》心配, 杞憂(きゆう).

re·pu·lir [r̃e.pu.lír] 他 **1** 磨きをかける, 完璧(かんぺき)にする；推敲(すいこう)する. **2** めかし込ませる, 盛装させる.
── ~·se 再 めかし込む, 盛装する.

re·pu·llo [r̃e.pú.ʝo ‖ -.λo] 男 **1** はっとすること, ぴくつき. dar un ~ ぎくっとする. **2** ダーツの矢.

re·pul·sa [r̃e.púl.sa] 女 **1** 拒否, 拒絶. **2** 糾弾；非難.

re·pul·sar [r̃e.pul.sár] 他 **1** 拒否する, 拒絶する. **2** 糾弾する；非難する.

***re·pul·sión** [r̃e.pul.sjón] 女 **1** 拒絶, 拒否；嫌悪. **2**【物理】反発(作用), 斥力.

re·pul·si·vo, va [r̃e.pul.sí.βo, -.βa] 形 嫌悪を感じさせる, むかつく（= repelente).

re·pun·ta [r̃e.pún.ta] 女 **1** 岬, 岬の端(はし). **2** 徴候, 兆し. **3** 腹立ち, 怒り；小競り合い. **4**《ラ米》(1) 家畜の駆り集め. (2)〔ラプ〕〔ゴル〕川の増水.

re·pun·tar [r̃e.pun.tár] 自 **1** 兆しを見せる, 徴候が出る. **2**〈潮〉が変わる, 潮が差し[引き]始める. **3**《ラ米》(1)〈人が〉ひょっこり現れる. (2)〈川〉が増水する. (3)〔プア〕出世する, 地位が上がる. ── 他《ラ米》〈家畜を〉駆り集める. ── ~·se 再 **1**〈ワインが〉酸っぱくなる. **2** 腹を立てる, 不機嫌になる.

re·pun·te [r̃e.pún.te] 男 **1**(潮の)変わり目. **2** 物価の上昇. **3**《ラ米》(1)(家畜の)駆り集め. (2)〔プア〕株価の上昇.

repus- 略 → reponer.

***re·pu·ta·ción** [r̃e.pu.ta.θjón / -.sjón] 女 評判, 世評；名声. de ~ mundial 世界的に有名な. perder la ~ 名声を失う. perjudicar [dañar] la ~ 名声を傷つける. Ese político tiene buena [mala] ~. その政治家は評判がいい〔悪い〕.
[← 〔ラ〕reputātiōnem (reputātiō の対格)「吟味；計算」；reputāre「計算する」(→ reputar) より派生. 〔関連〕reputar, computar, imputar.〔英〕reputation]

re·pu·ta·do, da [r̃e.pu.tá.ðo, -.ða] 形 評判の, 名高い.

re·pu·tar [r̃e.pu.tár] 他《格式》《de... / por... / como... ...と》見なす, 評価する. Lo reputan de experto. 彼は専門家と見なされている.

re·que·brar [r̃e.ke.βrár] 8 他 **1**《格式》〈人を〉ほめそやす；言い寄る, 口説く. **2** お世辞を言う, 機嫌を取る. **3** 粉々にする, 細かく砕く.

re·que·che [r̃e.ké.tʃe] 男《ラ米》〔ラプラタ〕《話》(食べ物などの)残り.

re·que·chos [r̃e.ké.tʃos] 男《複数形》《ラ米》〔ラプラタ〕《話》(食べ物などの)残り.

re·que·ma·do, da [r̃e.ke.má.ðo, -.ða] 形《estar+》**1** 焼け焦げた, 黒焦げの. **2** 日に焼けた.

re·que·mar [r̃e.ke.már] 他 **1** 焦がす；焼く. ~ el arroz ご飯を焦がす. **2** 日焼けさせる. **3**〈植物を〉枯らす, しなびさせる. **4**(口の中を)やけどさせる, ひりひりする. **5**《話》苦しめる；いらいらさせる.
── 自 苦しい思いをする, いらだつ.
── ~·se 再 **1**(焼け)焦げる；日焼けする. **2**〈植物が〉枯れる, しなびる. **3**〈口の中が〉やけどする, ひりひりする. **4**《話》苦しむ, いらだつ.
requemar de impaciencia 辛抱しきれずにじりじりする.
requemar la sangre はらわたが煮えくり返る.

re·que·ne·te [r̃e.ke.né.te] 形《ラ米》〔ゴスタ〕《話》ずんぐりした, 寸の詰まった.

re·que·ne·to, ta [r̃e.ke.né.to, -.ta] 形《ラ米》〔ラプラタ〕〔ゴスタ〕→ requenete.

re·que·ri·ble [r̃e.ke.rí.βle] 形 必要となる, 不可欠となる.

re·que·ri·do, da [r̃e.ke.rí.ðo, -.ða] 形 **1** 必要とされる, 所定の. **2**【法】(裁判所などへ)召喚された, 出廷を命じられた.

re·que·ri·dor, do·ra [r̃e.ke.ri.ðór, -.ðó.ra] 男 女 **1** 要請する, 依頼する. ── 男 女 **1** 要請者, 申請人. **2**【法】召喚者；通告者, 勧告者.

re·que·rien·te [r̃e.ke.rjén.te] 形 男 女 → requeridor.

***re·que·ri·mien·to** [r̃e.ke.ri.mjén.to] 男 **1** 依頼；要望, 要請. a ~ de... ...の求めに応じて. **2**【法】召喚(状), 出頭命令(書)；勧告.

***re·que·rir** [r̃e.ke.rír] 220 他 **1**〈対応・手段などを〉(必然的に) **要求する**, 必要とする. Este trabajo requiere mucho cuidado [tiempo]. この仕事には細心の注意[多くの時間]が要る. Mi hijo requiere apoyo mental. 私の息子は精神的な助け[後ろだて]を必要としている. Este crimen requiere un castigo severo. この犯罪は重罰に値する.
2【法】(機関・人が)〈行為などを〉(職権によって)求める；〈人に〉通達する. ~ la presencia de los testigos 証人の出頭を求める. ~ de pago al deudor 債務者に支払いを求める. El juez requirió a esa empresa que entregara la copia. 裁判官はコピーを提出するようにその企業に求めた.
3〈人に〉要望する, 懇願する. ~ a una mujer en matrimonio 女性に結婚を申し込む.
4 調べる, 確認する.
── 自《de... ...を》(必然的に)要求する, 必要とする.
── ~·se 再《3人称で》必要とされる, 不可欠である. Se requiere conocimiento de inglés.《求人案内で》英語の知識を要す.
[← 〔ラ〕requirere; re-「再び」+ quaerere「探す, 求める」(→ querer);〔関連〕recuesta, requisito.〔英〕require]

re·que·són [r̃e.ke.són] 男 凝乳；カッテージチーズ.

re·que·té [r̃e.ke.té] 男 カルロス党義勇兵〔軍〕.

requete-

♦カルリスタ戦争 (1833 - 1839) の際に組織され,その名はrequetevaliente「非常に勇敢な」あるいはrequetebeato「信仰に篤(あつ)い」に由来すると言われる. →carlista.

requete- [(接頭)] 《話》形容詞, 副詞に付けて「とても, 非常に」の意. → *requete*bién, *requete*bueno, *requete*lleno, *requete*tonto. → re-, rete-.

re·que·te·bién [r̄e.ke.te.bjén] [(副)] 《話》すばらしく, 見事に.

re·que·te·gua·po, pa [r̄e.ke.te.gwá.po, -.pa] [(形)] とても美人[ハンサム]な, 大変きれいな.

re·quie·bro [r̄e.kjé.bro] [(男)] **1** お世辞, ほめ言葉; 口説き. decir ～s a+人 (人)にお世辞を言う; 言い寄る. **2** 《鉱》破砕鉱.

ré·quiem [r̄é.kjem] [(男)] 《カト》《音楽》レクイエム, 死者のためのミサ(曲). ♦requiem aeternam dona eis「彼らに永遠の平安を与えたまえ」というラテン語の入祭文の冒頭語から.

requier- [(活)] →requerir.

re·quiés·cat in pa·ce [r̄e.kjés.kat im pá.θe / -.se] [(ラ)] **1** 安らかに眠りたまえ (= descanse en paz). ♦墓碑銘によく記される. RIP, R.I.P. と略されることもある. **2** 《話》もう人済んだことだ.

re·qui·lo·rio [r̄e.ki.ló.rjo] [(男)] 《複数で》 **1** 面倒な手続き, うんざりするような形式主義. **2** 余分な飾り, 不必要な付け足し. **3** 回りくどい言い方, 長々しい前置き.

re·quin·tar [r̄e.kin.tár] [(他)] **1** 《音楽》音程を5度高く[低く]する. **2** 《ラ米》張る. (1)(アルゼ)(ウル)上質の蒸留酒. 女酒. (2)(パラ)(チリ)岸辺の流木, ごみ, 堆積(たいせき)土; 吹きだまりの住人, 社会のくず. (3)(タリ)(俗)殴打, なぐりつけ. (4)(メキシ)極上の品物. **3** 極悪人, 悪党, 悪. **6** (メキシ)貯水池.

re·quin·to [r̄e.kín.to] [(男)] 《音楽》 **1** アルト・クラリネット, **2** レケント・ギター. (1)(メキシ)10弦の小型ギター. (2) 通常より5度高い調弦のギター.

requir- [(活)] →requerir.

re·qui·ren·te [r̄e.ki.rén.te] [(形)] 要望する; 要請する. ━[(男)] **1** 要請者. **2** 《法》召喚者.

re·qui·sa [r̄e.kí.sa] [(女)] **1** 没収, 押収, 差し押さえ. **2** (軍隊による)徴発, 徴用. **3** 《ラ米》(チリ)捜査 [詰問], 点検.

re·qui·sar [r̄e.ki.sár] [(他)] **1** 没収する, 押収する. **2** 徴発する, 徴用する. **3** 捜査する; 調査[点検]する.

re·qui·si·ción [r̄e.ki.si.θjón / -.sjón] [(女)] (軍隊による)徴発, 徴用.

* **re·qui·si·to** [r̄e.ki.sí.to] [(男)] **必要条件**, 要件. previo 前提条件. ～ indispensable 必須(ひっす)条件. Este documento satisface todos los ～s. この書類はすべての要件を満たしている.

re·qui·si·to·ria [r̄e.ki.si.tó.rja] [(女)] 《ラ米》審問.

res [r̄és] [(女)] **1** (四つ足の)動物, 四足獣; (牛・羊などの)家畜. *reses* de matadero 畜殺獣. *res* vacuna (家畜の)牛. **2** 一頭, 頭数. rebaño de veinte *reses* 20頭の群れ. **3** 《ラ米》(1) 牛. carne de *res* 牛肉. (2) (タリ) 《俗》人体. (3) (メキシ)《話》ぼんくら, まぬけ.

re·sa·ber [r̄e.sa.bér] [(自)] 精通する, よく知っている.

re·sa·bia·do, da [r̄e.sa.bjá.ðo, -.ða] [(形)] **1** 〈動物が〉悪い癖のついた, 悪知恵のついた. **2** 《闘牛》〈牛が〉狡猾(こうかつ)な. **3** 〈人が〉知恵のついた, 経験を積んだ; ずる賢い.

re·sa·biar [r̄e.sa.bjár] [(他)] 《まれ》〈動物などに〉悪い癖[習慣]をつけさせる; 悪いことを教える.

━～·se [(再)] 《まれ》悪い癖がつく, 悪い習慣がつく.

re·sa·bi·do, da [r̄e.sa.βí.ðo, -.ða] [(形)] **1** よく知られている, 周知の. Es sabido y ～ que.... ...ということはわかりきったことである. **2** よく知っている; うぬぼれした, 物知り顔の.

re·sa·bio [r̄e.sá.βjo] [(男)] **1** (舌に残る嫌な)後味. **2** 《まれ》悪い癖, 悪い習慣.

re·sa·bio·so, sa [r̄e.sa.βjó.so, -.sa] [(形)] 《ラ米》(メキシ)(タリ)《家畜が》悪い癖がついた.

re·sa·ca [r̄e.sá.ka] [(女)] **1** 《海》引き波. **2** 《話》二日酔い. tener ～ 二日酔いである. **3** 《商》戻り為替手形. **4** 《話》高揚した気分, 興奮状態. **5** 《ラ米》(1)(アルゼ)(パラ)(ウル)上質の蒸留酒, 女酒. (2)(パラ)(チリ)岸辺の流木, ごみ, 堆積(たいせき)土; 吹きだまりの住人, 社会のくず. (3)(タリ)(俗)殴打, なぐりつけ. (4)(メキシ)極上の品物. **3** 極悪人, 悪党. **6** (メキシ)貯水池.

re·sa·ca·do, da [r̄e.sa.ká.ðo, -.ða] [(形)] 《話》けちな; ばかな; 性悪の.
━[(男)] 《ラ米》(1)(アルゼ)(パラ)(ウル)密輸酒. (2)(メキシ)(アルゼ)(パラ)上質の[度数の高い]蒸留酒.

re·sa·car [r̄e.sa.kár] [(他)] 《ラ米》(メキシ)(タリ)(パラ) 2度蒸留する, 精留する.

re·sa·la·do, da [r̄e.sa.lá.ðo, -.ða] [(形)] 《話》気の利いた, 粋(いき)な; 愛嬌(あいきょう)のある.

re·sa·lir [r̄e.sa.lír] [(自)] 突き出る, 張り出す.

re·sal·tan·te [r̄e.sal.tán.te] [(形)] 顕著な, 際立つ.

* **re·sal·tar** [r̄e.sal.tár] [(自)] **1 際立つ**, ぬきんでる (= destacarse). Las flores rojas *resaltaban* sobre el césped. 赤い花が芝生の中で一際鮮やかだった. **2** 張り出す, 出っ張る. **3** 跳ね上がる, 弾む. *hacer resaltar* ... ...を際立たせる.

re·sal·te [r̄e.sál.te] [(男)] (建物の)出っ張り, 張り出し.

re·sal·to [r̄e.sál.to] [(男)] **1** 跳ね返り, リバウンド. **2** 張り出し, 出っ張り. **3** 《狩》イノシシが立ち止まった瞬間をねらって発砲すること.

re·sal·vo [r̄e.sál.βo] [(男)] (摘まずに残す)若芽, 新芽.

re·sa·nar [r̄e.sa.nár] [(他)] **1** 〈金めっき・金箔(きんぱく)の剝(は)げた部分を〉塗り[張り]直す. **2** 直す, 修復する.

re·sa·que [r̄e.sá.ke] [(男)] 《ラ米》(メキシ)焼酎(しょうちゅう).

re·sa·que·ro, ra [r̄e.sa.ké.ro, -.ra] [(形)] 《ラ米》(メキシ)《話》怠惰な, のろまな.

re·sar·ci·ble [r̄e.sar.θí.ble / -.sí.-] [(形)] **1** 償いのつく, 償[賠償]できる. **2** 払い戻しのきく, 返金可能な.

re·sar·ci·mien·to [r̄e.sar.θi.mjén.to / -.si.-] [(男)] **1** 補償, 賠償. **2** 払い戻し, 返金.

re·sar·cir [r̄e.sar.θír / -.sír] [(他)] 《de...》 ...に対して)賠償する, 償う. ～ a+人 *de* una pérdida (人)に損害の弁償をする.
━～·se [(再)] 《de...》 ...に対する)賠償金を受けとる, 償ってもらう. Ya *me he resarcido de* los daños causados. 私はもう損害を賠償してもらった.

resarz- [(活)] →resarcir.

res·ba·la·da [r̄es.ba.lá.ða] [(女)] 《ラ米》(メキシ)(タリ)滑ること.

res·ba·la·de·ro, ra [r̄es.ba.la.ðé.ro, -.ra] [(形)] よく滑る, 滑りやすい; スリップしやすい.
━[(男)] **1** 滑りやすい場所. **2** 荷滑ろし, シュート. **3** 《ラ米》(メキシ)(タリ)《遊》滑り台.
━[(女)] 《ラ米》(メキシ)(タリ)《遊》滑り台.

res·ba·la·di·lla [r̄es.ba.la.ðí.ʝa || -.-ðí.-] [(女)] 《ラ米》(メキシ)《遊》滑り台.

res·ba·la·di·zo, za [r̄es.ba.la.ðí.θo, -.ða / -.so, -.sa] [(形)] **1** 滑りやすい, つるつる滑る; スリップしやすい. Una anguila es demasiado *resbaladiza* para atraparla con las manos. ウナギはぬるぬるして

res·ba·la·du·ra [r̃es.ba.la.ðú.ɾa] 女 滑った跡.
res·ba·lan·te [r̃es.ba.lán.te] 形 よく滑る, つるつるした.
***res·ba·lar** [r̃es.ba.láɾ] 自 **1** 滑る; 滑り落ちる, 伝って落ちる. ~ en el hielo 氷の上を滑る. *Resbaló* y se cayó. 彼[彼女]は滑って転んだ. Las gotas de lluvia *resbalaban* por los cristales. 雨の滴が窓ガラスを伝って落ちていた.
2 〈車が〉スリップする, 横すべりする; 〈クラッチが〉滑る. ► 語義1,2では再帰代名詞を伴うことがある. → El coche *se resbala* sobre la nieve. 雪で車がスリップする. **3** 〈床などが〉滑る, 滑りやすい. **4** 《話》へまをする, しくじる. **5** 《a+人》《話》〈人にとって〉どうでもよい. La pesca *me resbala*. 私は釣りには興味ない(► me が a+人に相当).
res·ba·lón [r̃es.ba.lón] 男 **1** 滑り, スリップ. dar [pegar] un ~ すってんころりと転ぶ.
2 失敗, ミス; 不適切な言動.
3 バネ式の錠前の舌. **4** 《ラ米》《⁎》情事.
res·ba·lo·so, sa [r̃es.ba.ló.so, -.sa] 形 **1** よく滑る, 滑りやすい; スリップしやすい.
2 《ラ米》《⁎》《話》色っぽい仕草の, コケティッシュな.
res·ca·cio [r̃es.ká.θjo / -.sjo] 男 《魚》フサカサゴ.
res·cal·dar [r̃es.kal.dáɾ] 他 熱湯をかける, 熱湯に入れる; 熱湯でやけどさせる.
res·ca·ta·ble [r̃es.ka.tá.ble] 形 救出可能な; 奪還[奪回]できる, 請け戻しできる.
res·ca·ta·dor, do·ra [r̃es.ka.ta.ðóɾ, -.ðó.ɾa] 男 女 取り[買い]戻す人, 請け戻す人; 救出者, 救助者.
***res·ca·tar** [r̃es.ka.táɾ] 他 **1** 《de... 危険・災難》から救う, 救出する. ~ al secuestrado 誘拐された人を救出する. Los rehenes fueron *rescatados*. 人質は無事救出から.
2 〈失ったものを〉取り返す, 奪い返す; 〈差し押さえ財産を〉請け戻す. ~ una ciudad 町を奪回する. ~ la hipoteca 抵当を請け戻す.
3 〈忘れられたもの・失ったものを〉取り戻す, よみがえらせる. ~ el tiempo perdido 失われた時間を取り戻す. Quisiera ~ mi juventud. 青年時代にもう一度戻りたいものだ. **4** 《ラ米》《⁎》転売する.
— 自 《ラ米》《⁎》〈村々を〉行商して歩く.
***res·ca·te** [r̃es.ká.te] 男 **1** 救出, 救助; 《奴隷の身分などからの》解放. operaciones de ~ 救出作戦.
2 身の代金, 身請けの金. exigir [imponer] ~ por+人 〈人〉の身の代金を要求する. **3** 弁済; 奪還, 奪回. **4** 《遊》捕まった仲間を救出する遊び.
res·ca·za [r̃es.ká.θa / -.sa] 女 《魚》カサゴ.
res·cin·di·ble [r̃es.θin.di.ble / -.sin.-] 形 取り消せる, 無効にできる.
res·cin·dir [r̃es.θin.díɾ / -.sin.-] 他 〈契約などを〉取り消す, 無効にする.
res·ci·sión [r̃es.θi.sjón / -.si.-] 女 《契約などの》取り消し, 解約.
res·ci·so·rio, ria [r̃es.θi.só.ɾjo, -.ɾja / -.si.-] 形 取り消しの, 無効にする.
res·col·do [r̃es.kól.do] 男 **1** 残り火, 埋み火.
2 心配, 気掛かり.
res·con·trar [r̃es.kon.tɾáɾ] 15 他 《商》埋め合わせる, 相殺する.
res·crip·to [r̃es.kɾíp.to] 男 **1** 《君主の》回答書; 聖断, 上意. **2** 《カト》《ローマ教皇の》答書(= ~ pontificio).
res·crip·to·rio, ria [r̃es.kɾip.tó.ɾjo, -.ɾja] 形

(王の)回答書による; (教皇の)答書の.
re·se·ca·ción [r̃e.se.ka.θjón / -.sjón] 女 干上がり; 乾燥させること.
re·se·ca·mien·to [r̃e.se.ka.mjén.to] 男 乾燥, 干上がること (= resecación).
re·se·car¹ [r̃e.se.káɾ] 102 《医》切除する, 摘出する.
re·se·car² [r̃e.se.káɾ] 102 他 からからに乾かす; 〈植物を〉干からびさせる, 枯らす.
— ~·se 再 からからに乾く, 干上がる. *Se me reseca* la boca. 口からからだ.
re·sec·ción [r̃e.sek.θjón / -.sjón] 女 《医》切除(術), 摘出(術).
re·se·co, ca [r̃e.sé.ko, -.ka] 形 **1** 《ser+ / estar+》からからに乾いた, 干上がった.
2 《estar+》やせた, 骨と皮ばかりの.
— 男 ミツバチの巣の蜜(⁎)のついていない部分.
re·se·da [r̃e.sé.ða] 女 《植》モクセイソウ, レセダ.
re·se·dá·ce·as [r̃e.se.ðá.θe.as / -.se.-] 女 《複数形》《植》モクセイソウ科(の植物).
re·se·llar [r̃e.se.jáɾ || -.ʎáɾ] 他 〈貨幣などに〉再び検印[刻印]を押す. — ~·se 再 主義を変える, 他の政党に乗り換える.
re·sem·brar [r̃e.sem.bɾáɾ] 8 《まれ》再びまき直す.

reseda
(モクセイソウ)

re·sen·ti·do, da [r̃e.sen.tí.ðo, -.ða] 形 **1** 《estar+》恨んでいる; 怒っている. *estar* ~ contra... …に恨みを抱いている. *estar* ~ por... …のことで恨んでいる.
2 すねた, ひがみっぽい.
— 男 恨みを抱いている人; ひがみっぽい人.
re·sen·ti·mien·to [r̃e.sen.ti.mjén.to] 男 恨み, 遺恨; ひがみ. guardar un ~ a+人 〈人〉に恨みを抱く.
re·sen·tir·se [r̃e.sen.tíɾ.se] 27 再 **1** 《de... …に》痛みを感じる, 苦しむ; 悩む. ~ *de* una antigua herida 古傷に苦しめられる.
2 弱くなる, 衰える; 傷む. La casa *se resintió* con la explosión. その家は爆発でがたがたになった.
3 《de... / por... …に対して》恨む, 恨みを抱く; 不快に思う. ~ con [contra]+人 〈人〉に腹を立てる, 恨みを抱く.
***re·se·ña** [r̃e.sé.ɲa] 女 **1** 書評; 寸評. los libros recientemente publicados 新刊書籍の書評. ~ literaria 文芸寸評. **2** 《特徴などの》描写, 記述, 概要; 簡単な報告. **3** 《軍》閲兵, 観兵.
re·se·ña·dor, do·ra [r̃e.se.ɲa.ðóɾ, -.ðó.ɾa] 男 女 書評家.
***re·se·ñar** [r̃e.se.ɲáɾ] 他 **1** 書評 [寸評] する.
2 簡潔な文章にまとめる, 概略する.
3 《特徴などを》記述 [描写] する.
[← 〔ラ〕*resignāre* 「封を切る; 無効にする; 放棄する」(→ resignar) 「目印しる」より派生;
関連 reseña, seña(1). 〔英〕*resign*]
re·se·ro [r̃e.sé.ɾo] 男 《ラ米》《⁎》《⁎》《⁎》牛飼い, カウボーイ; 牛買い(人).
***re·ser·va** [r̃e.séɾ.ba] 女 **1** 予約; 予約[指定]券. hacer una ~ de habitación [plaza] 部屋[席]の予約をする. confirmar [cancelar] la ~ 予約を確認する[取り消す]. ¿Tiene usted ~? ご予約はされていますか. En mi ~ pone que me dan desayuno. 私の予約券には朝食つきと書かれている.

2 蓄え, 備蓄;保存物;(鉱物などの)埋蔵量. hacer ~s de alimentos 食糧を備蓄する. la ~ mundial de petróleo 石油の世界埋蔵量. las ~s de glucógeno 体内に蓄積されたグリコーゲン. Se me ha agotado la ~ de tabaco. タバコの買い置きがなくなった.
3『経』《主に複数で》積立金, 予備資金. ~s de monedas extranjeras 外貨準備金.
4 遠慮, 慎重さ;内密. mantener su identidad en ~ 身分は明かさないでおく. Habló sin ~s sobre su vida privada. 彼[彼女]は私生活についてあけすけに語った. Esos documentos están bajo la más absoluta ~. それらの書類は完全極秘事項となっている.
5 留保(条件), 制限. recomendar con ciertas ~s 条件つきで推薦する. Me dieron su apoyo sin ~s. 彼[彼女]らは無条件の支持を私に与えてくれた.
6『軍』予備役;予備軍. pasar a la ~ 予備役に入る. **7** (先住民などの)特別保留地;(動物の)保護区.
8『カト』(非参列者の聖体拝領式)の)聖体の保管;保管された聖体(=~ eucarística).
— 男|女|『スポ』補欠選手(=jugador de ~).
— 男(3年以上熟成させた)酒, リザーブ.
— 活 → reservar.
a reserva de 〔+名詞 / +不定詞 / *que* +接続法〕…を除いて. *a ~ de que haya* algún cambio en el plan 計画に変更のない限り.

re·ser·va·ble [r̃e.ser.bá.ble] 形 保存のきく, 貯蔵できる;予約できる;貸し切ることができる.

re·ser·va·ción [r̃e.ser.ba.θjón / -.sjón] 女 **1** 蓄え, 取っておくこと. **2** 予留;制限, 条件;留保. **3** (ラ米)(切符などの)予約, 指定.

re·ser·va·da·men·te [r̃e.ser.bá.ða.mén.te] 副 控えめに, 遠慮がちに;内密に.

***re·ser·va·do, da** [r̃e.ser.bá.ðo, -.ða] 形 **1** 予約済みの;優先の. asiento ~ 優先席. tener plazas *reservadas* 予約席が取ってある. **2** 部外秘の, 機密の(= confidencial, secreto). documentos ~s 機密書類. **3** 慎重な, 口数の少ない, 控えめの.
— 男 **1** (レストランや列車の)予約席, 貸し切り室;個室. **2**『カト』聖櫃(ひつ)の中に保管しておく聖体.

asiento reservado (優先席)

****re·ser·var** [r̃e.ser.bár] 他 **1** 予約する. ~ una mesa en un restaurante レストランに席を予約する. Te *he reservado* la mejor habitación. 君のために最高の部屋を予約したよ.
2 取っておく, しまっておく. ~ fuerzas para el final 最後まで力を蓄えておく. ~ la mitad del dinero para gastos imprevistos 思いがけない出費のためにお金の半分を使わないでおく. El destino me *reservaba* una gran sorpresa. 運命は私に驚くべきことを用意していた.
3 差し控える, 留保する. ~ los detalles 詳細を出さないでおく. ~ *el juicio* 判断を留保する. Prefiero ~ mi opinión. 意見は差し控えさせていただきたい. **4**『カト』〈聖体を〉聖櫃に保管する.
— ~·se 再 **1** (自分の手元に)取っておく;留保する. *Nos reservamos* el derecho de admisión. 入場をお断りすることがあります.
2 自制する, 言動を控える. Tengo mucho que decir, pero *me reservaré*. 言いたいことはたくさんあるが, 控えておこう. [⊂/⊃ *reservāre* (*re* - 「元へ」+ *servāre* 「番をする;保つ」)];[関連 reserva, reservación. [英]*reserve*]

re·ser·va·ti·vo, va [r̃e.ser.ba.tí.bo, -.ba] 形 取ってある, 蓄えてある;予備の.

re·ser·vis·ta [r̃e.ser.bís.ta] 形『軍』予備役の.
— 男『軍』予備兵.

re·ser·vón, vo·na [r̃e.ser.bón, -.bó.na] 形 **1** 《話》実に用心深い;とても口数の少ない, 引っ込み思案な. **2**『闘牛』〈牛が〉おとなしい, 攻撃的でない.

re·ser·vo·rio [r̃e.ser.bó.rjo] 男 **1**『解剖』槽.
2『医』病原体保有者, 保菌宿主.
3 貯水池. **4** 貯蔵所.

re·se·te·ar [r̃e.se.te.ár] 自『IT』→ reiniciar.

res·fa·lar [r̃es.fa.lár] (ラ米)(チリ)(ラプ) → resbalar.

***res·fria·do, da** [r̃es.frjá.ðo, -.ða] 形 **1** 風邪をひいた. estar ~ 風邪をひいている.
2 (ラ米)(プエ) 慎みのない, 軽率な, 口の軽い.
— 男 **1** 風邪. coger [agarrar, pillar] un ~ 風邪をひく. curarse el ~ 風邪が治る.
2 (畑を耕しやすくするための)灌水(すい).

res·fria·du·ra [r̃es.frja.ðú.ra] 女『獣医』風邪.

res·fria·mien·to [r̃es.frja.mjén.to] 男 **1** 冷やすこと, 冷却. **2** 冷静, 悪寒.

res·frian·te [r̃es.frján.te] 男 (蒸留器の)冷却槽.

res·friar [r̃es.frjár] 81 他 **1** 冷却する, 冷たくする(= enfriar). **2** 〈興奮·熱情などを〉冷やす, 冷ます;落ち込ませる. **3** 風邪をひかせる.
— 自 冷える, 冷める;涼しく[寒く]なる. Últimamente *resfría* un poco por la mañana y por la noche. 朝晩少し寒く[涼しく]なってきた.
— ~·se 再 **1** 風邪をひく;寒けがする. Con este viento *me he resfriado*. この風で風邪をひいてしまった. **2** 〈気持ちなどが〉冷める. ~*se* en el amor 愛が冷める.

res·frí·o [r̃es.frí.o] 男 → resfriado.

res·guar·dar [r̃es.gwar.ðár] 他 《*de*... …から》守る, 防護する;保護する. Esta mampara nos *resguarda del* viento. この衝立(つい)のおかげで我々のところには風はこない. — ~·se 再 **1** 《*de*... …から》身を守る. **2** 用心する, 慎重に行動する.

res·guar·do [r̃es.gwár.ðo] 男 **1** 防護, 保護;保証(するもの). Con esta lluvia torrencial, el paraguas apenas sirve de ~. この豪雨では, 傘はほとんど役に立たない. **2** 預かり証, 受領書;(入場券などの)半券. Este documento le servirá de ~. この書類は証明書になります. ~ de consigna 手荷物預かり証. **3** 担保(物件);保証金. **4** (密輸の)監視(人). **5**『海』操船余地.

***re·si·den·cia** [r̃e.si.ðén.θja / -.sja] 女 **1** 居住;居住地. solicitar la ~ permanente 永住権を求める. certificado de ~ 住民票. Lo conocí durante mi ~ en Madrid. マドリードに住んでいたとき知り合った.
2 住居, 住まい;邸宅. segunda ~ セカンドハウス, 別荘. ~ oficial del primer ministro 総理官邸. ~ veraniega 王室夏の別荘. tener [fijar] su ~ en una ciudad ある都市に居を構える. escoger una isla como ~ habitual 普段住む場所としてある島を選ぶ.
3 寮, 宿舎;収容施設. ~ universitaria [de es-

resmillería

tudiantes] 大学寮. 〜 de ancianos 老人ホーム. 〜 sanitaria [長期入院患者用の]病院. 4 長期滞在型ホテル(=hotel 〜); 簡易宿泊所. → hotel [類語].
5【法】弾劾; 査問. **6**《ラ米》(俗)ラブホテル.

re·si·den·cial [r̃e.si.ðen.θjál / -.sjál] 形 **1**(主に高級)住宅用の, 居住用の. zona 〜 住宅地.
━男《ラ米》**(1)**(学生の)下宿屋, 安宿. **(2)** 高級アパート.

re·si·den·ciar [r̃e.si.ðen.θjár / -.sjár] 82 他【法】〈裁判官などを〉弾劾する, 査問[調査]する.

re·si·den·te [r̃e.si.ðén.te] 形 **1** 居住している, 在住の. 〜 en Cuzco クスコ在住の. japoneses 〜s en España スペインの在留邦人.
2 住み込みの. médico 〜 (病院住み込みの)研修医.
━男女 居住者, 在住者; 駐在員.
ministro residente 弁理公使.
no residente 在住でない; 非居住者.

re·si·dir [r̃e.si.ðír] 自 **1** 《en...〈場所〉に》居住する, 在住する. Mi padre *reside en* el pueblo. 主権は国民にある. Su encanto *reside en* su carácter abierto. 彼[彼女]の魅力はその開放的な人柄にある. El mayor problema *reside en* que no hay recursos. 最大の問題は資金不足にある.
[← [ラ] *residēre*「残っている, 座っている」; *sedēre*「座っている」(→ ser) より派生, [関連] residencia, residente, residuo. [英] *reside*「住む」, *residence*]

re·si·dual [r̃e.si.ðwál] 形 残り[余り]の; 残りかすの. 〜 aguas 〜es 汚水, 下水. aire 〜 [医](肺内の)残気.

*re·si·duo [r̃e.si.ðwo] 男 **1** 残り, 残余.
2《複数で》残りかす; 【化】残留物, 残滓(ざん), 残渣(ざん). 〜s radiactivos 放射性廃棄物. 〜s industriales 産業廃棄物. **3**【数】(引き算の)差.

re·siem·bra [r̃e.sjém.bra] 女 再び種をまくこと, 再播種(はん).

*re·sig·na·ción [r̃e.sig.na.θjón / -.sjón] 女 **1** 辞任, 辞職. **2**(権力・任務の)委譲; 放棄, 返上.
3 あきらめ, 忍従, 諦観(ぷん).

re·sig·na·da·men·te [r̃e.sig.ná.ða.mén.te] 副 あきらめて.

re·sig·na·do, da [r̃e.sig.ná.ðo, -.ða] 形 **1** あきらめた, 観念した. **2** 辞任[辞職]した.

*re·sig·nar [r̃e.sig.nár] 他 **1** 辞任[辞職]する, 辞める. 〜 el puesto del presidente 社長の座を降りる. **2**《en...》に〈地位・権限などを〉委譲する, 任せる. **3**〈希望などを〉放棄する.
━〜·se 再《a... / con...》に〉忍従する, あきらめて…する. 〜*se a* vivir modestamente 質素な暮らしに甘んじる.

re·sig·na·ta·rio [r̃e.sig.na.tá.rjo] 男 委譲相手, 委譲先.

re·si·na [r̃e.sí.na] 女 樹脂, (特に) 松脂(まっ). 〜 sintética 合成樹脂. 〜 de melamina メラミン樹脂.

re·si·nar [r̃e.si.nár] 他 〈樹木から〉樹脂[松脂(まっ)]を採る.

re·si·ne·ro, ra [r̃e.si.né.ro, -.ra] 形 樹脂の, 樹脂性の. ━男女 樹脂採集人.

re·si·ní·fe·ro, ra [r̃e.si.ní.fe.ro, -.ra] 形 樹脂の多い(=resinoso).

re·si·no·so, sa [r̃e.si.nó.so, -.sa] 形 樹脂質の, 樹脂の(ような).

*re·sis·ten·cia [r̃e.sis.tén.θja / -.sja] 女 **1**《a... …に対する》抵抗, 反抗. oponer [ofrecer, hacer] 〜 *a...* …に抵抗[反抗]する. 〜 *a* los ataques enemigos 敵の攻撃への抵抗. 〜 *a* obedecer 服従への抵抗. 〜 pasiva (非協力・非暴力による)消極的抵抗. El proyecto encontró mucha 〜. その計画は多くの抵抗にあった.
2 抵抗力; 耐久力; 持久力. 〜 a la enfermedad [infección] 病気[感染]に対する抵抗力. Él tiene mucha 〜 física. 彼はとても持久力がある. carrera de 〜 (車の)耐久レース. tener 〜 al agua [fuego] 耐水[耐火]性がある.
3【物理】抵抗, 強度. 〜 del aire 空気抵抗. **4**【電】抵抗, 抵抗器. **5**(地下)抵抗運動, レジスタンス.

*re·sis·ten·te [r̃e.sis.tén.te] 形 **1** 抵抗する; 抵抗力がある; 耐久性[持久力]がある. 〜 a la presión 耐圧制の. 〜 al calor 耐熱性の.
2 頑丈な. **3**【植】耐寒性の.
━男女 レジスタンスの闘士.

re·sis·te·ro [r̃e.sis.té.ro] 男 **1** 昼寝の時間; 夏の最も暑い時刻; 照り返しによる暑さ. **2** 照り返しで暑い場所.

re·sis·ti·ble [r̃e.sis.tí.ble] 形 抵抗[反抗]できる; 耐えられる, 我慢できる.

***re·sis·tir** [r̃e.sis.tír] 他 **1**《破壊作用・脅威などに》〈もの・人が〉耐える, 持ちこたえる. 〜 el peso 重みに耐える. Esta planta *resiste* altas temperaturas. この植物は高温に強い. El barco *resistió* la tormenta. 船はあらしをくぐりぬけた.
2〈欲望・不快などを〉こらえる, 我慢する. 〜 el sueño 眠気をこらえる. 〜 el dolor 痛みをこらえる. No pude 〜 el deseo de verla. 私は彼女に会いたいという気持ちを抑えることができなかった.
━自 **1**《a... 破壊作用などに》侵されない, 持ちたえる. 〜 *a* la erosión 侵食に耐える. Este virus *resiste a* los antibióticos. このウイルスには抗生剤が効かない. El sistema todavía *resiste*. そのシステムはまだ何とか機能している.
2《a...》〈(攻撃などに)抵抗する;《〈欲望などに〉》耐える. 〜 *a* la tentación 誘惑に耐える. *Resistieron* tres meses *a* los invasores. 彼[彼女]らは侵略者に3か月間抵抗した.
━〜·se 再 **1**《a... …に》抵抗する, 反抗する. 〜*se a* la detención 逮捕に抵抗を示す. Nadie *se resiste* ante su encanto. 彼[彼女](ら)の魅力には皆参ってしまう.
2《a+不定詞 / a que+接続法 …することを》拒む. Me resisto *a* creerlo. 私にはどうしても信じられない. No me resisto *a* preguntarle una cosa. 私はどうしても君にあることを尋ねずにはいられない.
3《話》〈物が〉《a+人〈人〉の》手に負えない. El inglés *se me resiste*. 英語は私には難しすぎる.
[← [ラ] *resistere* (*re*-「反対に」+ *sistere*「立つ, 立たせる」より派生, [関連] resistencia, resistente. [英] *resist*「抵抗しる」, *resistance*]

re·sis·ti·vi·dad [r̃e.sis.ti.bi.ðáð] 女【電】抵抗率, 固有抵抗.

re·sis·tol [r̃e.sis.tól] 男《ラ米》(メキ)接着剤.

res·ma [r̃és.ma] 女 連: 紙の取引単位; 20帖(じょ), 500枚. ♦ 1帖はスペインでは25枚.

res·mi·lla [r̃és.mí.ja ‖ -.ʎa] 女 (便箋(ばん)の) 100枚.

res·mi·lle·rí·a [r̃es.mi.je.rí.a ‖ -.ʎe.-] 女 紙の500

枚の束売り[小分け売り].

re·so·ba·do, da [r̃e.so.bá.ðo, -.ða] 形 **1**〈話題などが〉ありふれた, 陳腐な. un tema ～ 新味に乏しいテーマ. **2**〈パン生地などが〉十分こねられた.

re·so·bar [r̃e.so.bár] 他 しつこく触る, いじくりまわす. ¡Deja de ～ al gato, te arañará! うちの猫をしつこく触るのはやめて. 引っ掻くわよ.

re·so·brí·no, na [r̃e.so.brí.no, -.na] 男女 いとこ[甥(ホォ), 姪(タヒ)]の子供.

re·sol [r̃e.sól] 男 (太陽の)反射光[熱], 照り返し.

re·so·la·na [r̃e.so.lá.na] 女《ラ米》陽光; 日の暖かさ; 照り返し.

re·so·la·no, na [r̃e.so.lá.no, -.na] 形 日当たりのいい; 日光に適した.
——女 日当たりのいい場所, 日だまり.

re·so·li [r̃e.só.li] / **re·so·lí** [r̃e.so.lí] 男 レソリ: (スペインの) Cuenca 特産のシナモン, 砂糖, 香料入りの蒸留酒.

re·so·llar [r̃e.so.ʝár ‖ -.ʎár] 15 自 **1** 呼吸する; 荒い息をする, あえぐ. Llegó a la estación *resollando*. 彼[彼女]はぜいぜい言いながら駅に着いた. **2**《話》〈音信不通の人が〉近況を知らせる, 消息を伝える. Hace mucho tiempo que no *resuella*. 長い間彼[彼女]からは何の音沙汰(タた)もない.
sin resollar《話》黙って, うんともすんとも言わず. *escuchar sin ～* 一言も口を挟まずに聴く.

re·sol·tar·se [r̃e.sol.tár.se] 15 再《ラ米》(ネネ)《話》恥知らずなことをする, 無礼を働く.

re·so·lu·ble [r̃e.so.lú.ble] 形 溶解[分解]する, 溶ける, 可溶性の; 解決できる.

***re·so·lu·ción** [r̃e.so.lu.θjón / -.sjón] 女 **1** 解決, 解明 (= solución). buscar [encontrar] la ～ de un problema ある問題の解決を探る[見出す].
2 決定, 決心 (= decisión); 決議; 裁定. tomar la ～ de + 不定詞 …する決心をする. ～ fatal 自殺の決意. adoptar una ～ 決議する. un proyecto de ～ 決議案. ～ judicial 判決.
3 決断力, 果断 (= determinación). actuar con ～ 断固として行う. hombre de ～ 果断な人. **4**《医》〈炎症などの〉溶解, 分解. **5** 解像度. Este ordenador cuenta con una pantalla de alta ～. このコンピュータには高解像度のモニターが付いている.
en resolución 要するに.

re·so·lu·ti·vi·dad [r̃e.so.lu.ti.bi.ðáð] 女 解決能力.

re·so·lu·ti·vo, va [r̃e.so.lu.tí.bo, -.ba] 形 **1** 解決[解明]に役立つ. **2** 溶解[分解]する, 分析(用)の. **3**《医》〈炎症・腫物(まき)の〉消散させる.
——男 溶(解)剤; 消散剤.
parte resolutiva (法律・決議事項の)肝要な部分.

re·so·lu·to, ta [r̃e.so.lú.to, -.ta] 形 **1** 断固[決然]とした.
2 簡潔な, 簡約[要約]された. **3** てきぱきした.

re·so·lu·to·rio, ria [r̃e.so.lu.tó.rjo, -.rja] 形 **1** 解決する, 決定する.
2《法》(契約・義務などを)解除する, 解消する.

re·sol·ven·te [r̃e.sol.bén.te] 形 **1** 解決[解明]する.
2 分解[溶解]する. **3** 消散させる.

****re·sol·ver** [r̃e.sol.bér] 23 他 [過分] は resuel-to] **1**〈問題・疑問などを〉解決する, 解明する; 終了させる. ～ un caso 事件を解決する. ～ un conflicto 紛争を解決する. ～ una ecuación 方程式を解く. ～ un enigma 謎を解く. ～ gestiones 実務を片づける. El gobierno es incapaz de ～ la crisis. 政府には危機を解消する力がない.
2 決定する;《+不定詞 …することに》決める. *Resolvimos volver a casa.* 私たちは家に帰ることにした. Ese gol *resolvió* el partido. そのゴールで試合が決まった.
3《*en...*》集約させる, 帰着させる. **4** 分解させる; 溶解させる;《医》〈炎症などを〉消散させる.
——自 裁定を下す. El árbitro *resolvió* a nuestro favor. 審判は私たちに有利な判定を下した.
——*～ se* 再《3人称で》解決される; 決定される. Con esto *se resolverá* el problema. これで問題は解決するだろう. **2**《a+不定詞 …することに》心を決める, 決意する. No me resuelvo a hablar con mi jefe. 私はなかなか上司と話す決心がつかない. **3**《*en...* …に》(結局) なる, 帰着する. Las negociaciones *se resolvieron* en una sola riña. 交渉はただのけんかに終わった. **4** 分解する; 溶解する;《医》〈炎症などが〉消散する. El agua *se resuelve* en hidrógeno y oxígeno. 水は水素と酸素に分解する.
[⇐ [ラ] *resolvere*「解く, ほどく」(*solvere*「解く」より派生). [関連] resolución, resoluto, absolver. [英] resolve]

re·so·na·dor, do·ra [r̃e.so.na.ðór, -.ðó.ra] 形 鳴り響かせる, 共鳴[共振]する, こだまする.
——男《物理》共鳴[共振]体, 共鳴器.

re·so·nan·cia [r̃e.so.nán.θja / -.sja] 女 **1** 響き, 反響 (音).
2《物理》共鳴;《電》共振. caja de ～ 共鳴箱. ～ magnética《医》磁気共鳴映像法[英 MRI].
3 評判; 反響, 影響. tener ～ 評判になる, 反響を呼ぶ. tener ～ internacional 国際的反響を呼ぶ.

re·so·nan·te [r̃e.so.nán.te] 形 **1** よく響く, 反響する. **2** 評判の, 反響を呼ぶ. una victoria ～ 輝かしい大勝利.

***re·so·nar** [r̃e.so.nár] 15 自 **1** 鳴り響く, 反響する. Los aplausos *resonaron* en el salón. 割れんばかりの拍手が大広間にこだました. **2**《*con...*》〈場所に〉(…が) 鳴り響く. La habitación *resonó con* sus pisadas. 部屋に彼[彼女]の足音が鳴り響いた. **3**〈音・言葉が〉耳に残る. La voz de mi abuela *resuena* aún en mis oídos. 祖母の声は今も私の耳に残っている.

re·son·drar [r̃e.son.drár] 他《ラ米》(ǵホ) しかる, いさめる, 諭す. Cuando yo mentía, mi padre me *resondraba* con una actitud resuelta. 私がうそをつくと父は確固たる態度でしかったものだった.

re·so·plar [r̃e.so.plár] 自 **1** 荒い息をつく; あえぐ. **2** (怒りなどで)鼻息を荒くする.

re·so·pli·do [r̃e.so.plí.ðo] 男 **1** 荒い息をすること, あえぎ. Llegamos a la cima dando ～s. 我々はあえぎながら頂上にたどり着いた. **2** (蒸気などが)吹き出す音. El coche iba dando ～s. 車はあえぐようなエンジン音を立てて走った. **3** (怒りなどで)鼻を鳴らすこと, 荒い鼻息. **4** ぶっきらぼうな返答.

re·sor·ber [r̃e.sor.bér] 他 再び吸い込む.

re·sor·ción [r̃e.sor.θjón / -.sjón] 女 再吸入, 再吸収.

***re·sor·te** [r̃e.sór.te] 男 **1** ばね, ぜんまい, スプリング. ～ espiral うず巻きばね; コイルスプリング. armar el ～ ぜんまいを巻く. **2** 弾性, 弾力. **3** 手段, 方策. **4**《ラ米》(靴下などの)ゴム. (ﾒｷｼ) (ﾁﾘ) (ﾎﾞﾘ) (ﾍﾞﾈｽﾞ) (ﾌﾟｴﾙﾄ) 責任, かかわり; 権限, 管轄. Este asunto no es de mi ～. 本件は私には関係がない. (3)《ラ米》輪ゴム. (4)《*》《複数で》サスペンダー.

respingar

conocer todos los resortes de... …の一部始終を知っている.
tocar todos los resortes あらゆる手段を尽くす.

re·sor·te·ra [r̃e.sor.té.ɾa] 囡《遊》ぱちんこ.

res·pai·lar [r̃es.pai.láɾ] 圁 やたらに急ぐ, あわてふためく. *ir* [*venir*] *respailando* あたふたと出てゆく[来る].

res·pal·dar¹ [r̃es.pal.dáɾ] 男 1 → respaldo 1.
  2 樹液の滲出(しみ).

*res·pal·dar² [r̃es.pal.dáɾ] 他 1 裏面に書く;〈手形などを〉裏書きする.
  2 後援する, 支援[援護]する, 支持する.
  3 保証する, 確約する. *depósitos respaldados por el oro* 金によって保証されている供託物.
  ― **~·se** 圃 **1** 《*en...* / *contra...*》…に》背をもたせかける. *~se en* el sillón ひじ掛けいすに背をもたせかける. *~se contra* un árbol 木にもたれかかる.
  2《*en...* / *con...*》《…を》頼みとする,《…に》依存する. *~se* económicamente *con* el padre 経済的に父親に頼る. **3**《獣医》《家畜などが》背に傷を負う.

*res·pal·do [r̃es.pál.do] 男 **1**(いすの)背, 背もたれ. ~ *reclinable* リクライニング・シート. **2** 後援, 援護. **3**(紙などの)裏面; 裏書き. **4**(植物をはわせる)つる[格子]棚, 壁. **5**(財政的)保証, 裏付け; 準備金. *~ de oro* 金準備.

res·pe [r̃és.pe] 男 → résped.

res·pec·tar [r̃es.peq.táɾ] 圁 関係[関与]する, かかわる.
en [*por*] *lo que respecta a...* …に関しては.

res·pec·ti·va·men·te [r̃es.peq.tí.ba.mén.te] 副 それぞれ, 各々.

res·pec·ti·ve [r̃es.peq.tí.be] 副 それぞれ, 各々自.
respective a...《話》…に関しては.

*res·pec·ti·vo, va [r̃es.peq.tí.bo, -.ba] 形《主に複数で》《多くは+名詞》それぞれの, 各々の (=correspondiente). *Los hijos asistieron a la ceremonia con sus ~s padres.* 子供たちはそれぞれの両親と共にその式に参列した.
en lo respectivo a... …に関して; …と比べて.

res·pec·to [r̃es.péq.to] 男 関係, 関連
  a este [*ese*] *respecto* これ[それ]に関して. *Tengo unas preguntas a ese ~.* それに関して2・3の質問があります.
  al respecto それに関して.
  (*con*) *respecto a...* / *respecto de...* …に関して.
  [←[ラ]*respectum* (*respectus* の対格)「後ろを見ること; 顧慮, 尊敬」(→ respecto) / *respicere*「後ろを眺める」「顧慮する」より派生, 関連 respectar, respectivo,[英]*respect*「尊敬」観点, 関連」

rés·ped [r̃és.peð] / **rés·pe·de** [r̃és.pe.ðe] 男
  1 ヘビの舌. **2** ハチの針. **3** 悪意, (言葉の)とげ.

res·pe·ta·bi·li·dad [r̃es.pe.ta.bi.li.ðáð] 囡 尊敬に値すること; 立派な態度[人格]; 立派な社会的地位.

*res·pe·ta·ble [r̃es.pe.tá.ble] 形 **1** 尊敬 [尊重] すべき, 立派な. **2** かなりの, 相当な. *a ~ distancia* 相当な距離を置いて. *un genio muy ~* なかなかの才能. *una ~ cantidad de dinero* かなりの金額.
  ― 男《話》《集合的》観衆, 観客.

***res·pe·tar** [r̃es.pe.táɾ] 他 **1** 尊重する, 重んじる;〈人に〉敬意を払う. *~ una decisión* 決定を尊重する. *~ a los ancianos* 高齢者に敬意を払う. *~ la naturaleza* 自然を大切にする.

~ los derechos [*la vida*] *de los otros* 他人の権利[生活]を侵害しない. *Respetamos tu opinión, pero no la compartimos.* 君の意見は拝聴するが, 同意ではない.
  2《規則などを》守る, 受け入れる. *~ las leyes* 法律を守る. *~ los semáforos* 信号を守る.
  ― **~·se** 圃 **1**《3人称で》尊重される; 遵守される. *Los sentimientos de los otros se deben ~.* 他人の感情は大事にしなければならない.
  2 自分を大事にする, 自重する. *Me han enseñado a ~me a mí misma.* 私は自分を大切にするように教えられてきた.
  hacerse respetar (*por* [*de*]...)(…に)自分の価値を認めさせる.

*res·pe·to [r̃es.pé.to] 男 **1**(人・長所などへの)敬意, 尊敬. *En este barrio todos le tienen* [*guardan*] *~ al profesor.* この地区では皆が先生を尊敬している. *Es importante tener ~ de sí mismo.* 自分を大切にすることが重要である.
  2(ものごと・規則などへの)配慮, 尊重; 恐れ. *perder el ~ a las tradiciones* 伝統を重んじなくなる. *Por ~ a los familiares no se dieron a conocer sus nombres.* 家族への配慮から名前は公表されなかった. *Tengo ~ por las alturas.* 私は高所恐怖症だ.
  3《複数で》(敬意を表明する)あいさつ. *Ella fue a presentar sus ~s a la viuda.* 彼女は故人の奥さんにお悔やみを言いに行った. *Deseo presentar mis ~s y mis agradecimientos a todos los miembros.* 会員の皆様にごあいさつとお礼を申し上げたいと思います.
  ― 圃 → respetar.
  campar por sus respetos 勝手気ままな行動をする.
  de respeto 予備の, 客用の. *sala de ~* (特別な客・行事用の)予備室.
  faltar al [*el*] *respeto a*+人 〈人〉に礼を失する.
  respeto(s) humano(s) 世間体, 体裁.
  [←[ラ]*respectum* (*respectus* の対格)「後ろを見ること」, 顧慮, 尊敬」(→ respecto) 関連 respetar, respetable, respetuoso,[英]*respect*「尊敬」観点; 関連」

res·pe·tuo·sa·men·te [r̃es.pe.two.sa.mén.te] 副 うやうやしく, 慎んで;《手紙》敬具, 敬白.

res·pe·tuo·si·dad [r̃es.pe.two.si.ðáð] 囡 敬意, 尊重; 慇懃(ぎん).

*res·pe·tuo·so, sa [r̃es.pe.twó.so, -.sa] 形 **1** 丁重な, 丁重な, 慇懃(ぎん)な, 恭しい. *dirigir sus saludos ~ a...* …へ敬意を表する; 丁重に挨拶する.
  2《*con...*》《…に》敬意を抱く,《…を》尊重する. *Hay que ser ~ con la ley.* 法は尊重すべきである.

rés·pi·ce [r̃és.pi.θe / -.se] 男 **1** 無愛想[ぶっきらぼう]な返答. **2**(短くきつい)叱責(しっ).

res·pi·gar [r̃es.pi.ɣáɾ] 他 〈落ち穂などを〉拾う, 収集する. 拾い集める (= espigar).

res·pi·gón [r̃es.pi.ɣón] 男 **1**(爪(²)・甘皮の)ささくれ, さかむけ. **2**《医》(授乳期間中の)乳腺(ボっ)の腫(¹)れ. **3**《獣医》(馬の)ひづめの柔らかい部分の炎症.

res·pin·ga·do, da [r̃es.piŋ.ɣá.ðo, -.ða] 形 **1**(鼻などの先が)上を向いた. *nariz respingada* 天上を向いた鼻. **2**〈すそなどが〉まくれ上がった, めくれた.

res·pin·gar [r̃es.piŋ.ɣáɾ] 圁 他 **1**《動物が》〈嫌がって〉うなる, 体を揺する. **2**《話》反抗する. **3**〈衣服などが〉つり上がる. *La falda te respinga por detrás.* 君のスカートは後ろがつり上がっているよ.

respingo

4 《ラ米》(*□)けとばす；怒る.
— **~·se** 再 (すそなどが)つり上がる.

res·pin·go [r̃es.píŋ.go] 男 **1** (驚きなどで)びくっとすること. pegar [dar] un ~ びくっとする.
2 (すそなどの) つり上がり. Esta falda me hace un ~ por detrás. このスカートは後ろの方がつり上がってしまう. **3** → réspice **2**.

res·pin·gón, go·na [r̃es.piŋ.gón, -.gó.na] 形
1 《話》〈鼻の先などが〉上を向いた. nariz *respingona* 上を向いた鼻. **2** 《話》その一方が短い[持ち上がった]. **3** (つまらないことでも)よく抗議する, 不平の多い (= protestón).

res·pi·ra·ble [r̃es.pi.rá.ble] 形 呼吸できる, 呼吸に適した.

*__res·pi·ra·ción__ [r̃es.pi.ra.θjón / -.sjón] 女 **1** 呼吸 (作用), 息. ~ artificial 人工呼吸. ~ asistida 人工呼吸装置の助けを借りた呼吸. ~ abdominal 腹式呼吸. ~ boca a boca 口移し式[マウス·トゥ·マウス]人工呼吸法. ~ profunda 深呼吸. ~ ruidosa 荒い呼吸. perder la ~ 息を切らす.
2 換気, 通気, 風通し. Este cuarto no tiene buena ~. この部屋は風通しがよくない.
*cortar*le (*a*+人) *la respiración* 〈人〉をひどくびっくりさせる.
*faltar*le (*a*+人) *la respiración* 〈人〉が息切れする.
sin respiración (1) 息をのんだ, 唖然(ぁ)とした. (2) 疲れ果てて.

res·pi·ra·de·ro [r̃es.pi.ra.ðé.ro] 男 **1** 換気口, 通気孔；通風管. **2** 息抜き, 一休み；安堵(ど).

res·pi·ra·dor, do·ra [r̃es.pi.ra.ðór, -.ðó.ra] 形 呼吸(用)の.
— 男 **1** 〖解剖〗呼吸筋 (= músculos ~*es*).
2 〖医〗人工呼吸装置 (= ~ artificial).

*__res·pi·rar__ [r̃es.pi.rár] 自 **1** 呼吸する, 息をする；生存している. ~ hondo [profundamente] 深呼吸をする. ~ con dificultad 息を切らす, あえぐ. La víctima ya no *respiraba*. 被害者はすでに息がなかった.
2 (困難を乗り越えて)ひと息つく, ほっとする；休息する. Cuando terminemos este trabajo, podremos ~ tranquilos. この仕事が終わったらひと安心だ. *Respiremos* un poco antes de volver a empezar. 再開する前にひと息入れましょう. El mercado empieza a ~ después de la crisis. 市場は危機の後, 落ち着いてきている.
3 外気に当たる, 換気される. Abrí la ventana para que *respirara* la sala. 部屋の空気を入れ替えるために私は窓を開けた.
4 《話》(主に否定文で)口を開く, 声を出す. Queríamos su opinión pero ni *respiró*. 私たちは彼[彼女]の意見が聞きたかったのに, 何も言ってくれなかった.
5 《話》…から便りがある, …が顔を出す. Me alegro de que por fin *respires* después de tanto tiempo. 久しぶりに君が連絡をくれてうれしい.
6 《3人称単数·無主語で》涼しくなる；〈人が〉涼しさを感じる. Últimamente *respira* un poco por la noche. このところ夜は涼しくなっている.
— 他 **1** 〈空気などを〉吸い込む, 呼吸する. ~ humo 煙を吸い込む. ~ un olor においをかぐ[発散させる]. Fuimos a la montaña para ~ aire puro. 私たちはきれいな空気を吸いに山へ出かけた.
2 …をかもし出す, …を感じさせる. ~ optimismo 先行きのよさを感じさせる. ~ felicidad 見るからに幸せそうである. Todo su cuerpo *respiraba* confianza. 彼[彼女]の体全体から自信があふれていた.
— **~·se** 再 〈雰囲気などが〉漂う, かもし出される. En las calles *se respiraba* una inquietud. 通りには不穏な空気が漂っていた.
no dejar respirar a+人 《話》〈人〉に休む間もあたえない.
no poder respirar 《話》息つく暇もないほど忙しい；(疲労で)くたくたである.
sin respirar 休む間もなく；息を詰めて.
[← [ラ] *respīrāre*「呼吸する；息を吹き返す」(*re*-「再び」+ *spīrāre*「吹く」)；[関連] respiración, respiro. [英] respire, respiration]

*__res·pi·ra·to·rio, ria__ [r̃es.pi.ra.tó.rjo, -.rja] 形 呼吸(用)の. aparato ~ 〖解剖〗呼吸器. dificultad [insuficiencia] *respiratoria* 呼吸困難.

res·pi·ro [r̃es.pí.ro] 男 **1** 呼吸.
2 一休み, 休息；安堵(ど). tomarse un ~ 一息入れる. ~ de alivio ほっとしてつくため息.
3 猶予, 延期. no dar ~ 猶予期間を与えない. plazo de ~ de tres días 3 日の猶予.

res·plan·de·cer [r̃es.plan.de.θér / -.sér] 34 自
1 (自らが, 反射して)輝く, 光る. El sol *resplandece*. 太陽が輝いている. **2** 《*de*... …で》輝く, 生き生きとする. Su rostro *resplandecía de* felicidad. 彼[彼女]の顔は喜びで輝いていた. **3** 《*en*... / *por*... …の点で》卓越している, 異彩を放つ. ~ *en* sabiduría 知識の量でぬきんでる.

res·plan·de·cien·te [r̃es.plan.de.θjén.te / -.sjén.-] 形 **1** 輝く, きらきら光る.
2 顕著な, 傑出した.
3 《比喩的》輝くばかりの. ~ de salud 健康で明るい. un rostro ~ de felicidad 幸せに輝いた顔.

res·plan·de·ci·mien·to [r̃es.plan.de.θi.mjén.to / -.si.-] 男 輝き, きらめき.

*__res·plan·dor__ [r̃es.plan.dór] 男 **1** 光, 輝き, 閃光(せんこう), 光彩. el ~ del sol 太陽の輝き. el ~ de los ojos 目の輝き. **2** 《ラ米》(メキシコ)(グアテ)日差し, 照りつけ. [← [古スペイン] *resplendor*; [俗ラ] **respl*endor*; ← [ラ] *resplendēre*「明るく輝く」(*re*-「再び」+ *splendēre*「輝く」) より派生. [関連] resplandecer. [英] *resplendent*「輝く」]

__res·pon·der__ [r̃es.pon.dér] 自 **1 《*a*... …に》答える；応答する. con firmeza きっぱりと答える. ~ *a* la encuesta アンケートに答える. ~ *al* nombre de... 〈動物が〉…という名前である. Trató de ~ *a* preguntas de todo tipo. 彼[彼女]はあらゆる質問に答えようとした.
2 《*a*... 〈手紙など〉に》返答する, 返事を書く. Me miró pero no *respondió a* mi saludo. 彼[彼女]は私を見たが, 私の挨拶に応じなかった.
3 《*a*... …に》応戦する. ~ *al* reto de... …の挑戦に応じる. Tardaron un poco en ~ *a* los atacantes. 彼[彼女]らは攻撃者に応じるに手間取った.
4 《*a*... …に》報いる, 見合う；相当する. Este modelo no *responde a* nuestras necesidades. このモデルは私たちのニーズには合っていない. Debemos preparar un equipo de especialistas que *responda*. 私たちはそれなりの専門家チームを組織しなくてはなりません.
5 《*a*... …に》反応する. El paciente sólo *responde a* determinados estímulos. その患者は特定の刺激にのみ反応を示している.
6 《*de*... …に》責任を持つ；…を保障する. Tienes que ~ *de* lo que ha pasado. 起こったことについては君が責任を持たなくてはね. Ya te lo dije, así

que no *respondo*. もう君にそれを言ったから, 私は知らないからね. La empresa no *responde de* la seguridad. 企業はその安全性は保障しない.
7 《**por**...》《…を》保障する, 請け合う;《…という》名前である. Es un pariente mío y *respondo por* él. 彼は私の親戚のひとりで, 私が彼のことは請け合います.
— 他 **1** 〈質問に〉答える;〈呼び出しなどに〉応答する;〈人に〉口答えする. No quiso ~ *las preguntas del periodista*. 彼[彼女]はその新聞記者の質問に応じようとしなかった. No me *respondas*. 私に逆らわないで. **2** 《**a**+人〈人〉に》《**que**+直説法 …であると》返答する, 答える. ~ *que sí* [*no*]「いいえ」と答える. *Me respondió que ya lo sabía*. 彼[彼女]はもう知っていると答えた.
[←［ラ］*respondēre*; 関連 responsable, respuesta, corresponder.［英］*respond*]

res·pon·dón, do·na [r̃es.pon.dón, -.dó.na] 形 口答えばかりする, 文句の多い.
— 男 女 口答えする人, 生意気な人.

**res·pon·sa·bi·li·dad [r̃es.pon.sa.ɓi.li.ðáð] 女 責任, 責務;負担, 重荷;《法》責任. asumir [tener] una ~ 責任を負う. carecer de ~ 責任感に欠ける. conducir con ~ 安全に車を運転する. ~ social 社会的責任. ~ penal 刑事責任. sociedad de ~ limitada 有限会社. Ser padre es una gran ~. 父親になるのは大変な責務だ. Cuidar del medio ambiente es un asunto de ~. 環境に気を遣うのは責任の問題だ.

res·pon·sa·bi·li·zar [r̃es.pon.sa.ɓi.li.θár / -.sár] 97 他 《**de**... …の》責任を取らせる. La empresa me *responsabilizó de*l accidente. 会社は私に事故の責任を取らせた.
— **~·se** 再 責任を負う, 責任者になる.

res·pon·sa·ble [r̃es.pon.sá.ɓle] 形《名詞+》1**《**ser**+》《+**de**... …の》責任がある, 責任を取る;責任者である. la persona ~ 責任者. No *soy* ~ *de* lo que él haga. 彼が何をしようと私に責任はない. **2**《**ser**+ /**estar**+》責任感のある, 責任を果たせる. Sus hijos son unos chicos muy ~s. 彼らの息子たちはとてもしっかりしている. **3** 悪事を働いた, 犯罪を犯した.
— 男 女 責任者;犯人. uno de los máximos ~*es* (de...)(…の)最高責任者のひとり. el [la] ~ del asesinato 殺人犯. ser (el) ~ directo de... …の直接の責任者である. Es el ~ de la muerte de un compañero. 仲間が死んだ責任は彼にある.
hacerse [*salir*] *responsable de* 〔+名詞 / *que*+接続法〕…の責任を取る. Una organización terrorista *se ha hecho* ~ *de*l asesinato. あるテロ組織がその暗殺の犯行声明を出した.
ser (*el*) *responsable de que*+接続法 …の責任がある.

res·pon·so [r̃es.pón.so] 男 **1**《カト》死者のための祈り. **2**《話》叱責({しっせき}), 非難.

res·pon·so·rio [r̃es.pon.só.rjo] 男《カト》応誦({おうしょう}), レスポンソリウム:聖句読唱後に独唱者と聖歌隊が交互に歌う典礼聖駅.

res·pues·ta [r̃es.pwés.ta] 女 **1 返事, 回答, 答え, 受け答え;返書, 返信. dar ~ a una pregunta 質問に答える. indicar la ~ correcta 正しい答えを指し示す. tener siempre una ~ a punto いつも的確な受け答えをする. Cada carta mía siempre obtuvo su ~. 手紙を書くごとに彼[彼女](ら)の返事をもらった.
2 応答;(予期される)反応;《生理》(刺激への)反応. Le solicité ayuda, pero no hubo ninguna ~. 彼[彼女]に助けを求めたが反応がなかった. Dudo que haya alguna ~ del público. 客の反応があるかどうか怪しく思う.
3《まれ》《広告などで》解決策, 答. Si se siente demasiado gordo, aquí está la ~. 太りすぎだとお感じですか, それならこれをどうぞ.
dar la callada por respuesta a... …を黙殺する.
[responder の過去分詞(古形)より派生]

res·que·bra·du·ra [r̃es.ke.ɓra.ðú.ra] 女 → resquebrajadura.

res·que·bra·ja·di·zo, za [r̃es.ke.ɓra.xa.ðí.θo, -.ða / -.so, -.sa] 形 ひびが入りやすい, すぐ割れる.

res·que·bra·ja·du·ra [r̃es.ke.ɓra.xa.ðú.ra] 女 ひび, 割れ目(= hendidura).

res·que·bra·ja·mien·to [r̃es.ke.ɓra.xa.mjén.to] 男 → resquebrajadura.

res·que·bra·jar [r̃es.ke.ɓra.xár] 他 亀裂({きれつ})[ひび]を生じさせる. — **~·se** 再 亀裂[ひび]が入る.

res·que·bra·jo·so, sa [r̃es.ke.ɓra.xó.so, -.sa] 形 ひびが入りやすい.

res·que·brar(·se) [r̃es.ke.ɓrár(.se)] 8 自再 ひびが入る.

res·que·mar [r̃es.ke.már] 他 **1** 軽く焦がす, 焼く. **2**〈舌を〉ひりひりさせる. **3**〈植物などを〉乾燥させる. **4** 嫌な気持ちにさせる, 心を傷つける.
— 自 (少し)焦げる;〈舌が〉ひりひりする.
— **~·se** 再 **1**(少し)焦げる. **2** 内心くよくよする,(心の中で)不快になる.

res·que·mor [r̃es.ke.mór] 男 **1**(口の中が)ひりひりすること. **2**(心の中の)怒り, 恨み;不快感.

res·qui·cio [r̃es.kí.θjo / -.sjo] 男 **1**(ドアの)すき間;(小さな)割れ目. Entraba aire frío por el ~ de la puerta. ドアのすき間から冷たい風が入ってきていた. **2** 少ない機会, 乏しい可能性. un ~ de esperanza 一縷({いちる})の望み. **3**《ラ米》**(1)**《タリ》《ミコホ》《話》少し, 少量, ちょっと. **(2)**《アア》《チリ》《ミコホ》《ニカ》跡, 形跡, 痕跡({こんせき}).

res·ta [r̃és.ta] 女《数》引き算(= sustracción);(引き算の)差, 残り. hacer ~s 引き算する. La ~ de seis menos dos es cuatro. 6から2を引くと残りは4になる.

*res·ta·ble·cer [r̃es.ta.ɓle.θér / -.sér] 34 他 復旧[回復]する;再興[再建]する. ~ las comunicaciones 通信[交通]を復旧する. ~ el orden 秩序を回復する. ~ las relaciones diplomáticas 国交を回復する.
— **~·se** 再 **1**(病気から)回復する;(精神的に)立ち直る. **2** 復旧[回復]される;再興[再建]される.

res·ta·ble·ci·mien·to [r̃es.ta.ɓle.θi.mjén.to / -.si.-] 男 **1** 復旧, 回復;再興, 再建. ~ económico 経済再建.
2(病気の)回復;(精神的な)立ち直り.

res·ta·do, da [r̃es.tá.ðo, -.ða] 形 **1** 逮捕された. **2** 勇敢な, 大胆な.

res·ta·llar [r̃es.ta.jár ‖ -.ʎár] 自 **1**〈鞭({むち})などが〉パシッと鳴る, うなる. **2**〈舌を〉鳴らす. **3** きしむ.

res·ta·lli·do [r̃es.ta.jí.ðo ‖ -.ʎí.-] 男(鞭({むち})・舌などの)鳴る音;きしむ音.

*res·tan·te [r̃es.tán.te] 形 残りの, 余った. lo ~ 残り, 余り. — 男 残り, 余り.

res·ta·ña·de·ro [r̃es.ta.ɲa.ðé.ro] 男 河口;入り

restañadura

江.

res·ta·ña·du·ra [r̃es.ta.ɲa.dú.ra] 女 **1** 錫(ﾌﾞﾘｷ)めっき. **2** 止血.

res·ta·ña·mien·to [r̃es.ta.ɲa.mjén.to] 男 → restañadura.

res·ta·ñar¹ [r̃es.ta.ɲár] 他 錫(ﾌﾞﾘｷ)めっきし直す.
— 自 → restallar.

res·ta·ñar² [r̃es.ta.ɲár] 他 〈液体の〉流出を止める；止血する. — ~(·se) 自 再 〈血が〉止まる. *restañar las heridas* 心の傷をいやす；傷口の血を止める.

res·ta·ña·san·gre [r̃es.ta.ɲa.sáŋ.gre] 女 〖鉱〗血石, 紅玉髄.

res·ta·ño¹ [r̃es.tá.no] 男 **1** 止血. **2** 〈液体の〉停滞, よどみ.

res·ta·ño² [r̃es.tá.no] 男 (宗教的装飾に使われた) 昔の金糸[銀糸]の織物.

*__res·tar__ [r̃es.tár] 他 **1** 〖数〗(**de**… …から) 引く, 減じる. (=sustraer). ~ cuatro de seis 6から4を引く. **2** 取り除く, 小さくする, 減らす. 〈重要性などを〉低下させる. Los conductores *restan* importancia a las señales de tráfico, y en consecuencia hay muchos accidentes. 運転手が信号を軽視するので, たくさんの交通事故が起きている.
3 〖スポ〗〈ボールを〉打ち返す.
— 自 **1** 残る, 余る；残存する. Ya tengo listo el trabajo, sólo me *resta* imprimirlo. レポートはほとんど仕上がった, あとは印刷するだけだ.
[←〚ラ〛*restāre*；*re-*「後ろに」+ *stāre*「立っている」(→ estar)；関連 restante, resto, arrestar. 〚英〛*rest*「残り」]

*__res·tau·ra·ción__ [r̃es.tau.ra.θjón / -.sjón] 女
1 (王朝・政権などの) 復興, 再興；復帰, 復位.
2 [R-] 〖史〗王政復古. ♦スペインでは1813年に Fernando 7世が, 1874年に Alfonso 12世がそれぞれ王政復古している.
3 修復, 復元；回復, 復旧. La ~ del edificio duró cinco años. その建物の修復には5年かかった.
4 飲食産業.

res·tau·ra·dor, do·ra [r̃es.tau.ra.ðór, -.ðó.ra] 形 復興[再興]する, 復旧させる.
— 男 女 **1** 復興[再興]者.
2 (美術品などの) 修復技師. **3** レストラン経営者.

res·tau·rant [r̃es.tau.rán] 〚仏〛男 → restaurante.

*__res·tau·ran·te__ [r̃es.tau.rán.te] 男 レストラン, 料理店. coche [vagón] ~ 食堂車. Inauguraron un ~ en el centro de la ciudad. 街の中心部に新しいレストランがオープンした. Mi tío tiene un ~ de comida colombiana. 僕のおじはコロンビア料理のレストランを経営している.
[←〚仏〛*restaurant* (→ restorán)；〚ラ〛*restaurāre*「〈元気を〉回復させる；復興する」より派生 (16世紀のフランス語では「元気を回復させる食物」の意味)；関連 restaurar, restauración. 〚英〛*restaurant*, *restore*「復興する；復旧する」]

res·tau·ran·te·ro, ra [r̃es.tau.ran.té.ro, -.ra] 男 女 〘ラ米〙レストラン経営者 (= restaurador).

*__res·tau·rar__ [r̃es.tau.rár] 他 **1** 復興[再興]する；復旧[回復]する. La monarquía fue *restaurada* en 1874. 1874年に王政復古が成った. La policía trató de ~ la tranquilidad. 警察は平穏を回復しようとした. **2** 修復[復元]する. ~ cuadros antiguos 古い絵画を修復する. **3** (食事をして)〈元気を〉取り戻す.

res·tin·ga [r̃es.tíŋ.ga] 女 〖海〗浅瀬, 暗礁.

res·ti·tu·ción [r̃es.ti.tu.θjón / -.sjón] 女 **1** 返却, 返還. **2** 復旧, 回復.

res·ti·tui·ble [r̃es.ti.twí.ble] 形 **1** 返すことができる, 返却[返還]可能な.
2 元に戻すことのできる, 復旧[回復, 復帰]可能な.

res·ti·tui·dor, do·ra [r̃es.ti.twi.ðór, -.ðó.ra] 形 元に戻す, 復旧[回復]する, 復帰させる.
— 男 女 返す人；復旧[回復]者.

*__res·ti·tuir__ [r̃es.ti.twír] 48 他 **1** (元の持ち主に) 返却[返還]する. ~ lo robado 盗んだものを返す. **2** 元に戻す, 復元する, 回復させる. La vida sana le *ha restituido* la salud. 健全な生活で彼[彼女]は健康を取り戻した.
— ~·se 再 元の場所[状態]に戻る；元の仕事に戻る. ~se a la patria 祖国に戻る.

res·ti·tu·to·rio, ria [r̃es.ti.tu.tó.rjo, -.rja] 形 返す, 返却の (ための), 返還に関する.

*__**res·to**__ [r̃és.to] 男 **1** 残り, 残部, 残余. el ~ del dinero 残りの金. Europa y el ~ del mundo ヨーロッパとそれ以外の世界. Quiere vivir aquí el ~ de sus días. 彼[彼女]はここで余生を過ごすことを望んでいる.
2 〖数〗(引き算の) 残り；(割り算の) 余り.
3 賭(ｶ)け金；有り金全部. apostar el ~ 有り金全部を賭ける.
4 〖スポ〗レシーブ；レシーバー；レシーブする位置.
5 (複数で)遺物, 廃墟(きょ). ~s romanos ローマの遺跡. **6** (複数で)残飯, 残りかす. Tiraron los ~s de comida a la basura. 彼[彼女]らは残飯をごみ箱に捨てた. ~s mortales 遺体, 死骸.
echar el resto 全力をあげる.

res·to·rán [r̃es.to.rán] 男 レストラン.
[←〚仏〛]

res·tre·ga·du·ra [r̃es.tre.ga.ðú.ra] 女 こすること, 研磨；こすった[かすった]跡.

res·tre·ga·mien·to [r̃es.tre.ga.mjén.to] 男 → restregadura.

res·tre·gar [r̃es.tre.gár] 9 他 **1** こする, (強く)摩擦する. **2** 磨く, 拭(ﾌ)く. ~ el suelo 床を磨く.
3 こすり合わせる, もむ. Hay que ~ la ropa para que quede limpia. 洗濯物がきれいになるまでもむようにしなければならない. **4** (くどくどと) 非難する.

res·tre·gón [r̃es.tre.gón] 男 強くこすること, こすって磨くこと；こすった跡.

*__res·tric·ción__ [r̃es.trik.θjón / -.sjón] 女 限制, 規制. *restricciones* a las importaciones 輸入規制. *restricciones* de agua 給水制限. ~ mental 心中留保；〖法〗心理(り)留保. hablar sin ~ 遠慮なく話す.

res·tric·ti·va·men·te [r̃es.trik.tí.ba.mén.te] 副 制限的に, 限定的に.

*__res·tric·ti·vo, va__ [r̃es.trik.tí.bo, -.ba] 形 制限する, 規制する, 抑制する；限定の.

res·tri·llar [r̃es.tri.jár ‖ -.ʎár] 他 〘ラ米〙〈鞭(むち)を〉鳴らす. — 自 〘ラ米〙(鞭(むち)を)(木材などが) 軋(きし)む；割れて音をたてる.

res·trin·ga [r̃es.tríŋ.ga] 女 → restinga.

res·trin·gen·te [r̃es.triŋ.xén.te] 形 制限[規制]する；限定の.

res·trin·gi·ble [r̃es.triŋ.xí.ble] 形 制限[規制]できる, 抑えられる.

*__res·trin·gir__ [r̃es.triŋ.xír] 10 他 **1** 制限[規制]する, 抑制[限定]する；減らす. ~ gastos 出費を抑える. en escala *restringida* 小規模に.

2〖医〗〈皮膚・筋肉などを〉収斂(ﾚﾝ)させる.
━~・se〖再〗(**en...** …を)減らす. *~se en* los gastos 出費を切り詰める.

res·tri·ñi·dor, do·ra [r̃es.tri.ɲi.ðór, -.ðó.ra] 〖形〗〖医〗収斂(ﾚﾝ)性の, 収縮する.

res·tri·ñi·mien·to [r̃es.tri.ɲi.mjén.to] 〖男〗〖医〗収斂(ﾚﾝ)性, 収縮.

res·tri·ñir [r̃es.tri.ɲír] 〖72〗〖他〗 **1** 収斂(ｼｭｳ)[収縮]する. **2**〖医〗便秘させる.

re·su·ci·ta·ción [r̃e.su.θi.ta.θjón / -.si.-.sjón] 〖女〗〖医〗(救急)蘇生(ｾｲ)(法).

re·su·ci·ta·do, da [r̃e.su.θi.tá.ðo, -.ða / -.si.-] 〖形〗生き返った, 蘇生(ｾｲ)した. **━**〖男〗〖女〗 **1** 生き返った[蘇生した]人. **2** 亡霊, 幽霊.

re·su·ci·ta·dor, do·ra [r̃e.su.θi.ta.ðór, -.ðó.ra / -.si.-] 〖形〗復活させる, よみがえらせる; 再び生き生きとさせる.

*****re·su·ci·tar** [r̃e.su.θi.tár / -.si.-] 〖自〗生き返る, 蘇生(ｾｲ)する; 復活する. Cristo *resucitó* al tercer día. キリストは3日目によみがえった.
━〖他〗 **1** 生き返らせる, 蘇生させる. **2** 元気づける. El vino me *resucitó*. ワインのおかげで元気が出た. **3**《比喩的》よみがえらせる, 復活させる. ~ un recuerdo 忘れていたことを思い出させる. ~ una antigua fiesta 昔の祭りを復活させる.
［←〔ラ〕*resuscitāre*; *re-*「再び」+ *suscitāre*「立たせる」（→ suscitar)］〖関連〗〔英〕*resuscitate*］

re·su·da·ción [r̃e.su.ða.θjón / -.sjón] 〖女〗軽い発汗; (水分の)滲出(ｼﾝｼｭﾂ).

re·su·dar [r̃e.su.ðár] 〖自〗 **1** 汗ばむ. **2** 滲出(ｼﾝｼｭﾂ)する.

re·sue·llo [r̃e.swé.ʝo ‖ -.ʎo] 〖男〗 **1** 荒い息づかい; 体力, エネルギー. perder el ~ / quedarse sin ~ 息を切らせる, へとへとになる. **2**《ラ米》(ﾌﾞﾗｼﾞﾙ)休憩, ひと休み. tomar un ~ ひと息入れる.
*meter*le (*a*+人) *el resuello en el cuerpo*《話》〈人〉を脅す, おじけづかせる.

re·suel·ta·men·te [r̃e.swél.ta.mén.te] 〖副〗きっぱりと; 敢然と.

*****re·suel·to, ta** [r̃e.swél.to, -.ta] [resolver の〖過分〗]〖形〗 **1** 解決された, 解けた. asunto ~ 解決事項. Todo está ~. 全て解決した.
2 断固とした, 果敢な; てきぱきした, 手際のよい. tono ~ きっぱりとした調子. una mujer *resuelta* てきぱきした女性. **3**(*estar*+)(*a...* …を)決心[覚悟]した. Yo *estaba* ~ *a* decírselo. 私は彼[彼女]にそれを言うと決心していた.
［←〔ラ〕*resolūtum*「解けた」; *resolvere*「解く, ほどく」の完了分詞 *resolūtus* の名詞,〖関連〗resolución.〔英〕*resolute*］

resuelv- 〖活〗→ resolver.

re·sul·ta [r̃e.súl.ta] 〖女〗 **1** 結果. **2** (討議における)結論. **3** 《主に複数で》欠員, 空席.
━〖活〗→ resultar.
de[*a*] *resultas de...* …の結果として. Se quedó ciego *de* ~*s de* una enfermedad. 彼は病気の結果失明した.

*****re·sul·ta·do** [r̃e.sul.tá.ðo] 〖男〗 **1** 結果, 結末. el ~ de la última elección 最近の選挙結果. La operación le dio buen ~. 手術は[彼女に]いい結果をもたらした. El ~ del partido fue desastroso. 試合の結果は惨憺(ｻﾝﾀﾝ)たるものだった. **2** (計算の)結果, 答え. **3**《スポ》得点, 記録. El ~ es de 4 a 2. スコアは4対2である.

re·sul·tan·do [r̃e.sul.tán.do] 〖男〗〖法〗(判決の)論旨.

re·sul·tan·te [r̃e.sul.tán.te] 〖形〗 **1** 結果として生じる. **2**〖物理〗〖数〗合成の, 合成された.
━〖女〗〖物理〗合力;〖数〗終結式.

*****re·sul·tar** [r̃e.sul.tár] 〖自〗 **1** (*de...* …から)生じる, 起こる. *De* ese encuentro casual *resultó* una pareja ideal. その偶然の出会いから理想のカップルが生まれた.
2 (+形容詞・副詞およびその相当語句)(…に)見える,（…という)印象を与える. Tus palabras *resultaron* un poco *frívolas*. 君の発言はちょっと軽薄に聞こえたな. ► 印象を受ける人物を特定するには para+人, または a+人を用いる. ⇒ Este cuadro me *resulta* familiar. この絵には懐かしさを感じる (► me が a+人に相当).

3（1）(+名詞・形容詞およびその相当語句 …に)終わる, (結果として)なる. ~ *bien*[*mal*] よい[悪い]結果を生む; うまくいく[いかない]. El disco *resultó el número uno* en ventas en una semana. そのCDは1週間で売り上げナンバーワンになった. Dos personas *resultaron heridas* en el accidente. その事故で2名がけがを負った.（2）(*en...* …の)結果になる. ~ *en* un gran beneficio 利益になる.

4（1）うまくいく, いい結果になる. El nuevo negocio de mi padre *resultó*. 父の今度の商売はうまくいった. ¿Qué tal la entrevista? — Pues, no *resultó*. 面接どうだった. — それがね, だめだった.（2）いい感じを与える, 魅力を感じさせる.

5《3人称単数で》(*que*+直説法)(…であると)判明する,（…という)事実である. *Resulta que* el terreno no *era* suyo. 実はその土地は彼[彼女](ら)のものではなかったのだ. *Resulta que son novios*. あのふたりは実は恋人同士なんだ. ► 主に意外性を含む事実を指して用いられる.
［←〔ラ〕*resultāre*「跳ね返る」; *re-*「後ろへ」+ *saltāre*「踊る; 跳ねる」（→ saltar)〖関連〗resulta, resultado.〔英〕*result*］

re·sul·tón, to·na [r̃e.sul.tón, -.tó.na] 〖形〗《話》快い; 魅力的な; 満ち足りた, すてきな.

*****re·su·men** [r̃e.sú.men] 〖男〗《複 resúmenes》要約, 要旨, 梗概, レジュメ. ~ de la tesis 論文の要約. hacer un ~ de... …を要約する.
en resumen 要するに; まとめると.

re·su·mi·de·ro [r̃e.su.mi.ðé.ro] 〖男〗《ラ米》排水溝, 下水溝.

re·su·mi·do, da [r̃e.su.mí.ðo, -.ða] 〖形〗要約した. ~ en pocas palabras 簡単にまとめると. en *resumidas* cuentas 要約すれば, かいつまんで言えば.

*****re·su·mir** [r̃e.su.mír] 〖他〗〈内容を〉要約する, まとめる. *Resume* tu proyecto de investigación en pocas palabras. 君の研究計画を簡単にまとめなさい. **━**〖自〗要約する, まとめる. *Resumiendo*, estamos todos muy contentos con el resultado. 要するに私たちは結果にとても満足している.
━~・se〖再〗 **1** (*en...* …(という)結果となる,《…を》もたらす. Toda esta conducta *se resume en* el respeto a los derechos del individuo. この行為全体が個人の権利の尊重につながる.
2(*en...* …に)変化する, なる.
3(《3人称》)(*en...* …に)まとめられる. El contenido *se resume en* las diez líneas siguientes. 内容は次の10行にまとめられる.
［←〔ラ〕*resūmere*「再び取る, 取り戻す」; *re-*「再び」+ *sūmere*「取る, 用いる」（→ sumir);〖関連〗resu-

men. 〔仏〕*résumé* 「要約」.〔英〕*resume*〕

re·sur·gen·cia [r̃e.sur.xén.θja / -.sja] 囡 湧(わ)き水, (地下水の)湧出(ゆうしゅつ)(点).

re·sur·gi·mien·to [r̃e.sur.xi.mjén.to] 男 復活, 再生; 再起, 回復. el ~ de la economía nacional 国の経済復興.

El resurgimiento de Italia 〖史〗(19世紀中葉の)イタリアの国家統一運動, リソルジメント.

re·sur·gir [r̃e.sur.xír] 100 圓 **1** 再び現れる, 復活[再生]する. El turismo hizo ~ la economía de la región. 観光が地域経済を再生させた. **2** 再起する, 元気を取り戻す.

re·su·rrec·ción [r̃e.su.r̃ek.θjón / -.sjón] 囡 復活, 蘇生(そせい); [R-] キリストの復活(の図). la ~ de Cristo キリストの復活. Domingo de R~ 〖カト〗復活の主日. Pascua de R~ 〖宗〗復活祭. ~ de la carne(最後の審判の日の)死者のよみがえり. **2** 再興, 再生. la ~ de un partido 政党の再興.

re·sur·tir [r̃e.sur.tír] 圓 ぶつかる, はね返る(= rebotar). —他 再供給する.

re·ta·blo [r̃e.tá.blo] 男 **1** 〖建〗(教会の)祭壇背後の飾り衝立(ついたて), 祭壇背後壁. **2** 〖聖史などを題材にした〗絵巻, 彫刻. **3** 〖聖書を題材とした〗宗教劇, 人形劇.
retablo de dolores 苦労ばかりで恵まれない人.

re·ta·car [r̃e.ta.kár] 112 他 **1** 〖容器の中身を〗さらに押し込む, 詰め込む. **2** 〖遊〗(ビリヤード)キューで二度突く. — ~·**se** 再 《ラ米》(1) 《俗》《話》頑として[てこでも]動かない. (2) 《俗》《話》約束を破る. (3) (*ホン*)腹一杯食べる.

re·ta·ce·ar [r̃e.ta.θe.ár / -.se.-] 他 《ラ米》(ラブ) (1) 《話》しぶしぶ与える, 出し惜しむ. (2) → retazar.

re·ta·ce·rí·a [r̃e.ta.θe.rí.a / -.se.-] 囡 〖集合的〗布の端切れ.

re·ta·char [r̃e.ta.tʃár] 他 《ラ米》(ラブ)はじき返す, 戻す. — 圓 《ラ米》弾む, バウンドする.

re·ta·co, ca [r̃e.tá.ko, -.ka] 形 《話》《軽蔑》背が低く小太りの. — 男囡 《話》背が低く小太りの人, ずんぐりむっくりした人. — 男 **1** 〖銃身の短い〗猟銃. **2** 〖遊〗(ビリヤード)ショートキュー.

re·ta·cón, co·na [r̃e.ta.kón, -.kó.na] 形 《ラ米》(ゼル)《話》ずんぐりした, 小太りの.

re·ta·dor, do·ra [r̃e.ta.ðór, -.ðó.ra] 形 挑戦する; 挑戦的な. — 男囡 挑戦者.

re·ta·guar·dia [r̃e.ta.gwár.ðja] 囡 **1** 〖軍〗後衛(部隊)(↔vanguardia). quedarse a ~ 後衛を務める. sorprender por la ~ 背後から襲う. **2** 銃後. **3** 《俗》最後(の部分), 尻(しり).
estar a [en la] retaguardia de... …の後塵(こうじん)を拝する.

re·ta·hí·la [r̃e.ta.í.la] 囡 長い列; 連続, ひと続き. una ~ de ejemplos 延々と列挙される例. una ~ de triunfos 連戦連勝. una ~ de desgracias 次々と訪れる不幸.

re·tail [r̃i.téil] 〔英〕男 (または囡) 〖複~, ~es〗小売り.

re·ta·ja·do, da [r̃e.ta.xá.ðo, -.ða] 形 《ラ米》(ラブ) 去勢された.

re·ta·jar [r̃e.ta.xár] 他 **1** 丸く切る, 円形に切り出す. ~ una tabla 板を丸く切る. **2** 〖羽根ペンを〗削り直す. **3** 割礼を施す. **4** 〖子牛が雌牛の乳を吸えないように〗雌牛の乳首のわきを切断する. **5** 《ラ米》(ニカ)(コス)(ホン)去勢する.

re·tal [r̃e.tál] 男 **1** (布・紙・板金などの)切れ端. **2** 〖画家が膠(にかわ)の材料にする〗革のくず.

re·ta·lia·ción [r̃e.ta.lja.θjón / -.sjón] 囡 仕返し, 報復.

re·ta·llo [r̃e.tá.jo ‖ -.ʎo] 男 **1** 〖建〗壁面の棚状突起, 壁段. **2** 新芽, 発芽.

re·ta·llón [r̃e.ta.jón ‖ -.ʎón] 男 《ラ米》(メキ)(ホン)食べ残し, 残り物, 残飯.

re·ta·ma [r̃e.tá.ma] 囡 〖植〗レダマ, エニシダ.
[←〔アラビア〕*ratam*]

re·ta·mal [r̃e.ta.mál] / **re·ta·mar** [r̃e.ta.már] 男 エニシダの林.

re·ta·mo [r̃e.tá.mo] 男 〖植〗《ラ米》(アルゼ)(パラグ)(ペル)レダマ, エニシダ(= retama).

retama (レダマ)

re·tar [r̃e.tár] 他 **1** (a ... (決闘など)に) 挑む, 挑戦する; 《a +不定詞 / a que +接続法 …するように》挑発する. ~ *a* duelo 決闘を申し込む. ~ *a* muerte 決戦を挑む. **2** 叱責(しっせき)する, 非難する. **3** 〖騎士が(決闘覚悟で)王に讒訴(ざんそ)する. **4** 《ラ米》(チ)(アルゼ)(パラグ)《話》侮辱する, 罵倒(ばとう)する.

re·tar·da·ción [r̃e.tar.ða.θjón / -.sjón] 囡 遅らせること; 遅延, 遅滞; 減速.

re·tar·da·do, da [r̃e.tar.ðá.ðo, -.ða] 形 **1** 遅れた, 遅延の. *bomba de efecto* ~ 時限爆弾. **2** 〖物理〗減速の, 減速する. **3** 《ラ米》(ラブ)頭の悪い《鈍い》.

re·tar·dar [r̃e.tar.ðár] 他 **1** 〖出来事・行為を〗遅らせる, 遅延[延期]させる. ~ *el pago* 支払いを滞らせる. **2** 〖成長・発展などを〗妨げる, 阻止する. ~ *el avance de una enfermedad* 病気の進行を抑制する.
— ~·**se** 再 〖3人称で〗延期される, 遅れる.

re·tar·da·to·rio, ria [r̃e.tar.ða.tó.rjo, -.rja] 形 遅れの元となる, (進歩に)逆行的な.
— 男囡 反動的な人, 逆行的な人.

re·tar·da·triz [r̃e.tar.ða.tríθ / -.trís] 形 〖複 retardatrices〗〖女性形のみ〗遅れさせる, 減速の.
— 囡 減速力(= fuerza ~).

re·tar·do [r̃e.tár.ðo] 男 〖格式〗遅延, 延期; 減速. *estar en* ~ 遅れている.

re·ta·sa [r̃e.tá.sa] / **re·ta·sa·ción** [r̃e.ta.sa.θjón / -.sjón] 囡 値段の改定, 再評価.

re·ta·sar [r̃e.ta.sár] 他 **1** 評価し直す, 値を付け直す; (競売品の)価格を引き下げる.

re·ta·zar [r̃e.ta.θár / -.sár] 97 他 《まれ》 **1** 細かくする, 〖薪(たきぎ)などを〗小さく割る. **2** 〖家畜を〗小さな群れに分ける.

re·ta·zo [r̃e.tá.θo / -.so] 男 **1** 端切れ, 裁ちくず. **2** (話・文章などの)一部, 断片. *una obra hecha a [de]* ~*s* 寄せ集めの作品.

rete- 〖接頭〗形容詞, 副詞に付けて「とても, 非常に」の意. ⇒ *retebién, retecontento*.

re·te·jar [r̃e.te.xár] 他 …の屋根瓦(がわら)を修復する.

re·te·jer [r̃e.te.xér] 他 目を詰めて(固く)織る.

re·te·jo [r̃e.té.xo] 男 屋根の修繕[補修].

re·tel [r̃e.tél] 男 (カワガニなどを捕るための)手網; 手網を使う漁法.

re·tem·blar [r̃e.tem.blár] 8 圓 ぐらぐらと揺れる. ~ *por el terremoto* 地震で揺れる.

re·tem·plar [r̃e.tem.plár] 他 《ラ米》(ラブ)(ニカ)(ボリ)(チ)《話》励ます, 元気づける.

re·tén [r̃e.tén] 男 **1** 〖軍〗予備軍[隊](= ~ *de soldados*); (消防・救助などの)隊. *un* ~ *de bomberos* 消防隊. **2** 蓄え, 備蓄物資. **3** 《ラ米》

置場. ―[屋]→retener.

re·ten·ción [r̃e.ten.θjón / -.sjón] [女] **1** 保持, 保有, 保留. ~ de datos データの保存. **2** 引き留めること, 抑制; 拘留, 留置. **3** 〈賃金などの〉天引き, 源泉徴収(分); 控除; 支払停止. **4** 【医】鬱滞(うつたい), 停滞, 停留. ~ de orina 尿閉. **5** 〈主に複数で〉交通渋滞. *retenciones intermitentes* 断続的な渋滞.

retendr- [屋]→retener.

re·te·ne·dor, do·ra [r̃e.te.ne.ðór, -.ðó.ra] [形] 保有[保持]する; 制止する. ―[男] 留めるもの.

re·te·ner [r̃e.te.nér] 43 [他] **1 引き留める**, 制止[阻止]する; **保持する**; 借りたまま返さない. ~ la atención de+人〈人〉の注意を引きつけておく. *Quería emigrar pero su familia lo retuvo*. 彼は海外に移住したかったが家族が引き留めた. *La esponja retiene el agua*. スポンジはよく水を含む. *No retengas los libros de la biblioteca tanto tiempo*. 図書館の本をそんなに長く借りっぱなしにするな.
2〈感情などを〉**抑制する**, こらえる. ~ el aliento 息を殺す. ~ la lengua 口をつぐむ.
3 記憶にとどめる. *Hay que ~ las fechas más importantes de la historia*. 歴史上の重要な日付は覚えていなくてはいけない. **4**〈ある金額を〉天引きする, 差し引く;〈給料などを〉差し止める. *Retienen cincuenta euros de mi sueldo*. 私は給料から50ユーロ差し引かれる. **5** 留置[拘置]する, 監禁する.
―~·se [再] 自制する, 我慢する.

reteng- [屋]→retener.

re·ten·tar [r̃e.ten.tár] 8 [他]〈病気などが〉ぶり返す, 再発する.

re·ten·ti·vo, va [r̃e.ten.tí.βo, -.βa] [形] 保有する, 保持力のある; 制止する; 記憶(力)のいい.
―[女] 記憶力. *Mi hija tiene mucha [buena] retentiva*. 私の娘は記憶力がいい.

re·te·ñir[1] [r̃e.te.nír] 4 [他] 再び染める, 染め直す.
re·te·ñir[2] [r̃e.te.nír] 4 [自]→retiñir.

re·te·sar [r̃e.te.sár] [他] ぴんと張る; 固くする.

re·te·so [r̃e.té.so] [男] **1** 張り, 引っ張り. **2** 乳の張り. **3** (地面の小さな)隆起.

RETEVISIÓN [r̃e.te.βi.sjón] [女] 《略》 *Red Técnica Española de Televisión* レテビシオン(スペインテレビ技術公社).

re·ti·cen·cia [r̃e.ti.θén.θja / -.sén.sja] [女] **1** (主に悪意による)あてこすり, ほのめかし; 皮肉. *un discurso lleno de ~s* 含みの多い演説.
2 ためらい, 抑制; 疑念, 不信.

re·ti·cen·te [r̃e.ti.θén.te / -.sén.-] [形] **1 〈a... …に〉躊躇(ちゅうちょ)する**, ためらう, 気乗りしない. *ser ~ a tomar una decisión* 決定を下すのに慎重である.
2 暗示的な; 皮肉な. *expresión ~* 裏がありそうな表情.

ré·ti·co, ca [r̃é.ti.ko, -.ka] [形] 《史》(ヨーロッパ中部アルプス地方にあった古代ローマの属州の一つ)ラエティア *Recia*(人)の. ―[男] [女] ラエティア人.
―[男] レト・ロマン語; ラエティア地方のロマンス語 (= retorromano).

re·tí·cu·la [r̃e.tí.ku.la] [女] **1** 《光》(接眼レンズにある)レチクル, 網線, 十字線. **2** (写真製版用の)網目スクリーン; (製図用の)方眼の入ったガラス板. **3** 網状物, 網状組織.

re·ti·cu·la·do, da [r̃e.ti.ku.lá.ðo, -.ða] [形] 網状の, 網になった.

re·ti·cu·lar [r̃e.ti.ku.lár] [形] 《格式》網状の.

re·tí·cu·lo [r̃e.tí.ku.lo] [男] **1** 《光》(接眼レンズにある)レチクル, 網線, 十字線. **2** 《動》(反芻(はんすう)動物の)第二胃, 網胃. **3** 網状物, 網状組織. **4** 《星座》[R-] レチクル[レティクル]座.

retien- [屋]→retener.

re·ti·na [r̃e.tí.na] [女] 《解剖》(目の)網膜.

re·ti·nal [r̃e.ti.nál] [形] →retiniano.

re·ti·nia·no, na [r̃e.ti.njá.no, -.na] [形] 《解剖》網膜の.

re·ti·ni·tis [r̃e.ti.ní.tis] [女] 〈単複同形〉《医》網膜炎. ~ *pigmentaria* 網膜色素変性症.

re·ti·no·blas·to·ma [r̃e.ti.no.βlas.tó.ma] [男] 《医》網膜芽細胞腫.

re·ti·no·gra·fí·a [r̃e.ti.no.gra.fí.a] [女] 《医》網膜写真.

re·ti·nol [r̃e.ti.nól] [男] 《生化》ビタミンA, レチノール.

re·ti·no·pa·tí·a [r̃e.ti.no.pa.tí.a] [女] 《医》網膜症.

re·tin·te[1] [r̃e.tín.te] [男] 染め直し, 二度染め.

re·tin·te[2] [r̃e.tín.te] [男] (鐘の音などの)余韻, 響き.

re·tin·tín [r̃e.tin.tín] [男] **1** (鐘の音などの)余韻, 響き. **2** 《話》皮肉な調子, 嫌み.

re·tin·to, ta [r̃e.tín.to, -.ta] [形] **1** 〈動物が〉焦げ茶色をした, 暗褐色の.
2 《ラ米》(ラプラタ地方で)《話》(髪の毛が)黒い.

re·ti·ñir [r̃e.ti.nír] 72 [自] (耳の中に)余韻が残る.

re·ti·ra·ción [r̃e.ti.ra.θjón / -.sjón] [女] 《印》裏面に印刷すること.

re·ti·ra·da [r̃e.ti.rá.ða] [女] **1** 引退, 退職; 退役. *la ~ de un actor* ある俳優の引退.
2 回収, 没収; 取り消し. ~ *del carné de conducir* 運転免許の取り消し.
3 (預金などの)引き出し. **4**《軍》撤退, 退却; 退却信号; 帰営[退却]らっぱ. *tocar ~* 退却のらっぱを吹く. *emprender la ~* 退却する. **5** 除去, 排除. ~ *de la nieve* 除雪. **6** 避難所, 隠遁所. **7** (河川の流れが варジする)土地, 河原.
batirse en retirada 退散する, 勝負をあきらめる.
cortar la retirada a ...〈敵の〉退路を断つ;《話》ぐうの音も出させない.
cubrir(se) la retirada 撤兵[退却]の準備をしておく; 万全の備えをする.

re·ti·ra·da·men·te [r̃e.ti.rá.ða.mén.te] [副]
1 世間から身を引いて. *vivir ~* ひっそりと暮らす.
2 秘密裏に, 隠れて.

re·ti·ra·do, da [r̃e.ti.rá.ðo, -.ða] [形] **1** 人里離れた. *una aldea retirada* 辺鄙(へんぴ)な村.
2 引退した, 退職[退役]した; 世を捨てた. *el coronel ~* 退役大佐. *vida retirada* 隠遁(いんとん)生活.
―[男] [女] 退職者; 退役軍人.

re·ti·rar[1] [r̃e.ti.rár] [他] **1 〈de... …から〉取り去る**, 引き離す; 回収する, 撤去する. ~ *la basura de la calle* 通りのごみを回収する. ~ *la olla del fuego* 鍋を火から下ろす. ~ *los coches defectuosos* 欠陥車をリコールする. ~ *el carné de conducir al infractor* 違反者から免許証を没収する.
2〈もの・体の部位を〉引っ込める, 引く. ~ *la mano* 手を引っ込める. ~ *una silla* いすを引く.
3〈約束・命令などを〉撤回する, 取り消す;〈恩恵を〉取り上げる; 打ち切る. ~ *lo dicho* 前言を取り消す. ~ *una demanda* 訴訟を取り下げる. ~ *a un vecino el saludo* 隣人にあいさつするのをやめる.
4〈預金などを〉引き出す. ~ *dinero del banco* 銀行からお金を下ろす.
5〈*de*...〉〈仕事・活動など〉から〉〈人を〉引退させる,

脱退させる；《(場所)から》退出させる．~ al hijo de la escuela 子供に学校をやめさせる．Una lesión *retiró* al tenista *de* la cancha. そのテニス選手は負傷して本意ながら退かされた．
—— ~se 再 **1 (de...**〈仕事・活動など〉から**)** 引退する，脱退する；隠遁(%%)する．~*se de* la política 政界から引退する．~*se de* su cargo 退職[退任]する．~*se del* campeonato 選手権を棄権する．
2 (de...〈場所〉から**)** 退出する，離れる；《**a...**〈自室・自宅など〉に》引き上げる．~*se de* una sala para fumar 喫煙室を出る．~*se de* una ventana 窓から離れる．~*se a* la habitación a descansar 休むために部屋に引き上げる．**3**〖軍〗撤退する，退却する．**4** 電話を切る．No *se retire*. (電話を切らずに)このままでお待ちください．
[re- 「後ろへ」+ tirar；関連 retiro．[英] *retire*]

re·ti·rar² [r̃e.ti.rár] 他 〖印〗裏刷りする，裏面に印刷する．

***re·ti·ro** [r̃e.tí.ro] 男 **1** 引退 (生活)；退職，退役．llegar a la edad de ~ 定年になる．
2 退職年金，恩給．cobrar el ~ 年金を受け取る．
3 閑静な場所；隠遁(%%)所．un ~ campestre 田舎の隠居所．**4** (預金などの)引き出し；(通貨の)回収．**5** 〖カト〗静修，黙想．
——圓 → retirar.

***re·to** [r̃é.to] 男 **1** 挑戦，挑発．aceptar el ~ 挑戦を受けて立つ．lanzar un ~ 挑戦する．**2** (実現困難な)高い目標．**3** 脅迫；脅し文句．**4** 〖ラ米〗《話》(%%)(%%)(%%)非難，とがめ．**5** (ア)罵倒(%%)．

re·to·ba·do, da [r̃e.to.bá.ðo, -.ða] 形 〖ラ米〗 (1) (%%)(%%)(%%)《話》ずうずうしい，悪賢い．(2) 〈動物が〉扱い慣らされていない，野生の．(3) 《話》粗野な，無骨な，がさつな．(4) 頑固な，反抗的な；気まぐれな．(5) (ホ) 閉じ込められた；罰を受けた．

re·to·bar [r̃e.to.bár] 他 〖ラ米〗 (1) 革を張る．(2) (%%)(%%)(%%) 油布[シート]をかぶせる．(3) (アン)(ボリ)〈皮〉をなめす．(4) 〖ラ米〗強情を張る；文句を言う．—— ~se 再 〖ラ米〗強情を張る，文句を言う；反抗する．

re·to·bo [r̃e.tó.ßo] 男 〖ラ米〗 (1) 革張り．(2) 強情，不従順；気まぐれ；不平．(3) (アン)《話》がらくた，ごみ；役立たず．(4) (ホ) 油布，シート．

re·to·ca·do [r̃e.to.ká.ðo] 男 修正，仕上げ．

re·to·ca·dor, do·ra [r̃e.to.ka.ðór, -.ðó.ra] 男 女 (写真などの)修正係．

re·to·car [r̃e.to.kár] 69 他 **1** 再び[何度も]触る．
2 修正[補正]する，手直しする；仕上げをする．~ una fotografía 写真に修整を施す．~ el cuadro 絵を仕上げる．
—— ~se 再 (髪型・化粧などを)直す．

re·to·mar [r̃e.to.már] 他 **1** 再開する．Los dos países *retomaron* el diálogo para resolver el problema. その2国は問題を解決すべく対話を再開した．**2** 再び取る．

re·to·ñar [r̃e.to.ɲár] 自 **1** 〈草木が〉芽を吹く．
2 〈格式〉よみがえる；再び現れる．

re·to·ño [r̃e.tó.ɲo] 男 **1** 〖植〗芽，新芽．
2 (主に幼い)息子．

re·to·que [r̃e.tó.ke] 男 **1** 修正，手直し；仕上げ．dar unos ~s a la obra 作品に仕上げの手を入れる．darse un ~ 化粧直しをする．**2** 速い脈拍，動悸(%%)．**3** (発作・病気の)徴候．

re·tor [r̃e.tór] 男 縒(%%)りの強い糸で織った丈夫な綿布．

re·tor·ce·du·ra [r̃e.tor.θe.ðú.ra / -.se.-] 女 → retorcimiento.

re·tor·cer [r̃e.tor.θér / -.sér] 24 他 **1** ねじる；ひねる；縒(%%)る．~ el brazo 腕をねじる．~ un alambre 針金をよじる．
2 絞る，絞り出す．~ la ropa 洗濯物を絞る．
3 歪曲(%%)する，ねじ曲げる．No *retuerzas* lo que digo. 私の言うことを歪曲するな．**4** 逆に食ってかかる，反論する．~ un argumento 議論でやり返す．
—— ~se 再 **1** ねじれる；絡む．
2 身をよじる．~*se de* dolor 苦痛のたうち回る．

re·tor·ci·do, da [r̃e.tor.θí.ðo, -.ða / -.sí.-] 形
1 ねじれた；縒(%%)り合わせた；絞られた．**2** ひねくれた，陰険な；腹黒い．Tenía la mente *retorcida*. 彼[彼女]はねじけた心の持ち主だった．**3** 〈言い回しが〉回りくどい，難解な．lenguaje ~ ひねった言葉遣い．—— 男 陰険な人，陰険な人．
—— 男 果実で作った菓子．

re·tor·ci·jón [r̃e.tor.θi.xón / -.si.-] 男 (腹部の)急激な痛み，差し込み；(手足の)ひねり，ねんざ．

re·tor·ci·mien·to [r̃e.tor.θi.mjén.to / -.si.-] 男
1 ねじれ，縒(%%)り合わせ，(洗濯物を)絞ること．
2 (言い回しの)回りくどさ，難解さ．**3** ひねられ，腹黒さ．**4** 曲解，歪曲(%%)，取り違え．**5** 身悶(%%)え，身をよじること．

re·tó·ri·ca [r̃e.tó.ri.ka] 女 **1** 修辞学，雄弁術；(効果的な)文章法，話し方，レトリック．*R* ~ de Aristóteles アリストテレスの『修辞学』．
2 (軽蔑)空疎な美辞麗句．
3 (主に複数で)《話》駄弁，回りくどい話[言い方]．

re·tó·ri·ca·men·te [r̃e.tó.ri.ka.mén.te] 副 修辞学的に，修辞的に；大げさに，誇張して．

re·to·ri·car [r̃e.to.ri.kár] 102 他 修辞 (学) 的に話す．—— 自 気取って[回りくどく]話す．

***re·tó·ri·co, ca** [r̃e.tó.ri.ko, -.ka] 形 **1** 修辞学[雄弁術] の．
2 修辞的な，レトリックを駆使した．un lenguaje ~ 凝った言い回し．figura *retórica* 修辞法．**3** 修辞学に通じた；雄弁な．**4** 美辞麗句を弄(%%)した．
—— 男 女 修辞学者；雄弁家，美辞麗句を弄する人．

re·tor·na·ble [r̃e.tor.ná.ßle] 形 再利用可能な，リターナブル(の)；返却できる．

***re·tor·nar** [r̃e.tor.nár] 自 (**a...** …に) 戻る，帰る；回帰する，立ち戻る．~ *a* una antigua amistad 旧交を温める．*Retornaron a* su patria. 彼らは祖国に帰った．
—— 他 **1** 返す，返却[返還]する．~ el dinero 金を返す．**2** (元の場所に) 戻す．**3** 再びねじる[曲がる]，曲げ直す．
—— ~se 再 戻る，回帰する．

re·tor·ne·lo [r̃e.tor.né.lo] 男 → ritornelo.

***re·tor·no** [r̃e.tór.no] 男 **1** 帰還，回帰；(行楽などの) Uターン．**2** 〖ＩＴ〗リターン (キー)．**3** 交換．
4 返礼，返済；返礼，(利益の)還元．
de retorno 帰り道に；返礼として．
retorno de llama (内燃機関の)逆火，バックファイア．

re·to·rro·má·ni·co, ca [r̃e.to.r̃o.má.ni.ko, -.ka] 形 男 → retorromano.

re·to·rro·ma·no, na [r̃e.to.r̃o.má.no, -.na] 形 レト・ロマン語の．—— 男 レト・ロマン語 (= rético)．

re·tor·sión [r̃e.tor.sjón] 女 → retorcimiento.

re·tor·ta [r̃e.tór.ta] 女 **1** 〖化〗レトルト，蒸留器．
2 細糸で織った目のきつい布．

re·tor·te·ro [r̃e.tor.té.ro] 男 戻り，ターン．
al retortero 《話》雑然とした，散らかった．

andar [*ir*] **al retortero**《スペイン》《話》大忙しである；《**por**...…を》欲しくてしようがない；《**por**＋人〈人〉に》恋に焦がれている.

traer [**llevar, tener**] **a**＋人 **al retortero**《スペイン》《話》〈人〉をこき使う；(守るつもりもない約束を餌に)〈人〉を言いなりにさせる.

re·tor·ti·jón [r̃e.tor.ti.xón]男 **1** 急激なねじれ，よじれ. No des tantos *retortijones* a la ropa. 洗濯物をそんなにきつく絞らないで.
 2(腹部の)急激な痛み，差し込み.(＝ ～ de tripas).

re·tos·ta·do, da [r̃e.tos.tá.ðo, -.ða]形 よく焦げた；焦げ茶色の.

re·tos·tar [r̃e.tos.tár]15他 焦がす，焼きすぎる；焦がし[焼き]直す.

re·to·za·dor, do·ra [r̃e.to.θa.ðór, -.ðó.ra / -.sa.-]形 → retozón.

re·to·zar [r̃e.to.θár / -.sár]97自 **1**〈子供などが〉戯れる，はしゃぎ回る. Los cachorros *retozaban* alegremente por el jardín. 子犬たちが庭で楽しげにじゃれ合っていた. **2** いちゃつく. **3**〈笑い・感情などが〉込み上げる，わくわくする.

re·to·zo [r̃e.tó.θo / -.so]男 **1** 戯れ，はしゃぎ回り.
 2 ふざけ合い，いちゃつき.

re·to·zón, zo·na [r̃e.to.θón, -.θó.na / -.són, -.só.-]形 **1** 浮かれた，よくはしゃぐ. **2**〈笑いなどが〉込み上げてくる.

re·trac·ción [r̃e.trak.θjón / -.sjón]女 **1** 収縮；引っ込める[引っ込む]こと.
 2〖医〗退縮，牽縮(はんしゅく)，後退.

re·trac·ta·ción [r̃e.trak.ta.θjón / -.sjón]女
 1(発言の)取り消し，撤回. ～ pública 公的な謝罪.
 2〖法〗買い戻し，買い戻し権の行使.

re·trac·tar [r̃e.trak.tár]他 **1**〈発言を〉翻す，取り消す，撤回する. ～ una opinión 意見を引っ込める.
 2〖法〗買い戻す，買い戻し権を行使する.
 ―**～·se** 再 (**de**...…を)翻す，取り消す，撤回する；前言を撤回する. *～se* de una declaración 供述を翻す. ¡Me retracto! 私は前言を撤回します.

re·trác·til [r̃e.trák.til]形〖生物〗〈頭・尾・爪(シ)などが〉引っ込む，収縮性の.

re·trac·ti·lar [r̃e.trak.ti.lár]他《スペイン》ビニール[フィルム]で覆う[巻く].

re·trac·ti·li·dad [r̃e.trak.ti.li.ðáð]女〈頭・尾・爪(シ)などが〉引っ込むこと.

re·trac·to [r̃e.trák.to]男〖法〗取り消し，買い戻し権.

re·tra·du·cir [r̃e.tra.ðu.θír / -.sír]37他 重訳する；元の言語に訳し戻す.

re·tra·er [r̃e.tra.ér]58他 **1**〖格式〗〈触角・爪(シ)などを〉引っ込める，収縮させる. El caracol *retrae* sus cuernos. カタツムリは角を引っ込める.
 2〖格式〗(**de**... …するのを)思いとどまらせる，断念させる. ～ a＋人 *de* que se presente como candidato〈人〉に立候補するのを思いとどまらせる.
 3(もう一度)思い起こす，頭に描く. **4**〖法〗買い戻す，買い戻し権を行使する. **5** 再び持って来る.
 ―**～·se** 再 **1**〖格式〗引きこもる，隠遁(いんとん)する；引退する. ～ de la política 政界から身を引く. *～se* a un lugar solitario 人里離れた所に引っ込む.
 2〖格式〗(**de**... …するのを)思いとどまる，断念する.
 3〖格式〗引っ込む，縮む. **4** 思い起こす，過去にさかのぼる.

re·tra·í·do, da [r̃e.tra.í.ðo, -.ða]形 **1** 引きこもった，隠遁(いんとん)した；引退した.
 2 引っ込み思案の，内気な.

re·trai·mien·to [r̃e.trai.mjén.to]男 **1** 引きこもり，隠遁(いんとん)；隠れ家. **2** 引っ込み思案，内気. **3** 引っ込めること；収縮.

re·tran·ca [r̃e.tráŋ.ka]女 **1**《話》下心，隠された意図. **2**(馬の)尻(し)帯. **3**《ラ米》(シャツ)ブレーキ(＝freno).

re·tran·car [r̃e.traŋ.kár]102他 **1**〈馬車馬を〉尻(し)帯で繋いで止める. **2**《ラ米》〈車〉にブレーキをかける.
 ―**～·se** 再《ラ米》(シャツ)行き詰まる，停滞する.

re·tran·que·ar [r̃e.traŋ.ke.ár]他 **1**(曲がっていないかどうか)片目で確かめて見る. **2**〖建〗〈ある階の正面の壁面を〉他の階より引っ込めて建てる.

re·trans·mi·sión [r̃e.trans.mi.sjón]女 **1**〖ラジオ〗〖TV〗中継放送，生中継；再放送；(電波の)中継.
 2(伝言などの)中継ぎ，取り継ぎ.

re·trans·mi·sor [r̃e.trans.mi.sór]男 送信機；中継器

re·trans·mi·tir [r̃e.trans.mi.tír]他 **1**〖ラジオ〗〖TV〗(生)中継で放送する；再放送する. **2**〈伝言などを〉中継ぎする，中継ぎする.

***re·tra·sa·do, da** [r̃e.tra.sá.ðo, -.ða]形 **1** 遅い，遅れた. reloj ～ 遅れている時計. El tren viene ～. 電車は遅れている. Estoy ～ en gramática. 私は文法の勉強が遅れ気味なんだよ. **2**(発達・成長などが)遅れた；《軽蔑》精神遅滞の. un niño ～ 精神遅滞児. **3** 古くなった，以前の. los números ～s de la revista 雑誌のバックナンバー.
 4 滞った，停滞している；滞納した. tener trabajo ～ 仕事が滞っている.
 ―男女 **1** 精神遅滞者 (＝ ～ mental). **2**《軽蔑》ばか，まぬけ.

***re·tra·sar** [r̃e.tra.sár]他 **1**〈事情が〉(…の進行・開始を) **遅らせる**；〈人を〉遅刻させる. La gran nevada *retrasó* la obra. 大雪のせいで工事が遅れた. **2** 延期する，先延ばしする. Nos vimos obligados a ～ la salida. 私たちは仕方なく出発を遅らせることにした. **3**〈順位・位置を〉後退させる. **4**〈時計の〉針を遅らせる.
 ―自 遅れる；後れをとる.
 ―**～·se** 再 **1**(進行・開始が)遅れる；延期される. El vuelo *se retrasó* dos horas. その便は2時間遅れた. La operación *se le retrasa* una semana. 彼[彼女]の手術は1週間延びる.
 2〈人が〉遅刻する. Hoy *me he retrasado* unos minutos a la cita. 今日私は約束に数分遅れた. **3** 後退する；後れをとる. *Nos retrasamos* en el pago del alquiler. 私たちは家賃の支払いが滞っている. [tras より派生]

***re·tra·so** [r̃e.trá.so]男 **1 遅れ，遅延；後進性**. El tren llegó con ～. 汽車は遅れた. Llegué con diez minutos de ～. 私は10分遅刻した. Llevamos un ～ de un mes en el trabajo. 我々の仕事は1か月遅れている. ～ mental〖医〗精神遅滞. **2**《複数で》(借金・支払いの)滞り，延滞.

re·tra·ta·ción [r̃e.tra.ta.θjón / -.sjón]女 → retractación.

re·tra·ta·dor, do·ra [r̃e.tra.ta.ðór, -.ðó.ra]男女 → retratista.

***re·tra·tar** [r̃e.tra.tár]他 **1**〈人の〉**肖像画を描く**，肖像写真を撮る. hacerse ～ 自分の肖像画を描かせる. **2**(詳細に) **描写する**. un escritor que *retrata* fielmente las costumbres de la época 時代の風俗を忠実に描き出す作家.

—~se 再 **1** 写真を撮ってもらう；肖像画を描いてもらう．**2** (自分の姿が)写る，写し出される；正体を現す．

re·tra·te·rí·a [r̃e.tra.te.rí.a] 囡 《ラ米》(ｼﾞｬﾘ)(ｸﾞｱﾃﾞ) 写真屋[館]，スタジオ．

re·tra·tis·ta [r̃e.tra.tís.ta] 男 囡 肖像画家；ポートレート専門の写真家．

re·tra·to [r̃e.trá.to] 男 **1 《美》《写》**肖像(画)**，ポートレート，人物写真，人物像．hacer un ~ 肖像画を描く．un ~ de tamaño natural 実物大の肖像画．
2 (言葉による)描写，記述．Pérez Galdós hace un ~ vivo de la sociedad de la época. ペレス・ガルドスは当時の社会を生き生きと描きだしている．
retrato robot モンタージュ写真，似顔絵．
ser el vivo retrato de +人 《話》《人》の生き写しである，《人》によく似ている．
[← 〖伊〗*ritratto*; *ritrarre*「引き出す；表現する」(← 〖ラ〗*re-*「後ろへ」+ *trahere*「引く」) の過去分詞より派生．〖関連〗retratar, retratista, ratraer, retractar. 〖英〗*portrait*]

re·tre·che·rí·a [r̃e.tre.tʃe.rí.a] 囡 **1** 《スペイン》《話》魅力，かわいらしさ．
2 《スペイン》《話》はぐらかし[ごまかし]のうまさ．
3 《ラ米》《話》うたぐり深さ；抜け目なさ．

re·tre·che·ro, ra [r̃e.tre.tʃé.ro, -.ra] 形 **1** 《スペイン》《話》魅力的な，かわいらしい．*cara retrechera* 愛くるしい顔．
2 《スペイン》《話》はぐらかし[ごまかし]のがうまい．
3 《ラ米》《話》(1) (ｱﾙｾﾞﾝ)うたぐり深い，すきのない．(2) (ﾁﾘ)(ｳﾙｸﾞ)(ｸﾞｱﾃﾞ)けちな．

re·tre·pa·do, da [r̃e.tre.pá.ðo, -.ða] 形 のけぞった，ふんぞり返った．*cómodamente ~ en la mecedora* ロッキングチェアーにゆったりと座って．

re·tre·par·se [r̃e.tre.pár.se] 再 のけぞる，ふんぞり返る，楽な姿勢で[背もたれを倒して]座る．

re·tre·ta [r̃e.tré.ta] 囡 **1** 《軍》帰営[退却]の合図．*tocar ~* 帰営[退却]のらっぱを吹く．
2 (夜の)軍隊パレード．
3 《ラ米》(1) 軍のもの[こと]．(2) (軍楽隊の)野外演奏．(3) (ｺﾛ)広場での催し[パレード]．

re·tre·te [r̃e.tré.te] 男 便器；便所．
[← 〖古スペイン〗「隠れ場，奥の部屋」← 〖古カタルーニャ〗*retret* (*retreure*「引っこめる」の過去分詞より派生)]

re·tri·bu·ción [r̃e.tri.βu.θjón / -.sjón] 囡 報酬，謝礼(金)；見返り．No quedó contento con una ~ tan escasa. そんなに少ない報酬では彼は満足しなかった．

re·tri·bui·do, da [r̃e.tri.βwí.ðo, -.ða] 形 報酬が支払われる，有償の．*un trabajo bien ~* 報酬のいい仕事．

re·tri·buir [r̃e.tri.βwír] 48 他 **1** 〈人・仕事に〉報酬を与える；〈恩などに〉報いる．Hemos de ~le el favor que nos ha prestado. 我々に対する彼[彼女]の好意に報いなければならない．
2 《ラ米》〈人〉にお返しをする．

re·tri·bu·ti·vo, va [r̃e.tri.βu.tí.βo, -.βa] 形 もうけのある，報酬[見返り]のある；報酬の．

re·tro [r̃é.tro] 形 《性数不変》《話》レトロな，復古調の；古い．
— 男 《法》*pacto de ~* 買い戻し権付き契約．

retro- 〖接頭〗「後方へ，逆に」の意．→ *retroceder*, *retrovisor*．[← 〖ラ〗]

re·tro·ac·ción [r̃e.tro.ak.θjón / -.sjón] 囡 **1** 遡及(ｷｭｳ)．**2** 後退，退行．**3** フィードバック．

re·tro·ac·ti·vi·dad [r̃e.tro.ak.ti.βi.ðáð] 囡 《法》遡及(ｷｭｳ)，遡及性．

re·tro·ac·ti·vo, va [r̃e.tro.ak.tí.βo, -.βa] 形 過去にさかのぼって効力を有する，遡及(ｷｭｳ)する．*una ley con efecto ~* 遡及的効力を持った法律．

re·tro·a·li·men·ta·ción [r̃e.tro.a.li.men.ta.θjón / -.sjón] 囡 フィードバック (= feedback)．

re·tro·a·li·men·tar [r̃e.tro.a.li.men.tár] 他 フィードバックする．~ *la información conseguida* 入手した情報をフィードバックする．

re·tro·car·ga [r̃e.tro.kár.ga] 囡 *de retrocarga* (銃火器が)後装式の，元込め式の．

*re·tro·ce·der [r̃e.tro.θe.ðér / -.se.-] 自 **1** 後退する，後戻りする；退却する．~ *un paso* 一歩後退する．Como la calle estaba cortada, tuvimos que ~. 通りが通行止めになっていたので，我々は戻らなければならなかった．*Retrocedió el nivel de agua del pantano.* 貯水池の水位が下がった．~ *al siglo pasado* 前世紀にまでさかのぼる．
2 引き下がる；しりごみする．Sé que no podré ~. もう引き下がれないぞ．
3 《en...》〈考え・計画など〉を)断念する．
[← 〖ラ〗*retrōcēdere*; *retrō*「後ろへ」+ *cēdere*「行く」(→ *ceder*). 〖関連〗〖英〗*retrocede*]

re·tro·ce·sión [r̃e.tro.θe.sjón / -.se.-] 囡 **1** 《法》(もの・権利などの)返還，返納．*hacer ~ de...* …を返す．**2** 後退，後戻り．

re·tro·ce·so [r̃e.tro.θé.so / -.sé.-] 男 **1** 後退；下降；退却．*un ~ en la economía* 景気の後退．
2 (銃砲の)反動，後座．*cañón sin ~* 無反動砲．
3 《医》(病状の)悪化，逆戻り．
4 《技》《機》(ピストンなどの)退衝；(タイプライターのキャリッジの)戻り．**5** 《遊》(ビリヤード)引き球．

re·tro·co·he·te [r̃e.tro.ko.é.te] 男 逆噴射ロケット．

re·tro·cuen·ta [r̃e.tro.kwén.ta] 囡 (大きい数から小さい数へ)数を数えること，カウントダウン．

re·tro·fle·xión [r̃e.tro.flek.sjón] 囡 《医》子宮後屈(症)．

re·tro·gra·da·ción [r̃e.tro.gra.ða.θjón / -.sjón] 囡 《天文》(地球から見た惑星の)逆行．

re·tro·gra·dar [r̃e.tro.gra.ðár] 自 **1** 後退する，後戻りする．**2** 《天文》〈惑星が〉逆行する．

re·tró·gra·do, da [r̃e.tró.gra.ðo, -.ða] 形 **1** 《格式》(考え・政党が)保守[反動]的な，時代遅れの．*ideas retrógradas* 時代遅れの考え．
2 後退する；(地球から見て)〈惑星が〉逆行する．*movimiento ~* 《天文》逆行．
— 男 囡 反動的な人，時代遅れの人．

re·tro·gre·sión [r̃e.tro.gre.sjón] 囡 《文章語》後退，後戻り；逆戻り；逆行．

re·tro·gus·to [r̃e.tro.gús.to] 男 (ワインを飲んだ後の)余韻[フィニッシュ]，後味．

re·tro·nar [r̃e.tro.nár] 15 自 鳴り響く，大きな音をたてる．

re·tro·pro·pul·sión [r̃e.tro.pro.pul.sjón] 囡 《航空》ジェット推進．

re·tro·pul·sión [r̃e.tro.pul.sjón] 囡 《医》病位転移．

re·tros·pec·ción [r̃e.tros.pek.θjón / -.sjón] 囡 《格式》回想，回顧．

re·tros·pec·ti·vo, va [r̃e.tros.pek.tí.βo, -.βa] 形 《格式》回想の，回顧する，過去にさかのぼる．*una exposición retrospectiva* 回顧展．*una mirada* *retrospectiva* 回顧, 追憶.

re·tro·trac·ción [r̄e.tro.trak.θjón / -.sjón] 女 【法】遡及(錯).

re·tro·tra·er [r̄e.tro.tra.ér] 58 他 **1** (**a...** …まで)〈過去に〉さかのぼらせる, 引き戻す. El recuerdo nos *retrotrae a* nuestra infancia. 思い出は私たちを子供のころに連れ戻してくれる.
2【法】〈実際の日付より〉前の日付にする.
— ~·se 再 (**a...** …まで)〈過去に〉さかのぼる.

re·tro·ven·den·do [r̄e.tro.ben.dén.do] *contrato de retrovendendo*【法】売り戻し契約

re·tro·ven·der [r̄e.tro.ben.dér] 他【法】〈買い手が〉〈元の売り手に〉売り戻す.

re·tro·ven·ta [r̄e.tro.bén.ta] 女【法】(もとの売り手への)売り戻し.

re·tro·ver·sión [r̄e.tro.ber.sjón] 女【医】後傾(症), 後反.

re·tro·ver·ti·do, da [r̄e.tro.ber.tí.ðo, -.ða] 形【医】後傾した, 後方に傾いた.

re·tro·vi·ró·lo·go, ga [r̄e.tro.bi.ró.lo.go, -.ga] 男 女 レトロウイルス研究者.

re·tro·vi·rus [r̄e.tro.bí.rus] 男《単複同形》【医】【生物】レトロウイルス.

re·tro·vi·sor [r̄e.tro.bi.sór] 男《車》バック[サイド, ルーム]ミラー(= espejo ~).

re·tru·car [r̄e.tru.kár] 102 自 **1**《遊》〈ビリヤードの戻り玉が〉キスする. **2**《遊》〈トランプで〉賭(*)け返す.
3〈相手の論法を逆手にとって〉反論する, 逆ねじをくわせる. **4**《ラ米》(シネャッ)(ラジ)《話》強く言い返す.

re·tru·co [r̄e.trú.ko] 男 → retruque.

re·tru·é·ca·no [r̄e.trwé.ka.no] 男 語呂(ˮ)合わせ, (語順を入れかえたりして作った)言葉遊び. ⇒ Ni son todos los que están, ni están todos los que son. ここにいる人が皆そうでもないし, そうである人が皆ここにいるのでもない.

re·tru·que [r̄e.trú.ke] 男 **1**《遊》〈ビリヤードの戻り玉の〉キス. **2**《遊》〈トランプで〉賭(*)け返し. **3** 反論, 言い返し.
de retruque《ラ米》(シネャッ)(ラジ)その反動[結果]として.

re·tum·ban·te [r̄e.tum.bán.te] 形 **1** 響き渡る; こだま[反響]する. **2** 大言壮語の, 派手な, 仰々しい.

re·tum·bar [r̄e.tum.bár] 自 響き渡る, 鳴り響く; こだま[反響]する. La sala *retumbaba* con los aplausos. 会場中に拍手の音が鳴り響いた. Sus palabras *retumban* en mi cabeza. 彼[彼女](ら)の言葉が耳にこびりついている.

re·tum·bo [r̄e.túm.bo] 男 鳴り響くこと; 反響; 鳴り響く音.

retuv- 活 → retener.

re·u·bi·car [r̄eu.bi.kár] 102 他《ラ米》再配置[設置]する. Los Estados Unidos intentan ~ las bases militares en este país. 米国はこの国に再び基地を設置しようとしている.

re·ú·ma [r̄e.ú.ma] / **reu·ma** [r̄éu.ma] 男(また女)→ reumatismo.

reu·má·ti·co, ca [r̄eu.má.ti.ko, -.ka] 形 リューマチ(性)の. *dolor* ~ リューマチによる痛み.
— 男 女 リューマチ患者.

reu·ma·tis·mo [r̄eu.ma.tís.mo] 男【医】リューマチ. ~ *crónico* 慢性関節リューマチ.

reu·ma·toi·de·o, a [r̄eu.ma.toi.ðé.o, -.a] 形【医】リューマチ様の.

reu·ma·to·lo·gí·a [r̄eu.ma.to.lo.xí.a] 女【医】リューマチ学.

reu·ma·to·lo·go, ga [r̄eu.ma.tó.lo.go, -.ga] 男

女 リューマチ専門医[学者].

reún- 活 → reunir.

re·u·ni·fi·ca·ción [r̄eu.ni.fi.ka.θjón / -.sjón] 女 再統一.

re·u·ni·fi·car [r̄eu.ni.fi.kár] 102 他 再統一する[させる]. — ~·se 再 再統一する.

***re·u·nión** [r̄eu.njón]女 **1** 集会, 会合, 会議. *concertar una* ~ 会議の段取りを決める. *celebrar una* ~ 会議を催す. ~ *con los amigos* 友人たちとの集まり. ~ *familiar* 家族[親戚]の集まり. ~ *plenaria* 総会. Ayer tuve tres *reuniones*. 昨日私は3つ会議があった. → conferencia [類語]. **2** 集結, 集合. Hay que hacer una ~ *de los datos.* データを収集しなくてはならない. **3**《集合的》(会議の)出席者, 参加者.

***re·u·nir** [r̄eu.nír] 96 他 **1**〈散らばっているものを〉集める, 収集する;〈人を〉招集する. ~ *información* 情報を収集する. ~ *pruebas* 証拠を集める. ~ *el dinero necesario* 必要な額のお金を集める. ~ *a los familiares* 親族を一堂に集める. Este CD *reúne* todos los éxitos de este año. このCDには今年のヒット曲が皆収められている.
2〈複数の条件を〉満たす;〈特徴などを〉併せ持つ. Los aspirantes deberán ~ los siguientes requisitos. 志望者は次の要件を満たさなければならない. **3**〈分かれたもの・人を〉再び結合する, 一緒にする. ~ *a una pareja separada* 別れたカップルを結びつける.
— ~·se 再 **1** 集まる, 集合する;〈会合が〉招集される. *Nos reunimos* cada mes a charlar. 私たちは毎月集まってしゃべりをしている. Hoy *se reúne* el Consejo de Seguridad. 今日安全保障理事会が招集される. **2** (**con**+人〈人〉と) 会う, 合流する. Pienso ~*me con* mi padre en Madrid. 私は父とマドリードで会うつもりだ. **3**〈分かれたもの・人が〉再び一緒になる[結合する].

re·u·ti·li·za·ble [r̄eu.ti.li.θá.ble / -.sá.-] 形 再利用可能な.

re·u·ti·li·za·ción [r̄eu.ti.li.θa.θjón / -.sa.sjón] 女 再利用.

re·u·ti·li·zar [r̄eu.ti.li.θár / -.sár] 97 他 再利用する. Para el medio ambiente, vamos a practicar las 3 R: reducir, ~ y reciclar. 環境のために3つのR, つまり減らすこと, 再利用すること, リサイクルすることを実践しましょう.

re·va·cu·na·ción [r̄e.ba.ku.na.θjón / -.sjón] 女【医】再接種, 再種痘.

re·va·cu·nar [r̄e.ba.ku.nár] 他〈人に〉(ワクチンを)再接種する, 再種痘する.

re·vá·li·da [r̄e.bá.li.ða] 女 **1**(特に高校の)最終[修了]試験; 学業認定.
2 再び有効にすること; 認定.

re·va·li·da·ción [r̄e.ba.li.ða.θjón / -.sjón] 女 再び有効にすること; 認定, 承認.

re·va·li·dar [r̄e.ba.li.ðár] 他 再び有効にする; 認定[承認]する.
— ~·se 再 最終[修了]試験を受ける.

re·va·lo·rar [r̄e.ba.lo.rár] 他 **1**〈価値を〉再評価する. **2**〈通貨を〉切り上げる.

re·va·lo·ri·za·ción [r̄e.ba.lo.ri.θa.θjón / -.sa.sjón] 女 **1** 再評価. **2** 通貨の切り上げ.

re·va·lo·ri·zar [r̄e.ba.lo.ri.θár / -.sár] 97 他 **1**〈価値が失われたものを〉再評価する, 見直す.
2〈通貨を〉切り上げる.
— ~·se 再 **1** 再評価される, 見直される; 価値が上

がる. **2**〈通貨が〉切り上げられる.

re·va·lua·ción [r̃e.ba.lwa.θjón / -.sjón] 囡 **1** 通貨の切り上げ (↔devaluación). **2** 再評価, 見直し.

re·va·luar [r̃e.ba.lwár] 84 他 **1** 〈通貨を〉切り上げる (↔devaluar). **2** 再評価する, 見直す.
— ~·se 再 →revalorizarse 1.

re·van·cha [r̃e.bán.tʃa] 囡 仕返し, 報復, 復讐(ふくしゅう). tomar(se) la ~ 仕返しをする.
[←《仏》*revanche*]

re·van·chis·mo [r̃e.ban.tʃís.mo] 男 復讐心.

re·van·chis·ta [r̃e.ban.tʃís.ta] 形 復讐(ふくしゅう)の, 報復(主義)の. — 男 囡 復讐者, 報復主義者.

re·vas·cu·la·ri·za·ción [r̃e.bas.ku.la.ri.θa.θjón / -.sa.sjón] 囡《医》血管再生手術.

re·vas·cu·la·ri·zar [r̃e.bas.ku.la.ri.θár / -.sár] 97 他《医》〈体の部位の〉血管の再生をする；〈血管を〉再生する.

re·ve·je·cer(·se) [r̃e.be.xe.θér(.se) / -.sér(.-)] 34 自 再 (年の割に)老ける, 老け込む.

re·ve·ji·do, da [r̃e.be.xí.ðo, -.ða] 形 **1** (年の割に)老けた. **2**《ラ米》(1)《ER》病弱な, やせこけた. (2)《ゴロ》〈子供が〉大人びた.

re·ve·la·ble [r̃e.be.lá.ble] 形 明らかにできる, 明示しうる.

***re·ve·la·ción** [r̃e.be.la.θjón / -.sjón] 囡 **1** 暴露, 漏洩(ろうえい), 発覚；明示. ~ de una información secreta 機密の漏洩.
2 啓示, 直観；意外な新事実. Esa noticia fue una ~ para todos nosotros. その知らせは我々全員にとって思いがけないものだった. **3** 思いがけない活躍をした人. **4**《宗》(神の)啓示, 天啓.

re·ve·la·do [r̃e.be.lá.ðo] 男《写》現像.

re·ve·la·dor, do·ra [r̃e.be.la.ðór, -.ðó.ra] 形 **1** 暴露する. **2** 明らかにする, 明示的な. — 男 囡 暴露者, 漏洩(ろうえい)者.《写》現像液.

re·ve·lan·de·ro, ra [r̃e.be.lan.dé.ro, -.ra] 男 囡 見神を自認する人, 天啓を授かったと自認する人.

R ****re·ve·lar** [r̃e.be.lár] 他 **1**〈秘密などを〉**明かす**, 明らかにする. ~ su identidad 身分を明かす, 打ち明ける. ~ la cara oculta de una organización 組織の裏側を暴く. El informe *revela* que hay más fumadoras que antes. その報告書は女性喫煙者の増加を明らかにしている.
2〈心の・現象が〉〈隠れている特徴・事実などを〉見せる, 示す. El temblor de sus manos *revelaba* la tensión. 手の震えが彼[彼女](ら)の緊張を表していた. El vestido apretado *revela* su silueta. ぴったりしたワンピースが体の線を浮き立たせている.
3《宗》(神が)〈真理などを〉啓示する. ~ el camino de la salvación 救いの道を示す. **4**《写》現像する. ~ un carrete フィルムを現像する.
— ~·se 再 **1** 正体を現す；《+形容詞・副詞・名詞およびその相当語句 (自分が)…であることを》示す. Él *se reveló* como un gran poeta. 彼は偉大な詩人として頭角を表した.
2《3人称で》明らかになる；《+形容詞・副詞・名詞およびその相当語句 …であることが》わかる. Esas palabras *se revelaron* una promesa vacía. その言葉は空虚な約束であることがはっきりした.

re·ve·llón [r̃e.be.ʝón ‖ -.ʎón] 男《まれ》年忘れパーティー.

re·ven·de·dor, do·ra [r̃e.ben.de.ðór, -.ðó.ra] 形 転売[再販]する；小売りの. — 男 囡 転売者；小売商；ダフ屋 (= ~ de entradas).

re·ven·der [r̃e.ben.dér] 他 転売[再販]する；小売りする；〈ダフ屋が〉〈切符を〉売る.

re·ven·dón, do·na [r̃e.ben.dón, -.dó.na] 男 囡《ラ米》(SF) →revendedor.

re·ve·ni·mien·to [r̃e.be.ni.mjén.to] 男 **1** (鉱山での)陥没, 落盤. **2** 収縮；酸敗；ふやけ.

re·ve·nir [r̃e.be.nír] 45 自 (元に)戻る.
— ~·se 再 **1** (少しずつ) 縮む, しぼむ. **2**〈保存食・酒が〉酸っぱくなる, 酸味を帯びる. **3** 結露する；〈パンなどが〉しける. **4** 譲歩する, 軟化する.

re·ven·ta [r̃e.bén.ta] 囡 **1** 転売, 再販；小売り.
2 プレイガイド. comprar una entrada en la ~ 入場券をプレイガイドで買う.
— 男 囡 →revendedor.

re·ven·ta·de·ro [r̃e.ben.ta.ðé.ro] 男 **1** でこぼこの(険しい)土地[斜面]. **2**《話》つらい仕事. **3**《ラ米》(1)(ER)(SF) 湧水(ゆうすい), 泉. (2)(ch)(SF) 浅瀬；岩礁.

re·ven·ta·do, da [r̃e.ben.tá.ðo, -.ða] 形《話》**1** 疲れ果てた. **2**《ラ米》(SF)《話》陰険な, 悪意のある；破廉恥な. — 男 囡《ラ米》(1)(SF)《軽蔑》同性愛者. (2)(ch) 麻薬中毒者.
— 囡《ラ米》(SF)《話》《軽蔑》売春婦.

re·ven·ta·dor, do·ra [r̃e.ben.ta.ðór, -.ðó.ra] 男《まれ》(劇場・集会で野次を飛ばす)嫌がらせ屋, 妨害屋.

***re·ven·tar** [r̃e.ben.tár] 8 他 **1** 破裂させる, 〈ドアなどを〉打ち破る, 壊す, つぶす. ~ un globo 風船を破裂させる.
2《話》へとへとにさせる；痛めつける. Me *has reventado*. 君のせいでひどいめに遭った.
3《話》不愉快にさせる. Me *revienta* tener que pedirle perdón. 彼[彼女]に謝るなんて嫌だ. Ese tío me *revienta*. あいつは虫が好かない.
4〈馬などを〉乗りつぶす, 〈人を〉酷使する.
5《話》(野次などで)〈公演・集会を〉台無しにする.
— 自 **1** 破裂[爆発]する, 張り裂ける；〈波が〉砕け散る；つぶれる. comer hasta ~ 腹がはちきれるほど食べる. El neumático *reventó*. タイヤがパンクした.
2《話》《por... …を》したくてたまらなくなる. Está que *revienta* por ir al cine. 彼[彼女]は映画に行きたくてうずうずしている.
3《話》《de... …で》いっぱいになる. ~ de ira かんかんになる. ~ de cansancio へとへとになる. ~ de risa 腹をかかえて笑う. **4**《話》へたばる；死ぬ, くたばる. ¡Que *reviente*! くたばっちまえ. **5**〈機械などが〉(無理をさせて・使いすぎて)だめになる. **6**《話》激怒する, 抑えていた感情が爆発する.
— ~·se 再 **1** 破裂する, 張り裂ける；〈タイヤが〉パンクする；潰れる.
2《話》へたばる, へとへとになる. ~*se* trabajando くたくたになるまで働く. **3**〈馬などが〉乗りつぶされる, 酷使される. **4**《話》くたばる, 死ぬ.
reventar el mercado / *reventar los precios* 大安売りする, たたき売りする.

re·ven·ta·zón [r̃e.ben.ta.θón / -.són] 囡 **1** (波などが)砕け散ること. **2**《ラ米》(1)(ER)低い尾根. (2)(ch)《医》鼓腸. (3)(ch) 湧(わ)き水, 泉.

re·ven·tón, to·na [r̃e.ben.tón, -.tó.na] 形 破裂する；はちきれんばかりの. clavel ~ 八重咲きのカーネーション. ojos *reventones* 飛び出た目.
— 男 **1** 破裂, はじけること；(タイヤの)パンク, バースト. **2** 急な坂. **3** (苦しいときの)頑張り, 踏ん張り.

darse un ～ de trabajar ひと踏ん張りして働く. Me di un ～ para llegar a tiempo. 時間に間に合うように頑張った. **4**《話》へばり, へとへとになること. **5** はちきれるほど食べること. **6**《ラ米》⑫（話）（↑）(感情などの）爆発. (2)（病気の）再発, ぶり返し. (3)（↑ラプ）押し, 突き. (4)（↑ラ米）お祭り騒ぎ. (5)（↑ラプ）（鉱脈の）露頭.

re·ver [r̃e.bér] ⑥¹ 他〔過分〕は revisto〕**1** 再び見る, 見直す. **2**《法》〈訴訟を〉再審理する.

re·ver·be·ra·ción [r̃e.ber.be.ra.θjón / -.sjón] 囡 **1**（光・熱・音の）反射, 照り返し；反響. la ～ del sol en la nieve 雪に反射する日の光. **2**《冶》（反射炉による）石炭焼成.

re·ver·be·ran·te [r̃e.ber.be.rán.te] 圏 きらめく, 反射する；反響する.

re·ver·be·rar [r̃e.ber.be.rár] 圓 きらめく, 反射する；反響する. La luz de los faroles *reverbera* en el asfalto mojado. 街灯の光がぬれたアスファルトにきらきらと光っている.

re·ver·be·ro [r̃e.ber.bé.ro] 囲 **1** 反射, 輝き. **2** 照り返すもの, (装飾用の) 光りもの；反射鏡［板, 器］. horno de ～ 反射炉. **3**（中に反射鏡を備えた）街(路)灯. **4**《ラ米》(↑ラプ)アルコールこんろ.

re·ver·de·cer [r̃e.ber.ðe.θér / -.sér] ③④ 圓 **1**〈植物・野原が〉再び青々とする. **2** 生気を取り戻す, よみがえる. ── 他 **1** 再び青々とさせる. **2** 生気を取り戻させる；よみがえらせる.

re·ver·de·ci·mien·to [r̃e.ber.ðe.θi.mjén.to / -.si.-] 囲 再び青々となること；復活, 蘇生(そせい).

re·ve·ren·cia [r̃e.be.rén.θja / -.sja] 囡 **1** 畏敬(いけい), 敬意, 尊敬. **2** お辞儀. hacer una ～ ante... …に対して深々と頭を下げる.
su [*vuestra*] *reverencia*《聖職者に対する敬称》神父さま, 尊師.

re·ve·ren·cia·ble [r̃e.be.ren.θjá.ble / -.sjá.-] 圏 尊敬すべき, 尊い.

re·ve·ren·cial [r̃e.be.ren.θjál / -.sjál] 圏 畏敬(いけい)に満ちた, うやうやしい.

re·ve·ren·ciar [r̃e.be.ren.θjár / -.sjár] ⑧² 他 畏敬(いけい)する, 崇(あが)める；お辞儀する.

re·ve·ren·dí·si·mo, ma [r̃e.be.ren.dí.si.mo, -.ma] 圏《高位聖職者に対する敬称》…猊下(げいか).

*****re·ve·ren·do, da** [r̃e.be.rén.do, -.da] 圏 **1**（+名詞）《聖職者に対する敬称》…師. el ～ padre Luis ルイス神父さま. Sí, *reverenda* madre.《女子修道院で》はい, 院長さま. **2** 尊敬すべき；敬服すべき. **3**（+名詞）《話》途方もない；どうしようもない. una *reverenda* tontería 大失策. **4**《話》威厳のある, 謹厳な；まじめくさった.
── 囲囡《敬意を伴って》神父, 司祭；修道女.

re·ve·ren·te [r̃e.be.rén.te] 圏《格式》敬虔(けいけん)な, うやうやしい.

re·ver·sa [r̃e.bér.sa] 囡《ラ米》(↑グァ)(↑メシ)(↑ペル)(車の)後進, バック.

re·ver·se [r̃e.bér.se // r̃i.bérs] [英] 囲（AV機器の）リバース［巻き戻し］（ボタン）.

re·ver·si·bi·li·dad [r̃e.ber.si.bi.li.ðáð] 囡 元に戻せること, 可逆性.

re·ver·si·ble [r̃e.ber.sí.ble] 圏 **1** 逆［反対］にできる. reacción ～《化》《電》可逆反応. **2** 元に戻せる；後戻り［後進］できる. **3**《服飾》リバーシブルの.

re·ver·sión [r̃e.ber.sjón] 囡 **1** 元の状態に戻ること；逆［後］戻り. **2**《法》財産［権利］の復帰, 返還.

re·ver·si·vo, va [r̃e.ber.sí.bo, -.ba] 圏 逆の, 裏の.

re·ver·so, sa [r̃e.bér.so, -.sa] 圏 逆の, 反対の；裏返しの. ── 囲 裏, 裏側, 裏面 (↔anverso)；《印》裏［左］ページ (→derecho¹ 囲 **6**).

re·ver·ter [r̃e.ber.tér] ⑬ 圓 あふれる.

re·ver·tir [r̃e.ber.tír] ㉗ 圓 **1 (en...)**（結果として）〈…と〉なる. ～ *en* beneficio [perjuicio] de... …の利益［不利益］に働く.
2 元に戻る, 逆［後］戻りする. **3**《法》（財産・権利が）（元の所有者に）戻る, 復帰する.
a cobro revertido《電話》コレクトコール［料金受信人払い］で.

*****re·vés** [r̃e.bés] 囲 **1** 裏 (側), 裏面. el ～ de la tela 布地の裏. el ～ de la mano 手の甲.
2 手の甲で殴ること. dar un ～ a+人（人）の顔を手の甲で打つ. **3**《スポ》バックハンド, バックストローク, 逆手打ち；（フェンシング）左から右への斜め突き. **4** 不運, 逆境. ～ militar《軍》敗北. los *reveses* de la vida 人生の辛酸. *reveses* de fortuna 不運. **5**（態度の）急変, 気変わり.
al revés (1) 裏返しに；逆に, 反対に. ponerse el jersey *al* ～ セーターを裏返し［後ろ前に］着る. comprender *al* ～ 逆の意味に取る. contar *al* ～ カウントダウンする, 秒読みをする. (2) 裏目に. ir *al* ～ うまくいかない. Todo le sale *al* ～. 何もかも彼［彼女］には裏目に出ている.
al revés de... …とは反対に. *al* ～ *de* lo que se dice 言われていることとは逆に.
del revés 上下［裏表, 前後］逆に. volver... *del* ～ …を逆さ［裏返し］にする.
［← ［ラ］ *reversus* 圏「反対向きの」；*revertere*「向きを変える」(*re*-「後ろへ」 + *vertere*「向ける」; → *verter*)の完了分詞；関連 revertir, reverso, reversión. ［英］*reverse*］

re·ve·sa·do, da [r̃e.be.sá.ðo, -.ða] 圏 **1** 込み入った, 複雑な. **2** やんちゃな, 言うことを聞かない.

re·ve·sar [r̃e.be.sár] 他 嘔吐(おうと)する, 吐く.

re·ve·se·ro, ra [r̃e.be.sé.ro, -.ra] 圏《ラ米》(↑ゴア)《話》不誠実な, 当てにならない.

re·ves·ti·do [r̃e.bes.tí.ðo] 圏 →revestimiento.

re·ves·ti·mien·to [r̃e.bes.ti.mjén.to] 囲 上張り, コーティング；外装（材）；（壁）羽目. suelo con ～ de cemento コンクリート床.

*****re·ves·tir** [r̃e.bes.tír] ⑪ 他 **1 (con... / de...**で**)** 上張りする, 覆う, コーティングする. ～ el suelo *con* linóleo 床をリノリウム張りにする. ～ *de* yeso la pared 壁にしっくいを塗る.
2《格式》**(de... / con...)**（…で）(飾って）ごまかす, 《…を》装う. *Revistió* su acto *de* generosidad. 彼[彼女]はいかにも寛大に振る舞った.
3（様相・性格を）呈する, 帯びる. La ceremonia *revistió* gran brillantez. 儀式は華麗そのものであった.
4（格式）着る, はおる；〈聖職者が〉〈正装を〉まとう.
── ~**·se** 囲 **1** 着る, はおる；〈聖職者が〉正装する.
2 (de... / （…で）身を固める, 《…を》身に着ける. ~*se de* energía 力を奮い起こす. ~*se de* paciencia じっと辛抱する. **3 (con... / de...)**（…で）覆われる, 包まれる.

re·vie·jo, ja [r̃e.bjé.xo, -.xa] 圏《話》ひどく年老いた.
── 囲 立ち木の枯れ枝.

revient- 活 →reventar.

re·vien·ta·ca·ba·llo [r̃e.bjen.ta.ka.bá.ʝo ‖ -.ʎo] 囲《ラ米》(↑エク)《植》（ナス科の）ソラナム.

re·vi·go·ri·zar [r̃e.bi.go.ri.θár / -.sár] ⑨⁷ 他 新

re·vin·di·car [r̃e.bin.di.kár] 他 擁護する.
re·vi·ra·do, da [r̃e.bi.rá.ðo, -.ða] 形 **1**〔木材が〕よじれた, 節のできた. ━ 男 目のよじれた木材.
re·vi·rar [r̃e.bi.rár] 他 **1** 反対側に向ける, 逆向きにする. **2**《ラ米》《ララ》《話》《遊》〔トランプ〕〔賭け金を〕2倍にする. ━ 自《海》再び旋回する.
━ **~·se** 再《ラ米》《話》(1)《ララ》《話》反抗する, 逆らう. (2)《ラ米》気が狂う.
re·vi·rón, ro·na [r̃e.bi.rón, -.ró.na] 形《ラ米》《ララ》《話》反抗的な, 手に負えない.
━ 男《ラ米》《ララ》《話》反抗, 手向かい.
re·vi·sa·ción [r̃e.bi.sa.θjón / -.sjón] 女《ラ米》《ララ》→ revisión.
re·vi·sa·da [r̃e.bi.sá.ða] 女《ラ米》《ララ》(1) → revisión. (2) 試験, 復習.
*****re·vi·sar** [r̃e.bi.sár] 他 **1** 見直す, 再検討する; 改訂する; 校閲する. ~ los criterios 基準を見直す. ~ la cuenta 勘定書を確認する. ~ una sentencia 判決を見直す. ~ las tarifas 料金を改定する. edición *revisada* de un diccionario 辞書の改訂版.
2 点検する, 調べる;〔健康状態などを〕検査する. ~ los billetes 切符を点検する. ~ la dentadura 歯科検診をする. hacer ~ un coche 車を点検に出す.
*****re·vi·sión** [r̃e.bi.sjón] 女 **1** 見直し, 再検討; 改訂. hacer una ~ de un presupuesto 予算の見直しを行う. someter un plan a una ~ 計画を再検討する. La teoría requiere una ~ exhaustiva. その理論は徹底的な見直しが必要だ.
2 点検, 検査; 検診. ~ técnica obligatoria de vehículos 車検. pasar una ~ cardiaca 心臓の検診を受ける. **3**《法》再審. interponer un recurso de ~ 再審を請求する.
re·vi·sio·nis·mo [r̃e.bi.sjo.nís.mo] 男 修正〔改正〕論;〔特にマルクス主義における〕修正主義.
re·vi·sio·nis·ta [r̃e.bi.sjo.nís.ta] 形 修正〔改正〕論の; 修正主義〔改正〕論者; 修正主義者.
━ 男 修正〔改正〕論者; 修正主義者.
re·vi·sor, so·ra [r̃e.bi.sór, -.só.ra] 形 検査する; 閲覧する; 校閲する.
━ 男 女 検査官; 閲覧者; 検札係. ~ de cuentas 会計監査役; 会計検査官.
re·vi·so·rí·a [r̃e.bi.so.rí.a] 女 **1** 検札係〔検査官〕の職. **2** 会計監査役〔検査官〕の職.
revist- 活 → revestir.
******re·vis·ta** [r̃e.bís.ta] 女 **1** 雑誌, 定期刊行物. hojear una ~ 雑誌をめくる. leer una ~ 雑誌を読む. colaborar en una ~ 雑誌に寄稿する. suscribirse a una ~ 雑誌の購読を申し込む. lanzar una nueva ~ cultural 新しいカルチャーマガジンを世に出す. ~ semanal [mensual] 週[月]刊誌. ~ de moda ファッション雑誌. ~ pornográfica ポルノ雑誌. ~ literaria 文芸誌. ~ científica 学術誌.
2《まれ》批評, 論評; 批評欄.
3〖演〗レビュー. ~ musical ミュージカルレビュー.
4〖軍〗閲兵隊形. **5** 検査, 監査. **6**〖法〗再審.
pasar revista a... (1)〖軍〗…を観閲する. *pasar ~ a* las tropas 軍隊を観閲する. (2) …を入念に調べる, チェックする. (3)《義務で》…に立ち寄る, 姿を現す.
[rever (re-「再び」 + ver) の過去分詞より派生; 関連 revisar, revisión. 〔英〕*review*]
re·vis·tar [r̃e.bis.tár] 他〖軍〗閲兵〔閲覧〕する.

re·vis·te·ril [r̃e.bis.te.ríl] 形〖演〗《話》レビューの.
re·vis·te·ro, ra [r̃e.bis.té.ro, -.ra] 男 女 〔新聞の〕評論欄担当記者. ━ 男 マガジンラック.
re·vis·to [r̃e.bís.to] 過分 → revestir.
━ 過分 → rever.
re·vi·ta·li·za·ción [r̃e.bi.ta.li.θa.θjón / -.sa.sjón] 女 新たに活力〔生気〕を与えること, 活性化.
re·vi·ta·li·zar [r̃e.bi.ta.li.θár / -.sár] 97 他 新たに活力〔生気〕を与える, 活性化する.
re·vi·val [r̃i.bái.bal, r̃e.-]〔英〕男 リバイバル, 復活.
re·vi·vi·fi·ca·ción [r̃e.bi.bi.fi.ka.θjón / -.sjón] 女 生き返り, 蘇生(そせい); 再活性化.
re·vi·vi·fi·car [r̃e.bi.bi.fi.kár] 102 他 生き返らせる, 蘇生(そせい)させる; 再び生き生きとさせる.
*****re·vi·vir** [r̃e.bi.bír] 自 **生き返る**, 息を吹き返す; よみがえる, **復活する**. *Revivió* la discordia. 仲たがいがまた始まった. ━ 他 よみがえらせる, 思い出す.
re·vo·ca·bi·li·dad [r̃e.bo.ka.bi.li.ðáð] 女 取り消しること; 無効にできること.
re·vo·ca·ble [r̃e.bo.ká.ble] 形 取り消し可能の, 撤回できる; 無効にできる.
re·vo·ca·ción [r̃e.bo.ka.θjón / -.sjón] 女 取り消し, 撤回;〖法〗撤廃, 破棄, 無効.
re·vo·ca·dor, do·ra [r̃e.bo.ka.ðór, -.ðó.ra] 形 取り消す; 無効にする. ━ 男 女 左官.
re·vo·ca·du·ra [r̃e.bo.ka.ðú.ra] 女 **1**〔外装の〕塗り替え; しっくい塗り.
2〖美〗額縁の枠で隠れるキャンバスの部分.
re·vo·car [r̃e.bo.kár] 102 他 **1** 取り消す, 撤回する; 無効にする. ~ una orden 命令を取り消す. ~ una ley 法律を撤廃する. **2**〖建〗〔…の外壁を〕塗り替える, …に〔化粧〕しっくいを塗る. **3** 逆流させる, 吹き戻す. El viento *revoca* el humo. 風で煙が吹き戻されている. **4**《de... ...を》思いとどまらせる. Lo *revoqué de* hacer una cosa tan arriesgada. 私は彼にそんな危険なことをするのをやめさせた.
re·vo·ca·to·rio, ria [r̃e.bo.ka.tó.rjo, -.rja] 形 取り消しの, 廃止の.
━ 女《ラ米》〔法律などの〕廃止, 破棄.
re·vo·co [r̃e.bó.ko] 男 **1**〔煙などの〕吹き戻し, 逆流. **2**〔外装の〕塗り替え, しっくいの塗り直し.
re·vo·lar [r̃e.bo.lár] 15 自 **1**〈鳥が〉再び飛び立つ. **2** 飛び回る, ひらひらと舞う.
re·vol·ca·de·ro [r̃e.bol.ka.ðé.ro] 男〔動物が〕泥浴びするところ.
re·vol·car [r̃e.bol.kár] 16 他 **1** 地面にひっくり返す, 引き倒す, 投げ出す;〖闘牛〗〈牛が〉〈闘牛士を〉突き倒す. **2** 打ち負かす, やり込める. **3**《話》〔試験に〕落とす; 落第させる, 不合格にする.
━ **~·se** **1** 転がる, 転げ回る. ~*se* en el suelo 地面を転がる. **2**《俗》性的関係を持つ.
re·vol·cón [r̃e.bol.kón] 男 **1** 転倒; 転げ回ること. El torero sufrió un ~ sin consecuencias. 闘牛士はひっくり返されたが何事もなかった.
2《相手に屈辱を与えて》打ち負かすこと, やり込め. dar un ~ a +人《話》〈人〉をやり込める, 打ち負かす.
3《話》〔安易な〕性交.
re·vo·le·ar [r̃e.bo.le.ár] 自 飛び回る; くるくる回る. ━ 他《ラ米》《ララ》《ララ》〈投げ縄などを〉回す.
re·vo·le·ra [r̃e.bo.lé.ra] 女 **1**〖闘牛〗頭上でカポーテ *capote* を回すパス *pase*. **2** 困難と戦う方法.
re·vo·li·ca [r̃e.bo.lí.ka] 女《ラ米》《ララ》《話》乱雑, 混乱, 紛糾.
re·vo·lo·te·ar [r̃e.bo.lo.te.ár] 自 **1** 飛び回る,〈紙などが〉〔ひらひら〕宙に舞う. **2**《話》〈人が〉しつこ

くつきまとう，そばをうろうろする．
— 他 舞うように投げる，宙に散らす．

re·vo·lo·te·o [r̃e.bo.lo.té.o] 男 **1** 飛び回ること，宙を舞うこと．**2** 《話》大さわぎすること．

re·vol·ti·jo [r̃e.bol.tí.xo] 男 **1** 雑多な物の寄せ集め，山積み．~ de papeles 書類の山．**2** 《話》大混乱，騒動．**3** 《動物の》臓物．

re·vol·ti·llo [r̃e.bol.tí.ʝo | -.ʎo] 男 **1** → revoltijo. **2** 《ラ米》《䖝》《料》レボルティージョ：野菜と卵などを炒（いた）めた料理．

re·vol·to·so, sa [r̃e.bol.tó.so, -.sa] 形 **1** いたずらな，やんちゃな．**2** 反抗的な，扇動する，騒乱を企てる．**3** 煩雑な，錯綜（さくそう）する．
— 男 女 **1** いたずらっ子．**2** 暴徒，反乱者．

re·vol·tu·ra [r̃e.bol.tú.ra] 女 《ラ米》 (1) 《ヒﾞン》《ﾒｷ》《ﾊﾟﾗ》《ｳﾙ》混雑，雑然．(2) 《ﾒｷ》《ﾊﾟﾗ》こね物，まぜこぜ．(3) 《ﾒｷ》卵と野菜の炒（いた）め物．(4) 《ﾒｷ》しっくい；コンクリート．

re·vo·lú [r̃e.bo.lú] 男 《ラ米》《ﾌﾟｴ》《話》乱雑，混乱，紛糾．

✱re·vo·lu·ción [r̃e.bo.lu.θjón / -.sjón] 女 **1** 革命；変革．大変化．Estalló la ~ 革命が起きた．la *R*~ Francesa フランス革命（▶ フランス革命は大文字を用いることが多い）．la ~ rusa ロシア革命．la ~ industrial 産業革命．la ~ tecnológica 技術革命．Fidel Castro llevó a cabo la ~ cubana. フィデル・カストロがキューバ革命を成し遂げた．La televisión ha supuesto una gran ~ para nuestra vida. テレビの普及は私たちの生活に大変化をもたらした．
2 動揺，興奮．La llegada del jugador produjo una ~ entre los jóvenes. 選手が到着したので若者たちは大騒ぎした．
3 《天文》公転 (▶「自転」は rotación).
4 《機》《数》回転．El motor alcanza 10.000 *revoluciones* por minuto. そのエンジンは毎分１万回転する．

✱re·vo·lu·cio·nar [r̃e.bo.lu.θjo.nár / -.sjo.-] 他 **1** …に変革をもたらす，革命を引き起こす．~ el mundo de la música 音楽界に革命を起こす．
2 動揺させる．La noticia del asesinato *revolucionó* a todos los políticos. 暗殺のニュースはすべての政治家を動揺させた．
3 回転させる．

✱re·vo·lu·cio·na·rio, ria [r̃e.bo.lu.θjo.ná.rjo, -.rja / -.sjo.-] 形 革命（家）の；革新的な．tropas *revolucionarias* 革命軍．ideas *revolucionarias* 革命的思想．tecnología *revolucionaria* 革新的な技術．
— 男 女 革命家，革命論者．

re·vo·lu·ta [r̃e.bo.lú.ta] 女 《ラ米》《ﾁ*》革命；騒乱．

re·vol·ve·dor, do·ra [r̃e.bol.be.ðór, -.ðó.ra] 形 → revoltoso. — 男 サトウキビの搾り汁をかき混ぜてペースト状にする容器．— 女 《ﾒｷ》コンクリートミキサー (= hormigonera).

✱re·vol·ver [r̃e.bol.βér] 23 他 ［過分 は revuelto] **1** かき混ぜる，混ぜ合わす．~ una ensalada サラダを混ぜ合わせる．~ una olla 鍋をかき回す．~ el fuego 火をかき立てる．~ el pelo 髪の毛をくしゃくしゃにする．
2 〈内容物・場所を〉引っかき回す；探し回る．~ unos papeles 書類を引っかき回す．~ toda la casa buscando la llave 鍵を探して家中をひっくり返す．~ el pasado de una actriz 女優の過去を詮索

する．
3 〈人を〉怒らせる，駆り立てる；動揺させる．El caso de corrupción *revolvió* todo el país. 汚職事件は国中を揺るがした．
4 《a + 人》〈人の〉〈消化器官などを〉(吐き気などで) 具合悪くさせる．Ese olor *me revolvió* el estómago. そのにおいなかでで私は吐き気を催した．
5 〈事柄を〉繰り返し考える［取り上げる］．~ un problema en la cabeza ある問題を頭の中で反芻（はんすう）する．~ un tema 話題をむし返す．
6 〈体の部位を〉回転させる；〈馬の〉向きを変える；〈場所で〉向きを変える．~ los ojos 目玉を動かす．~ una esquina 角を曲がる．
7 《ラ米》《ﾌﾟｴ》〈場所を〉除草する．
— 自 **1** 《en... / entre...　…を》引っかき回す，探し回る．~ en los bolsillos ポケットをくまなく探す．~ en la basura ごみを荒らす．
2 〈子供などが〉騒ぐ，暴れまわる．
— ~·se 再 **1** 転げ回る；動き回る；回転する．~*se* en el asiento いすの上で体をもぞもぞと動かす．~*se* en la cama ベッドで(何度も)寝返りを打つ．
2 《contra...　…に》向き直る，立ち向かう．El pueblo *se revolvió* contra la tiranía. 国民は圧制に反抗して立ち上がった．
3 〈天気・海などが〉荒れる．
4 《3人称で》かき乱される；混濁する．Después de la tormenta *se revolvió* el río. あらしの後，川が濁った．
5 《ラ米》《ﾁ》幸運をつかむ；自分の利益を図る．
revolver las aguas 波乱を起こす，一石を投じる．
[← ［ラ］ *revolvere*「ひっくり返す」「回転させる」；*re*-「後ろへ」+ *volvere*「転がす」(→ volver)；関連 revólver, revolución, revuelta. ［英］*revolve*「回転する」, *revolver*「リボルバー」]

re·vól·ver [r̃e.ból.βer] 男 リボルバー，弾倉が回転式になった拳銃（けんじゅう）．
[←［英］*revolver*；関連 revolver]

re·vo·que [r̃e.bó.ke] 男 **1** 《建》外壁の塗り直し，しっくい塗り．**2** 化粧しっくい，プラスター．**3** 塗装．

re·vo·tar·se [r̃e.bo.tár.se] 再 前と反対の投票をする．

re·vuel·co [r̃e.bwél.ko] 男 **1** 転倒；《闘牛》(闘牛士の)転倒．**2** 論破；打撃．**3** 《話》落第，不合格．

re·vue·lo [r̃e.bwé.lo] 男 **1** 〈鳥が〉再び飛び立つこと；飛びかうこと．
2 〈鳥などの群れの〉舞い上がる［乱れ飛ぶ］こと．~ de palomas ぱっと舞い上がったハトの群れ．
3 動揺，混乱，騒動．La noticia produjo gran ~ en los medios taurinos. そのニュースは闘牛界に大きな波紋を投じた．
4 《ラ米》(闘鶏が)襲いかかること，攻撃．
de revuelo ついでに；急いで．

✱re·vuel·to, ta [r̃e.bwél.to, -.ta] [revolver の 過分] 形 **1** かき混ぜた；もつれた．Todo estaba ~. 何もかもめちゃくちゃだった．pelo ~ ぼさぼさの髪．
2 雑然とした，取り散らかした．papeles ~*s* ひっくり返った書類．
3 動揺［混乱］した，騒然とした；不穏な，荒れ気味の．La gente está *revuelta* a causa de la subida de precios. 人々は物価の高騰で動揺している．Vivimos en tiempos ~*s*. 我々は激動の時代に生きている．**4** 濁った，混濁した．**5** 〈天候が〉荒れている，不安定な；〈海が〉時化（しけ）ている．tiempo ~ 荒天．
6 (主に胃の) 具合が悪い，吐き気を感じる；〈胃が〉調子

revuelv-

が悪い．**7** いたずら好きの，腕白な．**8** 〈馬が〉御しやすい．

— 男 **1** 〖料〗玉子焼き，スクランブルエッグ (= huevo(s) ～(s))．(2) (ラ米) 〖料〗野菜入りの炒り卵．(2) (ﾗﾃﾝ)ブドウの搾り汁．

— 女 **1** 暴動，騒乱，反乱 (= motín)．La *revuelta* fue ahogada en sangre. 暴動は多くの血を流した後に鎮圧された．**2** 乱闘，けんか，口論．**3** (急)カーブ；曲がり角．**4** (ラ米)〖農〗〖農牧〗除草．

dar vueltas y revueltas 行きつ戻りつする，堂々巡りする．

pescar en río revuelto どさくさ紛れに利を得る．

revuelv- 活 →revolver.

re·vuel·ve·pie·dras [r̄e.bwel.be.pjé.dras] 男《単複同形》〖鳥〗キョウジョシギ．

re·vul·sar [r̄e.bul.sár] 他《ラ米》(話)吐く，戻す．

re·vul·sión [r̄e.bul.sjón] 女 **1**〖医〗誘導[刺激]療法．**2**（主によい結果をもたらす）状況の変化，刺激．

re·vul·si·vo, va [r̄e.bul.sí.bo, -.ba] 形〖医〗誘導[刺激]法の．— 男 **1**〖薬〗誘導[刺激]剤；催吐剤．**2**（比喩的）刺激，薬．Aquel suspenso le sirvió de ～. あの落第は彼[彼女]にとって薬だった．

re·vu·lú [r̄e.bu.lú] 男《ラ米》(ｶﾘﾌﾞ)(話)騒ぎ．

re·wind [r̄é.(g)win(d) // r̄i.(g)wáin(d)] 〖英〗男 巻き戻し (ボタン).

rey [r̄éi] 男 **1** 王，国王，君主 (▶女性形は reina)．el *rey* de España スペイン国王．los *Reyes* Católicos カトリック両王（アラゴン王フェルナンド2世とカスティーリャ王イサベル1世）．*rey* absoluto 絶対君主．*rey* constitucional 立憲君主．la visita oficial de los *Reyes* 国王夫妻の公式訪問．**2**《比喩的》王，最も代表的な人［動物，もの］．Dicen que Pérez Prado es el *rey* del mambo. ペレス・プラードはマンボの王様といわれる．**3**〖遊〗（チェス）キング；（トランプ）王，キング．jaque al *rey* 王手．**4**〖話〗（子供似に対する呼びかけ）坊や，いい子．¡Ven aquí, *rey* mío! おいで，坊や．**5**《複数で》主の御公現の祝日（1月6日）のプレゼント．

A rey muerto, rey puesto.（諺）王が死ねば次の王が位に就く（何事もすぐに代わりが見つかる）．

Cada uno es rey en su casa.《諺》人は誰でも家では殿様．

Hablando del rey de Roma, por la puerta asoma.《諺》うわさをすれば影がさす（←ローマの王の話をすれば戸口に現れる）．

Ni quito ni pongo rey. 私にはどうでもいいことだ．

ni rey ni roque たとえ誰であろうとも（…しない）．

rey de armas〖史〗（中世の騎士の）伝令・典礼・補佐を司（ｼﾞｬｯ）る役職；紋章院長官．

rey de codornices〖鳥〗ウズラクイナ，ハタクイナ．

Reyes Magos 東方の三博士・◆キリスト降誕のときにマリアを訪問し，贈り物を捧げたとされる．マタイ2:1-12). → mago. el día de los *Reyes Magos* 主の御公現の祝日（1月6日）（◆この日子供たちは三博士からプレゼントを贈られることになっている）．Mi hijo ha pedido juguetes a los *Reyes Magos*. 私の息子は東方の三博士におもちゃをお願いした．

tiempo del rey que rabió / tiempo del rey Perico 昔々，はるか昔．

[←〔ラ〕*rēgem*（*rēx* の派生語）；reina←〔ラ〕*rēgīna*（*rēx* の派生語）；〖関連〗real, reinar, regalo, regio, región, virrey．〖英〗*royal, regal, realm*〗

re·yer·ta [r̄e.jér.ta] 女《格式》けんか，口論 (= disputa).

Re·yes [r̄é.jes] 固名 レジェス Alfonso ～ (1889-1959)：メキシコの古典学者・批評家．作品 *Visión de Anáhuac*『アナワック幻想』．

re·ye·zue·lo [r̄e.je.θwé.lo / -.swé.-] 男 **1**《軽蔑》小国の王；族長．**2**〖鳥〗キクイタダキ．

re·za·do, da [r̄e.θá.ðo, -.ða / -.sá.-] 形〖カト〗（合唱のない）読唱の．misa *rezada* 読唱ミサ．— 男 祈り，祈祷（ｷﾄｳ）．

re·za·dor, do·ra [r̄e.θa.ðór, -.ðó.ra / -.sa.-] 形 よく祈る．— 男〖昆〗カマキリ．

re·za·ga [r̄e.θá.ga / -.sá.-] 女 後衛；後部．

re·za·ga·do, da [r̄e.θa.gá.ðo, -.ða / -.sa.-] 形 **1** 遅れた；滞納した．ir ～ 遅れをとる．quedar ～ 置いてきぼりをくう．**2**《ラ米》(ｺﾞｶﾞ)(ｽﾍﾟ)（手紙などが）受取人のない．— 男女 **1**〖軍〗落後者，脱落者．**2** 遅刻者，遅れた人．

re·za·gar [r̄e.θa.gár / -.sa.-] 103 他 **1** 置き去りにする．**2** 遅らす，延期する．— ～**se** 再 **1** 遅れをとる；取り残される．**2** 手間取る．

re·za·go [r̄e.θá.go / -.sá.-] 男 **1** 遅れ，遅延．**2** 残りもの；《ラ米》(ｺﾞｶﾞ)売れ残り．**3**《集合的》（群れから離れた）家畜．**4**《ラ米》(ﾒﾒ)(ﾁｺ) 配達人不明の郵便物．

re·zan·de·ro, ra [r̄e.θan.dé.ro, -.ra / -.san.-] 形 男女 →rezador.

re·zar [r̄e.θár / -.sár] 97 自 **1** (**a...**〈神など〉に)(**por...** …のために)(**para...** …するように) 祈る，祈願する．～ dos veces al día 1日2回祈りを唱える．～ *por* los difuntos 死者の冥福（ﾒｲﾌｸ）を祈る．～ *por* la paz 平和を祈願する．～ *a* la Virgen para curarse de una enfermedad 病気が治るように聖母に祈る．

2〈文書などが〉述べ立てる，謳（ｳﾀ）う；《3人称単数で》(**en...**〈文書など〉に) 書いてある．Un refrán *reza* así. ある諺（ｺﾄﾜｻﾞ）はこのように言っている．como *reza* (*en*) el contrato 契約書に記載されているように．

3〖話〗（口の中で）文句を言う，ぶつぶつ言う．Deja de ～ y actúa ya. 文句ばかり言ってないで，行動を起こしなさい．

4（**con...** …に）当てはまる，対応する．Esa crítica no *reza* conmigo. その批判は私には当たらない．

— 他 **1**〈祈りを〉唱える．～ un padrenuestro 主の祈りを唱える．

2〈ミサを〉（歌唱ではなく読誦（ﾄﾞｸｼﾞｭ）によって）挙げる．

3〈文書などが〉…と述べ立てる，謳（ｳﾀ）う．La pancarta *rezaba* lo siguiente. プラカードには次のように書かれていた．

[←〔古スペイン〕｢暗唱する，朗読する｣←〔ラ〕*recitāre*（→ recitar)；〖関連〗recitación, citar.〖英〗*recite*『朗唱する，暗唱する』]

rez·no [r̄éθ.no / r̄és.-] 男 **1**（家畜の体内で育つ）ウマバエの幼虫．**2**〖植〗ヒマ，トウゴマ．

re·zo [r̄é.θo / -.so] 男 **1** 祈り（の言葉），祈祷（ｷﾄｳ）．**2**〖カト〗聖務日課；礼拝（式）．— 活 → rezar.

re·zón [r̄e.θón / -.són] 男〖海〗四つ爪（ﾂﾒ）錨（ｲｶﾘ）［アンカー］．→次ページに図．

re·zon·drar [r̄e.θon.drár / -.son.-] 他《ラ米》(ｺﾞｶﾞ)

《話》罵(๑๐)る, しかる.
re·zon·ga·dor, do·ra [r̃e.θoŋ.ga.ðór, -.ðó.ra / -.soŋ.-] 形《話》ぶつぶつ言う, 不平家の.
— 男 女 不平家.

re·zon·gar [r̃e.θoŋ.gár / -.soŋ.-] 自 **1**《話》不平を言う, ぶつぶつ言う. ~ entre dientes 口の中でぶつくさ文句を言う. **2**《ラ米》《話》口応えする. — 他《ラ米》《話》しかる, とがめる.

rezón (四つ爪錨)

re·zon·go [r̃e.θóŋ.go / -.sóŋ.-] 男 **1** 不平, 愚痴, 不満. **2**《ラ米》《話》叱責, 非難.

re·zon·gón, go·na [r̃e.θoŋ.gón, -.gó.na / -.soŋ.-] 形 男 女 → rezongador.

re·zu·mar [r̃e.θu.már / -.su.-] 他 にじみ出させる. La pared *rezuma* humedad. 壁から湿気がにじみ出す. La canción *rezuma* tristeza. その歌には悲しみがにじみ出ている. — 自 (**de**...) (…から)にじみ出る; 漏れる. El vino *rezumaba del* tonel. ワインが樽(を)からにじみ出ていた.
— **~·se** 再 **1** (中身が)にじみ出る, 漏れる. **2**〈秘密などが〉漏れる; かいま見える.

R.F.A. [e.r̃e.(e.)fe.á]《略》*República Federal de Alemania* ドイツ連邦共和国:首都 Berlín.

Rh【化】rodio ロジウム.

Rh《略》factor *Rh*esus Rh因子. *Rh* negativo Rh マイナス因子.

rhe·sus [r̃é.sus] 男《単複同形》 **1**【動】アカゲザル:アジア産. ♦このサルを使った動物実験で Rh 因子が発見された. **2**[R-]【生化】factor ~ Rh因子.

Rhin [r̃ín] 固名 → Rin.

rho [r̃ó] 女 ロー (P, ρ):ギリシア語アルファベットの第17字.

¡ria! [r̃já] 間投 馬などを左に向かわせるための掛け声.

ria- / riá- / ría(-) 活 → reír.

rí·a [r̃í.a] 女【地理】 **1** 溺れ谷, リアス;入り江(♦元来はスペイン Galicia の山の迫った深い入り江). *Rías Altas* リアス・アルタス:Galicia 地方の Finisterre 岬以北の沿岸地帯. *Rías Bajas* [Baixas] リアス・バハス[バイシャス]:Finisterre 岬以南の沿岸地帯. **2**《スポ》(障害物競走の)水堀. [*río* より派生]

ria·chue·lo [r̃ja.tʃwé.lo] 男 小川.

ria·da [r̃já.ða] 女 **1** (河川の)増水, 氾濫(ὰῑ);洪水. **2** 〈人が〉殺到.

rial [r̃jál] 男 リアル:イラン・イスラム共和国の通貨単位.

ria·ta [r̃já.ta] 女《ラ米》 (1)《鬥》酔い, 酩酊. (2)《鬥》(牛の陰茎でできた)鞭(ἂ);鞭状のもの. (3)《鬥》《話》殴打, 連打.

ri·bal·do, da [r̃i.βál.do, -.ða] 形 ならず者[不良]の, 悪党の; 売春宿をあっせんする. — 男 女 悪人, 不良;売春あっせん人, ぽん引き. — 男 (フランスの古の)歩兵.

ri·ba·zo [r̃i.βá.θo / -.so] 男 **1** 堤防, 土手;斜面. **2** (畑の)畝.

ri·bei·ro [r̃i.βéi.ro] 男 **1** リベイロ:スペイン・Galicia のリベイロ産のワイン. **2** リベイロ一杯(分). ♦おちょこ型の器がよく用いられる.

***ri·be·ra** [r̃i.βé.ra] 女 **1** (川・海・湖の) 岸(辺), 堤, 土手. → playa 類語. **2** 川沿いの土地, 耕地. **3**《ラ米》《鬥》《話》川べりの集落;貧困地区.

Ri·be·ra [r̃i.βé.ra] 固名 リベラ. *José de ~*, 通称 *el Españoleto* (1591-1652):イタリアで活躍したスペインの画家.

ri·be·ra·no, na [r̃i.βe.rá.no, -.na] 形 男 女《ラ米》→ ribereño.

ri·be·re·ño, ña [r̃i.βe.ré.ɲo, -.ɲa] 形 沿岸[岸辺]の;土手[堤]の. *los países ~s del Danubio* ドナウ川沿岸の国々.
— 男 女 川沿い[沿岸]の住民.

ri·be·ro [r̃i.βé.ro] 男 (ダム湖の岸辺に築かれた)土手, 堤防.

ri·be·te [r̃i.βé.te] 男 **1**【服飾】(装飾・補強用の)縁取りテープ, 縁飾り. **2** (会話・小説をおもしろくする)付け足し, 余談. *Su exposición tuvo ~s de humor.* 彼[彼女]の解説はユーモアたっぷりだった. **3**《複数で》徴候, 片鱗(ҫん). *tener ~s de poeta* 詩人の才がある.

ri·be·te·a·do, da [r̃i.βe.te.á.ðo, -.ða] 形 **1** 縁飾りした;縁取りのある. **2**〈目が〉縁が赤い.
— 男 縁飾りをすること.

ri·be·te·ar [r̃i.βe.te.ár] 他 …に縁飾りをつける, 縁取る.

ri·bo [r̃í.βo] 男《ラ米》《鬥》岸, 岸辺.

ri·bo·nu·clei·co, ca [r̃i.βo.nu.kléi.ko, -.ka] 形【生化】リボ核(酸)の. *ácido ~* リボ核酸[英 RNA].

ri·bo·sa [r̃i.βó.sa] 女【生化】リボース.

ri·bo·so·ma [r̃i.βo.só.ma] 男【生化】リボソーム:(細胞中の)たんぱく合成の場.

ri·ca [r̃í.ka] 形 女 → rico.

ri·ca·cho, cha [r̃i.ká.tʃo, -.tʃa] / **ri·ca·chón, cho·na** [r̃i.ka.tʃón, -.tʃó.na] 形《軽蔑》大金持ちの, 成金の.
— 男 女《軽蔑》大金持ち, 成金.

ri·ca·due·ña [r̃i.ka.ðwé.ɲa] / **ri·ca·hem·bra** [r̃i.ka.ém.bra] 女 (昔の)大貴族の夫人.

ri·ca·hom·brí·a [r̃i.ka.om.brí.a] 女【史】(12世紀以降の)大貴族の爵位.

ri·ca·men·te [r̃i.ka.mén.te] 副 **1** 裕福に, 贅沢に, 豊富に, たくさん. ~ *decorado* 豪華に装飾された. **2** (気持ち)よく (► しばしば *muy* や *tan* を前に置いて用いられる). *dormir muy ~* 気持ちよく眠る.

Ri·car·do [r̃i.kár.ðo] 固名 リカルド:男子の洗礼名.
[← [中ラ] *Ricardus* ← [古高地ドイツ] *Richard* または *Richhart* (原義は「強力な支配者」).[関連][ポルトガル] *Ricardo*. [仏][英] *Richard*. [伊] *Riccardo*. [独] *Richard*]

rice(-) / ricé(-) 活 → rizar.

ri·ci·no [r̃i.θí.no / -.sí.-] 男【植】ヒマ, トウゴマ. *aceite de ~* ヒマシ油.

rick·shaw [r̃ík.ʃo] [英] 男 [複 ~s, ~] 人力車;輪タク (= rick shaw).

****ri·co, ca** [r̃í.ko, -.ka] 形 **1** (+名詞 / 名詞+)《*ser*+》金持ちの, 裕福な (↔ *pobre*). *una familia rica* 裕福な家庭. *hacerse ~* 金持ちになる.
2 (+名詞 / 名詞+)《*ser*+》(+**en**) (…に) 富んだ, 恵まれた, (…の)多い. *un viaje ~ en aventuras* 冒険に満ちた旅. *alimento ~ en vitaminas* ビタミンが豊富な食べ物. *persona rica en virtudes* 美徳を豊かに備えた人. *la rica tradición oral* 豊かな口承伝統. *Tiene una rica experiencia (de...)* 彼[彼女]には(…の)豊富な経験がある.

ricino (ヒマ)

ricohombre

3《+名詞／名詞+》《**ser**+／**estar**+》《話》おいしい, 美味な. un ~ pastel おいしいケーキ. Este zumo está ~. このジュースはおいしい. **4**《+名詞／名詞+》豪華な,立派な, 高価な. ~s bordados 見事な刺繍(ぬい). una tela rica 上等な布地. **5**《**ser**+》《話》愛らしい, かわいい. estar muy rica〈女の子が〉たいへんかわいい. ¡Qué niño más ~! なんて愛くるしい男の子でしょう. **6**《+名詞／名詞+》肥えた, 肥沃(ひよく)な. **7**《**estar**+》《話》セクシーな.
—— 男女 **1** 金持ち, 富豪. Los ~s se hacen cada vez más ~s y los pobres más pobres. 金持ちはますます金持ちに, 貧しい者はさらに貧しくなる.
2《子供への愛情を込めた呼びかけ》《●主に女性が使用する》Ven aquí, ~. こっちへ来てごらん.
3《皮肉な呼びかけ》ねえ, おい, おまえ. Oye ~, ¿qué te has creído?《話》おいおい何様のつもりだ.
nuevo rico《軽蔑》成金. con gusto(s) de *nuevo* ~ 成金趣味の.
[←[ゲルマン]*rīkja「支配者」; 関連 riqueza, enriquecer, rey, regir. [英] *rich*]

ri·co·hom·bre [r̄i.ko.óm.bre] 男 [複 ricoshombres] [史]《中世スペインの》大貴族. ♦《16世紀以降の》スペインの大公爵 los grandes de España の前身.

ric·tus [r̄ík.tus] 男 [単複同形]《格式》口をゆがめること, 顔をひきつらせること, 苦笑. ~ de dolor 苦痛にゆがんだ顔.

ri·cu·ra [r̄i.kú.ra] 女《話》**1** おいしさ; 愛くるしさ, すばらしさ. ¡Qué ~ de niño! なんてかわいらしい子. **2** かわいらしい人[もの], 感じのよい人[もの].

ri·di [r̄í.ði] 男 (*ridículo* の省略形)《話》ふざけた[ばかな]言動, 物笑いの種. hacer el ~ 笑いものになる.

ri·di·cu·lez [r̄i.ði.ku.léθ / -.lés] 女 [複 ridiculeces] **1** おかしな[こっけいな]こと. **2** くだらなさ, ばかげたこと. Es una ~ hacer eso. そんな事をするのばかげている. **3** ささいな[取るに足りない]こと. Se han peleado por una ~. つまらないことで争った.

ri·di·cu·li·za·ble [r̄i.ði.ku.li.θá.ble / -.sá.-] 形 からかいの[ばかにする]対象になる.

ri·di·cu·li·za·ción [r̄i.ði.ku.li.θa.θjón / -.sa.sjón] 女 笑いものにすること, からかうこと.

ri·di·cu·li·zar [r̄i.ði.ku.li.θár / -.sár] [97] 他 からかう, 物笑いの種にする, あざける. Se divierte *ridiculizando* a todo el mundo. 皆をばかものにして彼[彼女]は楽しんでいるんだ.

ri·dí·cu·lo [r̄i.ðí.ku.lo] 男 レティキュール: 昔の女性用の小さなハンドバッグ.

*ri·**dí·cu·lo**, la [r̄i.ðí.ku.lo, -.la] 形《軽蔑》**1**《+名詞／名詞+》《**ser**+／**estar**+》こっけいな, 嘲笑(ちょうしょう)に値する. traje ~ おかしな服装. Con ese sombrero *estás* ~, ponte otro. その帽子をかぶると変だよ, 別のにしろよ.
2 ばかげた, 愚かな. discusión *ridícula* 愚かな議論. superstición *ridícula* ばかげた迷信. Es ~ que no lo aceptes. それを受け入れないなんてどうかしてるね. **3** 取るに足りない, ささいな. sueldo ~ わずかな給料.
—— 男 物笑いの種, 笑いもの; ぶざまな状態. caer en el ~ 笑いものになる. hacer el ~ 笑いものになる, ばつの悪い思いをする. poner [dejar] a+人 en ~ 〈人〉を笑いものにする. quedar en ~ 笑いものになる.
[←[ラ] *rīdiculum* (*rīdiculus* の対格) (*rīdēre*「笑う」より派生); 関連 [英] *ridiculous*]

rie- / rié- / ríe(-) 活 → reír.
rieg- 活 → regar.

*rie·**go** [r̄jé.go] 男 **1** 灌漑(かんがい)[用水]. boca de ~ 消火[水道]栓. canal de ~ 用水路. **2** 水撒(ま)き, 散水. camión de ~ 散水車. **3**《ラ米》《アンデス》〈行列に振りまかれる〉花吹雪.
—— 一 男 → regar.
riego sanguíneo《解剖》血液の循環.

riel [r̄jél] 男 **1** レール, 線路. los ~es del tranvía 路面電車のレール. ~ de cortina カーテンレール. **2**《地金の》延べ棒.

rie·lar [r̄je.lár] 自《格式》〈光が〉(水面などに)きらめく. La luna en el mar *riela*. 月光が海面にきらめく.

rie·le·ro, ra [r̄je.lé.ro, -.ra] 男女《ラ米》《メキシコ》鉄道員, 鉄道工夫. ~ de レールを棒をつくる鋳型.

*rien·**da** [r̄jén.da] 女 **1**《主に複数で》(馬の)手綱. **2**《複数で》統制; 支配[指揮](権). coger [asumir, tomar] las ~s de ... を統率する. las ~s del gobierno 政権. empuñar [llevar, tener] las ~s 主導権[実権]を握る. **3**《行動や言葉の》 はどよさ, 調子.
aflojar las riendas 手綱[統制]を緩める.
a rienda suelta (1) 抑制なしに, どうようもなく. (2) 勝手気ままに, 雑に. (3) 全速力で, 荒々しく.
a toda rienda 全速力で.
dar rienda suelta a... / soltar las riendas de... ... を思うのままにする, ...に (身を) 任せる. Él *dio* ~ *suelta a* la imaginación. 彼は奔放に想像力を働かせた.
tirar de la rienda [las riendas] a... ...の手綱を引き締める, 〈人を〉(行き過ぎないように)制止する.
volver (las) riendas 最初からやり直す, 後戻りする.

rien·te [r̄jén.te] 形 **1** 笑っている, にこやかな; うれしそうな. **2** 陽気な, 快活な; 気持ちのよい. ~ jardín 心地よい庭.

ries·go [r̄jés.go] 男 **1** 危険, 冒険. una operación sin ~ 危険のない手術. embarazo de alto ~ ハイリスク妊娠. tener el ~ de ... ...の恐れがある. En África muchos niños están en ~ de morir de hambre. アフリカでは多くの子供が食糧不足が原因で死ぬ危機に瀕している. → peligro [類語].
2《保険の対象となる》災害, 危険. ~ cubierto por la póliza 保険でカバーされている危険[事故]. seguro a todo ~ オールリスク[全災害]保険.
a [con] riesgo de... ... を覚悟で. Intentaban salir del país, aún *a* ~ *de* perder la vida. 彼らはたとえ命を落とす危険があっても国を出ようとしていた.
correr un [el] riesgo (de...) (...の)危険がある, ...の恐れがある. Él *corre el riesgo de* perder mucho dinero. 彼は大金を失う恐れがある.

ries·go·so, sa [r̄jes.gó.so, -.sa]《ラ米》危険な.

ries·ling [r̄is.lín] [仏]男(又は女)[複~, ~s] リースリング《アルザス地方産の白ワイン》;その原料となるブドウの種類.

Rif [r̄if] 固名 El *Rif* リフ山脈: モロッコ北部の山脈.

ri·fa [r̄í.fa] 女 **1** くじ引き, 福引き; くじ引き[福引き]会場. ~ benéfica 救済事業বক্. **2**《ラ米》《メキシコ》口論. **3**《ラ米》(1)《アンデス》露店. (2)《メキシコ》トランプ占い.

ri·far [r̄i.fár] 他 **1** ...を賞品にくじ引きをする, ...をくじで与える. **2**《ラ米》《メキシコ》〈商品を〉セールに出す, 安売りする. —— 自 **1** けんかする, 口論する. **2**

(绉)(*₃)ぬきんでる,秀でる.
— ~.se 再 《話》…を競り合う,取り合う. Todo el mundo *se rifa* su compañía. みんなが彼[彼女]とつきあいたいと張り合っている.
ri.fe.ño, ña [ři.fé.ɲo, -.ɲa] 形 (モロッコ北部の)リフ山脈の. — 男 女 リフ山脈の住民[出身者].
riff [řif] [英] 男 《複 ~s, ~》『音楽』リフ,反復楽節.
ri.fi.rra.fe [ři.fi.řa.fe] 男 《スペイン》《話》ちょっとしたけんか[口論].
ri.fle [ři.fle] [英] 男 ライフル銃.
ri.fle.ro, ra [ři.flé.ro, -.ra] 男 女 《ラ米》(ゾメリ)(ギ)(绉)ライフル銃の名手;ライフル銃兵.
rig- 語 ➡ regir.
Ri.gel [ři.xél] 固 『天文』リゲル,源氏星:青白色に輝くオリオン座の β 星.
ri.gi.da.men.te [ři.xi.ða.mén.te] 副 **1** 厳しく,厳格に. **2** かたくなに,頑固に. **3** ぎこちなく.
ri.gi.dez [ři.xi.ðéθ / -.ðés] 女 《複 rigideces》**1** 硬さ,硬直. ~ cadavérica 死後硬直. **2** 厳しさ,厳格さ;頑固.
***rí.gi.do, da** [ři.xi.ðo, -.ða] 形 **1** 堅[硬,固]い,曲がらない,堅固な. El hierro es ~. 鉄は硬い.
2 硬直した;無表情な,こわばった. pierna *rígida* 硬直した脚. quedarse ~ (寒さで)かじかむ;(体が)硬直する. un rostro ~ 無表情.
3 厳しい,厳格な;柔軟性に欠ける. carácter ~ 融通の利かない性格. disciplina *rígida* 厳格な規律.
[←〔ラ〕*rigidum* (*rigidus* の対格;*rigēre*「硬直している」より派生);関連 rigidez, rigor, recio. [英] *rigid*]
ri.go.dón [ři.go.ðón] 男 リゴドン:17-18世紀に流行した2拍子の陽気な舞踊(曲).
***ri.gor** [ři.gór] 男 **1** 厳しさ,厳格さ(=rigurosidad). Es necesario que los niños sean educados con ~. 子供は厳しく育てる必要がある.
2 厳密さ,正確性,精密. carecer de ~ científico. 学術[科学]的な厳密さに欠ける.
3 (気候の)厳しさ,つらさ. sobrellevar el ~ del verano 夏の厳しい暑さを我慢する.
4 《ラ米》**(1)** (ゾウ)折檻(甚). **(2)** (ゾゲ)《話》大量,多数,たくさん.
de rigor お決まりの,不可避の;不可欠の. pregunta *de* ~ お決まりの質問.
en rigor 厳密には;実際には.
ser el rigor de las desdichas 《スペイン》《話》不運な星の下に生まれる.
[←〔ラ〕*rigōrem* (*rigor* の対格)「硬直;厳しさ」(*rigēre*「硬直している」の派生語);関連 [英] *rigor*]
ri.go.ris.mo [ři.go.rís.mo] 男 **1** 厳格主義.
2 厳格すぎること.
ri.go.ris.ta [ři.go.rís.ta] 形 厳格な,厳格主義の.
— 男 女 厳格すぎる人,厳格主義者.
ri.go.ro.so, sa [ři.go.ró.so, -.sa] 形 ➡ riguroso.
ri.gu.ro.sa.men.te [ři.gu.ró.sa.mén.te] 副 **1** 厳格に. **2** 正確に;厳密に. **3** 例外なく;完全に,絶対的に.
ri.gu.ro.si.dad [ři.gu.ro.si.ðáð] 女 ➡ rigor.
***ri.gu.ro.so, sa** [ři.gu.ró.so, -.sa] 形 《+名詞 / 名詞+》**1** 《ser+ /estar+》**厳格な**,容赦ない(=severo). profesor ~ 厳格な先生. ~ reposo 絶対安静. El árbitro *fue* muy ~ con nosotros. 審判は僕らにとても厳しかった. El nombre del testigo se mantuvo en ~ secreto. 証人の名前は極秘のままだった. Mi abuela está de luto
~ 祖母は正式の喪に服している.
2 (気候が)厳しい,過酷な. combatir el frío de un ~ invierno 厳しい冬の寒さと戦う.
3 厳密な,正確な,厳正な. con *rigurosa* exactitud きわめて正確に. en el más ~ sentido de la palabra その単語のもっとも厳密な意味で.
[rigor より派生;関連 [英] *rigorous*]
ri.ja¹ [ři.xa] 女 『医』涙(管)フィステル〔瘻(ろ)〕.
ri.ja² [ři.xa] 女 けんか,口論.
ri.jio [ři.xjo] 男《ラ米》**(1)** (ゾゲ) ➡ rijo. **(2)** (ラプラ)(绉)(馬の)元気のよさ.
ri.jio.so, sa [ři.xjó.so, -.sa] 形 《ラ米》(ギ)(绉) 〈馬が〉勢いのよい;盛りがついた.
ri.jo [ři.xo] 男 好色,淫乱(以)〈ぶ〉;色欲.
ri.jo.si.dad [ři.xo.si.ðáð] 女 **1** けんか好き,短気.
2 好色,みだら;(動物の)盛り,発情.
ri.jo.so, sa [ři.xó.so, -.sa] 形 **1** けんか好きな,けんか早い,短気な. **2** 好色な,みだらな;〈動物が〉発情した.
ri.la [ři.la] 女 《ラ米》**(1)** (ラプラ)(绉)軟便. **(2)** (ラプラ)鳥の糞(た),鶏糞.
ri.lar [ři.lár] 自 《格式》震える,揺れ動く.
— ~.se 再 震える;《話》ひるむ,しりごみする.
***ri.ma** [ři.ma] 女 **1** 『詩』(脚)韻;韻を踏むこと,押韻. ~ asonante / media ~ 強勢のある母音以降の母音だけをそろえる. ⇒ lucha / (laguna). ~ consonante 同音韻(► 強勢のある母音以降の全ての音を合わせる. ⇒ tenemos / leemos). ~ interna 中間韻(► 行末の語と行中の語が押韻すること). octava ~ 8行詩体(► 韻律はABABABCC). sexta ~ 6行詩体(► 韻律はABABCC). ➡ rimar.
2 《主に複数で》韻文,詩歌.
ri.ma.dor, do.ra [ři.ma.ðór, -.ðó.ra] 形 韻を踏む;韻が目立つ.
— 男 女 韻を踏む人;《軽蔑》(韻ばかり気にする)三流詩人.
***ri.mar** [ři.már] 自 **1** 《con... …と》**韻を踏む**. "Amor" *rima* en consonante *con* "dolor" y en asonante *con* "riñón". "Amor" は "dolor" と同音韻を踏み "riñón" と類音韻を踏む.
2 韻文を作る,詩作する.
— 他 《con... …と》韻を踏ませる,押韻させる. ~ "gracia" *con* "ganancia" "gracia" に "ganancia" の韻を合わせる.
rim.bom.ban.cia [řim.bom.bán.θja / -.sja] 女 **1** 反響,響き. **2** 大言壮語,大げさな言葉. **3** 派手さ,けばけばしさ.
rim.bom.ban.te [řim.bom.bán.te] 形 **1** 響き渡る,鳴り響く. **2** 〈言葉などが〉大げさな,誇大な. estilo ~ 美辞麗句調. **3** けばけばしい,派手な.
rim.bom.bar [řim.bom.bár] 自 響き渡る,反響する;やかましい.
rí.mel [ři.mel] 男 (化粧品の)マスカラ.
ri.me.ro [ři.mé.ro] 男 《格式》《時に複数で》山積み. un ~ de libros 本の山.
ri.mú [ři.mú] 男《ラ米》(绉)『植』カタバミの一種.
rin [řin] 男《ラ米》(绉)(車輪の)リム.
Rin [řin] 固名 el Rin ライン(川)
[←〔仏〕*Rhin*—〔ラ〕*Rhēnus*—〔ゴール〕*Rēnos* (原義は「川」);関連 [英] *río*]
ri.nan.to [ři.nán.to] 男 『植』ゴマノハグサ科リナンサス属の植物.
rin.che, cha [řín.tʃe, -.tʃa] 形《ラ米》(绉)《話》あふれそうな.

rin·cón [riŋ.kón] 男 **1** 隅(芸), 角(ξ). todos los *rincones* del mundo 世界の隅々. En un ~ de la habitación tengo puesto el televisor. 僕は部屋の隅にテレビを置いている. → esquina [類語].
2 片隅. en este ~ del mundo この世界の片隅で. en su ~ del corazón 心の片隅で.
3 (隠れた)場所, (奥まった)ところ, 辺鄙(^^)な場所; (話)いつもの場所. Tengo un ~ secreto, donde guardo mis más valiosas pertenencias. 僕には秘密の隠し場所があって, そこにいちばん大切なものをしまっている.
4 狭い場所. **5** しまい込んだもの. **6** 《ラ米》(汚)川に挟まれた土地.
[←[古スペイン]re(n)cón←[アラビア]《方言》*rukun* ;[関連] arrinconar]

rin·co·na·da [riŋ.ko.ná.ða] 女 (建物に囲まれた)街角;隅. en la ~ de la plaza 広場の隅っこで.

rin·co·ne·ra [riŋ.ko.né.ra] 女 **1** (三角形の)コーナー家具. **2** 〖建〗角と窓などの凹部の間の壁.

rind- → rendir.

rin·de [rín.de] 男 《ラ米》(汚ぢ)《主に複数で》利益, 収益, 収穫.

ring [ríŋ] [英] 男 〖スポ〗(ボクシング・レスリングの)リング.

ring·git [riŋ.xí(t) // -.gí(t)] 男 《複 ~s, ~》リンギット: マレーシアの通貨単位.

rin·gla [ríŋ.gla] 女 → ringlera.

rin·gle [ríŋ.gle] 男 → ringlera.

rin·gle·ra [riŋ.glé.ra] 女 (古) 列, 並び (= fila). en ordenadas ~s 整然と列をなして.

rin·gle·ro [riŋ.glé.ro] 男 (ノートの)罫(ξ)線.

rin·gle·te [riŋ.glé.te] 男 《ラ米》(汚ぢ) 〖遊〗風車(§§).

rin·go·rran·go [riŋ.go.ráŋ.go] 男 **1** (文字の)ごてごてした飾り書き. **2** 《主に複数で》悪趣味な飾り.

rin·gue·le·te [riŋ.ge.lé.te] 男 **(1)** 《ラ米》(汚ぢ)(汚) 落ち着きのない人, ふらふら歩き回る人. **(2)** (汚ぢ) 〖遊〗投げ矢;(おもちゃの)風車.

rin·gue·le·te·ar [riŋ.ge.le.te.ár] 自 《ラ米》(汚ぢ)(汚ぢ)(汚)(話)ほっつき歩く, ぶらつく (= callejear).

ri·ni·tis [ri.ní.tis] 女 〖単複同形〗〖医〗鼻炎.

rino- 「鼻」の意を表す造語要素. ● 母音の前で rin-. → *rino*faringe, *rinó*logo. [←[ギ]]

ri·no·ce·ron·te [ri.no.θe.rón.te / -.se.-] 男 〖動〗サイ.

ri·no·fa·rin·ge [ri.no.fa.ríŋ.xe] 女 〖解剖〗鼻咽頭(ξ^).

ri·no·fa·rín·ge·o, a [ri.no.fa.ríŋ.xe.o, -.a] 形 〖解剖〗鼻咽頭(ξ^)の.

ri·no·fa·rin·gi·tis [ri.no.fa.riŋ.xí.tis] 女 〖単複同形〗〖医〗鼻咽頭(ξ^)炎.

ri·no·lo·gí·a [ri.no.lo.xí.a] 女 〖医〗鼻科学.

ri·nó·lo·go, ga [ri.nó.lo.go, -.ga] 男 女 〖医〗鼻科専門医.

ri·no·plas·tia [ri.no.plás.tja] 女 〖医〗鼻形成(術).

ri·no·rre·a [ri.no.ré.a] 女 〖医〗鼻漏.

ri·nos·co·pia [ri.nos.kó.pja] 女 〖医〗鼻鏡検査(法).

ri·nos·co·pio [ri.nos.kó.pjo] 男 〖医〗鼻鏡.

ri·nos·te·no·sis [ri.nos.te.nó.sis] 女 〖単複同形〗〖医〗鼻閉.

ri·ña [rí.ɲa] 女 **1** けんか, 闘い. una ~ sangrienta 血まみれの闘い. ~ de gallos 闘鶏. **2** 口論, 言い争い. ~ de niños 子供のけんか, 子供じみた言い争い. **3** 叱責. **4** 《ラ米》(汚ぢ)憎しみ, 嫌悪.
— 活 → reñir.

ri·ñón [ri.ɲón] 男 **1** 〖解剖〗腎臓(绛) ~ *artificial* 人工腎臓.
2 〖料〗(食用の牛や豚の)腎臓. *riñones* al jerez シェリー酒を入れて煮た腎臓料理.
3 《複数で》腰(部). dolor de *riñones* 腰の痛み.
4 中心, 核心. el ~ del asunto 問題の核心. el ~ de la política 政治の中枢. Vivo en el mismo ~ de Madrid. 私はマドリードのど真ん中に住んでいる. **5** 〖鉱〗(赤鉄鉱・褐鉄鉱など)腎臓状鉄鉱石.
costar [*valer*] *un riñón* (話) 値段が高い. Este chalet le *habrá costado un ~*. 彼[彼女]は大金を払ってこの家を買ったんだろう.
pegarse al riñón 栄養がある, 滋養になる.
tener el riñón bien cubierto (話) 大金持ちだ.
tener riñones (話) 根性[勇気]がある.
[←(俗)**renione*(*renio* の対格) ←[ラ] *rēnēs*(複数形で使用);[関連] renal]

ri·ño·na·da [ri.ɲo.ná.ða] 女 **1** 〖解剖〗腎臓(绛) 皮質組織. **2** 腰部: 腎臓のある部分. **3** 〖料〗腎臓の煮込み;(食用の)腰肉.
costar una riñonada (話) 値段が高い.

ri·ño·ne·ra [ri.ɲo.né.ra] 女 **1** (腰を保護する)コルセット. **2** ウエストポーチ[バッグ]. **3** 〖解剖〗(そらまめ型)腰盆.

rió [rjó] 活 → reír.

rí·o[^1] [rí.o] 男 **1** 川, 河, 河川. el *río* Tajo (スペインの)タホ川. el *río* Amazonas (ブラジルの)アマゾン川. el *río* Orinoco (ベネズエラの)オリノコ川. brazo de *río* 支流. Construyeron un puente en el *río*. 川に橋を建造した. El camino corre a lo largo del *río*. その道は川沿いに走っている. Vamos *río* abajo en una canoa. カヌーに乗って川を下ろう (▶「川を上る」は ir *río* arriba).
2 大量, たくさん;多量の流れ, 人波. un *río* de gente 大勢の人, 人波. un *río* de cartas おびただしい手紙.
a río revuelto 混乱状態で.
A río revuelto, ganancia de pescadores. (諺) 川が氾濫すると漁師が利を得る(混乱した状況でも必ず利益を得る者がいる).
Cuando el río suena, agua lleva [trae]. (諺) 火のないところに煙は立たず(←せせらぎが聞こえるところには水がある).
de perdidos al río 乗りかかった船;やりかけたことは最後までやるしかない (▶ 慣用表現).
pescar en [*a*] *río revuelto* 混乱に乗じてもうける.
[←[ラ] *rīvum* (*rīvus* の対格)「小川」;[関連] ría, rival. [ポルトガル] rio. [英] run, rise]

rí·o[^2] [rí.o] 活 → reír.

rio·bam·be·ño, ña [rjo.bam.bé.ɲo, -.ɲa] 形 (エクアドルの)リオバンバ Riobamba の.
— 男 女 リオバンバの住民[出身者].

Río de Ja·nei·ro [rí.o de xa.néi.ro] 固名 リオデジャネイロ: 大西洋に臨むブラジルの港湾都市.
[←[ポルトガル] *Rio de Janeiro* (*rio* 'río' + *de* + *janeiro* 'enero';「1月の川」が原義;ポルトガル人航海者が1502年1月この地を訪れた時 Guanabara 湾を河口と誤解し, この名を付けた)]

Río de la Pla·ta [rí.o de la plá.ta] 固名 **1** ラプラタ川;ラプラタ川流域. **2** 〖史〗(スペイン統治時代の) **(1)** ラプラタ地方. ♦1535年初代総督 Pedro de Mendoza 着任以降, 植民統治が始まる. ペルー副王領に属し, Paraguay, el Río de la Plata,

Tucumán の各総督領からなる. 現在のアルゼンチン・ボリビア・パラグアイ・ウルグアイ・ブラジル東部地方. (2) ラプラタ副王領 (1776–1814).

Provincias Unidas del Río de la Plata 〖史〗ラプラタ諸州連合. ♦1816年7月9日トックマン会議でその樹立と独立が宣言された.

[「銀の川」が原義；この地方が銀 (plata) を多量に産出すると信じられたための命名]

rio·ja [ř̩jó.xa] 男 リオハ：スペインの La Rioja 産のワイン.

***Rio·ja** [ř̩jó.xa] 固名 La 〜 ラ・リオハ. (1) スペイン北部の地方, 自治州 (→ autónomo)；県. ♦北部を Ebro 川が流れるワインの名産地. (2) アルゼンチン北西部の州；州都. [(1) ← río Oja「オハ川」(この地方を流れる川；Oja ← ?hoja)]

rio·ja·no, na [ř̩jo.xá.no, -.na] 形 (スペイン・アルゼンチンの) ラ・リオハの.
――男 女 ラ・リオハの住民[出身者].
――男 (スペイン語の) ラ・リオハ語.

rio·pla·ten·se [ř̩jo.pla.tén.se] 形 ラプラタ川 Río de la Plata 流域の.
――男 女 ラプラタ川流域の住民[出身者].

rios·tra [ř̩jós.tra] 女 〖建〗筋交い.

RIP [ラ]〘略〙*requiescat in pace*（墓碑銘などで）安らかに眠りたまえ (= descanse en paz).

ri·pia·do, da [ř̩.pjá.ðo, -.ða] 形 **1**（穴・すき間に）砕石などを詰めた. **2**《ラ米》(1)（コロ）ぼろを着た. (2)（エスパ）不幸な, 哀れな.

ri·piar [ř̩.pjár] 82 他《ラ米》(1)（カリ）（コロ）切り裂く, 砕く. (2)（カリ）棒で殴る. (3)（コロ）（人に）けちをつける；人違いする. (4)（エスパ）（コロ）無駄遣い「浪費］する. (5)（エスパ）（コロ）落ち穂拾いをする.

ri·pio [ř̩.pjo] 男 **1**〖土木〗（穴・すき間を埋める）砕石, れんがの破片. **2** 残り, かす；くず, がらくた. **3**（文章の）埋め草,（押韻のための）冗語. **4**《ラ米》（コロ）〘俗〙安物のマリファナ.

no perder ripio 耳をそばだてて聞く；目を皿にして見る.

ri·pio·so, sa [ř̩.pjó.so, -.sa] 形 **1**〈詩文が〉冗語の多い. **2**《ラ米》（カリ）（コロ）ぼろを着た.

ri·pos·tar [ř̩.pos.tár] 自《ラ米》(1)（エスパ）返事をする, 応じる. (2)（コロ）（エスパ）〖スポ〗（ボクシング）打ち返す.

ri·que·río [ř̩.ke.ří.o] 男《ラ米》（カリ）〘集合的〙金持ち.

***ri·que·za** [ř̩.ké.θa / -.sa] 女 **1** 富；財産, 財宝. concentración de 〜 富の集中. fuente de 〜 富の源. acumular [atesorar] 〜 富を蓄積する. 〜 y poder 富と権力. imponible 課税対象財産. hombre de 〜 財産のある男. **2** 資源. 〜s minerales 鉱物資源. 〜s naturales 天然資源. **3** 豊富, 豊かさ. 〜 de especies 種の豊富. 〜 de vocabulario 語彙(ᴵ)の豊富さ. Colombia posee una gran 〜 de recursos naturales. コロンビアは天然資源が豊富だ. **4** 豪華, ぜいたく.

ri·qui·ña [ř̩.kí.ɲa] 女《ラ米》（ほラテ）かご.

ri·qui·si·mo, ma [ř̩.kí.si.mo, -.ma] 形 [rico の絶対最上級] **1** きわめて豊かな, 非常に富んだ.
2 非常に美味な.

ri·sa** [ř̩í.sa] 女 **1** 笑い；笑い声. 〜 amarga 苦笑い. 〜 burlona 嘲笑(ᴵ). 〜 contagiosa つられ笑い. 〜 de conejo 作り笑い. 〜 estridente けたたましい笑い声. 〜 franca 開けっ広げな笑い. 〜 histérica ヒステリックな笑い. 〜 sardónica せせら笑い；〖医〗痙笑(ᴵ). ***contener [aguantar] la 〜 笑いをこらえる. ***morirse [desternillarse, reventarse] de*** 〜 抱腹絶倒する. Al ver al payaso caerse de la silla me dio mucha 〜. ピエロがいすから落ちるのを見て私は大笑いした. Me entró una 〜 que no pude contener. 私はこらえきれない笑いがこみあげてきた.

2〘話〙笑いの種, 笑わせるもの[人]. Esto no es 〜. これは笑いごとではない. Vas a ser la 〜 de todo el mundo. 君はみんなの笑いものになるよ.

de risa 〘話〙(1) こっけいな, コメディの. película *de* 〜 コメディ映画. (2) 信じがたい, 愚かな.

mearse [***mondarse, troncharse, partirse***] ***de risa*** 〘話〙腹をかかえて笑う.

muerto de risa 〘話〙(1) 笑い転げた. (2) 使われない, 忘れられた. El coche está en el garaje *muerto de* 〜. 車はガレージでほこりをかぶっている.

retorcerse de risa 身をよじって笑う.

tomar a risa ... 〘話〙…を一笑に付す, 軽視する. [← [古スペイン] *riso* ← [ラ] *rīsus* (*rīdēre*「笑う」より派生)；関連 risueño, sonrisa]

ris·cal [ř̩is.kál] 男〘切り立った〙岩山の多い場所.

ris·co [ř̩ís.ko] 男 **1** 険しい〘切り立った〙岩山. **2**〘複数で〙険峻(ᴵ), 高くけわしいこと.

ris·co·so, sa [ř̩is.kó.so, -.sa] 形 **1** 岩（山）の多い, 岩だらけの. **2** 岩（山）の.

ri·si·bi·li·dad [ř̩i.si.βi.li.ðáð] 女 おかしさ；笑わせること. estimular la 〜 del auditorio 聴衆の笑いを誘う.

ri·si·ble [ř̩i.sí.βle] 形〘格式〙こっけいな；笑わせる.

ri·si·lla [ř̩i.sí.ʝa ∥ -.ʎa] 女 くすくす笑い, 忍び笑い；作り笑い (= 〜 de conejo). [risa + 縮小辞]

ri·sión [ř̩i.sjón] 女 嘲笑(ᴵ)（の的）；笑いもの.

ri·si·ta [ř̩i.sí.ta] 女 → risilla.

ri·so·rio [ř̩i.só.rjo] 男〖解剖〗笑筋.

ri·so·ta·da [ř̩i.so.tá.ða] 女 高笑い, 大笑い, 爆笑 (= carcajada). dar una 〜 げらげら笑う, 大笑いする. soltar una 〜 哄笑(ᴵ)〘爆笑〙する.

ris·par [ř̩is.pár] 自《ラ米》（ペル）飛び出ていく, あわてて逃げる.

ris·piar [ř̩is.pjár] 82 自 → rispar.

rís·pi·do, da [ř̩ís.pi.ðo, -.ða] 形 粗野な；無愛想な.

ris·que·rí·a [ř̩is.ke.ří.a] 女《ラ米》（カリ）岩場.

ris·tra [ř̩ís.tra] 女 **1**（タマネギ・ニンニクの）数珠つなぎ, 一連. una 〜 de ajos ひとつなぎのニンニク.
2〘話〙一連のもの, 連続. una 〜 de mentiras うその連発.

en ristra 一列になって.

ris·tre [ř̩ís.tre] 男 (甲冑(ᴵ)の) 胸部の) 槍(ᴵ)受け.

en ristre 構えて. lanza *en* 〜 槍を構えて.

ris·trel [ř̩is.trél] 男 → rastrel.

***ri·sue·ño, ña** [ř̩i.swé.ɲo, -.ɲa] 形 **1** にこにこした, 喜んだ；朗らかな. cara *risueña* にこにこ顔.
2 爽快(ᴵ)な, 心地よい, 心楽しい. paisaje 〜 のどかな風景.
3 有望な, 期待できる. porvenir 〜 明るい将来.

Ri·ta [ř̩í.ta] 固名 リタ：女子の洗礼名.

¡Cuéntaselo a Rita! 〘話〙そんなこと誰が信じるものか.

¡Que lo haga Rita! 〘話〙誰がそんなことするものか, ほかの者にやらせろ.

[Margarita の縮小形；関連 [ポルトガル] [伊] [英] *Rita*. [独] *Grete, Gretchen*]

rit·mar [r̃it.már] 他 …にリズム[調子]をつける.

***rít·mi·co, ca** [r̃ít.mi.ko, -.ka] 形 リズミカルな, 律動的な; リズム[韻律・音律]の. movimiento ~ リズミカルな動き.

***rit·mo** [r̃ít.mo] 男 1 【音楽】 リズム, ビート, 拍子. sentido del ~ リズム感. música de ~ muy rápido ビートのとても速い音楽. Bailaba al ~ de la salsa. 彼[彼女]はサルサのリズムに合わせて踊っていた. Ella marcaba el ~ con una mano. 彼女は片手でリズムをとっていた.
2 (周期的な) リズム, 律動, 反復運動. ~ cardíaco [respiratorio] 心臓の鼓動[呼吸]のリズム.
3 (活動などの) テンポ, ペース, 速さ. mantener el ~ ペースを維持する. ~ de crecimiento económico 経済成長のペース. No pude seguir el ~ de mis rivales. 私はライバルの速さについていくことができなかった. 4 【詩】韻律

ri·to [r̃í.to] 男 1 典礼, 祭式; 儀式. celebrar un ~ 儀式を執り行う. ~ católico カトリックの儀式. ~ de iniciación (結社などへの)入門式. ~ doble 【カト】大祝日の典礼. ~ de pasaje [tránsito] 通過儀礼. 2 慣習, 習わし. Tomar el mate es un ~ para los argentinos. マテ茶を飲むことはアルゼンチン人にとって欠かせない習慣である.

ri·tor·ne·lo [r̃i.tor.né.lo] 男 【音楽】 リトルネロ. (1) (17世紀のオペラで) 器楽による前奏[間奏・後奏]曲. (2) (独奏部を挟んで反復演奏される) 総奏(部). [← (伊) *ritornello*]

***ri·tual** [r̃i.twál] 形 1 典礼の; 祭式の; 儀式, [儀礼]の. libro ~ 典礼書, 定式書.
2 慣習的な. ser de ~ 慣習である.
— 男 1 典礼(方式), 儀式規則. 2 【カト】定式書, 典礼書. *R*~ *Romano* ローマ定式書.

ri·tua·li·dad [r̃i.twa.li.ðáđ] 女 儀式[形式]主義, 儀礼重視.

ri·tua·lis·mo [r̃i.twa.lís.mo] 男 1 典礼[儀式]主義. 2 形式偏重主義, 規則一辺倒.

ri·tua·lis·ta [r̃i.twa.lís.ta] 形 典礼[儀式]主義の; 儀式を重んじる.
— 男女 儀式[儀礼]主義者; 典礼[儀式]研究家.

***ri·val** [r̃i.βál] 形 競争する, 対抗する, ライバルの.
— 男女 競争相手, ライバル, 対抗者; 敵. Cervantes tuvo imitadores, pero no ~*es*. セルバンテスには模倣者はいたが, ライバルはいなかった.
[←(ラ) *rivālem* (*rivālis* の対格; *rivus* 「川」より派生; 「水利権をめぐって争う人」が原義)]

***ri·va·li·dad** [r̃i.βa.li.ðáđ] 女 競争, 対抗, 敵対[ライバル]関係.

ri·va·li·zar [r̃i.βa.li.θár / -.sár] 97 自 1 (**con**... …と) (**en**... …のことで) 競う, 対抗する. ~ *con* un compañero 同僚と競り合う. 2 (**en**... …で) 張り合う, 互角である. Las dos hermanas *rivalizan* en belleza. そのふたりの姉妹は甲乙つけがたい美人だ. 3 (**por**... …を) 競り合う, 取り合う. ~ *por* el liderazgo 主導権を巡ってしのぎを削る.

Ri·vas [r̃í.βas] 固名 リバス公爵 *duque de* ~, *Ángel Saavedra* (1791-1865): スペインの詩人・劇作家.

ri·ve·ra [r̃i.βé.ra] 女 小川, 小流.

Ri·ve·ra [r̃i.βé.ra] 固名 リベラ. (1) *Diego* ~ (1886-1957). メキシコの画家. (2) *José Eustacio* ~ (1889-1928). コロンビアの作家. 作品 *La Vorágine* 『大渦』.

ri·yal [r̃i.jál] 男 リヤル: サウジアラビア王国・イエメン共和国・カタール国・オマーン国の通貨単位.

ri·za·do, da [r̃i.θá.ðo, -.ða / -.sá.-] 形 1 巻き毛 [縮れ毛]の, カールした. tener el pelo ~ 髪の毛をカールしている. 2 さざ波の, 波立った. mar *rizada* 【気象】弱いうねりのある海. — 男 (髪の)カール.

ri·za·dor [r̃i.θa.ðór / -.sa.-] 男 ヘアアイロン, ヘアカーラー; パーマ液.

ri·zar [r̃i.θár / -.sár] 97 他 1 〈髪を〉カールする, 巻き毛にする. El peluquero le *rizó* bien el pelo. その美容師は彼[彼女]の髪をきれいにカールさせた. 2 〈布・紙などを〉しわにする. 3 〈風が〉〈水面を〉波立たせる. — ~**se** 再 1 〈髪が〉カールする, 縮れる. *Se me rizó* el pelo con la lluvia. 私の髪の毛は雨にぬれて縮れた. 2 〈水面が〉波立つ.

ri·zo, za [r̃í.θo, -.θa / -.so, -.sa] 形 巻き毛の, カールした, 縮れた. pelo ~ 縮れ毛.
— 男 1 巻き毛, 縮れ毛; カール.
2 (水面の) さざ波. 3 (ビロードの一種の) テリー・ベルベット. 4 【航空】宙返り(飛行). 5 【海】リーフポイント, 縮帆索. tomar ~*s* 縮帆する.
rizar el rizo〈話〉(必要もないのに)事を荒立てる.

rizo- 「根」の意を表す造語要素. → *rizófago, rizoma*. [← (ギ)]

ri·zó·fa·go, ga [r̃i.θó.fa.go, -.ga / -.só.-] 形 【動物】が根を食べる. — 男 食根性の動物.

ri·zo·fi·to, ta [r̃i.θo.fí.to, -.ta / -.so.-] / **ri·zó·fi·to, ta** [r̃i.θó.fi.to, -.ta / -.só.-] 形 【植】有根植物の. — 男 (または 女) 有根植物に属する植物.

ri·zo·fo·rá·ce·o, a [r̃i.θo.fo.rá.θe.o, -.a / -.so.-.se.-] 形 【植】ヒルギ科の. — 女 ヒルギ科の植物;《複数で》ヒルギ科.

ri·zo·ma [r̃i.θó.ma / -.só.-] 男 【植】根茎, 地下茎.

ri·zó·po·do [r̃i.θó.po.ðo / -.só.-] 形 【動】根足虫(綱)の. — 男 (1) 根足虫: アメーバなど偽足のある原生動物の総称. (2)《複数で》根足虫綱.

ri·zo·so, sa [r̃i.θó.so, -.sa / -.só.-] 形 縮れ毛の, カール気味の.

r / m 《略》*revolución por minuto* 毎分回転数 (= r.p.m.).

R.M. 《略》*reverenda madre* 修道女さま.

Rn 【化】*radón* ラドン.

RN [e.r̃e.é.ne] 男 《略》*Renovación Nacional* (チリの)国民革新党.

RNE 《略》*Radio Nacional de España* スペイン国営ラジオ.

ro [r̃ó] 間投 《子供を寝かしつけるときの声》ねんねんよ.

R.O. 《略》*real orden* 勅令.

ro·a [r̃ó.a] 女 【海】船首(材) (= roda).

Ro·a Bas·tos [r̃ó.a βás.tos] 固名 ロア・バストス *Augusto* ~ (1918-2005): パラグアイの小説家. 作品 *Hijo de hombre*『汝, 人の子よ』.

road mov·ie [r̃ó(u)đ mú.βi] 女 (または 男) 【映】ロードムービー: 主人公の長い旅の中で物語が進んでいく映画.

roam·ing [r̃ó.min] [英]《ITT》(海外, 国際) ローミング(サービス): 契約しているネットワークとは異なるネットワークの利用を可能にする技術.

ro·a·no, na [r̃o.á.no, -.na] 形 〈馬が〉葦毛(あしげ)の.
— 男 葦毛の馬.

roast·beef [r̃os.bíf] [英] 男 《複 ~s, ~*es*》【料】ローストビーフ (= rosbif).

ro·ba·dor, do·ra [r̃o.βa.ðór, -.ðó.ra] 形 盗む, 巻き上げる. — 男女 盗人, 泥棒.

ró·ba·lo [r̃ó.βa.lo] / **ro·ba·lo** [r̃o.βá.lo] 男 【魚】バス. → 次ページに図.

ro·bar [r̄o.bár] 他 **1**〈a+人〈人〉から〉〈金品を〉**盗む**,〈持ち物を〉奪い取る;〈人・場所から〉金品を奪う. ~ un coche 車を盗む. ~ un banco 銀行に押し入る. *Me robaron la cartera en el tren.* 私は電車で財布をすられた. *Anoche mi casa fue robada.* 昨夜わが家は盗難にあった.

róbalo (バス)

2〈a... …から〉〈心・関心などを〉奪う;〈時間・空間を〉削り取る;〈精神的な所有物を〉取り上げる. ~ la atención de todos 全員の注意を引きつける. ~ la libertad el corazón. 私はその女の子に心を奪われた. *Estudié robando horas al sueño.* 私は寝る間も惜しんで勉強した.

3《話》〈人に〉法外な料金を請求する. *Cuidado, que en esa tienda te roban.* その店に入ると,高い値段をふっかけられるから気をつけなさい.

4《遊》〈新しい札・駒(ミミ)を〉取る,引く.
[←〔ゲルマン〕*raubôn*「強奪する」; 関連 robo, romper, ropa. 〔英〕*rob*]

ro·be·llón [r̄o.be.jón ‖ -.ʎón] 男《菌類》(食用キノコの)カラハツタケ.

Ro·ber·to [r̄o.bér.to] 固名 ロベルト:男子の洗礼名.[←〔古仏〕*Robert*←〔古高地ドイツ〕*Hrōdebert*「名声輝く〈人〉」が原義; 関連 〔ポルトガル〕〔伊〕*Roberto*.〔仏〕〔英〕〔独〕*Robert*.〔独〕*Ruprecht, Rupert*]

ro·be·zo [r̄o.bé.θo / -.so] 男《動》シャモア,アルプスカモシカ.

ro·bín [r̄o.bín] 男《鉄》錆(ǎ)(= orín).

ro·bi·nia [r̄o.bí.nja] 女《植》ニセアカシア,ハリエンジュ.

ro·bin·són [r̄o.bin.són] 男（社会から離れて）隠遁(ﾄﾝ)生活を送る人,独立独歩の人.◆英国の作家Defoeの『ロビンソン・クルーソー』の主人公の名に由来する.

ro·bin·so·nis·mo [r̄o.bin.so.nís.mo] 男 隠遁(ﾄﾝ)生活,独立独歩.

ro·blar [r̄o.blár] 他（打ち込んだ釘(ˇ)などの）先を曲げる,打ち曲げる.

***ro·ble** [r̄ó.ble] 男 **1**《植》オーク(材):(カシ・ナラなど)ブナ科コナラ属の総称. **2**《話》たくましい人,頑丈なもの. *más fuerte que un ~* がっしりしてびくともしない.[←〔古スペイン〕*robre*←〔ラ〕*rōbur*「カシの木;力強さ」; 関連 robledo, robusto.〔英〕*robust*「強健な」]

ro·ble·da [r̄o.blé.da] 女→robledal.

ro·ble·dal [r̄o.ble.ðál] / **ro·ble·do** [r̄o.blé.ðo] 男 オーク(カシ,ナラ)の林.

ro·blón [r̄o.blón] 男 **1** 鋲(ξˇ),リベット. ~ de cabeza plana [fresada, redonda] 平[皿,丸頭]リベット. **2**（屋根瓦の）甍.

ro·blo·nar [r̄o.blo.nár] 他 …にリベットを打つ,(打ち込んだ釘(ˇ)などの先を打ち曲げて)留める.

***ro·bo** [r̄ó.bo] 男 **1 盗難;盗難品**. *el seguro contra ~* 盗難保険. *~ a mano armada* (武器による)強盗. *~ con allanamiento* (家宅侵入を伴う)窃盗. *cometer un ~ en una joyería* 宝石店で盗みを働く. *el valor del ~* 盗難被害額.

2 強奪;搾取. *~ de balón* ボールの奪還. *Pedir esa cantidad es un ~*. その値段は法外だ.

3《遊》新しい札[駒(ˇ)]を取ること;取った札[駒]. ──活→robar.

ro·bón, bo·na [r̄o.bón, -.bó.na] 男 女《ラ米》(ǎˇ)

ro·bot [r̄o.bót]〔英〕男〔複 ~s〕**1** ロボット. industrial 産業[工業]用ロボット. ~ inteligente 知能ロボット. *retrato ~* モンタージュ写真. ~ de cocina フードプロセッサー. **2** 他人に動かされる[操られる]人.
[←〔チェコ〕*robota*「強制労働」; Čapek (1890-1938) の戯曲から]

ro·bó·ti·ca [r̄o.bó.ti.ka] 女 ロボット(工)学.

ro·bo·ti·za·ción [r̄o.bo.ti.θa.θjón / -.sa.sjón] 女 自動化,オートメーション,ロボット化.

ro·bo·ti·zar [r̄o.bo.ti.θár / -.sár] 97 他 **1** ロボット[自動]化する. ~ una cadena de montaje de automóviles 自動車組み立てラインをロボット化する. **2**〈人を〉意のままに動かす[ロボットのようにする].

ro·bus·te·ce·dor, do·ra [r̄o.bus.te.θe.ðór, -.ðó.ra / -.se.-] 形 頑丈[堅固]にする.

ro·bus·te·cer [r̄o.bus.te.θér / -.sér] 34 他 頑丈[堅固]にする;たくましくする,鍛える. *Dos meses de reposo han robustecido su salud*. 2 か月の静養で彼[彼女]はすっかり丈夫になった.
── ~ *se* 再 頑丈[堅固]になる;たくましくなる. *Se han robustecido las relaciones entre ambos países*. 両国間の関係は強固なものとなった.

ro·bus·te·ci·mien·to [r̄o.bus.te.θi.mjén.to / -.si.-] 男 補強,強化;鍛練;頑丈にすること.

ro·bus·tez [r̄o.bus.téθ / -.tés] 女 頑健,頑丈,たくましさ;強固,強度. *la ~ de un puente* 橋の強度.

***ro·bus·to, ta** [r̄o.bús.to, -.ta] 形 **1 頑健な**,がっしりした,たくましい. *Los dos hermanos se caracterizan por su ~ cuerpo*. その兄弟は体ががっしりしていることで特徴づけられる.

2 頑丈な,強固な,堅固な. *muros ~s* 頑丈な壁. *voluntad robusta* 固い意志.
[←〔ラ〕*rōbustum (rōbustus* の対格)「カシの木の;固い,強い」*rōbur*「カシの木」の古形*rōbus* より派生); 関連 robustez, robustecer. 〔英〕*robust*]

ro·ca [r̄ó.ka] 女 **1 岩**,岩石;岩山;岩盤. ~ *metamórfica* 変成岩. ~ *sedimentaria* 水成岩,堆積岩. ~ *volcánica* 火山岩. *firme como una* ~ 岩のように堅固な. *corazón de* ~ (比喩的)揺るぎない心. *sentarse sobre una* ~ 岩に腰掛ける.

2 不動のもの[人],意志の固い人;冷淡な人.
cristal de roca 水晶.
[←〔俗ラ〕*rocca; 関連 rocoso, derrocar, rococó.〔英〕*rock*]

Ro·ca [r̄ó.ka] 固名 *Cabo de ~* ロカ岬:ポルトガル中西部の大西洋に臨む岬でヨーロッパ大陸最西端.

ro·ca·de·ro [r̄o.ka.ðé.ro] 男（繊維を巻きつける）糸巻き棒の先端;（繊維のずれを防ぐ）先端の覆い.

ro·ca·lla [r̄o.ká.ja ‖ -.ʎa] 女 **1** 石[岩]のかけら. **2**（装飾用の）大玉ビーズ,巻き上げる玉. **3** ロカイユ:貝殻・小石などを用いた庭園の噴水台の装飾.

Ro·ca·llo·sas [r̄o.ka.jó.sas ‖ -.ʎó.-] 固名→Rocosas.

ro·cam·bo·les·co, ca [r̄o.kam.bo.lés.ko, -.ka] 形 信じられない,驚くような,突飛な.

ro·can·ro·le·ar [r̄o.kan.r̄o.le.ár] 他《話》〈ロック[ロックンロール]を〉演奏する. ──自 **1** ロックに合わせて踊る. **2** ロックを演奏する.

ro·can·ro·le·ro, ra [r̄o.kan.r̄o.lé.ro, -.ra] 男 女《音楽》ロックンローラー,ロッカー.

ro·ce [r̄ó.θe / -.se] 男 **1** こする[こすれる]こと;こすった跡,かすり傷. ~ *de los zapatos* 靴ずれ. **2**（人

roce(-)

との) 触れ合い, 付き合い. Ya no tengo ~ con mis compañeros de la universidad. 私は もう大学時代の友人と付き合いはない. **3** (ちょっとした) 軋轢(あつれき), 不和. tener un ~ con+人 (人)とひと悶着(もんちゃく)を起こす.

ro·ce(-) / **rocé(-)** 直 →rozar.

ro·char [r̄o.tʃár] 他《ラ米》(ǐ)《話》目撃する, 見つける.

ro·che [r̄ó.tʃe] 囡《話》《ラ米》(ベネ)恥.

ro·che·la [r̄o.tʃé.la] 囡《ラ米》**(1)**(ﾁﾘ)(ﾘｦﾗﾃﾞｱｶ)(ｳﾙｸﾞｱｲ)(ｺﾞﾛﾝﾋﾞｱ)にぎやかな集まり, 大騒ぎ. **(2)**(ｺﾞﾛﾝﾋﾞｱ)《話》騒音. **(3)**(ｺﾞﾛﾝﾋﾞｱ)家畜の群れ.

ro·che·lar [r̄o.tʃe.lár] 自《ラ米》(ｺﾞﾛﾝﾋﾞｱ)(ｳﾙｸﾞｱｲ)《話》騒音を立てる.

ro·che·le·ar [r̄o.tʃe.le.ár] 自《ラ米》(ｺﾞﾛﾝﾋﾞｱ)(ｳﾙｸﾞｱｲ)(ｺﾞﾛﾝﾋﾞｱ)《話》ふざける; 遊び回る.

ro·che·le·ro, ra [r̄o.tʃe.lé.ro, -.ra] 形《ラ米》(ｳﾙｸﾞｱｲ)(ｺﾞﾛﾝﾋﾞｱ)《話》騒ぎ立てる, お祭り好きの; けんか早い.

ro·cho [r̄ó.tʃo] 男 ロック: アラビア神話に登場する巨大な鳥.

ro·cia·da [r̄o.θjá.ða / -.sjá.-] 囡 **1** (水などを)まく[吹きかける]こと; 散水, 湿らすこと. **2** 露; 水滴. **3** ばらまき; 連発, 連射. una ~ de golpes 雨あられと浴びせられる殴打. **4** しかりつけ, 小言.

ro·cia·dor [r̄o.θja.ðór / -.sja.-] 男 **1** 霧吹き; 噴霧器. **2** スプリンクラー.

ro·ciar [r̄o.θjár / -.sjár] 81 他 **1**《con... / de...〈水など〉を》…にまく, 吹きかける, 湿らせる. ~ las flores 花に水をやる. ~ la carne con vino 肉にワインをふりかける. **2** まき散らす, ばらまく. ~ confeti 紙吹雪をまき散らす. **3**《con...〈飲み物〉を》《食事に》添える. ~ la comida con un vino de la región 土地のワインを味わいながら昼食をとる.
— 自《3人称単数·無主語で》露が降りる. Ha rociado durante la noche. 夜の間に露が降りた.

ro·cie·ro, ra [r̄o.θjé.ro, -.ra / -.sjé.-] 形 (スペイン Huelva 県の) ロシオの巡礼祭 romería de la Virgen del Rocío に集まる (人の).
— 男 囡 ロシオの巡礼祭に集まる人.

ro·cín [r̄o.θín / -.sín] 男 **1** 老いぼれ馬, 駄馬. **2** 荷役馬. **3** 無知な人, 粗野な人; まぬけ. **4**《ラ米》**(1)**(ﾒｷｼｺ)乗馬用の馬. **(2)**(ｷｭｰﾊﾞ)引き牛, 役牛.

ro·ci·nan·te [r̄o.θi.nán.te / -.si.-] 男 **1** [R-] 『文学』ロシナンテ: ドン·キホーテの愛馬. **2** やせ馬, 老いぼれ馬.

ro·ci·no [r̄o.θí.no / -.sí.-] 男 →rocín.

ro·ci·o [r̄o.θí.o / -.sí.-] 男 **1** 露; 滴, 水滴. El coche está humedecido de ~. 車は露で濡れている. **2** 短時間の細雨, 霧雨.

rock [r̄ók] 男《英》『音楽』ロック. ~ and roll ロックンロール. ~ duro ハードロック.

rock·a·bi·lly [r̄o.ka.bí.li] 男《英》『音楽』ロカビリー.

roc·kan·ro·lle·ro, ra [r̄o.kan.r̄o.lé.ro, -.ra] 形『音楽』ロック[ロックンロール]ファン[歌手, 演奏者]の. — 男 囡『音楽』ロック[ロックンロール]ファン[歌手, 演奏者].

rock·er [r̄ó.ker] 男《英》《複 ~s》『音楽』ロックのファン[歌手, 演奏者].

roc·ke·ro, ra [r̄o.ké.ro, -.ra] 形 ロックの. — 男 囡《話》ロックの愛好者, ロック歌手.

roc·kó·dro·mo [r̄o.kó.ðro.mo] 男 → rocódromo **1**.

ro·co·có [r̄o.ko.kó] 形《複 ~, ~s》《美》ロココ様式[調]の. muebles de estilo ~ ロココ調の家具. — 男《美》ロココ様式: 18世紀初めフランスに生まれた建築, 装飾, 絵画の一様式. ◆スペインでは後期バロック barroco と融合したため独立の様式をなしていない. 代表的建築はラ·グランハの夏の離宮 el Palacio de La Granja.

ro·có·dro·mo [r̄o.kó.ðro.mo] 男 **1** (ロックの)野外コンサート会場. **2**『スポ』(ロッククライミングのための)人工的な登攀(とうはん)壁.

ro·co·la [r̄o.kó.la] 囡《ラ米》(ｺﾞﾛﾝﾋﾞｱ)(ｸﾞﾙ)ジュークボックス.

ro·co·ro·co [r̄o.ko.ró.ko] 男《ラ米》(ｸﾞﾙ)『昆』小さなハエ.

Ro·co·sas [r̄o.kó.sas] 固名 Montañas ~ ロッキー山脈: 北アメリカ西部を南北に連なる大山脈. [〔仏〕(Montagnes) Rocheuses も同じ仏語形からの訳]; 山脈の東に住む先住民の部族名 Assiniboin (原義は「調理に石器を使う人々」) に関連?]

ro·co·so, sa [r̄o.kó.so, -.sa] 形 岩[石]の多い.

ro·co·te [r̄o.kó.te] / **ro·co·to** [r̄o.kó.to] 男《ラ米》(ﾍﾟﾙｰ)『植』大型のトウガラシ.

ro·da [r̄ó.ða] 囡『海』船首 (材).

ro·da·ba·llo [r̄o.ða.βá.jo ‖ -.ʎo] 男 **1**『魚』ダルマガレイ (の一種). **2**《話》悪賢いやつ, 腹黒いやつ.

ro·da·da [r̄o.ðá.ða] 囡 **1** (まれ)わだち, 車輪の跡. **2**《ラ米》(ﾘｦﾗﾃﾞｱｶ)(ｳﾙｸﾞｱｲ)落馬; 馬の転倒.

ro·da·de·ro [r̄o.ða.ðé.ro] 形 (まれ)車輪に適した形の.
— 男 **1** 石ころだけの急勾配の斜面. **2**《ラ米》**(1)**(ｳﾙｸﾞｱｲ)すべり台. **(2)**(ﾒｷｼｺ)崖(がけ), 断崖(だんがい).

ro·da·do, da [r̄o.ðá.ðo, -.ða] 形 **1** 車両の, 車輪を有する. tránsito [tráfico] ~ / circulación rodada 車両交通. **2**《話》《文体·口調が》滑らかな, 流暢(りゅうちょう)な. ; 《ものごとが》進行のスムーズな; 《人が》熟達した. **3**《鉱石が》丸くなった, すべすべした. canto ~ 丸石. **4**《馬が》丸いまだらのある.
— 男 **1** (剝落(はくらく)した)鉱石. **2**《ラ米》(ｱﾙｾﾞﾝﾁﾝ)(ｸﾞﾙ)車両, 乗り物.

ro·da·dor, do·ra [r̄o.ða.ðór, -.ðó.ra] 形 回転する. — 男『スポ』(自転車で)平地走行専門選手. **2**『魚』マンボウ.

ro·da·du·ra [r̄o.ða.ðú.ra] 囡 **1** 回転, 転がり; 走行具合, ローリング. **2** わだち, 車輪の跡. **3** (タイヤの)踏み面, トレッド.

ro·da·ja [r̄o.ðá.xa] 囡 **1** (レモンなどの)輪切り, スライスの[で]. en ~ s 輪切りの[で]. **2** 小型の回転盤 [車輪], 小さな円盤. **3** (家具の)キャスター; (拍車の)歯輪; 『機』ローラー. **4** (脂肪の) ひだ, 贅肉(ぜいにく).

ro·da·je [r̄o.ðá.xe] 男 **1**『映』撮影. secretaria de ~ スクリプト·ガール. **2** (自動車などの) 慣らし運転 [期間]. en ~ 慣らし運転中の. **3**《話》(実践) 訓練, 準備. **4**《ラ米》(ｷｭｰﾊﾞ)車両通行税.

ro·dal [r̄o.ðál] 男 汚れなどで変色した丸い部分.

ro·da·mien·to [r̄o.ða.mjén.to] 男 **1**『機』軸受け, ベアリング. ~ de agujas ニードル·ベアリング. ~ de bolas [rodillos] ボール[ローラー]ベアリング. **2** (タイヤの)踏み面, トレッド.

Ró·da·no [r̄ó.ða.no] 固名 el ~ ローヌ. **(1)** スイス·フランスを流れて地中海に注ぐ川. **(2)** フランス南東部の県. [**(1)** →〔ラ〕Rhodanus]

ro·dan·te [r̄o.ðán.te] **1** 形 回転する[できる], 転がる. material ~ (鉄道[運輸]会社が所有する)車両. **2**《ラ米》(ｷｭｰﾊﾞ)放浪[流浪]の.

ro·da·pié [r̄o.ða.pjé] 男 幅木, (家具やバルコニーの

下部を覆う)板, 防護板.

ro·dar [r̄o.ðár] ⑮ 自 **1**《**por...**〈場所〉を》転がる, 回転する; 転がり落ちる. La moneda fue *rodando* hacia el hueco. 硬貨は穴の方へ転がっていった. Tropecé y *rodé por* tierra. 私はつまずいて地面に転倒した. Una gota de lágrima *rodó por* su mejilla. 彼[彼女]のほおを涙が伝った.
2〈乗り物などが〉〈車輪を〉走る, 移動する. hacer ~ un cochecito ベビーカーを押す. Este coche *rueda* a más de doscientos kilómetros por hora. この車は時速200キロ以上を出す.
3《**por...**〈場所〉を》巡る, あちこち移動する; そこら中にある. ~ de un lugar a otro 各地を転々とする. Mi tío *rodó por* todo el mundo. 私の叔父は世界中を旅して回った. El rumor empezó a ~ de boca en boca. うわさは口から口へと広がり始めた.
4 進む, 進展する. Por entonces las cosas *rodaban* mal. そのころ状況は思わしくなかった. **5**《ラ米》(キ)(カ)(チ)(ベ)落馬する;〈馬などが〉つまずく.
── 他 **1**《映》〈映画・場面を〉**撮影する**;〈映画に〉出演する. ~ un anuncio コマーシャルを撮る. ~ una entrevista 会見を撮影する. **2** 転がす;〈乗り物〉を動かす, ならし運転する. Fuimos al campo para ~ el nuevo coche. 私たちは新しい車をならすためにいなかへ出かけた. **3**〈場所〉を巡る;〈乗り物で〉走る. **4**《ラ米》(ジぶぞ)〈人〉を捕らえる, 投獄する.
echarlo todo a rodar《話》すべてを台無しにする.
rodar a patadas《ラ米》(ジ)(チ) けり倒す.
[←[ラ] *rotāre* (*rota*〈車輪, 円板〉より派生). 関連 rotación, rodillo, rollo, ruleta, rodear. [英] *rotate*「回転􏰀する」, *rotation*, *rotary*, *roll*]

Ro·das [r̄ó.ðas] 固名 ロードス(島)=ギリシア南東部, エーゲ海の島. el coloso de ~ ロードス島の大巨像《世界の七不思議の一つ》.

ro·de·ar [r̄o.ðe.ár] 他 **1 囲む**, 取り囲む;〈状況などが〉…を取り巻く. La policía *rodeó* la casa. 警察は家を包囲した. Las montañas *rodean* la aldea. 山がその村の四方を囲んでいる. Muchos mitos *rodean* a esta actriz. この女優には多くの神話が付きまとっている.
2《**con...** …を》…に巻きつける;《**de...** / **con...** …を》…にふんだんに与える. ~ a un niño *con* sus brazos 子供を腕の中に抱きしめる. La modista le *rodeó* la cintura *con* una cinta métrica. デザイナーはメジャーを彼[彼女]のウエストに巻きつけた. Él *rodeó* de comodidades a su hijo. 彼は息子に快適な生活用品を惜しまず与えた.
3 迂回する; …を一周する. ~ la cumbre por la izquierda 左側から山頂を回り込む. ~ un tema delicado 微妙な話題に間接的に触れる. *Rodeamos* el parque buscando la entrada. 私たちは入り口を探して公園の周囲をぐるっと回った.
4 回転させる, …の向きを変える.
5《ラ米》〈家畜を〉囲い込む, 駆り集める.
── 自 回りくどく言う, 遠まわしに言う. Tuvimos que ~ por el río. 私たちは川沿いに遠回りしなければならなかった.
──.se 再 **1**《**de...** …に》囲まれる, 取り巻かれる. Ya en el poder, él *se rodeó* de lujo. 権力の座につくと, 彼は贅沢三昧(ぜんまい)の生活を始めた.
2 体を動かす, 体の向きを変える.
[*rueda* より派生. 関連 [スペイン] [英] *rodeo*]

ro·de·la [r̄o.ðé.la] 女 **1**《まれ》(胸を守る)円盾. **2**《ラ米》(キ)頭当て.

ro·de·o [r̄o.ðé.o] 男 **1** 回り道, 迂回(ぅ); 歩き回り, dar un ~ 回り道する. **2**《主に複数で》回りくどい言い方[やり方], 遠回しな表現[やり方]; 迂遠な手段を取る. andar con ~s 持って回った話し方をする, 迂遠な手段を取る. hablar sin ~s 単刀直入に話す.
3 根回し, 下工作. **4** ロデオ=カウボーイの競技会.
5《ラ米》〈家畜の〉駆り集め(の場所); 集めた家畜.

ro·de·ra [r̄o.ðé.ra] 女 わだち, 車輪の跡.

ro·de·sia·no, na [r̄o.ðe.sjá.no, -.na] 形 (現在のジンバブエ, ザンビアにあたる)ローデシアの.
── 男 女 ローデシアの住民[出身者].

ro·de·te [r̄o.ðé.te] 男 **1** ロールパンや車輪の形状にしたもの. **2** 三つ編みをまとめた髪. **3**(頭にものを載せて運ぶときに敷く)頭当て. **4** 鍵穴の中にある円板状の部品. **5**(馬車の)転向輪. **6** 水平型水車.

ro·dez·no [r̄o.ðéθ.no / -.ðés.-] 男 水平型水車;(水車の)かけば歯車.

ro·di·lla [r̄o.ðí.ja || -.ʎa-] 女 **1**《解剖》ひざ, ひざ関節;《動》〈動物の前脚の〉ひざ. ponerse de ~s ひざまずく. **2** 台拭き; 雑巾(ぞぅ).
de rodillas ひざをついて, ひざまずいて. pedir *de* ~s 懇願する.
doblar [hincar] la rodilla (1) 片ひざをつく.
(2) 降伏する, 折れる.
[←[古スペイン]「膝蓋骨」←[後ラ] *rotella*「小さな車輪」([ラ] *rota* 'rueda' + 縮小辞). 関連 arrodillar]

ro·di·lla·zo [r̄o.ði.ʎá.θo || -.ʎá.- / -.so] 男 **1** ひざげり; ひざへの一撃. dar un ~ a + 人〈人〉にひざげりを食らわせる. **2**《闘牛》ひざをついてのパセ pase.

ro·di·lle·ra [r̄o.ði.jé.ra || -.ʎé.-] 女 **1** ひざ当て, ひざサポーター;(ズボンの)ひざの継ぎ当て. **2**(ズボンの)ひざが抜けてできたたるみ. hacer ~s ひざが抜ける. **3** ひざの傷. **4**(ものを載せて運ぶ)頭当て.

ro·di·llo [r̄o.ðí.jo || -.ʎo-] 男 **1**《機》(印刷機・地ならし機・圧延機などの)ローラー.〜《印》インク・ローラー. pintar a ~ ローラーで塗装する.
2 ころ;(料理用の)麺(ぇ)棒;(洗濯物の)しわ伸ばし機. **3**(政党・軍・チームなどの)圧倒, 押さえつけ, 押しきること.

ro·di·llón [r̄o.ði.jón || -.ʎón] 男《ラ米》(ジぶぞ)老人, 年寄り.

ro·di·llo·na [r̄o.ði.jó.na || -.ʎó.-] 女《ラ米》(ジぶぞ)老婆.

ro·di·llu·do, da [r̄o.ði.jú.ðo, -.ða || -.ʎú.-, -.-] 形〈人・動物が〉ひざの出た[大きい].

ro·dio [r̄ó.ðjo] 男《化》ロジウム(記号 Rh).

Ro·dó [r̄o.ðó] 固名 ロド José Enrique ~ (1871-1917)=ウルグアイの思想家・評論家. 作品 *Ariel*『アリエル』.

ro·do·den·dro [r̄o.ðo.ðén.dro] 男《植》シャクナゲ, ツツジ類.

ro·do·fí·ce·a [r̄o.ðo.fí.θe.a / -.se.-] 形《植》紅藻綱の.
── 女 紅藻類の海藻;《複数で》紅藻綱.

ro·do·miel [r̄o.ðo.mjél] 男《薬用の》バラ水入り蜂蜜(は).

Ro·drí·go [r̄o.ðrí.go] 固名 **1** ロドリーゴ, ロデリック Don ~ (? -711):スペイン, 西ゴート王国最後の王; 711年, 侵入したイスラム軍とのグアダレテの戦いで戦死.
2 Joaquín ~ ホアキン・ロドリゴ (1901-1999):スペインの作曲家. 作品 *Concierto de Aranjuez*『アランフェス協奏曲』. **3** ロドリーゴ:男子の洗礼名.
[←[中ラ] *Roderigus* (← *Rodericus*) ←[古高地ド

rododendro
(シャクナゲ)

rodrigón

イッ] *Hroderich*(「名の知れた支配者」が原義).〖関連〗 *Ruy*.〖ポルトガル〗〖伊〗*Rodrigo*.〖仏〗*Rodrigue*.〖英〗*Roderick*.〖独〗*Roderich*]

ro·dri·gón [r̄o.ðri.ɣón] 男 **1**（草木に添える）支柱. **2**（昔の貴婦人のお供をした）徒者, 老僕.

ro·drí·guez [r̄o.ðrí.ɣeθ / -.ɣes] 男〖単複同形〗〖話〗(妻が休暇に行った後仕事のために) ひとりで残っている夫. *estar* [*quedarse*] *de* 〜 ひとりで残っている.

ro·e·dor, do·ra [r̄o.e.ðór, -.ðó.ra] 形 **1**【動】齧歯(ピ)の目[類]の. **2** かじる. **3** 心をさいなむ, 胸が痛む. *un sentimiento* 〜 自責の念.
——男 齧歯目の動物；〖複数で〗齧歯目.

ro·e·du·ra [r̄o.e.ðú.ra] 女 **1** かじること；かみつき. **2** かじり跡；かじり取った部分.

ro·el [r̄o.él] 男【紋】円形.

ro·e·la [r̄o.é.la] 女（細工に用いる金または銀の）円盤.

roent·gen [r̄(o.)ént.xen] / **ro·ent·ge·nio** [r̄(o.)ent.xé.njo] 男【物理】レントゲン：X線・ガンマ線照射線量の単位〖略 R, r〗.

roent·ge·no·te·ra·pia [r̄(o.)ent.xe.no.te.rá.pja] 女【医】X線療法.

ro·er [r̄o.ér] 59 他 **1** かじる, かじり取る. *El perro está royendo un hueso.* 犬が骨をかじっている. **2** むしばむ；侵食する. 〜 *el capital* 資本を食いつぶす. **3** 痛めつける. *Su conciencia le roe.* 彼は良心の呵責にさいなまれている.
—— 〜*se* 再〈自分の体の一部を〉かむ. 〜*se las uñas* 爪(ミミ)をかむ.
dar que ROER *a*+人〖話〗〈人〉をひどい目に遭わせる.

ro·ga·ción [r̄o.ga.θjón / -.sjón] 女 **1** 願い, 頼み, 懇願. **2**〖複数で〗【カト】祈願祭：復活後の第5の主日後3日間のミサ.

ro·gar [r̄o.gár] 17 他 (*a*+人〈人〉に) **1** 頼む, 懇願する. *Te lo ruego, no se lo cuentes a nadie.* 君, お願いだから誰にも言わないで. *Se ruega silencio.*〖掲示〗静粛に願います.
2 (*que*+接続法 …するように) 願い, お願いする. *Le ruego que lo explique con todo detalle.* それを詳細にご説明願います. (► *le* は *a*+人に相当) ► 接続詞 *que* が省略されることがある. ► *Rogamos disculpen esta interrupción.* 中断して申し訳ございません.
—— 自 (*por*+人〈人〉のために) 祈る；(*por...* …を) 強く願う. *Santísima Virgen María, ruega por nosotros.* 聖母マリア様, 私たちをお守りください.
hacerse (*de*) *rogar*（依頼に）承諾を渋る, いい返事をしない.
[← 〔ラ〕*rogāre*「尋ねる；願う」.〖関連〗*ruego, arrogante, interrogar*]

ro·ga·ti·vo, va [r̄o.ga.tí.βo, -.βa] 形 懇願[嘆願]の. ——女〖主に複数で〗祈禱(ᵗぅ), 嘆願. *hacer rogativas para que llueva* 雨乞いをする.

ro·ga·to·rio, ria [r̄o.ga.tó.rjo, -.rja] 形 懇願する. ——女 **1**【法】（証拠調べの）嘱託状. **2**《ラ米》懇願, 嘆願.

rogue- / **rogué**(-) 活 → *rogar*.

ro·i·do, da [r̄o.í.ðo, -.ða] 形 **1** かじられた, 傷だらけの. **2** 虫食いの；むしばまれた. **3** 乏しい. **4** けちな, さもしい.

ro·ja [r̄ó.xa] 形 女 → *rojo*.

Ro·jas [r̄ó.xas] 固名 ロハス *Fernando de* 〜 (1475?-1541)：スペインの作家. *La Celestina*『セレス

ティーナ』の作者とされる.

ro·je·ar [r̄o.xe.ár] 自 赤く映える；赤みを帯びる, 赤っぽくなる.

ro·je·lio, lia [r̄o.xé.ljo, -.lja] 形 男 女 → *rojeras*.

ro·je·ras [r̄o.xé.ras] 形〖単複同形〗〖話〗〈政治思想が〉左翼の, 左派の. ——男 女〖話〗左翼[左派]の人.

ro·je·rí·o [r̄o.xe.rí.o] 男〖話〗〖軽蔑〗左翼[左派].

ro·je·te [r̄o.xé.te] 男 ほお紅 (= *colorete*).

ro·jez [r̄o.xéθ / -.xés] 女〖*rojeces*〗**1** 赤さ, 赤み. **2**【医】皮膚の赤くなった部分.

ro·ji·blan·co, ca [r̄o.xi.βláŋ.ko, -.ka] 形〖話〗《スポ》赤白のユニフォームのチームの. ——男 女〖話〗《スポ》赤白のユニフォームのチームの選手.

ro·ji·zo, za [r̄o.xí.θo, -.θa / -.so, -.sa] 形 赤みを帯びた. *resplandor* 〜 *de la puesta de sol* 夕映え.

***ro·jo, ja** [r̄ó.xo, -.xa] 形 **1**（多くは名詞+）(*ser*+ / *estar*+) 赤い, 赤色の. *la Cruz Roja Internacional* 国際赤十字. *la Plaza Roja de Moscú* モスクワの赤の広場. *glóbulos* 〜*s* 赤血球. *terroristas de la fracción del ejército* 〜 赤軍派のテロリスト. *Marte, el planeta* 〜 赤い惑星, 火星. *una niña de pelo* 〜 赤毛の女の子. *estar más* 〜 *que un tomate* [*cangrejo*]（恥ずかしさなどで）真っ赤になっている.
2〖名詞+〗(*estar*+)〈信号が〉赤い. *El semáforo está* 〜. 信号は赤です. **3**〖名詞+〗(*ser*+)〖話〗共産[社会]主義者(の)；（スペイン内戦時の）共和派の.
——男 **1** 赤, 赤色. 〜 *oscuro* [*cereza*] ダーク[チェリー]レッド. *vestirse de* 〜 赤い服を着る. *El semáforo está en* 〜. 信号は赤です.
2〖話〗左翼；共産[社会]主義者；（スペイン内戦時の）共和派の人.
al rojo blanco〈金属などが〉白熱した.
al rojo cereza〈熱した金属などが〉真っ赤になった.
al rojo (*vivo*) (1) 赤熱(ネネ)した. *cortar el hierro al* 〜 *vivo* 真っ赤に焼けた鉄を切断する. (2) 白熱した, 興奮した. *La discusión se puso al* 〜 *vivo*. 議論は白熱した. (3)〖話〗すごく熱い. *Cuidado, que la sopa está al* 〜 *vivo*. スープはものすごく熱いから注意して.
el mal rojo【獣医】豚コレラ.
(*el*) *Mar Rojo* 紅海.
números rojos〖話〗赤字. *salir de* (*los*) *números* 〜*s* 赤字から抜け出す. *La empresa está en números* 〜*s*. その企業は赤字で.
poner rojo a+人〈人〉を赤面させる.
ponerse rojo (1) 赤くなる. *ponerse* 〜 *de ira* 怒りで真っ赤になる. (2) 赤面する.
rojo de labios 口紅.
teléfono rojo ホットライン.
[← 〔ラ〕*russeum* (*russus* の対格)「赤みがかった」.〖関連〗*rojizo, enrojecer, rubio*]

***rol** [r̄ól] 男 **1** 役目, 本分；〖演〗役 (= *papel*). *rol de las relaciones públicas* 広報活動の役割. *juego de rol* ロールプレイングゲーム. **2** 名簿；〖海〗船員名簿. *rol de la embarcación* 乗組員名簿. **3**《ラ米》〖鯤〗(1) ロールパン. (2) 巻き髪；ヘアカーラー. (3) 自動車.

ro·la [r̄ó.la] 女《ラ米》〖ミミホネネ〗警察署.
——男〖話〗《ラ米》〖ミミホネネ〗無骨者, 田舎者.

ro·lar [r̄o.lár] 自 **1**（船が）旋回する；〈風が〉向きを変える. **2**《ラ米》(1)〖ミッ〗〖話〗歩き回る, 出回る. (2)〖ミッホョタ〗出世する. (3)《ᵏ》〖話〗付き合う；話をする. ——他《ラ米》(1)〖ミッ〗〖話〗手渡す. (2)〖ミッ

rol·da·na [řol.dá.na] 囡 滑車の綱車.
rolf·ing [ról.fiŋ] 〖英〗 男 ロルフィング：筋肉の緊張を和らげるために筋肉を深くマッサージする手法.
ro·llis·ta [řo.jís.ta ‖ -.ʎís.-] 形 《話》《軽蔑》おしゃべりでうっとうしい. ―― 男 囡 《話》おしゃべりな人.
ro·lli·zo, za [řo.jí.θo, -.ʎí.- / -.so, -.sa] 形 1 円筒形の, 丸い. 2 よく肥えた；ふくよかな. niño ～ 丸々と太った子供. ―― 男 丸太.

*__ro·llo__ [řó.jo ‖ -.ʎo] 男 1 (円筒状に) 巻いたもの, ロール；(映画の)一巻, (フィルムの) 一本 (= un ～ fotográfico). ～ de alambre 針金の束. ～ de papel higiénico トイレットペーパー1巻. ～ de primavera 〖料〗春巻き.

2 《スペイン》《話》退屈なもの[人], うんざりさせるもの[人]；面倒. dar el ～ a+人 〈人〉をうんざりさせる. Ese tío es un ～. あいつはうんざりだ. ¡Qué ～ más pobre! ああ, 聞いているとうんざりする. Soltó su ～ clásico. 彼[彼女]はまたいつもの退屈な話を始めた. ¡Vaya ～! ちえっ, くだらない.

3 《スペイン》《俗》問題；件. acabar con el ～ 厄介な羽目になる. ¿De qué va este ～? これは一体何の話だ. 4 《スペイン》情事. 5 《スペイン》《話》状況, 雰囲気. Hay buen ～. 雰囲気がいい. Me dio mal ～. 私は嫌な印象を持った. 6 ロールパン, ねじりパン. 7 麺(ﾒﾝ)棒；(皮をはいだ) 丸太. 8 〘境界・山頂を示す昔の〙 丸い石柱. 9 〖法〗(上級審の) 訴訟文書[記録]. 10 《ラ米》《写》《複数で》《話》(腹など)のぜい肉.

a su *rollo* 《話》自分勝手に, 思うように.
largar el rollo 《ラ米》(1)《俗》際限なく話す；思っていることをぶちまける；出まかせを言う. (2) 《中米》《写》《話》吐く, 戻す.
rollo patatero [*macabeo*] 《話》(我慢できないほど) 退屈なこと.
tener (*mucho*) *rollo* 《話》だらだらと話す[書く].

ro·lo [řó.lo] 男 《ラ米》(南ｺ)(ﾌﾟｴﾙﾄﾘｺ)印刷機のローラー. 2 (ｺﾛﾝﾋﾞｱ)(ﾍﾞﾈｽﾞｴﾗ)《話》警棒；棒. 3 《ラ米》部分, 一部.

Ro·ma [řó.ma] 固名 1 ローマ：イタリアの首都. Cuando a ～ fueres, haz como vieres. 〘諺〙郷に入っては郷に従え. Por todas partes se va a ～. / Todos los caminos llevan a ～. 〘諺〙 すべての道はローマに通ず.

2 ローマ教皇；バチカン.
revolver Roma con Santiago あらゆる手段を尽くす, できるだけの努力をする.
[← 〖ラ〗 *Rōma* (エトルリア人の氏族名 *Ruma* に由来?) 〖関連〗romano, romance, romántico]

ro·ma·di·zo [řo.ma.ðí.θo, -.so] 男 〖医〗 1 鼻風邪. 2 《ラ米》(ﾁﾘ)(ﾒｷｼｺ)リューマチ.

ro·mai·co, ca [řo.mái.ko, -.ka] 形 現代ギリシア語の. ―― 男 現代ギリシア語.

ro·ma·na[1] [řo.má.na] 囡 天秤(ﾃﾝﾋﾟﾝ), 竿秤(ｻｵﾊﾞｶﾘ) (= balanza ～).
cargar la romana 《ラ米》(ﾒｷｼｺ)《話》人のせいにする.

ro·ma·na[2] [řo.má.na] 形 囡 → romano.

romana[1]（天秤）

*__ro·man·ce__ [řo.mán.θe / -.se] ロマンス語(系) の. lenguas ～s ロマンス諸語. ―― 男 1 ロマンス語；(ラテン語に対して)スペイン語, 俗語. 2 〖文学〗ロマンセ：主に史実や伝説をテーマに, 中世以後スペイン文学で広く行われた1行8音節の物語詩. 3 ロマンス, (つかの間の) 恋愛. Ha tenido un ～ con su secretaria. 彼[彼女]は秘書といい仲になった. 4《複数で》言い訳, くだらない話.
hablar en (*buen*) *romance* 平明に語る.

ro·man·ce·ar [řo.man.θe.ár / -.se.-] 他 ロマンス語[スペイン語] に翻訳する. ―― 自 《ラ米》(南ｺ)雑談する, 油を売る；誘惑する, 言い寄る.

ro·man·ce·ro, ra [řo.man.θé.ro, -.ra / -.sé.-] 男 囡 (スペインの)ロマンセ romance の作者[歌手]. ―― 男 〖文学〗ロマンセ集.

ro·man·ces·co, ca [řo.man.θés.ko, -.ka / -.sés.-] 形 小説的な, 小説のような.

ro·man·che [řo.mán.tʃe] 〖仏〗 男 ロマンシュ語：レト·ロマン語に属するスイスの公用語の一つ.

ro·man·ci·llo [řo.man.θí.jo ‖ -.ʎo / -.sí.-] 男 〖文学〗(各行4－7音節の) 短いロマンセ romance.

ro·man·cis·ta [řo.man.θís.ta ‖ -.sís.-] 囲 (ラテン語ではなく) ロマンス語[スペイン語] で書いた. ―― 男 囡 ロマンス語で書いた作者；ロマンセの作者.
cirujano romancista (昔の) ラテン語を知らない外科医.

ro·ma·ne·ar [řo.ma.ne.ár] 他 1 竿秤(ｻｵﾊﾞｶﾘ)で量る. 2 〖海〗(積み荷を) バランスよくする. 3 (牛などが) 角で〈人·ものを〉持ち上げる.
―― 自 バランスが取れる.

ro·ma·nes·co, ca [řo.ma.nés.ko, -.ka] 形 1 ローマ(人)の. 2 小説的な, 小説のような.

ro·ma·ní [řo.ma.ní] 男 ロマ語, ロマの言語. 複 ～es, ～s ロマ. → gitano.

*__ro·má·ni·co, ca__ [řo.má.ni.ko, -.ka] 形 1 〖建〗〖美〗ロマネスク様式の. 2 ロマンス語の. lenguas *románicas* ロマンス諸語 (→ romance).
―― 男 ロマネスク様式：10世紀末から13世紀初頭のゴシックに先行する西欧中世の建築・美術様式.

ro·ma·ni·lla [řo.ma.ní.ja ‖ -.ʎa] 囡 丸みを帯びた筆記体 (= letra ～).

ro·ma·nis·mo [řo.ma.nís.mo] 男 古代ローマ文明；古代ローマ精神.

ro·ma·nis·ta [řo.ma.nís.ta] 形 1 ローマ法学の. 2 ロマンス語学[文学]研究の. ―― 男 囡 1 ローマ法学者. 2 ロマンス語学[文学]研究者.

ro·ma·nís·ti·ca [řo.ma.nís.ti.ka] 囡 1 ローマ法学. 2 ロマンス語学[文学], 文化研究.

ro·ma·ni·za·ción [řo.ma.ni.θa.θjón / -.sa.sjón] 囡 ローマ(文明)化.

ro·ma·ni·zar [řo.ma.ni.θár / -.sár] 97 他 ローマ化する, ローマ文明のもとに置く.
―― ～·se 再 ローマ化される, ローマ文明圏に入る.

**__ro·ma·no, na__ [řo.má.no, -.na] 形 《名詞＋》 1 (ser＋) 古代ローマ(帝国)の；(現代の) ローマの. el Teatro *R～* de Mérida メリダの古代ローマ劇場. la caída del Imperio *R～* de Oriente 東ローマ[ビザンティン]帝国の崩壊. calzada *romana* 古代ローマ街道. números ～s ローマ数字. lechuga *romana* 〖植〗(葉の巻いている) レタス.

2 (ser＋) (ローマ) カトリック教会の. la iglesia *romana* ローマ·カトリック教会. la Curia *Romana* ローマ法王庁. el *R～* Pontífice /el Pontífice *R～* ローマ法王.

3 (ser＋) 〖印〗ローマン体の (普通の欧文印刷字体) (→ gótico). letra *romana* ローマン体の文字, ロー

マ字. **4** ラテン語の(= latino). literatura *romana* ラテン文学.
— 男 女 (古代) ローマ人；(現代の) ローマの住民[出身者]. — 男 **1** ラテン語. **2** 《俗》警察；兵隊.
a la romana 《料》ローマ風：卵でといた小麦粉をつけて揚げた. merluza *a la romana* ローマ風メルルーサ.
de romanos (1) 《映》古代ローマの. (2) 《話》大変な(労力のいる). Fue una obra *de* ~s. それは大変な仕事だった.
ro·mán·ti·ca [r̄o.mán.ti.ka] 形 → romántico.
*__ro·man·ti·cis·mo__ [r̄o.man.ti.θís.mo / -.sís.-] 男 **1** ロマン主義, ロマンチシズム：18世紀末から19世紀にかけてヨーロッパに興った芸術上の思潮.
2 ロマンチックな[情緒的な]性向[気分].

****ro·mán·ti·co, ca** [r̄o.mán.ti.ko, -.ka] 形 **1** (多くは+名詞 / 名詞+)《ser+ / estar+》ロマンチックな, 情緒的な, 現実離れした. una *romántica* historia de amor ロマンチックな愛の物語. Este sitio *es* ~, ¿verdad? ここはすてきなところだろ.
2 (名詞+) ロマン派の, ロマン主義の. la época *romántica* ロマン主義の時代.
— 男 女 **1** ロマン主義者. **2** ロマンチックな人.
ro·man·za [r̄o.mán.θa / -.sa] 女 《音楽》ロマンス：叙情的な小曲.
ro·man·zar [r̄o.man.θár / -.sár] 97 他 → romancear.
ro·ma·za [r̄o.má.θa / -.sa] 女 《植》ギシギシ属の植物の一種.
rom·bal [r̄om.bál] 形 菱(ʰ)形の.
róm·bi·co, ca [r̄óm.bi.ko, -.ka] 形 菱(ʰ)形をした.
rom·bo [r̄óm.bo] 男 **1** 《数》菱(ʰ)形. **2** (トランプの)ダイヤ. **3** 《魚》大西洋産のヒラメ.
rom·bo·é·dri·co, ca [r̄om.bo.é.ðri.ko, -.ka] 形 菱(ʰ)面体[斜方六面体]の.
rom·bo·e·dro [r̄om.bo.é.ðro] 男 菱(ʰ)面体, 斜方六面体.
rom·boi·dal [r̄om.boi.ðál] 形 《数》偏菱(ʰ)形[長斜方]形の.
rom·boi·de [r̄om.bói.ðe] 男 《数》偏菱(ʰ)形[長斜方]形.
rom·boi·de·o, a [r̄om.boi.ðé.o, -.a] 形 → romboidal.
Ro·me·o [r̄o.mé.o] 固名 ロメオ：男子の洗礼名. ~ *y Julieta*『ロメオとジュリエット』(シェークスピアの戯曲). **2** [r-] 《話》恋する男.
[← 後ラ] *Rōmaeus*；関連 [ポルトガル] *Romeu*. [仏] *Roméo*. [伊][英][独] *Romeo*]
ro·me·o, a [r̄o.mé.o, -.a] 形 ビザンチン系ギリシアの. — 男 女 ビザンチン系ギリシア人.
ro·me·ral [r̄o.me.rál] 男 ローズマリー園[畑].
ro·me·rí·a [r̄o.me.rí.a] 女 **1** 巡礼, 聖地詣(も)で, ir de [en] ~ 巡礼の旅に出る. **2** 村祭り, 巡礼祭：町外れの教会へ出かけて行き, 宗教行事, 食事, 踊りなどを行う祭り. **3**《話》(大勢の)人出, ごった返し.
ro·me·ro, ra [r̄o.mé.ro, -.ra] 形 巡礼(者)の.
— 男 女 巡礼者. = peregrino.
— 男 **1** 《植》ローズマリー, マンネンロウ. →右段に図. **2** 《魚》ブリモドキ：アジ科.
ro·mí [r̄o.mí] / **ro·mín** [r̄o.mín] 男 《植》 azafrán ~ ベニバナ.
ro·mo [r̄ó.mo] 男《ラ米》(タラメ)(コスタリカ)《話》ラム酒. → ron.
ro·mo, ma [r̄ó.mo, -.ma] 形 **1** (先が)丸くなった, とがっていない；〈刃物が〉刃がない. **2** だんご鼻の. na-

riz *roma* だんご鼻. **3** 鈍い, 鈍感な. **4**《ラ米》(メキシコ)(コロンビア)《話》小柄な.

rom·pe·ca·be·zas [r̄om.pe.ka.βé.θas / -.sas] 男《単複同形》 **1** パズル；ジグソーパズル. una pieza del ~ パズルの1片.
2《話》頭痛の種, 難題. Educar a los hijos es un ~. 子供の教育は頭が痛くなる問題だ.

romero
(ローズマリー)

3 (昔の)鉄[鉛]の玉を両端に付けた亜鈴形の武器.
rom·pe·co·ra·zo·nes [r̄om.pe.ko.ra.θó.nes / -.só.-] 男 女《単複同形》《話》(狂おしく)魅了する人.
rom·pe·de·ro, ra [r̄om.pe.ðé.ro, -.ra] 形 割れやすい, 壊れやすい, もろい.
— 男 ~ de cabeza《ラ米》(メキシコ)難題, 厄介事.
rom·pe·di·zo, za [r̄om.pe.ðí.θo, -.θa / -.so, -.sa] 形 壊れやすい.
rom·pe·dor, do·ra [r̄om.pe.ðór, -.ðó.ra] 形 よくもの[服]を壊す[破る], 荒っぽい；破壊的な.
rom·pe·hie·los [r̄om.pe.jé.los] 男《単複同形》砕氷船.
rom·pe·huel·gas [r̄om.pe.(ɣ)wél.ɣas] 男 女《単複同形》《話》スト破り.
rom·pe·nue·ces [r̄om.pe.nwé.θes / -.ses] 男《単複同形》クルミ割り(器)(= cascanueces).
rom·pe·o·las [r̄om.pe.ó.las] 男《単複同形》防波堤, 波よけ.
rom·pe·pe·cho [r̄om.pe.pé.tʃo] 男《ラ米》(メキシコ)《話》安物のタバコ.
rom·pe·pier·nas [r̄om.pe.pjér.nas] 形《性数不変》上り下りが続く. — 男《単複同形》《スポ》(自転車競技で)上り下りが続く坂道.

****rom·per** [r̄om.pér] 78 他〔過分は roto〕 **1** 壊す, だめにする, 破く. ~ la cáscara 殻を割る. Ellos entraron *rompiendo* las ventanas. 彼らは窓を壊して侵入した.

> 類語 *romper* は広く「壊す」. *despedazar, destrozar* は「粉々に砕く」. *destruir, derribar, derrumbar* は「(建造物を)壊す」. *arruinar* は比喩的に「壊滅させる」.

2〈行為を〉遮る, 中断させる, 〈均衡・沈黙などを〉破る；〈習慣・関係を〉断つ. ~ el círculo vicioso 悪循環を断つ. Fue él quien *rompió* el silencio. 沈黙を破ったのは彼だった. ¡Vamos a ~ los moldes establecidos! 既成の型を破りましょう.
3〈規則・約束を〉破る. Él *rompió* la promesa de venir con nosotros. 彼は私たちと一緒に来るという約束を破った.
4〈制限などを〉超える. ~ el récord mundial 世界記録を破る. ~ la barrera 障害を乗り越える. ~ el par (ゴルフで) パーを破る, アンダーパーを出す. Podremos ~ el cerco de las fronteras culturales. 文化的境界の垣根を破ることができるだろう.
5《軍》〈隊列などを〉くずす；〈戦闘などを〉開始する. ~ las hostilidades 戦闘を開始する. ¡*Rompan* filas!《軍》解散. **6**《ラ米》(メキシコ)《話》悩ます, うんざりさせる.

— 自 **1**(por... / entre... …を通って) 現れる, 顔を出す. Ha roto el primer diente. 最初の歯が生えた. El agua *rompió por* la parte baja de la pared. 水が壁の下の方から染み出てきた.
2〈夜が〉明ける, (一日が) 始まる. ~ el alba [día] 夜が明ける. **3**(a+不定詞) (突然)(…し)始める.

《en+行為を表す名詞 …を》(突然)始める. Al verme se abrazó a mí y *rompió a llorar*. 彼[彼女]は私を見ると私に抱きついてわっと泣いた. De pronto el hombre *rompió en* una fuerte *carcajada*. 突然その男は大声で笑い始めた. **4** 《**con...** …と》縁を切る. El nuevo movimiento *ha roto con* la tradición anterior. 新しい動きは以前の伝統を断ち切った. **5** 《**sobre...** / **contra...** …に》(波が)(激しく)打つ. **6** 《話》大流行する, ブームになる. Éste es el juego que *rompe* entre los jóvenes. これが今若者の間で大流行しているゲームです. **7** 〈花が〉開く.
— ~**se** 再 **1** 〈自分の体の一部を〉損傷する; 骨折する. Me *he roto* la pierna izquierda jugando al fútbol. サッカーをしていて左足を骨折した.
2 壊れる, だめになる, 破れる. El cristal *se rompió* en mil pedazos. ガラスが粉々に割れた. *Se* me *está rompiendo* el jersey por los codos. 私のセーターはひじが磨り減ってきている. **3** 中断する. Al final *se rompió* el equilibrio. 最後に均衡が崩れた. **4** 〈規則などが〉破られる. *Se ha roto* el consenso entre los dos partidos. その2つの政党の合意は破棄された.
de rompe y rasga 〈人が〉大胆な, 向こう見ずな.
*romper*le *la cara [la boca, los dientes]* (*a*+人) 〈人の〉〈顔〉〈口〉をぶん殴る. ▶脅しの言葉として1人称現在形で用いられることが多い. ⇒*Te voy a* ~ *la cara*. おまえをぶん殴るぞ.
[←[ラ]*rumpere*; 関連 rotura, ruta, corromper. [英]*rupture, corrupt*「堕落させる」]

rom·pe·sa·cos [r̄om.pe.sá.kos] 男 《単複同形》【植】イネ科アエギロプス属の一種.

rom·pe·te·chos [r̄om.pe.té.tʃos] 男 女 《単複同形》**1** 《話》背のすごく低い人. **2** 《話》目がよく見えない人. ▶スペインの漫画家 Francisco Ibáñez の作品の登場人物から.

rom·pe·za·ra·güe·lles [r̄om.pe.θa.ra.gwé.jes | -.sa.-] 男 《単複同形》【植】ショウジョウハグマ.

rom·pi·ble [r̄om.pí.ble] 形 壊せる, 壊れやすい.

rom·pien·te [r̄om.pjén.te] 形 壊す.
— 男 **1** 岩礁. **2** 《複数で》砕ける波.

rom·pi·mien·to [r̄om.pi.mjén.to] 男 **1** 破壊, 破損. **2** 裂け目, 破裂(れっ). **3** 破棄(ほ); 断絶, 絶交. **4** 【鉱】2つの穴を結ぶ坑道. **5** 【美】遠景が開けて別世界などが見える部分; 【演】(ほかの人物の動きを見せる)穴あき幕.

rom·plón [r̄om.plón] *de romplón* 《ラ米》(ᵖᵉ)(リᵒ)突然, 不意に, 出し抜けに.

rom·po·pe [r̄om.pó.pe] / **rom·po·po** [r̄om.pó.po] 男 《ラ米》(ᵖᵉ)エッグノッグ: 卵黄・ミルク・砂糖などを混ぜたものにブランデーやラム酒を加えた飲み物.

Ró·mu·lo [r̄ó.mu.lo] 固名 ロムルス: ローマを建設した(前753)と言われる伝説上の初代の王. レムス Remo の双子の兄.
[←[ラ]*Rómulus* (伝説の内容とは逆に彼の名も弟の *Remus* の名にもすぎなかった国名 *Rōma* に関連づけて後代に作られたものと考えられる)]

ron [r̄on] 男 ラム(酒). ◆アンティル諸島特産. サトウキビ・蔗糖蜜(ลょぅ)を発酵させてつくる蒸留酒.

ron·ca [r̄óŋ.ka] 女 **1** (交尾期の)雄ジカの鳴き声; 発情期. **2** 《主に複数で》《話》からかい, 脅し文句. echar ~s 脅し文句を並べる.

ron·ca·dor, do·ra [r̄on.ka.ðór, -.ðó.ra] 形 いびきをかく. — 男 女 いびきをかく人. — 男【魚】イサキ科の魚. — 女 《複数で》《ラ米》(ᵖᵉ)歯車の大きい拍車.

ron·cal [r̄oŋ.kál] 男【鳥】→ ruiseñor.

ron·ca·men·te [r̄óŋ.ka.mén.te] 副 かすれた声[音]で; 荒々しく.

ron·car [r̄oŋ.kár] 自 **1** いびきをかく. **2** (交尾期の雄ジカが)鳴く. **3** 〈波・風などが〉うなる. **4** 《話》脅し文句を並べる. **5** 《ラ米》(ᵇᵒ)(ᵖᵉ)(リᵒ)《話》威張りちらす.

ron·ce·ar [r̄on.θe.ár | -.se.-] 自 **1** ぐずぐず[嫌々]する, 面倒がる. **2** おだてる, その気にさせる. **3** 【海】(他の船が)のろのろと進む.
— 他 《ラ米》(1) 見張る, 探る, つけ回す. (2) (ᵃʳ)(ᶜʰ)押して[てこで]動かす.

ron·ce·rí·a [r̄on.θe.rí.a | -.se.-] 女 **1** のらりくらり[ぐずぐず]すること. **2** 《話》おだて. **3** 【海】(他船に遅れた)のろのろとした航行.

ron·ce·ro, ra [r̄on.θé.ro, -.ra | -.sé.-] 形 **1** 腰の重い, やる気のない. **2** 口答え[文句]が多い. **3** おだてのうまい. **4** 【海】(他船に遅れて)のろのろ進む. **5** 《ラ米》(ᵖʳ)《話》ずるい, 悪賢い.

Ron·ces·va·lles [r̄on.θes.bá.jes | -.ses / -.ses.-] 固名 ロンセスバリェス: ピレネー山中のスペイン領の村. ◆778年, フランク王国のカール大帝の軍はこの地でバスク人(一説ではサラセン軍)に撃破された. これを題材にしたのがフランス最古(11世紀)の叙事詩 *Canción de Rolando*『ロランの歌』.

ron·cha [r̄ón.tʃa] 女 **1** (虫さされなどによる)赤い腫(は)れ; (打撲などによる)青あざ. **2** 薄い輪切り. ~ *de chorizo* チョリーソの薄い輪切り. **3** 詐欺による損害.
hacer roncha 《ラ米》(*ᵐ*)(賭(ゕ)けで)わずかな元手で大当たりする.
levantar ronchas 物議を醸(カ)す, 刺激する.

ron·char [r̄on.tʃár] 他 ガリガリと音を立ててかむ.
— 自 **1** 〈食べ物が〉(生煮え・未熟で)ごりごりする; 〈食べているものが〉音を出す.
2 赤く腫(は)れる, あざになる.

ron·chón [r̄on.tʃón] 男 《話》腫(は)れ.
[roncha+増大辞]

ron·co, ca [r̄óŋ.ko, -.ka] 形 **1** 〈声が〉しわがれた, かすれた. *voz ronca* しわがれ声. Me he quedado ~. 私は声がかすれてしまった.
2 うなるような. *ruido* ~ *del oleaje* 荒波の怒号.

ron·cón, co·na [r̄oŋ.kón, -.kó.na] 男 《スペイン Galicia 地方の》バグパイプの低音用の管.
— 形 《ラ米》(ᵇᵒ)(ᵖᵉ)(リᵒ)《話》空威張りの.

*****ron·da** [r̄ón.da] 女 **1** 巡回, パトロール, 夜警; 巡回員 *ir por* ~ 見回りに行く.
2 ロンダ: 恋人の窓辺までセレナーデを歌い奏でながら練り歩くこと[一団]. **3** 環状道路. **4** (グループ全員への奢りの)振る舞い. *pagar una* ~ 全員におごる. **5** (トランプ・ゲーム・競技で)1回, 一勝負; (交渉などの) ラウンド. **6** 【狩】大型動物の夜狩り. **7** 円転, 旋回. ~*s de los pájaros* 鳥たちの旋回. **8** (ᵃʳ) (1) (ᵃʳ)かごめかごめ(のような遊戯). *en* ~ (ᵃʳ) 輪になって. (2) (ᶜʰ)警備員.

Ron·da [r̄ón.da] 固名 ロンダ: スペイン南部, Málaga 県の都市. ◆現存する最古の闘牛場(1785年)がある.

ron·da·dor, do·ra [r̄on.da.ðór, -.ðó.ra] 形 **1** 夜回りする, 夜警の. **2** 警邏(けぃ)の, 巡検の. **3** ロンダ ronda の. — 男 女 **1** 夜回り, 夜警. **2** 警邏, 巡検. **3** ロンダ ronda の一員.

ron·da·lla [r̄on.dá.ja | -.ʎa] 女 **1** 【音楽】《集合的》ロンダ ronda の一行; 弦楽器団. → ronda.
2 作り話, でっち上げ.

ron·da·na [ɾon.dá.na] 囡 《ラ米》(1)(井戸などの)滑車. (2) 座金, ワッシャー.

*__ron·dar__ [ɾon.dár] 圁 **1** 夜回りする, 夜警する(= patrullar).
2 (恋人の部屋の窓辺まで)歌い奏でながら練り歩く.
3 夜間に出歩く. **4** うろつく, 入り浸る. **5** 〈考えなどが〉頭から離れない.
── 他 **1** (場所を)夜回りする. **2** …にまとわりつく, つきまとう, 追いかけ回す. Ese chico la *ronda* a todas horas. その子は四六時中彼女につきまとっている. **3** 〈場所を〉ほっつき歩く, うろつく. ~ la calle 通りを行ったり来たりする. **4** 〈眠気・病気が〉〈人に〉取りつきかけている, とらえかけている. Me *está rondando* el sueño. ぼくは今にも眠りこみそうだ. La gripe le *está rondando*. 彼は風邪をひきかけている.
5 〈考えなどが〉〈人の頭に〉浮かぶ. Una idea me *ronda* la cabeza. ある考えが私の頭に浮かぶ.

ron·del [ɾon.dél] 囲《詩》ロンデル: 2個の韻を踏む14行からなる詩形.

ron·de·ño, ña [ɾon.dé.ɲo, -.ɲa] 厖 (スペインのロンダ Ronda の), ロンダの住民[出身者].
── 囲囡 ロンデーニャ: ロンダの民俗舞踏.

ron·dín [ɾon.dín] 囲 《ラ米》(1)(口)《音楽》ハーモニカに似た楽器. (2)(ウルグ)(ラプ)夜警, 不寝番; 家畜番.

ron·dó [ɾon.dó] 囲 **1**《音楽》ロンド(形式).
2《詩》ロンドー: 繰り返しのある定型詩.

ron·dón [ɾon.dón] *de rondón*《話》やぶから棒に; 降って湧(ワ)いたように. entrar *de* ~ ノックもせずに入る. La suerte se le entró *de* ~. 彼[彼女]に思いがけない幸運が転がり込んだ.

rond·point [ɾon(d).póin(t)] 囲 《ラ米》(フランス)ロータリー.

ronque(-) / ronqué(-) 沽 →roncar.

ron·que·ar [ɾon.ke.ár] 圁 しわがれ声で話す; しわがれ声である.

ron·que·dad [ɾon.ke.ðáð] 囡 **1** しわがれ声, かすれ声. **2** 音が割れること.

ron·que·ra [ɾon.ké.ɾa] 囡 《医》声のかすれ, しわがれ. tener [padecer] ~ 声がしわがれている.

ron·qui·do [ɾon.kí.ðo] 囲 **1** いびき. Sus ~s despertaron a la niña. 彼[彼女] (ら)のいびきでその女の子は目を覚ましてしまった. **2** うなる音, うなり. el ~ del viento 風のヒューヒューいう音.

ron·rón [ɾon.ɾón] 囲 《ラ米》(1)(*)《遊》(おもちゃの)うなり板. (2)(ダ)《話》うわさ話, ゴシップ. (3)《昆》フンコロガシの一種.

ron-ron [ɾón.ɾon] 囲 《ラ米》(プラ)《昆》甲虫, カブトムシ.

ron·ro·ne·ar [ɾon.ɾo.ne.ár] 圁 **1** 〈猫が〉のどを鳴らす. **2** 〈エンジンが〉振動音を出す. **3** 《話》〈考えが〉頭から離れない(= rondar).

ron·ro·ne·o [ɾon.ɾo.né.o] 囲 猫ののどを鳴らすこと.

ron·zal [ɾon.θál / -.sál] 囲 **1** (牛馬の)端綱. **2** 《海》(帆を畳み込むための)索.

ron·zar [ɾon.θár / -.sár] 囮 **1** (がりがり)音を立てて食べる. **2** 《海》てこで動かす.
── 圁 〈固い食べ物が〉がりがりと音を立てる.

ro·ña [ɾó.ɲa] 囮 《軽蔑》けちな, しみったれた. **1** 《話》しみったれ坊. 《軽蔑》染みついたあか, こびりついた汚れ.
2 錆(サ), 赤錆. **3** 《話》《軽蔑》けち, しみったれ. **4** (羊などの)疥癬(カイセン). **5** 松の樹皮. **6** 堕落, 腐敗. **7**

《ラ米》(1)(コロチ)敵意. (2)(ラプ)つらい. (3)(ダ)《話》やっかみ, 恨み, ねたみ. (4)(ラプ)仮病.
hacer la roña 《ラ米》(ラプ)《話》いやいや働く.

ro·ñe·rí·a [ɾo.ɲe.ɾí.a] 囡 けち, しみこんだ根性.

ro·ñi·ca [ɾo.ɲí.ka] 囲《話》《軽蔑》けち, 出し惜しみする.

ro·ño·se·rí·a [ɾo.ɲo.se.ɾí.a] 囡 → roñería.

ro·ño·so, sa [ɾo.ɲó.so, -.sa] 形 **1**《軽蔑》あかだらけの, ひどく汚れた. **2** さびの出た, さびついた. **3**《話》けちな, しみったれの. **4** (動物が)疥癬(カイセン)の. **5**《ラ米》(1)《話》けちな, ごまかす, 油断できない. (2)(チリ)(ラプ)(メヒ)ざらざらした, ざらついた. (3)(ダ)(ラプ)《話》恨み[敵意]を抱いた.
── 囲囡 《話》《軽蔑》けちな人.

rook·ie [rú.ki] [英] 形 [複 ~s] 新米の, 新人の, ルーキーの. ── 囲囡 新米, 新人, ルーキー.

__ro·pa__ [ɾó.pa] 囡 **1** 衣服; 《集合的》衣料, 衣類. ~ usada 古着. ~ interior 下着. ~ de abrigo 防寒服. ~ hecha 既成服. ~ de cama (シーツ・ベッドカバーなどの)寝具. tienda de ~ 洋品店, 洋服屋. ~ de baño《ラ米》(メヒ)水着. confeccionar la ~ 服を縫製する. ponerse [quitarse] la ~ 服を着る[脱ぐ]. Fue al dormitorio a cambiarse de ~. 彼[彼女]は着替えに寝室へ行った.
a quema ropa (1) 出し抜けに, あけすけに, 単刀直入に. Me hizo la pregunta *a quema* ~. 彼[彼女]は私にいきなり質問した. (2) 至近距離から. Le dispararon *a quema* ~. 彼[彼女]は至近距離から撃たれた.
Hay ropa tendida.《話》(人がいるので)口の利き方に注意しなければならない.
La ropa sucia se lava en casa.《諺》汚れ物は家の中で洗う(身内の恥は外にさらすな).
(nadar y) guardar la ropa しっぽをつかまれないように巧妙に話す[振る舞う].
ropa blanca(タオル・シーツ・テーブルクロスなどの)家庭衣料品, リネン.
tentarse la ropa《話》後先をよく考える.
[←[古スペイン] *raupa*←[ゲルマン] *raupa「略奪品, 略奪した衣服」; 関連 ropaje, arropar, robar. [仏][英] *robe*「(婦人用などの)衣服」, [英] *rob*「奪う」]

ro·pa·je [ɾo.pá.xe] 囲 (1)《軽蔑》(華美な)衣服; 礼服, 式服. (2)《複数で》《宗》法衣, 祭服.

ro·pa·ve·je·rí·a [ɾo.pa.be.xe.ɾí.a] 囡 古着屋.

ro·pa·ve·je·ro, ra [ɾo.pa.be.xé.ɾo, -.ɾa] 囲囡 《まれ》古着商人.

ro·pa·vie·ja [ɾo.pa.bjé.xa] 囡 《ラ米》(コキ)(プエ)《話》野菜と牛肉の煮込み料理.

ro·pe·rí·a [ɾo.pe.ɾí.a] 囡 **1** 衣料品店, 洋服屋.
2 クローク; クローク係. **3** 衣装部屋.

ro·pe·ro, ra [ɾo.pé.ɾo, -.ɾa] 形 衣装保管のための.
── 囲 **1** 洋服だんす, 衣装戸棚. **2**《集合的》《まれ》(一個人が所有する)服. **3**《まれ》(衣類を分配する)慈善団体. **4**《話》コート掛け(= percha).
── 囲囡 **1** 古着屋. **2** クローク係, 衣装係.
ropero a cuestas《ラ米》(チリ)《話》二日酔い.

ro·pón [ɾo.pón] 囲 **1** ガウン; 外套(ガイトウ), マント.
2《ラ米》(ラプ)(タ)(エクア)女性用の乗馬服.

ro·que [ɾó.ke] 形 眠りこんだ. estar [quedarse] ~《話》眠りこける. ── 囲《遊》(チェス)ルーク, 城将.

ro·que·da [ɾo.ké.ða] 囡 → roquedal.

ro·que·dal [ɾo.ke.ðál] 囲 岩だらけの土地, 岩地.

ro·que·do [ɾo.ké.ðo] 囲 岩, 岩山.

ro·que·fort [ɾo.ke.fóɾ] 囲 ロックフォールチーズ:

ro·que·ño, ña [r̄o.ké.no, -.ɲa] 形 岩だらけの; 岩のように固い.

ro·que·ro, ra [r̄o.ké.ro, -.r̄a] 形 **1** 岩の; 岩山に築かれた. **2**《音楽》ロックの.—男 女 ロック歌手 [ミュージシャン]; ロックの愛好者.

ro·que·te [r̄o.ké.te] 男《カト》ロシェトゥム:高位聖職者用短白衣.

ror·cual [r̄or.kwál] 男《動》ナガスクジラ.

ro·rro [r̄ó.r̄o] 男 **1**《話》赤ちゃん坊(= bebé). Duérmete, mi ～. お休み, 赤ちゃん. **2**《ラ米》《俗》《話》(1)《遊》人形. (2) 金髪で青い目の人.

ros [r̄ós] 男《軍》(円筒形の)軍帽.

ro·sa [r̄ó.sa] 女 **1《植》バラ; バラの花. agua de ～(香水などに使う)バラ水. ～ de Jericó《植》フヨウ. ～ de Japón《植》ツバキ. ～ del azafrán《植》サフランの花. un ramo de ～s バラの花束.
2(皮膚の)赤い斑点.
3《ラ米》バラの茂み. **4** バラ形のもの; バラ結び. **5**《建》(ゴシック様式の建物の)バラ窓; バラ形装飾. **6** ローズカットのダイヤモンド. **7**《紋》バラの花(=～ heráldica). ～ puntada 花びらの間に葉をのぞかせたバラ. **8**《ラ米》(*₂)《複数で》ポップコーン.
—男 ピンク色, バラ色. El ～ es el color que me gusta más. ピンク色は私が一番好きな色です.
—形《性数不変》ピンクの, バラ色の. una camisa de color ～ pálido 淡いピンク[ペイルピンク]のシャツ.

estar como las propias rosas とても心地よくしている.

estar como una rosa《話》健康的である, みずみずしい.

La vida no es un lecho de rosas. 人生はバラ色とは限らない.

No hay rosa sin espinas.《諺》とげのないバラはない(どんなことにも完全ではない).

novela rosa ロマンス小説, 感傷小説.

rosa de los vientos / rosa náutica《海》羅針盤; 風配図.

salsa rosa《料》トマトをベースにしてマヨネーズで仕上げたソース.

ver todo de color de rosa すべてを楽観する.

[← [ラ] *rosam*(*rosa* の対格).【関連】[ポルトガル][伊] *rosa*.[仏][英] *rose*]

Ro·sa [r̄ó.sa] 固名 **1** Santa ～ de Lima リマの聖ロサ, 本名 Isabel (1586-1617): 中南米の最初の聖女. 中南米諸国とフィリピンの守護聖人. **2** ロサ: 女子の洗礼名.
[*rosa* より派生.【関連】[ポルトガル][伊][独] *Rosa*.[英] *Rose*]

ro·sá·ce·o, a [r̄o.sá.θe.o, -.a / -.se.-] 形 **1** バラ色の, バラ色がかった. **2**《植》バラ科の.
—女《植》バラ科の植物; 《複数で》バラ科.

ro·sa·cruz [r̄o.sa.krúθ / -.krús] 男 女《複 rosa-cruces》ローゼンクロイツ(13世紀にドイツで創設された秘密結社)の会員.

ro·sa·da [r̄o.sá.ða] 女 霜 (= escarcha).

ro·sa·del·fa [r̄o.sa.ðél.fa] 女《植》アザレア, セイヨウツツジ; シャクナゲ.

ro·sa·di·llo [r̄o.sa.ðí.ʝo ‖ -.ðí.ʎo] 男《動》オコジョ.

ro·sa·do, da [r̄o.sá.ðo, -.ða] 形 **1** ピンク色の, バラ色の; (ワインが)ロゼの. Casa *Rosada* アルゼンチンの大統領府(◆建物の色から). vino ～ ロゼ・ワイン.
2 バラの入った, バラの香りの. miel *rosada*(薬用の)バラ水入り蜂蜜(ﾊﾁﾐﾂ) (= rodomiel). **3**《ラ米》《俗》《俗》(動物が)栗毛(ｸﾘｹﾞ)の.
—男 ロゼ・ワイン.

ro·sal [r̄o.sál] 男《植》**1** バラの木[茂み]. ～ silvestre 野バラ. ～ trepador ツルバラ, クライミング・ローズ. ～ japonés [de China] ツバキ.
2 小さい花をつけるツルバラ (=～ de pitiminí).
3《ラ米》《俗》《俗》バラ園.

ro·sa·le·da [r̄o.sa.lé.ða] / **ro·sa·le·ra** [r̄o.sa.lé.ra] 女 バラ園.

ro·sa·ri·no, na [r̄o.sa.rí.no, -.na] 形 (アルゼンチンの)ロサリオ Rosario 市の.
—男 女 ロサリオ市の住民[出身者].

*ro·sa·rio [r̄o.sá.rjo] 男

1 ロザリオ; 数珠; 《カト》ロザリオの祈り. las cuentas del ～ ロザリオの珠(ﾀﾏ). los quince [veinte] misterios del ～ 《カト》ロザリオの祈りの十五[二十]奥義. rezar el ～ ロザリオの祈りを唱える.
2《話》数珠つなぎ, 一連のもの. un ～ de preguntas 立て続けの質問. **3**《話》背骨 (= espinazo). **4**《機》鎖ポンプ (=～ hidráulico). **5**《建》玉縁(ﾀﾏﾌﾞﾁ).

rosario (ロザリオ)

acabar como el rosario de la aurora《話》まずい結果に終わる.

[← [ラ] *rosārium*「バラの園」([ラ] *rosa*「バラ」の派生語): ロザリオの祈りでは, 数珠玉の1つ1つが聖母のバラの冠を象徴することから転義したとされる.【関連】[英] *rosary*]

Ro·sa·rio¹ [r̄o.sá.rjo] 固名 ロサリオ: 女子の洗礼名. 愛称 Charo. ♦ (María del) Rosario「ロザリオの聖母マリア」から.

Ro·sa·rio² [r̄o.sá.rjo] 固名 ロサリオ: アルゼンチン中東部の都市. ♦ Nuestra Señora del Rosario「ロサリオの聖母マリア」に献納された小礼拝堂の周りに開けた町であるところから.

Ro·sas [r̄ó.sas] 固名 ロサス. Juan Manuel de ～ (1793-1877). アルゼンチンの政治家. 19世紀ラテンアメリカを代表するカウディーリョ caudillo.

ros·bif [r̄os.bíf] 男《複 ～s》《料》ローストビーフ.
[← [英] *roast beef*]

ros·ca [r̄ós.ka] 女 **1** ねじ山; らせん形のもの. ～ macho (exterior) 雄ねじ. ～ hembra (interior) 雌ねじ. paso de ～(ねじの)ピッチ. ～ de Arquímedes (アルキメデスの)らせん揚水機. tapón de ～ ねじ蓋. **2** リング形のパン[ケーキ]; ドーナツ.
3 リング状についた余分なもの; 肉にたるみ, ぜい肉.
4 (荷物を頭に載せて運ぶときの)頭当て (= rodete).
5《ラ米》(1)《ｱﾝﾃﾞｽ》《ﾁﾘ》口論, けんか, いざこざ. (2)《ﾁﾘ》車座. (3)《ﾊﾞｽ》《俗》同性愛者, ホモセクシュアルの人. (4)《ﾎﾟﾙﾄ》《話》《集合的》有力者グループ. (5)《ﾎﾟﾙﾄ》《話》仲間に限り; 派閥 (= camarilla).

hacer la rosca a +人《話》《人》にごまをする.

hecho una rosca《話》体を丸めた, 丸くなって横になった.

no comerse una rosca《話》(恋愛などで)思いどおりにならない.

pasarse de rosca ねじが外れる; 《話》気が変にな

る；《話》(言動が)行き過ぎる．
tener rosca《ラ米》(ﾌﾞﾗ)《話》影響力をもっている．

ros·ca·do, da [r̄os.ká.ðo, -.ða] 形 らせん形の；ねじ山がついた．— 男 ねじ切り，ねじ山をつけること．

ros·car [r̄os.kár] 他 《まれ》〈ねじに〉ねじ山をつける．

ros·co [r̄ós.ko] 男 **1** (リング形の)ケーキ，パン；ドーナツ．**2** 肉のたるみ，ぜい肉．**3** 《話》0点．Me han puesto un ~ en física. 物理で0点を取ってしまった．**4** 《話》ゴール．**5** 《ラ米》(ﾌﾞﾗ)《話》《集合的》有力者グループ．
no comerse un rosco《話》(恋愛などで)思いどおりにならない．

ros·cón [r̄os.kón] 男 **1** リング形の大きなケーキ．~ de Reyes 1月6日の主の御公現の祝日の菓子《小さな人形などが入れてあり，それに当たった人はその年幸運に恵まれるという》．**2** 《話》0点．**3** 《ラ米》(ﾌﾞﾗ)《話》ハンサムな男，美男子．[rosca+増大辞]

ro·se·dal [r̄o.se.ðál] 男 《ラ米》(ｱﾙ)バラ園．

ro·se·llo·nés, ne·sa [r̄o.se.ʝo.nés, -.né.sa ‖ -.ʎo.-] 形 (フランスのピレネー東部地方)ルシヨンの el Rosellón の．— 男 女 ルシヨンの住民[出身者]．

ró·se·o, a [r̄ó.se.o, -.a] 形 ばら色の，ピンク色の．

ro·sé·o·la [r̄o.sé.o.la] / **ro·se·o·la** [r̄o.se.ó.la] 女 《医》バラ疹．

ro·se·ta [r̄o.sé.ta] 女 **1** 頬(ﾎｵ)の紅潮．**2** バラの花の形をしたもの (リボンによる)バラ結び；(じょうろの)散水口．**3** 《主に複数で》ポップコーン (= ~s de maíz)．**4** 《ラ米》(1)(ﾒｷ)(ﾌﾞﾗ)(拍車の)歯輪，花車．(2)(ｴｸ)とげのある実[種]．

ro·se·tón [r̄o.se.tón] 男 **1** 《建》バラ形装飾；(ゴシック様式の)バラ窓．

ro·si·cler [r̄o.si.klér] 男 **1** 朝焼けの色，淡いピンク．**2** 《鉱》濃(淡)紅銀鉱 (= plata roja)．

ro·si·llo, lla [r̄o.sí.ʝo, -.ʝa ‖ -.ʎo, -.ʎa] 形 **1** ピンク色の．**2** 赤みがかった．**3** 〈馬が〉葦毛(ｱｼｹﾞ)の．

ro·si·ta [r̄o.sí.ta] 女 **1** 小さなバラ．**2** 《主に複数で》ポップコーン (= ~s de maíz)．**3** 《ラ米》(ｷ)耳飾り，イヤリング．
andar [estar] de rosita《ラ米》(ﾌﾞﾗ)(ﾒｷ)《話》ぶらぶらする；失業中である．
de rosita《ラ米》(ﾒｷ)(ﾌﾞﾗ)《話》ただで，無料で．
de rositas 苦もなく，なんなく，やすやすと．
[rosa+縮小辞]

ros·ma·ri·no [r̄os.ma.rí.no] 男 《植》ローズマリー，マンネンロウ (= romero)．

ros·ma·ro [r̄os.má.ro] 男 《動》セイウチ．

ro·so·li [r̄o.só.li] / **ro·so·lí** [r̄o.so.lí] 男 ロソリ：砂糖・肉桂(ﾆｯｹｲ)・アニスなどで味付けした蒸留酒．

ros·que·ro, ra [r̄os.ké.ro, -.ra] 形 《ラ米》(ﾁ)《話》けんかっ早い，短気な．

ros·que·te [r̄os.ké.te] 形 《ラ米》(ﾍﾟﾙ)(俗)ホモセクシュアルの．— 男 **1** (大きめの)ドーナツ．**2** 《ラ米》(ﾎﾞ)(ﾍﾟﾙ)トウモロコシのパン．

ros·que·tón, to·na [r̄os.ke.tón, -.tó.na] 形 《ラ米》(ﾍﾟﾙ)(俗)ななよばした．

ros·qui·lla [r̄os.kí.ʝa ‖ -.ʎa] 女 **1** ドーナツ．**2** 毛虫，幼虫．
no comerse una rosquilla《話》(恋愛などで)思いどおりにならない (= no comerse una rosca)．

ros·qui·lle·ro, ra [r̄os.ki.jé.ro, -.ra ‖ -.ʎé.-] 男 女 ドーナツ職人；ドーナツ売り．

ros·ti·ce·rí·a [r̄os.ti.θe.rí.a / -.se.-] / **ros·ti·se·rí·a** [r̄os.ti.se.rí.a] 女 《ラ米》(ﾒｷ)ローストチキン屋．

ros·ti·za·do, da [r̄os.ti.θá.ðo, -.ða / -.sá.-] 形 《ラ米》(ﾒｷ)〈肉などが〉焼いた．pollo ~ ローストチキン．

ros·tra·do, da [r̄os.trá.ðo, -.ða] / **ros·tral** [r̄os.trál] 形 先のとがった．

ros·tri·tuer·to, ta [r̄os.tri.twér.to, -.ta] 形 しかめっ面をした．

＊＊ros·tro [r̄ós.tro] 男 **1** 《格式》(人の)顔．torcer el ~ 顔をゆがめる．Tiene un ~ agraciado. 彼[彼女]はかわいい顔をしている．**2** 《話》恥知らず，あつかましさ．tener mucho ~ 〈人が〉あつかましい．¡Qué ~ tiene!, no nos dio las gracias. なんていう神経をしているのだ，私たちに礼も言わないのだから．**3** 《海》(敵船を破るための)へさき，衝角．**4** 《動》くちばし(状の突起)，口吻(ｺｳﾌﾝ)．
echar... en rostro a+人 (人)に…をとがめる (= echar... en cara)．
tener un rostro que se lo pisa (人が)厚かましい (▶ pisarse は tener の主語に合わせて活用する)．
[←〔古スペイン〕「(人の)顔の突出部」← 「(動物の)とがった口，くちばし」← 〔ラ〕*rōstrum*；関連 arrostrar]

ro·ta¹ [r̄ó.ta] 女 《植》トウ(籐)．

ro·ta² [r̄ó.ta] 女 → roto．

Ro·ta [r̄ó.ta] 固名《カト》ローマ教皇庁控訴院．

ro·ta·ción [r̄o.ta.θjón / -.sjón] 女 **1** 回転，旋回；《天文》自転，転転．~ de la Tierra 地球の自転．**2** 交替，輪番，循環．por ~ 交替で；《農》輪作で．~ de cultivos 《農》輪作．
eje de rotación 回転軸．

ro·ta·cis·mo [r̄o.ta.θís.mo / -.sís.-] 男 《音声》震え音化：ラテン語で s 音が r 音になった史的変化 (generis ← genesis) や，ロマ「ジプシー」のスペイン語で l 音が r 音になること (er ← el) を指す．

ro·ta·fo·lio [r̄o.ta.fó.ljo] 男 フリップチャート．

ro·ta·fo·lios [r̄o.ta.fó.ljos] 男《単複同形》→ rotafolio．

ro·tar [r̄o.tár] 他 〈農作物を〉輪作する．— 自 **1** 回転する (= girar, rodar)．**2** 交代する，輪番する．

ro·ta·ria·no, na [r̄o.ta.rjá.no, -.na] 形 男 女 《ラ米》(ﾒｷ)→ rotario．

ro·ta·rio, ria [r̄o.tá.rjo, -.rja] 形 ロータリークラブの．— 男 女 ロータリークラブ会員．

ro·ta·ti·vo, va [r̄o.ta.tí.βo, -.βa] 形 **1** 《印》輪転機の．**2** 回転する，回転式の；輪転式の．**3** 輪番の，順送りの．lectura *rotativa* 輪読．— 女 《印》輪転機．~ matutino 朝刊．

ro·ta·to·rio, ria [r̄o.ta.tó.rjo, -.rja] 形 回転する，回転の；自転の．

ro·ten [r̄ó.ten] 男 《植》トウ(籐)；籐のステッキ．

ro·te·rí·a [r̄o.te.rí.a] 女 《ラ米》(ﾁ)《話》下層民，卑しい者たち；汚い手段，下品な言動．

ro·te·ro·dam·en·se [r̄o.te.ro.ða.mén.se] 形 (オランダの)ロッテルダム Rotterdam の；(この都市出身の)エラスムス Erasmo の．— 男 女 ロッテルダムの住民[出身者]．

ro·ti [r̄ó.ti] 男 《仏》《料》ローストした肉，丸焼き；薄く伸ばしたパン．

ro·tí·fe·ros [r̄o.tí.fe.ros] 男 《複数で》《動》ワムシ網：袋形動物門の総称．

ro·ti·se·rí·a [r̄o.ti.se.rí.a] 女 《ラ米》(1)(ﾒｷ)ハム・チーズ・調理された食品を売る店．(2)(ﾒｷ)焼き肉屋．

rozamiento

[← 〔仏〕*rôtisserie*；関連 *rosticceria*]

ro·to, ta [r̄ó.to, -.ta] [*romper* の過分] 形 **1**《名詞＋》《*estar*＋》（▶ *ser*＋ は受け身文. ＝El silencio fue ～ (por una gran ovación). 沈黙は(かえって)破られた.) 壊れた, 割れた, 切れた, 〈声が〉詰まった. la cuerda *rota* 切れた綱. un lápiz de punta *rota* 先の折れた鉛筆. un calcetín ～ 穴のあいた靴下. el vestido ～ 破れた服. un cristal ～ en mil pedazos 粉々に割れたガラス. decir con la voz *rota* 声を詰まらせながら言う. considerar ～ el pacto 協約は破棄されたと考える. Tiene una pierna *rota*. 彼[彼女]は足が折れている. Mi coche *está* ～. 私の車は壊れている. Las negociaciones *están* [*quedaron*] *rotas*. 交渉は決裂している[決裂した].
2《*estar*＋》《話》〈人が〉疲れきった, へとへとの. Hoy *estoy rota* y me voy a la cama. 今日はくたくたなので, もう寝ます.
3《名詞＋》アイボリー(ホワイト)の. blanco ～ アイボリーホワイト(の).
4《名詞＋》《*estar*＋》破滅した, 堕落した; 放縦な. Su padre tiene la vida *rota*. 彼[彼女]の父親はすさんだ生活を送っている.
5 ぼろをまとった, みすぼらしい格好の. Aquel huérfano iba todo ～ y sucio. あの孤児はぼろを着て薄汚い格好をしていた.
— 男《スペイン》(服布の)破れ, 穴, 裂け.
— 男 図 **1** ぼろをまとった人. **2**《ラ米》(1)《チリ》《ペル》《軽蔑》チリ人. (2)《メシ》メスティーソ *mestizo*. (3)《チ》《ペ》下層階級の者, 卑しい者. (4)《グス》田舎者.
Nunca falta un roto para un descosido. / *Hay un roto para un descosido.*《諺》破れ鍋に綴じ蓋あり（←ほつれには破れ：誰にでもふさわしい人いる）.
servir [*valer*] *lo mismo* [*igual*] *para un roto que para un descosido*《話》何にでも役立つ, 何でもできる. Ellas son tan buenas actrices que *sirven lo mismo para un* ～ *que para un descosido*. 彼女たちは何でもこなせるいい役者だ.
[← 〔仏〕*ruptum* (*ruptus* の対格；*rumpere*「破る」の完了分詞), 関連 rotura, ruptura, derrota, corrupto.〔英〕*rupture*「破裂；決裂」]

ro·to·gra·ba·do [r̄o.to.gra.bá.ðo] 男 《印》輪転グラビア印刷.

ro·ton·da [r̄o.tón.da] 女 **1**《建》円形の建物[広場, 部屋]. **2**（乗合馬車の）後部車室.

ro·tor [r̄o.tór] 男 **1**《航空》回転翼, ローター.
2《電》(モーターなどの)回転子.
3《機》(蒸気タービンの)軸車.

ro·to·so, sa [r̄o.tó.so, -.sa] 形《ラ米》(1)《アルゼ》《チ》《話》ぼろを着た, みすぼらしい身なりの. (2)《チ》《話》下層の, 卑しい.

röt·ring / rot·ring [r̄ó.triŋ] 男《複 ～s, ～s》《商標》製図用ペン.

rott·wei·ler [r̄ot.ßái.ler] 男《複 ～s, ～s》ロットワイラー犬.
— 男 女 ロットワイラー犬. ♦ドイツ原産の大型で黒色の牧畜犬・番犬.

ró·tu·la [r̄ó.tu.la] 女 **1**《解剖》膝蓋(しつがい)骨；ひざ頭. **2**《機》玉継ぎ手.

ro·tu·la·ción [r̄o.tu.la.θjón / -.sjón] 女 ラベルをつけること；文字[記号]を書き入れること, レタリング.

ro·tu·la·dor, do·ra [r̄o.tu.la.ðór, -.ðó.ra] 形 文字[線, 記号]を書き入れる；レタリングする.
— 男 女 レタリングをする人.

— 男 フェルトペン, マーカー.
— 女 レタリングマシン.

ro·tu·lar[1] [r̄o.tu.lár] 他 **1** …にラベル[標識]をつける. **2**（見取り図などに）文字[記号]を書き入れる. ～ un plano 地図を書く.

ro·tu·lar[2] [r̄o.tu.lár] 形 膝蓋(しつがい)骨の.

ro·tu·lis·ta [r̄o.tu.lís.ta] 男 女 レタリングデザイナー.

ró·tu·lo [r̄ó.tu.lo] 男 **1** 看板, 標識. ～ luminoso ネオンサイン. **2** ラベル, レッテル. **3** 題名, タイトル；見出し. **4**《ラ米》《チリ》《ペル》《アル》ポスター, 掲示.

ro·tun·da·men·te [r̄o.tún.da.mén.te] 副 きっぱりと, 断固として. Se negó ～. 彼[彼女]はきっぱりと拒否した.

ro·tun·di·dad [r̄o.tun.di.ðáð] 女 **1** 断固とした様子. La ～ de su negativa me descorazonó. 彼[彼女](ら)にきっぱりと拒否されて私は落胆した. **2** 言葉の明確さ. **3**（体つきの）丸み, 丸いこと.

ro·tun·do, da [r̄o.tún.do, -.da] 形 **1** 断固とした, きっぱりとした. dar un ～ no はっきり嫌だと言う. respuesta *rotunda* はっきりとした返答.
2〈言葉が〉明確な. palabras *rotundas* 的確な言葉. **3**（体つきが）丸みのある. **4**《話》《まれ》《料理が》味が濃い.

ro·tu·no, na [r̄o.tú.no, -.na] 形《ラ米》《チ》《話》下層の, 卑しい.

ro·tu·ra [r̄o.tú.ra] 女 **1** 破壊；割れること, 破れること. ～ de la tubería 管の破裂. **2** 割れ目, 裂け目；ほころび. **3**《医》破裂, 裂傷；骨折. **4** 決裂, 断絶, 中断. ～ de relaciones diplomáticas 国交断絶. ～ de la amistad 絶交.
rotura de stocks《商》在庫の不足.

ro·tu·ra·ción [r̄o.tu.ra.θjón / -.sjón] 女《農》開墾, 開拓.

ro·tu·ra·dor, do·ra [r̄o.tu.ra.ðór, -.ðó.ra] 形 開墾の. — 女 耕耘(こううん)機.

ro·tu·rar [r̄o.tu.rár] 他《農》開墾する；耕す.

rouge [r̄útʃ] 〔仏〕男 口紅, リップスティック.

rou·lo·te / rou·lot·te [r̄u.ló(t)] 女 トレーラーハウス. [← 〔仏〕*roulotte*]

round [r̄áun(d)] 〔英〕男《スポ》(ボクシングの)ラウンド.

rout·er [r̄ú.ter] 〔英〕男《複 ～s, ～》〔ＩＴ〕ルータ.

rou·tier [r̄u.tjér] 〔仏〕男 → *rodador* **1**.

rov·er [r̄ó.ßer] 〔英〕男（惑星・衛星の）自動探査車.

ro·ya [r̄ó.ja] 女《植》さび病.

roy·al·ty [r̄o.jál.ti] 〔英〕女《複 royalties, ～, ～s》特許権使用料, 著作権使用料, ロイヤルティー.

ro·yo, ya [r̄ó.jo, -.ja] 形《話》〈果実が〉熟していない.

ro·za [r̄ó.θa / -.sa] 女 **1**（配管用の）壁の穴, 溝. **2** 除草済みの農地. **3**《ラ米》(1)《チ》《ペル》刈り取った草. (2)《ロプラ》作付け.

ro·za·dor, do·ra [r̄o.θa.ðór, -.ðó.ra / -.sa.-] 男 女 開墾する人.
— 男《ラ米》《ほンジュ》山刀, マチェテ *machete*.

ro·za·du·ra [r̄o.θa.ðú.ra / -.sa.-] 女 **1** こすった跡；ひっかき傷, すり傷. una ～ en el brazo 腕のすり傷. La bala le hizo una ～ en el casco. 弾が彼[彼女]のヘルメットをかすった. **2**《植》樹皮の腐敗病.

ro·za·gan·te [r̄o.θa.gán.te / -.sa.-] 形 **1** 得意げな. **2** 元気そうな. **3**〈衣服が〉派手な, 人目をひく；丈の長い.

ro·za·mien·to [r̄o.θa.mjén.to / -.sa.-] 男 **1** こすること, こすれること (＝ roce). **2**《物理》摩擦. **3** あ

つれき, 不和.
*ro.zar [r̄o.θár / -.sár] 97 他 **1** こする, かする, 接触する. Mi mano le *rozó* la cara. 私の手が彼[彼女]の顔に触れた.
2 削り取る；すり切れさせる.
3 …に関係する, 触れる. Es un asunto que *roza* la religión. 宗教にかかわる問題である.
4 …にすれすれである, …にぎりぎりのところにある. ～ la cuarentena 40歳になろうとしている. *Rozamos* el accidente. 私たちは危うく事故に遭うところだった. **5** …から雑草を刈り取る；開墾する. **6** 〈壁などに〉(配管用の)穴を開ける.
— 自 **1** 《en... 》 《に》軽く触れる, かする.
2 《con... 》 《に》触れる, 関係する. Esta acción *roza* con el delito. この行為は犯罪ぎりぎりの線にある.
— ～.se 再 **1** 《con... 》 《に》触れる, こする. ～*se* con el alambre 有刺鉄線ですり傷を作る. **2** 〈自分の体の一部を〉すりむく；〈自分の衣服などを〉すり減らす；汚す. *Se ha rozado* las rodillas el niño. その子はひざをすりむいた. **3** すり切れる. *Se ha rozado* el cuello de la camisa. シャツのカラーがすり切れた. **4** 《con... 》 《…と》付き合う.
roz.nar [r̄oθ.nár / r̄os.-] 他 音を立てて食べる, かみ砕く. — 自 〈ロバなどが〉鳴く.
roz.ni.do [r̄oθ.ní.đo / r̄os.-] 男 **1** 歯でかじる音, かみ砕く音. **2** ロバの鳴き声.
R.P. 《略》*reverendo padre* 神父さま, …師.
rpm 《略》*revoluciones por minuto* 毎分回転数 (= r/m).
rps 《略》*revoluciones por segundo* 毎秒回転数.
rte. 《略》*remite*, *remitente* 発信人, 差出人.
RTVE 女 《略》*Radiotelevisión Española* スペイン国営放送.
Ru 《化》*rutenio* ルテニウム.
rú.a [r̄ú.a] 女 **1** 街路, 通り.
2 《ラ米》《ベネ》《コロ》《貧者の》《毛織りの》ポンチョ poncho.
Ruan.da [r̄wán.da] 固名 ルワンダ：アフリカ中部の共和国. 首都 Kigali. [← 仏 *Ruanda* (15世紀ころこの地に存在した王国の名にちなむ)]
ruan.dés, de.sa [r̄wan.dés, -.dé.sa] 形 ルワンダの, ルワンダ人[語]の. — 男 女 ルワンダ人.
— 男 ルワンダ語：ルワンダで主に話されるバンツー諸語の一つ.
rua.ne.tas [r̄wa.né.tas] 男 女 《単複同形》《ラ米》《ダァ》百姓, 田舎者.
rua.no, na [r̄wá.no, -.na] 形 **1** 《馬が》葦毛の(= roano). **2** 街路の, 通りの.
ru.ba.to [r̄u.bá.to] 《伊》男 《音楽》ルバート：音符の長さを自由に伸び縮みさせる演奏方法.
ru.be.fac.ción [r̄u.be.fak.θjón / -.sjón] 女 《医》(皮膚の)発赤.
ru.be.fa.cien.te [r̄u.be.fa.θjén.te / -.sjén.-] 形 発赤させる. — 男 《医》発赤剤, 引赤薬.
ru.be.o.la [r̄u.be.ó.la] / ru.bé.o.la [r̄u.bé.o.la] 女 《医》風疹(しん), 三日ばしか.
ru.bes.cen.te [r̄u.bes.θén.te / -.sén.-] 形 《格式》赤みを帯びた.
ru.be.ta [r̄u.bé.ta] 女 《動》アマガエル.
*ru.bí [r̄u.bí] 男 《複 ～es, ～s》ルビー. ～ balaje バラスルビー (ルビーの一種). ～ de Bohemia 紅水晶, ばら石英, ボヘミアルビー.
ru.bia [r̄ú.bja] 形 女 → rubio.
ru.biá.ce.o, a [r̄u.bjá.θe.o, -.a / -.se.-] 形 《植》アカネ科の. — 女 アカネ科の植物；《複数形》アカネ科.

ru.bia.les [r̄u.bjá.les] 形 《性数不変》《話》《親愛》金髪の. — 男 女 《単複同形》《話》《親愛》金髪の人.
ru.bi.cán, ca.na [r̄u.bi.kán, -.ká.na] 形 栗毛(げ)の. — 男 栗毛の馬.
ru.bi.ce.la [r̄u.bi.θé.la / -.sé.-] 女 《鉱》ルビセラ：黄色から橙(だいだい)赤色の尖晶(せんしょう)石.
ru.bi.cón [r̄u.bi.kón] 男 → Rubicón.
Ru.bi.cón [r̄u.bi.kón] 固名 el ～ ルビコン川. atravesar [pasar] el ～ ルビコン川を渡る；《比喩的》後にひけない決定的な行動に出る (●カエサルの時代にイタリアのルビコン川の北が蛮地のガリアであったから). [← ラ *Rubicō(n)*]
ru.bi.cun.dez [r̄u.bi.kun.déθ / -.dés] 女 **1** 血色のよさ；(金髪の)赤み. **2** 《医》(皮膚の)発赤, 引赤.
ru.bi.cun.do, da [r̄u.bi.kún.do, -.da] 形 **1** 血色のよい. **2** 赤みを帯びた金髪の.
ru.bi.dio [r̄u.bí.djo] 男 《化》ルビジウム：金属元素 (記号 Rb).
ru.bie.ra [r̄u.bjé.ra] 女 《ラ米》(1) 《ミデジ》《話》いたずら. (2) 《カリブ》《話》どんちゃん騒ぎ, ばか騒ぎ.
ru.bi.lla [r̄u.bí.ja | -.ʎa] 女 《植》クルマバソウ：アカネ科の植物.
ru.bio, bia [r̄ú.bjo, -.bja] 形 **1 (多くは名詞+) 《ser + / estar+》金髪の, ブロンドの. una mujer *rubia* de bote [frasco] 金髪に染めた女性. Tiene el pelo ～. 彼[彼女]は金髪だ. *Está* más *rubia* que hace un año. 彼女は1年前より金髪になった. ►「褐色の髪の」は moreno.
2 《名詞+》《ser+》《タバコが》(香りと味の軽い)黄色種の(→ negro). tabaco ～ (バージニア葉などを使った)軽いタバコ.
3 《名詞+》《ビールが》(味が軽く色が)淡い種類の.
— 男 女 金髪の人.
— 男 **1** 黄色種の軽いタバコ. **2** 黄金色. teñirse el pelo de ～ 髪を金髪に染める. Se compró una peluca ～ platino. 彼[彼女]はプラチナブロンド[銀白色]のかつらを買った. **3** 《魚》ホウボウ. **4** 《複数で》《闘牛》き甲 (闘牛の肩甲骨の部分)の中心.
— 女 **1** 《話》1ペセタ硬貨の別称.
2 《植》アカネ. **3** (味が軽く色が)淡い種類のビール.
[← ラ *rubeum* (*rubeus* の対格)「赤っぽい」 (*ruber*「赤い」より派生)；関連 rubí, rubor, rúbrica, rojo, 仏 *rouge*「赤い」. 英 *red*, *ruby*. 日 ルビー]

rubio
(ホウボウ)

ru.bión [r̄u.bjón] 男 《植》ルビオン小麦 (= trigo ～).
ru.blo [r̄ú.blo] 男 ルーブル：ロシアおよび旧ソ連の通貨単位 《略 RBL》(1 RBL = 100 Kopecs).
*ru.bor [r̄u.bór] 男 **1** 真紅. **2** 紅潮, 赤面. causar [producir] ～ 赤面させる. **3** 恥ずかしさ, 羞恥(しゅうち). sentir ～ 恥ずかしく思う. sin el menor ～ 臆面(おくめん)もなく, しゃあしゃあと. **4** 《詩》《文》ほお紅.
ru.bo.ri.za.do, da [r̄u.bo.ri.θá.đo, -.đa / -.sá.-] 形 赤くなった；顔を赤らめた；恥じ入った.
ru.bo.ri.zar [r̄u.bo.ri.θár / -.sár] 97 他 赤面させる, 恥じ入らせる. Lo que dijo el niño ruborizó a sus padres. 子供の言った言葉に両親は赤面した.
— ～.se 再 赤面する；恥じ入る, 恥ずかしいと思う.
ru.bo.ro.so, sa [r̄u.bo.ró.so, -.sa] 形 **1** 顔を赤らめた, 赤面した. **2** 恥ずかしがり屋の, はにかみ屋の.
rú.bri.ca [r̄ú.bri.ka] 女 **1** (署名に添える)飾り書き, 花押, 書き判. **2** 表題, 題目, 見出し；標語. bajo

la ~ de... …のモットーの下に, …を旗印に.
de rúbrica 型どおりの, お決まりの.
rúbrica fabril 大工が木材につける印.
rúbrica lemnia アルメニア赤粘土.
rúbrica sinóptica (1) 鉛筆. (2) 辰砂(しんしゃ).

ru·bri·car [r̃u.ḅri.kár] 四 他 **1**《書類に》署名と判をしるす. 2. 頭文字[頭文字]で飾りを書く. *firmado y rubricado* 署名のうえ花押がしるされた. **2** 追認する, 証言する. **3** 完成する, 仕上げる. *El torero rubricó su faena con una gran estocada.* 闘牛士は見事なひと刺しで闘牛技を締めくくった.

ru·bro, bra [r̃ú.bro, -.bra] 形 真っ赤な, 真紅の.
── 男 (《ラ米》) (1) (ラミ) (帳簿の) 記帳項目. (2) (ラ米) (会社の) 部, 課. (3) 表題, 題名, タイトル.

ruc [r̃úk] 男 (複 *ruques*) ロック (= *rocho*): アラビア神話に出てくる伝説上の怪鳥.

ru·ca¹ [r̃ú.ka] 女 《植》ルカ: スペイン中部, 南部に生えるジュウジバナ科の植物.

ru·ca² [r̃ú.ka] 女 (ラ米) (1) (マプチェ) (先住民の) 住居. (2) (ラ米) (俗) 厚かましい女性. (3) (メキシコ) 年とった女; 老嬢.

ru·che [r̃ú.tʃe] *a ruche*《話》一文無しで. *estar [quedar] a ~* すっからかんである[になる].

ru·cho [r̃ú.tʃo] 男《動》若いロバ.

ru·co, cha [r̃ú.tʃo, .tʃa] 形 (ラ米) (グアテ) 《話》しわだらけの, ざらざらした; 〈果物などが〉熟れすぎた.

ru·cio, cia [r̃ú.θjo, -.θja / -.sjo, -.sja] 形 **1** 〈動物の毛が〉葦毛(あしげ)の, 灰色の. **2** 白髪交じりの. **3** (ラ米) 《話》金髪の, ブロンドの. ── 男 (まれ) ロバ.

ru·co, ca [r̃ú.ko, -.ka] 形 (ラ米) (メキシコ) 《話》老いた, 年寄りの; (特に馬が) 老いて役に立たない.

ru·co·la [r̃u.kó.la] 女《植》ルッコラ: 地中海沿岸原産のアブラナ科のハーブ.

ru·da [r̃ú.ḏa] 女《植》ヘンルーダ, 芸香(うんこう): ミカン科の多年草, 薬用.
más conocido que la ruda 世間によく知られている (= 慣用表現).

ru·de·za [r̃u.ḏé.θa / -.sa] 女 **1** 粗野, がさつさ, 粗暴. *responder con ~* ずけずけと応答する.
2 ざらつき, 〈気候の〉厳しさ.

ru·di·men·tal [r̃u.ḏi.men.tál] 形 → *rudimentario*.

ru·di·men·ta·rio, ria [r̃u.ḏi.men.tá.rjo, -.rja] 形 **1** 初歩の, 基本的な. *conocimientos ~s* 基礎知識. **2** 発達不十分な, 発育不全の. *órganos ~s* 未発達な器官. **3** 《生物》原基の, 痕跡(こんせき)の.

ru·di·men·to [r̃u.ḏi.mén.to] 男 **1** 《生物》(器官の) 未発達段階, 原基, 痕跡(こんせき)器官. **2** 《複数で》基本, 基礎, 初歩. ~*s de la gramática* 文法の基礎.
[←〔ラ〕*rudīmentum*「最初の試み」(*rudis*「粗野な, 生の」より派生); 関連〔英〕*rudiment*]

*ru·do, da** [r̃ú.ḏo, -.ḏa] 形 **1**《軽蔑》粗野な, 不作法な. *franqueza ruda* ぶしつけな率直さ. ~*s modales* がさつな態度. **2**《軽蔑》厳しい; 乱暴な. **3** ざらざらした, 粗い; 磨かれていない, 未加工の. *pavimento* ~ ざらざらした舗装面. *sábana ruda* ごわごわしたシーツ. **4** つらい, 困難な. *trabajo* ~ 骨の折れる仕事. *un* ~ *golpe* 強い[手厳しい]一撃.
[←〔ラ〕*rudem* (*rudis* の対格), 「加工されていない」が原義; 関連 *rudeza, rudimento, erudito*.〔英〕*rude*]

rue [r̃wé] / **rú·e** [r̃ú.e] 〔仏〕女《話》通り, 道, 街路.

rue·ca [r̃wé.ka] 女 (昔の) 糸巻き棒, 錘竿(つむざお).

rued- → *rodar*.

*rue·da** [r̃wé.ḏa] 女 **1** 車輪, 輪. ~ *de un coche* 自動車の車輪. ~ *delantera [trasera]* 前[後]輪. ~ *de recambio [repuesto]* スペアタイヤ. *patines de* ~*s* ローラースケート (靴). *patinaje sobre* ~*s* ローラースケート (競技). ~ *dentada* 歯車. ~ *hidráulica* 水車. ~ *catalina [de Santa Catalina]* (時計の) がんぎ車. ~ *de alfarero* ろくろ. ~ *de cadena* 鎖歯車, スプロケット. ~ *de molino* 石臼(いしうす). ~ *libre* フリーホイール. *silla de* ~*s* 車いす.
2 (家具などについている) キャスター, ローラー.
3 人の輪, 円陣 (= *corro*). *¡Niños, vamos a hacer una ~!* さあ, 輪になるよ.
4 〈尾の〉輪ひろげ, スライス. **5** 順番; 順繰り. **6** (クジャクなどが) 羽を広げること, 広げた羽. **7** (火をつけると回転する) 輪状の花火, ねずみ花火. **8**《史》車責(くるまぜめ) (の刑罰). **9**《スポ》(1) 側転. *hacer la* ~ 側転をする. (2) (バスケットボールのウォームアップのときに行う) フリーシューティング. **10**《俗》(覚醒剤の) アンフェタミン. **11**《ラ米》(プエルトリコ) 大観覧車.
── 活 → *rodar*.

chupar rueda (1) 《スポ》(自転車競技などで空気抵抗を避けるために) 先行者の真後ろについて走る. (2) 《話》他人の努力を自分の手柄にする.

comulgar con ruedas de molino《話》(1) ありそうもない話をうのみにする. (2) 侮辱に耐える.

hacer la rueda (1) (クジャクが) 羽を広げる. (2)《a + 人》《人》に言い寄る; 〈動物が〉《雌》の周りを回る. (3)《a + 人》《人》にへつらう, こびる.

ir [marchar] sobre ruedas《話》なんの問題もなくうまく進む.

rueda de la fortuna (1) ルーレット. (2) 運命の車[輪], 有為転変.

rueda de prensa (共同) 記者会見, 囲み取材.

rueda de presos / rueda de identificación 面通しのときに作る容疑者の列.

tragárselas como ruedas de molino → *comulgar con ruedas de molino*.

[←〔ラ〕*rotam* (*rota* の対格); 関連 *rodar, rodear, rodada, rodilla*. 〔英〕*roll*「転がる; 回転」]

*rue·do** [r̃wé.ḏo] 男 **1**《闘牛》(の砂場) ~ = *arena, redondel*. *dar la vuelta al* ~ (マタドール *matador* が) かっさいを浴びながら場内を一周する. **2** (円いものの) へり, 縁. ~ *de una falda* スカートのすそ. **3** 人の輪, 人垣. *un* ~ *de curiosos* 野次馬の群れ. **4** 丸ござ, 円座, 円形マット. **5** 回転. **6** 縁取り, 縁飾り. **7**《ラ米》(アルゼンチン) (ズボンの) 折り返し.
── 活 → *rodar*.

echarse al ruedo 競技に参加する; けんかに首を突っ込む; 思い切る, 決心する.

rueg- → *rogar*.

*rue·go** [r̃we.go] 男 **懇願**, 願い; 哀願. *a ~ de...* …の願い[要請] により. *a ~ mío* 私のたっての願いで. *acceder a los ~s de...* …の要望に答える. *Le envío estos datos con el ~ de que los publique.* 資料をお送りいたしますのでご公表くださるようお願い申し上げます.
── 活 → *rogar*.

ruegos y preguntas 質疑応答.

ruegue(-) 活 → *rogar*.

ru·fián [r̃u.fján] 男 **1** 悪党, ならず者, ごろつき. **2** 売春仲介者, ぽん引き.

ru·fia·ne·ar [r̃u.fja.ne.ár] 自 他 売春を取り持つ, 売春を斡旋(あっせん)する (= *alcahuetear*).

ru·fia·ne·rí·a [r̃u.fja.ne.rí.a] 女 売春斡旋(あっせん)

rufianesco

業；(売春仲介者の)口八丁手八丁, 巧みな口車.

ru・fia・nes・co, ca [r̄u.fja.nés.ko, -.ka] 形 ならず者の；売春を斡旋(ホシ)する.
── 男 暗黒街；《集合的》怪しげな輩(やから), ならず者.

ru・fo [r̄ú.fo] 男 屋根.

ru・fo, fa [r̄ú.fo, -.fa] 形 **1** うぬぼれの強い；空威張りする, 気取った. **2** 金髪の；赤毛の. **3** 縮れ毛の. **4** 《スペイン》目立つ, あでやかな. **5** 《スペイン》たくましい, 頑丈な.

rug・by [r̄úɣ.bi] 男 《スポ》ラグビー.

ru・gi・do [r̄u.xí.ðo] 男 **1** 〈猛獣の〉ほえ声, 咆哮(ホゥコゥ), うなり声. lanzar un ～ ひと声ほえる. **2** 《話》怒鳴り声. **3** 〈風などの〉うなり, 怒号, とどろき. **4** 《話》〈腸などの〉ごろごろという音.

ru・gi・dor, do・ra [r̄u.xi.ðór, -.ðó.ra] 形 → rugiente.

ru・gien・te [r̄u.xjén.te] 形 ほえる(ような), うなる(ような).

ru・gir [r̄u.xír] 100 自 **1** 〈猛獣が〉ほえる, 咆哮(ホゥコゥ)する, うなる. **2** 〈風・海などが〉うなる, とどろく (= bramar). **3** 《話》叫ぶ, 怒鳴る；うめく. ～ de ira 怒りの声を上げる. ～ de dolor 苦痛のあまりうめく. **4** 《話》〈腹が〉鳴る. ～ de hambre 空腹でお腹がごろごろいう.

ru・go・si・dad [r̄u.go.si.ðáð] 女 **1** しわ, しわだらけの状態. la cara llena de ～es しわくちゃの顔. **2** ざらつき, ごつごつしていること；凸凹. la ～ del terreno 地面の凸凹.

ru・go・so, sa [r̄u.ɣó.so, -.sa] 形 **1** しわの寄った, しわだらけの. **2** ざらざら[ごつごつ]した；凸凹のある.

ru・i・bar・bo [r̄wi.βár.bo] 男 《植》レウム, ダイオウ.

rui・do [r̄wí.ðo] 男 **1** 《不快な》**騒音**, 物音. ～ ambiental 環境騒音. sin hacer ～ 物音ひとつ立てずに, こっそりと. No se oye ningún ～. 何の物音もしない. Desde hace poco, mi ordenador hace un ～ extraño. 少し前から私のパソコンは変な音がする. ＝ sonido 類語.
2 騒ぎ, 喧騒(ケンソゥ)；風評. No hagas tanto ～. そんなに大騒ぎしないでくれ. **3** 論争, 激論. **4** 《通信》雑音, ノイズ(問題を引き起こす回線上の乱れ).
hacer [meter] ruido 物議をかもす, 議論を呼ぶ.
lejos del mundanal ruido 世間と没交渉で, 喧騒の巷(ちまた)を離れて.
mucho ruido y pocas nueces 大山鳴動して鼠(ネズミ)一匹 (←大きい音を立てる割にはクルミが少ない) (▶慣用表現). ♦シェークスピアの『空騒ぎ』のスペイン語タイトル.
quitarse de ruidos 厄介事から手を引く.
ruido blanco 《物理》白色雑音, ホワイトノイズ.
ruido de fondo 《物理》(送信・受信装置などの)暗雑音.
[←〔古スペイン〕*roído*←〔ラ〕*rugītus*「ほえること」(→rugido)；*rugīre*「ほえる」より派生；関連 ruidoso, rumor. 〔英〕*rumor*「うわさ」]

rui・do・sa・men・te [r̄wi.ðó.sa.mén.te] 副 **1** 騒がしく, うるさく. **2** 派手に, にぎやかに. aplaudir ～ 割れんばかりの拍手を送る.

*ruidoso, sa** [r̄wi.ðó.so, -.sa] 形 **1** 騒がしい, うるさい. calle *ruidosa* 騒々しい通り. **2** 《話》評判を呼ぶ, 世間を騒がせる. noticia *ruidosa* 世間をあっと言わせるようなニュース.

ruin [r̄wín] 形 **1** 悪らつな, 軽蔑すべき. acción ～ 卑劣な行為. gente ～ 下劣な人々. persona de aspecto ～ 卑しい人相の人. **2** けちな, しみったれの (= avaro, tacaño). **3** 発育不全の, 貧弱な.

En nombrando al ruin de Roma, asoma. 《諺》うわさをすれば影.

*rui・na** [r̄wí.na] 女 **1 崩壊**, 倒壊, 荒廃. una iglesia que amenaza ～ 倒壊寸前の教会. una muralla en ～ 壊れた城壁. la ～ de la salud 健康の衰え.
2 《複数で》**廃墟**(ハイキョ), 遺跡. las ～s del Imperio Inca インカ帝国の遺跡.
3 (国などの)破産, 没落. El ex presidente llevó a la ～ al país. 元大統領が国を破滅に導いた. *Historia de la decadencia y ～ del Imperio Romano*『ローマ帝国衰亡史』(エドワード・ギボン著).
4 破産, 倒産. dejar [quedarse] en la ～ 破産させる[する]. ir a la ～ 破産する. El negocio me llevó a la ～. 私はその事業に手を出して破産した. La compañía está en la ～. 会社は破産している.
5 破産[破滅]の原因. El juego ha sido tu ～. ギャンブルが君を破産させた.
6 零落した人[もの], 廃人. estar hecho una ～ すっかり落ちぶれている. Desde que murió su esposo, María está hecha una ～. 夫を失ってからマリアはすっかりやつれてしまった.
[←〔ラ〕*ruinam* (*ruina* の対格；*ruere*「滅びる；突進する」より派生)；関連 ruin, ruinoso, arruinar. 〔英〕*ruin*]

ruin・dad [r̄win.dáð] 女 **1** 卑劣さ, 卑しさ, 下劣さ. **2** 悪行, 恥ずべき行為. **3** けち.

rui・no・so, sa [r̄wi.nó.so, -.sa] 形 **1** 荒廃した, 崩れかかった. castillo ～ 荒れ果てた城. casas *ruinosas* 廃屋. en estado ～ 崩れ落ちそうな.
2 破滅的な, 損失[損害]の多い. un negocio ～ 赤字商売. **3** 発育不全の, 貧弱な.

rui・pon・ce [r̄wi.pón.θe / -.se] 男 《植》フウリンソウの一種；根はサラダ用.

rui・pón・ti・co [r̄wi.pón.ti.ko] 男 《植》食用ダイオウ, ルバーブ.

rui・se・ñor [r̄wi.se.ɲór] 男 《鳥》**ナイチンゲール**, サヨナキドリ.

Ruiz [r̄wiθ / r̄wís] 固名 Nevado del ～ ルイス山：南米のコロンビア中西部の火山. 標高5400 m.

ruiseñor (ナイチンゲール)

Ruiz de A・lar・cón [r̄wiθ ðe a.lar.kón / r̄wís -] 固名 Juan ～ y Mendoza ルイス・デ・アラルコン (1581?-1639)：Nueva España (現在のメキシコ) 生まれのスペインの劇作家. 作品 *La verdad sospechosa*『疑わしき真実』.

ruj- 活 → rugir.

ru・la [r̄ú.la] 女 **1** 《スペイン》《遊》ホッケーに似た球技；それに用いる棒. **2** 《スペイン》魚の売買を行う漁師の集まり；魚市場. **3** 《話》合成ドラッグ, 特にエクスタシー. **4** 《ラ米》《メキシコ》《グアテマラ》山刀, マチェテ machete.

ru・lar [r̄u.lár] 自 **1** 《話》機能する. **2** 《話》転がる. **3** 《話》〈うわさが〉めぐる. **4** 《俗》マリファナを巻く.

ru・lé [r̄u.lé] 男 《話》尻(しり), 臀部(デンブ).

ru・le・mán [r̄u.le.mán] 男 《ラ米》《リオプラタ》ボールベアリング；ローラーベアリング.

ru・len・co, ca [r̄u.léŋ.ko, -.ka] 形 《チリ》《話》虚弱な, ひ弱な.

ru・le・ro [r̄u.lé.ro] 男 《ラ米》《リオプラタ》ヘアカーラー.

*ru・le・ta** [r̄u.lé.ta] 女 (賭博(トバク)の) **ルーレット**；その道具. ～ rusa ロシアン・ルーレット (弾丸を1発だけ入れた弾倉を回して順番に自分を撃つ決闘・賭(カケ)).

ru・le・te・ar [r̄u.le.te.ár] 他 《ラ米》《メキシコ》不必要に動

runrún

所を動かす. ── 自《ラ米》《俗》タクシーを運転する.

ru・le・te・ro, ra [řu.le.té.ro, -.ra] 男 女 《ラ米》(1)《中米》《俗》流しのタクシー運転手.(2)《コロン》《軽蔑》違法レンタカーの運転手,(3)ルーレット遊び人.

Rul・fo [řúl.fo] 固名 Juan ルルフォ(1918-86):メキシコの小説家. 作品 *Pedro Páramo*『ペドロ・パラモ』.

ru・lo¹ [řú.lo] 男 **1** ヘアカーラー. **2**《まれ》巻き毛. **3**《まれ》(地ならし・粉砕用の)ローラー;麺棒(鈴).

ru・lo² [řú.lo] 男《ラ米》《俗》低地;耕作地,畑地.

ru・lot [řu.ló(t)] 女 → roulotte.

ru・ma [řú.ma] 女《ラ米》《チリ》《中米》《コロン》積み重ね,山積み,山.

Ru・ma・nia [řu.má.nja] 固名 ルーマニア:首都 Bucarest.
[←[仏] *Roumanie* ←[ルーマニア] *România*「後ラ」*Rōmānia* ([ラ] *Rōmānus*「ローマ(人)」+[ラ] *-ia*「国,地域」;「ローマ人の国」が原義)]

ru・ma・no, na [řu.má.no, -.na] 形 ルーマニアの,ルーマニア人[語]の. ── 男 女 ルーマニア人. ── 男 ルーマニア語:バルカン・ロマンス語の一つ.

ru・ma・zón [řu.ma.θón / -.són] 女《海》雲,曇り空.

rum・ba [řúm.ba] 女 **1**《音楽》ルンバ;その踊り. **2**《ラ米》(1)《タリ》《話》どんちゃん騒ぎ,ばか騒ぎ.(2)《コロン》山積み.

rum・bar [řum.bár] 自《ラ米》(1)《コロン》(まれに《スペイン》)ハエのような音をたてる,羽音をたてる;〈犬が〉うなる.(2)《コロン》〈方向へ進む.

── ~・se 再《ラ米》《コロン》《話》立ち去る.

rum・be・a・dor, do・ra [řum.be.a.dór, -.dó.ra] 男 女《ラ米》《コロン》《ラブ》道案内人,道をよく知っている人.

rum・be・ar [řum.be.ár] 自 **1** ルンバを踊る. **2**《ラ米》(1)《話》どんちゃん騒ぎをする,遊び歩く.(2)《チリ》《中米》《コロン》《ラブ》進む,進路を取る.(3)《代》伐採する,山[道]を切り開く.

rum・be・ro, ra [řum.bé.ro, -.ra] 形 **1** ルンバの. **2** ルンバを踊る,ルンバ好きの. **3**《ラ米》(1)《タリ》《話》お祭り好きな.(2)《コロン》土地勘がある.(3)《コロン》踊りが好きな.

── 男 女 **1** ルンバを踊る人,ルンバ好きの人. **2**《ラ米》(1)《ベネ》水先案内人.(2)《コロン》道案内人.

***rum・bo** [řúm.bo] 男 **1**《a... ~への》方向,方角,針路. con ~ *a*... …に向かって. sin ~ fijo 行き先も定めずに. caminar ~ *al* centro de la ciudad 街の中心に向かって歩く. navegar [volar] ~ norte 北に向かって航行する. partir (con) ~ *a*... …に向かって出発する. cambiar de ~ 方向を変える. perder el ~ 方向を見失う. poner ~ *a*... …に針路を定める. abatir el ~ 風下へ針路を取る. corregir el ~ 針路を修正する. ¿Qué ~ llevas? どっちの方角に行くんだい.
2《比喩的》方針,進路. cambiar el ~ de su vida 生き方を変える. Ellos han tomado un ~ equivocado. 彼らは進む道を誤ってしまった. Fue entonces cuando mi vida inició un nuevo ~. 私の人生が新しい方向に進み始めたのはそのころだった.
3《まれ》豪勢さ,寛大さ. pagar con mucho ~ とても気前よく払う.
4《まれ》ぜいたく. Se celebró la fiesta con mucho ~. パーティーは盛大に催された.
5《ラ米》(1)《アンデス》(頭の)傷.(2)《中米》《話》お祭り騒ぎ.(3)《コロン》《鳥》ハチドリ.
[←[古スペイン]「(32方向の)方位盤の目盛り」←[ラ] *rhombus*「菱(鸩)形」←[ギ] *rhómbos*;方位を示す目盛りに菱形が使われていたことからの転義;関連[英] *rhumb*「羅針方位」, *rhombus*]

rum・bón, bo・na [řum.bón, -.bó.na] 形《話》→ rumboso.

rum・bo・so, sa [řum.bó.so, -.sa]《話》**1** 気前のいい,鷹揚(勢)な. **2** 豪勢な,ぜいたくな. una fiesta *rumbosa* 豪勢なパーティー. **3** にぎやかな,祭り好きの.

ru・men [řú.men] 男《動》(反芻(勢)動物の)第一胃,こぶ胃,瘤胃(勢),ルーメン.

ru・mí [řu.mí] 男 キリスト教徒:イスラム教徒の間で用いられた呼称. [←[アラビア] *rūmī*;関連 Roma]

ru・mia [řú.mja] 女 **1** 反芻(勢). **2** 沈思,熟考.

ru・mian・te [řu.mján.te] 形《動》反芻(勢)する.
── 男 反芻動物;《複数で》《集合的》反芻類.

ru・miar [řu.mjár] 82 他 **1**《動》〈食べ物を〉反芻(勢)する. **2**《話》熟考する,思い巡らす. ~ un proyecto 何度も計画を練る. **3**《話》《文句を》ぶつぶつ言う.

ru・mo [řú.mo] 男(樽(ど)上部の)縁のたが.

***ru・mor** [řu.mór] 男 **1** うわさ,風評,流言. un ~ que circula por Internet インターネットで流布するうわさ. según los ~*es* (que corren) うわさによれば. ~ sin confirmar 未確認のうわさ. Corría el ~ de que García Márquez iba a sacar un nuevo libro. ガルシア・マルケスが新しい本を出すといううわさが流れていた.
2 ざわめき,(かすかな)物音;ささやき声. el ~ de las aguas せせらぎ. Se oía el ~ del mar a lo lejos. 遠くで海の波音が聞こえた. Escuchábamos el ~ de voces. 私たちは話し声に聞き耳を立てていた. → sonido 類語.
[←[ラ] *rūmōrem* (*rūmor* の対格);関連 ruido, rugir. [英] *rumor*]

ru・mo・rar・se [řu.mo.rár.se] 再《ラ米》→ rumorearse.

ru・mo・re・ar [řu.mo.re.ár] 自 ざわつく.
── ~・se 再《3人称で》うわさになる. Se *rumorea* que..., …といううわさだ.

ru・mo・ro・lo・gí・a [řu.mo.ro.lo.xí.a] 女《話》**1** うわさが広まること. **2** うわさ,風聞.

ru・mo・ro・so, sa [řu.mo.ró.so, -.sa] 形 ざわざわ[さらさら]音をたてる.

ru・na [řú.na] 女 **1** (古代北欧・ゲルマンの)ルーン文字. **2**《ラ米》《アンデス》《軽蔑》ジャガイモの一種.
── 男《ラ米》《アンデス》《軽蔑》先住民.

run・cho [řún.tʃo] 男《ラ米》《コロン》《動》フクロネズミの一種.

run・cho, cha [řún.tʃo, -.tʃa] 形《ラ米》(1)《コロン》《話》けちな,しみったれた.(2)《コロン》《話》ばかな,愚かな.

run・dir [řun.dír] 自《ラ米》《コロン》《話》意識を失う,朦朧(勢)となる. ── 他《ラ米》《コロン》保管しておく.
── ~・se 再《ラ米》《コロン》熟睡する.

run・dún [řun.dún] 男《ラ米》《ベネ》(1)《鳥》ハチドリ(= colibrí).(2)うなり板に似たおもちゃ.

run・fla [řúɱ.fla] / **run・fla・da** [řuɱ.flá.ða] 女《ラ米》《話》大量,多量;群衆;徒党.

rú・ni・co, ca [řú.ni.ko, -.ka] 形 (古代北欧・ゲルマンの)ルーン文字の. caracteres ~*s* ルーン文字.

run・rún [řun.řún] 男 **1** うわさ《話》,風評,流言 (= rumor). Corre el ~. そのうわさが流れている. **2** ざわつき,ざわめき;機械音. **3**《ラ米》《コロン》(おもちゃの)うなり板.

run・ru・ne・ar [r̃un.r̃u.ne.ár] 自《水・風・機械などが》音をたてる. — **~・se** 再《3人称で》うわさになる,風評が立つ. *Se runrunea* que van a subir los precios. 物価が上がるという話ですね.

run・ru・ne・o [r̃un.r̃u.né.o] 男 うなり音;ざわめき.

ru・ñar [r̃u.ɲár] 他《樽(だる)板に》鏡板をはめ込む溝をつける.

ru・ñir [r̃u.ɲír] 72 他《ラ米》(ﾆｶﾗ)(ｴﾙｻﾙ)(ｺｽﾀﾘ)(ﾊﾟﾅﾏ)《話》かじる,穴を開ける.

ru・pes・tre [r̃u.pés.tre] 形 **1** 岩に描かれた,岩に彫られた. las pinturas ~s de las Cuevas de Altamira アルタミラの洞窟(どうくつ)画. **2**《植》岩に生える,岩生の. planta ~ 岩生植物.

ru・pia¹ [r̃ú.pja] 女 **1** ルピー:インド,パキスタン,ネパールなどの通貨単位《略 Rs》.
2《俗》ペセタ(= peseta).

ru・pia² [r̃ú.pja] 女《医》(梅毒性)カキ殻疹.

ru・pi・ca・bra [r̃u.pi.ká.bra] 女 → rupicapra.

ru・pi・ca・pra [r̃u.pi.ká.pra] 女《動》シャモア,カモシカ.

ru・pí・co・la [r̃u.pí.ko.la] 形 岩の間に生息する.

rup・tor [r̃up.tór] 男《電》遮断器;《車》コンタクトブレーカー.

*****rup・tu・ra** [r̃up.tú.ra] 女 **1** 断交,断絶,不和. ~ de relaciones diplomáticas 国交断絶. **2**《契約の》破棄. ~ de negociaciones 交渉の決裂.

ru・que・ta [r̃u.ké.ta] 女 **1**《植》(1) キバナスズシロ. (2) シシムブリウム,カキネガラシ.
2《昆》チョウの幼虫.

*****ru・ral** [r̃u.rál] 形 **1** 田舎の;農村の;農作業の(↔urbano). zona ~ 農村[田園]地帯. éxodo ~ 農村の過疎化. población ~ 農村人口. vida ~ 田舎の生活. desarrollo ~ 農村開発. turismo ~ 農村観光,ファームステイ. mundo ~ 農村世界.
2 がさつな,洗練されていない.
— 女《ラ米》(ｱﾙｾﾞﾝ)自家用のバン,ステーションワゴン.

ru・ra・lis・mo [r̃u.ra.lís.mo] 男 田舎風[田園[農村]]生活.

ru・ra・lis・ta [r̃u.ra.lís.ta] 形 田園[農村]生活の.
— 農村生活者,田園生活擁護者.

ru・rrú [r̃u.rú] 男 → runrún.

ru・rru・pa・ta [r̃u.r̃u.pá.ta] 女《ラ米》(ﾁﾘ)子守歌.

rus [rús] 男《植》ウルシ.

ru・sal・ca [r̃u.sál.ka] 女《男を誘惑して殺すというスラブ神話の》水の精.

rus・co [r̃ús.ko] 男《植》ナギイカダ.

ru・sel [r̃u.sél] 男《服飾》サージ:綾(あや)織りの毛織物.

ru・sen・tar [r̃u.sen.tár] 他 赤く熱する,白熱化する,高温に熱する.

*****Ru・sia** [r̃ú.sja] 固名 **1** ロシア連邦:首都 Moscú. **2**（1917年以前の）ロシア帝国.
[←[中ラ] *Russia*]

ru・si・fi・ca・ción [r̃u.si.fi.ka.θjón / -.sjón] 女 ロシア化.

ru・si・fi・car [r̃u.si.fi.kár] 102 他 ロシア化する,ロシア風にする. — **~・se** 再 ロシア化する.

*****ru・so, sa** [r̃ú.so, -.sa] 形《名詞+》《ser+》ロシアの,ロシア人の;ソ連の(=soviético).
— 男 女 ロシア人. una *rusa* blanca 白ロシア人[ベラルーシ人]の女性. un gran ~ 大ロシア(現在のロシア)の男性. un pequeño ~ 小ロシア(現在のウクライナ)の男性(=ucraniano).
— 男 **1** ロシア語:東スラブ語の一つ. El ~ se escribe con (el) alfabeto cirílico. ロシア語はキリル文字で書かれる. **2** 厚地の外套. **3**（パイ生地のロシア風）ショートケーキ.
ensaladilla rusa《料》ポテトサラダ.
filete ruso《料》メンチカツ.

rus・ti・ci・dad [r̃us.ti.θi.ðáð / -.si.-] 女 田舎臭さ,粗野,がさつさ.

*****rús・ti・co, ca** [r̃ús.ti.ko, -.ka] 形 **1** 田舎の,農村の;田舎風の. **2**《軽蔑》粗野な,不作法な.
— 男 女 農民,百姓;田舎者.
en rústica 仮綴(かりと)じの,ペーパーバックの. edición *en ~* 仮綴じ本,ペーパーバック.
[←[ラ] *rūsticum* (*rūsticus* の対格);(*rūs* 「田舎」より派生). [関連] rusticidad, rural. [英] *rustic*]

rus・ti・quez [r̃us.ti.kéθ / -.kés] 女 → rusticidad.

rus・tir [r̃us.tír] 他 **1** 焼く. **2** かじる.
— 自《ラ米》(ﾒｷｼｺ)《話》がんばって働く;耐える.

rus・tro [r̃ús.tro] 男《紋》丸く中を抜いた菱(ひし)形.

Rut [r̃út] 固名《聖》ルツ:ボアズ Booz の妻,ダビデ David の曾祖母(そうそぼ). (2) ルツ記.

*****ru・ta** [r̃ú.ta] 女 **1** ルート,経路,コース. caminar toda la ~ 全行程を歩く. estar en ~ (de...) (…の)途上にある. Se equivocaron de ~. 彼らは道を間違えた. El conquistador siguió la ~ del viaje de Cristóbal Colón. 征服者はコロンブスの旅程をたどった.
2《比喩的》道,手段. la ~ del éxito 成功への道. **3** 航路,針路. ~ aérea 空路. ~ atlántica 大西洋航路. **4**《ラ米》幹線道路(=carretera).
la ruta de las especias《史》香辛料の道:東方の香辛料を運ぶためヨーロッパの商人がたどった道.
[←[仏] *route*←[俗ラ] *rupta* 「踏みならされた」道」([ラ] *ruptus* より派生;「踏み付けられた道」が原義)]

ru・tá・ce・o, a [r̃u.tá.θe.o, -.a / -.se.-] 形《植》ミカン科の. — 男 女《複数で》ミカン科.

ru・tar [r̃u.tár] 自 ぶつぶつ言う.

ru・te・nio [r̃u.té.njo] 男《化》ルテニウム(記号 Ru).

ru・te・no, na [r̃u.té.no, -.na] 形（ウクライナ共和国に属する旧チェコスロバキア領の）ルテニアの.
— 男 ルテニア人.

ru・te・ro, ra [r̃u.té.ro, -.ra] 形 道路の,行程の.
— 男《ラ米》(ｳﾙｸﾞｱ)新聞配達人.

ru・ti・lan・te [r̃u.ti.lán.te] 形 燦然(さんぜん)たる,きらめく. estrellas ~s きらめく星屑(ほしくず).

ru・ti・lar [r̃u.ti.lár] 自《格式》燦然(さんぜん)と輝く,きらめく.

ru・ti・lo [r̃u.tí.lo] 男《鉱》金紅石,ルチル.

*****ru・ti・na** [r̃u.tí.na] 女 **1** 習慣的に行う事,型どおりの行動;決まった仕事[手順]. apartarse de la ~ diaria 日課を離れる. inspección de ~ 通常[定例],恒常. por mera ~ 慣例的に,型どおりに.
2《I T》ルーチン,処理手順.
[←[仏] *routine*([古仏] *route* 「(人がよく通る)道」より派生); [関連] *routine, route*]

*****ru・ti・na・rio, ria** [r̃u.ti.ná.rjo, -.rja] 形 型どおりの;習慣的な,同じ手順を繰返す. procedimiento ~ いつものやり方. ~, ria 型にはまった人.

ru・ti・ne・ro, ra [r̃u.ti.né.ro, -.ra] 形《人が》型にはまった,マンネリの. — 男 女 凡人,型にはまった人.

ru・tón, to・na [r̃u.tón, -.tó.na] 形《話》よく愚痴る,不平の多い(= renegón).

Rwan・da [r̃wán.da] 固名 → Ruanda.

Ss

基本的に「サ行」の発音．スペインでは前舌面をわずかにぼくませて舌先を上の歯茎に近づけて発音する．中南米では英語などの s と同じ．si が日本語の「シ」にならないよう注意．濁って [z] になることはない．

S, s [é.se] 囡 スペイン語字母の第20字.
s 《略》segundo 秒.
s 《略》siglo 世紀.
s/ 《略》su(s) あなた（がた）の，貴社の． = s/c.（= su casa, su cuenta.）s/cta.（= su cuenta）． s/cc.（= su cuenta corriente）．
$, $ 《略》**1** dólar(es) ドル． **2** peso(s) ペソ．
S 《略》**1** 《化》sulfur［ラ］硫黄（= azufre）．
S. 《略》**1** san, santo 聖…． **2** santidad (教皇)聖下． **3** señoría 閣下；令夫人, 令嬢． **4** sobresaliente (学業成績での)優．
S. A. 《略》**1** sociedad anónima 株式会社． **2** Su Alteza 殿下，閣下． **3** Sudamérica 南米．
s.a.a. 《略》su atento amigo《手紙》敬具．
sáb. 《略》sábado 土曜日．
Sa·ba [sá.ba] 固名 シバ：アラビア南部にあった古代王国. la reina de ~ シバの女王.
＊＊sá·ba·do [sá.ba.do] 男 土曜日（略 sáb.）．(todos) los ~s 毎週土曜日(に). el ~ pasado 先週の土曜日(に). el ~ que viene / el próximo ~ 来週の土曜日(に). Vendré el ~ por la mañana. 土曜日の朝伺います． ~ sabadete 週末の楽しみ. No hay ~ sin sol, ni doncella [mocita, moza] sin amor. 《諺》晴れていない土曜日は恋を知らない乙女のようなものだ.
hacer sábado 週に一度の大掃除をする．
［←［ラ］*sabbatum*←［ギ］*sábbaton*「休息；（ユダヤ教の）安息日」←［ヘブライ］*shabbāth*；【関連】sabático, sabatismo，［ポルトガル］*sábado*，［仏］*samedi*，［伊］*sabato*，［英］*Sabbath*「安息日」, *Sabbatical*．［独］*Samstag*]
sa·ba·jón [sa.ba.xón] 男 《ラ米》(コロ)卵黄と砂糖の入った濃いリキュール.
sa·ba·le·ra [sa.ba.lé.ra] 囡 **1** (かまどの)火格子, 火床. **2** ニシン漁の網.
sá·ba·lo [sá.ba.lo] 男 《魚》ニシン科の食用魚の総称．
sa·ba·na [sa.bá.na] 囡 **1** サバンナ：熱帯・亜熱帯の草原. **2** サバンナの植物.
estar en la sabana《ラ米》(コロ)《話》(経済的に)恵まれている，何一つ不自由しない．
＊sá·ba·na [sá.ba.na] 囡 **1** シーツ，敷布． ~ bajera [de debajo] 敷布． ~ camera セミダブル用のシーツ． ~ encimera [de encima] 上掛けシーツ（◆ベッドではシーツとシーツの間に体をすべり込ませる）．
2《カト》祭壇布．
3（インドのサリーのような）衣服として身にまとう布．
4《話》1000ペセタ紙幣． **5**《話》たばこの巻き紙．
pegársele (*a + 人*) *las sábanas*《話》(人)が寝過ごす. Ha llegado tarde esta mañana porque *se le pegaron las ~s*. 今朝彼[彼女]は寝坊して遅刻した．
sábana de agua 激しい雨, しの突く雨．
Sábana Santa《カト》(キリストを埋葬時に包んだ)聖骸(せいがい)布（= Santo Sudario）.

［←［ラ］*sabana*(*sabanum*「布, タオル」の複数形) ←［ギ］*sábanon*「入浴用タオル」］

sa·ban·di·ja [sa.ban.dí.xa] 囡 **1** (気味の悪い)小虫, 昆虫, (爬虫(はちゅう)類などの)小動物（= bicho）.
2《話》蛆虫(うじむし)みたいなやつ；薄汚いやつ.
— 男囡《話》やんちゃな子供.
sa·ba·ne·ar [sa.ba.ne.ár] 他《ラ米》(1)(コロ)(ベネ)〈人の〉跡をつける．(2)(チリ)捕まえる；おもねる．
— 自《ラ米》(コロ)(チリ)(ベネ)草原を駆け巡る；(サバンナで)家畜を駆り集める．
sa·ba·ne·ro, ra [sa.ba.né.ro, -.ra] 形 サバンナの.
— 男囡 **1** サバンナの住民． **2**《ラ米》(ベネ)《話》ごろつき, 乱暴者；殺し屋．
— 男《ラ米》《鳥》(北米・アンティル諸島の牧草地に住む) ヒガシマキバドリ． — 囡《ラ米》(コロ)(ベネ)(チリ)《動》サバネラ：サバンナに生息するヘビ．
sa·ba·ni·lla [sa.ba.ní.ja ‖ -.ʎa-] 囡 **1** (四角い)小さな布, 小さなシーツ． **2**《ラ米》(チ)ベッドカバー．［sábana + 縮小辞］
sa·ba·ñón [sa.ba.ɲón] 男《医》霜焼け.
comer como un sabañón《話》ばか食いする．
sa·ba·ra [sa.bá.ra] 囡《ラ米》(コロ)(ベネ)霞(かすみ), かすみ.
sa·ba·te·ño [sa.ba.té.ɲo] 男《ラ米》(コロ)(ベネ)境界石；道標, 里程標.
sa·bá·ti·co, ca [sa.bá.ti.ko, -.ka] 形 土曜日の, 土曜日に関する.
año sabático (1)《宗》(古代ユダヤで7年ごとに訪れる)安息の年．◆農作業は1年間中止され, 奴隷は贈り物を与えられて解放された．(2) サバティカル・イヤー：7年ごとに大学教員に与えられる1年間の研究休暇．
sa·ba·ti·no, na [sa.ba.tí.no, -.na] 形 土曜日の, 土曜日に関する. *bula sabatina*《カト》教皇の土曜親書． — 囡 **1**《カト》土曜日の礼拝[儀式]. **2** 週の復習をする土曜日の特別授業. **3**《ラ米》(チ)殴打.
Sá·ba·to [sá.ba.to] 固名 サバト Ernesto ~（1911 - ）：アルゼンチンの作家. 作品 *El túnel*『トンネル』.
sab·bat [sá.baṯ] 男 (ユダヤ教の)安息日.
sa·be·dor, do·ra [sa.be.ðór, -.ðó.ra] 形《*de*…に》精通している, 熟知している．
sa·be·la [sa.bé.la] 囡《動》ケヤリムシ；岩礁(がんしょう)などに住む多毛環虫.
sa·be·lia·nis·mo [sa.be.lja.nís.mo] 男《宗》サベリウス主義：三位一体ではなく一神三役として父・子・聖霊をとらえる3世紀のキリスト教の異端説.
sa·be·lo·to·do [sa.be.lo.tó.do] 形《性数不変》《話》知ったかぶりをする．
— 男囡《複 ~, ~s》《話》軽蔑(けいべつ)知ったかぶりをする人, 物知り顔をする人.
sa·be·o, a [sa.bé.o, -.a] 形 (アラビアの古代王国)シバ Saba (人)の． — 男囡 シバ人.

＊＊sa·ber [sa.bér] 55 他 **1** 知っている；《*que* + 直説法 …であることを》知っている, 確信している；知る, わかる. *hacer* ~… *a* + 人 …を〈人〉にわ

sabela
(ケヤリムシ)

sabia

からせる, 知らせる. Ya lo *sé*. もう私はそれを知っています. Lo *supe* ayer por la televisión. 私はそれを昨日テレビで知りました. ¿*Sabes* el camino a la estación? 駅へはどう行くかわかりますか. No *sé* qué decir. 私はなんと言っていいかわかりません. No *sé* por qué se negó ella. なぜ彼女が拒んだか私にはわかりません. ¿Y tú *sabes* una cosa? Te tenemos mucha confianza. 教えてあげようか. 私たちは君をとても信頼しているよ. Para que lo *sepas*, somos novios. 君に言っておくけど, 私たちは恋人同士だよ. ¿*Sabías* que su padre *era* médico? 君は彼[彼女](ら)のお父さんが医者だと知っていましたか. → conocer [類語]. 再帰代名詞を伴って強調表現を作る場合がある. ⇒[再] 1.

[類語] *conocer* が主に見聞によって「知る, 知っている」, つまり体験している, 経験していることを表すのに対し, *saber* は知的活動の結果による「知る, 知っている」を表す.

2 《+不定詞》《…することが》できる, ; 《…するすべを》知っている. ¿*Sabe* usted *montar* en bici? あなたは自転車に乗れますか. *Sabe perder.* 彼[彼女]は負けても悪びれない.

[類語] *poder* +不定詞が内在的な能力や特定の状況下での可能性に言及するのに対し, *saber* +不定詞は学習などによって習得した能力, 技能を指す.

3 〈学問·技能などに〉精通している, …の素養を持っている. *Sabe* muy bien el latín. 彼[彼女]はラテン語をよく知っています.

4 《ラ米》《ﾁﾘ》《ｴｸｱﾄﾞﾙ》《ﾍﾟﾙｰ》《+不定詞》《…することを》習慣とする, よく《…》する.

—[自] **1** 《de...》《…について》知っている, わかる. que yo *sepa* 私の知る限りでは. No *sé* de qué habláis. 君たちが何を話しているのかわからない.

2 《de...》《…について》精通している, …の素養がある. ¿*Sabes* de informática? 君はコンピュータのことがわかりますか. **3** 《時に軽蔑》《人が》賢い, 小ざかしい.

4 《a...》《…の》味がする. un caramelo que *sabe* a fresa イチゴ味のキャンディー. No *sabe* a nada. (これは)何の味もしません. ▶ 間接目的人称代名詞《a+人》を伴って味を感じる人を表すことができる. ⇒ A mí me *sabe* a naranja. 私にはオレンジの味がする.

5 《*saberle* (a+人) (人) に》《副詞およびその相当語句 …であるように》思える, 感じられる. Le *supo mal.* 彼[彼女]にはそのことが不愉快だった. Eso *me sabe a excusa.* それは私には言い訳に聞こえる. Las vacaciones *me supieron* a muy poco. 休暇は私には十分とは言えなかった. ▶ 不定詞や que +接続法が主語となる場合がある. ⇒ *Me supo mal* no decir la verdad. 私は真実を言わないのは嫌だと思った.

— ~·se [再] **1** 《強調》覚えこむ, 知り尽くす. *Me sé* de memoria todos los nombres de los personajes. 私は登場人物の名前を全て暗記している.

2 《+名詞·形容詞およびその相当語句》《自分が》…であることを》確信する. Él ya *se sabe* ganador del premio. 彼はもう受賞を確信しています.

3 《3人称単数で》わかる, 知る. ¿*Se* puede ~ dónde está el director? 監督がどこにいるかわかりますか [教えていただけますか]. ▶ 丁寧表現として1人称表現の代わりに用いられることが多い.

— [男] 知識, 学問. El ~ no ocupa lugar. 《諺》知識は場所をとらない.

a saber (1) つまり. (2) 《疑い·不信》《+名詞節》はどうなのだろう.

no saber dónde meterse《話》〈人が〉ひどく恥ずかしい思いをする.

no saber por dónde se anda [*pesca*] 《話》〈人が〉ずぶの素人である.

名詞 + *no sé cuántos*《名前がわからない[思い出せない]けど》何とかという…, ある…. Ha venido aquí un señor *no sé cuántos* para preguntar por ti. 何とかと言う人があなたのことを尋ねてここに来ました.

qué sé yo / *yo qué sé*《話》《強調》(1)《列挙など》(後は) わからない; …とか何とか. Fue a comprar queso o jamón, y *qué sé yo*. 彼[彼女]はチーズとかハムとかあれこれを買いに行きました. (2) わかるものですか; わからない (くらい). *Yo qué sé* la de veces que me caí. 私は何度転んだかわからない.

quién sabe《無知·希望などを表して》さあどうだか, わかるものか; そうかもしれない.

saber a gloria《話》《強調》(1)《食べ物·飲み物が》とてもおいしい. (2)《a+人 (人) にとって》…が非常に喜ばしい.

saber al dedillo...《話》…を知り尽くす.

saberle (a+人) *a cuerno quemado* …が〈人〉にとって腹立たしい, おもしろくない.

saber lo que es bueno《脅し》思い知る. Si empiezas a trabajar en una empresa, *sabrás lo que es bueno*. 君が会社に入って働き始めたら, 世の中を思い知るだろうよ.

sabérselas todas《話》〈人が〉賢い, 世に長けた.

según SU *leal saber y entender*《文章語》…の知るところでは.

Sepa Dios.《ラ米》《ｶﾘﾌﾞ》《判断に迷って》さあ, はて.

un no sé qué 得体の知れないもの[感情]. Sentí *un no sé qué* que me dejó abandonado. 私はなんとなく見捨てられたように感じた.

vete (*tú*) *a saber... / vaya usted a saber...*《話》《疑念》…はどうなのかな, …はどうなのでしょう.

[← [ラ] *sapere*「味がする; 味がわかる; 洞察力がある」] [関連] sabio, sapiente, sabor. [英] *sapient*「賢い」, *savor*「味」]

sa·bia [sá.bja] [形] [女] →sabio.

sa·bi·cho·so, sa [sa.bi.tʃó.so, -.sa] [形]《ラ米》《ﾀﾞﾘ》→sabihondo.

sa·bi·cú [sa.bi.kú] [男]《植》西インド諸島原産のマメ科の高木: マホガニーに似た堅材は造船·建築用.

sa·bi·di·llo, lla [sa.bi.ðí.ʝo, -.ja ‖ -.ʎo, -.ʎa] [形]《話》《軽蔑》知ったかぶりの, 物知り顔の.

— [男] [女] 知ったかぶりをする人, 物知り顔をする人. [sabido +縮小辞]

*****sa·bi·do, da** [sa.bí.ðo, -.ða] [形] **1** よく知られた, 周知の. como es ~ よく知られているように. S~ es que…. …周知のとおり…だ. Es cosa *sabida* que …. …とは周知の事実だ. Lo tiene muy ~. 彼[彼女]はその辺の事情をよく知っている.

2 学問のある, 物知りな; 理解力のある, 賢い.

3《ラ米》《ﾒﾋｼｺ》(1)《話》活発な, 生き生きした. (2) 熟練した, 機敏な.

*****sa·bi·du·rí·a** [sa.bi.ðu.rí.a] [女] **1** 学識, 知識.

2 賢明, 思慮, 分別. actuar con ~ 思慮深く行動する. la ~ eterna [increada] 神の諭し. Libro de la S~《聖》(旧約の) 知恵の書.

sa·bien·das [sa.bjén.das] *a sabiendas* 故意に, 知りながら. Lo hizo *a* ~ *de* que me enfadaría. 私が怒るのを承知の上で彼[彼女]はやった.

sa·bi·hon·dez [sa.bi.ón.deθ / -.dés] [女]《話》知識のひけらかし, 衒学《ｹﾞﾝ》趣味.

sa·bi·hon·do, da [sa.bi.ón.do, -.da] [形]《話》《軽蔑》知識をひけらかす, 学者ぶった. — [男] [女]《話》《軽

蓆)知識をひけらかす人,学者ぶる人.
sá·bi·la [sá.bi.la] 囡 〖植〗アロエベラ:ユリ科の薬草.
sa·bi·na [sa.bí.na] 囡 〖植〗サビナビャクシン:薬用植物.
sa·bi·no, na [sa.bí.no, -.na] 形 〖史〗サビニ人の.
— 男 サビニ人;ローマと最後まで拮抗(きっこう)したイタリア中部の古代民族. el rapto de las *Sabinas*(ローマ人による)サビニの女たちの略奪(♦ローマ伝説による有名なన話). — 男 サビニ語.

sa·bio, bia [sá.bjo, -.bja] 形〖絶対最上級は sapientísimo〗《ser＋》
 1《多くは名詞＋》学識豊かな, 博学の. los ~s científicos 学識豊かな科学者たち. Él *es* creador y ~. 彼は創造力が豊かで博識だ. *Es* ~ en cuestiones de fútbol. 彼はサッカーのことをよく知っている.
 2《＋名詞／名詞＋》賢明な, 分別のある;巧みな. dar ~s consejos 賢明な助言をする. tomar una decisión *sabia* 賢明な判断をする. gobernar el país con mano *sabia* 巧みに国を治める.
 3《多くは名詞＋》調教された, 仕込まれた. un perro 〜 よく訓練された犬. **4**《話》知識をひけらかす, 学者ぶる, 知ったかぶりの(＝sabihondo, sabelotodo).
— 男 **1** 学識豊かな人, 碩学(ඍう), 大学者. un 〜 en ciencias 科学に造詣の深い人.
 2 賢人, 哲人. el viejo 〜 老賢者. la gran cruz de Alfonso X el *S*〜 賢王アルフォンソ10世大十字勲章. Rectificar es de 〜s. 賢者は意見を変えるもの. **3**《話》知識をひけらかす人, 知ったかぶり.

sa·bion·dez [sa.bjon.déθ / -.dés] 囡 → sabihondez.
sa·bion·do, da [sa.bjón.do, -.da] 形 → sabihondo.
sa·bla·zo [sa.blá.θo / -.so] 男 **1** サーベルの一撃;サーベルによる傷.
 2《話》の無し, たかり, 寸借詐欺. dar un 〜 a＋人《人》に(金を)たかる. vivir de 〜s 寄食する.
sa·ble[1] [sá.ble] 男 **1** サーベル;《スポ》(フェンシング用の)サーブル. desenvainar el 〜 サーベルを抜き放つ. **2** (金を巻き上げる)手練手管, 算段. **3**《ラ米》(ぞっこう)《話》陰茎(＝miembro viril).
 ruido de sables クーデター[軍部の反乱]のうわさ.
sa·ble[2] [sá.ble] 男 **1** 〖紋〗黒色.
sa·ble·a·dor, do·ra [sa.ble.a.ðór, -.ðó.ra] 男 囡《話》たかり屋.
sa·ble·ar [sa.ble.ár] 他《話》〈人に〉金をたかる, 金をせびる. vivir de 〜 他人にたかって暮らす.
sa·blis·ta [sa.blís.ta] 形《話》たかり屋の.
— 男 囡《話》たかり屋.
sa·bo·ga [sa.bó.ga] 囡 → sábalo.
sa·bo·ne·ta [sa.bo.né.ta] 囡 ふた付き懐中時計.

sa·bor [sa.bór] 男 **1** 《a... …の》味, 味覚;風味(＝gusto). 〜 *a* naranja オレンジ風味. 〜 *a* hierro (水などの)金気の強い味. 〜 ni olor 味も匂いもしない. perder el 〜 (ワイン・ハムなどの)味が落ちる, 品質が劣化する. No me gusta el agrio. 私は酸っぱい味は嫌いだ. Este pescado tiene un 〜. un poco raro. この魚の味は少し変だ.
〔関連〕ácido, agrio 酸っぱい. amargo 苦い. dulce 甘い. picante 辛い. salado 塩辛い. cargado, fuerte (コーヒーなどが)濃い. flojo, ligero 味が薄い, 塩気の少ない. rico, sabroso, delicioso 美味い. soso 塩気が足りない, まずい. insípido 味のない, まずい.

 2《比喩的》味わい, 趣. un poema de 〜 clásico 古典的作風の詩. 〜 *local* 地方色. Sus palabras me dejaron un 〜 amargo. 彼[彼女](ら)の言葉に私は苦い思いをした.
a sabor かっこよく, 望みどおりに. Con estas gafas te ves *a* 〜. このめがねをかけたほうがかっこよく見えるよ.
dejar mal sabor de boca a＋人《人》に後味の悪い思いをさせる.
〔← 〔ラ〕*sapor*; *sapere*「味がする;味わう」(→ saber)より派生. 〔関連〕 sabroso, saborear, insípido, resabio. 〔英〕 *savor*〕
sa·bo·ra [sa.bó.ra] 囡 《ラ米》(がラテス)〖気象〗薄霧.
sa·bor·ci·llo [sa.bor.θí.jo ‖ -.sí-] 男 sabor＋縮小辞.
sa·bo·re·ar [sa.bo.re.ár] 他 **1** 〈料理・飲み物を〉味わう, 賞味する. 〜 vino ワインを味わう.
 2 満喫する, 心ゆくまで楽しむ. **3** …に味をつける, 風味を添える. **4** 甘言でつる.
sa·bo·re·o [sa.bo.ré.o] 男 **1** 賞味, 玩味(がんみ), 味わうこと. **2** 満喫, 楽しみ. **3** 味つけ.
sa·bo·ri·zan·te [sa.bo.ri.θán.te / -.sán.-] 形 味を出す, 風味を添える.
— 男 (風味を加えるための)食品添加物.
sa·bo·ta·je [sa.bo.tá.xe] 男 (労働者の意図的)破壊活動, サボタージュ;(計画などの)妨害.
sa·bo·te·a·dor, do·ra [sa.bo.te.a.ðór, -.ðó.ra] 形 破壊活動(家)の. — 男 囡 破壊活動家;妨害者.
sa·bo·te·ar [sa.bo.te.ár] 他 …に対し意図的な破壊活動をする;サボタージュする;〈計画などを〉妨害する.
Sa·bo·ya [sa.bó.ja] 固名 サボア, サボイ:フランス南東部, イタリア国境の地方名.
 casa de Saboya 〖史〗サボイア家:11世紀から1946年まで続いたイタリアの王家. 1861年から1946年までイタリア統一国家を支配した.
sa·bo·ya·no, na [sa.bo.já.no, -.na] 形 サボアの.
— 男 囡 サボアの住民[出身者].
— 囡 **1** (昔の)前開きのスカート. **2** (ラム酒を振りかけ糖蜜(なっ)でくるんだ)サボイビスケット.
sabr- 語 → saber.
sa·bro·se·ra [sa.bro.sé.ra] 囡 《ラ米》(き)《話》ごちそう.

sa·bro·so, sa [sa.bró.so, -.sa] 形 **1**《ser＋/estar＋》おいしい, 美味な. plato muy 〜 とてもいしい料理. La sopa *estuvo* muy *sabrosa*. スープはとてもおいしかった. Esta cerveza *es* la más *sabrosa*. このビールがいちばんおいしい.
 2《ser／estar＋》《＋名詞／名詞＋》内容のある, 中身の濃い;(量が)かなりの. conversación *sabrosa* 中身の濃い会話. *sabrosa* discusión 充実した議論. *sabrosa* cantidad かなりの額.
 3 しらっとした, 痛烈な;機知に富んだ.
 4《estar＋》〈料理が〉塩気のやや強い.
 5《ラ米》《話》(1) (ステア)(まうチス)すてきな;愉快な, 楽しい. (2) (メジ)(ステア)(まうチス)話好きな. (3) (ステア)ぬけぬけの強い. (4)(キ)優れた.
sa·bro·són, so·na [sa.bro.són, -.só.na] 形 《ラ米》《話》おいしい, 美味な. (2) (タガ)(ステア)《話》おしゃべりな, 話好きな. (3) (キ)《話》とても感じがよい.
sa·bro·su·ra [sa.bro.sú.ra] 囡 《ラ米》(1) (タガ)(ステア)(メジ)おいしさ;楽しさ, 愉快. (2) (まうチス)厚かましさ.
sa·bu·co [sa.bú.ko] 男 〖植〗セイヨウニワトコ.
sa·bue·so, sa [sa.bwé.so, -.sa] 男 〖動〗ブラッドハ

sa·bu·go
ウンド《犬》(= perro ～).
──男女《話》嗅覚(ﾐｭｳ)の鋭い人;刑事;探偵.

sa·bu·go [sa.βú.ɣo] 男 → sabuco.

sa·bu·rra [sa.βú.ra] 女《医》(1)《舌の表面にできる》白苔(ﾊｸﾀｲ). (2)《胃・口・歯などの》残渣(ｻﾞﾝｻ), 汚物.

sa·bu·rral [sa.βu.rál] 形《医》(1)《舌が》白苔(ﾊｸﾀｲ)を生じた. (2)《胃・口・歯などの》残渣(ｻﾞﾝｻ)の, 汚物の.

sa·bu·rro·so, sa [sa.βu.ró.so, -.sa] 形 → saburral.

sa·ca¹ [sá.ka] 女 (丈夫な布製の) 大袋 (= costal). ～ de correo(s) 郵袋.

sa·ca² [sá.ka] 女 1 (特にタバコなどの) 専売品の蔵出し. 2《商》輸出, 持ち出し. 3 (公正証書などが認可された) 謄本. 4《ラ米》(ｸﾞｱ)(ｺｽﾀ)(ﾆｶ)《農》(家畜の) 駆り立て, 移動. ──直 → sacar.

sa·ca·ba·la [sa.ka.βá.la] 女《医》弾丸摘出鉗子(ｶﾝｼ).

sa·ca·ba·las [sa.ka.βá.las] 男《単複同形》(銃の) 槊杖(ｻｸｼﾞｮｳ);砲身から砲弾を摘出する器具.

sa·ca·ble [sa.ká.βle] 形《ラ米》(ｸﾞｱﾃ)《話》(1)《問題などが》解ける. (2) 分けられる.

sa·ca·bo·ca·do [sa.ka.βo.ká.ðo] 男 → sacabocados.

sa·ca·bo·ca·dos [sa.ka.βo.ká.ðos] 男《単複同形》1 穴開け器, 型抜き器. 2 こつ, 秘訣(ﾋｹﾂ).

sa·ca·bo·tas [sa.ka.βó.tas] 男《単複同形》(ほぞの付いた木の板の) 長靴脱ぎ具.

sa·ca·bro·cas [sa.ka.βró.kas] 男《単複同形》(靴屋の用いる) 鋲(ﾋﾞｮｳ)抜き.

sa·ca·bu·che¹ [sa.ka.βú.tʃe] 男 1《音楽》サックバット:中世のトロンボーンの一種. 2 サックバット奏者. 3《海》(昔の) 排水用手押しポンプ.
[←《仏》saqueboute]

sa·ca·bu·che² [sa.ka.βú.tʃe] 男 1 (先端のとがった) ナイフ. 2《話》《軽蔑》ちび, 寸足らず.

sa·ca·cla·vos [sa.ka.klá.βos] 男《単複同形》釘(ｸｷﾞ)抜き.

sa·ca·cor·chos [sa.ka.kór.tʃos] 男《単複同形》(瓶の) コルク抜き, 栓抜き (= descorchador). *sacar... a+人 con sacacorchos* 〈人〉から…を無理やり〔巧みに〕聞き出す.

sa·ca·cuar·tos [sa.ka.kwár.tos] 男女《単複同形》→ sacadineros.

sa·ca·cue·ro [sa.ka.kwé.ro] 形《ラ米》(ｸﾞｱﾃ)《話》《軽蔑》他人の悪口を言う.

sa·ca·da [sa.ká.ða] 女 1 (国・地方自治体の) 飛び地. 2《ラ米》(ｸﾞｱﾃ)(ｺｽﾀ)(ﾆｶ) 引き出し, 取り出し.

sa·ca·di·ne·ros [sa.ka.ði.né.ros] 男女《単複同形》(金額に値しない) ショー, 安っぽい見せ物;がらくた. 2《単複同形》ぺてん師, いかさま師.

sa·ca·dor, do·ra [sa.ka.ðór, -.ðó.ra] 形 引く, 引っぱる, 取り出す. ──男女 1《スポ》(テニスなどの) サーバー. 2 引き出す人, 取り出す人.

sa·ca·du·ra [sa.ka.ðú.ra] 女 1《服飾》斜めの裁断. 2《ラ米》→ sacada 2.

sa·ca·le·ches [sa.ka.lé.tʃes] 男《単複同形》(母乳の) 搾乳器.

sa·ca·li·ña [sa.ka.lí.ɲa] 女 1 (先に鉤(ｶｷﾞ)のついた) 突き棒, 刺し棒 (= garrocha).
2 (うまく何かを引き出す) ずるさ (= socaliña).

sa·ca·man·chas [sa.ka.mán.tʃas] 男《単複同形》(衣類の) 染み抜き剤 (= quitamanchas).

sa·ca·man·te·cas [sa.ka.man.té.kas] 男《単複同形》1《話》(人を襲う) 切り裂き魔.
2 (すぐにナイフに手を掛ける) ならず者.

sa·ca·mi·cas [sa.ka.mí.kas] 男女《ラ米》《単複同形》(ｸﾞｱﾃ)《話》おべっか使い.

sa·ca·mue·las [sa.ka.mwé.las] 男女《単複同形》《話》1《軽蔑》歯医者. 2 おしゃべりな人, 多弁家. *hablar más que un ～* ぺらぺら[のべつまくなしに]しゃべる. 3 の屋, 香具師(ﾔｼ).

sa·ca·pe·rras [sa.ka.pé.ras] 男女《単複同形》→ sacadineros.

sa·ca·pun·tas [sa.ka.pún.tas] 男《単複同形》鉛筆削り.

※sa·car [sa.kár] 囮 他 1 (外へ) 出す;《de...から》取り出す, 引き出す. *～ al perro a pasear* 犬を散歩に連れ出す. *～ una moneda del bolsillo* ポケットからコインを取り出す. *Saca la basura, por favor.* 君, ごみを出してください. *Saque la lengua, por favor.* (診察で) 舌を出してください. *El conductor sacó la cabeza por la ventanilla y gritó.* 運転手は窓から頭を出して叫んだ.
2 《de... …から》得る, 獲得する;得点する;《科目を》合格する. *～ el título de...* …の資格を得る. *～ buenas notas* いい成績をとる. *～ el billete* 切符を買う. *¿Qué sacaste en el examen de francés?* フランス語の試験はどうだった. *¿De dónde ha sacado esa idea?* その考えはどこから引き出しましたか. *He sacado el pelo rubio de mi madre.* 私の金髪は母親から受け継いだ.
3 《話》《de... / a... …から》〈成果を〉得る, 出す;《問題を》解決する. *～ consecuencias* 結果を出す. *～ beneficios de [a] un negocio* 商売で利益を得る. *No conseguimos ～ el problema.* 問題を解決できなかった. *Vamos a ver si podemos ～ cien piezas diarias.* 日に100個の成果を挙げることができるかみてみよう.
4 《de... …から》〈人を〉解放する, 救う. *～ a+人 de apuros* 〈人〉の窮地を救う. *¿Alguno de ustedes me puede ～ de dudas?* あなた方の誰かが私の疑問を解明してくれませんか.
5 抽出する. *～ las manchas*《話》しみを抜く, 汚れを落とす. *Sacan el aceite de las aceitunas.* オリーブから油を抽出する.
6 《de... …から》除く, 引く. *De veinte, sacando once, quedan nueve.* 20から11を引いて9.
7 《写真・写し・ノート・メモを》とる. *～ fotos* 写真をとる. *Saca dos copias de estos documentos.* この資料を2部コピーしてください. *Me sacaron muy favorecida en la foto.* 私はとてもきれいに写真に撮ってもらった.
8 〈性格などを〉見せる, 提示する. *Por fin ha sacado sus mañas.* ついに彼[彼女]は狡猾さを表した.
9 公開する;〈新作を〉発表する, 発行する. *Los han sacado en el periódico.* 彼らは新聞に載った. *Lograron ～la en la pantalla.* 彼女をスクリーンに登場させることができた. *Han sacado un nuevo modelo hace dos meses.* 2か月前に新しいモデルが発売された.
10 《a... …から》取り出す;〈情報などを〉引き出す. *～ brillo a...* …を磨く. *～ sangre a+人* 〈人〉から採血する. *Le sacamos esta información.* 私たちはこの情報を彼[彼女]から聞き出した (▶ *le* が a+人 に相当).
11 《話題などを》持ち出す. *No me saque usted ahora eso.* そのことは今言わないでください.
12 〈ゲームで〉カードを引く. 13 〈衣類の丈を〉出す. 14 《a+人〈人〉に》《en... …で》〈差を〉つける. *Le saca la cabeza a su hermano.* 彼はお兄さん[兄]

より頭ひとつ背高が高い（▶ le が a +人に相当）. **15**〖スポ〗〈ボールを〉サーブする；（ゲーム開始「再開」で）〈ボールを〉蹴る. ~ una falta フリーキックをする. **16**《ラ米》〖ａ＋人〈人〉から〉〈衣服を〉脱がせる.（２）《ラ米》《中米》《話》こびる.（３）《ラ米》《中米》《話》責める.
—自 **1** 〖スポ〗サーブする；キックオフ［フリーキック］する.（２）《ラ米》《中米》《a... …に》《話》〈においが〉かわす，逃げる.
—~·se 再 **1**《de... …から》〈自分の体の部分・身に着けているものを〉取り出す，取り出してもらう. Yo tengo que ~*me* una muela. 私は虫歯を抜いてもらわなければなりません. **2** 〈免許・証明書などを〉得る；〈科目などに〉合格する. **3**《ラ米》（１）〈衣服を〉脱ぐ.（２）《ラ米》《中米》《話》かわす，逃げる.
sacar a bailar a+人 〈人〉を踊りに誘い出す；〈人〉を（出し抜けに）指名する.
sacar adelante...（１）《a+人〈人〉を》養う. De todos modos tengo que ~ *adelante a toda mi familia*. とにかく私は家族全員を養って行かなくてはならないんだ.（２）〈事業などを〉軌道に乗せる，やりくりする.
sacar de sí *a+人* 〈人〉を激昂させる.
sacar en claro... / *sacar limpio...* …をはっきりさせる.

sacar- 「糖, 糖質の」の意の造語要素. → *sacarí*metro, sacaroideo. [←〖ギ〗]
sa·cá·ri·co [sa.ká.ri.ko, -.ka] 形 砂糖の.
sa·cá·ri·do [sa.ká.ri.ðo] 男 〖生化〗糖類, 炭水化物.
sa·ca·rí·fe·ro, ra [sa.ka.rí.fe.ro, -.ra] 形 〖植〗糖を含む.
sa·ca·ri·fi·ca·ción [sa.ka.ri.fi.ka.θjón / -.sjón] 女 〖化〗糖化.
sa·ca·ri·fi·car [sa.ka.ri.fi.kár] 102 他 〖化〗〈でんぷんなどを〉糖化する.
sa·ca·rí·me·tro [sa.ka.rí.me.tro] 男 〖化〗検糖計.
sa·ca·ri·no, na [sa.ka.rí.no, -.na] 形 糖質の, 糖を含む；糖に似た. —女 〖化〗サッカリン. [〖ギ〗*sákkharon*「砂糖」より造語；→*azúcar*]
sa·ca·roi·de·o, a [sa.ka.roi.ðé.o, -.a] 形 〖地質〗〈岩石が〉糖状の. mármol ~ 糖状大理石.
sa·ca·ro·sa [sa.ka.ró.sa] 女 〖化〗サッカロース, 蔗糖(とう).
sa·ca·te·ar [sa.ka.te.ár] 他《ラ米》《中米》避ける.
sa·ca·tín [sa.ka.tín] 男《ラ米》《アンデス》蒸留器.
sa·ca·tin·ta [sa.ka.tín.ta] 女《ラ米》《中米》〖植〗サカティンタ：青紫色染料を取るキツネノマゴ科の低木.
sa·ca·tra·pos [sa.ka.trá.pos] 男《単複同形》
  1〖軍〗（銃口の詰め物を取り除く）押さえ除去具.
  2 秘密を探るのがうまい人.
sa·cer·do·cio [sa.θer.ðó.θjo / -.ser.-.sjo] 男 **1**〖カト〗司祭職；聖職者の身分［地位, 職務］, 司祭団.
  2 聖職, 使命.
sa·cer·do·tal [sa.θer.ðo.tál / -.ser.-] 形 司祭の；聖職者の.

✱✱sa·cer·do·te [sa.θer.ðó.te / -.ser.-] 男 〖宗〗司祭；聖職者, 僧, 神官（▶女性形は mujer sacerdote. キリスト教以外の女性聖職者は sacerdotisa）. ~ obrero（自らも労働者として働く）労働司祭. sumo ~ 〖史〗ユダヤ教の大祭司.
  [←〖ラ〗*sacerdōtem*（*sacerdōs* の対格）←〖ラ〗（*sacer*）ことを行う人」が原義；関連 sacerdocio. [英] *sacerdocy*「司祭職」]
sa·cer·do·ti·sa [sa.θer.ðo.tí.sa / -.ser.-] 女 〖宗〗女性司祭, 女性聖職者.

sa·cha [sá.tʃa] 形《ラ米》《中米》《話》偽の；下手な.
  —男女《ラ米》《中米》《話》偽者, 実力のない人.
sa·char [sa.tʃár] 他 …の雑草を取る, 除草する.
sa·chem [sa.tʃém] 男 〖英〗（北米先住民の）族長.
sa·chet [sa.tʃé(t)] 男《ラ米》《ラプ》（液体を入れる）プラスチック容器.
sa·cho [sá.tʃo] 男 **1** 除草用の鋤(すき). **2**《ラ米》《ラプ》錨(いかり)の代わりに用いる石と木枠でできた小舟用バラスト.
sa·cia·ble [sa.θjá.ble / -.sjá.-] 形 満足する；飽き飽きする.
sa·cian·te [sa.θján.te / -.sján.-] 形 〈食料品が〉食欲を起こさせる.
sa·ciar [sa.θjár / -.sjár] 82 他 〈飢え・渇きを〉満足させる；〈欲望などを〉満たす. ~ las curiosidades 好奇心を満たす. ~ su venganza 復讐(ふくしゅう)を遂げる.
  —~·se 再《con... / de...》（…で）満足する；《…に》うんざりする, 飽き飽きする. comer hasta ~*se* 腹いっぱい食べる. ~*se con poco* 簡単に満足する.
sa·cie·dad [sa.θje.ðáð / -.sje.-] 女 充足, 飽き飽きすること. comer [beber] hasta la ~ 腹いっぱい食べる［飲む］. repetir... hasta la ~ …をうんざりするほど繰り返す.

✱sa·co [sá.ko] 男 **1** 袋；１袋分. dos ~s de azúcar 砂糖２袋. ~ de dormir 寝袋. ~ de noche [mano] 旅行用［手提げ］バッグ. ~ terrero 砂嚢(のう), 土嚢. ~ de arena 〖スポ〗サンドバッグ. carrera de ~s サックレース, 袋競走. ~ de viaje 《ラ米》《ラプ》スーツケース, 旅行かばん.
  2 〖解剖〗嚢. ~ cardíaco 心嚢. ~ lagrimal [lacrimal] 涙嚢.
  3 〖文章語〗略奪, 分捕り（= saqueo）. el ~ de Roma 〖史〗ローマの略奪（◆1527年スペイン・ドイツ・イタリアの傭兵(ようへい)隊が支払いを不服として反乱を起こし, 教皇 Clemente 7世を7か月幽閉した事件）.
  4《話》《de... 〈性質・特徴〉の》塊. ~ de gracia とてもおもしろい人. ~ de huesos（骨と皮ばかりに）やせた人. ~ de malicias 悪意の塊. ~ de picardías 大悪党. ~ de problemas 問題児.
  5 〖服飾〗（１）（古代ローマ人が戦時に着用した）短い衣服.（２）祈りの上着；粗布の服. **6**（入り口の狭い）湾, 入り江（= ensenada）. **7**《話》太っちょ, 不格好な人. **8**《俗》1000ペセタ紙幣. **9**《ラ米》〖服飾〗（１）（男性用の）上着, ジャケット（= americana）.（２）《ラプ》女性用コート.
  —形 → sacar.
  a saco 遠慮なしに；《俗》たくさん.
  caer en saco roto ぬかに釘(くぎ)である. Lo que le dije *cayó en* ~ *roto*. 彼［彼女］に言ってみたが無駄だった.
  echar... en saco roto …を無視する, 考慮しない.
  entrar a saco en...（１）…を略奪する.（２）《話》…に乱入する.（３）単刀直入に〈問題〉に入る.
  meter en el mismo saco... …をひとからげにする.
  no echar... en saco roto …を忘れないでいる, 留意する.
  [←〖ラ〗*saccum*（*saccus* の対格）←〖ギ〗*sákkos*；関連 ensacar, saquear.《俗》*sack*]
sa·co·le·va [sa.ko.lé.ßa] / **sa·co·le·vi·ta** [sa.ko.le.βí.ta] 女《ラ米》《ラプ》〖服飾〗→chaqué.
sa·co·ma·no [sa.ko.má.no] 男 略奪. meter... a ~ …を略奪する. [←〖伊〗*saccomanno*]
sa·cón, co·na [sa.kón, -.kó.na] 形《ラ米》《中米》《話》（１）うわさ好きな, 告げ口をする.（２）おべっか使いの, へつらう. —男《ラ米》《ラプ》〖服飾〗丈の長いジャ

ケット, ハーフコート (= chaquetón).

sa·co·ne·ar [sa.ko.ne.ár] 他《ラ米》(⁺ᵃ)《話》へつらう.

sa·co·ne·rí·a [sa.ko.ne.rí.a] 女《ラ米》(⁺ᵃ)《話》お世辞, おべっか, へつらい.

sa·cra [sá.kra] 女《カト》(祭壇の上の額入りの) ミサ典文.

sa·cra·li·za·ción [sa.kra.li.θa.θjón / -.sa.sjón] 女 神聖化すること.

sa·cra·li·zar [sa.kra.li.θár / -.sár] 97 他 神聖化する.

sa·cra·men·ta·do, da [sa.kra.men.tá.ðo, -.ða] 形《カト》(1)《聖別された ホスチアの [聖餅] で》. (2) (病人・臨終を迎えた人が) 告解 [聖体, 終油] の秘跡を授けられた.

sa·cra·men·tal [sa.kra.men.tál] 形 **1**《カト》秘跡の;(プロテスタントで)聖礼典の. especies ~es 聖変化したパンとぶどう酒. **2** 儀礼的な, 習慣的な.
— 男《カト》準秘跡: 教会から区別された十字架や聖水など. — 女《カト》聖体を信仰する信徒会.
palabras sacramentales (1) 秘跡の言葉. (2) 儀礼的な言葉.

sa·cra·men·tar [sa.kra.men.tár] 他 **1**《カト》(1) 〈病人・臨終を迎えた人に〉告解 [聖体, 終油] の秘跡を授ける. (2)〈パンを〉聖体に変える; 聖別する.
2 隠しておく, 秘密(ひみつ)する.
— ~·se 再《カト》聖変化する, 聖体に変わる.

sa·cra·men·ta·rio [sa.kra.men.tá.rjo] 男《宗》聖餐(せいさん)形式論者. ◆聖餐用のパンとぶどう酒はキリストの肉と血そのものではなく, 表象にすぎないとしたツヴィングリ (1484–1531, スイスの宗教改革者) らの派をルター派が非難して呼んだ名称.

sa·cra·men·to [sa.kra.mén.to] 男《カト》秘跡, サクラメント (◆洗礼・堅信・聖体・告解・終油・叙階・婚姻の7秘跡がある); (プロテスタントで) 聖礼典. administrar los últimos ~s 臨終にあたり終油の秘跡を授ける. recibir el ~ (de la confirmación) (堅信の) 秘跡を受ける. recibir los ~s 告解 [聖体, 終油] の秘跡を受ける. el ~ del altar《カト》祭壇の秘跡 (聖体のこと); (プロテスタントで) 聖餐(せいさん). el Santísimo S~《カト》聖体.

sa·cra·tí·si·mo, ma [sa.kra.tí.si.mo, -.ma] 形 [sagrado の絶対最上級] きわめて神聖な, 至聖なる.

sa·cri·fi·ca·de·ro [sa.kri.fi.ka.ðé.ro] 男 生贄(いけにえ)を屠(ほふ)る場所 [祭壇].

sa·cri·fi·ca·do, da [sa.kri.fi.ká.ðo, -.ða] 形 **1** 犠牲になった. **2** 犠牲的な, 献身的な. vender a un precio ~ 捨て値で売る.

sa·cri·fi·ca·dor, do·ra [sa.kri.fi.ka.ðór, -.ðó.ra] 男 女 犠牲 [生贄(いけにえ)] をささげる人; 畜殺人.

***sa·cri·fi·car** [sa.kri.fi.kár] 102 他 **1**《a... / por...》…のために〉…を犠牲にする, あきらめる. ~ su tiempo libre *por* un proyecto プロジェクトのために自由時間を投げ出す. ~ la vida *por* su ideal 自分の理想のために命をなげうつ. ~ la precisión *a* la elegancia de la expresión 表現味のために正確さを犠牲にする. ~ la calidad para bajar el precio 価格を下げるために品質を犠牲にする.
2《a...〈神〉に》(いけにえとして) 捧げる. ~ un cordero *a* un dios 神に子羊を捧げる.
3〈家畜を〉(食用に) 畜殺する; 〈病気の家畜を〉殺す. Para festejar el día *sacrificaron* un cerdo. この日を祝うために豚が一頭つぶされた.
— ~·se 再 **1**《por...》…のために〉自分を犠牲にする, 自分の欲望を捨てる. ~*se por* su familia 家族のため自分を犠牲にする. **2**《a...〈神〉に》身を捧げる.

***sa·cri·fi·cio** [sa.kri.fí.θjo / -.sjo] 男 **1** 犠牲; 犠牲的行為. hacer un ~ por la patria 祖国のために犠牲を払う. La decisión del gobierno nos impone muchos ~s. 政府の決定により, 我々国民は多くの負担を強いられる. Me costó mucho ~ participar en el evento. その行事に参加するために私は大変な思いをした.
2 いけにえ, 捧げもの;《カト》ミサ (= santo ~ de la misa). ofrecer un ~ a los dioses 神々にいけにえを捧げる. ~ humano 人身御供. celebrar el santo ~ ミサを挙げる. **3** 畜殺. ~s masivos de aves infectadas 感染した鳥の大量処分.
[←《ラ》*sacrificium* (*sacrificāre*「犠牲にする」より派生);【関連】《英》*sacrifice*]

sacrifique(-) / sacrifiqué(-) 活 → sacrificar.

sa·crí·le·ga·men·te [sa.krí.le.ɣa.mén.te] 副 冒瀆(ぼうとく)的に, 聖なるものを汚して.

sa·cri·le·gio [sa.kri.lé.xjo] 男 **1** 冒瀆(ぼうとく), 瀆聖. **2**《話》《軽蔑》暴言.

sa·crí·le·go, ga [sa.krí.le.ɣo, -.ɣa] 形 冒瀆(ぼうとく)の, 瀆聖の. — 男 女 冒瀆者.

sa·cris·tán, ta·na [sa.kris.tán, -.tá.na] 男 (ミサで司祭の助手も務める) 聖具保管係.
— 女 **1** 聖具保管係の妻. **2** (女子修道院の) 聖具保管係. — 形《ラ米》(メキシコ)《話》お節介な, でしゃばりな.

sa·cris·ta·ní·a [sa.kris.ta.ní.a] 女 聖具保管係の職.

sa·cris·tí·a [sa.kris.tí.a] 女 (教会の) 聖具保管室.

sa·cro, cra [sá.kro, -.kra] 形 **1**《格式》神聖な, 聖なる; 神にささげられた; 宗教的な (= sagrado). historia *sacra* 聖書に記された歴史. música *sacra* 宗教音楽. *Sacra Familia* 聖家族 (→sagrado). el S~ Colegio《カト》枢機卿(すうききょう)会議. el S~ Imperio Romano《史》神聖ローマ帝国. la vía *sacra*《カト》十字架の道行 (→ viacrucis).
2《解剖》仙骨 (部) の.
— 男《解剖》仙骨 (= hueso ~).

sa·cro·san·to, ta [sa.kro.sán.to, -.ta] 形 きわめて神聖な, 至聖の.

sa·cu·di·da [sa.ku.ðí.ða] 女 **1** 揺れ, 揺れ動き, 震動. avanzar dando ~s (乗り物が) がたごと揺れながら進んで行く. ~s sísmicas 地震. **2** 揺さぶり; はたく [たたく] こと. dar una ~ a una alfombra カーペットをはたく. **3**《話》感電 (= calambre). ~ eléctrica 電気ショック. **4** 動揺, 動転.

sa·cu·di·do, da [sa.ku.ðí.ðo, -.ða] 形 **1** 揺り動かされた; 動揺した, ぐらついた. **2** ひねくれた, 人に負えない, 扱いにくい. **3** 断固たる, 決然とした; 迅速な.

sa·cu·di·dor, do·ra [sa.ku.ðí.ðor, -.ðó.ra] 形 揺らす; はたく. — 男 **1** (ほこりを払う) はたき, たたき棒. **2**《機》振動機.

sa·cu·di·du·ra [sa.ku.ði.ðú.ra] 女 → sacudida 女.

sa·cu·di·mien·to [sa.ku.ði.mjén.to] 男《まれ》→ sacudida 女.

***sa·cu·dir** [sa.ku.ðír] 他 **1** 揺さぶる, 揺り動かす. El viento *sacudía* los árboles. 風で木々が揺れていた. Un fuerte temblor *sacudió* toda la región. 強い揺れが地域全体を揺るがした.
2 はたく, 〈…から塵(ちり)などを〉振り払う [叩き落とす]. ~ un colchón [una alfombra] 布団(ふとん)をはたく. ~ el bolsillo 財布をはたく; しぶしぶ金を出す. ~ los muebles《ラ米》家具にはたきをかける.

sagrario

3〈塵〉などを〉はらう；〈厄介なものを〉払いのける. ～ los mosquitos 蚊を追いやる. ～ el sueño 眠気を振り払う. Su madre le *sacudió* la arena. 母親は彼[彼女]の体についた砂をはらってやった.
4 動揺させる；〈人の気持ちを〉揺さぶる. Esa triste noticia *sacudió* a todo el país. その悲しいニュースは国中を揺るがした.
5《話》〈人を〉殴打する；〈a＋人〈人〉に〉〈殴打を〉食らわせる. El niño *sacudió a* su amigo una bofetada. その子は友達をひっぱたいた. **6**《**de...**〈怠惰・混迷など〉から》目覚めさせる, 覚醒させる.
━～**.se** 再 **1**〈自分の体から〉〈塵などを〉はらう；〈身に着けているものから〉塵などをはらう. *Sacúdete* las migas 服についたパンくずをはらう. *Sacúdete* la falda, que está llena de barro. スカートに泥がいっぱいついているから, はたき落としなさい.
2〈厄介なものを〉〈自分の身から〉振り払う, 払いのける.～*se* el yugo 束縛から自分を解き放つ. La chica *se sacudió* el miedo para hablar. 女の子は勇気を奮って話し始めた.
3《**de...**〈怠惰・混迷など〉から》目覚める, 我に返る.～*se de* su estupor 驚きから我に返る. *Sacúdete* y ponte a estudiar. ぼうっとしていないでさっさと勉強しなさい. **4**《ラ米》**(1)**《クラク》頭がすっきりする. **(2)**《クラク》《話》リズムに乗って踊る.
[←［ラ］*succutere*「投げ上げる；揺り動かす」（*sub-*「下から」＋*quatere*「揺り動かす」）；関連 sacudida, discutir. ［英］*succussion*, *discuss*]

sa.cu.dón [sa.ku.ðón] 男《ラ米》《話》大変動, 激変.

sá.cu.lo [sá.ku.lo] 男《解剖》(内耳の)球形嚢(の).

sa.dhú [sa.ðú] / **sa.dhu** [sa.ðu] 男《複 ～s》(ヒンドゥ教の)聖者, 僧侶, インドの托鉢(はっ)僧.

sá.di.co, ca [sá.ði.ko, -.ka] 形 サディズムの, サディスト的の. ━男 女 サディスト.

sa.dis.mo [sa.ðís.mo] 男 **1** サディズム, 加虐性愛.→masoquismo. **2** 加虐趣味.
[18-19世紀のフランスの作家サド *Marquis de Sade* の実生活や小説にちなむ]

sa.do.ma.so.quis.mo [sa.ðo.ma.so.kís.mo] 男 サドマゾヒズム, 加虐被虐性愛.

sa.do.ma.so.quis.ta [sa.ðo.ma.so.kís.ta] 形 サドマゾ(ヒズム)の. ━男 女 サドマゾヒスト.

sa.du.ce.o, a [sa.ðu.θe.o, -.a /.sé.-] 形《聖》《史》(ユダヤ教の)サドカイ人の, サドカイ派の.
━男 サドカイ派の人：前2-1世紀ごろ, 死者の復活や天使・霊の存在を否定しパリサイ人 fariseo と対立したユダヤ教の一派.

sa.e.ta [sa.é.ta] 女 **1**〈格式〉矢（＝ flecha）.
2（時計の）針；磁針, 羅針.
3《音楽》サエタ：聖週間の聖母マリアなどの行列に向かって歌われるフラメンコの歌. **4**《星座》[S-] や（や）座（＝ Flecha）. **5**（剪定(せん)後の）ブドウづるの先端.
echar saetas《話》(言葉・表情・行動で)怒りを示す.

sa.e.ta.da [sa.e.tá.ða] 女 矢を射ること；矢傷.

sa.e.ta.zo [sa.e.tá.θo / -.so] 男 → saetada.

sa.e.te.ar [sa.e.te.ár] 他 …に矢を射る, 放つ.

sa.e.te.ra [sa.e.té.ra] 女 **1**（城壁の）狭間(はざ), 銃眼（＝ aspillera）. **2**《まれ》細長い小窓.

sa.e.te.ro, ra [sa.e.té.ro, -.ra] 形 矢の, 弓術の.
━女 サエタ saeta の歌い手.
━男 (弓の)射手, 弓兵.

sa.e.ti.lla [sa.e.tí.ja ‖ -.λa] 女 **1**（時計の）針；磁針. **2**《植》オモダカ属の植物.

sa.e.tín [sa.e.tín] 男 **1** 坊主[無頭]釘(台).
2（水車用の）導水路.

sa.fa.cón [sa.fa.kón] 男《ラ米》(ドドミニカ)ゴミ箱.

sa.fa.do, da [sa.fá.ðo, -.ða] 形《ラ米》《話》無遠慮な.

sa.fa.gi.na [sa.fa.xí.na] 女《ラ米》(クラク)《話》騒ぎ, 騒動.

sa.fa.ri [sa.fá.ri] 男 **1**（特にアフリカの）狩猟旅行, サファリ；狩猟隊. Está de ～. 彼[彼女]は猛獣狩りに出ている. **2** 探検旅行, 遠征. **3** サファリ・パーク.

sa.fe.na [sa.fé.na] 形《解剖》《女性形のみ》《解剖》伏在（静脈）の. ━女 伏在静脈（＝ vena ～）.

sá.fi.co, ca [sá.fi.ko, -.ka] 形 **1**《詩》サッフォー風[詩体]の. verso ～（11音節5脚の）サッフォー句. poesía *sáfica*（サッフォー句3行と5音節1行からな
る）サッフォー風の詩. **2**《女性が》同性愛の, レズビアンの. ━男《詩》サッフォー詩体.

Sa.fo [sá.fo] 固名 サッフォー（前612?-?）：ギリシアのレスボス島出身の女流詩人.

sa.for.na.do, da [sa.for.ná.ðo, -.ða] 形《ラ米》(クラク)〈肌が〉発疹のある.

sa.ga¹ [sá.ga] 女 女妖術(まわ)師.

sa.ga² [sá.ga] 女 **1**《文学》サガ：中世北欧の英雄伝説. **2**（家族の）系譜小説. **3** 一族. [←［独］*Sage*]

sa.ga.ci.dad [sa.ga.θi.ðáð / -.si.-] 女 **1** 明敏, 鋭敏；洞察力. **2**（犬などの）嗅覚の鋭さ.

sa.gaz [sa.gáθ / -.gás] 形《複 sagaces》**1** 明敏な, 鋭敏な；洞察力のある. el policía más ～ 最も敏腕な警官. **2**《狩》〈犬などが〉嗅覚[鼻]が鋭い.

sa.gaz.men.te [sa.gáθ.men.te / -.gás.-] 副 抜かりなく, 明敏に.

sa.gi.ta [sa.xí.ta] 女《数》矢：円弧の両端から弦の中点までの長さ.

sa.gi.ta.do, da [sa.xi.tá.ðo, -.ða] 形 矢の, 矢(じり)状の.

sa.gi.tal [sa.xi.tál] 形 **1** 矢の, 矢(じり)状の.
2《解剖》(頭蓋(紅)の)矢状縫合の, 矢状方向の.

sa.gi.ta.rio [sa.xi.tá.rjo] 形《星》(位置不変)いて座生まれの. mujeres ～ いて座の女性たち. ━男 **1**（弓の）射手, 弓兵. **2 (1)** [S-]《星座》いて座. **(2)**《占星》人馬宮：黄道十二宮の第9宮. ━男《単複同形》いて座生まれの人. Soy ～. 私はいて座だ.

sa.gra.do, da [sa.grá.ðo, -.ða]［絶対最上級 sacratísimo］(ser**＋)
1《＋名詞／名詞＋》聖なる, 神聖な；宗教的な. historia *sagrada* 聖書に記された歴史. libro ～ 聖典. lugar ～ 聖地. música *sagrada* 宗教音楽. templo ～ 聖殿. zona *sagrada* / recinto ～ 聖域. *Sagrada* Comunión 《カト》聖体拝領. S～ Corazón 《カト》聖心（槍(ゃ)で貫かれたキリストの心臓）；至聖なるイエスの聖心の祝日（聖霊降臨後第2の主日後の金曜日）. *Sagrada* Escritura 聖書. *Sagrada* Familia 《カト》聖家族（♦イエスと聖母マリアと養父聖ヨセフ）. Te juro por lo más ～ que te digo la verdad.（最も聖なるものに）誓って君に真実を話さよ. →次ページに図.
2 尊い, 侵しがたい. derecho ～ 不可侵の権利. deber ～ 神聖な義務. El matrimonio *es* ～. 結婚というのは神聖なものだ.
━男 聖域；（犯罪者の）逃げ込む場所.
acogerse a sagrado〈犯罪者が〉安全な場所に逃げ込む；（権威を盾にして）責任を逃れる.
[←［ラ］*sacrātum*（*sacrāre*「神聖にする」の完了分詞 *sacrātus* の対格）；関連 consagrar, sacramento, sacristán, sacrificio, sacerdote.［英］*sacred*]

sa.gra.rio [sa.grá.rjo] 男《カト》**(1)**（教会内の）

至聖所. (2) (聖体を収める) 聖櫃(ひつ). (3) (大聖堂内の) 礼拝堂.

sa·gú [sa.gú] 男 **1** 【植】(1) サゴヤシ：サゴでんぷんの取れるヤシの総称. (2) クズウコン. **2** サゴでんぷん：ヤシの木の髄から取れるでんぷん.

sa·guai·pé [sa.gwai.pé] 男 《ラ米》(グ) 寄生虫.

sa·gua·ro [sa.gwá.ro] 男 大サボテン.

sa·gun·ti·no, na [sa.gun.tí.no, -.na] 形 (スペインの) サグントの. ——女 サグントの住民[出身者].

Sa·gun·to [sa.gún.to] 固名 サグント：スペイン東部, Valencia 県の都市. [←《ラ》 *Saguntum* (または *-tus*) ←《ギ》 *Ságounton*]

sah [sá] 男 シャー：ペルシャ, 旧イラン王政の王.

Sa·ha·gún [sa.(a.)gún] 固名 サアグン Bernardino de ~ (1499? - 1590)：スペイン出身の年代記作者. 作品 *Historia general de las cosas de Nueva España*『スエバ・エスパーニャ事物総史』. →*cronista*.

Sá·ha·ra [sá.(x)a.ra // -.ha.-] / **Sa·ha·ra** [sa.(x)á.ra // -.há.-] 固名 サハラ (砂漠) (= desierto del S~)：アフリカ北部の世界最大の砂漠. ~ Occidental 西サハラ (旧スペイン領サハラ). [←《アラビア》 *ṣaḥrā*'「砂漠」(*aṣhar*「赤褐色の」より派生：砂の色から)]

sa·ha·ra·ui [sa.((x)a.)rá.(g)wi // -.ha.-] / **sa·ha·ra·uí** [sa.((x)a.)ra.(g)wí // -.ha.-] 形 サハラアラブ民主共和国 (西サハラ) の. ——男女 サハラアラブ民主共和国 (西サハラ) の住民[出身者]；サハラ砂漠の住民[出身者].

sa·ha·ria·na [sa.((x)a.)rjá.na // -.ha.-] 女 【服飾】サファリジャケット：パッチポケットとベルト付きジャケット.

sa·ha·ria·no, na [sa.((x)a.)rjá.no, -.na // -.ha.-] 形 サハラ砂漠の；サハラアラブ民主共和国 (西サハラ) の. ——男女 サハラ砂漠の住民[出身者]；サハラアラブ民主共和国 (西サハラ) の住民[出身者].

sa·hib [sa.íb] 男《呼びかけ》(インド人の使用人からみた) ご主人(あるじ), だんな, ご主人様.

sa·hí·na [sa.í.na] 女 【植】モロコシ (= zahína).

sa·hor·nar·se [sa.or.nár.se] 再《体の部位が》すれる, すりむく；ひりひりする.

sa·hu·mar [sau.már] 95 他《格式》…に香をたきしめる.

sa·hu·me·rio [sau.mé.rjo] 男 **1** 《格式》香をたきしめること. **2** 香, 香煙. **3** 香木, 香具.

S. A. I.《略》*Su Alteza Imperial* 皇帝[皇后]陛下.

sai·bó [sai.bó] 男《ラ米》(ラブ)(アルゼ)(ウルグ)(パラグ) サイドボード. [←《英》 *sideboard*]

sai·ga [sái.ga] 男【動】サイガ, オオハナレイヨウ.

sa·ín [sa.ín] 男 **1** (動物の) 脂肪, 脂肪質；油脂 (= grasa). **2** (灯油用の) 魚油. **3** (襟などの) あか.

sai·nar [sai.nár] 他《動物を》太らせる.

sai·ne·te [sai.né.te] 男 **1** 【演】サイネーテ. ▶庶民の生活を題材にしたスペインの一幕物の風俗喜劇. **2** 喜劇. **3** 《話》こっけいな出来事[状況]. **4** (味をひきしめるために入れる) ソース, 調味料. **5** (美味なものの) ひとつ, 一皿. **6** (興趣を盛り上げる) 添え物.

sai·ne·te·ar [sai.ne.te.ár] 自 **1** サイネーテ sainete を上演する. **2** 興を添える. **3** 微妙な味わいを持つ.

sai·ne·te·ro, ra [sai.ne.té.ro, -.ra] 男女 サイネーテ sainete 作者.

sai·ne·tes·co, ca [sai.ne.tés.ko, -.ka] 形 【演】サイネーテ sainete の, サイネーテ風の.

sai·ne·tis·ta [sai.ne.tís.ta] →*sainetero*.

sa·í·no [sa.í.no] 男 【動】クビワペッカリー.

sa·ja [sá.xa] 女 **1**→*sajadura*. **2**【植】マニラアサの葉柄.

sa·ja·du·ra [sa.xa.ðú.ra] 女 【医】(瀉血(しゃ)のため) の小切開.

sa·jar [sa.xár] 他 【医】(瀉血(しゃ)のため) 小切開する.

sa·jín [sa.xín] 男《ラ米》(ペル) わきが.

sa·jón, jo·na [sa.xón, -.xó.na] 形 **1** 【史】(5世紀にイングランドに定住した) サクソン人の. **2** (ドイツの) ザクセン (人) の. ——男女 **1** サクソン人. **2** ザクセン人. [←《後ラ》*Saxō* (**1** も **2** も源は同じ民族)；関連 Sajonia]

Sa·jo·nia [sa.xó.nja] 固名 ザクセン：ドイツ東部の州. [←《後ラ》*Saxōnia*；*Saxōnēs*《複数形》「ザクセン人」(←《ゲルマン》**Saxon-*) より派生；関連 sajón]

sa·jor·nar [sa.xor.nár] 他《ラ米》(グ) 煩わす.

sa·jú [sa.xú] 男【動】オマキザル科のサル.

sa·ke [sá.ke] / **sa·ki** [sá.ki] 男 酒, 日本酒. [←《日》酒]

sa·kí [sa.kí] 男【動】サキ：南米産オマキザル科.

sal [sál] 女 **1** 塩. echar *sal* a... …に塩をふる. faltar *sal* 塩が足りない. excesivo consumo de *sal* 塩分の取りすぎ. agregar un poco de *sal* a... …に塩を少し加える. una pizca de *sal* ひとつまみの塩, 塩少々. *sal* de cocina 料理用塩. *sal* común 食塩. *sal* fumante 塩酸. *sal* gema [pedrés] 岩塩. *sal* marina 海塩. *sal* de mesa 食[卓]塩.
2 ぴりっとした味わい；面白み；魅力. El profesor tiene *sal* para contar anécdotas. 逸話を語るときの先生にはなんとも言えない味がある. Esos chistes tienen mucha *sal*. その小話はとてもしゃれている.
3 【化】塩(えん)の. *sal* amoniaco [amoniaca] 塩化アンモニウム. *sal* de acederas 酸性蓚酸(しゅう)カリ (ウム). *sal* de higuera 硫酸マグネシウム.
4《複数で》気付け薬, かぎ塩.
5《複数で》バスソルト (= *sales* de baño).
6《ラ米》(メ)(エク)(プ)(コ)(ペ)(ボ)(チ)《話》不運, 災い. ser la *sal* (メ)《話》運が悪い, 不幸な.

echar en sal... …を塩漬けにする；《話》おあずけにする, もったいをつける.

poner sal en la mollera a + 人《話》《人》を落ち着かせる.

sal de la vida 人生の妙味.

sal gorda [*sal gruesa* (**1**) 粗塩. (**2**) 下品なユーモア, きわどい冗談.

sal y pimienta《話》活気, 妙味；(少々のしんらつさ・きわどさを伴った) おもしろさ, 冗談. El baile le puso un poco de *sal y pimienta* a la fiesta. その

りのおかげでパーティーは少し活気づいた.
[←[俗ラ] *sale*, [関連] salobre, salero, salazón, salsa, ensalada, salario. [ポルトガル] sal. [仏] sel. [伊] sale. [独] Salz. [英] salt. [日] サラダ]

sa.la [sá.la] 囡 **1** 広間, 居間, リビングルーム; 居間の調度品[家具]. ~ de estar 居間. ~ de visita 応接間. Me pasaron a la ~ de estar. 私は居間に通された.
2 (特定の用途のための) 室, 会場, ホール,《集合的》会場の人, 聴衆. ~ blanca 無菌室. ~ capitular 聖堂参事会会議室. ~ de alumbramiento [partos] 分娩(ぶん)室. ~ de audiencias 謁見(えっけん)の間. ~ de banquetes 宴会場. ~ de chat チャットルーム. ~ de clases 教室. ~ de comisiones 委員会室. ~ de conciertos コンサートホール. ~ de conferencias 講堂; 会議場[室]. ~ de control 管制室, 制御室. ~ de curaciones [curas] (病院の) 処置室. ~ de embarque 出発ロビー. ~ de espera 待合室. ~ de estreno (映画の) 封切り館. ~ de exposiciones 展示室, ギャラリー. ~ de fiestas ナイトクラブ, ダンスホール. ~ de juegos 遊戯室. ~ de juntas (証券取引所の) 立会い場; (重役の) 会議室. ~ de lectura (図書館の) 閲覧室, 読書室. ~ del trono (玉座のある) 謁見の間. ~ de máquinas (船舶などの) 機関室; 機械室. ~ de música 音楽室. ~ de operaciones 手術室. ~ de profesores 教員室. ~ de subastas 競売場. ~ de tránsito トランジットラウンジ. ~ de urgencias 救急治療室.
3 法廷 (=~ de justicia);《集合的》裁判官, 判事. ~ de apelación 〖史〗控訴院.
fútbol sala 〖スポ〗フットサル.
sala X ポルノ映画館.
[←[ゲルマン] *sal*-; [関連] salón. [仏][英] *salon*]

sa.la.bre [sa.lá.bre] 男 魚取り網.
sa.la.ci.dad [sa.la.θi.đáđ / -.si.-] 囡 色欲, 淫乱(いん)な.
sa.la.cot [sa.la.kó(t)] (複 ~s) 男 (熱帯地方の) 日よけ帽.
sa.la.da.men.te [sa.lá.đa.mén.te] 副 しゃれっけたっぷりで, 軽妙に.
sa.la.dar [sa.la.đár] 男 塩田; 塩分の多い土地.
sa.la.de.rí.a [sa.la.đe.rí.a] 囡 塩漬け肉製造業.
sa.la.de.ro [sa.la.đé.ro] 男 **1** (魚・肉の) 塩漬け加工[貯蔵]場. **2** 〖ラ米〗(ヲデブ)〖畜〗(家畜の) 塩の場.
sa.la.di.llo, lla [sa.la.đí.jo, -.ja ‖ -.ʎo, -.ʎa] 形 〈ナッツ類などが〉乾燥させ塩味を付けた. — 男 塩味を付けた豚の脂身. — 男〖植〗ハマアカザの一種.
Sa.la.di.no [sa.la.đí.no] 固名 サラディーン; サラーフ・アッディーン (1138–93): 第3回十字軍と戦ったエジプト・シリアの王.
sa.la.di.to [sa.la.đí.to] 男 **1** 《複数で》塩味の利いた食べ物. **2** 〖ラ米〗(ヲデブ)〖料〗カナッペ.
sa.la.do, da [sa.lá.đo, -.đa] 形 **1** 塩分を含んだ, 塩辛い, しょっぱい. *agua salada* 塩水. *Esta sopa está un poco salada.* このスープは少ししょっぱい.
2 機知に富んだ, しゃれっけのある. **3** (ラ米)(1) 不運な. (2) (ヲデブ)高価な. (3) (メシコ)〖話〗困難な. — 男 (ラ米)(1) (ヲデブ)岩塩坑. (2) (コロンビア)(エクアドル)(ボリビア)〖話〗運, 不幸.
sa.la.dor [sa.la.đór] 男 →saladero 1.
sa.la.du.ra [sa.la.đú.ra] 囡 塩漬け, 塩加工.
sa.la.man.ca [sa.la.máŋ.ka] 囡 (ラ米)(1) (ヲデブ) 洞窟(どうくつ), 暗い場所. (2) (ヲデブ) 魔術, 妖術の

(3) (ヲデブ) 先住民が悪霊と考えていた洞窟に棲息するサンショウウオ.
Sa.la.man.ca [sa.la.máŋ.ka] 固名 サラマンカ. (1) スペイン西部の県; 同市街は1988年世界遺産に登録. 1218年 (一説では1215年) に Alfonso 9世の命により創立された大学が有名. (2) メキシコ中部 Guanajuato 州の都市.
[(1) ←[ラ] *Salmantica*; [関連] salmantino].
sa.la.man.dra [sa.la.mán.dra] 囡 **1** 〖動〗サンショウウオ. ~ *gigante del Japón* オオサンショウウオ. ~ *acuática* イモリ. **2** サラマンダー, 火とかげ: 火中に住む伝説上の火の精. **3** (無煙炭を用いる) 石炭ストーブ.
sa.la.man.que.ja [sa.la.maŋ.ké.xa] 囡 (ラ米) (ヲデブ) →salamanquesa 囡.
sa.la.man.qués, que.sa [sa.la.maŋ.kés, -.ké.sa] 形 (スペインの) サラマンカの (=salmantino). — 男 囡 サラマンカの住民[出身者].
sa.la.man.que.sa [sa.la.maŋ.ké.sa] 囡 〖動〗ヤモリ; 爬虫(はちゅう)類ヤモリ科の総称.
sa.la.man.qui.na [sa.la.maŋ.kí.na] 囡 (ラ米) (ヲデブ) トカゲ. (2) (ヲデブ)〖話〗ばか, 間抜け.
sa.la.man.qui.no, na [sa.la.maŋ.kí.no, -.na] 形 (スペインの) サラマンカの (=salmantino). — 男 囡 サラマンカの住民[出身者].
sa.la.me [sa.lá.me] [伊] (ラ米) サラミ (ソーセージ). — 形 (ラ米)(ヲデブ)〖話〗ばかな, 愚かな.
sa.la.mi [sa.lá.mi] [伊] (ラ米) サラミ (ソーセージ).
sa.lan.ga.na [sa.laŋ.gá.na] 囡 〖鳥〗ショクヨウアナツバメ.
sa.lar[1] [sa.lár] 他 **1** 〈肉・魚などを〉塩漬け[塩蔵]する. **2** 塩を加える, 塩を振りかける; 塩辛くする. **3** (ラ米)(1)〖話〗台無しにする. (2) (ヲデブ)〖話〗〈人を〉罰する. (3) (ヲデブ)(ヲデブ) 面目をつぶす. (4) (ヲデブ) (家畜に) 塩を与える. — ~*.se* 再 (ラ米) 台無しになる.
sa.lar[2] [sa.lár] 男 (ラ米)(ヲデブ)(ヲデブ)(ヲデブ)岩塩坑; 塩湖.
sa.la.rial [sa.la.rjál] 形 賃金の, 給料の. *aumento ~* 賃上げ.
sa.la.rial.men.te [sa.la.rjál.mén.te] 副 給与面で.
sa.la.riar [sa.la.rjár] 82 他 →asalariar.
sa.la.rio [sa.lá.rjo] 男 給料, 賃金. *cobrar* [*recibir*] SU ~ 自分の給与を受け取る. *pagar el* ~ 給与を払う. *congelar los* ~s 賃金を凍結する. ~s *jugosos* 潤沢な給料. ~ *de ocho mil pesos al mes* 月8000ペソの給料. *calcular el* ~ *neto* 手取り収入を計算する. *El* ~ *era muy bajo* [*elevado*]. 給料はとても低かった[高かった]. *Han tenido un 5 % de aumento de* ~. 一律に5パーセントの賃上げがあった. ~ *base* [*básico*] 基本給, 本俸. ~ *mínimo* 最低(保障)賃金. ~ *nominal* 名目賃金. ~ *por hora* 時間給. ~ *real* 実質賃金. ~ *social* 失業手当, 公的給付. →sueldo [類語].
[←[ラ] *salārium* 「(塩を買うための兵士への) 給与金」 (*sāl* 「塩」より派生); [関連] [英] *salary*]
sa.laz [sa.láθ / -.lás] 形 《複 *salaces*》好色な, 淫乱(いん)な.
sa.la.zón [sa.la.θón / -.són] 囡 **1** (肉・魚の) 塩漬け, 塩漬け加工(業). **2** 《複数で》塩漬け肉[魚]. **3** (ラ米)(タリ)(パナ)(キューバ)〖話〗不運, 不幸.
sal.ban.da [sal.bán.da] 囡 〖鉱〗セルベージ: 火成岩塊の周縁の粘土層.
sal.ce [sál.θe / -.se] 男 →sauce.
sal.ce.da [sal.θé.đa / -.sé.-] 囡 ヤナギの群生地.
sal.ce.do [sal.θé.đo / -.sé.-] 男 →salceda.

sal·chi·cha [sal.tʃí.tʃa] 囡 サルチチャ：細いソーセージ. ▶ 総称としての「ソーセージ」は embutido. *perro salchicha*【動】ダックスフント(= teckel). [←［ラ］*salcizia*←［伊］*salsiccia*←［後ラ］(*farta*) *salsīcia*「塩漬けの(腸詰め)」([ラ］*sāl*「塩」より派生); [関連]【英】*sausage*]

sal·chi·che·rí·a [sal.tʃi.tʃe.rí.a] 囡 ソーセージ販売店.

sal·chi·che·ro, ra [sal.tʃi.tʃé.ro, -.ra] 男囡 ソーセージ製造[販売]業者.

sal·chi·chón [sal.tʃi.tʃón] 男 サルチチョン：サラミ風ソーセージ[腸詰め]. [salchicha＋増大辞]

sal·chi·cho·ne·rí·a [sal.tʃi.tʃo.ne.rí.a] 囡 (ラ米) ソーセージ店.

sal·co·char [sal.ko.tʃár] 他 〈食べ物を〉塩ゆでする.

sal·dar [sal.dár] 他 **1** 清算する, 完済する. Ya *ha saldado* su cuenta con el banco. 彼[彼女]はすでに銀行からの借り入れを清算した. **2** (意見の違いを)収拾する, けりをつける. *Saldó* la cuenta con su rival. 彼[彼女]はライバルと決着をつけた. **3** 捨て売り[見切り処分]をする. [←［伊］*saldare*「清算する；継ぎ合わせる」;［ラ］*solidus*「固い；全額の」(→*sólido*)より派生; [関連] saldo]

sal·dis·ta [sal.dís.ta] 男囡 **1** 在庫一掃[見切り]セールをする商人. **2** 売れ残り品[在庫品]の売買人.

*__sal·do__ [sál.do] 男 **1**（借金・負債の）**返済**, 支払い, 清算. ～ de una cuenta 勘定の清算. **2**【商】(貸借の)差引残高. ～ acreedor 貸方残高. ～ deudor 借方残高. ～ positivo [a favor] 貸越残高. ～ negativo [en contra] 借越残高. **3**（主に複数で）バーゲン品；売れ残り品. venta de ～s 在庫一掃セール. comprar un ～ 安物を買う. **4**（試合などの）結果.

saldr- 活 → salir.

sa·le·di·zo, za [sa.le.ðí.θo, -.θa / -.so, -.sa] 形 突き出ている, 張り出している. ― 男【建】張り出し. balcón en ～ 張り出したバルコニー.

sa·le·gar¹ [sa.le.gár] 自 家畜が塩をなめる.

sa·le·gar² [sa.le.gár] 男 家畜用の塩やり場.

sa·le·ma [sa.lé.ma] 囡 → salpa.

sa·lep [sa.lép] 男 サレップ：ラン科植物の塊茎を乾燥したもので鎮痛剤・食用にする.

sa·le·ra [sa.lé.ra] 囡《ラ米》(汽)塩田, 岩塩坑.

sa·le·ro [sa.lé.ro] 男 **1**（食卓・台所用）塩入れ, 塩壺(ʂ). **2** 塩倉, 塩貯蔵所. **3**（家畜の）塩やり場. **4**《話》機知, 魅力. un actor con mucho ～ 味のある役者. Esa chica tiene mucho ～. その娘はとても愛嬌(ʂʂ)がある.

sa·le·ro·so, sa [sa.le.ró.so, -.sa] 形《話》気が利いた；おもしろい；魅力的な. chica *salerosa* 愛嬌(ʂʂ)のある娘. ― 男囡《話》気が利いた人, 愛嬌のある人.

sa·le·sa [sa.lé.sa] 形【カト】聖母訪問会の.
― 囡《複数で》聖母訪問会：17世紀に San Francisco de Sales らによって創立された修道女会. *Las Salesas* (スペイン Madrid の)サレサス裁判所.

sa·le·sia·no, na [sa.le.sjá.no, -.na] 形【カト】サレジオ会の. ― 男囡 サレジオ会の会員. ― 男 [S-]《複数で》サレジオ会.

sa·le·ta [sa.lé.ta] 囡（儀式会場に通じる）前室, 次の間.

salg- 活 → salir.

sal·gar [sal.gár] 他 家畜に塩を与える.

sal·gue·ra [sal.gé.ra] 囡 → sauce.

sal·gue·ro [sal.gé.ro] 男 → sauce.

sa·li·cá·ce·o, a [sa.li.ká.θe.o, -.a / -.se.-] 形【植】ヤナギ科の. ― 囡 ヤナギ科の植物；《複数で》ヤナギ科.

sa·li·ca·ria [sa.li.ká.rja] 囡【植】エゾミソハギ.

sa·li·ci·la·to [sa.li.θi.lá.to / -.si.-] 男【化】サリチル酸塩, サリチル酸エステル.

sa·li·cí·li·co, ca [sa.li.θí.li.ko, -.ka / -.sí.-] 形【化】サリチル酸の. ácido ～ サリチル酸.

sa·li·ci·lis·mo [sa.li.θi.lís.mo / -.si.-] 男【医】サリチル酸中毒症.

sa·li·ci·na [sa.li.θí.na / -.sí.-] 囡【化】サリシン：ヤナギの木の皮から採る解熱・鎮痛剤.

sá·li·co, ca [sá.li.ko, -.ka] 形【史】(フランク人の一支族の)サリ人の. ley *sálica* サリカ法典(◆サリ人の法典で, ゲルマン法典中最も重要なもの. 女性の王位継承を認めない. Felipe 5世がスペインに導入したが Fernando 7世が破棄, これが原因で1833年カルリスタ戦争が起こった. → carlista).

sa·li·cor [sa.li.kór] 男【植】アカザ科オカヒジキ属の植物.

sa·li·cul·tu·ra [sa.li.kul.tú.ra] 囡 製塩(業).

*__sa·li·da__ [sa.lí.da] 囡 **1** 出発, 出ること；発車. ～ y llegada de trenes 列車[電車]の発着. a la ～ del colegio 下校時に. a su ～ de Málaga マラガを出発してから. hora de ～ 出発時間. El tren con destino a Madrid efectúa [tiene] su ～ inmediatamente. マドリード行きの列車はまもなく発車します.

2 出口. entrada y ～ 出入り口. ～ de artista 楽屋出入り口. ～ de emergencia [socorro] 非常口. calle sin ～ 行き止まり. callejón sin ～ 袋小路, 難局. Bolivia no tiene ～ al mar. ボリビアには海への出口がない.

salida (出口)

3 発売；出荷. la ～ al mercado de una nueva revista 新しい雑誌の発行.

4 売れ行き, 販路. encontrar ～ para un nuevo producto 新製品の買い手がつく. tener mucha [poca] ～ 売れ行きがよい[あまりよくない]. Hemos dado ～ a todas nuestras existencias. 私たちは在庫をすべて売りさばいた.

5 就職口[先]. tener muchas [pocas] ～s 就職口がたくさんある[あまりない].

6 打開策. una ～ cómoda 安易な手だて[解決方法]. No tenemos otra ～ que aceptar la propuesta. 私たちには提案を受けるしかない. No veo ～ a este problema. この問題は解決しようがないと思う. **7** 言い逃れ, 弁解. buscar una ～ 言い訳をさがす. prepararse una ～ 口実を用意しておく. **8**《話》ウィット, 機知；(軽妙な)受け答え. tener ～ para todo 当意即妙の才がある. **9** 支出, 借り；借方, 借方項目(の合計額). ～ de caja 借方(記入). ～s y entradas 支出と収入. **10** 外出, 遠足. hacer una ～ 遠足に行く. **11** 突出部, 出っ張り. **12** 結末, 結果. **13**（製品の）排出部；排出[排気, 排水]口；流出. ～ de copias (コピー機の)コピー受け. **14**（天体が）出ること. ～ del sol 日の出. **15**【演】登場(＝～ a escena)(▶ 退場の意もある). **16**【スポ】スタート. dar la ～ スタートの合図を出す. tomar la ～ スタートを切る. línea de ～ スタートライン. ～ agachada [en cuclillas] クラウチング・ス

ート. ~ nula フライング. ~ parada スタンディング・スタート. **17**〖ＩＴ〗アウトプット, 出力〔端子〕. **18**〖遊〗(トランプ)リード;(チェスなど盤を使うゲームの)初手. **19**〖軍〗(包囲軍突破のための)突撃, 奇襲. **20**〖航空〗(機首の)立て直し. **21**〖海〗航行速度.
dar la salida 出発の合図をする.
dar salida a SU *cólera* [*indignación*] 激怒する.
de salida まず初めに, 最初から.
salida de baño バスローブ;ビーチローブ.
salida de divisas 外貨流出.
salida del cascarón [*huevo*] 孵化(ふか).
salida de pata [*pie*] *de banco / salida de tono* でまかせ, 暴言, 無茶な行動.
salida de teatro イブニングラップ (▶ イブニングドレスの上に羽織るなどの外套(がいとう)).
tener salida a...〈建物などが〉…に面している.
sa·li·de·ro, ra [sa.li.ðé.ro, -.ra] 形 出歩いてばかりいる, 遊び歩く.
— 男 〈ラ米〉(プエ)〈話〉出口 (= salida).
sa·li·di·zo [sa.li.ðí.θo / -.so] 男〖建〗→ saledizo.
sa·li·do, da [sa.lí.ðo, -.ða] 形 **1**〈体の一部が〉突き出た. **2**《女性形のみ》〈動物が〉発情している, 盛りがついている. **3**〈俗〉〈軽蔑〉欲情にかられた. **4**〈ラ米〉(プエ)〈話〉〈人に対して〉おしが強い.
sa·li·dor, do·ra [sa.li.ðór, -.ðó.ra] 形 〈ラ米〉(1)(アマ)〈話〉夜遊び好きの. (2)(コナサ)〈賭(か)けで〉数が突出している. **3** (コナサ)〈話〉勇敢な, 勇ましい.
sa·lien·te [sa.ljén.te] 形 **1** 傑出した, ぬきんでた. **2** 張り出している, 出っ張った, 突出した. — 男 **1** 張り出し, 出っ張り. **2** 東方, 東 (↔ poniente).
ángulo saliente 凸角.
sa·lí·fe·ro, ra [sa.lí.fe.ro, -.ra] 形 塩分を含んだ, 塩を生じる (= salino).
sa·li·fi·ca·ción [sa.li.fi.ka.θjón / -.sjón] 女〖化〗塩化.
sa·li·fi·car [sa.li.fi.kár] 102 他〖化〗塩化する.
— ~**·se** 再 塩化する.
sa·lín [sa.lín] 男 塩置き場, 塩の貯蔵所.
sa·li·na [sa.lí.na] 女 岩塩坑;《主に複数で》塩田, 製塩所.
sa·li·ne·ro, ra [sa.li.né.ro, -.ra] 形 **1** 製塩の, 塩田の, 製塩所の. *industria salinera* 製塩業. **2**〈牛が〉赤茶と白のぶちの. — 男 製塩業者;塩商人. — 女 〈ラ米〉(ウェスエ)(ベル)塩田.
sa·li·ni·dad [sa.li.ni.ðáð] 女 塩分, 塩度.
sa·li·no, na [sa.lí.no, -.na] 形 **1** 塩分を含む;塩辛い. **2**〈牛が〉白ぶちの.
sa·lio, lia [sá.ljo, -.lja] 形〖史〗(フランク人の一支族)サリ人の.
— 男 女 サリ人:ライン川支流のサラ川(現在のオランダのアイセル川)付近の地方に住んでいたフランク王国建国の中心となった支族. → sálico.

sa·lir [sa.lír] 46 自 **1 (1)《de... …から》出る, 出ていく, 出てくる. ~ *de la habitación* 部屋から出る. ~ *de casa* 家を出る. ¡*Sal de ahí*! そこから出てこい. ~ *al jardín* [*pasillo*] 庭[通路]に出る. ~ *a la calle* 外に出る. ~ *por ese hueco* そのすきまを通って出よ. (2)《de... …から》《para... …に向かって》**出発する**, 去る. El martes *saldremos de* Granada *para* Sevilla. 僕らは火曜日グラナダを発ちセビーリャに向かう.

2 (1) 外出する, 出かける. Si no *sales* nunca, ¿cómo vas a tener amigos? 閉じこもってばかりいて, どうやって友だちをつくろうっていうの. (2)〈話〉《*con...* …と》〈恋人として・親しく〉**付き合う**;《複数主語で》〈互いに〉〈恋人として・親しく〉付き合う. Juan y Ana han empezado a ~ juntos. — ¿Seguro? Pensaba que Ana *salía con* Fernando. フアンとアナが付き合い始めたんだ. — それは確かい. アナはフェルナンドと付き合ってると思ってた. Yo en aquella época *salía* mucho *con* mi amiga Gema. あのころ私は友人のヘマと特に親しく行き来していた.

3《*de...*》《〈グループ・団体・所属機関〉を》離れる, 出る;《〈役職〉を》去る. *Salió de* la universidad *con* 23 *años*. 彼[彼女]は大学を23歳で卒業した. ~ *de ministro* 大臣をやめる. ▶再帰代名詞を伴う用法もある. → 再 **3**.

4《*de...*〈困難・悪い状況〉を》**脱する**, 克服する. Nuestro país *está saliendo de* una crisis económica. 我が国は経済危機から脱しつつある. Mi hijo ya *ha salido del* coma. 息子はもう昏睡状態から目覚めた.

5 (1)〈本・雑誌などが〉出版される, 〈商品が〉発売される. *Ha salido* una nueva novela de mi autor favorito. 私のひいきの作家の新しい小説が出た. (2)〈ニュースなどが〉報道される, 公表される. La noticia de su hospitalización *salió* en todos los periódicos. 彼[彼女]の入院のニュースは全ての新聞で報道された. (3)〈試験・選挙などの結果が〉公表される. ¿Cuándo *salen* las notas de este examen? この試験の成績はいつ発表されるの.

6 (1)《*en...*》《〈本・雑誌・テレビなど〉に》出る, 出演する;《〈写真〉に》写る. Este actor *sale en* una serie televisiva muy popular. この俳優は人気テレビドラマに出ている. A mi madre no le gusta ~ *en* las fotos. 母は写真に写るのを嫌がる. (2)〖演〗登場する.

7 (1)《*salirle* (a+人)〈人〉に》〈毛・歯などが〉生える;〈しわ・しみ・にきび・じんましんなどが〉できる, 出る. ¿Cuándo le *saldrán* los dientes a este niño? この子, いつになったら歯が生えるのかな. ¡Vaya!, *me han salido* unas arrugas aquí. あ, こんなところにしわができた. (2)〈花・芽・つぼみが〉出る, つく;〈花が〉咲く, つく. Pronto *saldrán* muchas flores en el jardín. じきに庭に花がたくさん咲くだろう.

8〈太陽など天体が〉〈地平線・雲間などから〉現れる, 出る. ¿A qué hora *salió* el sol? 日の出は何時だった? Hoy no va a ~ el sol en todo el día. 今日は一日中太陽が出ないだろう.

9〈道などが〉〈ある場所に[から]〉出る. Este callejón *sale* a una avenida muy amplia. この路地は広い大通りに抜ける.

10 突き出る, 張り出す. Este balcón *sale* demasiado. このベランダは必要以上に外に突き出している.

11《+名詞・形容詞・副詞およびその相当語句》
(1)《…の》結果になる, 〈結果として〉〈…に〉なる. De este grupo, al menos algunos *saldrán sargentos*. このグループのうち少なくとも数名は軍曹になるだろう. Al final *salí* muy *perjudicada*. 結局私は多大な被害を被った. No pensaba que iba a ~ *así*. こんな結果になるとは思ってもいなかった.
(2)《…に》生まれつく, 育つ;できあがる. Mi hijo *ha salido* muy *justiciero*. 息子はとても正義感が強く育った. ¿*Cómo salió* la tarta? ケーキの出来はどうだった. ▶ salirle (a+人) の形でも用いられる. → ¿Por qué te *salen tan ricas* las tortillas? どうして君の作るトルティージャはこんなにおいしくできる

の.

12《+役職などを指す名詞》(選挙などで)《…に》選ばれる. En la última elección *salió directora* del departamento por unanimidad. この前の選挙で彼女は全員一致により学科長に選ばれた.

13《**a**... …に》似る. He salido *a* mi padre. 私は父親似なんです.

14《**a**... / **por**...》《(特定の金額)が》かかる,《(特定の金額)に》なる. El alquiler del coche sale *a* 60 euros. レンタカー代金は60ユーロになる. ▶特定人物にかかる費用を指す場合は, salirle (a+人) とする. → La fiesta me salió *por* 200 euros. パーティーに200ユーロ使った.

15《計算の》結果が出る;《(問題が)》解ける. No podemos irnos hasta que *salgan* las cuentas. 我々は計算の結果が出るまで帰れない. ▶頻繁に salirle (a+人) の形で用いられる. → ¿Qué tal? ¿Te *sale* el problema o no? どう, 問題解けそうなの.

16《汚れ・しみが》とれる, 落ちる. Esta mancha no *sale* con un detergente normal. この汚れは普通の洗剤では落ちない.

17《**salir**le (**a**+人)》《(人)に》《言葉・しぐさ・態度などが》《自然な形で》出る, 出てくる, 表れる. Sé educado con ella. —Es que no *me sale*. 彼女には礼儀正しくしてよ. —だってうまくできないんだよ.

18《**salir**le (**a**+人)》《(人)に》見つかる, 現れる. Le ha salido un admirador. 彼[彼女]はファンができた. Por fin *me ha salido* un trabajo. 私はついに仕事が見つかった.

19《**por**+人》《(人)を》かばう, 弁護する. Si no me escuchas, luego no esperes que *salga por* ti. 私のいうことに耳を貸さないなら, 後からかばってもらおうなんて期待しないでね.

20《**con**... / **con que**...》《(予期せぬこと・タイミングの悪いこと)を》言い出す, しでかす. ¿Ahora *sales con que* no querías venir? 今になって来たくなかったなんて言うのかい. Cuando terminábamos la reunión, Ana *salió con* aquel tema. 会議を終えようというときになってアナが例の件を持ち出した.

21《IT》ログアウトする,《プログラムを》終了する.

22《ゲームで》最初にプレーする. ¿Quién *sale* esta vez? 今度は誰から.

—**~se** 再 **1** 漏れる, あふれ出る. *Se salía* el agua de la bañera. バスタブから水があふれていた.

2 《容器・管などが》漏る. Este recipiente *se sale*. この容器は中身が漏れる.

3《**de**...》《(グループ・団体・所属機関)を》離れる, やめる;《(特定の場所・集まりなど)から》抜け出す, 席をはずす. El joven intentó ~*se de* la banda, pero no pudo. 若者は一味から抜けようとしたがだめだった. *Se salió de* la reunión para llamarme. 彼[彼女]は私に電話するために会議を抜け出した.

4《**de**... …から》外れる, 飛び出す;逸脱する. El coche *se salió de* la calzada. 車は車道から飛び出した. ~*se de* la vía (電車などが) 脱線する. ~*se de* lo normal 常識では考えられない;普通とは異なる. (2)《話》のっている, 完璧以上にこなす. ¡Es genial! ¡Es que *te sales*! すごい, 本当に最高の出来だね.

a lo que salga 運に任せて, 行き当たりばったりにいい加減に.

salir adelante 困難な状況を乗り越え先へ進む, やっていく.

salir a mano《ラ米》(*圏)《(詰)》《ゲームで》引き分ける.

salir bien [*mal*] いい[悪い] 結果になる, うまくいく[いかない]. Todo *ha salido* muy *bien*. 全てがうまくいった.

salir gorda《ラ米》(*圏)《話》妊娠する.

salir pitando [*corriendo, disparado, de estampía, estampida*]《話》あわてふためいて出かける, 飛び出す.

salirse con la SUYA《話》我を通す,《(粘って)》自分の思いどおりにする. No insistas. Esta vez no *te vas a ~ con la tuya*. それ以上言っても無駄. 今回は思いどおりにはさせないからね.

[← 《古スペイン》「飛び出す;飛び跳ねる」← 《ラ》*salīre*「飛び跳ねる」; 関連 salida, saliente, saltar]

sa·li·tra·do, da [sa.li.trá.ðo, -.ða] 形 硝石を含む, 硝石を混ぜた.

sa·li·tral [sa.li.trál] 形 硝石を含む.
— 男 硝石床, 硝石層.

sa·li·tre [sa.lí.tre] 男 硝石, 硝酸カリウム.

sa·li·tre·rí·a [sa.li.tre.rí.a] 女 硝石工場.

sa·li·tre·ro, ra [sa.li.tré.ro, -.ra] 形 硝石を含む. — 男 硝石業者; 硝石工.
— 男 硝石床, 硝石層.

sa·li·tro·so, sa [sa.li.tró.so, -.sa] 形 硝石を含む.

sa·li·va [sa.lí.βa] 女 唾液(後), つば.
gastar saliva 話 話《(説得)》が無益に終わる.
tragar saliva《話》《(怒りをこらえて)》言葉をのむ.
[← 《ラ》*salivam* (*salīva* の対格); 関連 salivar. 《英》*saliva*]

sa·li·va·ción [sa.li.βa.θjón / -.sjón] 女 **1** 唾液(後)分泌. **2** 《医》唾液《(分泌)》過多, 流涎(ネット)《(症)》.

sa·li·va·da [sa.li.βá.da] 女《ラ米》(後続)《話》→ salivazo.

sa·li·va·de·ra [sa.li.βa.ðé.ra] 女《ラ米》《(特)》《(落)》痰(珍)つぼ (= escupidera).

sa·li·va·jo [sa.li.βá.xo] 男 (吐き出した) つば.

sa·li·val [sa.li.βál] 形 唾液(後)の; 唾液を分泌する. glándulas ~es《解剖》唾液腺(後).

sa·li·var [sa.li.βár] 自 **1** 唾液(後)を分泌する. **2** つばを吐く (= escupir).

sa·li·va·zo [sa.li.βá.θo / -.so] 男 (吐き出した) つば. *echar con* ~ つばを吐く.

sa·li·ve·ra [sa.li.βé.ra] 女《主に複数で》《馬》《(轡(ぐつ)につける)》数珠玉.

sa·li·vo·so, sa [sa.li.βó.so, -.sa] 形 多量に唾液(後)を分泌する, 唾液過多の.

sa·llar [sa.jár‖-.ʎár] 他 鍬(灯)で掘り起こす, 除草する;《(倉庫に保存されるための材木を)》《(ころに)》横たえる.

sal·ma [sál.ma] 女 トン:船の積載量の単位.

sal·man·ti·cen·se [sal.man.ti.θén.se / -.sén.-] 形 男 → salmantino.

sal·man·ti·no, na [sal.man.tí.no, -.na] 形《(スペインの)》サラマンカ Salamanca の.
— 男 女 サラマンカの住民[出身者].

sal·me·ar [sal.me.ár] 自《カト》詩編を祈る[歌う].

sal·mer [sal.mér] 男《建》弓形迫持(ツᵢ)の台石.

sal·me·rón [sal.me.rón] 形 trigo ~《植》コムギの一種.

sal·mis·ta [sal.mís.ta] 男 **1** 詩編《(中の聖歌)》作曲者. **2** 詩編詠唱者. **3** [S-] ダビデ. ◆旧約の詩編の作者は David と伝承されている.

sal·mo [sál.mo] 男《聖》(1) 聖歌, 賛美歌. (2) [S-]《複数で》《(旧約の)》詩編.

sal·mo·dia [sal.mó.dja] 女 **1** 聖歌[賛美歌, 詩編歌]詠唱. **2**《話》単調で退屈な歌. **3**《話》執拗(詠)な要求.

sal·mo·diar [sal.mo.djár] 82 自 聖歌[賛美歌, 詩編]を歌う. ― 他 (話)単調な調子で歌う.

***sal·món** [sal.món] 形《性数不変》サーモンピンクの. ― 男 1 【魚】サケ. cría de *salmones* サケの養殖. ~ ahumado スモークサーモン. 2 サーモンピンク. de color (de) ~ サーモンピンク色の.

sal·mo·na·do, da [sal.mo.ná.ðo, -.ða] 形 サケに似た; サーモンピンク色の. trucha *salmonada* 【魚】ベニマス.

sal·mo·ne·la / sal·mo·ne·lla [sal.mo.né.la] 女 【生物】サルモネラ菌. ♦ 米国の獣医 Salmon (1850 – 1914) が発見した.

sal·mo·ne·lo·sis [sal.mo.ne.ló.sis] 女《単複同形》【医】サルモネラ症: サルモネラ菌による感染症.

sal·mo·ne·ra [sal.mo.né.ra] 女 サケ用の網.

sal·mo·ne·te [sal.mo.né.te] 男 【魚】ヒメジ.

sal·mó·ni·dos [sal.mó.ni.ðos] 男《複数形》【魚】サケ科.

sal·mue·ra [sal.mwé.ra] 女 (飽和状態の) 塩水, (塩漬け用の) 漬け汁; (塩漬けされたものから出る) 汁. anchoas en ~ アンチョビーの塩漬け.

sal·mue·ri·za·do, da [sal.mwe.ri.θá.ðo, -.ða / -.sá.-] 形 塩漬けにした.

sa·lo·bral [sa.lo.brál] 形 〈土地が〉塩分を含む. ― 男 塩分を含む土地.

sa·lo·bre [sa.ló.bre] 形 塩気[塩分]のある. agua ~ 海水.

sa·lo·bre·ño, ña [sa.lo.bré.ɲo, -.ɲa] 形 塩分を含む. terreno ~ 塩分を含む土地.

sa·lo·bri·dad [sa.lo.bri.ðáð] 女 塩気, 塩分, 塩味.

sa·lol [sa.lól] 男 【薬】サロール: サリチル酸フェニル.

sa·lo·ma [sa.ló.ma] 女 (共同作業の際に) 全員が一斉に出すかけ声[歌].

Sa·lo·mé [sa.lo.mé] 固名 【聖】サロメ: ユダヤ王 Herodes の後妻 Herodías の娘. 〈マタイ14:6〉 ♦ 舞いの褒賞に洗礼者聖ヨハネの首を求めた.

Sa·lo·món[1] [sa.lo.món] 固名 【聖】ソロモン: 紀元前10世紀のイスラエルの王. 賢人として有名.
― 男 [s-] 賢人; 物知り顔の人.
[← (ラ) *Salomón* または ← (ギ) *Salomōn* ← (ヘブライ) *Shĕlōmōh* (「温良な(人)」が原義)]

Sa·lo·món[2] [sa.lo.món] 固名 Islas ~ ソロモン (諸島): 南太平洋の島国. 首都 Honiara.
[← *Salomón*[1]; 16世紀にこの地を訪れたスペイン人が, ソロモン王がエルサレへ運ぶため黄金を入手したオフィル地方(旧約聖書「列王記」)になぞらえて命名]

sa·lo·mó·ni·co, ca [sa.lo.mó.ni.ko, -.ka] 形 ソロモンの, ソロモンのような; 非常に賢明な. *columna salomónica* 【建】ねじり柱, らせん状の飾りをつけた柱.

****sa·lón**[1] [sa.lón] 男 1 (家の)居間, 客間; (居間の)調度品. ~ comedor リビング・ダイニングルーム. ~ muy bien amueblado 立派な家具つきの広間.
2 (公共施設などの)ホール, 大広間. ~ de actos 講堂. ~ de boda 結婚式場. ~ de conferencias 講堂, 会議りをつけた柱場. ~ de exposiciones ショールーム. ~ de fiestas パーティー会場. ~ de juegos ゲームセンター.

salón (居間)

~ recreativo アミューズメントルーム.
3 店, 店舗. ~ de baile ダンスホール. ~ de belleza 美容院. ~ de billares ビリヤード場. ~ de estética エステティックサロン. ~ de masaje マッサージ店. ~ de té 喫茶店.
4 展示会, フェア. ~ del automóvil 自動車展示会, モーターショー. ~ del libro ブックフェア.
5 (政治家・芸術家などの)社交的集まり, サロン. frecuentar los *salones* asiduamente せっせと社交界に出入りする. baile de ~ 社交ダンス. 6 《ラ米》(1)(ｸﾞｱﾃ)(ﾆｶﾗｸﾞ)(ｺｽﾀ)教室. (2)(ﾒｷｼ)(ﾎﾝｼﾞ)酒場, バー.
de salón (1) zapatos *de* ~ (女性の) ヒールのある室内用の靴. (2) 世俗的な, 通俗的な. artista *de* ~ 通俗的な芸術家.
[sala+増大辞.「社交的集まり」の意味は19世紀にフランス語から入った. 関連 (仏) *salon*]

sa·lon·ci·llo [sa.lon.θí.jo ‖ -.θí.ʝo / -.sí.-] 男 (劇場などの)休憩室; (レストランなどの)個室.
[*salón*+縮小辞]

sa·loon [sa.lón / -.lún] (英) 男 《複 ~s, ~, ~es》アメリカ合衆国西部のバー.

sal·pa [sál.pa] 女 1 【魚】サルパ: 地中海産のひれにとげのある魚. 2 【動】ホヤ.

sal·pi·ca·de·ra [sal.pi.ka.ðé.ra] 女 《ラ米》【車】泥よけ, フェンダー (=guardabarros).

sal·pi·ca·de·ro [sal.pi.ka.ðé.ro] 男 1 【車】計器盤, ダッシュボード. 2 (馬車の)泥よけ.

sal·pi·ca·do, da [sal.pi.ká.ðo, -.ða] 形 《**de**...》(…を)まき散らした, (…を)ちりばめた. un valle ~ *de* chalets 別荘の点在する谷. traje ~ *de* motas 染みのついた服.
2 《ラ米》(1)(ﾒｷｼ)〈馬が〉霜降り模様の. (2)(ｺﾛﾝ)〈動物が〉斑点(ﾊﾝ)のある, まだらの.

sal·pi·ca·du·ra [sal.pi.ka.ðú.ra] 女 1 跳ねかけること, 跳ね散らすこと. 2 (主に複数で) 跳ね, しぶき; 染み. ~s de pintura ペンキの染み.

sal·pi·car [sal.pi.kár] 他 1 《**de**... / **con**...》(液体・泥など)を跳ねかける, 跳ね散らす; 跳ねかけて汚す[ぬらす]. Un camión le *salpicó de* barro. 彼はトラックに泥を跳ねかけられた. 2 《水などを》まき散らす. ~ agua sobre las plantas 植木に水をやる. 3 《**de**... / **con**... …を》…にばらまく, 点在させる; …にちりばめる. mesa *salpicada de* flores ふんだんに花を飾ったテーブル. 4 《**de**... / **con**... …を》…に交える, 差し挟む. una conversación *salpicada de* chistes 冗談を交えた会話.
― 自 (液体などが)飛び散る, 跳ね上がる.

sal·pi·cón [sal.pi.kón] 男 1 跳ね, しぶき, 染み, 斑点(ﾊﾝ). 2 【料】サルピコン: 刻んだ魚介類, 肉, タマネギなどをドレッシングであえたサラダ. ~ de mariscos 魚介類のサルピコン. 3 細かくしたもの, 砕いたもの.
4 《ｴｸｱ》(ｺﾛﾝ)刻んだ果物を入れた飲み物.

sal·pi·men·tar [sal.pi.men.tár] 8 他 1 塩とコショウで味つけする.
2 《**con**... …で》味わい[趣]を添える.

sal·pin·gi·tis [sal.piŋ.xí.tis] 女 《単複同形》【医】卵管炎.

sal·pi·que [sal.pí.ke] 男 → salpicadura.

sal·pi·que·ar [sal.pi.ke.ár] 他 《ラ米》(ｴｸｱ)(ｸﾞｱﾃ) 〈水などを〉まく; 跳ねかける.

sal·pre·sar [sal.pre.sár] 他 塩漬けにする.

sal·pu·lli·do [sal.pu.ʝí.ðo ‖ -.ʎí.-] 男 1 【医】発疹(ｼﾝ), 皮疹, かぶれ. 2 ノミの食い跡, 虫さされの跡.

sal·qui·pan·qui [sal.ki.páɲ.ki] 男 《ラ米》(ﾍﾟﾙｰ) (俗)娼婦; 男娼.

***sal·sa** [sál.sa] 囡
1〖料〗ソース；肉汁；ドレッシング. trabar una 〜 ソースを濃くする. 〜 americana アメリケーヌ・ソース：甲殻類を使ったフランス料理のソース. 〜 bechamel [/(ラ米)(ﾁｬﾒﾙ)] 〜 blanca ホワイトソース. 〜 de chile チリソース. 〜 de soja [soya] しょうゆ. 〜 de tomate トマトソース. 〜 golf (ラ米)(ｺﾞﾙﾌ)/ 〜 rosa (マヨネーズにトマトソースを加えた)オーロラソース. 〜 mahonesa [mayonesa] マヨネーズソース. 〜 picante チリソース. 〜 tártara タルタルソース. 〜 verde (パセリなどを入れた)グリーンマヨネーズソース；《ラ米》(ｻﾙｻ)(緑色のトマトをベースにした)緑のチリソース. 〜 vinagreta フレンチドレッシング. ternera en su 〜 子牛肉のグレービー煮込.
2 食欲をそそるもの. No hay mejor 〜 que el apetito.〖諺〗空腹に勝るソースはない，ひもじいときにまずいものなし. **3**〖話〗味わい〖趣〗を添えるもの. la 〜 de la vida 人生のおもしろさ (= sal, gracia).
4〖音楽〗サルサ：ニューヨークにおけるキューバ音楽を根幹としたラテン音楽の総称.
cocerse en SU *propia salsa* 自業自得で苦しむ.
estar [*encontrarse*] *en* SU (*propia*) *salsa* (話)本領を発揮している，生き生きとしている.
[〔ラ〕*salsus*〖形〗「塩漬けの」(*sāl*「塩」より派生)の女性形の名詞化. 〖関連〗〖仏〗〖英〗*sauce*]

salsa mexicana
(サルサ・メヒカナ：トマト・玉ネギ・青トウガラシが入る)

sal·sa·men·ta·rí·a [sal.sa.men.ta.rí.a] 囡〖話〗ソーセージ販売店，豚肉加工品店.
sal·se·dum·bre [sal.se.dúm.bre] 囡 塩辛い，塩気.
sal·se·ra [sal.sé.ra] 囡 (舟形の)ソース入れ；小さなソース入れ.
sal·se·re·ta [sal.se.ré.ta] / **sal·se·ri·lla** [sal.se.rí.ja‖-.ʎa] 囡 絵の具皿；(ひげ剃(ｿﾘ)用の石けんを泡立てる)カップ.
sal·se·rí·a [sal.se.rí.a] 囡 フライドポテトにいろいろなソースをつけて提供する店.
sal·se·ro, ra [sal.sé.ro, -.ra] 圏〖音楽〗サルサの. ━ 囡 (舟形の)ソース入れ.
sal·si·fí [sal.si.fí] 圀〖植〗バラモンジン：南ヨーロッパ原産のキク科の越年草. 根は食用.
sal·só·dro·mo [sal.só.ðro.mo] 圀 (特にブラジルのカーニバルで)サルサを踊る場所.
sal·so·lá·ce·o, a [sal.so.lá.θe.o, -.a / -.se.-] 圏〖植〗アカザ科の. ━ 囡 (複数で)〖植〗アカザ科.
sal·so·te·ca [sal.so.té.ka] 囡 サルサを踊る小さなダンスホール.
sal·ta·ban·co(s) [sal.ta.báŋ.ko(s)] 圀 **1**〖話〗大道薬売り. **2** → saltimbanqui. **3**〖話〗でしゃばり，お節介焼き.
sal·ta·bar·da·les [sal.ta.bar.ðá.les] 圀囡〖単複同形〗〖話〗無鉄砲な若者.
sal·ta·ba·rran·cos [sal.ta.ba.ráŋ.kos] 圀囡〖単複同形〗〖話〗のんきでよくはしゃこまわる人.
sal·ta·ble [sal.tá.ble] 圏 跳べる，飛び越せる.
sal·ta·ca·ba·llo [sal.ta.ka.bá.jo‖-.ʎo] 圀〖建〗(隅の部分にアーチを作る際)れんがや切り石の上に乗せられた迫石(ｾｷ).
sal·ta·char·qui·llos [sal.ta.tʃar.kí.jos‖-.ʎos] 圀囡〖単複同形〗〖話〗気取ってつま先立って歩く若者.
sal·ta·ción [sal.ta.θjón / -.sjón] 囡 跳躍；舞踏.
sal·ta·de·ro [sal.ta.ðé.ro] 圀 **1** 跳躍場，跳びどめの場所. **2** 噴水(口)，泉.
sal·ta·di·zo, za [sal.ta.ðí.θo, -.θa / -.so, -.sa] 圏 壊れやすい，砕けやすい，もろい.
sal·ta·do, da [sal.tá.ðo, -.ða] 圏 **1** 出っ張った；離脱した，外れた. **2** (目が)飛び出した (= saltón).
sal·ta·dor, do·ra [sal.ta.ðór, -.ðó.ra] 圏 飛ぶ，跳ねる，跳躍の. ━ 圀囡〖スポ〗跳躍競技の選手；アクロバット芸人. 〜 de pértiga 棒高跳びの選手. ━ 圀 (縄跳び用の)縄 (= comba).
sal·ta·du·ra [sal.ta.ðú.ra] 囡 (特に石などの表面の)欠け跡，きず.
sal·ta·em·ban·co [sal.ta.em.báŋ.ko] 圀 → saltimbanqui.
sal·ta·ga·tos [sal.ta.gá.tos] 圀〖単複同形〗《ラ米》(ｺﾛﾝﾋﾞｱ)〖昆〗バッタ.
sal·ta·mon·tes [sal.ta.món.tes] 圀〖単複同形〗〖昆〗バッタ；イナゴ.
sal·ta·mon·tis·mo [sal.ta.mon.tís.mo] 圀〖話〗オフロード車のドライビング.
sal·tan·te [sal.tán.te] 圏 **1** よく飛び跳ねる，飛んだり跳ねたりする. **2** 《ラ米》(ﾍﾟﾙｰ)〖話〗目立つ.
sal·ta·o·jos [sal.ta.ó.xos] 圀〖単複同形〗〖植〗ボタン；シャクヤク.
sal·ta·pa·re·des [sal.ta.pa.ré.ðes] 圀囡〖単複同形〗〖話〗→ saltabardales.
sal·ta·pe·ri·co [sal.ta.pe.rí.ko] 圀 《ラ米》(1) (ｺｽﾀ)かんしゃく玉，爆竹. (2) (ｺｽﾀ)〖植〗ルエリアの一種：キツネノマゴ科. (3) (ｺﾛﾝﾋﾞｱ)〖話〗騒ぎ，騒音.

****sal·tar** [sal.tár] 囲 **1** 跳ぶ，飛び跳ねる，飛び上がる. 〜 de alegría うれしくて小躍りする. 〜 a la comba 縄跳びする. Le *saltaba* el corazón en el pecho. 彼[彼女]は心臓がどきどきだった.
2《de... …から》《a... …に》飛び降りる，飛び込む. 〜 al agua 水に飛び込む. 〜 al mundo de la política 政治の世界に飛び込む.
3《de... …から》さっと立つ. Al oír el timbre, él *saltó del* sofá. インターフォンが鳴ると，彼はさっとソファーから立ち上がった.
4《sobre... …に》飛びかかる. Estaba a punto de 〜 *sobre* el ladrón. まさに泥棒に飛びかからんとするところだった.
5 飛び散る；〈液体が〉溢れる，飛び出る. *Saltaban* chispas. 火花が散っていた.
6 はじける；爆発する. 〜 por los aires (爆発で)吹き飛ぶ；〈計画などが〉だめになる. La bombilla *ha saltado* en pedazos. 電球は破裂して粉々になった.
7〈火器が〉自動発射する，〈警報が〉鳴る. *Ha saltado* la alarma. 警報が鳴った.
8《de... …から》《a... …に》〈数値が〉急上昇する；〈話題が〉飛ぶ；〈人が〉躍り出る；飛び移りする. 〜 de una cosa *a* otra (話題が)あちこち飛ぶ. 〜 *a* la fama (急に)有名になる. *Saltó del* último puesto *al* primero. 彼[彼女]は最下位からトップに躍り出た.
9《de... en... …から…へ》飛び廻る，行き来する. Mi padre *está saltando de* hotel *en* hotel. 私の父はホテルをかわるがわるとしている.
10〖話〗《de... 〈職〉を》追われる，失う. hacer 〜 a+人〈人〉をくびにする. **11** 怒りを爆発させる，かんしゃくを起こす. **12**《con... 》突然話し始める，(出し抜けに)持ち出す. De repente *saltó con* pala-

brotas. 彼[彼女]は突然すごい言葉を口にした.
13《**a...** …に》浮かぶ, 突然現れる. ~ *a* la memoria 記憶に蘇る, 思い出される.
──⃟他 **1** 〈柵(ﾗ)などを〉飛び越える；〈距離を〉跳ぶ. Me hicieron ~ los charcos. 私は水溜りを飛び越えさせられた. **2** もぎ取る. Me *has saltado* un botón. 君は私のボタンをもぎとった. **3** 〈雌と〉交尾する. **4** 《ラ米》(**1**) 〈(ｶﾞﾘ)〉(**de...**〈船〉から) 〈荷を〉下ろす. (**2**) 〈(ﾁﾘ)〉〈食物を〉〈油で〉揚げる, フライにする.
──~**se** ⃟再 **1** 飛び下,抜く. ~*se* tres líneas 3行飛ばす. Él *se ha saltado* el desayuno. 彼は朝食を抜いた. **2**〈法などを〉無視する. no un semáforo 信号無視する. **3**〈**a**+**人**〉〈(人)が〉〈所有物を〉もぎ取られる；《(人)から》飛び出す, 溢れる. *Se me saltaron* las lágrimas. 私は涙が出てしまった. *estar* [*andar*] *a la que salta* 常にチャンスをうかがっている.
saltar a la vista …が明白である, はっきりしている.
[←[ラ] *saltāre*「踊る」] 関連 salto, saltamontes, saltear, asaltar.〔英〕assault《襲う》.

sal·ta·rén [sal.ta.rén] ⃟男 **1**《音楽》サルタレン：スペインの古いギター用舞曲の一つ. **2**《昆》バッタ；イナゴ (= saltamontes).

sal·ta·ri·lla [sal.ta.rí.ja ‖ -.ʎa] ⃟女《昆》サルタリーリャ：バッタの一種.

sal·ta·rín, ri·na [sal.ta.rín, -.rí.na] ⃟形 **1** 飛ぶ, 飛び跳ねる, 弾む. **2** よく動き回る, はしゃぎ回る；落ち着きのない. niño ~ 活発な子.
──⃟男 ⃟女 **1** 動き回る人；落ち着きのない人. **2** 踊る人；ダンサー, 舞踊家 (= bailarín).

sal·ta·tum·bas [sal.ta.túm.bas] ⃟男《単複同形》《軽蔑》葬式で稼ぐ聖職者.

sal·te·a·dor, do·ra [sal.te.a.ðór, -.ðó.ra] ⃟男 ⃟女 追いはぎ.

sal·te·a·mien·to [sal.te.a.mjén.to] ⃟男 **1** 追いはぎ, 金品強奪. **2** 急襲, 襲撃, 攻撃.

sal·te·ar [sal.te.ár] ⃟他 **1** 襲う, 強奪する；…に襲いかかる；…の不意を襲う. Se llevaba unos mil dólares, pero hace una semana que se los *saltearon*. 彼[彼女]は数千ドル持ち歩いていたが, 1週間前それを強奪された. **2** 機先を制する, 出し抜く, 先手を打つ. **3** 間隔をあける, 飛び飛びにする. ~ las visitas 時折訪れる. hilera de chopos y sauces *salteados* ポプラと柳が交互に植えられた並木. **4**《料》ソテーにする, 軽く炒(ﾔ)める (= sofreír).

sal·te·o [sal.té.o] ⃟男 → salteamiento.

sal·te·rio [sal.té.rjo] ⃟男 **1**《カト》(**1**)(旧約聖書中の)詩編集；(詩編に基づく)聖歌集. (**2**)《聖務日課書中の》詩編の部分. (**3**)(天使祝詞を150回唱える)ロザリオの祈り. **2**《音楽》プサルテリウム. (**1**) 古代ギリシア・ローマの竪琴. (**2**) チターに似た中世の弦楽器.

sal·tí·gra·do, da [sal.tí.ɣra.ðo, -.ða] ⃟形《動物が》飛び跳ねながら進む.

sal·tim·ban·co [sal.tim.báŋ.ko] ⃟男《まれ》行商人；旅芸人.

sal·tim·ban·qui [sal.tim.báŋ.ki] 〔伊〕⃟男 ⃟女 **1** 旅回りのサーカス団員；曲芸師, 軽業師 (= acróbata). **2**《話》落ち着きのない人.

*_**sal·to** [sál.to] ⃟男 **1** 跳躍, 飛び跳ねること, 上下動. dar [pegar] un ~ 跳ねる, 飛び上がる. dar ~*s* de alegría 飛び上がって喜ぶ. de un ~ 一飛びで. a ~*s* ピョンピョン飛び跳ねて. bajar [subir] a ~*s* la escalera 階段を足抜きで駆け下りる[上がる]. ~ de carnero (馬

の)背中を曲げての跳ね飛び. ~ de felino 身軽な跳躍. ~ de campana 宙返り. ~ mortal とんぼ返り, バック転.
2《スポ》ジャンプ；飛び込み；《主に複数で》跳躍競技. atleta de ~*s* 跳躍競技選手. ~ de altura [longitud] 走り高[幅]跳び. triple ~ 三段跳び (► ホップ brinco, ステップ paso, ジャンプ salto). ~ de [con] pértiga 棒高跳び. ~ de salida スタート飛び込み. torre de ~*s* 飛び込み台. ~ sincronizado シンクロナイズド・ダイビング. ~ inverso [frontal, interior] 前進[前, 後ろ踏み切り前]飛び込み. ~ de espalda 後ろ飛び込み. ~ en equilibrio 逆立ち飛び込み. ~ del ángel スワンジャンプ. ~ de trampolín 飛び板飛び込み. ~*s* de esquí (スキーの)ジャンプ競技. ~*s* mogul モーグル. zona de ~*s* エアリアル・コース. ~ de obstáculos (乗馬の)障害飛越競技. ~ de la garrocha (闘牛で)長槍を用いて牛の体を飛び越える技.
3 急変；(数値の)急激な上下動；(談話・書物における)急な話題の転換；(文化などの)飛躍的発展；(人の)躍進. ~ de viento 風向きの急変. ~ atrás (以前の悪い状況への)後退. Los dibujos animados de Japón han dado un gran ~ en el mercado europeo. 日本のアニメはヨーロッパの市場で大きな飛躍を遂げた. La temperatura máxima dio un ~ de 25 a 30 grados. 最高気温が25℃から30℃に跳ね上がった.
4 抜け落ちること；(時間的)断絶, 間隔；(同一作者の本の)内容的隔たり；(印刷物の)脱落, 欠落. Vamos a dar un ~ hasta el siguiente capítulo, porque en éste no hay nada esencial. この章に大事なことは何もないので, 次の章に飛びましょう. Entre ambos estudios hay un ~ importante. 2つの研究には前後してかなりの内容の隔たりがある. En esa página encontrarás un ~ de diez líneas. そのページには10行の脱落があるよ.
5 断崖絶壁；滝 (= ~ de agua)；溝, 放水路. ~ de lobo 土地を囲う大きな溝. → cascada 類語. **6** 動悸, 胸の高鳴り. Me daba ~*s* el corazón. 私は心臓がどきどきしていた. **7**《IT》ジャンプ, 飛び越し.
──⃟自 → saltar.
al salto《ラ米》《(ｱﾙ)》現金で.
a salto de mata (**1**) 行き当たりばったりで. vivir *a* ~ *de mata* その日暮しをする. (**2**) 逃げるように, こそこそと.
dar el salto mortal (**1**) とんぼ返りをする. (**2**) 危ない真似をする. No debes *dar* tantos ~*s mortales* en la actividad inversora. 投資活動でそんなリスクを冒してばかりではいけない.
de [*en*] *un salto* さっと, 速やかに, 一瞬で.
salto de cama《服飾》女性用ナイトガウン.
salto del tigre《話》(男性が性交目的で)襲いかかること, 豹変すること.

sal·tón, to·na [sal.tón, -.tó.na] ⃟形 **1**〈目・歯が〉出っ張った. **2** 飛ぶ, ぴょんぴょん跳ねる. **3**《ラ米》(**1**)〈(ｶﾞﾘ)〉〈(ﾁﾘ)〉〈(ﾎﾞﾘ)〉生焼けの, 生煮えの. (**2**)〈(ｶﾞﾘ)〉《話》(何かを恐れて)警戒している, 用心している.
──⃟男《昆》バッタ；イナゴ.

sa·lu·bé·rri·mo, ma [sa.lu.βé.r̃i.mo, -.ma] ⃟形《salubre の絶対最上級》きわめて健康的な.

sa·lu·bre [sa.lú.βre] ⃟形《文章語》体によい, 健康に適した, 健全な.

sa·lu·bri·dad [sa.lu.βri.ðáð] ⃟女 健康によいこと, 健全さ；(公共・公衆の)衛生状態.

salud

sa·lud [sa.lúð] 女 **1** 健康；健康状態. estar bien [mal] de ～ 体の調子がすぐれている [すぐれない]. gozar [disfrutar] de buena ～ 健康にめぐまれている. tener una ～ de hierro 頑強である. recobrar la ～ 健康を回復する. favorable a la ～ 健康によい. recetas para conservar la ～ 健康を維持するためのレシピ. ～ pública 公衆衛生. Organización Mundial de la S～ 世界保健機関〖英WHO〗. El tabaco perjudica la ～. タバコは健康に悪い. Mi padre no se encuentra bien de ～. 父は体の調子がよくない.
2（国家・社会の）安寧，繁栄；福祉. Comité de S～ Pública 公共福祉委員会. La ～ del país está en peligro. 国家の安寧が脅かされている.
3〖宗〗救い. la ～ eterna 永遠の救い（天国へ行くこと）. **4**〘ラ米〙(ﾒｷｼ)(ｺﾞﾚｱ)(ﾍﾟﾙｰ)(ｱﾙｾﾞﾝ)《複数で》よろしくとの伝言.
── 間投 **1**（乾杯のときに）¡S～! 乾杯. ¡A su ～! あなたの健康を祝して乾杯. **2**（くしゃみをした人に向けて）¡S～! ─ Gracias. お大事に. ─ ありがとう.

beber a la salud de＋人〈人〉の健康を祝して乾杯する.
curarse en salud 前もって用心する，対策を講ずる.
jurar por la salud de＋人〈人〉の命にかけて誓う.

[← 〘ラ〙*salūtem*（*salūs* の対格）；関連 saludable, salubre, salvo, saludar.〘英〙*salutary, salubrious*]

sa·lu·da [sa.lú.ða] 男 簡単な通知, 簡単な招待状［あいさつ状］.

***sa·lu·da·ble** [sa.lu.ðá.ble] 形 **1** 健全な, 健康的な；健康によい（＝ *sano*）. clima ～ 健康によい気候. **2**（道徳的・精神的に）ためになる，有益な（↔ *perjudicial*）. un castigo ～ ためを思っての罰.

sa·lu·da·ble·men·te [sa.lu.ðá.ble.mén.te] 副 健康的に.

****sa·lu·dar** [sa.lu.ðár] 他 **1**（人に）（言葉・しぐさで）**あいさつする**, 敬礼する；よろしくという気持ちを伝える. ～ a su abuela con un beso 祖母にあいさつのキスをする. Él me *saludó* de lejos con la mano [su sombrero]. 彼は遠くから片手［帽子］を上げて私にあいさつした. Por favor, *saluda* a tu padre de mi parte. お父様によろしくお伝えください. Le *saluda* atentamente [afectuosamente], ＋署名〘手紙〙敬具.
2〈事柄・ものに〉歓迎の意を表し, …を迎える. ～ la llegada del Papa 教皇の訪問を歓迎する. ～ una nueva política con críticas 新しい政策に批判を浴びせる. Es un placer ～ el nacimiento de este movimiento. この運動の誕生を祝福できるのは光栄です. **3**〖軍〗（礼砲・降旗などで）敬意を表す. **4**〈分野などを〉ざっと見渡す, …の概観をつかむ. **5**〈人に〉まじないを施す.
── 自 あいさつする；《**a...** に》敬意を表明する. Este chico no sabe ～. この子はあいさつの仕方も知らない.
──～·se 再《複数主語で》あいさつを交わす. Los dos hombres *se saludaron* con un abrazo. ふたりの男は肩を抱き合ってあいさつした.
no saludar...〈人と〉言葉も交わさない；…を尊重しない. Desde entonces *no me saluda*. そのとき以来〔彼女］は私を完全に無視している.

[← 〘ラ〙*salūtāre*（*salūs*「健康」より派生；「相手の健康を願って［祝して］挨拶を贈る」が原義）；関連 saludo.〘英〙*salute*]

***sa·lu·do** [sa.lú.ðo] 男 **1**（言葉・しぐさによる）**あいさつ**, 敬意の表明；《時に複数で》よろしくとの伝言. dirigir un ～ cordial a los presentes 出席者に心からのあいさつを述べる. retirar el ～ a uno vecino 隣人と口をきかなくなる. Ella me devolvió el ～ con la cabeza. 彼女は私のあいさつに会釈で答えた. Mi hermana te manda [envía] ～s. 姉［妹］が君によろしくと言っていたよ. (Le mando) un afectuoso ～.《手紙》謹んでごあいさつを申し上げます. (Reciba) un atento ～ de＋人名〘手紙〙敬具. **2**〖軍〗〖海〗（挙手・礼砲・捧げ銃(ﾂﾂ)などによる）敬礼. hacer un ～ a la bandera nacional 国旗へ敬礼する. ～ a la voz 登舷礼.
── 活 → saludar.

Saludos [Un saludo] a＋人〈人〉によろしく伝えてください.

Sa·lus·tio [sa.lús.tjo] 固名 サルスティウス（前86-34）：ローマの歴史家・政治家.

sa·lu·ta·ción [sa.lu.ta.θjón / -.sjón] 女《文章語》あいさつ, 会釈；挨拶の言葉.
la Salutación angélica〖カト〗天使祝詞（＝ *ave-maría*）：マリアの受胎を告げる大天使 Gabriel の祝詞で始まる祈り.

sa·lu·tí·fe·ro, ra [sa.lu.tí.fe.ro, -.ra] 形《文章語》健康によい，有益な，ためになる.

sal·va¹ [sál.ba] 女 **1**〖軍〗礼砲；（挙手・捧(ｻｻ)げ銃(ﾂﾂ)などによる）敬礼. tirar una ～ 礼砲を撃つ. cartucho para ～ 空砲. **2** 挨拶, 歓待；歓迎, 歓迎. **3**（王侯の食事の）毒味. **4** 神明裁判：容疑者を種々の危険にさらし，それに耐えた者を無罪とした原始的裁判の形式. **5** 誓い, 誓約.
hacer la salva 発言の許可を求める.
salva de aplausos あらしのようなかっさい.

sal·va² [sal.ba] 形 → *salvo*.

sal·va³ [sal.ba] 活 → *salvar*.

sal·va·ba·rros [sal.ba.bá.ros] 男《単複同形》（自動車などの）泥よけ（＝ *guardabarros*）.

sal·va·ble [sal.bá.ble] 形 助ける；助けられる, 救済できる.

***sal·va·ción** [sal.ba.θjón / -.sjón] 女 **1** 救出, 救助, 救命. Este enfermo no tiene ～. この病人は助かる見込みがない.
2〖宗〗救い. la ～ eterna 永遠の救い（天国へ行くこと）. Ejército de S～ 救世軍.
tabla de salvación 最後の頼み, 頼みの綱.

sal·va·da [sal.bá.ða] 女〘ラ米〙(ﾒｷｼ) → *salvación*.

sal·va·de·ra [sal.ba.ðé.ra] 女（インクを吸い取るための）砂を入れた器, 砂箱.

sal·va·do [sal.bá.ðo] 男 もみ殻, ふすま, 糠(ﾇｶ).

sal·va·dor, do·ra [sal.ba.ðór, -.ðó.ra] 形 救いの, 救助する, 救済の.
── 男 女 **1** el S～〖宗〗救い主, 救世主（イエス・キリスト）. → *Cristo*. **2** 救済者, 救い手, 救助者.

sal·va·do·re·ñis·mo [sal.ba.ðo.re.nís.mo] 男 **1** エルサルバドル風のスペイン語法［表現・語義・単語］. **2** エルサルバドル人気質；エルサルバドル的特質（賛美）.

***sal·va·do·re·ño, ña** [sal.ba.ðo.ré.ɲo, -.ɲa] 形 エルサルバドルの, エルサルバドル人の.
── 男 女 エルサルバドル人.

sal·va·go·tas [sal.ba.gó.tas] 男《単複同形》（瓶の）液だれを防止するもの, 液だれ止め.

sal·va·guar·da [sal.ba.gwár.ða] 女 → *salvaguardia*.

sal·va·guar·dar [sal.ba.gwar.ðár] 他〈利益を

sal・va・guar・dia [sal.ba.gwár.dja] 囡 **1** 保護，擁護，庇護(と)．La ONU es la ~ de la paz. 国連は平和の守り手である．**2** 安全通行証．──男 番人，監視人，〔戦時に保護施設などにつける〕標識．

sal・va・ja・da [sal.ba.xá.ða] 囡 野蛮な行為，残忍な行為，乱暴な言動．

*sal・va・je [sal.bá.xe] 形 **1** 〈動植物が〉**野生の**，飼い慣らされていない．plantas ~s 野生植物．animal ~ 野生動物．rosa ~ 野バラ．
2 〈土地が〉未開拓の，未開の．región ~ 未開拓の地域．selva ~ 未開の密林．
3 〈人・行為などが〉粗野な；凶暴な，放縦な．protesta ~ 暴徒化したデモ．grito ~ 荒々しい叫び声．actuar de manera ~ 野蛮に振る舞う．~ represión 残忍な弾圧．**4** 〈人・習慣などが〉原始的な．**5**〈軽蔑〉教養のない，無学な；行儀の悪い．
──男 囡 **1** 不作法な人；乱暴な人，野蛮人．**2** 未開人．**3**〈軽蔑〉教養のない人；行儀の悪い人．*huelga salvaje* 山猫スト．
[←[カタルーニャ]*salvatge*←[ラ]*silvāticus*「森の；野生の」(*silva*「森」より派生)．[関連]silvestre, salvajismo．[英]*savage*]

sal・va・je・rí・a [sal.ba.xe.rí.a] 囡 → salvajada．

sal・va・jez [sal.ba.xéθ / -.xés] 囡 → salvajismo．

sal・va・ji・no, na [sal.ba.xí.no, -.na] 形 野生の，自生の；未開の，未開人の(ような)．carne *salvajina* 猟の獲物(の肉)．

sal・va・jis・mo [sal.ba.xís.mo] 男 未開の状態；野蛮性，凶暴性，残忍性；粗野，粗暴．

sal・va・ma・no [sal.ba.má.no] *a salvamano* 安全に，無事に (= a mansalva)．

sal・va・man・te・les [sal.ba.man.té.les] 男〖単複同形〗テーブルマット，鍋(ﾅ)敷き．

sal・va・men・to [sal.ba.mén.to] 男 **1** 救助，救出．bote de ~ 救命艇[ボート]．equipo de ~ 救助隊．operaciones de ~ 救助作業．
2 海難救助；沈没船の引き揚げ．sociedad de ~ de náufragos 海難救助協会．

sal・va・pan・ta・llas [sal.ba.pan.tá.jas ‖ -.ʎas] 男〖単複同形〗〖IT〗スクリーンセーバー．

*sal・var [sal.bár] 他 **1** 《**de...**》〈危険など〉から**救う**，助ける；《消耗など》から守る．~ la vida 命を救う．~ (a) un animal *de* la extinción 動物を絶滅から救う．~ una obra *del* deterioro 作品を劣化から守る．~ la reputación 評判が落ちないようにする．Un trozo de chocolate me *salvó* de morir de hambre. ひと切れのチョコレートのおかげで私は飢えずにしないですんだ．
2 〈障害など〉を乗り越える，除く；〈障害物〉を飛び越える．~ los inconvenientes 不都合な点を解決する．~ un río 川を越える．~ un listón 〖スポ〗〈陸上競技で〉バーをクリアする．
3 除外する，別にする．*salvando* excepciones 例外を除いて．**4**〈距離〉を〖短時間で〗走破する；〈高さ〉を超える．Tendremos que ~ unos cien kilómetros todavía. 私たちはまだ約百キロ走らなければならない．La torre *salva* los edificios. その塔はビルの高さを凌駕する．**5**〖IT〗〈データなどを〉保存する，セーブする．**6**〖宗〗《**de...**〈罪など〉から》〈人・魂〉を救済する．
──自 毒見をする．

──~・se 再 **1** 《**de...**〈危険など〉から》助かる，免れる．~*se de* la muerte 死を免れる．~*se de* una multa 罰金を免れる．Me he *salvado* por un pelo *de* quedar herida. 私は間一髪でけがをしないですんだ．**2**《3人称で》除外される．Este es el único caso que *se salva*. これが唯一の例外です．**3**〖宗〗救済される．~*se del* pecado 罪を許される．
¡Sálvese quien pueda! 全員退避 (► 慣用表現)．

sal・var・sán [sal.bar.sán] 男〖薬〗〖商標〗サルバルサン：梅毒の特効薬．

sal・va・slip [sal.ba.slíp] 男〖複 ~s, ~〗〖商標〗パンティライナー．

sal・va・ta・je [sal.ba.tá.xe] 男 救済．

sal・va・vi・das [sal.ba.bí.ðas] 形 救命用の．bote ~ 救命艇[ボート]．chaleco ~ 救命胴衣．
──男〖単複同形〗浮き輪，浮き袋；救命具．

sal・ve [sál.be] 間投〖文章語〗《あいさつ》これはこれは．──囡〖カト〗聖母交唱：聖母マリアをたたえる祈り．

sal・ve・dad [sal.be.ðáð] 囡 制限，留保；但し書き；例外．con la ~ de... ...という条件で．

Sal・ve Re・gi・na [sál.be r̄e.xí.na // -.ji.-] 〖ラ〗〖カト〗サルベ・レジナ：「めでたし元后よ」の意の聖母交唱の一つ．

sal・via [sál.bja] 囡〖植〗サルビア．

sal・ví・fi・co, ca [sal.bí.fi.ko, -.ka] 形 救助の，救命の，救いの．

sal・vi・lla [sal.bí.ja ‖ -.ʎa] 囡 **1**〖まれ〗〈コップなどを受けるくぼみのある〉盆．**2**〖ラ米〗(ⁿ)調味料台，薬味入れ．

salvia (サルビア)

sal・vo, va [sál.bo, -.ba] 形 《estar +**》無事な．Todos salieron del accidente sanos y ~s. みんな無事に事故から脱した (► 通常 sano y salvo という成句の中で用いられる．→ *sano* y *salvo*)．

──[sal.bo] 前 ...を除いて，...以外は (► menos に比べて excepto, salvo は改まった表現)．Todos quieren ir ~ tú. 君を除いてみんなが行きたがっているよ (► 主語人称代名詞を用いる)．He leído todo el libro, ~ el último capítulo. 僕は最後の章を除いて，その本を全部読んだよ．Me acordé de todos, ~ de ella. 私は彼女を除いて全員のことを思い出した．

──囲 → salvar．

a salvo 無事に，安全に．Ya están *a* ~ los pasajeros. 乗客らは安全な状態だ．
salvo que + 接続法 ...でないかぎりは．Iremos de excursión, ~ *que llueva* mucho. 雨がひどくないかぎり，私たちは遠足に出かけるつもりだ．
salvo si [*cuando*] + 直説法 ...でなければ[...のときは除いて]．Me gusta el vino blanco, ~ *si está* tibio. 私はなまぬるくなければ白ワインが好きです．Mi abuela no deja de hablar, ~ *cuando está* dormida. 祖母は眠っているとき以外は話すのをやめない．

sal・vo・con・duc・to [sal.bo.kon.dúk.to] 男 **1**〔占領地域などの〕安全通行証，通行許可証．
2〔行動の〕自由．

sal・vo・ho・nor [sal.bo.(o.)nór] 男〖話〗お尻(ŋ)．

salz・bur・gués, gue・sa [salθ.bur.gés, -.gé.sa / sals.-] 形（オーストリーの）ザルツブルク Salzburgo の．──男 囡 ザルツブルクの人．

sa・ma [sá.ma] 男〖魚〗ベニヒメジ．

sá・ma・go [sá.ma.go] 男〔建材に不適切な木の〕最も柔らかい部分．

sa・mán [sa.mán] 男〖植〗サマン：杉に似た熱帯アメ

sámara

リカ産の堅い巨木.

sá·ma·ra [sá.ma.ra] 囡【植】翼果, 翅果(し).

sa·ma·rio [sa.má.rjo] 男【化】サマリウム: 希土類元素 (記号 Sm).

sa·ma·ri·ta [sa.ma.rí.ta] 形 男 囡 → samaritano.

sa·ma·ri·ta·no, na [sa.ma.ri.tá.no, -.na] 形 (古代パレスチナの一地方) サマリアの, サマリア人の. ——男 囡 サマリア人. el buen ～《聖》善いサマリア人(苦しむ人の真の友). 《ルカ10:30-37》

sa·ma·ru·co [sa.ma.rú.ko] 男《ラ米》《ホ》(猟師の)携帯袋, 獲物入れ.

sam·ba [sám.ba] 囡【音楽】サンバ: アフリカ起源のブラジルの軽快なダンス・舞踊曲.

sam·be·ni·to [sam.be.ní.to] 男 **1**《話》《軽蔑》不名誉, 恥辱; 不評, 不信. A mí me han colgado [puesto] ese ～. 私はとんだ悪評をたてられてしまった. **2**(教会の入り口に置かれた) 悔悟者の氏名と刑罰の掲示板. **3**【史】地獄服, 悔罪服. ♦スペインの宗教裁判所で異端者にかぶせたマント. 異端者は悔悟せず死刑に処せられるときは黒色の地獄服, 悔悟した時は黄色の悔罪服を着せられた.
[← San Benito「聖ベネディクトゥス」; ベネディクト修道会士の肩衣と地獄服の類似から]

sam·bu·ca [sam.bú.ka] 囡 **1**【音楽】サンブカ: ハープに似た昔の弦楽器. **2** サンブカ: 兵隊が飛び越えるために城壁にもたせかけ, 足場にした昔の攻城用武器.

sam·bum·bia [sam.búm.bja] 囡《ラ米》**(1)**《ラプ》《プエルトリコ》《コロンビア》《中米》まずい, まずそうな] 飲み物《料理》. **(2)**《エス》サトウキビの蜜(%)に水とトウガラシを混ぜた飲み物. **(3)**《ホ》パイナップル入りの砂糖水; 大麦から作った飲み物. **(4)**《ラプ》細かく砕かれたもの. *volver sambumbia...*《ラ米》《ラプ》《話》…を粉々[ずたずた]にする.

sam·bu·tir [sam.bu.tír] 他《ラ米》《メキ》《話》押し込む, ねじ込む.

sam·ni·ta [sam.ní.ta] 形 (イタリア中南部の古代国家) サムニウム Samnio の. ——男 囡 サムニウム人.

Sa·moa [sa.mó.a] 圄名 サモア: 南太平洋の島国. 首都 Apia. [←《サモア》*Samoa*]

sa·mo·a·no, na [sa.mo.á.no, -.na] 形 サモアの.

sa·mo·sa·te·no, na [sa.mo.sa.té.no, -.na] / **sa·mo·sa·ten·se** [sa.mo.sa.tén.se] 形 (古代シリアの町) サモサタ Samosata の. ——男 囡 サモサタ人.

sa·mo·ta·na [sa.mo.tá.na] 囡《ラ米》《プエルトリコ》《中米》ばか騒ぎ, お祭り騒ぎ.

Sa·mo·tra·cia [sa.mo.trá.θja / -.sja] 圄名 サモトラキ島: ギリシア, エーゲ海北東部の島.

sa·mo·var [sa.mo.bár] [ロシア] 男 サモワール: ロシアの紅茶用湯沸かし器.

sa·mo·ye·do, da [sa.mo.jé.ðo, -.da] 形 **1**(シベリア北西部・白海沿岸地方に住む) サモイェード人の. **2**(犬の) サモイェード種の. ——男 囡 サモイェード人. ——男 サモイェード語.

sam·pa·ble·ra [sam.pa.blé.ra] 囡《ラ米》《エス》《話》派手なけんか, 騒ぎ.

sam·pa·gui·ta [sam.pa.ɣí.ta] 囡【植】サンパギータ, アラビアジャスミン.

sam·pán [sam.pán] 男【海】サンパン: 中国, 東アジアの小型木造平底船.

sam·ple·a·do [sam.ple.á.ðo] 男【音楽】サンプリング: デジタル録音されたサウンドを任意に抽出し, それを

samovar (サモワール)

新しい音楽の一部に再利用すること.

sam·ple·ar [sam.ple.ár] 他【音楽】サンプリングする.

sam·ple·go·rio [sam.ple.ɣó.rjo] 男《ラ米》《ラプ》《話》騒ぎ, 騒動.

sam·pler [sám.pler] [英]【IT】サンプラー.

sam·pling [sám.plin] [英] 男 → muestreo.

samp·su·co [sam*p*.sú.ko] 男【植】マヨラナ, マジョラム (= mejorana).

Sa·muel [sa.mwél] 圄名 サムエル: 男子の洗礼名. [←《後ラ》*Samuel*←《ギ》*Samouél*←《ヘブライ》*Shěmū'ēl* (原義は「神の御名」); 【関連】《ポルトガル》《仏》《英》《独》*Samuel*.《伊》*Samuele*]

sa·mu·rái / sa·mu·ray [sa.mu.rái] [日] 男[複 samuráis] 侍, 武士.

sa·mu·ro [sa.mú.ro] 男《ラ米》《ラプ》《エス》《ホ》【鳥】ヒメコンドル.

*san [san] 形 [santo の語尾消失形]《男性名に冠して》聖…. *San* Juan 聖ヨハネ. *San Pedro de Roma* ローマのサン・ピエトロ大聖堂. ¿A qué hora dicen la misa en *San* Pedro? 聖ペトロ教会ではミサは何時にありますか. ◆ Tomás, Tomé, Toribio, Domingo の前では Santo.
——[sán] 男《ラ米》《エス》頼母子講(%%)の一種.
baile de San Vito【医】舞踏病.
fogata [hoguera] de San Juan 洗礼者聖ヨハネの祝日 (夏至) に焚くかがり火.
nave de San Pedro ローマカトリック教会.

sa·na [sá.na] 形 → sano.

sa·na·ble [sa.ná.ble] 形 治療できる, 治せる.

sa·na·co, ca [sa.ná.ko, -.ka] 形《ラ米》《ラプ》《タグ》ばかな, 愚かな.

sa·na·dor, do·ra [sa.na.ðór, -.ðó.ra] 形 治療の. ——男 囡 治療師.

sa·na·lo·to·do [sa.na.lo.tó.ðo] 男 万能薬; あらゆる問題の解決策 (= curalotodo).

sa·na·men·te [sá.na.mén.te] 副 健全に, 誠実に.

sa·nan·dre·si·to [sa.nan.dre.sí.to] 男《ラ米》《ラプ》密輸品の市.

sa·na·ne·ría [sa.na.ne.rí.a] 囡《ラ米》《ラプ》《話》くだらないこと, ばかげたこと; 愚かさ.

sa·na·no, na [sa.ná.no, -.na] 形《ラ米》《エス》《話》(人が) ばかな, 馬鹿の.

sa·nar [sa.nár] 他《a+人〈人〉を》治療する. La *sanó* un curandero. ある呪医が彼女を治した. ——自 **1**(病気・傷が) 治る, 回復する. **2**《ラ米》《*メキ*》《中米》子を産む, 出産する.

sa·na·ta [sa.ná.ta] 囡《ラ米》《ラプ》《話》内容のないおしゃべり.

*sa·na·to·rio [sa.na.tó.rjo] 男 **サナトリウム**, 療養所. ～ psiquiátrico 精神科病院.
[←【近ラ】*sānātōrium*←《後ラ》*sānātōrius* 形「治療の」の中性形の名詞化;《ラ》*sānāre*「健康にする」より派生];【関連】sano.《英》*sanatorium*]

san·che·te [san.tʃé.te] 男 (ナバラ王国の賢王 Don Sancho 6世 (在位1150-94) が鋳造させた) サンチェテ銀貨.

san·cho [sán.tʃo] 男 **1**《スペイン》《ラプ》《ホ》豚 (= chancho). **2**《ラ米》《中米》雄羊, 子羊; 雄ヤギ; 家畜.

San·cho [sán.tʃo] 圄名 **1** ～ Ⅲ, el Mayor サンチョ3世大王: ナバラ王 (在位1000-35). ◆彼の治世に最大の領土は, 彼の死後三分割され (ナバラ王国・カスティーリャ王国・アラゴン王国), 3人の息子がそれぞれ統治した. **2** サンチョ: 男子の洗礼名.
Sancho Panza サンチョ・パンサ (Don Quijote の

従者）；サンチョ・パンサのような人物，現実主義者．[←［ラ］*Sanctius*; *sanctus*「聖なる（者）」(→*santo*) より派生．[関連] *Sánchez*. ［ポルトガル］*Sancho*. ［仏］*Sanche*. ［伊］*Sancio*]

san·cho·pan·ces·co, ca [saɲ.tʃo.pan.θés.ko, -.ka / -.sés.-] 形 《文章語》サンチョ・パンサ Sancho Panza のような，実利的［現実的］な．

san·ción [san.θjón / -.sjón] 女 1 (法に基づく) 処罰，制裁． 2 (公的機関による) 承認，認定：《法》批准，裁可．con la ~ del presidente [congreso] 大統領［議会］の承認を得て．

san·cio·na·ble [san.θjo.ná.ble / -.sjo.-] 形 処罰［制裁］に値する，罰せられる．

san·cio·na·dor, do·ra [san.θjo.na.ðór, -.ðó.ra / -.sjo.-] 形 1 承認する，認可する，裁可する． 2 処罰する，制裁を加える．— 男 女 1 認可者． 2 処罰［制裁］する人．

san·cio·nar [san.θjo.nár / -.sjo.-] 他 1 処罰する，…に制裁を加える．~ por venta ilícita 不法販売の罪で処罰する． 2 承認する，是認する，認定する；批准する，裁可する．~ una ley 法律を批准する．

san·co [sáŋ.ko] 男 《ラ米》(1) 《アンデス》(チリ)(トウモロコシ粉・小麦粉などで作る) 粥(かゆ)，煮込み．(2) (チリ) 粘り気のある泥．

san·co·cha·do [saŋ.ko.tʃá.ðo] 男 《ラ米》(コル)(チリ) 煮込み (料理)．

san·co·char [saŋ.ko.tʃár] 他 《ラ米》(1) 〈肉・野菜などを〉(下ごしらえのために) 固めにゆでる，下ゆでする．(2) (メキ)《話》いいかげんにする．— ~se 《ラ米》(コロンビア) いらいらする．

san·co·che·rí·a [saŋ.ko.tʃe.rí.a] 女 《ラ米》(ペルー)《軽蔑》低級な飲食店．

san·co·cho [saŋ.kó.tʃo] 男 1 生煮えの料理． 2 《ラ米》(1) (肉・キャッサバ・バナナ・野菜などで作る) 煮込み．(2) (中米)《プラタ》(エクアドル)(メキ)《話》けんか，口論．(3) 《プラタ》(ベネ)《話》まずい料理；残飯．

San Cris·tó·bal y Nie·ves [saŋ kris.tó.bal i njé.βes] 固名 セントクリストファー・ネービス：西インド諸島中の島国．首都 Basseterre.

sanc·ta [sáŋk.ta] 男 (ユダヤ教の) 幕舎の前面部．

sanc·ta·sanc·tó·rum [saŋk.ta.saŋk.tó.rum] 男 (単複同形) 1 (ユダヤ教のシナゴーグ *sinagoga* の) 至聖所． 2 《比喩的》最も神聖な場所，聖域．

sanc·tus [sáŋk.tus] ［ラ］男 (単複同形) 《カト》三聖唱，サンクトゥス：「聖なる，庭前に続いて「聖なるかな」の意味のこの言葉を3度繰り返して始まる賛歌．

san·dá·ca·ra [san.dá.ka.ra] 女 (植物から取れる) 黄色い樹脂．

***san·da·lia** [san.dá.lja] 女 **サンダル**. ponerse [quitarse] las ~s サンダルを履く[脱ぐ]．[←［ラ］ *sandalia* (*sandalium*「サンダル」の複数形) [関連][英] *sandal*]

sán·da·lo [sán.da.lo] 男《植》(1) ビャクダン．~ rojo シタン．(2) ハッカの一種．

san·dá·ra·ca [san.dá.ra.ka] 女 1 (ワニスなどに用いる) サンダラック樹脂．→ *grasilla*. 2 《鉱》鶏冠石．

san·dez [san.déθ / -.dés] 女 1 ばかげた話，たわ言．decir *sandeces* 愚にもつかないことを言う． 2 愚かさ；ばかげたこと．Es una ~ venir sin desayunar. 朝食も取らずに来るとは愚かだ．

***san·dí·a** [san.dí.a] 女 1 《植》**スイカ**． 2 《話》頭．[←［アラビア］(*baṭṭīḥa*) *sindīya*「(インドの) シンド国の (メロン)」]

san·dial [san.djál] **/ san·diar** [san.djár] 男 スイカ畑．

san·di·nis·mo [san.di.nís.mo] 男 サンディニスモ：ニカラグアの民族解放戦線運動[思想]．

san·di·nis·ta [san.di.nís.ta] 形 男 女 サンディニスタ：Augusto César Sandino (1934年暗殺) の革命理念を受け継ぐニカラグアの民族解放戦線支持者．→ FSLN.

San·di·no [san.dí.no] 固名 サンディノ．Augusto César ~ (1895–1934). ニカラグアの軍人，反米闘争の指導者．→ *sandinista*.

san·dio, dia [sán.djo, -.dja] 形 ばかな，愚かな，浅はかな．— 男 女 ばかな人，愚か者，まぬけ．

sán·du·che [sán.du.tʃe] 男 《ラ米》サンドイッチ，ボカディージョ *bocadillo*.

san·dun·ga [san.dúŋ.ga] 女 1 《話》魅力，愛嬌(あいきょう)． 2 (メキ) 機転 (= sal, donaire). 3 《ラ米》(メキ) サンドゥンガ：メキシコ Tehuantepec 地方の民俗舞踊．(2) (アンデス)(プラタ)(カリブ) 宴会，お祭り騒ぎ．

san·dun·gue·ro, ra [san.duŋ.gé.ro, -.ra] 形 《話》魅力的な，すてきな；機知のある，気の利いた．

***sánd·wich / sand·wich** [sán.(g)witʃ, -.(g)wiθ / -.(g)wis // sán.dwitʃ] 男 (複 ~es) 1 **サンドイッチ**．→ *bocadillo*. 2 サンドイッチの形をしたもの．

sand·wi·che [sán.(g)wi.tʃe // sán.dwi.-] 男 《ラ米》(プラタ) → *sándwich*.

sand·wi·che·ra [sán.(g)wi.tʃé.ra // san.dwi.-] 女 サンドイッチメーカー：サンドイッチを作る家電製品．

sand·wi·che·rí·a [sán.(g)wi.tʃe.rí.a // san.dwi.-] 女 《ラ米》サンドイッチを売る店．

sa·ne·a·do, da [sa.ne.á.ðo, -.ða] 形 1 (財産などが) 税金のかからない． 2 (経済・財政・収入などが) 安定した，揺るぎない．Tiene una posición muy *saneada*. 彼[彼女]は非常に安定した地位についている．

sa·ne·a·mien·to [sa.ne.a.mjén.to] 男 1 衛生的にすること；衛生設備．artículos de ~ 衛生陶器，浴室設備品． 2 (経済・財政・通貨の) 安定；健全(化)，再建．

sa·ne·ar [sa.ne.ár] 他 1 〈土地・家などを〉衛生的にする；設備を取り除く． 2 〈修繕〉修理〉する． 3 (通貨を) 安定させる． 4 (財政・経済を) 再建する，安定させる． 5 《法》補償する．

sa·ne·drín [sa.ne.drín] 男 《史》サンヘドリン：ローマ統治時代のエルサレムにあったユダヤ人の最高自治機関．♦キリストの死刑を宣告した．

sa·nes [sá.nes] 男 (複数形) → *san*.

san·fa·són [sam.fa.són] 男 *a la sanfasón* 《ラ米》《話》形式ばらないで，無頓着(むとんちゃく)に．

San Fe·li·pe [sam fe.lí.pe] 固名 サン・フェリペ．(1) チリ中部 Valparaíso 州中部の都市．(2) ベネズエラ北西部 Yaracuy 州の州都．♦サン・フェリペ号事件：1596年マニラからアカプルコへ向かうスペインのガレオン船サン・フェリペ号が土佐に漂着．乗組員のひとりが「スペイン国王はまず宣教師を海外に派遣し，布教と共に征服事業を進める」と語ったことにより，秀吉の怒りを買い日本26聖人殉教事件にまで発展した．

san·fer·mi·nes [sam.fer.mí.nes] 男 《複数形》サンフェルミン祭：スペインの Pamplona で行われる牛追いで有名な祭り (7月7日–14日)．

san·fran·cis·co [sam.fran.θís.ko / -.sís.-] 男 ミックスジュース．

sán·ga·no, na [sáŋ.ga.no, -.na] 形 《ラ米》(プエルトリコ)《話》ばかな，愚かな．— 男 女 《ラ米》(プエルトリコ) 侮辱．

san·gra·de·ra [saŋ.gra.ðé.ra] 女 1 放水路，排水路；水門． 2 《医》(1) (外科用の) ランセット (=

sangrado

lanceta). (2) 血受け皿. **3**《ラ米》ひじの内側.
san·gra·do [saŋ.grá.ðo] 男《印》(文ण्डの)字下げ.
san·gra·dor [saŋ.gra.ðór] 男 **1** 瀉血(しゃ)師.
2 水門, 放水口.
san·gra·du·ra [saŋ.gra.ðú.ra] 女 **1** 排水, 排水口. **2**《医》血管切開, 瀉血(しゃ). **3** ひじの内側.
san·gran·te [saŋ.grán.te] 形 **1** 出血している.
2〈人を〉憤慨させるような.
***san·grar** [saŋ.grár] 自 **1** 出血する. ～ como un cochino [toro] 《話》どっと出血する. *Estás sangrando por la nariz.* 鼻血が出ているよ.
2 痛みを覚える；傷つく.
— 他 **1** 瀉血(しゃ)する, 血を抜き取る. ～ a un enfermo 病人から瀉血する. **2**〈液体を〉排出させる,〈樹脂を〉採る；排水をする. **3** 苦痛を与える, 苦しめる. **4**《話》〈金を〉搾り取る, 盗む. **5**《印》〈文頭を〉字下がりにする, インデントする.
san·gra·za [saŋ.grá.θa / -.sa] 女 腐った[汚れた]血液.

***san·gre** [sáŋ.gre] 女 **1** 血, 血液. dar ～ 献血する. echar ～ 出血する. echar ～ como un cochino [toro]《話》どっと血を流す. hacerse ～ 血が出る. sacar [tomar] ～ 採血する. Le sale ～ por las narices. 彼[彼女]は鼻血を流している. ～ arterial [roja] 動脈血. ～ venosa [negra] 静脈血. análisis de ～ 血液検査. banco de ～ 血液銀行. donante de ～ 献血者. escasez de ～ 貧血. transfusión de ～ 輸血.
2 流血, 殺傷. delito de ～ 殺傷事件. estar bañado en ～. 血まみれになっている. lavar con ～ 報復する, 血祭りにあげる.
3 血統, 血筋；家系. tener ～ de artista [reyes] 芸術家[王家]の血を引く. *Todas las ～s*《すべての血》(Arguedas の小説) → azul 貴族の家柄(→ azul). lazo de ～ 血縁(関係). limpieza de ～ 純血. mezcla [impureza] de ～ 混血. pura ～ 純血種；血筋のよさ. un pura ～ サラブレッド.
4 血気, 激情. bullirle [arderle, hervirle] la ～ (a+人)〈人〉の血がたぎる. calentarle la ～ (a+人)《話》〈人〉を怒らせる. helarle la ～ (a+人)〈人〉をぞっとさせる. no quedar ～ en el cuerpo [las venas] 血の気が引く. quemarle [encenderle, freírle] la ～ (a+人)〈人〉を激怒させる, いらだたせる. subírsele (a+人) la ～ a la cabeza〈人〉がかっとなる, 逆上する.
5 気質, 性格. tener la ～ gorda 不精者である. tener mala ～ 意地が悪い. tener ～ de horchata 鈍感[無表情]な人だ, ものごとに動じない人だ. tener [llevar]... en la (masa de) ～ が先天的に備わっている. **6**《ラ米》(^(カリ))ブラッドソーセージ.
a sangre caliente かっとなって.
a sangre fría 冷静に；冷血に.
a sangre y fuego 情け容赦なく；是が非でも.
beber la sangre a+人〈人〉を憎む.
chorrear sangre 言語道断である.
chupar la sangre a+人〈人〉から絞れるだけ絞り取る.
correr sangre 死傷者が出る.
dar la sangre por... …に命をささげる.
de sangre caliente [fría] 温血[冷血]の. *animal de sangre caliente [fría]* 温血[冷血]動物. (2) かっとしやすい[冷静な].
escribir con sangre 多大の犠牲を払う.
hacerse mala sangre 苦しむ, 悩む.
hacer(se) sangre 血が出る. *hacerse ～ en una rodilla* ひざから出血する.
hospital de (primera) sangre 野戦病院.
naranja de sangre《植》(果肉の赤い)ブラッドオレンジ.
no llegar la sangre al río《話》大事に至らない.
no tener sangre en las venas《話》血も涙もない, 無表情だ.
pedir sangre《話》復讐(ふくしゅう)を求める.
sangre débil [pobre]《ラ米》(*_m*)貧血.
sangre de drago 竜の血 (紅色染料).
sangre ligera《ラ米》感じのいい人.
sudar sangre 辛酸をなめる.
tener la sangre caliente かっとなりやすい.
tener las manos manchadas de sangre《比喩的》犯罪に加担している.
[←《古スペイン》*sangne*←[ラ]*sanguis*；《関連》sangrar, sangriento, sanguíneo, sangría. [英]*sanguine*「血色のよい」]
san·gre·ro [saŋ.gré.ro] 男《ラ米》(メキシ)大量の血.
san·grí·a [saŋ.grí.a] 女 **1**《医》放血, 瀉血(しゃ), 刺胳(らっ). **2** 流出, 消耗, 浪費. una ～ en el capital 資本の流出. ～ monetaria 通貨流出. **3** サングリア：赤ワインにオレンジ・レモン・ラム酒・ソーダ水・砂糖などを加えて冷やした飲み物. **4** 排水 [放水] 路；(樹液・樹脂をとるための)刻み目. **5**《冶》(溶鉱炉から取り出される)溶融金属(量). **6** (少しずつ)くすねること, かすめ取ること. **7**《解剖》ひじの内側. **8**《印》(文頭の)字下がり, インデント.
sangría suelta とめどない出血；《比喻的》際限のない出費[損失].
san·grien·ta·men·te [saŋ.grjen.ta.mén.te] 副 血を流して, 血まみれになって；残虐に.
***san·grien·to, ta** [saŋ.grjén.to, -.ta] 形 **1** 出血する, 血を流す. una herida *sangrienta* 出血している傷. **2** 血の滴る；流血の, 血生臭い. *batalla sangrienta* 血みどろの戦い. **3** 残酷な, 残虐な. **4** しんらつな, 痛烈な, 侮辱的な. una broma *sangrienta* 人を傷つける冗談. **5**《文章語》血のように赤い, 鮮血色の.
san·gri·gor·do, da [saŋ.gri.gór.ðo, -.ða] 形《ラ米》(メキシ)(カリ)(チリ)《話》感じの悪い.
san·gri·li·ge·ro, ra [saŋ.gri.li.xé.ro, -.ra] 形《ラ米》《話》感じの良い, 好感の持てる.
san·gri·pe·sa·do, da [saŋ.gri.pe.sá.ðo, -.ða] 形《ラ米》《話》感じの悪い.
san·grón, gro·na [saŋ.grón, -.gró.na] 形《ラ米》(メキシ)(カリ)《話》感じの悪い.
san·gru·no, na [saŋ.grú.no, -.na] 形《ラ米》(カリ) → sangripesado.
san·guan·za [saŋ.gwán.θa / -.sa] 女《ラ米》(1) 赤い汁. (2) 腐敗した血.
san·gua·ra·ña [saŋ.gwa.rá.ɲa] 女《ラ米》(1) (ペルー)サングアラーニャ：ペルーの踊りの一種. (2) (主に複数で)遠回しな言い方, 回りくどい表現.
san·gua·za [saŋ.gwá.θa / -.sa] 女 汚れた[腐った]血；(腐った果物などから出る)赤っぽい汁.

sán·gu·che [sáŋ.gu.tʃe] 男《ラ米》サンドイッチ.

san·güe·ño [saŋ.gwé.no] 男《植》セイヨウミズキ.

san·güe·so [saŋ.gwé.so] 男《植》キイチゴ(の木).

san·güi·che [saŋ.gwí.tʃe, sáŋ.gwi.-] 男《ラ米》サンドイッチ.

san·guí·fe·ro, ra [saŋ.gí.fe.ro, -.ra] 形 (血管などのように) 血を含んだ, 血を運ぶ.

san·gui·fi·ca·ción [saŋ.gi.fi.ka.θjón / -.sjón] 女《医》造血, 血液化.

san·gui·fi·car [saŋ.gi.fi.kár] 102 他《医》造血を促す, 造血させる.

san·gui·jue·la [saŋ.gi.xwé.la] 女 1《動》ヒル. **2**《話》人を食い物にする人, 悪らつな人.

san·guí·na [saŋ.gí.na] 女 1 (デッサン用の) 赤褐色のクレヨン[コンテ] (で描いた絵).
2《植》ブラッドオレンジ (= naranja *sanguina*).

san·gui·na·rio, ria [saŋ.gi.ná.rjo, -.rja] 形 残忍な, 血に飢えた; 血[殺生]を好む.
— 女《鉱》血玉髄, ブラッドストーン.
sanguinaria mayor《植》ミチヤナギ, ニワヤナギ.

san·guí·ne·o, a [saŋ.gí.ne.o, -.a] 形 1《医》血の, 血液の. grupo ～ 血液型. presión *sanguínea* 血圧. riego ～ 血循環. vasos ～s 血管.
2 血を含む, 血の色の. **3** 血の気の多い; 短気な, 怒りっぽい. — 男 短気な人.

san·guí·no, na [saŋ.gí.no, -.na] 形 1 血の, 血を含む, 赤みがかったオレンジ色の. **2** 残忍な, 血に飢えた. — 男《植》セイヨウミズキ.

san·gui·no·len·cia [saŋ.gi.no.lén.θja / -.sja] 女 血まみれであること, 出血, 充血.

san·gui·no·len·to, ta [saŋ.gi.no.lén.to, -.ta] 形 血の出ている; 血まみれの; 血のように赤い. ojos ～s 充血した目, 血走った目.

san·gui·ñue·lo [saŋ.gi.ɲwé.lo] 男《植》セイヨウミズキ.

san·guis [sáŋ.gis] 男〔ラ〕〔単複同形〕《カト》キリストの血となったワイン.

san·gui·sor·ba [saŋ.gi.sór.ba] 女《植》ワレモコウの一種.

san·gui·sue·la [saŋ.gi.swé.la] / **san·gu·ja** [saŋ.gú.xa] 女 → sanguijuela.

sa·ní·cu·la [sa.ní.ku.la] 女《植》ウマノミツバ: セリ科ウマノミツバ属の植物の総称.

*****sa·ni·dad** [sa.ni.ðáđ] 女 **1** 保健, 衛生. ～ pública 公衆衛生. empeoramiento de la ～ 衛生の悪化. mantener la ～ 衛生状態を保つ. Ministerio de S～ 保健省. Dirección General de S～ 公衆衛生局. Cuerpo de S～ Militar《軍》衛生隊.
2 体の具合, 健康状態. La ～ de mi hijo progresa cada día. 息子の具合は日ごとによくなっている.
3 健全, 健康であること. ～ mental 精神衛生. ～ de las finanzas 財政の健全さ.

sa·nie [sá.nje] 女《主に複数で》《医》(希薄)血液膿(ʔ):潰瘍(ʔ)などからの血液・血液・膿を含む分泌物.

san·i·si·dros [san.i.sí.dros] 男《複数形》サンイシドロ祭の闘牛祭日のマドリードで催される闘牛.

*****sa·ni·ta·rio, ria** [sa.ni.tá.rjo, -.rja] 形 衛生の, 保健の, 公衆衛生に関する. ciudad *sanitaria* 病院都市. cordón ～ (伝染病予防の) 防疫線. medidas *sanitarias* 医療処置.
— 男 女 **1** 保健所の職員. **2**《軍》衛生兵. **3**《ラ米》《クラ》配管工. — 男 **1**《複数で》(浴室・トイレなど) 衛生設備[器具]. **2**《ラ米》《ミヤミ》《クラ》公衆便所.

san·ja·co·bo [saŋ.xa.kó.bo] 男 チーズ入りカツ[ハムカツ].

*****San Jo·sé** [saŋ xo.sé] 固名 **1** サン・ホセ. (1) コスタリカの首都. (2) ウルグアイ南部の県;県都. (3) 米国カリフォルニア州中部の都市.
→ josefino. [**1**(1) は San José「聖ヨセフ」に献納のため18世紀にこの地に建てられた教会にちなむ]

sanitario púbico
(公衆トイレ:メキシコ)

*****San Juan** [saŋ xwán] 固名 **サン・フアン**. (1) 米国領プエルトリコの首都. (2) アルゼンチン西部の州;州都. (3) (= ～ de los Moros) ベネズエラ中北部 Guárico 州の町. (4) ドミニカ共和国南東部の県;県都 → ～ de la Maguana. (5) フィリピン北部の都市. (6) キューバ中部の町.
[(1) → Puerto Rico]

san·jua·na·da [saŋ.xwa.ná.ða] 女 (6月24日の) サン・フアン[聖ヨハネ]祭;サン・フアン[聖ヨハネ]祭前後の日.

san·jua·ne·ño, ña [saŋ.xwa.né.ɲo, -.ɲa] 形 → sanjuanero.

san·jua·ne·ro, ra [saŋ.xwa.né.ro, -.ra] 形 **1** サン・フアン[聖ヨハネ]祭 (6月24日) の. **2**《果物などが》サン・フアン[聖ヨハネ]祭のころに熟する.

san·jua·nis·ta [saŋ.xwa.nís.ta] 形 第1次十字軍時代に創立された宗教騎士団「聖ヨハネ騎士団」の.
— 男 聖ヨハネ騎士団員.

san·lu·que·ño, ña [san.lu.ké.ɲo, -.ɲa] 形 (スペイン Cádiz 県の港町) サンルーカル・デ・バラメダ Sanlúcar de Barrameda の; (スペイン Sevilla の) サンルーカル・ラ・マヨール Sanlúcar la Mayor の.
— 男 女 サンルーカルの住民[出身者].

san·ma·ri·nen·se [sam.ma.ri.nén.se] 形 サンマリノの, サンマリノ人. — 男 女 サンマリノ人.

San Ma·ri·no [sam ma.rí.no] 固名 サンマリノ: イタリア中部, ヨーロッパ最古の共和国. 首都 San Marino. [← 〈伊〉*San Marino*, [← 〈中ラ〉*Marīnus*;「海の(人)」が原義) にちなむ]

san·mar·tín [sam.mar.tín] 男 **1** サンマルティン祭 (11月11日) ころの豚を殺す時期.
2 豚の畜殺. llegarle [venirle] su ～《話》楽しい時が終わって苦しみが始まる.

San Mar·tín [sam mar.tín] 固名 サン・マルティン José Francisco de ～ (1778-1850):アルゼンチンの軍人. 南米独立運動の指導者, ペルーの解放者として el Protector del Perú の称号を受けた. 通称 el Libertador.

San Mi·guel [sam mi.gél] 固名 女《商標》サン・ミゲル:スペインの大手ビールブランド, そのビール.

san·mi·gue·la·da [sam.mi.ge.lá.ða] 女 大天使聖ミカエル San Miguel の祝日 (9月29日) のころ:小作の契約更新期に当たる.

*****sa·no, na** [sá.no, -.na] 形 **1**《名詞+》(estar+) 健康な, 元気な (↔enfermo). ～ de cuerpo y alma 心身ともに健康な. Mi hijo nació ～. 私の息子は健康に生まれた. Los exámenes dicen que *estoy* ～. 検査によれば僕は健康だ.
2《+名詞 / 名詞》《ser+》健康にいい, 健康的な. clima ～ 健康的な気候. Levantarse temprano *es* muy ～. 早起きはとても体にいい.

San Quintín

3《多くは+名詞》《ser+》健全な,堅実な;高尚な. Dicen que él no estaba en su 〜 juicio. 彼にはまともな判断力はなかったという話だ.
4《多くは+名詞》《estar+》無傷の,傷んでいない. manzanas *sanas* 傷んでいないリンゴ. No queda un plato 〜 en toda la casa. 家中捜してもまともな皿は一枚もない.
5《ラ米》《ぼぎょう》《隠》《人が》麻薬をやらない.
cortar por lo sano《話》思い切った措置を取る;迅速にかたをつける.
Mente [Alma] sana en cuerpo sano.《諺》健全な精神は健全な肉体に宿る.
sano y salvo 無事に,つつがなく. El rehén fue liberado 〜 *y salvo*. 人質は無事に解放された. ►主語と性数一致する.━María llegó *sana y salva*. マリアは無事に着いた.
[←[ラ] *sānum* (*sānus*の対格), 関連 sanar, sanitario, sanear. [英] *sane* 「正気の」, *sanity*]

San Quin·tín [saŋ kin.tín] 固名 サン・カンタン:フランスのパリ近郊の都市. ♦1557年スペイン軍はこの地でフランス軍を破り,その戦勝を記念して Felipe 2世は El Escorial 宮殿を建設した.
armarse la de San Quintín《話》大混乱が起こる. *Se va a armar la de* 〜. たいへんなことになりそうだ.

*San Sal·va·dor [san sal.ba.ðór] 固名 **1** サン・サルバドル:エルサルバドルの首都. **2** サン・サルバドル(島):バハマ諸島の島. 別称 Watlings(島). ♦1492年10月12日コロンブス Colón が初めて上陸した Guanahaní 島. [**1**は1525年スペイン人により命名で,「聖なる救世主」の意]

sans·cri·tis·ta [sans.kri.tís.ta] 形 サンスクリット学者[文学]の. ━ 共 サンスクリット学者.
sáns·cri·to, ta [sáns.kri.to, -.ta] /
sans·cri·to, ta [sans.krí.to, -.ta] 形 サンスクリットの,梵語(ぼんご)の. ━ 男 サンスクリット,梵語:古代インドの文章語で雅語. 日常語は pracrito.
san·se·a·ca·bó [san.se.a.ka.bó] y *sanseacabó*《話》(話などの後で)それでおしまい,もう言うことは何もない. Lo haces así porque te lo digo yo, *y* 〜. おれがそう言うんだからそうしろ,いいな.

San Se·bas·tián [san se.bas.tján] 固名 サン・セバスティアン:スペイン北部, Guipúzcoa 県の県都. 港湾都市,避暑地.
san·si·mo·nia·no, na [san.si.mo.njá.no, -.na] 形《哲》(フランスの哲学・社会科学者)サン・シモン Saint-Simon (1760-1825)の, サン・シモン派[主義]の. ━ 男 サン・シモン主義者.
san·si·mo·nis·mo [san.si.mo.nís.mo] 男《哲》サン・シモン主義:空想的社会主義.
san·si·ro·lé [san.si.ro.lé] 男 女《話》ばか,とんま.
san·són [san.són] 男 怪力の男.
San·són [san.són] 固名《聖》サムソン:大力で有名なイスラエルの士師(し). ♦愛人 Delila に欺かれて大力の象徴である長髪を切られた.
ser un Sansón 非常に力が強い.
[←[後ラ] *Sam(p)sōn* ←[ギ] *Sampsōn* ←[ヘブライ] *Shimshōn*「小さな太陽」が原義;関連[ポルトガル] *Sansão*. [仏][英][独] *Samson*. [伊] *Sansone*]
san·ta [sán.ta] 形 女 → *santo*.
San·ta A·na [san.ta á.na] 固名 サンタ・アナ. (**1**) エルサルバドル西部の県;県都. (**2**) 米国カルフォルニア州南部の都市.
San·ta An·na [san.ta án.na] 固名 サンタ・アナ Antonio López de 〜 (1794-1876):メキシコの軍人・政治家. ♦アラモ砦(とりで)の戦い (1836) で有名なテキサス独立戦争に破れ一時失脚したが,その後米国・メキシコ戦争を指揮 (1846-47) して米国に敗北.
san·ta·bár·ba·ra [san.ta.bár.ba.ra] 女《海》(軍艦などの)弾薬庫,火薬庫;弾薬庫に通じる船室.
San·ta Cruz [san.ta krúθ / - krús] 固名 サンタ・クルス. (**1**) アルゼンチン最南部の州. (**2**) ボリビアの県;県都 〜 de la Sierra. (**3**) フィリピン北部の港町.
San·ta Cruz de Te·ne·ri·fe [san.ta krúθ ðe te.ne.rí.fe / - krús -] 固名 サンタ・クルス・デ・テネリフェ:スペイン領カナリア諸島の県;県都.
San·ta Fe [san.ta fé] 固名 サンタ・フェ. (**1**) スペイン Granada 県の町. ♦1492年4月17日コロンブス Colón とカトリック両王の間で航海に関する協約 (Capitulaciones de 〜) が結ばれた地. (**2**) アルゼンチン中北部の州;州都. (**3**) 米国ニューメキシコ州の州都.
san·ta·fe·ci·no, na [san.ta.fe.θí.no, -.na / -.sí.-] 形 **1** (スペインの)サンタ・フェの. **2** → *santafesino*. ━ 男 女 サンタ・フェの住民[出身者].
san·ta·fe·re·ño, ña [san.ta.fe.ré.ɲo, -.ɲa] 形 (コロンビアの)サンタ・フェ・デ・ボゴタ Santa Fe de Bogotá の.
━ 男 女 サンタ・フェ・デ・ボゴタの住民[出身者].
san·ta·fe·si·no, na [san.ta.fe.sí.no, -.na] 形 (アルゼンチンの)サンタ・フェの.
━ 男 女 サンタ・フェの住民[出身者].
san·ta·lá·ce·as [san.ta.lá.θe.as / -.se.-] 女《複数形》《植》ビャクダン科(の植物).
san·ta·lu·cen·se [san.ta.lu.θén.se / -.sén.-] 形 男 女 (カリブ海の島国)セントルシアの(人).
San·ta Lu·cí·a [san.ta lu.θí.a / -.sí.-] 固名 セントルシア:カリブ海の島国. 首都 Castries.
San·ta Ma·rí·a[1] [san.ta ma.rí.a] 固名 → *María*.
San·ta Ma·rí·a[2] [san.ta ma.rí.a] 固名 サンタ・マリア(山):グァテマラの活火山. 3772 m.
San·tan·der [san.tan.dér] 固名 サンタンデル. (**1**) スペイン北部の県;県都, 港湾都市. (**2**) 南米のコロンビア中北部の州.
san·tan·de·ri·no, na [san.tan.de.rí.no, -.na] 形 (スペインの)サンタンデルの.
━ 男 女 サンタンデルの住民[出身者].
san·ta·rri·ta [san.ta.r̄í.ta] 女《ラ米》《ぞく》《植》ブーゲンビリアの一種.
san·ta·te·re·sa [san.ta.te.ré.sa] 女《昆》カマキリ.
san·tel·mo [san.tél.mo] 男 **1** fuego de *S*〜 聖エルモの火:船のマストや地表の突出部に現れるコロナ放電現象. **2** 救い主, 援助してくれる人.
san·te·rí·a [san.te.rí.a] 女 **1**《話》神聖さ,聖性,清廉潔白さ;《軽蔑》(宗教などを)固く信じること,盲信. **2**《宗》サンテリア. ♦アフリカ起源の宗教とカトリックなどが混交して成立した民間信仰.
3《ラ米》祭具[聖画,聖像]販売店[製造業者].
san·te·ro, ra [san.té.ro, -.ra] 形 聖像を崇める,偶像を崇拝する. ━ 男 女 **1** (人里離れた)聖堂[修道院]の番人. **2** (聖像を持ち歩き家々で)施しを受ける人. **3**(病気などを治す)祈祷師(きとうし). **4**《ラ米》(**1**)サンテリアの信者. (**2**)祭具[聖像,聖画]の職人.
San·tia·go[1] [san.tjá.go] 固名 **1**《聖》聖ヤコブ, サンティアゴ. ♦ゼベダイの子ヤコブ;大ヤコブ〜 el Mayor とも呼ばれるキリストの十二使徒のひとりで使徒ヨハネ Juan の兄, スペイン・チリの守護聖人で神の

性格も備える. 祝日7月25日. ♦アルファベットの子ヤコブ：小ヤコブ 〜 el Menor とも呼ばれる十二使徒のひとり. 祝日5月11日. ♦元来聖ヤコブは Santi Yagüe ; Yagüe は Yago の古称で Jaime, Diego または Jacobo の別称.
2 Orden Militar de 〜 サンティアゴ騎士団：12世紀末にレオン国王 Fernando 2世が創設.
3 サンティアゴ：男子の洗礼名.

camino de Santiago
（1）サンティアゴ街道：フランス国境からスペインの 〜 de Compostela に至る巡礼道（1993年世界遺産登録）. (2)『天文』銀河, 天の川.

Santiago¹（聖ヤコブ）

¡Santiago (y cierra España, y a ellos)! コンキスタのときのスペイン軍の鬨(とき)の声.
[← 〔後ラ〕*Sanctus Iacobus*；中世の前期に Galicia 地方で聖大ヤコブの遺体が発見されたといわれ, 9世紀末から彼がスペインキリスト教徒の守護者となる]

***San.tia.go**² [san.tjá.go] 固名 サンティアゴ.
(1) チリの首都；『史』スペイン統治時代のチリ総督領の首都. (2) ドミニカ共和国の県；県都（= 〜 de los Caballeros）. [←Santiago¹；「聖ヤコブ」にちなむ]

San.tia.go de Com.pos.te.la [san.tjá.go ðe kom.pos.té.la] 固名 **1** サンティアゴ・デ・コンポステラ：スペイン北西部の都市. ♦大ヤコブの墓所として中世より多くの巡礼者を集めた. エルサレム, ローマと共にキリスト教徒の三大巡礼地の一つ. 旧市街は世界遺産（1985年登録）.
2 サンティアゴ・デ・コンポステラ大聖堂：11-12世紀に建てられたロマネスク様式の聖堂.
[聖ヤコブの遺体があったとされる地に作られた]

San.tia.go de Cu.ba [san.tjá.go ðe kú.ßa] 固名 サンティアゴ・デ・クーバ：キューバの県；県都.

san.tia.gue.ño, ña [san.tja.ɣé.ɲo, -.ɲa] 形 **1** (果物などが)(7月25日の)サンティアゴ聖人(聖大ヤコブ)祭のころに熟する. **2** (アルゼンチンの州・州都)サンティアゴ・デル・エステロ Santiago del Estero の.
——男 女 サンティアゴ・デル・エステロの住民 [出身者].

san.tia.gue.ro, ra [san.tja.ɣé.ro, -.ra] 形 サンティアゴ・デ・クーバの.
——男 女 サンティアゴ・デ・クーバの住民[出身者].

san.tia.gués, gue.sa [san.tja.ɣés, -.ɣé.sa] 形 サンティアゴ・デ・コンポステラの.
——男 女 サンティアゴ・デ・コンポステラの住民[出身者]（= compostelano）.

san.tia.gui.no, na [san.tja.ɣí.no, -.na] 形 (チリの首都の別称)サンティアゴ・デ・チレ Santiago de Chile の.
——男 女 サンティアゴ・デ・チレの住民[出身者].

san.tia.guis.ta [san.tja.ɣís.ta] 形 サンティアゴ[聖ヤコブ]騎士団の.
——男 女 サンティアゴ[聖ヤコブ]騎士団員.

san.tia.mén [san.tja.mén] 男 *en un santiamén* 《話》すぐに, あっという間に.

san.ti.dad [san.ti.ðáð] 女 神聖, 聖性. olor de 〜 高徳の誉れ.
Su Santidad (教皇)聖下 (= Sumo Pontífice).

san.ti.fi.ca.ble [san.ti.fi.ká.ßle] 形 神聖化しうる, 聖別すべき, 列聖に値する.

san.ti.fi.ca.ción [san.ti.fi.ka.θjón / -.sjón] 女 聖なるものとして崇(あが)めること, 聖化；列聖, 聖人の列に加えること.

san.ti.fi.ca.dor, do.ra [san.ti.fi.ka.ðór, -.ðó.ra] 形 聖化[成聖]する；神聖化する.
——男 女 成聖[聖化]する人.

san.ti.fi.can.te [san.ti.fi.kán.te] 形 神聖にする, 聖化する；〈恩寵(おんちょう)が〉成聖の.

san.ti.fi.car [san.ti.fi.kár] 100 他 **1** 〖カト〗 (1) 〈人・ものを〉神聖なものとする, 聖化する；〈人を〉聖人の列に加える, 列聖する. (2) 〈祭日・祝日などを〉聖なるものとして祝う, 戒律に従って祝う. (3) 〈聖人・聖なるものを〉あがめる. **2** 〈人を〉弁護する, 弁明する.

san.ti.fi.ca.ti.vo, va [san.ti.fi.ka.tí.ßo, -.ßa] 形 神聖にするのに適した, 神聖化することのできる.

san.ti.gua.da [san.ti.ɣwá.ða] 女 十字を切ること, 十字架の印.
para SU *santiguada* (1) 誓って. (2) 《まれ》内心, 黙って.

san.ti.gua.mien.to [san.ti.gwa.mjén.to] 男 十字を切る[切ってやる]こと.

san.ti.guar [san.ti.gwár] 86 他 **1** 〖宗〗十字を切る；(十字を切って)お祓(はら)いをする. **2** ぶつ, ひっぱたく. **3** 〘ラ米〙(祈りで)いやす, 治す.
——~.se 再 **1** 十字を切る. **2**《話》*(ante...)*《…に》驚く, 《…に対して》憤りを示す.

san.ti.mo.nia [san.ti.mó.nja] 女 **1** → santidad. **2** 〖植〗野生のキクの一種.

san.tis.ca.rio [san.tis.ká.rjo] *de mi santiscario*《話》私の発案で.

san.tí.si.mo, ma [san.tí.si.mo, -.ma] 形 [santo の絶対最上級] きわめて神聖な, 至聖なる. el S〜 Padre 教皇. el S〜 Sacramento 〖カト〗聖体. la Virgen *Santísima* 聖母マリア.
——男 el S〜 〖カト〗聖体 (= hostia).
hacerle la santísima (pascua) (a +人)《話》〈人をいらいらさせる.

****san.to, ta** [sán.to, -.ta] 形 **1**（+名詞)〈聖人・聖女の名前に冠して〉聖…（略 S., Sta.）. S〜 Tomás 聖トマス. *Santa* Ana 聖アナ. ▶男性名に冠する場合, Tomás, Tomé, Toribio, Domingo を除いて, santo の語尾が脱落して san となる. → San Pedro 聖ペドロ.
2（+名詞／名詞+）(ser+) 聖なる, 神聖な. el S〜 Padre 教皇. el 〜 óleo 聖油. la *santa* Iglesia católica 神聖なるカトリック教会. la ciudad *santa* (de Jerusalén) 聖都(エルサレム). la guerra *santa* 聖戦. la Semana *Santa* 聖週間(復活祭前の1週間). ▶この間の曜日の名には santo が付される. → Jueves S〜 聖木曜日. el Viernes S〜 聖金曜日, キリスト磔(たっけい)の日. el Sábado S〜 聖土曜日). el Espíritu S〜 聖霊 (三位一体の第3位格). la Tierra *Santa* 聖地(パレスチナ). la *Santa* Sede 教皇庁, 法王庁, バチカン. el S〜 Oficio 異端審問(所), 宗教裁判(所) (= inquisición). el S〜 Grial 聖杯(キリストが最後の晩餐(ばんさん)で用いた杯). la *Santa* Faz 聖顔布 (▶聖女ベロニカが十字架を負って歩むキリストの額の汗をぬぐったところ, キリストの顔がうつったという布. → Verónica). el S〜 Sepulcro 聖墓(キリストの墓). los S〜s Lugares (キリストのたどった)聖地. la *Santa* Alianza 〖史〗神聖同盟. ¡S〜 *es* el señor! 聖なるかな神なる主よ.
3《+名詞》《話》(▶単に名詞の意味を強めて, 時には反語的・軽蔑的に). todo el 〜 día まる1日. hacer

Santo Domingo

SU *santa voluntad* [～ *gusto*]好き勝手なことをする. Me tuvo esperando toda la *santa* tarde. あいつに待たされてまるまる午後をつぶしてしまった. Tuve que dormir en el ～ suelo. いまいましい，なんで床なんかに寝なければならぬんだ.
4《＋名詞／名詞＋》敬虔(ケイ)な，信心深い，聖人のような. una persona *santa* 聖人のような人. llevar una vida *santa* 敬虔な日々を送る. la *santa* esposa 人のいい妻.
―男女 **1**〖カト〗(1) 聖人，聖者，聖女. hacerse el ～《話》聖人ぶる. SU ～ patrón (自分の)守護聖人.(2) 聖人像, 聖人の絵.
2 模範的な人物, 聖人のような人. Mi madre es una *santa*. 母は聖人ってぐらいやさしい人だ.
―男 **1** 聖人の日, 霊名の祝日：自分の命名の元になった守護聖人の祝日(教会暦に従って祝う). felicitar a＋人(por) SU ～《人》の守護聖人の祝日を祝う. Hoy es mi ～. 今日は私の聖人の日だ. **2**《話》〈主に複数で〉挿し絵. **3**《ラ米》《ᵗ》継ぎ, 当て布, パッチ.
adorar el santo por la peana《話》ご機嫌を取る, 取り入る.
alzarse [*cargar*(*se*)] *con el santo y la limosna* 他人の分までごっそり持ち去る.
¿A santo de qué...? / ¿A qué santo...?《話》一体なんでまた…なのか. ¿A ～ *de qué* tengo que pagar tantos impuestos? なんでこんなに税金を払わなければならないんだ.
comerse los santos《話》すごく信心深い.
dar a＋人 el santo《ラ米》《ᵗ》《話》神がかりになる.
darse de santo a...(1)《ラ米》《ᵗ》《話》…が快諾する.(2)(*ᵗ)幸運を感謝する.
dar(se) de santos《ラ米》《ᵗ》《話》ほっとする.
deber a cada santo una vela《ラ米》《ᵗ》《話》危機的な状況にある, 借金だらけである.
desnudar a un santo para vestir a otro《話》問題を一つ解決しても別の問題を生む, 借金を借金で返す.
el día [*la fiesta*] *de Todos los Santos*〖カト〗諸聖人の祝日(11月1日). → fiesta.
írsele (*a＋人*) *el santo al cielo*《話》〈人〉がうっかり忘れる, ど忘れする. Ayer fue tu cumpleaños y *se me fue el ～ al cielo*. 昨日が君の誕生日だったのにすっかり忘れていたよ.
llegar y besar el santo《話》いとも簡単に手に入ること, 朝飯前のこと. Lo suyo ha sido *llegar y besar el ～*. 彼[彼女](ら)にとってそれはとてもたやすいことだった.
no saber a qué santo encomendarse《話》どうしたらいいのかわからない, 途方に暮れている.
no ser santo de SU *devoción*《話》…は虫が好かない. Ese profesor *no es ～ de mi devoción*. あの先生を僕は好きになれない.
por todos los santos (*del cielo*)《話》後生だから, お願いだから. ¡*Por todos los ～s*! ¡Salvadla! 後生だから, 彼女を助けて.
quedarse para vestir santos《話》〈女性が〉独身のままでいる, 婚期を逸する.
santo y bueno 申し分ない.
santo y seña《軍隊などで》合い言葉.
subírsele (*a＋人*) *el santo a la cabeza*《ラ米》《ᵗ》〈人〉が激怒する.
tener el santo de cara [*espaldas*]《話》運がいい[悪い].

tener santos en la corte《ラ米》《ᵗ》《話》コネがある.
Todos los santos tienen novena.《話》そのうちに人生の花を咲かせるときもあるさ.
un santo varón お人よし.
¡Y santas pascuas!《話》それで決まり[終わり]だ. Si no entiendes, díselo *y santas pascuas*. わからなければ, そう言いなさい. それで済むんだから.
[←〖ラ〗*sanctum* (*sanctus* の対格) 形「神聖な」; 関連 santificar, santiguar, santuario [英] saint「聖者」]

*San·to Do·min·go¹ [san.to đo.míŋ.go] 固名 サント・ドミンゴ (＝～ de Guzmán)：ドミニカ共和国の首都. ♦1496年, コロンブス Cristóbal Colón の弟 Bartolomé Colón によって建設された. その植民都市は世界遺産. → dominicano.
[コロンブス兄弟の父親名 *Domenico*(スペイン語形 Domingo)にちなむ; 市の創立日が日曜日に当たっていたためとする説もある]

San·to Do·min·go² [san.to đo.míŋ.go] 固名 聖ドミニクス ～ de Silos (1170-1221)：スペインの聖職者でドミニコ会の創設者.

san·to·li·na [san.to.lí.na] 女〖植〗ワタスギギク, サントリナ：キク科サントリナ属の各種草本.

san·to·lio [san.tó.ljo] 男《話》聖油.

san·tón [san.tón] 男 **1** 非キリスト教(特にイスラム教)の修道僧. **2**《話》偽善者, えせ信心家. **3**《話》(集団内で多大な影響力を持つ)大者, ワンマン.

san·tó·ni·co, ca [san.tó.ni.ko, -.ka] 形 (非キリスト教)修道僧の. ―男〖植〗セメンシナ.

san·to·ni·na [san.to.ní.na] 女〖化〗サントニン：回虫駆除に使われるセメンシナの花の結晶状化合物.

san·to·ral [san.to.rál] 男〖カト〗**1** 聖人伝. **2** 聖人の聖務日課を含む交誦(じゅう)聖歌集. **3**聖人の祝日[祭日]表. S～ del día 聖人の祝日.

San·to To·mé y Prín·ci·pe [sán.to to.mé i prín.θi.pe / - -.si.-] 固名 サントメ・プリンシペ：アフリカ大西洋上の民主共和国. 首都 Santo Tomé.

san·tua·rio [san.twá.rjo] 男 **1**〖宗〗人里離れた所にあり聖遺物や聖人像のある) 礼拝堂, 聖地；(教会の)内陣, 正祭壇, 神殿, 寺院. **3** 神聖[特別]な場所. cuna y ～ de... …発祥の聖地. **4** 聖域；サンクチュアリ, 自然保護区. **5**《ラ米》(ラプ)(ボリ)埋蔵品, 埋もれた財宝；(先住民が崇拝する)偶像.

san·tu·la·rio, ria [san.tu.lá.rjo, -.rja] 形《ラ米》《ᵗ》→ santurrón.

san·tu·rrón, rro·na [san.tu.ŕón, -.ŕó.na] 形《話》《軽蔑》信心に凝り固まった; 信心家ぶった. ―男女《話》《軽蔑》こちこちの[えせ]信心家.

san·tu·rro·ne·rí·a [san.tu.ŕo.ne.rí.a] 女 **1** 信心に凝り固まること; 信心家ぶること. **2** 偽善, 猫かぶり.

San Vi·cen·te y Gra·na·di·nas [sám bi.θén.te i gra.na.đí.nas / - -.sén.- -] 固名 **1** セントビンセントグレナディーン：カリブ海の島国. 首都 Kingstown. **2** セントビンセントグレナディーン諸島.

sa·ña [sá.ɲa] 女〈主に単数で〉《軽蔑》残忍さ, むごさ；《文章語》激怒, 憤怒.

sa·ño·sa·men·te [sa.ɲó.sa.mén.te] / **sa·ñu·da·men·te** [sa.ɲú.đa.mén.te] 副 激怒して; 残忍に.

sa·ño·so, sa [sa.ɲó.so, -.sa] / **sa·ñu·do, da** [sa.ɲú.đo, -.đa] 形 激怒した, 怒り狂った; 残忍な, むごい.

sa·o [sá.o] 男 **1**〖植〗(モクセイ科の)フィリレア

2《ラ米》《½》野原.

São Pau·lo [sa.o páu.lo] 固名 サン・パウロ：ブラジル南東部の都市. [← 《ポルトガル》*São Paulo*（人名「聖パウロ」より）；1554年1月25日の聖パウロ改心の記念日にこの地に創設された学校の名にちなむ]

sa·pa [sá.pa] 囡《嗜好品の》キンマの噛(ﾉ)みかす. → betel.

sa·pa·ne·co, ca [sa.pa.né.ko, -.ka] 形《ラ米》《中米》《話》ずんぐりした, 小太りの.

sá·pa·ro [sá.pa.ro] 男《ラ米》《エクア》編みかご.

sa·pe·a·da [sa.pe.á.ða] 囡《ラ米》《エクア》《軽蔑》告発.

sa·pe·ar [sa.pe.ár] 他 **1**《ラ米》《エクア》暴く, 告発する. **2**《ラ米》《中》《話》〈人を〉こっそり監視する.

sa·pe·li / sa·pe·lli [sa.pé.li] 男 **1**《植》サペリ：マホガニーに似たセンダン科の木, 家具材にする. **2** サペリの木材.

sa·pen·co [sa.péŋ.ko] 男《動》カタツムリ.

sa·pi·dez [sa.pi.ðéθ / -.ðés] 囡 味のよさ, 風味（のあること）.

sá·pi·do, da [sá.pi.ðo, -.ða] 形 味のある, 風味のある, おいしい.

sa·pien·cia [sa.pjén.θja / -.sja] 囡 知恵, 英知；知識, 学識（= *sabiduría*）. La ~ de este chico me admira. この子の知識には感心させられる.

sa·pien·cial [sa.pjen.θjál / -.sjál] 形 知恵の. libros ~*es*《聖》知恵の書（♦ソロモン Salomón 王が書いたと言われる旧約の「箴言(ｼﾝｹﾞﾝ)」Proverbios,「コヘレトの言葉」Eclesiastés,「シラ書」Eclesiástico など）.

sa·pien·te [sa.pjén.te] 形 賢い, 知恵のある；学問のある.

sa·pien·tí·si·mo, ma [sa.pjen.tí.si.mo, -.ma] 形 [*sabio* の絶対最上級] とても博学な.

sa·pi·llo [sa.pí.ʝo ‖ -.ʎo] 男 **1**《ラ米》《タリ》《小児》（乳児の口にできる）ただれ. **2** 舌の下にできる腫瘍.

sa·pi·na [sa.pí.na] 囡《植》オカヒジキ；アッケシソウ.

sa·pin·dá·ce·as [sa.pin.dá.θe.as / -.se.-] 囡《複数形》《植》ムクロジ科の植物.

*****sa·po** [sá.po] 男 **1**《動》ヒキガエル, ガマ. **2** 気味の悪い小動物,（水中の）虫. **3**《軽蔑》コスタリカ警官隊の一員. **4**《ラ米》《米》《遊》（1）作り物のガマの口に硬貨を投げ入れる遊び. （2）《ﾍﾞﾈ》ずる賢い人. （3）《中》《隠》（犯罪の）見張り係. （4）《中》《俗》スパイ. *echar* [*soltar*] (*por la boca*) *sapos y culebras* [*gusarapos*]《話》悪態をつく；出任せを言う.

sa·po, pa [sá.po, -.pa] 形《ラ米》《話》(1)《中》《ﾍﾞﾈ》《ﾍﾟﾙ》ずる賢い, 空とぼけた. (2)《ｶﾘﾌﾞ》告げ口をする.

sa·po·ná·ce·o, a [sa.po.ná.θe.o, -.a / -.se.-] 形《技》《化》石けん質の.

sa·po·na·ria [sa.po.ná.rja] 囡《植》サポナリア.

sa·po·ni·fi·ca·ción [sa.po.ni.fi.ka.θjón / -.sjón] 囡《化》鹸化(ｶﾝｶ).

sa·po·ni·fi·car [sa.po.ni.fi.kár] 102 他《化》鹸化(ｶﾝｶ)させる.

—~*se* 再（脂肪分が）（変化して）石けんになる.

sa·po·ni·ta [sa.po.ní.ta] 囡《鉱》サポナイト, サポニン.

sa·po·rí·fe·ro, ra [sa.po.rí.fe.ro, -.ra] 形 味を出す, 風味を添える.

sa·po·rro, rra [sa.pó.r̄o, -.r̄a] 形《ラ米》《エクア》《中米》《ﾎﾞﾘ》《話》ずんぐりむっくりな, 太っちょの.

sa·po·te [sa.pó.te] 男《植》→ *zapote*.

sa·po·te·ar [sa.po.te.ár] 他《ラ米》《エクア》《話》いじくる.

sa·pró·fa·go, ga [sa.pró.fa.go, -.ga] 形《生物》腐敗物を栄養源とする, 腐生の, 腐食性の.

sa·pró·fi·to, ta / **sa·pro·fi·to, ta** [sa.pro.fí.to, -.ta] 形《植》腐物に寄生する.

—男 腐生植物.

sa·pro·pel [sa.pro.pél] 男 腐泥.

sa·que¹ [sá.ke] 男 **1**《スポ》サーブ, キック（オフ）；サービスライン（= *línea de* ~）；サーバー. *hacer* [*tener*] *el* ~ サーブ[キックオフ]する. ~ *de centro* キックオフ. ~ *de castigo* ペナルティーキック. ~ *de esquina* コーナーキック. *hacer el* ~ *de puerta* ゴールキックをする. ~ *de banda*（サッカー）スローイン；（ラグビー）ラインアウト. *romper el* ~ サーブを破る.

2《話》大食漢の飲食の量. **3**《ラ米》《ﾎﾞﾘ》《話》殴打. *tener un buen saque* 大食漢である.

sa·que² [sá.ke] 男《ラ米》《エクア》蒸留酒製造場.

saque(-) / saqué(-) 活 → *sacar*.

sa·que·a·dor, do·ra [sa.ke.a.ðór, -.ðó.ra] 形 略奪しようとする, 強奪する, 分捕る.

—男 囡 略奪者, 強奪者.

sa·que·a·mien·to [sa.ke.a.mjén.to] 男 略奪, 強奪.

sa·que·ar [sa.ke.ár] 他 **1** 略奪する, 強奪する. **2**《話》ごっそり[大量に]盗み出す, 荒らし回る.

sa·que·o [sa.ké.o] 男 略奪, 強奪.

sa·que·rí·a [sa.ke.rí.a] 囡 **1** 袋製造（業）. **2**《集合的》袋, 袋類.

sa·que·rí·o [sa.ke.rí.o] 男 → *saquería*.

sa·que·ro, ra [sa.ké.ro, -.ra] 男 囡 袋製造業者, 袋職人；袋販売者.

sa·que·te [sa.ké.te] 男 **1** 小さな袋. **2**《軍》（弾）薬嚢(ﾉｳ). [*saco* + 縮小辞]

sa·qui·to [sa.kí.to] 男 **1** 小さな袋. ~ *de papel* 紙袋. **2**《ラ米》《エクア》前でとめる赤ちゃん用の上着. [*saco* + 縮小辞]

SAR [sár]《略》《*S*ervicio *A*éreo *d*e *R*escate》（スペインの）航空レスキュー隊.

S. A. R.《略》《*S*u *A*lteza *R*eal》殿下.

Sa·ra [sá.ra] 固名《聖》サラ, サライ：Abraham の妻.

sa·ra·cu·te·ar [sa.ra.ku.te.ár] 自《ラ米》《ﾎﾞﾘ》《話》体をくねらす, しなを作る.

sa·ra·güe·te [sa.ra.gwé.te] 男《話》くだらない夜会.

sa·ram·pión [sa.ram.pjón] 男《医》はしか, 麻疹(ﾏｼﾝ)；《ラ米》《ﾁﾘ》風疹.

sa·ran·dí [sa.ran.dí] 男《ラ米》《ﾎﾞﾘ》《植》アカネ科セファランサス；トウダイグサ科コミカンソウ.

sa·ra·o [sa.rá.o] 男 **1** 夜会. **2**《話》大騒ぎ, 混乱.

sa·ra·pa [sa.rá.pa] 囡《ラ米》《エクア》食べ残し, 残り物, 残飯.

sa·ra·pe [sa.rá.pe] 男《ラ米》《エクア》《中米》サラーペ：原色の模様がある毛布地. 肩掛け, ポンチョ *poncho*, 壁掛けなどに用いられる.

sa·ra·pia [sa.rá.pja] 囡《植》トンカマメノキ.

sa·ra·pi·co [sa.ra.pí.ko] 男《鳥》ダイシャクシギ.

sa·ra·sa [sa.rá.sa] 男《俗》《話》《軽蔑》（男性の）同性愛者, ホモセクシュアル（= *marica*）；女っぽい男.

Sa·ra·sa·te [sa.ra.sá.te] 固名 サラサーテ Pablo de ~ (1844-1908)：スペインの作曲家・バイオリニスト.

sa·ra·via·do, da [sa.ra.bjá.ðo, -.ða]《ラ米》

sarazo

sa·ra·zo, za [sa.rá.θo, -.θa / -.so, -.sa] 形 (1)《トウモロコシなどが》半ば実った,実り始めた. (2)《ラ米》《ラプラ》《コロン》《ミメキ》《グアテ》ほんのり酔った,ほろ酔い機嫌の.

sa·ra·zón, zo·na [sa.ra.θón, -.θó.na / -.són, -.só.-] 形《ラ米》《ラプラ》→ sarazo.

car·cas·mo [sar.kás.mo] 男 皮肉,嫌み;風刺.

sar·cás·ti·ca·men·te [sar.kás.ti.ka.mén.te] 副 皮肉たっぷりに,しんらつに.

sar·cás·ti·co, ca [sar.kás.ti.ko, -.ka] 形 皮肉たっぷりな,しんらつな,嫌みな;嫌みな人.

sarco- 「肉」の意の造語要素. 母音の前で sarc-. *sarcasmo, sarcófago.* [←［ギ］]

sar·co·car·pio [sar.ko.kár.pjo] 男《植》(モモ・ウメなど果肉の多い) 中果皮.

sar·co·ce·le [sar.ko.θé.le / -.sé.-] 男《医》睾丸(ⅸん)瘤腫(ゆしゆ).

sar·có·fa·go [sar.kó.fa.go] 男 石棺.

sar·coi·do·sis [sar.koi.dó.sis] 女《単複同形》《医》サルコイドーシス.

sar·co·ma [sar.kó.ma] 男《医》肉腫(にくしゆ). ~ osteogénico 骨原性肉腫.

sar·co·ma·to·so, sa [sar.ko.ma.tó.so, -.sa] 形《医》肉腫(にくしゆ)の.

sar·da [sár.ða] 女《魚》サバ (= caballa).

sar·da·na [sar.ðá.na] 女《音楽》サルダーナ:スペイン Cataluña 地方の輪になって踊る舞踊[音楽].

sardana（サルダーナ）

sar·da·na·pa·les·co, ca [sar.ða.na.pa.lés.ko, -.ka] 形 逸楽の,放蕩(ほうとう)にふける. *llevar una vida sardanapalesca* 遊び暮らす.

Sar·da·ná·pa·lo [sar.ða.ná.pa.lo] 固名 サルダナパロス,アッシュールバニパル:前9世紀ごろの放埓(ほうらつ)なアッシリアの王.

sar·da·nés, ne·sa [sar.ða.nés, -.né.sa] 形 (スペインのピレネー山脈東部の) セルダーニャ Cerdaña の. — 男 女 セルダーニャの住民[出身者].

sar·da·nis·ta [sar.ða.nís.ta] 形《音楽》サルダーナ sardana の. — 男 女《音楽》サルダーナを踊る人.

sar·di·na [sar.ðí.na] 女 1《魚》イワシ,サーディン. ~ noruega イワシニシン. ~s en lata イワシの缶詰. → boquerón.
2《ラ米》《パナ》重要でない人. *arrimar el ascua a su sardina* 我田引水である. *estar como sardinas en banasta [lata]* ぎゅうぎゅう詰め[すし詰め]である.
[←［ラ］*sardīnam* (*sardīna* の対格) ←［ギ］*sardínē* または *sardínos*;【関連】sarda.［英］*sardine*]

sar·di·na·da [sar.ði.ná.ða] 女 イワシ料理.

sar·di·nal [sar.ði.nál] 男 イワシ漁の網.

sar·di·nel [sar.ði.nél] 男 1《建》小端(こば)立てれんが積み. 2《ラ米》(1)《コロン》歩道の縁石;(ベネ)《車道の横の》歩道. (2)《ベネ》排水溝.

sar·di·ne·ro, ra [sar.ði.né.ro, -.ra] 形 イワシ(漁)の. — 男 女 イワシ売り.

sar·di·ne·ta [sar.ði.né.ta] 女 1 小イワシ. 2《話》人さし指と中指をそろえてするしっぺ. 3《軍》(軍服の) 山型袖(そで)章. 4 型枠からはみだして切り取られたチーズ. [sardina＋縮小辞]

sar·di·no, na [sar.ðí.no, -.na] 形 (1)《コロン》社会的地位が低い. (2)《コロン》若い;若者の,青年の.

sar·do [sár.ðo] 男《ラ米》(1)《コロン》《俗》看守. (2)(*)《コロン》《コスタ》兵士;軍曹.

sar·do, da¹ [sár.ðo, -.ða] 形 (イタリアの) サルデーニャ Cerdeña (島) の. — 男 女 サルデーニャ島民. — 男 サルデーニャ語:ラテン語に近いロマンス語.

sar·do, da² [sár.ðo, -.ða] 形《牛の》斑(ぶち)の.

sar·do·nia [sar.ðó.nja] 女《植》キンポウゲ科のタガラシ.

sar·dó·ni·ce [sar.ðó.ni.θe / -.se] / **sar·dó·ni·ca** [sar.ðó.ni.ka] 女《鉱》紅縞瑪瑙(べにしまめのう).

sar·dó·ni·co, ca [sar.ðó.ni.ko, -.ka] 形《ラ米》《ラプラ》あざけり笑う,冷笑的な,嘲笑(ちようしよう)的な. *risa sardónica* せせら笑い;《医》けいれん笑い.

sar·ga¹ [sár.ga] 女《服飾》サージ,綾(あや)織り (物).

sar·ga² [sár.ga] 女 (川辺に育つ) ヤナギの一種,キヌヤナギ.

sar·ga·do, da [sar.gá.ðo, -.ða] 形《服飾》サージに似た,綾(あや)織りの (= asargado).

sar·ga·zo [sar.gá.θo / -.so] 男《植》ホンダワラ属の海藻. *Mar de los S~s* (北大西洋の) サルガッソー海,藻海.

sar·gen·ta [sar.xén.ta] 女 1《話》男勝りの女,女丈夫. 2 軍曹の妻.

sar·gen·te·ar [sar.xen.te.ár] 他 1 軍曹として指揮を執る. 2《話》指揮する,牛耳る;《人を》こき使う. — 自 1《話》《軽蔑》威張りちらす. 2《ラ米》《コロン》工夫を凝らす.

sar·gen·te·rí·a [sar.xen.te.rí.a] 女 軍曹の任務 [職務].

sar·gen·tí·a [sar.xen.tí.a] 女 軍曹の職 [地位,執務室].

sar·gen·to [sar.xén.to] 男 1《軍》軍曹. ~ mayor 上級曹長. ~ primero 一等軍曹. 2《話》《軽蔑》鬼のごとく厳しい人;威張りちらす人. *Su jefe es un ~.* 彼［彼女] (ら) の上司はまるで鬼だ.
[←［古仏］*sergent* ←［ラ］*serviēns* (*servīre*「奉公する」の現在分詞);【関連】［仏］*sergent*「伍長」［英］*sergeant*「軍曹」]

sar·gen·to·na [sar.xen.tó.na] 女《話》《軽蔑》男勝りの女;威張りちらす女.

sar·go [sár.go] 男《魚》タイ科の魚.

sa·ri [sá.ri] / **sa·rí** [sa.rí] 男《複 *saris*》《服飾》サリー:インドの女性がまとう衣装.

sa·riá [sa.rjá] / **sa·ria·ma** [sa.rjá.ma] 女《ラ米》《ラプラ》《鳥》アカノガンモドキ.

sa·ri·ga [sa.rí.ga] 女《ラ米》《ラプラ》《動》オポッサム,フクロネズミ.

sa·rín [sa.rín] 男《化》サリン (ガス) (= gas ~).

sa·ri·ta [sa.rí.ta] 女《ラ米》《ボリ》つば(鍔)かんかん帽.

sar·men·tar [sar.men.tár] 自 剪定(せんてい)されたブドウのつるを集める.

sar·men·ti·cio, cia [sar.men.tí.θjo, -.θja / -.sjo, -.sja] 形 (ローマ時代に迫害を受けた) キリスト教徒の. ◆剪定(せんてい)したブドウのつるでゆっくり火あぶりにされたことから.

sar·men·to·so, sa [sar.men.tó.so, -.sa] 形 ブドウづるのような;《指などが》やせて細長い.

sar·mien·to [sar.mjén.to] 男 ブドウなどのつる,茎.

Sar·mien·to [sar.mjén.to] 固名 サルミエント Domingo Faustino ～ (1811-88)：アルゼンチンの作家・政治家・大統領 (1868-74). 作品 *Facundo*『ファクンド』.

sar·na [sár.na] 女 【医】【獣医】疥癬(かいせん). arador de la ～ ヒゼンダニ.
más viejo que la sarna ひどく古ぼけた[年取った].
Sarna con gusto no pica.《諺》自ら招いた厄介事は苦にならない.

sar·nien·to, ta [sar.njén.to, -.ta] 形《ラ米》(*)(俗) → sarnoso 1.

sar·no·so, sa [sar.nó.so, -.sa] 形 **1** 疥癬(かいせん)にかかった. **2**《ラ米》(俗)(話) 卑しい，軽蔑すべき；汚らしい，だらしない. ── 男 女 疥癬の感染者，疥癬かき.

sa·rong [sa.rón] 男 サロン：マライ半島などで用いられる腰に巻く衣類.

sar·pu·lli·do [sar.pu.ʝí.ðo ‖ -.ʎí.-] 男 → salpullido.

sa·rra·cé·ni·co, ca [sa.r̄a.θé.ni.ko, -.ka / -.sé.-] 形 サラセン人のような.

sa·rra·ce·no, na [sa.r̄a.θé.no, -.na / -.sé.-] 形 【史】サラセン人の，サラセン風の.
── 男 女 サラセン人；イスラム教徒；(スペインのレコンキスタ時代の)モーロ人.

sa·rra·ci·na [sa.r̄a.θí.na / -.sí.-] 女 **1** 乱闘. **2** 大虐殺，大破壊. **3**（話）大量の落第. Han hecho una ～. ほとんど全員が落第した.

Sa·rre [sá.r̄e] 固名 **1** ザール（ラント）：ドイツ西端の州. **2** el ～ ザール川：フランス・ドイツを流れるモーゼル川の支流.

sa·rrie·ta [sa.r̄jé.ta] 女 (飼い葉を入れる)かご.

sa·rri·llo¹ [sa.r̄í.jo ‖ -.ʎo-] 男 (臨終の際の) 死喘鳴(しぜんめい)：臨終時のぜいぜいと息をする音.

sa·rri·llo² [sa.r̄í.jo ‖ -.ʎo-] 男 【植】(サトイモ科)アルム(属の総称).

sa·rro [sá.r̄o] 男 **1** (容器・配管内の) 沈殿物，付着物；湯[水]あか. **2** 歯石. **3** 【植】さび病. **4** 【医】舌ごけ.

sa·rro·so, sa [sa.r̄ó.so, -.sa] 形 **1** (容器・配管が)沈殿物[付着物]のある；湯あか[水あか]のたまった. **2** 歯石のたまった. **3** 【植】さび病にかかった. **4** 【医】舌ごけのついた.

sar·ta [sár.ta] 女 ひとつなぎ，一連；一連のこと. ～ de cebollas 数珠つなぎにしたタマネギ.

sar·tal [sar.tál] 男 → sarta.

sar·ta·la·da [sar.ta.lá.ða] 女《ラ米》(俗) → sarta.

*****sar·tén** [sar.tén] 女 **1** フライパン. **2** フライパンで一度に調理できる分の料理.
tener la sartén por el mango《話》牛耳る，取り仕切る.
[← 【ラ】*sartăginem* (*sartāgō* の対格)「鍋(なべ)，釜(かま)，フライパン」]

sar·te·na·da [sar.te.ná.ða] 女 フライパン 1 杯分.

sar·te·na·zo [sar.te.ná.θo ‖ -.ná.so] 男 フライパンによる一撃[殴打]；こっぴどい一撃，強打.

sar·te·ne·ja [sar.te.né.xa] 女 **1** 小さいフライパン. **2**《ラ米》(1)(アンデス)(メキシコ)(地面の)亀裂(きれつ)，ひび割れ. (2)(メキシコ)深い沼.

sar·to·rio [sar.tó.rjo] 形 【解剖】縫工筋の.
── 男 縫工筋 (= músculo ～).

sa·sa·frás [sa.sa.frás] 男 【植】ササフラス：北米産クスノキ科の低木. 根皮・樹皮は芳香性があり，薬用・香料に用いられる.

sa·sá·ni·da [sa.sá.ni.ða] 形 【史】(ペルシア)のササン朝 (226-651)の. ── 女 ササン朝ペルシア人.

*****sas·tre, tra** [sás.tre, -.tra] 男 女 **1** (紳士服の)仕立屋，テーラー. ～ *de viejo* (洋服の)仕立直し(職人). *cajón de* ～ 雑多で散らかったもの. *jabón de* ～ (裁縫用の)チャコ. *traje* ～ 女性用上着. **2** (劇場の)衣裳製作係. ── 女《話》仕立屋の妻.
[← [カタルーニャ] *sastre* ← [ラ] *sartor*]

sas·tre·rí·a [sas.tre.rí.a] 女 **1** 仕立 (業)；仕立屋(の店). **2**《ラ米》(*)ドライクリーニング店.

Sa·tán [sa.tán] / **Sa·ta·nás** [sa.ta.nás] 男 **1** サタン，魔王；悪魔 (= Lucifer). **2** [s-] (軽蔑) 悪人. [← [ラ] *Satan*(*ās*) ← [ギ] *Satân* または *Satanâs* ← [ヘ] *śāṭān*「悪魔；敵」]

sa·ta·nás [sa.ta.nás] 男 《軽蔑》悪魔のような人，極悪人.

sa·tá·ni·co, ca [sa.tá.ni.ko, -.ka] 形 **1** サタンの，悪魔の；悪魔のような，邪悪な. *ritos* ～s 悪魔の儀式. **2** 悪魔主義の.

sa·ta·nis·mo [sa.ta.nís.mo] 男 悪魔崇拝；悪魔的行為[精神]；邪悪.

sa·ta·ni·za·ción [sa.ta.ni.θa.θjón / -.sa.sjón] 女 悪魔化, 極悪化.

sa·ta·ni·zar [sa.ta.ni.θár / -.sár] 97 他 悪魔化する, 極悪化する.

sa·te·li·tal [sa.te.li.tál] 形 《ラ米》衛星の.

*****sa·té·li·te** [sa.té.li.te] 形 衛星の；他の支配下にある. *país* ～ 衛星国. *ciudad* ～ 衛星都市.
── 男 **1**【天文】衛星；人工衛星 (= ～ *artificial*). ～ *de alerta* 早期警報[ミサイル探知]衛星. ～ *de espionaje* スパイ衛星. ～ *de exploración* 探査衛星. ～ *de radiodifusión* 放送衛星. ～ *de reconocimiento* 観測衛星. ～ *de telecomunicaciones* 通信衛星. ～ *geoestacionario* 静止衛星. ～ *meteorológico* 気象衛星. ～ *militar* 軍事衛星. *vía* ～ 衛星を経由して.
2 衛星国，衛星都市. **3**《主に複数で》取り巻き，腰ぎんちゃく；手先. **4**【機】遊星歯車.

sa·te·li·za·ción [sa.te.li.θa.θjón / -.sa.sjón] 女 (人工衛星を)軌道に乗せること.

sa·tén [sa.tén] 男 【服飾】サテン，繻子(しゅす).

sa·tín [sa.tín] 男 **1**【植】熱帯アメリカ産のクワ科ブロシマム属の木. **2**《ラ米》→ satén.

sa·ti·na·do, da [sa.ti.ná.ðo, -.ða] 形 繻子(しゅす)のような，つや[光沢]のある，滑らかな. *papel* ～ 光沢紙. ── 男 光沢，つや；つや出し.

sa·ti·na·dor, do·ra [sa.ti.na.ðór, -.ðó.ra] 形 つや[光沢]をつける.

sa·ti·nar [sa.ti.nár] 他 (布・紙などに)光沢をつける.

sá·ti·ra [sá.ti.ra] 女【文】風刺；風刺文[詩]，風刺文学.

sa·ti·ria·sis [sa.ti.rjá.sis] 男【単複同形】【医】男子色情狂. ▶「女子色情狂」は ninfomania.

sa·tí·ri·ca·men·te [sa.tí.ri.ka.mén.te] 副 風刺して.

sa·tí·ri·co, ca¹ [sa.tí.ri.ko, -.ka] 形 風刺の，風刺的な；風刺のうまい，風刺文[詩]を書く.
── 男 風刺詩人[作家]；風刺家.

sa·tí·ri·co, ca² [sa.tí.ri.ko, -.ka] 形 サテュロスの，サテュロスのような，好色な.

sa·ti·rio [sa.tí.rjo] 男 【動】ミズハタネズミ.

sa·ti·rión [sa.ti.rjón] 男 【植】サティリオン：ラン科オルキス属の一種. 塊茎から胃腸薬などのもとになるサレップ粉 salep が採れる.

sa·ti·ri·zar [sa.ti.ri.θár / -.sár] 97 他 風刺する.
── 自 風刺文[詩]を書く.

sá·ti·ro [sá.ti.ro] 男 **1**【ギ神】サテュロス：半人半

satisdación

獣の森の神. **2**《話》《軽蔑》(サテュロスのような)好色家, 卑猥(ﾋﾜｲ)な男. **3** 艶笑(ｴﾝｼｮｳ)劇.

sa·tis·da·ción [sa.tis.ða.θjón / -.sjón] 囡《法》保証;抵当.

sa·tis·fac·ción [sa.tis.fak.θjón / -.sjón] 囡 **1** 満足, 充足;満足感. buscar la ~ de un deseo 願いを成就させようとする. con mucha ~ 大喜びで. Me da mucha trabajar con ustedes. 皆さんと一緒に働けて私は大変満足です. El jugador rinde a ~ de todos. その選手は皆の満足のいくような結果を出している.
2《文章語》償い, 賠償;《カト》贖罪(ｼｮｸｻﾞｲ). ~ de una deuda pendiente 未払いの債務の償還. exigir una ~ 償いを求める. tomar ~ de un agravio 無礼に対して報復する.

sa·tis·fa·cer [sa.tis.fa.θér / -.sér] [33] 他 [過分] は satisfecho] **1**〈人を〉満足させる, 喜ばせる;納得させる. ~ a un cliente 顧客を満足させる. Me *satisface* poder hablar contigo. 君と話せて私はうれしい. Me *satisface* que todos *estudien* mucho. 私は皆がよく勉強してくれてうれしい(▶que 以下が主語, その節の中の動詞は接続法). Ese resultado no me *satisfacía*. その結果に私は納得していなかった.
2〈要求・願望・条件などを〉満たす,〈疑いなどを〉解き明かす. ~ un sueño 夢を実現する. ~ una curiosidad 好奇心を満たす. El ministro trató de ~ todas las preguntas de los periodistas. 大臣は記者の質問にすべて答えようと努力した.
3〈債務などを〉償還する, 支払う. ~ una deuda 借金を返す. ~ una prima de seguro 保険の元金を支払う. ~ los gastos de transporte 送料を負担する. **4**〈過ちなどを〉償う, あがなう. ~ una ofensa 無礼の償いをする.
— ~.se 再 **1**《con... / de... ...に》満足する, 喜ぶ;納得する. No *me satisfago con* esa respuesta. 私はその答に満足がいかない.
2《de... ...の》報復をする. *Me satisfaré de* todo lo que me habéis hecho. 私はおまえたちにされたことを全て償ってもらうつもりだ.
[← [ラ] *satisfacere* (*satis*「十分に」+ *facere*「作る」);関連 satisfacción, saciar. [英] *satisfy*].

sa·tis·fa·cien·te [sa.tis.fa.θjén.te / -.sjén.-] 形 満足させる, 申し分のない, 十分な.

sa·tis·fac·to·rio, ria [sa.tis.fak.tó.rjo, -.rja] 形 **1** 満足のいく, 申し分のない. un resultado ~ 納得のいく結果. una cantidad *satisfactoria* 十分な量. La argumentación del estudiante fue *satisfactoria*. その学生の論証は申し分なかった.
2《宗》贖罪(ｼｮｸｻﾞｲ)の, 罪を償う.

sa·tis·faz [sa.tis.fáθ / -.fás] 活 → satisfacer.

sa·tis·fe·cho, cha [sa.tis.fé.tʃo, -.tʃa] [satisfacerの過分] 形 **1**《con... / de... ...に》満足した, 満ち足りた;満腹した. darse por ~ *con*... ...に満足する. dejar ~ a+人〈人を〉満足させる, 喜ばせる. Me he quedado ~.《話》満腹になった.
2 自己満足の, 思い上がった. Está ~ consigo [de sí mismo]. 彼は天狗(ﾃﾝｸﾞ)になっている.

sá·tra·pa [sá.tra.pa] 男 **1**《史》(古代ペルシア帝国の)地方総督, 太守. **2**《話》ずる賢い男, 抜けめのない人. **3**《軽蔑》暴君, 横暴な人. **4**《話》ぜいたくな暮らしをする人.

sa·tra·pí·a [sa.tra.pí.a] 囡 **1** 権力を乱用した政治. **2** (古代ペルシア帝国の)地方総督の管区.

sa·tsu·ma [sa.tsú.ma] 囡 ウンシュウミカン.

sa·tu·ra·ble [sa.tu.rá.ble] 形 飽和できる.

sa·tu·ra·ción [sa.tu.ra.θjón / -.sjón] 囡 飽和, 飽和状態;充満, 飽満.

sa·tu·ra·do, da [sa.tu.rá.ðo, -.ða] 形 飽和状態の;充満した. — 男 飽和溶液.

sa·tu·rar [sa.tu.rár] 他 **1**《化》飽和させる. **2**《de... ...で》いっぱいにする. — ~.**se** 自 再 **1**《化》飽和する. **2**《de... ...で》いっぱいになる.

sa·tur·nal [sa.tur.nál] 形 **1** 土星の. **2**《ロ神》(農耕神)Saturno の. — 囡 **1** お祭り騒ぎ, 無礼講. **2**《複数で》(農耕神)サトゥルヌス祭: 古代ローマの収穫祭.

sa·tur·ni·no, na [sa.tur.ní.no, -.na] 形 **1** 陰気な, むっつりした. **2**《医》鉛(中)毒性の. cólico ~ 鉛疝痛(ｾﾝﾂｳ). **3**《化》鉛の.

sa·tur·nio, nia [sa.túr.njo, -.nja] 形 → saturnal.

sa·tur·nis·mo [sa.tur.nís.mo] 男《医》鉛(中)毒.

sa·tur·no [sa.tur.no] 男 **1** 鉛. **2** 無口な人.

Sa·tur·no [sa.túr.no] 固名 **1**《ロ神》サトゥルヌス: 農耕神,「時」の擬人化された神. ギリシア神話の Cronos に当たる. **2**《天文》土星. [← [ラ] *Sāturnus*;関連《英》*Saturday*].

sau·ce [sáu.θe / -.se] 男《植》ヤナギ. ~ llorón [de Babilonia] シダレヤナギ.

sau·ce·da [sau.θé.ða / -.sé.-] / **sau·ce·ra** [sau.θé.ra / -.sé.-] 囡 ヤナギの植わっている所, 柳林.

sau·ce·dal [sau.θe.ðál / -.se.-] 男 → sauceda.

sau·ci·llo [sau.θí.ʎo ‖ -.ɾo / -.sí.-] 男《植》ニワヤナギ, ミチヤナギ.

sa·ú·co [sa.ú.ko] 男《植》ニワトコ.

sau·da·de [sau.ðá.ðe] 囡《文章語》郷愁, ノスタルジア, 懐旧の情 (= añoranza). [←[ポルトガル] *saudade*]

sau·dí [sau.ðí] 形 → saudita.

Sau·dí [sau.ðí] 固名 → Arabia Saudí.

saúco (ニワトコ)

sau·di·ta [sau.ðí.ta] 形 (サウジアラビア)のイブンサウド王朝(1932 –)の. Arabia S~ サウジアラビア.

Sa·úl [sa.úl] 固名 **1**《聖》サウル: 古代イスラエルの初代の王(在位1020 - 1010). **2** サウル: 男子の名.

sau·na [sáu.na] 囡 サウナ, 蒸し風呂.

Sau·ra [sáu.ra] 固名 サウラ Carlos ~(1932–): スペインの映画監督. 作品 *La caza*『狩り』.

sau·rio, ria [sáu.rjo, -.rja] 形《動》トカゲ亜目の;トカゲに似た. — 男《複数で》トカゲ亜目.

sau·ró·po·do [sau.ró.po.ðo] 男 竜脚類: ブラキオサウルス, ディプロドクスに代表される巨大草食恐竜.

sa·via [sá.bja] 囡 **1** 樹液.
2 生気, 活力. infundir nueva ~ en una empresa 事業に活力を与える.

sa·xá·til [sak.sá.til] 形 (動物・植物が)岩生の, 岩の間に棲(ｽ)む.

sá·xe·o, a [sák.se.o, -.a]《文章語》石の.

sa·xí·fra·ga [sak.sí.fra.ga] 囡《植》ユキノシタ.

sa·xo [sák.so] 男 → saxofón. — 男 女 → saxofonista.

sa·xo·fón [sak.so.fón] / **sa·xó·fo·no** [sak.só.fo.no] 男《楽》サックス;サキソフォン. — 男 女 サックス[サキソホン]奏者.

sa·xo·fo·nis·ta [sak.so.fo.nís.ta] 男 女 サキソホン[サックス]奏者.

sa·ya [sá.ja] 囡 **1** スカート. **2** ペチコート. **3**《ラ

米)(1)〔ｻｶﾞｰﾄ〕女, 女性. (2)〔ｽｶｰﾄ〕【服飾】スカート.

sa·ya·gués [sa.ja.gés] 男 (16・17世紀のスペイン演劇・詩で)サヤゴスの田舎風の語り.

sa·yal [sa.jál] 男 目の粗い毛織物.

sa·yo [sá.jo] 男 (ボタンのない) 厚手の長い上っ張り. 〜 baquero (特に子供用の)スモック. 〜 bobo 道化の衣装. Hasta el cuarenta de mayo no te quites el 〜.《話》《諺》5月40日までは上っ張りを脱ぐな (6月上旬ごろまでは天候が変わりやすい).
cortar a +*un sayo* [話]《人》を陰でけなす.

sa·yón [sa.jón] 男 **1**《史》(中世の)執行吏；首切り役人 (= verdugo). **2**《話》強面(ﾆﾜﾞ)の人. **3** (聖週間にチュニック[長衣]を着て行列する)信徒. **4** (雇われて)暴力をふるう人.

sa·yue·la [sa.jwé.la] 女 **1** (修道士の)サージのシャツ. **2**【植】イチジクの一種. **3**《ラ米》〔ｽｶｰﾄ〕【服飾】アンダースカート, スリップ.

sa·zón [sa.θón / -.són] 女 **1** 成熟, 円熟. llegar a la 〜 成熟する (= sabor). **2** 味, 風味 (= sabor)；調味. La 〜 está en su punto justo. 味つけはちょうどいい. **3** 好機, 適期. **4**【農】(土地の)適度な湿り気.
— 形 《ラ米》熟した, 食べごろの.
a la sazón 当時, そのころ.
en sazón 折よく.
fuera de sazón あいにく, 折あしく；時期外れの.
[← 〔ラ〕satiōnem (satiō の対格)「種まき (の時期)」；[関連] sazonar, desazón. 〔英〕season「季節」]

sa·zo·na·do, da [sa.θo.ná.ðo, -.ða / -.so.-] 形 **1** 味つけした, 風味を加えた. **2** 食べごろになった. **3** 機知に富んだ, 気の利いた.

sa·zo·nar [sa.θo.nár / -.so.-] 他 **1** (食べ物に)味つけする, 調味する. **2** 熟させる, ねかせる. 3 〈味を〉肥やす. **3** 妙味【趣】を添える.
— 〜**·se** 再 熟す, 成熟する；食べごろになる.

Sb【化】stibium [ラ] アンチモン (= antimonio).
Sc【化】escandio スカンジウム.

scad [es.kád]〔英〕男 スキャッドダイビング：地上数メートルに張ったネットに落ちる空中ダイビング.

sca·lex·tric [es.ka.lé(k)s.tri*k*]〔英〕男 [複 〜, 〜s] → escaléxtric.

scan [es.kán]〔英〕男【医】〔I T〕スキャン.

scan·ner [es.ká.ner]〔英〕男 [複 〜s, 〜] → escáner.

scay [es.kái] 男 → skay.

S.C.C.R.M. 《略》 *s*acra, *c*esárea, *c*atólica, *r*eal *m*ajestad 神聖ローマ帝国皇帝にして敬虔(ﾋﾞﾝ)なるカトリック教徒たる国王陛下. ♦特にスペイン国王 Carlos 1世, Felipe 1世への尊称.

scher·zo [es.kér.θo / -.so // -.tso]〔伊〕男 [複 scherzi, 〜s]【音楽】スケルツォ：テンポの極めて速い三拍子の楽曲.

schnau·zer [es.náu.θer / -.ser // ʃnáu.tser]〔独〕形 [複 〜, 〜s] シュナウツァー [シュナウザー] の. — 男 シュナウツァー, シュナウザー：ドイツ原産の牧畜犬, 警備犬.

schop [tʃóp] 男《ラ米》ジョッキに注いだ生ビール.

scho·pe·rí·a [tʃo.pe.rí.a] 女《ラ米》ビヤホール.

S.C.M.《略》 *s*acra, *c*atólica *m*ajestad 《史》(スペイン)国王陛下.

scon [es.kón] 男 《ラ米》〔ﾊﾟﾝ〕→ escón.

scoot·er [es.kú.ter] [複 〜s, 〜] 男 スクーター.
[← 〔英〕(*motor*) *scooter*]

-scopia 「観察, 検査, 探査」の意の造語要素. → radio*scopia*.

-scopio / -scopo 「見る器具, …鏡」の意の造語要素. → horó*scopo*, micro*scopio*.

score [es.kór]〔英〕男 [複 〜s]【ス ポ】スコア (=tanteo)；スコアボード (=marcador).

scotch [es.kótʃ]〔英〕男 スコッチ (ウィスキー) (=whisky escocés).

scout [es.káut] 男 ボーイスカウト.
[← 〔英〕(*boy*) *scout*]

scratch [es.krátʃ]〔英〕男【音楽】スクラッチ：レコードを手で回すディスクジョッキーの演奏法.

script [es.kríp(t)]〔英〕男【映】(映画の撮影現場で進行を記録する)映画監督の助手, 記録係.

script girl [es.kríp(t) gérl]〔英〕女【映】スクリプトガール (=anotadora).

scroll [es.król]〔英〕男〔I T〕スクロールバー (= barra de desplazamiento).

scud [es.kúd // skúd] 男 [複 〜, 〜s] スカッドミサイル.

Sdad. Ltda.《略》【商】*S*ocie*dad* *L*imi*tada* 有限会社.

SDI [e.se.ðe.í]《略》 Strategic Defense Initiative〔英〕男 戦略防衛構想 (= Iniciativa de Defensa Estratégica).

SDRA [e.se.ðe.(e.)r̄e.á] 女《略》 *s*índrome de *d*istrés *r*espiratorio *a*gudo【医】急性呼吸窮迫症候群.

★★**se**[1] [se] 代名《人称》[3人称, 単複同形]《間接目的語》(+**lo, la, los, las**) あなた[彼, 彼女, あなた方, 彼ら, 彼女たち]に, あなた[彼, 彼女, あなた方, 彼ら, 彼女たち]から (→ le, les). No quiero decír*se*lo a mis padres. — Dí*se*lo. 両親には言いたくないんだよ. — (それを彼らに)言いなさいよ. ► 常に3人称の直接目的語の代名詞 (lo, la, los, las)の前に置かれる.

★★**se**[2] [se] 代名《再帰》《人称》► 主語が1人称, 2人称の場合は me, te, nos, os となる. 3人称は単複同形. ► ふつう動詞のすぐ前に置かれるが, 不定詞・現在分詞・肯定命令形とともに用いられる場合はその後に付ける.

1《直接目的語》自分自身を. No *se* conoce a sí mismo. 彼は自分自身のことがよくわかっていない. Sírva*se* usted mismo.《掲示》セルフサービスでお願いします.

2《間接目的語》自分自身に, 自分自身から. lavar*se* las manos (自分の)手を洗う. *Me* serví una copa de vino. 私は自分のグラスにワインを注いだ.

3《複数主語の》《相互再帰》(互いに) …しあう. Ellos *se* concedieron una nueva oportunidad. 彼らは今度のチャンスを譲り合った. *Nos* escribimos cartas. 私たちは文通している. *Os* peleabais mucho cuando érais pequeños. おまえたちは小さいときはよくけんかしていたな. ► 相互の意味を表す語句 uno(s) a otro(s), mutuamente などを伴う場合がある.

4(1)《他動詞の自動詞化》levant*ar*se 起きる, 立つ. Siéntate aquí. ここに座れよ. ► 常に再帰代名詞を伴って用いられる動詞がある. → arrepentir*se*, atrever*se*, queja*rse*. (2)《ある種の動詞について特殊な意味を加える》Él *se* fue. 彼は帰っちゃった. Juan *se* comió un paquete de galletas. フアンはクッキーをひと箱平らげちゃった. No *te* lo creas. 信じないで.

5《受動態》…される. Este libro *se* publicó hace dos años. この本は2年前に出版された. *Se* ha suspendido la reunión. 会合は中止になった. ►

無生物名詞が主語となる.
6《動詞の 3 人称単数形と共に》《非人称的に》人は…する. En este restaurante *se come* muy bien. このレストランはおいしいです. ¿Cómo *se dice* "adiós" en inglés? "adiós"って英語でなんて言いますか.
[←〔ラ〕*sē*(対格形)]

Se〖化〗selenio セレン.

SE 男《略》*su*reste, *s*u*d*este 南東.

S.E. 男女《略》*S*u *E*xcelencia 閣下.

sé [sé] 活 **1**→**saber**. **2**→**ser**.

sea(-) / seá- 活 →**ser**.

SEAT [se.át] 男《略》*S*ociedad *E*spañola de *A*u-tomóviles de *T*urismo セアット社:1950年に作られたスペイン国営の自動車会社.現在はフォルクスワーゲンの傘下にある.

se·bá·ce·o, a [se.bá.θe.o, -.a / -.se.-] 形 脂肪質の,皮脂の.脂肪の多い,脂肪を分泌する. glándulas *se-báceas*〖解剖〗皮脂腺(*せん*). quiste 〜 皮脂囊腫.

Se·bas·tián [se.bas.tján] 固名 セバスティアン:男子の洗礼名.
[←〔ラ〕*Sebastiānus*←〔ギ〕*sebastós*「尊厳のある(人)」;[関連][ポルトガル]*Sebastião*.〔仏〕*Sébastien*.〔伊〕*Sebastiano*.〔英〕〔独〕*Sebastian*]

se·bas·tia·no [se.bas.tjá.no] 男 →**sebestén**.

se·be·ar [se.be.ár] 自《ラ米》(*カリブ*)求愛する.

se·bes·tén [se.bes.tén] 男〖植〗ムラサキ科カキバイヌヂシャ属の一種:実は薬用になる.

se·bi·che [se.bí.tʃe] 男〖料〗→**cebiche**.

se·bo [sé.bo] 男 **1** 獣脂;脂肪. vela de 〜 獣脂ろうそく. **2** 肥大,肥満. **3** 油汚れ. **4**〖解剖〗皮脂. **5**《話》酔い,酩酊(*めいてい*). ¡Vaya 〜 que cogió anoche! 彼[彼女]は昨晩はへべれけになっていたなあ. **6**《ラ米》(*ザル*)(洗礼式の)贈り物.
dar sebo a+人《ラ米》(*ニカラグア*)〈人〉を困らせる,悩ませる.
hacer sebo《ラ米》(*ラプラタ*)《話》遊んで過ごす,怠ける.
hacer[*volver*]*sebo* a+人《ラ米》(*コロンビア*)〈人〉を打ちのめす;混乱させる.
helársele[a+人]*el sebo*《ラ米》(*カリブ*)(*ペルー*)《話》〈人〉が気力を失う;しくじる;死ぬ,果てる.
poner sebo a+人《ラ米》(*カリブ*)《話》〈人〉を煩わせる,〈人〉に迷惑をかける.

se·bón, bo·na [se.bón, -.bó.na] 形《ラ米》(*カリブ*)(*ラプラタ*)怠惰な,無精な.

se·bo·ro [se.bó.ro] 男《ラ米》(*カリブ*)〖動〗(淡水に住む)カニ.

se·bo·rra·gia [se.bo.rrá.xja] 女 →**seborrea**.

se·bo·rre·a [se.bo.řé.a] 女〖医〗脂漏.

se·bo·rrei·co, ca [se.bo.řéi.ko, -.ka] 形〖医〗脂漏の.

se·bo·so, sa [se.bó.so, -.sa] 形 **1** 脂肪質の,脂肪の多い. carne *sebosa* 脂の多い肉. **2** 脂で汚れた,脂染みた(= grasiento). **3**《話》《軽蔑》肥満の,太った. **4**《過度に情愛深い.

se·bu·cán [se.bu.kán] 男《ラ米》(*カリブ*)(*コロンビア*)(工業用の)ろ過器.(2)(*カリブ*)肉厚植物.

se·ca [sé.ka] 女 **1** 乾燥;日照り,旱魃(*かんばつ*);乾期. **2** 砂州;中州. **3**〖医〗潰瘍(*かいよう*)の乾く時期;腺(*せん*)の肥大[梗塞(*こうそく*)]. **4**《ラ米》(*ラプラタ*)腋窩(*えきか*),鼠蹊(*そけい*)部の節腫のはれ. ─ 形 →**seco**.

se·ca·do [se.ká.do] 男《ラ米》→**secado**.

se·ca·dal [se.ka.dál] 男 **1** 乾燥しきった土地;灌漑(*かんがい*)のできない土地.
2 瓦(*かわら*)[れんが]を日干しする場所.

se·ca·de·ro, ra [se.ka.dé.ro, -.ra] 形〈果実など〉が〉乾燥保存に適した. ─ 男 **1** 乾燥場. **2**《ラ米》(1)(*カリブ*)乾燥地. (2) 物干し場.

se·ca·di·llo [se.ka.dí.ʎo || -.ji.o] 男〖料〗セカディージョ:アーモンドの粉・砂糖・レモン・卵白で作る干菓子の一種.

se·ca·do [se.ká.đo] 男 乾燥(させること).

se·ca·dor [se.ka.đór] 男 **1** ヘアドライヤー(= 〜 de mano);乾燥機〖器〗. **2** 乾燥場[室];物干し場. **3**《ラ米》(*メキシコ*)ナプキン.

se·ca·do·ra [se.ka.đó.ra] 女 (衣類の)乾燥機〖器〗;ドライヤー.

se·ca·ma·nos [se.ka.má.nos] 男《単複同形》ハンドドライヤー(温風で手を乾かす機器).

se·ca·men·te [sé.ka.mén.te] 副 そっけなく.

se·ca·mien·to [se.ka.mjén.to] 男 乾燥,乾かすこと;涸渇(*こかつ*).

se·ca·no [se.ká.no] 男 **1** 灌漑(*かんがい*)設備のない土地. campo de 〜 乾地農法の土地. cultivo de 〜《雨水だけに頼る》乾地農法. **2** 砂州;中州. **3** 乾ききった[干からびた]もの.

se·can·te[1] [se.kán.te] 形 **1** 乾燥させる;吸湿性のある,速乾性の. pintura 〜 速乾性塗料. papel 〜 吸い取り紙. **2**《ラ米》(*ラプラタ*)《話》うんざりする,退屈な.
─ 男女〖スポ〗(相手選手を)マークする人.
─ 男 **1** 吸い取り紙.
2《美》(塗料と混ぜて乾きを早める)乾性油.

se·can·te[2] [se.kán.te] 形〖数〗〈線・面が〉交わる,分割する.
─ 女〖数〗割線;(三角法の)セカント,正割(略 sec).
〜 de un ángulo 角度を割り出すための弧の正割.

se·car [se.kár] 他 **1** 乾かす,干す,乾燥させる. 〜 la ropa 洗濯物を乾かす.
2 ふく,ぬぐう. 〜 los platos con un paño ふきんで皿をふく. La madre le *secó* las lágrimas. 母親は彼[彼女]の涙をぬぐってやった.
3〈植物などを〉しおれさせ,枯らす.
4 干上がらせる,涸(*か*)らす. **5**〈傷を〉癒(*い*)やす,治す. **6** もうろくさせる;〈心を〉まひさせる. **7**〖スポ〗〈相手選手を〉マークする. **8**《ラ米》(*ラプラタ*)《話》いらいらさせる,うんざりさせる.
─ 〜·*se* 再 **1** 乾燥する,乾く. 〜*se* al sol 日なたで体を乾かす. 〈自分の体・汗などを〉ふく,ぬぐう. *Sécate* las lágrimas [manos]. 涙[手]をふきなさい. **3**〈植物が〉しおれる,枯れる. **4** 干上がる,涸れる. **5** 非常にのどが渇く. **6**〈傷が〉癒(*い*)える,治る. **7** やせる,衰弱する. **8** ぼける;心がまひする. **9** 気が狂う. **10**〈想像力が〉涸渇(*こかつ*)する.
secarse el cerebro《時にユーモラスに》気が狂う.

se·ca·rral [se.ka.řál] 男 乾いた土地.

se·ca·rrón, rro·na [se.ka.řón, -.řó.na] 形 そっけない,無愛想な.

sec·ción [sek.θjón / -.sjón] 女 **1** 部門,セクション,(デパートの)売り場;部分. 〜 de turismo 観光局[課]. 〜 de ventas 販売部門. 〜 de juguetes おもちゃ売り場.
2 (新聞などの)欄;(書物などの)節,段. 〜 de deportes スポーツ欄. Este capítulo se divide en dos *secciones*. この章は 2 節に分かれている.
3 断面(図),切断(面). 〜 longitudinal 縦断面図. 〜 transversal 横断面図. 〜 vertical 垂直断面図. 〜 áurea 黄金分割. **4** 切開,切断. hacer una 〜 en... …を切開する. **5**〖軍〗小隊. **6**〖音楽〗(オーケストラやバンドの)パート,セクション. 〜 rítmica リズムセクション.

sec·cio·nal [sek.θjo.nál / -.sjo.-] 囡 《ラ米》(1) 《ラブ》支店, 支局, 支部. (2) 《ラブ》警察署.
sec·cio·nar [sek.θjo.nár / -.sjo.-] 他 分割[区分]する; 断面を作る, 切断する.
se·ce·sión [se.θe.sjón / -.se.-] 囡 分離, 脱退, 離脱.
se·ce·sio·nis·mo [se.θe.sjo.nís.mo / -.se.-] 男 分離主義.
se·ce·sio·nis·ta [se.θe.sjo.nís.ta / -.se.-] 形 分離の; 脱退の. ━ 男 囡 分離主義者; 脱退論者.

se·co, ca [sé.ko, -.ka] 形 **1 《estar+》乾いた, 乾燥した; 干上がった. La toalla *está seca* ya. タオルはもう乾いている. Tengo la boca [garganta] *seca*. 僕は口[のど]がからからだ.
2 《名詞+》(貯蔵のために)乾燥させた, 干した. flores *secas* ドライフラワー. pescado ~ 魚の干物. higos ~*s* 干しイチジク(▶ 干しブドウは pasa).
3 (多くは名詞+)《ser+》〈土地・気候が〉乾燥した. terreno ~ 乾いた土地. El clima *es* ~. 気候は乾燥している.
4 《名詞+》《ser+》〈酒の味が〉辛口の(↔dulce). vino ~ 辛口のワイン.
5 《名詞+》《estar+》〈植物が〉しおれた, 枯れた. hoja *seca* 枯れ葉. planta *seca* 枯れた植物.
6 《名詞+》〈肌・髪が〉脂気のない. piel *seca* 乾いた肌, 乾燥肌. cabello ~ ぱさぱさの髪の毛.
7 (多くは名詞+)《ser+》〈音などが〉乾いた, 余韻のない, 鈍い. tos *seca* 空咳(ばき). voz *seca* 乾いた[そっけない]声. Se oyó un golpe ~. ひっぱたく鈍い音が聞こえた.
8 (多くは名詞+)《ser+ / estar+》無愛想な; 無味乾燥な. hablar en tono ~ そっけなく話す. En aquel entonces *estuvo* muy ~ conmigo. そのころ彼は僕にとてもよそよそしかった[つっけんどんだった].
9 骨と皮だけの, やせこけた(＝flaco).
10 それっきりの; 添え物のない. un gracias ~ ひと言だけの礼. **11** 《話》のどが渇いた, のどがからからの. **12** 《話》頭が空っぽの. **13** 呆然とした. **14** 《話》死んだ, 即死の. **15** 《ラ米》《話》(1) (ゴ)巧みな. (2) (ゴ)まじめな; けちな. (3) 金のない, 貧乏な.
━ 男 《ラ》《ブエ》メインディッシュ.

a secas ただ単に, それだけ. Llámeme Pedro *a secas*. 単にペドロだけ呼んでください.
dejar seco a+人 (1) 〈人〉を一瞬のうちに殺す. (2) 唖然(ゼ)とさせる.
dique seco 《海》乾ドック.
en seco (1) 突然, 急に. (2) 浜に乗り上げて; 陸に上がって. (3) しっくい[モルタル]を使わずに.
ley seca 禁酒法.
limpieza en seco ドライクリーニング.
quedarse seco (1) 即死する. (2) 唖然(ゼ)とする.
[←《ラ》*siccum* (*siccus* の対格); 関連 secar, sequedad, sequía, reseco]

se·co·ya [se.kó.ja] 囡 《植》セコイア: スギ科の巨木.
se·cre·ción [se.kre.θjón / -.sjón] 囡 **1** 《生物》分泌(作用), 分泌液. **2** 分離, 解任.
se·cre·ta [se.kré.ta] 囡 **1** 《カト》(ミサの)密誦(そう). **2** 《法》秘密調査. **3** 《話》私服警官. **4** 便所. ━ 形 → secreto.

se·cre·ta·men·te [se.kré.ta.mén.te] 副 ひそかに, 隠れて.
se·cre·tar [se.kre.tár] 他 《生物》分泌する.
*se·cre·ta·ri·a [se.kre.tá.ri.a] 囡 **1** 事務局, 書記局, 秘書室[課]; (政府の)省, 局; 官房. S~ de las Naciones Unidas 国連事務局. ~ de Estado (バチカン市国・米国などの)国務省; (スペインの)省の主要な部(局). S~ de Relaciones Exteriores (メキシコの)外務省.
2 秘書[書記]の職[地位, 任務].
se·cre·ta·ri·a·do [se.kre.ta.rjá.ðo] 男 **1** 秘書[書記]の職[地位, 任務]; 《集合的》秘書団, 書記団.
2 書記局, 事務局; 秘書室.
3 《ラ米》秘書養成科, 秘書課程, 秘書の経歴.

se·cre·ta·rio, ria [se.kre.tá.rjo, -.rja] 男 囡 **1 秘書. ~ particular [privado] 私設秘書. trabajar de ~ 秘書として働く.
2 書記(官); 事務官; 長官; 《ラ米》(ゴ)大臣. primer ~ de la embajada 大使館一等書記官. ~ general 書記長［総書記], 事務局長, (政党の)幹事長. ~ del sindicato 組合の書記. Primer ~ del Partido Comunista de Cuba キューバ共産党第一書記. ~ de Estado (米国の)国務長官; (スペインの)副大臣. S~ General de Naciones Unidas 国連事務総長.
secretario de redacción (雑誌の)編集次長.
secretario de rodaje 撮影進行記録係.

se·cre·te·ar [se.kre.te.ár] 自 《話》ひそひそ話をする, 内緒話をする. ~ al oído こっそり耳打ちする.
se·cre·te·o [se.kre.té.o] 男 《話》ひそひそ話.
se·cre·ter [se.kre.tér] 男 書き物机.
se·cre·tis·mo [se.kre.tís.mo] 男 秘密主義.

**se·cre·to, ta [se.kré.to, -.ta] 形 (多くは名詞+)《ser+》秘密の, 機密の, 極秘の; 内密の, ひそかな. la policía *secreta* 秘密警察. agente de los servicios ~*s* 秘密諜報部員. arma *secreta* 秘密兵器. cuenta *secreta* 秘密口座. escondido [oculto] en un lugar ~ 誰にも見つからない場所に隠れて[隠れた]. desclasificar los documentos ~*s* 機密文書を公開する. El voto *es* ~. 投票は無記名である. con la *secreta* esperanza de que+接続法 …を密かに期待しながら. Tenía la ambición *secreta* de ascender al trono. 彼[彼女]は王位に就くという密かな野望を抱いていた.
━ 男 **1** 秘密, 機密, 秘密事項; 隠し事; 内密, 隠密. ~*s* de Estado 国家機密. ~*s* militares 軍事機密. ~*s* de fabricación 企業秘密. el ~ de la correspondencia 信書の秘密. delito de revelación de ~*s* 秘密漏洩罪. en el más absoluto de los ~*s* 極秘裏に. ~ profesional 職業上の秘密. encontrarse bajo ~ 秘密にされている. conocer [estar en] el ~ 秘密を知っている. desvelar los ~*s* 秘密を暴く. confiar un ~ 秘密を打ち明ける. violar el ~ de confesión 《カト》告解の秘密を漏らす. ¿Sabes guardar un ~? 君は秘密を守れるか. No tengo ~*s* (para ti). (君に)隠し事はない.
2 秘訣(ケッ), こつ, 極意. descubrir los ~*s* こつを見つける. el ~ del éxito 成功の秘訣. Te enseñaré el ~ de hacerlo bien. それをうまくやるこつを君に教えてあげよう.
3 (錠前の)秘密の仕掛け. **4** (家具などにはめ込まれた)秘密の引き出し. **5** 《音楽》共鳴板.
━ 副 秘密裏に, ひそかに.
en secreto こっそりと, ひそかに; 陰で. reunirse

en ~ *con...* …と密談する. mantener... *en* ~ …を秘密にしておく.
para nadie ser un secreto que+直説法 / ***no ser un secreto para nadie que***+直説法 …は公然の秘密である. *Para nadie es un* ~ *que los políticos están sobornados.* 政治家たちが買収されているのは周知のことである.
secreto del sumario / ***secreto sumarial*** 〖法〗予審判決. prorrogar el ~ *del sumario* 予審判決を延ばす.
ser un secreto a voces que+直説法 …は公然の秘密である.
[←〚ラ〛*sēcrētum*「分離された」、へんぴな；秘密の」(*sēcernere*「分離する」の完了分詞 *sēcrētus* の対格)；〖関連〗secreto 形, secretario. 〚英〛*secret*]

se·cre·tor, to·ra [se.kre.tór, -.tó.ra] /
se·cre·to·rio, ria [se.kre.tó.rjo, -.rja] 形〖生物〗分泌(作用)の, 分泌液の.

***sec·ta** [sék.ta] 女 **1** セクト；**宗派**；党派；学派. **2**〖軽蔑〗異端派, 異端の教義を信奉する人々；(危険な・排他的な)一派, セクト.

sec·ta·dor, do·ra [sek.ta.ðór, -.ðó.ra] 形 男女 → sectario.

sec·ta·rio, ria [sek.tá.rjo, -.rja] 形 **1** 分派の, セクトの. **2** 偏狭な. —男女 **1** 分派に属する人；信徒, 信奉者. **2** セクト主義者, 教条主義者.

sec·ta·ris·mo [sek.ta.rís.mo] 男〖軽蔑〗党派心；派閥主義, セクト主義.

****sec·tor** [sek.tór] 男 **1**(産業などの) **部門, 分野**；層. ~ primario [secundario, terciario] 第一次[第二次, 第三次]産業部門. ~ cuaternario 第四次産業部門(レジャー産業などのサービス業を指す). ~ servicios サービス産業. ~ público [privado] 公共[民間]部門. ~ agrario 農業部門. ~ del automóvil 自動車産業. ~ bancario 金融部門. ~ informal インフォーマルセクター. ~ turístico 観光産業.
2 地区, 区域(= zona)；…側. ~ derecho del teatro 劇場の右側の客席. *La empresa está en el* ~ *sur de la ciudad.* 会社は市の南部にある.
3 党派. *Pertenecía al* ~ *derechista del partido.* 彼[彼女]は党内の右派に属していた. **4**〖数〗扇形(= ~ circular). **5**〖軍〗防衛地区, 扇形地区.
[←〚後ラ〛*sectōrem* (*sector* の対格) ←〚ラ〛「切る人, 刈る人」(〚ギ〛*tomeús*「切る人；扇形」の訳語)；〖関連〗segar, sección. 〚英〛*sector*「扇形；部門」]

sec·to·rial [sek.to.rjál] 形〖数〗扇形の；地区の, 部門の, 分野の；局部的な.

sec·to·ri·za·ción [sek.to.ri.θa.θjón / -.sa.sjón] 女 部門に分かれた組織.

sec·to·ri·zar [sek.to.ri.θár / -.sár] 97 他(ラ米)(1)(ᢛ)(部門・地域に)分けて整理する. (2)(芫)〈グループの人員を〉分ける. — ~·se 再(ラ米)(芫)〈グループの人員が〉分けられる.

se·cuaz [se.kwáθ / -.kwás] 形《複 secuaces》追従する；信奉する, 崇拝する. —男女 追従者；信奉者, 崇拝者；《軽蔑》子分, 取り巻き.

se·cue·la [se.kwé.la] 女 **1** 結果, 帰結. **2**〖医〗後遺症, 余病.

***se·cuen·cia** [se.kwén.θja / -.sja] 女 **1** 一連, ひと続き. una ~ de problemas 一連の問題. **2**〖映〗シークエンス. **3**〖文法〗文中の語順. **4**〚カト〛続唱. **5**〚ＩＴ〛順序, シーケンス.

se·cuen·cia·ción [se.kwen.θja.θjón / -.sja.sjón] 女 配列. ~ de [del] ADN DNA 配列.

se·cuen·cial [se.kwen.θjál / -.sjál] 形 一連の, 連続する.

se·cuen·ciar [se.kwen.θjár / -.sjár] 83 他 連続させる, 逐次配列する.

se·cues·tra·dor, do·ra [se.kwes.tra.ðór, -.ðó.ra] 形 誘拐する；ハイジャック[シージャック]の, 乗っ取りの. —男女 誘拐犯；乗っ取り犯, ハイジャック[シージャック]犯人.

***se·cues·trar** [se.kwes.trár] 他 **1 誘拐する；乗っ取る**, ハイジャック[シージャック]する. **2**〖法〗差し押さえる；押収する, 〈出版物の〉分配を検閲で差しとめる.

***se·cues·tro** [se.kwés.tro] 男 **1** 誘拐；ハイジャック, シージャック. ~ de un industrial 実業家の誘拐. ~ del avión por los guerrilleros ゲリラによるハイジャック. **2**〖法〗差し押さえ；押収. ~ de publicaciones 出版物の押収.

sé·cu·la [sé.ku.la] ***para sécula*** / ***para in sécula (sin fin)*** 永久に, いつまでも.
[←〚ラ〛*saecula*「何百年もの間」]

se·cu·lar [se.ku.lár] 形 **1** 世俗の, 現世の, 世間的な. brazo ~ 〖カト〗俗権.
2 1 世紀に一度の；100年以上の, 何百年の. árbol ~ 樹齢数百年の木. **3** 積年の, 昔からの. un prejuicio ~ 昔からの根強い偏見. **4**〖カト〗在俗司祭の.
—男形 世俗にあって修道会に属さない聖職者.
—男〖カト〗在俗司祭 (= clero ~).

se·cu·la·ri·za·ción [se.ku.la.ri.θa.θjón / -.sa.sjón] 女 **1** 世俗化；(教育などを)教会から切り離すこと. **2** 還俗(坕). **3**(教会の財物を)俗用に戻すこと.

se·cu·la·ri·za·do, da [se.ku.la.ri.θá.ðo, -.ðá / -.sá.-] 形 (教会財産が)俗用にされた.

se·cu·la·ri·zar [se.ku.la.ri.θár / -.sár] 97 他 **1** 世俗化させる, 現世的にする；宗教[教会]から分離する, 宗教色を抜く. **2** 還俗(坕)させる. **3**(教会の財産を)俗用にする. — ~·se 再 還俗する.

se·cu·lar·men·te [se.ku.lár.mén.te] 副 数世紀にわたって.

se·cun·dar [se.kun.dár] 他 支持する, 支援する.

:**se·cun·da·rio, ria** [se.kun.dá.rjo, -.rja] 形 **1 2** 番目の, 第 2 位の；中等学校の. enseñanza [educación] *secundaria* 中等教育. sector ~ 第二次産業部門.
2 二次的な, 副次的な；あまり重要でない. interpretar un papel ~ 脇役を演じる. el premio al mejor actor ~ 最優秀助演男優賞. factor ~ 二次的な[付随的な]要因. **3**〖電〗(変圧器の)二次回路の. **4**〖地質〗中生代の.
—男 中等教育.
[←〚ラ〛*secundārium* (*secundārius* の対格；*secundus*「第2の」より派生)；〖関連〗〚英〛*secondary*]

se·cun·di·nas [se.kun.dí.nas] 女《複数形》〖医〗後産.

se·cuo·ia / **se·cuo·ya** [se.kwó.ja] 女《ラ米》→ secoya.

***sed** [séð] 女 **1**(のど・口の) **渇き**. apagar [quitar] la *sed* 渇きをいやす. tener *sed* のどが渇いている. Este calor me da una *sed* tremenda. この暑さでのどがからからだ. **2** 水不足. *La tierra tiene mucha sed.* 地面が乾ききっている. **3** 渇望, 熱望. la *sed* insaciable de oro 黄金への飽くなき欲望. tener *sed* de... …を渇望する.
[←〚ラ〛*sitem* (*sitis* の対格)；〖関連〗sediento]

***se·da** [sé.ða] 女 **1** 絹(蒽), 絹糸, 絹織物. gusano de ~ 蚕(蒸ʔ). pañuelo de ~ 絹のハンカチ. ru-

Segovia

ta de la ～ シルクロード. ～ artificial レーヨン (=rayón). ～ cruda 生糸. ～ floja かま糸. ～ dental デンタルフロス. **2**(豚・イノシシなどの)剛毛. *Aunque la mona se viste [vista] de seda, mona se queda.*(諺)猿は絹の服を着ても猿のまま(地は隠せない). *como una [la] seda*《話》スムーズに,問題なく. *de seda* 絹のような;すべすべした. *piel de* ～ すべすべの肌. [← ? 〔ラ〕*saeta*「(動物の)剛毛」]

se·da·ción [se.ða.θjón / -.sjón] 囡 **1**〖医〗鎮静. **2**(苦しみ・悲しみを)和らげること,静めること.

se·dal [se.ðál] 男 釣り糸.

se·dán [se.ðán] 男〖車〗セダン(型乗用車).

se·dan·te [se.ðán.te] 形 **1**〖医〗(痛みを)鎮める,鎮静[緩痛]作用のある. **2**(苦しみ・心を)落ち着かせる. ― 男〖医〗鎮痛剤,鎮静剤.

se·dar [se.ðár] 他(肉体的・精神的痛みを)鎮める,落ち着かせる.
― ～·se 再(痛みが)和らぐ,鎮静化する.

se·da·ti·vo, va [se.ða.tí.βo, -.βa] 形〖医〗鎮静さ

*se·de [sé.ðe] 囡 **1** (機関・団体などの)**本部**,本拠地;《比喩的》総本山. ～ social 本社. la ～ de la ONU 国連本部. Alemania fue la ～ de la Copa Mundial de fútbol de 2006. ドイツは2006年のワールドカップサッカーの開催国であった.
2〖カト〗司教(管)区. **3** (高位聖職者の)地位,座. ～ episcopal 司教座.
Santa Sede 教皇庁,バチカン.
[← 〔ラ〕*sēdem* (*sēdēs* の対格)「座席;住居」; *sedēre*「座っている」(→ *ser*) より派生; 関連 *sesión*, *sedar*, *sedimento*. 〖英〗*sit*「座る」,*seat*.]

se·den·ta·rio, ria [se.ðen.tá.rjo, -.rja] 形 **1** 座った姿勢での;ほとんど動かない. llevar una vida *sedentaria* 閉じこもった[座りっぱなしの]生活を送る. **2** 定住性の. tribu *sedentaria* 定住民族.

se·den·te [se.ðén.te] 形 座った姿勢の,座像の.

se·de·ño, ña [se.ðé.ɲo, -.ɲa] 形 **1** 絹の(ような),滑らかな. **2** (動物の)剛毛のある.

se·de·rí·a [se.ðe.rí.a] 囡 **1** 絹物業,絹物の店[工場];絹織物,絹製品. **2** 服地屋,生地屋.

se·de·ro, ra [se.ðé.ro, -.ra] 形 生糸の,絹糸の. industria *sedera* 絹(織)物業.
― 男 囡 絹物商,生糸商;服地商.
― 囡 剛毛でつくったブラシ[刷毛引].

se·di·cen·te [se.ði.θén.te / -.sén.-] / **se·di·cien·te** [se.ði.θjén.te / -.sjén.-] 形《+名詞》《皮肉》自称の,…というつもりの. ～ filósofo 自称哲学者.
[〖仏〗*soi-disant* のスペイン語訳]

se·di·ción [se.ði.θjón / -.sjón] 囡 決起,騒乱,暴動.

se·di·cio·sa·men·te [se.ði.θjó.sa.mén.te / -.sjó.-] 副 扇動するように.

se·di·cio·so, sa [se.ði.θjó.so, -.sa / -.sjó.-] 形 決起の;暴動を引き起こす.
― 男 囡 決起者;破壊分子,扇動者.

se·dien·to, ta [se.ðjén.to, -.ta] 形 **1** 乾燥した,のどが渇いた. **2**(土地が)干上がった. **3**《*de...* を》熱望した,切望している. ～ *de poder* 権勢欲に駆られた. ～ *de amor* のどが渇いた人;熱望する人.

se·di·men·ta·ción [se.ði.men.ta.θjón / -.sjón] 囡 沈殿(作用),堆積(熟).

se·di·men·tar [se.ði.men.tár] 他 **1** 堆積(熟)させる,沈殿させる. **2** 落ち着かせる,鎮める.

― ～·se 再 **1** 沈殿する,沈む. **2** 平静になる,落ち着く. **3** (知識などが)確かなものになる.

se·di·men·ta·rio, ria [se.ði.men.tá.rjo, -.rja] 形 沈殿物の,沈殿による. roca *sedimentaria* 堆積(熟)岩.

se·di·men·to [se.ði.mén.to] 男 **1** 沈殿物(熟),堆積(熟)物. **2** 心の傷,わだかまり. Su traición dejó ～ en mi corazón. 彼[彼女](ら)に裏切られて私の心は傷ついた.

se·do·so, sa [se.ðó.so, -.sa] 形 絹のような;すべすべした,つややかな.

*se·duc·ción [se.ðuk.θjón / -.sjón] 囡 **1** 誘惑,そそのかし. ～ *del poder* 権勢欲.

*se·du·cir [se.ðu.θír / -.sír] 37 他 **1** (特に性的に)**誘惑する**,惑わす,たぶらかす;(悪い誘いに)誘い込む. Él *seducía* a las mujeres con sus encantos. 彼は持ち前の魅力で女性たちを口説き落としていた. **2** 魅惑する,夢中にさせる. una música que *seduce* うっとりさせる音楽. Esta idea me *seduce*. 私はこの考えが気に入っている. Le *seducen* los diamantes. 彼[彼女]はダイヤモンドに目がない.

se·duc·ti·vo, va [se.ðuk.tí.βo, -.βa] 形 誘惑の;魅惑的な.

se·duc·tor, to·ra [se.ðuk.tór, -.tó.ra] 形 **1** 誘惑の,たぶらかす. **2** 魅惑的な,魅了する;わくわくさせる. ― 男 囡 誘惑者,口車にのせる人;誘惑するもの;魅了するもの[人].

se·far·dí [se.far.ðí] / **se·far·di·ta** [se.far.ðí.ta] 形《複 ～es / ～s》セファルディの. ― 男 囡 セファルディ(の言語). ◆15世紀末にイベリア半島を追われて国外に移り住んだユダヤ人の子孫. 中世カスティーリャ語や宗教的習慣を保持. → *judeoespañol*.

se·ga·ble [se.ɣá.βle] 形 刈り入れのできる,収穫時期の(来た).

se·ga·dor, do·ra [se.ɣa.ðór, -.ðó.ra] 形 刈り入れ[収穫]の. ― 男 囡 刈り取り人[人夫] 男〖動〗メクラグモ;ザトウムシ. ― 囡 刈り取り機;芝刈り機. *segadora trilladora* (刈り取り・脱穀用)コンバイン.

se·gar [se.ɣár] 9 他 **1** (穀物・草を)刈る,刈り取る. *máquina de* ～ 刈り取り機.
2 (突出した部分を)切り落とす;(首を)はねる.
3 挫折(熟)させる,だめにする. La enfermedad *segó* sus ilusiones en su plena juventud. 青春の盛りにありながら,病気が彼[彼女]の夢を打ち砕いた.
[← 〔ラ〕*secāre*「切り離す」; 関連 *segador*, *siega*, *sección*. 〖英〗*section*「切り分けた部分」]

se·glar [se.ɣlár] 形 俗の,世俗的な;聖職者でない,在家の. ― 男 囡 在家[世俗]の人 (↔*eclesiástico*).

seg·men·ta·ción [seɣ.men.ta.θjón / -.sjón] 囡 **1** 分割,区分. **2**〖生物〗卵割,分割. **3**〖言〗分節.

seg·men·ta·do, da [seɣ.men.tá.ðo, -.ða] 形 分割された;〖動〗(体が)環節からなる.

seg·men·tar [seɣ.men.tár] 他 分割する,区分する;〖言〗分節する.
― ～·se 再 部分に分かれる,分裂する.

*seg·men·to [seɣ.mén.to] 男 **1** (分割・区分されている)**部分**,切片. **2** 〖数〗線分;(円・球の)弓形. **3**(機械などの)弓形[扇形]部分. ～ *del émbolo* ピストンリング. **4**〖動〗体節,環節. **5**〖言〗分節(音). *segmento de mercado*〖経〗市場セグメント.
[← 〔ラ〕*segmentum*; *secāre*「切り離す」(→ *segar*) より派生; 関連〖英〗*segment*]

Se·go·via[1] [se.ɣó.βja] 固名 セゴビア:スペイン中央部の県;県都. ローマの水道橋と旧市街が1985年世界

Segovia

遺産に登録.

Se·go·via² [se.ɣó.βja] 固名 セゴビア Andrés ～ (1893–1987) : スペインのギター奏者.

se·go·via·no, na [se.go.βja.no, -.na] 形 (スペインの)セゴビアの, セゴビア出身の.
— 男 女 セゴビアの住民[出身者].

se·go·vien·se [se.go.βjén.se] 形 男 女 → segoviano.

se·gre·ga·ción [se.ɣre.ɣa.θjón / -.sjón] 女 **1** 分離；隔離, 引き離し. **política de ～ racial** 人種隔離政策, アパルトヘイト. **2** 《生物》分泌作用, 分泌；分泌液. **3** 《生化》(遺伝子・形質の)分離. **la ley de la ～ de los caracteres** 遺伝形質分離の法則.

se·gre·ga·cio·nis·mo [se.ɣre.ɣa.θjo.nís.mo / -.sjo.-] 男 分離主義；隔離主義；(特に)人種差別主義, アパルトヘイト.

se·gre·ga·cio·nis·ta [se.ɣre.ɣa.θjo.nís.ta / -.sjo.-] 形 分離主義(者)の, 隔離主義(者)の；人種差別主義の. — 男 女 分離主義者, 隔離主義者；人種差別主義者.

se·gre·gar [se.ɣre.ɣár] 103 他 **1** 分離する；隔離する；差別する. **2** 《生物》分泌する.
— ～·se 再 (《3 人称で》)隔離される；《生化》(対立遺伝子・形質が)分離する.

se·gre·ga·ti·vo, va [se.ɣre.ɣa.tí.βo, -.βa] 形 分離しうる；分泌しうる.

se·gue·ta [se.ɣé.ta] 女 糸のこ.

se·gue·te·ar [se.ɣe.te.ár] 自 糸のこを使って寄木細工をする.

se·gui·da [se.ɣí.ða] 女 続けること.
coger la seguida つかむ；要領を覚える.
de seguida 続けて；さっそく, ただちに.
en seguida すぐに；ただちに (= enseguida). **Lo llamé y vino en ～.** 彼を呼んだらすぐにやって来た. **Voy en ～.** 今行きます.

*se·gui·da·men·te [se.ɣí.ða.mén.te] 副 続けて, 中断せずに；その後に, 引き続いて.

se·gui·di·lla [se.ɣi.ðí.ʝa ‖ -.ʎa] 女 **1** 《複数で》《音楽》セギディーリャス：スペイン Andalucía 地方の 3 拍子の舞踊. **2** 《詩》セギディーリャ：7 音節と 5 音節の詩行を組み合わせた 4 行 [7 行] の詩. **3** 《ラ米》《話》一連の不幸.

se·gui·dis·mo [se.ɣi.ðís.mo] 男 追従.

*se·gui·do, da [se.ɣí.ðo, -.ða] 形 **1** 連続した, 一連の. **seis días ～s** 6 日間続けて. **Han tenido tres niños muy ～s.** 彼らは次々と3人の子供を得た. **punto y ～** ピリオドを打って行を続ける.
2 まっすぐな, 直線上にある. **Coja esta calle seguida hasta el cruce.** 十字路の所までこの道をまっすぐ行きなさい. **(de...** …を) 従えた.
— 副 **1** まっすぐに, 曲がらずに. **todo ～** まっすぐに.
2 ただちに；すぐ続いて. **3** 《ラ米》しばしば.
acto seguido すぐに, ただちに.

*se·gui·dor, do·ra [se.ɣi.ðór, -.ðó.ra] 形 後に続いて, 従っていく. — 男 女 **1** 後継者；弟子, 信奉者.
2 《スポ》ファン, サポーター.
— 男 **1** 罠(ﾜﾅ)縄. **2** 求婚者, 求愛者.

*se·gui·mien·to [se.ɣi.mjén.to] 男 **1** 追跡, ついていくこと. **ir en ～ de...** …を追って[求めて]行く. **estación de ～** (人工衛星などの)追跡ステーション. **2** 連続, 継続, 続行.

***se·guir** [se.ɣír] 3 他 《現分》は siguiendo **1** (**1**) 後について行く；後から追って行く. **Sígame, que conozco el camino.** 私が行き方を知っていますから, ついて来てください.

(**2**) 後をつける, 追跡 [尾行] する；つきまとう. **Creo que ese hombre nos sigue.** どうもあの男は僕らの後をつけているようだ.

(**3**) (空間的・時間的配列や順序において) …の次になる, …に続く. **Japón sigue a Estados Unidos en el número de internautas.** 日本はインターネット利用者数がアメリカに次いで多い. ▶ 直接目的語がものの場合にもしばしば前置詞 a を伴う.

2 続ける. **¿Por qué no seguimos esta charla en una cafetería?** この話の続きを喫茶店でしようか.
3 (**1**) (規則・慣習・指示などに)従う, …を守る；〈例・模範に〉ならう. **Para anular su pedido siga las siguientes instrucciones.** ご注文取り消しの際は以下の指示に従ってください. **Los niños crecen siguiendo el modelo de sus padres.** 子供は両親を手本にして育つ. (**2**) 〈欲望・直感などに〉従って行動する. **No he hecho más que ～ mis intuiciones.** 私は自分の直感に従ったまでです.
4 〈動き・成り行きなどを〉追う, 見守る. **Aunque vivo en Japón, sigo la Liga española de fútbol.** 日本に住んでいるが, スペイン・サッカーリーグの動向はフォローしている. **El ladrón se dio cuenta de que el vigilante lo seguía con la vista.** 泥棒は警備員が彼の動きを目で追っていることに気づいた.
5 〈道を〉進む. **Siga esta carretera y gire a la izquierda en el tercer cruce.** 道なりに進んで, 3 つ目の交差点で左折してください.
6 (話・話し手を, 〈話に〉)ついていく. **¿Has podido ～ las explicaciones del profesor?** 君は先生の説明を理解できたかい.
7 (科目・講座などを, 履修する, 〈専門・課程の〉勉強をする. **Este año voy a ～ un curso de inglés a distancia.** 私は今年英語の通信講座を受講するつもりだ.
— 自 **1** 続く. **¿Hasta cuándo seguirá esta situación?** いつまでこの状態が続くのだろうか.

2 (**1**) 続ける. **Sigue, sigue, que te estoy escuchando.** ちゃんと聞いてるから, 続けて.
(**2**) 《+現在分詞》 …し続ける. **Carmen siguió trabajando hasta la madrugada.** カルメンは深夜まで働きつづけた.

(**3**) 《+sin+不定詞》 未だ (…して) いない. **Son las once de la mañana y sigo sin desayunar.** 朝の 11 時になるというのに, 私はまだ朝食をとっていない.
3 (**1**) (特定の場所に)とどまる. **Mi hijo seguirá en Japón hasta el verano.** 私の息子は夏休みまで日本にいることになっている. (**2**) 《+形容詞・副詞およびその相当語句》 …の状態)であり続ける, い続ける. **Mi tía Julia sigue joven y atractiva.** 叔母のフリアは相変わらず若くて魅力的だ. **Todo seguía igual que antes.** 全て昔のままだった.

4 〈家〉(罪で)入る. **¡Siga!** どうぞ, お入りなさい.
— ～·se 再 (《3 人称単数形で》) (**de...** …から) 《que+直説法・接続法 …と》いうことになる, 推論される. **De todo lo anterior se sigue que esta sustancia posee efectos curativos.** 以上のことから, この物質には治療効果があることがわかります.

El que [Quien] la sigue la consigue [mata]. あきらめずに努力すればいつかは報われる.

seguir adelante con... …を(粘り強く)続ける, やり通す.

seguir los pasos [las huellas] de [a]... …の足跡をたどる, 後を追う；…を模範とする.

[← [ラ] *sequi*；関連 siguiente, segundo, séquito, secta. [英] *sequence, consequence*]

se·gui·ri·ya [se.gi.rí.ja] 女【音楽】→ siguiriya.

se·gún [se.gún, -.-] 前 **1** …によると. *S~* el pronóstico del tiempo, va a nevar mañana. 天気予報によれば,明日は雪になる. *S~* tú, todo va a salir bien, ¿verdad? 君の考えでは,すべてうまく行くんだろ (▶ 主語人称代名詞を用いる).
2 …にしたがって, …に応じて. Los precios varían ~ el material que se use. 値段は使われる材料によって変わります. Te juzgan ~ tu apariencia. 人は見た目で判断される.
3 (規則など) に準拠して, …に基づいて. Actúa ~ sus criterios. 彼[彼女]は自分の基準で行動する.
── 接続 **1** …することによると. *S~* dicen, se casarán pronto. 人の言うことには,彼らはすぐ結婚するそうだ. *~ parece,* va a seguir lloviendo. 見たところ,降り続けるようだ.
2 …するのにしたがって, 応じて. *S~* vayan llegando, iremos dándoles la información. 人が到着する順に,情報を与えていこう. Te lo cuento ~ me lo contaron. 人から聞いたままに君に話すよ.
── *se.gún* 副 (単独で) 場合によりけり. ¿Me puedes ayudar? —*S~.* 私を助けてくれる. ──場合によりけりだ.
según y como... …のとおりに,…のままに. Te lo diré *~ y como* me lo dijeron. 言われたままを君に話そう.
según y cómo... …しだいで,場合によっては. Trabajaré *~ y cómo* me encuentre. 調子しだいで働くことにするよ. ▶ 単独で用いることもある. → ¿Vendrás mañana? —*S~ y cómo.* 明日来るかい. ──場合によりけりだね.
según y conforme... …しだいで, 状況によりけりで. ▶ 単独で用いることもある.
[← [ラ] *secundum* (*sequī* 「…に従う」より派生)
[関連] segundo, secundario, consecuente. [英] second, secondary「結果としては起こる」]

se·gun·da [se.gún.da] 形 女 → segundo.

se·gun·dar [se.gun.dár] 他 もう一度行う, …し直す. ── 自 2番目になる, 2位になる.

se·gun·de·ro, ra [se.gun.dé.ro, -.ra] 形 (果物など) 2番なりの, 2番目の収穫の. ── 男 (時計の) 秒針. → minutero.

se·gun·di·lla [se.gun.dí.ja | -.ʎa] 女 (修道院の連絡用の) 小さな鐘.

se·gun·do, da [se.gún.do, -.da] 形 **1** (数詞) 第2の, 2番目の. *segunda* lengua 第二言語. *segunda* oportunidad 2度目のチャンス. *segunda* mitad 後半. *segunda* enseñanza 中等教育. *segundas* nupcias 再婚. ~ piso 3階 (→*piso*¹). *segunda* persona【文法】2人称. ~ plato メインディッシュ. sobrino ~ またいとこ. tío ~ 親のいとこ.
2 2級の, 2等の, 2位の; 二流の. ~ jefe 【軍】副艦長, 副長. el ~ premio 2等賞. ▶ 定冠詞を伴って人・ものを指す名詞表現を作る. → 男 女.
── 女 **1** (錠の) 2回転開閉式. **2** (座席などの) 2等. viajar en *segunda* 2等車で旅行する. **3**【車】セカンドギア. **4** 《主に複数で》【話】下心, 二心, 底意. con *segundas* 下心を持って. **5**【音楽】2度 (音程).
── 男 女 2番目の人, 次席 (の人); 補佐役, 助手. el ~ de a bordo【海】1等航海士.
── 男 **1** (時間の単位の) 秒 (略 s); (角度・方向の単位の) 秒 (記号 "). ocho grados cinco minutos cinco ~s 8度7分5秒 (8°7'5").
2《ラ米》《汽》【魚】カイワリ:アジ科.
de segunda 二流の.
en segundo lugar 第2に, 次に; 第2位に.
en un segundo ただちに, すぐに.
segunda intención / segundas intenciones 下心, 底意.
sin segundo 無二の, 比類ない (= sin par).
[「2番目の」← [ラ] *secundus* (*sequī* 「…に従う」の派生語); [関連] secundario, secundando, segundar. [英] *second*, 「秒」← [中ラ] *secundum* ([ラ] *secundus* 「2番目の」より派生; 1時間を60に分けるのが第1の分割, 1分をさらに60に分けるのが「第2」の分割であるところから)]

se·gun·do·gé·ni·to, ta [se.gun.do.xé.ni.to, -.ta] 形 男 女 第二の子, 次男, 次女.

se·gun·dón [se.gun.dón] 男 **1** 第二子, 次男; 第二子以下の息子. **2**《話》《軽蔑》2番手 (の人).

se·gur [se.gúr] 女 斧 (の), まさかり; 円形鎌 (の).

se·gu·ra [se.gú.ra] 形 → seguro.

se·gu·ra·men·te [se.gú.ra.mén.te] 副 **1** 《主に+直説法》 きっと; おそらく. *S~ tendrás* éxito. 君はきっとうまくいくよ. Ellos ~ vengan mañana. 彼らは明日きっと来る (▶ 動詞の活用形で時に動詞は接続法). Cuando me ponga enfermo, ¿me vas a ayudar? —*S~* sí. 僕が病気になったら助けてくれる?──もちろんさ. ¿La selección japonesa ganará el partido? —*S~* no. 日本代表は試合に勝つだろうか.──きっと無理さ. ▶ 単独で返答として用いられる. → ¿Vas a estar en casa esta noche? —*S~.* 今晩家は家にいるかい. ──そのつもりだよ.
2 確かに, はっきりと. No lo sabrá ~. 彼[彼女]はそのことをきっぱりとは知らないだろう.
3 無事に, 安全に.

se·gu·ra·ta [se.gu.rá.ta] 男 女《話》見張り役.

se·gu·ri·dad [se.gu.ri.ðáð] 女 **1** 安全 (性); 保安, 保障. garantizar la ~ del país 国の安全を保障する. *S~* ante todo. 安全第一. Por razones de ~ cancelaron el vuelo. 安全上の理由からそのフライトはキャンセルになった. ~ ciudadana 治安. medidas de ~ 安全策; 安全対策. cerradura de ~ 安全ロック. válvula de ~ 安全弁. Consejo de *S~* de la ONU 国連安全保障理事会. tratado de ~ 安全保障条約. Dirección General de *S~* (スペインの) 警察庁. *S~* Social 社会保障 (制度).
2 確かさ, 確実. tener ~ en sí mismo 自信をもっている. tener la ~ de... …を確信している.
con seguridad (**1**) 安全に. (**2**) 間違いなく, 確実に. *Con ~* que se casarán. 彼らはきっと結婚するよ. (**3**) 確信をもって. ¿Puedes decírmelo *con ~*? 確信をもって私にそれを言えるかい.
con toda seguridad 全く安全に; 間違いなく.
para mayor seguridad 安全のために, 念のため.
Tengan la seguridad de que... …ですから安心してください, …は心配ありません. *Tengan la ~ de que* les daré la información necesaria. 必要な情報は提供しますのでご安心ください.

se·gu·ro, ra [se.gú.ro, -.ra] 形 **1** (*ser* +) (+名詞 / 名詞+ que) 確かな; 信頼できる; 《*que* +直説法 …することは》 確実である. una apuesta *segura* 手堅い賭 (か) け. su ~ sucesor 彼[彼女] (ら) の確実な後継者. una derrota casi *segura* ほぼ確実な敗北. Se ve como ~ ganador de las elecciones. 彼は当選が確実視されている. Nuestra victoria *es segura*. 我々の勝利は間違いない. No hay riqueza tan *segura* como un ～ amigo. 信頼できる友ほど確かな財産はない. ¿*Es que va* a ganar? 彼[彼女]はきっと勝つだろうか. No *es* ～ *que* el delantero se quede en el equipo. そのフォワードがチームに残るかどうかはっきりしない (► 否定文では que 以下の動詞は接続法).

2 《estar+》《de... …を》確信している；安心している；《(de) que+直説法 …であることを》確信している. El equipo *estuvo* ～ en la defensa. チームはディフェンスを信じていた. A tu lado me siento *segura*. あなたの隣にいると私は安心だね. *Estoy* ～ (*de*) *que ha venido*. 間違いなく彼[彼女]は来ていると思う. No *está segura de que* eso ocurra. それが起こるか彼女に確信はない (► 否定文では que 以下の動詞は接続法). No *estoy* ～ *de* si ganaremos. 我々が勝てるかどうか私には自信がない.

3 《多くは名詞+》《ser+ / estar+》安全な；堅固な. un lugar ～ 安全な場所. una inversión *segura* 安全な投資. Ninguna cerradura *es segura*. 絶対にしっかりしてない.

4 《多くは名詞+》〈日付などが〉確定した, 明確な. fecha *segura* 確定した日取り.

5 《ラ米》《俗》《話》《ぞんざい》正直な, 忠実な, 誠実な.

—**圖 1** きっと, 確実に. ¿*Vendrás mañana?* —*S*～. 明日来るかい. —来るとも.

2 はっきり, 確かに.

—**囲 1** 保険. La empresa tiene un ～ de robo (incorporado). 会社は盗難保険に入っている. ～ de coche [automóvil(es)] 自動車保険. ～ de vida 生命保険. ～ obligatorio 強制保険. el ～ social / ～*s sociales* 社会保険. ～ contra [a] terceros 第三者保険. ～ de [contra] incendios 火災保険. ～ médico 医療保険. ～ de accidentes 災害[傷害]保険, (車の)事故保険. ～ de desempleo 失業保険. ～ marítimo 海上保険. ～ de crédito a la exportación 輸出信用保険. ～ a todo riesgo (自動車)総合保険. ～ multirriesgo (住宅)総合保険. compañía de ～*s* 保険会社. prima de ～ 保険料, 掛け金. póliza de ～ 保険証書[証券].

2 (武器・器具の)安全装置. echar el ～ de las puertas del coche 車のドアをロックする. quitar el ～ de una pistola ピストルの安全装置をはずす.

3 安全；確実；安心；信頼. **4** 保証(書), 担保(証). **5** (ゲームで駒を取られない)安全地帯, 島. **6** 《話》社会保険(のきく病院). **7** 《ラ米》(1) (*メキシコ*)(*グアテマラ*) 安全ピン. (2) (*コロンビア*)(*ペルー*)(*ボリビア*)(*パラグアイ*)くさび.

a buen seguro きっと (…だろう). Lo sabrá *a buen* ～. 彼[彼女]はおそらくそのことを知っているよ. *A buen* ～ *que ha llovido mucho*. きっと大雨で降ったのだろう.

a seguro → en seguro.

de seguro 確かに, 確実に. Esta noche lluveve *de* ～. 今夜はきっと雨が降るよ.

en seguro 安全に, 無事に；安心して.

*lo más seguro es+*不定詞 一番安全な[よい]のは…だ. *Lo más* ～ *es irse*. いちばん安全なのは立ち去ることです.

lo más seguro es que... 《多くは+接続法》いちばんありそうな[確実な]のは…だ. Cuando se nos pierde un gato o un perro y no aparece, *lo más* ～ *es que lo hayan atropellado*. 猫や犬がいなくなって姿を見せないときは, 車にはねられた可能性が一番高い.

por seguro 確実なこととして. Todos dan *por* ～ que será nombrada ministra. 彼女が大臣に任命されるとは誰もが考えている. Eso tenlo *por* ～. それは確かだよ.

*Seguro que+*直説法 きっと…だ. *S*～ *que a usted le gustará*. きっとあなたはそれが気に入るだろう.

sobre seguro 冒険せずに. Prefiero ir *sobre* ～. 私は安全第一がいい.

tener seguro... …を手に入れたも同然である. Es el cabeza de lista y *tiene* ～ el escaño. 彼は名簿の一番目なので議席は確実だ.

[←〔ラ〕*sēcūrum*（*sēcūrus* の対格）「安全な；確かな」; *sē*-「…なしに」+ *cūra*「心配」(→ cura) +形容詞語尾; 関連 seguridad, asegurar. 〔英〕*secure, sure*]

se.gu.rón, ro.na [se.ɡu.rón, -.ró.na] 形 《話》《軽蔑》(人が) 慎重な. —囡 慎重な人.

sei.bó [sei.bó] 男 《ラ米》(*アルゼンチン*)(*ウルグアイ*)(*エクアドル*) サイドボード, 食器棚.

seis [séis] 形 《数詞》 **1 《+名詞》 6 の, 6人[個]の. ～ niños 6人の子供. El reloj dio las ～. 時計が6時を打った. **2** 《名詞+》 6番目の.

—男 **6**；6の数(ローマ数字 Ⅵ). ～ de oros (スペイン・トランプ)金貨の 6 (→ naipe). el ～ de enero 1月6日.

[←〔ラ〕*sex*；関連 sexto, sesenta, sexagésimo, hexágono. [ポルトガル] seis. 〔仏〕〔英〕*six*. 〔伊〕sei. 〔独〕*sechs*]

sei.sa.vo, va [sei.sá.βo, -.βa] 形 6分の1の.
—男 6分の1；六角形.

seis.cien.tos, tas [seis.θjén.tos, -.tas / -.sjén.-] 形 《数詞》 600 の；600番目の (= sexcentésimo). libro de *seiscientas* páginas 600ページの本. año ～ 600年(目). Más de ～ intelectuales se reunieron en Tokio. 600人以上の知識人が東京に集まった.

—男 **1** 600；600の数字(ローマ数字 DC).

2 17世紀. edificios típicos del ～ 17世紀特有の建築物. **3** セイスシエントス：スペインで1960-70年代にはやった600ccの乗用車.

sei.se [séi.se] 男 スペイン Sevilla などの祭りで大聖堂での歌・踊りを受け持つ6人組の少年のひとり.

sei.si.llo [sei.sí.ʝo ‖ -.ló.] 男 《音楽》 6連(音)符.

seís.mo [se.ís.mo] 男 → sismo.

SELA [sé.la] 男 《略》*S*istema *E*conómico *L*atinoamericano 中南米経済機構.

se.lá.ce.o, a [se.lá.θe.o, -.a / -.se.-] 形 男 → selacio.

se.la.cio, cia [se.lá.θjo, -.θja / -.sjo, -.sja] 形 〔魚〕(サメ・エイなどの)軟骨魚類の. —男 軟骨魚.

*se.lec.ción [se.lek.θjón / -.sjón] 囡 **1** (1) 選択, 選抜, 精選, (ある目的のためによりよいもの・人を)選ぶこと. (2) 〔生物〕淘汰, 選択. ～ natural 自然淘汰[選択]. ～ artificial 人為淘汰[選択].

2 《集合的》選抜されたもの, 精鋭；(特にスポーツで国を代表する) 選抜チーム；(芸術作品などの) 選集. una ～ de romances medievales 中世ロマンセの選集.

hacer una selección (entre...) (…の中から) 選ぶ. Es muy difícil *hacer una* ～ *entre* estos aspirantes tan competentes. こんなに優秀な応募者の中から選ぶなんて大変だ.

[←〔ラ〕*sēlēctiōnem*（*sēlēctiō* の対格；*sēligere*「選

び抜く」より派生）；[関連] seleccionar, selectivo, elegir.［英］*selection*）

se・lec・cio・na・do, da [se.le*k*.θjo.ná.ðo, -.ða / -.sjo.-]形 選ばれた，えりすぐった；選抜された．
— 男《スポ》《ラ米》《公》(国の) 選抜［代表］選手, ナショナルチーム．

se・lec・cio・na・dor, do・ra [se.le*k*.θjo.na.ðór, -.ðó.ra / -.sjo.-]形 選ぶ，選抜する；選考する．
— 男《スポ》選手選考委員；(ナショナルチームの) 監督．

＊**se・lec・cio・nar** [se.le*k*.θjo.nár / -.sjo.-]他 選 ぶ，えりすぐる，選考する，《スポ》選抜する．→ escoger [類語]

se・lec・ti・vi・dad [se.le*k*.ti.bi.ðáð]女 **1**《ラジオ》《TV》選択度, 分離度．
2 選択性．**3**（スペインの）大学入学選抜試験．

se・lec・ti・vo, va [se.le*k*.tí.bo, -.ba]形 **1** 選考の, 選抜のための. curso ～（専門課程の前の）最初の講座, 予備講座．**2**《ラジオ》《TV》選択度の高い, 分離度の高い, 選択性のある．

＊**se・lec・to, ta** [se.lék.to, -.ta]形 選ばれた；えり抜きの, 精選した. poesías *selectas* 名詩選．

se・lec・tor, to・ra [se.le*k*.tór, -.tó.ra]形 選抜［選別］する．— 男《電》セレクター, 選別器；《IT》セレクター, 選択器．

Se・le・ne [se.lé.ne]女《ギ神》セレネ：月の女神．

se・lé・ni・co, ca [se.lé.ni.ko, -.ka]形《天文》月の．

se・le・nio [se.lé.njo]男《化》セレン（記号 Se)．

se・le・ni・ta [se.le.ní.ta]男女（想像上の）月世界人．
— 女 **1**《鉱》セレナイト, 透明石膏（セッ）．
2《化》亜セレン酸塩．

se・le・no・gra・fí・a [se.le.no.ɣra.fí.a]女《天文》月理学; 月面図．

se・le・no・sis [se.le.nó.sis]女《単複同形》爪（プ）にできる白い斑点（ポン）（= mentira).

se・léu・ci・da [se.léu.θi.ða / -.si.-]形（マケドニアの）セレウコス王朝の．— 男女 セレウコス王朝の人．

self [sélf]男《電》自己誘導（コイル）．

self-ser・vice [self.sér.bis]［英］男《複 ～s, ～s》セルフサービス．（= autoservicio）．

se・lla・do, da [se.já.ðo, -.ða‖-.ʎá.-]形 押印した；封をした, 封印した；切手を貼（）った. papel ～ 押印された［印紙貼付（ポ）の］書類．
— 男 **1** 押印, 捺印（ネッ）；封, 封印；切手を貼ること．
2《ラ米》《公》郵便料金．

se・lla・dor, do・ra [se.ja.ðór, -.ðó.ra‖-.ʎa.-]形 切手を貼（）る, 印紙を貼る；スタンプを押す；押印する, 印章を押す．— 男女 **1**（郵便局の）スタンプ係．
2 押印する人, 捺印（ネッ）者．

se・lla・du・ra [se.ja.ðú.ra‖-.ʎa.-]女 **1** 押印, 捺印（ネッ）．**2** 切手［印紙］を貼（）ること．**3** 封, 封印．

se・llan・te [se.ján.te‖-.ʎán.-]形 切手を貼（）る, 印紙を貼る；スタンプを押す；印章を押す．
— 男女 **1**（郵便局の）スタンプ係．
2 押印する人, 捺印（ネッ）者．

＊**se・llar** [se.jár‖-.ʎár]他 **1**（書類に）**印を押す**, 押印［捺印（ネッ）］する；刻印［極印］を押す；封印する. Me *sellaron* este papel en el consulado. 私は領事館でこの書類に判をもらった．～ con lacre 封蠟（ロウ）で封をする. **2** …に**切手［印紙］を貼（）る**.
3 印をつける, 刻む. **4** 閉じる, 封をする. ～ los labios 口を閉じる. **5** 確固としたものにする, 終了したものとする. ～ amistad 友情を固める.

＊**se・llo** [sé.jo‖-.ʎo.-]男 **1 切手**（= ～ postal, ～ de correo)；印紙, 証紙. ～ fiscal 収入印紙. álbum de ～s スタンプアルバム, 切手帳. poner [pegar] un ～ en una tarjeta 絵葉書に切手を貼（ハ）る. Todos los años salen nuevos ～s de Navidad en España. スペインでは毎年クリスマス切手が発行される.

2 印, 印章, **スタンプ**；刻印機. estampar [poner] el ～ en el documento 書類に印［スタンプ］を押す. ～ de caucho [goma]ゴム印．— fechador 日付入り回転スタンプ．～ numerador ナンバリングスタンプ．～ de lacre シーリングスタンプ.

3 印影；証印；刻印, 捺印（ネッ）. Este libro lleva el ～ de la biblioteca. この本には図書館の刻印がある. Hay un documento con el ～ de secreto. 部外秘印が押された書類がある.

4 徴（ミ゚゚゙）, 特徴, 特質, 個性, 刻印（=～ distintivo). El artista tiene un ～ muy personal. そのアーティストは独特の個性をもっている.

5（登録）商標，(会社・ブランドの) マーク；(特にレコードの) レーベル (=～ discográfico)；(書籍・レコード・映画などの) 会社．～ editorial 出版社. Esa cantante ha firmado con un ～ discográfico recién establecido. あの女性シンガーは設立されたばかりのレーベルと契約した. **6** 封印（封緘（カン）を示すためにろうやに鉛を溶かし刻印したもの), 封ろう, 封蠟；シール．**7** 印章［印影］のついた指輪．**8**《薬》カシェ剤：粉薬を封入した球体のオブラートカプセル．**9** 捺印所, 書類に証印を押す所；捺印する人, スタンプを押す人．**10**《ラ米》《公》《ラ南》《プ》硬貨の裏（= cruz)．¿Cara o ～? (コイン投げで) 表か裏か．

no pegar (ni un) sello 全く［ほとんど］働かない．

sello de Salomón **(1)** ソロモンの封印, ヘキサグラム：上下双方向を向いた正三角形2つを組み合わせた六芳星, ダビデの星などとも呼ばれ, 魔よけとされた. **(2)**《植》アマドコロ (ユリ科).

[← [ラ] *sigillum*「(封) 印」(*signum*「印, しるし」+縮小辞；[関連] sellar, sigilo.［英］*seal*.［日］シール］

Seltz [sélts] 固名 agua de ～ セルツァ炭酸水（ドイツ Nieder Selters 産の鉱泉水).— 男《主に s-》セルツァ炭酸水.

＊**sel・va** [sél.ba]女 **1**（特に熱帯の）**密林, ジャングル**；森林. ～ tropical 熱帯のジャングル. ～ virgen 密林の秘境；原生林. la ley de la ～ 密林の掟（オキテ）：自然界または社会における弱肉強食. → bosque [類語]

2 弱肉強食の社会, 過酷な生存競争にさらされた場所. El cree que el mundo es una ～ donde hay que sobrevivir aun a costa de la amistad. 彼は世界とは友情を犠牲にしてでも生き残っていかなければならない過酷な場所だと思っている.

3《話》混乱, 乱雑；ものが大量かつ乱雑に置かれているさま；錯綜（ソウ）(しているもの), 込み入ったもの［様子］. Tu despacho es una ～ de libros y revistas. 君の部屋には本と雑誌が山積みになっている.

[← [ラ] *silvam* (*silva* の対格)「森, 林, 木立」；[関連] selvático, silvestre, silvicultura, silvano, salvaje.［英］*silviculture*「造林」］

Sel・va Ne・gra [sél.ba né.ɣra] 固名 シュバルツバルト：ドイツ南西部の森林山岳地帯. [［独］*schwarz*「黒い」+［独］*Wald*「森」のスペイン語訳］

sel・vá・ti・co, ca [sel.bá.ti.ko, -.ka]形 **1** 森林の, 密林の．**2** 未開の, 野蛮な；粗野な；野生の．

sel・vi・cul・tu・ra [sel.bi.kul.tú.ra]女 → silvicultura.

sel・vo・so, sa [sel.bó.so, -.sa]形 **1** 森林の, 密林

の. **2** 森林の多い,密林に覆われた.
sel・yú・ci・da [sel.jú.θi.ða / -.si.-] 形《西アジアの》セルジュク朝の. ――男女 セルジュク朝の人.
se・ma [sé.ma] 男《言》意味素性,意味成分.
sema-「記号」signo の意の造語要素. semant-, semasio-, semio- も同語源. ➔ *semáforo, semántica.* [←《ギ》]
***se・má・fo・ro** [se.má.fo.ro] 男《交通》信号機,信号灯;《海》沿岸信号所;《鉄道の》腕木式信号機,シグナル. El ～ está en verde [ámbar, rojo]. 信号は青[黄,赤]である. [[《ギ》*sêma*「合図」+《ギ》*phóros*「運ぶもの」; 関連 semántica, semiología. 〘英〙*semaphore*「手旗信号」]

****se・ma・na** [se.má.na] 女 **1** 週(◆週は一般には月曜に始まるとされるが, カトリックの典礼などは日曜に始まる). ¿Qué día de la ～ es hoy?—Es sábado. 今日は何曜日.―土曜だよ. esta ～ 今週. la ～ pasada 先週. la ～ que viene / la próxima ～ 来週. una vez [dos veces] a la ～ 週に1度[2度]. cada dos ～s 2週間ごとに, 隔週で.

関連 lunes 月曜日(月の日), martes 火曜日(戦の神 Marte の日), miércoles 水曜日(商業の神 Mercurio の日), jueves 木曜日(最高神 Júpiter の日), viernes 金曜日(美の女神 Venus の日), sábado 土曜日(安息日), domingo 日曜日.

2 1週間, 7日間. ～ laboral 週間労働日[時間]. Estuve una ～ en Buenos Aires. 僕はブエノスアイレスに1週間滞在した. Voy a tomar dos ～s de vacaciones. 私は2週間の休暇を取るつもりです. mala ～ 月経.
3 週給, 1週間分の賃金. **4**《曜日の名を用いる》石蹴(け)り遊び. **5**《まれ》7を一つの単位とした期間(月・年にも用いられる). una ～ de años 7年間.
entre semana 平日の[に], 週日の[に]. días *entre* ～ 平日, ウイークデー. Abierto *entre* ～ hasta las dos de la mañana. 平日は夜2時まで営業.
fin de semana (1) 週末. Suelo pasear en coche los *fines de* ～. 週末にたいていドライブをしています. (2) 小旅行用の小型スーツケース.
la semana que no tenga viernes 絶対にいやだ《ありえない》.
semana blanca《スペイン》(2月にウインタースポーツをするために学校が休みとなる1週間の)冬休み.
Semana Santa [*Grande, Mayor*]《カト》聖週間:復活祭前の1週間. La mayoría de los negocios cierran en S～ Santa. 商店の多くは聖週間に店を閉める.
[←[後]*septimāna*←《ラ》*septimānus* 形「7の」(*septem*「7」より派生);関連 semanal, semanario]

***se・ma・nal** [se.ma.nál] 形 週の, 1週間の;週ごとの, 毎週の. revista ～ 週刊誌.
se・ma・nal・men・te [se.ma.nál.mén.te] 副 週ごとに, 週に一度, 毎週.
***se・ma・na・rio, ria** [se.ma.ná.rjo, -.rja] 形 週の, 週ごとの. ――男 **1** 週刊誌, 週刊新聞, 週報. **2**(かみそりの刃などの)7個のセット.
se・ma・ne・o [se.ma.né.o] 男 数日間の投資回収.
se・ma・ne・ro, ra [se.ma.né.ro, -.ra] 男女 週給制の労働者, 1週間契約の労働者.
se・man・te・ma [se.man.té.ma] 男《言》意義素:単語のなかで中心の意味を表す要素.
se・mán・ti・ca・men・te [se.mán.ti.ka.mén.te] 副 意味論的に, 意味論の観点から.
***se・mán・ti・co, ca** [se.mán.ti.ko, -.ka] 形《言》意味の, 語義の;意味論の. ――女《言》意味論. *semántica léxica* 語彙意味論.
se・man・tis・ta [se.man.tís.ta] 男女《言》意味論学者.
se・ma・sio・lo・gí・a [se.ma.sjo.lo.xí.a] 女《言》語意義論:記号から出発して概念の決定に至る学問. ➔ onomasiología.
se・ma・sio・ló・gi・co, ca [se.ma.sjo.ló.xi.ko, -.ka] 形《言》語意義論の.
sem・blan・te [sem.blán.te] 男 **1** 顔つき, 相貌(ぼう);表情. ～ risueño にこやかな顔. en su ～ 面前で. **2** 様相, (ものの)局面.
alterar [*demudar*] *el semblante* 動転させる, びっくりさせる.
componer el semblante 冷静さを取り戻す.
mudar de semblante 顔色を変える;様相が一変する.
tener buen [*mal*] *semblante* 機嫌がいい[悪い].
sem・blan・te・ar [sem.blan.te.ár] 他《ラ米》(1)(ほう)(ら)(ぽう)(ら)〈人の〉顔色をうかがう. (2)(ぽう)調べる.
sem・blan・za [sem.blán.θa / -.sa] 女 略歴, 人物素描. hacer una ～ 人物像を描く.
sem・bra・de・ra [sem.bra.ðé.ra] 女《農》播種(はしゅ)機.
sem・bra・dí・o, a [sem.bra.ðí.o, -.a] 形〈畑が〉種子をまくのに適した.
sem・bra・do, da [sem.brá.ðo, -.ða] 形 **1** 種子をまいた. un terreno ～ de patatas ジャガイモを植えつけた畑. **2** ちりばめた. **3**《話》機知にとんだ. ――男 種子をまいた畑.
sem・bra・dor, do・ra [sem.bra.ðór, -.ðó.ra] 形 種子をまく. ――男 種子をまく人. ――女《農》播種(はしゅ)機.
***sem・brar** [sem.brár] 他 個 **1**〈植物などの〉種子をまく;〈場所に〉種まきをする. ～ el corral 囲い場に種子をまく. ～ maíz y frijol en el campo 畑でトウモロコシとインゲン豆の種子をまく.
2《de... / con...》(…で)〈場所を〉散らかす, (…を)〈場所に〉ばらまく, まき散らす;ちりばめる. ～ el camino *de* pétalos de flores (祝祭の行列などのために)通りに花びらをまく. Mis hijos *sembraron* la habitación *de* papeles. 私の息子たちは部屋中を紙くずだらけにした.
3…の種をまく;(言動などで)〈主に否定的な感情・状態を〉引き起こす. ～ discordia 不和の種をまく. ～ sospecha 疑念を抱かせる. Los atentados *sembraron* el terror en todo el país. テロは国じゅうを震え上がらせた.
4(将来に備えて)準備をする;築く, 基盤をつくる. Él mismo *sembró* su fortuna con su trabajo. 彼自身が働いて財産を築いた.
5〈ニュースなどを〉広める, 流布させる. ～ un rumor うわさを広める.
Quien [*El que*] *siembra, recoge* [*cosecha*].《諺》まいた者が刈り取る(努力は報われる).
Quien [*El que*] *siembra vientos recoge tempestades.*《諺》身から出たさび, 因果応報 (←風の種をまく者はあらしを刈り取る).
[←《ラ》*sēmināre* (*sēmen*「種子」より派生);関連 siembra, semilla, seminario. 〘英〙*sow*「(種を)まく」, *semen*「精液」]
sem・brí・o [sem.brí.o] 男《ラ米》種をまいた畑.

semiesférico

se·me·jan·te [se.me.xán.te]形 **1《名詞+》《ser+》《a... …に》《en... …の点で》似た, 類似の. una situación ~ a la de hace una semana 1週間前と似た状況. Esos gemelos *son* muy ~s. その双子はそっくりだ. Este pescado *es* ~ *a* la lubina *en* su [el] sabor. この魚は味がスズキに似ている.
2《多くは+名詞／名詞+》《強調》こんな, そんな, あんな. en ~s casos そんな場合に(は). ¿Quién te ha dicho ~ cosa? 誰がそんなことを君に言ったの. Nunca he visto a un tonto ~. こんなばかにはお目にかかったことがない.
3《名詞+》《数》相似の. ¿Qué tienen en común los rectángulos ~s? 相似の長方形の共通点は何ですか. **4**《ラ米》(ﾒｷｼｺ)(話) 巨大な, ばかでかい.
━男 **1**《多くは複数で》隣人；仲間, 同胞. Debemos amar a nuestros ~s. 隣人を愛すべきだ.
2 似たような人.
no tiene semejante 他には見あたらない. Para los musulmanes, Alá es todopoderoso y *no tiene* ~. イスラム教徒にとって, アッラーは全知全能で唯一のものである.

se·me·jan·te·men·te [se.me.xán.te.mén.te] 副 似たような[そっくりの]やり方で.

***se·me·jan·za** [se.me.xán.θa / -.sa] 女 **1** 似ていること, 類似 (点). tener ~ con... …と似ている. a ~ de... …に似て. Existe una ~ entre los métodos. それらの方法の間には似た点がある.
2《修辞》直喩(ﾁｮｸﾕ)(= símil). **3**《数》相似.

se·me·jar [se.me.xár] 自《+名詞 …のように》思える, 見える；《a... …に》似ている.
━ ~·se 再《a... …に》似ている；《en... …の点で》類似している. *Se semejan en* el color de los ojos. 彼らは目の色が似ている.

se·me·ma [se.mé.ma] 男《言》意義素.

se·men [sé.men] 男 **1** 精液. banco de ~ 精子銀行. **2** 種子, 精液.

se·men·tal [se.men.tál] 形 **1** 繁殖用の. un caballo ~ 種馬. **2** 種まき用の, 植えつけ用の.
━男 種畜, 繁殖用の雄；種馬.

se·men·te·ra [se.men.té.ra] 女 **1** 種まき, 播種(ﾊｼｭ)(期)；種子をまいた畑. **2**《比喩的》種, 温床.

se·men·te·ro [se.men.té.ro] 男 (播種(ﾊｼｭ)用の) 種子を入れる袋.

se·mes·tral [se.mes.trál] 形 半年の, 半年間の；半年ごとの, 年2回の.

se·mes·tral·men·te [se.mes.trál.mén.te] 副 半年ごとに, 年に2回.

***se·mes·tre** [se.més.tre] 男 **1** 半年, 6か月；(年2学期制の学校などの) 学期, セメスター. primer [segundo] ~ 前［後］期.
2 半年分の受給［支払い］. **3** 半年分の刊行物.
[←〔ラ〕*sēmēstrem* (*sēmēstris* の対格) 形「6か月の」(*sex*「6」+ *mēnsis*「月」+形容詞語尾)；関連 semestral. 〔英〕*semester*]

semi-《接頭》「半, 準」の意の造語要素. ⇒ *semicírculo*, *semidiós*, *semifinal*. [←〔ラ〕]

se·mi·a·bier·to, ta [se.mja.bjér.to, -.ta] 形 半開きの.

se·mi·a·dap·ta·do, da [se.mja.ðap.tá.ðo, -.ða] 形 一部採用の.

se·mi·bre·ve [se.mi.βré.βe] 女《音楽》全音符.

se·mi·ci·lín·dri·co, ca [se.mi.θi.lín.dri.ko, -.ka / -.si.-] 形 半円筒の.

se·mi·ci·lin·dro [se.mi.θi.lín.dro / -.si.-] 男 半円筒.

se·mi·cir·cu·lar [se.mi.θir.ku.lár / -.sir.-] 形 半円の, 半円形の.

se·mi·cír·cu·lo [se.mi.θír.ku.lo / -.sír.-] 男《数》半円, 半円形. ~ graduado 分度器.

se·mi·cir·cun·fe·ren·cia [se.mi.θir.kuɱ.fe.rén.θja / -.sir.-.sja] 女《数》半円周.

se·mi·con·duc·tor [se.mi.kon.duk.tór] 男《電》半導体, セミコンダクター.

se·mi·có·ni·co, ca [se.mi.kó.ni.ko, -.ka] 形 半錐の.

se·mi·con·ser·va [se.mi.kon.sér.βa] 女 (殺菌処理をしていない酢漬け・塩漬けなどの) 保存食.

se·mi·con·so·nan·te [se.mi.kon.so.nán.te] 形《音声》半子音の. ━女《音声》半子音：スペイン語では二重母音前半の弱母音. ⇒ *piedad*, *cuarto*.

se·mi·con·so·nán·ti·co, ca [se.mi.kon.so.nán.ti.ko, -.ka] 形《音声》半子音の.

se·mi·cor·che·a [se.mi.kor.tʃé.a] 女《音楽》16分音符.

se·mi·cór·ner [se.mi.kór.ner] 男《スポ》(サッカー) コーナー近くのファウル.

se·mi·cro·má·ti·co, ca [se.mi.kro.má.ti.ko, -.ka] 形《音楽》全音階と半音階からなる.

se·mi·cul·tis·mo [se.mi.kul.tís.mo] 男《言》半教養語：ギリシア語・ラテン語から採り入れた語の中で, 他のスペイン語に比べ, 音韻変化の過程を十分経ていない語. ⇒〔ラ〕*saeculo* から siglo「世紀」.

se·mi·cul·to, ta [se.mi.kúl.to, -.ta] 形《言》半教養語の.

se·mi·cu·pio [se.mi.kú.pjo] 男《ラ米》(ﾌﾟｴﾙﾄﾘｺ)(ｸﾞｱﾃﾏﾗ)(ｺﾛﾝﾋﾞｱ)(座浴・腰湯用の) 湯ぶね.

se·mi·cu·ra·do, da [se.mi.ku.rá.ðo, -.ða] 形〈食品が〉中期熟成の, 中熟の. queso ~ 中熟タイプのチーズ.

se·mi·des·co·no·ci·do, da [se.mi.ðes.ko.no.θí.ðo, -.ða / -.sí.-] 形 ほとんど知られていない, 無名の.

se·mi·des·cre·ma·do, da [se.mi.ðes.kre.má.ðo, -.ða] 形 低脂肪の.

se·mi·de·sér·ti·co, ca [se.mi.ðe.sér.ti.ko, -.ka] 形 ほとんど砂漠のような, 砂漠に近い.

se·mi·des·na·ta·do, da [se.mi.ðes.na.tá.ðo, -.ða] 形 低脂肪の.

se·mi·des·nu·do, da [se.mi.ðes.nú.ðo, -.ða] 形 半裸の.

se·mi·diá·me·tro [se.mi.ðjá.me.tro] 男《数》半径. ~ de un astro 天体の角半径.

se·mi·diós, dio·sa [se.mi.ðjós, -.ðjó.sa] 男女 **1**《神話》半神 (半人), 神と人間との間に生まれた子.
2 神格化された英雄；神のように崇(ｱｶﾞ)められている人.

se·mi·di·vi·no, na [se.mi.ði.βí.no, -.na] 形 半神の.

se·mi·dor·mi·do, da [se.mi.ðor.mí.ðo, -.ða] 形 うとうとしている, 半睡半醒(ﾊﾝｾｲ)の.

se·mi·dra·gón [se.mi.ðra.gón] 男《神話》半竜半人の空想上の怪物.

se·mi·e·je [se.mjé.xe] 男《数》(楕円(ﾀﾞｴﾝ)などの) 半軸.

se·mi·e·la·bo·ra·do, da [se.mje.la.βo.rá.ðo, -.ða] 形 一部加工［細工, 精製］された.

se·mi·en·te·rra·do, da [se.mjen.te.řá.ðo, -.ða] 形 半分埋まった.

se·mi·es·fe·ra [se.mjes.fé.ra] 女 半球, 半球体 (= hemisferio).

se·mi·es·fé·ri·co, ca [se.mjes.fé.ri.ko, -.ka] 形

半球の, 半球体の, 半球形の.
se・mi・es・pa・cio [se.mjes.pá.θjo / -.sjo] 男【数】半空間.

se・mi・es・qui・na [se.mjes.kí.na] 副 通りの角に近いところに.

se・mi・fi・nal [se.mi.fi.nál] 女【スポ】準決勝(戦).

se・mi・fi・na・lis・ta [se.mi.fi.na.lís.ta] 形【スポ】準決勝(戦)の;準決勝進出の.
— 男 女 準決勝出場(資格)選手.

se・mi・flós・cu・lo [se.mi.flós.ku.lo] 男【植】(キク科植物の)舌状花冠.

se・mi・flui・do, da [se.mi.flwí.ðo, -.ða] 形 半流動性の. — 男 半流動体.

se・mi・fon・do [se.mi.fón.do] 男【スポ】中距離.

se・mi・for・me [se.mi.fór.me] 形 半形成の.

se・mi・fu・sa [se.mi.fú.sa] 女【音楽】64分音符.

se・mi・gru・po [se.mi.grú.po] 男【数】半群, 準群.

se・mi・hi・lo [se.mi.í.lo] 男 混紡の布.

se・mi・hom・bre [se.mjóm.bre] 男 (物語の)小人.

se・mi・li・ber・tad [se.mi.li.ßer.táð] 女 半自由.

se・mi・lí・qui・do, da [se.mi.lí.ki.ðo, -.ða] 形 半液体状の.

☆☆se・mi・lla [se.mí.ja ‖ -.ʎa] 女 **1** 種(な), 種子; 《複数で》(小麦と大麦以外の)穀物の粒[種]. sembrar (las) ～s de… …の種をまく. sandía sin ～s 種なしスイカ. ～s de arroz 稲の種籾(な).
2 原因, 根源. sembrar la ～ de la discordia 不和の種をまく.
3 《ラ米》(1) (ジ)(製靴用の)釘(ジ), 鋲(ジ). (2) (ジ)《話》子供;《集合的》子供たち.
[← [ラ] sēmen「種子」より派生;関連 semental, sementera, simiente, sembrar. [英] semen, seed. [独] Samen]

se・mi・lle・ro [se.mi.jé.ro ‖ -.ʎé.-] 男 **1** 苗床.
2《比喩的》種, (悪)の温床. un ～ de delincuencia 犯罪の温床. **3** 種子の保存所.

se・mi・lu・nar [se.mi.lu.nár] 形 半月形の, 半月状の;月状骨の. — 男【解剖】月状骨(= hueso ～).

se・mi・ma・te・rial [se.mi.ma.te.rjál] 形 半物質的な.

se・mi・me・tal [se.mi.me.tál] 男【化】半金属.

se・mi・me・tá・li・co, ca [se.mi.me.tá.li.ko, -.ka] 形【化】半金属性の.

se・mi・nal [se.mi.nál] 形 精液の, 種子の, 種の. líquido ～ 精液. vesícula ～【解剖】精嚢.

☆se・mi・na・rio [se.mi.ná.rjo] 男 **1** 神学校 (= ～ conciliar). ～ mayor 〖カト〗大神学校. ～ menor 〖カト〗小神学校. **2** ゼミナール(室);セミナー. **3** 苗床;温床 (= semillero).

se・mi・na・ris・ta [se.mi.na.rís.ta] 男 女 **1** 神学生. **2** ゼミナールの学生;セミナー参加者.

se・mi・ní・fe・ro, ra [se.mi.ní.fe.ro, -.ra] 形 **1** 【解剖】輸精の, 精液を生じる[含む].
2 〈植物が〉種子を生じる.

se・mí・ni・ma [se.mí.ni.ma] 女【音楽】4分音符.

se・mi・ní・vo・ro, ra [se.mi.ní.ßo.ro, -.ra] 形〈生物が〉種子食の. — 男 女 種子食昆虫[動物].

se・mí・no・la [se.mí.no.la] 形 セミノール人の.
— 男 女 (北米先住民の)セミノール人.

se・mi・nó・ma・da [se.mi.nó.ma.ða] 形 一年のある期間だけ一つの場所に住む.

se・min・ter・na・do [se.min.ter.ná.ðo] 男 **1** 半寄宿制. **2** 半寄宿制の学校.

se・mi・nue・vo, va [se.mi.nwé.ßo, -.ßa] 形 新品同様の.

semio-「記号, 兆候」の意の造語要素. ⇒ semiología, semiótica. [← [ギ]]

se・mi・o・cul・to, ta [se.mjo.kúl.to, -.ta] 形 ほとんど隠れた.

se・mio・lo・gí・a [se.mjo.lo.xí.a] 女 **1** 記号学[論]. **2**【医】症候学.

se・mio・ló・gi・co, ca [se.mjo.ló.xi.ko, -.ka] 形 **1** 記号学[論]の. **2**【医】症候学の, 症候学的な.

se・mió・lo・go [se.mjó.lo.go] 男 **1** 記号学者, 記号論学者. **2**【医】症候学者.

se・mi・o・ru・ga [se.mjo.rú.ga] 男 (車輪とキャタピラの付いた)半無限軌道式車両.

se・mio・tec・nia [se.mjo.ték.nja] 女【音楽】(記譜上必要な)記号の知識.

se・mió・ti・co, ca [se.mjó.ti.ko, -.ka] 形 **1** 記号論の. **2**【医】症候学の, 症候学的な.
— 女 **1** 記号論. **2**【医】症候学.

se・mi・pe・rí・o・do [se.mi.pe.rí.o.ðo] / **se・mi・pe・rio・do** [se.mi.pe.rjó.ðo] 男【電】半周波.

se・mi・per・me・a・ble [se.mi.per.me.á.ßle] 形 半透性の.

se・mi・pe・sa・do, da [se.mi.pe.sá.ðo, -.ða] 形【スポ】(ボクシング)ライトヘビー級の.
— 男 ライトヘビー級の選手.

se・mi・pla・no [se.mi.plá.no] 男【数】半平面.

se・mi・pre・cio・so, sa [se.mi.pre.θjó.so, -.sa / -.sjó.-] 形 準宝石の, 半宝石の.

se・mi・pro・duc・to [se.mi.pro.ðúk.to] 男 半製品.

se・mi・pú・bli・co, ca [se.mi.pú.bli.ko, -.ka] 形 半官の.

se・mi・rrec・ta [se.mi.r̃ék.ta] 女【数】半直線.

se・mi・rrec・to [se.mi.r̃ék.to] 形【数】45度の. ángulo ～ 45度の角度.

se・mi・sin・té・ti・co, ca [se.mi.sin.té.ti.ko, -.ka] 形 半合成の, 半人工の.

se・mi・só・ta・no [se.mi.só.ta.no] 男 半地下室.

se・mi・su・ma [se.mi.sú.ma] 女 総計[合計]の半分, 2で割った数値.

se・mi・ta [se.mí.ta] 形 **1** セムの, セム人の. **2** ユダヤの, ユダヤ人の.
— 男 女 **1** セム人. **2** ユダヤ人.

se・mí・ti・co, ca [se.mí.ti.ko, -.ka] 形 **1** セムの, セム人の. **2** セム語派の. **3** ユダヤ人の, ユダヤの.
— 男【言】セム語派:アッカド語・ヘブライ語・アラム語・アラビア語・エチオピア語などの総称.

se・mi・tis・mo [se.mi.tís.mo] 男 **1** セム人気質;ユダヤ人気質, ユダヤ人(人)問題.
2 セム[ヘブライ]語的な表現.

se・mi・tis・ta [se.mi.tís.ta] 男 女 **1** (文学・語学・歴史などの)セム学者. **2** ユダヤ人に好意を持つ人.

se・mi・to・no [se.mi.tó.no] 男【音楽】半音. ～ cromático [menor] 半音階的半音. ～ diatónico [mayor] 全音階的半音.

se・mi・trans・pa・ren・te [se.mi.trans.pa.rén.te] 形 半透明の.

se・mi・vi・vo, va [se.mi.ßí.ßo, -.ßa] 形 虫の息の, やっと生きている.

se・mi・vo・cal [se.mi.ßo.kál] 形【音声】半母音の.
— 女【音声】半母音:スペイン語では二重母音後半の弱母音. ⇒ peine, maullar.

se・mi・vo・cá・li・co, ca [se.mi.ßo.ká.li.ko, -.ka] 形【音声】半母音の.

sé・mo・la [sé.mo.la] 女【料】(1) セモリナ, 上質小麦粉:マカロニなどの原料. (2) 粒状のスープ用パスタ;

se·mo·vien·te [se.mo.βjén.te] 形 bienes 〜s (牧畜業で資本としての)家畜.

sem·pi·ter·no, na [sem.pi.tér.no, -.na] 形 永遠の, 永久の; 相変わらずの.
— 女 〖植〗センニチソウ (= perpetua).

sen [sén] 男〖植〗センナ: 葉は煎(だ)じて下剤にする.

se·na[1] [sé.na] 女〖植〗→ sen.
se·na[2] [sé.na] 女〖遊〗サイコロの6の目; 6のぞろ目.
Se·na [sé.na] 固名 el 〜(フランスの)セーヌ川. [← 〔仏〕*Seine* ← 〔ラ〕*Séquana*]

sen (センナ)

se·na·da [se.ná.ða] 女 懐や前掛けなどに入るだけの分量.

*****se·na·do** [se.ná.ðo] 男 **1** 〖史〗(古代ローマの)元老院. **2** (議会の) **上院**; 上院議事堂. **3** 理事会, 評議会.
[← 〔ラ〕 *senātum* (*senātus* の対格); 関連 señor. 〔英〕*senate*]

se·na·do·con·sul·to [se.na.ðo.kon.súl.to] 男 (古代ローマの)元老院会の命令[決定].

*****se·na·dor, do·ra** [se.na.ðór, -.ðó.ra] 男 女
1 上院議員. ▶ 下院議員は diputado. **2** 理事, 評議員. **3** 〖史〗(古代ローマの)元老院議員.

se·na·du·rí·a [se.na.ðu.rí.a] 女 senador の職[地位, 任期].

se·na·ra [se.ná.ra] 女 使用人に特別俸給として与えられる畑(の作物); 種をまいた畑; 入会地.

se·na·rio, ria [se.ná.rjo, -.rja] 形 6個ひとまとまりの, 6つの要素からなる; 〖詩〗(古典詩の) 6脚詩の.
— 男 〖詩〗6脚詩句.

se·na·to·rial [se.na.to.rjál] / **se·na·to·rio, ria** [se.na.tó.rjo, -.rja] 形 **1** 〖史〗元老院(議員)の. **2** 上院(議員)の; 評議会[員]の.

S. en C. 《略》〖商〗*sociedad en comandita* 合資会社.

sen·ci·lla [sen.θí.ja ‖ -.ʎa / -.sí.-] 形 → sencillo.

*****sen·ci·lla·men·te** [sen.θí.ja.mén.te ‖ -.ʎa- / -.sí.-] 副 **1** 簡素に. vestir 〜 質素な装いをする.
2 簡単に, あっさりと. solucionar 〜 un problema 問題を簡単に解く.
3 単に. Lo que quiero decir es 〜 esto. 私が言いたいのは単にこういうことです.

*****sen·ci·llez** [sen.θi.jéθ ‖ -.ʎéθ / -.si.jés] 女〔複 sencilleces〕**1** 簡単, 複雑でないこと. Él resuelve sus problemas de matemáticas con asombrosa 〜. 彼は数学の問題を驚くほどすらすら解く.
2 簡素, 平易. Vistes siempre con 〜 y elegancia. 君の着こなしはいつもシンプルで優雅だね. En este libro se explica la gramática con mucha 〜. この本には文法事項がわかりやすく説明されている.
3 素朴さ, 飾り気のなさ. Todo el mundo lo ama por su 〜 y honestidad. 彼は気さくで正直なのでみんなから愛されている. **4** 純真, 無邪気.

******sen·ci·llo, lla** [sen.θí.jo, -.ja ‖ -.ʎo, -.ʎa / -.sí.-] 形 **1** (+名詞 / 名詞+)(ser+) 簡単な, 単純な (↔complicado). A simple vista el problema parece muy 〜. 一見するとその問題は造作もないように思われる. No hay cosa más *sencilla*. こんな簡単なものはない.

2 (+名詞 / 名詞+)(ser+ / estar+) 簡素な, 控えめな, あっさりした. vestido 〜 簡素な[地味な]服装. comida *sencilla* 質素な食事. altar 〜 装飾の少ない祭壇. 〜 a la par que elegante 控えめで上品な.

3 〈文体・表現などが〉**平易な**, わかりやすい. La escritura *sencilla* del autor atrae muchos lectores. その作家の平易な文体は多くの読者をひきつける.
4 飾らない, 純朴な, 気取りのない. Es un hombre 〜. 彼は気さくな人だ. *Versos* 〜s『素朴な詩』(Martí の詩編). **5** 純真な, 単純な. **6** 単一の (ものからなる); 〖植〗単弁の. hilo 〜 一重の糸. billete 〜 片道切符. **7** ひとり用の (= individual). habitación *sencilla* (ホテルなどの) シングルルーム. **8** 薄手の, 細めの. chaqueta fabricada de una tela *sencilla* 薄手の布でできた上着. **9** 平凡な, 並の.
— 男 **1** (レコード・CDなどの) シングル盤 (= disco 〜). Su primer 〜 ha vendido ya más de 500.000 copias. 彼[彼女]のデビューシングルはすでに 50万枚を売っている.
2 《ラ米》小銭, ばら銭 (=suelto). No llevo 〜 conmigo, ¿me prestas 50 centavos? いま小銭持ってないんだ, 50センターボ貸してもらえるかな.
[← 《俗ラ》 *singellus* ([ラ] *singulus*「単一の」+ 縮小辞); 関連 sencillez, singular. 〔英〕*single*]

*****sen·da** [sén.da] 女 **1** 小道.
2 (比喩的)道, 方法, 進路. tomar la mala 〜 道を誤る. **3** 《ラ米》《ラプ》の車線.

sen·de·ris·mo [sen.de.rís.mo] 男 山歩き, ハイキング, トレッキング.

sen·de·ris·ta [sen.de.rís.ta] 共 **1** 山歩きする人, ハイカー, トレッカー.
2 《ラ米》(ペルー)Sendero Luminoso のメンバー.

*****sen·de·ro** [sen.dé.ro] 男 → senda **1**, **2**.
Sendero Luminoso センデロ・ルミノソ, 輝く道: ペルーのゲリラ組織. → guerrilla.

sen·do, da [sén.do, -.da] 形 《ラ米》《ラプ》《話》重要な.

sen·dos, das [sén.dos, -.das] 形 《複数形》それぞれの, めいめいの, 一つずつの. Los niños recibieron 〜 regalos. 子供たちはめいめい1個ずつ贈り物をもらった. Les dio 〜 golpes. 彼[彼女]はやつらに1発ずつ見舞った.

sé·ne·ca [sé.ne.ka] 男 知識のある人. ◆ローマの哲学者 Séneca から.

Sé·ne·ca [sé.ne.ka] 固名 セネカ Lucio Anneo 〜 (前4?-後65): スペイン生まれのローマの哲学者.

se·nec·tud [se.nek.túð] 女 老年, 老齢(期), 老境 (↔juventud).

Se·ne·gal [se.ne.gál] 固名 セネガル: アフリカ西部の共和国. 首都 Dakar. [← 〔仏〕*Sénégal*]

se·ne·ga·lés, le·sa [se.ne.ga.lés, -.lé.sa] 形 セネガルの, セネガル人の. — 男 女 セネガル人.

se·ne·quis·mo [se.ne.kís.mo] 男 **1** セネカ哲学. **2** セネカ主義.

se·ne·quis·ta [se.ne.kís.ta] 形 セネカの, セネカ哲学の; セネカ主義の. — 男 女 セネカ主義の人.

se·nes·cal [se.nes.kál] 男 (中世の王室の)執事, 家令, 重臣.

se·nes·ca·la·do [se.nes.ka.lá.ðo] 男 (中世軍の)家事, 重臣の管轄地.

se·nes·ca·lí·a [se.nes.ka.lí.a] 女 (中世軍の)執事, 重臣の職[権職].

se·nes·cen·cia [se.nes.θén.θja / -.sén.sja] 女 老化(現象), 老い, 老衰.

se·nes·cen·te [se.nes.θén.te / -.sén.-] 形 老化の始まった, 老衰の.

se·nil [se.níl] 形 老齢による, 老人(性)の; もうろくした. demencia ～ 老年性認知症.

se·ni·li·dad [se.ni.li.ðáð] 女 老齢化, 老衰, 老化(現象); もうろく.

sé·nior [sé.njor] 形 **1** 年上の, 年長の. J. Pérez ～（同名の父子を区別して）父のJ.ペレス. **2**〖スポ〗シニアクラスの. ── 男 女 **1** 年長者, 年上(の人). **2**〖スポ〗シニアの選手：ジュニア junior とベテラン veterano の中間.

***se·no** [sé.no] 男 **1**（女性の）胸, 乳房. alimentación al ～ materno（母乳による）授乳, 母乳育児. cirugía de aumento de ～s 豊胸手術.
2（衣服の）胸元, 懐. Sacó un abanico de su ～. 彼[彼女]は胸元から扇を取り出した.
3 内部, 奥深い所；安らぐことのできる場所. el ～ de Abraham〖聖〗アブラハムの懐(ふところ), 天国〈ルカ 16:22〉. el ～ de Dios〖カト〗神の懐, 天国. El descontento aumentó día a día en el ～ de la sociedad. 社会の中で日に日に不満が募っていった. La familia recogió amorosamente al hijo pródigo en su ～. 家族は放蕩(ほうとう)息子を温かくその懐に迎え入れた.
4 くぼみ, 空洞. ～ de un fregadero 流しの水槽.
5 子宮（= matriz）. ～ materno；胎内, 母胎. José fue a Belén con María, que llevaba en su ～ a Jesucristo. ヨセフはイエスを身ごもっていたマリアを連れてベツレヘムに向かった.
6〖解剖〗（体の）洞(どう). ～ frontal 前頭洞. ～ maxilar 上顎(じょうがく)洞. ～(s) paranasal(es) 副鼻腔(くう). **7**〖数〗（三角関数の）正弦, サイン（略 sen.）. ～ de un ángulo 角の正弦. **8**〖地理〗入り江, 湾. **9**〖海〗（風による帆の）膨らみ,（ロープの）弛み；波の谷. **10**〖建〗三角小間：連続したアーチの外輪に挟まれた部分.
[←［中ラ］*sinum*（*sinus* の対格）（「曲がりくねり, くぼみ」が原義）]〖関連〗ensenar, sinuoso, insinuar.［英］*sinus*〖解剖〗洞, *sinuous*「曲がりくねった」.

****sen·sa·ción** [sen.sa.θjón / -.sjón] 女 **1** 感覚, 知覚（= sentido）. ～ auditiva 聴覚. ～ gustativa 味覚. ～ olfativa 嗅覚. ～ táctil 触覚. ～ visual 視覚. ～ de hambre 空腹感. ～ de dolor 痛み, 痛覚.
2（漠然とした）感じ. ～ agradable 快感. Ver su cara me causó una ～ extraña. 彼[彼女]の顔を見て私は奇妙な気分になった. Me da la ～ de estar volando. 飛んでいるような感じがする.
3 印象；予感. Tengo la ～ de que lo he visto antes. 前に彼と会ったことがあるような気がする. Caminaba con la ～ de que alguien me seguía. 歩きながら, 誰かにつけられているような気がしていた.
4《話》感動, 驚き, センセーション. Esa pareja ha sido la ～ de esta noche. あのカップルが今夜の注目の的だった. Su nueva película produjo [causó] ～. 彼[彼女]の新作映画はセンセーションを引き起こした.
[←［中ラ］*sēnsātiōnem*（*sēnsātiō* の対格；[ラ] *sēnsātus*,「理性にかなった」より派生）]〖関連〗sensacional, sentir.［英］*sensation*]

***sen·sa·cio·nal** [sen.sa.θjo.nál / -.sjo.-] 形 **1** センセーショナルな, 大評判の；扇情的な；心を揺さぶる. una victoria ～ あっと言わせる勝利. **2** すばらしい, すごく的.

sen·sa·cio·na·lis·mo [sen.sa.θjo.na.lís.mo / -.sjo.-] 男 扇情主義；扇情的な題材.〖哲〗〖心〗感覚論.

sen·sa·cio·na·lis·ta [sen.sa.θjo.na.lís.ta / -.sjo.-] 形 **1** 扇情主義の, 大向こうをねらった. **2**〖哲〗〖心〗感覚論の.
── 男 女 **1** 扇情主義者. **2**〖哲〗〖心〗感覚論者.

sen·sa·cio·nal·men·te [sen.sa.θjo.nál.mén.te / -.sjo.-] 副 **1** センセーショナルに, 扇情的に；すばらしく. **2** 扇情主義者のように. **3** 極めて, 非常に.

***sen·sa·tez** [sen.sa.téθ / -.tés] 女[複 sensateces] 良識, 思慮分別, 賢明さ.

***sen·sa·to, ta** [sen.sá.to, -.ta] 形 良識のある, 思慮分別のある, 賢明な. palabras *sensatas* 理にかなった慎重な言葉遣い. persona *sensata* 分別ある人.

***sen·si·bi·li·dad** [sen.si.βi.li.ðáð] 女 **1** 感受性, 感性；敏感(さ), 感じやすさ. ～ afectiva 情緒. ～ artística 芸術的感性［美的感覚］. ～ para la música 音楽に対する感性. Tiene mucha [poca] ～. 彼[彼女]は感受性が豊かだ[に欠ける].
2 感覚, 知覚. ～ al frío [calor] 寒さ[暑さ]に対する感覚. **3**（機械の）感度, 精度；（フィルムなどの）感光度. ～ de una balanza はかりの精度.

sen·si·bi·li·za·ción [sen.si.βi.li.θa.θjón / -.sa.sjón] 女 **1**〖写〗（フィルムなどに）感光性を与えること. aumento de la ～ 増感. **2**〖医〗感作(かんさ)；感じやすくすること. **3** 感(受)性を与えること.

sen·si·bi·li·za·do, da [sen.si.βi.li.θá.ðo, -.ða / -.sá.-] 形 敏感な,（問題などを）意識した.

***sen·si·bi·li·zar** [sen.si.βi.li.θár / -.sár] 97 他 **1** 敏感にする, 感じやすくさせる；感(受)性を与える. ～ a la opinión pública 世論を喚起する. **2**〖写〗〈フィルムなどに〉感光性を与える, 感度を増大させる. **3**〖医〗感作(かんさ)する, 感受性の状態にする.

***sen·si·ble** [sen.sí.βle] 形 **1**《a... …に》敏感な, 過敏な, 弱い（= delicado）. piel ～ 敏感(な)肌. ～ a la crítica 批評を気にする, 批判に弱い. El mercado de valores es ～ a la situación política internacional. 株式市場は国際政情に敏感である. Mi novia es muy ～ al frío. 私の恋人は寒さにからっきし弱い.
2《ser+ / estar+》感受性が豊かな, 繊細な；思いやりのある. corazón ～ 情にもろい[優しい]心. Eres ～ a la música. 君は音楽に対する感性をもっている. El chico *es* muy ～ y llora por cualquier cosa. その少年はとても多感で, なにかにつけ泣いてしまう.
3 知覚(能力)を備えた（= sensitivo）. seres ～s 知覚生物.
4 知覚可能な, 感覚で捉えられる. mundo ～ 知覚世界. experiencia ～ 感覚経験. El alma no es algo ～. 魂は知覚できるものではない.
5 はっきりとわかる, 著しい. ～ subida de precios 著しい物価の上昇. No hay diferencia ～ de calidad entre los dos modelos. 2つのモデルの間に際立った質の違いはない. Su muerte es una ～ pérdida para la literatura mundial. 彼[彼女]の死は世界文学にとって大きな損失である.
6〈機器などが〉高精度の, 高感度の；〖写〗感光性の. balanza ～ 高精度秤[体重計]. cámara digital ～ 高感度デジタルカメラ. placa ～ 感光版. papel ～ 感光紙. Cuanto más ～ es la película, más grueso es el grano. フィルムの感度が高ければ高いほど粒子は粗くなる.
7〖音楽〗導音の. tono [nota] ～ 導音（▶通常は全音階の第七音を指す）. **8** 残念な, 痛ましい, 嘆かわしい. Es ～ que+接続法 …なのは残念だ.

sen·si·ble·men·te [sen.si.ble.mén.te] 副 **1** 痛く,苦痛をもって. **2** かなり, 顕著に.

sen·si·ble·rí·a [sen.si.ble.rí.a] 女 《軽蔑》 涙もろさ, 感傷癖味.

sen·si·ble·ro, ra [sen.si.blé.ro, -.ra] 形 《軽蔑》 ひどく感傷的な, 涙もろい.

sen·sis·mo [sen.sís.mo] 男 → sensualismo.

*****sen·si·ti·vo, va** [sen.si.tí.βo, -.βa] 形 **1** 感じやすい, 敏感な. **2** 感覚を刺激する. **3** 感覚の, 感覚を備えた. órgano ~ 感覚器官. tacto ~ 触覚. facultad sensitiva 感覚機能.
— 女 《植》 オジギソウ (= mimosa).

sen·sor [sen.sór] 男 《IT》 センサー, 感知装置.

sen·so·rial [sen.so.rjál] 形 感覚(上)の, 知覚(上)の; 感覚器官に関する.

sen·so·rio, ria [sen.só.rjo, -.rja] 形 感覚の, 知覚に関する; 感覚器官の. órganos ~s 感覚器官.
— 男 感覚(器官).

*****sen·sual** [sen.swál] 形 **1** 官能的な, 肉感的な; みだらな, 好色な. **2** (肉体的) 感覚の.

sen·sua·li·dad [sen.swa.li.ðáð] 女 官能性, 肉感性, 好色.

sen·sua·lis·mo [sen.swa.lís.mo] 男 **1** 官能[肉欲]主義, 肉感主義, 好色; 官能[肉感]性.
 2 《哲》 感覚論.

sen·sua·lis·ta [sen.swa.lís.ta] 形 官能[肉感]主義の, 快楽にふける; 好色な.
— 男 女 官能[肉感]主義者, 快楽主義者; 好色家.

sen·sual·men·te [sen.swál.mén.te] 副 官能的に.

sen·ta·da [sen.tá.ða] 女 **1** 腰掛けている時間. Tuve una ~ de dos horas con él. 私は彼と2時間ひざを交えて語り合った. **2** (抗議のための) 座り込み; 座り込みストライキ. Los estudiantes hicieron una ~. 学生たちは座り込みに打って出た. **3** 《ラ米》(手綱を引いて) 馬を止めること, 急停止. de [en] una sentada 《話》一気呵成(かせい)に. Se leyó el informe presidencial de una ~. 大統領教書は一気に読み上げられた.

sen·ta·de·ra [sen.ta.ðé.ra] 女 《ラ米》(いすなどの) 座, 座部.

sen·ta·de·ro [sen.ta.ðé.ro] 男 腰掛けるのに適した石[木材, 敷など].

sen·ta·di·lla [sen.ta.ðí.ja | -.ʎa] 女 足の屈伸運動.

*****sen·ta·do, da** [sen.tá.ðo, -.ða] 形 **1** 座った, 腰掛けた. permanecer ~ 居座る. Estaba ~ a mi izquierda. 彼は私の左側に座っていた.
 2 思慮深い, 慎重な; 沈着な, 落ち着いた. actuar de una forma sentada 分別ある行動を取る.
 3 《植》 無柄の.
dar por sentado... ...を当然のこととする, 決めてかかる. Dio por ~ que todos conocíamos ese asunto. 我々全員がそのことを心得ているものと思って[彼女]は決めてかかっていた.
dejar... sentado ...をきちんと定めておく.

sen·ta·dor, do·ra [sen.ta.ðór, -.ðó.ra] 形 《ラ米》《話》 (服装が) 〈衣服が〉似合う, よく合う. **(2)** 《ラ米》〈食事・休息が〉体にいい.

sen·ta·du·ra [sen.ta.ðú.ra] 女 (床ずれ・靴ずれのような) すり傷; (果物の) 傷.

sen·ta·mien·to [sen.ta.mjén.to] 男 《建》(建造物の自重による) 沈降, 沈下, 沈み.

*****sen·tar** [sen.tár] 8 他 **1** 〈人を〉座らせる, 着席させる. Nos sentaron a la misma mesa. 私たちは同じテーブルに座らされた.
 2 設置する, 据えつける; 定着させる. ~ la viga 梁(はり)を入れる. ~ el campamento キャンプをする. ~ una costura con la plancha 縫い目をアイロンでならす. **3** (土台を) 築く. Sentó las bases de una nueva era. 彼[彼女]は新しい時代の礎を築いた.
 4 《ラ米》**(1)** 〈うまやぎ〉(うま)を急停止させる.
 (2) 《ラ米》《話》 やっつける, 黙らせる.

— 自 **1** 《話》 (sentarle (a+人) 〈人〉に) 《+bien [mal] などの副詞およびその相当語句》〈食べ物などが〉(体質に) 合う[合わない]; 〈衣服が〉似合う [似合わない]. ~le como anillo al dedo (a+人) 〈人〉にぴったり合う. Esta medicina no me sentó nada bien. この薬は全然私に合わなかった. Este color te va a ~ bien. この色は君に合うよ.
 2 《話》 (sentarle (a+人) 〈人〉に) 《+bien [mal] などの副詞およびその相当語句》気に入られる [気に入られない]. Aquellas palabras no nos sentaron nada bien. あの言葉を私たちは全く気に入らなかった. ▶ 主語に不定詞や que+ 接続法が現れることがある. —Me sienta como un tiro trabajar hasta tan tarde. こんなに遅くまで働くなんて私は本当に嫌だ. Le sentaba muy mal que yo estuviera allí mucho tiempo. 私がそこに長居していることが彼[彼女]は気に入らなかった.
 3 …が安定する, すわりがいい. ▶ bien, mal またその相当語句を伴う場合がある.
 4 (ことが) おさまる, 安定する. **5** 沈殿する.

—~·se 再 **1** 座る. ~se a la mesa 食卓につく. Me senté en el sofá. 私はソファーに座った.
 2 〈人が〉落ち着く, 定住する; 〈天候などが〉収まる, 安定する. **3** 沈殿する. **4** 《スペイン》 (a+人 〈人〉に) 跡[傷]が残る.
[←[ラ] *sedentare「座る」([ラ] sedēre「座る」の現在分詞 sedēns より派生); 関連 asentar, asiento, sede. [英] sit「座る」, seat「席」]

*****sen·ten·cia** [sen.tén.θja / -.sja] 女 **1** 判決 (文), (判決の) 宣告. dictar [pronunciar] una ~ 判決を下す. cumplir una ~ 刑に服する. ~ definitiva 最終審判決. visto para ~ 結審した. ~ firme 確定判決. ~ de muerte 死刑宣告. El juez dictó para el reo una ~ de 5 años de cárcel. 裁判官は被告に懲役5年の判決を言い渡した. En la Corte Suprema se ha revocado la ~. 最高裁で判決が覆(くつがえ)った.
 2 格言, 警句; 名言. dichos y ~s 諺(ことわざ)・箴言(しんげん)集. ¿De quién es la ~: "La literatura fantástica es una rama de la metafísica."? 「幻想文学は形而上学の一部門だ」というのは誰の名言だったっけ. → aforismo 類語.
 3 《文法》 文; センテンス (= oración).
 4 裁定; 結論, (最終的な) 判断, 決断. dictar la ~ 結論を下す.

*****sen·ten·ciar** [sen.ten.θjár / -.sjár] 82 他 **1** 《a...の》判決を下す, 刑を宣告する. ~ a 20 años de cárcel 禁固20年の刑を申し渡す.
 2 裁定する, 裁決を下す. **3** 〈格言を〉言う. **4** 決定づける. **5** はっきりと言う, 確信する. **6** 《ラ米》…への復讐(ふくしゅう)を誓う, 脅迫する.
— 自 失敗する運命にある.

sen·ten·ción [sen.ten.θjón / -.sjón] 男 《話》 厳し

すぎる判決,厳罰.[sentencia＋増大辞]

sen·ten·cio·sa·men·te [sen.ten.θjó.sa.mén.te / -.sjó.-] 副 もったいをつけて;格言ふうに.

sen·ten·cio·so, sa [sen.ten.θjó.so, -.sa / -.sjó.-] 形 格言を含む,名言ふうの;もったいぶった;押しつけがましい. con aire ～ もったいぶった態度で.

sen·ti·da·men·te [sen.tí.ða.men.te] 副 心から,真心を込めて.

＊＊sen·ti·do [sen.tí.ðo] 男 **1** 意味. palabra de doble ～ 二重の意味をもつ言葉;裏の意味もある語. ～ figurado 比喩的な意味. ～ literal 文字どおりの意味. ～ original 本来の意味. en cierto [este] ～ ある[この]意味で. en el amplio ～ de la palabra 広い意味で,広義では. en tal ～ そのような意味において. en un ～ restringido [estricto] 狭い意味で. dar ～ torcido a... …を曲解する. tomar [interpretar]... en buen ～ …をよく解釈する. Esta frase tiene varios ～s. この文にはいくつかの意味がある.
2 意義. ～ social 社会的意義. Esto no tiene ～. こんなことは意味がない. No le encuentro ～ alguno. 私はそれに何ら意義を見いだせない.
3 感覚,知覚;センス. aguzar el ～ 耳を澄ます. tener un buen ～ del ritmo リズム感があい. ～ de la vista 視覚. ～ del equilibrio 平衡感覚. ～ del olfato 嗅覚. ～ del tacto 触覚. ～ de la orientación 方向感覚. ～ del oído / auditivo 聴覚. sexto ～ 第六感. ～ del humor ユーモアのセンス.
4 意識;正気. dejar a＋用 sin ～ 〈人〉を失神させる. embargar los ～s 魅了する. perder el ～ 気を失う. recobrar el ～ 正気[平常心]を取り戻す.
5 方向. en ～ contrario 反対方向に. en ～ paralelo a... …と並行して. calle de ～ único 一方通行の通り. cambio de ～ Uターン,方向転換.
6 判断力,思慮. buen ～ / ～ común 常識,良識.
7 感動,共感. Encontré la película con mucho ～. 私はその映画を見てとても感動した.
8 《ラ米》《(＊塩)》《(ラ米)》耳.
con los cinco sentidos 熱心に,一生懸命に.
en todos los sentidos あらゆる意味で;四方八方に.
estar en sus cinco sentidos 正気である.
poner sus cinco sentidos en... 《話》…に没頭する,熱中する.
sin sentido 無意味な;意味もなく;意識を失って.
un sentido 《話》莫大(ばくだい)な額,巨費. costar *un* ～ 非常に高くつく.

sen·ti·do, da [sen.tí.ðo, -.ða] 形 《ラ米》《(ブエルトリコ)》《(キューバ)》聴覚の鋭い.

*sen·ti·men·tal [sen.ti.men.tál] 形 **1** 〈人が〉感傷的な,情にもろい;センチメンタルな. Alberto lloró con la película; no creía que fuera tan ～. アルベルトはその映画で泣いたんだ,あんなに感傷的な男だとは思わなかったよ. No te pongas tan ～. そんなに感傷的になるなよ.
2 〈言葉・作品などが〉涙を誘う,情[感情]に訴えかけた,情のこもった. canciones ～es センチメンタルな[お涙ちょうだいの]歌.
3 恋愛の;感情の,感情的な. carta ～ ラブレター. relación ～ 恋愛関係. compañero [compañera] ～ 恋人;内縁の夫[妻],愛人. educación ～ 感情[情緒]教育. novela ～ 感傷小説.
—— 男 女 感傷的な人,情にもろい人.

sen·ti·men·ta·lis·mo [sen.ti.men.ta.lís.mo] 男 感傷趣味[主義];感情[感傷]的な言動[傾向];涙もろさ.

sen·ti·men·tal·men·te [sen.ti.men.tál.mén.te] 副 **1** 感傷[感情]的に. **2** 気持ちとして. **3** 感情では.

sen·ti·men·ta·loi·de [sen.ti.men.ta.lói.ðe] 形 《軽蔑》感傷[感情]的な,涙もろい,センチメンタルな.
—— 男 女 《軽蔑》感傷家,感傷的な人,涙もろい人.

sen·ti·men·te·ro, ra [sen.ti.men.té.ro, -.ra] 形 《ラ米》《(プエルトリコ)》➡ sensiblero.

＊＊sen·ti·mien·to [sen.ti.mjén.to] 男 **1** 感情;気持ち. ～ de alegría うれしさ[喜び]の感情. Recitó un poema con mucho ～. 彼[彼女]は感情たっぷりに一編の詩を読んだ. Ocultas [Disimulas] tus ～s. 君は感情を出さない. Has herido mis ～s. あなたは私の気持ちを傷つけた. No sé expresar mis ～. この気持ちをうまく表せません.
2 (理性や知性に対する)感情. Lo he dicho llevado por los ～s sin pensarlo bien. 僕はよく考えもせず感情に流されてあんなことを言ってしまった.
3 《主に複数で》優しさ,人間らしい気持ち. buenos ～s 思いやり,優しさ. malos ～s 悪意. No tiene ningún ～. 彼[彼女]には血も涙もない.
4 《主に複数で》愛情. Ojalá que le pueda comunicar [confesar] mis ～s. この想いを彼[彼女]に伝えられたらなあ.
5 悲しみ,哀悼;遺憾. con mi mayor ～ きわめて遺憾ながら. Les acompañamos en el ～ (por la muerte de su madre). (ご母堂のご逝去を悼み)心からお悔やみ申し上げます.
6 自覚,意識. ～ de culpa [culpabilidad] 罪悪感. ～ de responsabilidad 責任感.

sen·ti·na [sen.tí.na] 女 **1** 《海》ビルジ:船底の湾曲部. bombas de ～ 船底にたまる汚水をくむポンプ.
2 汚水だめ,不潔な場所. **3** 悪の巣. ～ de vicios 悪の温床.

＊＊sen·tir [sen.tír] 27 他 **1** (五感で)感じる,知覚する. ¿No *sientes* mal olor? 変なにおいがしませんか. No *sentía* los pies del frío que hacía. (私は)寒くて足の感覚がまひしていた.
2 《por... に》〈感情を〉抱く. ～ interés *por*... …に興味を抱く. ～ respeto *por*... …を尊敬する. *Siento* lástima *por* ellos. 私は彼らをかわいそうに思います.
3 〈意見を〉持つ,思う;《que＋直説法 …だと》思う;感知する,気づく. *Siente* la necesidad de descansar. 彼[彼女]は休む必要があると感じている. *Siento* que lo *ha hecho* a propósito. 私は彼[彼女]がそれをわざとやったと思います.
4 すまなく思う,遺憾に思う;《＋不定詞 / que＋接続法 …することを》残念に思う. Lo *siento* (mucho). (本当に)すみません,ごめんなさい. *Sentimos* mucho su muerte. 私たちは彼[彼女]の死が残念でならない. *Siento haber*le hecho esperar. お待たせしてすみません. *Siento* mucho *que te vayas* tan pronto. 君がそんなに早く帰ってしまうとは残念です.
5 《話》聞く,聞こえる(＝oír).
6 (音楽・詩などを)味わう,…に感動する.
—— ～**se** 再 **1** 《＋副詞・形容詞・名詞およびその相当語句》…だと感じる,思う. ～*se* bien [*mal*] 気分がよい[悪い]. ～*se* de menos 引け目を感じる. ¿Cómo *te sientes*? 気分はどうだい. *Se sintió* a gusto con sus amigos. 彼[彼女]は友達と一緒でご機嫌だった.

2 《de... ...に》痛みを感じる. Desde hace tiempo *me siento de* la cadera. ちょっと前から私は腰が痛い. **3** 《por... ...で》気分を害する, 腹を立てる.
── 男 意見；感情. ～ popular 世論, 民意. en mi ～ 私が思うに.
dar que sentir 《人+人》《人》を不愉快にする.
dejarse sentir 〈感覚·感情が〉人目を引く, 目立つ.
sin sentir 気づかぬうちに；難なく, あっという間に.
[←〔ラ〕*sentire*] 〔関連〕sentido, sentimiento, sentimental, sensitivo, sensual, asentir. 〔英〕*sentiment(al)*「感情(的), 感傷(的)」]

sen·tón [sen.tón] 男 〔ラ米〕 (1) (メヒ)(プエ)ぐいっと手綱を引くこと, 〈馬の〉急停止. (2) (プエ)(ドミ)尻(も)もち.

seny [sé.ɲi / séɲ] 〔カタルーニャ〕男 常識, 良識.
se·ny·e·ra [se.ɲé.ra] 〔カタルーニャ〕女 (スペインCataluña の)州旗.

***se·ña** [sé.ɲa] 女 **1**《主に複数で》身ぶり, ジェスチャー, サイン. hablar por ～*s* 身ぶり手ぶりで［手話を使って］話す. Me hizo ～*s* para que me acercara. 彼［彼女］は私にこちらへ来いと合図した. Con una ～ les pidió que esperaran. 彼［彼女］は彼らに身ぶりで待ってくれと頼んだ.
2《複数で》住所 (=dirección). Dame tus ～*s*, que te envío las fotos. 住所を教えてよ, 写真を送るから.
3《主に複数で》〈人·ものの〉特徴. ～*s* personales 身体的特徴, 人相. Por las ～*s* que me dieron sospechaba que se trataba de ti. 彼らの言った特徴から察するに, 君のことじゃないかと思っていたよ.
4 しるし, マーク, チェック. hacer una ～ しるしをつける. La ～ del ejército de Jaime I eran cuatro barras de sangre sobre fondo amarillo. ジャウマ［ハイメ］1世軍の旗印は黄色地に四本の血色の線だった. → signo 〔類語〕. **5** 〔ラ米〕(1) (ラ)前金, 頭金 (=señal). (2) (ア)(ラ)耳印；家畜の耳につけて持ち主を示す. **6**〔軍〕合言葉 (=santo y ～).
Las señas son mortales. 疑う余地がない, 明々白々である.
para [por] más señas さらに詳しく言うと, 加えて言えば.
[←〔ラ〕*signa* (*signum*「印, しるし」の複数形); 〔関連〕señal, señalar, enseñar. 〔英〕*sign, signal*]

***se·ñal** [se.ɲál] 女 **1** (目に見えないものの)表れ, しるし, 証拠, 徴候. La aspereza de la piel es una ～ de cansancio. 肌荒れは疲労の表れだ. Se busca en este proyecto ～*es* de vida extraterrestre inteligente. この計画では地球外知的生物の存在を示すものを探索している. Es una buena ～ que duerma bien. よく眠れるのはいい徴候です. Los truenos son una clara ～ de tormenta. 雷ははっきりとしたあらしの前兆だ. → signo 〔類語〕.
2 標識, 信号；符号. ～(*es*) de tráfico [circulación] 交通標識, 道路標識. ～ de prohibido estacionar 駐車禁止の標識. ～ de socorro 遭難信号, 救助信号. ～ horaria 時報. ～ de humo のろし.
3 跡, 痕跡. No había ninguna ～ de violencia en la habitación. 部屋には争った形跡はなかった.
4 合図, 号令. A la ～ de salida empezaron a correr a toda velocidad. スタートの合図と同時に彼らは全速力で走りはじめた.
5 身ぶり, ジェスチャー, サイン. Hice una ～ afirmativa con la cabeza. 私はうなずいて同意した. La profesora me hizo una ～ para que continuara. 先生は私に続けるよう身ぶりをした.
6 手付け金, 内金；頭金 (=depósito). Para reservar una habitación hay que dejar [pagar] una ～ de un 20% del precio. お部屋の予約には料金の20パーセントを前払いしていただきます.
7 〔通信〕信号音；電波, 音波. ～ de ocupado [comunicando] 話し中の音. ～ para marcar 発信音. Por favor, deje su mensaje después de la ～. 発信音の後にメッセージをどうぞ. Este teléfono no funciona, no da ～. この電話は壊れている, 音がしないんだ. Como vivo en una casa rodeada de edificios muy altos, la ～ de la radio es muy débil. 高いビルに囲まれた家に住んでいるのでラジオの電波が微弱なのです.
8 傷跡, あざ；(表面に付いた)傷 (▶ 特に特徴的なものを言う). Él tenía una ～ de cuchillada en la mejilla izquierda. 彼の左ほおにはナイフの刺し傷が残っていた. **9** 目印, 印, マーク. Voy a poner ～*es* en el plano. 地図に印を付けていこう.
código de señales 〔海〕国際旗信号, 国際信号書.
dar señales de... ...の(徴候)を示す. Su cara *da* ～*es de* tristeza. 彼［彼女］の顔には悲しみがにじみ出ている.
dar señales de vida 生存していることを示す, 連絡をよこす. Hace dos meses que no *da* ～*es de vida*. 彼［彼女］はもう2か月も音信不通だ.
en señal de... ...の証拠として；...を表すために. Guardaron un minuto de silencio en ～ de duelo por la víctima. 彼らは被害者の死を悼んで1分間の黙禱(とく)を捧げた. La voy a invitar a una cena *en* ～ *de* agradecimiento. 感謝のしるしに夕食に御招待します.
ni señal(es) 〔まれ〕全く(...ない), 影も形もない.
señal de la cruz 〔カト〕十字架のしるし (♦通常は指を合わせて額·みぞおち·左肩·右肩へと動かして作る十字架の象徴. しばしば祈りの言葉 "En el nombre del Padre y del Hijo y del Espíritu Santo" 「父と子と聖霊のみ名によって」を伴う). Él hace *la* ～ *de la cruz* al pasar por la iglesia. 彼は教会の前を通るとき十字を切る.
señal de tronca 所有者を示すために家畜の耳を切ってつける印.

se·ña·la [se.ɲá.la] 女 〔ラ米〕(ア)(家畜の)耳印.
se·ña·la·da·men·te [se.ɲa.lá.ða.mén.te] 副 **1** 特に. **2** 目立って, はっきりと, 顕著に.
***se·ña·la·do, da** [se.ɲa.lá.ðo, -.ða] 形 **1** 印の付いた；マークされた. ～ con asterisco 星印の付いた. ～ como un agitador peligroso 危険分子としてマークされた.
2 傑出した, 卓越した；名うての. un ～ autor 著名な作家. **3** 目立った, はっきりした, 顕著な. una ausencia *señalada* 人目を引く欠席. **4** 格別な, 特別の, 異例の. un ～ favor 格別の配慮. un día ～ 特別の日. **5** 指定された, 指示された. en la fecha *señalada* 指定の日時に. **6** 傷跡の残る, 傷のある. El accidente le ha dejado ～ para toda la vida. 彼はその事故で一生残る傷を負った.
se·ña·la·mien·to [se.ɲa.la.mjén.to] 男 **1** 指示；指定；取り決め.
2 〔法〕(裁判·訴訟の)日取りの指定.

****se·ña·lar** [se.ɲa.lár] 他 **1** ...に印をつける, マークをつける. Vamos a ～ las cajas con etiquetas. ラベルで箱に印をつけましょう. Lee el siguiente texto y *señala* los errores en rojo. 次のテキストを読んで間違いに赤で印をつけよ.

señalero

2 指差す. *Señaló* un cuadro en la pared. 彼[彼女]は壁の絵を指差した.
3《a＋人（人)に》示す, 指摘する；《que＋直説法…であることを》指摘する. *Señala* tres puntos importantes. 重要な点を3つ指摘しなさい. *¿Me puedes* ～ *dónde se encuentra este libro?* この本がどこにあるか教えてくれませんか.
4 …の兆しである；特徴づける. Este clima *señala* la proximidad del otoño. この天候で秋が近くなっていることがうかがえる.
5〈数値を〉示す. El termómetro *señalaba* treinta grados. 温度計は30度を指していた.
6〈価値・日程などを〉決定する. Ahora queremos ～ el día y la hora de la entrevista. 私たちはこれから会見の日時を決定したい.
7《para... …に／como... …として》指名する. La *señalaron como* candidata. 彼女は候補者のひとりに指名された. **8**〈人(の体・もの）に〉傷を残す, (人の名誉を）傷つける；〈家畜に〉焼き印を押す. **9**《ラ米》(汚)(ぽう)《農》〈家畜の〉耳に印をつける.
—(自) 指摘する. como *señala* el informe 報告書が指摘するように.
— ～·se (再) **1**（自分の体に）傷を残す.
2《por... …で／como... …として》目立つ, 抜きん出ている. *Se ha señalado por* su generosidad. 彼[彼女]はその寛大さが目立った. Es muy modesta y no le gusta ～*se*. 彼女はとても控えめで目立つのは好きではない.

se·ña·le·ro [se.ɲa.lé.ro] (男)《ラ米》(1)（汽船の）信号手. (2)（汽車）車のウインカー.
se·ña·li·za·ción [se.ɲa.li.θa.θjón / -.sa.sjón] (女)
1 交通標識[信号機]の設置. **2** 交通標識の体系；信号法；（道路・鉄道の)信号システム.
se·ña·li·zar [se.ɲa.li.θár / -.sár] ⑨7 (他)〈場所に〉交通標識[信号機]を設置する.
se·ñar [se.ɲár] (他)《ラ米》(汽船)手付金を払う.
se·ñe·ra [se.ɲé.ra] (女) → senyera.
se·ñe·ro, ra [se.ɲé.ro, -.ra] (形) **1** 独りぼっちの, 孤独の. **2** 唯一の, 無比の；傑出した, 卓越した. figura *señera* 大御所.

se·ñor, ño·ra [se.ɲór, -.ɲó.ra] (男)(女) **1 紳士, 男性；ご婦人, 女性, 淑女. un ～ mayor 年配の男性. una *señora* mayor 年配のご婦人. ser todo un ～ 立派な紳士である. Este ～ quiere hablar con usted. こちらの方がお話があるそうです.
2《＋姓・肩書き・称号など》《男性の敬称》…氏, …様, …殿.（略 Sr.)；《既婚夫人の敬称》…夫人（略 Sra.)（► 直接呼びかける場合や手紙では定冠詞をつけない). el ～ Ortega オルテガ氏. la *señora* de Ortega オルテガ夫人. el ～ obispo 司教様. el ～ don Miguel de Unamuno ミゲル・デ・ウナムーノ殿. el ～ presidente 議長殿. el ～ conde [marqués] 伯爵[侯爵]様. la *señora* condesa [marquesa] 伯爵[侯爵]夫人. la *señora* de Tal 某夫人. la *señora* doña Isabel Martín de Ibarra イサベル・マルティン・デ・イバラ夫人. Buenos días, ～ Pérez. ペレスさん, おはようございます. ► 日本語の「…君」の意味は señor にはない. 敬称なしが普通. ► 手紙のあて名では丁寧な場合 Sr.D. とする. → apellido, don[1].
3《呼びかけ・丁寧な応答》Sí, ～. はい, そのとおりです. No, ～. いいえ, そうではありません. ¡S～!《見知らぬ人を呼びとめて》もしもし. Buenas noches, *señora*. こんばんは, 奥さん. ¡*Señoras* y ～*es*! 皆さ

ん. ¡*S*～*es* viajeros! 乗客の皆様.
4《手紙》Estimado ～:/Distinguido ～: / Muy ～ mío: 拝啓. Muy ～*es* nuestros:《会社などにあてて》各位：拝啓.
5 雇い主；所有者. el ～ de la casa 一家の主. ser siempre ～ de sus actos いつも自分の行動にけじめのつけられる人である.
6《複数で》夫妻. los ～*es* Benito ベニト夫妻. **7** 領主. ～ feudal 封建領主. ～ latifundista 荘園領主. ～ de la guerra 指揮官. un ～ y sus vasallos 殿様と家臣たち.

—(男) **1**《宗》[S-]神, イエス・キリスト. El [Nuestro] ～ 主イエス・キリスト. *S*～ de los Ejércitos エホバ, 万軍の主. día del *S*～ 聖体の日, 聖体節（＝día de Corpus). **2**《まれ》夫；主人.
—(女)妻；奥様. Tengo que acompañar a mi *señora* al médico. 私は妻について医者に行かねばならない. Recuerdos a su *señora*. 奥様によろしく.
—(形) **1**《＋名詞》《話》…で大きな；すごい；立派な. un ～ coche でっかい車. una *señora* herida ひどい傷. **2** 上品な, 威厳のある；上流階級の. El polo es un juego muy ～. ポロは実に優雅な競技だ.
3 支配的[統治]する.

a lo gran señor 王侯貴族のような[に].
A tal señor, tal honor.《諺》しかるべき人にしかるべき栄誉.
dárselas [echárselas] de señor 紳士気取りでいる.
descansar en el Señor 永眠する.
de señoras 女性用の（↔de caballeros).
Nadie [Ningún criado] puede servir a dos señores.《聖》誰［どんな召使い］もふたりの主人に仕えることはできない（マタイ 6：24, ルカ16：13)；2つの義務を同時に成し遂げることはできない.
Nuestra Señora【カト】聖母マリア. *Nuestra Señora de París* パリのノートルダム寺院.
peluquería [salón] de señoras 美容院.
recibir al Señor 聖体を拝領する.
señora de compañía 付き添い婦；侍女.
señor de horca y cuchillo（司法権を与えられていた）封建領主；《比喩的》お偉方.
¡*Sí, señor!*《フラメンコのはやし声》いよっ, いいぞ.
su señora madre ご母堂様.
su señor padre ご尊父様.
[←《中ラ》*seniōrem*（*senior* の対格)「領主；目上の人」—《ラ》*senior*「年上の（人)」（*senex*「年老いた」の比較級)；関連 señora, señorita, señorito, señorear, señoría.〔仏〕*monsieur, seigneur*. 〔英〕*sir*]

se·ño·ra·da [se.ɲo.rá.ða] (女) 紳士としての振る舞い, 支配者らしさ.
se·ño·re·ar [se.ɲo.re.ár] (他) **1** 支配する, 統治する. **2** …の上に（ひときわ高く）そびえ立つ. **3**（感情を）抑える, 抑制する. **4**《話》威張りちらす, わが物顔に振る舞う, のさばる. **5**《話》〈人に〉敬称 señor を連発する.
— ～·se (再) **1** 尊大に振る舞う；厳かに構える, 威風堂々としている. **2**《de... …を》牛耳る. **3** 自己抑制する.

se·ño·rí·a [se.ɲo.rí.a] (女) **1** 閣下；奥様, お嬢様. ► 聞き手を指すとき・呼びかけて用いる Su [Vuestra] *S*～ を使う. 対象は貴族・市町村長・自治体局長級・議員・判事およびその夫人・令嬢.
2〖史〗（中世・ルネッサンス期イタリアなどの）共和制都市国家（政府). **3** 領地；領有, 支配, 統治. **4**（自立

se·ño·rial [se.ɲo.rjál] 形 **1** 領主の, 君主の. derecho ~ 〖史〗(荘園の) 領主権.
2 威厳のある, 風格のある. una casa ~ 豪邸. un barrio ~ 邸宅街.
se·ño·ril [se.ɲo.ríl] 形 → señorial 1.
se·ño·ril·men·te [se.ɲo.ríl.mén.te] 副 殿様然として; 堂々と; 気品をもって.
se·ño·río [se.ɲo.rí.o] 男 **1** 支配 [統治] (権).
2 領地, 所領. **3** 領主権, 風格, 品格. persona con ~ 堂々とした人. **4** 《集合的》貴族階級. **5** (感情の) 抑制, 統御. **6** 《集合的》上流階級の人々; 著名人.

***se·ño·ri·ta** [se.ɲo.rí.ta] 女 **1** お嬢様; 未婚女性; (上流階級の) 子女. Es una ~ tan noble. 彼女はたいそう高貴な令嬢だ. → señorito.
2 《未婚女性の敬称》…さん, …嬢, …様 (略 Srta.). La ~ Fernández no vendrá hoy. フェルナンデスさんは今日は来られません. ▶ señora とは異なり, doña と共には用いない. ▶ 姓とも名前とも用いられる. la ~ Marta マルタさん. la ~ Molina モリーナさん. **3** 《呼びかけ》お嬢さん; お姉さん. S~, tome asiento aquí. お嬢さん, どうぞこちらへお座りください.
4 (学校などで児童から見て) 女の先生; 秘書などの女性への敬称. [señora + 縮小辞]
se·ño·ri·tin·go, ga [se.ɲo.ri.tíŋ.go, -.ga] 男 女 《話》《軽蔑》(金持ちの) お坊ちゃん; お嬢ちゃん.
se·ño·ri·tis·mo [se.ɲo.ri.tís.mo] 男 《軽蔑》坊ちゃん気質, 殿様育ち, 世間知らず.
***se·ño·ri·to, ta** [se.ɲo.rí.to, -.ta] 形 《話》《軽蔑》お上品な. **1** (上流階級の) 子息, 坊っちゃん; (使用人から見て) 若旦那(だんな). → señorita. **2** 《軽蔑》(苦労知らずの) お坊ちゃま. [señor + 縮小辞]
se·ño·rón, ro·na [se.ɲo.rón, -.ró.na] 形 《話》《軽蔑》大物ぶった; 大金持ちの. No seas tan ~. そんなに威張るなよ.
— 男 女 《話》重要人物, 大物; 富豪, お大尽.
se·ñue·lo [se.ɲwé.lo] 男 **1** (鳥を呼び寄せるための) おとり. **2** 誘惑 (物), のち, 落とし穴. caer en el ~ 計略に陥る. **3** 《ラ米》(ガゥチョ) 誘導牛.
se·o [sé.o] 女 《スペイン Aragón 地方の》大聖堂.
sepa(-) / sepá- ⇨ saber.
sé·pa·lo [sé.pa.lo] 男 〖植〗萼片(がくへん).
se·pa·ra·ble [se.pa.rá.ble] 形 分離できる, 引き離せる; 取り外し可能な.

***se·pa·ra·ción** [se.pa.ra.θjón / -.sjón] 女 **1** 分離, 分けること. ~ de la Iglesia y el Estado / ~ de la religión y la política 政教分離. ~ de poderes 権力の分立, 三権分立. ~ racial 人種隔離 (政策). la Guerra de S~ de Portugal (スペインからの) ポルトガル独立戦争 (1640-68).
2 別離; 〖法〗(夫婦の) 別居 (=~ conyugal [matrimonial]). La nueva ley de inmigración obligó a la ~ del padre del resto de la familia. 新しい入国管理法のために父親は家族から引き離されてしまった. Se divorciaron tras tres años de ~. 彼らは3年の別居を経て離婚した.
3 隔たり, 間隔. Los casos se sucedieron sin mucha ~. それらの事件は間隔を置かずに起こった. La ~ entre la mesa y la pared es de unos 50 centímetros. テーブルと壁の間には50センチほどの隔たりがある.
separación de bienes (夫婦の) 財産の分離.
se·pa·ra·da·men·te [se.pa.rá.ða.mén.te] 副 **1** 離して, 離れて. **2** 別々に, 別個に.

se·pa·ra·do, da [se.pa.rá.ðo, -.ða] 形 **1** 分けられた, 分離した, 引き離された. Tiene los dientes ~s. 彼[彼女]の歯はすきまだらけだ.
2 別々になった; 別居した. Está *separada* de su marido. 彼女は夫と別居している.
por separado 別々に, 別個に; 別便で. enviar *por* ~ 別便で送る.
se·pa·ra·dor, do·ra [se.pa.ra.ðór, -.ðó.ra] 形 分離をする, 分離させる.
— 男 **1** 分離器 [装置], セパレーター; 〖電〗(蓄電池の) 隔離板. **2** 《ラ米》(モゥチョ) 中央分離帯.

***se·pa·rar** [se.pa.rár] 他 **1** 《de... …から》引き離す, 分離させる; 離す; 《en... …に》分割する, 分ける. ~... *en* partes iguales …を等分に分割する. ¿Quién va a ~ a aquellos contendientes? 誰があの争っている人たちを引き離すのかなあ. *Separe* un poco los sillones. ひじ掛けいすを少し離してください. No *separaba* los ojos *de* la pantalla. 彼[彼女]は画面から目を離さなかった. hasta que la muerte nos *separe* 死が(われわれ)ふたりを分かつまで.
2 《de... …から》区別する, 識別する. Hay que ~ los puntos positivos *de* los negativos. プラス面とマイナス面を区別しなくてはいけません.
3 《…を《任務など》から》《人を》追う, 退かせる; …をやめさせる. Fue *separada del* cargo. 彼女はその任務から外された.
4 《品物などを》取っておく, よけておく. Le he pedido al panadero que me *separe* tres barras de pan. 私はパン屋さんにバゲットを3本とっておいてくれるように頼んだ.
— **~·se** 再 《de... …から》**1** 分離する, 分かれる; 離れる, 別れる. El alma se *separa* del cuerpo. 心が肉体から分離する. A partir de aquí *se separa* el camino. ここから道が分かれます.
2 《夫婦の》別居する, 別れる; 《グループから》解散する. Se casaron hace cinco años y al poco tiempo *se separaron*. 彼らは5年前に結婚したがそれからまもなく別れた.
3 離脱する, 袂(たもと)を分つ; 自立する. *Se separó de* la corriente principal de la doctrina. 彼[彼女]はその学派の主流から離脱した.
[← 〚ラ〛*sēparāre* (*sē-*「離れて」 + *parāre*「用意する」); 関連 separable, separación, separativo, sep *separate*]
se·pa·ra·ta [se.pa.rá.ta] 女 〖印〗抜き刷り.
se·pa·ra·tis·mo [se.pa.ra.tís.mo] 男 分離主義; 分離[独立]運動. ~ vasco バスク独立運動.
se·pa·ra·tis·ta [se.pa.ra.tís.ta] 形 分離[独立]主義の. — 男 女 分離[独立]主義者.
se·pa·ra·ti·vo, va [se.pa.ra.tí.βo, -.βa] 形 分離性の, 分離する.
se·pa·ro [se.pá.ro] 男 《ラ米》(メキシコ) 《俗》独房, 牢屋(ろうや). — 他 → separar.
se·pe [sé.pe] 男 《ラ米》(ガゥチョ) 〖昆〗シロアリ.
se·pe·lio [se.pé.ljo] 男 (葬儀を伴う) 埋葬.
se·pia [sé.pja] 形 《主に性数不変》セピア色の.
— 女 **1** 〖美〗セピア: イカの墨から採った絵の具. color ~ セピア色. **2** 〖動〗コウイカ; イカ. — 男 セピア色.
se·pio·li·ta [se.pjo.lí.ta] 女 〖鉱〗海泡石.
sep·sis [sép.sis] 女 《単複同形》〖医〗敗血症.
sept. (略) *septiembre* 9月.
sep·tem·bri·no, na [sep.tem.brí.no, -.na] 形

septenario

9月の.

sep·te·na·rio, ria [sep.te.ná.rjo, -.rja] 形 7の, 7個からなる. — 男 7日間;7日間の祈り.

sep·te·nio [sep.té.njo] 男 7年間.

sep·te·no, na [sep.té.no, -.na] 形 《数詞》第7番目の, 第7の.

sep·ten·trión [sep.ten.trjón] 男 **1** 北;北方;北風. **2** [S-] 《星座》おおぐま座 (= Osa Mayor); 北斗七星.

*__sep·ten·trio·nal__ [sep.ten.trjo.nál] 形 北の, 北にある;北風の. — 男 北方の人.

sep·te·to [sep.té.to] 男 《音楽》七重奏[唱].

sep·ti·ce·mia [sep.ti.θé.mja / -.sé.-] 女 《医》敗血症.

sep·ti·cé·mi·co, ca [sep.ti.θé.mi.ko, -.ka / -.sé.-] 形 《医》敗血症の.

sép·ti·co, ca [sép.ti.ko, -.ka] 形 《医》腐敗性の;敗血症の.

****sep·tiem·bre** [sep.tjém.bre] 男 9月 《略 sept.》. el cinco de ~ 9月5日. S~, o lleva los puentes, o seca las fuentes. 《諺》9月は橋を押し流すか, 泉をひあがらせるかのどちらかだ. S~, más que ~, se tiemble. 《諺》9月はむしろ苦月だ. [← 〔ラ〕 Septembrem (September の対格;septem で「7」より派生;ローマ古暦の第7月)〔関連〕〔ポルトガル〕setembro. 〔仏〕septembre. 〔伊〕settembre. 〔英〕〔独〕September]

sep·ti·lli·zo, za [sep.ti.ʝí.θo, -.θa / -.sí.-so, -.sa] 形 7つ子の. — 男 7つ子 (のひとり).

sep·ti·llo [sep.tí.ʝo ‖ [.ó.-]] 男 《音楽》7連符.

****sép·ti·mo, ma** [sép.ti.mo, -.ma] 形 《数詞》**1** 第7の, 7番目の. el ~ cielo 第七天 (7段階に分かれる天国のうちの最上天). Fernando Ⅶ [~] フェルナンド7世. **2** 7分の1の. — 男 7分の1 (= la séptima parte).
— 女 《音楽》7度 (音程). séptima menor [mayor] 短[長] 7度. séptima aumentada 増7度. séptima disminuida [diminuta] 減7度.
[← 〔ラ〕 septimum (septimus の対格;septem 「7」より派生)]

sep·tin·gen·té·si·mo, ma [sep.tiŋ.xen.té.si.mo, -.ma] 形 《数詞》**1** 第700 (番目)の. **2** 700分の1の. — 男 700分の1.

sep·ti·sí·la·bo, ba [sep.ti.sí.la.ɓo, -.ɓa] 形 7音節の.

sep·to [sép.to] 男 《解剖》隔膜.

sep·tua·ge·na·rio, ria [sep.twa.xe.ná.rjo, -.rja] 形 70歳の, 70歳代[位]の. — 男 70歳代の人.

sep·tua·gé·si·mo, ma [sep.twa.xé.si.mo, -.ma] 形 《数詞》**1** 第70 (番目)の. **2** 70分の1の. **3** 七旬節の, 70分の1.
— 女 《カト》七旬節, 七旬節の主日:復活祭の約70日 (実際には63日) 前に当たる.

sep·tu·pli·car [sep.tu.pli.kár] 他 7倍にする.

sép·tu·plo, pla [sép.tu.plo, -.pla] 形 7倍の.
— 男 7倍.

se·pul·cral [se.pul.králl 形 **1** 墓の. lápida ~ 墓石, 墓碑. inscripción ~ 墓碑銘.
2 陰気な, 薄気味悪い, ぞっとする. silencio ~ 無気味な静けさ. voz ~ 陰気な声.

*__se·pul·cro__ [se.púl.kro] 男 **1** 墓, 墓穴, 墓地, 埋葬所. el Santo S~ (エルサレムにあるキリストの) 聖墳墓. tener un pie en el ~ 余命いくばくもない.
2 《カト》祭壇内聖遺物収納所;聖体安置所.

bajar al sepulcro 死ぬ.
ser un sepulcro 秘密を固守する.

se·pul·ta·ción [se.pul.ta.θjón / -.sjón] 女 《ラ米》埋葬.

se·pul·tar [se.pul.tár] 他 **1** 埋葬する, 葬る, 墓に入れる. **2** すっかり覆い隠す, 見えなくする. pueblo sepultado bajo las aguas 水没した町. 《比喩的》葬り去る;奥底にしまいこむ. recuerdos sepultados 忘れ去られた思い出.
— ~se 《en... …に》埋もれる;閉じこもる, 没入する. ~se en sus pensamientos 物思いにふける.

se·pul·to, ta [se.púl.to, -.ta] 形 埋葬された;埋 (ず)められた.

*__se·pul·tu·ra__ [se.pul.tú.ra] 女 **1** 葬ること, 埋葬. dar ~ 埋葬する. dar ~ cristiana a+人 〈人〉を教会葬に付す. **2** 墓, 墓穴, 墓地. ~ perpetua 永代墓 (地). ~ temporal 臨時の墓 (地). cavar su propia ~ 墓穴を掘る. estar con un pie aquí y otro en la ~ 年棺 (ひつぎ) に片足を突っ込んでいる.

se·pul·tu·re·ro [se.pul.tu.ré.ro] 男 墓掘り人.

seque(-) / sequé(-) 活 → secar.

se·que·dad [se.ke.ðáð] 女 **1** 旱魃 (かんばつ), 日照り.
2 そっけなさ, 無愛想.

se·que·dal [se.ke.ðál] / **se·que·ral** [se.ke.rál] 男 乾燥地, 干からびた土地.

se·que·ro [se.ké.ro] 男 灌漑 (かんがい) のない土地;干からびたもの;干す場所.

se·que·ro·so, sa [se.ke.ró.so, -.sa] 形 干からびた, 水気 [湿気] の足りない (= reseco).

se·que·te [se.ké.te] 男 **1** 干からびたパン切れ. **2** (動かなくなった機械などを) どんとたたく音. **3** 《話》そっけなさ, ぶっきらぼう.

*__se·quí·a__ [se.kí.a] 女 **1** 旱魃 (かんばつ), 日照り.
2 《ラ米》(まれに《スペイン》) (のどの) 渇き. [seco より派生]

se·quiar [se.kjár] 81 自 《ラ米》(たばこの) タバコの煙を深々と [肺まで] 吸い込む.

se·qui·llo [se.kí.ʝo ‖ [.ó.-]] 男 砂糖をまぶした菓子.

se·quí·o [se.kí.o] 男 灌漑 (かんがい) のない土地;干からびた土地.

sé·qui·to [sé.ki.to] 男 **1** 《集合的》随員, お供;取り巻き;(スター・タレントなどの) 親衛隊. el ~ presidencial 大統領随員. ~ acompañamiento 〔類語〕. **2** 余波, 副産物. la guerra y su ~ de horrores 戦争とその後の惨状.

****ser** [sér] 65 自 **Ⅰ** 《つなぎの動詞》
1 《+名詞およびその相当語句》《同定》…である. ¿Quién es este señor? この男性は誰ですか. María es una chica muy buena. マリアはとてもいい娘だ. ¿Está Isabel? — Sí, soy yo. 《電話で》イサベルはいますか. —はい, 私です. Esta tienda ya no es lo que era. このお店は以前とは違います.
2 《+職業・国籍・身分などを表す無冠詞名詞およびその相当語句》《職業は》…である; …(人) である. Mi hermana es enfermera. 私の姉 [妹] は看護師だ. Son argentinos. 彼らはアルゼンチン人だ. Es soltero. 彼は独身です. Para ser médico tienes que estudiar mucho. 医者になるには一生懸命勉強しなければね.
3 《+形容詞およびその相当語句》《…な (人・もの) である》《+不定詞 / que+接続法・直説法…すること》は …である. ¿Cómo es Pedro? ペドロってどんな人ですか. El tabaco es perjudicial para la salud. タバコは健康に害を及ぼします. Es mejor ir en taxi. タクシーで行った方がよい. ▶ 一時的状態や印象

を強調して述べる場合には estar を用いる. ⇒ Está buena la ensalada. サラダおいしいよ.
4 ((de...)) (1) ((場所))の)出身である, ((場所))産である;((グループ))に)属している. *¿De dónde sois?* — *Somos de México.* 君たちはどこの出身ですか. —メキシコの出身です. *¿De qué equipo eres?* どのチームに所属していますか. (2) ((人))の)ものである. *Estos libros son de mi padre.* これらの本は私の父のです. (3) ((材質))で)できている. *El bolso es de piel.* バッグは革製です.
5 ((+値段を表す語句))(金額)の)になる. *¿Cuánto es?* — *Son 15 euros en total.* いくらですか. —全部で15ユーロになります. *¿A cómo son esas cebollas?* そのタマネギはいくらですか.
6 ((数))((+数字))(答えが)…になる, イコール…. 11 por 5 son 55. 11かける5は55.
7 ((+時刻・日付を表す語句))(時間・日にちが)…である;…時である,…日である. *¿Qué hora es?* / ((ラ米)) *¿Qué horas son?* 何時ですか. *Es la una.* 1時です. *Hoy es lunes.* 今日は月曜日です. *Era de día [noche].* 昼[夜]だった. Todavía lo recuerdo muy bien como si *fuera ayer.* まだそれを私は昨日のことのようによく覚えています.
8 ((para...)) (…用)である, (…に)適している. Esta película *es para niños.* この映画は子供向けです.
9 ((強調構文))((強調する語句 + ser + 関係節))…するのは…である. *A esta chica es a la que* me refiero. 私が言っているのはこの女の子のことだ.
2 行われる, 開催される. *¿Cuándo es la fiesta de despedida?* 送別会はいつ行われるのですか. *¿Dónde es la conferencia?* 講演会はどこで行われるのですか.
3 ((文章語))存在する. ser o no ser 生きるべきか死ぬべきか.
— ((助動)) ((受動態)) ((+他動詞の過去分詞))…れる,…られる (▶ 過去分詞は主語の性数に一致). *¿Cuándo fue construido este edificio?* この建物はいつ建てられたのですか. *Fue vista por dos testigos.* 彼女は2人の目撃者に見られた.
— **1** 生き物;人. *ser humano* 人類. *ser vivo* 有機体, 生物. **2** 存在. dar el *ser* 産む. *Ser Supremo* 至高の存在, 神 (= Dios). **3** 本質, 性質.
a no ser que +接続法 …でないならば. Nos llamará *a no ser que esté* cansada. 彼女は疲れていなければ私たちに電話してくるでしょう.
a poder ser できるならば.
así sea ((前の発言を受けて))そうなるといいけど.
¿Cómo es que...? ((釈明を求めて))…とはいったいどういうことですか.
como sea / sea como sea どうであろうと.
de no ser por... …がないとしたら, …がなかったら. *De no ser por* ella, ahora yo no estaría aquí. 彼女がいなかったら, 今私はここにいなかったでしょう.
érase una vez / érase que se era ((昔話の始まり))昔々.
es que +直説法 ((言い訳・説明))…(という訳)なのです. *Es que* no *ha venido* el autobús. バスが来なかったのです.
¿es que +直説法? …とでもいうの. *¿Es que* no *vais* a ayudarme? 君たちは僕を手伝ってくれないとでもいうの.
no es que +接続法 …というわけではない. *No es que* no me guste. 好きじゃないというわけではない.
no sea que +接続法 …するといけないから.
no vaya a ser que +接続法 …するといけないから.

¿Qué es [fue, será] de +名詞? …はどうなっている[どうした, どうなる]のだろう. *¿Qué será de él?* 彼はどうなるんだろう.
¿Qué va a ser? ((話))((バル bar・美容室・ガソリンスタンドなどで))いかがいたしましょうか.
¡sea! 賛成(です), オーケー.
sea lo que sea とにかく, どうであれ.
sea... sea... …であれ, …であれ.
ser algo 意味を持つ. Si te lo han dicho, ya eso *es algo.* 君がそう言われたのなら, それだけのことはあるよ.
ser de +不定詞 …され得る, …されるべきである. *es de suponer* que... …ということが仮定される. *Era de esperar* que no ocurriera algo semejante. 同じようなことが起こらないということが望まれた.
ser de lo que no hay ((話))((非難・賞賛))((人・もの))ふたり[二つ]とない, 並外れた.
siendo que +直説法 …であるから.
si no fuera [hubiera sido] por... …がない[なかった]としたら.
todo lo que sea ((強調))何にせよ, 何であれ, 何であろうと.
un sí [si] es no es +形容詞 [*de* +名詞] ((話))少し(の) …, ちょっぴり(の) …. *un sí es no es picante [de sal]* 少し辛い[少しの塩].
[不定詞 — [ラ スペイン]] *seer* ← [ラ] *sedēre*「座っている」; [関連] [英] sit; 直説法現在&直説法点過去・線過去, 接続法過去 ← [ラ] *esse*「存在する, …である」; 直説法未来現在, 接続法現在 ← [ラ] *sedēre*]

SER [sér] 囡 ((略)) *Sociedad Española de Radiodifusión* スペインラジオ放送.

se·ra [sé.ra] 囡 (主に石炭運搬用の)大かご.

se·rá·fi·ca·men·te [se.rá.fi.ka.mén.te] 副 **1** 熾天使(し)のように, 天使のように. **2** 温和に, 優しく.

se·rá·fi·co, ca [se.rá.fi.ko, -.ka] 形 **1** 熾天使(し) [セラフィム](の)ような);天使のような, 清らかな, あどけない;((時に軽蔑))天使のように善良な, 心の優しい. Doctor S~ 熾天使的博士 (Buenaventura (12 21-74) に与えられた称号). **2** ((宗))アッシジの聖フランシスコの, フランシスコ修道会の. el padre ~ アッシジの聖フランシスコ. **3** 清貧の, つましい, 質素な. **4** 柔和な, 温和な, ゆったりとした. sueño ~ 心地よい眠り.

se·ra·fín [se.ra.fín] 男 **1** ((宗))セラフィム, 熾天使(し):3対の翼を持つ9階級中最高位の天使. **2** ((話))天使, エンジェル (= ángel). **3** (女性・子供で)目の覚めるほど美しい人, かわいい子. **4** ((ラ米))((ピタコ))留め金, ホック.

ser·ba [sér.ba] 囡 ((植))ナナカマドの実.

ser·bal [ser.bál] 男 ((植))ナナカマド.

Ser·bia [sér.bja] 固名 セルビア(共和国):旧セルビア・モンテネグロを構成した共和国の1つ. 首都 Belgrado.

Ser·bia y Mon·te·ne·gro [sér.bja i mon.te.né.gro] 固名 セルビア・モンテネグロ:2006年モンテネグロの独立によりセルビア共和国となる.

ser·bio, bia [sér.bjo, -.bja] 形 セルビアの, セルビア人[語]の. — 男 囡 セルビア人. — 男 セルビア語. → serbocroata.

ser·bo·bos·nio, nia [ser.bo.bós.njo, -.nja] 形 ボスニア・ヘルツェゴビナのセルビア人の.

serbal
(ナナカマド)

serbocroata

—男女 ボスニア・ヘルツェゴビナのセルビア人.

ser.bo.cro.a.ta [ser.bo.kro.á.ta] 形 セルビア・クロアチア語(系住民)の. —男女 セルビア・クロアチア語を話す人. —男 セルビア・クロアチア語: 南スラブ語の一つで, 現在はセルビア語・クロアチア語・ボスニア語に分裂しつつある.

se.re.na [se.ré.na] 女 セレナード.

*__se.re.nar__ [se.re.nár] 他 **1** 静める, 落ち着かせる, なだめる. **2** 〈濁った液体を〉澄ませる;〈水を〉屋外で冷やす. **3** 《ラ米》(ぽぅ)《話》〈衣服・水などを〉夜間野外に放っておく. —自 《ラ米》(㌃")霧雨が降る. —**~.se** 再 **1** 静まる, 落ち着く, 冷静になる. **2** 〈液体などが〉澄む. **3** 凪(なぐ);晴れ上がる.

se.re.na.ta [se.re.ná.ta] 女 《ラ米》(㌃") **1** 【音楽】(1) セレナータ:夜, 恋人のいる窓辺の下で歌ったり演奏したりする恋の歌[曲]. (2) (器楽様式の)セレナード. **2** 《話》しつこく繰り返されるもの.

dar la serenata a+人 《話》〈人〉をうんざりさせる. [←〔伊〕*serenata*(〔ラ〕*serēnus*「澄みきった」より派生);意味上は〔伊〕*sera*「宵, 夜」の影響もある. つまり, セレナードは好天の夜, 戸外で奏でられた]

se.re.ne.ra [se.re.né.ra] 女 《ラ米》(㌃")(㍻)(ぽぅ) 【服飾】外套(㌍);マント.

se.re.ne.ro [se.re.né.ro] 男 (女性用の)ずきん, スカーフ.

*__se.re.ni.dad__ [se.re.ni.ðáð] 女 **1** 平静, 冷静, 落ち着き. Conservó la ~. 彼[彼女]は平静さを保った. **2** (天候の)晴朗, 穏やかさ. **3** 《王族に対する昔の尊称》殿下. Su S~ 殿下.

se.re.ní.si.mo, ma [se.re.ní.si.mo, -.ma] 形 Su Alteza *Serenísima*《王子に対する昔の尊称》殿下. —男 《史》15~16世紀のベネチア共和国.

*__se.re.no, na__ [se.ré.no, -.na] 形 **1** 澄みきった, 雲のない, 晴れ渡った. tiempo ~ すがすがしい天気. **2** 平静な, 冷静な;穏やかな. Es una persona muy *serena*, nunca se pone nerviosa. あの人は実に穏やかで決していらいらすることはない. La mar estaba *serena*. 海は平穏そのものであった.

—男 **1** 夜気. al ~ 夜間戸外で, 夜気にふれて. **2** 夜回り, 夜警. ◆夜間, 帰宅者に集合住宅の入口の扉を合鍵で開けていた. **3** 《ラ米》夜露, 夜の湿った空気. [形←〔ラ〕*serēnum*(*serēnus* の対格);関連 serenar, serenidad, serenata. 〔英〕*serene*]

ser.gas [sér.gas] 女《複数形》(特に騎士の)偉業, 功業, 手柄. *Las ~ de Esplandián*『エスプランディアンの偉業』(16世紀初めの騎士道物語の代表作 *Amadís de Gaula* の続編).

se.ria [sé.rja] 形 → serio.

se.rial [se.rjál] 形 シリーズもの, 一連もの, 連続ものの. —男 (テレビなどの)シリーズもの, 連続番組, メロドラマ;連載もの[小説].

se.ria.li.za.ción [se.rja.li.θa.θjón / -.sa.sjón] 女 (映画の)連続テレビドラマ化. **2** 連続生産.

se.ria.men.te [sé.rja.mén.te] 副 **1** まじめに, 誠実に, 真剣に. **2** 重く, ひどく.

se.riar [se.rjár] 82 他 続きにする, ひと続きにする.

se.ri.cí.co.la [se.ri.θí.ko.la / -.sí.-] 形 養蚕の, 蚕業の.

se.ri.(ci.)cul.tor, to.ra [se.ri.(θi.)kul.tór, -.tó.ra / -.(si.)-] 男 女 養蚕家.

se.ri.(ci.)cul.tu.ra [se.ri.(θi.)kul.tú.ra / -.(si.)-] 女 養蚕, 蚕業.

serie [sé.rje] 女 **1 連続. número de ~ シリアルナンバー, 通し番号. Una línea, en resumen, consiste en una ~ de puntos puestos sin separación. 線というものは, つまるところ, 間断なく置かれた点の連続のことである.

2 (**una serie de**+無冠詞複数名詞) 一連の…, 一続きの…. toda *una ~ de acontecimientos* 一連の出来事すべて. Para la inscripción se requiere *una ~ de procedimientos*. 登録には一連の手続きが必要です.

3 並んでいるもの, (共通点を持つものの)集合;多数. Desde el coche veía la ~ de comercios con brillantes escaparates. 車の中から煌きらびやかなショーウィンドウのずらっと並んだ店を眺めていた. Tiene una ~ de parientes. 彼[彼女]には親戚がわんさといる.

4 (切手などの)シリーズ;(お札・宝くじなどの)組. Lanzan una ~ de sellos postales para conmemorar el segundo centenario de la independencia. 独立200年を記念した切手シリーズが発行される. El primer premio del sorteo corresponde al número 741105 de la ~ 256. 今回の宝くじの1等賞の当選番号は256組の741105番です.

5【TV】【ラジオ】連続物の, ドラマ・シリーズ;(書籍などの)シリーズ, 叢書. Entre mis amigos está muy de moda la ~ de las once. 友達の間で11時のドラマがはやっている. ~ *Carvalho*『探偵カルバーリョ』シリーズ(Vázquez Montalbán の著作).

6【スポ】予選;シリーズ. El equipo ha ganado en la segunda ~ y ha avanzado a los cuartos de final. チームは2回戦を勝ち抜き, 準々決勝へと駒を進めた.

7【数】連続;級数. ~ aritmética 等差級数. ~ geométrica 等比級数. ~ infinita 無限級数.

8【化】系列, 列. ~ radioactiva 放射性系列.

9【言】(音素や文字の)系列. **10**【電】直列.

... de serie …を標準装備した(▶ 特に車の広告やカタログなどで用いられる). Cargador de CD *de* ~. CDチェンジャー標準装備.

en serie (1) 量産の. coches fabricados *en* ~ 量産車. La producción *en* ~ ha cambiado el sistema de consumo. 大量生産は消費システムを変えてしまった. (2) 連続した. asesino *en* ~ 連続殺人犯. (3) 直列の. circuitos *en* ~ 直列回路.

fuera de serie (1) 桁外れの, 並外れた. Es un cirujano *fuera de* ~. 彼は傑出した外科医だ. (2) 残り物の, 規格外の.

película de serie B【映】B級映画(作品).

[←〔ラ〕*seriem* (*seriēs* の対格);関連 seriar.〔英〕*series*]

*__se.rie.dad__ [se.rje.ðáð] 女 **1** 真剣さ, 本気;厳粛さ;まじめさ, 誠実. un hombre de gran ~ とてもまじめな人. ¡Qué poca ~ tienes! おまえも全くいい加減だな.

2 きちょうめんさ;堅苦しさ. **3** 重大さ, ゆゆしさ. la ~ de una enfermedad 容態の重さ.

se.ri.gra.fí.a [se.ri.gra.fí.a] 女【印】シルクスクリーン印刷.

se.ri.gra.fiar [se.ri.gra.fjár] 82 他【印】シルクスクリーン印刷する.

se.ri.jo [se.rí.xo] 男 **1** 小かご. **2** (アフリカハネガヤ製の)スツール.

se.ri.llo [se.rí.ʝo / -.ʎo] 男 **1** 小かご. **2** (飼い葉用の)四角いかご. [sera + 縮小辞]

se.rin.ga [se.ríŋ.ga] 女《ラ米》【植】セリンガノキ:パラゴムノキ;ゴム.

se·rio, ria [sé.rjo, -.rja] 形 **1**《多くは+名詞/名詞+》《ser+》重大な, 憂慮すべき. un problema 〜 ゆゆしい問題. una *seria* enfermedad 大病. Tengo *serias* dudas de que lo que dice sea verdad. 彼[彼女]の言うことが本当かどうか私は本気で疑っている. Tenía *serias* dificultades para respirar. 彼[彼女]は呼吸するのがひどく困難だった. Es una *seria* amenaza para la economía internacional. それは国際経済にとって深刻な脅威である.

2《多くは名詞+》《ser+ / estar+》まじめな, 真剣な, 本気の; 誠実な, 堅実な, 信頼できる. hacer un trabajo 〜 堅実な仕事をする. una empresa *seria* 信頼できる会社. Es un chico tan 〜 que nunca hace tonterías. とてもまじめな子でふざけるようなことは決してありません. ponerse 〜 真剣な顔つきになる.

3《ser+ / estar+》(表情が)こわばった, 心配そうな, 険しい. mantenerse 〜 にこりともしない. Se quedó muy 〜 cuando le revelé mi secreto. 秘密を打ち明けると彼は顔をこわばらせた. Hoy *estás* 〜. 今日は難しい顔しているね.

4《名詞+》《ser+》堅い, 堅苦しい. Siempre lees libros 〜s. 君はいつも堅い本を読んでいるね.

5《ser+》威厳のある, 似つかわしい. No *es* 〜 que andes con ese vaquero tan sucio. そんな汚いジーンズをはいているなんてみっともない. ▶ que 以下の動詞は接続法.

6《+名詞/名詞+》《ser+》地味な, 目立たない. color 〜 地味な色. Lleva un traje muy 〜 para su edad. 彼[彼女]は年の割にはひどく地味な格好をしている.

en serio 本気で, 真剣に; 重大に. ¿*En* 〜? 本気ですか. medio en broma medio en 〜 冗談と本気が半々で. hablar *en* 〜 真顔で話す. Lo digo *en* 〜. 私は本気で言ってるんだよ. La cosa va *en* 〜. 事態は深刻になっている. ¿Vas *en* 〜? 君, 本気かい. No te tomes *en* 〜 lo de ayer. 昨日のことを本気にするな. Se ha tomado muy *en* 〜 su trabajo. 彼[彼女]は自分の仕事に真剣になった.
[← [ラ] sērium (sērius の対格). 関連 seriedad. [英] *serious*]

ser·món [ser.món] 男 **1**《宗》説教. *S*〜 de la Montaña《聖》山上の垂訓〈マタイ5:7〉.
2《話》《軽蔑》お説教, 小言. echar un 〜 a+人 (人)にお説教する.

ser·mo·nar [ser.mo.nár] 自 → sermonear.

ser·mo·na·rio [ser.mo.ná.rjo] 男《宗教》(集合的)説教集.

ser·mo·ne·a·dor, do·ra [ser.mo.ne.a.dór, -.dó.ra] 形 小言ばかり言う; 説教好きの. ― 男 女 **1** やかまし屋, 口うるさい人. **2** 説教者.

ser·mo·ne·ar [ser.mo.ne.ár] 他 **1**《話》《軽蔑》…にお説教をする, 小言を言う. **2**《宗》説教する, 〈福音を〉説く. 自《宗》説教する, 説法する.

ser·mo·ne·o [ser.mo.né.o] 男《話》説教, 小言.

ser·nam·bí [ser.nam.bí] 男《ラ米》(ミテテン)(ニミテテン)(ラア)品質の劣るゴム; 未精製[粗製]のゴム.

se·ro·diag·nós·ti·co [se.ro.djaɡ.nós.ti.ko] 形《医》血清診断.

se·ro·gru·po [se.ro.grú.po] 男 血清タイプ.

se·ro·ja [se.ró.xa] 女 **1** 落ち葉. **2** おがくず.

se·ro·lo·gí·a [se.ro.lo.xí.a] 女 血清学.

se·ro·ló·gi·co, ca [se.ro.ló.xi.ko, -.ka] 形 血清学の.

se·rón [se.rón] 男 (馬などの背に載せる)運搬用の縦長のかご. [sera +増大辞]

se·ron·do, da [se.rón.do, -.da] 形〈果実が〉晩成のおくての.

se·ro·ne·ga·ti·vo, va [se.ro.ne.ɡa.tí.bo, -.ba] 形 (血清診断・特にエイズのHIV抗体検査で)陰性反応の. ― 男 女 陰性反応の人.

se·ro·po·si·ti·vo, va [se.ro.po.si.tí.bo, -.ba] 形 (血清診断・特にエイズのHIV抗体検査で)陽性反応の, エイズ抗体を持った.
― 男 女 陽性反応の人, エイズ抗体を持った人.

se·ro·si·dad [se.ro.si.ðáð] 女《医》漿液(ょぅぇ).

se·ro·so, sa [se.ró.so, -.sa] 形 漿液(しょぅぇき)(性)の, 漿液状の; 漿液を分泌する. membrana *serosa* 漿膜.

se·ro·te·ra·pia [se.ro.te.rá.pja] 女 → sueroterapia.

se·ró·ti·no, na [se.ró.ti.no, -.na] 形 → serondo.

se·ro·to·ni·na [se.ro.to.ní.na] 女《生化》セロトニン: 高次の脳機能にかかわる.

ser·pa [sér.pa] 女《農》(ブドウの木の)下枝, つる.

ser·pe·ar [ser.pe.ár] 自 → serpentear.

ser·pen·ta·ria [ser.pen.tá.rja] 女《植》ウマノスズクサ属の一種.

ser·pen·ta·rio [ser.pen.tá.rjo] 男 **1**《鳥》ヘビクイワシ. **2** [S-]《星座》へびつかい座 (= Ofiuco).

ser·pen·te·an·te [ser.pen.te.án.te] 形〈川・道などが〉蛇行した, くねくねした.

ser·pen·te·ar [ser.pen.te.ár] 自 **1** (ヘビのように)はい進む, くねくねとはう. **2**〈川・道などが〉蛇行する, 曲がりくねる; ジグザグに進む.

ser·pen·te·o [ser.pen.té.o] 男 **1** 蛇行, 曲がりくねり, ジグザグ. **2** はうこと, はい歩き.

ser·pen·tí·ge·ro, ra [ser.pen.tí.xe.ro, -.ra] 形《文章語》ヘビを連れた, ヘビを持つ.

ser·pen·tín [ser.pen.tín] 男 **1** (蒸留器などの冷却用の)蛇管, コイル. **2** (火縄銃の)火縄保持装置;(銃の)撃鉄. **3**《鉱》蛇紋岩.

ser·pen·ti·no, na [ser.pen.tí.no, -.na] 形 ヘビの; ヘビのような, ヘビ状の;〈川・道などが〉蛇行する, 曲がりくねった. ― 女 **1** (パーティーなどで投げる)紙テープ. **2**《鉱》蛇紋岩. **3** (火縄銃の)火縄保持装置;(銃の)撃鉄.

ser·pen·tón [ser.pen.tón] 男《音楽》(1) セルパン: 古い木管楽器. (2) セルペントン: 軍楽隊が使った金属製の朝顔のついたU字形の木管楽器.

ser·pien·te [ser.pjén.te] 女 **1**《動》ヘビ (= culebra). 〜 de anteojo インドコブラ, メガネヘビ. 〜 de cascabel ガラガラヘビ. 〜 de coral サンゴヘビ. 〜 pitón ニシキヘビ. 〜 de vidrio アシナシトカゲ.
2 [S-]《星座》へび座. *S*〜 de agua みずへび座 (= Hidra macho):「頭部 cabeza」と「尾部 cola」がある.
3《話》気の許せない人, 陰険な人, 目に見えない敵.
4 悪魔, (悪への)誘惑者. ♦聖書で禁断の果実を食べるようにとヘビが Eva を誘惑したことから.
serpiente de verano (ニュースの少ない夏季休暇時に書かれる)埋め草のための記事.
[← [ラ] serpentem (serpēns の対格; serpere 「はう」の現在分詞より派生); 関連 serpentear. [ポルトガル] [伊] *serpente*. [仏] *serpent*. [英] *serpent* 「大蛇, 毒蛇」]

ser·pí·go [ser.pí.ɡo] 男《医》匍行(ほこう)状[蛇行状]発疹(ほっしん).

ser·pol [ser.pól] 男《植》イブキジャコウソウ.

ser·po·llar [ser.po.jár ‖ -.ʎár] 自 切り株から新芽が出る, ひこばえが出る.

ser·po·llo [ser.pó.jo ‖ -.ʎo] 男 【植】ひこばえ, 新芽.

se·rra·di·zo, za [se.r̃a.ðí.θo, -.θa / -.so, -.sa] 形 (のこぎりで)簡単に切れる, 製材しやすい. madera *serradiza* 製材用木材.

se·rra·do, da [se.r̃á.ðo, -.ða] 形 1 のこぎりで挽(ひ)かれた[切った]. 2 鋸歯(きょし)状の, ぎざぎざの.

se·rra·dor, do·ra [se.r̃a.ðór, -.ðó.ra] 形 のこぎりで切る, 挽(ひ)く. ― 男 木挽(こび)き, のこ挽き作業員.

se·rra·du·ras [se.r̃a.ðú.ras] 女 【複数形】おがくず.

se·rra·je [se.r̃á.xe] 男 なめし革.

se·rra·llo [se.r̃á.jo ‖ -.ʎo] 男 1 (イスラム教国の)ハレム(= harem). 2 売春宿; 乱交集会場; 性宴.

se·rra·ní·a [se.r̃a.ní.a] 女 山岳地方, 山国; 山地.

se·rra·nie·go, ga [se.r̃a.njé.go, -.ga] 形 → serrano.

se·rra·nil [se.r̃a.níl] 男 短剣.

se·rra·ni·lla [se.r̃a.ní.ja ‖ -.ʎa] 女 【詩】(15-16世紀に流行した)騎士と羊飼いの娘の恋を歌った詩.

*se·rra·no, na [se.r̃á.no, -.na] 形 1 山岳地方の, 山国の, 山地の. jamón ~ 【料】ハモンセラーノ(→ jamón). 2 山生まれ, 山家育ちの. 3 粗野な, ひなびた. ― 男 女 山国の人, 山家育ち. ― 男 1 【詩】serranilla の一種. 2 (スペインの)ロンダ Ronda 山地のフラメンコ歌謡.
partida serrana 汚い手口.
tu cuerpo serrano (男性が女性をたたえて)すてきなお嬢さん. ♦詩や歌謡の中で用いられる.

se·rrar [se.r̃ár] 他 (のこぎりで)挽(ひ)く, 切る, 切断する.

se·rrá·til [se.r̃á.til] 形 【医】(1) 〈脈が〉不整の. pulso ~ 不整脈. (2) (骨が)鋸歯(きょし)状の. juntura ~ 鋸歯状関節.

se·rra·ti·lla [se.r̃a.tí.ja ‖ -.ʎa] 女 低い[小さな]山脈. [sierra + 縮小辞]

se·rra·to [se.r̃á.to] 形 《男性形のみ》(筋肉が)鋸歯(きょし)状の. ― 男 【解剖】鋸筋.

se·rre·rí·a [se.r̃e.rí.a] 女 製材所.

se·rre·ta [se.r̃é.ta] 女 1 小のこぎり. 2 【鳥】アイサ属の鳥. 3 【馬】鼻鎖(はなぐさり). [sierra + 縮小辞]

se·rre·ta·zo [se.r̃e.tá.θo / -.so] 男 1 【馬】鼻鎖(はなぐさり)を引くこと. 2 手荒い仕置き.

se·rri·jón [se.r̃i.xón] 男 小さな山脈.

se·rrín [se.r̃ín] 男 木のこなびき, おがくず. ~ metálico 金くず.

se·rri·no, na [se.r̃í.no, -.na] 形 のこぎり(様)の.

se·rro·te [se.r̃ó.te] 男 《ラ米》(メキシコ)のこぎり, 手のこ.

se·rru·char [se.r̃u.tʃár] 他 《ラ米》(1) のこぎりで切る. (2) 等分けにする, 分配する. (3) 《話》他人の仕事を横取りする.

se·rru·cho [se.r̃ú.tʃo] 男 1 (片手用の)手鋸(のこ)のこ, のこぎり. (2) 《ラ米》(チリ)【魚】ノコギリエイ. (3) 《ラ米》《話》公務員の不法な利益, もうけ. 《ラ米》《俗》《軽蔑》売春婦, 娼婦(しょうふ).
al serrucho 《ラ米》《メキシコ》《アルゼンチン》半々に, 折半で.
hacer un serrucho 《ラ米》《メキシコ》《アルゼンチン》割り勘にする.

se·rual [se.rwál] 男 【服飾】(片足部分だけ開口部になっていて足を覆う)ベール.

ser·val [ser.bál] 男 【動】サーバル(キャット): 胸の長いアフリカ産のヤマネコ.

ser·va·to [ser.bá.to] 男 【植】セリ科カワラボウフウ属の一種.

ser·ven·te·sio [ser.ben.te.sjo] 男 1 【文学】シルバント: 12-13世紀のプロバンス地方の政治社会風刺詩. 2 【詩】セルベンテシオ: 第1-3行, 第2-4行が同韻の11音節4行詩.

Ser·via [sér.bja] 固名 → Serbia.

ser·vi·ble [ser.bí.ble] 形 役に立つ; まだ使える.

ser·vi·cial [ser.bi.θjál / -.sjál] 形 世話好きな, よく気がつく. ― 男 《ラ米》《ボリビア》《チリ》召使い.

ser·vi·cial·men·te [ser.bi.θjál.mén.te / -.sjál.-] 副 かいがいしく, 愛想よく.

*ser·vi·cio [ser.bí.θjo / -.sjo] 男 1 サービス; サービス料. ~ a domicilio 宅配サービス. ~ de reparación 修理サービス. ~ incluido サービス料込み. ~ permanente 24時間サービス. ~ posventa アフターサービス.
2 公益事業[業務], サービス業[施設]; (交通機関の)運行. ~ de comunicación 通信サービス業務. ~ discrecional 貸し切り. ~ médico 医療サービス. ~s postales / ~s de correos 郵便業務. ~ público 公共サービス. ~s sociales 社会福祉事業. entrar en ~ 運行を開始する.
3 仕えること, 奉仕. años de ~ 勤続年数. Lleva quince años al ~ del gobierno. 彼[彼女]は国に15年間仕えている. Estoy a su ~ para lo que disponga. ご用の節はなんなりとお申し付けください.
4 勤務; 就業; 営業, 操業. entrar [salir] de ~ 当直に入る[当直を終える]. estar de ~ 勤務中である. estar fuera de ~ 非番である. hacer [cumplir] el ~ 兵役に就く[兵役を終える]. morir en acto de ~ 勤務中に亡くなる, 殉職する. Esta máquina ya no está de ~. この機械はもう役に立たない. ~ al Estado 国家公務員職, 公僕. ~ activo [军事]現役(勤務). ~ militar 兵役. ~ mínimo (スト・休んなどの)最小限の営業時間. calificación de ~ 勤務評定.
5 《時に複数で》トイレ; 便器, 洩瓶(しびん); 浣腸(かんちょう)(器). El ~, ¿por favor? トイレはどこですか.
6 《集合的》使用人. Es cada día más difícil encontrar ~. 奉公人を見つけるのは日ごと難しくなってきている. ~ doméstico 召使い. habitación [cuarto] de ~ 使用人部屋. muchacha de ~ メイド. puerta de ~ 勝手口.
7 世話, 厚意. Me prestaron [hicieron] un gran ~ en aquella ocasión. その節は彼らにはたいへんお世話になった. 8 (食器などの)一式, ひと組, ひとそろい. ~ de café [té] コーヒー[紅茶]セット. ~ de mesa 食器セット. 9 【スポ】サーブ, サービス. línea de ~ サービスライン. pasar el ~ al otro jugador サーブ権が相手選手に移る. 10 【史】税; 冥加金; (国庫への)献金. 11 【宗】勤行, 礼拝. ~ divino 礼拝式. ~s religiosos 宗教的儀式.
barco de servicio 【海】(本船と陸とを結ぶ)補給船.
fuera de servicio 《掲示》故障; 回送.
galería de servicio 【鉱】連絡通路.
galón de servicio 【軍】(そで章上の)階級章.
hacer un flaco servicio [favor] a+人 〈人〉にいやな思いをさせる; 〈人〉に迷惑をかける.
hoja de servicio 職歴.

servicio alumnos
(男子学生用トイレ)

prestar servicio a+人 〈人〉の世話をする.
servicio secreto / *servicio de inteligencia* 秘密諜報機関.
servicio social 社会福祉(事業). ♦スペインの未婚女性に義務として課せられた社会奉仕制度. フランコ政権時代, 政治・宗教・社会の分野で実施され, 期間はフルタイムで3か月, パートタイムで6か月. 男子の兵役に対応したもの.

*ser·vi·dor, do·ra [ser.bi.dór, -.dó.ra] 男女 **1** 召使い, 使用人;〈機械・武器などを〉操作する人. ~ público《ラ米》公務員. **2**《謙譲》私, 手前. ¿José García? — (Un) ~. ホセ・ガルシアは. 一私でございます(► 人に尋ねられて答える言い方).
――男《IT》サーバー.
Servidor de usted. ご用を承ります.
Su seguro servidor.《手紙》敬具. ► s.s.s. と略される.

*ser·vi·dum·bre [ser.bi.đúm.bre] 女 **1**《集合的》召使い, 雇い人. **2** 奴隷の状態(境遇); 奴隷の仕事. ~ de la gleba 農奴の身分. **3** 束縛, 隷従. **4**(悪癖などに)縛られること, 虜(とりこ). un estado de verdadera ~ por la bebida 飲酒を断ち切ることのできない状態. **5**《法》用役[地役]権. ~ de paso 通行権.

ser·vil [ser.bíl] 形 **1** 奴隷のような, 奴隷の; 召使いの. **2**《軽蔑》卑屈な, 追従的な; 卑しい, さもしい.
3 〈職業などが〉下賤(ばん)な. **4**《史》専制主義者の. **5** 規範などを盲目的になぞる, 月並の.
――男女 **1** 追従的な人, こびへつらう人, おべっか使い. **2**《史》専制主義者.

ser·vi·lis·mo [ser.bi.lís.mo] 男 **1** 奴隷状態, 奴隷の境遇; 隷属, 従属;《軽蔑》卑屈さ, 追従.
2《史》専制主義.

ser·vi·lla [ser.bí.ja ‖ -.ʎa] 女 スリッパ, 上履.

*ser·vi·lle·ta [ser.bi.jé.ta ‖ -.ʎé.-] 女 (食卓用) ナプキン. ~ de papel 紙ナプキン.
[← 〔仏〕*serviette*「ナプキン;タオル」; *servir* ← 〔ラ〕*servire*「役立つ」より派生]

ser·vi·lle·te·ro [ser.bi.je.té.ro ‖ -.ʎe.-] 男 ナプキンリング: ナプキンを巻いておく輪.

ser·vil·men·te [ser.bíl.mén.te] 副 奴隷のように, 卑屈に.

ser·vi·lón [ser.bi.lón] 男《史》専制主義者.

ser·vio, via [sér.bjo, -.bja] 形 男女 → serbio.

ser·vi·o·la [ser.bjó.la] 女《海》(1) 吊錨架(つりいかりだい), キャットヘッド: 船首の両側にある錨(いかり)を留めておく支架. (2) 見張り, 監視, 不寝番.

****ser·vir** [ser.bír] [1] 他《現》sirviendo *V* 仕える, 奉仕する;〈顧客に〉応対する.
~ a Dios 神に仕える. ~ a su patria 祖国に奉仕する. Buenos días. ¿En qué puedo ~le?《店で》いらっしゃいませ. ¿Qué te sirvo? 君は何にする?
2《a+人》〈人〉に;〈食べ物・飲み物を〉**供する**; 取り分ける. ¿A qué hora *sirven* la comida? 昼食は何時ですか. ¿*Te sirvo* un poco más? 君にもう少し取り分けようか (► te が a+人に相当). *Sirvieron* una merienda después de la reunión. 会のあとで軽食が振る舞われた.
3 〈商品を〉配達する, 供給する.
――自 **1**《**para...** …に》**役立つ**, 向く. ¿*Para* qué *sirve* este aparato? この器具は何に使われるのですか. Tu explicación sólo *ha servido para* crear polémica. 君の説明は単に議論の種になっただけだ. Él no *servirá para* médico. 彼は医者には向かないだろう.

2《**de...** …の》役をする, …として機能する. ~ *de* ejemplo 例となる. La instrucción no nos *sirve de* nada. その指示は私たちには何の役にも立ちません. ¿De qué *sirve* mentir? うそを言ったってどうなるんだ. No *sirve de* nada que yo diga algo. 私が何か言ったって何にもなりません.

3《**en...**》《**de...**》…として》仕える, 働く; 軍務に服する, 兵役を務める. Se dedicó a ~ *en* casas de familias adineradas. 彼[彼女]は裕福な家族の家に仕えていました. **4**《**a...**《前に出た札》と》同種の札を出す. **5**《スポ》サーブする.

――~·se 再 **1**〈自分に〉〈食べ物を〉取り分ける, 〈飲み物を〉注ぐ. *Sírvete* más ensalada. もっとサラダを取ってください. **2**《文章語》《+不定詞》(…することを) 親切にも行う;(…して)くださる. *Sírvase esperar* ここでお待ちいただきたい. Le ruego que *se sirva acompañar*me al hospital. 病院まで私に付き添ってくださるようお願いします. **3**《**de...**…を》利用する. Este sistema *se sirve de* todos los conocimientos disponibles. このシステムは可能な限りの知識を利用している.

ir servido《話》〈人が〉思い違いをする, 嫌な思いをする.

para servirle / *para servir a usted*《丁寧》
(1)《ラ米》〈自己紹介で〉お見知りおきを, どうぞよろしく. Me llamo Juan López, *para* ~*le*. 私はファン・ロペスと申します. 以後お見知りおきを. (2)《人を尋ねられて》私ですが. ¿Puedo hablar con el señor López García? — *Para* ~*le*. ロペス・ガルシアさんとお話しできますか. 一私ですが.

[←〔ラ〕*servire*「奴隷である;尽くす, 役立つ」(*servus*「奴隷」より派生)[関連] sirviente, servil, sargento.〔英〕*serve*]

ser·vi·ta [ser.bí.ta] 男《カト》聖母マリア下僕会会員: 1233年にイタリアのフィレンツェに設立された托鉢(たくはつ)修道会の会士.

ser·vo [sér.bo] 男 **1** サーボ機構 (=servomecanismo). **2** サーボモーター (=servomotor).

ser·vo·cro·a·ta [ser.bo.kro.á.ta] 形 男女 → serbocroata.

ser·vo·di·rec·ción [ser.bo.đi.rek.θjón / -.sjón] 女《車》パワーステアリング.

ser·vo·fre·no [ser.bo.fré.no] 男《車》サーボブレーキ.

ser·vo·me·ca·nis·mo [ser.bo.me.ka.nís.mo] 男《機》サーボ機構: 自動フィードバック制御システム.

ser·vo·mo·tor [ser.bo.mo.tór] 男《機》サーボモーター: サーボ機構に用いるモーター.

se·sa·da [se.sá.đa] 女 **1** (動物の) 脳. **2**《料》(羊などの) 脳の揚げ物.

sé·sa·mo [sé.sa.mo] 男《植》ゴマ; ゴマの実 (=ajonjolí).
¡Sésamo, ábrete! / *¡Ábrete, Sésamo!* 開けごま:『千夜一夜物語』の Alí Babá の台詞(せりふ).

ses·ba·nia [ses.bá.nja] 女《植》セスバニア: マメ科の植物.

se·se·ar [se.se.ár] 自 ce, ci, z を s [s] のように発音する. → seseo.

****se·sen·ta** [se.sén.ta] 形《数詞》**1**《+名詞》60 の, 60人, 1個 の. Tiene unos ~ años. 彼[彼女]は60歳ぐらいだ.
2《名詞+》60番目の. los años ~ 60年代.
――男 60; 60の数字. ~ y uno 61.
[←〔古スペイン〕*sessaenta*←〔ラ〕*sexāgintā*; [関連] seis, sexagésimo]

se·sen·ta·vo, va [se.sen.tá.βo, -.βa] 形《数詞》第60の, 60番目の；60等分の. El segundo es la *sesentava* parte del minuto. 1秒は1分の60分の1である. ━男 60分の1.

se·sen·tón, to·na [se.sen.tón, -.tó.na] 形 60歳の, 60歳代[くらい]の. ━男女 60年配[代]の人.

se·se·o [se.sé.o] 男 ce, ci, z を s [s]のように発音すること. ♦スペイン Andalucía 地方, las Islas Canarias, ラテンアメリカで一般的な発音. → ceceo.

se·se·ra [se.sé.ra] 女 1 (動物の)頭蓋(赤), 脳, 脳髄. 2《話》人の頭. 3《話》頭脳, 知力, 知能.

se·se·re·que [se.se.ré.ke] 形 (ラ米)酔っ払った (= borracho).

ses·ga [sés.ga] 女《服飾》ゴア, まち：三角形の布ぎれ.

ses·ga·do, da [ses.gá.ðo, -.ða] 形 1 傾いた, 斜めに置かれた. 2 斜めに[はすかい]に切られた, 曲がって切られた. 3 〈考え・見方が〉主観的な, バイアスのかかった. 4 穏やかな, 落ち着いた.

ses·ga·du·ra [ses.ga.ðú.ra] 女 1 斜めに切ること；(布地の)バイアス裁断. 2 (人を)落ち着かせること, 静めること.

ses·gar [ses.gár] 103 他 1 斜めに切る, (布地を)斜めに裁つ. 2 斜めに[傾けて]置く. 3 歪曲する. 4 落ち着かせる, 静める.
━ ~·se 再 落ち着く, 静まる.

ses·go, ga [sés.go, -.ga] 形 1 斜めの, 傾斜した；斜めに切られた[置かれた]. 2 落ち着いた, 穏やかな.
━男 1 傾斜, 斜め, 傾き. 2 (布地裁断の)斜めの線, バイアス. 3 (ある事柄の)成り行き, 方向. tomar un mal ~ 悪いほうへ向かう. 4 遠げ口上, 言い逃れ.
al sesgo 斜めに；ゆがんで, ねじれて；バイアスに.

sé·sil [sé.sil] 形《植》葉柄のない, 無柄の. hoja ~ 無柄葉.

*se·sión [se.sjón] 女 1会議, 会合, 委員. ~ de apertura [clausura] 開会[閉会]の儀, 初日[最終日]の会合[プログラム, 催し]. ~ pública 公開の会(議). ~ secreta /~ a puerta cerrada 非公開の会(議). ~ plenaria 本会議, 総会, 通常国会. ~ extraordinaria 特別[臨時]招集, 特別[臨時]会議[委員会, 国会]. período de *sesiones* 会期. la ~ parlamentaria 国会. Se abre [levanta] la ~. これより開会[これにて閉会]いたします.
2上映, 上演, 回, 部. Vamos al cine a la ~ de las tres. 僕らは3時の上映を見に行きます. ~ de tarde 午後の部. ~ continua 入れ替えなしの上映. ~ numerada 全席指定[入れ替え制]の公演[上映]. ~ golfa 深夜上映, (真夜中を過ぎてから始まる)レイトショー.
3集まり, 会, 催し；(一回一回の)診療. ~ de espiritismo 降霊会. ~ fotográfica / ~ de fotografía 撮影会. ~ de trabajo ワークショップ. ~ de quiromasaje(カイロ)マッサージ診療. La ~ de yoga será a las ocho. ヨガのレッスンは8時からを予定している. En la ~ de hoy me han sacado una muela del juicio. 今日の診療で親知らずが1本抜かれた. 4着席, 座っていること.
estar en sesión《話》(議会・法廷などが)開かれている. El senado *está* en ~. 上院が開会中である.
[← 〔ラ〕*sessiōnem* (*sessiō* の対格)「座ること；会合」；*sedēre*「座っている」(→ ser) より派生〔関連〕〔英〕*session*〕

se·sio·nar [se.sjo.nár] 自 (会議・委員会などを)開会する, 開催する, (法廷などで)開廷する.

ses·ma [sés.ma] 女 6分の1 (= sexma).

*se·so [sé.so] 男 1《主に複数で》脳, 脳髄. 2《料》脳. ~s de carnero 羊の脳. fritada de ~s 脳の揚げ物. 3《比喩的》頭脳, 知力, 判断力. Ese niño tiene mucho ~. その子は頭がいい. Tienes muy poco ~. 君は全く分別がない.
*beber*le *los sesos* (*a*+人)《話》〈人〉を魅了する, うっとりさせる；〈人〉を魔法にかける.
beber(*se*) *el seso* [*los sesos*] 頭が変になる.
calentarse [*devanarse*] *los sesos*《話》知恵を絞る.
perder el seso《話》気が狂う, 正気を失う.
tapa de los sesos 頭のてっぺん.
tener sorbido el seso a+人 / *sorber el seso a*+人《話》《軽蔑》〈人〉に影響力がある；〈人〉を夢中にさせる, 虜(᠖)にさせる. Tomás *tiene sorbido el* ~ *a* María. トマスはマリアに首ったけだ.
[← 〔ラ〕*sēnsum* (*sēnsus* の対格)「感性；理性」；〔関連〕sentir, sensible, sensitivo. 〔英〕*sense*「感覚」]

sesqui-《接頭》1「1.5」の意. → *sesqui*hora, *sesqui*centenario. 2「(分数詞に付いて) 1…」の意. → *sesqui*quinto 1.2, 1+.

ses·quiál·te·ro, ra [ses.kjál.te.ro, -.ra] 形 (ものが) 1.5単位の；(量が) 3対2の比率になった.

ses·qui·cen·te·na·rio, ria [ses.ki.θen.te.ná.rjo, -.rja / -.sen.-] 形 150年祭の.
━男 150年祭.

ses·qui·ó·xi·do [ses.kjók.si.ðo] 男《化》三二酸化物, セスキ酸化物.

ses·qui·pe·dal [ses.ki.pe.ðál] 形 (長さが) 1フィート半ある.

ses·qui·pla·no [ses.ki.plá.no] 男 一半葉機：下の翼が約半分の長さの複葉飛行機.

ses·qui·ter·cio [ses.ki.tér.θjo / -.sjo] 男1と3分の1.

ses·te·a·de·ro [ses.te.a.ðé.ro] 男 (家畜を休ませる)日陰の場所.

ses·te·ar [ses.te.ár] 自 1 午睡を取る, 昼寝をする. 2 あまり熱心に働かない. 3 〈家畜が〉日陰で休む.

ses·te·o [ses.té.o] 男 1 午睡, 昼寝. 2 (家畜が)日陰で休むこと.

ses·ter·cio [ses.tér.θjo / -.sjo] 男 1 セステルス：古代ローマの銀貨. 2 セステルティウム：古代ローマの通貨単位. ~ de bronce (ローマ帝国の)セステルティウス青銅貨.

ses·te·ro [ses.té.ro] / **ses·til** [ses.tíl] 男 → sesteadero.

se·su·dez [se.su.ðéθ / -.ðés] 女 分別, 思慮深さ；聡明(ᠼ)さ.

se·su·do, da [se.sú.ðo, -.ða] 形 1 思慮深い, 分別のある；聡明(ᠼ)な, 賢い.
2 (ラ米)(中)(チ)(メ)(グ)(ベ)《話》頑固な, 強情な.

set [sét]《英》男《複 ~, ~s》1 (試合の)セット. Ganaron el partido por tres *sets* a uno. 彼らはその試合にセットカウント3対1で勝った.
2 一式. 3《映》(スタジオの)セット. 4 (ジェット機で旅をするような)金持ちの人々 (= la jet ~).

set. 《略》*se*tiembre 9月.

*se·ta [sé.ta] 女《菌類》キノコ. ~ comestible 食用キノコ. ~ venenosa 毒キノコ.

se·tal [se.tál] 男 キノコ群生地.

*se·te·cien·tos, tas [se.te.θjén.tos, -.tas / -.sjén.-] 形《数詞》700の；700番目の.
━男 700；700の数字 (ローマ数字 DCC). dos mil ~ veinte 2720. el año ~ 700年. mil ~ 1700.

sexenio

se·te·na [se.té.na] 囡 **1** 7単位構成のもの（= septena）．**2**《複数で》(昔の) 7倍払いの罰則．

se·te·na·do, da [se.te.ná.do, -.ða] 形 罪以上に罰せられた，必要以上の刑に処せられた．
—男 7年間，7か年．

se·te·nar [se.te.nár] 他 (くじ引きで) 7つ [人] から〈1つ [ひとり] を〉選び出す．

se·te·na·rio [se.te.ná.rjo] 男 7日間 (= septenario).

se·ten·ta [se.tén.ta] 形《数詞》**1**《+名詞》70 の，70人 [個] の．Peso ~ kilos. 私は体重が70キロある．
2《名詞+》70番目の．los ~ (años) ~ 1970年代．
—男 70; 70の数字 (ローマ数字VXX).
[←[古スペイン] *setaenta*←[ラ] *septuāgintā*; 関連 siete, septuagésimo]

se·ten·ta·vo, va [se.ten.tá.βo, -.βa] 形《数詞》 **1** 第70 (番目) の．**2** 70分の1の．
—男 70分の1．

se·ten·te·ro, ra [se.ten.té.ro, -.ra] 形 1970年代の．

se·ten·tón, to·na [se.ten.tón, -.tó.na] 形《話》70歳の，70歳代くらいの．
—男 囡 70年配の人，70代の人．

***se·tiem·bre** [se.tjém.bre] 男 9月 (= septiembre).

sé·ti·mo, ma [sé.ti.mo, -.ma] 形 男 囡 → séptimo.

se·to [sé.to] 男 **1** 囲い，柵(さく)．**2** 生け垣 (= ~ vivo [verde]).　**3**《ラ米》(グ) 仕切り壁，隔壁． [←[ラ] *saeptum* (*saepīre*「囲う」より派生)]

set·ter [sé.ter] [英] 男《動》セッター (= perro ~)：猟犬の一種．

seudo- 「擬似の，偽の」の意を表す造語要素．pseudo- となることも．→ *seudónimo*, *seudópodo*．[←[ギ]]

seu·do·her·ma·fro·di·ta [seu.ðo.er.ma.fro.ðí.ta] 形 両性の；性同一性障害の；雌雄同花 [両生花] の．—男 囡 性同一性障害の人．

seu·do·her·ma·fro·di·tis·mo [seu.ðo.er.ma.fro.ði.tís.mo] 男 性同一性障害．

seu·do·hi·po·pa·ra·ti·roi·dis·mo [seu.ðoi.po.pa.ra.ti.roi.ðís.mo] 男《医》偽性副甲状腺機能低下症．

seu·do·mo·na [seu.ðo.mó.na] 囡 プソイドモナス菌，シュードモナス．

***seu·dó·ni·mo, ma** [seu.ðó.ni.mo, -.ma] 形 ペンネームの，ペンネームで書かれた；偽名の．
—男 ペンネーム，筆名；偽名．→ apodo 類語．

seu·dó·po·do [seu.ðó.po.ðo] 男 (原生動物の) 偽足，虚足．

Se·úl [se.úl] 固名 ソウル：大韓民国の首都．
[←[韓国·朝鮮] *Sŏul*「首都」が原義]

S.E.U.O., s.e.u.o. 《略》《商》*salvo error u omisión* 誤記脱落はこの限りにあらず．

SEUR [se.úr]《略》*Servicio Urgente (de Transporte)* セウル：スペインの運送会社．

se·ve·ri·dad [se.βe.ri.ðáð] 囡 **1** 厳しさ，厳格さ．castigar con ~ 厳重に処罰する．obrar con ~ 厳正に振る舞う．**2** 苛烈(かれつ)さ，激しさ．**3** (外見などの) いかめしさ，険しさ．**4**《文体などの》簡素さ，地味さ．

***se·ve·ro, ra** [se.βé.ro, -.ra] 形 **1** (**ser**+/**estar**+)(**con...**　…に)厳しい，しんらつな，情け容赦のない．disciplina *severa* 厳しい規律．castigo ~ 厳しい罰．sentencia *severa* 厳しい判決．El entrenador *fue* siempre ~ *con* nosotros. コーチはいつも私たちに厳しかった．
2 厳格な，厳厳な，厳正な．Ese árbitro es muy famoso por su ~ arbitraje. その審判は非常に厳格な試合さばきで知られている．
3〈顔つきなどが〉いかめしい，怖い．Se calló con una expresión *severa*. 彼 [彼女] は険しい表情で黙り込んだ．**4**〈天候などが〉厳しい，激しい．invierno ~ 厳冬．La *severa* sequía duró seis meses. 過酷な干ばつが6か月間続いた．**5**〈文体·外観などが〉簡素な，地味な (= sobrio).
[←[ラ] *sevērum* (*sevērus* の対格)；関連 severidad, aseverar, perseverar. [英] *severe*]

se·vi·che [se.βí.tʃe] 男 → cebiche.

se·vi·cia [se.βí.θja / -.sja] 囡 残酷さ，野蛮な行為．

Se·vi·lla [se.βí.ja ǁ -.ʎa] 固名 セビーリャ：スペイン南部，Andalucía 地方の県；県都．
♦ローマ帝国時代に繁栄．712年モーロ人に占領されたが1248年にカスティーリャ王国によって再征服され，16世紀以降新大陸貿易の中心として繁栄した．「ヒラルダの塔」を持つ大聖堂，ムデハル様式のアルカサル，インディアス総文書館などの世界遺産がある (1987年登録)．
Quien fue [*va*] *a Sevilla perdió* [*pierde*] *su silla.*《諺》セビーリャへ行った者は自分の席を失った (帰ってみたら席がない)．
Quien no ha visto Sevilla no ha visto maravilla.《諺》セビーリャを見たことのない人はこの世のすばらしさを見たことのない人だ．→ Granada¹.
[←[アラビア] *Ishbīlīyah* ←《俗》*Hispalia* ←[ラ] *Hispalis* (ローマ帝国時代の名前)]

se·vi·lla·nas [se.βi.já.nas ǁ -.ʎá.-] 囡《複数形》セビリャーナス：セビーリャ民謡 [舞曲] の一つで seguidillas が歌われる．

se·vi·lla·no, na [se.βi.já.no, -.na ǁ -.ʎá.-] 形 (スペインの) セビーリャの．
—男 囡 セビーリャの住民 [出身者]．

se·vi·llis·mo [se.βi.jís.mo ǁ -.ʎís.-] 男《集合的》(スペインのサッカーチーム) セビーリャのファン．

se·vi·llis·ta [se.βi.jís.ta ǁ -.ʎís.-] 形 (スペインのサッカーチーム) セビーリャ Sevilla の．
—男 囡 セビーリャの選手 [ファン]．

se·xa·dor, do·ra [sek.sa.ðór, -.ðó.ra] 男 囡 動物の性別鑑定者．

se·xa·ge·na·rio, ria [sek.sa.xe.ná.rjo, -.rja] 形 60歳の，60歳代くらいの．
—男 囡 60年配の人，60代の人．

Se·xa·gé·si·ma [sek.sa.xé.si.ma] 囡《カト》六旬節の主日：復活祭前60日目．

se·xa·ge·si·mal [sek.sa.xe.si.mál] 形 60を基準にした，60組位の，60分の，60進法の．

se·xa·gé·si·mo, ma [sek.sa.xé.si.mo, -.ma] 形《数詞》**1** 第60 (番目) の．**2** 60分の1の．
—男 60分の1．

se·xa·go·nal [sek.sa.go.nál] 形 六角の (= hexagonal).

se·xán·gu·lo, la [sek.sáŋ.gu.lo, -.la] 形《数》六角形の (= hexágono). —男 六角形．

se·xa·pi·lo·so, sa [sek.sa.pi.ló.so, -.sa] 形《ラ米》(ゴプン) 性的魅力のある．

sex·ap·peal [sek.sa.píl] [英] 男 セックスアピール，性的魅力．

sex·cen·té·si·mo, ma [se(k)s.θen.té.si.mo, -.ma / -.sen.-] 形《数詞》**1** 600 (番目) の．**2** 600分の1の．—男 600分の1．

se·xe·nio [sekˈse.njo] 男 6年間．

se·xi [sék.si] 形 →sexy.

se·xis·mo [sek.sís.mo] 男〘軽蔑〙性による偏見, 性差別.

se·xis·ta [sek.sís.ta] 形 性差別主義の. ── 男女 性差別主義者.

sex·ma [sé(k)s.ma] 女 6分の1；特に6分の1 vara (13.93センチメートル).

*****se·xo** [sék.so] 男 **1** 性別, 性. bello 〜 / 〜 débil [femenino] 女性. 〜 fuerte [masculino, feo] 男性. el principio de igualdad entre los dos 〜s 両性平等の原則. No importa 〜, ni edad. 性別年齢は問いません. Se buscan chicos de ambos 〜s de entre 15 y 18 años para extras de publicidad. コマーシャルのエキストラをやる15歳から18歳までの少年少女を募集中.
2 (外)性器(= genitales, partes). Sólo un pedazo de tela le tapaba el 〜. 小さな布きれが彼[彼女]の性器を覆っているだけだった.
3 セックス, 性行動(= sexualidad). El 〜 seguro previene enfermedades de transmisión sexual. セーフセックスは性感染症を予防する. En esta película no hay escenas de 〜 explícito. この映画にはあからさまな性描写がない.
[← 〚ラ〛*sexum* (*sexus* の対格); 関連 sexual, sexualidad]. 〚英〛*sex*]

se·xo·lo·gí·a [sek.so.lo.xí.a] 女 性科学.

se·xo·ló·gi·co, ca [sek.so.ló.xi.ko, -.ka] 形 性の, 性科学の.

se·xó·lo·go, ga [sek.só.lo.go, -.ga] 男女 性科学者.

se·xo·tu·ris·mo [sek.so.tu.rís.mo] 男 性的目的の旅行.

se·xo·tu·ris·ta [sek.so.tu.rís.ta] 男女 性的目的の旅行者.

sex shop [séks sóp // -ʃóp] 〚英〛男 [複 〜s, 〜] ポルノショップ.

sex sym·bol [séks sím.bol] 〚英〛男 [複 〜s, 〜] セックスシンボル.

sex·ta [sé(k)s.ta] 女 **1** 〚カト〛六時課：正午に行う聖務日課. → oficio 関連.
2 (音楽) 6度音程. ── aumentada 増6度和音. 〜 diminuta [disminuida] 減6度和音. 〜 mayor 長6度. 〜 menor 短6度.
3 (遊) (トランプ) (ピケットで) 6枚続きのカード.
4 (古代ローマの) 1日の時間区分の3番目：およそ正午から午後3時まで. → nona.
── 男 → sexto.

sex·tan·te [se(k)s.tán.te] 男 **1** 〚天文〛六分儀.
2 (古代ローマの) セクスタンス青銅貨：asの6分の1.
3 [S〜] 〚星座〛ろくぶんぎ座.

sex·ta·rio [se(k)s.tá.rjo] 男 古代ローマの容積単位：約0.6リットル.

sex·ta·var [se(k)s.ta.bár] 他 六角形にする.

sex·te·to [se(k)s.té.to] 男 〚音楽〛六重唱団, 六重奏団; 六重唱曲, 六重奏曲.

sex·til [se(k)s.tíl] 男 aspecto 〜 〚天文〛(2つの天体が) 互いに60度離れている星位.

sex·ti·lla [se(k)s.ti.ja ‖ -.ʎa] 女 〚詩〛(各行が8音節以下で類音韻を踏む) 6行の詩節.

sex·ti·lli·zo, za [se(k)s.ti.ʎi.θo, -.ða ‖ -.ʎí- / -.so, -.sa] 形 6つ子の. ── 男女 6つ子.

sex·ti·llo [se(k)s.tí.jo ‖ -.ʎo] 男 〚音楽〛六連音符.

sex·ti·na [se(k)s.tí.na] 女 〚詩〛各行が11音節の6行の詩節6つと3行の結びの詩節1つからなる詩型.

*****sex·to, ta** [sé(k).sto, -.ta] 形《数詞》 **1** 第6の, 6番目の. Alfonso Ⅵ [〜] (レオン王・カスティーリャ王) アルフォンソ6世.
2 6分(の1)の.
── 男 **1** 6分の1. **2** 〚話〛el 〜 (十戒の中の) 第6の戒め：なんじ姦淫(ᅟ)するなかれ. **3** 〚カト〛教会典.
[← 〚ラ〛*sextum* (*sextus* の対格); *sex* 「6」 より派生); 関連 sexteto]

sex·tu·pli·ca·ción [se(k)s.tu.pli.ka.θjón / -.sjón] 女 6倍増.

sex·tu·pli·car [se(k)s.tu.pli.kár] 102 他 6倍にする. ── 〜·se 6倍になる.

séx·tu·plo, pla [sé(k)s.tu.plo, -.pla] 形 6倍の.
── 男 6倍, 6倍の数[量].

se·xua·do, da [sek.swá.ðo, -.ða] 形 〚生物〛有性の, 生殖器のある.

*****se·xual** [sek.swál] 形 性の；性に関する, 性的な. otro 〜 異性. órganos 〜es 性器, 生殖器. acoso 〜 セクシャルハラスメント. acto 〜 性行為. educación 〜 性教育. los caracteres 〜es primarios [secundarios] 第一次[第二次]性徴. perversión 〜 性的倒錯. reproducción 〜 有性生殖.

se·xua·li·dad [sek.swa.li.ðáð] 女 **1** 性徴, 性的能力[行為]；性, 性別, 雌雄性. **2** 性欲, 性感.

se·xua·lis·ta [sek.swa.lís.ta] 形 性解放主義の, 性解放論の. ── 男女 性解放主義者, 性解放論者.

se·xual·men·te [sek.swál.mén.te] 副 **1** 性別上. **2** 性的に.

sex·y [sék.si] 〚英〛形 セクシーな, 性的興味をそそる, 色っぽい. ── 男 性的魅力.

se·yal [se.jál] 男 〚植〛カキ.

Sey·che·lles [sei.tʃé.les] 固名 セイシェル：インド洋西部の共和国. 首都 Victoria.
[← 〚英〛*Seychelles* ←〚仏〛*Séchelles* (18世紀中期のフランス海軍長官 *Moreau de Séchelles* の名にちなんでフランス人が命名)]

sf 〚略〛〚音楽〛*sforzando* 〚伊〛 スフォルツァンド, その音を特に強めて.

s./f. 〚略〛*sin fecha* 日付のない；出版年不記載.

sfu·ma·to [es.fu.má.to / sfu.-] 〚伊〛男 〚美〛スフマート, ぼかし技法：レオナルド・ダ・ビンチが編み出した, 輪郭なしに陰影だけで立体感を表現する絵画技法.

sha(h) [ʃá] 男 シャー：かつてのイラン国王, その称号.

sha·kes·pe·a·ria·no, na [ʃa.kes.pe.rjá.no, -.na] 形 シェークスピア Shakespeare (1564-1616)の, シェークスピアの作品の, シェークスピア風の.

shan·tung [ʃan.túŋ] 〚英〛男 〚服飾〛シャンタン, 山東絹：紬(ᅟ)ふうの平織絹布.

share [ʃá.re // ʃér] 〚英〛男 (ラジオ・テレビの) 視聴率.

share·ware [ʃér.(g)wer] 〚英〛男 [複 〜, 〜S] 〚IT〛シェアウェア：オンラインで配布される有料のソフトウェア.

sha·ria [ʃá.rja] 〚アラビア〛女 シャーリーア：コーランなどの戒律および社会慣習の法.

sha·ro·ni [sa.ró.ni] 男 〚植〛カキ.

sharp [ʃárp] 形 〚略〛[複 〜, 〜s] 人種偏見と戦うスキンヘッドの人.
── 男 人種偏見と戦うスキンヘッドの人：英語 *Skin Heads Against Racial Prejudice*の頭文字.

sha·toosh [ʃa.túʃ] 男 パシュミナのショール.

she·quel [ʃe.kél // ʃe.-] 男 [複 sheqalim, 〜S] シェケル：イスラエルの通貨単位.

she·rif / sher·iff / shé·rif / shé·riff [tʃé.rif // ʃé.-] 〚英〛男女 [複 〜s, 〜] (米国の) 保

安官；(英国の)州長官(= cherife).

sher·pa [sér.pa // ʃér.-] [ネパール] 形 シェルパ人の；シェルパの. ─ 男 女 **1** シェルパ人：ヒマラヤ山地に住むチベット系ネパール人. **2** シェルパ, 運搬人.

sher·rif [tʃé.rif // ʃé.-] [英] 男 → sherif.

sher·ry [ʃé.ri] [英] 男 シェリー(酒)；一杯のシェリー酒 (= vino de Jerez). → jerez, Jerez de la Frontera.

shet·land [ʃét.lan(d)] [英] 男 **1** シェトランドウール. **2** シェトランドウールの衣服.

shi·a·tsu [si.á.tsu] [日] 男 指圧.

shi·ge·llo·sis [si.xe.jó.sis] 女《単複同形》〖医〗細菌性赤痢.

shi·í [si.í, tʃi.-] 形 男 女《複 ~es, ~s》→ chiita.

shock [ʃók] [英] 男《複 ~s》〖医〗衝撃, ショック.

sho·gun [ʃo.gún, ʃó.gun] [日] 男《複 ~es, ~, ~s》→ sogún.

shop [tʃóp] 男《ラ米》(ﾁｮｯﾌﾟ) 生ビール.

shop·ping [ʃo.pin] 男《複 ~s, ~》《話》ショッピング, 買い物 (= compra).

short [ʃórt] [英] 男《時に複数で》ショートパンツ, ショーツ. ▶ 複数形の発音は [ʃór(t)s].

shot [ʃót] 男《複 ~s, ~》《ラ米》《スポ》《ｻｯｶｰ》(ｻｯｶｰ) のシュート；スローイン.

shot·gun [ʃót.gun] [英] 男 散弾銃.

show [ʃóu] [英] 男《複 ~s, ~》**1** (ナイトクラブ・テレビなどの)ショー, 興行. acudir al ~ ショーを見に行く. ─ business (映画・テレビなどの) ショービジネス, 芸能界. **2**《話》注目の的, 見もの.
montar el show《話》《軽蔑》人目を引く.

show·girl [ʃóu.gerl] [英] 女《複 ~s》ショーガール.

show·man [ʃóu.man] [英] 男《複 ~, showmen, ~s》芸人, ショーマン.

show·view / show view [ʃóu.bju] [英] 男〖ＴＶ〗バーコード録画システム.

shu·ra [ʃú.ra] [アラビア] 女 (アラブ諸国の) 諮問機関.

si¹ [si] [接続] **1《副詞節》
(1)《条件節を導いて》(1)《+ 直説法》(▶ 未来は使われない) もし…なら, …すれば. *Si quiere*, le acompañaré hasta la estación. よろしければ駅までご一緒しましょう. *Si llueve* mañana, me quedaré en casa. もし明日雨なら私は家にいます.
(2)《+ 接続法》《反実仮想》もし…であったならば (▶ 接続法過去で現在の事実に反する仮定を, 接続法過去完了で過去の事実に反する仮定を表す). *Si yo fuera más joven, otro gallo cantaría*. もし私がもっと若ければ状況は違っているだろう. *Si yo hubiera tenido esa fortuna, me habría comprado la finca*. もし私にそれだけの財産があったならその別荘を買っていただろう.
2《譲歩節を導いて》…であるのに；たとえ…だとしても. No sé de qué te quejas, *si eres inteligente y muy guapa*. あなたは頭がよくて美人なのに何が不服なのか私にはわかりません.

2《名詞節》
1《+ 直説法》…かどうか. Me preguntaron *si no sabía* nada. 私は何も知らないのかと聞かれた.
2《+ 不定詞》…すべきかどうか. No sé *si aceptarlo o no*. それを受けるべきかどうか私にはわかりません.

3《+ 独立文》
1《願望》《+ 接続法過去》…ならなあ. ¡*Si fuera* verdad! それが本当なら(どんなにいいか).
2《抗議など》…ですよ, …だからね, …なのに. ¡*Si aca-*

ban de ir a buscarte! 今君を迎えに行ったところだぞ.
3《強調》…なんだからね, なんと…, なんだろう. *Si será una pena que no puedan venir*. 彼らが来られないなんて本当に残念だ.
4《驚き》《*pero* +》…だよ, …とはね《驚きだ》, …なのに. *Pero si gano mucho más*. でも私はもっとずっと稼ぎがいいんだぞ. *Pero si es una injusticia*. でもそれは不公平というものだよ.
como si《+ 接続法過去》まるで…であるかのように；《+ 接続法過去完了》まるで…であったかのように. Habla *como si no supiera* nada. 彼[彼女]はまるで何も知らないかのように話す. Se fueron *como si no hubiera pasado* nada. 何事もなかったかのように彼らは行ってしまった.
si bien +《直説法》《譲歩》…だけれども. *Si bien es cierto, no me convence*. それが確かであっても私は納得できません.
si no さもなければ. Vete, *si no*, perderás el tren. 行きなさい, さもないと電車に遅れるよ.
[← 〔ラ〕*sī*；関連] sino, casi]

si² [si] 男〖音楽〗シ, ロ音.

Si 〖化〗silicio ケイ素.

**si¹ [si] 代名《再帰》《人称》[3 人称, 単複同形]《前置詞 +》自分自身, それ自体. presentarse a *sí mismo* 自己紹介する. La Tierra gira *sobre sí misma*. 地球は自転している. ▶ 再帰の意味を強めたい場合には, 後ろに *mismo* を伴う. ▶ 前置詞 con と用いる場合 consigo となる. → consigo¹.
de (por) sí / en sí それ自体. No me gusta el tema *en sí*. 私はテーマ自体が好きではない.
estar [ponerse] fuera de sí (怒りなどで) 我を忘れている[忘れる].
estar sobre sí 自分をわきまえている；警戒している.
para sí 心の中で, 内心で. decir *para sí* 思う；独り言を言う.
por sí mismo ひとりで；独力で.
por sí solo ひとりで；ひとりでに. Lo va a solucionar *por sí sola*. 彼女ひとりでそれを解決するだろう.
[← 〔俗ラ〕 *sī ← 〔ラ〕 *sibi*「自分自身に」(*sē*「自分自身を」の与格形)]

si² [si] 副 **1《疑問詞のない疑問文に対する肯定の返事》はい, そうです. ¿Quieres café? ─ *Sí*, por favor. コーヒーはいかが. ─はい, お願いします. ▶ 相手の発言に対する賛意を示すことがある. ⇒ Mañana vendrá aquí tu tío. ─ ¿*Sí*? 明日ここに君のおじさんが来るよ. ─えっ, 本当なの.
2《肯定文の強調》確かに；そうです. Lo haré, *sí*, aunque no quiero. やりたくはないけど, (やることは)やりますよ. ▶ 否定文と対比させた文脈で使われる. ⇒ Ellos no vienen, pero nosotros *sí*. 彼らは来ませんが, 私たちは来ます.
─ 男《複 síes》**1** はいという返事, 承認. ¿Tienes el *sí* del jefe? 君は上司の承認は受けているんだね. **2**《複数で》賛成票.
a que sí《肯定を強調して》そうでしょ. Llevas una camisa muy bonita. ─ ¡*A que sí*! とてもすてきなシャツだね. ─でしょ. Ya llevas diez años aquí, ¿*a que sí*? ね, 君はもうここへ来て10年になるんだよね, そうでしょ.
dar el sí 承諾する, はいと返事する.
estar de que sí《話》何でも賛成したい気分である, 機嫌がいい.
porque sí (1)《形容詞・副詞 +》《強調》とりたてて

[すごく]…な[…に]. No son *ricos porque sí*. 彼らは言うほどには金持ちではない. (2) 《質問に答えて》だってそうだから. ¿Por qué vas a verlo? — *Porque sí*. なぜ彼に会いに行くの. ―だって会いたいんだもん. ▶ 否定の場合は porque no.
por sí o por no 万一の場合に備えて.
pues sí 《不快》《知らせ・出来事に対して》まさか, そんなばかな.
¡Que sí! 《しつこい質問に答えて》だからそうなんだよ.
¡Sí, pero menos! それはそうですが, でもそれほどでもないです.
(pues) sí que ... 《皮肉で》本当に…ですね. Estuvisteis los dos todo el día sin hablar nada. — *Pues sí que* fue divertido. ふたりで一日中何もしゃべらずにいたのですか. ―実に楽しかったですね.
¡Sí que...! 《肯定文を強めて》…なんだから.
[←[古スペイン]「はい; そのように」←[ラ] *sīc*「そのように」; 関連 así. [ポルトガル] *sim*. [仏] *si*. [伊] *sì*]

sial [siál] 男 【地質】シアル：sima の上部にあり大陸地殻の上部を構成する層, 花崗(ポッ)岩質層.

sia·lis·mo [sja.lís.mo] 男 【医】流涎(ポッ)(症), 唾液(ボッ)(分泌)過多.

sia·lo·rre·a [sja.lo.r̃é.a] 男 → sialismo.

sia·més, me·sa [sja.més, -.mé.sa] 形 シャムの; タイ語の. *gato* ~ シャム猫. ― 男 女 1 シャム人. 2 シャム双生児(の片方). ― 男 タイ語：タイ・カダイ諸語の一つ, タイの標準語.

si·ba·ri·ta [si.ba.rí.ta] 形 1 《富とぜいたくで有名な古代ギリシアの都市》シバリス Síbaris の. 2 奢侈(ピ゚)快楽の, 享楽的な, 遊蕩(ポ゚)児の.
― 男 女 1 シバリス人.
2 ぜいたくに遊び暮らす人, 快楽主義者, 遊蕩者.

si·ba·rí·ti·co, ca [si.ba.rí.ti.ko, -.ka] 形 → sibarita.

si·ba·ri·tis·mo [si.ba.ri.tís.mo] 男 奢侈(ピ゚)快楽, 享楽主義.

Si·be·ria [si.bé.rja] 固名 シベリア：ロシアのアジア部の主要部を構成する地域.
[←[近ラ] *Siberia* ←[ロシア] *Sibir* (現在のトボルスク近くにあったタタール人の砦(ぽ゚)の名が起源)]

si·be·ria·no, na [si.be.rjá.no, -.na] 形 シベリアの.
― 男 女 シベリア人.

si·bil [si.bíl] 男 1 ほら穴, 洞穴.
2 地下食糧貯蔵室, 穴倉, 室(ポ).

si·bi·la [si.bí.la] 女 (古代ギリシア・ローマの) 巫女(ポ); 女予言者, 女占い師.

si·bi·lan·cia [si.bi.lán.θja / -.sja] 女 (気管支炎の) ゼーゼー音.

si·bi·lan·te [si.bi.lán.te] 形 1 シューシューという音をたてる. 2 【音声】歯擦音の.
― 【音声】歯擦音：[s], [z], [ʃ], [ʒ] など.

si·bi·li·no, na [si.bi.lí.no, -.na] 形 1 巫女(ポ)の, 女占い師の; 予言的な. 2 神秘的な, なぞめいた.

si·bi·lí·ti·co, ca [si.bi.lí.ti.ko, -.ka] 形 → sibilino.

si·bo·ney [si.bo.néi] 形 シボネーの.
― 男 女 シボネー：スペインによる征服時代にキューバに住んでいた先住民.

si·bu·ca·o [si.bu.ká.o] 男 【植】スオウ；スオウ材：堅い木質が釘(ポ)に用いられる. また染料や薬にもなる.

sic [sík] [ラ] 副 原文のまま：原文引用の際に誤りと思われる箇所の後に括弧に入れて付記する.

si·ca·lip·sis [si.ka.líp.sis] 女 [単複同形] エロチシズム, 猥褻(ポッ); 好色文学, 猥本；春画.

si·ca·líp·ti·co, ca [si.ka.líp.ti.ko, -.ka] 形 扇情的な, 卑猥(ポ)な, ポルノ的な.

si·ca·mor [si.ka.mór] 男 【植】ハナズオウ.

si·ca·rio [si.ká.rjo] 男 1 殺し屋, 刺客. 2 有力者に従順に従う者, 子分.

si·cas·te·nia [si.kas.té.nja] 女 【医】精神衰弱(症).

si·cas·té·ni·co, ca [si.kas.té.ni.ko, -.ka] 形 【医】精神衰弱(症)の.

si·ci·gia [si.θí.xja / -.sí.-] 女 【天文】朔望(ポ゚).

Si·ci·lia [si.θí.lja / -.sí.-] 固名 シチリア, シシリー：イタリア南部の自治州で地中海最大の島. ♦1282年アラゴン王国に併合されて以来, ほぼ一貫してスペインの宗主権下におかれたが, 1861年独立してイタリア王国に帰属. [←[ラ] *Sicilia* ←[ギ] *Sikelía*]

si·ci·lia·no, na [si.θi.ljá.no, -.na / -.si.-] 形 (イタリアの) シチリアの, シチリア人の.
― 男 女 シチリア人.

si·clo [sí.klo] 男 1 シケル：古代バビロニア, フェニキア, ヘブライの重さの単位. 約8.42–11.424グラム.
2 シケル銀貨：「シケル」の重さのある古代の通貨.

sico- → psico-.

si·co·a·ná·li·sis [si.ko.a.ná.li.sis] 男 → psicoanálisis.

si·co·a·na·lis·ta [si.ko.a.na.lís.ta] 男 女 → psicoanalista.

si·co·a·na·lí·ti·co, ca [si.ko.a.na.lí.ti.ko, -.ka] 形 → psicoanalítico.

si·co·a·na·li·zar [si.ko.a.na.li.θár / -.sár] 97 他 → psicoanalizar.

si·co·de·lia [si.ko.ðé.lja] 女 → psicodelia.

si·co·dé·li·co, ca [si.ko.ðé.li.ko, -.ka] 形 → psicodélico.

si·co·dra·ma [si.ko.ðrá.ma] 男 → psicodrama.

si·co·fan·ta [si.ko.fán.ta] / **si·co·fan·te** [si.ko.fán.te] 男 おべっか使い, ごますり; 中傷者.

si·co·fí·si·ca [si.ko.fí.si.ka] 女 → psicofísica.

si·co·fi·sio·lo·gí·a [si.ko.fi.sjo.lo.xí.a] 女 心理[精神]生理学.

si·co·lo·gí·a [si.ko.lo.xí.a] 女 → psicología.

si·co·ló·gi·co, ca [si.ko.ló.xi.ko, -.ka] 形 → psicológico.

si·có·lo·go, ga [si.kó.lo.go, -.ga] 男 女 → psicólogo.

si·co·me·trí·a [si.ko.me.trí.a] 女 → psicometría.

si·co·mo·ro [si.kó.mo.ro] / **si·co·mo·ro** [si.ko.mó.ro] 男 【植】イチジクの一種.

si·co·mo·tri·ci·dad [si.ko.mo.tri.θi.ðáð / -.si.-] 女 → psicomotricidad.

sí·co·no [sí.ko.no] 男 【植】イチジク果.

si·có·pa·ta [si.kó.pa.ta] 男 女 → psicópata.

si·co·pa·tí·a [si.ko.pa.tí.a] 女 → psicopatía.

si·co·pá·ti·co, ca [si.ko.pá.ti.ko, -.ka] 形 → psicopático.

si·co·pa·to·lo·gí·a [si.ko.pa.to.lo.xí.a] 女 → psicopatología.

si·co·sis [si.kó.sis] 女 → psicosis.

si·co·so·má·ti·co, ca [si.ko.so.má.ti.ko, -.ka] 形 → psicosomático.

si·co·te [si.kó.te] 男 《ラ米》《タリ》《ヲトラゥ》《メホシ》足の垢に汚れ, 悪臭.

si·co·téc·ni·co, ca [si.ko.ték.ni.ko, -.ka] 形 → psicotécnico.

si·co·te·ra·pia [si.ko.te.rá.pja] 女 → psicoterapia.

si·co·tu·do, da [si.ko.tú.ðo, -.ða] 形《ラ米》《話》足が臭い.

si·cró·me·tro [si.kró.me.tro] 男 → psicrómetro.

sí·cu·lo, la [sí.ku.lo, -.la] 形 男 女 → siciliano.

SIDA / si·da [sí.ða] 男《略》Síndrome de Inmunodeficiencia Adquirida エイズ, 後天性免疫不全症候群 [英 AIDS].

si·da·fo·bia [si.ða.fó.bja] 女 エイズ恐怖症.

si·dá·ti·co, ca [si.ðá.ti.ko, -.ka] 形《話》エイズの. — 男 女《話》エイズ患者.

si·de·car [si.ðe.kár] [英] 男 (オートバイの) サイドカー.

si·de·ral [si.ðe.rál] 形《天文》星の, 星に関する; 恒星の. año ~ 恒星年. día ~ 恒星日. espacio ~ 恒星空間. tiempo ~ 恒星時.

si·dé·re·o, a [si.ðé.re.o, -.a] 形 → sideral.

si·de·ri·ta [si.ðe.rí.ta] 女《鉱》菱（りょう）鉄鉱.

sidero- 「鉄」の意の造語要素. 母音の前では sider-. <-- siderosis, siderurgia. [←〔ギ〕]

si·de·ro·li·to [si.ðe.ro.lí.to] 男《鉱》シデロライト, 石鉄隕石.

si·de·ro·me·ta·lúr·gi·co, ca [si.ðe.ro.me.ta.lúr.xi.ko, -.ka] 形 製鉄·冶金の.

si·de·ro·sa [si.ðe.ró.sa] 女《鉱》菱（りょう）鉄鉱.

si·de·ro·sis [si.ðe.ró.sis] 女《単複同形》《医》鉄症：肺塵(じん)症の一種; 鉄血症.

si·de·rós·ta·to [si.ðe.rós.ta.to] 男《天文》シデロスタット：天体の光を一定方向へ送る装置.

si·de·rur·gia [si.ðe.rúr.xja] 女 製鉄; 製鉄業.

si·de·rúr·gi·co, ca [si.ðe.rúr.xi.ko, -.ka] 形 製鉄の. industria *siderúrgica* 製鉄業. — 女 製鉄所.

si·dí·ti·co, ca [si.ðí.ti.ko, -.ka] 形《話》エイズの. — 男 女《話》エイズ患者.

si·do·so, sa [si.ðó.so, -.sa] 形《話》《軽蔑》エイズの. — 男 女《話》《軽蔑》エイズ患者.

si·dra [sí.ðra] 女 リンゴ酒, シードル.

si·dre·rí·a [si.ðre.rí.a] 女 リンゴ酒売りの店, リンゴ酒製造（業）, リンゴ酒専門店.

si·dre·ro, ra [si.ðré.ro, -.ra] 形 リンゴ酒の, リンゴ酒愛好者の. — 男 女 **1** リンゴ酒愛好者. **2** リンゴ酒製造［販売］業者.

sie·ga [sjé.ɣa] 女 刈り入れ; 刈り入れ時; 刈り取った穂. ~ de trigo 小麦の刈り取り(時). — 直 → segar.

siegue(-) 活 → segar.

siembr- 活 → sembrar.

siem·bra [sjém.bra] 女 種まき, (微生物の) 培養; 種まきの時期; 種まきした畑.

siem·bre [sjém.bre] 男《ラ米》《話》→ siembra.

sie·mens [sjé.mens / sí.-] 男《単複同形》《電》ジーメンス：コンダクタンス（電気伝導力, 抵抗の逆数）の SI単位 (記号 S).

Sie·mens [sjé.mens] 固名 シーメンス：電気機器製造を中心とするドイツ資本の会社. — 男 (または 女)(携帯電話など) シーメンス製の機器.

＊＊siem·pre [sjém.pre] 副 **1** 常に, いつも, しょっちゅう. como ~ いつものように. ¿S~ está de tan buen humor? いつも彼[彼女]はこんなに機嫌がいいのですか. S~ ha estado fuera de mi alcance. それはずっと私の手の届かないところにあった.
2《話》どんなときも. S~ serás mi mejor amigo. 君はいつだって私の大親友だよ.
3《強調》必ず, 絶対. S~ será motivo de posible violencia. それは必ずなんらかの暴力の原因となるだろう. **4**《ラ米》**(1)**《話》とにかく. **(2)**《婉》やはり, 結局. S~ sí [no]. やはりそうだ[そうではない].

desde siempre 昔からずっと. *Desde ~ te lo he dicho.* 昔からずっと君にそう言っていた.

de siempre **(1)** ずっと前から. **(2)** 《名詞＋》いつもの…; ずっと前からの….

¡Hasta siempre!《あいさつ》お元気で, ご機嫌よう. ▶ 長い別れで再会を約束するような, いつでもすぐ会いたいという気持ちをこめるとき用いられる.

para siempre 生涯, 永遠に. *Quiero guardar para ~ en mi corazón estos hermosos recuerdos.* 私はこの美しい思い出を心にずっと留めておきたい.

por siempre (jamás) ずっと, 永久に.

siempre que **(1)**《＋直説法》…するときはいつも. *S~ que me presenta dice "mi mujer".* 彼は私を紹介するときはいつも「私の妻」と言っています. **(2)**《＋接続法》…する限りは, …という条件で. *El médico dice que puedes mejorar ~ que te cuides.* 医者は君が気をつけている限りよくなると言っています.

siempre y cuando ＋接続法 …という条件で, …である限りは. *La dejaban salir ~ y cuando estuviera de regreso temprano.* 早く帰っているという条件で彼女は外出が許されていた.
[←〔ラ〕*semper*]

siem·pre·tie·so [sjem.pre.tjé.so] 男 起き上がりこぼし.

siem·pre·ver·de [sjem.pre.βér.ðe] 女 常緑樹.

siem·pre·vi·va [sjem.pre.βí.βa] 女《植》ムギワラギク.

＊sien [sjén] 女 こめかみ, 鬢(びん). dispararse en la ~ 自分のこめかみに弾を撃ち込む.

sie·na [sjé.na] 形 赤茶色の, シエナ色の. — 男 赤茶色, シエナ色.

sie·ni·ta [sje.ní.ta] 女《鉱》閃長(せんちょう)岩.

sient- 活 **1** → sentar. **2** → sentir.

sier·pe [sjér.pe] 女 **1**《文章語》ヘビ (= serpiente). **2** 怒りっぽい人, 凶暴な人. **3**（ヘビのように）くねくねと動くもの.

＊sie·rra [sjé.ra] 女 **1**（規模があまり大きくない）連峰，（峰のとがった）山脈, 連山. S~ del Guadarrama（スペインの）グアダラマ山脈. S~ Nevada de Santa Marta（コロンビアの）サンタ・マルタ山脈.
2 山岳地帯, 高地, 山あい. *Fuimos de vacaciones a la ~ y lo pasamos muy bien.* 僕らは休みに山に行ったんだ, とても楽しかったよ.
3 のこぎり. en forma de ~ のこぎりの刃の形をした, ぎざぎざの. *Para cortar el árbol usé la ~ mecánica.* その木を切るのに電動のこぎりを使った. ~ abrazadera 上挽(び)きの大のこ. ~ circular 回転のこぎり,（電動）丸のこ. ~ continua /~ de cadena チェーンソー. ~ de cinta 帯のこ. ~ de mano 手挽きのこ, 片手のこ. ~ de vaivén 糸のこ. ~ de arco 弓のこ. ~ marquetería （電動）糸のこ. ~ para metales 金のこ. dientes de ~ のこぎりの刃(の形), ぎざぎざ.

pez sierra《魚》ノコギリエイ.
[←〔ラ〕*serram* (*serra* の対格) 「のこぎり」(形の類似から「山脈」の意味が派生)] 関連 serrano, serranía, aserrar]

Sie·rra Le·o·na [sjé.ra le.ó.na] 固名 シエラレオネ：アフリカ西部の共和国. 首都 Freetown.
[〔古ポルトガル〕*Serra Lyoa*（「雌獅子(じし)の連山」の

sierraleonés

意；Freetown 港を囲む山並みを見てポルトガル人探検家 *Pedro de Sintra* が命名)のスペイン語訳)．

sie･rra･le･o･nés, ne･sa [sje.r̄a.le.o.nés, -.né.sa] 形 シエラレオネの；シエラレオネ人の．
── 男 女 シエラレオネ人．

sier･vo, va [sjér.bo, -.ba] 男 女 **1** 奴隷，農奴．**2** 奉公人，使用人；家来．**3** (謙遜) 私め；僕(ﾎﾞｸ)．Mándeme lo que quiera, soy su ～. 私めになんなりとお申しつけください．── 女 (ラ米)(ｽｽ)(話) (軽蔑) 家事をする使用人の若い女性．
siervo de Dios 《カト》敬虔(ﾂ)なキリスト教徒．
siervo de gleba 《史》(中世の)世襲農奴．

sie･so, sa [sjé.so, -.sa] 形 (話) 嫌な，感じの悪い．
── 男 《解剖》直腸の先端部；(俗)肛門．

***sies･ta** [sjés.ta] 女 **1** (昼食後の) **昼寝**，シエスタ．
♦スペイン，イタリア，中南米諸国の習慣．dormir [echar(se)] la ～ 昼寝をする．～ del carnero 昼食前のうたた寝．
2 (1日のうちで最も暑い) 真昼，昼下がり．
[← [ラ] (hōra) sexta「(日の出から数えて) 第6 (時)」(大体正午に相当)．関連 sexto, seis]

sies･te･ci･ta [sjes.te.θí.ta / -.sí.-] 女 siesta + 縮小辞．

***sie･te** [sjé.te] 形《数詞》**1** (＋名詞) 7の，7人 [個]の．las ～ maravillas del mundo 世界の七不思議．Son las ～. 7時です．
2《名詞＋》7番目の．
── 男 **1** 7の数字(ローマ数字Ⅶ)．el ～ de espadas (スペイン・トランプの) 剣の7 (→ naipe)．el ～ de abril 4月7日．**2** (話) (衣服の) かぎ裂き．hacerse un ～ en la camisa シャツにかぎ裂きを作る．**3** (ラ米)(俗)尻(ｼﾘ)；肛門(ｺｳ)．
bajo siete llaves しっかり鍵をかけて，厳重に保管して．
¡La gran siete! (ラ米)(ｽｽ)(ｽｽ)(話) これは驚きだ．
las siete y media トランプゲームの一種．
más que siete (話) うんと，どっさり．comer [beber] *más que* ～ 大食いする[大酒を食らう]．
ser más embustero que siete とんだうそつきだ．
[← [ラ] *septem*．関連 séptimo, setenta, septuagésimo, hept(ｴ)-, septiembre, semana, septentrión．[英] *seven*]

sie･te･co･lo･res [sje.te.ko.ló.res] 男《単複同形》(ラ米)(ｽｽ)(ｽｽ)《鳥》ナナイロフウキンチョウ．

sie･te･cue･ros [sje.te.kwé.ros] 男《単複同形》(ラ米) (1) (ｽｽ)(ｽｽ)(ｽｽ)(ｽｽ)たこ，まめ．(2) (ﾒｷ)(ﾍﾟ)(ﾍﾞﾙ)《医》瘭疽(ﾋｮｳｿﾞ)．

sie･te･en･ra･ma [sje.te(.e)n.r̄á.ma] 男《植》キジムシロの一種．

sie･te･ma･chos [sje.te.má.tʃos] 男《単複同形》(話) (軽蔑) けんか早い人，気性の荒い人，生意気な人．

sie･te･me･si･no, na [sje.te.me.sí.no, -.na] 形 **1** 7か月で生まれた，未熟児の．**2** (話) (軽蔑) 不愉快で愚かな．── 男 女 **1** 7か月で生まれた赤ん坊，未熟児．**2** (話) (軽蔑) 不愉快で愚かな人．

sie･te･ñal [sje.te.ɲál] 形 7歳の．

sie･vert [sjé.ber(t) // sí.-] 男《物理》シーベルト：電離放射線の線量当量の SI 単位(記号 Sv.)．

si･fi･lá･zo [si.fi.lá.θo / -.so] 男 (話) 梅毒の感染．

si･fí･li･de [si.fí.li.ðe] 女《医》梅毒疹(ｼﾝ)．

sí･fi･lis [sí.fi.lis] 女《単複同形》《医》梅毒．

si･fi･lí･ti･co, ca [si.fi.lí.ti.ko, -.ka] 形 梅毒の[にかかった]．── 男 女 梅毒患者．

si･fi･lo･gra･fí･a [si.fi.lo.gra.fí.a] 女《医》梅毒学，梅毒論．

si･fi･lo･grá･fi･co, ca [si.fi.lo.grá.fi.ko, -.ka] 形 梅毒学の，梅毒論の．

si･fón [si.fón] 男 **1** サイフォン，吸い上げ管．
2 (排水用の) U字管，トラップ．
3 (炭酸水を入れる) サイフォン瓶；その炭酸水．whisky con hielo y ～ ハイボール．**4**《動》水管．
5 (ラ米)(ｽｽ) (話) 生ビール．

si･fo･sis [si.fó.sis] 女《単複同形》《医》(脊柱(ｾﾞﾂ))後湾(症)，(背中の)こぶ．

si･fri･no, na [si.frí.no, -.na] 形 (ラ米)(ﾍﾞﾈ) (軽蔑) 気取った，外国かぶれの．

si･fué [si.fwé] 男 馬の腹帯．

si･ga [sí.ga] 女 (ラ米)(ｷｭ) 追跡．a la ～ de... …のあとを追って[追跡して]．

siga(-) / sigá- 活 → seguir.

si･gi･la･ción [si.xi.la.θjón / -.sjón] 女 封をすること，封印；秘密保持．

si･gi･lar [si.xi.lár] 他 **1** 封をする，封印を施す，密封する (= sellar). **2** 秘密にする．

si･gi･lo [si.xí.lo] 男 **1** 封印，シール．
2 秘密，内密．～ profesional (弁護士・医師などの) 職業上の) 守秘義務．～ sacramental 《カト》聴罪司祭が守るべき秘密．con ～ 内密に，秘密厳守で．**3** 静寂，沈黙．

si･gi･lo･gra･fí･a [si.xi.lo.gra.fí.a] 女 印章学：古い印章を研究する古文書学の一分野．

si･gi･lo･sa･men･te [si.xi.ló.sa.mén.te] 副 内密に；慎重に．

si･gi･lo･so, sa [si.xi.ló.so, -.sa] 形 **1** 秘密の，内密の；秘められた．**2** 静かな，沈黙した．

si･gla [sí.gla] 女 **1** (頭文字を連ねた) 略号，略語；(単語の) 頭文字．ONU es la ～ de la Organización de las Naciones Unidas. ONUは国際連合の略号である．
2 省略記号，略語．→ adj. (= adjetivo) 形容詞．

si･gla･rio [si.glá.rjo] 男 頭文字略語表．

***si･glo** [sí.glo] 男 **1** (1) (期間を示す単位として の) **世紀**，100年．dentro de un ～ 100年後に．medio ～ 半世紀．Aquel puente se construyó hace más de cinco ～s. あの橋は5世紀以上前に建設された．
(2) (特に西暦における) 世紀 (略 s.)．～ XVIII 18世紀．el siglo tercero a. de C. [a.C., antes de Cristo] 紀元前3世紀．fin del ～ 世紀末．El ～ XX concluye al año 2000 y el ～ XXI empieza en el año 2001. 20世紀は2000年に終わり，2001年から21世紀が始まる．
2 時代．el ～ de la informática 情報科学の時代 [世紀]．nuestro ～ 現代，今世紀．el ～ de las Luces 啓蒙の時代．*El* ～ *de las luces*『光の世紀』(Carpentierの小説)．S～ de Oro 黄金時代；(特にスペインの) 黄金世紀 (♦16世紀から17世紀における文学・美術史上の最盛期を指す)．
3 長い間，歳月．al correr de los ～s 歳月が経つと．Hace ～s [un ～] que no me escribe. 彼[彼女]からはずいぶん長いこと手紙をもらっていない．Mi ordenador tarda ～s en arrancar. 僕のコンピュータは起動するのにやたらと時間がかかる．
4 (まれ) 世俗(の生活)，現世，浮世．abandonar el ～ / retirarse del ～ 世を捨てる，修道院に入る，出家する．vivir en el ～ 俗世に暮らす．Santa Teresa de Jesús, en el ～ Teresa de Cepeda y Ahumada 聖女テレサ・デ・ヘスス，俗世ではテレサ・デ・セペーダ・イ・アウマーダ．

sigüí

del siglo 当代随一の, 世紀の. *obra [descubrimiento] del ～* 世紀の大傑作[発見]. *hijo del ～* 時代の寵児(ｼｮｳ).

por [en] los siglos de los siglos 未来永劫, 永遠に, 【聖】世々とこしえに. *Tú vivirás por los ～s de los ～s en mi corazón.* 君は僕の心の中に永遠に生き続けるだろう. *Gloria al Padre, y al Hijo, y al Espíritu Santo, como era en el principio, ahora y siempre, por los ～s de los ～s.* 栄光は父と子と聖霊に初めのように今もいつも世々に(頌栄の祈りの言葉).

[←【古スペイン】*sieglo*←【ラ】*saeculum*「世代；世紀」；【関連】*seglar*.【スペイン】【英】*secular*]

sig‧ma [síɣ.ma] 囡 シグマ (∑, σ, ς)：ギリシア語アルファベットの第18字.

sig‧moi‧de‧o, a [siɣ.moi.ðé.o, -.a] 形 シグマ (∑) 形の, ς 状の.

sig‧moi‧di‧tis [siɣ.moi.ðí.tis] 囡《単複同形》【医】S字結腸炎.

sig‧ná‧cu‧lo [siɣ.ná.ku.lo] 囲 (書面への) 押印, 捺印(ﾅﾂ).

sig‧nar [siɣ.nár] 他 **1** 印を押す, 捺印(ﾅﾂ)する. **2** 署名する, サインする. ▶ 一般には *firmar* を用いる. **3**【宗】…に十字を切る.

— **～‧se** 再 十字を切る.

sig‧na‧ta‧rio, ria [siɣ.na.tá.rjo, -.rja] 形 署名した, 調印した. — 囲 囡 署名 [調印] 者.

sig‧na‧tu‧ra [siɣ.na.tú.ra] 囡 **1** 署名, サイン. **2** しるし, (書籍などの分類上の) 記号 [番号]. **3**【印】折記号, 折標.

sig‧ní‧fe‧ro, ra [siɣ.ní.fe.ro, -.ra] 形《文章》表象 [記章] を帯びた, 旗じるしのついた, しるしのついた.

*sig‧ni‧fi‧ca‧ción [siɣ.ni.fi.ka.θjón / -.sjón] 囡 **1** 意味, 意義. **2** 重要性；価値. *un hecho de gran ～* きわめて重要な事実.

*sig‧ni‧fi‧ca‧do, da [siɣ.ni.fi.ká.ðo, -.ða] 形《＋名詞》(人が) 名だたる, 高名な. *un ～ político* 著名な政治家.

— 囲 **1** 意味, 語義；意義, 重要性. *No conozco el ～ de esta palabra.* 私はこの語の意味を知らない. *¿Cuál es el ～ de su sonrisa?* 彼[彼女](ら) のほほえみは何を意味するのだろう. *Sus argumentos carecen de ～.* 彼[彼女](ら)の主張することには意味がない.

2【言】記号内容, シニフィエ, 所記. ♦記号論において *significante* (記号表現, シニフィアン, 能記) と共に *signo* (記号) を構成する概念.

sig‧ni‧fi‧ca‧dor, do‧ra [siɣ.ni.fi.ka.ðór, -.ðó.ra] 形 (何かを) 意味する, 意味を表す. — 囲 囡 意味する人 [もの].

sig‧ni‧fi‧can‧te [siɣ.ni.fi.kán.te] 形 重要な, 意味のある；意義深い. — 囲【言】記号表現, シニフィアン, 能記.

sig‧ni‧fi‧car [siɣ.ni.fi.kár] 自 他 **1 意味する；示す, 表す；《＋不定詞 [*que* ＋直説法]…ということを》表す. *¿Qué significa esta palabra en sánscrito?* この語はサンスクリット語で何を意味しますか. *Esta cifra significa un incremento notable con respecto al año anterior.* この数字は前年に対してかなりの増加があることを示しています. *Haber estudiado mucho no siempre significa ser un gran especialista.* よく勉強したということが偉大な専門家であるということを意味するとは限らない.

2 〈結果を〉生じる, …を必然的に含む. *Eso significaría la ruina.* それは破滅につながるだろう.

3《＋人《人》に》〈意見などを〉述べる, 表明する. *Le significaré el desacuerdo.* 私は彼[彼女]に承諾できないことを伝えます. ▶ *le* は *a* ＋人に相当.

— 自《*para*……にとって》重要である. *Este momento va a ～ mucho para vosotros.* この瞬間が君たちにとって重要な意義となるだろう. *El que adopten esta solución no significa nada para mí.* 彼らがその解決策を採用するからといって私には関係ない.

— **～‧se** 再《*por*…で／*como*…として》知られる, 際立つ. **2**《*como*…として》態度を明らかにする. *no ～se* 態度を保留する.

[←【ラ】*significare* (*signum*「印」＋ *facere*「作る」]；【関連】*significado, significante*.【英】*signify*]

sig‧ni‧fi‧ca‧ti‧va‧men‧te [siɣ.ni.fi.ka.tí.ba.mén.te] 副 意味ありげに, 暗示的に, 含みをもたせて.

*sig‧ni‧fi‧ca‧ti‧vo, va [siɣ.ni.fi.ka.tí.bo, -.ba] 形 **1** 意味する, 意義を持つ. **2**《視線・態度などが》**意味ありげな**, 暗示的な. *Dirigió una mirada significativa hacia ella.* 彼女の方を意味ありげに見た. **3** 意義のある, 重要な, 重大な. *ser ～ que ＋接続法* …ということは重要である.

signifique(-) / signifiqué(-) 活 → *significar*.

sig‧no [síɣ.no] 囲 **1 しるし, 表れ. *La sonrisa es ～ de alegría.* ほほえみは喜びの表れです. *Las canas son su único ～ de vejez.* 白髪が彼[彼女]の唯一の老いの徴候だ.

類語 兆候を表す「しるし」は *indicio, señal, signo, síntoma*.「目印, 合図」は *seña, señal*.

2 (音楽・数学などの) **記号, 符号**. *～ más [positivo]* 正符号 (＋). *～ menos [negativo]* 負記号 (－). *～ igual* 等号記号. *～ radical* 根号 (√). *～ de puntuación* 句読記号. *～ de admiración* 感嘆符. *～ de interrogación* 疑問符.

3 サイン, (意味のある) 動作. *～ de la paz* ピースサイン. *el ～ de la cruz*【カト】(祝福のための) 十字架のしるし. → *gesto* 類語.

4【占星】(黄道十二宮の) (星) 座, 宮；運命. *los doce ～s del zodiaco* 黄道十二宮. *¿Cuál es tu ～ del zodiaco?* 君は何座. *Los que han nacido bajo este ～ son muy optimistas.* この星座生まれの人は非常に楽観的です. *No me digas que has nacido bajo el ～ trágico.* 自分が悲劇的な星の下に生まれたなんて言うなよ.

5【言】(言語) 記号 (＝ *～ lingüístico*)；シーニュ.

6 傾向, 動向 (＝ *tendencia*). *～ político* 政治的傾向.

7 (公証人が署名に添える) 飾り書.

[←【ラ】*signum* (→ *sino*「運命」)；【関連】*significar, seña(l), consignar*.【英】*sign, signal*]

si‧go [sí.ɣo] 活 → *seguir*.

si‧gua‧pa [si.ɣwá.pa] 囡《ラ米》(ｷｭｰﾊﾞ) (ﾄﾞﾐﾆｶ)《鳥》フクロウ科コノハズク属の鳥.

sigue(-) 活 → *seguir*.

si‧gue‧me‧po‧llo [si.ɣe.me.pó.jo ‖ -.ʎo] 囲 (背に垂らす女性の) リボン；(装飾用に) 首に巻くひも.

Si‧güen‧za [si.ɣwén.θa / -.sa] 固名 シグエンサ：スペイン中部 Guadalajara 県の町.

si‧gue‧te‧ar [si.ɣe.te.ár] 囲 自《ラ米》(ﾍﾟﾙ) → *seguir*.

sigui- 活 → *seguir*.

si‧güí [si.ɣwí] 囲 囡 [複 ～**es**, ～**s**]《ラ米》(ｺﾞﾓｽ)《話》おべっか使い.

siguiente

si‧guien‧te [si.gjén.te] 形 **1** 《+名詞／名詞+》（ある時点から見て）**次の**, 次にくる. al día ～ (de [+名詞／+不定詞／que+接続法])(…の)(→ mañana). la ～ estación その次の駅(▶ la próxima estación(発話時点から見て)この次の駅). al año ～ その翌年に. pasar a la ～ ronda 次回戦[次のラウンド]へ進む.
2 次のような, 以下の. de la ～ manera [forma] 次のように. Conteste a la ～ pregunta. 以下の質問に答えてください. Dijo lo ～. 彼[彼女]は次のようなことを言った.
── 男 女 次の人. ¡Que pase el ～! 次の方どうぞ.

si‧gui‧ri‧ya [si.ɣi.rí.ja] 女 (フラメンコの)シギリーヤ. ◆「深い歌」の意の cante jondo [hondo] の一種. → cante.

sij [síx] 形 〔複 ～s, 〕 シーク教の, シーク教徒の.
── 男 女 シーク教徒.

si‧jú [si.xú] 男 《ラ米》(ｷｭｰﾊﾞ)(ﾄﾞﾐﾆｶ) 〔鳥〕キューバズメフクロウ.

sil [síl] 男 黄土(色) (= ocre).

*****sí‧la‧ba** [sí.la.ba] 女 **1** 〔言〕**音節**, シラブル. ～ abierta [libre] (子音で終わる)開音節. ～ aguda [tónica]アクセントのある音節. ～ átona アクセントのない音節. ～ breve 短音節. ～ cerrada [trabada] (子音で終わる)閉音節. ～ directa 子音+母音からなる音節. ～ inversa 母音+子音からなる音節. ～ larga 長音節. ～ mixta 子音に挟まれた母音からなる音節. ～ postónica [pretónica]強勢後[強勢前]の音(節).
2 〔音楽〕(階名に付属して用いる)変化記号の名称.
[← ﾗ sýllabam (syllaba の対格) ← ﾍﾞ syllabé; 関連 silábico, silabear, polisílabo. 〔英〕syllable]

si‧la‧ba‧ción [si.la.βa.θjón / -.sjón] 女 音節に分けること, 分節；音節に区切って発音すること.

si‧la‧bar [si.la.βár] 自 音節ごとに発音する.

si‧la‧ba‧rio [si.la.βá.rjo] 男 (読み方を教えるために音節の区切りが示された)初級教本, 音節表. → alfabeto 類語.

si‧la‧be‧ar [si.la.βe.ár] 他 自 音節に区切って発音する；音節に区切る.

si‧la‧be‧o [si.la.βé.o] 男 音節に分けること, 分節；音節に区切って発音すること.

si‧lá‧bi‧co, ca [si.lá.βi.ko, -.ka] 形 音節の, 音節からなる.

si‧lan‧ga [si.láŋ.ga] 女 (フィリピンで)海峡, 瀬戸.

sil‧ba [síl.ba] 女 (野次・抗議の)口笛. dar una ～ 口笛を吹いて野次る.

sil‧ba‧dor, do‧ra [sil.ba.ðór, -.ðó.ra] 形 **1** 口笛を吹く. **2** 野次る, 抗議する.
── 男 女 口笛を吹く人；野次る人.

sil‧ban‧te [sil.bán.te] 形 **1** (口)笛を吹く；(風が)ヒューヒュー鳴る, ぜいぜい言う. **2** 〔音声〕歯擦音の.

*****sil‧bar** [sil.bár] 他 **1** 〈あるメロディーを〉**口笛で吹く**；口笛で言わす. ～ al perro 口笛を吹いて犬を呼ぶ. Mi abuelo silbaba esta canción. 祖父はこの歌をよく口笛で吹いていた.
2 〈劇場などで〉口笛で野次る, けなす.
── 自 **1** 口笛を吹く.
2 〈風などが〉鳴る；〈弾丸が〉うなりをあげる；〈矢が〉音をたてる. **3** (劇場などで)野次る, 抗議する. **4** ぜいぜいと息をする；耳鳴りがする.
[←ﾗ sībilāre; sibilus「口笛」(→ silba)より派生；関連 silbido, silbato, sibilante. 〔英〕sibilate 「シューシューと言う」, sibilant]

sil‧ba‧ti‧na [sil.ba.tí.na] 女 《ラ米》(ｱﾙｾﾞ)(ﾎﾟｼﾞｱ)(ｳﾙｸﾞ)野次の口笛.

sil‧ba‧to [sil.bá.to] 男 **1** 呼び子；汽笛；警笛. ～ del tren 汽車の汽笛.
2 (空気・液体などを通過させる)小さな亀裂(ﾋﾋ).

*****sil‧bi‧do** [sil.βí.ðo] 男 **1** 口笛の音. dar un ～ 口笛を吹く. **2** (風の)吹く音；(弾丸・矢の)うなる音；(ヘビなどの)シューという音. ～ del viento 風のうなり. **3** ぜいぜいいう息の音, 喘鳴(ｾﾞﾝﾒｲ)；耳鳴り (= ～ de oídos). **4** 口笛言語 (= ～ de la Gomera). ◆スペインでは Gomera 島など Islas Canarias の先住民 guanche 人が通信方法として使っていた.

sil‧bo [síl.bo] 男 → silbido.

sil‧bón [sil.bón] 男 〔鳥〕ヒドリガモ.

sil‧bo‧te‧ar [sil.bo.te.ár] 他 〔話〕〔軽蔑〕口笛を吹いて不快感を与える.

si‧len‧cia‧dor [si.len.θja.ðór / -.sja.-] 男 **1** (鉄砲の)消音装置, サイレンサー；(エンジンなどの)消音器, マフラー. **2** (ラジオの)ノイズ除去回路.

si‧len‧ciar [si.len.θjár / -.sjár] 82 他 **1** 〈事件などを〉隠しておく, 伏せておく. La prensa silenció el suceso. 新聞はその事件に触れなかった.
2 黙らせる；音を消す.

*****si‧len‧cio** [si.lén.θjo / -.sjo] 男 **1 沈黙**, 黙っていること. Debes guardar ～ cuando empiece la misa. ミサが始まったら静かにしていないといけませんよ. Tu ～ me inquietó. 君が何も言わないので私は不安になった. Un ～ incómodo interrumpió la conversación. 気まずい沈黙が会話を遮った. Guardamos un minuto de ～ en memoria del difunto coronel. 亡き大佐をしのんで1分間の黙禱を捧げた.
2 (特定のことについて)何も言わないこと, 口を閉ざすこと. el derecho al ～ 黙秘権. El ～ de las autoridades produce toda clase de suposiciones. 当局の沈黙があらゆる種類の憶測を生んでいる.
3 音がしないこと, **静寂**. ～ sepulcral 墓場のような静けさ. La escuela quedó en ～ al empezar las vacaciones. 休暇が始まると学校はひっそりとした. Un grito desgarró el ～ de la noche. 叫び声が夜の静寂を破った.
4 音沙汰がないこと. ¡Cómo me ha preocupado tu ～! 君が連絡をくれないのをどれほど心配したことか. **5** 〔音楽〕休符, 休止符；休止, ポーズ (= pausa). ～ de blanca [negra, corchea] 二分[四分, 八分]休符.
── 間投 **静かに**. ¡S～! El bebé está dormido. 静かにしなさい, 赤ちゃんが眠ってるんですから.
El silencio es oro. 〔諺〕沈黙は金.
en silencio （1）黙って. Bebimos *en* ～. 僕らは黙って酒を飲んだ. （2）不平を言わずに, 黙って. Sufre los dolorosos tratamientos *en* ～. 彼[彼女]は痛みを伴う治療におとなしく耐えている.
imponer silencio a +人 〈人〉を黙らせる, 静かにさせる, 〈人〉に沈黙を強いる. Antes de dar la clase tengo que empezar por *imponer* ～ *a* los alumnos. 私は授業の前にまず生徒たちを静かにさせなくてはならない. La policía *impuso* ～ a la prensa sobre los desaparecidos. 警察は行方不明者についてマスコミに箝口令(ｶﾝｺｳﾚｲ)を敷いた.
pasar [*mantener*]... *en silencio* …を伏せておく, …に触れずに済ませる. Es mejor *pasar* el asunto *en* ～. その件は言わないでおいたほうがいい.
reducir al silencio a +人 〈人〉を静かにさせる.
silencio administrativo(要求や質問に対する)行

si·len·cio, cia [si.lén.θjo, -.θja / -.sjo, -.sja] 形 《ラ米》(ｼﾞｬﾘｶ)(ﾀﾘｶ)(ｼﾁﾞｬ) 《話》もの静かな; 黙っている.

si·len·cio·sa·men·te [si.len.θjó.sa.mén.te / -.sjó.-] 副 静かに, 黙って.

***si·len·cio·so, sa** [si.len.θjó.so, -.sa / -.sjó.-] 形
 1 《ser＋/estar＋》沈黙した; 無口な（＝callado). mayoría *silenciosa* 物言わぬ多数派, サイレントマジョリティ. *Es muy silencioso*. 彼女は非常に寡黙だ. *Anoche estaba ～*. 昨夜彼はあまり口を開かなかった. *Los niños miraban el acto ～s y con los ojos muy abiertos*. 子供たちは口もきかず, 目を見開いてお芝居を見ていた.
 2 静かな, ひっそりした（↔*ruidoso*). *Toda la calle estaba silenciosa*. 通りは静まりかえっていた. *Me gusta este parque porque es ～*. この公園が好きなんです, 静かなので.
 3 (大きな) 音を立てない. disco duro ～ 静音設計のハードディスクドライブ. motor ～ 音の静かなモーター[エンジン]. guitarra *silenciosa* サイレントギター.
 ― 男 消音装置, マフラー, サイレンサー.

si·len·te [si.lén.te] 形《詩》静かな, 静寂の, 平穏な.

si·lep·sis [si.lép.sis] 女《単複同形》 **1** 《文法》シレプシス: 語の性数一致が文法によってでなく意味によってなされること. ⸺*Una multitud lo esperan*. 大勢の人たちが彼を待っている. **2** 《修辞》兼用法, シレプシス: 1語を本来の意味と比喩的意味の二義に使う表現法. ⸺*más suave que un guante* 手袋よりも柔らかい; 《比喩的》従順である.

si·le·rí·a [si.le.rí.a] 女 サイロのある所.

si·le·ro [si.le.ro] 男 →silo.

si·lex [sí.leks] 男 《単複同形》火打ち石, 燧石(ｽｲｾｷ), シレックス; (先史時代の) 武器, 道具.

sil·fi·de [síl.fi.ðe] 女 **1** (北欧神話の女の) 空気[大気]の精. **2** ほっそりした美しい女性.

sil·fo [síl.fo] 男 (北欧神話の男の) 空気[大気]の精.

sil·ga [síl.ga] 女 (船の) 引き綱; (時計の) 分銅をつるすひも.

sil·ga·do, da [sil.gá.ðo, -.ða] 形《ラ米》(ﾁｬﾘｶ) 《話》やせた, やせ細った.

sil·gue·ro [sil.gé.ro] 男《鳥》→jilguero.

si·li·ca·to [si.li.ká.to] 男《化》ケイ酸塩.

sí·li·ce [sí.li.θe / -.se] 男《化》シリカ, 二酸化ケイ素.

si·lí·ce·o, a [si.lí.θe.o, -.a / -.se.-] 形《化》シリカ[二酸化ケイ素]を含む.

si·lí·ci·co, ca [si.lí.θi.ko, -.ka / -.si.-] 形《化》シリカの; ケイ素の. ácido ～ ケイ酸.

si·li·cio [si.lí.θjo / -.sjo] 男《化》ケイ素 (記号 Si).

si·li·cón [si.li.kón] 男《ラ米》(ﾁｬﾘｶ) シリコン.

si·li·co·na [si.li.kó.na] 女《化》シリコン.

si·li·co·sis [si.li.kó.sis] 女《単複同形》《医》珪肺(ｹｲﾊｲ), 珪肺症.

si·li·có·ti·co, ca [si.li.kó.ti.ko, -.ka] 形《医》珪肺(ｹｲﾊｲ)の, 珪肺症の.

si·li·cua [si.lí.kwa] 女《植》長角果.

si·lin·go, ga [si.líŋ.go, -.ga] 形 (エルベ川とオーデル川の間の地域に住んでいたゲルマン系部族) シリンゴ人の. ― 男 女 シリンゴ人.

***si·lla** [sí.ja || -.ʎa] 女 **1** いす (▶ 通常背もたれがあるものを指す). *Se levantó de la ～ y me ofreció su asiento*. 彼[彼女]はいすから立ちあがって私に席をすすめてくれた. *Siempre que viene aquí se queda pegado a la ～ y lee todo el periódico*. 彼はここに来るといすにすわりついて新聞をくまなく読む. ～ de la reina (2人が互いの手首を握って作る) 手車. ～ de mano 《史》(位の高い人間を運んだ) いすのこし輿(ｺｼ), リノ駕籠(ｶｺﾞ). ～ giratoria 回転いす. ～ plegable 折りたたみいす. ～ de tijera 折りたたみいす (特に開いたとき前から見て脚がXの形になるもの). ～ de niño ベビーカー, ベビーバギー; チャイルドシート. ～ de ruedas 車いす. ～ eléctrica (処刑用の) 電気いす. ～ gestatoria (儀式などで) 教皇を乗せて運ぶいす, 輿(ｺｼ).
 2 鞍(ｸﾗ) (＝～ de montar). ～ inglesa イギリス式鞍. ～ jineta 競馬用の鞍. caballo de ～ 乗馬用の馬. ～ turca《解剖》トルコ鞍. ～ de ternera 《料》子牛の鞍下肉. *Le puso la ～ a su caballo muy temprano y salió a dar una vuelta*. 彼[彼女]は早朝から馬に鞍をつけて散歩に出かけた.
 3 高位聖職者の地位[座(のある場所)]; (位の高い人の) 威光. ～ pontificia 教皇 (の) 座. ～ arzobispal 大司教の座. ～ episcopal 司教座.

 juez de silla (テニス・バレーボールなどの) 主審.
 pegársele（a＋人） ***la silla*** 〈人〉 がずっと座ったままでいる; 《話》 〈人〉 が訪問先で長居する.
 perder la silla 職を失う.
 quitar la silla a＋人 〈人〉 を首にする. *A él le quitaron la ～ la semana pasada*. 彼は先週首になった.
 silla de posta (昔の) 馬車; 駅馬車.

 [⸺《古スペイン》*sietla*←《古ラ》*sella*, 関連 sillín, sillón. 英 *chair, sit, seat, saddle* 「サドル」]

si·llar [si.jár || -.ʎár] 男 **1** 《建》(建築用の) 切り石. **2** 馬の背.

si·lle·rí·a¹ [si.je.rí.a || -.ʎe.-] 女 **1** 《集合的》いす, ソファー; 応接セット. **2** (教会・劇場などの連なった) 席, 座席; 聖歌隊席. **3** いす製作 (業); いす製作所; いす販売店.

si·lle·rí·a² [si.je.rí.a || -.ʎe.-] 女 切り石造りの建物.

si·lle·ro, ra [si.jé.ro, -.ra || -.ʎé.-] 男 女 **1** いす職人, いす販売人. **2** 《ラ米》(ﾁｬﾘｶ) 《動》ウマ; ラバ.

si·lle·ta [si.jé.ta || -.ʎé.-] 女《ラ米》(ﾁｬﾘｶ) 腰掛け. [silla＋縮小辞]

si·lle·ta·zo [si.je.ta.θo || -.ʎe.- / -.so] 男 いすでの殴打.

si·lle·te·rí·a [si.je.te.rí.a || -.ʎe.-] 女《ラ米》(ﾁｬﾘｶ) 《集合的》(劇場の) 座席.

si·lle·te·ro [si.je.té.ro || -.ʎe.-] 男 **1** (輿(ｺｼ)の) 担ぎ手. **2** 《ラ米》(まれに《スペイン》) いす職人; いす販売人.

si·lli·co [si.jí.ko || -.ʎí.-] 男 便器, おまる.

si·llín [si.jín || -.ʎín] 男 **1** (自転車の) サドル, (オートバイの) シート. **2** (普通より軽装の) 鞍(ｸﾗ).

***si·llón** [si.jón || -.ʎón] 男 **1** ひじ掛けいす. ～ giratorio 回転いす. ～ de lona (木枠に帆布を張った) デッキチェアー. ～ de orejas (背もたれの) そで付き安楽いす. ～ de ring (ボクシングの) リングサイド席. ～ de ruedas 車いす. **2** (女性用の) 横鞍(ｸﾗ). **3** 《ラ米》揺り椅子. [silla＋増大辞]

si·llón, llo·na [si.jón, -.jó.na || -.ʎón, -.ʎó.-] 形 《ラ米》(ﾁｬﾘｶ)(ﾗ)(ﾊﾟ)(ｼﾞｬ) (馬の背に) 鞍(ｸﾗ) の跡がついた.

si·llón-ball [si.jóm.ból || -.ʎóm.-] / **si·llon·bol** [si.jom.ból || -.ʎom.-] 男《話》テレビの前でのスポーツ観戦.

si·lo [sí.lo] 男 **1** (穀物・飼料貯蔵用の) サイロ, 室(ﾑﾛ), 地下倉庫. **2** 《軍》サイロ: ミサイル地下格納庫.

si·lo·gis·mo [si.lo.xís.mo] 男《哲》《論》三段論法.

si·lo·gís·ti·co, ca [si.lo.xís.ti.ko, -.ka] 形 三段論法の. ― 男【論】三段論法.

si·lo·gi·zar [si.lo.xi.θár / -.sár] 97 自 三段論法で論じる[推論する].

*__si·lue·ta__ [si.lwé.ta] 女 **1** 輪郭；体形.
2 影(絵), シルエット.

si·lue·tar [si.lwe.tár] 他 / **si·lue·te·ar** [si.lwe.te.ár] 他 …のシルエット(輪郭)を描く.

si·lu·ria·no, na [si.lu.rjá.no, -.na] / **si·lú·ri·co, ca** [si.lú.ri.ko, -.ka] 形【地質】シルル紀の.
― 男 シルル紀：古生代の紀の一つ. 約 4 億 4600 万～ 4 億 1600 万年前.

si·lu·ro [si.lú.ro] 男 **1**【魚】ナマズ. **2**【軍】自動推進式魚雷.

sil·va [síl.ba] 女 **1**【詩】シルバ：7 音節と 11 音節を自由に組み合わせた 16 世紀半ばの詩型. **2** 詩集；雑録.

Sil·va [síl.ba] 固名 シルバ José Asunción ～ (1865–96)：コロンビアの詩人. →modernismo.

sil·va·no [sil.bá.no] 男【ロ神】森の神.

*__sil·ves·tre__ [sil.bés.tre] 形 **1** 野生の, 自生の, 自然の. plantas ～s 野生植物. fruta ～s 野生の果実.
2 未開の；粗野な. tierras ～s 未開拓地.
gallo silvestre オオライチョウ.
paloma silvestre ヤマバト.
rábano silvestre ワサビダイコン.
[←〔ラ〕*silvestrem* (*silvestris* の対格)「森林の；野生の」(→*salvaje*);*silva*「森」より派生, 関連 silvano. 〔英〕*savage*]

sil·vi·cul·tor [sil.bi.kul.tór] 男 植林従事者；育林学研究者.

sil·vi·cul·tu·ra [sil.bi.kul.tú.ra] 女 造林, 植林；林学, 植林法.

sil·vi·na [sil.bí.na] 女【鉱】シルビナイト.

si·ma [sí.ma] 女 深い裂け目, 深淵(だん), 深い穴.
― 男【地質】シマ：海洋底や大陸下層部の岩層. → sial.

si·ma·si·to [si.ma.sí.to] 副《ラ米》(認)《話》ほとんど, もう少しで.

sim·ba [sím.ba] 女《ラ米》(ゾフ)(ゼパ)(髪の)三つ編み.

sim·bar [sim.bár] 他《ラ米》(ガパ)(髪の)を編む.

sim·bion·te [sim.bjón.te] 形【生物】共生の.
― 男【生物】共生者.

sim·bio·sis [sim.bjó.sis] 女《単複同形》【生物】共生.

sim·bió·ti·co, ca [sim.bjó.ti.ko, -.ka] 形【生物】共生の.

sim·bol [sim.ból] 男《ラ米》(ゾフ)(ゼパ)【植】チカラシバの一種：かごなどを編む材料に使う.

sim·bó·li·ca·men·te [sim.bó.li.ka.mén.te] 副 象徴的に；形式的に.

sim·bó·li·co, ca [sim.bó.li.ko, -.ka] 形 **1** 象徴 [表象]の, 象徴的な. *significado* ～ 象徴的な意味.
2 記号[符号]の, 記号による. *lenguaje* ～ 記号言語. **3** 形ばかりの. *una cantidad simbólica* わずかな額.

sim·bo·lis·mo [sim.bo.lís.mo] 男 **1** 象徴性, 象徴的意義. **2** 象徴（記号）体系, 象徴表示法. **3**《美》【文学】象徴主義, シンボリズム.

sim·bo·lis·ta [sim.bo.lís.ta] 形 **1**《美》【文学】象徴派の. **2** 象徴[記号]を用いる.
― 男 女 **1**《美》【文学】象徴派作家.
2 象徴を用いる人；記号[符号]使用者.

sim·bo·li·za·ción [sim.bo.li.θa.θjón / -.sa.sjón] 女 象徴[表象]化；記号化.

sim·bo·li·zar [sim.bo.li.θár / -.sár] 97 他 **1** 象徴する, …の象徴である；《con... / en... …で》表す. *El simboliza el estilo español con [en] la figura de Don Quijote y Sancho.* 彼はドン・キホーテとサンチョの姿によってスペイン人的なあり方を象徴させている. *La bandera simboliza la patria.* 国旗は国の象徴である. **2** 象徴[記号]化する, 符号で表す.
― ～**se** 再《con... …で》表される.

*__sím·bo·lo__ [sím.bo.lo] 男 **1** 象徴, 表象, シンボル. *En este poema la biblioteca puede interpretarse como un* ～ *del mundo.* この詩の中で図書館は世界の象徴として解釈されうる.
2 記号, 符号, (=signo)；化学【元素】記号 (=químico [atómico]). ～ *fonético* 発音記号. ～ *chino* 漢字. *Ag es el* ～ (*químico*) *de la plata.* Ag は銀の元素記号である.
3 (貨幣やメダルに刻印された)図像, 紋様. **4** 格言.
el símbolo de los apóstoles [*la fe*] 《カト》信仰宣言, クレド, 使徒信条.
[←〔ラ〕*symbolum*「印, 記号」←〔ギ〕*sýmbolon*；関連 simbólico, simbolizar. 〔英〕*symbol*]

sim·bo·lo·gí·a [sim.bo.lo.xí.a] 女 象徴記号（象徴）体系；象徴学.

*__si·me·trí·a__ [si.me.trí.a] 女 **1** 対称, 相称, (左右)均斉 (=asimetría). **2** 釣り合い, 調和.

si·mé·tri·ca·men·te [si.mé.tri.ka.mén.te] 副 対称的に.

*__si·mé·tri·co, ca__ [si.mé.tri.ko, -.ka] 形 **1** 対称的な, 相称的な, (左右)均斉の.
2 均整の取れた, 釣り合いの取れた, 調和のある.

si·me·tri·zar [si.me.tri.θár / -.sár] 97 他 対称的にする.

si·mien·te [si.mjén.te] 女 **1**〈比喩的な〉種子, 種 (=*semilla*). **2**《比喩的》種, 基.

si·mies·co, ca [si.mjés.ko, -.ka] 形 類人猿のような；猿に似た.

sí·mil [sí.mil] 男 **1** 類似, 相似. **2** 比べること, 比較. *hacer un* ～ 比較する. **3**《修辞》直喩(*ちょく*)法, 直喩.

*__si·mi·lar__ [si.mi.lár] 形《多くは名詞＋》《**a...** …に》類似した, 同じような《*ser*＋》. *Me ocurrió algo* ～. 私も似たような目に遭った. *La forma de este modelo es* ～ *a la del anterior, pero el sistema está totalmente renovado.* この製品の形状は前のものとよく似ていますが, 内部の機構は一新されております. ～ **y** *similar*(*es*) という形で名詞的に用いられ,「(前述のものと)類似したもの」となる. ← *motos y* ～*es* オートバイなど.
[←〔ラ〕*similis*「似ている」より派生, 関連 similitud, asimilar, disimilar, semejante. 〔英〕*similar*]

si·mi·lar·men·te [si.mi.lár.mén.te] 副 同様に.

si·mi·li·ca·den·cia [si.mi.li.ka.dén.θja / -.sja] 女《修辞》2 つ以上の文や詩句の末尾に同じ語尾や似た音で終わる語を配する修辞形式. ← *Sin nada nació, con poco vivió, con menos murió.*

*__si·mi·li·tud__ [si.mi.li.túd] 女 類似(性), 相似.

si·mi·lor [si.mi.lór] 男【ア】ピンチベック, 模造金：見かけが金に似た銅と亜鉛の合金.
de similor 偽りの, 見かけ倒しの, いんちきの.

si·mi·ña·ca [si.mi.ɲá.ka] 女《ラ米》(認)《話》混乱, ごたごた, もめごと.

si·mio, mia [sí.mjo, -.mja] 男 女 類人猿；猿.

si·món [si.món] 男《スペイン Madrid で》貸し馬車の.

—男 貸し馬車.
—副 《ラ米》《ミラテン》《話》うん(= sí²).

Si.món [si.món] 固名 **1** 〖聖〗シモン. (**1**) ~ llamado Pedro ペテロと呼ばれたシモン(?-67[64?]):キリストの十二使徒のひとり. 初代ローマ教皇. (**2**) San ~ el Zelote 熱心党のシモン:キリストの十二使徒のひとり. **2** シモン:男子の洗礼名. [←〚ラ〛*Simo(n)*←〚ギ〛*Symeón*←〚ヘブライ〛*Shimeōn*「神が親の願いを聞き入れて十分な恵みを与えた子」が原義)]

simón (貸し馬車)

si.mo.ní.a [si.mo.ní.a] 囡〖カト〗聖職[聖物]売買, 沽聖(えい):聖物売買により利益を得ること.

si.mo.nia.ca.men.te [si.mo.njá.ka.mén.te] / **si.mo.ní.a.ca.men.te** [si.mo.ní.a.ka.mén.te] 副 聖職売買によって.

si.mo.nia.co, ca [si.mo.njá.ko, -.ka] / **si.mo.ní.a.co, ca** [si.mo.ní.a.ko, -.ka] 形 聖職売買の;沽聖(えい)を行う.
—男囡 聖職売買[沽聖]をする人.

si.mo.ní.ti.co, ca [si.mo.ní.ti.ko, -.ka] 形 男囡 → simoniaco.

sim.pa [sím.pa] 囡《ラ米》《ラサァ》《ゴル》(髪の)三つ編み.

*__sim.pa.tí.a__ [sim.pa.tí.a] 囡 **1** 好感, 好意, 親愛の情 (↔antipatía). inspirar ~ 好感を抱かせる. Le tengo ~ a Jorge. / Siento ~ por Jorge. 私はホルヘに好感を持っている[が好きだ]. No me tiene mucha ~. 彼[彼女]は私のことをあまりよく思っていない. A veces recuerdo con ~ los días de mi infancia. ときどき子供のころのことを懐かしく思い出すことがある.
2 感じのよさ;魅力. mujer con mucha ~ とても魅力的な[感じのいい]女性. Todos aprecian su ~ y sinceridad. 彼[彼女]の感じのよさと誠実さは誰もが認めるところだ.
3 《しばしば複数形》支持, 援助. ~s políticas 政治的支持[共感]. Se puede contar con las suficientes ~s. 十分な支持[援助]が期待できそうだ. La mayoría no tiene ~s por ningún partido. 多くの人たちの政党も支持していない.
4 〖物理〗共鳴, 共振. Un laúd tiene cuerdas secundarias que resuenan por ~. リュートには共鳴作用によって音が出る副次的の弦がついている.
5 〖医〗共感:一つの器官の状態が直接は関係のない他の器官に影響を与えること.
[←〚ギ〛*sympátheia*「共感(を持つこと)」(*sym-*「同様に」+*páthos*「感情」+名詞語尾)〖関連〗simpático, simpatizar, antipático. [英]*sympathy*]

simpatice(-) / **simpaticé**(-) 活 → simpatizar.

*__sim.pá.ti.co, ca__ [sim.pá.ti.ko, -.ka] 形 **1** 《+名詞 / 名詞+》《ser+ / estar+》感じのよい, 好感の持てる, 気持ちのよい; 《con... …に》愛想のよい, 優しい. (↔antipático). Juan Carlos *es* muy ~. me alegra siempre hablar con él. ファン・カルロスはとても感じのいい人で, 彼と話をするのはいつだって楽しい. Me *es simpática* esa chica. 僕はあの娘が気に入っている. El nuevo profesor no me cae ~. 私は新しい先生が気にくわない. *Es* bien *simpática conmigo*. 彼女は僕にとても優しい. ¡Qué ~ *estás* hoy! 今日はずいぶん愛想がいいねえ. → amable 〖類語〗.

2 《+名詞 / 名詞+》《ser+》おもしろい, おかしな. Mi tío siempre me contaba historias *simpáticas* y divertidas. 叔父はいつもおもしろおかしい話をしてくれた.
3 〖解剖〗交感神経の. sistema (nervioso) ~ 交感神経系. **4** 共感する;〖音楽〗共鳴する.
5 《ラ米》《ラサァ》きれいな, かっこいい (= guapo).
—男〖解剖〗交感神経 (= nervio ~). gran ~ 交感神経系. El ~ y el parasimpático ejercen una influencia casi opuesta sobre cada órgano. 交感神経と副交感神経はそれぞれの器官にほぼ正反対の影響を及ぼす.
tinta simpática 隠顕(怩)インク[墨], あぶり出しのインク.

sim.pa.ti.cón, co.na [sim.pa.ti.kón, -.kó.na] 形《話》取っ付きやすい; うわべは感じのいい.
—男囡《話》取っ付きやすい人; うわべは感じのいい人.

sim.pa.ti.zan.te [sim.pa.ti.θán.te / -.sán.-] 形 共鳴する, 同調する; 同情的な.
—男囡 共鳴者, 同調者, シンパ.

sim.pa.ti.zar [sim.pa.ti.θár / -.sár] 97 自《con...》**1**《…に》好意[共感]を抱く, 好きになる;《…と》気が合う, 折り合う. No me tiene que van a ~, ellos gustarán. 彼らがうまくやっていけるかどうか私にはわからない. *Simpaticé con* ella en seguida. 私はすぐに彼女が気に入った. **2**《党派・団体・主義…の》共鳴者[シンパ]となる.

sim.pla.da [sim.plá.ða] 囡《ラ米》《ラサァ》《パ*》《話》単純, 無邪気;愚かさ; 愚鈍.

*__sim.ple__ [sím.ple] 形《絶対最上級 simplísimo, 《文語》simplicísimo》
1《+名詞》単なる, ただの;一介の. por ~ curiosidad ちょっとした好奇心で. con [por] la ~ lectura del correo electrónico Eメールをちょっと読むだけで. por el ~ hecho de [+不定詞 / que+接続法 [直説法]] …ということだけで. por la ~ razón de que+直説法 …という理由だけで. Yo soy un ~ ciudadano. 私は一介の市民にすぎない. Me basta con tu ~ palabra. 君の一言さえあれば十分なのだ.
2《+名詞 / 名詞+》《ser+》単純な, 簡単な, 容易な (=sencillo). Es un trabajo muy ~. とても単純な仕事だ. La explicación *es* ~. 説明はやさしい. un procedimiento ~ para hacer buen café おいしいコーヒーの簡単な入れ方. A continuación veremos un ejemplo ~. 次に簡単な例を1つ見てみよう.
3《+名詞 / 名詞+》《ser+》簡素な, 素朴な, 飾り気のない, シンプルな; 気取らない. la vida ~ 簡素な生活. una comida ~ 手の込んでいない料理.
4《名詞+》単一の, 単一の要素からなる;〖文法〗単一の, 単純な;〖植〗単一の, 単独の. hoja ~ 単葉(怩). interés ~ 単利. oración ~ 単文 (► 「複文」は oración compuesta). tiempo ~ 単純時制 (~ haber +過去分詞で表される「複合時制」は tiempo compuesto). requerir [necesitar] la mayoría ~ de la cámara 議会の単純多数を必要とする. **5**《多くは+名詞 / 名詞+》《ser+》《比喩的》単純な, 純朴な;単細胞の. Es un chico ~. 彼は単純な子だ.
—男囡 単純な人; ばか者, 無知な人.
—男《ラ米》《ラサァ》焼酎(ちゅう).
así de simple 単にそれだけ. Han jugado mejor, *así de* ~. 彼らの方が試合巧者だった, それだけのことだ. → *así de* +形容詞.
a simple vista 一見したところでは.

simplemente

simple y llanamente まさに．Es 〜 *y llanamente* ridículo. それはまったくばかげている．
[← [ラ] *simplum* (*simplus* の対格)／関連 simpleza, simplicidad, simplón．[英] *simple*]

sim‧ple‧men‧te [sím.ple.men.te] 副 **1** 簡単に．pura y 〜 まさしく，単純かつ明瞭に．**2** ただ単に．Fue 〜 un malentendido. あれはただの誤解だった．**3** 純粋に，絶対的に．**4** まったく，本当に．

sim‧ple‧za [sim.plé.θa / -.sa] 女 **1** 単純さ．**2** ばからしさ，愚かしさ．**3** つまらないもの［こと］，無意味なもの［こと］．

***sim‧pli‧ci‧dad** [sim.pli.θi.ðáð / -.si.-] 女 **1** 簡単さ，平易さ，簡潔さ．**2** 純真さ，無邪気さ，素朴さ．

sim‧pli‧cí‧si‧mo, ma [sim.pli.θi.si.mo, -.ma / -.sí.-] 形 simple の絶対最上級．

sim‧pli‧cis‧ta [sim.pli.θís.ta / -.sís.-] 形 男 女 → simplista.

sim‧pli‧fi‧ca‧ble [sim.pli.fi.ká.ble] 形 単純化できる，簡素化できる；簡略化できる．

***sim‧pli‧fi‧ca‧ción** [sim.pli.fi.ka.θjón / -.sjón] 女 **1** 単純化，簡素化；簡略化，簡単にすること．**2** 《数》(式などを) 簡単にすること．

sim‧pli‧fi‧ca‧dor, do‧ra [sim.pli.fi.ka.ðór, -.ðó.ra] 形 単純［簡素］化の．

***sim‧pli‧fi‧car** [sim.pli.fi.kár] 102 他 **1** 単純［簡素］にする．簡略にする．**2** 《数》簡単にする．

simplifique(-) / simplifiqué(-) 活 → simplificar.

sim‧plis‧mo [sim.plís.mo] 男 過度の単純化；単純なものの見方，浅薄な考え．

sim‧plis‧ta [sim.plís.ta] 形 あまりに単純な，短絡的な，浅薄極まる．
— 男 女 過度に単純な考え方をする人．

sim‧plón, plo‧na [sim.plón, -.pló.na] 形 《話》単純な；無邪気な，人のよい．— 男 女 お人よし，単細胞．[simple + 増大辞]

***sim‧po‧sio** [sim.pó.sjo] / **sim‧pó‧sium** [sim.pó.sjum] 男 **1** シンポジウム，討論会．**2** (古代ギリシアの) 宴会，酒宴．**3** 論文集，論叢(ｿｳ)．
[← [ラ] *symposium*「宴会」← [ギ] *symposion* (*syn*-「一緒に」+ *pósis*（ワインを）飲むこと」+ 名詞語尾)]

si‧mu‧la‧ción [si.mu.la.θjón / -.sjón] 女 **1** 見せかけ，ふりをすること；仮病．**2** シミュレーション，模擬実験．

si‧mu‧la‧cro [si.mu.lá.kro] 男 **1** 像，似姿．**2** 見せかけ，ふり．El pleito no fue más que un 〜. 裁判は見せかけに過ぎなかった．**3** 《軍》(軍事) 演習；擬装．un 〜 de ataque 模擬攻撃．
hacer el simulacro de... …のふりをする．

si‧mu‧la‧da‧men‧te [si.mu.lá.ða.mén.te] 副 偽って，表面的に．

si‧mu‧la‧do, da [si.mu.lá.ðo, -.ða] 形 **1** 見せかけの，心にもない；装った，偽りの．tristeza *simulada* 見せかけの悲しみ．miedo 〜 怖がるふり．**2** 模擬の，擬装の．vuelo 〜 (シミュレーターによる) 模擬飛行．Fue un accidente 〜. それは擬装事故だった．

si‧mu‧la‧dor, do‧ra [si.mu.la.ðór, -.ðó.ra] 形 見せかけの，ふりをする，装った．— 男 女 **1** 外見を取る人，猫かぶり．**2** ぺてん師，詐欺師；仮病を使う人．Es un hábil 〜. やつは手慣れたやつきだ．
— 男 シミュレーター，模擬実験［操縦］装置．

si‧mu‧lar [si.mu.lár] 他 **1** …に見せかける，…のふりをする；偽る，装う．Simula sentimientos que no tiene. 心にもない素振りを見せる．〜 una enfermedad 仮病を使う．**2** …の模擬実験をする．

si‧mul‧tá‧ne‧a‧men‧te [si.mul.tá.ne.a.mén.te] 副 **1** 一時(ﾄｷ)に，一斉に．**2** 《a...... と》同時に．**3** 《con...... と》一緒に．

si‧mul‧ta‧ne‧ar [si.mul.ta.ne.ár] 他 《con...... と》同時に行う．〜 la risa *con* las lágrimas 泣き笑いをする．*Simultanea* la carrera de Derecho y la de Física. 彼［彼女］は法学と物理学を同時に勉強している．*Simultanea* el trabajo *con* los estudios. 彼［彼女］は仕事と勉強を両立させている．

si‧mul‧ta‧nei‧dad [si.mul.ta.nei.ðáð] 女 同時性，時間的な一致．

***si‧mul‧tá‧ne‧o, a** [si.mul.tá.ne.o, -.a] 形 同時の，同時に起こる．traducción *simultánea* 同時通訳．

si‧mún [si.mún] 男 シムーン：サハラやアラビアの砂漠に吹く砂混じりの熱風．

****sin** [sin] 前 (↔con) **1** …なしで；…がないと．Estoy *sin* dinero. 僕は無一文だ．agua mineral *sin* gas 炭酸なしのミネラルウォーター．una cerveza *sin* alcohol ノンアルコールビール (► alcohol を省いて用いることもある)．No salgas *sin* abrigo. コートを着ないで出かけてはいけないよ．No puedo vivir *sin* ti. 君がいないと生きていけない．*Sin* él, no podríamos hacer nada. 彼がいないと我々は何もできないところだ．
2 …のほかに，…を別として．Me cobraron cien euros, *sin* el impuesto. 私は税抜きで100ユーロ請求された．
3 《+不定詞 / que+接続法》(…し) ないで，《(…すること) なく．Se fue *sin* decir*nos* adiós. 彼［彼女］はさよならも言わずに行ってしまった．Llevo una semana *sin* fumar. 僕は1週間タバコを吸っていない．Salió *sin* que nadie *se diera* cuenta. 彼［彼女］は誰にも気づかれることなく外へ出た．Mi hijo estudia *sin* que yo se lo *mande*. 息子は私が命じなくても勉強します．
no sin... …がないということはなく．Habló *no sin* reserva. 彼［彼女］は遠慮がちに話した．
no sin antes +不定詞 あらかじめ…してから．El criminal murió *no sin antes confesar* la verdad. 犯人は真実を告白してから死んだ．
sin más (ni más) 理由もなく，わけもなく．Los jóvenes dejan su trabajo *sin más ni más*. 若者はわけもなく仕事をやめてしまう．→ más．
[← [ラ] *sine*]

sin-¹ (接頭)「共に，同時に」の意．b, p の前では sim-. 〜 *sím*bolo, *sim*patía, *sín*tesis．[← [ギ]]

sin-² 「…のない，…が欠けた (前置詞 sin) の意の造語要素．≐ *sin*sabor, *sin*vergüenza.

si‧na‧go‧ga [si.na.gó.ga] 女 **1** シナゴーグ：ユダヤ教の礼拝堂．**2** 《集合的》(シナゴーグに集まった) ユダヤ教徒．

Si‧na‧í [si.na.í] 固名 シナイ半島：紅海北部の半島．

si‧na‧le‧fa [si.na.lé.fa] 女 《音声》母音融合［合一］：連続する2母音を1音節で発音すること．≐ la alfombra [la al.fóm.bra] → [lal.fóm.bra], lo hacen [lo á.θen] → [lwá.θen] など．

si‧nál‧gia [si.nál.xja] 女 《医》交感疼痛，遠隔痛．

si‧nán‧tro‧po [si.nán.tro.po] 男 シナントロプス (ペキネンシス)：北京原人の旧称．

si‧na‧pis‧mo [si.na.pís.mo] 男 **1** 《医》からし軟膏(ｺｳ)．**2** 《話》厄介［面倒］な人［事］．

si‧nap‧sis [si.náp.sis] 女 《単複同形》《解剖》シナプ

sindicato

si·náp·ti·co, ca [si.náp.ti.ko, -.ka] 形 【生物】シナプスの.

si·nar·ca [si.nár.ka] 男 女 【史】共同支配者.

si·nar·quí·a [si.nar.kí.a] 女 【史】共同支配.

si·nár·qui·co, ca [si.nar.ki.ko, -.ka] 形 【史】共同支配の.

si·nar·quis·mo [si.nar.kís.mo] 男 【史】シナルキスモ. ♦メキシコの Cárdenas 大統領時代 (1934-40) の超右翼政治運動. 後にシナルキスタ国民同盟 Unión Nacional Sinarquista として組織される.

si·nar·tro·sis [si.nar.tró.sis] 女 〖単複同形〗【解】不動結合, 関節癒合(症).

sin·ce·ra [sin.θé.ra / -.sé.-] 形 → sincero.

sin·ce·ra·ción [sin.θe.ra.θjón / -.se.-.sjón] 女 誠実にすること, 誠実に言うこと.

sin·ce·ra·men·te [sin.θé.ra.mén.te / -.sé.-] 副 心から, 本当に, 率直に, 誠実に.

sin·ce·rar·se [sin.θe.rár.se / -.se.-] 再 **1** 嫌疑を晴らす, 自己弁明する, 正当化する. **2** 《con... …に》心を開く, すべてを話す. *Se sinceró ante el juez.* 彼[女]は判事の前ですべてを告白した. ~*se con* sus amigos 友人にすべてを打ちあける.

***sin·ce·ri·dad** [sin.θe.ri.ðáđ / -.se.-] 女 うそ偽り[裏表]のないこと; 誠実, 率直. Conteste con ~ las siguientes preguntas. 次の質問に率直に答えてください. Con toda ~, no sé qué quiero hacer. 正直に言うと自分でも何をしたいのかわからない.

****sin·ce·ro, ra** [sin.θé.ro, -.ra / -.sé.-] 形 (*ser*+) **1** 《+名詞 / 名詞＋》誠実な, 正直な. persona *sincera* 誠実な[裏表のない]人. *Sea sincera* y dígame lo que piensa. 正直[率直]に思っていることをおっしゃってください.

2 《多くは＋名詞 / 名詞＋》率直な; 心からの. amor ~ 真実の愛. Le doy a usted mi más ~ pésame. あなたに心よりお悔やみ申し上げます. Quisiera expresar mi más ~ agradecimiento. 心から御礼申し上げたく存じます.

[← 〚ラ〛*sincērum* (*sincērus* の対格;「純粋な」が原義)] 関連 sinceridad, 〖英〗*sincere*]

sin·ci·sio [sin.θí.sjo / -.sí.-] → sincitio.

sin·ci·tio [sin.θí.tjo / -.sí.-] 男 【生物】巨大細胞, 細胞融合.

sin·cli·nal [sin.kli.nál] 形 【地質】向斜 (褶曲(しゅうきょく))の. ── 男 【地質】向斜(褶曲).

sín·co·pa [síŋ.ko.pa] 女 **1** 【文法】語中音消失. *natividad* → *navidad*, *Barcelona* → *Barna*. **2** 【音楽】シンコペーション.

sin·co·pa·da·men·te [siŋ.ko.pá.ða.mén.te] 副 【音楽】シンコペートして.

sin·co·pa·do, da [siŋ.ko.pá.ðo, -.ða] 形 【音楽】シンコペーションの.

sin·co·par [siŋ.ko.pár] 他 **1** 【文法】語中音を消失させる. → síncopa. **2** 【音楽】シンコペートする. **3** 要約する, 縮約する.

sín·co·pe [síŋ.ko.pe] 男 **1** 【医】失神, 気絶, 心肺停止. **2** 【文法】語中音消失 (= síncopa).

sin·cré·ti·co, ca [siŋ.kré.ti.ko, -.ka] 形 混合の, 融合の; 諸説[諸派]混合の.

sin·cre·tis·mo [siŋ.kre.tís.mo] 男 **1** 諸説混合主義; 諸教混合, 習合. **2** 【文法】混合.

sin·cre·tis·ta [siŋ.kre.tís.ta] 男 女 諸説混合主義者; 諸教混交主義者.

sin·cre·ti·za·ción [siŋ.kre.ti.θa.θjón / -.sjón] 女 〖宗〗(反対の説・党派の)統合, 融合.

sin·cre·ti·zar [siŋ.kre.ti.θár / -.sár] 97 他 〈反対の説・党派などを〉統合[融合]しようとする.

sin·cro·ní·a [siŋ.kro.ní.a] 女 **1** 同時性; 同時発生. **2** 〖言〗共時態, 共時論 (↔diacronía).

sin·cró·ni·ca·men·te [siŋ.kró.ni.ka.mén.te] 副 **1** 同時に. **2** 〖言〗共時的に.

sin·cró·ni·co, ca [siŋ.kró.ni.ko, -.ka] 形 **1** 同時に発生する, 時を同じくする. dos hechos ~s 同時に起こった2つの事柄. **2** 【物理】同期の. péndulos ~s 同期運動をする振り子. **3** 〖言〗共時態の.

sin·cro·nis·mo [siŋ.kro.nís.mo] 男 **1** 同時性; 同時発生; 時との一致. **2** 【物理】同期性.

sin·cro·ni·za·ción [siŋ.kro.ni.θa.θjón / -.sa.sjón] 女 同時化, 同調;〖映〗(音と映像の)シンクロナイズ, 同時録音;【物理】同期化;〖ＩＴ〗タイミング, 同期. Los jueces procedieron a la ~ de sus relojes. 審判は各自の時計を同一時刻に合わせた.

sin·cro·ni·za·do, da [siŋ.kro.ni.θá.ðo, -.ða / -.sá.-] 形 **1** 同時化された, 同期性を持った; 同調された. **2** 【車】等速かみ合いの, シンクロの. *natación sincronizada* 〖スポ〗シンクロナイズドスイミング.

sin·cro·ni·za·dor, do·ra [siŋ.kro.ni.θa.ðór, -.ðó.ra / -.sa.-] 形 同調させる. ── 男 **1** 〖映〗シンクロナイザー. **2** 【車】シンクロメッシュ, 等速かみ合い装置.

sin·cro·ni·zar [siŋ.kro.ni.θár / -.sár] 97 他 《con... …と》同時に起こす, 〈テレビ・ラジオのチャンネルを〉合わせる, 同時性を持たせる; 同調させる, シンクロナイズする. ~ dos relojes 2つの時計の時間を合わせる. ~ las frecuencias 周波数を合わせる.

sín·cro·no, na [síŋ.kro.no, -.na] 形 同期の.

sin·cro·trón [siŋ.kro.trón] 男 【物理】シンクロトロン: 電子・陽子を加速する円環状の装置.

sin·dac·ti·lia [sin.dak.tí.lja] 女 【医】合指症.

sin·dé·re·sis [sin.dé.re.sis] 女 〖単複同形〗判断力, 良識, 分別.

sin·di·ca·ción [sin.di.ka.θjón / -.sjón] 女 **1** 組合の組織(化), (労働者の)組合加入. la ~ obligatoria 組合への強制加入. derecho de ~ 組合結成の権利. **2** 〚ラ米〛(チリ)(コアン)(ペル)(メキシ)〖法〗告発, 告訴.

sin·di·ca·do, da [sin.di.ká.ðo, -.ða] 形 **1** (*estar*+) 労働組合に加入した, 労働組合員に加盟した. *Estoy* ~. 私は労働組合に入っている. **2** 〚ラ米〛(アアン)〖法〗告発[告訴]された.

── 男 女 〚ラ米〛(チリ)(コアン)(ペル)(メキシ)〖法〗被告 (人).

***sin·di·cal** [sin.di.kál] 形 労働組合の, 労働組合に関する. enlace ~ 組合代表. problemas ~*es* 労働組合問題.

sin·di·ca·lis·mo [sin.di.ka.lís.mo] 男 労働組合主義[活動]; サンジカリズム.

sin·di·ca·lis·ta [sin.di.ka.lís.ta] 形 労働組合の, 労働組合員の. ── 男 女 労働組合主義者; サンジカリスト.

sin·di·car [sin.di.kár] 102 他 **1** …を労働組合に組織する. **2** 〚ラ米〛(チリ)(コアン)(ペル)(メキシ)〖法〗告発する.

── ~*se* 再 労働組合に加入する; 組合を作る.

****sin·di·ca·to** [sin.di.ká.to] 男 **1** 労働組合. ~ *vertical* 御用組合. El ~ recurrió a la huelga para defender sus derechos. 組合は自分たちの権利を守るためにストに打って出た. **2** 連合組織, (同業者の) 組合; シンジケート. ~ *estudiantil* 学生連合[自治会]. ~ *criminal* [*del crimen*] 犯罪組織.

[← 〚仏〛*syndicat; syndic*「(集団の) 代表者」(←

[後ラ] *syndicus* ← [ギ] *sýndikos* より派生；[関連] sindicalismo．[英] *syndicate*．[日] シンジケート]

sin·di·ca·tu·ra [sin.di.ka.tú.ra] 囡 利益代表者の職．

sín·di·co [sín.di.ko] 男 **1** 組織［地区，住民］代表．**2**《法》管財人（= procurador ～）．

sin·diós [sin.djós] 男《話》混沌，無秩序．

*__sín·dro·me__ [sín.dro.me] 男《医》**症候群**．adrenogenital 副腎(じん)性器症候群．～ de abstinencia 禁断症状．～ de aplastamiento 挫滅症候群．～ de (la) clase turista エコノミークラス症候群．～ de Cushing クッシング症候群．～ de Down ダウン症候群．～ de inmunodeficiencia 免疫不全症．～ de inmunodeficiencia adquirida 後天性免疫不全症（候群），エイズ［略 SIDA［英 AIDS］］．～ estafilocócico de la piel escaldada ブドウ球菌性熱傷様皮膚症候群．～ de muerte súbita del lactante 乳幼児突然死症候群．～ de ovario poliquístico 多嚢胞(のう)性卵巣症候群．～ de Reye ライ症候群．～ de vaciamiento rápido ダンピング症候群．～ del intestino irritable 過敏性大腸症候群．～ del prolapso de la válvula mitral 僧帽弁逸脱症候群．～ hemolítico urémico 溶血性尿毒症症候群．

si·néc·do·que [si.nék.đo.ke] 囡《修辞》提喩(ゆ)法，代喩：一部で全体を，特殊で一般を表す表現法．→ pan「パン」で alimentos「食料全体」を，cabeza「頭」で persona「人」を指す．El español es muy católico.（スペイン人は熱心なカトリック信者である）のような単数形による表現もこれに含まれる．

si·ne·cu·ra [si.ne.kú.ra] 囡 楽で稼ぎのよい仕事．

si·ne die [si.ne.đí.e] [ラ] 無期限に（= sin fijar día o plazo）．Las negociaciones se aplazaron ～. 交渉は無期延期となった．

si·ne qua non [si.ne.kwa.nón, -.kwá.non] [ラ] 不可欠な（= sin lo cual no）．condición ～ 必須(す)条件．

si·né·re·sis [si.né.re.sis] 囡《単複同形》《音声》《詩》合音：同一語内で隣接する２つの母音が二重母音となり１音節を形成すること．→ a·ho·ra を aho·ra とするようなこと（↔diéresis）．

si·ner·gé·ti·co, ca [si.ner.xé.ti.ko, -.ka] 形 → sinérgico．

si·ner·gia [si.nér.xja] 囡（筋肉などの）共力作用；（薬物などの）相乗作用；相乗効果．

si·nér·gi·co, ca [si.nér.xi.ko, -.ka] 形 共力作用の；相乗作用の，相乗効果のある．

si·nes·te·sia [si.nes.té.sja] 囡 **1**《生物》共感．**2**《修辞》共感覚を起こす表現．**3**《心》（色彩・味覚などの）共感覚．

sin·fín [sim.fín] 男 無限，無窮；無数，無辺．un ～ de problemas 山ほどの問題．

sín·fi·sis [sím.fi.sis] 囡《単複同形》《解剖》（線維軟骨）結合；《医》癒合．

sín·fi·to [sím.fi.to] 男《植》ヒレハリソウ，コンフリー（= consuelda）．

*__sin·fo·ní·a__ [sim.fo.ní.a] 囡 **1**《音楽》（1）**交響曲**，交響楽，シンフォニー．*S～ Incompleta*（シューベルトの）「未完成交響曲」．la *Novena S～*（ベートーベンの）「第９交響曲」．（2）（オペラなどの）序曲，シンフォニア．（3）合唱，合奏．**2** 調和，ハーモニー．Esa fuente es una ～ de agua, luz y color. その噴水は水と光と色彩がよく調和している．**3**（ラ米）ハーモニカ．

*__sin·fó·ni·co, ca__ [sim.fó.ni.ko, -.ka] 形《音楽》交響曲の，シンフォニーの；交響楽団の．orquesta *sinfónica* 交響楽団．— 囡 交響楽団．

sin·fo·nier [sim.fo.njér] 男《話》→ chifonier．

sin·fo·nis·ta [sim.fo.nís.ta] 男 囡 交響曲作家；交響楽団員．

sin·fo·no·la [sim.fo.nó.la] 囡（ラ米）(俗)ジュークボックス．

sin·ga·lés, le·sa [siŋ.ga.lés, -.lé.sa] 形 → cingalés．

Sin·ga·pur [siŋ.ga.púr] 固名 シンガポール（共和国）：首都 Singapur．

sin·ga·pu·ren·se [siŋ.ga.pu.rén.se] 形 シンガポールの，シンガポール人の．— 男 囡 シンガポール人．

sin·gar [siŋ.gár] 103 他（ラ米）(こち)(俗)不快にする，邪魔する．— 自（ラ米）(こち)(俗)セックスをする．

sin·gla·du·ra [siŋ.gla.đú.ra] 囡 **1**《海》(1)(24 時間の）航行距離，航程．(2)（正午から24時間の）航海日．**2** 方向，進路．

sin·glar [siŋ.glár] 自《海》（ある方向に）航行する．

sin·gle [síŋ.gel] 男 **1**（レコードの）シングル盤．**2**《スポ》シングルス．

sin·gui·sa·rra [siŋ.gi.sá.řa] 囡（ラ米）(こち)(ごち)《話》けんか，騒動．

*__sin·gu·lar__ [siŋ.gu.lár] 形 **1**《多くは+名詞／名詞+》**並外れた**，めったに見る（= extraordinario）．paisaje de ～ belleza このうえなく美しい風景．El público aplaudió con entusiasmo las piezas del ～ guitarrista. 聴衆はその天才ギタリストの演奏曲に拍手かっさいを惜しまなかった．**2**《+名詞／名詞+》《ser+》奇妙な，風変わりな，特異な（= raro, extraño）．caso ～ 珍しい事例［事件］．persona ～ 変わった［独特な］人．La arquitectura de esta catedral tiene un carácter ～. この大聖堂の建築には珍しい特徴がある．**3** 単独の，唯一の；《文法》**単数の**．combate ～ 一騎打ち．forma ～ 単数形．Esta regla tiene una ～ excepción. この法則には唯一の例外がある．— 男《文法》単数，単数形．"Bailo" es la primera persona del ～ del presente de indicativo del verbo "bailar". bailoは動詞bailarの直説法現在１人称単数形です．*en singular*（1）《文法》単数で，単数形で．(2)（まれ）特に，とりわけ．[←［ラ］*singulārem (singulāris* の対格)] [関連] singularidad, singularizar, sencillo．[英] *singular*]

sin·gu·la·ri·dad [siŋ.gu.la.ri.đáđ] 囡 **1** 特異，異常，風変わり．Tiene una ～ que le distingue de todos. 彼にはみんなと違う一風変わったところがある．**2** 単一（性），独自（性）；《文法》単数性（↔pluralidad）．

sin·gu·la·ri·zar [siŋ.gu.la.ri.θár / -.sár] 97 他 **1** 目立たせる，区別する．**2**《文法》単数形にする．— 自 特別扱いする．— ～·se 再《por+ …で）目立つ，傑出する．

sin·gu·lar·men·te [siŋ.gu.lár.mén.te] 副 特に，並外れて．

sin·hue·so [siŋ.(g)wé.so] 囡《話》舌．darle a la ～ べらべらしゃべる．

si·nies·tra·do, da [si.njes.trá.đo, -.đa] 形 **1** 損害を被った，被害を受けた，災難［不幸］に見舞われた．coche ～ 事故車．**2**《紋》（紋章の盾の）左側の，（見る人からは）右側の．— 男 囡 被害者，犠牲者，罹災(り)者．

si·nies·tra·li·dad [si.njes.tra.li.ðáð] 囡 災害率.
si·nies·tra·men·te [si.njés.tra.mén.te] 副 不吉に; 意地悪く; 不幸にも, 運悪く.
si·nies·tro, tra [si.njés.tro, -.tra] 形 **1** 悪意のある, 邪悪な. Me echó una mirada *siniestra*. 彼[彼女]は私を邪悪な目でにらんだ. **un suceso ~** 惨事.
2 不幸な, 不吉な, 災いとなる, いまわしい. *siniestras* ideas 縁起でもない考え. **un suceso ~** 惨事.
3 左の, 左側の (=izquierdo) (↔diestro). mano *siniestra* 左手. lado ~ 左側面.
— 男 不幸, 不運, 災難; (特に保険の補償対象になるような)事故. ~ **marítimo** 海難(事故).
— 囡 左手 (↔diestra). escribir con la *siniestra* 左手で書く.
[←〔ラ〕*sinistrum* (*sinister* の対格); 左方から鳥が飛び立つと不吉であると信じられていたため「左の」から「不吉な」へ転義. 関連 〔英〕*sinister* 「不吉な」]
si·ni·qui·ta·te [si.ni.ki.tá.te] 男 《ラ米》(ﾌﾟｴﾙﾄﾘｺ)(ﾍﾞﾈｽﾞｴﾗ)《話》ばか, まぬけ, とんま.
sin·nú·me·ro [sin.nú.me.ro] 男 無数, 無限. Hubo un ~ de víctimas. おびただしい数の犠牲者がでた.
si·no[1] [sí.no] 男 運命, 宿命, 星運. El ~ quiso que los dos se casaran. ふたりは目に見えない糸に結ばれて結婚したのだった. *Don Álvaro, o la fuerza del ~* 『ドン・アルバロ, もしくは運命の力』 (Rivas の戯曲) [←〔古スペイン〕「星座; 〔運命の〕星位」←〔ラ〕*signum*「印」; 関連 seña, señal. 〔英〕*sign* 「しるし」]
si·no[2] [sí.no] 接続 **1 …でなくて… (▶ 前文で否定された内容に対し, sino 以下で肯定の内容を述べる). No ha venido él, ~ su hermano. 彼ではなくて, 彼の兄[弟]が来た. La conferencia no es hoy, ~ mañana. 講演会は今日ではなくて明日です. ¶ 節を導くときは sino que…. — No le llamé, ~ que fui a verle a su casa. 彼に電話したのではなくて, 彼の家へ会いに行った.
2 …を除いて, …の(…以外)は. Nadie lo sabe ~ el director. それを知っているのは部長だけだ.
3 《否定で》単に, ただ. Ella no hace ~ llorar. 彼女は泣くばかりだ. No espero ~ que me escuchéis. 私は君たちに話を聞いてほしいだけだ.
no sólo... sino (*también*)... …だけではなく…も. *No sólo* vino ella *~ también* sus padres. 彼女だけでなく彼女の両親も来た. *No sólo* me aconsejó ~ que me ayudó. 彼[彼女]は私にアドバイスしてくれただけでなく援助もしてくれた.
[← si no es...]
si·no·dal [si.no.ðál] 形 宗教[教会, 司教区]会議の.
si·nó·di·co, ca [si.nó.ði.ko, -.ka] 形 **1** 宗教[教会, 司教区]会議の.
2 〖天文〗(惑星の)合(ｺﾞｳ)の, 会合の.
sí·no·do [sí.no.ðo] 男 **1** 宗教会議, 教会会議;〖カト〗司教区会議. **2** 〖天文〗合(ｺﾞｳ), 会合.
si·no·fo·la [si.no.fó.la] 囡 《ラ米》(ｸﾞｱﾃﾏﾗ)ジュークボックス.
si·no·lo·gí·a [si.no.lo.xí.a] 囡 中国研究, 中国学.
si·nó·lo·go, ga [si.nó.lo.go, -.ga] 男 囡 中国研究家.
si·no·ni·mia [si.no.ní.mja] 囡 〖言〗同義(性); 類義(性).
si·no·ní·mi·co, ca [si.no.ní.mi.ko, -.ka] 形 同義の, 同義(語)の; 類義(語)の.
*si·nó·ni·mo, ma [si.nó.ni.mo, -.ma] 形 **同義**(語)の, 同義(語)の; 類義語の.

— 男 **同義語**, 同意語; 類義語 (↔antónimo).
[←〔ラ〕*synónymum*←〔ギ〕*synōnymon*; *synōnymos*「同義語の; 同じ名前を持つ」 (*syn-*「同じ」+ *ónoma*「名前」+形容詞語尾). 関連 antónimo, nombre. 〔英〕*synonym*]
si·nop·sis [si.nóp.sis] 囡 《単複同形》 **1** 概略(ﾘｬｸ), 摘要, 大意, 概要; 概要図, 一覧表.
2 《ラ米》(ｱﾙｾﾞﾝﾁﾝ)(映画の)次回上映作品の予告.
si·nóp·ti·co, ca [si.nóp.ti.ko, -.ka] 形 概略(ﾘｬｸ)の, 大要の; 一覧の. cuadro ~ 一覧表.
si·nop·tó·fo·ro [si.nop.tó.fo.ro,] 男 〖医〗シノプト: 斜視の検査器具.
si·no·via [si.nó.bja] 囡 〖解剖〗滑液.
si·no·vial [si.no.ßjál] 形 〖解剖〗滑液の. cápsula ~ 滑液膜.
si·no·vi·tis [si.no.ßí.tis] 囡 《単複同形》〖医〗滑膜炎.
sin·ra·zón [sin.r̄a.θón / -.són] 囡 (権力を隠れみのにした)不正, 不法. las *sinrazones* de la política 政治の不正.
sin·sa·bor [sin.sa.ßór] 男 《主に複数で》不快, 苦しみ. Este trabajo me ha causado muchos ~*es*. この仕事は本当に嫌なものだった.
sin·se·mi·lla [sin.se.mí.ʝa ‖ -.ʎa] 囡 《ラ米》マリファナ.
sin·sen·ti·do [sin.sen.tí.ðo] /
sin sen·ti·do [sin sen.tí.ðo] 男 ばかげたこと, ナンセンス; 筋の通らないこと.
sin·si·li·co, ca [sin.si.lí.ko, -.ka] 形 《ラ米》(ｸﾞｱﾃﾏﾗ)《話》ばかな, 愚かな, 間の抜けた.
sin·son·te [sin.són.te] 男 〖鳥〗マネシツグミ.
sin·subs·tan·cia [sin.suβs.tán.θja / -.sja] /
sin·sus·tan·cia [sin.sus.tán.θja / -.sja] 男 囡 《話》頭がからっぽの人, 浅薄な人.
sint- 囲 →sentir.
sin·tác·ti·ca·men·te [sin.ták.ti.ka.mén.te] 副 〖言〗統語論的に, 統語上, 構文的に.
sin·tác·ti·co, ca [sin.ták.ti.ko, -.ka] 形 〖言〗統語論の, 統語的な, シンタックス上の.
sin·tag·ma [sin.táɡ.ma] 男 〖言〗連辞; 句. ~ nominal 名詞句. ~ verbal 動詞句.
sin·tag·má·ti·co, ca [sin.taɡ.má.ti.ko, -.ka] 形 〖言〗連辞的な.
sin·ta·sol [sin.ta.sól] 男 〖商標〗ビニタイル.
sin·ta·xis [sin.ták.sis] 囡 《単複同形》〖言〗統語論, シンタックス; 構文論.
sin·te·ri·za·ción [sin.te.ri.θa.θjón / -.sa.sjón] 囡 〖冶〗焼結.
sin·te·ri·zar [sin.te.ri.θár / -.sár] 97 他 〖冶〗焼結する.
*sín·te·sis [sín.te.sis] 囡 《単複同形》 **1** 総論, 総括, 概括. Su nuevo libro es la ~ de los escritos del autor. 彼の新刊はこれまで発表してきた著作の総括になっている.
2 総合, 統合(体), 集大成. Ella es la ~ de todas las mujeres que he amado. 彼女は僕が愛してきた女性の魅力をすべて兼ね備えている.
3 〖哲〗総合. análisis y ~ 分析と総合.
4 〖化〗〖生物〗合成. Esta hormona promueve la ~ de proteínas. このホルモンはたんぱく質の合成を促す. **5** 〖医〗接合(術), 接骨.
en ~ 要するに, 要約して (=en resumen). Quiero decir, *en ~*, que no tienes que hacer tantos esfuerzos. 私が言いたいのは, 要するに, 君はそんなに頑張らなくていいってこと.

sintéticamente

[←〔ラ〕*synthesis*←〔ギ〕*sýnthesis*「総合；一緒に置くこと」(*syn*-「一緒に」＋ *thésis*「置くこと」); 関連 sintético, sintetizar. 〔英〕*synthesis*]

sin·té·ti·ca·men·te [sin.té.ti.ka.mén.te] 副 **1** 総合的に, 統合的に. **2** 人工的に. **3** 総括すると, 手短に言えば.

sin·té·ti·co, ca [sin.té.ti.ko, -.ka] 形 **1** 総合的な, 統合的な (↔*analítico*); 総合的, 概括的な. lengua *sintética*《言》(ラテン語などの)総合的言語. juicio ～ 総合的判断. **2** 合成の, 人工の. caucho ～ 合成ゴム. fibras *sintéticas* 合成繊維.

sin·te·ti·za·ble [sin.te.ti.θá.ble / -.sá.-] 形 統合されうる, 総合できる; 合成できる.

sin·te·ti·za·dor, do·ra [sin.te.ti.θa.ðór, -.ðó.ra / -.sa.-] 統合[合成]する; 合成する.
— 男 統合[合成]する人[もの].
— 男 《音楽》シンセサイザー.

sin·te·ti·zar [sin.te.ti.θár / -.sár] 97 他 **1** 総合する, 統合する. **2** 合成する. **3** 概括する, 要約する.

sin·to·ís·mo [sin.to.ís.mo] 男 《宗》神道. [←〔日〕神道]

sin·to·ís·ta [sin.to.ís.ta] 形 神道の.
— 男 女 神道信者.

*__sín·to·ma__ [sín.to.ma] 男 **1** 《医》症状, 兆候. ～ subjetivo 自覚症状. No se preocupe, todos los ～s de su hijo son los de un resfriado corriente. ご心配なく, お子さんの症状はいずれもよくある風邪のものですから.
2 しるし, 表れ. La caída del consumo es un ～ de la crisis económica. 消費の下落は経済危機の兆候だ. ＝ signo [類語].

sin·to·má·ti·ca·men·te [sin.to.má.ti.ka.mén.te] 副 **1** 象徴的に. **2** 症候からすると.

sin·to·má·ti·co, ca [sin.to.má.ti.ko, -.ka] 形 **1** 徴候となる, 症状を示す. **2** 前兆の, 前ぶれの.

sin·to·ma·to·lo·gí·a [sin.to.ma.to.lo.xí.a] 女 《医》(**1**) 総体的症状《徴候》. (**2**) 徴候学, 症候学.

sin·to·ní·a [sin.to.ní.a] 女 **1** 《電》《物理》同調. bobina de ～ 同調コイル. **2** 《ラジオ》《TV》テーマ音楽. **3** 調和, 一致. estar en ～ con... …と気が合う.

sin·tó·ni·co, ca [sin.tó.ni.ko, -.ka] 形 《電》《物理》同調の.

sin·to·ni·za·ción [sin.to.ni.θa.θjón / -.sa.sjón] 女 **1** 同調させること, 波長調整, チューニング. mando de ～ 同調つまみ, ダイヤル. **2** 調和, 均衡.

sin·to·ni·za·dor [sin.to.ni.θa.ðór / -.sa.-] 男 《ラジオ》《TV》チューナー, 選局同調装置.

sin·to·ni·zar [sin.to.ni.θár / -.sár] 97 他 **1** 《ラジオ》《TV》同調させる, 周波数を合わせる. ～ el televisor テレビの周波数を合わせる. — 自 (**con...** …に) 周波数を合わせる; 調和する, 気が合う. ～ *con* la emisora local 地元の放送局にチューナーを合わせる.

si·nuo·si·dad [si.nwo.si.ðáð] 女 **1** 曲折; 蛇行[カーブ, 曲がり目], 鴻曲部. **2** 外交辞令の回りくどさ. las ～*es* de la diplomacia 外交辞令の回りくどさ.

si·nuo·so, sa [si.nwó.so, -.sa] 形 **1** 曲がりくねった, 蛇行した, 波状の. una carretera *sinuosa* つづら折りの道. línea *sinuosa* 波状曲線.
2 回りくどい, 分かりにくい.

si·nu·si·tis [si.nu.sí.tis] 女《単複同形》《医》静脈洞(ξ)炎; 副鼻腔(ξ)炎.

si·nu·soi·de [si.nu.sói.ðe] 女《数》正弦曲線, シヌソイド.

sin·ver·gon·zón, zo·na [sim.ber.gon.θón, -.θó.na / -.són, -.só.-] 形 《話》いたずらな; 厚かましい.
— 男 女 《話》いたずら者.

sin·ver·gon·zo·ne·rí·a [sim.ber.gon.θo.ne.rí.a / -.so.-] 女 無礼, 横柄, 図々しさ, 不道徳, 恥知らず.

sin·ver·güen·ce·rí·a [sim.ber.gwen.θe.rí.a / -.se.-] 女 **1** 恥知らず, 厚顔無恥, 厚かましさ.
2 不徳, 不正.

sin·ver·güen·za [sim.ber.gwén.θa / -.sa] 形 **1** 恥知らずな, 不徳な. **2** 厚かましい, ずうずうしい. ¡Qué ～ eres! 君は厚かましいやつだ. **3** 《話》いたずらな. — 男 女 厚かましい人, 無礼な人; 恥知らず; いじわるな人.

sin·ver·güen·za·da [sim.ber.gwen.θá.ða / -.sá.-] 女 《ラ米》(努)《話》汚いやり口, 破廉恥なこと.

sin·ver·güen·zu·ra [sim.ber.gwen.θú.ra / -.sú.-] 女 《ラ米》《話》恥知らず; 卑劣, 汚いこと.

sin·vi·vir [sim.bi.βír] 男 《話》(心配・不安で)生きた心地がしない状態.

Sión [sjón] 固名 シオン: エルサレム市街の丘. ◆前10世紀, ダビデ David が神との契約の箱をここに移し祭壇を築いて以来, 「神の都」の意となった.

-sión [接尾]「動作, 状態, 結果」などの意を表す女性名詞語尾. ← ascensión, diversión, impresión. → -ción.

sio·nis·mo [sjo.nís.mo] 男 シオニズム, シオン復興運動: パレスチナにユダヤ人国家を建設しようとする, または現領域を拡大しようとする民族運動.

sio·nis·ta [sjo.nís.ta] 形 シオニズムの, シオン復興運動の. — 男 女 シオニスト.

si·oux [sí.u*ks*] 〔仏〕形 《単複同形》(北米先住民の)スー人の. — 男 女 スー人. — 男 スー語族.

sí·per [sí.per] 男 《ラ米》(* [メ] *)(努) 《服飾》ジッパー, ファスナー.

si·po, pa [sí.po, -.pa] 形 《ラ米》(沢) 《話》あばた面(ξ)の.

si·po·ta·zo [si.po.tá.θo / -.so] 男 《ラ米》(*[メ]*) 《話》平手打ち, びんた.

Si·quei·ros [si.kéi.ros] 固名 シケイロス David Alfaro ～ (1896-1974): メキシコの画家.

si·quia·tra [si.kjá.tra] / **si·quí·a·tra** [si.kí.a.tra] 男 女 → psiquiatra.

si·quia·trí·a [si.kja.trí.a] 女 → psiquiatría.

si·quí·co, ca [sí.ki.ko, -.ka] 形 → psíquico.

*__si·quie·ra__ [si.kjé.ra] 副 **1** 《否定で》…さえ (…ない) (► ni や tan を伴い強調されることがある). No había robado ni ～ un pañuelo en su vida. 彼[彼女]は生涯ハンカチ一枚すら盗んだことはなかった. Pelaba la naranja *sin* mancharse ～ la punta de los dedos. 彼[彼女]は指先すら汚さずオレンジをむいていた. No parecía darse cuenta ～ de lo que estaba haciendo. 彼[彼女]は何をやっているかにすら気づいていないように見えた.
2 少なくとも. Déjame sentir(me) medio padre por una vez ～. 少なくとも一度くらいお父さんのような気分を味わわせてくれよ. Cómete ～ la sopa. スープだけでも飲んでしまいなさい.
3 (ξ)幸運にも.
— 接 《接続》《＋接続法》(たとえ) …だとしても. Venga a verme ～ *sea* por pocos días. たとえ何日かだけだとしても私に会いに来てください. ► ser (sea, fuera)と用いることが多い.
[←〔古スペイン〕*siquier*← *si quiera*]

si·quis·mo [si.kís.mo] 男 → psiquismo.

sir [sér] 〔英〕男 サー, 卿(ξ): 英国でナイト caballe-

sistema

ro の姓名または名前の前に置く.
Si・ra・cu・sa [si.ra.kú.sa] 固名 シラクーザ：イタリアのシチリア島の港湾都市.
si・re [sí.re] 男《古語》陛下, 殿.
si・re・na [si.ré.na] 女 **1** サイレン, 警報器, 号笛. ～ de un barco 船の霧笛. ～ del coche patrulla パトカーのサイレン. **2**〖ギ神〗セイレン；人魚. **3** 泳ぎのうまい少女[女性].
canto de sirena（危険な）誘惑の言葉.
[←〖古スペイン〗*serena*←〖後ラ〗*Sirēna*「（ギリシア神話の）セイレン」←〖ラ〗*Sirēn*←〖ギ〗*Seirēn*；関連〖英〗*siren*,〖日〗サイレン]
si・ré・ni・do [si.ré.ni.do] / **si・re・nio** [si.ré.njo] 形〖動〗海牛目の. ━男（ジュゴンなど）海牛目の動物；《複数形で》海牛目.
sir・ga [sír.ga] 女〖海〗（引き船用の）綱. camino de ～（川・運河沿いの）船引き道.
sir・gar [sir.gár] 他〖海〗（船を）綱で引く.
sir・go [sír.go] 男 **1** よった絹糸；絹織物. **2**〖鳥〗ヒワ（= jilguero）.
Si・ria [sí.rja] 固名（**1**） República Árabe ～ シリア・アラブ共和国：首都 Damasco.（**2**）現在のシリア・レバノン・ヨルダン・イスラエルを含む古代の地方.[←〖ラ〗*Syria*←〖ギ〗*Syría*（*Assyría*「アッシリア」に関連？）]
si・ria・co, ca [si.rjá.ko, -.ka] / **si・rí・a・co, ca** [si.rí.a.ko, -.ka] 形 シリアの, シリア人の. ━男 シリア人. ━男 シリア語：北西セム語の一つ.
si・rim・ba [si.rím.ba] 女《ラ米》(ﾒｷｼ)気鬱, 失神.
si・rim・bo, ba [si.rím.bo, -.ba] 形《ラ米》(ﾒｷｼ)《話》ばかな, まぬけな.
si・rim・bom・bo, ba [si.rim.bóm.bo, -.ba] 形《ラ米》(ﾒｷｼ)《話》意志薄弱な, 性格のもろい；臆病(ｵｸﾋﾞｮｳ)な.
si・ri・mi・ri [si.ri.mí.ri] 男 霧雨（= chirimiri）.
si・rin・ga [si.ríŋ.ga] 女 **1**〖音楽〗（牧神 Pan が用いたと言われることから）パンの笛. ◆ギリシアに起こり広く牧人たちに使用された. スペインでは zampoña という楽器を生む. **2**《ラ米》(ﾌﾞﾗｼﾞ)〖植〗パラゴムノキ, セリンガノキ.
si・rin・ge [si.ríŋ.xe] 女 鳴管：鳥の発声器官.
si・rin・go・mie・lia [si.riŋ.go.mjé.lja] 女〖医〗脊髄空洞症.
Si・rio [sí.rjo] 固名〖天文〗シリウス, 天狼(ﾃﾝﾛｳ)星.[←〖ラ〗*Sīrius*←〖ギ〗*Seírios*（「白熱の（星）」が原義）]
si・rio, ria [sí.rjo, -.rja] 形 シリアの, シリア人の. ━男 シリア人. ━男 シリア語.
si・ri・pi・ta [si.ri.pí.ta] 女《ラ米》(ﾎﾞﾘﾋﾞ)（**1**）《話》お節介な子供.（**2**）〖昆〗コオロギ.
sir・la [sír.la] 女 **1**〖隠〗強盗. **2**〖隠〗ナイフ.
sir・lar [sir.lár] 他〖隠〗（ナイフを使って）強盗を行う.
sir・le [sír.le] 男（羊・ヤギの）排泄(ﾊｲｾﾂ)物.
sir・le・ro, ra [sir.lé.ro, -.ra] 男 女〖隠〗（ナイフを使った）強盗.
si・ró [si.ró] 男《ラ米》(ｸﾞｱﾃ) → sirope.
si・roco [si.ró.ko] 男 シロッコ：北アフリカからヨーロッパ南部に吹く熱風.
si・ro・pe [si.ró.pe] 男 シロップ, 糖蜜(ﾄｳﾐﾂ).
sir・ta・ki [sir.tá.ki] 〖ギ〗男 シルターキ：ギリシアの民族舞踊.
sir・te [sír.te] 女 海底の砂州.
sirv- 活 → servir.
sir・ven・tés [sir.ben.tés] 男〖文学〗シルバント：12–13世紀プロバンス地方の政治社会風刺詩.
sir・vien・te, ta [sir.bjén.te, -.ta] 男 女 使用人, 奉公人. ━男〖軍〗（砲兵隊の）砲手.

si・sa [sí.sa] 女 **1**《話》（おつりなど）くすねること, ちょろまかし. **2**〖服飾〗（そでぐりの）切り込み, ダーツ.
si・sal [si.sál] 男 **1**〖植〗サイザルアサ：リュウゼツランの一種. **2** サイザル繊維.
si・sa・llo [si.sá.ʝo ‖ -.ʎo] 男〖植〗アカザ科オカヒジキ属の植物（= caramillo）.
si・sar [si.sár] 他 **1**〈おつりなどを〉くすねる, ちょろまかす. **2**〖服飾〗〈衣服に〉そでぐりをあける.
si・se・ar [si.se.ár] 他 自（非難・嫌悪・注意のため）チッチッ［シー］と言う；チッチッ［シー］という野次る.
si・se・bu・ta [si.se.βú.ta] 男《ラ米》(ﾒｷｼ)《軽蔑》いばりちらす. ━男《ラ米》(ﾒｷｼ)《軽蔑》いばりちらす女.
si・se・o [si.sé.o] 男 チッチッ［シー］という声.
Sí・si・fo [sí.si.fo] 固名〖ギ神〗シシフォス：Zeus を欺いて怒りに触れ, 冥府(ﾒｲﾌ)で山頂に押し上げるたびに落下する大岩を永久に押し上げる刑に処せられたコリントス王. la roca de ～ 徒労.
[←〖ラ〗*Sīsyphus*←〖ギ〗*Sísyphos*]
si・sim・brio [si.sím.brjo] 男〖植〗アブラナ科のカキネガラシの一種.
sis・mi・ci・dad [sis.mi.θi.ðáð / -.si.-] 女 地震活動.
sís・mi・co, ca [sís.mi.ko, -.ka] 形 地震の, 地震による[関する].
sis・mo [sís.mo] 男 地震（= seísmo）.
sis・mó・gra・fo [sis.mó.ɣra.fo] 男 地震（記録）計.
sis・mo・lo・gí・a [sis.mo.lo.xí.a] 女 地震学.
sis・mo・ló・gi・co, ca [sis.mo.ló.xi.ko, -.ka] 形 地震学の.
sis・mó・lo・go, ga [sis.mó.lo.ɣo, -.ga] 男 女 地震学者.
sis・mó・me・tro [sis.mó.me.tro] 男 地震計.
si・són [si.són] 男〖鳥〗ノガン.
si・són, so・na [si.són, -.só.na] 形《話》ちょろまかす癖のある. ━男 女《話》ちょろまかす人.
sis・te・ma [sis.té.ma] 男 **1** 制度, 体制, 組織. ～ judicial 裁判［司法］制度. ～ económico 経済制度. ～ educativo 教育制度. ～ financiero 金融制度. ～ monetario europeo 欧州通貨制度. ～ tributario [impositivo] 税制. ～ político 政治制度[体制, 機構]. ～ capitalista [socialista, comunista] 資本主義[社会主義, 共産主義]体制. ～ feudal 封建制(度). ～ centralista 中央集権制. ～ de empleo de por vida 終身雇用制. S～ Económico Latinoamericano ラテンアメリカ経済機構（略 SELA）（ラテンアメリカ諸国の協力と協調のために1975年設立, 本部はベネズエラの Caracas）.
2 系, 系統,（組織的）網. ～ circulatorio 循環器系. ～ endocrino 内分泌系. ～ nervioso 神経系. ～ ferroviario 鉄道網. ～ galáctico 銀河系. ～ solar 太陽系. ～ planetario 惑星系.
3〖地質〗系；山系（=～ montañoso, ～ de montañas）. S～ Central（イベリア半島の）中央山地[山系]. ～ hidrográfico（一つの）～ de ríos 水系.
4 方式,（体系だった）方法；やりかた. ～ de vida tradicional 伝統的生活様式. ～ internacional (de unidades) 国際単位系. ～ cegesimal [CGS] CGS単位系：センチメートル・グラム・秒を中心にした単位系. ～ binario 二進法. ～ métrico (decimal) メートル法. ～ Braille（ブライユ）点字.
5 体系, 学説. ～ platónico プラトンの体系の. el ～ filosófico de Schopenhauer ショーペンハウエルの哲学体系. ～ gramatical [fonológico]〖言〗文法[音韻]体系. ～ tolemaico [geocéntrico] 天動説. ～ copernicano [heliocéntrico] 地動説.

sistemáticamente

6 機構, 装置. ～ de alarma 警報装置. ～ de climatización 空調装置[設備]. ～ óptico 光学装置[系]. ～ de altavoces〚音響〛スピーカーシステム. ～ experto〚ＩＴ〛エキスパートシステム. ～ operativo〚ＩＴ〛オペレーティングシステム, O.S. ～ (de) localización global 全地球測位システム, GPS.
por sistema(さしたる根拠もなしに)いつも, 判で押したように. El hijo de Montse llora *por* ～ para conseguir lo que quiere. モンセの息子は欲しいものがあると決まって泣く.
sistema de coordenadas〚数〛座標系.
sistema periódico〚化〛周期表.
[←〚後ラ〛*systēma*←〚ギ〛*sýstēma*「統一体, ひとまとめ」;〚関連〛sistemático, sistematizar.〚英〛*system*]

sis・te・má・ti・ca・men・te [sis.te.má.ti.ka.mén.te] 副 **1** 体系的に. **2** 一貫して, 決まって;判で押したように.

sis・te・ma・ti・ci・dad [sis.te.ma.ti.θi.ðáđ / -.si.-]
女 組織性, 体系性, 系統性, 規則正しさ.

*_***sis・te・má・ti・co, ca** [sis.te.má.ti.ko, -.ka] 形 **1** 系統だった, 体系的な, 組織的な. Hace un estudio ～ sobre el español de América. 彼[彼女]は中南米のスペイン語に関して体系的な研究をしている.
2 きちょうめんな, 融通のきかない, 秩序を重んじる.
―女〚生物〛分類[体系]学, 体系研究;分類法.

sis・te・ma・ti・za・ción [sis.te.ma.ti.θa.θjón / -.sa.sjón] 女 組織化, 体系化, 系統化.

sis・te・ma・ti・zar [sis.te.ma.ti.θár / -.sár] 97 他 体系化する, 組織化する, 順序だてる.

sis・té・mi・co, ca [sis.té.mi.ko, -.ka] 形 **1** 組織[体系]の. **2** 全身の.

sís・to・le [sís.to.le] 女 **1**〚医〛(心)収縮(期).
2〚詩〛(韻律を整えるための)音შ短縮.

sis・tó・li・co, ca [sis.tó.li.ko, -.ka] 形 **1**〚医〛心臓収縮の. **2**〚詩〛(韻律を整えるための)音節短縮の.

sis・tro [sís.tro] 男〚音楽〛システラム:金属枠に金属棒を通し, 振って鳴らす古代エジプトの楽器.

si・tá・ci・da [si.tá.θi.đa / -.si.-] 形 名 → psitácida.

si・ta・cis・mo [si.ta.θís.mo / -.sís.-] 男 → psitacismo.

si・ta・co・sis [si.ta.kó.sis] 女 → psitacosis.

si・tar [si.tár]〚ヒンディー〛男〚音楽〛シタール:インドの弦楽器.

sit・com [sít.kom]〚英〛女〚複 ～s, ～〛〚ＴＶ〛〚ラジオ〛連続ホームコメディー(＝comedia de situación).

site [sái(t)]〚英〛男〚複 ～s〛〚ＩＴ〛(ウェブ)サイト(＝sitio (de) Web).

si・tia・do, da [si.tjá.đo, -.đa] 形 包囲された, 取り囲まれた. la tropa *sitiada* 籠城(ろうじょう)軍. La ciudad está *sitiada*. 街は包囲されている.
―男 女 取り囲まれた人[もの].

si・tia・dor, do・ra [si.tja.đór, -.đó.ra] 形 包囲する, 取り囲む.―男 女 包囲者;攻城兵.

si・tial [si.tjál] 男 儀式用椅子.

si・tiar [si.tjár] 82 他 **1**〈城・都市を〉包囲する, 取り囲む. ～ una ciudad 町を包囲する.
2 迫る, 追い詰める, 寄る. Me *sitiaron* de tal forma que tuve que obedecer. 私は追い詰められて従わざるを得なかった.

*_{**}**si・tio**[1] [sí.tjo] 男 **1** 場所, ところ. en cualquier ～ どこででも. en ningún ～ どこにも(…ない). en todos los ～s 至るところに. Quiero ir a algún ～ tranquilo. どこか落ち着いたところに行きたいな. Cada cosa en su ～ y un ～ para cada cosa. 何事にも時と場所がある(▶慣用表現). No encuentro el billete por ningún ～. 切符がどこにも見あたらない. → lugar
〚類語〛

sitio de taxis
(タクシー乗り場:メキシコ)

2 特定の場所;ポスト, 席. Este mapa indica el ～ del tesoro. この地図は宝のありかを示している. Vete a tu ～. 自分の席[持ち場]に戻りなさい.
3 (何かをするための)場所. Aquí no es un ～ para hablar de negocios. ここは仕事の話をするのに向かない.
4 空間, 余地(＝espacio). ocupar mucho ～ 場所をとる. hacer ～ 場所をあける. Guarda ～ para el postre. デザートの分は(お腹)あけておいてね. No había ～ en el ascensor por lo que tuve que esperar a que subiera y volviera a bajar. エレベーターに乗れなかったので上がってまた降りてくるのを待たなければならなかった. **5**〚ＩＴ〛サイト. un ～ Web ウェブサイト. Este ～ es exclusivamente para adultos. このサイトは成人向けです.
6〚軍〛(1)(ラシー乗り場). (2)(カンプ)(カンプ)(キャンプ)建築用地. (3)(ニカ)(ニカ)小農園.
***dejar en el sitio a*＋人**(話)〈人〉を即死させる;〈人〉の息の根を止める. El accidente estuvo a punto de *dejar*lo *en el* ～. その事故で彼は即死寸前だった.
poner en SU ***sitio a*＋人**〈人〉に分をわきまえさせる, 〈人〉をたしなめる;〈人〉を適所に置く. En el partido nuestro equipo *puso en su* ～ *al* rival. その試合でうちのチームはライバルに身の程を知らせてやった.
ponerse en SU ***sitio***(相手に)立場の違いをわからせる, 〈人〉が威厳を保つ.
quedarse en el sitio(話)即死する.
real sitio / sitio real(王室の)離宮. Monasterio y *Real* ～ de San Lorenzo de El Escorial サン・ロレンソ・デ・エル・エスコリアル修道院および離宮.
[←?〚ラ〛*situs*「位置, 場所」;〚関連〛sitiar, situar, sito.〚英〛*site*「用地, 敷地」]

si・tio[2] [sí.tjo] 男〚軍〛包囲, 封鎖. guerra de ～ 包囲戦. levantar el ～ 包囲を解く. poner ～ al castillo 城を包囲する. el ～ de Buenos Aires(イギリス軍による)ブエノス・アイレス包囲. Los cristianos rompieron el ～ y huyeron al norte. キリスト教徒たちは包囲を破って北へと逃げた.

si・to, ta [sí.to, -.ta] 形〚文章語〛位置している, 所在する(＝situado). una casa *sita* en Madrid マドリードにある家.
bienes sitos 不動産.

situ- 語 → situar.

si・tua [sí.twa] 女〚ラ米〛(ブラジル)(話) 状況(＝situación).

*_{**}**si・tua・ción** [si.twa.θjón / -.sjón] 女 **1** 配置. Me cuesta decidir la ～ de los comensales invitados en la ceremonia. 式の招待客の配置を決めるのに苦労している.

2 場所, 位置, 立地(条件). tienda con una excelente ～ 絶好の場所にある店. La ～ de la escuela es ideal. 学校は理想的な場所[環境]にあります.

3 (人の) 状況, 立場. No estaba en ～ de comer nada. ものがのどを通るような状況じゃなかったんだ. No estás en ～ de discutir. もめている場合じゃない. ¿Qué decir en estas *situaciones*? この状況で何を言うんだ. Les pido que entiendan mi ～. 私の立場をご理解いただきますよう願います.

4 境遇, 地位；職. ～ activa (公務員が) 在職中[現役]であること. ～ pasiva (公務員が) 休職[退職]していること. crearse una ～ 経済的に自立する. Él goza de una envidiable ～ social. 彼はうらやむべき社会的環境[地位]にいる. Mi primo por fin ha conseguido una ～ estable. 私のいとこはついに安定した職に就いた.

5 (ものごとの) 情勢, 形勢, 状態. ～ internacional 国際情勢. una ～ delicada 微妙な状態. ser dueño de la ～ 事態を掌握している. No tuvo otra alternativa ante tal ～. 彼[彼女]はあのような状況では他に手がなかった. El cine nacional se encuentra en una ～ crítica. 国産映画は危機の状況にある. Tus palabras han agravado la ～. 君の発言で状況は悪化した. Se vio obligado a renunciar al viaje debido a la inestabilidad de la ～ política europea. ヨーロッパが政情不安定だったために彼は旅行を断念せざるを得なかった. La relación de los dos países está en una ～ límite. 2国の関係は一触即発の状況だ.

si·tua·cio·nal [si.twa.θjo.nál / -.sjo.-] 形 場面[環境, 状況]の[による, に応じた, にふさわしい].

*__si·tua·do, da__ [si.twá.ðo, -.ða] 形 **1** 位置した, 所在する. una ciudad *situada* a orilla del mar 海辺の街. **2**《bien +》境遇に恵まれた, 何一つ不自由のない. estar *bien* ～ いたって暮らし向きがいい.

__si·tuar__ [si.twár] 84 他 **1《en... …に》配置する, 置く. El gerente *ha situado* tres personas *en* la recepción. マネージャーは受付に3人のスタッフを配置した. Es útil ～ el servidor Web dentro de la RAL [LAN]. LAN内にウェブサーバーを置くと何かと便利だ.

2《en... …に》位置づける. Este chico ya sabe ～ todas las capitales de Europa *en* el mapa. この子はヨーロッパの首都の場所を全部地図の中で言うことができる. Los arqueólogos *sitúan* el inicio de la construcción de esta pirámide *en* el siglo Ⅳ a.C. 考古学者たちはこのピラミッドの建設が紀元前4世紀に始まったとしている. Todos los miembros *sitúan* al gobierno actual como provisional. メンバーはみな現在の政府を暫定的なものと位置づけている. Su gran obra lo *sitúa* entre los mejores pintores contemporáneos. その傑作によって彼はもっとも優れた現代画家に数えられている.

3 預金する；支出[充当]する. Es posible que el presidente *haya situado* el dinero fuera del país. 大統領は国外に預金をしている可能性がある.

— ～·se 再 **1** 位置する, ある. Todos *nos hemos situado*. 全員位置につきました. Me vi obligado a ～*me* en la cola. 私は列に並ばなければならなかった. La acción de la obra *se sitúa* en los años setenta. その劇は舞台を70年代に置いている.

2《en + 数値》〈値が〉…である. La esperanza de vida del país *se sitúa* en los 75 años. この国の平均寿命は75歳である. **3** 出世する. Trabaja mucho con la ambición de ～*se*. 彼[彼女]は出世したい一心でよく働いている.

[← [中ラ] *situāre* ([ラ] *situs*「位置, 場所」より派生)] 関連 *situación*. 英 *situate*)

siú·ti·co, ca [sjú.ti.ko, -.ka] 形 《ラ米》《↑》《話》気取った, 上品ぶった.

siu·ti·que·rí·a [sju.ti.ke.rí.a] / **siu·ti·quez** [sju.ti.kéθ / -.kés] 女 《ラ米》《↑》《話》気取り, きざ.

siux [sjúks] 形 男 女, 男 → sioux.

six·ti·no, na [si(k)s.tí.no, -.na] 形 (ローマ教皇) シクストゥス Sixto の. La capilla *Sixtina* システィナ礼拝堂 (バチカン宮殿の教皇礼拝堂).

S.J., S.I. 《略》Societas *Jesu* [*Jesu*] [ラ] 《カト》イエズス会 (= Compañía de Jesús).

ska [es.ká] [英] 男 スカ: ジャマイカ起源の音楽.

skate [es.kéi(t)] [英] 男 《複 ～s, ～》《スポ》スケートボード.

skate·board [es.kéit.bor] [英] 男 《スポ》スケートボード.

skat·er [es.kéi.ter] [英] 男 女 《複 ～s, ～》《スポ》スケートボーダー.

skay [es.kái] [英] 男 人造[合成]皮革 (= escay).

sketch [es.kétʃ] [英] 男 **1** 寸劇, 小劇, コント. **2** スケッチ.

ski [es.kí] [仏] 男 → esquí.

skin [es.kín] / **skin·head** [es.kín.xeð // -.kín.heð] [英] 男 男 《複 ～s, ～》スキンヘッド (の人) (= cabeza rapada).

S.L. 女 《略》Sociedad *Limitada* 有限会社.

sla·lom [es.lá.lom] [英] 男 《スポ》(スキーの) スラローム, 回転競技 (= eslalon).

slam [es.lám] [英] 男 《遊》(トランプ) (ブリッジの) スラム. gran [pequeño] ～ 《スポ》《遊》グランド[スモール]スラム.

slang [es.láŋ] [英] 男 俗語, スラング (= argot).

sleep [es.líp] [英] 男 スリープ (機能)；設定した時間で電源が切れる.

slip [es.líp] [英] 男《複 ～s》(男子用) パンツ；ブリーフ；《ラ米》水泳パンツ.

slo·gan [es.ló.gan] [英] 男《複 ～s》→ eslogan.

slot [es.ló(t)] [英] 男 **1** (航空機の) 離着陸許可. **2**《*en*》スロットカー：溝を切った軌道上で競争するおもちゃの車.

Sm 《化》samario サマリウム.

S.M. 《略》**1** *Su* Majestad 国王陛下. **2** Servicio Militar 兵役 (制度).

smash [es.máʃ] [英] 男 《スポ》(テニス・卓球などの) スマッシュ.

S.M.C. 《略》**1** *Su* Majestad *Católica* (スペイン) 国王陛下. **2** *Su* Majestad *Cristianísima* フランス国王陛下.

SME [e.se.(e.)me.é] 《略》Sistema *M*onetario *E*uropeo 欧州通貨制度.

smith·so·ni·ta [smiθ.so.ní.ta] 女 《鉱》菱(ﾘｮｳ)亜鉛鉱.

smog [es.móg] [英] 男 スモッグ, 煙霧.

smok·ing [es.mó.kin] [英] 男 → esmoquin.

SMS [e.se.(e.)me.é.se] [英] 男 《略》《ＩＴ》*S*hort *M*essage *S*ervice：携帯電話同士の文字メッセージ送受信サービス.

s/n. 《略》sin *n*úmero (住所で) 番地のない；無数の.

Sn 《化》stagnum [ラ] スズ (= estaño).

snack [es.nák] [英] 男《複 ～s》前菜, 軽いつまみ.

snack-bar [es.nák.bar] [英] [男] 軽食堂, ファーストフード店, スナックバー.

snif [snif, es.nif] [間投] 《泣きべそ》クスン, ヒック.

snipe [es.náip] [英] [男] [海] スナイプ.

snob [es.nób] [英] [形] 俗物(根性)の, 上流気取りの; きざな, 新しがりの (= esnob).
— [男] [女] スノッブ, 《上流気取りの》俗物.

sno·bis·mo [es.no.bís.mo.] [男] スノビズム, 上流気取り, 俗物根性; きざっぽさ, 新しがり.

snooze [es.nús] [英] [男] 《目覚まし時計の》再アラーム.

snor·kel [es.nór.kel] [英] [男] [複 ~s, ~] 《ラ米》シュノーケル; ダイバーの呼吸器具.

snow·board [es.nóu.borð] [英] [男] [複 ~s, ~] スノーボード.

snow·board·er [es.nou.bórðer] [英] [男] [複 ~s] スノーボーダー.

so¹ [só] [男] [女] 《+形容詞》《軽蔑》おまえ, …め. ¡*So tonta*! ばかめ. ¡*So burro*! このまぬけ.

so² [so] [前] …のもとに.
so pretexto [*capa, color*] *de*... …という口実で.
¡so! [só] [間投] **1** 《馬などを止める掛け声》どう, どうどう. **2** 《ラ米》《話》(1) 《静粛に》シーッ. (2) 《鶏に》シーッ.
dar lo mismo so que arre 《話》言うことを聞かない, 無関心である.

SO [男] 《略》sudoeste, suroeste 南西.

so·a·sar [so.a.sár] [他] [料] 軽く焼く.

so·ba [só.ba] [女] 《話》一撃, 殴打. *Le dieron una* ~. 彼[彼女]は一発食らった.

so·ba·co [so.bá.ko] [男] 《話》わきの下, 腋窩(えきか) (= axila).

so·ba·de·ra [so.ba.ðé.ra] [女] 《ラ米》《コロン》《話》面倒, 厄介なこと.

so·ba·do, da [so.bá.ðo, -.ða] [形] **1** 使い込んだ, 使い古しの. *un libro muy* ~ すっかり手あかのついた本. **2** 《話》ありふれた, 平凡な, 陳腐な. *una excusa sobada* 通りいっぺんの言い訳. *un tema* ~ ありきたりのテーマ. **3** 《話》《*estar* +》眠った. **4** 《ラ米》《話》(1) 困難な, 面倒な; 危険な, 要注意の. (2) 《り》《俗》大きな, でかい.
— [男] [料] ラード・オリーブ油を使った菓子 (= sobado).

so·ba·dor, do·ra [so.ba.ðór, -.ðó.ra] [男] [女] 《ラ米》(1) 《コロン》《り》接骨医. (2) 《話》おべっか使い.
— [女] 《ラ米》《メシ》《り》《パン生地用》撹拌(かくはん)機.

so·ba·du·ra [so.ba.ðú.ra] [女] **1** 練ること; いじくり回すこと. **2** 《服を》くしゃくしゃにすること. **3** 《話》なで回すこと.

so·ba·jar [so.ba.xár] [他] **1** いじくり回す, なで回す. **2** 《ラ米》《話》恥をかかせる, やっつける.

so·ban·de·ro [so.ban.ðé.ro] [男] 《ラ米》《コロン》《ベネズ》骨接ぎ師; にせ[やぶ]医者.

so·ba·o [so.bá.o] [男] → sobado.

so·ba·que·ra [so.ba.ké.ra] [女] **1** [服飾] アームホール, そでぐり. **2** 《わきの下に当てる》汗取りパッド. **3** 肩掛ホルスター.

so·ba·qui·llo [so.ba.kí.jo ‖ -.ʎo] [男]
a sobaquillo 《投げるとき》腕をぐるぐる回して.
de sobaquillo (1) 下手[横手]投げで. (2) [闘牛] 《banderillero が鋭いやりを打つ際に牛をやり過ごし》斜め後方から. [sobaco + 縮小辞]

so·ba·qui·na [so.ba.kí.na] [女] 《話》わきが.

so·bar [so.bár] [他] **1** いじくり回す, 触りまくる, なで回す. **2** こねる, 練る. **3** 《話》殴る, 殴打する. **4** 《話》打ち負かす, 打ち破る. **5** 《ラ米》(1) 整骨[接骨]する. (2) 《ベネズ》《話》へつらう. (3) 《グアテ》小言を言う. (4) 《コロン》困らせる. (5) 《コロン》…の皮をむく, 擦りむく.
— [自] 《スペイン》《話》眠る.

so·bar·ba [so.bár.ba] [女] **1** 《馬具の》鼻革, 鼻勒(びろく). **2** 二重あご (= papada).

so·bar·ba·da [so.bar.bá.ða] [女] **1** 《手綱の》引き締め; ひと引き. **2** 激しい弾圧[抑圧]; 叱責(しっせき).

so·bar·bo [so.bár.bo] [男] 《水車の》水受け, 羽根.

so·bar·car [so.bar.kár] [他] わきに抱えて運ぶ; 〈衣服を〉胸のあたりまでたくし上げる.

so·bas·que·ra [so.bas.ké.ra] [女] 《ラ米》《チ》《コロン》《り》→ sobaquina.

so·be [só.be] [男] 《話》いじくること, なで回すこと.

so·be·ra·na·men·te [so.be.rá.na.mén.te] [副] **1** 主権を有して, **2** すばらしく, 見事に. **3** すごく. *aburrirse* ~ とても退屈する.

so·be·ra·ne·ar [so.be.ra.ne.ár] [自] 君主然と振舞う.

*__so·be·ra·ní·a__ [so.be.ra.ní.a] [女] **1** 主権, 至上権. ~ *nacional* 主権在民. *La* ~ *pertenece al pueblo*. 主権は国民に帰属する. **2** 統治権, 支配権. ~ *aérea* [*marítima*] 領空[海]. *plaza de* ~ 統治領 (♦スペインでは Ceuta, Melilla など). **3** 独立, 自治. **4** 卓越, 卓抜, 至上.

so·be·ra·nis·mo [so.be.ra.nís.mo] [男] [政] 分離独立運動.

so·be·ra·nis·ta [so.be.ra.nís.ta] [形] [政] 分離独立運動の. — [男] [女] 分離独立運動家.

*__so·be·ra·no, na__ [so.be.rá.no, -.na] [形] **1** 〈権力が〉主権[自主権]を有する; 自治の, 独立の. *poder* ~ 主権. *estado* ~ 独立国家. **2** この上ない, 最高の, すばらしい. *la belleza soberana* この上ない美しさ. **3** 《話》強烈な, とてつもない; とても大きい. ~ *desprecio* 徹底したさげすみ. *dar una soberana paliza* ガツンと一発食らわせる. — [男] [女] 君主, 国王, 女王. **3** 《英国の昔の》1 ポンド金貨.
[← 〈俗ラ〉 *superianus* (〈ラ〉 *superius*「さらに上の方に」より派生); 関連 soberanía, superior, soprano, sobre. 〈英〉 *sovereign*「君主」]

so·ber·bia·men·te [so.bér.bja.mén.te] [副] **1** 尊大に, 傲慢(ごうまん)に. **2** すばらしく, 見事に.

*__so·ber·bio, bia__ [so.bér.bjo, -.bja] [形] **1** 高慢な, 傲慢な, 尊大な. *Es tan* ~ *que se cree el centro del mundo*. 彼はとても高慢で自分が世界の中心だと思っている. **2** 壮大な, 豪華な, 立派な, すばらしい. ~ *palacio* 壮麗な宮殿. **3** 本当に大きい, とてつもない. *Le dieron una soberbia paliza*. 《話》彼[彼女]はガツンと一発食らった.
— [男] **1** 高慢, 傲慢, 尊大. *En su* ~ *desprecia a cuantos le rodean*. 彼は高慢で周りの者をすべて軽蔑している. **2** 壮大さ, 豪華さ.

so·ber·bio·so, sa [so.ber.bjó.so, -.sa] [形] → soberbio.

so·be·te·ar [so.be.te.ár] [他] 《話》いじくり回す.

so·be·te·o [so.be.té.o] [男] 《話》いじくり回すこと.

so·bi·jo [so.bí.xo] [男] 《ラ米》(1) 《コロン》《り》接骨, 整骨. (2) 《コロン》すりむくこと.

so·bi·jón [so.bi.xón] [男] 《ラ米》《り》接骨, 整骨.

so·bi·na [so.bí.na] [女] 木釘(きくぎ).

so·bo [só.bo] [男] → sobadura.

so·bón, bo·na [so.bón, -.bó.na] [形] **1** やたらと触る, 触り[いじり]癖のある. **2** 怠け者の.
— [男] [女] **1** 《話》べたべた触る人. **2** 怠け者.

so·bor·do [so.bór.ðo] [男] **1** 《船荷の》検査, 検閲.

2 船荷目録, 貨物明細書.
3 (戦時航海の乗組員への)特別報酬, 危険手当て.

so·bor·na·ble [so.βor.ná.βle] 形 〈人が〉買収されやすい, 買収されうる.

so·bor·na·dor, do·ra [so.βor.na.ðór, -.ðó.ra] 形 贈賄の, 買収の. ― 男 女 贈賄者, 買収者.

so·bor·nar [so.βor.nár] 他 買収する, 賄賂(ﾜｲﾛ)を送る; 金で抱き込む. ~ al testigo 証人を買収する.

*****so·bor·no** [so.βór.no] 男 **1** 贈賄, 買収; 賄賂(ﾜｲﾛ), そのワイロ. Se dice que ha existido ~. 買収が行われたらしい. **2** 《ラ米》《メシ》《汚》過重, 積載オーバー. *de soborno* 《ラ米》《俗》《話》さらに, おまけに.

*****so·bra** [só.βra] 女 **1** 過剰, 余剰.
― 活 → sobrar.
2 《複数で》残り, 余り; 残飯, 食べ残し.
de sobra 十二分の[に]; 余分の[に], 余計の[に]. saber *de* ~ 熟知している. estar *de* ~ 余計である, 邪魔である. Tengo dinero *de* ~. 私はお金をたっぷり持っている.

so·bra·da·men·te [so.βrá.ða.mén.te] 副 十二分に.

so·bra·di·llo [so.βra.ðí.ʝo ‖ -.ʎo] 男 《建》(窓・バルコニーなどの上の)ひさし.

so·bra·do, da [so.βrá.ðo, -.ða] 形 **1** 《de...》が十分な, たっぷりの. Estamos ~*s de tiempo*. 我々には時間が十分にある. Tiene ~*s motivos [sobrada razón] de queja*. 彼[彼女]が文句を言うのには十分な理由がある. Estoy ~ *de amistades*. 私にはたくさんの友人がいる. **2** 裕福な, 金持ちの. No anda muy ~. 彼はあまり豊かな暮らしをしていない. **3** 《ラ米》《ﾁﾘ》大きい; とても怖い, すごい.
― 男 **1** 屋根裏部屋. **2** 《ラ米》(**1**) 《ｱﾙｾﾞﾝ》食器棚.
(**2**)《複数で》《ﾁﾘ》残り物.

so·bra·dor, do·ra [so.βra.ðór, -.ðó.ra] 形 《ラ米》《ｱﾙｾﾞﾝ》うぬぼれた, 有力な.

so·bran·ce·ro, ra [so.βran.θé.ro, -.ra / -.sé.-] 形 定職のない.

so·bran·te [so.βrán.te] 形 残りの, 余りの, 余分な. Hay muchas sillas ~*s en la clase*. 教室には余分ないすがたくさんある. ― 男 残り, 余り, 余分.

*****so·brar** [so.βrár] 自 **1** 余る, 残る. *Sobró comida después de la fiesta*. パーティーの後, 食事が余った. **2** 《a+人 〈人〉に》…が十分ある; 《3人称単数で》《con... …で》十分である. *Nos sobra tiempo*. 私たちには十分時間がある. *Le sobra el talento*. 彼[彼女]には有り余る才能がある. *Con mil euros sobra para preparar todo*. 1000ユーロあれば全部を準備するのに十分だ. ― 用例中の *nos*, le が *a*+人に相当. **3** 余計である, 邪魔である. *Entre nosotros sobran las palabras*. 私たちの間に言葉はいらない.
― 他 《ラ米》〈人を〉上回る.
~·se 再 《話》限界[枠組み]を超える. *El director se sobró con esta obra*. 監督はこの作品で今までの限界を超えた.

so·bra·sa·da [so.βra.sá.ða] 女 《料》(スペイン Islas Baleares 特産の)腸詰め, ソーセージ.

*****so·bre**[1] [só.βre] 男 **1** 封筒. poner en el ~ 封筒に入れる. bajo ~ 封筒に入れて, 同封して. por ~ separado 別封で, 別便で. ~ monedero 現金封筒.
2 小さな紙袋. ~ *de sopa* 粉末スープの袋.

*****so·bre**[2] [só.βre] 前 **Ⅰ** 《空間》
1 《接触》…の上に. *Mi agenda está* ~ *la mesa*. 私の手帳は机の上にある. *Los chicos se deslizaban* ~ *el hielo*. 子供たちは氷の上をすべっていた. → encima [類語].
2 《離れた上方》…の上の方を, …を越えて(=*por encima de*). *El avión voló* ~ *la ciudad*. 飛行機は市の上空を飛んだ. *Mi casa está a trescientos metros* ~ *el nivel del mar*. 我が家は海抜300メートルのところにある. *La temperatura subió a tres grados* ~ *cero*. 気温は3度まで上がった.
2 《対象》
1 《行為の対象》…に向けて, …めがけて. *El león se lanzó* ~ *la pobre cebra*. ライオンはかわいそうなシマウマに向かって襲いかかった. *Todo el peso cae* ~ *mis hombros*. すべての負担が私の両肩にかかっている. estar ~+人 〈人〉から目を離さない.
2 《題材》…について, …に関して (=*de*[2]). *Anoche vimos una crónica* ~ *la Familia Real*. 私たちは昨夜王室についての特集番組を見た. *Mis hijos siempre hablan* ~ *el fútbol*. 息子たちはいつもサッカーのことを話している.
3 《材料》…に. *El artesano trabaja* ~ *bambú*. その職人は竹に細工する.
4 《負担の対象》…に対して. *No va incluido el impuesto* ~ *el valor añadido*. 付加価税は含まれません.
3 《関係》
1 《優位》…に対して. *Ella lleva una clara ventaja* ~ *su rival*. 彼女はライバルに対してはっきりとした利点をもっている. *No tiene a nadie* ~ *ella en el trabajo*. 職場で彼女の上の人はいない.
2 《累加》…の上に; …に加えて. *mentira* ~ *mentira* うその上塗り. *Tuvimos que pagar un millón de yenes más* ~ *lo acordado*. 私たちは約束した額に加えて100万円も払わなければならなかった. *S*~ *ser inteligente tiene una gran memoria*. 彼[彼女]は知性がある上に記憶力もある.
3 《近接》およそ…; 《時間》…ころ. *Hemos recorrido* ~ *500 kilómetros*. 我々は約500キロ走行した. *Llegaremos* ~ *las ocho*. 私たちは8時ごろに着くでしょう. *Nos vimos* ~ *el veinte de agosto*. 私たちは8月20日前後に会った. *Su padre tendrá* ~ *setenta años*. 彼[彼女]のお父さんは70歳ぐらいだろう.
4 《準拠》
1 《支点》…の周りを. *La rueda giraba lentamente* ~ *su eje*. その輪は軸を中心にゆっくり回転していた. *La bailarina dio media vuelta* ~ *el pie derecho*. 踊り子は右足を軸に半回転した.
2 《依存》…を担保にして. *Me prestaron doscientos mil euros* ~ *el terreno que tengo*. 私は土地を担保に20万ユーロ借金した.
3 《割合・程度》…につき, …の上. *Sólo cinco* ~ *veinte aspirantes pasaron las oposiciones*. 20人につき5人しか選抜試験に合格しなかった.
dar sobre... …に面する(=*dar a...*). *Mi habitación da* ~ *la calle*. 私の部屋は通りに面している.
[← 〔ラ〕*super*] [関連] super-, sobra, soberano, soprano, superior. 〔英〕*over*, *super*-]

so·bre[3] [só.βre] 活 → sobrar.

sobre- 《接頭》「上に, さらに, 越えて, 過度に, 超…, 代わりの」の意. → *sobre*alimentar, *sobre*humano, *sobre*mesa, *sobre*salto. [← 〔ラ〕]

so·bre·a·bun·dan·cia [so.βre.a.βun.dán.θja / -.sja] 女 過多, 過剰. *En ese país hay* ~ *de alimentos*. その国では食料があり余っている.

so·bre·a·bun·dan·te [so.βre.a.βun.dán.te] 形 過多の, 過剰の, あり余る.

sobreabundar

so·bre·a·bun·dar [so.βre.a.βun.dár] 自 多すぎる,あり余る.

so·bre·a·gu·do, da [so.βre.a.ɣú.ðo, -.ða] 形 【音楽】(各楽器の)最高音(域)の.
── 男 最高音(域).

so·bre·a·lien·to [so.βre.a.ljén.to] 男 息切れ,喘(ぜん)ぎ.

so·bre·a·li·men·ta·ción [so.βre.a.li.men.ta.θjón / -.sjón] 女 **1** 食べすぎ,餌(え)の与えすぎ,栄養過多. **2** 高栄養療法. **3**【機】過給.

so·bre·a·li·men·tar [so.βre.a.li.men.tár] 他 **1** 過度に食べ物[栄養]を与える. **2**【機】過給する.
── ~·se 再 過度に栄養[食事]をとる.

so·bre·a·li·men·to [so.βre.a.li.mén.to] 男 栄養補助食品.

so·bre·a·ña·dir [so.βre.a.ɲa.ðír] 他 過剰に付け足す,さらに付け加える.

so·bre·a·ñal [so.βre.a.ɲál] 形〈動物が〉1歳を過ぎたばかりの.

so·bre·ar·co [so.βre.ár.ko] 男【建】隠しアーチ.

so·bre·a·sa·da [so.βre.a.sá.ða] 女 → sobrasada.

so·bre·a·sar [so.βre.a.sár] 他【料】さらに火にかけてきつね色になるまで焼く.

so·bre·ca·ma [so.βre.ká.ma] 女 ベッドカバー.

so·bre·ca·mi·sa [so.βre.ka.mí.sa] 女 (他のシャツの上にはおる)オーバーシャツ.

so·bre·ca·ña [so.βre.ká.ɲa] 女【獣医】(馬の)管骨瘤(りゅう).

so·bre·car·ga [so.βre.kár.ɣa] 女 **1** 積みすぎ,過積載. **2** 過負荷. **3** 心配事,苦労の種;重荷,負担.

so·bre·car·gar [so.βre.kar.ɣár] 他 **1**《con...…を》積みすぎる. ~ el mercado *con* géneros 市場に品物を氾濫(はんらん)させる. **2**《con... …で》過度に飾りたてる. **3** …に過度の負担[負荷]をかける. Está *sobrecargado* de trabajo. 彼の肩には仕事が重くのしかかっている.

so·bre·car·go [so.βre.kár.ɣo] 男 **1**【航空】パーサー. **2**【海】上乗り.

so·bre·ce·ja [so.βre.θé.xa / -.sé.-] 女 (まゆのすぐ上の)額.

so·bre·ce·jo [so.βre.θé.xo / -.sé.-] 男 しかめっ面,眉間(みけん)にしわを寄せること. mirar de ~ 眉間にしわを寄せて見る.

so·bre·ce·ño [so.βre.θé.ɲo / -.sé.-] 男 しかめっ面.

so·bre·cie·lo [so.βre.θjé.lo / -.sjé.-] 男 **1** 天蓋(がい)(= dosel). **2** 天幕(= toldo).

so·bre·cin·cha [so.βre.θín.tʃa / -.sín.-] 女 (馬の)腹帯.

so·bre·cin·cho [so.βre.θín.tʃo / -.sín.-] 男 → sobrecincha.

so·bre·co·ge·dor, do·ra [so.βre.ko.xe.ðór, -.ðó.ra] 形 どきっとさせる,驚かせる;おびえさせる.

so·bre·co·ger [so.βre.ko.xér] 他 びっくりさせる,驚かせる;おびえさせる. Fue un terremoto tan fuerte que nos *sobrecogió* a todos. とても大きな地震でみなぎょっとした.
── ~·se 再 びっくりする,どきっとする;おびえる. ~*se* de miedo 恐ろしさに身がすくむ.

so·bre·co·gi·mien·to [so.βre.ko.xi.mjén.to] 男 びっくりする[する]こと;不意打ち.

so·bre·con·tra·ta·ción [so.βre.kon.tra.ta.θjón / -.sjón] 女 超過予約,オーバーブッキング.

so·bre·cu·bier·ta [so.βre.ku.βjér.ta] 女 **1** ブックカバー,ジャケット. **2**【海】上甲板.

so·bre·cue·llo [so.βre.kwé.jo ‖ -.ʎo.-] 男 **1**【服飾】付け襟,当て襟. **2** 聖職者用カラー,ローマン・カラー(= alzacuello).

so·bre·di·cho, cha [so.βre.ðí.tʃo, -.tʃa] 形 上記の,前述の,前記の.

so·bre·dien·te [so.βre.ðjén.te] 男 八重歯.

so·bre·di·men·sio·na·do, da [so.βre.ði.men.sjo.ná.ðo, -.ða] 形 誇張された,大げさな.

so·bre·di·men·sio·nar [so.βre.ði.men.sjo.nár] 他 誇張する,大げさに考える.

so·bre·do·rar [so.βre.ðo.rár] 他 **1** 金めっきする. **2** 言い繕う,言い訳をする. **3** 粉飾する,見せかける.

so·bre·do·si·fi·ca·ción [so.βre.ðo.si.fi.ka.θjón / -.sjón] 女 (薬の)投与量増加.

so·bre·do·sis [so.βre.ðó.sis] 女《単複同形》(薬・麻薬の)服用過多. Murió de una ~ de barbitúricos. 睡眠薬の飲みすぎで彼[彼女]は死んだ.

so·bre·e·di·fi·car [so.βre.(e.)ði.fi.kár] 他 (屋上に)建て増しする.

so·bre·en·ten·der [so.βre(.e)n.ten.dér] 12 他 → sobrentender.

so·bre·en·ten·di·do, da [so.βre(.e)n.ten.dí.ðo, -.ða] 形 → sobrentendido.

so·bre·es·drú·ju·lo, la [so.βre(.e)s.ðrú.xu.lo, -.la] 形 → sobresdrújulo.

so·bre·es·ti·ma·ción [so.βre(.e)s.ti.ma.θjón / -.sjón] 女 過大評価,買いかぶり.

so·bre·es·ti·mar [so.βre(.e)s.ti.már] 他 過大評価する,買いかぶる.
── ~·se 再 自分を過大評価する,うぬぼれる.

so·bre·ex·ce·der [so.βre(.e)(k)s.θe.ðér / -.se.-] 他 上回る,まさる.

so·bre·ex·ci·ta·ción [so.βre(.e)(k)s.θi.ta.θjón / -.si.-.sjón] 女 過度の興奮,熱狂.

so·bre·ex·ci·tar [so.βre(.e)(k)s.θi.tár / -.si.-] 他 極度に興奮させる,熱狂させる.
── ~·se 再 興奮[熱狂]しすぎる.

so·bre·ex·plo·ta·ción [so.βre(.e)(k)s.plo.ta.θjón / -.sjón] 女 (天然資源の)過度の開発.

so·bre·ex·po·ner [so.βre(.e)(k)s.po.nér] 41 他 [過分] は sobreexpuesto 【写】露出過度にする.

so·bre·ex·po·si·ción [so.βre(.e)(k)s.po.si.θjón / -.sjón] 女【写】露出過度.

so·bre·fal·da [so.βre.fál.da] 女 オーバースカート.

so·bre·faz [so.βre.fáθ / -.fás] 女 [複 sobrefaces] 表,表面,外面.

so·bre·fun·da [so.βre.fún.da] 女《ラ米》(プエルトリコ)(ドミニカ) まくらカバー,ピローケース.

so·bre·fu·sión [so.βre.fu.sjón] 女【化】過冷却.

so·bre·gi·rar [so.βre.xi.rár] 他 自【商】〈手形・小切手などを〉超過して振り出す,過振りする.

so·bre·gi·ro [so.βre.xí.ro] 男【商】(手形・小切手の)超過振り出し,過振り.

so·bre·haz [so.βre.áθ / -.ás] 女 [複 sobrehaces] **1** 表,表面,外面. **2** 覆い,カバー. **3** 外観,外見.

so·bre·hi·la·do [so.βrei.lá.ðo] 男【服飾】裁ち目かがり.

so·bre·hi·lar [so.βrei.lár] 88 他【服飾】〈布の端を〉かがる.

so·bre·hí·lo [so.βre.í.lo] 男 裁ち目かがり.

so·bre·hue·so [so.βre.(ɣ)wé.so] 男 **1**【医】外骨腫(しゅ). **2** 厄介な[面倒な]代物;煩わしさ,骨折り.

so·bre·hu·ma·no, na [so.βreu.má.no, -.na] 形 超人的な;神業の. esfuerzo ~ 超人的な努力.

so·bre·im·pre·sión [so.βreim.pre.sjón] 女

【写】【映】重ね焼き付け, 二重焼き付け；オーバーラップ.

so·bre·im·pre·so, sa [so.breim.pré.so, -.sa] 形 重ね刷りした.

so·bre·im·pri·mir [so.breim.pri.mír] 76 他 重ね刷りする.

so·bre·lle·nar [so.bre.ʝe.nár ‖ -.ʎe.-] 他 いっぱいに入れ[詰め]すぎる.

so·bre·lle·no, na [so.bre.ʝé.no, -.na ‖ -.ʎé.-] 形 あふれんばかりの；非常に豊富な.

so·bre·lle·var [so.bre.ʝe.bár ‖ -.ʎe.-] 他 〈不幸などに〉耐える, 我慢する.

so·bre·ma·ne·ra [so.bre.ma.né.ra] 副 とても, 非常に. La conferencia fue ~ interesante. 講演はきわめて興味深いものだった.

so·bre·me·sa [so.bre.mé.sa] 女 **1** 食後のひととき. Tuvimos una agradable ~ ayer. 昨日私たちは食後に楽しくおしゃべりした.
2 テーブル掛け.
de sobremesa (1) 卓上の. reloj *de* ~ 卓上時計. (2) 食後に[の]. charla *de* ~ 食後の雑談.

so·bre·me·sa·na [so.bre.me.sá.na] 女《海》ミズン・トップスル.

so·bre·mo·do [so.bre.mó.ðo] 副 → sobremanera.

so·bre·na·dar [so.bre.na.ðár] 自 浮かぶ, 漂う. El aceite *sobrenada* en el agua. 油は水に浮く.

so·bre·na·tu·ral [so.bre.na.tu.rál] 形 **1** 超自然の；不可思議な, 奇跡的な, 神秘的な. fenómeno ~ 超自然現象. ciencias ~*es* 神秘学. **2** 死後の.

so·bre·nom·bre [so.bre.nóm.bre] 男 あだ名, 通称. dar a+人 el ~ de... 〈人〉に…というあだ名をつける. → apodo 類語

so·bren·ten·der [so.bren.ten.dér] 12 他 それとなくわかる, 暗黙のうちに了解する.
— ~·*se* 再《3人称で》暗黙のうちに了解される.

so·bren·ten·di·do, da [so.bren.ten.dí.ðo, -.ða] 形 暗黙(の了解)の, 言わなくてもわかっている.
— 男 暗黙の了解, 言わなくてもわかっていること.

so·bre·o·cu·pa·ción [so.bre.o.ku.pa.θjón / -.sjón] 女 超過予約, オーバーブッキング.

so·bre·pa·ga [so.bre.pá.ga] 女 特別手当て, ボーナス.

so·bre·par·to [so.bre.pár.to] 男 産褥(じょく)期, 産後の肥立ち. dolores de ~ 産後陣痛. morir de ~ 産褥で死ぬ.

so·bre·pa·sar [so.bre.pa.sár] 他 **1**(*en...* …の点で）しのぐ, 凌駕(りょうが)する, 勝る；勝つ. Si estudias más, *sobrepasarás* a todos los de tu clase. 君がもっと勉強すれば, クラスのみんなに勝つことができるだろう. **2** 超過する, 超える. Los gastos de recepción *sobrepasaron* en mucho al presupuesto. 接待費は予算を大幅にオーバーした.

so·bre·pas·to·re·ar [so.bre.pas.to.re.ár] 他《ラ米》〈牧養により〉〈土地を〉過剰開拓する.

so·bre·pas·to·re·o [so.bre.pas.to.ré.o] 男《ラ米》〈牧養による土地の〉過剰開拓.

so·bre·pe·lliz [so.bre.pe.ʝíθ ‖ -.ʎíθ / -.jís] 女《複 sobrepellices》【カト】聖職者が法衣の上に着るそでの広い短白衣.

so·bre·pe·lo [so.bre.pé.lo] 男《ラ米》(ラフ)【馬】鞍下(くら).

sobrepelliz (短い白衣)

so·bre·pe·so [so.bre.pé.so] 男 **1** 積みすぎ, 重量超過. ~ de equipaje 重量超過手荷物.
2 体重超過.

so·bre·po·ner [so.bre.po.nér] 41 他 [過分] は sobrepuesto》(*a...*) **1**（まれ）(…に) 重ねる, 積み重ねる (= superponer). **2**《まれ》(…より) 優先させる, 先行させる (= anteponer). Debemos ~ los intereses generales *a* los particulares. 我々は個人の利益よりも全体の利益を優先させるべきだ.
— ~·*se* 再 **1** (*a...* …に) 打ち勝つ, 克服する. ~*se a* su dolor 苦痛に打ち勝つ. **2** 自制する.

so·bre·pre·cio [so.bre.pré.θjo / -.sjo] 男 割増料金, 追加料金.

so·bre·pro·duc·ción [so.bre.pro.ðuk.θjón / -.sjón] 女 過剰生産, 生産過剰.

so·bre·puer·ta [so.bre.pwér.ta] 女 **1** カーテンボックス. **2** (扉の上の, 絵・布などの) 装飾.

so·bre·pues·to, ta [so.bre.pwés.to, -.ta] [sobreponer の過分] 形 積み重ねた, 重ね合わせた, 二重になった. — 男 **1**【服飾】アップリケ (= bordado ~). **2** (上質の蜂蜜(はち)を採るためにミツバチの巣にかぶせて中に別の巣を作らせる) かご, 壺(つぼ). **3** (ミツバチが巣板の上に作る) 2段目の巣.

so·bre·pu·jar [so.bre.pu.xár] 他《*en...* …の点で》しのぐ, 勝る. Ella *sobrepujaba* a todas sus hermanas *en* belleza. 彼女は美しさでは姉妹の誰にも勝っている.

so·bre·ro, ra [so.bré.ro, -.ra] 形 余分な；【闘牛】〈牛が〉予備の. — 男【闘牛】予備の牛.

so·bre·rrien·da [so.bre.rjén.da] 女《ラ米》(うらぐ)補助の手綱.

so·bre·sal [so.bre.sál] 活 → sobresalir.

*****so·bre·sa·lien·te** [so.bre.sa.ljén.te] 形 **1** 優れた, 傑出した, 秀でた. una de las personas más ~*s* de su época 当時の最も傑出した人物のひとり. **2** 突き出た, 出っ張った.
— 男女【演】代役；【闘牛】代役の闘牛士.
— 男 (成績の) 優.

*****so·bre·sa·lir** [so.bre.sa.lír] 46 自 **1** 突き出る, 飛び出る, 張り出す. Hay un adoquín que *sobresale* de la acera. 舗道の敷石が１つ飛び出ている. **2**《*por...* …で》傑出する, ぬきんでる；目立つ. Él *sobresale* entre todos sus amigos *por* su inteligencia. 彼は頭のよさでは友人たちをはるかにしのいでいる.

so·bre·sal·tar [so.bre.sal.tár] 他 びっくりさせる, ぎょっとさせる. *Sobresaltó* a todos con sus gritos. 皆は彼[彼女]の悲鳴にびっくりした.
— ~·*se* 再 びっくりする, ぎょっとする.

so·bre·sal·to [so.bre.sál.to] 男 どきっとすること, 驚き；恐怖. Me dio un ~. 彼[彼女]は私をぎくりとさせた.

so·bre·sa·nar [so.bre.sa.nár] 自 **1**（傷口などが）表面だけ治る, 瘢着する.
2 うわべを取り繕う, 本質を隠す.

so·bre·sa·tu·ra·ción [so.bre.sa.tu.ra.θjón / -.sjón] 女【化】(溶液の) 過飽和.

so·bre·sa·tu·rar [so.bre.sa.tu.rár] 他【化】〈溶液を〉過飽和する.

so·bres·cri·bir [so.bres.kri.βír] 75 他 [過分] は sobrescrito》宛先(あてさき)［上書き］を書く.

so·bres·cri·to, ta [so.bres.krí.to, -.ta] [sobrescribir の過分] 形 書きつけられた, 書き込まれた.
— 男 宛名(あてな), 上書き.

so·bres·drú·ju·lo, la [so.bres.ðrú.xu.lo, -.la]

so・bre・se・er [so.bre.se.ér] 69 他 【法】打ち切る, 棄却する. ~ **la causa** 裁判を打ち切る.

so・bre・sei・mien・to [so.bre.sei.mjén.to] 男 【法】打ち切り, 棄却. **el** ~ **de una causa** 裁判の打ち切り. ~ **libre** (原告の) 訴え却下, 却下判決.

so・bre・se・llo [so.bre.sé.jo ‖ -.ʎo-] 男 (権威を与えるための)副印章, 二重封印.

so・bres・ta・día [so.bres.ta.ðí.a] 女 【海】超過停泊; 超過停泊料金; 滞船料.

so・bres・tan・te [so.bres.tán.te] 男 (土木工事の)現場監督.

so・bres・ti・ma・ción [so.bres.ti.ma.θjón / -.sjón] 女 過大評価, 買いかぶり.

so・bres・ti・mar [so.bres.ti.már] 他 過大評価する, 買いかぶる.
— ~**se** 再 自分を過大評価する, うぬぼれる.

so・bre・suel・do [so.bre.swél.do] 男 特別手当.

so・bre・ta・sa [so.bre.tá.sa] 女 課徴金, 追加料金.

so・bre・ten・sión [so.bre.ten.sjón] 女 過電圧.

so・bre・ti・ro [so.bre.tí.ro] 男《ラ米》抜き刷り.

so・bre・to・do [so.bre.tó.ðo] 男 コート, 外套(がいとう); 上っ張り;《ラ米》紳士用コート.

so・bre・va・lo・rar [so.bre.ba.lo.rár] 他 過大評価する, 買いかぶる.

so・bre・ve・ni・da [so.bre.be.ní.ða] 女 突然の予期しない来訪.

so・bre・ve・nir [so.bre.be.nír] 45 自 **1** 突発する, 突然起こる, 不意に来る. **Les** *sobrevino* **una catástrofe.** 彼らは突然大悲劇に襲われた.
2 続発する, 次に[さらに]起こる.

so・bre・ven・ta [so.bre.bén.ta] 女 超過予約, オーバーブッキング.

so・bre・vi・drie・ra [so.bre.bi.drjé.ra] 女 **1** (二重ガラス窓の) 外窓. **2** (窓の) 金網, 格子.

so・bre・vi・rar [so.bre.bi.rár] 自 (自動車が)カーブを曲がり始めるときに外にそれる傾向がある, アンダーステアである.

so・bre・vi・vien・te [so.bre.bi.bjén.te] 形 生き残りの, 生存する; 残存する.
— 男女 生き残り, 生存者; 遺族.

so・bre・vi・vir [so.bre.bi.bír] 自 **1**《**a...** …から》生き残る, 生き延びる; 残存する. **Es la única persona que** *sobrevivió a***l naufragio.** 彼[彼女]は海難事故の唯一の生存者だ.
2《**a...** …より》長生きする. **El padre** *sobrevivió* **a la hija.** 父親は娘より長生きした.
3 なんとか生活する, 生き長らえる. **Tenía ahorros para** ~ **un par de meses.** 2か月ほど暮らすだけの貯えは私にもある.

so・bre・vo・lar [so.bre.bo.lár] 15 他 …の上空を飛ぶ. **El avión** *sobrevolaba* **la zona enemiga.** 飛行機は敵地の上を飛んでいた.

so・brex・ce・der [so.bre(k)s.θe.ðér / -.se-] 他 → sobreexceder.

so・brex・ci・ta・ción [so.bre(k)s.θi.ta.θjón / -.si.-.sjón] 女 → sobreexcitación.

so・brex・ci・tar [so.bre(k)s.θi.tár / -.si.-] 他 → sobreexcitar.

so・bria・men・te [só.brja.mén.te] 副 控えめに, つつましく; 簡素に, 地味に.

so・brie・dad [so.brje.ðáð] 女 控えめ, 節度; 節制; 簡素, 地味. **comer con** ~ 食事を控えめにする. **Todos conocen la** ~ **de mis costumbres.** 私が控えめなことはみんなが知っている.

*****so・bri・no, na** [so.brí.no, -.na] 男 女 甥(おい), 姪(めい) (▶ 広く自分より1つ下の世代の親族を指す). *sobrina* **carnal** 血のつながった姪. ~ **político** 義理の姪. ~ **nieto** 甥[姪]の息子(兄弟姉妹の孫息子). *sobrina* **segunda** いとこの娘. ~ **tercero** またいとこの息子. **Tengo dos** *sobrinos***, una es hija de mi hermano y la otra, política, que es hija de mi cuñado.** 僕には姪が2人. 1人は兄の娘で, もう1人は義理の, 妻の兄の娘だ.
[←[ラ] *sobrīnum*, *-am* (*sobrīnus*, *-a* の対格) 「いとこ」; 関連 [ポルトガル] *sobrinho*, *-nha* 「甥, 姪」. [仏] *sœur*「姉妹」. [仏][英] *cousin*「いとこ」. [英] *sister*]

*****so・brio, bria** [só.brjo, -.brja] 形 **1** 控えめな, 節度ある; 節制した. *discurso* ~ 控えめな発言. ~ **en la bebida** 酒を慎んでいる. **Es muy** ~ **en sus costumbres.** 彼は万事控えめな人だ. **Es** *sobria* **de palabras.** 彼女は口数が少ない.
2 簡素な, 地味な. *color* ~ 地味な色. *estilo* ~ 簡素な様式, 地味な文体. *cena sobria* つつましい夕食.
3《estar +》しらふの. **4** 落ち着いた, 動じない.
[←[ラ] *sōbrium* (*sōbrius* の対格) 「しらふの」が原義; 関連 [英] *sober*]

so・bros [só.bros] 男《複数形》《ラ米》《プ米》食べ残し, 残飯; 残りもの.

so・ca [só.ka] 女《ラ米》**(1)** サトウキビの新芽. **(2)** 《タラ》稲の苗. **(3)**《メタ》タバコの若葉; 上質の葉タバコ. **(4)**《プ米》酔い.

so・cai・re [so.kái.re] 男 風を遮るもの.
al socaire de... …の庇護(ひご)のもとで, …に守られて.

so・ca・li・ña [so.ka.lí.ɲa] 女 策略, 手練手管; 口車, 口のうまさ. **Conozco al dedillo sus** ~**s.** 彼[彼女]の口のうまさには十分に心得ている.

so・ca・li・ñar [so.ka.li.ɲár] 他 口車に乗せてせしめる.

so・ca・pa [so.ká.pa] 女 逃げ口上, 言い逃れ.
a socapa 内密に, こっそりと.

so・ca・par [so.ka.pár] 他《ラ米》《アンデス》《グアテマラ》隠しだてする, かばう.

so・car [so.kár] 102 他《ラ米》《プ米》**(1)** 締める, 締めつける. **(2)**《話》うんざりさせる, いらだたせる.
— ~**se** 再《ラ米》《プ米》《話》**(1)** 酔っぱらう. **(2)** 《**con...** …と》口論[けんか]する.

so・ca・rrar [so.ka.r̄ár] 他 …の表面を焼く, 焦がす. → asar 類語. — ~**se** 再 (表面が)焦げる.

so・ca・rrat [so.ka.r̄át] 男 (パエリャ paella の)おこげ.

so・ca・rrén [so.ka.r̄én] 男 【建】軒, ひさし.

so・ca・rrón, rro・na [so.ka.r̄ón, -.r̄ó.na] 形 **1** 嫌味な, 皮肉な. **una sonrisa** *socarrona* 皮肉っぽい笑い. **(2)** ずるい, 狡猾(こうかつ)な, 陰険な. — 男 女 **1** 皮肉屋, 嫌味な人. **2** ずる賢い人, 陰険な人.

so・ca・rro・na・men・te [so.ka.r̄ó.na.mén.te] 副 嫌味っぽく; 陰険に.

so・ca・rro・ne・ría [so.ka.r̄o.ne.rí.a] 女 皮肉, 嫌味; 陰険さ.

so・ca・te [so.ká.te] 男《ラ米》《メキシコ》ソケット.

so・ca・va [so.ká.ba] 女 掘ること; 土台[基盤]を弱めること.

so・ca・va・ción [so.ka.ba.θjón / -.sjón] 女 土台[基盤]を弱めること; 掘ること.

so・ca・var [so.ka.bár] 他 **1** …の下を掘る, うがつ. **2** 弱らせる, 衰えさせる; だめにする. **Los rumores** *socavaron* **mi fe en el alcalde.** うわさを聞いて私

so·ca·vón [so.ka.βón] 男 沈下, 陥没；くぼみ.
soc·cer [sók.ker] 〖英〗男 サッカー (= fútbol).
so·chan·tre [so.tʃán.tre] 男 〖宗〗聖歌隊長, 聖堂楽長, 合唱長.
so·che [só.tʃe] 男《ラ米》(ｼﾞﾁﾞｱ)(羊などの)なめし革.
so·cia·bi·li·dad [so.θja.βi.li.ðáð / -.sja.-] 女 社交性, 交際上手, 人付き合いのよさ.
so·cia·bi·li·zar [so.θja.βi.li.θár / -.sja.-.sár] 97 他 社交的にする, 社会生活に順応させる.
so·cia·ble [so.θjá.βle / -.sjá.-] 形 **1** 社交的な, 交際好きな, 人付き合いのよい. poco ~ 付き合いの悪い. **2** 人間になつやすい. El perro es un animal ~. 犬は人によく慣れた動物である.

※**so·cial** [so.θjál / -.sjál] 形 《名詞＋》 **1** (ser＋) 社会の, 社会的の, 社会に関する. la seguridad ~ 社会保険. ciencias ~es 社会科学. problema ~ 社会問題. vida ~ 社会生活. realizar la prestación ~ sustitutoria (兵役に替わる)社会奉仕活動をする.
2 社会階層の, 社会層の；上流社会の, 社交の. luchas ~es 階級闘争. club ~ 社交クラブ.
3 会社の, 組合[協会]の；仲間の, 内輪の. razón ~ 〖商〗商号, 社名；商標名. local ~ (会社などの)ホール, 集会場. domicilio ~ 会社[組織]の所在地. La empresa tiene un capital ~ de 10 millones de euros. その企業は資本金が1000万ユーロです.
4 社会生活を営む；〈動物が〉群居性の；〈植物が〉群生の. El hombre es un animal ~. 人間は社会的動物である. insectos ~es 社会性昆虫. **5** (＋形容詞) 社会主義の. ~ demócrata 社会民主主義の. El Partido S~ Cristiano キリスト教社会党.
— 男 (フランコ時代のスペインの)政治警察官.
— 女 **1** (複数で)社会科学 (= ciencias ~es).
2 (フランコ時代のスペインの)政治警察 (= la Brigada Político-S~). **3** (複数で)《ラ米》(ｿﾞﾝ)(新聞の)社交界消息欄, 社交欄.
[←〖ラ〗*sociālem* (*sociālis* の対格；*socius*「仲間」より派生；「社交的な」が原義)〖関連〗socialismo. 〖英〗*social*]

so·cial·de·mo·cra·cia [so.θjal.de.mo.krá.θja / -.sjal.-.sja] 女 社会民主主義.
so·cial·de·mó·cra·ta [so.θjal.de.mó.kra.ta / -.sjal.-] 形 社会民主主義の.
— 男 女 社会民主党員, 社会民主主義者.

※**so·cia·lis·mo** [so.θja.lís.mo / -.sja.-] 男 社会主義 (運動).

※**so·cia·lis·ta** [so.θja.lís.ta / -.sja.-] 形 《名詞＋》の；社会党の. El Partido S~ Obrero Español スペイン社会労働党 (= PSOE). la concejala ~ 社会党女性市議.
— 男 女 社会主義者；社会党員.

so·cia·lis·toi·de [so.θja.lis.tói.ðe / -.sja.-] 形 《話》《軽蔑》社会主義(者)の；社会党の.
— 男 女 《話》《軽蔑》社会主義者；社会党員.
so·cia·li·za·ción [so.θja.li.θa.θjón / -.sja.-.sa.sjón] 女 国有化, 国営化；社会主義化.
so·cia·li·zar [so.θja.li.θár / -.sja.-.sár] 97 他 国有[国営]化する；社会主義化する；普及させる. ~ la banca 銀行を国営化する. ~ la asistencia médica 医療の普及.
so·cia·ta [so.θjá.ta / -.sjá.-] 形 《話》《軽蔑》社会主義(者)の；社会党の.
— 男 女 《話》《軽蔑》社会主義者；社会党員.

※**so·cie·dad** [so.θje.ðáð / -.sje.-] 女 **1** 社会, 共同体. ~ civil 市民社会. ~ feudal 封建社会. ~ contemporánea 今日[同時代]の社会. ~ consumista [de consumo] (大量)消費社会. Es fácil culpar a la ~ de todos los males. 悪いことを何でもかんでも社会のせいにするのは簡単なことだ. El egocentrismo es un enemigo de la ~. 自己中心的なものの考え方は社会の敵である.
2 世間, 世の中；付き合い. hombre de ~ 社交家. tener ~ con... …と付き合いがある. No sabe vivir en ~ muy bien. 彼[彼女]は世渡りが下手だ. Son sensibles a la opinión de la ~. 彼らは世間の評判を気にしすぎる.
3 (共通の目的・文化を有する)団体, 協会, 組織. la S~ de Naciones 国際連盟 (略 SDN). ~ protectora de animales 動物愛護協会. ~ cooperativa 生活協同組合. ~ secreta 秘密結社. ~ deportiva スポーツクラブ. ~ de escritores 作家協会. ~ de socorros mutuos 共済組合.
4 会社, 商社 (= empresa, firma). formar [fundar] ~ 会社を創立する. Ha formado una ~ de importación de coches usados. 彼[彼女]は中古車を輸入する会社を立ち上げた. ~ anónima 株式会社 (略 S. A.). ~ (de responsabilidad) limitada 有限(責任)会社. ~ instrumental 子会社, トンネル会社. ~ comanditaria [en comandita] 合資会社. ~ colectiva 合名会社, 合資会社. ~ mercantil [comercial] 商事会社.
5 社交界；(広く)界, 層. alta ~ 上流社会. baile de ~ 社交ダンス. presentarse [entrar] en ~ 社交界にデビューする. ~ intelectual 知識層. ecos de ~ (新聞などの)街の話題. **6** 生物社会, (組織立った)群れ. Las hormigas y las abejas forman ~es bien organizadas. アリやミツバチは高度に組織化された社会を形成する.

so·cie·ta·rio, ria [so.θje.tá.rjo, -.rja / -.sje.-] 形 (労働)組合の, 協会の.
so·ci·e·ty [so.θjé.ti / -.sjé.- // -.sái.e.-] 〖英〗女 上流社会. jet ~ (旅行ばかりして遊んで暮らしている)有閑階級.

※**so·cio, cia** [só.θjo, -.θja / -.sjo, -.sja] 男 女 **1** 会員, 組合員. ~ de un club クラブの会員. hacerse ~ 会員になる. ~ de número 正会員. ~ honorario [de honor] 名誉会員.
2 〖商〗共同経営者, 提携者, 出資社員. ¿Cuántos ~s hay en el negocio? 事業の共同経営者は何人ですか. ~ capitalista 出資社員. ~ comanditario (配当を受けるが業務を担当しない)有限責任社員. ~ industrial 執務[労務出資]社員.
3 《話》仲間, 友人.
— 女 《隠》《軽蔑》娼婦 (ﾕﾒ).
[←〖ラ〗*socium* (*socius* の対格). 〖関連〗social, sociedad, sociable, sociología, asociar. 〖英〗*society*, *associate*「連想する；交際する」]

so·cio·bio·lo·gí·a [so.θjo.βjo.lo.xí.a / -.sjo.-] 女 社会生物学.
so·cio·cul·tu·ral [so.θjo.kul.tu.rál / -.sjo.-] 形 社会文化的な.
so·cio·e·co·nó·mi·co, ca [so.θjo.e.ko.nó.mi.ko, -.ka / -.sjo.-] 形 社会経済の, 社会経済的な.
so·cio·la·bo·ral [so.θjo.la.βo.rál / -.sjo.-] 形 社会労働の.
so·cio·lin·güís·ti·ca [so.θjo.liŋ.ɡwís.ti.ka / -.sjo.-] 女 社会言語学.

so·cio·lo·gí·a [so.θjo.lo.xí.a / -.sjo.-] 囡 社会学.
so·cio·ló·gi·co, ca [so.θjo.ló.xi.ko, -.ka / -.sjo.-] 形 社会学の, 社会学的な.
so·ció·lo·go, ga [so.θjó.lo.go, -.ga / -.sjó.-] 男 囡 社会学者.
so·cio·me·trí·a [so.θjo.me.trí.a / -.sjo.-] 囡 計量社会学, ソシオメトリー.
so·cio·pá·ti·co, ca [so.θjo.pá.ti.ko, -.ka / -.sjo.-] 形 社会病質的な, 反社会的行為の.
so·cio·pa·to·lo·gí·a [so.θjo.pa.to.lo.xí.a / -.sjo.-] 囡 社会病理学.
so·cio·po·lí·ti·co, ca [so.θjo.po.lí.ti.ko, -.ka / -.sjo.-] 形 社会政治的な.
so·cio·te·ra·pia [so.θjo.te.rá.pja / -.sjo.-] 囡【医】社会復帰に向けた治療.
so·co, ca [só.ko, -.ka] 形《ラ米》《話》(ᵃᵍ)酔っ払った. (ᵈʳ)片腕のない, 手足を切断した.
—— 男《ラ米》(1)(ᵖʳ)切り株〔切断後に残った〕手足の根元. (2)(ᵈʳ)歯のすり減った山刀. (3)(ᶜʰ)(ᵖʳ)(ᵛᵉⁿ)パンチ.
so·co·la [so.kó.la] 囡《ラ米》(ᵈʳ)(ᵖʳ)伐採; 除草.
so·co·lar [so.ko.lár] 他《ラ米》(1)(ᵃʳᵍ)(ᵈʳ)(ᵖʳ)〈草木を〉刈り取る. (2)(ᵈʳ)雑にする.
so·co·llón [so.ko.ʎón ‖ -.ʎón] 男《ラ米》(ᶜᵉⁿ)激しい揺れ, 振動.
so·co·llo·ne·ar [so.ko.ʎo.ne.ár ‖ -.ʎo.-] 他《ラ米》(ᶜᵉⁿ)激しく揺さぶる, 揺する.
so·co·lor [so.ko.lór] 男 口実, 言い逃れ; 見せかけ. ~ de…という口実で; …と見せかけて (= so color de).
so·co·nus·co [so.ko.nús.ko] 男 1 (チョコレート飲料に混ぜるバニラなどの)香料ミックス. 2《ラ米》(1)(ᵍᵗ)(ᵐᵉˣ)上質のカカオ(の実), チョコレート. ▶メキシコの Chiapas 州 Soconusco の特産物であることから. (2)(ⁿⁱ)《俗》いかがわしい商売, 闇(ⁿ)取引.
so·co·rre·dor, do·ra [so.ko.r̄e.ðór, -.ðó.ra] 形 助けとなる, 救助の; 援助する.
—— 男 囡 救助者, 救出者, 助力者.
so·co·rrer [so.ko.r̄ér] 他 助ける, 援助する; 救援する ~ a los pobres 貧しい人々を援助する.
[← [ラ] succurrere (sub「の下へ」+ currere「走る」;「…の下へ走る」が原義); 関連 socorro. 〔英〕 succor 援助(する)]
so·co·rri·do, da [so.ko.r̄í.ðo, -.ða] 形 1 助けになる, 便利な, 役に立つ. El dolor de cabeza es una excusa muy socorrida. 頭痛はいろいろと便利な口実だ. 2 陳腐な, ありふれた, 安易な.
so·co·rris·mo [so.ko.r̄ís.mo] 男 応急手当[処置], 人命救助; ライフセービング, 水難救助(法). cursillo de ~ 応急手当の講習.
so·co·rris·ta [so.ko.r̄ís.ta] 男 囡 救援[救助]隊員, 水難救助員, ライフセーバー, 監視員.
‡**so·co·rro** [so.kó.r̄o] 男 1 救助, 救出, 救援, 援助. ir [acudir] en ~ de+人〈人〉の救援に駆けつける. gritar ~ 助けを求めて叫ぶ. prestar ~ 助ける, 救助する. caja de ~ 救護基金. casa de ~ 救急病院. centro de ~ レスキュー隊本部. primer ~ 応急手当. puesto de ~ 救護所. señal(es) de ~ (SOSなどの)遭難信号. ~ marítimo 海難救助.
2 救援物資, (物質的)援助. ~ en comida 食料支給. ~ en dinero 救援金.
3【軍】援軍, 増援部隊. fuerzas [tropas] de ~ 援軍, 援兵. 4《ラ米》(ʀ)《話》(給料などの)前払い.
¡*Socorro!* 助けて, 助けてくれ.

so·co·yo·te, ta [so.ko.jó.te, -.ta] 男 囡《ラ米》(ᵐᵉˣ)《話》末っ子, 末子 (= benjamín).
Só·cra·tes [só.kra.tes] 固名 ソクラテス (前470-399): 古代ギリシアの哲学者. Platón の師.
so·crá·ti·co, ca [so.krá.ti.ko, -.ka] 形 ソクラテスの, ソクラテス流の, ソクラテス派の.
—— 男 囡 ソクラテス学徒.
so·cu·cha [so.kú.tʃa] 囡《ラ米》(ᶜʰ) ➔ socucho.
so·cu·cho [so.kú.tʃo] 男《ラ米》(ʀᵖˡ) 隅, 隅っこ; 狭苦しい[むさくるしい]部屋; 小さな家, あばら屋.
so·da [só.ða] 囡《ラ米》(ᶜʰ)とてもよい, すばらしい.
—— 男 1 ソーダ水, 炭酸水. 2 炭酸ソーダ (= sosa). 3《ラ米》(ᶜʳ)(ᵖʳ)安食堂.
só·di·co, ca [só.ði.ko, -.ka] 形【化】ナトリウムの. carbonato ~ 炭酸ナトリウム. bicarbonato ~ 重炭酸ソーダ. cloruro ~ 塩化ナトリウム, 食塩. nitro ~ ソーダ硝石, チリ硝石.
so·dio [só.ðjo] 男【化】ナトリウム (記号 Na). cloruro de ~ 塩化ナトリウム, 食塩.
So·do·ma [so.ðó.ma] 固名【聖】ソドム: 住民の邪悪さのため, Gomorra と共に天上からの火で滅ぼされたといわれる死海近くの都市〈創世紀18, 19〉. [← [ラ] *Sodoma* ← [ギ] *Sódoma*]
so·do·mí·a [so.ðo.mí.a] 囡 同性愛; 肛門性交, ソドミー.
so·do·mi·ta [so.ðo.mí.ta] 形 1 ソドム(出身)の. 2 同性愛の; 肛門性交の. —— 男 囡 同性愛者.
so·do·mí·ti·co, ca [so.ðo.mí.ti.ko, -.ka] 形 同性愛の; 肛門性交の.
so·do·mi·zar [so.ðo.mi.θár / -.sár] 97 他 …にソドミーを行う.
so·ez [so.éθ / -.és] 形〔複 *soeces*〕粗野な, ぶしつけな; 下品な, 卑猥(ⁱⁿ)な. un gesto muy ~ 下卑た振る舞い. palabras *soeces* 卑猥な言葉.
‡**so·fá** [so.fá] 男〔複 ~s〕ソファー. ~ cama ソファーベッド.
[← [仏] *sofa* ← [アラビア] *ṣuffah*; 関連〔英〕*sofa*]
sóf·bol [sóf.bol] 男 ソフトボール.
só·fe·ro, ra [só.fe.ro, -.ra] 形《ラ米》(ᵖᵉʳ)《話》大きな, でかい.
So·fi [só.fi] 固名 ソフィ. [Sofía の愛称]
so·fí [so.fí] 形【宗】(イスラム教の神秘主義の一派でペルシアで行われた)スーフィー教(徒)の.
—— 男 スーフィー教徒.
So·fí·a¹ [so.fí.a] 固名 ソフィア: ブルガリアの首都. [← [中ラ] *Sophia* または *Sofia* ← [ギ] *Hágia Sophía* (6世紀に建てられた教会の名で「聖なる英知」の意. そのラテン語形を14世紀の改葬以後, 町の名としても使用)]
So·fí·a² [so.fí.a] 固名 ソフィア: 女子の洗礼名. 愛称 Sofi. [← [中ラ] *Sophia* ← [ギ] *Sophía* (原義は「英知」); 関連〔ポルトガル〕*Sófia*. 〔仏〕〔独〕*Sophie*. 〔伊〕*Sofia*. 〔英〕*Sophia*]
so·fión [so.fjón] 男 1 怒りの返事[声], 叱責(ⁿʳ). 2 (高温・高圧の気体の)噴出. 3 らっぱ銃.
so·fis·ma [so.fís.ma] 男 詭弁(ᵏⁿ); こじつけ.
so·fis·mo [so.fís.mo] 男 ➔ sufismo.
so·fis·ta [so.fís.ta] 形 詭弁(ᵏⁿ)を弄する, 詭弁の.
—— 男 囡 詭弁家. 【史】(古代ギリシアの)ソフィスト: 弁論術やさまざまな専門知識を教えた学者.
so·fis·te·rí·a [so.fis.te.rí.a] 囡 詭弁(ᵏⁿ)法.
so·fis·ti·ca·ción [so.fis.ti.ka.θjón / -.sjón] 囡 1 凝りすぎ, 気取り, 不自然さ (= afectación); (機械などの)複雑さ. 2 洗練, (機械などの)精巧さ.
so·fis·ti·ca·do, da [so.fis.ti.ká.ðo, -.ða] 形

1 洗練された；凝りすぎた, わざとらしい, 気取った. lenguaje 〜 てらいのある物言い. modales 〜s 洗練された物腰.

2 複雑な, 精緻(ぜい)な, 手のこんだ. tecnología *sofisticada* 精巧な技術. dispositivo 〜 手のこんだ装置. **3** 歪曲(わいきょく)された, ごまかした (= falsificado).

so·fis·ti·car [so.fis.ti.kár] 102 他 **1** 洗練する；不自然にする, 凝りすぎる.

2 複雑にする, 精巧にする. **3** 歪(ゆが)める, こじつける. 〜 la verdad 事実を歪曲(わいきょく)する.

so·fís·ti·co, ca [so.fís.ti.ko, -.ka] 形 詭弁(きべん)の, こじつけの；詭弁家の, ソフィストの.

so·fi·to [so.fí.to] 男【建】(1) (軒蛇腹の)下端(かたん). (2) 蛍光灯. [←[伊] *soffitto*「天井」]

so·fla·ma [so.flá.ma] 女 **1** 大among炎, 熱炎.

2 ちろちろ燃える火. **3** 赤面；紅潮. **4** 口車, 甘言. **5** 《ラ米》《ホ》《話》つまらないニュース.

so·fla·ma·do, da [so.fla.má.ðo, -.ða] 形 《ラ米》(ホ)〈肌が〉発赤のある.

so·fla·mar [so.fla.már] 他 **1** 焦がす, 焙(あぶ)る.

2 赤面させる. **3** 口車に乗せる, 言葉巧みにだます.

so·fo·ca·ción [so.fo.ka.θjón / -.sjón] 女 **1** 息苦しさ, 息詰まること. **2** 消火, 鎮火. **3** 鎮圧, 制圧. **4** 赤面, 紅潮；当惑, 困惑.

so·fo·ca·dor, do·ra [so.fo.ka.ðór, -.ðó.ra] 形 →sofocante.

so·fo·can·te [so.fo.kán.te] 形 息苦しいほどの, 息が詰まるような. un calor 〜 むしむしする暑さ. ambiente 〜 重苦しい雰囲気.

so·fo·car [so.fo.kár] 102 他 **1** 息苦しくさせる, …の息を詰まらせる. El calor húmedo nos *sofocó* a todos. 湿気を帯びた暑さに我々みんなが息苦しく感じた. **2** 消火する, 鎮火させる；鎮圧する, 制圧する；もみ消す. 〜 un incendio 火事を消す. 〜 la risa 笑いを抑える. **3** 赤面させる, 恥じ入らせる. **4** 困らせる, うんざりさせる.

— 〜·se 再 **1** 息苦しくなる, 息が詰まる；息切れする. Cuando hago ejercicio, *me sofoco* en seguida. 運動をするのが苦しい.

2 赤面する, 恥じ入る. **3** いらだつ, 不機嫌になる.

Só·fo·cles [só.fo.kles] 固名 ソフォクレス (前496?–406):ギリシアの悲劇詩人.

so·fo·co [so.fó.ko] 男 **1** 息の詰まること, 息苦しさ.

2 恥ずかしさ, きまり悪さ, 困惑. **3** 怒り, 逆上. Le dio un 〜. それは彼[彼女]をかっとさせた.

so·fo·cón [so.fo.kón] 男 《話》かっとなること, かっとくること. Me llevé un gran 〜. 頭にきちゃった.

sofoqué(-) / sofoqué(-) → sofocar.

so·fo·qui·na [so.fo.kí.na] 女 《話》 **1** 激しい息苦しさ, 息苦しいほどの暑さ. ¡Vaya 〜 que hace aquí! こんなに息が詰まるくらい暑いな. **2** 憤慨, 激怒.

só·fo·ra [só.fo.ra] 女【植】エンジュ.

so·fre·ír [so.fre.ír] 6 他 軽く炒(いた)める, さっと揚げる.

so·fre·na·da [so.fre.ná.ða] 女 (馬の)手綱を引き締めること.

so·fre·nar [so.fre.nár] 他 **1** 〈馬の〉手綱を引き締める. **2** 〈感情を〉制御する, 抑える. **3** 厳しくしかる, 譴責(けんせき)する.

so·frí·to, ta [so.frí.to, -.ta] 形【料】さっと揚げた, 炒(いた)めた.

— 男 (ニンニク・タマネギなどを)炒めて作ったソース.

so·fro·lo·gí·a [so.fro.lo.xí.a] 女【医】自律訓練法.

so·fró·lo·go, ga [so.fró.lo.go, -.ga] 男 女 自律訓練施術者.

soft·ball [sóf(t).bol] [英] 男 → sófbol.

soft·ware [sóft.(g)wer] [英] 男【IT】ソフトウェア. = hardware.

so·ga [só.ga] 女 **1** 縄, 綱；端綱 (= cuerda). **2** (積み上げた切り石・れんがの)面(めん). **3** 《ラ米》(馬などを)つなぐ)革ひも.

a soga【建】(石などの)長手積みの.

con la soga al cuello 窮地に陥った, 絶体絶命の危機にある.

dar soga a... …をからかう, 冷やかす.

hablar de la soga en casa del ahorcado 場違いな[人の嫌がる]話をする.

No hay que mentar la soga en casa del ahorcado.《諺》人の嫌がる話をするな (絞首刑者の家で縄の話はするな).

saltar la soga《ラ米》(メキ)(エル)《遊》縄跳びをする.

Siempre se quiebra la soga por lo más delgado.《諺》縄はいつもいちばん細い所が切れる (弱い者が損をする).

so·gue·ar [so.ge.ár] 他《ラ米》(1)【農】〈家畜を〉革ひもでつなぐ. (2) (ベネ)《話》からかう, ばかにする；ひやかす. (3) (エル) 飼い慣らす.

so·gue·ro, ra [so.gé.ro, -.ra] 形《ラ米》(エル)〈動物が〉飼い慣らされた.

so·gui·lla [so.gí.ja ‖ -.ʎa] 女 細い三つ編みの髪；細いアフリカハネガヤの三つ編み縄[ひも]. [soga + 縮小辞]

so·gún [so.gún] [日] 男【史】征夷大将軍.

soi·rée [swa.ré] [仏] 女 **1** 夜会, 夜のパーティー. **2** (演劇・映画などの)夜の部.

sois [sóis] 活 → ser.

so·ja [só.xa] 女【植】ダイズ. salsa de 〜 しょうゆ. aceite de 〜 大豆油.

so·juz·ga·dor, do·ra [so.xuθ.ga.ðór, -.ðó.ra / -.xus.-] 男 女 (力で)屈服させる, 支配する, 征服する.

— 男 女 征服者, 支配者, 圧制者.

so·juz·gar [so.xuθ.gár / -.xus.-] 103 他 (力で)屈服させる, 支配する, 征服する, 隷属させる.

sol[1] [sól] 男 **1 太陽, 日. sol naciente 朝日. sol poniente 夕日, 落日. salida del *sol* 日の出. puesta [caída] del *sol* 日没. reloj de *sol* 日時計. *sol* de medianoche 白夜の太陽. salir el *sol* 日が昇る. ponerse [caer] el *sol* 日が沈む. al salir el *sol* 日の出に, 明け方に. al ponerse el *sol* / al *sol* puesto 日没に, 日暮れに. de *sol* a *sol* 日の出から日没まで. La Tierra gira alrededor del *Sol*. 地球は太陽の周りを回る (►「天体」を表すときは Sol).

2 日光, 日差し. *sol* de verano 夏の日差し. salón en el que entra el *sol* 日当たりのよい居間. quemadura de *sol* 日焼け. al *sol* 日なたで. tomar el *sol* 日光浴をする. dar el *sol* de pleno 直射日光が当たる. pegársele el *sol* (a+人)〈人〉に日焼けしそうなほどに日が照りつける. Hace *sol*. 日が照っている. Hace mucho *sol*. 日差しがきつい. Hoy pega [pica, aprieta] el *sol*. 今日は日差しが強い.

3 (1) ソル；1985年以前のペルーの旧通貨単位《略 S/.》. → inti. (2) ソル；現在のペルーの通貨単位 nuevo sol の一般呼称.

4 《特に子供に対して》かわいい子. ¡Qué *sol* de niño! なんてかわいい子. Marta es un *sol* y todos la quieren. マルタはとてもいい人でみんなが好きだ. **5** 《闘牛》(大衆料金の) 日なた席. tendido de

sol

sol 日の当たるスタンド席. → sombra.
6 (錬金術で) 金.
arrimarse al sol que más calienta 頼りになりそうな者に取り入る.
bajo el sol (1) 日なたで, 日を浴びて. Estoy a gusto *bajo el sol*. 私は日光浴が好きだ. (2) 地上に, この世に. No hay nada nuevo *bajo el sol*. 【聖】太陽の下, 新しいものは何ひとつない《コヘレトの言葉 1：9》.
como el sol que nos alumbra 《話》火を見るより明らかな.
con sol 日のあるうちに, 明るいうちに. terminar la faena *con sol* 明るいうちに仕事を終える.
no dejar a+人 *ni a sol ni a sombra* 《話》〈人〉を片時もほうっておかない, 〈人〉にうるさくつきまとう.
Piedra del sol 太陽の石. → piedra.
¡Salga el sol por Antequera! 《諺》初志を貫徹せよ.
sol de justicia 強い日差し；[S-] キリスト.
sol de las Indias 【植】 ヒマワリ (=girasol).
sol figurado 【紋】 人間の顔のように描いた太陽.
sol y sombra (1) 【闘牛】 日なたから次第に日陰になる席. → sombra 4. (2) ブランデーにアニスを入れたカクテル.
[← [ラ] *sōlem (sōl* の対格); 【関連】 solar, solana, parasol, girasol, helio-. [ポルトガル] *sol*. [仏] *soleil*. [伊] *sole*. [英] *sun* [独] *Sonne*]

sol² [sól] 男 【音楽】 ソ, ト音, G音.
sol³ [sól] 男 【化】 ゾル, コロイド.
so.la [só.la] 形 → solo.
so.la.do [so.lá.ðo] 男 **1** 床張り；(平石・れんかなどを敷いた) 床. **2** 靴底張り.
so.la.dor, do.ra [so.la.ðór, -.ðó.ra] 男 女 床張り職人.
so.la.du.ra [so.la.ðú.ra] 女 床張り.

※so.la.men.te [só.la.mén.te] 副 **1** 単に, もっぱら (=sólo). El trabaja ~ para comer. 彼は食べるためにのみ働いている.
2 …だけ, …しか…ない (=sólo). S~ quería oírte. 君の声を聞きたかっただけだ. S~ tienes que consultar en [por] Internet. インターネットで検索してみるだけでいいのです. No lloro, ~ me molesta el humo. 泣いてるんかないんだよ, 煙が目にしみるだけ. A la clase ~ vinieron cuatro estudiantes. 授業には学生が4人しか来なかった. S~ una vez, amé en mi vida. 私が人を愛したのは人生でたった一度だけ.
no solamente A *sino (que) (también)* B A だけでなく B も (また). Este niño *no* ~ baila bien, *sino que (también)* canta como un ángel. この子は踊りが上手だけでなく, 天使のような歌声も持っている.
solamente (con) que+接続法 / *con solamente que*+接続法 ただ…であれば. S~ *con que* tuviéramos recursos económicos, llevaríamos a cabo este plan inmediatamente. 我々に資金さえあればすぐにでもこの計画を実行に移すのに. *Con* ~ *que* no me *molestes*, estoy mucho más tranquilo. おまえが私に迷惑さえかけないで, 私はよっぽど落ち着いていられるのだ.
solamente que+直説法 ただ…なだけである. Tengo ganas de ir contigo, ~ *que estoy* muy cansado hoy. 一緒に行きたいところなんだけど, 今日僕はとても疲れているんだよ. Este plato es exquisito, ~ *que* no me *gusta* mucho el pescado. この料理はおいしいんだけれど, ただ私はお魚がそんなに好きじゃないので.

so.la.na [so.lá.na] 女 **1** ひなた, 日だまり. Ahora hay mucha ~. 今は日がよく当たっている. **2** (日当たりのよい) ベランダ, テラス；サンルーム, 日光浴室.
so.la.ná.ce.a [so.la.ná.θe.a / -.se.-] 女 【植】《主に複数で》ジャガイモ・トマトなどのナス科の植物.
so.la.ne.ra [so.la.né.ra] 女 **1** 焼けつくような日差し. **2** ひなた. **3** 日射病；重度の日焼け.
so.la.ni.na [so.la.ní.na] 女 【化】 ソラニン：ジャガイモの新芽などに含まれる毒性の強い配糖体.
so.la.no [so.lá.no] 男 **1** 東風. **2** 熱風. **3** 【植】イヌホオズキ.
so.la.pa [so.lá.pa] 女 **1** 【服飾】 (1) 襟. ojal de la ~ 襟の飾りボタン穴. (2) (ポケットの) ふた, フラップ. bolsillo con ~ ふた付きポケット.
2 (ブックカバーの) そで. **3** 封筒のふたの部分.
so.la.pa.da.men.te [so.la.pá.ða.mén.te] 副 陰でこそこそと.
so.la.pa.do, da [so.la.pá.ðo, -.ða] 形 腹黒い, ずるい, 陰険な, こそこそした.
so.la.par [so.la.pár] 他 **1** 重ねる, (一部が) 重なるようにする (並べる). **2** 《*con*...》《…の下に》《本意などを》隠す, 《…で》欺く. — 自 《服》の前が合わさる.
— *~se* 再 **1** 部分的に重なる. **2** 一致する. **3** 《ラ米》《プエルトリコ》部分的にはがれる.
so.la.pe.ro [so.la.pé.ro] 男 《ラ米》《メキシコ》襟に付ける身分証明カード.
so.la.po [so.lá.po] 男 **1** 《まれ》【服飾】 襟；フラップ. **2** (屋根瓦などの) 重ね目.
a solapo こっそりと, 陰でこそこそと.

so.lar¹ [so.lár] 形 **1** 太陽の, 太陽に関する, 太陽系の；太陽 (エネルギー) による. año ~ 太陽年. batería ~ 太陽電池. energía ~ 太陽エネルギー. rayos ~es 太陽光線. sistema ~ 太陽系. plexo ~ 【解剖】 腹腔 (ふっこう) 神経叢 (そう). **2** 日照対策の. crema ~ 日焼け止めクリーム. gafas ~es サングラス.
— 男 **1** 宅地, 敷地, 建設用地. Acaban de comprar un ~ para hacerse una casa. 彼らは家を建てるために土地を買ったばかりだ.
2 旧家, 名門, 名家. proceder del ~ de… ……族の出である. **3** 《ラ米》 (1) (プ)(ベネズエラ)(ウルグアイ) 裏庭；(メキシコ) 中庭, 庭. (キューバ) アパート, 共同住宅.
solar patrio 祖国の地.
so.lar² [so.lár] 15 他 **1** 〈靴の〉 底を張る, 張り替える. **2** 〈の床に〉 (平石など) を敷き詰める.
so.la.rie.go, ga [so.la.rjé.ɣo, -.ɣa] 形 **1** 名門の, 古い家柄の. casa *solariega* 旧家. **2** 直轄の, 所領である.
— 男 女 名門の出の人, 高貴な生まれの人.
so.la.rio [so.lá.rjo] / **so.la.rium** [so.lá.rjum] / **so.la.rium** [so.lá.rjum] 男 **1** (病院・療養院などの) 日光浴室, サンルーム. **2** 日焼けサロン.
so.laz [so.láθ / -.lás] 男 《複 solaces》 **1** 気晴らし, 楽しみ (= diversión). **2** 慰め, 安らぎ (= alivio). **3** 休養, くつろぎ (= descanso).
so.la.zar [so.la.θár / -.sár] 97 他 **1** 楽しませる, 喜ばせる. Un paseo por el campo *solaza* a los niños. 野原を散歩するのは子供たちの楽しみだ.
2 慰める, 安らぎを与える.
— *~se* 再 《*con*...》《…を》楽しむ, 《…に》喜びを見いだす.
so.la.zo [so.lá.θo / -.so] 男 《話》 焼けつくような日差し. [sol +増大辞]
sol.da.da [sol.dá.ða] 女 (特に兵士の) 給料, 手当,

Soler

月俸.

sol·da·de·ra [sol.da.ðé.ra] 囡《ラ米》(伯)『史』(メキシコ革命時の)従軍した女性.

sol·da·des·co, ca [sol.da.ðés.ko, -.ka] 形《時に軽蔑》兵士の, 軍人の. la disciplina *soldadesca* 軍規. ── 囡《軽蔑》**1**《集合的》規律の乱れた軍隊, 狼藉(努)を働く兵士たち. **2** 兵隊の務め, 軍務；軍隊生活. **3**《集合的》軍隊, 兵士たち.

sol·da·di·to [sol.da.ðí.to] 男 *soldadito de plomo* (おもちゃの)鉛の兵隊.

sol·da·do [sol.dá.ðo] 男 **1 兵隊, (下級) 兵士；軍人. Tu bisabuelo fue un gran ~. 君の曽祖父はりっぱな軍人[武将]だった. ~ cumplido 除隊した兵士[軍人]. ~ de artillería 砲兵. ~ de caballería 騎兵. ~ de infantería 歩兵. ~ de marina 海兵. ~ de primera clase 一等兵. ~ raso 一兵卒, 最下級兵. ~ veterano 古参兵, 老兵. ~ voluntario 志願兵. ~ romano (聖週間の山車(炎)の行列の) ローマ兵. ~ de plomo (おもちゃの)鉛の兵隊. hormiga ~ 兵隊アリ. Monumento al *S*~ Desconocido 無名戦士の碑. ► 女性名詞としても用いられることがある. ~ mujer ~ 女性兵士. En la operación murió una ~. その作戦でひとりの女性兵士が亡くなった. **2** (主義・主張のために戦う)戦士, 闘士. ~ de la libertad 自由の戦士. ~ de Cristo キリストの兵士 [聖職者, 伝道者].

[← [ラ] 古スペイン]「傭兵」；[古伊] *soldato* (*soldare* 「(給料を)支払う；雇う」の過去分詞より派生)の訳語；[関連] sueldo, sólido, asoldar. [英] *soldier*]

sol·da·dor, do·ra [sol.da.ðór, -.ðó.ra] 形 溶接する, 溶接の. ── 男 囡 溶接工；はんだごて.

sol·da·do·te [sol.da.ðó.te] 男《軽蔑》威張り返った兵隊, 軍人風を吹かすやつ. [soldado + 増大辞]

sol·da·du·ra [sol.da.ðú.ra] 囡 **1** 溶接；鑞(努)付け；はんだ付け. ~ a tope 突き合わせ溶接. ~ autógena ガス溶接. ~ blanda (はんだなどによる)軟鑞付け. ~ fuerte 硬鑞付け. ~ oxiacetilénica アセチレン溶接. ~ por arco アーク溶接. ~ por puntos (電気溶接による)スポット溶接. **2** 溶接部. **3** 溶接棒, 鑞, はんだ.

sol·dán [sol.dán] 男 (イスラム教国の君主) スルタン (= sultán).

sol·dar [sol.dár] 15 他 溶接する；鑞(努)付けする；はんだ付けをする. ~ por puntos (電気溶接で)スポット溶接する. ── **~·se** 再 **1** 一体になる, 融合する. **2** (骨が)接合する.

so·le·á [so.le.á] 囡[複 soleares] 『音楽』(フラメンコ) ソレアレス：スペイン Andalucía 地方の8分の3拍子の民謡・舞踊. → cante.
[soledad 「孤独」の Andalucía 訛(努)りに由来]

so·le·a·do, da [so.le.á.ðo, -.ða] 形 晴れわたった, 日の当たった, 日差しを浴びた, 日にさらした.

so·le·a·mien·to [so.le.a.mjén.to] 男 日照, 日当たり, 日を浴びること, 日にさらすこと.

so·le·ar [so.le.ár] 他 日に当てる, 日なたに置く.

so·le·a·res [so.le.á.res] 囡 soleá の複数形.

so·le·cis·mo [so.le.θís.mo / -.sís.-] 男 『文法』文法 [語法]違反, 誤用.

so·le·dad [so.le.ðáð] 囡 **1** 孤独, ひとりでいること；ひとりになること. *Cien años de* ~ 『百年の孤独』(García Márquez の小説). *El laberinto de la* ~ 『孤独の迷宮』(Octavio Paz の評論). Vivió en (la) ~, sin mujer ni amigos, hasta su muerte. 彼には妻も友人もなく, 死ぬまで孤独のうちに生きた. Le gusta la ~. 彼[彼女]はひとりでいるのが好きだ. **2** 寂しさ, (人やものを失った) 悲しみ, 喪失感. sufrir la ~ 孤独感に悩まされる. Si tú te vas, me va a doler mucho la ~. もし君がいなくなってしまったら僕は寂しくてとてもつらいだろう. Te escribo, para matar la ~. 寂しさを紛らわすためにあなたに手紙を書きます. **3**《主に複数で》人気のないところ, 人里離れたところ. Vive en aquellas ~*es* para escapar del bullicio de la ciudad. 彼[彼女]は都会の喧騒(袭)から逃れるさみしい場所に住んでいる. **4**『音楽』→ soleá.

[← [ラ] *sōlitātem* (*sōlitās* の対格；)(*sōlus* 「ひとり(ひとつ)だけの」より派生)；[関連] solitario. [英] *solitary, solitude*]

*so·lem·ne [so.lém.ne] 形 **1**《+名詞 / 名詞+》〈儀式などが〉荘厳な, 厳粛な；盛大な(= ceremonioso). fiesta ~ 厳粛な[盛大な]祭儀. ceremonia ~ 盛大な儀式[セレモニー]. Se celebró el ~ funeral por el alma del obispo en la catedral de la capital. 司教の魂に捧げられる荘厳な葬儀が首都の大聖堂で執り行われた. **2**《口調や表情・態度などが》厳かな, 重々しい；堅苦しい(= serio, grave). tono ~ 重々しい[もったいぶった]口ぶり. expresión ~ 堅い表情. **3**《雰囲気などが》厳かな, 威厳のある；格式張った. Me impresionó el aspecto ~ del hotel. ホテルの厳かなたたずまいに目を見張った. **4** 形式にのっとった [基づいた], 公式の；『法』正式の；『カト』教会の典礼規定にのっとった, 盛式 (修道会) の. juramento ~ (正式の) 宣誓. testamento ~ (法的な効力のある) 遺言書. misa ~ 盛式[盛式] ミサ (司祭が助祭らを従えて行うミサ)；特に教皇や司教がほかの司祭を従えて行うミサ. voto ~ 盛式誓願, 盛式修道会の公式誓願. tono ~ (グレゴリオ) 聖歌. **5**《主に軽蔑》《否定的な意味をもつ名詞の前で》ひどい. Es un ~ error. それはとんでもない間違いだ.

[← [ラ] *sollemnem* (*sollemnis* の対格)「(祭りなどが)毎年きちんと行われる；厳粛な」(*sollus* 「欠けることのない」+ *annus* 「年」+形容詞語尾)；[関連] solemnidad, solemnizar. [英] *solemn*]

so·lem·ni·dad [so.lem.ni.ðáð] 囡 **1** 盛大さ, 荘厳, 厳粛さ. Mañana se celebra su boda con ~. 彼[彼女] の結婚式が明日盛大にとり行われる. **2** 重大さ. **3**(盛大・厳粛な)儀式. **4** 式次, 式次第；正規の手続き.

形容詞 +*de solemnidad* (話) ひどく[とても] …な. ► 主に否定的な意味で用いられる.

so·lem·ni·zar [so.lem.ni.θár / -.sár] 97 他 荘厳に行う；盛大に祝う；…に荘厳な感じを与える.

so·le·noi·de [so.le.nói.de] 男 『電』ソレノイド, 筒形コイル.

só·le·o [só.le.o] 男 『解剖』(ふくらはぎの) ひらめ筋.

**so·ler [so.lér] 22 他《+不定詞》(► 直説法現在, 線過去でのみ用いられる)《(…する)ことを》常とする, よく(…する), (…する) 習慣である. como *suele decirse* よく言われるように. El proceso *suele tardar* varios meses. 訴訟は何か月もかかるのが普通だ. *Solía contemplar* aquel retrato. 私はよくあの肖像画を眺めていたものだ.

[← [ラ] *solēre*；[関連] sólito, insolente. [英] *insolent* 「横柄な」]

So·ler [so.lér] 固名 ソレル Antonio ~ (1729–

so·le·ra [so.lé.ra] 囡 **1** 伝統, 由緒, 名門, 格式. familia de mucha ~ 旧家. marca de ~ 《比喩的》古いのれん. músico de ~ 先祖代々の音楽家. una vieja calle con mucha ~ 昔の面影を色濃くとどめる古い通り.
2 ワインの古さ；(ワインの)澱(ホネ).
3 (ひき白(ミ)の下部の)下臼.♦「上臼」は muela.
4 (柱・銅像などの)基石, 台座, 柱礎.
5 《建》根太, 大引き；窓台；炉台.**6** (橋・下水溝などの)緑石.**7** (運河・用水路などの)庭, 水底.**8** 《ラ米》(1) (マッ)敷石, れんが, 床タイル. (2) (ス゚ダヤホ)えりぐりの深い夏用の婦人服.
sistema de solera (シェリーの熟成法)ソレラ・システム.♦上段ほど新しい酒を入れた樽(ポ)を5, 6段積み重ね, 最下段の古い酒の樽からあるだけ量を出したあと同量を上段の樽から順次移して熟成させていく方法.

so·le·rí·a [so.le.rí.a] 囡 **1** 《集合的》靴底用の皮革.**2** 《各階の》床張り；《集合的》床張り材.

so·le·ta [so.lé.ta] 囡 **1** (靴下の)継ぎ, 当て布.**2** 《軽蔑》無能な女.**3** 《ラ米》(マッ)クッキー.
dar soleta a... …を追い出す.
tomar [*apretar de, picar de*] *soleta* 《話》尻(ホ)に帆かけて逃げる, さっさと逃げる.

so·le·ti·lla [so.le.tí.ʝa ‖ -.ʎa] 囡 細長いスポンジケーキ (= bizcocho de ~).

so·le·va·ción [so.le.ba.θjón / -.sjón] 囡 **1** 押し上げ.**2** 謀反, 反乱.

so·le·van·ta·mien·to [so.le.ban.ta.mjén.to] 男 **1** 押し上げ.**2** 謀反, 反乱.

so·le·van·tar [so.le.ban.tár] 他 **1** 押し上げる.**2** 決起させる, 騒乱をあおる. ― **~se** 再 **1** 押し上げられる.**2** そそのかされる, 敵意(ケッイ)を持つ.

so·le·var [so.le.bár] 他 **1** 押し上げる.**2** 決起させる, 擾乱(ホネャ)をあおる, 騒乱をあおる (= sublevar). ― **~se** 再 決起する, 反乱を起こす.

sol·fa [sól.fa] 囡 **1** 《音楽》(1) ソルフェージュ, (ドレミファによる)階名唱法. (2) 《集合的》音符.
2 旋律, 音楽.**3** 《話》殴打.
poner... en solfa 《話》…をきちんとする；あざける, 冷やかす.

sol·fa·ta·ra [sol.fa.tá.ra] 囡 《地質》硫気孔；硫化ガスの噴出.

sol·fe·ar [sol.fe.ár] 他 **1** 階名唱法[ドレミファ]で歌う.**2** 《話》殴りつける (= zurrar).**3** 《話》しかりとばす, 怒鳴りつける.**4** 《ラ米》(マッ)盗む.

sol·fe·o [sol.fé.o] 男 **1** 《音楽》階名唱法, ソルフェージュ, ドレミファによる発声練習.**2** 《話》殴打；叱責(ハャ), お目玉.

sol·fe·ri·no, na [sol.fe.rí.no, -.na] 形 鮮明な紫がかったピンク色の.

so·li·ci·ta·ción [so.li.θi.ta.θjón / -.si.-.sjón] 囡 **1** 申請, 請求, 要請. ~ de fondos (株式・債券の)払い込み請求.**2** 気を引くこと, 近づきになろうとすること；誘い, 誘惑.

so·li·ci·ta·do, da [so.li.θi.tá.ðo, -.ða / -.si.-] 形 要望のある；強く求められる；慕われる, 引っ張りだこの. Es una chica muy *solicitada*. 彼女はとても人気がある.

so·li·ci·ta·dor, do·ra [so.li.θi.ta.ðór, -.ðó.ra / -.si.-] 形 志願[応募]する；申請の, 請願の, 嘆願の. ― 男 囡 **1** 申し込み者, 志願者；申請者, 出願者.**2** 代理人, 代表者.

so·li·ci·tan·te [so.li.θi.tán.te / -.si.-] 形 申請の；応募[志願]する.
― 男 囡 申請者, 出願者；申し込み者, 応募者. el currículum del ~ 応募者経歴[履歴]書.

so·li·ci·tar [so.li.θi.tár / -.si.-] 他
1 (a + 人 《人》に) (~を) 願い出る, 申請する. ~ permiso 許可を願い出る. ~ un préstamo 借金を申し込む. *Solicitamos* una contribución de 500 euros. 500ユーロの支援をお願いいたします. (2) (「+不定詞 | que +接続法 …するよう」) 願い出る, 要請する. *Solicito* que sea presentada alguna prueba evidente. 私は何か明白な証拠が提出されるように要請します.
2 (注意などを)引く. *Solicitaba* la atención de todos los asistentes. それは出席者全員の注意を引いていた.
3 (人に)言い寄る, くどく；(人に)注目する, 追いかけまわす. En la escuela todos *solicitaban* a la chica. 学校ではみんながその女の子を追いかけていた.
[← 〔ラ〕 sollicitāre「激しく動かす；駆り立てる」；関連 solícito, solicitud, solicitación. 〔英〕 solicit「懇願する」, solicitude「心配」]

so·lí·ci·to, ta [so.lí.θi.to, -.ta / -.si.-] 形 よく気のつく, 世話好きな, 面倒見のよい, 親切な. mostrarse ~ con+人 《人》に親切にする. un hijo ~ 優しい[気の利く]息子. Es muy ~ conmigo. 彼は私によくしてくれる. El camarero se acercó ~. 給仕が愛想よくそばへやってきた.

so·li·ci·tud [so.li.θi.túð / -.si.-] 囡 **1** 申請[申込み]書；嘆願[請願]書. entregar la ~ en... …に申請書を提出する.
2 申請, 申込み, 応募；依頼, 請願. hacer la ~ 申請する. a ~ de... …の申請により.
con solicitud (1) 懇切丁寧に. (2) 迅速に.

so·li·dar [so.li.ðár] 他 **1** 強固にする, 強化する (= consolidar).**2** 立証する, 証明する.

so·li·da·ria·men·te [so.li.ðá.rja.mén.te] 副 一致団結して, 結束して；連帯で, 共同で.

so·li·da·ri·dad [so.li.ða.ri.ðáð] 囡 団結, 結束, (一時的な)同情, 支持. fortalecer el sentido de ~ 連帯感を強める. por ~ con... …と団結して.

so·li·da·rio, ria [so.li.ðá.rjo, -.rja] 形 **1** (de.../ con... …と)団結した, 連帯した. hacerse [sentirse] ~ 団結する.**2** 連帯責任の；共通利害の, 共同利益の.

so·li·da·ri·zar [so.li.ða.ri.θár / -.sár] 97 他 結束させる, 団結[連帯]させる；責任を負わせる.
― **~se** 再 (**con...** …と) 団結する, 連帯する. *~se con* los huelguistas ストライキ参加者たちと連帯する.

so·li·de·o [so.li.ðé.o] 男 《カト》縁なし帽：聖職者用半球帽.♦教皇は白, 枢機卿(ハッ)は赤, 司教は紫, 一般聖職者は黒を用いる.

so·li·dez [so.li.ðéθ / -.ðés] 囡 《複 solideces》**1** 堅固さ, 丈夫さ. ~ de un edificio 建物の丈夫さ.**2** (論拠などの)確かさ, 確固としていること. ~ de una amistad 友情の堅いきずな.

so·li·di·fi·ca·ción [so.li.ði.fi.ka.θjón / -.sjón] 囡 凝固, 凝結, 固体化[固形]化.

so·li·di·fi·car [so.li.ði.fi.kár] 100 他 〈液体を〉凝固させる, 固体化する.
― **~se** 再 凝固する, 固まる. *Se ha solidificado* la leche. ミルクが固まった.

só·li·do, da [só.li.ðo, -.ða] 形 **1** 固体の, 固形の. combustible ~ 固形燃料. cuerpo ~ 固体. El bebé ya ha empezado a comer alimentos ~s. 赤ん坊はもう固いものを食べ始めている.

2《+名詞/名詞+》**堅固**な, 頑丈な, 耐久性のある(=fuerte, resistente). terreno ～ しっかりした地盤. muros ～頑丈な城壁. color ～ あせない〔落ちにくい〕色.

3 堅実な, 安定した. amistad *sólida* あつい友情. Poseen *sólidas* convicciones. 彼[彼女]らは確固たる信念をもっている. Este curso ofrece un ～ conocimiento de la gramática española. この授業ではスペイン語文法のしっかりした基礎を学びます. **4**(根拠などが)しっかりした. Su reclamación se basa en argumentos ～s. 彼[彼女]の要求は確かな根拠に基づいている. **5**《ラ米》(1) → solitario. (2)《話》金のある, 裕福な.

── 男 **1**(液体・気体・流動体に対して)固体;《複数で》固形物. El cuerpo se transforma en gas, líquido o ～ según la temperatura. 物体は温度に応じ気体, 液体, 固体に変化する. **2**《物理》《数》立体. **3** ソリドゥス：ローマ帝国で流通した金貨.
[←《ラ》*solidum* (*solido* の対格) (→ sueldo); 関連 solidez, solidaridad, consolidar, soldado. [英] *solid*]

so·li·lo·quiar [so.li.lo.kjár] 82 圁 独り言を言う;《演》独白する.

so·li·lo·quio [so.li.ló.kjo] 男 独り言;《演》独白, モノローグ.

so·li·mán [so.li.mán] 男 **1**《化》昇汞(ɕょぅこぅ), 塩化第二水銀(=sublimado). **2**《比喩的》毒, 毒物.

so·lio [só.ljo] 男《天蓋(ɕんがい)つきの》玉座, 王座. ～ pontificio 教皇の座[地位].

so·lí·pe·do, da [so.lí.pe.ðo, -.ða] 形《動》(馬のように)単蹄の. ── 男 単蹄動物.

so·lip·sis·mo [so.lip.sís.mo] 男《哲》唯我論.

so·lis·ta [so.lís.ta] 共 **1**《音楽》独奏者, 独唱者, ソリスト. **2**《ラ米》《アンデス》《話》口数の多い人, うるさい人.

* **so·li·ta·rio, ria** [so.li.tá.rjo, -.rja] 形 **1** 人気(ひとけ)のない, 寂しい. lugar ～ ひっそりした場所.
2 孤独な, 孤立無援の;孤独好きな. viejo ～ 孤独な老人. ── 男 女 孤独な人, 世捨て人;孤独好き.
── 男 **1**(トランプなどで) 1 人用ゲーム (=juego ～). **2** (中石が一つの) ダイアモンドリング, ソリテアリング. ── 女《医》サナダムシ(の成虫).
lobo solitario 一匹狼.

so·li·to, ta [so.lí.to, -.ta] 形 ひとりっきりの, 孤独な. [*solo* + 縮小辞]

só·li·to, ta [só.li.to, -.ta] 形 いつもの, 平常の;習慣とした, しきたりの.

so·li·vian·tar [so.li.βjan.tár] 他 **1**(騒乱・謀反を起こすように)扇動する;挑発する, そそのかす. ～ a las masas 民衆をあおる. ～ con proyectos irrealizables 雲をつかむような話で釣る.
2 いらいらさせる, 怒らせる, 逆上させる;動揺させる. Me *solivianta* su frescura. 彼[彼女]のずうずうしさにはいらいらする.
── ～**·se** 再 **1** 反抗する. **2** いらいらする, 怒る.

so·li·viar [so.li.βjár] 82 他《ラ米》《アンデス》《話》盗む, かっぱらう.
── ～**·se** 再(ベッドなどから)半身起き上がる.

so·li·vio [so.lí.βjo] 男 半身起き上がること.

sol·joz [sol.xóθ / -.xós] [ロシア] 男 → sovjós.

so·lla [só.ja ‖ -.ʎa] 女《魚》ツノガレイ属の魚.

so·lla·do [so.já.ðo ‖ -.ʎá.-] 男《海》下甲板, 最下甲板.

so·lla·mar [so.ja.már ‖ -.ʎa.-] 他 少し焦がす, 焙(あぶ)る.

so·llas·tre [so.jás.tre ‖ -.ʎás.-] 男 **1**(厨房(ちゅぅぼう)の)下働き, 皿洗い. **2** やくざ, わる, 小悪党.

so·llo [só.jo ‖ -.ʎo] 男《魚》バルチックチョウザメ.

so·llo·zan·te [so.jo.θán.te ‖ -.ʎo.- / -.sán.-] 形 しゃくり上げること, むせび泣く.

so·llo·zar [so.jo.θár ‖ -.ʎo.- / -.sár] 97 自 しゃくり上げる, むせび泣く.

so·llo·zo [so.jó.θo ‖ -.ʎó.- / -.so] 男 すすり泣き, むせび泣き, 嗚咽(おえつ). estallar [prorrumpir, romper] en ～s 嗚咽を漏らす. decir... entre ～s ... を泣きじゃくりながら言う.

so·lo [só.lo] 副 → sólo：形容詞の sólo と混同のおそれのないときはしばしばアクセントを省いた solo が用いられる.

só·lo [só.lo] 副《+名詞・形容詞・副詞およびその相当語句》…だけ(=solamente);《+動詞》…だけする, …しかしない(► 形容詞と意味の混同が起こらない場合に限ってアクセントをつけない solo も用いられる). Yo ～ pensaba en ti. 私は君のことだけを考えていた. S～ de pensarlo me siento muy mal. それを考えるだけで気分が悪くなる. S～ le importa el dinero. 彼[彼女]はお金にしか関心がない. Trabajo tres horas diarias. — ¿S～? 私は日に3時間しか働かない. — それだけですか.
no sólo... sino también... …だけでなく…も.
sólo con [*con sólo*] *que*+接続法 …するだけで. Llegarás a clase a tiempo ～ *con que te levantes* un poco temprano. 君は少しだけ早く起きさえすれば授業に間に合うよ.
sólo que... (1) ただ…だけ(である), しかし…. Me gusta mucho el jersey, ～ *que* es demasiado grande. そのセーターはとても気に入った. ただあまりにも大きすぎる. (2) …するだけで(=～ con que).

* **so·lo, la** [só.lo, -.la] 形 **1**《+名詞》《ser+》唯一の, (ただ)ひとりの, ただ一つだけの. en una *sola* noche たった一夜で. (ni) una *sola* vez たった一度(も…ない). por un ～ voto de diferencia わずか一票差で. su *sola* preocupación 彼[彼女]のたった一つの気がかり. no decir ni una *sola* palabra ひと言も言わない. No se ha derramado ni una *sola* gota de sangre. 一滴の血も流さなかった.
2《名詞+》《estar+》孤独な, 身寄りのいない. un hombre ～ 孤独な男. 10 horas de vuelo ～ 10 時間の単独飛行. *Está* [*Se siente*] muy *sola*. 彼女はとても寂しがっている. Se quedó *sola* a los 7 años. 彼女は 7 歳で寄る辺ない身となった.
3《副詞的に》ひとりで, 一つで, …だけ. Vive ～. 彼はひとり暮らしだ. Las desgracias nunca vienen *solas*. 不幸というのは重なるものだ. Lo hice yo ～. それを私ひとりでやった(► 「私」が女性ならば Lo hice yo *sola*). Las cifras hablan por sí *solas*. 数字が物語っている.
4《名詞+》〈コーヒーが〉ブラックの;〈ウイスキーが〉ストレートの;混ざり気のない. café ～ ブラックコーヒー. **5**《名詞+》独奏の, 独唱の, ソロの. violín ～ バイオリン独奏. **6**《estar+》人気(ひとけ)のない. La calle *está sola*. 通りに人気はない.
── 男 **1** ブラックコーヒー. **2** 独奏曲, 独唱曲;独奏, 独唱. cantar a ～ 独唱する. **3**(舞踏の)ソロステップ. **4** ソロ：オンブレ(=hombre, tresillo)に似たトランプのゲーム. **5**《ラ米》《アンデス》退屈な酒.
a solas (ひとり)だけで, 単独で. vuelo *a solas* 単独飛行(=vuelo ～). hablar *a solas* 独り言を言う. Él come *a solas*. 彼はひとりきりで食事をする. Se

solomillo

quedaron *a solas*. 彼らだけになってしまった.
como ÉL *solo* ふたりといない，二つとない. Eres (un) cabezón *como tú* ~. 君みたいな頑固者はいない.

más solo que la una 全くひとりぼっちの.
quedarse solo《話》(1) 並ぶ者がいない，群を抜いている，ずばぬけている. *Se queda* ~ *en esta especialidad*. この専門分野では彼に及ぶ者はいない. (2) ひとりでしゃべりまくる[まくしたてる].

solo que... ただ ~だけ (= *sólo que*). La regrabadora DVD no es mala, ~ *que no tiene el soporte necesario*. そのDVDドライブは悪くないが，必要な(記憶)媒体がない.

[←[ラ] *sōlum* (*sōlus* の対格) (→ sólo); 〖関連〗soledad, solitario, solista. [英] *sole(ly)*. [日](音楽の)ソロ]

so·lo·mi·llo [so.lo.mí.jo ‖ -.ʎo.] 男 〖料〗ヒレ(肉); サーロイン. brocheta de ~ ヒレ肉の串焼き. → carne.

so·lo·mo [so.ló.mo] 男 **1** → solomillo. **2** 豚のヒレ肉.

so·lón [so.lón] 男 《ラ米》(ᵏˢᶻ)照りつけ，灼熱(ᶫᵏᵗˢᵘ).

sols·ti·cial [sols.ti.θjál / -.sjál] 形 夏至の; 冬至の.

sols·ti·cio [sols.tí.θjo / -.sjo] 男 〖天文〗至, 至点. ~ *hiemal* [*de invierno*] 冬至. ~ *vernal* [*de verano*] 夏至.

＊sol·tar [sol.tár] 15 他 **1** 《*de...*》～から〉《固定されたもの・縛られたものを》放す，はずす. *Él soltó del volante la mano derecha*. 彼は右手をハンドルから放した. *No soltará el puesto por nada*. 彼(彼女)は何があってもそのポストを手放さないだろう.

2 〈人・動物を〉自由にする，解放する. ~ *los rehenes* 人質を解放する. *No suelten a los perros*. 犬を放さないでください.

3 〈ベルトなどを〉緩める; 〈ひもなどを〉(ゆるめて)繰り出す. *Suelta un poco el cable*. もう少しケーブルを緩めてください.

4 〈匂いなどを〉放つ，出す. *La olla soltaba vapor*. なべは湯気が立っていた. *Esta salchicha suelta mucha grasa*. このソーセージは脂っこい.

5 《*a*+人 〈人〉に》〈打撃などを〉与える. ~ *una patada* (人を)蹴飛ばす. *¡Te voy a* ~ *una bofetada!* おまえをひっぱたくぞ(▶ Te が a+人に相当).

6 《*a*+人 〈人〉に》〈言葉などを〉(出し抜けに)言う，口に出す; 暴露する. ~ *la lengua* 言い出す; 話し始める. ~ *una carcajada* 大笑いする. *La gente soltaba un suspiro de alivio*. 人々は安堵のため息をもらしていた.

7 〈お腹を〉緩くする，通じをつける. *Los alimentos ricos en fibra ayudan a* ~ *el vientre*. 繊維質の多い食品はお通じをよくする. **8** 《ラ米》(1) (*ᵏˢᶻ*) 〈服の〉丈を長くする. (2) (ᴬʳᵍ) 譲る, 手放す.

— ~**se** 再 **1** 《*de...*》～から〉自由になる，放れる. *Agárrate bien y no te sueltes*. 私にしっかりつかまって，放れるなよ.

2 〈自分の衣服の結び目などを〉ほどく, 緩める; 〈自分のお腹が〉緩くなる, お通じがある. ~*se el pelo* 髪をほどく. *Murmuraba algo soltándose el nudo de la corbata*. 彼はネクタイの結び目を解きながら何かつぶやいていた.

3 外れる，取れる. *Se te soltó la horquilla*. 君のヘアピンが外れた.

4 《*a*+不定詞 ～する》こつをつかむ; 《*en...*

／*con...*》～(を)》理解する; 〈(…)のこつをつかむ. *Ya se ha soltado a conducir*. 彼(彼女)はもう運転はお手の物だ. *No termino de soltarme con el italiano*. 私のイタリア語はまだ止まらない.

5 《*a*+不定詞》〈(…)するのに〉夢中になる; 調子に乗って〈(…)する〉. *Cuando se suelta a hablar ya no para*. 彼(彼女)は話に夢中になるともう止まらない.

[←[俗ラ] *sŏltus*「放たれた」(←[ラ] *sŏlŭtus*) より派生; 〖関連〗soltero, soltura. [英] *solve, loose*]

sol·te·re·ar [sol.te.re.ár] 自 《ラ米》(ᴬʳᵍ)独身で通す，ひとり暮しで通す.

sol·te·riar [sol.te.rjár] 81 自 《ラ米》(ᴬʳᵍ) → solterear.

sol·te·rí·a [sol.te.rí.a] 女 独身(生活).

＊sol·te·ro, ra [sol.té.ro, -.ra] 形 《*estar* +》 **1** 《名詞+》未婚の，独身の(↔casado). *quedarse* ~ 結婚せずにいる. *Está todavía* ~. 彼はまだ独身だ. *Es madre soltera*. 彼女は未婚の母だ.

2 《話》一時的に独身の.

— 男 女 独身者, 未婚者 (↔casado). *despedida de* ~ [*soltera*] 結婚式前日の男[女]だけのパーティー. *apellido de soltera* [~] 旧姓. *Es* ~. 彼は独身だ.

[←[古スペイン]「(手綱などの) 緩められた」←[ラ] *sōlĭtārĭus*「孤立した」(*sōlus*「ひとり(ひとつ)だけの」) より派生); 〖関連〗suelto]

sol·te·rón, ro·na [sol.te.rón, -.ró.na] 形 《軽蔑》独身の. — 男 女 《軽蔑》独身者, 独り者の. [*soltero* +増大辞]

sol·tu·ra [sol.tú.ra] 女 **1** 敏捷(ᵇⁱⁿˢʰᵒ), 機敏, きびきびしていること. **2** 淀(ʸᵈ)みなさ, 流暢(ʳʸᵘᵘᶜʰᵒ)さ. *hablar con* ~ *el español* スペイン語をぺらぺら話す. ~ *de palabras* 弁舌の流暢さ. **3** 無恥, 不道徳, みだら, 放縦(ʰᵒᵘᵘ). **4** 《ラ米》(ᴬʳᵍ)(ᴹᵉˣ) 下痢.

so·lu·bi·li·dad [so.lu.βi.li.dáđ] 女 **1** 溶解性, 可溶性, 溶解度. **2** 解決[解答]できること.

so·lu·ble [so.lú.βle] 形 **1** 溶ける, 溶解しうる, 可溶性の. **2** 解決できる, 解答できる.

＊so·lu·ción [so.lu.θjón / -.sjón] 女 **1** 解決(策), 解消; 答え, 解答. *seguir sin* ~ 解決策が見つからない. ~ *de compromiso* 《政治的な困難の》打開策. ~ *de un conflicto* 紛争の解決.

2 《数》解; 解法. ~ *de una ecuación* 方程式の解. **3** 〖化〗溶解 (物), 溶液, 分解 (= disolución). ~ *acuosa* 水溶液. ~ *diluida* 希薄溶液. ~ *saturada* 飽和溶液.

sin solución 絶え間なく.

solución de continuidad 中断.

[←[後ラ] *sŏlūtĭōnem* (*sŏlūtĭō* の対格; *sŏlvere*「解き放つ」より派生); 〖関連〗solucionar, resolución, soluble. [英] *solution*]

＊so·lu·cio·nar [so.lu.θjo.nár / -.sjo.-] 他 解く, 解明する, 解答する, 解決する. ~ *un problema* 問題を解く. ~ *una huelga* ストライキを解決する.

— ~**se** 再 解決される.

so·lu·cio·na·rio [so.lu.θjo.ná.rjo / -.sjo.-] 男 (問題の)解答(集).

so·lu·ti·vo, va [so.lu.tí.βo, -.βa] 形 〖薬〗溶解用の. — 男 緩下剤, 下剤.

so·lu·to [so.lú.to] 男 〖化〗溶質: 溶液に溶けている物.

so·lu·tren·se [so.lu.trén.se] 形 〖考古〗ソリュートレ文化(期)の. — 男 〖考古〗ソリュートレ文化(期): ヨーロッパの後期旧石器時代.

sol·ven·cia [sol.βén.θja / -.sja] 女 支払い能力.

sol·ven·tar [sol.βen.tár] 他 **1** 解決する, 処理する. ~ conflictos 紛争を解決する. **2** (負債の)返済する, 清算する. ~ las deudas 借金を返す.

sol·ven·te [sol.βén.te] 形 **1** 支払い能力がある; 負債のない. vender a plazos a personas ~s 支払い能力がある人に割賦販売する.
2 有能な, 資質のある. un jefe ~ 能力ある上司.
3 溶かす, 溶解力がある.
── 男 《化》溶剤, 溶媒.

som [sóm] 男 ソム：キルギスの通貨単位.

so·ma [só.ma] 男 (精神に対する) 身体, 体部; 《生物》体細胞.

so·ma·lí [so.ma.lí] 形 [複 ~es] (東アフリカの) ソマリの. ── 男 女 ソマリ人. ── 男 ソマリ語：アフロ・アジア系のクシュ諸語の一つ.

So·ma·lia [so.má.lja] 固名 ソマリア：アフリカ東部の民主共和国. 首都 Mogadiscio.
[← 〔伊〕*Somalia*; *somalo*「ソマリ人」(← 〔ソマリ〕*Sōmāli*)]

so·man·ta [so.mán.ta] 女 《話》殴打；(子供の尻を)たたくこと. Le dio una ~ de palos. 彼[彼女]を棒でたたきのめした.

so·ma·ta·da [so.ma.tá.ða] 女 《ラ米》《中米》《俗》殴打；一撃, (強烈な)一発.

so·ma·tar [so.ma.tár] 他 《ラ米》 (1) 《中米》殴る, ぶつ. (2) 《ラブラ》《話》たたき売る, 投げ売りする.
── ~se 再 《話》《ラ米》《中米》たたきのめされる.

so·ma·tén [so.ma.tén] 男 **1** (スペイン Cataluña の民間の) 防犯隊, 警備隊. **2** 警報, 警鐘. tocar a ~ 警鐘を鳴らす. **3** 《話》混乱, 騒ぎ.

so·má·ti·co, ca [so.má.ti.ko, -.ka] 形 **1** 《生物》体細胞の；体部の. **2** 身体の, 肉体の (↔psíquico).

so·ma·ti·za·ción [so.ma.ti.θa.θjón / -.sa.sjón] 女 《医》身体化(障害)：精神的変調が体の不調となり現れること.

so·ma·ti·zar [so.ma.ti.θár / -.sár] 97 他 《医》(精神的な変調を)身体の症状に転換する, 身体化する.

somato- 「身体」の意を表す造語要素. ▶ 母音の前で somat-. ⇨ *somático*, *somatología*. [← 〔ギ〕]

so·ma·to·lo·gí·a [so.ma.to.lo.xí.a] 女 《医》生体学.

so·ma·tón [so.ma.tón] 男 《ラ米》《中米》《ラプラ》《話》一撃.

som·bra [sóm.bra] 女 **1** 陰. luz y ~ 光と陰. la ~ de un árbol 木陰. dar [hacer] una buena ~ 格好の日陰をつくる. sentarse a [en] la ~ 日陰に座る. Estos toldos dan mucha ~. これらの天幕で日陰ができる.
2 影；《比喩的》影のようにつきまとう人. ~s chinescas [invisibles] 影絵. convertirse en su ~ 腰巾着(ミシャク)になる. S~ de paraíso『楽園の影』(Aleixandre の詩編). La ~ de una persona se reflejaba en la pared. 人の影が壁に映っていた. Se alargó la ~. 影が長くなった.
3 《主に複数で》闇(セ*), 暗がり；《比喩的》闇. dirigir... desde la ~ 影から…を指揮する. en la ~ 秘密裏に. ocultarse en la ~ 闇に紛れる. temer a las ~s de la noche 夜の闇を怖がる. vivir en la ~ ひっそりと暮らす. No veía nada más que ~s a mi alrededor. まわりは真っ暗で何も見えなかった.
4 《闘牛》日陰席 (♦日なたより涼しいので料金が高い). sacar una entrada de ~ 日陰の席を買う. sol y ~ 日なたから次第に日陰になる席.
5 《美》陰影, 暗い部分. Me gusta la ~ de este cuadro. 私はこの絵の影の部分が好きだ.
6 亡霊, 幻 (=*fantasma*). aparecer la ~ del muerto 死者の亡霊が出る.
7 微量；気配, 影. ~ de duda 疑惑の気配. Ella no lleva ni ~ de maquillaje. 彼女は化粧っけひとつない. No hay ni ~ de gracia. 味も素っ気もない. Hay una ~ de tristeza en tus ojos. 君はなんだか悲しそうな目をしているね.
8 欠点, 汚点. Su carácter sólo tiene una ~ de codicia. 彼の性格には一つだけ強欲という欠点がある. **9** 《話》運 (=*suerte*). **10** 漠然とした記憶. ~ del pasado 過去についての漠然とした記憶. **11** 資質, 才能；性向. Tiene muy buena ~ para entretener a los niños. 彼[彼女]は子供をあやすのが実にうまい. **12** 《主に複数で》漠然とした不安, 暗い気分. **13** 《主に複数で》暗い[疎い]こと. tener muchas ~s 知らないことがたくさんある. Tengo una gran ~ sobre este tema. このテーマについては私は全くの無知です. **14** 《天文》本陰：食のため天体の見えなくなる部分. **15** 《通信》電波の届かない場所.
16 アイシャドー (= ~ para ojos). **17** 《ラ米》(1) 《中米》《ラプラ》日傘, パラソル. (2) 《中米》《ラプラ》日よけ, ひさし；《カリブ》天幕, テント. (3) 《中米》《ラプラ》下敷き用罫紙.

a la sombra 《話》(1) 《中米》《ラプラ》で. pasar unos años *a la* ~ 刑務所で数年過ごす. (2) 日陰で. (3) こっそりと, 秘密に.

a la sombra de... (1) …の保護の下で. *A la* ~ *de* su padre ha logrado ese puesto. 彼[彼女]は親の七光りでその地位を手に入れた. (2) …の陰に.

burlarse [*reírse*] *de* SU *sombra* なんでもからかう[茶化す].

desconfiar hasta de SU *sombra* / *no fiarse ni de* SU *sombra* 実に疑り深い.

hacer sombra a+人 (1) 〈人〉に影を作る. (2) 〈人〉の影を薄くする, 〈人〉を圧倒する.

ni por sombra 少しも, まるっきり(ない).

no dejar a+人 *ni a sol ni a sombra* 《話》〈人〉にうるさくつきまとう.

no ser más que la sombra / *no ser ni sombra de lo que era* 見る影もない. Cuando volví a verla, ya *no era ni* ~ *de lo que había sido*. 再び会ったとき, 彼女はすでに見る影もなく衰えていた.

sombra proyectada 《数》投影図.

tener buena sombra 《話》運がいい；素質がある.

tener mala sombra 《話》運が悪い；不機嫌だ；不幸をもたらす.

tener miedo hasta de SU *sombra* 《話》自分の影におびえる, びくびくしている.

tener una sombra de parecido con... 《話》…にとてもよく似ている.

[*sombrar* (←?) 〔俗ラ〕 *subumbrare；〔ラ〕*sub-*「下に」+〔ラ〕*umbrāre*「影で覆う」] 〔関連〕 *sombrío*, *sombrero*, *asombrar*, *penumbra*. 〔英〕 *umbrella*「傘」]

som·bra·je [som.brá.xe] / **som·bra·jo** [som.brá.xo] 男 **1** (木の枝・ぼろ布などを寄せ集めて作った) 日よけ. **2** 《話》(わざと人前に出て作る) 陰.

som·bre·a·do [som.bre.á.ðo] 男 (色彩の) 陰影；ハッチング, 線影.

som·bre·ar [som.bre.ár] 他 **1** 陰を作る, 陰にする, 暗くする, 陰らす. Los árboles *sombrean* el jardín. 木で庭は日陰になっている. **2** 《美》陰影[明暗]をつける；線影をつける, ハッチングをする.

sombrerada

— **~.se** 再 アイシャドウを塗る.
som·bre·ra·da [som.bre.rá.ða] 女 帽子一杯の分量;帽子を取ってする会釈.
som·bre·ra·zo [som.bre.rá.θo / -.so] 男 帽子を取ってする挨拶. dar un ~ 帽子を取って挨拶する.
som·bre·re·ra [som.bre.ré.ra] 女 **1** 帽子箱. **2** 《ラ米》(ミメネキ)(ティョタン)帽子掛け(台).
som·bre·re·rí·a [som.bre.re.rí.a] 女 帽子店;帽子工場.
som·bre·re·ro, ra [som.bre.ré.ro, -.ra] 男 女 帽子職人, 帽子屋. — 男 《ラ米》(ヨタン)(ティョタン)帽子掛け.
som·bre·re·te [som.bre.ré.te] 男 **1** (煙突の)笠(ミボ). **2** (帽子状の)ふた, キャップ. **3** 《植》キノコの笠. [sombrero + 縮小辞]
som·bre·ri·llo [som.bre.rí.jo ǁ -.ʎo] 男 《植》 **1** キノコの笠(ミボ). (2) イワレンゲ.

☆☆som·bre·ro 帽子;(女性が盛装用にかぶる)帽. ponerse [quitarse] el ~ 帽子をかぶる[ぬぐ]. 関連 boina ベレー帽. bombín (~) ホンゴ《ラ米》tongo 山高帽. casco ヘルメット. chambergo 羽飾りのついたつば広帽子. chistera / ~ de copa シルクハット. gorra ひさしつきの帽子, キャップ. gorro (スキー・水泳用の)縁のない帽子. jarano フェルト製のつば広帽子. salacot サラコット素材の帽子. — ~ apuntado (儀典などに用いる)頭頂のとがった帽子. (~) calañés (Andalucía 地方の) つばのめくれた帽子. (~) castoreño 《闘牛》ピカドール用の帽子. ~ cordobés 頭頂が平らなつば付きの帽子, (フラメンコで用いる)コルドベス帽. ~ de bola 《ラ米》山高帽子. ~ de canal 聖職者用の帽子. ~ de charro 《ラ米》(ミメネキ)ソンブレロ. ~ de guano ヤシの葉で編んだ帽子. ~ de muelle 折りたたみ式のシルクハット, オペラハット. ~ de jipijapa / ~ de Panamá パナマ帽. ~ de paja 麦わら帽子. (~de) teja 瓦型の帽子. ~ de tres picos 三角帽. ~ mexicano メキシカンハット. ~ tirolés チロリアンハット.

2 (帽子の形をした)先端を覆うもの. **3** 《菌類》キノコの傘. **4** 筒状の天蓋(ガネ).

quitarse el sombrero ante... 《話》 …に対して敬意を表す[脱帽する].
[← sombra より派生;古くは「パラソル」の意味もあった;関連 sombrero]

som·bri·lla [som.brí.ja ǁ -.ʎa] 女 日傘, パラソル (= quitasol). **2** 《ラ米》(ミメネキ)(ティョタン)(シャク)傘.

☆som·brí·o, a [som.brí.o, -.a] 形 **1** 《場所などが》暗い, 薄暗い;陰気な. mansión sombría 薄暗い屋敷. **2** (性質が)陰気な, ゆううつな (= melancólico). — 男 《ラ米》(ミタ)日陰, 木陰.

so·me·ra·men·te [so.mé.ra.mén.te] 副 手短に, ざっと, 表面的に.
so·me·ro, ra [so.mé.ro, -.ra] 形 **1** (水深が)浅い;水面に近い. **2** 手短な;表面的な, 上っ面だけの. un estudio ~.

☆☆so·me·ter [so.me.tér] 他 **1** (人・集合体を)服従させる;《a...(権力・人などに)》屈服させる. ~ a los rebeldes a su control 反逆者を自分の支配下に収める. El conquistador *sometió* la mayor parte de la región. 征服者は地域の大部分を制圧した.
2 《a...》(判断・決定機関など)にゆだねる;《処置・検査など)にかけること》にさらす. ~ un proyecto de ley *a* votación 法案を票決に委ねる. ~ *a* un rehén *a* tortura 捕虜を拷問にかける. ~ una ciudad *a* cambios 都市を変化にさらす. El diputado será *sometido a* un juicio. 議員は裁判にかけられるだろう.
— **~·se 1** 《a...》(《権力・人などに)》屈服する. 《(判断・決定機関など)に》従う. ~se *al* invasor 侵入者に服従する. ~se *a* la voluntad de los gobernadores 施政者の意思に従う.
2 《a...》(〈処置・検査など》を)受ける, 受け入れる. ~se *a* una operación 手術を受ける. ~se *a* una dieta 食餌療法を始める.
[← [ラ] *submittere*「下に置く」が原義; *sub*-「下に」 + *mittere* 「送り出す」); 関連 sumiso, sumisión. *cf. submit*]
so·me·ti·co, ca [so.me.tí.ko, -.ka] 形 《ラ米》(ミメネキ)《話》お節介な, でしゃばりな.
so·me·ti·do, da [so.me.tí.ðo, -.ða] 形 《ラ米》(ミメネキ)(ミタ)→ sometico.
so·me·ti·mien·to [so.me.ti.mjén.to] 男 **1** (a...への)従属, 服従;屈服, 降伏. **2** (テスト・検査などに)かけること, 付すること, (テストなどを)受けること. **3** (決定・審査などに)任せること, ゆだねること.
so·mier [so.mjér] 男 (ベッドの)マットレス台. ~ de muelles スプリング台. [← [仏] *sommier*]
som·me·lier [so.me.ljé] 《仏》男 → sumiller.
som·nam·bu·lis·mo [som.nam.bu.lís.mo] 男 → sonambulismo.
som·nám·bu·lo, la [som.nám.bu.lo, -.la] 形 男 女 → sonámbulo.
som·ní·fe·ro, ra [som.ní.fe.ro, -.ra] 形 眠りを誘う, 催眠性の. — 男 睡眠薬.
som·ní·lo·cuo, cua [som.ní.lo.kwo, -.kwa] 形 寝言を言う. — 男 女 寝言を言う人.
som·no·len·cia [som.no.lén.θja / -.sja] 女 眠気, 眠いこと;けだるさ.
som·no·lien·to, ta [som.no.ljén.to, -.ta] 形 眠い, 眠気を催させる;けだるい.
so·mo·ni [so.mó.ni] 男 ソモニ:タジキスタンの通貨単位.
so·mon·ta·no, na [so.mon.tá.no, -.na] 形 ふもとの, 山麓の. — 男 ふもと, 山麓.
so·mon·te [so.món.te] 男 山麓の土地.
so·mor·gu·jar [so.mor.gu.xár] 他 沈める, 潜水させる, 潜水させる.
— **~(·se)** 自 再 沈む, 潜る, 潜水する.
so·mor·gu·jo [so.mor.gú.xo] / **so·mor·gu·jón** [so.mor.gu.xón] 男 《鳥》(アビ・カイツブリなど)水に潜る鳥.
so·mor·mu·jar [so.mor.mu.xár] 他 → somorgujar.
so·mor·mu·jo [so.mor.mú.xo] 男 → somorgujo.
so·mos [só.mos] 活 → ser.

son[1] [són] 男 **1** (快い)音. al *son* del acordeón アコーデオンの音に合わせて. → sonido. 類語. **2** 《音楽》 ソン. (1) アフリカ音楽の影響の強いキューバの民謡・踊り. (2) メキシコ農民の舞曲. **3** 流儀, 方法, やり方 (= modo). en este *son* こういうふうにして. venir a *son* de paz 友好的な態度で近づく. en *son* de burla からかうような調子で. Déjale trabajar a su *son*. 彼の好きなようにさせてやれ. **4** 音沙汰, 消息, うわさ, 風聞. Corre la *son* de que se ha casado. 彼[彼女]は結婚したといううわさが流れている.
¿A qué son? / ¿A son de qué? (非難して)

ぜ, どういう訳で. *¿A qué son* viene esa pregunta? どうしてそんなこと聞くの.
en son de... …の態度で.

son² [són] 固 →ser.
so·na·de·ro [so.na.đé.ro], 男 (鼻をかむための) ハンカチ.
so·na·do, da [so.ná.đo, -.đa] 形 **1** 有名な, 評判の; 音に聞こえた, うわさに聞こえた. un escándalo muy ～ 大いに世間を騒がせた醜聞. **2** 《ボクサーが》 (パンチで) 脳をやられた. **3** 《ラ米》《话》故障した.
estar sonado 気が触れている.
hacer una (que sea) sonada うわさの種をまく, 醜聞を引き起こす, 物議をかもす.
so·na·dor, do·ra [so.na.đór, -.đó.ra] 形 音をたてる, 騒々しい. ━ 男 (鼻をかむための) ハンカチ.
so·na·ja [so.ná.xa] 女 **1** おもちゃのがらがらに似た楽器. **2** 《複数で》《音楽》タンバリン, リング状で鈴のついた楽器.
so·na·je·ar [so.na.xe.ár] 他 《ラ米》《ἐλικ》《话》〈子供を〉ひっぱたく.
so·na·je·ra [so.na.xé.ra] 女 《ラ米》《ጓአ》《γ》《遊》がらがら.
so·na·je·ro [so.na.xé.ro] 男 (おもちゃなどの) がらがら.
so·nam·bu·lis·mo [so.nam.bu.lís.mo] 男 《医》夢遊病〔症〕.
so·nám·bu·lo, la [so.nám.bu.lo, -.la] 形 《医》夢遊病〔症〕の. ━ 男 女 夢遊病(患)者.
so·nan·te [so.nán.te] 形 音の出る; 反響する, よく響く.
dinero contante y sonante 現金.

****so·nar**¹ [so.nár] 15 自 **1** 鳴る, 音を出す;《＋副詞・形容詞およびその相当語句》…のように》響く. *Sonó* el teléfono [un disparo]. 電話が鳴った[一発銃声がした]. Este violín *suena muy bien*. このバイオリンはとても音色がいい. La pared *suena hueca*. この壁は空洞音がする.
2 《话》《a＋名詞 / ＋副詞・形容詞およびその相当語句》《…のように》思われる, (…の) 印象を与える. Todo lo que dice ella *suena* a *excusa*. 彼女の言うことはみな言い訳のように聞こえる. Tu proyecto me *suena interesante*. 君の計画はおもしろそうだ. Ella *suena* como *candidata* a *alcalde*. 彼女は知事候補として名前が挙がっている.
3 《话》《a＋人 (人)に》聞き覚え[見覚え]がある. *Me suena* ese nombre [esa cara]. その名前[顔]は, 聞いた[見た]ことがある (► me a＋人に対して).
4 うわさになる. Por ahí *suena* que el secretario está enfermo. 書記長は病気だというもっぱらのうわさだ.
5 《…時を》《時計が》知らせる. *Sonaron* las diez en el reloj de la sala. 居間の時計が10時を告げた.
6 《como...》《文字などが》《…という》音価を持つ. La letra "u" no *suena* después de "q". "q"の後の"u"は発音されない.
7 《ラ米》《话》**(1)** 《ᠯ》《ጓአ》しくじる. **(2)** 《ጓአ》ひどい目に遭う. **(3)** 《ጓአ》死ぬ.
━ 他 **1** 《a＋人 (人)に》〈鼻を〉かんでやる. La madre *le sonó* la nariz al niño. 母親は子供の鼻水をぬぐった. **2** (楽器などを) 鳴らす, 〈…の音を〉出す. ～ el timbre 呼び鈴を鳴らす. ～ la trompeta トランペットを吹く. **3** 《ラ米》お仕置きする, たたく.

━ ～・se 再 **1** 〈鼻を〉かむ. Él se sacó un pañuelo y *se sonó* (la nariz) con estrépito. 彼はハンカチを取り出し, 大きな音をたてて鼻をかんだ.
2 《3人称で》うわさされる.
así [tal] como suena (すぐには信じがたい言葉に言及して) 言葉どおり, 文字どおり. Jorge era un verdadero poeta, *así como suena*. ホルヘは正真正銘の詩人であった.
hacer sonar a ＋人《ラ米》《Ï》《ጓአ》 〈人に罰を与える, ひどい目に遭わせる. Lo agarré y le hice ～. 私は彼をつかまえて, 痛めつけてやった.
Lo que sea sonará. そのうちわかる.
[← [ラ] *sonāre* (*sonus*「音」より派生) 関連 resonar, sonido, sonoro, sonata, consonante. [英] *sound*「音(がする)」]
só·nar [só.nar] / **so·nar** [só.nar, so.nár] 男 《複 ～s, ～ *es*》ソナー, 水中音波探知機.
so·na·ta [so.ná.ta] 〔伊〕 女 《音楽》ソナタ, 奏鳴曲.
so·na·ti·na [so.na.tí.na] 〔伊〕 女 《音楽》ソナチネ, 小奏鳴曲.
son·da [són.da] 女 **1** 《医》(体内を探る) ゾンデ, 探針, 消息子. **2** 測深, 水深 (測量); 測鉛; (海図に尋(シ)で示した) 等深線. ～ *acústica* 音響測深器. **3** (気象用) 観測機〔気球〕; (大気圏外の) 探測機. ～ *espacial* 宇宙探査機. **4** 《鉱》穿孔(ヒ)機.
Son·da [són.da] 固名 スンダ (列島): インドネシアの主要部をなす列島.
son·da·ble [son.dá.ble] 形 測量できる, 探れる.
son·da·je [son.dá.xe] 男 ゾンデによる検査[測深, 調査].
son·da·le·za [son.da.lé.θa / -.sa] 女 《海》測深綱[線], 測鉛.
son·dar [son.dár] 他 **1** (測鉛で) 測深する; 水底を調査する. **2** 《医》(体内に) ゾンデ[探針, 消息子] を入れて検査する. **3** (ボーリングで) 探査する. (大気・宇宙を) 調査する. **4** 《意図・考えなどを》探る, 調査する.
son·de·ar [son.de.ár] 他 **1** 測深する. **2** 〈意図などを〉探る, 調べる.
son·de·o [son.dé.o] 男 **1** 《海》測深; 水底調査. **2** 《医》消息子法. **3** 《鉱》ボーリング; 穿孔(ポ). *muestra de* ～ 試掘. ～ *del petróleo* 石油のボーリング. **4** 探り, 調査; 打診. ～ *de la opinión pública* 世論調査.
so·ne·rí·a [so.ne.rí.a] 女 (時計の) ベル仕掛け.
so·ne·ti·llo [so.ne.tí.jo ‖ -.ʎo] 男 (1行8音節以下の) 短詩行のソネット. [*soneto* ＋縮小辞]
so·ne·tis·ta [so.ne.tís.ta] 男 女 《ラ米》ソネット詩人.
so·ne·to [so.né.to] 男 ソネット, 十四行詩.
son·ga [sóŋ.ga] 女 《ラ米》《话し》**(1)** 《ᠯ》下品な冗談. **(2)** 《ヷⱼ》《ጓアᠯ》当てこすり, 嫌み, 皮肉, からかい.
a la songa [*songa-songa*] 《ラ米》《キルプ》《ᐉ＊》《α》《话》本心を隠して, しらばくれて.
son·go, ga [sóŋ.go, -.ga] 形 《ラ米》《ጓアᠯ》《ᠯ》愚かな; とぼけた. ━ 男 《ラ米》《ጓアᠯ》《话》うなり音.
so·ni·dis·ta [so.ni.đís.ta] 男 女 《ラ米》《ጓአ》音響技術者.

****so·ni·do** [so.ní.đo] 男 **1** 音, 音響. *emitir [hacer, producir]* ～(s) 音を発する. *equipos de* ～ 音響設備. ～ *de baja [alta] frecuencia* 低[高] 周波音. ～ *de campanas* 鐘の音. ～ *de la lluvia* 雨音. ～ *de la voz* 声の響き. ～ *digital* デジタル音. ～ *estereofónico* ステレオの音. ～ *metálico* メタル音. **2** (音声) 言語音, 音価. **3** 《音楽》音色, (不快でない) 音(ネ).
類語 「不規則で不快な音, 雑音, ノイズ, 物音」には *ruido* を用いる. 「話し声」は *voz*, 「ざわめき」は *rumor*, 「音楽的な音」は *son*.

[← *sonitum* (*sonitus* の対格)「音; 騒音」(*sonāre*

soniquete

「音をたてる」の完了分詞より派生);[関連] son, soneto, supersónico. [英] *sound*「音」

so·ni·que·te [so.ni.ké.te] 男 → sonsonete.

so·nó·me·tro [so.nó.me.tro] 男 ソノメーター：弦の振動数測定器.

so·no·ra·men·te [so.nó.ra.mén.te] 副 音をたてて, 鳴り響いて.

so·no·ri·dad [so.no.ri.ðáđ] 女 **1** 響き, 反響.
2『音声』(音の)聞こえ, 有声性.

so·no·ri·za·ción [so.no.ri.θa.θjón / -sa.sjón] 女 **1**『映』音入れ. **2** 音響機器の設置. **3**『音声』(無声子音の)有声音化.

so·no·ri·zar [so.no.ri.θár / -sár] 97 他 **1**『映』(声・音楽などの)音入れをする. **2** 音響機器を設置する. **3**『音声』〈無声子音を〉有声音化する.
— ~·se 再 有声音化する.

*****so·no·ro, ra** [so.nó.ro, -.ra] 形 **1**音の出る, 音の. banda *sonora*『映』サウンドトラック. efectos ~s 音響効果, 擬音. onda *sonora* 音波. película *sonora*『映』トーキー（► 「無声映画」は cine mudo, película muda）.
2 響きのよい, 響きわたる, 反響する. bóveda *sonora* 反響する丸天井. una voz *sonora* 響きわたる[朗々とした]声. **3**『音声』有声の.
— 男『映』音響システム.
— 女『音声』有声(子)音.
[←[ラ] *sonōrum* (*sonōrus* の対格);[関連] sonoridad, sonorizar, sonido, sonar. [英] *sonorous*]

so·no·to·ne [so.no.tó.ne] 男《話》補聴器.

sonreí(-) 活 → sonreír.

*****son·re·ír** [son.re.ír] 5 [現分] は sonriendo 自 **1** ほほえむ, 微笑する. ~ por lo bajo そっとほほえむ. Ella *sonrió* sin decir nada. 彼女は何も言わずにほほえんだ. →reír [関連].
2〈a+人〉〈人〉にとって…が好転する,〈幸運などが〉ほほえむ. El futuro *le sonríe*. 彼[彼女]の未来は明るい. El triunfo *le va a* ~. 勝利の女神は彼[彼女]にほほえむだろう. ► le は a+人 に相当.
— ~·se 再 ほほえむ, 微笑する. *Se sonrió* como aliviado. 彼はほっとしたようにほほえんだ.
[←[ラ] *subrīdēre* (*seb-*「少し」+ *rīdēre*「笑う」);[関連] sonriente, sonrisa]

sonria- / sonría(-) / sonriá- 活 → sonreír.

sonrie- / sonríe(-) / sonrié- 活 → sonreír.

*****son·rien·te** [son.rjén.te] 形 微笑する, ほほえみかける, にこにこしている. semblante ~ にこやかな表情.

son·rí·o [son.rí.o] 活 → sonreír.

*****son·ri·sa** [son.rí.sa] 女 ほほえみ, 微笑. mostrar una hermosa ~ きれいな微笑をする. ~ de oreja a oreja 満面の笑み. ~ amarga [triste]（目は笑っていない）口元だけのほほえみ. ~ estereotipada 儀礼的微笑. ~ profidén《話》(歯を見せる)意図的に作った微笑. con una ~ にこやかに. con la mejor de sus ~s《軽蔑》わざとらしくほほえんで.

son·ro·jan·te [son.ro.xán.te] 形 (恥ずかしくて)赤くなる, 赤面させるような.

son·ro·jar [son.ro.xár] 他 赤面させる, 恥ずかしがらせる.
— ~·se 再 赤面する, 恥ずかしむ.

son·ro·je·ar [son.ro.xe.ár] 他 → sonrojar.

son·ro·jo [son.ró.xo] 男 **1** 赤面, 紅潮 (= rubor). **2** 恥ずかしさ, 恥辱 (= vergüenza).

son·ro·sa·do, da [son.ro.sá.ðo, -.ða] ばら色がかった, 淡紅色の, 赤みのある, 赤みがかった. mejillas *sonrosadas* 血色の良いほお.

son·ro·sar [son.ro.sár] 他 ばら色にする, 赤みをおびさせる.
— ~·se 再 紅潮する, 顔を赤らめる.

son·ro·se·ar [son.ro.se.ár] 他 → sonrosar.

son·ro·se·o [son.ro.sé.o] 男 紅潮.

son·sa·ca·dor, do·ra [son.sa.ka.ðór, -.ðó.ra] 形 甘言でだまし取る, 口車に乗せて巻き上げる.

— 男 女 甘言でだまし取る人, 口先のうまい人.

son·sa·ca·mien·to [son.sa.ka.mjén.to] 男 甘言による詐欺;（秘密の）聞き出し;〈雇人の〉引き抜き.

son·sa·car [son.sa.kár] 102 他 **1**（秘密などを）聞き出す. Le *sonsacaron* cuanto sabía sobre el asunto. 彼[彼女]はその件について知っていることを洗いざらい調べ上げられた. **2** 甘言でだまし取る, 口車に乗せて巻き上げる. ~*le…* (*a+人*)（人）から…を言葉巧みに巻き上げる. **3**〈雇人〉を引き抜く.

son·se·ar [son.se.ár] 自《ラ米》(ｼ)(ｱｼﾞ)《話》ばかなまねをする, 間の抜けたことを言う.

son·se·ra [son.sé.ra] 女《ラ米》(ｱﾝﾃﾞ)(ｱｼﾞ)《話》ばかげたこと, 愚行, 愚かさ.

son·so, sa [són.so, -.sa] 形《ラ米》(ｼ)(ｱｼﾞ)《話》ばかな, 愚かな. — 女《ラ米》愚かな人, ばか, まぬけ.

son·so·ne·te [son.so.né.te] 男 **1** 単調な反復音, 拍子を取る音. ~ *del goteo del grifo* 蛇口からぽたぽた滴る水の音. **2** 単調で耳につく(歌)声;繰り言;決まり文句. **3** からかうような調子, あざけるような語調.

son·so·ni·che [son.so.ní.tʃe] 男《ラ米》(ﾒﾋ) → sonsonete.

son·za [són.θa / -.sa] 女《ラ米》《話》(**1**) (ｱﾝﾃﾞ)ずる賢さ, 二心あること, 不誠実. (**2**) (ｼ)嫌い, 当てこすり, 皮肉.

so·ña·ción [so.na.θjón / -sjón] 女《話》¡Ni por ~!夢にも思わない, とんでもない, 信じられない.

so·ña·do, da [so.ná.ðo, -.ða] 形 **1** 夢に見た, 夢の;夢に描いた, 理想の. su casa *soñada* 彼[彼女]が夢見た家. **2**《ラ米》(*ｺﾙ*)《俗》マリファナに酔った. *que ni soñado* すばらしい. Fue un espectáculo *que ni* ~. すばらしいショーだった.

so·ña·dor, do·ra [so.na.ðór, -.ðó.ra] 形 夢を見る, 夢見がちな, 夢想家の.
— 男 女 夢想家, 夢見がちの人.

*****so·ñar** [so.nár] 15 自 **1**《con…》（…の）夢を見る,《…》夢で見る. Anoche *soñé con* mi abuela. 昨晩祖母の夢を見た. ¡Que *sueñes con* los angelitos! 《子供への就寝前のあいさつ》天使の夢を見てね, いい夢を見てね.
2《con… / en…》〈理想・未来を〉夢想する, 思い浮かべる;切望する. ~ *con* un mundo sin discriminación 差別のない世界を夢見る. Siempre *soñé con* verte [que vinieras a verme]. 君に会うのを [君が会いに来られることを]ずっと夢見ていた. Deja de ~ y enfréntate con [a] la realidad. 夢ばかり見ていないで現実と向き合いなさい.
— 他 **1** …の夢を見る;《que+直説法 …という》夢を見る. ~ una cosa rara 変な夢を見る. Esa noche *soñé que era* un niño de tres años. その晩私は3歳の子供になった夢を見た. **2**〈理想・未来を〉夢想する, 空想する. ~ un país ideal 理想の国を夢見る. ~ un deseo 願い事を夢想する.
Ni soñarlo. / Ni lo sueñes.《話》（願いや想定を強く否定して）冗談じゃない, そんなこと有りえない.
soñar con pajaritos de oro《ラ米》(ｱﾝﾃﾞ)《話》夢想する.

soñar despierto ありえないことを夢見る. Si piensas casarte con él, *estás soñando despierta*. 彼と結婚しようなんておまえは夢を見ているんだよ.

so·ña·rre·ra [so.ɲa.ré.ra] / **so·ñe·ra** [so.ɲé.ra] 女 **1** 〈強い〉眠気, 睡魔. Me ha cogido la ~. 私はひどく眠くなった. **2** 深い眠り.

so·ño·len·cia [so.ɲo.lén.θja / -.sja] 女 眠気, 眠いこと.

so·ño·lien·to, ta [so.ɲo.ljén.to, -.ta] 形 眠気を催す; 眠そうな, うとうとした.

*****so·pa** [só.pa] 女 **1** スープ, 汁物. comer [tomar] ~ スープを飲む.

> 関連 caldo ブイヨン[だし汁, 煮汁]. consomé コンソメスープ. estofado [guisado] シチュー. gazpacho ガスパチョ (冷製野菜スープ). minestrone ミネストローネ. potaje ポタージュ. ~ de ajo ガーリックスープ. ~ de arroz 米入りスープ. ~ de cebolla オニオンスープ. (~ de) crema クリームスープ. ~ de fideos 極細パスタ入りのスープ. ~ de gallina [pollo] チキンスープ. ~ [crema] de mariscos 海鮮スープ. ~ de miso [soja] みそ汁. ~ de tomate [jitomate] 《ラ米》トマトスープ. ~ juliana 細切り野菜のコンソメスープ.

2《主に複数で》《ソース・ドレッシングに浸す》パン. echar las ~s en la salsa ソースにパンをつけて食べる. **3** パンをブイヨンや牛乳などで煮込んだ料理.

dar sopas con honda en... *a*+人《話》…において〈人〉よりも圧倒的に優れている.

De la mano a la boca se pierde la sopa.《諺》口元寸前でスープはこぼれる(望みはそう簡単にはかなわない).

estar [*quedarse*] *sopa*《話》(1) 眠り込む. (2) 酔っ払う.

hasta en la sopa《話》至るところに. encontrar *hasta en la* ~ どこででも会う. haber *hasta en la* ~ どこにでもいる[ある]. tener*le (a*+人)*hasta en la* ~ 〈人〉にうんざりしている.

hecho [*como*] *una sopa*《話》ずぶぬれで. ponerse *hecho una* ~ びしょびしょになる.

No hay más que dos sopas. / *No queda más que una sopa.*《ラ米》《ᲙᲣ》《話》取るべき方法がない.

quitarse la sopa《話》酔いが覚める.

ser un sopas《話》つまらない奴である.

sopa boba (1)《修道院などで配給される》スープ, 炊き出しの食事. (2) a [de] la ~ *boba* すねをかじっている. vivir de la ~ *boba* 居候の身である.

sopa de letras ワードサーチパズル: ランダムに配列されたアルファベットから指定された語を見つけるパズル. [←「パンスープ」←〘ゲルマン〙*suppa*「スープなどに浸したパン []中」;関連 sopar, ensopar, sopero.(ポルトガル) sopa. 〘仏〙 soupe. 〘伊〙 zuppa. 〘英〙 soup. 〘独〙 Suppe]

so·pai·pi·lla [so.pai.pí.ʎa ‖ -.ʝa] 女《ラ米》《ᲙᲣ》《話》ドーナツの一種.

so·pan·da [so.pán.da] 女 **1**《昔の馬車の座席部を支えていた》革ひも. **2**〘建〙〈根太・梁など水平材を支える〉横木.

so·pa·pa [so.pá.pa] 女《ラ米》吸引用の棒付きゴムカップ (= desatascador).

so·pa·pe·ar [so.pa.pe.ár] 他《話》平手打ちを食らわせる; 顎の下を軽くたたく.

so·pa·pié [so.pa.pjé] 男《話》《ᲙᲣ》足蹴(ぁし).

so·pa·pi·na [so.pa.pí.na] 女 続けざまにたたくこと.

so·pa·po [so.pá.po] 男 平手打ち; 〈指・手の甲で〉顎(ぁご)の下をたたくこと.

so·par [so.pár] 他〈パンなどを〉〈スープ・ソース・牛乳などに〉浸す. ─ 自《ラ米》《ᲙᲣ》口を挟む.

so·pe·ar [so.pe.ár] 他 ➡ sopar.

so·pe·ña [so.pé.ɲa] 女 洞穴, 窟穴(いわゃ).

so·pe·ro, ra [so.pé.ro, -.ra] 形 スープ用の, スープの. cuchara *sopera* スープ・スプーン. ─ 男 スープ好きの人. ─ 男 スープ皿 (= plato ~). ─ 女 ふた付きのスープ鉢.

so·pe·sar [so.pe.sár] 他 **1**〈手に持って〉重さを測る. **2**〈利害などを〉推し測る, 熟慮する. ~ las posibles dificultades 予想される困難を考慮する.

so·pe·te·ar [so.pe.te.ár] 他〈パンを〉〈ソースなどに〉浸す.

so·pe·tón[1] [so.pe.tón] 男〘料〙焼いて油に浸したパン.

so·pe·tón[2] [so.pe.tón] 男《話》平手打ち, びんた. *de sopetón* いきなり, 突然, 思いがけず.

so·pi·cal·do [so.pi.kál.do] 男 具の少ないスープ.

so·pim·pa [so.pím.pa] 女《ラ米》《ᲙᲣ》《俗》殴打, 強打.

so·pis·ta [so.pís.ta] 男 女 施しの食べ物で生活した人[学生].

so·pi·ti·pan·do [so.pi.ti.pán.do] 男《話》気絶, 失神, 卒倒. Le dio un ~. 彼[彼女]は気絶した.

so·pla·de·ro [so.pla.ðé.ro] 男 通風孔, 風穴.

so·pla·do, da [so.plá.ðo, -.ða] 形 **1**《話》酒に酔った, 酔っ払った. **2** 清潔な, 小ぎれいな; 着飾った, めかし込んだ. **3**《ラ米》(1)《ʌラプ》《話》怒った, 不機嫌な. (2)《ラ米》《ʌラプ》《話》非常に速い. (3)《*カメ》太った. ─ 副《ラ米》《ʌラプ》速く. ─ 男 **1** ガラス吹き〈製法〉(= ~ de vidrio). **2** 〘鉱〙 割れ目, 裂罅(れっか).

so·pla·dor, do·ra [so.pla.ðór, -.ðó.ra] 形 吹く. ─ 男 **1** 吹く人. **2** 扇動[密告]して騒ぎを起こす人. **3** ガラス吹き職人. ─ 男 **1** うちわ. **2**《ラ米》《ᲙᲣ》《ʌラプ》〈芝居の〉プロンプター.

so·pla·du·ra [so.pla.ðú.ra] 女 吹くこと; ガラス吹き.

so·pla·gai·tas [so.pla.gái.tas] 男 女〈単複同形〉《話》ばか者, 愚か者.

so·pla·mo·cos [so.pla.mó.kos] 男〈単複同形〉 **1**《話》平手打ち, 〈顔への〉パンチ. **2**《ラ米》《ᲙᲣ》雑言, 罵倒(ぼとう).

so·pla·po·llas [so.pla.pó.ʎas ‖ -.ʝas] 男 女〈単複同形〉《卑》ばか者, 愚か者.

*****so·plar** [so.plár] 自 **1**〈息を〉吹く, 吹きかける. ~ con la boca 口で吹く. *Soplando* más fuerte, apagarás la vela. ろうそくを消すときはもっと強く吹かなきゃ. **2**〈風が〉吹く, 吹きつける, 風を送る. *Sopla* un viento muy frío. 風がとても冷たい. **3**《話》告げ口する, 密告する. **4**《スペイン》《話》大酒を飲む, たらふく食べる. **5**〈試験などで〉そっと教える, 耳打ちする.

─ 他 **1** 吹く, 吹き込む; 吹き飛ばす; 吹いて作る. ~ el fuego con un fuelle ふいごで火を起こす. ~ la pasta de vidrio ガラス玉を吹いて膨らませる. ~ la sopa para que se enfríe スープを吹いて冷ます. ~ los polvos de encima del libro ホコリを吹く. ~ un globo 風船を膨らませる. ~ una vela ろうそくを吹き消す. ▶〈らっぱなどを〉吹く」は tocar.

2 思いつかせる. Hoy no me *sopla* la musa. 今日

は詩興がわかない.

3《話》小声で教える[知らせる], 耳打ちする. ~ la respuesta a+人《人》にそっと答えを教える.

4《話》暴露する, 密告する, たれ込む. Le *sopló* a la policía el nombre del ladrón. 彼[彼女]が泥棒の名前を警察に密告したのだ.

5《話》盗む, かすめとる. Me *soplaron* la cartera en el metro. 地下鉄で財布をすられた.

6《話》ふっかける, ぼったくる. ¿Cuánto te *soplaron* por eso? それにいくらふっかけられたんだ. **7**《話》一発食らわせる, 殴る. ~ una bofetada a+人《人》にびんたを食わす. **8**《遊》(チェッカーで)(相手の駒(こま)を)取る. **9**《ラ米》(1) 《ニカ》《話》(競争で)(相手を)倒す; 殺す. (2) 《テアトロ》《メヒ》…に(舞台裏から)台詞(せりふ)をつける.

— ~ **se** 〔再〕**1** 息を吹きかける. ~ *se* los dedos para calentárselos 息を吹きかけて指を温める.

2《話》平らげる, がぶ飲みする. ~ *se* una botella de vino ワインを1瓶飲み干す. **3** うぬぼれる, 思い上がる. **4**《**de...**》…を密告する. **5**《ラ米》《ウルグ》耐える, 我慢する.

¡*Sopla*!《話》驚いた.

so·ple·te [so.plé.te] 〔男〕**1** ブローランプ, 溶接用火炎ランプ. **2**(ガラス器製造用の)吹き竿(ざお). **3**【音楽】(バグパイプの)チャンター. **4**《ラ米》(1)《ニカ》こっそり答えを教える学生;(芝居の)プロンプター.(2)《メヒ》《話》きびしい叱責(しっせき).

so·plí·do [so.plí.ðo] 〔男〕(強い)ひと吹き. de un solo ~ たったひと吹きで.

so·pli·llo [so.plí.ʝo ‖ -.ʎo-] 〔男〕(火をおこすための)うちわ. [soplo + 縮小辞]

so·plo [só.plo] 〔男〕**1** ひと吹き,(強く)吹くこと; 一陣の風. Apagó todas las velas de un ~. 彼[彼女]はひと吹きで全部のろうそくの火を消した.

2 一瞬, 瞬く間. Llego en un ~. すぐにそちらに着きますから. La vida es un ~. 人生はつかの間だ.

3《話》告げ口, 密告; dar el ~ 告げ口する, 密告する. La policía recibió un ~. 警察にたれ込みがあった. **4**【医】雑音. ~ cardiaco 心雑音.

so·plón, plo·na [so.plón, -.pló.na] 〔形〕《話》告げ口屋, 告げ口好きな; 密告する, 通報する.

— 〔男〕〔女〕**1**《話》告げ口屋, 告げ口好きな人; 通報者, 密告者. **2**《ラ米》(1)《メヒ》《俗》警官, 警察.(3)《コル》《俗》秘密警察官.

so·plo·ne·ar [so.plo.ne.ár] 〔他〕《話》告げ口する; 密告する.

so·plo·ne·rí·a [so.plo.ne.rí.a] 〔女〕《話》告げ口; 密告, たれ込み.

so·pón [so.pón] 〔男〕《話》施し物で生活した人[学生] (= sopista). [sopa + 増大辞]

so·pon·cio [so.pón.θjo / -.sjo] 〔男〕**1**《話》気絶, 卒倒. Me dio un ~. 私は気絶した.

2《ラ米》《メヒ》不安; 絶望.

so·por [so.pór] 〔男〕**1** まどろみ; 眠気, 睡魔. Después de comer me coge el ~. 食事のあと私は眠くなる. **2**【医】嗜眠(しみん).

so·po·rí·fe·ro, ra [so.po.rí.fe.ro, -.ra] 〔形〕眠気を催す, 退屈極まる.

— 〔男〕眠気を催させるもの, 寝酒; 催眠薬, 睡眠薬.

so·po·rí·fi·co, ca [so.po.rí.fi.ko, -.ka] 〔形〕催眠性の.

so·por·ta·ble [so.por.tá.ble] 〔形〕我慢できる, 耐えられる.

so·por·ta·dor, do·ra [so.por.ta.ðór, -.ðó.ra] 〔形〕支える; 耐える.

— 〔男〕〔女〕支えるもの[人]; 耐える人, 忍耐する人.

so·por·tal [so.por.tál] 〔男〕**1** 玄関, 前庭, ポーチ, 車寄せ. **2**《複数で》アーケード, 拱廊(きょうろう); 柱廊.

***so·por·tar** [so.por.tár] 〔他〕**1**(負荷・重みを)支える, もちこたえる; 【IT】(環境などに)対応する. ~ el techo 天井を支える. El material *soporta* hasta cien grados de calor. その材質は100度までの熱に耐える. Este programa *soporta* los siguientes formatos. このプログラムは次の書式に対応する.

2(苦しみ・厄介などに)耐える, 我慢する;《**que**+接続法》…するのに)耐える. ~ el dolor 痛みを我慢する. ~ a un padre autoritario 横暴な父親に耐える. Tuve que ~ *que* todos me *vieran* con curiosidad. 私は皆から好奇の目で見られるのに耐えねばならなかった.

[← 〖ラ〗 supportāre (*sub*-「下から上へ」+ *portāre*「運ぶ」) 〖関連〗(in)soportable. 〖英〗 support]

***so·por·te** [so.pór.te] 〔男〕**1** 支えるもの, 支え, 支柱; 台, 台架. **2**〔比喩的〕支え, 援護, 支援. centro de ~ サポートセンター. **3**【美】(その上に絵を描く)素材. **4**【IT】記録[記憶]媒体. **5**【紋】盾持ち: 盾を両側から支える動物[人].

so·pra·no [so.prá.no] 〔伊〕〔男〕〔女〕ソプラノ歌手.

— 〔男〕**1** ソプラノ: 女性・少年の最高音域. **2** 去勢された男.

só·quet [só.ke(t)] 〔男〕《ラ米》《メヒ》(電球の)ソケット.

só·que·te [so.ké.te] 〔男〕《ラ米》(1)《チリ》ソケット. (2)《アルゼ》《ウルグ》短いソックス.

***sor** [sor] 〔女〕《修道女の名につける敬称》…尼. *Sor* Juana Inés フアナ・イネス尼.

***sor·ber** [sor.βér] 〔他〕**1** 口で吸う, すする; 吸い込む, 飲み込む. ~ una limonada レモネードを飲む.

2 吸収する, 吸い上げる. La esponja *sorbe* el agua. スポンジは水を吸う.

3〔比喩的〕吸い込む, 飲み込む. El mar *sorbió* todas las naves. 海はすべての船を飲み込んでしまった.

4 聞き入る, 耳を傾ける. *Sorbían* las palabras del maestro. みんなは先生の話に聞き入っていた.

— ~ **se** 〔再〕鼻をすする.

sorber el seso a+人《人》をほれ込ませる. Tomás le *sorbe* el seso a María. マリアはトマスにすっかり参ってしまっている.

sor·be·te [sor.βé.te] 〔男〕**1**【料】シャーベット. ~ de limón レモンシャーベット. **2**《ラ米》(1)《タイワ》《プエル》ストロー.(2)《メヒ》《パナ》アイスクリームコーン.(3)《コル》山高帽子.

sor·be·to [sor.βé.to] 〔男〕《ラ米》(1)《ドミ》シャーベット.(2)《プエル》ストロー.

sor·be·tón [sor.βe.tón] 〔男〕勢いよく飲むこと; 鼻をずっとすすること.

sor·bi·ble [sor.βí.ble] 〔形〕吸い込むことのできる, 吸いやすい.

sor·bi·tol [sor.βi.tól] 〔男〕【化】ソルビトール: 砂糖代用甘味料.

sor·bo [sór.βo] 〔男〕ひとすすり, ひと飲み; ひと口に含む量, 少量. Sólo tomé un ~ de leche. 僕は牛乳をひと口飲んだだけだ. de un ~ ひと口で.

a sorbos 少しずつ. beber *a* ~*s* ちびちび飲む.

sor·che [sór.tʃe] / **sor·chi** [sór.tʃi] 〔男〕《話》新兵.

sor·da [sór.ða] 〔女〕**1**【鳥】シギ. **2**【海】(船の進水に用いる)太綱.

sor·de·ra [sor.ðé.ra] / **sor·dez** [sor.ðéθ / -.ðés] 〔女〕耳が聞こえないこと; 聾(ろう), 難聴.

sór·di·da·men·te [sór.ði.ða.mén.te] 〔副〕みすぼら

sor·di·dez [sor.đi.đéθ / -.đés] 囡 **1** みすぼらしさ, 汚さ. **2** 不道徳, 下品.

sór·di·do, da [sór.đi.đo, -.đa] 形 **1** 汚い, 汚れた, みすぼらしい. ambiente ～ ひどい環境. **2** 不道徳な. **3** 卑しい, あさましい, けちな. **4** 下品な, みだらな. **5**【医】潰瘍(ガネ゙)性の.

sor·di·na [sor.đí.na] 囡【音楽】弱音器, ミュート; 止音器, ダンパー.
con sordina ひそかに.

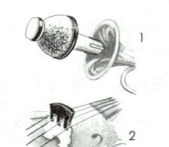

sordina（弱音器, ミュート）
1 ～ de instrumento de viento 管楽器の弱音器.
2 ～ de instrumento de cuerda 弦楽器の弱音器.

sor·di·no [sor.đí.no] 男【音楽】ソルディーノ: 2枚［1枚］の共鳴板のついたバイオリンに似た弦楽器.

*‎**sor·do, da** [sór.đo, -.đa] 形 **1**《ser＋》耳が不自由な, 耳が遠い;《estar＋》耳が聞こえなくなった,(一時的に)耳が聞こえない. quedarse ～ 耳が不自由になる.《＋名詞／動詞＋》《感情が》表に出ない. rabia [cólera] *sorda* 内に秘めた怒り. risa *sorda* 含み笑い. **3**《estar＋》《a... / ante... …に対して》聞く耳を持たない, 無関心の. Permaneció *sorda* a mis ruegos. 彼女は私の頼みに耳を貸そうとはしなかった. **4**〈音が〉低い, こもった；弱い, ひそひそとした. ruido ～ かすかなざわめき. **5**〈光が〉弱い, ひそひそとした. lámpara *sorda* 消えそうなランプ. **6**〈痛み・衝撃が〉鈍い. dolor ～ しくしくする痛み. **7**【音声】無声音の (↔sonoro).

— 男 囡 耳が聞こえない［遠い］人. No hay peor ～ que el que no quiere oír.《諺》聞く気のない人ほど耳の遠い人はない.

a la sorda / a lo sordo / a sordas《話》こっそりと, ひそかに.
diálogo de sordos 相手の意見を聞かない議論.
hacerse el sordo 聞こえないふりをする.
sordo como una tapia / más sordo que una tapia 耳が非常に遠い.

[← [ラ] *surdum* (*surdus* の対格), 関連 sordomudo, ensordecer, sordina, absurdo, [英] *surd*「無声の」]

sor·do·mu·dez [sor.đo.mu.đéθ / -.đés] 囡 聾啞(ξ゚)(の).
sor·do·mu·do, da [sor.đo.mú.đo, -.đa] 形 聾啞(ξ゚)の. — 男 囡 聾啞者.
sor·du·ra [sor.đú.ra] 囡【医】聴覚障害.
so·re·te [so.ré.te] 男《ラ米》(ξ゙)《俗》ばか者, 愚か者. — 男《ラ米》(ξ゙)《俗》大便(メ゙), 大便.
sor·go [sór.go] 男【植】モロコシ: イネ科の一年草.
So·ria [só.rja] 固名 ソリア: スペイン中北部の県; 県都.
so·ria·no, na [so.rjá.no, -.na] 形 《スペインの》ソリアの. — 男 囡 ソリアの住民［出身者］.
so·ria·sis [so.rjá.sis] 囡 《単複同形》【医】乾癬(𝟮).
so·ri·tes [so.rí.tes] 男 《単複同形》【論】連鎖式, 連鎖推理: 複合三段論法の一種.
sor·na [sór.na] 囡 **1** あざけり, 嫌み, 皮肉. hablar con ～ 皮肉な口を利く. mirar con ～ あざけるような目で見る. **2** 悠長, 緩慢: わざとぐずぐずすること.
so·ro [só.ro] 男【植】《シダ植物の》胞子囊(ξ゙).

so·ro·char·se [so.ro.tʃár.se] 再《ラ米》(1) 高山病にかかる. (2) (ᶜ) 顔が赤くなる.
so·ro·che [so.ró.tʃe] 男《ラ米》(1)（Andes 特有の）高山病. (2) (ᶜ) 赤面. (3) (ᶜ) 方鉛鉱.
so·ro·cho [so.ró.tʃo] 男 → soroche
so·ro·cho, cha [so.ró.tʃo, -.tʃa] 形《ラ米》(1) (ᶜ゙)生焼けの. (2) (ᶜ゙)〈果物が〉熟していない, 青い.
so·ro·co, ca [so.ró.ko, -.ka] 形《ラ米》(ᶜ゙)《話》ばかな, 愚かな.
So·ro·lla [so.ró.ja ‖ -.ʎa] 固名 ソローリャ Joaquín ～ (1863-1923): スペインの画家.
so·ro·pe·te [so.ro.pé.te] 形《ラ米》《話》酔った.
so·ro·sis [so.ró.sis] 囡《単複同形》【植】桑果: 桑などの肉質・多漿(ξ゙)の果実の集合果.
sor·pas·so [sor.pá.so] [伊] 男【政】（選挙における）余裕の勝利.

*‎**sor·pren·den·te** [sor.pren.đén.te]《＋名詞／名詞＋》意外な, 驚くべき. con [a] una velocidad ～ 驚くべきスピードで. de manera [forma] ～ 意外なやり方で, 意表をつく質問. resultado ～ 驚きの結果 (発表). Resulta ～ que ella no haya asistido a la fiesta. 彼女がそのパーティーに出席しなかったのは意外だ (► que 以下が主語. 節内の動詞は接続法).
sor·pren·den·te·men·te [sor.pren.đén.te.mén.te] 副 驚いたことに.

*‎**sor·pren·der** [sor.pren.đér] 他 **1** (1)〈人を〉驚かせる. La noticia *sorprendió* a todo el mundo. その知らせは皆を驚かせた. Esto es lo que más nos *sorprendió*. それが私たちのいちばん驚いたことだ. Me *sorprendió* su locuacidad. 私は彼[彼女]らがおしゃべりなのに驚いた. (2)《＋不定詞 / que＋接続法 …であることが》〈人を〉驚かせる. Me *sorprendió* que estuviera bien informado sobre el asunto. 私は彼がその件に精通していることに驚いた. La *sorprendió* verlo llorar. 彼女は彼が泣くのを見て驚いた. ► (1) (2) とも直接目的人称代名詞ではなく間接目的人称代名詞が用いられる傾向にある.

2《＋場所などを表す語句 …にいるところを／＋形容詞およびその相当語句 …の状態を》(偶然)見つける;《＋現在分詞 …しているところを》(偶然)見つける, 不意をつく. Un día la *sorprendí en casa de* su novio. ある日私は彼女が恋人の家にいるところを見つけた. El actor *fue sorprendido viajando de incógnito*. その俳優はお忍びで旅行しているところを見つけられた. **3**〈隠しごとを〉発見する, 見破る. ～ un secreto 秘密を見破る.

— ～**se** 再《de... / por... …に》驚く;《de＋不定詞 / de que＋接続法 …ということに》驚く. *Se sorprendió de haber dormido hasta esas horas*. 彼[彼女]はそんな時間まで眠ってしまったことに驚いた.

[←[仏] *surprendre* (*sur*-「上で」＋ *prendre*「つかむ」); 関連 sorpresa. [英] *surprise*]

*‎**sor·pre·sa** [sor.pré.sa] 囡 **1** 驚き. con gran ～ suya 彼[彼女]らが大いに驚いたことには. dar [producir, causar] (una) ～ a... …を驚かせる. ¡Qué ～! びっくりしたなあ. Se le notó la ～ en su cara. 彼[彼女]の顔には驚きの色が見えた. Me dio una ～ con su regalo. 彼[彼女]らのプレゼントには驚いた. Me causó ～ encontrarla allí. あんなところで彼女に会うなんて驚いた.

2（よい知らせなど）人を驚かせるもの; (箱などに入っ

sorrajar

た) 秘密のプレゼント. En este paquete hay una ～. この箱の中にいいものが入っているよ.
 3 不意打ち, 奇襲. atacar por ～ 奇襲攻撃をかける. **4** 《名詞＋》《形容詞的に》突然の, 不意の. fiesta ～ びっくりパーティー. examen ～ 抜き打ち試験. ► 名詞に数を一致させることが多い.
 coger a ＋人 de sorpresa 〈人〉の不意をつく.
 cuál no sería mi sorpresa 《話》それが驚いたことになんと.
 por sorpresa 不意に, 突然.

so·rra·jar [so.r̄a.xár] 他 《ラ米》《俗》投げつける.
so·rra·se·ar [so.r̄a.se.ár] 他 《ラ米》《俗》〈肉などを〉焙[あぶ]る, 半焼きにする.
so·rron·gar [so.r̄oŋ.gár] 103 自 《ラ米》《話》不平を言う, 愚痴をこぼす.
so·rros·tra·da [so.r̄os.trá.ða] 女 横柄, 無礼.
so·rros·tri·gar [so.r̄os.tri.gár] 103 《ラ米》《話》悩ませる, 苦しめる.
sor·ta·rio, ria [sor.tá.rjo, -.rja] 形 《ラ米》《話》幸運な, 運のいい.
sor·te·a·ble [sor.te.á.ble] 形 **1** くじが当たる可能性のある; くじ引きにできる. **2** 避けられる, 回避しうる.
sor·te·ar [sor.te.ár] 他 **1** くじで決める, 抽選する. Hoy *sortean* los premios de la lotería. 今日宝くじの抽選がある. **2** 〈危険・攻撃などを〉かわす, 回避する. **3** 《闘牛》〈牛を〉かわす. **4** くじを引く, くじ[コイン投げ]で決める.
*****sor·te·o** [sor.té.o] 男 くじ, くじ引き, 抽選. el ganador del ～ くじの当選者. por ～ くじで, 抽選によって. elegido por ～ くじで選ばれた. ～ extraordinario de Navidad クリスマス特別抽選会.
sor·ti·ja [sor.tí.xa] 女 **1** 指輪. ～ de zafiro サファイアの指輪. ～ de sello 認め印のついた指輪. ⇒ anillo 類語. **2** 《毛髪の》巻き毛, カール. **3** 《遊》指輪探し: 誰が手に指輪を持っているか当てる遊び.
sor·ti·le·gio [sor.ti.lé.xjo] 男 **1** 《迷信・呪術[じゅじゅつ]などによる》占い. **2** 魔法, 魔術, 魔力.
sor·ti·le·go, ga [sor.ti.le.go, -.ga] 男 女 占い師; 魔法使い, 魔術師.
so·ru·llo, lla [so.rú.jo, -.ja ‖ -.ʎo, -.ʎa] 男 女 《ラ米》《ワエド》《話》いやしい人, ごろつき.
sos [sós] [ラ] 《ラ米》《俗》ser の主語 vos に対する直説法現在形.
SOS / S. O. S. / sos [e.o.é.se] 男 《単複同形》遭難信号, エスオーエス; 救助要請. lanzar[recibir] un ～ エスオーエスを発信[受信]する.
so·sa [só.sa] 女 **1** 《植》オカヒジキ; オカヒジキを焼いた灰 (＝ barrilla). **2** 《化》炭酸ナトリウム, ソーダ. ～ cáustica 苛性[かせい]ソーダ.
so·sai·na [so.sái.na] 形 つまらない, おもしろみのない. ―男 女 おもしろみのない人, およそ退屈な人.
sos·co [sós.ko] 男 《ラ米》《アンデス》切れ端, かけら.
so·se·dad [so.se.ðáð] 女 → sosería.
so·se·ga·da·men·te [so.se.ɣá.ða.mén.te] 副 落ち着いて, 平穏に.
so·se·ga·do, da [so.se.ɣá.ðo, -.ða] 形 平穏な, 落ち着いた, 穏やかな, 平穏な. carácter ～ 温厚な性格.
so·se·ga·dor, do·ra [so.se.ɣa.ðór, -.ðó.ra] 形 落ち着かせる, 穏やかにする. ―男 女 なだめる人, 落ち着かせる人, 調停者, 仲裁者.
so·se·gar [so.se.ɣár] 9 他 静める, 落ち着かせる, 安心させる, 鎮める, 穏やかにする. ―自 休む, 休息する. ―～·se 再 **1** 静まる, 落ち着く; 鎮まる, 穏やかになる. **2** 休む.

so·se·ga·te [so.se.ɣá.te] 男 《ラ米》《ワエド》《話》叱ること, 呼ぶこと. dar un ～ 《話》〈子供を〉叱る, 呼ぶ.
sosegue- / sosegué(-) 活 → sosegar.
so·se·ra [so.sé.ra] 女 → sosería.
so·se·ras [so.sé.ras] 形 《性数不変》《話》つまらない, おもしろ味のない. ―男 女 《単複同形》《話》つまらない人, おもしろ味のない人.
so·se·rí·a [so.se.rí.a] 女 味のなさ, 無味乾燥; おもしろくないもの, 味気ないこと, つまらないこと.
so·se·ro, ra [so.sé.ro, -.ra] 形 《植物が》ソーダの元となる.
so·sia [só.sja] / **so·sias** [só.sjas] 男 《文章》そっくりな人, 瓜[うり]二つ. ► sosias は単複同形.
sosieg- 活 → sosegar.
*****so·sie·go** [so.sjé.ɣo] 男 落ち着き, 平静, 静穏; 安らぎ, くつろぎ. con ～ ゆったりした気分で. el bullicio de la ciudad y el ～ del campo 都会の喧噪[けんそう]と田園の静けさ. No tenía un minuto de ～. 息をつく暇もなかった.
 ―活 → sosegar.
sosiegue(-) 活 → sosegar.
sos·la·yar [sos.la.jár] 他 **1** かわす, よける. ～ las preguntas 質問をかわす. **2** 《狭い所を通すために》斜めにする, 傾ける.
sos·la·yo, ya [sos.lá.jo, -.ja] 形 斜めの, 傾いた, はすかいになった.
 al [de] soslayo 斜めに, はすかいに; 横に, かわして, よけて; ざっと.
*****so·so, sa** [só.so, -.sa] 形 **1** 風味がない, まずい, 塩[砂糖]の足りない. café ～ まずいコーヒー. Esta sopa está *sosa*. このスープは味が薄い.
 2 無味乾燥な, おもしろ味のない. chiste ～ 白けさせるような冗談. estilo ～ 味わいに欠ける文体. persona *sosa* 味もそっけもない人.
*****sos·pe·cha** [sos.pé.tʃa] 女 疑い, 嫌疑. ～ fundada はっきりした疑い. ～ infundada 根も葉もない疑い. fuera [por encima] de toda ～ 疑いを挟む余地なく. despertar las ～s de... …の疑惑を招く. disipar una ～ 疑いを晴らす. infundir ～ a＋人〈人〉に疑いを抱かせる. vehementes [vivas] ～s 大きな疑惑, 強い疑い. La policía tiene ～s de él. 警察は彼を疑っている.
sos·pe·cha·ble [sos.pe.tʃá.ble] 形 疑わしい, 疑惑を抱かせる, 怪しい.
*****sos·pe·char** [sos.pe.tʃár] 他 (…らしいと) 思う, 想像する; 《que＋直説法》 (…ではないかと) 思う; 《que＋接続法》 (…ではないかと) 疑う. *Sospecho que* Pedro miente. ペドロはうそをついているのではないだろうか. Lo *sospechaba*. そうじゃないかと思っていたんだ. *Sospecho que* no lloverá. 雨は降らないと思うよ. → dudar 類語.
 ―自 **(de...** 〈人〉) 疑いを持つ, 嫌疑をかける. La policía *sospecha* de él. 警察は彼のことを疑っている.
 [← [ラ] *suspectāre* (「見上げる」が原義; *sub-* 「下から上を」＋ *spectāre* (「注意深く) 見る」). 〔関連〕sospecha, suspicaz. [英] *suspect* 「好ましくないことがあるのではないかと疑う」]
sos·pe·cho·sa·men·te [sos.pe.tʃó.sa.mén.te] 副 **1** 《文修飾》疑わしいことには. **2** 怪しげにも.
*****sos·pe·cho·so, sa** [sos.pe.tʃó.so, -.sa] 形 疑わしい; 怪しい, うさんくさい, 不審な. un tipo ～ 不審な人物.
 ―男 女 疑わしい人物, 怪しげな輩[やから], 容疑者. Han detenido a varios ～s. 数名の容疑者が逮捕された.
sos·quín [sos.kín] 男 **1** 《横から》いきなり殴る[

つ〕こと. **2** 《ラ米》(ﾁﾘ)広角, 鈍角.
de [*en*] *sosquín* 斜めに, はすかいに; かわして, よけて.
sos·qui·nar [sos.ki.nár] 他 《ラ米》(ﾁﾘ)不意打ちをかける.

*sos·tén [sos.tén] 男 **1** 支え; 《建》支柱.
2 支える人, 頼みの綱, 大黒柱. el único ~ de la familia 一家の大黒柱. el principal ~ del gobierno 政府の中心人物. **3** ブラジャー. **4** 食べ物, 食糧, 糧食. Tenemos que trabajar para ganarnos el ~. 我々はパンのために働かなければならない.
5 《海》(船の)安定材.
― 囲 → sostener.

sostendr- 活 → sostener.

sos·te·ne·dor, do·ra [sos.te.ne.ðór, -.ðó.ra] 形 支える, 支持する, 援助する.
― 男 女 支持者, 後援者; 後ろ盾. ~ de un hogar 一家の大黒柱.

***sos·te·ner [sos.te.nér] 43 他 **1** (倒れないように)支える; (重さに)耐える. Hay cuatro columnas que *sostienen* todo el peso de la cúpula. ドームの全ての重さを支える4つの柱がある.
2 《+副詞・形容詞およびその相当語句》…の状態に〉〈人・ものを〉保つ. *Sostuvieron* el letrero en alto. 彼らは掲示を高く持ち上げた. *Sostenía* una caja *a la altura del pecho*. 彼[彼女]は箱を胸の高さで抱えていた.
3 《意見などを》支持する; 《*que*+直説法 …であることを》主張する, 支持する. ~ la hipótesis 仮説を支持する.
4 〈人を〉扶養する. La actividad agrícola no puede ~ por sí sola a la población. 農業活動だけでは住民の生計は成り立たない.
5 〈人を〉支援する; 励ます. Estoy dispuesto a ~ contra viento y marea a la candidata. 私は万難を排してその候補者を支援するつもりです.
6 〈会話などを〉継続する, 維持する; 〈約束などを〉守り続ける. ~ correspondencia con+人 〈人〉と文通を続けている. Durante mucho tiempo *sostuvimos* una agria polémica. 長い間私たちは激論を交わした.

― **~·se** 再 **1** 持ちこたえる, 落ちて[倒れ]ないでいる. No podía ~*me* de cansancio. 疲労で私は倒れそうだった. Le preocupa que no pueda ~*se* en el puesto. 彼はその地位にとどまることができないのではないかと心配している.
2 《+副詞・形容詞およびその相当語句》〈…の状態を〉保っている, 〈…の状態で〉いる. Con el dolor de la herida casi *no se sostenía en pie*. 彼[彼女]は傷の痛みでほとんど立っていられなかった. **3** 生計を立てる; 生き残る.
sostener la mirada a [*en*]... …人〈人〉をじっと見る, …から目を離さない.
[←《ラ》*sustinēre*; *sub*-「下から上へ」+ *tenēre*「支え持つ」(→ tener). 関連 *sostenimiento, sustentar, sostén*. 〔英〕*sustain*]

sosteng- 活 → sostener.

sos·te·ni·bi·li·dad [sos.te.ni.bi.li.ðáð] 女 長期間支持[維持・持続]することが可能であること.

sos·te·ni·ble [sos.te.ní.ble] 形 支えられる, 持続可能.

sos·te·ni·do, da [sos.te.ní.ðo, -.ða] 形 **1** 《音楽》半音高い. fa ~ ファのシャープ, 嬰(ｴｲ)ヘ. **2** 持続する, とぎれない. esfuerzo ~ たゆまぬ努力. el ~ fuego del enemigo 敵の絶え間ない砲撃.
― 男 《音楽》シャープ, 嬰記号(♯). doble ~ ダブルシャープ, 重嬰記号.

sos·te·ni·mien·to [sos.te.ni.mjén.to] 男 **1** 支えること, 支え. El padre se encarga del ~ de la familia. 父親は一家の大黒柱だ.
2 支え続け, 維持, 保持, 持続.

sostien- 活 → sostener.

sostuv- 活 → sostener.

so·ta[1] [só.ta] 男 **1** 《スペイン》《遊》(トランプ)ジャック: 数字は10. → naipe. **2** 《軽蔑》恥知らずな女; 売春婦.

so·ta[2] [só.ta] 男 《ラ米》(ﾁﾘ)人夫頭, 現場監督.

so·ta·ban·co [so.ta.báŋ.ko] 男 **1** 屋根裏部屋 (= desván). **2** 《建》(アーチの)迫元(ﾊﾟｸｹﾞﾝ)石, 起拱(ｷｺｳ)石. **3** 《ラ米》(ｸﾞｱﾃ)《話》むさ苦しい部屋.

so·ta·bar·ba [so.ta.bár.ba] 女 二重あご, (あごの線にそって蓄え\る)あごひげ.

sotabanco (迫元石)

so·ta·cu·ra [so.ta.kú.ra] 男 《ラ米》(ｸﾞｱﾃ)(ﾌﾟｴﾙ)助任司祭, 司祭代理.

so·ta·na [so.tá.na] 女 **1** 《服飾》スータン: 司祭の平常服. **2** 《話》(棒による)殴打.

so·ta·ne·ar [so.ta.ne.ár] 他 《話》**1** (棒で)殴る. **2** しかる, 怒鳴りつける.

só·ta·no [só.ta.no] 男 地下室. [←《古スペイン》*sótalo*←《俗ラ》*subtulum (《ラ》*subtus*「下に」より派生)]

so·ta·ven·tar·se [so.ta.ben.tár.se] / **so·ta·ven·te·ar·se** [so.ta.ben.te.ár.se] 再 《海》〈船が〉風下へ進む[傾く].

sotana (スータン)

so·ta·ven·to [so.ta.bén.to] 男 《海》風下, 風下側 (↔ barlovento).

so·te·cha·do [so.te.tʃá.ðo] 男 掘っ立て小屋.

so·te·rra·do, da [so.te.řá.ðo, -.ða] 形 **1** 埋められた, 埋まった. tesoro ~ 埋蔵金. **2** 隠された, 秘められた, 胸の奥にしまった. una historia *soterrada* 秘話.

so·te·rra·mien·to [so.te.řa.mjén.to] 男 **1** 埋めること, 埋没, 埋蔵. **2** 隠すこと, 秘匿(ﾋﾄｸ); 胸の奥にしまうこと.

so·te·rrar [so.te.řár] 8 他 **1** 埋める. **2** 隠す. **3** 胸の奥にしまう.

so·to [só.to] 男 **1** (土手の)並木, 木立. **2** 雑木林, 藪(ﾔﾌﾞ). **3** 《ラ米》(ﾒｷｼ)瘤(ｺﾌﾞ); 結び目.

so·to·bos·que [so.to.bós.ke] 男 森の木の下に生える草, 下生え.

so·tol [so.tól] 男 《ラ米》(ﾒｷｼ)《植》(ユッカに似た)ユリ科シリワン属の植物; ソトルから作る蒸留酒.

so·to·mi·nis·tro [so.to.mi.nís.tro] 男 (イエズス会の)厨房(ﾁｭｳﾎﾞｳ)長補佐, 副賄房長.

so·tre·ta [so.tré.ta] 女 《ラ米》(ﾘｵﾌﾟ)(ﾎﾞﾘ) (**1**) 老馬, 駄馬. (**2**) 老いぼれ; ろくでなし, 役立たず.

so·tro·zo [so.tró.θo / -.so] 男 **1** (砲車の)車輪止めのピン, 車軸栓. **2** 《海》(耳栓の)索留め; クリート.

sot·to vo·ce [só.to bó.tʃe] 〔伊〕《副詞句》《音楽》静かに, ささやくように. 小声で, 低い声で.

souf·flé [su.flé] 〔仏〕男 《料》スフレ: 泡立てた卵白に具を入れてふっくらと焼き上げた料理.

soul [sóul]［英］男【音楽】ソウルミュージック.
sou·tien [su.tjén]［仏］男 ブラジャー.
sou·ve·nir [su.be.nír]［仏］　　　男〖複 ～s, ～, ～es〗(旅行の)みやげ,思い出の品.
so·viet [so.bjét]男〖複 ～s〗【史】ソビエト,(旧ソ連の)労働者代表会議,評議会. el ～ supremo ソビエト最高会議.
so·vié·ti·co, ca [so.bjé.ti.ko, -.ka]形【史】ソビエトの;旧ソ連の. la Unión *Soviética* ソビエト連邦. → U.R.S.S. ― 男女 旧ソ連人.
so·vie·ti·za·ción [so.bje.ti.θa.θjón / -.sa.sjón]女【史】ソビエト化.
so·vie·ti·zar [so.bje.ti.θár / -.sár] 97 他【史】ソビエト化[共産主義化]する.
sov·jós [soð.xós]［ロシア］男 ソフホーズ,ソホーズ:旧ソ連の国営農場. ► 「コルホーズ」は koljós.
soy [sói]活 →ser.
so·ya [só.ja]女 →soja.
s. p. 《略》servicio público 公共企業体.
spa [es.pá]［英］男 スパ,温泉 (=balneario).
spa·ghet·tis [es.pa.gé.tis]男〖複数形〗スパゲッティ (=espaguetis). [←〔伊〕*spaghetti*]
spa·ghet·ti west·ern [es.pa.gé.ti (g)wés.tern]［英］男〖複 ～s, ～〗【映】マカロニウエスタン:イタリア製西部劇.
spa·guet·ti [es.pa.gé.ti]［伊］男 →espagueti.
spam [es.pám]［英］男〖複 ～, ～s〗【IT】スパム;迷惑メール.
spam·ming [es.pá.min]［英］男〖IT〗スパム,迷惑メールを大量に送りつけること.
span·glish [es.páŋ.glis ／ -.glif]［英］男【言】(米国のヒスパニックなどが話す)スペイン語と英語の混ざった言語,英語の強い干渉を受けたスペイン語.
span·gli·zar [es.paŋ.gli.θár / -.sár] 97 他 spanglish 化する.
span·iel [es.pa.njél ／ -.pá.njel]［英］男 スパニエル犬.
spar·ring [es.pá.ŕin]［英］男〖複 ～s, ～〗【スポ】(ボクシングの)スパーリングパートナー.
speak·er [es.pí.ker]［英］男〖複 ～s〗【ラジ】【TV】アナウンサー,ニュースキャスター;(ショー・演芸などの)司会者 (=locutor).
speech [es.pít∫]［英］男〖複 ～es, ～〗《話》《軽蔑》スピーチ (=discurso).
speed [es.píd]［英］男 (アンフェタミンなどの)覚醒(ホムセホム)剤,スピード.
spi [es.pí]［英］男 →spinnaker.
spi·der [es.pái.ðer]［英］男〖複 ～, ～s〗スパイダー:オープンスポーツカー.
spin·na·ker [es.pi(n).néi.ker]男〖複 ～s〗【海】スピネーカー:レース用ヨットの大きな三角形の帆.
spin·ning [es.pí.nin]［英］男【スポ】スピニング:自転車を使ったエアロビクス.
spi·ru·li·na [es.pi.ru.lí.na]女【植】スピルリナ,ラセン藻:青緑色の食用藍藻(ﾗﾝｿｳ)類.
spleen [es.plín]［英］男 →esplín.
split [es.plít]［英］男〖複 ～s, ～〗【経】(資本・株式の)均等分割.
spoil·er [es.pói.ler]［英］男〖複 ～s, ～〗【航空】【車】スポイラー.
spon·sor [es.pon.sór ∥ -.pón.sor]［英］男女〖複 ～s, ～〗後援者,スポンサー (=espónsor, patrocinador).
spon·so·ri·za·ción [es.pon.so.ri.θa.θjón / -.sa.sjón]女 後援,支援,賛助.

spon·so·ri·zar [es.pon.so.ri.θár / -.sár] 他 97 後援する,スポンサーになる.
spon·tex [es.pon.téks]女【商標】スポンテックス:英国 Viscose Group 製のスポンジ (=espóntex).
sport [es.pó(r)t]［英］形【服飾】スポーティーな,ラフな. ― 男 スポーツ. chaqueta de ～ スポーツ・ジャケット. coche de ～ スポーツカー. ir vestido de ～ スポーティーな[ラフな]格好をする. ► 競技・運動としての「スポーツ」はふつう deporte(s).
spor·tin·guis·ta [es.por.tin.gís.ta]形【スポ】(サッカー)(スペイン Asturias のサッカーチーム) Sporting de Gijón の.
― 男女 Sporting de Gijón のファン.
spot [es.pó(t)]［英］男【TV】スポット,コマーシャル(フィルム). ～ publicitario コマーシャル(スポット).
spray [es.prái ∥ -.préi]［英］男 スプレー;エアゾール (剤) (=aerosol).
spread [es.préd]［英］男【経】原価と売価の値開き,利ざや,(先物取引的)直先相場の開き,先物マージン,(基準的金利水準との)利率差,金利スプレッド.
sprint [es.prín(t)]［英］男【スポ】→esprint.
sprin·tar [es.prin.tár]自【スポ】ラストスパートをかける (=esprintar).
sprint·er [es.prín.ter]［英］男女〖複 ～s〗【スポ】短距離走者,(主に自転車競技の)スプリンター.
sput·nik [es.púr.nik]［ロシア］男 スプートニク:旧ソ連の人工衛星.
squash [es.kwás]［英］男【スポ】スカッシュテニス.
squat·ter [es.kwá.ter]［英］男女〖複 ～s〗不法占拠者 (=ocupa, okupa).
Sr 【化】estroncio ストロンチウム.
Sr. 《略》señor《男性に対する敬称》…様,…さん,…氏,…殿.
Sra(s). 《略》señora(s) 《既婚女性への敬称》…夫人,…奥様,…さん.
Sres., Srs. 《略》señores《複数の男性に対しての敬称》…様,…さん,…殿;《夫妻に対しての敬称》…ご夫妻.
Sri Lan·ka [es.ŕí láŋ.ka ∥ sŕí -]固名 スリランカ(民主社会主義共和国):首都 Sri Jayawardenepura Kotte. 旧称 Ceilán. [←〔シンハラ〕*Shrī Lankā* ; *shrī* (尊称),←〔サンスクリット〕*śrī*）+ *Lankā*「スリランカ」(←〔サンスクリット〕*Laṅkā*)]
S.R.M. 《略》su real majestad 国王陛下.
Srta. 《略》señorita《未婚女性への敬称》…様,…さん,…嬢.
S.S. 《略》Su Santidad 教皇聖下 ; Seguridad Social 社会保障 ; Santa Sede 教皇庁.
S.S., s.s. 《略》seguro servidor《手紙》敬具.
SSE 《略》sudsudeste 南南東.
SS.MM. 男〖略〗〖複数形〗Sus Majestades 陛下ご夫妻.
SSO 《略》sudsudoeste 南南西.
S. (atto.) S.S., s. (atto.) s.s. 《略》su (atento) seguro servidor《手紙》敬具.
Sta. 《略》santa 聖….
sta·bat [es.tá.baṯ] / **Stá·bat Má·ter** [es.tá.baṯ má.ter] 〔ラ〕男〖宗〗『スタバト・マーテル(悲しめる聖母は立てり)』:キリストが十字架にかけられたときの悲しみを歌う,聖母マリアの聖歌[曲].
sta·blish·ment [es.tá.blis.men(t) ∥ -.bliʃ.-]男 体制派,支配者層,エスタブリッシュメント (=establishment).
stac·ca·to [es.ta.ká.to]〔伊〕男【音楽】スタッカート,断音.

staff [es.táf] [英] [男] [複 ～s, ～] スタッフ, 職員.

stage [es.táʃ // -.téidʒ] [英] [男] **1** 実習期間. **2** 研修.

sta·li·nis·mo [es.ta.li.nís.mo] [男] スターリン主義.

stand [es.tán(d)] [英] [男] 売店, スタンド; 特設場.

stán·dar / stan·dard [es.tán.dar] [英] [形] → estándar, estandard.

stand·ing [es.tán.din] [英] [男] 生活レベル; 社会的地位.

star [es.tár] [英] [男] [女] [複 ～s] 〘映〙スター (= estrella).

star·let [es.tar.lét] [英] [女] [複 ～s] → starlette.

star·let·te [es.tar.lét] [仏] [女] [複 ～s] 〘映〙売出し中の若手女優, スターの卵 (= starlet).

start·er [es.tár.ter] [英] [男] 〘車〙(エンジンの) スターター.

sta·tu quo [es.tá.tu kwó] [ラ] 現状 (= en el mismo estado que (antes)).

sta·tus [es.tá.tus] [英] [男] (社会的) 地位, 身分.

stead·y·cam [es.té.di.kam] [英] [男] 〘商標〙ステディカム: ぶれの発生しないカメラ安定機材.

step [es.tép] [英] [男] ステップエアロビクス: 踏み台を使ったエアロビクス.

ster·e·o [es.té.re.o] [英] [形] 〘話〙→ estéreo².

ste·ri·let [es.te.ri.lét] [仏] [男] 避妊リング (= DIU).

stick [es.tík] [英] [男] 〘スポ〙(ホッケー) スティック.

Sto. 〘略〙santo 聖….

stock [es.tók] [英] [男] 在庫 (品), ストック.

stop [es.tóp] [英] [男] **1** (交通標識で) 停止, 止まれ; ストップ. **2** (電報などで) 終止符を示す語. **3** ストップのボタン [スイッチ].

stop·per [es.tó.per] [男] [複 ～s, ～] 〘スポ〙(サッカー) 《ラ米》〘スフ〙ディフェンス.

store [es.tór] [仏] [男] → estor.

Stor·ni [stór.ni, es.tór.-] [固名] ストルニ Alfonsina ～ (1892－1938): アルゼンチンの詩人.

stra·di·va·rius [es.tra.di.bá.rjus] [伊] [男] 〘単複同形〙ストラディバリウス: イタリア人 A. Stradivari (1664?-1737) とその一族が製作したバイオリンその他の弦楽器.

streak·er [es.trí.ker] [英] [男] [女] [複 ～s] ストリーカー (ストリーキングをする人).

streak·ing [es.trí.kin] [英] [男] ストリーキング (= estriquin).

stress [es.trés] [英] [男] → estrés.

stretch [es.trétʃ] [英] [形] 《ラ米》〘スフ〙 (繊維が) 伸縮性のある.

stretch·ing [es.tré.tʃin] [英] [男] ストレッチ体操.

strike [es.tráik] [英] [男] 〘スポ〙(野球の) ストライク.

strip·per [es.trí.per] [英] [男] [女] [複 ～s] ストリッパー.

strip·tease / strip-tease [es.trip.tís, -.tríp.tís] [英] [男] **1** ストリップショー. **2** ストリップ劇場 (= estriptís, estriptis).

stro·go·nof [es.tro.go.nóf // -.tró.-.nof] [ロシア] [男] 〘料〙ビーフストロガノフ.

stud [es.túd] [英] [男] 《ラ米》〘スフ〙競馬の厩舎 (きゅうしゃ).

stu·ka [es.tú.ka] [独] [男] 〘史〙〘話〙ストゥーカ: 第二次世界大戦中にドイツの爆撃機.

stu·pa [es.tú.pa] [男] [女] 〘宗〙(仏教の) ストゥーパ, 卒塔婆 (そとば), 仏舎利塔.

**su [su] [形] 〘所有〙〘前置形, 複数形は sus〙 (+ 名詞) あなた (方) の; 彼 (ら) の, 彼女 (ら) の; 《もの同士の所属関係などを表して》それ (ら) の; 自分の. *su* vida 彼 (ら) [彼女 (ら), あなた (方)] の生涯. *sus* consecuencias その結果. *su* propia opinión 自分自身の考え. *Su* nombre, por favor. あなたのお名前をお願いします. Vivo en la Calle Goya. Allí tiene usted *su* casa. 私はゴヤ通りに住んでいます. いつでもお立ち寄りください. ※ 常に名詞の前に置いて用いられ, 冠詞などと一緒に用いることはない. 名詞の後ろに置く場合, ser の補語として用いる場合, 定冠詞に付けて代名詞として用いる場合には suyo, suya, suyos, suyas となる. → suyo.
[← 〘古スペイン〙*súo, súa* ← 〘ラ〙*suus, sua*]

sua·hi·li [swa.(x)í.li // -.hí.-] / **sua·ji·li** [swa.xí.li] [男] → swahili.

suam·po [swám.po] [男] 《ラ米》(中米) 沼地, 湿地, 沼沢 (= ciénaga). [← 〘英〙*swamp*]

sua·ris·mo [swa.rís.mo] [男] スアレス主義: スペインの神学者・法哲学者 Francisco Suárez (1548-1617) が唱えた哲学教理.

sua·so·rio, ria [swa.só.rjo, -.rja] [形] 説得の, 説得力のある.

sua·to, ta [swá.to, -.ta] [形] 《ラ米》〘俗〙〘話〙ばかな, 愚かな.

sua·ve [swá.be] [形] **1 《+ 名詞 / 名詞 +》《ser + / estar +》柔らかな, 手触りのよい, すべすべした. piel ～ すべすべした肌. carne ～ 柔らかい肉. ～ terciopelo 滑らかなビロード. acero ～ 軟鋼. tejido de tacto ～ 肌触りのいい織物. ～ como la seda [el terciopelo, un guante] 実にすべすべした.

2 《+ 名詞 / 名詞 +》《ser + / estar +》穏やかな, 温和な; なだらかな, 緩やかな; 容易な; 耳に快い, 静かな; 味のまろやかな; 芳しい; 従順な. colores ～s 柔らかい色, 中間色. palabras ～s 優しい言葉. curvas ～s 緩いカーブ. un ～ descenso ゆるい下り. ～s colinas なだらかな丘. una ～ brisa 快いそよ風. trabajo ～ 軽い仕事. tabaco ～ 軽いタバコ. música ～ 心地よい音楽. chica ～ おとなしい女の子. con voz ～ 優しい声で. con ～ acento 軽いなまりで. cocer a fuego ～ 弱火で煮る. Este vino *está* ～. このワインは口当たりがいい. El clima *es* ～. 気候は温暖だ.

3 《+ 名詞 / 名詞 +》《ser + / estar +》滑らかな, よどみない; 凹凸のない, 平坦 (へいたん) な. un aterrizaje ～ de la economía 経済のソフトランディング [円滑な着陸]. con paso ～ 軽やかな足取りで. Las marchas entran [van] ～s. ギアチェンジが滑らかだ. La dirección *es* ～ y precisa. ハンドルの操作性は滑らかで正確だ.

4 《ラ米》(1) (中米) 桁 (けた) 外れの, すごい. (2) (*米) (中米) 《話》魅力的な; すばらしい.

— [男] 〘俗〙蒸留酒 (= aguardiente).

— [副] 柔らかに; そっと.

dar a + 人 *la suave* 《ラ米》(*米) (人) の機嫌をとる.

de maneras suaves しなやかな身のこなしの; たいへん従順な.

¡Suave! 《ラ米》(中米) 〘話〙もちろん, いいとも.

ya estuvo suave de que + 接続法 《ラ米》(中米) 〘話〙…はやめろ. *Ya estuvo ～ de que me tomes* el pelo. 私のことをからかうのはやめろ.

[〘ラ〙*suāvem* (*suāvis* の対格) 「心地よい, 甘い」; 〘関連〙suavidad, suavizar. 〘英〙*sweet*]

suavice(-) / suavicé(-) [活] → suavizar.

*sua·vi·dad [swa.bi.dád] [女] **1** 柔らかさ, 柔軟さ.

suavización

la ~ de la piel del bebé 赤ん坊の肌の柔らかさ. **2** 滑らかさ, よどみなさ；平坦(%)さ. la ~ de los motores エンジンの滑らかさ. la ~ de la carretera 道路の平坦さ. **3** 穏やかさ, 温和；なだらかさ, 緩やかさ. tratar con ~ 優しく接する. **4** (音などの)快さ；(味の)まろやかさ；芳しさ；しなやかさ. **5** 穏健, 柔和, 従順.

sua·vi·za·ción [swa.βi.θa.θjón / -.sa.sjón] 囡 柔らかく[穏やかに]すること.

sua·vi·za·dor, do·ra [swa.βi.θa.ðór, -.ðó.ra / -.sa.-] 厖 **1** 柔らかくする, すべすべにする, 滑らかにする. **2** 穏やかにする, 和らげる, なだらかにする. ── 男 (かみそりの刃を研ぐ)革砥(ﾄﾞ).

sua·vi·zan·te [swa.βi.θán.te / -.sán.-] 囲 (洗濯仕上げ用の)柔軟剤.

*sua·vi·zar [swa.βi.θár / -.sár] 97 他 **1** 柔らかくする, すべすべにする, 滑らかにする, 研ぐ. ~ la superficie 表面のざらつきをなくす. Esta crema *suaviza* la piel. このクリームは肌をすべすべにする. **2** 穏やかにする, 温和にする；緩やかにする；弱める, 和らげる. ~ el paso 歩調を緩める. ~ asperezas 物腰[物言い]を柔らかくする.
── ~**·se** 再 **1** 柔らかくなる, すべすべになる, 滑らかになる. **2** 穏やかになる, 温和になる；なだらかになる, 緩やかになる；和らぐ.

sua·zi [swá.θi / -.si] / **sua·zi·lan·dés, de·sa** [swa.θi.lan.dés, -.dé.sa / -.si.-] 厖 スワジランドの, スワジランド人の. ── 男 囡 スワジランド人.

Sua·zi·lan·dia / Swa·zi·lan·dia [swa.θi.lán.dja / -.si.-] 国名 スワジランド：アフリカ南部の王国. 首都 Mbabane.
[◂ [英] *Swaziland* (*Swazi* 「スワジ人」より造語)]

sub [suβ] 厖 (単複同形)(スポ)(数字を伴って)…歳以下の. ── 男 …歳以下クラス分け競技者. los *sub* 21 21歳以下の選手たち.

sub- [接頭]「下(に), 下位の, 副, 亜, 次, やや」などの意. ➡ *sub*terráneo, *sub*tropical. ▶さまざまな異形をもつ. ➡ *so*nreír *sor*prender, *sos*tener, *so*terraño, *su*poner, *sus*pender. [◂ [ラ]]

su·ba [sú.βa] 囡 (《ラ米》)値上がり, 高騰, 騰貴. ── 自 ➡ subir.

sub·a·cuá·ti·co, ca [su.βa.kwá.ti.ko, -.ka] 厖 水中の, 水面下の.

sub·a·fluen·te [su.βa.flwén.te] 男 (川の)支流の支流.

sub·a·li·men·ta·ción [su.βa.li.men.ta.θjón / -.sjón] 囡 栄養失調, 栄養不良.

sub·a·li·men·ta·do, da [su.βa.li.men.tá.ðo, -.ða] 厖 栄養失調の, 栄養不良の.

sub·a·li·men·tar [su.βa.li.men.tár] 他 栄養失調にする, 栄養不良にする.

sub·al·pi·no, na [su.βal.pí.no, -.na] 厖 アルプス山麓の.

sub·al·ter·no, na [su.βal.tér.no, -.na] 厖
1 (身分・地位が) 下位の, 下役の；下(¼)の. **2** 主でない, 二義的な, 副次的な. ── 男 (軍)(大尉以下の)下級将校. ── 男 囡 部下, 下役；下働き.

sub·ál·ve·o, a [su.βál.βe.o, -.a] 厖 河床の下の.

sub·a·rac·noi·de·o, a [su.βa.rakˈnoi.ðé.o, -.a] 厖 (解剖)クモ膜下の. hemorragia *subaracnoidea* (医)クモ膜下出血.

sub·a·rren·da·dor, do·ra [su.βa.ren.da.ðór, -.ðó.ra] 男 囡 また貸し人, 転貸者.

sub·a·rren·da·mien·to [su.βa.ren.da.mjén.to] 男 また借り；また貸し；転借, 転貸.

sub·a·rren·dar [su.βa.ren.dár] 8 他 また借りする, 転借する；また貸しする, 転貸する.

sub·a·rren·da·ta·rio, ria [su.βa.ren.da.tá.rjo, -.rja] 男 囡 また借り人, 転借人.

sub·a·rrien·do [su.βa.rjén.do] 男 **1** また借り, 転借；また貸し, 転貸. **2** 転貸借料[契約].

sub·ár·ti·co, ca [su.βár.ti.ko, -.ka] 厖 亜北極の, 北極に接する.

*su·bas·ta [su.βás.ta] 囡 **1** 競売, 競り. sacar... a pública ~ …を公売にかける. salir a ~ 競売にかかる. vender... en pública ~ …を公売にかけて処分する.
2 入札.

su·bas·ta·dor, do·ra [su.βas.ta.ðór, -.ðó.ra] 男 囡 競売人, 競り売り人.

su·bas·tar [su.βas.tár] 他 **1** 競売にかける, 競りにかける. **2** 入札制にする.

su·bas·te·ro, ra [su.βas.té.ro, -.ra] 厖 (非合法の)競売の. ── 男 囡 (非合法の)競売人.

sub·a·tó·mi·co, ca [su.βa.tó.mi.ko, -.ka] 厖 (物理)原子構成要素の, 亜原子の.

sub·cam·pe·ón [suβ.kam.pe.ón] 男 準優勝者[チーム].

sub·cam·pe·o·na·to [suβ.kam.pe.o.ná.to] 男 (スポ)準優勝, 第2位.

sub·car·pe·ta [suβ.kar.pé.ta] 囡 ボックスファイル.

sub·ce·lu·lar [suβ.θe.lu.lár / -.se.-] 厖 (生物)細胞レベル下の, 亜細胞(性)の.

sub·cla·se [suβ.klá.se] 囡 (生物)亜綱.

sub·cla·vio, via [suβ.klá.βjo, -.βja] 厖 (解剖)鎖骨下の.

sub·co·man·dan·te [suβ.ko.man.dán.te] 男 (軍)副指揮[指令]官.

sub·co·men·da·dor [suβ.ko.men.da.ðór] 男 (史)騎士団長代理[代行].

sub·co·mi·sión [suβ.ko.mi.sjón] 囡 小委員会, 分科会.

sub·co·mi·té [suβ.ko.mi.té] 男 ➡ subcomisión.

sub·con·jun·to [suβ.koɲ.xún.to] 男 (数)部分集合.

sub·cons·cien·cia [suβ.kons.θjén.θja / -.sjén.sja] 囡 潜在意識；(心)下意識.

sub·cons·cien·te [suβ.kons.θjén.te / -.sjén.-] 厖 潜在意識の；(心)下意識の.
── 男 潜在意識；(心)下意識.

sub·con·su·mo [suβ.kon.sú.mo] 男 (経)過少消費.

sub·con·ti·nen·te [suβ.kon.ti.nén.te] 男 (インド・グリーンランドなどの)亜大陸.

sub·con·tra·ta [suβ.kon.trá.ta] / **sub·con·tra·ta·ción** [suβ.kon.tra.ta.θjón / -.sjón] 囡 下請け(契約).

sub·con·tra·tar [suβ.kon.tra.tár] 他 …と下請け契約する.

sub·con·tra·tis·ta [suβ.kon.tra.tís.ta] 囡 下請け業者, 下請け契約者.

sub·con·tra·to [suβ.kon.trá.to] 男 下請負, 下請け契約. ceder [tomar] en ~ 下請け契約をする.

sub·cor·ti·cal [suβ.kor.ti.kál] 厖 (解剖)大脳皮質下の.

sub·cos·tal [suβ.kos.tál] 厖 (解剖)肋骨(^{ろっ})下の.

sub·cul·tu·ra [suβ.kul.tú.ra] 囡 下位文化, サブカルチャー.

sub·cu·tá·ne·o, a [suβ.ku.tá.ne.o, -.a] 厖 皮下

sub・de・le・ga・ción [suð.ðe.le.ga.θjón / -.sjón] 囡 **1** 再委託, 再委任；被委任者が第三者に自分の代理をさせること. **2** subdelegadoの職［事務所］.

sub・de・le・ga・do, da [suð.ðe.le.ɣá.ðo, -.ða] 形 (再)委託された, 委託を受けた.
——男囡 [法] 代理人；代理［再］受託者.

sub・de・le・gar [suð.ðe.le.ɣár] 103 他 〈代理者が〉〈下位の者へさらに〉委任する, 再委託する.

sub・de・li・rio [suð.ðe.lí.rjo] 男 [医] 亜譫妄(ﾓｳ).

sub・de・sa・rro・lla・do, da [suð.ðe.sa.ró.ʝá.ðo, -.ða ‖ -.ʎá.-] 形 後進の, 開発の遅れている.

sub・de・sa・rro・llo [suð.ðe.sa.ró.jo ‖ -.ʎo] 男 低開発, 後進(性).

sub・dia・co・na・do [suð.ðja.ko.ná.ðo] / **sub・dia・co・na・to** [suð.ðja.ko.ná.to] 男 [カト] 副助祭職.

sub・diá・co・no [suð.ðjá.ko.no] 男 [カト] 副助祭.

sub・di・rec・ción [suð.ði.rek.θjón / -.sjón] 囡 subdirectorの職［事務所］.

sub・di・rec・tor, to・ra [suð.ði.rek.tór, -.tó.ra] 男囡 副所長, 副局長, 副部長；副校長；副編集長；助監督；副支配人.

sub・dis・tin・guir [suð.ðis.tiŋ.ɡír] 105 他 さらに細かく区分［区別］する.

súb・di・to, ta [súð.ði.to, -.ta] 形 臣従する, 仕える.
——男囡 **1** 家来, 臣下；臣民. **2** 国民. un ~ norteamericano アメリカ人, 米国人.

sub・di・vi・dir [suð.ði.βi.ðír] 他 さらに細かく分ける, さらに分割する；下位分割する.
——~・se 再 さらに(細かく)分かれる.

sub・di・vi・sión [suð.ði.βi.sjón] 囡 **1** 再分割, 細分(化), 小分け；(下位分割された)一区分, 一部分. **2** (さらに小さく分ける) 仕切り.

sub・do・mi・nan・te [suð.ðo.mi.nán.te] 囡 [音楽] 下属音；音階の第4音.

sub・duc・ción [suð.ðuk.θjón / -.sjón] 囡 [地質] (プレートの)沈み込み, 潜り込み, サブダクション.

sub・du・plo, pla [suð.ðú.plo, -.pla] 形 [数] 2分の1に等しい.

su・bei・ba・ja [su.βei.βá.xa] 男 シーソー.

sub・em・ple・o [su.βem.plé.o] 男 不完全雇用［就業］.

sú・ber [sú.βer] 男 [植] コルク(組織).

su・be・ri・fi・ca・ción [su.βe.ri.fi.ka.θjón / -.sjón] 囡 [植] コルク(質)化.

su・be・ri・fi・car・se [su.βe.ri.fi.kár.se] 102 再 [植] コルク(質)化する.

su・be・ri・na [su.βe.rí.na] 囡 [植] コルク質, スベリン.

su・be・ro・sis [su.βe.ró.sis] 囡 **1** [医] 花粉症. **2** [植] コルク(質)化.

su・be・ro・so, sa [su.βe.ró.so, -.sa] 形 コルク質の；コルク状の.

sub・es・pe・cia・li・dad [su.βes.pe.θja.li.ðáð / -.sja.-] 囡 副専攻.

sub・es・pe・cie [su.βes.pé.θje / -.sje] 囡 [生物] 亜種.

sub・es・ta・ción [su.βes.ta.θjón / -.sjón] 囡 [電] 変電所, 変圧所.

sub・es・ti・ma・ción [su.βes.ti.ma.θjón / -.sjón] 囡 過小評価, 軽視.

sub・es・ti・mar [su.βes.ti.már] 他 過小評価する, 侮(ｱﾅﾄﾞ)る, みくびる.

sub・ex・po・ner [su.βe(k)s.po.nér] 41 他 [過分] は subexpuesto] [写] 露出［露光］不足にする.

sub・ex・po・si・ción [su.βe(k)s.po.si.θjón / -.sjón] 囡 [写] 露出［露光］不足.

sub・ex・pues・to, ta [su.βe(k)s.pwés.to, -.ta] [subexponerの過分] [写] 露出［露光］不足の.

sub・fa・mi・lia [suβ.fa.mí.lja] 囡 [生物] 亜科.

sub・fe・bril [suβ.fe.βríl] 形 [医] 微熱のある.

sub・fia・dor, do・ra [suβ.fja.ðór, -.ðó.ra] 男囡 副保証人(= fiador subsidiario).

sub・flu・vial [suβ.flu.βjál] 形 河床［川床］の下の(= subálveo).

sub・fu・sil [suβ.fu.síl] 男 自動小銃.

sub・gé・ne・ro [suβ.xé.ne.ro] 男 [生物] 亜属.

sub・go・ber・na・dor, do・ra [suβ.ɡo.βer.na.ðór, -.ðó.ra] 男囡 副知事, 副長官, 副総裁. ~ del Banco de España スペイン銀行副総裁.

sub・gru・po [suβ.ɡrú.po] 男 **1** 小群, 下位集団, サブグループ. **2** [数] 部分群.

su・bi・do, da [su.βí.ðo, -.ða] 形 **1** 高 い. a precio ~ 高額の, 高価な. **2** 〈色・においが〉強烈な, きつい. una falda de un verde ~ 鮮やかな緑色のスカート. **3** 思い上がった, 増長した.
——囡 **1** 昇ること, 上昇；登ること, 登攀(ﾄｳﾊﾝ). la *subida* de la montaña 登山. **2** (物価・温度などの)上昇；騰貴, 値上がり. la *subida* de precios 物価騰貴. ir de *subida* 上昇中である, 増加している. **3** 上り坂. ▶「下り坂」は bajada. **4** 昇進, 昇格.
subida de tono 大胆な, きわどい.

su・bien・da [su.βjén.da] 囡 〈ラ米〉(ｺﾛﾝﾋﾞｱ) 魚群.

su・bi・lla [su.βí.ʝa ‖ -.ʎa] 囡 (靴職人の)突き錐(ｷﾘ).

su・bi・lón, lo・na [su.βi.lón, -.ló.na] 形 〈ラ米〉(ｶﾞﾃ) 〈酒などが〉強い, すぐ酔う.

sub・ín・di・ce [su.βín.di.θe / -.se] 男 [数] 副指数；サブスクリプト, 下つき文字［数字, 記号］：H_2Oの2など.

sub・ins・pec・ción [su.βins.pek.θjón / -.sjón] 囡 subinspectorの職［執務室］.

sub・ins・pec・tor, to・ra [su.βins.pek.tór, -.tó.ra] 男囡 副監査官, 副検査官, 副監督官；刑事補佐.

sub・in・ten・den・cia [su.βin.ten.dén.θja / -.sja] 囡 [軍] **1** 主計官代理の職. **2** 主計官代理室.

sub・in・ten・den・te [su.βin.ten.dén.te] 男 [軍] 需品［補給］課長代理.

su・bir [su.βír] 自 **1** 《a... 〈…に〉》登る, 上がる；昇進する(↔bajar). ~ *a la escena* 舞台に上がる. ~ *por las escaleras de caracol* らせん階段を[で]登る.
2 〈人・ものの(価値)が〉上昇する；〈もの(の程度・高さ)が〉増す. ~*le la presión* (a + 人) 〈人〉の血圧が上がる. *Han subido las ventas.* 売り上げが伸びました. *El jugador ha subido mucho en mi estima.* 私はそのプレーヤーを見直した.
3 《a / en...〈乗り物〉に》乗る. ~ *a bordo* 乗船する. *Allí subiremos al autobús.* あそこでバスに乗ろう. ▶再帰代名詞を伴うことがある. ⇒**図2**.
4 《a...〈…に〉》達する. ~ *al trono* 王位に就く. *Unos días después las acciones de la empresa subieron a 25 euros.* 何日かすると会社の株価は25ユーロに達した.
——他 **1** 〈台などに〉上がる, 〈階段などを〉上る；〈山に〉登る. ~ *las escaleras* 階段を上る.
2 持ち上げる, (上に)揚げる. ~ *la persiana* ブラインドを上げる. ~ *la mano* 挙手する.
3 《a...〈乗り物など〉に》積む, 乗せる. *Sube estas maletas al coche.* これらのスーツケースを車に積み

súbitamente 1868

なさい. **4**〈価値などを〉高める, 上げる;〈人を〉昇進させる. *Sube* la voz, que no te oigo bien. 声を大きくして, よく聞こえないから. Este modelo lo *subieron* de precio. この商品は値上げされた.
— **~·se** 再 **1** (**a...** …に)登る, 上がる. *~se a un árbol* 木に登る. *~se por las paredes* 壁をよじ登る. **2** (**a...** / **en...** 〈乗り物に〉)乗る. *Súbanse al autobús*. バスにお乗りください. **3** 〈自分の衣類などを〉たくし上げる. *~se las mangas* そでをたくし上げる. **4** 〈酒〉〈アルコールが〉(体に)回る.
de sube y baja 上がったり下がったり.
sube y baja《ラ米》《ラブラタ》《チリ·アンデス》《ペルー》《遊》シーソー.
subírsele (*a*+人)《話》〈役目などが〉〈人〉を天狗(「てんぐ」)にする; 見下す.
subírsele lo [*el*] *indio* (*a*+人)《ラ米》《話》(1)《メキシコ》《中米》〈人〉が激怒する, 癇癪(かんしゃく)を起こす. (2)《コロンビア》〈人〉が(喜び怒りで)我を忘れる, 興奮する.
[← ラ *subire*「下る; 近寄る; 上る」 (*sub-*「下へ; 下から上へ」 + *ire*「行く」) [関連] subida, subido, súbito]

sú·bi·ta·men·te [sú.βi.ta.mén.te] 副 突然に, 出し抜けに.

*sú·bi·to, ta [sú.βi.to, -.ta] 形 **1** 突然の, 出し抜けの. *cambio ~ de temperatura* 気温の急変. *una súbita llamada* 突然の呼び出し.
2 衝動的な, 性急な; 激しやすい.
— 副 突然に, 出し抜けに.
de súbito 突然, 出し抜けに.

sub·je·fe, fa [suβ.xé.fe, -.fa] 男 女 副長; 副司令官, 副長官; 副主任, 課長補佐; (鉄道の)助役. → jefe.

sub·je·ti·var [suβ.xe.ti.βár] 他 → subjetivizar.

sub·je·ti·vi·dad [suβ.xe.ti.βi.ðáð] 女 主観的であること; 主観性.

sub·je·ti·vis·mo [suβ.xe.ti.βís.mo] 男 **1**【哲】主観論, 主観主義(↔objetivismo). **2** (行動などの)主観的傾向.

sub·je·ti·vi·zar [suβ.xe.ti.βi.θár / -.sár] 97 他 主観化する.

*sub·je·ti·vo, va [suβ.xe.tí.βo, -.βa] 形 **1** 主観の, 主観的な (↔objetivo). *juicios ~s* 主観的な判断. **2** 個人的な, 私的な, 自分なりの. *interpretación subjetiva* 個人的解釈. *opinión subjetiva* 個人的な意見. **3**【文法】主語の, 主格の.

sub·jun·ti·vo, va [suβ.xun.tí.βo, -.βa] 形 【文法】接続法の. — 男【文法】接続法.

sub·le·tal [su.βle.tál] 形 亜致死の, 致死量に近い.

su·ble·va·ción [su.βle.βa.θjón / -.sjón] 女 反乱, 蜂起(ほうき); 暴動.

su·ble·va·mien·to [su.βle.βa.mjén.to] 男 → sublevación.

su·ble·var [su.βle.βár] 他 **1** 反乱を起こさせる, 蜂起(ほうき)させる; 暴動を起こさせる.
2 激怒させる, 憤慨させる. *Tanta injusticia me subleva.* こうした不正に私は怒りを覚える.
— **~·se** 再 反乱を起こす, 蜂起する; 暴動を起こす.

su·bli·ma·ción [su.βli.ma.θjón / -.sjón] 女 **1** 称揚, 礼賛. **2** (精神的に)高めること, 崇高化;【心】昇華. **3**【化】昇華. **4** (錬金術で純化のための)蒸留.

su·bli·ma·do, da [su.βli.má.ðo, -.ða] 形【化】昇華された. — 男【化】昇華物; 昇汞(しょうこう) (=corrosivo ~).

su·bli·mar [su.βli.már] 他 **1** 称揚する, ほめたたえる. **2** (精神的に)高める, 昇華する, 浄化する. **3**【化】昇華させる. — **~·se** 再【化】昇華する.

*su·bli·me [su.βlí.me] 形 崇高な, 荘厳な; 気高い; 秀逸な. *lo ~* 崇高さ.

su·bli·mi·dad [su.βli.mi.ðáð] 女 崇高, 荘厳; 気高さ; 秀逸.

sub·li·mi·nal [su.βli.mi.nál] 形【心】意識下の, 閾下(いきか)の, 潜在意識の.

su·bli·mi·zar [su.βli.mi.θár / -.sár] 97 他 → sublimar.

sub·lin·gual [su.βliŋ.gwál] 形【解剖】舌下部分の.

sub·lu·nar [su.βlu.nár] 形 月下の. *el mundo ~* 地球, この世.

sub·lu·xa·ción [su.βluk.sa.θjón / -.sjón] 女【医】亜脱臼.

sub·ma·ri·nis·mo [suβ.ma.ri.nís.mo] 男 潜水, ダイビング.

sub·ma·ri·nis·ta [suβ.ma.ri.nís.ta] 形 潜水する, 潜水の. — 男 女 (スキューバ)ダイバー, 潜水夫; 潜水艦の乗組員.

*sub·ma·ri·no, na [suβ.ma.rí.no, -.na] 形 海底の, 海中の. *cable ~* 海底ケーブル. *recursos ~s* 海底資源.
— 男 **1** 潜水艦. *~ (de propulsión) nuclear* 原子力潜水艦. **2**《話》党外運動員.

sub·ma·xi·lar [suβ.mak.si.lár] 形【解剖】下あごの, 下顎(かがく)骨の.

sub·múl·ti·plo, pla [suβ.múl.ti.plo, -.pla] 形【数】約数の. — 男【数】約数.

sub·mun·do [suβ.mún.do] 男 社会から疎外されたグループ, 闇(やみ)の社会.

sub·nor·mal [suβ.nor.mál] 形 普通 [正常] 以下の; 知能の低い. *niño ~* 知的障害のある子供.
— 男【数】(X軸上の)法線影.

sub·nor·ma·li·dad [suβ.nor.ma.li.ðáð] 女【医】精神遅滞.

sub·no·ta [suβ.nó.ta] 女 注記への注記.

sub·o·fi·cial [su.βo.fi.θjál / -.sjál] 男【軍】下士官; 軍曹, 曹長.

sub·or·bi·ta·rio, ria [su.βor.βi.tá.rjo, -.rja] 形【解剖】眼窩(がんか)下の.

sub·or·den [su.βór.ðen] 男【生物】亜目.

sub·or·di·na·ción [su.βor.ði.na.θjón / -.sjón] 女 **1** 従属(関係), 下位に置く[ある]こと. **2**【文法】従属(関係), 従位.

sub·or·di·na·do, da [su.βor.ði.ná.ðo, -.ða] 形 **1** 服従した, 従属した. **2**【文法】従属した, 従位の. *oración subordinada* 従位 [従属] 節. → principal. — 男 女 部下, 配下.

sub·or·di·nan·te [su.βor.ði.nán.te] 形【文法】従属させる. — 女【文法】**1** 主節. **2** 従属節を導く語句.

sub·or·di·nar [su.βor.ði.nár] 他 (**a...** …に)服従させる, 従属させる; (…の)下位に置く. *~ la razón a la fe* 理性を信仰に従えさせる.
— **~·se** 再 (**a...** …に)従う, 従属する.

sub·pre·fec·to [suβ.pre.fék.to] 男 副知事, 副長官.

sub·pre·fec·tu·ra [suβ.pre.fek.tú.ra] 女 副知事 [副長官] の職[事務所, 管轄区域].

sub·pro·duc·to [suβ.pro.ðúk.to] 男 副産物.

sub·pro·le·ta·ria·do [suβ.pro.le.ta.rjá.ðo] 男 ルンペンプロレタリアート: マルクス理論で, 犯罪者や浮浪者を含みプロレタリア階級の下位に位置する.

su·bran·quial [su.βraŋ.kjál] 形【動】鰓(えら)下の.

sub·ra·ya·ble [suð.ŕa.já.ble] 形 特筆に値する, 強調すべき.

sub·ra·ya·do, da [suð.ŕa.já.ðo, -.ða] 形 アンダーライン[下線]を引いた;〖印〗(強調のため)字体を変えた. ━ 男 **1** アンダーライン[下線](を引くこと). **2**〖印〗(強調のための)字体.

***sub·ra·yar** [suð.ŕa.jár] 他 **1** …にアンダーライン[下線]を引く. **2** 強調する, 目立たせる. ~ cada palabra con un ademán 身ぶりを交えて一言一言を強調する.

sub·re·gión [suð.ŕe.xjón] 女〖地理〗準地域.

sub·rei·no [suð.ŕéi.no] 男〖生物〗亜界.

sub·rep·ción [suð.ŕep.θjón / -.sjón] 女 隠密行動, 秘密裡(ʰ)の工作;〖法〗隠蔽(ﾍﾟﾝ).

sub·rep·ti·cia·men·te [suð.ŕep.tí.θja.mén.te / -.sja.-] 副 こそこそと, 裏で, 隠れて.

sub·rep·ti·cio, cia [suð.ŕep.tí.θjo, -.θja / -.sjo, -.sja] 形 こっそり隠れた, こそこそした;裏取引の.

su·bri·ga·dier [su.bri.ga.djér] 男 **1**〖軍〗(昔の近衛隊の)二等軍曹. **2**〖海〗(海軍兵学校の)特別士官候補生.

sub·ro·ga·ción [suð.ŕo.ga.θjón / -.sjón] 女〖法〗代位, 代位弁済.

sub·ro·gar [suð.ŕo.gár] 103 他〖法〗代位させる, 代位弁済させる. ━ ~**se** 代位する;代位弁済する.

sub·ru·ti·na [suð.ŕu.tí.na] 女〖IT〗サブルーチン.

sub·sa·na·ble [suð.sa.ná.ble] 形 **1** 容赦できる. **2** 償える, 埋め合わせの利く. **3** 直せる, 改められる. **4** 克服できる, 解決できる.

sub·sa·na·ción [suð.sa.na.θjón / -.sjón] 女 償い, 埋め合わせ.

sub·sa·nar [suð.sa.nár] 他 **1** 大目に見る, 容赦する. **2** 償う, 埋め合わせる. **3** 正す, 改める. **4**〈困難・障害などを〉克服する, 解決する.

subs·ca·pu·lar [suðs.ka.pu.lár] 形〖解剖〗肩甲骨の下の. ━ 男 肩甲下筋(= músculo ~).

subs·cri·bir [suðs.kri.ßír] 75 他〖過分〗は subscrito] → suscribir.

subs·crip·ción [suðs.krip.θjón / -.sjón] 女 → suscripción.

subs·crip·to, ta [suðs.kríp.to, -.ta] 形 → suscrito.

subs·crip·tor, to·ra [suðs.krip.tór, -.tó.ra] 女 → suscriptor.

subs·cri·to, ta [suðs.krí.to, -.ta] [subscribir の過分] 形 → suscrito.

subs·cri·tor, to·ra [suðs.kri.tór, -.tó.ra] 男 女 → suscriptor.

sub·se·cre·ta·rí·a [suð.se.kre.ta.ɾí.a] 女 秘書補佐[代理]の職務;(各省の)次官[次官代理]の職務[事務室].

sub·se·cre·ta·rio, ria [suð.se.kre.tá.rjo, -.rja] 男 女 秘書補佐[代理];(各省の) 次官, 次官代理. ~ de Estado 国務次官.

sub·sec·tor [suð.sek.tór] 男 下位部門[分野].

sub·se·cuen·te [suð.se.kwén.te] 形 すぐ後の, 続いて起こる.

sub·se·cuen·te·men·te [suð.se.kwén.te.mén.te] 副 すぐ後に, 続いて. ▶ 通常, 過去の事柄について用いる.

sub·se·guir(·**se**) [suð.se.gír(.se)] 3 自 再 すぐ後に続く, 続いて起こる;〖再〗で 推論される.

sub·si·diar [suð.si.ðjár] 82 他 …に助成[補助, 奨励]金を出す(= subvencionar).

sub·si·dia·rio, ria [suð.si.ðjá.rjo, -.rja] 形 補助の, 補助的な, 助成の.

***sub·si·dio** [suð.sí.ðjo] 男 **1** 補助(金), 助成(金), 交付金, 給付金;援助(金). ~ de enfermedad 疾病手当, 医療給付(金). ~ de exportación 輸出助成金. ~ de paro 失業給付(金). ~ de vejez 老齢手当. ~ de vivienda 住宅手当. ~s familiares 家族手当. **2**〖ラ米〗(ﾒｷｼｱ)(ｺﾞｽﾀ) 懸念. [←〖ラ〗*subsidium*「予備軍；援助」; 関連 subsidiario. 〖英〗*subsidy*]

***sub·si·guien·te** [suð.si.gjén.te] 形 すぐ後の, 続いて起こる.

sub·si·guien·te·men·te [suð.si.gjén.te.mén.te] 副 すぐに, 続いて.

sub·sis·ten·cia [suð.sis.tén.θja / -.sja] 女 **1**(人間の)生存, 生存, 生活. **2**《主に複数で》日々の糧, 生活必需品. **3** 存続, 残存.

sub·sis·ten·te [suð.sis.tén.te] 形 存続している, (生きて)残っている. una costumbre aún ~ 今なお残る習慣.

***sub·sis·tir** [suð.sis.tír] 自 **1** 存続する, 残存する. Aún *subsiste* el edificio. その建物はまだ残っている. **2** 生き長らえる, 生き延びる. **3**〖ラ米〗(ﾍﾟﾙ)《話》同棲(ﾄﾞﾝ)する, 内縁関係にある. [←〖後〗*subsistere*←〖ラ〗「残る, とどまる」(*sub-*「下に」+ *sistere*「立つ」); 関連 subsistencia. 〖英〗*subsist*]

sub·só·ni·co, ca [suð.só.ni.ko, -.ka] 形 音速以下の, 亜音速の.

subs·tan·cia [suðs.tán.θja / -.sja] 女 → sustancia.

subs·tan·cia·ción [suðs.tan.θja.θjón / -.sja.sjón] 女 → sustanciación.

subs·tan·cial [suðs.tan.θjál / -.sjál] 形 → sustancial.

subs·tan·cia·lis·mo [suðs.tan.θja.lís.mo / -.sja.-] 男 → sustancialismo.

subs·tan·cial·men·te [suðs.tan.θjál.mén.te / -.sjál.-] 副 → sustancialmente.

subs·tan·ciar [suðs.tan.θjár / -.sjár] 82 他 → sustanciar.

subs·tan·cio·so, sa [suðs.tan.θjó.so, -.sa / -.sjó.-] 形 → sustancioso.

subs·tan·ti·va·ción [suðs.tan.ti.ßa.θjón / -.sjón] 女 → sustantivación.

subs·tan·ti·var [suðs.tan.ti.ßár] 他 → sustantivar.

subs·tan·ti·vi·dad [suðs.tan.ti.ßi.ðáð] 女 → sustantividad.

subs·tan·ti·vo, va [suðs.tan.tí.ßo, -.ßa] 形 男 → sustantivo.

subs·ti·tu·ción [suðs.ti.tu.θjón / -.sjón] 女 → sustitución.

subs·ti·tui·ble [suðs.ti.twí.ble] 形 → sustituible.

subs·ti·tui·dor, do·ra [suðs.ti.twi.ðór, -.ðó.ra] 形 → sustituidor.

subs·ti·tuir [suðs.ti.twír] 48 他 → sustituir.

subs·ti·tu·ti·vo, va [suðs.ti.tu.tí.ßo, -.ßa] 形 男 → sustitutivo.

subs·ti·tu·to, ta [suðs.ti.tú.to, -.ta] 男 女 → sustituto.

subs·trac·ción [suðs.trak.θjón / -.sjón] 女 → sustracción.

subs·tra·en·do [suðs.tra.én.do] 男 → sustraen-

subs·tra·er [suðs.tra.ér] 58 他 → sustraer.
subs·tra·to [suðs.trá.to] 男 → sustrato.
sub·sue·lo [suð.swé.lo] 男〖地質〗心土, 下層土.
sub·su·mir [suð.su.mír] 他〖論〗包摂[包含]する.
sub·sun·ción [suð.sun.θjón / -.sjón] 女〖論〗包摂, 包含.
sub·tan·gen·te [suð.taŋ.xén.te] 女〖数〗接線影.
sub·te [súþ.te] 男（ラ米）（ｺﾞﾛ）地下鉄 (= metro).
sub·ten·der [suð.ten.dér] 12 他〖数〗（弧に対して）弦を引く，（折れ線などの両端を）線分で結ぶ.
sub·te·nen·cia [suð.te.nén.θja / -.sja] 女 准尉の職務.
sub·te·nien·te [suð.te.njén.te] 男〖軍〗准尉.
sub·ten·sa [suð.tén.sa] 女〖数〗弦.
sub·ter·fu·gio [suð.ter.fú.xjo] 男 逃げ口上, 口実, ごまかし, 言い逃れ.

subte (地下鉄)

sub·te·rrá·nea·men·te [suð.te.řá.ne.a.mén.te] 副 地下に潜って, 潜伏して, こっそりと.
*__sub·te·rrá·ne·o, a__ [suð.te.řá.ne.o, -.a] 形 地下の, 地中の. aguas *subterráneas* 地下水. cables ~s 地下ケーブル. paso ~ 地下道.
— 男 **1** 地下, 地下室, 地下貯蔵庫. **2**（ラ米）（ｺﾞﾛ）地下鉄 (= metro).
[← ［ラ］*subterrāneum*（*subterrāneus* の対格; *sub-*「下に」+ *terra*「土地」+形容詞語尾）; 関連［英］*subterranean*]
sub·ti·po [suð.tí.po] 男 亜類型, サブタイプ.
sub·ti·tu·lar [suð.ti.tu.lár] 他 副題をつける, サブタイトルをつける; 字幕を入れる.
sub·tí·tu·lo [suð.tí.tu.lo] 男 **1** 副題, 小見出し, サブタイトル. **2**〔主に複数で〕〖映〗字幕, スーパー（インポーズ）; 〘ＴＶ〙テロップ.
sub·to·tal [suð.to.tál] 男 小計.
sub·tro·pi·cal [suð.tro.pi.kál] 形 亜熱帯の.
sub·ur·ba·no, na [su.ßur.ßá.no, -.na] 形 郊外の, 町外れの. — 男女 郊外に住んでいる人.
— 男 郊外電車.
su·bur·bial [su.ßur.ßjál] 形 都市の外れの, スラム街の.
*__su·bur·bio__ [su.ßúr.ßjo] 男 都市周辺部；（主に）スラム街, 場末. ▶ 一般には「郊外」は las afueras.
sub·va·lo·rar [suð.ßa.lo.rár] 他 過小評価する, みくびる.
*__sub·ven·ción__ [suð.ßen.θjón / -.sjón] 女 **1** 補助, 援助, 助成. ~ estatal 国の補助. **2** 補助金, 助成金; 奨学金. *subvenciones* agrícolas 農業奨励金.
*__sub·ven·cio·nar__ [suð.ßen.θjo.nár / -.sjo.-] 他 …の助成金を出す, 奨励金を支給する.
sub·ve·nir [suð.ße.nír] 45 自 (**a...**)
1（…に）補助する；埋め合わせる. ~ *a* la escasez del sueldo 給料の乏しさを補う.
2（…の）費用を負担する, 世話をする, 面倒を見る.
sub·ver·sión [suð.ßer.sjón] 女 **1**（秩序・価値観などの）破壊, 破滅, 壊滅. una época de gran ~ de valores 価値観がことごとく破壊される時代. **2**（体制の）打倒, 転覆.
sub·ver·si·va·men·te [suð.ßer.sí.ßa.mén.te] 副 破壊的に；反体制的に.
sub·ver·si·vo, va [suð.ßer.sí.ßo, -.ßa] 形 破壊的な, 覆す；（体制を）打倒する, 転覆させる, 揺るがす. literatura *subversiva* 反体制文学.
sub·ver·tir [suð.ßer.tír] 27 他〈秩序・価値観など〉を破壊する, 攪乱(ﾗﾝ)する, 覆す；〈体制を〉打倒する, 転覆させる, 揺るがす.
sub·woof·er [suð.gú.fer]［英］男〔複 ~s, ~〕サブウーファー：超低音再生用スピーカー.
sub·ya·cen·te [suð.ja.θén.te / -.sén.-] 形 **1** 下にある, 下方の；表に出ない. **2**〖言〗(生成文法で) 下接の, 境界の.
sub·ya·cer [suð.ja.θér / -.sér] 38 自 **1** 隠れている, 下にある. **2** 影響を受けている.
sub·yu·ga·ción [suð.ju.ga.θjón / -.sjón] 女（暴力的・抑圧的な）支配. la ~ de los blancos 白人による支配.
sub·yu·ga·dor, do·ra [suð.ju.ga.ðór, -.ðó.ra] 形 魅力的な, 人の心を奪う.
sub·yu·gar [suð.ju.gár] 103 他（暴力的・抑圧的に）支配する, 服従させる；威圧する；熱狂させる.
suc·cí·ni·co, ca [suk.θí.ni.ko, -.ka / -.sí.-] 形 ácido ~〖化〗琥珀(ﾊｸ)酸.
suc·ción [suk.θjón / -.sjón] 女 吸うこと, 吸い込み, 吸引.
suc·cio·nar [suk.θjo.nár / -.sjo.-] 他 吸う, 吸い込む, 吸引する. La bomba *succiona* el agua del pozo. ポンプは井戸の水を吸い上げる.
su·ce·dá·ne·o, a [su.θe.ðá.ne.o, -.a / -.se.-] 形 代わりになる, 代用の. — 男 代用品, 代替物. un ~ de caviar キャビアの代用品.
su·ce·der [su.θe.ðér / -.se.-] 自 **1** …が起こる (=ocurrir)；〘que+直説法 …ということ〙起こる. *suceda* lo que *suceda* 何があろうとも. por lo que pueda ~ 万一のために. Nunca nos *ha sucedido* nada igual. こんなことはいまだかつて私たちに起こったことはなかった. *Sucede que has vencido*. (たまたま) 君が勝ったということだ.
2 (**a...** …に) 続く, 続いて起こる［生じる］. Una edad oscura *sucedió a* la invasión. 侵略の後は暗い時代がやってきた.
— 他〈人（の役職など）を〉引き継ぐ；〈人（の財産）を〉相続する. A los 20 años de edad *sucedió a* su padre. 彼[彼女]は20歳で父親の後を継いだ.
[← ［ラ］*succedere*「…の下へ行く, 近づく, 後に続く」; *sub-*「下へ」+ *cēdere*「行く」(→ ceder); 関連 sucesión, sucesivo, suceso. ［英］*succeed*]
*__su·ce·di·do__ [su.θe.ðí.ðo / -.se.-] 男〖話〗出来事, 事件 (= lo ~).
*__su·ce·sión__ [su.θe.sjón / -.se.-] 女 **1** 続けざまに起こること, 継起, 連続. una ~ de desgracias 打ち続く不幸［災難］.
2〘集合的〙継承者, 後継者；直系卑属, 直系の子孫. Se murió sin ~. 彼[彼女]は跡取りを残さずに他界した.
3 相続, 継承（相続財産［権］. ~ forzosa 法定相続. ~ intestada 無遺言の場合の相続. ~ testada 遺言による相続. ~ universal 包括相続. derecho de ~ 相続権, 継承権. derechos de ~ 相続税. en la línea de ~ al trono 代々王位を継承する家系の. Guerra de S~ de España スペイン継承戦争(◆Carlos 2 世没後の王位継承を巡るスペイン・フランスと英国・オーストリア・オランダの戦争(1701–14). Felipe 5 世が王位につき, スペインはジブラルタルとヨーロッパ内の領土を失った).

su·ce·si·va·men·te [su.θe.sí.ba.mén.te / -.se.-]
副 次々に, 続いて. y así 〜 …など, その他, 等々.

***su·ce·si·vo, va** [su.θe.sí.bo, -.ba / -.se.-] 形 《+名詞／名詞+》 **1** 連続した. 〜s fracasos 度重なる失敗. **2** 後に続く. *sucesivas* generaciones 後世. en los días 〜s 後日.
en lo sucesivo 今後, これからは.

***su·ce·so** [su.θé.so / -.sé.-] 男 **1** 出来事；事件, 事故. Ese 〜 nos horrorizó. その出来事に我々はぞっとした. el lugar del 〜 事件現場. **2** 《主に複数で》(新聞の)事件欄, 社会面. 〜s del periódico / páginas de 〜s / crónica de 〜s 新聞の三面記事. **3** 成果, 成功. La boda fue todo un 〜. 結婚式は大成功だった.
[⊂〔ラ〕succēssum (*successus* の対格)「続いて起こること, 結果」; *succēdere*「後に続く」(→ suceder) より派生. 関連 [英] succeed「続いて起こる」]

***su·ce·sor, so·ra** [su.θe.sór, -.só.ra / -.se.-] 形 後を継ぐ；相続する.
── 男 女 **相続人；後継者**, 後任(者). nombrar 〜 de la empresa 会社の後継者に任命する.

su·ce·so·rio, ria [su.θe.só.rjo, -.rja / -.se.-] 形 相続の, 継承に関する.

su·che [sú.tʃe] 形 《ラ米》(1) (ﾒｷｼ)(ｸﾞｱﾃ)(実などが)渋い, 酸っぱい, 酸味のある；熟していない. (2) (会社員・役人などが)下っ端の, 平(ﾋﾗ)の.
── 男 《ラ米》(ﾒｷｼ)にきび, 吹出物. (2) (ﾁﾘ)(ﾀﾞﾗ)《話》平社員；小役人, 下っ端.

sú·chil [sú.tʃil] 男 《ラ米》(ﾒｷｼ) 【植】インドソケイ, プルメリア.

su·cho, cha [sú.tʃo, -.tʃa] 形 《ラ米》(ｴｸｱﾄﾞ)(ﾒｷｼ) 《話》手足が利かない[まひした]；足が棒のようになった.

su·cia [sú.θja. / -.sja] 形 → sucio.

su·cie·dad [su.θje.đáđ / -.sje.-] 女 **1** 汚れ, 不潔 (↔limpieza)；汚物, ごみくず. la 〜 de un cuarto 部屋の汚さ. la 〜 de la ciudad 都市の不潔さ. **2** 卑猥(ﾜｲ), 下品, 下劣. **3** 《スポ》不正, 反則.

su·cin·ta·men·te [su.θín.ta.mén.te / -.sín.-] 副 簡潔に, 手短に, かいつまんで.

su·cin·to, ta [su.θín.to, -.ta / -.sín.-] 形 **1** 簡潔な, 手短な. una explicación *sucinta* 簡潔な説明. **2** 《⤒》短い, つんつるてんの.

****su·cio, cia** [sú.θjo, -.θja / -.sjo, -.sja] 形 **1** 《*estar*+》汚(ｷﾀﾅ)れた；身なりが汚い, 不潔な (=desaseado) (↔limpio). con la mano *sucia* 不潔な手で. Recoge los platos 〜s. 使ったお皿をさげてちょうだい. Ellos *estaban* 〜s de aceite [polvo, sudor, tierra]. 彼らは油[ほこり, 汗, 土]で汚れていた.
2 《*ser*+》衛生観念に欠けた.
3 汚れが目立つ；汚染を引き起こす. El blanco es un color 〜. 白は汚れやすい色だ.
4 黒[灰色]と混じった. rojo 〜 くすんだ赤.
5 (言葉が)汚い, 卑猥(ﾜｲ)な. No repitas esas *sucias* palabras. そんな汚い言葉はもう使わないでくれ. Él tiene una lengua *sucia*. 彼は口が悪い.
6 〈やり方が〉汚い, ひきょうな；〈人・行為などが〉けがれた, モラル[法律, ルール]に反した. negocio 〜 いかがわしい商売. juego 〜 ラフプレー, 反則行為. Dicen que el partido utilizó dinero 〜 en su campaña. あの政党は選挙運動で裏金を使ったらしい.
── 男 《ラ米》(ｺﾛﾝ)(ﾍﾞﾈｽ)汚れ, シミ.
── 副 ルールを守らずに, 不正に. jugar 〜 汚い手を使う, フェアでないプレーをする.

como un trapo sucio ぼろぞうきんのように. Me trataron *como un trapo* 〜. 私はひどい扱いを受けた.
en sucio ラフに, 下書きで. dibujar [escribir] *en* 〜 ざっとデッサンする[書いてみる].
[⊂〔古スペイン〕「刈りたての湿った(羊毛)」⊂〔ラ〕*sūcidus*「湿っぽい」(*sūcus*「汁」の派生語)；関連 suciedad, ensuciar]

su·co, ca [sú.ko, -.ka] 形 《ラ米》(1) (ﾍﾟﾙｰ)朱色の, 金髪の. (2) (ｺﾞﾛﾝ)オレンジ色の. (3) 《ラ米》(ｺﾞﾛﾝ)(ｴｸｱﾄﾞ)かるみの. ── 男 **1** 液, 汁. **2** 《ラ米》(ｺﾞﾛﾝ)(ｴｸｱﾄﾞ)泥地.
a lo suco 《ラ米》(ｸﾞｱﾃ)(ｴｸｱﾄﾞ) 《話》とぼけて.

su·cre [sú.kre] 男 スクレ：エクアドルの旧通貨単位 (略 SUC). [⊂ Sucre¹]

Su·cre¹ [sú.kre] 固名 スクレ Antonio José de 〜 (1795–1830)：ベネズエラ生まれの南米の独立運動指導者・ボリビア初代大統領 (1825–28). ◆ボリビアの都市 Sucre は彼の名に由来する.

***Su·cre²** [sú.kre] 固名 **スクレ**. (1) ボリビアの憲法上の首都. 世界遺産. → Sucre¹. ◆政府所在地は La Paz. (2) コロンビアの県. (3) ベネズエラの州.

su·cren·se [su.krén.se] 形 《ベネズエラ・ボリビアの》スクレの. ── 男 女 スクレの住民[出身者].

su·cre·ño, ña [su.kré.ɲo, -.ɲa] 形 《ボリビアの首都》スクレの. ── 男 女 スクレの住民[出身者].

su·cro·sa [su.kró.sa] 女 【化】蔗糖(ｼｮﾄｳ), サッカロース.

sú·cu·bo [sú.ku.bo] 男 (女の姿で睡眠中の男と交わると言い伝えられる)夢魔. → íncubo.

su·cu·cho [su.kú.tʃo] 男 《ラ米》《話》(1) (ﾆｶﾞ)(ｱﾙｾﾞﾝ)汚くて散らかった狭い部屋. (2) (ﾁﾘ)小さなボロ家.

su·cu·len·cia [su.ku.lén.θja / -.sja] 女 栄養豊富, 栄養満点；美味.

su·cu·len·ta·men·te [su.ku.lén.ta.mén.te] 副 栄養たっぷりに；おいしく.

su·cu·len·to, ta [su.ku.lén.to, -.ta] 形 **1** 栄養満点の；おいしい, 美味な. **2**【植】多肉の.

su·cum·bir [su.kum.bír] 自 **1** 〈a...に〉負ける, 屈服する；敗北を認める. 〜 *a* la tentación 誘惑に負ける. *Sucumbió* en las elecciones. 彼[彼女]は選挙で敗退した. **2** 滅びる, 滅亡する；死ぬ, 落命する. **3** 【法】(訴訟で)敗訴する.

***su·cur·sal** [su.kur.sál] 形 支店の, 支社の, 出張所の. ── 女 支店, 支社, 出張所. la 〜 de Lima de un banco ある銀行のリマ支店.
[⊂〔仏〕*succursale*「支店」⊂〔古仏〕*succursal* 形「補助の」(〔中ラ〕*succursus*「援助」より派生)]

su·cu·su·mu·cu 《ラ米》(ﾀﾞｦ)(ﾆｶﾞ)とぼけて. *a lo sucusumucu* [su.ku.su.mú.ku] とぼけて.

sud [súd] 男 《ラ米》南, 南方.

sud- (接頭)「南(の), 南部の」の意. ⇒ sudafricano, sudeste. [⊂〔仏〕*sud*「南」⊂〔古英〕*sūth*；関連 [英] south]

su·da·ca [su.dá.ka] 形 《話》《軽蔑》南アメリカの, 南米の. ── 男 女 《話》《軽蔑》南アメリカ人, 南米人.

su·da·ción [su.đa.θjón / -.sjón] 女 発汗.

su·da·de·ra [su.đa.đé.ra] 女 **1** 大汗をかくこと. **2** → sudadero 2. **3** スウェットシャツ, トレーナー. **4** 《ラ米》(ﾒｷｼ)Tシャツ.

su·da·de·ro [su.đa.đé.ro] 男 **1** 汗ふき, タオル. **2** (鞍(ｸﾗ)の下に敷く)敷物, 鞍下. **3** (蒸し風呂(ﾌﾛ)の)発汗室, サウナ室. **4** 湿気の多い所.

Sud·á·fri·ca [su.đá.fri.ka] 固名 南アフリカ共和国 (= República Sudafricana)：首都 Pretoria.

sud·a·fri·ca·no, na [su.đa.fri.ká.no, -.na] 形

Sudamérica

南アフリカの;南アフリカ共和国の. República *Sudafricana* 南アフリカ共和国 (正称 República de África del Sur) (= surafricano).
— 男女 南アフリカ共和国人.

***Sud・a・mé・ri・ca** [su.ða.mé.ri.ka] 固名 南アメリカ, 南米 (= Suramérica, América del sur).

***sud・a・me・ri・ca・no, na** [su.ða.me.ri.ka.no, -.na] 形 南アメリカの, 南米の (= suramericano).
— 男女 南アメリカの住民〔出身者〕.

Su・dán [su.ðán] 固名 スーダン:アフリカ北東部の共和国. 首都 Jartum. [← 〔アラビア〕(*Bilād as-*)*Sūdān*; 原義は「黒人(の国)」; *bilād*「国」+ *as-*(定冠詞 *al-* の変形) + *sūdān*「黒人」]

su・da・nés, ne・sa [su.ða.nés, -.né.sa] 形 スーダンの, スーダン人の.
— 男女 スーダン人.

*****su・dar** [su.ðár] 自 **1** 汗をかく, 汗ばむ. *Sudo mucho*. 私は汗かきだ. ~ *a chorros* [*a mares*]《話》汗だくになる, 汗まみれになる.
2〈ものが〉汗をかく, 結露する;〈樹木などが〉液を出す. *Las paredes sudan*. 壁が結露する.
3 一生懸命やる, 額に汗する, 一心に働く.
— 他 **1** 汗をかかせる, 発汗させる;にじみ出させる. *Los pinos sudan resina*. 松から松やにがにじみ出る. **2** 汗で湿らせる, 汗でぬらす. *He sudado toda la espalda de la camisa*. シャツの背が汗でぐっしょりになった. **3**《話》頑張って手に入れる. *He sudado el premio*. 私は懸命に頑張って入賞を果たした. *Sudó el aprobado del examen*. 彼〔彼女〕は精一杯努力して試験に受かった.
hacer sudar a+人《話》〈人〉をこき使う;〈人〉に大汗をかかせる.
[← 〔ラ〕*sūdāre*; 関連 sudor, sudadero. 〔英〕*sweat*「汗(をかく)」, *sweater*〕

su・da・rio [su.ðá.rjo] 男 **1**(死者の顔にかぶせる・死者を包む)布. el Santo ~《カト》(キリストの)聖顔布(ネネネ). **2** 汗$。

sud・es・ta・da [su.ðes.ta.ða] 女《ラ米》(ラプラタ河口一帯を吹き荒れる雨まじりの)南東風.

sud・es・te [su.ðés.te] 男 → sureste.

Su・de・tes [su.ðé.tes] 固名 (チェコとポーランドの間の)スデート山地.

su・dis・ta [su.ðís.ta] 形 (米国の南北戦争で)南部側の (→ nordista). — 男女 《史》(米国の南北戦争で)南部側に属する人.

sud・o・es・te [su.ðo.és.te] 男 → suroeste.

su・dón, do・na [su.ðón, -.ðó.na] 形《ラ米》《話》汗かきの, よく汗をかく.

*****su・dor** [su.ðór] 男 **1** 汗;発汗. *con el* ~ *de su frente* 額に汗して, 一生懸命に働いて. *chorrear de* ~ 汗だくになる. *estar bañado* [*empapado*] *en* ~ 汗みずくになる. *oler a* ~ 汗臭い. *tener la frente cubierta* [*perlada*] *de* ~ 額に玉の汗を浮かべる. *tener* ~*es fríos* 冷や汗をかく.
2 水滴, 結露;〈樹液〉. ~ *de una botella* 瓶についた水滴. **3**《複数で》骨折り, 労苦. *Me ha costado muchos* ~*es terminar la carrera de médico*. 私は苦労に苦労を重ねて医学を修めた.

su・do・ra・ción [su.ðo.ra.θjón / -.sjón] 女 大量の発汗.

su・do・rien・to, ta [su.ðo.rjén.to, -.ta] 形 汗びっしょりの.

su・do・rí・fe・ro, ra [su.ðo.rí.fe.ro, -.ra] /
su・do・rí・fi・co, ca [su.ðo.rí.fi.ko, -.ka] 形《薬》発汗させる, 発汗を促進する. — 男 発汗剤.

su・do・rí・pa・ro, ra [su.ðo.rí.pa.ro, -.ra] 形《解剖》発汗の. glándula *sudorípara* 汗腺(ネネ).

su・do・ro・so, sa [su.ðo.ró.so, -.sa] 形 汗をかいた;汗をかきやすい. cara *sudorosa* 汗ばんだ顔.

su・dra [sú.ðra] 男 シュードラ, 手工業・隷民階層:インドのカーストの最下級民. → casta.

sud・sud・es・te [suð.suð.ðés.te] 男 **1** 南南東《略 SSE》(= sursureste). **2** 南南東の風.

sud・sud・o・es・te [suð.suð.ðo.és.te] 男 **1** 南南西《略 SSO》(= sursuroeste). **2** 南南西の風.

Sue・cia [swé.θja / -.sja] 固名 スウェーデン(王国):首都 Estocolmo. [← 〔中ラ〕*Suecia* (*Suecus*「スウェーデン人」+ *-ia*「国」)]

sue・co, ca [swé.ko, -.ka] 形 スウェーデンの, スウェーデン人〔語〕の. — 女 スウェーデン人.
— 男 スウェーデン語:北ゲルマン語の一つ.
hacerse el sueco《話》わからないふりをする.

*****sue・gro, gra** [swé.gro, -.gra] 男 女 舅(゚゚゚), 姑(゚゚゚), 義父, 義母. los ~s 舅と姑.
[suegra← 〔俗ラ〕*socra*← 〔ラ〕*socrus, -ūs*; 男性形は女性形より派生〕

suel- 圃 → soler.

sue・la [swé.la] 女 **1** 靴底, 靴の裏;(靴底用の)革.
2(ビリヤードのキューの先端の)革.
3 座金(≿ょ);(水道の)パッキン.
4《魚》シタビラメ. **5**《建》(1) 土台, 台石. (2) 幅木. **6**《複数で》(修道会で用いる)サンダル.
de siete [*tres, cuatro*] *suelas*《話》すごい. un pícaro *de siete* ~*s* とんでもない悪党.
duro como la suela de un zapato《話》〈肉などが〉靴底みたいに堅い.
medias suelas (1)(靴修理用の)半底(革). (2) 応急処置;一時しのぎ, 弥縫(ネネ)策.
*no llegar*le (*a*+人) *a la suela del zapato*《話》〈人〉の足元にも及ばない.

sue・la・zo [swe.lá.θo / -.so] 男《ラ米》(ホ*)転倒, 横倒し.

suel・da・zo [swel.dá.θo / -.so] 男 高給. → sueldo.

*****suel・do** [swél.do] 男 給料, 手取り. cobrar ~ 給料をもらう. aumento de ~ 賃上げ. ~ anual [mensual] 年俸〔月給〕. ~ atrasado 遅配給料. ~ base 基本給. ~ bruto (税金などを差し引かれていない)全支給額. ~ de hambre 低賃金. ~ inicial 初任給. ~ mínimo 最低賃金. sin ~ 無給で. suplemento de ~ extra 特別手当.

> 類語 「給料」は *sueldo, salario, paga*. salario は特に職人の仕事に対して定期的に支払われる報酬. paga は定期的に支払われる一般的な支払いを指す.「ボーナス」は日本の暮れのボーナスのように固定化したものでなく, 言い方も一定でない. *bonificación, gratificación, paga extra* [*especial, extraordinaria*] などと言う. 医者, 弁護士など自由業の人の「報酬」は *honorarios*,「サラリーマン」は *asalariado*.

a sueldo (1) 金で雇われた. asesino [sicario] *a* ~ 殺し屋. matón *a* ~ 用心棒. (2) 給料の. estar *a* ~ 給料をもらっている. (3) 出来高払いで.
[← 〔古スペイン〕(兵士または召使い 1 人の給料に相当する 1 枚の硬貨)← 〔後ラ〕*solidus*「金貨(の一種)」(「価値に変動のない確実な通貨」が原義)← 〔ラ〕*solidus* 'sólido';〔関連〕soldado〕

sue・le・ar [swe.le.ár] 他《ラ米》(ホ*)投げ捨てる.

***sue・lo** [swé.lo] 男 **1** 地面;(使用目的のある)土地, 土壌. Dos perros estaban tendi-

dos en el ～. 2匹の犬が地べたに寝そべっていた. precio del ～ 地価. ～ agrícola 農業用地. húmedo 湿地. ～ montañoso 山岳地帯〖起伏のある土地〗. ～ urbanizable 開発可能地. ～ urbano 市街地. ～ rústico 郊外地.
2 床. Tengo que fregar el ～ de la cocina. 私はキッチンの床を拭(ﾌ)かないといけない.
3 国土, 領土；地域. amor al ～ natal ふるさとの想い. en ～ español スペインの地で.
4 底. Mis pies no tocaron el ～ de la piscina. 私はプールの底に足が届かなかった.
a ras del suelo 地面すれすれに, 地表と同じ高さの.
arrastrar [poner, tirar] a... por el suelo [los suelos] …をけなす, …の面目をつぶす.
besar el suelo 〖話〗顔面から倒れる.
besar el suelo por donde pisa +人〖人〗を敬愛する. Todos hablan muy bien del actor; *besan el suelo por donde pisa*. その俳優は皆に評判がよくて, すごく敬愛されている.
*dar con*SIGO *[con los huesos] en el suelo* 転ぶ, ひっくり返る.
dar en el suelo con... …が泡となって消える, …の希望がなくなる.
irse al suelo だめになる. Todas mis esperanzas *se han ido al* ～. 私の望みはすべて消えてしまった.
por el suelo [los suelos] (1) とても安い. (2) どん底〖最悪〗の状態の.
venir (se) al suelo (1) 崩壊する. (2) だめになる.
［←〖ラ〗*solum*（「基礎, 土台」が原義）；関連 solar, solariego, suela. 〖ポルトガル〗*solo*. 〖仏〗*sol*. 〖伊〗*suolo*. 〖英〗*sole*「足の裏, 底」］

sue.lo [swé.lo] 活 → soler.
suelt- 活 → soltar.
suel.ta.men.te [swél.ta.mén.te] 副 **1** すらすらと, 流暢(ｶﾞｨ)に. **2** 自発的に, 自然発生的に (= espontáneamente).
suel.tis.ta [swel.tís.ta] 男 女 《ラ米》(寸評を書く)ジャーナリスト〖記者〗.
*__suel.to, ta__ [swél.to, -.ta] 形 **1** ((estar +)) 固定〖拘束〗されていない. El asesino anda ～ todavía. 殺人犯はまだ逃亡中だ. En el campo había muchas ovejas *sueltas*. 野原には放し飼いの羊がたくさんいた. Se me cayó el diente ～. ぐらぐらの歯が抜けてしまった.
2 ((ser +)) 〖服などが〗ぶかぶかの. Él lleva una camisa *suelta*. 彼はゆったりしたシャツを着ている.
3 〈ページなどが〉綴じられていない, そろっていない, 〈髪が〉束ねられていない. frases *sueltas* とぎれとぎれの文〖発話〗. palabras *sueltas* 片言, 単語 ～ 片方だけの靴. La profesora nos copió páginas *sueltas* del texto. 先生は教科書のページをところどころコピーしてくれた. Ella llevaba el cabello ～. 彼女は髪を束ねていなかった.
4 〈米やパスタなどが〉パラパラした, ベタベタしていない. En una buena paella el arroz debe quedar ～. おいしいパエリアの米はべとついてはいけない.
5 容器に入れてない, 袋詰めしていない, ばら売りの. Ahí venden el aceite [arroz, café] ～. あそこでは油[米, コーヒー豆]を量り売りしている.
6 よくしゃべる. **7** 軽妙な. Tu dibujo es ～. 君のデッサンはすっきりしている. **8** ((estar +)) 経験を積んだ, 熟練した. Ya *está* muy *suelta* en español. 彼女はもうスペイン語はお手のものだ. **9** ((estar +)) 下痢(ｹﾞﾘ)気味の. ～ de vientre 腹がゆるい. **10** 小銭の. dinero ～ 小銭.

― 男 **1** 小銭. **2** (匿名(ﾄﾞｸ)の)短い記事〖コラム〗.
― 女 **1** 自由にすること, 自由な状態, 自由, 放すこと, 放任. **2** (放牧する際の牛馬などの)足かせ綱. **3** (牛車を引く交代用の)牛；(牛の)牧草地.
― 活 → soltar.
andar [estar] el diablo suelto 〖話〗大きな混乱〖不始末〗が生じている.
dar [otorgar] rienda suelta a... …に拍車をかける, …をエスカレートさせる.
dar suelta (a...) (…を) 放つ, 自由にさせる, するがままにさせる；(…に) 休みを与える.
verso suelto 無韻詩.
［←〖俗ラ〗*soltu*←〖ラ〗*solūtus* (*solvere*「解き放つ」の完了分詞)；関連 soltura, soltar, soltero. 〖英〗*solve*「解決する」］

suen- 活 → sonar¹.
sueñ- 活 → soñar.
sue.ñe.ra [swe.né.ra] 女 《ラ米》眠気, 睡魔.
*__sue.ño__ [swé.ño] 男 **1** 眠り, 睡眠. ～ pesado [ligero] 深い〖浅い〗眠り. ～ hipnótico 催眠術による眠り. ～ con Rem ﾚﾑ睡眠. enfermedad del ～ 〖医〗睡眠病. coger [conciliar] el ～ 寝入る〖寝付く〗. entrar en el ～ eterno 永眠する. descabezar [echarse] un ～ 〖話〗うとうとする. entregarse al ～ 眠りに引き込まれる. entre ～s 寝ぼけて, 夢うつつで. Mi hermana tiene un ～ profundo. 妹〖姉〗は眠りが深い.
2 眠気. tener (mucho) ～ (とても)眠い. espantar el ～ 睡魔と闘う. Hace ～. 《ラ米》〖話〗眠い. Me ha entrado [dado] ～. 私は眠くなった. Este programa me da ～. この番組は眠くなる.
3 夢. interpretar sus ～s 夢判断をする. tener un buen [mal] ～ いい〖悪い〗夢を見る. ver... en [entre] ～s 夢で…を見る.
4 望み, あこがれ；(夢のように)すばらしい〖美しい〗もの. ～ hecho realidad 現実となった夢. deshacerse [frustrarse] los ～s 夢が破れる. dulce ～ 最愛の人. dejarse de ～ 夢を見るのをやめる. vivir de ～s 夢ばかり見て生きる. He visto a un niño que es un ～. 私は夢に出てくるようなかわいい男の子に会った.
caerse de sueño / tener un sueño que no VER 眠くてたまらない, 睡魔に負ける.
ni en [por] sueños (1) とてもではないが(…ない), 絶対…ない. (2) (間投詞的に)とんでもない, まさか.
perder el sueño por... …で頭がいっぱいである, …が心配である.
quitar el sueño 眠気を覚ます. Los problemas de la oficina me *quitan el* ～. 会社の問題で, 私は夜も眠れない.
sueño dorado 大きな夢, 大望. abrigar un ～ *dorado* 大志を抱く.
［〖ラ〗*somnus*「睡眠」と〖ラ〗*somnium*「夢」の両語を起源とする；関連 soñar, insomnio, ensueño. 〖英〗*somnolent*「眠い」］

sue.ro [swé.ro] 男 **1** 乳漿(ﾆｭｳｼｮｳ), 乳清.
2 〖医〗血清；漿液.
sue.ro.te.ra.pia [swe.ro.te.rá.pja] 女 〖医〗血清療法.

*__suer.te__ [swér.te] 女 **1** 運命；運, 幸運. confiar en la ～ 運に身を任せる. dar buena [mala] ～ つきが回ってくる〖運に見放される〗. depender de la ～ 運次第である. golpe de ～ 思いがけない幸運, まぐれ. hombre de ～ 幸運に恵まれている人. leer la ～ a+人〖人〗の運勢を占う. el número que me trae buena ～私につきを呼ぶ数字. probar (la) ～ 運を試す. tener [estar de] mala ～ 運が悪い. tener la ～ de... 幸いにも…である. tener una ～ loca ものすごくついている. tentar la ～ 一か八かやってみる. La ～ es ciega. 運命は盲目である. La ～ está echada. 賽(さい)は投げられた. Me ha caído [tocado] en ～ nacer rico. 私はたまたま金持ちに生まれた. Con un poco de ～ ganaremos. あと少しつきに恵まれたら私たちは勝てるだろう. ¡(Buena) *S*～! / ¡Que tenga (mucha) ～! 幸運を祈ります, がんばって. ¡Qué ～ más negra [perra]! なんてついてないんだ. Es una ～ que tú hayas conseguido la entrada. チケットが手に入って運がいいね.

2 境遇, 身の上. mejorar la ～ de los obreros 労働者の境遇を改善する. quejarse de SU ～ 自分の身の上を嘆く.

3 抽選, くじ;《ラ米》宝くじ(の券). elegir [sacar] por [a] ～ くじ引きで選ぶ.

4 種類, 部類. Conoce toda ～ de personas. 彼[彼女]はあらゆる種類の人間を知っている.

5 等級. primera ～ 第1級.

6 やり方, 方法(＝manera, modo). No es inteligente hablar de esta ～. このような話し方をするのは賢くない.

7〘闘牛〙(ピカドール picador・バンデリリェロ banderillero・マタドール matador らが行う各段の)技, その場面. poner el toro en ～ 闘牛を扱いやすい位置に誘う. ～ de varas カポーテ capote と槍(やり)の場. ～ de banderillero 銛(もり)打ちの場. ～ de matar ムレータ muleta の場.

8 (耕地の)一区画.

9 (手品の)トリック;《ラ米》(*国)《複数で》手品.

correr la suerte de＋不定詞 思いきって…してみる.

de otra suerte 別のやり方で;さもなければ.

de (tal) suerte que (1)《＋直説法》《結果》したがって, それだから. Te hemos tratado muy bien *de suerte que* no *tienes* por qué quejarte. 君にはよくしてやったのだから, 文句を言われる筋合いはない. (2)《＋接続法》《目的》…するように.

echar (a) suertes くじ[硬貨の裏表]で決める.

por suerte 幸いなことに, 運よく.

probar (la) suerte 運を試す;宝くじを買う.

[←[ラ] *sortem* (*sors* の対格);関連 sortear, consorte. [英] *sort*「種類;仕分ける」. [日] ソート]

suer·te·ro, ra [swer.té.ro, -.ra] 形《ラ米》運のいい, 幸運な. ━ 男 女《ラ米》(中米)(ペル)宝くじ売り.

suer·to·so, sa [swer.tó.so, -.sa] 形《ラ米》(エクア)(ドル) ➜ suertudo.

suer·tu·do, da [swer.tú.đo, -.đa] 形《ラ米》(チリ)(ペル)(メキシ)(ラプラタ)《話》運のいい, 幸運な.

su·es·te [swés.te] 男 **1** 南東 (＝sudeste).

2〘海〙防水帽. **3**《ラ米》南東の風.

sué·ter [swé.ter] 男 セーター(＝jersey).

[←[英] *sweater*]

sue·vo, va [swé.ƀo, -.ƀa] 形 スウェヴィの.

━ 男 女 スウェヴィ人.

━ 男《複数で》《集合的》スウェヴィ人:原始ゲルマン人の集合部族. ♦5世紀の初頭, 一部がイベリア半島に侵入して王国を建てたが, 585年に西ゴート王国に併合される.

Suez [swéθ / swés] 固名 スエズ. Canal de ～ スエズ運河.

su·fí [su.fí] 形 [複 ～es, ～s] (イスラム教の禁欲的・隠遁(いんとん)的・神秘主義的な宗派) スーフィー教[教徒]の. ━ 男 女 スーフィー教の教徒.

***su·fi·cien·cia** [su.fi.θjén.θja / -.sjén.sja] 女 **1** 十分, 満足すべき量. con ～ 十分に. **2** 適性, 能力, 技量. demostrar SU ～ 腕前を見せる. **3** 自信過剰, 尊大, うぬぼれ. tener aire de ～ 偉ぶる.

****su·fi·cien·te** [su.fi.θjén.te / -.sjén.-] 形 **1**《＋名詞 / 名詞＋》《ser＋》《para... …に》十分な, 足りる;適切な, 正当な. un número ～ de ciudadanos 十分な数の市民. No hay tiempo ～ *para* ambas cosas. 両方するだけの時間がない. Es (una) condición necesaria pero no ～. それは必要条件だが十分条件ではない. Este motor es más que ～ *para* sostener la velocidad. このエンジンはそのスピードを維持するには十分すぎる. Tiene razones ～*s para* estar enfadada. 彼女が怒るのも無理はない. Ya *es* ～. もうたくさんだ.

2《副詞的に》十分に. Creo que no has comido ～. 君はちゃんと食べてないでしょ.

3《名詞＋》自信たっぷりの, 思い上がった, 人を見下した. Contesté con aire ～. 私はえらそうに答えた.

━ 代名《不定》十分なもの[こと]. Si no tienes ～, añádele un poco más de sal. もし塩が足りなければ, 少し足してください.

━ 男 (成績の)可.

lo suficiente (＋形容詞・副詞) (***como***) ***para*** [＋不定詞 / ***que***＋接続法] …するのに十分に[十分なだけ…な] (➜ lo *bastante* (＋形容詞・副詞) (como) para [＋不定詞 / que＋接続法]). Espero vivir *lo* ～ *para poder* hacerlo. 私はそれができるようにしっかり生きたいと思う. No ganaban *lo* ～ *como para instalarse* el aire acondicionado. 彼らはエアコンが付けられるほどの稼ぎがなかった.

ser suficiente que＋接続法 …で十分だ. *Es* ～ *que* la temperatura del agua *se encuentre* entre treinta y cuarenta grados. 水温は30度から40度でいい.

[←[ラ] *sufficientem* (*sufficiēns* の対格;*sufficere*「足りる」の現在分詞);関連 suficiencia. [英] *sufficient*]

su·fi·cien·te·men·te [su.fi.θjén.te.mén.te / -.sjén.-] 副 十分に.

su·fi·ja·ción [su.fi.xa.θjón / -.sjón] 女 接尾辞の付加(による新語形成).

su·fi·jar [su.fi.xár] 他 …に接尾辞をつける.

su·fi·jo, ja [su.fí.xo, -.xa] 形 接尾辞の.

━ 男〘文法〙接尾辞.

su·fis·mo [su.fís.mo] 男〘宗〙スーフィズム:イスラムの神秘主義.

su·flé [su.flé] 男 ➜ soufflé.

su·fra·gá·ne·o, a [su.fra.gá.ne.o, -.a] 形 他の管轄下にある;〘カト〙首都大司教に属する.

━ 男〘カト〙付属司教.

su·fra·gar [su.fra.gár] 103 他 **1** 〈費用などを〉負担する, まかなう;援助する. ～ los gastos de un pleito 訴訟費用を負担する. Su tío le *sufraga* la carrera. おじさんが彼[彼女]の学資を出している.

2 …に出資する. ～ un proyecto 事業に出資する.

━ 自《ラ米》《por... …に》投票する.

su·fra·gio [su.frá.xjo] 男 **1** 選挙制度. ～ universal 普通選挙. **2** 投票, 票決. recuento de ～*s* 票読み. **3** 援助, 後援. **4**〘カト〙代禱(だいとう):煉獄(れんごく)の霊魂の贖罪(しょくざい)と冥福(めいふく)を願う祈り.

S

su·fra·gis·mo [su.fra.xís.mo] 男 (20世紀初頭の英国の)婦人参政権運動.

su·fra·gis·ta [su.fra.xís.ta] 形 婦人参政権運動に参加する,婦人参政論を支持する.
―― 男 女 婦人参政権論者.

su·fri·ble [su.frí.ble] 形 耐えられる,辛抱できる,我慢できる.

su·fri·do, da [su.frí.ðo, -.ða] 形 **1** 忍耐強い,辛抱強い. **2** 《話》妻の浮気を見て見ぬふりをする. **3** (布・色などが) 汚れの目立たない；丈夫な,色あせない. un color poco ~ 汚れやすい色.
―― 男 妻の浮気を見て見ぬふりをする亭主.

su·fri·dor, do·ra [su.fri.ðór, -.ðó.ra] 形 苦しんでいる,悩んでいる. ―― 男 女 苦しんで〔悩んで〕いる人.
男《ラ米》(ﾒｷｼｺ)(ﾎﾞﾘﾋﾞｱ) 鞍下(したぐら)(の敷物).

***su·fri·mien·to** [su.fri.mjén.to] 男 **1** 苦しみ,苦痛,懊悩(おうのう). Era tal su ~ que anhelaba la muerte. 苦しさのあまり彼〔彼女〕は死を願った. **2** 辛抱強さ,忍耐力. aguantar el ~ en las dificultades 苦難によく耐える.
sufrimiento fetal〖医〗胎児仮死.

****su·frir** [su.frír] 他 **1** (損害などを) 被る,受ける. ~ un ataque 攻撃を受ける. La tienda *ha sufrido* grandes pérdidas. 店は大損害を被った. El señor *sufrió* un accidente el domingo. その人は日曜日に事故に遭った. **2** (苦痛などに)耐える,我慢する；(重さなどを)支える. ~ hambre 空腹に耐える. A él no hay quien lo *sufra*. 彼を我慢できる人は誰もいない. **3** (変化などを)受ける,享受する. La política va a ~ un cambio radical. 政治は劇的に変化するだろう.
―― 自 **1** 《**por...**》 …のことで》思い悩む；苦しむ. hacer ~ 苦しめる. No puedo verte ~ más. 君がこれ以上苦しむのを私は見ていられません. No *sufras* tanto *por* los demás. 君は他人のことであまり思い悩むなよ. **2** 《**de...**》(病気など) を) 患う；《…に》苦しむ (= padecer). ~ *del* estómago 胃を悪くする. Él *sufre de* insomnio. 彼は不眠症に悩まされている.
[←[ラ] sufferre (sub- 「下で」+ ferre「運ぶ；耐える」)；[関連] sufrimiento，[英] *suffer*]

su·fu·mi·ga·ción [su.fu.mi.ga.θjón / -.sjón] 女 燻煙(くんえん)(法).

su·fu·sión [su.fu.sjón] 女〖医〗(1) 白内障. (2) 溢出(いっしゅつ),溢血.

***su·ge·ren·cia** [su.xe.rén.θja / -.sja] 女 **1** 示唆,暗示,ほのめかし. **2** 進言,助言,勧め.

su·ge·ren·te [su.xe.rén.te] / **su·ge·ri·dor, do·ra** [su.xe.ri.ðór, -.ðó.ra] 形 示唆に富む,暗示的な；想起させる.

****su·ge·rir** [su.xe.rír] 27 他〖現分〗es sugiriendo〗他《**a**+人〈に〉》 **1** 示唆〔暗示〕する,それとなく言う〔示す〕；《**que**+直説法 …であることを》示唆する,表す. ¿Qué *me sugiere* usted? あなたは何を言いたいのですか. Todo esto *sugiere* que un texto *puede* tener un significado que está más allá de la comprensión de la autora. このことは文章が作家の理解を超えた意味を持つ可能性があることを示しています. **2** (控えめに) 勧める；《+不定詞 ／ **que**+接続法 …するように》それとなく提案する. *Sugerimos* una lectura reflexiva a los lectores. 読者によく考えていただければと思います. *Me han sugerido visitar* el país en primavera. 私は春にその国を訪れたらいいと言われた. ¿Qué *sugiere* usted *que ha-ga*? 何をすべきだとおっしゃっているのですか. *Os sugiero que leáis* más libros. 私は君たちにもっと本を読むようにすすめるよ. **3** 〈人・ものを〉連想させる；…に似ている. El color azul *sugiere* el mar. 青色は海を連想させる.
―― 自 ほのめかす,示唆する. como *sugería* antes 前に示唆したように.
[←[ラ] suggerere (sub- 「下に」+ gerere「運ぶ」；「…の下に運ぶ」が原義)；[関連] sugerente, sugestión, sugestivo. [英] *suggest*]

su·ges·tión [su.xes.tjón] 女 **1** 暗示,示唆,ヒント. **2** 人を意のままに操る力. **3**〖心〗暗示.

su·ges·tio·na·ble [su.xes.tjo.ná.ble] 形 暗示にかかりやすい,影響を受けやすい,感化されやすい.

su·ges·tio·na·dor, do·ra [su.xes.tjo.na.ðór, -.ðó.ra] 形 示唆する,暗示的な；人を操るような.

su·ges·tio·nar [su.xes.tjo.nár] 他 影響を及ぼす,感化する；暗示にかける,吹き込む,意のままに操る.
―― ~**se** 再 《**con...** …を》頭から信じ込む.

su·ges·ti·vo, va [su.xes.tí.βo, -.βa] 形 **1** 心をひきつける,魅惑的な. **2** 示唆に富む,暗示的な；ほのめかす.

sugier- 活 → sugerir.

sugir- 活 → sugerir.

sui·che [swí.tʃe] 男《ラ米》(ﾍﾞﾈｽﾞ)(ｺﾛﾝﾋﾞｱ) (電気の) スイッチ (= interruptor).

sui·ci·da [swi.θí.ða / -.sí.-] 形 自殺の,自殺的な.
―― 男 女 **1** 自殺者. **2** 命知らずな人.

***sui·ci·dar·se** [swi.θi.ðár.se / -.si.-] 再 自殺する,自害する. Su desesperación llegó hasta el punto de pensar en ~. 彼〔彼女〕は絶望のあまり自殺すら考えた.

***sui·ci·dio** [swi.θí.ðjo / -.sí.-] 男 自殺,自害,自決. intento de ~ 自殺を図ること. ~ colectivo 集団自殺〔自決〕.

sui·dos [swí.ðos] 男《複数形》〖動〗イノシシ科(の動物).

sui gé·ne·ris [súi xé.ne.ris] 〔ラ〕 それ特有の,一種名状しがたい (= de género propio).

sui·te [swít] 〖仏〗〖複 ~s, ~〕女 **1** (ホテルなどの) 特別室,スイートルーム. **2** 〖音楽〗組曲. *la* ~ *del Cascanueces* (チャイコフスキー作曲の) 組曲『くるみ割り人形』. **3** 〖ＩＴ〗(ソフトウエア) スイート：複数のソフトウエアを一つにまとめたもの,統合ソフト.

sui·za [swí.θa / -.sa] 女《ラ米》(1) (ﾕﾆｭ)(ﾌﾟｴﾙﾄ) 縄跳び (遊び). (2) (ﾒｷｼｺ)(ﾌﾟｴﾙﾄ)(ｺﾛﾝﾋﾞｱ)《俗》殴打.

Sui·za [swí.θa / -.sa] 固名 Confederación ~ スイス連邦：首都 Berna.

sui·zo, za [swí.θo, -.θa / -.so, -.sa] 形 スイスの,スイス人の. ~ alemán スイスで使用されているドイツ語. ―― 男 女 スイス人. ―― 男 **1** 〖料〗スイソ：楕円(だえん)形の菓子パン. **2** 生クリーム入りチョコレート飲料.

su·je·ción [su.xe.θjón / -.sjón] 女 **1** 服従,従属. ~ a las leyes 法への服従. **2** 拘束,束縛. **3** 支えるもの,留めるもの.

su·je·ta·bue·los [su.xe.ta.βwé.los] 男《単複同形》ヘアピン.

su·je·ta·dor, do·ra [su.xe.ta.ðór, -.ðó.ra] 形 留める,締める,くくる. ―― 男 **1** ブラジャー (= sostén). **2** 締め具,留め金. **3** (髪・紙の) クリップ,ピン.

su·je·ta·li·bros [su.xe.ta.lí.bros] 男《単複同形》ブックエンド,本立て.

su·je·ta·pa·pe·les [su.xe.ta.pa.pé.les] 男《単複同形》紙挟み,クリップ,文鎮；〖ＩＴ〗クリップボード.

***su·je·tar** [su.xe.tár] 他 **1** 押さえる,拘束する；し

っかり持つ. ～ a un niño para ponerle una inyección 注射するために子供を押さえつける. ～ un caballo por la rienda 手綱を持って馬が動かないようにする. ～ a un bebé en sus brazos 赤ん坊をしっかり抱きかかえる. *Sujeta* el paquete mientras lo trabo. 荷物を縛る間, 押さえていてくれ.

2 留める, 固定する. ～ un cuadro con clavos 釘で額を固定する. ～ los papeles con grapas ホッチキスで書類を留める.

3 服従させる《**a...** …に》従わせる. ～ a los rebeldes 反逆者を鎮圧する. ～ al pueblo *a* su control 国民を自分の支配下に置く. ～ su conducta *a* las normas 規則どおりに行動する.

— ～**se** 再 **1**《**a...** …に》しがみつく, つかまる. ～*se a* una barandilla 手すりにつかまる.

2《**a...**（規則など）に》従う;《（基準など）に》適合する. ～*se a* la disciplina 規律に従う. ～*se al* ingreso 収入にあわせて暮らす. Lo que dices no *se sujeta a* la lógica. 君の言うことは論理に合っていない. **3**〈体の一部・身につけるもの〉を〉留める, 固定する. ～*se* el pelo con una horquilla ピンで髪を留める. **4**《3人称で》留められる, 留まる. Estas tablillas *se sujetan* con vendas. これらの当て木は包帯で固定される.

*su·je·to, ta [su.xé.to, -.ta] 形《**a...**》（…に）

1 左右される, 拘束されている, （…から）免れない. El comercio está ～ *a* las leyes de la oferta y la demanda. 商売は需要と供給の法則に左右される. Este proyecto está ～ *a* posibles cambios. この計画は変更される可能性がある. Todas las cosas están *sujetas a* la gravitación. 万物は引力の影響下にある.

2 固定されている. La cuerda está bien *sujeta*. ロープはしっかりと結んである. La hamaca está *sujeta* al árbol. ハンモックが木に固定されている.

3 さらされている. Estaremos ～*s a* críticas. 我々は批判にさらされることになるだろう.

— 男 **1**《話》《軽蔑》あいつ, やつ（▶ 男性も女性も指すことができる）. Me molestó la falta de respeto de ese ～. やつの無礼に僕はかちんときた.

2（身元を明かせない［明かす必要のない］）者（▶ 男性も女性も指すことができる）. ～ pasivo 所得税の納税者. ～ viviente 生活者. La policía detuvo a un ～ sospechoso. 警察は容疑者を逮捕した.

3《文法》主語, 主部. ～ agente 動作主主語. ～ paciente 受動態の被動作主主語.

［←［ラ］*subjectum*（*subjectus* の対格）形「…の下にある, 従属した」; *subjicere*「下に置く」（*sub*-「下に」＋ *jacere*「投げる」）の過去分詞; 関連 sujetar, sujeción, subjetivo. ［英］*subject*］

sul·fa·mi·da [sul.fa.mí.ða] 女《薬》スルホンアミド: サルファ剤などを含む制菌性物質.

sul·fa·ta·ción [sul.fa.ta.θjón / -.sjón] 女《化》硫酸化.

sul·fa·ta·do [sul.fa.tá.ðo] 男《化》硫酸（塩）処理.

sul·fa·ta·dor, do·ra [sul.fa.ta.ðór, -.ðó.ra] 形《化》硫酸で処理する; 硫酸と化合させる.
— 男 硫酸処理用の設備, 器具.

sul·fa·tar [sul.fa.tár] 他（駆虫消毒用の）硫酸銅［鉄］溶液を噴霧する, 硫酸銅［鉄］溶液に浸す.

sul·fa·to [sul.fá.to]男《化》硫酸塩, 硫酸エステル. ～ cálcico 硫酸カルシウム. ～ de cobre 硫酸銅. ～ de hierro 硫酸鉄. ～ sódico 硫酸ナトリウム.

sulf·hí·dri·co, ca [sul.fí.ðri.ko, -.ka] 形《化》硫化水素の. ácido ～ 硫化水素.

sul·fi·to [sul.fí.to] 男《化》亜硫酸塩.

sul·fo·nal [sul.fo.nál] 男《薬》スルフォナール, スルフォメターン: 催眠剤.

sul·fu·ra·do, da [sul.fu.rá.ðo, -.ða] 形 **1**《化》硫化物の. **2** 激怒した, 怒り狂った.
— 男《農》硫黄による処理.

sul·fu·rar [sul.fu.rár] 他 **1**《化》硫化する, 硫黄で処理する. **2** かんかんに怒らせる. — ～**se** 再 激怒する, 激高する. ¡No *te sulfures*! そう向きになるな.

sul·fú·re·o, a [sul.fú.re.o, -.a] 形 ＝ sulfuroso.

sul·fú·ri·co, ca [sul.fú.ri.ko, -.ka] 形《化》硫黄の; 6価の硫黄を含む. ácido ～ 硫酸.

sul·fu·ro [sul.fú.ro] 男《化》硫化物.

sul·fu·ro·so, sa [sul.fu.ró.so, -.sa] 形《化》硫黄質の, 硫黄色の; 4価の硫黄を含む. ácido ～ 亜硫酸. agua *sulfurosa* 硫黄水.

sul·pi·cia·no, na [sul.pi.θjá.no, -.na / -.sjá.-] 形《カト》(17世紀中ごろパリで創設された神学校教職員養成を目的とする）聖シュルピス会の.
— 男 聖シュルピス会士.

sul·tán [sul.tán] 男 **1** スルタン: イスラム教国の君主. ♦現在ではオマーンなどで用いられている. **2**《史》（オスマン・トルコ帝国の）トルコ皇帝.

sul·ta·na [sul.tá.na] 女 **1** スルタンの王妃［側室］. **2**（昔のトルコの）軍船.

sul·ta·na·to [sul.ta.ná.to] 男 スルタンの位［領土］.

sul·ta·ní·a [sul.ta.ní.a] 女 スルタンの領土.

sum [súm] 男 スム: ウズベキスタンの通貨単位.

***su·ma** [sú.ma] 女 **1**《数》加算, 加法, 足し算（＝ adición）; 和, 足し算の結果. hacer ～s 総計する. La ～ de 5 y 2 es 7. 5と2を足すと7になる. **2** 合計（金額）. una considerable [gran, pequeña, millonaria] ～ de dinero 相当額の［巨額の, 少な, 百万単位の］金. La factura alcanzó la ～ de 5.000 euros. 伝票の合計は5000ユーロに達した. **3** 結果. Su tesis doctoral es la ～ de investigaciones de muchos años. 彼[彼女]の博士論文は数年にわたる調査の集大成だ. **4** 全書.

en suma 結局のところ, 要約すれば.

［←［ラ］*summam*（*summa* の対格; *summus*「最高の」より派生）; 関連 sumar, sumario. ［英］*sum*］

su·ma·ca [su.má.ka] 女（南米の浅瀬用の）平底船.

su·ma·dor, do·ra [su.ma.ðór, -.ðó.ra] 形 足し算の; 合計する. — 男 加算器, 計算器.

su·ma·men·te [sú.ma.mén.te] 副 きわめて, この上なく, 非常に.

su·man·do [su.mán.do] 男《数》加数, 加量.

***su·mar** [su.már] 他 **1** 合計する;《**a...** …に》足す, 加える. ～ las dos cifras 2つの数値を合計する. ～ un nombre *a* la lista リストに1つ名前を足す. ～ los ingresos de la familia 家族の収入を合わせる. ～ esfuerzos 努力を結集する.

2 合計で…になる;（数値が）…に達する. Cuatro y seis *suman* diez. 4と6を足すと10になる. La basura del barrio *suma* cien toneladas al día. 地区から出されるゴミは日に100トンになる.
— 自《数》足し算をする.

— ～**se** 再 **1**《**a...** …に》加わる, 参加する. ～*se a* la fila 列に加わる. ～*se a* la risa 一緒になって笑い出す. Inmediatamente me sumé *a* la idea de organizar una fiesta. 私はすぐパーティーを開くという考えに賛成した. **2**《3人称で》加えられる; 結果される. Ahí *se sumó* otra preocupación. そこにさらに別の心配が加わった.

suma y sigue (1)（出納帳などで）次ページへ繰越.

su·ma·ria [su.má.rja] 囡 《法》起訴(状); 予審.

su·ma·rial [su.ma.rjál] 彫 《法》起訴(状)に関する; 予審の.

su·ma·ria·men·te [su.má.rja.mén.te] 副 簡潔に, 略式で.

su·ma·riar [su.ma.rjár] 82 他 《法》起訴する; 予審に付す.

*__su·ma·rio, ria__ [su.má.rjo, -.rja] 彫 **1** 要約した, 概略の, 簡潔な.
 2 《法》略式の. proceso ~ 簡易裁判.
 ── 男 **1** 要約, 摘要, 概括. **2** 《法》起訴(状); 予審. *pertenecer al secreto del sumario* 秘密にしておくべきである.

su·ma·rí·si·mo, ma [su.ma.rí.si.mo, -.ma] 彫 《法》〈裁判が〉即決の.

su·ma·ti·vo, va [su.ma.tí.bo, -.ba] 彫 付加の, 累積的な.

su·mer·gi·ble [su.mer.xí.ble] 彫 水中に沈めうる, 潜水できる; 水中用の.
 ── 男 《海》潜水艦 (= submarino).

su·mer·gi·do, da [su.mer.xí.ðo, -.ða] 彫 **1** (脱税を目的とした)非合法の, 闇(ﾔﾐ)の. **2** 《ラ米》(ｱﾙｾﾞﾝ)安月給の.

su·mer·gi·mien·to [su.mer.xi.mjén.to] 男 → sumersión.

*__su·mer·gir__ [su.mer.xír] 101 他 **水中に沈める**, 浸す, 水没させる. ~ la mano en el agua 手を水の中につける. ── ~**se** 再 **1** 沈む, 水没する; 潜水する.
 2 《en... …に》没頭[没入]する, 沈潜[沈思]する. *~se en* el estudio 研究[勉強]に没頭する.
 [← 《ラ》*summergere* (*sub*-「下に」+ *mergere*「飛び込む」) 【関連】sumersión. [英] *submerge*]

su·me·rio, ria [su.mé.rjo, -.rja] 彫 《史》(古代メソポタミアの)シュメール Sumer の. ── 男 囡 シュメール人. ── 男 シュメール語: 粘土板の楔形(ｸｻﾋﾞｶﾞﾀ)文字で伝えられる.

sumerj- [活] → sumergir.

su·mer·sión [su.mer.sjón] 囡 **1** 水中に沈める[浸す]こと, 水没; 潜水. **2** 没頭, 専心, 熱中.

su·mi·da [su.mí.ða] 囡 《ラ米》(ｱﾙｾﾞﾝ)(へこみをつくるような)打撃.

su·mi·dad [su.mi.ðáð] 囡 最上部, 先端.

su·mi·de·ro [su.mi.ðé.ro] 男 **1** (雨水・下水の)吸い込み口, 排水溝. **2** 《ラ米》(ｸﾞｧﾃ)湿原, 沼地.

su·mi·ller [su.mi.jér ‖ -.ǰér] 男 **1** 侍従; 執事, 家令. **2** (レストランの)ソムリエ.

su·mi·nis·tra·ción [su.mi.nis.tra.θjón / -.sjón] 囡 → suministro 1.

su·mi·nis·tra·dor, do·ra [su.mi.nis.tra.ðór, -.ðó.ra] 彫 供給する, 支給する; 補給[補充]する.
 ── 男 囡 供給者, 提供者; 補給[補充]者.

su·mi·nis·trar [su.mi.nis.trár] 他 供給する, 支給する, 提供する, 補給[補充]する. *la compañía que suministra el gas* ガス(供給)会社. *Me suministró datos valiosos.* 彼[彼女]は私に貴重な資料を提供してくれた.

su·mi·nis·tro [su.mi.nís.tro] 男 **1** 供給, 支給, 提供; 補給, 補充. ~ a domicilio 宅配. *~s* de municiones 弾薬の補給. **2** 供給品, 支給物;《複数で》《軍》糧食.

*__su·mir__ [su.mír] 他 **1** 沈める, 水没させる; 埋める.
 2 《en... …に》陥れる, 追い込む. ~ a+人 *en* la duda〈人〉を疑惑へと駆りたてる. ~ a+人 *en* la miseria〈人〉を貧困に追いやる.
 3 《en... …に》没頭[没入]させる, 沈潜させる. ~ a+人 *en* una honda meditación〈人〉を深い瞑想(ﾒｲｿｳ)に誘う. **4** 《カト》〈司祭が〉(ミサで)〈聖体を〉拝領する. **5** 《ラ米》(ﾒﾋｺ)(ﾎﾞﾘ)へこませる, くぼみをつける.
 ── ~**se** 再 **1** 沈む, 水没する.
 2 《en...》〈…に〉没頭する, 沈潜[沈思]する,《(眠り)に》落ちる. *Se sumió en* los estudios. 彼[彼女]は研究に没頭した. *Se sumió en* el sueño. 彼[彼女]は眠りに落ちた. **3** くぼむ, へこむ. **4** (雨水・下水などが)染み込む, 吸い込まれる. **5** 《ラ米》(1)〈帽子を〉深々とかぶる. (2) すくむ; 黙りこむ. (3) (*ﾁﾘ)借金をしょい込む.

su·mi·sa·men·te [su.mí.sa.mén.te] 副 従順に, 素直に.

su·mi·sión [su.mi.sjón] 囡 **1** 服従, 降服. **2** 従順, 素直さ.

su·mi·so, sa [su.mí.so, -.sa] 彫 従順な, 素直な.

súm·mum [súm.muɱ] 男 最高, 最上, 至高; 極致, 絶頂. el ~ de la sabiduría [desvergüenza] 英知[破廉恥]の極み. ser el ~ 甚だしい, ひどい.

su·mo [sú.mo] [日] 男 《スポ》相撲(ｽﾓｳ). luchador de ~ 力士.

*__su·mo, ma__ [sú.mo, -.ma] 彫 **1** (+名詞)最高の(地位・階級にある), 最大の. 《カト》*S~* Pontifice 教皇. ~ representante 最高責任者. el *S~* Sacerdote キリスト. **2** (多くは+名詞) とても大きな. con ~ cuidado 細心の注意を払って. con *suma* eficacia 最大限に利用して. con ~ sigilio 極秘で. con ~ placer [gusto] 大喜びで. con *suma* urgencia 大急ぎで. de *suma* importancia 最重要の. de ~ interés 極めて興味深い
 a lo sumo (1) 多く[長く]ても, 最大でも. (2) もしかしたら, ひょっとして; せめて.
 [← 《ラ》*summum* (*summus* の対格; *superus*「上の」の最上級); 【関連】consumar, suma, supremo. [英] *summit*]

sun·cán, ca·na [suŋ.kán, -.ká.na] 彫 《ラ米》(ﾒﾋｺ)(ｸﾞｧﾃ)《話》ばかな, 愚かな.

sun·cho¹ [súɲ.tʃo] 男 鉄のたが[帯].

sun·cho² [súɲ.tʃo] 男 《ラ米》(ｱﾙｾﾞﾝ)(ﾁﾘ)(ｳ)《植》キク科シオン属(の総称).

sun·ción [sun.θjón / -.sjón] 囡 《カト》(司祭がミサで行う)聖体拝領.

sun·co, ca [súŋ.ko, -.ka] 彫 《ラ米》(ﾁﾘ)《話》片手[片腕]のない, 片手[片腕]の不自由な (= manco).

sun·go, ga [súŋ.go, -.ga] 彫 《ラ米》(ｱﾙｾﾞﾝ)《話》(1) 黒人の; 色の黒い, 日に焼けた. (2)〈動物が〉毛のない.

su·ní [su.ní] 彫 男 囡《複 ~es, ~s》→ sunita.

su·ni·ta [su.ní.ta] 彫 (イスラム教の)スンニ派(教徒)の. ── 男 囡 スンニ派教徒: イスラム教の2大分派の一つ. ▶「シーア派」は chiita.

sun·light [sún.lai(t) / sán.-] [英] 男 《映》撮影用ライト.

sun·na [sún.na] 囡 スンナ: イスラム教の口伝律法.

sun·ní [sun.ní] 彫 男 囡《複 ~es, ~s》→ sunita.

sun·ni·ta [sun.ní.ta] 彫 男 囡 → sunita.

sun·tua·rio, ria [sun.twá.rjo, -.rja] 彫 奢侈(ｼｬｼ)に関する; ぜいたくな. impuesto ~ 奢侈税.

sun·tuo·sa·men·te [sun.twó.sa.mén.te] 副 ぜいたくに, 豪華に.

sun·tuo·si·dad [sun.two.si.ðáð] 囡 **1** 豪華, ぜ

いたく；高価. con excesiva ～ ぜいを尽して. **2** 優雅, 雅(みやび).

sun·tuo·so, sa [sun.twó.so, -.sa] 形 **1** 高価な；豪華な，きらびやかな；ぜいたくな. una casa *suntuosa* 豪邸. **2** 〈人が〉優雅な, 雅(みやび)やかな.

sup- 語 → saber.

su·pe·dá·ne·o [su.pe.ðá.ne.o] 男 (十字架などの) 台石, 礎石.

su·pe·di·ta·ción [su.pe.ði.ta.θjón / -.sjón] 女 服従, 従属. ～ a la sociedad de consumo 消費社会への隷属.

su·pe·di·tar [su.pe.ði.tár] 他 **1** 服従[従属]させる. **2**《a... …に》合わせる. *Supedito* mi viaje a la decisión de mis padres. 旅行のことは両親の決定に任せてある. — ～·se 再《a... …に》従う, 合わせる. No estoy dispuesta a *supeditarme a* sus caprichos. 私は彼[彼女]の気まぐれに合わせるつもりなんかない. *estar supeditado a*... 次第である, …にかかっている.

super- (接頭)**1**「上に, さらに, 余分に, 過度に, 極度に, 超越して[た]，超…」の意. ⇒ *super*estructura, *super*fino, *super*sónico. **2**《話》「とても, すごく」の意. ⇒ *super*grande, *super*guapo. [←ラ]

*__súper__ [sú.per] 形《話》極上の, 最高の；超大型の. — 男 スーパー (マーケット). → mercado 類語. — 女 ハイオクタン (価) ガソリン.

su·pe·ra·ble [su.pe.rá.ble] 形 打破できる, 克服しうる, 乗り越えられる. el récord difícilmente ～ 容易に塗り替えられない記録.

su·pe·ra·bun·dan·cia [su.pe.ra.bun.dán.θja / -.sja] 女 過剰, 過多. ～ del petróleo crudo 原油のだぶつき.

su·pe·ra·bun·dan·te [su.pe.ra.bun.dán.te] 形 あり余る, 過剰の.

su·pe·ra·bun·dar [su.pe.ra.bun.dár] 自 多すぎる, あり余るほどある.

su·pe·ra·ción [su.pe.ra.θjón / -.sjón] 女 克服, 克己. la ～ de dificultades 困難を乗り切ること. la ～ de la crisis económica 経済危機の打開. afán de ～ 向上心.

su·per·ac·ti·vi·dad [su.pe.rak.ti.bi.ðáð] 女 並外れた行動力.

su·per·a·gen·te [su.pe.ra.xén.te] 男女 熟練諜報部員.

su·per·a·le·a·ción [su.pe.ra.le.a.θjón / -.sjón] 女 超合金.

su·per·a·li·men·ta·ción [su.pe.ra.li.men.ta.θjón / -.sjón] 女 餌(えさ)の与えすぎ；栄養過多.

su·per·a·li·men·tar [su.pe.ra.li.men.tár] 他 餌(えさ)[栄養]を与えすぎる.

***su·pe·rar** [su.pe.rár] 他 **1**〈困難などを〉克服する, 乗り越える；〈試験などに〉合格する. ～ una crisis económica 経済危機を乗り越える. ～ el miedo 恐れを克服する. ～ un examen con éxito 試験に首尾よく合格する.
2《en... …の点で》〈人・ものに〉勝る, …をしのぐ. *En* inglés las chicas *superaron* a los chicos. 英語では女の子が男の子よりいい成績を取った. ▶目的語がものであっても前置詞 a を伴うことがある. ⇒ *En* comodidad este modelo *supera* al anterior. 快適さにおいて, この型は前のより優れている.
3〈限界・数値を〉超過する, 越える. Las inversiones *han superado* los cien mil euros. 投資は10万ユーロを超えた.

— ～·se 再 **1** 向上する, 自分の限界を乗り越える. El tenista *se ha superado* en cada partido. このテニス選手は試合ごとに強くなった. **2**《3人称》克服される, 乗り越えられる. Este problema *se* puede ～ así. この問題は次のように克服できる. *estar superado* 終わっている, 過去のものである.
[←[ラ] *superāre* (*super*「上に」より派生)；superación, superior, supremo, sobrar. [スペイン] [英] *superable*]

su·pe·rá·vit [su.pe.rá.bi(t)] 男〔複 ～, ～s〕《商》黒字；剰余金, 余剰額 (↔déficit). Este año nuestra empresa ha cerrado con ～. 今年わが社は黒字決算であった. ～ de las exportaciones 輸出超過額.

su·per·bom·bar·de·ro [su.per.bom.bar.ðé.ro] 男 超爆撃機.

su·per·ca·pi·ta·li·za·ción [su.per.ka.pi.ta.li.θa.θjón / -.sa.sjón] 女《商》過大資本；資本の過大評価.

su·per·ca·pi·ta·li·zar [su.per.ka.pi.ta.li.θár / -.sár] 97 他《商》過大資本化する；資本を過大に評価する.

su·per·car·bu·ran·te [su.per.kar.bu.rán.te] 男 ハイオクタン (価) ガソリン (= súper).

su·per·che·ría [su.per.tʃe.rí.a] 女 **1** ごまかし, 欺瞞(ぎまん)；詐欺. **2** 迷信；怪しげな宗教.

su·per·ci·liar [su.per.θi.ljár / -.si.-] 形《解剖》まゆの, まゆに接した, 眼窩(がんか)の上の. arco ～ 眉弓(びきゅう), まゆ毛.

su·per·cla·se [su.per.klá.se] 女《生物》上綱：分類学上の群で, 綱 clase の上位区分, 亜門 subfilo の下位区分.

su·per·com·pre·sión [su.per.kom.pre.sjón] 女 (内燃機関の) 過給.

su·per·com·pri·mir [su.per.kom.pri.mír] 76 他 (内燃機関に) 過給する.

su·per·con·duc·ción [su.per.kon.duk.θjón / -.sjón] 女 超伝導.

su·per·con·duc·ti·vi·dad [su.per.kon.duk.ti.bi.ðáð] 女 超伝導 (性).

su·per·con·duc·tor [su.per.kon.duk.tór] 男 超伝導体.

su·per·cuen·ta [su.per.kwén.ta] 女 (高金利の) スーパー預金.

su·per·de·sa·rro·lla·do, da [su.per.ðe.sa.ro.já.ðo, -.ða ‖ -.ʝá.-] 形 過度に発達[発展]した.

su·per·de·sa·rro·llo [su.per.ðe.sa.ró.jo ‖ -.ʝo] 男 発達[発展]過剰.

su·per·di·rec·ta [su.per.ði.rék.ta] 女《車》オーバードライブ (ギア).

su·per·do·mi·nan·te [su.per.ðo.mi.nán.te] 女《音楽》下中音：音階の第 6 音.

su·per·do·ta·do, da [su.per.ðo.tá.ðo, -.ða] 形 特に秀でた, 天才の.

su·per·e·go [su.pe.ré.go] 男《心》超自我.

su·per·e·mi·nen·cia [su.pe.re.mi.nén.θja / -.sja] 女 卓越, 抜群.

su·per·e·mi·nen·te [su.pe.re.mi.nén.te] 形 卓越した, 秀でた.

su·per·em·ple·o [su.pe.rem.plé.o] 男 過剰雇用.

su·per·en·ten·der [su.pe.ren.ten.dér] 12 他 管理[監督]する, 指揮[指導]する；監察する.

su·per·e·ro·ga·ción [su.pe.re.ro.ga.θjón / -.sjón] 女 義務以上の行為[遂行].

su·per·es·tra·to [su.pe.res.trá.to] 男 **1**《言》上

層(言語). **2**〖地質〗上層.

su·per·es·tre·lla [su.pe.res.tré.ʝa ‖ -.ʎa] 男 スーパースター.

su·per·es·truc·tu·ra [su.pe.res.truk.tú.ra] 女 **1** 上部構造, 上部構築物;(船舶の)上部構造. la ~ de un puente 橋の上部構造. **2**(マルクス主義における社会意識・制度上の)上部構造.

su·per·fe·ro·lí·ti·co, ca [su.per.fe.ro.lí.ti.ko, -.ka] 形 過度に洗練された;上品すぎる, きざな.

su·per·fe·ta·ción [su.per.fe.ta.θjón / -.sjón] 女 〖生物〗過受精, 重複妊娠.

***su·per·fi·cial** [su.per.fi.θjál / -.sjál] 形 **1** 表面の, 表層の;浅い. aguas ~*es* 地表水. tensión ~ 表面張力. herida ~ 軽傷.
2 表面的な, 外見上の, 皮相の, 薄っぺらな. amabilidad ~ うわべだけの親切心. amistad ~ 見せかけの友情. un discurso ~ 内容のない演説.

su·per·fi·cia·li·dad [su.per.fi.θja.li.ðáð / -.sja.-] 女 浅薄, 皮相, うわべだけのもの.

su·per·fi·cial·men·te [su.per.fi.θjál.mén.te / -.sjál.-] 副 表面的に, 浅薄に;表面上は.

***su·per·fi·cie** [su.per.fi.θje / -.sje] 女 **1** 表面. desaparecer de la ~ del globo 地球上から姿を消す. ~ del agua 水面. ~ del deslizamiento 滑走面. ~ del lago 湖面. ~ del mar 海面. ~ de la piel 皮膚の表面. ~ pulida [lisa] すべすべした表面. ~ terrestre [de la Tierra] 地表.
2 土地. la extensa ~ 広大な土地. la ~ recién labrada 耕したばかりの土地.
3(図形の)面積;面;(土地の)表面積. ~ de un cuadrado [triángulo, trapecio] 正方形[三角形, 台形]の面積. ~ cilíndrica 柱面. ~ cónica 錐面. ~ esférica 球面. ~ plana 平面. ~ de cocales ココヤシ農園の面積. **4** うわべ, (ものごとの)表面的な事柄[知識], 外見. Verás pronto que su amabilidad es sólo de ~. 彼[彼女](ら)の親切はうわべだけだと君もすぐわかるだろう.
grandes superficies (*comerciales*) ショッピングモール, 大型百貨店.
salir a la superficie 〈なぞが〉解明する, 〈未知のことがらが〉明るみに出る.
superficie de venta (デパートやショッピングモールなどの)売り場(面積).
[← 〚ラ〛 *superficiem* (*superficiēs* の対格; *super-* 「上に, 上の」 + *faciēs* 「外形」; 関連 superficial. 〚英〛*surface*]

su·per·fi·no, na [su.per.fí.no, -.na] 形 非常に上品な;極上の, 最高級の;非常に細かい[薄い, 細い]. un rotulador con punta *superfina* 極細のサインペン.

su·per·flua·men·te [su.pér.flwa.mén.te] 副 余分に, 余計に, 過剰に.

su·per·flui·dad [su.pér.flwi.ðáð] 女 **1** 過剰, 過多. **2** 余分なもの, 剰余物.

***su·per·fluo, flua** [su.pér.flwo, -.flwa] 形 **余分な, 余計な, 過剰な**;不必要な. gastos ~*s* 無用の出費.

su·per·for·ta·le·za [su.per.for.ta.lé.θa / -.sa] 女〖軍〗空の要塞(☆):第2次大戦時の米国ボーイング社製長距離爆撃機B-29.

su·per·fos·fa·to [su.per.fos.fá.to] 男(肥料用の)過リン酸石灰.

su·per·gi·gan·te [su.per.xi.gán.te] 男〖スポ〗(スキー)スーパー大回転競技.

su·per·hé·ro·e [su.pe.ré.ro.e] 男 スーパーヒーロー.

su·per·he·ro·í·na [su.pe.re.ro.í.na] 女 スーパーヒロイン.

su·per·hom·bre [su.pe.róm.bre] 男 超人, スーパーマン.

su·per·hu·me·ral [su.pe.ru.me.rál] 男〖カト〗(司祭がミサで用いる)肩衣(☆).

su·per·ín·di·ce [su.pe.rín.di.θe / -.se] 男〖印〗上付き文字[記号].

su·per·in·ten·den·cia [su.pe.rin.ten.dén.θja / -.sja] 女 監督権;監督者の職;監察局, 監督執務室.

su·per·in·ten·den·te [su.pe.rin.ten.dén.te] 男女 監督者, 管理者;長官.

****su·pe·rior** [su.pe.rjór] 形 **1**《名詞+》**上の**, 上部の;《(a... …より)高い**(↔*inferior*). el labio ~ 上唇. un piso ~ (*a* la bodega)(酒蔵より)1つ上の階. por orden ~ 当局の命令により. Haz clic en el icono ~ derecho. 右上のアイコンをクリックしなさい. la parte ~ de la biblioteca 本棚の上段.
2《名詞+》《**ser**+》《a... …より》上位の, 上級の, 高等の+. la enseñanza ~ 高等教育. ciclos de grado ~ 上級課程. curso ~ de español para extranjeros 外国人向けスペイン語上級コース. el Consejo S~ de Investigaciones Científicas (スペインの)高等科学研究院〚略 CSIC〛. la Jefatura S~ de Policía 警察本部. *Es ~ a todos.* 彼[彼女]は誰よりも上の地位についている[まさっている].
3《多くは名詞+》《**ser**+》《a... …より》優れた, 勝った, 優秀な, 上級の. vino de calidad ~ 上質[高級]ワイン. El equipo *fue* muy ~*a* su rival. チームはライバルをはるかにしのいでいた.
4《名詞+》《**ser**+》《a...》《(…を)》大きい, 多くの, (…を)上回る. crecer a un ritmo ~ *al* 2 % anual 年2パーセントをしのぐ勢いで成長する[増える]. pacientes con [de] edad ~ o igual *a* (los) 60 años e inferior a (los) 65 60歳以上65歳未満の患者. La esperanza de vida de Japón *es* tres años ~ a la de España. 日本の平均寿命はスペインより3年長い. extremo ~ e inferior de un conjunto R〖数〗集合Rの上限と下限.
5《名詞+》川上の, 上流の. el Nilo ~ ナイル川上流域(=el alto Nilo). **6**《名詞+》後期の. el neolítico ~ 新石器時代後期.
[← 〚ラ〛 *superiōrem* (*superior* の対格; *superus* 「上の」の比較級)関連 superioridad, supremo. 〚英〛*superior*]

su·pe·rior, rio·ra [su.pe.rjór, -.rjó.ra] 男 女 **1**〖カト〗修道院長(=el padre ~), 女子修道院長(=la madre *superiora*).
2 上司, 上官, 先輩. cumplir las órdenes de SUS ~*es* 上司[上官]の命令を実行する.

***su·pe·rio·ri·dad** [su.pe.rjo.ri.ðáð] 女 **1** 優越, 卓越;優秀性(↔*inferioridad*). ~ social 社会的優越, complejo de ~ 〖心〗優越コンプレックス;《話》優越感.
2 有利な立場, 優位, 優勢. ~ numérica 数的優位. El boxeador tuvo una clara ~ sobre su adversario. そのボクサーは明らかに相手より優勢だった. **3** 高嶺. unos aires de ~ 人を見下すような態度. **4** 政府当局, 官憲;上層部. **5**〖文法〗comparativo de ~ 優等比較(級).

su·pe·rior·men·te [su.pe.rjór.mén.te] 副 優れ

superlativamente

su·per·la·ti·va·men·te [su.per.la.tí.ba.mén.te] 副 非常に, この上なく.

su·per·la·ti·vo, va [su.per.la.tí.bo, -.ba] 形 **1** 最高(度)の；過度の, 大げさな. en grado ~ 極端に. **2**【文法】最上級の. ━ 男【文法】最上級. ~ absoluto 絶対最上級. ~ relativo 相対最上級.

su·per·li·ge·ro, ra [su.per.li.xé.ro, -.ra] 形 **1** 非常に軽い. **2**【スポ】（ボクシング）スーパーライト級の. ━ 男【スポ】スーパーライト級.

su·per·lu·jo [su.per.lú.xo] 男 超一流, 超デラックス.

su·per·mán, ma·na [su.per.mán, -.má.na] 形 （話）スーパーマンのような.
━ 男 女（話）超人, スーパーマン.

*__su·per·mer·ca·do__ [su.per.mer.ká.ðo] 男 スーパーマーケット. → mercado 類語. [← ［英］_supermarket_]

su·per·mi·nis·tro, tra [su.per.mi.nís.tro, -.tra] 男 女 超大物大臣.

su·per·mu·jer [su.per.mu.xér] 女 超人的な女性, スーパーウーマン.

su·per·no·va [su.per.nó.ba] 女【天文】超新星.

su·per·nu·me·ra·rio, ria [su.per.nu.me.rá.rjo, -.rja] 形 **1** 定員外の, 余分な. **2** 休職中の, 予備の. ━ 男 女 臨時雇い；冗員.

sú·pe·ro, ra [sú.pe.ro, -.ra] 形【植】〈子房が〉萼(がく)の上部に発達する.

su·per·o·fer·ta [su.pe.ro.fér.ta] 女 **1** 超特価格販売広告. **2** 超特別価格商品.

su·per·or·de·na·dor [su.pe.ror.ðe.na.ðór] 男【IT】スーパーコンピュータ, スパコン.

su·per·pe·tro·le·ro [su.per.pe.tro.lé.ro] 男【海】超大型タンカー.

su·per·po·bla·ción [su.per.po.bla.θjón / -.sjón] 女 人口過密；過剰人口.

su·per·po·bla·do, da [su.per.po.blá.ðo, -.ða] 形 人口過剰の, 人口過密の.

su·per·po·blar [su.per.po.blár] 15 他 人口過剰にする. ━ ~·se 再 人口過剰になる.

su·per·po·der [su.per.po.ðér] 男 超能力.

su·per·po·ner [su.per.po.nér] 41 他 ［過分］は superpuesto] **1** 重ねる, 重ね合わせる. **2**《a... よりも》重視する, 重きを置く. _Superpongo_ lo espiritual _a_ lo material. 私は物質的なものより精神的なものを重く見る. ━ ~·se 再《a... ...よりも》前にでる, 先行する. _Al_ miedo _se superpone_ el sentido del deber. 怖さよりも義務感が先立つ.

su·per·po·si·ción [su.per.po.si.θjón / -.sjón] 女 **1** 重ねること, 重ね合わせ. **2** 優先, 重視.

su·per·po·ten·cia [su.per.po.tén.θja / -.sja] 女 超大国, 強大国.

su·per·pre·sión [su.per.pre.sjón] 女【技】過圧力, 過重圧.

su·per·pro·duc·ción [su.per.pro.ðuk.θjón / -.sjón] 女 **1** 過剰生産. **2**【映】超大作.

su·per·pues·to, ta [su.per.pwés.to, -.ta] [superponer の 過分] 形 重ね合わせた, 二重の.

su·per·re·a·lis·mo [su.pe.ře.a.lís.mo] 男 シュルレアリスム, 超現実主義 (= surrealismo).

su·per·re·a·lis·ta [su.pe.ře.a.lís.ta] 形 男 女 → surrealista.

su·per·sa·tu·ra·ción [su.per.sa.tu.ra.θjón / -.sjón] 女【化】過飽和.

su·per·sa·tu·rar [su.per.sa.tu.rár] 他 過飽和させる.

su·per·se·cre·to, ta [su.per.se.kré.to, -.ta] 形 最高機密の, 極秘の.

su·per·só·ni·co, ca [su.per.só.ni.ko, -.ka] 形【航空】超音速の. avión ~ 超音速機. muro ~ 超音速の壁.

su·per·star [su.pe.res.tár] ［英］男 女 スーパースター.

*__su·pers·ti·ción__ [su.pers.ti.θjón / -.sjón] 女 迷信, 盲信；縁起かつぎ；（未知への）恐れ, 怖さ. La iglesia rechaza la ~. 教会は迷信を退けている. [←［ラ］_superstitiōnem (superstitiō_ の対格)；_superstāre_「（上に立って）監視する；こだわる」（_super-_「上に」+ _stāre_「立っている」）より派生；「宗教的な恐れから物事にこだわる」の意からの転義？；関連 supersticioso. [［英］_superstition_]

su·pers·ti·cio·sa·men·te [su.pers.ti.θjó.sa.mén.te / -.sjó.-] 副 迷信にとらわれて, 縁起をかつぐで.

su·pers·ti·cio·so, sa [su.pers.ti.θjó.so, -.sa / -.sjó.-] 形 迷信の, 迷信深い.
━ 男 女 迷信家, 縁起をかつぐ人.

su·pérs·ti·te [su.pérs.ti.te] 形【法】（財産権共有者の中で）生き残っている, 生存する.
━ 男 女【法】生残者.

su·per·su(b)s·tan·cial [su.per.su(ð)s.tan.θjál / -.sjál] 形 pan ~【カト】聖体［聖餐(さん)］式のパン.

su·per·va·lo·ra·ción [su.per.ba.lo.ra.θjón / -.sjón] 女 過大評価, 買いかぶり.

su·per·va·lo·rar [su.per.ba.lo.rár] 他 過大評価する, 買いかぶる (↔infravalorar). _Lo estás supervalorando._ 君は彼を買いかぶっている.

su·per·ve·nir [su.per.be.nír] 45 自 続発する, 併発する.

su·per·ven·tas [su.per.bén.tas] 男【単複同形】ベストセラー.

su·per·vi·gi·lan·cia [su.per.bi.xi.lán.θja / -.sja] 女《ラ米》→ supervisión.

su·per·vi·gi·lar [su.per.bi.xi.lár] 他 **(1)**《ラ米》厳しく検査する. **(2)** → supervisar.

su·per·vi·sar [su.per.bi.sár] 他 監督する, 管理する, 指導［指揮］する；監修する.

su·per·vi·sión [su.per.bi.sjón] 女 管理, 監督, 指揮, 指導；監修.

su·per·vi·sor, so·ra [su.per.bi.sór, -.só.ra] 女 管理者, 監督；監修者.
━ 形 管理［監督］する, 指導する；監修の.

*__su·per·vi·ven·cia__ [su.per.bi.bén.θja / -.sja] 女 **1** 生き残ること；残存, 存続. lucha por la ~ 生存競争. ~ de las costumbres tradicionales 伝統的な習慣の存続 ［名残］. **2**【法】生存［生残］者権：共有財産の権利を生残者が取得する権利.

su·per·vi·vien·te [su.per.bi.ßjén.te] 形 生き残りの, 生存する, 残存者の. las pocas personas ~s 若干名の生存者. ━ 男 女 生存者.

su·per·vi·vir [su.per.bi.ßír] 自 **1** 生き残る, 生存［残存］する (= sobrevivir).

su·per·vol·ta·je [su.per.bol.tá.xe] 男【電】電圧の上げすぎ；（電灯・電球への）電圧のかかりすぎ.

su·per·wo·man [su.per.(g)wó.man] ［英］女 ［複 ~, ~s, superwomen］超人的な女性, スーパーウーマン (= supermujer).

su·per·yó [su.per.jó] 男【心】超自我.

su·pi·na·ción [su.pi.na.θjón / -.sjón] 女 **1** 仰臥(ぎょうが), あおむけ. **2**（手の）回外（運動）.

su·pi·na·dor, do·ra [su.pi.na.ðór, -.ðó.ra] 形 (手の)回外運動の. ―男《解剖》回外筋.

su·pi·no, na [su.pí.no, -.na] 形 **1** あおむけになった, 仰臥(ぎょうが)した. **en posición** *supina* 仰臥して. **2** 《無知・ばからしさが》極度な, 過度の. ―男《文法》(ラテン語の)動詞状名詞.

sú·pi·to, ta [sú.pi.to, -.ta] 形 **1** 突然の, 出し抜けの. (= súbito). **2** 《ラ米》(ℙℝ)(ℍℂ)(ℕℂ)《話》(1) びっくり仰天した, 面くらった. (2) 荒っぽい; 性急な. *de súpito* 《ラ米》(ℍℂ)《話》突然, 出し抜けに.

su·plan·ta·ción [su.plan.ta.θjón / -.sjón] 女 **1** 取って代わること, 地位を奪うこと. **2** 文書改竄(ざん).

su·plan·tar [su.plan.tár] 他 **1** (策略などで)(人の)地位を奪う, 押しのける, 取って代わる. **2** (文書を)改竄(ざん)する.

su·ple [sú.ple] 男 《ラ米》(ℂℍ)補足, 追加.

su·ple·fal·tas [su.ple.fál.tas] 男 女 《単複同形》身代わり, 代人, 代理人; 補欠.

su·ple·men·tal [su.ple.men.tál] 形 →suplementario.

su·ple·men·tar [su.ple.men.tár] 他 補う, 補充する.

su·ple·men·ta·rio, ria [su.ple.men.tá.rjo, -.rja] 形 **1** 補足の, 補充の, 追加の; 増補の. *empleo* ~ 副業. *crédito* ~ 追加融資. *tren* ~ 臨時増発列車. **2**《数》補角の; 補弧の.

su·ple·men·te·ro, ra [su.ple.men.té.ro, -.ra] 男 女 《ラ米》(ℂℍ)新聞売り.

***su·ple·men·to** [su.ple.mén.to] 男 **1** 補充, 補足, 追加. *Necesitamos un* ~ *de papel*. 用紙の補充が必要だ. **2**《新聞・雑誌の》**付録**, 増補, 補遺. ~ *de un diccionario* 辞書の補遺. ~ *dominical*《新聞の》日曜版. **3** 追加料金, 割増料金; 乗り越し料金. ~ *de primera clase* 1等の割増料金. **4**《数》補角; 補弧.
[← [ラ] *supplēmentum* (*supplēre*「補う」より派生); 関連 suplementario. [英] *supplement*]

su·plen·cia [su.plén.θja / -.sja] 女 代理, 代行; 代任; 代理[代行]期間.

su·plen·te [su.plén.te] 形 **1** 代わりの, 代理の, 代行の. **2**《スポ》補欠の. ―男 女 **1** 代理人, 代行人. **2**《スポ》補欠(選手). **3**《演》代役.

su·ple·to·rio, ria [su.ple.tó.rjo, -.rja] 形 追加の, 補足の, 増補の. ―男 補足となるもの. ~ *del teléfono* (電話の)子機.

sú·pli·ca [sú.pli.ka] 女 **1** 懇願, 嘆願, 哀願. **2** 請願書, 嘆願書. **3**《法》上訴申立書.
a súplica de... …の依頼[要請]により.

su·pli·ca·ción [su.pli.ka.θjón / -.sjón] 女 **1** 懇願, 嘆願, 哀願 (= súplica). **2** (管状に巻いた)薄焼き菓子. **3**《法》上訴.

su·pli·can·te [su.pli.kán.te] 形 哀願するような, 懇願するような. *con los ojos* ~ *s* すがるような目で. ―男 女 哀願[懇願]する人.

***su·pli·car** [su.pli.kár] 他 **1**《que +接続法 / +不定詞 …するように》**懇願する**, 嘆願する, 哀願する. *Le suplico que venga*. 後生だから来てください. *Se suplica no hacer ruido*.《掲示》お静かに願います.
2《法》上訴する.
carta suplicada a... 気付, …様方.
[← [ラ] *supplicāre* (*supplex*「ひざを屈した」より派生); 関連 súplica, suplicante. [英] *supplicate*「嘆願する」]

su·pli·ca·to·ria [su.pli.ka.tó.rja] 女《法》(上級裁判所・判事から)審理請求書; 議員逮捕許諾請求.

su·pli·ca·to·rio, ria [su.pli.ka.tó.rjo, -.rja] 形 懇願の. ―男《法》(上級裁判所・判事への)審理請求.

su·pli·cio [su.plí.θjo / -.sjo] 男 **1** 拷問, 体刑, 責め苦. *el* ~ *eterno* 永遠の責め苦. **2** 耐えがたい苦痛; 苦悩, 煩悶(もん). *Trabajar con este calor es un* ~. この暑さの中で働くのは本当につらい.
suplicio de Tántalo《ギ神》タンタロスの責め苦; 欲しいものが目前にありながら得られない苦しみ.
último suplicio 死罪. *someter a* + 人 *al último* ~ 〈人〉を死刑に処する.

suplique(-) / supliqué(-) 活 →suplicar.

su·plir [su.plír] 他 **1** (臨時に)代理を務める, 代行する; 代用する. *Nada puede* ~ *el amor maternal*. 母の愛に代わるものはない.
2 補う, 補充する, 埋め合わせる. *Tenemos que* ~ *la falta de este jugador*. 私たちはこの選手の穴を埋めなければならない. *Yo supliré lo demás*. 残りは僕が支払おう. *Súplanse los espacios en blanco con las respuestas*. 空欄に答えを書きなさい. **3** かばう. *Supliremos su error*. 彼[彼女]の過ちをかばってやろう. **4** 行間の意味をくむ, 省略された語を補って理解する.
[← [ラ] *supplēre* (*sub-*「(下から)上へ」+ *plēre*「満たす」); 関連 suplente, suplemento. [英] *supply*「供給する」]

***su·po·ner** [su.po.nér] 41 他《過分》は supuesto] **1**《que +直説法 …であると》**推察する**, 思う;《que +接続法 …ということを》仮定する. *Supongo que eres* demasiado joven. 君は若すぎると私は思います. ¿*Va a llover mañana?* ― *Supongo que no*. 明日雨が降るかな. ―降らないと思うよ. *Supongamos que todo esté resuelto*. 全てが解決していると仮定しよう. ► 再帰代名詞を伴って用いることがある. →再 **2**.

2 含意する, (必然的に)伴う; 意味する. *Este proyecto supone mucho esfuerzo*. このプロジェクトには多大な努力が必要とされる. *Esto nos supone un cambio radical*. このことで私たちは根本的な変更を余儀なくされる. *Los gastos suponen* 100 euros *al mes*. 出費は1か月100ユーロになるだろう.

3《+形容詞およびその相当語句 …であると》想定する. *Ésta es la imagen de la mujer que suponen perfecta*. これが完璧だと考えられている女性像だ. *La suponíamos mayor*. 私たちは彼女がもっと年上だと思っていた. ► 形容詞は目的語と性数一致する.

―自 重要である, 意義を持つ.

― ~**se** 再 **1**《3人称で》思われる, 推定される; 仮定される;《+形容詞およびその相当語句 …だと》想定される. *Se supone que la tragedia ocurrió en el mismo lugar*. 悲劇は同じ場所で起こったと推定される.

2 推察する, 思う; 仮定する.
―男《話》仮定, 推測, 想定. *Imagina, y es un* ~, *que te quedas sola*. 仮定の話だが, 一人ぼっちになったと想像してごらん.
ser de suponer que +直説法 …だと思われる, きっと…だろう.
[← [中ラ] *suppōnere* ← [ラ] 「下に置く; 取り替える」(*sub-*「下に」+ *pōnere*「置く」); 関連 suposición, (pre) supuesto. [英] *suppose*]

su·po·si·ción [su.po.si.θjón / -.sjón] 女 **1** 仮定, 推測, 憶測. **2** 権威, 卓越性, 重要性. **3** 中傷.

supositorio

suposición de parto [*infante*]【法】(他人の子をもらい受けなどしてする)出産偽称.
su·po·si·to·rio [su.po.si.tó.rjo] 男 座薬, 座剤.
sup·port·er [su.pór.ter] [英] 男 女 (複 〜s) (サッカーチームの)ファン, サポーター(= hincha).
supra- 《接頭》「上にある, 超越した, 超…」の意.
*supra*nacional. [←〔ラ〕]
su·pra·cla·vi·cu·lar [su.pra.kla.bi.ku.lár]【解剖】鎖骨上部の.
su·pra·na·cio·nal [su.pra.na.θjo.nál / -.sjo.-] 形 超国家的な.
su·pra·na·cio·na·li·dad [su.pra.na.θjo.na.li.ðáð / -.sjo.-] 女 超国家.
su·pra·rre·a·lis·mo [su.pra.r̄e.a.lís.mo] 男 シュルレアリスム, 超現実主義.
su·pra·rre·nal [su.pra.r̄e.nál] 形【解剖】腎臓(%)の上にある, 副腎の. glándula 〜 副腎腺(%).
su·pra·seg·men·tal [su.pra.seɡ.men.tál] 形【音声】超分節的な, かぶせ(音素)の.
su·pra·sen·si·ble [su.pra.sen.sí.ble] 形 超感覚的な; 敏感すぎる; 高感度の.
su·pre·ma·cí·a [su.pre.ma.θí.a / -.sí.-] 女 至高, 最高(位); 優越, 優位; 覇権.
su·pre·ma·men·te [su.pré.ma.mén.te] 副 最高に, この上なく.
‡**su·pre·mo, ma** [su.pré.mo, -.ma] 形 **1** 最高の, 最高位の, 至高の. el jefe 〜 最高指導者; 総司令官. la autoridad *suprema* 最高権力(者). Ser S〜 神. Tribunal S〜 最高裁判所.
2 至上の, 無上の, 最高度の. esfuerzo 〜 最大の努力. felicidad *suprema* 無上の幸福. **3** 最後の, 究極の. sacrificio 〜 (戦争などで)命を犠牲にすること. hora *suprema* / momento 〜 臨終. Tu hora *suprema* ha llegado. ここが正念場だぞ.
su·pre·sión [su.pre.sjón] 女 **1** 省略, 削除. la 〜 de un artículo 記事の削除.
2 廃止, 撤廃; 禁止, 抑圧.
su·pre·sor, so·ra [su.pre.sór, -.só.ra] 形 削除[省略·廃止]する.
— 男 女 削除[省略·廃止]する人[もの].
‡**su·pri·mir** [su.pri.mír] 他 **1** 廃止する, 抑圧[抑制]する. 〜 la libertad de expresión 言論[表現]の自由を奪う.
2 削除する, 省略する, 抜かす. *Suprima* los detalles. 詳細は省いてください. **3** 排除する; 解除する. 〜 los obstáculos morales 障害を取り除く.
[←〔ラ〕*supprimere*「押し下げる」(*sub*-「下へ」+ *premere*「押さえる」);【関連】supresión. [英] *suppress*「抑える」]
su·prior, prio·ra [su.prjór, -.prjó.ra] 男 女【カト】副修道院長, 院長代行者.
su·pues·ta·men·te [su.pwés.ta.mén.te] 副 おそらく, 推定では.
‡**su·pues·to, ta** [su.pwés.to, -.ta] [suponer の 過分] 形 **1** 《多くは+名詞》仮定の, 推測[想像]に基づいた; うわさの, …の嫌疑のある(= presunto). su *puesta* enfermedad 気病み. su 〜 suicidio 自殺だと思われている彼[彼女](ら)の死. su 〜 uso irregular de fondos 資金の不正使用の嫌疑を調査する. José es su 〜 nombre. ホセという彼の名前は怪しい. Fue detenido por un 〜 delito de agresión sexual. 彼は性的虐待の容疑で逮捕された.
2 《+名詞》自称…. un 〜 pintor 自称画家.
— 男 **1** 仮定, 仮説, 推定; 前提. Es todavía un 〜. それはまだ仮説である. el 〜 de que +接続法 [直説法] …という仮定[前提]. Partimos del 〜 de que no existe nada perfecto. 完全なものは存在しないという前提から我々は出発する. **2** 訓練. estratégico-táctico【軍】戦略·戦術演習.
dar... por supuesto …を当然だと思う. Hay quienes *dan por* 〜 que todo novelista es un intelectual. 小説家なら誰でもインテリで当たり前と思っている人がいる.
en el supuesto de que +接続法 …と仮定して.
En el 〜 *de que* no *ocurra* absolutamente nada, … 何も起こらないと仮定すれば, ….
por supuesto もちろん, 当然.
por 〜 *que* +直説法 …はもちろんである.
Por 〜 *que* no me *importa*. もちろん構わないとも.
supuesto que... (**1**) 《+直説法》…だから. S〜 *que* antes no *había* regulación y ahora sí, el paso es gigantesco. 以前は規制がなかったが, 今はあるのだから, その進歩は目を見張るものがある. (**2**) 《+接続法》…ならば. S〜 *que* esos datos *sean* ciertos, … それらのデータが確かであるのなら….
su·pu·ra·ción [su.pu.ra.θjón / -.sjón] 女 化膿(%), 膿(%).
su·pu·ran·te [su.pu.rán.te] 形 化膿(%)する; 膿を出す.
su·pu·rar [su.pu.rár] 自 膿(%)む, 化膿(%)する; 膿(%)が出る.
su·pu·ra·ti·vo, va [su.pu.ra.tí.bo, -.ba] 形 化膿(%)性の, 化膿させる.
supus- 活 →suponer.
‡**sur** [súr] 男 **1** 南, 南部《略 S》. al *sur* de (...) (...の)南方に. Cruz del *Sur* 南十字星.
2 《形容詞的に》南[南部]の, 南から吹く. con rumbo *sur* 南方に向かって. lado *sur* 南側. polo *sur* 南極. región (del) *sur* 南部地方. viento (del) *sur* 南風.
su·ra [sú.ra] 女 スーラ: コーランの章, 節.
su·rá [su.rá] 男 シュラー織り: 絹の綾(%)織物.
sur·a·fri·ca·no, na [su.ra.fri.ká.no, -.na] 形 男 女 →sudafricano.
su·ral [su.rál] 形【解剖】ふくらはぎの, 腓腹(%%)の. músculo 〜 腓腹筋. arteria 〜 腓腹動脈.
Sur·a·mé·ri·ca [su.ra.mé.ri.ka] 固名 → Sudamérica.
sur·a·me·ri·ca·no, na [su.ra.me.ri.ká.no, -.na] 形 男 女 →sudamericano.
su·ra·zo [su.rá.θo / -.so] 男《ラ米》(%%)(%%)強い南風, (南極からの)寒風.
sur·car [sur.kár] 他 **1** 畑に畝(%)を作る, 耕す. 〜 el campo con el arado 鋤(%)で畑を耕す.
2 筋をつける, 溝を刻む. frente *surcada* de arrugas しわの刻まれた顔. **3**《空気·水を》切って進む. 〜 los mares 波を切って進む.
sur·co [súr.ko] 男 **1** 畝, 溝. abrir 〜s 畝を作る.
2 しわ(= arruga). una frente llena de 〜s しわだらけの額.
3 車の跡, わだち; 航跡. Las ruedas del carro dejan 〜s en la tierra. 荷車がわだちを残して行く.
4 (レコードなどの)溝.
[←〔ラ〕*sulcum* (*sulcus* の対格);【関連】surcar. [英] *sulcus*「溝」]
sur·co·re·a·no, na [sur.ko.re.á.no, -.na] 形 韓国の, 大韓民国の. — 男 女 韓国人.
súr·cu·lo [súr.ku.lo] 男【植】(茎が枝分かれしない)単茎.

sur・cu・lo・so, sa [sur.ku.ló.so, -.sa] 形 【植】単茎の.

sur・dir [sur.dír] 自 【海】〈傾いた船が〉起きる, 復元する.

su・re・ño, ña [su.ré.ɲo, -.ɲa] 形 南部の, 南にある; 南部生まれの, 南部に住む. clima ～ 南の気候. ━ 男 女 南部人, 南部出身者.

su・re・ro, ra [su.ré.ro, -.ra] 形 男 女 《ラ米》(方言) → sureño. ━ 男 《ラ米》(気象)南からの寒風.

su・res・ta・da [su.res.tá.ða] 女 《ラ米》(気象)(雨混じりの)南東からの強風.

***sur・es・te** [su.rés.te] 男 **南東**(部)(= sudeste)(略 SE); 南東の風(= viento (del) ～); 《形容詞的に》南東の. parte ～ 南東部.

surf [súrf] 《英》男 《複 ～s》【スポ】サーフィン.

sur・fe・ar [sur.fe.ár] 自 **1**【スポ】サーフィンをする. **2**【IT】ネットサーフィンをする.

surf・er [súr.fer] 《英》男 女 《複 ～s, ～》→ surfista.

sur・fe・ro, ra [sur.fé.ro, -.ra] 形 【スポ】(ウインド)サーフィン[サーファー]の. ━ 男 女 (ウインド)サーファー; スノーボーダー.

surf・ing [súr.fin] 《英》男 → surf.

sur・fis・ta [sur.fís.ta] 男 女 サーファー.

sur・gi・mien・to [sur.xi.mjén.to] 男 現れる[生じる]こと, 出現, 発生.

****sur・gir** [sur.xír] 自 **1**〈もの・事象が〉(突然)**出現する**, 現れる. Han surgido nuevos problemas. 新たな問題が発生した. En mi cabeza *surgió* la idea de volver a empezar. 私の頭にやり直すという考えが浮かんだ.

2〈水などが〉吹き出す, 湧き出す. Por aquí *surgieron* aguas termales. このあたりで温泉が湧いた.

3 そびえたつ, 突出する. Entre las casas *surge* la torre medieval. 家並みの上に中世の塔がそびえたっている. **4**【海】〈船が〉投錨する.

[← [ラ] surgere「立ち上がる, 出現する」; 関連 insurgente, resurgir.【英】surge]

su・ria・no, na [su.rjá.no, -.na] 形 《ラ米》(方言)南の, 南部の; 南部生まれ[出身]の.

su・ri・ca・ta [su.ri.ká.ta] 女 【動】スリカータ, ミーアキャット: マングースに近縁の小型の肉食獣, アフリカ産.

su・ri・mi [su.rí.mi] 〔日〕男 (カニ肉に似せて作った)練製品.

Su・ri・nam [su.ri.nám] 固名 スリナム: 南米北東部の共和国; 首都 Paramaribo.

[← [オランダ] *Suriname* (先住民語起源)]

su・ri・na・més, me・sa [su.ri.na.més, -.mé.sa] 形 スリナム(人)の. ━ 男 女 スリナム人.

su・ri・pan・ta [su.ri.pán.ta] 女 **1**(話)(劇場の)コーラスガール. **2**(俗)尻軽(しりがる)女.

surj- 活 → surgir.

sur・me・na・ge / sur・me・na・je [sur.me.ná.xe // -.náf] 男 考え過ぎ, 知的作業のしすぎでくたくたの状態.

[← [仏] surmenage]

***sur・o・es・te** [su.ro.és.te] 男 **南西**(部)(= sudoeste)(略 SO); 南西の風(= viento (del) ～); 《形容詞的に》南西の. parte ～ 南西部.

su・rre・a・lis・mo [su.r̄e.a.lís.mo] 男 シュルレアリスム, 超現実主義.

su・rre・a・lis・ta [su.r̄e.a.lís.ta] 形 シュルレアリスムの, 超現実主義の. ━ 男 女 シュルレアリスト, 超現実主義者.

sur・round [su.r̄áun(d)] 《英》男 【音響】サラウンド方式.

su・rrun・gue・ar [su.r̄uŋ.ge.ár] 他 《ラ米》(方言)〈弦楽器を〉弾く, かき鳴らす.

sur・sud・o・es・te [sur.su.ðo.és.te] 男 南南西; 南南西の風(= sudsudoeste).

sur・sun・cor・da [sur.suŋ.kór.ða] 男 《話》お偉方.

sur・su・res・te [sur.su.rés.te] 男 南南東(略 SSE); 南南東の風; 《形容詞的に》南南東の.

sur・su・ro・es・te [sur.su.ro.és.te] 男 南南西(略 SSO); 南南西の風; 《形容詞的に》南南西の.

sur・ti・de・ro [sur.ti.ðé.ro] 男 **1** (池・貯水池の)排水口. **2** (水の)噴出.

sur・ti・do, da [sur.tí.ðo, -.ða] 形 **1** 種々詰め合わせた. caramelos ～s 詰め合わせキャンデー.

2 種々ぞろえの豊富な. Estamos ～s en géneros para esta temporada. 当店はシーズンの商品を豊富に取りそろえてあります.

━ 男 **1** (菓子などの)詰め合わせ. un ～ de galletas ビスケットの詰め合わせ. **2** 品ぞろえ, 在庫. Aquella tienda tiene un gran ～ de corbatas. あの店はネクタイの品ぞろえが豊富だ.

sur・ti・dor, do・ra [sur.ti.ðór, -.ðó.ra] 形 供給する, 補給する. ━ 男 **1** (水の)噴出, 噴流; 噴水. **2** (ガソリンスタンドの)給油機. **3**【車】キャブレターノズル, 気化器噴出口.

sur・tir [sur.tír] 他 供給する, 調達する, 卸す. ～ a+人 de carbón 〈人〉に石炭を供給する. ～ el mercado 市場に品物を卸す. ～ un pedido 注文に応じる. ━ 自〈水が〉噴出する, 湧(わ)き出る.

━ ～・se (de...) ～を) 補充する; 仕入れる, 取りそろえる. ～se de materiales 材料を補充する.

***surtir efecto* 効果が上がる, 効力を発揮する. El medicamento *surtió efecto*. 薬が効いた.

sur・to, ta [súr.to, -.ta] 形 【海】投錨(とうびょう)した, 停泊中の.

su・rum・bá・ti・co, ca [su.rum.bá.ti.ko, -.ka] 形 《ラ米》《話》呆然(ぼうぜん)とした, びっくりした; ぼんやりした.

su・rum・biar [su.rum.bjár] 82 他 《ラ米》(方言)打つ, むち打つ.

su・rum・bo, ba [su.rúm.bo, -.ba] 形 《ラ米》(方言)→ surumbático.

su・rum・pe [su.rúm.pe] / **su・ru・pí** [su.ru.pí] 男 《ラ米》(方言)(気象)(雪の反射光による)目の炎症, 雪目.

sus [sús] 略 → su.

¡sus! [sús] 間投 **1** がんばれ, しっかり, それ, さあ.

2《動物を追い払うときの》しっ.

sus- (接頭)(c, p, t で始まるラテン語系の語の前での) sub- の異形. ⇒ *suscitar, suspender, sustentar*. ► sc-, st- で始まる語に付く場合は sus-, subs- の2つの形がある. ⇒ *suscribir* (*subscribir*← *sub-* + *scribere*), *sustraer* (*substraer*← *sub-* + *extra-here*).

sus・cep・ción [sus.θep.θjón / -.sep.sjón] 女 受容.

sus・cep・ti・bi・li・dad [sus.θep.ti.βi.li.dáð / -.sep.-] 女 **1** 敏感さ, 感受性; 傷つけられたと感じる性向. **2**(誤解からくる)怒り.

***sus・cep・ti・ble** [sus.θep.tí.βle / -.sep.-] 形 **1** (de...)(…の)可能な, 余地のある; (…を)受けやすい. ～ de educación 教育可能な. ～ de fluctuaciones 変化[変動]しやすい. ～ de mejora 改良[改善]の余地のある. **2** 怒りっぽい; 傷つけられ非難されたと思い込む. Es ～ a la crítica. 彼[彼女]は批判されるとすぐにかっとなる.

sus·cep·ti·vo, va [sus.θep.tí.bo, -.ba / -.sep.-] 形 → susceptible.

sus·ci·tar [sus.θi.tár / -.si.-] 他 **1**〈感情などを〉呼び起こす，かき立てる. ~ un interés 興味をそそる. *Suscitó* antipatías de todos. 彼[彼女]はみんなの反感を買った. **2**あおる，扇動する. Hizo todo lo posible para ~ una rebelión. 反乱を駆りたてるために彼［彼女]はあらゆる手を尽くした. **3**生じさせる，引き起こす. Esta medida puede ~ muchos problemas. このやり方だと多くの問題を誘発しかねない.

sus·cri·bir [sus.kri.bír] 75 他 [過分]はsuscrito］ **1**〈書類などの〉末尾に署名する，記名する. ~ la petición 嘆願書に署名する. el que *suscribe* 下記［末尾]署名者. **2** 是認する，支持する，賛同する. No *suscribo* su conducta. 私は彼［彼女]（ら）の振る舞いをよしとしない. **3** 予約（購読）リストに載せる. Ya me han *suscrito* a esa revista. 私はもうその雑誌の予約を済ませた. **4**〈株式の〉買い付けを申し込む.
— ~·se 再 (a... …の) 購読契約をする，申し込む.
~*se a* una revista 雑誌の予約購読をする.

sus·crip·ción [sus.krip.θjón / -.sjón] 女 予約購読，（株式の)申し込み，応募；署名. abrir una ~ 予約購読の受付を開始する.

sus·crip·tor, to·ra [sus.krip.tór, -.tó.ra] 男 女 予約購読者；申込者；署名者.

sus·cri·to, ta [sus.krí.to, -.ta] [suscribir の 過分] 形 **1** 署名した. **2** 予約した.
— 男 女 末尾の署名者.

su·shi [sú.si] 男 寿司.

su·si·dio [su.sí.ðjo] 男 不安, 気がかり.

su·so·di·cho, cha [su.so.ðí.tʃo, -.tʃa] 形 前述の，上記の，件(ṟʼʼ)の. — 男 女 前述[前記]の人.

sus·pen·der [sus.pen.dér] 他 **1** 中断する，〈予定していたことを〉中止する，保留する. ~ el trabajo [la clase, el estudio, la reunión, el partido] 仕事[授業，学業，会議，試合]を中断する. el juicio 判断を保留する. Nos *suspendieron* la visa. 我々はビザの発行を見合わされた. Han *suspendido* la excursión [fiesta]. 遠足[パーティ]は中止になった.
2《de... / en... …に》つるす. ~ la lámpara del techo 天井から電灯をつりさげる.
3 休職させる. Me *suspendieron* de empleo y sueldo. 私は無給停職処分になった.
4 落第させる，〈学科に〉落とす. Le han *suspendido* (en) tres asignaturas. 彼は3科目落第とされた.
5 感動させる，しびれさせる.
— 自《en...》〈学生が〉《《履修科目》を》落とす，《《試験》に》合格点に届かない. Pedro sacó malas notas y *suspendió*. ペドロは点数が悪くて落第した.
— ~·se 再 **1** 中断する. Se *suspendió* la sesión durante 5 minutos. 会議は5分間中断した.
2 つるされる.
[←〔ラ〕*suspendēre*; *sub*-「下に」+ *pendēre*「つるす」(→ pender)；関連 suspensión, suspenso, suspensivo.［英］suspend, suspense]

sus·pense [sus.pén.se] [英](映画・小説の)サスペンス. novela de ~ サスペンス小説.

sus·pen·sión [sus.pen.sjón] 女 **1**つるすこと，宙づり.
2停止，中止，中断；休会；延期. la ~ de las pruebas nucleares 核実験停止. ~ de la ejecución [法]刑の執行停止. ~ de garantías (cons-tituciionales) 憲法上の権利停止. ~ de hostilidades 停戦. ~ de pagos 支払い停止.
3[車]懸架装置，サスペンション. ~ independiente de las cuatro ruedas 4輪独立サスペンション.
4[化]懸濁（液). **5**[音楽]掛留. **6**驚き，仰天.
7→ sustentación 4.

sus·pen·si·vo, va [sus.pen.sí.bo, -.ba] 形 停止の，中止の.
puntos suspensivos 省略符号(...).

sus·pen·so, sa [sus.pén.so, -.sa] 形 **1**つるした，— en el aire 宙づりになった.
2驚いた，あっけにとられた；まごついた，当惑した. **3** 不合格の，落第の. **4** 中断された，保留の.
— 男 **不合格**，落第. dar un ~ a+人（試験に）〈人〉を不合格にする. tener un ~ 1科目不合格点がある.
en suspenso 未決の，懸案の. dejar *en* ~ la decisión 決定を棚上げにする.
tener el corazón en suspenso はらはらする，気をもむ.

sus·pen·so·res [sus.pen.só.res] 男《複数形》《ラ米》(ᴹ*)(ᶠ⁽ᵃᶻ⁾ᵗᵉ) [服飾]ズボンつり，サスペンダー.

sus·pen·so·rio, ria [sus.pen.só.rjo, -.rja] 形 下げるための，つるすための，懸垂式の. — 男 **1** つり包帯，懸垂帯. **2**（スポーツ選手の）男子用サポーター.

sus·pi·ca·cia [sus.pi.ká.θja / -.sja] 女 うたぐり深さ；猜疑(ᵎ)心. producir ~ 不信を抱かせる.

sus·pi·caz [sus.pi.káθ / -.kás] 形 [複 suspicaces] うたぐり深い.

sus·pi·caz·men·te [sus.pi.káθ.mén.te / -.kás.-] 副 うたぐり深く.

sus·pi·ra·do, da [sus.pi.rá.ðo, -.ða] 形 熱望した，焦がれた.

sus·pi·rar [sus.pi.rár] 自 **1**ため息をつく. ~ de placer [pena] 喜び[苦悩]の吐息をもらす. La madre *suspiró* aliviada al ver a su hija. 母親は娘を見て安堵のため息をついた. **2**《**por...**》強く求める，熱望する. ~ *por* su príncipe azul 白馬の王子様を待ち焦がれる. Muchos jóvenes *suspiran por* tener un coche así. 多くの若者はそういう車をのどから手が出るほど欲しがっている.
[←〔ラ〕*suspīrāre*「深く息を吸う；ため息をつく」(*sub*-「下から」+ *spīrāre*「息をする」)；関連 suspiro]

sus·pi·ro [sus.pí.ro] 男 **1**ため息，嘆息. dar un ~ ため息をつく. deshacerse en ~*s* やたら[大きな]ため息をつく. **2** かすかな物音，そよぎ. los ~*s* del viento 風がそよぐ音. **3** ガラスの笛. **4**[料]ススピーロ：砂糖・小麦粉・卵を使ったメレンゲに似た菓子. **5**[音楽]四分休止符. **6**〔ラ米〕(ᶜ) [植]パンジー，サンシキスミレ.
exhalar [*dar*] *el último suspiro* 息を引き取る.
Lo que no va en lágrimas va en suspiros.《諺》涙の伴わないものにはため息がつきまとう（どちらにしてもよくないのは同じだ；いいことばかりはない).

sus·pi·rón, ro·na [sus.pi.rón, -.ró.na] 形《話》やたらため息をつく.
— 男 女《話》ため息ばかりつく人.

sus·tan·cia [sus.tán.θja / -.sja] 女 **1** 物質，物体. ~ sólida 固体. ~ líquida 液体. ~ gaseosa 気体. ¿De qué ~ están hechos? 何でできているのですか. **2本質**，精髄；[哲]実体. captar la ~ 本質をつかむ. **3** 内容，中身，実質；要点，価値，重要性. Sus argumentos tienen poca ~. 彼[彼女]の議論はほとんど内容がない. **4** 抽出物，エキス，

栄養分, 滋養分. ～ de carne 肉のエキス.
en sustancia 実質的には；要するに.
sustancia blanca 〖解剖〗(脳髄・脊髄(??)の)白質.
sustancia gris 〖解剖〗(脳髄・脊髄の)灰白質.
[←〚ラ〛*substantiam* (*substantia* の対格)；*substāre*「下にある」(*sub-*「下に」＋ *stāre*「立っている」)より派生；関連 *sustantivo*．英 *substance*]

sus·tan·cia·ción [sus.tan.θja.θjón / -.sja.sjón] 囡 〖法〗立証, 実証；具体化.

***sus·tan·cial** [sus.tan.θjál / -.sjál] 形 **1 本質の, 実体の**；本質的な, 根本的な, 重要な；内容のある. Es el punto ～ del discurso. それが演説のキーポイントだ. No dijo nada ～. 彼[彼女]はなんら実質的なことは言わなかった. **2** 栄養のある, 滋養に富む.

sus·tan·cia·lis·mo [sus.tan.θja.lís.mo / -.sja.-] 男 〖哲〗実体論.

sus·tan·cial·men·te [sus.tan.θjál.mén.te / -.sjál.-] 副 **1** 要するに. **2** 本質的に, 実質的に. **3** かなり.

sus·tan·ciar [sus.tan.θjár / -.sjár] 82 他 **1** 要約する, まとめる, 簡約化する.
2 〖法〗立証, 証明する；審理する.

sus·tan·cio·so, sa [sus.tan.θjó.so, -.sa / -.sjó.-] 形 **1** 滋養に富む, 栄養のある.
2 内容のある, 中身の濃い；実質的な.

sus·tan·ti·va·ción [sus.tan.ti.ba.θjón / -.sjón] 囡 〖文法〗名詞化.

sus·tan·ti·var [sus.tan.ti.bár] 他 〖文法〗名詞化する.

sus·tan·ti·vi·dad [sus.tan.ti.bi.ðáđ] 囡 実存性, 実質性.

***sus·tan·ti·vo, va** [sus.tan.tí.bo, -.ba] 形 **1** 実在的な, 本質の；実質的な, 根本的な. **2** 〖文法〗名詞の, 名詞に用いられた. — 男 名詞.

sus·ten·ta·ble [sus.ten.tá.ble] 形 **1** 〈学説などが〉支持できる, 擁護できる. **2** 支えうる, 維持[持続]できる. desarrollo ～ 持続可能な発展.

sus·ten·ta·ción [sus.ten.ta.θjón / -.sjón] 囡 **1** 支え；維持. **2** 支持, 弁護. **3** 生計の支え, 扶養. **4** 〖修辞〗類推法：結末を引き延ばすことによって読者の期待と不安を高める方法. **5** 〖航空〗揚力.

sus·ten·tá·cu·lo [sus.ten.tá.ku.lo] 男 支柱, 支え；支持.

sus·ten·ta·dor, do·ra [sus.ten.ta.ðór, -.ðó.ra] 形 維持する, 支える. superficie *sustentadora* 〖航空〗浮揚翼面. — 男 維持する[支える]もの[人].

sus·ten·ta·mien·to [sus.ten.ta.mjén.to] 男 → sustentación.

sus·ten·tan·te [sus.ten.tán.te] 形 維持する, 支持する；支える. — 男 囡 (学説などの)支持者, 擁護者；援助, 助け. — 男 **1** 〖建〗土台, 支柱. **2** 〖海〗グーズネック：帆桁(??)を前檣に固定する金具.

***sus·ten·tar** [sus.ten.tár] 他 **1 支える**. Grandes pilares *sustentan* el puente. 大きな橋脚が橋を支えている. **2 扶養する**, 生計を支える. ～ una familia 家族を養う. **3** 支持する, 支援する；励ます, 力づける. ～ el gobierno 政府を支持する. Me *sustenta* sólo vuestro afecto. 君たちの愛情だけが私の支えだ. **4** 主張する, 断言する. ～ una idea 考えを主張する.
— ～*se* 再 《con… / de… …で》栄養をとる, 生命を維持する；生存する, 存続する.

sus·ten·to [sus.tén.to] 男 **1** 食べ物, 滋養物.
2 支え；支持. ～ principal (一家の)大黒柱.
3 生計, 生活費. ganarse el ～ 生活の糧を稼ぐ.

***sus·ti·tu·ción** [sus.ti.tu.θjón / -.sjón] 囡 代理, 代用；交替, 取り替え；〖文法〗代用, 代入.

sus·ti·tui·ble [sus.ti.twí.ble] 形 取り替えられる, 代理[代用]可能な.

sus·ti·tui·dor, do·ra [sus.ti.twi.ðór, -.ðó.ra] 形 代わりをする, 代理の.

***sus·ti·tuir** [sus.ti.twír] 48 他 **1 …に取って代わる；…の代理[代用]をする；後任者となる**. La República *sustituyó* a la Monarquía. 共和制が君主制に取って代わった（► 目的語がものの場合でも前置詞 a を伴うことがある）. El vicepresidente *sustituye* al presidente cuando éste está de viaje. 社長が出張の間, 副社長が社長の役を務める.
2 《con… / por… …と》取り替える, 入れ替える；言い換える. *Sustituyó* la rueda pinchada *por* la de recambio. 彼[彼女]はパンクしたタイヤをスペアタイヤと取り替えた.
[←〚ラ〛*substituere* (「代わりに置く」が原義；*sub-*「代わりに」＋ *statuere*「据える」)．関連 sustitución．英 *substitute*]

sus·ti·tu·ti·vo, va [sus.ti.tu.tí.bo, -.ba] 形 代理の, 代用の. Hay muchos productos ～s del caviar. キャビアの代用品はたくさんあります.
— 男 代理人, 後任者；代用(品).

sus·ti·tu·to, ta [sus.ti.tú.to, -.ta] 男 囡 代理人, 後任者. 〖演〗代役.

sus·ti·tu·to·rio, ria [sus.ti.tu.tó.rjo, -.rja] 形 → sustitutivo.

sustituy- 活 → sustituir.

***sus·to** [sús.to] 男 **1 (恐怖・驚きで) どきっとすること**. con cara de ～ 驚いた[恐怖の]顔をして. de ～ (恐怖・驚きで)ぎょっ[びくっ, どきっ]として. El ～ le paralizó. 彼はびっくりして[恐怖で]動けなくなってしまった. → miedo [類語]. **2** (やや病的な)心配, 強迫観念. **3** 〖ラ米〗〖医〗(1) (??)結核, 肺病. (2) (*屋*)(??)ノイローゼ.

caerse del susto 《話》怖がる, 腰を抜かす.

dar [*pegar*] *a*＋人 *un susto* 〈人〉を驚かす. ¡Qué ～ me has dado! びっくりしたなあ, もう (► me は a＋人に相当).

darse [*pegarse, llevarse*] *un* (*buen*) *susto* 仰天する, 非常に驚く.

muerto del susto 死ぬほどびっくりして.

sus·trac·ción [sus.trak.θjón / -.sjón] 囡 **1** 除去, 切除. **2** 盗み, 横領. **3** 〖数〗引き算；差し引き, 控除.

sus·tra·en·do [sus.tra.én.do] 男 〖数〗減数.

sus·tra·er [sus.tra.ér] 58 他 **1** 取り去る, 抜き取る. **2** 盗む, くすねる, 巻き上げる. **3** 引き算する, 差し引く；控除する. ～ tres a diez 10から3を引く.
— ～*se* 再 《a…》 **1** 《…から》免れる, 回避する, 逃れる. 彼[彼女]はぶしつけな質問をはぐらかした. **2** (…に)抵抗する, 抗する. ～*se a* la tentación 誘惑に負けない.

sus·tra·to [sus.trá.to] 男 **1** 〖地質〗下層(土), 基層. **2** 〖言〗基層(言語). **3** 土台, 基礎. **4** 〖植〗底土. **5** 〖化〗培養基；底質. **6** 〖電〗(集積回路などの)基板.

su·su·rran·te [su.su.r̃án.te] 形 **1** ささやく, つぶやく. **2** 〈葉などが〉カサカサ[サラサラ]鳴る.

***su·su·rrar** [su.su.r̃ár] 自 **1 ささやく, つぶやく**. ～ al oído 耳元でささやく. **2** かすかな音をたてる. — ～*se* 再 《3人称で》うわさされる, ささやかれる. *Se susurra* que está casado. 彼は結婚してい

susurrido

るといううわさだ.

su·su·rri·do [su.su.r̃í.ðo] 男 → susurro.

*__su·su·rro__ [su.sú.r̃o] 男 **1** ささやき, つぶやき. **2** そよぎ, せせらぎ.

su·su·rrón, rro·na [su.su.r̃ón, -.r̃ó.na] 形 ささやくような, つぶやくような. ― 男 女 よくささやく人; 陰口をたたく人.

su·tás [su.tás] 男 飾りひも, さなだひも, 装飾用の細い平織りのひも. [← 仏 *soutache*]

su·til [su.tíl] 形 **1** 微妙な, かすかな. sonrisa 〜 微笑. alegría 〜 はかない喜び. Esta rosa exhala un aroma 〜. このバラはほのかに香る. **2** 柔らかい, 手触りのよい. la textura 〜 de la gasa ガーゼの柔らかな繊維. **3** 〈批判などが〉的を射た, 洞察力のある. análisis 〜 するどい分析. **4** 〈仕事などが〉緻密な. la 〜 precisión milimétrica ミリ単位の緻密な精度.

su·ti·le·za [su.ti.lé.θa / -.sa] 女 **1** 薄さ, 細さ. **2** 絶妙さ, 精緻(ﾁ). **3** オ知; 器用. 〜 de manos 手先の器用さ. **3** (意味などの) 微妙さ, 繊細さ. **4** (動物の) 本能.

su·ti·li·dad [su.ti.li.ðáð] 女 → sutileza.

su·ti·li·zar [su.ti.li.θár / -.sár] 97 他 **1** 薄くする, 細くする. **2** 磨く, 練磨する. **3** 微妙に論じる. **4** 鋭くする, 鋭敏にする. ― 自 **1** 巧妙にやる. **2** 過度に微細化する, 必要以上に細かく区別する［論じる］.

su·to·rio, ria [su.tó.rjo, -.rja] 形 靴造りの, 靴製造技術に関する.

su·tra [sú.tra] 男 スートラ. (1) ヒンドゥー教の経書. (2) 仏教の経［教典］. (3) サンスクリット文法規則書.

su·tu·ra [su.tú.ra] 女 **1** 縫い目, 綴(ﾄ)じ目. **2** 〖医〗縫合; 〖解剖〗(頭蓋(ﾋ)骨の) 縫合(線), 継ぎ目.

su·tu·rar [su.tu.rár] 他 〖医〗縫合する, 縫い合わせる.

****su·yo, ya** [sú.jo, -.ja] 形 《所有》《後置形. 複数形は suyos, suyas.》あなた (方) の; 彼 (ら) の, 彼女 (ら) の;《もの同士の所属関係などを表す》それ (ら) の; 自分の. ▶ 所有されるもの [人] の性数によって語尾変化する. (1) 《名詞+》un amigo 〜 あなた (方) ［彼 (ら) ／彼女 (ら)］の友人のひとり. la palabra *suya* あなた (方) ［彼 (ら) ／彼女 (ら)］の言葉. No es problema 〜. あなた (方) ［彼 (ら) ／彼女 (ら)］の問題ではありません. ▶ 前置形は su. (2) 《**ser**+》Esta chaqueta es *suya.* このジャケットは彼［彼女, あなた］のです. (3) 《定冠詞+》《所有代名詞》あなた (方) のもの; 彼 (ら) のもの, 彼女 (ら) のもの;《もの同士の所属関係などを表して》それ (ら) のもの; 自分のもの. Nuestro coche no es tan grande como *el* 〜. 私たちの車はあなた (方) ［彼 (ら) ／彼女 (ら)］のほど大きくないです.

Cada cual a lo suyo. 他人へのお節介は無用.

de suyo それ自体, もともと; 実際.

Eso cae de suyo. 《ラ米》《話》それは言うまでもない.

hacer SUYO (賛同を表して) 相手の言葉などを繰り返す; 自分のものにする.

ir a lo suyo [a la suya] 自分のことだけを考えて行動する.

los suyos 彼［彼女］(ら) の家族［仲間］.

lo suyo (1) 〔彼［彼女］・ものなどの〕本分; 得意とすること. El piano es *lo* 〜. ピアノは彼［彼女, あなた］の特技だ. (2) 《副詞的に》とても (=mucho). pesar *lo* 〜 本当に重い. costar *lo* 〜 すごく高く (費用が) かかる.

ser muy suyo 個性的な; 利己的な; 超然とした; 変な.

Suyo afectísimo 《手紙の結び》敬具. ▶ 差出人の性数によって語尾変化する.

una de las suyas あなた (方), 彼 (ら) らしい (いつもの) ふざけ［いたずら, へま］.

[← 古スペイン *súo, súa* ← ラ *suus, sua*; 関連 su]

su·zón [su.θón / -.són] 男 〖植〗ノボロギク.

Sv 《略》〖物理〗sievert シーベルト: 放射能の線量当量の SI 単位.

svás·ti·ca / swás·ti·ca [sβás.ti.ka] 女 まんじ (卍) (= cruz gamada), 逆まんじ (卐); 鉤(ｶｷﾞ)十字章, ハーケンクロイツ (卐) (ナチス・ドイツの国章).

swa·hi·li [sβa.í.li, swa.(x)í.-, -.hí.-] 男 スワヒリ語.

swing [swín] 《英》男 《複 〜s, 〜》**1** 〖スポ〗(ゴルフの) スイング; (ボクシングの) フック. **2** 〖音楽〗スイング: ジャズの一形式. **3** (音楽・詩などの) 律動, スイングの効いた演奏.

switch [swítʃ] 《英》男 **1** (電気の) スイッチ (= interruptor). **2** 〖ＩＴ〗スイッチ: コマンド行オプション.

swi·tche·ar [swi.tʃe.ár] 他 **1** 切り替える. **2** 〖ＩＴ〗OSを切り替える.

sym·po·sium [sim.pó.sjum] 男 → simposio.

T t

日本語の「タ, テ, ト」の子音でよい. 舌先を前歯の裏につけて発音する. 英語のように舌先を歯茎につけたり, 息を出しすぎたりしないよう注意.

T, t [té] 囡 **1** スペイン語字母の第21字. **2** T字形(のもの).
t (略)*tonelada* トン: 1000キログラム.
t. (略)*tomo*(全集などの)巻, 分冊.
t / , T (略)〖商〗*talón* 小切手; 一覧払いの手形.
¡ta! [tá] 間投〖ラ米〗(ｺﾞﾛ)〖話〗よし, オーケー.
Ta 〖化〗*tantalio* / *tántalo* タンタル.
ta·ba [tá.ba] 囡 **1** 〖解剖〗距骨: 足首の内側の骨. **2** 〖遊〗距骨[金属片など]を用いたお手玉遊び.
mover [*menear*] *las tabas* 〖話〗踊る.
ta·ba·cal [ta.ba.kál] 男 タバコ畑, タバコ農園.
ta·ba·ca·le·ro, ra [ta.ba.ka.lé.ro, -.ra] 形 タバコの, タバコに関する. ── 男囡 **1** タバコ栽培者[生産者]. **2** タバコ商人, タバコ屋. ── 囡 [T-] スペインのタバコ専売公社.
*‡**ta·ba·co** [ta.bá.ko] 男

1 (嗜好(ｺﾞｳ)品としての)タバコ; タバコの葉. adicto al 〜 タバコ中毒者. fábrica de 〜(s) タバコ工場. humo de [del] 〜 タバコの煙. olor a 〜 タバコのにおい. aroma de 〜 タバコの香り. un paquete de 〜 タバコ 1 箱. fumar 〜 タバコを吸う. tomar 〜 (rapé [en polvo]) 嗅(ｶﾞ)ぎタバコを嗅ぐ. 〜 de hoja 葉タバコ. 〜 de mascar 噛(ｶ)みタバコ. 〜 de pipa パイプタバコ. 〜 habano 葉巻. 〜 negro (黒みがかった葉を原料とする) 強いタバコ. 〜 picado 刻みタバコ. 〜 rubio バージニア葉を使った軽いタバコ. El consumo de tabaco aumenta entre los jóvenes. タバコの消費が若者たちの間で増加している. Ellos picaban 〜. 彼らはタバコの葉っぱを刻んでいた. 〜 de hebra 細長く刻んだタバコ.
2 〖植〗タバコ. cultivo de 〜 タバコの栽培. **3** 幹心腐病の一種. **4** たばこ色. ●性数変化せずに名詞の後ろにおいて形容詞的に用いることがある (= color 〜). **5** 〖ラ米〗(1)(ｺﾞﾛ)〖話〗げんこつ, 殴打. (2) (ﾒﾒﾒ)(ﾒﾒﾒ)葉巻.
[← ? 〖アラビア〗*tabaq* (薬草の名); タバコ自体はコロンブス Colón の新大陸航海(1492年)以後に中南米からヨーロッパに伝わったが, 語形としては以前から用いられていたこの語を当てたとする説が有力; 関連 tabacalero, tabaquería]
ponerse de mal tabaco 〖ラ米〗(ｺﾞﾛ)〖話〗不機嫌になる.

tabacos (タバコ)
スペイン・タバコ店

tabaco (タバコ)

ta·ba·cón [ta.ba.kón] 男 〖ラ米〗(ｺﾞﾛ)〖俗〗マリファナ.
ta·ba·co·so, sa [ta.ba.kó.so, -.sa] 形 タバコ臭い, タバコのにおいがしみついた.
ta·bai·ba [ta.bái.ba] 囡 〖植〗タバイバ: カナリア諸島原産の木.
ta·bal [ta.bál] 男 (ニシン・アンチョビーなどの保存用の)樽(ﾀﾙ).
ta·ba·le·ar [ta.ba.le.ár] 他 揺らす, 揺さぶる; 振る. ── 自 (指で)軽くたたく.
ta·ba·le·o [ta.ba.lé.o] 男 **1** 揺すること, 振ること. **2** 指で軽くたたくこと[音].
ta·ban·co [ta.báŋ.ko] 男 **1** (食料品の)屋台, 露店, 出店. **2** 〖ラ米〗(1) (ﾒﾒﾒ)屋根裏(部屋). (2) (ﾒﾒﾒ) 2 階.
tá·ba·no [tá.ba.no] 男 **1** 〖昆〗アブ. **2** はた迷惑な人.
ta·ban·que [ta.báŋ.ke] 男 (陶芸用)ろくろ.
ta·ba·que·a·da [ta.ba.ke.á.ða] 囡 〖ラ米〗(ﾒﾒﾒ)〖俗〗殴打, 平手打ち; 殴り合い.
ta·ba·que·ar [ta.ba.ke.ár] 自 〖ラ米〗(ﾒﾒﾒ)(ﾒﾒﾒ)タバコを吸う, 喫煙する.
ta·ba·que·ra [ta.ba.ké.ra] 囡 **1** 嗅(ｶﾞ)ぎタバコ入れ. **2** タバコケース, タバコ入れ. **3** (パイプの) 火皿, ボウル.
ta·ba·que·rí·a [ta.ba.ke.rí.a] 囡 **1** タバコ屋[店]. **2** 〖ラ米〗葉巻工場.
ta·ba·que·ro, ra [ta.ba.ké.ro, -.ra] 形 タバコ作りの, タバコを巻く; タバコ売りの. ── 男囡 タバコ職人; タバコ売り, タバコ商人.
ta·ba·quis·mo [ta.ba.kís.mo] 男 タバコ中毒, ニコチン中毒 (= nicotinismo).
ta·ba·quis·ta [ta.ba.kís.ta] 共 **1** タバコ(品質)鑑定者. **2** ヘビースモーカー, タバコ中毒の人.
ta·bar·di·llo [ta.bar.ðí.ʝo ‖ -.ʎo-] 男 **1** 〖医〗腸チフス (= tifus). **2** 〖話〗日射病 (= insolación). **3** 〖話〗うるさい[騒々しい]人, 厄介な人.
ta·bar·do [ta.bár.do] 男 (布・革製の) そでなしマント.
ta·ba·rra [ta.bá.ra] 囡 〖話〗厄介なこと[人], うるさいこと[人]. dar la 〜 悩ませる, うんざりさせる.
ta·ba·rro [ta.bá.ro] 男 〖昆〗(1) スズメバチ. (2) アブ.
ta·bas·co [ta.bás.ko] 男 〖商標〗タバスコ (ソース). [タバスコ州特産のチリトウガラシでできていることから]
Ta·bas·co [ta.bás.ko] 固名 タバスコ: メキシコ南東部の州. ◆同州北部から Veracruz 州南部にかけての地域はメキシコ最古の Olmeca 文化の中心.
ta·bas·que·ño, ña [ta.bas.ké.ɲo, -.ɲa] 形 (メキシコの)タバスコ州の. ── 男囡 タバスコ州の住民[出身者].
ta·be·ar [ta.be.ár] 自 〖ラ米〗(ｺﾞﾛ)雑談する; 陰口を言う.
*‡**ta·ber·na** [ta.bér.na] 囡 **1** 居酒屋, 酒場, 飲み屋. **2** 〖ラ米〗(ﾒﾒﾒ)〖俗〗賭場(ﾄﾊﾞ).
[← 〖ラ〗*tabernam* (*taberna* の対格)「掘っ立て小屋」; 店; 宿屋; 関連 tabernero, tabernáculo. [英] *tavern*]
ta·ber·ná·cu·lo [ta.ber.ná.ku.lo] 男 **1** (古代のヘブライ人の)仮小屋, テント. **2** 〖聖〗幕屋; (ユダヤ教

tabernario

の)礼拝所. fiesta de los ～s (ユダヤ教の)幕屋祭.
3〖カト〗(聖体を保存する)聖櫃(ひつ).

ta·ber·na·rio, ria [ta.ber.ná.rjo, -.rja] 形 **1** 居酒屋の, 居酒屋風の.
2 下品な, みだらな. lenguaje ～ 下品な言葉遣い.

ta·ber·ne·ro, ra [ta.ber.né.ro, -.ra] 男 女 居酒屋 taberna の主人；居酒屋の給仕.

ta·bes [tá.bes] 男〖単複同形〗〖医〗疹(う), 消耗症. ～ dorsal 脊髄(む)疹.

ta·bi·ca [ta.bí.ka] 女 **1** (穴・くぼみを覆う)板.
2〖建〗(階段の下の)板.

ta·bi·car [ta.bi.kár] 102 他 **1** 壁で仕切る.
2〈入り口・窓を〉塞(ふ)ぐ.
— ～·se 再 詰まる, 塞がる. Se me han tabicado las narices. 鼻が詰まってしまった.

ta·bi·cón [ta.bi.kón] 男 (通常より厚い)仕切り壁. [tabique + 増大辞]

ta·bi·que [ta.bí.ke] 男 **1** 仕切り(壁), 間仕切り, 隔壁. ～ colgado カーテンウォール. ～ corredizo アコーディオンカーテン. ～ de carga 耐力壁. ～ de pandereteれんが積みの壁. ～ impermeabilizador (ダムなどの漏水防止用の)心壁. ～ sordo 中空壁. → muro 類語.
2〖解剖〗隔膜, 体節間膜. ～ nasal 鼻中隔.
3(ラ米)(1)(ほ)(真四角の)れんが. (2)(*米)(俗)留置場.

***ta·bla** [tá.bla] 女 **1** 表；順位表 (=～ de posiciones). segundo lugar en la ～ 順位表の第2位. ～ calórica = ～ de calorías カロリー計算表. ～ de cotizaciones 株式相場表. ～ del seno (del coseno, de la tangente) サイン[コサイン, タンジェント]の表. ～ de materias 索引. ～ de multiplicar / ～ pitagórica〖数〗掛け算表. ～ de precios 価格表. ～ periódica〖化〗元素周期表.
2 (木などの)板；台. ～ de anuncios 掲示板. ～ de dibujo 製図板. ～ de mármol 大理石の板. ～ de cocina まな板. ～ de planchar アイロン台.
3〖スポ〗板, ボード. ～ de esquí [snowboard] スキー[スノーボード]板. ～ para patinar スケートボード. ～ marina サーフボード.
4〖美〗カンバス[板]；カンバスに描かれた絵, タブロー. óleo sobre ～ カンバスに描かれた油絵.
5(複数で)(演劇などの)舞台；(比喩的)舞台, 経験. pisar las ～s 舞台を踏む. tener (muchas) ～s 舞台慣れしている, 経験が豊かである.
6(複数で)(ラ米などで)おあいこ, 痛み分け. (2)〖スポ〗〖遊〗(チェス)引き分け. quedar en ～s / (ラ米)(*米)(ほ)quedar [salir] ～s 引き分けに終わる.
7(複数で)〖服飾〗(スカートや布の)ひだ, プリーツ falda de ～s プリーツスカート. **8**〖地理〗湿地. T～s de Daimiel ダイミエル国立公園. **9**(複数で)〖闘牛〗(闘牛場の)防壁. **10**〖料〗(チーズなどの)盛り合わせ. hacer ～ (古語)食事に招待する. **11**〖農〗(樹木などで区切られた)畑の一区分. **12** 便座.

a raja tabla 妥協せずに, 断固として (=a rajatabla).
escaparse [salvarse] en una tabla〖話〗奇跡的に助かる.
hacer tabla rasa de... …を気にしない, …を白紙に戻す, …に執着しない.
tabla de salvación 最後の頼み, 頼みの綱.
tabla rasa (1) まだ描いていない板[カンバス]. (2)〖哲〗白紙(状態), タブララサ.

tablas de la ley [Ley]〖聖〗律法の石版, モーセの十戒.
tablas reales〖遊〗バックギャモン.
[← (ラ)*tabulam* (*tabula*の対格). 関連 tableta, tablón, entablar, retablo. [仏][英]*table*]

ta·bla·da [ta.blá.ða] 女 **1**〖農〗(灌漑(ん)のために区切った)畑. **2**(ラ米)(ぶ)(畜殺場に送る前の)家畜検査場, 家畜囲い. (2)(ラ米)(ぶ)畜殺場.

ta·bla·do [ta.blá.ðo] 男 **1** 板敷きの高床, 桟敷(じき)；板張りの台[壇]；舞台, ステージ. salir [subir] al ～ 舞台に出る[上がる]. **2**(荷車の)床板, 床. **3** 絞台台. **4** ベッドの台枠.
sacar al tablado 舞台に上げる；世に出す.

ta·bla·je [ta.blá.xe] 男 **1** (集合的)板材, 板類.
2 賭博(ばく)場.

ta·bla·je·rí·a [ta.bla.xe.rí.a] 女 **1** 肉屋, 肉店.
2 博打(うち)好き, 賭博(ばく)癖.

ta·bla·je·ro [ta.bla.xé.ro] 男 **1** 肉屋の主人, 肉売り. **2** 祭りの舞台を作る大工. **3** 桟敷[席]料の取立人.

ta·bla·o [ta.blá.o] 男 [*tablado*の語中音消失形] タブラオ：フラメンコのショー；それを見せるナイトクラブ[酒場] (= ～ flamenco).

ta·blar [ta.blár] 男 **1** (集合的)(区切られた)畑. **2** 川幅が広く流れの緩やかな所. **3** (荷車の)柵(さく)板, 枠板.

ta·bla·zo [ta.blá.θo / -.so] 男 **1** 板での殴打. **2** 浅瀬.

ta·bla·zón [ta.bla.θón / -.són] 女 **1** 板張り, 板敷き. **2**〖海〗(甲板の)板敷き, 敷き板；(船体の)外板.

ta·ble·a·do, da [ta.ble.á.ðo, -.ða] 形〖服飾〗ひだのある, ひだを付けた. falda *tableada* プリーツスカート. — 男 **1** ひだ, プリーツ. **2** → tableo.

ta·ble·ar [ta.ble.ár] 他 **1** 〈材木を〉板に引く, 板にする；〈金属を〉薄板にする. **2** 〈畑を〉区分けする. **3** 地ならしをする, 平らにする. **4**〖服飾〗ひだを付ける.

ta·ble·o [ta.blé.o] 男 **1** 板に引くこと, 製板；(金属を)薄板にすること. **2** 畑の区分け. **3** 地ならし. **4**〖服飾〗ひだ付け.

*ta·ble·ro, ra** [ta.blé.ro, -.ra] 形 板に適した, 板にする. madera ～ 製板材.
— 男 **1** 板状のもの. ～ de anuncios 掲示板. ～ de dibujo 製図板. ～ eléctrico 電光掲示板.
2 黒板 (= pizarra).
3〖遊〗(チェスなどの)盤；〖スポ〗(バスケットボールの)ボード.
4 (店の)カウンター；裁断台, 裁ち台.
5 計器盤, 制御盤 (=～ de mandos)；キーボード. ～ de instrumentos 計器盤. **6** (橋の)床板；(ドアの)羽目板. **7** 賭博(ばく)場. **8** (田畑の)区画. **9** (貯水池・堰(せき)の)突き固めた底. **10**〖建〗頂板, 冠板. **11** (船内の)隔壁. **12** そろばん (= ～ contador).

ta·ble·ta [ta.blé.ta] 女 **1** 小さな板, 板状のもの. ～ de chocolate 板チョコ. **2** 錠剤 (= pastilla). una ～ para el dolor de cabeza 頭痛用の錠剤.

ta·ble·te·a·do [ta.ble.te.á.ðo] 男 板を打ち合わせた(ような)音.

ta·ble·te·ar [ta.ble.te.ár] 自 板を打ち合わせた(ような)音を立てる.

ta·ble·te·o [ta.ble.té.o] 男 板を打ち合わせた(ような)音. ～ del trueno 雷のゴロゴロ鳴る音.

ta·blex [ta.bléks] 男〖商標〗合板.

ta·bli·lla [ta.blí.ja / -.ʎa] 女 **1** 小さな板, 板状のもの；掲示板；〖医〗添え木, 当て木.
2〖遊〗(ビリヤード)クッション.
3 (昔のローマの)書字板. **4** (ラ米) (ほ)チョ

コ．(2)〖俗語〗〖車〗ナンバープレート．
tablillas [***tabletas***] ***de San Lázaro*** 聖ラザロの名を冠したハンセン病施療院のために布施(ㄈ)を求める時に用いた拍子木．
tablillas neperianas 〖数〗ネーピアの対数表．
[tabla+縮小辞]
ta·bloi·de [ta.blói.de] 形〈新聞が〉タブロイド判の．
—男《ラ米》タブロイド判新聞，大衆紙．
ta·blón [ta.blón] 男 **1** 厚板．
2 掲示板 (= ~ de anuncios).
3 〖話〗酔っ払うこと，酩酊(ぉぃ) (=cogorza). agarrar [coger] un ~ 酔っ払う．
4 《ラ米》耕地．
[tabla+増大辞]
ta·blo·na·zo [ta.blo.ná.θo / -.so] 男《ラ米》《きえ》〖話〗ぺてん．
ta·blon·ci·llo [ta.blon.θí.jo‖-.ʎo / -.sí.-] 男 **1** 板材．**2** 〖闘牛〗無蓋(ぉぃ)の二階席の最後部席．
ta·bor [ta.bór] 男〖史〗(1910年代のモロッコ戦争時の)スペイン正規軍大隊．
ta·bú [ta.bú] 男《複~s, ~es》禁忌，タブー；禁忌語；禁制. Ese tema es un ~ en nuestra familia. そういう話はわが家ではタブーだ．
ta·bu·co [ta.bú.ko] 男 小屋；粗末な小部屋．
ta·bu·la·ción [ta.bu.la.θjón / -.sjón] 女 **1** 〖IT〗タブを使った字下げ．**2** タブの設定．**3** 表作成．
ta·bu·la·dor, do·ra [ta.bu.la.dór, -.dó.ra] 形 表作りの．—男〖IT〗キーボードのタブキー；文書作成ソフトのタブ．—男女タブキーを押してスペースを作る．
ta·bu·lar[1] [ta.bu.lár] 形 **1** 〖格式〗板状の．**2** 〖地理〗〈地形が〉平らな．
ta·bu·lar[2] [ta.bu.lár] 他 **1** 表にする，作表する．
2 〈穿孔(ぱぇ)カード〉を作表機に入れる．**3** 〖IT〗タブキーを押してスペースを作る．
ta·bu·la ra·sa [ta.bu.la řá.sa] 女〖哲〗タブララサ；精神の白紙状態．
ta·bu·re·te [ta.bu.ré.te] 男 (背もたれのない)腰掛け，スツール；足台；背幅の狭いいす．~ del bar(バーの)スタンド．~ de piano ピアノ用のいす．
tac [ták] 擬 (時計・心臓の音)チックタック，カチカチ，ドキドキ．
TAC [ták] 男 (または女)《略》〖医〗*Tomografía Axial Computerizada* CTスキャン．
ta·ca·da [ta.ká.da] 女 **1** 〖遊〗(ビリヤード)ひと突き，突き；一連のキャノン．**2** 〖海〗くさび．
ta·ca·ma·ca [ta.ka.má.ka] 女〖植〗(熱帯産の)タカマハック(香料・香油用の)タカマハック樹脂．
ta·ca·ma·cha [ta.ka.má.tʃa] / **ta·ca·ma·ha·ca** [ta.ka.ma.á.ka] 女 →tacamaca.
ta·ca·na [ta.ká.na] 女 (1) 《ラ米》(ブンラン)(グラ)〖農〗段々畑．(2) 《ラ米》(ブンラン)(ラテン)すり木，杵(ぃ)．
ta·ca·ne·ar [ta.ka.ne.ár] 他《ラ米》(ブンラン)(ラテン)踏みつぶす 軽(ぃ)でつく，搗(ぉ)つ．
ta·ca·ñe·ar [ta.ka.ɲe.ár] 自 けちる，出し惜しむ；ずる賢く立ち回る．
ta·ca·ñe·rí·a [ta.ka.ɲe.rí.a] 女 **1** 貪欲(ズン)，けち．
2 悪賢さ，狡猾(ゔぅ)さ．
*__ta·ca·ño, ña__ [ta.ká.ɲo, -.ɲa] 形 **1** けちな，貪欲(ズン)な. El muy ~ no quiso dar un céntimo. あのしみったれは一文も出そうとしなかった．**2** ずるい，ず

る賢い，狡猾(ぅぅ)な．
—男女 **1** けち，強欲な人，守銭奴．**2** ずる賢い人，狡猾な人．
ta·car [ta.kár] 他《ラ米》(ケシ)詰め込む；弾薬を詰める．
ta·ca·tá [ta.ka.tá] / **ta·ca·ta·ca** [ta.ka.tá.ka] 男 (幼少児の)歩行器．
ta·ca·zo [ta.ká.θo / -.so] 男〖遊〗(ビリヤード)キューでの突き．
ta·cha[1] [tá.tʃa] 女 **1** 欠点，きず，汚点. sin ~ 欠点のない；きずのない. poner ~s a... …にけちをつける．**2** 不評，不名誉．**3** 小さな釘(ぎ)，鋲(ぎょ)．**4** 〖法〗(証人の供述に対する)無効の申し立て．
ta·cha[2] [tá.tʃa] 女《ラ米》丸底鍋(ぇ)；平鍋．
ta·cha·ble [ta.tʃá.ble] 形 **1** 非難すべき，とがめられるべき．**2** 抹消されるべき，消し去るべき．
ta·cha·du·ra [ta.tʃa.dú.ra] 女 (線を引いて)消すこと，抹消；消し跡；欠点. Esta página está llena de ~s. このページは消した跡だらけだ．
ta·char [ta.tʃár] 他 **1** (線を引いて)消す，抹消する. *Tacha* esta palabra. この語を消しなさい．
2 (de...) 〈〈欠点など〉について〉けちをつける，とがめる，非難する；告発する；《…に》きめつける. Lo *tachan de* cobardía. 彼は臆病(きぉ)を責められている．**3** 〖法〗(証言の)有効性に異議を申し立てる．
ta·che·ro, ra [ta.tʃé.ro, -.ra] 男女《ラ米》(ヴラ)タクシー運転手(=taxista).
ta·chín [ta.tʃín] 男〖話〗**1** 足．**2** (複数で)寧丸(ぇ).
ta·cho [tá.tʃo] 男《ラ米》(1) 丸底鍋(ぇ)；平鍋；金物の容器．(2) (ブォキ)洗面器，たらい. ~ de la basura (グチネ)ゴミ箱．
irse al tacho 《ラ米》(ブメキ)〖話〗しくじる，失敗する．
ta·chón[1] [ta.tʃón] 男 **1** 抹消する線．**2** 飾りひも，リボン，モール．**3** (服の)トリミング，縁飾り．
ta·chón[2] [ta.tʃón] 男 (家具などの)飾り鋲(ぎょ)．
ta·cho·nar [ta.tʃo.nár] 他 **1** 飾り鋲(ぎょ)を打つ，鋲で飾る．**2 (de... / con...)** 《…で》飾る；…にリボン飾りをつける. ~ *con* flores 花で飾る．**3** ちりばめる，点在させる．
ta·cho·ne·ar [ta.tʃo.ne.ár] 他 →tachonar.
ta·chue·la [ta.tʃwé.la] 女 **1** 平頭ピン，鋲(ぎょ)．
2 《ラ米》(ブメキ)〖話〗ずんぐりした人．(1) (ジリ)(ボロ)水くみ，柄杓(ぉぎゃ)．(3) 《きえ》(ブラ)(ラテン)平鍋(ぇ)；ボール，ポット．
ta·ci·ta [ta.θí.ta / -.sí.-] 女 小カップ．
la tacita de plata 南スペインの港町カディス *Cádiz* の異名．
ser una tacita de plata 〈住居などが〉清潔である，こざっぱりしている．
[taza+縮小辞]
tá·ci·ta·men·te [tá.θi.ta.mén.te / -.si.-] 副 無言のうちに，静かに；暗黙のうちに，それとなく．
Tá·ci·to [tá.θi.to / -.si.-] 固名 タキトゥス *Publio Cornelio* ~ ⟨55 [56] - ?⟩：ローマの歴史家．
[←〖ラ〗*Tacitus*]
tá·ci·to, ta [tá.θi.to, -.ta / -.si.-] 形 無言の，もの静かな；暗黙の. *acuerdo* ~ 暗黙の了解．
ta·ci·tur·ni·dad [ta.θi.tur.ni.ðáð / -.si.-] 女 **1** 無言，寡黙．**2** 悲嘆，ゆううつ，もの悲しさ；不機嫌．
ta·ci·tur·no, na [ta.θi.túr.no, -.na / -.si.-] 形
1 無言の，口数の少ない，寡黙な. Mi padre es ~. 父は寡黙だ．
2 寂しげな，ゆううつな；不機嫌な. Ella siempre estaba *taciturna*. 彼女はいつも陰うつだった．

ta.ci.zo [ta.θí.θo / -.sí.so] 男 《ラ米》(1) (チリ)(ラプラ) (コロンビ)細刃の斧(ホッ). (2) (コロンビ)《俗》独房.

ta.clo.bo [ta.kló.bo] 男 《貝》オオジャコ.

ta.co [tá.ko] 男 **1** 栓,詰め物;埋め木.
2 (切り離しできる紙の)綴(シ)り, 冊;束;回数券. ~ de papel メモ用紙の綴り. calendario de ~ 日めくり. un ~ de billetes de cien euros 100ユーロ紙幣1束.
3 (靴裏の)スパイク.
4 角切り,小片. cortar en ~s さいの目に切る. un ~ de queso ひと口大のチーズ.
5 間食, おやつ;チューロ(= churro).
6 《主に複数で》《話》悪たれ口;汚い言葉. soltar ~s 乱暴な言葉を吐く.
7 《話》混乱,当惑. estar hecho un ~ (頭の中が)こんがらがっている. hacerse [armarse] un ~ 混乱する,当惑する. [dejar hecho / hacer] un ~ a+人〈人〉をけむに巻く.
8 一杯のワイン. **9** 《遊》(ビリヤード)キュー. **10** (銃の)槊杖(サクジョウ), 込み矢, 洗い矢;(銃器の)押さえ, おくり;(おもちゃの)豆 [紙] 鉄砲. **11** 《ラ米》(1) (メキシ)《料》タコス:鶏肉·豚肉などにライソースをかけて tortilla で包んだ食べ物. (2) (カラ)《複数で》サッカーシューズ. (3) (メキシア)(チリ)(コロンビ)(ラプラ)《話》ずんぐりした人. (4) (メキシア)《ラ米》(チリ)(ラプラ)《話》懸念. (5) (ラプラ)《話》交通渋滞. (6) (コロンビ)《話》熟練者. (8) (コロンビ)《話》障害物.

ta.co, ca [tá.ko, -.ka] 形 《ラ米》(ラプ)《話》気取った,めかし込んだ;快活な.
— 男 女 《ラ米》《話》(コロンビ)有力者, 大物.

ta.có.gra.fo [ta.kó.ɣra.fo] 男 自記回転速度計, タコグラフ.

ta.có.me.tro [ta.kó.me.tro] 男 回転速度計, タコメーター.
[[ギ]*tákhos*「速さ」+[ギ]*métron*「物差し」]

***ta.cón** [ta.kón] 男 **1** (靴の)**かかと, ヒール**. zapatos de *tacones* altos ハイヒール. ~ aguja スティレット[ピン]ヒール(先が細く高いヒールの婦人靴).
2 [印](印刷用紙の位置を決める)紙差しゲージ.

ta.co.na.zo [ta.ko.ná.θo / -.so] 男 (靴の)かかとでけること, かかとでかかとをつけること[音]. dar un ~ 《軍》(不動の姿勢を取る際に)かかととかかとを打ち合わせる.

ta.co.ne.ar[1] [ta.ko.ne.ár] 自 **1** 靴音をたてて歩く;奔走する,動き回る. Hoy *he taconeado* toda la ciudad. 今日は1日町を駆けずり回った.
2 (踊りで)かかとを打ちつけて踊る,足を踏み鳴らす. → zapatear. **3** 《軍》(靴のかかととかかとを打ち合わせて)不動の姿勢を取る.

ta.co.ne.ar[2] [ta.ko.ne.ár] 他 《ラ米》(メキ)詰める, 詰め込む.

ta.co.ne.o [ta.ko.né.o] 男 靴音をたてること;靴音.

ta.co.te [ta.kó.te] 男 《ラ米》(メキ)マリファナ.

ta.co.yal [ta.ko.jál] 男 《ラ米》(女性が頭の上にものを載せて運ぶときに使う)布.

tác.ti.ca.men.te [tá*k*.ti.ka.mén.te] 副 巧妙に;戦術の上では;作戦的に.

tác.ti.co, ca [tá*k*.ti.ko, -.ka] 形 戦術の, 戦術的な. el uso ~ de los aviones 航空機の戦術的使用.
— 男 戦術家;策略家.
— 女 **1** 方策, 策略, 駆け引き;抜けめのなさ. una *táctica* sabia 巧妙な作戦. obrar con *táctica* で弄()する. **2** 作戦, 計画. **3** 《軍》戦術, 戦法, 用兵術. ▶「戦略」は estrategia.

tác.til [tá*k*.til] 形 触覚のある, 触感のある;触知できる. sensación ~ 触感.

tac.tis.mo [ta*k*.tís.mo] 男 《生物》(外部の刺激に対する)走性, 趨性(スウセイ).

***tac.to** [tá*k*.to] 男 **1 触覚, 触感;触ること;感触**. Las manos se han quedado sin ~ por el frío. 寒さで手の感覚がなくなった. Tiene un áspero [viscoso]. これは手触りがざらざら[べとべと]している.
2 《医》触診. ~ rectal [vaginal] 直腸[膣(チッ)]触診. **3** 如才なさ, 機転. tener ~ 如才がない. no tener ~ 機転が利かない. Habló con ~, sin herir a nadie. 彼[彼女]は相手を傷つけないようにそつなく話した.
al tacto 触れてみると, 手探りで. mecanografía *al* ~ タッチタイピング:キーを見ないでタイプすること.
tacto de codos 《軍》整列(の号令);一致団結.
[←[ラ] *tactum* (*tactus* の対格); *tangere*「触れる」(→ tañer)より派生. [関連] tangible, tangente, contacto, intacto. [英] *tact*, *contact*「接触」]

ta.cua.che [ta.kwá.tʃe] 男 《ラ米》(メキ)(グア)《話》酒に酔った. — 《ラ米》(グア)《話》うそ, ごまかし.

ta.cua.cín [ta.kwa.θín / -.sín] 男 《ラ米》(ベネ)(メキ)《動》フクロネズミ [オポッサム] の一種.

ta.cua.co, ca [ta.kwá.ko, -.ka] 形 《ラ米》《話》ずんぐりした, 丸々とした.

ta.cua.ra [ta.kwá.ra] 女 《ラ米》(チリ)(ラプラ)《植》ホウライチク:熱帯産タケの一種.

ta.cua.rem.bó [ta.kwa.rem.bó] 男 《ラ米》細長い茎.

ta.cua.rín [ta.kwa.rín] 男 《ラ米》ドーナツ.

ta.cu.che [ta.kú.tʃe] 男 《ラ米》(メキ) (1) ぼろ包み. (2) (学生の間で) 服. (3) 無用の長物;役立たず.

ta.cu.rú [ta.ku.rú] 男 《ラ米》(ラプラ)《昆》小アリ(の一種);アリ塚, アリの塔.

TAE [tá.e] 男 《略》*t*asa *a*nual *e*quivalente 実質年利.

tae.kwon.do [ta.e.kwón.do] 男 《韓国·朝鮮》《スポ》テコンドー.

ta.fe.ta [ta.fé.ta] 女 《ラ米》(ラプラ) → tafetán.

ta.fe.tán [ta.fe.tán] 男 **1** 《服飾》タフタ, 薄琥珀(コハク)織り:絹などの光沢のある平織り.
2 絆創膏(バンツウ)(= ~ inglés [de heridas]).
3 《複数で》旗, 国旗, 軍旗. **4** 《複数で》(女性の)盛装, 礼装. **5** 《ラ米》接着テープ.

ta.fia [tá.fja] 女 タフィア:サトウキビ焼酎(ショウ)の一種.

ta.fi.le.te [ta.fi.lé.te] 男 **1** モロッコ革:薄くて柔かいヤギのなめし革. **2** 柔らかく光沢のある革.

ta.fi.le.te.ar [ta.fi.le.te.ár] 他 モロッコ革を張る, モロッコ革で飾る.

ta.fi.le.te.rí.a [ta.fi.le.te.rí.a] 女 モロッコ革の製法;モロッコ革工場;モロッコ革専門店.

tag [taɡ] 《英》男《複 ~s, ~》**1** 《IT》タグ.
2 落書き.

ta.ga.lo, la [ta.ɣá.lo, -.la] 形 (フィリピンの) タガログの. — 男 女 タガログ人. — 男 タガログ語:インドネシア語派の一つでフィリピンの公用語の一つ.

ta.ga.ri.no, na [ta.ɣa.rí.no, -.na] 形 (生活·言葉の面でキリスト教徒と見分けのつかない) モリスコ *morisco* の.
— 男 女 (キリスト教徒と見分けのつかない) モリスコ.

ta.gar.na [ta.ɣár.na] 女 《ラ米》(ラプラ)(メキ)《話》食べすぎ, 飽食;飲みすぎ, 酒酔い.

ta.gar.ni.na [ta.ɣar.ní.na] 女 **1** 《植》キンアザミ, キバナアザミ:キク科. **2** 《話》安葉巻. **3** 《ラ米》(1) (ラプ)(ビデ)(メキ)《話》酔い. (2) (メキ)刻みタバコ入

tajín

ta·ga·ro·te [ta.ga.ró.te] 男 **1** 〖鳥〗ハイタカ；(一般に)小型のタカ．**2** 《話》書記，代書人．**3** 《話》のっぽ(の人)．**4** 《話》貧乏郷士．**5** 《ラ米》《プエルトリコ》《ペルー》大物，ひとかどの人物．

ta·gua [tá.gwa] 女 《ラ米》(1) 《チリ》〖鳥〗オオバンの一種．(2) 《エクアドル》〖植〗アメリカゾウゲヤシ．

ta·guán [ta.gwán] 男 〖動〗タグアン：フィリピン産のムササビの一種．

ta·gua·ra [ta.gwá.ra] 女 《ラ米》(1) 《ベネズエラ》安食堂．(2) 《ベネズエラ》小さな酒[食品]店．

ta·ha·lí [ta.(a.)lí] 男 **1** (肩からさげた剣の)つり革，剣帯．**2** (モーロ人moroがコーランを入れて持ち歩いた)革の小箱．

ta·he·ño, ña [ta.é.ɲo, -.ɲa] 形 〈毛髪が〉赤みがかった．

Ta·hi·tí [tai.tí] 固名 タヒチ：南太平洋のフランス領ポリネシアの島．

ta·hi·tia·no, na [tai.tjá.no, -.na] 形 タヒチ(島)の．— 男 女 タヒチ島の住民［出身者］．— 男 タヒチ語：ポリネシア語派の一つ．

tahalí（剣のつり革）

Tai·tí [tai.tí] 固名 → tahití.

ta·ho·na [ta.ó.na] 女 **1** パン屋，パン製造店．**2** (馬力による)製粉機，粉挽(ひき)場．

ta·ho·ne·ro, ra [ta.o.né.ro, -.ra] 男 女 **1** パン屋[製造販売店]の主人［店員］．**2** 製粉業者，粉屋．

ta·húr, hú·ra [ta.úr, -.ú.ra] 男 女 賭博(とばく)師，いかさま賭博師；ぺてん師．— 形 賭博師の；ぺてん師の．

ta·hu·re·rí·a [ta.u.re.rí.a] 女 **1** 賭博(とばく)場，博打(ばくち)場．**2** (賭(か)け事で)いかさま，ぺてん．

tai·chi [tai.tʃi] 〔中〕〖武〗太極拳(けん)．

tai·cún [tai.kún] 男 大君，将軍．[←〖日〗大君]

tai·fa [tái.fa] 女 **1** 党派，派閥．**2** 《話》徒党，ごろつきの集団．*reino de taifas* (1) (1031年スペインCórdobaのカリフ王国解体後の)王国，小国家．(2) 《比喩的》群雄割拠．Dicha empresa parece un *reino de* ~s. 例の会社は派閥争いでもめている．

tai·ga [tái.ga] / **tai·gá** [tai.gá] 女 タイガ：亜寒帯針葉樹林(帯)．[←〖ロシア〗*taiga*]

tai·lan·dés, de·sa [tai.lan.dés, -.dé.sa] 形 タイ(王国)の，タイ人[語]の．— 男 女 タイ人．— 男 タイ語：タイ・カダイ諸語の一つ．

Tai·lan·dia [tai.lán.dja] 固名 タイ(王国)：旧称Siam．首都Bangkok．[←〖英〗*Thailand*; *Thai*「タイ人」←〖タイ〗*Thai*「タイ(国)」;「自由(な)」が原義] + *land*「国，地域」]

tail·leur [ta.jér || -.ɲér] 〔仏〕男 《ラ米》《アルゼンチン》婦人用スーツ．

tai·ma [tái.ma] 女 《ラ米》《チリ》《話》不機嫌，駄々(だだ)；強情．

tai·ma·do, da [tai.má.ðo, -.ða] 形 **1** ずるい，悪賢い，抜けめのない．**2** 不機嫌な，膨れっ面をした，仏頂面(づら)．(2) 《ラ米》《話》(1) 《コロンビア》《ベネズエラ》怠惰な，無精な．(2) 《エクアドル》強情な，頑固な．— 男 女 ずる賢い人，抜けめのない人；仏頂面をした人．

tai·mar·se [tai.már.se] 再 《ラ米》《チリ》《話》抜けめなく立ち回る；すねる，強情をはる．

tai·me·rí·a [tai.me.rí.a] 女 ずる賢さ，狡猾(こうかつ)さ，抜けめなさ (= astucia).

ta·í·no, na [ta.í.no, -.na] 形 (西インド諸島の絶滅した先住民)タイノ人の．— 男 女 タイノ人．— 男 タイノ語：アラワク語族の一つ．

tai·ta [tái.ta] 男 **1** 〖幼児語〗お父ちゃん．**2** 売春業者，ぽん引き．**3** 《ラ米》(1) 《アルゼンチン》《敬称》…様．¡T~ cura! 神父様．el ~ Dios 神様．(2) 《アルゼンチン》《話》猛者，けんか早い男，ごろつき．(3) 《エクアドル》《複数で》両親．

Tai·wan [tai.(g)wán] 固名 台湾．

tai·wa·nés, ne·sa [tai.(g)wa.nés, -.né.sa] 形 台湾の，台湾人の．— 男 女 台湾人．

ta·ja·da [ta.xá.ða] 女 **1** 薄切り，ひと切れ，切り身．una ~ de melón メロンひと切れ．**2** 切り傷，ナイフ傷．hacer ~s 《話》切り刻む．**3** 《話》泥酔．agarrar [coger] una ~ ぐでんぐでんに酔っ払う．**4** (風邪による)しゃがれ声，かすれ声．*llevarse la tajada del león* / *llevarse la mejor tajada* 《話》分け前のいいところを取る，うまい汁を吸う．*sacar tajada (de...)* 《話》(…を)利用する，(…から)利を得る．*sacar tajada de todas partes* 《話》自分のことばかり考える，己の利に抜けめがない．

ta·ja·de·ra [ta.xa.ðé.ra] 女 **1** (肉・チーズ用の)押し切り包丁．**2** 冷闇たがね．**3** 肉切り台，まな板．

ta·ja·de·ro [ta.xa.ðé.ro] 男 肉切り台，まな板．

ta·ja·di·lla [ta.xa.ðí.ʎa || -.ʝa] 女 **1** 薄切り，ひと切れ．**2** 〖料〗肺のぶつ切りの煮込み．[tajada + 縮小辞]

ta·ja·do, da [ta.xá.ðo, -.ða] 形 **1** 酔っ払った，泥酔した．**2** 〈岩壁などが〉切り立った，そそり立った．**3** 〖紋〗〈盾を正面から見て〉右上から左下に分けた．

ta·ja·dor, do·ra [ta.xa.ðór, -.ðó.ra] 形 切る，切り刻む．— 男 肉切り台．

ta·ja·du·ra [ta.xa.ðú.ra] 女 切断，切り刻み，切ること；ひと切れ，一片，一枚．

ta·ja·lán, la·na [ta.xa.lán, -.lá.na] 形 《ラ米》《メキシコ》《話》怠惰な，怠け者の，ぶらぶらしている．

ta·ja·le·o [ta.xa.lé.o] 男 《ラ米》《メキシコ》食べ物；口論．

ta·ja·mar [ta.xa.már] 男 **1** 〖海〗(船首の)水切り，舳先(へさき)．**2** (橋脚の)水よけ．**3** 堤防，防波堤 (= dique)．**4** 《ラ米》(1) 《アルゼンチン》《ベネズエラ》《パラグアイ》ダム，堰(せき)．(2) 《ウルグアイ》家畜の水飲み場，《チリ》池，小さな湖．

ta·jan·te [ta.xán.te] 形 **1** 鋭い，強い調子の，断定的な．Me dio un "no" ~．彼[彼女]は私にきっぱりと「いやだ」と言った．crítica ~ しんらつな批評．**2** 切る，切れる．**3** 妥協のない，頑固とした．una persona ~ 厳格な人．separación ~ entre trabajo y descanso 仕事と休憩のきちんとしたけじめ．— 男 肉屋の主人 (= carnicero).

ta·jan·te·men·te [ta.xán.te.mén.te] 副 鋭く，断定的に，きっぱりと．

ta·ja·plu·mas [ta.xa.plú.mas] 男 〖単複同形〗ペンナイフ，小型ナイフ，小刀 (= cortaplumas).

ta·jar [ta.xár] 他 切る，切り刻む．(鵞(が)ペンの先を)削る．— ~se 再 酔っ払う．

ta·ja·rra·zo [ta.xa.řá.θo / -.so] 男 《ラ米》《プエルトリコ》《話》切断，切り口，切れ目；損害，痛手．

ta·je·a [ta.xé.a] 女 排水溝，下水溝，暗渠(あんきょ)．

ta·je·a·du·ra [ta.xe.a.ðú.ra] 女 《ラ米》《チリ》(口の開いた)大きな切り傷．

ta·je·ar [ta.xe.ár] 他 《ラ米》《話》切り刻む；切り裂く．

ta·jín [ta.xín] 男 野菜と肉を土なべで煮込んだ北アフ

リカの料理.

Ta.jín [ta.xín] 固名 El 〜 エル・タヒン：メキシコ東部 Veracruz 州にある遺跡. 1992年世界遺産に登録. 365個の壁龕(がん)をもつ6層のピラミッドで有名.

ta.jo [tá.xo] 男 **1** 切ること；切り口，切れ目；刃物の傷, 切り傷. **2** 刃. **3** 肉切り台, まな板. **4** 《話》仕事, 作業；仕事中[作業]場. Vamos al 〜. さあ, 作業にかかろう. **5** 断崖(だんがい), 絶壁；峡谷, 渓谷. el T〜 de Ronda（スペインの）ロンダ峡谷. **6** （三脚の）腰掛け, 足台. **7** 首切り台, 断頭台. **8** 《ラ米》《デン》《ニチン》断崖沿いの道.

mina a tajo abierto 露天掘りの鉱山；露天採鉱.
tirar tajos y estocadas 激闘する, 奮戦する；激論を戦わす, 激しく応酬する.

Ta.jo [tá.xo] 固名 el 〜 タホ川：イベリア半島で最長の川. スペイン中東部 Teruel 県に発して Aranjuez, Toledo を経て, ポルトガルに入ってテージョ川からリスボン Lisboa から大西洋に注ぐ.
[←〔アラビア〕*Taju*＝〔ラ〕*Tagus*；〔関連〕〔ポルトガル〕*Tejo*. 〔英〕*Tagus*]

ta.jón [ta.xón] 男 《ラ米》《グア》畜殺場.

Ta.ju.mul.co [ta.xu.múl.ko] 固名 el 〜 タフムルコ山：グアテマラ西部の火山. 中米の最高峰. 4220 m.

ta.ka [tá.ka] 女 タカ：バングラデシュの通貨単位.

tal [tál] 形 《不定》 **1 《多くは＋名詞》《種類・質・程度などが》**そんな, こんな**；《強調》それ［これ］ほどの. *tal caso* [*sentido*] そのような意味［意味で］. *tal cantidad de dinero* それほどの金額. *Nunca te dije tal cosa.* 私は一度も君にそんなことを言った覚えはない. *Aquí se puede disfrutar de cosas tales como un concierto o una película.* ここではコンサートや映画のようなことが楽しめる (▶ 複数名詞では後置される傾向がある). *Tal día como hoy de 1988 murió en un accidente.* 1988年の今日彼[彼女]は事故で亡くなった.

2 《多くは＋名詞／名詞＋》《特定の言及をせずに》これの, しかじかの. *el restaurante de la calle tal* 何々通りの何とかレストラン. *Tengo clase tal día a tal hora* [*a tal hora de tal día*] *en tal sitio.* いついつ何時にどこそこで私は授業がある (▶ 「…の(何月)何日に」は a tantos de (tantos de)…).

3 先に述べたような；それ, これ. *Tal es el caso, por ejemplo, del libro de Borges.* たとえば, ボルヘスの本の場合がそうだ. *a tal efecto* 《文章語》そのような目的で.

4 《不定冠詞＋tal＋人名》《初出の人を指して》…とかいう人. *una tal Ana* y *un tal José* アナとかいう人とホセとかいう人.

5 《定冠詞＋tal＋人名》《既出の人を指して》あの…, 例の…. *Es mentira lo que dice el tal Jaimito.* あのハイミートの言うことはうそだ.

── 代名 **1** そのような［もの］. *No haré tal.* 私はそんなことはしない. *¡No hay tal!* 断じてそんなことはない. *No hay tal como pasar el día en el campo.* 1日を田舎で過ごすほどすばらしいことはない. *¡Voto a tal!* 《古語》そんなことくそくらえだ.

2 （1）《定冠詞＋》《軽蔑》彼, 彼女, そいつ, あいつ. *El tal es muy astuto.* そいつはとても狡猾(こうかつ)な男だ. （2）《不定冠詞＋》《軽蔑》つまらない人間. *un tal* (y un cual) つまらない人, 取るに足りない中で. *una tal* 《話》売春婦. 《冠詞なしで》ある人, ある人々；《話》売春婦. *Tal*(*es*) habrá que ya lo sepa(n). 《ラ米》（*ラ）《ﾆｶﾗ》誰それ, あいつ. *tal por cual* 《ラ米》（*ラ）《ﾆｶﾗ》誰それ, あいつ.

── 副 **1** 《ふつう **tal... que** の組み合わせで》《文章語》

(1) それほど；あまりに（…なので）. *Tal se emocionó que no me vio.* 彼はとても興奮していたので私が目に入らなかった. (2) そういうふうに, そのように. *Tal hablaba que parecía que lo había visto.* 彼[彼女]はまるでそれを見たかのように話していた. **2** 《**sí, no** に続けて》確かに, もちろん. *Sí tal.* もちろんそのとおりだ.

así como..., tal... / como..., tal... / cual..., tal... …と同じように…である, …のように…となる. *Así como me lo han hecho, tal quiero hacérselo a mis amigos.* 人にしてもらったように, 私は友達にしてあげたい.

como tal 《先行する名詞を受けて》そのようなものとして, その資格において, それだけで. *Esta frase como tal es gramaticalmente correcta pero no se usa.* この文は（文としては）文法的に正しいが使われない.

con tal de ＋不定詞 / con tal (de) que ＋接続法 …しさえすれば, …なら, …でさえあれば；…という条件で（▶ con tal de que の方がよく用いられる）. *Todo vale con tal de conseguir el objetivo.* 目的を達成すれば万事オーケーだ. *Con tal de que vengas, todo irá bien.* 君が来さえすればすべてうまくいくだろう.

de tal manera [*forma, modo*] *que* [＋直説法 / ＋接続法] そんな具合なので, それで. *Planeo las actividades de tal manera que todos puedan descansar un poco.* 私がそういう風に仕事の段取りをするのでみんなは少し休憩できる.

de (tal) suerte que... [＋直説法]《結果》したがって…；[＋接続法]《目的》…するように. Se ha hecho la foto de espaldas al sol, *de tal suerte que aparecen sombras.* 逆光で写真をとったので影が入っている.

hasta [*a*] *tal punto* [*extremo, grado*] *que...* …なほどとても…である. *Se recuperó hasta tal punto que comenzó una intensa actividad.* 彼[彼女]は大いに活動し始めるまで回復した.

no hay tal そうではない, そんなことはない.

que si tal que si cual / que si tal y que si cual / que si tal y cual 《話》あれやこれや, いろいろ. *No me gusta que la gente me diga que si tal que si cual.* 人にあれこれ言われるのは嫌いだ.

¿Qué tal? (1) どう（だい）, 元気ですか. *Hola, ¿qué tal?* やぁ, どうだい. *Buenos días, ¿qué tal está usted?* おはよう, 元気ですか. (2) どのように；…はどうだい. *¿Qué tal te parece la comida japonesa?* 日本食はどう（思う）. *¿Qué tal (fue) el viaje?* 旅行はどう（だった）. *¿Qué tal una copita?* ちょっと一杯どう. (3) 《**si**＋直説法 1人称複数現在形》《勧誘》…してみない. *Oye, ¿qué tal si cenamos fuera?* どう, 今夜は外食しない.

tal como... (1) …のように；…のままに, …のとおりに. *El español, por lo general, se escribe tal como* [*cual*] *suena.* スペイン語はふつう, 聞こえるとおりに書く. *Lo encontré tal como* [*cual*] *lo había dejado.* それは私が置いたままになっていた. *Quiero mostrarme tal como* [*cual*] *soy.* ありのままの自分を見せたい. (2) 例として挙げると, たとえば…, …のような. *Hay varias expresiones para llamar la atención, tales como* ¡oiga!*, por favor!, etc.* 人の注意を喚起する表現はいろいろある. たとえば ¡oiga! 「もしもし, すみませんが」や ¡por favor! 「あのちょっと, すみません」などである. (3) 《理由》…だから. *Tal como están las cosas, todo es* posible. そういう事情だから、何でもありうる. (4)《ser+〈資格・地位・機能など〉が》そのようなものとして、それなりに. Ese diccionario no es muy bueno; pero *tal como es*, a mí me sirve mucho. この辞書はとてもよいとは言えないが、それなりに私には役に立っている.

tal cual (...) (1) そのとおりに[で]. Lo dejé todo *tal cual*. 私はすべてをそのままにしておいた. (2) …のように(=*tal* como). *Tal cual* me lo dijeron, así te lo dije. 言われたように、私は君に言った. (3)《話》そこそこの、まあまあの. (4)《まれ》《+単数名詞》わずかの、少数の、時たまの.

tal es así que... だからこそ…. Es un buen coche. *Tal es así que* me lo compré. それはいい車だ. だからこそ、購入したんだ.

tal(es) y tal(es) これこれ(の);いくらいくら(の). Me dijo *tal y tal*, y así lo hice. 彼[彼女]がこれこれだと言ったので、私はそうしたんだ.

tal o cual これこれしかじかの(もの). votar a *tal o cual* partido どこそこの政党に投票する.

tal para cual 互いに似たり寄ったりの人、同類. Los dos eran *tal para cual*. ふたりは似た者どうしだった.

tal parece que... まさに…だ.

tal por cual 誰それ. Se lo dije a ese *tal por cual*. 私はその何某にそう言った.

tal que... 《話》

tal A *que* B それほどの[に]AなのでB だ. *Tal* es su poder *que* todo el mundo le obedece. 彼の権力が絶大なので誰もが彼に従っている. Los acontecimientos se suceden a *tal* velocidad *que* producen vértigo. 事件がめまぐるしく次々に起こる.

tal que así 《話》そういう風に. Decidió hacerlo *tal que así*. 彼[彼女]はそうしようと決めた.

tal... tal [*cual*] 《並置した二者の類似・同一を表す》~に対して~に. De *tal* palo, *tal* astilla. 《諺》カエルの子はカエル(←こんな木からこんな木片). De *tal* padre, *tal* hijo. あの親にしてこの子あり. *Tal* la madre, *cual* la hija. 母が母なら娘も娘.

tal vez +直説法［接続法］→ vez.

tal y como... …のとおりに、…のあるがままに;…から判断して. *Tal y como* están las cosas 事実から判断すれば. *tal y como* informó ayer el periódico 昨日新聞が報じたように.

tal y cual → *tal* y tal.

y tal (*y cual*) 《話》…など、…とかなんとか. En Barcelona me gustaría visitar la Sagrada Familia, el Parque Güell, *y tal*. バルセロナではサグラダ・ファミリアやグエル公園なんかに行ってみたいな.

[←〔ラ〕*tālis*.〔関連〕este.〔仏〕*tel*「そのような」.〔英〕*the*, *this*, *that*]

ta·la [tá.la] 囡 **1** 伐採, 切り出し. ~ abusiva 乱伐. **2** 刈り込み、剪定(訟). **3**《遊》棒打ち遊び(両端をとがらせた木片を長い棒で打って遠くへ飛ばす);その木片. **4** 破壊, 荒廃. **5**《軍》鹿砦(鷙), 逆茂木. **6**《ラ米》(1)(鷙)(芸)《植》エノキの一種. (2)(聚)〈家畜が〉草を食べること. (3)(聚)野菜畑. (4)(聚)斧(蟹).

ta·la·bar·te [ta.la.βár.te] 男 (剣の)つり帯, 剣帯.

ta·la·bar·te·rí·a [ta.la.βar.te.rí.a] 囡 馬具[革具]工場;馬具[革製品]店.

ta·la·bar·te·ro, ra [ta.la.βar.té.ro, -.ra] 男 囡 馬具[革具]職人;馬具[革製品]商人.

ta·la·cha [ta.lá.tʃa] 囡《ラ米》(珠)鍬(鯶).

ta·la·che [ta.lá.tʃe] / **ta·la·cho** [ta.lá.tʃo] 男《ラ米》(1)(珠)→ talacha. (2)(宰)つるはし.

ta·la·dor, do·ra [ta.la.ðór, -.ðó.ra] 形 **1** 伐採の, 切り出しの. **2** 刈り込む, 剪定(訟)の.
— 男 囡 伐採者;剪定者.

ta·la·dra·do [ta.la.ðrá.ðo] 男 穴あけ, 穿孔(蟹);穴.

ta·la·dra·dor, do·ra [ta.la.ðra.ðór, -.ðó.ra] **1** 穴をあける, 掘削する. aparato ~ 穴あけ器. **2** 突き刺すような;耳をつんざく.
— 男 囡 穴をあける人[もの].
— 囡《技》穿孔(蟹)機, ドリル. *taladradora portátil* 小型(電気)ドリル. *taladradora radial* ラジアルドリル.

ta·la·drar [ta.la.ðrár] 他 **1** …に穴をあける, 穿孔(蟹)する;パンチを入れる. ~ el billete 切符を切る. **2**〈耳を〉刺す, つんざく. **3**〈執拗に〉苦痛を与える. **4** 推し量る, 見抜く. **5**《話》ぺてんにかける;だまし取る, 巻き上げる.

ta·la·dri·lla [ta.la.ðrí.ʝa ‖ -.ʎa] 囡《昆》(オリーブの木を害する)キクイムシ.

ta·la·dro [ta.lá.ðro] 男 **1**《技》穿孔(蟹)機, ドリル, 中くり盤;錐(鸶), 木工錐(ドリルの)穂先, 刃. **2**(ドリルなどで開けた)穴.

ta·la·je [ta.lá.xe] 男《ラ米》(1)(鷥)(蹩)牧場, 放牧地. (2)(鷥)〈家畜が〉草を食べること;放牧(料).

tá·la·mo [tá.la.mo] 男 **1**《文章語》新床, 初夜の床(= ~ nupcial);閨房(鬯), 閨(鹌). **2**《植》花托(蟹), 花床. **3**《解剖》視床(= ~s ópticos).

ta·la·mo·co, ca [ta.la.mó.ko, -.ka] 男 囡《ラ米》(聚)《医》白皮症の, 白子の.

ta·lán [ta.lán] 男《擬》(鐘の音)ゴーンゴーン, カラーンコローン.

ta·lan·que·ra [ta.laŋ.ké.ra] 囡 **1** 柵(鉉);塀. **2** 防壁, バリケード. **3** 避難所, 安全な場所. **4** 防御, 安全性. **5**《ラ米》(聚)(ベ)(ジ)(ボ)アシでつくった柵.

ta·lan·te [ta.lán.te] 男 **1** 機嫌, 気分;気質, 気性. estar de buen ~ 上機嫌である. estar de mal ~ 虫の居所が悪い. Es hombre de buen ~. 性質のいい男だ. **2** 意志, 意欲. de buen ~ 喜んで, 喜々として. de mal ~ いやいや, しぶしぶ.

ta·lar¹ [ta.lár] 形 かかとに届くほど長い, 引きずるような.
— 男《複数で》《ロ神》(メルクリウス Mercurio の)黄金の翼のついたサンダル.

ta·lar² [ta.lár] 他 **1** 切り倒す, 伐採する. **2** 刈り込む, 剪定(訟)する. **3**〈徹底的に〉破壊する, 焼き払う.

ta·la·se·mia [ta.la.sé.mja] 囡《医》貧血症.

ta·la·so·cra·cia [ta.la.so.krá.θja / -.sja] 囡《格式》制海権, 海上権.

ta·la·so·te·ra·pia [ta.la.so.te.rá.pja] 囡《医》海水療法.

ta·la·ve·ra [ta.la.βé.ra] 囡(スペイン Talavera 産の)陶器.

Ta·la·ve·ra de la Rei·na [ta.la.βé.ra ðe la řéi.na] 固名 タラベラ・デ・ラ・レイナ:スペイン中西部の都市. ♦16世紀より窯業が盛んで, 白地に青を基調とした陶器が有名.

ta·la·yot [ta.la.jó(t)] / **ta·la·yo·te** [ta.la.jó.te] 男(スペイン Baleares 諸島に残る先史時代の)円錐(鸷)台形の石塁[石塔].

tal·co [tál.ko] 男 **1** 滑石, タルク. **2** タルカムパウダー, ベビーパウダー(= polvos de~). **3**(刺繡(鸷)などに用いる)箔(竺)糸.

tal·co·so, sa [tal.kó.so, -.sa] 形 滑石[タルク]を含む, 滑石[タルク]の多い.

tal・cua・li・llo, lla [tal.kwa.lí.ʝo, -.ʎa ‖ -.ʝo, -.ʎa] 形 《話》大したことない、まあまあの、まずまずの. una inteligencia *talcualilla* まずまずの頭. Regresaré al trabajo, porque ya me encuentro ~, casi repuesto. 体調もほとんど回復して、まずまずの調子なので仕事に戻ろうと思う.

tal・de [tál.de] 男 《バスク》テロリスト支援グループ.

ta・led [ta.léð] 男 タリス：ユダヤ人が礼拝時にかぶるショール.

ta・le・ga [ta.lé.ga] 女 **1** 袋，手提げ袋. ~ de ropa sucia 洗濯袋. **2** 1袋分，袋1杯. una ~ de arroz 米1袋. **4** ヘアネット. **5**《主に複数で》《話》金，財産. **6**《話》(告解すべき)罪.

ta・le・ga・da [ta.le.gá.ða] 女 **1** 1袋(分)，袋1杯(の量). **2** → talegazo.

ta・le・ga・zo [ta.le.gá.θo / -.so] 男 《話》転倒，横転し；(倒れたときの)衝撃，打撲.

ta・le・go [ta.lé.go] 男 **1** → talega **1**. **2** 《話》ずんぐりした人. **3** 《俗》刑務所. **4** 《俗》1000ペセタ札.

ta・le・gui・lla [ta.le.gí.ʝa ‖ -.ʎa] 女 **1** 小袋，手提げ. **2** 《闘牛》闘牛士ズボン.

ta・len・to [ta.lén.to] 男 **1** 才能，能力；理解力，頭の回転のよさ. ~ artístico [deportivo, literario, musical] 芸術[スポーツ，文学，音楽]の才能. natural [gran, singular] ~ 生まれ持った[立派な，類まれな]才能. de ~ 才能のある，腕利きの. descubrir los ~s ocultos [escondidos] 隠れた才能を見出す. tener ~ en [de, para]+名詞[不定詞] ... …の才能がある.

[類語] *capacidad* は「何かができる能力」, *habilidad* は「要領よくできる能力」であるのに対して *talento* は「特別の能力・才能」,「天賦の才」は *genio*,「創意工夫力」は *ingenio*. テレビなどの「芸能人, タレント」は artista, personalidad del mundo televisivo.

2 才能[能力]を持った人 ● 男性も女性も指すことができる). el joven ~ 才気あふれる若者. el ~ japonés 才能のある日本人.

3《史》タラント：古代ギリシアの貨幣単位.

[← 〔中ラ〕*talentum*「志向，性向」(← talante).
← 〔ラ〕「タラント」← 〔ギ〕*tálanton*（原義は「はかり」;「才能」の意味は3人の僕(ﾉﾙﾍ)にその能力に応じて(タラントを単位とする)金を与えたたとえ話〈マタイ25：14-30〉に由来，[関連] talentoso. [英] *talent*]

ta・len・to・so, sa [ta.len.tó.so, -.sa] / **ta・len・tu・do, da** [ta.len.tú.ðo, -.ða] 形 才能のある，才能に恵まれた，有能な.

ta・le・ro [ta.lé.ro] 男 《ラ米》(ｱﾙｾﾞ)(ﾁﾘ)(ｳﾙｸﾞ)(乗馬用の)むち.

Ta・les [tá.les] 固名 タレス ~ de Mileto (前624?-546?)：ギリシアの哲学者.

TALGO [tál.go] 男 《略》Tren Articulado Ligero Goicoechea-Oriol（スペイン）タルゴ（特急），ターゼル特急. ▶ 技師ゴイコエチェアと資本家オリオルとの共同開発による軽量連結列車.

Ta・lí・a [ta.lí.a] 固名 《ギ神》タレイア：喜劇と牧歌を司(ﾂｶｻﾄﾞ)る女神. → musa. [〔ラ〕*Thalia*←〔ギ〕*Tháleia*（「花咲くもの」の原義)]

ta・li・bán [ta.li.bán] 形 《複 talibanes, ~》(アフガニスタンのイスラム原理主義武装集団) タリバンの.
—— 男 タリバンに属する人.

ta・li・do・mi・da [ta.li.ðo.mí.ða] 女《薬》《商標》サリドマイド：鎮静・睡眠薬.

ta・li・do・mí・di・co, ca [ta.li.ðo.mí.ði.ko, -.ka] 形 サリドマイドの. —— 男女 サリドマイド被害者[児].

ta・lio [tá.ljo] 男 《化》タリウム（記号 Tl).

ta・lión [ta.ljón] 男 同罰の刑：目には目を，歯には歯をのように全く同じ罰を科する刑. ley del ~ 同害刑法, 復讐(ﾌｸｼｭｳ)法. pena del ~ 同害報復.

ta・li・pes [ta.lí.pes] 男《単複同形》《医》湾足. ~ valgus 外反足. ~ varus 内反足.

ta・li・pot [ta.li.pó(t)] 男 《植》タリポットヤシ.

ta・lis・mán [ta.lis.mán] 男 お守り，護符，魔よけ. [← 〔アラビア〕《話》*tilsamān*《複数で》←〔アラビア〕*ṭilasm*←〔後ギ〕*télesma*←〔ギ〕「清め；奉納；支払い」]

ta・lit [ta.lít] 〔ヘブライ〕→ taled.

talk show [tólk ʃóu] 〔英〕男 《複 ~s, ~》トークショー，有名人との会見番組.

ta・lla [tá.ʝa ‖ -.ʎa] 女 **1** 木彫り；彫刻，彫版；彫金. ~ de Cristo キリストの十字架像の彫刻. **2**（宝石の）研磨，カット. **3** 身長，背丈. de media ~ 半身大の. **4**（衣服・靴の）サイズ，大きさ. ¿Qué ~ gastas? 君のサイズはいくつ. → magnitud [類語]. **5**（背丈の）計測棒，身長計. **6** 才能，能力，人としての器(ｳﾂﾜ)の ~ 優れた，卓越した. no dar ~ ふさわしくない. tener [ser de] ~ para... …の能力がある，…に適している. de poca ~ あまり才能のない. **7**《遊》(トランプ) 持ち札，手；一勝負. **8**《医》切石術：膀胱(ﾎﾞｳｺｳ)結石の除去手術(= cistotomía). **9**《海》巻き上げ機，パーチェス：滑車とロープを組み合わせた増力装置. **10** 懸賞金，謝礼；身代金. poner a ~ a+人 (人)に懸賞金をかける. **11**《ラ米》(1)（ﾁﾘ）《話》うそ，でたらめ. (2)（ﾁﾘ）(ﾞﾙｸﾞ) 逸話；(ﾁﾘ)(ｱﾙｾﾞ)雑談；うわさ話. (3)（ﾍﾟﾙｰ）《俗》殴打，なぐりつけ. (4)（ﾁﾘ）(ｱﾙｾﾞ)（車の）タイヤ. (5)（ﾁﾘ）枕木. (6)（ﾁﾘ）《話》冗談，からかい.

dar la talla《話》(1) (入隊時の身体検査で)最低身長を満たす. (2) 役目を果たす，義務を全うする.

[「木彫り」← 〔カタルーニャ〕*talla*；[関連] tallar；「身長」← 〔仏〕*taille*「身長；胴回り；体つき」，[関連] talle，共に《俗》*taleare 'tajar' より派生]

ta・lla・do, da [ta.já.ðo, -.ʝá.- ‖ -.ʎá.-] 形 **1** 彫った，刻んだ；彫金の. **2** 研磨した，磨かれた. **3** 細工した，形づくられた.
—— 男 **1** 木彫り，彫刻；彫金，彫版. **2**（宝石の）カット，研磨.

ta・lla・dor, do・ra [ta.ja.ðór, -.ðó.ra ‖ -.ʎa.-] 男女 **1** 彫刻家，彫版師；彫金師. **2**《軍》(徴兵などの)身長測定官. —— 男《ラ米》(ﾁﾘ)洗濯板.

ta・lla・du・ra [ta.ja.ðú.ra ‖ -.ʎa.-] 女（板・樹木の）切り込み，刻み目.

ta・llar[1] [ta.jár ‖ -.ʎár] 形 最初の伐採が可能な.
—— 男 **1** 木の芽がふき始めた山. **2** 最初の伐採が可能になった新しい森. **3** 小型のくし.

ta・llar[2] [ta.jár ‖ -.ʎár] 他 **1** 彫る，刻む；彫刻する，彫金する. ~ una cabeza en mármol 大理石に頭部を刻む. **2**〈宝石を〉カットする，研磨する. **3**〈身長を〉測る，測定する. Todos los reclutas han sido *tallados*. 徴集兵全員に身長測定が実施された. **4**〈トランプのカードを〉切る，配る. **5**〈ギアなどの〉歯を削る，歯切りする. ~ roscas ねじを切る. **6** 税金を課す，課税する. **7** 見積もる，評価する. **8**《ラ米》(1)（ﾍﾟﾙｰ）《話》困らせる，てこずらせる；殴る，ぶつ. (2)（ﾁﾘ）洗う；洗濯する. —— 自《ラ米》《話》(1)（ﾁﾘ）(ｱﾙｾﾞ)雑談する，うわさ話をする. (2)（ﾁﾘ）言い寄る，求愛する.

[← ? 〔伊〕*tagliare*「切る」←〔俗ラ〕*taleare(→ tajar)；[関連] talla, tallador, tallista, detalle. [英] *tailor*「仕立屋」]

ta・lla・rín [ta.ja.rín ‖ -.ʎa.-] 男《主に複数で》【料】タリエリーニ：細身で平べったいパスタ．

ta・lle [tá.je ‖ [eʎ.-] 男 **1** 腰，ウエスト． ~ de avispa 蜂(ﾊﾁ)のようにくびれた腰．tomar a+人 por el ~ 〈人の〉腰に手を回す． **2** (衣服の)腰回り，腰部．「ウエストサイズ」は cintura． **3** (採寸で)肩から腰までの長さ[丈]，背丈． **4** 容姿，スタイル，体形． ~ esbelto ほっそりした体つき．Tiene buen ~. 彼[彼女]はいいプロポーションをしている． **5**《ラ米》(ｸﾞｱﾃ)(ﾁ)【服飾】(女性用の)ボディス，胴着．
largo de talle たっぷり，十分に．Tiene cincuenta años *largos de* ~. 彼[彼女]はもう50歳にはなっている．

ta・lle・cer [ta.je.θér ‖ -.ʎe.- / -.sér] 34 自【植】芽を出す，発芽する．

ta・ller [ta.jér ‖ -.ʎér] 男 **1** (1)（職人などの）作業場，工房． ~ de artesano 手工芸品工房． ~ de carpintería 木工所． ~ de cerámica 陶器工場．~ de compostura《ラ米》(靴を作ったり修理したりする)靴屋． ~ de confección [costura] 縫製工場． ~ de imprenta 印刷工場． ~ de orfebrería 金[銀]細工工房．（芸術家の)仕事場，工房． ~ de ilustración イラスト工房． ~ de pintor 画家のアトリエ．
2 修理工場． ~ mecánico [de mecánica] 自動車の修理工場．
3 (工場などの)部門．Él es el responsable del ~ de reproducción [restauración]. 彼は複製[修復]部門の責任者だ．
4 養成所，職業専門学校；セミナー，ワークショップ．dirigir un ~ de danza ダンス教室を主宰する． ~ literario 文学セミナー．
[←《仏》*atelier*「仕事場」←「大工の仕事場」←「材木（置き場）」);《古仏》*astelle*「木片」(←《ラ》*astula*) より派生]

ta・lle・ro, ra [ta.jé.ro, -.ra ‖ -.ʎé.-] 男 女《ラ米》野菜売り[商人]．

ta・llis・ta [ta.jís.ta ‖ -.ʎís.-] 男 女 (木の)彫刻家，木彫師．

*__**ta・llo**__ [tá.jo ‖ -.ʎo.] 男 **1**【植】茎，柄；新芽，若枝．echar ~ 芽が出る．▶木の「幹」は tronco．
2 (メロン・ウリなどの)砂糖漬け． **3**《ラ米》(1)(ｴｸｱ)キャベツ，玉菜． (2)(ﾎﾞﾘ)野菜，青物．
[←《ラ》*tallum* (*tallus* の対格)「緑の茎，若枝」←《ギ》*thallós*「関連 talludo]

ta・llu・do, da [ta.jú.do, -.ða ‖ -.ʎú.-] 形 **1** 茎の長い，茎の伸びた；根茎の多い． **2** 背の高い．Es un chico fuerte y ~. 彼はたくましくて背のある子だ． **3** (癖などが)根深い，染み着いた． **4**《話》《軽蔑》いい年をした，一人前の． **5**《ラ米》(ﾒｷ)(ﾁﾘ)革のような，丈夫な；剝(ﾑ)ぎ取りにくい；年の割に元気な；まだ使える．

tal・men・te [tál.mén.te] 副 **1**《como...》まさに(…の)ように．Esa pirámide medio derrumbada parece ~ *como* un cerro. その半ば崩れたピラミッドはまさに小山のようだ．Sonó ~ *como si* hubiera estallado una bomba. まさに爆弾が爆発したような音がした．
2《話》(相手の様態・比較表現に同意して) 全くそのとおり，まさにそのようだ．El cuadro parece una foto, ¿verdad? — *T*~ (*así* [*eso*]). その絵は写真のようだね．—まさにそうだね．

Tal・mud [tal.múð] 男 タルムード：5世紀ごろ編纂されたユダヤの律法と伝承・注解の集大成本．

tal・mú・di・co, ca [tal.mú.ði.ko, -.ka] 形 タルムードの[に関する].

tal・mu・dis・ta [tal.mu.dís.ta] 男 女 タルムードの編者[学者]．

ta・lo [tá.lo] 男【植】葉状体：茎・根・葉に分化していない下等植物．

ta・lo・fi・ta [ta.lo.fí.ta] 形【植】葉状植物の．
—— 女（藻類・菌類・地衣類からなる）葉状植物．

ta・lón [ta.lón] 男 **1** かかと，(靴・靴下の)かかと，ヒール．girar sobre los *talones* かかとでくるりと回る． **2** (馬の)後足のひづめ． **3** (弦楽器の)弓の手元，タロン． **4** (ライフル銃の)床尾踵(ｼｮｳ)；竜骨[キール]の最後尾部；(リムに密着する)タイヤの耳，ビード．
4 引換券，クーポン；領収[受取]証；小切手 (= ~ bancario). **5** (貨幣の)本位． ~ de oro [plata] 金[銀]本位． **6**【建】葱花刳形(ｸﾘｶﾞﾀ)． **7**《ラ米》(ﾒｷ)《俗》泥棒．
apretar los talones《話》一目散に逃げ出す．
ir [*estar*] *pegado a*+人 *los talones*《話》〈人〉につきまとう．
*pisar*le (*a*+人) *los talones* 〈人〉のすぐ後をつける；競り合う．
talón [*tendón*] *de Aquiles* アキレス腱(ｹﾝ)；弱点，弱み．
[←《俗》*talone* (*talo* の対格) ←《ラ》*tālus*「くるぶし；かかと」［関連 talar¹, talonvision]

ta・lo・na・dor [ta.lo.na.ðór] 男《スポ》(ラグビー)フッカー：ヒールアウトする選手．

ta・lo・na・je [ta.lo.ná.xe] 男《スポ》(ラグビー)ヒールアウト：スクラムの際フッカーがボールをけり出すこと．

ta・lo・nar [ta.lo.nár] 他《スポ》(ラグビー)ヒールアウトする．

ta・lo・na・rio, ria [ta.lo.ná.rjo, -.rja] 形 控え[半券]クーポン式の．libro ~ (切り取り形式の) 綴(ﾄｼ)り，割符控帳．—— 男 **1** 引換券帳，クーポン帳，受取証帳． **2** 小切手帳 (= ~ de cheques).

ta・lo・ne・ar [ta.lo.ne.ár] 他《ラ米》〈馬に〉拍車をかける．—— 自 足早に歩く，せかせか歩く．

ta・lo・ne・ra [ta.lo.né.ra] 女 **1** (靴下の)かかとの部分の当て布．
2 (衣類の)縁取り材料；バイアス布． **3**《ラ米》(ｸﾞｱﾃ)(靴の)かかと，ヒール．

tal・que [tál.ke] 男 滑石を多く含む土．

tal・qui・na [tal.kí.na] 女《ラ米》(ﾁ)《話》裏切り．

tal・qui・ta [tal.kí.ta] 女 粘板岩．

tal・tu・za [tal.tú.θa / -.sa] 女《ラ米》(ﾁﾞ)【動】ホリネズミの一種．

ta・lud [ta.lúð] 男 斜面，傾斜地；勾配(ﾊﾞｲ)．

ta・lu・dín [ta.lu.ðín] 男《ラ米》(ｸﾞｱﾃ)【動】カイマン(ワニ)の一種．

ta・ma・gá [ta.ma.gá] 女《主に複数で》《ラ米》(ﾒｷ)【動】タマガ(ス)：毒蛇の一種．

ta・mal [ta.mál] 男《ラ米》(1)【料】タマル：トウモロコシの粉を練り，肉などの具を入れ，トウモロコシの皮で包み蒸したもの．(2)《話》ごまかし；陰謀，企み．(3)(ﾒｷ)(ｸﾞｱ)(衣類などの)包み．[←《ナワトル》*tamalli*]

ta・ma・la・da [ta.ma.lá.ða] 女 タマル tamal をふるまうパーティー．

ta・ma・la・yo・ta [ta.ma.la.jó.ta] 女《ラ米》《話》大カボチャ．

ta・ma・le・ro, ra [ta.ma.lé.ro, -.ra] 男 女《ラ米》(1) タマルを作る人；タマル売り． (2)(ｸﾞｱ)(ｶﾘ)《話》いかさま師． (3)(ｸﾞｱ)《話》策士．
—— 女《ラ米》(ｸﾞｱ)三角巾(ｷﾝ)．

ta・ma・na・co, ca [ta.ma.ná.ko, -.ka] 形 タマナコの．—— 男 女 タマナコ人：ベネズエラの Orinoco 川流

tamandúa

域の先住民. ― 男 タマナコ語:カリブ語族の一つ.

ta·man·dú·a [ta.man.dú.a] 男 《動》(中南米一帯に生息する)コアリクイ.

ta·man·go [ta.máŋ.go] 男 《ラ米》《(中)》《(ラ7)》(**1**) 粗末な靴;古靴,すり減った履き物. (**2**) 男児.

ta·ma·ña [ta.má.ɲa] 形 → tamaño.

ta·ma·ñа·men·te [ta.ma.ɲa.mén.te] 副(手で示しながら)これくらい大きく,これほどの大きさで.

ta·ma·ñi·to, ta [ta.ma.ɲí.to, -.ta] 形 《話》おろおろする,途方に暮れた. dejar a+人 ~ 〈人〉をしょげさせる,途方に暮れさせる.

***ta·ma·ño, ña [ta.má.ɲo, -.ɲa] 形 (+名詞) 《文章語》《強調》大きな, 過度の;そんな,あんな (▶無冠詞で用いる). Juana, sorprendida, abrió ~s ojos. フアナは驚いて目を大きく見開いた. ~ susto [alboroto, error] 大きな驚き[騒ぎ, 間違い].
― 男 **1** サイズ, 大きさ. de ~ natural 実物大の. de poco [gran] ~ 小型[大型]の. ~ postal はがきサイズ. ¿De qué ~ son los zapatos? 靴のサイズはいくつですか. → magnitud [類語]. **2** 重大さ.
[←《古》《ラ》 *tam magnus* 《とても大きい》(*tam*「そんなに」+ *māgnus*「大きい」);関連 magno, magnitud, magnánimo, magnífico, mega-]

tá·ma·ra [tá.ma.ra] 女 《植》 カナリーヤシ;カナリーヤシの林;《複数で》カナリーヤシ(の実)の房.

ta·ma·ra·o [ta.ma.rá.o] 男 《動》タマラオ,ミンドロスイギュウ.

ta·ma·ri·cá·ce·o, a [ta.ma.ri.ká.θe.o, -.a / -.se.-] 形 《植》ギョリュウ科の. ― 女 ギョリュウ科の植物;《複数で》ギョリュウ科.

ta·ma·rin·do [ta.ma.rín.do] 男 **1** 《植》(マメ科の)タマリンド(の実):実は清涼飲料などの材料となる. **2** 《ラ米》《(メ)》《俗》警官, お巡り(タマリンドの実の色と同じ鳶(とび)色の制服を着ているところから).

ta·ma·ris·cí·ne·o, a [ta.ma.ris.θí.ne.o, -.a / -.sí.-] 形 → tamaricáceo.

ta·ma·ris·co [ta.ma.rís.ko] / **ta·ma·riz** [ta.ma.ríθ / -.rís] 男 《植》 ギョリュウ (= taray).

ta·ma·ru·go [ta.ma.rú.go] 男 《ラ米》《(中)》《植》イナゴマメ(の木).

Ta·ma·yo [ta.má.jo] 固名 タマヨ Rufino ~ (1899–1991):メキシコの画家.

tam·ba·che [tam.bá.tʃe] 男 《ラ米》《(メ)》衣類の包み.

tam·ba·le·an·te [tam.ba.le.án.te] 形 よろける, ふらふらする;ぐらぐらする, がたつく;不安定な. instituciones ~s 変わりやすい制度[法規].

tam·ba·le·ar(·se) [tam.ba.le.ár(.se)] 自 再 **1** よろめく, ふらつく;ぐらぐらする. Cuando salí de la taberna *me tambaleaba*. 酒場を出たとき私は足もとが覚つかなかった. **2** 不安定である, 不確実である. Su poder político *se tambaleará* pronto. 彼[彼女]の政治的な権力もじきにぐらつくだろう.

tam·ba·le·o [tam.ba.lé.o] 男 **1** よろめき, ふらつき;ぐらつき, がたつき, 揺れ. **2** 不安定;動揺.

tam·bar(·se) [tam.bár(.se)] 他 再 《ラ米》《(ニク)》《(コロ)》飲み込む, 丸飲みする.

tam·ba·ri·llo [tam.ba.rí.jo ‖ -.ʎo.-] 男 かまぼこ形の蓋(ふた)付き箱.

tam·ba·rria [tam.bá.rja] 女 《ラ米》《(メ)》《(コロ)》《(中米)》《話》どんちゃん騒ぎ,ばか騒ぎ.

tam·bem·be [tam.bém.be] 男 《ラ米》《(中)》《俗》尻(しり).

tam·be·ro, ra [tam.bé.ro, -.ra] 男 《ラ米》(**1**) 宿屋の主人[女主人]. (**2**) 《(ラ7)》《(ラ3)》酪農家;搾乳家.

***tam·bién [tam.bjén] 副 《肯定文で》《名詞・形容詞・副詞およびその相当語句を修飾》…もまた (である); 《動詞(句)を修飾》…もする (↔tampoco). Yo ~ te quiero. 私もまた君を愛しています. Él es conocido ~ por sus ensayos sobre viajes. 彼はまた旅のエッセイとしても知られている. Ella va a hablar ~ de Chile. 彼女はチリについても話す. *T*~ es mi mejor amigo. 彼はまた私の親友でもある. Me gusta mucho la carne. — A mí ~. 私は肉が大好きです. ―私も(好き)です. Lo dije por la rabia y ~ por el temor. 私は怒りと同時に恐怖心からそう言った. ¿Hablas francés? ¿Pero no has dicho que hablas alemán? — *T*~. フランス語を話すのかい. でもドイツ語を話すって言ってなかった. ―ドイツ語もだよ.
[tan (←《ラ》 *tantus*「これほど」) + bien (←《ラ》 *bene*)]

tam·bo [tám.bo] 男 《ラ米》(**1**) 《(ペ)》《(チ)》宿屋. (**2**) 《(ラ3)》《(中)》《俗》売春宿. (**3**) 《(ラ7)》搾乳所. (**4**) 《(*メ)》《俗》留置場, 刑務所.

tam·bo·cha [tam.bó.tʃa] 女 (アメリカ大陸の)毒蟻.

*tam·bor [tam.bór] 男 **1** 《音楽》太鼓, ドラム. tocar el ~ 太鼓をたたく.
2 太鼓奏者, 鼓手. ~ mayor 《軍》鼓手長;軍楽隊長. **3** 円筒[円柱]状のもの;(製菓用の)砂糖ふるい;(宝くじの)回転筒;刺繍(ししゅう)枠;焙煎(ばいせん)器;(回転式ピストルの)弾倉;(洗濯機の)ドラム. **4** 《解剖》鼓膜. **5** 《建》(円筒下部の)円筒壁体;(コリント様式の)柱頭葉飾りの基部;(積み重ね式円柱の)太鼓形石材. (**2**) (城塞(じょうさい)の)門前の)防柵(ぼうさく). **6** 《機》シリンダー, ドラム. ~ de freno ブレーキドラム. **7** 《海》(蒸気船の)外輪覆い;キャプスタン, (ウインチの)巻胴. **8** 間仕切りで囲まれた小室. **9** 《ラ米》(**1**) 《(ラ3)》ドラム缶;黄麻布. (**2**) 《(ラ7)》マットレス.
a tambor batiente 勝ち誇って, 意気揚々と.
[←《古スペイン》 *atambor* ←《アラビア》 *aṭ-ṭanbūr* ←《ペルシア》 *ṭabīr*;関連 tamborín, taburete. 《英》 *tabor*「小太鼓」, *tambourine*「タンバリン」]

tam·bo·ra [tam.bó.ra] 女 **1** 《音楽》大太鼓 (= bombo). **2** 《ラ米》《(ミナ)》《話》うそ, でたらめ.

tam·bo·re·ár [tam.bo.re.ár] 自 → tamborilear.

tam·bo·re·a·te·ar [tam.bo.re.a.te.ár] 他 《ラ米》《(ミナ)》《話》ぶつ, 殴る.

tam·bo·re·o [tam.bo.ré.o] 男 太鼓をたたくこと.

tam·bo·re·ro, ra [tam.bo.ré.ro, -.ra] 形 《ラ米》鼓手の, 太鼓奏者の. ― 女 《ラ米》鼓手, 太鼓奏者.

tam·bo·ril [tam.bo.ríl] 男 《音楽》小太鼓.

tam·bo·ri·la·da [tam.bo.ri.lá.ða] 女 《話》
1 転倒, 尻(しり)もち;倒れた[尻もちをついた]ときの音. **2** げんこつ, 殴打;頭[背中]を手でたたく音.

tam·bo·ri·la·zo [tam.bo.ri.lá.θo / -.so] 男 → tamborilada.

tam·bo·ri·le·ar [tam.bo.ri.le.ár] 自 **1** (太鼓を)打つ, 鳴らす. **2** (指などで)繰り返し軽くたたく. ~ con los dedos sobre la mesa 机を指でトントンたたく. **3** 《雨》音を立てて降る. **4** ほめる, 賞賛する. **5** 《印》(ならし木で)〈活字を〉平らにする.

tam·bo·ri·le·o [tam.bo.ri.lé.o] 男 太鼓を打つこと;(指などで)軽くたたくこと.

tam·bo·ri·le·ro, ra [tam.bo.ri.lé.ro] 男 鼓手, 太鼓奏者.

tam·bo·ri·le·te [tam.bo.ri.lé.te] 男 《印》ならし木.

tam·bo·rín [tam.bo.rín] / **tam·bo·ri·no** [tam.bo.rí.no] 男 《音楽》小太鼓.

tam·bo·ri·te·ar [tam.bo.ri.te.ár] 自 → tamborilear.

tam·bo·ri·te·ro [tam.bo.ri.té.ro] 男 → tamborilero.

tam·bo·rra·da [tam.bo.řá.đa] 女 太鼓をたたく祭り.

tam·bre [tám.bre] 男《ラ米》《ｴｸｱﾄﾞﾙ》堰(ﾜﾃ); ため池.

ta·me·gua [ta.mé.gwa] 女《ラ米》《ｺﾞｽﾀﾘｶ》草取り.

ta·me·guar [ta.me.gwár] 86 他《ラ米》《ﾎﾟﾈｰﾀ》《ｺﾞｽﾀﾘｶ》草取りをする, 草をむしる.

ta·me·me [ta.mé.me] 男《ラ米》《ﾒｷｼｺ·ﾀﾞﾙ》ポーター, 荷物運び屋.

Tá·me·sis [tá.me.sis] 固名 el 〜 (英国の) テムズ川. [← [ラ] *Tamesis*← [ケルト] *Tamēsā* (「黒い川」が原義)] 関連 [英] *Thames*.

ta·mil [ta.míl] 形 男 女 → tamul.

ta·mí·ne·a [ta.mí.ne.a] / **ta·mi·nia** [ta.mí.nja] 形 *uva tamínea* [*taminia*] 《植》ヒエンソウ.

ta·miz [ta.míθ / -.mís] 男 《複 tamices》ふるい. 〜 vibratorio 振動式ふるい. pasar por el 〜 ふるいにかける; 選別する, より分ける.

ta·mi·zar [ta.mi.θár / -.sár] 97 他 1 ふるいにかける, ふるう. 〜 harina 小麦粉をふるいにかける. 2 〈光を〉フィルターにかける, 〈光量を〉弱める. 3 〈情報・言葉を〉選別する, えり分ける. *Tamizó* sus palabras para no despertar suspicacias. 彼[彼女]は疑惑を招かないように慎重に言葉を選んで話した.

ta·mo [tá.mo] 男 毛くず, 綿くず; けば, わらくず; ほこり, 綿ぼこり.

ta·mo·jo [ta.mó.xo] 男《植》アカザ科ハロキシロン属の一種 (= matojo).

tam·pa [tám.pa] 女《ラ米》《ﾁﾘ·ｱﾙｾﾞﾝﾁﾝ》もじゃもじゃの髪; もつれた糸[針金].

tám·pax [tám.pa*k*s] 男《単複同形》《商標》《話》タンパックス: 生理用タンポン.

tam·po·co [tam.pó.ko] 副《否定》
1《名詞·形容詞·副詞の相当語句を修飾》…もまた (でない); 《動詞(句)を修飾して》また…もしない (↔también). No es 〜 una actividad creativa. それもまた創造的な活動ではない. No es 〜 fácil. 容易なことでもありません. No lo había visto 〜 en Europa. 私はそれをヨーロッパでも見たことはありませんでした. A mi hijo no le gusta nada el pescado. —A mí —. 私の息子は魚が全然好きではありません. —私も (好きでない) です. ▶ tampoco が動詞の前に置かれると no などの否定語を伴わずに否定文となる. —*T*— viene Pedro. / Pedro no viene —. ペドロも来ない. Yo 〜 he ido nunca a misa. 私も一度もミサに行ったことはありません.
2《話》《抗議》…ではないからね. Oye, 〜 es eso. いくらなんでもそれはないだろう.
ni tampoco《否定》…さえ (ない) (= ni siquiera). No volví a verlo ni 〜 sentí deseos de verlo. 彼に再び会うことはなかったし, 会いたいとも思わなかった.
[tan (← [ラ] *tantus*「これほど」) + poco (← [ラ] *paucus*)]

tam·pón [tam.pón] 男 1 スタンプ台. 2《医》タンポン, 止血栓, 綿球.

tam-tam [tám tám, tam -] / **tam·tan** [tam.tán] 男 1《音楽》タムタム (アフリカの胴の長い太鼓). 2《音楽》タムタムの連打[響き].

ta·mu·ga [ta.mú.ga] 女《ラ米》《ﾁﾘ》包み; 袋, 俵.

ta·mu·jo [ta.mú.xo] 男《植》トウダイグサ科コルメイロア属の一種.

ta·mul [ta.múl] 形 タミル人[語]の.
—男 タミル人: インド南東部・スリランカに住む.
—男 タミル語: ドラビダ語族中最大の言語.

tan¹ [tán] 副 [tanto の語尾消失形]《+形容詞・副詞》そんなに…な[に]. Creo que el tema no es *tan importante* en este caso. 私はこの場合そのテーマがそれほど重要でないと思います. Ha llegado en *tan poco tiempo*. 彼[彼女]はほんの少しの時間で到着しました. ¡Qué novela *tan interesante*! なんておもしろい小説なのでしょう.
tan+形容詞・副詞 *como...* …と同じくらい…な[に]. ¿Era *tan importante como* para merecer tanta atención? あれだけ注目されるくらい重要なことだったのですか? Usted sabe *tan bien como* yo. あなたは私と同じくらいよく知っていますね. No era *tan simple como parecía*. それは見かけほど単純ではなかった.
tan+形容詞・副詞 *que...* とても…なので… (である). Es el sufrimiento *tan grande que* no lo puedo sostener yo sola. 苦しみがあまりにも大きいので私はひとりで耐えることができません.
tan siquiera 少なくとも, せいぜい.
tan sólo ほんの…だけ. Escúchame *tan sólo* unas palabras. ほんの二, 三言だけ聞いてくれ.

tan² [tán] 男《擬》(太鼓をたたく音) トン, トン.

ta·na·ca [ta.ná.ka] 女《ラ米》《ﾁﾘ》《話》薄汚い女.

ta·na·ce·to [ta.na.θé.to / -.sé.-] 男《植》ヨモギギク: キク科で健胃剤・虫下しに用いられる.

ta·na·gra [ta.ná.gra] 女 1 タナグラ人形: 古代ギリシアの都市タナグラ遺跡から発掘された小像.
2 《鳥》フウキンチョウ.

ta·na·te [ta.ná.te] 男《ラ米》(1)《ﾒｷｼｺ》《複数で》《話》がらくた, くず, 半端物. (2)《ﾒｷｼｺ·ｺﾞｽﾀﾘｶ》背負いかご; 背嚢(ﾉｳ), 革袋; 包み.
cargar con los tanates《ラ米》《ｺﾞｽﾀﾘｶ》《話》立ち退く, 引っ越す.

ta·na·to·fo·bia [ta.na.to.fó.bja] 女 死の恐怖.

ta·na·to·gra·fí·a [ta.na.to.gra.fí.a] 女 死についての話.

ta·na·to·lo·gí·a [ta.na.to.lo.xí.a] 女 死亡学.

ta·na·tó·lo·go, ga [ta.na.tó.lo.go, -.ga] 形 死亡学(者)の. —男 女 死亡学者.

ta·na·to·prác·ti·co, ca [ta.na.to.prák.ti.ko, -.ka] 男 女 死体防腐保蔵専門家.

ta·na·to·pra·xia [ta.na.to.prák.sja] 女 死体防腐保蔵学.

ta·na·to·rio [ta.na.tó.rjo] 男 遺体安置所.

tá·na·tos [tá.na.tos] 男 1 《心》死の本能, タナトス. → eros. 2 《ギ神》死神.

ta·na·to·sa·la [ta.na.to.sá.la] 女 霊安室.

tan·cre·dis·mo [taŋ.kre.dís.mo] 男 大胆な行為.
♦闘牛士 Don Tancredo の名から.

tan·da [tán.da] 女 1 (同じものの) ひとまとまり, 一群; 連続. una 〜 de ladrillos れんがの層. Le dieron una 〜 de puñetazos. 彼[彼女]にげんこつの雨を降らせた. 2 順番, 番; 交替勤務 (時間). Tiene la 〜 de diez a seis. 彼[彼女]の勤務は10時から6時までだ. 3 一勝負, 一ゲーム. 〜 de billar ビリヤードの一勝負. 4《ラ米》(1)《ﾒｷｼｺ·ｺﾞﾛﾝﾋﾞｱ》《俗》殴打. (2)《ﾒｷｼｺ》出し物. (3)《ｴｸｱﾄﾞﾙ·ﾒｷｼｺ》《ﾒｷｼｺ》上演, 興行.

tan·de·ar [tan.de.ár] 自 → tandar.

tán·dem [tán.dem] 男 1 タンデム自転車, ふたり乗

tandeo 1898

り自転車. **2** ふたり組, コンビ.
[←[英] *tandem*←[ラ] *tandem* 副「ついに」(「とても長い時間の後に」の原義を英語で「とても長い乗り物」の意に転用)]

tan·de·o [tan.dé.o] 男 **1** 灌漑(%)用水の割り当て. **2** 《ラ米》(%) 《話》(過剰な)冷やかし.

tan·ga [tán.ga] 女 **1** 《遊》距離倒し:動物の距離を倒すゲーム (= chita). **2** タンガ, 布地の小さいビキニのショーツ; Tバックの水着・男性用水着[下着].

tan·ga·na [tan.gá.na] / **tán·ga·na** [tán.ga.na] 女 《話》大騒ぎ, もめごと, けんか.

tan·ga·ne·ar [tan.ga.ne.ár] 他 《ラ米》(*') 《話》ぶつ, 殴る.

tan·ga·ni·llas [tan.ga.ní.jas ‖ -.ʎas]
en [*a*] *tanganillas* 崩れそうに, 不安定に.

tan·gar [tan.gár] 自 他 《ラ米》(**') だます.

tán·ga·ra [tán.ga.ra] 女 《鳥》タンガラ:体長約15センチの色あざやかな鳥.

tan·ge·lo [tan.xé.lo] 男 《植》タンジェロー:タンジェリンとグレープフルーツとの交配種.

tan·gen·cia [tan.xén.θja / -.sja] 女 接触(した状態).

tan·gen·cial [tan.xen.θjál / -.sjál] 形 《数》接線の; 正接の.

tan·gen·te [tan.xén.te] 形 接触している; 《数》接した, 接線の. ── 女 《数》(1) 接線, 接面. (2) タンジェント, 正接《略 tg》.
salirse [*escaparse, irse*] *por la tangente* 《話》答えをはぐらかす, のらりくらりと言い抜ける.

Tán·ger [táŋ.xer] 固名 タンジール:モロッコ北部の州; Gibraltar 海峡に臨む港湾都市.

tan·ge·ri·no, na [tan.xe.rí.no, -.na] 形 タンジールの. ── 男 女 タンジールの住民[出身者].

tan·gi·ble [tan.xí.ble] 形 **1** 触れられる. **2** 具体的な, 明確な. *pruebas* ~*s* はっきりした証拠.

***tan·go** [táŋ.go] 男 《音楽》タンゴ. (1) ♦19世紀後半アルゼンチンの Buenos Aires 付近に起こったダンス音楽の一種. el ~ argentino アルゼンチンタンゴ. el ~ continental コンチネンタルタンゴ. el ~ milonga タンゴ・ミロンガ(強烈なリズムが特徴). el ~ romanza タンゴ・ロマンサ(叙情的・旋律的でロマンチック). el ~ canción タンゴ・カンシオン(声楽曲で感傷的). (2) フラメンコの2拍子の舞曲.
[語源不詳. 黒人の「踊り」, またその2拍子のリズムをとる「太鼓」の意味の語を起源とする説がある]

tan·gón [taŋ.gón] 男 《海》帆桁(%).; 係船桁.

tan·gram [taŋ.grám] 男 《複 ~s》知恵の板, タングラム:7枚の板を並べて遊ぶ中国起源のパズル遊び.

tan·gue·ar [tan.ge.ár] 自 **1** タンゴを踊る. **2** 《ラ米》(%*)千鳥足で歩く.

tan·gue·rí·a [tan.ge.rí.a] 女 タンゴを踊る場所.

tan·gue·ro, ra [taŋ.gé.ro, -.ra] 男 女 《ラ米》(**) タンゴ愛好者; タンゴ演奏者[作曲家].

tan·gui·llo [taŋ.gí.jo ‖ -.ʎo] 男 《スペイン Cádiz の》タンゴフラメンコ.

tan·guis·ta [taŋ.gís.ta] 男 女 **1** タンゴの演奏者[歌手]. **2** 《ダンスホールなどの》ダンサー, 踊り手.

tá·ni·co, ca [tá.ni.ko, -.ka] 形 《化》タンニンの.

ta·ni·no [ta.ní.no] 男 《化》タンニン:革なめしなどに用いられる.

ta·no, na [tá.no, -.na] 女 [*napolitano* の省略形] 《ラ米》(*') 《話》《軽蔑》ナポリ人; イタリア人.

tan·que[1] [táŋ.ke] 男 **1** 《水・石油などの》タンク, 水槽, 油槽. **2** 《軍》タンク, 戦車. **3** 給水船, 油槽船, タンクローリー. **4** 《話》(ビールの)大ジョッキ. **5** 《ラ米》ガレージ.

tan·que[2] [táŋ.ke] 男 蜂蠟(**').

tan·que·ar [taŋ.ke.ár] 自 《ラ米》(**')(車両のガソリンタンクに)ガソリンを入れる.

tan·que·ro [taŋ.ké.ro] 男 《ラ米》(***')(****')(石油)タンカー.

tan·que·ta [taŋ.ké.ta] 女 小型戦車.

tan·quis·ta [taŋ.kís.ta] 男 《軍》戦車隊員[兵].

tan·rec [tan.řék] 男 《動》テンレク:マダガスカル島産の食虫哺乳(**)動物.

tan·ta[1] [tán.ta] 女 《ラ米》(**)トウモロコシパン.

tan·ta[2] [tán.ta] 形 → *tanto*.

tan·ta·lio [tan.tá.ljo] 男 《化》タンタル(記号 Ta).

tán·ta·lo [tán.ta.lo] 男 **1** → *tantalio*. **2** 《鳥》トキコウ, コウノトリの一種.

Tán·ta·lo [tán.ta.lo] 固名 《ギ神》タンタロス. ◆神々の秘密をもらした罪で奈落(**)に落とされ, 池の水を飲もうとすれば水は退き, 頭上の木の実を取ろうとすれば枝は退いて, 永遠の飢えと渇きに苦しんだ. → *suplicio*.
[←[ラ] *Tantalus*←[ギ] *Tántalos*
(「苦しむ者」が原義)]

tántalo
(トキコウ)

tan tan [tán tán] 《擬》 **1** (太鼓・戸をたたく音)ドンドン, トントン. **2** (鐘の音)カーン.

tan·tán [tan.tán] 男 ゴング, どら, タムタム.

tan·ta·rán [tan.ta.rán] / **tan·ta·ran·tán** [tan.ta.ran.tán] 男 **1** 《擬》(太鼓をたたく音)ドンドン. **2** 殴打.

tan·te·a·da [tan.te.á.ða] 女 《ラ米》(1) (**)《話》悪巧み, 下心; からかい. (2) 概算; 打診.

tan·te·a·dor, do·ra [tan.te.a.ðór, -.ðó.ra] 男 女(競技の)記録係, スコアラー; 得点者.
── 男 得点表, スコアボード.

tan·te·ar [tan.te.ár] 他 **1** 見積もる, 概算する. *Estoy tanteando la tela a ver si hay bastante para una blusa.* 布地がブラウス1着分あるかどうか見ているところです. **2** 試す, 試験する. *Tanteamos el suelo para ver si era fuerte.* 私たちは床がしっかりしているかどうか試した. **3** 探りを入れる, 打診する. *Es mejor* ~ *a tu padre antes de pedirle permiso para salir.* 外出の許可をもらう前にお父さんに探りを入れておいたほうがいいよ. **4** (競技で)得点を記録する. **5** 素描する, 下絵を書く. **6** 《闘牛》《牛を》かわす, リードする. **7** 《ラ米》《話》(1) (***)だます, だまし取る; からかう, ばかにする. (2) (***)見張る, 待ち伏せする.
── 自 **1** 手探りで進む, 模索する. **2** 《スポ》記録[スコア]をつける.
tantear el terreno 意向[情勢]を探る; 地形を調べる.

tan·te·o [tan.té.o] 男 **1** 見積もり, 概算. **2** 試み, ためし; 検査. **3** 探り, 打診. **4** 《スポ》得点, 記録. **5** 《美》デッサン, 素描. **6** 《闘牛》《牛を》かわす技. **7** 《法》(落札価格と同額で取得する)優先権.
a [*por*] *tanteo* 大まかに, 当て推量で.

tan·ti·co, ca [tan.tí.ko, -.ka] 形 《話》少ない.
── 副 《話》少し. *un* ~ ちょっとばかり.
[*tanto* + 縮小辞]

****tan·to, ta**
[tan.to, -.ta] 形 《不定》
1 (+名詞)《ser+》それほど多くの, 非常にたくさんの, あまりの. *a lo largo de* ~*s años* 長年にわたって. *No bebas* ~ *vino.* 君, そんなにワインを飲むな. *¡Tengo* ~*s amigos!*

は友人がたくさんいるんだ。¿Vives con él desde hace ～ tiempo? 君はそんなに前から彼と暮らしているの。No te olvides de ～s y ～s hombres que murieron. 君は亡くなった大勢の人たちのことを忘れてはいけない。¿Son tantas las diferencias? 違いはそんなに多いの。

2《**tanto**（+名詞）**como...**》《同等比較》…と同数［同量］の，…と同じくらいの。Tengo ～s amigos *como* ella. 私は彼女と同じくらい友達がいる。La mayoría no tiene *tanta* suerte *como* este matrimonio. 大半の人はこの夫婦ほど幸運ではない。La diferencia no fue *tanta como* para hacer variar el resultado. 違いは結果に影響するほどではなかった。

3《**tanto**（+名詞）**que**+直説法》…ほど…，とても…なので…《▶主節が否定文のときは+接続法》。Yo tenía *tanta* hambre *que* no *podía* adelantar ni un paso. 私はとてもお腹がすいていたので一歩も動くことができなかった。Yo no tengo *tanto* dinero *que* mi mujer me *deje* comprar otro coche. 妻にもう一台車を買わせてもらえるほどには，私はお金がない。

4《**tanto**+名詞 **cuanto...**》《文章語》《同等比較》…ほどの，…だけの《▶**2** の como と異なり，+主語代名詞は不可。⇒Tengo ～s amigos *cuanto* ella. とは言わない》（→ 圖 **4**）。Podéis interrumpirme *tantas* veces *cuanto* haga falta para preguntar. 君たちは質問をする必要があるときは何度でも私の話を中断してもいいよ。

5《+名詞》《数・量を明示せずに》いくつかの，若干の。Tiene cuarenta y ～s años. 彼［彼女］は四十数歳です。El piso cuesta veinti～s millones de yenes. そのマンションは2千数百万円する。▶ diez と veinte の後で用いられる場合は diecitantos, veintitantos のように1語にして綴る。... y tantos の場合，2桁の数と共に用い，3桁以上は y pico を用いる。⇒el año dos mil y pico 2千何（百[十]）年。

━━圖［**2，3** の連語の場合を除けば，más, menos, mayor, menor, mejor, peor 以外の形容詞・副詞の前で tan になる］

1 それほど，そんなに（多く），非常に；長時間。No hables ～. 君，そんなにしゃべるな。Me he puesto ronco de [con] ～ hablar. 私はあまり話しすぎて声がかれてしまった。Hace ～ que no le veo. 私はもうずいぶん彼に会っていない。El coche es amplio en las plazas delanteras, pero no lo es ～ en las traseras. その車は前部座席は広々しているが，後部はそれほどでもない。

2《**tan... como...**》《同等比較》…と同じくらいに…，…も…も；《否定文》…ほど…しない，…よりむしろ…だ。～ aquí *como* allí ここでもあそこでも。～ antes *como* después de la guerra 戦前も戦後も。T～ si se presenta al examen *como* si no, sus posibilidades de aprobar son escasas. 彼［女］は試験を受けようと進級するのは難しいだろう。De eso sé ～ *como* él. そのことについて私は彼と同じくらい知っている。No es ～ *como* para enfadarte. それは君まりなに怒るほどのことではない。Eso es ～ *como* decir que es estúpido. それは彼がばかだと言うのに等しい。T～ *como* eso no diría yo. 僕はそこまでは言わないね。T～ *como* una belleza no es, pero mona sí. 彼女は美人というほどではないが，確かにかわいい。

3《**tanto... que**+直説法》とても…なので《▶主節が否定文のときは+接続法》。T～ me has dicho su nombre *que* ya no lo *puedo* olvidar. 君がたびたび彼［彼女］の名前を言うので私はもう覚えてしまった。Trabaja ～ *que* nunca *tiene* tiempo para descansar. 彼［彼女］は仕事が忙しくて休む暇がない。No trabaja ～ *que esté* cansado por eso. 彼は疲れるほどには働かない。

4《**tanto cuanto...**》…ほど（十分に），…だけ（すべて）；…と同じ程度に。Gastaba ～ *cuanto* ganaba. 彼［彼女］は稼ぐだけ使った。

5《**más**[**menos, mejor**[**peor**], **mayor**[**menor**] などの比較級を従えて》かえって，ますます，いっそう。Si no está picante, ～ *mejor*. ぴり辛でなければ，なおさらいい。un fracaso ～ *más* doloroso なおいっそう悲惨な挫折（ほご）。

━━代名 **1** それほど（の数・量・程度），たくさん（の人・もの）。A ～ había llegado la decadencia. 堕落はそこまで進んでいた。No puedo pagar ～. そんなに払えない。Vinieron ～s que no sabíamos cómo alojarlos. あまり大勢来たので我々はどうやって泊めたらいいかわからなかった。

2《数量を明示せずに》若干，なにがしか。el año mil novecientos ochenta y ～s 千九百八十何年。

━━男 **1**《スポ》《遊》得点；（サッカー）ゴール；（賭(*)け点の計算に用いる）チップ，カウンター。marcar un ～ 1ゴールを決める，1得点する。Perdimos el partido final por tres ～s a dos. 私たちは決勝で3対2で負けた。

2 ある額［量，数，割合］。cobrar un ～ por ciento (del sueldo) （給料から）何パーセントかを受け取る。Se paga un ～ al contado y el resto a plazos. 一部は即金で残りは分割で支払われる。

algún [un] tanto いくらか，多少；《反語的に強調して》かなり。El calor ha cedido *algún* ～. 暑さはいくぶんおさまった。Es *un* ～ perezoso. 彼はかなりの怠け者だ。

apuntarse un tanto (*a* SU *favor*)《話》評判が上がる；相手より優位に立つ（↔apuntarse un tanto en contra）。El candidato presidencial *se ha apuntado un* ～ con la conferencia. 大統領候補はその講演で点数を稼いだ。

a tanto alzado《商》請負（額）で，一括で。

a tantos de (**tantos de**) ... （…の）（何月）何日に，（…の）ある日（に）の「いつごろ」何時に」は *tal día, a tal hora*)。Llegaron *a* ～s de agosto. 彼らは8月の何日かに着いた。

de tanto en tanto [**cuanto**]《文章語》ときどき。

en [**entre**] **tanto que...** (1)《+直説法／+接続法》…している間，…するまで《▶+直説法は事実を，+接続法は未来の内容を表す》。Mati prepara [preparará] la comida *en* ～ *que* Paco *trabaja* [*trabaje*] en el jardín. パコが庭仕事をしている間にマティは昼食を準備する（だろう）。(2)《文章語》一方で。Las exportaciones de agosto se situaban en 87.900 millones de euros, *en* ～ *que* las importaciones *ascendieron* a 98.600 millones. 8月の輸出は879億ユーロだったが，輸入は986億にのぼった。(3)《+接続法》…する限り。No podemos llegar hasta la cumbre *en* ～ *que continúe* nevando. 雪が降り続く限り我々は登頂できない。(4)《+名詞》《文章語》…として。Trabaja *en* ～ *que* responsable de ventas. 彼［彼女］は販売責任者として働いている。

estar al tanto (*de...*) (1) (…を) よく知っている，(…に) 通じている。Naturalmente *estaban al* ～ *de* lo que ocurría. 当然彼らは何が起こっている

tantra

かよく知っていた．¿*Estás al ~*? もう君は聞いたかい．（2）（…に）気を配っている．*Mientras trabajo, mi madre está al ~ de los niños en mi lugar*. 私の仕事中は，母が私の代わりに子供の世話をしてくれた．

hasta tanto no... …するまで（► 多くは＋接続法）．*Algo de esto ocurrió y ocurrirá hasta ~ no se normalice la situación*. 状況が正常化するまで，こんなことが起きたし起きるだろう．

hasta tanto que (no)... …するまで（► 多くは＋接続法）➡ hasta tanto.

las tantas 《話》遅い時刻；夜更け．*Vino a las tantas de la madrugada*. 彼[彼女]は夜もとっぷり更けたころやって来た．

mientras [entre, en] tanto その間に，そうこうするうちに．*Volveré en dos días. Y mientras ~ nos quedaremos en casa*. 私は2日で帰ってくるでしょうから，その間私たちは家にいましょう．

(ni) tanto así 《話》（身振りで示しながら）これっぽっちも，少しも．*No te quería ni ~ así*. 彼[彼女]は君をこれっぽっちも愛していなかった．

no ser para tanto 大したことではない．

otro tanto 同じ（数量・こと）．*18 hombres y otras tantas mujeres* 18人の男性と同数の女性．*Tiene 57 centímetros de alto y 45 de ancho por otros ~s de largo*. それは高さ57，幅45，長さ45センチである．*Yo también podría haber hecho otro ~*. 私だって同じことをしたかも知れない．

poner al tanto (de...)（…に）を知らせる，報告する．*Le pondré al ~ de lo que hayamos decidido*. 私が彼[彼女]に我々の決定事項を知らせよう．

por (lo) tanto したがって，それゆえに．*Todos quieren que me quede. Por (lo) ~ no me voy*. みんな私が残ることを望んでいるので私は行かない．

Tanto bueno (por aquí). よくいらっしゃいました．

tanto como... …と同数[同量]．*Dame ~s como ayer*. 私に昨日と同じだけくれ．

¡Tanto como eso! そんなにも；そんなに．*Moriría por la patria. —¡T~ como eso!* 国のためなら死んでもいい．—そこまでは…．

tanto +比較級 cuanto +比較級 《比例比較》…すればするほどますます…．*Los objetos parecen ~ más pequeños cuanto más lejos están*. もの[物]は遠くにあればあるほどそれだけ小さく見える．*Cuanto más siga la situación actual, ~ más segura puede ser la victoria*. 現状が継続するほど，勝利は確かなものとなるだろう．*Tiene tanta mayor importancia cuanto mayor es el problema*. 問題が大きいほど，それはより重要である．

tanto más(...) cuanto que... / tanto más (...) por [porque]... / tanto más(...), que... …だからなおさらのこと…．*Quería llegar hasta Granada, ~ más cuanto que quería ver la Alhambra*. アルハンブラが見たいこともあって，私はグラナダで行きたかった．

Tanto mejor. それはよかった，なおさらよい．*Dicen que no van a venir a la fiesta. —¡T~ mejor!*, son unos pesados. 彼らはパーティーに来ないようだ．—そりゃよかった．うっとうしいから．

tanto monta / monta tanto 同じことだ．*T~ monta [Monta ~] Mercedes como María*. メルセデスもマリアも同じことだ．

tanto [tan] ser así que ＋直説法 だからこそ…，そんなわけで…．*El libro tiene setecientas y pico páginas. T~ es así que sólo el 5% de los lectores dice haberlo leído entero*. その本は700ページ以上もあるので，読破したと言う読者はわずか5パーセントだ．

tantos y cuantos 《話》たくさんの．*tantas y cuantas veces* 何回も，幾度となく．

tanto... tanto... …するほど…する，…と同じだけ…．*T~ gana, ~ gasta*. 彼[彼女]は稼いだ分だけ使ってしまう．

tanto y cuanto 《話》多くのこと．*Hemos hecho ~ y cuanto por la democracia*. 我々は民主主義のためにたくさんのことをしてきた．

tanto y más 非常に，たくさん．

uno de tantos 並の人間・もの；たくさんのうちのひとり[ひとつ]．*Al fin y al cabo es una de tantas películas de terror*. 所詮それはただのホラー映画だ．

un tanto（1）少し（＝algo）．*Hoy estoy un ~ cansado*. 今日私はちょっと疲れている．（2）*(de...)* 少しの…．*Me da un ~ de vergüenza hablar ante mucha gente*. 私は大勢の前で話すのが少し恥ずかしい．► 多くは，好ましくないことに用いられる．

un tanto así（身振りで示しながら）これくらい少し（の量）．*Me bebí un ~ así*. 私はこれくらい飲んだ．

¡Y tanto! 《話》そうですとも．*Ha sido una película interesante. —¡Y ~!* おもしろい映画だった．—全くだ．

(y) tantos más 他にも色々（の）．*Goya, Velázquez, Murillo, El Greco, y ~s más pintores* ゴヤ，ベラスケス，ムリーリョ，エル・グレコやその他さまざまな画家たち．

[←［ラ］tantum(tantus) の対格)「こんなに多くの」]

tan·tra [tán.tra] 男 《宗》（ヒンドゥー教・仏教に属する密教の）タントラ経典．

tan·tris·mo [tan.trís.mo] 男 タントラ仏教．

tan·zán, za·na [tan.θán, -.θá.na / -.sán, -.sá.-] 形 タンザニアの．

Tan·za·ní·a [tan.θa.ní.a / -.sa.-] 固名 タンザニア：アフリカ東部共和国．首都 Dares-Salam．[← [英] *Tanzania*; *Tan(ganyika)* ＋ *Zan(zibar)* + [近う] -*ia*「国, 地域」]

tan·za·no, na [tan.θá.no, -.na / -.sá.-] 形 タンザニアの，タンザニア人の．— 男 女 タンザニア人．

ta·ñe·dor, do·ra [ta.ɲe.ðór, -.ðó.ra] 男 女〈弦・打楽器の〉演奏者．~ *de guitarra* ギター奏者．

ta·ñer [ta.ɲér] 71 他〈弦・打楽器を〉演奏する．
— 自 **1**（鐘が）鳴る．**2** 指で軽くたたく．

ta·ñi·do [ta.ɲí.ðo] 男〈弦・打楽器・鐘の〉鳴る音．

ta·o[1] [tá.o] 男 T形十字（＝ *Cruz tau*）：聖アントニウス会員，聖ヨハネ会員の紋章．

ta·o[2] [tá.o] 男（道教の）道．

ta·o·ís·mo [ta.o.ís.mo] 男 道教．

ta·o·ís·ta [ta.o.ís.ta] 形 道教の．— 男 女 道教徒，道士，道家．

ta·pa [tá.pa] 女 **1** 蓋(ふた)，栓，キャップ；《車》シリンダーヘッド．*la ~ de un baúl* 旅行かばんの蓋．*la ~ de un pupitre* 勉強机の蓋．*la ~ de una botella* 瓶の栓．

2《複数で》タパス：（酒の）つまみ，つきだし．**3** 表紙，ハードカバー．*poner ~ a un libro* 本にカバーを付ける．**4**（靴の）かかと革，革底；（馬の）ひづめ．**5** 水門の扉．**6** 牛の外腿(もも)肉．➡ *carne*．**7**（トレンチコートなどの打ち合わせができる）襟．**8**《ラ米》（1）(俗)コート．(2)(謔)（養蜂(ほう)の）巣箱．

levantarse [saltarse] la tapa de los sesos 脳天を撃ち抜いて自殺する．

ponerle la tapa al pomo 《ラ米》(キス)《話》最高に

ta.pa.ba.la.zo [ta.pa.ba.lá.θo / -.so] 男 《ラ米》【服飾】(ズボンの)前あき.

ta.pa.ba.rro [ta.pa.bá.r̄o] 男 《ラ米》(俗)(ベル)《車》泥よけ, フェンダー.

ta.pa.bo.ca [ta.pa.bó.ka] 男 **1**【服飾】(大きな)マフラー. **2** 口への一撃；話を遮ること. Dale un ～. あいつを黙らせろ. **3** 《ラ米》(ｱﾝﾃﾞｽ)(医者・看護師の)マスク.

ta.pa.bo.cas [ta.pa.bó.kas] 男 《単複同形》 **1**【服飾】マフラー. **2**《軍》(銃口・砲口の)砲栓, 砲口蓋(がい).

ta.pa.ca.mi.no [ta.pa.ka.mí.no] 男 《ラ米》(中米)【鳥】ハサミオヨタカ属の鳥.

ta.pa.ce.te [ta.pa.θé.te / -.sé.-] 男 **1** (船の)タラップ屋根. **2** 《ラ米》(ダリ)(ｱﾙｾﾞﾝ)(馬車の)幌(ほろ).

ta.pa.cu.bos [ta.pa.kú.bos] 男 《単複同形》《車》(タイヤの)ホイールキャップ；ハブキャップ.

ta.pa.cu.lo [ta.pa.kú.lo] 男 **1**【植】ノイバラの実(= escaramujo). **2**【鳥】エクアドルオタテドリ. **3**【魚】ヒラメに似た魚.

ta.pa.da [ta.pá.ða] 女 ベールをかぶった女性.

ta.pa.de.ra [ta.pa.ðé.ra] 女 **1** 蓋(ふた), 覆い, カバー. la ～ de una olla 深鍋(なべ)の蓋. **2** 隠れみの. bajo ～ de... ～を隠れみのに. servirle (a+人) de ～ 〈人〉の隠れみのになる.

ta.pa.de.ro [ta.pa.ðé.ro] 男 栓, 蓋(ふた), キャップ.

ta.pa.di.llo [ta.pa.ðí.jo / -.ʎo] 男 **1**《女性がベール・スカーフで》顔を隠すこと. **2**【音楽】(オルガンの)笛音栓, フルートストップ.

de tapadillo こっそりと, 内緒で.

ta.pa.do, da [ta.pá.ðo, -.ða] 形 **1** 覆われた；包まれた, くるんだ；ふさいだ；隠した. **2**《ラ米》(1)(ｱﾙｾﾞﾝ)(家畜の毛色が)一色の. (2)(俗)便秘をしている. (3)(ｺﾛﾝ)(ｴｽﾞｴﾗ)(ﾍﾞﾙ)(話)理解力のない；無知な. (4)(中米)(話)(軽蔑)うぶな；狭量な.

— 男 《ラ米》 (1)(ﾍﾞﾙ)(ﾁﾘ)(当選確実な)有力候補. (2)(ｺｽﾀﾘｶ)(ﾁﾘ)【服飾】(女性・子供用の)コート；ショール. (3)(ｺﾛﾝ)(中米)バナナと肉の炒(いた)め料理. (4)(ｶﾞﾃﾏﾗ)(ﾒｷ)埋められた財宝, 秘宝.

ta.pa.dor, do.ra [ta.pa.ðór, -.ðó.ra] 形 覆う. — 男 **1** 覆い, 蓋(ふた). **2** 栓, 詰め物. **2** 隠れ場所, 隠し場所.

ta.pa.du.ra [ta.pa.ðú.ra] 女 覆うこと, 蓋(ふた)をすること；閉栓, 詰めること；隠すこと.

ta.pa.fun.da [ta.pa.fún.da] 女 **1** 拳銃(けんじゅう)の革ケース, ホルスター. (のはねごに). **2** 《ラ米》(ｱﾙｾﾞﾝ)【馬】鞍(くら)の覆い布.

ta.pa.gu.je.ros [ta.pa.gu.xé.ros] 男 《単複同形》(話)左官；(当座の)身代わり, 代役.

ta.pa.jun.tas [ta.pa.xún.tas] 男 《単複同形》 **1**【建】玉縁(ぶち)(継ぎ目に入れる)詰め物.

tá.pa.lo [tá.pa.lo] 男 《ラ米》(ﾒｷ)(ｸﾞｱﾃ)【服飾】ショール.

ta.pa.lo.do [ta.pa.ló.ðo] 男 《ラ米》(ｸﾞｱﾃ)(ﾒｷ)《車》泥よけ, フェンダー.

ta.pan.ca [ta.páŋ.ka] 女 《ラ米》(1)(ﾁﾘ)(俗)尻(しり). (2)(中米)馬飾り, 馬衣.

ta.pan.co [ta.páŋ.ko] 男 《ラ米》(ﾒｷ)《天井裏の》物置.

ta.pa.o.jo [ta.pa.ó.xo] 男 《ラ米》(ﾒｷ)(ｺﾛﾝ)(ｴｽﾞｴﾗ)(ｸﾞｱﾃ)【馬】(馬具の)頭飾り；(馬の)目隠し布.

*‌**ta.par** [ta.pár] 他 **1**〈容器に〉ふた［栓］をする；〈開口部を〉ふさぐ；〈流れを〉遮断する. ～ un tarro 広口ビンにふたをする. ～ un agujero con yeso 石膏(せっこう)で穴をふさぐ. ～ la vista 視界を遮る. ～ el viento 風を遮る. Tengo la nariz *tapada*. 私は鼻が詰まっている.

2 覆い隠す；人目に触れないようにする. ～ la verdad 真実にふたをする. ～ un fallo 失敗を隠す. Una nube *tapó* la luna. 雲が月を覆い隠した.

3（衣類などで）くるむ；〈人に〉(布団などを)すっぽりかける. ～ un espejo 鏡にカバーをかける. **4** 《ラ米》(1)〈歯に〉詰めものをする. (2)(ﾁﾘ)(話)ののしる, 罵倒(ばとう)する. (3)(ｺﾛﾝ)(話)やっつける.

— ～se 再 **1**〈自分の体の部位を〉覆う；ふさぐ. ～se la cara [las orejas] con las manos 手で顔を覆う［耳をふさぐ］. **2** (衣類・布団などに)すっぽりくるまる. *Tápate* bien con el abrigo. コートをしっかり着ておきなさい. **3**〈人々で〉ふさがる；覆い隠される. *Se tapó* el desagüe. 排水溝が詰まった. **4** 《ラ米》(ｺﾛﾝ)(話)金持ちになる.

[*tapa* (←? [ゲルマン] ***tappa*) より派生]

ta.pa.ra [ta.pá.ra] 女 《ラ米》(ｺﾛﾝ)(ｴｽﾞｴﾗ)タパロ taparo の実：ヒョウタンに似た容器となる.

vaciarse como una tapara 《ラ米》(ｺﾛﾝ)(ｴｽﾞｴﾗ)(話)口から出まかせにしゃべる.

tá.pa.ra [tá.pa.ra] 女【植】フウチョウボク.

ta.pa.ro [ta.pá.ro] 男 《ラ米》(中南米産の)カボチャ.

tá.pa.ro, ra [tá.pa.ro, -.ra] 形 《ラ米》(ｺﾛﾝ)(話)(1) 片目の. (2) ばかな, のろまの, 薄のろの.

ta.pa.rra.bo(s) [ta.pa.r̄á.bo(s)] 男 **1** 腰布, ふんどし. **2** 超ビキニパンツ. **3** 《ラ米》(ﾒｷ)おしめ, おむつ.

ta.pa.tí.o, a [ta.pa.tí.o, -.a] 形 《ラ米》(ﾒｷ)(メキシコの)グアダラハラ Guadalajara の. — 男 《ラ米》(ﾒｷ)グアダラハラの住民[出身者].

ta.pa.ya.gua [ta.pa.já.gwa] 女 《ラ米》(中米)(ｸﾞｱﾃ)小雨, 霧雨.

ta.pe [tá.pe] 男 女 グアラニー人 (= guaraní).

ta.pe.ar [ta.pe.ár] 他 タパス tapa(s) をつまむ.

ta.pe.o [ta.pe.ó] 男 タパス tapa(s) をつまむこと.

ta.pe.que [ta.pe.ké] 男 《ラ米》(ﾎﾞﾘ)旅行用の食料.

tá.per [tá.per] 男《複 ～s, ～》【商標】タッパーウェア：合成樹脂製食品密封保存容器.

ta.pe.ra [ta.pé.ra] 女 《ラ米》(ｱﾙｾﾞﾝ)廃村；無人化した農場；あばら家, 廃屋.

ta.pes.co [ta.pés.ko] 男 《ラ米》(中米)(ｸﾞｱﾃ)寝床；棚.

ta.pe.te [ta.pé.te] 男 **1** テーブルセンター, テーブル掛け. ～ de ganchillo レースのテーブルセンター. **2** 小型のじゅうたん.

estar sobre el tapete 検討中［審議中］である.

poner... sobre el tapete …を俎上(そじょう)に載せる.

tapete verde ルーレットクロス；賭博(とばく)台.

[←[ラ] *tapēte*「テーブル掛け；じゅうたん」←[ギ] *tápēs*. 関連 tapiz, tapicería. [英] *tapestry*「タペストリー」]

ta.pe.tu.sa [ta.pe.tú.sa] 女 《ラ米》(ｺﾛﾝ)密造酒.

ta.pia [tá.pja] 女 土塀；(日干しれんがなどの)壁, 土壁. ➡ *muro* 類語.

ta.pia.do [ta.pjá.ðo] 男 **1** 塀を巡らすこと, 間仕切りすること. **2** (窓を)ふさぐこと.

ta.pial [ta.pjál] 男 **1** → tapia. **2**（土壁を作るための）板枠.

ta.pia.le.ra [ta.pja.lé.ra] 女 《ラ米》(ｱﾙｾﾞﾝ)板枠.

ta.piar [ta.pjár] 82 他 (日干しれんがの)壁を巡らす, 壁でふさぐ. ～ *una ventana* 窓をれんがでふさぐ.

ta.pi.ce.rí.a [ta.pi.θe.rí.a / -.se.-] 女 **1**《集合的》つづれ織り, タペストリー. ➡ *tapiz*.

2 つづれ織りの技術[工房, 産業]；タペストリー店.

ta·pi·ce·ro, ra [ta.pi.θé.ro, -.ra / -.sé.-] 男 女 つづれ織り職人；布張り[タペストリー張り]職人.

Tà·pies [tá.pjes] 固名 タピエス Antoni ～（1923- ）: スペインの画家.

ta·pi·lla [ta.pí.ja ‖ -.ʎa.] 女 《ラ米》（1）《俗》《話》ヒールの底．（2）（ｱﾙｾﾞﾝ）（ﾎﾞﾘﾋﾞｱ）（ﾁﾘ）運動靴のスパイク.

ta·pio·ca [ta.pjó.ka] 女 タピオカ（＝mandioca）: 古くから中南米で栽培されるキャッサバ casabe の根から採ったでんぷん. ♦熱帯地方で主食に近い重要な食物. [←〔トゥピ〕*typyoca*]

ta·pir [ta.pír] 男 《動》バク.

ta·pis·ca [ta.pís.ka] 女 《ラ米》（ｾﾝﾄﾗﾙ）（ﾒﾋｼ）収穫.

ta·pis·car [ta.pis.kár] 97 他 《ラ米》（ｾﾝﾄﾗﾙ）（ﾒﾋｼ）〈トウモロコシを〉収穫する，取り入れる.

*****ta·piz** [ta.píθ / -.pís] 男 [複 **tapices**] つづれ織り，タペストリー． *Goya realizó cartones de escenas costumbristas para la Real fábrica de tapices.* ゴヤは王立タペストリー工場のために風俗画の下絵を描いた． [←〔古仏〕*tapiz*←〔中ギ〕（ビザンティン）*tapítion*「じゅうたん」（〔ギ〕*tápēs*, *-ētos* 'tapete' ＋縮小辞）；tapicería.〔英〕*tapestry*]

ta·pi·za·do [ta.pi.θá.ðo / -.sá.-] 男 《集合的》布張り；タペストリーを張る[掛ける]こと.

ta·pi·zar [ta.pi.θár / -.sár] 97 他 1 〈壁などに〉タペストリーを掛ける；〈家具などに〉布張りする． **2** …を覆いつくす． *Miles de lotos tapizaban el estanque.* 無数のハスが水面を覆っていた．

*****ta·pón** [ta.pón] 男 1 栓，蓋（ﾌﾀ），詰め物． ～ corona（瓶の）王冠． ～ de corcho コルク栓． ～ de desagüe 排水口の栓． ～ de espita （樽の）注ぎ口の栓． ～ de rosca [tuerca] ねじ栓．

2 《医》タンポン，止血栓．

3 渋滞；支障，障害． *Se ha producido un* ～ *en la carretera a causa de un accidente.* 事故でハイウエーは渋滞した． **4** 耳あか． **5** 《話》ずんぐりむっくりした人． **6** 《スポ》（バスケットボールなどの）シュートのカット；インターセプト．

7 《ラ米》（1）（ﾒﾋｼ）ヒューズ．（2）（ｱﾙｾﾞﾝ）スポーツシューズのかかと．（3）（ｶﾘﾌﾞ）家具用ニス．

Al primer tapón, zurrapas. 《話》のっけからずっこけた．

ta·pón, po·na [ta.pón, -.pó.na] 形 《ラ米》（ｱﾙｾﾞﾝ）（動物が）尾のない[短い].

ta·po·na·do·ra [ta.po.na.ðó.ra] 女 瓶詰めの栓をする機械.

ta·po·na·mien·to [ta.po.na.mjén.to] 男 **1** 《医》タンポンの挿入，止血栓を詰めること． **2** 栓をすること，詰め物をすること，ふさぐこと． **3** 交通渋滞.

ta·po·nar [ta.po.nár] 他 **1** 栓をする，詰め物をする，ふさぐ． ～ la brecha 割れ目をふさぐ． ～ las salidas de la ciudad 町の出口を封鎖する．

2 《医》…にタンポンを挿入する，止血栓を詰める.
― ～·se 再（鼻などが）詰まる，ふさがる．

ta·po·na·zo [ta.po.ná.θo / -.so] 男 栓を抜く音；コルクが飛んで当たること.

ta·po·ne·rí·a [ta.po.ne.rí.a] 女 **1** 《集合的》（コルクなどの）栓，キャップ． **2**（コルクなどの）栓製造工場；栓製造業；栓販売店.

ta·po·ne·ro, ra [ta.po.né.ro, -.ra] 形 コルクなどの栓の. ― 男 女 コルク栓製造[販売]業者.

ta·pu·do, da [ta.pú.ðo, -.ða] 形 《ラ米》（ｺﾛﾝ）《話》噂好きの.

ta·pu·jar·se [ta.pu.xár.se] 再 《話》（ケープなどで）顔を隠す（＝embozarse）.

ta·pu·jo [ta.pú.xo] 男 **1** 顔を隠すもの，ベール；仮面． **2** 《主に複数で》《話》ごまかし． andar con ～s する[話す]ことに裏がある． sin ～s あけすけに.

ta·pu·ya [ta.pú.ja] 形 （ブラジル先住民）タプヤ人の．― 男 女 タプヤ人.

ta·qué [ta.ké] 男 《車》タペット：カム（シャフト）の運動を吸気[排気]弁に伝える短い棒.

ta·que·a·do, da [ta.ke.á.ðo, -.ða] 形 《ラ米》（ｺﾛﾝ）《話》満腹の．― 女 《ラ米》（ｺﾛﾝ）《話》叱りつけ，叱責(ｼｯｾｷ)，非難.

ta·que·ar [ta.ke.ár] 他 《ラ米》（1）…に弾薬を込める．（2）詰める，詰め込む．（3）（ｺﾛﾝ）《話》叱る．
― 自 《ラ米》（1）（靴のかかとを）鳴らす．（2）（ﾒﾋｼ）《話》タコス tacos を食べる．（3）（ｱﾙｾﾞﾝ）（ﾎﾞﾘ）（ｳﾙｸﾞ）ビリヤードをする．（4）（ｺﾛﾝ）《話》めかし込む，着飾る．
― ～·se 再 《ラ米》（ｺﾛﾝ）《話》金持ちになる.

ta·que·ra [ta.ké.ra] 女 《遊》（ビリヤード）キュー立て.

ta·que·rí·a [ta.ke.rí.a] 女 《ラ米》（1）（ﾒﾋｼ）《話》あつかましさ，ずうずうしさ．（2）（ﾒﾋｼ）タコス店.

ta·que·ro, ra [ta.ké.ro, -.ra] 男 女 《ラ米》（ﾒﾋｼ）タコス売り.

ta·que·te [ta.ké.te] 男 《ラ米》（ﾒﾋｼ）木やプラスチックの栓[くさび].

taqui- 「急速な」の意の造語要素． ⇒ *taquigráfico.* [←〔ギ〕]

ta·qui·car·dia [ta.ki.kár.dja] 女 《医》頻拍(ﾋﾝﾊﾟｸ)，頻脈． ～ paroxística 発作性頻脈(ﾋﾝﾐｬｸ)． ～ sinusal 洞性頻脈． ～ ventricular 心室性頻拍.

ta·qui·cár·di·co, ca [ta.ki.kár.ði.ko, -.ka] 形 《医》頻拍(ﾋﾝﾊﾟｸ)の，頻脈の.

ta·qui·gra·fí·a [ta.ki.gra.fí.a] 女 速記（術）.

ta·qui·gra·fiar [ta.ki.gra.fjár] 81 他 速記する.

ta·qui·grá·fi·ca·men·te [ta.ki.grá.fi.ka.mén.te] 副 速記で.

ta·qui·grá·fi·co, ca [ta.ki.grá.fi.ko, -.ka] 形 **1** 速記（術）の． *actas taquigráficas* 速記録． **2** かなり要約された，概略的な.

ta·quí·gra·fo, fa [ta.kí.gra.fo, -.fa] 男 女 速記者.

*****ta·qui·lla** [ta.kí.ja ‖ -.ʎa] 女 **1** 切符売り場，窓口． *Había mucha cola en la* ～. 切符売り場には長い列ができていた． ▶「切符」は billete，「劇場などの切符」は entrada．

2（切符の）売上高，売上金． *ser un éxito de* ～ 切符の売れ行きが良い． **3** 分類棚，ファイル・ボックス． **4**（学校などの）ロッカー，整理棚． **5** 《ラ米》（1）（ﾒﾋｼ）居酒屋，酒屋．（2）（ｸﾞｱﾃ）（ｵﾝｼﾞｭ）（ｾﾆｶﾗ）（靴の）鋲(ﾋﾞｮｳ)，釘(ｸｷﾞ)．

[taca（←〔アラビア〕*ṭāqa*「窓」＋縮小辞]

taquilla（切符売り場）

ta·qui·lla·je [ta.ki.já.xe ‖ -.ʎá.-] 男 **1** 《集合的》入場券，チケット． **2** 入場券[チケット]の売上げ金.

ta·qui·lle·ro, ra [ta.ki.jé.ro, -.ra ‖ -.ʎé.-] 形 興行成績の良い． *éxito* ～（興行の）大当たり． *actor* ～ ドル箱俳優．― 男 女 切符売り.

ta·qui·llón [ta.ki.jón ‖ -.ʎón] 男 （応接間の）飾り棚，キャビネット.

ta·qui·me·ca [ta.ki.mé.ka] 女 [*taquimecanógrafa* の省略形]《話》速記タイピスト.

ta·qui·me·ca·no·gra·fí·a [ta.ki.me.ka.no.

gra.fí.a] 囡 タイプと速記の技術.
ta.qui.me.ca.nó.gra.fo, fa [ta.ki.me.ka.nó.gra.fo, -.fa] 男囡 速記タイピスト.
ta.qui.me.trí.a [ta.ki.me.trí.a] 囡 スタジア[視距]測量.
ta.quí.me.tro [ta.kí.me.tro] 男 タキメーター, スタジア測量器.
ta.quión [ta.kjón] 男《物理》タキオン.
ta.quip.ne.a [ta.kip.né.a] 囡《医》頻呼吸症, 浅く速い呼吸.
ta.qui.za [ta.kí.θa / -.sa] 囡《ラ米》《話》タコス tacos が中心の食事.
ta.ra [tá.ra] 囡 **1** 風袋(ふうたい); 車両重量. **2**(人の)欠点, 短所; (物の)欠陥. **3**《天秤(てんびん)の》重り, 分銅. **4**《複数で》《ラ米》《タラシ》(先天的)身体障害.
ta.ra.bi.lla [ta.ra.βí.ja | -.ʎa] 囡 **1** まくしたてること. **2**《窓・扉の戸締り用》の, 桟. **3**(のこぎりの)歯をぴんと張るための締め木. **4**《農》《犂(すき)の》犁柱(れいちゅう). ── 男囡 まくしたてる人.
ta.ra.bi.ta [ta.ra.βí.ta] 囡 **1**(ベルト・バックルの)留め金の舌. **2**《ラ米》《タラシ》《ラブ》手すりロープ; 空中ケーブル.
ta.ra.ce.a [ta.ra.θé.a / -.sé.-] 囡 寄せ木細工; はめ込み(細工), 象眼.
ta.ra.ce.ar [ta.ra.θe.ár / -.se.-] 他 寄せ木細工をする, 象眼する. ~ **con marfil** 象牙(ぞうげ)をはめ込む.
ta.ra.dez [ta.ra.ðéθ / -.ðés] 囡《ラ米》《タラシ》《話》ばかなこと.
ta.ra.do, da [ta.rá.ðo, -.ða] 形 **1** 欠陥のある, きずのある. *piezas taradas* 欠陥部品. **2** 身体に障害のある. **3**《話》《軽蔑》頭がどうかした, 正気でない.
ta.ra.hu.ma.ra [ta.rau.má.ra] 形 タラウマラ人[語]の(= *rarámuri*). ── 男囡 タラウマラ人: メキシコ Chihuahua 州などの山岳地帯に住む先住民. ── 男 タラウマラ語.
ta.ra.ja.lla, lla [ta.ra.xá.jo, -.ja || -.ʎo, -.ʎa] 男囡《ラ米》《タラシ》年齢の割に成長して強い大人.
ta.ra.je [ta.rá.xe] 男《植》ギョリュウ.
ta.ra.ma [ta.rá.ma] 囡《ラ米》《タラシ》(刀剣のつばのついた)柄.
ta.ram.ba.na [ta.ram.bá.na] 形《話》無鉄砲な, 頭のおかしい. ── 男囡《話》無鉄砲な人, 頭のおかしい人.
ta.ran.do [ta.rán.do] 男《動》トナカイ.
ta.ran.ta [ta.rán.ta] 囡 **1**《音楽》(フラメンコ)タランタ: Andalucía 地方の舞曲 *fandango* の一形式. **2**《ラ米》(1)《タラシ》《プラ》➡ *tarántula*. (2)《タラシ》《ラブ》錯乱, 狂気. (3)《コロ》気絶, 失神. (4)《チリ》《話》酔い.
ta.ran.te.ar [ta.ran.te.ár] 自《ラ米》《タラシ》《話》突飛な行動をとる, 妙な振る舞いをする.
ta.ran.te.la [ta.ran.té.la] 囡《音楽》タランテッラ: イタリア南部のテンポの速い踊り[舞曲]. [← 伊 *tarantella*]
ta.ran.tín [ta.ran.tín] 男《ラ米》(1)《タリ》《プエ》什器(じゅうき), 台所用品. (2)《タラシ》《話》小さな店, みすぼらしい店. (3)《エク》《建》足場. (4)《プエ》《複数で》《話》不用品, がらくた.
ta.ran.to, ta [ta.rán.to, -.ta] 形《ラ米》《タラシ》《話》呆然(ぼうぜん)とした, ぼんやりした.
ta.rán.tu.la [ta.rán.tu.la] 囡《動》タランチュラ. *picado de la tarántula* (1) 落ち着かない. (2) 性病にかかった.
ta.rar [ta.rár] 他 …の風袋(ふうたい)を量る.
ta.ra.ra [ta.ra.rá] 囡《話》気のふれた人, 理性をなくし

た. ── 男囡 気のふれた人, 理性をなくした人.
ta.ra.rá [ta.ra.rá] 囡 らっぱの音[合図].
ta.ra.re.ar [ta.ra.re.ár] 他《メロディーを》鼻歌で歌う.
ta.ra.re.o [ta.ra.ré.o] 男 鼻歌, ハミング.
ta.ra.rí [ta.ra.rí] 男 トランペットの音. ── 間投 まさか; ばかな. *estar tararí*〈人が〉頭が少しおかしい, いかれている.
ta.ra.ri.ra [ta.ra.rí.ra] 囡 **1**《話》ばか騒ぎ. **2**《ラ米》《ウラ》《魚》ホーリー: カラシン目の淡水魚. ── 男《話》騒がしい人.
ta.ras.ca [ta.rás.ka] 囡 **1**(聖体行列の)大蛇の人形. **2**《話》厚かましい[気性の激しい]醜い女. **3** 他人の財産を食いつぶすもの[人]. **4**《ラ米》《タラシ》《話》大きな口.
ta.ras.ca.da [ta.ras.ká.ða] 囡 **1** かみつくこと; かみ傷. **2**《話》木で鼻をくくったような[つっけんどんな]返事. **3**《闘牛》(牛の)激しい突き.
ta.ras.car [ta.ras.kár] 102 他〈犬などが〉かみつく.
ta.ras.co, ca [ta.rás.ko, -.ka] 男囡 **1** タラスコ人: メキシコ中西部の先住民. **2** タラスコ語族.
ta.ras.cón [ta.ras.kón] 男《ラ米》《タラシ》《タラシ》《ラブ》かみ傷.
ta.ras.que.ar [ta.ras.ke.ár] 他《ラ米》《タラシ》《タラシ》《タラシ》《話》かむ, かみつく, かじる.
ta.ray [ta.rái] 男《植》ギョリュウ(の実).
ta.ra.za [ta.rá.θa / -.sa] 囡《昆》フナクイムシ.
ta.ra.za.na [ta.ra.θá.na / -.sá.-] 囡 造船所.
ta.ra.zar [ta.ra.θár / -.sár] 97 他 **1** かじる. **2** 苦しめる, さいなむ.
tar.co [tár.ko] 男《ラ米》《タラシ》ユキノシタ科の高木.
tar.da.na.os [tar.ða.ná.os] 男《魚》コバンザメ.
tar.dan.za [tar.ðán.θa / -.sa] 囡 遅れ, のろさ, 手間取り. *Nos inquietó mucho su* ~. 私たちは彼[彼女]の遅いのが非常に気になった.

tar.dar [tar.ðár] 自《en + 不定詞 …するのに》**1**《+ 時間を示す句》かかる. *¿Cuánto tardaste en terminar el trabajo?* その仕事を終えるのにどのくらいかかったの. *¿Vas a ~ mucho todavía?* まだずいぶんかかりますか. *Espera aquí, que no tardo un minuto*. ここで待っていて, すぐだから.
2 手間取る, 時間がかかる. *Nos vemos a las seis. ¡Y no tardes!* 6時に会いましょう, 遅れないでね. *No tardó en darse cuenta de la causa*. 彼[彼女]はすぐにその原因に気がついた.
── ~**se** 再《3人称単数で》(時間が)かかる. *De aquí a la estación se tarda unos diez minutos a pie*. ここから駅まで徒歩で10分くらいかかります.
a más tardar 遅くとも. *Estaré de regreso esta noche o a más* ~ *mañana temprano*. 私は今夜または遅くも明朝早くには戻っているでしょう.
sin tardar すぐさま.

tar.de [tár.ðe] 囡 午後; 夕方: 正午から暗くなるまで. *a primera hora de la* ~ 午後の早い時間に. *a media* ~ 昼下がりに. *a las tres de la* ~ 午後3時に. *por la* ~ 午後に. *en la* ~《ラ米》午後に. *esta* ~ 今日の午後. *Mañana por la* ~ *ya estaremos en Madrid*. 明日の午後には私たちはもうマドリードに着いているでしょう.
── 副 遅く(に); 遅れて. *llegar* ~ *a clase* 授業に遅れる, 遅刻する. *Mejor dejarlo así para más* ~. もっと後のためにこのままにしておく方がよい. *Se quedaron charlando hasta muy* ~. 彼らは

tardecer

ずいぶん遅くまでおしゃべりしていた Ahora mismo, que para luego es ~. 今すぐにやりなさい, 後からじゃ遅いんだから. Ya es demasiado ~. もう遅すぎる. Más vale ~ que nunca. (諺) 遅くともは成さざるよりはまし. Nunca es ~ si la dicha es buena. (諺) 善きものに遅きはなし.
— 自 → tardar.
Buenas tardes. 《あいさつ》こんにちは. (▶ 午後のあいさつ. スペインでは昼食後の3・4時以降暗くなるまで使われる.) よい午後を (▶ 別れ際に言う).
de tarde en tarde たまに.
hacérsele tarde (a+人) 《3人称単数で》(人が) 遅くなる. *Se me hizo* ~ *y perdí el tren.* 私は遅くなって電車に乗り遅れた.
tarde, mal y nunca 《事のやり方を評して》遅くてひどくて全然だめ.
tarde o temprano / más tarde o más temprano 遅かれ早かれ. *Sucedió lo que* ~ *o temprano habría de sucederme.* 遅かれ早かれ私に起こるべきことが起こったのだ.
[← 〔ラ〕*tardē* 副「(時間・速さの)遅く」(*tardus* 形「遅い」より派生). 〔関連〕(re)tardar, tardío, tardanza, atardecer. 〔英〕*tardy*「のろい」]

tar·de·cer [tar.ðe.θér / -sér] 34 自《3人称単数・無主語で》日が暮れる, 暗くなる (= atardecer).

tar·de·ci·to [tar.ðe.θí.to / -.sí.-] 男 《ラ米》(ｸﾞｱﾃ)(ｳﾙｸﾞｱｲ)(ｴｸｱﾄﾞﾙ) もう少し後で, もうちょっとして.

tar·dí·a·men·te [tar.ðí.a.mén.te] 副 遅く, 遅ればせながら.

tar·dí·gra·do, da [tar.ðí.gra.ðo, -.ða] 形 《動》 緩歩類の. — 男《複数で》緩歩類の動物.

tar·dí·o, a [tar.ðí.o, -.a] 形 **1** 遅い, 遅れた；晩成の, 晩年の. llegada *tardía* 延着. vocación *tardía* 遅咲きの才能. hijo ~ 年を取ってからの子. ser ~ en decidirse なかなか決心がつかない.
2 〈果実が〉晩生の. **3** 〈経過が〉最終期の. latín ~ 後期ラテン語.

tar·do, da [tár.ðo, -.ða] 形 ゆっくりした, 緩慢な；鈍い. Siempre anda con paso ~. 彼[彼女]はいつものろのろ歩く. ~ de vista 視力が鈍い. ~ en comprender 理解の遅い.

tar·do·ba·rro·co, ca [tar.ðo.ba.ró.ko, -.ka] 形 後期バロックの.

tar·do·fran·quis·mo [tar.ðo.fraŋ.kís.mo] 男 フランコ体制後期 (1966 - 75).

tar·dón, do·na [tar.ðón, -.ðó.na] 形《話》のろまの, ぐずぐずした；鈍い, 愚鈍な.
— 男 女《話》のろま, ぐず.

ta·re·a [ta.ré.a] 女 **1** (一定の時間で終えられる) 仕事, 任務, 作業. ~ agrícola 農作業. ~ de cuidados [protección, restauración] 看護[保護, 改修] 作業. ~ suelta 雑用. Ana cumplió (las) ~s [con las ~s]. アナは自分の受け持ちを無事終えた. Eso no es ~ de unos días. それは2, 3日でできる仕事じゃないよ. Hoy me toca hacer las ~s de la casa. 今日は僕が家事をする番だ.
2 (学校の) 宿題 (= ~ escolar, ~s escolares). Juan leyó la ~ en voz alta. フアンは大きな声で自分の宿題を読み上げた.
[← 〔アラビア〕*ṭarīḥa*「課せられた仕事(量)」]

ta·re·co [ta.ré.ko] 男《主に複数で》《ラ米》(ｷｭｰﾊﾞ)(ﾍﾞﾈｽﾞｴﾗ)(ﾎﾟｰﾄﾘｺ) 古道具, 不用品, がらくた.

tar·get [tár.ɡe(t)] 〔英〕男 《複 ~s, ~》目標 (= objetivo).

Tar·gum [tar.ɡúm] 男 《宗》 タルグム：旧約聖書のアラム語による部分訳.

‡ta·ri·fa [ta.rí.fa] 女 料金(表)；運賃(表)；税率(表). Han subido las ~s eléctricas. 電力料金が値上げされた. ~ aduanera 関税表. ~ autónoma 自主関税. ~ completa 規定料金(表). ~ de agua 水道料金. ~ de flete 貨物運賃(表). ~ de fuera de temporada シーズンオフの料金(表). ~ preferencial (para la nación más favorecida) 最恵国関税. ~ proteccionista 保護関税(率). ~ reducida 割引料金(表). → precio〔類語〕.
[← 〔カタルーニャ〕*tarifa* ← 〔アラビア〕*ta'rīfa*. 〔関連〕〔英〕*tariff*「関税(率)；料金表」]

ta·ri·far [ta.ri.fár] 他 料金[運賃, 税率]を定める.
— 自《話》仲たがいする, けんかする.

ta·ri·fa·rio, ria [ta.ri.fá.rjo, -.rja] 形 料金の, 定価の.

ta·ri·fe·ño, ña [ta.ri.fé.ɲo, -.ɲa] 形《スペイン Cádiz 県の都市》タリファ Tarifa の.
— 男 女 タリファの住民 [出身者].

ta·ri·fi·car [ta.ri.fi.kár] 他 料金を適用する [定める].

ta·ri·ma [ta.rí.ma] 女 **1** 壇；教壇. **2** 台；足台.

ta·ri·ma·co [ta.ri.má.ko] 男《ラ米》(ｸﾞｱﾃ)《話》がらくた, くず, 半端物.

tar·ja [tár.xa] 女 《史》(騎兵の)大盾.

tar·jar [tar.xár] 他《ラ米》(ﾁﾘ) 消す, 削除する.

‡tar·je·ta [tar.xé.ta] 女 **1** 名刺 (= ~ de visita). Él me entregó una ~. 彼は私に名刺を手渡した.
2 (各種の) カード. ~ de crédito クレジットカード. ~ de cumpleaños バースデーカード. ~ de Navidad クリスマスカード. ~ de identidad IDカード. ~ de invitación 招待状. ~ de pago / débito デビットカード. ~ prepagada [(de) prepago] プリペイドカード. ~ sanitaria 保険証. ~ telefónica テレフォンカード. **3** 《IT》 カード, ボード. ~ de sonido サウンドカード. ~ de vídeo ビデオカード. ~ gráfica グラフィックスカード. ~ madre メイン[マザー]ボード. ~ magnética [electrónica] 磁気カード. ~ protectora de disco duro ハードディスクの保護装置. **4** 《スポ》(退場や警告を告げる) カード. Le sacaron ~ amarilla [roja]. 彼[彼女]はイエロー[レッド]カードを取られた. **5** 絵はがき (= ~ postal).
[← 〔古仏〕*targette*「小さな盾」(*targe*「盾」+縮小辞)]

tarjeta telefónica
(テレフォンカード)

tar·je·ta·zo [tar.xe.tá.θo / -.so] 男《ラ米》(ﾍﾞﾙ)《話》推薦；推奨, 勧め.

tar·je·te·o [tar.xe.té.o] 男 頻繁な名刺の使用.

tar·je·te·ra [tar.xe.té.ra] 女《ラ米》→ tarjetero.

tar·je·te·ro [tar.xe.té.ro] 男 名刺[カード] 入れ.

tar·je·tón [tar.xe.tón] 男 (招待状用の) 大型はがき (→ tarjeta). [tarjeta + 増大辞]

tar·la·ta·na [tar.la.tá.na] 女 《服飾》 ターラタン：薄地のモスリン.

ta·ro [tá.ro] 男 《植》 タロイモ.

ta·ro·pé [ta.ro.pé] 男《ラ米》(ｳﾙｸﾞｱｲ)《植》 スイレン科の植物.

ta.rot [ta.ró(t)] 男 [複 ~s, ~] タロットカード (= baraja de ~); タロット占い.

tar.quín [tar.kín] 男 へどろ, 泥土 (= cieno).

tar.qui.no, na [tar.kí.no, -.na] 男 女《ラ米》(ラプラタ)純血種[血統書付き]の牛.

ta.rra [tá.řa] 男 女《話》《軽蔑》もう若くない人.

ta.rra.co.nen.se [ta.řa.ko.nén.se] 形 (スペインの) タラゴナの; 《史》タラコネンシスの. ━━ 男 女 タラゴナの住民[出身者];《史》タラコネンシスの人.

Ta.rra.co.nen.se [ta.řa.ko.nén.se]《史》タラコネンシス: ローマ支配下の Hispania を構成した属州の1つ. 現在のスペイン北東部にあたり, Tarragona という地名の語源となった.

Ta.rra.go.na [ta.řa.gó.na] 固名 タラゴナ: スペイン北東部の県; 県都. ♦紀元前218年ローマ人が征服し, イベリア半島第一の都市とした.
[←［ラ］*Tarraco(n)*]

ta.rra.ja [ta.řá.xa] 女 (ねじ切り用の) ダイス回し.

ta.rra.ja.zo [ta.řa.xá.ðo / -.so] 男《ラ米》《話》(1)(アルゼ)(ウルグ)予期せぬ不幸[出来事]. (2)(ウルグ)殴打, 打撲; 負傷.

ta.rra.men.ta [ta.řa.mén.ta] 女《ラ米》(ユカタン)(グアテ)(動物als)の)角.

ta.rra.sen.se [ta.řa.sén.se] 形 (スペイン Barcelona 県の) タラサ Tarrasaの. ━━ 男 女 タラサの住民[出身者].

ta.rra.ya.zo [ta.řa.já.θo / -.so] 男《ラ米》(1)(ベネズ)(コスタ)《話》強打. (2)(タリ)(ドミニ)(ユカタン)(グアテ)投網, 一網.

ta.rre.ar [ta.ře.ár] 他《ラ米》(タリ)《俗》(人に) 不貞を働く.

Tá.rre.ga [tá.ře.ga] 固名 タレガ Francisco ~ (1852-1909): スペインの作曲家・ギタリスト.

ta.rre.ña [ta.ře.ɲa] 女 陶器製のカスタネット.

ta.rri.na [ta.ří.na] 女 (バター・マーガリンなど食料品の) 容器.

ta.rri.to [ta.ří.to] 男 離乳食.

ta.rro [tá.řo] 男 1 広口瓶; つぼ. un ~ de mermelada ジャムの瓶. 2《話》頭. estar mal del ~《話》頭が悪い. 3《ラ米》(1)(チリ)(ユカタン)《話》浮気. (2)(ウルグ)(タリ)(ユカタン)(グアテ)缶. ~ de la basura (メキシ)(テリ)ゴミ箱. (4)(ウルグ)《話》幸運. (5)(プロ)山高帽子. (6)《植》中央アメリカ産の竹. (7)(チリ)《話》厄介, 難題.
comer el tarro a... ...をまんまとだます.
comerse el tarro con... ...をよくよく考える.

tar.sa.na [tar.sá.na] 女《ラ米》(メキシ)(プエル)(石けん代用の) セッケンボクの樹皮, キラヤ皮.

tar.se.ro [tar.sé.ro] 男《動》メガネザル.

tar.so [tár.so] 男《解剖》足根 (骨), 足首;《動》(鳥の) 跗蹠 (しょ); (昆虫の) 跗節.

***tar.ta** [tár.ta] 女 1 (大きな丸型の) **ケーキ**; パイ. ~ de boda ウエディング・ケーキ. 2 → tartera 1. [←［仏］*tarte*;関連 torta?]

tár.ta.go [tár.ta.go] 男 1《植》トウダイグサ科ユーホルビアの一種. 2《話》不幸な出来事, 災難. 3《話》きつい冗談, からかい.

tar.ta.ja [tar.tá.xa] 形《話》《軽蔑》ろれつの回らない. ━━ 男 女 ろれつの回らない人.

tar.ta.je.ar [tar.ta.xe.ár] 自 たどたどしく話す.

tar.ta.je.o [tar.ta.xé.o] 男 つかえながら話すこと, たどたどしい言葉.

tar.ta.jo.so, sa [tar.ta.xó.so, -.sa] 形 口ごもる, ろれつの回らない. ━━ 男 女 ろれつの回らない人.

tar.ta.le.ta [tar.ta.lé.ta] 女 (菓子の) タルト.

tar.ta.mu.de.ar [tar.ta.mu.ðe.ár] 自 どもる, 口ごもる; たどたどしく話す.

tar.ta.mu.de.o [tar.ta.mu.ðé.o] 男 どもること.

tar.ta.mu.dez [tar.ta.mu.ðéθ / -.ðés] 女 どもり, 吃音 (きつ).

tar.ta.mu.do, da [tar.ta.mú.ðo, -.ða] 形 どもりの. ━━ 男 女 どもりの人.

tar.tán [tar.tán] 男《服飾》タータン: 格子縞 (じま) 模様の毛織物.

tar.ta.na [tar.tá.na] 女 1 (幌 (ほろ) 付きの) 2輪馬車. 2《海》タータン: 地中海の1本マストの帆船. 3《ラ米》(プエル)《話》おんぼろの車.

tar.tan.cho, cha [tar.tán.tʃo, -.tʃa] 形《ラ米》(ウルグ) → tartamudo.

tar.tá.re.o, a [tar.tá.re.o, -.a] 形《文章語》タルタロスの, 冥府 (めいふ) の.

Tar.ta.ria [tar.tá.rja] 固名 タタール地方, 韃靼 (だった) 地方. [←［中ラ］*Tartaria* (*Tartarus*「タタール人」より派生)]

tar.tá.ri.co, ca [tar.tá.ri.ko, -.ka] 形《化》→ tártrico.

tar.tá.ro [tár.ta.ro] 男 1 (ワインをつくる際にできる) 酒石. 2 歯石.

Tár.ta.ro [tár.ta.ro] 固名《ギ神》タルタロス: Zeus が Titan を幽閉した冥府 (めいふ) の下の日の差さない深み. ━━ 男 [t-]《文章語》地獄, 冥界.
[←［ラ］*Tartarus*←［ギ］*Tártaros*]

tár.ta.ro, ra [tár.ta.ro, -.ra] 形 1 タタールの, 韃靼 (だった) の. 2《料》タルタルの. bistec ~ [a la *tártara*] タルタルステーキ. salsa *tártara* タルタルソース. ━━ 男 女 1 タタール人. 2 タタール語: 西チュルク語の一つ. 3《複数で》《集合的》タタール人, 韃靼人. ♦中世にアジアと東ヨーロッパを席捲 (せっけん) したモンゴル系民族.
[←［中ラ］*Tartarus*←［ペルシア］*Tātār*]

tar.ta.zo [tar.tá.θo / -.so] 男 ケーキを投げつけること (→ tarta).

tar.te.ra [tar.té.ra] 女 1 (ケーキ・パイを焼く) 平鍋 (なべ). 2 弁当箱 (= fiambrera).

tar.te.sio, sia [tar.té.sjo, -.sja] 形《史》タルテソス Tartessos の. ━━ 男 女 タルテソス人. ♦前10－前6世紀ごろ Iberia 半島南部に栄えた古代王国.

tar.tra.to [tar.trá.to] 男《化》酒石酸塩.

tar.trec.to.mí.a [tar.trek.to.mí.a] 女《医》歯石除去.

tár.tri.co, ca [tár.tri.ko, -.ka] 形《化》酒石の. ácido ~ 酒石酸.

tar.tu.fo [tar.tú.fo] 男《軽蔑》偽善者, 猫かぶり. [フランスの劇作家 *Molière* 作の喜劇 *Le Tartuffe*『タルチュフ』の主人公名に由来]

ta.ru.go, ga [ta.rú.go, -.ga] 形《話》《軽蔑》1 まぬけな. 2 ずんぐりむっくりした, 小肥りの. ━━ 男 女 1《話》《軽蔑》まぬけ. 2《話》《軽蔑》小肥りの人. 3《ラ米》(1)(プエル)《話》《軽蔑》ごますり. (2)(タリ)使い走り. ━━ 男 1 木偶, 木片. 2 パンの切れ端. 3《ラ米》(タリ)(1)(ユカタン)驚き. (2)(ウルグ)不安, 心配.

ta.rum.ba [ta.rúm.ba] 形 (**estar +**)《話》面くらった. *Estoy* ~. たまげたなあ. *volver* ~ 面くらわせる. *volverse* ~ 面くらう.

ta.rú.pi.do, da [ta.rú.pi.ðo, -.ða] 形《ラ米》(ウルグ)《話》愚かな.

tas [tás] 男 (彫金細工用の) 金床, 金敷.

ta.sa [tá.sa] 女 1 査定, 評価, 見積もり. la ~ de los productos agrícolas 農作物の値踏み.

2 公定価格, 統制価格. la ~ sobre los crudos 原

tasación

油の公定価格. **3** レート,割合,率. ~ de importación 輸入税率. ~ de cambio 為替レート. ~ de interés 利率. ~ de mortalidad 死亡率. ~ de natalidad 出生率. ~ impositiva [tributaria] (課)税率. ~ de interés preferencial プライム・レート. **4** 限度,制限,枠. codicia sin ~ 飽くなき欲望. poner ~ a los gastos mensuales 毎月の支出に限度枠を設ける. Anoche bebió sin ~ (ni medida). 昨夜,彼[彼女]はめちゃくちゃに飲んだ.
[tasar (←[ラ] *taxāre*「触れる; 見積もる」より派生); 関連 taxímetro, taxi. [英] *tax*「税金」]

ta.sa.ción [ta.sa.θjón / -.sjón] 囡 査定(額).

ta.sa.dor, do.ra [ta.sa.đór, -.đó.ɾa] 形 査定する, 評価する, 見積もる. ── 男 囡 鑑定士, 鑑定人.

ta.sa.jo [ta.sá.xo] 男 **1** 干し肉,乾燥肉. **2** 肉切れ. **3** 《ラ米》《俗》ひょろっとした男.

ta.sa.ju.do, da [ta.sa.xú.đo, -.đa] 形 《ラ米》《話》やせぎすで長身の, ひょろっとした.

ta.sar [ta.sár] 他 **1** 公定[統制]価格を決める. El gobierno suele ~ los productos de primera necesidad. 通常, 政府が必需品の価格を決定する. **2** 《*en...*の数値[金額]と》査定する, 評価する, 見積もる. *Tasaron* un cuadro *en* ocho mil euros. 絵に8000ユーロの値がつけられた. **3** 限度を設ける, 制限する. ~ la comida a un enfermo 病人に食事制限をする.

tas.ca [tás.ka] 囡 **1** 《話》酒場,居酒屋. ir de ~s はしご酒をする (= taberna). **2** 賭博(ばく)場. **3** 《ラ米》《ペ》大波, 怒濤(どう).

tas.car [tas.kár] 他 **1** 《亜麻[なわ]などを》たたく,打って繊維にする. **2** 《草を》むしゃむしゃ食う. **3** 《ラ米》《話》かむ, かみ砕く.

ta.si [tá.si] 男 《ラ米》《ラボリ》《ボリ》《植》カガイモ科モレニア属の植物: 実は製菓材料.

ta.sin [tá.sin] 男 《ラ米》《ラボリ》(動物の)巣.

tas.que.ar [tas.ke.áɾ] 自 《話》居酒屋へ行って一杯飲む.

tas.que.o [tas.ké.o] 男 《話》居酒屋へ行って一杯飲むこと.

tas.ta.siar.se [tas.ta.sjár.se] 再 《ラ米》《ラプ》(1)《ビリヤードの球が》当たる. (2)《話》ばったり会う.

ta.su.go [ta.sú.go] 男 《動》アナグマ.

ta.ta [tá.ta] 男 《ラ米》(1)《ぐ》《尊敬》…様, あなた様 (= taita). ~ cura 神父様. (2)《呼びかけ》父親, お父さん; おじちゃん. ── 男 《幼児語》乳母. *tata dios* 《ラ米》《ラプ》《虫》カマキリ; 《ぐ》*T~Dios* 神様.

ta.ta.bro, bra [ta.tá.bro, -.bɾa] 男 囡 《ラ米》《ラプ》《動》ペッカリー, ヘソイノシシ.

ta.tai.bá [ta.tai.bá] / **ta.tai.ba** [ta.tái.ba] 男 《ラ米》《ラプ》《植》クワ(の木).

ta.ta.mi [ta.tá.mi] 日 《スポ》(道場の)畳.

ta.ta.ra.bue.lo, la [ta.ta.ɾa.bwé.lo, -.la] 男 囡 高祖父, 高祖母, 曾(そう)祖父の父, 曾祖母の母. ── 男 《複数で》高祖父母.

ta.ta.ra.nie.to, ta [ta.ta.ɾa.njé.to, -.ta] 男 囡 玄孫(げん), やしゃご.

ta.ta.ré [ta.ta.ɾé] 男 《ラ米》《ラプ》《植》タマリンドの一種: ピセコロビウム属.

ta.ta.re.ar [ta.ta.ɾe.áɾ] 他 → tararear.

ta.tas [tá.tas] 男 《複数形》*andar a tatas* (赤ちゃんが)よちよち歩きを始める; 四つんばいで歩く.

¡ta.te! [tá.te] 間投 **1** 《注意喚起》危ない, 気をつけて; ゆっくりと, そっと. **2** 《了解・理解》わかった, なるほど. **3** 《驚き》あれっ, すごい; しまった. ¡*T~*! ¡Qué guapa vienes hoy! やあ, 今日はすごくきれいだね. ¡*T~*! ¡Ya se me ha vuelto a escapar el autobús! ちぇっ, またバスに乗り損なった.

ta.te.mar [ta.te.már] 他 《ラ米》《肉などを》軽く焼く.

ta.te.tí [ta.te.tí] 男 《ラ米》《ラプ》《遊》三目並べ (= tres en raya).

ta.to, ta [tá.to, -.ta] 男 囡 《話》《幼児語》お兄ちゃん, お姉ちゃん.

ta.tú [ta.tú] 男 《ラ米》《ラプ》《動》アルマジロ (= armadillo).

ta.tua.dor, do.ra [ta.twa.đóɾ, -.đó.ɾa] 男 囡 入れ墨師, 彫師.

ta.tua.je [ta.twá.xe] 男 入れ墨, 刺青; 刺青模様, 彫り物. Aquel marinero lleva un ~ en el pecho. あの水夫は胸に入れ墨をしている.

ta.tuar [ta.twár] 84 他 《人に》入れ墨をする.
── ~**se** 再 《自分の体に》入れ墨をする.

tau [táu] 男 **1** → tao². **2** 《紋》T型クロス.
── 囡 タウ (T, τ): ギリシャ語アルファベットの第19字.

tau.la [táu.la] 囡 《考古》(スペイン Baleares 諸島に残る先史時代の)T型巨石.

tau.ma.tur.gia [tau.ma.túɾ.xja] 囡 《格式》奇跡を行う力, 神通力.

tau.ma.túr.gi.co, ca [tau.ma.túɾ.xi.ko, -.ka] 形 《格式》奇跡を行う力のある, 神通力の; 奇跡的な.

tau.ma.tur.go, ga [tau.ma.túɾ.go, -.ga] 男 囡 《格式》奇跡を行う人, 神通力のある人.

tau.ri.no, na [tau.ɾí.no, -.na] 形 **1** 雄牛の. **2** 闘牛の. festival ~ 闘牛大会. mundo ~ 闘牛界. peña *taurina* 闘牛愛好会. **3** 《ラ米》《ラプ》おうし座生まれの.
── 囡 《化》(牛などの胆汁などから得られる)タウリン.

tau.rios [táu.ɾjos] 形 《複数名詞を修飾して》人と牛が闘う.
── 男 《複数形》(古代ローマの競技で)人と牛との格闘.

tau.ro [táu.ɾo] 形 《性数不変》おうし座生まれの. mujeres ~. おうし座の女性たち. ── 男 **1** [T~] 《星座》おうし座 (=Toro). **2** 《占星》金牛宮: 黄道十二宮の第2宮. **3** 《単複同形》おうし座生まれの人. Soy ~. 私はおうし座だ.
[←[ラ] *taurus*「雄牛」← [ギ] *taûros*]

Tau.ro [táu.ɾo] 固名 トロス山脈: トルコ南部, 小アジアの地中海沿岸を東西に連なる山脈.
[←[ラ] *Taurus*]

tauro- 「雄牛 toro」の意の造語要素. tauri- は異形. ⇒ *taurino, taurómaco*. [←[ギ]]

tau.ró.fi.lo [tau.ɾó.fi.lo, -.la] 形 闘牛好きの.
── 男 囡 闘牛ファン.

tau.ró.ma.co, ca [tau.ɾó.ma.ko, -.ka] 形 闘牛の; 闘牛通の, 闘牛に詳しい. ── 男 囡 闘牛通.

tau.ro.ma.quia [tau.ɾo.má.kja] 囡 **1** 闘牛術[技]. **2** 闘牛のルールブック.

tau.ro.má.qui.co, ca [tau.ɾo.má.ki.ko, -.ka] 形 闘牛の. término ~ 闘牛用語.

tau.to.lo.gí.a [tau.to.lo.xí.a] 囡 《文法》《論》同語反復; 類語反復, トートロジー. ~ el puente de Alcántara アルカンタラ橋 (Alcántara はアラビア語 *al-qánṭara*「橋」が語源).

tau.to.ló.gi.co, ca [tau.to.ló.xi.ko, -.ka] 形 《文法》同語反復の; 類語反復の, トートロジーの.

tav [táb] 男 《略》*tren de alta velocidad* 高速列車.

ta.xa.ti.va.men.te [tak.sa.tí.ba.mén.te] 副 言

葉の厳密な意味において.

ta·xa·ti·vo, va [tak.sa.tí.ßo, -.ßa] 形 **1** 制限的な, 限定的な. de forma *taxativa* 限定されて.
 2 〘言葉の意味が〙正確な, 厳密な.

*__ta·xi__ [tá*k*.si] 男 タクシー. coger [tomar] un ～ タクシーに乗る. ir en ～ タクシーで行く. parar un ～ タクシーを止める. subir al ～ タクシーに乗る. conductor [chófer] de ～ タクシー運転手. radio ～ 無線タクシー. Me espera el ～. タクシーを待たせてあるんです.
[← 仏 *taximètre*「タクシーメーター」; *taxe*「料金；税金」(← 中ラ *tāxa*) [ラ] *tāxāre*「額を定める」より派生) + *-mètre*「計器」関連 taxista. 英 *taxi*]

taxi- / taxo- 「配列, 順序」の意を表す造語要素. ⇒*taxi*dermia, *taxo*nomía. [← ギ]

ta·xia [tá*k*.sja] 女 → tactismo **1**.

ta·xi·der·mia [tak.si.đér.mja] 女 剥製(はく)(術).

ta·xi·der·mi·co, ca [tak.si.đér.mi.ko, -.ka] 形 剥製(はく)(術)の.

ta·xi·der·mis·ta [tak.si.đer.mís.ta] 男 女 剥製(はく)職人.

ta·xí·me·tro [ta*k*.sí.me.tro] 男 タクシーメーター, 料金表示器；タクシー. → taxi.

ta·xis [tá*k*.sis] 女 **1** 〘生物〙 → tactismo. **2** 〘医〙整復術.

*__ta·xis·ta__ [ta*k*.sís.ta] 男 女 タクシー運転手.

ta·xón [ta*k*.són] 男 〘生物〙分類単位, 分類群. ▶ 分類学上の単位. (大分類から小分類の順に) 門 filo, 綱 clase, 目 orden, 科 familia, 属 género, 種 especie.

ta·xo·no·mí·a [ta*k*.so.no.mí.a] 女 分類法；〘生物〙分類学；〘言〙タクソノミー.

ta·xo·nó·mi·co, ca [ta*k*.so.nó.mi.ko, -.ka] 形 分類法[学]の.

ta·xo·no·mis·ta [ta*k*.so.no.mís.ta] 男 女 分類学者.

ta·xó·no·mo, ma [ta*k*.só.no.mo, -.ma] 男 女 → taxonomista.

Ta·yi·kis·tán [ta.ji.kis.tán] 固名 タジキスタン (共和国)：独立国家共同体の一つ. 首都 Dushanbe.

ta·yi·ko, ka [ta.jí.ko, -.ka] 形 タジキスタンの, タジキスタン人. —男 女 タジキスタン人.

tay·lo·ris·mo [tai.lo.rís.mo] 男 テーラーリズム：米国の機械技術者 Frederic Winslow Taylor (1856-1915) が提唱した科学的経営管理の理論.

tay·lo·ris·ta [tai.lo.rís.ta] 形 テーラーリズムの.

ta·yu·yá [ta.ju.já] 男 〘ラ米〙(3つ)〘植〙(ニガウリ・カヤボニアなどの) ウリ科の植物.

*__ta·za__ [tá.θa / -.sa] 女 **1** カップ；カップに入った液体[固形物]. una ～ de azúcar [caldo, crema] (料理などで) 砂糖 [コンソメ, クリーム] を 1 カップ. A él se le cayó la ～. 彼はカップを落としてしまった. Esta mañana me he servido una ～ de café [té, chocolate, manzanilla]. 今朝, 私は自分でコーヒー [お茶, ココア, カモミールティー] を一杯いれて飲んだ.
 2 便器 (= ～ del váter, inodoro). Tengo que entrenar a mi niño a usar la ～ del baño. 息子にトイレの使い方を教えなければならない. ～ de noche 〘ラ米〙(3つ) 溲瓶(しゅびん).
 3 (剣刀の) 半球形のつば. La guarnición de la ～ es muy bonita. そのつばの装飾はとてもきれいだ. **4** (噴水の) 水受け. **5** 〘ラ米〙(1) (3つ) 〘車〙ハブキャップ. (2) (3つ) マグカップ. (3) (チ)(ニカ) 洗面台.

chocolate a la taza (カップに入って出される) ホットチョコレート (= chocolate caliente).
[← アラビア *ṭāssa*] 関連 tazón. 仏 *tasse*「カップル」, *demitasse*「デミタス」]

ta·zar·se [ta.θár.se / -.sár.-] 97 再 (衣類が) すり切れる, ほころびる.

ta·zo [tá.θo / -.so] 男 〘遊〙〘商標〙(飛ばしたり集めたりして遊ぶ) プラスチックの小さな円盤.

ta·zón [ta.θón / -.són] 男 深い鉢, どんぶり, 碗(ネン), ボール. un ～ de sopa スープ 1 杯. [taza + 増大辞]

Tb 〘化〙 terbio テルビウム.

Tc 〘化〙 tecnecio テクネチウム.

*__te__[1] [te] 代名 〘人称〙〘2 人称単数〙 ▶ ふつう動詞のすぐ前に置かれるが, 不定詞・現在分詞・肯定命令形とともに用いる場合はその後に付ける.
 1 〘直接目的語〙君 [おまえ, あなた] を. *Te* quiero mucho. 君をとても愛しています.
 2 〘間接目的語〙君 [おまえ, あなた] に, 君 [おまえ, あなた] にとって, 君 [おまえ, あなた] から. *Te* deseo mucha suerte. 君の幸運を祈ってるよ. *Te* será muy útil. それは君の役に立つと思うよ. *Te* han robado una maleta. 君はスーツケースを盗まれたよ. ▶ 直接目的語の代名詞とともに用いる場合には, その前に置く. ⇒ *Te* lo he comprado. 私は君にそれを買ってあげた.
 3 〘再帰代名詞〙 → se[2] **1**, **2**, **4**.
[← ラ *tē* (対格)] 関連 tú, ti]

te[2] [te] 男 アルファベット t の名称.

Te 〘化〙 telurio テルル.

*__té__ [té] 男 **1** (1) 紅茶 (= *té* negro). bolsita de *té* ティーバッグ. hora del *té* ティータイム. juegos de *té* ティーカップセット. salón de *té* ティールーム. Te voy a preparar un *té*. 紅茶をいれてあげるよ. Esta mañana ha tomado un *té*. 今朝, 彼[彼女] は紅茶を飲んだ. Voy a pedir el *té* frío [helado]. 私はアイスティーにしよう. *té* de Ceilán [Ceylan] セイロンティー. (2) さまざまな植物の葉や花を煮出した飲料. ceremonia del *té* 茶道, 茶会. *té* con hierbabuena ミントティー. *té* con limón レモンティー. *té* con leche ミルクティー. *té* de hierba ハーブティー. *té* de hojas de naranja オレンジリーフティー. *té* de jazmín [jazmines] ジャスミンティー. *té* de limón レモンの茶. (*té* de) manzanilla カモミールティー. *té* de naranja オレンジティー. *té* (de) Oolong ウーロン茶. *té* de tilo 〘ラ米〙(3つ) シナノキの茶. *té* verde 緑茶.
 2 〘ユーモラスに〙ティーパーティー. A veces voy a esos *tés* danzantes. 私はときどき例のダンスティーパーティーに出かける. Las señoras tienen sus *tés*. ご婦人たちがティーパーティーを開く.
 3 〘植〙茶の木；その葉.
[← 中 (福建語) *t'e*; 関連 tetera. ポルトガル *chá* (← 中 (北京官話) *chá*). 仏 *thé*. 伊 *tè*. 英 *tea*. 独 *Tee*]

te·a [té.a] 女 **1** たいまつ. **2** 〘話〙酔い, 泥酔. co-

ger [pillar] una *tea* 酔っ払う. **3**〖海〗錨(いかり)綱, アンカーロープ.
te・a・ti・no, na [te.a.tí.no, -.na] 形 男女〖カト〗テアチノ会修道士[修道女]. ━━ 男女 テアチノ会修道士[修道女]の.
***te・a・tral** [te.a.trál] 形 **1** 演劇の, 演劇に関する. actor ~ 舞台俳優. autor [escritor] ~ 演劇作家. carrera ~ 役者人生. grupo ~ 劇団. música ~ 舞台音楽. obra [pieza] ~ 演劇作品. producción ~ 演劇作品の制作. No podía abandonar la pasión ~. 彼はどうしても舞台への思いを断ち切れなかった. **2** 演技じみた, 芝居がかった. con gesto ~ わざとらしい顔つき. Carmen se comió las uñas con aire ~. カルメンはわざとらしい雰囲気で爪(?)をかんだ. Él tenía inquietud ~. 彼は大げさに不安がって見せた.
te・a・tra・li・dad [te.a.tra.li.ðáð] 女 **1** 演劇性；芝居がかっていること. **2**〖スポ〗インテンション：サッカーなどで大げさにオブストラクションをアピールすること.
te・a・tra・li・za・ción [te.a.tra.li.θa.θjón / -.sa.sjón] 女 劇化, 脚色.
te・a・tra・li・zar [te.a.tra.li.θár / -.sár] 97 他 劇的に表現する.
te・a・tral・men・te [te.a.trál.mén.te] 副 **1** 演劇として. **2** 芝居がかって.
te・a・tre・ro, ra [te.a.tré.ro, -.ra] 形〖話〗芝居好きの；芝居がかった. ━━ 男女〖話〗芝居好き；芝居がかったふるまいをする人.
*****te・a・tro** [te.á.tro] 男 **1** 演劇；演劇作品 [脚本]. ~ moderno 近代演劇. ~ musical [lírico, popular] ミュージカル [抒情劇, 大衆演劇]. Escribí una serie de ~ para niños. 私は児童向けのシリーズものの演劇の脚本を書いた.
2 演劇業界. Él se retiró del ~ para cuidar a su hijo. 彼は息子の面倒を見るために演劇から足を洗った. **3** 劇場. En esta ciudad hay muchos ~s. この街にはたくさんの劇場がある. ~ de ópera オペラ劇場. **4** 観客, 観衆. **5** わざとらしい反応 [言動]；お芝居, 茶番. **6**〖軍〗(戦闘) 地域. ~ de batalla 戦場. ~ de operación 戦域.
[⊂〖ラ〗*theātrum*⊂〖ギ〗*théatron*；関連 teatral, anfiteatro, teoría.〖英〗*theater*]
te・bai・co, ca [te.bái.ko, -.ka] 形〖史〗(古代エジプトの) テーベの. ━━ 男女 (古代エジプトの) テーベ人.
Te・bai・da [te.bái.ða] 固名 (古代エジプトの) テーベ地方.
te・ba・no, na [te.bá.no, -.na] 形〖史〗(古代ギリシアの)テーベの. ━━ 男女 (古代ギリシアの)テーベ人.
Te・bas [té.bas] 固名 テーベ. (1) 古代エジプトのナイル川 Nilo 上流の都市. (2) 古代ギリシアのボイオティア Beocia 地方の都市.
[⊂〖ラ〗*Thēbās*；形態上複数形をとる *Thēbae*（⊂〖ギ〗*Thêbai* または *Thêbe*）の対格]
te・be・o [te.bé.o] 男 (子供向けの) 漫画雑誌 (= comic).
de tebeo〖話〗漫画じみた, くだらない.
más visto que el tebeo〖話〗とても有名である.
te・ca [té.ka] 女 **1**〖植〗チーク (クマツヅラ科の高木)；チーク材. **2**〖植〗蒴(?)の片側. **3**〖カト〗聖遺物箱. **4**〖ラ米〗〖ぞんざい〗お金, 銭.
-teca「箱, 収蔵庫」の意の造語要素. → biblio*teca*, disco*teca*, hipo*teca*. [⊂〖ギ〗]
te・ca・li [te.ká.li] 男 メキシコ縞(?)大理石.
te・ca・to, ta [te.ká.to, -.ta] 形〖ラ米〗〖ぞんざい〗〖話〗麻薬中毒の.

te・cha・do [te.tʃá.ðo] 男 屋根, 天井. bajo ~ 屋内で[に]. Su deseo era comer caliente y dormir bajo ~. 彼[彼女]の願いは温かい食事を取り, 屋根の下で休むことであった.
te・cha・dor [te.tʃa.ðór] 男 屋根ふき職人.
te・char [te.tʃár] 他 屋根をふく. ~ la casa con chapas de zinc 家の屋根をトタン張りにする.
tech・no [tek.no] 〖英〗形 男 → tecno.
***te・cho** [té.tʃo] 男 **1** (家の) 屋根. Las palomas en el ~ hacen ruido. 屋根のハトがうるさい. ~ cónico とんがり屋根. ~ pajizo [de paja] わらぶき屋根. ~ de pizarra [palma, teja] スレート[ヤシ造りの, 瓦(??)の]屋根.
2（1）天井. Este cuarto tiene el ~ bajo. この部屋は天井が低い. La lámpara pende del ~. 天井にランプが吊るしてある.（2）頭上に近い部分. ~ del túnel [del coche, de la cueva, del vagón] トンネル[車, 洞窟, 電車の車両]の上部.
3 家, 雨風をしのぐ場所. Si no trabajan, perderán comida y ~. 働かなければ食べてもいけないし, 家もなくなる. No me dieron ni ~ ni ración. 私は泊まる場所も食べ物ももらえなかった.
4 極限, 限界. ~ de precios 最高値. ~ de tolerancia 許容限度. 寄与~ 最高潮に達する.
sin techo ホームレス, 家がない人. Los *sin* ~ son cada día más numerosos en mi país. 私の国では日に日にホームレスが増えている.
techo solar〖車〗サンルーフ.
[⊂〖ラ〗*tēctum*（*tegere*「覆う, 隠す」より派生）；関連 techado, techar, techumbre, teja, detective, proteger.〖英〗*tile*「瓦(??)」, *detect*]
te・chum・bre [te.tʃúm.bre] 女 屋根, 覆い.
tec・kel [té.kel] 〖独〗形〖複〜, 〜s〗ダックスフントの. ━━ 男 ダックスフント (= perro salchicha).
***te・cla** [té.kla] 女 **1** (キーボードの) キー, (ピアノなど鍵盤の) 鍵(??). ~ de retroceso (キーボードの) バックスペースキー. tocar [pulsar] las ~s キーを打つ[たたく]. **2**〖比喩的〗鍵(??), 手がかり, 秘訣(??)；手段, 方策. tocar [pulsar] ~s [una ~] あらゆる手を打つ；万全を期する.
dar en la tecla〖話〗どんぴしゃりの手を打つ.
***te・cla・do** [te.klá.ðo] 男〖音楽〗〖IT〗キーボード, 鍵盤(??). teléfono de ~ プッシュホン.
te・cle[1] [té.kle] 男〖海〗船の索具, テクル.
te・cle[2] [té.kle] 形〖ラ米〗(?)〖話〗弱々しい, 病弱な.
te・cle・a・do [te.kle.á.ðo] 男 (キーなどを) 指で打つ[たたく]こと.
te・cle・ar [te.kle.ár] 自 **1** キーボードを打つ；ピアノの鍵盤(??)をたたく. **2**〖話〗指で軽くたたく. Deja de ~ sobre el escritorio porque me estás poniendo nervioso. いらいらするから机をコツコツたたくのをやめてくれないか. **3**〖ラ米〗(1)(?)(?)(?)病弱である；衰弱する.（2）(?)(?)(?)(商売が) 行き詰まる. (3)(?)〖話〗誰に事欠く, 無一文である. ━━ 他〖話〗意向を探る；あれこれと試みる.
te・cle・o [te.klé.o] 男 (キーなどを) 指でたたくこと；(キーなどを) 打つ音. Se oía el ~ de los procesadores de textos. ワープロを打つ音がしていた.
te・clis・ta [te.klís.ta] 男女 **1**〖音楽〗キーボード奏者. **2**〖IT〗キーオペレーター.
tec・ne・cio [tek.né.θjo / -.sjo] 男〖化〗テクネチウム：マンガン属の元素 (記号 Tc).
-tecnia「技術」の意の造語要素. → lumino*tecnia*, zoo*tecnia*. [⊂〖ギ〗]

téc·ni·ca [tékni.ka]〖女〗**1**（科学）技術；工学. ~ de construcción naval 造船技術. ~ de espionaje [persecución] スパイ[尾行]術. ~ electrónica [mecánica] 電気[機械]工学. Se mejora la ~ de reciclaje. リサイクルの技術が改善されている.
2 方法論. Esta es una novela escrita con ~ teatral. これは演劇の技法で書かれた小説だ. ~ surrealista シュールレアリズムの方法論.
3 こつ, 秘訣；技, テクニック. Era una jugadora de tenis con mucha ~. 彼女は高度なテクニックを持つテニス選手だった. Tenemos que estudiar más las ~s narrativas [del humor]. 我々はもっと話し方のこつ[ユーモアのつぼ]を学ぶべきだ.
—〖形〗〖女〗➡ técnico.

téc·ni·ca·men·te [tékni.ka.mén.te]〖副〗技術的に；厳密には；専門的に言うと.

tec·ni·ci·dad [tekni.θi.ðáð / -.si.-]〖女〗専門性, 専門的方法.

tec·ni·cis·mo [tekni.θísmo / -.sís.-]〖男〗専門性；専門用語, 術語.

téc·ni·co, ca [tékni.ko, -.ka]〖形〗〖名詞+〗（ser＝）**1** 専門的な. diccionario ~ 専門[技術]用語辞典. terminología *técnica* 専門用語. carrera *técnica* 専門課程. escuela *técnica* 専門学校.
2 技術上の, 科学技術の. arquitécto ~ 建築施工(管理)士. el cuerpo ~ del Real Madrid レアル・マドリードのコーチ陣. pasar la inspección *técnica* de vehículos [la ITV] 車検を通る. hacer [realizar] una escala *técnica* 燃料(・食料)補給の着陸[寄港]を行う. **3** 高度な技術の, 巧みな技の. una faena muy *técnica* 冴え渡った技.
—〖男〗〖女〗**1**（技術・技能の）専門家, 技術者；熟練者, 技巧家. ~ dental 歯科技工士. ~ de sonido 音響技士. ~ en prevención (de riesgos laborales)（労働）安全技術者. (ingeniero) ~ en informática 情報処理技術者.
2〖スポ〗監督, コーチ（＝entrenador）. el ~ del Barça バルサの監督. K.O. [KO]〖ボクシング〗テクニカル・ノックアウト〖英 TKO〗.
［←〔ラ〕*technicum*（*technicus* の対格）←〔ギ〕*tekhnikós*（*tékhnē* 「技術」の派生語）；〖関連〗técnica, tecnología, politécnico. 〖英〕*technical*, *technician*］

tec·ni·co·lor [tekni.ko.lór]〖男〗〖映〗〖商標〗テクニカラー.

tec·ni·fi·ca·ción [tekni.fi.ka.θjón / -.sjón]〖女〗先進技術導入；技術的進歩.

tec·ni·fi·car [tekni.fi.kár]〖102〗〖他〗先進技術を導入する；技術的に進歩させる.

tec·no [tékno]〖形〗〖音楽〗テクノの.
—〖男〗〖音楽〗テクノ（ミュージック）. ~ progresivo プログレッシブ・テクノ.

tecno-「技術, 技巧, 科学技術」の意の造語要素. tecn-, tecnic- も同語源. ⇒ *tecnócrata*, *tecnología*.［←〔ギ〕］

tec·no·cra·cia [tekno.krá.θja / -.sja]〖女〗**1**〖政〗テクノクラシー, 技術官僚主導の政治. **2** 技術官僚[テクノクラート]集団.

tec·nó·cra·ta [tekˈnó.kra.ta]〖男〗〖女〗技術官僚, テクノクラート. un gobierno de ~s 技術官僚からなる政府. —〖形〗テクノクラートの.

tec·no·crá·ti·co, ca [tekno.krá.ti.ko, -.ka]〖形〗テクノクラートの.

tec·no·lo·gí·a [tekno.lo.xí.a]〖女〗**1** 専門[開発]技術, テクノロジー. Régimen de Control de *T*~ Misilística ミサイル関連技術輸出規制〘略 MTCR〙. ~ bélica [militar] 軍事技術. ~ láser [aeronáutica, agrícola, alimentaria, digital, espacial, ferroviaria, informática, marina, nuclear, puntera] レーザー[航空, 農業, 食品開発, デジタル, 宇宙開発, 鉄道, 情報, 海洋, 核開発, 化学]技術. ~ punta [avanzada, puntera] 先端技術. El propuso nuevas ideas para desarrollar la ~. 彼は技術開発の構想を提案した.
2 専門用語.

tec·no·ló·gi·co, ca [tekno.ló.xi.ko, -.ka]〖形〗科学技術の；工芸の. los avances ~s 科学技術の発達.

tec·nó·lo·go, ga [tekno.ló.go, -.ga]〖男〗〖女〗科学技術者, 工業技術者.

te·co, ca [té.ko, -.ka]〖形〗〘ラ米〙(中米)(メキ)〘話〙酒に酔った.

te·co·li·nes [te.ko.lí.nes]〖男〗〘複数形〙〘ラ米〙(メキ)〘話〙銭, お金.

te·co·lo·te [te.ko.ló.te]〖形〗〘ラ米〙**(1)**(メキシコ)褐色の. **(2)**(中米)(メキ)〘話〙酒に酔った. —〖男〗〘ラ米〙**(1)**(メキ)〘話〙（飛行機の）夜行便. **(2)**(中米)(メキ)〖鳥〗フクロウ. **(3)**(メキ)〘俗〙警官；夜警.

te·co·ma·te [te.ko.má.te]〖男〗〘ラ米〙(中米)(メキ)**(1)**〖植〗ヒョウタン. **(2)** ヒョウタンの容器；深い鉢.

te·co·rral [te.ko.Rál]〖男〗〘ラ米〙(メキ)石垣, 石囲い.

tec·tó·ni·co, ca [tekˈtó.ni.ko, -.ka]〖形〗**1** 構造の, 建築(物)の. **2**〖地質〗地質構造の；地殻変動運動の. —〖女〗構造地質学. *tectónica* de placas プレート・テクトニクス.

te·cuán, cua·na [te.kwán, -.kwá.na]〖形〗〘ラ米〙(メキ)大食の, がつがつした.
—〖男〗〘ラ米〙(中米)(メキ)テクワン：azteca 神話で人間を食べたという想像上の怪獣.

te·déum [te.déum]〖男〗〘単複同形〙〖カト〗テ・デウム, 感謝頌(しょう)：神に恵みを感謝する祈り[歌].
［←〔ラ〕*Tē Deum laudāmus*「我らはなんじを神と賛美し奉る」から］

te·dio [té.djo]〖男〗**1** 倦怠(けんたい), 退屈, うんざりすること. Ese trabajo me produce ~. 私はその仕事にうんざりしている. **2** 困惑；嫌悪.

te·dio·so, sa [te.ðjó.so, -.sa]〖形〗**1** 飽き飽きする, 退屈な, うんざりする. **2** 迷惑な, 厄介な.

teen·ag·er [ti.néi.jer]〖英〗〖複〗~s, ~〗ティーンエージャーの. —〖男〗〖女〗ティーンエージャー.

te·fe [té.fe]〖男〗〘ラ米〙**(1)**(中米)(カリブ)細長い布[革]. **(2)**(カリブ)顔の傷；打ち身, あざ.

te·flón [te.flón]〖男〗〖商標〗テフロン.

teg·men [tég.men]〖男〗〖植〗内種皮：種子の内側の薄い皮.

te·gua [té.gwa]〖男〗〘ラ米〙(コロンビア)呪術医.

Te·gu·ci·gal·pa [te.gu.θi.gál.pa / -.si.-]〖固名〗テグシガルパ：ホンジュラスの首都. ♦ tisingal人の言葉で「銀の山」の意とする説がある. 1578年にスペイン人が銀鉱山を開発.

te·gu·ci·gal·pen·se [te.gu.θi.gal.pén.se / -.si.-]〖形〗（ホンジュラスの）テグシガルパの.
—〖男〗〖女〗テグシガルパの住民[出身者].

te·gu·men·ta·rio, ria [te.gu.men.tá.rjo, -.rja]〖形〗〖植〗外被の, 被包の.

te·gu·men·to [te.gu.mén.to]〖男〗**1**〖植〗外被, 被包. **2**〖動〗外皮, 皮.

Te·he·rán [te.(e.)rán]〖固名〗テヘラン：イランの首

Teide 1910

都. [← [ペルシア] *Tehrān*]
Tei・de [téi.ðe] 固名 el ~ テイデ山 (= macizo [pico] del ~): カナリア諸島 Tenerife 島の火山. スペインの最高峰. 3718 m.
te・í・na [te.í.na] 女《化》(茶に含まれる) テイン, カフェイン.
te・ís・mo [te.ís.mo] 男《哲》有神論 (↔ateísmo).
te・ís・ta [te.ís.ta] 形《哲》有神論の.
── 男女 有神論者.
***te・ja** [té.xa] 女 **1**(屋根) 瓦(かわら). ~ de cumbrera 棟瓦. ~ flamenca 桟瓦. ~ plana 平瓦. ~ árabe 丸瓦. **2** 瓦の形をした) 角型クッキー. **3**《話》(聖職者が用いる広いつばの両側が円筒形にまるまった) 帽子 (= sombrero de ~). **4** レンガ色. **5**(刀剣の) 鋼のかぶせ. **6**《海》(マストを継ぐための) 切り込み.
── 形《性数不変》レンガ色の.
a teja vana 天井のない, 屋根だけの.
a toca teja《話》現金払いで, 即金で.
de tejas abajo この世で, 現世では.
de tejas arriba あの世で, 天国で.
[← [ラ] *tēgulam (tēgula* の対格) (*tegere*「覆う, 隠す」より派生). [関連] tejar, proteger, techo. [英] *tile*]
te・ja・di・llo [te.xa.ðí.ʝo ‖ -.ʎo] 男 **1** ひさし, 雨よけ. **2**(荷車の) 覆い, 幌(ほろ). [*tejado* + 縮小辞]
***te・ja・do** [te.xá.ðo] 男 **1** 屋根; 瓦屋根.
2《鉱》露頭.
tener el tejado de vidrio 他人のことをとやかく言える立場でない.
te・ja・ma・ní [te.xa.ma.ní] / **te・ja・ma・nil** [te.xa.ma.níl] 男(ラ米)(屋根をふく) こけら, こば.
te・ja・no, na [te.xá.no, -.na] 形(米国の) テキサス (州) Tejas の. el estado ~ テキサス州. pantalón ~《服飾》ジーンズ. ── 男女 テキサス(州) の住民[出身者]. **1**《スペイン》《主に複数で》《服飾》ジーンズ (= vaquero). **2**(ラ米)(ニス)(うぎ)(ペぺ) カウボーイハット, テンガロンハット.
te・jar [te.xár] 他 屋根をふく; タイルを敷く.
── 男 瓦(かわら), レンガ, タイル工場.
Te・jas [té.xas] 固名 テキサス: メキシコに接する米国南部の州.
[← [古スペイン] *Texas* ← [カドー] *Techas*「同盟」(17世紀スペイン人が先住民の連合体になつけた名称)]
te・ja・ván [te.xa.bán] 男(ラ米)(かぜ) (1) 小屋, 物置, 納屋; 粗末な農家. (2) 廊下; 軒, ひさし.
te・ja・va・na [te.xa.bá.na] 女(天井がなく屋根だけの) 小屋, 掘っ建て小屋.
te・je・de・ra [te.xe.ðé.ra] 女 **1** 織り手, 織工; 編む人. **2**《昆》アメンボ.
te・je・dor, do・ra [te.xe.ðór, -.ðó.ra] 形 織る; 編む. *máquina tejedora* 織機, 編み機. ── 男女 **1** 織り手, 織工; 編む人. **2**《鳥》(ゴ)(シ)(ベー) 策士. **3**《昆》アメンボ. **4**《鳥》ハタオリドリ.
── 女 織機.
te・je・du・ra [te.xe.ðú.ra] 女 **1** 織ること, 編むこと. **2** 織り方; 織り目; 織地.
te・je・du・rí・a [te.xe.ðu.rí.a] 女 **1** 織物技術, 織り方. **2** 紡績[織物]工場.
te・je・ma・ne・je [te.xe.ma.né.xe] 男 **1**《話》てんてこ舞い, 大忙し. **2**《話》悪計, たくらみ. *¿Qué ~ te traes?* 君はいったい何をたくらんでいるんだい.
***te・jer** [te.xér] 他 **1**〈布・織物などを〉織る, 織り上げる. ~ *algodón [lana]* 木綿[毛織物]を織る. ~ *una alfombra* じゅうたんを織る. **2**(製品・材料を) 編む, 編み上げる. ~ *una bufanda* マフラーを編む. ~ *un cesto de mimbre* 籐(とう) のかごを編む. ~ *las trenzas* 三つ編みをする. ~ *puntos* 編み目を拾う. **3**〈クモなどが〉〈巣を〉張る, 〈蚕などが〉〈繭を〉作る. *Aquí tejen sus telas las arañas.* ここにクモが巣を張っている. **4**(計画・話・関係などを) 練る, 作り上げる; たくらむ. ~ *una estrategia* 戦略を練る. ~ *una teoría* 理論を組む.
── 自 編み物をする. *agujas largas de ~* 編み棒.
── ~・se 再 **1**(自分のために) 編み上げる; 練り上げる. **2**(3人称で) 織られる, 編まれる. *Miles de leyendas se tejieron alrededor de ella.* 彼女に関連してたくさんの伝説が作られた.
tejer y destejer〈まれ〉組み立てては壊す; あれこれ検討する.
[← [ラ] *texere*; [関連] tejido, tejedura, tela, texto, textil. [仏] *tissu*「織物」. [英] *textile*]
te・je・ra・da [te.xe.rá.ða] 女(1981年スペインでの) テヘロ Tejero 中佐のクーデター未遂行動.
te・je・rí・a [te.xe.rí.a] 女 瓦(かわら)[れんが, タイル]工場 (= tejar).
te・je・rin・go [te.xe.ríŋ.go] 男 →churro 男 **1**.
te・je・ro [te.xé.ro] 男 瓦(かわら)[れんが, タイル]職人.
***te・ji・do** [te.xí.ðo] 男 **1** 生地, 布, 編んだ[織った] もの; 編み[織り]方. *fábrica de ~s* 織物工場. ~ *de algodón [seda]* 綿[絹]織物. ~ *de alambre* 金網. ~ *casero* 手編み. ~ *de punto* ニット織り. ~ *escocés* タータン織り.
2《生化》組織. ~ *adiposo [graso]* 脂肪組織. *conjuntivo* 結合組織. ~ *de granulación* 肉芽組織. ~ *diana* 標的組織. ~ *hipodérmico* 皮下組織. ~ *linfático* リンパ組織. ~ *muscular* 筋肉組織. ~ *nervioso* 神経組織. ~ *vecino* 隣接組織.
3 連鎖. ~ *de desgracias* 度重なる不幸. ~ *narrativo* 語りロ. **4**(ラ米)(ぎ)(囲いなどの) 金網 (= tela metálica).
te・jo [té.xo] 男 **1**《植》セイヨウイチイ. **2**《遊》コイン投げ[石けり] 遊びで使われる瓦[石, 金属]のかけら. **3**《遊》chito で用いる木片; (輪投げの) 輪. **4** 金塊, 金の延べ棒. **5**《機》(ステップ) 軸受け.
tirar los tejos a +人《話》〈人〉を口説く.
te・jo・co・te [te.xo.kó.te] 男(ラ米)《植》サンザシ; サンザシの果実.
te・jo・le・ta [te.xo.lé.ta] 女 **1** 瓦(かわら)[れんが, タイル]のかけら, 焼き物の破片. **2** 陶製のカスタネットの一種 (= tarreña).
te・jo・lo・te [te.xo.ló.te] 男(ラ米)すりこぎ, 乳棒.
te・jón [te.xón] 男《動》アナグマ.
te・jo・ne・ra [te.xo.né.ra] 女 アナグマの巣(穴).
jue・le・la [te.xwé.la] 女 **1** 瓦(かわら)・れんが・焼き物の) かけら, 破片. **2** 鞍枠(くらわく), 鞍骨(くらほね).
te・jue・lo [te.xwé.lo] 男 **1**(書物の背の) ラベル; 書名, タイトル. **2**(輪投げの) 輪. **3** 瓦(かわら)・れんが・焼き物の) かけら, 破片. **4**《機》ピボット軸受け, スラスト. **5**《動》ひづめの底, 蹄底(ていてい).
tel. (略) *teléfono* 電話 (番号).
***te・la** [té.la] 女 **1** 布, 織物; 網, シート. ~ *de lana* ウール地. ~ *de fibra de vidrio* グラスファイバー地. ~ *metálica* 金網. ~ *mosquitera* 網戸; 蚊帳(かや). ~ *plástica* ビニールシート.
2《美》カンバス. *pintura sobre ~* カンバス画. ~ *adhesiva* (古)絆創膏(こう). ~ *de carpa*(ラ米)(ぎ)(サーカス小屋などの) テント, (大きな) シート.
3 クモの巣 (= ~ *de araña*, telaraña).
4(1) 薄い膜(状のもの) ~ *asfáltica* アスファルト系の防水塗膜. ~ *de cebolla* タマネギの薄い膜.

(2)《解剖》臓器を覆う膜.
5《話》(解決・検討すべき)問題. En este asunto aún queda mucha ~ que cortar. この件に関してはまだすべきことが山積みだ. **6**《隠》お金. Tiene mucha ~. やつは金をどっさり持っている. **7**《ラ米》(ﾄｳﾓﾛｺｼ)トウモロコシの薄焼きパン.
—副《話》多く, 大変 (= mucho).
en tela de juicio 検討すべき. poner... *en* ~ *de juicio* …を疑う. estar [quedar] *en* ~ *de juicio* 問題視されている. seguir *en* ~ *de juicio* 依然として問題となっている. La tecnología *en* ~ *de juicio*.《見出しなどで》今, 問い直されるテクノロジー.
haber tela que cortar《話》問題[検討すべき点]が多くある.
ser [*tener*] *tela* (*marinera*)《話》重要である; 困難を伴う. Esta niña *es* ~ *marinera*. この子は手におえない.
[← 〚ラ〛 *tēlam* (*tēla* の対格) (*texere*「織る」の派生語);〚関連〛telar, telón, 〚英〛textile「織物」]

te·la·bre·jos [te.la.βré.xos] 男《複数形》《ラ米》(ﾊﾞﾘ)がらくた, くず, 半端物.
te·la·món [te.la.món] 男【建】男像柱, テラモン (= atlante). ► 「女人像柱」は cariátide.
te·lar [te.lár] 男 **1** 織機, 機織機;《主に複数で》織物工場. **2**【演】(背景・大道具を操作する)舞台の天井部. **3**【建】(扉・窓の)枠, フレーム. **4**(製本で手とじに使う)かがり台.
tener... en el telar …を製作中である.
te·la·ra·ña [te.la.rá.ɲa] 女 **1** クモの巣. **2** 薄い雲. **3** 目の曇り[かすみ].
mirar las telarañas《話》ぼんやりする, 上の空である.
tener telarañas en los ojos 公平な[まともな]判断ができない.
***te·le** [té.le] 女 [televisión の省略形]《話》テレビ, テレビジョン.
tele- 1 「遠距離, 電信, 電送」の意の造語要素. ⇒ *tele*grama, *tele*mando. **2**「テレビ television」の意の造語要素. ⇒ *tele*diario. [← 〚ギ〛]
te·le·a·dic·to, ta [te.le.a.ðík.to, -.ta] 形 テレビ好きの. —— 男 女 テレビ好きの人.
te·le·ban·ca [te.le.βáŋ.ka] 女 テレバンキング:自宅から電子通信で行う銀行取引き.
te·le·ba·su·ra [te.le.βa.sú.ra] 女《話》くだらないテレビ番組.
te·le·bre·jos [te.le.βré.xos] 男《ラ米》(ﾊﾞﾘ)《複数形》がらくた, くず, 半端物.
te·le·ca·bi·na [te.le.ka.βí.na] 女 ゴンドラ式ロープウェー.
te·le·cá·ma·ra [te.le.ká.ma.ra] 女 テレビカメラ.
te·le·ci·ne·ma·tó·gra·fo [te.le.θi.ne.ma.tó.gra.fo / -.si.-] 男 テレビ用フィルム映写装置.
te·le·club [te.le.klúβ] 男 テレビ鑑賞クラブ.
te·le·co·me·dia [te.le.ko.mé.ðja] 女 (テレビの)コメディ・ドラマ.
te·le·com·po·si·ción [te.le.kom.po.si.θjón / -.sjón] 女 自動植字[写植]システム.
te·le·com·pra [te.le.kóm.pra] 女 テレビショッピング.
***te·le·co·mu·ni·ca·ción** [te.le.ko.mu.ni.ka.θjón / -.sjón] 女 遠隔[遠隔距離]通信;《主に複数で》通信手段. ingeniero de *telecomunicaciones* 通信技師. ~ óptica 光通信.
te·le·con·trol [te.le.kon.tról] 男 リモートコントロール.

te·le·de·tec·ción [te.le.ðe.tek.θjón / -.sjón] 女 (地球・惑星の)電波探索.
te·le·dia·rio [te.le.ðjá.rjo] 男 テレビニュース. el ~ de las nueve 9時のテレビニュース.
te·le·di·fu·sión [te.le.ði.fu.sjón] 女 テレビ放送.
te·le·di·rec·ción [te.le.ði.rek.θjón / -.sjón] 女 遠隔操作, リモートコントロール.
te·le·di·ri·gi·do, da [te.le.ði.ri.xí.ðo, -.ða] 形 遠隔操作の, リモートコントロールの. proyectil ~ 誘導ミサイル[弾]. coche [vehículo] ~ リモコン車;ラジコンカー.
te·le·di·ri·gir [te.le.ði.ri.xír] 101 他 遠隔操作をする, 誘導する.
te·le·dis·ca·do [te.le.ðis.ká.ðo] 男《ラ米》(ｱﾙｾﾞﾝﾁﾝ)自動電話サービス.
te·le·e·du·ca·ción [te.le.(e.)ðu.ka.θjón / -.sjón] 女 遠隔授業.
teléf. (略) *teléfono* 電話(番号).
te·le·fé·ri·co [te.le.fé.ri.ko] 男 ロープウェー.
te·le·film [te.le.fílm] 男《複 ~s》→ telefilme.
te·le·fil·me [te.le.fíl.me] 男 テレビ(用)映画.
te·le·fo·na·zo [te.le.fo.ná.θo / -.so] 男《話》電話をかけること. dar un ~ a + 人〈人〉にちょっと電話をかける.
***te·le·fo·ne·ar** [te.le.fo.ne.ár] 自 (**a...** …に) 電話をかける. *Telefonearé* mañana *a* tu oficina. 明日君のオフィスに電話をするよ.
—— 他 …に電話で伝える. Te *telefonearé* el resultado. 結果は電話で連絡するよ.
te·le·fo·ne·ma [te.le.fo.né.ma] 男《まれ》電話電報.
te·le·fo·ní·a [te.le.fo.ní.a] 女 電話(法), 電話(通信). ~ inalámbrica [sin hilos] 無線電話.
te·le·fó·ni·ca·men·te [te.le.fó.ni.ka.mén.te] 副 電話で.
***te·le·fó·ni·co, ca** [te.le.fó.ni.ko, -.ka] 形 電話の, 電話による. guía *telefónica* 電話帳. cabina [caseta] *telefónica* 電話ボックス. llamada *telefónica* 電話の呼び出し, 通話. central *telefónica* 電話(交換)局. compañía *telefónica* 電話会社. Compañía *Telefónica* Nacional de España (= La *Telefónica*) スペイン国営電話会社 (略 CTNE).
te·le·fo·ni·llo [te.le.fo.ní.ʝo ‖ -.ʎo] 男 インターホン.
te·le·fo·nis·ta [te.le.fo.nís.ta] 男 女 電話交換手, オペレーター;電話技手.
****te·lé·fo·no** [te.lé.fo.no] 男 **1** 電話;電話器, 受話器. coger el ~ 電話をとる. colgar el ~ 電話を切る. hablar por ~ 電話で話す. llamar por ~ 電話をかける. ponerse al ~ 電話に出る. Suena el ~. 電話が鳴っているよ. Él no tiene ~ en su casa. 彼の家には電話がない. ~ de teclado プッシュフォン. ~ inalámbrico コードレスフォン[子機]. ~ móvil [celular, portátil] 携帯電話. ~ público 公衆電話. ~ rojo ホットライン. **2** 電話使用料金 (= tarifa de ~). Ha subido el

teléfono público
(公衆電話)

telefoto

~. 電話代が上がった. **3** 電話番号(=número de ~). guía de ~s 電話帳. Dígame su [el] ~. 電話番号を言ってください. No tengo ningún ~ de mis amigos. 僕は友人の電話番号を一つも知らない. Te doy mi ~. 電話番号を教えておくよ. **4**《複数で》《まれ》電話会社.
[← [英] *telephone*(1876年に発明者 *Bell* がフランス語形を基に英語形を造り,「電話」の意味に用いる) ← [仏] *téléphone*;「遠くへ音を送る装置」の意味でフランスの科学者 *Sudré* が造語(1834年); *télé-*「遠くに」(← [ギ] *tēle*) + *-phone*「音」(← [ギ] *phōnē*);関連 telefonear]

te·le·fo·to [te.le.fó.to] 囡 [telefotografía の省略形]電送写真; 望遠写真.

te·le·fo·to·gra·fí·a [te.le.fo.to.gra.fí.a]
1 望遠写真(術). **2** 写真電送(術); 電送写真.

te·le·fo·to·grá·fi·co, ca [te.le.fo.to.grá.fi.ko, -.ka] 形 望遠写真(術)の; 写真電送(術)の; 電送写真の.

te·le·ge·nia [te.le.xé.nja] 囡 (人が)テレビ映りのよいこと.

te·le·gé·ni·co, ca [te.le.xé.ni.ko, -.ka] 形 テレビ映りのよい.

te·le·ges·tión [te.le.xes.tjón] 囡 遠隔管理.

te·le·gra·fí·a [te.le.gra.fí.a] 囡 電信(技術). ~ sin hilos 無線電信.

te·le·gra·fiar [te.le.gra.fjár] 81 自(…に)電報を打つ. ~ al extranjero 国際電報を打つ.
—他 電報[電信]で知らせる. ~ una noticia [un mensaje]ニュース[メッセージ]を打電する.

te·le·grá·fi·ca·men·te [te.le.grá.fi.ka.mén.te] 副 電報で; (電報のように)簡潔に.

te·le·grá·fi·co, ca [te.le.grá.fi.ko, -.ka] 形
1 電報の, 電信による. giro ~ 電信為替. oficina *telegráfica* 電報局. **2** 電報文のような, 簡潔な.

te·le·gra·fis·ta [te.le.gra.fís.ta] 男 囡 電信士, 無線士; 電信技手.

***te·lé·gra·fo** [te.lé.gra.fo] 男 **1** 電信, 電信機; 信号機. ~ marino (船舶の)信号旗. ~ Morse モールス信号機. **2**《複数で》電信電話局. oficina (central) de ~s [仏]*télégraphe*; *télé-*「遠くに」(← [ギ] *tēle*) +-*graphe*「書く道具」(← [ギ] *-graphon*「書かれたもの」)]

***te·le·gra·ma** [te.le.grá.ma] 男 **電報**. enviar [mandar, transmitir] un ~ a+人 (人)に電報を打つ. recibir la noticia por ~ 電報で知らせを受け取る. ~ ordinario 通常電報. ~ urgente 至急電報. ~ de felicitación 祝電. ~ de pésame 弔電. ~ cifrado 暗号電報.
[tele-「遠くに」(← [ギ] *tēle*) + -*grama*「書かれたもの; 伝言」(← [ギ] *grámma*「書[描]かれたもの」); 関連 [英] *telegram*]

te·le·im·pre·sor [te.leim.pre.sór] 男 (テレックスの)テレプリンター, 印刷電信機.

te·le·ki·ne·sia [te.le.ki.né.sja] 囡 →telequinesia.

te·le·ki·ne·sis [te.le.ki.né.sis] 囡《単複同形》→ telequinesia.

te·le·le [te.lé.le] 男《話》失神, 気絶; 仰天. dar a+人 el ~ (人)を卒倒させる.

Te·lé·ma·co [te.lé.ma.ko] 固名《ギ神》テレマコス: ユリシーズ Ulises と Penélope の子.
[← [ラ] *Tēlemachus* ← [ギ] *Tēlémakhos*]

te·le·man·do [te.le.mán.do] 男 遠隔操縦[制御], リモートコントロール.

te·le·mar·ke·ting [te.le.már.ke.tin] 男 電話セールス, テレマーケティング.

te·le·má·ti·ca [te.le.má.ti.ka] 囡 テレマティクス: コンピュータによる遠距離通信情報技術.

te·le·me·di·ci·na [te.le.me.ði.θí.na / -.sí.-] 囡 遠隔医療.

te·le·me·di·ción [te.le.me.ði.θjón / -.sjón] 囡 遠隔測定(法).

te·le·me·trí·a [te.le.me.trí.a] 囡 測距儀[遠隔計器]による距離の測定, 遠隔測定法.

te·le·mé·tri·co, ca [te.le.mé.tri.ko, -.ka] 形 測距儀[遠隔計器]の.

te·lé·me·tro [te.lé.me.tro] 男 遠隔計器, テレメーター; (カメラなどの)距離計.

te·len·cé·fa·lo [te.len.θé.fa.lo / -.sé.-] 男《解剖》終脳, 端脳.

te·len·gues [te.lén.ges] 男《複数形》《ラ米》(*)道具, 不用品, がらくた.

te·le·no·ve·la [te.le.no.bé.la] 囡 連続テレビ小説: 誇張されたメロドラマであることが多い.

te·le·ob·je·ti·vo [te.le.oβ.xe.tí.βo] 男《写》望遠レンズ.

te·le·o·lo·gí·a [te.le.o.lo.xí.a] 囡《哲》目的論.

te·le·o·ló·gi·co, ca [te.le.o.ló.xi.ko, -.ka] 形《哲》目的論の.

te·le·o·pe·ra·dor, do·ra [te.le.o.pe.ra.ðór, -.dó.ra] 男 囡 テレマーケティングのオペレーター.

te·le·ós·te·o [te.le.ós.te.o] 形《魚》硬骨魚類の.
—男《複数で》硬骨魚類.

te·le·pa·tí·a [te.le.pa.tí.a] 囡 テレパシー, 精神感応(能力). por ~ テレパシーで.

te·le·pá·ti·co, ca [te.le.pá.ti.ko, -.ka] 形 テレパシーの, 精神感応の.

te·le·pe·di·do [te.le.pe.ðí.ðo] 男 電話[インターネット]による注文.

te·le·pro·ce·sa·mien·to [te.le.pro.θe.sa.mjén.to / -.sé.-] 男 →teleproceso.

te·le·pro·ce·sar [te.le.pro.θe.sár / -.se.-] 他《IT》遠隔情報処理を行う.

te·le·pro·ce·so [te.le.pro.θé.so / -.sé.-] 男《IT》遠隔情報処理.

te·le·pro·duc·to [te.le.pro.ðúk.to] 男 テレビショッピングの商品.

te·le·qui·ne·sia [te.le.ki.né.sja] 囡 念動, 念力: 心霊作用で物体を動かすこと.

te·le·qui·né·si·co, ca [te.le.ki.né.si.ko, -.ka] 形 念力による.

te·le·qui·ne·sis [te.le.ki.né.sis] 囡《単複同形》→ telequinesia.

te·le·ra [te.lé.ra] 囡 **1**(犂(すき)の)犂柱(れいちゅう). **2**(馬車の踏み段とながえをつなぐ)軸棒. **3**《軍》(砲架の)横梁(おうりょう). **4**(万力などの)あご. **5**《海》(網の端を通して止める)横木. **6**《ラ米》(*)(大型の)丸パン.

te·le·rre·a·li·dad [te.le.r̃e.a.li.ðáð] 囡《TV》実録番組, ドキュメンタリー.

te·le·rru·ta [te.le.r̃ú.ta] 囡 高速道路情報.

te·les·có·pi·co, ca [te.les.kó.pi.ko, -.ka] 形
1 望遠鏡の, 望遠鏡による. fúsil con mira *telescópica* 望遠照尺つきライフル.
2 入れ子式の, 伸縮自在の.

***te·les·co·pio** [te.les.kó.pjo] 男 **1**《天文》《光》**望遠鏡**. ~ reflector 反射望遠鏡. ~ electrónico 電子望遠鏡. ▶ catalejo は地上用の望遠鏡を指す. 「電波望遠鏡」は radiotelescopio.
2 [T-]《星座》ぼうえんきょう座.

te·le·se·rie [te.le.sé.rje] 囡 連続テレビドラマ.

te·le·si·lla [te.le.sí.ja ‖ -.ʎa.] 男 (スキー場の椅子式の)リフト.

te·les·pec·ta·dor, do·ra [te.les.pek.ta.ðór, -.ðó.ra] 男 囡 テレビ視聴者.

te·les·quí [te.les.kí] 男 (複 ~s, ~es) (スキー場の)ドラッグリフト, Tバーリフト. [英]*teletext*

te·le·te·a·tro [te.le.te.á.tro] 男 演劇のテレビ中継.

te·le·tex·to [te.le.té(k)s.to] 男 テレテクスト, (テレビ)文字放送. [英]*teletext*

te·le·tien·da [te.le.tjén.da] 囡 テレビショッピング.

te·le·ti·po [te.le.tí.po] 男 テレタイプ(通信).

te·le·tra·ba·ja·dor, do·ra [te.le.tra.βa.xa.ðór, -.ðó.ra] 男 囡 テレワーカー(コンピュータネットワークを利用してオフィスと離れて仕事をする人), (ネットワークを利用した)在宅勤務者.

te·le·tra·ba·jo [te.le.tra.βá.xo] 男 テレワーク(コンピュータネットワークを利用してオフィスと離れて行う仕事), (ネットワークを利用した)在宅勤務.

te·le·ven·de·dor, do·ra [te.le.ben.de.ðór, -.ðó.ra] 男 囡 電話による販売員.

te·le·ven·ta [te.le.bén.ta] 囡 テレビショッピング.

te·le·vi·den·te [te.le.βi.ðén.te] 男 囡 テレビの視聴者.

te·le·vi·sar [te.le.βi.sár] 他 テレビで放送する.

＊＊te·le·vi·sión [te.le.βi.sjón] 囡 (► 《話》では tele と短縮) **1** テレビ番組[放送]. ver la ~ テレビを見る. Me cansa la ~. テレビは飽きる. No me gusta ese presentador que sale en la ~ tantas veces. 私はテレビに何度も出ているあの司会者が嫌いだ. cámara de ~ テレビカメラ. equipo de ~ テレビの撮影クルー. programa de ~ テレビ番組.
 2 テレビ局 (=emisora [cadena] de ~). *T*~ Azteca (メキシコの)アステカテレビ. *T*~ Española (略 TVE) スペイン国営テレビ. ~ autonómica [nacional, pública, privada] 地方[国営,公共,民放]テレビ. ~ por cable ケーブルテレビ. canal de ~ テレビチャンネル.
 3 テレビ(受像機) (=televisor). poner [encender] la ~ テレビをつける. apagar la ~ テレビを消した. Me he comprado una ~. 僕はテレビを買ってきた.
 [tele-「遠くに」(← [ギ] *tēle*-) + visión「見ること」(← [ギ] *visió*). 関連 ver. [英] *television*]

te·le·vi·si·vo, va [te.le.βi.sí.βo, -.βa] 形 **1** テレビの. un programa ~ テレビ番組. debate ~ テレビ討論会. **2** テレビ向きの. dar buena imagen *televisiva* テレビ映りが良い.

＊te·le·vi·sor [te.le.βi.sór] 男 テレビ (受像機). ~ con pantalla de cristal líquido 液晶テレビ. ~ (de) plasma プラズマテレビ. ~ súper delgado 超薄型テレビ.

te·le·vi·so·ra [te.le.βi.só.ra] 囡 テレビ局.

te·le·vi·sual [te.le.βi.swál] 形 テレビの.

té·lex [té.leks] 男 《単複同形》テレックス, 加入者電信.

te·li·lla [te.lí.ja ‖ -.ʎa.] 囡 **1** (ラクダ織りより)薄手の毛織物. **2** (液体表面の)膜. **3** 〖冶〗(灰吹き法精錬で銀の表面に生じる)皮膜.

tell [tél] 男 《複 ~s, ~es》西アジア一帯の丘状の遺跡.

te·lo·fa·se [te.lo.fá.se] 囡 〖生物〗(有糸核分裂の)終期.

te·lón [te.lón] 男 (劇場の)幕, 緞帳(どんちょう). subirse [bajarse] el ~ 幕が上がる[下りる]. ~ de boca (舞台前部の)可動プロセニアム, 舞台の額縁. ~ metálico 防火幕. → cortina.
 telón de acero 《比喩的》鉄のカーテン.
 telón de fondo (1) 舞台奥の垂れ幕. (2) 背景; (ものごとの)背景にある事情.

te·lo·ne·ar [te.lo.ne.ár] 他 〈コンサートなどの〉前座を務める.

te·lo·ne·ro, ra [te.lo.né.ro, -.ra] 形 幕開けの, 前座の. combate ~ (ボクシングなどの)前座試合. ━ 男 囡 前座の役者[歌手, 芸人].

tel·son [tél.son] 男 〖動〗(エビなどの)尾節.

te·lú·ri·co, ca [te.lú.ri.ko, -.ka] 形 地球の, 地中から生じる. sacudida *telúrica* 地震.

te·lu·rio [te.lú.rjo] 男 〖化〗テルル:非金属の希元素(記号 Te).

te·lu·ris·mo [te.lu.rís.mo] 男 (住民の生活への好ましくない)風土の影響.

te·lu·ro [te.lú.ro] 男 → telurio.

＊＊te·ma [té.ma] 男 **1** テーマ, 問題. el ~ más importante 最重要課題. No trato el ~ de la salud [pobreza, educación]. 私は健康[貧困, 教育]問題についてはお話ししません. Tenemos muchos ~s que están en reserva. 判断を保留した議題がたくさんあり. Salió también el ~ de María [siempre]. マリアのこと[いつもの話]も話題に上った.
 2 (試験のために勉強しなければいけない)分野, ユニット; (授業・テキストの)課題. Entraban cinco ~s en el examen final. 最終試験は5つのテーマにわたっていた.
 3 〖音楽〗主旋律; 楽曲, 歌. Reconozco el ~ musical de la película. この映画のテーマ音楽は聴いたことがある. **4** 〖言〗語幹.
 por tema テーマ別の[に]. noticias ordenadas *por* ~s テーマ別のニュース.
 tener tema para (*un*) *rato* 話題が豊富である.
 [← [ラ] *thema* ← [ギ] *théma*; 関連 temático, tesis. [英] *theme* 「題目」]

te·mar [te.már] 自 《ラ米》《俗》(ある考えに)取りつかれる, 固執する; 悪意を抱く.

te·ma·rio [te.má.rjo] 男 **1** 議事進行予定表, プログラム. **2** 《集合的》議題, 課題; 試験問題(集).

te·mas·cal [te.mas.kál] 男 《ラ米》〖史〗(azteca族の)蒸し風呂. (2) 《ᵖᵉʳ》《ᶜᵒˡ》浴室; 蒸し暑い場所.

＊te·má·ti·co, ca [te.má.ti.ko, -.ka] 形 **1** 主題の, 主題別の, テーマの. enciclopedia *temática* テーマ別百科事典. **2** 〖文法〗語幹の.
 ━ 囡 《集合的》(作品・時代などの)テーマ; 文学傾向. *temática* compleja 難解なテーマ.

te·ma·ti·zar [te.ma.ti.θár / -.sár] 97 他 主題化する.

tem·bla·de·ra [tem.bla.ðé.ra] 囡 **1** 《話》体の震え. entrar una ~ a... …に震えがくる. **2** (小型の)金[銀, ガラス]製の丸い器. **3** らせん状の針金にはめた宝石. **4** 〖魚〗シビレエイ. **5** 〖植〗コバンソウ属の植物. **6** 《ラ米》沼地, 湿地.

tem·bla·de·ral [tem.bla.ðe.rál] 男 《ラ米》〖ᵇᵒˡ〗〖ᴿˢᵘʳ〗沼地, 湿地.

tem·bla·de·ro, ra [tem.bla.ðé.ro, -.ra] 形 がたがた震える, おののく.
 ━ 男 沼地, 湿地 (=tremedal).

＊tem·blar [tem.blár] 8 自 **1** 〈人・体の部位が〉震える, 身震いする. ~ de frío [fiebre] 寒さ[熱]で震える. Me *temblaban* las manos con la ten-

tembleque

sión. 私は緊張で手が震えていた．
2 怖れる，おののく．**~ de miedo** 恐怖におののく．*Tiemblo por el futuro del país.* 私は国の未来を思うと不安になる．
3 〈ものが〉揺れる，振動する．**hacer ~ la tierra [el aire]** 地面[空気]を揺るがせる．*Las hojas tiemblan con el viento.* 風で葉が揺れている．
dejar... temblando 《話》…をほとんど消費してしまう．*Mis amigos han dejado la nevera temblando.* 私の友人たちは冷蔵庫の中身を食べつくした．
quedar(se)[estar] temblando ほとんどなくなる．*Pronto la botella se ha quedado temblando.* 直にビンは空になった．
［←［俗ラ］*tremulare*（［ラ］*tremulus* 「震えている」より派生）；関連 temblón, tremendo, trémolo.［英］*tremble*］

tem·ble·que [tem.blé.ke] 男 **1** 激しい震え．*Le entró un ~.* 彼[彼女]はがたがた震え出した．
2 震えている人．ひきらん状の針金で飾った宝石．**4**《ラ米》病弱な人，ひ弱な人．

tem·ble·que·ar [tem.ble.ke.ár] 自 震えがとまらない．

tem·ble·que·ra [tem.ble.ké.ra] 女 《ラ米》《グアテ》《話》怖さ，おじ気；震え，おののき．

tem·ble·te·ar [tem.ble.te.ár] 自 → tembleque ar.

tem·blón, blo·na [tem.blón, -.bló.na] 形 おののく，わななく；すぐに震える．

*****tem·blor** [tem.blór] 男 **1**（体・声の）震え，身震い；振動．*tener ~es de frío* 寒さに震える．*Un ~ violento sacudió su cuerpo.* 戦慄が彼[彼女]の全身を走った．*Me da ~es pensar en lo que va a pasar.* これから何が起きるかを考えるとぞっとする．**2**（地面の）揺れ，地震《= de tierra, terremoto》．*Anoche el observatorio registró un ligero ~.* 昨夜観測所は微震を記録した．

***tem·blo·ro·so, sa** /
tem·blo·so, sa [tem.bló.so, -.sa] 形〈体・声の〉震える．*con voz temblorosa* 声を震わせて．

tem·bo, ba [tém.bo, -.ba] 形 《ラ米》《グアテ》《話》ばかな，愚かな．

tem·bó [tem.bó] 男 《ラ米》《グアテ》《卑》ペニス，陰茎．

te·me·dor, do·ra [te.me.đór, -.đó.ra] 形 びくびくした．

te·mer [te.mér] 他 **1** 恐れる，怖がる；《que＋接続法 …ではないかと》恐れる，心配する．*Lo que más temo es en este momento es perderte.* 今私がいちばん恐れているのは君を失うことだ．*A veces temo equivocarme.* ときどき私は間違うことを恐れる．*Yo le temía a muerte.* 私は彼がとても怖かった．*¿Temes que te digan algo que no te guste?* 君は君が気に入らないことを何か言われると思って心配しているの．► 再帰代名詞を伴って用いる場合がある．→ 再 **1**.
2《que＋直説法 …であると》思う，心配する．*Temo que soy su víctima.* 私は彼の犠牲者だと思います．► 再帰代名詞を伴うことが多い．→ 再 **2**.
— 自《**por**... …を》恐れる，…に恐怖[不安]を抱く．*Ese acontecimiento me hizo ~ por mi propia salud.* その出来事で私は自分自身の健康が心配になった．
— **~·se 1** 恐れる，怖がる；《que＋接続法 …ではないかと》恐れる，心配する．*Me temo que lleguen tarde.* 私は彼らが遅れて来るのではないかと心配です．
2《que＋直説法 …であると》不安に思う；残念に思

う．*Me temo que no puedo hacerlo.* 私はそれが出来ないかもしれないと不安に思います．*¿Me puedes ayudar? — Me temo que no.* 手伝ってくれますか．──いやできないよ．
［←［ラ］*timēre*［関連 temible, temor, temeroso, tímido．［英］*timid, timorous*］

te·me·ra·rio, ria [te.me.rá.rjo, -.rja] 形 無鉄砲な，無分別な；軽率な．*un joven ~* 向こう見ずな若者．*un acto ~* むちゃな行為．*un juicio ~* 軽々しい判断．

te·me·ri·dad [te.me.ri.đáđ] 女 無鉄砲，無謀；軽率．

te·me·rón, ro·na [te.me.rón, -.ró.na] 形 すごみを利かせる．── 男 女 すごい人．

te·me·ro·sa·men·te [te.me.ró.sa.mén.te] 副 びくびくしながら，恐る恐る．

te·me·ro·si·dad [te.me.ro.si.đáđ] 女 恐れを抱く傾向．

te·me·ro·so, sa [te.me.ró.so, -.sa] 形 **1**《**de**... …を》怖がる；畏怖する．*estar ~ de sus superiores* 上役にびくびくしている．*ser ~ de Dios* 神を畏れる．**2** 恐ろしい，怖い．

te·mi·ble [te.mí.ble] 形 恐るべき，ぞっとする；手ごわい．*un arma ~* 恐るべき兵器．*el enemigo ~* 手ごわい敵．

Te·mis [té.mis] 固名《ギ神》テミス：秩序・正義の女神．

Te·mís·to·cles [te.mís.to.kles] 固名 テミストクレス（前528?–462?）：アテネの将軍・政治家．

*****te·mor** [te.mór] 男 **1**《**a**... / **de**... …への》恐れ；不安，心配．*~ a la muerte* 死への恐怖．*tener ~ a...* …を怖がる．*tener ~ de que＋接続法* …が心配である．*Tengo ~ de que le haya ocurrido algo terrible.* 彼[彼女]がひどい目にあったのではないかと不安だ．*Por ~ a herirle no le dije la verdad.* 彼を傷つけるのを恐れて私は本当のことを言わなかった．→ miedo [類語].
2 畏敬(いけい)，畏怖(いふ)．*~ de Dios*《カト》神への畏敬(いけい)の念．

tem·pa·na·dor [tem.pa.na.đór] 男 ミツバチの巣を切り開けるカッター．

tem·pa·nar [tem.pa.nár] 他〈ミツバチの巣箱・樽(たる)などに〉蓋(ふた)をする．

tém·pa·no [tém.pa.no] 男 **1**《音楽》ティンパニ；太鼓の革．**2**（硬い物質の）破片；氷片．**3**（樽(たる)の）鏡．《ミツバチの巣箱の》コルク蓋(ぶた)．**4**《建》ティンパヌム，三角小間．
como un témpano《話》すっかり冷えきった．

tém·pe·ra [tém.pe.ra] 女《美》テンペラ画（法）．

tem·pe·ra·de·ro [tem.pe.ra.đé.ro] 男《ラ米》避暑地．

tem·pe·ra·do, da [tem.pe.rá.đo, -.đa] 形《ラ米》《グアテ》《話》穏和な，控えめな．

tem·pe·ra·men·tal [tem.pe.ra.men.tál] 形
1 気性の，性分の，気質的な．
2〈人が〉気性の激しい，感情の起伏が大きい．

tem·pe·ra·men·tal·men·te [tem.pe.ra.men.tál.mén.te] 副 衝動的に；気質として．

*****tem·pe·ra·men·to** [tem.pe.ra.mén.to] 男 **1** 気質，気性；体質．*~ violento* 激しい気性．*Tiene un ~ tranquilo.* 彼[彼女]はおとなしいたちだ．
2 活力，血気，バイタリティー．*de mucho ~* 気性が激しい．*juventud llena de ~* 血気盛んな青年．
3〈芸術家・作家の〉力強い表現力．**4**《音楽》平均律．
5《ラ米》《グアテ》《メキ》気候，陽気；避暑．

tem·pe·ran·cia [tem.pe.rán.θja / -.sja] 囡 → templanza.

tem·pe·ran·te [tem.pe.rán.te] 圏 **1** 自制心のある,節度のある. **2**〖医〗鎮静作用のある. **3**《ラ米》《ᵗᶠ》《ᵛᵉⁿ》《ᵖᵘʳ》禁酒主義の.

tem·pe·rar [tem.pe.rár] 他 **1** 和らげる, 緩和する, 鎮める. **2**〖医〗〈熱・痛みなどを〉鎮静する. **3**〖音楽〗平均律化する, 平均律に調律する.
── 自《ラ米》転地(療養)する; 避暑に行く.
── **se** 再〈気候が〉和らぐ, 緩む.

***tem·pe·ra·tu·ra** [tem.pe.ra.tú.ra] 囡 **1** 体温 (=～ corporal), 体感温度;《話》(風邪などによる) 熱. ～ basal (女性の)基礎体温. ～ normal 平熱. Mi madre me tomaba la ～ con la palma de la mano. 母はよく手の平をあてて熱を測ってくれた. Ya no tengo ～. もう熱は下がった.
2 温度, 気温. Subió [Bajó] bruscamente la ～. 気温が急激に上がった[下がった]. ～ absoluta 絶対温度. ～ ambiente 常温. ～ de la radiación 放射熱. ～ máxima [mínima] 最高[最低]気温. ～ media (anual [mensual]) (年間[月間])平均気温. ～ interna [de la superficie, superficial] 内部[表面]温度. **3** 熱気, 関心. La ～ política del país se elevó [se agudizó]. 国の政治熱が高まってきた[悪い方に傾いた].
[←〚ラ〛*temperātūra* (*caeli*)「(空の)模様; 季節; 温度」 (*temperāre* 「制御する; 柔らげる」より派生)] 関連〚英〛*temperature*]

tem·pe·rie [tem.pé.rje] 囡 天候, 陽気, 気象.

tem·pe·ro [tem.pé.ro] 男 (種まきの) 最適湿度の状態.

‡**tem·pes·tad** [tem.pes.táð] 囡 **1** あらし, 暴風雨; 時化(しけ). ～ de arena 砂嵐. ～ de nieve 吹雪. Se desencadenó una ～ y tuve que refugiarme en una cueva. あらしが吹き荒れて, 私は洞穴に避難せざるを得なかった.
2 騒ぎ, 混乱, 騒乱. una ～ de aplausos あらしのように沸き上がる拍手. una ～ de gritos y silbidos 盛んな怒声と口笛.
3 感情の高ぶり, 激発. una ～ de las pasiones 激情の嵐.
[←〚ラ〛*tempestātem* (*tempestās* の対格)「嵐, 悪天候; 天気」(*tempus*「時」より派生) 関連 tempestuoso. 〚英〛*tempest*]

tem·pes·ti·vi·dad [tem.pes.ti.bi.ðáð] 囡 時機のよさ, 折よいこと, 適時.

tem·pes·ti·vo, va [tem.pes.tí.bo, -.ba] 圏 折よい, 適時の, 時宜を得た.

tem·pes·tuo·sa·men·te [tem.pes.twó.sa.mén.te] 副 あらしのように.

tem·pes·tuo·so, sa [tem.pes.twó.so, -.sa] 圏
1 荒天の, 暴風雨の. tiempo ～ 荒れ模様の天候.
2《比喩的》大荒れの, 激烈な, 騒々しい.

tem·pis·que [tem.pís.ke] 男《ラ米》《ᵗᶠ》《ᵖᵃⁿ》〖植〗アカテツ科シデロキシロン: サポジラなどの硬質材の木.

tem·pla [tém.pla] 囡〖美〗テンペラ絵の具, テンペラ(画法).

tem·pla·da·men·te [tem.plá.ða.mén.te] 副 程よく, 節度を持って.

*tem·pla·do, da [tem.plá.ðo, -.ða] 圏 **1 (en... …に関して)** 節度ある. Es ～ *en* la bebida. 彼は酒を飲んでも度を越さない.
2 ぬるい, 暖かい. agua *templada* ぬるま湯. clima ～ 温暖な気候. zona *templada* 温帯.
3《話》〈人が〉度胸のある, 決然とした. nervios bien ～*s* 図太い神経.**4**〖音楽〗調律した, 調弦した.
5〈金属・ガラスなどが〉焼きの入った, 強化された.
6《ラ米》《話》(1)《ᵈʳ》ほろ酔いの. (2)《ᵃʳᵍ》《ᵍᵘᵃᵗ》《ᵐᵉˣ》《ᵛᵉⁿ》厳しい, 敵酷な. (3)《ᶜᵘᵇ》《ᵖᵉʳ》目先が利く, 抜けめのない. (4)《ᵃʳᵍ》《ᶜʰⁱ》《ᶜᵘᵇ》恋した, ほれた.
estar bien templado《話》上機嫌である.

tem·pla·dor, do·ra [tem.pla.ðór, -.ðó.ra] 圏
1 調音の, 緩和する. **2**〖音楽〗調律の, 調弦の.
── 男女 **1** 調音器. **2**〖音楽〗調律師. 調弦師.
── 男 **1**〖音楽〗(ハンマー・ねじなどの) 調律用器具. **2** (ケーブルの) 引き締め用ねじ金具. **3** 焼き入れ工.

tem·pla·du·ra [tem.pla.ðú.ra] 囡 **1** (ガラスなどの) 焼き入れ. **2**〖音楽〗調律, 調弦.

tem·plan·za [tem.plán.θa / -.sa] 囡 **1** 節度, 節制; 穏やかさ. **2** 温暖, 温和. **3**〖美〗(色彩の) 調和.

tem·plar [tem.plár] 他 **1** 和らげる, 緩和する, 静める. ～ la ira 怒りを抑える. ～ los ánimos はやる気持ちを抑える. La brisa marina *templa* el calor. 海の風が暑さを和らげている.
2 暖める, 適温にする. ～ el agua de baño 風呂(ふろ)の湯加減をよくする. La estufa *templa* la habitación. ストーブで部屋が暖かい.
3〈金属・ガラスなどを〉焼き入れする, 強化する. ～ el hierro fundido 鋳鉄を焼き入れする.
4〈ねじなどを〉締める, 固定する. ～ las bisagras de la puerta ドアの蝶番(ちょうつがい)を留める.
5 薄める, 割る. ～ el whisky con soda ウイスキーを炭酸水で割る.
6〖音楽〗調律する, 調弦する;〖美〗〈色彩を〉調和させる. ～ la guitarra ギターのチューニングする.
7〖闘牛〗(牛の動きに合わせ)〈ムレータ muleta などを〉さばく. **8**〖海〗〈帆を〉風に合わせる, トリミングする. **9**《ラ米》(1)《ᵐᵉˣ》《ᵖᵉʳ》《ᵖʳ》《ᵇᵒˡ》《話》殴る, 殴り倒す. (2)《ᵈʳ》《俗》殺す.
── 自 **1** 暖かく [涼しく]なる. **2**《ラ米》《ᵇᵒˡ》サトウキビ酒を飲む.
── **se** 再 **1 (en... …に関して)** 自制する, 節制する. ～*se en* la comida 食事を節制する. **2** 和らぐ, 静まる. **3** 暖まる, 適温になる. Espera a que *se temple* la habitación para quitarte el abrigo. 部屋が暖まるまでコートを脱ぐのは待ってくれ. **4**《ラ米》(1)《ᶜᵉⁿᵗʳᵃᵐ》《ᵛᵉⁿ》《俗》死ぬ. (2)《ᵃʳᵍ》《ᵍᵘᵃᵗ》《ᶜᵘᵇ》《話》酔っ払う. (3)《ᶜᵒˡ》《ᵖᵉʳ》《ᵇᵒˡ》《ˢᵃˡ》《ᵃʳᵍ》《話》逃げる, 逃走する. (4)《ᶜʰⁱ》《ᶜᵘᵇ》《話》恋する.
templárselas《ラ米》《ᵃʳᵍ》《話》持ちこたえる, ひるまない.
[[古スペイン]*temprar*←〚ラ〛*temperāre* (→ temperar); *tempus*「時」より派生; 関連 templado, temperamento, temperatura, intemperie. 〚英〛*temper*「機嫌;平静」]

tem·pla·rio [tem.plá.rjo] 男〖史〗聖堂[テンプル]騎士団.

tem·ple [tém.ple] 男 **1** (金属・ガラスなどの) 焼き入れ; 硬度, 弾性度. dar ～ 焼き入れする. **2** 天候, 陽気. disfrutar del agradable ～ del otoño 秋のすがすがしい気候を満喫する. **3** 度胸, 大胆. una persona de ～ 腹の据わった人物. **4** 気分, 機嫌; 気性. estar de buen [mal] ～ 機嫌がよい[悪い]. de ～ pesimista 悲観的な. **5** 中庸, 中道; 平均. **6**〖美〗テンペラ画(法). pintar al ～ テンペラ画を描く. **7**〖音楽〗調律, 調弦. **8**《ラ米》(1) 意気, 勇ましさ. (2)《ᶜʰⁱ》《話》恋, ほれること.

Tem·ple [tém.ple] 固名〖史〗聖堂[テンプル]騎士団 (= Caballeros del ～). → templario.

templén

♦1118年エルサレムのソロモン神殿跡に設立され, 十字軍の主力として活躍した. 1312年廃絶.

tem·plén [tem.plén] 男 (織機の)伸子(しんし).

tem·ple·te [tem.plé.te] 男 **1** (聖像などを置く)祠(ほこら);祭壇. **2** あずま屋, 亭(ちん). [*templo* + 縮小辞]

tem·plis·ta [tem.plís.ta] 男女 《美》テンペラ画家.

***tem·plo [tém.plo] 男 **1** 寺院. ～ basilical バシリカ様式の神殿. ～ budista 仏教寺, 仏閣. ～ colonial コロニアル様式の神殿. ～ griego ギリシア神殿. ～ hindú ヒンドゥー教寺院. ～ musulmán イスラム寺院. ～ romano ローマ寺院. ～ sintoísta 神社. ～ zen 禅寺.
2 芸術[学問, 文化]が育まれる地. ～ de sabiduría 知の殿堂. Japón es el ～ del manga. 日本は漫画の聖地だ.
como un templo 《話》とてつもない. una verdad *como un* ～ 紛れもない真実. una mentira *como un* ～ 真っ赤なうそ.
[←〔ラ〕*templum*;【関連】〔ポルトガル〕*templo*.〔仏〕〔英〕*temple*.〔伊〕*tempio*.〔独〕*Tempel*]

tem·po [tém.po] 〔伊〕男 《音楽》テンポ.

tém·po·ra [tém.po.ra] 女 《主に複数で》《カト》四季の斎日: 四季の初めに祈りと断食を行う3日間.
confundir el culo con las témporas 《話》《俗》ひどい間違いをする.

tem·po·ra·da [tem.po.rá.ða] 女 **1 時期, (一定)期間. Yo pasaba una larga ～ con mis abuelitos. 私はよく祖父母と長いときを過ごしたものだ.
2 時季, シーズン, 旬. ～ seca [de sequía] 乾期. Comienza la ～ lluviosa [de lluvia]. 雨期が始まった. La próxima ～ subiremos al Monte Fuji. 来シーズンは富士山に登ってみよう.
de temporada 季節の, 季節限定の. ensalada vegetal *de* ～ 旬野菜のサラダ.
por (una) temporada **1** シーズンごとの[に]. contratar a... *por una* ～ …と季節労働の契約を結ぶ. alquilar una casa *por una* ～ ある時季だけ家を借りる.
temporada alta 客の一番入る時期, 書き入れ時.
temporada baja 客が一番入らない時期, オフシーズン. *T*～ alta: julio y agosto, ～ *baja*: resto de fechas. 繁忙期：7月と8月, 閑散期：それ以外.
temporada media 客の入りが通常どおりの時季.

*tem·po·ral¹ [tem.po.rál] 形 **1** 仮の, 決定的でない (↔permanente). alojamiento ～ 仮住まい. evasión ～ 一時避難. resolución ～ その場限りの解決法. paz ～ 一時的な和平. Cayó en la muerte ～. 彼[彼女]は仮死状態になった. Es trabajador ～. 彼は契約社員だ. Están bajo un contrato ～ por [de] 3 meses. 彼らは3か月の期間限定の契約をしている. Obtuvo un trabajo ～. 彼[彼女]はアルバイトに就いた.
2 時の, 時間に関する;《文法》時制を表す. **3** 世俗の, 宗教的ではない (↔religioso, espiritual).
── 男 **1** あらし, 時化(しけ), 暴風雨. El ～ afectó al pueblo. あらしが町を襲った. **2** 雨季, 梅雨. **3** 《ラ米》《話》怪しい人物, うさん臭い人.
capear el temporal あらしをやり過ごし, 困難を乗りきる.
[形←〔ラ〕*temporālem* (*temporālis* の対格)「時の」「時間の」(*tempus*「時」より派生).「あらし」は「(年間の)一時期;季節」より転義;【関連】temporario.〔英〕*temporal*「時間の」, *temporary*「一時的な」]

tem·po·ral² [tem.po.rál] 形 《解剖》側頭葉[側頭部]の, こめかみ(付近)の. epilepsia del lóbulo ～ 側頭葉てんかん.

tem·po·ra·li·dad [tem.po.ra.li.ðáð] 女 **1** 一時性;はかなさ. **2** 世俗性. **3** 《複数で》(聖職者の)世俗的財産[収入].

tem·po·ra·li·zar [tem.po.ra.li.θár / -.sár] 97 他 時間的に位置づける.

tem·po·ral·men·te [tem.po.rál.mén.te] 副 **1** 一時的に, さしあたり. **2** 現世的に, 世俗的に.

tem·po·rá·ne·o, a [tem.po.rá.ne.o, -.a] 形 一時の, つかの間の; 臨時の, 仮の.

tem·po·ra·rio, ria [tem.po.rá.rjo, -.rja] 形 《ラ米》一時的な, 暫定的な.

tem·po·re·ro, ra [tem.po.ré.ro, -.ra] 形 季節労働の, 臨時雇いの, 一時的な. ── 男女 季節雇い, 季節労働者 (= trabajador ～). ～ para la vendimia ブドウの取り入れのための季節労働者.

tem·po·ri·za·dor [tem.po.ri.θa.ðór / -.sa.-] 男 (電気器具などの)タイマー.

tem·po·ri·zar [tem.po.ri.θár / -.sár] 97 自 **1** 勢[大勢]に従う, 迎合する (= contemporizar). **2** 時間をつぶす, 時間稼ぎをする.

tem·po·zon·te [tem.po.θón.te / -.són.-] 形 《ラ米》《俗》猫背の.

tem·pra·na [tem.prá.na] 形 →temprano.

tem·pra·nal [tem.pra.nál] 形 〈畑が〉早生(わせ)種類の.

tem·pra·na·men·te [tem.prá.na.mén.te] 副 (時期が)早く.

tem·pra·ne·ar [tem.pra.ne.ár] 自 《ラ米》**(1)** 早起きする. **(2)** 〈実が〉早く成る.

tem·pra·ne·ro, ra [tem.pra.né.ro, -.ra] 形 **1** 早起きの, 朝が早い. ser ～ 早起きである. **2** 《農》〈果実が〉早生の.

tem·pra·ni·to [tem.pra.ní.to] 副 temprano + 縮小辞.

*tem·pra·no, na [tem.prá.no, -.na] 形 《+名詞/名詞+》《ser+》(時期の)早い, 早期の. fruta *temprana* 早生の果物. a una edad *temprana* 幼いときに.
── 副 **1** 早くに; 朝早くに (=pronto) (↔tarde). levantarse ～ 早起きする. Esta noche ～ llegaremos a Granada. 今晩早くに我々はグラナダに着きます.
2 早期に; (予定より)早くに, 早めに. Comeremos ～. 早めにお昼を食べましょう. Aún es demasiado ～ para saberlo. それを知るにはまだ早すぎる.
[←〔俗ラ〕*temporanum* (*temporanus* の対格)「時を得た」←〔ラ〕*temporāneus* (→ temporáneo); *tempus*「時」より派生]

ten¹ [tén] 男 《単複同形》ten con ten 《話》慎重, 用心;如才なさ. tener mucho *ten con ten* 十分に用心する.

ten² [tén] 活 → tener.

te·na·ces [te.ná.θes / -.ses] 形 tenaz の複数形.

*te·na·ci·dad [te.na.θi.ðáð / -.si.-] 女 **1** 粘り強さ;頑張り, 頑固さ. **2** (金属の)靱性(じんせい).

te·na·ci·llas [te.na.θí.jas / -.ʎas / -.sí.-] 女 《複数形》**1** (ケーキ・氷・角砂糖などを取る)はさみ. **2** ヘアーアイロン, カールごて. [tenazas + 縮小辞]

te·na·mas·te [te.na.más.te] 男 《ラ米》**(1)** (中米) (メキシコ)かまどの石. **(2)** (ララ)がらくた, 道具類.
── 形 《ラ米》(中米)(メキシコ)《話》強情な, 頑固な.

te·nan·te [te.nán.te] 男 《まれ》《紋》盾持ち, サポ

tendida

ター：盾の両側を支えている動物・人・天使など.

te·nar [te.nár] 男《解剖》母指球：親指のつけ根の膨らみ.

te·na·te [te.ná.te] 男《ラ米》(ヤシで作った)かご.

*__te·naz__ [te.náθ / -.nás] 形《複 tenaces》**1** 頑固な, 強情な, しつこい. **2** 手ごわい, 執拗(しつよう)な, 不屈の. **3**《痛みが》いつまでも続く；《汚れなどが》取りにくい, 消えない. *tenaces dolores de cabeza* しつこい頭痛. La pez es muy ～. 松やには付くとなかなか取れない. **4** 固い, 細工しにくい.
[←《ラ》*tenācem* (*tenāx* の対格)；*tenēre*「握る, 保持する」(→tener)より派生；《関連》tenacidad, tenazas. 《英》*tenacious*]

te·na·za [te.ná.θa / -.sa] 女《主に複数で》**1** やっとこ, プライヤー；火挟み. **2** 動《エビ・カニなどの》はさみ, 爪(つめ). **3** 医 鉗子(かんし). **4** 軍 凹角堡(おうかくほう). **5** 機 (万力の)あご；(クレーンなどのアームの先の)はさみ. **6** 遊 (トランプ)(ブリッジで)相手の大事なカードを切らせること.
no poder sacar ni con tenezas a+人《話》〈人〉になかなか口を割らせることができない.
no poderse coger [*agarrar*] *ni con tenazas* 《話》ひどく汚い.

te·na·za·da [te.na.θá.ða / -.sá.-] 女 **1** (やっとこなどで)挟むこと；挟む音. **2** 強くかむこと, かみつき.

te·naz·men·te [te.náθ.mén.te / -.nás.-] 副 しつこく, 頑固に.

te·na·zón [te.na.θón / -.són] *a* [*de*] *tenazón* やみくもに, 出し抜けに.

ten·ca¹ [téŋ.ka] 女《魚》テンチ：コイ科の淡水魚.

ten·ca² [téŋ.ka] 女《ラ米》(1)(チリ)(ペ)《鳥》チリマネシツグミ. (2)(チリ)《話》うそ, ごまかし, いんちき.

ten·che [tén.tʃe] 男《ラ米》(チリ)《話》強者, 頑健な男.

ten·da·jo [ten.dá.xo] 男《ラ米》(メヒ)《話》小さな店.

ten·dal [ten.dál] 男 **1** 日よけ, 天幕；雨覆い. **2** (木の下に広げてオリーブの実を採集する)布, ネット. **3** 《集合的》干し物. **4** → tendedero. **5**《ラ米》(チリ)(アルゼ)(羊の)剪毛(せんもう)場. (2)(チリ)(パラ)(ウル)(ホンジ)干し場. (3)(チリ)屋台. (4)(チリ)(ペ)(ベネズ)散らかった「広げた」もの. (5)(ラ米)《話》大量, 多数, たくさん. (6)(ラ米)野原, 原野. (7)(グアテ)コーヒーの干し場.

ten·da·la·da [ten.da.lá.ða] 女《ラ米》《話》たくさんのもの；散らかったもの.

ten·da·le·ro [ten.da.lé.ro] 男 → tendedero.

ten·de·ar [ten.de.ár] 自《ラ米》(メヒ)《話》ウインドーショッピングをする, 店を冷やかして歩く.

ten·de·de·ra [ten.de.ðé.ra] 女《ラ米》(1)(キュ)(ドミ)(ペ)物干しひも. (2)(ドミ)取り散らかし；散らばり.

ten·de·de·ro [ten.de.ðé.ro] 男 物干し場；物干しひも[ロープ].

ten·de·dor [ten.de.ðór] 男 → tendedero.

ten·de·jón [ten.de.xón] 男 小店舗, 売店.

ten·del [ten.dél] 男 **1** (れんがなどを積むときに)水平を見るひも. **2** (目地の)しっくい, モルタル.

***__ten·den·cia__ [ten.dén.θja / -.sja] 女 **1** (*a*... / *de*... / *hacia*... …の)/(*a*+不定詞 / *que*+接続法 …する)傾向；癖；性向. ～ *dominante* [*general*] 大勢(たいせい). Él tiene ～ *a* [*de*] *encerrarse* en sí mismo. 彼はふさぎ込みがちだ. Hay ～ *a que* los jóvenes *vivan* con sus padres hasta pasados los 30 años. 若者が30歳ぎまで両親と暮らす傾向がある. Tiene ～ *a correr*

mucho cuando conduce. 彼[彼女]は運転するときスピードを出しすぎる癖がある. **2** (政治[芸術・学術・経済]的)動き, 動向, 風潮. ～ *inflacionista* [*del mercado*] インフレ[市場]動向. Dicen que su pintura inauguró una nueva ～ artística. 彼[彼女]の絵によって新たな芸術的な動きが始まったと言われている.

ten·den·cio·so, sa [ten.den.θjó.so, -.sa / -.sjó.-] 形《軽蔑》偏向した, 偏った.

ten·den·te [ten.dén.te] 形《*a*...》(…の)傾向のある, (…を)目指した, 目的とした. *medidas* ～*s a una mejora económica* 経済の立て直し策.

*__ten·der__ [ten.dér] 12 他 **1**《糸・綱などを》張る(橋などを)渡す. ～ *un cable de extremo a extremo* 端から端までロープを張る. ～ *un puente sobre un río* 川に橋をかける. ～ *una vía férrea a través del continente* 大陸を横断する鉄道を敷く. ～ *unas cortinas* カーテンをつるす.
2《*sobre*...の上に》広げる, 伸ばす. ～ *un mantel sobre la mesa* テーブルにテーブルクロスを広げる. ～ *una sábana sobre la cama* ベッドにシーツを敷く. ～ *una capa de yeso sobre la pared* 《建》壁にしっくいを塗る.
3《洗濯物を》干す. Tengo que ～ *la ropa al sol*. 服を日に干さなければ.
4《*a*+人〈人〉に》差し伸べる, 差し出す；《*hacia*... …の方へ》向ける. ～ *la mano a los necesitados* 窮乏している人に援助の手を差し伸べる. ～ *la mirada hacia la calle* 通りの方に目を向ける. La niña *me tendió* un vaso de agua. 女の子は私に一杯の水を差し出した.
5《人・動物を》横たえる, 寝かす. ～ *a un herido boca arriba* けが人を仰向けに寝かせる.
6《*a*+人〈人〉に》《策略などを》仕掛ける. ～ *una trampa a*+人〈人〉をわなにかける. *Nos tendieron una mala jugada*. 私たちは一杯食わされた.
7《ラ米》準備する, 《…の》用意を整える. ～ *la cama* ベッドメーキングする. ～ *la mesa* 食卓のしたくをする.
— 自 **1** (1)《*a*+不定詞》《…する》傾向がある；《…》しがちである. La situación económica *tiende a mejorar*. 経済状況は上向きである.
(2)《*a*+名詞》《…に向かう》傾向がある；《…の》性質を帯びる. *un color que tiende a negro* 黒っぽい色. Esta sociedad *tiende al* conservadurismo. この社会は保守化の方向に向かっている.
2《*a*...〈数値に〉》(無限に)近づく. ～ *a cero* ゼロに近づく. ～ *a infinito* 無限大に近づく.
3 洗濯物を干す.
—～*se* 再 **1** 横になる, 体を横たえる. Le dio sueño y *se tendió* en el suelo. 彼[彼女]は眠くなったので床に寝転がった. **2** 《3人称で》広がる, 空間を占める. Después *se tendió* un silencio total. そのあと完全な沈黙の時が流れた. **3** 《麦の穂などが》垂れ下がる, 倒れる. **4** 《遊》(トランプ)手札を開示する.
[←《ラ》*tendere*；《関連》tendencia, atender, tienda, tieso, tensión. 《英》*tend*「向かう」]

tén·der [tén.der] 《英》炭水車, テンダー：蒸気機関車の直後に連結する石炭と水を積む車両.

ten·de·re·te [ten.de.ré.te] 男 **1** 露店, 屋台. **2** 《集合的》《話》散らかったもの. **3** 《集合的》《陳列された》商品, 品物. **4** → tendedero. **5** 《遊》トランプ遊びの一種.

ten·de·ro, ra [ten.de.ro, -.ra] 男 女 (食料品店などの)店主；小売商人；店員.

ten·di·da [ten.dí.ða] 女《ラ米》(チリ)(アルゼ)(馬などの)しり

込みすること，おじけづくこと．

ten·di·do, da [ten.dí.ðo, -.ða] 形 **1** 広がった，張られた；横になった．**2** 《馬術において》〈ギャロップが〉きちんとできた．**3** 【闘牛】〈剣の突きが〉水平になった．**4** 〈洗濯物などが〉つるされた，ひも［ロープ］に掛けられた．**5** 《ラ米》(*キ*)(*ఓ*) 〈遺体が〉安置された．
— 男 **1** 橋梁(きょうりょう)，架橋，ケーブルなどの)敷設．～ eléctrico 電気配線．**2** 《集合的》干し物．**3** (パンの)一焼き分．**4** (しっくいなどの)塗り，層．**5** 【闘牛】スタンド席，無蓋(むがい)席．**6** 〔屋根の斜面〕．**7** 型紙ひとつ分のレース編み．**8** 《ラ米》(1) (ホヒ)(ワェン)(ホモキ)〈シーツなどの〉寝具．(2) (ニヒ)(プラ) 綱．(3) (ツラ) 露店．
dejar tendido a＋人 〔話〕〈人〉を打ちのめす．

ten·dien·te [ten.djén.te] 形 (**a...**) (…の)傾向がある，(…に)なりがちな．

ten·di·ni·tis [ten.di.ní.tis] 囡 《単複同形》【医】腱炎，腱鞘(けんしょう)炎．

ten·di·no·so, sa [ten.di.nó.so, -.sa] 形 腱(けん)の，腱質の，腱からなる．

ten·dón [ten.dón] 男 【解剖】腱(けん)．～ de Aquiles アキレス腱；《比喩的》弱点．

tendr- 活 → tener．

ten·du·cha [ten.dú.tʃa] 囡 みすぼらしい店．

ten·du·cho [ten.dú.tʃo] 男 → tenducha．

te·ne·bra·rio [te.ne.brá.rjo] 男 【カト】〈聖週間の暗闇(くらやみ)の朝課 tinieblas に用いる〉燭台(しょくだい)．

te·ne·bris·mo [te.ne.brís.mo] 男 【美】テネブリスム〈光と影のコントラストを際立たせるバロック絵画の手法〉．

te·ne·bris·ta [te.ne.brís.ta] 形 テネブリスムの；テネブリスムを使う．
— 男 テネブリスム手法を使う画家．

te·ne·bro·sa·men·te [te.ne.bró.sa.mén.te] 副 陰でこっそりと．

te·ne·bro·si·dad [te.ne.bro.si.ðáð] 囡 **1** 暗闇(くらやみ)，薄暗さ；陰気．**2** あいまいさ；怪しさ．

***te·ne·bro·so, sa** [te.ne.bró.so, -.sa] 形 **1** 暗い，闇(やみ)の，薄暗い(= oscuro)；黒い．una calle *tenebrosa* 闇に包まれた通り．**2** 〈情勢・事態などが〉暗い，希望のない，絶望的な．un porvenir muy ～ 非常に暗い未来．**3** ひそかな，隠密の；陰険な．maquinaciones *tenebrosas* 陰謀．

***te·ne·dor** [te.ne.ðór] 男 《食器の》**フォーク**．un ～ de plata 銀のフォーク．◆スペインではレストランのランク分けのシンボルとして1本から5本までの数で入りロに表示される．～ un restaurante de cinco ～*es* 5本フォーク［最上］のレストラン．

te·ne·dor, do·ra [te.ne.ðór, -.ðó.ra] 男 所有者．
— 男 **1** 持ち主，所有者．～ de acciones 株主．～ de libros 簿記係，会計係．~ de obligaciones 債権［公債］所有者．~ de póliza 保険契約者．
2 〖商〗 (手形などの)持参人．**3** 〈球技の〉球拾い．

te·ne·du·rí·a [te.ne.ðu.rí.a] 囡 簿記，簿記係 (= ～ de libros)；簿記事務所．

te·nen·cia [te.nén.θja / -.sja] 囡 **1** 所有，所持，占有．~ ilícita de armas 武器の不法所持．
2 teniente の地位［職務］；助役室．~ de alcaldía (市町村の)助役の地位［職務］．

***ᵀ**te·ner** [te.nér] 42 他 **1** (1) 〈譲渡可能な所有〉**持っている**，所有する．¿*Tienes* un bolígrafo? 君はボールペンを持っていますか．No *tenemos* ordenador. 私たちにはパソコンがありません．
(2) 〈譲渡不可能な所有〉〈属性・性格を〉持っている．Ella *tiene* el pelo largo y los ojos azules. 彼女は髪が長くて青い目をしています．*Tiene* 3 metros de largo. それは長さが3メートルあります．El salón *tiene* una ventana muy grande. 広間には大きな窓がある．
(3) 《*（… año(s)* …歳》である．¿Cuántos años tendrán? 彼らの年はいくつだろうか．Mi sobrino *tiene* 18 meses. 私のおいは18か月だ．
(4) 〈行事などが〉；〈時間などが〉ある．*Tendremos* una reunión este miércoles. 今週の水曜日に我々は会合があります．¿*Tienes* clase mañana? 君は明日授業がありますか．¿*Tienes* tiempo libre esta tarde? 君は今日の午後暇ですか．
(5) 〈家族などを〉持つ；〈子供を〉産む．Ella *tiene* muchos amigos. 彼女には友人がたくさんいる．*Tengo* un hermano y dos hermanas. 私には兄[弟]が1人，姉[妹]が2人います．Ella va a ～ un hijo. 彼女には子供が生まれます．
(6) 〈感覚・感情を〉持つ．~ hambre 空腹である．~ sueño 眠い．~ una desilusión 幻滅する．~ cariño a... …をかわいがる．¿*Tienes* frío? 君寒いですか．*Tengo* dolor de cabeza. 私は頭が痛い．*Tenía* ganas de llorar. 私は泣きたかった．Yo le *tengo* mucho miedo. 私は彼がとても恐い．
(7) 〈体験などを〉持つ；〈病気に〉かかっている．El año pasado *tuvieron* un accidente. 昨年彼らは事故にあった．¡Que *tenga* buen viaje! ご旅行を楽しんでください．*Tiene* cáncer. 彼[彼女]はがんにかかっている．
(8) (手で)持つ，支える．*Ten* esta bolsa un momento. ちょっとこのバッグを持ってよ．¿Dónde están mis gafas? — Ahí las *tienes*. 私のめがねはどこかな．—はい，どうぞ．
(9) …を保管する．¿Dónde *tienes* el dinero? 君はお金をどこに置いていますか．
(10) 受ける，受け取る．Ayer *tuve* (una) carta de mis padres. 私は昨日両親からの手紙を受け取った．Él *tendrá* un premio. 彼は受賞するだろう．
(11) 《*como*＋名詞 / *de*＋名詞 …として》〈人・ものを〉利用できる状態にある．Mi jefe me *tiene* de intérprete. 私の上司は私を通訳にしている．
2 《*en...* …と》《*por... / como...* …と》見なす．~ *en* mucho[poco] a＋人 〈人〉を評価する［軽んじる］．~ *por* seguro que... …を確信する．Te *tengo* en mucha estima. 私は君をとても尊敬しています．La *tenemos* *por* poco honrada. 私たちは彼女をあまり誠実でないと思っています．
3 《＋形容詞，副詞およびその相当部分》…(の状態に)する，しておく．Esta noticia *tendrá* a todos contentos. この知らせで全員が喜ぶだろう．*Tenga* los brazos en alto. 腕を上に上げてください．*Tienes* la cara *pálida*. 君は顔が真っ青だよ．▶形容詞は目的語の性数に一致．
4 《＋過去分詞 …して》いる，ある．*Teníamos pensado* visitar a la abuela. 私たちは祖母を訪ねようと考えていた．▶過去分詞は目的語の性数に一致．Os *teníamos preparada* una sorpresa. 私たちは君たちをびっくりさせようと考えていました．
5 〈時間を〉経る(= llevar)．*Tengo* cinco años aquí. 私はここに来て5年になります．
— ～**se** 再 **1** (自身で)支える，立つ．~ *se* tieso …がまっすぐ立つ；(人が)しっかりする．Estaba tan cansada que no *se tenía* en pie. 彼女は疲れていたので立っていられなかった．
2 《*en...* …と》〈自分を〉判断する；《*por...* …と》〈自分を〉見なす（《3人称で》判断される；見なされる．*Se tiene en* mucho. 彼[彼女]は自分をすごいと思っ

ている. **3** 我慢する, 抑える.

¿(*conque*) *ésas tenemos?* 《話》《怒り・驚き》何だって.

no tener dónde caerse muerto 《話》〈人が〉極貧である.

*no tenerlas todas con*SIGO 《話》(1)《*de...* 〜を》疑わしく思う. (2)《*de que*＋接続法 …する》自信がないい.

no tener más que＋不定詞 …しさえすればよい.

no tener nada SUYO 非常に気前がいい.

tener ángel 〈人が〉感じのいい.

tener buen [*mal*] *perder* 負けっぷりがよい[悪い].

tener encima 〈人が〉労苦を背負っている, 責任を抱えている.

tener en cuenta 考慮する;《*que*＋直説法 …ということを》考慮する. Hay que 〜 *en cuenta que es todavía joven.* 彼[彼女]がまだ若いということを考慮する必要がある.

tener en poco... …を軽視する.

tener lo SUYO (自分の)問題を抱えている.

tener＋名詞 *que*＋不定詞 …すべき〈名詞〉を持つ. *Tengo muchas cosas que hacer.* 私にはやらなくてはならないことがたくさんあります.

tener que＋不定詞 《義務》…しなければならない. *Ya tengo que irme.* 私はもう行かなくてはなりません. *No te preocupes. Tú no tienes que decirle* nada. 心配しないで, 君は彼[彼女]に何も言わなくてもいいんだから. ► 否定の場合には文脈によって「…する必要ない」または禁止「…してはいけない」の意味を持つ. (2)《推量・必然性》…に違いない, きっと…である. *¡Tienen que estar* cansadísimos! 彼らはとても疲れているに違いない.

tener que ver con... …と関連する. *Eso no tiene* nada *que ver con*migo. それは私とはいっさい関係ない. *Ya es tarde.* — *¿Y qué tiene que ver?* もう遅いよ. —だからどうしたっていうのだ.

tenérselas con＋人 〈人と〉対抗する; けんかする.

[← [ラ] *tenēre*「握る；保つ」; 関連] tenedor, tenis, contener, mantener. [英] *tenant*「借家人」, *contain*「含む」, *maintain*「維持する」]

te・ne・rí・a [te.ne.rí.a] 囡 なめし革工場, 製革所.

Te・ne・ri・fe [te.ne.rí.fe] 固名 テネリフェ(島): スペイン Canarias 最大の島. スペインの最高峰Teide 山がある. 中心都市 Santa Cruz de Tenerife.

te・ne・ri・fe・ño, ña [te.ne.ri.fé.ɲo, -.ɲa] 形 男 囡 → tinerfeño.

te・nes・mo [te.nés.mo] 男 【医】しぶり腹.

teng- 活 → tener.

ten・ge [téŋ.xe] 男 テンゲ: カザフスタンの通貨単位.

ten・gue・ren・gue[1] [teŋ.ge.réŋ.ge] 男 《ラ米》 あばら家, 掘っ建て小屋.

ten・gue・ren・gue[2] [teŋ.ge.réŋ.ge] *en tenguerengue* 不安定な. *estar en* 〜 ぐらついている.

te・nia [té.nja] 囡 **1** 【動】サナダムシ, 条虫. **2** 【建】(ドーリス式の)平縁リボン.

te・nia・sis [te.njá.sis] 囡 《単複同形》【医】条虫症.

te・ni・da [te.ní.da] 囡 《ラ米》(1) 集会, 集まり; 密会. (2) 盛装, おしゃれ.

te・nien・ta [te.njén.ta] 囡 **1** teniente の妻. **2** 【軍】女性中尉. **3** 女性警部補.

te・nien・taz・go [te.njen.táθ.go / -.tás.-] 男 teniente の地位[職務].

*✱**te・nien・te** [te.njén.te] 男 囡 **1** (陸軍・空軍の)中尉. 〜 *de navío* 海軍大尉. 〜 *coronel* [*general*] (陸軍・空軍)中佐[中将]. **2** 警部補.

— 形 **1** 持つ, 所持する, 保有する. **2** 《果物が》熟していない; 〈豆類が〉生煮えの. **3** 《話》耳が遠い. **4** 《話》けちな, しみったれた.

teniente (*de*) *alcalde* (市・町・村の)助役.

te・ní・fu・go, ga [te.ní.fu.go, -.ga] 形 【薬】サナダムシ駆除の. — 男 サナダムシ駆除薬.

*✱**te・nis** [té.nis] 男 《単複同形》 **1** 【スポ】 **テニス**, 庭球; テニスコート. 〜 *de mesa* 卓球, ピンポン. *jugar al* 〜 テニスをする.

 2 《ラ米》《タ゛》(エク)(ヴェ)(メシ)テニスシューズ, 運動靴.

[← [英] *tennis* ←? [古仏] *tenez*「(ボールを)受け取れ」(*tenir*「捕らえる, 受け取る」の命令形); 関連 tener]

te・nis・ta [te.nís.ta] 男 囡 テニス選手.

te・nís・ti・co, ca [te.nís.ti.ko, -.ka] 形 テニスの.

Te・noch・ti・tlán [te.notʃ.ti.tlán] 固名 テノチティトラン: azteca 王国の王都. 現在の Ciudad de México. ♦メキシコの Texcoco 湖上の島に1325年ごろ建設され, 都の中央に守護神ウィツィロポチトリ Huitzilopochtli にささげる大神殿が建立されたが, 1521年, 征服したスペイン人に破壊された.

*✱**te・nor** [te.nór] 男 **1** 【音楽】テノール; テノール歌手. **2** (講演・文書などの)内容, 趣旨. *a juzgar por el* 〜 *de su discurso* 彼[彼女]の演説の内容から判断して.

a este tenor この調子で, このように.

a tenor de... …に一致して, …のとおりに.

[← [ラ] *tenor*「(弓の)張り; 継続; 内容」; 「テノール」← [伊] *tenore*「(主旋律を)保持する声」が原義); 共に[ラ] *tenēre*「保持する」より派生]

te・no・ra [te.nó.ra] 囡 【音楽】テノーラ: オーボエの一種.

te・no・rio [te.nó.rjo] 男 女たらし, 漁色家, ドン・フアン. ♦スペインの劇作家 Tirso de Molina などの戯曲の主人公 Don Juan Tenorio の名にちなむ. → don[1].

te・no・si・no・vi・tis [te.no.si.no.bí.tis] 囡 《単複同形》【医】腱鞘炎.

ten・sar [ten.sár] 他 〈綱などを〉ぴんと張る;〈弓を〉引き絞る.

ten・sí・me・tro [ten.sí.me.tro] 男 張力計.

ten・sió・me・tro [ten.sjó.me.tro] 男 血圧計.

*✱**ten・sión** [ten.sjón] 囡 **1 緊張**, 伸長, 張り. 〜 *de músculos* 筋肉の緊張. *una cuerda en* 〜 ぴんと張った綱[弦]. *poner en* 〜 *su capacidad* 全力を傾注する.

 2 (精神的)緊張; 緊張状態, 緊迫. 〜 *nerviosa* 神経性ストレス. 〜 *diplomática* 外交上の緊迫. 〜 *entre dos países* 2国間の緊張状態. *estar bajo una* 〜 *enorme* 精神的重圧を受けている. *provocar tensiones en la pareja* 夫婦[恋人]の間をぎくしゃくさせる.

 3 【物理】(気体の)膨張力, 張力; 応力. 〜 *superficial* 表面張力. **4** 【電】電圧 (= 〜 *eléctrica*). *cable de alta* 〜 高圧線. *una* 〜 *de doscientos veinte voltios* 220ボルトの電圧. **5** 【医】血圧 (= 〜 *arterial*). *tener la* 〜 *alta* [*baja*] 高[低]血圧である. **6** 【音声】緊張.

[← [ラ] *tēnsiōnem* (*tēnsiō* の対格; *tendere*「張る」より派生); 関連 tenso, atención. [英] *tension*]

ten・sio・nar [ten.sjo.nár] 他 → tensar.

*✱**ten・so, sa** [tén.so, -.sa] 形 **1** 〈ひもなどが〉張った, ぴんと張った. **2** 張り詰めた, 緊張した, 緊迫した. *relaciones tensas entre las dos familias* 両

tensó

家の緊迫した関係.
[←［ラ］*tēnsum* の対格；*tendere*「張る」の完了分詞］；［関連］tensión. ［英］*tense*「緊張した」

ten·só [ten.só] 囡 →tensón.

ten·són [ten.són] 囡 ［詩］（プロバンスの）論争詩.

ten·sor, so·ra [ten.sór, -.só.ra] 形 張力の, 伸張の, 引っ張りの. — 男 1 ［解剖］張筋. 2 張り綱, 支え綱, 支柱. 3 ［機］引き締めねじ. 4 ［服飾］襟どめ. 5 ［数］テンソル（量）.

‡**ten·ta·ción** [ten.ta.θjón / -.sjón] 囡 誘惑, 気をそそること［もの］. caer en la ～ 誘惑に負ける. No nos pongas en ～… ［聖］私たちを誘惑に遭わせず… 〈マタイ 6 : 13〉. resistir (a) la ～ 誘惑に逆らう. Los pasteles son mi ～. 僕はケーキに目がない.

ten·ta·cu·lar [ten.ta.ku.lár] 形 触手(状)の.

ten·tá·cu·lo [ten.tá.ku.lo] 男 ［動］触手.

ten·ta·de·ro [ten.ta.dé.ro] 男 ［闘牛］子牛を選定するための囲い場. →tienta.

ten·ta·dor, do·ra [ten.ta.dór, -.dó.ra] 形 誘惑する, 気［興味］をそそる. — 男 囡 誘惑する人. *el Tentador* 悪魔.

ten·ta·du·ra [ten.ta.dú.ra] 囡 銀鉱石の水銀検査；(水銀検査用の)サンプル.

ten·ta·le·ar [ten.ta.le.ár] 他 何度も触ってみる；手探りで触って調べる.

***ten·tar** [ten.tár] 他 1 手探りする. El ciego iba *tentando* el camino con el bastón. 盲人は杖(?)で道を探りながら行った.
2 誘惑する, そそのかす；《con... …を使って》気をそそる (= atraer, seducir). La serpiente *tentó* a Eva. 蛇がエバを誘惑した. Me *tentó con* una copa. 私は一杯やらないかと誘われた.
3 試みる, 企てる, 試す. *He tentado* todos los remedios. 私はすべての処置を講じてみた.
4 ［医］消息子［探り針］で探る.
5 ［闘牛］《闘牛にふさわしい》〈子牛を〉選定する.
tentar a Dios 神を恐れぬ振る舞いをする.
tentar al diablo 向こう見ずな振る舞いをする.
— ～·se 再 触る.
[←［ラ］*temptāre*「触る；試す」 ［関連］tentación, tentativa, tiento, atentar. ［英］(*at*)*tempt*]

***ten·ta·ti·vo, va** [ten.ta.tí.βo, -.βa] 形 手探りの, 試験的な.
— 囡 1 試み, 企て. *tentativa infructuosa* 無駄な試み. 2 ［法］未遂行為. *tentativa de asesinato [de homicidio]* 殺人未遂. *quedar en tentativa* 未遂に終わる. 3 ［古語］(大学の) 入学試験.

ten·te·mo·zo [ten.te.mó.θo / -.so] 男 1 支え, つっかい棒；（馬をはずした荷車の）車支え. 2 起き上がりこぼし. 3 (馬具の)頬革［ひも］, 面懸(?).

ten·tem·pié [ten.tem.pjé] 男 1 ［話］軽い食事 (= refrigerio). 2 起き上がりこぼし.

ten·te·ne·lai·re [ten.te.ne.lái.re] 男 囡 テンテネライレ：黒人の血を 4 分の 1 受けている親 *cuarterón* とムラート *mulato* との間に生まれた子. — 男 ［ラ米］(?)(?)(?) ［鳥］ハチドリ (= colibrí).

ten·te·tie·so [ten.te.tjé.so] 男 起き上がりこぼし.

ten·tón [ten.tón] 男 ［闘牛］牛の選定に使う.
— 男 1 ［闘牛］牛の選定に使う馬. 2 ［話］不意に触ること.

***te·nue** [té.nwe] 形 1 細い, 薄い；淡い. *los hilos ～s del gusano de seda* カイコの細い糸. *niebla* 薄い霧. 2 わずかな, 微弱［繊細］な. ～ *luz* かすかな光. *voz ～* 弱々しい声.

te·nue·men·te [té.nwe.mén.te] 副 かすかに［わずかに］；弱く.

te·nui·dad [te.nwi.ðáð] 囡 1 細さ, 薄さ；希薄. 2 微弱. 3 繊細.

te·nui·rros·tro [te.nwi.r̃ós.tro] 男 1 ［鳥］(ハチドリなどの)細嘴(?)類の鳥. 2 《複数で》細嘴類.

ten·zón [ten.θón / -.són] 囡 →tensón.

te·ñi·ble [te.ní.βle] 形 染色できる, 染められる.

te·ñi·do, da [te.ní.ðo, -.ða] 形 1 《de... / en... …に》染まった, 染色された. *un abrigo ～ de azul marino* 紺色に染めたコート. 2 《de...》(…の)傾向のある, (…の)ニュアンスを帯びた, (…の)気味の. *una ideología teñida de fanatismo* 狂信性を帯びたイデオロギー. — 男 染色.

te·ñi·du·ra [te.ɲi.ðú.ra] 囡 染色.

‡**te·ñir** [te.ɲír] 他 1 《de... / en... …に》染める, 着色する；…に色が移る.
2 《de...》(言葉などに) (…の)ニュアンスをつける, 傾向を持たせる. *El escritor suele ～ sus obras de un cierto pesimismo.* その作家の作品はいつもある種のペシミズムで彩られている. 3 ［美］(暗い色を使って)色を地味にする, 色調を落とす.
— ～·se 再 《de...》 1 《…に色に》髪を染める. *Se ha teñido de rubio.* 彼［彼女］は髪をブロンドに染めた.
2 染まる；(…の)ニュアンスを帯びる.
[←［ラ］*tingere*「ぬらす；染める」 ［関連］tinte, tinta, tinto, tintorería. ［英］*tinge*「染める」, *tint*「色合い」, *tincture*「色合い；染める」]

Te·o [té.o] 固名 テオ：Teodoro の愛称.

teo- 「神」の意の造語要素. →teocracia, teología. [←［ギ］]

te·o·ca·li [te.o.ká.li] 男 ［史］テオカリ：azteca のピラミッド形の丘上祭壇［神殿］.

te·o·cin·tle [te.o.θín.tle / -.sín.-] 男 (飼料に使う)トウモロコシ.

te·o·cra·cia [te.o.krá.θja / -.sja] 囡 神権政治, 神政；神政国家.

te·o·crá·ti·co, ca [te.o.krá.ti.ko, -.ka] 形 神権政治［神政］の.

Te·ó·cri·to [te.ó.kri.to] 固名 テオクリトス (前300?-260?) ：古代ギリシアの牧歌詩人.
[←［ラ］*Theocritus*←［ギ］*Theókritos*]

te·o·di·ce·a [te.o.ði.θé.a / -.sé.-] 囡 ［神］［哲］弁神［神義］論：この世に存在するあらゆる悪にもかかわらず, 神の善であることを弁護する説.

te·o·do·li·to [te.o.ðo.lí.to] 男 セオドライト, 経緯儀：天体の位置測定や測量に使用する器具.

Te·o·do·ri·co [te.o.ðo.rí.ko] 固名 1 ～ *el Grande* テオドリクス大王, テオドリック大王 (456?-526)：東ゴート王. 2 男子の名.
[←［後ラ］*Theodōricus*←［ゲルマン］ **Theuderich* (*theud*「人々」+ *rich*「支配者」；「人々の支配者」が原義) ［関連］［ポルトガル］［伊］*Teodorico*. ［仏］*Théodoric*. ［英］*Theodoric*. ［独］*Dietrich*]

Te·o·do·ro [te.o.ðó.ro] 固名 テオドロ：男子の洗礼名. 愛称 Teo. [←［ラ］*Theodōrus*←［ギ］*Theódōros* (*theós*「神」+ *dôron*「恵み」；「神の授かりもの」が原義) ［関連］［ポルトガル］［伊］*Teodoro*. ［仏］*Théodore*. ［英］*Theodore*. ［独］*Theodor*]

Te·o·do·sia·no, na [te.o.ðo.sjá.no, -.na] 形 テオドシウス (1世)の. *el código ～* テオドシウス法典 (ローマ皇帝制定法集. 438年に完成).

Te·o·do·sio [te.o.ðó.sjo] 固名 ～ I *el Grande* テオドシウス1世 ［大帝］：スペイン生まれのローマ皇帝 (在位379-395). 帝国を東西に二分して子供に譲った.

tequioso

[←[ラ]*Theodosius*]

te·o·fa·ní·a [te.o.fa.ní.a] 女 神の顕現[出現].

te·o·go·ní·a [te.o.go.ní.a] 女 神々の系譜, 神統記, 神統系譜学.

te·o·gó·ni·co, ca [te.o.gó.ni.ko, -.ka] 形 神統系譜(学)の.

te·o·lo·gal [te.o.lo.gál] 形 神学(上)の, 神学的な. *virtudes ~es* (スコラ哲学の)対神徳.

te·o·lo·gí·a [te.o.lo.xí.a] 女 神学. *la ~ católica* [*dogmática, mística*] カトリック[教義, 神秘]神学. *~ de la liberación* 解放の神学.
  no meterse en teologías (話)難問を避ける.

te·o·ló·gi·ca·men·te [te.o.ló.xi.ka.mén.te] 副 神学的に, 神学に基づいて.

te·o·ló·gi·co, ca [te.o.ló.xi.ko, -.ka] 形 神学(上)の, 神学的な.

te·o·lo·gi·zar [te.o.lo.xi.θár / -.sár] 97 自 神学を研究する, 神学を論じる.

te·ó·lo·go, ga [te.ó.lo.go, -.ga] 形 神学(上)の, 神学的な. ― 男 女 神学者.

te·o·ma·ní·a [te.o.ma.ní.a] 女 神狂症(自分を神と信じる妄想狂), 神がかり.

te·o·re·ma [te.o.ré.ma] 男 〖数〗定理, 原理, 法則. *~ de Pitágoras* ピタゴラスの定理. *~ de geometría* 幾何学の定理. *~ de la evolución* 進化の法則. [←〖ギ〗*theōrēma*「調査」(*theōreín*「調べる」より派生). 〖関連〗teoría, teatro. [英]*theorem*]

te·o·ré·ti·co, ca [te.o.ré.ti.ko, -.ka] 形 〖格式〗論理的な, 理論, 理論上の. ▶英語 *theoretic* の影響.

te·o·rí·a [te.o.rí.a] 女 **1 理論, (学)説. *desarrollar* [*elaborar*] *la ~* 理論を展開する[練る]. *poner la ~ política a prueba* 政治理論を証明する. *~ general* 総論. *~ newtoniana* [*de la gravitación* (*universal*)] 万有引力の法則. *~ de la Gran Explosión* [*del Big-Bang*] ビッグバン理論. *~ de los juegos* ゲーム理論. *~ de la relatividad* 相対性理論. *~ de la ventana rota* 割れ窓[ブロークンウィンドー]理論. *~ evolucionista* 進化論. *~ geocéntrica* 天動説. *~ heliocéntrica* [*copernicana*] 地動説. **2** 意見, 主張, 持論. *Tengo la ~ de que...* 私は…という意見だ. *¡Es una ~ infantil!* それは幼稚な考えだ. *Tiene una ~ muy particular sobre eso.* それについて彼[彼女]は一家言持っている.
  en teoría 理論的には. *En ~ sí pero en la práctica no.* 理論的にはそうだが実際には違う.
[←[後]*theōria*←〖ギ〗*theōría*「観察, 熟考」, 〖関連〗teórico, teorizar, teorema, teatro. [英]*theory*]

te·ó·ri·ca·men·te [te.ó.ri.ka.mén.te] 副 理論的には;理論的には;理屈上.

‡**te·ó·ri·co, ca** [te.ó.ri.ko, -.ka] 形 **理論 (上) の**, 理論的の;空論家の.
  ― 男 女 理論家(通);空論家, 理屈屋.
  ― 女 **1** 理論. **2** 《ラ米》(俗)おしゃべり.

te·o·ri·zar [te.o.ri.θár / -.sár] 自他 **1** 学説[理論]を立てる, 理論づける. **2** 一般論に終始する. *No teorices tanto.* 一般論ばかり言うな. 具体的に考えろ.

te·o·so·fí·a [te.o.so.fí.a] 女 〖神〗神智学:人間に霊智があり, 直接神を見ることができるという学説.

te·o·só·fi·co, ca [te.o.só.fi.ko, -.ka] 形 神智学の.

te·ó·so·fo, fa [te.ó.so.fo, -.fa] 形 神智学者[者]の.
  ― 男 女 神智学者[論者].

Te·o·ti·hua·cán [te.o.ti.(g)wa.kán] 固名 テオティワカン:メキシコ中央部の古代遺跡. ♦ ナワトル語で「神々の集う場」の意. テオティワカン文化(隆盛期300-650年)の中心地で, Mesoamérica 最大の祭祀(ぎ)都市. 太陽のピラミッド, 月のピラミッド, Quetzalcóatl の神殿などが有名. 1987年世界遺産に登録. 先スペイン期の古文書のひとつ *Códice matritense* に「(...) *se reunieron. Se convocaron los dioses. Allí en ~*. 神々は集い, 寄り集うた. かのテオティワカンに」とうたわれている.

Teotihuacán (テオティワカン)

te·pa·che [te.pá.tʃe] 男 《ラ米》(メ)テパチェ:サトウキビやパイナップルの搾り汁・砂糖などから作る発酵酒.
  regar el tepache 《ラ米》(メ)(話)へまをする, 失敗する.

te·pal·ca·te [te.pal.ká.te] 男 《ラ米》(1) (マ中米)(メ)(主に複数で)(話)安物, がらくた. (2) (マ中米)(メ)瀬戸物;(焼き物などの)破片, かけら.

te·pal·ca·te·ro, ra [te.pal.ka.té.ro, -.ra] 男 女 《ラ米》(メ)陶工, 陶器職人.

té·pa·lo [té.pa.lo] 男 〖植〗花被片.

te·pe [té.pe] 男 (移植用に四角にはぎ取った)芝土, 一片の芝生ブロック.

te·pe·gua·je [te.pe.gwá.xe] 男 **1** テペグアへ:アメリカ大陸原産ミモザ科の木. **2** テペグアへ材.

te·pe·ta·te [te.pe.tá.te] 男 《ラ米》(1) (マ中米)(メ)建築用石材. (2) (マ中米)(メ)(鉱山の)廃物, 採掘土.

te·pez·cuin·tle [te.peθ.kwín.tle / -.pes.-] 男 《ラ米》〖動〗パカ:アメリカ大陸原産の大型のネズミの仲間. 食用にする.

te·po·ca·te [te.po.ká.te] 男 《ラ米》(メ)(1) 石ころ, 小石. (2) 幼児, 子供.

te·po·naz·tle [te.po.náθ.tle / -.nás.-] 男 〖音楽〗テポナストレ:アステカの打楽器の一種.

te·po·rin·go [te.po.rín.go] 男 〖動〗テポリンゴ:ウサギに似た齧歯目(げっしもく)の動物.

te·po·ro·cho, cha [te.po.ró.tʃo, -.tʃa] 男 女 《ラ米》(メ)(話)酔っぱらい浮浪者の.

te·po·zán [te.po.θán / -.sán] 男 〖植〗テポサン:アメリカ大陸原産の低木.

te·pú [te.pú] 男 《ラ米》(チ)〖植〗フトモモ科テプアリア属の高木.

te·ques·qui·te [te.kes.kí.te] 男 《ラ米》塩水湖から取れる塩.

te·qui [té.ki] 男 (話)タクシー(=taxi).

te·qui·che [te.kí.tʃe] 男 《ラ米》(マ中米)トウモロコシ粉・ココナツミルク・バター・黒砂糖で作る食べ物.

te·qui·la [te.kí.la] 女 テキーラ:リュウゼツランから作るメキシコ産の蒸留酒. ♦特に Jalisco 州で作られるものを言う. ⇒mezcal. [←*Tequila*〈Jalisco 州にあるテキーラ原産地の名)[←〖ナワトル〗*Tequillan*]

te·quio [té.kjo] 男 《ラ米》(1) (マ中米)〖史〗(先住民に課された)労役. (2) (マ中米)(メ)(話)迷惑, 厄介事.

te·quio·so, sa [te.kjó.so, -.sa] 形 《ラ米》(マ中米)(メ)

TER

《話》厄介な, 煩わしい, うるさい.
TER [tér] 〖男〗《略》《単複同形》*T*ren *E*spañol *R*ápido スペイン高速列車：1960年代に開発された都市間輸送用ディーゼル列車.
te·ra·byte [te.ra.bí.te // -.bái*t*] 〖英〗〖男〗《複 ～s》〖IT〗テラ（1兆）バイト.
te·ra·gra·mo [te.ra.grá.mo] 〖男〗 テラ（1兆）グラム（略 Tg）.
te·ra·peu·ta [te.ra.péu.ta] 〖男〗〖女〗〖医〗療法士, セラピスト, 治療専門家［医師］.
te·ra·péu·ti·ca [te.ra.péu.ti.ka] 〖女〗 治療法；治療学.
te·ra·péu·ti·ca·men·te [te.ra.péu.ti.ka.mén.te] 〖副〗 治療の目的で；治療の観点では；治療の面では.
te·ra·péu·ti·co, ca [te.ra.péu.ti.ko, -.ka] 〖形〗 治療（法）の；健康増進の.
te·ra·pia [te.rá.pja] 〖女〗〖医〗治療（法）；治療学. ～ de grupo 集団療法. ～ ocupacional 作業療法.
-terapia 「治療, 治療法」の意の造語要素. *psico*terapia, *radio*terapia. ［←ギ］
te·ra·to·gé·ni·co, ca [te.ra.to.xé.ni.ko, -.ka] 〖形〗 → teratógeno.
te·ra·tó·ge·no, na [te.ra.tó.xe.no, -.na] 〖形〗〖医〗催奇形の.
te·ra·to·lo·gí·a [te.ra.to.lo.xí.a] 〖女〗〖医〗奇形学.
te·ra·to·ló·gi·co, ca [te.ra.to.ló.xi.ko, -.ka] 〖形〗 奇形学の.
ter·bio [tér.bjo] 〖男〗〖化〗テルビウム（記号 Tb）.
ter·ca·men·te [tér.ka.mén.te] 〖副〗 頑固に；執拗に；粘り強く.
ter·ce·na [ter.θé.na / -.sé.-] 〖女〗 **1**（主にタバコの）専売局. **2**《ラ米》(^キハ)(^{コロ}ア)肉店, 肉屋.
ter·ce·nis·ta [ter.θe.nís.ta / -.se.-] 〖男〗〖女〗 **1** 専売局員. **2**《ラ米》(^キハ)(^{コロ}ア)肉屋.
ter·cer [ter.θér / -.sér] 〖形〗 ［tercero の語尾消失形］ 第3の, 3番目の. ～ mundo 第三世界（特にアジア, アフリカ, ラテンアメリカの発展途上国）.
ter·ce·ra [ter.θé.ra / -.sé.-] 〖形〗〖女〗 → tercero.
ter·ce·ra·men·te [ter.θe.ra.mén.te / -.se.-] 〖副〗 3つ目に, 第3に.
ter·ce·rí·a [ter.θe.rí.a / -.se.-] 〖女〗 **1** 調停, 仲裁. **2** 売春斡旋(^{あっ})業. **3**〖法〗第三者の権利.
ter·ce·ri·lla [ter.θe.rí.ja ‖ -.ʎa / -.se.-] 〖女〗〖詩〗（短句型の）3行詩句.
ter·cer·mun·dis·mo [ter.θer.mun.dís.mo / -.ser.-] 〖男〗 **1** 第三世界の状況.
2《軽蔑》第三世界のような悲惨な状況.
ter·cer·mun·dis·ta [ter.θer.mun.dís.ta / -.ser.-] 〖形〗 **1** 第三世界の, 第三世界に特有の.
2《軽蔑》第三世界のような.
[ter.θé.ro, -.ra / -.sé.-] 〖形〗 ［男性単数名詞の前で tercer となる］
^{***}ter·ce·ro, ra
《数詞》 **1** 第3の, 3番目の. la *tercera* calle a la derecha 3つ目の通りを右へ. Carlos Ⅲ ［～］（スペイン王）カルロス3世. por *tercera* persona 第三者によって. seguro contra *terceras* personas 第三者保険. orden *tercera* 〖カト〗第三会（世俗に生活する男女の信徒を会員とする修道会） ❖ 定冠詞などを伴って人・ものを指す名詞表現を作る. → la *tercera* de la derecha 右から3番目の女性.
2 3分の1の. **3** 仲裁［調停］する.
— 〖男〗〖女〗 **1** 第三者. causar daño a un ～ 第三者に損害を与える. **2** 仲介者；仲裁人, 調停者. ser el ～ en discordia 争いの仲裁人になる.

3 売春斡旋(^{あっ})業者, ぽん引き.
— 〖男〗 3分の1 (= *tercera* parte).
— 〖女〗 **1**〖遊〗（トランプ）同組み札の3枚続き. **2**〖音楽〗 3度音（程）. **3**〖車〗サードギア, 3速. **4**（列車の）3等（席）.
A la tercera va la vencida.《諺》三度目の正直.
tercera edad 老年, 高齢.
［←〖ラ〗 *tertiārium (tertiārius* の対格)「第3部の」; *tertius*「第3の」(→ tercio) より派生；〖関連〗 tres.〖英〗 *tertiary*「第3の」, *third*「第3」〗
ter·ce·rol [ter.θe.ról / -.sé.-] 〖男〗〖海〗リーフ, 縮帆部.
ter·ce·ro·la [ter.θe.ró.la / -.sé.-] 〖女〗 **1**（銃口が大きく）銃身の短い銃. **2**〖音楽〗小型のフルート. **3** 中型の樽(^{たる}).
ter·ce·to [ter.θé.to / -.sé.-] 〖男〗 **1**〖詩〗（11音節の）3行連句. **2**〖音楽〗三重唱［奏］；三重奏曲［団］.
ter·cia [tér.θja / -.sja] 〖女〗 **1** 3等分, 3分の1.
2 vara の3分の1. **3**〖カト〗（聖務日課の）三時課：午前9時ごろの礼拝と祈禱(^{きとう}). **4**（古代ローマの）1日の時間区分の2番目：およそ午前9時から正午まで. → nona.
ter·cia·do, da [ter.θjá.đo, -.đa / -.sjá.-] 〖形〗 **1** 斜めの, 斜めにかけた. **2** 中型の, 中ぐらいの大きさの；〖闘牛〗〈牛が〉中型の. **3** 3分の1欠けた.
— 〖男〗 **1** 広刃の刀. **2** 幅広のリボン.
azúcar terciado 赤砂糖.
ter·cia·dor, do·ra [ter.θja.đór, -.đó.ra / -.sja.-] 〖形〗 仲介［調停, 仲裁］する. — 〖男〗〖女〗 **1** 仲介者, 調停者, 仲裁人. **2**《ラ米》(^{コロ}ア)ポーター, 荷物運び屋.
ter·cia·na [ter.θjá.na / -.sjá.-] 〖女〗《主に複数で》〖医〗三日熱.
ter·ciar [ter.θjár / -.sjár] 82 〖他〗 **1** 斜めにする［置く, かける］. **2**〖農〗（1）3度目の鋤(^{すき})を起こしする. (2) 根元3分の1を残して切る. **3**（鞍)の荷を均等に振り分ける. **4** 3（等）分する. **5**《ラ米》(1)(^{グアテ})(^{ホンジュ})(荷)を背負う. (2) (酒)を水で割る. (3) (^{メキ})混ぜる, 混ぜ合わせる. — 〖自〗 **1** 仲介する, 仲裁する, 調停する. **2** 参加する；口を挟む；（ゲームなどの）人数が不足を補う. **3** 三日月になる.
— ～**se** 〖再〗《3人称で》《偶然》生じる, 起こる. si *se tercia* そういう場合には, いざというときには. si *se tercia* alguna vez que usted pase por aquí もしこちらにおいでになるようなときは.
ter·cia·rio, ria [ter.θjá.rjo, -.rja / -.sjá.-] 〖形〗 **1** 第3次［期］の. *sector*～（サービス業などの）第三次産業の. **2**〖地質〗第三紀の.
— 〖男〗〖地質〗第三紀：約6500万年-170万年前.
— 〖男〗〖女〗〖カト〗（修道会の）第三会員.
ter·cio, cia [tér.θjo, -.θja / -.sjo, -.sja] 〖形〗《数詞》第3番目の, 第3の (= tercero).
— 〖男〗 **1** 3分の1. **1**. un ～ de los presentes 出席者の3分の1. dos ～s 3分の2.
2〖軍〗(1)(16-17世紀の）歩兵連隊. (2)（志願兵の）部隊, 義勇軍. ～ extranjero 外人部隊. (3) (Guardia Civil の管区）方面隊.
3〖闘牛〗(1)（3つの）場, 段階. ～ de varas 槍(^{やり})（ピカドール）. ～ de banderillas 銛(^{もり})打ちの場. ～ de muerte（とどめによる）死の場. (2) 主闘技区域. → plaza.
4《スペイン》ビールの小瓶. **5** フラメンコの歌詞の一部分. **6**〖カト〗ロザリオの祈りの三つ（喜び, 苦しみ, 栄え）の奥義の一つ. **7**（鞍(^{くら})の）振り分け荷物. **8**《ラ米》(1) 1束, 包み. (2) (^{メキ})《話》あいつ, やつ.
hacer buen [*mal*] *tercio a* +人（人）の役に立つ

ter·cio·pe·la·do, da [ter.θjo.pe.lá.ðo, -.ða / -.sjo.-] 形 ビロードのような, 滑らか [柔らか] な. ― 男 ベロア：ビロードに似た毛足が長く光沢のある織物.

ter·cio·pe·lo [ter.θjo.pé.lo / -.sjo.-] 男 ビロード, ベルベット. cortinas de ～ ビロードのカーテン. [tercio + pelo；縦糸2本と横糸1本の3本で織るところから]

ter·cio·per·so·nal [ter.θjo.per.so.nál / -.sjo.-] 形 《文法》〈動詞が〉3人称 (単数) のみに活用する.

*__ter·co, ca__ [tér.ko, -.ka] 形 1 頑固 [強情] な；執拗(と)な. 2〈物が〉固い, 細工しにくい；〈動物が〉鈍い. 3 《ラ米》(ホルケ)冷淡な, 情のない, 無愛想な. ― 男 女 頑固 [強情] な人.

te·re [té.re] 形 《ラ米》(アンデス) 《話》泣き虫の；病弱な.

Te·re [té.re] 固名 テレ：Teresa の愛称.

te·re·bin·to [te.re.βín.to] 男 《植》テレビンノキ：ウルシ科トネリバハゼ属.

te·re·bran·te [te.re.βrán.te] 形 〈痛みなどが〉突き刺すような.

te·re·co [te.ré.ko] 男 《ラ米》(ホルケ) 《話》がらくた, 不要品.

Te·ren·cio [te.rén.θjo / -.sjo] 固名 テレンティウス (前195?–159)：古代ローマの喜劇詩人. [←ラ *Terentius*]

te·re·que [te.ré.ke] 男 《ラ米》(ホルケア)(アンデス)(エネスア)《話》不用品, がらくた.

te·re·ré [te.re.ré] 男 《ラ米》(ンラ)冷たいマテ茶の飲料.

te·re·sa [te.ré.sa] 形 《カト》跣足(はけい)カルメル会修道女の. ― 女 1 跣足カルメル会修道女. 2 《主に複数で》《話》女性の乳房.

Te·re·sa [te.ré.sa] 固名 1 Santa ～ de Jesús 聖テレサ・デ・ヘスス, 通称 Santa ～ de Ávila (1515–82)：スペインの神秘文学者・跣足(はけい)カルメル会改革者. 著書 *Las moradas o castillo interior* 『霊魂の城』, *El camino de perfección* 『完徳の道』. 2 テレサ：女子の洗礼名. 愛称 Tere. [← 《後ら》*Thērasia*←《ギ》(クレタ島近くの島の名に由来)；関連 《ポルトガル》《伊》*Teresa*. 《仏》*Thérèse*. 《英》*T(h)eresa*. 《独》*Therese*, *Theresia*]

te·re·sia·na [te.re.sjá.na] 女 《軍》士官の軍帽.

te·re·sia·no, na [te.re.sjá.no, -.na] 形 サンタ・テレサ学派の；《カト》跣足カルメル会の. ― 女 《カト》跣足カルメル会修道女.

ter·gal [ter.gál] 男 《商標》テルガル：ポリエステル性繊維.

ter·gi·ver·sa·ble [ter.xi.βer.sá.βle] 形 歪曲(わいきょく)しうる；言い逃れうる.

ter·gi·ver·sa·ción [ter.xi.βer.sa.θjón / -.sjón] 女 歪曲(わいきょく)；言い逃れ.

ter·gi·ver·sa·dor, do·ra [ter.xi.βer.sa.ðór, -.ðó.ra] 形 歪曲(わいきょく)する；言い逃れをする. ― 男 女 事実を曲げて述べる人.

ter·gi·ver·sar [ter.xi.βer.sár] 他〈事実を〉ゆがめる, 曲解する；言い逃れる. Los periodistas *tergiversaron* sus palabras. 記者たちは彼 [彼女] (ら) の言葉を歪曲した.

te·ria·ca [te.rjá.ka] 女 《薬》(1) テリアカ：数十種の薬品とはちみつで作る毒消し. (2) 解毒剤, ワクチン.

te·ri·do·fi·to, ta [te.ri.ðo.fí.to, -.ta] 形 → pteridofito.

ter·liz [ter.líθ / -.lís] 男〈マットレス・クッション・枕カバーに用いる〉丈夫な木綿 [亜麻] 布.

ter·mal [ter.mál] 形 温泉の. aguas ～*es* 温泉.

ter·mas [tér.mas] 女 《複数形》1 温泉 (施設), 湯治場. 2〈古代ローマの〉公衆浴場.

ter·mes [tér.mes] 男 《単複同形》《昆》シロアリ.

ter·mia [tér.mja] 女 《物理》サーム：熱量の単位 (記号 th).

tér·mi·co, ca [tér.mi.ko, -.ka] 形 1 熱の, 温度の. agitación *térmica* 熱運動. energía *térmica* 熱エネルギー. central *térmica* 火力発電所. 2 保温の. recipiente ～ 保温容器.

ter·mi·dor [ter.mi.ðór] 男 テルミドール, 熱月：フランス革命暦の第11月. 7月19日 – 8月21日.

ter·mi·na·ble [ter.mi.ná.βle] 形 終わりのある, 終わることのできる.

ter·mi·na·cho [ter.mi.ná.tʃo] 男 《軽蔑》下品な言葉, 卑語；適切でない言葉.

ter·mi·na·ción [ter.mi.na.θjón / -.sjón] 女 1 終了, 完了, 完成. La ～ de la obra duró dos meses. 工事の完成には2か月かかった. 2 端, 末端部. la ～ de las mangas そで口. 3 《文法》(屈折) 語尾. 4 《詩》(韻文で) 韻を示す行末の文字.

ter·mi·na·jo [ter.mi.ná.xo] 男 → terminacho.

*__ter·mi·nal__ [ter.mi.nál] 形 1 終わりの, 終点の；末端の. estación ～ 終着駅. la parte ～ de una novela 小説の最後の部分.
2 《植》〈花・芽が〉頂生の.
― 男 《電》《IT》端末 (装置)；端子.
― 女 〈交通機関の〉ターミナル, 終着駅 (= estación ～), 終点. ～ de un aeropuerto 空港のターミナル. ～ de autobuses バスターミナル. ～ de cargas (空港や港の) 貨物ターミナル.

ter·mi·nan·te [ter.mi.nán.te] 形 1 決定的な, 断固とした, 絶対的な. una negativa ～ きっぱりとした拒絶. una orden ～ 絶対命令. prohibición ～ 厳禁. 2 最終的な. resultados ～*s* 最終的な結果.

ter·mi·nan·te·men·te [ter.mi.nán.te.mén.te] 副 決定的に, 断固として. Queda ～ prohibido utilizar el móvil. 携帯電話の使用は厳禁である.

__ter·mi·nar__ [ter.mi.nár] 他 1 終える, 終了する；完成する (= acabar). Está por ～ la carrera de Derecho. 彼 [彼女] は法学部の卒業を目前にしている. Para ～, quiero agradecerles a todos los presentes su colaboración. 最後に出席者の皆さんのご協力に感謝したい.
2 使い切る；〈飲食物を〉食べ [飲み] 終える. *Termina* tu café, que ya nos vamos. コーヒーを飲んでしまいなさいよ, もう行くからね.
― 自 1 終わる, 終了する. ¿Cuándo *terminó* la guerra? 戦争はいつ終わりましたか. Todo *ha terminado*. 全てが終わりました.
2 《con...》(1)〈…を〉終わらせる, おしまいにする. Queremos ya *con* la corrupción. もう汚職はおしまいにしたい. (2)《〈人〉と》別れる.
3 《de + 不定詞》〈…し〉終わる；〈…する〉に至る. Cuando *terminó de* leer la carta, permaneció inmóvil largo rato. 彼 [彼女] は手紙を読み終えるとそのまま長いことじっとしていた. No *terminé de entender* lo que querías decir. 私は君の言いたかったことを結局理解することができなかった.
4 《por + 不定詞》〈…して〉終わる, ついに〈…〉する. *Terminamos por* creer que eran sus travesuras. 私たちはそれが彼 [彼女] (ら) のいたずらと思うことにした.
5 《+ 形容詞・副詞およびその相当語句》…(という状

態)で)終わる. *Terminé un poco deprimido.* 私は最後には気が滅入った. *Este asunto no terminó bien.* この件は結局うまくいかなかった. *Todo iba a ~ en fracaso.* 全てが失敗に終わろうとしている. *El autor terminó casándose con una actriz.* その作家は結局ある女優と結婚することになった.

6 (**en...**) (先端が) (…に) なっている. *El morro del avión termina en punta.* その飛行機は先がとがっている. **7** 《ラ米》(俗) (話) オルガスムスに達する, 果てる, いく.

—・se 再 **1** 終わる, 終了する. *~se el contrato* 契約が切れる. *Se terminaron las vacaciones.* 休暇は終わりました.

2 なくなる, 尽きる. *Se terminaron los fondos para la investigación.* 研究資金が底をついた.

3 かたづける, 読み [書き] 上げる, 《飲食物などを》すっかり平らげる. *Me terminé una novela de un tirón.* 私は一気に小説を読みきった.

[←〔ラ〕*termināre*「境界(石)を立てる」が原義; *terminus*「境界石」(→ *término*) より派生; 関連 terminal, determinar, terminología. 〔英〕*terminate*〕

ter・mi・nis・ta [ter.mi.nís.ta] 男 女 きざな話し方 [もったいぶった言い方] をする人.

tér・mi・no [tér.mi.no] 男 **1 終了, 最後の(日), 終点. *al ~ de la cena* 夕食が終わったら. *la guerra sin ~* 終わりなき戦争. *Mi resistencia toca a ~.* 私の我慢ももう限界だ.
2 目的地; 目標. *Llegamos al ~ del viaje.* 私たちは旅の最終目的地に着いた.
3 境界線; 管区, 行政区域. *~ municipal* 市域.
4 語, 単語;〔専門〕用語;《複数で》言葉遣い. *~ técnico* 技術用語. *bajo el ~ de la globalización* グローバル化という名の下に. *en ~s generales* 一般論では. *valga el ~* あえて言わせてもらうと. *Me lo explicó en ~s simples [sencillos].* 彼 [彼女] はその点を簡単に説明してくれた. *Este ~ fue acuñado en 1955.* この術語は1955年に造られた.
5 期限, 期間. *en el ~ de 4 días* 4日間で.
6 (ものごとの) 順番, 順位. *en primer [segundo] ~* まず最初 [その次に].
7《複数で》契約事項. *modificar los ~s del acuerdo [compromiso, Tratado]* 合意事項 [協定, 条約] の条項を修正する.
8 段階, 局面. **9** 部分, 構成要素. **10**〔数〕項. **11**〔英〕〔演〕*el primer [segundo, tercer] ~* 前 [中, 後] 景. **12**《複数で》視点, ものの見方.

llevar a término... …を完成させる, やり遂げる.
poner término a... …に終止符を打つ, 終わらせる.
término medio 平均; 中庸. *por ~ medio* 平均して. *mantenerse en un ~ medio* 中道に立つ. *En el trabajo no hay ~ medio.* 仕事にどっちつかずは許されない.

[←〔ラ〕*terminum* (*terminus* の対格)「境界 (石), 限界, 終局」; 関連 terminar, determinar. 〔スペン〕〔英〕*terminal.* 〔英〕*termination*「終了」, *term*「期間; 学期」]

ter・mi・no・lo・gí・a [ter.mi.no.lo.xí.a] 女 《集合的》術語, 専門用語. → *diccionario* 類語.
ter・mi・no・ló・gi・co, ca [ter.mi.no.ló.xi.ko, -.ka] 形 術語の, 専門用語の.
ter・mi・nó・lo・go, ga [ter.mi.nó.lo.go, -.ga] 男 女 専門用語研究者.
ter・mi・ta[1] [ter.mí.ta] 女 〔昆〕シロアリ.

ter・mi・ta[2] [ter.mí.ta] 女 〔化〕テルミット.
ter・mi・te [ter.mí.te] / **tér・mi・te** [tér.mi.te] 女 → termita[1].
ter・mi・te・ra [ter.mi.té.ra] 女 → termitero.
ter・mi・te・ro [ter.mi.té.ro] 男 シロアリの巣.
ter・mo [tér.mo] 男 **1** 魔法瓶, ポット. **2**〔話〕瞬間湯沸かし器,〔家庭用〕ボイラー (= termosifón).
termo-「熱」の意の造語要素. 母音の前では term-. ⇒ *termal, térmico, termómetro*. [←〔ギ〕]
ter・mo・cau・te・rio [ter.mo.kau.té.rjo] 男〔医〕焼灼 (しょうしゃく) 器.
ter・mo・cé・fa・lo, la [ter.mo.θé.fa.lo, -.la / -.sé.-] 形《ラ米》(幼) (人が) 熱狂的な.
ter・mo・com・pre・sor [ter.mo.kom.pre.sór] 男 熱圧縮機.
ter・mo・con・duc・tor [ter.mo.kon.duk.tór] 男〔物理〕熱伝導体.
ter・mo・di・ná・mi・co, ca [ter.mo.di.ná.mi.ko, -.ka] 形 熱力学の. —— 女 熱力学.
ter・mo・e・las・ti・ci・dad [ter.mo.e.las.ti.θi.ðáð / -.si.-] 女 熱弾性.
ter・mo・e・lec・tri・ci・dad [ter.mo.e.lek.tri.θi.ðáð / -.si.-] 女〔物理〕熱電気; 熱電気学.
ter・mo・e・léc・tri・co, ca [ter.mo.e.lék.tri.ko, -.ka] 形〔物理〕熱電気の. *par ~* 熱電対.
ter・mo・e・le・men・to [ter.mo.e.le.mén.to] 男〔物理〕熱電対.
ter・mo・es・ta・ble [ter.mo.es.tá.ble] 形〔生化〕熱安定の, 耐熱(性)の.
ter・mó・fi・lo, la [ter.mó.fi.lo, -.la] 形 好熱性の.
ter・mo・fón [ter.mo.fón] 男《ラ米》熱サイフォン, 湯沸かし器.
ter・mo・gé・ne・sis [ter.mo.xé.ne.sis] 女《単複同形》〔生化〕熱発生.
ter・mó・ge・no, na [ter.mó.xe.no, -.na] 形〔生化〕熱を発する; 体温を生じる.
ter・mo・gra・fí・a [ter.mo.gra.fí.a] 女〔物理〕温度記録法, サーモグラフィー.
ter・mó・gra・fo [ter.mó.gra.fo] 男 自記温度計.
ter・mo・ió・ni・co, ca [ter.moi.ó.ni.ko, -.ka] 形 熱イオンの. *tubo ~* (テレビ・ラジオの) 熱電子管.
ter・mo・lá・bil [ter.mo.lá.bil] 形〔生化〕熱不安定(性)の, 易熱(性)の.
ter・mo・li・po・li・sis [ter.mo.li.po.lí.sis] 女《単複同形》熱で脂肪を溶かす技術.
ter・mo・lo・gí・a [ter.mo.lo.xí.a] 女 熱学.
ter・mo・me・cá・ni・co, ca [ter.mo.me.ká.ni.ko, -.ka] 形 熱物理学の.
ter・mo・me・trí・a [ter.mo.me.trí.a] 女 温度測定(学); 検温.
ter・mo・mé・tri・co, ca [ter.mo.mé.tri.ko, -.ka] 形 温度計の; 温度測定(学)の, 検温の.
*ter・mó・me・tro [ter.mó.me.tro] 男 **温度計**, 寒暖計; 体温計 (= *clínico*). *~ de máxima y mínima* 最高最低温度計. *~ digital* デジタル体温計. *~ diferencial [bimetálico]* バイメタル温度計. [←〔仏〕*thermomètre* (〔ギ〕*thérmē*「熱」+ *métron*「計ること」); 関連 termo-, termal. 〔英〕*thermometer*]
ter・mo・nu・cle・ar [ter.mo.nu.kle.ár] 形〔物理〕熱核(反応)の, 核融合の. *bomba ~* 熱核爆弾.
ter・mo・par [ter.mo.pár] 男〔物理〕熱電対.
ter・mo・pi・la [ter.mo.pí.la] 女〔物理〕サーモパイル, 熱電対列.

terregal

Ter·mó·pi·las [ter.mó.pi.las] 固名 las 〜 テルモピレー峠：ギリシア中東部の隘路（ぁぃろ）．前480年，第3次ペルシア戦争でスパルタ王 Leónidas が戦死した．[←〔ラ〕*Thermopylās*；形態上複数形をとる *Thermopýlae*（←〔ギ〕*Thermopýlai*）の対格]

ter·mo·plás·ti·co, ca [ter.mo.plás.ti.ko, -.ka] 形 熱可塑性の．— 男 熱可塑性物質［材料］．

ter·mo·quí·mi·co, ca [ter.mo.kí.mi.ko, -.ka] 形 熱化学の．— 女 熱化学．

ter·mo·rre·gu·la·ción [ter.mo.r̃e.gu.la.θjón / -.sjón] 女〖生物〗体温調節（機能）；温度調節．

ter·mo·rre·gu·la·dor, do·ra [ter.mo.r̃e.gu.la.ðór, -.ðó.ra] 形 温度調節の；〖生物〗体温調節の．— 男 温度調節器，サーモスタット．

ter·mos·fe·ra [ter.mos.fé.ra] 女 温度圏：高度とともに気温が上昇する大気圏上層部．

ter·mo·si·fón [ter.mo.si.fón] 男 **1** 給湯器，(家庭用)ボイラー；温水暖房器．**2**〖物理〗熱サイフォン．

ter·mos·ta·to [ter.mos.tá.to] 男 サーモスタット，自動温度調節器．

ter·mo·tan·que [ter.mo.táŋ.ke] 男《ラ米》《ぁるぁ》ガス湯沸かし器．

ter·mo·tec·nia [ter.mo.ték.nja] 女 熱工学．

ter·mo·te·ra·pia [ter.mo.te.rá.pja] 女〖医〗温熱療法．

ter·mo·vi·sión [ter.mo.bi.sjón] 女 赤外線撮影．

ter·na [tér.na] 女 **1**（1人を選び出すための）3名の候補者（リスト）．**2**（三ころ遊びで）3ペア．**3** 3人組，3つのものセット．**4** 布の幅．**5**〖闘牛〗（1回の corrida に出場する）3人組のマタドール matador．

ter·na·rio, ria [ter.ná.rjo, -.rja] 形 3（要素）からなる；3元の；3連の．compás 〜〖音楽〗3拍子．〜〖カト〗3日間の祈禱（きとう）．

ter·nas·co [ter.nás.ko] 男 乳飲み子羊．

ter·ne [tér.ne] 形 **1** 傲慢（ごまん）な，虚勢を張る．**2** 頑固な，しつこい．〜 que 〜 頑固で手に負えない．**3** 頑丈な，たくましい．Su abuela sigue 〜. 彼［彼女］の祖母は依然として元気だ．— 名 傲慢な人；頑固者．

ter·ne·jo, ja [ter.né.xo, -.xa] 形《ラ米》《ぁるぁ》《話》精力的な，元気のよい．

*****ter·ne·ro, ra** [ter.né.ro, -.ra] 男 女 子牛．〜 recental 乳離れしていない子牛．— 女 **1** 子牛の肉．chuleta de *ternera* 子牛の骨付き(あばら)肉．filete de *ternera* 子牛のヒレ肉．**2**《ラ米》《ぁるぁ》ふくらはぎ．

ter·ne·rón, ro·na [ter.ne.rón, -.ró.na] 形 **1**《話》心優しい，涙もろい．**2**《ラ米》《ぁるぁ》《話》甘ったれの．— 男 女《話》心優しい［涙もろい］人．

ter·ne·za [ter.né.θa / -.sa] 女 **1** → ternura **1**. **2**（主に複数で）《話》優しい言葉；甘い言葉，愛の言葉．

ter·ni·lla [ter.ní.ja || -.ʎa] 女〖解剖〗軟骨，軟骨組織．

ter·ni·llo·so, sa [ter.ni.jó.so, -.sa || -.ʎó.-] 形〖解剖〗軟骨の多い，軟骨質の．

ter·ní·si·mo, ma [ter.ní.si.mo, -.ma] 形［tierno の絶対最上級］非常に優しい；非常に柔らかい．

ter·no [tér.no] 男 **1** 三つ［3組］，背広のスリーピース［三つぞろい］．(▶ chaqueta 上着，chaleco ベスト，pantalones ズボンからなる)．**2** のろいの言葉，悪態．echar [soltar] 〜s ののしる．**3**〖印〗（製本の）3枚重ね折り．**4**（宝くじの）3桁（ゖた）の当たり番号．**5**《ラ米》(1)《ぁるぁ》《ぁるぁ》（器の）三点セット．(2)（くぎ）（イヤリング・ネックレス・ブローチからなる）アクセサリーの三点セット．

*****ter·nu·ra** [ter.nú.ra] 女 **1** 優しさ．tratar con 〜 優しく扱う［もてなす］．Su mirada estaba llena de 〜. 彼［彼女］のまなざしは実に優しいものだった．**2** 甘い言葉；愛情の表示［行為］. Como ya no es una niña, ya no necesita tanta 〜. 彼女もう子供ではないのだから甘やかす必要はない．**3**（絵画などの）優美さ．la 〜 de un paisaje 景色のすばらしさ．

te·ro [té.ro] 男《ラ米》→ teruteru

ter·pe·no [ter.pé.no] 男〖化〗テルペン．

Terp·sí·co·re [terp.sí.ko.re] 固名《ギ神》テルプシコレ：舞踊と合唱を司（つかさど）る女神．→ musa

ter·que·ar [ter.ke.ár] 自《話》かたくなになる．

ter·que·dad [ter.ke.dáð] 女 **1** 頑固，強情．**2**《ラ米》（くぎ）冷淡，無関心，そっけなさ．

te·rra·co·ta [te.r̃a.kó.ta] 女 テラコッタ：素焼きの土器．[←〔伊〕*terracotta*]

te·rra·do [te.r̃á.ðo] 男 テラス (= terraza)；平屋根，屋上 (= azotea)．

te·rra·ja [te.r̃á.xa] 女 **1**〖機〗(ねじ切り用) ダイス回し．**2** 刳形（くりがた）用の型板．

te·rra·je [te.r̃á.xe] 男 地代，小作料．

te·rral [te.r̃ál] 形 陸から吹く．— 男（特にスペインの地中海岸で）陸から吹く風，陸風 (= viento 〜)．

te·rra·mi·ci·na [te.r̃a.mi.θí.na / -.sí.-] 女〖商標〗テラマイシン：抗生物質．

te·rra·no·va [te.r̃a.nó.ba] 女〖動〗ニューファンドランド犬 (= perro de *T*〜)：水泳がうまく，人命救助などに用いられる．

Te·rra·no·va [te.r̃a.nó.ba] 固名 ニューファンドランド：カナダ南東部の州［島］．[←〈近フ〉*Terra Nova*（〔ラ〕*terra*「土地」+〔ラ〕*nova*「新しい」；1497年イタリア人航海者 G. Caboto が発見し「新しく発見された土地」の意で命名；〔英〕*Newfoundland* も同じ原義)]

terranova
(ニューファンドランド犬)

te·rra·plén [te.r̃a.plén] 男 **1**（道路・鉄道の）盛り土，土手．**2** 坂，勾配（こうばい）．

te·rra·ple·nar [te.r̃a.ple.nár] 他 **1** 平らにする，地ならしする．**2** 盛り土する．

te·rrá·que·o, a [te.r̃á.ke.o, -.a] 形 水陸からなる，水陸の．globo 〜 地球．

te·rra·rio [te.r̃á.rjo] / **te·rra·rium** [te.r̃á.rjum] 男 テラリウム：陸生小動物の飼育器．

te·rra·te·nien·te [te.r̃a.te.njén.te] 男 女 大地主，大土地所有者．

*****te·rra·za** [te.r̃á.θa / -.sa] 女 **1** ベランダ，バルコニー；屋上．Las muchachas tomaban el sol en la 〜. 女の子たちはバルコニーで日に当たっていた．**2**（喫茶店などの前にある）テラス，オープンスペース．En este café hay una 〜 que da al mar. このカフェテリアでは海に面したテラスがある．**3**（段々畑の）段；段丘．cultivo en 〜s 段々畑による耕作．**4**《ラ米》（くぎ）《話》《ユーモラスに》(人間の) 頭．

te·rraz·go [te.r̃áð.go / -.rás.-] 男 **1** 耕地，農地．**2** 小作料，地代．

te·rra·zo [te.r̃á.θo / -.so] 男 **1**〖建〗テラゾー：大理石などの砕石を固めて作った人工大理石．**2**〖美〗(風景画の中の) 地．[←〔伊〕*terrazzo*]

te·rre·gal [te.r̃e.gál] 男《ラ米》(1) 土の塊．(2)《ぁるぁ》土ぼこり，砂塵（さじん）．

te·rre·go·so, sa [te.r̃e.gó.so, -.sa] 形 土塊の多い.

＊te·rre·mo·to [te.r̃e.mó.to] 男 地震. la sacudida producida por un ～ 地震による揺れ. Hubo un ～ de cinco grados de intensidad [magnitud]. 震度[マグニチュード]5の地震があった.
[←〚ラ〛*terremoto*←〚ラ〛*terrae mōtus*; *terra*「土地」の属格 + *mōtus*「動き」]

te·rre·na [te.r̃é.na] 形 → terreno.

te·rre·nal [te.r̃e.nál] 形 地上の; この世の, 現世の. bienes ～*es* この世の財産. paraíso ～ 地上の楽園.

＊＊te·rre·no, na [te.r̃é.no, -.na] 形 《名詞+》現世の. vida *terrena* この世での生活. mundo ～ 地球.
━ 男 **1** 土地. ～ agrícola 農地. ～ baldío 不毛な土地. ～ desigual 凸凹の地面. ～ fértil 肥沃な大地. ～ mal drenado 水はけの悪い土地. ～ pantanoso 沼地. ～ para la construcción 建設用地. ～ vedado 禁猟[禁漁]区.
2《スポ》コート, グラウンド(=～ de juego).
3《学問の》領域. en el ～ de la literatura 文学の分野で. ～ político [de la policía] 政界.
4 得意分野. estar [encontrarse, hallarse] en su (propio) ～ 得意分野[有利な立場]にいる. **5** 現場, 場面. medir el ～ 現状を見定める. ～ de la enseñanza 教育現場. ～ internacional 国際舞台. **6**《地質》地層. ～ primario 古生層. ～ terciario 第三紀層.
ganar terreno(1)発展[前進]する.(2)《恐怖などが》強まる. El miedo [desaliento] *ganaba* ～ *lentamente*. 恐怖[落胆]が徐々に強くなってきた.
llevar... a su terreno 〈話など〉を自分の有利になるように運ぶ.
perder [ceder] terreno 後退する. Él *perdió* ～ en las encuestas de popularidad. 彼は人気投票で一歩後退した.
preparar [allanar] (a + 人) el terreno よい[有利な]条件を《(人)に》教える; 根回しをする.
saber el terreno que PISAR ものごとを熟知している. *Sé* el ～ *que piso*. 私は置かれた立場を熟知しているつもりだ.
sobre el terreno 現時点での(の); (ものごとの)実現の過程の中で; 臨機応変に.
tantear el terreno 相手の出方を探る.
terreno abonado 温床, 育まれる場所.
todo terreno《形容詞的に》岩山などに適した(=todoterreno); 四輪駆動車(=vehículo [coche] *todo*～);bicicleta *todo*～ マウンテンバイク. ＊前置された名詞が複数になっても変化しない. ～ *coches todo*～.
[男 ←〚ラ〛*terrēnum*「土地, 田畑」; 形 ←〚ラ〛*terrēnus*「土地の」, 共に *terra*「土地」より派生 [関連] terrenal. [英]*terrain, terrene*]

té·rre·o, a [té.r̃e.o, -.a] 形 土の; 土のような. de color ～ 土色の.

te·rre·ro, ra [te.r̃é.ro, -.ra] 形 **1** 土の, 地面の. **2**《鳥が》低く飛ぶ, 地面すれすれの. **3**《馬が》足を引きずるように歩く. **4** 土を運ぶための. saco ～ 土運び用袋. **5** 身分の低い, 卑しい. **6**《ラ米》《牛闘》(まれに《スペイン》)平原の. ━ 男 **1** 盛土. **2** テラス. **3** 公共広場. **4**《射撃の》標的. **5** 沖積土. **6**《鉱》ぼた山, 廃石[捨て土]の山. ━ 女 土運び用のかご.

＊te·rres·tre [te.r̃és.tre] 形 **1** 地球(上)の, 地上の. el globo ～ / la esfera ～ 地球(儀). magnetismo ～ 地磁気. televisión digital ～ 地上波デジタルテレビ放送. **2** 現世の, 世俗の. bienes ～*s* この世の財産. **3** 陸上の, 陸生の. transporte ～ 陸上輸送. animales y plantas ～*s* 陸生動植物. ━ 共 地球人.
[←〚ラ〛*terrestrem* (*terrestris*の対格; *terra*「土地」の派生語) [関連] [英]*terrestrial*]

te·rri·bi·lí·si·mo, ma [te.r̃i.bi.lí.si.mo, -.ma] 形 terrible の絶対最上級.

＊＊te·rri·ble [te.r̃í.ble] 形 **1**《+名詞 / 名詞+》《ser +》恐ろしい, 怖い. un ～ monstruo 恐ろしい怪物. luchar contra una ～ enfermedad 恐ろしい病と戦う. No se dan cuenta de las ～*s* consecuencias. 彼らは恐ろしい結果に気づかない.
2《+名詞 / 名詞+》《ser + / estar +》《話》すごい, すさまじい; ひどい. sufrir ～*s* ataques de asma 激しい喘息(発)の発作に苦しむ. Hace un calor ～. すごい暑さだ. Tengo un sueño ～. どうしようもなく眠い. El divorcio fue un golpe ～ para él. 離婚は彼にとって大きなショックだった. Hace un año la situación *era* ～. 1年前状況は悲惨だった.
3《多くは名詞+》《ser + / estar +》《話》手に負えない, 困った性格の. padres ～*s* ひどい親たち. Este niño *es* ～. この子には困ったものだ. **4**《ser +》《話》つらい, 大変な. *Es* ～ pensar que nunca volveré a verte. 二度と君に会えないと思うとつらい.

te·rri·ble·men·te [te.r̃í.ble.mén.te] 副 ひどく; ものすごく.

te·rrí·co·la [te.r̃í.ko.la] 男 女 陸生動物; (SF小説などで)地球人. ━ 形 地球[陸]に住む, 陸生の.

ter·rier [te.r̃jér] 〚仏〛男 女 《狩猟犬の》テリア. ～ de yorkshire ヨークシャーテリア.

te·rrí·fi·co, ca [te.r̃í.fi.ko, -.ka] 形 → terrorífico.

te·rrí·ge·no, na [te.r̃í.xe.no, -.na] 形 地から生じる, 地上の.

te·rri·na [te.r̃í.na] 女 テリーヌ.(1)料理を入れたまま売る逆円錐型の陶製容器.(2)冷製のパテ料理.

＊te·rri·to·rial [te.r̃i.to.rjál] 形 **1** 領土の. límites ～*s* 領域. aguas ～*es* 領海. impuesto ～ 地租. **2** 地域の, 管区の. audiencia ～ 地方裁判所.

te·rri·to·ria·li·dad [te.r̃i.to.rja.li.dáð] 女 **1** 領土であること; 属領性. **2** 領土権. **3** 治外法権.

te·rri·to·ria·lis·mo [te.r̃i.to.rja.lís.mo] 男《生物》なわばり制.

te·rri·to·rial·men·te [te.r̃i.to.rjál.mén.te] 副 領土上.

＊＊te·rri·to·rio [te.r̃i.tó.rjo] 男 **1** 領土, 領地. ～ nacional 国土. en todo el ～ del estado 全国に(わたって). → *país* [類語].
2 分野, 領域; 得意分野 (= campo). el ～ del historiador 歴史家の領分.
3 管轄地区. el ～ de la diócesis 《カト》高位聖職者の管轄教区, 司教区. **4**《動》縄張り, テリトリー. **5**《ラ米》《スピ》《パラ》《政府の》直轄地区.
territorio nacional《ラ米》《アルゼ》中央政府直轄地.
[←〚ラ〛*territōrium* (*terra*「土地」より派生) [関連] territorial. [英]*territory*]

te·rri·zo, za [te.r̃í.θo, -.θa / -.so, -.sa] 形 土の, 土でできた. ━ 男 土製の桶の, 丸い.

te·rrón [te.r̃ón] 男 **1** 土塊;《主に複数で》農地, 耕地. **2**《砂糖・塩などの》塊. un ～ de azúcar 角砂糖1個. ～ de sal 岩塩. **3**《オリーブの》搾りかす.

te·rro·ne·ra [te.r̃o.né.ra] 女 《ラ米》《ニク》《話》恐

怖.

te·rror [te.r̃ór] 男 **1** (激しい) 恐怖. Corrió el ~ entre los ciudadanos. 市民は恐れおののいた. Me da ~ estar solo en la oscuridad. 私は暗がりでひとりでいるのが怖い. → miedo [類語]. **2** 《しばしば定冠詞+》恐怖の的, 脅威, 恐ろしいもの[こと]. **3** (映画・小説などの) ホラー (もの). película de ~ ホラー映画.
[←[ラ]terrōrem (terror の対格; terrēre「驚かす」より派生); 関連 terrorismo, terrorista, terrible. [英]terror]

te·rro·rí·fi·co, ca [te.r̃o.rí.fi.ko, -.ka] 形 **1** 恐ろしい, 怖い, ぞっとするような. **2** ひどい, ものすごい.

***te·rro·ris·mo** [te.r̃o.rís.mo] 男 テロ (リズム), テロ行為; 恐怖政治 (= ~ de Estado, ~ institucional). lucha contra el ~ テロとの闘い.

***te·rro·ris·ta** [te.r̃o.rís.ta] 形 テロ (リズム) の, テロリストの; 恐怖政治の. atentado ~ テロ攻撃.
— 共 テロリスト; 恐怖政治家.

te·rro·si·dad [te.r̃o.si.ðáð] 女 土質, 土性.

te·rro·so, sa [te.r̃o.so, -.sa] 形 **1** 土 (のような); 土色の; 土の混ざった. **2** 《ラ米》(⁂)(⁂)ほこりっぽい.

te·rru·ño [te.r̃ú.no] 男 **1** 故郷, 郷土. **2** 土塊. **3** (1区画の)土地; 耕作地.

ter·sar [ter.sár] 他 滑らかにする.

*ter·so, sa [tér.so, -.sa] 形 **1** 滑らかな, すべすべした. piel tersa すべすべした肌. **2** 明るい, 澄んだ, 透明な. mar ~ 澄んだ海. **3** 磨かれた, 光沢のある. **4** 〈言葉・文体が〉流麗な.

ter·su·ra [ter.sú.ra] 女 **1** 滑らかさ. la ~ de la piel 肌の滑らかさ. **2** 光沢, 輝き. **3** 流麗.

***ter·tu·lia** [ter.tú.lja] 女 **1** 常連の集まり, 会合; その会合での会話. tener ~ 会合を持つ, 寄り集う. **2** (同好の) サークル, クラブ. ~ literaria 文学同人, 文学サークル. **3** (ビリヤード・賭け事をするカフェの) 奥の部屋. **4** (昔の劇場後方の) 立見席; 《ラ米》(⁂)(⁂)劇場の桟敷.
estar de tertulia (話) おしゃべりする.

ter·tu·lia·no, na [ter.tu.ljá.no, -.na] / **ter·tu·lian·te** [ter.tu.ljá n.te] 形 tertulia の.
— 共 tertulia に参加する人.

ter·tu·liar [ter.tu.ljár] 82 自 《ラ米》集まりに出席する, 寄り集う; 談話する, 歓談する.

Te·ruel [te.r̃wél] 固名 テルエル: スペイン東部の県; 県都. ♦ムデハル mudéjar 様式の塔を持つ大聖堂 (1986年世界遺産登録) がある.

te·ru·te·ru [te.ru.té.ru] 男 《ラ米》(⁂)(⁂)(⁂) 【鳥】タゲリ属の鳥: ナンベイタゲリなど.

te·ry·le·ne [te.ri.lé.ne] 男 【商標】テリレン: ポリエステル系合成繊維.

te·sá·li·co, ca [te.sá.li.ko, -.ka] 形男女 → tesaliense.

te·sa·lien·se [te.sa.ljén.se] 形 (ギリシアの) テッサリア (地方) の.
— 共 テッサリアの人.

te·sa·lio, lia [te.sá.ljo, -.lja] 形 男女 → tesaliense.

Te·sa·ló·ni·ca [te.sa.ló.ni.ka] 固名 テッサロニキ: ギリシア北部の港湾都市.

te·sa·lo·ni·cen·se [te.sa.lo.ni.θén.se / -.sén.-] 形 テッサロニキの; (古代ギリシアの) テサロニカの.
— 共 テッサロニキの人; テサロニカの人.

te·sa·ló·ni·co, ca [te.sa.ló.ni.ko, -.ka] 形 男女 → tesalonicense.

(タゲリ属の鳥)
teruteru

te·sar [te.sár] 他 【海】〈綱・帆を〉ぴんと張る.
— 自 〈牛が〉後ずさりする.

te·sau·ro [te.sáu.ro] 男 **1** シソーラス, データ辞書. **2** キーワード集.

tes·cal [tes.kál] 男 《ラ米》(⁂) 火山岩 [溶岩] に覆われた土地, 岩場.

te·se·la [te.sé.la] 女 モザイク用の大理石などの小片, テッセラ.

te·se·la·do, da [te.se.lá.ðo, -.ða] 形 テッセラ teselaを敷き詰めた. — 男 テッセラを敷き詰めた床.

Te·se·o [te.sé.o] 固名 【ギ神】テセウス: アテネの伝説的英雄. [← [ラ] *Thēseus* ← [ギ] *Thēseús*]

té·se·ra [té.se.ra] 女 (古代ローマで割り符・証文・勲章などに用いた) 象牙 (⁂) [木, 金属] の札 [さいころ].

te·si·na [te.sí.na] 女 (大学の) 卒業論文.

***te·sis** [té.sis] 女 《単複同形》 **1** 学位論文, 博士論文 (= ~ doctoral). **2** 主張, 見解. defender una ~ ある見解を擁護する. novela de ~ 傾向小説 (▶特定の明示的なイデオロギーのもとに書かれた小説. スペインではアラルコンやガルドスが代表). **3** 【哲】命題, テーゼ.
[←[ラ] *thesis* ←[ギ] *thésis*「置くこと」が原義]. 関連 tema, antítesis, hipótesis, metátesis, prótesis, síntesis. [英]thesis]

-tesis 「置く, 配置」の意の造語要素. → antítesis, hipótesis, paréntesis. [←[ギ]]

te·sis·ta [te.sís.ta] 共 《ラ米》(⁂) 卒業論文を執筆中の学生.

te·si·tu·ra [te.si.tú.ra] 女 **1** 【音楽】(声・楽器の) 音域, 声域. **2** 気分, 機嫌, 精神状態. **3** 状態, 事情.

tes·la [tés.la] 男 テスラ: 磁束密度の計量単位 (記号 T).

te·so, sa [té.so, -.sa] 形 ぴんと張った (= tieso).
— 男 山の頂, 頂上が平らな丘 (平面の) 突起.

te·són [te.són] 男 強情, 頑固, 執拗 (⁂) さ. sostener con ~ una opinión ある考えを執拗に言い張る.

te·so·ne·rí·a [te.so.ne.rí.a] 女 強情, 執拗 (⁂) さ; 不屈.

te·so·ne·ro, ra [te.so.né.ro, -.ra] 形 強情 [頑固] な; ねばり強い; 不屈の.

te·so·re·rí·a [te.so.re.rí.a] 女 **1** 会計課, 経理部; 財務局. **2** 会計係 [出納係, 経理部長, 収入役, 財務官] の職務.

te·so·re·ro, ra [te.so.ré.ro, -.ra] 男女 **1** 会計 [経理] 係; 財務官. ~ del club クラブの会計係. **2** 【カト】(教会の) 宝物管理人.

****te·so·ro** [te.só.ro] 男 **1** 宝, 財宝. ~ artístico nacional 国宝.
2 財産, 富. Pudo dejar a sus hijos un pequeño ~. 彼[彼女]は子供たちにわずかな財産しか残してやれなかった.
3 (比喩的) 宝, 貴重な人 [もの]. El libro es un ~ de datos. 本は知識の宝庫である.
4 国庫 (= ~ público, ~ nacional). bono [obligación] del T~ 国債. **5** (辞書・文章などの) 宝典. T~ de la lengua castellana カスティーリャ語宝典. **6** 《呼びかけ》最愛の人. mi ~ (最愛の) あなた. **7** 埋蔵物 (= ~ escondido, ~ oculto).
[← [ラ] *thēsaurum* (*thēsaurus* の対格) ← [ギ] *thēsaurós*; 関連 tesorero, atesorar. [英]*treasure*]

Tes·pis [tés.pis] 固名 テスピス: 紀元前6世紀のギリシアの悲劇詩人.

test [tés(t)] [英] [複 ~s, ~] 男 テスト, 試験, 検査.

tes・ta [tés.ta] 囡 **1** 頭；額. **2** 頭脳, 知力. **3**【植】種皮, 種殻.
testa coronada 君主.

tes・tá・ce・o, a [tes.tá.θe.o, -.a / -.se.-] 形【動】有殻の. ━男 有殻類.

tes・ta・ción [tes.ta.θjón / -.sjón] 囡 遺言すること, 遺言書[状]の作成.

tes・ta・do, da [tes.tá.ðo, -.ða] 形 遺言を残した, 遺言書[状]に定められた；遺贈された.

tes・ta・dor, do・ra [tes.ta.ðór, -.ðó.ra] 男 囡 遺言者.

tes・ta・du・ra [tes.ta.ðú.ra] 囡 遺言, 遺言書[状]の作成.

tes・ta・du・ro, ra [tes.ta.ðú.ro, -.ra] 形《ラ米》(タリ)→testarudo.

tes・ta・fe・rro [tes.ta.fé.ro] 男【法】(当人ではない)名義人, ダミー.

tes・ta・men・ta・rí・a [tes.ta.men.ta.rí.a] 囡 **1** 遺言の執行. **2** 遺言執行上の書類. **3** (遺言執行期間中の)遺産. **4** 遺言執行者の会議.

*__tes・ta・men・ta・rio, ria__ [tes.ta.men.tá.rjo, -.rja] 形 遺言の, 遺言による. ━男 囡 遺言執行者.

*__tes・ta・men・to__ [tes.ta.mén.to] 男 **1** 遺言, 遺言書[状]. hacer [otorgar] ~ 遺言書[状]を作成する. ~ abierto 口頭遺言. ~ auténtico [público] 公正証書遺言. ~ cerrado 秘密証書遺言. ~ ológrafo 自筆証書遺言.
3【聖】Antiguo [Viejo] T~ 旧約聖書. Arca del ~ の契約の箱(十戒を刻んだ2枚の石の板を納めた)〈出エジプト25:10〉. Nuevo T~ 新約聖書.
[←[ラ] *testāmentum* (*testārī*「遺言する」より派生)；[関連] testar, atestar, testigo. [英] *testament*]

tes・tar [tes.tár] 他 **1** 検査[試験]する. Se *ha testado* el nuevo aparato. 新しい機器がチェックされた. **2**《ラ米》《キアワ》下線を引く.
━自 遺言を残す, 遺言書[状]を作成する.

tes・ta・da [tes.tá.ða] 囡 →testarazo 1.

tes・ta・ra・zo [tes.ta.rá.θo / -.so] 男 **1** 頭をぶつけること, 頭突き.
2《話》(激しく)ぶつかること, 鉢合わせ.

tes・ta・ru・dez [tes.ta.ru.ðéθ / -.ðés] 囡 強情さ, 頑固なこと.

*__tes・ta・ru・do, da__ [tes.ta.rú.ðo, -.ða] 形 頑固な, 強情な. No te muestres tan ~. そんなに頑固になるな. ━男 囡 頑固者, 強情な人. No sé si podré convencer a ese ~. さあ, あの石頭を私が説得できるかどうか.
[testa (←[伊] *testa*「頭」←[後ラ] *tēsta*「頭蓋(ズガイ)骨」←[ラ]「れんが；壺(ツボ), かめ」より派生]

tes・te [tés.te] 男【解剖】睾丸(ガン), 精巣(= testículo).

tes・te・ar [tes.te.ár] 他《ラ米》試験[検査]する(= testar).

test・er [tés.ter] [英] 男《複 ~s, ~》テスター(=electrómetro).

tes・te・ra [tes.té.ra] 囡 **1** 前部, 前面；正面.
2 (動物の)前頭部, 額. **3** (馬の額につける)飾り. **4** (馬車の)前向きの座席. **5** (溶解炉の)炉壁.

tes・te・ra・da [tes.te.rá.ða] 囡 →testarazo 1.

tes・te・ra・zo [tes.te.rá.θo / -.so] 男 →testarazo.

tes・te・ro [tes.té.ro] 男 **1** 前面；正面. **2** 壁；(かまど・暖炉の)背壁. **3**【鉱】階段状採掘場.

tes・ti・cu・lar [tes.ti.ku.lár] 形【解剖】睾丸(ガン)の.

tes・tí・cu・lo [tes.tí.ku.lo] 男【解剖】睾丸(ガン), 精巣.

tes・ti・fi・ca・ción [tes.ti.fi.ka.θjón / -.sjón] 囡【法】**1** 証言. **2** 証言書.

tes・ti・fi・cal [tes.ti.fi.kál] 形【法】証人の. prueba ~ 証拠.

tes・ti・fi・can・te [tes.ti.fi.kán.te] 形【法】証明になる, 証拠となる.

tes・ti・fi・car [tes.ti.fi.kár] 他【法】立証[証明]する, 証言する. ━自 証言する.

tes・ti・fi・ca・ti・vo, va [tes.ti.fi.ka.tí.ßo, -.ßa] 形 立証する, 証明する, 裏付ける.

*__tes・ti・go__ [tes.tí.ɡo] 男 **1**【法】証人. ~ de cargo 検察側証人. ~ de descargo 弁護側証人. ~ falso 偽証人. ~ de Jehová【宗】エホバの証人, ものみの塔. poner [tomar] por ~ a+人 (人)を証人として召喚する. Pongo a Dios [al cielo] por ~. / Dios es ~. 神に誓って本当です.
2 目撃者(= ~ presencial, ~ de vista)；立会人, 介添え人. Esta mujer es la primera ~. この女性が第一目撃者です. ~ de la novia 新婦の介添え人. ~ en un duelo 決闘の立会人.
━男 **1** 証拠(品), 証明. Las catedrales antiguas son ~s de la fe de nuestros antepasados. 古い大聖堂は我々の先祖の信仰の証だ. **2**《スポ》(リレー競技の)バトン. cambio de ~ バトンタッチ. **3** 縄[綱]の端(▶切っていないことを示すためにほつれさせておく). **4** 《複数で》境界線[標]の指示石. [[古スペイン] *testiguar*「証言する, 証明する」←[ラ] *tēstificāri*「証人に呼ぶ；証明する」；*tēstis*「証人」+ *facere*「作る」より派生；[関連] (a)testificar, testimonio, (a)testar, testamento. [英] *testify*]

tes・ti・mo・nial [tes.ti.mo.njál] 形【法】証拠の, 証拠[証明]となる. ━囡《複数で》**1**【カト】(司教の書く)品行証明書. **2**【法】証拠書類.

tes・ti・mo・niar [tes.ti.mo.njár] 82 他 立証[証言]する, 証明する, 証拠となる. Estas ruinas *testimonian* la existencia de una civilización. この廃墟(キョ)は文明が存在したことを証明している.

*__tes・ti・mo・nio__ [tes.ti.mó.njo] 男 **1** 証言. dar ~ (de…) (…の)証拠を示す, (…について)証言する. nuevo ~ en contra del sospechoso その容疑者に対する新たな証言.
2 証拠；証(アカシ), 証明. El fiscal dio ~ de su asesinato. 検察官は彼[彼女]の殺人の証拠を示した. ~ de amistad 友情のしるし.
3 証明書, 証書；調書.
falso testimonio (1) 偽証. (2) 虚偽告訴, 誣告(フコク).
levantar falso testimonio 悪口を言う, 中傷する.
[←[ラ] *tēstimōnium* (*tēstārī*「証言する；遺言する」より派生)；[関連] testimoniar, testigo. [英] *testimony*「証言する, 立証する」]

tes・tos・te・ro・na [tes.tos.te.ró.na] 囡 **1**【生物】テストステロン：精巣から分泌される雄性ホルモン.
2《話》《まれ》(映画などの)暴力シーン.

tes・tuz [tes.túθ / -.tús] 男(または 囡) [複 testuces] **1** (馬などの)額, 前頭部.
2 (牛などの)首筋, 後頭部.

te・su・ra [te.sú.ra] 囡 →tiesura.

te・ta¹ [té.ta] 囡 **1**《話》乳房, 乳首. **2** 哺乳(ホニュウ). dar la ~ a… …に授乳する. niño de ~ 乳飲み子, 乳児. quitar la ~ a… …を離乳させる. **3** (椀(ワン)を伏せたような形の)小山, 丘.

teta de vaca（菓子の）メレンゲ；【植】キク科キクゴボウ，キバナバラモンジンの類．

te·ta² [té.ta] 形《性数不変》《俗》すごい，すばらしい．　──副 すごく，すばらしく．**En la fiesta lo pasamos ～.** パーティーで我々はとても楽しく過ごした．

te·ta·men [te.tá.men] 男《俗》（女性の両）乳房．

te·ta·nia [te.tá.nja] 女【医】テタニー，強直．

te·tá·ni·co, ca [te.tá.ni.ko, -.ka] 形【医】破傷風の；テタニー（性）の，強直（性）の．

te·ta·ni·zar [te.ta.ni.θár / -.sár] 97 他〈筋肉を〉強直させる，緊張性痙攣けいれんを起こす．

té·ta·no [té.ta.no] 男 → **tétanos**.

té·ta·nos [té.ta.nos] 男《単複同形》【医】破傷風；（筋肉の）強直．

te·te·le·me·que [te.te.le.mé.ke] 形《ラ米》(ﾍﾞﾈ)《話》〈人が〉頭の悪い．

te·tel·que [te.tél.ke] 形《ラ米》(ｻｳｳｴ)(ｸﾞｱ)《話》〈実が〉渋い．

te·te·ra [te.té.ra] 女 **1** ティーポット，急須きゅうす．**2**《ラ米》(1)(ｸﾞｱ)(ﾍﾞﾈ)(ｻｳｳｴ)おしゃぶり．(2)(ｱﾝﾃｨ)(*ｺ)哺乳ほにゅう瓶．(3)(*ｺ)閑職；飲酒．
agarrar la tetera《ラ米》(ｻｳｳｴ)《話》酒に酔う．

te·te·ro [te.té.ro] 男《ラ米》(ｺﾛﾝ)(ｱﾝﾃｨ)(ｴｸﾞｱ)(ﾍﾞﾈ)哺乳ほにゅう瓶．

te·ti·co·ja [te.ti.kó.xa] 形〈ヤギなどが〉乳房が一つの．

te·ti·go·nia [te.ti.gó.nja] 女【昆】キリギリス科に属する直翅ちょくし類．

te·ti·lla [te.tí.ja ‖ -.ʎa] 女 **1**（男・雄の）乳首．**2** 哺乳ほにゅう瓶の乳首．[teta＋縮小辞]

te·ti·na [te.tí.na] 女 哺乳ほにゅう瓶の乳首．

te·tón, to·na [te.tón, -.tó.na] 形 **1**《女性形で》《俗》胸［乳房］の大きい．
2《ラ米》(ﾒﾋ)《話》ばかな，愚かな．
──男 **1**（刈り込んだ幹に残った）枯れ枝．
2《俗》女性の大きな胸．
──女《俗》胸［乳房］の大きな女．

tetra-「4」の意を表す造語要素．→ _tetragonal_, _tetrápodo_, _tetrástrofo_. [←〖ギ〗]

te·tra·cam·pe·ón, o·na [te.tra.kam.pe.ón, -.ó.na] 男 女 4度チャンピオンになった人［チーム］．

te·tra·ci·cli·na [te.tra.θi.klí.na / -.si.-] 女【薬】テトラサイクリン：抗生物質の一種．

te·tra·cor·dio [te.tra.kór.ðjo] 男【音楽】テトラコード，四音音階．

té·tra·da [té.tra.ða] 女 **1** 4つ組．
2【植】四分子（体）．

te·tra·é·dri·co, ca [te.tra.é.ðri.ko, -.ka] 形【数】四面（体）の．

te·tra·e·dro [te.tra.é.ðro] 男【数】四面体．

te·tra·go·nal [te.tra.go.nál] 形【数】四角形［四辺形］の．

te·trá·go·no [te.trá.go.no] 男【数】四角形，四辺形．──形 四角形［四辺形］の．

te·tra·grá·ma·ton [te.tra.grá.ma.ton] 男 **1** 4文字からなる名前［語］（主にイエスの名 INRI を指す）．**2** ヘブライ語で神の名を表す4文字．→ JHVH ヤハウェなど．♦三角形の中に記されることが多い．

te·tra·lo·gí·a [te.tra.lo.xí.a] 女 **1**（古代ギリシアの）四部劇．**2**（小説・戯曲などの）四部作．

te·tra·me·ro, ra [te.trá.me.ro, -.ra] 形 **1**（花が）四裂の，四片の．
2【昆】〈足の跗節ふせつが〉4節よりなる．
──男《単複同形》【昆】足の跗節が4節よりなる昆虫．

te·tra·mor·fo [te.tra.mór.fo] 男 人間の頭・ワシの翼・獅子の前足・雄牛の後足を持つ．

te·tra·mor·fos [te.tra.mór.fos] 男《単複同形》四福音書記者を象徴する組合わせ形像：マタイが人間，ルカが雄牛，マルコが獅子，ヨハネがワシ．

te·tra·mo·tor [te.tra.mo.tór] 形 4発動機搭載の．──男 発動機4個を有する飛行機．

te·tra·ple·jia [te.tra.plé.xja] / **te·tra·ple·ji·a** [te.tra.ple.xí.a] 女 四肢まひ．

te·tra·plé·ji·co, ca [te.tra.plé.xi.ko, -.ka] 形【医】四肢まひの．

te·trá·po·do, da [te.trá.po.ðo, -.ða] 形【動】四つ足の．──男 **1** 四足獣．**2**（消波用の）コンクリート製ブロック，テトラポッド（▶「テトラポッド」は商標名）．

te·trar·ca [te.trár.ka] 男（古代ローマの）四分領主．

te·trar·quí·a [te.trar.kí.a] 女（古代ローマの）四分領主の領地；四分領統治．

te·tra·sí·la·bo, ba [te.tra.sí.la.ßo, -.ßa] 形 4音節の．──男 4音節語．

te·tra·va·len·te [te.tra.ßa.lén.te] 形【化】4価の．

té·tri·co, ca [té.tri.ko, -.ka] 形 ゆううつな，陰気な，もの悲しい．**Hoy estoy de un humor ～.** 今日は暗い気持ちなんだ．

te·tris [te.tris] 男《単複同形》《商標》【遊】テトリス．

te·tro·do [te.tró.ðo] 男【電】4極真空管．

Te·tuán [te.twán] 固名 テトゥアン：モロッコ北部の地中海に臨む州；州都．♦もとスペイン領モロッコの首都 (1912-56).

te·tua·ní [te.twa.ní] 形《複 ～es, ～s》（モロッコの）テトゥアン Tetuán（人）の．
──男 テトゥアンの住民［出身者］．

te·tu·do, da [te.tú.ðo, -.ða] 形《俗》《軽蔑》乳房の大きい．

te·tun·te [te.tún.te] 男《ラ米》(ﾒﾋ)《話》不格好なもの；いい加減な作りの束［包み］．

teu·ca·li [teu.ká.li] 男（古代メキシコの azteca 人の）ピラミッド形の丘上神殿（＝ teocali）．

teu·crios [téu.krjos] 男【植】ニガクサ属の植物．

te·úr·gia [te.úr.xja] 女（神との交信による）古代魔術．

te·úr·gi·co, ca [te.úr.xi.ko, -.ka] 形 古代魔術の，妖術ようじゅつの．

teu·tón, to·na [teu.tón, -.tó.na] 形【史】チュートン人の；ドイツ人の．
──男 女【史】チュートン人；ドイツ人．

teu·tó·ni·co, ca [teu.tó.ni.ko, -.ka] 形【史】チュートン人の；ドイツ人の．
──男【史】チュートン語：中世ゲルマン系の言語．

tex [téks] 男 テックス：絹や化繊のような長い繊維の太さを表わす単位．1000メートルで1グラムあるものを1テックスと言う．

te·xa·no, na [te.xá.no, -.na] 形 男 女 → **tejano**.

Te·xas [té.xas] 固名 → **Tejas**.

***tex·til** [te(k)s.tíl] 形 織物の；繊維の. _industria ～_ 繊維産業．──男 繊維（＝ fibra ～）．
[←〖ラ〗 _textilem_ (_textilis_ の対格)「織られた」(_texere_「織る」より派生)；関連 texto, textura．〖英〗 _textile_]

****tex·to** [té(k)s.to] 男 **1**（序文・注などに対して）本文．_comentario de ～s_ 本文注．_restablecer un ～_ 本文を復元する．_～ de la ley_ 法律の条文．
2（改作・要約・翻訳などに対して）原文，テクスト．_～ basado en un manuscrito del siglo XVI_ 16世紀

textual

の手写本に基づく原文.
3 本, 作品；文献, 文書. Los ~s de Antonio Machado アントニオ・マチャードの作品. Sagrado T~ 聖書. **4** (文学作品の)一節, 引用(文). **5** 教科書, テキスト (= libro de ~).
procesador de texto(s) ワープロ.
[←[ラ] *textum* (*textus* の対格；原義は「織物」；*texere* 「織る」より派生)［関連］textual, textura, contexto, pretexto.［英］*text*]

tex·tual [te(k)s.twál]［形］**1** 原文[本文]の.
2 文字どおりの.

tex·tual·men·te [te(k)s.twál.mén.te]［副］文字どおりに；言った[書いた]そのままに；テクストとしては. Lo que dijo fue ~ lo siguiente. これが正に彼[彼女]の言ったことです.

tex·tu·ra [te(k)s.tú.ra]［女］**1** 織物, 生地.
2 織ること, 織り方.
3 (人体・鉱物などの)組織, 構造. **4** 肌ざわり.

tex·tu·ri·zar [te(k)s.tu.ri.θár / -.sár]［97］［他］〈布地に〉質感を与える.

te·yú [te.jú]［男］《ラ米》(ZZ)［動］イグアナ, ゴールデンドカゲの一種.

*****tez** [téθ / tés]［女］［複 teces] 顔色, (顔の)皮膚, 肌. *tez morena* 浅黒い肌.

te·za·do, da [te.θá.ðo, -.ða / -.sá.-]［形］(皮膚が)日焼けした；浅黒い (= atezado).

te·zon·tle [te.θón.tle / -.són.-]［男］《ラ米》(ﾒﾋｼ)建材用火山岩.

tfno.［男］《略》teléfono.

thai·lan·dés, de·sa [tai.lan.dés, -.dé.sa]［形］［男］［女］→ tailandés.

the·ta [té.ta]［女］テータ (Θ, θ)：ギリシア語アルファベットの第8字.

thrash [tráʃ]［英］［男］［音楽］スラッシュ：パンクロックにヘビーメタルを加味したロック.

thrill·er [θríl.ler / trí.-]［英］［男］［複 ~s, ~］スリラー映画.

*****ti** [tí]［代名］［人称］［2人称単数］［前置詞＋］君, おまえ, あなた. Está enamorado *de ti*. 彼は君に夢中だ. ¿Y *a ti* qué te ha parecido la película? で, 君は映画どうでしたか. ▶ 前置詞 con と用いる場合には, contigo となる. → contigo.
hoy por ti (y) mañana por mí《話》明日はわが身(お互いさまだ).
¿(Y) *a ti qué? / ¿(Y) a ti qué te importa? / ¿(Y) a ti qué más te da?*《話》《相手のぶしつけな質問に対して》君に関係ないだろう.
[←(俗)] **ti* 「君に」 ← [ラ] *tibī* 「あなたに, 君に」(*tū* の与格形)]

tí·a [tí.a]［女］→ tío.

Tia·hua·na·co [tja.(g)wa.ná.ko]［固名］ティアワナコ：ボリビア高原の Titicaca 湖南東岸の遺跡. 紀元直前から12世紀末までに栄えたティアワナコ文化の中心地. 2000年世界遺産に登録.

tia·li·na [tja.lí.na]［女］［生化］プチアリン：でんぷんを糖に変える唾液(ｼﾞﾕｴｷ)中の分解酵素 (= ptialina).

tia·lis·mo [tja.lís.mo]［男］［医］流涎(ﾘﾕｳｾﾞﾝ症), 唾液(ﾀﾞｴｷ)(分泌)過多 (= ptialismo).

tia·mi·na [tja.mí.na]［女］［生化］チアミン：ビタミン B₁.

tian·gue [tján.ge]［男］《ラ米》(1)(ﾒﾋｼ)(祭りのときの)小さな市場, 市；露店. (2)(ﾒﾋｼ)家畜の競り市.

tian·guis [tján.gis]［男］《ラ米》(ﾒﾋｼ)→ tiangue (1).

tia·ra [tjá.ra]［女］**1** 古代オリエント人の用いた頭巾(ｽﾞｷﾝ), (古代ペルシア)の王冠. **2** ［カト］(ローマ教皇の)三重冠；教皇の位. **3** ティアラ：女性の髪飾り.

tia·rrón, rro·na [tja.ρón, -.ρó.na]［男］［女］《話》背が高く力持ちの人.

tia·ti·na [tja.tí.na]［女］《ラ米》(ﾒｷｼ)[植］カラスムギ (の一種).

ti·ban·te [ti.bán.te]［形］《ラ米》(ｸﾞｱﾃ)《話》威張った.

ti·be [tí.be]［男］《ラ米》(1)(ｸﾞｱﾃ)砥石(ﾄｲｼ). (2)(ｸﾞｱﾃ)［鉱］コランダム.

tiara（教皇の三重冠）

Tí·ber [tí.ber]［固名］el ~ テベレ川：ローマ市内を貫流するイタリア中部の川. [←[ラ] *Tiberis*]

Ti·be·ri·a·des [ti.be.rí.a.ðes] / **Ti·be·ria·des** [ti.be.rjá.ðes]［固名］lago de ~ (イスラエル北東部の)ティベリアス湖, ガリラヤ湖.

Ti·be·rio [ti.bé.rjo]［固名］ティベリウス Julio César ~：第2代ローマ皇帝 (在位14-37). [←[ラ] *Tiberius*]

ti·be·rio, ria [ti.bé.rjo, -.rja]［形］《ラ米》(ｸﾞｱﾃ)《話》酒に酔った. ―［男］**1**《話》大騒ぎ, 騒動. *armar un* ~ 大騒ぎを引き起こす. **2** 《ラ米》(ｸﾞｱﾃ)酒盛り.

Tí·bet [tí.be(t)]［固名］el ~ チベット：中国南西部の自治区.

ti·be·ta·no, na [ti.be.tá.no, -.na]［形］チベットの, チベット人[語]の. ―［男］［女］チベット人.
―［男］チベット語：チベット・ビルマ諸語の一つ.

ti·bia [tí.bja]［女］［解剖］脛骨(ｹｲｺﾂ), 向こうずね.

ti·bial [ti.bjál]［形］脛骨(ｹｲｺﾂ)の.

ti·bia·men·te [tí.bja.mén.te]［副］煮えきらない態度で；不熱心に.

ti·biar [ti.bjár]［82］［他］温める. ― ~·**se**《ラ米》(ｸﾞｱﾃ)(ﾁﾘ)(ｸﾞｱﾃ)(ﾒｷｼ)《話》いらいらする, 腹を立てる.

ti·bie·za [ti.bjé.θa / -.sa]［女］ぬるさ, 生暖かさ；煮えきらない態度；熱意のなさ.

*****ti·bio, bia** [tí.bjo, -.bja]［形］**1** ぬるい, 生暖かい. *agua tibia* ぬるま湯.
2 熱意のない, 煮えきらない. *recibimiento* ~ 熱のこもらない歓迎.
3 《ラ米》(ｸﾞｱﾃ)(ﾁﾘ)(ｸﾞｱﾃ)(ﾒｷｼ)《話》むっとした.
ponerse tibio de...《話》…を食べ飽きる.
poner tibio a＋人《話》〈人〉をののしる, 侮辱する.

ti·bor [ti.bór]［男］《ラ米》(中国・日本などの)素焼き[陶器]の大壷(ﾂﾎﾞ)［甕(ｶﾒ)].

Ti·bu·lo [tí.bu.lo]［固名］ティブルス Albio ~ (前48？－前19)：古代ローマの叙情詩人. [←[ラ] *Tibullus*]

*****ti·bu·rón** [ti.bu.rón]［男］［魚］サメ. **2** やり手, 野心家. **3** [隠](企業の)乗っ取り屋. **4** 《ラ米》(1) エゴイスト, 身勝手な人. (2) (ｸﾞｱﾃ)《話》女たらし, ドン・ファン.

ti·bu·ro·ne·o [ti.bu.ro.né.o]［男］企業乗っ取り.

tic [tík]［男］［複 tics, tiques］**1** ［医］チック (症), (顔面などの)けいれん. *Tiene un tic nervioso.* 彼[彼女]は神経質に顔面をぴくぴくと動かす.
2 癖. *No puede quitarse el tic de morderse las uñas.* 彼[彼女]は爪(ﾂﾒ)をかむ癖が直らない.
3 〔擬〕(時計などの音) チクタク.

tick·et [tí.ke(t)]［英］［男］［複 ~s] 切符, 入場券；レシート (= tique).

ti·co, ca [tí.ko, -.ka]［形］《ラ米》(ｺｽﾀ)《話》コスタリカ生まれの, コスタリカ人の.
―［男］［女］《ラ米》(ｺｽﾀ)《話》コスタリカ人[出身者].

tic·tac / tic-tac [tik.ták]［男］［複 tictaques]〔擬〕(時計などの音) チクタク；(タイプライターを打つ

音)カタカタ. hacer ～ チクタク音がする.

tiembl- 囲 ➡ temblar.

tiem·blo [tjém.blo] 男《植》ヨーロッパヤマナラシ.

tiem·pe·ci·to [tjem.pe.θí.to / -.sí.-] 男《ラ米》悪天候.

tiem·pla [tjém.pla] 女《ラ米》(ポプ)《話》酒酔い, 泥酔.

tiem·ple [tjém.ple] 男《ラ米》(ポプ)《話》恋；恋人, 愛人.

tiem·po [tjém.po]囲 **1 時間, 時. breve [corto] ～ 短い時間. cierto ～ 一定の時間；かなりの時間. confiar [dejar]... al ～ 時が…を解決するのに任せる. gastar [malgastar, perder] el ～ 時間を無駄にする. pasarse el ～+現在分詞 …して(時間を)過ごす. requerir [tomar, tardar] ～ 時間がかかる. sin perder ～ すぐに. ¿Cuánto ～ se tarda de aquí a la estación? ここから駅までどれくらいの時間かかりますか. ¡Cuánto [Tanto] ～ sin vernos! 久しぶりですね. El ～ dirá. 時が解決するだろう. El ～ se me hace largo. 私には時間が長く感じられる. No tengo ～ para pasar por tu casa. 私には君の家に寄る時間がない. No me da ～ de hacerlo. 私にはそれをする暇がない. Tardó mucho ～ en resolverlo. 彼[彼女]はそれを解くのに時間がかかった. ¿Tienes ～ (libre) ahora? いま暇かい. Todavía queda ～ para la salida del autobús. バスの発車までまだ時間がある. ¡Cómo pasa [vuela] el ～! 時間のたつのはなんと早いことか. ～ perdido 無駄にした時間. ～ de acceso 《IT》アクセスタイム. ～ de ejecución 《IT》ランタイム. ～ de exposición 《写》露出[露光]時間. ～ real 《IT》リアルタイム. ～ medio 平均時. ～ sidéreo [sideral] 《天文》恒星時. ～ verdadero [solar] 《天文》真太陽時.

2 時機, 機会；時節. antes de ～ 早めに；早産で. cuando sea ～ 時期が来たら. fruta del ～ 旬の果物. fuera de ～ 季節[時機]外れで；場違いで. Ya es ～ [de [para]+不定詞 / de que+接続法] もう…するときだ. Ahora no es ～. 今はその時機ではない. No era ～ de llorar. 泣いている場合ではなかった. Ha llegado el buen ～. 好機が到来した. Hace mucho frío para este ～ del año. この時期にしてはずいぶん寒い.

3《主に複数で》**時代**, 時期；時勢. ～s antiguos 古代. ～s modernos / nuestro ～ 現代. a través de los ～s 各時代を通して. de ～ inmemorial 太古の時代から. en ～ de Alfonso X アルフォンソ10世の時代には. en sus ～s《話》若かったころは. en los buenos ～s 古きよき時代には. en un ～ / en otros ～s 昔は. en ～s remotos 大昔には. en los ～s que corren / en estos ～s 近ごろ. por aquel ～ あの当時. acomodarse [adaptarse] al ～ 状況に合わせる. andar con el ～ 時流に乗る. Él es su ～. 彼は時代の申し子だ. Nació en ～ de la Guerra Civil. 彼[彼女]は内戦時に生まれた.

4 天気, 天候. aclararse [alzarse] el ～ 晴れ間がのぞく. hacer un ～ de perros ひどい天気である. haga buen o mal ～ 天気がよくても悪くても. hombre del ～《話》気象予報士. meterse el ～ en agua 長雨が降る. ¿Qué ～ hará mañana? 明日の天気は. Hace buen [mal] ～. いい[悪い]天気だ. ～ agradable 心地よい天気. ～ cargado どんよりとした天気. ～ estable [inestable] 安定した[変わりやすい]天候.

5《話》(特に幼児の)年齢. ser del mismo ～ 同い年である. ¿Cuánto ～ tiene este niño? この子は何歳[何か月]ですか. **6** (一連の運動を構成する個々の)動作, 段階；《技》(エンジンの)サイクル. motor de cuatro ～s 4サイクルのエンジン. **7**《文法》時制. ～ simple [compuesto] 単純[複合]時制. ～ perfecto 完了時制. ～ futuro 未来時制. **8**《音楽》楽章；拍；テンポ. **9**《カト》(典礼暦上の)節 (=～ litúrgico). ～ pascual 復活節. T～ de Pasión 受難節(♦復活祭前の2週間. 受難の第一主日から聖土曜日まで). **10**《スポ》(試合の)ハーフタイム；タイム. primer [segundo] ～ 前半[後半], 第1[第2]ピリオド. ～ muerto タイムアウト. pedir ～ タイムをとる. ～ complementario エキストラタイム. **11**《海》時化(៤).

al correr del tiempo / andando el tiempo
時がたつにつれて.

al (mismo) tiempo / a un tiempo 同時に.

al poco tiempo 少し後で, 即座に.

¡Al tiempo! / Y, si no, al tiempo. 時が来ればわかるさ.

a su tiempo ちょうどいい時に, いつか. Hazlo *a su ～*. 時機を逃すな. Todo vendrá *a su ～*. やがてすべてが判明するだろう.

a tiempo 間に合って, 時間どおりに. Has llegado *a ～*. 君はちょうどいい時に来た. Nunca llega a su casa *a ～*. 彼[彼女]は時間どおりに帰宅したためしがない. estar *a ～*de+不定詞 まだ…する時間がある.

a tiempo completo フルタイムで[の]. profesor *a ～ completo* 専任教員. trabajar *a ～ completo* フルタイムで働く.

a tiempo parcial パートタイムで[の].

con el tiempo 時がたつにつれて. *Con el ～* lo sabrás. そのうちに君はそのことを知るだろう.

con tiempo (1) 前もって, あらかじめ. Hay que sacar las entradas *con ～*. 前もってチケットを買う必要がある. (2) あわてずに, ゆっくりと. (3) 定刻より前に, 間に合って.

dar tiempo al tiempo 機が熟すのを待つ.

del tiempo 〈果物が〉旬の；〈飲み物が〉室温の.

del tiempo de Maricastaña / del tiempo del rey que rabió 大昔の.

de tiempo ずっと以前から. No la he visto *de ～*. だいぶ前から私は彼女に会っていない.

de tiempo en tiempo ときどき.

de [desde] un [algún] tiempo a esta parte / de algún tiempo atrás この間から, 以前から.

El tiempo es oro.《諺》時は金なり.

El tiempo todo lo cura.《諺》時はよき薬師(ぎし) (時はすべてをいやす).

El tiempo vuela.《諺》光陰矢のごとし.

en poco tiempo たちまち, すぐに.

en tiempos 昔, かつて.

***faltar*le (a+人) *tiempo para*+不定詞 (人)が あわてて[すぐに]…する. *Le faltó ～ para decirlo*. 彼はすぐにそのことを話した.

ganar tiempo 遅れを取り戻す；時を稼ぐ.

hace (mucho) tiempo ずっと以前に[から]. No lo veo *hace (mucho) ～*. ずっと前から私は彼に会っていない.

hace (mucho) tiempo que... ずっと以前から…である, …して以来ずいぶん時間がたった. *Hace (mucho) ～ que* no pasas por aquí. 君がこの辺に来るのはずいぶん久しぶりだね.

hacer tiempo / engañar [matar] el tiempo

時間をつぶす. *llevar tiempo* 時間がかかる. *pasar el tiempo* 気晴らしをする. *tener tiempo para todo* 時間のやりくりがうまい. *todo el tiempo* いつも, ずっと. *tomarse tiempo para...* …に時間をかける. *un tiempo* 昔(は), かつて(は).
[←［ラ］*tempus*「時間；季節；好機」］［関連］temporal, temprano, tempestad. ［英］*tempo, temporal*「時間の」. ［日］テンポ］

tien- ［活］→tener.
tiend- ［活］→tender.

tien・da [tjén.da] ［女］ **1** 店, 商店, 小売店. ～ de comestibles [ultramarinos] 食料品店. ～ de modas ブティック, 洋品店. ［関連］bodega 酒店. boutique ブティック, 高級洋装店. carnicería 肉屋, 精肉店. centro comercial ショッピングセンター. confitería 菓子店. droguería 雑貨店, 『ラ米』ドラッグストア. estanco たばこ店 (▶ 切手などの専売品も売っている). farmacia 薬屋, 薬局. floristería 花屋, 生花店. frutería 果物屋. grandes almacenes デパート. inmobiliaria 不動産屋. joyería 貴金属店. librería 書店. mercado 市場. óptica めがね店. panadería パン屋. papelería 文房具店. pastelería ケーキ店. pescadería 魚屋, 鮮魚店. quiosco 売店. rastro のみの市. relojería 時計屋. supermercado スーパーマーケット. tienda abierta las 24 horas コンビニエンスストア. tienda de antigüedades 骨董品店. tienda de aparatos eléctricos 電気店. tienda de comida preparada 総菜屋. tienda de deportes スポーツ用品店. tienda de descuento ディスカウントショップ. tienda de especialidad 専門店. tienda de souvenirs みやげ物店. tienda de vinos y licores 酒店. tintorería クリーニング店. (tienda de) todo a uno ワンコインショップ. verdulería 八百屋, 青果店. zapatería 靴屋. zona comercial 商店街.
2 テント, 天幕 (=～ de campaña)；幕屋. montar [levantar] la ～ テントを張る. desmontar la ～ テントを畳む. ～ de oxígeno 『医』酸素テント.
3 (船の甲板の) 天幕. **4** 『ラ米』(1) (云云)(王)(ﾎﾟ)(ｳ) 洋服屋. (2) (*ﾒ)(ズボンの)ファスナー. (3) ～ de raya(ｽﾞ)『史』(革命前の大農園 hacienda 内で, 労賃棒引きで先住民に掛け売りした) 日用食料雑貨店.
—［活］→tender.
[←［中ラ］*tenda*「テント」（［ラ］*tendere*「張る」より派生）；初期の商いはテント張りの中で行われた；［関連］tendero, tendal. ［英］*tent*］

tient- ［活］→tentar.

tien・ta [tjén.ta] ［女］ **1** 『闘牛』(闘牛用に育てるか否かの)子牛の選定(試験). **2** 『医』探り針, 消息子, ゾンデ. **3** 洞察力, 明敏さ.
a tientas 手探りで；暗中模索で；当て推量で. andar [ir] *a ～s* 手探りで行く. decir *a ～s* 当てずっぽうで言う.

tien・ta・gu・ja [tjen.ta.gú.xa] ［女］(地質検査用の)測量ロッド, 測棒.

tien・to [tjén.to] ［男］ **1** 触感, 手触り；手探り. *a ～* 手探りで, 暗中模索して. **2** 慎重さ, 用心深さ. andar [ir] con ～ 用心する. **3** (腕の)確かさ, 見事さ. dibujar con buen ～ 見事な線で描く. **4** (盲人の)杖 (え). **5** (綱渡りの)バランスポール. **6** (画家の)腕杖 (ぢえ), マールスティック. **7** 『話』殴打, 一撃. **8** (揚水機の)馬をつなぐ水平の回転棒. → noria. **9** 『音楽』(1) (演奏前の)音合わせ, 調弦, 試し弾き. (2) 《複数で》『フラメンコ』ティエントス：スペイン Andalucía 地方の歌謡, 舞踊. **10** 『ラ米』革ひも.
dar un tiento a... (1) 『話』…をひと口飲む[食べる]. (2) …に探りを入れる.

tien・to [tjén.to] ［活］→tentar.

***tier・no, na** [tjér.no, -.na] ［形］ **1** (ser+ / estar+)(特に肉などが) 柔らかい. carne *tierna* 柔らかい肉.
2 幼い, いたいけな；未熟な. brote ～ 若芽.
3 (+名詞 / 名詞+)(ser+ / estar+) やさしい, 愛情のこもった. una mirada *tierna* やさしいまなざし.
4 涙もろい. No te pongas ～. 泣かないで.
5 『ラ米』(ｺ)(ﾆ)(ﾍﾟ)(ﾎﾞ)(ｳ)(果実が)熟れていない, 青い.
[←［ラ］*tenerum* (tener の対格)］［関連］terneza, ternura, ternero. ［英］*tender*］

***tie・rra** [tjé.r̃a] ［女］ **1** [T-]地球. La *T~* gira alrededor del Sol. 地球は太陽の周りを回っている.
2 陸, 陸地. ～ adentro 内陸へ, 奥地へ. ～ firme 大陸, 陸地. avistar [divisar] ～ 陸地を認める. poner pie en ～ (馬や乗り物から)降り立つ. por ～ 陸路で. tocar ～ 着陸する. tomar ～ 着陸[上陸, 着岸]する. ▶「空」や「海」と対比して用いる場合は無冠詞.
3 地面, 地上, 地べた. a ras de ～ 地面すれすれに. bajo ～ 地下に. caer en ～ 倒れる. cavar la ～ 地面を掘る. dar *con* SIGO en ～ 倒れる. hacer rodar por ～ 転がす.
4 土；土地, 耕地. cultivar la ～ 土地を耕す. la ～ que da una buena cosecha 収穫の多い土地. ～ baldía 不毛の地. ～ de batán 粘土, クレー. ～ de cultivo [labor, labranza] 耕作地. ～ fértil [fecunda] 肥沃な土地. ～ estéril やせた土地. ～ laborable 耕作可能な土地. ～ de pan llevar 小麦畑. ～ rara 『化』希土類化物. ～ vegetal 庭土, 鉢植土.
5 故郷, 国. mi ～ 生まれ故郷. ～ natal 生まれた国. abandonar SU ～ 故郷を捨てる. salir de SU ～ 故郷を出る.
6 地域, 土地；《主に複数で》地所. ～ española スペインの地. ～ quemada 焦土. comprar [vender] ～s 土地を買う[売る]. por estas ～s このあたりでは. visitar ～ 諸国を巡る. Tiene ～s en el sur. 彼[彼女]は南部に土地を持っている. la ～ de María Santísima 『話』アンダルシア. ～ de nadie 無人地帯, 中立地帯. *T~* Prometida / *T~* de Promisión 『聖』約束の地(カナン)；肥沃な地帯. *T~* Santa 『聖』聖地(パレスチナ).
7 世の中, 世間, 現世. soportar las desgracias en la ～ この世の不幸に耐える. No hay nadie en la ～ que pueda hacer tal cosa. そんなことのできる人がこの世の中にいるものか.
8 『電』アース. conectar a ～ / hacer ～ アース(を接地)する. **9** 『スポ』～ batida クレーコート. **10** 『ラ米』砂(ﾒ)[土]ぼこり.
besar la tierra (1) 『話』うつむきに倒れる. (2) (尊敬のしるしとして)大地に口づけをする.
besar la tierra que+人 *pisa* 『話』〈人〉に深く感謝する.
caer por tierra 倒れる；夢破れる, 期待が消える.
dar en tierra con... …を破壊する；落とす；打倒する.

dar tierra a+人 〈人〉を葬る.
de la tierra 〈作物などが〉その土地産の. frutos [productos] *de la* ～ その土地の産物.
echar [*tirar*] ...*al* [*por*] *tierra* ...を覆す,だめにする. una objeción que *echa por* ～ un razonamiento ある理論を根底から揺るがす反証.
echarse por tierra へり下る.
echar tierra a [*sobre*] ...〈比喩的的〉…をもみ消す, 葬り去る.
En tierra de ciegos, el tuerto es rey. 《諺》 鳥なき里のコウモリ(←盲人の国では片目の人が王様).
en toda [*cualquier*] *tierra de garbanzos* 《話》津々浦々で,至る所で.
estar comiendo [*mascando*] *la tierra* とっくに墓に入ってる.
faltarle (*la*) *tierra* (*a*+人) *debajo de los pies* 〈人〉の足元がぐらつく,確信が持てない.
ganar tierra 岸に近づく.
poner tierra por [*en*] *medio* 《話》一目散に逃げ出す,身を隠す.
quedarse en tierra 《話》乗り損ねる.
sacar... de debajo de la tierra …を苦労して手に入れる.
¡Trágame, tierra! 《話》穴があったら入りたい(＊慣用表現).
tragársele (*a*+人) *la tierra* 《話》〈人〉が忽然(忽)と姿を消す；ぱったり姿を見せなくなる.
venirse [*irse*] *a tierra* 倒れる；崩れる；だめになる.
[←〔ラ〕*terram*(*terra*の対格) [関連] terreno, terraza, terrestre, territorio, terrón, enterrar, aterrizar. 〔ポルトガル〕〔伊〕terra. 〔仏〕terre. 〔英〕*terrain*「土地」, *terrace*「テラス」]

Tie·rra del Fue·go [tjé.r̄a del fwé.ɣo] 固名
1 ティエラ・デル・フエゴ；南米大陸南端のフエゴ諸島からなる地域. **2** フエゴ島：フエゴ諸島の主島. 東半分がアルゼンチン領で西半分がチリ領. 1520年マゼランが海峡通過の際,暖をとる先住民のたく火が夜間海岸沿いに連なって見えたため「火の国」と名付けた.

tie·rra·frí·a [tje.r̄a.frí.a] 囲 《ラ米》(1) 《殼》高原の住民. (2) 《殼》山岳寒冷地に住む人.

tie·rral [tje.r̄ál] / **tie·rre·ro** [tje.r̄é.ro] 男 《ラ米》(殼汐)(殼汐) 土ぼこり,砂塵(彡).

*tie·so, sa [tjé.so, -.sa] 形 1 硬直した,こわばった,固い. pierna *tiesa* 曲がらなくなった脚. tela *tiesa* ごわごわした布.
2 ぴんと[まっすぐ]立った. poner las orejas *tiesas* 〈犬などが〉耳をぴんと立てる. Andaba muy ～. 彼はしゃんとして歩いていた.
3 高慢[尊大]な,うぬぼれた；威張った.
4 (態度の)冷淡な,無愛想な. Me recibió muy ～. 私を迎える彼の態度はとても冷たかった.
5 情熱な,意固地な.
6 《話》元気な,健康な. Está muy ～ a pesar de sus años. 彼は年の割りに実に驚健(誇ふ)だ.
7 りりしい,勇ましい. **8** 《話》即死の. **9** 《話》(寒さで)かじかんだ,凍えた. **10** 《話》一文無しの.
— 男 強く,ひどく. pisar ～ 強い切り脚みを付ける.
dejar tieso a+人 《話》〈人〉を殺す；仰天させる.
quedarse tieso 《話》(1) かじかむ. (2) 死ぬ. (3) 啞然(誇ミ)とする,びっくりする.
tenérselas tiesas (1) (*a...* …に) 敢然と立ち向かう. (2) (*con...* …の) 話に頑として耳を貸さない.

ties·ta·zo [tjes.tá.θo / -.so] 男 《ラ米》(殼汐) 殴打,一撃.

ties·to [tjés.to] 男 **1** (主に土製の) 植木鉢 (に入った植物). **2** (主に複数で) 陶器などの破片. **3** 《ラ米》(殼汐)(彡)器,容器.
mear [*regar*] *fuera del tiesto* 《話》的はずれなことを言う[する].
salirse del tiesto 《話》大胆なことを言う[する]ようになる.
[←〔ラ〕*testū*「土器,陶器」; [関連] testarudo, testudo. 〔仏〕*tête*「頭」]

tie·su·ra [tje.sú.ra] 囲 **1** 固さ,硬直. **2** 横柄さ,尊大さ. **3** 直立,ぴんと立っていること. **4** 頑固さ.

ti·fá·ce·o, a [ti.fá.θe.o, -.a / -.se.-] 形【植】ガマ科の. — 囲 ガマ科の植物；〈複数形で〉ガマ科.

ti·fiar [ti.fjár] 自②《ラ米》(誇ミ) 《話》盗む.

tí·fi·co, ca [tí.fi.ko, -.ka] 形【医】チフスの.
— 男 チフス患者.

ti·fi·ti·fi [ti.fi.tí.fi] 男《ラ米》(殼汐)《俗》盗み,窃盗.

ti·fli·tis [ti.flí.tis] 囲【医】盲腸炎.

ti·flo·lo·gí·a [ti.flo.lo.xí.a] 囲【医】盲学.

ti·flo·ló·gi·co, ca [ti.flo.ló.xi.ko, -.ka] 形 盲の.

ti·fo [tí.fo] 男 → tifus.

ti·foi·de·o, a [ti.foi.ðé.o, -.a] 形【医】チフス性の；腸チフスの. — 囲 腸チフス.

ti·fón [ti.fón] 男 **1**【気象】台風. el ojo del ～ 台風の目「ハリケーン」は huracán). **2** (海·湖の)竜巻. **3**《ラ米》(殼汐)(鉱脈の)露出部,露頭.

ti·fo·si [ti.fó.si]〔伊〕男〈複数形〉イタリアサッカーのファン.

ti·fus [tí.fus] 男《単複同形》 **1**【医】チフス. ～ asiático または 《アジア》コレラ. ～ de América 黄熱病. ～ de Oriente 腺(誇)ペスト. ～ exantemático 発疹チフス. ～ icteroides 黄熱(病).

ti·ge·ra [ti.ɣe.ra] 囲 (見世物などの) さくら.

*ti·gre, gra [tí.ɣre, -.ɣra] 男(女) **1**【動】(1) トラ(▶「雌トラ」は tigresa も用いられる). (2)《ラ米》ジャガー (意 = ～ *americano, jaguar*). **2** 残忍な人物,鬼；勇敢な人.
— 男 **1** 《スペイン》《話》トイレ,公衆便所. **2** 《ラ米》(誇ミ) ミルクを少し入れたコーヒー. (2)《殼汐》カクテル.
oler a tigre 《話》悪臭がする.
[←〔ラ〕*tigris* (*de*) *m* (*tigris* の対格) ←〔ギ〕*tígris* ([アヴェスタ] *tighri*-「矢」と関連；「素早い動物」が原義？); [関連] 〔ポルトガル〕〔仏〕〔伊〕*tigre*. 〔英〕*tiger*. 〔独〕*Tiger*]

ti·gre·ro, ra [ti.ɣré.ro, -.ra] 形《ラ米》(殼汐) 勇敢な. — 男《ラ米》ジャガー撃ちのハンター；ジャガー狩りの猟犬.

ti·gre·sa [ti.ɣré.sa] 囲 **1** 雌のトラ.
2 残忍な女；《話》男たらしの[浮気な]女.

ti·gri·llo [ti.ɣrí.ʝo / -.ʎo] 男《ラ米》【動】オセロット：中南米産のヤマネコの一種 (= *ocelote*).

Ti·gris [tí.ɣris] 固名 el ～ ティグリス川：ペルシア湾に注ぐ西アジアの大河川.
[←〔ラ〕*Tigris*←〔ギ〕*Tígris* ([アヴェスタ] *tighri*-「矢」と関連,「速い川」が原義？；→ *tigre*)]

ti·grón [ti.ɣrón] 男《ラ米》(殼汐)《話》虚勢を張る人.

ti·güi·la [ti.ɣwí.la] 囲《ラ米》(彡)《話》ぺてん,だまかし.

ti·güi·lo·te [ti.ɣwi.ló.te] 男《ラ米》(*)(彡)【植】ムラサキ科カキバチシャ属の植物：染色用.

ti·ja [tí.xa] 囲 (鍵(彡)の) 心棒,柄.

*ti·je·ra [ti.xé.ra] 囲 **1** 〈単数または複数で〉はさ

tijeral

み. ~s de jardinero 園芸用はさみ. ~s de peluquero [barbero] 理容ばさみ. echar [meter] la ~ en... …を裁断する.
2 (X字形の)木挽台.
3 〖スポ〗(1)(レスリング)挟み絞め, シザーズ. (2)(走り高跳びの)正面跳び:脚を交叉させて跳ぶこと(=salto de ~). (3)(体操)両脚開閉. (4)(サッカー)シザーズキック. **4** (湿地の排水用)溝. **5** (馬車の台座下部の)交差した鋼鉄製のベルト. **6** 〘ラ米〙(チリ)(プエルトリコ)(カニ・エビの)はさみ.
― 男 剪毛する人(= esquilador).
buena tijera 裁断が上手な仕立師.
de tijera 折り畳み式の. *asiento* [*silla*] *de ~* 折り畳み式いす. *cama de ~* 折り畳み式ベッド.
echar [*meter*] *la tijera* (話)(1)ばっさりと切る;容赦なく批判する. (2)《*en...* ...》を検閲する, カットする.
trabajo de tijera 寄せ集めの作品.
[← 〈古スペイン〉*tisera(s)* ←〈ラ〉(*forficēs*) *tōnsōrias* 「剃髪用の(はさみ)」(*tondēre*「そる」より派生)].

ti·je·ral [ti.xe.rál] 男 〘ラ米〙(チリ)屋根を支える骨組み.

ti·je·re·ta [ti.xe.ré.ta] 女 **1** 〖昆〗ハサミムシ.
2 〖植〗(ブドウの)巻きひげ.
salto de tijereta 〖スポ〗両脚開閉跳躍.

ti·je·re·ta·da [ti.xe.re.tá.ða] 女 → tijeretazo.

ti·je·re·ta·zo [ti.xe.re.tá.θo / -.so] 男 はさみで切ること.

ti·je·re·te·ar [ti.xe.re.te.ár] 他 **1** (無造作に)はさみで切り刻む. **2** 《話》よけいな口出しをする, おせっかいを焼く. **3** 〘ラ米〙(チリ)(プエルトリコ)(コロンビア)陰口を言う, 批判する. ― 自 〘ラ米〙(プエルトリコ)陰口をたたく.

ti·je·re·te·o [ti.xe.re.té.o] 男 **1** はさみで切り刻むこと;はさみの音. **2** 〖話〗おせっかい.
3 〘ラ米〙(プエルトリコ)(コロンビア)陰口, 悪口.

ti·je·ri·lla [ti.xe.rí.ja || -.ʎa] 女 (ブドウの)巻きひげ.

ti·la [tí.la] 女 〖植〗セイヨウシナノキ[ボダイジュ];シナノキ属の木[花];シナノキの花の茶[煎じ薬].

ti·lan·go, ga [ti.láŋ.go, -.ga] 形 〘ラ米〙(メキシコ)《話》ばかな, 愚かな.

tíl·bu·ri [tíl.bu.ri] 男 ティルバリー:無蓋の軽2輪馬車.

til·dar [til.dár] 他 **1** ティルデ[波形符]を付ける;アクセント符号を打つ.
2 《*de...* ...》であると》非難する, 責める. *Le tildan de avaro.* 彼は欲が深いと皆からけなされている.
3 (線などを引いて)(書いたものを)消す.

til·de [tíl.de] 女 (**1, 2, 3** では時に男) **1** ティルデ, 波形符(~):スペイン語で n の上に付ける口蓋化記号, ポルトガル語で a, o の上に付ける鼻音化記号.
2 アクセント符号('). **3** 欠点, きず. *poner ~ a...* ...にけちをつける(= tacha). **4** ささいなこと, 取るに足りないもの.

til·dón [til.dón] 男 抹消[削除]の線.

ti·lia [tí.lja] 女 〖植〗シナノキ.

ti·liá·ce·as [ti.ljá.θe.as / -.se.-] 女 《複数形》〖植〗シナノキ科の植物.

ti·li·che [ti.lí.tʃe] 男 〘ラ米〙(中米)(メキシコ)(主に複数で)《話》安物, 安ぴか物, がらくた.

ti·li·che·ra [ti.li.tʃé.ra] 女 〘ラ米〙(中米)(メキシコ)(行商の小間物を入れる)箱, 袋.

ti·li·che·ro [ti.li.tʃé.ro] 男 〘ラ米〙(中米)(メキシコ)行商人.

ti·li·co, ca [ti.lí.ko, -.ka] 形 〘ラ米〙(メキシコ)《話》(**1**)(メキシコ)臆病な, 気の弱い. (**2**)(メキシコ)(ボリビア)やせた, 弱々しい, 病弱な.

ti·lín [ti.lín] 男 (擬)(鈴の音)チリンチリン, リンリン.
en un tilín 〘ラ米〙(コロンビア)(チリ)(メキシコ)《話》すんでのところで.
hacerle tilín (*a+人*) 《話》《スペイン》〈人〉の気に入る(= gustar). *Ella le hizo ~.* 彼は彼女が好きになった.

ti·lin·ches [ti.líŋ.tʃes] 男 《複数形》《メキシコ》がらくた.

ti·lin·ga·da [ti.liŋ.gá.ða] 女 〘ラ米〙(アルゼンチン)《話》愚かさ, ばかげたこと, 愚行.

ti·lin·go, ga [ti.líŋ.go, -.ga] 形 〘ラ米〙(ボリビア)(アルゼンチン)ばかな, 愚かな.

ti·lin·gue·ar [ti.liŋ.ge.ár] 自 〘ラ米〙(アルゼンチン)《話》ばかげたことをする[言う].

ti·lin·gue·rí·a [ti.liŋ.ge.rí.a] 女 〘ラ米〙(アルゼンチン)《話》ばかげたこと[言動].

ti·lin·tar [ti.lin.tár] 他 〘ラ米〙(中米)引っ張る.

ti·lin·te [ti.lín.te] 形 〘ラ米〙《話》(**1**) (中米)ぴんと張った. (**2**) (コロンビア)澄ました, 上品な, 粋がいい.

ti·lla·do [ti.já.ðo || -.ʎá.-] 男 板張りの床.

ti·llar [ti.jár || -.ʎár] 他 板張りにする.

til·ma [tíl.ma] 女 〘ラ米〙(メキシコ)《服飾》かぶり布, ポンチョ.

ti·lo [tí.lo] 男 **1** 〖植〗セイヨウシナノキ, ボダイジュ.
2 〘ラ米〙(メキシコ)(コロンビア)シナノキの茶(= tila).

ti·lo·so, sa [ti.ló.so, -.sa] 形 〘ラ米〙(メキシコ)薄汚れた.

ti·ma·dor, do·ra [ti.ma.ðór, -.ðó.ra] 男 女 詐欺師, ぺてん師.

tí·ma·lo [tí.ma.lo] 男 〖魚〗カワヒメマス.

ti·mar [ti.már] 他 だまし取る;だます. *Le timaron mil euros.* 彼[彼女]は1000ユーロだまし取られた. *En esa tienda me timaron.* その店で私はぼられた. ― **~se** 《話》《恋人同士が》目配せする;《*con...* 〈人〉に》色目を使う.

tim·ba [tím.ba] 女 **1** 《話》《賭け事の》勝負, ゲーム, 博打(ばくち). **2** 賭博(とばく)場. **3** 〘ラ米〙(中米)(キューバ)(ドミニカ)(プエルトリコ)太鼓腹. (2) (プエルトリコ)《話》不法なカジノ. (3) (メキシコ)《俗》ヘロインカプセル.

tim·bal [tim.bál] 男 **1** 〖音楽〗ティンパニー;小太鼓. **2** 〖料〗タンバル:肉や野菜などを詰めたパイ;それを作るための型.

tim·ba·le·ro, ra [tim.ba.lé.ro, -.ra] 男 女 ティンパニー奏者, 鼓手.

tim·be·ar [tim.be.ár] 自 〘ラ米〙(ベネズエラ)(アルゼンチン)賭博(とばく)をする.

tim·bem·be [tim.bém.be] 形 〘ラ米〙(キューバ)〈体が〉震える;よぼよぼの.

tim·be·ro, ra [tim.bé.ro, -.ra] 形 〘ラ米〙(アルゼンチン)《話》賭け事好きな.

tim·bi·ri·che [tim.bi.rí.tʃe] 男 〘ラ米〙(**1**) (メキシコ)〖植〗パイナップル科ブロメリア属の植物(葉から繊維を採る);その実で作る果実酒. (**2**) (メキシコ)小店.

tim·bo [tím.bo] 男 〘ラ米〙アルマジロ(= armadillo).

tim·bó [tim.bó] 男 〘ラ米〙(アルゼンチン)〖植〗(マメ科の)エンテロロビウム類.

tim·bra·do, da [tim.brá.ðo, -.ða] 形 **1** 証紙[印紙]を張った;押印した. *papel ~* 証紙[印紙]を貼付した書類;レターヘッドを刷り込んだ便箋(びんせん).
2 〈声が〉よく響く, よく通る. *una voz bien timbrada* よく通る声.

tim·bra·dor, do·ra [tim.bra.ðór, -.ðó.ra] 男 女 印を押す人, 証紙[印紙]を張る人.
― 男 刻印機.

tim·brar [tim.brár] 他 **1** 証紙[印紙]を張る；押印する. máquina de ～ スタンプ押し器, 押印器. **2**〈声を〉響かせる. **3**〘紋〙(盾の上に)かぶと飾りを付ける. **4**《ラ米》呼び鈴を鳴らす.

tim·bra·zo [tim.brá.θo / -.so] 男 けたたましいベルの音. dar un ～ けたたましいベルを鳴らす.

*__tim·bre__ [tím.bre] 男 **1** ベル, 呼び鈴. tocar el ～ / llamar al ～ ベルを鳴らす. ～ de alarma 非常ベル. ～ de teléfono 電話のベル.
2 証紙, 印紙, 印紙税（による国庫収入）. ～ móvil [fiscal] 収入印紙. imprimir el ～ 刻印を押す. impuesto del ～ 印紙税.
3 音色, 音質；響き. ～ metálico 金属的な音色.
4〘紋〙かぶと飾り, 盾の紋章. **5**《ラ米》(1) 切手. (2)（便箋[封筒]に印刷する）マーク, 印 (= membrete). *timbre de gloria* 崇高な[名誉ある]行為, 偉業. [←〔仏〕*timbre*←〔ラ〕*tympanum*「鼓, タンバリン」←〔ギ〕*týmpanon*「鼓, 太鼓」]〘関連〙timbrar.〔英〕*timbre*「音色」]

tim·bus·ca [tim.bús.ka] 女《ラ米》(1)（チリ）（コロ）煮詰まったスープ；味の濃い料理. (2)（ごﾞ）煮込み.

ti·me·le·á·ce·o, a [ti.me.le.á.θe.o, -.a / -.se.-] 形〘植〙ジンチョウゲ科の.
── 女《複数で》ジンチョウゲ科.

ti·mi·ma [ti.mjá.ma] 男 (ユダヤ教の儀式に用いる)香料, 香剤.

ti·mi·da·men·te [tí.mi.ða.mén.te] 副 おずおずと, 遠慮がちに；ほんの少し.

*__ti·mi·dez__ [ti.mi.ðéθ / -.dés] 女〘複 timideces〙内気, 臆病（びょう）. vencer la ～ 恥ずかしさを抑える.

*__tí·mi·do, da__ [tí.mi.ðo, -.ða] 形 **1** 内気な, 遠慮がちの；臆病（びょう）な. una niña *tímida* 内気な女の子. Venga, no seas tan ～. さあ, そんなに恥ずかしがらずに. **2**《主に＋名詞》弱い, かすかな. Una *tímida* luz aparecía entre la niebla. 霧の中にかすかな光がさしていた.

〘類語〙 *timido* は「内気でおずおずとした」性格, 言動. *cobarde* は「腰抜けの, 卑怯（ﾋﾟょう）な」の意味で侮蔑的な言葉. *asustadizo, espantadizo, miedoso* は「怖がりの」, *cohibido, encogido* は目上の人の前などで「おどおどした, 縮こまった」の意.

── 女 内気な人.
[←〔ラ〕*timidum* (*timidus* の対格；*timēre*「恐れる」より派生)]〘関連〙timidez, intimidar.〔英〕*timid*]

tim·ing [tái.min]〔英〕男 日付・時間のプログラミング.

ti·mo¹ [tí.mo] 男《話》詐欺, ぺてん. dar un ～ a＋人〈人〉をだます. Esta película es un ～. こんな映画で金を取るのは詐欺みたいなもんだ. *timo de la estampita* ペテン詐欺.

ti·mo² [tí.mo] 男〘解剖〙胸腺（せん）.

ti·mo³ [tí.mo] 男〘魚〙カワヒメマス (= tímalo).

ti·mo·cra·cia [ti.mo.krá.θja / -.sja] 女 金権政治.

ti·mo·crá·ta [ti.mó.kra.ta] 形 金権政治に賛同する. ── 男女 金権政治に賛同する人, 金権政治家.

ti·mo·crá·ti·co, ca [ti.mo.krá.ti.ko, -.ka] 形 金権政治の, 金権支配の.

ti·mol [ti.mól] 男〘化〙〘薬〙チモール：防腐剤.

*__ti·món__ [ti.món] 男 **1**〘航空〙〘海〙（船・飛行機の）舵（かじ）. ～ de dirección〘航空〙方向舵（だ）. ～ de profundidad〘航空〙昇降舵. poner el ～ a babor [estribor] 舵を左舷（げん）[右舷]に取る.
2（犂（すき）の）柄,（車に牛馬をつなぐ）轅（ながえ）, 梶（かじ）棒.
3《比喩的》舵取り, 運営, 指揮. manejar [coger, empuñar, llevar] el ～ de… …の舵を取る, …の陣頭に立つ. **4**《ラ米》〘車〙ハンドル.

ti·mo·ne·ar [ti.mo.ne.ár] 自〘海〙舵（かじ）取りをする；〈商売を〉取り仕切る, 切り回す.
── 他（船の）舵を取る, 操舵（さﾞ）する；《ラ米》〘車〙を運転する.

ti·mo·nel [ti.mo.nél] 男〘海〙操舵（ﾀﾞ）手, 舵（かじ）取り.

ti·mo·ne·ra [ti.mo.né.ra] 女 **1**〘鳥〙（飛ぶ方向を決める）尾羽. **2**（船の）操舵（ﾀﾞ）室.

ti·mo·ne·ro, ra [ti.mo.né.ro, -.ra] 形 柄の付いた. arado ～ 柄の付いた犂（すき）.
── 男 → timonel.

ti·mo·ra·to, ta [ti.mo.rá.to, -.ta] 形 **1** 内気な, 臆病な. **2** 神を畏（おそ）れる,（過度に）モラル[戒律]を気にする. ── 男女 **1** 内気な人. **2** 偽善者, 偽道徳家.

ti·mo·ren·se [ti.mo.rén.se] 形 東ティモールの, 東ティモール人の. ── 男女 東ティモール人.

Ti·mor O·rien·tal [ti.mór o.rjen.tál] 固名 東ティモール(民主共和国). 首都 Dili.

tim·pá·ni·co, ca [tim.pá.ni.ko, -.ka] 形 **1**〘解剖〙（中耳の）鼓室の, 鼓膜の.
2〘医〙鼓腸による. sonido ～ 鼓音.

tim·pa·nis·mo [tim.pa.nís.mo] 男〘医〙鼓腸, 腹部膨張.

tim·pa·ni·tis [tim.pa.ní.tis] 男《単複同形》〘医〙鼓腸；中耳炎.

tim·pa·ni·za·ción [tim.pa.ni.θa.θjón / -.sa.sjón] 女 → timpanismo.

tim·pa·ni·zar·se [tim.pa.ni.θár.se / -.sár.-] 再〘医〙（腹などが）ガスで膨張する；鼓腸になる.

tím·pa·no [tím.pa.no] 男
1〘音楽〙(1) ティンパニ, 小太鼓. (2) ダルシマー：打弦楽器の一種. **2**〘解剖〙鼓膜；鼓室, 中耳腔（こう）. **3**〘建〙ティンパヌム：扉の上の三角小間. **4**〘印〙チンパン：圧盤と印刷紙との間に入れる紙または布の枠. **5** 樽（たる）の蓋（ふた）［底］.

tímpano （ダルシマー）

tim·ple [tím.ple] 男〘音楽〙ティンプレ：高音部が出る小さなギター.

ti·na [tí.na] 女 **1**（素焼きの）大がめ,（木製の）桶（おけ）, たらい；（工業用の）槽. ～ de tintorero 染色用桶. **2** 浴槽, 湯船 (= bañera). **3**《ラ米》（チﾞリ）（ﾏﾞキ）バケツ.

ti·na·co [ti.ná.ko] 男 **1**（木製の）手桶（おけ）. **2**（オリーブの）搾り汁. **3**《ラ米》(1)（チﾞリ）（ﾏﾞキ）（細長い）かめ. (2)（ﾏﾞキ）屋上の給水タンク.

ti·na·da [ti.ná.ða] 女 **1** 薪の山.
2 家畜小屋, 牛小屋.

ti·na·ja [ti.ná.xa] 女 **1**（水・油・ワインなどの保存用の素焼きの）大がめ. **2** 大がめ1杯分（の量）：フィリピンで用いられた液量単位. 約48リットル.

ti·na·je·ro [ti.na.xé.ro] 男 大がめ職人, 大がめ売り；大がめの置き場.

ti·na·mú [ti.na.mú] 男〘鳥〙シギダチョウ：中南米産.

tin·ca [tín.ka] 女《ラ米》(1)（チﾞリ）（ﾏﾞキ）(指先で)軽く打つ[はじく]こと. (2)（ごﾞ）球転がし, ボウリング. (3)（チﾞリ）予感, 虫の知らせ. (4)（ごﾞ）酒盛り.

tin·ca·da [tin.ká.ða] 女《ラ米》(チﾞリ)《話》直感, 予感.

tin·can·que [tin.káŋ.ke] 男《ラ米》(チﾞリ) → tinca (1).

tin·car [tiŋ.kár] 他 《ラ米》(1)《话》(指先で)軽く打つ,はじく.(2)(チ)(ペ)《话》予感がする,予感させる. ── 自 《ラ米》(チ)(ボリ)予感がする,虫が知らせる.

tin·ca·zo [tiŋ.ká.θo / -.so] 男 《ラ米》(チ)(ペ)(キチワ) → tinca (1).

tin·ción [tin.θjón / -.sjón] 女 染色.

tin·cu·te [tiŋ.kú.te] 男 《ラ米》(ボリ)《鳥》ハゲタカ.

tin·da·li·za·ción [tin.da.li.θa.θjón / -.sa.sjón] 女 《化》間欠滅菌法: 加熱滅菌を繰り返す滅菌法.

tin·da·lo [tin.dá.lo] 男 《植》ジャケツイバラ科;マメ科エペルア属の木.

Tin·da·ro [tín.da.ro] 固名 《ギ神》テュンダレオス: スパルタ王.
[← (ラ) *Tyndar(e)us* ← (ギ) *Tyndáreus*]

tin·dí·o [tin.dí.o] 男 《ラ米》(ペ)《鳥》アジサシ.

ti·ner·fe·ñis·ta [ti.ner.fe.ɲís.ta] 形 《スポ》(スペインのサッカーチーム)テネリフェ Club Deportivo Tenerife の. ── 男 女 テネリフェのファン.

ti·ner·fe·ño, ña [ti.ner.fé.ɲo, -.ɲa] 形 (スペイン Canarias の) テネリフェ Tenerife (島) の. ── 男 女 テネリフェ島の住民[出身者].

tin·ga [tíŋ.ga] 女 《ラ米》(メ)《话》騒ぎ, 騒動, 混乱.

tin·gar [tiŋ.gár] 103 《ラ米》(キチワ)はじく, 軽く打つ.

tin·gi·ta·no, na [tiŋ.xi.tá.no, -.na] 形 (モロッコの) タンジール Tánger の. ── 男 女 タンジールの住民[出身者].

tin·gla·do[1] [tiŋ.glá.ðo] 男 1 策略, 陰謀; 混乱. ¡Menudo ～ se ha formado! なんというごたごただ, ひどい騒ぎになったもんだ. conocer el ～《话》手のうちを見透かしている. manejar el ～《话》陰で糸を引く. 2 小屋, 納屋. 3 板張りの壇〔観覧席〕(= tablado).

tin·gla·do[2] [tiŋ.glá.ðo] 男 《ラ米》(ダ)《動》カサガメ.

tin·glar [tiŋ.glár] 他 《ラ米》(キ)〈板を〉ずらして重ねる.

tin·go [tíŋ.go] / **tin·gue** [tíŋ.ge] 男 《ラ米》(キチワ)(指先などで)はじく[軽く打つ]こと.

*****ti·nie·bla** [ti.njé.bla] 女 1 《主に複数で》闇(ヤミ), 暗黒. cubrir de ～s 闇で包む, 暗くする. las ～s de la noche 夜の闇.
2 《複数で》無知; 混迷. Estoy en ～s sobre sus verdaderas intenciones. 私には彼[彼女]の真意が全くわからない.
3 《カト》テネブレ: 暗闇の朝課. ◆聖週間最後の3日間に唱えられるキリスト受難記念の朝課と讃歌. *Ángel de tinieblas* 魔王, サタン (= Lucifer).

ti·no[1] [tí.no] 男 1 勘[判断力]のよさ; 理性, 分別. obrar con ～ 賢く行動する. perder el ～ 判断力を失う. sin ～ 見境なく. tener buen ～ 分別がある. 2 巧みさ, 手際のよさ. 3 射撃の腕前, 狙いの確かさ; 目測の確かさ. 4 控えめ, 抑制, 節制. beber con ～ ほどほどに酒を飲む.
a tino 手探りで, 暗中模索で.
sacar de tino a+人 〈人〉を怒らせる.

ti·no[2] [tí.no] 男 1 甕(カメ)(羊毛の)洗浄槽.
2 (ブドウ・オリーブの)圧搾機.

ti·no·so, sa [ti.nó.so, -.sa] 形 《ラ米》(ドミ)(コロ)(ニカラ)(エクアド)巧みな; 判断力のある.

tin·que [tíŋ.ke] 男 《ラ米》(ペル)(チ)(球などを)軽く打つ[はじく]こと (= tinca).

*****tin·ta** [tín.ta] 女 1 (筆記・印刷用の) インク. corregir con ～ roja 赤インクで訂正する. chorro de ～ インクジェット. ～ simpática あぶり出しインク. ～ china 墨(スミ). 2 (イカ・タコの)墨. calamares en su ～ 《料》イカの墨煮. 3 《複数で》色合い, 色調. pintar con ～s suaves 淡い色調で描く. 4 染料; 染色. 5 《美》(色の)調合.
── 男 → tinto.
cargar [recargar] las tintas 《话》誇張する. *No carguemos las ～s sobre el asunto.* その件に関して大騒ぎしないようにしましょう.
correr (ríos de) tinta sobre... ...について書きたてられる, とりざたされる.
de buena ～ 確かな情報(筋)による. *saber... de buena ～* 確かな情報によって...を知る.
medias tintas あいまい, 漠然. *Mi tío siempre deja la conversación a medias ～s.* おじはいつも言葉を濁す[どっちつかずの物言いをする].
media tinta 《美》(中)間色, ハーフトーン.
sudar tinta (china) 《话》努力する, 骨を折る. *He sudado ～ para conseguir un buen sueldo.* いい給料をもらうために苦労しました.
[← (後ラ) *tincta* (ラ) *tingere* 「浸す; 染める」より派生) [関連] tinto, tintorería, tintura. [英] *tincture*]

tin·tar [tin.tár] 他 染色する.

tin·te [tín.te] 男 1 染料(液), 着色剤.
2 染色. ～ del cabello 染髪.
3 染め物屋; 《话》クリーニング店 (= tintorería).
4 色合い, ニュアンス. tener un ～ político 政治色を帯びる. 5 見かけ, うわべ. Tiene ～ de hombre de mundo. 彼[彼女]はうわべだけは世慣れた感じだ.

tin·te·ri·llo [tin.te.rí.ʎo ǁ -.ʝo] 男 1 《话》下っ端の事務員. 2 《ラ米》《话》いんちき弁護士.

tin·te·ro [tin.té.ro] 男 1 インク瓶(ツボ); インクスタンド. 2 《印》インク溝. 3 (馬の年齢を示す)門歯のくぼみの黒い部分.
*dejar(se)... en el tintero / quedárse*le... *(a*+人*) en el tintero* ...を忘れる;〈人〉が言わずに[書かずに]しまう. *Se lo dejó en el ～.* 彼[彼女]はそれを忘れていた.

tin·ti·llo [tin.tí.ʎo ǁ -.ʝo] 男 (ワインの)薄赤色の. ── 男 薄赤色のワイン;《ラ米》(キ)(ペ)赤ワイン.

tin·tín [tin.tín] 男 《擬》(コップなどの触れ合う音)カチンカチン;(鈴・ベルなどの音)チンチン, リンリン.

tin·ti·nar [tin.ti.nár] / **tin·ti·ne·ar** [tin.ti.ne.ár] 自 (コップなどが触れ合って)カチンカチンと鳴る;(鈴・ベルなどが)チンチン[リンリン]と鳴る.

tin·ti·ne·o [tin.ti.né.o] 男 (コップなどが触れ合う)カチンカチンという音;(鈴・ベルの)チンチンと鳴る音.

*****tin·to, ta** [tín.to, -.ta] 形 1 着色した; 染まった. ～ en sangre 血に染まった.
2 〈ワインが〉赤の; 暗赤色の, ワイン色の. 3 《ラ米》(1)(ボリ)(ペル)(コロ)(コスタ)〈コーヒーが〉ブラックの. (2)(メ)《俗》黒人の.
── 男 1 赤ワイン (= vino ～). una botella de ～ 赤ワイン1瓶. ▶「白ワイン」は vino blanco, 「ロゼ」は vino rosado.
2 《ラ米》(コロ)(パ)(ペル)(コスタ)ブラックコーヒー.
[← (ラ) *tinctum (tinctus* の対格)「染められた」(*tingere*「浸す; 染める」の完了分詞) [関連] tinta, tinte, tintura, tintorería. [英] *tint, tincture*]

tin·tó·re·o, a [tin.tó.re.o, -.a] 形 《植》植物などが〉染料用の, 染色になる.

tin·to·re·rí·a [tin.to.re.rí.a] 女 1 クリーニング店[屋]. 2 染色工場, 染物屋[業].

tin·to·re·ro, ra [tin.to.ré.ro, -.ra] 男 女 1 染

屋，染物師．**2** クリーニング店主[店員]．
── 囡《魚》ヨシキリザメ．
tin·to·rro [tin.tó.ro] 男《話》安物の赤ワイン．
tin·tu·ra [tin.tú.ra] 囡 **1** 染料，染色．
2 浅薄[生半可]な知識．Esta novela sólo tiene una ~ de historia de España. この小説にはスペインの浅薄な知識しか感じられない．**3**《医》チンキ剤．~ de yodo ヨードチンキ．
tin·tu·rar [tin.tu.rár] 他 **1** 染める，染色する，着色する．**2** 表面的な[生半可な]知識を与える．
tiñ- 活 → teñir.
ti·ña [tí.ɲa] 囡 **1**《昆》ハチノスツヅリガ．
2《医》白癬，たむし．
3《話》汚さ，不潔．**4**《話》貧乏；けち．
más viejo que la tiña 古臭い，ひどく古い．
ti·ñe·rí·a [ti.ɲe.rí.a] 囡 →tiña **4**．
ti·ño·so, sa [ti.ɲó.so, -.sa] 形 **1** 白癬[たむし]にかかった．**2** 貧しい；けちな．
── 男 囡 **1** 白癬患者．**2** けちな人．
ti·ñue·la [ti.ɲwé.la] 囡 **1**《植》ネナシカズラ属の植物．**2**《動》フナクイムシ．

tí·o, a [tí.o, -.a] 男 囡 **1 おじ，伯父，叔父；おば，伯母，叔母．*tío* [*tía*] *carnal* おじ[おば]（父母の兄弟姉妹）．*tío segundo* [*tercero*] / *tía segunda* [*tercera*] おじ，おば（父母のいとこ[はとこ]）．*tío abuelo* / *tía abuela* 大おじ，大おば（祖父母の兄弟姉妹）．
2《話》(特に田舎で，結婚している年輩の人に対し名前につけて)おじさん，おじちゃん；おばさん，おばちゃん．*tío Pedro* ペドロおじさん．
3（男性複数形で）おじ夫婦．¿Cómo siguen tus *tíos*? おじさんたちは元気かい．
4《話》《賞賛あるいは軽蔑》やつ，あいつ；(あの)女．Antonio es un *tío* muy sociable. アントニオはとてもつきあいのいいやつだ．Tú eres un *tío* sensacional. 君はすばらしいやつだ．
5《話》（呼びかけ）《友達・同輩・同僚に対して》おい，ねえ．¡*Tío*! ¿Vamos a comer? おい，食事に行こう．¡No te enfades, *tía*! ちょっとあんた，そんなにかっかりしないでさ．**6**《話》(誰かを知らない場合・伏せる場合に)誰それ，あの人．Hay un *tío* delante de tu casa. 君の家の前に誰かいるよ．
── 男 売春婦．
cuéntaselo a tu tía《話》《俗》そんな話うそに決まっている．
no hay tu tía《話》無理だ，そう簡単なことじゃない；全然だめだ．
tener un tío en América《話》《皮肉》大金持ちの親戚がいる．José está forrado de dinero. *Tendrá un tío en América*. ホセは羽振りがいいけど，きっと大金持ちの親戚でもいるんだろうね．
tía buena《話》《俗》いい女．
tía rica《ラ米》《⁺》質屋．
tío bueno《話》《俗》（肉体的に）魅力的な男．
Tío Sam アメリカ合衆国（政府）（▶英語のU.Sをもじった Uncle Sam に由来）．
un tío con toda la barba 男らしい男，すごいやつ．
[tío, tía← [後], *thīus, thīa*← [ギ] *theîos, theía*]
関連 tiovivo──.[ポルトガル] *tio, tia*, [伊] *zio, zia*]
tior·ba [tjór.ba] 囡《音楽》テオルボ：バロック時代の糸倉が2つあるリュート．
tio·rro, rra [tjó.ro, -.ra] 男 囡《軽蔑》図体の大きい人．── 囡《話》女性の同性愛者，レズビアン．
tio·vi·vo [tjo.bí.bo] 男 メリーゴーラウンド，回転木馬（= caballitos）．

ti·pa [tí.pa] 囡 **1**《植》アメンドイン：マメ科の木．
2 → tipo **4**．**3**《ラ米》(1)《⁺⁺》かご（= cesta）．(2)《ラプ》《エク》《チ》《ラ米》《ウ》《俗》ふしだらな女，あばずれ．
ti·pa·rio [ti.pá.rjo] 男《まれ》タイプライターのタイプひとそろい．
ti·pa·rra·co, ca [ti.pa.rá.ko, -.ka] 男 囡《話》《軽蔑》→ tipejo.
ti·pa·zo [ti.pá.θo / -.so] 男《話》**1** 魅力的な体．**2** 魅力的な人．
ti·pe·ar [ti.pe.ár] 自《ラ米》《⁺⁺》タイプを打つ．
ti·pe·jo, ja [ti.pé.xo, -.xa] 男 囡《話》《軽蔑》取るに足らない人，くだらないやつ．
ti·pe·rri·ta [ti.pe.rí.ta] 囡《ラ米》《⁺》タイピスト；（官庁の）女性職員．
tí·pex [tí.peks] 男《商標》修正液．
ti·pi [tí.pi] 男 ティーピー：北米平原の先住民が使った，木の骨組みに皮を張った円錐形のテント小屋．
ti·pia·do·ra [ti.pja.dó.ra] 囡 **1** タイプライター（= máquina de escribir）．**2** 女性タイピスト．
tí·pi·ca [tí.pi.ka] 囡 → típico.
tí·pi·ca·men·te [tí.pi.ka.mén.te] 副 典型的に．
ti·pi·ci·dad [ti.pi.θi.ðáð / -.si.-] 囡 **1** 典型性．**2**《法》犯罪構成要件の該当性．

tí·pi·co, ca [tí.pi.ko, -.ka] 形 **1（+名詞 / 名詞+）典型的な，代表的な．Carlos es un ~ asalariado. カルロスは典型的なサラリーマンだ．**2**（多くは+名詞）特有の，独特の，特徴的な；名物の．costumbres *típicas* 特有の習慣．Es una fiesta *típica* de la región. それはこの地域独特の祭りです．
ti·pi·fi·ca·ción [ti.pi.fi.ka.θjón / -.sjón] 囡 **1** 分類，標準化．**2** 特徴づけること，代表［典型］例．
ti·pi·fi·car [ti.pi.fi.kár] 102 他 **1** 規格に当てはめる，標準化する．**2** …の特徴を表す，…の典型となる．Esta chica *tipifica* a la juventud de ahora. この女性は現代の若者の典型である．
ti·pis·mo [ti.pís.mo] 男 **1** 地方色，郷土色．lleno de ~ 地方色豊かな．el ~ andaluz アンダルシアの郷土色．**2** 伝統性，特徴．
ti·ple [tí.ple] 男 **1**《音楽》(1) ソプラノ，最高声部．(2) トレブル[高音]ギター．(3) オーボエの一種．
2《海》(1本柱の)帆柱；縮帆された帆．
── 共《音楽》ソプラノ歌手，最高音域の歌手．cantar de ~ ソプラノパートを受け持つ．

ti·po [tí.po] 男 **1（共通の特徴をもつ）**型，タイプ**．~ nuevo de electrodomésticos 新型の電化製品．¿Qué ~ de música te gusta más? 君はどんな種類の音楽が一番好きなの．El cava es un ~ de vino. カバはワインの一種．
2 模範，見本，典型．~ de hombre ejemplar 男性の鑑（かがみ）．un ~ de carta 手紙の文例．
3 容姿，体型，体格；（特に女性の）外見．Pedro tiene buen ~. ペドロの体型はすばらしい．
4《話》《軽蔑》やつ，あいつ（= tío）（▶女性形は tipa．¡Qué ~ más extraño! なんて変わったやつなんだ．**5**（文学作品の）登場人物（= personaje）．**6**《IT》《印》活字，字体，フォント．~ gótico ゴシック体．**7**《経》割合，率．~ de cambio 為替レート．~ de descuento 割引率．~ de impuesto 税率．~ de interés 利率．**8**（生物分類における）門．**9**（貨幣・メダルの）模様，図柄．
aguantar [*mantener*] *el tipo*《話》落ち着いて行動する，動じない．
jugarse el tipo (*a*…)《話》(…に)命をかける；危険を冒す，やってのける．

[←[ラ] *typum* (*typus* の対格)「像, 姿, 形」←[ギ] *týpos*「刻印, 型」; 関連 *típico, tipografía.* [英] *type*]

tipo- / **-tipo** 1「型」の意を表す造語要素. → estereo*tipo*, proto*tipo*, *tipografía*. **2**「押し型, 植字機, 活字印刷機」の意. → ferro*tipo*, tele*tipo*. [←[ギ]]

ti‧po‧cro‧mí‧a [ti.po.kro.mí.a] 女 カラー印刷.

ti‧po‧gra‧fí‧a [ti.po.gra.fí.a] 女 **1** 活版印刷(技術). **2** 印刷所, 印刷工場.

ti‧po‧grá‧fi‧co, ca [ti.po.grá.fi.ko, -.ka] 形 活版印刷の, 印刷に関する. *composición tipográfica* 植字. *error* ～ 誤植.

ti‧pó‧gra‧fo, fa [ti.pó.gra.fo, -.fa] 男 女 (活版)印刷工; 植字工.

ti‧poi [ti.pói] 男《ラ米》(グアラ) ティポイ: そでなしの女性用着衣.

ti‧po‧lo‧gí‧a [ti.po.lo.xí.a] 女 類型学, 分類学;〖言〗類型論.

ti‧pó‧me‧tro [ti.pó.me.tro] 男〖印〗活字尺, 組版[活字]用ゲージ.

ti‧po‧so, sa [ti.pó.so, -.sa] 形《ラ米》(ごく)突飛な.

ti‧poy [ti.pói] 男 → tipoi.

tip‧pex [tí.peks] 男 → típex.

ti‧pua‧na [ti.pwá.na] 女〖植〗ティプアナ: アメリカ大陸産の木. 黄色い花をつける.

ti‧pu‧la [tí.pu.la] 女〖昆〗カガンボ.

ti‧que [tí.ke] / **tí‧quet** [tí.ke(t)] 男 [複 ～s] **1** 切符, チケット, 入場券 (= billete, ticket). **2** レシート, 伝票. [←[英] *ticket*]

ti‧que‧ar [ti.ke.ár] 他《ラ米》(チリ)〈切符・乗車券などに〉はさみを入れる.

ti‧que‧te [ti.ké.te] 男《ラ米》(1)(ホ゛ネサ)(ェコテ゛)(プ*)(ハ゛グ)切符, チケット. (2)(エクテ゛)ラベル. [←[英] *ticket*]

ti‧quis mi‧quis [tí.kis mí.kis] / **ti‧quis‧mi‧quis** [ti.kis.mí.kis] 形 細かいことにこだわりすぎる.
— 男 女 (単複同形) 小さいことを心配する(神経質な)人, 些事(ッ゛)にこだわる人. — 男 (複数形)《話》**1** よけいな心配, 取り越し苦労. **2** 気取った立ち居振る舞い, きざな言動. **3** いさかい, いざこざ.
andar con tiquismiquis つまらないことにこだわる; いらぬことでけんかをする.

ti‧ra¹ [tí.ra] 女 **1** 細長い布[紙]; ひも. *las ～s de los zapatos* 靴のストラップ. *un taco de ～s* (付箋(ェィ)などの)一束の紙片. — *adhesiva* セロハンテープ. **2** (新聞などの)続きこまマンガ. **3**《話》《定冠詞 la +》多量, 大量; とても. *Me hicieron la ～ de regalos*. 僕はプレゼントをたくさんもらった. *Esperé la ～ para coger el autobús*. バスに乗るのにずいぶん待った. **4**〖海〗(滑車に通した)綱. **5**《ラ米》(複数で)(1)(プ゛)ぞうきん, (2) ごろ, ほろ, ほろ馬車.
hacer tiras...《話》…をびりびりに裂く, こなごなに砕く.
sacar las tiras del pellejo《話》こき下ろす, 酷評する.

ti‧ra² [tí.ra] 男《ラ米》(メキシコ)(エクテ゛)(プ)《俗》警察, 刑事.

ti‧ra³ [tí.ra] 直 → tirar.

ti‧ra‧ba‧la [ti.ra.bá.la] 男 (おもちゃの)紙[豆]鉄砲 (= taco).

ti‧ra‧be‧que [ti.ra.bé.ke] 男 柔らかいエンドウ豆.

ti‧ra‧bo‧tas [ti.ra.bó.tas] 男 [単複同形] (長靴履き用の)ブーツフック.

ti‧ra‧bu‧zón [ti.ra.bu.θón / -.són] 男 **1** コルク栓抜き (= sacacorchos). **2** 巻き毛, カール. **3**〖スポ〗(水泳) ひねり飛び込み.
sacar a+人 *las palabras con tirabuzón*《話》(人)から無理矢理聞き出す.

ti‧ra‧chi‧nas [ti.ra.tʃí.nas] 男 [単複同形] (小石・消しゴムなどを飛ばす)ぱちんこ.

ti‧ra‧da [ti.rá.ða] 女 **1** 投げること; (ゲームで)さいころのひと振り. **2** (長い)距離; かなりの期間. *Hay una ～ hasta mi casa*. 私の家までかなりある. **3** ひと続き, 一連; (詩などの)一節. *Nos leyó una ～ de versos*. 彼[彼女]は我々に詩の一節を読んで聞かせた. **4**〖印〗印刷; 刷, 版; 発行部数. *segunda ～* 第2版[刷]. *una ～ de veinte mil ejemplares* 2万部の発行 (部数). ～ *aparte* 抜き刷り. **5**《軽蔑》売春婦. **6**《ラ米》(1)《話》長たらしい [退屈な]演説. (2)(アルぜ)《話》暗示. (3)(メキシコ)《話》ごまかし. (4)(プエルト)《話》(長い)《卑》性交.
de [en] una tirada 一気に, 一遍に.

ti‧ra‧de‧ra [ti.ra.ðé.ra] 女 **1** (シカの角の鏃(ャジ)の付いた先住民の)長い矢. **2**《ラ米》(1)(ェコテ゛)(プ゛)(女性用の)ベルト; ズボンつり. (2)(アルぜ)〖馬〗引き綱. (3)(エクテ゛)(プ゛)あざけり, 冷やかし.

ti‧ra‧de‧ro [ti.ra.ðé.ro] 男 (猟師の)待ち伏せ場.

ti‧ra‧do, da [ti.rá.ðo, -.ða] 形 **1** 投げ捨てられた, 散らばっている; 乱雑な. *No dejes los juguetes ～s en el suelo*. おもちゃを床に散らかしたままにしないで. **2**《話》とてもやすい. *Este trabajo está ～*. この仕事は朝飯前だ. **3**《話》非常に安い. *Este reloj está ～*. この時計はとても安い. **4**《話》《軽蔑》堕落した. **5**〖海〗喫水が浅く前後に長い; 流線形の. **6**〖技〗〈金属が〉線状に加工された. **7** 孤立した. *dejar... ～* …を置き去りにする.
— 男 **1**〖技〗(金属の)線引き, 伸線加工. **2** 印刷.
— 男 女《話》《軽蔑》堕落した人.

ti‧ra‧dor, do‧ra [ti.ra.ðór, -.ðó.ra] 男 女 **1** (銃や弓の)射手, 投手. ～ *de fusil* 小銃兵. ～ *de arco* 弓の射手. *Es buen ～*. 彼は銃がうまい. **2** (金属の)伸線工, 針金製造業者. **3**〖印〗印刷工. **4** 《話》《軽蔑》堕落した人.
— 男 **1** (扉・引き出しなどの)取っ手, 握り, つまみ. **2** (鐘を鳴らす)引き綱, ひも. **3** (小石などを飛ばす)ぱちんこ. **4**〖印〗印刷工. **5**〖石工の〗金属製の定規. **6** (製図用の)からす口. **7**《ラ米》(アルぜ)(ウルク) (gaucho が使う) 幅広のベルト; (複数で)ズボンつり.

ti‧ra‧fon‧do [ti.ra.fón.do] 男 **1**〖医〗ピンセット, 鉗子(シ). **2** 木ねじ; (レールを枕木に固定する)犬釘(ダ).

ti‧ra‧go‧mas [ti.ra.gó.mas] 男 [単複同形] (小石などを飛ばす)ぱちんこ (= tirachinas).

ti‧ra‧je [ti.rá.xe] 男 **1** 引くこと; 投げること, 撃つこと. **2** 印刷, 版; 発行部数. ～ *limitado* 限定版. **3**《ラ米》(メキシコ)(エクテ゛)(プエルト)煙突の吸い込み(穴).

ti‧ra‧le‧vi‧tas [ti.ra.le.bí.tas] 男 [単複同形]《話》ごますり名人, おべっか使い, 鼻持ちならないやつ.

ti‧ra‧lí‧ne‧as [ti.ra.lí.ne.as] 男 [単複同形] (製図用の)からす口.

ti‧ra‧mi‧llas [ti.ra.mí.jas ‖ -.ʎas] 男 女 [単複同形] たくさん歩き回る人.

ti‧ra‧mi‧sú [ti.ra.mi.sú] [伊] 男 [複 ～es, ～s] ティラミス: イタリアの菓子.

ti‧ra‧na‧men‧te [ti.rá.na.mén.te] 副 暴君のように, 圧制的に.

***ti‧ra‧ní‧a** [ti.ra.ní.a] 女 **1** 圧制, 暴虐; 専制政治. **2** (感情などの)圧力, 支配. **3**〖史〗(古代ギリシアの)僭主政治.

ti‧rá‧ni‧ca‧men‧te [ti.rá.ni.ka.mén.te] 副 暴君のような, 圧制的に.

ti・ra・ni・ci・da [ti.ra.ni.θí.ða / -.sí.-] 形 暴君殺害(者)の. ━ 男 女 暴君殺害者.

ti・ra・ni・ci・dio [ti.ra.ni.θí.ðjo / -.sí.-] 男 暴君殺害.

ti・rá・ni・co, ca [ti.rá.ni.ko, -.ka] 形 専横[暴虐]な, 横暴な；専制的[圧制的]な. régimen ～ 専制体制.

ti・ra・ni・za・ción [ti.ra.ni.θa.θjón / -.sa.sjón] 女 **1** 専横[暴虐]な振る舞い, 横暴さ. **2** 専制政治[圧政]を行うこと.

ti・ra・ni・zar [ti.ra.ni.θár / -.sár] 97 他 **1** 専横に振る舞う, 虐げる；思いのままに支配する. **2** 専制政治を行う, 暴政を施す, 圧制する. El dictador *tiranizó* el pueblo. 独裁者は国民に圧制を施した.

Ti・rant lo Blanc [ti.rán lo ßlán // - ßláŋ] 固名 ティラン・ロ・ブラン：Joanot Martorell によるカタルーニャ語の騎士道物語 (1490)、およびその主人公の名.

***ti・ra・no, na** [ti.rá.no, -.na] 形 暴君の, 専制的な, 圧制的な. marido ～ 横暴な夫. régimen ～ 専制体制.
━ 男 女 暴君, 専制君主. ＊ワンマン経営者.
[←［ラ］*tyrannum* (*tyrannus* の対格) ←［ギ］*týrannos* (原義は「小王, 領主」) 関連 tinanía.［英］*tyrant*]

ti・ra・no・sau・rio [ti.ra.no.sáu.rjo] 男 ティラノサウルス.

ti・ran・tas [ti.rán.tas] 女《複数形》《ラ米》(ミスヘ)(ミテテ)(ﾁﾘ)ズボンつり, サスペンダー.

ti・ran・te [ti.rán.te] 形 **1** 〈ロープなどが〉ぴんと張った, 張りつめた. El cable está ～. ケーブルがぴんと張っている. **2** 〈関係が〉緊張［緊迫］した, 険悪な. relaciones ～s 緊張関係. Juan está ～ con su hermano. フアンは兄[弟]と冷戦状態にある.
━ 男 **1** 《主に複数で》《服飾》サスペンダー；肩ひも, ストラップ. sujetador sin ～s 肩ひもなしのブラジャー. **2** (馬車の) 引き革, (橇(ｿﾘ)の) 手綱. **3** (鉄棒などの) 支えサポート (= ～ de fijación); 《建》(つり橋の) 結合ビーム, 桁；《鉄道》(線路の) 転轍(ﾃﾂ)棒；《建》(屋根の骨組の) 下my材. falso ～《建》つなぎ小梁(ﾊﾘ). ～ de tope (コンクリート打ちで側枠の) 幅止め. *al tirante*《ラ米》(ﾁﾘ)《話》今すぐに.

ti・ran・te・ar [ti.ran.te.ár] 他 自《ラ米》(ｸﾞｧﾃ)(ﾁﾘ)ぴんと張る, 引っ張る.

ti・ran・tez [ti.ran.téθ / -.tés] 女 **1** ぴんと張っていること, 張り (の度合い).
2 緊張, 緊迫. ～ entre el presidente y sus ministros 大統領と閣僚との緊迫した関係. ～ de las relaciones entre los dos países 二国間の緊張関係. **3** 直線［最短］距離. **4** 《建》梁(ﾊﾘ).

ti・ran・ti・llo [ti.ran.tí.jo / -.ʎo] 男 (スーツケースを開けたとき) ふた部分を支えるベルト.

ti・ra・pié [ti.ra.pjé] 男 (製靴・靴修理用の輪状の) 革ひも.

****ti・rar** [ti.rár] 他 **1** 《a... …に》投げる, ほうる. ～ los dados 《ゲームなどで》さいころを投げる. Ella *le tiró* un beso. 彼女は彼[彼女]に向かってキスを送った. *Tírame* una de esas manzanas. 私にそれらのリンゴのうちの1つを投げてください. ▶ 用例中の le, me が a... に相当.

> [類語] *tirar* はものをほうる・投げるの意で, 行為者から投げられたものが離脱することに焦点が当てられているが, *lanzar* はある場所にめがけて, ものを投げる意味で用いられる. *echar* は投げられたものの終着点に焦点が当てられるため, ものを投げ入れるの意味で用いられることもある.

2《a... …に》捨てる；放つ, こぼす；倒す. *Tíralo a* la basura. それをごみ箱に捨ててください.
3〈お金・財産を〉(無駄に) 使う；浪費する. ～ la casa por la ventana 浪費する, 金に糸目をつけない.
4《話》(試験・選抜などで) 〈人を〉落とす；落選させる. Me *han tirado* en matemáticas. 私は数学の単位を落とした.
5〈写真を〉撮る, 撮影する. *Tira* una foto de la niña. その女の子の写真を撮ってね.
6〈本・雑誌などを〉印刷する, 刊行する. ¿Cuántos ejemplares van a ～? 何部印刷するのですか.
7〈線などを〉引く (= trazar).
8《a+人 …に》〈傷などを〉つける；〈銃を〉向ける. ～ un pellizco つねる.
9 …を引く, 引きずる. El carruaje iba *tirado* por 4 caballos. その馬車は4頭の馬に引かれていた.
10《ラ米》(ﾒﾋｺ)(ﾁﾘ)運ぶ, 運搬する.
━ 自 **1**《de... …を》引く, 引っ張る；引き付ける；《比喩的》先導する. Tiró con fuerza de las riendas. 彼[彼女]は力を入れて手綱を引っ張った. Me *tiraron de* la manga. 私はそでを引っ張られた.
2《話》(**tirarle**《a+人》〈人〉が) 好きである. *Me tira* la vida del campo. 私は田舎の生活が気に入っている.
3(**tirarle**《a+人》**de...** 〈人〉には〈衣服の部位〉が) きつい, 小さい. Esta chaqueta *me tira de* las mangas. このジャケットは私にはそでがきつい.
4《話》《**de...**《ピストル・ナイフなど》を》 とり出す, 構える；《**a...**《ピストルなど》を》操る；発砲する.
5《+ **bien** [**mal**] およびその相当語句》〈煙突など(の空気) の) 通りがよい[悪い].
6《話》 (機械などが) (調子よく) 動く, …が持ちこたえる；〈人が〉調子よい, うまくやっている. El motor no *tira*. モーターが動かない. Estos zapatos *tirarán* otro año más. この靴はもう 1年は持つだろう.
7《スポ》キックする；投げる；〈走者が〉(レースを) 引っ張る. ～ a gol [al arco, a la puerta] シュートする. **8**《スペイン》《**a... / para... / hacia...** (の方) へ》行く, 曲がる. Allí *tire a* la izquierda. そこで左に曲がってください. **9**《話》《**hacia... / para...** …に》〈人が〉向く, 傾倒する. Este chico *tira hacia* el teatro. この子は演劇に傾倒している. **10**《**a...**《…の》性質を帯びる, 気配を示す；…に似る. color negro *tirando a* gris グレーがかった黒. El tiempo *tira a* mejorar. 天気はよくなってきそうだ.
━ **～se** 再 **1**《**a... / en... …に**》飛び込む；《**de... / desde...** …から》飛び降りる. Juan *se tiró al* agua. フアンは水に飛び込んだ. **2**《**en...** …に》(長々と) 寝そべる. ～*se en* la cama ベッドに寝そべる. **3**《話》《+ 現在分詞 …して》〈時間〉を過ごす. *Se tiraba* todo el día *leyendo* la novela. 彼[彼女]は小説を読んで一日を過ごしました. **4**《俗》《a+人 〈人〉と》(性的) 関係を持つ, 寝る.
a todo tirar せいぜい, 多くても.
estar que TIRAR*lo*《話》(**1**) 〈人が〉威勢のよい. (**2**) 〈人が〉(肉体的に) 魅力的な.
ir tirando どうにかやる. ¿Cómo te va? — *Voy tirando*. 調子はどうだい. ― ぼちぼちやっているよ.
La cabra siempre tira al monte.《諺》ヤギはいつも山の方へ向かう (いつも同じ過ちを繰り返す).
¡tira! / ¡tira adelante! さあ, さあ (早くして).
tirar a matar a... …を撃ち殺す；《話》《比喩的》…を容赦なく責める.
tirar de la cuerda 度を越す, 行き過ぎる.
tirar de [por] largo... (**1**) …を節約しない. (**2**)

…を目標する，概算する．
tirarla a...《話》…に向かう．
tirar por los suelos... …の価値を下げる．
tirar por tierra …をだめにする．
tirarse el moco《俗》ほらをふく，見栄を張る．
tirárselas de... …を気取る，…と思い込む．
tirarse por tierra（人が）下手に出る．
un tira y afloja 駆け引き．
[－? ［俗ラ］*tirare*；［ペルシア］*tir*「矢」からか；
関連 tirada, tiro, retirar］

ti·ri·cia [ti.rí.θja / -.sja]女《話》《医》黄疸(_おうだん_)（= ictericia).

ti·ri·lla [ti.rí.ʎa] 女 **1**《服飾》(シャツの)台襟，ネックバンド．**2**《ラ米》(_チリ_)継ぎはぎだらけの服．
—— 男 女《複数で》《話》やせ細った人，弱々しい人．

ti·ri·llen·to, ta [ti.ri.ʎén.to, -.ta] 形《ラ米》《話》ぼろを着た，みすぼらしい身なりの．

ti·rio, ria [tí.rjo, -.rja] 形《古代フェニキアの》テュロス Tiro の．
tirios y troyanos テュロス人とトロヤ人（犬猿の仲）．

ti·ri·ta [ti.rí.ta] 女 ガーゼ付き絆創膏(_ばんそうこう_)．

ti·ri·tar [ti.ri.tár] 自（*de...* …で）震える．*~ de frío [fiebre]* 寒さ[熱]でがたがた震える．
tiritando ほとんどなくなった；だめになりかけた；破産寸前の．

ti·ri·te·ra [ti.ri.té.ra] 女 → tiritona.

ti·ri·tón [ti.ri.tón] 男 震え，悪寒．*De pensarlo me dan tiritones.* それを思うと私はぞっとする．

ti·ri·to·na [ti.ri.tó.na] 女《話》震え，身震い；悪寒．*entrar una ~ a+人*（人が）ぞくっとする，悪寒がする．

*‡**ti·ro** [tí.ro] 男 **1** 投げること，放ること．《スポ》(球技の)シュート，ショット．*~ de castigo* ペナルティキック．*~ libre* フリースロー，フリーキック．*~ directo [indirecto]* 直接[間接]フリーキック．*largo ~* ロングシュート．*~ revés* バックハンド・ドライブ．
2 発砲，射撃，銃声；弾丸．*dar [pegar] un ~* 一発食わせる．*darse [pegarse] un ~* ピストル[銃]で自殺する．*liarse a ~s* 撃ち合いを始める．*matar a ~s* 射殺する．*de un ~* 一発で．*~ rasante*《軍》接地射．*~ al blanco*《スポ》射撃．*~ al plato*《スポ》クレー射撃．*~ al pichón*《スポ》トラップ射撃．*~ con arco*《スポ》アーチェリー．*~ de gracia* 止(_とど_)めの一発．
3 射撃（場）（= campo de ~）．
4 銃創；弾痕(_だんこん_)；(弾薬の1回の)装填(_そうてん_)量；《まれ》銃砲．
5 射程距離．*a un ~ de escopeta* 猟銃の射程距離内に．**6** 引く[引っ張る]こと；《集合的》馬車を引く馬．*~ de caballos* 引き馬．**7**（馬具の）引き革；(鐘の)引き綱；(登山の)ロープ，《複数で》剣帯．
8（煙突の）吸い込み．**9**《服飾》(1)(ズボンの)股上(_またがみ_)．(2)(布地の)長さ．(3)肩幅．**10**（踊り場までの）階段の一続き（= tramo）．**11**《まれ》からかい，万引き；こそ泥．**12**《まれ》あてこすり，冷やかし，からかい．**13**《鉱》立て坑（の深さ）．**14**《ラ米》(1)(_エクア_)発行部数，版．(2)《複数で》(_カリブ_)ズボンつり．(3)(_ラプ_)(競馬の)距離，コース．(4)(_カリブ_)(_チリ_)サトウキビの運搬．(5)(_アルゼ_)(木を引き出す)小道．(6)(_チ_)(_ペル_)(_ビ_)ー玉．(7)(_アルゼ_)(_ウル_)詭弁(_きべん_)，（へ)理屈．
—— 回 → tirar.
al tiro《ラ米》(_チリ_)(_ペル_)すぐさま，ただちに．
a tiro (1)射程距離内に．(2)手が届く．*Si se pone a ~, lo compraré.* 手の届く値段なら私
を買おう．
a tiro de...《ラ米》…するときに，まさにそのときに．
a tiro de ballesta 明らかに，一目瞭然(_りょうぜん_)で．
a tiro de piedra《話》すぐ近くに．
a tiro hecho ねらいを定めて；故意に，決意して．
a todos tiros《ラ米》(_チリ_)いつでも．
de a tiro / del tiro《ラ米》(_メキ_)(_グアテ_)(*メキ*)(_ホンジュ_)完全に．
del tiro《ラ米》(_ダ_)結果として．
de tiros largos《話》めかし込んで，着飾って．
errar el tiro しくじる，失敗する．
ni a tiros《話》決して…ない．*Ni a ~ s e lo convencemos.* 我々はどうやっても彼を説得できない．
no ir por ahí los tiros《話》(発言が)的外れである．
pegar cuatro tiros a+人〈人〉を射殺する．
salir el tiro por la culata《話》予想外の結果になる，裏目に出る．
sentarle [caerle] (a+人) como un tiro《話》〈人〉の気に入らない；〈人〉に似合わない．

Ti·ro [tí.ro] 固名 テュロス，ツロ：古代フェニキアの港町，現在のレバノンの港町 Sur.
[－[ラ] *Tyrus*～[ギ] *Týros*]

ti·roi·de·o, a [ti.roi.ðé.o, -.a] 形《解剖》甲状腺(_せん_)の．

ti·roi·des [ti.rói.ðes] 形《性数不変》《解剖》甲状腺(_せん_)の；甲状軟骨の．
—— 男《単複同形》《解剖》甲状腺；甲状軟骨．

ti·roi·di·na [ti.roi.ðí.na] 女《医》サイロイジン：甲状腺(_せん_)から抽出される治療用調合剤．

ti·roi·di·tis [ti.roi.ðí.tis] 女《医》甲状腺(_せん_)炎．

Ti·rol [ti.ról] 固名 チロル(地方)：オーストリア西部・イタリア北部のアルプス山間地方．

ti·ro·lés, le·sa [ti.ro.lés, -.lé.sa] 形 チロル（地方）の．*canción popular tirolesa* チロルの民謡．
—— 男 女 チロルの住民[出身者]．

ti·ro·li·na [ti.ro.lí.na] 女 チロリアンブリッジ：水平に張ったザイルにつかまって崖や沢を渡る技法．

ti·rón[1] [ti.rón] 男 **1**（乱暴に）引っ張ること．*Le dió un ~ a la puerta del coche.* 彼[彼女]は車のドアをぐっと引いた．*Me dio un ~ de orejas.* 彼[彼女]は私の耳を引っ張った．
2《スポ》スパート．*El corredor dio un ~ antes de la meta.* ゴール直前で力ぐっとスパートをかけた．**3**（スペイン）人を引きつける力，魅力．**4**《話》けいれん，ひきつり．*sufrir un ~ muscular* 筋肉がけいれんする．*Me dieron un ~ en la Gran Vía.* 私はグラン・ビアでひったくりにあった．**6**《経》(相場の)急変．
a tirones ぐいぐい，ぐいぐいっと．
de un tirón 一度で，一気に．*leer una novela de un ~* 小説を一気に読み通す．*Dormí diez horas de un ~.* 僕は10時間もぶっ続けに眠った．
ganar el tirón《ラ米》(_ラプ_)《話》先んじる，先手を取る．
ni a dos [tres] tirones《話》一筋縄では（いかない）．

ti·rón[2] [ti.rón] 男 徒弟，弟子，見習い．

ti·ro·ne·ar [ti.ro.ne.ár] 他《ラ米》引っ張る，引きずる；抜き取る；引きずる．

ti·ro·ne·ro, ra [ti.ro.né.ro, -.ra] 形 ひったくりの．
—— 男 女 ひったくり．

ti·ro·rí·ro [ti.ro.rí.ro] 男 **1**《話》(笛の音) ピーヒャラリ．**2**《複数で》笛類．

ti·ro·si·ne·mia [ti.ro.si.né.mja] 女《医》チロシン血症．

ti·ro·te·ar [ti.ro.te.ár] 他 発砲する，連発する．El

asesino lo *tiroteó* desde el tejado. 暗殺者は屋根の上から彼を狙撃(ﾁｮｳ)した.
— ~**・se** 再 **1** 撃ち合う. **2** 言い争う, 口論する.
ti・ro・te・o [ti.ro.té.o] 男 **1** 銃撃, 撃ち合い；銃声. Se oía un ~ a lo lejos. 遠くで銃声が聞こえていた.
2 小競り合い, 言い争い.
ti・ro・xi・na [ti.rok.sí.na] 女《生化》チロキシン.
Ti・rre・no [ti.ré.no] 固名 Mar ~ ティレニア海: 地中海中部の海域.
ti・rre・no, na [ti.ré.no, -.na] 形 **1** ティレニア海 Mar T~の. **2** 古代エトルリア(人)の.
— 男 女 古代エトルリア人.
ti・rria [tí.řja] 女《話》憎悪, 反感. tomar [tener] ~ a+人〈人〉に反感を持つ.
tir・so [tír.so] 男 **1**《ギ神》テュルソス: 酒神 Baco やその信者が携えた, 頭に松かさをつけた杖(ﾂｴ).
2《植》密錐(ｽｲ)花序.
Tir・so de Mo・li・na [tír.so.ðe mo.lí.na] 固名 ティルソ・デ・モリーナ, 本名 Gabriel Téllez (1571?-1648): スペインの劇作家・聖職者. 作品 *El burlador de Sevilla y convidado de piedra*『セビリヤの色事師と石の招客』(1630)でドン・フアンを初めて文学に定着させた.
ti・ru・ba・qué [ti.ru.ba.ké] 男《ラ米》(ｺﾞｽﾞ)《遊》こま.
ti・ru・la・to, ta [ti.ru.lá.to, -.ta] 形 あっけに取られた, あっと驚いた.
ti・ru・lo [ti.rú.lo] 男 葉巻に使うタバコの葉.
ti・sa・na [ti.sá.na] 女 煎(ｾﾝ)じ薬, ハーブティー.
ti・sa・nu・ro, ra [ti.sa.nú.ro, -.ra] 形《複数で》総尾目の, シミ目の. — 男《複数で》《昆》総尾目, シミ目.
tí・si・co, ca [tí.si.ko, -.ka] 形《医》肺結核の；肺結核にかかった. — 男 女 肺結核患者.
ti・sio・lo・gía [ti.sjo.lo.xí.a] 女《医》結核病学.
ti・sió・lo・go, ga [ti.sjó.lo.go, -.ga] 男 女《医》結核専門医.
ti・si・qu(i)en・to, ta [ti.si.k(j)én.to, -.ta] 形《ラ米》(ｺﾞｽﾞ)肺結核の, 結核を患った；青白くやせ細った.
ti・sis [tí.sis] 女《単複同形》《医》肺結核, 結核(症) (=tuberculosis).
tis・sue [ti.sú]《英》男《複 ~s》ティッシュペーパー (=pañuelo de papel).
tis・te [tís.te] (ﾁｭｳ)(ｺﾞｽ)トウモロコシ粉・カカオ・砂糖で作る飲み物.
ti・sú [ti.sú] 男[複 ~es, ~s] 金糸[銀糸]を織り込んだ絹織物, ラメ入り絹布；ティッシュペーパー.
ti・su・lar [ti.su.lár] 形《生物》生体組織の.
tít., tít°.《略》*título* タイトル；称号.
ti・ta・di・ne [ti.ta.ðí.ne] 男 ニトログリセリンの爆薬.
ti・tán [ti.tán] 男 **1**《ギ神》タイタン：天空神ウラノス Urano と大地神ガイア Gea から生まれた 6 人の男神. un ~ de las titánides. **2**《比喩的》巨人；大物. un ~ del mundo político 政界の大物.
ti・tá・ni・co, ca¹ [ti.tá.ni.ko, -.ka] 形 **1**《ギ神》タイタンの. **2** 巨大な, 超人的な. un trabajo ~ 大仕事. un esfuerzo ~ 並外れた努力. una empresa *titánica* 巨大企業.
ti・tá・ni・co, ca² [ti.tá.ni.ko, -.ka] 形《化》チタンの.
ti・ta・nio [ti.tá.njo] 男《化》チタン(記号 Ti).
ti・te・ar [ti.te.ár] 他《話》(ｱﾙｾﾞ)(ｳﾙ)からかう, 冷やかす. — 自《ウズラが》(ひなを呼ぶときに)鳴く.
ti・te・o [ti.té.o] 男 **1** ウズラがひなを呼ぶ鳴き声.
2《ラ米》(ｱﾙｾﾞ)(ｳﾙ)《話》からかい, あざけり.
tí・te・re [tí.te.re] 男 **1** 操り人形. **2**《複数で》人形劇. teatro de ~s 人形芝居. **3**《ラ米》(ﾒｷ)(ｶﾘﾌﾞ)《話》浮浪児. — 男 女 **1** 他人の言うなりに動く人；役立たず. gobierno ~ 傀儡(ｶｲﾗｲ)政権. **2**《話》おかしな格好をしている人；軽薄な人. ▶ **1, 2** どちらも男性名詞で女性を指すことが多い.
no dejar títere con cabeza《話》めちゃめちゃにする, 台無しにする；徹底的に攻撃[批判]する.
no quedar títere con cabeza《話》台無しになる, 徹底的に批判される.
ti・te・ris・ta [ti.te.rís.ta] 男 女 → titiritero.
ti・ti [tí.ti] 男 女《スペイン》《俗》若者；(特に)若い女の子, ギャル. el [la] ~ ぼく[あたし] (▶ 動詞は 3 人称単数形).
ti・tí [ti.tí] 男[複 ~s, ~es]《動》オマキザル, ティティーザル.
《擬声語》
Ti・ti・ca・ca [ti.ti.ká.ka] 固名 el lago ~ ティティカカ湖: アンデス山中, ペルーとボリビアにまたがる湖. 標高3812 m. ♦Tiahuanaco 文化の遺跡が南東岸にあり, 湖の周辺に aimará 族が住む.

tití
(オマキザル)

[(一説)?[ケチュア] *titi*「鉛」+[ケチュア] *ccacca*「岩」, (他説) ← ?[ケチュア](古形)*Inticaca(*inti*「太陽」;「太陽の岩」が原義)]
ti・ti・la・ción [ti.ti.la.θjón / -.sjón] 女 **1** 震え, けいれん. **2**〈星・光などの〉瞬き, きらめき.
ti・ti・la・dor, do・ra [ti.ti.la.ðór, -.ðó.ra] 形 **1** 震える, けいれんする.
2〈星・光などが〉ちらちら[きらきら]する, 瞬く.
ti・ti・lan・te [ti.ti.lán.te] 形 → titilador.
ti・ti・lar [ti.ti.lár] 自《格式》**1** 震える, けいれんする. Sus párpados *titilaban*. 彼[彼女]のまぶたはピクピク動いていた.
2〈星・光などが〉瞬く, きらめく. Se veía ~ las luces del pueblo. 町の灯が明滅するのが見えた.
ti・ti・le・ar [ti.ti.le.ár] 自 → titilar.
ti・ti・le・o [ti.ti.lé.o] 男《格式》(星の)瞬き, きらめき, (光などの)明滅.
ti・ti・ma・lo [ti.tí.ma.lo] 男《植》トウダイグサ.
ti・tin・gó [ti.tin.gó] 男《ラ米》(ｶﾘﾌﾞ)《話》騒ぎ, 混乱.
ti・ti・no, na [ti.tí.no, -.na] 形《ラ米》(ﾍﾟﾙｰ)《話》優雅な, すてきな.
ti・ti・pu・chal [ti.ti.pu.tʃál] 男《ラ米》《話》たくさん；雑踏, 群衆.
ti・ti・ri・mun・di [ti.ti.ri.mún.di] 男 コズモラマ: 世界各地の風物を映し出すのぞきめがね, 祭りなどの見せ物として展示されたのぞき窓の付いた箱.
ti・ti・ri・tai・na [ti.ti.ri.tái.na] 女《話》**1** 笛や太鼓の音. **2** ばか騒ぎ, どんちゃん騒ぎ.
ti・ti・ri・ta・ña [ti.ti.ri.tá.ɲa] 女《ラ米》(ｺﾞｽ) (1) 人形劇. (2) つまらない[取るに足らない]こと.
ti・ti・ri・tar [ti.ti.ri.tár] 自 → tiritar.
ti・ti・ri・te・ro, ra [ti.ti.ri.té.ro, -.ra] 男 女 **1** 人形使い, 人形師. **2** 軽業師, 曲芸師.
ti・to [tí.to] 男 **1**《植》レンリソウ(マメ科).
2 果物の種子.
ti・to, ta [tí.to, -.ta] 男 女《話》《幼児語》おじちゃん, おばちゃん. [*tío*, *tía*+縮小辞]
Ti・to [tí.to] 固名 **1** ティトゥス(39-81): ローマ皇帝(在位79-81).
2《聖》テトス: 紀元 1 世紀の聖パウロの弟子.
ti・tu・be・an・te [ti.tu.be.án.te] 形 **1** よろける, ふらつく. un andar ~ 千鳥足.
2 躊躇(ﾁｭｳﾁｮ)する, ためらう. **3** 口ごもる.

ti·tu·be·ar [ti.tu.be.ár] 自 **1** よろける, ふらつく. *Titubeaba* constantemente, pero no llegó a caer. 彼[彼女]は絶えずふらついていたが, 転びはしなかった. **2** 躊躇(ちゅうちょ)する, ためらう. *Titubea* en venir. 彼[彼女]は来ることを躊躇している. **3** 口ごもる, 言葉につかえる, どもる.

ti·tu·be·o [ti.tu.bé.o] 男 **1** ぐらつき, ふらつき. **2** 躊躇(ちゅうちょ), ためらい. **3** 口ごもり.

ti·tu·la·ción [ti.tu.la.θjón / -.sjón] 女 **1** 題[名, 表題]を付けること. Para acabar este libro teníamos la necesaria ～. この本を終わらせるには題名を付けなければならなかった. **2** 学位. ～ superior 最高学位. **3** 〖化〗(溶液の)滴定. **4** 《集合的》(不動産の)権利証書.

ti·tu·la·do, da [ti.tu.lá.ðo, -.ða] 形 **1** 題[表題]の付いた, 見出し[タイトル]が付けられた. un poema "Soledad" 「孤独」という題名の一篇の詩. **2** 《en...》の資格[学位]を持った, (爵位などの)称号[肩書き]のある. enfermera *titulada* 有資格看護師. ser ～ *en* medicina 医学士の学位を持つ.
— 男 女 学位取得者, 有資格者; 爵位を有する人.

*★**ti·tu·lar**[1] [ti.tu.lár] 形 《名詞+》 **1** 肩書きを持つ, 正規の (↔ suplente). profesor ～ (代用教員に対する) 正教員; 助教授. jugador ～ 〖スポ〗レギュラー選手. obispo ～ 〖カト〗名義司教. entidad ～ (名義を持つ) 当該機関. Durante el verano el médico suplente sustituirá al ～. 夏の間は代行の医師が正規の医師に代わって診療する.
2 《de...》の名義を保持する, 所有する. socios ～*es de* acciones 株式保有者.
— 男 女 **1** 《de...》の 名義人, (財産・権利の)保有者. ～ *de* una cuenta 口座の名義人. ～ *de* una comisión 委員会の代表者. **2** 正規の肩書きを持つ人; 〖スポ〗レギュラー選手; 専任教員. → profesor 類語.
— 男 《主に複数で》(新聞・雑誌などの)見出し; (最初に読み上げて)主要ニュース項目. figurar en los ～*es de* prensa 新聞の見出しに載る.
— 女 〖印〗見出し用の大きな文字 (= letra ～).

ti·tu·lar[2] [ti.tu.lár] 他 《+タイトル等を表す句》〈作品などに〉(…という)タイトル[題名]をつける. *Tituló* el cuento "La traición". 彼[彼女]はその短篇に「背信」という題名をつけた.
2 〈人に〉称号[肩書き]を与える.
— 自 **1** 爵位を得る. **2** 〖化〗滴定する.
— ～**se** 再 **1** 《(3人称で)》というタイトル[題名]を持つ. La foto *se titulaba* "Maternidad". 写真には「母性」というタイトルがつけられていた.
2 《en...》の学位[称号]を得る. ～*se* (como) doctor 博士号を取得する. ～*se en* ingeniería 工学の学位を取得する.

ti·tu·la·ri·dad [ti.tu.la.ri.ðáð] 女 **1** (官職などに就く) 資格. **2** 〖スポ〗(あるポジションでプレーする)権利. **3** 所有(権)名義.

ti·tu·la·ri·za·ción [ti.tu.la.ri.θa.θjón / -.sa.sjón] 女 正式な任命, 正式任用[登用].

ti·tu·la·ri·zar [ti.tu.la.ri.θár / -.sár] 97 他 正式に任命[登用]する.

ti·tu·la·tu·ra [ti.tu.la.tú.ra] 女 《集合的》資格, 肩書.

ti·tu·li·llo [ti.tu.lí.ʎo ‖ -.ʝo.-] 男 〖印〗(本の各ページ上部の)欄外見出し, 柱. *andar en titulillos* 《話》ささいなことに気を遣う [こだわる].

ti·tu·li·tis [ti.tu.lí.tis] 女 《単複同形》《話》《軽蔑》学歴偏重, 学位[資格]重視.

*★**tí·tu·lo** [tí.tu.lo] 男 **1** 題(名), 表題; 見出し. búsqueda de libros por ～ 本の題名による検索. ～ *del* discurso 演題. ～ *de la* película 映画のタイトル. ～ *de la primera página* (新聞の)第一面の見出し.
2 肩書; 学位, 資格; 称号. ～ *de* doctor 博士位. conceder un ～ 資格を授与する. obtener el ～ *de* abogado 弁護士の資格を取得する.
3 貴族, 爵位のある人. María se casó con un ～. マリアは貴族と結婚した. **4** 〖スポ〗選手権, タイトル. defender el ～ *de* campeón (チャンピオンの)タイトルを防衛する. **5** 権利, 資格; 根拠. ¿Con qué ～ viene a mi casa? 何の権利で彼[彼女]は私の家に来るんだろう. **6** (法令の)章, 編. **7** 〖商〗債権, 証券. ～ *de acción* 株券. ～ *de la deuda* 債券. ～ *de valores* 有価証券. ～ *público* 国債. **8** (不動産などの)権利証書. ～ *de propiedad* 不動産権利証書.
a título de... …として, …の名目で.
título de crédito (映画などの)クレジットタイトル.
[←〖ラ〗*titulum* (*titulus*) の対格] 〖関連〗titular, intitular, tilde. 〖英〗*title*]

tiu·que [tjú.ke] 男 《ラ米》(1) 〖カラカラ〗〖鳥〗チマンゴカラカラ. (2) 《チ》《話》ずるい人.

ti·za [tí.θa / -.sa] 女 **1** チョーク, 白墨. escribir con ～ チョークで書く. **2** 〖遊〗(ビリヤード)(キューにつける)チョーク, 滑り止め. **3** 焼いたシカの角.
ponerle mucha tiza 《ラ米》《ラブ》努力する, 頑張る.
poner tiza a... 《ラ米》《ラブ》…を誇張する, 大げさにする.
[←〖ナワトル〗*tízatl*「白墨, 石灰石」]

ti·zar [ti.θár / -.sár] 97 他 《ラ米》(1) 《チ》描く, スケッチする; 設計する. (2) 《ミチ》(布地に)型を取る.

ti·za·te [ti.θá.te / -.sá.-] 男 《ラ米》《メ*》(1) 石膏, しっくい. (2) 白墨, チョーク.

tiz·na [tiθ.na / tis.-] 女 煤(すす)汚れ.

tiz·na·do, da [tiθ.ná.ðo, -.ða / tis.-] 形 **1** 煤(すす)だらけの, (黒く)汚れた. **2** 《ラ米》《ミチ》《メ*》酔った.

tiz·na·du·ra [tiθ.na.ðú.ra / tis.-] 女 (黒く)汚すこと; 黒い汚れ.

tiz·na·jo [tiθ.ná.xo / tis.-] 男 (煤(すす)・墨などの)汚れ, 汚点.

tiz·nar [tiθ.nár / tis.-] 他 **1** (煤(すす)・煤煙(ばいえん)などで)汚す; 汚くする. El humo del fogón *tiznaba* la pared. かまどの煙で壁が汚れていた. **2** 〈名誉・体面などを〉けがす. ～ la reputación 名声に傷をつける.
— 自 黒く汚れる.
— ～**se** 再 **1** 〈自分の体を〉汚す. **2** (煤・煙などで)黒く汚れる, すすける. *Se tiznaron* la cara. 彼らの顔は汚れで黒くなった. **3** 《ラ米》(1) 《ミチ》悩ます, 困らす. (2) 《ラブ》《メ*》酔っ払う.

tiz·ne [tiθ.ne / tís.-] 男 (または 女) **1** 煤(すす), 煤煙(ばいえん). **2** (黒い)汚れ. **3** 燃えさし (煙のみ).

tiz·nón [tiθ.nón / tis.-] 男 煤(すす)の汚れ; (黒い)染み.

ti·zo [tí.θo / -.so] 男 (くすぶる)燃えさし.

ti·zón [ti.θón / -.són] 男 **1** 燃えさし. **2** (名誉・体面などについた)汚点, 傷. **3** 〖植〗(麦などの)黒穂病(菌). **4** 〖建〗(れんがの)一番小さい面, 小口面.
a tizón (れんが・石材の)小口面を表に出して積んだ.
negro como un [el] tizón 真っ黒な.

ti·zo·na [ti.θó.na / -.só.-] 女 〖格式〗剣, 刀. [スペインの英雄 El Cid の名刀 La Tizona の名より]

ti·zo·na·da [ti.θo.ná.ða / -.so.-] 囡 〖まれ〗一撃.

ti·zo·na·zo [ti.θo.ná.θo / -.so.-so] 男 〖まれ〗打撃, 殴打. **2** 〖主に複数で〗〖話〗地獄の業火に焼かれる刑罰.

ti·zo·ne·ar [ti.θo.ne.ár / -.so.-] 自 かまど[暖炉]の火を調整する；(燃えさしの)火をかき立てる.

ti·zo·ne·ra [ti.θo.né.ra / -.so.-] 囡 (炭焼き用の)燃え残りの炭の山.

Tl 〖化〗talio タリウム.

tla·ca·ne·ar [tla.ka.ne.ár] 他 《ラ米》《ミシ》〈体に〉触れる, 触る；いじる.

tla·chi·que [tla.tʃí.ke] 男 《ラ米》《ミシ》リュウゼツランの絞り汁.

tla·co [tlá.ko] 男 トラコ：スペイン統治時代のメキシコ〔ヌエバ・エスパーニャ〕貨幣. 1 real の8分の1.

tla·co·ne·te [tla.ko.né.te] 男 《ラ米》《ミシ》ナメクジ. ― 男 《ラ米》《話》背の低い子供.

tla·co·te [tla.kó.te] 男 《ラ米》《ミシ》腫物(物).

tla·cua·che [tla.kwá.tʃe] 男 《ラ米》《ミシ》〖動〗オポッサム, フクロネズミ (= oposum, zarigüeya).

tla·cual [tla.kwál] 男 《ラ米》《ミシ》〖話〗食べ物, 食事；鍋(2), 器.

tlal·co·yo·te [tlal.ko.jó.te] 男 《ラ米》《ミシ》〖動〗アナグマ.

Tlá·loc [tlá.lok] 固名 トラロック：古代メキシコの雨の神. ♦ナワトル語で「事物の成長を司(2º)る神」.

tla·pa·le·rí·a [tla.pa.le.rí.a] 囡 《ラ米》《ミシ》金物雑貨店 (= ferretería).

tla·pi·lo·ya [tla.pi.ló.ja] 囡 《ラ米》《ミシ》〖俗〗刑務所.

tla·pis·que·ra [tla.pis.ké.ra] 囡 《ラ米》《ミシ》物置小屋, 納屋, 穀倉.

tlas·cal [tlas.kál] 男 《ラ米》《ミシ》トウモロコシ粉のトルティーシャ.

tlas·pi [tlás.pi] 男 〖植〗キャンディータフト, マガリバナ：アブラナ科の観葉植物.

tla·zo·le [tla.θó.le / -.só.-] 男 《ラ米》《ミシ》(まぐさ用の)サトウキビ〔トウモロコシ〕の茎[葉].

TLC [te.(e.)le.θé / -.sé] 男 〖略〗*Tratado de Libre Comercio de América del Norte* 北米自由貿易協定〖英 NAFTA〗.

tle·cuil [tle.kwíl] 男 《ラ米》《ミシ》かまど, こんろ.

Tm¹ 〖略〗*tonelada métrica* 重両トン.

Tm² 〖化〗tulium〔ラ〕ツリウム (= tulio).

TNT [te.(e.)ne.té] 男 〖略〗*trinitrotolueno* トリニトロトルエン〔火薬の成分〕.

¡to! [tó] 間投〖驚き・感嘆〗まあ；〖了解〗ああ；犬を呼ぶ声.

to·a [tó.a] 囡 〖海〗引き綱, 太綱, 錨(♩º)綱.

‡**to·a·lla** [to.á.ja ‖ -.ʎa] 囡 **1** タオル；タオル地. ~ de baño バスタオル. ~ de manos 手ふき, ハンドタオル. ~ de felpa 毛羽の長いタオル. albornoz de ~ タオル地のバスローブ.
2 まくらカバー. **3** 《ラ米》《中米》《タミ》生理用ナプキン (= ~ higiénica).
arrojar [tirar, lanzar] la toalla 〖スポ〗(ボクシング)タオルを投げる；〖比喩的〗〖話〗投げ出す, 放棄する.
[←〖古仏〗*toaille*←〖フランク〗*thwahljō* (→〖古スペイン〗*toaja*),〖関連〗〖英〗*towel*].

to·a·lle·ro [to.a.jé.ro ‖ -.ʎé.-] 男 タオル掛け.

to·a·lli·ta [to.a.jí.ta ‖ -.ʎí.-] 囡 紙おしぼり, ウェットティッシュ.

to·ar [to.ár] 他 〖海〗曳航(ᡠᢟ)する.

toast [tóust] 〖英〗男 トースト.

to·ba [tó.ba] 囡 **1** 〖地質〗凝灰岩 (= ~ volcánica, tufo). ~ calcárea 石灰華.
2 歯石 (= sarro)；ものの表面にできる層状の物質.
3 人さし指〔薬指〕を親指の腹で押さえてはじくこと.
4 〖植〗オオヒレアザミ. **5** 〖話〗タバコの吸いがら.

to·bá·ce·o, a [to.bá.θe.o, -.a / -.se.-] 形 〖地質〗凝灰岩の.

to·bar¹ [to.bár] 男 凝灰岩の採石場.

to·bar² [to.bár] 他 《ラ米》《ミシ》→ toar.

to·be·ra [to.bé.ra] 囡 (炉・コンロなどの)通気[排気]管, ノズル.

To·bí·as [to.bí.as] 男 〖聖〗(1) トビト記：旧約中の歴史書 (略 Tob). (2) トビト；(トビトの息子)トビアス：信心深いユダヤ人.

to·bi·lle·ro, ra [to.bi.jé.ro, -.ra ‖ -.ʎé.-] 形 くるぶしまで届く. *falda tobillera* くるぶしまである)ロングスカート. ― 囡 くるぶし用のサポーター.
niña tobillera 〖話〗10代[ローティーン]の少女.

to·bi·llo [to.bí.jo ‖ -.ʎo] 男 くるぶし.
*no llegar*le *(a+人) al tobillo* 〈人〉の足元にも及ばない.

to·bo [tó.bo] 男 《ラ米》《ベネズ》バケツ, 桶〖= cubo〗.

to·bo·gán [to.bo.gán] 男 **1** 〖スポ〗トボガン (小型のそり. リュージュの前身)；トボガン競技用のコース.
2 滑り台；(貨物用)スロープ.

to·ca¹ [tó.ka] 囡 〖服飾〗(女性用の)かぶり物, (16世紀の女性用の)帽子, ずきん；(修道女の)ずきん.

to·ca² [tó.ka] 男 《ラ米》《メキ》→ tocayo **1** .

to·ca(-) 活 → tocar.

to·ca·ble [to.ká.ble] 形 **1** 触れられる.
2 (演奏が)可能な, 簡単な.

to·ca·cin·tas [to.ka.θín.tas / -.sín.-] 男 〖単複同形〗《ラ米》録音機, カセットレコーダー.

to·ca·dis·cos [to.ka.dís.kos] 男 〖単複同形〗レコードプレーヤー. ~ tragamonedas [tragaperras] ジュークボックス.

to·ca·do, da [to.ká.ðo, -.ða] 形 **1** 頭のおかしい, 普通でない. ~ de la cabeza 少し気が変な.
2 **(de...** …に)影響を受けた, 冒された. ~ *de* viruelas あばただらけの.
3 〖スポ〗(ボクサーが)(パンチで)ふらついた；**(de...)** (選手が) (…で)負傷した, 痛った. No pudo jugar porque estaba ~ *del* hombro. 彼は肩を痛めていたので欠場した. **4** 〈果物などが〉腐りかけた.
5 **(con... / de...** …を)(頭に)かぶった.
― 男 **1** (特に女性の)髪型.
2 (帽子・ベールなど)頭にかぶるもの；髪飾り.

to·ca·dor [to.ka.ðór] 男 **1** 化粧台, 鏡台.
2 化粧室[部屋]；化粧品入れ.
artículos de tocador 化粧品.

to·ca·dor, do·ra [to.ka.ðór, -.ðó.ra] 形 演奏する. ― 男囡 演奏者. ~ *de arpa* ハープ奏者.

to·ca·du·ra [to.ka.ðú.ra] 囡 (果物などの)傷.

to·ca·mien·to [to.ka.mjén.to] 男 **1** 触れること, 触ること. **2** ひらめき, インスピレーション.

to·can·te [to.kán.te] 形 **1** 触れる, 触る.
2 《ラ米》《タミ》心を動かす, 感動的な.
en lo tocante a... …に関しては.
tocante a... …に関する, …について. No diré nada ~ *a* la economía. 経済については私は何も言うまい.

‡‡**to·car** [to.kár] 他 **1** 〈人・ものに〉**触る, 触れる**, いじる；接触する. No pude ~ el techo. 私は天井に手が届かなかった. El sillón *está tocando* la pared. そのひじ掛けいすは壁すれすれに

2 〈作品・問題などに〉手を加える. No lo *toques* más. もうそれをいじるなよ.

3 〈楽器を〉弾く；〈楽曲を〉〈楽器で〉演奏する. ~ la flauta フルートを吹く. ~ el tambor 太鼓を打つ. ~ el violín バイオリンを弾く. Dice que de niña aprendió a ~ el piano. 彼女は子供のときにピアノを習ったと言っています. Me gusta ~ sonatas. 私はソナタを弾くのが好きです.

4 〈呼び鈴・鐘などを〉鳴らす. Nadie *tocó* el timbre. 誰も呼び鈴を鳴らさなかった. El reloj de la iglesia *ha tocado* las doce. 教会の時計が12時を打った.

5 〈話題を〉持ち出す，〈話題に〉言及する. No quería ~ temas políticos. 私は政治の話題に触れたくなかった.

6 《a＋人 (人)の〉〈心に〉響く，〈心を〉動かす；〈人を〉感動させる. Me ha tocado el corazón. 私は心を動かされた. A mí el actor no *me ha tocado* nada. 私にはその俳優には全然心がときめきませんでした. Usted *me ha tocado* el amor propio. 私はあなたに自尊心を傷つけられた.

7 〈船が〉〈港に〉到着する，寄る. ~ puerto 寄港する. **8** …と血縁関係がある. **9** 〈金・銀を〉試金する.

―自 **1** 触る；《a...》…を〉たたく. ~ *a* la puerta ドアをノックする.

2 《a... / con...》…に接触する；…と隣り合わせである. El otoño *tocaba a* su fin. 秋が暮れようとしていた.

3 演奏する；〈音が〉鳴る. Hoy va a ~ un grupo de rock. 今日はロックグループが演奏します. Las campanas *tocaban* a misa. 鐘がミサを知らせて鳴っていた.

4 (*tocarle* (a＋人)) (1) 《〈人〉に》〈番が〉回る；〈くじなどが〉当たる. Te va a ~ el turno de nuevo. 君にはもう一度番が回るだろう. ¿A quién *le toca*? 誰の番ですか. Nos *tocó* el mejor guía. 私たちには最高のガイドがついた. (2) 〈〈人〉が〉《＋不定詞》…することになる，するときである (▶ 不定詞が主語). Ese día *me tocó leer* mi comunicación. その日は私の学会発表の日だった. Le *tocará sufrir*. 彼は苦しむことになるだろう.

5 《a＋数量表現》〈分配で〉…ずつ割り当てられる. *Tocamos a* dos naranjas por persona. 私たちは1人につきオレンジ2つが割り当てられた.

6 《en...》〈…に〉似通っている，〈…と〉紙一重である. Esto *toca en* lo absurdo. これはばかげている.

―*~se* 再 **1** 〈自分の体の部位を〉触る. Él dijo *tocándose* la cintura que le dolía ahí. 彼は腰を触りながらここが痛いと言った. **2** 〈自分の〉頭を覆う；《con... …を》かぶる. *~se con* un sombrero 帽子をかぶる. **3** 〈複数主語で〉〈2つ以上のものが〉接触する，触れ合う. Los dos hilos no deben *~se*. 2つの糸は接触してはいけない.

a＋不定詞 *tocan* (今) …するときだ.
en [*por*] *lo que toca a*... …に関しては.
tocarle de cerca (a＋人) 〈人〉が身近に関わる，経験する；感じる.
[語源不詳 (鐘の音の擬音語か)；関連 tocado, (re)toque, tocata. [伊] [英] *toccata*]

to·ca·sal·va [to.ka.sál.ba] 女 〈載せるものを固定するくぼみのついた〉盆 (＝ salvilla).

to·ca·ta¹ [to.ká.ta] 女 **1** 《音楽》トッカータ：鍵盤(楽)楽器のための即興ふうの楽曲. **2** 《話》殴打.

to·ca·ta² [to.ká.ta] 男 《話》レコードプレーヤー (＝ tocadiscos).

to·ca·te·ja [to.ka.té.xa] *a tocateja* 《話》即金で (＝ a toca teja).

to·ca·yo, ya [to.ká.jo, -.ja] 男 女 **1** 同名の人，同名異人. **2** 《ラ米》(ペル) 《話》友人.

to·cha [tó.tʃa] 女 《話》鼻.

to·che·dad [to.tʃe.ðáð] 女 粗野，愚かさ；粗野な[愚かな]言動.

to·chim·bo [to.tʃím.bo] 男 《ラ米》(ペル) 溶鉱炉.

to·cho, cha [tó.tʃo, -.tʃa] 形 《スペイン》《話》粗野な；愚かな，間抜けな. **2** 《話》〈本などが〉退屈な. ― 男 **1** 粗製れんが. **2** 《スペイン》《話》退屈な本. **3** 鉄のインゴット.

to·chu·ra [to.tʃú.ra] 女 → tochedad.

to·ci·a [to.θi.a / -.si.-] 女 不純酸化亜鉛.

to·ci·ne·rí·a [to.θi.ne.rí.a / -.si.-] 女 豚肉店，豚肉およびその加工品を扱う店.

to·ci·ne·ro, ra [to.θi.né.ro, -.ra / -.si.-] 男 女 豚肉店で働く人.

to·ci·ne·ta [to.θi.né.ta / -.si.-] 女 《ラ米》(コロブ)ベーコン.

to·ci·no [to.θí.no / -.sí.-] 男 **1** (塩漬けした) 豚の脂身[ばら肉]. ~ entreverado ばら肉の塩漬け. ~ gordo 脂身の多い豚の塩漬け肉. ~ saladillo 少量の塩をふった新鮮な豚の脂身.

2 ラード. ~ rancio 傷んだラード. **3** 縄跳びの技の一種. **4** 《ラ米》(1) (プエル)豚(肉). (2) (＊国)ハム. *tocino de cielo* 卵黄と糖蜜(½)で作った菓子の一種.

to·ci·no,na [to.θí.no, -.na / -.sí.-] 形 《話》《軽蔑》頭の悪い. ― 男 女 《話》《軽蔑》頭の悪い人.

to·cio, cia [tó.θjo, -.θja / -.sjo, -.sja] 形 〈カシの木などが〉小さい.

to·co¹ [tó.ko] 男 《ラ米》(1) (コロ)切り株. (2) (コロ)大量，多量. (3) (ボリ)〈背もたれのない〉腰かけ. (4) 〈壁などに開いた〉四角いくぼみ.

to·co² [tó.ko] 活 → tocar.

to·co, ca [tó.ko, -.ka] 男 女 《ラ米》(＊中) → tocayo

to·co·gi·ne·co·lo·gí·a [to.ko.xi.ne.ko.lo.xí.a] 女 産婦人科.

to·co·gi·ne·có·lo·go, ga [to.ko.xi.ne.kó.lo.go, -.ga] 男 女 産婦人科医.

to·co·lo·gí·a [to.ko.lo.xí.a] 女 《医》産科学.

to·có·lo·go, ga [to.kó.lo.go, -.ga] 男 女 《医》産科医.

to·co·mo·cho [to.ko.mó.tʃo] 男 《話》にせ籤(ﾋﾟ)詐欺；にせ籤.

to·cón, co·na [to.kón, -.kó.na] 形 **1** 《話》なで回す，触りたがる. **2** 〈しっぽの〉尾のない. (2) (アル)〈動物が〉角のない[生えない].
― 男 女 《話》触り魔. ― 男 **1** 切り株. **2** 〈切断後に残る手足の〉基部，断端. ― 女 大きな切り株.

to·co·nal [to.ko.nál] 男 **1** 切り株がたくさんある土地. **2** 〈切り株から新芽の出ている〉オリーブ畑.

to·co·ro·ro [to.ko.ró.ro] 男 《ラ米》(キュ) 《鳥》キューバキヌバネドリ.

to·co·tal [to.ko.tál] 男 《ラ米》(中米) 泥沼.

to·co·to·co [to.ko.tó.ko] 男 《ラ米》(ベネ) 《鳥》ペリカン (＝ pelícano).

toc·te [tók.te] 男 《ラ米》(エク) 《植》クログルミ (の一種).

to·cu·yo [to.kú.jo] 男 《ラ米》(＊米) 粗綿布.

to·da·bue·na [to.ða.bwé.na] 女 《植》オトギリソウ属の多年草.

to·da [tó.ða] 形 → todo.

to·da·ví·a [to.ða.βí.a]副 **1**まだ；いまでも. Es un tema que 〜 no ha sido tratado hasta ahora. それは今までに取り上げられなかったテーマだ. ¿Has leído esta novela? — T〜 no. この小説を読みましたか. —まだです. Son las diez de la mañana y 〜 está dormida. 今午前10時なのに彼女はまだ寝ています.
2《強調》いまだに, 依然として. T〜 se sigue discutiendo ese asunto. その件はいまだに議論され続けている.
3《比較表現を強めて》いっそう, なおさら. La situación iba a empeorar 〜 más. 状況はもっと悪くなるだろう.
4《譲歩》それでも(やはり), それにもかかわらず. Ella consiguió un buen trabajo pero 〜 se arrepiente de no haber ido a la universidad. 彼女はいい仕事を得たのに, それでも大学に行かなかったことを後悔している.
5少なくとも, せめて. Que lo diga un gran especialista, 〜 lo entiendo, pero tú eres un simple alumno. それを偉大な専門家が言うのなら理解できるけど, 君はまだ単なる学生でしょ.
6《ラ米》まだ…でない.
[toda + vía(「どのみち」→「いつも」→「以前も今も」→「今もまだ」の順に転義)；[英]*always*は同源ではないが, 類似の語義変化を経ている]
to·de·ro, ra [to.ðé.ro, -.ra] 男 女《ラ米》(アンティル諸島)陶工；陶器屋.
to·di·to, ta [to.ðí.to, -.ta] 形 代名《話》《強調》→ todo. [todo + 縮小辞]

to·do, da [to.ðo, -.ða] 形 **1**《複数で》(1)《+定冠詞・所有形容詞・指示形容詞 + 複数名詞およびその相当語句》すべての, 全部の. 〜s *los días* 毎日. *todas las semanas* 毎週. 〜s *los años* 毎年. 〜s *los viernes* 毎金曜日. T〜s *los hombres* son mortales. 人はすべて死ぬ. T〜s *nosotros* ya hemos presentado el trabajo. 私たちは全員レポートをもう提出した. (2)《+複数名詞》あらゆる…, すべての…. por *todas partes* いたるところに. a *todas horas* 始終, いつも. ➡*cada* [類語].
2《単数で》(1)《+定冠詞・所有形容詞・指示形容詞 + 単数名詞およびその相当語句》…の全体, …の全部. 〜 *el día* 一日中. *toda la noche* 一晩中. *toda la semana* 1週間ずっと. T〜 *el mundo* está de acuerdo. みんなが賛成している. Es conocido por 〜 *el país*. 彼は国中で知られている. Haré 〜 *lo que me manden*. 私は命じられることをすべてやるつもりだ. (2)《+単数名詞》どの…でも, どんな…でも (= cualquier). en 〜 *caso* いずれにしても. con *toda facilidad* いたって簡単に. T〜 *hombre* es mortal. 人は誰でも死ぬ.
3《+不定冠詞 + 名詞》全くの, 完全な. Es 〜 *un hombre*. 彼はどこから見ても一人前の男だ. Ella se comió *toda una tarta* de manzana. 彼女はアップルパイをまるごと全部平らげた.
—代名《不定》**1**《複数で》すべての人々, 皆；すべてのもの. Pago por 〜s. 私がみんなのために払います. T〜s estamos aburridos. 私たちはみんな退屈している. ¿Cómo son tus alumnos? — T〜s son muy buenos. 君の生徒はどんなだ. —みんなよくできるよ.
2《性数不変》《抽象語》あらゆるもの, すべて. Está contenta de 〜. 彼女はすべてに満足している. Me gustó 〜. 私はすべてが気に入った. T〜 era maravilloso en el viaje. 旅行ではすべてがすばらしかっ

た. T〜 eran quejas. すべて不平だらけだった. ▶ todo が目的語として用いられる場合には目的人称代名詞中性形 lo を伴う. 〜 Lo vimos 〜. 我々は全部見た.
—副 すっかり, 全部, まったく. Aquí está 〜 lleno de antigüedades. ここは骨董(コットウ)品で満ち満ちている. Este pescado es 〜 espinas. この魚は骨だらけだ.
—男 全体, 全部. El equipo del proyecto debe formar un 〜. プロジェクトチームは一つのまとまりを見せないといけない.
ante todo 何よりもまず, とりわけ. *Ante* 〜, hay que ser prudente. 何よりもまず慎重でなくてはならない.
con todo(*y con eso*) それにもかかわらず. Julio es muy inteligente; *con* 〜 *y con eso*, es pesado. フリオはとても頭がいいが, うっとうしい.
después[*en medio*]*de todo* 結局, つまるところ.
de todas todas 確かに. Sé *de todas todas* que ellos no vendrán. 僕には, 彼らが来ないことは確実にわかる.
de todo ありとあらゆる種類の, どんなものでも. Este niño come *de* 〜. この子は何でも食べる. Aquí venden *de* 〜. ここでは何でも売ってる.
de todo en todo / *del todo* / *en todo y por todo* 全く, すべてに.
jugarse el todo por el todo(手に入れるために)すべてをかける. El equipo *se jugó el* 〜 *por el* 〜 en la final. 決勝戦でそのチームは一か八かの勝負に出た.
o todo nada すべてかなしかなしか.
ser todo uno《話》同じことだ；同時である. Ver la escena y empezar a llorar *fue* 〜 *uno*. そのシーンを見るとすぐ泣き出した.
sobre todo とりわけ, なかでも. *Sobre* 〜, tienes que comer menos. とりわけ, 君は食事の量を減らさないといけない.
todo lo + 形容詞 できる限りの；全くの. hacer 〜 *lo posible* なかぎりのことをする. Dijo 〜 *lo contrario* de lo que yo pienso. 彼[彼女]は私の考えと正反対のことを言った.
todo lo más せいぜい, 多くても.
y todo …など, …までも. Me llevaron a cenar *y* 〜. 私は夕食に連れて行ってもらったりした.
[←[ラ]*tōtum*(*tōtus*の対格)；関連 todavía [スペイン][英]*total*]

to·do·po·de·ro·so, sa [to.ðo.po.ðe.ró.so, -.sa] 形 全能[万能]の, 絶大な権威を有する. El T〜 神.
to·do·te·rre·no [to.ðo.te.ré.no] 形 **1** オフロード仕様の. **2** 多才な, 万能の. —男 女 オールラウンドプレーヤー. —男 オフロード仕様車.
to·fe / **tof·fee** [tó.fe // -.fi] 男 タフィー：ミルクコーヒー[チョコレート]味のキャンディー.
to·fo [tó.fo] 男 **1**《医》痛風結節.
2《ラ米》(チリ)(ペ)白色粘土；耐火粘土.
to·ga [tó.ɣa] 女 **1**(司法官・教授などの)法服, ガウン. **2** トーガ：古代ローマのゆったりとした長衣. ➡次ページに図.
to·ga·do, da [to.ɣá.ðo, -.ða] 形〈司法官が〉法服をつけた；トーガを着用した.
—男(法服の)司法官. los 〜s 法曹人.
To·go [tó.ɣo] 固名 トーゴ：アフリカ西部の共和国. 首都 Lomé.
to·go·lés, le·sa [to.ɣo.lés, -.lé.sa] 形 トーゴの, トーゴ人の. —男 女 トーゴ人.

toi·le [tói.le] 男《ラ米》(ﾒﾋｺ)トイレ. papel de ~ トイレットペーパー.

toi·let [tói.let] 〖英〗《ラ米》トイレ.

toi·le·te [tói.le.te // twa.lét, -.lé.te] 〖男〗→toilette.

toi·let·te [twa.lét, tói.let] 〖仏〗女〖複 ~S〗**1** 身だしなみ, 化粧. **2** 洗面所, トイレ. **3** 化粧台.

toi·són [toi.són] 男 **1** 羊の毛; 羊毛皮. ~ de oro 〖ギ神〗金羊毛. 〖史〗金羊毛騎士団（= orden del ~ de oro）. ◆1429年ブルゴーニュ公国のフィリップ善良公（在位1419-67）が創設し, 後にスペインにブルボン王家が入ってから代々スペイン国王が騎士団長となった. **3** 金羊毛騎士団の記章; 金羊毛騎士.

to·jal [to.xál] 男 ハリエニシダの群生地.

to·ji·no [to.xí.no] 男〖海〗(1)（積み荷などを固定する）止め木. (2)（船腹に据えつけた）階段用横木. (3)（マストに取りつける）索止め, クリート.

to·jo [tó.xo] 男 **1**〖植〗ハリエニシダ. **2**《ラ米》(ﾎﾞﾘ)〖鳥〗ヒバリ (= alondra).

to·jo, ja [tó.xo, -.xa] 形《ラ米》双生児の.

To·kio / To·kyo [tó.kjo] 固名 東京.

tol [tól] 男《ラ米》(ｸﾞｧﾃ) (ﾎﾝ)（ヒョウタン・カボチャなどで作った）容器, 器. **2** 甲状腺腫瘍.

to·la [tó.la] 女《ラ米》(ﾎﾞﾘ)〖植〗キク科の低木; バッカス属.

to·la·nos [to.lá.nos] 男〖複数形〗**1**〖獣医〗歯肉炎. **2**（襟足の）生え際の髪.

to·lar [tol.lár] 男 トラー: スロベニアの通貨単位.

tol·da [tól.da] 女《ラ米》(1)（ｱﾙｾﾞﾝ）（ｳﾙｸﾞ）（馬車の）幌(ほろ). (2)（ｺﾛﾝ）（ﾁﾘ）（ﾍﾟﾙｰ）ズック, カンバス. (3)（ﾍﾞﾈｽﾞ）テント, 仮小屋; 天幕. (4)（ｺﾛﾝ）大布袋. (5)（ﾎﾞﾘ）曇り空. (6)（ｺﾛﾝ）政党; 派閥.

tol·da·du·ra [tol.da.ðú.ra] 女（日よけ用の）幕, 天幕; カーテン.

tol·dar [tol.dár] 他 日よけ[雨覆い]を付ける, 天幕を張る.

tol·de·rí·a [tol.de.rí.a] 女《ラ米》(ｱﾙｾﾞﾝ)(ﾁﾘ)(ｳﾙｸﾞ)先住民の集落.

tol·di·lla [tol.dí.ja ‖ -.λa] 女〖海〗船尾楼（甲板）.

tol·di·llo [tol.dí.jo ‖ -.λo] 男 **1**（2人でかつぐ屋根付きの）輿(こし). **2**《ラ米》(ｸﾞｧﾃ)(ﾎﾝ)(ｺﾛﾝ)(ﾍﾞﾈｽﾞ)蚊帳.

tol·do [tól.do] 男 **1** 日よけ, 雨覆い. **2**（車の）幌(ほろ), シート. **3**《ラ米》(1)（ｺﾛﾝ）（ﾍﾟﾙｰ）（先住民の）木や草で作った家[小屋], テント. (2)〖車〗ボンネット, フード. (3)（ﾒﾋｺ）（ｺﾛﾝ）（ﾍﾞﾈｽﾞ）蚊帳, 網戸.

to·le [tól.le] 男〖話〗騒ぎたてること, どよめき. armar(se) un ~ 騒ぎたてる, 騒ぎになる. **2** 悪いうわさ, 悪評. **3**《ラ米》(ｺﾛﾝ)跡, 足跡. *tomar [agarrar, coger] el tole* 〖話〗退散する, そそくさと立ち去る.

to·le·da·no, na [to.le.ðá.no, -.na] 形（スペインの）トレドの. ━ 男 トレドの住民［出身者］. *pasar una noche toledana* 眠れぬ夜を過ごす.

To·le·do [to.lé.ðo] 固名 トレド: スペイン中部の県; 県都. ◆6世紀にローマを駆逐した西ゴート族の首都. 8世紀には Tāriq の率いるイスラム軍に征服され, その首都だったが, 11世紀にレオン・カスティーリャ王 Alfonso 6世が奪回した. 12-13世紀には翻訳者たちが輩出し, ギリシア・アラビアの文献をラテン語やスペイン語に翻訳し, ヨーロッパに広めた. 1986年に世界遺産に登録された旧市街には重要な歴史的建造物が点在する. [← 〘ラ〙 *Tolētum*.]

to·le·mai·co, ca [to.le.mái.ko, -.ka] 形 **1**（ギリシアの天文・地理学者の）プトレマイオス Tolomeo の; 天動説の (= ptolemaico). **2**（古代エジプトの）プトレマイオス Tolomeo 王朝の.

to·lem·po [to.lém.po] 男《ラ米》(ｴﾙﾄﾞ)どでかい物.

to·le·ra·bi·li·dad [to.le.ra.βi.li.ðáð] 女 許容性, 忍耐（力）.

to·le·ra·ble [to.le.rá.βle] 形 我慢[許容]できる, 耐えられる. *un dolor ~* 我慢できる痛み.

to·le·ra·do, da [to.le.rá.ðo, -.ða] 形 **1** 許容された. **2**（映画などが）子供向けとして適した.

✢**to·le·ran·cia** [to.le.rán.θja / -.sja] 女 **1**（思想・宗教などに対する）寛容, 寛大, 認容. *~ religiosa* 宗教上の寛容. **2** 我慢, 忍耐（力）; 耐久[抵抗]力. *Este animal tiene ~ al clima frío.* この動物は寒さに強い. **3**〖技〗許容誤差, 公差;（造幣で量目・純分の）公差. *~ de frecuencia* 周波数許容範囲. **4**〖医〗耐性, 許容度;〖植〗抵抗性.

to·le·ran·te [to.le.rán.te] 形 **1**（思想・宗教的に）寛容[寛大]な. **2**（重圧などに）耐えられる, 耐久力のある.

to·le·ran·tis·mo [to.le.ran.tís.mo] 男〖まれ〗信教自由主義, 宗教的寛容主義.

✢**to·le·rar** [to.le.rár] 他 **1**（不快・相違・不正などを）許容する, 我慢する;（**que**＋接続法 …することを）容認する. *~ a la gente de otras culturas distintas* 異なる文化の人々を受け入れる. *El pueblo ha tolerado la injusticia durante años.* 国民は長年不正に耐えてきた. *No tolero que hagan ruido al comer.* 私は人が音をたててものを食べるのが我慢できない. **2**〈負担に〉耐える;〈食物・薬などを〉受けつける. *~ bajas temperaturas* 低温に耐性がある. *la censura* 検閲に通る. *El paciente no tolera la carne todavía.* その患者はまだ肉を摂取することができない. [← 〘ラ〙 *tolerāre*.] 〖関連〗 tolerancia, (in)tolerable, (in)tolerado; 〖英〗 *tolerate*.

to·le·ta·zo [to.le.tá.θo / -.so] 男《ラ米》(ｺﾛﾝ)(ﾍﾞﾈｽﾞ)〖話〗こん棒による殴打.

to·le·te [to.lé.te] 形《ラ米》(ｺﾛﾝ)(ﾒﾋｺ)〖話〗〖軽蔑〗まぬけな, ばかな. ━ 男 **1**〖海〗(オール受け用の)トールピン, オール受け. **2**《ラ米》(1)（短い）こん棒, 杖(え). (2)（ｷｭｰﾊﾞ）断片, 切れ（端）. (3)（ﾍﾞﾈｽﾞ）いかだ;ベンチ. (4)（ﾎﾞﾘ）〖野球〗のバット.

to·le·te·ro [to.le.té.ro] 男《ラ米》(ｷｭｰﾊﾞ)〖話〗けんか好き.

to·le·to·le [to.le.tó.le] 男《ラ米》(1)（ｺﾛﾝ）強情さ, 執念. (2)（ﾁﾘ）〖話〗騒ぎ; 醜聞, スキャンダル. (3)（ﾍﾞﾈｽﾞ）放蕩[ﾎﾟ蕩]生活.

To·li·ma [to.lí.ma] 固名 **1** トリマ: コロンビア中西部の県; 県都 Ibagué. **2** Nevado del ~ トリマ山: コロンビア中西部の火山. 標高5215 m.

[2-?] [ビホオ] **Tolima** (原義は「大きな雲」)

to‧lla [tó.ja ‖ -.ʎa] 囡 **1** 《まれ》湿地, 沼地. **2** 《ラ米》(ﾆﾜﾄﾘ)(ｲｪ)(家畜の)水飲み場(の水槽).

to‧lli‧na [to.ʎí.na ‖ -.ʝí.-] 囡 《話》ひっぱたくこと, 殴打.

to‧llo [tó.jo ‖ [oʎo.-] 男 《まれ》 **1** 湿地, 沼地. **2** 《猟師の》隠れ場《穴》. **3** シカの背肉. **4** 《魚》ツノザメ.

to‧llón [to.jón ‖ -.ʎón] 男 山峡の道, 隘路(ﾛ).

tol‧me‧ra [tol.mé.ra] 囡 岩山が連なる所.

tol‧mo [tól.mo] 男 ごつごつした岩山(の山頂).

to‧lo‧a‧che [to.lo.á.tʃe] 男 《ラ米》(ｼｷ)アルカロイドを含む薬草.

to‧lo‧bo‧jo [to.lo.bó.xo] 男 《ラ米》(ｸﾞｧﾃ)《鳥》ペンギン (= *pájaro bobo*).

to‧lo‧lo‧che [to.lo.ló.tʃe] 男 《音楽》マリアッチ *mariachi* のコントラバス.

To‧lo‧me‧o [to.lo.mé.o] 固名 **1** プトレマイオス Claudio ~: 2世紀に活躍したギリシアの数学者・天文学者. el sistema de ~ 天動説 (▶「地動説」は el sistema de Copérnico). **2** プトレマイオス: エジプトを支配(前323-前30)した Macedonia 王朝の歴代の王. **3** トロメオ 男子の洗礼名.
[← [ラ] *Ptolemaeus* ← [ギ] *Ptolemaîos* (原義は「戦士」; 関連) [ポルトガル] *Ptolomeu*. [仏] *Ptolémée*. [伊] *Tolomeo*. [英] *Ptolemy*. [独] *Ptolemäus*]

to‧lon‧cho [to.lón.tʃo] 男 《ラ米》(ﾒｼｺ)木っ端.

to‧lon‧dro, dra [to.lón.dro, -.dra] / **to‧lon‧drón, dro‧na** [to.lon.drón, -.dró.na] 形 落ち着きのない, そそっかしい. — 男囡 落ち着きのない人, そそっかしい人. — 男 こぶ; 腫物(ﾓﾉ) (= *chichón*).
a tolondrones 断続的に, ときどき思い出したように.

to‧lon‧gue‧ar [to.lon.ge.ár] 他 《ラ米》(ｸﾞｧﾃ)《話》かわいがる; 愛無する.

To‧lo‧sa [to.ló.sa] 固名 **1** トロサ: スペイン北部 Guipúzcoa 県の町. **2** トゥールーズ: フランス南部の都市 Toulouse. [← [ラ] *Tolōsa*]

tol‧te‧ca [tol.té.ka] 形 トルテカ人(人・文化)の. — 男囡 トルテカ人: 古代メキシコの民. ◆トルテカは「すぐれた工人, 文化人」の意. Teotihuacán 没落のあと Tula に都を定め, 10–12世紀に栄えた. この一派が10世紀末に Yucatán 半島に移り, Chichén Itzá を中心にトルテカ・マヤ[マヤ]文化を興した. — 男 トルテカ語: ナワトル *náhuatl* 語と同系の言語の一つ.
[← [ナワトル] *tolteca*; *Tōlla* 'Tula' (都の名) + *-teca* 「…(生まれ)の人」(「Tula の人」が原義)]

to‧lú [to.lú] 男 《ラ米》トルーバルサム (= *bálsamo de T*~): コロンビア産トルーバルサムノキから採る芳香樹脂, 鎮痛剤, 香料に用いられる.
[コロンビアの港町 Santiago de *T*~ の名に由来]

To‧lu‧ca [to.lú.ka] 固名 **1** トルカ (= ~ de Lerdo): メキシコ中部 México 州の州都. **2** Nevado de ~ トルカ山: メキシコ中部の火山. 4578m. 別称Xinantecatl, Zinantecatl.

to‧lue‧no [to.lwé.no] 男 《化》トルエン.

tol‧va [tól.ba] 囡 **1** ホッパー, シュート: 穀物や石炭を下へ落とす漏斗形の装置. **2** 投票箱の口; 教会の寄付箱のコイン投入口. **3** 《ラ米》(１) (ﾁﾘ)(鉄道の) ホッパー[底開き]貨車. (２) (ｱﾙｾﾞﾝﾁﾝ)(採掘鉱の)貯蔵倉庫.

tol‧va‧ne‧ra [tol.ba.né.ra] 囡 砂ぼこり; 砂あらし.

***to‧ma** [tó.ma] 囡 **1 取る【採る】こと.** ~ de muestras サンプリング, 標本抽出. ~ de sangre 採血. ~ de sonido 録音.
2 手に入れる【引き受ける】こと. ~ de control 支配権の掌握. ~ de mando 指揮権【統率権】の掌握. ~ de declaración 《法》事情聴取. ~ de conciencia 自覚, 認識. ~ de posesión 就任, 叙任. ~ de hábito 《カト》修道誓願をたてること, 修道士【修道女】になること. ~ de tierra 《電》アース, 接地; 《航》(飛行機などの)着陸; (パラシュートなどによる)着地.
3 占領; 占拠. la ~ de Granada グラナダ攻略. **4** (ﾒｼｺ)(ｺﾛﾝﾋﾞｱ)《医》(薬の)摂取, 服用, 1回分(の量). una ~ de quinina キニーネ一服. una ~ de rapé ひとつまみの嗅(ｶﾞ)ぎタバコ. **5** 《映》1シーン, 1ショット. ~ de vistas 撮影. **6** 《空気・水・電気・ガスなどの》取り入れ口, 栓. ~ de agua 蛇口, 放水口. ~ de aire 通風口, 換気口. ~ de corriente [luz] コンセント[ソケット]. **7** 《ラ米》(１) 灌漑(ﾝｶﾞｲ)[用水]路. (２) (ﾁﾘ)小川, 細流.
— 間 → *tomar*.
Más vale un toma que dos te daré. 《諺》明日の百より今日の五十.
toma y daca 協力, 持ちつ持たれつ. *a* ~ *y daca* ギブ・アンド・テーク[持ちつ持たれつ]で, 協力して.

to‧ma‧co‧rrien‧te [to.ma.ko.rrjén.te] 男 《ラ米》《電》コンセント.

to‧ma‧da [to.má.ða] 囡 **1** (戦争による土地の)占領, 奪取. **2** 《ラ米》(１) → *toma*. (２) (ﾒｼｺ)飲酒.

to‧ma‧de‧ro [to.ma.ðé.ro] 男 **1** 取っ手, 握り, 柄. **2** 蛇口; 放水口. **3** (衣服の)半球形の飾り.

to‧ma‧do, da [to.má.ðo, -.ða] 形 **1** (風邪などで)〈声が〉しわがれた, かすれた. **2** さびた. **3** 《ラ米》《話》酔った, 泥酔した.

to‧ma‧dor, do‧ra [to.ma.ðór, -.ðó.ra] 形 **1** 取る, 捕らえる. *perro* ~ 射止めた獲物をくわえて来る猟犬. **2** 盗む, 盗癖がある. — 男囡 **1** 取る人, 受け取る人. **2** 《商》手形名宛(ﾅｱﾃ)人, (小切手・手形の)受取人; 《法》(保険証書・契約書の)名義人, 契約者. **3** すり, 盗人. **4** 《ラ米》飲んべえ, 大酒飲み. — 男 《海》 ガスケット: 帆を帆桁(ﾎﾞﾀ)にくくりつける小索.

to‧ma‧du‧ra [to.ma.ðú.ra] 囡 **1** 取ること (= *toma*). **2** 《まれ》(薬の) 1回の服用量. **3** 《軍》(都市の)占領, 攻略.
tomadura de pelo 《話》冗談, 悪ふざけ, 一杯食わすこと.

tom‧a‧hawk [to.ma.xók ‖ -.hók] [英] 男 トマホーク: 北米先住民の戦闘用斧(ｵﾉ).

to‧maí‧na [to.ma.í.na] 囡 《生化》プトマイン.

to‧ma‧jón, jo‧na [to.ma.xón, -.xó.na] 形 《軽蔑》手癖の悪い. — 男囡 《軽蔑》手癖の悪い人.

****to‧mar** [to.már] 他 **1** …を手に取る, つかむ; 受け取る. Me *tomaron* de un brazo. 私は腕をつかまれた. *Toma este dinero*. このお金をとっておきなさい.
2 〈食べ物を〉**食べる**; 〈飲み物を〉**飲む**. ~ (el) café [té] コーヒー[紅茶]を飲む. ~ el pecho 母乳を飲む. ¿Quieres ~ algo? 何か食べたい[飲みたい]ですか. *Tome* la pastilla tres veces al día. 一日に3回錠剤を飲んでください.
3 〈乗り物に〉乗る. Cada día *toma* el tren de las siete. 毎日彼[彼女]は7時の電車に乗る. ▶スペインでは *coger* を多く用いる.
4 選び出す; 採用する; 名乗る. Estos ejemplos los *tomamos* del libro. これらの例を私たちは本からとりました.
5 〈写真・映画を〉撮影する, 撮る; 〈記録を〉とる. ~ fotos 写真を撮る. Siempre *toma* apuntes en clase. 彼[彼女]はいつも授業ではノートをとっている.
6 〈授業などを〉受ける. *He tomado* el curso de

Tomás

verano. 私は夏期講座を受けました.
7 〈計測する,集計する. Ahora te voy a ~ la tensión. それでは君の血圧を計りましょう.
8 〈風・太陽などに〉当たる,浴びる. ~ el sol 日光浴をする. Salgo un ratito para ~ el aire. 風に当たりにちょっと出かけます.
9 〈決断などを〉する,〈態度を〉とる,〈手段を〉講じる. ~ una [la] decisión 決断する. Tenemos que ~ algunas medidas para que no vuelva a suceder. 二度と同じことが起こらないようになんらかの方策を講じなければなりません.
10 〈性質などを〉帯びる. ~ forma 形になる. El avión iba *tomando* altura. 飛行機は上昇していった.
11 《a+人〈人〉に》〈感情を〉抱く. ~ confianza 信用する. *Le tomé* mucho cariño. 私は彼[彼女]がとてもいとおしくなった (▶ le が a+人に相当).
12 〈責任などを〉負う;〈申し出などを〉引き受ける. Usted debe ~ la responsabilidad y hacer algo para resolver los problemas. あなたは責任を取って問題解決のために何かをするべきです.
13 〈人を〉雇う. ~ una criada 女中を雇う.
14 〈場所を〉占領する;〈席に〉つく. ~ asiento 席につく. **15** 買う. *Han tomado* una casa en la playa. 彼らは海岸に1軒家を借りた. **16** (+副詞およびその相当語句 …と)〈事を〉受け止める,解釈する. 《*que*+接続法 …ということを》…と受け止める. No lo *tomes* a mal. それを悪く思うなよ. Tienes que ~*lo en serio.* 君はそれを真剣に受け取らなくてはいけませんよ. ▶ 再帰代名詞を伴って用いることがある. ~ 再 **17** 《*por*... …と》〈人を〉みなす,判断する;間違える. *Me tomaron por* tonto. 私はばかだと思われた. *¿Por quién me has tomado?* 私を誰だと思ったのですか. **18** 《a+人〈人〉の》〈時間を〉とる. *Me tomó* mucho tiempo limpiar toda la casa. 私は家中を掃除するのに半日手間取った. **19** 〈道を〉行く,進む. 〈雄が〉交尾する.

—自 **1** 《*a*... / *por*... / *hacia*... …(の方)へ》行く,曲がる. Sigue todo recto y al fondo *toma a* la izquierda. まっすぐに行って突き当たったら左へ行ってください. **2** 《ラ米》酒を飲む.

—~*.se* 再 **1** 〈(時間を)獲得する,得る,(時間を)かける. Puede usted ~*se* todo el tiempo que necesite. あなたは必要な時間をどれだけ使ってもいいですよ. *Se ha tomado* una semana de vacaciones. 彼[彼女]は1週間の休暇をとった.
2 〈食べ物・飲み物を〉平らげる.
3 行使する. Él *se tomó* la libertad de entrar a mi despacho sin llamar. 彼はノックもせずに勝手に私の仕事部屋に入ってきた. *Me tomé* la molestia de visitarla. 私はわざわざ彼女に会いに行った.
4 〈(自分の)〈血圧・脈拍・サイズを〉計る.
5 《+副詞およびその相当語句 …と》解釈する,理解する. No te lo *tomes a broma.* 冗談とは思うなよ.
6 《*por*... …と》〈自分を〉思う,見なす.
7 〈鉄が〉さびる. **8** 〈声が〉かれる.
ser de armas tomar《話》〈人が〉果敢な,強い.
tenerla tomada con...《話》…を評価しない,毛嫌いしている.
¡Toma! **(1)**《驚き》えっ. *¡Toma! No sabía que ya la conocieras.* なんだ,君が彼女のことを知っているとは思わなかったよ. **(3)**《理解》なるほど. **(3)**《軽蔑》何だ. **(4)**《不信》何だって.
tomar a bien [*mal*] いい方[悪い方]に解釈する.
tomar en cuenta... …を考慮に入れる.
tomarla con...《話》**(1)** …をいじくる. **(2)** …を毛嫌いする.
tomar las de Villadiego《話》そそくさと立ち去る.
tomar... *por donde quema* …を悪く考える.
¡tómate ésa!《話》《脅し》覚えておけよ,いい気味だ.

To·más [to.más] 固名 **1**《聖》Santo ~ 聖トマス:キリストの十二使徒のひとり. 祝日7月3日.
2 Santo ~ de Aquino 聖トマス·アクィナス(1225-74):イタリアの哲学者·神学者. el Doctor Angélico「天使的博士」と呼ばれる.
3 ~ Moro トマス·モア(1478-1535):イギリスの思想家·政治家.
4 トマス:男子の洗礼名.
[← 後] *Thōmās*—[ギ] *Thōmâs*—[アラム] *Tēōma*(「双子」が原義). [関連] [ポルトガル] *Tomás, Tomé*. [仏][英][独] *Thomas*. [伊] *Tommaso*

to·ma·ta·da [to.ma.tá.ða] 女 トマトサラダ;トマトを揚げたもの.
to·ma·tal [to.ma.tál] 男 トマト畑.
to·ma·ta·zo [to.ma.tá.θo / -.so] 男 トマトを投げつけること.
‡to·ma·te [to.má.te] 男 **1**《植》トマト(の実·木):中南米原産, ナス科. salsa de ~ トマトソース (▶「トマトケチャップ」はketchup). ensalada de ~ トマトサラダ. ponerse (colorado) como un ~《話》(恥ずかしくて)赤面する.
♦16世紀前半,新大陸からヨーロッパに渡来. 初めは病人食や観賞用に供され,また一時,悪魔の食品として扱われたこともある. 一般に食されるようになったのはイタリア·スペイン·ポルトガルにおいて18世紀後半以降.
2《話》〈靴下などの〉穴,破れ.
3《話》困難,厄介;もめごと. Este trabajo tiene mucho ~. この仕事はなんとも厄介だ. ¡Vaya ~! なんと厄介な. **4**《ラ米》(*)《俗》目,目玉.
[← [ナワトル] *tomatl*]

to·ma·te·ra [to.ma.té.ra] 女 **1**《植》トマト(の木). **2**《話》〈靴下の〉穴,破れ. **3**《ラ米》(*)《話》泥酔;酒盛り,宴会.
to·ma·te·ro, ra [to.ma.té.ro, -.ra] 形〈食材が〉トマト料理に合った.
—男 女 (まれ) トマト販売[栽培]者;野菜売り.
to·ma·ti·cán [to.ma.ti.kán] 男《ラ米》(*)タマネギ·トマト·トウモロコシの料理.
to·ma·vis·tas [to.ma.bís.tas] 男《単複同形》8ミリカメラ,小型撮影機.
to·ma·wak [to.ma.(g)wók] 男 →tomahawk.
tom·bo [tom.bo]《ラ米》(アンデス)(リオプラタ)(ほかにも)《話》警官, 巡査, お巡り.
tóm·bo·la [tóm.bo.la] [伊] 女 慈善目的で行われる福引き;福引き会場.
tóm·bo·lo [tóm.bo.lo] [伊] 男 陸繋砂州(リクケイ).
to·me [tó.me]《ラ米》(*)《植》カヤツリグサ科の植物の総称. ♦主に屋根をふくのに用いられる.
to·men·to [to.mén.to] 男 **1** 麻くず.
2《植》〈葉·茎などの〉繊毛,綿毛.
to·men·to·so, sa [to.men.tó.so, -.sa] 形《植》繊毛[綿毛]でおおわれた.
-tomía 「部分,切開,切開」の意の造語要素. ~ anatomía, dicotomía.
[← [ギ]]
to·mi·llar [to.mi.jár ‖ -.ʎár] 男 タイムの自生地[畑].
to·mi·llo [to.mí.jo ‖ -.ʎo] 男《植》タイム, タチジャ

コウソウ.
to·mín [to.mín] 男 トミン：昔のスペインの重量の単位. 約0.596グラム.
to·mi·ne·ja [to.mi.né.xa] 女 『鳥』ハチドリ (= colibrí).
to·mi·ne·jo [to.mi.né.xo] 男 → tomineja.
to·mi·ne·ro, ra [to.mi.né.ro, -.ra] 形 《ラ米》《話》けちな, しみったれた.
to·mis·mo [to.mís.mo] 男 『哲』(14世紀以降広まった)トマス神学 (大系)：Tomás de Aquino の神学・哲学上の学説.
to·mis·ta [to.mís.ta] 形 『宗』トマス派の.
—— 男 『宗』トマス派の(神学者, 信奉者).
to·mís·ti·co, ca [to.mís.ti.ko, -.ka] 形 『宗』トマス派の.
to·mi·za [to.mí.θa / -.sa] 女 アフリカハネガヤの綱.

tomillo (タイム)

‡**to·mo**[1] [tó.mo] 男 1 (書物の) 巻, 分冊；(大判の)本. Esta novela consta de tres ～s. この小説は3巻からなる.
2 かさばる物；体の大きな人.
3 重要性, 価値 (= importancia).
de tomo y lomo 《話》途方もない, 大変な；重要な. Es un sinvergüenza *de ～ y lomo.* なんてずうずうしいやつなんだ.
[←[ラ] *tomum* (*tomus* の対格)「断片；冊, 巻」← [ギ] *tómnein* (*témnein*「切る」より派生；[関連] epítome, anatomía, átomo. [英] *tome*「(大)冊」]

to·mo[2] [tó.mo] 活 → tomar.
to·mo·gra·fí·a [to.mo.gra.fí.a] 女 『医』断層写真撮影 (法).
to·món, mo·na [to.món, -.mó.na] 形 1 手癖の悪い = tomajón. 2 《ラ米》《ラプ》冗談好きな.
—— 男 女 手癖の悪い人.
tom·pe·a·te / **tom·pia·te** [tom.pjá.te] 男 《ラ米》《メ》シュロで編んだかご.
ton [tón] 男 [tono の語尾消失形] *sin ton ni son* 《話》訳もなく, 何の理由もなく. *hablar sin ton ni son* 取り留めもなく《支離滅裂に》話す.
to·ná [to.ná] 女 『音楽』トナー：無伴奏のカンテフラメンコの一種.
to·na·da [to.ná.ða] 女 1 歌詞；(詩につける)メロディー, 曲.
2 (まれ) (1) 口調, なまり. (2) 《ラ米》うそ, ごまかし.
to·na·di·lla [to.na.ðí.ja ǁ -.ʎa.-] 女 『音楽』トナディージャ. (1) スペインの民衆的で短い歌曲；その詩. (2) 18世紀半ばから19世紀初頭にかけて, スペインで流行した短い喜歌劇.
to·na·di·lle·ro, ra [to.na.ði.jé.ro, -.ra ǁ -.ʎé.-] 男 女 トナディージャ tonadilla の作詞家[作曲家, 歌手].
to·nal [to.nál] 形 1 『音楽』音調[音色]の, 調性の.
2 『美』色調の, 色合いの.
to·na·li·dad [to.na.li.ðáð] 女 1 『音楽』調 (性). ～ *mayor* [*menor*] 長[短]調. 2 『美』色調, 色の配合. 3 『ラジオ』『TV』音質, トーン. *control de* ～ トーンコントロール, 音色調節 (装置). 4 『言』抑揚, イントネーション (= entonación).
to·nan·te [to.nán.te] 形 雷 [雷鳴] を生じる；雷鳴とどろく, とどろき渡る. *Júpiter ～* 雷鳴とどろくユピテル.
to·nar [to.nár] 自 《3人称単数・無主語で》『文章語』雷が鳴る；稲妻が走る (= tronar).

to·na·rio [to.ná.rjo] 男 交唱聖歌集 (= libro antifonario).
ton·ca [tóŋ.ka] 形 『植』haba ～ トンカ豆：南米産マメ科の高木. 種子は香料の原料.
ton·de·ro [ton.dé.ro] 男 《ラ米》《ぺ》『音楽』トンデロ：ペルーの海岸地方の民族舞踊.
ton·di·no [ton.dí.no] 男 『建』(円柱の柱頭下部の)玉縁 (= astrágalo).
ton·do [tón.do] 男 『建』トンド：壁の円形の凹面刳形[石]装飾. [←[伊] *rotondo*]
to·nel [to.nél] 男 1 樽(る), 大きな桶(お)；樽1杯分の量. *un ～ de vino* ワイン1樽. → barril. 2 《話》非常に太っている人. 3 《話》酔っぱらい. 4 《古語》(船の)容積トン：tonelada の約6分の5.
[←[古仏] *tonel* ([仏] *tonneau*)；*tonne*「大樽」(← [中ラ] *tunna*) + 縮小辞；[関連] túnel, tonelada. [英] *ton* (*nage*)「トン(数)」, *tunnel*「トンネル」]
‡**to·ne·la·da** [to.ne.lá.ða] 女 1 (重量単位の) トン, メートルトン (1000キログラム) (= ～ *métrica*) ～ *corta* 米トン, 小トン (約907.2キログラム). ～ *larga* 英トン, 積載トン (約1016.1キログラム). 2 『海』(船舶の容積・積載能力の単位の)トン. ～ *de arqueo* (国際単位の)容積トン (約2832立方メートル). 3 《集合的》樽(る).
una tonelada 《話》たくさん, 非常に.
[*tonel* より派生；原義は「大樽2個が占める容積」(船の大きさを示す単位)；[関連] [英] *ton* (*nage*)]
to·ne·la·je [to.ne.lá.xe] 男 1 『海』トン数, 積載量. ～ *bruto* 総トン数. *un camión de gran ～* 大型トラック. 2 『海』(船舶積載の)トン数；(艦隊などの)船舶総合計トン数.
to·ne·le·rí·a [to.ne.le.rí.a] 女 1 樽(る) [桶(お)] 製造業；樽[桶]屋；樽屋[桶屋]の仕事場. 2 《集合的》樽, 大きな桶.
to·ne·le·ro, ra [to.ne.lé.ro, -.ra] 形 樽(る) [桶(お)]の. —— 男 女 樽[桶]職人.
to·ne·le·te [to.ne.lé.te] 男 1 小さな樽(る) [桶(お)]；樽[桶]の形をしたもの. 2 (甲冑(ちゅう)の)スカート型の腰当て；(昔の兵士の)キルト. 3 (ひざまでの)短いスカート；(子供用の)すそ丈の短い服. 4 『演』(昔の)男性用の短いスカート.
to·ne·ma [to.né.ma] 男 『音声』音調素, トニーム.
tó·ner [tó.ner] 男 『コピー機』のトナー.
ton·ga [tóŋ.ga] 女 1 → tongada.
2 《ラ米》(1) 《アンテ》《ラプ》《話》仕事, 労役. (2) 《ラプ》うたた寝.
Ton·ga [tóŋ.ga] 固名 トンガ：南太平洋の王国. 首都 Nuku'alofa.
[←[英] *Tonga* ← [トンガ] *Tonga*「庭」が原義]
ton·ga·da [toŋ.gá.ða] 女 1 積み重ね；層.
2 (まれ) 山積み.
ton·ga·no, na [toŋ.gá.no, -.na] 形 トンガの, トンガ人の. —— 男 女 トンガ人.
ton·go[1] [tóŋ.go] 男 『スポ』八百長 (試合)；不正, 買収. *Aquí hay ～.* これは八百長だ.
ton·go[2] [tóŋ.go] 男 《ラ米》《ボ》《ぺ》山高帽子.
ton·go·ne·ar·se [toŋ.go.ne.ár.se] 再 《ラ米》《タリ》《メ》《コ》《話》気取った[腰を振った]歩き方.
ton·go·ne·o [toŋ.go.né.o] 男 《ラ米》《タリ》《メ》《コ》《話》気取った[腰を振った]歩き方.
ton·go·rí [toŋ.go.rí] 男 《ラ米》《ぺ》《ラプ》(牛などの)肝臓；臓物, はらわた.
To·ni [tó.ni] 固名 トニ：Antonio, Antonia の愛称.
to·nic [tó.nik] 形 *gin ～* ジントニック.

to‧ni‧ci‧dad [to.ni.θi.ðáđ / -.si.-] 囡 《筋肉組織の》緊張性, 硬直性.

tó‧ni‧co, ca [tó.ni.ko, -.ka] 形 **1**《音声》強勢の, アクセントのある 《↔átono》. sílaba *tónica* アクセントのある音節. **2**《音楽》主音の. **3** 元気づける;《医》《医薬品が》強壮にする.
── 男 **1**《化粧品の》スキン・ローション. **2**《医》強壮剤《薬》. ~ **cardiaco** 強心剤《薬》.
── 囡 **1**《音楽》主音. **2** 風潮, 傾向, 動向. la *tónica general* 一般的風潮. la *tónica* de la Bolsa 株式市況. **3** 《清涼飲料水の》トニック (= **agua** *tónica*). ginebra con *tónica* ジントニック.

to‧ni‧fi‧ca‧ción [to.ni.fi.ka.θjón / -.sjón] 囡 強壮にすること; 元気づけること.

to‧ni‧fi‧ca‧dor, do‧ra [to.ni.fi.ka.đór, -.đó.ra] 形 → tonificante.

to‧ni‧fi‧can‧te [to.ni.fi.kán.te] 形 強壮にする, 元気づける, 活力を与える.

to‧ni‧fi‧car [to.ni.fi.kár] 102 他《体の器官・神経組織》に活力を与える, 強壮[強健]にする; 元気を取り戻させる. ── **~se** 再 元気を取り戻す.

to‧ni‧llo [to.ní.jo ‖ -.ʎo.-] 男 **1**《単調な》口調, 一本調子. Esa señora tiene un ~ insoportable. その女性はひどく単調な話し方をする. **2** なまり; 話しぐせ. **3** 皮肉な[見下した]口ぶり, 思わせぶりな言い方. [tono + 縮小辞]

to‧ni‧na [to.ní.na] 囡《魚》マグロ;《動》イルカ.

Ton‧kín [toŋ.kín] 固名 トンキン: ベトナム北部の地方;ベトナム北部の古称. **Golfo de ~** トンキン湾.

※※ **to‧no** [tó.no] 男 **1**《声の》調子; 口調, 語気. bajar el ~ を声をひそめる; 語気を和らげる. cambiar [mudar] de ~ 口調を変える. en ~ airado [irritado] 怒った[いらいらした]口調で. hablar en un ~ suave [duro] 穏やかな[厳しい]口調で話す. subir el ~ 語気を荒げる; 音量をあげる. El ~ de su voz indicaba lo contenta que estaba. 彼女はその口ぶりから, いかにも満足そうだった.

2 音質, トーン; 音量; ピッチ;《音声》声調. ~ **alto** [**bajo**] 高い[低い]音調. ~ **fundamental** 原音, 基音. **acento de ~** ピッチアクセント.

3 《文章・会話などの》調子, スタイル. el ~ de una carta 手紙の調子. ~ **frívolo** 軽薄な文体; 中身のない話. **dar un** ~ **de ...** の様相を与える.

4 色合い, 濃淡;《比喩的》色彩. un ~ **caliente** 暖色. un ~ **neutro** 中間的な色合い. un ~ **político** 政治的な色合い. un traje de un ~ **azul muy oscuro** 濃紺のスーツ.

5 《音楽》 (1) 全音; 音階; 調. ~ **entero** 全音. ~ **semitono** 半音. ~ **mayor** [**menor**] 長調[短調]. ~ **de do menor** ハ短調. (2) 音叉(おんさ). (3) 《トロンボーンの》U字形滑奏音. **6** 傾向; 活力. ~ **del mercado** 市況. **7**《家族などの》社会的地位, 階級; 気品, 風格. una familia de ~ 社会的地位の高い家庭. **de buen** [**mal**] ~ 上品[下品]な. **8** 《電話などの》通信音. **activar el** ~ 活力, 勢力. **perder** ~ 元気をなくす. **10**《医》《筋肉の》正常な緊張状態.

a este tono このようにして.
a tono con... ...と調和して, ...にふさわしい. Paga un alquiler que no está *a* ~ *con* sus ingresos. 彼[彼女]は収入に不釣り合いな家賃を払っている.
dar el tono 必要条件を与える.
darse tono《話》威張る, 偉そうにする, うぬぼれる.
decir en todos los tonos 再三再四言う.
estar a tono 釣り合いがとれている; ご機嫌である.
estar subido de tono 下品である.
fuera de tono ふさわしくない, 場違いの.
no venir a tono ふさわしくない, 場違いである.
ponerse a tono 《周囲と》釣り合いをとる, 調子を合わせる; ご機嫌になる.
salida de tono 不用意な[不作法な]言動, 突拍子もないこと.
sin venir a tono 不用意に, だしぬけに.
subir(se) de tono 声を荒らげる; 成り上がる, 傲慢(ごうまん)になる.

[← [ラ] *tonum* (*tonus* の対格) 「緊張; 音調」 ← [ギ] *tónos* 「弦の張り」 が原義] 《関連》tónico, átono, monótono, entonación, sintonizar. 《英》tone. 《日》トーン.

Ton‧quín [toŋ.kín] 固名 → Tonkín.

ton‧si‧la [ton.sí.la] 囡《解剖》扁桃腺(せん).

ton‧si‧lar [ton.si.lár] 形《解剖》扁桃腺(せん)の.

ton‧si‧lec‧to‧mí‧a [ton.si.lek.to.mí.a] 囡《医》扁桃(へんとう)摘出(術).

ton‧si‧li‧tis [ton.si.lí.tis] 囡《単複同形》《医》扁桃(へんとう)炎.

ton‧su‧ra [ton.sú.ra] 囡《カト》《聖職者の頭頂部を丸く剃(そ)る》剃髪(ていはつ); 剃髪式 (= **prima** ~). ♦1972年教皇Paulo 6世によって廃止された.

ton‧su‧ra‧do [ton.su.rá.đo] 形《男性形のみ》剃髪(ていはつ)した, 剃髪式を受けた.
── 男 剃髪式を受けた人; 聖職者.

ton‧su‧rar [ton.su.rár] 他 **1**《カト》《聖職者の》頭頂部を丸く剃(そ)る; 剃髪式を行う → tonsura. **2**《髪を》短く刈る. **3**《羊の毛などを》刈り込む.

ton‧ta [tón.ta] 形 囡 → tonto.

ton‧ta‧da [ton.tá.đa] 囡 → tontería.

ton‧tai‧na [ton.tái.na] 形《話》ばかな, おもしろくない, まぬけな.
── 男 囡《話》ばか, おもしろくない人, まぬけ.

ton‧ta‧men‧te [tón.ta.mén.te] 副 愚かに, ばかなことに, ついうっかりと.

ton‧ta‧rrón, rro‧na [ton.ta.r̃ón, -.r̃ó.na] 形 男 囡 → tontorrón.

ton‧te‧ar [ton.te.ár] 自 **1** ふざける, ばかなことを言う[する].
2 言い寄る, ちょっかいを出す; いちゃつく.

ton‧te‧dad [ton.te.đáđ] 囡 → tontería.

ton‧te‧o [ton.té.o] 男 **1** ばかなこと; 愚行.
2 いちゃつき, 遊びの恋愛.

ton‧te‧ra [ton.té.ra] 囡《話》→ tontería.

†**ton‧te‧rí‧a** [ton.te.rí.a] 囡 **1** 愚かさ, ばかげたこと[言動], 愚行. Estoy harto de tus ~s. 君のばかさかげんにはうんざりするよ. Pero, ¡qué ~s estás haciendo? 一体君は何をやってるんだ. **2** ささいなこと[もの], つまらないこと[もの]. Esta bolsa cuesta una ~. このバッグはただ同然の値段だ. **3** 気取り, 上品ぶった言動. **4** めんどうな[わずらわしい]要求. **5** おべっか, へつらい.

ton‧ti‧llo [ton.tí.jo ‖ -.ʎo.-] 男《服飾》ファージンゲール: 16–17世紀の婦人服のすそを広げたスカート.

ton‧ti‧llo, lla [ton.tí.jo, -.ʎa ‖ -.ʎo, -.ʎa.-] 形《親愛》お人よしの, おばあさんの. ── 男 囡《親愛》お人よし, おばあさん. [tonto + 縮小辞]

ton‧ti‧lo‧co, ca [ton.ti.ló.ko, -.ka] 形《話》頭のおかしい. ── 男 囡《話》頭のおかしい人.

ton‧ti‧na [ton.tí.na] 囡 トンチン氏年金法: 出資者のひとりが死亡するごとに, その年金を受け取る権利が残りの出資者に移る年金方式 (1653年創始). [イタリアの銀行家 Lorenzo Tonti の名にちなむ]

ton‧ti‧to [ton.tí.to] 男《ラ米》《鳥》ヨーロッパヨ

タカ (= chotacabras).

ton・ti・va・no, na [ton.ti.bá.no, -.na] 形 利口ぶった, 見栄っ張りの.
— 男 女 利口ぶった人, うぬぼれ屋, 見栄っ張り.

***ton・to, ta** [tón.to, -.ta] 形 **1**《名詞+》《ser+ / estar+》ばかな, 愚かな, まぬけな (↔ listo). nuestro hijo ～ うちのばか息子. Yo soy tan ～ que me lo creía. 愚かなことに私は [それ] を信じ込んでいた. *Estás tonta*, hija. Concéntrate. ぼうっとしないで集中しなさい. Es lo bastante ～ para creerlo. それを信じるなんてやつはばかだ.
2《+名詞 / 名詞+》ばかげた, 軽率な. una idea *tonta* 浅はかな考え. ¡Pregunta *tonta*! ばかげた質問だな.
3《ser+》お人よしの; ぼやぼやした. Fue tan ～ que se dejó engañar por tu amabilidad. 彼はたいへんお人よしなので, 君の優しさにだまされてしまった.
4《ser+》感傷的な, 涙もろい. Es muy *tonta* y llora con facilidad. 彼女はとても涙もろくてすぐに泣く.
5《ser+ / estar+》わずらわしい, やっかいな; 〈子供が〉聞き分けのない, むずがる. Venga, no seas *tonta*, que eso no es nada. さあ, 聞き分けのないこと言っていないで. なんでもないんだから.
6《名詞+》無駄な, 無意味な. un gasto ～ 無駄な出費. Hoy tengo el día ～. 今日は何もする気がしない [何もすることがない].
7《estar+》びっくりした, 唖然(ぁぜん)とした. Se quedó *tonta* al oírlo. それを聞いて彼女は腰を抜かした.
8《ser+》うぬぼれた, 思い上がった, 横柄な.
— 男 女 **1** ばか者, 愚か者; 感傷的な人. Cuando vi a mi niño, lloré como una *tonta*. わが子を見ると, 私はついに泣いてしまった. **2**《軽蔑》知的障害者.
— 男 **1** 道化師. **2**《ラ米》(1)(ｺﾛﾝ)(ﾍﾞﾈｽﾞ)(ﾒｷｼｺ)【遊】(トランプ) ばば抜き. (2)(ｷｭｰﾊﾞ)(先端に鉄球の付いた) 投げ縄. (3)(ﾎﾟﾘﾋﾞｱ)(ﾒｷｼｺ)(ﾍﾟﾙｰ)強盗が使う短い金てこ.
a lo tonto (, *a lo tonto*)《話》無意識に, それと知らずに. A lo ～, a lo ～ llevamos ya un rato hablando. 私たちはいつの間にか話し込んでいた.
a tontas y a locas《話》でたらめに, むちゃくちゃに.
dejar tonto +人〈人〉を驚かす.
hacer el tonto《話》ばかなまねをする, ばかなことを言う; 無為に過ごす.
hacerse el tonto《話》気がつかない [知らない, 聞こえない] ふりをする (= hacerse el sueco). No te hagas la tonta, que lo conoces. しらばくれるのはやめなさい, 彼を知っているはずだ.
mano tonta 勝手に動く手. Ten cuidado. Tiene la *mano tonta* cuando está con una chica. 注意して. 彼は女の子といると手が動くから.
ponerse tonto (1) 横柄になる, 態度が大きくなる. (2)〈子供が〉むずがる.
risa tonta 思わず出る笑い. Sólo al oírlo me dio la *risa tonta*. それを聞いただけで, 私は思わず吹き出した.
ser tonto del culo [*bote, haba*]《話》どうしようもないほどである.

ton・tón, to・na [ton.tón, -.tó.na] 形《親愛》大ばかな. [tonto+増大辞]

ton・to・rrón, rro・na [ton.to.r̄ón, -.r̄ó.na] 形《話》《親愛》大ばかの.
— 男 女《話》《親愛》まぬけ; おばかさん. [tonto+増大辞]

ton・tu・cio, cia [ton.tú.θjo, -.θja / -.sjo, -.sja] 形《軽蔑》大ばかな, とんまな.

ton・tue・lo, la [ton.twé.lo, -.la] 形 男 女 → tontillo.

ton・tu・na [ton.tú.na] 女 → tontería.

ton・tu・ne・co, ca [ton.tu.né.ko, -.ka]《ラ米》(ﾆｶ)《話》ばかな, 愚かな.

ton・tu・ra [ton.tú.ra] 女 → tontuna.

to・nu・do, da [to.nú.ðo, -.ða] 形《ラ米》(ｱﾙｾﾞﾝ)《話》きらびやかな, あでやかな.

to・ny [tó.ni] 男《ラ米》(ﾒｷｼｺ)(ﾁﾘ)(ｺﾛﾝ)(ﾍﾟﾙｰ) ピエロ, 道化師.

to・ña [to.ña] 女 **1**【遊】棒打ち遊び (とがった棒切れを長い棒で遠くへ飛ばす遊び); 棒打ち遊びの棒.
2《スペイン》《話》殴打, げんこつ [棒] で殴ること.
3《スペイン》《話》酔い. **4** 鼻.

To・ñe・te [to.ñé.te] 固名 トニェーテ: Antonio の愛称.

To・ño [tó.ño] 固名 トニョ: Antonio の愛称.

top [tóp] 男 女《複 ～s, ～》トップモデル (= top model).
— 男 **1**【服飾】タンクトップ. **2** 首位, 上位.

¡top! [tóp] 間投 (船を止めるときの合図で) 止まれ. [← [英] stop]

to・pa・cio [to.pá.θjo / -.sjo] 男【鉱】トパーズ, 黄玉. ～ ahumado 黄水晶などの擬黄玉. ～ oriental インド黄玉. falso ～ 擬黄玉.

to・pa・da [to.pá.ða] 女 頭突き, 頭 [角] で突くこと.

to・pa・do・ra [to.pa.ðó.ra]《ラ米》ブルドーザ.

***to・par** [to.pár] 他 **1** …に突き当たる, ぶつかる.
2 …に出くわす, 偶然に出会う [見つける].
3《動物》…を角で突く. **4**【海】〈檣頭(しょうとう)〉をつなぎ合わせる. **5**《ラ米》(1) 闘鶏を (訓練で) 戦わせる. (2)(ｷｭｰﾊﾞ)(ﾒｷｼｺ)(ﾆｶ)《話》〈金を〉賭(ｶ)ける.
— 自 **1**《con...》〈…に〉出くわす, 〈…を〉偶然見つける; 《contra... / en...》…にぶつかる. Le topé con una dificultad 困難に直面する. La dificultad *topa* en esto. 問題はここにある. **2** 角で突く. **3** うまくいく. Lo dije a ver si *topaba*. うまくいくといいのでそれを言ったのです. **4** 賭に応じる, 賭をする.
5《ラ米》(ﾒｷｼｺ)《話》けんかする, 殴り合う.
— ～**se** 再 **1**《con...》…に衝突する; 出くわす, 偶然に出会う [見つける]. ～ *se con* una amiga 友達にばったり出会う. **2** 角で突き合う.

tope donde toparé 出任せに, 行き当たりばったりに.

to・pe¹ [tó.pe] 男 **1** 衝突; 頭突き, 角の突き合い. **2** 制動《固定》するもの, 制動装置; 止め 《具》. ～ de puerta ドア押さえ. ～ de retención 止め 《具》, 車止め. **3** 出っぱり; (車両などの) 緩衝器 《装置》, バンパー. **4** 障害, 障壁. Ahí está el ～. そこが問題だ. **5** けんか, 口論. **6**《ラ米》模擬闘鶏; 闘鶏をけしかけること.

to・pe² [tó.pe] 男 **1** 先端. a(1) ～ 先端を突き合わせて. de ～ a ～ 端から端まで. hasta el ～ へり [縁] まで. **2** 限界, 極限, 最高 (値). precio ～ 最高値. fecha ～ 締切日. rebasar el ～ 限界を越える. repostar [llenar] a ～ 満タンにする. poner ～ a sus ambiciones 〈人〉の野望を阻む. **3**【海】(トップマストの) 檣頭(しょうとう); 檣楼員. **4**《ラ米》(ｷｭｰﾊﾞ)(ﾆｶ)(ﾍﾟﾙｰ) 頂上, 山頂.

a(l) tope《話》最大限に; ぎゅうぎゅう詰めで. trabajar a ～ 精一杯働く. El autobús iba a ～. バスはぎゅうぎゅう詰めだった.

hasta el tope [*los topes*] 限界まで;《話》ぎゅうぎゅう詰めで.

to·pe·ra [to.pé.ra] 囡 モグラの穴[巣].
to·pe·rol [to.pe.ról] 男 《ラ米》(1) 《ﾁﾘ》(運動靴の)スパイク. (2) 《ｸﾞｱﾃ》鋲(ﾋﾞｮｳ).
to·pe·ta·da [to.pe.tá.ða] 囡 → topetazo.
to·pe·tar [to.pe.tár] 他 角で突く. ― 自 《contra...》(…に)角で突く, (…に)頭突きをする;(…に)ぶつかる. ― **~·se** 再 角で突き合う.
to·pe·ta·zo [to.pe.tá.θo / -.so] 男 角の突き合い, 頭突き; 衝突. darse un ~ ぶつかり合う.
to·pe·te·ar [to.pe.te.ár] 他 《ラ米》《ｸﾞｱﾃ》→ topetar.
to·pe·tón [to.pe.tón] 男 → topetazo.
to·pi·ca·li·za·ción [to.pi.ka.li.θa.θjón / -.sa.sjón] 囡 《言》話題化.
***tó·pi·co, ca** [tó.pi.ko, -.ka] 形 **1** 平凡な, ありふれた. **2** 《医》局所の, 局部的な; 外用の.
― 男 **1** 決まり文句, 常套(ｼﾞｮｳﾄｳ)句. **2** 《医》外用薬, 局所剤. **3** 《言》話題;主題, テーマ.
to·pi·llo [to.pí.jo ǁ -.ʎo] 男 **1** 《動》チチュウカイマツネズミ. **2** 《ｺﾛ》《話》いんちき, ぺてん.
to·pi·na·da [to.pi.ná.ða] 囡 へま[どじ](な行動).
to·pi·nam·bur [to.pi.nam.búr] 男 《植》キクイモ: 北米原産(= aguaturma).
to·pi·na·ria [to.pi.ná.ria] 囡 《医》頭皮の良性腫瘍(ｼｭﾖｳ).
to·pi·ne·ra [to.pi.né.ra] 囡 モグラの穴[巣].
to·pi·no, na [to.pí.no, -.na] 形 〈馬が〉ひづめの先で歩く.
to·pi·que·ro, ra [to.pi.ké.ro, -.ra] 形 《話》《軽蔑》陳腐な話題ばかりの.

topinambur (キクイモ)

top·less / top-less [tó.ples] 《英》男 《単複同形》トップレス, トップレスバー.
to·po [tó.po] 男 **1** 《動》モグラ. **2** 《話》目のほとんど見えない人. **3** 《話》鈍い人, まぬけ. **4** 《話》(組織内の)スパイ. **5** 《史》《スペイン》内戦後スペインに隠れ住んでいた共和派. **6** (布地の) 水玉模様. **7** 《ラ米》(1) 《ﾎﾞﾘ》(マント・ポンチョを留める) 大形の留めピン. (2) 《ｸﾞｱﾃ》《複数で》小さなイヤリング.
― 形 **1** へま[まぬけ]な. **2** 目がほとんど見えない. *ver menos que un topo* ものごとに暗い; ほとんど目が見えない.
topo- 「場所」の意を表す造語要素. 母音の前でtop-. ⇒ *tópico, topo*nimia. [←ｷﾞ]
to·po·cho, cha [to.pó.tʃo, -.tʃa] 形 《ラ米》《ﾍﾞﾈｽﾞ》《話》(1) まるまる太った. (2) たらふく食べた.
to·po·gra·fí·a [to.po.gra.fí.a] 囡 地形学; 地形測量; 地勢; 地形図.
to·po·grá·fi·co, ca [to.po.grá.fi.ko, -.ka] 形 地形学的な; 地形上の. levantamiento ~ 地形隆起. mapa ~ 地勢図.
to·pó·gra·fo, fa [to.pó.gra.fo, -.fa] 男 囡 地形学者; 地形測量士.
to·po·lo·gí·a [to.po.lo.xí.a] 囡 《数》位相幾何学, トポロジー;位相.
to·po·me·trí·a [to.po.me.trí.a] 囡 地形測量(学).
to·pón [to.pón] 男 《ラ米》《話》衝突, 鉢合わせ.
to·po·ni·mia [to.po.ní.mja] 囡 **1** 地名学, 地名研究. **2** 《集合的》(ある地域・国の)地名.
to·po·ní·mi·co, ca [to.po.ní.mi.ko, -.ka] 形 地名学の; 地名の.
to·pó·ni·mo [to.pó.ni.mo] 男 地名.
to·po·so, sa [to.pó.so, -.sa] 形 《ラ米》《ｸﾞｱﾃ》《話》お節介な, しゃばりの; 知ったかぶりの.

***to·que** [tó.ke] 男 **1** 触れること, 接触. ~ de varita mágica 魔法の杖(ﾂｴ)の一触り. dar unos ~s en la garganta のどに薬を塗布する.
2 加筆, 手直し, 仕上げ. dar el último ~ a… …に仕上げの筆を加える. darse un ~ 化粧直しする.
3 (絵などの) 筆遣い; タッチ. ~ fino 洗練されたタッチ. ~ de luz 《美》ハイライト.
4 要点, 核心, 微妙な点. Ahí está el ~. そこが肝心な点だ.
5 (楽器・鐘などの) 音, 響き. ~ de difuntos 弔いの鐘. ~ de oración アンジェラスの鐘. Al ~ de las doce, Cenicienta marchó precipitadamente a su casa. 鐘が12時を打つと, シンデレラは急いで家に帰った. (2) 合図, 警戒;《軍》合図のラッパ. dar el ~ de alarma 警鐘を鳴らす. ~ de atención 警告. ~ de diana 《軍》起床らっぱ.
6 試金. piedra de ~ 試金石.
7 《スポ》球技い, キック(= ~ de balón);(フェンシング) 突き. **8** 《ﾁﾘ》《ﾗﾌﾟ》順番, 番. (2) 《俗》(マリファナ)タバコの一服.
a toque de campana 時間に正確に.
dar los primeros toques 始める, 手をつける.
dar un toque a +人 〈人に〉警告する, 知らせる;〈人に〉探りを入れる, 打診する.
toque de queda (1) 夜間外出禁止令. (2) 晩鐘. (3) 《軍》帰営らっぱ, 消灯らっぱ.
toque(-) / toqué(-) [活] → tocar.
to·que·ro, ra [to.ké.ro, -.ra] 男 囡 ずきん職人[売り].
to·que·te·ar [to.ke.te.ár] 他 《話》いじくる, もてあそぶ;〈楽器を〉いじくる. **2** 〈人を〉なで回す; 愛撫(ｱｲﾌﾞ)する.
to·que·te·o [to.ke.té.o] 男 《話》いじくること, もてあそぶこと; なで回すこと; 愛撫(ｱｲﾌﾞ).
to·que·tón, na [to.ke.tón, -.tó.na] 形 《ラ米》《ｸﾞｱﾃ》《話》手の届くものは何でも触りたがる.
to·qui [tó.ki] 男 《ラ米》《ﾁﾘ》《史》アラウカノの族長; (族長・権力者を象徴する)石斧(ﾖﾉ).
to·qui·do [to.kí.ðo] 男 《ラ米》《ﾒﾋｺ》《ｸﾞｱﾃ》触れること.
to·qui·lla [to.kí.ja ǁ -.ʎa] 囡 **1** (毛糸で編んだ) 肩掛け, ショール. **2** (主に三角形の) ネッカチーフ, スカーフ. **3** (男物の帽子に飾る) 薄手の布, リボン. **4** 《ラ米》《ﾒﾋｺ》《ﾊﾟﾅﾏ》《植》パナマソウ; その繊維; ヤシの繊維で編んだ帽子.
-tor, -tora 接尾 「…する, …する人[もの]」の意を表す名詞, 形容詞語尾. ⇒ *compositor, destructor, escritor*.
to·ra [tó.ra] 囡 **1** 《宗》トーラー, 律法: ユダヤ教におけるモーセ五書. → Pentateuco. **2** ユダヤ人税.
to·rá·ci·co, ca [to.rá.θi.ko, -.ka / -.si.-] 形 《解剖》胸部の, 胸郭の. caja [cavidad] *torácica* 胸腔(ｷｮｳｸｳ).
to·ra·da [to.rá.ða] 囡 雄牛の群れ.
to·ral [to.rál] 形 主要な;頑丈な. arco ~ 《建》(交差部を形成する) 4本のアーチの各々.
― 男 (銅鋳造用の)型; 銅槌.
tó·rax [tó.raks] 男 《単複同形》《解剖》胸, 胸郭;胸腔(ｷｮｳｸｳ).
tor·be·lli·no [tor.be.jí.no ǁ -.ʎí.-] 男 **1** つむじ風, 旋風. **2** (ものごとの)めまぐるしい動き;混乱, 喧噪(ｹﾝｿｳ). **3** 騒々しい[落ち着きのない]人.
tor·ca [tór.ka] 囡 《地質》ドリーネ: 石灰岩地帯にできるすり鉢状の陥没地.
tor·caz [tor.káθ / -.kás] 形 《複 torcaces》《鳥》モ

リバトの. ━━ 囡 〖鳥〗 モリバト (= paloma ～).
tor・ca・zo, za [tor.ká.θo, -.θa / -.so, -.sa] 形 〖鳥〗 → torcaz.
tor・ce [tór.θe / -.se] 男 首飾りの1連.
tor・ce・cue・llo [tor.θe.kwé.jo ‖ -.ʎo / -.se.-] 男 〖鳥〗 アリスイ：キツツキ科 ▶複数形で1羽を表すことがある.
tor・ce・de・ro, ra [tor.θe.ðé.ro, -.ra / -.se.-] 形 ねじれた，ねじれた. ━━ 男 よじるための道具.
tor・ce・dor, do・ra [tor.θe.ðór, -.ðó.ra / -.se.-] 形 よじる，ねじる.
━━ 男 1 つむ，紡錘. 2 苦痛, 苦悩の種. 3 安ワイン (= torcedura). 4 囡 鉄線をより合わせる機械. ━━ 男囡 《ラ米》《茎》タバコをよる人, 葉巻職人.
tor・ce・du・ra [tor.θe.ðú.ra / -.se.-] 囡 1 ねじり，ねじれ, よじれ. 2 《医》捻挫. 3 足首の捻挫. 4 安ワイン：ブドウの搾りかすに水を足して作られる酒 (= aguapié).
:**tor・cer** [tor.θér / -.sér] 24 他 1 ねじる, ひねる, 〈表情を〉ゆがませる. ～ la cabeza [el cuello] para ver atrás 後ろを見るために首を回す. ～ un hilo antes de enhebrar la aguja 糸の穴に通すために糸の先をよる. ～ la ropa 服を絞る. ～ el gesto 顔をしかめる. ～ los ojos 目玉を違う方向に向ける; 斜視をする. Le *torció* el brazo al atacante. 私は暴漢の腕をねじり上げた.
2 曲げる, たわませる. ～ el alambre 針金をねじ曲げる. La tormenta *torció* las ramas del árbol. あらしで木の枝がねじれた [折れた].
3 …の向きを変える, そらせる; 〈人の〉意見を変えさせる. ～ la voluntad 志をくじく. ～ el rumbo de la historia 歴史の流れを変える. ～ una esquina 角を曲がる. Nadie me va a ～ en esto. これについては誰が何と言っても私は考えを変えない.
4 〈人を〉正しい道からはずさせる, 堕落させる. A mi hijo le *han torcido* sus malas compañías. 息子は悪友たちのせいで道を踏み外した. **5** 〈言葉などを〉曲解 [誤解] する, 歪曲(ねきく)する. Los periodistas siempre *tuercen* lo que digo. 新聞記者はいつも私の発言をゆがめて伝える. **6** 〈葉巻などを〉作る.
━━ 自 〈人・乗り物が〉曲がる; 〈道が〉方向を変える. Y después *tuerce* a la derecha. それから右に曲がってくれ.
━～・se 再 **1** 〈足などを〉ひねる, 捻挫(ねんざ)する. ～*se* el tobillo 足首をくじく.
2 〈事業・計画などが〉挫折(ざせつ)する, だめになる; 〈ワイン・牛乳などが〉変質する. Se me *torció* el negocio de café. 私はコーヒーの商売に失敗した.
3 曲がる, ねじれる. Su rostro *se torcía* de dolor. 彼[彼女]の顔はゆがんでいた. Se te *tuerce* el sombrero. 帽子が曲がっているよ.
4 〈人が〉堕落する, 道を外れる. Empezó a ～*se* a los quince años. 彼[彼女]は15歳で悪い道に踏み込んだ. **5** 〈人が〉意見[態度]を変える. No *nos torceremos* por nada. 私たちは何があっても変節しない.
[←《俗》*torcere←［ラ］*torquēre*. 【関連】 tuerto, tortuoso, torsión, tortura, tormenta. [英] *distort* 「ゆがめる」, *torture* 「拷問」]
tor・ci・da [tor.θí.ða / -.sí.-] 囡 1 灯心, ろうそくの芯(しん). 2 《ラ米》(サッカーの) 熱狂的なサポーター.
tor・ci・da・men・te [tor.θí.ða.mén.te / -.sí.-] 副 曲がって, ゆがんで; 不正に, よこしまに.
tor・ci・di・llo [tor.θi.ðí.jo ‖ -.ʎo / -.si.-] 男 強いより絹糸.
tor・ci・do, da [tor.θí.ðo, -.ða / -.sí.-] 形 **1** (=es-

tar+) 曲がった, ねじれた; ゆがんだ. Llevas la corbata *torcida*. ネクタイが曲がっているよ.
2 〈人が〉ひねくれた. **3** 《ラ米》(1) (ξξν) 《俗》麻薬を服用している. (2) (ξξν)(ﾎ)(ﾎｶ)(ｼ)(ﾆ) 《話》不運な. ━━ 男 強いより絹糸.
tor・ci・jón [tor.θi.xón / -.si.-] 男 **1** 《まれ》(一時的な突然の)ねじれ, よじれ. **2** 《医》腹痛. **3** 《獣医》疝痛(せんつう).
tor・ci・mien・to [tor.θi.mjén.to / -.si.-] 男 **1** ねじれ, よじれ, ひねり. **2** 《医》捻挫; 筋違い.
tór・cu・lo [tór.ku.lo] 男 プレス機械; 刻印機.
Tor・de・si・llas [tor.ðe.sí.jas ‖ -.ʎas] 固名 トルデシリャス：スペイン Valladolid の都市.
tratado de Tordesillas トルデシリャス条約. ◆Cabo Verde 諸島の西370 leguas の地点に分界線を引き, その東側をポルトガルの, 西側をスペインの独占航海域として分け合った両国間の1494年の条約.
tór・di・ga [tór.ði.ga] 囡 革ひも; 皮帯.
tor・di・llo, lla [tor.ðí.jo, -.ja ‖ -.ʎo, -.ʎa] 形 〈馬が〉葦毛(あしげ)の, 白と黒がまじった.
tor・do, da [tór.ðo, -.ða] 形 〈馬が〉葦毛(あしげ)の, 白と黒がまじった. ━━ 男 〖鳥〗 葦毛 (の馬). ━━ 男 〖鳥〗 (1) ツグミ (= zorzal). (2) 《ラ米》 ムクドリ (= estornino). (3) 《ラ米》コウウチョウ.
to・re・a・dor [to.re.a.ðór] 男 闘牛士. ▶普通は torero, lidiador を用いる.
to・re・ar [to.re.ár] 他 **1** 〖闘牛〗 闘牛をする (= lidiar). llevar el toro *toreado* 牛を巧みにあしらう. **2** 避ける, かわす, うまくしのぐ (= eludir, esquivar). **3** 《話》〈人を〉あしらう; だます. **4** 《話》〈人を〉からかう; 侮る. No se deja ～ por nadie. 彼[彼女]はばかにされるのが大嫌いだ. **5** 《話》《ラ米》(1) 〈人を〉挑発する; けしかける. (2) (ξξν)(ﾎ)(ﾎｶ) 《話》〈犬が〉激しくほえかかる.
━━ 自 **1** 〖闘牛〗 闘牛をする. Romero *toreaba* mejor que nadie. ロメロの闘牛の技は誰よりもぬきんでていた. ¡Qué bien *ha toreado* hoy! 今日の彼[彼女]の闘いぶりは見事だった. **2** 〈牛が〉交尾する. **3** 《ラ米》(ﾎｶ)(ﾎｻ) 激しくほえる.
to・re・o [to.ré.o] 男 **1** 〖闘牛〗 闘牛; 闘牛術 (= lidia). **2** 《話》からかい, 冷やかし, 愚弄(ぐろう). ¡Se acabó el ～! 冷やかしはもういいよ. **3** 《ラ米》(ξξν) 酒の密造所.
toreo de salón 牛なしで行う闘牛の練習.
to・re・ra [to.ré.ra] 囡 **1** 《服飾》ボレロ (= chaquetilla). **2** 闘牛士用の短いジャケット.
saltarse... a la torera 《話》 …を無視する.
to・re・rí・a [to.re.rí.a] 囡 **1** 闘牛士の勇ましさ (↔ cobardía). **2** 闘牛士たち; 闘牛界. **3** 《ラ米》(1) (ξξν)(ﾎ) 《話》いたずら, わるさ. (2) (ξξν) ばか騒ぎ.
:**to・re・ro, ra** [to.ré.ro, -.ra] 形 闘牛の; 闘牛士 (気質)の. tener sangre *torera* 非常に気性が激しい. mujer *torera* 女性闘牛士.
━━ 男囡 闘牛士 (主に matador).
to・rés [to.rés] 男 《建》大玉縁, トーラス.
to・re・sa・no, na [to.re.sá.no, -.na] 形 (スペイン Zamora 県の) トーロ Toro の.
━━ 男囡 トーロの住民 (出身者).
to・re・te [to.ré.te] 男 **1** 小柄な闘牛, 闘志のない闘牛. **2** 強い男の子; 乱暴な男の子. **3** 難題, 難問. **4** 《古》古くさい話題. [toro + 縮小辞]
tor・ga [tór.ga] 囡 (動物用の) くびき.
to・ril [to.ríl] 男 〖闘牛〗 (出場前の) 牛の囲い場.
to・ri・llo [to.rí.jo ‖ -.ʎo] 男 **1** (接合用の) 合い釘(くぎ), だぼ, ジベル. **2** 《建》大玉縁, トーラス. **3** 《魚》

イソギンポ.
to.rio [tó.rjo] 男 【化】トリウム (記号 Th).
-torio 《接尾》「場所」の意を表す男性名詞語尾. → consul*torio*, dormi*torio*, refec*torio*.
-torio, ria 《接尾》「…できる, …する」の意を表す形容詞語尾. → inflama*torio*, proba*torio*, transi*torio*.
to.rion.do, da [to.rjón.do, -.da] 形〈牛が〉さかりのついた, 発情期の.
to.ris.ta [to.rís.ta] 形 闘牛士よりも闘牛に肩入れする.
to.ri.to [to.rí.to] 男 toro + 縮小辞.
tor.lo.ro.to [to.lo.ró.to] 男 【音楽】(牧童用の)笛.
tor.ma.gal [tor.ma.gál] 男 岩だらけの土地.
tor.me.lle.ra [tor.me.jé.ra] 女 [-.ʎé.-] 女 →tormagal.
***tor.men.ta** [tor.mén.ta] 女 **1** あらし, 暴風雨, 激しい雨[雪, 雷, あられ]; しけ. la calma antes de la ~ あらしの前の静けさ. de nieve 吹雪(ふぶき). Fuera arrecia la ~. 外ではあらしがひどく吹いている. **2**《比喩的》激しく[突然]沸きあがるもの[こと, 感情]; 騒動, 言い争い. una ~ de pasiones 激情. **3**《比喩的》つらい時期; 波乱.
[← 〔ラ〕 *tormenta*「苦痛; 拷問」(*tormentum* の複数形); 【関連】 torcer. 〔英〕 *torment*〕
tor.men.ta.rio, ria [tor.men.tá.rjo, -.rja] 形 兵器類の. — 女 兵器類; 兵器の使用.
tor.men.ti.la [tor.men.tí.la] 女 【植】トーメンティル: バラ科キジムシロ属の草.
tor.men.tín [tor.men.tín] 男 【海】(船首三角帆用の)斜檣(しゃしょう), 帆柱.
***tor.men.to** [tor.mén.to] 男 **1** 拷問, 責め苦 (= tortura). cámara de ~s 拷問室. dar ~ 拷問する. **2**《話》苦しみ, 苦悩, 苦痛. un ~ físico 肉体の痛み (= dolor). **3** 苦悩[苦痛]のもと; 悩みの種. Este niño es un ~. この子は頭痛の種だ. Este calor es un ~. この暑さには耐えられない. **4**(砲弾などの)発射機, 弩砲(どほう).
tor.men.to.so, sa [tor.men.tó.so, -.sa] 形 **1** あらしの, 時化(しけ)の, 荒れ模様の.
2 あらしのような, 激しい, 激烈な.
tor.me.ra [tor.mé.ra] 女 →tormagal.
tor.mo [tór.mo] 男 **1**(土などの)塊 (= terrón). un ~ de azúcar 角砂糖. **2**(ごつごつした)岩山.
tor.na [tór.na] 女 **1** 帰ること, 帰還.
2(用水路の)堰(せき), 仕切り.
volver (*se*) [*cambiar*] *las tornas*《話》形勢[局面]が一変する.
tor.na.bo.da [tor.na.bó.ða] 女 結婚式の翌日(の祝宴).
tor.na.chi.le [tor.na.tʃí.le] 男《ラ米》(メキシコ)《話》大型のチリトウガラシの一種. → chile.
tor.na.da [tor.ná.ða] 女 **1** 帰ること, 帰還, 帰途; 再び行くこと. **2**(結句ふうに古体詩の末尾に置く)跋句(ばっく). **3**【獣医】(羊の)回転病.
tor.na.de.ra [tor.na.ðé.ra] 女 (刈り広げた麦などを返す)二股(ふたまた)フォーク.
tor.na.di.zo, za [tor.na.ðí.θo, -.θa / -.so, -.sa] 形〈天候・考え・信条などが〉変わりやすい, 堅固でない, 気まぐれな.
tor.na.do [tor.ná.ðo] 男 トルネード: 特にアフリカ西部や米国ミシシッピ川流域の竜巻.
tor.na.du.ra [tor.na.ðú.ra] 女 **1** 返すこと, 戻すこと; 帰ること, 再び行くこと.
2 農地の測量単位: 2.7メートル.

tor.na.guí.a [tor.na.ɣí.a] 女 受取証, 受領証.
tor.na.le.cho [tor.na.lé.tʃo] 男 ベッドの天蓋(てんがい).
tor.na.me.sa [tor.na.mé.sa] 女《ラ米》レコードプレーヤー, そのターンテーブル.
tor.na.mien.to [tor.na.mjén.to] 男 変化, 変更.
tor.na.pun.ta [tor.na.pún.ta] 女 【建】(1) 支柱, つっかえ棒, 突っ張り. (2) 筋かい方杖(ほうづえ): T字形に組んだ材木に斜めに入れる補強材.
***tor.nar** [tor.nár] 自 《文章語》 **1** 〈a...〉〈場所・状態〉に戻る, 帰る. ~ *a* la sala 部屋に戻る.
2〈a + 不定詞〉再び〈…〉する. Al rato *tornaron a caminar*. ちょっとして彼らはまた歩き始めた.
— 他《文章語》〈+形容詞・副詞・名詞および その相当語句〉〈状態〉に 〉 変える; 〈*en*... …に〉 する. La mala economía *tornó* el pueblo *desierto*. 不景気で町は荒れた. ► 形容詞は目的語の性数に一致する. — La soledad *tornó huraña* a la anciana. 寂しさのためにその老女は無愛想になった.
2〈a...〉〈場所・状態〉に戻す, 返す. ~ el terreno *a* su dueño 土地を持ち主に返す.
— **~.se** 再 《文章語》〈+形容詞・副詞・名詞および その相当語句〉〈状態〉に 〉 / 〈*en*... …に〉 なる. La angustia *se tornó en* ira. 不安は怒りに変わった. ► 形容詞は主語の性数に一致する. — De repente la situación *se tornó tensa*. 突然状況は緊迫した. *tornar* en *sí* 我に返る, 意識を取り戻す.
[← 〔ラ〕 *tornāre*「(ろくろを使って)丸く仕上げる」(*tornus* 「ろくろ」より派生); 【関連】 retornar, trastornar, contorno, turismo. 〔英〕 *turn*〕
tor.na.sol [tor.na.sól] 男 **1** 【植】ヒマワリ (= girasol). **2** (光が織りなす)色調, 光の光沢. **3**【化】リトマス(色素). papel de ~ リトマス試験紙.
tor.na.so.la.do, da [tor.na.so.lá.ðo, -.ða] 形 玉虫色に輝く, 玉虫色の光沢のある, (光線によって)色調が変わる. seda *tornasolada* 玉虫色の絹布.
tor.na.so.lar [tor.na.so.lár] 他 玉虫色に光らせる, (光線によって)色を変える. — **~**(**.se**) 他 再 玉虫色に光る, (光線によって)色調が変化する.
tor.ná.til [tor.ná.til] 形 **1**(旋盤・ろくろ台で)回された. **2** 《文章語》ぐるぐる回る. **3** 変わりやすい (= tornadizo).
tor.na.trás [tor.na.trás] 男 女 (異人種の父母の間に生まれ)片方の人種の特徴だけが表れた人.
tor.na.via.je [tor.na.bjá.xe] 男 帰路, 帰途; 旅から持ち帰ったもの.
tor.na.vi.rón [tor.na.bi.rón] 男 →torniscón.
tor.na.voz [tor.na.bóθ / -.bós] 男 [複 tornavoces] (壁・楽器の)反響板.
tor.ne.a.do, da [tor.ne.á.ðo, -.ða] 形 **1**〈体の線が〉しなやかな. **2** 旋盤[ろくろかんな]で加工した.
— 男 女 旋盤加工; ろくろかんなによる加工.
tor.ne.a.dor, do.ra [tor.ne.a.ðór, -.ðó.ra] 男 女 旋盤工; ろくろかんなで加工する人.
tor.ne.a.du.ra [tor.ne.a.ðú.ra] 女 《主に複数で》(旋盤・ろくろかんなで)削りくず.
tor.ne.ar [tor.ne.ár] 他 **1** 旋盤で削る, 旋盤にかける; ろくろかんなで作る. ~ una pata de mesa 机の足を旋盤で削る. **2**《まれ》〈主に体の線を〉しなやかにする. — 自 **1** 回転する, 回転する. **2** 馬上試合に出場する. **3** 考え[想像]を巡らす.
***tor.ne.o** [tor.né.o] 男 **1**《スポ》トーナメント, 勝ち抜き戦. ~ de tenis テニスのトーナメント.
2《史》(中世騎士の)馬上試合 (= ~ a caballo).
tor.ne.rí.a [tor.ne.rí.a] 女 旋盤工場; 旋盤加工; ろくろかんな[ろくろ]による細工.

tor・ne・ro, ra [tor.né.ro, -.ra] 男 女 旋盤工；ろくろかんにん[ろくろ]でものを作る人.
——女 (修道院の)回転式受付台を担当する修道女.
tor・ni・lle・rí・a [tor.ni.je.rí.a ‖ -.ʎe.-] 女 **1** 《集合的》ねじ. **2** ねじを売る店.
tor・ni・lle・ro [tor.ni.jé.ro, -.ra ‖ -.ʎé.-] 男 女 《軍》《話》脱走兵.
***tor・ni・llo** [tor.ní.jo ‖ -.ʎo] 男 **1** ねじ, ボルト, ねじくぎ. ~ cruciforme プラスねじくぎ. ~ de orejas [mariposa] 蝶(チョウ)ねじ. ~ de Arquímedes アルキメデスの螺旋(ラセン)〔揚水機〕. ~ sin fin ウォームねじ.
2 万力, バイス (= ~ de banco). ~ micrométrico マイクロメーター. **3** 《ラ米》《俗》《話》極寒. *faltar*le *un tornillo* (a+人)《話》〈人〉の頭のねじがゆるんでいる.
tener flojos los tornillos 《話》少し頭が変である. [torno+縮小辞]
tor・ni・que・te [tor.ni.ké.te] 男 **1** 《医》止血帯, 圧迫帯. **2** (十字形の腕木が回る)回転式出札口. **3** (鐘を鳴らす綱のついた)ベルクランク.
tor・nis・cón [tor.nis.kón] 男 《話》**1** 顔面[頭]を手の甲で殴ること；平手打ち. **2** つねること.
tor・no [tór.no] 男 **1** 旋盤, ろくろ, ろくろかんな. labrar a ~ 旋盤加工する. ~ revólver タレット旋盤. **2** ろくろ. ~ de alfarero 陶工のろくろ. **3** 巻き上げ機, ウインチ (= elevador). **4** (歯科の)ドリル. **5** (修道院で外部との接触を避けるための)回転式受付台 ((台所から食堂へ料理を渡す)回転台. **6** 回転式扉. **7** (馬車などの)手動式ブレーキ. **8** (川の)湾曲部；早瀬, 急流.
a torno (主に器などが)ろくろで作られた.
en torno a... …の周りに；…に関して；およそ, …ぐらい
torno de la seda 絹糸の錘.
[←《ラ》*tornum* (*tornus* の対格)「ろくろ」←《ギ》*tórnos* 「(円をかく)コンパス；ろくろ」；関連 tornillo, tornar, tornear. 〔英〕*turn* 「回る」]

*****to・ro**[1] [tó.ro] 男 **1** (去勢していない)雄牛. ~ de lidia 闘牛用の牛. ~ mexicano バイソン. ▶去勢牛は buey, 雌牛は vaca. **2** 《話》《比喩的》(大柄で)頑健な男. estar hecho un ~ たくましい, ぴんぴんしている. **3** 《複数で》闘牛 (の試合) (=corrida de ~s). Plaza de T~s de Madrid マドリード闘牛場. ir a los ~s 闘牛を見に行く. →右段に図. **4** [T-] 《星座》おうし座 (=Taurus, Tauro).
Ciertos son los toros. 予想していた[恐れていた]ことが的中する；やはりそうだったか.
coger [*agarrar*] *al toro por los cuernos* 正面から困難に立ち向かう.
echar [*soltar*] *a*+人 *el toro* 〈人〉を激しく非難する.
*pillar*le *el toro* (a+人) 《話》(困難などが)〈人〉に差し迫っている, せっぱつまっている. ▶ el toro が主語.
ver [*mirar*] *los toros desde la barrera* 《話》傍観する, 高見の見物をきめこむ.
[←《ラ》*taurum* (*taurus* の対格) ←《ギ》*taûros*；関連 torear, toreador, taurino, Tauro[2]. 〔ポルトガル〕*touro*. 〔仏〕*taureau*. 〔伊〕*toro*]
to・ro[2] [tó.ro] **1** 《建》大玉縁, トルス. **2** 円環面, トラス. [←《ラ》*torum* (*torus* の対格)「隆起(物)」]
to・roi・dal [to.roi.đál] 形 指輪の形をした.
to・ro・lo, la [to.ró.lo, -.la] 形 《ラ米》(ﾎﾟﾙﾄﾘｺ)《話》女のような, 女めいた.
to・rom・bo・lo, la [to.rom.bó.lo, -.la] 形 《ラ米》(ﾒﾋｺ)《話》小太りの.

plaza de toros (闘牛場)

to・ron・ja [to.rón.xa] 女 《植》(**1**) ザボン. (**2**) グレープフルーツ (=pomelo).
to・ron・jil [to.ron.xíl] 男 《植》セイヨウヤマハッカ, メリッサ.
to・ron・ji・na [to.ron.xí.na] 女 《植》→toronjil.
to・ron・jo [to.rón.xo] 男 《植》(**1**) ザボン (の木). (**2**) グレープフルーツ (の木).
to・ro・zón [to.ro.θón / -.són] 男 **1** 《獣医》(腹痛を伴う)腸炎. **2** (腸炎が原因の)落ち着きのなさ, いらいら. **3** 《ラ米》切れ端, 断片, かけら.
***tor・pe** [tór.pe] 形 **1** (動作・反応の) 鈍い, のろい；ぎこちない, 不器用な. Soy ~ con las manos. 私は手先が不器用だ. **2** 愚鈍な, 頭の回転が鈍い. Es un chico ~. やつはまぬけだ. *más* ~ *que un arado* 《話》救いようのないほどばかな. **3** みだらな, 卑猥(ﾋﾜｲ)な. ~s *instintos* 下劣な欲望.
el pelotón de los torpes 落ちこぼれ集団.
torpe de oídos 耳の遠い.
[←《ラ》*turpem* (*turpis* の対格)「醜い；不道徳な」；関連 torpeza. 〔英〕*turpitude*「下劣」]
tor・pe・ar [tor.pe.ár] 自 《ラ米》《話》もつく.
tor・pe・de・a・mien・to [tor.pe.đe.a.mjén.to] 男 魚雷攻撃 (=torpedeo).
tor・pe・de・ar [tor.pe.đe.ár] 他 魚雷攻撃をする.
tor・pe・de・o [tor.pe.đé.o] 男 魚雷攻撃.
tor・pe・de・ro, ra [tor.pe.đé.ro, -.ra] 形 魚雷搭載の. ——男 魚雷艇, 水雷艇 (= lancha *torpedera*).
tor・pe・do [tor.pé.đo] 男 **1** 《魚》シビレエイ. **2** 魚雷；爆雷. **3** 《ラ米》(ﾒﾋｺ)《話》カンニングペーパー.
tor・pe・men・te [tór.pe.mén.te] 副 のろのろと；ぎこちなく；愚かにも.
***tor・pe・za** [tor.pé.θa / -.sa] 女 **1** のろさ, 緩慢；鈍いこと, ぎこちなさ (↔ agilidad). **2** 不器用, もつき；へま, どじ. cometer una ~ へまをしでかす. **3** 愚鈍, 頭の鈍さ；思慮不足. **4** 下劣.
tór・pi・do, da [tór.pi.đo, -.đa] 形 《医》《生物》(器官の反応・手足の動きが)鈍い.
tor・pón, po・na [tor.pón, -.pó.na] 形 《話》少し不器用な, まぬけ[ﾄﾞｼ]な；少し鈍い, とろい.
[torpe+増大辞]
tor・por [tor.pór] 男 《医》(手足・筋肉・筋の)まひ, 無反応, しびれ；不活発.
tor・ques [tór.kes] 女 《単複同形》(古代ローマ人の)首輪.
to・rra・do [to.řá.đo] 男 炒(ｲ)って塩をまぶしたヒヨコ豆.
to・rrar [to.řár] 他 炒(ｲ)る. ——**se** 《ラ米》《話》過度に日に焼ける；焦がす.
****to・rre** [tó.ře] 女 **1** 塔, やぐら, 楼. ~ de control 管制塔. ~ de iglesia 鐘楼. ~ de(l) homenaje 天守閣, 城(塞)の主建築. ~ de marfil 象牙(ｿﾞｳｹﾞ)の塔. ~ de televisión テレビ塔.

torrecilla

~ de un depósito de agua 貯水タンク, 給水塔. ~ eléctrica [del tendido eléctrico] (送電線用の) 鉄塔. **2** タワー, 高層ビル. ~ gemela ツインタワー. **3** (軍艦用の) 砲塔. **4**〖遊〗(チェス)ルーク, 城将. **5**〖スペイン〗(田舎の)別荘. **6**《ラ米》(ｸﾞｧ)(ｴﾙｻﾙ)(製糖工場などの) 煙突.

darle en la torre (a+人)《ラ米》(ﾒｷｼ)(ｴﾙｻﾙ)《話》(人)のいちばん痛いところをつく.

torre de Babel〖聖〗バベルの塔;《比喩的》めいめいがばらばらに話すことで混乱をきたしている場所.

[← 〚ラ〛*turrim* または *turrem* (*turris* の対格);〚関連〛torrejón.〚仏〛*tour*「塔」.〚英〛*tower*]

to‧rre‧ci‧lla [to.r̄e.θí.ja ‖ -.ʎa / -.sí.-]〖女〗小塔, 小楼, やぐら.

[torre + 縮小辞]

to‧rre‧fac‧ción [to.r̄e.fak.θjón / -.sjón]〖女〗炒ること, 焙(ほう)じること.

to‧rre‧fac‧tar [to.r̄e.fak.tár]〖他〗炒(い)る, 焙(ほう)じる.

to‧rre‧fac‧to, ta [to.r̄e.fák.to, -.ta]〖形〗炒(い)った, 焙(ほう)じた. café ~ (砂糖とともに) 焙煎(ばい)したコーヒー.

to‧rre‧ja [to.r̄é.xa]〖女〗《ラ米》(1) → torrija 1. (2)《ラ米》果物の輪切り.

to‧rre‧jón [to.r̄e.xón]〖男〗小塔, 小楼, やぐら.

to‧rren‧cial [to.r̄en.θjál / -.sjál]〖形〗激流の, 奔流のような. lluvia ~ 豪雨.

to‧rren‧cial‧men‧te [to.r̄en.θjál.mén.te / -.sjál.-]〖副〗(雨が降る様子をさして) 滝のように. llover ~ どしゃぶりの雨が降る.

*to‧rren‧te [to.r̄én.te]〖男〗**1** (川の) 激流；土砂降り (= torrentera). **2** 血の流れ, 血流 (= ~ circulatorio). **3** 殺到した一団, 群衆. un ~ de injurias 非難の雨.

torrente de palabras ありふれた [わかりきった] 文言.

torrente de voz 朗々とした声.

To‧rren‧te Ba‧lles‧ter [to.r̄én.te ba.jes.tér ‖ -.ʎes.-]〖固名〗トレンテ・バリェステル Gonzalo ~ (1910–99): スペインの小説家.

to‧rren‧te‧ra [to.r̄en.té.ra]〖女〗激流によって生じた水路, 小峡谷；激流.

to‧rren‧to‧so, sa [to.r̄en.tó.so, -.sa]〖形〗《ラ米》激流の, 奔流のような.

to‧rre‧ón [to.r̄e.ón]〖男〗(城の) 大きな塔.

[torre + 増大辞]

to‧rre‧ro, ra [to.r̄é.ro, -.ra]〖男〗灯台守；望楼番.

to‧rre‧ta [to.r̄é.ta]〖女〗**1**〖軍〗(軍艦の) 司令塔；砲塔. **2** (通信用の) 鉄塔.

to‧rrez‧no [to.r̄éθ.no / -.r̄és.-]〖男〗油で揚げた [揚げる] 豚の脂身.

tó‧rri‧do, da [tó.r̄i.ðo, -.ða]〖形〗酷熱の, 炎熱の, 灼熱(しゃくねつ)の；赤道 (付近) の. zona *tórrida* 赤道地帯.

to‧rri‧fi‧car [to.r̄i.fi.kár]〖他〗《ラ米》(コー

──豆などを) 炒(い)る.

to‧rri‧ja [to.r̄í.xa]〖女〗**1** フレンチトースト；ワインや牛乳に浸し, 卵をつけて揚げて糖蜜(みつ)をかけたパン. **2**《話》酔い.

To‧rri‧jos [to.r̄í.xos]〖固名〗トリホス Omar ~ (1929–81): パナマの軍人・政治家.

to‧rron‧te‧ro [to.r̄on.té.ro]〖男〗洪水による土砂の山.

to‧rron‧tés [to.r̄on.tés]〖形〗白く小粒の. uva ~ 小粒の白ブドウ.

tor‧sión [tor.sjón]〖女〗ねじり, ねじれ；よじり, よじれ；ひねり；〖技〗トーション. barra de ~ トーションバー (棒のねじりを利用するばね).

tor‧so [tór.so]〖男〗**1** (人の) 胴体. **2**《美》トルソ: 胴体だけの彫像・塑像.

*tor‧ta [tór.ta]〖女〗**1**〖料〗(主に平たい) ケーキ, パイ；パン. ~ de anís アニス酒入りのパン. ~ de aceite オリーブ油を使ったパン. **2** 平べったい形の塊. **3**《話》殴打, 平手打ち；衝突. dar un par de ~s 2, 3回殴る. **4**〖印〗フォント: 同一書体サイズの活字のひとそろい. **5**《ラ米》(1)(デコレーション) ケーキ (= tarta). (2) (ﾒｷｼ) オムレツ. ~ de huevos 〖ｴﾙｻﾙ〗スペイン風オムレツ. (3)《ラ米》サンドイッチ (= bocadillo).

costarle (a+人) *la torta un pan* / *no hay torta que no cueste un pan*《話》(人に)(品質の割に) 高くつく；結果的に損をする.

darse de tortas (1) 調和しない. (2) 後悔する. (3) けんかする.

hacer torta《ラ米》(ｱﾙｾﾞ)《話》こなごなに壊す.

ni torta 全然…ない. Había tanta niebla que no se veía *ni* ~. 霧が濃くて何も見えなかった. No entiendo *ni* ~. 僕にはさっぱり分からない.

no tener ni media torta《話》(体が)弱々しい.

pegarse una torta (どすんと) 転げ落ちる；激突する.

ser tortas y pan pintado《話》たやすい [なんの造作もない] ことである.

tor‧ta‧da [tor.tá.ða]〖女〗**1** (詰め物入りの) 小さめのパイ. **2** (れんがをつなぐための) しっくい.

tor‧ta‧zo [tor.tá.θo / -.so]〖男〗《話》平手打ち (= bofetada)；衝突. dar a ~s 殴り合って.

pegarse [darse] un tortazo《話》激突する；事故に遭う.

tor‧te‧a‧do, da [tor.te.á.ðo, -.ða]〖形〗《ラ米》《話》金のある, 裕福な.

tor‧te‧ar [tor.te.ár]〖他〗《ラ米》(1)(ﾒｷｼ)〈パン生地を〉延ばす. (2)(ﾒｷｼ)(ｸﾞｧ) 平べったくする. ── 〖自〗《ラ米》(ｸﾞｧ) 拍手かっさいする.

tor‧te‧dad [tor.te.ðáð]〖女〗片目が見えないこと.

tor‧tel [tor.tél]〖男〗リング型のパイ.

tor‧te‧ro, ra [tor.té.ro, -.ra]〖男〗ケーキ職人；ケーキ売り. ── 〖男〗ケーキを入れておく箱 [かご]. ── 〖女〗パイ皿. ── 〖女〗《ラ米》(ｱﾙｾﾞ)(ｳﾙｸﾞ) 円盤状の, 円形をした.

tor‧ti‧ce‧ro, ra [tor.ti.θé.ro, -.ra / -.sé.-]〖形〗不当な；合法的でない.

tor‧tí‧co‧lis [tor.tí.ko.lis] / **tor‧ti‧co‧lis** [tor.ti.kó.lis]〖単複同形〗〖女〗(または〖男〗) 首のねじれ, 首の痛み；〖医〗斜頸(しゃけい). tener ~ 首が痛い. levantarse con ~ 首を寝違える.

*tor‧ti‧lla [tor.tí.ja ‖ -.ʎa]〖女〗**1** オムレツ, トルティージャ: スペイン風オムレツ. ~ de patatas / ~ española ジャガイモ入りトルティージャ (◆スペインではふつう tortilla はこれを指す). ~ (a la) francesa

Torre Latinoamericana
(ラテンアメリカ・タワー: メキシコシティー)

プレーンオムレツ. ～ paisana 野菜入りオムレツ. bocadillo de ～ トルティージャを挟んだボカディージョ(→ bocadillo).

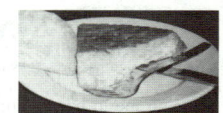

2 《ラ米》(1) 《中米》《メキシコ》トルティージャ, トルティーヤ: トウモロコシの粉を練って薄くのばして焼いたもので, 伝統的な主食. ＝ maíz, taco. (2) 《ラ米》小麦粉を練って薄くのばして炭火で焼いたパン.

tortilla (トルティージャ)

dar la vuelta a la tortilla / volverse [cambiar] la tortilla 《話》状況が逆になる, 立場が入れ替わる; つきが変わる.
hacer tortilla a... …を砕く, つぶす;〈人を〉うちのめす, くたばらせる.

tor·ti·lle·rí·a [tor.ti.je.ɾí.a ‖ -.ʎe.-] 囡 《ラ米》《話》トルティージャ tortilla の店.
tor·ti·lle·ro, ra [tor.ti.jé.ɾo, -.ra ‖ -.ʎé.-] 男囡 《ラ米》《話》(1) トルティージャ tortilla 作り[売り]. (2)《話》おしゃべり, うわさ好きな人. ― 囡《ラ米》《メキシコ》《中米》《俗》《軽蔑》レズビアン.
tor·ti·ta [tor.tí.ta] 囡 **1** 詰め物をしたパイ, パンケーキ. **2** 《ラ米》→ tortilla, tortita.
hacer [dar] tortitas (遊戯で幼児に)手をたたかせる.
tór·to·la [tór.to.la] 囡《鳥》キジバト.
tor·to·li·to, ta [tor.to.lí.to, -.ta] 形 未熟な, うぶな; おどおどした.
tór·to·lo [tór.to.lo] 男 **1** (雄の)キジバト. **2**《複数で》《話》《まれ》仲睦まじい男女. **3**《話》《まれ》恋人[パートナー]を大事にする男性. **4** 《ラ米》《カリブ》《話》《軽蔑》無愛想な[少しぬけた]人.
tor·tor [tor.tór] 男 (ひもの緩みをねじって締め上げる)小さな棒;《海》(索の)ひとねじり.
tor·to·zón [tor.to.θón / -.són] 形〈ブドウが〉大粒の. ― 男 (安物ワインに用いる)大粒のブドウ.
***tor·tu·ga** [tor.tú.ga] 囡 **1**《動》カメ. ～ marina 海ガメ. ～ terrestre 陸ガメ. **2** 《話》のろまな人[乗り物]. **3**《軍》(古代ローマ軍の)亀甲形掩蓋; (城攻めの際の)亀甲形に重ねた大盾.
a paso de tortuga 《話》とてもゆっくりと.
tortuga carey 《動》べっ甲をとる)タイマイ.
[←〔古スペイン〕tart(ar)uga←? 〔俗ラ〕*tartaruca←〔後ラ〕tartarúcha「悪魔」←〔ギ〕tartaroûkhos「地獄の」(tártaros「地獄の下の深淵」+ ékhein「住む」+形容詞語尾); 初期のキリスト教徒は泥の中に住む亀を悪の化身と考えた;【関連】〔ポルトガル〕tartaruga,〔伊〕tortue,〔英〕turtle, tortoise]
tor·tuo·sa·men·te [tor.twó.sa.mén.te] 副 曲がりくねって.
tor·tuo·si·dad [tor.two.si.ðáð] 囡 曲折, カーブの多いこと. ～ de la mente 心のねじれ, ひねくれた心.
tor·tuo·so, sa [tor.twó.so, -.sa] 形 **1** 曲がりくねった, くねくねした (= sinuoso). una carretera *tortuosa* カーブの多い道路. **2** 陰険な, ひねくれた.
tor·tu·ra [tor.tú.ra] 囡 **1** 拷問, 責め苦. practicar la ～ 拷問を行う.
2 苦痛, 苦悩, 苦悶(ぐもん)(= suplicio) (↔ alivio). Estudiar hasta los domingos es una ～. 日曜日も勉強するなんて苦痛だよ. **3** ねじれ, 歪曲, ひずみ.
[←〔ラ〕tortūram (tortūra の対格 ; torquēre「ねじる」より派生);【関連】〔英〕torture]

***tor·tu·rar** [tor.tu.rár] 他 **1** 拷問にかける.
2 ひどく苦しめる, 悩ませる.
― ～**·se** 再 ひどく苦しむ, 悩苦する.
to·run·da [to.rún.da] 囡 綿球(☆☆): 傷の手当などに用いる.
to·ru·no [to.rú.no] 男《ラ米》(1)《中米》《カリブ》《話》年取ったくましい男性. (2)《中米》《カリブ》去勢牛. (3)《中米》種牛. (4)《カリブ》老牛.
tor·va [tór.ba] 囡 吹雪; 暴風雨.
tor·vis·co [tor.bís.ko] 男《植》ジンチョウゲ.
tor·vo, va [tór.bo, -.ba] 形《文章語》〈目つき・顔つき・様子が〉怖い, 恐ろしい, 険しい. mirada *torva* すごい目つき.
to·ry [tó.ri]〔英〕形《複 tories》トーリー党の, トーリー党員の; 保守的な. ― 囡 (17-19世紀英国の)トーリー党員; 保守主義者.
torz- → torcer.
tor·za·di·llo [tor.θa.ðí.jo ‖ -.ðí.ʎo / -.sa.-] 男 細い絹のより糸.
tor·zal [tor.θál / -.sál] 男 **1** 絹のより糸. **2** よった[なった]もの. **3**《ラ米》《メキシコ》(革の)ひも. (2)《カリブ》(革ひも製の)むち.

***tos** [tós] 囡 咳(ε). tener *tos* 咳をする. Su *tos* no me dejó dormir. やつの咳がうるさくて僕は眠れなかったよ. acceso de *tos* 咳の発作. *tos* ferina [convulsiva, convulsa]《医》百日咳. *tos* perruna 《話》激しい咳. *tos* seca 咳払い, から咳.[←〔ラ〕tussem (tussis の対格);【関連】toser]
tos·ca [tós.ka] 囡 凝灰岩.
tos·ca·no, na [tos.ká.no, -.na] 形 (イタリアの)トスカナ Toscana の; トスカナの住民[出身者]. ― 男 トスカナ方言.
***tos·co, ca** [tós.ko, -.ka] 形 **1** 粗雑な; 粗末な. una silla *tosca* (自然木などを使った)簡素ないす. tela *tosca* 地の粗い布. **2** 粗野な, がさつな; 不作法な; 教養のない. ― 男囡 粗野な人, 教養のない人.
to·se·de·ra [to.se.ðé.ra] 囡《ラ米》《メキシコ》《話》咳き込み.
to·se·dor, do·ra [to.se.ðór, -.ðó.ra] 形 咳をする.
***to·ser** [to.sér] 自 咳をする; 咳払いをする (= carraspear). Desde el cuarto se oía ～ al enfermo. 部屋から病人の咳がするのが聞こえた.
no haber quien le tosa (a + 人) / ***no toserle nadie*** (a + 人)《話》〈人の〉右に出る者がいない; 誰も〈人に〉意見できない. A éste *no hay quien le tosa*. この男に意見できる人はいない.
to·si·gar [to.si.gár] 他 毒を入れる.
tó·si·go [tó.si.go] 男《文章語》毒, 毒物; 苦悩, 苦しみ.
to·si·go·so, sa¹ [to.si.gó.so, -.sa] 形 毒を盛られた; 有毒の, 毒入りの. ― 男囡 毒を盛られた人.
to·si·go·so, sa² [to.si.gó.so, -.sa] 形 (よく)咳の出る. ― 男囡 よく咳をする人, 咳込む人.
tos·que·dad [tos.ke.ðáð] 囡 粗雑, 粗野; 不作法, 無教養;（布目などの)粗さ.
tos·ta·ción [tos.ta.θjón / -.sjón] 囡 **1** 焙煎(ばいせん).
2《冶》焙焼(ばいしょう): 鉱石を溶融しない程度に熱すること.
***tos·ta·da** [tos.tá.ða] 囡 **1** トースト(パン). ～ con mermelada y mantequilla ジャムとバターを塗ったトースト. **2**《話》厄介なもの. **3**《話》混乱, 紛糾. **4**《ラ米》(1)《中米》《カリブ》ぱりぱりに揚げたトルティージャ tortilla, その上に具をのせた料理. (2)《カリブ》長居; 長話.

olerse la tostada 〖話〗(危険・策略などに)気づく.
tos.ta.de.ro [tos.ta.ðé.ro] 男 **1** 焙煎(ばい)器. ~ de café コーヒー豆の焙煎器. **2** 〖話〗灼熱(しゃくねつ)の地(= horno, achicharradero). **3** 〖話〗苦難な境地.
tos.ta.do, da [tos.tá.ðo, -.ða] 形 **1** トーストした, きつね色に焼いた; 炒(い)った. **2** (肌が)日に焼けた, 小麦色の, 褐色の. **3** 〖ラ米〗〖話〗きつねいろ舞いした. ─ 男 **1** 炒ること, 焙煎(ばい). **2** トーストすること, きつね色に焼くこと. **3** (肌の)日焼け.
tos.ta.dor, do.ra [tos.ta.ðór, -.ðó.ra] 形 きつね色に焼く; 焙(ば)じる, 炒(い)る. ─ 男女 トースター.
tos.ta.du.ra [tos.ta.ðú.ra] 女 トーストすること, きつね色に焼くこと; 炒(い)ること, 焙煎(ばい).
***tos.tar** [tos.tár] 15 他 **1** きつね色に焼く, 焦げ目をつける; 焙(ば)じる, 炒る. ~ el café コーヒー豆を炒る. → asar 〖類語〗. **2** (太陽が)肌を焼く (= broncear). El sol del campo me *tostó* la cara y los brazos. 野外の日差しで顔も腕も小麦色に焼けてしまった. **3** 〖話〗熱くする; やけどさせる. **4** 〖ラ米〗(1) (キュー)(アルゼン)〖話〗殴る, 打つ. (2) (キュー)〖話〗懸命にし続ける. (3) (メキシ)〖話〗怒らせる. (4) (メキシ)〖話〗〈人に〉傷を負わす; 殺す.
─ ~.se 再 **1** きつね色になる, 〈コーヒー豆などが〉炒り上がる. **2** 日焼けする (= broncearse). Los turistas *se tuestan* en la playa. 観光客が浜辺で肌を焼いている. **3** 熱く感じる.
[← 〘後7〙*tostāre*(〘ラ〙*torrēre*「あぶる, 焼く」の完了分詞 *tōstus* より派生)]; 〖関連〗tostada, tueste, tórrido. 〖英〗*toast*]
tos.tón [tos.tón] 男 **1** 〘主に複数で〙クルトン. **2** オリーブ油を塗ったトースト. **3** 焼きすぎたパン〖食べもの〗. **4** 〖料〗子豚の丸焼き (= cochinillo asado). **5** 炒(い)ったヒヨコ豆. **6** 〖話〗うんざりするもの〖人〗. dar el ~ a + 人 〈人〉をうんざりさせる. ¡Qué ~! うんざりだ. **7** 〖ラ米〗(1) (メキシ)〖話〗50センターボ硬貨; (ペルー)〖話〗50セント硬貨. (2) (ドミ)〖植〗オシロイバナ科ナハカノコソウ属の植物. (3) (キュー)〖話〗やっかいなこと. (4) (ドミ)(プエル)揚げた青バナナ.
tos.to.ne.ar [tos.to.ne.ár] 自 〖ラ米〗(メキシ)〖話〗大安売りをする, たたき売る.
*****to.tal** [to.tál] 形 **1** 〖名詞+〗**全部の**, 全体の, 総計の, 総…. la suma ~ de (los) gastos 経費〖支出〗の総額. El peso ~ del coche es (de) 1.950 kilos. 車の総重量は1950キロだ. El número ~ de desempleados se sitúa en 7.096.064 personas. 失業者の総数は709万6064名である. Las ventas ~*es* alcanzaron los 4.500 millones de yenes. 売上げは45億円に達した. La población ~ de España es aproximadamente de 41 millones (de personas). スペインの総人口はおよそ4100万人である.
2 〖+名詞／名詞+〙〘ser+〙完全な, 全面的な. la independencia ~ de Angola アンゴラの完全独立. la retirada ~ de las tropas americanas アメリカ軍の完全撤退. declarar la guerra ~ contra... …への総力戦〖全面戦争〗を宣言する. expresarse con ~ libertad 全く自由に意見を述べる. expresar su ~ apoyo al proceso de paz en Oriente Medio 中東和平の全面支援を表明する. Estamos en ~ desacuerdo con vuestras propuestas. 我々は君たちの提案に全く不賛成だ. Ha habido un cambio ~ estos diez años. この10年間すっかり変わった. La victoria de la derecha es ~. 右派の完勝である.

─ 副 **1** 〖話〗結局, つまり, 要するに. *T*~, que me marché. 結局私は出て行った. *T*~, que te casas con él. つまり君は彼と結婚するという訳か.
2 実は…だから, どうせ…だから. No sé por qué no me lo has dicho; ~, no pasa nada. なんで言わなかったんだい, どうせ何でもないのに.
─ 男 **1** 総額, 総計, 合計 (= suma). Se vende(n) un ~ de 84.000 coches. 計8万4000台の乗用車が売れる. Ha sido condenado a un ~ de 273 años de cárcel. 彼は計273年の禁錮刑を宣告された.
2 全体, 全部, 全員. el [un] 16,3 por ciento del ~ de los encuestados アンケート回答者全体の16.3 パーセント. El ~ de la población es cristiano. 住民全部がキリスト教徒である.
en total つまり, 結局; 全部で, 合計で. ¿Cuánto cuesta *en* ~? 全部でおいくらですか. Las ventas de motos crecieron un 27 % respecto al año anterior. *En* ~, se matricularon unas 80.000 unidades. バイクの販売は前年比27パーセント増加した. つまり約8万台が登録された.
gratis total 完全無料(の, で) (= totalmente gratis). viajes *gratis* ~ a Mallorca マジョルカへの全く無料の旅行.
[← 〘ラ〙*tōtālem* (*tōtālis* の対格) 形 (*tōtus*「すべての」より派生); 〖関連〗totalidad, totalitarismo. 〖英〗*total*]
***to.ta.li.dad** [to.ta.li.ðáð] 女 全体, 全部, 全員; 総計, 総数, 総量. la ~ de los ciudadanos 全市民.
en su totalidad 全体として, 総体的に.
***to.ta.li.ta.rio, ria** [to.ta.li.tá.rjo, -.rja] 形 **1** すべての, ありとあらゆる. **2** 全体主義の.
to.ta.li.ta.ris.mo [to.ta.li.ta.rís.mo] 男 〖政〗全体主義.
to.ta.li.ta.ris.ta [to.ta.li.ta.rís.ta] 形 全体主義(者)の. ─ 男女 全体主義者.
to.ta.li.za.dor, do.ra [to.ta.li.θa.ðór, -.ðó.ra / -.sa.-] 形 合計する.
to.ta.li.zar [to.ta.li.θár / -.sár] 97 他 合計する, 総計する; 合計で…に達する. El déficit *totalizó* cien millones de euros. 赤字は総計1億ユーロに達した.
***to.tal.men.te** [to.tál.mén.te] 副 完全に, 全く; 全面的に. Mi opinión es ~ diferente a la suya. 私の意見はあなたのとは全く異なります.
to.ta.zo [to.tá.θo / -.so] 男 〖ラ米〗〖話〗(1) (コロン)(ベネズ)強打, 殴打; 破裂, 爆発. (2) (コロン)(ベネズ)頭への一撃.
to.te [tó.te] 男 〖ラ米〗(ベネズ)ねずみ花火.
to.te.ar [to.te.ár] 自 〖ラ米〗(ベネズ)(コロン)炸裂(さくれつ)する, 爆発する; 張り裂ける, はじける.
─ ~.se 再 〖ラ米〗(ベネズ)(1) 〖話〗〈包みが〉炸裂(さくれつ)する; はじける. (2) 〖俗〗死ぬ.
tó.tem [tó.tem] 男 〖複 ~es, ~s〗トーテム (♦未開社会で家族や氏族の成員と特別の親縁関係にあると見なされる自然現象・自然物); トーテムポール.
to.té.mi.co, ca [to.té.mi.ko, -.ka] 形 トーテムの, トーテム崇拝の.
to.te.mis.mo [to.te.mís.mo] 男 トーテム崇拝, トーテミズム.
to.ti.li.mun.di [to.ti.li.mún.di] 男 コズモラマ: 世界風物ののぞきがね.
to.tol [to.tól] 男 〖ラ米〗〖鳥〗七面鳥.
to.to.la.te [to.to.lá.te] 男 〖ラ米〗(ホンジ)〖昆〗ニワ

リハジラミ.

to.to.na.co, ca [to.to.ná.ko, -.ka] 形 トトナカの, トトナカ人[語]の. ― 男 女 トトナカ人：メキシコ東南部 Veracruz 州の先住民. ◆**El Tajín** の建設者とする説がある. → indio. ― 男 トトナカ語.

to.to.pos.te [to.to.pós.te] 男 《ラ米》《㊥米》《㊥米》大型のトルティージャ tortilla.

to.to.ra [to.tó.ra] 女 《ラ米》(1) 《アルゼンチン》《チリ》《㊥米》まれ)《植》トトラ (カヤツリグサ科の多年草)；ガマ. (2) 《エクアドル》《まれ》知力, 理性.

to.to.ral [to.to.rál] 男 《ラ米》《㊥米》トトラ totora の繁茂地.

to.to.re.co, ca [to.to.ré.ko, -.ka] 形 《ラ米》《㊥米》《話》ばかな, 愚かな.

to.to.re.ro [to.to.ré.ro] 男 《ラ米》《㊥米》《鳥》セッカカマドドリ.

to.to.ví.a [to.to.ƀí.a] 女 《鳥》モリヒバリ.

to.tu.ma [to.tú.ma] 女 《ラ米》(1) 《㊥米》《ほうぐ》こぶ；猫背；腫物(はれもの). (2) 《植》ヒョウタン (の実)；ヒョウタンの容器. (3) 《エクアドル》《㊥米》《話》頭.

to.tu.mo [to.tú.mo] 男 《ラ米》(1) 《植》ヒョウタン. (2) 《㊥米》《頭・背》のこぶ.

tó.tum re.vo.lú.tum [tó.tum r̃e.ƀo.lú.tum] 〔ラ〕 《単数のみ》 混乱.

tour [túr] 〔仏〕 男 〔複 ～, ～s〕 1 ツアー. 2 公演. ～ de force 強行スト. ～ operador ツアー会社, イベント会社；ツアー業者.

tour.ne.dos [tur.ne.đó] 〔仏〕 男 → turnedó.

tour.née / tur.né [tur.né] 〔仏〕 男 1 ツアー. 2 公演.

tour.o.pe.ra.dor, do.ra [tu.ro.pe.ra.đór, -.đó.ra] 男 女 → *tour* operador.

to.va [tó.ƀa] 女 → totovía.

town.ship [taun.ʃíp] 〔英〕 男 (南アフリカ共和国の) 黒人居住区.

to.xe.mia [tok.sé.mja] 女 《医》毒血症. ～ gravídica 妊娠中毒症.

to.xi.car [tok.si.kár] 100他 毒を盛る.

to.xi.ci.dad [tok.si.θi.đáđ / -.si.-] 女 毒性.

toxico- 「毒」の意を表す造語要素. また, 母音の前で toxic-. → *toxicólogo, toxicosis*. [←「ギ」]

***tó.xi.co, ca** [tók.si.ko, -.ka] 形 **毒素の, 有毒**；中毒性の, 中毒を起こさせる. gas ～ 有毒ガス. ― 男 毒物.

to.xi.co.lo.gí.a [tok.si.ko.lo.xí.a] 女 毒物学；中毒学.

to.xi.co.ló.gi.co, ca [tok.si.ko.ló.xi.ko, -.ka] 形 毒物学の；中毒学の.

to.xi.có.lo.go, ga [tok.si.kó.lo.go, -.ga] 男 女 毒物学者；中毒学者.

to.xi.co.ma.ní.a [tok.si.ko.ma.ní.a] 女 麻薬中毒, 麻酔中毒 (= drogadicción). ～ de cocaína コカイン中毒.

to.xi.có.ma.no, na [tok.si.kó.ma.no, -.na] 形 麻薬中毒になった, 麻酔中毒の.
― 男 女 麻薬[麻酔]中毒患者.

to.xi.co.sis [tok.si.kó.sis] 女 《単複同形》《医》中毒(症). ～ de embarazo 妊娠中毒症.

to.xi.na [tok.sí.na] 女 毒素.

to.xo.plas.mo.sis [tok.so.plas.mó.sis] 女 《単複同形》《医》トキソプラズマ症：住血原虫による感染症.

to.yo.tis.mo [to.jo.tís.mo] 男 トヨタ式：生産性や品質の向上に労働者が関与する労働システム.

to.zu.dez [to.θu.đéθ / -.su.đés] 女 頑固, 強情.

to.zu.do, da [to.θú.đo, -.đa / -.sú.-] 形 1 頑固な, 強情な (= terco, testarudo, cabezota).
2 〈動物が〉御(ぎょ)しにくい (= terco).
― 男 女 頑固者, 強情な人.

to.zue.lo [to.θwé.lo / -.swé.-] 男 (動物の) 首筋；襟首.

tra- 《接頭》 trans- の異形. → *traducir, tramontana, trayecto*.

tra.ba [trá.ƀa] 女 1 《比喩的》障害, 束縛, 足かせ.
2 つなぐ[結ぶ, 縛る] もの；留めるもの, 固定具. ～ de la rueda 輪留め. 3 (馬の) 脚かせ；(囚人の) 足かせ, 足鎖. 4 《法》差し押さえ, 押収. 5 《ラ米》(1) 《㊥米》ネクタイピン (= ～ de corbata). (2) 《エクアドル》《俗》麻薬による混乱状態.
poner trabas a... ～を妨害する, 邪魔する.

tra.ba.cuen.ta [tra.ƀa.kwén.ta] 女 1 (混乱を招く) 間違い, 計算違い. 2 論争, 言い争い, 議論.

tra.ba.de.ro [tra.ƀa.đé.ro] 男 繋ぎ(つなぎ)：馬や牛の足首 (= cuartilla).

tra.ba.do, da [tra.ƀá.đo, -.đa] 形 1 《文法》〈音節が〉閉じた, 閉音節の. sílaba *trabada* 閉音節. 2 つながれた, 固定された；足かせをはめられた. 3 どろりとした, 粘り気のある. 4 (話などが) 首尾一貫した, まとまりのある. 5 頑丈な, たくましい. 6 《馬が》前脚が白毛の；左前脚と右後ろ脚が白毛の, 右前脚と左後ろ脚が白毛の. 7 《ラ米》《話》(1) 《㊥米》どもる, 言葉がつかえる. (2) 《エクアドル》斜視の. (3) 《エクアドル》麻薬で錯乱した.

tra.ba.du.ra [tra.ƀa.đú.ra] 女 1 結合, 接合, つなぎ留め. 2 縛るもの, つなぐもの.

tra.ba.ja.da.men.te [tra.ƀa.xá.đa.mén.te] 副 苦心して, 苦労して, 念入りに.

tra.ba.ja.do, da [tra.ƀa.xá.đo, -.đa] 形 1 入念に細工[加工]された, 丹精こめられた；練り上げられた, 磨きをかけた (= elaborado). un collar de oro bien ～ 凝った細工の金のネックレス.
2 疲れきった, 疲弊した.

***tra.ba.ja.dor, do.ra** [tra.ƀa.xa.đór, -.đó.ra] 形 《名詞+》
1 《ser+ / estar+》 **よく働く**, 勤勉な, 働き者の. *Es muy lista y trabajadora.* 彼女はとても利口で働き者だ.
2 労働者の. la clase *trabajadora* 労働者階級. el día internacional de la mujer *trabajadora* 国際(働く)女性デー (3月8日).
― 男 女 労働者, 職工, 工員. ～ autónomo [por cuenta propia, independiente] 自営業者. ～ por cuenta ajena 被雇用労働者. ～ contratado 契約労働者. ～ de la construcción 建設労働者 [作業員]. ～ fijo 正社員. ～ manual 肉体労働者. ～ municipal 市職員. ～ no calificado 未熟練労働者. ～ social ソーシャルワーカー. ～ subcontratado 下請け労働者. ～ temporal [eventual] 臨時労働者. ～ temporero 臨時 [季節] 労働者. la Unión General de T～es (スペインの) 労働総同盟 (略 UGT). contratar (a) ～es 工員を雇う.

***tra.ba.jar** [tra.ƀa.xár] 自 1 **働く**, 仕事をする；勉強[研究] する. ～ por horas 時給で働く. ～ a tiempo parcial パートタイムで働く. *Se mata trabajando para mantener a su familia.* 家族を養うために彼[彼女] は身を粉にして働いている. *Esa actriz trabaja muy bien.* その女優は演技がうまい.
2 《en... ...に》勤める；《de... / como...》(...として) 働く, 勤める, (...を) 演じる；《con... ...と》取引する, 仕事する. *¿En qué trabajas?* 仕事は何です

か. Durante un tiempo *trabajé de* camarera. 一時間私はウェイトレスとして働いた.
3 〈機械などが〉動く, 作動する. ~ a pleno rendimiento フル稼働である. Estas máquinas *trabajan* día y noche. これらの機械は昼夜を問わず動いています. El tiempo *ha trabajado* a nuestro favor. 天気が私たちの味方をした.
4 〈土地・植物が〉作物を産出する.
——⑩ **1** 〈問題などに〉取り組む, 努力をつぎ込む; 研究する. La pintora *trabaja* muy bien los animales. その画家は動物をよく研究している. ▶ 再帰代名詞を伴って意味を強調することがある. → 再 **1**.
2 〈商品などを〉扱う, 商う. No *trabajamos* estos productos. 私たちはこれらの商品は扱っておりません.
3 〈土地を〉耕す;〈体を〉鍛える. Él vive aquí *trabajando* la tierra desde hace muchos años. 彼は何年も前から土地を耕してここに住んでいる.
4 …を扱う, 細工する;〈生地・粘土などを〉こねる. Tiene una gran técnica al ~ mármol. 彼[彼女]は大理石の細工にすばらしい技術を発揮する. **5** 《話》〈人を〉説得する,〈人に〉働きかける. *Trabaja* a aquel hombre para que se encargue del asunto. 君はこの件を引き受けるようあの男を説得しなさい. ▶ 再帰代名詞を伴って用いることもある. → 再 **2**.
—**~.se** ⓡ **1** 努力する, 力を入れる. Durante el día *se trabajó* para recaudar información. 日中は彼[彼女]は情報集めに終始した.
2 〈人を〉説得する,〈人に〉働きかける. Si *te* la *trabajas*, te dejará el dinero. 彼女を説得すれば, 君にお金を貸してくれるでしょう.
[←[古スペイン]「(骨折って)働く, 苦しむ」←[俗ラ] *tripaliare「拷問にかける」; *tripalium「(3つの棒の付いた)拷問の道具」←[ラ] *tri*-「3」+[ラ] *pālus*「杭, 棒」+名詞語尾より派生.〔関連〕trabajo, trabajador.〔仏〕*travail*「仕事」.〔英〕*travel*(昔の旅は苦痛を伴うものと考えられた)]

*****tra.ba.jo** [tra.bá.xo] ⓜ **1** 仕事, 労働, 作業. 仕事等[作業]にとりかかる. ponerse al ~ 仕事[作業]にとりかかる. ir al ~ 仕事に行く. ~ a destajo 請負作業. ~ a jornal 日雇い労働. ~ a tiempo parcial パートタイムの仕事. ~ corporal [físico] 肉体労働. ~ de chinos 細かい作業. ~ en [de] equipo チームワーク, 共同作業. los ~s de Hércules とても困難な仕事. ~ estacional 季節労働. ~ de jornada entera / ~ a tiempo completo フルタイムの仕事. ~ de media jornada 半日制の仕事. ~s forzados [forzosos] 強制労働. ~ por horas 時間給の仕事, ~ intelectual 頭脳労働. ~ por turno 交代制の労働. accidente de ~ 労働災害. comida de ~ ワーキングランチ. contrato de ~ 労働契約. día de ~ 就業日; 平日. fuerza de ~ 労働力. mercado de ~ 労働市場. permiso de ~ 労働許可(証). programa de ~ 作業計画[手順]. ropa de ~ 作業着. ir al ~ 仕事に行く. ponerse al ~ 仕事[作業]にとりかかる.
2 職, 職業, 働き口. ~ provisional 短期のアルバイト. puesto de ~ 職. buscar [encontrar] un ~ 職をさがす[見つける]. estar sin ~ 失業している, 仕事がない. perder el ~ 職を失う. tener ~ fijo [regular] 定職を持っている.
3 作品, 著作; 制作物 (=obra). ~ de encargo 注文作品. ~ del hombre 人間の業(?). ~s manuales [de manos] 手工芸品, ハンディクラフト; (子供の)工作.

4 研究; 研究論文[レポート]. ~ de campo / en el terreno フィールドワーク, 現地調査. ~ de investigación 研究論文(♦日本の修士論文に相当). Tengo que hacer un ~ sobre Velázquez. 私はベラスケスに関するレポートを書かないといけない.
5 (資本に対する)労働, 労働力. el capital y el ~ 資本と労働.
6 職場, 仕事場. llamar al ~ 職場に電話する. Me han puesto un correo electrónico en el ~. 職場にメールが送られてきた. **7** 苦労, 困難. (un) ~ perdido 無駄な苦労. ahorrarse [darse] el ~ de... …の労を惜しむ. con mucho [gran] ~ たいへん苦労して. dar mucho ~ 非常に世話が焼ける. tomarse el ~ de... …面倒がらずに…する. **8** 《複数で》困窮, 窮乏. pasar muchos ~s 困窮する, 困難を味わう. **9** 《物理》仕事(量). El ergio es una unidad de ~. エルグは仕事の単位である. **10** 〖ＩＴ〗ジョブ.
——⑲ → trabajar.
costar trabajo やっかいである, 手間がかかる. Me *cuesta* ~ creer lo que dicen. 彼[彼女]らの言っていることを信じるのは難しい. Les *costó* mucho ~ saber la causa del accidente. 彼[彼女]らはその事故の原因を知るのにとても手間がかかった.
sin trabajo たやすく, 難なく, わけなく; 失業して.
trabajo de zapa 裏工作.
Trabajo te [*le*] *mando* [*doy*]. 難しいぞ, そう簡単にはいかないよ.

tra.ba.jo.sa.men.te [tra.ba.xó.sa.mén.te] ⓐ 骨を折って, 苦労して.

tra.ba.jo.so, sa [tra.ba.xó.so, -.sa] ⓨ **1** 困難な, 骨の折れる, 厄介な; 苦心した. ~ de hacer 行うのが難しい. **2** 《ラ米》(ﾒﾐｺ)(ｺﾛﾝ)(﹡ﾊ)(ﾁﾘ)《話》扱いにくい, 気難しい.

tra.ba.len.guas [tra.ba.léŋ.gwas] ⓜ《単複同形》早口言葉, 発音の難しい語句. Como poco coco como poco coco compro. 私はあまりヤシの実を食べないのでヤシの実を少ししか買わない.

tra.ba.mien.to [tra.ba.mjén.to] ⓜ **1** 接合, 結合 (=trabadura). **2** 支障, 妨害. **3** 粘り.

tra.ban.ca [tra.báŋ.ka] ⓕ 作業台.

tra.ban.co [tra.báŋ.ko] ⓜ (猟犬が頭を下げないように首につける)棒 (=trangallo).

***tra.bar** [tra.bár] ⓒ **1** 捕らえる, つかむ. Cuando corría el perro hacia la calzada, su amo lo *trabó* de atrás. 犬が車道の方へ走っていたとき, 飼い主はそれを後ろから捕まえた.
2 つなぐ, 結ぶ; 接合[結合]する.
3 妨げる, 邪魔をする (= frenar, obstaculizar). ~ el desarrollo 発展を妨げる.
4 〈液状のものを〉濃くする, どろりとさせる; 粘りを与える. **5** 始める, 開始する. ~ batalla 戦争を始める. ~ conversación 口を利く; 話し合いを始める. ~ amistad 友情を結ぶ. **6** 固定する; 足かせをはめる.
7 〖法〗差し押さえる, 〈権利を〉差し止める.
8 (のこぎりの)目立てをする.
9 《ラ米》(ﾒﾐｺ)(ｸﾞｱﾃ)《話》だます, 欺く.
——**~.se** ⓡ **1** 〈舌・足などが〉もつれる; 絡まる. *Se le trabó* la lengua. 彼[彼女]は舌がもつれた.
2 〈液状のものが〉濃くなる, どろりとする; 粘る.
3 言い争いをする, けんかする.
4 《ラ米》(ﾒﾐｺ)(ｸﾞｱﾃ)自分が何を話していたかわからなくなる.

tra.ba.zón [tra.ba.θón / -.són] ⓕ **1** 接合, 組み合わせ. **2** (物事の)関連, 絡まり, 一貫性, まとまり (= coherencia). **3** 〖料〗(ソースなどの)とろみ; (練りも

tra・be [trá.βe] 囲 梁(ﾊﾘ), 桁(ｹﾀ), ビーム (= viga).
trá・be・a [trá.βe.a] 囡 (古代ローマの元老院議員などが着た) 裾(ｽｿ)長の礼服.
tra・bi・lla [tra.βí.ja ‖ -.ʎa] 囡 **1** (足・靴の裏にかけてズボンなどを留める) 小さなバンド. **2** (上着・コートなどの) 背ベルト. **3** ベルト通し.
tra・bo・co [tra.βó.ko] 囲 《ラ米》《ｺﾛﾝ》嘔吐(ｵｳﾄ).
tra・bu・ca・ción [tra.βu.ka.θjón / -.sjón] 囡 **1** (順序・秩序などの) 取り違え, 混乱. **2** 取り違え.
tra・bu・ca・dor, do・ra [tra.βu.ka.ðór, -.ðó.ra] 囮 **1** 取り違える, 混乱する. **2** 混乱[困惑]させる. ━囲囡 間違いの多い人, 取り違える人.
tra・bu・cai・re [tra.βu.kái.re] 囲《史》(19世紀初め) らっぱ銃で武装したカタルーニャ人の反徒.
tra・bu・car [tra.βu.kár] 囮他 **1** 《順序・秩序などを》乱す, ごちゃごちゃにする (= desordenar, trastocar). **2** 混同する, 取り違える. **3** 《つづり・発音を》間違える. ━ ~・se 囲 **1** (つづり・発音を) 間違う (= confundirse). **2** 混乱する (= desordenarse). **3** (情報などを) 取り違える. **4** 《ラ米》《ｸﾞｧﾃﾏ》《話》困る, うんざりする.
tra・bu・ca・zo [tra.βu.ká.θo / -.so] 囲 **1** らっぱ銃の発射; らっぱ銃による負傷. **2** 思いがけない出来事, ショッキングな知らせ.
tra・bu・co [tra.βú.ko] 囲 らっぱ銃. ~ naranjero 口径の大きいらっぱ銃.
tra・ca [trá.ka] 囡 爆竹.
ser de traca 《話》驚くべきである, 印象的である.
trá・ca・la [trá.ka.la] 囡 《ラ米》《話》(1) 《ﾒｷｼｺ》《ﾌﾞｴﾝﾁ》わな, ぺてん. (2) 《ﾍﾞﾈｽﾞ》徒党. (3) 《ﾌﾟｴﾙﾄ》詐欺師.
tra・ca・la・da [tra.ka.lá.ða] 囡 《ラ米》《話》(1) 《ﾒｷｼｺ》わな, ぺてん. (2) 《ﾍﾟﾙｰ》群衆; 暴徒; 多数. (3) 《ｶﾘﾌﾞ》騒ぎ, 騒動.
tra・ca・le・ro, ra [tra.ka.lé.ro, -.ra] 囮 《ラ米》《ﾒｷｼｺ》《ｺﾛﾝﾋﾞ》《ﾌﾞｴﾝﾁ》《話》ずるい, 悪賢い, いかさまをする. ━囲囡 《ラ米》《ﾒｷｼｺ》《ｺﾛﾝﾋﾞ》《ﾌﾞｴﾝﾁ》《話》ずるい人, 悪賢い人, いかさま師, ぺてん師.
tra・ca・mun・da・na [tra.ka.mun.dá.na] 囡 《話》 **1** (安物の) 交換, 取り換え. **2** 騒乱, 騒ぎ.
trac・ción [trak.θjón / -.sjón] 囡 **1** 引くこと, 牽引(ｹﾝｲﾝ). ~ delantera [trasera, a las cuatro ruedas] 【車】前輪[後輪, 四輪] 駆動. **2** (ひも・綱・構築物などの) 牽引力[推力] 実験.
trace(-) / tracé(-) 囲 → trazar.
tra・ce・rí・a [tra.θe.rí.a / -.se.-] 囡 【建】(幾何学模様の) 狭間(ｻﾏ)飾り, トレサリー.
Tra・cia [trá.θja / -.sja] 囿名 トラキア: バルカン半島東部の古代トラキア地方. 現在はギリシャ領とトルコ領に分かれる. [←《ラ》Thrācia ←《ｷﾞ》Thráikē]
tra・cia・no, na [tra.θjá.no, -.na / -.sjá.-] 囮 囲 囡 → tracio.
tra・cio, cia [trá.θjo, -.θja / -.sjo, -.sja] 囮 《史》トラキアの, トラキア人[語]の. ━囲囡 トラキア人. ━囲 トラキア語: インド・ヨーロッパ語族の一つ.
tra・cis・ta [tra.θís.ta / -.sís.-] 囮 策略家の. ━囲囡 **1** 設計者; 製図家. **2** 策略家, 策士.
tra・co・ma [tra.kó.ma] 囲 【医】トラコーマ.
tra・co・ma・tis [tra.ko.má.tis] 囡 【医】トラコーマ症.
trac・to [trák.to] 囲 **1** 間(ｶﾝ), 間隔(ｶﾝｶｸ). **2** 【ｶﾄ】詠唱: ミサで連続して歌われる聖歌. **3** 【解剖】(器官の) 管, 道, (神経の) 索, 束路. ~ gastrointestinal 消化管. ~ intestinal 腸管.
trac・to・mu・la [trak.to.mú.la] 囡 《ラ米》《ｺﾛﾝ》大型トラック, トレーラー.
trac・tor, to・ra [trak.tór, -.tó.ra] 囮 牽引(ｹﾝｲﾝ)する. hélice *tractora* (飛行機の) 牽引プロペラ. ━囲 トラクター, 牽引車. ~ de orugas キャタピラ式トラクター.
trac・to・ra・da [trak.to.rá.ða] 囡 トラクターによるデモ.
trac・to・rar [trak.to.rár] 囮 → tractorear.
trac・to・re・ar [trak.to.re.ár] 囮 〈土地を〉トラクターで耕す.
trac・to・ris・ta [trak.to.rís.ta] 囲囡 トラクター運転者.
trad・er [tréi.ðer] 〖英〗囲囡 [複 ~s] トレーダー.

tra・di・ción [tra.ði.θjón / -.sjón] 囡 **1** 伝統, 慣例, 慣習, しきたり; (文芸・美術工芸などの) 伝統方式, 流儀. mantener la ~ 伝統を守る. romper con la ~ 伝統を打ち破る. seguir la ~ 伝統に従う. ~ artesanal 手工芸(品)の伝統[流儀]. El sigue muy aferrado a la ~. 彼はしきたりにとても固執している. **2** (慣習・文化・信仰などの) 伝承, 口伝, 言い伝え, 伝説. ~ popular 民間伝承. Hay miles de *tradiciones* sobre este tema. この話題に関しては数え切れないほどの言い伝えがある. **3** (財産の) 引き渡し, 移転.
[←《ラ》trāditiōnem (*trāditiō* の対格)「引き渡し; 伝達; 教育」(*trādere*「引き渡す; 伝える」より派生); 関連 tradicional. 〖英〗tradition]
tra・di・cio・nal [tra.ði.θjo.nál / -.sjo.-] 囮 伝統的な, 昔ながらの, 慣習的な; 伝統のある. gramática ~ 伝統文法. una familia ~ 昔気質(ｶﾞﾀ)の家族.
tra・di・cio・na・lis・mo [tra.ði.θjo.na.lís.mo / -.sjo.-] 囲 伝統(尊重)主義.
tra・di・cio・na・lis・ta [tra.ði.θjo.na.lís.ta / -.sjo.-] 囮 伝統主義の. ━囲囡 **1** 伝統主義者. **2** (19世紀のスペインの) カルリスタ carlista.
tra・di・cio・nal・men・te [tra.ði.θjo.nál.mén.te / -.sjo.-] 副 伝統的に.
trad・ing [tréi.ðin] 〖英〗囲 商業, 取引, トレーディング.

tra・duc・ción [tra.ðuk.θjón / -.sjón] 囡 **1** 翻訳, 通訳; 訳文, 翻訳書. Esta ~ me llevó casi un mes. この翻訳に約1か月かかった. ~ automática 自動翻訳. ~ del inglés al japonés 英語から日本語への翻訳. ~ directa (訳者の第一言語への) 翻訳. ~ inversa (訳者の第一言語からの) 翻訳. ~ literal 直訳. ~ libre 意訳. ~ simultánea 同時通訳.
2 翻訳作品, 翻訳書. una ~ de *Don Quijote*『ドン・キホーテ』の翻訳.
3 (テクストの) 解釈, 意味内容.
tra・du・ci・bi・li・dad [tra.ðu.θi.βi.li.ðáð / -.si.-] 囡 翻訳可能性.
tra・du・ci・ble [tra.ðu.θí.βle / -.sí.-] 囮 翻訳可能な, 別の言葉に言い換えできる.

tra・du・cir [tra.ðu.θír / -.sír] 37 囮 **1** 《de... (ある言語) から》《a... (他の言語) に》翻訳する, 訳す; 通訳する. ~ una novela *del* japonés *al* español 日本語からスペイン語に小説を翻訳する. ~ literalmente 直訳する. ~ simultáneamente 同時通訳する.
2 〈考えなどを〉〈言葉や態度で〉表現する;〈言葉・記号などを〉説明する, 解釈する. Él *tradujo* lo que dije como una ofensa. 彼は私の発言を侮辱と取った.
3 《en... …に》変える, 変化させる. El objetivo de este movimiento es ~ las buenas inten-

traductor

ciones *en* acciones concretas. この運動の目的は善意を具体的な行為にすることである.

— ~.se 再 **1** 《**en...** …に》(結果として)なる, 変化する. Muchas veces la ira *se traduce en* resentimiento. しばしば怒りは恨みへと変わる.

2 《3人称で》翻訳される; 解釈される. ¿Cómo *se traduce* esta frase? この文はどう訳しますか.
[←〔ラ〕*trādūcere* (*trāns*「向こうへ」＋ *dūcere*「導く」;「向こうへ導く」が原義). 関連 traducción]

*tra·duc·tor, to·ra [tra.ðuk.tór, -.tó.ra] 形 翻訳する. **—** 男 翻訳者, 訳者; 通訳(者). **~ jurado** 公認翻訳(通訳)官. **nota del ~** 訳者注.
— 男 〔ＩＴ〕翻訳プログラム[ルーチン].

traduj- 活 → traducir.

traduzc- 活 → traducir.

tra·e·dor, do·ra [tra.e.ðór, -.ðó.ra] 形 持って来る, 運ぶ. **—** 男 女 運ぶ人, 運搬人, ポーター.

***tra·er [tra.ér] 58 〔現分〕 es trayendo, 〔過分〕 es traído] 他 **1** 《**a**＋人 《人》に》…を持って来る; 《人を》連れて来る. *Trae* la llave. 鍵(‰)を持って来てよ. ¿*Nos trae* la cuenta, por favor? すみません, 会計をお願いします (▶ Nos が a＋人に相当). ¿Qué *nos trae* por aquí? 君はなんでこんなところにいるのか. Ella me *trajo* hasta casa. 彼女が私を家まで連れて来てくれた.

2 《**a...** 《場所》に》/ 《**a**＋人 《人》に》…をもたらす, 引き起こす. La música le *trajo* la tranquilidad. 音楽で彼〔彼女〕は心が落ち着いた (le が a＋人に相当). Tus palabras *traen* preocupaciones. 君の言葉で不安が募っている. Las cigüeñas *traen* buena suerte *a* las casas donde anidan. コウノトリは巣を作った家に幸運をもたらす.

3 〈衣類などを〉身につけている; 携行する; 〈感覚を〉持つ. por el asombro que *traía* en la mirada 彼〔彼女〕が驚きの目をしていたので. ¿Cuánto dinero *traes*? 君はいくらお金持っているの. ¿*Traes* hambre? 君はお腹がすいているの.

4 〈記事などを〉掲載している. La revista no *trae* nada sobre este asunto. 雑誌はこの件については何も掲載していない. **5** 《+形容詞およびその相当語句 …(の状態)に》する. Él ya *traía* la bufanda *puesta*. 彼はもうマフラーをつけていた. ¿Qué *traes* cargado a la espalda? 君は何を背中に背負っているのですか. ▶ 形容詞は目的語の性数に一致.

— ~.se 再 **1** 《よくないことを》たくらむ. Él *se trae* algo entre manos. 彼はなにかたくらんでいるぞ. **2** 持ちこむ, 連れてくる. Me he *traído* el ordenador. 私はパソコンを持ってきました. **3** 《スペイン》《**bien**〔**mal**〕を伴い》《悪い》身なり〔態度〕である.

traer a+人 a mal traer 〈人〉を振り回す; 翻弄する. Hay tres problemas que *nos traen a mal* ~. 私たちが困っている問題が3つある.

traer a+人 de acá a allá 〈人〉を奔走させる, 振り回す.

traer a+人 de cabeza 〈人〉を悩ませる, 〈人〉の頭痛の種である.

traer a+人 sin cuidado 〈人〉を無頓着にする. Le *traía* aquello *sin cuidado*. あのことには彼はまったく無頓着でした.

traer consigo... 〈ことが〉…を生む, 引き起こす. Las lluvias a veces *traen consigo* efectos negativos. 雨は時によってマイナス効果になります.

traerla floja a+人 〈俗〉〈人〉が全然気に留めない, 関知しない.

traerlos con... 《ラ米》《‰》《話》…に(ついて)ぶつかる

つ言う, 小言を言う.

traerle cuenta 《*a*＋人》〈人〉に好都合である, 味方する.

traérselas 〈問題などが〉(予想より)難しい, 手ごわい; 〈人が〉気難しい, 厄介な.
[←〔ラ〕*trahere*「引く, 引き寄せる」; 関連 tracción, tractor, atraer, tratar. 〔英〕*drag*「引っ張る」, *draw*「引く」, *traction*「牽引(法)」]

tra·fa·gar [tra.fa.ɣár] 100 自 **1** 忙しく動き回る, てんてこ舞いをする (= trajinar).
2 売買する, 商いをする. **3** 諸国を遍歴する.

trá·fa·go [trá.fa.ɣo] 男 大忙し, あわただしさ, てんてこ舞い (= trajín).

tra·fa·gue·ar [tra.fa.ɣe.ár] 自 《ラ米》《‰》忙しく動き回る, 駆けずり回る.

tra·fa·gar [tra.fa.ɣár] 男 綿芯(‰), 綿芯地.

Tra·fal·gar [tra.fal.ɣár] 固名 **Cabo de ~** トラファルガー岬: イベリア半島の南端, ジブラルタル海峡の北西部にある岬.
la batalla de Trafalgar トラファルガーの海戦: 1805年10月21日, トラファルガー岬の沖合で英国のネルソン提督がフランス・スペイン連合艦隊を破り, ナポレオンの英国侵攻を阻止した戦い.

tra·fi·can·te [tra.fi.kán.te] 形 密売する.
— 男 女 密売人; 商人. **~ de esclavos** 奴隷商人.

tra·fi·car [tra.fi.kár] 100 自 **1** 《**en...**／**con...**》を》取引する, 闇《‰》で交易する. **~ en** 《con》 *drogas* 麻薬の密売をする. **2** 《**con...**》…に》付け込む.

*trá·fi·co [trá.fi.ko] 男 **1** 《特に乗り物の》**交通(量)**, 往来. *multa de* ~ 交通反則金. *señal de* ~ 道路標識. *rodado* ~ 車の往来. Hay mucho ~ a estas horas. この時間帯の交通量はとても多い. Me paró un policía de ~. 交通巡査が私を引き留めた. **2** 商い, 取引, 交易; 《特に》不正取引, 密売. ~ *de armas* 武器の不正取引. **3** 流通. ~ *de divisas* 外貨の流通.

tráfico de influencias 権力の不正行使. [←〔伊〕*traffico*; 関連 traficar. 〔英〕*traffic*]

tra·ful·car [tra.ful.kár] 100 他 〈情報・考えを〉混同する, 変える.

tra·ga [trá.ɣa] 女 《ラ米》《‰》（1）強い恋愛感情. (2) 《話》〈人の〉魅力.

tra·ga·ba·las [tra.ɣa.bá.las] 男 女 《単複同形》《ラ米》ほら吹き, 空威張りする人.

tra·ga·bo·las [tra.ɣa.bó.las] 男 《単複同形》《遊》《人形の口の穴にボールを投げ込む》球投げゲーム.

tra·ga·can·to [tra.ɣa.kán.to] 男 《植》トラガカントゴムノキ; トラガカントゴム: 丸薬, 錠剤を固めたり, キャラミに張りを出すのに用いる.

tra·ga·de·ras [tra.ɣa.ðé.ras] 女 《複数形》《話》 **1** 《俗》のど元, のど; 食道. **2** 選り好みせずよく食べること. **3** 信じやすさ; お人よし, 寛大. *tener buenas ~* なんでもよく信じる; 何事もよく我慢する.

tra·ga·de·ro [tra.ɣa.ðé.ro] 男 《話》 **1** のど元, のど; 食道. **2** 吸い込み口〔穴〕. **3** 《まれ》《複数形》信じやすさ.

tra·ga·do, da [tra.ɣá.ðo, -.ða] 形 《ラ米》《‰》《話》夢中になる.

tra·ga·dor, do·ra [tra.ɣa.ðór, -.ðó.ra] 形 飲み込む; 大食いの.
— 男 大食漢, 食いしん坊 (= tragón).

tra·ga·hom·bres [tra.ɣa.óm.bres] 男 《単複同形》《話》空威張りする人 (= bravucón).

trá·ga·la [trá.ɣa.la] 男 [T-] 1820年ごろスペインの自由主義者たちが王制支持者を皮肉って歌った歌. ♦

T~ o muere ... という出だしで始まることから.
2 《意》に添わないことを認めさせること, 無理強い.
cantar el trágala a+人 禁止されたことを故意に破って〈人〉をばかにする.

tra·gal·da·bas [tra.gal.dá.βas] 男 女 《単複同形》《話》大食漢, 大食らい.

tra·ga·le·guas [tra.ga.lé.gwas] 男 女 《単複同形》《話》健脚家, 早足でよく歩く人 (= tragamillas).

tra·ga·llón, llo·na [tra.ga.ʝón, -.ʝó.|-.ʎón, -.ʎó.-] 形《ラ米》《´》《話》がつがつした, 大食らいの (= tragón).

tra·ga·luz [tra.ga.lúθ / -.lús] 男 [複 tragaluces] **1** 採光窓, 明かり取り（窓）; 天窓, 屋根窓. **2**《ラ米》《´》トロリーバス.

tra·ga·ma·llas [tra.ga.má.jas ‖ -.ʎas] 男 女 《単複同形》《話》→ tragaldabas.

tra·ga·mi·llas [tra.ga.mí.jas ‖ -.ʎas] 男 女 《単複同形》《スポ》長距離走者 [泳者].

tragaluz（採光窓）

tra·ga·mo·ne·das [tra.ga.mo.né.đas] 女 《単複同形》《ラ米》《´》→ tragaperras.

tra·ga·ta·da [tra.ga.tá.đa] 女 ごくんと飲み下すこと, 嚥下(えんか).

tra·gan·te [tra.gán.te] 形 飲み込む, 飲み下す, 飲み干す. — 男 **1** 飲み込む人[もの]. **2**《冶》(1)（溶鉱炉の）口. (2)（炉などの）煙道.

tra·gan·tón, to·na [tra.gan.tón, -.tó.na] 形 大食らいの (= tragón).

tra·gan·to·na [tra.gan.tó.na] 女 《話》**1** 大宴会; 大食いすること, 飽食. *darse una* ~ もりもり食べる (= comilona). **2** 無理に飲み込むこと. **3**（比喩的）無理に信じること.

tra·ga·pe·rras [tra.ga.pé.r̄as] 男 《または 女》《単複同形》スロットマシーン, ゲーム機; 自動販売機 (= máquina ~).

tra·gar [tra.gár] 103 他
1 飲み込む. *Usted tiene que* ~ *la pastilla*. 錠剤を飲まなければいけません. *El barco fue tragado por el mar*. その船は海に飲み込まれた. ▶ 再帰代名詞を伴って用いられることが多い. → 再 **1**.
2 我慢する. *No lo puedo* ~. やつとはやっていけない. **3**〈機械が〉〈燃料を〉消費[浪費]する. **4**《ラ米》《´》猛勉強する.
— 自 **1** 飲み込む. ~ *con dificultad* やっと飲み込む.
2 中に通す. *Este inodoro no traga*. この便器は詰まっている. **3**《話》提案を受け入れる.
— ~**·se** 再 **1** 飲み込む, がつがつ食べる; 吸い込む. *Mi perro se tragó el pedazo de carne sin masticarlo*. 私の犬は肉片をかまないで飲み込んだ.
2《話》信じ込む, うのみにする. *Se traga cuanto le dicen*. 彼[彼女]は言われたことはなんでも信じてしまう.
3《話》〈不快・侮辱等のことを〉甘受する, 我慢する (= sufrir). ~*se su insulto [desplante]* 彼[彼女]の侮辱[横柄な態度]に耐える.

tragaperras（スロットマシーン）

4 気づかれないようにする. ~*se el dolor* 痛くないふりをする. ~*se las lágrimas* 涙を隠す.
5〈人・ものが〉身を隠す. *Parece que a Juan se lo tragó la tierra*. フアンは神隠しにでもあったようだ. **6**《話》最後までやり終える. **7**〈障害物〉にぶつかる. **8**《ラ米》《´》《話》ほれる.
tragar el anzuelo
tragar saliva [bilis, quina]《話》〈怒り・憤りなどを〉黙ってこらえる.
tragársela《話》〈怒り・不快なことを〉腹の中でぐっとこらえる.

tra·ga·sa·bles [tra.ga.sá.βles] 男 女 《単複同形》剣を飲み込む軽業師.

tra·ga·san·tos [tra.ga.sán.tos] 男 女 《単複同形》《話》極端に信心深い人;《軽蔑》信心家ぶった人.

tra·ga·ve·na·do [tra.ga.βe.ná.đo] 男（または 女）《ラ米》《´》《動》コモンボア.

tra·ga·vi·no [tra.ga.βí.no] 男（主にワイン用の）漏斗(ろうと).

‡**tra·ge·dia** [tra.xé.đja] 女 **1**《演》悲劇; 悲劇作品 (↔comedia). *una* ~ *de García Lorca* ガルシア・ロルカの悲劇作品. **2** 悲劇的な事件, 惨事, 痛ましい出来事. *parar [terminar] en* ~ 悲惨な結果となる. *¡Qué* ~! なんて不幸な出来事なんだ.
[← [ラ] *tragoediam* (*tragoedia* の対格) ← [ギ] *tragōidía* (*trágos*「雄ヤギ」+ *ōidḗ*「歌」+ 名詞語尾;「雄ヤギの歌」が原義)［関連］*tragico, tragicomedia*.［英］*tragedy*]

‡**trá·gi·co, ca** [trá.xi.ko, -.ka] 形 **1** 悲劇の. *la representación trágica* 悲劇の上演.
2《+名詞 / 名詞+》悲劇的な, 悲惨な, 無惨な. *El tuvo una muerte trágica*. 彼は悲惨な最期を遂げた. *He visto un* ~ *accidente ayer*. 私は昨日悲惨な事故を目の当たりにしました.
3〈ser + / estar +〉《話》〈人が〉悲観的な.
— 男 女 **1** 悲劇作家 (= autor ~, autora *trágica*).
2 悲劇俳優 (= actor ~, actriz *trágica*).

tra·gi·co·me·dia [tra.xi.ko.mé.đja] 女 **1** 悲喜劇. *T*~ *de Calisto y Melibea*『カリストとメリベアの悲喜劇』（通称 *La Celestina*）.
2（人生の）悲喜劇, 泣き笑い.

tra·gi·có·mi·co, ca [tra.xi.kó.mi.ko, -.ka] 形 悲喜劇の; 悲喜劇的な, 泣き笑いの.

‡**tra·go¹** [trá.go] 男 **1** ひと口で飲める量, 少量の液体; ごくんと飲むこと, ひと口で飲むこと. *echar un* ~ *de vino* ワインを一杯飲む. *beber de un* ~ 一気に飲み干す.
2 酒; 飲酒. *Echemos un* ~. 一杯やろうじゃないか. *ser aficionado al* ~ 酒飲みである.
3《話》逆境, 不幸. *pasar un* ~ *amargo* 逆境に陥る, 不幸な目に遭う. *Fue un mal* ~. 苦労した, つらいことだった, 不幸[不運]な出来事だった.
4 苦悩, 悲嘆. **5**《ラ米》《話》強い酒, 火酒.
a tragos 少しずつ. *beber a* ~s ちびりちびり飲む.
sacar trago《ラ米》《´》《話》得をする.

tra·go² [trá.go] 男《解剖》耳珠(じじゅ).

tra·gón, go·na [tra.gón, -.gó.na] 形《話》大食らいの, がつがつ食う. — 男 女 大食漢.

tra·go·ne·ar [tra.go.ne.ár] 自《話》大食いする.

tra·go·ne·rí·a [tra.go.ne.rí.a] 女《話》大食らい.

trague(-) / tragué(-) 活 → tragar.

tra·gue·ar [tra.ge.ár] 自《ラ米》《話》(1)《´》酒を飲む. (2)《´》酔う, 酔っ払う.
— ~**·se** 再《ラ米》《´》《´》《´》酔っ払う.

traición

traición [trai.θjón / -.sjón] 囡 **1** 裏切り, 不実, 背信(行為). hacer ~ a... …を裏切る.
2 反逆, 反逆罪. alta ~(国家などに対する)反逆罪. *a traición* だまし打ちで, 不意打ちで, 卑劣にも.
[←[中ラ] *trāditiōnem* (*trāditiō* の対格)「引き渡し; 伝達; 教育」(→ tradición); *trādere*「引き渡す; 裏切る」より派生; [関連] traicionar, traicionero, traidor. [英] *treason*「裏切り」, *betray*「裏切る」]

trai·cio·nar [trai.θjo.nár, -.sjo.-] 他 **1** 裏切る, 反逆する. ~ a su patria 祖国を裏切る.
2 敗因となる, 足を引っ張る. Le *traicionó* su falta de experiencia. 経験不足が彼の失敗の原因だった.
3 暴く, ばらす. Su rostro *traicionó* sus intenciones. その顔つきで意図がわかった.
4 不倫する (= engañar).

trai·cio·ne·ro, ra [trai.θjo.né.ro, -.ra / -.sjo.-] 形 **1** 裏切りの, 不実な, 背信の (= traidor). **2** 暴く, ばらす. **3** 失敗の元となる.
— 男 囡 裏切り者, 不実な者, 背信者; 反逆者.

traí·do, da [tra.í.ðo, -.ða] 形 **1** 持って来た, もたらされた. **2** 《estar+》《話》着古した, 使い古した. un traje muy ~ くたびれた背広.
— 男 《ラ米》(グア)土産, プレゼント.
— 囡 持ち込み, 運び入れ. canal de *traída* 導水路. *traída* de aguas 送水, 給水.
traído y llevado 使い[言い]古された; 陳腐な, 平凡な.

trai·dor, do·ra [trai.ðór, -.ðó.ra] 形 **1** 裏切り(者)の, 反逆の, ふた心のある, 不誠実な, 忠実でない. **2** 予想に反して攻撃的な[強い]. **3** 暴く, ばらす. **4** 〈馬などが〉反抗的な, 手に負えない.
— 男 囡 裏切り者, 反逆者, 売国奴; 背信者, 不実者. Traductor es ~. 《諺》翻訳者は裏切り者(翻訳に誤訳は避けられない).
[←[ラ] *trāditōrem* (*trāditor* の対格)「裏切り者; 教師」(*trādere*「引き渡す; 裏切る」の派生語); [関連] traición. [英] *traitor*]

trai·do·ra·men·te [trai.ðó.ra.mén.te] 副 裏切って.

traig- 活 → traer.

trail [tréil] 男 トレイルバイクで走ること.

trail·er / tráil·er [trái.ler] 男 [英][複 ~s, ~es / ~es] **1** トレーラー.
2 《映》予告編.

tra·í·lla [tra.í.ja ‖ -.ʎa] 囡 **1** (犬をつなぐ)革ひも, 引き綱. **2** (革ひもでつながれた)犬の群れ[つがい]. **3** 《農》地ならし機, スクレーパー; 馬・トラクターで引かせて地ならしをする道具.

trai·llar [trai.jár ‖ -.ʎár] 88 他 〈地面を〉水平にする, 平らにする; 地ならしをする.

traí·na [tra.í.na] 囡 (イワシなどの)地引き網, 底引き網.

trai·ne·ra [trai.né.ra] 囡 **1** トロール船; イワシ漁船. **2** (ボートレース用の)ボート.

train·ing [tréi.nin] 男 [英] **1** → entrenamiento. **2** 研修, 実習期間.

traí·ña [tra.í.na] 囡 (イワシ漁の大規模な)引き網.

traj- 活 → traer.

Tra·ja·no [tra.xá.no] 固名 トラヤヌス Marco Ulpio ~: ローマ皇帝 (在位98-117). ヒスパニアのItálica出身で五賢帝のひとり. [←[ラ] *Trājānus*]

tra·ja·no, na [tra.xá.no, -.na] 形 トラヤヌス帝の. Columna *Trajana* (ローマにあるダキア Dacia に対する戦勝記念の)トラヤヌス帝の円柱.

tra·je¹ [trá.xe] 活 → traer.

tra·je² [trá.xe] 男 **1** 服, 洋服, 衣服. ~ a la medida 注文服. ~ de baño 水着. ~ de bombero 消防服. ~ de casa 普段着, 部屋着. ~ de calle 外出着. ~ de ceremonia [etiqueta] 礼服. ~ de luces 《闘牛》闘牛士の(きらびやかな)衣装.

[関連] 衣服・服飾のいろいろ : abrigo オーバーコート. americana / 《ラ米》 saco 替え上着, ブレザー. bufanda マフラー. calzones / pantalones cortos 半ズボン. corbata ネクタイ. chaqueta 上着. chaleco ベスト, チョッキ. chaqueta de punto カーディガン. el vestido de dos [tres] piezas ツー[スリー]ピース. estola de pieles 毛皮の襟巻き. falda スカート. falda plisada プリーツスカート. gabardina (ダスター). impermeable レインコート. jersey / suéter セーター. levita 燕尾(び)服, モーニング. minifalda ミニスカート. pantalones ズボン, パンツ. 《ラ米》 (pantalones) vaqueros [tejanos] ジーンズ(のズボン). pañuelo スカーフ. smoking タキシード. terno 三つぞろい. trinchera トレンチコート. vestido de estar en casa 家庭着.

2 (男性用の)スーツ, 背広上下; 三つ揃い, スリーピース; (女性用の)スーツ. ~ corto 丈の短い上着と細いズボンからなる衣装. ~ cruzado (ダブル)スーツ. ~ pantalón (女性用の)パンツスーツ. ~ sastre [de chaqueta] (女性用の)スーツ.
3 (女性用の)ドレス. ~ de cóctel カクテルドレス. ~ de noche 夜会服, イブニングドレス. ~ de novia ウエディングドレス. **4** (時代・地域・集団を特徴づける)服装, 民族衣装. ~ regional 地方の衣装. ~ típico de Cataluña カタルーニャの典型的な衣装.
cortar un traje a... 《話》…のうわさをする.
[←[古スペイン]「服装」←[ポルトガル] *traje*「身なり, 服装」; [古ポルトガル] *trager*「運ぶ; 身に着ける, 着る」(←[ラ] *trahere*「引っ張る」; → traer)より派生]

tra·je·a·do, da [tra.xe.á.ðo, -.ða] 形 **1** 《話》 bien [mal] ~ 身なりのよい[悪い]. **2** 盛装した.

tra·je·ar [tra.xe.ár] 他 〈服を〉着せる, 衣裳をあてがう, 盛装させる. — ~·se 再 〈服を〉着る, 盛装する.

tra·jín [tra.xín] 男 **1** 分割して配送[配達, 運搬]すること. **2** 《話》仕事; 雑用, 雑事; (仕事で)せわしく動き回ること, 奔走. el ~ cotidiano 日課. el ~ de la casa 家事.

tra·ji·nan·te [tra.xi.nán.te] 形 配達の, 運搬の.
— 男 囡 **1** 配達人, 運送業者. **2** 《話》せわしない人.

tra·ji·nar [tra.xi.nár] 自 **1** 奔走する, 忙しく動き回る; あくせく働く, 精を出す. **2** 《ラ米》(1)《(ケ)》《話》だます, ごまかす. (2) 《(ケ)》検査する, 調べる.
— (·se) 他 囮 《俗》《軽蔑》性交する (= tirarse).

tra·ji·ne·rí·a [tra.xi.ne.rí.a] 囡 運送, 配送.

tra·ji·ne·ro, ra [tra.xi.né.ro, -.ra] 形 囮 《まれ》運送人, 配達人.

tra·ji·nis·ta [tra.xi.nís.ta] 男 囡 《ラ米》(ミチョ) 《(グア)》《話》お節介, 出しゃばり, 詮索(な)好きの人.

tra·lla [trá.ja ‖ -.ʎa] 囡 **1** (鞭(t)の先の)革ひも, 鞭. **2** 綱, ロープ. **3** (魚をすくう)たも網.

tra·lla·zo [tra.já.θo ‖ -.ʎá.- / -.so] 男 **1** 鞭(ち)打ち (= latigazo); 鞭の音 (= chasquido). a ~s 鞭で

浴びせて. **2** 《話》《スポ》(サッカー) 強いキック.

*tra·ma [trá.ma] 囡 **1** (織物の) **横糸**；(横糸に用いる) 絹の糸. **2** (小説・劇などの) 筋, 構想. ~ novelesca 小説の筋立て. **3** 陰謀, 策略, たくらみ. ligar una ~ 策略を巡らす. **4** 《生物》網状組織. **5** 《TV》走査線. **6** 《写》(写真製版用の) 網目スクリーン. **7** (オリーブの) 開花.

tra·ma·do [tra.má.ðo] 男 《写》網目スクリーン.

tra·ma·dor, do·ra [tra.ma.ðór, -.ðó.ra] 形 織る. 男囡 織り手, 織工.

*tra·mar [tra.már] 他 **1 たくらむ**, 画策する. ¿Qué *estás tramando*? 何をたくらんでいるんだ. **2** (複雑なものを) 整理する. **3** 《美》(映像を) 網目スクリーンにかける. **4** 横糸を通す, 織る.
— 自 (オリーブの) 花が開く, 咲く.

tram·bu·car [tram.bu.kár] 自 《ラ米》(ﾌﾞﾗｼﾞﾙ)(ｺﾞｽﾀﾘｶ)難破[難航]する；理性を失う.
— ~(·se) 自 再 《ラ米》(ｺﾞｽﾀﾘｶ)《まれ》(1) 埋没する. (2) 倒れる, 傾く, (光の) 口先のれんを踏まえる.

tram·bu·que [tram.bú.ke] 男 《ラ米》(ﾌﾞﾗｼﾞﾙ) 難破.

trá·mil [trá.mil] 形 《ラ米》(ﾁ) 足の弱い, 足が不自由な；のろまな, へまな.

tra·mi·lla [tra.mí.ja ‖ -.ʎa] 囡 麻ひも.

tra·mi·ta·ción [tra.mi.ta.θjón / -.sjón] 囡 **1** 手続き, 手順. ~ para obtener la beca 奨学金を得るための手続き. **2** 処置, 処理. ~ de los documentos 書類の処理.

tra·mi·tar [tra.mi.tár] 他 **1** 手続きをする[取る]. ~ SU pasaporte パスポート取得の手続きをする[申請する]. **2** 処理する, 処置する.

*trá·mi·te [trá.mi.te] 男 (正規の) **手続き**, 手順；処置, 処理；《法》訴訟手続き (= diligencia). Hay que hacer muchos ~s para conseguir el permiso. 許可を得るには多くの手続きを踏まねばならない. ~ de aduana / ~ en la aduana 税関手続き.

*tra·mo [trá.mo] 男 **1** (道路・鉄道・運河などの一定の) **区間**；区域, 地区. **2** (踊り場と踊り場の間の) 一続きの階段. **3** 分割したもの[期間], ひと区切り. **4** 《ラ米》(ﾒ)たんす[戸棚]の各棚.

tra·mo·jo [tra.mó.xo] 男 《ラ米》(ﾒ*)動物の頭が下がらないようにするために首につける棒.

tra·mon·ta·na [tra.mon.tá.na] 囡 **1** 北 風. **2** 北側, 北部. **3** うぬぼれ；驕(おご)り.

tra·mon·ta·no, na [tra.mon.tá.no, -.na] 形 山の向こうの, 山の向こう側の.

tra·mon·tar [tra.mon.tár] 自 (太陽が) 山の向こう側に沈む[隠れる].
— 他 山の向こう側に逃げるのを助ける[逃がしてやる]. — ·se 再 山の向こう側に逃げる.

tra·mo·ya [tra.mó.ja] 囡 **1** 仕掛け, 趣向；《演》舞台の仕掛け, 舞台機構. una fiesta con mucha ~ 趣向に富んだ[華やかな]パーティー.
2 たくらみ, 策略. **3** 隠し事.

tra·mo·yar [tra.mo.jár] 他 《ラ米》(ｺﾞｽﾀﾘｶ)(ｸﾞｱﾃ)(ﾆｶ)《話》だます, ぺてんにかける, 言いくるめる.

tra·mo·ye·ro, ra [tra.mo.jé.ro, -.ra] 形 《ラ米》(ｺﾞｽﾀﾘｶ)(ｸﾞｱﾃ)(ﾆｶ) だます, ずるい.

tra·mo·yis·ta [tra.mo.jís.ta] 男囡 **1** 《演》舞台係, 裏方, 道具方. **2** 詐欺師, ぺてん師.
形 詐欺師の, ぺてん師の.

tramp [trámp] 《英》男 不定期貨物船.

*tram·pa [trám.pa] 囡 **1** (鳥獣を捕らえる) **わな**. poner una ~ わなを仕掛ける. ~ explosiva 《軍》仕掛け地雷, 偽装爆弾.

2 《比喩的》わな, 策略. caer en la ~ わなにはまる, かつがれる. hacer ~ 陥れる, だます.
3 (床などの) 跳ね上げ戸, 落とし戸, (カウンターの) あげ板；(甲板の) ハッチ, 倉口.
4 (賭博(とばく)で) いかさま. ganar con ~s いかさまで勝つ. hacer ~s en el juego 賭(かけ)け事でいかさまをする. **5** 不正 (行為). ~ fiscal 脱税. **6** (ズボンの) ボタン[ファスナー] 隠し, フライ. **7** (返済の遅れた) 借金. ~ adelante 借金に明け暮れて.
[← 《古スペイン》「どんでん返しの床板」；語源不詳；[関連] tramposo, entrampar, trampolín]

tram·pan·to·jo [tram.pan.tó.xo] 男 《話》錯覚；(手品のような) トリック, ごまかし. dejarse engañar por un ~ ごまかされる.

tram·pe·a·dor, do·ra [tram.pe.a.ðór, -.ðó.ra] 形 《話》**1** (金を) だまし取る, 詐取の；いかさまの. **2** 苦境を切り抜けた. — 男 《話》**1** 詐欺師, いかさま師. **2** 苦境を切り抜ける人.

tram·pe·ar [tram.pe.ár] 自 《話》**1** 借金暮らしをする；だまし借りする. **2** (ﾗﾃﾝ) 切り抜ける, なんとかやっていく. El partido del gobierno *trampeó* en las últimas elecciones. 与党はこの前の選挙をなんとか切り抜けた. — 他 だます, だまし取る, 詐取する.

tram·pe·rí·a [tram.pe.rí.a] 囡 詐取, 詐欺, ぺてん, いかさま.

tram·pe·ro, ra [tram.pé.ro, -.ra] 男囡 **1** わなを仕掛ける人, 猟師. **2** 《ラ米》(ｺﾞｽﾀﾘｶ)(ｸﾞｱﾃ)(ﾒｷｼ)→ tramposo. **3** 《ラ米》(ｺﾞｽﾀﾘｶ) (捕鳥用の) わな.

tram·pi·lla [tram.pí.ja ‖ -.ʎa] 囡 **1** (下階を見るための床の) 跳ね上げ戸, 落とし戸.
2 (ズボンの) ボタン[ファスナー] 隠し, フライ.

tram·pis·ta [tram.pís.ta] 形 男囡 → tramposo.

tram·po·lín [tram.po.lín] 男 **1** 《スポ》(水泳の) 飛び板；踏み切り板, 跳躍台；(スキー・水上スキーの) ジャンプ台；トランポリン. salto de ~ 飛び板飛び込み. **2** (成功のための) ステップ, (出世の) 踏み台.

tram·po·se·rí·a [tram.po.se.rí.a] 囡 詐欺, ぺてん, ずる.

tram·po·so, sa [tram.pó.so, -.sa] 形 **1** (賭(かけ)事・ゲームなどで) いかさま[ごまかし]の, いんちきをする. jugador ~ いかさま賭博(とばく)師. **2** だまし借りする.
— 男囡 (トランプなどの) いかさま師, いんちきする人.

tran *al tran tran* (1) 《話》ゆっくりと慎重に.
(2) 《話》深く考えずに.

tran·ca [trán.ka] 囡 **1** 棒, こん棒 (= estaca, garrote). **2** (戸・窓の) 横木, かんぬき. **3** 泥酔 (= borrachera, cogorza, mona). coger una ~ 《話》酔っ払う. **4** 《俗》陰茎. **5** 《ラ米》(1) (ｺﾛﾝ)(銃の) 安全装置. (2) (ﾎﾞﾘ)《話》金詰り, 銭. (3) (ｺﾛﾝ)交通渋滞. (4) (ｱﾙｾﾞﾝ)《俗》酒飲い. (5) 木戸 (口). (6) 《遊》(ドミノ) ゲームを終了させる一手.
a trancas y barrancas やっとのことで, どうにかこうにか.

tran·ca·da [traŋ.ká.ða] 囡 **1** 大股(おおまた)で歩くこと, ひとまたぎ. **2** 《ラ米》(ｺﾞｽﾀﾘｶ)(ﾆｶ)《スポ》トリッピング. (2) (ｺﾛﾝ) 叱りつけ, 叱責, けんか.
en dos trancadas すぐに, 瞬く間に.

tran·ca·do, da [traŋ.ká.ðo, -.ða] 形 《ラ米》《話》(1) (ｺﾛﾝ)(人が) 厳しい, きつい. (2) (ｶﾘﾌﾞ)困難に陥っている. (3) (ｶﾘﾌﾞ)便秘をしている.

tran·ca·hí·lo [traŋ.ka.í.lo] 男 (糸・ロープの) 結び目.

tran·ca·nil [traŋ.ka.níl] 男 《海》梁(はり)圧材, ウォーターウエー：甲板と舷側(げんそく)が接する辺縁の補強材.

tran·car [traŋ.kár] 他 **1** 〈戸・窓に〉 かんぬきを

かける (= atrancar). **2** 《ラ米》(1) 《ブラ》《話》《スポ》〈相手の足を〉引っ掛ける. (2) 《エク》中断する, 妨げる. (3) 《コブ》《話》きつく叱る, とがめる.
— 自 大股で歩く, 闊歩する.
— ~·se 再 《ラ米》《話》(1) 《コス》《エク》《メヒ》酔っ払う. (2) 《メヒ》《ブラ》便秘になる.

tran·ca·zo [traṇ.ká.θo / -.so] 男 **1** 《話》こん棒での殴打 (= estacazo). a ~s こん棒でたたいて.
2 《話》インフルエンザ, 流行性感冒 (= gripe). coger un ~ 流感にかかる.

***tran·ce** [trán.θe / -.se] 男 **1** 危機; 苦境, 窮地 (= aprieto, apuro). sacar a+人 de un ~ 〈人を〉苦境から救い出す. Salió de ~. 彼[彼女]は難局を脱した[切り抜けた]. puesto en tal ~ 危機にさらされた. **2** (霊媒師の)トランス状態, 催眠状態, 恍惚(ミミョ), 失神. **3** 臨終. **4** 《法》(動産)差し押さえ, 押収.
a todo trance 何があろうとも, どんな犠牲を払っても.
el último [mortal, postrer] trance / el trance mortal [postrero] 臨終, 最期, 今際(なま)のきわ.

tran·cha [trán.tʃa] 女 (ブリキの縁加工用の)小型金敷.

tran·che·te [tran.tʃé.te] 男 (靴職人の)革切りナイフ.

tran·cho [trán.tʃo] 男 《魚》カタボシイワシ.

tran·co [tráṇ.ko] 男 **1** 大股(髭), 闊歩(皆); 跳躍, 飛躍 (= trancada, zancada).
2 敷居 (= umbral).
a trancos 大股で; あわてふためいて, あたふたと.
en dos trancos たちまち, 瞬く間に.

tran·cón [traṇ.kón] 男 《ラ米》《コブ》交通渋滞.

tran·ga·llo [traṇ.gá.ʝo / -.ʎo] 男 (猟犬が頭を下げないように首につける)棒.

tran·que·ar [tran.ke.ár] 自 《話》**1** 大股(芳)で歩く, 闊歩(皆)する. **2** 棒をてこにして動かす.

tran·que·ra [traṇ.ké.ra] 女 **1** 柵(ま), 矢来.
2 《ラ米》(柵状の)戸, (柵・塀に付けられた)戸口, 木戸.

tran·que·ro [traṇ.ké.ro] 男 **1** 《建》楣(ま)石; 窓・出入り口の上の横石. **2** 《ラ米》《建》楣石(ま). → tranquera. (2) 《ブラ》《まれ》柵(ま)の見張り.

tran·quil [traṇ.kíl] 男 《建》下げ振り線[糸]; 鉛直線, 垂直線.
arco por tranquil 《建》ランパント[段違い]アーチ. → arco.

tran·qui·la [traṇ.kí.la] 形 → tranquilo.

tran·qui·lar [traṇ.ki.lár] 他 **1** (帳簿などに)検印を付ける, 照合する. **2** 安心させる; 心を鎮める (= tranquilizar). — ~·se 再 安心する, 平静になる (= tranquilizarse).

tranquilicé(-) / tranquilicé(-) 活 → tranquilizar.

***tran·qui·li·dad** [traṇ.ki.li.ðáð] 女 **1** 静けさ, 静寂; 平穏. ~ de la noche 夜の静けさ. disfrutar de la ~ del mar 穏やかな海を満喫する.
2 (人の)落ち着き, 平静. perder su ~ 落ち着きを失う. → despacio [類語].
para mayor tranquilidad 念のため. Llamaremos al médico *para mayor* ~. 大事をとって医者を呼ぼう.

tran·qui·li·no, na [traṇ.ki.lí.no, -.na] 形 《ラ米》《チリ》《話》酒に酔った.

tran·qui·li·za·ción [traṇ.ki.li.θa.θjón / -.sa.sjón] 女 不安の緩和.

tran·qui·li·za·dor, do·ra [traṇ.ki.li.θa. ðór, -.ðó.ra / -.sá.-] 形 安心させる, 落ち着かせる. una sonrisa *tranquilizadora* 心和ませる笑顔.

tran·qui·li·zan·te [traṇ.ki.li.θáṇ.te / -.sáṇ.-] 形 落ち着かせる; 鎮静させる. pastillas ~s 鎮静剤. — 男 《医》精神安定剤, トランキライザー.

***tran·qui·li·zar** [traṇ.ki.li.θár / -.sár] 97 他 〈人を〉落ち着かせる, 〈人の〉心を鎮める. Me *tranquiliza* hablar contigo. 君と話すと落ち着く. Traté de ~lo de una u otra forma. 私は何とか彼をなだめようとした. **2** 〈心・感情などを〉鎮める; 穏やかにする. ~ la conciencia 良心の痛みを軽くする.
— ~·se 再 **1** (人が)落ち着く, 平静になる. *Tranquilícese*, que esto se resuelve pronto. すぐに解決するので落ち着いてください. **2** 静まる; 穏やかになる. Se fue *tranquilizando* el mar. 海の荒れは収まっていった.

tran·qui·lla [traṇ.kí.ʝa / -.ʎa] 女 **1** 掛け金, 留めピン, 差し釘(禿). **2** 《話》(相手に本心を言わせるために)掛けるかま, さぐり.

tran·qui·llo [traṇ.kí.ʝo / -.ʎo] 男 《話》要領, こつ. coger [dar con] el ~ こつを覚える, 要領を飲み込む.

***tran·qui·lo, la** [traṇ.kí.lo, -.la] 形
1 《ser+ / estar+》
(1) 《+名詞 / 名詞+》穏やかな, 平穏な. las *tranquilas* aguas del lago 静かな湖水. pasar unas vacaciones *tranquilas* のんびりした休暇を過ごす. El mar *está* hoy ~. 今日の海は穏やかだ. (2) 《多くは名詞+》物静かな, おっとりした, 落ち着いた. responder con (un) tono ~ 物静かな口調で答える. Mi nieto es un niño ~. 私の孫はおとなしい子だ. Hoy *está tranquila* mi niña. 今日うちの子はおとなしい. (3) 平然とした, 平気な, 冷静な. *Es* muy ~ aun cuando tiene problemas. 彼は問題を抱えているときでさえ冷静だ.
2 《estar+》(心が)安らかな, 安心した, 心配のない. Podremos dormir ~s a partir de esta noche. 今晩からは安眠できるだろう.
3 《+名詞 / 名詞+》《ser+ / estar+》静かな, 閑静な. La calle *está tranquila* a estas horas. この時間になると通りも静かだ. una *tranquila* zona residencial / una zona residencial *tranquila* 閑静な住宅街.
4 《間投詞的に》大丈夫, 心配しないで (► もっと口語的には tranqui). Tú, ~, que todo saldrá bien. 心配するな, すべてうまくいくさ.
5 良心に恥じるところがない. ¿Por qué vas a dimitir si tienes la conciencia *tranquila*? やましいところがないならどうして君は辞めるのだ.
— 男 女 おっとりした人, 鷹揚(雰)な人, のん気者.
dejar tranquilo a+人 〈人〉をそっとしておく. Déjame, ~, que me duele la cabeza. そっとしておいてよ, 頭痛なんだから.
Estate [estese] tranquilo. 落ち着きなさい. Estate *tranquila*, niña. Todavía queda tiempo. 落ち着いて, まだ時間はあるよ.
respirar tranquilo ほっとする, 安堵(於)の胸をなでおろす. Respiran ~s porque esperaban fugas de votos. 票が逃げると予想していたので, 彼らはほっとしている.
[←［ラ］*tranquillum* (*tranquillus* の対格)) 〔関連〕tranquilidad, tranquilizar. 〔英〕*tranquil*. 〔日〕トランキライザー〕

tran·qui·za [traṇ.kí.θa / -.sa] 女 《ラ米》《コブ》《メヒ》《話》殴打.

trans- 《接頭》「…を越えて,横切って,…の向こうに,別の状態へ」の意. ⇒ *trans*atlántico, *trans*currir, *trans*formar, *trans*parente.▶異形 tra-, tras-.
[←[ラ]]

tran·sa [trán.sa] 囡《ラ米》(33)《話》非合法取引.

trans·ac·ción [tran.sak.θjón / -.sjón] 囡 **1**《商》取引,売買;協定,契約. ~ comercial 商取引. **2** 妥協,譲歩,互譲(= transigencia). llegar a una ~ 折り合いがつく.

trans·ac·cio·nal [tran.sak.θjo.nál / -.sjo.-] 形 妥協的な,譲歩する;取引の,協定の.

trans·al·pi·no, na [tran.sal.pí.no, -.na] 形(イタリアから見て)アルプスの向こう側の,アルプスを越える.

trans·a·mi·na·sa [tran.sa.mi.ná.sa] 囡《生化》アミノ基転移酵素,トランスアミナーゼ.

trans·an·di·no, na [tran.san.dí.no, -.na] 形 アンデスの向こう側の,アンデス横断の.

tran·sar [tran.sár] 自《ラ米》[妥協]する;商取引する;契約を破棄する.

trans·at·lán·ti·co, ca [tran.sa*t*.lán.ti.ko, -.ka / -.sa.tlán.-] 形 **1** 大西洋の向こう側の. los países ~s (スペインから見て)南北アメリカ諸国. **2** 大西洋を越える[横断する]. ━ 男 大型客船.

trans·bor·da·dor, do·ra [trans.bor.ða.ðór, -.ðó.ra] 形 乗り換え用の,積み換え用の. puente ~ 運搬橋(人や貨物を台に載せ岸から岸へ運搬する装置). ━ 男 **1** フェリー(ボート),渡し船,連絡船;(乗り換え用)シャトルバス;スペースシャトル(= ~ espacial). ~ aéreo 空中ケーブルカー. ~ de ferrocarril 鉄道フェリー,鉄道連絡船. ~ funicular ケーブルカー. ~ para coches カーフェリー. **2**《鉄道》転車台:機関車などの向きを変える台.

trans·bor·dar [trans.bor.ðár] 他 (乗客・貨物を)他の船・列車に)移し替える,積み換える. ━ ~(·se) 自 再 乗り換える,乗り継ぐ.

trans·bor·do [trans.bór.ðo] 男 移し替え,積み換え;(列車・船・飛行機の)乗り換え,乗り継ぎ. hacer ~ 乗り換えをする.

Trans·cau·ca·sia [trans.kau.ká.sja] 固名 トランスコーカシア,ザカフカス:カフカス山脈の南のグルジア・アルメニア・アゼルバイジャンの3共和国のある地方.

trans·cen·den·cia [trans.θen.dén.θja / -.sen.-.sja] 囡 → trascendencia.

trans·cen·den·tal [trans.θen.den.tál / -.sen.-] 形 → trascendental.

trans·cen·den·ta·lis·mo [trans.θen.den.ta.lís.mo / -.sen.-] 男《哲》→ trascendentalismo.

trans·cen·den·te [trans.θen.dén.te / -.sen.-] 形 → trascendente.

trans·cen·der [trans.θen.dér / -.sen.-] 12 他 自 → trascender.

trans·cen·di·do [trans.θen.dí.ðo / -.sen.-] 男《ラ米》(33)→ trascendido.

trans·con·ti·nen·tal [trans.kon.ti.nen.tál] 形 大陸横断の. ferrocarril ~ 大陸横断鉄道.

*****trans·cri·bir** [trans.kri.bír] 75 他 [過分]は transcrito] **1** 書き写す,筆写する;《en...》(他の言語)に)転写する,書き換える. *Transcribió* el texto griego *en* caracteres latinos. 彼[彼女]はギリシア語の原文をラテン文字に書き換えた. **2**〈演説などを〉筆記する. **3**〈テキストを〉音声記号に書き換える. **4**〈楽曲を〉(別の楽器用に)編曲する. **5**〈感情などを〉文字で表す,描出する.

trans·crip·ción [trans.krip.θjón / -.sjón] 囡 **1** 筆写,書写,転写,書き換え;(音声テキストなどの)筆記. **2** 転写されたもの,写し,コピー. **3**《音楽》編曲. *transcripción fonética*《言》音声表記. *transcripción fonológica*《言》音素表記.

trans·crip·to, ta [trans.krí*p*.to, -.ta] 形 **1** 筆写された,転写された. **2** 編曲された.

trans·crip·tor, to·ra [trans.kri*p*.tór, -.tó.ra] 形 転写[筆写]する,編曲する. ━ 男《機》転写機.

trans·cri·to, ta [trans.krí.to, -.ta] [transcribirの過分] **1** 筆写された,転写された,書き換えられた. **2** 編曲された. **3** 描出された.

trans·cul·tu·ra·ción [trans.kul.tu.ra.θjón / -.sjón] 囡 文化移植[受容].

trans·cul·tu·ri·za·ción [trans.kul.tu.ri.θa.θjón / -.sa.sjón] 囡 → transculturación.

*****trans·cu·rrir** [trans.ku.r̄ír] 自 **1**(時間が)経過する,流れる. *Transcurrieron* diez años. 10年が経過した. **2**〈ことが〉進行する,行われる. La ceremonia *transcurrió* sin incidentes. 式は滞りなく執り行われた.
[←[ラ] *trānscurrere*「走って越える」(*trāns*-「向こうへ,越えて」+ *currere*「走る」);関連 transcurso]

*****trans·cur·so** [trans.kúr.so] 男 **1**(時の)経過,流れ. en el ~ de los años 歳月の流れにつれて. **2**(一定の)期間,時間. en el ~ de dos meses 2か月間で[に].

trans·duc·ción [trans.ðuk.θjón / -.sjón] 囡《医》(形質)導入.

trans·duc·tor [trans.ðu*k*.tór] 男 **1**《物理》エネルギー変換装置. **2**《生化》形質導入体.

tran·sep·to [tran.sép.to] 男《建築》(教会の)翼廊(33),袖廊(33).

*****tran·se·ún·te** [tran.se.ún.te] 男 囡 **1** 通行人. Pocos ~s pasaban entonces por la calle. そのとき,通りを行く人の姿もまばらだった. **2** 短期滞在者,通過客. No vivo aquí, soy un ~ que llegó ayer. 私はここの者ではありません,昨日着いたばかりの旅行者です. ━ 形 **1** 通り過ぎる,通行する. peatón ~ 通行人. **2** 短期滞在の,一時的な. un viajero ~ 通りすがりの旅人.
[←[ラ] *trānseuntem* (*trānsiēns*の対格) 形「通り過ぎる」; *trānsīre*「越えて行く,通過する」(*trāns*-「越えて」+ *īre*「行く」)の現在分詞;関連 tránsito, transición, [英] transient「一時的な」]

tran·se·xual [tran.se*k*.swál] 形 性転換をした.

tran·se·xua·li·dad [tran.se*k*.swa.li.ðá*d*] 囡 性転換.

tran·se·xua·lis·mo [tran.se*k*.swa.lís.mo] 男 → transexualidad.

trans·fer [tráns.fer] [英] 男《スポ》(サッカー)チーム移籍(= traspaso).

trans·fe·ren·cia [trans.fe.rén.θja / -.sja] 囡 **1** 移動,移転. ~ de capital [tecnología] 資本[技術]の移転. ~ de población (強制的な)住民の移動. **2**(財産などの)譲渡,移譲;名義変更. ~ de acciones 株主名義書き換え. **3**《心》(精神分析の)感情転移. **4** 為替,振替;振り込み. ~ bancaria 銀行振替. ~ cablegráfica 電報為替. ~ de crédito 銀行口座振替.

trans·fe·ri·ble [trans.fe.rí.ble] 形 移動[移転]できる;譲渡できる,(名義など)書き換えられる.

trans·fe·ri·dor, do·ra [trans.fe.ri.ðór, -.ðó.ra] 形 移動の,移転の,譲渡の.

transferir

━━ 男 移転する人, 譲渡者.

*trans·fe·rir [trans.fe.rír] 27 他 **1**（a... …に）移動［移転］させる, 移す（= trasladar）. **2**（a＋人 ...に）〖所有物を〗譲渡する, 移譲する（= traspasar, ceder）. **3**〈金を〉振替する, 振り込む. **4** 延ばす, 延期する.

trans·fi·gu·ra·ble [trans.fi.gu.rá.ble] 形 変形［変貌(ぼう)］しうる.

trans·fi·gu·ra·ción [trans.fi.gu.ra.θjón / -.sjón] 女 **1** 変容, 変貌(ぼう). Viviendo solo durante muchos años, ha sufrido gran ～. 長年の独り暮らしで彼は容姿がすっかり変わってしまった. **2** la T～〖聖〗（山上の）キリストの変容〈マタイ17:1-9, マルコ9:2-13, ルカ9:28-36〉；キリスト御変容の祝日（8月6日）.

trans·fi·gu·rar [trans.fi.gu.rár] 他〈姿形・様相を〉変える, 変貌(ぼう)させる. La alegría le *transfiguró* la cara. 喜びが彼［彼女］の顔にあふれ出た.
━━ ～·se 再（en... …に）変化する, 変貌する, 姿が変わる（= transformarse）. Con la muerte de su madre *se transfiguró* mucho. 彼［彼女］は母親の死でたいそう変わった.

trans·fi·jo, ja [trans.fí.xo, -.xa] 形（とがったもので）突き刺された, 突き通した, 貫かれた.

trans·fi·xión [trans.fi.ksjón] 女 **1**〖文章語〗〖カト〗la ～ de la Virgen María（キリスト受難に対する）聖母マリアの苦しみ. **2** 突き通すこと, 貫通.

trans·flor [trans.flór] 男（金属板上に描いた）絵, エナメル画.

trans·flo·rar [trans.flo.rár] 他（金属板に）絵・模様を描く, エナメル画を描く.
━━ 自 透けて見える.

trans·fluen·cia [trans.flwén.θja / -.sja] 女〖地質〗貫流.

trans·fo·ca·dor [trans.fo.ka.đór] 男〖写〗ズームレンズ.

trans·for·ma·ble [trans.for.má.ble] 形 変形できる, 形を変えられる, 変換できる.

*trans·for·ma·ción [trans.for.ma.θjón / -.sjón] 女 **1** 変化, 変形, 変換. la ～ social 社会変化. la ～ ambiental 環境の変化. **2**〖生物〗形質転換. bacteriana バクテリアの形質転換. **3**〖言〗変形, 変換. **4**〖スポ〗（ラグビー）コンバート：トライの後のキックによる追加得点.

trans·for·ma·cio·nal [trans.for.ma.θjo.nál / -.sjo.-] 形〖言〗生成文法の.

trans·for·ma·dor, do·ra [trans.for.ma.đór, -.đó.ra] 形 変える, 変形させる, 変化させる. la industria *transformadora* 加工産業.
━━ 男 女 変革者, 変化させる人［物］.
━━ 男〖電〗変圧器, トランス.

trans·for·ma·mien·to [trans.for.ma.mjén.to] 男 変形, 変化, 変換（= transformación）.

*trans·for·mar [trans.for.már] 他 **1**（en... …に）変える,〈…の様相・性質などを〉変える. ～ un sueño *en* realidad 夢を現実に変える. ～ el petróleo *en* plástico 石油をプラスチックに加工する. Aquel acontecimiento lo *transformó* completamente. その出来事で彼はすっかり変わってしまった. ～ una ecuación〖数〗等式を変形する. ～ el voltaje〖電〗電圧を変換する. **2**〖スポ〗（相手の反則などによって得た機会を）得点に変える. ～ un penalti (en gol) ペナルティキックを決める.
━━ 自〖スポ〗追加得点する；（ラグビー）コンバートする.

━━ ～·se 再（en... 〈別のもの〉に）変わる, 変身する；変容する. Esta escuela *se transformó en* una de las mejores del país. この学校は国でも有数の優秀校に変身を遂げた. Con este aparato la basura *se transforma en* energía. この装置でゴミがエネルギーに変換される.

trans·for·ma·ti·vo, va [trans.for.ma.tí.βo, -.βa] 形 変化させる, 変形力のある, 変形［変換］する. gramática *transformativa* 変形文法.

trans·for·mis·mo [trans.for.mís.mo] 男〖生物〗生物変移説：生物は環境によって変化するという, かつての進化論. **2** 早変わりの芸. **3**〖話〗〖軽蔑〗（意見などを）次々と変えること.

trans·for·mis·ta [trans.for.mís.ta] 形〖生物〗生物変移説（支持）の. ━━ 男 女 **1** 生物変移論者. **2**〖演〗（ショーなどの）早変わりの芸人. **3**〖ラ米〗〖ブラ〗異性の服を着た同性愛者.

tráns·fu·ga [tráns.fu.ga] 男 女 **1** 逃亡者. **2** 転向者, 変節漢, 離反者.

tráns·fu·go [tráns.fu.go] 男 → tránsfuga.

trans·fu·guis·mo [trans.fu.gís.mo] 男〖政〗党員の移籍, 派閥を変えること.

trans·fun·dir [trans.fun.dír] 他 **1**〈液体を〉少しずつ移し替える. **2**〖医〗輸血する. **3**〈ニュースなどを〉広める, 行き渡らせる.
━━ ～·se 再 流布する, 行き渡る.

trans·fu·si·ble [trans.fu.sí.ble] 形 **1** 移し替えできる. **2** 流布しうる, 広まりうる.

trans·fu·sión [trans.fu.sjón] 女（液体の）移し替え；輸血. hacer una ～ de sangre 輸血する.

trans·fu·sor, so·ra [trans.fu.sór, -.só.ra] 形（液体を）徐々に移し替える；輸血の. equipo ～ 輸血器具. ━━ 男 女 輸血専門医.

trans·gan·gé·ti·co, ca [trans.gaŋ.xé.ti.ko, -.ka] 形 ガンジス河 Ganges の向こう［北側］の.

trans·gé·ni·co, ca [trans.xé.ni.ko, -.ka] 形 遺伝子組み換えの.
━━ 男 遺伝子組み換え食品［有機物・技術］.

trans·gre·dir [trans.gre.đír] 他〖法〗〈法などを〉破る, 犯す, 違える. ～ las ordenanzas militares 軍規を破る.

trans·gre·sión [trans.gre.sjón] 女 違反, 違犯.

trans·gre·si·vo, va [trans.gre.sí.βo, -.βa] 形 違反に当たる, 違反するような.

trans·gre·sor, so·ra [trans.gre.sór, -.só.ra] 形 違反する. ━━ 男 女 違反者.

trans·si·be·ria·no, na [tran.si.βe.rjá.no, -.na] 形 シベリア横断の. ━━ 男 シベリア鉄道.

*tran·si·ción [tran.si.θjón / -.sjón] 女 **1** 移り変わり, 推移, 変遷；変わり目. época de ～ 転換期. período [etapa] de ～ 過渡期. una ～ brusca 急変. **2**《スペイン》〖史〗〖政〗（フランコが死亡した1975年から新憲法発布の1978年までの民主主義への）移行期.
[←[羅] *trānsitiōnem* (*trānsitiō* の対格) = *trānsīre*「越えて行く；経過する」(*trāns*-「越えて」+ *īre*「行く」より派生；関連；[英] *transition*)]

tran·si·cio·nal [tran.si.θjo.nál / -.sjo.-] 形 過渡的な, 移行処置の.

tran·si·do, da [tran.sí.đo, -.đa] 形〖文章語〗(de... …で）苦しむ, さいなまれた. ～ *de dolor* 悲しみに打ちひしがれた. ～ *de frío* 体の芯(しん)まで冷えきった. ～ *de hambre* 飢えに苦しんだ. ～ *de miedo* おびえきった.

tran·si·gen·cia [tran.si.xén.θja / -.sja] 女 **1** 妥

transmitir

tran·si·gen·te [tran.si.xén.te] 形 **1** 妥協的な, 歩み寄りの. **2** 言いなり放題の, 弱腰の.

tran·si·gi·ble [tran.si.xí.ble] 形 歩み寄れる, 許容しうる, 妥協しうる.

tran·si·gir [tran.si.xír] 100 自 《con...》 **1** 《…と》妥協する, 折り合いをつける, 《…に》歩み寄る (= ceder, acceder). Yo no *transijo con* nadie. 私は誰とも妥協しない.
2 《…を》黙って見過ごす, 大目に見る (= consentir). no ~ *con* la injusticia 不正を看過できない.

transij- 活 → transigir.

tran·sil·va·no, na [tran.sil.bá.no, -.na] 形 トランシルバニアの.
— 男女 トランシルバニアの住民[出身者].

tran·sis·tor [tran.sis.tór] 男 《電》《ラジオ》トランジスタ; トランジスタラジオ.

tran·sis·to·ri·za·do, da [tran.sis.to.ri.θá.ðo, -.ða / -.sá.-] 形 トランジスタを用いた.

tran·si·ta·ble [tran.si.tá.ble] 形 通行できる, 通れる. camino ~ 通行可能な道.

tran·si·tar [tran.si.tár] 自 《por... …を》通る, 通行する. calle *transitada* にぎやかな通り. ~ *por* las calles 通りを歩いて行く.

tran·si·ti·va·men·te [tran.si.tí.ba.mén.te] 副 他動詞として; 推移的に.

tran·si·ti·vi·dad [tran.si.ti.bi.ðáð] 女 《言》他動詞性.

tran·si·ti·vo, va [tran.si.tí.ßo, -.ßa] 形 **1** 通行の, 往来の. **2** 《文法》他動詞の, 他動的な. → intransitivo.

‡**trán·si·to** [trán.si.to] 男 **1** 通行, 交通, 往来, 人通り. horas de máximo ~ ラッシュアワー. Vamos por una calle de menor ~. 交通が少ない通りを行きましょう.
2 通過, (一時的な)滞在, 立ち寄り. hacer ~ a mitad del viaje 旅の途中に立ち寄る.
3 《por... …での》在職(期間).
4 (位置・状態などの) 移り変わり, 推移; 変化, 変遷.
5 (修道院・集合住宅などの) 廊下, 通路.
6 《宗》(聖人などの)他界, 死; *T*~ (聖母マリアの)被昇天(祭) (8月15日). **7** 《ラ米》→ tráfico.
de tránsito 一時的に; 途中で; トランジットで. Estoy *de* ~ en este país. 私はこの国にほんのしばらく滞在しています.
en tránsito 乗り継ぎで[の], トランジットで.
[← 〔ラ〕 *trānsitum* (*trānsitus* の対格; *trānsīre* 「越えて行く; 通過する」より派生); 関連 transición, transitorio. 〔英〕*transit*]

tran·si·to·ria·men·te [tran.si.tó.rja.mén.te] 副 一時的に.

tran·si·to·rie·dad [tran.si.to.rje.ðáð] 女 一時的なこと, 暫定性; はかなさ, 無常.

***tran·si·to·rio, ria** [tran.si.tó.rjo, -.rja] 形 一時的な, 暫定的な, その場限りの; はかない, 束の間の. instalación *transitoria* 仮設. esta vida *transitoria* (はかない)現世. una colocación *transitoria* 臨時の職務.

trans·la·ción [trans.la.θjón / -.sjón] 女 → traslación.

trans·la·ti·cio, cia [trans.la.tí.θjo, -.θja / -.sjo, -.sja] 形 → traslaticio.

trans·la·ti·vo, va [trans.la.tí.ßo, -.ßa] 形 → traslativo.

trans·li·mi·ta·ción [trans.li.mi.ta.θjón / -.sjón] 女 **1** 逸脱, 越権.
2 (軍隊の他国領土の)通過; 侵犯.

trans·li·mi·tar [trans.li.mi.tár] 他 **1** 逸脱する, 行きすぎる, 度を越す. **2** 《軍隊が》《他国領土を》通過する; 侵犯する. — *se* 度を越す, 行きすぎる.

trans·li·te·ra·ción [trans.li.te.ra.θjón / -.sjón] 女 翻字: ある文字体系で書かれたものを他の文字体系に書きかえること. → ギリシア文字をローマ字アルファベットに変えることなど.

trans·li·te·rar [trans.li.te.rár] 他 《文字・語などを》(ある文字体系から別の文字体系に)翻字する.

trans·lu·ci·dez [trans.lu.θi.ðéθ / -.si.ðés] 女 半透明.

trans·lú·ci·do, da [trans.lú.θi.ðo, -.ða / -.si.-] 形 半透明の.

trans·lu·cien·te [trans.lu.θjén.te / -.sjén.-] → trasluciente.

trans·lu·cir [trans.lu.θír / -.sír] 36 他 再 → traslucir.

trans·ma·ri·no, na [trans.ma.rí.no, -.na] 形 海の向こうの.

trans·me·di·te·rrá·ne·o, a [trans.me.ði.te.rrá.ne.o, -.a] 形 地中海横断の.

trans·mi·gra·ción [trans.mi.gra.θjón / -.sjón] 女 **1** 移住, 移民. realizar una ~ 移住[移民]する.
2 輪廻(りんね), 転生, 生まれ変わり.

trans·mi·grar [trans.mi.grár] 自 **1** 移住する, 移民する. **2** 生まれ変わる, 転生する.

trans·mi·gra·to·rio, ria [trans.mi.gra.tó.rjo, -.rja] 形 **1** 移住の, 移民の.
2 輪廻の, 転生の.

trans·mi·si·ble [trans.mi.sí.ble] 形 伝達しうる, 送信しうる; 委譲できる; 伝染性の.

‡**trans·mi·sión** [trans.mi.sjón] 女 **1** 放送, 中継 (= emisión). ~ *en directo* 生中継. ~ *en circuito* 中継放送. ~ *exterior* スタジオ外からの(生)放送.
2 (病気の)伝染, 感染. ~ *por contacto* 接触感染.
3 委譲, 継承 (= traspaso). ~ *del poder* 権力の委譲. los impuestos de ~ *de bienes* 《法》相続税. ~ *de dominio* 所有権の委譲.
4 伝えること, 伝達, 送信. ~ *del pensamiento* 伝心, テレパシー. **5** 《機》《車》伝動装置, トランスミッション. ~ *delantera* 前輪駆動. ~ *trasera* 後輪駆動. ~ *por cadena* [*fricción*] 鎖[摩擦]伝動. correa *de* ~ 伝動用ベルト. **6** 《複数で》《軍》通信, 連絡. cuerpo *de transmisiones* 通信隊.

trans·mi·sor, so·ra [trans.mi.sór, -.só.ra] 形 送信する, 放送する; 伝達する; 伝染する.
— 男 送信器; 送信機.

‡**trans·mi·tir** [trans.mi.tír] 他 **1** 《a + 人 〈人〉に》伝達する, 報せ・知らせを》**伝達する, 伝え送る**. *Le transmito los saludos que me dio mi padre.* 父からよろしくとのことです. Quiero *~le* mi más cordial felicitación por su éxito. あなたのご成功に心からお祝いを申し上げます. ■ 用例中では le が a + 人 に相当.
2 放送する, 中継する. ~ *el partido en directo* 試合を実況中継する. ~ *en diferido* 録音[録画]放送する.
3 《メッセージを》伝送する, 送信する. ~ *por teléfono* [*fax*] 電話[ファックス]で伝える.
4 《a + 人 〈人〉に》《病気・気分・感情を》感染させる, 移す; 伝播(でんぱ)させる, 広める. *Me han transmitido la gripe en alguna parte.* 私はどこかでインフルエ

ンザを移された. No me transmita su desesperación. よしてください, 私まで気が滅入って来る.
5《a+人〈人〉に》〈所有物を〉譲渡する, 伝える, 受け継がせる. Mi padre *me transmitió* el título de nobleza. 私は父から爵位を譲られた.
6〈波動を〉伝動する；〈機械が〉〈動力を〉伝導する. ～ la electricidad 電気を伝える. El aire *transmite* el sonido. 空気は音を伝える. El eje *transmite* la fuerza del motor a la rueda. シャフトは動力を車輪に伝動する.
━ **～･se** 再 **1** 伝わる, 受け継がれる. El carácter *se transmite* de padres a hijos. 性格は親から子に伝わる. **2** 伝播する, 広まる；伝染する.
[← [ラ] *trānsmittere* (*trāns*- 「向こうへ」+ *mittere* 「送る」)；関連 transmisión. [英] *transmit*「送る；伝える；送信する」]

trans･mu･dar [trans.mu.ðár] 他 **1** 移す, 移動させる, 移転させる. **2** 変える, 変化させる, 変質させる. **3** 考えを変える, 翻意させる.

trans･mun･da･no, na [trans.mun.dá.no, -.na] 形 来世の, あの世の.

trans･mu･ta･ble [trans.mu.tá.ble] 形 変質しうる, 変形しうる, 変換しうる.

trans･mu･ta･ción [trans.mu.ta.θjón / -.sjón] 女 **1** 変質, 変形 (= transformación). **2**《まれ》錬金術師による卑金属の金への変成. **3**《生物》染色体や生体構造の突然変異. **4**《物理》〈原子核の〉変換.

trans･mu･tar [trans.mu.tár] 他 **(en…** …に**)** 変質させる, 変形させる；《物理》変換する.
━ **～･se** 再**(en…** …に**)** 変質[変形]する.

trans･na･cio･nal [trans.na.θjo.nál / -.sjo.-] 形 多国籍の. ━ 女 多国籍企業.

trans･o･ce･á･ni･co, ca [tran.so.θe.á.ni.ko, -.ka / -.se.-] 形 大洋の向こう側の；大洋横断の.

trans･pa･cí･fi･co, ca [trans.pa.θí.fi.ko, -.ka / -.sí.-] 形 太平洋の向こう側の；太平洋横断の.

***trans･pa･ren･cia** [trans.pa.rén.θja / -.sja] 女 **1** 透明, 透明性[度]；明白さ, 率直さ. Actúa con ～. 彼[彼女]の行動は率直そのものだ.
2《写》スライド；《映》(特殊撮影の)スクリーン･プロセス；OHP シート. **3**《美》透かし絵, 透明画.

trans･pa･ren･tar [trans.pa.ren.tár] 他 **1** 透過させる, 透かして見せる. Las nubes *transparentaban* el sol. 薄曇りだった. **2**〈感情･気分を〉ほのめかす, うかがわせる. Su cara *transparentaba* su alegría. 彼[彼女]はうれしそうな顔をしていた.
━ 自 透き通る.
━ **～･se** 再 **1** 透けて見える, 透き通る. Este vestido *se transparenta*. この服は透けて見える.
2〈感情･気分が〉見抜かれる, 見破られる. Sus intenciones *se transparentan*. 彼[彼女]の意図は見え透いている.
3《話》着古して薄くなる. **4**《話》やせ細っている.

***trans･pa･ren･te** [trans.pa.rén.te] 形 **1** 透明の, 透き通った；澄んだ. un cristal ～ 透明なガラス. agua ～ 澄んだ水. *La región más* ～『空気の最も澄んだ土地』(Fuentes の小説). **2** 透けて見える. un sobre ～ ごく薄手の封筒. **3** 明々白々な. una ～ intención はっきり読み取れる意図.
━ 男 **1** 薄手のカーテン, スクリーン；ブラインド.
2《建》(祭壇の後ろの)ステンドグラス.
3 El T～ トランスパレンテ：スペインの Toledo 大聖堂の礼拝所. ♦ Narciso Tomé の作品 (1721–32) で, チュリゲラ様式の代表作である一大レリーフがある. **4**《ラ米》(ﾌﾞﾗｼﾞﾙ)掲示板.

[← [中ラ] *trānspārentem* (*trānspārēns* の対格) 「透けて見える」；[ラ] *trāns*-「越えて」+ [ラ] *pārēns* 形「見える」(*pārēre*「見える, 現れる」の現在分詞) ｜関連 (a)parecer. [英] *transparent*]

trans･pi･ra･ble [trans.pi.rá.ble] 形 蒸散[発汗]できる.

trans･pi･ra･ción [trans.pi.ra.θjón / -.sjón] 女 (1)《植》蒸散 (2) 発汗.

trans･pi･rar [trans.pi.rár] 他 **1**〈汗を〉かく.
2《植》〈水蒸気を〉蒸散する.
3〈細孔から〉〈液体を〉排出する.
━ 自 **1** 蒸散する, 滲出(しんしゅつ)する. Las plantas *transpiran* a través de las hojas. 植物は葉から水分を蒸発させる. **2** 汗をかく, 発汗する. **3**〈細孔から〉液体を排出する. **4**〈衣服が〉汗を通す.

trans･pi･re･nai･co, ca [trans.pi.re.nái.ko, -.ka] 形 (スペインから見て)ピレネー山脈の向こう[北側]の；ピレネーを横断する.

trans･plan･tar [trans.plan.tár] 他 → trasplantar.

trans･po･lar [trans.po.lár] 形 北極[南極]を通る.

trans･po･ne･dor, do･ra [trans.po.ne.ðór, -.ðó.ra] 形 移し換える. ━ 男 女 移し換えるもの.
━ 男 (自動)応答機, トランスポンダー.

trans･po･ner [trans.po.nér] 41 他 [過分] は transpuesto] **1** 移す, 移動する, 移動させる；移植する. ～ un despacho a otro piso 事務所を他の階に移す. **2**〈障害･開口部を〉越える, 乗り越える. ～ el umbral 敷居をまたぐ. ～ la esquina 角を曲がる. El sol *transpuso* la montaña. 太陽は山の向こうに沈んだ. **3**《話》たじろがせる, まごつかせる.
━ **～･se** 再 **1** たじろぐ, まごつく. **2** 移る, 移転する, 移動する. **3**〈太陽･月などが〉沈む. **4** まどろむ, うとうとする.

trans･por･ta･ble [trans.por.tá.ble] 形 持ち運びできる；移送[輸送]しうる.

trans･por･ta･ción [trans.por.ta.θjón / -.sjón] 女 運送, 輸送, 運搬.

trans･por･ta･dor, do･ra [trans.por.ta.ðór, -.ðó.ra] 形 運送の, 輸送の, 運搬の. cinta *transportadora* ベルト･コンベヤー. compañía *transportadora* 運送会社. ━ 男 女 運搬者.
━ 男 **1** 運搬機器, コンベヤー. ～ aéreo 空中ケーブル. ～ mecánico [de cinta] ベルト･コンベヤー. ～ de rodillos ローラー･コンベヤー. **2** 分度器.

***trans･por･tar** [trans.por.tár] 他 **1** 運ぶ, 運搬する, 輸送する. ～ a lomo 背負って行く. ～ en camión トラック輸送する. ～ mercancías 商品を運搬する.
2《音楽》移調する.
3 (a… …へ**)** 誘う. ～ *al* pasado 過去へいざなう. La lectura de aquella novela *me transportaba a* una isla imaginaria. その小説を読みながら彼は夢の島に思いを馳(は)せていた.
4 夢中にする. El cómic nos *transporta*. 私たちはその漫画に夢中だ. **5**《電》送電する.
━ **～･se** 再 **(de…** …に**)** 我を忘れる, うっとりする. ～*se de* alegría 有頂天になる.

****trans･por･te** [trans.pór.te] 男 **1** 運送, 運搬, 運輸, 輸送. gastos de ～ 運送費. ～ aéreo 空輸. ～ marítimo [terrestre] 海上[陸上]輸送.
2 交通[運輸, 輸送]機関 (= medio de ～). ～s públicos [colectivos] 公共交通機関. En esta ciudad hay un buen sistema de ～s. この都市

の交通機関は整備されている. **3**《軍》輸送船. **4** 有頂天, 大喜び, 歓喜, 恍惚(koつ).

trans·por·tis·ta [trans.por.tís.ta] 男女 運送[運輸]業者.

trans·po·si·ción [trans.po.si.θjón / -.sjón] 女 **1** 移動, 移送, 移転. **2**《音楽》移調. **3**《修辞》《文法》転置(法). **4**《医》臓器の逆位. la ～ del corazón 心臓逆位.

trans·po·si·ti·vo, va [trans.po.si.tí.βo, -.βa] 形 置き換えての, 移送の.

trans·po·si·tor, to·ra [trans.po.si.tór, -.tó.ra] 形 → traspositor.

trans·pues·ta [trans.pwés.ta] 女 → traspuesta.

trans·pues·to, ta [trans.pwés.to, -.ta] [transponer の過分]. 形 うとうとした. quedarse ～ うたた寝する.

tran·subs·tan·cia·ción [tran.suβs.tan.θja.θjón / -.sja.sjón] 女《カト》全実体変化, 実質変化：聖体のパンとワインがキリストの肉と血に変わること.

tran·sus·tan·cia·ción [tran.sus.tan.θja.θjón / -.sja.sjón] 女 → transubstanciación.

tran·sus·tan·ciar [tran.sus.tan.θjár / -.sjár] 82 他《カト》〈聖体のパンとぶどう酒を〉キリストの肉と血に変える. ━ ～·se キリストの肉と血に変わる.

trans·va·sar [trans.βa.sár] 他 → trasvasar.

trans·va·se [trans.βá.se] 男 → trasvase.

trans·ver·be·ra·ción [trans.βer.βe.ra.θjón / -.sjón] 女《カト》苦しみ.

trans·ver·sal [trans.βer.sál] 形 **1** 横断する, 横切る. una calle ～ de la Gran Vía グランビアと交差する通り. **2** 通常の向きから傾いている, 斜めの. **3** 傍系の, 傍系親族の. ━ 女 横断線, 横軸;《数》交軸.

trans·ver·so, sa [trans.βér.so, -.sa] 形《まれ》横の, 横向きの, 横断する. músculo ～《解剖》横筋.

*****tran·ví·a** [tram.bí.a] 男 路面電車, 市街電車. El primer ～ eléctrico se inauguró en Barcelona. (スペインの)最初の路面電車はバルセロナで開通した.［← 仏 *tramway* -vía は *-way* のスペイン語訳］━［英］*tramway*「市街電車線路」.

tran·via·rio, ria [tram.bjá.rjo, -.rja] 形 路面電車の, 市街電車の. red *tranviaria* 路面電車網. ━ 男 路面電車の乗務員[運転手].

tran·vie·ro, ra [tram.bjé.ro, -.ra] 形 男女 → tranviario.

tran·za [trán.θa / -.sa] 男 女《ラ米》(ホ中)《話》いかさま師.

tra·pa¹ [trá.pa] 女《海》**1** 絞り綱：荒天時に風を抜くため帆を収めるのに用いる補助綱. **2**《複数で》《ボート固定用の》綱, 索具.

tra·pa² [trá.pa] 男《または女》足音；騒ぎ声. ▶ふつう un ～ と繰り返して用いられる.

Tra·pa [trá.pa] 女《カト》La T～ トラピスト会.

tra·pa·ce·ar [tra.pa.θe.ár / -.se.-] 自《話》ごまかす, だます；いかさまをする, 詐欺をはたらく.

tra·pa·ce·rí·a [tra.pa.θe.rí.a / -.se.-] 女 **1**《話》詐欺, 詐取；いかさま, ぺてん (= estafa). **2** 悪巧み, 策略, 計略；陰口, 中傷.

tra·pa·ce·ro, ra [tra.pa.θé.ro, -.ra / -.sé.-] 形 **1** 詐欺の, いかさまの, いんちきの. **2** 悪賢い, 狡猾(こうかつ)な. ━ 男 **1** 詐欺師, ぺてん師, いかさま師；うそつき. **2** 策士, 策略家.

tra·pa·cis·ta [tra.pa.θís.ta / -.sís.-] 形 男女 → trapacero.

tra·pa·jo [tra.pá.xo] 男《軽蔑》ぼろ, ぼろ切れ, 布切れ.

tra·pa·jo·so, sa [tra.pa.xó.so, -.sa] 形 **1** ぼろを着た, だらしのない身なりの. **2** ぼそぼそしゃべる.

tra·pa·la [tra.pá.la] 女《話》大騒ぎ, 喧噪(けんそう). organizarse una ～ 大騒ぎになる. **2**《話》うそ, ごまかし；詐欺, ぺてん. **3** 速歩[ギャロップ]のひづめの音, (馬が)パカパカ走る音. ━ 男《話》**1** 意味のないおしゃべりをまくしたてる人. **2** 詐欺師, ぺてん師；うそつき.

tra·pa·le·ar [tra.pa.le.ár] 自 **1**《話》無駄口をたたく. **2**《話》うそをつく (= trapacear). **3**〈馬が〉ひづめの音をたてる；〈人が〉足音をたてて往き来する.

tra·pa·le·ro, ra [tra.pa.lé.ro, -.ra] 形《ラ米》(ホ中) → trapalón.

tra·pa·lón, lo·na [tra.pa.lón, -.ló.na] 形《話》《まれ》《軽蔑》**1** よくしゃべる, 口数の多い. **2** ごまかしの；うそつきの. ━ 男《話》《まれ》《軽蔑》ぺてん師, 詐欺師；うそつき.

tra·pa·lo·ne·ar [tra.pa.lo.ne.ár] 自《ラ米》(ホ中)《話》うそをつく, ごまかす.

tra·pa·ties·ta [tra.pa.tjés.ta] 女《話》大騒ぎ；騒動, 乱闘 (= bronca, gresca, jaleo, zapatiesta). armar una ～ 一悶着を起こす.

tra·pa·za [tra.pá.θa / -.sa] 女《まれ》→ trapacería.

tra·pa·zar [tra.pa.θár / -.sár] 97 自 → trapacear.

tra·pe·a·dor [tra.pe.a.ðór] 男《ラ米》(ァンデス)(ホ中)(カリブ) ぞうきん, モップ.

tra·pe·ar [tra.pe.ár] 他《ラ米》**(1)** ぞうきん[モップ]でふく. **(2)**(中米)むち打つ. **(3)**(中米)(カリブ)しかりつける.

tra·pe·cial [tra.pe.θjál / -.sjál] 形《数》台形の, 梯形(ていけい)の.

tra·pe·cio [tra.pé.θjo / -.sjo] 男 **1**《数》台形, 梯形(ていけい). **2** 空中ぶらんこ. **3**(1)(手首の)菱形(ひしがた)骨. **(2)** 僧帽筋 (= músculo ～).

tra·pe·cis·ta [tra.pe.θís.ta / -.sís.-] 男女 空中ぶらんこ乗り, ぶらんこ曲芸師.

tra·pen·se [tra.pén.se] 形《カト》トラピスト (会) の. ━ 男女 トラピスト会修道士[修道女].

tra·pe·rí·a [tra.pe.rí.a] 女 **1**《集合的》ぼろ, ぼろ切れ. **2** 古着屋, 古道具屋.

tra·pe·ro [tra.pé.ro] 男《ラ米》(ホ中) モップ, 雑巾.

tra·pe·ro, ra [tra.pé.ro, -.ra] 男女 **1** 古着商 (= ropavejero), 廃物商. **2**《話》(仕事が)ぞんざいな人. **3**《ラ米》(ラブラタ) 衣装持ち.

tra·pe·zo·e·dro [tra.pe.θo.é.ðro / -.so.-] 男《数》偏方多面体：不等辺四辺形からなる結晶.

tra·pe·zoi·dal [tra.pe.θoi.ðál / -.soi.-] 形《数》不等辺四辺形の.

tra·pe·zoi·de [tra.pe.θói.ðe / -.sói.-] 男 **1**《数》不等辺四辺形. **2**《解剖》(手首の) 小菱形(ひしがた)骨.

tra·pi [trá.pi] 男(カリブ) → trapicheo.

tra·pi·car [tra.pi.kár] 102 自《ラ米》(ホ中) ひどく辛い.

tra·pi·che [tra.pí.tʃe] 男 **1**《話》たくらみ, はかりごと. **2** (サトウキビ・オリーブの) 圧搾機. **3**《ラ米》(ラブラタ)(ホ中)(ア゙゙デス) (鉱石の) 粉砕機.

tra·pi·che·ar [tra.pi.tʃe.ár] 自《話》《軽蔑》小細工する, 陰でこそこそする.

tra·pi·che·o [tra.pi.tʃé.o] 男 **1**《話》たくらみ, ごまかし；小細工；(違法の)小取引. ～s electorales 選挙の裏工作. andar con ～s ごまかし[裏取引]をする. **2**《ラ米》**(1)**(ラブラタ) 小商い. **(2)**(ホ中)《話》情

事；内縁関係.

tra・pi・che・ro, ra [tra.pi.tʃé.ro, -.ra] 男 女 《ラ米》(ｺﾛﾝ)(ﾁﾘ)(ﾍﾞﾈｽﾞ) 《話》やり手, 利にさとい人.

tra・pi・llo [tra.pí.jo ‖ -.ʎo] 男 わずかな蓄え, へそくり.
de trapillo ふだん着の[で].

tra・pí・o [tra.pí.o] 男 1 《闘牛》(牛の)気迫；勇姿, りりしさ. tener ～ (牛が)闘志をみなぎらせている. 2 《話》(女性の)優雅さ, 気品. tener buen ～ 優雅に振る舞う. 3 《海》(一隻の船の)帆一式.

tra・pi・son・da [tra.pi.són.da] 女 1 《話》大騒ぎ, けんか (= reyerta, rifirrafe). armar ～s 騒ぎを起こす. 2 《話》(軽度)詐欺, ぺてん；うそ (= embuste, timo). 3 波立ち, 潮騒(ｼｵｻｲ).
— 男 女 《話》トラブルメーカー.

tra・pi・son・de・ar [tra.pi.son.de.ár] 自 《話》騒動[もめごと]を起こす, 大騒ぎする.

tra・pi・son・dis・ta [tra.pi.son.dís.ta] 男 女 《話》
1 騒ぎを起こす人；けんか好きの人.
2 詐欺師, ぺてん師.

tra・pi・to [tra.pí.to] 男 《複数で》《話》(特に女性の)衣服.
los trapitos de cristianar 一張羅.
Es elegante con cuatro trapitos. 《話》彼女は何を着ても見栄えがよい (▶ 慣用表現).
[trapo + 縮小辞]

‡**tra・po** [trá.po] 男 1 ぼろ (布), 布切れ.
2 ふきん (= ～ de cocina)；ぞうきん. secar los platos con un ～ ふきんで皿をふく. 3 《海》帆. 4 《闘牛》カパ capa；ムレータ muleta. 5 《話》(女性の)衣服. hablar de ～s おしゃれの話をする.
a todo trapo (1) 帆を全部揚げる. (2) 大急ぎで, 取るものも取りあえず. acudir *a todo ～ al lugar del accidente* 事故現場に急行する.
dejar a+人 como un trapo 〈人〉をこっぴどくやっつける, ぐうの音も出せない.
destapar los trapos sucios 問題点を洗い出す.
hecho [como] un trapo 《話》(1) (服装が)悪趣味の, かっこわるい. (2) くたくた[ぼろぼろ]の.
ir de trapos 買い物に行く.
lavar los trapos sucios 《話》〈2 人 [2 つのグループ]が〉問題[意見の相違]を調整する.
Los trapos sucios se lavan en casa. 《諺》内輪の恥は人目にさらすな (←汚いぼろは家で洗う).
poner a+人 como un trapo (sucio) 〈人〉をさんざんのしる, こきおろす.
sacar los trapos sucios a relucir 胸につかえていたことを吐き出す.
soltar el trapo わっと泣きだす；急に笑いだす.
tratar como un trapo sucio [viejo] a+人 《話》〈人〉を虐待する；〈人〉にひどい扱いをする.

tra・po・sien・to, ta [tra.po.sjén.to, -.ta] 形 《ラ米》(ｺﾞﾙ)《話》ぼろを着た, みすぼらしい身なりの.

tra・po・so, sa [tra.pó.so, -.sa] 形 《ラ米》(ｷｭ)(ﾌﾟｴﾙﾄ)(ｺﾞﾙ)《話》ぼろを着た, みすぼらしい身なりの. (2) (ｷｭ)(ﾌﾟｴﾙﾄ)《話》(食べ物が)筋の多い. (3) (ｷｭ)《話》聞きとりにくい声の.

tra・que¹ [trá.ke] 男 1 (爆竹の)炸裂(ｻｸﾚﾂ)音.
2 (花火の)導火線. 3 大きなおなら.

tra・que² [trá.ke] 男 《ラ米》(ﾁ)(ｺﾞﾙ)鉄道線路.
[← 英] *track*]

trá・que・a [trá.ke.a] 女 《解剖》気管；《植》導管.

tra・que・a・do, da [tra.ke.á.ðo, -.ða] 形 《動》〈節足動物が〉気管をもつ.

tra・que・al [tra.ke.ál] 形 《解剖》気管の；《植》導管の.

tra・que・ar [tra.ke.ár] 他 1 → traquetear. 2 《ラ米》(1) (ｺﾛﾝ)《農》〈家畜を〉移動させる. (2) (ｺﾛﾝ)(ﾁﾘ)(ﾎﾝ)(ﾒｷｼ)あちこち連れて回る. (3) (ｺﾛﾝ)(ｺｽﾀ)(ﾒｷｼ)(ﾆｶ)ひっきりなしに往来する, 切れ目なく通る. (4) (ﾌﾟｴﾙﾄ)試す；慣らす, 訓練する. — 自 1 → traquetear. 2 《ラ米》(1) (ｺﾛﾝ)(ﾁﾘ)痛飲する. (2) (ｺﾛﾝ)(ｺｽﾀ)頻繁に行き来する, 足しげくかよう. — ～se 再 《ラ米》(ｺﾛﾝ)《話》頭がおかしくなる, ぼける.

tra・que・í・tis [tra.ke.í.tis] 女 《単複同形》《医》気管炎.

tra・que・o [tra.ké.o] 男 → traqueo.

tra・que・o・to・mí・a [tra.ke.o.to.mí.a] 女 《医》気管切開(術).

tra・que・te・ar [tra.ke.te.ár] 他 1 〈ものを〉振り動かす, ゆさぶる；いじる. ～ una botella de vino 葡萄酒の瓶を振る.
2 《話》〈経験を〉積む；〈困難・障害を〉経験する. *traqueteado por la vida* 人生経験豊富な.
— 自 1 ガタガタ [ゴトゴト] 音をたてて動く, 揺れる. *coche que traquetea* ガタガタ音をたてて走る車.
2 《ラ米》(1) (ｺﾛﾝ)《話》へとへとに疲れる. (2) (ｺﾛﾝ)(ｺｽﾀ)動き回る.

tra・que・te・o [tra.ke.té.o] 男 1 ガタガタすること[音]. 2 《ラ米》(ｺﾛﾝ)(ﾁﾘ)(ｺｽﾀ)《話》騒ぎ；混雑.

tra・qui・da・zo [tra.ki.ðá.θo / -.so] 男 《ラ米》(ｺｽﾀ)銃声.

tra・qui・do [tra.kí.ðo] 男 1 炸裂(ｻｸﾚﾂ)音, 銃声.
2 (枝などの)割れる[裂ける]音.

tra・qui・lla [tra.kí.ja ‖ -.ʎa] 男 女 《ラ米》(ﾁﾘ)(1) 《話》大食いの人. (2) 《話》自己中心的な人.

tra・qui・nar [tra.ki.nár] 自 《ラ米》(ｺﾞﾙ)《話》せかせかと動き回る, うろつく.

tra・qui・ta [tra.kí.ta] 女 粗面岩.

tra・ri・lon・co [tra.ri.lóŋ.ko] 男 → trarilongo.

tra・ri・lon・go [tra.ri.lóŋ.go] 男 (チリの先住民族)マプーチェ人が頭に巻く鉢巻.

tra・ri・pel [tra.ri.pél] 男 銀の玉が付いたネックレス.

tra・ro [trá.ro] 男 《ラ米》(ﾁ)《鳥》カラカラ：ハヤブサの一種.

‡**tras**¹ [tras] 前 1 《場所》…の後ろに, 向こうに. Vimos a la señora ～ la puerta. ドアの後ろに婦人の姿を見かけた. El niño se escondió ～ el sofá. その子はソファーの後ろに隠れた. T～ sus palabras, se esconde algo muy importante. 彼[彼女]の言葉の背後には, 何か重要なことが隠されている (▶ 比喩的に用いることもできる). → detrás 類語

2 《時間》…の後 (= después de). T～ la muerte del dictador vino la libertad. その独裁者の死の後には自由がやってきた. T～ descansar un rato, volvimos al trabajo. しばらく休憩した後, 我々は仕事に戻った.

3 …の後を追いかけて. Los niños corrieron ～ el coche. 子供たちは車を追いかけた. Mi perro siempre va ～ los gatos. 私の犬はいつも猫を追いかけている. Hace años que ando ～ ese libro. もう何年も私はその本を探している. ▶ ir, correr などの移動を表す動詞とともに用いられることが多い.

4 《話》《追加》…の上に, …に加えて. T～ ser astuto es avaro. 彼はずるがしこい上に, 貪欲(ﾄﾞﾝﾖｸ)だ.
名詞 +*tras* +名詞 …を続けて, 連続の…. *año ～ año* 毎年. Leí un *libro ～ otro*. 私は次々に本を読んだ.
tras que... 《ラ米》…ということに加えて, その上.

— [trás] 男 《婉曲》お尻(ｼﾘ).

trasformacional

tras² [trás]《擬》バタン, ドスン. ~, ~ (ドアをノックする音)コンコン.

tras- 《接頭》trans- の異形. ⇒ *tras*ladar, *tras*nochar, *tras*tienda.

tras·al·co·ba [tra.sal.kó.ba] 囡 (寝室の奥の)小部屋, 化粧室.

tras·al·pi·no, na [tra.sal.pí.no, -.na] 形 → transalpino.

tras·al·tar [tra.sal.tár] 男 (教会の)祭壇の後陣, 祭壇裏.

tras·an·di·no, na [tra.san.dí.no, -.na] 形 → transandino.

tras·at·lán·ti·co, ca [tra.sat.lán.ti.ko, -.ka / -.sa.tlán.-] 形 男 → transatlántico.

tras·bo·car [tras.bo.kár] 70 他 《ラ米》(ラㇾ)(ロㇾ)(ラ)(ッ)吐く, 吐き出す (= vomitar).

tras·bor·da·dor, do·ra [tras.bor.ða.ðór, -.ðó.ra] 形 男 → transbordador.

tras·bor·dar [tras.bor.ðár] 他 → transbordar.

tras·bor·do [tras.ßór.ðo] 男 → transbordo.

tras·bu·car [tras.bu.kár] 70 他 《ラ米》(ラ)(ロㇾ)ひっくり返す, 引っかき回す.

tras·bus·car [tras.bus.kár] 70 他 《ラ米》(ラ)念入りに探す.

tras·ca·cho [tras.ká.tʃo] 男 風を遮る場所.

tras·cen·den·cia [tras.θen.dén.θja / -.sen.-.sja] 囡 **1** 重大さ, 重要性；(影響力が)広がること. un asunto de gran ~ 重要事項. sin ~ 重要でない, 無意味な. **2**【哲】超越. **3** 洞察力.
[← 〔後ラ〕*trānscendentia*「超越」；〔ラ〕*trānscendere*「(乗り)越える, …に移る」(*trāns-*「越えて」+ *scandere*「登る」) より派生した.〔関連〕trascendente, trascendental, trascender. 〔英〕*transcendence*]

tras·cen·den·tal [tras.θen.den.tál / -.sen.-] 形 **1** きわめて重要な. acontecimiento ~ きわめて重大な出来事. ~es interrogantes 意義深い疑問点. **2**【哲】先験的な；超越論的な.

tras·cen·den·ta·lis·mo [tras.θen.den.ta.lís.mo / -.sen.-] 男【哲】超越主義；先験主義.

tras·cen·den·te [tras.θen.dén.te / -.sen.-] 形 **1** きわめて重要な, 意義深い (= trascendental). **2**【哲】超越的な. **3**【数】超越の. número ~ 超越数.

tras·cen·der [tras.θen.dér / -.sen.-] 12 他 《文語》**1** …の限界を越える, 超越する. ~ los límites 限度を越える. 見抜く, かぎつける.
— 自 **1** 〈情報が〉漏れる, 伝播(な)する；《a... …に》及ぶ. *Ha trascendido* el secreto [la noticia]. 秘密[情報]が漏れた. *Ha trascendido* que … . …が明るみに出た. La huelga *ha trascendido a* todas las ramas de la industria. ストライキは産業界の全部門に及んだ. según *ha trascendido* 漏れ聞くところによると.
2 《de...》…の限界を越える, 超越する；【哲】先験的である. ~ *de* los límites 限度を越える. Su obra *trasciende del* ámbito de los aficionados. 彼[彼女]の作品は素人の域を脱している.
3 《a...》(…の)強い香りを放つ；《比喩的》(…が)におう, (…を)ほのめかす. El jardín *trasciende a* jazmín. 庭はジャスミンの香りがする. El olor *trascendía* hasta nosotros. におい は私たちのところまで漂ってきた. En su discurso todo *trasciende a* humanismo. 彼[彼女]の話は総体にヒューマニズムの香りがする.

tras·cen·di·do [tras.θen.dí.ðo / -.sen.-] 男 《ラ米》(ラ)非公式ルートで流れてきたニュース, うわさ.

tras·cen·di·do, da [tras.θen.dí.ðo, -.ða / -.sen.-] 形 鋭い, 鋭敏な, 洞察力のある.

trascien·de 活 → trascender.

tras·co·ci·na [tras.ko.θí.na / -.sí.-] 囡 (台所の裏の)小部屋.

tras·co·lar [tras.ko.lár] 15 他 濾(こ)す, 濾過(ろか)する.

tras·co·ne·jar·se [tras.ko.ne.xár.se] 再 **1** 〈獲物が〉猟犬をやりすごす. **2** 《話》見失う, なくなる. *Se me ha trasconejado* tu carta. 君の手紙がどこかへ行ってしまった.

tras·con·ti·nen·tal [tras.kon.ti.nen.tál] 形 → transcontinental.

tras·cor·dar·se [tras.kor.ðár.se] 15 再 判然としなくなる；忘れる. estar *trascordado* すっかり忘れている.

tras·co·ro [tras.kó.ro] 男【建】**1** (教会の)聖歌隊席の後部空間[後部仕切り].
2 聖歌隊の後列部.

tras·co·rral [tras.ko.r̃ál] 男 **1** 家畜小屋の裏の狭い空き地. **2**《話》尻(しり).

tras·cri·bir [tras.kri.ßír] 75 他［過分］は trascrito] → transcribir.

tras·crip·ción [tras.krip.θjón / -.sjón] 囡 → transcripción.

tras·cri·to, ta [tras.krí.to, -.ta] [transcribir の 過分] → transcrito.

tras·cu·rrir [tras.ku.r̃ír] 自 → transcurrir.

tras·cur·so [tras.kúr.so] 男 → transcurso.

tras·dós [tras.ðós] 男【建】**1** (アーチなどの)外輪(りん). **2** (柱の後ろの)片蓋(かた)柱, 付け柱.

tra·se·gar [tra.se.gár] 9 他 **1** 移す, 移動させる；(別の容器に)入れ替える.
2 《話》〈酒を〉痛飲する. **3** 混ぜる, かき回す.

*****tra·se·ro, ra** [tra.sé.ro, -.ra] 形 **1** 後ろの, 後部の, 後方の. cuarto ~ (鳥や馬などの)後部四半身. en la parte *trasera* 後部で, 後方に. puente ~【車】後車軸. puerta *trasera* 裏門. rueda *trasera* 後輪. **2** 〈車などが〉後部に積荷の重みがかかった, 後荷(あとに)の.
— 男 **1** 《婉曲》尻(しり), 臀部(でんぶ)(= culo).
2 《複数で》《話》先祖, 祖先.
— 囡 後ろ, 後部. sentarse a la *trasera* de un coche 車の後部座席に座る.

tras·fe·ren·cia [tras.fe.rén.θja / -.sja] 囡 → transferencia.

tras·fe·ri·dor, do·ra [tras.fe.ri.ðór, -.ðó.ra] 形 男 囡 → transferidor.

tras·fe·rir [tras.fe.rír] 27 他 → transferir.

tras·fi·gu·ra·ción [tras.fi.gu.ra.θjón / -.sjón] 囡 → transfiguración.

tras·fi·gu·rar(·se) [tras.fi.gu.rár(.se)] 他 再 → transfigurar(se).

tras·fi·xión [tras.fik.sjón] 囡 → transfixión.

tras·fo·llo [tras.fó.jo ‖ -.ʎo] 男【獣医】(馬などの後ろ脚にできる)球腱腫瘍(しゅよう).

tras·fon·do [tras.fón.do] 男 奥に隠れている部分, 背景, 背後；潜在的意図.

tras·for·ma·ble [tras.for.má.ßle] 形 → transformable.

tras·for·ma·ción [tras.for.ma.θjón / -.sjón] 囡 → transformación.

tras·for·ma·cio·nal [tras.for.ma.θjo.nál / -.sjo.-] 形 → transformacional.

tras·for·ma·dor [tras.for.ma.ðór] 形 男 女 → transformador.

tras·for·mar [tras.for.már] 他 → transformar.

tras·for·ma·ti·vo, va [tras.for.ma.tí.βo, -.βa] 形 → transformativo.

tras·for·mis·mo [tras.for.mís.mo] 男 → transformismo.

tras·for·mis·ta [tras.for.mís.ta] 形 男 女 → transformista.

trás·fu·ga [trás.fu.ɣa] 女 → tránsfuga.

trás·fu·go [trás.fu.ɣo] 男 → tránsfuga.

tras·fun·dir [tras.fun.dír] 他 → transfundir.

tras·fu·sión [tras.fu.sjón] 女 → transfusión.

tras·fu·sor, so·ra [tras.fu.sór, -.só.ra] 形 男 女 → transfusor.

tras·go [trás.ɣo] 男 1 お化け, 小悪魔；（家つきの）小鬼；小妖精(…). 2 いたずらっ子, 腕白.

tras·gre·dir [tras.ɣre.ðír] 他 → transgredir.

tras·gre·sión [tras.ɣre.sjón] 女 → transgresión.

tras·gre·sor, so·ra [tras.ɣre.sór, -.só.ra] 形 男 女 → transgresor.

tras·ho·gue·ro, ra [tra.so.ɣé.ro, -.ra] 形 怠惰な, 無精な, ぐうたらの. ―男 女 1 （暖炉の）背壁. 2 （暖炉の背壁に立てかけた）太いまき, 丸太.

tras·ho·jar [tra.so.xár] 他 〈ページを〉めくる, ざっと目を通す.

tras·hu·ma·ción [tra.su.ma.θjón / -.sjón] 女 → trashumancia.

tras·hu·man·cia [tra.su.mán.θja / -.sja] 女 （家畜の）季節的移動, 移牧.

tras·hu·man·te [tra.su.mán.te] 形 季節的移動する, 移牧する.

tras·hu·mar [tra.su.már] 自 〈家畜などが〉移動する, 移牧する.

tra·sie·go [tra.sjé.ɣo] 男 1 混乱, 大騒ぎ, 大勢の人の行き来. Hay mucho ~ en la estación. 駅は人でごったがえしている. 2 （液体の）移し替え.

tra·si·gar [tra.si.ɣár] 他 《ラ米》〈…を〉ひっくり返す, かき回す.

tra·si·ja·do, da [tra.si.xá.ðo, -.ða] 形 《ラ米》《話》〈人が〉ひどく疲れた.

tras·la·ción [tras.la.θjón / -.sjón] 女 1 移動. ~ de un preso 囚人の移送. 2 《天文》（地球の）公転. 3 《文法》転用. 4 《文学》比喩, 転義.

tras·la·da·ble [tras.la.ðá.βle] 形 動かせる, 移動できる.

tras·la·da·ción [tras.la.ða.θjón / -.sjón] 女 → traslación.

tras·la·da·dor, do·ra [tras.la.ða.ðór, -.ðó.ra] 形 動く, 移動する, 移動用の. ―男 女 運搬する人[物], 移動させる人[物].

***tras·la·dar** [tras.la.ðár] 他 1 《a... 〈場所〉へ》移動させる, 移す. ~ un mueble al salón 家具を居間に移動する. ~ a un enfermo al hospital 病人を病院へ運ぶ. ~ la capital a Bogotá 首都をボゴタに移す.
2 《de... 〈部署・場所〉を》《a... …へ》〈人を〉転任[転属, 転校]させる. ~ de sección a un empleado 雇用人の部署を異動する. ~ al hijo a otra escuela 子供を別の学校へ転校させる.
3 《a... …に》〈書類などを〉送付する；〈案件などを〉申し送る. ~ un informe a la justicia 裁判所に上申書を提出する. ~ un caso a la comisión ある件を委員会に送る.
4 《文章語》《a...》〈他の言語〉に》〈文書などを〉翻訳する；転写する；《《別の表現手段》で》〈考えなどを〉表現する. ~ una experiencia al lenguaje 経験を言葉にする. 5 《a...》〈別の日程〉に》〈予定などを〉ずらす, 延期[繰り上げ]する. El acto fue trasladado al lunes. その行事は月曜日に変更された.
― ~·se 再 《a... 〈場所〉へ》1 転居する, 移り住む (= ~se de casa). Me trasladé a Londres para estudiar. 私は勉強するためにロンドンに移った.
2 移動する, 移転する. Se ha trasladado la oficina de correos 郵便局が移転した. Después de la ceremonia, nos trasladamos al aula. 式の後, 私たちは教室に移動した. 3 転任[転属, 転校]する.
[traslado (←[ラ] trānslātus の派生語)；trānsferre「向こうへ運ぶ」(→ transferir) の派生語] より派生；関連 traslación, traslaticio. [英] translate「翻訳する」, transfer「移す」]

・**tras·la·do** [tras.lá.ðo] 男 1 移動, 移転, 移送；転居. el ~ de un enfermo al hospital 患者の病院への移送. 2 転任, 転属, 転勤. 3 写し, 複写. dar ~ 写しを送る.

tras·la·par [tras.la.pár] 他 重ね合わせる.

tras·la·po [tras.lá.po] 男 重なった部分；オーバーラップ (= solapo).

tras·la·ti·cio, cia [tras.la.tí.θjo, -.θja / -.sjo, -.sja] 形 《文章語》転義の, 比喩的な. sentido ~ 比喩的な意味.

tras·la·ti·vo, va [tras.la.tí.βo, -.βa] 形 《法》移譲の, 譲渡の.

tras·lú·ci·do, da [tras.lú.θi.ðo, -.ða / -.si.-] 形 半透明の, 光を通す.

tras·lu·cien·te [tras.lu.θjén.te / -.sjén.-] 形 《文章語》→ traslúcido.

tras·lu·cir [tras.lu.θír / -.sír] 36 他 かいま見せる, うかがわせる；〈感情・気分を〉表す, 示す. dejar ~ ほのめかす, 示唆する, 暗示する. Su sonrisa trasluce su tristeza. 彼[彼女](ら)の笑みにはどことなく寂しい陰がある. ― ~·se 再 1 かいま見える；〈感情・気分など〉が表れる. Se trasluce la verdad en sus palabras. 彼[彼女](ら)の言葉には真実がうかがえる.
2 光を通す, 透けて見える. La cortina se trasluce. そのカーテンは透けて見える.

tras·lum·bra·mien·to [tras.lum.bra.mjén.to] 男 きらめき, まばゆさ, まぶしさ；眩惑(ばく), 目くらみ.

tras·lum·brar [tras.lum.brár] 他 …の目をくらませる, まぶしがらせる (= deslumbrar).
― ~·se 再 1 目がくらむ, まぶしがる (= deslumbrarse). 2 ちらちらする, ちらつく.

tras·luz [tras.lúθ / -.lús] 男 1 間接光, 散光, 柔らかい光；反射光. 2 《ラ米》《タ》似通たこと, 類似. al trasluz 光に透かして. mirar una diapositiva al ~ スライドを光に透かして見る.

tras·ma·llo [tras.má.ʝo ‖ -.ʎo] 男 《漁》刺し網.

tras·ma·no [tras.má.no] 男 a trasmano (1) 手の届かないところに, 離れたところに. Lo tengo a ~. 今は手元にないんだ. (2) 遠くに, 人里離れた所に. por trasmano 《ラ米》《話》ひそかに, こっそりと.

tras·ma·ri·no, na [tras.ma.rí.no, -.na] 形 → transmarino.

tras·me·di·te·rrá·ne·o, a [tras.me.ði.te.řá.ne.o, -.a] 形 → transmediterráneo.

tras·mi·gra·ción [tras.mi.ɣra.θjón / -.sjón] 女 → transmigración.

tras·mi·grar [tras.mi.grár] 自 → transmigrar.

tras·mi·nan·te [tras.mi.nán.te] 形 《ラ米》(骨)刺すように寒い, 骨身にしみる.

tras·mi·nar [tras.mi.nár] 他 **1** 地下道を作る; 坑道を掘る; トンネルを掘る. **2** 染み通る, 浸透する. **― ~·se** 再 《まれ》染み通る, 浸透する.

tras·mi·si·ble [tras.mi.sí.ble] 形 → transmisible.

tras·mi·sión [tras.mi.sjón] 女 → transmisión.
tras·mi·sor [tras.mi.sór] 形 男 → transmisor.
tras·mi·tir [tras.mi.tír] 他 → transmitir.
tras·mon·tar [tras.mon.tár] 他 自 → tramontar.

tras·mu·dar [tras.mu.ðár] 他 → transmudar.

tras·mun·do [tras.mún.do] 男 《文章語》**1** 来世, あの世. **2** 空想の世界.

tras·mu·ta·ble [tras.mu.tá.ble] 形 → transmutable.

tras·mu·ta·ción [tras.mu.ta.θjón / -.sjón] 女 → transmutación.

tras·mu·tar [tras.mu.tár] 他 → transmutar.

tras·no·cha·da [tras.no.tʃá.ða] 女 **1** 前の晩, 前夜; 徹夜, 不寝番. **2** 《軍》夜襲.

tras·no·cha·do, da [tras.no.tʃá.ðo, -.ða] 形 **1** 古くさい, 使い古した, 陳腐な. chiste ~ 陳腐な冗談. **2** 《食べ物が》一晩たった, 腐りかけの. **3** やつれた, げっそりした, 活気のない, 憔悴(しょうすい)した.

tras·no·cha·dor, do·ra [tras.no.tʃa.ðór, -.ðó.ra] 形 宵っぱりの, 夜更かしの; 徹夜の.
― 男 宵っぱり, 夜更かしをする人.

tras·no·char [tras.no.tʃár] 自 《話》徹夜をする, 夜通し起きている; 夜更かしする; (どこかで) 夜を過ごす, 一夜を明かす. Le gusta ~. 彼[彼女]は宵っぱりだ. ― 他 《決断などを》一晩延ばす, 明日に持ち越す.
― ~·se 再 《話》徹夜する; 夜更かしする.

tras·no·che [tras.nó.tʃe] 男 **1** 《話》徹夜; 夜更かし. **2** 《ラ米》(1) 〖アルゼ〗深夜の映画上映. (2) 〖アルゼ〗〖TV〗〖ラジオ〗深夜放送[番組].

tras·o·ce·á·ni·co, ca [tra.so.θe.á.ni.ko, -.ka / -.se.-] 形 → transoceánico.

tras·o·ír [tra.so.ír] 50 他 聞き違える, 聞き誤る.

tras·o·ja·do, da [tra.so.xá.ðo, -.ða] 形 やつれた, 憔悴(しょうすい)した; 目の落ちくぼんだ.

tras·o·ñar [tra.so.ɲár] 15 他 考え違いをする; 夢想する.

tras·o·va·do, da [tra.so.βá.ðo, -.ða] 形 《植》〈葉が〉倒卵形の. hoja trasovada 倒卵形の葉.

tras·pa·cí·fi·co, ca [tras.pa.θí.fi.ko, -.ka / -.sí.-] 形 → transpacífico.

tras·pa·lar [tras.pa.lár] 他 **1** (シャベルで) すくって移す. **2** 移動する, 動かす.

tras·pa·le·ar [tras.pa.le.ár] 他 → traspalar.

tras·pa·le·o [tras.pa.le.ó] 男 (シャベルで) すくって移すこと.

tras·pa·pe·lar [tras.pa.pe.lár] 他 〈書類を〉紛失する, 置き忘れる.
― ~·se 再 〈書類が〉紛れる, なくなる.

tras·pa·ren·cia [tras.pa.rén.θja / -.sja] 女 → transparencia.

tras·pa·ren·tar·se [tras.pa.ren.tár.se] 再 → transparentar.

tras·pa·ren·te [tras.pa.rén.te] 形 → transparente.

tras·pa·sa·ble [tras.pa.sá.ble] 形 **1** 移動できる, 持ち運びできる. **2** 譲渡できる, 移転できる. **3** 通行できる, 横断できる.

tras·pa·sa·mien·to [tras.pa.sa.mjén.to] 男 → traspaso.

*__tras·pa·sar__ [tras.pa.sár] 他 **1** 《場所を》越える; 横切る. ~ un río 川を渡る. ~ la frontera 国境を越える. ~ el umbral de una casa 家の敷居をまたぐ.

2 貫通する; 染み通る. La bala traspasó el corazón del soldado. 弾丸は兵士の心臓を貫通した. La tinta traspasaba el papel. インキが紙の裏側までにじんでいた.

3 《a... …に》《権利・義務などを》譲渡する, 譲り渡す. ~ el terreno [cargo] a su hijo 息子に土地[職務]を譲る. ~ a un jugador a otro equipo 別チームに選手を移籍させる.

4 〈限度を〉超過する; 〈規律などに〉違反する. ~ el límite de velocidad 制限速度を超過する. ~ una ley 法律に違反する.

5 《de... 〈場所〉から》《a... 〈場所〉まで》移動させる, 移す. ~ el ordenador de un lugar a otro コンピュータをある場所から別の場所に移す. **6** 《人〈の心〉を》突き刺す; 《a+人 〈人〉の》〈感覚などを〉貫く. ~ el oído 耳をつんざく. La pena me traspasó (el alma). 悲しみが私の心を引き裂いた. Este frío traspasa mis huesos. この寒さは骨まで染み渡る.

*__tras·pa·so__ [tras.pá.so] 男 **1** 横断; 移動, 移転. **2** 譲渡, 委譲; 譲渡物件; 譲渡価格. **3** 違反, 違約. **4** 苦悩, 悲痛; 嘆きの種; 痛み.

tras·pa·tio [tras.pá.tjo] 男 《ラ米》裏庭, 後庭.

tras·pié [tras.pjé] 男 **1** つまずき, 踏み違え, よろめくこと; 足をすくうこと. dar un ~ つまずく, 踏み外す. **2** 《話》過失, 失策, しくじり. cometer un ~ 失態を演じる.

tras·pi·ra·ble [tras.pi.rá.ble] 形 → transpirable.

tras·pi·ra·ción [tras.pi.ra.θjón / -.sjón] 女 → transpiración.

tras·pi·rar [tras.pi.rár] 自 → transpirar.

tras·pi·re·nai·co, ca [tras.pi.re.nái.ko, -.ka] 形 → transpirenaico.

tras·plan·ta·ble [tras.plan.tá.ble] 形 植え替えられる; 移植できる.

tras·plan·ta·ción [tras.plan.ta.θjón / -.sjón] 女 植え替え; 臓器移植.

tras·plan·tar [tras.plan.tár] 他 **1** 植え替える. ~ los rosales バラの木を移植する. **2** 《医》《a... …に》〈臓器を〉移植する. Le transplantaron el corazón. 彼[彼女]に心臓移植をした. **3** 〈文化などを〉導入する. ~ el sistema métrico メートル法を導入する. **― ~·se** 再 **1** 〈文化などが〉導入される. **2** 住居を変える, 移動する.

tras·plan·te [tras.plán.te] 男 **1** 植え替え, 移植. **2** 《医》移植. ~ cardíaco [de corazón] 心臓移植. ~ de córnea 角膜移植. ~ de cabello 毛髪移植. ~ cutáneo 皮膚移植. ▶臓器移植の「提供者, ドナー」は donante, donador. 「受療者」は receptor. **3** 移入, 導入.

tras·po·ner [tras.po.nér] 41 他 [過分] は traspuesto] → transponer.

tras·pon·tín [tras.pon.tín] 男 **1** 折り畳み椅子, 補助椅子. **2** 小布団, 小さいクッション. **3** 《話》尻(ҏ) (= trasero).

tras·por·ta·ble [tras.por.tá.ble] 形 → transportable.

tras·por·ta·dor, do·ra [tras.por.ta.ðór, -.ðó.ra] 形 女 → transportador.

tras·por·tar [tras.por.tár] 他 → transportar.

tras·por·te [tras.pór.te] 男 → transporte.

tras·por·tín [tras.por.tín] 男 1 補助椅子, 折り畳み椅子. 2 (自転車・バイクの) 荷台, リアキャリア.

tras·por·tis·ta [tras.por.tís.ta] 男 女 → transportista.

tras·po·si·ción [tras.po.si.θjón / -.sjón] 女 → transposición.

tras·po·si·ti·vo, va [tras.po.si.tí.ßo, -.ßa] 形 → transpositivo.

tras·po·si·tor, to·ra [tras.po.si.tór, -.tó.ra] 形 1 〖文法〗転置 (法) の. 2 〖音楽〗〈楽器が〉移調装置のある. ── 男 〖音楽〗移調装置.

tras·pues·ta [tras.pwés.ta] 女 1 〖地理〗視界を遮る高台. 2 置き換え, 入れ替え, 交換. 3 避難, 退避, 回避. 4 (母屋の裏手の) 建物, 門, 庭.

tras·pues·to, ta [tras.pwés.to, -.ta] 形 → traspuesto.

tras·pun·te [tras.pún.te] 男 女 〖演〗(舞台裏から役者に台詞(ゼリフ)をつける) プロンプター; (俳優に出番を告げる) 呼び出し係 (= apuntador).

tras·pun·tín [tras.pun.tín] 男 → trespontín.

tras·que [trás.ke] 接続 《ラ米》…に加えて.

tras·qui·la [tras.kí.la] 女 → trasquiladura.

tras·qui·la·do, da [tras.ki.lá.ðo, -.ða] 形 1 〈羊毛が〉刈り込まれた. 2 とら刈りの. 3 《話》節減した, 切り詰めた. ── 男 《話》僧侶(ソウリョ), 剃髪(テイハツ)した人. *salir trasquilado* 《話》負けて丸裸にされる.

tras·qui·la·dor, do·ra [tras.ki.la.ðór, -.ðó.ra] 男 女 (羊毛の) 刈り取り人.

tras·qui·la·du·ra [tras.ki.la.ðú.ra] 女 1 とら刈り. 2 (羊毛の) 刈り取り, 剪毛 (セン). 3 《話》節減.

tras·qui·lar [tras.ki.lár] 他 1 〈羊 (の毛) を〉刈り取る (= esquilar). 2 《話》〈人 (の髪) を〉不ぞろいに刈る, とら刈りにする. 3 《話》減らす, 削る.

tras·qui·lón [tras.ki.lón] 男 《話》とら刈り. *a trasquilones* 不ぞろいに, いいかげんに.

tras·ta·bi·llan·te [tras.ta.ßi.ján.te ‖ -.ʎán.-] 形 つまずく.

tras·ta·bi·llar [tras.ta.ßi.jár ‖ -.ʎár.-] 自 1 つまずく; よろめく (= tropezar). 2 ためらう (= titubear). 3 どもる (= tartamudear).

tras·ta·bi·llón [tras.ta.ßi.jón ‖ -.ʎón.-] 男 《ラ米》つまずき, よろめき.

tras·ta·da [tras.tá.ða] 女 《話》いたずら, 悪ふざけ, 悪さ; 悪巧み. *hacer una* ~ *a*+人 〈人〉に悪さをする.

tras·ta·jo [tras.tá.xo] 男 《話》廃品, がらくた.

Tras·tá·ma·ra [tras.tá.ma.ra] 固名 トラスタマラ家: スペインのカスティーリャ・レオン王国の王家 (1369-1504) およびアラゴン王国の王家 (1412-1516).

tras·ta·zo [tras.tá.θo / -.so] 男 《話》強打, 激突 (= porrazo). *darse* [*pegarse*] *un* ~ *contra…* …に激しくぶつかる.

tras·te¹ [trás.te] 男 (ギターなどの) フレット.

tras·te² [trás.te] 男 (1) 〖ラ米〗《話》家具, 家庭用具; がらくた (道具), 不用品. (2) (タン)尻(シリ). *dar al traste con…* …を台無しにする, 損なう. *ir* (*se*) *al traste* 失敗に終わる, 実現されない.

tras·te·a·do [tras.te.á.ðo] 男 〖音楽〗〖集合的〗楽器のフレット.

tras·te·ar¹ [tras.te.ár] 他 〖音楽〗(ギターなどの) 弦を押さえる; (ギターなどに) フレットを取りつける.

tras·te·ar² [tras.te.ár] 他 1 《話》《まれ》〈人や状況を〉意のままにする, 自由に操る. 2 〖闘牛〗〈牛を〉ムレータであしらう. 3 《ラ米》《俗》《話》〈人の〉体をなで回し, まさぐる. ── 自 1 かき回す. 2 《話》いたずらする, 悪さをする. 3 気の利いた会話をする. 4 《ラ米》(ミジ)(ミキ)転居する.

tras·te·jar [tras.te.xár] 他 屋根を修理する, 屋根瓦(ガワラ)をふき直す; 修繕する.

tras·te·o [tras.té.o] 男 1 〖闘牛〗牛をムレータであしらうこと. 2 《話》〈人を〉意のままに操ること. 3 《ラ米》(ミジ)(ミキ)引っ越し.

tras·te·rí·a [tras.te.rí.a] 女 1 廃品, 不用品, がらくた. 2 いたずら, 悪ふざけ, 悪さ.

tras·te·ro, ra [tras.té.ro, -.ra] 形 物置の, 収納用の. ── 男 (または女) 1 納戸, 物置. 2 《ラ米》(ミキ)食器棚. 3 《ラ米》《話》がらくたの山.

tras·te·són [tras.te.són] 男 (家畜が) 乳の豊かなこと, 乳の張り.

tras·ti·be·ri·no, na [tras.ti.ße.rí.no, -.na] 形 (ローマの) テベレ川の右岸の; トラステベレ地区に住む.

tras·tien·da [tras.tjén.da] 女 1 店の奥の部屋. 2 《話》悪知恵, 悪賢さ, ずるさ (= doblez). *obtener por la* ~ 汚い手を使って得る. *Sabe actuar con mucha* ~. 彼[彼女]は小利口に立ち回る術(スベ)を知っている. 3 《話》隠し立て, 隠し事. *Tiene mucha* ~. 彼[彼女]はなかなか本心を見せない. 4 《ラ米》(ミジ)(ミキ)《俗》尻(シリ).

tras·to [trás.to] 男 1 《話》(古い・壊れた・邪魔な) 家具, がらくた, 不用品. *Quita ese* ~ *de en medio*. その邪魔な物を片付けてくれ. ~*s viejos* 古道具. 2 《複数で》道具, 用具. *los* ~*s de pescar* 釣り道具. 3 〖演〗枠張り物, 切り出し, (舞台袖(ソデ)の) 背影. ── 男 女 《話》ろくでなし, 役立たず; いたずらっ子. *entregar los trastos* 〖闘牛〗(マタドール matador が) 見習闘牛士に交代する. *tirar los trastos a*+人 《話》〈人〉を口説く. *tirarse los trastos* (*a la cabeza*) けんかする; 激しく言い争う.

tras·to·car [tras.to.kár] 他 混乱させる, かき回す; ひっくり返す. ── **·se** 再 《まれ》取り乱す, 錯乱する; 発狂する, 気がふれる.

tras·tor·na·do, da [tras.tor.ná.ðo, -.ða] 形 不安定な; 取り乱した, 錯乱した, 気のふれた.

tras·tor·na·dor, do·ra [tras.tor.na.ðór, -.ðó.ra] 形 混乱させる, 動揺させる; 騒々しい. ── 男 女 問題を起こす人, 騒動を引き起こす人.

tras·tor·na·du·ra [tras.tor.na.ðú.ra] 女 → trastorno.

tras·tor·na·mien·to [tras.tor.na.mjén.to] 男 → trastorno.

tras·tor·nar [tras.tor.nár] 他 1 〈ものごとを〉混乱させる, かき乱す; 〈計画を〉乱す, 覆す. ~ *la idea de*+人 〈人〉の考えをかき乱す. *Esto ha trastornado mis proyectos*. このことが私の計画を狂わせた. ~ *el orden público* 公共の秩序を乱す. 2 〈人を〉動揺させる, 不安にさせる (= preocupar); 〈人に〉迷惑をかける. *La guerra ha trastornado a mucha gente*. 戦争は多くの人々を不安に陥れた. *Me trastornó mucho su carta*. 彼[彼女]の手紙に私はひどく動揺した. 3 〈物を〉ひっくり返す, ごちゃごちゃにする, 乱雑にする. *Pedro lo ha trastornado todo aquí*. ペドロのお陰でここは何もかもめちゃくちゃになった. 4 熱狂させる, 熱中させる; ほれ込ませる. *Me trastornan las joyas*. 私は宝石に目がない.

5 《a+人〈人〉の》…を錯乱させる, おかしくさせる, 狂わせる. ~ la salud 健康を損なわせる. ~ la mente 頭を混乱させる.

—~·se 再 **1** 心を乱し, 動転する; 気がふれる. A raíz de la muerte de su esposa *se trastornó*. 妻を失って彼はすっかりおかしくなった. **2** 混乱する, ごちゃごちゃになる.

***tras·tor·no** [tras.tór.no] 男 **1** 混乱, 動揺; 変動. causar profundos ~s en la economía 経済に深刻な混乱を招く. La instalación de la nueva máquina supondrá un gran ~ en la fábrica. 新しい機械の導入は工場内の大きな変化を予想させる. **2** 不都合, 迷惑. si no es ~ para+人〈人〉にとってご迷惑でなければ.
3 (体の)不調, 異常, 障害. padecer ~s estomacales 胃の調子が悪い. ~ cerebral 脳障害. ~ compulsivo de la personalidad 強迫性人格障害. ~ de personalidad 人格障害. ~ digestivo 消化不良. ~ obsesivo-compulsivo 強迫性障害. ~ mental 精神障害.

tras·tra·ba·do, da [tras.tra.ßá.ðo, -.ða] 形〈馬の〉前右脚と後左脚の白い, 前左脚と後右脚の白い.

tras·tra·bar·se [tras.tra.ßár.se] 再〈舌が〉もつれる.

tras·tra·bi·llar [tras.tra.ßi.jár ‖ -.ʎár] 自 よろめく; つまずく; 揺らめく; どもる.

tras·tro·ca·mien·to [tras.tro.ka.mjén.to] 男 変更, 取り換え; 取り違い.

tras·tro·car [tras.tro.kár] 16 他 変える, 変更する; 取り違える. ~ el orden 順序を逆にする. *Has trastrocado* el sentido de mis palabras. 君は私の言葉の意味を曲解しているよ.

tras·true·co [tras.trwé.ko] / **tras·true·que** [tras.trwé.ke] 男 → trastrocamiento.

tras·tum·bar [tras.tum.bár] 他 **1** 落とす, 倒す. **2**《ラ米》《話》…の向こう側に落とす.

tra·su·da·ción [tra.su.ða.θjón / -.sjón] 女 汗ばむこと, 発汗.

tra·su·da·do [tra.su.ðá.ðo] 男〖生化〗血清.

tra·su·dar [tra.su.ðár] 自〈汗で〉濡れ; 汗をかく. Tiene la camisa *trasudada*. 彼[彼女]のシャツは汗がにじんでいる.

tra·su·dor [tra.su.ðór] 男 汗; 汗ばむこと, 発汗; 冷や汗.

tra·sun·tar [tra.sun.tár] 他 **1** 転写する, 書き写す. **2** 要約する, 概要を作る. **3**《ラ米》《話》〈感情を〉表わす.

tra·sun·to [tra.sún.to] 男 **1** 複写, 転写, 筆写.
2 模写; 生き写し; 反映したもの (= reflejo, retrato). fiel ~ 忠実な模写.

tras·va·sar [tras.ba.sár] 他 **1**〈液体を〉移し替える (= trasegar). ~ el vino a otra botella ワインを別の瓶に移し替える. **2**〖IT〗ダウンロードする.

tras·va·se [tras.bá.se] 男 **1**〈液体の〉移し替え.
2 灌漑(ホミ)(用水), 給水路. **3**〖IT〗ダウンロード.

tras·va·si·jar [tras.ba.si.xár] 他《ラ米》《話》→ trasvasar.

tras·ve·nar·se [tras.ße.nár.se] 再 出血する.

tras·ver·be·ra·ción [tras.ßer.ße.ra.θjón / -.sjón] 女 → transverberación.

tras·ver·sal [tras.ßer.sál] 形 → transversal.

tras·ver·so, sa [tras.ßér.so, -.sa] 形 → transverso.

tra·ta [trá.ta] 女 人身売買. ~ de blancas (売春目的の)女性売買. ~ de esclavos 奴隷売買. ~ de negros 黒人売買.

tra·ta·ble [tra.tá.ßle] 形 **1** 扱いやすい, 処理しやすい. **2** 好感のもてる, 友好的な, 人付き合いのよい. **3**《ラ米》《話》通行可能な, 渡れる.

tra·ta·dis·ta [tra.ta.ðís.ta] 男 女 専門書の筆者, 学術書の著者, 論文執筆者.

***tra·ta·do** [tra.tá.ðo] 男 **1** (特に国家間の) 条約, 協定, 条約文書, 協定書. firmar un ~ 条約に署名する. ratificar [denunciar] un ~ 条約を批准[破棄]する. Organización del T~ del Atlántico Norte 北大西洋条約機構 (略 OTAN) [英 NATO]. T~ de Libre Comercio 自由貿易協定. T~ de No Proliferación Nuclear 核拡散防止条約 (略 TNP) [英 NTP]. ~ de Paz 講和[平和]条約. **2** (特定の題目を掘り下げた)専門書, 学術論文. ~ de filosofía india インド哲学の本[論文].

tra·ta·dor, do·ra [tra.ta.ðór, -.ðó.ra] 形 調停する, 仲介[仲裁]する.
— 男 女 仲介者, 仲裁人, 調停者.

***tra·ta·mien·to** [tra.ta.mjén.to] 男 **1** (人や動物に対する) 扱い(方), 取り扱い(方), 待遇. malos ~s 虐待 歓待. Eso no es un ~. それは人をもてなすやり方ではない.
2 敬称, 称号, 尊称, 呼びかけ. dar ~ a +人〈人〉に敬称を用いて話しかける. dar ~ de tú 〈人〉を(親しく)話す. Le dieron el ~ de señoría. 彼[彼女]に貴族の称号が与えられた.

> 関連敬称: (Su, Vuestra) Alteza (王子・皇子に)殿下. (Su, Vuestra) Excelencia / Excelentísimo (大貴族・大使・大臣・国会議員・学長などに)閣下. Ilustrísimo (司教・高官などに)猊下(ゅ), 閣下. Ilustrísima Señoría (次官・局長・判事などに)殿. Reverendísimo (枢機卿(ぉ), 大司教などに)猊下. Reverendo (聖職者に)師. (Su, Vuestra) Señoría (貴族などに)閣下. Su Ilustrísima (司教に)猊下. Su Majestad (国王・皇帝などに)陛下. Su Majestad Católica スペイン国王陛下.

3 治療(法), 手当, 処置 (= ~ médico). ~ con rayos X X 線治療. Debe usted ponerse en ~. あなたは治療を受けるべきです. Mi padre está bajo ~ médico. 私の父は今治療中です.
4 処理, 処置, 加工. el ~ de materias primas 原料の加工. ~ de datos / ~ de la información 〖IT〗データ処理. ~ de textos 〖IT〗ワープロ(ソフト).

apear el tratamiento a+人〈人〉に敬称を省略して話す, よそよそしい話し方をやめる.

tra·tan·te [tra.tán.te] 男 女 (家畜などの)商人, 仲買人, ブローカー.

*****tra·tar** [tra.tár] 他 **1**〈人を〉扱う, 待遇する, 〈ものを〉取り扱う. Siempre me *tratan* con respeto y cariño. 彼らはいつも尊敬と愛情を持って私に接してくれる. La vida no los *ha tratado* bien. 彼らは人生でいい思いをしなかった.
2 《de...》《…と》〈人を〉呼ぶ[呼ばわりする]; 〈人を〉《…と》みなす. ~ de usted [tú] 〈相手に〉usted [tú]で話す[待遇する]. La *trataron de* vaga. 彼女は怠け者とみなされた.
3 〈人と〉付き合う, 交際する. Era compañero del curso, pero le *traté* muy poco. 彼は級友だったがほとんど付き合わなかった. ► ~(se) con+人も用いられる.
4 治療を施す; 《de...》〈病気の〉治療をする. La *están tratando de* cáncer. 彼女はがんの治療中だ.

tratativa

5 〈題材などを〉扱う，取り上げる；研究する. Tenemos que ~ este asunto con cuidado. 私たちはこの件を注意して扱わなければいけません.
6 …に(化学)処理を施す. *Han tratado* esta tela con un producto químico. この生地は化学薬品で処理された. **7**〖IT〗〈データなどを〉処理する.
— 自 **1** 《**con**＋人〈人〉と》付き合う，交際する. En este nuevo trabajo tienes que *tratar con* todo tipo de gente. この新しい仕事では君はいろいろな人と付き合わなくてはならない.
2 《**de...** / **sobre...** …について》扱う，論じる. Su tesis *trata de* las perífrasis verbales. 彼[彼女](ら)の論文は動詞迂言法を扱っている.
3 《**con...** …を》(手で)扱う，触る. Si *tratas con* estos materiales, ponte los guantes de plástico. これらの物質を取り扱うなら，君はビニールの手袋をしなさい. **4** 《**de**＋不定詞 / **de que**＋接続法》…しようと努める，試みる. *He tratado de* llamarle varias veces. 私は彼に何度も電話を試みた. Ella sólo *trataba de que* estuvieran todos más cómodos. 彼女は君たちみんながより快適にいられるように気を配った. **5** 《**en...** …を》商う，(商売で)扱う. Este establecimiento *trata en* todo tipo de tela. 当店では布地各種を扱っております.
— **~se** 再 **1** 《**con**＋人〈人〉と》付き合う，交際する；《複数主語で》(互いに)付き合う. No *me trato con* ese señor. 私はあの人とは付き合いはありません. Los dos *se tratan* fatal. ふたりの仲は最悪だ.
2 《3人称単数で》《**de**＋名詞 / **de**＋不定詞 / **que**＋直説法 …について》扱う，取り上げる；問題は…である. ¿*De qué se trata*? 何の話ですか. *Se trata de que* las cifras de la investigación *son* erróneas. 問題はその調査の数値が間違っていることです. No *se trata de* eso. そういう問題じゃない.
[←［ラ］*tractāre*「引っ張る，いじる，取り扱う」が原義；関連 trato, tratado, tratamiento, traer.［英］*treat*]

tra.ta.ti.va [tra.ta.tí.ba] 女 《主に複数で》《ラ米》(労)交渉.

‡**tra.to** [trá.to] 男 **1** (人・ものの) **取り扱い**，扱い方，待遇(＝tratamiento). ~ de nación más favorecida 最恵国待遇. ~ inhumano 非人道的な扱い. tener un ~ agradable 愛想がよい. hombre de ~ difícil 扱いにくい人. El ~ que nos daba en esta casa era formidable. 私たちはこの家で歓待を受けた.
2 交際，付き合い；関係. no querer ~s con＋人〈人〉と付き合いたがらない. romper el ~ con＋人〈人〉と絶交する. ~ carnal [sexual] 肉体関係. ~ doble 見せかけの友情. Él no tiene ~ con sus colegas. 彼は同僚と付き合いがない.
3 契約，協定，取引，取り決め. cerrar [hacer] un ~ 契約を結ぶ. deshacer un ~ 契約を破棄する. estar en ~s 交渉中である. ¡*T*~ hecho! 取引成立[これで決まりだ]. Ahora estamos en ~ con una compañía extranjera. 今，私どもは海外の会社と商取引を行っています. trabajo a ~ 《ラ米》《(》請負いの仕事.
4 肩書き，称号，敬称(＝título).
— 活 →tratar.
malos tratos (肉体的・精神的)虐待.
trato de gentes 人扱いのうまさ.

trat.to.ria [tra.to.rí.a]〖伊〗女 イタリア料理店.

trau.ma [tráu.ma] 男 **1**〖医〗外傷，損傷，外傷性傷. **2** トラウマ，心の傷，心の痛手；〖心〗精神的外傷 (＝~ psicológico).

trau.má.ti.co, ca [trau.má.ti.ko, -.ka] 形〖医〗外傷性の. trastorno [desorden] de estrés pos*traumático* 心的外傷後ストレス障害(PTSD).

trau.ma.tis.mo [trau.ma.tís.mo] 男〖医〗外傷，損傷.

trau.ma.ti.zar [trau.ma.ti.θár / -.sár] 97 他 トラウマを引き起こす. — **~se** 再 トラウマになる.

trau.ma.to.lo.gí.a [trau.ma.to.lo.xí.a] 女〖医〗外傷学，災害外科学.

trau.ma.to.ló.gi.co, ca [trau.ma.to.ló.xi.ko, -.ka] 形 外傷学[災害外科学]の.

trau.ma.tó.lo.go, ga [trau.ma.tó.lo.go, -.ga] 男 女 外傷学の専門医.

tra.ve.lín [tra.be.lín] / **trá.ve.lin** [trá.be.lin] 男〖映〗〖TV〗移動撮影(機材).

trav.el.ing / trav.el.ling [trá.be.lin]〖英〗男 →travelín.

tra.ve.lo [tra.bé.lo] 男 《話》→travesti.

tra.vés [tra.bés] 男 **1** 傾斜，傾き. La tela está cortada a ~. 布はバイアスに断ってある.
2 不運，不幸，逆境. los *traveses* de la vida 人生の不運. **3**〖建〗大梁(ﾊﾘ)，横桁(ｹﾀ). **4**〖海〗(船の)甲板梁，ビーム. **5**〖軍〗防弾壁，防弾用遮蔽(ｼｬﾍｲ)物.
al través 横切って.
a través de... (1) …越しに，…を通して，…の間を. María mira *a ~ de* los cristales, hacia la terraza. マリアはガラス越しにテラスの方を見た. (2) …を通じて，…を介して. Mi hermana compra los cosméticos *a ~ de* internet. 私の姉はインターネットで化粧品を買い求めている.
dar al través con... …をだめにする，台無しにする.
de través 横向きに；斜めに.
ir de través 《話》〖潮〗〖風〗に流される，漂流する.
mirar... de través …を横目で見る.
[←［ラ］*trānsversē* 副「横切って，斜めに」(〔ラ〕*trānsversus*「横にかかれた」より派生)；関連 travieso, travesura, travesía, atravesar, verter.［英］*traverse*「横切る」]

tra.ve.sa.ño [tra.be.sá.ɲo] 男 **1** 横木，横桟(ｻﾝ)，貫(ﾇｷ). **2**〖建〗大梁(ﾊﾘ)，横桁(ｹﾀ). **2** はしごの段. **3**〖スポ〗ゴールの横木[クロスバー] (＝larguero). **4** 《(》枕〗長まくら. **5**《ラ米》(ﾒﾋｺ)(ﾆｶﾗ)(ｸﾞｱﾃ)横木.

tra.ve.se.ar [tra.be.se.ár] 自 **1** いたずらをする，ふざけ回る. **2** 自堕落な暮らしをする. **3** 《ラ米》(ｱﾙｾﾞ)乗馬の訓練をする；乗馬の技を披露する.

tra.ve.se.o [tra.be.sé.o] 男 《ラ米》(ｱﾙｾﾞ)乗馬の訓練；乗馬の技の披露.

tra.ve.se.ro, ra [tra.be.sé.ro, -.ra] 形 横に置かれた；横向きの；斜めの. flauta *travesera* (フルートの前身の)フラウト・トラベルソ. — 男 長まくら.

***tra.ve.sí.a** [tra.be.sí.a] 女 **1 抜け道**，(幹線道路をつなぐ)間道；(市街地を通る)街道.
2 横断，渡航；航海；飛行. la ~ del Pacífico 太平洋横断. **3** 距離，隔たり. **4**〖海〗風風. **5**〖軍〗〖集合的〗防弾壁，防弾用遮蔽(ｼｬﾍｲ)物. **6**〖遊〗(点数の)勝ち負け. **7** 《ラ米》(1)(ｷ)(太平洋から Andes 山脈へ吹く)西風. (2)(ｱﾙｾﾞ)(ﾒﾋｺ)荒野，荒れ地.

tra.ve.sí.o, a [tra.be.sí.o, -.a] 形 **1** 横風の，横から吹きつける. **2** 《家畜が》村外れまで出る. **3** 通りぬける.

tra.ves.ti [tra.bés.ti] / **tra.ves.tí** [tra.bes.tí] 男〖複 ~s, ~es〗異性装者.

tra.ves.ti.do, da [tra.bes.tí.ðo, -.ða] 形 異性の服装をした. — 男 女 →travesti.

tra·ves·tir [tra.βes.tír] ① 他 異性の服装をさせる. **— ~·se** 再 異性の服装をする.

tra·ves·tis·mo [tra.βes.tís.mo] 男 異性装；異性の衣裳を着用したがる傾向.

tra·ve·su·ra [tra.βe.sú.ra] 女 いたずら；悪ふざけ，非行(= trastada). El niño ha estado haciendo ~s todo el día. 子供は一日中いたずらばかりしていた. Fue una ~ de niño. 子供じみた悪ふざけだった. ~ sin ton ni son たわいないいたずら. las ~s de la juventud 若気の過ち.

tra·vie·sa [tra.βjé.sa] 女 **1**〖鉄道〗(1) まくら木. (2)（車台の）横つなぎ材. **2**〖建〗(1) 垂木，つなぎ材. (2) 側面の主柱. **3**〖鉱〗坑道. **4**〖遊〗(1) 賭(ｶ)け金の上乗せ. (2)（賭けをしている人に賭ける）賭け金.

*__tra·vie·so, sa__ [tra.βjé.so, -.sa] 形 **1** いたずらな，腕白な；悪ふざけの好きな. **2**（まれ）ずる賢い，腹の黒い. **3** 放蕩(ﾎｳﾄｳ)な，自堕落な.

*__tra·yec·to__ [tra.ʝék.to] 男 **1** 道のり，行程，(鉄道などの)距離，路線；射程距離. recorrer un ~ 踏破する. el ~ de la procesión 行列の道順. final del ~ 終点，ターミナル. Todavía falta un largo ~. まだかなり距離がある. Fui dormido todo el ~.（電車などで）私はずっと眠っていった. **2** 旅，行程；走行，運行. Nos paramos en el ~. 私たちは途中で立ち止まった. Tenemos un ~ de cinco horas. 5 時間の旅だ.

[←〘ﾗ〙*trājectum* (*trājicere*（の対格）「横断，通過」(*trājicere*「向こうへ投げる；渡る，通過する」より派生)；関連〖英〗*traject*（渡し場）；通行，*trajection*（伝導）]

*__tra·yec·to·ria__ [tra.ʝek.tó.rja] 女 **1** 軌道；飛跡. ~ de un misil ミサイルの弾道. ~ del huracán ハリケーンの進路. **2** 動向；経歴. Su carrera ha tenido una ~ poco brillante. 彼[彼女]の経歴はあまりぱっとしない.

*__tra·za__ [trá.θa / -.sa] 女 **1** 設計図 設計，構想，立案(= trazado). realizar las ~s 設計する. **2** 容貌(ﾖｳﾎﾞｳ), 外観；様子，気配. Me gusta su ~. 私はあの子の顔が好きだ. **3** 痕跡(ｺﾝｾｷ), 形跡. Aquí hay ~s del oso. ここにクマの足跡がある. **4** 才能，能力，素質. darse ~(s) en... …に才能を発揮する. tener buena [mucha] ~ para... …が非常にうまい. tener mala [poca] ~ para... …が下手である[あまりうまくない]. **5**〖数〗(行列の)スプール, 跡(ｱﾄ).

llevar [*tener*] *trazas de*+ 不定詞 …しそうである，…の様子[気配]がある. Este trabajo *tiene* ~s *de no acabar* nunca. いつまでたってもこの仕事は終わりそうもない.

por las trazas 一見したところ. *Por las* ~s, *se diría que es joven*. 彼[彼女]には若く見えそうだ.

tra·za·ble [tra.θá.βle / -.sá.-] 形 線で描ける，素描できる；設計できる.

tra·za·do, da [tra.θá.ðo, -.ða / -.sá.-] 形 設計された，描かれた. El camino a seguir ya está ~. 進むべき道はすでに引かれている. **— 男 1** 設計(図)；デザイン，図案 (= traza). el *edificio* de mejor ~ 最もデザインのよいビル. **2** 輪郭，ライン；描線. **3** 路線，ルート. ~ de autobús バス路線. **4**（ﾗ米）山刀，マチェテ (= machete).

bien [*mal*] *trazado* 恰幅(ｶｯﾌﾟｸ)のよい[風采(ﾌｳｻｲ)の上がらない].

tra·za·dor, do·ra [tra.θa.ðór, -.ðó.ra / -.sa.-] 形 **1** 線を描く. bala *trazadora* 曳光(ｴｲｺｳ)弾. **2** 設計する，図面を引く. **— 男 女** 立案者；設計者.

— 男 1〖軍〗曳光(ｴｲｺｳ)弾. **2**〖技〗〖医〗(核医学検査などに用いる)追跡子，トレーサー；〖I T〗作図装置.

*__tra·zar__ [tra.θár / -.sár] 97 他 **1**〈線・線画を〉描く，書く；〈軌跡などを〉描く. ~ una línea recta 直線を引く. ~ el plano de una casa 家の設計図を描く.

2 〈計画などを〉構想する，立案する. ~ una estrategia 戦略を立てる. ~ una regla 規則を立案する. Nos reunimos para ~ un plan de ataque. 私たちは攻撃の作戦を立てるために集まった.

3 概説する，素描する. ~ un paralelo entre los dos hechos 2つの事実の対比を述べる. El informe *traza* el recorrido exitoso de esa empresa. 報告書はその企業の輝かしい軌跡を描いている.

[←〘俗ﾗ〙*tractiare*〘ﾗ〙*tractus*「引くこと」(*tra-here*「引く」の派生語)より派生；関連 traza, trazo, trazado, tracista, traer.〖英〗*trace*]

tra·zo [trá.θo / -.so] 男 **1** 線，描線，筆の運び；(文字の)一画. ~ rectilíneo まっすぐな線. dibujar al ~ 略図を描く. ~s de la escritura 筆跡. ~ de letra 字の書き方. **2** 容貌(ﾖｳﾎﾞｳ), 顔つき，目鼻だち. El capitán tiene ~s enérgicos. 隊長は精悍(ｾｲｶﾝ)な顔をしている. **3**〖美〗ドラペリー（彫刻・絵画などのひだを寄せた布や着衣）；その表現手法.

tre·be [tré.βe] 男（ﾗ米）三脚の五徳 (=trébedes).

tré·be·de [tré.βe.ðe] 女 下階暖房の部屋.

tré·be·des [tré.βe.ðes] 女《複数》① 三脚の五徳. **3** 三脚台.

tre·be·jo [tre.βé.xo] 男 **1**（話）（まれ）（主に複数で）用具，道具. los ~s de la cocina 台所用品. **2**《文章語》〖遊〗（チェス）駒(ｺﾏ).

tré·bol [tré.βol] 男 **1**〖植〗クローバー, ツメクサ. ~ de cuatro hojas 四つ葉のクローバー. **2**（主に複数で）〖遊〗(トランプ) クラブの札. **3**（ﾗ米）四つ葉のクローバー型インターチェンジ.

__tre·ce__ [tré.θe / -.se] 形〖数詞〗1** (+名詞) 13の, 13個[人]の. ~ libros 13冊の本.

2（名詞+）13番目の. León XⅢ [~] レオ13世. el día ~ de febrero 2月13日.

— 男 13; 13の数字（ローマ数字ⅩⅢ）.

mantenerse [*estar, seguir*] *en* SUS *trece* 頑として譲らない，人の意見に耳を傾けない.

martes y trece（ｽﾍﾟ）13日の火曜日（厄日）.◆火曜日はローマ神話の軍神マルス Marte にちなみ，主要な戦争はこの日に敗れていたことから不吉とされ，それにキリストの最後の晩餐(ﾊﾞﾝｻﾝ)の人数の13が結びついたため.

[←〘古スペイン〙*tre(d)ze*←〘ﾗ〙*tredecim* (*trēs*「3」+ *decem*「10」)]

tre·ce·a·vo, va [tre.θe.á.βo, -.βa / -.se.-] 形 13分の1の. **— 男** 13分の1.

tre·ce·no, na [tre.θé.no, -.na / -.sé.-] 形《まれ》第13の, 13番目の (= decimotercero).

tre·cé·si·mo, ma [tre.θé.si.mo, -.ma / -.sé.-] 形《まれ》第30の, 30番目の, 30分(の1)の (= trigésimo).

tre·cha [tré.tʃa] 女 策略，わな (= treta).

tre·chel [tre.tʃél] 男 春小麦 (= trigo ~).

*__tre·cho__ [tré.tʃo] 男 **1** 距離，間隔；区間；道のり. Hay un gran ~ entre las dos ciudades. 2つの都市は遠く離れている. Anduvimos un buen ~. 我々はかなり歩いた. un ~ muy malo en el camino 悪路の区間. **2** 期間，時間. Esperé largo ~. 私はずいぶん待った. **3**《話》一部，わずかな量. Queda un buen ~ que hacer. やらなくてはならな

いことがかなりある. **4**《農》畑の一画.
a trechos ところどころに；時々.
de trecho en trecho (空間・時間の)間隔を置いて. árboles plantados *de ~ en ~* 間を置いて植えられた木.

tre·chor [tre.tʃór] 男《紋》盾と相似形の細帯.
tre·cien·tos, tas [tre.θjén.tos, -.tas / -.sjén.-] 形男→trescientos.
tre·dé·ci·mo, ma [tre.ðé.θi.mo, -.ma / -.si.-] 形《まれ》第13の, 13番目の (= decimotercero).
tre·fi·la·do [tre.fi.lá.ðo] 男《技》(金属の)線引き, 伸線加工.
tre·fi·la·dor [tre.fi.la.ðór] 男《技》(金属の)線引き職人, 伸線加工業者, 針金製造工.
tre·fi·la·do·ra [tre.fi.la.ðó.ra] 女《技》(金属の)線引き機, 針金製造機.
tre·fi·lar [tre.fi.lár] 他〈金属を〉針金状に引き延ばす.
tre·fi·le·rí·a [tre.fi.le.rí.a] 女 金属引き延ばし(工場).
***tre·gua** [tré.gwa] 女 **1** (通例一時的な)**休戦(協定), 停戦(協定)**, 戦闘停止. acordar una *~* 休戦協定を結ぶ. hacer una *~* 停戦する. pacto de *~* 停戦協定. *~ de Navidad* クリスマス休戦.
2 (仕事・苦痛などの)一時的休止, 中断, ひと休み. ¿Hacemos [Nos damos] una *~*? ひと休みしようか.
dar tregua(s)〈痛みなどが〉一時的に収まる；余裕[時間]を与える.
sin tregua 容赦なく, 絶え間なく. Los acreedores lo acosaron *sin ~*. 借金取りは彼を容赦なく追い回した.
tre·í·lla [tre.í.ja ‖ -.ʎa] 女→traílla.
*****trein·ta** [tréin.ta] 形《数詞》**1**《+名詞》30の, 30人[個]の. *~ hombres* 30人.
2《+名詞》30番目の (= trigésimo). Vino el día *~ de mayo*. 彼[彼女]は5月30日に来た. *los años ~* 1930年代.
— 男 30；30の数字(ローマ数字XXX). Juego siempre al *~*. 僕はいつも30に賭(ﾎ)ける. *unos ~* 約30.
[←〔俗ラ〕*triginta←〔ラ〕*trīgintā* (*trī*-「3」+ *-gintā*「10回, 10倍」)]
trein·tai·do·sa·vo, va [trein.tai.ðo.sá.βo, -.βa] 形 32分(の1)の. — 男 *en ~*《印》32折り判の.
trein·tai·do·se·no, na [trein.tai.ðo.sé.no, -.na] 形《まれ》32番目の (= trigésimo segundo).
trein·ta·ñal [trein.ta.nál] 形 30歳の, 30年の.
trein·ta·ñe·ro, ra [trein.ta.ɲé.ro, -.ra] 形《話》30歳代の. — 男 女《話》30歳代の人.
trein·ta·vo, va [trein.tá.βo, -.βa] 形 30分(の1)の (= trigésimo). — 男 30分の1 (= trigésimo).
trein·te·na [trein.té.na] 女 30のまとまり, 30人[個]. *Envíeme una ~*. 30個送ってください.
tre·jo, ja [tré.xo, -.xa] 形《ラ米》頑固な, 強情な；しつこい.
trek·king [tré.kin]《英》男《複 ~s, ~》トレッキング.
tre·ma·to·do [tre.ma.tó.ðo] 形《動》吸虫の. *gusano ~*《動》吸虫, ジストマなど；《複数で》吸虫綱.
tre·me·bun·do, da [tre.me.βún.do, -.da] 形 ぞっとするような, 不気味な, おどろおどろしい.
tre·me·dal [tre.me.ðál] 男 沼地, 湿地；泥炭地.
tre·men·da·men·te [tre.mén.da.mén.te] 副 恐ろしく, すごく.
tre·men·dis·mo [tre.men.dís.mo] 男 **1** 不安をあおる報道(の傾向). **2**《美》《文学》トレメンディスモ：20世紀スペインに起こった現実のどぎつい部分を誇張する手法. **3**《闘牛》(伝統的な技よりも)派手でスリリングな技を求める傾向.
tre·men·dis·ta [tre.men.dís.ta] 形 **1**〈報道などが〉不安をあおる傾向にある. **2**《美》《文学》トレメンディスモの. **3** 一大事のように話を大げさに伝えたがる. — 男 女 **1** トレメンディスモ tremendismo の実践者. **2** 一大事のように話を大げさに伝えたがる人.

:**tre·men·do, dor** [tre.mén.do, -.da] 形 **1**《+名詞／名詞+》(規模・量・程度が)**途方もない, ものすごい**. *una casa tremenda* とんでもない大きな家. *un disparate ~* とんでもないでたらめ. *El ruido del autobús es ~*. バスの騒音がものすごい. *Hace un frío ~*. 非常に寒い.
2《+名詞／名詞+》**恐ろしい**, ぞっとするような. *un espectáculo ~* 身の毛もよだつ光景. *Estaba en una situación tremenda*. 彼[彼女]は恐ろしい状況にさらされていた.
3《ser + / estar +》《話》すばらしい, すごい. *Eres ~*. 君はすごいよ.
4《話》〈子供が〉きかん坊の, おてんばな.
por la tremenda 乱暴に, むちゃくちゃに.
tomar(se)... a [por] la tremenda …を大げさにとる. *No es para tomarlo por la tremenda*. そんなに大騒ぎするほどのことではない.
[←〔ラ〕*tremendum* (*tremendus* の対格；*tremere*「震える」より派生)]【関連】*temblar*. 〔英〕*tremendous, tremble*].

tre·men·ti·na [tre.men.tí.na] 女《化》テルペンチン, 松やに. *esencia de ~* テレビン油.
tre·més [tre.més] 形 3か月の.
trigo tremés [*tremesino*] 春小麦.
tre·me·si·no, na [tre.me.sí.no, -.na] 形 3か月の.
tre·miel·ga [tre.mjél.ga] 女《魚》シビレエイ.
tre·mó [tre.mó] / **tre·mol** [tre.mól] 男 (鏡の)飾り枠.
tre·mo·lan·te [tre.mo.lán.te] 形 はためく, 翻る；ひらひらする.
tre·mo·lar [tre.mo.lár] 他 **1**〈旗などを〉振る, 翻す. **2** 誇示する, 見せびらかす.
— 自 はためく, 翻る；ひらひらする.
tre·mo·lín [tre.mo.lín] 男《植》ヨーロッパヤマナラシ, アスペン (= *álamo temblón*).
tre·mo·li·na [tre.mo.lí.na] 女 **1**《話》喧噪, どよめき, 騒ぎ (= *alboroto, jaleo*). *armar la ~* 騒ぎを引き起こす. **2** 風のざわめき, 吹きつける風.
tré·mo·lo [tré.mo.lo] 男《音楽》トレモロ, 震音.
tre·mor [tre.mór] 男 震え.
tré·mu·la·men·te [tré.mu.la.mén.te] 副 震えながら, 揺れながら.
tre·mu·lan·te [tre.mu.lán.te] / **tre·mu·len·to, ta** [tre.mu.lén.to, -.ta] 形 →trémulo.
tré·mu·lo, la [tré.mu.lo, -.la] 形 **1** 震える. *con voz trémula* 声を震わせて. **2** ゆらめく, 揺れる.

*****tren** [trén] 男 **1 列車, 電車, 汽車；鉄道(網)**. *~ ascendente* 上り[下り]電車. *cambiar de ~* 電車を乗り換える. *ir en [por] ~* 電車で行く. *perder el ~* 電車に乗り遅れる. *poner un ~ suplementario* 列車を増発する. *tomar [coger] el ~* 電車に乗る. *subir al ~* 電

車に乗り込む. bajar del ～ 電車から降りる. ～ bala (新幹線などの) 超高速列車. ～ botijo [de recreo]《話》行楽列車. ～ correo 郵便列車. (～ de) Alta Velocidad Española スペイン超高速列車《略 AVE》. ～ de carga / ～ de mercancía 貨物列車. ～ de cercanías 郊外電車. ～ (de) circunvalación 環状線. ～ (de) cremallera アプト式鉄道. ～ de largo recorrido 長距離列車. ～ de viajeros 旅客列車. ～ directo 直通列車. ～ exprés (expreso) 急行列車. ～ mixto 貨客列車. ～ nocturno 夜行列車. ～ ómnibus 普通列車. ～ rápido 特急[急行]列車. ～ tranvía 路面電車. ～ para [procedente de] Madrid マドリード行き[発]の列車.

2 (機械の連動する) 装置, (一連の) 機械, 設備. ～ de aterrizaje《航空》着陸［着水］装置. ～ de engranajes 歯車装置. ～ de laminación / ～ laminador 圧延機. ～ delantero [trasero]《車》フロント[リア]サスペンション. ～ de lavado 洗車機. ～ de montaje 組立ライン. ～ de ruedas《機》(自動車などの) 駆動装置.

3 ぜいたく, 奢侈(ﾋﾞ), 豪華, 豪勢. ～ de vida 生活の豪華さ, ぜいたくな暮らし. llevar un ～ de vida ぜいたくに暮らす.

4 (歩く) 速度, 歩度. ir a buen ～ 足早に歩く. llevar buen ～ 足がはやい. A este ～ no llegaremos antes de oscurecer. こんなペースでは日暮れまでに着かないでしょう. **5**《ラ米》(1)《ニカ》《話》ばかげた言動. (2)《ﾌﾟｴﾙﾄ》《ﾒｷｼ》仕事［作業］場；代理店. ～ de lavado 洗車場. ～ de mudanzas 運送業. (3)《ﾎﾟﾘﾋﾞ》進行中, 最中. Está en ～ de recuperación. 目下, 彼[彼女]は回復中である. (4)《ｺﾛﾝ》動き回ること. (5)《ｱﾙｾﾞ》《ﾊﾟﾗ》路面電車.

a todo tren《話》(1) ぜいたくに. (2) 大急ぎで.
coger el tren チャンスをつかむ, 時勢に乗る.
estar como un tren《話》(人が) かっこいい, 魅力的な.
estar en tren de...《ラ米》…の準備中である.
para parar un tren《話》たくさんの, 大量の.
perder el último tren 大きなチャンスを失う.
subirse al tren (甘い汁を吸おうとか, あるいは不利益をこうむらないように) 流行に乗る, 計画[話]に乗る.

[←[仏] *train*←[古仏]「長く連なって移動する動物の群れ」(*trainer*「引っ張る」より派生). 関連 trajinar, trineo, entrenar, traer. [英] *train*「列車；訓練する」, *training*. [日] トレーニング]

tre·na [tré.na] 囡 **1**《隠》刑務所, 監獄 (= chirona). **2**《軍》(昔, 弾薬帯などとして用いた) 三つ編みのベルト.

tre·na·do, da [tre.ná.ðo, -.ða] 形 網目細工の, 格子造りの；三つ編みの.

tren·ca [tréŋ.ka] 囡 **1**《服装》ダッフルコート. **2** (蜂の巣箱で巣房が落ちないようにするための) 桟. **3** (植物の) 主根.

tren·ci·lla [tren.θí.ja ‖ -.ʎa / -.sí.-] 囡 (装飾用の) レースひも, 飾りひも.

tren·ci·llar [tren.θi.jár ‖ -.ʎár / -.si.-] 他 飾りひもをつける.

trend·y [trén.di]《英》形 流行の, トレンディーな.

tre·nis·ta [tre.nís.ta]《ラ米》《ﾒｷｼ》鉄道員.

tre·no [tré.no] 男 挽歌(ｿﾞ), 哀悼歌, (とくにエレミアの) 哀歌. los ～s de Jeremías《聖》(旧約の) エレミアの哀歌.

Tren·to [trén.to] 固名 トレント, トリエント：イタリア北部の都市. →tridentino.

tren·za [trén.θa / -.sa] 囡 **1** (髪の) 三つ編み. **2** 組みひも, 打ちひも, 飾りひも；(何本かの細長いものを組んで作った) 縄 (状のもの). **3** ねじり菓子, ツイストドーナツ. **4**《ラ米》(1)《ﾒｷｼ》靴ひも. (2)《ｺﾞﾄﾞ》《ﾎﾟﾘﾋﾞ》《軽蔑》圧力団体.
trenza postiza 入れ毛, ヘアピース.

tren·za·do, da [tren.θá.ðo, -.ða / -.sá.-] 形 編んだ, 組んだ；(髪を) 三つ編みにした.
── 男 **1** (髪の) 三つ編み. **2** 組みひも, 打ちひも, 飾りひも. **3** (バレエの) アントルシャ：跳び上がって両足を交差させる動作. **4**《馬》(馬が) 前足を交互に出し力強く地面をかく[ける]こと.

tren·zar [tren.θár / -.sár] 97 他 (ひも・髪などを) 編む, 組む. ── 自 **1** (バレエで) アントルシャを行う. **2**《馬》(馬が) ひづめで地面をかく[ける].
── ～·se 動《ラ米》《話》けり合う；けんかする.

tre·pa[1] [tré.pa] 形《話》出世志向の強い, 野心のある. ── 男 囡《話》成り上がるためならなりふりかまわない人, 野心家. ── 囡《まれ》登ること, 上ること；よじ登ること, はい上ること.

tre·pa[2] [tré.pa] 囡 **1** (切り取り用の) ミシン目. **2** (洋服の) 縁飾り, 縁取り. **3** (木material の) きめ, 木目.

tre·pa·do, da [tre.pá.ðo, -.ða] 形 **1** 穴をあけられた, 穴のあいた. **2**《まれ》(動物が) 力のある, たくましい. ── 男 **1** ミシン目, 切り取り用の点線. **2** (洋服の) 縁飾り. **3** 穿孔(ｾﾝ), 穴をあけること.

tre·pa·dor, do·ra [tre.pa.ðór, -.ðó.ra] 形 **1** よじ登る, はい上る. **2**《話》出世欲の強い, 出世のためにはなりふり構わない (= arribista). **3** つる性の. plantas *trepadoras* つる性植物. **4**《鳥》攀禽(ﾊﾝ)類の. ── 男 囡 **1**《鳥》(オウムなど) 攀禽類 (= ave *trepadora*) の鳥. **2**《話》出世欲の強い人 (= arribista). ── 男 **1** よじ登れる場所, はい上れる場所. **2**《複数で》(電柱などによじ登るときの靴の) スパイク. ── 囡《複数で》《鳥》攀禽類.

tre·pa·jun·cos [tre.pa.xúŋ.kos] 男《単複同形》《鳥》ヨシキリの一種.

tre·pa·na·ción [tre.pa.na.θjón / -.sjón] 囡《医》頭蓋(ｶﾞｲ)骨穿孔(ｾﾝ), 穿頭術, 穿孔(術).

tre·pa·nar [tre.pa.nár]《医》穿頭(ｾﾝ)する.

tré·pa·no [tré.pa.no] 男 **1**《医》(開頭用の) 管状のこぎり, 穿頭(ｾﾝ)器, トレフィン. **2**《機》筒錐(ｽｲ)；削岩機；穿孔機. **3**《機》(ドリルの) 大きな穴を開けるための先端.

tre·pan·te [tre.pán.te] 形 よじ登る, はい上る.

tre·par[1] [tre.pár] 自 **1** (a... / por...) ～まで) よじ登る, はい上る. ～ *a* un árbol 木に登る. ～ *por* una roca 岩をよじ登る. La hiedra *trepa por* las paredes. ツタが壁をはっている. **2**《話》(**hasta**...まで) 成り上がる, なりふりかまわず出世する.

tre·par[2] [tre.pár] 他 **1** 穴をあける, 穿(ｱ)つ. **2** …に縁取りをする.

tre·pa·rris·cos [tre.pa.řís.kos] 男《単複同形》《鳥》カベバシリ.

tre·pa·tron·cos [tre.pa.tróŋ.kos] 男《単複同形》《鳥》オニキバシリ.

tre·pe [tré.pe] 男《話》叱責. echar un ～ 叱る.

tre·pi·da·ción [tre.pi.ða.θjón / -.sjón] 囡 (機械・地震などの) 震動, 振動, 震え.

tre·pi·dan·te [tre.pi.ðán.te] 形 **1** 速い, 激しい. **2** (まれ) 振動する, 震える.

tre·pi·dar [tre.pi.ðár] 自 **1** 揺れる, 振動する, 震える. **2**《ラ米》《ﾒｷｼ》《ｺﾞﾄﾞ》《ﾎﾟﾘﾋﾞ》《話》ためらう, 迷う.

tre·po·ne·ma [tre.po.né.ma] 男《医》《生物》トレポネーマ：スピロヘータ目の微生物. 梅毒の原因細菌梅

毒トレポネーマなど.

tre·que [tré.ke] 形《ラ米》(ごう)《話》こっけいな.

tres [trés] 形《数詞》 **1**《+名詞》3の, 3人[個]の. Tiene ~ hermanos. 彼[彼女]には兄弟が3人いる. Son las ~ y media. 3時半です. en formación de a ~ 3列縦隊で. **2**《+名詞》3番目の. el día ~ de junio 6月3日.
— 男 3; 3の数字(ローマ数字III). compás de ~ por dos [por ocho, por cuatro]《音楽》2分の3[8分の3, 4分の3]拍子. regla de ~《数》三数法. ~ en raya《遊》三目(?)並べ.
como tres y dos son cinco 当たりまえの話だが, 言うまでもない事だが.
¡Dame las tres!《ラ米》(シ)一服させてくれ.
ni a la de tres 決して, 金輪際. No consigo que lo haga *ni a la de* ~. とてもではないが私には彼を動かせない.
¡Tres piedras!《ラ米》(シ)すごい, すばらしい.
[←〔ラ〕*trēs*;〔関連〕trece, treinta, tercero, triple, trío, terno, trinidad;〔英〕three]

tres·a·ñal [tre.sa.nál] / **tres·a·ñe·jo, ja** [tre.sa.né.xo, -.xa] 形 3歳の, 3年の.

tres·bo·li·llo [tres.bo.lí.jo ‖ -.ʎo] *al tresbolillo* (さいころの)五の目型の, 五点形の.

tres·cien·tos, tas [tres.θjén.tos, -.tas / -.sjén.-] 形《数詞》300の; 300番目の (=tricentésimo). ~ euros 300ユーロ. el ~ aniversario 300年祭. En este auditorio hay *trescientas* personas. この講堂には300人の人がいる.
— 男 300; 300の数字(ローマ数字CCC). ~ y pico 300ちょっと.

tres·do·blar [tres.ðo.blár] 他 **1** 3倍にする; 三重にする (=triplicar). **2** 3回折る, 三つ折にする.

tres·do·ble [tres.ðó.ble] 形 → triple.

tre·si·llis·ta [tre.si.jís.ta ‖ -.ʎís.-] 名男女《遊》《スペイン》(トランプ)トレシージョ tresillo のうまい[好きな]人, トレシージョをする人.

tre·si·llo [tre.sí.jo ‖ -.ʎo] 男 **1**(ソファ1つと安楽いす2脚の)応接三点セット. **2**《音楽》3連符. **3**《遊》《スペイン》(トランプ)トレシージョ: 3人で行うゲームの一種. **4**(三つそろいの石をはめた)指輪.

tres·me·si·no, na [tres.me.sí.no, -.na] 形 → tremesino.

tres·nal [tres.nál] 男《農》(脱穀前の)穀物の山.

tre·so, sa [tré.so, -.sa]《ラ米》(シ)汚れた, 汚い.

tre·ta [tré.ta] 女 **1**《話》(うまい)方策, 方便; 策略, たくらみ. valerse de una ~ 策を弄(?)する. **2**《フェンシングなどで》フェイント.

tre·za·vo, va [tre.θá.βo, -.βa / -.sá.-] 形 名 → treceavo.

tri- 「3」の意を表す造語要素. → *tri*ángulo, *tri*cornio. [←〔ラ〕]

trí·a [trí.a] 女 選び出すこと, えり抜くこと.

tria·ca [trjá.ka] 女 **1**(昔の)解毒剤; 万能薬(多くはアヘンを含んでいた). **2** 治療;《比喩的に》薬.

trí·a·da [trí.a.ða] / **trí·a·de** [trí.a.ðe] 女 **1** 三人組, 三つ組み; 3連のもの. **2**《宗》三神 (=la ~ de dioses).

trial [trjál] 男《スポ》オートバイの運転技術競技.

tria·ne·ro, ra [trja.né.ro, -.ra] 形(スペイン Sevillaの一地区)トリアーナ Triana の.
— 男女 トリアーナの住民[出身者].

tri·an·gu·la·ción [trjaŋ.gu.la.θjón / -.sjón] 女 **1** 三角測量(術). **2**《スポ》三角パス.

tri·an·gu·la·do, da [trjaŋ.gu.lá.ðo, -.ða] 形 三角形になった; 三角形に分かれた.

*tri·an·gu·lar¹ [trjaŋ.gu.lár] 形 **1** 三角の, 三角形の. pirámide ~, 四面体. músculo ~《解剖》三角筋. vela ~《海》三角帆. **2** 三者間の, 3つのものから成る.

tri·an·gu·lar² [trjaŋ.gu.lár] 他 **1** 三角形にする, 三角形に分ける. **2**《建》三角に配置する. **3** 三角測量をする. **4**《スポ》三角パスをする.

tri·an·gu·lar·men·te [trjaŋ.gu.lár.mén.te] 副 三角形を作るように.

‡**tri·án·gu·lo** [trján.gu.lo] 男 **1** 三角形. ~ equilátero 正三角形. ~ isósceles [escaleno] 二等辺[不等辺]三角形. ~ rectángulo 直角三角形. **2**《音楽》トライアングル. **3**《話》三角関係 (= ~ amoroso). **4** [T-]《星座》さんかく座. T~ austral みなみのさんかく座.
Triángulo de las Bermudas バミューダトライアングル.
[←〔ラ〕 *triangulum*; *triangulus* 形「三角形の」(*tri-*「3」+ *angulus*「角」より派生;〔関連〕triangular.〔英〕triangle]

tri·a·nual [trja.nwál] 形 年に3回の; 3年の.

triar [trjár] 81 他 選び出す, えり抜く.
— 自〈ミツバチが〉さかんに巣箱を出入りする.
— ~·**se** 再〈布が〉擦れて薄くなる; 織り目が透ける.

trí·as [trí.as] 男《地質》三畳紀: 中生代の地質時代区分の一つ.

tri·á·si·co, ca [trjá.si.ko, -.ka] 形《地質》三畳紀の, 三畳紀.

tria·tes [trjá.tes] 男《複数形》《ラ米》(シ)三つ子の.
— 《ラ米》(シ)三つ子.

tri·at·le·ta [trja*t*.lé.ta / trja.tlé.-] 名女 トライアスロンの選手.

tri·at·lón [trja*t*.lón / trja.tlón] 男《スポ》トライアスロン.

tri·a·tó·mi·co, ca [trja.tó.mi.ko, -.ka] 形《化》3原子の, 3価の.

tri·bal [tri.βál] 形 部族の, 種族の.

tri·ba·lis·mo [tri.βa.lís.mo] 男 **1**(血縁者だけで構成する)原始社会. **2**《話》《軽蔑》排他主義, 内輪を過度にたたえる傾向.

tri·bo·lu·mi·nis·cen·cia [tri.βo.lu.mi.nis.θén.θja / -.sén.sja] 女《物理》摩擦発光.

tri·bra·quio [tri.βrá.kjo] 男《詩》(古典詩の)3短格, 短短短格, トリブラキス脚.

‡**tri·bu** [trí.βu] 女[複 ~s, tribúes] **1**(共通の伝統や風習をもち, 族長によって統制される)部族, 一族; 氏族, … 民. ~s bantú バンツー人. ~s nómadas 遊牧民. T~s de Israel 古代イスラエルの民.
2《話》(共通の特徴を持つ)グループ, 一団, 一族郎党; 大家族. ~s urbanas (共通のファッションや考え方をする)都会の若者グループ.
3《動》《植》(生物分類における)族: subfamilia (亜科) と género (属) の間の分類段階.
[←〔ラ〕 *tribus*「古代ローマの3つの原部族(の1つ); 部族」(*tri-*「3」に関連);〔関連〕tribuno, tribunal, tres.〔英〕tribe, *tribune*]

tri·bual [tri.βwál] 形 → tribal.

tri·buir [tri.βwír] 48 他《まれ》→ contribuir.

tri·bu·la·ción [tri.βu.la.θjón / -.sjón] 女 **1** 苦悩, 憂悶(?). pasar sus *tribulaciones* 苦労を味わう. **2** 辛苦, 辛酸.

tri·bu·lo [trí.βu.lo] 男《植》ハマビシ.

‡**tri·bu·na** [tri.βú.na] 女 **1** 演壇. subir a la ~

登壇する. **2** (特別・正面)観覧席;(聖堂の側廊上の)2階席;(バルコニー式の)出窓;(手すりつきの)1段高い席. ~ del acusado〖法〗被告席. ~ de la prensa 報道席. ~ del jurado〖法〗陪審員席. **3** (新聞などの)意見を発表するところ, メディア.

tri·bu·na·do [tri.bu.ná.ðo] 男 **1** 〖史〗(ローマの)護民官の職務[任期]. **2** 〖史〗(フランスの)ナポレオン帝政以前の統領府の護民院.

***tri·bu·nal [tri.bu.nál] 男 **1 法廷, 裁判所, 司法機関**. comparecer ante un ~ 裁判所に出廷する. T~ Constitucional 憲法裁判所. ~ colegiado 複数の裁判官からなる法廷[裁判所]. ~ de apelación 控訴[高等]裁判所, 控訴院. T~ de Cuentas 会計検査院. T~ Internacional de Justicia 国際司法裁判所. ~ militar 軍事法廷. T~ Supremo 最高裁判所. ~ tutelar de menores 少年裁判所. T~ de las Aguas (バレンシアなどの)水利裁判所. T~ de alzada 〘ラ米〙(35)控訴裁判所.
2 (集合的)**裁判官, 判事**, 司法官. El ~ le condenó a cinco años de cárcel. 裁判所は彼に懲役5年を言い渡した.
3 (複数で)**裁判, 訴訟, 裁き**. llevar a+人 a los ~es〈人〉を告訴する. llevar... a los ~es 控訴する, 上告する. acudir a los ~es 訴訟を起こす. **4** (試験・競技会などの)**審査会, 審査委員会**;(集合的)**審査員, 評議員**. ~ de examen 試験[審査]委員会.
tribunal de Dios 神の裁き.
tribunal de la conciencia 良心(の声), 良識.
[←〚ラ〛*tribūnal*(原義は「古代ローマの裁判官席」);*tribūnus*「部族の長, (古代ローマの諸権の)高官」(→ tribuno) より派生;〖関連〗tribu. 〚英〛*tribunal*]

tri·bu·ni·cio, cia [tri.bu.ní.θjo, -.θja / -.sjo, -.sja] 形 **1** 〖史〗(古代ローマの)護民官の. **2** 演説者の;演説調の.

tri·bu·no [tri.bú.no] 男 **1** 〖史〗(古代ローマの)護民官;行政官. **2** (雄弁な)演説者. **3** 〖史〗(フランスの)護民院議員.

tri·bu·ta·ble [tri.bu.tá.ble] 形 税金[貢ぎ物]を納め得る.

tri·bu·ta·ción [tri.bu.ta.θjón / -.sjón] 女 **1** 納税, 貢納. **2** 敬意[謝意]などの表明.

tri·bu·tan·te [tri.bu.tán.te] 形 納税の, 貢納の.
—男女 納税者, 貢納者.

tri·bu·tar [tri.bu.tár] 他 **1**〈税金・貢ぎ物を〉納める, 納税する, 貢納する. **2**〈敬意などを〉払う, ささげる, 示す. ~ respeto [homenaje] 敬意[尊敬]を表する. ~ cariño 愛情を示す.

***tri·bu·ta·rio, ria** [tri.bu.tá.rjo, -.rja] 形 **1 税の, 税金の;納税(者)の**. sistema [régimen] ~ 税制度. **2** 支流の. ríos ~s 支流. **3** 結果の.
—男女 **1** 納税者. **2** 支流. **3** 結果.

***tri·bu·to** [tri.bú.to] 男 **1 税金**, 租税. pagar los ~s al estado 国に税金を納める.
2 感謝[賞賛, 尊敬]のしるし(表明). El respeto es el ~ debido a la virtud. 美徳には然るべき敬意を払わなければならない. rendir ~ 敬意を表する.
3 代償, 見返り. el ~ de la gloria 栄光の代価.
4 貢ぎ物(特に封建制度において, 臣下がささげる)奉仕, 忠誠(のしるし).
[←〚ラ〛*tribūtum*(原義は「(古代ローマの3つの原部族 *tribus* のそれぞれに課せられた)税」); *tribuere*「与える, 分配する, 割り当てる」より派生;〖関連〗tributar, tribu, atribuir. 〚英〛*tribute*]

tri·ca [trí.ka] 女 〘ラ米〙(37)〖話〗酔い, 酩酊(めい).

tri·ca·hue [tri.ká.(g)we] 男 〘ラ米〙(#)〖鳥〗イワインコ.

tri·cam·pe·ón, o·na [tri.kam.pe.ón, -.ó.na] 男女 3度チャンピオンになった人[チーム].

tri·cé·fa·lo, la [tri.θé.fa.lo, -.la / -.sé.-] 形 3つの頭をもつ.

tri·ce·nal [tri.θe.nál / -.se.-] 形 30年の, 30年間の;30年ごとの.

tri·cen·te·na·rio, ria [tri.θen.te.ná.rjo, -.rja / -.sen.-] 形 300年の, 300年続いた.
—男 300年;300年祭[忌].

tri·cen·té·si·mo, ma [tri.θen.té.si.mo, -.ma / -.sen.-] 形 **1** 300番目の, 第300の.
2 300分(の)1. —男 300分の1;300番目.

trí·ceps [trí.θeps / -.seps] 形 〖性数不変〗〖解剖〗三頭筋の. —男 〖単複同形〗三頭筋. ~ braquial 上腕三頭筋.

tri·ce·ra·tops [tri.θe.ra.tóps / -.se.-] 男 〖単複同形〗トリケラトプス, 三角竜:白亜紀後期の恐竜.

tri·cé·si·mo, ma [tri.θé.si.mo, -.ma / -.sé.-] 形 → trigésimo.

tri·chi·na [tri.tʃí.na] 女 〘ラ米〙 → triquina.

tri·ci·clo [tri.θí.klo / -.sí.-] 男 三輪車.

tri·cí·pi·te [tri.θí.pi.te / -.sí.-] 形 3つの頭をもつ.

tri·cli·nio [tri.klí.njo] 男 (古代ギリシア・ローマの)(三方に3つの寝いすを置いた)横臥(おうが)食卓;横臥食卓のある食堂, トリクリニウム.

tri·có·fe·ro [tri.kó.fe.ro] 男 〘ラ米〙(アルゼ)(#)(35)養毛剤;ローション.

tri·co·lor [tri.ko.lór] 形 三色の. bandera ~ 三色旗.

tri·co·mo·nia·sis [tri.ko.mo.njá.sis] 女 〖単複同形〗〖医〗トリコモナス症.

tri·cor·ne [tri.kór.ne] 形 〖文章語〗三本角の, 突端が3つある.

tri·cor·nio [tri.kór.njo] 形 三角の. —男 **1** 三角帽子. **2** (スペイン)〖話〗治安警備隊員. ♦17–18世紀にヨーロッパで広く用いられたトリコーンハット. スペインでは治安警備隊の帽子を指す.

tricornio (三角帽子)

tri·cot [tri.kó(t)] 〚仏〛 男 トリコット:縦メリヤス編みの布地.

tri·co·ta [tri.kó.ta] 女 〘ラ米〙(33)毛糸編みのコート.

tri·co·ta·do·ra [tri.ko.ta.ðó.ra] 女 編み機.

tri·co·tar [tri.ko.tár] 他 編む, 編んで作る.
—自 編み物をする.

tri·co·to·mí·a [tri.ko.to.mí.a] 女 **1** 〖植〗(枝・茎が)3つに分かれ出ること. **2** 〖論〗三分法.

tri·co·to·sa [tri.ko.tó.sa] 女 編み機.
[←〚仏〛*tricoteuse*]

tri·cro·mí·a [tri.kro.mí.a] 女 〖印〗(三原色の組み合わせによる)三色版法.

tri·cús·pi·de [tri.kús.pi.ðe] 形 〖解剖〗三尖弁(さんせんべん)の, 三尖(弁)の. válvula ~ (心臓の)三尖弁.
—女 (心臓の)三尖弁, 右房室弁.

tri·dác·ti·lo, la [tri.ðák.ti.lo, -.la] 形 〖動〗3指[趾]の(もの).

tri·den·te [tri.ðén.te] 形 三つ叉(また)の.
—男 三つ叉(また)の道具[くま手, やす];三叉の武器(♦海神ネプチューン Neptuno が持つとされる).

tri·den·ti·no, na [tri.ðen.tí.no, -.na] 形 (イタリアの)トレント Trento の. el Concilio ~ 〖カト〗トレント[トリエント]公会議(1545–63年).

tridimensional

tri·di·men·sio·nal [tri.ði.men.sjo.nál] 形 三次元の, 立体の, 立体的な.

tri·duo [trí.ðwo] 男 〘カト〙(大祝日・聖祭前などに行う)三日間の黙祷(タリ)〘行事〙.

trie·dro, dra [trjé.ðro, -.ðra] 形 〘数〙三面の; 三面体の. ── 男 三面体.

trie·nal [trje.nál] 形 3年(間)の; 3年ごとの.

trie·nio [trjé.njo] 男 **1** 3年(間). **2** 3年勤続昇給〘手当〙.

tri·fá·si·co, ca [tri.fá.si.ko, -.ka] 形 〈電流が〉三相の. corriente *trifásica* 三相交流.

tri·fau·ce [tri.fáu.θe / -.se] 形 〘文章語〙3つの口喉(タ)を持つ. ◆冥府(タ)の入り口の番犬 Cancerbero ケルベロスを指す.

trí·fi·do, da [trí.fi.ðo, -.ða] 形 〘植〙〈葉が〉3裂の.

tri·flo·ro, ra [tri.fló.ro, -.ra] 形 〘植〙3つの花をつける.

tri·fo·lia·do, da [tri.fo.ljá.ðo, -.ða] 形 〘植〙3小葉の, 葉が3つの小葉に分かれた.

tri·fo·lio [tri.fó.ljo] 男 〘植〙**1** ツメクサ, シロツメクサ, クローバー (= trébol). **2** 〘建〙(三つ葉模様の)装飾のモチーフ.

tri·fo·rio [tri.fó.rjo] 男 〘建〙トリフォリウム: 教会内部側廊のアーチの上にある装飾的アーケード.

tri·for·me [tri.fór.me] 形 3つの(異なった)形〘姿〙を持つ. ◆特に女神 Diana について用いられる.

tri·ful·ca [tri.fúl.ka] 女 **1** 〘話〙(数人の間の)大げんか, 口論. **2** (炉の)送風装置のレバー.

tri·fur·ca·ción [tri.fur.ka.θjón / -.sjón] 女 **1** 三分岐. **2** みつまたの道路.

tri·fur·ca·do, da [tri.fur.ká.ðo, -.ða] 形 三つ(長)に分かれた.

tri·fur·car·se [tri.fur.kár.se] 102 再 3つに分岐する, 3本に分かれる.

tri·gal [tri.gál] 男 小麦畑.

tri·gé·mi·no, na [tri.xé.mi.no, -.na] 形 **1** 〘解剖〙三叉(<i>タッヘ</i>)神経の. **2** 三つ子の. ── 男 〘解剖〙三叉神経.

tri·gé·si·mo, ma [tri.xé.si.mo, -.ma] 形 **1** 30番目の, 第30の. ~ *primero* 31番目の. **2** 30分(の1)の. ── 男 30分の1.

tri·gla [trí.gla] 女 〘魚〙ホウボウ.

tri·gli·cé·ri·do [tri.gli.θé.ri.ðo / -.sé.-] 男 〘生化〙トリグリセリド: 油脂成分.

tri·gli·fo [tri.glí.fo] 男 〘建〙トリグリフォス: ドーリス式建築の柱頭部より上にほどこされた三条の縦溝模様.

tri·go [trí.go] 男 **1** 〘植〙コムギ(小麦); 小麦の種, 粒; 〘複数で〙小麦畑. ~ *candeal* [*común*] (上質の小麦粉がとれる)パンコムギ. ~ *chamorro* [*mocho*] ムボウコムギ. ~ *duro* [*fanfarrón*] 硬質コムギ. ~ *marzal* [*trechel*, *tremés*, *tremesino*, *de marzo*] ハルコムギ. ~ *otoñal* (秋まきの)フユコムギ. ~ *sarraceno* ソバ. *harina de* ~ *entero* 全粒粉. **2** お金, 資産, 財産. *no ser trigo limpio* 〘話〙うさんくさい, あやしい. *Una cosa es predicar y otra dar trigo.* 〘諺〙言うは易し, 行うは難し (←説教することと小麦を実らせることは別だ). [← 〔古スペイン〕 *trídigo* ← 〔ラ〕 *trīticum*; *terere* 「(粉に)ひく」より派生, 〘関連〙 trigal, trigueño]

trí·go·no [trí.go.no] 男 **1** 〘占星〙三宮: 十二宮中互いに120度離れた三宮の一組. **2** 三角形.

tri·go·no·me·trí·a [tri.go.no.me.trí.a] 女 〘数〙三角法.

tri·go·no·mé·tri·co, ca [tri.go.no.mé.tri.ko, -.ka] 形 三角法の, 三角法に関する.

tri·gue·ño, ña [tri.gé.ɲo, -.ɲa] 形 **1** 小麦色の. **2** 〘ラ米〙浅黒い; 黒人の.

tri·gue·ra [tri.gé.ra] 女 〘植〙クサヨシ・チガヤなどクサヨシ属の植物の総称.

tri·gue·ro, ra [tri.gé.ro, -.ra] 形 **1** 小麦の; 小麦栽培に適した, 小麦を産出する. *campos* ~*s* 小麦畑. **2** 小麦の間に生える. *espárrago* ~ 野生のアスパラガス. ── 男 小麦商人. ── 女 小麦用のふるい.

tri·ki·li·ta·ri [tri.ki.li.tá.ri] 男 バスク伝統音楽を演奏するデュオ.

tri·la·te·ral [tri.la.te.rál] 形 **1** 三者間の, 三者による. **2** 3辺の, 3辺からなる.

tri·la·te·ro, ra [tri.lá.te.ro, -.ra] 形 → trilateral.

tri·le·ro, ra [tri.lé.ro, -.ra] 形 〘隠〙カード賭博(ゲ)の. ── 男 女 〘隠〙カード賭博師.

tri·les [trí.les] 男 〘複数形〙裏にした3枚のカードのうち, あらかじめ見せたカードを当てる路上賭博(ケネ).

tri·lin·güe [tri.líŋ.gwe] 形 3言語の; 3つの言語を話す; 3つの言語で書かれた.

tri·li·ta [tri.lí.ta] 女 〘化〙トリニトロトルエン; TNT火薬 (= trinitrotolueno).

tri·lí·te·ro, ra [tri.lí.te.ro, -.ra] 形 3文字から成る; 〘言〙(セム諸語で語根が3つの子音に収束する) 3字根の.

tri·li·to [tri.lí.to] 男 三石塔, トリリトン: 2本の石柱に1本の横石を渡した先史時代の巨石記念物[遺跡].

tri·lla[1] [trí.ja || -.ʎa] 女 **1** 脱穀(の時期). **2** 脱穀機. **3** 〘話〙ひどい目にあわせること, 痛めつけること. **4** 〘ラ米〙 (1) 〘アンデス〙〘ラブラタ〙〘話〙叱打. (2) 〘ラブラタ〙(人・動物の)通った跡, 轍(タタ). (3) 〘ラブラタ〙むち打ち.

tri·lla[2] [trí.ja || -.ʎa] 女 〘魚〙→ trigla.

tri·lla·do, da [tri.já.ðo, -.ða || -.ʎá-, -.ʎá-] 形 **1** 脱穀した. **2** ありふれた, 陳腐な. *un tema* ~ 新味のないテーマ. **3** 踏み固められた. *camino* ~ 踏みならされた道. **4** 〘**estar**+〙〘話〙〈特に試験などが〉とても簡単な, 容易な. **5** 〘ラ米〙〘ラブラタ〙小道, 細道.

tri·lla·dor, do·ra [tri.ja.ðór, -.ðó.ra || -.ʎa.-] 形 脱穀する. ── 女 脱穀機. *trilladora segadora* 刈り取り脱穀機, コンバイン.

tri·lla·du·ra [tri.ja.ðú.ra || -.ʎa.-] 女 脱穀.

tri·llar [tri.jár || -.ʎár] 他 **1** 脱穀する. **2** 〘話〙使い古す; 〈あること・テーマに〉手垢(チェラ)をつける, 陳腐なものにする. **3** ひどい目にあわせる, 痛めつける.

tri·lli·zo, za [tri.jí.θo, -.θa || -.ji.-, -.so, -.sa] 形 三つ子の. ── 男 女 三つ子(のひとり).

tri·llo [trí.jo || -.ʎo] 男 **1** 脱穀機. **2** 〘ラ米〙〘ラブラタ〙〘カリブ〙〘中米〙小道, 細道.

tri·llón [tri.jón || -.ʎón] 男 100京(タケ)(10[18]): *millón* の3乗.

tri·llo·né·si·mo, ma [tri.jo.né.si.mo, -.ma ||

tri·lo·bi·te [tri.lo.bí.te] 男 【古生】三葉虫；《複数で》三葉虫類.

tri·lo·bu·la·do, da [tri.lo.bu.lá.ðo, -.ða] 形 **1**〈葉が〉三裂の, 3つの小葉に分かれた. **2**【建】三葉飾りの.

tri·lo·cu·lar [tri.lo.ku.lár] 形 3つ[3室, 3房]に分かれた.

tri·lo·gí·a [tri.lo.xí.a] 女 三部作；(古代ギリシアの)悲劇三部作. La *Divina Comedia* es la ～ de Dante. 『神曲』はダンテの三部作(地獄編 Infierno, 煉獄編 Purgatorio, 天国編 Paraíso)である.

tri·ma·rán [tri.ma.rán] 男 三胴船.

tri·mem·bre [tri.mém.bre] 形 3つの部分からなる；3人からなる.

tri·men·sual [tri.men.swál] 形 月に3回の.

tri·mes·tral [tri.mes.trál] 形 3か月間の, 3か月ごとの. exámenes ～*es*(三学期制の)学期末試験.

tri·mes·tral·men·te [tri.mes.trál.mén.te] 副 3か月毎に.

*__tri·mes·tre__ [tri.més.tre] 男 **1** 3か月(間). Sólo trabajó un ～ con nosotros. 彼[彼女]は我々と3か月働いただけだ. **2**(3学期制の)学期. **3**(支払いや出版物などの)3か月分.
[←[ラ] *trimēstrem* (*trimēstris*の対格)(*tri-*「3」+ *mēnsis*「月」+形容詞語尾)；関連 trimestral, tres. 英 *trimester*.

trí·me·tro [trí.me.tro] 男 【詩】三歩格の.
— 男 三歩格(= verso ～).

tri·miel·ga [tri.mjél.ɡa] 女 【魚】シビレエイ.

tri·mo·tor [tri.mo.tór] 形 (飛行機が)3基のエンジンを搭載した. — 男 【航空】三発機.

tri·mur·ti [tri.múr.ti] 女 【宗】(ヒンドゥー教の)三神一体(論・説). ♦ブラフマー神(創造) Brahma, ビシュヌ神(維持) Visnú, シバ神(破壊) Siva は一体で, 宇宙の最高原理を表すとする説.

tri·na·crio, ria [tri.ná.krjo, -.rja] 形 (イタリアのシチリアの)トゥリナクリア Trinacria の；《文章語》シチリアの. — 女 《文章語》シチリア人.

tri·na·do [tri.ná.ðo] 男 **1** さえずり. **2**【音楽】トリル, 顫音(#).

tri·nar [tri.nár] 自 **1**〈鳥が〉さえずる. **2**【音楽】トリルを付ける. **3**(ラ米)(話)鳴る.
estar que TRINAR (話)非常に怒っている, むしゃくしゃしている.

trin·ca [tríŋ.ka] 女 **1** 3つ組み, 3つの物；三人組. con la ～ de libros bajo el brazo 本を3冊小脇(#)にかかえて. **2**【遊】(トランプ)特に得点となる3枚の組み合わせ. **3**【海】(船の揺れで動いたり落ちたりしないための)綱, 固定索. **4**《俗》少人数の仲間, 友人たちの小グループ. **5**(競争試験における)3人の志願者の討論, 三者討論. **6**《ラ米》(話)徒党, 一味. (2)(ラ米)(話)酔い, 泥酔.

trin·car[1] [triŋ.kár] 他 (話) **1** 盗む, とる. **2** とり押さえる, つかまえる；逮捕する. **3** 見つける, 発見する. **4**《俗》性的関係をもつ《続ける》. **5** きつく縛る, 固く結ぶ. **6**【海】(ロープで)固定する. **7** 羽交い絞めにする, 両腕を押さえつけて動けないようにする.
— 自《俗》性的関係をもつ《続ける》.
— ～**se** 再 **1**《俗》性的関係をもつ《続ける》. **2** ～ *(a...* ...に)始める.

trin·car[2] [triŋ.kár] 他 粉々に割る, 打ち砕く.

trin·car[3] [triŋ.kár] 他 (話)(特に酒を)飲む.
— 自 (話)酒を飲む；(ラ米)酔っ払う.

trin·cha [tríɲ.tʃa] 女 (チョッキ・ズボンなどの背につけられた)調節用ベルト, アジャスター.

trin·cha·dor, do·ra [triɲ.tʃa.ðór, -.ðó.ra] 形 肉を切り分ける. — 男 肉を切り分ける人[もの].
— 男《ラ米》(メキ)サイドボード.

trin·chan·te [triɲ.tʃán.te] 形 (食卓で)肉を切り分ける. — 男 **1** 肉切りナイフ；肉切り用の大きなフォーク. **2** (昔の宮殿で)グラスを出し, 肉を切り分け毒味をするなどした給仕. **3** 石切り用ハンマー. **4** 石切り用ハンマー. **5**《ラ米》(メキ)食器棚, サイドボード.

trin·char [triɲ.tʃár] 他 (特に調理した肉などを)切り分ける.

trin·che [tríɲ.tʃe] 男《ラ米》(1)(アンデス)(メキ)サイドテーブル. (2)(コロンビア)(メキ)(メキ)フォーク.

*__trin·che·ra__ [triɲ.tʃé.ra] 女 **1**【軍】塹壕(%), 防御陣地. guerra de ～*s* 塹壕戦. **2**(道路・線路などの)切り通し, 半地下. **3**【服飾】トレンチコート. **4**《ラ米》(1)(メキ)(半円形の)ナイフ. **2** 柵(%), 囲い.

trin·che·ro [triɲ.tʃé.ro] 男 《男性形のみ》 plato ～(肉などを)切り分けるための皿. **1** サイドテーブル. **2** (肉などを切り分けるための)皿.

trin·che·te [triɲ.tʃé.te] 男 **1** (靴職人・靴屋が用いる)靴底を切るためのナイフ. **2**《ラ米》(メキ)(食事用の)ナイフ.

trin·cho [tríɲ.tʃo] 男《ラ米》(メキ)堰(%)；防壁.

trin·co, ca [tríŋ.ko, -.ka] 形《ラ米》(メキ)(話)酔った.

tri·ne·o [tri.né.o] 男 橇(%).

Tri·ni [trí.ni] 固名 トリニ：Trinidad の愛称.

tri·ni·dad [tri.ni.ðáð] 女 **1**【神】三位一体.
♦ Padre 父, Hijo 子, Espíritu Santo 聖霊の三つのペルソナ[位格]をもって一体の神 Dios と見なすこと. **2**(軽蔑)3人組.
[←[ラ] *trinitātem* (*trinitās*の対格；*trīnī*「3つずつの」より派生；*trēs*「3」に関連]

Tri·ni·dad [tri.ni.ðáð] 固名 トリニダード(ド)：女子の洗礼名. 愛称 Trini.

Tri·ni·dad y To·ba·go [tri.ni.ðáð i to.βá.ɡo] 固名 トリニダード・トバゴ：二つの島からなるカリブ海東南の共和国. 首都 Port of Spain.
[Trinidad (島) ← trinidad (1498年コロンブスにより命名)；Tobago (島)は tabaco に関連？]

tri·ni·ta·ria [tri.ni.tá.rja] 女 【植】パンジー, サンシキスミレ.

tri·ni·ta·rio, ria [tri.ni.tá.rjo, -.rja] 形 【神】三位一体の；三位一体修道会の.
— 男 三位一体修道会士[修道女].

tri·ni·tro·to·lue·no [tri.ni.tro.to.lwé.no] 男 【化】トリニトロトルエン, TNT火薬.

tri·no [trí.no] 男 **1**【音楽】トリル, 顫音(%).
2 (鳥の)さえずり.

tri·no, na [trí.no, -.na] 形 **1**【神】三位一体の, 三つのペルソナ[位格]をもつ. Dios es uno y ～. 神は一(%)にして三つのペルソナ[位格]をもつ. →trinidad.
2 3種の物からなる, 3つのものを含む. **3**【占星】三分一対座の：黄道十二宮で, 各々の星が円周の3分の1ずつ離れて正三角形をなす関係にある状態を指す.

tri·no·mio [tri.nó.mjo] 男 【数】三項式.

trin·que [tríŋ.ke] 男 **1** 過度の酒好き. **2**《ラ米》(セネ)アルコール飲料.

trin·que·ta·da [triŋ.ke.tá.ða] 女 **1**【海】(悪天候下の)前檣(%)(%)帆航行. **2**《ラ米》(メキ)(メキ)危機, ピンチ. (2)(セネ)(話)窮地, 苦しい時期.

trin·que·te[1] [triŋ.ké.te] 男 **1**【海】フォアマスト, 前檣(%)(%)；前檣大帆, フォースル. **2**【スポ】ペロータ[ハイアライ]のコート. **3** (話)のっぽ(の人).

trin.que.te² [triŋ.ké.te] 男 【機】(歯車の)歯止め, (つめ車の)つめ.

trin.que.te³ [triŋ.ké.te] 男 《ラ米》《話》(1)《(俗)》贈賄, 賄賂(の); 裏取引, 詐欺. (2)《(俗)》強さ, たくましさ.

trinquete² (歯止め)

trin.quis [tríŋ.kis] 男 《単複同形》《話》(酒を)飲むこと, 一杯(の酒). echar un ～ 一杯やる.

***trí.o** [trí.o] 男 1 トリオ, 三人組; 3つのもの. **2** 三重奏[唱], 三重奏[唱]曲; 三重奏[唱]団. un ～ de jazz ジャズトリオ. [←[伊] trio←[ラ] tria (trēs 'tres' の中性主格・対格形)]

trio.do [trí.o.ðo] 男 【物理】三極(真空)管.

Trio.nes [trjó.nes] 男 《複数形》【天文】北斗七星 (= Osa Mayor, Septentrión). [←[ラ] triōnēs (triō, -ōnis)「農耕用の牛」の複数形]

tri.ó.xi.do [trjók.si.ðo] 男 【化】三酸化物.

trip [tríp] 《英》男 (幻覚剤による)幻覚症状, トリップ.

***tri.pa** [trí.pa] 女 1 《話》腸; 内臓, はらわた. quitar las ～s a un pollo 鶏のはらわたを取り除く. sacarle (a+人) las ～s《話》(脅しとして)《人》ののどっ腹をえぐる.
2 腹; 太鼓腹; (妊婦の)大きな腹. dolor de ～ 腹痛. echar [tener] ～ 腹が出る. llenar[se] la ～《話》腹一杯つめ込む. Va mal de ～. 彼[彼女]は腹をこわしている. **3**《複数形》中身, (機械の)部品(の集合). **4** (葉巻の)中身. **5** (ファイルの)中身. **6** (ウリなどの)種子[わた]の部分. **7** (甕(かめ))などの)腹の部分. **8** 《ラ米》(1)《(俗)》【車】(タイヤの)チューブ. (2)《(*La)》(水道の)ホース. (3)《(俗)》陰茎 (= pene).
amarrarse la tripa《ラ米》(1)《(*La)》《(俗)》《話》空腹をこらえる. (2)《(*La)》倹約する.
echar las tripas《話》(1) 吐く, 戻す. (2)《ラ米》《(俗)》ひっくり返す.
hacer de tripas corazón《話》歯を食いしばってこらえる, がまんする.
¿Qué tripa se le(s) habrá roto?《話》(呼び出しに対して)人の都合も考えないで, また間の悪い時にいったい何の用だというのか.
revolver a+人 las tripas《話》《人》を不愉快にさせる.
tener malas tripas《話》残忍である.

tri.pa.da [tri.pá.ða] 女 満腹. darse una ～ de...《話》…をたらふく食べる.

tri.pa.no.so.ma [tri.pa.no.só.ma] 男 【医】トリパノソーマ属: 血液内に寄生しトリパノソーマ症などを引き起こす鞭毛(べんもう)虫の総称.

tri.pa.no.so.mia.sis [tri.pa.no.so.mjá.sis] 女 《単複同形》【医】トリパノソーマ症.

tri.par.ti.ción [tri.par.ti.θjón / -.sjón] 女 3 分割, 3分.

tri.par.tir [tri.par.tír] 他 3分割する, 3つに分ける.

tri.par.ti.to, ta [tri.par.tí.to, -.ta] 形 **1** 3分割した, 3つに分けられた. **2** 3つのものから成る; 3者間の, 3国間の. acuerdo ～ 三国協定.

tri.pa.zo [tri.pá.θo / -.so] 男 《話》腹での一撃.

tri.pe [trí.pe] 男 ビロードの織物.

tri.pe.ar [tri.pe.ár] 自《話》大食いする.

tri.pe.rí.a [tri.pe.rí.a] 女 **1** 臓物屋. **2** (集合的)臓物.

tri.pe.rí.o [tri.pe.rí.o] 男《ラ米》《(俗)》《話》臓物.

tri.pe.ro, ra [tri.pé.ro, -.ra] 形 **1** 臓物店主[店員]の. **2** 《話》大食いの. — 男 女 **1** 臓物店主[店員]. **2** 《話》大食家. — 男 **1** 腹巻き, 腹帯. **2** 《ラ米》(集合的)動物の内臓.

tri.pi [trí.pi] 男 《話》LSDや幻覚剤を飲むこと; (幻覚剤による)幻覚症状, トリップ.

tri.pi.ca.llos [tri.pi.ká.jos ∥ -.ʎos] 男 《複数形》【料】胃(その他の)内臓のシチュー.

tri.pié [tri.pjé] 男 《ラ米》三脚.

tri.pis [trí.pis] 男 《単複同形》《話》→ tripi.

tri.pla.no [tri.plá.no] 男 【航空】三葉(飛行)機.

***tri.ple** [trí.ple] 形 **1** 3倍の. un gasto ～ de lo previsto 予算の3倍の出費. **2** 三重の, 3つの. ～ salto 三段跳び. punto ～ 【物理】三重点. puerta ～ 三重扉.
— 男 **1** 3倍. 12. El ～ de cuatro es [son] doce. 4の3倍は12である.
2 【スポ】(バスケット) 3ポイントシュート.
[←[ラ] triplum (triplus の対格); trēs「3」より派生]

tri.ple.men.te [trí.ple.mén.te] 副 三重に, 3倍に.

tri.ple.ta [tri.plé.ta] 女 (主にスポーツの)トリオ. ～ de ataque オフェンストリオ.

tri.ple.te [tri.plé.te] 男 【スポ】三連覇.

tri.plex [trí.pleks] 男 《単複同形》3階建て住宅.

tri.pli.ca.ción [tri.pli.ka.θjón / -.sjón] 女 3 倍[三重]にすること; 同じ文書を三部[原本から二部の複成]を作成すること.

tri.pli.ca.do [tri.pli.ká.ðo] 形 3倍の, 三重の, 3つ組みの, 3通の.
— 男 同一文書の三通目; 三つ組み.
por triplicado 正副3通にして.

tri.pli.car [tri.pli.kár] 他 **1** 3倍にする; 三重にする. **2** (同じ)書類を3通作成する.
—～se 3倍になる; 三重になる.

trí.pli.ce [trí.pli.θe / -.se] 形 3倍の, 三重の.

tri.pli.ci.dad [tri.pli.θi.ðáð / -.si-] 女 3倍[三重]であること, 三重性; 3つのものから成っていること.

tri.plis.ta [tri.plís.ta] 男 女 【スポ】(バスケット)スリーポイントシュート[スリーポインター]を決める(のが得意な)選手.

tri.plo, pla [trí.plo, -.pla] 形 男 → triple.

trí.po.de [trí.po.ðe] 男 **1** 三脚; 三脚台, 三脚架.
2 (まれ)三脚いす, 三脚テーブル.

trí.pol [trí.pol] / **trí.po.li** [trí.po.li] 男 【地質】珪藻(けいそう)土.

Trí.po.li [trí.po.li] 固名 トリポリ. (1) 社会主義人民リビア・アラブ国の首都; 港湾都市. (2) レバノン北部の地中海に臨む港湾都市. [(1) ← [ラ] *Trípolis* (現トリポリを含む, より広大な地域を指す) ← [ギ] *trípolis* (tri-「3」+ *pólis*「都市」; この地域はラテン語で *Oea* (現トリポリ), *Sābrat(h)a*, *Leptis Magna* と呼ばれる3都市からなっていた)]

tri.po.li.no, na [tri.po.lí.no, -.na] / **tri.po.li.ta.no, na** [tri.po.li.tá.no, -.na] 形 (リビア・レバノンの)トリポリの.
— 男 女 トリポリの住民[出身者].

tri.pón, po.na [tri.pón, -.pó.na] 形 **1** 《話》《軽蔑》太鼓腹の. **2** 《話》大食らいの. — 男 女 **1** 太鼓腹の人. **2** 大食家, 食いしん坊. **3** 《ラ米》《(俗)》《話》子供. — 男 **1** 《話》太鼓腹.

tríp.ti.co [tríp.ti.ko] 男 **1** 【美】トリプティカ: 三連の祭壇画; (一般に)三連画. → díptico. **2** 三部作. **3** 三つ折印刷物(パンフレット・ビラなど).

trip.tó.fa.no [trip.tó.fa.no] 男 トリプトファン:

必須アミノ酸のひとつ.

trip・ton・ga・ción [trip.toŋ.ga.θjón / -.sjón] 囡 【音声】三重母音化.

trip・ton・gar [trip.toŋ.gár] 他 【音声】三重母音として発音する.

trip・ton・go [trip.tóŋ.go] 男 【音声】三重母音. ⇄ *buey* の [wei], estud*iáis* の [jai] など.

tri・pu・do, da [tri.pú.ðo, -.ða] 形 《話》《軽蔑》太鼓腹の. ━ 男 囡 太鼓腹の人.

***tri・pu・la・ción** [tri.pu.la.θjón / -.sjón] 囡 《集合的》(船・飛行機の)**乗組員, 乗務員**. La ～ estaba en sus puestos, preparada para combatir. 乗組員は戦闘に備えて配置についていた.

***tri・pu・lan・te** [tri.pu.lán.te] 男 囡 (船・飛行機の)(個々の)**乗組員, 乗務員**. En el accidente se salvaron dos ～s. 事故では乗務員ふたりが助かった. ▶ 「乗客」は pasajero.

tri・pu・lar [tri.pu.lár] 他 **1**《とくに飛行機・船舶を》操縦[運転]する. **2**《飛行機・船に》乗務員として乗る, 乗り組ませる. satélite *tripulado* 有人衛星. vuelo *tripulado* 有人飛行. **3**《ラ米》《ホ》《液体などを》混ぜ合わせる. [← 〔古スペイン〕「(船などに)新しい乗組員を加える」← 〔ラ〕 *interpolāre* 「新しく手を加える；偽造する」；[関連] tripulación, tripulante. [英] *interpolate* 「(原文を)改ざんする」]

tri・pu・li・na [tri.pu.lí.na] 囡 《ラ米》《ｳﾙｸﾞｱｲ》《ホ》《話》騒ぎ, けんか.

tri・que[1] [trí.ke] 男 **1**《擬》はじけたり, 破裂したりする時の音, パチッ, ピシッ(という音).
 2《ラ米》《話》(1)《ｺﾛﾝﾋﾞｱ》《ホ》ごまかし, ずる. (2)《主に複数で》《ﾒｷｼｺ》不用品, がらくた.
 a cada trique 繰り返し, たびたび；そのたびごとに.

tri・que[2] [trí.ke] 男 《ラ米》《ホ》《ｴｸｱﾄﾞﾙ》《植》アヤメ(の一種). リベルティア属の一種.

tri・qui・na [tri.kí.na] 囡 【動】センモウチュウ.

tri・qui・no・sis [tri.ki.nó.sis] 囡 《単複同形》【医】旋毛虫症.

tri・qui・ñue・la [tri.ki.ɲwé.la] 囡 《話》策略, 手管；悪智恵. andar con ～s ぺてんにかける.

tri・quis [trí.kis] 男 《複数形》《ラ米》《ｴｸｱﾄﾞﾙ》《ホ》がらくた.

tri・qui・tra・que [tri.ki.trá.ke] 男 **1** ガタゴトという音. Me impidió dormir el ～ del tren. 列車の音が耳について私は眠れなかった. **2** 爆竹.

tri・rre・me [tri.ré.me] 男 【史】3列櫂(ﾋﾞｯ)のガレー船.

tris [trís] 男 **1**《擬》(ひびが入る時などの音)ピシッ, パリッ, バタン. **2** ちょっとの間[隙(ﾋﾞ)]；ごくわずかなもの. La vida es un ～. 人生なんてはかないものだ.
 estar en un tris de +不定詞 /*estar en un tris (de) que* +接続法 《話》すんでのところで…するところだ. Estuvo en un ～ (de) que le pillara el coche. 彼は間一髪で車にひかれるところだった.
 por un tris《話》すんでのところで. No lo alcanzó *por un* ～. 彼はあと一歩で追いつくところだった. ▶ 否定文で用いられる.

tri・sa [trí.sa] 囡 《魚》➔ sábalo.

tri・sa・gio [tri.sá.xjo] 男 《ｶﾄ》(三位一体をたたえる)三聖頌(ﾞ). ♦ "santo"「聖なるかな」を3度繰り返す.

tri・sar [tri.sár] 他 《ラ米》《ホ》(ガラス・陶器などに)ひびを入れる, 少し欠く. ━ 自《ツバメなどが》鳴く.

tris・ca [trís.ka] 囡 **1** 踏みつける音, 踏み鳴らす音. ▶ 擬声語は trisc. **2** 大騒ぎ, 騒動. **3**《ラ米》《ﾒｷｼｺ》冷やかし, からかい.

tris・ca・dor, do・ra [tris.ka.ðór, -.ðó.ra] 形 はしゃぎ回る, 跳ね回る；混ぜ合わせる. ━ 男 (のこぎりの)目立て器.

tris・car [tris.kár] 他 **1**(のこぎりの)目立てをする. **2** 混ぜる, 混ぜ合わせる. **3**《ラ米》《ﾒｷｼｺ》《ﾎﾝｼﾞｭﾗｽ》からかう, ばかにする. ━ 自 **1** 跳ね回る, 跳びはねる, じゃれつく. **2** はしゃぐ, 騒ぎ回る. **3** 足を踏み鳴らす, 踏みつけて音を立てる.

tri・se・car [tri.se.kár] 他 《数》(特に角を)3等分する.

tri・sec・ción [tri.sek.θjón / -.sjón] 囡 《数》3等分(特に角についていう).

tri・se・ma・nal [tri.se.ma.nál] 形 週に3度の；3週間ごとの.

tri・si・lá・bi・co, ca [tri.si.lá.ßi.ko, -.ka] 形 3音節の[からなる].

tri・sí・la・bo, ba [tri.sí.la.ßo, -.ßa] 形 3音節の, 3音節からなる. ━ 男 3音節語.

tris・mo [trís.mo] 男 【医】開口障害.

tris・mus [trís.mus] 男 《単複同形》→ trismo.

tri・so・mí・a [tri.so.mí.a] 囡 【医】トリソミー.

Tris・tán [tris.tán] 固名 トリスタン：男子の名.
 ♦中世ヨーロッパの恋愛物語 ～ *e Iseo*『トリスタンとイゾルデ』の主人公.
 [← 〔ケルト〕*Drystan* (*drest*「騒ぎ」より派生) ；[関連]ポルトガル *Tristão*. 〔仏〕〔英〕〔独〕 *Tristan*. 〔伊〕*Tristano*]

****tris・te** [trís.te] 形 **1** 悲しい (↔alegre).
 (1) (**estar**+) 悲しんでいる. Están ～s por la muerte de su padre. 彼らは父親に死なれて悲嘆に暮れている. La lluvia le pone ～. 雨が降ると彼は悲しくなる.
 (2) (+名詞 / 名詞+) (**ser**+) 悲しみを誘う, 痛ましい；可哀想な. una noticia ～ 悲しい知らせ. el ～ destino de los exiliados 亡命者たちの悲惨な運命. Nos olvidaremos de los días ～s. 悲しい日々は忘れよう.
 (3) (+名詞 / 名詞+) (**ser**+ / **estar**+) 悲しげな. murmurar con una ～ sonrisa 悲しそうにほほえみながらつぶやく. No pongas cara ～. 悲しそうな顔をするな. Sus ojos *son* [*están*] ～s. 彼[彼女](ら)の目は(今は)悲しげだ. el caballero de la ～ figura愁(ｼｭｳ)顔の騎士 (=Don Quijote).
 2《多くは+名詞》(**ser**+) 残念な, 嘆かわしい, 遺憾な；不当な. Esa es la ～ realidad [verdad]. 残念ながらそれが現実[事実]だ. *Es* ～ que no hayamos ganado. 我々が勝てなかったのは悔しい (▶ *ser* ～ que+ 接続法).
 3 (1) (名詞+) (**ser**+) 陰気な (性格の). Elvira no es una ～ mujer ni una mujer ～. エルビラは可哀想な女性でも陰気な女性でもない.
 (2)《多くは+名詞》(**ser**+ / **estar**+) 陰うつな, 陰気な；もの寂しい, わびしい. Hoy es un día ～. 今日はうっとうしい日だ. una casa ～ 薄暗い家.
 4 (+名詞 / 名詞+) (**ser**+ / **estar**+) 《色が》くすんだ, あせた；《花などが》しおれた. el ～ color del suelo 床のくすんだ色. Hace tiempo que no he regado las plantas y *están* ～s sus flores. ずいぶん水をやらなかったので, 花がしおれている. **5** (+名詞)《話》貧弱な, 乏しい, わずかな；一介の. un ～ empleado de banco しがない銀行員. Nosotros seis vivimos con mi ～ sueldo. 私たち6人は私の薄給で暮らしている. Sólo me queda un ～ cigarrillo. タバコがあと1本しか残っていない. **6**《ラ米》《ﾎﾟｴﾙﾄﾘｺ》《ﾒｷｼｺ》内気な, はにかみ屋の；臆病(ﾋﾞｮｳ)な.

tristemente

—男《ラ米》【音楽】トリステ：Andes 高原の民謡で哀愁のある恋歌.
ni un [una] triste... 《話》…さえもない. No he leído *ni una* ~ página. 1ページも読んでいない.
[← [ラ] *trīstem* (*trīstis* の対格), 関連 tristeza, entristecer]

tris‧te‧men‧te [trís.te.mén.te] 副 悲しげに, 悲しんで；悲しいことに.

tris‧te‧za [tris.té.θa / -.sa] 女 **1** 悲しさ, 悲哀；憂愁, 寂しさ. Tiene cara de ~. 彼[彼女]は悲しそうな顔をしている. Siempre dejan ~ los barcos que se van. 船が去ったあといつもわびしさが残る. **2**《複数で》《話》悲しい[不幸な]出来事. Había muchas ~s en la vida de Paula. パウラの人生にはたくさんの悲しい出来事が起こった. **3**【植】柑橘(かんきつ)類の病気の一種. **4**《ラ米》《ダテテタ》ウシの病気の一種.

tris‧tón, to‧na [tris.tón, -.tó.na] 形《話》少し悲しそうな, もの寂しげな.

tris‧tu‧ra [tris.tú.ra] 女 → tristeza.

tri‧tio [trí.tjo] 男【化】トリチウム, 三重水素.

tri‧tón [tri.tón] 男【動】イモリ.

Tri‧tón [tri.tón] 固名《ギ神》トリトン：Poseidón の息子で半人半魚の海神.

trí‧to‧no [trí.to.no] 男【音楽】三全音：増四度または減五度.

tri‧tó‧xi‧do [tri.tók.si.đo] 男 → trióxido.

tri‧tu‧ra‧ción [tri.tu.ra.θjón / -.sjón] 女 粉砕くこと, 細かくすること.

tri‧tu‧ra‧dor, do‧ra [tri.tu.ra.đór, -.đó.ra] 形 砕く, 細かにする. —女 破砕[粉砕]機, シュレッダー.

tri‧tu‧rar [tri.tu.rár] 他 **1** 細かく砕く, 粉砕する；〈肉を〉ひく, 細切れにする. **2** かむ, かみ砕く. **3** ひどいめに遭わせる. ~ a palos 棒でさんざん殴りつける. **4** いちいち難癖をつける, あら探しをする. **5**《話》徹底的に打ち負かす.

triun‧fa‧dor, do‧ra [trjum.fa.đór, -.đó.ra] 形 勝利を収めた；成功した. equipo ~ 優勝チーム. —男 女 勝者, 優勝者；成功者.

*****triun‧fal** [trjum.fál] 形 **1** 勝利の, 凱旋(がいせん)の. entrada ~ 凱旋入城. **2** 勝ち誇った, 意気揚々とした.

triun‧fa‧lis‧mo [trjum.fa.lís.mo] 男《軽蔑》自信過剰, うぬぼれ, 有頂天な様子.

triun‧fa‧lis‧ta [trjum.fa.lís.ta] 形 自信過剰な. —男 女 自信過剰な人.

triun‧fal‧men‧te [trjum.fál.mén.te] 副 勝ち誇って, 意気揚々と.

triun‧fan‧te [trjum.fán.te] 形 **1** 勝利を収めた；成功した. ejército ~ 勝軍. salir ~ 成功を収める. Iglesia ~ 《カトリック教会で》天国にいるキリスト教信者の総称. **2** 勝ち誇った, 勝利を確信した.

*****triun‧far** [trjum.fár] 自 **1**《en...で》優勝する, 成功する；勝利する. ~ en un certamen コンテストで優勝する. ~ en la vida 人生で成功する. **2**《de... / sobre...》(…に)打ち勝つ, (…を)征服する. ~ de las dificultades 困難を克服する. ~ del [sobre el] enemigo 敵に打ち勝つ. **3**(トランプで)切り札を出す, 切り札である；勝ち札となる.

******triun‧fo** [trjúm.fo] 男 **1** 勝利, 優勝 (= victoria). arco de ~ 凱旋(がいせん)門. el ~ del equipo holandés オランダチームの優勝. Celebraremos tu ~. 君の勝利を祝おう. **2**(大)成功, 偉業；ヒット (= éxito). ~ teatral (劇場の)大入り. lista de ~s ヒットチャート. **3** 優勝杯, トロフィー (= trofeo). colección de ~s トロフィーのコレクション. **4**《遊》(トランプ)切り札, トランプゲームの一種. palo de ~ 切り札の組札. **5**【史】(古代ローマの)凱旋式. **6**《ラ米》《テテ》《ア゙ナ》民族舞踊の一種.

costarle un triunfo (a + 人)《話》(人)に並々ならぬ努力を要する.
en triunfo 大かっさいを浴びて；勝ち誇って, 意気揚々と.
tener todos los triunfos en la mano 圧倒的に有利な立場にある, 切り札をもっている.
[← [ラ] *triumphum* (*triumphus* の対格)「凱旋(式)」；勝利 ← [古ラ] *triumpe* (ある種の行進で用いられたかけ声) ← [ギ] *thríambos*「ディオニソス神の賛歌」, 関連 triunfar. [仏] *triomphe*「凱旋」. [英] *triumph*]

triun‧vi‧ra‧to [trjum.bi.rá.to] 男 **1**【史】(古代ローマの)三頭政治. **2** 支配的地位にある三人組.

triun‧vi‧ro [trjum.bí.ro] 男【史】(古代ローマの三頭政治の)三執政官のひとり.

tri‧va‧len‧te [tri.ba.lén.te] 形 **1** 3つの価値[効用]のある. vacuna ~ 三種ワクチン. **2**【化】3価の.

***tri‧vial** [tri.bjál] 形 **1** ささいな, 取るに足りない, つまらない. conversación ~ よもやま話. **2** ありふれた, 陳腐な, 平凡な.

tri‧via‧li‧dad [tri.bja.li.đáđ] 女 月並み, 陳腐；ささいなこと, くだらないこと.

tri‧via‧li‧za‧ción [tri.bja.li.θa.θjón / -.sa.sjón] 女 物事の重要性を見落とす[軽んじる]こと.

tri‧via‧li‧zar [tri.bja.li.θár / -.sár] 97 他 物事の重要性を見落とす[軽んじる].

tri‧vial‧men‧te [tri.bjál.mén.te] 副 つまらなに, つまらないまでに；平々凡々と.

tri‧vio [trí.bjo] 男 **1** 中世の大学の三学科. ♦ gramática 文法, retórica 修辞, dialéctica 弁証[論理]. **2** 三叉(さ)路.

tri‧vium / trí‧vium [trí.bjum] 男【史】→ trivio.

tri‧za[1] [trí.θa / -.sa] 女 小片, 断片；かけら. *hacerse ~s* 粉々になる；びりびりに破れる.
estar hecho trizas《話》(1) 悲しんでいる, 落ち込んだ. (2) とても疲れた.
hacer trizas... …を粉々にする；(人を)徹底的にやっつける, 深く傷つける. Los críticos dejaron la obra *hecha ~s*. 批評家たちは彼の作品をこきおろした.

tri‧za[2] [trí.θa / -.sa] 女【海】→ driza.

tro‧ca‧ble [tro.ká.ble] 形 交換できる；変質しうる.

tro‧cai‧co, ca [tro.kái.ko, -.ka] 形【詩】(古典詩の)長短格の；強弱格の.

tro‧ca‧mien‧to [tro.ka.mjén.to] 男 変換；交換.

tro‧cán‧ter [tro.kán.ter] 男 **1**【解剖】転子：大腿(たい)骨上部の突起. **2**【昆】転節.

tro‧car[1] [tro.kár] 男【医】(腹腔(くう)などからの採取用)套管(とうかん)針, トロカール, カニューレ.

tro‧car[2] [tro.kár] 16 他 **1**《por... …と》交換する, 取り替える. **2**《en... …に》変える, 変質させる. **3** 混同する, 取り違える, 間違える, 言い間違える. **4**《まれ》〈金を〉くずす, 両替する. **5** 吐き出す, 戻す. **6**《ラ米》(1)《ジア》買う. (2)《ジア》売る.
— ~se 再 **1**《en... …に》変わる, 変形[変質]する. **2** 交換する.

tro‧ca‧tin‧te [tro.ka.tín.te] 男 玉虫色.

tro·ce·ar [tro.θe.ár / -.se.-] 他 小さく切る,切り刻む.

tro·ce·o [tro.θé.o / -.sé.-] 男 小さく切ること.

tro·cha [tro.tʃa] 女 **1** 近道,抜け道,間道. **2** (やぶや茂みの中の)小道. **3** 《ラ米》(1)《鉄》《鉄道》(レールの)軌間,ゲージ. ~ normal 標準軌間. ~ ancha 広軌. ~ angosta 狭軌. (2)《ラ米》《口語》《馬》(馬の)速歩(はやあし),だく足.

tro·char [tro.tʃár] 自 《ラ米》《ラ米》《口語》《馬が》速歩(はやあし)で駆ける,だく足を踏む.

tro·che·mo·che [tro.tʃe.mó.tʃe] / **tro·che y mo·che** [tró.tʃe i mó.tʃe] *a trochemoche* / *a troche y moche* 《話》でたらめに,めったやたらに;よく考えないで.

tro·cis·co [tro.θís.ko / -.sís.-] 男 《薬》錠剤.

tro·cla [tró.kla] 女 滑車,ベルト車.

tró·cle·a [tró.kle.a] 女 《解剖》滑車,軟骨輪.

tro·co [tró.ko] 男 《魚》マンボウ.

tro·coi·de [tro.kói.de] 形 《数》トロコイドの,余擺(よはい)線の. —女 《数》トロコイド,余擺線.

***tro·fe·o** [tro.fé.o] 男 **1** 優勝[勝利]記念品,トロフィー. **2** 戦利品,分捕り品;(優勝)記念碑. **3** 狩猟記念品,獲物の頭の剥製(はくせい)など. **4** 勝利,優勝,成功. **5** 《集合的》(室内装飾用の)武具(類).

tró·fi·co, ca [tró.fi.ko, -.ka] 形 栄養の. *cadena trófica* 食物連鎖.

tro·fo·lo·gí·a [tro.fo.lo.xí.a] 女 栄養学.

tro·fó·lo·go, ga [tro.fó.lo.go, -.ga] 男 女 栄養学者.

tro·glo·di·ta [tro.glo.dí.ta] 形 **1** 穴居生活[住居]の. **2** 《話》粗野の,下品な. **3** 《話》時代遅れの,古くさい考えをもつ. **4** 大食いの. —男 女 **1** 穴居人,野人,粗野な人 **3** 時代遅れの考えの人. **4** 大食家. —男《鳥》ミソサザイ.

troglodita (ミソサザイ)

tro·glo·dí·ti·co, ca [tro.glo.dí.ti.ko, -.ka] 形 **1** 穴居人の. **2** 粗野な,下品な.

troi·ca / troi·ka [trói.ka] 女 **1** トロイカ:ロシアの3頭立て馬ぞり,馬車. **2** 《史》(ソビエト連邦で,最高会議幹部会議長・首相・共産党書記長による)三巨頭体制[支配]. **3** 《話》支配的立場にある三巨頭[支配]体制. [← 《ロシア》*troika*; *troe*「3」より派生]

troj [tro(x)] 女 穀物倉庫,収穫物を貯蔵する部屋.

tro·ja [tró.xa] 女 《ラ米》→ troj.

tro·je [tró.xe] 女 → troj.

tro·la¹ [tró.la] 女 《話》うそ,法螺(ほら)話;ぺてん.

tro·la² [tró.la] 女 《ラ米》(1)《ラ米》ハムの薄切り. (2)(はがれている樹皮. (*) 《俗》マッチ.

tro·le [tró.le] 男 **1** (トロリーバスなどのポール先端の)触輪,集電器,トロリー. **2** → **trolebús**. [← 《英》*trolley*;関連 《英》*trolleybus*]

tro·le·bús [tro.le.bús] 男 トロリーバス.

tro·le·lo·te [tro.le.ló.te] 男 《ラ米》《話》焼いたトウモロコシの粒.

tro·le·ro, ra [tro.lé.ro, -.ra] 形 《話》うそつきの,ほらふきの. —男 女 《ラ米》(1)《ラ米》《俗》女のような,なよなよした. —男 女 (2)《ラ米》《話》《軽度》男のような男,なよなよした男. (2)《ラ》《話》《軽度》男の

troll [tról] 男 女《複 ~s》トロル,トロール:(北欧神話で)森・ほら穴に住む奇怪な巨人[小人].

trol·ley [tró.lei] 《英》 男 キャスター付きのスーツケース.

tro·lo, la [tró.lo, -.la] 形 《ラ米》《ラ米》《俗》女のような,なよなよした. —男 女 (1)《ラ米》《俗》女のような男,なよなよした男. (2)《ラ》《話》《軽度》男の

同性愛者.

tro·lu·do, da [tro.lú.ðo, -.ða] 形 《ラ米》《ラ米》《話》《軽度》感じが悪くてうすのろい.

trom·ba [tróm.ba] 女 **1** 《海上の》竜巻. **2** 激しいにわか雨,スコール,突然のどしゃぶり (= ~ *de agua*). **3** 《比喩的》あらし,雨あられ;激烈なことが突発的かつ続けざまに起こること.
en [como una] tromba 《話》一斉に,集中して;わあっと.

trom·bas·te·nia [trom.bas.té.nja] 女 《医》血小板無力症.

trom·bi·cu·lo·sis [trom.bi.ku.ló.sis] 女 《単複同形》《医》恙虫病.

trom·bi·na [trom.bí.na] 女 《医》トロンビン:血液凝固作用を活性化する糖たん白質.

trom·bo [tróm.bo] 男 血栓,栓.

trom·bo·an·ge·í·tis [trom.bo.an.xe.í.tis] 女 《単複同形》《医》血栓性血管炎. ~ *obliterante* 閉塞性血栓性血管炎.

trom·bo·ci·to [trom.bo.θí.to / -.sí.-] 男 《解剖》血小板,栓球.

trom·bo·ci·to·pe·nia [trom.bo.θi.to.pé.nja / -.si.-] 女 《医》血小板減少症.

trom·bo·ci·to·sis [trom.bo.θi.tó.sis / -.si.-] 女 《単複同形》《医》血小板増多症.

trom·bo·em·bo·lis·mo [trom.bo.em.bo.lís.mo] 男 《医》血栓塞栓(そくせん)症.

trom·bo·fle·bi·tis [trom.bo.fle.bí.tis] 女 《単複同形》《医》静脈血栓症,血栓性静脈炎.

trom·bón [trom.bón] 男 《音楽》トロンボーン. ~ *de varas* スライドトロンボーン. ~ *de pistones* バルブトロンボーン. —男 《音楽》トロンボーン奏者.

trom·bo·nis·ta [trom.bo.nís.ta] 男 女 《音楽》トロンボーン奏者.

trom·bo·sis [trom.bó.sis] 女 《単複同形》《医》血栓症. ~ *cerebral* 脳血栓.

trom·e [tro.me] 男 《ラ米》《口語》《話》器用な,上手な人.

***trom·pa** [tróm.pa] 形 (*estar*+)《話》酔った. —女 **1** 《音楽》ホルン. **2** (象などの)長い鼻,(バクやガリネズミなどの)突き出た鼻面;(昆虫の)吻(ふん). **3** 《話》酔い. *coger una* ~ 酔っ払う. **4** 独楽(こま),うなり独楽. **5** 《解剖》管(くだ). **6** 《建》スキンチ,隅迫持(ぐ). **7** 《冶》(炉の)落水送風管. **8** 《ラ米》(1)(特に)鉄道》(機関車の)排障器. (2)《話》厚い唇. (3)《ラ米》《話》主人,ボス. (4)(*) 《俗》口. —男 ホルン奏者.

trom·pa·da [trom.pá.ða] 女 **1** 《話》衝突;打撃. *darse una* ~ *con un coche contra* … …に車ごと突っ込む. *pegarse una* ~ *con*+人 (人)と鉢合わせする. **2** 《話》殴打,げんこつ,パンチ. **3** 《海》激突;座礁. **4** 《ラ米》《ラ米》(1)菓子. (2)《話》とても難しい[複雑な]こと.

trom·pa·zo [trom.pá.θo / -.so] 男 **1** 《話》衝突;打撃;殴打,げんこつ. *darse un* ~ *con una puerta* ドアに鼻をぶつける. *darse de* ~*s* 殴り合う. **2** 独楽(こま)をぶつけること.

trom·pe·a·du·ra [trom.pe.a.ðú.ra] 女 《ラ米》《話》殴打;殴り合い.

trom·pe·ar [trom.pe.ár] 他 《ラ米》《話》殴り倒す,たたきのめす. —自 独楽(こま)を回す,独楽で遊ぶ.

***trom·pe·ta** [trom.pé.ta] 女 **1** 《音楽》トランペット;らっぱ. *tocar la* ~ トランペットを吹く. **2** 《紋》狩猟用のらっぱ. **3** 《ラ米》《ラ米》《話》酔い. —男 女 《音楽》トランペット奏者;らっぱ吹き. —男 ろくでなし,役立たず.

trom·pe·ta·zo [trom.pe.tá.θo / -.so] 男 **1** (らっぱなどの)調子外れな音. **2** らっぱなどで殴ること. **3** 《話》まずいことを言うこと.

trom·pe·te·ar [trom.pe.te.ár] 自 トランペット[らっぱ]を吹く.

trom·pe·te·o [trom.pe.té.o] 男 トランペット[らっぱ]の吹奏.

trom·pe·te·rí·a [trom.pe.te.rí.a] 女 **1** (管弦楽団の)トランペット・セクション. **2** (パイプオルガンの)トランペットストップ;《集合的》(トランペットに似た音を出す)リード管.

trom·pe·te·ro, ra [trom.pe.té.ro, -.ra] 男 女 **1** トランペット[らっぱ]製作家. **2** トランペット[らっぱ]吹き. ── 男 《魚》サギフエ;それに似た管状の吻(ふん)をもつ魚の類.

trom·pe·ti·lla [trom.pe.tí.ja ‖ -.ʎa] 女 **1** らっぱ形補聴器. **2** 《ラ米》(1)《タバ》《話》(野次の)口笛. (2)《ジホ》《俗》おなら;《話》おならの口まね. *de trompetilla* (蚊が飛ぶときの)ブンブン音をたてる.

de trompetista [trom.pe.tís.ta] 男 女 トランペット奏者.

trom·pe·to, ta [trom.pé.to, -.ta] 形 《ラ米》《話》酔った.

trom·pe·zar [trom.pe.θár / -.sár] 10 自 《ラ米》つまずく, つんのめる.

trom·pe·zón [trom.pe.θón / -.són] 男 《ラ米》つまずき.

trom·pi·car [trom.pi.kár] 102 他 繰り返し転ばす, つまずかせる. ── 自 よろめく, ふらつく.

trom·pi·cón [trom.pi.kón] 男 **1** つまずき, ふらつき. **2** ゆれ, 振動. **3** 《話》殴打, 一撃. *a trompicones* (1) ふらふらしながら. (2) 《話》たどたどしく, どうにかこうにか.

trom·pi·llón [trom.pi.jón ‖ -.ʎón] 男 《建》(隅迫持(はさ)・ドームの)かなめ石.

trom·pis [tróm.pis] 男 《単複同形》《話》ぶん殴ること, 殴打.

trom·pi·za [trom.pí.θa / -.sa] 女 《ラ米》《チカ·グ》《話》殴り合い, 大げんか.

trom·po [tróm.po] 男 **1** 独楽(こま). **2** 《車》スピン, (スリップして)空回りすること. **3** 《貝》ニシキウズガイ. **4** 《話》ばか, まぬけ. *ponerse como un trompo* 《話》たらふく食べる[飲む].

trom·pón, po·na [trom.pón, -.pó.na] 形 《ラ米》《コロ》唇の厚い, 口の突き出た. ── 男 **1** 《音楽》大きなホルン. **2** 思いきり殴ること. **3** 《植》スイセン. **4** 《ラ米》《メシ》《話》げんこつ, こぶしの殴打. *a [de] trompón* 《話》でたらめに, 乱雑に.

trom·pu·do, da [trom.pú.ðo, -.ða] 形 《ラ米》《話》唇の厚い, 口の突き出た.

tro·na [tró.na] 女 《鉱》トロナ鉱石;炭酸水素ナトリウム, セスキ炭酸ナトリウム.

tro·na·da [tro.ná.ða] 女 **1** 激しい雷雨. **2** 《ラ米》《コロ》《隠》麻薬によって酔った状態.

tro·na·do, da [tro.ná.ðo, -.ða] 形 **1** 《話》(少し)頭のおかしい. **2** 使い古した, おんぼろの. **3** 無一文の, 文無しの. **4** 《ラ米》《マ》(マリファナを吸って)酔った.

tro·na·dor, do·ra [tro.na.ðór, -.ðó.ra] 形 雷鳴のような, とどろく.

tro·na·men·ta [tro.na.mén.ta] 女 《ラ米》《コロ》《チ米》《メシ》雷雨, あらし. (= tronada).

*****tro·nar** [tro.nár] 15 自 **1** 《3人称単数・無主語で》雷が鳴る. **2** とどろく. El cañón *truena*. 大砲の音がとどろく. **3** 怒鳴る, がなり立てる. El capitán *tronó* contra los subordinados. 隊長は部下をどなりつけた. **4** 《ラ米》《ジホ》**(con** + 人(人)**と)** 気まずい別れをする. ── 他 《ラ米》(1)《中米》銃殺する, 射殺する. (2) 落第させる;単位を落とす. (3)《メ国》(特にマリファナを)吸う. ── ~**se** 再 《ラ米》《メシ》《ジホ》《卑》性交する. *por lo que pueda tronar* 万一に備えて. [← 〔ラ〕*tonāre*; t- の後の -r- の挿入は〔古スペイン〕*tronido*「雷」(← *tonidro* ← 〔ラ〕*tonitrus*) の影響; 関連 trueno, atronar. 〔英〕*thunder*] 《卑》

tro·na·zón [tro.na.θón / -.són] 女 《ラ米》《中米》《ジホ》あらし.

tron·cal [troŋ.kál] 形 **1** 幹の;幹線の;胴体の;家系(上)の. **2** (課目などが)必修の. **3** 非常に重要な.

tron·ca·li·dad [troŋ.ka.li.ðáð] 女 《法》(継嗣(けいし)がなく遺言のない場合に)遺産が本家のものとなること.

tron·car [troŋ.kár] 102 他 → truncar.

tron·cha [tróŋ.tʃa] 女 《ラ米》(1)《ラ米》(兵士の1日分の)糧食;粗末な食事, 粗食. (2)《プラタ》《チ·ペ》薄切り, 薄片, ひと切れ. (3)《中米》《話》楽な[うまい]仕事. (4)《コア》《話》脱臼(だっきゅう)すること.

tron·cha·do [troŋ.tʃá.ðo] 男 《コロ》《話》身入りのいい仕事, ぼろい商売.

tron·cha·do, da [troŋ.tʃá.ðo, -.ða] 形 《紋》(盾を正面から見て)左上から右下に分けた.

tron·chan·te [troŋ.tʃán.te] 形 **1** 《話》おもしろい. **2** 《軽蔑》仕事がふまじめな. **3** 《軽蔑》《仕事・組織などが》いい加減な.

tron·char [troŋ.tʃár] 他 **1** 〈木・枝・茎を〉へし折る. El viento *ha tronchado* varios árboles. 風で木が何本か折れた. **2** 〈計画・夢の実現を〉妨げる, 阻む;くじく. **3** 《話》へたばらせる. **4** 《ラ米》《コロ》《話》脱臼させる. ── ~**se** 再 **1** 〈木・枝・茎が〉折れる. **2** 〈計画・夢の実現が〉頓挫(とんざ)する, 阻まれる. **3** 《話》疲れはてる, へたばる. **4** 《話》笑いころげる. ~ *de risa* 腹を抱えて笑う. **5** 《ラ米》《コロ》《ボリ》〈人が〉手・足の骨を折る, 脱臼する.

tron·cho, cha [tróŋ.tʃo, -.tʃa] 形 《ラ米》《メシ》《話》一部が壊れた, 欠けた. ── 男 **1** (野菜などの)茎, とう. **2** 《ラ米》(1)《メシ》《話》破片, 破片. (2)《メシ》骨折, もげる.

*****tron·co, ca** [tróŋ.ko, -.ka] 男 **1** 樹幹, 幹;丸太. Este árbol tiene un ~ muy grueso. この木の幹はとても太い. cabaña de ~s 丸太小屋. **2** (人・動物の)胴体, 胴. **3** 祖先, 家系. pertenecer al mismo ~ 同じ家系に属する. ~ arterial 動脈管. ~ del encéfalo 脳幹. **5** 《数》錐台形, 錐体の台形. ~ de cono 円錐台形. **6** 間抜け, のろま. **7** (2頭立て馬車の)引き馬. (2) 《話》(1) 切り株. (2)《メ》《俗》巨根. (3)《メ》《話》ずんぐりむっくりの人. ── 男 女 《話》仲間, 友人. 《呼びかけ》おまえ. *dormir [estar] como un tronco* 《話》ぐっすり眠る[眠っている]. [← 〔ラ〕*truncum* (*truncus* の対格) 男 (← 〔ラ〕「枝を払った」; → trunco); 関連 troncal, truncar. 〔英〕*trunk*]

tron·co·có·ni·co, ca [troŋ.ko.kó.ni.ko, -.ka] 形 円錐(えん)台形の.

tro·ne·ra [tro.né.ra] 女 **1** 狭間(はざま), 銃眼. **2**

【建】小窓, 明かり取り. **3** 《遊》(ビリヤードの) ポケット. **4** 折り紙の三角鉄砲. **5** 《ラ米》(ᴹᵉˣ)煙突；通気孔. ― 男 女 《話》ろくでなし, ぐうたら, 遊び人.

tro·ni·do [tro.ní.đo] 男 **1** 雷鳴, 雷. **2** 大音響, とどろき.

tro·ní·o [tro.ní.o] 男 **1** 《話》(金遣いなどの) 派手さ；贅(ᵗᵃᵏ). **2** 《話》優雅さ, すばらしさ；重要さ, 価値.

‡**tro·no** [tró.no] 男 **1** 玉座, 王位. el ~ real 王座. ~ episcopal 【カト】司教座. subir al ~ 王座につく. **2** 王位, 王権. heredar el ~ 王位を継ぐ. lealtad al ~ 【カト】国王への忠誠. ocupar el ~ 王位に就く[ある]. **3** 【カト】(1) (聖体保存用の) 聖龕(ˢʰᵒᵘ). (2) (聖人像を祭っておく) 聖堂, 聖櫃(ˢʰᵘ). **4** 《複数で》座天使. ◆天使の9階級中の上から3番目の天使.

tron·quis·ta [troŋ.kís.ta] 共 (2頭立て馬車の) 御者.

tron·za·de·ra [tron.θa.đé.ra / -.sa.-] 女 (木挽(ᵏʰʷᵃ)き用の) 大鋸(ᵗʰᵘ).

tron·za·dor, do·ra [tron.θa.đór, -.đó.ra / -.sa.-] 男 **1** (両端に柄のついた) 大鋸(ᵗʰᵘ). **2** (大理石などを切る) 石鋸. ― 男 女 大鋸を使う人.

tron·zar [tron.θár / -.sár] 他 **1** 切り分ける, 切断する. **2** ひどく疲れさせる. **3** ひだをつける.

‡‡**tro·pa** [tró.pa] 女 **1** 【軍】(主に複数で) **軍隊**, **部隊**. ~s aerotransportadas 空挺部隊. ~s de asalto 突撃隊. ~s de línea 常備軍, 正規軍. ~s aliadas 同盟軍, 連合軍. intervención de las ~s 介入. movilizar las ~s 軍隊を動員する. Las ~s enemigas estaban enfrente. 敵軍は目の前にいた.
2 (集合的) 兵, 兵隊, 兵卒；(市民に対する) 軍人. La ~ necesita nuevos uniformes. 兵士たちには新しい軍服が必要だ. ser de ~ 《話》軍人である. **3** 大群, 群衆, 一団. una ~ de niños 子供の一団. **4** 《ラ米》(1) (ᴿᵖˡ)(家畜の) 群れ. (2) (ᴾᵉʳ)(ᴿᵖˡ)育ちの悪い者；ろくでなし. (3) (ᴿᵖˡ)馬車の一団.
en tropas 群をなして, 一団となって.
[← 〔仏〕*troupe* ← 〔古仏〕*troupeau*, *tropel*「家畜の群れ」；[関連] *tropel*, *atropellar*. 〔英〕*troop*]

tro·pe·ar [tro.pe.ár] 自 《ラ米》(ᴿᵖˡ)家畜の群れを誘導する.

tropece- / **tropecé(-)** 活 → tropezar.

tro·pe·cien·tos, tas [tro.pe.θjén.tos, -.tas / -.sjén.-] 形 《話》とてもたくさんの.

tro·pel [tro.pél] 男 **1** 雑踏, ごった返し. **2** 山積み(になったもの), 乱雑に置かれたもの.
en tropel (1) ひしめき合って, 押し合いへし合いして. (2) 突如として.

tro·pe·lí·a [tro.pe.lí.a] 女 **1** (軽蔑)(とくに権力をもった者による)横暴, 暴虐, 無法. actos de ~ 乱暴な行為. **2** 大あわて, 大急ぎ.

tro·pe·o·lá·ce·o, a [tro.pe.o.lá.θe.o, -.a / -.se.-] 形【植】ノウゼンハレン科の.

tro·pe·ro [tro.pé.ro] 男 《ラ米》(1) (ᴿᵖˡ)(家畜の群れを誘導する) 牧童；(馬車隊の) 御者. (2) (ᶜʰᵉ)《話》がさつ者.

tro·pe·za·dor, do·ra [tro.pe.θa.đór, -.đó.ra / -.sa.-] 形 よくつまずく, つまずいてばかりいる. ― 男 女 よくつまずく人.

tro·pe·za·du·ra [tro.pe.θa.đú.ra / -.sa.-] 女 つまずき, よろめき.

‡**tro·pe·zar** [tro.pe.θár / -.sár] 10 自 **1** 《con... / contra... / en... …に当たって》**つまずく**, よろける. ~ con una piedra [el cable, el muro] 石につまずく[コードにつまずく, 壁にぶつかる]. El niño *tropezó y se cayó*. 子供はつまずいて転んだ. ► 時に再帰代名詞を伴う → 両 **1**.
2 《話》《con... …に》出くわす, 行き当たる. *Tropecé con* la mirada de la niña. 私は女の子と目が合った. Paseando *tropecé con* una amiga. 散歩していて偶然友人と出会った.
3 《con... / contra...》 《(障害など)に》ぶちあたる；《(…)に》頓挫(ᵗᵒⁿᶻᵃ)する. ~ con la dura realidad 厳しい現実に直面する. Esa iniciativa *tropezó con* la resistencia de la oposición. その試みは野党の抵抗によって出鼻をくじかれた.
4 《con＋人 / contra＋人 〈人〉と》衝突する, 争う. Los comunistas *tropezaron con* los socialistas en cuestiones de política interior. 共産党は内政で社会党と衝突した.
5 失敗する, 過ちを犯す. Nuestro equipo *tropezó* en las finales. わがチームは決勝戦で負けてしまった.
― ~**·se** 再 **1** 《話》《con... …と》偶然出会う, 遭遇する. Me *tropecé con* el profesor en la calle. 私は通りで偶然先生と出会った. ► 時に複数主語でも用いられる. ― *Nos tropezamos* todas las mañanas en la estación. 私たちは毎朝駅で顔を合わせる.
2 《con... / en... …で》つまずく；失敗する.
[← 〔古スペイン〕*entropeçar*, *entrepeçar*「つまずく；妨げる」← 〔俗ラ〕**interpediare* ← 〔後ラ〕*interpedire*；[関連] *tropiezo*, *impedir*.]

tro·pe·zón, zo·na [tro.pe.θón, -.θó.na / -.són, -.só.-] 形 つまずく, よろける；(馬などが)すぐつまずく.
― 男 **1** つまずくこと, よろけること. dar un ~ つまずく. **2** 《話》誤り, 失策, しくじり. **3** 《複数で》(スープ・サラダなどの中の肉や野菜の) 具.
4 《話》(予期せぬ・うれしくない) 出会い, 出くわすこと. tener un ~ con＋人 〈人〉とばったり出くわす.
a tropezones たどたどしく, やっとのことで.

tro·pe·zo·so, sa [tro.pe.θó.so, -.sa / -.só.-] 形 《話》たどたどしい；まごつきがちな.

‡**tro·pi·cal** [tro.pi.kál] 形 **1 熱帯の**, 熱帯性の, 熱帯特有の. ciclón ~ 熱帯低気圧. clima ~ 熱帯性気候. fruta ~ 熱帯産の果物. **2** 熱帯のような, 酷暑の. calor ~ 猛暑. **3** 《話》陽気な, 非常に明るい, 生き生きとした. **4** 大げさな, 派手な.

tro·pi·ca·lis·mo [tro.pi.ka.lís.mo] 男 《ラ米》(ᴮʳᵃˢ)大げさな[芝居がかった]表現.

tró·pi·co, ca[1] [tró.pi.ko, -.ka] 形 【天文】回帰の. año ~ 太陽年, 回帰年.
― 男 **1** 回帰線. ~ de Cáncer 北回帰線, 夏至線. ~ de Capricornio 南回帰線, 冬至線. **2** 熱帯. **3** 《複数で》《ラ米》(ᴰᵒᵐ)(ᴬʳᵍ)苦労, 困窮. pasar los ~s つらいめに遭う.

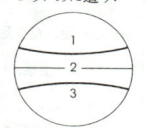

trópico (回帰線)
1 ~ de Cáncer 北回帰線
2 ecuador 赤道
3 ~ de Capricornio 南回帰線

tró·pi·co, ca[2] [tró.pi.ko, -.ka] 形 比喩の, 転義の.

tropiece(-) 活 → tropezar.

tropiez- 活 → tropezar.

tro·pie·zo [tro.pjé.θo] 男 **1** つまずき, つまずくこと. dar un ~ つまずける. **2** 失策, 間違い, しくじり. **3** 不幸, 災難；障害, 邪魔. **4** けんか；(意見の)対立, 衝突. **5** 《話》浮気, 不倫の関係.

tro·pi·lla [tro.pí.ja ‖ -.ʎa] 女 《ラ米》(家畜の) 群れ.

tro·pis·mo [tro.pís.mo] 男 【生物】向性, 屈性.
tro·po [tró.po] 男 【修辞】転義(法), 比喩.
-tropo「転回, …向性の」の意を表す形容詞・名詞語尾. ⇒ heliotropo, isótropo. [←〔ギ〕]
tro·po·lo·gí·a [tro.po.lo.xí.a] 女 1 【文章語】寓意, 比喩(法). 2 教訓を盛り込むこと.
tro·po·ló·gi·co, ca [tro.po.ló.xi.ko, -.ka] 形 比喩的な, 比喩の.
tro·po·pau·sa [tro.po.páu.sa] 女 【気象】圏界面:対流圏と成層圏との境界.
tro·pos·fe·ra [tro.pos.fé.ra] 女 対流圏:地表約10-20キロメートルの大気層.
troque- / **troqué(-)** 活 → trocar.
tro·quel [tro.kél] 男 【技】1 〈貨幣・メダルなどの〉打ち型, 金型. 2 裁断機.
tro·que·lar [tro.ke.lár] 他 1 刻印する, 型押しする; 〈人が〉形を整える. 2 〈貨幣を〉鋳造する. 2 〈裁断機で〉裁断する.
tro·que·o [tro.ké.o] 男 【詩】(1) (古典詩の)長短格. (2) (スペイン詩の)強弱格, 揚和格.
tro·qui·lo [tro.kí.lo] 男 【建】凹面刳形(ﾆﾐｯ).
tro·ta·ca·lles [tro.ta.ká.jes ‖ -.ʃes] 男 女 《単複同形》《話》遊び人, 町をうろつき回るものぐさな人.
tro·ta·con·ven·tos [tro.ta.kom.bén.tos] 女 《単複同形》色事の仲介をする女性.
—男 女 《話》売春斡旋(ｱｯﾌ)人 (= alcahuete).
tro·ta·dor, do·ra [tro.ta.ðór, -.ðó.ra] 形 〈馬が〉速歩(ﾎｿﾂ)が得意な, だく足の.
tro·ta·mun·dos [tro.ta.mún.dos] 男 女 《単複同形》《話》諸国を漫遊する者; 旅行好きな人.
***tro·tar** [tro.tár] 自 1 〈馬などが〉**速歩(ﾎｿﾂ)で駆ける**; 〈人が〉馬を速歩で駆けさせる, 速歩の馬でゆく. empezar a ~ 速歩になる. hacer ~ un caballo 馬を速歩で駆けさせる. 2 《話》**急ぐ**; 走る, 駆けずり回る. [←〔俗〕* *trotta*-〔フランク〕*trottôon*]
tro·te [tró.te] 男 1 〈馬などの〉速歩(ﾎｿﾂ), だく足, トロット. a ~ corto スロートロットで. 2 《話》駆けずり回ること, せわしく動くこと. 3 《話》(しなければならない)骨の折れる仕事; 厄介, 面倒.
a(l) trote (1)〈馬〉速歩で. (2)《話》大急ぎで.
andar al trote con…《ラ米》(*ﾒ)…に没頭している.
de mucho trote 丈夫な, 長持ちする.
no estar para muchos [*estos, esos*] *trotes*《話》〈人・ものが〉激務[酷使]にたえられない, 長もちしない; 〈主に年齢的・肉体的から〉そんなことには(もう)向いていない.
para [*de*] *todo trote*《話》ふだん使いの.
traer trote《ラ米》(*ﾒ)ひそかにやろうとしている.
tro·tón, to·na [tro.tón, -.tó.na] 形 1 〈馬が〉だく足の. —男 〈馬〉(速歩(ﾎｿﾂ)向きの)トロッター種.
tro·to·ne·rí·a [tro.to.ne.rí.a] 女 だく足, だく足(気味)であること.
trots·kis·mo [trots.kís.mo] 男 トロツキー主義, トロツキズム.
trots·kis·ta [trots.kís.ta] 形 トロツキストの, トロツキー(主義)の. —男 女 トロツキスト, トロツキー主義者:ロシアの革命家 Trotsky (1879-1940)の同調者.
troupe [trúp]〔仏〕女 (劇団などの)一座.
trous·seau [trú.so ‖ tru.só]〔仏〕男《ラ米》(ｺﾛﾝ)嫁入り衣装一式.
tro·va [tró.ba] 女 詩, 韻文; 歌詞; もじりの詩; (吟遊詩人が作った)恋愛歌.
tro·va·dor, do·ra [tro.ba.ðór, -.ðó.ra] 男 1 吟遊詩人の, トルバドゥールの. 2 詩表現の, 韻文の.
—男 吟遊詩人, トルバドゥール. ◆12-13世紀南フランスを中心に活躍. 作品はラテン語でなくオック語[プロバンス語]で書かれ, 宮廷女性への愛を歌った. → juglar. —男 女 【文章語】詩人.
tro·va·do·res·co, ca [tro.ba.ðo.rés.ko, -.ka] 形 吟遊詩人の, 吟遊詩人ふうの. una canción *trovadoresca* 吟遊詩歌.
tro·var [tro.βár] 自 詩作する, 韻文で書く.
—他 1〈他の詩編を〉もじる. 2〈意味を〉ゆがめる, 曲解する.
tro·ve·ro, ra [tro.βé.ro, -.ra] 男 女 1 (民衆恋愛詩を即興で歌う)大衆詩人. 2 (中世の北フランスのオイル語で詩作した)大衆詩人, トゥルベール.
tro·vo [tró.βo] 男 大衆的な恋愛詩.
Tro·ya [tró.ja] 固名 【史】トロイ:小アジア北西部にあり, トロイ戦争の舞台になった古代都市. 別称Ilión. *caballo de ~* トロイの木馬 ◆巨大な木馬の中に兵を忍ばせて城内に引き入れさせ, ギリシア軍の勝利の元となった. = Ilíada.
Allí [*Aquí*] *fue Troya*.《物語》それから事が始まった, そこで大混乱となった; 今は見る影もない.
Arda Troya.《話》なるようになるさ, あとは野となれ山となれ.
[←〔ラ〕*Trōja*←〔ギ〕*Trōía* (「Tros(神話に言うトロヤの創設者)の町」が原義)]
tro·ya·no, na [tro.já.no, -.na] 形 トロイの.
—男 女 トロイ人. —男 【IT】トロイの木馬(型ウィルス).
tro·za [tró.θa / -.sa] 女 1 (製板用の)丸太. 2 【海】トラス, ヤード昇降用環.
tro·zar [tro.θár / -.sár] 97 他《ラ米》(ｱﾝﾃﾞｽ)(ｺﾞﾉ)細かく[小さく]切り分ける.
—**~se** 再《ラ米》(ｱﾝﾃﾞｽ)細かく[小さく]切り分ける.
*****tro·zo** [tró.θo / -.so] 男 1 **一片, 断片, 一部.** un ~ de madera 板きれ一枚. un ~ de pan パンひとかけら. un ~ de papel 紙切れ. cortar la cebolla en ~s タマネギを細かく切りにする. 2 (文章・詩歌・音楽作品・美術作品などの) **一節, 一部**; (引用された) **箇所**, 部分. ~s escogidos 撰集, 抜粋. 3 【海】(海に割り当てられた) **区画, 海上班**. 4 【軍】部隊, 分隊. ~ de retaguardia 後衛部隊. ~ de vanguardia 前衛部隊. 5《ラ米》(ｱﾙｾﾞﾝ)《俗》魅力的な女性.
a trozos 断片的に, 部分的に; 一貫性のない. Mi trabajo me queda *a ~s*. 私のレポートは統一がとれていない.
tru·ca [trú.ka] 女 【映】特撮用カメラ.
—男 女 【映】特撮用カメラ撮影者.
tru·ca·je [tru.ká.xe] 男 1 仕掛け, 調整. 2 【映】トリック撮影, 特撮.
tru·car [tru.kár] 102 他 1 (ある種の効果をねらって, また十全に機能させるために)(特に機械などを)いじる, 整備する; 手を加える, 仕掛けをする. 2 十分な成果[効果]を得る; 首尾よくすませる, 成功する.
—自 1〈ゲーム〉トゥルーケ truque で最初の賭(ｶ)け金を出す. 2【遊】(ビリヤード)球をポケットに落とす.
***tru·cha**[1] [trú.tʃa] 女 【魚】マス. ~ *arco iris* = ~ *asalmonada* [*de mar*] ブラウントラウト(など降海型のマス).
[←〔後ラ〕*tructa*; 〔関連〕〔英〕*trout*]
tru·cha[2] [trú.tʃa] 女 (1)《ラ米》(*ﾒ)屋台, 露店. (2)《ｸﾞｧ》《話》ずる賢い人. (3)《ﾎ》《話》(人の)顔.
tru·che [trú.tʃe] 形《ラ米》(ｱﾙｾﾞﾝ)《話》めかし込んだ, 着飾った.
tru·che·ro, ra[1] [tru.tʃé.ro, -.ra] 形 マスがたくさ

tru・che・ro, ra² [tru.tʃé.ro, -.ra] 男 女 《ラ米》(ｳﾙ*)
露店商, 小店主；行商人.

tru・chi・mán, ma・na [tru.tʃi.mán, -.má.na]
男 女 **1** 通訳. **2** 《話》図々しくて抜けめのない人.
[←《仏》trucheman「代弁者；通訳」←《アラビア》tarjumān「通訳」←《アラム》tūrgĕmānā←《アッカド》targumānu]

tru・cho, cha [trú.tʃo, -.tʃa] 形 《ラ米》 (1) (ｱﾙｾﾞﾝ)抜けめのない, ずるい. (2) (ｳﾙ) 《話》《商品が》偽の, 違法の.

tru・chue・la [tru.tʃwé.la] 女 小さいタラの塩漬け[燻製(ｸﾝｾｲ)].

***tru・co** [trú.ko] 男 **1** からくり, トリック；《映》トリック撮影. ~ de naipes トランプを使った手品.
2 ずるい手, いんちき. andarse con ~s いかさまをする. cogerle (a+人) el ~ 〈人〉の手の内を見破る. **3** ここ, 秘訣. **4** 《遊》《ビリヤード》相手の球をポケットに入れる《クッションの外に出す》こと；《複数で》アメリカ式ポケット競技, プール. **5** 《話》打撃, げんこつ. **6** 《ラ米》(ｱﾙｾﾞﾝ)トゥルーコ：スペイン式トランプを使ったゲーム.
coger [agarrar] el truco a... …のこつ[要領]をつかむ.
truco del almendruco 《話》《ユーモラスに》《皮肉》ばかげた[単純な]からくり, 問題のばかげた[単純な]解答.

tru・cu・len・cia [tru.ku.lén.θja / -.sja] 女 恐ろしさ, 身の毛もよだつこと；残虐. Déjate de ~s. 《話》脅かすのはよせ；残酷な話はよせ.

tru・cu・len・to, ta [tru.ku.lén.to, -.ta] 形 恐ろしい, 戦慄(ｾﾝﾘﾂ)的な, 残虐な. una escena *truculenta* ぞっとするような情景.

trué [trwé] 男 白い薄地のリンネル.
[←《仏》*Troyes*（繊維業の盛んなフランスの町）]

truec- 活 → trocar.
true・co [trwé.ko] 男 → trueque.
truen- 活 → tronar.

***true・no** [trwé.no] 男 **1** 雷, 雷鳴.
2 炸裂(ｻﾚﾂ)音, 轟音(ｺﾞｳ). **3** 《話》遊び好きな[大騒ぎする]若者, 無鉄砲な若者. **4** 《ラ米》(1) (ｴﾙｻﾙ)(ﾎﾝｼﾞｭ)爆竹, 花火. (2) (ｺﾛﾝ) 《話》どんちゃん騒ぎ.
trueno gordo（最後の花火の）大きな音；スキャンダル.

true・que(-) [trwé.ke] 男 **1** 交換, 取り替え；物々交換；提携. a ~ de... …と交換に, …の代わりに. aun a ~ de perder la fama たとえ名声を失っても.
2（反対のものへ・異質なものへの）変化, 変質.
3 《ラ米》(ｴﾙｻﾞﾝ)《主に複数で》釣り銭, つり銭.

trueque(-) 活 → trocar.

tru・fa [trú.fa] 女 **1** 《植》トリュフ, セイヨウショウロ：地中に生える食用キノコでキャビア *caviar*, フォアグラ *foie-gras* とともに三大珍味と言われる. **2**（チョコレートの）トリュフ；チョコレートクリーム. **3** 犬の鼻面. [←《古プロバンス》*truffe*]

tru・fa² [trú.fa] 女 うそ, 偽り；誇張.

tru・far¹ [tru.fár] 他 《料》トリュフを詰める.
2 まぜこぜにする, ごちゃごちゃにする.

tru・far² [tru.fár] 他 うそを差しはさむ；でっちあげる.
— 自 《文章語》うそをつく.

tru・hán, ha・na [trwán, trwá.na] 形 **1** 詐欺の, ぺてんの. **2** 《話》道化の；こっけいな, おどけた.
— 男 女 **1** 詐欺師, ぺてん師. **2** 道化師, おどけ者；愉快な人.

tru・ha・na・da [trwa.ná.ða] 女 → truhanería.
tru・ha・ne・ar [trwa.ne.ár] 自 **1** 詐欺[ぺてん]を働く, だます, ごまかす. **2** 《話》おどける.

tru・ha・ne・rí・a [trwa.ne.rí.a] 女 **1** 詐欺, ぺてん, ごまかし. **2** 《話》道化, おどけ.

tru・jal [tru.xál] 男 **1** オリーブ[ブドウ]搾り器.
2 石けん製造用苛性(ｶｾｲ)ソーダ入れ.

tru・ja・mán, ma・na [tru.xa.mán, -.má.na] 男 女 **1** 通訳. **2**（商売などの）助言者, 相談役；（取引の）仲介者.

tru・ja・ma・ne・ar [tru.xa.ma.ne.ár] 自 **1** 通訳をする, 通訳として働く. **2** 物々交換する.

tru・lla [trú.ja || -.ʎa] 女 **1** 騒音, 喧噪(ｹﾝｿｳ)；群衆.
2 《ラ米》(ｴﾙｻﾞﾝ) 《話》からかい, 悪い冗談.

tru・lla・da [tru.já.ða || -.ʎá.-] 女 《ラ米》(ﾒｷ)雑踏, 人込み.

tru・llo [trú.jo || -.ʎo] 男 **1** 《隠》刑務所.
2 《鳥》ウミアイサ. **3** 《まれ》ぶどうのしぼり汁を受ける踏み[しぼり]桶.

trun・ca・da・men・te [truŋ.ká.ða.mén.te] 副 《話し方が》途切れ途切れに.

trun・ca・do, da [truŋ.ká.ðo, -.ða] 形 挫折(ｻｾﾂ)した；頂点を平面で切った. cono ~ 円錐(ｽｲ)台.

trun・ca・mien・to [truŋ.ka.mjén.to] 男 **1** 先端, 頂部を切ること. **2** 中断, 阻止.

trun・car [truŋ.kár] 他 **1** 〈先端・端を〉切る.
2 中断する；挫折(ｻｾﾂ)[中断]させる；阻む. carrera *truncada* por la muerte 死によって中断された仕事. **3** 〈文章・言葉を〉最後まで書き[言い]きらない；削除する, はしょる. **4** 〈人・動物の頭を〉切り落とす.
— **~・se** 再（中途で）とりやめになる, 中断する.

tru・pial [tru.pjál] 男 《鳥》ムクドリモドキなどムクドリモドキ属の小鳥.

tru・que [trú.ke] 男 **1** トゥルーケ：トランプ遊びの一種. **2** 石けり遊び.

tru・que・ro, ra [tru.ké.ro, -.ra] 形 《ラ米》《話》ずる賢い. — 男 女 《ラ米》《話》詐欺師, ぺてん師.

tru・sa [trú.sa] 女 《ラ米》(1) (ｷｭ)(ﾆｶ)(ｺﾛﾝ)水泳パンツ. (2) (ﾍﾟﾙ) 《話》トランクス. (3) (ｺﾞﾙ)パンティー.
(4) 《ラ米》女性用ガードル.

trust [trús(t)] 男 [複 ~s, ~]《経》企業合同, トラスト.
[←《英》*trust*]

tru・tro [trú.tro] 男 《ラ米》(ﾁﾘ)鳥のもも肉.

tse-tsé [tse.tsé] 女 《昆》ツェツェバエ.

tsu・na・mi [tsu.ná.mi] 男 [複 ~s, ~] 津波.

***tu** [tú] 形 《所有》《前置形. 複数形は tus》（+名詞）君[あなた]の. *tu* conducta 君の行動. *tu* padre 君のお父さん. *tus* padres 君の両親. *tu* ayuda 君の援助. *tu* actor favorito 君が好きな俳優. Yo, en *tu* lugar, no lo haría. 私があなたの立場ならそんなことはしないだろう. ► 常に名詞の前に置いて用いられ, 冠詞などと一緒に用いることはない. 名詞の後ろに置く場合, ser の補語として用いる場合, 定冠詞に付けて代名詞として用いる場合には tuyo, tuya, tuyos, tuyas となる. → tuyo.
[←《古スペイン》*to*（男性形）, *tu(e)*（女性形）←《ラ》*tuus, -a, -um*；関連 tú]

***tú** [tú] 代名 《人称》[2人称単数, 男女同形]《主語》君は[が], おまえは[が], あなたは[が], ¿verdad? 君は行かないか? Eso que *tú* dices es muy difícil. 君の言っているそのことはずいぶん難しい. ¡Eh, *tú*! ちょっとそこの君！ ► 聞き手が親しい間柄・年少者である場合に用いられるが, 他と対比させる場合また主語を強調する場合を

除いては省略されることが多い. ➡ *Tú* tienes que hacerlo, pero nosotros no. 君はそれをしなくてはいけないが, 私たちはいいのです. ▶特定の聞き手を指さずに, 主に一般的な事柄を表す文中で用いられる場合がある. ➡ *Tú* cuando vayas a votar piensa que servirá de algo. 選挙に行く場合はそれが何らかの意味を持つことを考えなさい.
de tú a tú 対等に.
hablar [llamar, tratar] de tú a+人 (人)に対して*tú*(親称)で話す(呼ぶ, 扱う).
[←[ラ]*tū*「あなた; 君, おまえ」(古典期までは親称と敬称の区別はなかった); 関連[ポルトガル][仏][伊] *tu*. [英]*thou*. [独]*du*)

tua·lé [twa.lé] 男《ラ米》(チ)(ラプ)トイレ, 洗面所.
— 《ラ米》(ラプ)(チ)(ペル)(ラプ)化粧, 身繕い.
[←[仏]*toilette*]

tua·nis [twá.nis] 形《ラ米》(中米)《話》とてもいい, すばらしい, 最高の.

tua·reg [twa.rég] 形《複 ~, ~s》トゥアレグ人[語]の. — 男女 トゥアレグ人: サハラの遊牧民. — 男 トゥアレグ語.

tua·tú·a [twa.tú.a] 女《植》(カリブ原産の)ヤトロファ, ナンヨウアブラギリ: 葉と種子は下剤用.

tu·ba¹ [tú.ba] 男《音楽》テューバ: 低音の金管楽器.
tu·ba² [tú.ba] 女《ラ米》(フィリ)ヤシ酒.

tu·ber·cu·li·na [tu.ber.ku.lí.na] 女《医》ツベルクリン. *prueba de la ~* ツベルクリン検査.

tu·ber·cu·li·za·ción [tu.ber.ku.li.θa.θjón / -.sa.sjón] 女《医》結核感染.

tu·bér·cu·lo [tu.bér.ku.lo] 男 1《植》塊茎, 塊根. 2《医》《解剖》隆起, 結節, 結核結節.

tu·ber·cu·lo·sis [tu.ber.ku.ló.sis] 女《単複同形》《医》結核(症). *~ intestinal* 腸結核. *~ pulmonar* 肺結核(→*tisis*).

tu·ber·cu·lo·so, sa [tu.ber.ku.ló.so, -.sa] 形 1 結核(性)の, 結核にかかった. 2 結節のある, 結節状の. — 男女 結核患者.

tu·be·rí·a [tu.be.rí.a] 女《集合的》導管, 配管.

tu·be·ro·sa [tu.be.ró.sa] 女《植》ゲッカコウ, チューベローズ: リュウゼツラン科の球根性多年草. メキシコ原産.

tu·be·ro·si·dad [tu.be.ro.si.ðáð] 女 1《植》塊茎. 2 突起物; 《解剖》(骨, 特に脛の)隆起, 結節.

tu·be·ro·so, sa [tu.be.ró.so, -.sa] 形 1 結節のある, 結節(状)の. 2 塊茎のある.

tu·bo [tú.bo] 男 1 管, パイプ, 導管. *~ de agua* 水道管. *~ de desagüe* 排水[下水]管. *~ de drenaje* 放水[排水]管. *~ de escape* 排気管. *~ en U U*字管. *~ lanzacohetes* ロケット発射装置[台].
2 (円筒形の)容器, チューブ. *~ de ensayo* 試験管. *~ de pasta dentífrica* 練り歯磨きのチューブ.
3 細長いグラス, コリンズグラス; そのグラス一杯分の飲みもの[酒]. 4《解剖》管. *~ capilar* 毛細管. *~ digestivo* 消化管. *~ intestinal* 腸管. 5《音楽》(オルガン・フルートなどの)管, パイプ. 6《物理》真空管 (= *~ de vacío*). *~ de rayos catódicos / ~ de Braun* 陰極線管, ブラウン管. 7《話》地下鉄. 8《話》罰, 制裁. *meter un ~* 罰を与える. 9《話》つまらない[しつこい]人[こと]. 10《ラ米》(1)(ラプ)(電話の)受話器. (2)(中米)《俗》ソックス, ストッキング; 避妊具.
pasar por el tubo《話》きゅうくつな思いをする, (気に入らない)指示に従う.
por un tubo《話》大量に, とても.

[←[ラ]*tubum* (*tubus*の対格); 関連 tubería. [英]*tube*]

tu·bo·lux [tu.ƀo.lúks] 男《単複同形》《ラ米》(アル)蛍光灯 (= fluorescente).

tu·bu·la·do, da [tu.ƀu.lá.ðo, -.ða] 形 管(状)の, 筒形の.

tu·bu·lar [tu.ƀu.lár] 形 管(状)の, 筒形の, 管からなる. *caldera ~* 煙管ボイラー.
— 男 チューブレスタイヤ.

tú·bu·lo [tú.ƀu.lo] 男《解剖》細管. *~ seminífero* 精細管.

tu·bu·lo·so, sa [tu.ƀu.ló.so, -.sa] 形《植》筒状の.

tu·cán [tu.kán] 男 1《鳥》オオハシ, (特に)オニオオハシ. 2 [T-]《星座》きょしちょう(巨嘴鳥)座.

Tu·ca·na [tu.ká.na] 固名《星座》きょしちょう(巨嘴鳥)座 (= el Tucán).

tu·ca·no, na [tu.ká.no, -.na] 形 (アメリカ先住民)トゥカノ人の, トゥカノ語の. — 男女 トゥカノ人. — 男 トゥカノ系言語.

Tu·cí·di·des [tu.θí.ði.ðes / -.sí.-] 固名 トゥキディデス(前460?-400?): ギリシアの歴史家.

tu·cio·ris·mo [tu.θjo.rís.mo / -.sjo.-] 男《神》安全採用説.

tu·co, ca¹ [tú.ko, -.ka] 形《ラ米》(ラプ)片腕の; 指の欠けた. — 男女《ラ米》片腕の人; 指の欠けた人. — 男《ラ米》(1)(手足の)切断跡, 付け根. (2)(ペル)(ラプ)(肉・タマネギ・オレガノなどを加えた)トマトソース. (3)(ラプ)(ラプ)《昆》ホタル(の一種). (4)(ペル)《鳥》フクロウ(の一種).

tu·co, ca² [tú.ko, -.ka] 男《ラ米》(中米)同名の人.

tu·cu·cho [tu.kú.tʃo] 男《ラ米》(ラプ)風船.

Tu·cu·mán [tu.ku.mán] 固名 トゥクマン: アルゼンチン北西部の州; 州都 San Miguel de ~.

tu·cu·ma·no, na [tu.ku.má.no, -.na] 形 (アルゼンチンの)トゥクマンの.
— 男女 トゥクマンの住民[出身者].

tu·cú·que·re [tu.kú.ke.re] 男《ラ米》(チ)《鳥》アメリカワシミミズク.

tu·cu·ra [tu.kú.ra] 女《ラ米》(1)(ラプ)(ラプ)《昆》イナゴ; バッタ. (2)(ラプ)《昆》カマキリ. (3)(ラプ)不品行の聖職者, 生臭坊主.

tu·cu·so [tu.kú.so] 男《ラ米》(ベネス)《鳥》ハチドリ.

tu·cu·tu·co [tu.ku.tú.ko] / **tu·cu·tu·cu** [tu.ku.tú.ku] 男《ラ米》(チ)(ラプ)(ラプ)《動》モグラ(の一種).

-tud (接尾) → -*itud*. ← *inquietud*, *juventud*.

tu·del [tu.ðél] 男《音楽》(ファゴットの)吹口管.

tu·den·se [tu.ðén.se] 形 (スペイン Pontevedra 県の)トゥイの住民[出身者].
— 男女 トゥイの住民[出身者].

tu·des·co, ca [tu.ðés.ko, -.ka] 形 ザクセンの, ドイツの. — 男女 ザクセン人, ドイツ人.
— 男 ドイツ式外套(がいとう).
beber [comer] como un tudesco《話》暴飲[暴食]する.

Tu·dor [tu.ðór] 固名 (英国の)チューダー王朝 (1485-1603).

tue·co [twé.ko] 男 (木材の)虫食い穴.

tue·ra [twé.ra] 女《植》コロシントウリ. *más amargo que la ~* 非常に苦い.

tuer·ca [twér.ka] 女 ナット. *~ de aletas [de orejas, de mariposa]* 蝶(ちょう)ナット.
apretar las tuercas a+人《話》(人)に何かをするように強制する.

tuer·ce [twér.θe / -.se] 男《ラ米》(中米)不運, 不幸, 災い.

tuerce(-) 活 →torcer.

tuer·ce·bo·tas [twer.θe.bó.tas / -.se.-] 男《単複同形》《話》取るに足らない人；鈍感な人；役立たず．

tue·ro [twé.ro] 男 **1** 薪(読)．
2《ラ米》(グワテ) 《遊》隠れんぼう．

tuer·to, ta [twér.to, -.ta] 形 **1** 片目の，独眼の．quedarse ～ 片目を失明する． **2** よじれた，曲がった．
――男 女 独眼の人．
――男 **1** 不当，不正． **2**《複数で》〖医〗後陣痛．
a tuertas 逆さまに，あべこべに．
a tuertas o a derechas 是非はともかく；軽率に，無鉄砲に．
parece que le *ha mirado un tuerto* (*a*＋人)《話》〈人〉が運が悪い，ついてない．

tuerz- 活 →torcer.
tuest- 活 →tostar.

tues·ta [twés.ta] 女《ラ米》(グワテ) 《話》泥酔；殴打．

tues·te [twés.te] 男 きつね色に焼く[焦がす，炒(い)る]こと．

tué·ta·no [twé.ta.no] 男 **1**〖解剖〗(骨)髄．
2 真髄，精髄；心底. llegar al ～ del asunto 問題の核心をつく．
hasta el tuétano [*los tuétanos*]《話》骨の髄まで，すっかり．
sacar los tuétanos a＋人 《話》〈人〉をぶちのめす；〈人〉を絞め殺す．

tu·fa·ra·da [tu.fa.rá.ða] 女 強烈なにおい，鼻をつく臭気．

tu·fi·llas [tu.fí.jas ‖ -.ʎas] 男 女《単複同形》《話》怒りっぽい人．

tu·fi·llo [tu.fí.jo ‖ -.ʎo] 男《話》(かすかな)におい；雰囲気．

tu·fo¹ [tú.fo] 男 **1**（嫌な）におい，臭気，悪臭；人いきれ，むっとする空気． **2**《複数で》《軽蔑》気取り，臭味. tener ～s もったいぶる． **3**《話》疑い，危惧(読)．tener el ～ de... ～があるのではないかと疑う． **4**《ラ米》(ブラジル)(多) 《話》口臭．

tu·fo² [tú.fo] 男（額・耳にかかる）カールした髪．

tu·fo³ [tú.fo] 男〖地質〗凝灰岩．

tu·fo·so, sa [tu.fó.so, -.sa] 形《ラ米》(ペルー) 《話》自慢する，得意げな．

tu·gar-tu·gar [tu.gar.tu.gár] 男《ラ米》(中) 《遊》隠れんぼう．

tug·rik [tug.rík] 男 トグログ：モンゴルの通貨単位．

tu·gu·rio [tu.gú.rjo] 男 **1** あばら屋，ぼろ家．
2 牧童小屋，羊飼い小屋．

tui [twí] 男《ラ米》(コロ) 〖鳥〗ヨウム属の鳥．

tui·ción [twi.θjón / -.sjón] 女〖法〗保護，保護観察．

tui·ti·vo, va [twi.tí.βo, -.βa] 形〖法〗保護する．

tu·ja [tú.xa] 女《ラ米》(ブラジル)(多) 《遊》隠れんぼう．

tul [túl] 男 チュール：薄い網状の布．

tu·la [tú.la] 女 **1**《話》旅行かばん． **2**《ラ米》(1)(中) 《小児》おちんちん．(2)(ブラジル)(多) 筒型のバッグ．

Tu·la [tú.la] 固名 トゥラ：メキシコ中部，Hidalgo 州にある遺跡．♦11 世紀半ば北方からきた chichimeca 人によって滅ぼされた Tolteca 文明の都．[←〖ナワトル〗 *Tōlla*; *tollīn*「〖植〗トゥレ」＋ *-la*「場所」(「トゥレの生えている所」が原義)；関連 tule]

tu·lar [tu.lár] 男 トゥレ tule の生えた土地．

tu·le [tú.le] 男《ラ米》(ブラジル)(多) 〖植〗トゥレ：イグサ，カヤツリグサ，ガマなど．[←〖ナワトル〗 *tōllin*]

tu·len·co, ca [tu.léŋ.ko, -.ka] 形《ラ米》(中) 足の曲がった．

tu·lio [tú.ljo] 男〖化〗ツリウム（記号 Tm）.

tu·li·pa [tu.lí.pa] 女（チューリップ形の）ランプのかさ．

tu·li·pán [tu.li.pán] 男〖植〗チューリップ．[←〖トルコ〗 *tülbend*「ターバン」（花の形の類似から）]

tu·lis [tú.lis] 男《単複同形》《ラ米》(中) 追いはぎ．

tu·lle·cer [tu.je.θér ‖ -.ʎe.- / -.sér] 34 他 不随にする，まひさせる．――自 不随になる，まひする．

tu·lli·da [tu.jí.ða ‖ -.ʎí.-] 女《ラ米》(コロ) 《話》いかさま，ぺてん．

tu·lli·dez [tu.ji.ðéθ ‖ -.ʎi.- / -.ðés] 女〖医〗不随，まひ，身体障害．

tu·lli·do, da [tu.jí.ðo, -.ða ‖ -.ʎí.-] 形 **1**《軽蔑》不随の，まひした． **2**《話》とても疲れた．――男 女 **1** 体の不自由な人，身体障害者． **2** とても疲れた人．

tu·lli·mien·to [tu.ji.mjén.to ‖ -.ʎi.-] 男〖医〗不随，まひ，身体障害．

tu·llir [tu.jír ‖ -.ʎír] 72 他 **1** 不随にする，まひさせる． **2** 疲れ果てさせる，くたくたにさせる．
――~·se 再 不随になる，まひする．

‡**tum·ba¹** [túm.ba] 女 **1** 墓，墓穴（＝sepulcro）．cavar su propia ～[fosa, sepultura] 自ら墓穴を掘る. llevar flores a la ～ 花を持って墓参する．
2 遠慮がちで無口な人. revolverse en su ～《話》〈故人が〉生者の行状や起こっている事柄について不満に思う，良しとしない. ser (como) una ～《話》秘密を守る，口が固い．
3（馬車のアーチ状の）幌(읖)；骨組み．
lanzarse a tumba abierta (1)〖スポ〗（自転車で）下り坂を全速力で走る．(2)《話》結果のことをあまり考えずに決然として取りかかる．
[←〖ラ〗 *tumbam* (*tumba* の対格)「塚，墳墓」←〖ギ〗 *týmbos*; 関連 tumbal, tumbo.［英］*tomb*]

tum·ba² [túm.ba] 女 **1** 急激な揺れ，動揺．
2 宙返り，とんぼ返り． **3**《ラ米》(1)(ク)(プエ)(ドミ)(中) 伐採，開墾；開墾地．(2)(ドミ)(プエ) トゥンバ：アフリカ起源の太鼓． (3)(ブラジル)(多) 水煮の肉．

tum·ba·cuar·ti·llos [tum.ba.kwar.tí.jos ‖ -.ʎos] 男《単複同形》《話》(酒場通いの)飲んだくれ．

tum·ba·cua·tro [tum.ba.kwá.tro] 男《ラ米》(中) 《話》ほら吹き，空威張りする人．

tum·ba·de·ro [tum.ba.ðé.ro] 男《ラ米》(1)(ク)(ドミ) 開墾地，伐採地．(2)(中)(多) 《俗》売春宿，娼家(웖)．

tum·ba·do, da [tum.bá.ðo, -.ða] 形 **1**〈普通は立っているものを〉横にした，寝かせた，〈人が〉横になった. estar~ 横になっている． **2**（箱の）がつぶれていて中身がうまく入らない． **3**（印刷で）植字がうまくいかない． ――男《ラ米》(1)（人の）歩き方. (2)(エク)〖建〗天井．

tum·ba·dor [tum.ba.ðór] 男 小型太鼓，ボンゴ．

tum·ba·ga [tum.bá.ga] 女 **1** トムバック：金のように見える銅と亜鉛の合金． **2**（トムバック製の）指輪．

tum·bal [tum.bál] 形 墓の，墓穴の. piedra ～ 墓石，墓碑．

‡**tum·bar** [tum.bár] 他 **1** 倒す，打ち倒す，横倒しにする. Lo *tumbó* de un golpe. 彼はやつを一撃で倒した. El viento *ha tumbado* el poste. 風で柱が倒れた．
2《話》落第させる. Me *tumbaron* en latín. 私はラテン語を落とした．
3《話》仰天させる，呆然(읔)とさせる. La visión lo dejó *tumbado*. 彼はその光景に呆然となった．
4《俗》女と寝る． **5**〖海〗転覆させる． **6**《話》〈人を〉打ちのめす，殺す． **7**《ラ米》(1)(ドミ)(中) 《話》盗

tumbo

む. (2)〔タリ〕〔ヨワ〕〔ラテアス〕〔ちゅ〕伐採[開墾]する.
— 自 **1** 倒れる, 転倒する. **2**〘話〙(不快さが)強烈である. Hay un olor a gasolina que *tumba*. むっとするガソリンのにおいがする. **3**〘海〙転覆する.
— ~**.se** 再 **1** 横になる, 倒れ込む. ~*se* en la cama ベッドへ横になる. ~*se* en una butaca ひじ掛けいすに倒れこむ. **2**〘話〙やる気をなくす, だらける.

tum·bo [túm.bo] 男 **1** 揺れ, 振動, 動揺. **2** 轟音(読), とどろき. **3**〘話〙困難, 障害.
dar tumbos〘話〙苦労する, つまづく.

tum·bón, bo·na [tum.bón, -.bó.na] 形 **1** 怠惰な, 怠け者の. **2** ずるい, 狡猾(ぅ)な, 抜けめのない.
— 男 女 怠け者; 腹黒い人, ずるい奴.

tum·bo·na [tum.bó.na] 女 ハンモック; (戸外用の)長いす, デッキチェア.

tu·me·fac·ción [tu.me.fak.θjón / -.sjón] 女〘医〙腫(は)れ, むくみ.

tu·me·fac·to, ta [tu.me.fák.to, -.ta] 形 腫(は)れ上がった, 膨れ上がった, むくんだ. El dedo se le volvió ~ al instante. あっと言う間に彼[彼女]の指は太く腫れ上がった.

tu·mes·cen·cia [tu.mes.θén.θja / -.sén.sja] 女〘医〙腫脹(☆).

tu·mes·cen·te [tu.mes.θén.te / -.sén.-] 形〘医〙腫脹(☆)(性)の.

tú·mi·do, da [tú.mi.ðo, -.ða] 形 **1** 腫(は)れた, 膨れた, 肥大した. **2**〘建〙(アーチ・丸天井の)上部が広い.

***tu·mor** [tu.mór] 男〘医〙腫瘍(☆), 腫瘤(☆), 腫脹. ~ benigno 良性腫瘍. ~ maligno 悪性腫瘍. ~ canceroso がん性腫瘍.

tu·mo·ra·ción [tu.mo.ra.θjón / -.sjón] 女〘医〙腫瘍(☆); 腫(は)れ.

tu·mo·ral [tu.mo.rál] 形〘医〙腫瘍の.

tu·mo·ro·so, sa [tu.mo.ró.so, -.sa] 形 腫瘍(☆)のできた; 腫瘍(性)の.

tu·mu·la·rio, ria [tu.mu.lá.rjo, -.rja] 形 墳墓の, 墓の. inscripción *tumularia* 碑文.

tú·mu·lo [tú.mu.lo] 男 墓, 墳墓, 古墳; 棺台.

***tu·mul·to** [tu.múl.to] 男 **1** 暴動, 反乱. **2** 騒動, 喧噪(☆).

tu·mul·tua·rio, ria [tu.mul.twá.rjo, -.rja] 形 (乱れ)暴動を引き起こす; 騒然とした, 混乱した.

tu·mul·tuo·sa·men·te [tu.mul.twó.sa.mén.te] 副 騒然と.

tu·mul·tuo·so, sa [tu.mul.twó.so, -.sa] 形 騒然とした; 暴動[騒動]を引き起こす; 暴動[騒乱]のような. el mar ~ 怒涛(☆)逆巻く海.

tu·na¹ [tú.na] 女〘植〙トゥナ, ツゥナ (熱帯アメリカ原産オプンチア[ウチワサボテン]の実) (= higo de nopal); ノパレア(サボテン). higuera de ~ [Indias, pala]〘植〙ヒラウチワサボテン.

tu·na² [tú.na]
1 トゥナ: (伝統的な古装でセレナーデを歌い歩く)学生の音楽隊. → ronda.
2 怠惰な生活. correr la ~ のらくら暮らす. **3** だらしのない[身持ちの悪い]女. **4**〘ラ米〙〘ダチア〙〘ほろ〙〘話〙酔い.
como tuna〘ラ米〙〘治〙〘話〙とてもよい[よく].

tu·nal [tu.nál] 男〘植〙ノパレアサボテンの群生地.

tuna (トゥナ)

tu·nan·ta·da [tu.nan.tá.ða] 女 卑劣な行為, 汚い手; 悪事, いたずら.

tu·nan·te, ta [tu.nán.te, -.ta] 形〘話〙〘親愛または軽蔑〙悪党の, やくざな; いたずら好きの.
— 男 悪漢, ごろつき; いたずらっ子, おてんば.

tu·nan·te·ar [tu.nan.te.ár] 自 無頼を暮らしをする.

tu·nan·te·rí·a [tu.nan.te.rí.a] 女 性悪, 無頼; 悪党ぶり, 卑劣な行為, いたずら.

tu·nan·tue·lo, la [tu.nan.twé.lo, -.la] 男 女 小悪党, ちんぴら. [tunante + 縮小辞]

tun·co, ca [tún.ko, -.ka] 形〘ラ米〙〘メキ〙〘チリ〙片腕のない; 手足の不自由な. — 男 女〘ラ米〙〘メキ〙〘チリ〙〘話〙(1) 片腕のない人; 身体障害者. (2) 豚.

tun·da¹ [tún.da] 女 (織布の)毛羽刈り, 剪毛(せ).

tun·da² [tún.da] 女 **1**〘話〙鞭(☆)うち, めった打ち. **2**〘話〙頑張りすぎ, 過労. darse una ~ やりすぎて, くたくたに疲れる. **3**〘ラ米〙〘グア〙〘ぺ〙〘俗〙殴打, なぐりつけ.

tun·di·ción [tun.di.θjón / -.sjón] 女 (織布の)毛羽刈り, 剪毛(せ).

tun·di·dor, do·ra [tun.di.ðór, -.ðó.ra] 形 毛羽を刈る, 剪毛(せ)する. — 男 女 剪毛する人; 剪毛職人. — 女 剪毛機.

tun·di·du·ra [tun.di.ðú.ra] 女 (織布の)毛羽刈り, 剪毛(せ).

tun·dir¹ [tun.dír] 他〈織布などの〉毛羽を刈る, 剪毛(せ)する.

tun·dir² [tun.dír] 他〘話〙**1** 鞭(☆)で打つ, めった打ちにする.
2 へとへとに疲れさせる, くたくたにさせる.

tun·dra [tún.dra] 女 ツンドラ, 凍土帯.

tu·ne·cí [tu.ne.θí / -.sí] 形 男 女 [複 ~es, ~s] → tunecino.

tu·ne·ci·no, na [tu.ne.θí.no, -.na / -.sí.-] 形 チュニジアの; チュニスの.
— 男 女 チュニジア人; チュニスの住民[出身者].

‡**tú·nel** [tú.nel] 男 トンネル; 地下道. perforar [excavar] un ~ トンネルを掘る. No se ve el final del ~. トンネルの出口[解決策]が見いだせない. ~ submarino 海底トンネル. ~ aerodinámico 風洞. [← 〘英〙*tunnel* — 〘古仏〙*tonel*「樽(☆)」(→ tonel)]

tu·ne·la·dor, do·ra [tu.ne.la.ðór, -.ðó.ra] 形 トンネルを掘る. — 女 トンネル掘削機.

tu·ne·ra [tu.né.ra] 女〘植〙ヒラウチワサボテン.

tu·ne·rí·a [tu.ne.rí.a] 女 無頼, 非道.

tu·nes [tú.nes] 男〘複数形〙〘ラ米〙〘ダチア〙〘ほろ〙(幼児の)よちよち歩き. hacer ~ よちよち歩きをする.

Tú·nez [tú.neθ / -.nes] 固名 チュニス: チュニジア共和国の首都.
[← 〘アラビア〙*Tūnis* ← 〘ラ〙*Tūnēs* ← 〘ギ〙*Týnēs*]

tun·go, ga [tún.go, -.ga] 形〘ラ米〙〘ダチア〙(端・角などが)欠けた, 丸くなった.
— 男〘ラ米〙断片, 切れ端. (2) 〘ち〙(牛馬などの)首; (二重)あご.

tungs·ta·to [tuŋs.tá.to] 男〘化〙タングステン酸塩.

tungs·te·no [tuŋs.té.no] 男〘化〙タングステン (記号W).

tú·ni·ca [tú.ni.ka] 女 **1** チュニカ: 古代ギリシア・ローマの男女が着たガウン風の衣服. → 次ページに図. **2** (婦人用の)チュニック, ゆったりした長めの上衣; (アラブ人の着る)だぶだぶの服. **3**〘解剖〙被膜, 〘植〙外皮. **4**〘ラ米〙〘ダチア〙作業服, 上っぱり.

tu·ni·ca·do, da [tu.ni.ká.ðo, -.ða] 形 被嚢(ひのう)のある;外皮のある.
— 男【動】《複数形》被嚢動物.

tu·ni·ce·la [tu.ni.θé.la / -.sé.] 女 **1**《カト》トゥニチェラ:司教・副助祭のミサ用祭服. **2** → túnica **1**.

Tu·ni·cia [tu.ní.θja / -.sja] 固名 チュニジア:アフリカ北部の共和国;首都 Túnez.

tú·ni·co [tú.ni.ko] 男 (舞台用の長くゆったりした)外衣, チュニック;《ラ米》(コロン)(プ北)(エクア)【服】シュミーズ.

túnica

tú·ni·dos [tú.ni.ðos] 男《複数形》【魚】ハガツオ:サバ科の魚.

tun·jo [túŋ.xo] 男《ラ米》(コロン)先コロンブス時代の神;その像.

tu·no [tú.no] 男【植】トゥナ. → tuna¹.

tu·no, na [tú.no, -.na] 形《親愛》《軽蔑》悪い, いたずら好きの, 茶目っ気のある. 男 女 悪党, わる, おちゃめ. — 男 女 楽隊 tuna を編成する学生.

tu·no·so, sa [tu.nó.so, -.sa] 形《ラ米》(コロン)とげの多い.

tun·ta [tún.ta] 女《ラ米》(ボリ)ジャガイモのでんぷん.

tun·tún [tun.tún] *al (buen) tuntún*《話》あてずっぽうに, 出任せに, 行きあたりばったりで.

tun·tu·ne·co, ca [tun.tu.né.ko, -.ka] 形《ラ米》(チ北)(エクア)《話》ばかで醜い;まのぬけた.

tu·ñe·co, ca [tu.ñé.ko, -.ka] 形《ラ米》(プ北)(エクア)《話》手足の不自由な;片腕のない.

tu·pa [tú.pa] 女《ラ米》(チ北)(エクア)(クル)【植】ロベリア, ルリミゾカクシ:キキョウ科ミゾカクシ属の草花. (**2**)(コロン)当惑, まごつき.

Tú·pac A·ma·rú [tú.pak a.ma.rú] 固名 トゥパク・アマル. (**1**) (?–1572) クスコでスペイン人に処刑された最後のインカ皇帝. (**2**) (1741?–81) 1780年クスコ地方で起きた反乱の指導者.

Tu·pa·ma·ros [tu.pa.má.ros] 固名 トゥパマロス. 1960–70年代に活動したウルグアイの都市ゲリラ組織. 名は Túpac Amaru に由来.

tu·pa·ya [tu.pá.ja] 女【動】ツパイ, リスモドキ.

tu·pé [tu.pé] 男 **1** 前髪, 額髪. **2**《話》厚かましさ, 図太さ, 鉄面皮.

tu·pí [tu.pí] 男 小さなコーヒーショップ.

tu·pí [tu.pí] 形《複 ~es, ~s》トゥピの.
— 男 女 トゥピ人. ♦アマゾン川流域を中心にギアナ, ブラジル東部にわたって住む先住民.
— 男 トゥピ語:トゥピ・グアラニ語族の一つ.

tu·pia [tú.pja] 女《ラ米》(コロン)堰(せき).

tu·piar [tu.pjár] 自他《ラ米》(コロン)《水などを》せき止める.

tu·pi·ción [tu.pi.θjón / -.sjón] 女 **1** ふさぐ[せき止める]こと;鼻かぜ, 鼻づまり. (**2**) 当惑, 狼狽(ろうばい). (**3**) (コロン)(エクア)森の茂み. (**4**)(チ)大量, たくさん.

tu·pi·do, da [tu.pí.ðo, -.ða] 形 **1** (**ser+** / **estar+**) 密な, 濃い;茂った. un paño ~ 目の詰んだ布. niebla *tupida* 濃い霧. un ~ bosque うっそうとした森.
2 (**ser+** / **estar+**)《考え・理解力が》鈍い.
3 (**estar+**) 詰まった, ふさがった.
4《ラ米》(**1**)(プ北)《話》便秘の. (**2**)(コロン)豊富な.
— 副《ラ米》(コロン)(エクア)《話》頻繁に, たっぷりと. (**2**)(コロン)たゆまず, 根気よく.

tu·pí-gua·ra·ní [tu.pí gwa.ra.ní, -.pi -] トゥピ・グアラニ語族の.

— 男 女 トゥピ・グアラニ語族(の人). ♦tupí 語とラプラタ川流域の guaraní 語をまとめた先住民語の一語族.

tu·pi·nam·bo [tu.pi.nám.bo] 男【植】キクイモ;キクイモの塊茎.

tu·pir [tu.pír] 他 **1** 密にする, 詰ませる;密生させる. **2**《ラ米》(**1**) ふさぐ, せき止める. (**2**)(カリ)便秘させる. — 自《草が》密生する, 茂る.
— **~·se** 再 **1**《話》満腹になる, 腹いっぱいになる. **2**《ラ米》(**1**)(カリ)《話》狼狽(ろうばい)する;恥じ入る. (**2**)(エクア)《話》腸や鼻腔が詰まる.

tup·per [tá.per] 男《複 ~, ~s》 → táper.

Tu·pun·ga·to [tu.puŋ.gá.to] 固名 el ~ トゥプンガト山:チリとアルゼンチンとの国境にある火山. 6800 m. [ケチュア語起源?]

-tura (接尾)→ escritura, lectura, miniatura. → ura.

tu·ra·nio, nia [tu.rá.njo, -.nja] 形 **1** (中央アジアの)トゥラン Turán 語族の;ウラル・アルタイ語族の. **2** トゥランの. 男 女 **1** ウラル・アルタイ語族に属する言語を話す人. **2** トゥラン人.

tur·ba¹ [túr.ba] 女 **1** 泥炭, ピート. **2** (燃料用に)石炭を混ぜ合わせて固めた糞(ふん).

tur·ba² [túr.ba] 女《軽蔑》群衆, 人の群れ;烏合(うごう)の衆.

tur·ba·ción [tur.ba.θjón / -.sjón] 女 **1** 混乱, 混雑, 無秩序. **2** 動揺, 不安, 当惑.

tur·ba·do, da [tur.bá.ðo, -.ða] 形 取り乱した, 動揺した, 困惑[当惑]した;混乱した.

tur·ba·dor, do·ra [tur.ba.ðór, -.ðó.ra] 形 困惑[当惑]させる;混乱する, 攪乱(かくらん)する.
— 男 女 妨害する人, 攪乱[混乱]させる人.

tur·bal [tur.bál] 男 泥炭地(帯).

tur·ba·mien·to [tur.ba.mjén.to] 男 → turbación.

tur·ba·mul·ta [tur.ba.múl.ta] 女《話》《軽蔑》烏合(うごう)の衆, 野次馬;暴徒.

tur·ban·te [tur.bán.te] 男 ターバン;ターバン風婦人用帽子.

***tur·bar** [tur.bár] 他 **1** 乱す, かき乱す;かき回す, 濁らせる;波立たせる. ~ la paz 平穏を乱す.
2 動転させる, 困惑[当惑]させる, 動揺させる.
— **~·se** 再 **1** 乱れる, かき乱される, かき回される, 濁る. **2** 動転する, 困惑[当惑]する, 動揺する. Al oír la pregunta *se turbó* visiblemente. その質問を聞いて彼[彼女]は明らかにうろたえた.

tur·be·la·rios [tur.be.lá.rjos] 男《複数形》【動】渦虫類.

tur·be·ra [tur.bé.ra] 女【地質】泥炭湿原, 泥炭地.

tur·bia [túr.bja] 女《流水の》濁り, 汚濁.

túr·bi·do, da [túr.bi.ðo, -.ða] 形 濁った, よどんだ, 不透明な.

tur·bie·dad [tur.bje.ðáð] 女 **1** 濁り, 汚濁, 不透明. **2** 混同;不明瞭(めいりょう);不審, 疑わしさ. **3** 混乱, 騒乱.

tur·bi·na [tur.bí.na] 女【機】タービン. ~ de gas ガスタービン. ~ de [a] vapor 蒸気タービン. ~ hidráulica 水力タービン.

tur·bin·to [tur.bín.to] 男【植】ウルシ科コショウボク.

***tur·bio, bia** [túr.bjo, -.bja] 形 **1** 濁った, 不透明な. líquido ~ 濁った液体.
2 不鮮明な, あいまいな;不審, 疑わしい. vista *turbia* はっきり見えないこと. un negocio ~ うさん臭い仕事.

turbión 1998

3 混乱した, 騒然とした. período ～ 動乱期.
—男《複数で》油しみの沈殿物, おり.

tur·bión [tur.ƀjón] 男 **1** スコール, 突風を伴ったにわか雨. **2**《話》殺到, 氾濫. ～ de balas 弾丸の雨.

tur·bo [túr.ƀo]《主に性数不変》(車が) ターボ搭載の. —男 → turbocompresor.

tur·bo·a·li·men·ta·do, da [tur.ƀo.a.li.men.tá.ðo, -.ða] 形《エンジンが》ターボ過給の.

tur·bo·al·ter·na·dor [tur.ƀo.al.ter.na.ðór] 男【電】タービン発電機.

tur·bo·com·pre·sor [tur.ƀo.kom.pre.sór] 男【機】ターボコンプレッサー; [車] ターボ過給機.

tur·bo·die·sel [tur.ƀo.ðje.sél] / **tur·bo·dié·sel** [tur.ƀo.ðjé.sel] 形《性数不変》ターボチャージャー付ディーゼルエンジン (車) の. —男 ターボチャージャー付ディーゼルエンジン車.

tur·bo·ge·ne·ra·dor [tur.ƀo.xe.ne.ðór] 男【電】タービン発電機.

tur·bo·hé·li·ce [tur.ƀo.é.li.θe / -.se] 形【航空】ターボプロップエンジンの. —男 ターボプロップエンジン.

tur·bo·mo·tor [tur.ƀo.mo.tór] 男【機】ターボモーター.

tur·bo·na·da [tur.ƀo.ná.ða] 女 **1** スコール; 雷雨. **2**《ラ米》(カリブ)突風, 一陣の風.

tur·bo·pro·pul·sor [tur.ƀo.pro.pul.sór] 男【航空】ターボプロップエンジン.

tur·bo·rre·ac·tor [tur.ƀo.r̃e.ak.tór] 男【航空】ターボジェット (機).

tur·bu·len·cia [tur.ƀu.lén.θja / -.sja] 女 **1** 濁り, 汚濁. la ～ del agua 水の濁り. **2** 不鮮明, あいまいさ. **3** 騒乱, 無秩序; 混乱. ～s políticas 政治的な混乱. **4**【気象】乱気流.

tur·bu·len·to, ta [tur.ƀu.lén.to, -.ta] 形 **1** 濁った, 汚濁した. aguas *turbulentas* 濁水. **2** 混乱した, 騒然とした. en esta época *turbulenta* この混乱期に. —男女 騒々しい人; 混乱させる人.

tur·ca [túr.ka] 女《話》酔い; 酒盛り; どんちゃん騒ぎ. coger [pillar, tener] una ～ 泥酔する.

tur·ca·so [tur.ká.so] 男《ラ米》(メキシコ)《俗》殴打, なぐりつけ.

tur·co, ca [túr.ko, -.ka] 形 トルコの, トルコ人[語]の. baño ～ トルコ風の風呂(ᡉᡂ). cama *turca* ヘッドボードのないベッド, 寝いす.
—男女 **1** トルコ人. **2**《ラ米》(1)《軽蔑》アラブ人, シリア人, レバノン人 (の移民). (2) 呼び売り商人, 行商人.
—男 **1** トルコ語: アルタイ諸語の中で最も大きな言語群であるチュルク諸語 lenguas *turcas* の一つ. トルコ以外にもブルガリア, キプロス, ロシアの一部で用いられている. **2**《ラ米》(チリ)【鳥】アカバネオタテドリ.
—女 → turca.
el gran turco トルコ皇帝 (= sultán).
más celoso que un turco《話》嫉妬(とっ)に狂っている.

tur·co·ma·no, na [tur.ko.má.no, -.na] 形 トルクメニスタンの, トルクメニスタン人の, トルクメン語の. —男女 トルクメン人.
—男 トルクメン語: チュルク諸語の一つ. トルクメニスタン, イラン, アフガニスタンの一部で用いられている.

tur·de·ta·no, na [tur.ðe.tá.no, -.na] 形 (前ローマ時代に現在のアンダルシア地方西部に住んでいた) トゥルデタニー Turdetania (人)の.
—男女 トゥルデタニー人.

túr·di·ga [túr.ði.ɣa] 女 革の細長い切れ, 革ひも.

tu·re [tú.re] 男《ラ米》(ベネズエラ)革張りの折りたたみ椅子.

turf [túrf]《複 ～s》男【英】競馬場; 《ラ米》(アルゼンチン)競馬.

tur·fís·ti·co, ca [tur.fís.ti.ko, -.ka] 形 競馬場の.

tur·gen·cia [tur.xén.θja / -.sja] 女 **1** 張り, 腫(は)れ; 腫脹(ちょう). la ～ de la piel 肌の張り.
2 (文体の) 誇張, 大げさ.

tur·gen·te [tur.xén.te] 形 **1** ぴんと張った; 張りつめた; 腫(は)れ上がった. **2** (文体などが) 誇張した.

túr·gi·do, da [túr.xi.ðo, -.ða] 形【文章語】腫(は)れ上がった; 張った.

tu·ri·bu·la·rio [tu.ri.ƀu.lá.rjo] 男 香炉持ち, 香炉奉持者.

tu·rí·bu·lo [tu.rí.ƀu.lo] 男 香炉, 下げ[つり]香炉.

tu·ri·fe·ra·rio [tu.ri.fe.rá.rjo] 男 → turibulario.

tu·ri·fi·car [tu.ri.fi.kár] 102 他 …に香煙を振りまく.

Tu·rín [tu.rín] 固名 トリノ Torino: イタリア北部の都市. [← [ラ] *Taurīnī*「*Augusta Taurīnōrum* の町の人々」]

tu·rión [tu.rjón] 男【植】(アスパラガスなどの) 鱗芽(シんが)のある茎の先 [新芽].

*_**tu·ris·mo** [tu.rís.mo] 男 **1** 観光; (観光) 旅行 (= viaje de ～). hacer ～ 観光旅行をする.
2 観光事業, 旅行案内業. desarrollar el ～ 観光事業を発展させる. agencia de ～ 旅行代理店. oficina de ～ 観光案内所. Oficina de Promoción del T～ Español (在外の) スペイン政府観光局. **3** (9人乗り以下の) 自家用車 (= automóvil de ～).
[← [英] *tourism*; *tour*「旅行, 周遊」(← [古仏] *tour*「回転, 巡回」← [ラ] *tornus*「ろくろ」) より派生, [関連] turista, torno. [英] *turn*]

*_**tu·ris·ta** [tu.rís.ta] 男 女 **観光客**, 旅行者, ツーリスト. clase ～ エコノミークラス. El pueblo se vio lleno de ～s todo el verano. 町は夏の間じゅう観光客でいっぱいになった. → viajero [類語].
de turista 旅行者気分で, くつろいで.

*_**tu·rís·ti·co, ca** [tu.rís.ti.ko, -.ka] 形 **観光の**, (観光) 旅行の. lugar ～ 観光地. viaje ～ 観光旅行.

Turk·me·nis·tán [turk.me.nis.tán] 固名 トルクメニスタン: 独立国家共同体の一つ. 首都 Ashjabad. [[ペルシア] *Turkmēn*「トルクメン人」(*Turk*「トルコ人」より派生;「トルコ人に似た (人)」が原義) + [ペルシア] *-(i)stān*「土地」]

tur·ma [túr.ma] 女 **1** 睾丸(ぶ).
2【植】キョウチクトウ科タベルナエモンタナ属の一種.
3《ラ米》(クォ)(1) ジャガイモ. (2)《話》ばか, まぬけ. (3)《複数で》(卑) 陰嚢(ぶ).

tur·ma·li·na [tur.ma.lí.na] 女【鉱】電気石, トルマリン.

túr·mix [túr.miks] 女 (または男)《単複同形》【商標】ミキサー.

*_**tur·nar·se** [tur.nár.se] 再 順番[順ぐり]にする, 交替でやる. ～ para cocinar y limpiar 炊事と掃除を順番制にする. ～ en los papeles 役柄を交替で演ずる.

tur·né [tur.né] 女 → tournée.

tur·ne·dó [tur.ne.ðó] 男【料】トゥルネードー: フィレまたはサーロインの厚く丸い切り身.

*_**tur·no** [túr.no] 男 **1** 順, 順番, 機会. ¿A quién le toca el ～? 次は誰の番ですか. Esperamos hasta que nos llegue el ～. 順番が来るまで待ちましょう. Guárdeme el ～, por favor. ここ(の場

所)をとっておいてくださいますか.
2 交替(制), 交替(勤務)組; 交替勤務時間, シフト. ~ **de día** 日勤. ~ **de noche** 夜勤. **estar de** ~ 勤務中である, 当番である. **Hay dos** ~**s**: **tarde y noche**. 勤務時間は午後と夜間の交代制で.
3(議会や会議などで)規定の発言機会. ~ **de preguntas** 質疑. ~ **de réplica** 応答.
4《ラ米》《ゴデヤ》市, 市場.
de turno (1) 当番の. **médico de** ~ 当直医. (2) よく知られた, いつもの; 目下の. **charladuría de** ~ お定まりのおしゃべり.
por [al] turno 順番で, かわるがわる.
turno de oficio《法》国選弁護人の輪番.
[turnar(←〔古仏〕tourner「交替する;回転する」←〔ラ〕tornāre「(ろくろを使って)丸く仕上げる」)より派生;〔関連〕torno, tornar.〔英〕turn]

tu·ro [tú.ro] 男《ラ米》《ゴデヤ》《動》カタツムリ.
tu·ro·len·se [tu.ro.lén.se] 形 (スペインの)テルエル Teruel の. — 男女 テルエルの住民[出身者].
tu·rón [tu.rón] 男《動》ケナガイタチ.
tu·ro·nen·se [tu.ro.nén.se] 形 (フランス中部の県・県都)トゥール Tours の. — 男女 トゥールの住民[出身者].
tur·pial [tur.pjál] 男《鳥》ムクドリモドキ科の小鳥.
tur·que·a·da [tur.ke.á.ða] 女《ラ米》《ゴデヤ》《話》なぐりつけ, 殴打.
tur·que·sa[1] [tur.ké.sa] 形 ターコイズブルーの. — 男 ターコイズブルー, 明るい緑がかった青色 (= **azul** ~). — 女 トルコ石.
tur·que·sa[2] [tur.ké.sa] 女 型, 鋳型; (鉛の延べ棒などを作るための)はさみ状の鋳型.
tur·ques·co, ca [tur.kés.ko, -.ka] 形 トルコの, トルコ人《風》の.
Tur·ques·tán [tur.kes.tán] 固名 トルキスタン: カスピ海からゴビ砂漠までを占める中央アジアの地域名.「トルコ族の居住地」の意.
tur·quí [tur.kí] 形《複—es》藍色《ぷし》の, インジゴブルーの. — 男 藍色, インジゴブルー (= **azul** ~).
Tur·quí·a [tur.kí.a] 固名 トルコ (共和国): 首都 Ankara. [←〔中ラ〕Turchia (Turcus「トルコ人」+ -ia「国, 地域」)]
tur·qui·no [tur.kí.no] 形 →**turco**.
tu·rrar [tu.r̃ár] 他 こんがりと焼く.
tu·rro, rra [tú.r̃o, -.r̃a] 形《ラ米》《ゴデヤ》(1)《タデラ》《軽蔑》愚かな. (2)《コロ》《話》(何か長所に)秀でた. (3)《ゴデヤ》《軽蔑》邪悪な. (4)《コロ》《話》《人・動物が》小太りの. (5)《ベネ》《話》安物の, 粗悪な. — 男《ラ米》《ゴデヤ》《話》《軽蔑》尻軽《ぷ》女; 商売女.
tu·rrón [tu.r̃ón] 男
1 トゥロン: アーモンド・クルミ・糖蜜《ぅ》などで作るクリスマス用の菓子. ♦スペインの Jijona, Alicante, Alcoy, Valencia のものが有名. **turrón de Alicante** はアーモンドが丸ごと使用されたもので, **turrón de Jijona** は砕かれたアーモンドが使用されている.

turrón (トゥロン)

2《話》公職, 閑職. **3**《ラ米》《ペル》棒, 塊.
tu·rro·ne·rí·a [tu.r̃o.ne.rí.a] 女 トゥロンの店.
tu·rro·ne·ro, ra [tu.r̃o.né.ro, -.ra] 形 トゥロンの, トゥロンを作る[売る]. — 男女 トゥロンを作る人; トゥロン売り.

tu·ru·la·to, ta [tu.ru.lá.to, -.ta] 形《話》呆然《ぜん》とした, 唖然《ぁ》とした; ぼうっとした. **dejar** ~ **a + 人**〈人〉を唖然とさせる.
tu·ru·llo [tu.rú.ʎo] 男 角笛.
tu·ru·lo, la [tu.rú.lo, -.la] 形《ラ米》《ヅデラ》(1)《話》愚かな. (2)《話》精神がおかしい.
tu·rum·ba [tu.rúm.ba] 女《ラ米》《ジャ》《植》ヒョウタンノキ.
tu·ru·pe [tu.rú.pe] 形《ラ米》《ゴデヤ》《話》下手な, 不器用な. — 男《ジャ》こぶ.
tu·ru·rú [tu.ru.rú] 形《話》**1** 気が変になった; 酔っ払った. **Está** ~. あいつかれちまってるぜ.
2 ¡**T**~! 《間投詞的に》ばかも休み休み言え.
— 男《遊》(トランプ) 同価の札を3枚そろえること.
tu·ru·ta [tu.rú.ta] 形 (**estar** +) 《話》気が変な.
— 男《軍》軍隊のラッパ係.
tus [tus] 形 → **tu**.
¡**tus!** [tús] 間投 犬を呼ぶときのかけ声.
sin decir tus ni mus《話》一言も口をきかずに, うんともすんとも言わずに.
tu·sa [tú.sa] 女《ラ米》《ゴデヤ》(1)《ゴデヤ》(顔の)あばた. (2)《ゴデヤ》(馬の)たてがみ. (3)《タデラ》《ゴデヤ》《ュロテ》トウモロコシの穂軸[皮, 殻]. (4)《ュロテ》トウモロコシの皮で巻いたタバコ. (5)《ゴデヤ》トウモロコシの穂の毛. (6)《タデラ》《話》驚き; 懸念. (7)《ゴデヤ》(獣毛の) 刈り込み. (8)《タデラ》《ゴデヤ》《話》不良, ろくでなし. (9)《タデラ》《ペル》尻軽女;《ゴデヤ》陽気な女性. (10)《ゴデヤ》野ネズミ. (11)《ュロテ》《話》あまり利口でない人.
no valer ni una tusa《ラ米》《ペル》《ゴデヤ》《話》一文の価値もない.
tu·sa·da [tu.sá.ða] 女《ラ米》《ゴデヤ》虎刈り, ひどい散髪.
tu·sar [tu.sár] 他《ラ米》(1)〈動物の〉毛[たてがみ]を刈る. (2)《ゴデヤ》《話》非難する, 叱責《しっ》する. (3)《ゴデヤ》坊主頭にする.
tus·co, ca [tús.ko, -.ka] 形 古代エトルリア Etruria の. — 男女 古代エトルリア人.
tu·se [tú.se] 男《ラ米》《ペル》《ゴデヤ》(馬のたてがみの) 刈り込み.
tu·sí·ge·no, na [tu.sí.xe.no, -.na] 形《医》咳《せ》をさせる.
tu·si·la·go [tu.si.lá.go] 男《植》カントウ, フキタンポポ.
¡**tuso!** [tú.so] 間投《話》わんわん: 犬を呼ぶときの声.
tu·so, sa [tú.so, -.sa] 形《ラ米》(1)《ゴデヤ》《ュロテ》《話》あばた面《ぇん》の. (2)《ゴデヤ》《話》坊主頭の. (3)《ゴデヤ》《動物が》尾のない[短い]. (4)《ゴデヤ》《ゴデヤ》毛を刈られた.
tu·sor [tu.sór] 男 タフタ織りの色物の綿布, タッサー.
tus·ta [tús.ta] 女《ラ米》《ゴデヤ》《話》(人間の) 頭.
Tu·tan·ka·men [tu.taŋ.ká.men] / **Tu·tan·ka·món** [tu.taŋ.ka.món] 固名 ツタンカーメン: 紀元前14世紀のエジプト第18王朝の王.
tú·ta·no [tú.ta.no] 男 → **tuétano**.
tu·te [tú.te] 男 **1**《スペイン》《遊》(トランプ) トゥテ: 4枚の王か馬の札を集めると加点されるゲーム. → **naipe**. **2** 4人の集まり[仲間, 同業者]. **3**《話》きつい長時間の仕事; 酷使. **darse un** ~ 一生懸命働く, がんばる. **4**《話》棒による殴打.
tu·te·a·mien·to [tu.te.a.mjén.to] 男 互いに **tú** を使って話すこと, 親しい口を利くこと.
***tu·te·ar** [tu.te.ár] 他〈人と〉**tú**を使って話す, 親しい口を利く. **Tuteamos al profesor**. 私たちは先生に **tú** で話しているよ.

tutela

—**~se** 再 互いに tú を使って話す, 親しい口を利く. Vamos a ~*nos*. 敬称で話すのはやめよう.
[tú + te +動詞語尾; 〖仏〗 *tutoyer* のスペイン語訳; 仏語形の構成は *tu* + *toi* (*tu* の強勢形); ← 〖ラ〗 *tē*) +動詞語尾; 〖関連〗〖ポルトガル〗 *tutear*. 〖独〗 *duzen*]

tu·te·la [tu.té.la] 囡 **1** 〖法〗 後見. *Ese tutor ejerce la ~ del niño*. その後見人がその子の後見を行っている. **2** 保護, 庇護(ご). *poner bajo ~* 保護下に置く. *territorio bajo~* 〖法〗(国連認可の)信託統治地域. **3** 指導, ガイダンス; 指導教師の職務.

tu·te·la·je [tu.te.lá.xe] 男 〖ラ米〗(ｶﾘﾌﾞ)(ﾒｷ)(ﾍﾞﾈ)(ﾓｳﾗ) 保護, 庇護(ご).

tu·te·lar¹ [tu.te.lár] 形 **1** 〖法〗 後見の. *acción ~* 後見.
 2 保護する, 庇護(ご)する. *ángel ~* 〖カト〗守護の天使. *divinidad ~* 守護神. **3** 指導する, 助言する.

tu·te·lar² [tu.te.lár] 他 **1** 〖法〗 後見する.
 2 守る, 助ける.

tu·te·o [tu.té.o] 男 互いに tú を使って話すこと, 君・僕で話すこと, 親しく話すこと.

tu·ti fru·ti [tú.ti frú.ti] / **tu·ti fru·ti** [tú.ti frú.ti] 男 トゥッティフルッティ: (生)クリームと数種のフルーツ片の入ったケーキ〖菓子〗.

tu·ti·li·mun·di [tu.ti.li.mún.di] 男 **1** コズモラマ: 世界風物のぞきめがね.
 2 〖ラ米〗(ｶﾘﾌﾞ)(ﾒｷ)(ｴｸｱﾄﾞ)(ﾍﾞﾈ) すべての人, 世間.

tu·ti·plé [tu.ti.plé] / **tu·ti·plén** [tu.ti.plén]
a tutiplé(n) 〘話〙たっぷりと, たくさん. *comer a ~* しこたま食べる.

tu·to [tú.to] 男 〖ラ米〗(ｶﾘﾌﾞ)(ﾒｷ) **(1)** 鳥のもも肉. **(2)** 〘話〙眠り.

*****tu·tor, to·ra** [tu.tór, -.tó.ra] 男 囡 **1** 〖法〗 **後見人**; 保護者. ~ *dativo* 選定後見人. ~ *legítimo* 正当な(法定)後見人. ~ *testamentario* 指定後見人. **2 家庭教師; 指導教師**, 指導教官, チューター.
 —男 〖農〗支柱, 添え木.

tu·to·rí·a [tu.to.rí.a] 囡 保護者の任務; 後見人の職務; 指導教師の任務.

tu·to·rial [tu.to.rjál] 形 個人指導制度の.

tu·triz [tu.tríθ / -.trís] 囡 〖複 *tutrices*〗 〖法〗(女性の)後見人; (女性の)保護者 (= *tutora*).

tu·tro [tú.tro] 男 〖ラ米〗(ｶﾘﾌﾞ)鳥のもも肉.

tu·tsi [tú.tsi] 形 (ﾙﾜﾝﾀﾞ･ﾌﾞﾙﾝｼﾞに住む) ツチ人の.
 —男 囡 ツチ人.

tut·ti fru·tti [tu.ti.frú.ti] [tú.ti.frú.ti] → **tutifruti**.

tu·tú¹ [tu.tú] 男 〖複 ~s, ~es〗チュチュ: たっぷりギャザーを取った短いバレリーナ用のスカート.

tu·tú² [tu.tú] 男 〖ラ米〗(ｶﾘﾌﾞ)(ﾒｷ)〖鳥〗ハチクイモドキ.

tu·tu·ma [tu.tú.ma] 囡 〖ラ米〗(ｶﾘﾌﾞ) **(1)** 水筒. **(2)** (ｶﾘ)(ｺﾛﾝ)(ﾍﾞﾈ)〘話〙頭; こぶ.

tu·tu·mi·to, ta [tu.tu.mí.to, -.ta] 形 〖ラ米〗(ﾒｷﾞ)(ﾒｷ)〘話〙まぬけな, ぼやっとした.

tu·tu·ru·to, ta [tu.tu.rú.to, -.ta] 形 〖ラ米〗〘話〙 **(1)** (ｷ)(ｺﾛﾝ)(ｸﾞｱﾃ)酔っ払った. **(2)** (ｸﾞｱﾃ)(ｺﾞﾙｼﾀﾞ)(ｸﾞｱﾃ)(ｷ)(ｺﾛﾝ)間抜けな.
 —男 囡 〖ラ米〗(ｷ)〘話〙売春斡旋(ｶﾞ)人.

tu·tu·ru·tú [tu.tu.rú.tú] 男 〘擬〙(らっぱ・トランペットの音)プープー.

tuv- 囲 → *tener*.

Tu·va·lu [tu.bá.lu] 固名 ツバル: 南太平洋の島国. 首都 Funafuti.

tu·va·lua·no, na [tu.ba.lwá.no, -.na] 形 ツバルの, ツバル人の. —男 囡 ツバル人.

tu·ya [tú.ja] 囡 〖植〗 コノテガシワ, ニオイヒバ類.

tu·yo, ya [tú.jo, -.ja] 形 〘所有〙〖後置形. 複数形は *tuyos*, *tuyas*. 前置形は **tu〗
君[あなた]の (▶所有されるもの[人]の性数によって語尾変化する).
 (1) 〘名詞+〙 *una hija tuya* 君の娘のひとり.
 (2) 〘*ser*+〙 ¡*La culpa es tuya*! 君の責任だ.
 (3) 〘定冠詞+〙〘所有代名詞〙君[あなた]のもの. *No quiero meterme en lo ~*. 君のことにはかかわりたくないよ.
 (*Ésta*) *es la tuya*. 〘話〙さあ, 君[あなた]のチャンスだ.
 los tuyos 君[あなた]の家族[仲間].
 lo tuyo 〘話〙君[あなた]の本分, 得意技. *El tenis es lo ~*. テニスなら君はお手のものだ.
 una de las tuyas 君[あなた]らしい(いつもの)ふざけ[いたずら, へま].
 Ya es tuyo [tuya]. よくやった, もう君[あなた]のものだ.
[← 〖古スペイン〗 *to* (男性形), *tua* (女性形) ← 〖ラ〗 *tuus, -a, -um*; 〖関連〗 **tu**, **tú**]

tu·yu [tú.ju] / **tu·yú** [tu.jú] 男 〖ラ米〗(ｷ)〖鳥〗アメリカダチョウ, レア = *ñandú*.

tu·yu·yú [tu.ju.jú] 男 〖ラ米〗(ﾗﾌﾟ)〖鳥〗(コウノトリ科の)アメリカトキコウ.

tu·za [tú.θa / -.sa] 囡 〖ラ米〗(ｷ)(ｹﾞｷ)(ｸﾞｱﾃ)〖動〗ホリネズミ.

*****TV** [te.ú.be] 囡 〘略〙*televisión* テレビジョン; テレビ(受像機).

TVE [te.u.be.é] 囡 〘略〙*Televisión Española* スペイン国営放送.

tweed [twíd] 〘英〙男 ツイード: ざっくりとした感じの毛織物.

twin-set [twin.sét] 〘英〙男 **1** ツインセット: 女性用の同色のカーディガンとセーターの組み合わせ.
 2 女性用下着の 2 枚組み.

twist [twís(t)] 〘英〙男 ツイスト(ダンス).

txi·ki·to [tʃi.kí.to] 〘バスク〙男 小さいワイングラス.

txis·tu·la·ri [tʃis.tu.lá.ri] 〘バスク〙男 → *chistulari*.

txo·co [tʃó.ko] 〘バスク〙男 男の美食家グループ.

U u

音価は常に「ウ」であり、英語のようにこの字をア、ユーなどと読んだりすることはない。日本語の「ウ」より唇を丸め、前に突き出すようにして発音する。また、日本語の「ウ」のような無声化も原則としてない。

U, u [ú] 囡 スペイン語字母の第22字；uの名称.

:u [u] 接続 [oの異形] …か…, …または…, あるいは…. (▶ o, hoの前でoに代わって使われる). diez *u* once 10か11. belga *u* holandés ベルギー人かオランダ人.

U 【化】uranio ウラン.

U. 《略》*u*sted あなた.

u·ba·jay [u.ba.xái] 男 《ラ米》《汚》【植】フトモモの一種.

u·be [ú.be] 男 【植】ダイジョ：ヤムイモの一種.

Ú·be·da [ú.be.ða] 固名 ウベダ：スペイン南部Jaén県の町. ルネッサンス様式の建築物群が2003年世界遺産に登録.

u·bé·rri·mo, ma [u.bé.ri.mo, -.ma] 形 **1** たいへん豊かな, 非常に肥沃である. **2** 繁茂した.

u·bi·ca·ble [u.bi.ká.ble] 形 《ラ米》《汚》見つけやすい.

u·bi·ca·ción [u.bi.ka.θjón / -.sjón] 囡 《ラ米》《汚》位置, 場所.

u·bi·car [u.bi.kár] 102 他 位置する.
— 他 《ラ米》(1) 据える, 配置する；位置づける. (2) 《汚》《ぶる》《候補者を》指名する. (3) 駐車する.
— ~.se 再 **1** 《en...〈場所〉に》ある. El museo *se ubica en* la plaza mayor. 博物館は中央広場にある.
2 《ラ米》(1)《汚》定職につく；いい座席につく. (2)(自分の位置を定める, 位置がわかる.
estar bien ubicado 《ラ米》《汚》良い職につく.

u·bi·cui·dad [u.bi.kwi.ðáð] 囡 **1**【神】(神の)遍在(性), (キリストの)遍在. **2** 同時に至る所に存在すること, 遍在. No tengo el don de la ~. 私だって同時にあそこにもここにもいる訳にはいかない.

u·bi·cuo, cua [u.bí.kwo, -.kwa] 形 遍在する；どこにでも顔を出す；八面六臂(ぴ)の活躍をする.

u·bre [ú.bre] 囡 【哺乳(類)動物の】乳房.

u·ca·se [u.ká.se] 男 **1**【帝政ロシア皇帝の】勅令. **2** 専制的命令, 至上命令. [←［ロシア］*ukaz*]

U·ca·ya·li [u.ka.já.li] 固名 el ~ ウカヤリ川：ペルーのAndes山中に源を発する el Amazonas 主要源流の一つ.

-ucho, cha 《接尾》「軽蔑, 侮蔑」の意を表す名詞・形容詞語尾. 婉曲的なニュアンスも. ⇒ debil*ucho*, fe*úcha*, papel*ucho*.

u·chu·vi·to, ta [u.tʃu.bí.to, -.ta] 形 《ラ米》《汚》《話》酔った.

u·ci / UCI [ú.θi / -.si] 囡 《略》*u*nidad de *c*uidados *i*ntensivos 《医》集中治療室, ICU (= uvi).

-uco, ca 《接尾》「軽蔑, 侮蔑」の意を表す名詞・形容詞語尾. ⇒frail*uco*, mujer*uca*, ventan*uco*.

UCR [u.θé.é.ře / -.sé.-] 囡 《略》*U*nión *C*ívica *R*adical (アルゼンチンの) 急進市民同盟, 急進党.

U·cra·nia [u.krá.nja] 固名 ウクライナ：独立国家共同体の一つ. 首都 Kiev.
[←［ロシア］*Ukraina*(「国境の地」が原義)]

u·cra·nia·no, na [u.kra.njá.no, -.na] /
u·cra·nio, nia [u.krá.njo, -.nja] 形 ウクライナの, ウクライナ人[語]の.
— 男 囡 ウクライナ人. — 男 ウクライナ語：東スラブ語の一つ.

u·cro·ní·a [u.kro.ní.a] 囡 歴史再構成.

u·cró·ni·co, ca [u.kró.ni.ko, -.ka] 形 歴史再構成の.

Ud. 代名《略》*u*sted あなた (= Vd.).

UDI [ú.ði] 囡 《略》*U*nión *D*emocrática *I*ndependiente(チリの) 独立民主連合, 民主独立運動.

u·dó·me·tro [u.ðó.me.tro] 男 雨量計.

UDP [u.ðe.pé] 《略》*U*nión *D*emocrática *P*opular (ボリビアの) 民主人民連合.

Uds. 《略》*u*ste*des* あなた方 (= Vds.).

UE [u.é] 囡 《略》*U*nión *E*uropea 欧州連合〔英 EU〕.

UEFA [(g)wé.fa; (g)wé.-] 囡 《略》*U*nión *E*uropea de *A*sociaciones de *F*útbol 欧州サッカー連盟.

-uelo, la 《接尾》縮小辞. → -ito. ⇒ muchach*uelo*, pequeñ*uelo*. ▶ 時に -huelo, -zuelo, -ezuelo, -ecezuelo の形をとる. また軽蔑のニュアンスを伴うことが多い. ⇒ alde*huela*, ladron*zuelo*.

UEO [u.e.ó] 《略》*U*nión *E*uropea *O*ccidental 西欧同盟：1948年のブリュッセル条約機構を拡大して創設され, スペインは1988年に加入.

¡uf! [úf] 間投 《疲れ・嫌気・嫌悪》ふう, うっ, あーあ, やれやれ, へっ.

u·fa·na·men·te [u.fá.na.mén.te] 副 得意げに.

u·fa·nar·se [u.fa.nár.se] 再 《con... / de...》《…を》誇る, 自慢する；《…を》うぬぼれる. ~ *con [de]* sus riquezas 財産を鼻にかける.

u·fa·ní·a [u.fa.ní.a] 囡 **1** 自慢, 得意, うぬぼれ. **2** 満足, 喜び. **3**【植物の】みずみずしさ, 生気.

u·fa·no, na [u.fá.no, -.na] 形 **1** 自慢の, 誇らしげな, 得意な. **2** 決然とした, きっぱりとした. **3** 満足した, うれしい. **4**【植物が】みずみずしい, 生き生きした.

u·fo[1] [ú.fo] *a ufo* ただで, 人に払わせて. [←［伊］*ufo*]

u·fo[2] [ú.fo] [英] 男 《略》*U*nidentified *F*lying *O*bject ユーフォー, 未確認飛行物体 (=ovni)〔英 UFO〕.

u·fo·lo·gí·a [u.fo.lo.xí.a] 囡 UFO研究.

u·fo·ló·gi·co, ca [u.fo.ló.xi.ko, -.ka] 形 UFO研究の.

u·fó·lo·go, ga [u.fó.lo.go, -.ga] 男 囡 UFO研究家.

U·gan·da [u.gán.da] 固名 ウガンダ：アフリカ中部の共和国. 首都 Kampala. [←［スワヒリ］*Uganda*←［ガンダ］*Buganda* (16世紀？の王国名)]

u·gan·dés, de·sa [u.gan.dés, -.dé.sa] 形 ウガンダの, ウガンダ人の. — 男 囡 ウガンダ人.

u·ge·tis·ta [u.xe.tís.ta] 形 (スペイン) 労働総同盟 *U*nión *G*eneral de *T*rabajadores(員)の.

ugrofinés

— 男 女 (スペイン) 労働総同盟員.
u·gro·fi·nés, ne·sa [u.gro.fi.nés, -.né.sa] 形 《言》フィン・ウゴル語族の.
— 男 フィン・ウゴル語族.
UGT [u.xe.té] 男 《略》*Unión General de Trabajadores* (スペインの) 労働総同盟.
u·guí·ya [u.gí.ja] 男 →*ouguiya*.
uh [ú] 間投 《幻滅・さげすみ・疲れ・軽蔑》ああ, やれやれ.
UHF [u.a.tʃe.é.fe] 《英》男 (または女) 《略》*Ultra High Frequency* 極超短波: 300-3000 メガヘルツ.
u·jier [u.xjér] 男 1 門衛, 門番. 2 執行吏 《官》. 3 (昔の) 宮廷の) 小姓役, 取次役. ~ **de armas** 武器御用係. ~ **de cámara** 寝所付き衛兵. ~ **de saleta** 次の間付き衛兵. ~ **de sala [vianda]** 御膳係. [←《古仏》*ussier* 「守衛, 取次役」 ←《中ラ》*ustiārius* 「門衛」 ←《ラ》*ostiārius*]
u·ke·le·le [u.ke.lé.le] / **u·ku·le·le** [u.ku.lé.le] 男 《音楽》ウクレレ. [←《ハワイ》*ukulele*]
u·la·no [u.lá.no] 男 《軍》(昔のドイツ・オーストリア・ロシアの) 槍騎兵(ホッ).
úl·ce·ra [úl.θe.ra / -.se.-] 女 1 《医》潰瘍(ᔄ). ~ **corneal** 角膜潰瘍. ~ **duodenal** 十二指腸潰瘍. **gástrica** 胃潰瘍. **péptica** 消化性潰瘍.
2 《植》木質部の傷.
ul·ce·ra·ción [ul.θe.ra.θjón / -.se.-.sjón] 女 《医》潰瘍(ᔄ)化, 潰瘍形成; 潰瘍.
ul·ce·ran·te [ul.θe.rán.te / -.se.-] 形 《医》潰瘍(ᔄ)性の, 潰瘍の.
ul·ce·rar [ul.θe.rár / -.se.-] 他 《医》…に潰瘍(ᔄ)を生じさせる, 潰瘍化する.
ul·ce·ra·ti·vo, va [ul.θe.ra.tí.βo, -.βa / -.se.-] 形 《医》潰瘍(ᔄ)性の, 潰瘍を生じる.
ul·ce·ro·gé·ni·co, ca [ul.θe.ro.xé.ni.ko, -.ka / -.se.-] 形 《医》潰瘍(ᔄ)を引き起こす.
ul·ce·ro·so, sa [ul.θe.ró.so, -.sa / -.se.-] 形 《医》潰瘍(ᔄ)性の, 潰瘍の.
u·le·ma [u.lé.ma] 男 (イスラム教国の法学・神学などを修得した) ウラマー, 学識者. [←《アラビア》'*ulamā*']
u·le·ro [u.lé.ro] 男 《ラ米》(ᔄ)めん棒.
u·li·gi·no·so, sa [u.li.xi.nó.so, -.sa] 形 湿地の; 〈植物が〉湿地性の.
U·li·ses [u.lí.ses] 固名 《ギ神》ユリシーズ, ウリッセス: *Odiseo* のローマ名. *Homero* の『*オデュッセイア*』の主人公. トロヤ戦争後, 故郷イタカを目指して海上を漂泊中に様々な冒険をする. [←《ラ》*Ulyssēs* ←《ギ》*Odysseús*]
u·llu·co [u.jú.ko ‖ -.ʎú.-] 男 《ラ米》《植》バセラ科ウルクス属の植物; ジャガイモに似た塊茎は食用.
ul·má·ce·o, a [ul.má.θe.o, -.a / -.se.-] 形 《植》ニレ科の. — 女 ニレ科の植物; 《複数で》ニレ科.
ul·mo [úl.mo] 男 《ラ米》(ᔄ)《植》エウクリフィア科の樹木: 白い花が咲く.
ul·po [úl.po] 男 《ラ米》(ᔄ)(ᔄ)炒(ᔄ)り小麦粉・水・砂糖で作る飲み物.

* **ul·te·rior** [ul.te.rjór] 形 1 のちの, 後続の, 続いて起こる. **tomar prevenciones ~es** その後の予防を講じる.
2 遠方の, かなたの (↔*citerior*). **Hispania U~** 《史》遠ヒスパニア (*Bética* と *Lusitania* に相当). [←《ラ》*ulteriorem* (*ulterior* の対格); *ulter* 「向こう (側) の」 の比較級] 関連 *ultra*, *ultramar*, *último*. 《英》*ulterior*]
ul·te·rior·men·te [ul.te.rjór.mén.te] 副 続いて, 後に, その後.

úl·ti·ma [úl.ti.ma] 形 →*último*.
ul·ti·ma·ción [ul.ti.ma.θjón / -.sjón] 女 完了, 完成; 仕上げ, 詰め.
ul·ti·ma·do, da [ul.ti.má.ðo, -.ða] 形 完了 [完成] した, 終わった; 仕上がった, 詰めた.
ul·ti·ma·dor, do·ra [ul.ti.ma.ðór, -.ðó.ra] 男

* **úl·ti·ma·men·te** [úl.ti.ma.mén.te] 副 最近; 最後に; 仕方がないので.
ul·ti·mar [ul.ti.már] 他 1 完成させる, 完了させる, 終える; 仕上げる, 詰めをする. ~ **un trato** 交渉を成立させる. ~ **los detalles** 細部の仕上げをする.
2 《ラ米》殺す.
ul·ti·má·tum [ul.ti.má.tum] 男 《複 ~, *ultimatos*》 1 最後通牒(ᔄ). **dirigir un** ~ 最後通牒を送る. 2 《話》最終決定, 最終提案.

*** **úl·ti·mo, ma** [úl.ti.mo, -.ma] 形 1 (+名詞) 最後の, 終局の; 最終期の, 晩年の (► 多くは定冠詞, 所有詞・指示詞・数詞などが定詞 +. 不定冠詞 + は少ない). **la última oportunidad** 最後のチャンス. **la Última Cena** 《カト》最後の晩餐. **en el ~ trimestre de este año** 今年の第4四半期に. **como [en] ~ recurso / en última instancia** 最後の手段として. **dar su adiós a… / dar la última mano a…** …との最後の別れをする. **dar los ~s toques a… / dar la última mano a…** …の最後の仕上げをする. **Diciembre es el ~ mes del año.** 12月は1年の最後の月である. **La última vez que hablé con él me lo dijo.** 彼とこの前話したとき, そう言われた. **La esperanza es lo ~ que se pierde.** 希望は最後まで失ってはならない. **una obra del ~ Picasso** 晩年のピカソの作品. **en los ~s años de su vida** 最晩年に.
2 《+名詞/名詞+》決定的な, 最終的な, 究極の. **la última pena** 死刑. **El objetivo [fin] ~ es la privatización.** 最終目標は民営化だ. **Aceptamos su última oferta.** 我々は彼らの最終提案を受け入れた.
3 《+名詞》最近の, 最新の. **la última información** 最新情報. **en los ~s cinco años** この5年間に. **vestirse a la última moda** 最新流行を身にまとう.
4 《+名詞》はるかかなたの, 果ての, 最上 [最下] の; 〈価格が〉最低の. **hasta el ~ rincón del mundo** 世界の隅々まで. **en la última planta [el ~ piso]** 最上階に. **el ~ cajón del armario** タンスのいちばん向こう [上, 下] の引き出し. **el ~ precio y el precio de cierre** 底値と終値(ᔄ).

— 男 女 最後の人 [もの, こと]. **María fue la última en llegar a la fiesta.** マリアはパーティーに最後にやって来た. **¿Quién ha llegado el ~? — Carmen ha llegado la última.** 誰が最後に着いたの. — カルメンが最後に着いた.

— 男 《複数で》(月・年・世紀の) 終わりごろ. **a ~s de diciembre** 12月の終わりごろに. **a ~s del siglo** 世紀末に.

ahora último 《ラ米》(ᔄ)最近, 近ごろ.
a la última 《話》最新流行で. **Siempre va *a la última*.** 彼女はいつも最新のファッションだ.
a lo último 結局, 最後になって.
a última hora (1) 《de+》…の遅くに. ***a última hora de ayer*** 昨日遅くに. (2) 間際に, いよいよというときに. **El ministro canceló *a última hora* su visita oficial.** 大臣はぎりぎりになって公式訪問を取り止めた.

ultravioleta

a últimos de... …末,…の終わりごろに. *a ~s de mes [semana]* 月[週]末に.
de última 《ラ米》(1) (ミミ)(ミミ)(ミミ)《話》最後の手段として. (2) (ミミ)《話》最低の,最低の. *Juan es de última, le sacó plata a su abuela sin que se diera cuenta.* フアンは最低だ.おばあさんの知らないうちに金を引き出したんだ.
en el último momento → *última* hora.
en último término いざとなったら,いよいよ困ったら.
estar en las últimas (1) 死にかけている. *Nuestra vieja lavadora está en las últimas.* うちの古い洗濯機は壊れかけている. (2)《話》(金が)尽きかけている.
por último 最後に;結局. *Pues, en cuarto lugar, y por ~, quiero referirme a...* それでは,4番目,つまり,最後に…のことを話してみたいと思います.
ser lo último (1)《話》最新のものである. *Esto es lo ~ en ordenadores portátiles.* これは最新型のノートパソコンだ. (2) 最悪[最低]である. *¡Es lo ~ que me faltaba por oír!* そんなことまで聞かなくちゃならないのか.
último grito 最新型,最新流行. *Este móvil está muy bien de precio y es el ~ grito.* この携帯は値段もいいし,最新型だ.
[←〔ラ〕*ultimum* (*ultimus*) の対格; *ulter*「向こう(側)の」の最上級] 関連 ultimar, ultimátum, penúltimo, ulterior. [英 *ultimate*]

ul·tra [úl.tra] 形《話》過激な,極端な. *la ideología ~* 過激なイデオロギー.
— 男 女 急進家, 過激論者;極右派,右翼. *un grupo de ~s* 極右グループ.

ultra-《接頭》**1**「…を越えて,…の向こうに」または「極端に,超…」の意. ⇒ *ultra*derechista, *ultra*marino. **2**《話》「すごく,超…」の意. [←〔ラ〕]

ul·tra·cen·tri·fu·ga·ción [ul.tra.θen.tri.fu.ga.θjón / -.sen.-.sjón] 女《化》超遠心分離.

ul·tra·cen·tri·fu·ga·do·ra [ul.tra.θen.tri.fu.ga.đó.ra / -.sen.-] 女《化》超遠心[分離]機.

ul·tra·co·rrec·ción [ul.tra.ko.řek.θjón / -.sjón] 女《言》過剰修正:標準の発音・表現を意識しすぎて逆に間違うこと.

ul·tra·cor·to, ta [ul.tra.kór.to, -.ta] 形 極端に短い;超短波の.

ul·tra·de·re·cha [ul.tra.đe.ré.tʃa] 女《集合的》極右派[陣営].

ul·tra·de·re·chis·ta [ul.tra.đe.re.tʃís.ta] 形 極右(派)の. — 男 女 極右派の人.

ul·tra·ís·mo [ul.tra.ís.mo] 男《文学》ウルトライスモ:スペイン,中南米の代表的な詩人 Guillermo de Torre, Jorge Luis Borges らによって起こされた純粋詩を追求する文学運動 (1919-23).

ul·tra·ís·ta [ul.tra.ísta] 形《文学》ウルトライスモ(詩人)の. — 男 女 ウルトライスモ詩人.

ul·tra·iz·quier·da [ul.traiθ.kjér.đa / -.trais.-] 女《集合的》極左派[陣営].

ul·tra·iz·quier·dis·ta [ul.traiθ.kjer.đís.ta / -.trais.-] 形 極左(派)の. — 男 女 極左派の人.

ul·tra·jan·te [ul.tra.xán.te] 形 侮辱的な,無礼な.

ul·tra·jar [ul.tra.xár] 他 **1** 恥をかく,暴行を加える. **2** 侮辱する,辱める;(人の)心を傷つける. **3** 損ねる,だめにする,痛める.

ul·tra·je [ul.tra.xe] 男 乱暴,非道;侮辱,無礼. *~ a las buenas costumbres* 良俗に反する行い,風紀を乱す行為.

ul·tra·jo·so, sa [ul.tra.xó.so, -.sa] 形 侮辱的な,無礼な.

ul·tra·li·ge·ro, ra [ul.tra.li.xé.ro, -.ra] 形 超軽量(飛行機)の. — 男 超軽量飛行機.

ul·tra·mar [ul.tra.már] 男 海外,外国. *antiguas posesiones españolas de ~* スペイン旧海外領地. *territorios de ~* 海外領土. *las colonias de ~* 海外植民地. *ir a ~* 海外へ行く.

ul·tra·ma·ri·no, na [ul.tra.ma.rí.no, -.na] 形 海外の,外国の;外国産[製]の. — 男《複数で》**1** 外国製品. **2** 食料品;食料品店 (= *tienda de ~s*).
azul ultramarino 群青(色),ウルトラマリン.

ul·tra·mi·cros·có·pi·co, ca [ul.tra.mi.kros.kó.pi.ko, -.ka] 形 極微の;限外顕微鏡の.

ul·tra·mi·cros·co·pio [ul.tra.mi.kros.kó.pjo] 男 限外顕微鏡.

ul·tra·mo·der·no, na [ul.tra.mo.đér.no, -.na] 形 超現代的な,超モダンな.

ul·tra·mon·ta·nis·mo [ul.tra.mon.ta.nís.mo] 男《カト》教皇権至上主義,ウルトラモンタニズム.

ul·tra·mon·ta·no, na [ul.tra.mon.tá.no, -.na] 形 **1** 山のかなたの. **2**《カト》教皇権至上主義の,ウルトラモンタニズムの. **3** 反動[保守]的な.
— 男 女 **1** 教皇権至上主義者. **2** 反動[保守]主義者 (= *reaccionario*).

ul·tra·mun·da·no, na [ul.tra.mun.dá.no, -.na] 形 この世の外の,あの世の;現世を超越した.

ul·tra·na·cio·na·lis·mo [ul.tra.na.θjo.na.lís.mo / -.sjo.-] 男 超国家主義.

ul·tra·na·cio·na·lis·ta [ul.tra.na.θjo.na.lís.ta / -.sjo.-] 形 超国家主義の. — 男 女 超国家主義者.

ul·tran·za [ul.trán.θa / -.sa] *a ultranza* (1) 必死に;いかなる犠牲[代償]を払ってでも. *luchar a ~* 死を決して闘う. (2) 決然と,きっぱりと. (3) 徹底した,完全な. *un revolucionario a ~* 極端[急進的]な革命家.

ul·tra·or·to·do·xo, xa [ul.tra.or.to.đók.so, -.sa] 形 超正統派の. — 男 女 超正統派の信者.

ul·tra·pro·tec·tor, to·ra [ul.tra.pro.tek.tór, -.tó.ra] 形 過保護の.

ul·tra·rra·dia·ción [ul.tra.řa.đja.θjón / -.sjón] 女《物理》超放射.

ul·tra·rrá·pi·do, da [ul.tra.řá.pi.đo, -.đa] 形 超高速の.

ul·tra·rro·jo, ja [ul.tra.řó.xo, -.xa] 形《物理》赤外の,赤外線の. *rayos ~s* 赤外線 (= *infrarrojo*). — 男(スペクトルの)赤外部.

ul·tra·sen·si·ble [ul.tra.sen.sí.ble] 形 敏感すぎる,過敏な;《写》超高感度の. *película ~* 超高感度フィルム.

ul·tra·só·ni·co, ca [ul.tra.só.ni.ko, -.ka] 形 超音波の;超音速の. *avión ~*《航空》超音速機. *microscopio ~* 超音波顕微鏡. *terapia ultrasónica* 超音波療法.

ul·tra·so·ni·do [ul.tra.so.ní.đo] 男 超音波.

ul·tra·sur [ul.tra.súr] 男 女《単複同形》ウルトラスールのメンバー. — 女 [U~] ウルトラスール:(スペインのサッカーチーム)レアル・マドリード Real Madrid の過激なファンクラブ.

ul·tra·tum·ba [ul.tra.túm.ba] 女 あの世,冥土(ミミ). *la vida de ~* 来世. — 副 あの世の,冥土の.

ul·tra·va·cí·o [ul.tra.ba.θí.o / -.sí.-] 男 超真空.

ul·tra·vio·le·ta [ul.tra.bjo.lé.ta] 形《物理》紫外

ultraviolado の, 紫外線の. —男 紫外線 (= rayos ~s). →infrarrojo.
ul·tra·vio·la·do, da [ul.tra.bjo.lá.ðo, -.ða] 形 →ultravioleta.
ul·tra·vi·rus [ul.tra.bí.rus] 男《単複同形》【生物】濾過(ᵏ)性ウイルス, 超微生物.
ú·lu·la [ú.lu.la] 女《鳥》モリフクロウ.
u·lu·lar [u.lu.lár] 自 **1**〈獣が〉うなる, 遠ぼえする;〈フクロウが〉鳴く. **2**〈風が〉うなる. **3** 叫ぶ, 悲鳴を上げる.
u·lu·la·to [u.lu.lá.to] 男 **1**〈獣の〉うなり声, 遠ぼえ;〈フクロウの〉鳴き声. **2**〈風の〉うなり. **3** 叫び声, 悲鳴.
u·ma [ú.ma] 男《略》*u*nidad de *m*asa *a*tómica 【物理】原子質量単位[英 amu].
u·ma·mi [u.má.mi] [日] 形《料》うま味の. —男 うま味.
um·be·la [um.bé.la] 女 **1**【植】散形花序: 花が茎に放射状についている配列. **2**（バルコニーなどの）張り出し屋根, ひさし (= guardapolvo).
um·be·lí·fe·ro, ra [um.be.lí.fe.ro, -.ra] 形【植】散形花序を生じる, 散形花をつける; セリ科の. —男《複数》セリ科（の植物）.

umbela （散形花序）

um·bi·li·ca·ción [um.bi.li.ka.θjón / -.sjón] 女【医】へそ状のくぼみ, 臍窩陥凹(さいかかんおう); 臍窩(さいか)形成.
um·bi·li·ca·do, da [um.bi.li.ká.ðo, -.ða] 形 その形をした, へそ状のくぼみのある.
um·bi·li·cal [um.bi.li.kál] 形 へその（緒の）. cordón ~ へその緒.
um·brá·cu·lo [um.brá.ku.lo] 男（植物を守る）日よけ, つる棚; 日よけのある場所.
um·bral [um.brál] 男 **1** 敷居; 門口. pisar los ~es 敷居をまたぐ. **2**【建】楣(まぐさ), 桁(けた), 横木. **3** 出発点, 第一歩. el ~ de la vida 人生の門出. **4** 範囲, 限界; 間際, 瀬戸際. ~ de audibilidad 聴覚閾(きい). en los ~es de la muerte 今際(いまわ)のきわに.
um·bra·la·da [um.bra.lá.ða] 女《ラ米》(アンデス)敷居.
um·bra·la·do [um.bra.lá.ðo] 女《ラ米》→ umbralada.
um·bra·la·du·ra [um.bra.la.ðú.ra] 女《ラ米》(アンデス) →umbralada.
um·brá·til [um.brá.til] 形 日陰の, 日陰を作る.
-umbre →-mbre.
um·bre·la [um.bré.la] 女（クラゲの）かさ.
um·brí·o, a [um.brí.o, -.a] 形 日の当たらない, 日当たりの悪い. —女 日陰.
um·bro·so, sa [um.bró.so, -.sa] 形 日陰の, 日陰をつくる; 薄暗い.
um·ma [úm.ma]《アラビア》女 イスラム共同体.

***un, u·na** [ún, ú.na] 冠《不定冠詞》► アクセントのある a-, ha- で始まる女性名詞の単数形の直前ではしばしば una の代わりに un が用いられる. — un águila 一羽のワシ. ► 定冠詞と異なり強勢ül(つよ)ü ある. ► 数詞 uno, una の複数形 unos, unas を不定冠詞の複数形とみなす考え方もある. → uno.
1《初出の名詞を導入して》ある…; 一つの, ひとりの. En un pueblo lejano, vivía un joven con su madre. ある遠い村のひとりが若者が母親と住んでいた. Anoche salí con una amiga mía. 昨夜私は友人のひとりと出かけた.
2《任意の個体を指して》どれか一つの, 誰かひとりの. ¿Tienes un bolígrafo? 君, ボールペンを持ってる. Dame una toalla. タオルを一枚取って. Necesito hablar con un abogado. 私は誰かの弁護士と話をしなければならない.
3《代表的な一つを取り出して総称として》…というのは, …ならどれも. Un líder debe estar dispuesto a todo. 指導者たるものすべての事態に備えていなくてはいけない. Un japonés no lo haría. 日本人だったらそれはしないだろう.
4《一定量を取り出して》一回の, 一例の; 少しの. por un tiempo 少しの間. hacer una limpieza 掃除をする. hacer una injusticia 不正な行為を働く. tener un aire de bohemio どこかボヘミアンの雰囲気を漂わせる.
5《修飾語のついた名詞の前で修飾語の意味を強調して》un invierno muy duro とても厳しい冬. un hambre tremenda ひどい空腹. Hace un frío terrible. 恐ろしい寒さだ. ► 通常は定冠詞を伴う唯一物や体の部位にも用いられる. — un sol ardiente 焼けつくような日差し. Tenía un bigote poblado. 彼は濃い口ひげを生やしていた.
6《名詞で表されるものの特質を強調して》正真正銘の, 大した. Estás hecha una señorita. 一人前のお嬢さんになったね. Lo que me contó fue una historia. 彼[彼女]が聞かせてくれたのはまさによくできたお話だった.
7《固有名詞・擬人化された普通名詞の前で》(1) …のような人, …に匹敵する. un Cervantes セルバンテスにも匹敵するような小説家. un Don Juan ドンファンのような色男. (2) …の作品. Tengo un Picasso. 私はピカソを一枚持っています.
8《否定を強調して》一つの…も（ない）. No tengo ni un amigo. 私にはひとりの友人もいない.
9《形容詞・副詞・動詞・文などの名詞化》…ということの一例, ひとつ[一回]の…. un no rotundo de los ciudadanos 市民の断固とした拒否. un cara a cara 面と向き合うこと, 直接対決. un no sé qué 何かわからないもの. en un abrir y cerrar de ojos 一瞬のうちに. Eso sería un absurdo. それはばかげたことだろう. **10**《時を表す名詞について副詞句を作る》…に. un día ある日. una noche ある晩.

u·na [ú.na] 冠 →un. —形《代名》→uno.
UNAM [u.nám] 女《略》*U*niversidad *N*acional *A*utónoma de *M*éxico メキシコ国立自治大学.
u·na·mu·nia·no, na [u.na.mu.njá.no, -.na] 形【文学】ウナムーノ（風）の.
U·na·mu·no [u.na.mú.no] 固名 ウナムーノ Miguel de ~ (1864-1936): スペインの思想家・詩人・小説家. 作品 *Sentimiento trágico de la vida*『生の悲劇的感情』(1913). ~ noventayochista.
u·ná·ni·me [u.ná.ni.me] 形 **1** 同意見の, 同説の. grupo ~ 意見を同じくする人々のグループ. **2** 満場一致の, 全員一致の, 異口同音の. la decisión ~ 満場[全会, 全員]一致の決定.
u·ná·ni·me·men·te [u.ná.ni.me.mén.te] 副 満場[全員]一致で, 異議[異論, 異存]なく.
u·na·ni·mi·dad [u.na.ni.mi.ðáð] 女 満場[全会]一致, 全員の同意. *por unanimidad* 満場[全会]一致で, 全員同意の上で.
u·na·ni·mis·mo [u.na.ni.mís.mo] 男《ラ米》(アンデス)上位者の意見におもねる合意.
un·cial [un.θjál / -.sjál] 形 アンシァル書体の. ◆ 3-

9世紀にギリシア語やラテン語の筆写に用いた丸みのある大文字の書体. ― 男(または女)アンシアル書体；アンシアル文字.

un·ci·for·me [un.θi.fór.me / -.si.-] 形《解剖》鉤状の, 有鉤(뜑)骨の. ― 男《手首の》有鉤骨.

un·ci·na·ria·sis [un.θi.na.rjá.sis / -.si.-] 女《単複同形》《医》鉤虫症.

un·ción [un.θjón / -.sjón] 女 **1** 油を塗ること, 油薬[軟膏(끓)]塗布；《複数で》《梅毒治療のための》水銀塗布. **2**《カト》**(1)**《臨終の際の》終油の秘跡（= extremaunción）. **(2)** 塗油(式). **3** 熱心；敬虔(잋).

un·cir [un.θír / -.sír] 99 他〈牛・ロバなどに〉くびきをかける. ～ los bueyes a un carro 牛を荷車につなぐ.

UNCTAD [un*k*.táđ] 女《略》*U*nited *N*ations *C*onference on *T*rade *a*nd *D*evelopment〔英〕国連貿易開発会議, アンクタッド（= Conferencia de las Naciones Unidas sobre Comercio y Desarrollo）.

un·de·cá·go·no, na [un.de.ká.go.no, -.na] 形《数》十一角形の, 十一辺形の. ― 男 十一角形, 十一辺形.

un·dé·ci·mo, ma [un.dé.θi.mo, -.ma / -.si.-] 形《数詞》第11番目；11分の1の. en ～ lugar 第11番目に.
― 男 11分の1（= la *undécima* parte）.

un·dé·cu·plo, pla [un.dé.ku.plo, -.pla] 形 11倍の, 11倍された. ― 男 女 11倍.

un·der·ground [un.der.gráun(d) // an.-]〔英〕形《性数不変》アンダーグラウンドの. cine ～ アングラ映画. teatro ～ アングラ劇場.

un·dí·so·no, na [un.dí.so.no, -.na] 形《詩》さざ波を立てる, ひたひたと鳴る.

-undo, da《接尾》「状態, 傾向」の意を表す形容詞語尾. 時に -cundo. ⇒ fe*cundo*, ira*cundo*, oriu*ndo*.

un·du·la·ción [un.du.la.θjón / -.sjón] 女 → dulación.

un·du·lar [un.du.lár] 自 → ondular.

un·du·la·to·rio, ria [un.du.la.tó.rjo, -.rja] 形 → ondulatorio.

UNED [u.néđ] 女《略》*U*niversidad *N*acional de *E*ducación a *D*istancia スペイン国立通信大学.

UNESCO / Unesco [u.nés.ko]《略》*U*nited *N*ations *E*ducational, *S*cientific and *C*ultural *O*rganization〔英〕国連教育科学文化機関, ユネスコ（= Organización de las Naciones Unidas para la Educación, la Ciencia y la Cultura）.

un·gi·do, da [uŋ.xí.đo, -.đa] 形《宗》塗油された. ― 男 塗油により聖別された王［司祭］；キリスト.

un·gi·mien·to [uŋ.xi.mjén.to] 男《宗》聖油塗布, 塗油(式).

un·gir [uŋ.xír] 100 他 **1**《宗》塗油により聖別する, 聖油を塗る. **2**〈傷口などに〉油を塗る, 軟膏(끓)を塗布する.

un·güen·ta·rio, ria [uŋ.gwen.tá.rjo, -.rja] 形 軟膏(끓)の, 軟膏のような.
― 男 軟膏を作る人［調合師］；軟膏の保管所.

un·güen·to [uŋ.gwén.to] 男 **1** 軟膏(끓), 膏薬. **2** 姑息(끓)な手段, 一時逃れ.
ungüento amarillo《話》《皮肉》万能薬.

un·gui·cu·la·do, da [uŋ.gi.ku.lá.đo, -.đa] 形《動》有爪(뜑)の, 爪のある.
― 男 女 有爪の哺乳(뜑)動物.

un·guis [úŋ.gis] 男《単複同形》《解剖》涙骨（= hueso lacrimal）.

un·gu·la·do, da [uŋ.gu.lá.đo, -.đa] 形《動》有蹄(뜑)の, 有蹄類の. ― 男 女 有蹄動物. ― 男《複数で》有蹄類.

un·gu·lar [uŋ.gu.lár] 形 爪(뜑)の, 爪状の.

uni-「1, 単一の」の意を表す造語要素. ⇒ *uni*forme, *uni*lateral. [←〔ラ〕]

u·nia·ta [u.njá.ta] 形《宗》東方帰一教会の.
― 男 女 東方帰一教会の信者.

u·ni·ble [u.ní.ble] 形 合併［連合］できる, 合体できる, 結合しうる.

u·ni·ca [ú.ni.ka] 形 女 → único.

**ú·ni·ca·men·te [ú.ni.ka.mén.te] 副 ただ…だけ, もっぱら…（に限って）, 単に. *Ú*～ dos personas lograron ser salvadas del accidente. その事故で助かったのはたった2人だけだった.
únicamente que ただ単に → *solamente* que.

u·ni·ca·me·ral [u.ni.ka.me.rál] 形《議会が》一院制の. ▶「二院制の」は bicameral.

u·ni·ca·me·ra·lis·mo [u.ni.ka.me.ra.lís.mo] 男（国会の）一院制.

u·ni·cau·le [u.ni.káu.le] 形《植》単茎性の.

UNICEF / Unicef [u.ni.θéf / -.séf]《略》*U*nited *N*ations *C*hildren's *F*und〔英〕国連児童基金, ユニセフ（= Fondo de las Naciones Unidas para la Infancia）.

u·ni·ce·jo, ja [u.ni.θé.xo, -.xa / -.sé.-] 形《話》**1** まゆ毛がつながった. **2** 眉間(녗)にしわを寄せた.

u·ni·ce·lu·lar [u.ni.θe.lu.lár / -.se.-] 形《生物》単細胞の. un animal ～ 単細胞動物, 原生動物.

u·ni·ci·dad [u.ni.θi.đáđ / -.si.-] 女 単一性, 唯一性；独自性, 特異性.

ú·ni·co, ca [ú.ni.ko, -.ka] 形 (ser** +) **1**《多くは＋名詞／名詞＋》唯一の, ただ一つの, ただひとりの. Soy el ～ hijo, pero tengo dos hermanas. 私はひとり息子ですが, 姉妹が2人います. Soy hijo ～. No tengo hermanos. 私はひとりっ子です. 兄弟・姉妹はいません. la *única* vía para evitar la quiebra 破産を回避する唯一の道. tramo de vía *única* 単線区間. sistema [régimen] de partido ～ 一党独裁制［体制］. el [un] ～ partido político 唯一の政党. Fue la *única* oportunidad [una oportunidad *única*] para nuestro equipo 我々のチームにとって唯一のチャンス［またとないチャンス］だった. con la *única* excepción de... …を唯一の例外として. El euro es la moneda *única* de la UE. ユーロはEUの単一通貨だ. Lo ～ que puedo decir es que lo siento. 私が申し上げられるのはただ残念のひと言です. La verdad es *única* y la mentira es diversa. 真実は一つだけだがうそはさまざまだ.

2《名詞＋》独自の, 特有な；比類のない, 二つとない. una obra *única* ユニークな作品. un acontecimiento ～ en la historia de la humanidad 人類史上他に例を見ない事件. Ha sido una experiencia *única* en mi vida. それは私の人生でまたとない経験だった.
[←〔ラ〕*únicum* （*únicus* の対格；*ūnus*「一（ひとり）(の)」より）派生］ 関連〔英〕*unique*］

u·ni·co·lor [u.ni.ko.lór] 形 単色の, 単彩色の, 単一色の.

u·ni·cor·nio [u.ni.kór.njo] 男 **1** ユニコーン, 一角獣：額中央に長い角がある馬に似た伝説上の動物. **2**

【動】(1) サイ (= rinoceronte). (2) ~ marino / ~ de mar イッカク：イッカク科のクジラ. **3** マストドンの牙(髻)の化石. **4** [U-]『星座』いっかくじゅう座 (= Monoceros).

*u·ni·dad [u.ni.ðáđ] 囡 **1** 一体(性), 単一(性), 統一(性), 一致(性); 一致団結. la ~ del partido 挙党一致. indivisible 不可分の一体性. ~ nacional 国家統一. **2** 一致, 調和, 一貫性. romper la ~ 調和を破る. **3**『演』(構成上の原則的な)一致. regla de tres ~es 三単一[三一致]の法則 (~ de acción 筋の一致. ~ de lugar 場所の一致. ~ de tiempo 時の一致). **4** 単位;『正の最小整数』1 ; 1の位. ~ monetaria 貨幣[通貨]単位. ~ métrica メートル単位. ~ de calor 熱量, カロリー. coste por ~『商』単位原価. ~ de peso 重さの単位. precio a ~ 単価. ~ de trabajo 作業単位. **5** 構成部[単位];(機械の)ユニット, 装置;設備. central de proceso『IT』中央処理装置[英 CPU]. ~ de cola (飛行機の)尾部. ~ de entrada『IT』入力装置. ~ móvil テレビ中継車. tren de ~es múltiples (編成)列車. ~ de vigilancia intensiva / ~ de cuidados intensivos (病院の)集中治療室(略 UCI). **6**『軍』部隊, 隊. ~ de combate 戦闘部隊[単位]. columna de las ~es 縦隊.
[← 『ラ』 ūnitātem (ūnitās の対格; ūnus 「一つ(ひとり)(の)」より派生; 関連 unitario, unitarismo. [英]unity 「単一性」, unit 「単位」]

u·ni·da·men·te [u.ni.ða.mén.te] 副 団結して, 仲良く.

u·ni·di·men·sio·nal [u.ni.ði.men.sjo.nál] 形 一次元の.

u·ni·di·rec·cio·nal [u.ni.ði.rek.θjo.nál / -.sjo.-] 形『物理』一方向の, 単向性の. corriente ~ 単向電流.

u·ni·do, da [u.ní.ðo, -.ða] 形 **1** 結ばれた, 結合した;結束した, 連合[統合]された. Estados *U*~s de América アメリカ合衆国. Organización de las Naciones *Unidas* 国際連合, 国連(略 ONU). **2** 気の合った, 気心のわかった. Juan y yo estábamos ~s. フアンと私は気の合った仲間だった.

u·ni·fa·mi·liar [u.ni.fa.mi.ljár] 形 一家族用の.

u·ni·fi·ca·ción [u.ni.fi.ka.θjón / -.sjón] 囡 **1** 統一, 統合, 合一. ~ del país 国家の統一. **2** 一様化, 均一化. ~ de la nomenclatura 用語の統一. **2** 一様化, 均一化.

u·ni·fi·ca·dor, do·ra [u.ni.fi.ka.ðór, -.ðó.ra] 形 一つにまとめる, 統一する, 統合的な.
— 男 囡 まとめる人, 統一[統合]者.

*u·ni·fi·car [u.ni.fi.kár] 他 **1** 一つにする, 統一[統合]する. ~ esfuerzos 力を結集する. **2** 一様にする, 均一化する. ~ los salarios 賃金を一律にする. ~ las tarifas 料金を均一化する.
— ~·se 再 一つにされる, 統一[統合]される.

unifique(-) / unifiqué(-) 活 → unificar.
u·ni·fo·lia·do, da [u.ni.fo.ljá.ðo, -.ða] 形『植』単葉の.

u·ni·for·ma·do, da [u.ni.for.má.ðo] 男『ラ米』(髻)(ヲラ)警察官, 刑事.

u·ni·for·mar [u.ni.for.már] 他 **1** 規格化する, 標準化[画一化]する, そろえる. **2** 制服を着せる.
— ~·se 再 均一[画一]になる, そろう.

*u·ni·for·me [u.ni.fór.me] 形 **1** 同じ形の;そろいの, 画一的な, 一様な. casas ~s 同じ形をした家々. color ~ 単色. hacer ~ 均一化する, 一定にする. el movimiento ~ de la Tierra 地球の等速運動. **2** 平坦(鰯)な, 凸凹のない. **3** 単調な, 平凡な. vida ~ 変化のない生活.
— 男 制服, ユニホーム；軍服. el uso del ~ 制服[軍服]の着用. ~ de gala 式服, 典礼服. ►「私服, 平服」は traje de paisano.
[←『ラ』*ūnifōrmis* (*ūnifōrmis* の対格) 形 「一つの形の, 同じ形の」(*ūnus*「ひとつ(の)」+ *fōrma*「形」+形容詞語尾). 関連 uniformidad. [英]*uniform*]

u·ni·for·mi·dad [u.ni.for.mi.ðáð] 囡 **1** 一様, 画一性, 均質, 均一. **2** 単調；平坦(鰯)さ.

u·ni·for·mi·zar [u.ni.for.mi.θár / -.sár] 97 他 **1** 一様にする, 均等にする. **2** 標準化する.

u·ni·gé·ni·to, ta [u.ni.xé.ni.to, -.ta] 形 **1** 唯一の, ただ一つの. hijo ~ ひとりっ子. **2**『カト』神のひとり子. — 男 [U-] 神の子, キリスト.

u·ni·la·te·ral [u.ni.la.te.rál] 形 **1** 片側だけの, 一方だけの;偏った, 偏頗(ãå)な. contrato ~ 片務契約. **2**『植』片側の, 偏側性の.

u·ni·la·te·ra·lis·mo [u.ni.la.te.ra.lís.mo] 男『政』2国間の不平等な外交関係.

u·ni·la·te·ral·men·te [u.ni.la.te.rál.mén.te] 副 一方的に.

***u·nión [u.njón] 囡 **1** 結合, 合体;合併；団結. deshacer la ~ 団結を壊す. en ~ de... …と一緒に. la ~ de dos provincias 2つの県の合併. la ~ de estos factores これらの要素の結合. La ~ hace la fuerza.《諺》団結は力なり. **2** 組合, 労働組合, 連合, 協会. ~ de cooperativas 共同組合. *U*~ Europea (略 UE) 欧州連合[英 EU]. **3** 結婚, 婚姻関係 (= ~ conyugal [matrimonial]). Todos celebraron esta ~. 皆この結婚を祝福した. **4**『医』縫合. **5** 結合部;『技』接点;連結(器), ジョイント. **6**(輪が二重になって連結している)指輪, ダブルリング. **7**『ラ米』(1)(髻)(刺繍(髻))入りの2枚の布からなうレース. (2)『服飾』オーバーオール, つなぎ(服). (3)(*)『複数で』『服飾』(女性用下着の)コンビネーション.
[← 後『ラ』*ūniōnem* (*ūniō* の対格) ←『ラ』「単一(性)」(*ūnus*「一つ(の)」より派生; 関連 unionismo. [英]*union*]

U·nión de Re·pú·bli·cas So·cia·lis·tas So·vié·ti·cas [u.njón de ře.pú.bli.kas so.θja.lís.tas so.bjé.ti.kas / ----.sja.-] 固名 ソビエト社会主義共和国連邦(1922-91); 1991年独立国家共同体の成立により解体.

u·nio·nis·mo [u.njo.nís.mo] 男『政』統一[統合]主義の;(北アイルランド独立に反対する)連合主義.

u·nio·nis·ta [u.njo.nís.ta] 囲『政』統一[統合]主義の. — 男 統一[統合]主義者.

u·ní·pa·ro, ra [u.ní.pa.ro, -.ra] 形 **1**『動』一度に1子[1卵]だけを産む. **2**『植』単花梗(髻)の.

u·ní·pe·de [u.ní.pe.ðe] 形 1本足の.

u·ni·per·so·nal [u.ni.per.so.nál] 形 **1**『文法』単人称の: 3人称単数形のみで活用する動詞について言う. → nevar, relampaguear など. → impersonal. **2** 個人の, ひとり用の.
— 男『ラ米』(髻)ひとり芝居.

u·ni·po·lar [u.ni.po.lár] 形『電』単極の.

u·nir
[u.nír] 他 **1** 《**a...** …に／ **con...** …と》結合させる, つなぎ合わせる. ~ los cables *a* los terminales ケーブルを端子につなぐ. ~ las piezas de madera con pegamento 接着剤で木片を貼り合わせる. El canal de Panamá *une* el Atlántico *con* el Pacífico. パナマ海峡は大西洋と太平洋をつないでいる.
2 〈人を〉団結させる；〈意思などを〉一致させる；〈組織などを〉連合[合併]させる. ~ a la familia 家族の結束を固める. ~ los esfuerzos de todos 皆の努力を合わせる. Nos *une* el amor al arte. 私たちつないでいるのは芸術への愛である.
3 《**a...** ／ **con...** 〈ある特質〉と》〈別の特質を〉併せ持つ. Las obras de este pintor *unen* la delicadeza *a* la audacia. この画家の作品は大胆さと繊細さを兼ねそなえる.
4 〈液体などを〉混ぜ合わせる, 均質にする. ~ las claras con las yemas 白身に黄身を混ぜ合わせる.
5 【医】〈傷口を〉縫合する. El cirujano me *unió* la herida. 外科医は私の傷を縫合した. **6** 結婚させる, 結婚式を司る(=~ en matrimonio).
— 自 〈液体などが〉混じる. Mezcla la salsa hasta que (se) *una* bien. 均質になるまでソースをかきまわしてください(▶ 時に再帰代名詞を伴う).
— **~·se** 再 **1** 《**a...**, **con...** …と》結合する；連合[合併]する；〈液体などが〉混ざる. Este año *se unieron* los dos reinos. この地区に2つの王国は統合された. En este barrio *a* la pobreza *se une* la violencia. この地区では貧困に加えて暴力が横行している.
2 《**a...**》〈…に〉〈人が〉加わる；《〈人・意見など〉に》合流する. ~*se a* un grupo グループに参加する. ~*se a* una conclusión 結論に賛同する. *Me uno a* ustedes en su dolor. 皆さんと悲しみを分かち合いたいと思います. **3** 結婚する, 結婚式を挙げる. Los dos *se unirán* el próximo mes por la iglesia. ふたりは来月教会による結婚式を挙げる予定だ.
[←[ラ]*unīre* (*ūnus* 「一つ(なもの)(の)」の派生語)；関連 unitario, unitivo. [英]*unite*]

u·ni·rra·di·cu·lar [u.ni.r̄a.ði.ku.lár] 形 単根の. dientes *—es* 単根歯／前歯.

u·ni·sex [u.ni.séks]／**u·ni·se·xo** [u.ni.sék.so] 形 男女共用の, ユニセックスの；〈服装などが〉男女の見分けのつかない. moda ~ ユニセックスのモード.

u·ni·se·xua·do, da [u.ni.sek.swá.ðo, -.ða] 形 【生物】単性の.

u·ni·se·xual [u.ni.sek.swál] 形 【植】【生物】単性の.

u·ni·són [u.ni.són] 男 【音楽】ユニゾン, 斉奏, 斉唱.

u·ni·so·nan·cia [u.ni.so.nán.θja／-.sja] 女
1 【音楽】同音, 同度.
2 〈演説の〉単調さ, めりはりのなさ.

u·ni·so·no, na [u.ni.só.no, -.na] 形 同音の, 調和した. — 男 **1** 【音楽】ユニゾン, 斉唱. **2** 一致, 調和. *al unísono* ユニゾンで；いっせいに.

u·ni·ta·rio, ria [u.ni.tá.rjo, -.rja] 形 **1** 1個の, 単位の, 単一の. precio ~ 単価. **2** 統一的, 統一した. Estado ~ 統一国家. **3** 【宗】ユニテリアン派の.
— 男 女 ユニテリアン派の信者.

u·ni·ta·ris·mo [u.ni.ta.rís.mo] 男 **1** 【宗】(三位一体 trinidad を否定する)ユニテリアン派の教義.
2 統一主義, 中央集権主義.

u·ni·ti·vo, va [u.ni.tí.bo, -.ba] 形 結合させる, 結合力のある. tejido ~ 結合組織. vía *unitiva* 【カ】一致の道：完徳に至る最終段階.

u·ni·val·vo, va [u.ni.bál.bo, -.ba] 形 【動】【植】単弁の, 単室の；〈貝殻が〉単殻の. — 男 【貝】単殻類.

u·ni·ver·sal
[u.ni.ber.sál] 形 《名詞＋》 **1** 《*ser*＋》**全世界的な**, 万国の, 万人(共通)の. concilio ~ 公会議. fama ~ 世界的な名声. historia ~ 世界史. sufragio ~ 普通選挙. **2** 《*ser*＋》**宇宙の**, 万物の. gravitación [atracción] ~ 万有引力. **3** **普遍的な**；一般的な, 全般的な. gramática ~ 【言】普遍文法. tema ~ 全般的なテーマ. La opinión ~ es unánime. 大方の意見は一致している.
— 男 《複数で》【哲】一般概念, 普遍；普遍的な実在, 普遍的特性；【論】全称の命題.

u·ni·ver·sa·li·dad [u.ni.ber.sa.li.ðáð] 女 普遍性, 一般性；世界性.

u·ni·ver·sa·lis·mo [u.ni.ber.sa.lís.mo] 男 **1** 普遍性. **2** 【哲】普遍主義. **3** 【神】万人救済[帰神]説. **4** 【宗】ユニヴァーサリスト教会(の教義).

u·ni·ver·sa·lis·ta [u.ni.ber.sa.lís.ta] 形 普遍主義の. — 男 女 普遍主義者.

u·ni·ver·sa·li·za·ción [u.ni.ber.sa.li.θa.θjón／-.sa.sjón] 女 普遍化, 普及, 一般化.

u·ni·ver·sa·li·zar [u.ni.ber.sa.li.θár／-.sár] 97 他 普遍[一般]化する, 普及させる.
— **~·se** 再 普遍化する, 一般化する.

u·ni·ver·sal·men·te [u.ni.ber.sál.mén.te] 副 全世界的に, あまねく.

u·ni·ver·sia·da [u.ni.ber.sjá.ða] 女 ユニバーシアード, 国際学生競技大会.

u·ni·ver·si·dad
[u.ni.ber.si.ðáð] 女 **1** (総合) **大学**. *U*~ Antonio de Nebrija (スペインの)アントニオ・デ・ネブリハ大学. ~ estatal 国立大学. ~ privada 私立大学. Ella es estudiante de una ~ de Tokio. 彼女は東京のある大学の学生です. **2** 大学の施設［敷地, 建物］. **3** 《集合的》大学の構成員(教職員と学生)；大学の教職員, 大学当局. **4** 普遍化, 一般性.
[←[中ラ]*ūniversitātem* (*ūniversitās* の対格)「教員と学生の共同体」；大学 ~ [ラ]「全体, 全世界」；*ūniversus* 「全体の」(→ universo) より派生；関連 universitario. [英]*university*]

*u·ni·ver·si·ta·rio, ria [u.ni.ber.si.tá.rjo, -.rja] 形 **大学の**, 大学に関する. ciudad *universitaria* 大学都市. reforma *universitaria* 大学改革.
— 男 女 **1** 大学生；大学卒業者. → estudiante 類語. **2** (大学の)教員, 講師.

*u·ni·ver·so, sa [u.ni.bér.so, -.sa] 形 宇宙の, 万物の；全世界的な, 世界の(=universal). paz *universa* 世界平和.
— 男 **1** 《しばしば U~》**宇宙**, 森羅万象. el misterio del *U*~ 宇宙の神秘. expansión del *U*~ 宇宙の膨張.
2 世界, 分野, 領域. Me he construido un ~ para mí sola. 私は自分だけの世界を構築したのです.
3 母集団(=~ poblacional).
[←[ラ]*ūniversum* (*ūnus* 「ひとつ(の)」＋ *versum* 「向けられたもの」；「一つにまとめられたもの」が原義；関連 universidad. [ポルトガル][伊]*universo*. [仏]*univers*. [英]*Universum*]

u·ni·vi·te·li·no, na [u.ni.ßi.te.lí.no, -.na] 形 〈双生児が〉一卵性の.

u·ni·vo·ci·dad [u.ni.ßo.θi.ðáð／-.si.-] 女 【論】一義性；同一性, 同質性.

u·ní·vo·co, ca [u.ni.ßo.ko, -.ka] 形 一義の；同種の, 同質の. correspondencia *unívoca* 一意対

u・no [ú.no] 活 → unir.

u・no, na [ú.no, -.na] 形《数詞》▶ 男性単数名詞の前では un.

1《+名詞》**1つの，ひとりの．** *uno* o *dos libros* 1冊か2冊の本. En la sala había *un* hombre y *una* mujer. 部屋には男性1人と女性1人がいた. ▶ 2桁以後の数形容詞の1の位の1を表す場合にも用いられる. → *cuarenta y un euros* 41ユーロ. *treinta y una horas* 31時間. *ciento un dólares* 101ドル.

2《名詞+》《序数詞の代わりに》**第1の，1番目の．** el día *uno* de junio 6月1日. *párrafo ciento uno* 第101項.

3 一体の，一致した，同一の． El profesor y los alumnos son ～. 教師と生徒達は一体である.

4《複数形》(1)**いくつかの，いく人かの．**→ un. *Saqué unas fotos*. 私は何枚か写真を撮った. *Te mando unos libros*. 君に何冊か本を送ります. *Me tomo unas vacaciones*. 私は少し休暇をとる.

(2)《+数詞》**約…．** *Corrí unos treinta kilómetros*. 私は約30キロ走った.

(3)《2つで1組のものに付けて》**1対**［足，個，…］**の．** *unos zapatos* 1足の靴. *unos pantalones* ズボン1本. *unas gafas* メガネ1つ. *Ella tiene unos ojos azules muy bonitos*. 彼女はとてもきれいな青い目をしている.

— 代名 **1 1つ，ひとり，1つのこと，同じこと．** ¿Quieres caramelos? — Dame *uno*. キャンディーほしい. — 1つちょうだい. Él tiene dos hermanas y yo *una*. 彼には姉妹が2人いるが，僕は1人だ.

2 どれか，どれでも，誰か；《特定の》**ある物，ある人．** Mi hermana sale con *uno*. 妹はある男の子と付き合っている.

3《不定》(一般的な)**人，誰でも**(▶ 特に「自分」のことを含意する). *Uno tiene que trabajar para vivir*. 人は生きるために働かねばならない. *Una no tiene que cocinar todos los días*. (私たち)女性が毎日料理をする必要はない.

4《**otro**(**s**)と呼応して》**あるもの，ある人，一方．** *Unos* cantaban, *otros* bailaban. 歌う者もいれば，踊る者もいた. *Empezaron a hablar unos y otros*. 全員がいっせいにしゃべり始めた. *Tienes que elegir uno u otro*. 君はどちらか選ばないといけない. *uno... el otro...* (2者のうち)一方は…他方は….

— 男 **1；1の数字，ローマ数字1.** *Uno y uno son dos*. 1たす1は2. *Pago el uno de cada mes*. 私は毎月1日に支払います. ▶ 女性名詞で表されるものを数えるときは *una, dos, tres, cuatro*... という. → **lo uno... lo otro...** (2者のうち)一方は…また一方は…. *ni lo uno ni lo otro* どちらも…. *los unos... los otros...* …する人もいれば…する人もいる.

— 女 **1**《定冠詞+》《時刻の》**1時.** Llegaron a *la una*. 彼らは1時に着いた.

2《話》ひどいめ，めちゃくちゃな仕打ち.

a una 同時に，いっしょに.

cada uno それぞれ，めいめい. ▶ 女性を表す場合は *cada una*.

de una 1回で，一遍に，さっさと.

de uno en fondo《軍》1列縦隊で.

de uno en uno / uno a [*por*] *uno* 一つ[ひとり]ずつ，順次.

ni uno ni otro どちらも…でない. *No me gusta ni uno ni otro*. 私はどちらも好きではない.

una de... たくさんの….

una de dos 二者択一，いずれか一方.

una y no más きっぱりと，これを最後に；一度で十分，もうたくさん.

una y otra vez 何度も.

uno a [*por*] *uno* 一つずつ，代わる代わる，逐一. ▶ 女性を表す場合は *una a* [*por*] *una*.

uno con otro 全体で，全般的に見て，概して.

uno más / uno de tantos 取るに足りない人[もの]，ごくありふれた場所.

uno mismo 自分自身. *Esto puede hacerlo uno mismo*. こんなことはひとりでできるはずだ.

uno que otro いくらかの，少しの. *Se veía uno que otro edificio*. いくつかの建物が見えた.

uno(*s*) *a otro*(*s*) 互いに. *mirarse uno*(*s*) *a otro*(*s*) 互いに顔を合わせる.

unos cuantos いくつかの

uno tras otro 次々に，代わる代わる. *Los invitados fueron entrando uno tras otro*. 来客は次々と入って行った.

uno y otro ふたつ[ふたり]とも.

[← [ラ] *ūnum* (*ūnus* の対格)；関連 único, unidad, (re)unir, unión, uniforme. [英] *one, uniform, unite*「一体にさせる，結合する」]

-uno, na 形「属性，性質，関連」の意を表す形容詞語尾. しばしば軽蔑の意. → frailuno, hombruna, vacuno.

un・plugged [am.plá*g*(d)] [英] 形《主に性数不変》《音楽》《コンサート・演奏が》アコースティックだけの(=básico).

— 男 アコースティックライブ.

un・ta・ble [un.tá.ble] 形 **1** 〈油脂・クリーム・バターなどが〉塗れる. **2**《話》《軽蔑》買収可能な.

un・ta・da [un.tá.ða] 女《ラ米》《グア》《ブグ》(1) 贈賄；収賄. (2)《話》公務員の賞与.

un・ta・dor, do・ra [un.ta.ðór, -.ðó.ra] 形 油を塗る，塗油の，〈油を塗る人.

un・ta・du・ra [un.ta.ðú.ra] 女 **1** 油[軟膏(ｺｳ)]を塗ること；注油. **2** 潤滑油，グリース；《医》軟膏. **3** 賄賂(ﾛ).

un・ta・mien・to [un.ta.mjén.to] 男 → untadura 1, 2.

un・tar [un.tár] 他 **1**《con... / de...》〈油・軟膏などを〉…に塗る；〈軟膏などを〉塗り広げる. ～ *la tostada con mantequilla* トーストパンにバターを塗る.

2《en...に》浸す，つける，染ませる. ～ *el pan en salsa* パンをソースに浸す. **3**《con... / de...》〈油など〉で汚す，染みをつける. **4**《話》《軽蔑》買収する，そでの下を贈る. **5**《話》たたく，殴る.

— ～・**se** 再 **1**〈自分の体・衣服を〉汚す，染みをつける. **2**《話》私腹を肥やす.

untarle la mano (*a*+人)《話》〈人〉に賄賂(ﾛ)を渡す，買収する.

un・te [ún.te] 男《話》→ unto.

un・ti・sal [un.ti.sál] 男《ラ米》《グア》〈やけどや外傷などの〉塗布薬.

un・to [ún.to] 男 **1**《医》軟膏(ｺｳ). **2** 獣脂，脂肪，脂身. **3**《ラ米》《ｺﾛ》靴クリーム. **4**《話》賄賂(ﾛ).

unto de México [*rana*]《話》賄賂.

un・to・so, sa [un.tó.so, -.sa] 形 → untuoso.

un・tuo・si・dad [un.two.si.ðáð] 女 油性，油っこさ，脂ぎっていること；ぬるぬるしていること.

un・tuo・so, sa [un.twó.so, -.sa] 形 **1** 油性の，油っこい，脂ぎった；ぬるぬるした. **2**《軽蔑》へつらった，

口の上手な.

un·tu·ra [un.tú.ra] 囡 → untadura.

u·ña [ú.ɲa] 囡 **1** 爪, (鳥獣の) 鉤爪(かぎづめ), (牛・馬の) ひづめ. comerse [morderse] las *uñas* 爪をかむ; いらいらする; 怒り狂う. pintarse las *uñas* マニキュアをする. *uña*(*s*) *de vaca* (料理用の) 牛の足. **2** 鉤爪状のもの; 釘(くぎ)抜き; (起重機などの) 爪. **3** (サソリなどの) 毒針, (植物などの) とげ. **4** (木・金属に刻む) ノッチ, 切り欠き, 刻み目. **5** (彫金用の) 彫刻刀. **6** 【海】錨爪(いかりづめ). **7** 【医】(眼の) 翼状片. **8** 《ラ米》《俗》《複数で》【車】バンパー. *afilar*(*se*) *las uñas* 知恵を絞る.
a uña de caballo 大急ぎで, 拍車をかけて. *huir a uña de caballo* 一目散に逃げる.
defender [*luchar*] *con uñas y dientes* 必死に守る, 戦う.
dejarse las uñas en… 《話》…を一生懸命する.
de uñas 《話》怒って, 敵対して.
enseñar [*mostrar*, *sacar*] *las uñas* 歯をむき出して怒る, 牙をむく.
estar [*ponerse*] *de uñas* 《話》敵意を抱いている [抱く], けんか腰である [になる].
laca de uñas マニキュア, ネイルエナメル.
largo de uñas 手癖の悪い, 盗癖のある.
lima de uñas 爪やすり.
ser uña y carne / *ser carne y uña* 《話》切っても切れない仲である, 非常に親しい.
tener las uñas afiladas 手癖が悪い.
[← 〚ラ〛 *ungulam* (*ungula* の対格)「ひづめ, (猛禽(もうきん) 獣の) 爪」(*unguis*「爪」+縮小辞) 〖関連〗ungular, pezuña, ónice. 〔英〕*nail*「爪」, *ungula*「ひづめ」]

u·ña·da [u.ɲá.ða] 囡 爪(つめ)跡; ひっかき傷.

u·ña·lar·ga [u.ɲa.lár.ɣa] 囲 《ラ米》《話》泥棒.

u·ña·ra·da [u.ɲa.rá.ða] 囡 → uñada.

u·ña·te·ar [u.ɲa.te.ár] 他 《ラ米》《ペルー》《俗》《話》盗む.

u·ñe·ro [u.ɲé.ro] 囲 【医】瘭疽(ひょうそ); (爪(つめ)が肉に食い込む) 刺爪(さしづめ).

u·ñe·ta [u.ɲé.ta] 囡 **1** たがね; のみ; 釘(くぎ)抜き. **2** (弦楽器用の) 爪(つめ). **3** 【遊】硬貨を3回はじいて穴に入れる遊び. **4** 《ラ米》《チリ》《コロ》【音楽】(弦楽器用の) ピック, 爪(つめ).

u·ñe·tas [u.ɲé.tas] 囲囡 《単複同形》《ラ米》《アンデス》《チリ》 泥棒, こそ泥.

u·ñe·te·ar [u.ɲe.te.ár] 他 《ラ米》《チリ》《話》くすねる.

u·ñi [ú.ɲi] 囲 《ラ米》《チリ》【植】ギンバイカ (の一種); (実が食用となる) テンニン科の木.

u·ñir [u.ɲír] 72 他 → uncir.

u·ñi·ta [u.ɲí.ta] 囡 《ラ米》《ボリ》【遊】ビー玉 (遊び).

u·ño·so, sa [u.ɲó.so, -.sa] 形 **1** 爪(つめ)の長い. **2** (動物が) 足を痛めた.

u·pa [ú.pa] 形 《ラ米》《アンデス》《話》ばかな, まぬけな.

¡u·pa! [ú.pa] 間投 《掛け声》そーれ, せーの (= ¡aúpa!).
a upa 抱っこして, 抱き上げて.

u·pa·qui·za·ción [u.pa.ki.θa.θjón / -.sa.sjón] 囡 《ラ米》《ペルー》購買力指数 UPAC (=Unidades de Poder Adquisitivo Constante) に従った抵当権などの見直し.

u·par [u.pár] 他 《話》《時に幼児語》持ち上げる, 引き上げる; 〈子供を〉抱き上げる (= aupar).

u·pe·ri·sa·ción [u.pe.ri.sa.θjón / -.sjón] 囡 → uperización.

u·pe·ri·sar [u.pe.ri.sár] 他 → uperizar.

u·pe·ri·za·ción [u.pe.ri.θa.θjón / -.sa.sjón] 囡 (牛乳の) 超高温瞬間殺菌.

u·pe·ri·zar [u.pe.ri.θár / -.sár] 97 他 〈特に牛乳を〉超高温で殺菌する.

u·pu·san·tiar [u.pu.san.tjár] 囲 マレー半島原産の樹液から採れる猛毒.

-ura (接尾) **1** 形容詞に付いて「状態, 性質, 程度」の意を表す女性名詞語尾. → alt*ura*, fresc*ura*, verd*ura*. **2** 「行為, 結果, …されたもの」の意を表す女性名詞語尾. しばしば -dura, -tura の形をとる. → cens*ura*, hech*ura*.

u·ra·je·ar [u.ra.xe.ár] 自 〈カラスが〉鳴き声を出す.

u·ra·li·ta [u.ra.lí.ta] 囡 【商標】建材用のセメント・アスベスト板.

u·ra·lo·al·tai·co, ca [u.ra.lo.al.tái.ko, -.ka] 形 ウラル・アルタイ (山脈地方) の; ウラル・アルタイ語族の (► ウラル語族とアルタイ語族を総称した言い方).

u·ra·na·to [u.ra.ná.to] 囲 【化】ウラン酸塩.

U·ra·nia [u.rá.nja] 固名 【ギ神】ウラニア. (**1**) 天文をつかさどる女神. ➡ musa. (**2**) Afrodita の別称の一つ. [(**1**) ← 〚ラ〛*Urania* ← 〔ギ〕*Ouranía*(「天のもの」が原義); 〖関連〗Urano]

u·rá·ni·co, ca [u.rá.ni.ko, -.ka] 形 ウランの, ウラニウムの.

u·ra·ní·fe·ro, ra [u.ra.ní.fe.ro, -.ra] 形 ウラン [ウラニウム] を含む.

u·ra·nio [u.rá.njo] 囲 【化】ウラン, ウラニウム (記号 U). ~ *enriquecido* 濃縮ウラン. ~ *nativo* [*natural*, *normal*] 天然ウラン.
[← 〔近ラ〕*ūranium* (フランス人化学者 *Péligot* が 〚ラ〛*Ūranus*「ウラノス」に関連づけて造語)]

u·ra·nio, nia [u.rá.njo, -.nja] 形 天に関する, 天文上の.

U·ra·no [u.rá.no] 固名 **1** 【ギ神】ウラノス. ♦「天空」を意味するギリシア神話最古の男神. 大地の女神 Gaia Gea の子にしてかつ夫. 世界の支配権を息子 Cronos に奪われた. **2** 【天文】天王星.
[← 〚ラ〛*Ūranus* ← 〔ギ〕*Ouranós* (*ouranós*「天, 空」より派生); 〖関連〗uranio]

u·ra·no·gra·fí·a [u.ra.no.ɣra.fí.a] 囡 天体学.

u·ra·no·me·trí·a [u.ra.no.me.trí.a] 囡 天体測量.

u·ra·pe [u.rá.pe] 囲 《ラ米》【植】ハマカズラ.

u·ra·to [u.rá.to] 囲 【化】尿酸塩.

urbanice(-) / urbanicé(-) 活 → urbanizar.

ur·ba·ní·co·la [ur.ba.ní.ko.la] 形 囲 《話》 → urbanita.

ur·ba·ni·dad [ur.ba.ni.ðáð] 囡 都会風, 洗練, あか抜け, 礼儀, 優雅.

ur·ba·nis·mo [ur.ba.nís.mo] 囲 **1** 都市 (開発) 計画, 都市工学, 都市問題研究. **2** 《ラ米》《メキ》土地開発, 宅地造成.

ur·ba·nis·ta [ur.ba.nís.ta] 形 都市化の; 都市計画の. ━ 囲囡 都市計画専門家, 都市工学者.

ur·ba·nís·ti·co, ca [ur.ba.nís.ti.ko, -.ka] 形 **1** 都市の, 都市に関する. **2** 都市計画の, 都市 (工) 学の.

ur·ba·ni·ta [ur.ba.ni.ta] 形 《話》都会っ子の. ━ 囲囡 《話》都会っ子, 都会人.

ur·ba·ni·za·ción [ur.ba.ni.θa.θjón / -.sa.sjón] 囡 **1** 都市計画. **2** 都市化, 都会化; (郊外の) 開発. *obras de* ~ *de una ciudad* 都市開発事業. **3** 新都市, ニュータウン, 分譲地, 団地. **4** しつけ, 教育, 洗練.

ur·ba·ni·zar [ur.βa.ni.θár / -.sár] 〔97〕他 **1** 都市化する,都会化する. **2** 〈宅地などを〉開発する. ~ una ciudad 都市を開発する. zona sin ~ 未開発地区. zona *urbanizada* 開発地区,市街地. **3** 教育する,洗練する;都会風にする. ~ a un paleto 田舎者をあか抜けさせる.
— **~·se** 再 洗練される,上品になる,あか抜けする.

*__ur·ba·no, na__ [ur.βá.no, -.na] 形 **1** 都市の,都会の. población *urbana* 都市人口. guardia ~ 市警察官. la emigración del campo a los centros ~s 農村部から都市部への人口移動. **2** 都会風の,洗練された,上品な.
— 男 女 市警察官,交通巡査.
[← [ラ] *urbānum* (*urbānus* の対格); *urbs*「城塞都市」より派生; 関連 urbanidad, urbanizar, urbanismo, suburbio. [英] urban(e)]

ur·be [úr.βe] 女 大都会,大都市;主要都市.

ur·ca [úr.ka] 女〖動〗シャチ,サカマタ (= orca).

ur·ce [úr.θe / -.se] 男〖植〗ヒース,エリカ.

ur·chi·lla [ur.tʃí.ʎa / -.ʝa] 女 **1**〖植〗リトマスゴケ:地衣類. **2** オルチル,オーキル:リトマスゴケなどから採取される紫色染料.

ur·co [úr.ko] 男《ラ米》(ʃi)(ʃsɲ)〖動〗牡羊;雄アルパカ.

ur·di·de·ra [ur.ði.ðé.ra] 女 (織物の) 整経機.

ur·di·dor, do·ra [ur.ði.ðór, -.ðó.ra] 形 (織機の) 整経用の.
— 男 (織機の) 縦糸巻き,整経機.

ur·di·du·ra [ur.ði.ðú.ra] 女 **1** (織機の) 整経. **2** 陰謀,たくらみ;仕組み.

ur·diem·bre [ur.ðjém.bre] 女 → urdimbre.

ur·dim·bre [ur.ðím.bre] 女 **1** (織物の) 縦糸;整経. **2** 計略,陰謀.

ur·dir [ur.ðír] 他 **1** (織機に) 縦糸を掛ける,整経する. **2** たくらむ,企てる. ~ una conspiración 陰謀をたくらむ.

ur·du [úr.ðu] / **ur·dú** [ur.ðú] 男 ウルドゥー語:パキスタンの公用語.

u·re·a [u.ré.a] 女〖生化〗尿素.

u·re·mia [u.ré.mja] 女〖医〗尿毒症.

u·ré·mi·co, ca [u.ré.mi.ko, -.ka] 形 尿毒症の.

u·ren·te [u.rén.te] 形 焼けるような,ひりひりする.

u·ré·ter [u.ré.ter] 男〖解剖〗尿管.

u·re·te·ra [u.ré.te.ra] 女 → uretra.

u·re·tra [u.ré.tra] 女〖解剖〗尿道.

u·re·tral [u.re.trál] 形〖解剖〗尿道の.

u·re·tri·tis [u.re.trí.tis] 女《単複同形》〖医〗尿道炎.

u·re·tros·co·pia [u.re.tros.kó.pja] 女〖医〗内視鏡による尿道検査.

Ur·gel [ur.xél] 固名 ウルヘル:スペイン北東部にある町. 820年司教座 seo が置かれた. → Andorra.

*__ur·gen·cia__ [ur.xén.θja / -.sja] 女 **1** 緊急,火急. con (toda) ~ (大) 至急. en caso de ~ 緊急[火急]の場合には.
2 緊急事態,非常時 [事態]. tener una ~ de dinero 緊急にお金が要る.
3《複数で》病院の救急センター.
4 救急処置. **5** 救急治療を必要とする患者.
de urgencia 緊急の,迅速な. cura *de* ~ 応急手当,救急治療. medida *de* ~ 緊急[応急]措置. recurso *de* ~〖法〗略式手続き. salida *de* ~ 非常口.

*__ur·gen·te__ [ur.xén.te] 形 **1** 緊急の,急を要する,切迫した,差し迫った. caso ~ 緊急事態;急患. necesidad ~ 緊急の要. un asunto ~ 火急の用件,急用.
2 速達の. correo ~ 速達郵便. poner [recibir] una carta ~ 速達の手紙を出す [受け取る]. telegrama ~ 至急電報.
[← [ラ] *urgentem* (*urgēns* の対格); *urgēre*「駆り立てる」(→ urgir) の現在分詞; 関連 urgencia. [英] urgent]

*__ur·gen·te·men·te__ [ur.xén.te.mén.te] 副 緊急に,至急.

*__ur·gir__ [ur.xír] 〔101〕自 **1** 急を要する,差し迫る;《a+人 (人)が》…の必要に迫られる. El asunto *urge*. 事は急を要する. *Me urge el dinero*. 私は至急お金が要る. ▶ 主語はしばしば不定詞または que+接続法. ▶ *Me urge* tenerlo. 私は今すぐそれが必要なんだ. ▶ 用例中の me が a+人 に相当.
2 (法律などが) 強制する,強いる.
— 他 (人を) 急がせる,せき立てる;〈方策などを〉強く主張する,催促する.

ú·ri·co, ca [ú.ri.ko, -.ka] 形 尿の,尿酸の. ácido ~ 尿酸.

u·ri·na·rio, ria [u.ri.ná.rjo, -.rja] 形 尿の,泌尿の. vías *urinarias* 尿道. aparato ~ 泌尿器.
— 男 溲瓶(しびん),尿器;小便所,公衆便所.

u·ri·ní·fe·ro, ra [u.ri.ní.fe.ro, -.ra] 形〖解剖〗輸尿の.

urj- 屈 → urgir.

URL [u.e.ře.é.le] [英] 女 (略)〖I T〗 *uniform [universal] resource locator* ユー・アール・エル:インターネットにおけるアドレス.

ur·na [úr.na] 女 **1** 投票箱 (= ~ electoral). ir [acudir] a las ~s 投票に行く. **2** 壷(つぼ),かめ;骨壺 (= ~ cineraria). **3**《ラ米》くじ引き[抽選]用の箱. **4** ガラスケース.

u·ro [ú.ro] 男〖動〗オーロックス,原牛:17世紀初頭に絶滅したヨーロッパ産野牛.

u·ro·de·los [u.ro.ðé.los] 男《複数形で》〖動〗有尾両生類:イモリ・サンショウウオなど.

uro（オーロックス）

u·ro·ga·llo [u.ro.gá.ʎo | -.ʝo]〖鳥〗ヨーロッパオオライチョウ.

u·ro·ge·ni·tal [u.ro.xe.ni.tál] 形〖医〗尿生殖器の,(泌) 尿性器の.

u·ro·gra·fí·a [u.ro.gra.fí.a] 女〖医〗尿路撮影[造影] (法).

u·ro·li·tia·sis [u.ro.li.tjá.sis] 女《単複同形》〖医〗尿路結石症.

u·ro·lo·gí·a [u.ro.lo.xí.a] 女〖医〗泌尿器科学.

u·ró·lo·go, ga [u.ró.lo.go, -.ga] 男 女 泌尿器科 (専門) 医.

u·ro·man·cia [u.ro.mán.θja / -.sja] / **u·ro·man·cí·a** [u.ro.man.θí.a / -.sí.-] 女 小水占い,尿占い.

u·ros·co·pia [u.ros.kó.pja] 女〖医〗尿検査.

ur·pi·la [ur.pí.la] 女《ラ米》〖鳥〗カワラバト (の一種).

u·rra·ca [u.řá.ka] 女 **1**〖鳥〗カササギ. **2** おしゃべり. **3**《話》がらくた収集癖のある人.

úr·si·do [úr.si.ðo] 形〖動〗クマ科の.
— 男 **1** クマ科の動物:クマ,パンダなど. **2**《複数で》クマ科.

ur·so, sa [úr.so, -.sa] 男 女《ラ米》(ɟaɟ)《話》力持ち,頑丈な人.

URSS [úrs] 女 (略) *Unión de Repúblicas Socia-*

listas *Soviéticas* ソビエト社会主義共和国連邦 (1922－91).

ur·su·li·na [ur.su.lí.na] 囡 **1**《カト》ウルスラ会修道女. **2**《話》極端に控えめな女性.

ur·ti·cá·ce·as [ur.ti.ká.θe.as / -.se.-] 囡《複数形》《植》イラクサ科 (の植物).

ur·ti·can·te [ur.ti.kán.te] 形 ちくちく刺す, ちくちくする.

ur·ti·ca·ria [ur.ti.ká.rja]《医》じんましん.

u·rú [u.rú] 男《ラ米》(ヌサ)《鳥》ジャネイロウズラ.

ursulina（ウルスラ会修道女）

u·ru·bam·ba [u.ru.bám.ba] 固名 el ～ ウルバンバ川：ペルー中南部を流れる川. ♦Inca 帝国の首都 Cuzco の近くに源を発し, Machu Picchu などを経て Apurímac 川に合流, Ucayali 川となる.

u·ru·bú [u.ru.bú] 男《ラ米》《鳥》クロコンドル (＝zopilote). [⊂〔トゥピ〕*urubú*]

u·ru·cú [u.ru.kú] 男《ラ米》(チリ)(ウル)《植》ビクサ, ベニノキ.

U·ru·guay [u.ru.gwái] 固名 **1 República Oriental del ～ ウルグアイ (東方共和国)：南米大陸南東部の国 / 国土：17.7万km² / 人口：約340万 / 首都：Montevideo / 言語：スペイン語 (公用語) / 通貨：peso (1$＝100 centavos) / 住民：(主にスペイン系・イタリア系) 白人 (89％), メスティーソ, ムラート / 宗教：カトリック (66％) / 守護聖人—ルハン Luján の聖母.

♦1516年スペイン人 Juan Díaz de Solís がウルグアイ川東岸地区に到着. 植民者は先住民 charrúa 人の抵抗で停滞するが, 17世紀初頭の牛馬の放牧と共に進展する. 1828年8月25日独立.

2 el ～ ウルグアイ川：アルゼンチンとウルグアイの国境となる, Río de la Plata に注ぐ.

[**2**の川の名前 (グアラニ語) が**1**の国名になる]

u·ru·gua·yis·mo [u.ru.gwa.jís.mo] 男 **1** ウルグアイ特有のウルグアイ語法[表現・語義・単語].
2 ウルグアイ人気質；ウルグアイ的特質 (讃美).

*u·ru·gua·yo, ya [u.ru.gwá.jo, -.ja] 形 ウルグアイの, ウルグアイ人の. ― 男 ウルグアイのスペイン語.
― 男囡 **ウルグアイ人**.

u·run·day [u.run.dái] / **u·run·dey** [u.run.déi] 男《ラ米》《植》ウルシ科アストロニウム属の高木.

u·ru·ta·ú [u.ru.ta.ú] 男《ラ米》《鳥》ハイイロタチヨタカ.

u·sa·do, da [u.sá.ðo, -.ða] 形 **1** 使い古された, 中古の. un traje ～ 着古しの服. coche ～ 中古車.
2 (よく) 使われる, ありふれた. palabra poco *usada* めったに使われない言葉. **3** 慣れた, 手慣れた.

u·sa·gre [u.sá.gre] 男 **1**《医》膿痂疹 (のうかしん).
2《獣医》(犬・猫などの) 疥癬 (かいせん).

u·san·za [u.sán.θa / -.sa] 囡 慣例, 慣習, しきたり；様式, 流儀. a la antigua ～ 昔のやり方で, 昔風に. un vestido a ～ romana 古代ローマ風の衣装.

u·sar [u.sár] 他 **1 使う, 用いる. ～ el teléfono [el cuarto de baño, el coche] 電話［浴室, 車］を使う. ～ la cabeza 頭を使う. Tienes que pedirle permiso para ～ el ordenador. 君は彼[彼女]のパソコンを使うには許可を得なくてはけません. Es mejor no ～ esas palabras tan irónicas. そんな皮肉っぽい言葉を使わない方がよい.

2 (習慣として)〈衣類などを〉身につける. un señor que *usa* gafas メガネをかけている男性. Yo no *uso* maquillaje. 私は化粧をしません.

3《まれ》《＋不定詞 …を》習慣として行う. Él *usa escribir* por las noches. 彼は夜に書く習慣がある.
― 自 《**de**... …を》利用する, 使う. Nunca *había usado de* un recurso ilegítimo en un examen. 私はそれまで試験で不正な手段を使ったことはなかった.

― **～·se** 再《3人称で》使われる, 用いられる. Esta expresión *se usa* con frecuencia. この表現は頻繁に用いられる.
de usar y tirar 使い捨ての.

us·car [us.kár] 他《ラ米》(アルゼ)〈犬を〉けしかける (＝azuzar).

-us·co, ca《接尾》→usco.

u·sí·a [u.sí.a] 代名《人称》[vuestra señoría の縮約形] 閣下, 貴下, 貴殿；奥様.

u·si·na [u.sí.na] 囡《ラ米》(チ)工場；発電所. ～ eléctrica). (**2**)(ウル)市街電車発着所[停留所]. [⊂〔仏〕*usine*]

us·le·ro [us.lé.ro] 男《ラ米》(チリ)めん棒, のし棒.

u·so [ú.so] 男 **1 使用, 利用, 用法. deterioro por el *uso* 使用による消耗. el *uso* del privilegio 特権の行使. La lengua se aprende con el *uso*. 言葉は使うことで覚える. El *uso* de la calculadora está prohibido en este examen. この試験で計算機の使用は禁止です. Este programa tiene varios *usos*. このソフトは色々と役に立つ. Perdió el *uso* de una pierna. 彼[彼女]は片足がきかなくなった. objeto de *uso* personal 私物. de *uso* múltiple (道具などが) 万能の. de mucho *uso* 長持ちする. de *uso* corriente 常用の. diccionario de *uso* 用法辞典. de *uso* externo《医》〈医薬品が〉外用の. instrucciones de *uso* 取扱説明書.

2《主に複数で》慣習；様式, スタイル. *usos* y costumbres de un país ある国の習俗.

3《法》使用権；受託権.
― 囡 → usar.

al uso (ある時代や地域で) 流行の, もっとも一般的な.
en uso de... …を行使して. *en uso de* las facultades que me han sido conferidas 私に与えられた権限によって.
estar en el uso de la palabra（会議などで）答弁に立っている.
estar en uso 一般的に使用されている. Este teléfono móvil *está en uso* entre los ancianos. この携帯電話はお年寄りに利用されている.
estar fuera de uso (**1**) 使用されていない. (**2**) 流行遅れである. Esa expresión *está fuera de uso*. その表現は今誰も使っていない.
hacer buen [*mal*] *uso de*... …を正しく利用[悪用]する.
uso de razón 物心, 分別. El *uso de razón* se sitúa hacia los siete años. 7歳ごろによると物心がつく. Esa tienda existía ya cuando empecé a tener *uso de razón* その店は私が物心ついたころにはもうあった.

[⊂〔ラ〕*ūsum* （*ūsus* の対格；*ūtī*「使う」より派生）]《関連》usar, usual, útil, abuso, desuso.《英》*use*]

USO [ú.so] 囡《略》*U*nión *S*indical *O*brera (スペインの) 労働組合連合.

¡us·te! [ús.te] 間投《動物を追い払うときの掛け声》し

us・ted [us.téd] 代《人称》《3人称単数, 男女同形》(略 Ud., Vd.) **1** 《主語》**あなたは[が]**. Siéntese ~ aquí. — Es ~ muy amable. ここにお座りください. —ご親切にどうも. ~? 意味は2人称であるが, 文法的には3人称であるため, 動詞は3人称の形をとる. 相手が初対面, 目上の人である場合, また少し距離を置いて話をする場合に用いられ, tú と比較すると usted が省略されることは少ない.
2《前置詞+》あなた. si a ~ no le importa あなたがお差し支えなければ. Gracias. — A ~. ありがとう. —こちらこそ(ありがとう).
hablar [llamar, tratar] de usted a+人 (人) に対して usted して [敬称] で話す [呼ぶ, 扱う].
[*vuestra merced* (原義は「あなた様の慈悲深いお心」)が起源; *vusted, vuested, vuasted* などの異form と共に17世紀初期の文献に初出例がある]

us・te・des [us.té.ðes] 代《人称》《3人称複数, 男女同形》(略 Uds., Vds.) **1**《主語》**あなた方は[が]**. ¿De dónde son ~? あなた方のどちらのご出身ですか. ▶意味は2人称であるが, 文法的には3人称であるため, 動詞は3人称の形をとる. 相手が初対面, 目上の人である場合, また少し距離を置いて話をする場合に用いられ, vosotros [vosotras] と比較すると ustedes が省略されることは少ない.
2《ラ米》《主語》君(おまえ)たちは, あなたたちは (=vosotros). Hola, ¿cómo están ~? やあ, 君たち元気かい. **3**《前置詞+》あなた方; 《ラ米》君(おまえ)たち, あなたたち(→vosotros). Yo quiero ir con ~. 私はあなた方とご一緒したいです. Esto es para ~. これはあなた方のためです.

us・tión [us.tjón] 女 燃焼 (=combustión).

*u・sual** [u.swál] 形 いつもの, 通常の, 習慣的な; 普通の, 一般的な. términos ~*es* 日常語. traje ~ ふだん着. a la hora ~ いつもの時間に.

u・sual・men・te [u.swál.mén.te] 副 普通に, いつも.

*u・sua・rio, ria** [u.swá.rjo, -.rja] 形 使う, 利用する, 常用する. ―男女 使用者, 利用者, ユーザー. los ~*s* de esta línea de autobuses このバス路線の利用者. **2**《法》使用権者.

u・su・ca・pión [u.su.ka.pjón] 女《法》時効取得, 時効による所有権取得.

u・su・ca・pir [u.su.ka.pír] 他《法》時効取得する. ▶不定形のみ用いる.

u・su・fruc・to [u.su.frúk.to] 男 **1**《法》用益権, 使用権. **2** 利益, 収益.

u・su・fruc・tuar [u.su.fruk.twár] 84 他 用益権を持つ.

u・su・fruc・tua・rio, ria [u.su.fruk.twá.rjo, -.rja] 形 用益権のある.
―男女 用益権者, 利用権者.

u・su・ra [u.sú.ra] 女 **1** 高利貸し(業). **2** 高利, 暴利.
pagar con usura たっぷりとお返しをする.

u・su・ra・rio, ria [u.su.rá.rjo, -.rja] 形 高利の. beneficio ~ 暴利.

u・su・re・ar [u.su.re.ár] 自 高利で貸す[借りる].

u・su・re・ro, ra [u.su.ré.ro, -.ra] 男女 **1** 高利貸し. **2**《軽蔑》暴利をむさぼる人, 法外な利益を得る人.

u・sur・pa・ción [u.sur.pa.θjón / -.sjón] 女 **1** 強奪, 不法取得, 横領, 簒奪(さんだつ). **2**《法》侵犯, 侵害. **3** 横領物.

u・sur・pa・dor, do・ra [u.sur.pa.ðór, -.ðó.ra] 形 横領する; 侵害する.
―男女 横領者; 簒奪(さんだつ)者; 侵犯[侵害]者.

u・sur・par [u.sur.pár] 他 **1** 横領する, 簒奪(さんだつ)する. ~ la corona 王位を簒奪する. ~ un título 称号を僭称(せんしょう)する. **2** 侵害する, 侵害する. ~ derechos ajenos 他者の権利を侵害する.

u・su・ta [u.sú.ta] 女《ラ米》(アンデスの)サンダル.

u・ta [ú.ta] 女《ラ米》(インディオの)リーシュマニア症: 住血鞭毛(べんもう)虫類リーシュマニアの寄生による皮膚疾患.

*u・ten・si・lio** [u.ten.sí.ljo] 男 **1 道具**, 器具, 用具. ~*s* de cocina 台所用具. ~*s* para pescar 釣具. →*instrumento*〖類語〗. **2**《複数で》《軍》補給物資.
[[-ラ] *ūtensilia*「用具, 家具」(複数形で使用); 〖関連〗*útil, usar*. [英] *utensil*]

u・te・ri・no, na [u.te.rí.no, -.na] 形 子宮の. hermano ~ 異父兄弟.

ú・te・ro [ú.te.ro] 男《解剖》子宮. mioma del ~ 子宮筋腫(きんしゅ).

*ú・til** [ú.til] 形 **1 役立つ**, 有益な, 有用な; 使用可能な, 利用できる. un libro ~ 役に立つ本. Mi coche es viejo, pero todavía está ~. 私の車は, 古いけれどまだ使える. ¿En qué puedo serle ~? ご用はなんでしょうか. Es muy ~ saberlo. 知っておいて損はない. unir lo ~ con lo agradable 趣味と実益をかねる. **2**《法》有効な. día ~ 有効日.
―男《主に複数で》道具, 器具, 用具. ~*es* de escritorio 文房具. ~*es* de pintor 画材. ~*es* de labranza 農機具. ~*es* de matar 闘牛用の装備. ~*es* de pesca 釣道具.
[[形]←[ラ] *ūtilem* (*ūtilis* の対格; *ūti*「使う」より派生); 〖関連〗*utilidad, utilizar, inútil*. [英] *utility*; [男]←[仏] *outil*←[ラ] *ūtensilia* (→*utensilio*)]

u・ti・le・rí・a [u.ti.le.rí.a] 女 **1**《集合的》用具, 道具. **2**《演》(舞台の)小道具.

u・ti・le・ro, ra [u.ti.lé.ro, -.ra] 男女 (舞台の)小道具係.

utilice(-) / utilicé(-) 活 →*utilizar*.

*u・ti・li・dad** [u.ti.li.ðáð] 女 **1 役立つこと**, 有用(性), 有効(性); 効用. **2** 実利, 実益; 利益, 収益. impuesto de ~*es* 所得税.

u・ti・li・ta・rio, ria [u.ti.li.tá.rjo, -.rja] 形 **1** 利益優先の, 功利的な, 実利を目的とする. **2**(車などが)実用本位の, 実用的な.
―男(燃費の良い)小型車, 軽自動車.

u・ti・li・ta・ris・mo [u.ti.li.ta.rís.mo] 男 功利主義, 功利説.

u・ti・li・ta・ris・ta [u.ti.li.ta.rís.ta] 形 功利主義(者)の. ―男女 功利主義者.

u・ti・li・za・ble [u.ti.li.θá.ble / -.sá.-] 形 利用[活用]できる, 使用できる.

u・ti・li・za・ción [u.ti.li.θa.θjón / -.sa.sjón] 女 利用, 活用, 使用.

u・ti・li・zar [u.ti.li.θár / -.sár] 97 他 **1**《道具などを》**用いる**, 使用する; 役立たせる. Tienes que ~ otros criterios. 君は別の判断基準を使わなくてはいけません. Ésta es la cifra que *utilizan* los especialistas. これは専門家が用いる数字です.
2(人を)利用する. La vamos a ~ para salvarle. 彼を救出するために彼女を利用しよう.

u・ti・lla・je [u.ti.já.xe ‖ -.ʎá.-] 男《集合的》道具, 器具, 用具.

ú・til・men・te [ú.til.mén.te] 副 有用に, 有益に, 有効に.

u・to・pí・a [u.to.pí.a] / **u・to・pia** [u.tó.pja] 女 **1** ユートピア, 理想郷, 理想の国. **2** [U-]『ユートピア』: 英国の思想家・政治家ト

—マス・モア(1478-1535)の作品. [←[近ラ] *ūtopia*;［ギ］*ou*[uː]（否定）+［ギ］*tópos*「場所」より *Thomas Moore* が作った「どこにもない場所」の意の新造語［関連］*topónimo*]

u·tó·pi·co, ca [u.tó.pi.ko, -.ka] 形 ユートピアの, ユートピア的な；理想郷の；夢想の, 空想的な. una proposición *utópica* 非現実的な提案.
—男 女 夢想家.

u·to·pis·ta [u.to.pís.ta] 形 空想的な, 夢想家の；理想家の. —男 女 夢想家, 空想家；理想家.

u·tre·ro, ra [u.tré.ro, -.ra] 男 女 2歳の子牛.

＊**u·va** [ú.ba] 女 **1** ブドウ (の実) (▶ 木は vid). racimo de *uvas* ブドウの房. *uva* albilla 白ブドウ. *uva* moscatel マスカット. *uvas* pasas 干しブドウ. tomar las *uvas* (de la suerte) 翌年の幸せを願って大みそかの12時の鐘に合わせてブドウを12粒食べる. →vino. **2**《ラ米》(⌒)《話》くちづけ, キス.
de uvas a peras [*brevas*]《話》時たま.
estar de mala uva《話》機嫌が悪い.
tener mala uva《話》嫌な性格をしている；よからぬことを考えている.
[←[ラ] *ūvam*(*ūva* の対格)；［関連］*úvula*]

UVA [ú.ba] 女《略》*U*nidad de *V*igilancia *A*dministrativa(スペイン警察の)巡査チーム.

u·ve [ú.be] 女 アルファベットの v の名称. en forma de *uve* V字形の. *uve* doble アルファベット w の名称.

ú·ve·a [ú.be.a] 形《男女同形》《解剖》ブドウ膜の. túnica 〜 ブドウ膜. 女《解剖》ブドウ膜：目の虹彩(こうさい)・毛様体・脈絡膜を含む総称.

u·ve·í·tis [u.be.í.tis] 女《医》ブドウ膜炎.

u·ve·ro, ra [u.bé.ro, -.ra] 形 ブドウの. exportación *uvera* ブドウの輸出.
—男 女 ブドウ売り[商人].
—男 女《植》ハマベブドウ：熱帯アメリカ産のタデ科の樹木.

u·vi / UVI [ú.bi] 女《略》*u*nidad de *vi*gilancia *i*ntensiva《医》集中治療室, ＩＣＵ(= uci).

u·vi·lla [u.bí.ja ‖ -.ʎa] 女《ラ米》《植》スグリの一種.

ú·vu·la [ú.bu.la] 女《解剖》口蓋垂(こうがいすい), のどびこ
(= 〜 palatina, campanilla)

u·vu·lar [u.bu.lár] 形 **1** 口蓋垂(こうがいすい)の, のどびこの. **2**《音声》口蓋垂(調音)の.

Ux·mal [uʃ.mál, us.-] 固名 ウシュマル：メキシコ Yucatán 半島北部の maya 遺跡. 1996年世界遺産に登録. ♦10世紀ごろ栄えたと見られ, 古典期後期(600?-900?)の尼僧院, 総督の館, 占い師のピラミッドが有名.

u·xo·ri·ci·da [uk.so.ri.θí.ða / -.sí.-] 形 妻殺しの.
—男 妻殺しの夫.

u·xo·ri·ci·dio [uk.so.ri.θí.ðjo / -.sí.-] 男《法》妻殺し.

¡uy! [úi] 間投 痛い；《嫌悪》へっ；《驚き》おお.

uz·be·co, ca [uθ.bé.ko, -.ka / us.-] 形 男 女 → uzbeko.

Uz·be·kis·tán [uθ.be.kis.tán / us.-] 固名 ウズベキスタン (共和国)：独立国家共同体の一つ. 首都 Tashkent.

uz·be·ko, ka [uθ.bé.ko, -.ka / us.-] 形 ウズベキスタンの, ウズベキスタン人の.
—男 女 ウズベキスタン人.

-uz·co, ca〔接尾〕「…に似た, …の性質を持った」の意を表す形容詞語尾. ▶ しばしば軽蔑のニュアンスを伴う. ⇒ bland*uzco*, pard*uzco*.

Vv

ほとんどの方言で b と同じ「バ行」の発音. 南米の一部に英語などと同じく上の前歯と下唇の内側を摩擦させる [v] で発音する地域がある.

V, v [ú.βe] 囡 **1** スペイン語字母の第23字. **2** (ローマ数字の) 5. → Ⅵ **6**. **3** V字形のもの. *V de la victoria* 勝利のVサイン. *motor de ocho cilindros en V* V形8気筒エンジン.

V 《略》 **1** 【化】vanadio バナジウム. **2** 【電】voltio ボルト.

V. 《略》 **1** usted あなた. **2** *vide* [ラ] 参照せよ (= véase).

va(-) 活 → ir.

va·ca [bá.ka; bá.-] 囡 **1 雌牛 (▶ 雄牛は toro). ~ *lechera* [*de leche*] 乳牛. *mal* [*enfermedad*] *de las ~s locas* 狂牛病, BSE. **2** 牛肉 (=carne de ~). *estofado de ~* ビーフシチュー. *filete de ~* ビーフステーキ. **3** 牛革, 牛皮 (=piel de ~). **4** 《ラ米》 (1) 《タᴺアʳ》【植】ココナッツの実. (2) 《ほラノ》寄付金. (3) (4) 《俗》残酷な悪者. (4) 共同事業 [出資・経営]; 共同購入; 投資に応じた利益分配 (契約).

estar como una vaca 《話》《軽蔑》とても太っている.
hacerse la vaca 《話》サボる, ずる休みをする.
hacer vaca 《ラ米》《ラプラタ》《話》ずる休みをする, サボる.
montado en la vaca 《ラ米》《ラプラタ》《話》困難に直面して.
Vaca de San Antón 【昆】テントウムシ.
vaca marina 【動】マナティー, 海牛(ミミミ).
vacas flacas 不景気, 不況.
vacas gordas 好景気, 繁栄. *Ya vendrán las ~s gordas.* いずれ景気がよくなるだろう.
[←[ラ]*vaccam* (*vacca* の対格). 関連 vacuna, vaquero. [ポルトガル] *vaca*. [仏] *vache*. [伊] *vacca*. [英] *vaccine* 「牛痘; ワクチン」. [日] ワクチン.]

va·ca·bu·rra [ba.ka.βú.r̄a; ba.-] 形 《話》《軽蔑》下品な, 無作法な.
—男囡《話》《軽蔑》下品な人, 無作法な人.

**va·ca·ción [ba.ka.θjón; ba.- / -.sjón] 囡 《主に複数形で》休暇(期間), バカンス, 休み. *vacaciones de verano* [*Navidad*] 夏季 [クリスマス] 休暇. *vacaciones retribuidas* [*pagadas*] 有給休暇. *estar de vacaciones* 休暇中である. *ir*(*se*) *de vacaciones* 休暇で出かける. *tomar*(*se*) *las vacaciones* 休暇を取る. *tomar*(*se*) *unos días de vacaciones* 数日間の休暇を取る. *Pasamos las vacaciones en Cancún.* 私たちは休暇をカンクンで過ごした. *Tengo una semana de vacaciones.* 私は1週間の休暇をもらった.
[←[ラ] *vacatiōnem* (*vacatiō* の対格) 「束縛のないこと」; *vacāre* 「自由である」(→ *vagar*¹) より派生. 関連 vago, vagabundo, vacante. [仏] *vacance*. [英] *vacation*.]

va·ca·cio·nal [ba.ka.θjo.nál; ba.- / -.sjo.-] 形 休暇の.

va·ca·da [ba.ká.ða; ba.-] 囡 牛の群れ.

va·ca·je [ba.ká.xe; ba.-] 男 《ラ米》《ホヒン》《ラプラタ》牛の群れ.

va·can·cia [ba.kán.θja; ba.- / -.sja] 囡 空位, 空席, 欠員.

va·ca·no, na [ba.ká.no, -.na; ba.-] 形 《ラ米》《話》個性的な, すばらしい.

:va·can·te [ba.kán.te; ba.-] 形 **空位の**, 欠員のある; 空いている, 空席の. (↔ocupado). *un asiento ~* 空席. *un puesto ~* 欠員.
—囡 欠員, あき. *en caso de producirse una ~* 欠員が生じた場合には. *cubrir* [*proveer*] *las ~s en una empresa* 社内の欠員を埋める [補充する].

va·car [ba.kár; ba.-] 自 **1** 欠ける; 空位になる, 欠員がでる. **2** 《まれ》(職場を)一時離れる, 〈仕事を〉一時休む; 暇になる. **3** (*a...* / *en...*に)専念 [没頭] する, 熱中する.

va·ca·rí [ba.ka.rí; ba.-] 形 牛革の; 牛革張りの.

vac·ce·o, a [bak.θé.o, -.a; bak.- / -.sé.-] 形 (Duero川中流域に住んでいた前ローマ時代の)バクセオ人の.
—男囡 バクセオ人.

vací- 活 → vaciar.

va·cí·a [ba.θí.a; ba.- / -.sí.-] 形 → vacío.

va·cia·bol·si·llos [ba.θja.βol.sí.ʝos; ba.- / -.sja.-] 男 《単複同形》服のポケットの中身を出すトレイ.

va·cia·de·ro [ba.θja.ðé.ro; ba.- / -.sja.-] 男 **1** 排水管, 排水溝. **2** ごみ捨て場.

va·cia·do, da [ba.θjá.ðo, -.ða; ba.- / -.sjá.-] 形 【紋】中抜きの.
—男 **1** 空にすること. *~ de la piscina* プールの水抜き. *~ rápido* 【航空】【海】(貨物の)緊急投棄. *orificio de ~* (樽などの)栓口, 注ぎ口. **2** 型に流すこと, 型に流して作った物; 鋳造, 鋳物. *~ de yeso* 石膏(セッコウ)模型 [型]. **3** くりぬくこと, 空洞にすること); 穴. **4** 〈刃物の〉研磨.

va·cia·dor, do·ra [ba.θja.ðór, -.ðó.ra; ba.- / -.sja.-] 男囡 鋳造工, 鋳物職人.

va·cia·mien·to [ba.θja.mjén.to; ba.- / -.sja.-] 男 空にすること, 中身を出す [抜く] こと.

va·cian·te [ba.θján.te; ba.- / -.sján.-] 囡 引き潮, 干潮 (= menguante).

*va·ciar [ba.θjár; ba.- / -.sjár] 81 他 **1** 空にする, 〈容器などから〉〈中身を〉出す, あける. *Vació una botella de vino.* 彼[彼女] はワインを1瓶あけた. *Vació los bolsillos en la mesa.* 彼[彼女] はポケットの中身をテーブルの上に広げた (↔llenar).
2 〈場所などを〉明け渡す; 《*de...* …を》取り除く. *El ayuntamiento mandó ~ el local.* 市当局はこの土地を立ち退くよう命じた. *~ la habitación de muebles inútiles* 不要な家具を部屋から出す.
3 (他の容器に)移す, 注ぐ. *Vació la leche en un vaso.* 彼[彼女] はコップに牛乳をついだ.
4 型に入れて作る, 鋳型に流し込む, 鋳造する. *~ una estatua en bronce* 青銅像を鋳る. **5** くりぬく, 空洞にする; …に穴をあける. **6** 〈刃物を〉研ぐ. *~ los cuchillos* 包丁を研ぐ. **7** 〈理論などを〉述

立てる；〈書物などから〉一部を抜き出す[引き写す].
— ~・se 再 1 空になる. 2 《話》〈秘密などを〉うかつに漏らす, うっかりしゃべる；〈胸中を〉ぶちまける. ~ se por la lengua 口が滑る. 3 《話》全力を出し切る. 4 《ラ米》(*ﾒｷ)出血死する.

va・cie・dad [ba.θje.ðáð; ða.- / -sje.-] 囡 **1** 空, 空っぽ；空虚, 空疎. **2** 愚劣なこと, たわ言. decir ~es つまらないことを言う.

***va・ci・la・ción** [ba.θi.la.θjón; ða.- / -si.-.sjón] 囡 **1 動揺**, ためらい, 迷い；優柔不断. sin vacilaciones 迷わずに, 決然と. tener un momento de ~ ほんの一瞬躊躇(ﾁｭｳﾁｮ)する. **2** ぐらつき, 揺れ；変動.

va・ci・la・da [ba.θi.lá.ða; ða.- / -si.-] 囡 **1** 《俗》悪ふざけ. **2** 《ラ米》《話》(1) (ﾒｷ)ばか騒ぎ, 酒盛り；酔い. (2) (ｱﾙｾﾞ)悪い冗談. (3) (*ﾒｷ)冗談.

***va・ci・lan・te** [ba.θi.lán.te; ða.- / -si.-] 形 **1 躊躇(ﾁｭｳﾁｮ)した**, ためらいがちな, 優柔不断な. una persona ~ はっきりしない人. con voz ~ 口ごもりながら. **2** 揺らぐ；不安定な, 不確かな. con paso ~ おぼつかない足取りで. el pulso ~ 不規則な脈拍. luz ~ 揺らめく光. memoria ~ あやふやな記憶.

***va・ci・lar** [ba.θi.lár; ða.- / -si.-] 値 **1 ぐらつく**, 揺れる；不安定になる. ~ al caminar 足元がふらつく. La lámpara [llama] *vacilaba* al viento. 電灯[炎]が風で揺れていた[ゆらいでいた]. Mi fe no *vaciló* nunca. 私の信仰心は決して揺るがなかった.
2 《**en**... …に》ためらう；《**entre**... …の間で》迷う. responder sin ~ きっぱりと答える. ~ *en* decidirse 決断をためらう. ~ *entre* aceptar o no 受け取るかどうか迷う.
3 《**entre** A y B》《AとBの間を》《値・状態などが》変動する；《AとBの》境目にある. una cuota que *vacila entre* ochenta y cien euros 80から100ユーロの分担金. Este cuento *vacila entre* lo real y lo imaginario. これは夢とも現実ともつかぬお話だ.
4 《話》《**con**+人〈人〉を》からかう, 《まじめな顔で》冗談を言う. Ese chico siempre quiere ~ *conmigo*. その男の子はいつも私をからかおうとする.
5 《話》《**con...** …について》抜きん出る, 注目を引く；自慢する. Él *vaciló con* su nueva moto haciendo ruidos. 彼は大きな音を立てて新しいバイクを見せびらかした.
6 《ラ米》(*ﾒｷ)(ﾌﾟｴﾙﾄ)(ｱﾝﾃ)(ｺﾛﾝ)《話》ばか騒ぎをする, 酒盛りをする；酔いしれる.
— 他 《話》〈人を〉からかう, ばかにする.
[←〚ラ〛*vacillāre*「揺れる；ためらう」；関連 *vacilación*. 〚英〛*vacillate*]

va・ci・le [ba.θí.le; ða.- / -sí.-] 男 《話》悪ふざけ, 冗談.

va・ci・lón, lo・na [ba.θi.lón, -.ló.na; ða.- / -si.-] 形 《俗》冗談好きな. No te pongas ~. ふざけるな. — 男 囡 《ラ米》(ﾒｷ)騒ぎ好き(の人). (2) (*ﾒｷ)浮気者；おどけ者. — 男 《ラ米》《話》悪ふざけ, 悪い冗談. (2) (ｱﾝﾃ)《話》酒盛り.

va・cí・o [ba.θí.o; ða.- / -sí.-] 語 → vaciar.

***va・cí・o, a** [ba.θí.o, -.a; ða.- / -sí.-] 形 《名詞+》 **1** 《**estar**+》**空(ｶﾗ)の**, 何もない, 空っぽの(↔ lleno). el estómago ~ 空腹. llenar la botella (que *está*) *vacía* 空瓶を満たす. Es un hombre ~ de contenido. 彼は中身のない人間だ.
2 《**estar**+》《場所などが》空いている, 空きのある；すいている；人通りのない, 無人の(↔ lleno). la calle *vacía* 人気のない通り. sentarse en una silla *vacía* 空いているいすに座る. El teatro *estaba* ~.

劇場はがらがらだった. una habitación *vacía* 空き部屋；家具の付かない部屋. marcar a puerta *vacía* 無人のゴールにシュートを決める.
3 《**estar**+》空虚な, むなしい；軽薄な, 無知な. con la mirada *vacía* 虚ろな目つきに. un discurso ~ 空疎な演説. tener la cabeza *vacía* 頭が空っぽである.
4 《**estar**+》空席の, 欠員のある. cubrir el puesto ~ 空席を埋める. **5** 《家畜の牝が》子を産まない, 不妊の. **6** 《ラ米》(ﾒｷ)(ﾁﾘ)(ﾍﾟﾙｰ)《食物が》何も添えられていない, それだけの. pan ~ 何もつけていないパン.
— 男 (ｵ), 虚空. precipitarse [lanzarse, arrojarse] al ~ desde el décimo piso 10階から身投げする. con la mirada perdida en el ~ 目もうつろに. estar suspendido en el ~ 宙ぶらりんである.
2 〚物理〛真空. el tubo de ~ 真空管. una bomba de ~ 真空ポンプ. un kilo de jamón envasado al ~ 1キロの真空パックのハム. La luz se mueve en el ~ a una velocidad de 297.873 kilómetros por segundo. 光は真空中を秒速29万7,873キロの速度で進む.
3 空虚感, むなしさ, うつろ. Sentí un gran ~ en el [mi] corazón. 私はなんともやるせない気持ちに襲われた.
4 空隙(ｹﾞｷ), 空間, すき間；空白, 余白. aprovechar un ~ legal 法の抜け道をくぐって. Su exilio provoca un ~ de poder. 彼[彼女](ら)の亡命は権力の空白を生む. **5** 欠員, 空位, 空席. **6** 〚解剖〛わき腹, 横腹, 脾腹(ﾋﾊﾞﾗ). **7** 《ラ米》(ｱﾙｾﾞ)リブ肉.
caer [*quedar*] *en el vacío* 無視される. Nuestras quejas *han caído en el* ~. 我々の苦情は聞き入れられなかった.
de vacío 空(ｶﾗ)で, 積み荷なしで, 空荷で；むなしく. La terna se fue *de* ~ en el coso de Málaga. 3人の闘牛士は（耳一つもらえずに）手ぶらでマラガでの闘牛を終わった.
hacer el vacío a... …を無視する, のけ者にする.
[←〚俗ラ〛*vacivum* (*vacivus* の対格) ←〚ラ〛*vacuus*；関連 vaciar, vacación. vano. 〚英〛*vacant*「空の」, *vacuum*. 〚日〛バキューム]

va・cui・dad [ba.kwi.ðáð; ða.-] 囡 空, 空っぽ；空虚, 空疎, 内容のなさ.

***va・cu・na** [ba.kú.na; ða.-] 囡 **1** 〚医〛ワクチン. ~ mixta 混合ワクチン. ~ antirrábica 狂犬病予防ワクチン. ~ antivariólica 天然痘予防ワクチン.
2 〚獣医〛牛痘. **3** 《比喩的》免疫, 免疫性. **4** 〚IT〛アンチウイルス. **5** 《ﾒｷ》→ vacunación.
[vaca より派生. 関連 vacuno, vacunar]

va・cu・na・ción [ba.ku.na.θjón; ða.- / -sjón] 囡 〚医〛ワクチン接種[注射, 投与], 予防接種；種痘. ~ contra la difteria ジフテリア予防接種. ~ contra la poliomielitis ポリオワクチン投与.

va・cu・na・dor, do・ra [ba.ku.na.ðór, -.ðó.ra; ða.-] 形 〚医〛種痘の；予防接種の. — 男 囡 ワクチン接種医.

va・cu・nar [ba.ku.nár; ða.-] 他 **1** 〚医〛ワクチンを注射[投与]する, 予防接種をする；種痘をする. ~ contra la rabia 狂犬病の予防接種をする.
2 《困難・苦境への》耐性をつける.
— ~・se 再 **1** 《**contra...** …の》予防接種をする.
2 《困難・苦境への》耐性がつく.

va・cu・no, na [ba.kú.no, -.na; ða.-] 形 ウシの, ウシ科の. el ganado ~ 家畜用の牛.

va・cuo, cua [bá.kwo, -.kwa; ðá.-] 形 **1** 内容のない；頭の空っぽな, 軽薄な. **2** 空の, 空っぽの. **3** 空

vacuola

位[空席]の. ― 男 空(ξ), 虚空.

va·cuo·la [ba.kwó.la; ƀá.-] 女 〖生物〗空胞, 液胞.

va·de [bá.de; ƀá.-] 男 [vademécum の省略形] **1** 紙挟み；デスクマット. **2** 学生かばん. **3** 書き物机.

va·de·a·ble [ba.de.á.ble; ƀá.-] 形 **1** 浅瀬の, 歩いて渡れる. **2** 〈困難・障害が〉乗り越えられる, 打破できる, 克服できる.

va·de·a·dor [ba.de.a.ðór; ƀá.-] 男 浅瀬を知っている人, 浅瀬の案内人.

va·de·ar [ba.de.ár; ƀá.-] 他 **1** 〈浅瀬を〉渡る, 歩いて渡る, 徒渉する. **2** 〈困難・障害を〉乗り越える, 打ち破る, 克服する.
― ~·se 再〈難局を〉切り抜ける, 適切にふるまう.

va·de·mé·cum [ba.ðe.mé.kum; ƀá.-] 男 [複 ~s] **1** 手引き書, 便覧, ハンドブック. **2** 学生かばん.
[← 〖ラ〗*vāde mēcum*「私と共に歩め」]

va·de·ra [ba.ðé.ra; ƀá.-] 女 浅瀬の徒渉できる個所.

va·de re·tro [ba.ðe ré.tro; ƀá.-] [ラ] 去れ, 退け (= Retírate). ♦元の意味は「サタン, 引き下がれ」《聖》マタイ16：23, マルコ8：33).

va·do [bá.do; ƀá.-] 男 **1** 浅瀬, 川瀬. **2** (歩道上の)車両出入口. **3** 策, 手段, 方策. no hallar ~ 施す術(ξ)がない.
al vado, o al puente 〖話〗二つに一つ.

va·ga·bun·de·ar [ba.ga.bun.de.ár; ƀá.-] 自 放浪する, 流浪する；ぶらつく.

va·ga·bun·de·o [ba.ga.bun.dé.o; ƀá.-] 男 放浪, 流浪；ぶらつくこと.

*****va·ga·bun·do, da** [ba.ga.ƀún.do, -.da; ƀá.-] 形 放浪の, 流浪する. vida *vagabunda* 放浪生活. perro ~ 迷い犬. 男女 放浪者；浮浪者, 無宿者. → viajero 類語.

va·ga·men·te [bá.ga.mén.te; ƀá.-] 副 あいまいに, ぼんやりと.

va·ga·mun·de·ar [ba.ga.mun.de.ár; ƀá.-] 自 → vagabundear.

va·ga·mun·de·rí·a [ba.ga.mun.de.rí.a; ƀá.-] 女《ラ米》《話》(**1**) 怠惰, のらくらすること；放浪, さすらい. (**2**) 恥知らず.

va·ga·mun·do, da [ba.ga.mún.do, -.da; ƀá.-] 形 男女 《話》→ vagabundo.
― 男《ラ米》《ぞく》《話》プレイボーイ.

va·gan·cia [ba.gán.θja; ƀá.- / -.sja] 女《話》**1** 浮浪, 放浪, 流浪. **2** 怠惰, のらくらすること, 怠慢.

va·gan·te [ba.gán.te; ƀá.-] 形 **1** 放浪する, さまよう. **2** 〈ねじなどが〉ぐらぐらの, 緩い.

va·gar[1] [ba.gár; ƀá.-] 自 **1** 暇である；のらくらする, 無為に過ごす. 男 **1** 余暇, 自由時間. **2** 緩慢, 悠長, のんびり. andar de ~ ぶらぶらする, 暇である.
[← 〖ラ〗*vacāre*「空である；暇である」]関連 vago, vacuo, vacación, vacante. 〖英〗*vacation*「休暇」, *vacant*「空の」]

*****va·gar**[2] [ba.gár; ƀá.-] 自 **1** 《por... …を》放浪する, うろつき回る, 歩き回る (= deambular). ~ *por* el pueblo 町中をうろつく. Se pasó todo el día *vagando*. 彼[彼女]は1日中あちこち歩き回った. **2** 〈ねじなどが〉緩む, ぐらぐらになる. **3** 〈考えなどが〉めぐる.

[← 〖ラ〗*vagārī*]関連 vagabundo, extravagante. 〖英〗*vagabond*「放浪者」, *vagrant*「放浪の」]

va·ga·ro·so, sa [ba.ga.ró.so, -.sa; ƀá.-] 形 《文章語》常に動いている, うつろいやすい.

va·gi·do [ba.xí.ðo; ƀá.-] 男 (新生児の)泣き声, 産声. dar ~s 産声をあげる.

va·gi·na [ba.xí.na; ƀá.-] 女 〖解剖〗膣.

va·gi·nal [ba.xi.nál; ƀá.-] 形 〖解剖〗膣(ξ)の.

va·gi·nal·men·te [ba.xi.nál.mén.te; ƀá.-] 副 膣(ξ)を通って, 経膣で.

va·gi·ni·tis [ba.xi.ní.tis; ƀá.-] 女 《単複同形》〖医〗膣(ξ)炎.

***va·go, ga**[1] [bá.go, -.ga; ƀá.-] 形 暇な, 怠惰な, 怠慢な, 無精な.
― 男女 怠け者, 役立たず, 頼りにできない人.
en vago 無駄に, 無益に.
hacer el vago 怠ける, のらくらする.

va·go, ga[2] [bá.go, -.ga; ƀá.-] 形 **1** あいまいな, 漠然とした, 不明瞭な, ぼんやりとした. promesas *vagas* あいまいな約束. perfil ~ ぼやけた輪郭. un ~ parecido どことなく似ていること. **2** 視力の弱い. nervio *vago* 〖解剖〗迷走神経.
[← 〖ラ〗*vagum* (*vagus* の対格)「放浪の；漠然とした」; 関連 vagar[2], vagabundo, vaguedad. 〖英〗*vague*]

*****va·gón** [ba.gón; ƀá.-] 男 (鉄道の)車両, 客車, 貨車. ~ cerrado 有蓋(ξ)車. ~ cisterna [cuba] タンク車. ~ frigorífico 冷凍車. ~ de hacienda 《ラ米》(ξ)家畜運搬車. ~ de mercancías 貨車. ~ de primera [segunda] clase 1[2]等車. ~ para [de] ganado 《ラ米》(ξ)家畜運搬車 (= ~ de hacienda / (ξ)). ~ de reja 家畜運搬車. ~ restaurante 食堂車. ~ tolva ホッパー車；底開き貨車.
[← 〖仏〗*wagon* ← 〖英〗*wagon*「荷馬車」← 〖オランダ〗*wagen* ← 〖ゲルマン〗*wagnaz*「乗り物」]

va·go·ne·ta [ba.go.né.ta; ƀá.-] 女 トロッコ；小型の無蓋(ξ)貨車. ~ de mina 鉱石運搬車.

va·go·to·mí·a [ba.go.to.mí.a; ƀá.-] 女 〖医〗迷走神経切断(術).

va·go·to·ní·a [ba.go.to.ní.a; ƀá.-] 女 〖医〗迷走神経緊張(症).

va·gua·da [ba.gwá.ða; ƀá.-] 女 〖地理〗谷間, 谷底.

vague(-) / vagué(-) 活 → vagar.

va·gue·a·ción [ba.ge.a.θjón; ƀá.- / -.sjón] 女 **1** 放浪, 徘徊(ξ). **2** 取り留めない妄想, たわ言.

va·gue·ar [ba.ge.ár; ƀá.-] 自 **1** のらくらする, 無為に過ごす. **2** 放浪する, さすらう.

va·gue·dad [ba.ge.ðáð; ƀá.-] 女 **1** あいまい, 不明確；(輪郭などの)不明瞭(ξ), ぼやけていること. la ~ de sus palabras 彼[彼女]の発言の曖昧さ. **2** 《複数で》曖昧な意見[言葉]. andarse con ~*es* どっちつかずの態度を取る. hablar sin ~*es* 単刀直入に話す.

va·gue·ma·es·tre [ba.ge.ma.és.tre; ƀá.-] 男 〖軍〗輜重(ξ)士官.

va·gue·rí·a [ba.ge.rí.a; ƀá.-] 女《話》怠惰, 怠慢.

va·ha·ra·da [ba.(a.)rá.ða; ƀá.-] 女 息, 息を吐くこと；臭い息；におい.

va·ha·re·ra [ba.(a.)ré.ra; ƀá.-] 女 〖医〗鵞口瘡(ξ), 口内炎.

va·he·ar [ba.e.ár; ƀá.-] 自〈香り・水蒸気などを〉発散する, 〈水面などが〉湯気を立てる；においを放つ.

va·hí·do [ba.í.ðo; ƀá.-] 男 めまい, 立ちくらみ；失神. Le dio un ~. 彼[彼女]はめまいがした.

va・ho [bá.o; ɓá.-] 男 **1** 湯気, 水蒸気, (ガラスなどの)曇り. empañarse de ~ 湯気で曇る. Hay ~ en los cristales. 窓ガラスが曇っている. **2** (吐く) 息, 呼気. **3** 《複数で》《医》吸入(法).

va・í・da [ba.í.ða; ɓa.-] 形 《建》bóveda ~ 四方を切り落とした半球形の円蓋(ᴇんがい), トランケイティッド・ドーム.

vai・na [bái.na; ɓái.-] 形 《ラ米》はた迷惑な, 厄介な. ― 男 女 不真面目な人, 無責任な人. ― 女 **1** (剣の)鞘(さゃ), 鞘型のケース. **2** 《植》莢(さゃ), 豆果. ~ de guisantes エンドウマメの莢. (2) 葉鞘(ようしょう). **3** 薬莢(やっきょう), ケース. **4** 《解剖》鞘(しょう). **5** 《海》(帆の縁を補強する)折り返し, 縁布. **6** 《話》厄介事, 煩わしいこと. **7** 《ラ米》(1) (タリ)(アルゼ)(ソビ)《話》《名前がわからないものを指して》あれ. (2) (コロン)《話》ごまかし, いんちき. (3) (ニカ)《話》幸運, つき. (4) (ラリ)《卑》性行為, セックス. (5) (ユカテ)(アルゼ)《話》厄介事.
echar vainas a＋人 《ラ米》(コロン)《話》《人》をからかう.

vai・na・zas [bai.ná.θas; ɓai.- / -.sas] 男 《単複同形》《話》怠け者, 無精者.

vai・ne・ti・lla [bai.ne.tí.ja; ɓai.- ‖ -.ʎa.-] 女 《ラ米》(ベル)《話》面倒.

vai・ni・ca [bai.ní.ka; ɓai.-] 女 《服飾》ヘムステッチ：縁かがり.

vai・ni・lla [bai.ní.ja; ɓai.- ‖ -.ʎa] 女 **1** 《植》バニラ：ラン科のつる性多年草. 熱帯アメリカ産. 果実から香料を採る.
2 バニラ (エッセンス). helado de ~ バニラアイスクリーム.

vai・ni・lli・na [bai.ni.jí.na; ɓai.-.ʎí.-] 女 《almacén》バニリン：バニラ豆などに含まれ香料に用いられる. **vainilla** (バニラ)

vai・ni・ta [bai.ní.ta; ɓai.-] 女 《ラ米》(プルト)(ユカテ)《植》サヤインゲン.

***vai・vén** [bai.ɓén; ɓai.-] 男 **1** 揺れ, 振れ；往復運動. ~ del barco 船の揺れ. del pistón ピストンの往復運動. ~ de un péndulo 振り子の振動.
2 変動, 高下；浮沈, 盛衰. en un ~ de la suerte 運命の転変で. los *vaivenes* de la vida pública 公的生活の浮沈.
[va(ir の変化) + y + ven(venir の変化)]

vai・vo・da [bai.ɓó.ða; ɓai.-] 男 《史》(東欧諸国の)町の軍司令官, 市長, 町長, 郡長.

va・je・ar [ba.xe.ár; ɓa.-] 他 《ラ米》(ユカテ)(プルト)魅了する, すくませる；呪術(じゅじゅつ)をかける；甘言でつる.

va・ji・lla [ba.xí.ja; ɓa.- ‖ -.ʎa] 女 《集合的》食器. ~ de plata 銀器. ~ de porcelana 磁器. lavar la ~ 食器を洗う. regalar una ~ 食器セットを贈る.

val[1] [bál; ɓál] 男 [valle の語尾消失形] 谷, 谷間.
▶地名の接頭辞として使われる. ⇒ *Val*depeñas, *Val*paraíso.

val[2] [bál; ɓál] 活 → valer.

va・la・co, ca [ba.lá.ko; ɓa.-.ka] 形 (ルーマニア南部の)ワラキアの. ― 男 女 ワラキアの住民 [出身者]. ― 男 ワラキア語：バルカン・ロマンス語の一つ.

Va・la・quia [ba.lá.kja; ɓa.-] 固名 ワラキア：ルーマニア南部の歴史的地域名.

Val・de・mo・ro [bal.de.mó.ro; ɓal.-] 固名 バルデモロ：スペイン Madrid の北約60キロにある衛星都市・中小工業地区. → Pinto.

val・den・se [bal.dén.se; ɓal.-] 形 《史》(フランスの宗教家 Pedro Valdès が12世紀に南フランスで始めたキリスト教の一派) ワルド派の. ― 男 女 ワルド派の信徒.

val・de・pe・ñas [bal.de.pé.ɲas; ɓal.-] 男 《単複同形》スペイン中南部バルデペーニャス産のワイン.

Val・dés [bal.dés; ɓal.-] 固名 バルデス Juan de ~ (1490？－1541)：スペインの人文学者.

val・di・via・no [bal.di.ɓjá.no; ɓal.-] 男 《ラ米》(チリ)ニンニク・干し肉・タマネギ・ジャガイモで作るスープ.

valdr- 活 → valer.

va・le[1] [bá.le; ɓá.-] 男 **1** 引換券 [証]. canjear el ~ por una botella de vino 引換券をワイン一本と交換する. **2** 取引証票, 受領証. **3** 《法》約束手形, 借用証書. **4** 招待券, 無料入場券.

va・le[2] [bá.le; ɓá.-] 男 [*valedor* の省略形] 《ラ米》《話》友人, 仲間. ~ corrido (メキシ)旧友.

va・le[3] [bá.le; ɓá.-] 活 → valer.

va・le・de・ro, ra [ba.le.ðé.ro, -.ra; ɓa.-] 形 有効な, 効力のある (= válido)；引き換えられる. ~ para seis meses 6か月間有効の.

va・le・dor, do・ra [ba.le.ðór, -.ðó.ra; ɓa.-] 男 女 **1** 保護者, 後見人, 後援者. **2** 《ラ米》→ vale[2].

va・le・du・ra [ba.le.ðú.ra; ɓa.-] 女 《ラ米》(1) (メキシ)《話》好意, 引き立て, ひいき. (2) (メキシ)(プエル)涙金, おこぼれ.

va・len・cia [ba.lén.θja; ɓa.- / -.sja] 女 《化》原子価.

***Va・len・cia** [ba.lén.θja; ɓa.- / -.sja] 固名 **1** バレンシア：スペイン東部の県；県都. ◆ギリシア, カルタゴ, ローマと, 西ゴートの支配を受け, 714年にはモーロ人に征服されたが, 1094年に英雄 El Cid が奪回.
2 バレンシア地方 (= País Valenciano), 自治州 (→ autónomo)：スペインの歴史的地方名.
3 バレンシア：ベネズエラ北西部の都市.
[← 《ラ》*Valentia*； *valentia*「力, 勇気」(→ valentía) の固有名詞化. 関連 valiente. 〔英〕 *valiant*, *value*〕

va・len・cia・na [ba.len.θjá.na; ɓa.- / -.sjá.-] 女 《ラ米》(メキシ)ズボンの折り返し.

va・len・cia・ni・dad [ba.len.θja.ni.ðáð; ɓa.- / -.sja.-] 女 バレンシア人的性格.

va・len・cia・nis・mo [ba.len.θja.nís.mo; ɓa.- / -.sja.-] 男 **1** バレンシア語 (的言い回し), バレンシア語からの借用語 (法). → valenciano. **2** バレンシア地方主義；バレンシアびいき；バレンシア人気質.

va・len・cia・nis・ta [ba.len.θja.nís.ta; ɓa.- / -.sja.-] 形 **1** バレンシア民族主義の. **2** (スペインのサッカーチーム) バレンシア Valencia の. ― 男 女 **1** バレンシア民族主義者. **2** (スペインのサッカーチーム) バレンシアのファン.

***va・len・cia・no, na** [ba.len.θjá.no, -.na; ɓa.- / -.sjá.-] 形 (スペインの) バレンシアの. arroz ~ バレンシア産の米.
― 男 女 バレンシアの住民 [出身者].
― 男 バレンシア語：バレンシアで話されるカタルーニャ語.

va・len・cia・no・ha・blan・te [ba.len.θja.no.a.ɓlán.te; ɓa.- / -.sja.-] 形 男 女 → valencianoparlante.

va・len・cia・no・par・lan・te [ba.len.θja.no.par.lán.te; ɓa.- / -.sja.-] 形 バレンシア語を母語とする. ― 男 女 バレンシア語を母語とする人. → valenciano.

va・len・tí・a [ba.len.tí.a; ɓa.-] 女 **1** 勇敢さ, 勇ましさ, 豪胆；勇敢 [大胆] な行為. la ~ de un general

valentino

ある将軍の武勇. **2** 豪放, 奔放, 力強さ. pintor que maneja el pincel con gran ～ 力強いタッチの画家.

va・len・ti・no, na [ba.len.tí.no, -.na; ba.-] 形《文章語》バレンシアの.

va・len・tí・si・mo, ma [ba.len.tí.si.mo, -.ma; ba.-] 形 [valiente の絶対最上級] 非常に勇敢な.

va・len・tón, to・na [ba.len.tón, -.tó.na; ba.-] 形 (勇気を) 自慢する, 強がりの, 空いばりの.
— 男 女 強がり, 空いばりの人.

va・len・to・na [ba.len.tó.na; ba.-] /
va・len・to・na・da [ba.len.to.ná.ða; ba.-] 女 強がり, 空いばり.

***va・ler** [ba.lér; ba.-] 47 自 **1**《人・作品などが》**価値がある**, 値打ちがある. ～ más [mejor] よりよい, より好ましい. Las personas *valen* según su capacidad. 人々はその能力によって価値が決まる. Más *vale* tarde que nunca.《諺》遅くてもやる方が全くやらないよりもいい.

2（1）《**a**＋人《人》にとって》《**de**... / **para**... …のために》**役立つ**. Esas excusas no *le valdrían de* nada. そんな言い訳は彼［彼女］にとっては何の役にも立たないだろうて.（2）《**para**... …に》適している. Quizá no *valgo para* profesor. 私は多分教師には向いていない.

3《書類などが》有効である;《食べ物・飲み物が》食べられる［飲める］. Estas monedas ya no *valen*. これらの貨幣はもう通用しません. Ya no *vale* este queso. このチーズはもう食べられない.

4《＋不定詞》《…することが》許される,《…しても》よい. No *vale* hacer trampas. ずるいことをするんじゃないぞ.

5《スペイン》《**a**＋人《人》に》《衣服などが》**サイズがあう**, フィットする. Este conjunto *me vale*. このスーツは私にぴったりだ.

6《ラ米》《話》《**a**＋人《人》には》**無関係である**; 重要でない.

— 他 **1**《＋数値などを表す語句》《値段・費用が》《…》**である**,《金額・費用が》《…》**かかる**. ¿Cuánto *valen* estos zapatos? この靴はいくらですか. El billete *vale* 98 euros. チケットは98ユーロだ.

2《**a**＋人《人》に》《信用・名声などを》《当然の結果として》**もたらす**;《損失・犠牲を》**支払わせる**. Aquella entrevista *nos valió* muchos disgustos. あの会見で私たちはとても不愉快になった.

3 値する, **匹敵する**; 価値がある. ～ su peso en oro 値千金である. Hay algunos objetos que *valen* una fortuna. ひと財産に値するような品物がいくつかある. **4**《まれ》《人を》守る.

—**・se** 再 **1**《**de**... …を》用いる, 利用する. Entonces, tienes que ～*te de* algún otro método. それでは君は何らかのほかの方法を用いなくてはいけないよ. **2** 自分で自分のことができる. Tiene 90 años pero puede ～*se* perfectamente. 彼［彼女］は90歳だが自分のことは全部自分でできる. **3**《ラ米》《＋不定詞》《…することが》**許される**. No *se va・le decir* mentiras. うそを言うのは許されていない.

— 男《人の》価値, 値打ち.
en lo que *vale* 最大限に. apreciar... *en lo que vale* …を最大限に評価する.
hacer *valer*... 取り上げさせる, 問題にする. Hay que *hacer* ～ estos planes. これらの計画を取り上げてもらわなくてはなりません.
¡*Vale*!《承諾・承知など》オーケー, 了解; もう十分だ (=¡Ya *vale*!). ここまで. ▶ いやいや承諾すると

きやもう結構の意味で使われるときは ¡*vale*, *vale*! のように二度重ねることが多い.
valer por sf *solo* [*mismo*]《人》が何とかやっていく. Es mucho más difícil ～ *por sí solas*. 彼女たちが自分たちだけでなんとかやっていくのは一段と難しいだろう. ▶ solo, mismo は主語と性数一致.
válgame《驚き・感嘆・不満》ああ, なんということか. ¡*válga*me Dios! ああ, なんということか.
¡Ya *vale* / ¡*Vale ya*!《話》もう十分だ; もう結構.
[＜〔ラ〕*valēre*「力がある」]【関連】valiente, valeroso, válido, valor.【英】*value*.

Va・le・ra [ba.lé.ra; ba.-] 固名 バレーラ Juan ～ y Alcalá Galiano (1824-1905): スペインの外交官・小説家. 作品 *Pepita Jiménez*『ペピータ・ヒメネス』.

va・le・ria・na [ba.le.rjá.na; ba.-] 女《植》カノコソウ.

va・le・ria・ná・ce・as [ba.le.rja.ná.θe.as; ba.-/-.se.-] 女 オミナエシ科の植物).

va・le・ria・na・to [ba.le.rja.ná.to; ba.-] 男《化》吉草酸塩.

va・le・ro・si・dad [ba.le.ro.si.ðáð; ba.-] 女 勇ましさ, 豪胆, 果敢.

va・le・ro・so, sa [ba.le.ró.so, -.sa; ba.-] 形 勇敢な, 勇ましい (= valiente). un soldado ～ 勇敢な兵士.

valeriana (カノコソウ)

va・let [ba.lé(t); ba.-]《仏》男《複 ～**s**》《遊》(トランプ) ジャック.

va・le・tu・di・na・rio, ria [ba.le.tu.ði.ná.rjo, -.rja; ba.-] 形《加齢のため》病弱の, 虚弱の.
— 男 女《加齢のため》病弱な人.

valg- 活 → valer.

va・lí [ba.lí; ba.-] 男 (イスラム教国の) 地方行政長官, 太守.

va・lí・a [ba.lí.a; ba.-] 女 **1** 価値, 値打ち. joya de mucha ～ 非常に高価な宝石. **2** 能力, 才能.

va・lia・to [ba.ljá.to; ba.-] 男 valí の統治 (領).

va・li・da・ción [ba.li.ða.θjón; ba.-/-.sjón] 女《法的に》有効にすること, 批准, 確認.

vá・li・da・men・te [bá.li.ða.mén.te; bá.-] 副 正当に.

va・li・dar [ba.li.ðár; ba.-] 他《法的に》有効にする, 批准する, 確認する.

***va・li・dez** [ba.li.ðéθ; ba.-/-.ðés] 女 **1** 正当［妥当］性, 確実;《法》効力, 有効性, 合法性. dar ～ a... …を有効と認める;《法的に》有効にする, 批准する. **2** 能力.

va・li・do [ba.lí.ðo; ba.-] 男《史》寵臣 (ちょうしん); お気に入りの人物 (= favorito). [＜〔ラ〕*validum* (*validus* の対格)「強い」; *valēre*「力がある」(→ valer)]【関連】valido, inválido.【英】*valid*.

***vá・li・do, da** [bá.li.ðo, -.ða; bá.-] 形 **1**《法的に》**有効な**, **確かな**, 正当な. elección *válida* 有効と認められた選挙. ～ hasta dentro de un año 1年間有効の. **2** 自立できる, 有能な. una persona *válida* 有能な人物.

***va・lien・te** [ba.ljén.te; ba.-] 形 **1**《＋名詞 / 名詞＋》**勇敢な**, 勇ましい, 勇気のある. Era tan ～ que fue solo al territorio enemigo. 彼は非常に勇敢にも単身敵地に乗り込んだ. Han tomado una decisión ～. 彼らは勇気ある決断を下した.

2 強がりの, 空いばりの.

3《＋名詞》《主に皮肉》すごい, ご立派な; あきれた. ¡*V*～ amigo eres! 大した友達だよ, おまえは. ¡*V*～

mentira ha dicho! あきれたうそをついたもんだ.
— 男 女 勇敢な人, 勇者；強がり, 空いばり屋.
[←〔ラ〕*valentem* (*valēns* の対格)「強い」; *valēre*「力がある」(→ valer) の現在分詞；関連 valentía, Valencia. 〔英〕*valiant*]

va·li·ja [ba.lí.xa; ƀa.-] 女 **1** 郵便かばん[袋]；(郵便袋の中の) 郵便物. **2** 旅行かばん, スーツケース.
valija diplomática (外交特権により税関などの検査を免除される) 外交文書, 外交用郵袋(ゆうたい) [行嚢(こうのう)].

va·li·je·ro, ra [ba.li.xé.ro, -.ra; ƀa.-] 男 女 **1** (本国政府と在外公館の間の文書を運ぶ) 外交伝書吏. **2** (中央郵便局から地方への) 郵便集配人.

va·li·mien·to [ba.li.mjén.to; ƀa.-] 男 寵愛(ちょうあい), 信任, 擁護. hombre que tiene ～ con el rey 国王の覚えめでたい人.

***va·lio·so, sa** [ba.ljó.so, -.sa; ƀa.-] 形 **1 貴重な**, 高価な. una joya *valiosa* 高価な宝石. **2** 有益な, 役に立つ, 尊い. un consejo～貴重な忠告. ¡*Valiosa* idea! これは名案だ. **3** 裕福な, 富裕な；有力な.

va·li·so·le·ta·no, na [ba.li.so.le.tá.no, -.na; ƀa.-] 形 男 女 → vallisoletano.

val·ki·ria [bal.kí.rja; ƀal.-] 女 → valquiria.

va·lla [bá.ɉa; ƀá.- ‖ -.ʎa] 女 **1** 垣根, 柵(さく), 塀；ガードレール (＝ ～ protectora, quitamiedos). **2** 広告板 (＝ ～ publicitaria). **3** 〘スポ〙ハードル. 100 metros ～*s* 100メートルハードル. **4** 障害(物), 邪魔物；境界 (線). romper la ～ / saltar(se) las ～*s* 節度を忘れる, 法(のり)を越える, 社会規範を踏み外す. **5** 《ラ米》(**1**) (アルゼンチン)(中米)(メキシコ)闘鶏場. (**2**) (コロンビア)溝. (**3**) (ラプラタ)(サッカーなどの) ゴール.

va·lla·dar [ba.ɉa.đár; ƀa.- ‖ -.ʎa.-] 男 **1** 垣, 柵(さく), 塀. **2** 障害 (物).

va·lla·do [ba.ɉá.đo; ƀa.- ‖ -.ʎá.-] 男 **1** 垣, 柵(さく), 塀；防壁. **2** 《ラ米》(メキシコ)深い溝.

Va·lla·do·lid [ba.ɉa.đo.líđ; ƀa.- ‖ -.ʎa.-] 固名 バリャドリード：スペイン北西部の県；県都. ♦15–16世紀前半の Castilla 王国の首都.

va·llar [ba.ɉár; ƀa.- ‖ -.ʎár] 他 垣根を作る, 柵(さく)で囲む, 塀を巡らす. — 形 柵の, 塀の.

*****va·lle** [bá.ɉe; ƀá.- ‖ -.ʎe] 男 **1 谷**, 谷間, 渓谷. ～ en V V字谷, 欠床谷. ～ longitudinal 縦谷. ～ transversal 横谷. ～ submarino 海底谷. **2** 谷間の集落 (の住民). **3** 流域. el ～ del Ebro エブロ川流域. **4** (**1**) (波動・折れ線グラフなどの) 谷. (**2**) 閑散期 (＝～ horario).
valle de lágrimas (つらい) この世, 浮き世.
[←〔ラ〕*vallem* (*vallis* または *vallēs* の対格)；関連〔英〕*valley*]

Va·lle-In·clán [ba.ʝeiŋ.klán; ƀa.- ‖ -.ʎeiŋ.-] 固名 バリェ・インクラン Ramón María del ～(1866–1936)：スペインの小説家, 劇作家. 作品*Sonatas*『ソナタ (四部作)』. → noventayochista.

Va·lle·jo [ba.ɉé.xo; ƀa.- ‖ -.ʎé.-] 固名 バリェホ (**1**) César ～(1892–1938)：ペルーの詩人. 作品 *Trilce*『トリルセ』. (**2**) Antonio Buero ～(1916–2000)：スペインの劇作家.

va·lle·na·to [ba.ɉe.ná.to; ƀa.- ‖ -.ʎe.-] 男 (コロンビアの) アコーディオンで伴奏する民族音楽[舞踊].

va·lle·ro, ra [ba.ɉé.ro, -.ra; ƀa.- ‖ -.ʎé.-] 形 《ラ米》(メキシコ)谷間の, 盆地の；渓谷出身の；渓谷に住む.

va·lli·co [ba.ɉí.ko; ƀa.- ‖ -.ʎí.-] 男 〘植〙ホソムギ [ドクムギ] 属の植物.

va·lli·no, na [ba.ɉí.no, -.na; ƀa.- ‖ -.ʎí.-] 形 《ラ米》(ペルー) → vallero.

va·lli·so·le·ta·no, na [ba.ɉi.so.le.tá.no, -.na; ƀa.- ‖ -.ʎi.-] 形 (スペインの) バリャドリード Valladolid の. — 男 女 バリャドリードの住民[出身者].

va·llis·to, ta [ba.ɉís.to, -.ta; ƀa.- ‖ -.ʎís.-] 形 《ラ米》(アルゼンチン)(メキシコ) → vallero.

va·llun·co, ca [ba.ɉúŋ.ko, -.ka; ƀa.- ‖ -.ʎúŋ.-] 形 《ラ米》(中米) 《話》無骨な, 不作法な.

va·lón, lo·na [ba.lón, -.ló.na; ƀa.-] 形 ワロン人の, ワロン語の. — 男 女 ワロン人：ベルギー南部に住む民族. — 男 ワロン語：フランスの一言語であるオイル語の方言.

va·lo·na [ba.ló.na; ƀa.-] 女 **1** 〘服飾〙バンダイク・カラー：17世紀の男子が用いた縁に深いぎざぎざのある大きな襟. **2** 《ラ米》(**1**) (エクアドル)(コロンビア)(ベネズエラ)(馬の) 刈り込まれたたてがみ. (**2**) (メキシコ)援助, 引き立て, 庇護(ひご).
hacer la valona (キューバ)ひげをそる, そり落とす.

va·lo·nar [ba.lo.nár; ƀa.-] 他 《ラ米》(エクアドル)(コロンビア)(ベネズエラ)刈る, 刈り込む.
— ～**·se** 再 《ラ米》(中米) → valonearse.

va·lo·ne·ar·se [ba.lo.ne.ár.se; ƀa.-] 再 《ラ米》(中米)(牛の尾をつかんだり何かを拾ったりするために) 鞍(くら)から身を乗り出す.

*****va·lor** [ba.lór; ƀa.-] 男 **1 価値**, 値打ち. ～ adquisitivo 貨幣価値, 購買力. sin ～ 価値のない, つまらない. un cuadro de gran ～ たいへん価値のある絵. tener ～ 値打ちがある. ～ añadido [agregado] 付加価値. ～ en oro 金換算価値. ～ universal 普遍的価値. impuesto sobre el ～ añadido 付加価値税 (《略》IVA). objetos de ～ 高価な品, 貴重品.
2 価格, 額面. por el ～ de cincuenta euros 50ユーロの金額で. por la mitad de SU ～ 半分の値段で. ～ comercial 市場価格. ～ de cambio 交換価格. ～ de la producción total de un país 一国の総生産額. ～*es* declarados 申告額. ～ nominal [facial] 額面価格. ～ recibido 受領額, (手形で) 対価受け取り.
3 《複数で》有価証券；株式；資産. ～*es* al portador 無記名証券. ～*es* fiduciarios 銀行券. ～*es* habidos [en cartera] 手持ち有価証券[持ち株]の内訳. ～*es* inmuebles [inmovilizados] 不動産. bolsa de ～*es* 株式市場. depósito de ～*es* 有価証券の預かり証[保護預け]. mercado de ～*es* 証券[株式]市場.
4 勇気, 度胸. luchar con ～ 勇敢に戦う. tener más ～ que un torero 怖いものなしである. No tengo ～ para decirle que no tiene razón. 彼[彼女]が正しくないと言うのは気後れがする.
5 意義；重要性；有効性. ～*es* fundamentales 基本的な価値観. dar [conceder] ～ a... …に意義を見いだす, …を高く評価する, …を信用する. quitar ～ a... …をおとしめる, 過小評価する. tener ～ 有効である.
6 《話》ずうずうしさ, 厚かましさ. tener el ～ de＋不定詞 厚かましくも…する. ¡Qué ～! なんてずうずうしい. **7** 《話》才能のある人. **8** 〘数〙数値, 値. ～ absoluto [relativo] 絶対[相対]値. ～ medio 平均値. **9** 〘化〙価. ～ nutritivo 栄養価. **10** 〘文法〙意味, 機能；〘音声〙音価. con ～ de sustantivo 名詞として機能して. ～ fonético 音価. **11** 〘美〙色価, 明暗の度, バリュー. **12** 〘音楽〙(音符の) 長さ.
armarse de valor 勇気を奮い立たせる.
[←〔後ラ〕*valōrem* (*valor* の対格)；〔ラ〕*valēre*「力がある」(→ valer) より派生；関連 valorar, evaluar. 〔英〕*value*「価値」, *valor*「勇気」]

V

va·lo·ra·ción [ba.lo.ra.θjón; ba.- / -.sjón] 囡 **1** 評価（額），見積もり，**査定**. Un perito va a hacer la ～ de los daños del accidente. 専門家が事故の損害額を査定するだろう． **2** 真価を認めること，高い評価．

va·lo·rar [ba.lo.rár; ba.-] 他 **1** (**en...**〈価格〉に）評価する，査定する；(…の価値を）見定める． ～ un cuadro *en* diez mil dólares 絵に1万ドルの評価額を与える． ～ la situación 状況を見極める． **2** （高く）評価する，…の真価を認める． ～ los esfuerzos 努力を認める． Los amigos *valoran* mucho sus virtudes. 友人たちは彼[彼女]のいいところを認めている． No supieron ～ la oportunidad. 彼らはせっかくのチャンスを生かすことができなかった． Se *valora* el conocimiento del inglés. 英語の知識のある方を優遇する． **3** …の価値[相場]を高める． La construcción de la nueva carretera *valoró* la zona urbanizable. 新しい国道の建設によって，郊外の分譲地の価格が上がった． **4** 【化】滴定する．

va·lo·ra·ti·vo, va [ba.lo.ra.tí.bo, -.ba; ba.-] 形 評価的な．

va·lo·ri·za·ción [ba.lo.ri.θa.θjón; ba.- / -.sa.sjón] 囡 **1** 価値を高めること，(価格・相場などの）引き上げ． **2** 評価，見積もり．

va·lo·ri·zar [ba.lo.ri.θár; ba.- / -.sár] 97 他 …の価値を高める，価格[相場]を上げる；評価する，値をつける．

Val·pa·ra·í·so [bal.pa.ra.í.so; bal.-] 固名 バルパライソ：チリ中部の県；県都．◆首都 Santiago の外港．南米太平洋岸最大の貿易港．歴史的街並みは世界遺産（2003年登録）．

val·qui·ria [bal.kí.rja; bal.-] 囡 【神話】ワルキューレ：北欧神話で戦死した英雄たちの霊をオーディン Odín 神の殿堂へ導いて仕える，武装した乙女たち．

vals [báls; báls] 男 【音楽】（単複同形）ワルツ． bailar el ～ ワルツを踊る．
［←［仏］*valse*←［独］*Walzer*］

val·sar [bal.sár; bal.-] 自 ワルツを踊る．

val·se [bál.se; bal.-] 男 (ラ米) → vals.

val·se·ar [bal.se.ár; bal.-] 自 (ラ米) → valsar.

val·se·o [bal.sé.o; bal.-] 男 ワルツを踊ること．

va·lua·ble [ba.lwá.ble; bal.-] 形 (ラ米) 価値のある，評価できる；計算できる，算定しうる．

va·lua·ción [ba.lwa.θjón; ba.- / -.sjón] 囡 評価，見積もり．

va·lua·dor, do·ra [ba.lwa.ðór, -.ðó.ra; ba.-] 男 囡 (ラ米)（不動産などの）鑑定士，査定人．

va·luar [ba.lwár; ba.-] 84 他 評価する，見積もる．

va·lu·men [ba.lú.men; ba.-] 男 (ラ米)（1）（方言）束，塊，山積．（2）（方言）（話）繁茂，茂み．

va·lu·mo·so, sa [ba.lu.mó.so, -.sa; ba.-] 形 (ラ米)（1）（方言）（話）かさばる，場所を取る．（2）（方言）生い茂った．

val·va [bál.ba; bal.-] 囡 **1** 【植】蒴（さく）片，蒴（さく）片，莢（さや）片．**2**（二枚貝の）貝殻．

vál·vu·la [bál.bu.la; bal.-] 囡 **1** 【機】弁，バルブ． ～ de admisión 入り口弁，吸気弁． ～ de bola ボールバルブ． ～ de compuerta ゲートバルブ． ～ de escape 排気弁． ～ de mariposa 蝶（ちょう）形弁，バタフライバルブ． ～ de seguridad 安全弁． esmerilado de ～s バルブの擦り合わせ．
2 【解剖】（血管・心臓の）弁． ～ mitral 僧帽弁．
3 【電】真空管（= ～ de vacío）． ～ eléctrica 放電管． ～ electrónica 電子管．

val·vu·lar [bal.bu.lár; bal.-] 形 弁（状）の，バルブの．

val·vu·li·na [bal.bu.lí.na; bal.-] 囡 潤滑油．

va·mos [bá.mos; bá.-] 間投 【命令・勧誘・元気づけ】さあ． —活 → ir.

vam·pi·ra [bam.pí.ra; bam.-] 囡 (話) → vampiro.

vam·pi·re·sa [bam.pi.ré.sa; bam.-] 囡 (話)（軽蔑）妖婦（ふ），魔性の女，男たらし．

vam·pí·ri·co, ca [bam.pí.ri.ko, -.ka; bam.-] 形 **1** 吸血鬼の（ような）．**2** 人を食いものにする．

vam·pi·ris·mo [bam.pi.rís.mo; bam.-] 男 **1** 吸血鬼伝説［信仰］．**2**（軽蔑）（比喩的）他人を搾取すること，あくどさ，むごさ．

vam·pi·ri·za·ción [bam.pi.ri.θa.θjón; bam.- / -.sa.sjón] 囡 人を食いものにすること．

vam·pi·ri·zar [bam.pi.ri.θár; bam.- / -.sár] 97 他〈人を〉食いものにする．

vam·pi·ro [bam.pí.ro; bam.-] 男 **1** 吸血鬼；人を食いものにする者，あくどい搾取者．**2** 吸血コウモリ．

van [bán; bán] 活 → ir.

va·na·dio [ba.ná.ðjo; ba.-] 男 【化】バナジウム（記号 V）．

va·na·glo·ria [ba.na.gló.rja; ba.-] 囡 見え，虚栄（心），うぬぼれ，慢心．

va·na·glo·riar·se [ba.na.glo.rjár.se; ba.-] 82 再 (**de... / por...** …を)自慢する，うぬぼれる． ～ *de* sus conocimientos 己の知識を鼻にかける．

va·na·glo·rio·so, sa [ba.na.glo.rjó.so, -.sa; ba.-] 形 うぬぼれの強い，虚栄心の強い．
—男 囡 うぬぼれの強い人，虚栄心の強い人．

va·na·men·te [bá.na.mén.te; bá.-] 副 **1** 無駄に，むなしく；根拠もなく．
2 うぬぼれて，見えを張って．

va·nar·se [ba.nár.se; ba.-] 再 (ラ米)（中米）（アンデス）（ごちゃ）〈実が〉しなびる，しぼむ；だめになる，失敗する．

van·da·la·je [ban.da.lá.xe; ban.-] 男 (ラ米) 蛮行，(公共物・文化財・芸術などの）汚損，破壊．

van·dá·li·co, ca [ban.dá.li.ko, -.ka; ban.-] 形 バンダル人の，バンダル風の．

van·da·lis·mo [ban.da.lís.mo; ban.-] 男 蛮行，(公共物などの）汚損；文化・芸術の破壊．

ván·da·lo [bán.da.lo; bán.-] 形 **1** バンダルの．
2（軽蔑）野蛮な，破壊的な．
—男 囡 **1** バンダル人：東ゲルマン系の混成民族，409年にイベリア半島へ移り，まもなく西ゴート人に圧迫されてアフリカに渡った．
2（芸術・文化などを破壊する）野蛮人；乱暴者．

van·de·a·no, na [ban.de.á.no, -.na; ban.-] 形（フランス西部の）バンデー Vendée の．
—男 囡 **1** バンデーの住民[出身者]．
2 【史】（フランス革命中の）バンデー王党員．

van·guar·dia [baŋ.gwár.ðja; baŋ.-] 囡 **1**【軍】前衛，先方，先兵．
2（芸術・政治運動などの）前衛，最先端，アバンギャルド． un pintor de ～ 前衛画家． estar a [en] la ～ de... …の先端にいる． Esta marca comercial va siempre a la ～ de la moda. このブランドはいつでも流行の最先端を行っている．

van·guar·dis·mo [baŋ.gwar.ðís.mo; baŋ.-] 男 前衛主義；アバンギャルド運動．

van·guar·dis·ta [baŋ.gwar.ðís.ta; baŋ.-] 形 前衛派の，アバンギャルドの． una película ～ 前衛映画．
—男 囡 前衛派の（芸術家），アバンギャルド．

va·ni·dad [ba.ni.ðáð; ba.-] 囡 **1** 虚栄（心），見

え, うぬぼれ. por pura ～ただの虚栄心から. halagar la ～ de＋人(人)の虚栄心をくすぐる.
2《主に複数形で》空虚, むなしさ；浅薄なこと[行為]. **～es** del mundo この世の虚飾.
Vanidad de vanidades y todo es vanidad.
『聖』なんという空(%)しさ, すべては空い《コヘレトの言葉1：2》.

va・ni・do・so, sa [ba.ni.đó.so, -.sa; ƀa.-] 形《軽蔑》虚栄(心)の, うぬぼれの強い, 見えっ張りの.
——男《軽蔑》見えっ張りの人, うぬぼれ屋.

va・ni・lo・cuen・cia [ba.ni.lo.kwén.θja; ƀa.-] 女 くだらない長話.

va・ni・lo・cuen・te [ba.ni.lo.kwén.te; ƀa.-] /
va・ní・lo・cuo, cua [ba.níl.lo.kwo, -.kwa; ƀa.-] 形 言葉数が多い, 無駄話をする.
——男女 おしゃべり, 無駄話をする人.

va・ni・lo・quio [ba.ni.ló.kjo; ƀa.-] 男 中身のない話, おしゃべり.

***va・no, na** [bá.no, -.na; ƀá.-] 形 **1** 空虚な, むなしい；根拠のない, 内容[結果]の伴わない. esfuerzos ～s 無駄な努力, 徒労. *vanas* promesas 空約束. los ～s días 空虚な日々. Todos sus intentos fueron ～s. 彼[彼女] (ら)の試みはすべて無駄だった. **2** うぬぼれた, 虚栄心の強い. **3** (**estar**＋)(果実が)中空の.
——男(窓・扉などの)壁の開口部.
en vano むなしく, 無駄に. esforzarse *en* ～ 無駄な努力をする.
[←〔ラ〕*vānum* (*vānus* の対格)「空の；空虚な」;関連 vanidad, desvanecer, envanecer. 〔英〕*vain*]

vá・no・va [bá.no.ƀa; ƀá.-] 女 (バスク風の木綿の)ベッドカバー.

Va・nua・tu [ba.nwá.tu; ƀa.-] 固名 バヌアツ：南西太平洋の共和国, 首都 Port Vila.

va・o [bá.o; ƀá.-] 男《略》*v*ehículo de *a*lta *o*cupación カープール[HOV]レーン：2人以上乗車している多人数乗車車両のみが走行できる車線.

va・por [ba.pór; ƀa.-] 男 **1 蒸気, 湯気, もや. baños de ～ スチームバス. caldera de ～ 蒸気ボイラー. locomotora de ～ 蒸気機関車. máquina de ～ 蒸気機関. ～ de agua 水蒸気.
2《複数で》有毒ガス, 毒気. **3** 汽船（＝barco[buque] de ～). ～ de ruedas 外輪汽船.
al vapor (1) 蒸して. cocinar *al* ～ 蒸す, 蒸し料理にする. patatas *al* ～ ふかしたジャガイモ. (2) 全(速)力で.
a todo vapor → al vapor (2).
[←〔ラ〕*vapōrem* (*vapor* の対格); 関連 vaporoso, vaporizar, evaporar. 〔英〕*vapor*]

va・po・ra [ba.pó.ra; ƀa.-] 女 **1**《話》(内海用の)(小型)汽船. **2**《ラ米》蒸気機関車, スチームエンジン.

va・po・ra・ble [ba.po.rá.ƀle; ƀa.-] 形 蒸発可能な, 蒸発しやすい.

va・po・ra・ción [ba.po.ra.θjón; ƀa.- / -.sjón] 女 蒸発, 消散.

va・po・rar [ba.po.rár; ƀa.-] 他 蒸発させる, 消散させる. ——~・se 再 蒸発する, 消散する.

va・po・ra・rio [ba.po.rá.rjo; ƀa.-] 男 蒸し風呂, サウナ風呂.

va・po・re・ta [ba.po.ré.ta; ƀa.-] 女《商標》(料理用の)蒸し器.

va・po・ret・to [ba.po.ré.to; ƀa.-] [伊] 男 (ベネチアの運河で用いられる)乗り合いモーターボート.

va・po・rium [ba.pó.rjum; ƀa.-] 男 蒸し風呂, サウナ風呂.

va・po・ri・za・ción [ba.po.ri.θa.θjón; ƀa.- / -.sa.sjón] 女 **1** 蒸発, 気化. **2** (温泉などの)蒸気療法.

va・po・ri・za・dor [ba.po.ri.θa.đór; ƀa.- / -.sa.-] 男 **1** 噴霧器, 霧吹き, (香水などの)アトマイザー.
2 (ボイラーの)蒸気発生装置.

va・po・ri・zar [ba.po.ri.θár; ƀa.- / -.sár] 97 他 蒸発させる, 気化させる；噴霧する, スプレーする.
——~・se 再 蒸発する, 気化する. El agua de la lluvia *se vaporiza* por el calor. 雨水は熱によって蒸発する.

va・po・ri・zo [ba.po.rí.θo; ƀa.- / -.so] 男《ラ米》(方方)(5方) **1** 蒸気熱, 高熱. **2**《医》吸入(法).

va・po・ro・so, sa [ba.po.ró.so, -.sa; ƀa.-] 形 **1** 蒸気を発する, 蒸気の立ちこめた.
2《織物が》ごく薄手の, 透けた.

va・pu・le・ar [ba.pu.le.ár; ƀa.-] 他 **1** たたく, ひっぱたく. ～ a un niño 子供をたたく. Ella *vapuleó* la alfombra para sacarle el polvo. 彼女はじゅうたんをたたいてほこりを落とした.
2《話》なじる, 叱責(%)する. **3**《話》打ち負かす.

va・pu・le・o [ba.pu.lé.o; ƀa.-] 男 **1** たたく[ひっぱたく]こと. **2** 叱責(%), 非難；厳しい批評[批判].

va・que・re・ar [ba.ke.re.ár; ƀa.-] 自《ラ米》(5方)(学校を)ずる休みする, サボる.

va・que・rí・a [ba.ke.rí.a; ƀa.-] 女 **1** 牛舎, 酪農場；搾乳所；牛乳販売店. **2**《ラ米》(1) (5ザ)(5ヨ) 牧畜業, 酪農. (2)《集合的に》乳牛. **3** (5ネ) 投げ縄猟. (4) (5ネ)牧童の衣装で踊る)舞踊.

va・que・ri・zo, za [ba.ke.rí.θo, -.θa; ƀa.- / -.so, -.sa] 形《家畜の》牛の. *corral* ～ 牛舎.
——男《家畜の》牛飼い. ——女 (冬期の)牛小屋, 牛舎.

va・que・ro, ra [ba.ké.ro, -.ra; ƀa.-] 形 **1** 牛の.
2 牛飼いの. **3** ジーンズの, デニムの. pantalón ～ ジーンズ, ジーパン. cazadora *vaquera* ジージャン, ジーンズのジャンパー.
——男女 **1** 牛飼い, 牧童, カウボーイ. película de ～s 西部劇(映画). **2**《ラ米》(1) 乳搾り人, 搾乳夫. (2) (5ペ)学校をサボる生徒.
——男《主に複数で》ジーンズ.
2《ラ米》(5バ)(革製の)鞭(3).

va・que・ta [ba.ké.ta; ƀa.-] 女 **1** 子牛の皮革, レザー. **2** (5バ)《話》牛砥石.
——男《ラ米》(5ニ)《話》ぺてん師；いい加減なやつ.

va・que・tón, to・na [ba.ke.tón, -.tó.na; ƀa.-] 形《ラ米》《話》(1)(5ニ)ずるい. (2)(5ニ)薄のろな；厚かましい.

va・que・tu・do, da [ba.ke.tú.đo, -.đa; ƀa.-] 形《ラ米》(5ニ)動作の鈍い；ふてぶてしい.

va・qui・lla [ba.kí.ja; ƀa.- ‖ -.ʎa] 女 **1** 子牛；《複数で》(子牛を使う)素人闘牛. **2**《ラ米》(5)(3方)(4ラ)(1歳半から2歳の)子牛. [vaca ＋ 縮小辞]

va・qui・llo・na [ba.ki.jó.na; ƀa.- ‖ -.ʎó.-] 女《ラ米》(5)(3方)(5ペ)(3ラ)(2歳から3歳の)雌牛.

va・ra [bá.ra; ƀa.-] 女 **1** 細長い棒, 棒切れ, 竿(ä), (葉のない)細長い枝. ～ de pescar 釣り竿. ～ mágica [de las virtudes]魔法の杖(2). ～ de medir ～ **2** (市長などの) 官杖(%), 権威の杖；権威, 権力, 職権. empuñar la ～ de alcalde 市長に就任する. **3** 天蓋(%)を支える棒. **4** (スイセン・ユリなどの)花茎. **5** (荷車の)轅(%ざ), 梶(%)棒. **6** バラ (長さの単位, 83.59センチ) ；1バラの竿；1バラの長さの布地. **7**《闘牛》槍(ä) 槍の突き出. poner una ～ (牛を)突く.
dar la vara (a...)（…を）うるさがらせる，（…の）

邪魔をする.
tener vara alta 権力[影響力]を持っている，顔が利く.
trombón de varas スライド式トロンボーン.
vara de oro [de San José] 【植】アキノキリンソウ：セイタカアワダチソウなどの総称.
[←[ラ] *váram* (*vāra* の対格)「足場」；関連 varal, vareta, varear]
va·ra·da [ba.rá.ða; ƀa.-] 女【海】**1** 座礁.
2 (船)を浜に引き上げること.
va·ra·de·ra [ba.ra.ðé.ra; ƀa.-] 女【海】防舷(ぼうげん)材.
va·ra·de·ro [ba.ra.ðé.ro; ƀa.-] 男【海】乾ドック.
va·ra·do, da [ba.rá.ðo, -.ða; ƀa.-] 形 **1**【海】(1) 座礁した，浅瀬に乗り上げた. (2)《船が》浜に引き上げられた. (3) 投錨(とうびょう)した. (2)《ラ米》《話》職にあぶれた. (2)《コロ》《ベネ》《話》金欠の. (3)《コロ》《ラ》〈車が〉故障した.
── 男【海】《数》故障車.
va·ra·du·ra [ba.ra.ðú.ra; ƀa.-] 女 座礁；(船)を浜に引き上げること.
va·ral [ba.rál; ƀa.-] 男 **1** 長く太い頑丈な棒. **2**（荷車などの）轅(ながえ)；側面の横棒. **3**〖演〗（ライト設置用の）柱. **4**〖話〗のっぽ.
va·ra·mien·to [ba.ra.mjén.to; ƀa.-] 男 → varada.
va·ra·no [ba.rá.no; ƀa.-] 男【動】オオトカゲ.
va·ra·pa·lo [ba.ra.pá.lo; ƀa.-] 男 **1** 長い棒. **2** 棒で殴ること. **3**〖話〗叱責(しっせき)，非難. **4**〖話〗落手，災難，不運.
va·rar [ba.rár; ƀa.-] 他【海】(船)を浜に引き上げる；進水させる. ── 自 **1**【海】(1) 座礁する. (2) 投錨(とうびょう)する. **2** 行き詰まる，頓挫(とんざ)する. ~**·se** 再 **1** 座礁する. **2**《ラ米》《コロ》〈車が〉故障する.
va·ra·yoc [ba.ra.jók; ƀa.-] 男《ラ米》《ペルー》先住民の族長.
va·ra·zo [ba.rá.θo; ƀa.- / -.so] 男 棒で殴ること.
va·ra·zón [ba.ra.θón; ƀa.- / -.són] 女《ラ米》(1)《エク》《コロ》《メキ》棒切れの束. (2)《リ》魚群.
vár·du·lo, la [bár.ðu.lo, -.la; bár.-] 形 （現在のGuipúzcoa・Vizcaya・Álava 県に当たる地域に住んでいたケルト系の前ローマ時代の）バルドゥロ人の.
── 男女 バルドゥロ人.
va·re·a [ba.ré.a; ƀa.-] 女（果実）を棒でたたき落とすこと.
va·re·a·dor, do·ra [ba.re.a.ðór, -.ðó.ra; ƀa.-] 男女（木の実）を棒でたたき落とす人.
va·re·a·je [ba.re.á.xe; ƀa.-] 男 **1**（木の実）を棒でたたくこと. **2** vara の単位で計る[売る]こと.
va·re·ar [ba.re.ár; ƀa.-] 他 **1** 棒でたたく，（木の実を）棒でたたき落とす. ~ nueces クルミをたたき落とす. **2**〖闘牛〗槍(やり)で突く；〈角に〉痛めつける. **3** vara の単位で計る[売る]. **4**《ラ米》《ラ》〈競走馬を〉調教する.
va·re·jón [ba.re.xón; ƀa.-] 男 長くて太い棒，丸太ん棒.
va·ren·ga [ba.réŋ.ga; ƀa.-] 女【海】肋板(ろくはん)，船底床板.
va·re·o [ba.ré.o; ƀa.-] 男（果実）を棒でたたき落とすこと.
va·re·ta [ba.ré.ta; ƀa.-] 女 **1** 鳥もち竿(さお). **2** 縞(しま)(模様). **3** 皮肉，当てこすり.
va·re·ta·zo [ba.re.tá.θo; ƀa.- / -.so] 男〖闘牛〗横から角で突くこと.
va·re·to [ba.ré.to; ƀa.-] 男《ラ米》《コロ》《隠》マリファナたばこ.
var·ga [bár.ga; ƀa.-] 女 **1** 坂の急勾配(こうばい)，胸突き. **2**〖魚〗アナゴ（穴子）の一種.
Var·gas [bár.gas; ƀa.-] 固名 バルガス Francisco de ~ (1484-1560)：Castilla 女王 Isabel の法律顧問.
Averíguelo, Vargas.（Isabel 女王がバルガスに下問する書類に書いた言葉）バルガス，その方調べよ；《話》（そんなことは）誰にもわからない.
Var·gas Llo·sa [bár.gas jó.sa; ƀar.- - ‖ -.ʎó.-] 固名 バルガス・リョサ Mario ~ (1936-)：ペルーの小説家. 作品 *La casa verde*『緑の家』.
var·gue·ño [bar.ɣé.ɲo; ƀar.-] 男 → bargueño.
va·rí [ba.rí; ƀa.-] 男《ラ米》《チリ》《ペ》【鳥】アンデスチュウヒ.
va·rí- 語 → variar.
va·ria [bá.rja; ƀá.-] 形 代名 → vario.
va·ria·bi·li·dad [ba.rja.ƀi.li.ðáð; ƀa.-] 女 可変性，変わりやすさ；移り気.
*:**va·ria·ble** [ba.rjá.ƀle; ƀa.-] 形 **1** 変えられる，可変性の. **2** 変わりやすい，定まらない. tiempo ~ 変わりやすい天候. **3** 移り気な，気まぐれな.
── 女〖数〗変数.
va·ria·ble·men·te [ba.rjá.ƀle.mén.te; ƀa.-] 副 移り気に，気まぐれに；不安定に.
*:**va·ria·ción** [ba.rja.θjón; ƀa.- / -.sjón] 女 **1** 変化，変動，移り変わり. ~ de la temperatura 気温の変化. **2** 多様性，バリエーション. ~ geográfica 地理的多様性. **3**《主に複数で》〖音楽〗変奏(曲). **4**〖数〗変分.
variaciones sobre el mismo tema (1)〖音楽〗同じ主題[旋律]の変奏(曲). (2) 同じことをしつこく繰り返すこと.
variación magnética〖海〗〖測〗磁気偏差.
*:**va·ria·do, da** [ba.rjá.ðo, -.ða; ƀa.-] 形 さまざまな，雑多な，色とりどりの；異なる，変化のある. menú ~ 日替わりメニュー. repertorio ~ 幅広いレパートリー. galletas *variadas* 詰め合わせクッキー.
va·ria·men·te [bá.rja.mén.te; ƀá.-] 副 さまざまに，多種多様に.
*:**va·rian·te** [ba.rján.te; ƀa.-] 形 → variable.
── 女 **1** 変形，別形；変種，異形；差異，相違. **2**（写本などの）異文，異本. una ~ de la misma canción 同じ歌の形を変えたもの. **3** 迂回(うかい)路. **4**（サッカーくじ quiniela の表の印の）X（引き分け）または 2（地元チームの負け）. ◆地元チームの勝ちは 1.
*:***va·riar** [ba.rjár; ƀa.-] [81] 他 **1** 変える，変更する. Después del incidente *ha variado* su postura. その出来事の後に彼[彼女]は自分の立場を変えた. Nadie podrá ~ mi rumbo. 誰も私の方針を変更させることができないだろう.
2 変化させる；変化をつける，多彩にする. No sabía cómo ~ el tema. どうやってテーマに変化をつけたらいいかわからなかった.
── 自 **1** 変わる，変化する；変動する. El objetivo *varía* con el tiempo. その目的は時代とともに変化します. El concepto *ha variado* de forma radical en estos decenios. その概念はここ数十年で根本的に変化した.
2 (*de...* …と) 異なる；さまざまである. La respuesta *varía de* lo que he pensado. その答えは私が考えたこととは違っています. Su tamaño *varía* según las especies. その大きさは種によってさまざまです.

para variar 《話》たまに(は), マンネリを避けて.
[← [ラ] *variāre* (*varius*「雑色の」より派生);[関連] variable, variante, variación. [英] *vary*]
va·ri·ce [ba.rí.θe; ba.-] / **vá·ri·ce** [bá.ri.θe; bá.- / -.se] 囡 〖医〗 静脈瘤.
va·ri·ce·la [ba.ri.θé.la; ba.- / -.sé.-] 囡 〖医〗 水痘(ﾐｽﾞﾎｳｿｳ), 水疱瘡(ﾐｽﾞﾎｳｿｳ).
va·ri·co·ce·le [ba.ri.ko.θé.le; ba.- / -.sé.-] 男 〖医〗 精索静脈瘤(ｾｲｻｸｼﾞｮｳﾐｬｸﾘｭｳ).
va·ri·co·so, sa [ba.ri.kó.so, -.sa; ba.-] 形 静脈瘤(ｼﾞｮｳﾐｬｸﾘｭｳ)の; 静脈怒張の.
── 男 囡 静脈瘤症[静脈怒張]患者.

:**va·rie·dad** [ba.rje.ðáð; ba.-] 囡 **1** 多様性, 変化に富むこと; 寄せ集め. **~ de opiniones** 様々な意見. **En la ~ está el gusto.** 変化があるからこそおもしろい. **Esta tienda ofrece una gran ~ de ordenadores personales.** この店は各種パソコンの品ぞろえがとてもよい. **2** 種類, 品種;〖生物〗 変種. **Esta flor es una ~ de salvia.** この花はサルビアの一種だ. **3** 《複数で》バラエティー(ショー).

va·rie·tal [ba.rje.tál; ba.-] 形 《ワインが》単一品種のブドウから作られる.
va·rie·tés [ba.rje.tés; ba.-] 囡《複数形》バラエティーショー.
va·ri·lar·gue·ro [ba.ri.lar.ɣé.ro; ba.-] 男 〖闘牛〗 ピカドール picador.
va·ri·lla [ba.rí.ja; ba.-‖-.ʎa] 囡 **1** 細長い棒. **~ indicadora [graduada]**〖車〗 オイルゲージ. **~ de cortinas** カーテンレール. **~ encantada [mágica, de la(s) virtud(es)]** 魔法の杖(ﾂｴ). **~ de zahorí** 占い棒. **2**(扇・傘の)骨;(コルセットの)芯(ｼﾝ). **3** 顎骨(ｶﾞｸｺﾂ), 下あごの骨. **4**《ラ米》(1)《ｺﾛﾝﾋﾞｱ》《俗》マリファナ. (2)《ﾒｷｼｺ》安物雑貨. (3)《ｺﾛﾝﾋﾞｱ》〖医〗 破傷風. (4)《ｴｸｱﾄﾞﾙ》《話》迷惑, 厄介事. [vara +縮小辞]
va·ri·lla·je [ba.ri.já.xe; ba.-‖-.ʎá.-] 男 (扇・傘の)骨(組み).
va·ri·lle·ro, ra [ba.ri.jé.ro, -.ra; ba.-‖-.ʎé.-] 男 囡《ラ米》《ﾒｷｼｺ》(安物雑貨の)行商人.

va·rio, ria [bá.rjo, -.rja; bá.-] 形 **1**《複数で》(+名詞)《ser+》いくつかの, いくつもの. **Tengo ~s amigos mexicanos.** 私にはメキシコ人の友人が何人かいる.
2《主に複数で》(多くは+名詞)種々の, いろいろな; 多様な. **~s colores** さまざまな色. **Hemos hablado de ~s temas.** 我々はさまざまなテーマについて話し合った.
3《複数で》《名詞+》その他様々な. **gastos ~s** 雑費. **utilidades varias** その他色々な利用法. **4** 不安定な, 変わりやすい.
── 代名《不定》《複数で》数人, いくつかのもの; 多数. ***V~s piensan que...*** …と考えている人も何人かいる. ── 男 《複数で》その他(の項目). **Encontré el libro en la sección de "V~s" de la librería.** 本屋の「その他」のコーナーでその本を見つけた.
[← [ラ] *varium* (*varius*「雑色の」の対格);[関連] variedad, variar, viruela. [英] *various*]
va·rio·la [ba.rjó.la; ba.-] 囡 〖医〗 痘瘡(ﾄｳｿｳ).
va·rio·li·co, ca [ba.rjó.li.ko, -.ka; ba.-] 形 天然痘の, 痘瘡(ﾄｳｿｳ)の.
va·rio·loi·de [ba.rjo.lói.ðe; ba.-] 囡 〖医〗 仮痘: 痘瘡(ﾄｳｿｳ)の軽症.
va·rio·lo·so, sa [ba.rjo.ló.so, -.sa; ba.-] 形 天然痘の; 天然痘にかかった. ── 男 囡 天然痘患者.
va·rio·pin·to, ta [ba.rjo.pín.to, -.ta; ba.-] 形 種々の, さまざまな, 雑多な; 色とりどりの.

va·ri·ta [ba.rí.ta; ba.-] 囡 短い棒. **~ mágica [encantada]** 魔法の杖(ﾂｴ). [vara +縮小辞]
va·riz [ba.ríθ; ba.- / -.rís] 囡 → várice.
va·ro [ba.ro; ba.-] 男《ラ米》《ﾒｷｼｺ》《俗》**1** ペソ紙幣; 金, 金銭.

:**va·rón** [ba.rón; ba.-] 男 **1** 男性, 男子. **hijo ~** 息子. **Tiene tres hijos: una mujer y dos *varones*.** 彼[彼女]には3人子供がいるが, 娘が1人に息子が2人だ. **2**《ラ米》(1)《ﾒｷｼｺ》太い材木, 梁(ﾊﾘ). (2)《ｺﾛﾝﾋﾞｱ》《話》夫, 夫人.
santo varón 善人.
[← ? [ゲルマン] **baro*「自由民, 戦士」(→ barón);[関連] varonil]
va·ro·na [ba.ró.na; ba.-] 囡 **1** 女, 女性. **2** 男っぽい女.
va·ro·ní·a [ba.ro.ní.a; ba.-] 囡 男系(の子孫).
va·ro·nil [ba.ro.níl; ba.-] 形 **1** 男の; 男性的な, 男らしい, 勇壮な. **carácter ~** 男性的な性格. **una mujer ~** 男っぽい女性.
2 男性用の. **colonia ~** 男性用オーデコロン.
va·ro·nil·men·te [ba.ro.níl.mén.te; ba.-] 副 男らしく.
Var·so·via [bar.só.bja; bar.-] 固名 ワルシャワ: ポーランド Polonia の首都.
[← [中ラ] *Varsovia* ← [古ポーランド] *Warszowa*]
var·so·via·no, na [bar.so.bjá.no, -.na; bar.-] 形 ワルシャワの. ── 男 囡 ワルシャワの住民[出身者].
vas [bás; bás] 直 → ir.
va·sa·lla·je [ba.sa.já.xe; ba.-‖-.ʎá.-] 男 **1** 〖史〗 家臣[臣下]であること. **2** 〖史〗 貢ぎ物. **3** 服従, 従属; 隷属.
va·sa·llo, lla [ba.sá.jo, -.ja; ba.-‖-.ʎo, -.ʎa] 形 **1** 〖史〗 家臣[臣下]の. **2** 従属の, 服従の.
── 男 囡 **1** 家臣, 臣下; 臣民. **2**《比喩的》服従する人, 隷属する人.
va·sar [ba.sár; ba.-] 男 (壁に据え付けられた)食器棚.

:**vas·co, ca** [bás.ko, -.ka; bás.-] 形《名詞+》《ser+》バスク(地方[人, 語])の. **el Partido Nacionalista *V~*** バスク民族党(略 PNV). **la Comunidad Autónoma *Vasca*** バスク自治州.
── 男 囡 バスク人 (► 人種的にも言語・習慣上でもスペイン人, フランス人とは異なった特徴を持つ).
── 男 バスク語. → vascuence.
el País Vasco バスク地方. (1) スペイン北部の Álava・Guipúzcoa・Vizcaya 3県からなる地方, バスク自治州 (= las Vascongadas, [バスク] Euskadi). (2) (広い意味で) フランスとスペインの国境をなすピレネー山脈両側のバスク人居住地域 (= [バスク] Euskal Herria, Euskadi).
[vascón より派生;[関連] vascuence, vascongado, Vasconia]
vas·có·fi·lo, la [bas.kó.fi.lo, -.la; bas.-] 形 バスク(語)研究者の. ── 男 囡 バスク(語)研究者.
vas·co·fran·cés, ce·sa [bas.ko.fran.θés, -.θé.sa; bas.- / -.sés, -.sé.-] 形 フレンチ・バスク(人)の.
── 男 囡 フレンチ・バスク人.
vas·co·ha·blan·te [bas.ko.a.blán.te; bas.-] 形 バスク語を話す. ── 男 囡 バスク語話者.
vas·cón, co·na [bas.kón, -.kó.na; bas.-] 形 バスコニアの. → Vasconia. ── 男 囡 バスコニアの住民[出身者].
[← [ラ] *Vasconēs*《複数形》「バスク人」([バスク] *euskara*「バスク語」に関連?)]
Vas·con·ce·los [bas.kon.θé.los; bas.- / -.sé.-]

vascongado

vas·con·ga·do, da [bas.koŋ.gá.ðo, -.ða; ba.-] 形 Provincias *vascongadas* / las *Vascongadas* バスク地方, バスク自治州.
—男 バスク語 (= vascuence).

Vas·co·nia [bas.kó.nja; ba.-] 固名 《古語》バスコニア, ヴァスコニア (地方): スペインのバスク地方の旧称. [←〚ラ〛*Vasconia* (*Vasconēs* 《複数形》「バスク人」より派生) ; 関連 vasco]

vas·cuen·ce [bas.kwén.θe; ba.- / -.se] 形 バスク語の. —男 バスク語: スペイン北部とフランス南西部で話されている系統不明の言語. 1978年憲法により自治州における公用語化の道が開かれた. →castellano.

vas·cu·lar [bas.ku.lár; ba.-] 形 〖生物〗管の, 脈管の, 導管の, 血管の. tejido ~ 〖植〗維管束組織. lío ~ 〖植〗維管束.

vas·cu·la·ri·za·ción [bas.ku.la.ri.θa.θjón; ba.- / -.sa.sjón] 女 **1** 〖生物〗血管系. **2** 〖植〗導.

vas·cu·li·tis [bas.ku.lí.tis; ba.-] 女 〖医〗血管炎.

va·sec·to·mí·a [ba.sek.to.mí.a; ba.-] 女 〖医〗精管切除（術）, パイプカット.

va·sec·to·mi·zar [ba.sek.to.mi.θár; ba.- / -.sár] 97 他 〖医〗精管切除術を行う, パイプカットをする.

va·se·li·na [ba.se.lí.na; ba.-] 女 **1** 〖化〗〖商標〗ワセリン. **2** 《話》慎重, 節度. **3** 〖スポ〗《話》ループシュート.

va·se·li·no [ba.se.lí.no; ba.-] 男 《ラ米》《プエル》《話》自分のことばかり気にする男.

va·se·ra [ba.sé.ra; ba.-] 女 **1** (水売りなどがコップを運んだ)盆. **2** (壁に据え付けられた)食器棚.

va·si·ja [ba.sí.xa; ba.-] 女 (深い, くぼんだ) 容器, 器; つぼ, かめ, 鉢. ~ de barro 素焼きのつぼ.

va·si·llo [ba.sí.jo; ba.- ‖ -.ʎo] 男 (ミツバチの巣の)蜜房(みつぼう).

＊＊va·so [bá.so; bá.-] 男 **1** グラス, コップ; グラス一杯(の量). ~ de cristal ガラスのコップ. un ~ de vino グラス一杯のワイン.
2 (液体用の)容器; (花)瓶, 壺(つぼ). ~ de porcelana 磁器の花瓶. ~ graduado (化学実験用) ビーカー. ~ litúrgico [sagrado] 〖カト〗聖杯, 聖器.
3 〖解剖〗〖生物〗脈管, 管; 〖植〗導管. ~ sanguíneo [linfático] 血管[リンパ管]. ~ capilar 毛細血管. **4** ひずめ. **5** 船. **6** 〖建〗(装飾用) 壺(つぼ), 花瓶.
ahogarse en un vaso de agua 《話》ささいなことでくよくよする.
vasos comunicantes 〖物理〗連通管.
[←〚俗ラ〛*vasum*「器」←〚ラ〛*vās*; 関連 vasija, envasar. 〚英〛*vase*「花瓶」, *vessel*]

va·so·cons·tric·ción [ba.so.kons.trik.θjón; ba.- / -.sjón] 女 〖医〗血管収縮; 血管狭窄(きょうさく).

va·so·cons·tric·tor, to·ra [ba.so.kons.trik.tór, -.tó.ra; ba.-] 形 血管を収縮させる.
—男 血管収縮剤.

va·so·di·la·ta·ción [ba.so.ði.la.ta.θjón; ba.- / -.sjón] 女 〖医〗血管拡張.

va·so·di·la·ta·dor, do·ra [ba.so.ði.la.ta.ðór, -.ðó.ra; ba.-] 形 血管拡張の.
—男 血管拡張剤.

va·so·mo·tor, to·ra [ba.so.mo.tór, -.tó.ra; ba.-] 形 血管運動の; 血管運動神経の.

vas·quis·mo [bas.kís.mo; bas.-] 男 **1** 〖言〗他言語の中で使用されるバスク語表現. **2** バスクびいき.

vás·ta·go [bás.ta.ɣo; bás.-] 男 **1** 新芽, 若芽; 若枝. **2** 子孫, 後裔(こうえい); 子供. el último ~ de una ilustre familia 名家最後の後胤(こういん) [末裔]. **3** 〖機〗連接棒, ロッド. ~ del émbolo ピストン棒. ~ de perforación ドリルロッド. **4** 《ラ米》《メキ》《コスタ》《ニカラ》(バナナの)幹, 樹幹.

vas·te·dad [bas.te.ðád; bas.-] 女 広大さ, 広漠, 広範.

＊**vas·to, ta** [bás.to, -.ta; bás.-] 形 《主に＋名詞》広大な, 広遠たる; 広範な. *vasta* zona cafetera 広大なコーヒー栽培地域. ~s conocimientos sobre... ……に関する広範な知識. Desde la torre se domina un ~ panorama de la ciudad. 塔の上から街の全景がはるかかなたまで見渡せる.
[←〚ラ〛*vāstum* (*vāstus*の対格)「荒れ果てた; 巨大な」; 関連 devastar, gastar. 〚英〛*vast*, *waste*]

va·te [bá.te; bá.-] 男 **1** 詩人. **2** 予言者.

vá·ter [bá.ter; bá.-] 男 《水洗》便所; 水洗便器 (= water). [←〚英〛*water*]

va·ti·ca·nis·ta [ba.ti.ka.nís.ta; ba.-] 形 バチカンの; 教皇至上主義者の. —男女 **1** バチカン問題専門家. **2** 教皇至上主義者.

＊**Va·ti·ca·no** [ba.ti.ká.no; ba.-] 固名 **バチカン** (宮殿), ローマ教皇庁. Ciudad del ~ バチカン市国. [←〚中ラ〛*Vāticānus*←〚ラ〛*Vāticānus* (*mōns*)「バチカンの丘」(地名)]

＊**va·ti·ca·no, na** [ba.ti.ká.no, -.na; ba.-] 形 バチカン (市国) の, ローマ教皇庁 [バチカン宮殿] の. Concilio V~ I [II] 第一［第二］バチカン公会議 (◆第一は第20回公会議1869-70, 第二は教会一致と教会の現代化に関する第21回公会議1962-65).

va·ti·ca·nó·lo·go, ga [ba.ti.ka.nó.lo.ɣo, -.ɣa; ba.-] 名 バチカン [ローマ教皇庁] 研究者 [専門家].

va·ti·ci·na·dor, do·ra [ba.ti.θi.na.ðór, -.ðó.ra; ba.- / -.si.-] 形 予言 [予見] する.
—男女 予言者, 占い師.

va·ti·ci·nar [ba.ti.θi.nár; ba.- / -.si.-] 他 自 予言 [予見] する.

va·ti·ci·nio [ba.ti.θí.njo; ba.- / -.sí.-] 男 予言, 予見, 占い.

va·tí·di·co, ca [ba.tí.ði.ko, -.ka; ba.-] 形 予言する; 予言の. —男女 予言者.

va·tí·me·tro [ba.tí.me.tro; ba.-] 男 〖電〗電力計.

va·tio [bá.tjo; bá.-] 男 〖電〗ワット: 電力・工率の単位. potencia en ~s ワット数 [量].

va·tu [ba.tu; bá.-] 男 〖単複同形〗バトゥ: バヌアツの通貨単位.

vau·de·vi·lle [bo.ðe.βíl; bo.-] 男 〖仏〗軽喜劇, ボードビル (= vodevil).

¡va·ya! [bá.ja; bá.-] 女 《話》からかい, 嘲笑(ちょうしょう) [的言辞].

¡va·ya! [bá.ja; bá.-] 間投 《怒り・不快・驚き・感嘆》ちくしょう, やれやれ, あら, まあ, まさか, すごい.

vaya(-) / vayá- 屈 →ir.

＊**Vd.** (略) usted あなた (= Ud.). ◆ustedの元の形 vuestra mercedの略語より.

vda. (略) viuda.

＊**Vds.** (略) ustedes あなた方 (= Uds.).

ve[1] [bé; bé] 女 アルファベット V の名称.

ve[2] [bé; bé] 屈 **1** →ir. **2** →ver.

vea(-) / veá- 屈 →ver.

ve·ces [bé.θes; bé.- / -.ses] 女 vezの複数形.

ve·ci·na [be.θí.na; be.- / -.sí.-] 女 →vecino.

ve·ci·nal [be.θi.nál; be.- / -.si.-] 形 **1** 近隣の; 隣人の. **2** 市 [町, 村] の. camino ~ 市道.

＊**ve·cin·dad** [be.θin.dád; be.- / -.sin.-] 女 **1** 近所, 近隣; 隣接; 近所関係. Vive en la ~. 彼 [彼女] は

近所に住んでいる. política de buena ～ 善隣政策. **2**《集合的》住民, 住人, 居住者；隣人. casa de ～ アパート, 共同住宅. **3** 近接(性), 相似(点).

ve·cin·da·rio [be.θin.dá.rjo; ƀe.-/-sin.-] 男 **1**《集合的》住民, 居住者, 住民. el ～ de una ciudad 全市民. **2**《集合的》隣人, 近所の人々. Acudió todo el ～. 近所の人たちがみんなやって来た. **3** 住民簿[台帳].

ve·ci·no, na [be.θí.no, -.na; ƀe.-/-sí.-] 形 **1**《+名詞／名詞i＋》《ser＋／estar＋》隣の, 隣接した；近くの, 近くに住む. el país ～ 隣国. el ～ país árabe / el país árabe ～ 隣のアラブの国. la *vecina* Ruanda 隣国のルワンダ. la *vecina* ciudad de Móstoles / la ciudad *vecina* de Móstoles 隣接しているモストレス市；モストレスの隣接市. Nuestras casas son *vecinas*. 私たちの家は隣り合っている. Vive en una casa (que *está*) *vecina* de la mía. 彼[彼女]は隣の家に住んでいる.

2《名詞i＋》《a... ...に》似た, 類似の, 相似の. soluciones *vecinas* 類似の答え.

— 男女 **1** 隣人, 近所の人. los ～s de al lado 隣家の人たち. Nuestros ～s son muy ruidosos. 私たちの隣人はうるさくてかなわない.

2 住民, 住人, 在住者, 居住者. Matilde Díaz, de 65 años, *vecina* de Villabilla ビジャルビージャ在住, マティルデ・ディアス65歳. las protestas de (los) ～s de esta calle この通りの住民. los ～s de Madrid マドリード市民.

cada [*cualquier*] *hijo de vecino* 誰でも, 皆.

[←[ラ] *vīcīnum* (*vīcīnus* の対格；*vīcus*「村, 町」より派生)；[関連] vecindad. [英] *vicinity*「近所」, *village*「村」]

vec·tor [bek.tór; ƀek.-] 形 radio ～ 《数》《天文》動径, 位置ベクトル. — 男《数》《物理》ベクトル：大きさと方向をもっている量. → escalar².

vec·to·rial [bek.to.rjál; ƀek.-] 形《数》ベクトルの. análisis ～ ベクトル解析. cálculo ～ ベクトル計算. suma ～ ベクトル和.

ve·da [bé.ða; ƀé.-] 女 **1** 禁止；禁猟, 禁漁.

2 禁猟期, 禁漁期. levantamiento de la ～ 狩猟[漁]の解禁.

Ve·da [bé.ða; ƀé.-] 男 ベーダ：インド最古の宗教文学でバラモン教の根本聖典. → vedismo.

[←[サンスクリット] *veda* (原義は「知」)]

ve·da·do, da [be.ðá.ðo, -.ða; ƀe.-] 形 立ち入り禁止の；禁猟の, 禁漁の. coto ～ 禁猟[禁漁]区.

— 男 **1** 立ち入り禁止地区. **2** 禁猟[禁漁]区 (＝ ～ de caza [de pesca]). cazar en ～ 密猟する.

ve·da·mien·to [be.ða.mjén.to; ƀe.-] 男 禁止；禁猟, 禁漁.

ve·dar [be.ðár; ƀe.-] 他 **1** (法律で) 禁じる. ～ la entrada en un sitio ある場所への立ち入りを禁止する (＝ prohibir). **2** 妨げる, 阻む.

ve·de·gam·bre [be.ðe.ɣám.bre; ƀe.-] 男《植》バイケイソウ：ユリ科の多年草.

ve·de·ja [be.ðé.xa; ƀe.-] 女 長髪, 毛髪の束.

ve·de·te [be.ðé.te; ƀe.-// -.ðét] 《仏》女 → vedette.

ve·de·tis·mo [be.ðe.tís.mo; ƀe.-] 男《話》《軽蔑》自分が一番だという思い込み.

ve·det·te [be.ðét; ƀe.-]《仏》女 **1** (バラエティーショーの) 女性スター. **2**《話》(演劇・映画・ショーの) 人気者, 花形, スター.

ve·de·tis·mo [be.ðe.tís.mo; ƀe.-] 男 → vedetismo.

vé·di·co, ca [bé.ði.ko, -.ka; ƀé.-] 形 ベーダ Veda の.

ve·di·ja [be.ðí.xa; ƀe.-] 女 **1** 羊毛の束[房].

2 もつれた髪の束, 縮れ毛.

ve·di·jo·so, sa [be.ði.xó.so, -.sa; ƀe.-] 形 (動物が) 毛のもつれた；縮れ毛の.

ve·dis·mo [be.ðís.mo; ƀe.-] 男 ベーダの教え[信仰]；原始バラモン教. → Veda.

ve·e·dor [be.(e).ðór; ƀe.-] 男《史》《古語》調査官, 検査官, 管理官. ～ de caminos 道路管理官. ～ de vianda 王侯付きの食卓官吏.

ve·ga [bé.ɣa; ƀé.-] 女 **1** (河川流域の) 沃野(よく の). **2**《ラ米》(**1**)《ｸﾘｵｰｼｮ》《ｷｭｰﾊﾞ》タバコ栽培地. (**2**)《ｱﾙｾﾞﾝﾁﾝ》沖積地. (**3**)《ﾁﾘ》湿地.

[←? [バスク] *ibaiko*「川の」(*ibai*「川」＋ *-ko*「…の」；[関連] [スペイン][英] *Las Vegas* (米国の都市)]

ve·ga·no, na [be.ɣá.no, -.na; ƀe.-] 形 完全菜食主義(者)の. — 男女 完全菜食主義者.

ve·ge·ta·bi·li·dad [be.xe.ta.βi.li.ðáð; ƀe.-] 女 植物性.

ve·ge·ta·ción [be.xe.ta.θjón; ƀe.-/-.sjón] 女 **1** (ある地域や気候の) 植物 (群), 植生, 草木. ～ acuática 水生植物. **2**《複数で》《医》増殖肥大；扁桃腺(せん)肥大, アデノイド (＝ *vegetaciones adenoideas*). **3** 《植物の》生長, 生育；発芽.

ve·ge·tal [be.xe.tál; ƀe.-] 形 植物の, 植物性の. medicamentos ～*es* (植物から採った) 生薬. aceite ～ 植物油. el reino ～ 植物界. — 男 **1** 植物. **2**《話》植物人間. **3**《ラ米》(ﾒｷｼｺ)《ｸﾘｵｰｼｮ》《複数で》野菜.

[←[中ラ] *vegetāre* (a)「成長する」←[ラ] (他)「活気づける」(*vegetus*「活発な」より派生)；[関連] vegetar, vegetación, vigor. [英] *vegetal*「植物の」, *vegetable*「野菜」]

ve·ge·ta·lis·ta [be.xe.ta.lís.ta; ƀe.-] 形 男女 → vegetariano.

ve·ge·tar [be.xe.tár; ƀe.-] 自 **1**〈植物が〉生長する, 生育する；発芽する. **2** 無為に過ごす；植物人間になる. **3** 閑居する.

ve·ge·ta·ria·nis·mo [be.xe.ta.rja.nís.mo; ƀe.-] 男 菜食主義.

ve·ge·ta·ria·no, na [be.xe.ta.rjá.no, -.na; ƀe.-] 形 菜食主義の. — 男女 菜食主義者.

ve·ge·ta·ti·vo, va [be.xe.ta.tí.βo, -.βa; ƀe.-] 形 **1** 生長[成長]する, 栄養性の. aparatos ～*s* 栄養器官. multiplicación *vegetativa* 栄養生殖. período ～ 成長期. crecimiento ～ 人口の自然増加(率). **2** 植物性の, 自律神経の. sistema nervioso ～ 植物性[自律]神経系. **3** 植物的活動の；無為な. vida *vegetativa* 無為な生活.

ve·go·so, sa [be.ɣó.so, -.sa; ƀe.-] 形《ラ米》(ﾁﾘ)〈土地などが〉湿っぽい, じめじめした.

ve·guer [be.ɣér; ƀe.-] 男 **1** フランス・スペイン両国からアンドラ公国へ派遣される使節. **2**《史》(スペインAragón, Cataluña, Mallorcaの) 行政官, 執政官.

ve·güe·ro, ra [be.ɣé.ro, -.ra; ƀe.-] 形 沃地(よく ち)の, 平原の. — 男女《タバコ農園の》農民.

— 男 **1**《1枚の葉を巻いただけの粗悪な》葉巻；《ラ米》(ｸﾘｵｰｼｮ)(良質の) キューバ葉巻. **2**《ラ米》(ｸﾘｵｰｼｮ)タバコ栽培者, タバコ園主.

ve·he·men·cia [be.(e).mén.θja; ƀe.-/-.sja] 女 激情, 熱烈, 激越；性急さ.

ve·he·men·te [be.(e).mén.te; ƀe.-] 形 **1** 激烈な, 激しい. **2** 情熱的な. **3** 衝動的な；思慮[分別]のない.

ve·he·men·te·men·te [be.(e.)mén.te.mén.te; ƀe.-] 副 激しく；情熱的に.

ve·hi·cu·lar [bei.ku.lár; ƀe.-] 形 **1** 車両(用)の. **2** 〖言語が〗通用する. **3** 媒介［伝達］する. ── 他 伝達する.

ve·hi·cu·li·zar [bei.ku.li.θár; ƀei.-/ -.sár] 97 他 伝達する.

ve·hí·cu·lo [be.í.ku.lo; ƀe.-] 男 **1** 乗り物，輸送［交通］手段；車，車両. ~ espacial 宇宙船. ~ industrial 貨物輸送車両，貨車. ~ terrestre [aéreo] 陸［空］の交通手段. ~ de carga 貨物輸送車輌，荷車.
2 伝達手段，媒介物［者］，媒体. Las monedas son ~s de microbios. 貨幣は細菌の媒体となる.
3 〖薬〗〖薬を飲みやすくするための〗賦形(ふけい)剤.
[←〖ラ〗*vehiculum* (*vehere*「(荷車などで)運ぶ」より派生)；〖関連〗*vector*. 〖英〗*vehicle*]

veía(-) 活 → ver.

vein·ta·vo, va [bein.tá.ƀo, -.ƀa; ƀein.-] 形 → veinteavo.

vein·te [béin.te; ƀéin.-] 形 (数詞) **1 (+名詞) 20の，20人［個］の. unas ~ personas 約20人. **2** 《名詞+》20番目の. los años ~ 20年代. página ~ 20ページ. en el siglo ~ 20世紀に.
── 男 20；20の数字(ローマ数字 XX). los ~ 1920年代；20歳代.
caer el veinte 《ラ米》(話) 冗談の意味がわかる.
[←〖古スペイン〗*véinte* ←〖ラ〗*vīgintī*；〖関連〗*vigésimo*]

vein·te·a·ñe·ro, ra [bein.te.a.ɲé.ro, -.ra; ƀein.-] 形 《話》20歳代の. ── 男 女 《話》20歳代の人.

vein·te·a·vo, va [bein.te.á.ƀo, -.ƀa; ƀein.-] 形 (数詞) 20分の(1). ── 男 20分の1.

vein·te·na [bein.té.na; ƀein.-] 女 20 (くらい) の組［まとまり］；20年，20日. una ~ de personas 20人 (ばかり) の人.

vein·te·na·rio, ria [bein.te.ná.rjo, -.rja; ƀein.-] 形 20年の.

vein·te·ne·ro [bein.te.né.ro; ƀein.-] 男 〖教会の〗合唱隊の先唱者.

vein·te·no, na [bein.te.no, -.na; ƀein.-] 形 《数詞》20番目の. ── 男 20分の1.

vein·te·ñal [bein.te.ɲál; ƀein.-] 形 20年間の；20年ごとの.

vein·te·o·che·no, na [bein.te.o.tʃé.no, -.na; ƀein.-] 形 → veintiocheno.

vein·te·sei·se·no, na [bein.te.sei.sé.no, -.na; ƀein.-] 形 → veintiseiseno.

vein·té·si·mo, ma [bein.té.si.mo, -.ma; ƀein.-] 形 男 (= vigésimo).

*vein·ti·cin·co [bein.ti.θíŋ.ko; ƀein.- / -.síŋ.-] 形 [veinte y cinco の縮約形] (数詞) **1** (+名詞) 25の，25人［個］の. **2** 《名詞+》25番目の.
── 男 25；25の数字(ローマ数字 XXV).

vein·ti·cua·tre·no, na [bein.ti.kwa.tré.no, -.na; ƀein.-] 形 24番目の (= vigésimo cuarto).

*vein·ti·cua·tro [bein.ti.kwá.tro; ƀein.-] 形 [veinte y cuatro の縮約形] (数詞) **1** (+名詞) 24の，24人［個］の. **2** 《名詞+》24番目の.
── 男 24；24の数字(ローマ数字 XXIV).

*vein·ti·dós [bein.ti.ðós; ƀein.-] 形 [veinte y dos の縮約形] (数詞) **1** (+名詞) 22の，22人［個］の. **2** 《名詞+》22番目の.
── 男 22；22の数字(ローマ数字 XXII).

vein·ti·do·se·no, na [bein.ti.ðo.sé.no, -.na; ƀein.-] 形 22番目の (= vigésimo segundo).

*vein·ti·nue·ve [bein.ti.nwé.ƀe; ƀein.-] 形 [veinte y nueve の縮約形] (数詞) **1** (+名詞) 29の，29人［個］の. **2** 《名詞+》29番目の.
── 男 29；29の数字(ローマ数字 XXIX).

vein·tio·che·no, na [bein.tjo.tʃé.no, -.na; ƀein.-] 形 28番目の (= vigésimo octavo).

*vein·ti·o·cho [bein.tjó.tʃo; ƀein.-] 形 [veinte y ocho の縮約形] (数詞) **1** (+名詞) 28の，28人［個］の. **2** 《名詞+》28番目の.
── 男 28；28の数字(ローマ数字 XXVIII).

*vein·ti·séis [bein.ti.séis; ƀein.-] 形 [veinte y seis の縮約形] (数詞) **1** (+名詞) 26の，26人［個］の. **2** 《名詞+》26番目の.
── 男 26；26の数字(ローマ数字 XXVI).

vein·ti·sei·se·no, na [bein.ti.sei.sé.no, -.na; ƀein.-] 形 26番目の (= vigésimo sexto).

*vein·ti·sie·te [bein.ti.sjé.te; ƀein.-] 形 [veinte y siete の縮約形] (数詞) **1** (+名詞) 27の，27人［個］の. **2** 《名詞+》27番目の.
── 男 27；27の数字(ローマ数字 XXVII).

vein·ti·tan·tos, tas [bein.ti.tán.tos, -.tas; ƀein.-] 形 《複数形》20といくつかの，20有余の. *veintitantas* personas 20人あまりの人々. Sucedió hacia el ~ de abril. それは4月の20何日かに起こった.

*vein·ti·trés [bein.ti.trés; ƀein.-] 形 [veinte y tres の縮約形] (数詞) **1** (+名詞) 23の，23人［個］の. **2** 《名詞+》23番目の.
── 男 23；23の数字(ローマ数字 XXIII).

vein·ti·ún [bein.tjún; ƀein.-] 形 [veintiuno の語尾消失形．男性名詞に前置する形式] (数詞) 21の. ~ metros 21メートル.

vein·ti·ú·ni·co, ca [bein.tjú.ni.ko, -.ka; ƀein.-] 形 《ラ米》(若デン) 《話》ユニークな.

*vein·ti·u·no, na [bein.tjú.no, -.na; ƀein.-] 形 [veinte y uno の縮約形；男性名詞の前に来ると veintiún となる] (数詞) **1** (+名詞) 21の，21人［個］の. *veintiún libros* 21冊の本. **2** 《名詞+》21番目の. página *veintiuna* 21ページ(目). el (día) ~ de octubre 10月21日.
── 男 21；21の数字(ローマ数字 XXI).
── 女 〖遊〗(トランプ・ダイスなどの) 21. ◆21点あるいは21点に一番近い得点をした人が勝つ.

ve·ja·ción [be.xa.θjón; ƀe.- / -.sjón] 女 侮辱，愚弄(ぐろう)；いじめ；屈辱，恥，不面目.

ve·ja·men [be.xá.men; ƀe.-] 男 **1** 侮辱，愚弄(ぐろう)，いじめ；屈辱. **2** 風刺文[詩].

ve·ja·mi·no·so, sa [be.xa.mi.nó.so, -.sa; ƀe.-] 形 《ラ米》(プエルト)(グァテ) → vejatorio.

ve·jan·cón, co·na [be.xaŋ.kón, -.kó.na; ƀe.-] 形 《軽蔑》老いぼれの，よぼよぼの.
── 男 女 《軽蔑》老いぼれ.

ve·jar [be.xár; ƀe.-] 他 侮辱する，愚弄(ぐろう)する，卑しめる，おとしめる.

ve·ja·ra·no, na [be.xa.rá.no, -.na; ƀe.-] 形 《ラ米》→ vejarano.

ve·ja·rrón, rro·na [be.xa.r̄ón, -.r̄ó.na; ƀe.-] 形 男 女 viejo + 増大辞. → vejancón.

ve·ja·to·rio, ria [be.xa.tó.rjo, -.rja; ƀe.-] 形 屈辱的な，侮辱的な，愚弄(ぐろう)する.

ve·jes·to·rio [be.xes.tó.rjo; ƀe.-] 男 《軽蔑》老いぼれ. ◆男性女性どちらを指すこともできる.

ve·je·te, ta [be.xé.te, -.ta; ƀe.-] 形 《話》年寄りの.

—男 年寄り. —形 《鳥》カンムリヒバリ. [viejo＋縮小辞]

ve·jez [be.xéθ; ƀe.- / -.xés] 女 《複 vejeces》 **1** 老い, 老齢. pensión de [por] ~ 老齢年金. **2** 老齢期, 晩年. llegar a la ~ 老年期に入る, 晩年を迎える. **3** 古さ, 磨耗. **4** 《複数で》老人病.

ve·ji·ga [be.xí.ga; ƀe.-] 女 **1** 《解剖》 囊(のう); 膀胱(ぼうこう). ~ de la bilis 胆囊. **2** 《医》水疱(すいほう), 水脹(みずぶく)れ, 疱疹(ほうしん). **3**（物の表面にできた）膨れ, 気泡. natatoria（魚の）浮き袋. **4** 《ラ米》 《話》 《軽蔑》 ばか, まぬけ. (2)（('プエ')('メキ')）風船. (3)（('メキ')）気球.

ve·ji·ga·to·rio, ria [be.xi.ga.tó.rjo, -.rja; ƀe.-] 形《医》水疱を生じる, 発疱させる. —男 発疱剤.

ve·ji·gui·lla [be.xi.gí.ʎa; ƀe.- ‖ -.ʎa;] 女 小さな水疱(すいほう), 水脹れ.

ve·ju·co, ca [be.xú.ko, -.ka; ƀe.-] 形 《ラ米》 《('プエ')》 《話》 《軽蔑》 年老いた.

ve·ju·cón, co·na [be.xu.kón, -.kó.na; ƀe.-] 形 《ラ米》 《軽蔑》 年老いた.

‡**ve·la**¹ [bé.la; ƀé.-] 女 **1** ろうそく. encender [apagar] una ~ ろうそくをつける［消す］. **2** 夜警（の仕事）, 夜警; 通夜. estar en ~ 寝ずにいる. pasar la noche en ~ 徹夜する. **3** 《闘牛》雄牛の角. **4** 《複数で》《話》たれた鼻水. aguantar [sujetar, sostener] la vela《話》恋人たちがふたりきりにならないようなデートにつきあう. como una vela そそり立った, まっすぐ立った. dar vela a＋人 en un [este, ese] entierro〈人〉に介入する権利を与える. ¿Quién te dio ~ en este entierro? おまえは黙っていろ. encender [poner] una vela a Dios [San Miguel] y otra al diablo《話》八方美人である. estar [quedarse] a dos velas《話》(1) 一文無しである, (2) 全くわからない, 理解できていない. ser más derecho que una vela まっすぐに立っている.

‡**ve·la**² [bé.la; ƀé.-] 女 **1** 《海》帆;《集合的》帆. alzar ~s 帆を上げる, 出帆する;《話》突然立ち去る. cambiar las ~s（風向きによって）帆を変える. dar [hacer(se) a] (la) ~ 帆を上げる. recoger las ~s 帆を下ろす［畳む］. barco de ~ 帆船. ~ al tercio ラグスル. ~ cangreja スパンカー. ~ cuadra [cuadrada] 横帆. ~ de abanico [de] tarquina] スプリットスル. ~ de cuchillo 縦帆. ~ latina 大三角帆, ラテンスル. ~ mayor メーンスル. **2** 帆船, ヨット. **3** 《スポ》ヨット競技, セーリング. **4** 《時に複数で》[V-]《星座》ほ（帆）座. **5** 《ラ米》 《('メキ')》 《('中米')》 《('カリブ')》 《話》 叱りつけ, 叱責(しっせき), 非難. (2)（('メキ')）《話》厄介, 迷惑. a toda vela / a velas desplegadas (1)《海》総帆を張って. (2) 全力で, 大急ぎで. recoger velas 引き下がる, 前言を撤回する.

ve·la·ción¹ [be.la.θjón; ƀe.- / -.sjón] 女 **1** 徹夜. **2** 《カト》（聖体への）徹夜の礼拝; 通夜.

ve·la·ción² [be.la.θjón; ƀe.- / -.sjón] 女《主に複数で》《カト》(婚姻のミサで新郎新婦に)ベールをかぶせること.

ve·la·da [be.lá.da; ƀe.-] 女 **1** 夕べの集い, 夜の集まり. quedarse de ~ con unos amigos 何人かの友達と集まって夕べを過ごす. ~ literaria 文学の夕べ. **2** 夜間興行. 徹夜; 不寝番 (＝vela).

ve·la·do, da [be.lá.do, -.da; ƀe.-] 形 **1** ベールで覆われた; ベールのかかったような, はっきりしない. ojos ~s por lágrimas 涙でくもった目. voz velada くぐもった声. **2** 隠されている, 表にださない. alu-

sión velada 遠回しなほのめかし. **3** 《写》感光した, 光をかぶった. —男 女《正式な》夫, 妻.

ve·la·dor, do·ra [be.la.ðór, -.ðó.ra; ƀe.-] 形 寝ずの番の, 夜の付き添いの. —男 女 夜の看護人. —男 **1**（1本脚の小型の）丸テーブル. **2**（木製の）燭台(しょくだい). **3** 《ラ米》 (1)（('メキ')）ナイトテーブル （＝mesilla de noche）. (2)（('ラプ')）終夜灯. (3)（('メキ')）ランプの火屋. —男 《ラ米》 《('メキ')》 《('カリブ')》 テーブルランプ;（('中米')）大きな献灯.

ve·la·du·ra [be.la.ðú.ra; ƀe.-] 女 **1** 覆うこと, 覆われること; 覆い. **2** 《美》（完成した画面に塗る透明な）上塗り. **3** 《写》感光すること, かぶり.

ve·la·je [be.lá.xe; ƀe.-] 男 / **ve·la·men** [be.lá.men; ƀe.-] 男 **1** 《海》 《集合的》帆. **2** 《解剖》被膜, 膜. **3** 《植》根被, ベラーメン.

‡**ve·lar**¹ [be.lár; ƀe.-] 自 **1** 徹夜する, 徹夜の仕事［看病］をする; 不寝番をする. **2 (por... / sobre...)** 〈…に〉留意する, 〈…を〉気遣う, 〈…に〉心を砕く. ~ por la salud de un enfermo 病人の健康を気遣う. ~ por la observancia de las leyes 法の遵守に目を光らせる. **3** 《カト》（聖体の前で）徹夜の礼拝をする. **4** 《ラ米》《('メキ')》他人の家で食事をする. —他 **1** 徹夜で看病する; 通夜をする; 不寝番をする; 監視する. ~ a un enfermo 病人を寝ずに看病する. ~ a un muerto 死者の通夜をする. ~ las armas 《史》（騎士に叙任される者がその前夜）甲冑(かっちゅう)の前で終夜祈る. **2** 凝視する. **3** 《ラ米》 (1)《話》ねだる, 欲しがる. (2)（('ラプ')）《話》物欲しそうな表情をする. [← [ラ] vigilāre (→ vigilar). 《関連》vela¹, velada, desvelar. 《英》vigil, wake, watch]

ve·lar² [be.lár; ƀe.-] 他 **1** …にベールをかける, …をベールで覆う. **2** 隠す, 覆う. ~ el verdadero problema 問題の本質を隠す. **3** 《写》感光させる;〈印画に〉かぶりを生じさせる. **4** 《カト》（婚姻ミサで）〈新郎新婦に〉ベールをかける. —~·se 再 **1**（自分を）ベールで覆う, ベールをかぶる. ~se el rostro 自分の顔をベールで隠す. **2** 隠れる, 見えなくなる. **3** 《写》感光する, かぶる.

ve·lar³ [be.lár; ƀe.-] 形 《解剖》軟口蓋の. **2** 《音声》軟口蓋音の. —男 《音声》軟口蓋音.

ve·la·ri·zar [be.la.ri.θár; ƀe.- / -.sár] 97 他 《音声》軟口蓋音化する. ⇒ banco の ＊ (vela).

ve·lar·te [be.lár.te; ƀe.-] 男（マント用の）広幅の布地.

ve·las·co [be.lás.ko; ƀe.-] 固名 ベラスコ Juan ~ Alvarado (1910-77)：ペルーの軍人・大統領 (1968-75). 68年クーデタで政権に就いて以降, 軍主導による大規模な構造改革に着手.

ve·la·to·rio [be.la.tó.rjo; ƀe.-] 男 **1** 通夜, 通夜の場所; 通夜の人々. **2** 霊安室. **3** 《話》（通夜のような）沈んだ集い.

ve·lay [be.lái; ƀe.-] 間投 （無関心をあらわして）さあね.

ve·laz·que·ño, ña [be.laθ.ké.ɲo, -.ɲa; ƀe.- / -.las.-] 形（画家の）ベラスケス（風）の.

Ve·láz·quez [be.láθ.keθ; ƀe.- / -.lás.kes] 固名 ベラスケス Diego Rodríguez de Silva y ~ (1599-1660)：スペインの画家；Felipe 4 世の宮廷画家. 作品 Las meninas『ラス・メニナス（女官たち）』.

vel·cro [bél.kro; ƀél.-] 男《商標》マジックテープ.

ve·lei·dad [be.lei.ðáð; ƀe.-] 女《文章語》気まぐれ, 移り気.

ve·lei·do·so, sa [be.lei.ðó.so, -.sa; ƀe.-] 形 《文章語》気まぐれな, 移り気な, 心変わりしやすい.

ve·le·ro, ra¹ [be.lé.ro, -.ra; ƀe.-] 形 帆走の;船足の速い.
— 男 1 〖海〗帆船, セーリングボート (= barco ～). →barco 類語. 2 〖航空〗グライダー. 3 帆製造業者.

ve·le·ro, ra² [be.lé.ro, -.ra; ƀe.-] 男女 1 ろうそく職人, ろうそく販売業者. 2 〖カト〗巡礼の参加者;(聖体の前での)徹夜の礼拝者.

ve·le·ta [be.lé.ta; ƀe.-] 女 1 風見(鶏). 2 (釣りの)浮き.
— 男女 〖比喩的〗移り気な人, 定見を持たない人. *cambiar más que una veleta* 移り気である.

Ve·le·ta [be.lé.ta; ƀe.-] 固名 1 ベレタ山:スペインの Sierra Nevada 中の高峰. 3392 m.

ve·le·te [be.lé.te; ƀe.-] 男 (髪飾り・帽子飾りの)ベール. [velo+縮小辞]

ve·le·te·rí·a [be.le.te.rí.a; ƀe.-] 女 〖ラ米〗移り気.

ve·le·to, ta [be.lé.to, -.ta; ƀe.-] 形 〖闘牛〗〈牛が〉大きな角をもった.

ve·li·llo [be.lí.jo; ƀe.- ‖ -.ʎo-] 男 (銀糸で花柄を織り込んだ)紗(ｼｬ), 薄布. [velo+縮小辞]

ve·lís [be.lís; ƀe.-] 男 〖ラ米〗〖ﾒｷｼｺ〗スーツケース, 旅行かばん.

ve·lis no·lis [bé.lis nó.lis; ƀe.- -] 〖ラ〗否(ｲﾅ)応でも (= quieras o no).

ve·liz [be.líθ; ƀe.- / -.lís] 男 →velís.

ve·lle·ra [be.jé.ra; ƀe.- ‖ -.ʎé.-] 女 (美容院の)脱毛師;(美容院で)顔を剃(ｿ)る係.

ve·llo [bé.jo; ƀe.- ‖ -.ʎo-] 男 1 うぶ毛, 柔毛;体毛. 2 (桃・布果などの)綿毛;毛羽.

ve·llo·ci·no [be.jo.θí.no; ƀe.- ‖ -.ʎo.- / -.sí.-] 男 (刈り取った1頭分の)羊毛, フリース;羊の毛皮. 主に神話, 聖書の中で用いられる. *vellocino de oro* 〖ギ神〗金の羊毛皮:イアソン Jasón 率いるアルゴ船乗組員が, 黒海の東コルキスの地からこれを奪ってこようとしてさまざまな冒険に出会う. → argonauta.

ve·llón¹ [be.jón; ƀe.- ‖ -.ʎón] 男 (刈り取った1頭の)羊毛, フリース;羊の毛皮;羊毛の房.

ve·llón² [be.jón; ƀe.- ‖ -.ʎón] 男 1 (硬貨に用いた)銅と銀の合金;銅貨. 2 〖ラ米〗〖ﾌﾟｴﾙﾄﾘｺ〗硬貨, コイン.

ve·llo·ne·ra [be.jo.né.ra; ƀe.- ‖ -.ʎo.-] 女 〖ラ米〗〖ﾄﾞﾐﾆｶ〗オルゴール;ジュークボックス.

ve·llo·si·dad [be.jo.si.ðáð; ƀe.- ‖ -.ʎo.-] 女 1 毛深さ;柔毛[綿毛]がびっしり生えていること.
2 →vello.

ve·llo·si·lla [be.jo.sí.ja; ƀe.- ‖ -.ʎo.-.ʎa] 女 〖植〗ミヤマコウゾリナに似た植物.

ve·llo·so, sa [be.jó.so, -.sa; ƀe.- ‖ -.ʎó.-] 形 体毛のある;綿毛に覆われた.

ve·llu·do, da [be.jú.ðo, -.ða; ƀe.- ‖ -.ʎú.-] 形 毛むくじゃらの, 毛深い.
— 男 フラシ天;ビロード, ベルベット.

ve·lo [bé.lo; ƀe.-] 男 1 ベール, かぶり物;(修道女の用いる)ベール;(修道女の)誓願式. ～ *de novia* ウェディングベール. *tomar el* ～ 〖カト〗(修道女の)誓願をたてる. 〖カト〗(司祭などの)肩衣(ｷﾇ). 2 薄布, 薄絹. 3 〖比喩的〗覆い隠すもの;偽装, 口実, 遮蔽(ｼｬ). *correr* [*echar*] *un* (*tupido*) ～ *sobre...* 〈話〉〈…を闇(ﾔﾐ)に葬る〉〈…について口を閉ざす. 4 〖写〗(フィルム・印画紙の)かぶり, 曇り. 5 〖解剖〗～ *del paladar* 軟口蓋(ｶﾞｲ).
[← 〖ラ〗*vēlum*「覆い, ベール;帆」 関連 vela², revelar. 〖英〗*veil*. 〖日〗ベール]

ve·lo·ci·dad [be.lo.θi.ðáð; ƀe.- / -.si.-] 女 速さ, 速度, スピード. *a gran* ～ 高速で. *a toda* [*máxima*] ～ 全速力で, フルスピードで. *aumentar* [*acelerar*] *la* ～ スピードを上げる, 加速する. *carrera de* ～ 〖スポ〗(短距離などの)スピード競技. *con la* ～ *del rayo* 一瞬にして. *de alta* ～ 高速の. *disminuir* [*reducir*] *la* ～ スピードを落とす, 減速する. *exceder* [*superar*] *la* ～ *límite* [*limitada, permitida*] 制限速度を越す. *la* ～ *de la luz* 光速. *perder* ～ 失速する. ～ *máxima* [*punta, tope*] 最高速度. ～ *supersónica* 超音速. *¿A qué* ～ *ibas?* 君はどのぐらいのスピードを出していたの. →*despacio* 類語.
2 〖機〗変速器[装置], ギア. *caja de* ～ ギアボックス. *cambiar de* ～ / *cambiar la* ～ ギアチェンジする. *meter la segunda* [*primera, tercera*] ～ ギアをセカンド[ロー, サード]に入れる. ～ *directa* トップ(ギア). →marcha.
3 〖IT〗マイクロプロセッサ速度.
[←〖ラ〗*vēlōcitātem* (*vēlōcitās* の対格;*vēlōx*「速い」より派生). 関連 velocímetro, velocípedo, velódromo. 〖英〗*velocity*]

ve·lo·cí·me·tro [be.lo.θí.me.tro; ƀe.- / -.sí.-] 男 速度計, スピード・メーター.

ve·lo·cí·pe·do [be.lo.θí.pe.ðo; ƀe.- / -.sí.-] 男 (足で蹴って進む初期の)二輪車.

ve·lo·cis·ta [be.lo.θís.ta; ƀe.- / -.sís.-] 男女 〖スポ〗短距離走者, スプリンター.

ve·lo·cís·ti·co, ca [be.lo.θís.ti.ko, -.ka; ƀe.- / -.sís.-] 形 スピードの.

velocípedo
(二輪車)

ve·ló·dro·mo [be.ló.ðro.mo; ƀe.-] 男 競輪場.

ve·lo·mo·tor [be.lo.mo.tór; ƀe.-] 男 原動機付き自転車.

ve·lón [be.lón; ƀe.-] 男 1 石油ランプ, カンテラ. 2 〖ラ米〗〖ﾒｷｼｺ〗〖ﾁﾘ〗〖ｺﾛﾝﾋﾞｱ〗太いろうそく.

ve·lón, lo·na [be.lón, -.ló.na; ƀe.-] 男女 〖ラ米〗〈話〉(1) (ﾒｷｼｺ)たかる人, 居候. (2) (ﾃﾞﾙ)(ｺﾞｱ)(ﾎﾞﾘ)(ｱﾙｾﾞ)のんだくれ, 酔っ払い.

ve·lo·ne·ro [be.lo.né.ro; ƀe.-] 男 ランプ製造[販売]業者.

ve·lo·rio¹ [be.ló.rjo; ƀe.-] 男 1 通夜. ～ *del angelito* 〖ラ米〗幼児の通夜. 2 (共同作業のあとの)夜の慰労パーティー. 3 〖ラ米〗(ﾒｷｼｺ)(ﾁﾘ)(ﾎﾞﾘ)盛り上がらない[退屈な]パーティー.

ve·lo·rio² [be.ló.rjo; ƀe.-] 男 〖カト〗(修道女の)誓願式.

ve·lor·ta [be.lór.ta; ƀe.-] 女 →vilorta.

ve·loz [be.lóθ; ƀe.- / -.lós] 形 〖複 veloces〗速い, 迅速な;軽快な. ～ *como un rayo* [*relámpago*] 電光石火の. — 副 速く, すばやく, 急いで.

ve·loz·men·te [be.lóθ.mén.te; ƀe.- / -.lós.-] 副 速く, すばやく, 急いで.

ve·lux [be.lúks; ƀe.-] 男 〖単複同形〗屋根窓.

ven [bén; ƀén] 活 1 →venir. 2 →ver.

ve·na [bé.na; ƀe.-] 女 1 〖解剖〗静脈, 血管. *cava* 大静脈. ～ *coronaria* 冠静脈. ～ *hepática* 肝静脈. ～ *porta* 門脈. ～ *pulmonar* 肺静脈. ～ *renal* 腎静脈. ～ *yugular* 〖頸(ｹｲ)〗静脈. ▶〖動脈〗は arteria.
2 〖地質〗鉱脈;地下水脈. 〖植〗葉脈. 3 木目;石の縞(ｼﾏ)模様. 4 資質, 才能, 素質, (特に)詩才. *te·ner* ～ *de pintor* 画家の才能がある. 5 気分, 調子,

状態. tener una ～ de loco《話》頭がどうかしている. trabajar por ～s《話》気が向いたときに働く.
coger [***hallar***] ***a***+人 ***de*** [***en***] ***vena***《話》〈人〉の機嫌のいい時を利用する.
coger*le* [***dar****le*] (***a***+人) ***la vena por*** [***de***]+不定詞《話》〈人〉を…したいという衝動に駆り立てる,その気にさせる.
estar de [***en***] ***vena para***+不定詞《話》…する気分になっている, …したいと乗り気である.
[←［ラ］*vēnam* (*vēna* の対格);〔関連〕venoso, venero.〔英〕*vein*]

ve·na·ble [be.ná.ble; ƀe.-] 形 → venal¹.
ve·na·blo [be.ná.blo; ƀe.-] 男 投げ槍(*).
echar venablos 怒ってわめき立てる.
ve·na·de·ro [be.na.ðé.ro; ƀe.-] 男 シカ［大型の獲物］の集まる場所.
ve·na·do, da [be.ná.ðo, -.ða; ƀe.-] 形《*estar*+》狂った, 頭のおかしい. ― 男 1《動》シカ;（クマ・イノシシなど）大型の獲物. 2《食》シカの肉. 3《ラ米》(1)（らけ）密輸, 密売買. (2)（*圭）時代遅れの人. ― 女 狂気の発作.
correr [*pintar*] *el venado*《ラ米》(ちけ)（きけ）ずる休みをする, さぼる.
ve·na·je [be.ná.xe; ƀe.-] 男《集合的》水源, 源泉, 泉.
ve·nal¹ [be.nál; ƀe.-] 形 1 買収できる, 金で動く. funcionario ～ 汚職役人.
2 売買できる, 販売用の.
ve·nal² [be.nál; ƀe.-] 形 静脈の.
ve·na·li·dad [be.na.li.ðáð; ƀe.-] 女 1 販売可能性, 売買可能なこと. 2 買収されること.
ve·ná·ti·co, ca [be.ná.ti.ko, -.ka; ƀe.-] 形 常軌を逸した.
ve·na·to·rio, ria [be.na.tó.rjo, -.rja; ƀe.-] 形 狩猟の, 狩りに関する.
ven·ce·de·ro, ra [ben.θe.ðé.ro, -.ra; ƀen.- / -.se.-] 形《商》満期になる;期限付きの.
***ven·ce·dor, do·ra** [ben.θe.ðór, -.ðó.ra; ƀen.- / -.se.-] 形 勝った, 勝利者の;勝ち誇った. el ejército ～ 勝軍. el país ～ 戦勝国.
― 男 女 勝者, 勝利者;征服者.
ven·ce·jo¹ [ben.θé.xo; ƀen.- / -.sé.-] 男（穀物を束ねる）縄, ひも.
ven·ce·jo² [ben.θé.xo; ƀen.- / -.sé.-] 男《鳥》アマツバメ.

****ven·cer** [ben.θér; ƀen.- / -.sér] 98 他 1〈敵・相手を〉負かす, 破る. Consiguió ～ el cáncer. 彼［彼女］はがんとの闘いに勝った. El sueño me venció. 私は眠気に勝てなかった.
2〈恐怖などに〉打ち勝つ, しのぐ. Intentaba ～ el rencor. 私はうらむ気持ちを抑えようとした. No pude ～ la tentación. 私は誘惑に勝てなかった.
3《*a…* / *en…* …で》〈人に〉勝る,〈人を〉しのぐ. Nadie la *vence a* cocinar. 料理となれば彼女にかなう人はいない. 4 …を曲げさせる, たわませる;壊す. El peso de tantos libros *ha vencido* la estantería. たくさんの本の重みで本棚が曲がった.
― 自 1〈チームなどが〉勝つ, 勝利する. ¿Quién *venció* en la prueba de maratón? マラソンで誰が勝ったの. 2 …が支配する, 制する. 3〈契約などが〉終わる;〈期限が〉切れる. La plaza de entrega de las solicitudes *vencerá* el 18 de octubre. 願書提出の期限は10月18日です. ¿Cuándo *vence* el contrato? いつまでの契約ですか.
― ～·*se* 再 1 曲がる, たわむ;壊れる. Con el peso de la fruta *se ha vencido* la rama. 果実の重さで枝がたわんだ. 2《ラ米》〈薬・食品などの〉期限が切れる. 3《ラ米》（⁺）（うさ）使い古される, 擦り切れる.
dejarse vencer por… …に負ける. No se dejó ～ *por* las contrariedades. 彼［彼女］は逆境に流されることはなかった.
［←［ラ］*vincere*.〔関連〕vencedor, vencimiento, victoria, invencible, convencer. 〔英〕*vanquish*「征服する」, *convince*「確信させる」］

ven·ce·tó·si·go [ben.θe.tó.si.ɣo; ƀen.- / -.se.-] 男《植》ガガイモ科の植物;根は薬用.
ven·ci·ble [ben.θí.ble; ƀen.- / -.sí.-] 形 征服可能な, 打ち負かしうる;克服できる.
ven·ci·do, da [ben.θí.ðo, -.ða; ƀen.- / -.sí.-] 形 1 打ち負かされた, 負けた, 敗れた. 2 満期になった;期限の切れた. a plazo ～ 満期時に. pagar por meses ～s 月遅れで払う.
― 男 女 征服された人, 降服者;《スポ》敗者. ¡Ay de los ～s! 負けてかなわそうに.
darse por vencido 降服［降参］する;くじける.
ir de vencido 最悪の時が過ぎる, 峠［山］を越す. La tormenta *va de vencida*. あらしは峠を越えた.
***ven·ci·mien·to** [ben.θi.mjén.to; ƀen.- / -.si.-] 男 1 期限の終了;（手形などの）満期, 支払期日.
2 勝利;（障害などの）克服.
3 (重みで) 折れること, たわむこと, 湾曲, 倒壊.

ven·da [bén.da; ƀén.-] 女 1 包帯. ～ *de gasa* ガーゼの包帯. 2《比喩的》目隠し.
caérsele la venda de los ojos (*a*+人)〈人〉の目から鱗(ラロ)が落ちる.
*quitar*le [*hacer*le *caer*] (*a*+人) *la venda de los ojos*〈人の〉目［迷い］を覚えさせる.
tener una venda en [*delante de*] *los ojos* 真実を知らない.
ven·da·je¹ [ben.dá.xe; ƀen.-] 男《医》1（傷口に当てられた）包帯. ～ *enyesado* ギプス. 2 包帯をすること.
ven·da·je² [ben.dá.xe; ƀen.-] 男 1 売買手数料.
2《ラ米》景品, おまけ.
***ven·dar** [ben.dár; ƀen.-] 他 包帯をする.
tener los ojos vendados 真実に目をふさいでいる, 真相を知らないでいる.
*vendar*le *los ojos* (*a*+人)〈人の〉目をくらます, 判断を鈍らせる.
ven·da·val [ben.da.ƀál; ƀen.-] 男 1 強風, 烈風.
2《比喩的》あらし. ～ *de las pasiones* 情熱のあらし.
***ven·de·dor, do·ra** [ben.de.ðór, -.ðó.ra; ƀen.-] 形 販売の, 販売業の.
― 男 女 販売員, 店員, 売り子;小売商人. ～ *de periódicos* 新聞の販売員. ～ *ambulante* 行商人. ～ *callejero* 呼び売り商人.
ven·de·hú·mos [ben.de.ú.mos; ƀen.-] 男 女《単複同形》《話》有力者とのつながりを誇示する人.
ven·de·ja [ben.dé.xa; ƀen.-] 女（市などでの）公売;《集合的》売りに出される品物.
ven·de·pa·trias [ben.de.pá.trjas; ƀen.-] 形《性数不変》売国奴の, 売国業の. ― 男 女《単複同形》売国奴.

****ven·der** [ben.dér; ƀen.-] 他 1 (*a*+人〈人〉に) 売る, 売却する. ～ *al por mayor* [*menor*] 卸［小］売りする. ～ *a cuota*《ラ米》割賦販売する. *Se lo venderemos por 500 euros.* 500ユーロであなたにそれをお売りしましょう (▶ *se* が *a*+人に相当). *Venden el ordenador a mitad de precio.* パソコンを半値で売っています.

vendetta

2 《軽蔑》〈金のために〉〈良心などを〉売る. No vendería mi dignidad para conseguir el ascenso. 昇格のために私は自分の誇りを売ったりはしないだろう. **3** 《軽蔑》〈人を〉裏切る;〈人を〉《警察などに》売る.
— 圓 売れる, 商う. Han vendido mucho. よく売れました.
— ~.se 再 **1**《3人称で》《商品が》売られる;売れる. Se han vendido todas las entradas. 入場券は完売した. Se vende.《掲示》売り物, 販売中. **2** 暴露する. **3** 自分の信条を曲げる, 買収される;寝返る. **4**《por...》《性質》と〉誤解される;自分自身を売り込む.
vender caro... を出し渋る, 出し惜しみする.
venderse caro《話》〈人が〉お高くとまる;めったに姿を現さない.
[← ⟨ラ⟩ *véndere; vēnum*「販売」(対格) + *dare*「与える」; 関連 vendedor, vendible, venta.〈英〉*vend, vend.*]

ven·det·ta [ben.dé.ta; ben.-] 〔伊〕 囡 復讐, 報復;《スポ》雪辱(ミミ゚ヴ)戦, リターンマッチ.

ven·dí [ben.dí; ben.-] 男 売り渡し証明書.
— 圃 → vender.

ven·di·ble [ben.dí.ble; ben.-] 形 売ることができる.

ven·di·do, da [ben.dí.ðo, -.ða; ben.-] 形 **1** 売った, 売られた, 売却済みの;買収された. la novela más *vendida* de este año 今年のベストセラー小説. **2**《ラ米》《*俗*》《軽蔑》《メキシコ人が》白人べったりの.
estar [*ir*] *vendido* ひどいめに遭う, 危険である. Con este coche tan viejo vas ~. こんなおんぼろ車じゃ命の保障はないぞ.

ven·di·mia [ben.dí.mja; ben.-] 囡 **1** ブドウの取り入れ;ブドウの収穫期. **2** ビンテージワイン:当たり年のワインで, 年号もの. **3** ぼろもうけ.

ven·di·mia·dor, do·ra [ben.di.mja.ðór, -.ðó.ra; ben.-] 男囡 ブドウ摘み取り人.

ven·di·miar [ben.di.mjár; ben.-] 82 他 **1**〈ブドウの〉取り入れをする. **2** ...から利益を上げる, ぼろもうけする. **3**《俗》殺す, 消す.

ven·di·mia·rio [ben.di.mjá.rjo; ben.-] 男 バンデミエール, ぶどう月:フランス革命暦の第1月で9月22[23, 24]日 – 10月21[22, 23]日.
[← ⟨仏⟩ *vendémiaire*.]

vend·ing [bén.din; bén.-] 〔英〕 男 máquina de ~ 自動販売機.

ven·di·ta [ben.dí.ta; ben.-] 囡《ラ米》《デ */ン*》救急絆創膏.

vendr- 圃 → venir.

ven·du·ta [ben.dú.ta; ben.-] 囡《ラ米》(1) 競売, 競り. (2)《ダリ》八百屋;食品店. (3)《ブエル》内通.

ven·du·te·ro, ra [ben.du.té.ro, -.ra; ben.-] 男囡《ラ米》(1) 八百屋. (2) 競売人.

Ve·ne·cia [be.né.θja; ƀe.- / -.sja] 固名 ベネチア, ベニス:イタリア北東部の港湾都市.
[← ⟨伊⟩ *Venezia* ← ⟨中ラ⟩ *Venetia* ← ⟨ラ⟩「(イタリア東北部) ウェネティー人の国」(*Veneti* 《複数形》「ウェネティー人」より派生)]

ve·ne·cia·no, na [be.ne.θjá.no, -.na; ƀe.- / -.sjá.-] 形 ベネチアの, ベニスの.
— 男囡 ベネチア人[ベニス]の住民[出身者].

ve·nen·cia [be.nén.θja; ƀe.- / -.sja] 囡 (試飲用のシェリーなどを樽(だ)から汲み出す) 長柄付きの金属製カップ.

ve·nen·cia·dor [be.nen.θja.ðór; ƀe.- / -.sja.-]

男 venencia で樽(だ)からシェリーをグラスにつぐ人.

:**ve·ne·no** [be.né.no; ƀe.-] 男 **1** 毒, 毒物, 毒薬, 《動植物の分泌する》毒液. La estricnina es un ~ violento. ストリキニーネは猛毒である.
2 有害なもの, 害毒. El tabaco es un ~ para la salud. タバコは健康にとって有害である. **3** 悪意, 毒気, 怨恨(ホミ). Tus palabras destilan ~. 君の言葉は悪意に満ちている. **4** ねたみ, 憎悪.
[← 〔古スペイン〕 *venino* ← ⟨ラ⟩ *venēnum*「薬;毒(薬)」; 関連 venenoso, envenenar, contraveneno.〈英〉*venom*]

ve·ne·no·si·dad [be.ne.no.si.ðáð; ƀe.-] 囡 毒, 毒性;有毒, 有害.

ve·ne·no·so, sa [be.ne.nó.so, -.sa; ƀe.-] 形 **1** 有毒な;毒を持つ, 毒液を分泌する. seta *venenosa* 毒キノコ. serpiente *venenosa* 毒蛇.
2 有害な, 害毒を及ぼす. **3** 悪意に満ちた.

ve·ne·ra [be.né.ra; ƀe.-] 囡 **1**《貝》ピエイラガイ:ホタテガイの一種. = vieira. **2** (ホタテガイの形の) 騎士団の記章. **3**《紋》(聖地 Santiago de Compostela への巡礼者が身につけた) ホタテガイ (= concha de peregrino).

ve·ne·ra·bi·lí·si·mo, ma [be.ne.ra.ƀi.lí.si.mo, -.ma; ƀe.-] 形 [venerable の絶対最上級] 非常に尊い.

ve·ne·ra·ble [be.ne.rá.ƀle; ƀe.-] 形 敬うべき, 高徳な. de aspecto ~ 神々しい, 威厳のある.
— 男囡 **1** 敬うべき人. **2** 《フリーメーソンの》 支部長. **3** 《聖職者に対する敬称》師.

*****ve·ne·ra·ción** [be.ne.ra.θjón; ƀe.- / -.sjón] 囡 尊敬, 崇拝.

ve·ne·ra·dor, do·ra [be.ne.ra.ðór, -.ðó.ra; ƀe.-] 形 敬う, 崇拝する. — 男囡 崇拝者.

ve·ne·ran·do, da [be.ne.rán.do, -.da; ƀe.-] 形 敬うべき (= venerable).

*****ve·ne·rar** [be.ne.rár; ƀe.-] 他 尊ぶ, あがめる, 崇拝する. ~ a+人 por santo 〈人〉を聖者として崇拝する.

ve·né·re·o, a [be.né.re.o, -.a; ƀe.-] 形 **1**《医》性病の. **2** 性交の;官能的快楽による.

ve·ne·re·o·lo·gí·a [be.ne.re.o.lo.xí.a; ƀe.-] 囡 性病学.

ve·ne·re·ó·lo·go, ga [be.ne.re.ó.lo.go, -.ga; ƀe.-] 男囡 性病医.

ve·ne·ro [be.né.ro; ƀe.-] 男 **1** 泉. **2** 源, 宝庫. ~ de informaciones 情報の宝庫. **3**《鉱》鉱脈, 鉱層;鉱物資源. **4** 日時計の示時線.

vé·ne·to, ta [bé.ne.to, -.ta; ƀé.-] 形 男囡 → veneciano.

ve·ne·zo·la·nis·mo [be.ne.θo.la.nís.mo; ƀe.- / -.so.-] 男 **1** ベネズエラ特有のスペイン語法 [表現・語彙・単語]. **2** ベネズエラ人気質;ベネズエラ的特質 [讃美].

*****ve·ne·zo·la·no, na** [be.ne.θo.lá.no, -.na; ƀe.- / -.so.-] 形 ベネズエラの, ベネズエラ人の.
— 男囡 ベネズエラ人.
— 男 ベネズエラのスペイン語.

*****Ve·ne·zue·la** [be.ne.θwé.la; ƀe.- / -.swé.-] 固名 República Bolivariana de ~ ベネズエラ・ボリバル共和国:南米北部の共和国 / 面積:91.2万 km² / 人口:約2500万 / 首都:Caracas / 通貨:bolívar (1 B = 100 céntimos) / 言語:スペイン語 (公用語) / 住民:メスティーソ (69%), 白人 (20%), 黒人 (9%), 先住民 (2%) / 宗教:カトリック (96%) ; 守護聖人— Coromotoの聖母.

♦1498年にコロンブス Colón が到着したのちスペインの植民地が進む. Miranda や Bolívar が独立運動を指揮し, 1811年第1次共和国, 1813年第2次共和国, 1819年現在のコロンビアとエクアドルと合併した大コロンビア共和国を経て, 1830年第3次共和国が成立した.
[←〔古スペイン〕Veneçuela (Venecia + 縮小辞)；マラカイボ湖畔の町がイタリアのベネチアに似ているのでスペイン人が「小ベネチア」と名付け, 後に国名となる]

veng- 活 **1** → venir. **2** → vengar.
ven·ga [béŋ.ɡa; ƀeŋ.-] 間投 さあ, 早く；まさか. → venir 成句.
　— **~** → venir.
ven·ga·ble [beŋ.ɡá.ble; ƀeŋ.-] 形 復讐(ふくしゅう)すべき, 報復できる.
ven·ga·dor, do·ra [beŋ.ɡa.ðór, -.ðó.ra; ƀeŋ.-] 形 復讐(ふくしゅう)する, 報復の. — 男 女 復讐者.
***ven·gan·za** [beŋ.ɡán.θa; ƀeŋ.- / -.sa] 女 **復 讐**(ふくしゅう), 報復, 仕返し. clamar ~ 復讐を求する. tomar ~ de [en] + 人〈人〉に復讐する.
***ven·gar** [beŋ.ɡár; ƀeŋ.-] 78 他 …の復讐をする；仕返しする. *Vengó* la muerte de su amigo. 彼[彼女]は友人の死の仕返しをした.
　— **~·se** 再 《**de...** …の / **en...** …に》復讐をする, 仕返しする.
[←〔ラ〕*vindicāre*「権利を主張する；復讐する」；語構成は *vim*「権力[権威]を」(*vīs* の対格形) + *dīcere*「言うと見る説がある」. [関連] venganza, vindicar, revancha. [英] avenge, revenge]
ven·ga·ti·vo, va [beŋ.ɡa.tí.ƀo, -.ƀa; ƀeŋ.-] 形 報復的な；復讐(ふくしゅう)心に燃えた, 執念深い.
　— 男 女 復讐心に燃えた人, 執念深い人.
vengue(-) / vengué(-) 活 → vengar.
ve·nia [bé.nja; ƀé.-] 女 **1** 許可, 同意. con la ~ del profesor 先生の許しを得て. **2** 容赦, 勘弁, 免除；赦免. **3** お辞儀. **4**〔ラ米〕(軍隊の)敬礼.
ve·nial [be.njál; ƀe.-] 形 (罪・過失などが)許しうる, 軽微な. pecado ~〔カト〕小罪.
ve·nia·li·dad [be.nja.li.ðáð; ƀe.-] 女 (罪などが)許しうること, 軽いこと.
ve·nial·men·te [be.njál.mén.te; ƀe.-] 副 (罪や過失に言及して)軽く, ごくわずかに.
ve·ni·da [be.ní.ða; ƀe.-] 女 **1** 来ること；到着, 到来. idas y ~s 行き来. Me alegro de tu ~. よくいらっしゃいました. la ~ de la primavera 春の訪れ. **2** 出水, 氾濫(はんらん). **3**〔スポ〕(フェンシング)攻撃.
ve·ni·de·ro, ra [be.ni.ðé.ro, -.ra; ƀe.-] 形 未来の, 来るべき, 後世の. los años ~s 来るべき年月. en lo ~ 将来に. — 男(複数で)子孫, 後世の人.
****ve·nir** [be.nír; ƀe.-] 44 [現分] は viniendo 自 **1** (1)《**de...** …から》《**a...** 〈発話の場所〉に》(やって)**来る**, 戻る. *Vino a* París muy niño. 彼はとても幼くしてパリにやってきました. Desde ayer no *viene a* casa. 昨日から彼[彼女]は家に戻っていない. A principios de septiembre *vendrá de* vacaciones. 彼[彼女]は9月初旬に休暇から戻るだろう. Ahora *vengo*. 今すぐ戻ります. Ya *viene* el tren. (やってくる電車を見て)電車が来たよ(► 現在時制で日本語の「来た」に対応する).
(2)《**a** + 不定詞 / **a que** + 接続法 …するために》来る. *¿Entonces vienes a* verme a mí? では私に会いに来たわけだ. *Vengo a que me dejes* tu coche un rato. 少しの間, 君の車を貸してもらいたくて来たよ.
2 訪れる, 到来する. la semana [el mes, el año] que *viene* 来週[来月, 来年]. Después del otoño *viene* el invierno. 秋の後には冬がきます.
3 (1)《**de...** …に》由来する, 派生する. La danza *viene de* Brasil. その踊りはブラジル起源です. La violencia *viene de* la frustración. 暴力は欲求不満が原因です.
(2)《**de** + 不定詞》《…して》くる；《…することに》由来する. El chico *venía de jugar* al fútbol. その男の子はサッカーをしてきたところだった. Mi culpa *viene de no haber cumplido* la promesa. 私の非は約束を守らなかったことにある.
4《**en...**〈刊行物〉》《記事など》に)載る, 記載される. Este modelo no *viene en* el catálogo. この商品はカタログには出ていません.
5《**a** + 人〈人〉に》…が起こる；生じる；《病気などの兆候を》感じる. A veces *me vienen* unas ganas de llorar. 私はときどき泣きたくなることがある(► me が a + 人に相当).
6《(記憶に)よみがえる. Nos *vino* a la mente una obra de Velázquez. 私たちはベラスケスの一つの作品を思い出した.
7《**a** + 人〈人には〉》《+形容詞・副詞およびその相当語句》〈もの・ことが〉(…)である. La falda *le viene grande*. そのスカートは彼女には大きい(► le が a + 人に相当). A mí *me viene bien* [mal] vivir en casa de mi abuela. 私には祖母の家に住むのは都合がいい[よくない].
8《+ 過去分詞》《(…の状態)に》なる, 《(…され)る [ている]》. El número de representantes *viene dado* por el porcentaje de votos. 代表者の数は投票の割合で定められる. El final de ese período *viene marcado* por la aparición de su obra más importante. その時期の終わりは彼[彼女](ら)のもっとも重要な作品の出現ではっきり示される.
9《話》《**a** + 人〈人〉に》《**con**...〈ばかげたこと〉を》《人が》持ち出す, 言葉にする, 言う. No *me vengas con* los chistes de siempre. いつもの冗談はよしてくれよ(► me が a + 人に相当).
10《進行形》《+ 現在分詞 …して》きている. Me parece que él *ha venido haciendo* un esfuerzo importante en los últimos meses. 私は彼がこの数か月よく努力してきたと思います. Me *venía pidiendo* una obra desde hacía tiempo. 彼[彼女]はしばらく前から私に作品を頼んでいた.
11《**a** + 不定詞》《…するに》至る, 《…すること》になる. Esta cifra *viene a ratificar* lo expuesto anteriormente. この数字は先に示したことを裏付けることになる.
12《**en...** …を》遂行する, 行う.
　— **~·se** 再 **1**《**de...** …を後にして》《**a...** 〈発話の場所〉》に出てくる；やってくる. ~ *se* abajo〈建物など〉が崩れる；…がだめになる. *Me vine* a Madrid, y me incorporé al proyecto. 私はマドリードに出てきてそのプロジェクトに加わった.
2《ワイン・パン生地などが》発酵する.
¡Venga!〔スペイン〕(1)《人を促して》さあ, さあ(がんばって)；〈了解〉わかった, オーケー. (2)《不信・不承認》まさか, そんなばかな.
¡Venga ya!〔スペイン〕《拒絶・不信》もうよそう, もういいよ.
venir a menos〈人〉が落ちぶれる, 格下げになる.
venirle ancho《**a** + 人》《話》…が〈人〉の手に余る, 〈人の〉能力を超えている.
venirle como anillo al dedo《**a...**》〈もの・ことが〉…にぴったりである；時を得ている.

venopunción

venir rodado / venir de primera(思いがけず)起こる, 生じる.
[←[ラ]*venīre*; [関連] venida, venidero, ventura, convenir, eventual. [英]*come, event*]

ve·no·pun·ción [be.no.pun.θjón; ɓe.- / -.sjón] 囡 静脈注射.

ve·no·si·dad [be.no.si.dáđ; ɓe.-] 囡 浮いて見える細い静脈.

ve·no·so, sa [be.nó.so, -.sa; ɓe.-] 形 **1** 静脈(中)の, 静脈性の. sangre *venosa* 静脈血. **2** 脈[静脈]の多い; 葉脈のある. manos *venosas* 血管の浮き出た手. hoja *venosa* 葉脈のある葉.

ven·ta [bén.ta; ɓén.-] 囡 **1** 売ること, 販売, 売却. estar en [a la] ~ 販売中である. poner en ~ 売りに出す. De ~ en todas las librerías. 全書店にて発売中. V~ de localidades de 7 a 9. 入場券の発売時間は7時から9時まで. contrato de ~ 販売契約. precio de ~ 販売価格. precio de ~ al público 小売[消費者]価格. servicio de ~ 販売部門. ~ a domicilio 訪問販売. ~ al contado 現金売り. ~ crédito 掛売り, クレジット販売. ~ al por mayor [menor] 卸[小]売り. ~ ambulante [callejera] 路上販売. ~ a plazos [《ラ米》a [por] cuotas] 割賦販売. ~ de garaje ガレージセール. ~ en firme 確定売り. ~ por correspondencia [correo] 通信販売. ~ postbalance 棚卸セール. ~ pública 公売, 競売.
2 売り上げ, 売上高. Las ~ va en aumento. 売上高は上昇している. ~ total 総売上げ. **3** 宿場, 旅籠(はたご), 旅館. **4** 幹線道路沿いの飲食店, スタンド. **5**《ラ米》**(1)**《中》(縁日の)屋台. **(2)**《中米》大売り出し, セール. **(3)**《ホ̄》《ドミ》売店.
[←[俗ラ]*vendita*([ラ]*vēndere*「売る」の完了分詞*vēnditus*より派生); [関連] ventero]

ven·ta·da [ben.tá.đa; ɓen.-] 囡 突風, 一陣の風.

***ven·ta·ja** [ben.tá.xa; ɓen.-] 囡 **1** 利点, 有利な条件, 強み. ~s sociales 社会的に見て有利な点[面]. Tiene la ~ de ser fuerte. 彼[彼女]は体が丈夫なのが強みだ.
2 優位, 優勢;《スポ》上位; ハンディキャップ;(テニスの)アドバンテージ. llevarle [tenerle] ~(a+人)(人)より優位に立つ. darle dos metros de ~ (a+人)(人)に2メートルの差をつける. sacarle gran [mucha] ~ (a+人)(人)を大きくリードする. **3** 利益, 得. sacar ~ de... …から利益を得る; …のチャンスを逃さない. **4**《ラ米》《ロ語》《話》[商]マージン.
[←[古スペイン]*avantaja*←[古仏]*avantage; avant*「前に」←[ラ]*abante*)より派生; [関連] ventajoso, desventaja, aventajar, avanzar. [英]*advantage*「利益;優位」]

ven·ta·je·ar [ben.ta.xe.ár; ɓen.-] 他《ラ米》《ロ語》《話》…より優位に立つ, …を出し抜く.

ven·ta·je·ro, ra [ben.ta.xé.ro, -.ra; ɓen.-] 形《ラ米》⇒ ventajista.

ven·ta·jis·mo [ben.ta.xís.mo; ɓen.-] 男《軽蔑》功利主義.

ven·ta·jis·ta [ben.ta.xís.ta; ɓen.-] 形 利にさとい, ずる賢い. —男 囡 利にさとい人, ずる賢い人.

ven·ta·jo·sa·men·te [ben.ta.xó.sa.mén.te; ɓen.-] 副 有利に.

***ven·ta·jo·so, sa** [ben.ta.xó.so, -.sa; ɓen.-] 形 **1** 有利な, 得な, 好都合な. Me ofrecieron condiciones muy *ventajosas*. 彼らはこちらにとても有利な条件を出した. **2**《ラ米》《ロ語》→ ventajista.

ven·ta·lla [ben.tá.ja; ɓen.- ‖ -.ʎa] 囡 **1** バルブ, 弁. **2**〖植〗莢(さや), 蒴片(さくへん), 葯片(やくへん).

***ven·ta·na** [ben.tá.na; ɓen.-] 囡 **1** 窓. abrir [cerrar] la ~ 窓を開ける[閉める]. Se asomó por [a] la ~. 彼[彼女]は窓から顔をのぞかせた. cristal de la ~ 窓ガラス. ~ de guillotina 上げ下げ窓. ~(窓状の)開口部. ~ sobre con ~(商業用などの)窓付き封筒. **3**〖解剖〗鼻腔(= ~ de la nariz). **4**〖ＩＴ〗ウィンドウ. **5**《ラ米》《コ̄》《ベ̄》(森林の中の)空き地.
echar [*tirar*]... *por la ventana* …を無駄に費やす;(機会などを)棒に振る.
[*viento*(←[ラ]*ventus*)より派生;原義は「通風孔」, [関連] ventanilla, ventilación. [英]*window*「窓」, *ventilation*「換気」]

ven·ta·na·je [ben.ta.ná.xe; ɓen.-] 男《集合的》窓, 窓の列.

ven·ta·nal [ben.ta.nál; ɓen.-] 男 大きな窓, 大窓.

ven·ta·na·zo [ben.ta.ná.θo; ɓen.- / -.so] 男 窓を乱暴に[ばたんと]閉めること.

ven·ta·ne·ar [ben.ta.ne.ár; ɓen.-] 自 しばしば窓からのぞく, いつも窓辺にいる.

ven·ta·ne·o [ben.ta.né.o; ɓen.-] 男 しばしば窓から顔を出すこと.

***ven·ta·ni·lla** [ben.ta.ní.ja; ɓen.- ‖ -.ʎa] 囡 **1**(役所·切符売り場などの)**窓口**. **2**(列車·車·飛行機などの)窓;(船の)舷窓. **3**(封筒などの)窓. **4**〖解剖〗鼻孔.
[ventana+縮小辞]

ventanilla
(切符売り場の窓口)

ven·ta·ni·llo [ben.ta.ní.jo; ɓen.- ‖ -.ʎo] 男 **1** 小窓. **2**(ドアの)のぞき窓[孔]. **3** 地下室への入口.

ven·ta·no [ben.tá.no; ɓen.-] 男 小窓.

ven·ta·nu·co [ben.ta.nú.ko; ɓen.-] 男 小窓.

ven·ta·rrón [ben.ta.r̃ón; ɓen.-] 男 強風, 烈風.

ven·te·ar [ben.te.ár; ɓen.-] 自 **1**《3人称単数·無主語で》風が吹く. **2**〈動物が〉〈獲物の〉においをかぎ回る. **3** 詮索(せんさく)[探索]する, かぎ回る.
— 他 **1**〈部屋·衣服などを〉風に当てる, 風通しする. **2**〈動物が〉〈獲物の〉においをかぎ回る. **3**…を詮索[探索]する, かぎ回る. **4**《ラ米》**(1)**《米》《コ̄》〈家畜に〉焼き印を押す. **(2)**《ラ》(競技で)〈他の競技者を〉引き離す, リードする. **(3)**《ラ》《アルゼン》〈扇で〉あおぐ.
— ~·se 再 **1**〈人が〉風[外気]に当たる. **2**(熱·乾燥などによって)ひび[亀裂]が入る. **3**(製造途中ののれんが·陶器に)気泡が入る. **4**(タバコなどが)(空気に当たって)品質が落ちる. **5**《話》おならをする(= ventosear). **6**《ラ米》《話》**(1)**《ラ》《アルゼン》《ウル》外を出歩く. **(2)**《ラ》《アルゼン》思い上がる, うぬぼれる.

ventanillo
(小窓)

ven·te·ril [ben.te.ríl; ɓen.-] 形 宿屋の, 宿屋風の.

ven·te·ro, ra[1] [ben.té.ro, -.ra; ɓen.-] 形 獲物のにおいをかぎ分ける, 嗅覚(きゅうかく)の鋭い. perro ~(ポインター·セッターなどの)猟犬.

ven·te·ro, ra[2] [ben.té.ro, -.ra; ɓen.-] 男 囡 宿屋の主人[女将(おかみ)].

ven·ti·la·ción [ben.ti.la.θjón; ben.-/-.sjón] 囡 換気 (設備), 通風, 通気; 換気口 [筒]. ~ de un túnel トンネルの換気. conducto de ~ 通気ダクト. manguera de ~ 《海》ウインドソル (帆布製の通気筒). sin ~ 風通しの悪い, 換気のない. ~ pulmonar 《医》肺呼吸.

ven·ti·la·dor [ben.ti.la.ðór; ben.-] 男 扇風機; 換気扇, 換気装置, 換気孔[口, 窓].

ven·ti·lar [ben.ti.lár; ben.-] 他 **1** 換気する, 通気する. ~ la habitación abriendo la ventana 窓を開けて部屋の空気を入れ換える.
2 〈衣類などを〉外気[風]に当てる.
3 《話》〈私事を〉公表する. ~ asuntos privados 私事を公にする. **4** 議論する, 究明する; 解決する, 決定する. **5** 《話》殺す. **6** がぶ飲みする; がつがつ食べる, 平らげる. **7** 片づける, 終わらせる.
—**~·se** 再 **1** (3人称で) 換気される. **2** 外の空気を吸う, 外へ出る. **3** 究明される; 解決される, 決定される. El resultado del partido *se ventiló* en los últimos cinco minutos. 試合の勝負は最後の5分で決まった. **4** 《話》片づける, やっつける. Este trabajo *me lo ventiló* en una hora. この仕事を私は1時間で片づけた. **5** 一気にむさぼり食う, 一気に飲む. **6** 《俗》(**a...** …と) 性交する. **7** 《話》殺す.
ventilárselas 《話》やりくりする, 切り抜ける.
[← [後ラ] *ventilāre*← [ラ]「あおぐ」; *ventulus*「微風」(*ventus*「風」＋縮小辞) より派生;〖関連〗ventilación, ventilador. [英] *ventilate*]

ven·tis·ca [ben.tís.ka; ben.-] 囡 吹雪(ふぶき); 強風.

ven·tis·car [ben.tis.kár; ben.-] 自 《3人称単数・無主語で》吹雪(ふぶ)く; 雪が風で激しく舞い上がる.

ven·tis·co [ben.tís.ko; ben.-] 男 → ventisca.

ven·tis·co·so, sa [ben.tis.kó.so, -.sa; ben.-] 形 吹雪く; 吹雪になりやすい; 強風の.

ven·tis·que·ar [ben.tis.ke.ár; ben.-] 自 → ventiscar.

ven·tis·que·ro [ben.tis.ké.ro; ben.-] 男 **1** 雪渓; 根雪. **2** 雪の吹きだまり, 吹きさらしの場所.

ven·to [bén.to; bén.-] 男 《ラ米》(ごう)(ちり)金, 金銭.

ven·to·la·da [ben.to.lá.ða; ben.-] 囡 《ラ米》(プ主ルー)強風.

ven·to·le·ra [ben.to.lé.ra; ben.-] 囡 **1** 突風, 一陣の風. **2** 《話》《軽蔑》(突然の奇妙な) 思いつき. **3** 思い上がり, 自負. tener mucha ~《話》うぬぼれる.
4 《ラ米》(メ国)(話) おなら, 屁(へ).
darle (*a*＋人) *la ventolera de*＋不定詞《話》〈人〉が急に…したくなる.

ven·to·li·na [ben.to.lí.na; ben.-] 囡 **1**《海》方向の変わりやすい微風. **2**《ラ米》(アル・チ・ペ)(う)突風, 一陣の風.

ven·tor, to·ra [ben.tór, -.tó.ra; ben.-] 形 獲物のにおいをかぎ分ける, 嗅覚(きゅう)の鋭い. — 男 (ポインター・セッターなどの) 猟犬 (= perro ~).

ven·to·rre·ro [ben.to.ré.ro; ben.-] 男 吹きさらしの高い所.

ven·to·rri·llo [ben.to.rí.jo; ben.-‖-.ʎo] 男
1 → ventorro. **2** 《郊外の》食堂, ドライブイン. **3** 《ラ米》《話》ちっぽけな店, 小店.

ven·to·rro [ben.tó.ro; ben.-] 男 《軽蔑》みすぼらしい宿, 小さな宿屋.

ven·to·sa [ben.tó.sa; ben.-] 囡 **1** 吸盤. las ~*s* del pulpo タコの吸盤. ~ de goma ゴム製の吸盤.
2 通気孔, 通風孔, (燃焼器具の) 空気取り入れ口; (スチームなどの) 空気抜き弁. **3** 《医》吸角, 吸い玉: 体表の患部の血液を吸い寄せた, 昔の医療器具.

ven·to·se·ar [ben.to.se.ár; ben.-] 自 《婉曲》放屁(ぼう)する, おならをする.

ven·to·si·dad [ben.to.si.ðáð; ben.-] 囡 腸内ガス, 屁(へ).

ven·to·so, sa [ben.tó.so, -.sa; ben.-] 形 **1** 風の強い, 風のある, 風の吹きやすい. día ~ 風の強い日.
2 胃腸内にガスのたまった.

ven·tral [ben.trál; ben.-] 形 腹の, 腹部の.

ven·tre·cha [ben.tré.tʃa; ben.-] 囡 → ventresca.

ven·tre·ga·da [ben.tre.gá.ða; ben.-] 囡 《集合的》(動物の) ひと腹の子.

ven·tre·ra [ben.tré.ra; ben.-] 囡 **1** 鞍帯(あんたい).
2 腹帯, 腹巻き; (甲冑(かっちゅう)の) 腰当て.

ven·tres·ca [ben.trés.ka; ben.-] 囡 魚の腹身.

ven·tri·cu·lar [ben.tri.ku.lár; ben.-] 形 《解剖》心室の; 脳室の.

ven·trí·cu·lo [ben.trí.ku.lo; ben.-] 男 《解 剖》
(**1**) (心臓の) 心室; 脳室; (喉頭(こうとう)などの) 室. ~ izquierdo 左心室. (**2**) 胃袋.

ven·trí·lo·cuo, cua [ben.trí.lo.kwo, -.kwa; ben.-] 形《腹話》心術の(ような). — 男 囡 腹話術師.

ven·tri·lo·quia [ben.tri.ló.kja; ben.-] 囡 腹話術.

ven·trón [ben.trón; ben.-] 男 《動》胃袋の外膜.

ven·tro·so, sa [ben.tró.so, -.sa; ben.-] /
ven·tru·do, da [ben.trú.ðo, -.da; ben.-] 形《腹の出た, 太鼓腹の.

*****ven·tu·ra** [ben.tú.ra; ben.-] 囡 **1** 幸せ, 幸福; 幸運. Tienes la ~ de tener a tus hijos contigo. あなたはお子さんと一緒でいられて幸せだ.
2 偶然, 巡り合わせ, 運. mala ~ 不運, 逆境. probar ~ 運試しをする. La ~ quiso que me encontrara con ella. 彼女と巡り合えたのは運命だった.
a la (*buena*) *ventura* 無計画に, 成り行きまかせに.
echar [*decir*] *la buena ventura* 運命を占う.
por ventura (**1**) 多分, もしかすると. ¿*Por* ~ he dejado mi paraguas en tu casa? 傘を君の家に置き忘れてないかな. (**2**) 幸運にも, 運よく.
[← [ラ] *ventūra*「来るべきもの, 将来のこと」; *venire*「来る」の未来分詞 *ventūrus*「来るべき, 将来の」の中性複数形の名詞化.〖関連〗venturoso, aventura, desventura, evento.〔英〕(*ad*)*venture*「冒険」, *event*「出来事」]

ven·tu·re·ro, ra [ben.tu.ré.ro, -.ra; ben.-] 形
1 幸運な. **2** ぶらぶらした, 定職のない; 冒険好きの.
3 《ラ米》(メ国) 〈作物が〉時期外れの.

ven·tu·ri·na [ben.tu.rí.na; ben.-] 囡 《鉱》砂金石.

ven·tu·ro, ra [ben.tú.ro, -.ra; ben.-] 形 来るべき, 未来の.

ven·tu·ro·sa·men·te [ben.tu.ró.sa.mén.te; ben.-] 副 幸運にも, 幸せに.

ven·tu·ro·so, sa [ben.tu.ró.so, -.sa; ben.-] 形 幸運な, 恵まれた, 幸せな.

vé·nu·la [bé.nu.la; bé.-] 囡 《解剖》小静脈, 細静脈.

ve·nus [bé.nus; bé.-] 囡 《単複同形》**1** 美女, 美人. **2** 《考古》ビーナスの彫像. **3** 性愛, 愛欲. **4**《錬金術の用語で》銅.

Ve·nus [bé.nus; bé.-] 固名 **1**《ロ神》ビーナス, ウェヌス: 愛と美の女神. ギリシャ神話の Afrodita に当たる. **2**《天文》金星. ▶「宵の明星」は Véspero, 「明

ve·nu·sia·no, na [be.nu.sjá.no, -.na; ƀe.-] 形 金星(人)の. ― 男女 金星人.

ve·nu·si·no, na [be.nu.sí.no, -.na; ƀe.-] 形 ビーナスの.

venz- 固 → vencer.

ve·o [bé.o; ƀé.o] 直 → ver.

***ver** [bér; ƀér] 60 過分 は visto 他 **1** 見る，…が見える，(視界に)入る. Yo *vi* los aviones con mis propios ojos. 私はこの眼でそれらの飛行機を見ました. Por casualidad *vi* el accidente. 偶然にも私は事故を目撃した. → mirar 類語.
2 (1) (＋不定詞) (…するのを) 見る，(…するのが) 見える. Nunca *vi* a Juan *escribir* cartas. 私はフアンが手紙を書いているのを見たことがなかった. (2) (＋現在分詞) (…しているのを) (…しているのが) 見える. *Vimos* a los niños *jugando* al fútbol en el parque. 私たちは子供たちが公園でサッカーしているのを見た. (3) (＋形容詞 …のように) (人・ものを) 見る；思う. Nunca la *vi* tan *hermosa*. 私は彼女のそんな美しい姿は見たことがなかった. ¿Los *ves* diferentes? 君は彼ら[それら]が違って見えるかい. *Veo* prácticamente *imposible* que se realice este proyecto. このプロジェクトを遂行するのは実際には不可能だと思います. ► 形容詞は目的語に性数一致.
3 〈テレビ・映画などを〉見る，観る. *ver* la televisión テレビを見る. ¿*Viste* la película? 君はその映画見ましたか.
4 〈人に〉会う，面会する. Vengo a *ver* a mi profesor. 私の先生に会いに来ました. Acabo de *ver* al médico. 医者にみてもらって[会って]きたところです.
5 〈問題などを〉取り扱う，チェックする. La semana que viene *veremos* la lección 8. 次週は第8課をやりましょう.
6 診察する.
7 〈人が〉〈出来事などを〉体験する，生き抜く；〈場所で〉〈出来事などが〉起こる. Es la única persona viva que *vio* las dos guerras mundiales. 彼[彼女]は2つの大戦を経験し生き残っている唯一の人物です.
8 …を確かめる，(si＋直説法 …かどうかを) 確かめる. Vamos a *ver si es* cierto lo que has dicho. 君の言ったことが正しいか確かめましょう.
9 気づく，納得する，(que＋直説法 …であることに) 気づく；納得する. hacer *ver*… a＋人 〈人〉に指摘する. *Veo que es* todo mentira. すべてうそだというのがわかっています. ► que が否定されている場合には que 以下は接続法. ― Yo no *veo que* estén claras las condiciones. 私は条件がはっきりしているとは思いません. **10** 〖法〗〈判例を〉調べる.
― 自 **1** 見える. No *veo* bien de cerca [lejos]. 私は近く[遠く]がよく見えません. **2** 確かめる；気づく，納得する. Mañana no hay clase. ― Ya *veo*. 明日は授業ないよ. ーどうりで. ¡*Has visto*? 〖得意気に〗わかったかい. **3** (de＋不定詞) (…することを) 試す，(…して) みる. **4** 〖遊〗(カード遊びで) 相手と同じ掛け金で応じる.

― **~·se** 再 **1** (鏡などに) 自分の姿を見る. *Me veo* raras veces en el espejo. 私はめったに鏡を見ない. **2** (1) (3人称で) …が見える，…と判断される，みなされる. ¿Qué *se ve* desde allí? そこから何が見えますか. *Se ve* que está haciendo frío. 寒くなっているようです. por lo que *se ve* 見たところ. (2) (3人称単数で) 〈人・ものを〉見る，見かける. Se te *ve* más joven. 君は実際より若く見える. **3** (＋形容詞およびその相当語句) (自分を) …と想像する，思う. Yo *me veo* más *gorda*. 私は自分では太っていると思います. **4** (＋形容詞・副詞およびその相当語句) …である，…でいる；…に見える. *Se vio forzada* a dimitir. 彼女は辞任に追い込まれた. **5** 《複数主語で》(互いに) 会う. ¡*Nos vemos*! 《あいさつ》また会いましょう.

― 男 **1** 容姿，様態. estar de buen *ver* 体裁がいい. a mi *ver* 私の見るところでは. → mirar 類語.

a ver 《注意などを促して》さて，それでは；《相手の発話に応じて》どれどれ，見てみよう，調べてみよう.
a ver si… 〖話〗(1) 〈願望〉…だといいのだが. *A ver si* vienen ellos. 彼らが来るといいのだが. (2) 〖不安〗…ではないだろうか. *A ver si* no lo terminamos a tiempo. 私たちは時間どおりにそれを終えられないかもしれない.
como si lo estuviera viendo / como si lo viera 鮮明に，はっきりと. Me acuerdo *como si lo estuviera viendo*. 私ははっきり覚えています.
¡*Habráse visto!* 〖話〗〈怒り〉なんてことだ.
Hasta más ver. 〖話〗〈あいさつ〉また後で(＝Hasta la vista.).
hay que ver (que…) 〈強調〉(…とは) 驚きだ，…とはね；びっくりだね；注意しないと.
¡*Nos estamos viendo!* 〖ラ米〗〖くだ〗〖話〗ではまた，近いうちに.
para que veas ざまあ見ろ；〈強調〉言っておくけど.
(*que*) *no veas* [*veo, ves, ve…*] とてつもない…，すごい…. Tengo un hambre *que no veo*. 私は腹ぺこだ.
Si te he visto (ya) no me acuerdo. 《人を評して》恩知らずのやつだ，用が済めば後は知らんぷりだ.
tener que ver con… …と関連する. No *tiene* nada *que ver* contigo. それは君には全く関係ない.
verse de lejos 歴然としている. *Se veía de lejos* que ella jamás aprendería a conducir. 彼女が運転を習うことなんてか決してないことは歴然としていた.
vérselas con… 〖話〗…と対決する.
vérselas y deseárselas para… 〖話〗…のために血のにじむような思いをする.
(*ya*) *veremos* (1) 〈問題などに言及して〉考えてみよう. (2) 〈不信〉さあどうだろうか (見てみよう).
(*ya*) *ves* 〖話〗〈強調〉〈相手の発言を受けて〉でしょ.
[←〖古スペイン〗*veer*←〖ラ〗*vidēre*．〖関連〗vista, visión, visible, visual, proveer, visitar．〖英〗witness 「目撃する」，view 「眺め；見解」]

ve·ra [bé.ra; ƀé.-] 女 **1** 海辺；川岸，河畔.
2 かたわら，そば. a la ~ de… …のかたわらに.

ve·ra·ci·dad [be.ra.θi.ðáð; ƀe.- / -.si.-] 女 正直，誠実；真実(性)；正確(度).

Ve·ra·cruz [be.ra.krúθ; ƀe.- / -.krús] 固名 ベラクルス. (1) メキシコ南東部の港湾都市. ♦1519年 Cortés が建設. スペイン人がメキシコに建設した最初の町. 以後その表玄関として重要な役割を果たす. (2) ~ **Llave** メキシコ東部の州. [←〖古スペイン〗(*La Villa Rica de la*) *Vera Cruz*；「聖十字架(の豊かな町)」が原義]

ve·ra e·fí·gies [be.ra e.fí.xjes; ƀe.-] 〖ラ〗 **1** 実像，真の姿 (＝ la verdadera imagen).
2 生き写し. **3** 具現，体現.

ve·ra·gua [be.rá.gwa; ƀe.-] 女 〖ラ米〗〖ﾊﾟﾅ〗(*)（菌類の) カビ.

ve·ra·na·da [be.ra.ná.ða; ƀe.-] 囡 《放牧の》夏場.
ve·ran·da [be.rán.da; ƀe.-] 囡 ベランダ;《ガラス張りの》バルコニー;縁側.
ve·ra·ne·a·de·ro [be.ra.ne.a.ðé.ro; ƀe.-] 《ラ米》(㋐)避暑地.
ve·ra·ne·an·te [be.ra.ne.án.te; ƀe.-] 男囡 避暑客.
ve·ra·ne·ar [be.ra.ne.ár; ƀe.-] 自 避暑に行く,夏の休暇を過ごす. Voy a ~ en la sierra. 山で夏の休暇を過ごすつもりだ. ¿Dónde *veraneas* este año? 今年の夏休みはどこへ行くんだい.
ve·ra·ne·o [be.ra.né.o; ƀe.-] 男 避暑,夏の休暇[バカンス]. organizar el ~ 夏休みの計画をたてる. ir [estar] de ~ 避暑に行く[出かけている].
ve·ra·ne·ro [be.ra.né.ro; ƀe.-] 男 夏の放牧地.
ve·ra·nie·go, ga [be.ra.njé.ɣo, -.ɣa; ƀe.,-] 形 夏の;夏向きの. temporada *veraniega* 夏季. vestido ~ 夏服. Vas muy ~ hoy. 今日はぐっと夏向きの格好だね.
ve·ra·ni·llo [be.ra.ní.jo; ƀe.- ‖ -.ʎo] 男 1 季節外れに暑くなること. ~ de San Juan《ラ米》(㋐)(南半球で6月に)一時的に寒さが和らぐ時期,小春日和. ~ de San Martín (北半球で11月中旬的)小春日和. ~ de San Miguel (北半球で9月下旬的)残暑. 2 《ラ米》(⁽ᵂᵉ⁾)(雨期中の)晴天続きの日々. [verano + 縮小辞]

ve·ra·no [be.rá.no; ƀe.-] 男 1 夏,夏季. vacaciones de ~ 夏休み. vestirse de ~ 夏物を着る. 2 乾期,乾季.
de verano《話》そんなこと嫌だ,まっぴら御免だ.
[← [俗ラ] *veranum* (*tempus*) 「春の(季節)」; *verānum* は *verānus* 「春の」の中性形で, [ラ] *vēr* 「春」より派生;近世初頭までの季節区分は *primavera* 「早春」, *verano* 「春・初夏」, *estío* 「夏至以降の」夏」, *otoño* 「秋」, *invierno* 「冬」, [関連] veranear, veraniego, primavera. [ポルトガル] *verão* 「夏」]

ve·ra·no·so, sa [be.ra.nó.so, -.sa; ƀe.-] 形 《ラ米》雨が降らない,日照り続きの.

ve·ras [bé.ras; ƀé.-] 囡《複数形》真実,事実,本当.
de veras (1) 実際に,本当に;心から. Lo siento *de* ~. まことにお気の毒さま. (2) 本気で. ¿Me lo dices *de* ~? 本気でそんなこと言ってるの. (3) とても,たいへん. Llegó cansado *de* ~. 彼はひどく疲れて着いた.
ir de veras 本当である. Ahora *va de* ~ que me marcho. もう本当に帰るからね. Esto *va de* ~. これは本当である.

ve·ras·co·pio [be.ras.kó.pjo; ƀe.-] / **ve·rás·co·po** [be.rás.ko.po; ƀe.-] 男 1 ステレオスコープ,立体[実体]鏡. 2 立体写真機.
ve·ra·tro [be.rá.tro; ƀe.-] 男 《植》シュロソウ;バイケイソウ《ユリ科の植物》.
ve·raz [be.ráθ; ƀe.- / -.rás] 形 《複 *veraces*》正直な;本当の,真実の,正確な. relato ~ 実話. historiador ~ 信頼するに足る歴史家.
ver·ba [bér.ƀa; ƀér.-] 囡 おしゃべり,饒舌(ᶻᵉ̂ᵘ).
ver·bal [ber.ƀál; ƀer.-] 形 1 口頭の, 言葉による. acuerdo ~ 口頭での合意. promesa ~ 口約束. 2 《文法》動詞の;動詞的な,動詞から出た. forma ~ 動詞形. sintagma ~ 動詞句. sustantivo ~ 動詞的名詞 (=不定詞).
ver·ba·lis·mo [ber.ƀa.lís.mo; ƀer.-] 男 1 《軽蔑》《内容より》言葉[表現]にこだわること;冗長[空疎]な語句. 2 言葉の暗記中心の教育.

ver·ba·lis·ta [ber.ƀa.lís.ta; ƀer.-] 形 言葉にこだわる. —男囡 言葉にこだわる人.
ver·ba·li·zar [ber.ƀa.li.θár; ƀer.- / -.sár] 97 他 言葉で表わす,言い表わす.
ver·bal·men·te [ber.ƀál.mén.te; ƀer.-] 副 口頭で,言葉で;動詞として.
ver·bas·co [ber.ƀás.ko; ƀer.-] 男 《植》ビロードモウズイカ:ゴマノハグサ科.
ver·be·na¹ [ber.ƀé.na; ƀer.-] 囡 1 (祝祭日の前夜野外で行われる)祭り,前夜祭. 2 (夏に屋外で行われる)踊り.
ver·be·na² [ber.ƀé.na; ƀer.-] 囡 《植》バーベナ,クマツヅラ,ビジョザクラ.
ver·be·ná·ce·o, a [ber.ƀe.ná.θe.o, -.a; ƀer.- / -.se.-] 形 《植》クマツヅラ科の.
—囡《複数で》クマツヅラ科(の植物).
ver·be·ne·ro, ra [ber.ƀe.né.ro, -.ra; ƀer.-] 形 前夜祭の,祭りの;祭り好きの. → verbena¹.
—男囡 祭り好きの人;にぎやかな人.
ver·bi gra·tia [bér.ƀi ɣrá.θja; ƀér.- / -.sja // -.tja] / **ver·bi·gra·cia** [ber.ƀi.ɣrá.θja; ƀer.- / -.sja] [ラ] 例えば (= por ejemplo)《略 v.g(r.)》.

ver·bo [bér.ƀo; ƀér.-] 男 1 《文法》動詞. ~ intransitivo 自動詞. ~ transitivo 他動詞. ~ reflexivo 再帰動詞. ~ regular [irregular] 規則[不規則]動詞. ~ auxiliar 助動詞. ~ copulativo (atributivo) (ser, estar などの) 繋辞動詞. ~ defectivo 欠如動詞. ~ deponente 《ラテン語の》異態動詞. ~ impersonal 非人称動詞 ~ unipersonal 単人称動詞.
2 言葉;言葉遣い,話しぶり. ~ poético 詩的表現. 3 [V-] 《宗》御(ᵒ)言葉:三位一体の第二位であるキリスト. El *V*~ se hizo carne. 言葉は肉となった(◆キリストのことを指す). 4 《ラ米》(㋐)《話》雄弁,能弁.
[← [ラ] *verbum* 「言葉,語;動詞」; [関連] verbal, verboso, verbigracia, adverbio, proverbio. [英] *verb*]

ver·bo·rre·a [ber.ƀo.ré.a; ƀer.-] 囡 《軽蔑》おしゃべり,無駄口,饒舌(ᶻᵉ̂ᵘ). tener mucha ~ よくしゃべる,しゃべりまくる.
ver·bo·si·dad [ber.ƀo.si.ðáð; ƀer.-] 囡 《軽蔑》口数の多いこと,多弁;冗漫.
ver·bo·so, sa [ber.ƀó.so, -.sa; ƀer.-] 形 《軽蔑》口数の多い,多弁な,おしゃべりな.

ver·dad [ber.ðáð; ƀer.-] 囡 《単複同形》本当の,本物の. los aristócratas ~ 正真正銘の貴族たち.
—囡 1 真実;事実. ~ escueta / ~ al desnudo 赤裸々な真実. acento de ~ 本音. buscar la ~ 真相を究明する. ocultar [encubrir] la ~ 真相を隠す. decir la ~ 本当のことを言う. la hora de la ~ 《闘牛》真実の瞬間(◆牛にとどめの剣を刺すとき). pura ~ 疑いのない真実. Es ~. 確かにそうだ. No es ~. そうじゃない. ¿No es ~? そうではありませんか. ¿*V*~ que sí? ねっ,そうでしょう. Eso es una ~ como un puño [templo]. それは隠しようのない事実で,火を見るより明らかである. Juro decir la ~, sólo la ~, y nada más que la ~. 《宣誓》真実のみを述べることを誓います.
2 真理. ~ absoluta 絶対的真理. ~ a medias 半面の真理(しか含まない言葉). ~ científica [ma-

verdadera

temática]科学的[数学的]真理. en busca de la ～ 真理を求めて. **3** 誠実, 真摯(ピ゛). hombre de ～ 誠実な人. **4**《主に複数で》耳の痛い話, 無遠慮な話. Sólo la ～ ofende. / Las ～*es* son amargas. 真実ほどぐさりとくるものはない.

a decir verdad / *(en honor) a la verdad* / *la verdad sea dicha* 本当をいうと, 実のところ.
a la hora [al momento] de la verdad 肝心な時に, 正念場になると.
bien es verdad que＋直説法 もちろん…である.
decir a＋人 *(las) cuatro verdades [las verdades del barquero]* / *cantar las verdades (a*＋人*)*〈人〉に直言する, ずけずけ言う. *Le canté las ～es en la cara.* 私は彼[彼女]に面と向かってはっきり言ってやった.
de verdad (1) 本当に, 実際に.（＝de veras）. *¿De ～?* 本当かい. *de ～* que sí[no の答えで] そうではない). Se lo digo de ～. 本当にそうなんです. (2) 本物の; 立派な. torero *de ～* 一人前の闘牛士. castillo *de ～* 本物の城.
de verdad de la buena 実際.
en verdad 本当に.
En verdad que... / *La verdad es que*＋直説法 実は…なのだ, 実際のところ…である.
faltar a la verdad うそをつく.
la verdad 実は, 本当のところ. *La ～ no lo sé.* 実は私, 知らないんです.
La verdad (es) amarga y la mentira (es) dulce.《諺》良薬は口に苦し.
No todas las verdades son para dichas.《諺》うそも方便; 言わぬが花（←真実のなかには言ってよいことと悪いことがある）.
sacar la verdad a la luz 真実を明らかにする.
ser verdad que＋直説法 …なのは本当[真実]である.
Si bien es verdad que＋直説法 …であるにもかかわらず.
tan (de) verdad como que Dios existe 全くの事実[本当のこと]である.
..., ¿verdad?《付加疑問で》…でしょう, …ですね（▶前文が否定文, 肯定文にかかわらず用いられる）. → no **4**.
verdad de Perogrullo 当たり前の話, わかりきったこと.
verdades como puños はっきりとした事実.
Verdad es que＋直説法 いかにも…ではある.
¿Verdad que...? 本当に…ですよね.
[←[ラ] *vēritātem* (*vēritās* の対格: *vērus*「真実の」より派生); 関連 verdadero, verosímil, verificar, averiguar, [英] *veritas*, *verity*, *verify*]

ver・da・de・ra [ber.ða.ðé.ra; ðer.-] 形 → verdadero.

ver・da・de・ra・men・te [ber.ða.ðé.ra.mén.te; ðer.-] 副 本当に, 確かに.

＊ver・da・de・ro, ra [ber.ða.ðé.ro, -.ra; ðer.-] 形 **1**《多くは＋名詞 / 名詞＋》《ser＋》真実の, 本当の; 実際の, 事実上の, 真の. un diamante ～ de 2 quilates 2 カラットの本物のダイヤモンド. el ～ nombre de Fernán Caballero フェルナン・カバジェーロの本名. el ～ responsable 実際の責任者. en el ～ sentido de la palabra 言葉の本来の意味で. la *verdadera* historia de Hamlet ハムレットの実話. el ～ rostro de los problemas 問題の真相[正体]. distinguir lo ～ de lo falso 本物と偽物を見分ける. ¿Existe el ～ amor? 真の愛は存在するか. ¿Qué recuerdos son ～*s* y cuáles falsos? どれが本当でどれが偽りかを思い出そう.

2《＋名詞》《強調的に》真の, この上ない. Es un ～ genio de las matemáticas. 彼は正真正銘数学の天才だ. ser una *verdadera* lástima que＋接続法 …は本当に残念だ. Esta obra tiene *verdadera* importancia. この作品は極めて重要だ. Ha sido para mí un ～ placer conocerle a usted. あなたとお知り合いになれて誠に光栄でした.

3《天文》真の, 磁極でなく地軸に従って定めた. el norte ～ 真北.

ver・dal [ber.ðál; ðer.-] 形《植》(完熟後も)果実が緑の. aceituna ～ 緑色のオリーブの実.

＊＊ver・de [bér.ðe; ðér.-] 形 **1**《多くは名詞＋》《ser＋ / estar＋》緑の, 緑色の. los ～*s* campos del Edén エデンの緑の野. La Casa V-『緑の家』(Vargas Llosa の小説). judías ～*s* y pimientos ～*s* サヤインゲンとピーマン. zona [espacio] ～ 緑地帯. uniformes ～ oliva [olivo] オリーブ・グリーン色の制服（▶後ろに形容詞・名詞を伴って「色」のタイプが示されるときは, いずれも性数不変). El presidente sacó el pañuelo ～ para que entrase otro toro. 主催者は別の雄牛が入るように緑のハンカチで合図した. Esperamos a que el semáforo se ponga ～. 私たちは信号が青になるのを待つ.

2《＋名詞》《estar＋》〈果物などが〉熟さない, 青い; 準備不足の, 未熟な（↔maduro). plátanos ～*s* 青いバナナ. Nuestros jugadores aún *están* ～*s*. 我々の選手はまだまだ未熟だ.

3《＋名詞》《estar＋》〈材木などが〉干していない, 生の;〈獣皮が〉なめしていない; 青々とした. forraje ～ 青草. madera [leña] ～ 生木. cuero en ～ 生皮.

4《＋名詞》《ser＋》下品な, 下卑た; 好色な, いやらしい. un viejo ～ 好色な老人, エロおやじ. contar chistes ～*s* 猥談(ﾜ)をする.

5《＋名詞》環境保護の. el partido ～ 緑の党. La gasolina sin plomo es una clase de gasolina ～. 無鉛ガソリンは低公害ガソリンの一種だ.

━ 男 **1** 緑色, 緑. *V.*～ que te quiero ～, 緑よ, 私はおまえを愛す, 緑よ (García Lorca の詩). ～ esmeralda エメラルドグリーン. ～ mar シーグリーン. ～ botella ボトルグリーン.

2 若草, 青草; 草地, 牧草地. sentarse en el ～ 草の上に座る. **3**《複数で》(若い家畜の)年齢. un potro de tres ～*s* 3歳馬. **4**《スペイン》1000ペセタ札 (＝billete ～). ▶紙幣の色から. **5**《話》(スペインの)治安警察隊員 (＝guardia civil). **6**《複数で》緑の党(の党員). en coalición con los ～*s* 緑の党と連立[連帯]して.

7《ラ米》(1)（ﾋﾟ゛）《俗》警官, 巡査, お巡り. (2)（ﾒｷ）（ｸﾞｱﾃ）熟していないバナナ; マテ茶; 野菜サラダ. (3)（ﾀﾞﾘ）（ﾆｶ）野原, 田園. (4)（ﾆｶ）（ｽﾞ 農）新米, 未熟者.

boina verde《軍》グリーンベレー部隊員（▶男性にも女性にも用いられる). uno de los ex *boinas* ～*s* 元グリーンベレー部隊員のひとり.

están verdes どうせ手に入らない; どうせたいしたものではない.

luz verde［←サイン. dar *luz* ～［ a... / para que＋接続法］…(すること)にゴーサインを出す. El ministro dio *luz* ～ al proyecto. 大臣は計画にゴーサインを出した. (2) 青信号.

pasar las verdes y las maduras《話》いい目も

悪い目も見る.
poner [***dejar***] ***verde*** *a*+人 《話》〈人〉を思い切りしかる；ののしる. No hay derecho a que *me pongan* ～ sólo *a mí*. 私だけこき下ろされるなんて，それはないよ.
salsa verde 〖料〗(1)（パセリを用いた）グリーンソース. merluza en *salsa* ～ メルルーサのグリーンソースあえ.（2）〘ラ米〙 (🌶)（グリーントマトと青トウガラシを用いた）グリーンソース.
verde de envidia ひどくうらやんでいる. Me he puesto ～ *de envidia* al haberle visto actuar. 彼が演じるのを見て，私はとてもうらやましく思った.
verdes las han segado そうするつもりはない. ¿Me dices que conduzca la moto sin hacer ruido? *Verdes las han segado*. Inténtalo tú. 静かにオートバイを運転しろっていうのかい. そんなことするものか. やれるものならやってみろよ.
verde y con asas 疑いの余地がない.
[←〚ラ〛*viridem* (*viridis* の対格)「緑の；新鮮な」)〚関連〛verdor, verdoso, verdugo, verdura.〚英〛*verdure*]

ver·de·ar [ber.ðe.ár; ber.-] 自 **1** 緑色がかる，緑色を帯びる. **2** 芽を吹く，新緑に覆われる. El campo empieza a ～. 野が青々としてきた. **3** 〘ラ米〙(🌶)マテ茶を飲む.（動物が）草を食む.

ver·de·ce·le·dón [ber.ðe.θe.le.ðón; ber.- / -.se.-] 男 青磁色.

ver·de·cer [ber.ðe.θér; ber.- / -.sér] 34 自 → ver-dear **2**.

ver·de·ci·llo [ber.ðe.θí.ʝo; ber.- || -./o. / -.sí.-] 男 〖鳥〗(カナリア属の)セリン.

ver·de·gal [ber.ðe.gál; ber.-] 男 緑に覆われた畑［野原］.

ver·de·gay [ber.ðe.gái; ber.-] 形 淡緑色の，薄緑色の. ——男 淡緑色.

ver·de·jo, ja [ber.ðé.xo, -.xa; ber.-] 形 ベルデハ種の.——男〖(ブドウの)ベルデハ種.

ver·de·mar [ber.ðe.már; ber.-] 形 (海の)青緑色の. ——男 シーグリーン，青緑，海緑色.

ver·de·mon·ta·ña [ber.ðe.mon.tá.ɲa; ber.-] 男 **1**〖鉱〗くじゃく石，マラカイト. **2** マラカイトグリーン，青竹色.

ver·de·o [ber.ðé.o; ber.-] 男 (加工用の)青いオリーブの収穫.

ver·de·rol [ber.ðe.ról; ber.-] 男 → verderón.

ver·de·rón [ber.ðe.rón; ber.-] 男 **1**〖鳥〗アオカワラヒワ. **2**〖貝〗マルスダレガイ.

verderón

ver·de(·o)s·cu·ro, ra [ber.ðe(.o)s.kú.ro, -.ra; ber.-] 形 暗緑色の (= verdinegro).

ver·de·te [ber.ðé.te; ber.-] 男 (色の)緑青.

ver·de·zue·lo [ber.ðe.θwé.lo; ber.- / -.swé.-] 男 〖鳥〗アオカワラヒワ.

ver·dial [ber.ðjál; ber.-] 形 **1** aceituna ～ 青オリーブ. **2** 〖音楽〗ベルディアレスの. ——女 青オリーブ. **3** 〖音楽〗ベルディアレス: Málaga 地方のファンダンゴ fandango の一種.

ver·di·blan·co, ca [ber.ði.bláŋ.ko, -.ka; ber.-] 形 白と緑のチームの. ——男 女 ユニフォームが白と緑のチームの選手［ファン］.

ver·di·gón [ber.ði.gón; ber.-] 男 〖貝〗ザルガイ.

ver·dín [ber.dín; ber.-] 男 **1** 新緑，若葉(色)，若草(色). **2** 青カビ. **3** 〖植〗青苔(ﾀﾞｲ); あおこ，青みどろ. **3** (色の)緑青. **4** (植物の汁の)染み.

ver·di·nal [ber.ði.nál; ber.-] 男 (牧草地の)夏枯れせずに緑が残っている部分.

ver·di·ne·gro, gra [ber.ði.né.gro, -.gra; ber.-] 形 暗緑色の.

ver·di·no, na [ber.ðí.no, -.na; ber.-] 形 鮮やかな緑色の，深緑色の.

ver·dó [ber.ðó; ber.-] 男 コップが付いたガラス瓶.

ver·do·la·ga [ber.ðo.lá.ga; ber.-] 女〖植〗スベリヒユ.

ver·dón, do·na [ber.ðón, -.ðó.na; ber.-] 形 〘ラ米〙(🌶)緑色の，緑がかった；(実が)まだ青い，熟れていない. ——男 **1**〖鳥〗アオカワラヒワ. **2**〘ラ米〙(🌶)あざ，みみず腫(ﾊ)れ. (2) (🌶)〖鳥〗ゴシキノジコ.

verdolaga (スベリヒユ)

ver·dor [ber.ðór; ber.-] 男 **1** (草木の)緑，若草色，新緑. **2** 活力，生気，盛り. **3** 青春，若さ.

ver·do·so, sa [ber.ðó.so, -.sa; ber.-] 形 緑色がかった. el color amarillo ～ 黄緑色.

ver·du·ga·da [ber.ðu.gá.ða; ber.-] 女〖建〗れんがの水平積み.

ver·du·ga·do [ber.ðu.gá.ðo; ber.-] 男〖服飾〗フープスカート.

ver·du·gal [ber.ðu.gál; ber.-] 男 (伐採・焼畑後に)緑に覆われた丘.

ver·du·ga·zo [ber.ðu.gá.θo; ber.- / -.so] 男 鞭(ﾑﾁ)で打つこと.

ver·du·go [ber.ðú.go; ber.-] 男 **1** 死刑執行人；絞首刑執行人. **2** (軽度)冷血漢，非情な男，残忍な人. Es un ～ para sus alumnos. 生徒たちにとって彼［彼女］は血も涙もない. **3** (目・鼻・口の部分の開いている)頭部と首を覆うニット帽. **4** 悩みの種，厄介のもと. **5** 新芽；若枝. **6**〖建〗れんがの水平積み. **7** 鞭(ﾑﾁ); 鞭打たれた跡［あざ］，みみず腫(ﾊ)れ. **8** (細身の)剣. **9**〖鳥〗モズ.

verdugado (フープスカート)

ver·du·gón [ber.ðu.gón; ber.-] 男 **1** 鞭(ﾑﾁ)打たれた跡，みみず腫(ﾊ)れ. **2** 新芽，若芽. **3** 〘ラ米〙(🌶)(衣服の)破れ，裂け目. [verdugo + 増大辞]

ver·du·gui·llo [ber.ðu.gí.ʝo; ber.- || -./o.] 男 **1** (闘牛にとどめをさす)剣. **2** 卵形のイヤリング. **3** (葉にできた)こぶ，虫癭(🌶). **4** 細いかみそり.

*****ver·du·le·rí·a** [ber.ðu.le.rí.a; ber.-] 女 **1** 青果店，八百屋. **2** 《話》下品，卑猥(🌶).

ver·du·le·ro, ra [ber.ðu.lé.ro, -.ra; ber.-] 男 女 **1** 青果商(人), 八百屋(の主人). **2** 《話》下品な人，粗野な人.

*****ver·du·ra** [ber.ðú.ra; ber.-] 女 **1** (時に複数で) 野菜，青物. comer ～s 野菜を食べる. ～s del tiempo 旬(🌶)の野菜. ～s tempranas (促成・暖地栽培による)走りの野菜. **2** (茂った草木などの)緑. la ～ de los prados 牧場の緑. **3** わいせつ(な行為).

verdulería (青果店)

[verde より派生; 〚関連〛verdulería. 〚英〛*verdure*「新緑；活力」]

ver·dus·co, ca [ber.đús.ko, -.ka; ƀer.-] 形 暗緑色の.

ve·re·cun·dia [be.re.kún.dja; ƀe.-] 女 羞恥(しゅうち)心.

ve·re·cun·do, da [be.re.kún.do, -.da; ƀe.-] 形 羞恥(しゅうち)心のある, 慎み深い.

ve·re·da [be.ré.đa; ƀe.-] 女 **1** 小道, 細道.
2 《ラ米》(1) (コスタ)(ペルー)(ベネズ)歩道 (= acera). (2) (ラプラタ)集落, 村; 地区. (3) (メキ)(女性の)髪の分け目.
meter [*hacer entrar*] *en* [*por*] *vereda* a+人《話》〈人〉にまっとうな生活をさせる, 身持ちを正させる; 規律を守らせる.

vereda
Por favor...「向かい側の歩道をお進みください」

ve·re·dic·to [be.re.đík.to; ƀe.-] 男 **1** 《法》(陪審員の)評決, 答申. ~ *de inocencia* 無罪の評決.
2 (専門家や権威者による)裁断, 判断, 意見.

ve·re·dón [be.re.đón; ƀe.-] 男 《ラ米》(ラプラタ)広い歩道, 遊歩道. [*vereda* +の増大辞].

ver·ga [bér.ga; ƀér.-] 女 **1** 小枝, 細い棒.
2 《俗》(人間・動物の)ペニス.
3 《海》ヤード, 帆桁(ほげた). **4** 《ラ米》(1) (ホンジ)(コスタ)《俗》こと, 問題. (2) (メキシ)牛の陰茎で作る鞭.

ver·ga·ja·zo [ber.ga.xá.θo; ƀer.- / -.so] 男 鞭(むち)で打つこと.

ver·ga·jo [ber.gá.xo; ƀer.-] 男 **1** 牛の陰茎で作った鞭(むち); (一般的に)鞭.
2 《ラ米》(エクア)《俗》早しいやつ.

ver·gé [ber.xé; ƀer.-] 形 *papel* ~ 透かしの入った紙.

ver·gel [ber.xél; ƀer.-] 男 (種類の豊富な)果樹園; 花畑, 花壇.

ver·glás [ber.glás; ƀer.-] 男 (地表などに張る)氷の膜.

ver·gon·zan·te [ber.gon.θán.te; ƀer.- / -.sán.-] 形 恥じた, 恥じ入った.

ver·gon·zo·sa·men·te [ber.gon.θó.sa.mén.te; ƀer.- / -.só.-] 副 恥ずかしそうに; 恥ずべきことに.

*****ver·gon·zo·so, sa** [ber.gon.θó.so, -.sa; ƀer.- / -.só.-] 形 **1** 恥ずべき, 恥ずかしい, 不面目な. *huida vergonzosa* 不名誉な逃亡. *partes vergonzosas*《解剖》恥部, 陰部.
2 恥ずかしがり屋の, 内気な; 小心な, 臆病(おくびょう)な. ―男女 恥ずかしがり屋; 小心者. *El ~ en palacio*『お邸(やしき)のはにかみ屋』(スペインの Tirso de Molina の戯曲). ―男《動》アルマジロ.

ver·güen·za [ber.gwén.θa; ƀer.- / -.sa] 女 **1 恥ずかしさ, 羞恥(しゅうち)心; 内気, はにかみ, 気後れ. con [para] gran ~ SUYA 大いに恥じて, とても困惑して. *perder la* ~ 恥知らずな振る舞いをする, 羞恥(しゅうち)心を捨てる. *sacar a*+人 *a la* ~ (*pública*)〈人〉を公衆の面前で辱める. *sentir* ~ 恥じる, 恥ずかしい. *sin* ~ 恥知らずの. *tener* ~ (*de...*)(…を)恥じる, 恥ずかしがる. ~ *ajena* 他人の言動について感じる恥ずかしさ. *Me da* ~ *su conducta.* 彼[彼女](ら)のやり方にはこちらの顔が赤くなる. *Me da* ~ *hablar en público.* 人前で話すのは気後れがする.
2 恥辱, 恥, 不面目; 不名誉な人[こと], 恥さらし. *Eres la* ~ *de la familia.* おまえは一家の面汚しだ. *Es una* ~ *engañar a los amigos.* 友達をだますなんて恥ずかしいことだ. *¡Qué* ~*!* なんてみっともな

い.
3 尊厳, 威厳, 名誉. *un hombre con* ~ 誉れ高い人物. *Si tuviera* ~, *no habría hecho eso.* [彼/彼女]が恥を知る人間なら, そんなことはしなかっただろうに.
4《複数で》《話》恥部, 陰部. *cubrir* [*enseñar*] *las* ~*s* 恥部を隠す[さらけ出す].
[⇐ [ラ] *verēcundiam* (*verēcundia* の対格)「控えめ」「恥」(*verēri* 「恐れる; 恐れ敬う」より派生; 関連 *vergonzoso*, *avergonzar*, *sinvergüenza*, *reverencia*. [英] *reverence*「尊敬」]

ver·gue·ta [ber.gé.ta; ƀer.-] 女 細い棒.

ver·gue·te·a·do [ber.ge.te.á.đo; ƀer.-] 形 → *verjurado*.

ver·guí·o, a [ber.gí.o, -.a; ƀer.-] 形 〈木材が〉柔軟性のある, しなやかな.

ve·ri·cue·to [be.ri.kwé.to; ƀe.-] 男 《主に複数で》難路, 難所.

ve·rí·di·co, ca [be.rí.đi.ko, -.ka; ƀe.-] 形 **1** 真実の, 真相の; 信憑(しんぴょう)性のある. *Lo que digo es* ~. 私の言うことは本当だ. *un relato* ~ 実話. **2** 正直な, 誠実な. ~ *no se* 言わない.

ve·ri·fi·ca·bi·li·dad [be.ri.fi.ka.bi.li.đáđ; ƀe.-] 女 実証[立証]可能性.

ve·ri·fi·ca·ción [be.ri.fi.ka.θjón; ƀe.- / -.sjón] 女 **1** 検査, 確認, 照合. **2** 検証, 実証, 証明. **3** 実行.

ve·ri·fi·ca·dor, do·ra [be.ri.fi.ka.đór, -.đó.ra; ƀe.-] 形 **1** 検査の, 点検の. **2** 検証する, 立証する. ―男女 検査官[員], 点検家. ―男 検査器具.

:ve·ri·fi·car [be.ri.fi.kár; ƀe.-] 122 他 **1** 〈こと(の真偽)を〉確かめる, 立証する, 照合する. ~ *la hipótesis* 仮説を検証する. *Tenemos que* ~ *si la información es cierta.* 私たちはその情報が正しいかどうか確かめなければならない.
2 〈器具などを〉点検する, チェックする. *Hoy tienes que llevar la máquina para* ~ *el motor.* 君は今日モーター点検のために機械を持っていかなくてはいけませんね.
3 《文章語》〈計画されていたことを〉遂行する, 行う.
―~*.se* 再 《3人称で》**1** 立証される, 確認される. *si se verifica la presunta violación de derechos humanos* もし人権侵害の疑いが立証されると.
2 《文章語》行われる, 遂行される. *La entrega de los premios se verificará por días anticipados.* 授賞式は何日か繰り上げて行われるだろう. **3** 《文章語》《計画などが》実現する; 〈恐れなどが〉確実になる.

ve·ri·fi·ca·ti·vo, va [be.ri.fi.ka.tí.bo, -.ba; ƀe.-] 形 検査用の; 証明となる, 立証の.

verifique(-) / verifiqué(-) 活 → *verificar*.

ve·ri·güe·to [be.ri.gwé.to; ƀe.-] 男 マルスダレ貝の一種.

ve·ri·ja [be.rí.xa; ƀe.-] 女《解剖》恥丘, 恥骨 (= *pubis*).

ve·ril [be.ríl; ƀe.-] 男《海》(砂州・浅瀬の)岸, 縁.

ve·ri·le·ar [be.ri.le.ár; ƀe.-] 自《海》沿岸を航行する.

ve·rin·go, ga [be.ríŋ.go, -.ga; ƀe.-] 形 《ラ米》(ラプラタ)《俗》裸の, 丸裸の.

ve·rin·gue·ar·se [be.riŋ.ge.ár.se; ƀe.-] 再 《ラ米》(ラプラタ)《俗》裸になる.

ve·ri·sí·mil [be.ri.sí.mil; ƀe.-] 形 → *verosímil*.

ve·ri·si·mi·li·tud [be.ri.si.mi.li.túđ; ƀe.-] 女 → *verosimilitud*.

ve·ris·mo [be.rís.mo; ƀe.-] 男 **1** 真実主義, 迫真

性，ベリズモ：19世紀末にイタリアで興った芸術運動. **2**《演》醜悪なものや不快なものを排除しない現実表現.

ve·ris·ta [be.rís.ta; be.-] 形 真実主義の，ベリズモの；迫真の.

ver·ja [bér.xa; bér.-] 女 (扉·窓·柵(₅)の)(鉄)格子.

ver·ju·ra·do [ber.xu.rá.ðo; ber.-] 形 (紙が)透かし模様の入った.

ver·me [bér.me; ber.-] 男《医》回虫；蠕虫(ぜん)類.

ver·mi·ci·da [ber.mi.θí.ða; ber.- / -.sí.-] 形 虫下しの，駆虫(剤)の. ━ 男 虫下し，駆虫剤.

ver·mi·cu·lar [ber.mi.ku.lár; ber.-] 形 虫の，虫状の；虫がはったような；回虫のいる. apéndice ~《解剖》虫垂，虫様突起.

ver·mi·for·me [ber.mi.fór.me; ber.-] 形 虫状の，細長い. apéndice ~《解剖》虫垂，虫様突起.

ver·mí·fu·go [ber.mí.fu.go; ber.-] 男 → vermicida.

ver·mi·no·so, sa [ber.mi.nó.so, -.sa; ber.-] 形《医》回虫のいる；回虫による.

ver·mis [bér.mis; bér.-] 男《単複同形》《解剖》小脳虫部.

ver·mí·vo·ro [ber.mí.bo.ro; ber.-] 形《動》食虫の.

ver·mouth [ber.mú(t); ber.-] 男《仏》男 → vermut / vermú.

ver·mut [ber.mú(t); ber.-] **/ ver·mú** [ber.mú; ber.-] 男《複～s》《技》ベルモット：薬草で香りをつけたワイン. ~ con ginebra マティーニ. ~ seco ドライベルモット. **2** 食前酒. **3**《ラ米》(ᘴ)(⅔)《演》マチネー.

ver·ná·cu·lo, la [ber.ná.ku.lo, -.la; ber.-] 形 その土地[国]固有の，土着の. lengua *vernácula* 土地言葉，現地語.

ver·nal [ber.nál; ber.-] 形《文章語》春の，春めいた，春のような. equinoccio ~ 春分.

ver·nier [ber.njér; ber.-] 男《技》副尺，バーニヤ (= nonio). [発明者のフランス人数学者 Pierre Vernier の名から]

ver·nis·sa·ge [ber.ni.sáʒ; ber.-] 《仏》男 ベルニサージュ：美術展の一般公開に先立つ特別招待.

ve·ro [bé.ro; bé.-] 男 **1**《動》クロテン(の毛皮). **2**《複数で》《紋》ベア：毛皮模様の一つ.

ve·ro·nal [be.ro.nál; ber.-] 男《薬》《商標》ベロナール：催眠·鎮痛薬.

ve·ro·nés, ne·sa [be.ro.nés, -.né.sa; ber.-] 形(イタリア北部の)ベローナ Verona の. ━ 男女 ベローナの住民[出身者].

ve·ró·ni·ca [be.ró.ni.ka; be.-] 女 **1**《植》ベロニカ，クワガタソウ. **2**《闘牛》(闘牛士が)カパを両手で広げて牛の突進を待つこと. **3** [V-]《宗》《美》ベロニカの聖顔布 (= paño de la V~)：ゴルゴタの丘へ引かれるキリストの顔を聖女ベロニカがぬぐうとキリストの顔の像が残ったという布.

verónica (ベロニカ)

*ve·ro·sí·mil [be.ro.sí.mil; be.-] 形 本当らしい，ありそうな，信憑(ᵘᵉ⁾)性のある. relato ~ 信憑性のある話.
[← 《古 スペイン》*verisímil* ←《ラ》*vērī-similis* (*vērus*「本当の」+ *similis*「似ている」); 関連 verdad. 《英》*verisimilar*]

ve·ro·si·mi·li·tud [be.ro.si.mi.li.túð; be.-] 女 本当[真実]らしさ，ありそうなこと，信憑(ᵘᵉ⁾)性.

ve·ro·sí·mil·men·te [be.ro.sí.mil.mén.te; be.-] 副 本当らしく；たぶん，おそらく.

ve·rra·co, ca [be.řá.ko, -.ka; be.-] 形《ラ米》(ᵏᵒˡ)有能な，優秀な. ━ 男 **1** 種豚. **2**《美術》(古代の)豚や牛の彫刻. **3**《ラ米》(1)(ᵏᵒˡ)種豚. (2)(ᶜᵘᵇ)野生の豚.

ve·rra·que·ar [be.řa.ke.ár; be.-] 自 **1** (子供が)泣きわめく. **2** がみがみ言う，ぶつぶつ言う.

ve·rra·que·ra [be.řa.ké.ra; be.-] 女 **1**《話》泣きわめくこと. agarrar una ~ 泣きわめく. **2**《ラ米》(1)(ᵈᵃ)《話》酔い，泥酔. (2)(ᵏᵒˡ)困難な状況，争い；わめき声. (3)(ᵏᵒˡ)《話》活力；《俗》性的興奮.

ve·rrion·de·ra [be.řjon.dé.ra; be.-] 女《ラ米》(ᵏᵒˡ)《話》強い不快[怒り].

ve·rrion·dez [be.řjon.déθ; be.- / -.dés] 女 発情(期), さかり.

ve·rrion·do, da [be.řjon.do, -.da; be.-] 形 **1** (動物が)発情(期)の，さかりのついた. **2**《植物が》しなびた. **3**〈野菜などが〉生煮えの.

ve·rrón [be.řón; be.-] 男 → verraco.

ve·rru·ga [be.řú.ga; be.-] 女 **1**《医》いぼ，疣贅(ぜい). **2**《植》いぼ状突起. **3**《話》煩わしい人[こと]，重荷.

ve·rru·go·si·dad [be.řu.go.si.ðáð; be.-] 女 **1** いぼがあること. **2** いぼ.

ve·rru·go·so, sa [be.řu.gó.so, -.sa; be.-] 形 いぼだらけの.

ver·sa·ción [ber.sa.θjón; ber.- / -.sjón] 女《ラ米》(ᘴ)(ᵃ̃ͬᵍ)(ᵘͬ)精通，熟知.

ver·sa·da [ber.sá.ða; ber.-] 女《ラ米》冗漫[退屈]な詩.

ver·sa·do, da [ber.sá.ðo, -.ða; ber.-] 形 **(en...** …に)詳しい，熟知した，精通した. ~ *en* lenguas 語学に熟達した.

ver·sal [ber.sál; ber.-] 形《印》大文字の (= mayúsculo). ━ 女 大文字 (= letra ~).

ver·sa·li·ta [ber.sa.lí.ta; ber.-] 形《印》スモールキャピタル体の活字の. ━ 女 スモールキャピタル体(の活字) (= letra ~). ⇒ A, B, C に対する A, B, C.

Ver·sa·lles [ber.sá.jes; ber.- ‖ -.ʎes] 固名 ベルサイユ：パリ南部の都市. ベルサイユ宮殿所在地.

ver·sa·lles·co, ca [ber.sa.jés.ko, -.ka; ber.- ‖ -.ʎés.-] 形 **1** ベルサイユ(風)の. **2**《話》丁重な，優雅な.

ver·sar [ber.sár; ber.-] 自 **1 (sobre...)** (…について)述べる，論じる；〈講演·本などが〉(…を)テーマにする，扱う. **2** (周囲を)巡る，回る. **3**《ラ米》(ᵃ̃ͬᵍ)(⅔)詩を作る. (2)(ᵘͬ)雑談する.

ver·sá·til [ber.sá.til; ber.-] 形 **1** 移り気な，気まぐれな，変わりやすい. **2**《動》〈触角·鳥の足指が〉反転性の. **3**《技》用途の広い，汎用(性)の，万能の.

ver·sa·ti·li·dad [ber.sa.ti.li.ðáð; ber.-] 女 **1** 気まぐれ，移り気，定見のなさ. **2**《動》(触角·鳥の足指の)反転性. **3** 万能性.

ver·se·ar [ber.se.ár; ber.-] 自《話》詩を作る. ━ 他《ラ米》(⅔)《話》だまし取る.

ver·se·ci·llo [ber.- ‖ -.θí.jo; ber.- ‖ -.ʎo / -.sí.-] 男 *verso*[1] + 縮小辞.

ver·sí·cu·la [ber.sí.ku.la; ber.-] 女 (教会の)聖歌集の収納架[書棚].

ver·sí·cu·la·rio [ber.si.ku.lá.rjo; ber.-] 男 **1** 聖句を唱える人. **2** 聖歌集管理者.

ver·sí·cu·lo [ber.sí.ku.lo; ber.-] 男 **1** (聖書·祈禱(₅ぅ)書·コーランなどの)節. **2** 唱和[交誦]の短句.

ver·si·fi·ca·ción [ber.si.fi.ka.θjón; ƀer.- / -sjón] 囡 作詩, 韻文化, 韻文表記.

ver·si·fi·ca·dor, do·ra [ber.si.fi.ka.đór, -.đó.ra; ƀer.-] 男囡 作詩家, 詩[韻文]を作る人.

ver·si·fi·can·te [ber.si.fi.kán.te; ƀer.-] 形 作詩の, 韻文にする.

ver·si·fi·car [ber.si.fi.kár; ƀer.-] 自 詩を書く, 作詩する.
── 他 詩[韻文]で表現する, 韻文の形にする.

***ver·sión** [ber.sjón; ƀer.-] 囡 **1** 解釈, 見解, 説明. dar dos *versiones* de un suceso ある事件についての2つの見方を示す. **2** 作り替えたもの, ...版; 翻案, 脚色; 編曲. ~ original オリジナル版. **3** 翻訳, 訳文, 訳書. ~ inglesa del Quijote ドン・キホーテの英語版.

ver·sio·nar [ber.sjo.nár; ƀer.-] 他 …の新しい版[バージョン]を作る.

ver·sis·ta [ber.sís.ta; ƀer.-] 男囡 作詩者；へぼ詩人.

***ver·so** [bér.so; ƀér.-] 男 **1** 詩, 詩句, 韻文；詩歌. ~ blanco [suelto] 無韻詩. ~ libre 自由詩. comedia en ~ 韻文劇. hacer [escribir] ~s 詩を書く. ▶「散文」は prosa. **2** 詩の1行. un poema de veinte ~s 20行の詩. **3** (聖書, 祈禱[きとう]書, コーランなどの) 節 (= versículo). **4** 《ラ米》《ラプラタ》誇張, うそ.
echar verso 《ラ米》《ラプラタ》《話》無駄話をする, だべる.
[←[ラ]*versum* (*versus*の対格)「あぜ, 列, (文字の)行；詩」；原義は「鋤[すき]の方向転換」；*vertere*「向きを変える」(→ verter) より派生. 関連 versión, versículo, versátil. [英]*verse*]

ver·so, sa [bér.so, -.sa; ƀér.-] 形 裏ページの.
── 男 裏ページ (↔recto).
folio verso (1枚の紙の) 裏, 裏ページ.
seno verso 《数》 (三角法の) 正矢[せいし].

ver·so·la·ri [ber.so.lá.ri; ƀer.-] 男 (バスク・アラゴン地方の) 即興詩人.

ver·sus [bér.sus; ƀér.-] [ラ] 前 …対…, …に対する.

vér·te·bra [bér.te.ƀra; ƀér.-] 囡 《解剖》脊椎[せきつい](骨).

ver·te·bra·ción [ber.te.ƀra.θjón; ƀer.- / -sjón] 囡 (理論などの) 骨組み, 一貫性.

ver·te·bra·do, da [ber.te.ƀrá.đo, -.đa; ƀer.-] 形 脊椎[せきつい]動物の, 脊椎動物に属する.
── 男 《動》脊椎動物.

ver·te·bra·dor, do·ra [ber.te.ƀra.đór, -.đó.ra; ƀer.-] 形 中軸の, 中核の.

***ver·te·bral** [ber.te.ƀrál; ƀer.-] 形 **脊椎[せきつい]**(骨)の. columna ~ 脊柱. discos ~es 椎間板.

ver·te·brar [ber.te.ƀrár; ƀer.-] 他 (理論などに) 一貫性[骨格]を持たせる.

ver·te·de·ra [ber.te.đé.ra; ƀer.-] 囡 (鋤[すき]の) 撥土[はつど]板.

ver·te·de·ro [ber.te.đé.ro; ƀer.-] 男 **1** (あふれた水の) 流出[排水]口, 放水路.
2 (土砂・塵芥[じんかい]などの) 捨て場, ごみ捨て場. ~ de basuras ごみ捨て場；(流しの排水口の) ディスポーザー. **3** 《ラ米》《プエルトリコ》傾斜地, 斜面, 崖[がけ].

ver·te·dor, do·ra [ber.te.đór, -.đó.ra; ƀer.-] 形 流す, 注ぐ. ── 男 **1** ~ = vertedero 1. **2** 《海》あかくみ, あかすくい. **3** (店で量り売りに使う) 小型シャベル.

***ver·ter** [ber.tér; ƀer.-] 12 他 **1** 注ぐ, つぐ, あける, 流し込む；(容器を) 傾ける. ~ agua en un vaso コップに水をつぐ.
2 こぼす, まき散らす；〈涙・血などを〉あふれさせる, 流す. ~ el vino en el mantel ワインをテーブルクロスにこぼす. ~ lágrimas 涙を流す.
3 《a... / en... …に》訳す, 翻訳する. ~ *al* japonés una novela chilena チリの小説を日本語に訳す.
4 述べる, 言う, 浴びせる.
── 自 《a... / en... …に》流れ込む, 注ぐ. El Ebro *vierte al* mar Mediterráneo. エブロ川は地中海に注ぐ.
── ~·**se** 再 **1** こぼれる, あふれる.
2 流れる, 流れ込む.
[←[ラ]*vertere*「回す, 向ける」；関連 verso, vertiente, vertical, vértigo, vértebra, divertir. [英]*divert*]

***ver·ti·cal** [ber.ti.kál; ƀer.-] 形 **垂直の**, 鉛直の；直立した (↔horizontal). líneas ~es 垂直線. en posición ~ 直立して.
── 囡 《数》垂直線.
── 男 《天文》鉛直圏：天頂を通る天球上の大円.
[←[後ラ]*verticālis* 形「頂上に向かう」が原義；[ラ] *vertex*「うず」より派生. 関連 verter. [英]*vertical*]

ver·ti·ca·li·dad [ber.ti.ka.li.đáđ; ƀer.-] 囡 垂直(性), 直立.

ver·ti·ca·lis·mo [ber.ti.ka.lís.mo; ƀer.-] 男 縦構造, 階級組織.

ver·ti·ca·li·za·ción [ber.ti.ka.li.θa.θjón; ƀer.- / -.sa.sjón] 囡 階級組織.

ver·ti·cal·men·te [ber.ti.kál.mén.te; ƀer.-] 副 垂直に, 縦に.

vér·ti·ce [bér.ti.θe; ƀér.- / -.se] 男 **1** 《数》 (角などの) 頂点. **2** 《解剖》頭頂, 頭蓋[ずがい]頂点.

ver·ti·ci·dad [ber.ti.θi.đáđ; ƀer.- / -.si.-] 囡 可動性, 機動性.

ver·ti·ci·la·do, da [ber.ti.θi.lá.đo, -.đa; ƀer.- / -.si.-] 形 《植》輪生の.

ver·ti·ci·lo [ber.ti.θí.lo; ƀer.- / -.si.-] 男 《植》輪生.

ver·ti·do [ber.tí.đo; ƀer.-] 男 (ごみなどを) 捨てること；投棄[物], 廃棄[物]；(液体などを) こぼす「撒き散らす」こと.

***ver·tien·te** [ber.tjén.te; ƀer.-] 囡 **1** 斜面. en la ~ sur de la montaña 山の南斜面に. **2** (屋根の) 傾斜(面). **3** (ものごと・問題の) 側面, 観点. **4** 《ラ米》《アンデス》《チリ》《ラプラタ》泉, 水源.

ver·ti·gi·no·sa·men·te [ber.ti.xi.nó.sa.mén.te; ƀer.-] 副 目まぐるしく, 速く. subir el precio ~ 価格が急騰する.

ver·ti·gi·no·si·dad [ber.ti.xi.no.si.đáđ; ƀer.-] 囡 目まぐるしさ, 非常に速いこと.

ver·ti·gi·no·so, sa [ber.ti.xi.nó.so, -.sa; ƀer.-] 形 **1** 目まいがする, 目がくらむ. **2** 速い, 俊敏な.

***vér·ti·go** [bér.ti.go; ƀér.-] 男 **1** めまい, 眩暈[げんうん], くらくらすること. La altura me da ~. 高い所にいるとくらくらする. tener ~ めまいがする.
2 意識の混乱, (目がくらむほどの) 驚き. dejarse envolver en el ~ de las fiestas パーティー続きで目が回る.
3 目まぐるしさ, あわただしさ. **4** 逆上, 狂乱.
de vértigo ものすごい. con una velocidad *de* ~ すさまじいスピードで. una actividad *de* ~ 目覚ましい活動.
[←[ラ]*vertīgō*「回転；めまい」；*vertere*「向きを変える, 回転する」(→ verter) より派生. 関連 vertiginoso. [英]*vertigo*]

ver·ti·mien·to [ber.ti.mjén.to; ber.-] 男 **1** 注ぐこと. **2** こぼすこと, 流出.

ve·sa·nia [be.sá.nja; be.-] 女 **1** 《医》精神障害［錯乱］. **2** 激怒, 激怒.

ve·sá·ni·co, ca [be.sá.ni.ko, -.ka; be.-] 形 **1** 精神錯乱の. **2** 激怒した, 憤激の.
— 男 《医》精神障害者.

ve·si·cal [be.si.kál; be.-] 形 《解剖》膀胱(ぼう)の; 嚢(のう)の.

ve·si·can·te [be.si.kán.te; be.-] / **ve·si·ca·to·rio, ria** [be.si.ka.tó.rjo, -.rja; be.-] 形 水疱(すいほう)を生じさせる; 発疱性の; 糜爛(びらん)性毒ガスの.
— 男 発疱薬.

ve·sí·cu·la [be.sí.ku.la; be.-] 女 **1** 小胞, 小嚢(のう). 〜 biliar 《解剖》胆嚢. **2** 小水疱(ほう), 小液疱. **3** 《植》浮胞, 気胞.

ve·si·cu·lar [be.si.ku.lár; be.-] 形 小嚢(のう)(性)の, 小胞(性)の, 小胞を有する.

ves·pa·sia·na [bes.pa.sjá.na; be.-] 女 《ラ米》(うらない)男子用共同小便所. [←《仏》*vespasienne*]

ves·pe·ral [bes.pe.rál; be.-] 男 《カト》晩課集, 晩禱(ばんとう)書.

vés·pe·ro [bés.pe.ro; bés.-] 男 宵の明星; 夕暮れ(時).

ves·per·ti·lio [bes.per.tí.ljo; be.-] 男 《動》コウモリ (= *murciélago*).

ves·per·ti·no, na [bes.per.tí.no, -.na; bes.-] 形 夕方の, 夕暮れの. *estrella vespertina* / *lucero* 〜 宵の明星. — 男 夕刊紙 (= *diario* 〜).

ves·pi·no [bes.pí.no; bes.-] 男 (または女) 《商標》ミニバイク.

Ves·pu·cio [bes.pú.θjo; bes.- / -.sjo] 固名 ベスプッチ *Américo* 〜 (1454-1512): イタリアの航海者. ♦「アメリカ (大陸)」は彼の名に由来. → *América* 語源.

ves·re [bés.ře; bés.-] 男 《ラ米》(らプラタ)逆ことば. 〜 *revés* を逆転させた語. *café* を *feca* とするなど.

Ves·ta [bés.ta; bés.-] 固名 **1** 《ロ神》ベスタ: かまどの火を司(つかさど)る女神. **2** (火星と木星の軌道間に存在する) 第4番目の小惑星.

ves·tal [bes.tál; bes.-] 形 女神ベスタの; 女神ベスタに仕える巫女(みこ)の.
— 女 女神ベスタに仕える巫女[処女]; 貞女.

ves·te [bés.te; bés.-] 女 《詩》衣, 衣服.

*ves·tí·bu·lo [bes.tí.bu.lo; bes.-] 男 **1** ホール, ロビー; 玄関, 入り口. **2** 《解剖》前庭. 〜 *del oído* 内耳の迷路前庭.

**ves·ti·do, da [bes.tí.ðo, -.ða; bes.-] 形 《名詞+》(*estar*+) 衣服を着た. *La Maja Vestida*『着衣のマハ』(Goya の絵). *estar bien* 〜 きちんとした[立派な] 身なりをしている. *ir* 〜 *de luto* 喪服を着ている. *una señora vestida con (un) traje azul* 青いスーツを着た婦人. *jóvenes vestidas con sus mejores galas* 着飾った若い女性たち. *Yo fui a la fiesta* 〜 *de torero.* 僕は闘牛士の格好をしてパーティーに行った.
— 男 **1** ドレス, ワンピース. 〜 *de noche* イブニングドレス. 〜 *cerrado* ロープモンタント (襟ぐりのラインが首の付け根より高い服). 〜 *escotado* ロープデコルテ. 〜 *tubo* シースドレス (体にぴったりしたベルトなしのドレス). 〜 *de premamá [embarazada, maternidad]* マタニティドレス. 〜 *de novia* ウェディングドレス. *Hoy me voy a poner un* 〜 *rosa.* 今日はピンクのドレスを着ます. *Lleva un* 〜 *largo.* 彼女はロングドレスを着ている. **2** 衣服, 衣類; (洋服の) ひとそろい. → *traje*. 〜 *de etiqueta [ceremonia]* 礼装, 礼服. *Los primitivos utilizaban la piel de los animales para sus* 〜*s.* 原始人は動物の毛皮を衣服として利用していた. **3** 《集合的で》衣装, 服装. *la historia del* 〜 服装史. 《ラ米》《プエルトリコ》(ニカ)水着. (2) 〜 *de baño* 《ラ米》(プエルトリコ)(ニカ)水着.

ves·ti·dor [bes.ti.ðór; bes.-] 男 更衣室.

ves·ti·du·ra [bes.ti.ðú.ra; bes.-] 女 《主に複数で》**1** 《文章語》衣服, 服 (= *vestido*). **2** 礼服; 《カト》祭服.
rasgarse las vestiduras 《話》(いい人ぶって) つまらないことに大騒ぎをする.

ves·tier [bes.tjér; be.-] 男 《ラ米》(プエルトリコ)更衣室.

*ves·ti·gio [bes.tí.xjo; bes.-] 男 **1** 跡, 痕跡(こんせき), 形跡; 思い出. **2** 《複数で》遺物, 遺跡. *los* 〜*s de una civilización primitiva* 原始文明の遺跡.

ves·ti·glo [bes.tí.glo; bes.-] 男 《まれ》化け物.

ves·ti·men·ta [bes.ti.mén.ta; bes.-] 女 **1** 服, 服装. 〜 *ridícula* こっけいな服. *Llevaba una* 〜 *extraña.* 彼[彼女]は妙な服を着ていた.
2 《複数で》《カト》祭服.

ves·tir [bes.tír; bes.-] ① 他 **1 〈人に〉服を着せる. *Ella está vistiendo a su hijo.* 彼女は子供に服を着せているところです.
2 〈人に〉服をあつらえる; 服を支給する. *Lo viste un buen sastre.* いい仕立屋が彼の服を作っている.
3 〈服を〉身にまとう; 着ている. *La modelo vestía un vestido de fiesta.* そのモデルは盛装用のドレスを身に着けていた.
4 《*de*...》(1) 〈人に〉《...を》着せる, 装わせる; 《...の》格好をさせる. *Su madre la vistió de novia.* 母親は彼女に花嫁衣装を着せた. (2) 《文章語》《感情などを》隠す; 装う. *Vestía de prudencia su cobardía.* 慎重さは彼[彼女] (ら) の臆病さを隠すものだった.
5 《文章語》《ものなどを》装飾する. 〈いす・ソファーに〉覆いをかける;〈壁を〉覆う, 覆う, 装飾する.
— 自 **1** 服を着る[着ている]; 身仕度を整える. *saber* 〜 うまい着こなしができる. *Todavía estoy sin* 〜. 私は身仕度が済んでいない. *Ha abierto la puerta a medio* 〜. 彼[彼女]は着替え途中でドアを開けた.
2 《*de*... ...》〈...を〉着る, 身に着ける. 〜 *de luto* 喪服を着る; 喪に服す. *Él vestía de sport.* 彼の格好はカジュアルだった. ▶ 再帰代名詞を伴って用いられることもある. → 再 **2**.
3 《話》...が威力を持つ;〈色・服などが〉映える, 上品に見える. *el título que creen que viste mucho* 箔がつくと思われている肩書き.
— 〜*.se* 再 **1** 服を着る, 身支度する. *Espera un poco, que me visto en cinco minutos.* ちょっと待って, 5分で用意するから.
2 《*de*...》《...を》着る, 装う, 《...の》格好をする. 〜*se de fiesta [gala]* 盛装する. *¿De qué te vas a* 〜? 君はどんなものを着るの.
3 服を買う. *Yo siempre me visto en aquella tienda.* 私はいつもあの店で服を買います. **4** 《文章語》《*de*... *con*... ...で》覆われる (= *cubrirse*).
5 (病気から) 回復する; 床上げする.
— 男 着こなし.
de vestir 正装[盛装]用の, 上品な. *Quiero un traje un poco más de* 〜. 私はもう少しフォーマルな服がほしい.
el mismo que viste y calza 《話》《名前を確認して》まさにその人だ. *¿Os referíais a Juan?—El*

mismo que viste y calza. 君たちはファンのことを言っていたのかい．一さに図星だよ．
[←[ラ]*vestire*(*vestis*「衣服」より派生)；[関連] vestido, vestimenta, desvestir, revestir. [英] vest, vestment「衣服」．[日] ベスト]

ves.tón [bes.tón; ɓes.-] 男《ラ米》(衣)[服飾] 上着，ジャケット．

*__ves.tua.rio__ [bes.twá.rjo; ɓes.-] 男 **1**《集合的》持ち衣装，ワードローブ；【演】舞台[映画の] 衣装；【軍】軍服 (一式). *Tengo que renovar mi 〜.* 私は衣装を新調しなければならない． **2** 衣装部屋；【演】楽屋, 舞台裏． **3** 更衣室, ロッカールーム．

ves.tua.ris.ta [bes.twa.rís.ta; ɓes.-] 男女【映】【演】[TV] 衣装係．

ves.tu.go [bes.tú.go; ɓes.-] 男 オリーブの新芽 [若芽]．

Ve.su.bio [be.sú.ɓjo; ɓe.-] 固名 ベスビオ (山)：イタリア南部の火山．◆西暦79年8月24日の大爆発でポンペイ Pompeya が埋没した．[←[ラ] *Vesuvius*]

ve.ta [bé.ta; ɓé.-] 女 **1** 縞(ら)(目), 帯 (状の層), 縞模様． **2** 石目, 木目． **3** [鉱] 鉱脈． **4** 傾向；気質． **5**《ラ米》綱．

ve.ta.do, da [be.tá.ðo, -.ða; ɓe.-] 形 **1** 拒否権を与えられた． **2** → *veteado*.

ve.tar [be.tár; ɓe.-] 他 拒否する, 拒否権を行使する．

ve.ta.zo [be.tá.θo; -.so] 男《ラ米》(ホラ)むち打ち．

ve.te [bé.te; ɓé.-] 活 → *irse*.

ve.te.a.da [be.te.á.ða; ɓe.-] 女《ラ米》(ホラ)むち打ち．

ve.te.a.do, da [be.te.á.ðo, -.ða; ɓe.-] 形 縞(ら)目 (模様)のある；木目[石目]のある． *mármol rojo veteado [en] blanco* 白い縞目の入った赤大理石．
— 男《集合的》縞目 (模様), 木目, 石目．

ve.te.ar [be.te.ár; ɓe.-] 他 **1** 縞(ら)目 (模様)をつける；木目[石目]をつける． **2**《ラ米》(ホラ)鞭(ら)打つ．

ve.te.ra.ní.a [be.te.ra.ní.a; ɓe.-] 女 **1** 熟練, 老練． **2** 古参, 先輩 (であること), 年功． *La veteranía es un grado.*《話》経験がものをいう；軍隊では経験が経験だ．

*__ve.te.ra.no, na__ [be.te.rá.no, -.na; ɓe.-] 形 老練な, 老巧な, ベテランの；歴戦の． *un soldado 〜* 歴戦の兵士． *un periodista 〜* ベテラン記者．
— 男女 **1** 古参兵, 老兵． **2** 熟練者, ベテラン． **3**《ラ米》(ホラ)(ホラ)(ポッ)(ホェ)老人．
[←[ラ] *veteranum* (*veterānus* の対格)「古参兵」(*vetus*「古い」より派生)；[関連] vetusto, viejo. [英] *veteran*]

ve.te.ri.na.rio, ria [be.te.ri.ná.rjo, -.rja; ɓe.-] 形 獣医 (学)の．— 男女 獣医．
— 女 獣医学 (= *medicina veterinaria*).

ve.ti.ses.ga.do, da [be.ti.ses.gá.ðo, -.ða; ɓe.-] 形 斜めに縞(ら)の入った, 斜め縞模様の．

ve.to [bé.to; ɓé.-] 男 **1** 拒否権 (= *derecho de [a] 〜*). *poner el 〜* 拒否する；拒否権を行使する． **2** 禁止．

ve.tón, to.na [be.tón, -.tó.na; ɓe.-] 形 ベトン人の．— 男女 (前ローマ時代にイベリア半島中央部に住んでいた) ベトン人．

ve.tus.tez [be.tus.téθ; ɓe.- / -.tés] 女 古さ, 古色；老齢；老朽化．

ve.tus.to, ta [be.tús.to, -.ta; ɓe.-] 形 非常に古い, 古びた；老齢の．

ve.xi.lo.lo.gí.a [bek.si.lo.lo.xí.a; ɓek.-] 女 軍旗研究．

ve.xi.lo.ló.gi.co, ca [bek.si.lo.ló.xi.ko, -.ka; ɓek.-] 形 軍旗研究の．

****vez** [béθ; ɓéθ / bés; ɓés] 女《複 veces》**1** 回, 度. *demasiadas veces* あまりに頻繁に. *dos veces a la semana* 週に2度. *las más [la mayoría] de las veces* たいてい, ほとんどいつも, ふつうは. *más de una vez* 何度ならずも. *muchas veces* 何度も；しばしば. *pocas [raras, contadas] veces* まれに. *repetidas [infinitas, miles de] veces* / *una (vez) y otra vez* 何度も, 何度も, 繰り返し. *tal cual vez* まれに. *tres veces seguidas* 3回続けて. *una vez más* もう一度. *una vez tras otra* 何度も；数回. *varias veces* 数回. *vez que otra / alguna [una] que otra vez* ときおり；たまに. *¿Cuántas veces has visitado este museo?* 君はこの博物館を何回訪れたことがあるのか. *No he visto ninguna vez esa película.* 私はその映画を一度も見たことがありません. *Cogí el truco a la tercera vez.* 3度目でコツをつかんだ.

2 機会, 順番. *esta vez* 今回は, 今度は. *hablar a su vez* 自分の順になって話す. *llegarle la vez (a+人)*〈人〉に順番がまわってくる,〈人〉の番になる. *perder la vez* 機会を逃す. *Es la segunda vez que leo esta novela.* この小説を読むのは2回目です. *Tengo la vez.* 今度は僕の番だ.

3…倍. *La torre es tres veces más alta que el edificio de al lado.* そのタワーは横にあるビルの3倍の高さだ.

a la vez (que...) (…と) 同時に；一方では．

alguna vez (1) → *a veces*. (2) かつて, これまでに. *¿Has estado alguna vez en Málaga?* 君は今までにマラガに行ったことがあるか (► 経験の意味で現在完了形の疑問文でよく用いられる).

a su vez …は…で. *Luisa buscaba a Paco en el aeropuerto, y Paco, a su vez, la buscaba en la estación.* ルイサは空港でパコを探し, パコはロのルイサを駅で探した.

a [algunas] veces 時に (は), ときどき.

cada vez＋比較級 だんだん, ますます…. *cada vez mejor [peor]* ますますよく [悪く] なって. *Es cada vez más difícil.* それはだんだん難しくなってきている. *Hay cada vez menos oportunidades.* ますますチャンスは減っている.

cada vez que＋直説法・接続法 …するたびに. *Cada vez que abres la boca, es para quejarte.* 君は口を開くと文句だ. *Llámame cada vez que me necesites.* 私が必要になったら, そのたびに電話しなさい (► ＋直説法は内容が現在または過去のとき, ＋接続法は未来のとき).

de una (sola) vez 一気に；一度に, さっさと.

de una vez (para siempre) (この際思い切って) きっぱりと.

de una vez por todas 決定的に.

de vez en cuando ときどき, ときおり.

en vez de… (1) …の代わりに. *Me puso un fax en vez de llamarme.* 彼[彼女]は電話する代わりに私にファックスを送ってきた. (2) …しないで, …するどころか.

Érase una vez ….《物語の出だし》昔々あるところに.

hacer las veces de… …の代わりになる, …の代わりをする.

otra vez もう一度, 再び. *Hizo otra vez el examen, pero lo volvieron a suspender.* 彼は再度試験を受けたがまた落とされた.

otras veces 別のとき［機会］に；以前は、昔は.
por enésima vez 何度も何度も.
por primera vez / *por vez primera* 初めて. Visito esta región *por primera vez* en la vida. 私は生まれて初めてこの地方に来ました.
por última vez 最後に. Fue en 1970 cuando fui a Bilbao *por última vez*. 私が最後にビルバオに行ったのは1970年のことだ.
por una vez 一度（だけ）は、例外的に.
rara vez めったに…しない. Rara vez me visitan. 彼［彼女］らはめったに私のところには来ない.
tal vez＋直説法・接続法 **多分**, おそらく. Tal vez lloverá mañana. 多分明日は雨だろう. Tal vez vengan en coche. もしかすると彼らは車で来るのではないだろうか. Tal vez no venga [vendrá]. 多分, 彼［彼女］は来ないだろう.（▶ ＋直説法の方が話者の確信度が高い. 動詞に後置するときは直説法＋.）⇌ No vendrá *tal vez*. 彼［彼女］は来ないだろう, 多分）. Está enferma, *tal vez* por eso no ha venido. 彼女は病気です. おそらくそれで来なかった.
toda vez que＋直説法《原因・理由》…であるからには, …にかので.
*tomar*le *la vez*（*a*＋人）（人）の先を越す.
una vez 一度；かつて, いつか.
una vez ＋過去分詞 一度…するからには, …したら. Una vez terminada esta tarea, vamos a echar un trago. この仕事が終わったら一杯やろう.
Una vez al año no hace daño.（諺）《言い訳や口実で》たまにならどうってことはない.
una vez que…（1）ひとたび［いったん］…したら.（2）…した後で；…したらすぐに. Una vez que terminó la tarea, salió de compras. 彼［彼女］は仕事をやり終えてしまうとすぐに買い物に出た.
una vez … y otra（*vez*）… 一度［あるときは］…で, また別のときには…. Una vez dice que sí y otra que no. 彼［彼女］はイエスと言ったかと思うと今度はノーと言う（言うことがころころ変わる）.
［← ［ラ］*vicem*（vicis）［単数属格］の対格）「交代, 順番」；関連 vecero, viceversa, vicario, vicisitud. ［スペイン］［英］vice-］

ve·za [bé.θa; bé.-/-.sa] 囡《植》カラスノエンドウ.
ve·zar [be.θár; be.-/-.sár] 97 他 慣らす, 習慣づける（＝avezar）.
v.g(r).《略》*verbi gracia, verbi gratia*［ラ］たとえば.
VHS [u.be.a.tʃe.é.se] 男《略》*video home system*［英］ビデオカセットの規格の一つ.
vi [bí; bi] 活 → ver.
vi- （接頭）vice- の異形. ⇌ *virrey*.
ví·a [bí.a; bí.-] 囡 **1 道, 道路, 通り道. *Vía Apia*（古代ローマの）アッピア街道. *vía* de circunvalación 環状道路. *vía* fluvial 水路. *vía* libre 通行可能. *vía* pública 公道. *vía* romana ローマ街道. *Gran Vía* グラン・ビア（目抜き通り）. una *vía* muy transitada 交通量の多い道路.

2 線路, 軌道,（レールの）軌間；（車道の）車線,（列車の）番線. *vía* ancha 広軌（1668mm.）. ♦ スペイン国内の標準軌間）. *vía* estrecha 狭軌, ナローゲージ. *vía* muerta 引き込み線, 留置線. *vía* normal 標準軌（1435mm.）. *vía* principal 本線. *vía* única [doble] 単［複］線. cruzar las *vías* 線路を渡る. El tren está en la *vía* uno. 列車は1番線にいる.

3（通信・伝達・交通の）**手段**, 方法；経由, 経路. *vía* de acceso（飛行機の）進入路. *vía* de comunicación（陸・海・空の）交通路. *vía* Madrid マドリード経由. *vía* marítima 海上ルート, 海路. *vía* terrestre 陸路. por *vía* ordinaria 普通郵便で. por *vía* satélite 衛星中継で.

4（法的）手段, 手続き. *vías* de hecho《法》暴力行為. *vía* ejecutiva 強制執行, 差し押え. *vía* ordinaria《法》正式手段. *vía* sumaria 略式処分［手続き］. por *vía* oficial 公式ルートで, 公的手段で. recurrir a la *vía* judicial 法的手段に訴える.

5（車輪の）わだち. ancho de la *vía*《車》トレッド（タイヤの走行跡）.

6《解剖》（器官の）管,（管状臓器の）道. *vía* biliar 胆管. *vías* digestivas 消化器官. *vía* aérea / *vías* respiratorias 気管. *vías* urinarias 泌尿器.

7《化》工程, 製法. *vía* húmeda 湿式. *vía* seca 乾式. **8**《宗》（苦行僧・行者に課せられる）3つの行：*vía* iluminativa 啓蒙. *vía* purgativa 浄罪. *vía* unitiva 和合.

dar vía libre a… …に道をあける, 通してやる；…にゴーサインを出す.
de vía estrecha《話》心［度量］の狭い；平凡な.
entrar [*estar*] *en vía muerta* 行き詰まる［行き詰まっている］.
en vías de… …の過程にある, 途上の. países *en vías de* desarrollo 発展途上国.
por vía aérea 航空便で；空路で.
por vía de…（1）…の手段で, …を通じて. *por vía de* sufragios 投票で.（2）…として, …という名目で. *por vía de* ensayo 試みに, 試験的に.
por vía de buen gobierno 政府として；行政府の権限で.
(*por*) *vía interna*《医》内服で；内服用の.
por vía intravenosa《医》静脈注射で.
(*por*) *vía oral*《医》経口による, 口から；経口の.
vía crucis → viacrucis.
vía de agua《海》漏れ口, 浸水穴. abrirse una *vía de agua*（船底などに）穴があく.［←［ラ］*viam*（*vía*の対格）で 関連 viaje, desviar, enviar, vehículo. ［英］*via*「…経由で」］

via·bi·li·dad [bja.bi.li.ðáđ; bja.-] 囡 **1** 実行［実現］の可能性, 実現性.
2（胎児などの）生存［生育］可能性.
via·bi·li·zar [bja.bi.li.θár; bja.-/-.sár] 97 他 実現［実行］可能にする.
via·ble [bjá.ble; bjá.-] 形 **1** 実現［実行］可能な, 実現性のある. **2**（新生児・胎児が）生存能力のある, 生育力のある. **3**（道などが）通行可能な.
via·cru·cis [bja.krú.θis; bja.-/-.sis] 男《単複同形》**1**《カト》（1）十字架の道［道行き］（＝ calvario）. ♦ キリストの受難の14の場面を絵などで表し, 一つ一つに祈りをささげる信心の行.（2）キリストの苦難を表す14の建造物壁面の像.
2 長い苦難, 受難の連続.［［ラ］*via*「道」＋［ラ］*crucis*「十字架の」（*crux* の属格）］
via·da [bjá.ða; bjá.-] 囡 **1**（船の）急発進,（航行中の急激な）加速, スピードアップ. **2**《ラ米》速度.
via·dor [bja.ðór; bja.-] 男《神》生ける者, 人間,（人生の）旅人.
via·duc·to [bja.đúk.to; bja.-] 男 陸橋, 高架橋, 高

via・ja・do, da [bja.xá.ðo, -.ða; bja.-] 形《話》〈人が〉広く旅をした, 旅慣れた.

via・ja・dor, do・ra [bja.xa.ðór, -.ðó.ra; bja.-] 男 女 旅人, 旅行者 (= viajero).

via・jan・te [bja.xán.te; bja.-] 形 旅をする.
— 男 女 外交員, 巡回販売員 (= ~ de comercio).

via・jar [bja.xár; bja.-] 自 1 《por... …を》旅行する, 巡る ;《a... …に》行く, 通う. ~ por varios países さまざまな国を旅する. ~ solo [sola] ひとり旅をする. *He viajado por toda Europa.* 私はヨーロッパ中を巡った. En ese año mi padre *viajó a* Italia para trabajar con ellos. その年に私の父は彼らと一緒に働くためにイタリアに行った.
2〈人・貨物が〉(乗り物で) 移動する, 輸送される. Los niños no deben ~ solos en los ascensores. 子供たちだけでエレベーターに乗るべきではありません. Los libros pedidos van a ~ en avión. 注文の本は航空便で送られます.
3〈乗り物が〉走る. El coche *viajaba* a toda velocidad. 自動車は猛スピードで走っていた.
4《俗》〈麻薬で〉幻覚症状にある, トリップする.
— 他 1《文章語》〈土地を〉巡る. ~ Europa …を売り歩く.

via・ja・zo [bja.xá.θo; bja.- / -.so] 男《ラ米》(1)（[話]）叱責（[しっせき]）. (2)（[話]）鞭（[むち]）打ち. (3)《話》(小) 突くこと.

via・je [bjá.xe; bjá.-] 男 1 旅, 旅行. hacer un ~ por [a]... …を [へ] 旅する. estar de ~ 旅行中である. ir [salir] de ~ 旅に出る. rendir ~ 旅を終える, 終着地に着く. ~ de buena voluntad 親善旅行. ~ redondo 周遊旅行; 往復. ~ de recreo [placer] 保養旅行. ~ de negocios 出張旅行. ~ todo comprendido [organizado] パック旅行. ~ de bodas [novios, luna de miel] 新婚旅行. agencia de ~ 旅行代理店. bolsa [bolso] de ~ 旅行かばん. ¡Buen [Feliz] ~! よい旅を.
2（人や車の）移動. （何かを抱えての）行き来. ~ de ida y vuelta 往復の移動. ~ por la autopista [carretera] 高速道路のドライブ. Tuvo que hacer varios ~s a la lavandería para llevar la ropa. 彼 [彼女] は服を運ぶためクリーニング屋へ何度も足を運ばねばならなかった.
3（一度の移動で可能な）運搬量. un ~ de leña — 回で運べる薪. **4**《俗》（麻薬による）幻覚状態, トリップ. **5**《話》（刃物による）深い切り傷. darse un ~ en el dedo 指に深い切り傷を負う. tirar un ~ a... （刃物で）…に切りつける, …に斬りつける. **6**《話》（人体の）衝突, ぶつかり (= golpe). darse un ~ con... …にぶつかる. **7**《闘牛》（角での）突き. **8**《ラ米》（[ラｍ]）（いちど）度, 回. de un ~ 一度で, 一回で (= de una vez).
— 固 → viajar.
agarrar (un) viaje《ラ米》（[ラｍ]）《話》提案を受け入れる.
echar un viaje a +人《ラ米》（[ラｍ]）《話》〈人〉を怒鳴りつける.
hacer un viaje relámpago a... …を電撃的に訪問する.
Para ese viaje no se necesitan alforjas（結果的に）期待外れである.
último viaje 死出の旅,（人の）死.
[← [カタルーニャ] *viatge* ← [ラ] *viāticum*「旅支度」(*via*「道」より派生)；[関連] viajar, viajante.［仏］*voyage*「旅」.［英］*voyage*「航海」]

via・je・ro, ra [bja.xé.ro, -.ra; bja.-] 男 女 旅人, 旅行者. crónica de un ~ ある旅人の記録.
[類語] 観光客は *turista*, (日帰りの) ハイカーは *excursionista*, 宗教的巡礼者は *peregrino*, 特定の目的を持たない放浪者は *vagabundo*.
2 乗客 (= pasajero). señores ~s 〈乗り物での呼びかけ〉乗客の皆様.
— 形（名詞）旅をする；移動性の. escritor ~ 旅行作家. tener un espíritu ~ 旅心がある；放浪癖がある. ave viajera 渡り鳥.

vial [bjál; bjál] 形 道路の, 交通の, 往来の. fluidez ~ 交通の流れ, 交通量. reglamento ~ 交通規則.
— 男 1《薬》アンプル. 2 並木道.

via・li・dad [bja.li.ðáð; bja.-] 女《集合的》道路（網）；道路の維持管理；道路施設.

vian・da [bján.da; bján.-] 女《主に複数で》1 食べ物；（特に肉・魚などの）料理.
2《ラ米》(1)（[ラｍ]）野菜, 根菜類；（[話]）肉料理につけた野菜. (2)（[話]）弁当；弁当箱.

vian・dan・te [bjan.dán.te; bjan.-] 男 女 通行人；（徒歩での）旅人；放浪者.

via・ra・za [bja.rá.θa; bja.- / -.sa] 女《ラ米》(1) 突然の思いつき. (2)（[話]）（[ラｍ]）（[話]）立腹, かんしゃく. estar con la ~ 虫の居所が悪い.

via・rio, ria [bjá.rjo, -.rja; bjá.-] 形 道路の.

VIASA [bjá.sa; bjá.-] 女《略》*V*enezolana *I*nternacional de *A*vicación, *S*ociedad *A*nónima 旧ベネズエラ国際航空.

via・ti・car [bja.ti.kár; bja.-] 他《カト》臨終者に聖体を授ける.
— 自《ラ米》（[ラｍ]）（[役人が]）公費出張 [旅行] する.

viá・ti・co [bjá.ti.ko; bjá.-] 男 1《カト》臨終者に授けられる聖体の秘跡. 2《史》（古代ローマの）公務旅行 [出張] 用給与. 3《ラ米》公務旅行 [出張] 手当, 日当, 旅費, 外交官の任地への移動諸手当.

ví・bo・ra [bí.ßo.ra; ßí.-] 女 1《動》毒ヘビ；クサリヘビ, マムシ. 2《話》《軽蔑》腹黒い人；毒舌家. 3《ラ米》(1)（[話]）（金を入れる）革帯, 胴巻き. (2)（[*ｍ]）（俗）陰茎.

vi・bo・re・ar [bi.ßo.re.ár; ßi.-] 自《ラ米》(1)（[話]）蛇行する, ジグザグに進む. (2)（[話]）（[話]）批判する.

vi・bo・rez・no [bi.ßo.réθ.no; ßi.- / -.rés.-] 男 毒ヘビの子.

vi・bra・ción [bi.ßra.θjón; ßi.- / -.sjón] 女 1 振動, 震動；揺れ, 震え. ~ de cuerda 弦の振動. período de ~ 振動の周期. ~ acústica 音響振動. ~ de la voz 声の振動.
2《話》《主に複数で》印象, 感じ.
[← [ラ] *vibrātiōnem* (*vibrātiō* の対格；*vibrāre*「振動させる」より派生)；[関連] vibrante, vibratorio.［英］*vibration*]

vi・bra・dor, do・ra [bi.ßra.ðór, -.ðó.ra; ßi.-] 形 振動的である. — 男 1 振動器, バイブレーター. ~ de hormigón コンクリート振動機. 2《俗》（性具の）バイブレーター.

vi・brá・fo・no [bi.ßrá.fo.no; ßi.-] 男《音楽》ビブラフォン.

vi・bran・te [bi.ßrán.te; ßi.-] 形 1 振動 [震動] する, 震える. voz ~ 震え声. 2 感動に打ち震える, 高ぶった；心を震わせるような, 感動的な；感じやすい.
3《音声》顫動（[せん]）音の.
— 女《音声》顫動音, 震え音 (= sonido ~). ~ r, rr.

vi·brar [bi.brár; ƀi.-] 他 揺らす, 震わせる, 振動させる. ━自 **1** 揺れる, 震える, 振動する. **2** 身震いする, 感動する. **3** 鳴り響く, 響きわたる.

vi·brá·til [bi.brá.til; ƀi.-] 形 **1** 《まれ》(一般に) 揺れる, 振動する. **2** 《生物》振動性の, 顫動性の.

vi·bra·to [bi.brá.to; ƀi.-] 〔伊〕男 《音楽》ビブラート.

vi·bra·to·rio, ria [bi.bra.tó.rjo, -.rja; ƀi.-] 形 振動する[させる], 震える; 振動性の. aparato 〜 バイブレーター.

vi·brio [bí.brjo; ƀí.-] 男 《生物》ビブリオ菌. 〜 comma コンマ[コレラ]菌.

vi·brión [bi.brjón; ƀi.-] 男 《生物》ビブリオ(属の各種の細菌).

vi·bri·sa [bi.brí.sa; ƀi.-] 女 《主に複数で》《動》 **1** 触毛, 震毛: 猫のひげなど. **2** (鳥のくちばしの周りにある)ひげ状羽毛.

vi·bur·no [bi.búr.no; ƀi.-] 男 《植》スイカズラ科ガマズミ属の低木.

vi·ca·rí·a [bi.ka.rí.a; ƀi.-] 女 《カト》(1) vicario の職[所管区域]. (2) 助任司祭館.

vi·ca·rial [bi.ka.rjál; ƀi.-] 形 《カト》vicario の.

vi·ca·ria·to [bi.ka.rjá.to; ƀi.-] 男 vicario の職[管区, 任期, 司祭館].

vi·ca·rio, ria [bi.ká.rjo, -.rja; ƀi.-] 形 (宗教上の)代理の. ━男 《カト》(1) 代理者; 教皇[司教]代理. 〜 de Cristo ローマ教皇. El Papa es el 〜 de Jesucristo. 教皇はキリストの代理者である. 〜 general 司教総代理. (2) 助任司祭; 小教区主任司祭. ━女 《カト》(女子修道院の)副院長, 院長代理. *pasar la vicaría por* 《話》結婚する.

vice- 〘接頭〙官職名に付けて「副…, 代理…, 次…」の意. ⇒ *vice*gobernador, *vice*presidente. ► 異形 vi-, viz- [← 〔ラ〕]

vi·ce·al·mi·ran·taz·go [bi.θe.al.mi.ran.táθ.go; ƀi.- / -.se.-.tás.-] 男 副提督[副司令官, 海軍中将]の地位.

vi·ce·al·mi·ran·te [bi.θe.al.mi.rán.te; ƀi.- / -.se.-] 男 副提督, 副司令官, 海軍中将.

vi·ce·can·ci·ller [bi.θe.kan.θi.ʝér; ƀi.- ‖ -.ʎér / -.se.-.si.-] 男 **1** 《カト》(ローマ教皇の顧問・補佐に当たる)枢機卿(᷈). **2** (ドイツなどの)副首相; (大学などの)副総長; 副長官, 次官.

vi·ce·can·ci·lle·rí·a [bi.θe.kan.θi.je.rí.a; ƀi.- ‖ -.ʎe.- / -.se.-.si.-] 女 vicecanciller の職[執務室].

vi·ce·cón·sul [bi.θe.kón.sul; ƀi.- / -.se.-] 男 副領事.

vi·ce·con·su·la·do [bi.θe.kon.su.lá.đo; ƀi.- / -.se.-] 男 副領事館事, 副領事館.

vi·ce·cris·to [bi.θe.krís.to; ƀi.- / -.se.-] / **vi·ce·diós** [bi.θe.djós; ƀi.- / -.se.-] 男 神の代理者: ローマ教皇やレクトル教団宿などに付される敬称.

vi·ce·di·rec·tor, to·ra [bi.θe.đi.rek.tór, -.tó.ra; ƀi.- / -.se.-] 男 女 副部長[次長, 教頭, 学長].

vi·ce·ge·ren·cia [bi.θe.xe.rén.θja; ƀi.- / -.se.-.sja] 女 副支配人[支配人代理]の職; 副支配人室.

vi·ce·ge·ren·te [bi.θe.xe.rén.te; ƀi.- / -.se.-] 男 女 副支配人, 支配人代理.

vi·ce·go·ber·na·dor, do·ra [bi.θe.go.ƀer.na.đór, -.đó.ra; ƀi.- / -.se.-] 男 女 副総督; 副知事.

vi·ce·mi·nis·tro, tra [bi.θe.mi.nís.tro, -.tra; ƀi.- / -.se.-] 男 女 副大臣.

vi·ce·nal [bi.θe.nál; ƀi.- / -.se.-] 形 20年ごとの; 20年続く, 20年間の.

Vi·cen·te [bi.θén.te; ƀi.- / -.sén.-] 固名 **1** 《聖》 San 〜 聖ビンセンチウス(?-304):スペインの殉教者. ビドウ作の守護聖人. **2** ビセンテ Gil 〜 (1465?-1536?):ポルトガルの詩人・劇作家. **3** ビセンテ:男子の洗礼名. *¿Dónde va Vicente? Donde va la gente.* 《諺》どこへ行くビセンテ, 皆が行くところへ(大勢(ぜい)に逆らわないように生きている).
[← 〔後ラ〕*vincentem* (*vincēns* の対格; 〔ラ〕*vincere* 「勝つ」の現在分詞より派生;「勝利する(人)」が原義); 関連 〔ポルトガル〕*Vicente*. 〔仏〕〔英〕*Vincent*. 〔伊〕*Vincenzo*. 〔独〕*Vinzenz*]

vi·ce·pre·si·den·cia [bi.θe.pre.si.đén.θja; ƀi.- / -.se.-.sja] 女 vicepresidente の地位[職].

vi·ce·pre·si·den·te, ta [bi.θe.pre.si.đén.te, -.ta; ƀi.-] 男 女 副大統領, 副首相, 副議長, 副会長, 副総裁.

vi·ce·pri·mer, me·ra [bi.θe.pri.mér, -.mé.ra; ƀi.-] 形 副首相の. 〜 ministro 副首相.

vi·ce·pro·vin·cia [bi.θe.pro.ƀín.θja; ƀi.- / -.se.-.sja] 女 《カト》準管区.

vi·ce·pro·vin·cial [bi.θe.pro.ƀin.θjál; ƀi.- / -.se.-.sjál] 形 準管区の. ━男 準管区長.

vi·ce·rrec·tor, to·ra [bi.θe.r̃ek.tór, -.tó.ra; ƀi.- / -.se.-] 男 女 副学長, 副院長.

vi·ce·se·cre·ta·rí·a [bi.θe.se.kre.ta.rí.a; ƀi.- / -.se.-] 女 vicesecretario の職[執務室].

vi·ce·se·cre·ta·rio, ria [bi.θe.se.kre.tá.rjo, -.rja; ƀi.- / -.se.-] 男 女 副書記(官).

vi·cé·si·ma [bi.θé.si.ma; ƀi.- / -.sé.-] 女 《史》(古代ローマの)二十分の一税.

vi·cé·si·mo, ma [bi.θé.si.mo, -.ma; ƀi.- / -.sé.-] 形 男 ➡ vigésimo.

vi·ce·ti·ple [bi.θe.tí.ple; ƀi.-] 女 《音楽》(ミュージカルなどの)コーラスガール.

vi·ce·ver·sa [bi.θe.ƀér.sa; ƀi.- / -.se.-] *y viceversa* 逆に, 反対に. Lo mío es tuyo, *y* 〜; lo tuyo es mío. 僕のものは君のもの, 君のものは僕のもの. Yo te amaba, *y* 〜. 僕は君を愛していた, そして君も僕を愛していた.
[← 〔ラ〕*viceversā*; *vicis* 女 「交代」の奪格 + *vertere* 「向きを変える」(→ verter)の完了分詞 *versus* の女性奪格]

vi·cha·de·ro [bi.tʃa.đé.ro; ƀi.-] 男 《ラ米》《俗》望楼, 見張りやぐら (= bichadero).

vi·char [bi.tʃár; ƀi.-] / **vi·che·ar** [bi.tʃe.ár; ƀi.-] 他 《ラ米》《俗》監視する, 見張る, うかがう.

vi·cho·co, ca [bi.tʃó.ko, -.ka; ƀi.-] 形 《ラ米》(ぢ)(ぢ)《話》老いた, よぼよぼの, 役に立たない.

vi·chy [bi.tʃi; ƀí.-] 〔仏〕男 ヴィシー織り: 縞(؟)・格子柄の平織り綿布.

vi·chys·soise [bi.tʃi.swá(s); ƀi.- ‖ -.ʃi.-] 〔仏〕 女 ビシソワーズ: ジャガイモ・ポロネギ・クリームの冷製スープ.

vi·cia [bí.θja; ƀí.- / -.sja] 女 《植》カラスノエンドウ.

vi·cia·do, da [bi.θjá.đo, -.đa; ƀi.- / -.sjá.-] 形 **1** 〈空気が〉濁った, よどんだ. **2** 堕落した. **3** 無効の.

vi·ciar [bi.θjár; ƀi.- / -.sjár] 82 他 **1** 堕落させる, だめにする. *Viciará* al niño con tantos mimos. あんなに甘やかしては子供が駄目になる. **2** 《法》(法的に)無効にする. error que *vicia* un contrato 契約書が無効になる(ほどの)ミス. **3** 改竄(ざん)する, 歪曲(ねど)する, 偽造する. **4** 変形させる, 〈材木などを〉反らせる, ねじる, 曲げる. **5** 〈空気を〉汚す, 汚染する.
━〜·se 再 **1** 堕落する; 《con...〈悪習〉に》染まる, ふける. **2** だめになる, 台無しになる. **3** 変形する,

ゆがむ, 反る, ねじれる. **4** 汚れる, 汚染される.

vi・cio [bí.θjo; ƀí.- / -.sjo] 男 **1** 悪癖；悪徳 (↔virtud), 不道徳. antro de ~ 悪徳の巣. Fumar es un ~. 喫煙は悪習だ. Tiene el ~ de comerse las uñas. 彼(女)には爪(ネ)をかむ悪い癖がある. Contra el ~ de pedir hay la virtud de no dar. 《諺》物を乞うという悪徳には与えぬという美徳で体よく断るとよい(用いる). **2** 欠陥, 欠点；間違い；《法》(書類などの) 不備. ~ de fabricación 製造上の欠陥. ~ de forma《法》形式《書式》上の不備. ~ de dicción 言葉の誤り. ~s ocultos《法》(契約時に気づかれなかった) 隠れた欠陥. **3** ゆがみ, 反り, 曲がり. La ventana ha cogido ~. 窓枠がゆがんでしまった. **4** (子供の) 甘やかし. Crían a sus hijos con mucho ~. 彼らは子供を甘やかして育てている. **5** (植物の) 繁りすぎ. *de vicio* 《話》(1) とてもよい(よく). Estos dulces están *de* ~. このお菓子は癖になるおいしさだ. (2) 理由もなく. llorar *de* ~ 訳もなく泣く. *estar de vicio* 《ラ米》《話》何もせずにぶらぶらする. *jugar vicio* 《ラ米》《話》金を賭(か)けないで遊ぶ. [←《ラ》*vitium* 「欠点, 過失；悪徳」;【関連】vicioso. [英]*vice*]

vi・cio・sa・men・te [bi.θjó.sa.mén.te; ƀi.- / -.sjó.-] 副 悪癖に染まって；誤って.

vi・cio・so, sa [bi.θjó.so, -.sa; ƀi.- / -.sjó.-] 形 **1** 悪癖に染まった, 悪習の；不道徳, 不純な；甘やかされた. **2** 誤り[欠陥]のある, 不備な, 不完全な. una locución *viciosa* 正しくない言い回し. **3** (植物が) 茂り[伸び]すぎて, よく茂った. — 男 女 (軽蔑) **1** 悪習[悪癖]のある人, 耽溺(たんできる)者, 常習者. **2** 放蕩(ほうとう)者, 身持ちの悪い人.

vi・ci・si・tud [bi.θi.si.túð; ƀi.- / -.si.-] 女 (主に複数で) 有為転変, 浮き沈み；逆境. las ~*es* de la vida 人生の浮き沈み.

víc・ti・ma [bík.ti.ma; ƀík.-] 女 **1** 犠牲(者)；被害者, 罹災(りさい)者；えじき. ser la ~ *de*... …の犠牲[えじき]になる. Hubo cuatro ~s en el accidente. 事故で 4 人の犠牲者が出た. La ciudad ha sido ~ de dos bombardeos. 町は 2 度の爆撃に見舞われた. **2** いけにえ. sacrificar ~ いけにえを捧げる. *hacerse la víctima* 《話》被害者づらをする. *víctima propiciatoria* 神の怒りを鎮めるいけにえ. [←《ラ》*victimam* (*víctima* の対格)「(神にささげる) いけにえ」;【関連】[英]*victim*]

vic・ti・mar [bik.ti.már; ƀik.-] 他 《ラ米》殺害する.

vic・ti・ma・rio [bik.ti.má.rjo; ƀik.-] 男 **1** (いけにえの儀式の) 介添人. **2** 加害者. **3** 《ラ米》殺害者.

vic・ti・mis・mo [bik.ti.mís.mo; ƀik.-] 男 被害者意識.

vic・ti・mis・ta [bik.ti.mís.ta; ƀik.-] 形 被害者意識の (を持った). — 男 女 被害者意識を持った人.

vic・to [bík.to; ƀík.-] 男 日々の糧.

¡Víc・tor! [bík.tor; ƀík.-] 間投 ブラボー, 万歳, いいぞ.

vic・to・re・ar [bik.to.re.ár; ƀik.-] 他 → vitorear.

vic・to・ria [bik.tó.rja; ƀik.-] 女 **1** 勝利, 戦勝 (↔derrota)；優勝. ~ aplastante [rotunda] 圧勝, 完勝. ~ holgada 楽勝. ~ pírrica ピュロスの勝利 (多大な犠牲を払って得た勝利). alcanzar [conseguir] una [la] ~ *en*... …で勝利を収める. ¡*V*~! 万歳, やったぞ. **2** (二頭だての) 幌(ほろ)付き 2 座席 4 輪馬車. **3** [*V*-]《ロ神》ビクトリア；勝利の女神. ギリシア神話の Niké に当たる. *cantar victoria* 勝利に酔いしれる, 凱歌(がいか)をあげる. *victoria regia*《植》オオオニバス. [←《ラ》*victōriam* (*victōria*「勝利(の女神)」の対格;【関連】victor, victorioso, vítor, vencer. [英]*victory*]

vic・to・ria・no, na [bik.to.rjá.no, -.na; ƀik.-] 形 (英国の) ビクトリア女王(時代) (1837-1901) の, ビクトリア朝の.

vic・to・ri・no [bik.to.rí.no; ƀik.-] 男 Victorino Martín 種の闘牛.

vic・to・rio・sa・men・te [bik.to.rjó.sa.mén.te; ƀik.-] 副 勝ち誇って, 意気揚々と；成功裏に.

vic・to・rio・so, sa [bik.to.rjó.so, -.sa; ƀik.-] 形 勝利の, 勝利した；勝ち誇った. ejército ~ 凱旋軍. batalla *victoriosa* 勝ち戦.

vic・tro・la [bik.tró.la; ƀik.-] 女 《ラ米》《商標》蓄音機.

vi・cu・ña [bi.kú.ɲa; ƀi.-] 女 **1**【動】ビクーニャ：Andes 山中の高地に生息するラクダ科の動物. ~ camélidos. **2** ビクーニャの毛 (織物). [←《ケチュア》*vicunna*]

vicuña (ビクーニャ)

vid [bíð; ƀíð] 女【植】ブドウ (の木). → uva. [←《ラ》*vītis*;【関連】vitícola, viticultura. [英]*withe*]

vid. (略)*vide*《ラ》参照 (せよ).

vi・da [bí.ða; ƀí.-] 女 **1** 生命, 命；生. costarle la ~ (a + 人) (人) の命をささげる. dar la ~ *por*... …のために命をささげる. entre la ~ y la muerte 生死の間をさまよって. jugarse la ~ 命を賭(か)ける. pagar con su ~ 命を引き換えにする. perder la ~ (事故などで) 命を落とす. quitar [arrancar, costar] la ~ 命を奪う. quitarse la ~ 自殺する. seguro de ~ 生命保険. si Dios nos da ~ 神のご加護があれば. Mientras hay [haya] ~, hay esperanza. 生きるかぎり希望はある. No corría peligro la ~ del paciente. 患者の命に別状はなかった. No hubo pérdidas de ~s. (事故などで) 死亡者はいなかった. Su ~ está pendiente de un hilo. 彼(女)の命はとても危険な状態だ.

2 一生, 生涯；寿命. ~ de un edificio 建物の寿命. de larga ~ 長持ちのする. durante toda la ~ 生涯を通じて. esperanza de ~ 平均寿命. hora de ~ (製品の) 寿命. para toda la ~ 生涯 [終身] の. un amigo de toda la ~ 生涯 [長い付き合い] の友.

3 生活, 生き方；暮らし, 生計. cambiar de ~ / hacer ~ nueva 生き方を変える, 生活態度を改める. darse buena [la gran] ~ 優雅な暮らしをする, 気楽に暮らす. de mala ~ ふしだらな. ganar(se) la ~ 生計を立てる. hacer ~ ascética 禁欲的な生活をする. hacer ~ común 同居する. hacer ~ *con* + 人 (人) と同棲する. llevar una ~ alegre [modesta, ordenada] 浮かれた [慎ましい, 規律正しい] 生活をする. ~ airada 放蕩(ほうとう)な生活. ~ de perros 惨めな暮らし. ~ de soltero 独身生活. ~ familiar 家庭生活. ~ privada 私生活. ~ sexual 性生活. ~ social 社会生活. modo de ~ 生活様式. mujer de ~ alegre《話》売春婦. nivel de ~ 生活水準. calidad de ~ 生活の質. ¿Qué es de tu ~? その後どうしてる.

4 人生；世間, 世の中；世. la otra ~ / futu-

ra [eterna]あの世. llevar una ~ feliz 幸せな人生を送る. pasar a mejor ~ / partir de esta ~ 他界する. ¡Así es la ~! / ¡Esto (sí que) es la ~! これが人生だ. *La ~ es sueño.*『人の世は夢』(Calderón de la Barca の戯曲).
5 活気；生気, 活力. llenarse de ~ 活気があふれてくる. lleno de ~ はつらつとした；活気がみなぎった. **6**《比喩的》命, 大切なもの[人]；生きがい. ¡La música es toda mi ~! 音楽が私の全てです. ¡Mi ~! / ¡V~ mía! ねえ, おまえ[あなた]. **7**《話》売春 (=mala ~). mujer [chica] de la ~ 売春婦. ser de la ~ 売春婦である. **8** 伝記. **9**《遊》(トランプ) 切り札.

abrirse a la vida 生ずる, 生まれる.
*amargar*le *la vida* (*a*+人)〈人〉を苦しめる, 手を煩わせる.
a vida o muerte 一か八(ばち)かで.
buscarse la vida《話》どうにかやりくりする.
complicarse la vida 身辺を複雑にする. *Mi hijo se complica la ~ metiéndose en problemas de los demás.* 私の息子は他人の問題に首を突っ込んで自分の生活をややこしくしている.
con la vida en un hilo 死に瀕(ひん)して.
*contar*le SU *vida* (*a*+人)《話》〈人〉に煩わしい [関係の] 話をする, 身の上話しをする. *No me cuentes tu ~.* 君のことなど聞きたくもない.
con vida 生きて, 生き残って. *escapar con ~ de un accidente* 事故で九死に一生を得る.
dar la vida a... …に生気[活力]を与える, …を元気づける；…を生き返らせる, …の命を救う.
*dar*le *mala vida* (*a*+人)〈人〉を手荒く扱う；〈人〉を苦しめる, 不幸にする.
dar vida a... 〈子〉を産む,〈人物像など〉を造形[創造]する；…に生命を吹き込む.
dejarse la vida en... 精魂こめて…する；…に精根を使い果たす.
de mi vida《呼びかけ語に後置して》最愛の, いとしい. *hija de mi ~* 私の大事な娘よ；ねえ, おまえ (▶懇願・叱責(しっせき)のときによく使われる).
de por vida 終身(の), 一生(の).
en la [SU] *vida* 終生(の);《かつて》一度も(…ない). *En mi ~ he visto ni oído tal cosa.* こんなことは今まで私は見たことも聞いたこともない. ▶否定の意味になる.
enterrarse en vida 隠遁(いんとん)する.
en vida 生きて；存命中に, 生前に. *estar en ~ se kiteiru.* ~ *de mi padre* 父の存命中に.
*hacer*le (*a*+人) *la vida imposible* 〈人〉を迫害する, 痛めつける.
hacer por la vida《話》食べる.
*ir*le *la vida* (*a*+人) *en...* 〈人〉が…に命を賭(か)ける, …に一生懸命になる. *Le va la ~ en ese negocio.* 彼[彼女]はその取り引きに懸命だ.
media vida 大事なもの, かけがえのないもの. *Daría media ~ por...* 私は…する[を得る]ためならどんな犠牲もいとわない.
meterse en vidas ajenas 他人のことに口を出す.
Mientras dura, vida y dulzura. 生きているうちは楽しくやるに限る(明日は明日の風が吹く).
pasar la vida つましく[どうにかこうにか]暮らす.
pasarse la vida +現分 いつも…している, ずっと…して過ごす. *Se pasa la ~ enorgulleciéndose de su hijo.* 彼[彼女]はいつも息子の自慢ばっかりだ.
*perdonar*le *la vida* (*a*+人)〈人〉を軽蔑[嫌悪]の目で見る.

por SU *vida* / *por vida de ...* …の命にかけて, 誓って.
¡Qué vida ésta!《不満》なんてことだ.
*quitar*le *la vida* (*a*+人)〈人〉の命を奪う；《話》手を焼かせる. *Este niño me quita la ~.* この子には全く世話を焼かされる.
sin vida 死んで, 気を失って.
tener siete vidas (*como los gatos*)《話》丈夫である, しぶとい.
vender cara SU *vida* 倒れるまで戦い抜く, 徹底的に抗戦する；敵に多くの犠牲を与えて死ぬ.
vida y milagros 生き方, 生活態度, 生き様. *Cuéntenos su ~ y milagros.* あなたのことを何もかも私たちに話してください.
[←［ラ］*vitam* (*vita* の対格；*vīvere*「生きる」より派生);［関連]［スペイン]［英] *vital*.［日] ビタミン, バイタリティー]

vi・da・la [bi.ðá.la; ƀi.-] / **vi・da・li・ta** [bi.ða.lí.ta; ƀi.-] 囡《ラ米》(ﾌﾟﾗﾀ川流域) ビダーラ, ビダリータ：愛を歌う哀調を帯びた民謡.

vi・da・rra [bi.ðá.řa; ƀi.-] 囡《植》クレマチスの一種.

vi・de [bí.ðe; ƀí.-]［ラ] 参照(せよ), 見よ (=*véase*)《略 vid., v.》.

vi・den・cia [bi.ðén.θja; ƀi.- / -.sja] 囡 予言力, 透視力.

vi・den・te [bi.ðén.te; ƀi.-] 形 **1** 目の見える. **2** 予言能力のある. ━ 男囡 予言者, 透視術師.

*__**vi・de・o**__ [bí.ðe.o; ƀí.-] / **vi・de・o** [bi.ðé.o; ƀi.-] 男《TV》ビデオ (機器)；ビデオテープ, ビデオカメラ；ビデオ技術. *grabar en ~* ビデオに録画する. *juego de ~* ビデオゲーム.

vi・de・o・a・dic・to, ta [bi.ðe.o.a.ðík.to, -.ta; ƀi.-] 形 テレビゲーム中毒の. ━ 男囡 テレビゲーム中毒.

vi・de・o・a・fi・cio・na・do, da [bi.ðe.o.a.fi.θjo.ná.ðo, -.da; ƀi.- / -.sjo.-] 男囡 ビデオ撮影好き.

vi・de・o・ar・te [bi.ðe.o.ár.te; ƀi.-] 男 ビデオ芸術.

vi・de・o・cá・ma・ra [bi.ðe.o.ká.ma.ra; ƀi.-] 囡 ビデオカメラ.

vi・de・o・ca・se・te [bi.ðe.o.ka.sé.te; ƀi.-] 男 (または囡) ビデオテープ. ▶単に *vídeo* と言うこともある.

vi・de・o・ca・se・te・ra [bi.ðe.o.ka.sé.te.ra; ƀi.-]《ラ米》ビデオデッキ.

vi・de・o・cin・ta [bi.ðe.o.θín.ta; ƀi.- / -.sín.-] 囡 ビデオテープ. ▶単に *vídeo* と言うこともある.

vi・de・o・clip [bi.ðe.o.klíp; ƀi.-] 男［複 ~s, ~] ビデオクリップ：音楽のプロモーションビデオ.

vi・de・o・club [bi.ðe.o.klúƀ; ƀi.-] 男［複 ~s, ~es] レンタルビデオ店.

vi・de・o・co・mu・ni・ca・ción [bi.ðe.o.ko.mu.ni.ka.θjón; ƀi.- / -.sjón] 囡 テレビ電話やテレビ会議による情報伝達.

vi・de・o・con・fe・ren・cia [bi.ðe.o.kom.fe.rén.θja; ƀi.- / -.sja] 囡 テレビ会議.

vi・de・o・con・so・la [bi.ðe.o.kon.só.la; ƀi.-] 囡 テレビゲーム機.

vi・de・o・con・trol [bi.ðe.o.kon.tról; ƀi.-] 男 防犯用カメラシステム.

vi・de・o・dis・co [bi.ðe.o.ðís.ko; ƀi.-] 男 ビデオディスク.

vi・de・o・fo・ní・a [bi.ðe.o.fo.ní.a; ƀi.-] 囡 テレビ電話システム.

vi・de・ó・fo・no [bi.ðe.ó.fo.no; ƀi.-] 男 テレビ電話.

vi・de・o・fre・cuen・cia [bi.ðe.o.fre.kwén.θja; ƀi.- / -.sja] 囡《TV》映像周波数.

vi·de·o·gra·ba·do·ra [bi.ðe.o.gra.βa.ðó.ra; ƀi.-] 囡《ラ米》(ﾒﾋｺ)(ﾁﾘ)ビデオデッキ.
vi·de·o·grá·fi·co, ca [bi.ðe.o.grá.fi.ko, -.ka; ƀi.-] 形 ビデオの, ビデオを使った, ビデオで撮影した.
vi·de·o·im·pre·so·ra [bi.ðe.oim.pre.só.ra; ƀi.-] 囡 ビデオプリンタ.
vi·de·o·in·for·ma·dor, do·ra [bi.ðe.oim.for.ma.ðór, -.ðó.ra; ƀi.-] 男 囡 〖TV〗報道ビデオ番組のレポーター［編集者］.
vi·de·o·jock·ey [bi.ðe.o.jó.kei; ƀi.-] 男 囡 《複 ～s》ビデオジョッキー, MC.
vi·de·o·jue·go [bi.ðe.o.xwé.go; ƀi.-] 男 テレビゲーム.
vi·de·o·li·bro [bi.ðe.o.lí.bro; ƀi.-] 男 ビデオブック.
vi·de·o·mar·ca·dor [bi.ðe.o.mar.ka.ðór; ƀi.-] 男 《街頭》大型スクリーン.
vi·de·o·men·sa·je [bi.ðe.o.men.sá.xe; ƀi.-] 男 ビデオレター.
vi·de·o·pi·ra·ta [bi.ðe.o.pi.rá.ta; ƀi.-] 男 囡 海賊版テレビゲームソフト［ビデオ］の製造［販売］業者.
vi·de·o·place [bi.ðe.o.pléis; ƀi.-] 男 《英》パソコン画面上の音響映像技術.
vi·de·o·por·te·ro [bi.ðe.o.por.té.ro; ƀi.-] 男 テレビ［モニター付き］インターホン.
vi·de·o·tape [bi.ðe.o.téip; ƀi.-] 男 《ラ米》(ｱﾙｾﾞ)ビデオテープ.
vi·de·o·te·ca [bi.ðe.o.té.ka; ƀi.-] 囡 1 ビデオのコレクション. 2 ビデオ保管室.
vi·de·o·te·le·fo·ní·a [bi.ðe.o.te.le.fo.ní.a; ƀi.-] 囡 テレビ電話システム.
vi·de·o·te·lé·fo·no [bi.ðe.o.te.lé.fo.no; ƀi.-] 男 テレビ電話.
vi·de·o·text [bi.ðe.o.té(k)st; ƀi.-] 男 《英》 → videotexto.
vi·de·o·tex·to [bi.ðe.o.té(k)s.to; ƀi.-] 男 ビデオテックス：テレビ画面と電話回線による情報サービス.
vi·de·o·vi·gi·lan·cia [bi.ðe.o.βi.xi.lán.θja; ƀi.- / -.sja] 囡 防犯カメラ［ビデオ］による監視.
dú·o·rra [bi.ðó.ra; ƀi.-] 囡 《ラ米》(ﾒﾋｺ)ビデオデッキ.
vi·do·rria [bi.ðó.rja; ƀi.-] 囡 《話》(1)《ｱﾙｾﾞ》気楽［のん気］な生活. (2)《ｱﾙｾﾞ》(ｴｸｱ)惨め［悲惨］な生活.
vi·dria·do, da [bi.ðrjá.ðo, -.ða; ƀi.-] 形 上薬をかけた. ━ 男 上薬；上薬かけ；上薬をかけた陶器.
vi·driar [bi.ðrjár; ƀi.-] 82 他 上薬をかける. ━～se 再 1 ガラス状になる. 2 〈目などが〉輝きを失う.

vi·drie·ra [bi.ðrjé.ra; ƀi.-] 囡 1 ガラス窓；ガラス扉. puerta ～ フランス窓（バルコニーなどの観音開きの格子のついた戸）. 2 （教会の窓などの）ステンドグラス (= ～ de colores). 3 《ラ米》(1)(ﾒﾋｺ)ショーウインドー. (2)(ﾘｵﾌﾟ)売店. (3)(*国)〖車〗フロントガラス.
vi·drie·rí·a [bi.ðrje.rí.a; ƀi.-] 囡 ガラス工場［店］.
vi·drie·ris·ta [bi.ðrje.rís.ta; ƀi.-] 男 囡 《ラ米》ショーウインドーの飾り付けをする人, デコレーター.

vidriera（ステンドグラス：レオン大聖堂）

vi·drie·ro, ra [bi.ðrjé.ro, -.ra; ƀi.-] 男 囡 ガラス職人；ガラス製造［販売］業者.

vi·drio [bí.ðrjo; ƀi.-] 男 1 ガラス (= cristal)；ガラス板, ガラス製品. ～ de ventanas 窓ガラス. ～ plano [en hojas] 板ガラス. fibra de ～ グラスファイバー, ガラス繊維. lana de ～ グラスウール. ～ deslustrado [esmerilado] すりガラス. ～ inastillable 合わせガラス. ～ óptico 光学ガラス. ～ pintado [de color(es)] ステンドグラス. ～ tallado カットグラス, 切り子ガラス. ～ soplado（管で息を吹き込んで作る）吹きガラス. 2 《ラ米》(1) 窓ガラス. (2) 〖車〗フロントガラス. (3) (ｱﾙｾﾞ)酒瓶.
pagar los vidrios rotos 《話》尻ぬぐいをする, 濡れ衣を着せられる.
[← 〘ラ〙 *vitreum* 「ガラス製品」より派生. 〘関連〙 vidrioso, vidriera, vitrina, vítreo. 〘英〙 *vitreous* 「ガラス（製）の」]

vidrio（ガラス用）ゴミコンテナー

vi·drio·si·dad [bi.ðrjo.si.ðáð; ƀi.-] 囡 1 （ガラスのような）もろさ；滑らかさ. 2 怒りっぽさ.
vi·drio·so, sa [bi.ðrjó.so, -.sa; ƀi.-] 形 1 ガラスのような；もろい, 壊れやすい. 2 《まれ》（問題などが）微妙な. tema ～ デリケートなテーマ. 3 《まれ》怒りっぽい. 4 〈目が〉生気のない. ojos ～s 生気のない目. mirada *vidriosa* うつろなまなざし. 5 《床などが》すべすべ〔つるつる〕した, 滑りやすい. 6 《ラ米》(ｱﾙｾﾞ)《話》実現しがたい.
vi·dual [bi.ðwál; ƀi.-] 形 やもめの, 寡婦の (= viudal).
vi·due·ño [bi.ðwé.ɲo; ƀi.-] / **vi·du·ño** [bi.ðú.ɲo; ƀi.-] 男 ブドウの木の種類.
viei·ra [bjéi.ra; ƀi.-] 囡 〖貝〗ホタテガイ；ホタテガイの貝殻. ◆スペイン Galicia 近海で採れ, 貝殻は中世に聖ヤコブが葬られている Santiago de Compostela 寺院への巡礼者のシンボルとなった.

vieira（ホタテガイ）

vie·ja¹ [bjé.xa; ƀjé.-] 形 囡 → viejo.
vie·ja² [bjé.xa; ƀjé.-] 囡 1 〖魚〗イソギンポの一種. 2 《ラ米》(1)(ｷｭｰ)爆竹. (2)(ｱﾙｾﾞ)（タバコの）吸いさし.
vie·ja·da [bje.xá.ða; ƀje.-] 囡 《ラ米》(ｱﾙｾﾞ)《集合的》老人.
vie·ja·les [bje.xá.les; ƀje.-] 男 囡 《単複同形》《話》年寄り, 老人.
vie·ja·rrón, rro·na [bje.xa.rón, -.ró.na; ƀje.-] 形 男 囡 → vejancón.
vie·je·ra [bje.xé.ra; ƀje.-] 囡 1 《ラ米》(1) (ｷｭｰ)老年, 老齢. (2) (ｷｭｰ)不用品, がらくた. (3) (*国)女の尻ばかり追う男.

vie·jo, ja [bjé.xo, -.xa; ƀjé.-] 形 1 《+名詞／名詞+》(ser+) 年を取った, 老年の；(estar+) 老けた, 老け込んだ (↔ joven).

hombre ～ 老人. hacerse ～ 老ける, 老い込む. Plinio el V～ 大プリニウス (ローマの博物学者) (▶「小プリニウス」は Plinio el Joven). Más sabe el diablo por ～ que por diablo.《諺》亀の甲より年の功 (←悪魔がもの知りなのは悪魔故にではなく年齢故にだ). Loro ～ no aprende a hablar.《諺》年老いたオウムはいつまでも話せない. (Se) murió de *vieja*. 彼女は老衰で死んだ.

2 (＋名詞／名詞＋)(**ser**＋) 古い, 年月を経た, 昔の;(**estar**＋) 古ぼけた, 使い古した (↔nuevo). una gabardina *vieja* 古くなったコート. mi *vieja* máquina de escribir 私の古いタイプライター. el casco ～ de Bilbao ビルバオの旧市街. el oficio más ～ del mundo 世界最古の職業. la feria de otoño del libro ～ 秋の古本市. Castilla la *Vieja* 旧カスティーリャ地方(▶「新カスティーリャ地方」は Castilla la Nueva). ropa *vieja* 古着. la ciudad *vieja* de Jerusalén 古都エルサレム. a la *vieja* usanza 昔風の[に] (＝la antigua usanza). recordar ～s tiempos 昔を思い出す.

3 (＋名詞) 昔からの, 古くからの. un ～ amigo 旧友(▶「年老いた友達」は un amigo ～,「かつての友達」は un antiguo amigo). un ～ profesor 古参[ベテラン]教師(▶ un profesor ～ 老教師). el V～ Mundo [Continente] 旧世界[大陸]. *viejas* costumbres 古い習慣. una *vieja* tradición 古い伝統. el final ～ régimen 旧体制の終結. cumplir un ～ sueño 年来の夢を果たす. Es un ～ conocido mío. 彼は昔からの知り合いだ.

4《名詞＋》〈ワインなどの〉年代ものの, 熟成した (＝añejo). un jerez ～ 年代もののシェリー.

――男女 **1** 老人, 年寄り;じいさん, ばあさん(▶ viejo は丁寧ではない. 丁寧な言い方は mayor, anciano). una *vieja* muy arrugada しわだらけの老婆. *El ～ y el mar*『老人と海』(米国の作家ヘミングウェイの小説).

2《親愛を込めて》君, おまえ;《ラ米》《俗》おやじ, おふくろ;同僚, 仲間, 朋友(琴). Cuando tenía tres años, mi ～ me compró esta pequeña raqueta. 3つのとき, おやじがこの小さなラケットを買ってくれた.

3《ラ米》(1)(⁇)《話》《愛情を込めて》夫, 妻;〔夫・妻などの呼びかけ〕ねえ. (2)(⁇)《話》《複数で》《集合的》男, 女.

――女《ラ米》《話》(若い)女性.

año viejo 大晦日.

cuento de viejas たわいもない言い伝え, 迷信.

de viejo(*s*) 古物を扱う;修理[修繕]を業とする. librería ～ 古本屋.

la cuenta de la vieja 指を使った計算;単純な作業. Podrías saber cuánto cuesta en total haciendo *la cuenta de la vieja*. 指で数えても, それがいくらになるか分かるだろう.

más viejo que (*el*) *andar a gatas* [*pie*]《話》すごく古い.

más viejo que Matusalén 非常に年を取っている, 非常に古い.

No llegará a viejo. / *No hará huesos viejos.* 長生き[長続き]しないだろう.

Poquito [*Poco*] *a poco hila la vieja el copo.*《諺》塵も積もれば山となる, 忍耐強く仕事をすれば上達する (←少しずつおばあさんは糸を紡ぐ).

[←［ラ］*vetulum* (*vetulus* の対格)「やや古い, いくぶん年老いた」(*vetus*, *-eris*「古い, 年老いた」＋縮小辞);関連 vejez, envejecer, veterano]

vie·jón, jo·na [bje.xón, -.xó.na; bje.-] 形《ラ米》(⁇)(⁇)《話》年輩の, 初老の;老けた.

vie·lla [bjé.ja; bjé.-]‖[aʎ] 女《音楽》→ zanfonía. [←［仏］*vielle*]

vien- 屈 → venir.

Vie·na [bjé.na; bjé.-] 固名 ウィーン:オーストリー[オーストリア]の首都.

vie·nen·se [bje.nén.se; bje.-] 形男女 → vienés.

vie·nés, ne·sa [bje.nés, -.né.sa; bje.-] 形 ウィーンの. vals ～ ウィンナーワルツ.

――男女 ウィーンの住民[出身者]

****vien·to** [bjén.to; bjén.-] 男 **1** 風;風向き. ～ de cola [en popa] 順風, 追い風. ～ de costado 横風. ～ del oeste 西風. ～ contrario [en contra, en proa] 逆風. ～ marero [terral] 海風[陸風]. ～ solar《天文》太陽風. ～s alisios 貿易風. fuerza del ～ 風力. línea del ～ 風向. molino de ～ 風車. ráfaga de ～ 突風, 一陣の風. saltar el ～ 風向きが変わる. velocidad del ～ 風速. a favor del ～《海》風を受けて. a capricho del ～ 風のまにまに. azotado por los ～s 吹きさらしの;風で乱れた. cesar el ～ 風がやむ. contra el ～《海》風に逆らって. ir más rápido que el ～ 疾風のごとく突き進む. levantarse el ～ 風が吹き始める. libre como el ～ 風のように自由な. Hace ～. / Sopla [Corre] el ～. 風がある, 風が吹いている. El ～ ha cambiado. 風向きが変わった;情勢が変わった. Hace un ～ de mil demonios.《話》風がとても強い.

2《比喩的》風向き, 形勢. ir al amparo del ～ / irse con el ～ que corre 時流に迎合する. tener el ～ en contra 形勢が不利である. tener ～ favorable 順風満帆である. ～ de tristeza 寂寥(⁇)感. ～s de liberación 自由化の風. Corren malos ～s. 形勢は不利な状況. ¿Qué ～ te trae? どういう風の吹き回しだ.

3 無価値;虚栄. cabeza llena de ～ からっぽの頭. estar lleno de ～ うぬぼれが強い.

4〈獲物の〉におい, 臭跡;(動物の)嗅覚. tomar el ～〈獲物の〉においをかぐ.

5《話》おなら. **6**(テント・アンテナなどの)張り綱, 支え綱. **7**《音楽》管楽器, 吹奏楽器 (＝instrumento de ～).《ラ米》(⁇)(⁇)リューマチ. (2)(⁇)(⁇)《遊》凧(⁇)の糸.

a los cuatro vientos 四方八方, あらゆるところに;公然と.

beber los vientos por...《話》…が欲しくてたまらない;…に恋いこがれる.

como el viento 急速に.

contra viento y marea 逆境に負けずに, 万難を排して.

darle (*a*＋人) *el viento de...*〈人〉が…を察知する, …の予感[気配]がする.

despedir [*echar, mandar*]... *con viento fresco*〈人〉を追い出す;解雇する.

ganar el viento《海》順風に乗る.

irse a tomar viento(*s*) (1) 失敗に終わる, うまくいかない. (2) 向こうへ行く. ▶主に命令形で人を追い出す時などに用いられる. → *Vete a tomar ～.* とっとと帰れ.

irse [*largarse, marcharse*] *con viento fresco* さっさと出て行く.

llevarse... el viento …がはかなく消える. Las palabras *se las lleva el ～*. 言葉は消えてなくなるもの

vientre

だ(口に出しただけでは証拠は残らない).
mandar... con [a tomar] viento fresco 《話》〈人を〉追い払う, 〈人に〉あっちへ行け[くたばれ]と言う.
moverse a todos los vientos すぐに意見が変わる.
tener más viento que vela 思いあがる.
tomar el viento 帆を操る; 好き勝手する
viento en popa 順風満帆で, 繁盛して. Todo va ～ *en popa*. 万事うまくいっている. Vamos ～ *en popa*. 我々は順調だ.
[← [ラ] *ventum* (*ventus* の対格); 関連 ventear, ventoso, ventilar, ventana, ventisca. [ポルトガル] [伊] *vento*. [仏] *vent*. [英] *wind, ventilation*. [独] *Wind*]

vien·tre [bjén.tre; bjén.-] 男 **1** 腹, 腹部; 腹腔(ｶｳ); 胎内. bajo ～ 下腹部; 《婉》性器. soltura [descomposición] de ～ / ～ flojo 下痢(=diarrea). dolor de ～ 腹痛(▶ 主に下腹部の痛みをさす. 特に胃の辺りが痛む場合は dolor de estómago を使用B). evacuar [exonerar, mover] el ～ / hacer de ～《婉》排便する. regir el ～ 規則正しく排便する. echar ～ 太鼓腹になる (▶「太鼓腹」は panza, tripa が一般的). llevar el niño en el ～ お腹に子を宿している. **2** (容器の) 膨部分 (=panza); (乗り物の) 船腹, 胴体.
sacar el vientre de mal año [de pena] 大食する.
[← [ラ] *ventrem* (*venter* の対格); 関連 ventrera. [スペイン] [英] *ventral*]

vier. 《略》*viernes* 金曜日.

***vier·nes** [bjér.nes; bjér.-] 男 《単複同形》金曜日 《略 vier.》. (todos) los ～ 毎週金曜日(に). el ～ pasado 先週の金曜日(に). el ～ que viene / el próximo ～ 来週の金曜日(に). Vendré el ～ por la mañana. 金曜日の朝うかがいます.
cara de viernes ゆううつな顔つき
comer de viernes 肉抜きの食事をする
[← [古スペイン] *vienres* ← [ラ] (*diēs*) *Veneris* 「(愛の女神) *Venus* の(日)」; 関連 [仏] *vendredi*. [伊] *venerdì*]

viert. 直 → verter.

vier·te·a·guas [bjer.te.á.gwas; bjer.-] 男《単複同形》(戸口・窓の) 水切り, 雨押さえ.

Viet·nam [bjet.nám; bjet.-] 固名 ベトナム(社会主義共和国); 首都 Hanoi. ← [ベトナム] *Việt Nam* ← [中] *Yuenan* (*Yuè*「越」(中国華南地方の古称)) + *nán*「南」;「越の南」が原義)]

viet·na·mi·ta [bjet.na.mí.ta; bjet.-] 形 ベトナムの, ベトナム人[語]の. ― 男 女 ベトナム人. ― 男 ベトナム語.

view·er [bjú.(g)wer; bjú.-] [英] 男《IT》ビューアー: 画像を見るためのソフト.

vi·ga [bí.ga; bí.-] 女 **1** 梁(はり), 桁(けた), ビーム. ～ principal [maestra] 大梁. ～ transversal 横桁. ～ de puente 橋梁. ～ de techo 坑木. ～ de apuntalamiento ニードルビーム, 針梁(はり).
2 (オリーブなどの) 圧搾機.

***vi·gen·cia** [bi.xén.θja; bi.- / -.sja] 女 効力, 有効性. entrar en ～ 効力を発する. estar en ～ 有効である, 生きている. tener ～ 効力を持つ.

***vi·gen·te** [bi.xén.te; bi.-] 形 効力のある, 有効な, 現行 [現在]の. ley ～ 現行法. estar ～ 有効である, 生きている. → actual [類語]

vi·ge·si·mal [bi.xe.si.mál; bi.-] 形 20からなる, 20を基礎とした, 20進法の. numeración ～ 20進法.

vi·gé·si·mo, ma [bi.xé.si.mo, -.ma; bi.-] 形《数詞》(第) 20番目の (=veinteno); 20等分の, 20分の1の (=veinteavo). ～ cumpleaños 20歳の誕生日. ～ primero [segundo] (第) 21 [22] 番目の.
― 男 20分の 1 (= una *vigésima* parte).

vi·gí·a [bi.xí.a; bi.-] 女 **1** 望楼, 見張り [監視]塔 (= atalaya). **2** 見張り, 監視. **3** 《海》暗礁, 岩礁.
― 男 女 見張り番, 監視者.

***vi·gi·lan·cia** [bi.xi.lán.θja; bi.- / -.sja] 女 **1** 監視, 見張り; 警備. sometido a ～ 監視下にある. **2** 警戒, 用心. **3** 《集合的》警備団; 警備システム.

***vi·gi·lan·te** [bi.xi.lán.te; bi.-] 男 女 **1** 監視員, 警備員. ～ nocturno [de noche] 夜警(員). ～ jurado ガードマン.
2 (米) (口) (ﾁ) 警官. (2) (ﾁ) ドアチェーン.
― 形 **1** 監視する, 見張る; 寝ずの番をする. **2** 油断のない, 警戒を怠らない.

vi·gi·lan·te·men·te [bi.xi.lán.te.mén.te; bi.-] 副 油断なく, 用心深く, 警戒して.

***vi·gi·lar** [bi.xi.lár; bi.-] 他 監視する, 見張る; 〈人を〉看護する; 監督する. Venía *vigilando* desde el comienzo cada movimiento. 私は最初から一つ一つの動きを見てきました. *Vigila* que nadie toque estos objetos. 誰もこれらのものに触らないように監視してください.
― 自 **1** 警護する, 警戒に当たる. Él *vigila* mientras todos nosotros dormimos. 私たち全員が寝ている間彼が警戒にあたっている.
2《por... …を》見守る, 見張る. El médico *vigila por* la salud de los pacientes. 医者は患者の健康に気を配っています.
[← [ラ] *vigilāre*「眠らずにいる; 用心する, 見張りをする」(→ velar); 関連 vigilante, vigilia, vigía. [英] *vigilant*「用心深い」, *watch*「見張る」]

vi·gi·lia [bi.xí.lja; bi.-] 女 **1** 徹夜; 不眠. pasar la noche en ～ 徹夜する.
2 徹夜の仕事 [勉強], 寝ずの番 [看病].
3 (教会の) 祝日の前日 [前夜]; (教会祭日の) 前宵 [前夜]祭. ～ de Navidad クリスマス前夜, クリスマスイブ (= víspera). **4** 肉抜きの食事;《カト》小斎 (教会の掟(ｵｷﾃ)に従って肉抜きの食事をすること). comer de ～ 肉抜きの食事をする. día de ～《カト》小斎日. **5** (教会の祝日前夜の死者のための) 徹夜の祈り.

vi·gi·ta·no, na [bi.xi.tá.no, -.na; bi.-] 形 (スペイン Barcelona 県の) Vich の.
― 男 女 ビックの住民 [出身者].

Vi·go [bí.go; bí.-] 固名 ビゴ: スペイン北西部, ポルトガル国境に近い港湾都市.

***vi·gor** [bi.gór; bi.-] 男 **1** 活力, 生命力, 勢い; 気力, 活気. con ～ 元気よく, はつらつと. Gracias a la lluvia, las plantas tienen mucho ～. 雨が降ったおかげで植物がとてもいきいきとしている.
2 (表現などの) 力強さ, 迫力. estilo lleno de ～ 力強い文体. **3** (法律などの) 効力, 有効(性). entrar [ponerse] en ～ 発効する, 有効となる. estar en ～ 効力がある, 施行中である. poner en ～ 実行[実施]する, ley en ～ 現行法.
[← [ラ] *vigōrem* (*vigor* の対格; *vigēre*「元気である」より派生); 関連 vigoroso, vigorizar, vigente. [英] *vigor*]

vi·go·re·xia [bi.go.rék.sja; bi.-] 女 筋肉願望, アドニスコンプレックス: (過度に) 筋骨隆々とした体型を目指すこと.

vi·go·ri·za·dor, do·ra [bi.go.ri.θa.ðór, -.ðó.

ra; ƀi. / - .sa.-] / **vi·go·ri·zan·te** [bi.go.ri.θán.te; ƀi.- / -.sán.-] 形 元気［活気］づける, 活力を与える. medicamento ～ 強壮剤.

vi·go·ri·zar [bi.go.ri.θár; ƀi.- / -.sár] 97 他 強くする；元気［活気］づける, 鼓舞する.
— ～.se 再 強くなる；活気づく.

vi·go·ro·sa·men·te [bi.go.ró.sa.mén.te; ƀi.-] 副 はつらつと；力強く.

vi·go·ro·si·dad [bi.go.ro.si.ðáð; ƀi.-] 女 力強さ, 勢い.

***vi·go·ro·so, sa** [bi.go.ró.so, -.sa; ƀi.-] 形 **1** 活力［活気］にあふれた, たくましい, はつらつとした. **2** 強い, 迫力のある, 勢いのある.

vi·go·ta [bi.gó.ta; ƀi.-] 女《海》三つ目滑車, デッドアイ：帆船の支索を張るのに用いる木製の滑車.

vi·gue·rí·a [bi.ge.rí.a; ƀi.-] 女《建》《集合的》梁(はり), 桁(けた)；《建築構造物の》骨組み.

vi·gués, gue·sa [bi.gés, -.gé.sa; ƀi.-] 形 《スペインPontevedra 県の》ビゴ Vigo の.
— 男女 ビゴの住民［出身者］.

vi·gue·ta [bi.gé.ta; ƀi.-] 女 小梁(ばり), 小桁(げた).

VIH [bíl; ƀíl] 男 《略》Virus de Inmunodeficiencia Humana エイズウイルス, ヒト免疫不全ウイルス［英 HIV］.

vi·hue·la [bi.(g)wé.la; ƀi.-] 女《音楽》ビウエラ：中世のスペインの6弦からなる撥弦(はつげん)［擦弦］楽器.

vi·hue·lis·ta [bi.(g)we.lís.ta; ƀi.-] 男女 ビウエラ奏者.

vi·jú·a [bi.xú.a; ƀi.-] 女 《ラ米》(ビグア)岩塩.

vi·kin·go, ga [bi.kíŋ.go, -.ga; ƀi.-] 形 《史》《スカンジナビアの》バイキングの.
— 男女 **1** バイキング. **2**《話》《スペインのサッカーチーム》レアル・マドリード Real Madrid のファン.

vil [bíl; ƀíl] 形 **1** 下劣な, 卑劣な；恥ずべき. **2** 価値のない, 取るに足りない.
el vil metal《話》お金.
[←《ラ》*vilem* (*vilis* の対格)「価値のない, 下等な」；関連 vileza, envilecer. ［英］*vile*「ひどく悪い」]

vi·la·no [bi.lá.no; ƀi.-] 男《植》(1)《タンポポなどの》冠毛. (2) アザミの花.

vi·la·ya·to [bi.la.já.to; ƀi.-] 男《トルコの》州.

Vil·ca·bam·ba [bil.ka.ƀám.ba; ƀil.-] 固名 **1** ビルカバンバ：ペルー南部, Cuzco 北西部の山岳地方. ♦スペイン人による征服・支配に抵抗した inca 人最後の拠点. 1572年ペルー副王 Francisco de Toledo はこの地で抵抗を続ける皇帝 Túpac Amarú の軍を攻略し, インカ帝国征服に終止符を打った. **2**《エクアドルの》ビルカバンバ. ♦長寿村として知られる.

vi·le·za [bi.lé.θa; ƀi.- / -.sa] 女 **1** 下劣さ, 卑劣さ. **2** 卑劣な言動, 恥ずべきこと.

ví·li·co [bí.li.ko; ƀí.-] 男《史》《古代ローマの》農園の大夫頭. ♦ローマ時代の農夫は奴隷であったが, 西ゴート王国になってからは各領主の執事となる.

vi·li·pen·dia·dor, do·ra [bi.li.pen.dja.ðór, -.ðó.ra; ƀi.-] 形 けなす, そしる；さげすむ.
— 男女 悪口を言う人, 中傷家.

vi·li·pen·diar [bi.li.pen.djár; ƀi.-] 82 他 けなす, そしる；見くびる, さげすむ.

vi·li·pen·dio [bi.li.pén.djo; ƀi.-] 男 けなす［そしる］こと；屈辱.

vi·li·pen·dio·so, sa [bi.li.pen.djó.so, -.sa; ƀi.-] 形 侮辱的な, さげすんだ.

*****vi·lla** [bí.ja; ƀí.- || -.ʎa] 女 **1** 別荘. **2**《歴史的に重要な》市, 町. la ～ de Madrid マドリード市. casa de la ～ 市庁舎.

3 集落. ～ olímpica オリンピックの選手村. ～ miseria《ラ米》(ラプラタ)貧困地区.
[←《ラ》*villam* (*villa* の対格)「《田舎の》別荘, 農場」；関連 villano, villancico, vecino. ［仏］*ville*「都市」, ［仏］《英》*village*「村」. ［英］*villa*「別荘」]

Vi·lla [bí.ja; ƀí.- || -.ʎa.-] 固名 Pancho ～ パンチョ・ビジャ (1877-1923)：本名 Doroteo Arango. メキシコ革命指導者.

Vi·lla·die·go [bi.ja.ðjé.go; ƀi.- || -.ʎa.-] 固名 *coger*［*tomar*］*las de Villadiego*《話》尻(しり)に帆をかけて逃げ出す, 雲隠れする. ♦鞍(くら)袋の生産地で有名であった村の名に由来する.

vi·lla·je [bi.já.xe; ƀi.- || -.ʎá.-] 男 小さな村, 村落.

vi·lla·na·da [bi.ja.ná.ða; ƀi.- || -.ʎá.-] 女 卑しい［下品な］行為.

vi·lla·na·je [bi.ja.ná.xe; ƀi.- || -.ʎá.-] 男 **1**《集合的》村民, 村人. **2**《史》平民の身分.

vi·llan·ce·jo [bi.jan.θé.xo; ƀi.- || -.ʎan.- / -.sé.-] / **vi·llan·ce·te** [bi.jan.θé.te; ƀi.- || -.ʎan.- / -.sé.-] 男 → villancico.

vi·llan·chón, cho·na [bi.jan.tʃón, -.tʃó.na; ƀi.-] 男女 粗野［野卑］な人.

vi·llan·ci·co [bi.jan.θí.ko; ƀi.- || -.ʎan.- / -.sí.-] 男 **1** クリスマス祝歌, クリスマスキャロル. **2**《文学》ビリャンシーコ：15-16世紀のスペイン Castilla 地方のリフレインを伴った短い民衆叙情詩.
[copla de villancico (villano ＋縮小辞) の略]

vi·llan·ci·que·ro [bi.jan.θi.ké.ro; ƀi.- || -.ʎan.- / -.si.-] 男 クリスマス祝歌の作曲家［歌手］.

vi·lla·ne·rí·a [bi.ja.ne.rí.a; ƀi.- || -.ʎa.-] 女 **1** → villanía. **2** → villanaje.

vi·lla·nes·co, ca [bi.ja.nés.ko, -.ka; ƀi.- || -.ʎa.-] 形 田舎の, 農民の. — 女《音楽》ビリャネスカ：16-17世紀にスペイン・イタリアで流行した軽い田園風の無伴奏合唱曲とその踊り.

vi·lla·ní·a [bi.ja.ní.a; ƀi.- || -.ʎa.-] 女 **1** 下賤(かせん)の出, 卑しい身分. **2** 卑しい行為. Mentirnos es una ～. 我々にうそをつくなんて卑劣だ. **3** 卑猥(ひわい)な言葉, 猥褻(わいせつ)な表現.

vi·lla·no, na [bi.ja.no, -.na; ƀi.- || -.ʎá.-] 形 **1**《史》《貴族・郷士に対して》平民の, 村人の. **2** 卑しい, 下劣な. **3** 極悪な.
— 男女 **1**《史》平民；村人. **2** 悪党, 悪人. **3**《ラ米》《劇映画の》悪役, 敵役.
— 男 **1**《映》悪役. **2**《音楽》ビリャーノ：スペインで16-17世紀に流行した田園風舞踊.
[←《中ラ》*villānus*「農奴, 農夫」；《ラ》*vīlla*「《田舎の》別荘, 農場」(→ villa) より派生；関連 ［英］*villain*「悪者」]

vi·llar [bi.jár; ƀi.- || -.ʎár] 男 村, 小さな町.

vi·lle·ro, ra [bi.jé.ro, -.ra; ƀi.- || -.ʎé.-] 男女《ラ米》(ラプラタ)貧困地区の住民.

vi·llo·rrio [bi.jó.řjo; ƀi.- || -.ʎó.-] 男《軽蔑》田舎町, 片田舎.

vi·lo [bí.lo; ƀí.-] *en ～* (1) 宙ぶらりんに. levantar *en ～* 高く抱き上げる. (2) 気がかりで, 不安な. Estamos *en ～* por saber qué ha pasado. 何が起こったのか気がかりだ.

vi·lor·do, da [bi.lór.ðo, -.ða; ƀi.-] 形 怠惰な, 無精な, のろのろした.

vi·lor·ta [bi.lór.ta; ƀi.-] 女 **1**《木製の》たが, 輪. **2**《鋤(すき)と柄をつなぐ鉄の》止め輪；座金. **3**《スポ》ラクロスに似た球技. **4**《植》《葉の広い》クレマチスの一種 (＝ vilorto).

vi·lor·to [bi.lór.to; ƀi.-] 男 **1**《木製の》たが, 輪.

vilos

2〖植〗(葉の広い)クレマチスの一種. **3**〖スポ〗vilortaに用いるスティック.
vi·los [bí.los; ƀí.-] 男〔単複同形〕フィリピンで用いられた2本マストの帆掛け船.
vi·lo·te, ta [bi.ló.te, -.ta; ƀi.-] 形《ラ米》(ｸﾞｱﾃﾏﾗ)(ｻ)《話》臆病(ﾋﾞｮｳ)な.
vil·tro·te·ar [bil.tro.te.ár; ƀil.-] 自 街をほっつき歩く, うろうろする.
vil·tro·te·ra [bil.tro.té.ra; ƀil.-] 形《女性が》街をほっつき歩く. ― 女 街をほっつき歩くのが好きな女性.
vim·bre [bím.bre; ƀím.-] 男 → mimbre.
vim·bre·ra [bim.bré.ra; ƀim.-] 女〖植〗→ mimbrera.
vin- 語 → venir.
vi·na [bí.na; ƀí.-] 女 ビーナ:インドの弦楽器.
vi·na·cha [bi.ná.tʃa; ƀi.-] 女〈軽蔑〉粗悪ワイン.
vi·na·gra·da [bi.na.grá.ða; ƀi.-] 女 酢・水・砂糖で作った飲み物.
*****vi·na·gre** [bi.ná.gre; ƀi.-] 男 **1** 酢, ビネガー. ~ de yema《キューバ産の》高級酢. ensalada aderezada con sal, aceite y ~ 塩と油と酢であえたサラダ.
2《話》怒りっぽい人, 始終不機嫌な人; いらだち, 不機嫌. cara de ~ 仏頂面.
[←〔カタルーニャ〕*vinagre*；〔ラ〕*vīnum*「ワイン」+〔ラ〕*ācre* (*ācer*「鋭い；すっぱい」の中性形);「すっぱいワイン」が原義 [関連] vinagroso, vinagrera, vinagreta. [英]*vinegar*]
vi·na·gre·rí·a [bi.na.gre.rí.a; ƀi.-] 女〈まれ〉製酢業.
vi·na·gre·ro, ra [bi.na.gré.ro, -.ra; ƀi.-] 男 女 酢造り職人; 酢商人. ― 女 **1**(卓上用の)酢の瓶.
2《複数で》(酢と油の瓶が対になった)調味料入れ (= aceiteras). **3**〖植〗スイバ, スカンポ. **4**《ラ米》〖植〗胸やけ, 胃酸過多 (= acedía).
vi·na·gre·ta [bi.na.gré.ta; ƀi.-] 女〖料〗ビネグレットソース:油, 酢, タマネギ, パセリなどで作ったソース. mejillones a la ~ ムール貝のビネグレットソースかけ.
vi·na·gri·llo [bi.na.grí.ʎo; ƀi.- ‖ -.ʎo.-] 男 **1** 薄口の酢; 酢の入ったもの. **2** 酢を用いた化粧品. **3**(かぎタバコの香りづけに用いる)にほひ酢, 香料酢. **4**《ラ米》〖植〗カタバミ. [vinagre + 縮小辞]
vi·na·grón [bi.na.grón; ƀi.-] 男 **1** 酸っぱい安ワイン. **2**《ラ米》(ﾒｷ)〖動〗サソリ.
vi·na·gro·so, sa [bi.na.gró.so, -.sa; ƀi.-] 形 **1** 酢に似た, 酸っぱい. **2**《話》不機嫌な, つっけんどんな.
vi·na·je·ra [bi.na.xé.ra; ƀi.-] 女〖カト〗(水・ワインを入れる)ミサ用小瓶;《複数で》ミサ用小瓶と盆のセット.
vi·nal [bi.nál; ƀi.-] 男〖植〗イナゴマメの一種.
vi·nar [bi.nár; ƀi.-] 形 → vinario.
vi·na·rie·go [bi.na.rjé.go; ƀi.-] 男 ブドウ園主; ブドウ栽培家.
vi·na·rio, ria [bi.ná.rjo, -.rja; ƀi.-] 形 ワインの, ワインに関する.
vi·na·te [bi.ná.te; ƀi.-] 男《話》ワイン, ぶどう酒.
vi·na·te·rí·a [bi.na.te.rí.a; ƀi.-] 女 ワイン店; ワインの取引.
vi·na·te·ro, ra [bi.na.té.ro, -.ra; ƀi.-] 形 ワインの. industria vinatera ワイン産業.
― 男 ワイン商人〔取引業者〕.
vi·na·za [bi.ná.θa; ƀi.- / -.sa] 女〈澱(ｵﾘ)から採った〉質の悪いワイン.
vi·na·zo [bi.ná.θo; ƀi.- / -.so] 男 どろっとして強いワイン.

vin·ca [bín.ka; ƀín.-] / **vin·ca·per·vin·ca** [bin.ka.per.bín.ka; ƀin.-] 女〖植〗ヒメツルニチニチソウ.
vin·cha [bín.tʃa; ƀín.-] 女《ラ米》(ｺﾞﾙ)(ﾗﾌﾟ)ヘアバンド, カチューシャ, 鉢巻き.
vin·chu·ca [bin.tʃú.ka; ƀin.-] 女《ラ米》**(1)**〖昆〗ブラジルサシガメ. **(2)**(ｻ)吹き矢, 投げ矢.
vin·cu·la·ble [bin.ku.lá.ble; ƀin.-] 形 **1** 結びつけることができる. **2**〖法〗相続人を限定できる.
vin·cu·la·ción [bin.ku.la.θjón; ƀin.- / -.sjón] 女 **1** 結びつき, 関連, つながり. ~ de parentesco 親戚(ｾｷ)関係. **2**〖法〗相続人〔継嗣〕限定.
vin·cu·lan·te [bin.ku.lán.te; ƀin.-] 形 結びつける; 結びつく, つながる; 拘束する.
*****vin·cu·lar** [bin.ku.lár; ƀin.-] 他 **1** 結びつける, つなげる. dos familias *vinculadas* entre sí 互いに結びついた2つの家族.
2 〈**a**… …に〉拘束する, 縛る. El contrato me *vincula* a la empresa por un año. 私は契約で1年間は会社に勤務しなければならない. Los campesinos están *vinculados* a la tierra. 農民は土地に縛られている. **3** 〈**en**… …を〉〈望みなどの〉よすが〔よりどころ〕とする. ~ sus esperanzas *en*… …に望みをつなぐ. **4**〖法〗…の相続人を限定する.
― ~**·se** 再 結びつく, つながる.
*****vín·cu·lo** [bín.ku.lo; ƀín.-] 男 **1** 絆(ｷｽﾞﾅ), 結びつき. ~s matrimoniales 姻戚(ｲﾝｾｷ)関係. España sirve de ~ entre Europa y África. スペインはヨーロッパとアフリカを結ぶ掛け橋になっている.
2〖法〗限嗣相続, 継嗣限定; 限嗣相続財産.
vin·di·ca·ción [bin.di.ka.θjón; ƀin.- / -.sjón] 女 **1** (主に文書による)擁護, 弁護. **2** (権利・名声などの)取り戻し, 回復. **3** 復讐(ｼｭｳ), 報復. plantear su ~ 復讐をもくろむ.
vin·di·ca·dor, dora [bin.di.ka.ðór, -.ðó.ra; ƀin.-] 形 **1** 擁護する, 弁護する. **2** 取り戻す, 回復する. **3** 復讐(ｼｭｳ)する, 報復する.
― 男 女 **1** 擁護する人, 弁護する人. **2** 復讐者.
vin·di·car [bin.di.kár; ƀin.-] 他 **1** 〈名誉を〉復讐(ｼｭｳ)する, 報復する. **2** (文書で)擁護する; 〈嫌疑などを〉晴らす. **3** 〖法〗〈財産・権利などを〉主張する, 要求する (= reivindicar).
― ~**·se** 再 **1** 復讐〔報復〕する.
2 自己弁護する; 〈自分の汚名・嫌疑を〉晴らす.
vin·di·ca·ti·vo, va [bin.di.ka.tí.ƀo, -.ƀa; ƀin.-] 形 **1** 報復の; 復讐(ｼｭｳ)心のある, 執念深い.
2 〈文書などが〉擁護の, 弁護となる.
vin·di·ca·to·rio, ria [bin.di.ka.tó.rjo, -.rja; ƀin.-] 形 → vindicativo.
vin·dic·ta [bin.dík.ta; ƀin.-] 女〖文章語〗復讐(ｼｭｳ), 報復, 制裁 (= venganza). *vindicta pública* 〖法〗公訴, 公罰.
vi·ne·rí·a [bi.ne.rí.a; ƀi.-] 女《ラ米》(ﾒｷ)(ｻ)(ﾗﾌﾟ)ワイン店.
ví·ni·co, ca [bí.ni.ko, -.ka; ƀí.-] 形 ワインの, ワインに関する.
vi·ní·co·la [bi.ní.ko.la; ƀi.-] 形 ワイン製造〔醸造〕の. ― 男 女 ブドウ園の持ち主, ブドウ栽培家.
vi·ni·cul·tor, tora [bi.ni.kul.tór, -.tó.ra; ƀi.-] 男 女 ワイン製造〔醸造〕者.
vi·ni·cul·tu·ra [bi.ni.kul.tú.ra; ƀi.-] 女 ワイン製造〔醸造〕.
vi·nie·bla [bi.njé.ƀla; ƀi.-] 女〖植〗オオルリソウ(属の総称) (= cinoglosa).

vi・ní・fe・ro, ra [bi.ní.fe.ro, -.ra; ƀi.-] 形 〈植物・果実などが〉ワインを作るための.

vi・ni・fi・ca・ción [bi.ni.fi.ka.θjón; ƀi.- / -.sjón] 女 ワイン醸造(過程).

vi・ní・li・co, ca [bi.ní.li.ko, -.ka; ƀi.-] 形 《化》ビニール(基)の.

vi・ni・llo [bi.ní.jo; ƀi.- ‖ -.ʎo] 男《話》薄いワイン; 上等のワイン. [vinoの縮小辞]

vi・ni・lo [bi.ní.lo; ƀi.-] 男 《化》ビニール(基).

***vi・no** [bí.no; ƀí.-] 男 **1** ワイン, ぶどう酒; グラス一杯のワイン (→uva). tomar [beber] ~ ワインを飲む. echar ~ ワインを注ぐ. criar ~ ワインを熟成させる. ~ blanco [rosado, tinto] 白[ロゼ, 赤]ワイン. ~ clarete クラレットワイン. ~ espumoso スパークリングワイン. ~ de Jerez シェリー (→jerez). ~ de Oporto ポートワイン. ~ moscatel マスカットワイン. ~ aromático (aromatizado)フレーバーワイン. ~ de consagrar ミサ用のぶどう酒. ~ de la casa ハウスワイン. ~ de mesa テーブルワイン. ~ de pasto 日常用ワイン. ~ de la tierra 土地のワイン. ~ peleón 《話》安物のワイン. ~ a granel 樽(だ)出しワイン. ~ aguado 水で割ったワイン. ~ aloque 赤ワインと白ワインを混ぜた淡紅色のワイン. ~ de garrote 強く圧搾をかけたワイン. ~ de lágrima 圧縮機にかけずに濾過したワイン. ~ de solera ソレラシステムで熟成させたワイン. ~ generoso [de postre]熟成させた強いワイン. ~ nuevo 新酒. ~ de dos orejas 芳醇なワイン. ~ añejo (1年以上寝かせた)熟成ワイン. ~ de dos [tres, …] hojas 2 [3,…]年もののワイン. ~ de honor 特選ワイン.

関連 ワイン関連の表現: abocado, embocado やや甘口で口当たりのよい. dulce [seco]甘[辛]口. delicado [suave] やや甘くやわらかな. sedoso 滑らかな. verde 酸味が強く辛口の. áspero 酸味が強くざらざらした. astringente 渋く苦味のある. picante [de aguja] 舌を刺すような. cubierto やや暗い赤色の. tintillo やや明るい赤色の. pardillo ロゼと白の中間色でやや甘口の. de alta expresión 芳醇で複雑味のある.

2 (一般に)酒. ~ de arroz 日本酒(=sake). ~ de coco ココナッツ酒. ~ de quina キナ酒. El ~, como rey, y el agua, como buey.《諺》水は牛のように, しかし酒は王のように(控えめに飲め).

3 ワイン色, 暗赤色.

—男《性数不変》ワイン色の, 暗赤色の. una falda color ~ ワイン色のスカート.

ahogar las penas en vino 酒で憂さを晴らす.

bautizar [cristianar] el vino《話》ワインを水で薄める.

dormir el vino《話》酔いつぶれる.

echar agua al vino《話》主張を和らげる.

tener buen [mal] vino《話》酒癖がよい[悪い].

[← [ラ] vinum; 関連 vinoso, viña, vinagre, vinícola, vinicultura, vendimia. [ポルトガル] vinho. [仏] vin. [伊] vino. [英] wine. [独] Wein]

vi・no・len・to, ta [bi.no.lén.to, -.ta; ƀi.-] 形 ワインを飲んだくれる, 大酒飲みの.

vi・no・so, sa [bi.nó.so, -.sa; ƀi.-] 形 ワインのような; ワインカラーの. de color ~ ワインカラーの.

vi・no・te [bi.nó.te; ƀi.-] 男 (醸造の)蒸留廃液.

vi・no・te・rí・a [bi.no.te.rí.a; ƀi.-] 女 《ラ米》(¹*ᵥ)(⁵ᶜᵛ) ワイン販売; ワイン店.

vin・ta [bín.ta; ƀín.-] 女 ビンタ: フィリピンの小舟.

vin・tage [bin.téiʃ; ƀin.-] [英] 男 **1** [複 ~, ~s] ヴィンテージワイン. **2** 《服飾》往年の高級品感覚と現代の要素をミックスしたファッション.

***vi・ña** [bí.ɲa; ƀí.-] 女 **1** ブドウ園, ブドウ畑. arropar las ~s (接ぎ木したばかりの)ブドウの木の根元を土まんじゅうで覆う. **2** 《ラ米》(ᵐₑₓ) ごみため [捨て場].

De todo hay en la viña del Señor.《話》いいこともあれば悪いこともある.

ser una viña 金のなる木である.

tener una viña con… …で大もうけする.

viña virgen《植》アメリカヅタ.

[← [ラ] vineam (vinea の対格)「ブドウの木; ブドウ園」(vinum「ワイン」より派生) 関連 viñador, viñedo. [英] vine(yard)「ブドウ樹[園]」]

vi・ña・de・ro [bi.ɲa.ðé.ro; ƀi.-] 男 ブドウ園の番人.

vi・ña・dor, do・ra [bi.ɲa.ðór, -.ðó.ra; ƀi.-] 形 **1** ブドウ栽培家. **2** ブドウ畑の番人.

vi・ñal [bi.ɲál; ƀi.-] 男 《ラ米》(ᴬᴿᴳ) → viñedo.

vi・ña・te・ro, ra [bi.ɲa.té.ro, -.ra; ƀi.-] 形 《ラ米》 ブドウ(の木)の. —男 《ラ米》ブドウ栽培家, ブドウ園の所有者または番人.

vi・ñá・ti・go [bi.ɲá.ti.go; ƀi.-] 男 《植》クスノキ.

vi・ñe・do [bi.ɲé.ðo; ƀi.-] 男 ブドウ園[畑].

vi・ñe・ro, ra [bi.ɲé.ro, -.ra; ƀi.-] 男 女 ブドウ園の所有者.

vi・ñe・ta [bi.ɲé.ta; ƀi.-] 女 **1** 《印》(題名・章の初め・終わりの余白に描かれた)装飾模様. **2** 挿し絵, カット. 《主に短い一文が添えられた漫画の)こま. **3** 企業などのシンボルマーク.

vi・ñe・te・ro [bi.ɲe.té.ro; ƀi.-] 男 《印》viñeta の型版保存棚.

vio [bjó; ƀjó] 活 → ver.

vio・la¹ [bjó.la; ƀjó.-] 女 《音楽》ビオラ. ~ de gamba (バロック時代の低音楽器の)ビオラ・ダ・ガンバ. —男 女 ビオラ奏者.

vio・la² [bjó.la; ƀjó.-] 女 《植》スミレ (=violeta).

vio・lá・ce・o, a [bjo.lá.θe.o, -.a; ƀjo.- / -.se.-] 形 すみれ色の; スミレ科の. —女 《複数で》《植》スミレ科の植物. —男 すみれ色.

***vio・la・ción** [bjo.la.θjón; ƀjo.- / -.sjón] 女 **1** 《法》違反, 違背. **2** 強姦(ごう), レイプ. **3** (権利などの)侵害, 冒涜(ぼうとく). ~ de la intimidad プライバシーの侵害. **4** 侵入, 侵犯.

vio・la・do, da [bjo.lá.ðo, -.ða; ƀjo.-] 形 すみれ色の. —男 すみれ色.

vio・la・dor, do・ra [bjo.la.ðór, -.ðó.ra; ƀjo.-] 形 違反する; 侵害する; 侵入する. —男 女 違反者; 侵害者; 侵入者; 強姦(ごう)者.

***vio・lar¹** [bjo.lár; ƀjo.-] 他 **1** (法などに)違反する. ~ la ley 法を犯す. **2** 強姦(ごう)する, レイプする. **3** 〈権利などを〉侵害する. **4** (神聖な場所を)冒涜(ぼうとく)する; 侵入する, 侵犯する.

[← [ラ] violāre (vis「力」より派生) 関連 violación, violento. [英] violate]

vio・lar² [bjo.lár; ƀjo.-] 男 スミレ畑.

***vio・len・cia** [bjo.lén.θja; ƀjo.- / -.sja] 女 **1** 激しさ, 猛烈さ, すさまじさ; 猛威. la ~ del tifón 台風の猛威. con ~ ひどく, 激しく. El bailaor imprimía a sus movimientos ~. そのバイラオール(フラメンコの踊り手)は自分の動きに荒々しさを加えていった.

2 暴力, 乱暴, 威嚇; 強制, 無理強い. apelar [recurrir] a la ~ 暴力に訴える. justificar la ~ 暴力を正当化する. emplear [usar] la ~ 乱暴する. la no

～ 非暴力(主義). Los ladrones usaron un ～ para abrir la ventana. 泥棒は力ずくで窓を開けた. **3** 困惑, 気まずさ, ばつの悪さ.
violencia callejera 街頭暴力.

vio·len·ta·men·te [bjo.lén.ta.mén.te; bjo.-] **1** 激しく, 荒々しく, 乱暴に; 無理に, こじつけて. **2** 不器用に, ぎこちなく. **3** 《ラ米》 素早く.

*__vio·len·tar__ [bjo.len.tár; bjo.-] 他 **1** …に暴力を加える. ～ una rama 枝をねじ折る. ～ la puerta ドアをこじあける. ～ una casa 家に押し入る. **2** 無理強いする, 強要する. **3** 気まずくさせる; 不快にさせる. **4** ねじ曲げる, 歪曲(わいきょく)する. La traducción *violenta* el original. 翻訳によって原作が歪曲されている.
—— ～·**se** 再 **1** 我慢する, 自制する. **2** 気まずい思いをする, とまどう; 不愉快に思う.

*__vio·len·to, ta__ [bjo.lén.to, -.ta; bjo.-] 形 **1** 激しい, 猛烈な, 過激な; 怒りっぽい, 気性の荒い. una jugada *violenta* 《スポ》ラフプレー. un dolor ～ 激痛. persona *violenta* 怒りっぽい人.
2 暴力的な, 乱暴な, 無理やりな; こじつけの, 歪曲(わいきょく)した. medidas *violentas* 乱暴なやり方. una interpretación *violenta* del texto 原文のこじつけ解釈.
3 不自然な, ぎこちない. muerte *violenta* 変死(▶︎「自然死」は muerte natural). una postura *violenta* 無理な姿勢. **4** 気まずい, ばつの悪い, 気の進まない. Me es ～ decírselo. こんなことを申し上げるのは気が引けるのですが.
[← 《ラ》*violentum* (*violentus* の対格; *vīs* 「力」より派生)] 関連 violencia, violentar, violar. 英 *violent*]

vio·le·ro, ra [bjo.lé.ro, -.ra; bjo.-] 男 女 **1** 弦楽器の製作者. **2** ビオラ奏者, ビウエラ奏者.
—— 男 《昆》カ(蚊).

*__vio·le·ta__ [bjo.lé.ta; bjo.-] 女 《植》スミレ. ～ de jardín ニオイスミレ. __1__ すみれ色. —— 形 (時に性数不変) すみれ色の. vestido ～ すみれ色の服. luces ～ すみれ色の光.
[← 《古仏》*violette* ({仏} ; *viole* 「スミレ; 紫色」(← 《ラ》*viola*) + 縮小辞) 関連 *viola*², podo. 英 *violet*]

vio·le·te·ra [bjo.le.té.ra; bjo.-] 女 スミレ売り.
vio·le·te·ro [bjo.le.té.ro; bjo.-] 男 (小さな)花瓶.

*__vio·lín__ [bjo.lín; bjo.-] 男 **1** 《音楽》バイオリン. concierto para ～ バイオリン協奏曲. acordar un ～ バイオリンを調弦する. tocar el ～ バイオリンを弾く. **2** 《ラ米》(俗)(話)口臭. —— 男 女 バイオリン奏者. primer ～ 第一バイオリン (奏者).
de violín 《ラ米》(俗)ただで, 無料で.
embolsar el violín / *meter violín en bolsa* 《ラ米》(話)しっぽを巻く, すごすごと引き下がる.
violín de Ingres 趣味, 道楽.
[← 《伊》*violino* (*viola* 「ビオラ」+ 縮小辞) 関連 violinista, violón. 英 *violin*]

vio·li·nis·ta [bjo.li.nís.ta; bjo.-] 共 バイオリン奏者, バイオリニスト.

vio·lón [bjo.lón; bjo.-] 男 《音楽》コントラバス, ダブルベース(= contrabajo).
—— 男 女 コントラバス奏者.
tocar el violón (話)見当はずれなことを言う(する).
[← 《伊》*violone* (*viola*「ビオラ」+ 増大辞)]

vio·lon·ce·lis·ta [bjo.lon.θe.lís.ta; bjo.-/ -.se.-] 男 女 《音楽》チェロ奏者, チェリスト. Pablo [Pau] Casals fue un ～ de fama mundial. パブロ[パ

ウ]・カザルスは世界的に有名なチェリストだった.

vio·lon·ce·lo [bjo.lon.θé.lo; bjo.- / -.sé.-] 男 《音楽》チェロ. —— 男 女 チェロ奏者, チェリスト. [← 《伊》*violoncello*]

vio·lon·che·lis·ta [bjo.lon.tʃe.lís.ta; bjo.-] 男 女 → violoncelista.

vio·lon·che·lo [bjo.lon.tʃé.lo; bjo.-] 男 → violoncelo.

vip, VIP, v.i.p [bíp; bíp] 男 女 (略)(複～s, ～es) 《英》*Very Important Person* 重要人物, 要人, 有名人, V.I.P.

vi·pé·re·o, a [bi.pé.re.o, -.a; bi.-] / **vi·pe·ri·no, na** [bi.pe.rí.no, -.na; bi.-] 形 **1** クサリヘビ [マムシ]の, 毒ヘビの; 毒ヘビのような. **2** 毒のある, 悪意に満ちた. lengua *viperina* 毒舌(家).

vi·ra [bí.ra; bi.-] 女 **1** (まれ)(鋭い)矢. **2** (靴底と甲とをつなぐ)細革, ウェルト.

vi·ra·cho, cha [bi.rá.tʃo, -.tʃa; bi.-] 形 《ラ米》(竹)内斜視の, 寄り目の.

Vi·ra·co·cha [bi.ra.kó.tʃa; bi.-] 固名 **1** 《神話》ビラコチャ. ◆ケチュア語で「創造主」の意. Titicaca 湖から現れて万物を創造したという古代インカの創造神. あごひげをたくわえ銀の足 (蹄鉄(ていてつ)) をした巨大な獣 (馬) に乗ったその姿から, インカを征服したコンキスタドールたちはこの神の末裔(まつえい)と信じられた. これはアステカを征服した Cortés 一行がケツァルコアトル Quetzalcoatl の再来と信じられたことと軌を一にする. **2** 《史》ビラコチャ(?-1430): インカ帝国第8代皇帝.

vi·ra·da [bi.rá.ða; bi.-] 女 《海》針路変更.

vi·ra·dor [bi.ra.ðór; bi.-] 男 **1** 《写》調色液 (= baño ～). **2** 《海》(**1**) トップマスト用の上下索, (ブームなどの)つり上げ索. (**2**) (太索を送る時の)先導細索; 駆動索.

vi·ra·go [bi.rá.go; bi.-] 女 《文章語》《軽蔑》男まさりの女.

vi·ra·je [bi.rá.xe; bi.-] 男 **1** (乗り物の)針路変更, 方向転換, 旋回. dar un ～ 方向を変える. ～ peligroso 危険な方向転換. V— rápido. 《標識》急カーブ注意. (**2**) (政策・考えなどの)方向[方針]転換. La Revolución francesa marca un ～ *decisivo* en la historia. フランス革命を機に歴史は大きく転回する. **3** 《スポ》(水泳の)ターン. **4** 《写》調色.

vi·ral [bi.rál; bi.-] 形 ウイルスの.

*__vi·rar__ [bi.rár; bi.-] 自 **1** (乗り物が) 方向転換をする, 針路を変える. ～ de bordo 《海》船首を回す. ～ bruscamente 急に向きを変える.
2 政策[方針, 考え方] を変える. El país *ha virado* a la derecha. その国は右寄りに方針を変えた.
3 (うず巻き状に) ひっくり返る, 回転する.
—— 他 **1** (乗り物を)方向転換させる.
2 《写》調色する. **3** 《ラ米》(**1**) (ラ米)(話)(俗)ひっくり返す; 倒す. (**2**) (古風)(竹)鞭で打つ.
virar en redondo 180度方向転換する.

vi·ra·vi·ra [bi.ra.βí.ra; bi.-] 女 《ラ米》(アンデス)(竹)(にけん)《植》キク科の薬草.

vi·ra·zón [bi.ra.θón; bi.- / -.són] 女 **1** (日中の)海風; (南風から北西風への) 突然の変化. **2** (考えなどの)突然の変化.

vi·re·lai [bi.re.lái; bi.-] 男 ヴィルレー: フランス中世の短い抒情詩.

vi·re·mia [bi.ré.mja; bi.-] 女 《医》ウイルス血症.

*__vir·gen__ [bír.xen; bír.-] 形 (名詞+) **1** 処女の; 童貞の.
2 《ser+ / estar+》自然のままの, 未加工の; 未踏の, 未使用の. aceite ～ バージンオイル. cera ～ 生

蠟(冬). cinta ～ 生テープ. lana ～ 初めて毛刈りした羊毛；未加工の羊毛. nieve ～ 処女雪. selva ～ 原生林. tierra ～ 処女地，未開墾地. un CD ～ 未使用のCD. ― 男 童貞，処女. ― 女 **1**〔V-〕《カト》聖母マリア（= la V～ María, la V～ Santísima）. una ～ 聖母マリア像. **2**〔V-〕《星座》おとめ座（= Virgo）.
Fíate de la Virgen y no corras. 他人に頼りすぎてはいけない.
¡Santísima Virgen! / ¡Virgen Santísima! / ¡Virgen! / ¡La Virgen! / ¡Virgen Santa! 《驚き・困惑・抗議など》まあ，どうしよう，とんでもない.
un [una] viva la Virgen 無責任で自己中心的な人（→ vivalavirgen）.
［← 〔ラ〕*virginem*（*virgō* の対格；→ Virgo）．関連 virginal, virginidad, desvirgar.〔英〕*virgin, Virginia*〕

Vír·ge·nes [bír.xe.nes; bír.-] 固名 Islas ～ バージン諸島：西インド諸島東部の米国・英国領の諸島．
♦（ドイツの）ケルンの町でフン族と戦い，聖女 Ursula（3 世紀）と共に殉教したと伝えられる一万一千人の処女 virgen たちにちなんでコロンブスが1493年に命名. → virgen.

vir·gi·lia·no, na [bir.xi.ljá.no, -.na; bir.-] 形 ウェルギリウスの，ウェルギリウス風の.

Vir·gi·lio [bir.xí.ljo; bir.-] 固名 ウェルギリウス Publio ～ Marón（前70-前19）：ローマの詩人.

vir·gi·nal [bir.xi.nál; bir.-] 形 **1** 処女の，処女らしい. **2** 清純な，純潔な，無垢(ぐ)な. **3**〔カト〕聖母の.

vir·gí·ne·o, a [bir.xí.ne.o, -.a; bir.-] 形 → virginal.

vir·gi·nia [bir.xí.nja; bir.-] 男 バージニア産タバコ.

Vir·gi·nia [bir.xí.nja; bir.-] 固名 バージニア：米国東部の州.

vir·gi·nia·no, na [bir.xi.njá.no, -.na; bir.-] 形（米国の）バージニア州の.
― 男女 バージニア州の住民［出身者］.

***vir·gi·ni·dad** [bir.xi.ni.ðáð; bir.-] 女 処女性，処女［童貞］であること；純潔.

vir·go [bír.go; bir.-] 〔性数不変〕おとめ座生まれの. mujeres ～ おとめ座の女性たち.
― 男 **1**〔V-〕《星座》おとめ座（= Virgen）.（2）《占星》処女宮：黄道十二宮の第6宮. **2** 処女膜. ― 男女〔単複同形〕おとめ座生まれの人. Soy ～ . 私はおとめ座だ.

vir·gue·rí·a [bir.ge.rí.a; bir.-] 女《話》**1**（腕前の）見事さ，完璧さ. hacer ～s con... …が非常にうまい. **2** ごてごてした装飾.

vir·gue·ro, ra [bir.gé.ro, -.ra; bir.-] 形《話》見事な腕前の. ― 男女《話》見事な腕前の人.

vír·gu·la [bír.gu.la; bir.-] 女 **1**（，˜´ ′ など）の文字に付ける符号. **2**〔医〕コレラ菌. **3** 小さい棒.

vir·gu·li·lla [bir.gu.lí.ja; bir.- ‖ -.ʎa] 女 → vírgula 1.

ví·ri·co, ca [bí.ri.ko, -.ka; bir.-] 形 ウイルス（性）の.

***vi·ril**[1] [bi.ríl; bi.-] 形 男の；男性的な，男らしい；力強い，たくましい. comportamiento ～ 男らしい振舞い. miembro ～ 男根，ペニス.
［← 〔ラ〕*virīlem*（*virīlis* の対格）← *vir*「成人男子；勇者」より派生］関連 virtud.〔英〕*virile*「男らしい」〕

vi·ril[2] [bi.ríl; bi.-] 男 **1**〔カト〕（聖体顕示台の中のガラスの）円形聖体納器. **2**（展示物用の）ガラス.

vi·ri·li·dad [bi.ri.li.ðáð; bi.-] 女 男らしさ；力強さ，たくましさ；男盛り，壮年期.

vi·ri·lis·mo [bi.ri.lís.mo; bi.-] 男〔医〕男性化症.

vi·ri·li·za·ción [bi.ri.li.θa.θjón; bi.- / -.sa.sjón] 女 男性化.

vi·ri·li·zar·se [bi.ri.li.θár.se; bi.- / -.sár.-] 97 再 男性化する.

vi·rin·go, ga [bi.ríŋ.go, -.ga; bi.-] 形《ラ米》(デスア)(コロンビア)《話》裸の，丸裸になった；皮がはがれた.

vi·rión [bi.rjón; bi.-] 男〔医〕ビリオン，ウイルス粒子.

vi·ri·pau·sia [bi.ri.páu.sja; bi.-] 女 男子更年期.

vi·ro·la [bi.ró.la; bi.-] 女 **1**（ナイフなどの柄の）金環. **2**《ラ米》(アルゼ)(ウルグ)(馬具に付ける)銀の飾り.

vi·ro·len·to, ta [bi.ro.lén.to, -.ta; bi.-] 形 天然痘にかかった；あばただらけの.
― 男女 天然痘患者；あばたのある人.

vi·ro·lo·gí·a [bi.ro.lo.xí.a; bi.-] 女 ウイルス学.

vi·ró·lo·go, ga [bi.ró.lo.go, -.ga; bi.-] 男女 ウイルス学者.

vi·ró·si·co, ca [bi.ró.si.ko, -.ka; bi.-] 形《ラ米》(アルゼ)(ウルグ)ウイルス（性）の.

vi·ro·sis [bi.ró.sis; bi.-] 女〔単複同形〕〔医〕ウイルス感染，ウイルス病.

vi·ro·te [bi.ró.te; bi.-] 男 **1** 投げ矢，矢. **2**（奴隷の首輪につける）鉄の棒. **3** 伊達(だて)男. **4** 堅物，まじめ人間. **5**《ラ米》(1)(コロンビア)ロールパン（= bolillo）. (2)(アルゼ)(ウルグ)《話》まぬけ，とんま.

vi·rrei·na [bi.réi.na; bi.-] 女〔史〕副王夫人；(女性の)副王. → virrey.

vi·rrei·nal [bi.řei.nál; bi.-] 形 副王（時代）の.

vi·rrei·na·to [bi.řei.ná.to; bi.-] 男〔史〕(1)副王の地位（在任期間）；副王制. (2)副王領. V～s de América（スペイン統治時代の）アメリカ大陸の副王領.

関連 スペイン統治時代の副王領： ～ de Nueva España ヌエバ・エスパーニャ副王領1535. 首都 Ciudad de México）. ～ del Perú ペルー副王領（1544. 首都 Lima）. ～ de Nueva Granada ヌエバ・グラナダ副王領（1717. 首都 Bogotá）. ～ del Río de La Plata ラプラタ副王領（1776. 首都 Buenos Aires）. ♦ その後さらに狭い行政単位の *capitanía general*「総監領」と *presidencia*「長官領」が設置された.

vi·rrei·no [bi.ř̃ei.no; bi.-] 男 → virreinato.

***vi·rrey** [bi.ř̃ei; bi.-] 男〔史〕副王. ♦イベリア本国で統治する国王の代理としてイタリア所領（15世紀前半以降）やアメリカ大陸（コロンブス Colón が初代副王）に派遣された高官吏. → virreinato.

vi·rrion·do, da [bi.ř̃jón.do, -.da; bi.-] 形《ラ米》(メキシコ)《話》盛りのついた，発情期の；好色な.

***vir·tual** [bir.twál; bir.-] 形 **1** 実質上の，事実上の；潜在的な，可能性［将来性］のある. ～ triunfo 実質的な勝利. capital ～ 擬制資本. **2** 非現実の；〔物理〕〔ＩＴ〕虚像の（= real）. imagen ～ 虚像. realidad ～ 仮想現実，バーチャルリアリティー.

vir·tua·li·dad [bir.twa.li.ðáð; bir.-] 女 潜在性，可能性，実現性；潜在力；実質.

vir·tual·men·te [bir.twál.mén.te; bir.-] 副 潜在的に；実質的には，事実上，ほとんど；仮想的に.

****vir·tud** [bir.túð; bir.-] 女〔史〕**1** 徳，美徳；長所. Es un hombre de gran ～. 彼はすばらしい徳の持ち主だ. la ～ de la paciencia 忍耐という美徳. ～ cardinal〔カト〕枢要徳（▶ prudencia 賢明, justicia 正義, fortaleza 剛毅, templanza 節

制).~ teologal〖カト〗対神徳(▶fe 信徳, esperanza 望徳, caridad 愛徳). Tiene muchas ~es. 彼[彼女]にはたくさんの長所がある.
2〈主に複数で〉 1 体力, 能力; 効力, 効能. ~ de las hierbas 薬草の効能. ~es curativas 治癒力. Tienes una ~ para tratar a los niños. 君は子供の扱いがうまい.
3〖皮肉〗美徳. **4**〖ラ米〗(ﾒﾋｼｺ)〈卑〉ペニス, 陰茎.
en [por] virtud de... …(の力)によって, …のおかげで. Empezaron las negociaciones de paz *en* ~ *del* acuerdo. 協定により和平交渉が始まった.
[←〖ラ〗*virtūtem* (*virtūs* の対格)「男らしさ, 勇気; 徳」(*vir*「男; 勇者」より派生); 関連 virtuoso, virtual, viril. 〖英〗*virtue*]
vir・tuo・sa・men・te [bir.twó.sa.mén.te; bir.-] 副 高潔に, 立派に; 貞潔に, 貞淑に.
vir・tuo・sis・mo [bir.two.sís.mo; bir.-] 男 妙技, 名人芸.
*****vir・tuo・so, sa** [bir.twó.so, -.sa; bir.-] 形 **1** 徳の高い, 有徳の. conducta *virtuosa* 高潔な振る舞い.
2〈演奏家などが〉名手の, 妙技の.
── 男女 **1** 有徳の人, 徳高い人物.
2〈音楽などの〉名演奏家, 名手, 名人, 達人.
vi・ru [bí.ru; bí.-] 女〈話〉→viruta.
vi・rue・la [bi.rwé.la; bi.-] 女〈時に複数で〉**1**〖医〗天然痘, 疱瘡(ﾎｳｿｳ), 痘瘡(ﾄｳｿｳ). ~ del ganado vacuno 牛痘. ~(s) loca(s) 水疱瘡, 水痘.
2 痘痕(ｱﾊﾞﾀ); picado de ~s あばただらけの.
3 あばたのような粒々.
¡A la vejez, viruelas!〖諺〗年寄りの冷や水.
vi・ru・lé [bi.ru.lé; bi.-] 女 *a la virulé*〖俗〗だめになって, 悪い状態で; よじれて, ねじれて. llevar la corbata *a la* ~ ネクタイが曲がっている. Tenía un ojo *a la* ~. (殴られて)彼[彼女]は目の回りがあざになっていた.
vi・ru・len・cia [bi.ru.lén.θja; bi.- / -.sja] 女 **1**〖医〗猛毒性. **2** 悪意, しんらつ.
vi・ru・len・to, ta [bi.ru.lén.to, -.ta; bi.-] 形 **1**〖医〗ウイルス性の; 悪性の; 化膿(ｶﾉｳ)した.
2 毒のある, しんらつな. discurso ~ 毒のある演説.
***vi・rus** [bí.rus; bí.-] 男〖単複同形〗 **1**〖生物〗〖医〗ウイルス; 病原体. ~ filtrable 濾過(ﾛｶ)性ウイルス. ~ de la gripe インフルエンザウイルス. ~ de la hepatitis 肝炎ウイルス. ▶「細菌」は microbio.
2〖IT〗(コンピュータ)ウイルス (= ~ *informático*).
vi・ru・ta [bi.rú.ta; bi.-] 女 **1**(木・金属などの)削りくず, かんなくず. **2**〈話〉お金.
echando virutas とても急いで.
vis [bís; bís] 女 *vis cómica* 笑わせる才能.
***vi・sa** [bí.sa; bí.-] 女〖ラ米〗ビザ, 査証.
***vi・sa・do, da** [bi.sá.ðo, -.ða; bi.-] 男 ビザ, 査証. solicitar un ~ ビザを申請する.
── 形 査証された, ビザを与えられた; 裏書きされた.
vi・sa・je [bi.sa.xe; bi.-] 男 顔をゆがめること, しかめ面, おどけた表情.
vi・sa・je・ro, ra [bi.sa.xé.ro, -.ra; bi.-] 形 大げさな表情をする; 顔をしかめる癖のある.
vi・sa・jis・ta [bi.sa.xís.ta; bi.-] 男女 メークアップアーティスト.
vi・sar [bi.sár; bi.-] 他 **1**(旅券に)査証する, ビザを与える. **2** 承認する, 〈書類に〉裏書きする. **3** ねらいをつける, 照準を合わせる.
[←〖仏〗*viser*「ねらう」←〖俗ラ〗**visare* (〖ラ〗*vidēre*「見る」の完了分詞 *vīsus* より派生)]

vis a vis [bís a bís; bís -] 〖仏〗男 (刑務所の)面会. ── 副 面と向かって, 差しで.
vís・ce・ra [bís.θe.ra; bís.- / -.se.-] 女〈主に複数で〉〖解剖〗体腔内諸器官, 内臓.
vis・ce・ral [bis.θe.rál; bis.- / -.se.-] 形 **1**〖解剖〗内臓の. **2**〈感情が〉根深い. odio ~ 根深い憎しみ. **3** 感情的な.
vis・co [bís.ko; bís.-] 男 鳥もち.
vis・co・sa [bis.kó.sa; bis.-] 女〖化〗ビスコース:レーヨンなどの原料.
vis・co・si・dad [bis.ko.si.ðáð; bis.-] 女 粘着性, 粘度, 粘性; ねばねばする物質.
vis・co・si・lla [bis.ko.sí.ja, bis.- ‖ -.ʎa] 女 **1**〖化〗ビスコース. **2** ビスコース繊維.
vis・co・sí・me・tro [bis.ko.sí.me.tro; bis.-] 男 粘度計.
vis・co・so, sa [bis.kó.so, -.sa; bis.-] 形 粘着性のある, ねばねばする.
vi・se・ra [bi.sé.ra; bi.-] 女 **1** (帽子の)ひさし, つば; サンバイザー. **2**〖車〗サンバイザー. **3** (かぶとの)面頬(ﾒﾝﾎｵ). **4**(玄関・窓の)ひさし. **5**〖馬〗遮眼帯.
vi・si・bi・li・dad [bi.si.βi.li.ðáð; bi.-] 女 可視性; 視界, 視度. curva con poca ~ 見通しの悪いカーブ. ~ cero 視界ゼロ. vuelo sin ~ 無視界[計器]飛行. Hay una ~ de tres metros. 視界は3メートルである.
vi・si・bi・li・zar [bi.si.βi.li.θár; bi.- / -.sár] 97 他 可視化する.
***vi・si・ble** [bi.sí.ble; bi.-] 形 **1** 見える, 可視の (↔invisible). Como está nublado, el eclipse de luna no será ~. 曇っているので月食は見えないだろう. **2** 明らかな, 明白な. dar muestras de ~ desagrado あからさまに嫌な顔をする. **3** (**estar**+) 見苦しくない, 人前に出られる; 〈話〉服を着ている. No entres, que no *estoy* ~. まだ支度ができていないから入って来ないで.
vi・si・ble・men・te [bi.sí.ble.mén.te; bi.-] 副 明らかに; 目に見えて.
vi・si・go・do, da [bi.si.gó.ðo, -.ða; bi.-] 形 西ゴートの. ── 男女 西ゴート人. ◆東ゲルマン系の民族で, ドナウ川北岸から西進して412年南ガリアを征服. さらにイベリア半島に侵入して414年に西ゴート王国を建てた(首都 Toledo). スペインの大部分に領土を広げたが, アフリカから侵入したイスラム教徒に711年に滅ぼされた.
vi・si・gó・ti・co, ca [bi.si.gó.ti.ko, -.ka; bi.-] 形 西ゴートの.
vi・si・llo [bi.sí.jo; bi.- ‖ -.ʎo] 男 **1**〈主に複数で〉(薄手の)カーテン, レースのカーテン. **2**(ソファーの背にかける)汚れ防止用カバー.

****vi・sión** [bi.sjón; bi.-] 女 **1** 視覚, 視力 (= *vista*). perder la ~ 視力を失う. ~ acromática 色盲. ~ borrosa かすみ目. campo de ~ 視界.
2 光景, 見えるもの; 幻, 幻覚, 亡霊; 醜悪な外見(のもの). tener *visiones* (酒による酩酊(ﾒｲﾃｲ)・悪夢などで)幻を見る. quedarse viendo *visiones*(信じられない光景を前に)あっけに取られる. como quien ve *visiones* あっけに取られた顔つきで. Se emocionó con la ~ de tantas estrellas. ものすごい数の星々を見て彼[彼女]は感動した. Has comprado una ~ de cuadro. 君はひどい絵を買ったものだね.
3 見方, 見解; (抽象的な)展望; 先を見通す能力, 洞察力. tener una ~ de conjunto 全体像をとらえる. tener ~ para los negocios 商売感覚が優れている. tener mucha ~ de futuro 将来を見抜く

力がたくましい．~ del mundo 世界観．~ a largo término 長期的展望．Cada uno tiene su propia ~ de las cosas. 人それぞれにものの見方がある．
ver visiones あらぬ妄想を抱く，幻を見る．
[←［ラ］*visiōnem* (*vīsiō* の対格；*vidēre*「見る」より派生）；関連 revisión, televisión［英］*vision*]

vi·sio·na·do [bi.sjo.ná.ðo; ƀi.-] 男 (専門的・批判的に)〈映画・テレビの〉映像を見ること，映像の検証．

vi·sio·na·do·ra [bi.sjo.na.ðó.ra; ƀi.-] 女 《映》(フィルム編集用の) ビューアー．

vi·sio·nar [bi.sjo.nár; ƀi.-] 他 (専門的・批判的に)〈映画・テレビの映像を見る［検証する］．

vi·sio·na·rio, ria [bi.sjo.ná.rjo, -.rja; ƀi.-] 形 **1** 空想的な，夢想的な．**2** 幻影を見る．— 男 女 **1** 空想家，夢想家．**2** 幻影を見る人，幻視家．

vi·sir [bi.sír; ƀi.-] 男 《史》(イスラム教国の) 高官，大臣．gran ~ (オスマン帝国の) 首相．[←［アラビア］*wazīr*]

vi·si·ra·to [bi.si.rá.to; ƀi.-] 男 《史》(イスラム教国の) 高官 (大臣) の地位［在任期間］．

vi·si·ta [bi.sí.ta; ƀi.-] 女 **1《a... …への》**訪問**，来訪；見学；面会；視察．hacer [girar] una ~ *a*... / ir de ~ *a*... …を訪問する．estar de ~ en... …を訪問中である．devolver la ~ *a* + 人 〈人〉に答礼の訪問をする．~ oficial 公式訪問．~ de compromiso [cortesía] 表敬訪問．~ de cumplido [cumplimiento] 儀礼的訪問．~ domiciliaria (セールス・調査などの) 戸別訪問；往診．tarjeta de ~ 名刺．~ de médico《軽蔑》非常に短い訪問．~ pastoral (司祭の) 教会巡察．Gracias por su ~.《あいさつ》ご来店ありがとうございます．
2《主に複数で》《集合的に》訪問客，見学客；訪問団．atender a las ~s 来客に対応する．Este monumento histórico tiene muchas ~s. この遺跡には大勢の見学客が訪れる．**3**《医》診察，往診．pasar (la) ~〈医者が〉診察する．**4**《ラ米》《医》浣腸．
— 両 → visitar.
la visita (*del Nuncio*)《戯曲》月経．

vi·si·ta·ción [bi.si.ta.θjón; ƀi.- / -.sjón] 女 《カト》聖母マリアの御訪問：聖母マリアが洗礼者ヨハネの母エリザベートを訪れたこと．

vi·si·ta·dor, do·ra [bi.si.ta.ðór, -.ðó.ra; ƀi.-] 形 訪問好きな；訪問しすぎる人；訪問者．**2** (製薬会社の) 医薬品セールスマン (= ~ médico). **3** 巡察官，視察官．— 女《ラ米》浣腸 (ちゅう)(器).

vi·si·tan·di·na [bi.si.tan.dí.na; ƀi.-] 女《カト》聖訪問修道女会 Orden de la visitación の修道女．

‡vi·si·tan·te [bi.si.tán.te; ƀi.-] 男 女 訪問者；見学客．jugar de ~《スポ》ビジターチームとしてプレーする．— 形 訪問の．equipo ~《スポ》ビジターチーム (↔ equipo local). profesor ~ 客員教授．

vi·si·tar [bi.si.tár; ƀi.-] 他 **1〈人を〉**訪ねる**，；見舞う，〈人に〉面会する．Me aconsejaron ~ a un cirujano. 私は外科医に行くようにアドバイスされた．Ella me *visitó* con frecuencia en el hospital. 彼女は病院に私を何度も見舞ってくれた．
2〈場所を〉**訪れる**；見学する，視察する．~ España スペインに行く．Yo quiero ir a Europa para ~ museos. 私はヨーロッパに行って美術館を見学したい．
3〈患者を〉往診する，回診する．El médico los debe ~ periódicamente. 医師は定期的に彼らを回診しなくてはならない．
4〈教会などへ〉(祈りに) 行く．Quiero ir al cementerio para ~ la tumba de tu madre. 私は墓地に行って君のお母さんの墓参りをしたい．
— 自《スペイン》〈医者が〉回診する，診察する．
[←［ラ］*visitāre*「(たびたび) 見る；見に行く，訪れる」；関連 visita, visitante, visar, ver.［英］*visit*]

vi·si·te·o [bi.si.té.o; ƀi.-] 男《話》《軽蔑》ひっきりなしに訪問すること；頻繁に客が来ること．Le gusta mucho el ~. 彼［彼女］は人を訪ねるの［人が来るの］が好きだ．

vi·si·vo, va [bi.sí.ƀo, -.ƀa; ƀi.-] 形 視覚の，視力の．potencia *visiva* 視力．

vis·lum·bra·mien·to [bis.lum.bra.mjén.to; ƀis.-] 男 **1** かすかに［ぼんやり］見えること．
2 かすかな兆し，兆候；疑い．

vis·lum·brar [bis.lum.brár; ƀis.-] 他 **1** ちらりと見える，かすかに［ぼんやり］見える．**2**〈可能性・解決の糸口などを〉感じ始める；推測する．

vis·lum·bre [bis.lúm.bre; ƀis.-] 女 **1** かすかな光，薄明かり．**2** かすかな兆し，兆候；うすうす知っていること．una ~ de esperanza かすかな希望．tener una ~ de... …をうすうす感じている．

vi·so [bí.so; ƀí.-] 男 **1**《主に複数で》つや，光沢；(光の具合で布地に表れる) 玉虫模様．tela de seda azul con ~s morados 紫色の光沢のある青い絹．~ cambiante 玉虫色．dar ~s a una tela 布地にモアレ加工を施す．hacer ~s〈布地などが〉玉虫色に輝く．
2《主に複数で》様相，様子．tener ~s de... …のようである，…のようにも見える．
3（透ける服の下に着る）アンダードレス．
a dos visos 二様の見方［目的］で．
de viso〈人〉が重要な，著名な．

vi·són [bi.són; ƀi.-] 男《動》ミンク；ミンクの毛皮；ミンクのコート．

vi·sor [bi.sór; ƀi.-] 男 **1**（銃砲の）照準器．**2**《写》（カメラなどの）ファインダー；ビューアー；《IT》ディスプレイ．**3**《スポ》（ダイビングの）マスク．

vi·so·rio, ria [bi.só.rjo, -.rja; ƀi.-] 形 視覚の，物を見るための．
— 男 鑑定，査定；検査．

‡vís·pe·ra [bís.pe.ra; ƀís.-] 女 **1** (祭りなどの) **前日**，前夜．~ de Navidad クリスマスイブ．~ de San Juan 聖ヨハネの祝日（6月24日）の前夜（スペイン民間行事としてこの日，火をたいて歌い踊り，夏の短夜を過ごした）．No empieza a estudiar hasta la ~ del examen. 彼［彼女］は試験の前日にならないと勉強を始めない．
2《主に複数で》直前．en ~s de... …の直前に．Está en ~s de marcharse a México. 彼［彼女］はメキシコへの出発を目前に控えている．
3《複数で》《カト》晩課：日没時に唱える祈り．rezar ~s 夕べの祈りをささげる．
4《複数で》《古語》夕暮れ，日暮れ．
Día de mucho, víspera de nada.《諺》明日のことはわからない．
Vísperas sicilianas《史》シチリアの晩鐘．◆1282年の復活祭の翌日，支配者フランスに対してシチリア島民が晩鐘の鐘を合図に蜂起 (ほうき) した事件．
[←［古スペイン］*viéspera* ←［ラ］*vespera*「夕方，晩」；関連 vespertino, véspero.［英］*vesper*]

vist- 活 → vestir.

vis·ta [bís.ta; ƀís.-] 活 → vestir.

vista

vis·ta [bís.ta; bís.-] 囡 **1** 視覚, 視力. ~ corta 近眼. ~ cansada 老視;疲れ目. tener buena ~ 視力がいい. nublársele (a+人) la ~ 〈人〉の目がかすむ. perder la ~ 視力を失う. ser corto de ~ / tener poca ~ 近眼である;目端が利かない.
2 視線;視界. ~ aguda [penetrante] 鋭い目つき. alzar la ~ 視線を上げる, 目を向ける;頼みごとをする. apartar [volver] la ~ 視線をそらす, 見ないふりをする. bajar la ~ 目を伏せる, 目をつむる. con la ~ baja うつむいて. dirigir la ~ a... …に視線を向ける. fijar [clavar, poner] la ~ en... …に目をとめる. echar [dar] la ~ a... …をちらっと見る, …の様子を見る. hasta donde alcanza la ~ 目の届くかぎり. leer con la ~ 黙読する. medir a+人 con la ~ 〈人を〉とがめるように見る. no quitar la ~ de encima 目を離さない. tener una ~ de lince [águila] 鋭い目つきをしている. torcer [trabar] la ~ を横目で見る.
3 見ること. ~ general [de conjunto] 全体を見渡すこと. a primera [simple] ~ 一見して;容易に. a... días ~ 〖商〗一覧後…日払いで. agradable a la ~ 見ていて気持ちのよい. saludar con la ~ 目であいさつをする.
4 眺め, 眺望, 見晴らし. ~ nocturna 夜景. ~ panorámica 全景を見渡せる眺望. casa con ~s al mar 海に臨む家. impedir la ~ 視界をさえぎる. Esta habitación tiene [goza de] una ~ espléndida. この部屋は見晴らしがとてもよい.
5 (ものの)表面;外観. ~ frontal 前面. La ~ engaña. 外見はあてにならない.
6 考え, 見解, 意図;洞察力. con la ~ puesta en... …を考慮して. desde el punto de ~ de... …の観点から. ser largo de ~ 明敏である. tener mucha ~ para... …に目が利く.
7 風景画[写真], 絵葉書. ~ marina 海洋画. pintar la ~ de... …の風景画を描く.
8 〖複数で〗〖建〗(戸口・バルコニーなどの)開口部.
9 〖法〗審理. ~ a puerta cerrada 非公開審理. celebrarse una ~ preliminar 予審が行われる.
10 〖複数で〗〖古語〗会見, 会合. **11** 〖ラ米〗(*_ﾒ_)映画. ─ 男 囡 税関の検察官. ─ 形 → visto.

a la vista (1) 目に見えて, 目の届くところに;見込みとして. poner ~ a la ~ …を提示する;…を見えるところに置く. un barco a la ~ 視界にある船. (2) 見てすぐに, 初見で. ejecutar a la ~ 初見で演奏する. pagadero a la ~ 〖商〗(手形が)一覧払い. (3) 見たところ(では). A la ~ no son ricos. 見たところ彼らは金持ちではなさそうだ. (4) 明らかで. Los resultados están a la ~. 結果は明白である. Está a la vista que... …ということは明らかである.
a la vista (1) 〜を見て;〜が見えるところで. a la ~ de aquel espectáculo その光景を目の当たりにして. Estábamos a la ~ del puerto. 私たちは港の見えるところに来ていた. (2) …の面前で. a la ~ de todo el mundo 公然と. (3) …を考慮して, …のために. a la ~ de las dificultades 数々の困難を考慮して. (4) 明らかで,〜の考え[意見]では.
a vista de... 〜を前にして, 〜の近くで;〜と比較して.
a vista de ojos 明らかに.
a vista de pájaro 鳥瞰(ちょうかん)的な[に];表面的に見る. (ver) *a ~ de pájaro* 概観的に(見る).
comerse [devorar] con la vista 食い入るように見つめる.
conocer de vista 〈人に〉見覚えがある, 顔を知っている.
con vistas a... (1) …を予想して, …に備えて. Con vistas al frío compré una tonelada de carbón. 寒さを見越して私は石炭を1トン買った. (2) …のために, …を目指して. negociaciones con ~s a una alianza 同盟に向けての交渉.
echar la vista a... …の方を見る;…に目をつける. Ha echado la ~ a ese abrigo. 彼[彼女]はそのコートを狙っている.
echar la vista (encima) a+人 〖話〗〈捜していた人〉を見つける.
en vista de (que...) (…ということに)鑑みて, …ゆえに. *en ~ de* las circunstancias 諸般の状況に照らして.
hacer la vista gorda 〖話〗黙認[黙過]する, 見て見ぬふりをする. La policía *hizo la ~ gorda* con la infracción de ese conductor. 警察はその運転手の違反を黙認した.
Hasta la vista. 《あいさつ》さようなら, また会いましょう.
írsele (a+人) la vista 〈人〉が気分が悪くなる, 失神しそうになる.
írsele (a+人) la vista tras... 〈人〉が…を欲しがる, …に目をつける.
no perder de vista 目を離さない;心に留める, 忘れないでいる. No *pierdas de ~* a los presos. 囚人たちから目を離すな.
pasar la vista por... …にざっと目を通す.
perder de vista... …を見失う;〈人と〉交際するのをやめる.
perderse de vista (1) 見えなくなる. hasta *perderse de ~* 見渡す限り, 果てしなく. Ya *se ha perdido de ~* ése que dices. 君の言うような人はもうどこにもいえないよ. (2) 賢い, 切れ者である.
poner la vista en... → *echar la vista* a...
quitar... de la vista …をかたづける.
tender la vista 見渡す.
tener a la vista 目の前に見える, 心に残る;計画中である;見張っている.
tener (mucha) vista (1) 先見の明がある. (2) 見栄えがいい.
uno de la vista baja 〖話〗豚.
vista de águila とてもいい視力.
volver la vista atrás 過去を振り返る.
[visto (←〖ラ〗*vīsus*; *vidēre*「見る」の完了分詞)より派生, 〖関連〗vestazo, vistoso, avistar. 〔英〕*vista*「眺め」]

vis·ta·zo [bis.tá.θo; bis.-/ -.so] 男 一見, 一瞥(いちべつ);ざっと目を通すこと (= ojeada). dar [echar] un ~ a... …をちょっと[ざっと]見る.

vis·te·san·tos [bis.te.sán.tos; bis.-] 囡 〖単複同形〗(婚期を逸した)独身女性 (= solterona).

vis·ti·llas [bis.tí.jas; bis.-‖ -.ʎas] 囡 〖複数形〗高台, 見晴らし台, 展望台.

vis·to [bís.to; bís.-] 匾 → vestir.

vis·to, ta [bís.to; bís.-] [ver の 過分] 形 **1** 《名詞 +》《estar +》見られた, 見られる;見た, 見たことのある;目で見える. hormigón ~ 打ちっぱなしのコンクリート. el espacio más ~ del día 1日で視聴率がいちばん高い時間(帯). Todo *está* ~. わかりきったことだ.
2 考慮された;予見された. ~ todo esto, es lógico que esté decepcionado. 以上のことを考慮して

と，彼が幻滅するのは当然だ．
3 《*estar* +》《話》月並みな，ありふれた；使い古された，流行遅れの．El jersey que llevo *está* muy ~. 私の着ているセーターはどこにでもあるものだ．Este tema ya *está* muy ~. こんなテーマはもう古い．
4 《*ser* + / *estar* +》(社会的・道徳的に)《*bien* を伴い》よく思われる，礼儀にかなっている，適切である．《*mal* を伴い》変に思われる，みっともない，不適切である．*Está mal* ~ hablar con la boca llena. 口をいっぱいにして話すのはみっともない．
5《法》審理された．
Está visto (*que* +直説法) (…であるのは)明白だ．*Está* ~ *que* las desgracias nunca *vienen solas*. 不幸というのは重なるものだ．
lo nunca visto《話》びっくりするようなこと，空前絶後(のできごと)．Vamos, *lo nunca* ~. そりゃ，ありえない．*Lo nunca* ~: un ruso en la final de Roland Garros. 史上初=全仏オープンテニスの決勝にロシア人選手．
nunca [*no*] *visto* 見たこともない，驚くべき．El termómetro marcaba –10°, cosa *nunca vista* por mí. 温度計はマイナス10度，私には前代未聞のことだった．Este espectáculo es algo *nunca* [*no*] ~. このショーは実にユニークだ．
por lo visto 見たところ；外見から．Dime dónde encontrarla, *por lo visto* se ha mudado de casa. 彼女にどこで会えるか教えてくれ．どうも引っ越したらしい．
visto bueno (書類などの) 承認，認可．《略 V.º B.º》. el ~ *bueno* del consejo de ministros 閣議の了承．dar el ~ *bueno* al proyecto de ley 法案を承認する．
visto lo visto《話》事情が事情だから，この状況では．
visto que +直説法 …なので．V~ *que* ya no *es necesario trabajar aquí, creemos que es más oportuno marcharnos*. もはやここで働く必要がない以上，我々は辞めた方がいいと思う．
visto y no visto《話》あっという間(の)．Me robaron el maletín mientras tomaba un vinito en un bar. Fue ~ *y no* ~. バルでワインを1杯飲んでいる間にかばんを盗られた．あっと言う間だ．
vis·to·sa·men·te [bis.tó.sa.mén.te; ƀis.-] 副 派手に，華やかに．
vis·to·si·dad [bis.to.si.ðáð; ƀis.-] 囡 派手さ，華やかさ．
vis·to·so, sa [bis.tó.so, -.sa; ƀis.-] 形 華やかな；人目を引く，派手な．llevar un vestido muy ~ *s* らびやかなドレスをまとう．
*** vi·sual** [bi.swál; ƀi.-] 形 視覚の；視覚による，視覚を通した．ángulo ~ 視角．campo ~ 視野．educación ~ 視覚教育．memoria ~ 視覚による記憶．— 囡 (物体と目を直線で結ぶ)視線．tirar —*es* 測量する．
[⇐ (後ラ) *vīsuālis*；(ラ) *vīsus*「見ること」(*vidēre*「見る」の抽象名詞)より派生；(関連)《英》*visual*].
vi·sua·li·dad [bi.swa.li.ðáð; ƀi.-] 囡 華やかさ，見栄え，見た目のよさ．
vi·sua·li·za·ción [bi.swa.li.θa.θjón, ƀi.- / -.sa.sjón] 囡 **1** 目に見えるようにすること；明視[可視]化．**2** 視覚化，映像化．**3** 心像化．**4**〔IT〕表示，ビュ
*** vi·sua·li·zar** [bi.swa.li.θár; ƀi.- / -.sár] 97 他
1 目に見えるようにする；明視[可視]化する．
2 視覚化する，映像化する．**3** 心に描く，思い描く．
4《米》(遠くに)かすかに見える．

vi·sual·men·te [bi.swál.mén.te; ƀi.-] 副 目で見て；視覚的に．
vi·ta [bí.ta; ƀí.-]《伊》*dolce vita* 甘い生活，放蕩(₁₁₂₁)生活．► イタリアの監督フェデリコ・フェリーニの映画(1960年)のタイトルから．
*** vi·tal** [bi.tál; ƀi.-] 形 **1** 生命の，生命[生活]に関する；生命[生活]に不可欠な．actividad ~ 生命活動．constantes ~*es*〔医〕生命徴候．espacio ~ 生活空間．fuerza ~ 生命力，活力．hálito ~ 息吹．órganos ~*es*生命維持に必要な内臓器官．
2 きわめて重要な；決定的[致命的]な．cuestión ~ 死活問題．de importancia ~ 極めて重要[重大]な．**3** 活力にあふれた，生き生きとした．persona ~ 活発な人．
[⇐ (ラ) *vītālem* (*vītālis* の対格；*vīta*「生命；人生」より派生)；(関連) vitalidad, vivir. (英) *vital*「生命の」, *vitality*].
vi·ta·li·cio, cia [bi.ta.lí.θjo, -.θja; ƀi.- / -.sjo, -.sja] 形 終身の，一生の，終生続く．cargo ~ 終身職．miembro ~ 終身会員．pensión ~ [renta] ~ *vitalicia* 終身年金．— 男 **1** 終身年金．**2** 生命保険．
*** vi·ta·li·dad** [bi.ta.li.ðáð; ƀi.-] 囡 **1** 生命力，活力；活気，生気，元気，持続力．**2** 重要性．**3**（文章・表現の）生き生きしたさま，迫力．
vi·ta·lis·mo [bi.ta.lís.mo; ƀi.-] 男 **1** 活力．**2**〔生物〕〔哲〕生気論，活力説．**3**〔哲〕生命を第一義とする哲学の体系．◆ニーチェ，ベルクソン，Ortega y Gasset など生の哲学の中心思想．
vi·ta·lis·ta [bi.ta.lís.ta; ƀi.-] 形 **1** 活力にあふれた．**2** 生気論の．— 男 囡 **1** 活力にあふれた人．**2** 生気論者；生の哲学者．
vi·ta·li·za·ción [bi.ta.li.θa.θjón; ƀi.- / -.sa.sjón] 囡 活力[生気, 活気]を与えること，活性化．
vi·ta·li·zar [bi.ta.li.θár; ƀi.- / -.sár] 97 他 活力[生気, 活気]を与える, 活性化する．
vi·ta·mi·na [bi.ta.mí.na; ƀi.-] 囡 ビタミン．~ C ビタミンC. carencia de ~ A ビタミンA不足．~ *s* hidrosolubles [liposolubles] 水溶性[脂溶性]ビタミン．[⇐ (独) *Vitamin* ((ラ) *vīta*「生命；人生」+(独) *Amin*「アミン」)；最初はアミンの一種と考えられ，「生命に必要なアミン」の意味でポーランド系アメリカ人 C. Funk が1912年に命名]
vi·ta·mi·na·do, da [bi.ta.mi.ná.ðo, -.ða; ƀi.-] 形 ビタミン添加の．
vi·ta·mi·nar [bi.ta.mi.nár; ƀi.-] 他 ビタミンを添加する．—~*se* 再 ビタミンを補給する，ビタミンを(サプリメント)で摂取する．
vi·ta·mí·ni·co, ca [bi.ta.mí.ni.ko, -.ka; ƀi.-] 形 ビタミン(類)の；ビタミンを含む．suplemento ~ ビタミン・サプリメント．
vi·tan·do, da [bi.tán.do, -.da; ƀi.-] 形 **1** 避けるべき，回避すべき．**2** 嫌悪すべき，忌まわしい．
vi·te·la [bi.té.la; ƀi.-] 囡 上質(子牛)皮紙，ベラム．
vi·te·li·no, na [bi.te.lí.no, -.na; ƀi.-] 形〔生物〕卵黄の．— 囡 卵黄膜 (= membrana *vitelina*).
vi·te·lo [bi.té.lo; ƀi.-] 男 卵黄．
vi·tí·co·la [bi.tí.ko.la; ƀi.-] 形 ブドウ栽培の．— 男 囡 ブドウ栽培者．
vi·ti·cul·tor, to·ra [bi.ti.kul.tór, -.tó.ra; ƀi.-] 男 囡 ブドウ栽培者．
vi·ti·cul·tu·ra [bi.ti.kul.tú.ra; ƀi.-] 囡 ブドウ栽培(法)．
vi·tí·li·go [bi.tí.li.go; ƀi.-] 男〔医〕白斑(はん)．
vi·ti·vi·ní·co·la [bi.ti.ƀi.ní.ko.la; ƀi.-] 形 ブドウ栽培・醸造の．— 男 囡 ブドウ栽培・醸造者．

vi·ti·vi·ni·cul·tor, to·ra [bi.ti.bi.ni.kul.tór, -.tó.ra; ƀi.-] 男 女 ブドウ栽培・醸造者.

vi·ti·vi·ni·cul·tu·ra [bi.ti.bi.ni.kul.tú.ra; ƀi.-] 女 ブドウ栽培・醸造業.

vi·to [bí.to; ƀí.-] 男 ビト：スペイン Andalucía 地方の8分の6拍子の民謡・踊り.

Vi·to [bí.to; ƀí.-] 固名 1 San 〜 聖ビトゥス (?-303)：シリア出身の殉教者. 舞踏病患者の守護聖人. baile de San 〜 【医】舞踏病 (= corea). **2** ビト：男子の洗礼名. [← [ラ] *Vitus*]

vi·to·co, ca [bi.tó.ko, -.ka; ƀi.-] 形 《ラ米》《話》自慢する.

vi·to·la [bi.tó.la; ƀi.-] 女 **1** (葉巻の) 銘柄帯；サイズ (表示). **2** 外見；風采(ふう). **3** (弾丸などの) 直径計測器, ゲージ. **4** 《海》船金具凡用計測器.

ví·tor [bí.tor; ƀí.-] 男 《主に複数で》かっさい, 歓呼. entre los 〜*es* y aplausos de la multitud 群衆の拍手かっさいを浴びて. ¡V〜! 万歳；うまいぞ.

vi·to·re·ar [bi.to.re.ár; ƀi.-] 他 …にかっさいを送る, 歓呼する.

Vi·to·ria[1] [bi.tó.rja; ƀi.-] 固名 ビトリア Francisco de 〜 (1483-1546)：スペインの神学者・ドミニコ会士・サラマンカ大学教授. 国際法の先駆者.

Vi·to·ria[2] [bi.tó.rja; ƀi.-] 固名 ビトリア：スペイン北部, País Vasco の Álava 県の県都. バスク自治州の州都. バスク語で Gasteiz. ♦この地で1813年英国のウェリントンの軍隊がナポレオンの軍隊を破り, スペインの解放を決定づけた. [← [ラ] *victōria* 「勝利」]

vi·to·ria·no, na [bi.to.rjá.no, -.na; ƀi.-] 形 ビトリアの住民[出身者].

vi·tral [bi.trál; ƀi.-] 男 ステンドグラス (の窓).

vi·treaux [bi.tró; ƀi.-] [仏] 男 《単複同形》《ラ米》ステンドグラス.

ví·tre·o, a [bi.tre.o, -.a; ƀi.-] 形 ガラスの；ガラス質[状]の. porcelana *vítrea* (ガラスに似た) 半透明の磁器. estructura *vítrea* (鉱) (岩石の) 非晶構造. electricidad *vítrea* (静電気の) 陽電気. cuerpo 〜 【解剖】(眼球の) 硝子体. humor 〜 【解剖】硝子体液.

vi·tri·fi·ca·ble [bi.tri.fi.ká.ble; ƀi.-] 形 ガラス化できる.

vi·tri·fi·ca·ción [bi.tri.fi.ka.θjón; ƀi.- / -.sjón] 女 ガラス化.

vi·tri·fi·ca·do [bi.tri.fi.ká.ðo; ƀi.-] 男 → vitrificación.

vi·tri·fi·car [bi.tri.fi.kár; ƀi.-] 他 **1** ガラス (質・状) に変える. **2** (床などの表面に) 合成樹脂などを塗る. ─〜·se 再 ガラス (質・状) に変わる.

*****vi·tri·na** [bi.trí.na; ƀi.-] 女 **1** ショーケース, 陳列棚, ガラスケース. **2** 《ラ米》ショーウインドー. [← [英] *vitrine*・[俗ラ] **vitrinus* 「ガラスの」([ラ] *vitrum* 「ガラス」より派生) [関連] vidrio. [英] *vitrine*]

vi·trió·li·co, ca [bi.trjó.li.ko, -.ka; ƀi.-] 形 【化】硫酸 (塩) の.

vi·trio·lo [bi.trjó.lo; ƀi.-] 男 【化】(金属の硫酸塩) 礬 (ばん)(= aceite de 〜). 〜 azul 胆礬, 硫酸銅. 〜 verde 緑礬；硫酸鉄. 〜 amoniacal 硫酸アンモニウム.

vi·tro·ce·rá·mi·co, ca [bi.tro.θe.rá.mi.ko, -.ka; ƀi.- / -.se.-] 形 ガラスセラミックの. ─ 男 **1** ガラスセラミック. **2** ガラスセラミックの調理器.

vi·tro·la [bi.tró.la; ƀi.-] 女 《ラ米》《(*)》《(古)》《(ブラ)》レコードプレーヤー. ▶【商標】Victrola から.

vi·tua·lla [bi.twá.ja; ƀi.- ‖ -.ʎa;] 女 《主に複数で》(特に軍隊の) 食糧, 糧食.

vi·tua·llar [bi.twa.jár; ƀi.- ‖ -.ʎár;] 他 …に糧食を供給する.

vi·tu·pe·ra·ble [bi.tu.pe.rá.ble; ƀi.-] 形 非難されるべき, 不祥(ふしょう)な.

vi·tu·pe·ra·ción [bi.tu.pe.ra.θjón; ƀi.- / -.sjón] 女 非難, 罵倒(ばとう).

vi·tu·pe·ra·dor, do·ra [bi.tu.pe.ra.ðór, -.ðó.ra; ƀi.-] 形 非難する. ─ 男 女 非難者.

vi·tu·pe·ran·te [bi.tu.pe.rán.te; ƀi.-] 形 非難の, 非難的.

vi·tu·pe·rar [bi.tu.pe.rár; ƀi.-] 他 非難する, 罵倒(ばとう)する.

vi·tu·pe·rio [bi.tu.pé.rjo; ƀi.-] 男 **1** 非難, 罵倒(ばとう). **2** 醜態, 失態, 恥さらし.

vi·tu·pe·ro·so, sa [bi.tu.pe.ró.so, -.sa; ƀi.-] / **vi·tu·pe·rio·so, sa** [bi.tu.pe.rjó.so, -.sa; ƀi.-] 形 非難の, 侮蔑(ぶべつ)の.

viu·dal [bju.ðál; bju.-] 形 寡婦の；男やもめの；配偶者に死なれた.

viu·de·dad [bju.ðe.ðáð; bju.-] 女 **1** 配偶者を失った暮らし. **2** 寡婦年金.

viu·dez [bju.ðéθ; bju.- / -.ðés] 女 配偶者を失った暮らし.

viu·di·ta [bju.ðí.ta; bju.-] 女 **1** 若い未亡人. **2** 《ラ米》(1) 《コロ》《エクア》【動】小型のサルの一種. (2) 《コロ》【鳥】ヒメコンドル.

*****viu·do, da** [bjú.ðo, -.ða; bjú.-] 形 **1** 配偶者に死なれた. **2** 《話》(豆料理などで) 肉の入っていない. ─ 男 女 配偶者を失った人；未亡人, 寡婦；男やもめ.
─ 女 **1** 【植】マツムシソウ科の植物の花. **2** 《ラ米》(1) 《コロ》《メシ》(女性の) 幽霊. (2) 《コロ》魚の煮込み. (3) 《コロ》大凧(だこ). (4) 《(*)》【鳥】ヒメコンドル.
viuda negra 【動】クロゴケグモ. [← [ラ] *viduum* (*viduus* の対格)；[関連] viudal, viudez, enviudar. [英] *widow(er)*]

viu·ra [bjú.ra; bjú.-] ビウラ種の. ─ 女 ビウラ種：スペインの代表的な白ワイン用のブドウ品種.

*****vi·va** [bí.ba; ƀi.-] 間投 万歳！¡V〜 la reina! 女王陛下万歳！─ 男 歓呼, 声援, 万歳の声, 歓呼の声. dar un 〜 [〜*s*] 万歳の声を送る. ─ 形 女 → vivo.

vi·vac [bi.bák; ƀi.-] 男 《複 〜s, vivaques》野営 (地), 野営 (地), ビバーク. hacer 〜 野営する.

vi·va·ce [bi.bá.θe; ƀi.- / -.se ‖ -.tʃe] [伊] 男 《単複同形》【音楽】ビバーチェ；ビバーチェの曲.
─ 副 ビバーチェで, 活発に.

vi·va·ci·dad [bi.ba.θi.ðáð; ƀi.- / -.si.-] 女 **1** 機敏, 鋭敏, 才気. **2** 生気, 活発；(色彩の) 鮮やかさ.

vi·va·la·vir·gen [bi.ba.la.ƀír.xen; ƀi.-] / **vi·va la Vir·gen** [bí.ba la ƀír.xen; ƀi.-] 男 女 《話》《軽蔑》能天気で無責任な人.

vi·va·les [bi.bá.les; ƀi.-] 男 女 《単複同形》《話》ずるい[抜けめのない]人.

vi·va·men·te [bí.ba.mén.te; ƀí.-] 副 強く；とても忠実に, ありありと.

vi·van·co, ca [bi.báŋ.ko, -.ka; ƀi.-] 形 《ラ米》《ララ》《話》《軽蔑》抜け目のない.

vi·van·de·ro, ra [bi.ban.dé.ro, -.ra; ƀi.-] 男 女 《ラ米》《コロ》食品市場の店員.

vi·va·que [bi.bá.ke; ƀi.-] 男 → vivac.

vi·va·que·ar [bi.ba.ke.ár; ƀi.-] 自 野営[露営]する, ビバークする.

vi・var[1] [bi.bár; bi.-] 男 **1**(ウサギなどの)飼育小屋. **2** 養魚池, 養殖場.
vi・var[2] [bi.bár; bi.-] 自《ラ米》万歳を叫ぶ.
vi・va・cho, cha [bi.bá.ra.tʃo, -.tʃa; bi.-] 形《話》元気のよい, 活発な, 快活な.
vi・va・rio [bi.bá.rjo; bi.-] 男《動》(自然の生息状態にした)生態動物園, ビバリウム.
vi・vaz [bi.báθ; bi.- / -.bás] 形《複 vivaces》**1** 明敏[機敏]な, 利発な. **2** 活発な, 生気にあふれた；力強い. **3**《植》多年生の.
*****vi・ven・cia** [bi.bén.θja; bi.- / -.sja] 女(人格形成に影響を及ぼした)**生活体験**, 個人的体験.
vi・ven・cial [bi.ben.θjál; bi.- / -.sjál] 形 個人的体験の.
*****ví・ve・res** [bí.be.res; bí.-] 男《複数形》**食糧**, 糧食, 兵糧. [←《仏》*vivres*; *vivre* 自「生きる」(← [ラ] *vivere*) より派生]
vi・ve・ro[1] [bi.bé.ro; bi.-] 男 **1** 苗床；苗木畑；栽培所. **2** 養魚池, 養殖場. ～ de ostras カキの養殖場. **3**《比喩的》温床, 源.
vi・ve・ro[2] [bi.bé.ro; bi.-] 男(スペイン Galicia 地方の) Vivero 産の布地.
vi・vé・rri・dos [bi.bé.ri.ðos; bi.-] 男《複数形》《動》ジャコウネコ科.
Vi・ves [bí.bes; bí.-] 固名 ビベス Juan Luis ～(1492-1540)：スペインの人文主義者・哲学者.
vi・ve・za [bi.bé.θa; bi.- / -.sa] 女 **1** 機敏；明敏, 鋭敏. contestar con ～ はきはき答える. **2** 激しさ, 情熱. **3**(色彩の)鮮やかさ. **4** 目の輝き.
vi・vi・ble [bi.bí.ble; bi.-] 形 **1**(場所・環境が)快適に暮らせる[過ごせる]. **2** 生きることができる.
vi・vi・de・ro, ra [bi.bi.ðé.ro, -.ra; bi.-] 形 住み得る, 住むに適した.
vi・vi・do, da [bi.bí.ðo, -.ða; bi.-] 形 体験に即した, 真実の.
*****vi・ví・do, da** [bí.bi.ðo, -.ða; bí.-] 形 **生き生きとした**, 真に迫った；**鮮やかな**.
vi・vi・dor, do・ra [bi.bi.ðór, -.ðó.ra; bi.-] 形《話》人生を謳歌する；抜けめのない.
── 男 女 **1**《話》人生を謳歌する人；抜けめのない人, 要領のよい人. **2**《ラ米》(誤)《話》人にたかる者.
*****vi・vien・da** [bi.bjén.da; bi.-] 女 **住まい**, **住居**, **住宅**. escasez de ～s 住宅不足. problema de la ～ 住宅問題. ～ unifamiliar 一家族用住宅.
[←《俗》*vivenda「生きるために必要なもの」([ラ] *vivere*「生きる」より派生)；関連 vianda. [仏] *viande*「肉」]
vi・vien・te [bi.bjén.te; bi.-] 形 生きている, 生命のある. seres ～s 生物. ── 男 女 生きている人.
vi・vi・fi・ca・ción [bi.bi.fi.ka.θjón; bi.- / -.sjón] 女 活気づける[活気を与える]こと；蘇生(を).
vi・vi・fi・ca・dor, do・ra [bi.bi.fi.ka.ðór, -.ðó.ra; bi.-] / **vi・vi・fi・can・te** [bi.bi.fi.kán.te; bi.-] 形 生命[生気]を与える；活気[元気]づける.
vi・vi・fi・car [bi.bi.fi.kár; bi.-] 122 他 **1** …に生命[生気]を与える；よみがえらせる. **2** 活気づける.
vi・vi・pa・ra・ti・vo, va [bi.bi.fi.ka.tí.bo, -.ba; bi.-] 形 生命[生気]を与えることのできる.
vi・vi・ja・gua [bi.bi.xá.gwa; bi.-] 女《ラ米》(菌)《昆》ハキリアリ：かみ切った木の葉から巣で菌類を栽培して食べる.
vi・vi・llo, lla [bi.bí.jo, -.ja; bi.- ‖ -.ʎo, -.ʎa; bi.-] 形 男 女《ラ米》(辺)→ vividor.

vi・ví・pa・ro, ra [bi.bí.pa.ro, -.ra; bi.-] 形《動》《植》胎生動物の. ── 男 女 胎生動物. → oviíparo.
*****vi・vir** [bi.bír; bi.-] 自 **1 生きる**, 生存する. El perro *vivió* muchos años. その犬は長生きした. Mi abuelo se quedó ciego a los 45 años y todavía *vivió* 40 años más. 祖父は45歳で視力を失ったがそれから40年生きた.
2《**en**... …に》**住む, 暮らす**；〈動物が〉生息する. *Vivimos en* Londres desde hace veinte años. 20年来私たちはロンドンで暮らしています. ¿Dónde *vives* ahora? 君は今どこに住んでいますか. Allí *vive* feliz con su familia. 彼[彼女]はそこで家族と幸せに暮らしています. ¿*Vives* solo? 君はひとり暮らしなの.
3《**en**... 〈人(の記憶)〉に》〈人・動物・ものごとが〉残る. Su recuerdo *vivirá en* nuestra mente. 彼[彼女](ら)の思い出は私たちの心にずっと生きているでしょう. **4**〈人が〉生計を立てる；《**de**... …で》生活する. Con lo que tenemos ya no nos llegará para ～. 今の蓄えでは私たちは生計を立てていくことはできない. La música no me da para ～. 音楽では私は食べていけません. *Vive* de la caridad. 彼[彼女]は施し物で生活している. **5** …が続く, (続いて)存在する. **6**《話》同棲する, 同居する.
── 他 **1**(体験などを)する, 生きる. Dedicaos a ～ la vida. 君たち人生を楽しみなさいね. *Hemos vivido* una época de verdadera angustia. 私たちは本当に苦しい時期を生きてきました. El terremoto ha sido una de las mayores catástrofes que *ha vivido* nuestro país. その地震はわが国が経験した最も大きな災害の一つだった.
2〈活動・状況を〉体験する. **3**〈場所に〉住む.
de mal vivir 悪習を持つ, ならず者の.
no dejar vivir a+人 〈人〉の気をもませる, 〈人〉を悩ませる.
no vivir 〈人が〉生きた心地がしない (ほど苦しんでいる).
vivir para ver《話》驚く, すごいこと. Eso es ～ *para ver*. それは驚きだ.
[←[ラ]*vivere*；関連 vivo, vivaz, viviente, vivienda, vida. [英] *vivid*「生き生きした」, *revive*「生き返る」. [日] リバイバル, サバイバル]
vi・vi・sec・ción [bi.bi.sek.θjón; bi.- / -.sjón] 女 生体解剖.
vi・vis・mo [bi.bís.mo; bi.-] 男 ビビスモ：心理学, 教育学などにおいて純粋に経験論的立場に立つことを勧める Vives の学説.
vi・vi・to, ta [bi.bí.to, -.ta; bi.-] 形 *vivito y coleando*《話》(死なずに)ぴんぴんして.
[vivo +縮小辞]
*****vi・vo, va** [bí.bo, -.ba; bí.-] 形 **1**《名詞+》《**estar**+》**生きている**, 生命のある (↔muerto). seres ～s 生物. fuente de agua *viva* 清水[わき水]の泉. Dios ～ 神. seto ～ 生け垣. *Está* ～. 彼は生きている.
2《名詞+》《**estar**+》すたれていない, 存続する. mantener *viva* la llama de la esperanza 希望の火をともし続ける. Su recuerdo sigue ～ en nuestro corazón. 彼[彼女](ら)の思い出は私たちの心の中に生き続けている.
3《多くは+名詞 / 名詞+》《**estar**+》**生き生きとした**, 活気のある, 活発な. un ～ debate 白熱した議論. Carlos *está* más ～ que nunca. カルロスはいつになく元気一杯だ. Tiene los [unos] ojos muy ～s. 彼[彼女]の目はとても生き生きしている.

4 《＋名詞／名詞＋》**鮮やかな**, 鮮明な；生彩ある；写実的な；生き写しの. color rojo ～ 鮮やかな赤色. una *viva* descripción 生き生きとした描写. dejar un recuerdo ～ 鮮烈な思い出を残す. Manolito se parece mucho a su padre, mientras Isabelita es el ～ retrato [la *viva* imagen] de su madre. マノリートは父親にそっくりで, イサベリータは母親に生き写しだ.
5 《＋名詞／名詞＋》《ser＋/estar＋》**強い, 強烈な, 激しい**. luz *viva* 強烈な光. ～ interés por… …への強い関心. ～ deseo de… …という強い欲求. escritor de *viva* imaginación 想像力豊かな作家. expresar su *viva* gratitud 心から感謝する. poner … a fuego ～ …を強火にかける. Sentí un dolor ～ en el estómago. 私は胃に刺すような痛みを感じた.
6 《＋名詞／名詞＋》《ser＋》**利口な, 理解の速い；敏捷(びんしょう)な；抜けめのない**. pasarse de ～ 小利口ぶる. caminar a paso ～ すたすた歩く. El niño es muy ～. その子はとても利口だ. **7** 《多くは名詞＋》**怒りっぽい**. Tiene el genio [temperamento] ～. 彼[彼女]は短気だ. **8** 《多くは名詞＋》**むき出しの；生々しい**. una herida en carne *viva* 赤むけの傷. **9** **目下の；現行の**. lengua *viva* 現用言語. asuntos de *viva* actualidad きわめて今日的な問題. **10** **鋭い；鋭角の**. ángulo ～ 鋭角. el canto ～ de una mesa 鋭くとがった机の角. **11**《ラ米》《話》いたずらな.

——男 **1** 生きている人, 生存者. donación entre ～s 生前贈与. los ～s y los muertos 生者と死者. **2** 《話》抜けめのない人, ずるい人.
——男 縁, へり；《服飾》縁飾り.
——[自] → vivir.
al vivo / a lo vivo 生き生きと. En el cuadro se pinta todo *a lo* ～. その絵はすべてが生き生きと描かれている.
a viva fuerza 力ずくで, 無理やり.
cal viva 生石灰.
comer a＋人 vivo《話》《蚊などが》《人》を刺す.
de lo vivo a lo pintado《話》すごく（違う）. Es una diferencia como la *de lo ～ a lo pintado*. 月とスッポンほどの違いだ.
de viva voz (1) 肉声で, 口頭で. Tuvieron la suerte de escuchar *de viva voz* al Papa. 彼らは幸運なことに法王の言葉を直接聴くことができた. (2) じかに耳で聞いて（↔por escrito）. Aprendí *de viva voz* el francés. 私は耳からフランス語を覚えた.
en vivo (1) ライブの, 生の. escuchar música *en* ～ 音楽を生で聞く. escuchar la transmisión *en* ～ del partido 試合の生放送を聞く. (2) 直接に. En el parque se puede ver *en* ～ a esos animales. その公園ではそれらの動物をじかに見ることができる. (3) 生きた状態で；麻酔なしで. pesar las vacas *en* ～ 生きた牛を量る. Me han sacado una muela *en* ～. 麻酔なしで歯を抜かれた.
estar a la viva《ラ米》《話》色々気を配っている.
inter vivos 《法》《贈与が》生前の；生体間の. donaciones *inter* ～s de padres a hijos 親から子への生前贈与. transplante *inter* ～s 生体間移植.
las fuerzas vivas 有力者.
lo (más) vivo 急所, 核心. La pregunta me hirió [tocó] en *lo más* ～. その質問は私の一番痛いところを突いていた.
ni vivo ni muerto / ni muerto ni vivo《否定の強調》決して…ない. *Ni vivo ni muerta* se me olvidará ese día. 私は死んでも, その日のことを忘れることはないだろう. Seguimos buscándole, pero no aparece *ni* ～ *ni muerto*. 我々はずっと彼を捜しているが, どこにも姿を現さない.
obra viva《海》喫水下部：満載時に水につかる外板部.
¡Vivo! 急げ. Venga, ¡～!さあ, 急いで.
vivo y coleando《話》無事で, ぴんぴんして. Ellos estaban ～*s y coleando* aunque su coche quedó destrozado. 車は大破したが, 彼らはぴんぴんしていた.

vi･ye･la [bi.jé.la; ƀi.-] 女 綿とポリエステルの混紡布.
viz-《接頭》vice- の異形. ⇒*viz*conde.
viz･ca･cha [biθ.ká.tʃa; biθ.- / bis.-; ƀis.-] 女《動》ビスカチャ：ウサギに似た南米産穴居性齧歯(げっし)動物. [←ケチュア] 起源]
viz･ca･che･ra [biθ.ka.tʃé.ra; biθ.- / bis.-; ƀis.-] 女《ラ米》(1) ビスカチャ vizcacha の巣. (2)《話》散らかった部屋.
viz･ca･i･na･da [biθ.kai̯.ná.ða; biθ.- / bis.-; ƀis.-] 女（スペインの）ビスカヤ人特有の表現.
viz･ca･í･no, na [biθ.ka.í.no, -.na; biθ.- / bis.-; ƀis.-] 形（スペインの）ビスカヤの.
——男 女 ビスカヤの住民[出身者].
——男《言》ビスカヤで話されるバスク語の方言.
viz･cai･ta･rra [biθ.kai̯.tá.ra; biθ.- / bis.-; ƀis.-] 形（スペインの）ビスカヤの自治・独立支持の.
——男 女 ビスカヤの自治・独立支持者.
Viz･ca･ya [biθ.ká.ja; ƀiθ.- / bis.-; ƀis.-] 固名 ビスカヤ：スペイン北部の県；県都 Bilbao (→ vasco). el Golfo de ～ ビスケー湾（スペインとフランスにはさまれた, 大西洋に面した湾）. [←《バスク》*Biskaia* (*biskar*「丘」＋ *kai*「港」；「港に臨む丘」が原義)]
viz･con･da･do [biθ.kon.dá.ðo; ƀiθ.- / bis.-; ƀis.-] 男 **1** 子爵 vizconde の位. **2** 子爵領.
viz･con･de, de･sa [biθ.kón.de, -.kon.dé.sa; ƀiθ.- / bis.-; ƀis.-] 男 女 **1** 子爵. **2**《史》伯爵代理.
——女 子爵夫人.
V.M.《略》*V*uestra *M*ajestad 国王陛下.
vo･a･cé [bo.a.θé; ƀo.- / -.sé] 男 女《古語》→ usted.
V.º B.º《略》*v*isto *b*ueno（書類などの）承認, 認可.
vo･ca･blo [bo.ká.blo; ƀo.-] 男 語, 単語（＝ palabra）. jugar del ～ 言葉遊びをする. [←《ラ》*vocábulum*「名称」（*vocāre*「呼ぶ」；「名付ける」より 派生）] [関連] vocabulario, vocativo, vocación, vocal, voz. [英]*vocable, vocabulary*]
vo･ca･bu･la･rio [bo.ka.bu.lá.rjo; ƀo.-] 男 **1**《集合的》**語彙(ごい), ボキャブラリー**；用語.
2 語集, 用語集. → diccionario [類語].
vo･ca･ción [bo.ka.θjón; ƀo.- / -.sjón] 女 **1 天職, 使命；天性, 資質**. errar la ～ 進むべき道を誤る. tener ～ de… …の資質がある. ～ artística 芸術的資質. Es profesor por ～. 彼は教師が天職だ. **2**《宗》天命, 召命（《主に複数で》聖職者志望者）. sentir ～ 天命を受ける.
[←《ラ》*vocātiōnem* (*vocātiō* の対格)「呼ぶこと, 招き」(*vocāre*「呼ぶ」の派生語)；[関連] vocativo, voz. [英]*vocation*]
vo･ca･cio･na･do, da [bo.ka.θjo.ná.ðo, -.ða; ƀo.- / -.sjo.-] 形《人が》天性を感じている.
vo･ca･cio･nal [bo.ka.θjo.nál; ƀo.- / -.sjo.-] 形 天職の, 使命の；天分の.
vo･ca･cio･nal･men･te [bo.ka.θjo.nál.mén.te;

vo‧cal [bo.kál; ƀo.-] 形 声の, 音声の, 発声の. cuerdas ～es 声帯. órganos ～es 発声器官. música ～ 声楽.
——男 女 (特に発言権を有する) 会員, 団員; 理事. ～ de una comisión 委員会メンバー.
——女《音声》母音 [cerrada]開[閉]母音. ～ débil [fuerte]弱[強]母音. ～ nasal 鼻母音. ▶「二重母音」は diptongo,「三重母音」は triptongo. →consonante.
[←〔ラ〕vōcālem (vōcālis の対格) 形「声の; 響きのよい」, 女「母音」(vōx「声; 音」より派生) 〖関連〗vocalizar, vocalista, semivocal. 〖英〗vocal「母音の」, vowel「母音」]

vo‧cá‧li‧co, ca [bo.ká.li.ko, -.ka; ƀo.-] 形《音声》母音の, 母音からなる.

vo‧ca‧lis‧mo [bo.ka.lís.mo; ƀo.-] 男《音声》母音体系, 母音組織.

vo‧ca‧lis‧ta [bo.ka.lís.ta; ƀo.-] 男 女《音楽》歌手, ボーカリスト.

vo‧ca‧li‧za‧ción [bo.ka.li.θa.θjón; ƀo.- / -.sa.sjón] 女 1 明瞭な発音. 2《音楽》母音唱法. 3《音声》母音化.

vo‧ca‧li‧zar [bo.ka.li.θár; ƀo.- / -.sár] 97 他 1 はっきり発音する. 2 …に母音(符)をつける.
——自 1 はっきり発音する. 2《音楽》母音唱法で歌う, 発声練習をする. 3 母音(符)をつける. 4 母音化する. ——~se 再《子音が》母音化する.

vo‧cal‧men‧te [bo.kál.mén.te; ƀo.-] 副 1 声に出して; 言葉で, 口頭で. 2 音声面で.

vo‧ca‧ti‧vo [bo.ka.tí.ƀo; ƀo.-] 男《文法》呼格 (= caso ～).

vo‧ce‧a‧dor, do‧ra [bo.θe.a.ðór, -.ðó.ra; ƀo.- / -.se.-] 形 男 女 1 大声で触れ回る; 大声で叫ぶ人; 騒々しい.
——男 女 1 大声で叫ぶ [怒鳴る]人; 触れ回る人, おしゃべり. 2 街頭の売り子. 3《ラ米》(メメサ)(アラヘ)(チャヒ)新聞売り. 4《ラ米》御触れ役人 (= pregonero).

vo‧ce‧ar [bo.θe.ár; ƀo.- / -.se.-] 他 1 大声で叫ぶ [呼ぶ]; 大声で売り歩く; 触れ回る. Los vendedores ambulantes vocean sus artículos. 行商人たちが品物を大声で売り歩いている.
2 かっさいする, 歓呼する. 3《話》言い触らす, 暴露する. 4《話》自慢げに話す. 5《話》物語る, 表す. Su cara voceaba su irritación. いらだちが彼[彼女]の顔にはっきりと表れていた.
——自 1 大声をたてる, 叫ぶ.

vo‧ce‧ras [bo.θé.ras; ƀo.- / -.sé.-] 男 女《単複同形》《話》口の軽い人, おしゃべりな人.

vo‧ce‧rí‧o [bo.θe.rí.o; ƀo.- / -.se.-] 男 叫び声, 騒ぎ, どよめき (= griterío).

vo‧ce‧ro, ra [bo.θé.ro, -.ra; ƀo.- / -.sé.-] 男 女《ラ米》(メメサ)(アラヘ)(チャヒ)(ボリ)代弁者, スポークスマン.

vo‧ces [bó.θes; ƀó.- / -.ses] 女 voz の複数形.

vo‧ci‧fe‧ra‧dor, do‧ra [bo.θi.fe.ra.ðór, -.ðó.ra; ƀo.- / -.si.-] 形 大声で怒鳴る [叫ぶ]の.
——男 女 大声で怒鳴る [叫ぶ]人.

vo‧ci‧fe‧ran‧te [bo.θi.fe.rán.te; ƀo.- / -.si.-] 形 大声で怒鳴る人.

vo‧ci‧fe‧rar [bo.θi.fe.rár; ƀo.- / -.si.-] 自《軽蔑》大声で怒鳴る [叫ぶ].
——他 大声で触れ回る; 自慢げに話す.

vo‧cin‧gle‧rí‧a [bo.θiŋ.gle.rí.a; ƀo.- / -.siŋ.-] 女 騒々しさ, 喧噪(ネン).

vo‧cin‧gle‧ro, ra [bo.θiŋ.glé.ro, -.ra; ƀo.- / -.siŋ.-] 形 1 大声でしゃべる, 騒々しい. 2《軽蔑》(無意味に) よくしゃべる.
——男 女 1 大声で話す人, わめき立てる人.
2《軽蔑》(無意味に) よくしゃべる人.

Vo‧da‧fo‧ne [bo.ða.fó.ne; ƀo.-] 固名 ボーダフォン: 世界的な携帯電話サービスプロバイダ. ——男《商標》ボーダフォンの携帯電話. ▶ 小文字でも表記する.

vod‧ca [bóð.ka; ƀóð.-] 男 (または女) →vodka.

vo‧de‧vil [bo.ðe.ƀíl; ƀo.-] 男 ボードビル, 寄席演芸. [←〔仏〕vaudeville]

vo‧de‧vi‧les‧co, ca [bo.ðe.ƀi.lés.ko, -.ka; ƀo.-] 形 ボードビル(風)の.

vod‧ka [bóð.ka; ƀóð.-] 男 (または女) ウオッカ.

vo‧dú [bo.ðú; ƀo.-] 男 →vudú.

voile [bwál; ƀwál] 〔仏〕男 香水入りの化粧クリーム.

voi‧vo‧da [boi.ƀo.ða; ƀoi.-] 男 (東欧諸国の) 町の軍司令官 [市長, 村長, 郡長].

voi‧vo‧da‧to [boi.ƀo.ðá.to; ƀoi.-] 男 1《史》(東欧諸国の) 町の軍司令官 [市長, 村長, 郡長]の領地. 2 (ポーランドの) 県.

Vol(s)., vol(s). 《略》volumen (volúmenes) (書物の) 冊, 巻.

vo‧la‧da [bo.lá.ða; ƀo.-] 女 1 一飛び; 飛行, 飛翔(ショウ). 2《ラ米》《話》(1)(メメサ)ごまかし. (2)(ホチュ)(メメキ)(ボリ)好機, チャンス.
irse de volada《ラ米》(メメキ)大急ぎで立ち去る.

vo‧la‧de‧ra [bo.la.ðé.ra; ƀo.-] 女 (水車の) 水受け板.

vo‧la‧de‧ro, ra [bo.la.ðé.ro, -.ra; ƀo.-] 形 1 飛ぶことのできる. 2 つかの間の, はかない.
——男 断崖(ガィ).

vo‧la‧di‧to, ta [bo.la.ðí.to, -.ta; ƀo.-] 形《印》〈文字が〉肩つきの.

vo‧la‧di‧zo, za [bo.la.ðí.θo, -.θa; ƀo.- / -.so, -.sa] 形《建》張り出した, 突き出た.
——男 突出部, 出っ張り. en ～ 張り出し状に.

vo‧la‧do, da [bo.lá.ðo, -.ða; ƀo.-] 形 1 飛んだ.
2《建》張り出した, 突き出た. 3《印》肩つきの. 4《話》落ち着かない;《隠》(麻薬で) 幻覚状態にある. 5《話》顔色の悪い. 6《ラ米》(1)《ラ米》短気な, 怒りっぽい, 気難しい. (2)(ネホ)(メメキ)(チャヒ)《話》恋した, ほれた.
——男 女《話》頭のおかしい人.
——男《ラ米》(1)(ホチュ)うわさ, デマ. (2)(メメキ)情事. (3)(エヒサ)(メキシ)《服飾》ひだ飾り, フリル. (4)(メメキ)山を張ること, 賭(ゥ)け, 冒険;(勝ち負けを決める) 硬貨投げ, コイントス. (5)(アラヘ)バルコニー.
echar un volado《ラ米》(メメキ)コイントスをする.

vo‧la‧dor, do‧ra [bo.la.ðór, -.ðó.ra; ƀo.-] 形 1 飛ぶ, 飛ぶことのできる. aparato ～ 飛行装置.
2 ぶら下がった. 3《ラ米》(メメキ)《話》機転が利く.
——男 1 ロケット花火. 2《魚》トビウオ (= pez ～). 3《動》イカの一種. 4《ラ米》(1)《植》(シクシン科の) モモタマナ, コバテイシ (ハスノハギリ科ギロカルブス属の植物). (2) ボラドール: 高い柱の上の回転軸から垂れた, 四方位を象徴する 4 本の綱を 4 人が腰に結び, 回転しながら舞い降りる totonaca 人の伝統的儀式を行う人. 次ページに図. (3)(メキシ)《遊》凧(ヒ). (4)(アラヘ)(ホチュ)風ぐるま.
——女《ラ米》(アラヘ)モーターボート.

pez volador
(トビウオ)

vo‧la‧du‧ra [bo.la.ðú.ra; ƀo.-] 女 爆破. La ～ de un puente fue obra de unos terroristas.

橋の爆破はテロリストたちの仕業だった.

vo·lan·das [bo.lán.das; ƀo.-] *en volandas* (1) 宙釣りで, 担ぎ上げて. (2)《話》宙を飛ぶようにして, すっ飛んで. llevar a+人 *en* ～ al hospital〈人〉を大急ぎで病院へ運ぶ.

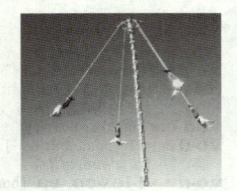

volador（ボラドール: メキシコ）

vo·lan·de·ro, ra [bo.lan.dé.ro, -.ra; ƀo.-]形 ぶら下がった; 風にぶらぶら揺れる; 固定していない. hoja *volandera* 風に揺れる木の葉. **2** 1か所にとどまらない, じっとしていない; 一時的な. un dolor ～ 一過性の痛み. un amor ～ 一時の恋. **3** 巣立ちの, 飛び始めた.
—女 **1** ひき臼(うす)石, 回転石. **2** 座金. **3**《話》うそ, でっち上げ.

vo·lan·di·llas [bo.lan.dí.jas; ƀo.-‖-.ʝas] *en volandillas* → volandas.

vo·lan·ta [bo.lán.ta; ƀo.-]女《ラ米》(1)(キューバ)(キューバ産の)はずみ車. (2)(タイ)(キューバ)車輪の大きな荷車. (3)《キューバ》小型車.

vo·lan·ta·zo [bo.lan.tá.θo; ƀo.-/-.so]男 急ハンドル(を切ること).

*vo·lan·te [bo.lán.te; ƀo.-]形 **1** 飛ぶ, 飛ぶことのできる. objeto ～ no identificado 未確認飛行物体（略 ovni）〔英 UFO〕. platillo ～ 空飛ぶ円盤. ciervo ～ 〘昆〙クワガタムシ. pez ～ 〘魚〙トビウオ. **2** 移動する, 1か所にとどまらない. campamento ～ 移動キャンプ. equipo ～ 移動チーム. escuadrón ～ 遊撃隊.
—男 **1**〘車〙ハンドル; モータースポーツ. sentarse al ～ ハンドルを握る. Es un as del ～. 彼はナンバーワンのレーサーだ. **2**〘服飾〙(服・カーテンなどの)ひだ飾り, フリル. **3** 書状, 覚え書き, メモ. **4**〘機〙はずみ車; 時計のテンプ; (貨幣の)鋳造機. **5**〘スポ〙(バドミントンなどの)羽根, シャトルコック; バドミントン. **6**〘スポ〙(サッカー)ボランチ. **7**《ラ米》ちらし, ビラ. (2) カーレーサー.

vo·lan·tín [bo.lan.tín; ƀo.-]形 → volante **2**.
—男 **1** (数個の釣り針を付けた)釣りの仕掛け. **2**《ラ米》(1)(キューバ)花火. (2)(*ラ米*)回転木馬, メリーゴーラウンド. (3)《キューバ》情事, 恋愛. (4)(キューバ)〘遊〙凧(たこ). (5) 宙返り, とんぼ返り.

vo·lan·tón, to·na [bo.lan.tón, -.tó.na; ƀo.-]形 **1** 巣立ちの, 飛び始めた. **2**《ラ米》(キューバ)《話》ほっつき歩く, 放浪する.
—男 女 巣立ちを迎えた鳥;《ラ米》(キューバ)動物の子.

vo·lan·tu·sa [bo.lan.tú.sa; ƀo.-]女《ラ米》《俗》《軽蔑》売春婦.

vo·lan·tu·zo, za [bo.lan.tú.θo, -.θa; ƀo.-/-.so, -.sa]形《ラ米》(キューバ)《話》(1) おしゃれな, 格好[身なり]を気にする. (2) 浅はかな.

vo·la·pié [bo.la.pjé; ƀo.-]男〘闘牛〙ボラピエ: とどめを刺す型(♦闘牛士 Costillares (1748–1800) が考案し, 現在最もポピュラーな型). a ～ ボラピエの型で.

vo·la·puk [bo.la.púk; ƀo.-]〘独〙男 ボラピューク語: 19世紀にドイツのシュライエルが考案した英語を基本とした国際補助語.

✻✻vo·lar [bo.lár; ƀo.-]⑮ 自 **1** 飛ぶ, 飛行する; (飛行機で)移動する. echarse a ～〈鳥が〉巣立つ. ¿A qué hora *voláis* mañana? 明日君たちは何時のフライトですか. **2** 宙に舞う, 浮遊する. hacer ～ una cometa 凧(たこ)を揚げる. dejar ～ la imaginación 想像を巡らす. El balón *estaba volando*. 風船が飛んでいた. Las nubes pasan *volando* muy alto. 雲が空高くを通り過ぎていきます.
3《話》(あっという間に)消える, なくなる. Los pasteles *han volado* en un santiamén. ケーキはまたたく間になくなった.
4《話》急いで行く, 急ぐ;〈a+不定詞〉(…するのを)急ぐ, 急いで(…)する. Tras la llamada, salí *volando* de casa. 電話を受けて, 私はあわてて家を出た. Al oír los gritos la gente *voló a ver* qué había pasado. 叫び声を聞くと人々は何が起こったかと飛んで行った. ¡*Volando*! 急げ.
5《話》〈うわさなどが〉(あっという間に)広まる. La noticia *voló* por toda la ciudad. そのニュースはあっという間に町中に広まった.
6《時が》(あっという間に)過ぎる, 経つ. El tiempo *ha volado* sin sentido. 時間は無為に過ぎた. Tenía muchísimas tareas programadas para ese día y *volaban* las horas. その日私には予定した仕事がたくさんあって, 時間はどんどん過ぎていった. **7**《話》〈de...〉〈鳥が〉巣立つ;〈若者が〉〈…から〉ひとり立ちする. **8** (爆発などで)吹き飛ぶ. Hizo ～ la botella en pedazos. 瓶を吹き飛ばして粉々にした. **9** (建物の一部が)突き出る.
—他 **1** (爆破などで)吹き飛ばす. **2**〘印〙〈文字〉を上付きにする. **3**〘狩〙(威嚇して)〈鳥〉を飛び立たせる. **4** 怒らせる. **5**《ラ米》(1)(キューバ)(引っかけて)〈人〉を解雇する, 追い出す. (2)(*ラ米*)盗む, 奪う. Cuidado, a mí por allí me *volaron* el bolso. 気をつけて, 私はそこのあたりでハンドバッグを盗まれたから. (3)(キューバ)〘目的語と組んで行為を表す〙～ lengua しゃべる, 長広舌を振るう. ～ bala 弾を放つ. ～ diente 食べる. ～ ojo 見張る. ～ pata 歩く. ～ máquina タイプを打つ.
—～se 再 **1** 吹き飛ぶ. Con el viento *se le voló* el sombrero. 風で彼[彼女]は帽子を吹き飛ばされた. **2**《ラ米》《話》(1)(*ラ米*)(キューバ)のぼせる, 夢中になる. (2) 激怒[憤慨]する.
el que no corre vuela 必死である.
[—〔ラ〕*volāre*.〔関連〕vuelo, volador.〔英〕*volleyball*「バレーボール」]

vo·la·te [bo.lá.te; ƀo.-]男《ラ米》(1)(キューバ)《話》がらくたの山. (2)(キューバ)(キューバ)《話》混乱, 騒ぎ. (3)(キューバ)絶望, あきらめ.

vo·la·te·rí·a [bo.la.te.rí.a; ƀo.-]女 **1** タカ狩り. **2** 〘集合的〙家禽類. **3** とりとめのない考え. **4**《ラ米》(キューバ)花火工場; 花火店, 花火(類).

vo·la·te·ro [bo.la.té.ro; ƀo.-]男 **1** 鷹匠(たかじょう); (鳥を捕らえる)猟師. **2**《ラ米》(キューバ)ロケット花火.

vo·lá·til [bo.lá.til; ƀo.-]形 **1**〘化〙揮発性の, 気化しやすい. **2** 変わりやすい, 気まぐれな, 移り気な. **3** 飛ぶ, 飛ぶことのできる. **4** 浮遊する. polen ～ 浮遊する花粉.
—男 女 飛ぶ(ことのできる)もの[動物].

vo·la·ti·li·dad [bo.la.ti.li.ðád; ƀo.-]女 **1**〘化〙揮発性, 蒸発性. **2**〘経〙不安定性, 変動性.

vo·la·ti·li·za·ción [bo.la.ti.li.θa.θjón; ƀo.-/-.sa.sjón]女 **1** 揮発, 蒸発. **2**《話》突然の消滅.

vo·la·ti·li·zar [bo.la.ti.li.θár; ƀo.-/-.sár]⑨⑦他 揮発させる, 蒸発させる.
—～se 再 **1** 揮発する, 蒸発する. **2**《話》不意にいなくなる, 消えてなくなる. En seguida *se volatili-*

zó el dinero. あっという間に金は底をついた.

vo·la·tín [bo.la.tín; ƀo.-] 男 **1** 軽業, 曲芸.
2 軽業師, 曲芸師 (= volatinero).

vo·la·ti·ne·ro, ra [bo.la.ti.né.ro, -.ra; ƀo.-]
男女 軽業師, 曲芸師, 綱渡り芸人.

*****vol·cán** [bol.kán; ƀol.-] 男 **1** 火山. ~ activo 活火山. ~ apagado [extinto] 死火山. ~ inactivo [dormido] 休火山.
2 激情. **3** 《ラ米》(1)(コロ)断崖, 絶壁. (2)(ﾒｷ)(ｸﾞｱﾃ)《話》大量. un ~ de... 大量 [たくさん, 山積み] の…. (3)(ｺﾛﾝﾋﾞｱ)(ｴｸｱ)(ﾍﾟﾙｰ)(アンデスの夏の) 雪解け水, 土砂流. (4)(コロ) 崩壊. (5)(ﾎﾞﾘﾋﾞｱ) 轟音(ごう); 騒動.
estar sobre un volcán 非常に危険な状態にある; 窮地に立っている.
[←ポルトガル] volcão ← [ラ] *Volcānus* または *Vulcānus*「〈火と鍛冶の〉神〉ウルカヌス」; 関連 volcánico.[英] volcano]

vol·ca·na·da [bol.ka.ná.ða; ƀol.-] 女 《ラ米》《話》
(1)(風などの) 一吹き; ぷんとくるにおい, 悪臭. (2)(ｺﾛ) 大量. una ~ de... 大量の….

vol·ca·nar·se [bol.ka.nár.se; ƀol.-] 再 《ラ米》(ｺﾛ) 崩れ落ちる.

vol·cá·ni·co, ca [bol.ká.ni.ko, -.ka; ƀol.-] 形
1 火山の, 火山性の. actividad *volcánica* 火山活動. erupción *volcánica* 噴火. roca *volcánica* 火山岩. **2** 《話》 熱烈な; 激しやすい. amor ~ 燃えるような恋.

vol·ca·nis·mo [bol.ka.nís.mo; ƀol.-] 男 → vulcanismo.

vol·ca·no·lo·gí·a [bol.ka.no.lo.xí.a; ƀol.-] 女
→ vulcanología.

vol·ca·nó·lo·go, ga [bol.ka.nó.lo.go, -.ga; ƀol.-] 男女 → vulcanólogo.

*****vol·car** [bol.kár; ƀol.-] 16 他 **1** 倒す, ひっくり返す; 横転させる. ~ un vaso コップを倒す.
2 〈中身を〉ぶちまける. **3** 《話》盗む. **4** …にめまいを起こさせる, …の頭をくらくらさせる. **5** …の気持ち [考え] を変えさせる. **6** いらいらさせる, いらだてる.
— 自 ひっくり返る, 横転する, 転覆する. El coche *volcó*. 車が横転した.
— ~·se 再 **1** ひっくり返る, 倒れる, 横転する.
2 〈中身が〉こぼれる.
3 〈con... …のために〉奔走する; (度を越して) 親切にする. **4** 〈en... …に〉没頭する, 熱中する.

vo·le·a [bo.lé.a; ƀo.-] 女 **1** 《スポ》(球技の) ボレー.
2 遊動棒: 馬具の引き革を結びつける横木.

vo·le·ar [bo.le.ár; ƀo.-] 他 **1** 《スポ》(球技で) ボレーをする. **2** 《農》〈種子を〉ばらまく, 散布する.

vo·lei [bo.léi; ƀo.-] 男 《話》《スポ》バレーボール (= voleibol).

vo·lei·bol [bo.lei.ból; ƀo.-] 男 《スポ》バレーボール (= balonvolea, volei). ~ de playa 《スポ》ビーチバレー.

vo·lei pla·ya [bo.léi pla.ja; ƀo.- -] /
vo·lei·pla·ya [bo.léi.pla.ja; ƀo.-] / **vo·lei-pla·ya** [bo.lei. plá.ja; ƀo.-] → volley playa.

vo·le·o [bo.lé.o; ƀo.-] 男 **1** 《スポ》(球技の) ボレー (= volea). **2** 《音楽》ボレオ: スペイン舞踊で片足を素早く前へ高く上げること. **3** 《話》強い平手打ち. **4** 《ラ米》(コロ)《話》(1) 混乱, 騒ぎ. (2) 仕事, 職.
a(l) voleo / 《農》sembrar *a(l)* ~ 種をばらまく.
del primer voleo / de un voleo 素早く, 一気に.

vo·le·ro [bo.lé.ro; ƀo.-] 男 《話》(婦人服の) フリル.

vol·fra·mio [bol.frá.mjo; ƀol.-] 男 《化》タングス
テン (記号W) (= wolframio, wolfram, tungsteno).

vol·fra·mi·ta [bol.fra.mí.ta; ƀol.-] 女 《鉱》鉄マンガン重石 (= wolframita).

vo·li·ción [bo.li.θjón; ƀo.- / -.sjón] 女 意志; 《哲》意志作用, 意志の行使.

vo·li·do [bo.lí.ðo; ƀo.-] 男 《ラ米》飛ぶこと, 飛行.
de un ~ 即座に, すぐに.

vo·li·tar [bo.li.tár; ƀo.-] 自 → revolotear.

vo·li·ti·vo, va [bo.li.tí.ƀo, -.ƀa; ƀo.-] 形 意志の, 意志に関する.

vol·ley pla·ya [bo.léi plá.ja; ƀo.- -] 男 《スポ》ビーチバレー.

vo·lo·ván [bo.lo.ƀán; ƀo.-] 男 《料》ボローバン: 肉・魚・マッシュルームなどのクリーム煮を詰めたふた付きのパイ. [←仏] *vol-au-vent*]

volque- / volqué(-) 活 → volcar.

vol·que·ar·se [bol.ke.ár.se; ƀol.-] 再 **1** ひっくり返る. **2** 転がる, 転がり回る (= revolcarse).

vol·que·ta [bol.ké.ta; ƀol.-] 女 (ｺﾛ)(ｴｸｱ)(ﾁﾘ) ダンプカー (= volquete).

vol·que·te [bol.ké.te; ƀol.-] 男 ダンプカー; (荷台を傾けて積載物を落とす) 放下車.

vol·que·te·ro [bol.ke.té.ro; ƀol.-] 男 ダンプカー運転手.

volt [ból(t); ƀol(t)] 男 《電》→ voltio.

vol·tai·co, ca [bol.tái.ko, -.ka; ƀol.-] 形 《電》化学作用による電流の; ボルタ (電池) の. arco ~ 電弧. pila *voltaica* ボルタ電池.

vol·ta·je [bol.tá.xe; ƀol.-] 男 《電》電圧, ボルト数.

vol·tá·me·tro [bol.tá.me.tro; ƀol.-] 男 《電》電解電量計, ボルタメーター.

volt·am·pe·rio [bol.tam.pé.rjo; ƀol.-] 男 《電》ボルトアンペア: 電力を計る単位 (略 VA).

vol·ta·rie·dad [bol.ta.rje.ðáð; ƀol.-] 女 変わりやすさ, 移り気.

vol·ta·rio, ria [bol.tá.rjo, -.rja; ƀol.-] 形 《ラ米》(ﾁﾘ) (1) 気まぐれな, 身勝手な. (2) 着飾った, めかし込んだ.

vol·te·a·da [bol.te.á.ða; ƀol.-] 女 《ラ米》(1) (ｱﾙｾﾞﾝ) 家畜の駆り集め. (2) (ﾒｷ)(ﾎﾞﾘﾋﾞｱ) 脱党; (他党への) くら替え.
caer en la volteada 《ラ米》警察の手入れで捕まる.

vol·te·a·do [bol.te.á.ðo; ƀol.-] 男 《ラ米》 (1) 脱党 [離党] 者; (他党への) くら替え. (2) 《軽蔑》同性愛者, ホモセクシュアル.

vol·te·a·dor, do·ra [bol.te.a.ðór, -.ðó.ra; ƀol.-] 男女 軽業師, アクロバット (芸人).

vol·te·ar [bol.te.ár; ƀol.-] 他 **1** ひっくり返す, 横転させる, 裏返す. **2** 〈状況などを〉変化させる, 一変させる. **3** 〈鐘を〉打ち鳴らす. **4** 《闘牛》牛の角で宙にほうり上げる. El toro *volteó* al torero. 牛は闘牛士を角に引っかけてほうり上げた. **5** 《ラ米》(1) (コロ) 〈車の〉方向を変える. (2) (コロ)(ﾁﾘ)(ﾒｷ) 〈人の〉考えを変えさせる. (3) (ﾁﾘ)(ﾎﾞﾘ) こぼす, 空ける. (4) ~ la espalda (ｺﾛ)(ｸﾞｱﾃ)(ﾒｷ) 背を向ける.
— 自 (1) 〈方向が〉変わる, 曲がる. **2** 転がる, 回転する; 宙返りをする. **3** 《ラ米》(1) (コロ)(ﾁﾘ)(ﾒｷ) 戻る, 帰る. (2) (コロ) 駆け回る. (3) (ｸﾞｱﾃ)(ﾎﾝｼﾞ) 捜し回る. (4) (ｺﾛ) 変節する, 離党する.
— ~·se 再 《ラ米》(1) 〈容器が〉ひっくり返る, こぼれる. (2) (コロ)(ﾎﾝｼﾞ)(ﾒｷ) 戻る, 帰る; 振り返る. (3) (政治的に) くら替えする, 転向する. (4) (ｺﾛﾝ)《俗》性的関係を持つ. (5) 〈志などを〉曲げる; くら替えする,

寝返る. (6)〔ニュァ〕《俗》浮気する.

vol·te·o [bol.té.o; ƀól.-] 男 **1** 横転, 裏返すこと, ひっくり返すこと. **2**（鐘の）連打.

vol·te·re·ta [bol.te.ré.ta; ƀol.-] 女 とんぼ返り, 宙返り. dar una ～ 宙返りする.

vol·te·ria·nis·mo [bol.te.rja.nís.mo; ƀol.-] 男 〖哲〗ボルテール主義：ボルテール Voltaire (1694-1778, フランスの思想家）の哲学・宗教的懐疑主義.

vol·te·ria·no, na [bol.te.rjá.no, -.na; ƀol.-] 形 〖哲〗ボルテール主義の. ― 男女 〖哲〗ボルテール主義者.

vol·tí·me·tro [bol.tí.me.tro; ƀol.-] 男 〖電〗電圧計.

vol·tio [ból.tjo; ƀól.-] 男 **1** 〖電〗ボルト：電圧の単位（略V）. **2**《話》散歩. dar un ～ 散歩する.

vo·lu·bi·li·dad [bo.lu.ƀi.li.ðáđ; ƀo.-] 女 **1** 変わりやすさ, 気まぐれ. **2** 〖植〗（つる・茎の）巻きつきやすさ.

vo·lu·ble [bo.lú.ƀle; ƀo.-] 形 **1** 変わりやすい, 気まぐれな, 移り気な. carácter ～ 移り気な性格.
2 〖植〗（つるが）巻きつく, 回旋の.

＊＊vo·lu·men [bo.lú.men; ƀo.-] 男 [複 volúmenes] **1** 容量, かさ, 体積. medir el ～ del recipiente 容器の体積を測る. paquete de mucho ～ かさばった大きな包み. El ～ del cubo es de tres centímetros cúbicos. この立方体の体積は3立方センチメートルだ. → magnitud〖類語〗.
2（書物の）巻, 冊 (略 Vol(s)., vol(s).). enciclopedia en [de] veinte volúmenes 全20巻の百科辞典.
3 音量, ボリューム. aumentar [bajar] el ～ ボリュームを上げる[下げる]. poner la radio a todo ～ ラジオをがんがん鳴らす. Siempre ve la televisión a ～ alto [bajo]. 彼[彼女]はいつも大きい[小さい]音量でテレビを見ている. **4** 重要性. considerar el ～ del asunto 問題の重要性を考慮する.
[←〚ラ〛*volūmen*「巻き物」；書物；（本の）巻；*volvere*「転がす；巻く」(→ volver) より派生；〖関連〗voluminoso, volumétrico. 〖英〗*volume*]

vo·lu·me·tría [bo.lu.me.tría; ƀo.-] 女 容積[体積]測定.

vo·lu·mé·tri·co, ca [bo.lu.mé.tri.ko, -.ka; ƀo.-] 形 容積[体積]測定の.

vo·lú·me·tro [bo.lú.me.tro; ƀo.-] 男 体積計.

vo·lu·mi·no·so, sa [bo.lu.mi.nó.so, -.sa; ƀo.-] 形 分厚い, かさのある, 多量[多数]の. paquete ～ かさばった包み.

＊＊vo·lun·tad [bo.lun.táđ; ƀo.-] 女 **1** 意志；意欲. fuerza de ～ 意志の力. ～ débil 薄弱な意志. ～ férrea [de hierro] 鉄の意志. ～ divina 〖宗〗神の意志, 神意. contra su ～ 意に反して. tener mucha [poca] ～ 意志が強い[弱い]. Nunca tiene ～ propia. 彼[彼女]はいつも付和雷同する.
2 意向, 意図, 決意；望み, 願い. ajeno a la ～ de... …の意向を顧みずに. con poca ～ いやいやながら, しぶしぶ. última ～ por expresa ～ del difunto 故人の遺志により. Tenemos la ～ de viajar por Europa. 我々はヨーロッパ旅行をしたいと思っている. Lo siento, pero lo hice sin ～ de molestarle. ごめんなさい, でもあなたに迷惑をかけるつもりはなかったのです.
3 同意, 好意.
a su *voluntad* 好きなように, 自由裁量で. Dejo *a tu* ～ *la propina*. チップは君の気持ちに任せるよ.
a voluntad (*de...*) (…の)自由に, 好きなように；好きな量だけ, 十分に. La cremallera se abre *a* ～. このファスナーはひとりでに開いてくる.
buena voluntad 善意, 親切, 好意. visita de *buena* ～ 親善訪問. Tiene *buena* ～. 彼[彼女]は善人だ. tenerle (a + 人) *buena* ～ 〈人〉に好意をもつ[示す].
de (*buena*) *voluntad* 好意で, 自発的に, 進んで, 喜んで.
ganar(*se*) *la voluntad de...* …の好意を得る；…を納得させる.
hacer su *santa voluntad* 自分のやりたいようにする.
mala voluntad 悪意, 意志の弱さ(= *poca* ～). tenerle (a + 人) *mala* ～ 〈人〉に悪意をもつ.
por su (*propia*) ～ 自らの意志で. Vine aquí *por mi propia* ～. 私は自らの意志でここにやって来た.
zurcir voluntades 色事の取り持ちをする.
[←〚ラ〛*voluntātem* (*voluntās* の対格；*velle*「欲する」より派生）〖関連〗voluntario. 〖英〗*voluntary, will*]

vo·lun·ta·ria·do [bo.lun.ta.rjá.đo; ƀo.-] 男《集合的》**1** ボランティア. **2** 〖軍〗志願兵役；義勇兵団.

vo·lun·ta·rie·dad [bo.lun.ta.rje.đáđ; ƀo.-] 女 **1** 自発性；自由意志；随意. **2** 気まぐれ, わがまま.

＊vo·lun·ta·rio, ria [bo.lun.tá.rjo, -.rja; ƀo.-] 形 自発的な, 自由意志による；随意の, 任意の. acción *voluntaria* 自発的行為. actividad [prestación] *voluntaria* ボランティア活動. ― 男女 **1** ボランティア, 有志, 志願者. **2** 〖軍〗志願兵.
[←〚ラ〛*voluntārium* (*voluntārius* の対格；*voluntās*「意志」より派生) 〖関連〗〖英〗*voluntary, volunteer*]

vo·lun·ta·rio·sa·men·te [bo.lun.ta.rjó.sa.mén.te; ƀo.-] 副 ひたむきに, 熱心に；わがままに.

vo·lun·ta·rio·so, sa [bo.lun.ta.rjó.so, -.sa; ƀo.-] 形 **1** 意志の強い, ひたむきな, 熱意のある.
2 わがままな；強情な.

vo·lun·ta·ris·mo [bo.lun.ta.rís.mo; ƀo.-] 男 **1** 〖哲〗〖心〗（意志が知性その他に勝るとする）主意主義. **2** 強い意志力を示す態度［行動］.

vo·lun·ta·ris·ta [bo.lun.ta.rís.ta; ƀo.-] 形 主意主義（者）の；強い意志力を示す.
― 男女 主意主義者；強い意志力を示す人.

vo·lup·tuo·sa·men·te [bo.lup.twó.sa.mén.te; ƀo.-] 副 官能的に；享楽的に.

vo·lup·tuo·si·dad [bo.lup.two.si.đáđ; ƀo.-] 女 快楽；官能, なまめかしさ.

vo·lup·tuo·so, sa [bo.lup.twó.so, -.sa; ƀo.-] 形 **1** 官能的な, なまめかしい. aroma ～ 官能をそそる香り. **2** 享楽的な；好色な. vida *voluptuosa* 享楽的人生. ― 男女 快楽にふける人；好色な人.

vo·lu·ta [bo.lú.ta; ƀo.-] 女 **1** 渦巻き；渦巻き形のもの. ～*s azules del humo de cigarro* 渦を巻いて立ちのぼる葉巻の紫煙. **2** 〖建〗（イオニア・コリント式柱頭などの）渦巻き（装飾）.

voluta
（渦巻き装飾）

vol·ve·dor, do·ra [bol.ƀe.đór, -.đó.ra; ƀol.-] 形 《ラ米》〚ﾂﾞﾗ〛〚ﾊﾁ〛（馬などが）ねぐらに戻りたがる癖のある.
― 男《ラ米》〚ﾂﾞﾗ〛〚ﾊﾁ〛景品, おまけ.

vol·ver [bol.ƀér; ƀol.-] 23 他 [過分] は vuelto]
1 (1) 向きを変える. Cuando entré en el aula, Laura *volvió* la cabeza. 僕が教室に入って行くと, ラウラが振り向いた. (2) 《**a... / hacia...** …の方向に》向ける. Al ~ los ojos *a* la pantalla del ordenador, me di cuenta de que no llevaba gafas. 私はコンピュータのモニターに視線を向けようとめがねをしていないことに気づいた. De vez en cuando es bueno ~ el pensamiento *hacia* el pasado. 時には過去に思いをはせるのもよい.
2 〈角を〉曲がる. Nada más ~ aquella esquina, verá la entrada del aparcamiento. あの角を曲がると駐車場の入り口がすぐ見えますよ.
3 裏返す, 引っくり返す; 〈左右・上下を〉逆にする. ~ la página ページをめくる.
4 (《+名詞・形容詞およびその担当語句 …に》) 変える. Ningún especialista podrá ~ *dócil* a ese niño. どんな専門家でもその子を従順な性格に変えることはできない. El me prometió ~ *realidad* mis sueños. 彼は私の夢を現実にしてくれると誓った. (2) 《**en...** …に》変える, 変換する. ~ el agua *en* vino 水をワインに変える.
5 (1) 〈元の位置・状態・持ち主に〉戻す, 返す. (2) 〈つり銭を〉返す; 《**por...** …の》代償として与える. ~ amor *por* odio 憎しみに愛で応える. (3) 〈胃の内容物を〉吐く. ▶ (1)-(3) いずれの場合も devolver の方がより一般的.
6 〈ドア・窓を〉(開閉に際して)押す, 引く.
—自 **1** (1) (特定の場所に)戻る; 再び行く［来る］. ¿Cuándo *volverás* a tu país? 君はいつ国に戻るの. Ya *hemos vuelto* de Sevilla. 我々は, もうセビーリャから戻ってきた. Mi padre *volverá* sobre las nueve. 父は9時ごろ戻ります. No *volveré* nunca más a un restaurante tan desagradable. あんな不愉快なレストランへはもう二度と行くものか. (2) 《**a...** 〈特定の話題・状態など〉に》戻る. Volvamos al tema de la reforma educativa. さて教育改革に話を戻しましょう. Quiero ~ *a* mi peso habitual antes del verano. 夏までにいつもの体重に戻りたい.
2 《**a**+不定詞》(1) 再び《…》する. He vuelto *a* suspender matemáticas. 私は数学をまた落としてしまった. (2) 元通りに《…》する. Ahora mismo *vuelve a colocar* eso en el estante. 今すぐそれを棚に戻しなさい. **3** 《**a...** 〈特定の方向〉に》曲がる, 向きを変える. En ese punto el camino *vuelve a* la izquierda. その地点で道は左に折れる. **4** 《文章語》《**por...** …を》守る, 防護する.

—**·se** 再 **1** (特定の場所から元の場所へ向かって)戻る, 帰る, 退去する. Si tengo que aguantar estas tonterías, *me vuelvo*. こんなばかげたことを我慢しなければならないなら, 僕は帰る.
2 (1) 振り返る, 後ろを向く. Ella *se volvió* y me miró fijamente. 彼女は振り向いて僕をじっと見つめた. (2) 《**a... / hacia...** …の方に》向く. Al escuchar los pasos Pablo *se volvió hacia* la puerta. パブロは足音を聞くとドアの方を振り返った.
3 《**contra... / en contra de...** …に》敵対する, 歯向かう, 反旗を翻す. Los alumnos *nos volvimos contra* el profesor por su actitud antidemocrática. 教授の非民主的な態度は我々学生の反発を買った.
4 《+名詞・形容詞およびその担当語句 …に》なる. Mi hija *se ha vuelto* muy *responsable*. 娘はとても責任感が強くなった.
volver en sí 意識回復する; 我に返る. Después de la operación, mi abuela tardó dos horas en ~ *en sí*. 祖母は手術後の意識回復に2時間もかかった.
*volver*le *la espalda* (*a*+人) 〈人に〉背を向ける; 〈人を〉見捨てる, 見放す. Me ayudaste hasta cuando todos *me volvían la espalda*. 君は僕が皆に見捨てられたときできさえ助けてくれた.
volverse (*para*) *atrás* (1) 前言を撤回する, 態度を変える, 約束を反故(%)にする. Todo está decidido ya y ahora no puedes ~*te atrás*. もう全部決まってるんだから, 今さら気が変わったなんて言わないでね. (2) 後戻りする.
volver sobre SUS *pasos* (1) 前言を撤回する, 態度を変える[見直す]. (2) 後戻りする.
[←［ラ]*volvere*「転がる; 転がす; 巻く」; 関連] vuelta. [英]*wallow*「転げ回る」, *involve*]

vól·vu·lo [ból.ƀu.lo; ƀól.-] 男 【医】腸捻転(%)(= ~ intestinal).
vó·mer [bó.mer; ƀó.-] 男 【解剖】(鼻の)鋤骨(%).
vó·mi·ca [bó.mi.ka; ƀó.-] 女 【医】(肺の)膿瘍(%) 空洞.
vó·mi·co, ca [bó.mi.ko, -.ka; ƀó.-] 形 吐き気を催させる(= vomitivo).
vo·mi·ta·do, da [bo.mi.tá.ðo, -.ða; ƀo.-] 形 げっそりとやつれた, 憔悴(%)しきった.
*****vo·mi·tar** [bo.mi.tár; ƀo.-] 他 **1** 吐く, 戻す; 吐いた物で汚す. ~ sangre 喀血(%)[吐血]する. *Vomitó* todo lo que había comido. 彼[彼女]は食べた物を全部吐いてしまった.
2 噴く, 噴き出る; 発射[放出]する. Los cañones *vomitaban* fuego. 大砲が火を噴いていた. El volcán *vomitaba* lava. 火山は溶岩を噴出していた. **3** 〈悪口を〉浴びせる. ~ injurias 罵詈雑言(%)を浴びせる. **4** 白状する, 吐く.
—自 吐く, 戻す. darle (a+人) ganas de ~ 〈人〉に吐き気を催させる.
[←［ラ]*vomitāre*「たびたび吐く」(*vomere*「吐く」より派生); 関連] vómito. [英]*vomit*]
vo·mi·te·ra [bo.mi.té.ra; ƀo.-] 女 **1** → vomitona. **2** 《ラ米》(⁵) 何回も吐くこと, 嘔吐(%).
vo·mi·ti·vo, va [bo.mi.tí.ƀo, -.ƀa; ƀo.-] 形 **1** 《話》《軽蔑》吐き気を催させる, ひどく不快な. **2** 【医】吐き気を催させる. —男 **1** 【医】吐瀉(%)薬. **2** 《ラ米》(⁵) 《話》うんざりさせるもの.
vó·mi·to [bó.mi.to; ƀó.-] 男 **1** 嘔吐(%), 吐くこと. tener ~s 吐く. ~ de sangre 喀血(%), 吐血.
2 吐瀉(%)物, へど.
vómito negro 【医】黄熱(病).
vo·mi·tón, to·na [bo.mi.tón, -.tó.na; ƀo.-] 形 〈乳児が〉乳を戻しやすい, よく吐く.
—女 《話》ひどい嘔吐(%).
vo·mi·to·rio, ria [bo.mi.tó.rjo, -.rja; ƀo.-] 形 吐き気を催させる.
—男 **1** (古代ローマの劇場・円形競技場の)出入り口, (スタジアムの)通用門. **2** 吐瀉(%)薬.
vo·qui·ble [bo.kí.ƀle; ƀo.-] 男 《ユーモラスに》言葉, 語, 単語 (= vocablo).
vo·ra·ce·ar [bo.ra.θe.ár; ƀo.- / -.se.-] 他 《ラ米》(^な) 大声を張り上げる; 叫び声を上げて挑みかかる.
vo·ra·ci·dad [bo.ra.θi.ðáð; ƀo.- / -.si.-] 女 **1** 大食, 食欲旺盛(%), むさぼり食うこと. **2** 食欲(%). Nada puede saciar tu ~. 君の食欲な心を満たすものは何もない. **3** (火勢などの)激しさ, 猛威.
vo·rá·gi·ne [bo.rá.xi.ne; ƀo.-] 女 **1** (水流の)渦,

voraginoso

渦巻き. **2** 混乱, 錯綜(さくそう). **3** あわただしさ, めまぐるしさ.

vo・ra・gi・no・so, sa [bo.ra.xi.nó.so, -.sa; ƀo.-] 形 **1** 渦巻く, 渦の多い. **2** 混乱した, 騒然とした. **3** あわただしい, めまぐるしい.

vo・raz [bo.ráθ; ƀo.- / -.rás] 形 [複 voraces] **1** 大食の, 食欲旺盛な(おうせい), がつがつした. un apetito 〜 すさまじい食欲. **2** 飽くことを知らない, 食欲(しょくよく)な. **3** 猛威を振るう, 猛烈な. fuego 〜 猛火. **4** 《ラ米》(くうしゃ)度胸のいい, 勇敢な.

vo・raz・men・te [bo.ráθ.mén.te; ƀo.- / -.rás.-] 副 がつがつと, 貪欲に.

vor・me・la [bor.mé.la; ƀor.-] 女 【動】(北欧に生息する)イタチ属の動物.

-voro, ra 「…を食とする」の意を表す造語要素. carn*ívoro*, omn*ívoro*. [← 《ラ》]

vór・ti・ce [bór.ti.θe; ƀór.- / -.se] 男 【気象】 **1** 渦巻き;旋風, つむじ風. El río es peligroso por sus 〜s. その川は渦が巻いていて危険だ. **2** 台風の目.

vor・ti・ce・la [bor.ti.θé.la; ƀor.- / -.sé.-] 女 【動】ツリガネムシ.

vor・ti・gi・no・so, sa [bor.ti.xi.nó.so, -.sa; ƀo.-] 形 渦を巻く.

＊＊vos [bós; ƀós] 代名 《人称》[2人称単数] **1** 《ラ米》(1) 《主語》君は[が], おまえは[が], あなたは[が]. *Vos* tenés que venir mañana. 君は明日来なくてはだめだよ. (2) 《前置詞+》君, おまえ, あなた.
[参考] 動詞の活用形は地域によって異なるが, ラプラタ地域の一部で使用されるものがよく知られている(現在形: cantar → cantás, venir → venís, ただし var → sos, haber → has. 肯定命令形: cantar → cantá, venir → vení, levantarse → levantate). 主格・前置詞格以外の代名詞のみは tú に準ずる.
2 《古語》(1) 《主語》あなた様は[が], おん身[が], 貴殿[が], 汝(なんじ)[が]. (2) 《前置詞+》あなた様, おん身, 貴殿, 汝(なんじ).
[参考] 中世には *vos* は2人称の敬称として単数, 複数両方の意で用いられたが, 後に複数形は *vos otros*, *vos otras* となり, は単数を表すようになった. 17世紀には, *vos* が tú や Vuestra Merced の中間の敬称として用いられている. 現在 *vos* はラテンアメリカのいくつかの地域における上記 **1** の用法を除いて, 2人称代名詞としては一般に用いられなくなっているが, 神や貴人に対して, また詩的文体などで usted にだけ使われることがある. その場合, 動詞は2人称複数形, 形容詞は単数形を取る (→ Señor, *vos* sois nuestra Providencia. 主よ, あなたは我々の救い主です). **2** の用法における *vos* の直接・間接目的格は os.

vo・se・ar [bo.se.ár; ƀo.-] 他 vos で呼びかける.

vo・se・o [bo.sé.o; ƀo.-] 男 (tú の代わりの) vos の使用.

＊＊vo・so・tros, tras [bo.só.tros, -.tras; ƀo.-] 代名 《人称》[2人称複数] **1** 《主語》君たちは[が], おまえたちは[が], あなたたちは[が]. ¿Y 〜, cómo lo sabéis? で, 君たちはどうしてそれを知っているのかね. Lo queréis 〜, ¿verdad? 君たちがそれがほしいのでしょう.
▶ 他と対比させる場合, また主語を強調する場合を除いては省略されることが多い. ▶ 中南米では vosotros の代わりに ustedes を用いる.
2 《前置詞+》君[おまえ, あなた]たち. en cuanto *a* 〜 君たちに関しては. Sí me acuerdo muy bien *de* 〜. ええ, 君たちのことはよく覚えているよ.

[← 〔古スペイン〕 *vos* 「あなた (敬称)」 (中世末期に強調形として -*otros* をつけた形が使われ始め, 後にこれが *vos* に代わって一般形となる) ← 〔ラ〕 *vōs* 「あなた方, 君たち」 (単数・敬称への転用はローマ帝政時代以降); [関連] 〔仏〕 *vous* 「あなた(方), 君たち」]

＊vo・ta・ción [bo.ta.θjón; ƀo.- / -.sjón] 女 投票, 票決;投票数. someter a 〜 投票にかける. decidir por 〜 票決する. modo de 〜 投票[票決]方法. 〜 a mano alzada 挙手採決. 〜 de desempate 決選投票. 〜 nominal 記名投票. 〜 ordinaria 挙手[起立]による採決. 〜 secreta 無記名投票. 〜 unánime 満場一致の採決.

vo・tan・te [bo.tán.te; ƀo.-] 形 投票する.
── 男 女 投票者, 選挙人, 有権者.

＊vo・tar [bo.tár; ƀo.-] 他 **1** (人に) 投票する;〈賛成・反対などを〉表明する. ¿Qué han votado ustedes, sí o no? あなた方はどう投票しましたか, 賛成されとも反対ですか. **2** (投票で) 承認する, 決定する. Hemos votado que cancelaremos el viaje. 私たちは旅行の取りやめを投票で決めた.
── 自 **1** 投票する. 〜 *a favor* [*en contra*] *de* + 人 (人) に賛成[反対] 票を投じる. 〜 *a mano alzada* 挙手で決める. 〜 *a un partido* ある政党に投票する. 〜 *en blanco* 白票を投じる. No voy a 〜 *por ella*. 私は彼女には投票しません. *He votado por ir a la playa*. 私は海に行くことに賛成した. **2** 《まれ》ののしる. *¡Voto a...!* 《怒り・脅しなど》 …なんてくそくらえさ.

vo・ti・vo, va [bo.tí.ƀo, -.ƀa; ƀo.-] 形 〈誓い・約束・信仰の〉ささげた, 奉納の. *misa votiva* 【カト】随意[特志]ミサ.

＊＊＊vo・to [bó.to; ƀó.-] 男 **1** 投票, 票決;投票用紙. 〜 *afirmativo* 賛成票. *tres* 〜*s a favor* [*en contra*] 賛成[反対]票3票. *emitir* [*dar*] su 〜 投票する. 〜 *nominal* [*secreto*] 記名[無記名]投票. 〜 *de confianza* 信任投票;お墨付き. 〜 *de censura* 不信任投票. 〜 *particular* 少数票.
2 投票権, 議決権. *tener* 〜 投票権を持つ. 〜 *de calidad* 決定権, キャスティングボート.
3 《主に複数で》願い, 嘆願; 【カト】 (神に対しての)誓い, 誓願; 奉納物. 〜 *simple* [*solemne*] 単式[盛式]誓願. *hacer* 〜*s* 《文章語》嘆願する.
4 (怒りを表す) ののしり言葉, 悪態.
[← 〔ラ〕 *vōtum* 「誓い, 約束; 願望」; [関連] votar, votación, votante, devoto. [英] *vote*]

vo・tri [bó.tri; ƀo.-] 男 《ラ米》(うるう)【植】つる植物の一種.

vox pó・pu・li [bóks pó.pu.li; ƀóks -] 〔ラ〕 人民の声, 世論. *Vox pópuli*, vox Dei (= Voz del pueblo, voz del cielo). 民の声は天の声. ser *vox pópuli* 常識である, 周知の事実である.

voy [bói; ƀói] → ir.

voy・eur [bwa.jér; ƀwa.-] 〔仏〕 男 女 [複 〜s, 〜] のぞき魔, 窃視(せっし)者.

vo・yeu・ris・mo [bwa.je.rís.mo; ƀwa.-] 〔仏〕 男 のぞき行為, 窃視(せっし)症.

＊voz [bóθ; ƀóθ / bós; ƀós] 女 [複 voces] **1** 声, 音声. *ahuecar la voz* 重々しい調子で話す. *alzar* [*levantar*] *la voz* 声を荒げる. *anudársele* (a+人) *la voz* (人) 〈が〉(感動・驚きで) 声が詰まる. *darle una voz* (a+人) (人) を大声で呼ぶ. *dar voces* 大声をあげる, 叫ぶ. *decir* [*hablar*] *en voz alta* [*baja*] 大声 [小声] で言う [話す]. *decir en voz queda* 穏やかに言う. *empañarse la voz* / *tener la voz empaña-*

da (泣きそうになって)声がくぐもる[湿る]. **perder la *voz*** 声が出なくなる. **temblarle** (a+人) **la *voz*** 〈人〉の声が震える. **tener buena *voz*** いい声をしている. **tener la *voz* tomada** 声がかれている, しわがれ声を出す. ***voz* aguda** 甲高い声. ***voz* apagada[opaca]** 弱々しい声. ***voz* argentina** 鈴を振るような声, 澄んでよく通る声. ***voz* cavernosa** 野太い声. ***voz* de trueno** 雷のような声, 蛮声. ***voz* estentórea** 大声. ***voz* natural [en directo]** 肉声. ***voz* ronca** しわがれ声. **extensión de la *voz*** 声域. **Se le está mudando la *voz*.** 彼はいま声変わり中だ. → sonido [類語].

2 (自然界・動物の)声. ***voz* del mar** 海鳴り. ***voz* del viento** 風の音.

3 (主義・主張・良心などの)声, お告げ. **la *voz* de la conciencia** 良心の声. **la *voz* de la naturaleza** 心の奥底からの声. **la *voz* del corazón** 心からの叫び. **la *voz* pública [del pueblo]** 人民の声, 世論. **la *voz* del cielo** 天の声.

4 うわさ, 風評. **hacer correr la *voz*** うわさを広める. **Corre [Circula] la *voz* (de) que...** …といううわさが流れている.

5 意見, 発言; 発言権. **con *voz* y voto** 発言権と議決権を持って, 完全な資格で. **con *voz* pero sin voto** 発言権はあるが議決権のない. **no tener *voz* ni voto** 全く意見を挟めない. **tener *voz* consultiva** 議決権は持たないが発言権はある. **6** 影響力; 代表的な人物. **constituir la *voz* en el mundo de Bellas Artes** 美術界の重鎮である. **7** 《文法》(1) 語, 単語. ***voz* culta** 教養語. ***voz* de origen árabe** アラビア語起源の語. (2) 態. ***voz* activa** 能動態. ***voz* pasiva** 受動態. ***voz* media** 中動態, 中間態. **8** 《音声》声, 有声音. **9** 《音楽》声部; 歌手; (楽器の)音色. **apagar la *voz*** (楽器の)音を落とす. **cantar a dos *voces*** 二重唱で歌う. **una canción para dos *voces*** 二声部曲. ***voz* cantante** 主旋律(部).

a media voz 小声で, 声をひそめて.

a una voz 口をそろえて, 異口同音に; 満場一致で.

a voces 大声で. **secreto *a voces*** 公然の秘密.

a voz en grito [cuello] ありったけの大声で, 声を張り上げて. **pedir *a voz en grito*** 大声に要求する.

dar la voz de alarma 警告の声を発する.

dar voces al viento / dar voces en el desierto 無駄な努力をする.

de viva voz 肉声で; 口頭で, 面と向かって; 耳で聞いて. **aprender... *de viva voz*** …を耳で覚える.

en alta voz / en voz alta 大声で, 声高に; 無頓着に(ぞんぶに).

en voz 口頭で; 直接に.

estar en voz 声の調子がいい; (何かをするのに)絶好の状態にいる.

estar pidiendo a voces 緊急に必要としている. **Mi coche *está pidiendo a voces*** una reparación. 私の車はすぐ修理する必要がある.

llevar la voz cantante 主宰する, 取り仕切る.

ser voz pública 常識である, 周知の事柄である.

Voz del pueblo, voz del cielo. 《諺》民の声は天の声.

voz de mando 《軍》(大声での)命令, 指令.

[← 〔ラ〕*vōcem* (*vōx* の対格)] 【関連】vocal, vocación, vocear, convocar. [英] *voice*].

vo·za·rrón [bo.θa.r̃ón; ƀo.-/-.sa.-] 男 太くて大きい声, どら声.

vo·za·rro·na [bo.θa.r̃ó.na; ƀo.-/-.sa.-] 女 →vozarrón.

voz·ne·ar [boθ.ne.ár; ƀoθ.-/ƀos.-; ƀos.-] 自 〈ハクチョウが〉鳴く.

VPO [u.ƀe.pe.ó] 女 《略》*v*ivienda de *p*rotección *o*ficial 低所得者住宅.

VPT [u.ƀe.pe.té] 女 《略》*v*ivienda de *p*recio *t*asado 低所得者住宅(VPO)と指定されてはいないが公的補助を受けることのできる住宅.

vu·dú [bu.dú; ƀu.-] 男 [複 ~s, ~, ~es] 《宗》ブードゥー教(カリブで信仰されている宗教); ブードゥー教の神.

vu·duis·mo [bu.ðwís.mo; ƀu.-] 男 →vudú.

vu·duis·ta [bu.ðwís.ta; ƀu.-] 形 《宗》ブードゥー教の. — 男女 ブードゥー教徒.

vue·ce·len·cia [bwe.θe.lén.θja; ƀwe.- /-.se.-.sja] / **vue·cen·cia** [bwe.θén.θja; ƀwe.- /-.sén.sja] 代名 《人称》[vuestra excelencia の縮約形] 閣下, 殿下(ジ).

vuel- 活 →volar.

vue·la·plu·ma [bwe.la.plú.ma; ƀwe.-]
 a vuelapluma 走り書きで; 筆の赴くまま.

vuelc- 活 →volcar.

vuel·co [bwél.ko; ƀwél.-] 男 **1** 転倒, 転覆. **dar un ~** ひっくり返る. **2** 急激な変化; 破滅.

darle (a+人) ***un vuelco el corazón*** 《話》(驚きなどで)〈人〉がどきっとする.

vue·li·llo [bwe.lí.jo; ƀwe.-‖-.ʎo] 男 (そで口のレースなどの)フリル, ひだ飾り.

vue·lo [bwé.lo; ƀwé.-] 男 **1 飛行, 飛翔, 飛ぶこと. **realizar un ~ largo** 長い距離を飛ぶ. **remontar el ~** 高く上昇する[舞い上がる]. **Contemplaba el ~ de los pájaros.** 彼[彼女]は鳥の飛ぶさまをじっと見ていた. **~ acrobático** 曲芸飛行. **~ ciego** 盲目飛行. **~ de prueba** テスト飛行. **~ de reconocimiento** 偵察飛行. **~ en picado** 急降下. **~ espacial** 宇宙飛行. **~ rasante [raso]** 低空飛行. **~ sin motor [planeado]** (グライダーなどの)滑空飛行.

2 (飛行機の) **便, フライト**; 空の旅; 航空路. **el ~ número 335 de Iberia con destino a Málaga** イベリア航空マラガ行き335便. **~ directo [sin escala]** 直行便, ノンストップフライト. **~ fletado** チャーター便. **personal de ~** 搭乗員. **auxiliar [ayudante] de ~** フライトアテンダント.

3 《主に複数で》(鳥の)翼. **4** (スカート・そでなどの)膨らみ, 広がり. **5** 《建》張り出し, 突出部.

— 活 →volar.

al vuelo (1) 飛んでいる. **coger moscas *al ~*** 飛んでいるハエを捕まえる. (2) 《話》(理解などが)素早く, すぐに. **Entiende las cosas *al ~*.** 彼[彼女]はものごとをすばやく理解する. (3) 偶然に, たまたま. **Pasé *al ~* por el lugar del suceso.** 偶然に事件現場を通りかかった.

alzar [emprender, levantar] el vuelo (1) 飛び立つ; 立ち去る. **Al sonar un disparo, las aves *alzaron el ~* a la vez.** 銃声がすると鳥たちがいっせいに飛び立った. (2) 《話》自立する, 巣立つ. **Quiero *emprender el ~* cuanto antes.** できるだけ早く自立したい.

cazar(las) [coger(las), pescar(las)] al vuelo 《話》飲み込みが早い, すぐに理解する.

cortarle los vuelos (a+人) 《話》〈人〉の好き勝手にさせない. **Mi madre *me corta los* ~s.** 母は私の好きなようにはさせてくれない.

de altos [muchos] vuelos とても重要な. **Está metido en negocios *de altos* ~s.** 彼は重大な仕

vuelque(-)

事にかかっている.
de* [*en*] *un vuelo 一気に, 即座に.
oírse [***no oírse, poder oírse***] ***el vuelo de una mosca*** しんと静まり返っている.
tomar vuelo 増加する, 発展する; 重大になる. El problema de la droga *está tomando* ~. 麻薬が重大な問題となりつつある.
[volar より派生]

vuelque(-) 困 → volcar.

vuel・te・ro, ra [bwel.té.ro, -.ra; ƀwel.-] 形《ラ米》(ｸﾞｱﾃﾏﾗ)《話》気難しい, 扱いにくい.

***vuel・ta [bwél.ta; ƀwél.-] 囡 **1** 回転, 旋回. dar dos ~s a la llave 鍵を2回まわす.
dar una nueva ~ de tuerca (a...) (…の)ネジを締め直す;《比喩的》(〈計画など〉を)練り直す. ~ al revés 逆回転. La Luna da ~s alrededor de la Tierra. 月は地球の周りを回っている.
2 巡回; 散歩, ドライブ. ~ al mundo 世界一周. ~ al ruedo 『闘牛』(祝福を受けるための)闘牛場の場内一周. *V* ~ Ciclista a España スペイン一周ロードレース. dar una ~ en coche por Andalucía アンダルシアをドライブする. dar una ~ por la ciudad en bicicleta 町を自転車でひと回りする. dar una ~ por el parque por la tarde 午後, 公園を散歩する.
3 帰ること, 帰還; 帰途; (元へ)戻ること, 復帰; 再来, 再訪問. ~ a casa 帰宅. ~ a escena カムバック. ~ atrás 後戻り, 後退. ~ de la primavera 春の再来. a la ~ 帰りには. celebrar la ~ de+人 〈人〉の帰還[帰国]を祝う. ida y ~ 往復. partido de ~ リターンマッチ. ¡Hasta la ~! 『あいさつ』さようなら, また帰ってくるまで. ¡*V*~! またか, いいかげんにしろ.
4 反転, 曲がること; (道路・川などの)カーブ, 湾曲部. ~ de campana 宙返り. ~ sobre el ala (飛行機の)宙返り. media ~ 半回転. dar media ~ 回れ右する, Uターンする; 立ち去る. dar ~ a la derecha [izquierda] 右[左]に曲がる.
5 (意見・政策などの)転換, 変化; 潮の変わり目. las ~s de la vida (人生の)浮き沈み. dar la ~ 変節する; 激変する. El mundo da muchas ~s. 人生何が起こるかわからない.
6 返すこと, 返却; 返礼. la ~ del dinero 金の返済. ¡Con ~! 《話》きっと返してくれよ.
7 お釣り. Quédese con la ~. お釣りはとっておいて下さい.
8 裏返すこと; 裏面. ¡Véase a la ~! 裏面[次ページ]をご覧下さい.
9 (ひも・綱などの)巻き付け, ひと巻き; (ネックレスの)連; 円環状のもの; (ソーセージなどの)輪切りの一枚.
10 (順番の)一巡; (繰り返されるものの)一回; (トーナメントなどの)一回戦, ラウンド; 『遊』(トランプで)競技者の一巡; 《話》(酒の全員への)ひと渡り; 『スポ』(トラックの)一周. ~ de honor ビクトリーラン. elegido [eliminado] a la primera ~ 1回戦で勝ち残って[負けて]. la primera ~ de los votos 一巡目の投票. Todavía quedan cinco ~s. まだ5周残っている. **11** (複数で)裏〈地〉; そでロの飾り; (ズボン・マント・襟の)折り返し. tener ~ リバーシブルである. **12** (編み物の)編み目の列, 段. **13** (棒などの)殴打; 叱責. darle una ~ (a+人) 〈人〉を殴る. **14** 【建】丸天井, ボールト; (アーチ・穹窿(きゅうりゅう)の)内側のカーブ. **15** 『馬』巻き乗り. **16** 『音楽』反復演奏(される部分).

a la vuelta de... (1) …からの帰りに. (2) …が経過した後に[で]. ~ *a la* ~ *de diez años* 10年後に.
a la vuelta de la esquina すぐ近くに; たやすく; 手の届くところに.
andar a vueltas いがみ合う. El matrimonio siempre *anda a* ~*s*. その夫婦はいつもけんかしている.
andar a vueltas con [***sobre***] ***...*** …に取り組んでいる, やっきになって…をする.
a vuelta de correo 折り返し便で.
a vuelta(***s***) ***de...*** …の近くに, ほとんど…で. Estamos a ~ *de Navidad*. もうすぐクリスマスだ. (2) …の末やっと.
buscarle (***a***+人) ***las vueltas*** 《話》〈人〉のあら捜しをする.
cerrar con dos vueltas 厳重に鍵(かぎ)をかける.
cogerle las vueltas (***a***+人) 〈人〉の扱い方を知る.
dar la vuelta a... (1) …を回る, 1周する. *dar la* ~ *al mundo* 世界一周する. (2) …を回し, 回転させる. *dar la* ~ *a la llave* 鍵を回す. (3) …をひっくり返す; 裏返しにする; 掘り返す; めくる. (4) …の向きを変える.
darle cien [***cuarenta, mil, muchas***] ***vueltas*** (***a***+人) 〈人〉よりはるかに優れて[勝って]いる. Antonio *le da cien* ~*s a su hermano en todo*. アントニオはすべての点で兄をしのいでいる.
darle vueltas (***a...***) (1) …をくるくる回す. (2) …をあれこれ考える, じっくり検討する. *dar* ~*s a la noria* 堂々めぐりをする. *Le estás dando demasiadas* ~*s*. それは君の考えすぎだ. No hay que *darle* ~*s*. 《話》その点にこれ以上突っつき回してもしようがない. (3) …周する. *Dimos dos* ~*s a la manzana*. 私たちはそのブロックを2回まわった.
darle vueltas la cabeza (***a***+人) 〈人〉は頭がくらくらする, 目まいがする.
darse la vuelta 振り返る. Oí un sonido a mi espalda y *me di la* ~. 私は背後で物音が聞こえたので振り向いた.
dar(***se***) ***una vuelta*** (1) 散歩する; 小旅行をする. *dar una* ~ *en coche* ドライブする. (2) (***por...***) (…を)見回る, (…に)立ち寄る.
dar vueltas (1) 回る, 巡る; 回転する; 寝返りを打つ. (2) (道・川が)曲がりくねる. (3) 探し回る.
de vuelta 帰りに, 帰りがけに; 帰って来て.
estar de vuelta (1) 帰っている, 帰宅している. (2) (***de...***) …を熟知している.
estar de vuelta de todo 《話》世慣れている, 平然としている.
hacerle dar vueltas (***a***+人) 〈人〉をてんてこ舞いさせる.
media vuelta a la derecha 〈号令〉回れ右.
no andar con vueltas 《話》目的に直進する, 単刀直入に言う.
no tener vuelta de hoja 《話》明らかだ, 疑問の余地がない; 他に手の打ちようがない.
poner a+人 ***de vuelta y media*** 《話》〈人〉をロ汚くののしる[とがめる].
tener muchas vueltas 《話》〈人が〉術策にたけていて油断がならない; 気難しい. [← 〈俗ラ〉 *volvita 「回転」, 〈ラ〉 *volvere* 「転がる, 転がす; 巻く」 (→volver)より派生, vuelto, voltio]

*vuel・to, ta [bwél.to, -.ta; ƀwél.-] [volver の 過分] 形 **1** (ある方向に) 向いた[向けた]; 横を向いた; 曲がった. ~ hacia la pared 壁に向いて[向けて]. tener la cara *vuelta* 横を向いている.

2 ひっくり返した, 逆さにした. sombrero con las alas *vueltas* つばを折り返した帽子. Él llevaba el jersey ～ del revés. 彼はセーターを裏返しに着ていた.

3 戻った, 帰ってきた. Ya está ～ del viaje. 彼はもう旅行から戻っている.

— 男《ラ米》釣り銭, お釣り.

vue·lu·do, da [bwe.lú.ðo, -.ða; bwe.-] 形〈衣服が〉ゆったりとした (= de mucho vuelo).

vuelv- → volver.

vuel·ve·pie·dras [bwel.ße.pjé.ðras; bwel.-] 男《単複同形》《鳥》キョウジョシギ.

vue·sa·mer·ced [bwe.sa.mer.θéð; bwe.- / -.séð] / **vue·sar·ced** [bwe.sar.θéð; bwe.- / -.séð] 代名《人称》《古語》貴方〖貴女〗(ぁなた), 貴殿, 貴下 (= vuestra merced).

vue·se·ño·rí·a [bwe.se.no.ri.a; bwe.-] 代名《人称》《古語》貴方〖貴女〗(ぁなた)様, 貴殿 (= vuestra señoría).

vues·tra [bwés.tra; bwés.-] 形 → vuestro.

※vues·tro, tra [bwés.tro, -.tra; bwés.-] 形《所有》[前置・後置形. 複数形は vuestros, vuestras] 君〖あなた〗たちの. ▶所有されるもの〖人〗の性数によって語尾変化する. 名詞の前に置かれる場合には, 冠詞などと一緒に用いられることはなく, 文中では [bwes.tro, -.tra; bwes.-] と弱く発音される. (1)《+名詞》en ～ caso 君たちの場合は: Soy *vuestra* mejor amiga. ¿A que sí? 私は君たちの親友でしょ. (2)《名詞+》dos coches ～s 君たちの2台の車. (3)《ser+》¿Ese cuadro *es* ～? その絵は君たちのですか. (4)《定冠詞+》《所有代名詞》君〖あなた〗たちのもの. Nuestro coche es más nuevo que el ～. 私たちの車は君たちのよりも新しい. *Lo* ～ también me pertenece a mí. 君たちのものはまた私のものでもあるんだよ.

(*Ésta*) *es la vuestra.* 《話》さあ, 君〖あなた〗たちのチャンスだ.

los vuestros 君〖あなた〗たちの家族〖仲間〗.

lo vuestro 君〖あなた〗たちの本分, 得意技. *Lo* ～ *es bailar, ¿verdad?* 君たちが得意なのは踊りですよね.

una de las vuestras 君〖あなた〗たちらしい（いつもの）ふざけ〖いたずら, へま〗.

Ya es vuestro [*vuestra*]. よくやった, もう君〖あなた〗たちのものだ.

[←《俗ラ》*vostru* (*voster* の対格) ←《ラ》*vester*「あなたがたの, 君たちの」 (*vōs*「あなたがた, 君たち」より派生)]

vul·ca·nis·mo [bul.ka.nís.mo; bul.-] 男《地質》火山活動.

vul·ca·ni·ta [bul.ka.ní.ta; bul.-] 女《地質》火山岩；硬質ゴム, エボナイト.

vul·ca·ni·za·ción [bul.ka.ni.θa.θjón; bul.- / -.sa.sjón] 女《ゴムの》加硫, 硬化.

vul·ca·ni·zar [bul.ka.ni.θár; bul.- / -.sár] 97 他〈ゴムを〉加硫〖処理〗する.

Vul·ca·no [bul.ká.no; bul.-] 固名《ロ神》ウルカヌス：火と鍛冶(ゕじ)の神. ギリシア神話のヘパイストス Hefesto に当たる.

vul·ca·no·lo·gí·a [bul.ka.no.lo.xí.a; bul.-] 女 火山学.

vul·ca·nó·lo·go, ga [bul.ka.nó.lo.go, -.ga; bul.-] 男女 火山学者.

※vul·gar [bul.gár; bul.-] 形 **1** 俗悪な, 下品な. gustos ～*es* 悪趣味. Es un programa de televisión muy ～. それはとても低俗なテレビ番組だ.

2 並の, ありふれた. idea ～ ありふれた考え. opinión ～ 陳腐な意見.

3 専門的でない, 民衆の. latín ～ 俗ラテン語. nombre ～ 俗称. literatura ～ 通俗文学. [←《ラ》*vulgārem* (*vulgāris* の対格；*vulgus*「民衆」より派生]
関連 vulgarizar, divulgar. 〔英〕*vulgar*〕

vul·ga·ri·dad [bul.ga.ri.ðáð; bul.-] 女 俗悪なこと, 粗野〖下品〗（な言葉）；陳腐. Juan sólo piensa ～*es*. フアンは下品なことばかり考えている.

vul·ga·ris·mo [bul.ga.rís.mo; bul.-] 男《言》俗語, 卑俗な言葉〖表現〗. → argot 類語.

vul·ga·ri·za·ción [bul.ga.ri.θa.θjón; bul.- / -.sa.sjón] 女 俗化；大衆化, 普及. la ～ de una ciencia 科学の普及.

vul·ga·ri·za·dor, do·ra [bul.ga.ri.θa.ðór, -.ðó.ra; bul.- / -.sa.-] 形 大衆化する, 普及の.

vul·ga·ri·zar [bul.ga.ri.θár; bul.- / -.sár] 97 他 **1**《軽蔑》俗化させる. **2** 通俗〖大衆〗化させる, 普及させる. — ～·se 再 **1**《軽蔑》俗化する；下品になる. **2** 大衆化する, 普及する.

vul·gar·men·te [bul.gár.mén.te; bul.-] 副 下品に；俗に, 通俗的に.

como vulgarmente se dice 俗に言うように.

Vul·ga·ta [bul.gá.ta; bul.-] 固名 La V～ ウルガタ聖書：主に San Jerónimo が完成したラテン語訳聖書；ローマカトリック教会の公認聖書.

[←《中ラ》*Vulgāta*←《後ラ》「旧約聖書のギリシア語・ラテン語訳」(〔ラ〕*vulgātus*「一般の, 通常の」の女性形より派生〔（聖書の）普及版」が原義）]

vul·go [búl.go; búl.-] 男 **1**《軽蔑》(教養のない)庶民, 下民. **2** 民衆, 一般大衆.

vul·ne·ra·bi·li·dad [bul.ne.ra.ßi.li.ðáð; bul.-] 女 傷つきやすさ, 弱さ, もろさ.

vul·ne·ra·ble [bul.ne.rá.ßle; bul.-] 形 傷つきやすい, 弱い, もろい. punto más ～ 最も弱い点, 痛い所.

vul·ne·ra·ción [bul.ne.ra.θjón; bul.- / -.sjón] 女 **1** 傷つけること. **2** 違反, 違背. ～ de un tratado 条約違反.

vul·ne·rar [bul.ne.rár; bul.-] 他 **1** 傷つける, 傷を負わせる. **2** 違反する, 違背する.

vul·ne·ra·rio, ria [bul.ne.rá.rjo, -.rja; bul.-] 形《医》傷に効く, 傷治療の.

— 男 傷薬.

— 女《植》(鞣法(ﾅめ)剤として使われた)マメ科の植物.

vul·pé·cu·la [bul.pé.ku.la; bul.-] 女 **1**《動》雌ギツネ (= zorra). **2**《星座》[V～] こぎつね座.

vul·pe·ja [bul.pé.xa; bul.-] 女 → vulpécula 1.

vul·pi·no, na [bul.pí.no, -.na; bul.-] 形 雌ギツネの（ような）；狡猾(ﾆぅかつ)な, ずるい.

— 男《植》オオスズメノテッポウ.

vul·tuo·so, sa [bul.twó.so, -.sa; bul.-] 形《医》〈顔が〉（充血などにより）むくんだ.

vul·tur·no [bul.túr.no; bul.-] 男 夏の熱気.

vul·va [búl.ßa; búl.-] 女《解剖》外陰部, 陰門.

vul·vi·tis [bul.ßí.tis; bul.-] 女《単複同形》《医》外陰炎.

vus·ted [bus.téð; bus.-] 代名《人称》《古語》→ usted.

W w

外来語のみに用いられる文字であり，本来のスペイン語には用いられない．読み方は一定しないが，ほとんどは b, v と同じように読まれるか，[(g)w; (g)w] と読まれるかのいずれかである．

W, w [úbe dóble] 囡 スペイン語字母の第24字；名称は v doble. →uve.

W 1 【化】wolframio タングステン (=tungsteno). **2** (略) (1) 【電】watt [英] ワット (=vatio). (2) *west* [英] 西 (=oeste).

wa·di [(g)wá.ði; (g)wá.-] 男 【地理】(北アフリカ・アラビアなどの) ワジ，かれ谷（雨期に）ワジを流れる川．

waf·fle [(g)wá.fle; (g)wá.-] 男 [複 ～s] [ラ米] (ｸﾞｸ) ワッフル．

wag·ne·ria·no, na [baɡ.ne.rjá.no, -.na; ɓaɡ.-] 形 ワグナー(1813-83)(の作品)の，ワグナー風の．— 男 囡 ワグナー崇拝者[愛好家]．

wa·ha·bí [wa.xa.bí; (g)wa.-] [アラビア] 形 囡 [複 ～es, ～s] → wahabita.

wa·ha·bi·ta [wa.xa.bí.ta; (g)wa.-] 形 (イスラム教) ワッハーブ派の．
— 男 囡 ワッハーブ派信者．

wal·ha·lla [ba.lá.la; ɓa.- // bal.xá.la; ɓal.-] [独] 男 【神話】バルハラ：北欧神話で戦死した英雄の霊が迎えられる殿堂．

wal·kie-tal·kie [(g)wal.ki.tál.ki; (g)wal.- // (g)wo.-; (g)wo.-] [英] 男 ウォーキートーキー：携帯用無線電話．

walk·ing [(g)wól.kin; (g)wól.-] [英] 男 歩くこと，歩行，ウォーキング．

walk·ki·ria [bal.kí.rja; ɓal.-] 囡【神話】→ valquiria.

walk·man [(g)wól.man; (g)wól.-] [英] 男 [複 ～, ～s] 【商標】ウォークマン．

walk·o·ver [(g)wól.ko.ber; (g)wól.-// (g)wó.ko.-; (g)wó.-] 男 (競馬などにおける) 独走，楽勝，一方的勝利．

wal·la·by [wa.lá.bi; (g)wa.-] 男 [複 ～, ～s] 【動】ワラビー．

wa·lón, lo·na [ba.lón, -.ló.na; ɓa.-] 形 男 囡 → valón.

WAP [(g)wáp; (g)wáp] [英] 男 (略) 【IT】*W*ireless *A*pplication *P*rotocol 携帯電話や腕時計などの携帯端末用の通信プロトコル．

wa·pi·tí [(g)wa.pi.tí; (g)wa.-] 男 [複 ～es] 【動】ワピチ：北米産のシカ．

warn·ing [(g)wár.nin; (g)wár.-] [英] 男 [複 ～s, ～] **1** 警告 (=aviso, advertencia). **2** 【車】ハザードランプ，危険警告灯 (=luces de emergencia).

war·rant [(g)wá.ɾan(t); (g)wá.-] [英] 男 【商】倉荷証券．

Wash·ing·ton [(g)wá.sin.ton; (g)wá.-] 固名 ワシントン．**(1)** アメリカ合衆国の首都 (= ～, D.C.). **(2)** 米国北西部の州．[←[英]*Washington* (米国初代大統領の名にちなむ)]

wash·ing·to·nia·no, na [(g)wa.sin.to.njá.no, -.na; (g)wa.-] 形 (アメリカ合衆国の首都) ワシントンの，ワシントンの住民[出身者]の．
— 男 囡 ワシントンの住民[出身者]．

Wasp / WASP / wasp [(g)wásp; (g)wásp] [英] 男 囡 [複 ～s, ～] (略) *W*hite *A*nglo-*S*axon *P*rotestant アングロサクソン系プロテスタントの白人．

wat [bát; ɓát] 男 → watt.

wá·ter [bá.ter; ɓá.-] [英] 男 (話) (水洗) 便所；(水洗) 便器．

wa·ter-bal·last [ba.ter.ba.lás(t); ɓa.-] [英] 男 水バラスト (タンク)．

wa·ter-clos·et [ba.ter.klo.seɾ; ɓa.-] [英] 男 便所，トイレット．

wa·ter·gang [bá.ter.gan; ɓa.- // (g)wá.-; (g)wá.-] 男 (オランダ干拓地の) 排水路，小運河；排水口．

wa·ter-po·lis·ta [(g)wa.ter.po.lís.ta; (g)wa.-] 男 囡 【スポ】水球の選手[をする人]．

wa·ter-po·lo [(g)wa.ter.pó.lo; (g)wa.-] [英] 男 【スポ】水球，ウォーターポロ．

watt [(g)wát; (g)wát] 男 【電】ワット：電力・工率の単位《略 W》(=vatio).
[英国の技師 Watt の名にちなむ]

wau [(g)wáu; (g)wáu] 男 (または囡) 【音声】半子音[半母音] u.

WC [u.ɓe. θé / -. sé] [英] 男 (略) *w*ater *c*loset トイレ．

web [(g)wéb; (g)wéb] 囡 (または男) [複 ～s, ～] 【IT】**(1)** ウェブ．**(2)** ウェブページ (=página (de) web). **(3)** ウェブサイト (=sitio (de) web). ► **(1)**, **(2)** の意では主に女性名詞，**(3)** では主に男性名詞．

web·cam [(g)wéb.kam; (g)wéb.-] [英] 囡 [複～s, ～] ウェブカメラ．

we·ber [bé.ber; ɓe.-] / **we·be·rio** [be.bé.rjo; ɓe.-] 男 【電】ウェーバー：磁束の単位《略 Wb》.
[ドイツの物理学者 Weber の名にちなむ]

web·mas·ter [(g)web.más.ter; (g)web.-] [英] 男 囡 [複 ～s, ～]【IT】ウェブマスター．

week·end [(g)wí.ken(d); (g)wí.-] [英] 男 週末，ウイークエンド．

wel·ter [(g)wél.ter; (g)wél.-] [英]【スポ】(ボクシング) ウエルター級の選手．

wel·witsch·ia [bel.bí.tʃja; ɓel.-] [英] 囡 【植】ウェルウィッチア．

west·ern [(g)wés.tern; (g)wés.-] [英] 男 [複 ～s] 西部劇．

West·fa·lia [bes(t).fá.lja; ɓes(t).-] 固名 ウェストファリア，ウェストファーレン：ドイツ北西部の地域．► 30年戦争 (1618-48) を終結させたウェストファリア条約が結ばれた地．

wharf [(g)wárf; (g)wárf] [英] 男 波止場，埠頭 (とう)．

whig [(g)wíg; (g)wíg] [英] 形 [複 ～s] 【史】(英国の) ホイッグ党 (員) の．— 男 ホイッグ党員．

whis·ke·ría [(g)wis.ke.ɾí.a; (g)wis.-] 囡 ホステスバー．

***whis·ky** [(g)wís.ki; (g)wís.-] [英] 男 [複 ～s,

whiskies] ウイスキー (= güiski). ~ escocés スコッチウイスキー. Bourbon ~ バーボンウイスキー.

whop·per [(g)wó.per; (g)wó.-] 〖英〗男〖商標〗ワッパー：Burger King の大型ハンバーガー.

wig·wam [(g)wí.gwám; (g)wi.-] 〖英〗男 ウイグアム：北米先住民のテント小屋.

win·ches·ter [(g)wín.tʃes.ter; (g)wín.-] 〖英〗男[複 ~, ~s] ウィンチェスター銃：連発式ライフル銃.
[米国の人で銃の完成者 Winchester の名に由来]

wind·surf [(g)wín(d).surf; (g)win(d).-] 〖英〗男[複 ~, ~s]〖スポ〗ウインドサーフィン. [←〖英〗*windsurfing*]

wind·surf·ing [(g)win(d).súr.fin; (g)win(d).-] 〖英〗男 → windsurf.

wind·sur·fis·ta [(g)win(d).sur.fís.ta; (g)win(d).-] 男女〖スポ〗ウインドサーファー.

wing [(g)wín; (g)wín] 〖英〗男[複 ~, ~s]《ラ米》(ラグ)〖スポ〗前衛, フォワード.

win·ter·green [(g)win.ter.grín; (g)win.-] 〖英〗〖植〗ヒメコウジ：北米産の常緑樹.

wis·ca·cho [(g)wis.ká.tʃo; (g)wis.-] 男《ラ米》(コノス)〖話〗ウイスキーグラス.

wis·ki [bís.ki; bís.- ‖ (g)wís.-; (g)wís.-] 軽二輪馬車. [←〖英〗*whisky*]

wol·fram / wól·fram [ból.fram; ból.-] 男 → wolframio.

wol·fra·mio [bol.frá.mjo; bol.-] 男〖化〗タングステン (= tungsteno). [←〖独〗*Wolfram*]

wol·fra·mi·ta [bol.fra.mí.ta; bol.-] 女 → wolframita.

won [(g)wón; (g)wón] 男[複 ~s, ~, ~es]ウォン：韓国の通貨単位.

won·der·bra [(g)won.der.brá; (g)won.-] 〖英〗〖商標〗ワンダーブラ：胸を豊かに見せるため下部にワイヤーを入れたブラジャー.

woof·er [(g)ú.fer; (g)ú.-] 〖英〗男[複 ~s, ~] ウーファー：低音用スピーカー.

work·shop [(g)wórk.ʃop; (g)wórk.-] 〖英〗男[複 ~s, ~] 研究会, 研修会 (= seminario).

worm [(g)wórm; (g)wórm] 〖英〗男〖ＩＴ〗ワーム (= gusano).

wres·tling [rés.lin] 〖英〗男〖スポ〗レスリング.

wui·za [(g)wí.θa; (g)wí.- / -.sa] 女《ラ米》(ペルー)《俗》娼婦(ょぅ), 売春婦.

WWW 〖英〗女 (または男)《略》〖ＩＴ〗*World Wide Web* ウェブ：インターネットやイントラネットで標準的に用いられるドキュメントシステム.

Xx

語中で母音の前では cs という綴りと同じ発音. 語中で子音の前, および語末では, 通常 s と同じ発音になるが cs と発音してもよい. 語頭にはまれにしか現れず, この場合は s と同じ発音.

X, x [é.kis] 女 **1** スペイン語字母の第25字. **2** 〖数〗未知数, 変数. **3** [X] 未知のもの. el señor *X* 某氏. **4** (ローマ数字の) 10. → XVI 16.
rayos X 〖物理〗X線.

Xa·la·pa [xa.lá.pa] 固名 ハラパ：メキシコ Veracruz 州の州都. Xalapa Enríquez の略称.

xan·ta·to [san.tá.to] 男〖化〗キサントゲン酸塩 [エステル].

xan·te·no [san.té.no] 男〖化〗キサンテン：染料の原料.

xan·ti·na [san.tí.na] 女〖化〗キサントン：黄色い花の非水溶性色素.

xan·to·fi·la [san.to.fí.la] 女〖化〗(色素の) キサントフィル.

xan·to·ma [san.tó.ma] 男〖医〗黄色腫(ょぅ), キサントーマ.

xan·to·rre·a [san.to.r̄é.a] 女〖植〗キサントローエア, ブラックボーイ：西オーストラリアに生える常緑樹.

Xe 〖化〗xenón キセノン.

xe·nei·ze [se.néi.θe / -.se] 形 (アルゼンチンのサッカークラブ) Boca Juniors の.
— 男女 ボカ・ジュニオールズの選手.

xe·nis·mo [se.nís.mo] 男〖言〗原語の綴りを保持した外来語表記.

xeno- 「外国の, 外国人の, 異種の」の意を表す造語要素. ⇒ *xenofilia, xenófobo*. [←〖ギ〗]

xe·no·fi·lia [se.no.fí.lja] 女 外国 (人) 好き.

xe·nó·fi·lo, la [se.nó.fi.lo, -.la] 形 外国 (人) 好きの. — 男女 外国 (人) 好きの人.

xe·no·fo·bia [se.no.fó.bja] 女 外国 (人) 嫌い.

xe·nó·fo·bo, ba [se.nó.fo.bo, -.ba] 形 外国 (人) 嫌いの. — 男女 外国 (人) 嫌いの人.

xe·no·gé·ne·sis [se.no.xé.ne.sis] 女〖生物〗異種発生.

xe·nón [se.nón] 男〖化〗キセノン：希ガス元素 (記号 Xe).

xe·no·tras·plan·te [se.no.tras.plán.te] 男〖医〗異種間移植.

xero- 「乾燥した, 乾燥製法による」の意を表す造語要素. ⇒ *xerografía, xerosis*. [←〖ギ〗]

xe·ro·co·pia [se.ro.kó.pja] 女 ゼロックスコピー. ◆ 商標 Xerox から.

xe·ro·co·piar [se.ro.ko.pjár] 82 他 ゼロックスコピーを取る.

xe·ro·der·ma [se.ro.đér.ma] 男〖医〗乾皮症.

xe·ró·fi·lo, la [se.ró.fi.lo, -.la] 形〈植物が〉好乾性の, 乾性の.

xe·ro·fi·to, ta [se.ró.fi.to, -.ta] 形〈植物が〉乾性の. planta *xerófita* 乾性植物.

xe·rof·tal·mí·a [se.rof.tal.mí.a] / **xe·rof·tal·mia** [se.rof.tál.mja] 女〖医〗(ビタミンA欠乏による)眼球乾燥症, 乾燥眼.

xe·ro·gra·fí·a [se.ro.gra.fí.a] 女 ゼログラフィー：乾式複写.

xe·ro·gra·fiar [se.ro.gra.fjár] 82 他 コピーをとる.

xe·ro·sis [se.ró.sis] 女《単複同形》〖医〗乾燥 (症), 乾皮症.

xi [(k)sí] 女 クシー (Ξ, ξ)：ギリシア語アルファベットの第14字.

xi·foi·de·o, a [si.foi.đé.o, -.a] 形 《解剖》剣状の, 剣状突起の.

xi·foi·des [si.fói.đes] 形 《性数不変》《解剖》剣状の.
— 男《単複同形》剣状突起.

xi·fo·su·ros [si.fo.sú.ros] 男《複数形》剣尾目の節足動物;カブトガニの類.

xi·le·ma [si.lé.ma] 男《植》木質部, 木部.

xi·le·no [si.lé.no] 男《化》キシレン.

xilo- 「木」の意を表す造語要素. → *xilófono, xilografía*. [←《ギ》]

xi·ló·fa·go, ga [si.ló.fa.go, -.ga] 形〈幼虫が〉木を食う. — 男《動》キクイムシ.

xi·lo·fón [si.lo.fón] / **xi·ló·fo·no** [si.ló.fo.no] 男《音楽》木琴, シロフォン.
[《ギ》*xýlon*「木(材)」+《ギ》*phōnḗ*「声, 音」] 《関連》《英》*xylophone*「木琴」]

xi·lo·fo·nis·ta [si.lo.fo.nís.ta] 男女《音楽》木琴奏者.

xi·lo·gra·fí·a [si.lo.gra.fí.a] 女 木版(術);木版印刷.

xi·lo·grá·fi·co, ca [si.lo.grá.fi.ko, -.ka] 形 木版(術)の, 木版印刷の.

xi·ló·gra·fo, fa [si.ló.gra.fo, -.fa] 男女 木版師.

xi·lo·pro·tec·tor, to·ra [si.lo.pro.teκ.tór, -.tó.ra] 形 木材保護用の. — 男 木材保護材.

xi·lo·te [xi.ló.te] 男 (結実前の)トウモロコシの穂, ヤングコーン.

xir·go, ga [sír.go, -.ga] 形《ラ米》(とげ・針で)覆われた.

XML [e.ki.se.me.é.le] 《英》男《略》《IT》Extensible *M*arkup *L*anguage 文書やデータの意味や構造を記述するためのマークアップ言語の一つ.

Xo·chi·mil·co [so.tʃi.míl.ko // (t)ʃo.-] 固名 ソチミルコ:メキシコの首都メキシコ市の南東部の水郷で有名な観光地. 水郷は azteca の首都 Tenochtitlán と Texcoco 湖の名残. メキシコ市歴史地区と共に世界遺産(1999年登録). → chinampa.
[地名は「花畑」の意]

Xochimilco (ソチミルコ)

Xo·chi·pi·lli [so.tʃi.pí.ji ‖ -.ʎi // ʃo.-] 固名 ソチピリ:azteca の春と花と愛の神. 「花の王子」の意]

xo·co·a·to·le [so.ko.a.tó.le // ʃo.-] 男 酸っぱいアトレ atole.

xo·co·noch·tle [so.ko.nótʃ.tle // ʃo.-] 男 ウチワサボテンの実に砂糖を加えてペースト状にしたもの.

xo·co·ta [so.kó.ta // ʃo.-] 形《ラ米》酸っぱい, 熟していない.

xo·co·yol [so.ko.jól // ʃo.-] 女 (メキシコの伝説で)あらしの後に現れる翼を持った子供.

xo·lo·es·cuin·tle [so.lo.es.kwín.tle // ʃo.-] 男 ソロエスクイントレ:メキシコ原産の犬.

xo·quia·que [ʃo.kjá.ke] 形《ラ米》幼い. — 男《ラ米》幼児.

xor·go, ga [ʃór.go, -.ga] 形《ラ米》身だしなみを気にしない.

xou·ba [ʃóu.ba] 女《スペイン》(小型の)イワシ.

xu·mil [xu.míl // ʃu.-] 男 フミル:食用の虫.

xu·qui·quis [ʃu.kí.kis] 男女《単複同形》《話》ベたべた触る人.

Y y

前舌面を硬口蓋(⁾)に接近させ, そのわずかなすきま間に息を通して声を出す(舌先は下の前歯の裏あたりにあり, 発音に関与しない). 接近の度合いによって日本人には「ヤ行」にも「ジャ行」にも聞こえるが, どちらでもよい.

Y, y [í grjé.ga] 女 スペイン語字母の第26字. ▶ 名称は i griega. → I, i.

**y [i] 接続 [i-, hi- で始まる語の前では e になる. ただし, 文頭で hie- の前では y のまま. → *franceses e ingleses* フランス人とイギリス人. *padre e hijo* 父と子. *¿Y Ignacio viene?* それでイグナシオは来るの. *agua y hielo* 水と氷.
1《語句・文の並列》**(1)** …と (…), そして. *Sabe leer y escribir*. 彼[彼女]は読み書きができる. *Es alto y delgado*. 彼は背が高くてやせている. *He comprado pan y leche*. 私はパンとミルクを買った. ▶ 3つ以上の要素を並列するときはコンマでつなぎ, 最後のみ y をおく. → *Aquí venden periódicos, revistas y tabaco.* ここでは新聞, 雑誌, それにタバコを売っている. ▶ 否定の並列は ni. **(2)**《時間の前後関係・結果》そして, それから;だから. *Mi hija nació en Francia y creció en España*. 私の娘はフランスで生まれて, スペインで育った. *María ha aprobado el examen y está contenta*. マリアは試験に合格して, それで満足している.
2《加算》…足す. *Tres y cinco son ocho*. 3足す5は8. *Son las once y media*. 11時半です.
3《反意》それなのに. *Ya sabes que estoy ocupado y me pides que te acompañe*. 君も僕が忙しいことを知っているのに, それでも一緒に来てほしいというのかい.
4《命令+…しなさい》そうすれば. *Acaba tus deberes y te daré un helado*. 宿題を済ませなさい, そうすればアイスクリームをあげるから.
5《文頭で》**(1)**《驚き・怒りなど》*¡Y tú me lo preguntas!* でも, どうして君がそれを僕に聞くんだい. *¡Y no me lo habías dicho!* でもそんなこと私に言ってくれなかったじゃないか. **(2)**《話題の導入》それで, ところで. *¿Y tu mujer?* それで奥さんはどうしたの. *¿Y qué tal el viaje?* それで, 旅行はどうだった. *¿Y qué?* で, それで.
6《同じ語句をつないで反復》*Ella le escribía cartas y cartas*. 彼女は彼に次々に手紙を書いていた. *Nevó días y días*. 連日雪が降り続いた.
[←《古スペイン》*e*←《ラ》*et*;《関連》《ポルトガル》*e*.]

[仏] *et*. [伊] *e, ed*

Y 【化】itrio イットリウム.

ya [já] 副 **1**《+過去形・完了形の動詞》すでに；もう. *Ya pasó* el mal momento. もうひどい時期は終わった. *Ya dije* todo lo que tenía que decir. 私はもう言うべきことをすべて言いました. Esta novela *ya ha sido* traducida al italiano. この小説はすでにイタリア語に訳された.
2《+現在形の動詞》もう, 今は；すぐさま. ¡A desayunar! — *Ya voy*. 朝食よ, — 今行くよ.
3《+未来を表す表現》そのうち, それなら. *Ya te diré* por qué. そのうち君になぜだか教えてあげるよ. *Ya veremos* lo que pasa. じきに現況はわかるでしょう.
4《否定で》もはや(…ない). *Ya no* podré hacer lo que hacía. もはや私が今までしていたことができなくなるだろう. *Ya no* hay *nada* que hacer. もうすべきことは何もない. *Ya no* tenía tiempo *ni* ganas. 私にはもう時間もなければそので気もなかった.
5《強調》もう(…だよ). Pues *ya* nos están resolviendo el problema, ¡pero *ya*! でも問題はもう解決しかからっているからね, もうすぐだよ.
6《承諾》(あきらめ)わかったよ, そのとおり. No hemos tenido tiempo para comprarte el regalo. — *Ya*. 私たちは君にプレゼントを買ってあげる時間がなかったんだよ. — そうか. *Ya, ya*. わかったって.
7《納得》ああ. *Ya* veo. わかった. ¡Ah! *ya* me acuerdo. ああ, 思い出した.
8《不満》(**poder**の直説法線過去形と共に)(…)してもよかったのに. *Ya podías* haberme llamado antes. 前もって電話してくれてもよかったじゃないか.
desde ya 今から, 今すぐ. *Desde ya* puede usted preguntar lo que desee saber. あなたが知りたいことを今すぐ質問していただいていいですよ.
no ya... sino... / ya no... sino...（1）…だけでなく…も.（2）…でなく…で.
ya que（1）《+直説法》(…である)から(には)；（…した）ときに, （…）なので. Ponte el abrigo, *ya que* hace mucho frío hoy. コートを着なさい. 今日はとても寒いんだから.（2）《+接続法》(…だ)けれども(=aunque),《未来に言及して》(…する)ときには.
ya sea... (o...) …で(あれ…であれ). *ya sea* por unas cosas, *ya sea* por otras cosas 何やかやで.
[←［ラ］*jam*; 関連 *jamás*. [仏] *déjà*「すでに」, *jamais*「決して…ない」]

ya·a·ca·bó [ja.(a.)ka.bó] 男 《ラ米》モアアカハイタ.

ya·ba [já.ba] 女 《ラ米》(ｷﾞ)(ﾌﾟｴ)(ｱﾙ)【植】ニオイシロラン：ヤシに似たユリ科センネンボク属の高木.

yac [ják] 男 【複 yacs】【動】ヤク：チベット高地産のウシ科の動物.

ya·ca·mar [ja.ka.már] 男 《ラ米》【鳥】アカオキリハシ.

ya·ca·ré [ja.ka.ré] 男 《ラ米》(ﾊﾟﾗ)(ｳﾙ)【動】カイマン：アリゲーター科のワニ.

ya·cen·te [ja.θén.te / -.sén.-] 形 横になっている. estatua ～ 横臥(ｶﾞ)像. Cristo ～ 【美】(十字架から降ろされた)キリストの横臥像.
— 男 【鉱】(坑道の)水平な低面部.
herencia yacente【法】権利帰属者の未確定遺産.

ya·cer [ja.θér / -.sér] 38 自 **1** 横たわっている, 寝ている. **2**《死体が》埋葬されている, 葬られている. Aquí *yace* .... (墓碑銘で)ここに…眠る. **3**《ある場所に》ある, 存在する. Aquel manuscrito *yace* sepultado. あの手稿は埋もれたままになっている. **4**《con...》《主に異性》と）寝る, 性交する. **5**《馬が》夜間に草を食(ﾊ)む.

yacht [já] [英] 男 【複～s】ヨット（=yate）.
yacht·ing [já.tin] [英] 男 ヨットレース[操縦].

ya·ci·ja [ja.θí.xa / -.sí.-] 女 **1** 粗末な寝床, (寝床代わりの)わらの山. **2** 墓, 墓穴.
ser de mala yacija《まれ》(1) 寝付きが悪い. (2) 落ちつかない. (3) 放浪の, 身持ちの悪い.

ya·ci·mien·to [ja.θi.mjén.to / -.si.-] 男 【地質】鉱床, 鉱脈. ～ petrolífero 油田.

ya·cio [já.θjo / -.sjo] 男【植】(熱帯アメリカ原産の)パラゴムノキ.

ya·co [já.ko] 男 《ラ米》(ﾍﾟﾙ)【動】カワウソの一種.

ya·cuz·zi [ja.kú.θi / -.si] 女【商標】ジャクージ, ジャグジー, 気泡風呂.

yag- → yacer.

ya·gru·ma [ja.grú.ma] 女 《ラ米》(ｷﾞ)【植】クワ科セクロピア属・ウコギ科のセクレミノ属などの植物.

ya·gua [já.gwa] 女 《ラ米》(ﾀﾞﾘ)(ﾌﾟｴﾙ)(ﾍﾞ)(ｺﾛ)(ﾒｷ)【植】ダイオウヤシ.

ya·gual [ja.gwál] 男 《ラ米》(ﾒｷ)(ｺﾞ)(ものを載せて運ぶための)頭当て.

ya·gua·né [ja.gwa.né] 男【動】スカンク.
— 形 《ラ米》(ﾗﾌﾟ) 《牛・馬などの毛が》ぶちの.

ya·guar [ja.gwár] 男【動】→ jaguar.

ya·gua·re·té [ja.gwa.re.té] 男 《ラ米》(ﾘｵﾌ)(ﾊﾟﾗ)【動】→ jaguar.

ya·gua·rú [ja.gwa.rú] 男 《ラ米》(ﾊﾟﾗ)【動】カワウソの一種.

ya·gua·run·di [ja.gwa.rún.di] 男【動】ジャガランディ：北米からアルゼンチン北部に生息する, 長尾短脚のネコ科の動物.

ya·gua·sa [ja.gwá.sa] 女 《ラ米》(ﾀﾞﾘ)(ﾌﾟｴﾙ)(ﾎﾝ)【鳥】カモの一種.

ya·gu·ré [ja.gu.ré] 男 《ラ米》【動】スカンク.

yai·chi·hue [jai.tʃí.(g)we] 男 《ラ米》(ｷﾞ)【植】パイナップル科チランジア属の植物.

yai·tí [jai.tí] 男 《ラ米》(ﾀﾞﾘ)【植】トウダイグサ科ギムナンテス属の木.

yak [ják] 男【複 yaks】【動】→ yac.

Ya·kar·ta [ja.kár.ta] 固名 ジャカルタ：インドネシアの首都.

ya·ku·za [ja.kú.θa / -.sa] [日] 男 女【複 ～, ～s】やくざ, 暴力団員. — 男 暴力団.

yal [jál] 男 《ラ米》(ｷﾞ)【鳥】ノドグロシトド.

yám·bi·co, ca [jám.bi.ko, -.ka] 形 【詩】《ギリシア・ラテン語の》短長格の；弱強格の.

yam·bo[1] [jám.bo] 男【詩】短長[弱強]格, 短長詩脚.
yam·bo[2] [jám.bo] 男【植】フトモモ科の植物.

ya·na [já.na] 形 《ラ米》(ｷﾞ)黒い, 黒色の.
— 女 《ラ米》(ｷﾞ)【植】コノカルプス：シクンシ科の木.

ya·na·cón [ja.na.kón] 男【農】→ yanacona.

ya·na·co·na [ja.na.kó.na] 男【史】ヤナコーナ. (1) インカ(皇族)や共同体首長 curaca などに仕えた先住民. (2) 植民地時代にコンキスタドール conquistador に仕えた先住民.

yan·có·fi·lo, la [jaŋ.kó.fi.lo, -.la] 形 《ラ米》親米的な, 米国びいきの.

yang [ján // ján] 男 《単複同形》(中国思想で陰陽の)陽.

Yang Tse Kiang [ján tsé kján // ján - kján] 固名 長江, 揚子江：中国最長の川. ▶ 黄河 Hoang-Ho, Río Amarillo に対して Río Azul ともいう.

ya·no·ma·mi [ja.no.má.mi] 男 女 (ベネズエラ南部・ブラジルに住む先住民)ヤノマミ人.

yan・qui [jáŋ.ki] 形 [複 〜s] **1** 《話》《ときに軽蔑》米国の, ヤンキーの. **2** 《史》(南北戦争の) 北軍の. ── 男 女 **1** 《ときに軽蔑》アメリカ (合衆国) 人, 米国人, ヤンキー. **2** (南北戦争の) 北軍兵. [←〔英〕*yankee*]

Yan・qui・lan・dia [jaŋ.ki.lán.dja] 女 《ラ米》《話》《ユーモラスに》米国.

yan・tar [jan.tár] 他 《古語》食べる; 昼食をとる. ── 男 《まれ》食べ物; 料理, ごちそう.

ya・pa [já.pa] 女 《ラ米》(**1**) (アルゼ)(ウルグ)(ペルー)(ボリビ)《話》おまけ, 景品. (**2**) (アルゼ)ロープの先端; 付け足し. (**3**) (チリ)心付け, チップ.

ya・pa・da [ja.pá.ða] 女 《ラ米》おまけ, 景品.

ya・par [ja.pár] 他 《ラ米》(*メキ*) 《話》おまけをつける, 景品を添える; (ロープなどを) 長くする, 継ぎ足す. ── 自 《ラ米》(*メキ*) 《話》おまけがつく.

ya・pú [ja.pú] 男 《ラ米》(アルゼ)《鳥》ツグミ科の鳥.

yá・quil [já.kil] 男 《ラ米》(*チリ*) 《植》クロウメモドキ科コレティア属: 根は石けんの代用になる.

ya・ra・rá [ja.ra.rá] 女 《ラ米》(*アルゼ*)《動》アメリカハブ類.

ya・ra・ví [ja.ra.bí] 男 [複 〜es, 〜s] 《音楽》ヤラビ: Andes 一帯の先住民の哀愁を帯びた民謡.

yar・da [jár.ða] 女 **1** ヤード: 長さの単位. **2** 《ラ米》(*プエル*)芝生, 庭. [←〔英〕*yard*]

ya・re [já.re] 男 《ラ米》(*メキ*)(コロン) ユッカ yuca から採れる毒汁.

ya・rey [ja.réi] 男 《ラ米》(*キュー*) (**1**) 《植》オオギバヤシ. (**2**) ヤオギバヤシで編んだ帽子.

yar・mul・ke [jar.múl.ke] 男 《ラ米》ヤムルカ: ユダヤ人男子が礼拝などでかぶる円形の頭布.

ya・ro [já.ro] 男 《植》アルム: サトイモ科の植物.

ya・ta・gán [ja.ta.gán] 男 《ラ米》ヤタガン: オスマントルコの緩やかなS字形の剣.

ya・tay [ja.tái] 男 [複 yatáis] 《ラ米》《植》ヤタイヤシ (の一種): 実は食用・酒の原料, 葉は飼料.

*** ya・te** [já.te] 男 (大型の) **ヨット**, クルーザー. → barco [類語] [←〔英〕*yacht*]

yau・tí・a [jau.tí.a] 女 《植》サトイモ科キサントソーマ属の一種.

ya・ya [já.ja] 女 《ラ米》(**1**) (*キュー*)(*プエル*)(*ベネズ*)(*メキ*)(*グアテ*)かすり傷, 擦り傷; 傷跡; 軽い痛み. (**2**) (*ヲリ*)(*ェクア*)《植》バンレイシ科オクサンドラ, グアテリア属の植物. (**3**) (*ペルー*)《話》窮地, 苦境. (**4**) (*ニカラ*)杖(?).

ya・yo, ya [já.jo, -.ja] 男 女 《話》祖父; 祖母.

yaz[1] [jáθ / jás] 男 ジャズ. [←〔英〕*jazz*]

yaz[2] [jáθ / jás] 活 → yacer.

yazc- 活 → yacer.

yazg- 活 → yacer.

Yb 《化》iterbio イッテルビウム.

ye [jé] 女 アルファベットの y の名称の一つ.

year・ling [jír.lin] 《英》(明け) 2歳馬.

ye・co [jé.ko] 男 《ラ米》(*チリ*) 《鳥》ウ(の一種).

ye・dra [je.ðra] 女 → hiedra.

*** ye・gua** [jé.gwa] 女 **1 雌馬**. ► 総称としての「馬」は caballo, 子馬は potro, potra. **2** 《ラ米》(**1**) (*俗*) 女; あばずれ. (**2**) (*メキ*)(*グアテ*) 葉巻の吸いさし. ── 形 《ラ米》(*メキ*) 《話》まぬけの; がさつな. [←〔ラ〕*equam* (*equa* の対格) ; 「雄馬」より派生]; [関連] equitación. [ポルトガル *égua*]

ye・gua・da [je.gwá.ða] 女 **1** 馬の群れ. **2** (*チリ*)(*ベネズ*)雌馬の群れ. (**2**) (*メキ*)(*グアテ*) 愚かさ, ばかげたこと, 愚行.

ye・guar [je.gwár] 形 雌馬の.

ye・gua・ri・zo, za [je.gwa.rí.θo, -.θa / -.so, -.sa] 形 《ラ米》雌馬の. ── 男 《ラ米》馬の群れ; (集合的)馬.

ye・güe・rí・a [je.gwe.rí.a] 女 → yeguada.

ye・güe・rí・o [je.gwe.rí.o] 男 《ラ米》(*アルゼ*)(*ペルー*)馬の群れ.

ye・güe・ri・zo [je.gwe.rí.θo / -.so] / **ye・güe・ro** [je.gwé.ro] 男 雌馬の群れの牧童.

ye・guo, gua [jé.gwo, -.gwa] 男 女 《ラ米》(*ブエル*)美男, 美女. ── 形 《ラ米》(*ブエル*)ハンサムなもの.

ye・ís・mo [je.ís.mo] 男 ll [ʎ] を y [j] のように発音する現象. ♦スペインやラテンアメリカのほとんどの地域で見られる.

ye・ís・ta [je.ís.ta] 形 ll を y と同じように発音する, yeísmo の. ── 男 女 ll を y と同じように発音する人.

yel・mo [jél.mo] 男 面頬(*ほお*)付きかぶと.

*** ye・ma** [jé.ma] 女 **1** (卵の) **黄身**, 卵黄. ► 卵白は clara. ── **mejida** (風邪のときに飲む) 砂糖・卵黄入りホットミルク. **2** 指, 指先 (= 〜 del dedo). **3** 《料》ジェマ: 卵黄と砂糖で作った菓子. **4** 芽, 新芽. **5** 最上の部分, 精髄; 真ん中. **en la** 〜 **del invierno** 真冬に. **6** 《ラ米》卵. [←〔ラ〕*gemmam* (*gemma* の対格) ; 「芽」「宝石」(→ gema); 関連]〔英〕*gem* 「宝石」

yelmo
(面頬付きかぶと)

Ye・men [jé.men] 固名 イエメン共和国. 首都 Saná, 経済首都 Adén.

ye・me・ní [je.me.ní] 形 [複 〜es, 〜s] イエメンの, イエメン人の. ── 男 女 イエメン人.

ye・me・ni・ta [je.me.ní.ta] 形 《ラ米》 → yemení.

*** yen** [jén] 男 円: 日本の通貨単位 (記号 ¥).

yen・do [jén.do] 活 → ir.

yen・ka [jéŋ.ka] 女 ジェンカ: 1965年ごろ流行したテンポの速いフォークダンス.

yen・te [jén.te] 男 *los yentes y vinientes* (街路を) 行き交う人々, 通行人.

*** yer・ba** [jér.ba] 女 **1 草**, 雑草 (= hierba). **2** 薬草, ハーブ. **3** 《ラ米》(**1**) 緑色. (**2**) (*ラプラ*)(*ウルグ*)(*パラグ*) マテ茶 (= 〜 mate). (**3**) (*ラプラ*) 《俗》マリファナ. *mala yerba* 《ラ米》(*メキ*) 《話》生まれつきの悪人.

yer・ba・bue・na [jer.ba.ßwé.na] 女 → hierbabuena.

yer・ba・jo [jer.bá.xo] 男 → hierbajo.

yer・bal [jer.bál] 男 《ラ米》(**1**) (*ラプラ*) マテ茶畑(農園). (**2**) (*アルゼ*)(*パラグ*)(*ウルグ*)(*ボリビ*)草地.

yer・ba・lui・sa [jer.ba.lwí.sa] 女 → hierbaluisa.

yer・ba・te・ro, ra [jer.ba.té.ro, -.ra] 形 《ラ米》(*ラプラ*)マテ茶の. *industria yerbatera* マテ茶産業. ── 男 女 《ラ米》(**1**) (*ラプラ*) マテ茶栽培者, マテ茶業者 (人). (**2**) 薬草商人, 薬屋業. ── 男 呪術医, まじない師.

yer・be・ar [jer.ße.ár] 自 《ラ米》(*ラプラ*)マテ茶を飲む.

yer・be・ra [jer.ßé.ra] 女 《ラ米》(*ラプラ*)マテ茶を入れる容器.

yerg- 活 → erguir.

yer・mar [jer.már] 他〈畑・土地などを〉荒廃させる.

yer・mo, ma [jér.mo, -.ma] 形 **1** 無人の, 人のないでいない. **2** 未開墾の; 不毛の. ── 男 **1** 荒野, 荒れ地. **2** 未開墾の土地.

yer・na [jér.na] 女 《ラ米》(*アルゼ*)(*ペルー*)息子の嫁 (= nuera).

*** yer・no** [jér.no] 男 娘婿(*むこ*), 義理の息子 (= hijo político). ► 嫁は nuera. [←〔ラ〕*generum* (*gener* の対格) ; [関連] género, gente, hermano. [英] *genetic, kin*「親族」, *kind*「種類」]

ye·ro [jé.ro] 男《主に複数で》【植】マメ科エルブム.

yerr- 頭 → errar.

ye·rra [jé.ra] 女《ラ米》(牛)(豚)(家畜の)焼き印.

ye·rro [jé.ro] 男 誤り, 間違い (= error). enmendar (deshacer) un ～ 誤りをただす.

yer·to, ta [jér.to, -.ta] 形 硬直した, こわばった. quedarse ～ 立ちすくむ, 体がこわばる. ～ de frío (寒さに)凍えた.

yer·vo [jér.βo] 男 → yero.

ye·sal [je.sál] / **ye·sar** [je.sár] 男 石膏(セッコウ)の採掘場.

yes·ca [jés.ka] 女 **1** 火口(ほくち); 《複数で》火口箱. **2** 感情をかき立てるもの, 刺激. **3**《話》(ワインが飲みたくなるような)のどの渇きを覚えさせる食べ物. **4**《ラ米》(1)(ペルー)(チリ)(乾いた)ヤシの樹皮.(2)(プエルトリコ)火打ち石.(3)(中米)《話》借金, 負債.(4)(*俗*)マリファナ;マリファナ中毒者. *dar yesca a*+ 人《話》(1)〈人〉に要求する.(2)〈人〉を酷評する.

ye·se·rí·a [je.se.rí.a] 女 石膏(セッコウ)工場;石膏細工(品).

ye·se·ro, ra [je.sé.ro, -.ra] 形 石膏(セッコウ)の, しっくいの, プラスターの. industria *yesera* 石膏製造業. ━ 男 しっくい塗り職人, 左官;石膏業者. ━ 女 **1** 石膏(セッコウ)工場;石膏細工(品) (= yesería). **2** 石膏の採掘場 (= yesar).

***ye·so** [jé.so] 男 **1** 石膏(セッコウ);しっくい, プラスター. dar de ～ しっくいを塗る. ～ blanco 仕上げ用石膏. ～ mate [de París] 焼き石膏. ～ negro (下塗りなどの)粗いしっくい. **2** 石膏像;ギプス. **3** 白墨, チョーク (= tiza).

ye·són [je.són] 男 石膏(セッコウ)のかけら.

ye·so·so, sa [je.só.so, -.sa] 形 石膏(セッコウ)の, 石膏質の;石膏のような. alabastro ～ 雪花石膏.

yes·que·ro, ra [jes.ké.ro, -.ra]
━ 男 女 火口(ほくち)職人[商人]. ━ 男 **1** ライター. **2**(火口を入れる)革袋. **3**《ラ米》(メキシコ)火打ち道具. *hongo yesquero*《メキシコ》ホクチダケ.

ye·ta [jé.ta] 女《ラ米》(アルゼンチン)(チリ)《話》不運, 不幸, 災い.

ye·tar [je.tár] 他《ラ米》(中米)(チリ)〈人に〉不幸をもたらす.

ye·ta·to·re [je.ta.tó.re] 男 女《ラ米》(プラタ)《話》不運[不幸]な人.

ye·ti [jé.ti] 男 (ヒマラヤに住むと言われる)雪男.

ye·yé [je.jé] 形【音楽】(1960年代に流行した)イエイエ(風)の. ━ 男 女 イエイエ族.

ye·yu·no [je.jú.no] 男【解剖】空腸.

yez·go [jéθ.go / jés.-] 男【植】(スイカズラ科の)ニワトコ.

Yi·bu·ti [ji.βú.ti] 固名 ジブチ:アフリカ東部の共和国. 首都 Yibuti.

yi·bu·tien·se [ji.βu.tjén.se] 形 ジブチの, ジブチ人の. ━ 男 女 ジブチ人.

yid·dish [jí.ðis // -.díʃ] [英] 男 イディッシュ語.

yield [jíld] [英] 男《複 ～s》【経】収益, 利回り.

yif·fie [jí.fi] [英] 男 イッフィー:1990年代の若い世代で裕福なホワイトカラー.

yi·had [ji.xád] [アラビア] 女 (イスラム教徒の)聖戦, ジハード.

Yi king [jí kín // - kíŋ] [中] 男 易経.

yin [jín] 男《単複同形》(中国思想で陰陽の)陰. *yin y yang* 陰陽.

yip [jíp] 男《複 ～s, ～》《ラ米》【車】ジープ (= jeep).

y·lang-y·lang [i.la.ni.lán, -.laŋ.iŋ.-] 男【植】イランイランノキ:マレー諸島・フィリピン産のバンレイシ科の木. 花から香油を採る.

**yo [jó] 代名《人称》[1人称単数]《主語》私は[が]. *Yo me llamo Carlos, encantado.* 私はカルロスと言います, よろしく. *Algunos cocinan muy bien, pero yo no.* 料理が上手な人もいますが, 私はだめです. *¿Está la señorita López? — Soy yo.* ロペスさんはいらっしゃいますか. —はい, 私ですが.
► 他と対比させる場合, また主語を強調する場合を除いては省略されることが多い. ⇒*Ellos pueden ir, pero yo no.* 彼らは行けるけど, 私はだめだ.
━ 男 自我, エゴ. *el desarrollo del yo* 自我の発達.
Yo que tú [*usted, él...*] / *Yo de ti* [*usted, él...*]《話》私が君[あなた, 彼…]なら (=Si *yo* estuviera en tu [su...] lugar).
[← [俗ラ] *eo* ← [ラ] *ego*;関連 egoísmo. [ポルトガル] [ルーマニア] *eu*. [仏] *je*. [伊] *io*. [英] *I*. [独] *ich*]

Yo·cas·ta [jo.kás.ta] 固名【ギ神】イオカステ:テーベ王ライオス Layo の妻. 知らずに実子オイディプス Edipo を夫とする.

yod [jóð] 男 **1** ヨッド:ヘブライ語字母の第10字 (の音). **2**【音声】半母音・半子音の i:*peine, soy, tierra* のように二重母音のときに現れる. ► yod はラテン語から音韻変化した ch, j, ll, y の形成などに大きな影響を与えた.

yo·da·do, da [jo.ðá.ðo, -.ða] 形 ヨード処理された, ヨウ素を含んだ.

yo·dar [jo.ðár] 他 ヨードで処理する, ヨードを加える.

yo·da·to [jo.ðá.to] 男【化】ヨウ素酸塩.

yod·hí·dri·co [jo.ðí.ðri.ko] 形【化】ヨウ化水素の.

yó·di·co, ca [jó.ði.ko, -.ka] 形【化】ヨウ素[酸]の.

yo·dis·mo [jo.ðís.mo] 男【医】ヨード中毒(症), ヨウ素中毒.

yo·do [jó.ðo] 男【化】ヨウ素, ヨード(記号 I). *tintura de* ～ ヨードチンキ.

yo·do·for·mo [jo.ðo.fór.mo] 男【医】ヨードホルム.

yo·du·ra·ción [jo.ðu.ra.θjón / -.sjón] 女【化】ヨード処理.

yo·du·ra·do, da [jo.ðu.rá.ðo, -.ða] 形【化】ヨード処理された, ヨウ化物を含む.

yo·du·ro [jo.ðú.ro] 男【化】ヨウ化物.

yo·ga[1] [jó.ga] 男【宗】ヨガ. *Yoga*(教); ヨガの行.

yo·ga[2] [jó.ga] 女《ラ米》(プラタ)短剣, 短刀.

yo·ghourt [jo.gúr(t)] 男 → yogur.

yo·ghi [jó.xi] / **yo·gi** [jó.xi // jó.gi] 男 女 → yogui.

yo·gui [jó.gi] 男 女 ヨガの修練者;ヨガの行者.

***yo·gur** [jo.gúr] 男 ヨーグルト.

yo·gur·te·ra [jo.gur.té.ra] 女 ヨーグルト製造機.

yo·him·bi·na [joim.bí.na] 女【薬】ヨヒンビン:植物アルカロイドの一種で催淫(さいいん)薬と言われる.

yo·la [jó.la] 女【海】ジョリー船, 雑用船, ヨール:2本マストの小型帆船.

yon·co, ca [jóŋ.ko, -.ka] 男 女《話》→ yonqui.

yo·ni [jó.ni] 男《ラ米》(メキシコ)《俗》外国人.

yon·qui [jóŋ.ki] 男 女《話》《隠》麻薬常用者.

yó·quey [jó.kei] / **yo·qui** [jó.ki] 男《複 yo-

yorkshire queis / ～s]騎手, ジョッキー.

york·shire [jórk.ser] 形[複 ～, ～s]動(犬の) ヨークシャーテリアの. ━男 ヨークシャーテリア(=terrier de yorkshire).

yo·ru·ba [jo.rú.ba] 形[ヨルバ人]語]の. ━男 ヨルバ人. ━男 ヨルバ語.

yos [jós] 男《ラ米》(グアテ)[植]トウダイグサ科シラキ属の一種：乳色の液は歯みがきに使われる.

yo·ya [jó.ja] 女[隠]衝撃, 打撃.

yo·yo [jó.jo] / **yo·yó** [jo.jó] 1 [商標](おもちゃの) ヨーヨー. 2《ラ米》(グアテ)菓子の一種.

yo·yo·ba [jo.jó.ba] 女 → jojoba.

y·pe·ri·ta [i.pe.rí.ta] 女[化] イペリット：第一次世界大戦でドイツが初めて使用した毒ガス.

yp·si·lón [ip.si.lón] 女 ウプシロン, ユプシロン(Y, υ)：ギリシア語アルファベットの第20字(=ípsilon).

Y·ri·go·yen [i.ri.ɣó.jen] 固名 イリゴジェン Hipólito ～(1852-1933)：アルゼンチンの政治家・大統領(1916-22，28-30).

y·ter·bio [i.tér.bjo] 男[化] イッテルビウム：希土類金属元素(記号 Yb).

yuam·bú [jwam.bú] 男《ラ米》[鳥] シギダチョウ：ウズラやシャコに似た走鳥類の鳥.

yuan [jwán] 男[複 ～es]元：中国の通貨単位.

yu·bar·ta [ju.bár.ta] 女[動] ザトウクジラ. [← [仏]jubarte]

yu·ca [jú.ka] 女 1 [植] ユッカ：イトラン類. 2《ラ米》(1) (プエルトリコ)[植] キャッサバ：トウダイグサ科イモノキ属．根茎はタピオカ tapioca の原料となる. → mandioca. (3) (グアテ)《話》悪い知らせ. (4) (ラプラタ)食べ物, 食料；脚. (5) (グアテ)《話》貧乏. [←[タイノ]yuca]

yu·cal [ju.kál] 男 1 ユッカ栽培園. 2《ラ米》キャッサバ園.

Yu·ca·tán [ju.ka.tán] 固名 1 Península de ～ ユカタン半島：メキシコ東部の maya 文化の栄えた半島. 2 Estado de ～ ユカタン州：メキシコ南東部の州.

yu·ca·te·co, ca [ju.ka.té.ko, -.ka] 形 ユカタン半島[州]の. 男女 ユカタン半島[州]の住民[出身者]. ━男 ユカタン半島の言語：マヤ語を中心とした先住民の言葉.

yu·do [jú.do] 男 柔道. [← [日]柔道]

yu·do·ca / **yu·do·ka** [ju.đó.ka] [日] 男女 → judoca.

yu·ga·da [ju.ɣá.đa] 女 (2頭立ての牛馬による) 1日の可耕面積(約32ヘクタール)；2頭立ての牛馬.

yu·go [jú.ɣo] 男 1 (牛馬の)くびき. 2 (鐘をつるす)横木. 3 (婚姻のミサで花婿・花嫁のかぶる)ベール. 4 束縛, 重圧, 桎梏(しっこく). 5 [海] 船尾梁(りょう), 船尾肋骨(ろっこつ).
el yugo y las flechas [紋] くびきと矢：スペインのカトリック両王 Isabel と Fernando の象徴. 1934年以降ファランヘ党のシンボルから脱する.
sacudir el yugo 束縛から脱する.
yugo del matrimonio 夫婦の絆(きずな).

yu·go·es·la·vo, va [ju.ɣo.es.lá.ɓo, -.ɓa] 形 女 → yugoslavo.

Yu·gos·la·via [ju.ɣos.lá.bja] 固名 ユーゴスラビア(連邦共和国)：2003年セルビア・モンテネグロに改称. 06年モンテネグロの独立によりセルビア共和国となる. [← [仏]*Yougoslavie*; *Yougoslave*「ユーゴスラビア人」(← [独]*Jugoslawe*；[セルボクロアチア]*jugo*「南」+[独]*Slawe*「スラブ人」)より派生]

yu·gos·la·vo, va [ju.ɣos.lá.ɓo, -.ɓa] 形 ユーゴスラビア(人)の. ━男女 ユーゴスラビア人.

yu·gue·ro [ju.ɣé.ro] 男 (牛馬を使って耕作をする)農夫.

yu·gu·lar¹ [ju.ɣu.lár] 形 [解剖] 頸(けい)(部)の. *vena ～* 頸静脈. ━女 頸部.

yu·gu·lar² [ju.ɣu.lár] 他 (進歩・発展を) 阻む, 妨げる, 断つ. ～ *el desarrollo industrial* 産業の発展を妨げる.

yu·lan [ju.lán] 男 [植] ハクモクレン.

yu·ma [jú.ma] 男女《ラ米》《話》《軽蔑》外国人(観光客).

yum·bo, ba [júm.bo, -.ba] 男女 ユンボ人：エクアドル東部アマゾン地方の少数民族.

yun·gas [júŋ.gas] 男[複数形] ユンガス：エクアドル・ペルー・ボリビアの Andes 山系にある暑い盆地.

yun·gla [júŋ.gla] 女 密林, ジャングル.

yun·que [júŋ.ke] 男 1 金敷, 金床. 2 根気強い人, 忍耐強い人；勤勉な人. 3 [解剖] (耳の) 砧(きぬた)骨.

yun·ta [jún.ta] 女 1 2頭立ての牛馬；(2頭立ての牛馬による) 1日の可耕面積. 2 [複数で]《ラ米》(グアテ)(プエルトリコ)(ベネズエラ)[服飾] カフスボタン.

yun·te·rí·a [jun.te.rí.a] 女 [集合的] 荷役用家畜；荷役用家畜の牧舎[囲い場].

yun·te·ro [jun.té.ro] 男 2頭立ての牛馬を使って耕す農夫.

yun·to, ta [jún.to, -.ta] 形 隣接した, 平行した.

Yu·pan·qui [ju.páŋ.ki] 固名 ユパンキ Atahualpa ～(1908-92)：アルゼンチンのフォルクローレ歌手・作曲家・作家.

¡yu·pi! [jú.pi] 間投《話》(喜び・熱狂の叫び声) わあい, やーい, うれしい, やったあ.

yup·pie [jú.pi] [英] 男 [複 ～s] ヤッピー：米国で戦後ベビーブームの後半に生まれた世代で, 大都市郊外に住む裕福なホワイトカラー.

yup·pis·mo [ju.pís.mo] 男 ヤッピーイズム, ヤッピー風の生き方.

yu·que·rí [ju.ke.rí] 男《ラ米》(ラプラタ)[植] アカシアの一種：マメ科の植物.

yu·qui·lla [ju.kí.ja ǁ -.ʎa] 女《ラ米》(タヒチ)(プエルトリコ)(ベネズエラ)[植] キツネノマゴ科の植物.

yu·ra·gua·no [ju.ra.ɣwá.no] 男《ラ米》(キューバ)(コロンビア)[植] ギンヤシ, オオギバヤシ(= miraguano).

yur·ta [júr.ta] 女 (北モンゴルの遊牧民の) テント, パオ.

yu·ru·ma [ju.rú.ma] 女《ラ米》(先住民がパンの材料とする) ヤシの髄.

yu·ru·mí [ju.ru.mí] 男《ラ米》(ラプラタ)[動] オオアリクイ.

yu·se·ra [ju.sé.ra] 女 (オリーブ油を搾る) ひき臼の下石. ▶「上石」は volandera.

yu·sión [ju.sjón] 女 [法] 訓令, 指令.

yu·si·vo, va [ju.sí.ɓo, -.ɓa] 形 [言] 命令用法の. *subjuntivo ～* 命令用法の接続法.

yu·ta [jú.ta] 女《ラ米》(キューバ)[動] ナメクジ. *hacer la yuta*《ラ米》(ラプラタ)(コロンビア)《話》学校をサボる.

yu·te [jú.te] 男 ジュート, 黄麻；ジュートで織った布, 黄麻布.

yu·te·ro, ra [ju.té.ro, -.ra] 形 ジュートの.

yuxta- 接頭「近くに, そばに」の意の造語要素. → *yuxta*poner, *yuxta*posición. [←[ラ]]

yux·ta·li·ne·al [ju(k)s.ta.li.ne.ál] 形 原文と訳文が対照式の, 対訳の. *traducción ～* 対訳.

yux·ta·po·ner [ju(k)s.ta.po.nér] 41 他 [過分] は

yuxtapuesto]並置する, 並列する.
yux·ta·po·si·ción [ju(k)s.ta.po.si.θjón / -.sjón] 囡 並置, 並列; 《文法》並置, 並列.
[[ラ] *jūxtā*「そばに」+ posición (← [ラ] *positiōnem* (*positiō* の対格); 関連 yuxtaponer. [英 *juxtaposition*]

yux·ta·pues·to, ta [ju(k)s.ta.pwés.to, -.ta] [yuxtaponer の過分] 形 並置された, 並列された.

yu·yal [ju.jál] 男《ラ米》(中)(ラブ)雑草地(帯).

yu·ye·rí·o [ju.je.rí.o] 男《ラ米》(中)(ピテ)(ラブ)《集合的》雑草, 野草.

yu·ye·ro, ra [ju.jé.ro, -.ra] 男 囡《ラ米》(ラブ)《話》薬草売り.

yu·yo [jú.jo] 男《ラ米》(1)(中)(ピテ)(ラブ)雑草, 野草. (2)(コマ)山菜. (3)(ベル)香辛料用の植物. (4)(ラブ)薬草. (5)(ロプ)薬草の湿布. (6)《複数で》水腫れ. *estar como un yuyo*《ラ米》(ラブ)(中)衰弱している.

yu·yu [jú.ju] 男 1《話》恐怖. 2《話》体の不調. 3 魔法, 呪い.

yu·yú [ju.jú] 男《海》ディンギー, 手漕(こ)ぎ舟;《軽蔑》ちっぽけな舟.

Zz

スペインでは舌先を前歯の先にあてる「サ行」音. 中南米では s と同じ発音. いかなる場合にも「ザ行」にはならない.

Z, z [θé.ta, -.ða / sé.-] 囡 スペイン語字母の第27字.

¡za! [θá / sá] 間投《犬などを追い払う声》シー, シッ.

za·ba·jón [θa.ba.xón / sa.-] 男《ラ米》(アゼ)→ sabajón.

za·bar·ce·ra [θa.βar.θé.ra / sa.-.sé.-] 囡 果物売りの女性.

za·be·ca [θa.βé.ka / sa.-] 囡《ラ米》(ラブ)《話》頭.

za·bi·la [θa.βí.la / sa.-] / **zá·bi·la** [θá.βi.la / sá.-] 囡 → sábila.

za·bor·da [θa.βór.ða / sa.-] 囡 → zabordamiento.

za·bor·da·mien·to [θa.βor.ða.mjén.to / sa.-] 男《海》浅瀬[暗礁]に乗り上げること, 座礁.

za·bor·dar [θa.βor.ðár / sa.-] 自《海》浅瀬[暗礁]に乗り上げる, 座礁する.

za·bor·do [θa.βór.ðo / sa.-] 男 → zabordamiento.

za·bro [θá.βro / sá.-] 男《昆》オサムシ科ザブル属の昆虫.

za·bu·llir [θa.βu.jír ‖ -.ʎír / sa.-] 72 他 → zambullir.

za·ca [θá.ka / sá.-] 囡《鉱山で》水をかい出す大きな革袋.

za·ca·pe·la [θa.ka.pé.la / sa.-] / **za·ca·pe·lla** [θa.ka.pé.ja ‖ -.ʎa / sa.-] 囡 騒ぎ; 大げんか.

za·ca·tal [θa.ka.tál / sa.-] 男《ラ米》(中)(ラブ)牧草地.

za·ca·te [θa.ká.te / sa.-] 男《ラ米》(1)(中)(ラブ)牧草; まぐさ, 飼い葉. (2)(コスタ)芝生. (3)(ラブ)《俗》安物のマリファナ.

za·ca·te·ar [θa.ka.te.ár / sa.-] 他《ラ米》(中)(ラブ)(1) 鞭(むち)打つ, 懲らしめる. (2) 飼い葉をやる. —自《ラ米》(中)(ラブ)《農》《家畜が》牧草を食べる.

Za·ca·te·cas [θa.ka.té.kas / sa.-] 固名 サカテカス: メキシコ中部の州; 州都. ◆スペイン統治時代から銀山を中心に発展. 歴史地区は世界遺産 (1993年登録).
—男 [z-]《複数形》《集合的》サカテカ人: 消滅したメキシコの先住民.
[←[ナワトル] *Zacateca*「サカテカ人」(*zacatl*「草」+ *-teca*「…出の人」;「草原の人」が原義)]

za·ca·te·co, ca [θa.ka.té.ko, -.ka / sa.-] 形《メキシコの》サカテカス州の; サカテカ人の.
—男 囡 サカテカス州の住民[出身者]; サカテカ人.

za·ca·te·ra [θa.ka.té.ra / sa.-] 囡《ラ米》(中)(ラブ)牧草地; 干し草の山; 飼い葉置き場.

za·ca·tín [θa.ka.tín / sa.-] 男《衣服を売っている》通り[広場].

za·ca·tón [θa.ka.tón / sa.-] 男《ラ米》(コスタ)(ラブ)《飼い葉用の》野草, 牧草.

za·do·ri·ja [θa.ðo.rí.xa / sa.-] 囡《植》フマリア科ヒペコウム属の一種.

za·fa·co·ca [θa.fa.kó.ka / sa.-] 囡《ラ米》(1)《話》けんか, 口論, 乱闘, 騒ぎ. (2)(ラブ)《俗》殴打, むち打ち.

za·fa·cón [θa.fa.kón / sa.-] 男《ラ米》(カリブ)ごみ箱.

za·fa·da [θa.fá.ða / sa.-] 囡《海》邪魔な物を取り除くこと.

za·fa·do, da [θa.fá.ðo, -.ða / sa.-] 形《話》(1)(中)(ラブ)横柄な, 厚かましい. (2)(ラブ)すばしっこい, 敏捷(びんしょう)な. (3)(ロプラ)頭のおかしい, 狂った.

za·fa·du·ra [θa.fa.ðú.ra / sa.-] 囡《ラ米》脱臼(だっきゅう).

za·fa·du·rí·a [θa.fa.ðu.rí.a / sa.-] 囡《ラ米》(中)(ラブ)横柄, ずうずうしさ.

za·fan·te [θa.fán.te / sa.-] 前《ラ米》(ラブ)…を除いて.

za·far [θa.fár / sa.-] 他 1 解く, ほどく, 緩める. ~ un nudo 結び目を解く. 2《海》《帆・索などを》外す;《積み荷を》軽くする. 3《ラ米》(コスタ)(ロプラ)(ラプラ)(ラブ)除く, 除外する.
—自《まれ》《学生が》(試験に) 合格する.
—~**se** 1 (de... …から) 免れる, 逃れる, 脱する. ~*se de* un compromiso 義務を免れる. ~*se de* una situación delicada 難しい状況を脱する. 2《機械のベルトが》外れる. 3《布・服が》すりへる, ほころびる. 4《ラ米》(1)(ラブ)(中)脱臼(だっきゅう)する. (2)(ラブ)(中)《一撃を》かわす. (3)(ラブ)(コスタ)《話》無礼な態度を取る. (4)(ラブ)《話》頭がおかしくなる.

za·fa·rran·cho [θa.fa.řán.tʃo / sa.-] 男 1《海》船上の邪魔な物を取り除くこと. ~ de combate 戦闘準備. 2《話》大掃除. 3《話》大騒ぎ, 大混乱; けんか. armar un ~ 騒ぎを引き起こす. 4《ラ米》(ラブ)《話》不出来なもの[こと] (をする人).

za·fia·men·te [θá.fja.mén.te / sá.-] 副 粗野に, 不作法に.

za·fie·dad [θa.fje.ðáð / sa.-] 囡 粗野, 不作法.

za·fio, fia [θá.fjo, -.fja / sá.-] 形 1 粗野な, 不作法

za·fir [θa.fír / sa.-] 男 [詩] → zafiro.

za·fi·ri·no, na [θa.fi.rí.no, -.na / sa.-] 形 サファイア(色)の.

za·fi·ro [θa.fí.ro / sa.-] 男 サファイア, 青玉, 青色. [←[古スペイン] çafir, çafil ←? [ラ] sapphirus=[ギ] sáppheiros; 他に[アラビア] ṣafīr を語源とする説もある. [関連][英] sapphire].

za·fo [θá.fo / sá.-] 前 [ラ米] (ᵇᵃʳ)…を除いて (= excepto).

za·fo, fa [θá.fo, -.fa / sá.-] 形 1 [海] (航行に際して)障害のない, 自由に通れる. 2 無傷の.

za·fón [θa.fón / sa.-] 男 1 (主に複数で) → zahón. 2 [ラ米] (1) (ᵃʳᵍ)見当違いの. (2) 除外; 脱日 (ᵇᵉⁿ).

za·fra [θá.fra / sá.-] 女 1 油を入れる缶. 2 (鞍と鐙(あぶみ)を結ぶ)革帯. 3 サトウキビの収穫(高・時期); 製糖. 4 [鉱] 鉱滓(こうさい), スラグ.

za·fre [θá.fre / sá.-] 男 [鉱] 呉須(ごす); 青色顔料.

za·fre·ro [θa.fré.ro / sa.-] 男 [鉱] サフレ(ごす)運搬人.

za·ga [θá.ga / sá.-] 女 1 後ろ, 後部, しんがり. a (la) ～ / en ～後ろに, しんがりに. 2 後部(荷台)の積み荷. 3 [スポ] 後衛; (サッカーの)ディフェンス. ── 男 (ゲームで)順番が最後の人.
dejar... en zaga …を引き離す; 追い抜く.
no ir a la [en] zaga (a...) / no quedarse a la zaga de... (…に)後れを取らない, 引けを取らない. [←[アラビア] sāqa「軍の後尾, しんがり」]

za·gal, ga·la [θa.gál, -.gá.la / sa.-] 男 女 1 若者, 青年; 娘. 2 羊飼いの若者; 女の羊飼い. 3 《まれ》《親愛》男; 女.

za·ga·le·jo [θa.ga.lé.xo / sa.-] 男 アンダースカート.

za·ga·lón, lo·na [θa.ga.lón, -.ló.na / sa.-] 男 女 大柄な若者. [zagal + 増大辞]

za·gual [θa.gwál / sa.-] 男 1 幅広の短い櫂(かい), パドル. 2《ラ米》形 下水道.

*za·guán [θa.gwán / sa.-] 男 玄関(ホール); (ビルの)入り口ホール. [←[アラビア] usṭuwān]

za·gua·ne·te [θa.gwa.né.te / sa.-] 男 (宮殿の)衛兵詰め所; 衛兵(隊).

za·gue·ro, ra [θa.gé.ro, -.ra / sa.-] 形 1 後ろの, しんがりの. *equipo ～* 最下位のチーム. 2 のろまの, ぐずぐずした. ── 男 1 [スポ] 後衛, バック. 2 最下位, びり.

za·güí [θa.gwí / sa.-] 男《ラ米》(ᵃʳᵍ) 形 リスザル.

za·güí·a [θa.gwí.a / sa.-] 女 モロッコの礼拝堂.

za·ha·re·ño, ña [θa.(a.)ré.ño, -.ña / sa.-] 形 1 [狩] (鳥)に野生の, 人に慣れていない. 2 無愛想な, 人付き合いの悪い. [[アラビア] ṣaḥrā「砂漠」より派生]

za·hén [θa.én / sa.-] 形《dobla zahén》(昔のグラナダ王国などで使われた)金貨.

za·he·na [θa.é.na / sa.-] 女 → zahén.

za·he·ri·dor, do·ra [θa.e.ri.ðór, -.ðó.ra / sa.-] 形 非難する, 嘲笑(あざわら)する, 中傷する.

za·he·ri·mien·to [θa.e.ri.mjén.to / sa.-] 男 非難; 嘲笑(あざわら), 中傷, 皮肉.

za·he·rir [θa.e.rír / sa.-] 27 他 1 非難する, 面目する. 2 嘲笑(あざわら)する, 中傷する, 皮肉る.

za·hí·na [θa.í.na / sa.-] 女 [植] モロコシ(属). → 右段に図.

za·hi·nar [θai.nár / sa.-] 男 モロコシ畑.

za·hi·rien·te [θai.rjén.te / sai.-] 形 非難する, 嘲笑(あざわら)する, 中傷する.

za·hón [θa.ón / sa.-] 男 (主に複数で)(猟師・農夫などがズボンの上から履く)オーバーズボン, 乗馬ズボン.

za·ho·na·do, da [θa.o.ná.ðo, -.ða / sa.-] 形 (家畜が)足の前面の色が体と異なる.

za·hon·dar [θa.on.dár / sa.-] 他 (土を)掘り下げる. ── 自 ((足が)土に)めり込む.

zahína (モロコシ)

za·ho·rí [θa.o.rí / sa.-] 男 女 [複 ～s, ～es] 1 透視力のある人, 占い師. 2 人の心が読める人, 千里眼.

za·ho·rra [θa.ó.řa / sa.-] 女 [海] バラスト.

za·húr·da [θa.úr.ða / sa.-] 女 1 豚小屋 (= pocilga). 2 見すぼらしい家, あばら屋.

za·hur·na [θa.úr.na / sa.-] 女《ラ米》(ᵇᵃʳ) 話 騒ぎ, 争い.

zai·da [θái.ða / sái.-] 女 [鳥] アネハヅル.

zai·no, na¹ [θai.no, -.na / sái.-] 形 1 腹黒い, 裏切る, 信用のおけない. 2 (馬が)癖のある.
mirar de [a lo] zaino 横目で見る, 盗み見る.

zai·no, na² [θai.no, -.na / sái.-] 形 1 (牛が)黒一色の. 2 (馬が)濃い栗毛の.

zai·no·so, sa [θai.nó.so, -.sa / sai.-] 形《ラ米》(ᵇᵉ) (牛が)黒色の.

Zai·re [θái.re / sái.-] 固名 ザイール共和国: 1997年コンゴ民主共和国に改称.

zai·ren·se [θai.rén.se / sai.-] / **zai·re·ño, ña** [θai.ré.ño, -.ña / sai.-] 形 ザイール(現コンゴ民主共和国)の, ザイール人の. ── 男 女 ザイール人.

za·jón [θa.xón / sa.-] 男 → zahón.

za·kat [θa.kát / sa.-] [アラビア] 男 (イスラム教の)ザカート, 喜捨.

za·lá [θa.lá / sa.-] [アラビア] 女 イスラム教徒の祈り.
hacer la zalá a+人 〘話〙〈人〉にお世辞を言う.

za·la·gar·da [θa.la.gár.ða / sa.-] 女 1 待ち伏せ, 不意打ち. 2 わな; 〘話〙策略, 甘言, 落とし穴. 3 〘話〙騒ぎ, 騒動; 見せかけの)けんか.

za·la·ma [θa.lá.ma / sa.-] 女 → zalamería.

za·la·me·lé [θa.la.me.lé / sa.-] 男 → zalamería.

za·la·me·re·ar [θa.la.me.re.ár / sa.-] 自《ラ米》(ᵛᵉⁿ)(ᶜᵒˡ) 話 おべっかを使う, お世辞を言う.

za·la·me·rí·a [θa.la.me.rí.a / sa.-] 女 お世辞, 追従, 甘言, おだて. [← zalamero ([アラビア] salām「平穏」(挨拶の言葉) + 形容詞語尾)より派生]

za·la·me·ro, ra [θa.la.mé.ro, -.ra / sa.-] 形 へつらう, お世辞のうまい. ── 男 女 お世辞使い.

za·le·a [θa.lé.a / sa.-] 女 羊の毛皮.

za·le·ar¹ [θa.le.ár / sa.-] 他 (犬を)シッと追い払う.

za·le·ar² [θa.le.ár / sa.-] 他 振る, 揺さぶる.

za·le·ma [θa.lé.ma / sa.-] 女 〘話〙 1 → zalamería. 2 (複数で)うやうやしいおじぎ, 敬礼.

za·len·que·ar [θa.leŋ.ke.ár / sa.-] 自《ラ米》(ᵐᵉˣ)(ᶜᵒˡ) 話 足を引きずる.

za·le·o [θa.lé.o / sa.-] 男 振ること, 揺さぶり.

za·ma·cu·co, ca [θa.ma.kú.ko, -.ka / sa.-] 男 女 1 ばか. 2 ずるいやつ, 陰険な人. ── 男 話 酔い, 酩酊(めいてい) (= borrachera).

za·ma·cue·ca [θa.ma.kwé.ka / sa.-] 女 [音楽] サマクエカ: チリの民族舞踊(曲). クエカ cueca などの元となる.

za·ma·rra [θa.má.řa / sa.-] 女 1 毛皮のジャケット[チョッキ]. 2 羊の毛皮. [←? [バスク] zamarra]

za·ma·rre·ar [θa.ma.r̄e.ár / sa.-] 他 **1**〈犬などが〉〈獲物を〉くわえて振り回す. **2**《話》殴ったり小突いたりする, 手荒に扱う. **3**《話》(議論などで)やり込める.

za·ma·rre·o [θa.ma.r̄e.o / sa.-] 男 **1**〈犬などが〉獲物をくわえて振り回すこと. **2**《話》手荒な扱い. **3**《話》(議論などで)やり込めること.

za·ma·rri·co [θa.ma.r̄i.ko / sa.-] 男 羊の毛皮で作った袋.

za·ma·rri·lla [θa.ma.r̄í.ja ‖ -.ʎa / sa.-] 女【植】シソ科ヤマニガクサ.

za·ma·rro [θa.má.r̄o / sa.-] 男 **1** 毛皮のジャケット[チョッキ]; 羊の毛皮. **2** 粗野な人, 田舎者; うんざりさせる人. **3**《複数で》(テㇻ)(ブネズ)(エクア)革のオーバーズボン, 乗馬ズボン.

zam·ba [θám.ba / sám.-] 女【音楽】サンバ. (1) → samba. (2) サマクエカ zamacueca から派生したアルゼンチンの民俗舞曲; ハンカチを振って男女で踊る.

zam·ba·da [θam.bá.ða / sam.-] 女 (ラ米)(집合的)黒人と先住民の混血(児). → zambo.

zam·bar·co [θam.bár.ko / sam.-] 男 **1**【馬】幅広の胸懸(むながい). **2** 尾錠付きの革ベルト.

zam·bar·do [θam.bár.ðo / sam.-] 男 《ラ米》《話》(1)(ヴェネス)(チリ)へま, ぶち壊し; 破損. (2)(ヴェネス)(ビリヤードなどの)まぐれ当たり.

zam·be·que [θam.bé.ke / sam.-] 形《ラ米》(キュバ)《話》ばかな, 愚かな. ── 男 (エクア)(ブネズ)《話》騒ぎ.

zam·be·que·rí·a [θam.be.ke.rí.a / sam.-] 女《ラ米》(キュバ)《話》ばかげたこと, 愚行.

zam·be·rí·o [θam.be.rí.o / sam.-] 男 (ブネズ) → zambada.

Zam·bia [θám.bja / sám.-] 固名 ザンビア: アフリカ南部の共和国. 首都 Lusaka.
[← 英 *Zambia*; *Zambezi*(川の名)より派生]

zam·bia·no, na [θam.bjá.no, -.na / sam.-] 形 ザンビアの, ザンビア人の. ── 男 女 ザンビア人.

zam·bo, ba [θám.bo, -.ba / sám.-] 形 **1**【医】X脚の, 外反膝(げ)の(↔zancajoso). **2**《ラ米》黒人と先住民の混血の. ── 男 **1** X脚の人【動物】. **2**《ラ米》(1) 黒人と先住民の混血の(人). (2)(エクア)(ブネズ)(ボリゼ)白人と黒人の混血の(人), ムラート(= mulato). ── 男 ゴザル.

zam·bom·ba [θam.bóm.ba / sam.-] 女【音楽】サンボンバ: 円筒形の片面に皮を張り, 中心に刺した棒を上下させて音を出す楽器. ── 間投《驚き・感嘆》えっ, おや.

zam·bom·ba·zo [θam.bom.bá.θo / sam.-.so] 男《話》殴打, 爆発, 炸裂(さく); 爆発音.

zam·bom·be·ro, ra [θam.bom.bé.ro, -.ra / sam.-] 男 女【音楽】サンボンバ製造[販売]者; サンボンバ奏者.

zam·bom·bo [θam.bóm.bo / sam.-] 男 田舎者.

zambomba (サンボンバ)

zam·bo·ron·dón, do·na [θam.bo.ron.dón, -.dó.na / sam.-] 形 粗野な; 不器用な. ── 男 女 粗野な人, 田舎者; 不器用者.

zam·bo·ro·tu·do, da [θam.bo.ro.tú.ðo, -.ða / sam.-] / **zam·bo·rro·tu·do, da** [θam.bo.r̄o.tú.ðo, -.ða / sam.-] 形 男 女 → zamborondón.

zam·bra [θám.bra / sám.-] 女 **1**【音楽】サンブラ (スペイン Andalucía 地方のロマ[ジプシー]の歌と踊り); ロマ[ジプシー]の歌と踊りの祭り[ショー]. ◆本来ロマ[ジプシー]やモーロ人の儀式の舞踊を意味した. **2**《話》大騒ぎ, どんちゃん騒ぎ.
[←〔アラビア〕*samra* 「夜祭り」]

zam·bra·te [θam.brá.te / sam.-] 男《ラ米》(プル)騒ぎ, けんか, 騒動.

zam·bre·ra [θam.bré.ra / sam.-] 女《ラ米》(エアズ)《話》騒ぎ, 騒動.

zam·bro·te [θam.bró.te / sam.-] 男 → zambrate.

zam·bu·car [θam.bu.kár / sam.-] 102 他(他のものの間に)素早く隠す, 紛れ込ませる.

zam·buir [θam.bwír / sam.-] 48 他《ラ米》(テㇻ)(ブネズ)(エクア) → zambullir.

zam·bu·lli·da [θam.bu.jí.ða ‖ -.ʎí.- / sam.-] 女 **1**(水中への)飛び込み, 潜水. darse una 〜 (水に)飛び込む. **2**《スポ》(フェンシング)突き, フェイント. **3**《ラ米》(ラプ)《スポ》(サッカーのゴールキーパーが)腕を伸ばしてボールをキャッチすること, ダイビングキャッチ.

zam·bu·lli·du·ra [θam.bu.ji.ðú.ra ‖ -.ʎí.- / sam.-] 女 → zambullida.

zam·bu·lli·mien·to [θam.bu.ji.mjén.to ‖ -.ʎí.- / sam.-] 男 → zambullida.

zam·bu·llir [θam.bu.jír ‖ -.ʎír / sam.-] 72 他(水中に)投げ込む, 潜らせる, 浸す, つける.
── 〜·se 再 **1**(水に)飛び込む, 潜る. **2**《en... …に》没頭する, 身を投ずる. 〜*se en* el trabajo 仕事に熱中する. **3** 隠れる, 潜む.

zam·bu·llo [θam.bú.jo ‖ -.ʎo / sam.-] 男《ラ米》肥(こえ)つぼ.

zam·bu·llón [θam.bu.jón ‖ -.ʎón / sam.-] 男《ラ米》(ラプ)(ベネス)(チリ)(ニカ)(ラプ)(水中への)飛び込み; 潜水.

zam·bu·ri·ña [θam.bu.rí.ɲa / sam.-] 女【貝】フランスヒオドシ: ホタテガイより小型の赤い二枚貝.

zam·bu·tir [θam.bu.tír / sam.-] 他《ラ米》(プル)(ニカ)ぎゅうぎゅうに詰め込む[押し込む].

Za·mo·ra [θa.mó.ra / sa.-] 固名 サモラ: スペイン北西部の県; 県都.
No se ganó Zamora en una hora.《諺》急いては事を仕損じる(←サモラは1時間で陥落したのではない). ◆Castilla 王 Sancho 2 世が, 1072年, 弟 Alfonso から奪った León 王位を認めない姉のカスティーリャ皇女 Urraca の立てこもる Zamora 城を7か月も包囲したうえ戦死したという故事による.

za·mo·ra·no, na [θa.mo.rá.no, -.na / sa.-] 形(スペインの)サモラの. ── 男 女 サモラの住民[出身者].

zam·pa [θám.pa / sam.-] 女【建】基礎杭(ぐい), パイル.

zam·pa·bo·di·gos [θam.pa.bo.ðí.gos / sam.-] / **zam·pa·bo·llos** [θam.pa.bó.jos ‖ -.ʎos / sam.-] 男 女《単複同形》《話》→ zampatortas.

zam·pa·li·mos·nas [θam.pa.li.mós.nas / sam.-] 男 女《単複同形》《話》物乞い.

zam·par [θam.pár / sam.-] 他 **1** → zambucar. **2** がつがつ食べる. **3** 投げつける. *Zampó* el jarro de vino en el suelo. 彼[彼女]はワインのピッチャーを床にたたきつけた. **4**〈足などを〉うっかり突っ込む. **5** 浸す, つける. *Zampó* la galleta en el café. 彼[彼女]はビスケットをコーヒーにつけた. **6**〈平手打ちを〉食らわす, 見舞う.
── 〜·se 再 **1** がつがつ食う. *Se zamparon* el almuerzo en un santiamén. 彼[彼女]らは昼食を瞬く間に平らげた. **2**《en... …に》許可[招待, ノック]

なしに入る；紛れ込む. ~**se en** la fiesta entre los invitados 招待客に紛れてパーティーに入り込む. **3**〈水たまりなどに〉うっかり足を踏み入れる.

zam·pa·tor·tas [θam.pa.tór.tas / sam.-]男女《単複同形》《話》**1** 大食漢. **2** でくの坊；がさつ者.

zam·pe·a·do [θam.pe.á.ðo / sam.-]男《建》いかだ[べた]基礎(工法).

zam·pe·ar [θam.pe.ár / sam.-]他《建》いかだ基礎で地固めする.

zam·pón, po·na [θam.pón, -.pó.na / sam.-]形 大食らいの，大食の. ━男女 大食らい，大食漢.

zam·po·ña [θam.pó.ɲa / sam.-]女 **1**《音楽》サンポーニャ：連管笛. **2** 麦笛. **3** たわ言.

zam·pu·llín [θam.pu.ʎín / sam.-]男《鳥》カイツブリ.

za·mu·ro [θa.mú.ro / sa.-]男《ラ米》(エクア)(ベネズ)《鳥》クロコンドル.

zampoña(サンポーニャ)

*__za·na·ho·ria__ [θa.na.ó.rja, sa.-]女 **1**《植》ニンジン. **2**《ラ米》(チリ)(コスタ)《話》健全な生活をする人.
[←[古スペイン]çahanoria←[アラビア][方言]safunāriya]

za·na·ho·rio, ria [θa.na.ó.rjo, -.rja / sa.-]男女《ラ米》(コロンビア)(ベネズ)《話》お人よし.

za·na·te [θa.ná.te / sa.-]男《ラ米》(中米)(メキシコ)《鳥》オオクロムクドリモドキ属の総称.

zan·ca [θáŋ.ka / sáŋ.-]女 **1**(鳥の)長い脚. **2**《話》長くやせた足[脚]. **3**《建》(階段の)側桁(がわげた).

zan·ca·da [θaŋ.ká.ða / saŋ.-]女 大股(おおまた)の1歩. dar grandes ~s 大股で歩く.
en dos zancadas《話》あっという間に.

zan·ca·di·lla [θaŋ.ka.ðí.ʎa ‖ -.ʎa / saŋ.-]女 **1** 足ばらい. **2** ぺてん.
echar [poner] la zancadilla a＋人〈人〉の足をすくってひっくり返す；〈人〉をぺてんにかける.

zan·ca·di·lle·ar [θaŋ.ka.ði.je.ár ‖ -.ʎe.- / saŋ.-]他 **1** 足をはらう. **2** ぺてんにかける.

zan·ca·do [θaŋ.ká.ðo / saŋ.-]形 **salmón zancado** 産卵後の弱った鮭(さけ).

zan·ca·je·ar [θaŋ.ka.xe.ár / saŋ.-]自 忙しく歩き回る，あちこちと動き回る.

zan·ca·je·ra [θaŋ.ka.xé.ra / saŋ.-]女(馬車などの)踏み段，ステップ.

zan·ca·jo [θaŋ.ká.xo / saŋ.-]男 **1** かかと[の骨]. **2**(靴下・靴の)かかと. **3**《話》→ zancarrón. **4**《話》背の破れた靴下[ストッキング]を履いた.
no pisarle [llegarle a] los zancajos (a＋人)〈人〉の足元にも及ばない，劣っている.

zan·ca·jón, jo·na [θaŋ.ka.xón, -.xó.na / saŋ.-]形《ラ米》《話》背の高い，ひょろひょろした；不格好な.

zan·ca·jo·so, sa [θaŋ.ka.xó.so, -.sa / saŋ.-]形 **1**《医》O脚の，(両ひざが離れた)内反膝(ない)の. **2**〈馬などが〉両方の飛節がくっついた. **3** かかとの破れた靴下[ストッキング]を履いた.

zan·ca·rrón [θaŋ.ka.r̄ón / saŋ.-]男 **1**《軽蔑》(ほとんど食べるところのないほど)肉のついていない脚の骨.

zan·co [θáŋ.ko / saŋ.-]男 **1**竹馬，高足. →右段に図. **2**《建》二つの隣棟の三角部分の下部，切妻の下の部分.
estar en zancos 良い立場にいる.

zan·cón, co·na [θaŋ.kón, -.kó.na / saŋ.-]形 **1**

《話》足[脚]の長い. **2**《ラ米》(1)〈衣服の丈が〉短い，つんつるてんの. (2)(中米)《話》背の高い，ひょろひょろした.

zan·cu·de·ro [θaŋ.ku.ðé.ro / saŋ.-]男《ラ米》(コロンビア)(中米)(ベネズ)蚊の大群，蚊柱.

zan·cu·do, da [θaŋ.kú.ðo, -.ða / saŋ.-]形 **1**《話》足[脚]の長い. **2**《鳥》(ツル・サギなどの)渉禽(しょうきん)類の. **3**《ラ米》《昆》カ(蚊)の. ━女《複数で》《鳥》渉禽類(= aves zancudas).

zanco(竹馬)

zan·fo·na [θaŋ.fó.na / saŋ.-]/ **zan·fo·ní·a** [θaŋ.fo.ní.a / saŋ.-]/ **zan·fo·ña** [θaŋ.fó.ɲa / saŋ.-]女《音楽》ハーディ・ガーディ：鍵盤(けんばん)とハンドルの付いたバイオリンに似た小型の擦弦楽器.

zan·ga·na·da [θaŋ.ga.ná.ða / saŋ.-]女《話》ばかげた[場違いな]言動.

zan·ga·ne·ar [θaŋ.ga.ne.ár / saŋ.-]自 **1**《話》怠ける，のらくら遊び暮らす. **2** ばかげた[場違いな]ことを言う[する].

zan·ga·ne·rí·a [θaŋ.ga.ne.rí.a / saŋ.-]女《話》のらくらすること，怠惰.

zanfonía(ハーディ・ガーディ)

zán·ga·no, na [θáŋ.ga.no, -.na / sáŋ.-]男女 **1** 怠け者. **2**《ラ米》(中米)(メキシコ)《話》ごろつき，悪党，ぺてん師. ━男 雄蜂ミツバチ.

zan·ga·rria·na [θaŋ.ga.r̄ja.na / saŋ.-]女 **1**《話》(偏頭痛などの)軽い持病. **2**《話》ゆううつ. **3**《獣医》水腫(しゅ)病.

zan·go·lo·te·ar [θaŋ.go.lo.te.ár / saŋ.-]他 揺する. ━~(·se) 自 再《話》**1** そわそわする，うろうろする. **2** カタカタ揺れる，カタカタ鳴る.

zan·go·lo·te·o [θaŋ.go.lo.té.o / saŋ.-]男 **1** 揺さぶる[揺れる]こと，(扉などが)カタカタ鳴ること. **2** そわそわ[うろうろ]すること.

zan·go·lo·ti·no, na [θaŋ.go.lo.tí.no, -.na / saŋ.-]形 **niño zangolotino**《話》甘えんぼうの少年.

zan·gón, go·na [θaŋ.gón, -.gó.na / saŋ.-]男女《話》怠け者.

zan·guan·go, ga [θaŋ.gwáŋ.go, -.ga / saŋ.-]形《話》怠惰な，無気力な，やる気のない. ━男女 仮病つかい；怠け者. ━女 **1** 仮病. hacer la *zanguanga* 仮病をつかう. **2** → zalamería.

zan·ja [θáŋ.xa / saŋ.-]女 **1** 溝. ~ **de desagüe** 排水溝. ~ **de tuberías** 配管溝. **2**(建造物の基礎部分の)布掘. **3**《ラ米》(1)(雨水が流れてできた地面の)雨裂. (2)(中米)垣，柵(さく)囲い，フェンス.
abrir las zanjas 建築に取りかかる；着手する.

zan·jar [θaŋ.xár / saŋ.-]他 **1** …に溝を掘る. **2** 解決する，けりをつける. ~ **una dificultad** 障害を取り除く，困難を克服する. *Zanjó el asunto*. 彼[彼女]はその件に決着をつけた.

zan·je·ar [θaŋ.xe.ár / saŋ.-]他《ラ米》…に溝を掘る.

zan·je·o [θaŋ.xé.o / saŋ.-]男 溝掘り.

zan·jón [θaŋ.xón / saŋ.-]男 **1** 深い溝. **2**《ラ米》(チリ)(リオ)断崖(だんがい)，絶壁；峡谷.
echar al zanjón《ラ米》(中米)《話》隠す.

zan·que·ar [θaŋ.ke.ár / saŋ.-]自 **1** ぎこちない歩

き方をする, よたよた歩く. **2** 大股(ﾏﾀ)で歩く, せかせか歩き回る. ── 他《ラ米》(ﾌﾞﾗ)(ﾒｷ)(ｷｭｰ)《話》探し回る.

zan·qui·lar·go, ga [θaŋ.ki.lár.go, -.ga / saŋ.-] 形《話》足[脚]の長い.
── 男女《話》足[脚]の長い人[動物, 鳥].

zan·qui·tuer·to, ta [θaŋ.ki.twér.to, -.ta / saŋ.-] 形 足[脚]の曲がった. ── 男女 足[脚]の曲がった人.

zan·qui·va·no, na [θaŋ.ki.bá.no, -.na / saŋ.-] 形 足が長くて細い. ── 男女 足が長くて細い人.

Zan·zí·bar [θan.θí.bar / san.sí.-] 固名 ザンジバル: アフリカ南東部 Tanzania 沖にある Zanzíbar 島, Pemba 島などからなる地域.

za·pa [θá.pa / sá.-] 女 **1** 鋤(ｽｷ). **2**《軍》塹壕(ｻﾞﾝ), 壕, 坑道, 坑道. **3** サメ皮(ｶﾞﾜ); サメ皮状のもの.
labor [trabajo] de zapa 地下工作.

za·pa·dor [θa.pa.ðór / sa.-] 男《軍》(塹壕(ｻﾞﾝ)・坑道を掘る)工兵.

za·pa·lla·da [θa.pa.ʝá.ða ‖ -.ʎá.- / sa.-] 女《ラ米》《話》(1)(ｸﾞｱﾃ)まぐれ当たり, つき. (2)(ｱﾙｾﾞ)ばかげたこと.

za·pa·lli·to [θa.pa.ʝí.to ‖ -.ʎí.- / sa.-] 男《ラ米》ズッキーニ(=calabacín).

za·pa·llo [θa.pá.jo ‖ -.ʎo / sa.-] 男《ラ米》(1)(ｱﾙｾﾞ)(ﾎﾞﾘ)(ﾁﾘ)(ｳﾙｸﾞ)《植》ヒョウタン, カボチャ. (2)(ｱﾙｾﾞ)(ﾁﾘ)《俗》まぬけ, 薄のろ. (3)(ｴｸｱ)《話》太っちょ.

za·pa·llón, llo·na [θa.pa.jón, -.jó.na ‖ -.ʎón, -.ʎó.- / sa.-] 形《ラ米》(ｱﾙｾﾞ)(ﾁﾘ)《話》まるまると太った.

za·par [θa.pár / sa.-] 自 鋤(ｽｷ)で耕す. ── 他《軍》〈場所に〉塹壕(ｻﾞﾝ)を掘る.

za·pa·rras·trar [θa.pa.r̄as.trár / sa.-] 自 すそを引きずる[引きずって歩く].

za·pa·rras·tro·so, sa [θa.pa.r̄as.tró.so, -.sa / sa.-] 形 =zarrapastrón.

za·pa·ta [θa.pá.ta / sa.-] 女 **1** (家具の脚などの下に当てがう)かいもの, パッド. **2**《機》ブレーキシュー(= ~ de freno). **3** (電車の第3軌条からの)集電器[装置]. **4** 半長靴. **5**《建》(1) 受け木. (2) 楔(ｸｻﾋﾞ). (3) 樒(ｼｷﾐ). **6**《海》仮竜骨, 張り付けキール; (錨(ｲｶﾘ)の)当て板. **7**《ラ米》(ﾁﾘ)(壁の)礎石.

Za·pa·ta [θa.pá.ta / sa.-] 固名 サパタ Emiliano ~ (1879-1919): メキシコの革命家・農民運動指導者.

za·pa·ta·zo [θa.pa.tá.θo / sa.-.so] 男 **1** 靴で殴ること. **2**《海》(強風による)帆のはためき, シバー. **3**《複数で》(急に止めた馬の)脚踏み, 空足.
dar zapatazos 足を踏み鳴らす; 靴で殴る.
tratar a+人 a zapatazos 〈人を〉手荒く扱う.

za·pa·te·a·do [θa.pa.te.á.ðo / sa.-] 男《音楽》サパテアード: フラメンコの足の踏み鳴らし, またその踊り.

za·pa·te·a·dor, do·ra [θa.pa.te.a.ðór, -.ðó.ra / sa.-] 男女 サパテアードの踊り手.

za·pa·te·ar [θa.pa.te.ár / sa.-] 他 **1** 足で踏み鳴らす. **2** 〈人を〉虐待する, 手荒く扱う. **3**《スポ》(フェンシング)剣先で連続して突く.
── 自 **1** 足を踏み鳴らす; (フラメンコで)サパテアードを踊る; タップダンスを踊る. **2**〈馬などが〉脚踏みをする. **3**〈帆が〉強くはためく, シバーする. **4**〈ウサギが〉前脚で地面をたたく.
── ~se 再《話》一歩も後に引かない.
saber zapateárselas《話》身の処し方がうまい.

za·pa·te·o [θa.pa.té.o / sa.-] 男 **1** 足を踏み鳴らすこと; (サパテアードの)踊り. **2** タップダンス.
2 (馬の)脚踏み.

***za·pa·te·rí·a** [θa.pa.te.rí.a / sa.-] 女 靴屋, 靴店; 製靴工場; 製靴業. ~ *de viejo* 靴直しの店.

***za·pa·te·ro, ra** [θa.pa.té.ro, -.ra / sa.-] 男 靴屋, 靴の製造[修理, 販売]人. ~ *remendón [de viejo]* 靴の修理屋. ~ *a la medida*(注文の)靴製造人.
── 男 **1** 下駄箱, 靴入れ. **2**《昆》アメンボウ. **3**《魚》イトヒキアジ.
── 形 **1** 靴の; 靴屋の. **2** 生煮えの, (肉などが)堅い. *bistec* ~ 堅いステーキ. *patatas zapateras* 生煮えのジャガイモ.
quedarse zapatero《遊》(トランプ)一度も上がれない.
¡Zapatero a tus zapatos! 靴屋は靴のことにかかわっていればよい(余計なこと[口出し]をするな).

za·pa·te·ta [θa.pa.té.ta / sa.-] 女 飛びあがって靴を手で打つ[打ち合わせる]動作; (バレエの)カプリオール.

za·pa·ties·ta [θa.pa.tjés.ta / sa.-] 女《話》大騒ぎ, 騒動. *armar una* ~ ひと騒ぎ起こす.

***za·pa·ti·lla** [θa.pa.tí.ja ‖ -.ʎa / sa.-] 女 **1** スリッパ, 室内履き, 上履き. ~ *s de levantarse*《ラ米》(ﾁﾘ)(ｸﾞｱ)スリッパ. **2** (闘牛士の靴); バレエシューズ(= ~ *de baile*); (運動靴など)底の薄い軽い靴, スニーカー. **3**《話》ハイヒール. **4** (ビリヤードのキューやフェンシングの剣の先につける)先革. **5** 偶蹄(ｼﾞｭｳ). **6** (蛇口などの)パッキング.

za·pa·ti·lla·zo [θa.pa.ti.já.θo ‖ -.ʎá.- / sa.-.so] 男 スリッパで叩くこと.

za·pa·ti·lle·ro, ra [θa.pa.ti.jé.ro, -.ra ‖ -.ʎé.- / sa.-] 男女 zapatilla の製造[販売]人.

za·pa·tis·mo [θa.pa.tís.mo / sa.-] 男 サパタ主義: (1) 20世紀初頭メキシコの革命家 Emiliano Zapata の起こした農業革命運動. (2) 1994年メキシコ Chiapas 州で起こった農民反乱.

za·pa·tis·ta [θa.pa.tís.ta / sa.-] 形 サパタ主義(者)の. ── 男女 サパタ主義者.

*****za·pa·to** [θa.pá.to / sa.-] 男 靴, 短靴. *un par de* ~ *s* 靴1足. ~ *s de color marrón* 茶色の靴. ~ *s de hombre [mujer]* 紳士[婦人]靴. ~ *s de tacón* ハイヒール. *ponerse [quitarse] los* ~ *s* 靴をはく[脱ぐ]. *Estos* ~ *s me vienen anchos.* この靴は私には大きい. ▶「履物」全体をさすときは *calzado*.
saber dónde le aprieta (a+人) *el zapato* 状況[立場]をよくわきまえている.
[語源不明, 関連] zapatilla, zapatería, zapatear. [仏] *savate*「ぼろ靴」. [伊] *ciabatta*「スリッパ」. [トルコ] *çabata*.

za·pa·tón [θa.pa.tón / sa.-] 男《ラ米》(1)(ﾁﾘ)(闘鶏の)蹴爪(ｹﾘﾂﾞﾒ)の刃. (2) 靴のオーバーシューズ. **3** ゴム靴.

za·pe [θá.pe / sá.-] 間投 **1** (猫を追う声)シッ. *¡~ de aquí!* シッ, あっちへ行け. **2** (驚き・不審)うわあ, なんてことだ, おやおや.

za·pe·ar[1] [θa.pe.ár / sa.-] 他 **1**〈猫を〉シッと追い払う;〈人を〉追い払う. **2**《ラ米》(ﾒｷ)(ｺﾛﾝ)《話》見張る.

za·pe·ar[2] [θa.pe.ár / sa.-] 自 (テレビのリモコンで)チャンネルを次々に替える.

za·pe·o [θa.pe.o / sa.-] 男 テレビのリモコンで頻繁にチャンネルを変えること, ザッピング.

za·pe·ta [θa.pé.ta / sa.-] 女《ラ米》(ｸﾞｱﾃ)おしめ, おむつ.

za·po·rro, rra [θa.pó.r̄o, -.r̄a / sa.-] 形《ラ米》(ｴｸｱ)(ｺﾛﾝ)《話》背の低い, ずんぐりした.

zapotal

za·po·tal [θa.po.tál / sa.-] 男 サポジラの群生地.
za·po·te [θa.po.té / sa.-] 男【植】1 サポジラ, チューインガムノキ. ♦熱帯アメリカ原産. 樹液からガムの原料 chicle を採る. (2) サポジラの実.
za·po·te·ca [θa.po.té.ka / sa.-] 形 サポテカの. ― 共 1 サポテカ人. ― 男《複数で》《集合的》サポテカ人. ♦メキシコ南部 Oaxaca 州に住む先住民. 5-10世紀に Monte Albán に祭祀(ぎ)センター, その後に都市 Mitla を建設した. 10世紀に mixteca 人に侵入されて衰退. 2 サポテカ語: 中米先住民語の一つ.
za·po·te·ro [θa.po.té.ro / sa.-] **/ za·po·ti·llo** [θa.po.tí.jo ‖ -.ʎo / sa.-] 男 → zapote.
zap·ping [θáp.pin / sáp.-] 英 男 → zapeo.
za·que [θá.ke / sá.-] 男 小さな革袋.
za·qui·za·mí [θa.ki.θa.mí / -..sa.-] 〔複 ～es, ～s〕 男 1 屋根裏部屋. 2 狭苦しい家[部屋]. 3 〔古〕天井の木組み.
[←〔アラビア〕saqf šāmī「(天井の)木組み」]
zar [θár / sár] 男【史】ツァー: ロシア皇帝やブルガリア君主の称号 (= czar).
[←〔ロシア〕tsar ←〔古ロシア〕tsĭsari または tsĕsari ←〔ゴート〕kaisar ←〔ラ〕caesar「皇帝」(← Caesar「カエサル」) |関連 |〔独〕Kaiser「皇帝」]
za·ra [θá.ra / sá.-] 女【植】トウモロコシ.
za·ra·ban·da [θa.ra.bán.da / sa.-] 女 1 【音楽】サラバンダ: 16-17世紀にスペインで流行したカスタネットを持って踊る踊り[舞曲]. 2 《話》騒動, 大騒ぎ. armarse una ～ 一騒ぎする. 3 《ラ米》(1) 《俗》殴打, なぐりつけ. (2) 《ﾒｷ》尻(ぷり)をたたくこと.
za·ra·ban·dis·ta [θa.ra.ban.dís.ta / sa.-] 形 サラバンダの. ― 男 女 サラバンダの踊り手[歌手, 作曲者]. 2 にぎやかな人.
za·ra·ban·do, da [θa.ra.bán.do, -.da / sa.-] 形 サラバンダの.
za·ra·ga·ta [θa.ra.gá.ta / sa.-] 女 1 《話》騒動, けんか; どんちゃん騒ぎ. 2 《ラ米》《ﾀﾞ》《主に複数で》《話》おだて, 追従, お世辞.
za·ra·ga·te [θa.ra.gá.te / sa.-] 男 《ラ米》(1) 《話》おべっか使い, ごますり. (2) 《ｺｽﾀ》《ﾍﾞﾈ》《話》ろくでなし, 与太者.
za·ra·ga·te·ro, ra [θa.ra.ga.té.ro, -.ra / sa.-] 形 《話》おだてるのがうまい, お世辞ばかり言う.
― 男 女 《話》おだてるのがうまい人, お調子者.
za·ra·ga·to·na [θa.ra.ga.tó.na / sa.-] 女【植】オオバコ科の一年草: 種は薬用にする.
za·ra·go·cis·ta [θa.ra.go.θís.ta / sa.-..sís.-] 形 《スペインのサッカーチーム》レアル・サラゴサ Real Zaragoza の. ― 男 女 レアル・サラゴサの選手[ファン].
Za·ra·go·za [θa.ra.gó.θa / sa.-..sa] 固名 サラゴサ: スペイン北東部の市; 県都. ♦ローマ支配時代はカエサルアウグスタと呼ばれた. 714年にイスラムに征服されたが, 1118年にアラゴン・ナバラ王 Alfonso 1世が奪回し, Aragón 王国の首都となる. [←〔古スペイン〕Çaragoça ←〔アラビア〕Saraqust ←〔ラ〕Caesaraugusta;「(ローマ初代皇帝) Caesar Augustus の町」が原義]
za·ra·go·za·no, na [θa.ra.go.θá.no, -.na / sa.-..sá.-] 形 (スペインの)サラゴサの.
― 男 女 サラゴサの住民[出身者].
za·ra·güe·lles [θa.ra.gwé.jes ‖ -.ʎes / sa.-] 男 《複数形》1 (スペイン Valencia, Murcia 地方の)縦ひだのついた幅広のズボン. 2 (スペイン Aragón 地方の男性の民族衣装で半ズボンの下に出す)白いズボン下. 3 《植》(水辺に群生する)ヨシなどのイネ科の植物.
za·ra·jo [θa.rá.xo / sa.-] 男【料】子羊の内臓を焼いた料理.
za·ram·be·que [θa.ram.bé.ke / sa.-] 男 サランベケ: 陽気でにぎやかなアフリカ系住民の踊り[音楽].
za·ra·mu·llo [θa.ra.mú.jo ‖ -.ʎo / sa.-] 男 《ラ米》《話》(1) 《ﾊﾞﾙ》無節介な人, でしゃばり. (2) 《ﾍﾞﾈ》でたらめ, ばかげたこと.
za·ran·da [θa.rán.da / sa.-] 女 1 ふるい; 濾(こ)し器. 2 《ラ米》(1) 《ﾍﾞﾈ》ぶうなり独楽(ま). (2) 《ﾍﾞﾈ》らっぱ, ホルン. (3) 《ﾒｷ》(食卓用) 薬味台.
za·ran·da·dor, do·ra [θa.ran.da.ðór, -.ðó.ra / sa.-] 男 女 ふるい手, ふるい分ける人.
za·ran·da·jas [θa.ran.dá.xas / sa.-] 女 《複数形》《話》つまらない[ささいな]こと.
za·ran·de·ar [θa.ran.de.ár / sa.-] 他 1 ふるいにかける; 濾(こ)す. ～ el trigo 小麦をふるい分ける. 2 揺らす, 揺さぶる; もみくちゃにする. ser zarandeado por la multitud 人込みにもまれる. 3 右往左往させる, 動き回らせる. 4 《ラ米》《話》ののしる, こけにする.
― ～·se 《ラ米》《話》尻(し)を振って歩く.
za·ran·de·o [θa.ran.dé.o / sa.-] 男 1 ふるい分け; 濾(こ)すこと. 2 揺らす[揺する]こと. 3 忙しく動き回ること. 4 《ラ米》《話》尻(し)を振って歩くこと.
za·ran·di·llo [θa.ran.dí.jo ‖ -.ʎo / sa.-] 男 1 小型のふるい[濾(こ)し器]. 2 《話》ちょこまか動き回る子供; 落ち着きのない, そわそわした人.
llevar [*traer*] *a + 人 como un zarandillo*
〈人〉をあちこち引っぱり回す.
[zaranda + 縮小辞]
za·ran·go·llo [θa.ran.gó.jo ‖ -.ʎo / sa.-] 男【料】カボチャ・タマネギ・揚げたトマトなどを使った料理.
za·ra·pi·to [θa.ra.pí.to / sa.-] 男【鳥】ダイシャクシギ.
za·ra·tán [θa.ra.tán / sa.-] 男【医】乳がん.
za·ra·za [θa.rá.θa / sa.-..sa] 女 木綿更紗(さ)ギ.
za·ra·zas [θa.rá.θas / sa.-..sas] 女 《複数形》殺鼠(そ)剤.
za·ra·zo, za [θa.rá.θo, -.θa / sa.-..so, -.sa] 形 《ラ米》(果物が)熟れかけの. (2) ほろ酔い加減の.
zar·ce·ar [θar.θe.ár / sar.se.-] 他 (イバラを用いて)(管の)中を清掃する. ― 自 1 (犬が)(獲物を追って)イバラの茂みに入る. 2 さっと横切る.
zar·ce·ño, ña [θar.θé.ɲo, -.ɲa / sar.sé.-] 形 イバラの(ような).
zar·ce·ro [θar.θé.ro / sar.sé.-] 男【動】(猟犬の)テリア (= perro ～).
zar·ce·ta [θar.θé.ta / sar.sé.-] 女【鳥】→ cerceta.
zar·ci·llo [θar.θí.jo ‖ -.ʎo / sar.sí.-] 男 1 (リング型の)耳飾り, イヤリング. 2 (植物の)巻きひげ. 3 (家畜の)耳印. 4 《農》(除草用の)スパッド.
de zarcillo 《ラ米》腕を組み合って.
zar·co, ca [θár.ko, -.ka / sár.-] 形 1 〈目が〉明るい青色の, ライトブルーの. 2 《ﾎﾝ》(1) 《ﾒｷ》白人の. (2) 《ﾒｷ》〈家畜が〉目が白い; 目に斑点(ん)のある. (3) 《ﾒｷ》《ｸﾞｧ》片目の色が違う.
za·re·vitz [θa.re.ßíʦ / sa.-] **/ za·re·vich** [θa.re.ßit͡ʃ ‖ θa.ré.bit͡ʃ / sa.-] 男【史】(帝政ロシアの)皇太子, 帝位継承者.
za·ria·no, na [θa.rjá.no, -.na / sa.-] 形【史】ツァー[ロシア皇帝]の. → zar.
za·ri·güe·ya [θa.ri.gwé.ja / sa.-] 女【動】ミナミ

za·ri·na [θa.rí.na / sa.-] 囡《史》帝政ロシアの皇后［女帝］. → zar.

za·ris·mo [θa.rís.mo / sa.-] 男 ツァーリズム（ロシア帝政の専制政治）.

za·ris·ta [θa.rís.ta / sa.-] 形 ロシア帝政の.
── 男囡 ロシア帝政派の人.

zar·pa [θár.pa / sár.-] 囡 1《動物の》爪(ﾂﾒ)のある足［手］. 2（足・すなどについた）泥跳ね. 3《話》(人の)手. 4《海》抜錨(ﾊﾞﾂﾋﾞｮｳ); 出航.
echar la zarpa a... …に爪(ﾂﾒ)をかける；…を引っつかむ；…を手に入れる, 奪い取る.

zar·pa·da [θar.pa.ða / sar.-] 囡（動物の爪(ﾂﾒ)のある）前脚での一撃.

zar·pa·nel [θar.pa.nél / sar.-] 形《建》arco ～ 偏円アーチ.

zar·par [θar.pár / sar.-] 自《海》錨(ｲｶﾘ)を揚げる；出航［出帆］する. ～ *del puerto* 出港する.

zar·pa·zo [θar.pá.θo / sar.-.so] 男 → zarpada.

zar·pe·ar [θar.pe.ár / sar.-] 他《ラ米》(ﾒｷ)(ﾁﾞｭﾃ)…に泥を跳ねかける［跳ね上げる］.

zar·po·so, sa [θar.pó.so, -.sa / sar.-] 形（泥などの）跳ねで汚れた.

za·rra·ca·te·rí·a [θa.r̄a.ka.te.rí.a / sa.-] 囡《話》追従, おべっか.

za·rra·ca·tín [θa.r̄a.ka.tín / sa.-] 男 安く買いたたいて高く売りつける人.
[← ［アラビア］*saqaq*「取り除く；残る」]

za·rra·ci·na [θa.r̄a.θí.na / sa.-.sí.-] 囡《まれ》雨まじりの強風.

za·rra·pas·trón, tro·na [θa.r̄a.pas.trón, -.tró.na / sa.-] 形男囡 → zarrapastroso.

za·rra·pas·tro·so, sa [θa.r̄a.pas.tró.so, -.sa / sa.-] 形《話》汚らしい；みすぼらしい.
── 男囡《話》ぼろをまとった人.

za·rria [θá.r̄ja / sá.-] 囡 1 ぼろ. 2（泥などの）跳ね. 3（サンダルの）革ひも.

zar·za¹ [θár.θa / sár.sa] 囡 1《植》キイチゴ.
2《話》(主にバラ科の)低木の茂み, やぶ.
zarza ardiente《聖》燃える柴(ｼﾊﾞ)《炎の中に主の御使いが現れたのをモーセ Moisés は見たが, 柴は燃えているのに燃えつきない》〈出エジプト 3：2〉.

zar·za² [θár.θa / sár.sa] 囡 → zarzaparrilla.

zar·za·gán [θar.θa.gán / sar.-] 男 冷たい北風.

zar·zal [θar.θál / sar.sál] 男 キイチゴの茂み.

zar·za·le·ño, ña [θar.θa.le.ɲo, -.ɲa / sar.sa.-] 形 キイチゴの茂みの.

zar·za·mo·ra [θar.θa.mó.ra / sar.sa.-] 囡 キイチゴの実, ブラックベリー.

zar·za·pa·rri·lla [θar.θa.pa.r̄í.ja ‖ -.ʎa / sar.sa.-] 囡《植》スマイラックス, サルトリイバラ：熱帯アメリカ産ユリ目シオデ科のつる植物. 2（強壮薬用の）サルトリイバラの根；サルトリイバラの根で作った飲み物.

zar·za·pa·rri·llar [θar.θa.pa.r̄i.jár ‖ -.ʎár / sar.sa.-] 男 サルトリイバラの栽培地［群生地］.

zar·za·pe·rru·na [θar.θa.pe.r̄ú.na / sar.θa.-] 囡《植》ノバラ.

zar·za·rro·sa [θar.θa.r̄ó.sa / sar.sa.-] 囡《植》ノバラの花.

zar·zo [θár.θo / sár.so] 男 1（壁などの）網代(ｱｼﾞﾛ)組, 編み枝(細工)；(農作業などに用いる)簀(ｽ)の子.
2《ラ米》(ｺﾛ)屋根裏部屋.

zarzaparrilla（スマイラックス）

zar·zo·so, sa [θar.θó.so, -.sa / sar.só.-] 形 キイチゴで覆われた, キイチゴがおい茂った.

zar·zue·la [θar.θwé.la / sar.swé.-] 囡 1《音楽》サルスエラ：スペイン独特のオペレッタ. 17世紀に発生し18世紀末に一時衰微, 19世紀後半から20世紀初頭にかけて隆盛期を迎えた.
2《料》サルスエラ（= ～ *de pescado(s)*［*mariscos*］：魚介類をトマトと香辛料で煮込んだ料理.
[1 ← ?La Zarzuela（この劇が1629年に初演された Madrid 近くの宮殿）]

zar·zue·le·ro, ra [θar.θwe.lé.ro, -.ra / sar.swe.-] / **zar·zue·les·co, ca** [θar.θwe.lés.ko, -.ka / sar.swe.-] 形 サルスエラの（ような）, サルスエラが好きな.

zar·zue·lis·ta [θar.θwe.lís.ta / sar.swe.-] 男囡 サルスエラ zarzuela 作家［作曲家］.

zar·zue·lís·ti·co, ca [θar.θwe.lís.ti.ko, -.ka / sar.swe.-] 形 → zarzuelero.

¡zas! [bás / sás]《擬》バシャッ；ガチャン；バッ, バッ, ブツン；バン.

zas·can·dil [θas.kan.díl / sas.-] 男囡《話》落ち着きのない人, ぶらぶらする人.

zas·can·di·le·ar [θas.kan.di.le.ár / sas.-] 自《話》落ち着きなくうろうろする, 無為に過ごす.

zas·can·di·le·o [θas.kan.di.lé.o / sas.-] 男 無駄に行ったり来たりすること.

ze·bra [θé.bra / sé.-] 囡《古語》→ cebra.

ze·da [θé.ða / sé.-] 囡 → zeta.

ze·di·lla [θe.ðí.ja / -.ʎa / se.-] 囡 → cedilla.

zé·jel [θé.xel / sé.-] 男《詩》セヘル：中世スペインのアラビア人たちが愛用した詩型.

Ze·lan·da [θe.lán.da / se.-] 固名 ゼーラント：オランダ南西部の州.

ze·lan·dés, de·sa [θe.lan.dés, -.dé.sa / se.-] 形（オランダの州）ゼーラントの.
── 男囡 ゼーラントの住民［出身者］.

zel·ko·va [θel.kó.ba / sel.-] 囡《植》ケヤキ.

ze·lo·te [θe.ló.ta / se.-] 男囡 → zelote.

ze·lo·te [θe.ló.te / se.-] 男囡（ユダヤ教の政治・宗教グループ）熱心［ゼロテ］党員.

zen [θén / sén]［日］形 禅（宗）の. ── 男 禅, 座禅.

zen·do, da [θén.do, -.da / sén.-] 形 アベスタ語の.
── 男 アベスタ語：ゾロアスター教聖典 avesta の言語. インド・ヨーロッパ語族に属する.

ze·nit [θe.nít / se.-] 男 → cenit.

Ze·nón [θe.nón / se.-] 固名 ゼノン (前335？-前263？)：ギリシアのストア派哲学者.

zen·zon·tle [θen.θón.tle / sen.són.-] 男《鳥》マネシツグミ.

ze·o·li·ta [θe.o.lí.ta / se.-] 囡《鉱》沸石, ゼオライト.

ze·pe·lín [θe.pe.lín / se.-] 男 ツェッペリン飛行船.［ドイツの設計者 Zepelín (1838-1917) の名から］

ze·ta [θé.ta / sé.-] 囡 1 アルファベット Z の名称.
2 ゼータ（Z, ζ）：ギリシア語アルファベットの第6字. → griego 関連.

zeug·ma [θéug.ma / séug.-] / **zeu·ma** [θéu.ma / séu.-] 男《文法》《修辞》くびき語法：ある単語が同一構文の中に現れるとき, 最初の1語だけを残して他を省略する語法. *Uno tomó* la pala, otro un pico y el tercero un rastrillo. ひとりがスコップを, 別のひとりがつるはしを, そしてもうひとりがくま手を手にした.

Zeus [θéus / séus] 固名《ギ神》ゼウス：神々の最高

Zhou En·lai [ðóu en.lái / sóu -] 固名 周恩来 (1898–1976). 中国共産党の指導者.

zi·do·vu·di·na [θi.ðo.βu.ðí.na / si.-] 女【薬】ジドブジン:エイズの治療薬.

zi·go·ma [θi.ɣó.ma / si.-] 男【解剖】頬骨(きょう).

zi·go·má·ti·co, ca [θi.ɣo.má.ti.ko, -.ka / si.-] 形【解剖】頬骨(きょう)の.

zi·go·mor·fo, fa [θi.ɣo.mór.fo, -.fa / si.-] 形【植】左右相称の.

zi·go·to [θi.ɣó.to / si.-] 男【生物】接合子, 接合体.

zi·gu·rat [θi.ɣu.rát / si.-] 男【建】ジッグラト:シュメールやアッシリアに起源をもつ階段式の尖塔.

zig·zag [θiɣ.θáɣ / siɣ.sáɣ] 男 (複 ~s, zigzagues) ジグザグ, Z字形, 稲妻形. costura en ~ ジグザグ縫い. [←[仏] zigzag← ? [独] Zickzack] [関連][英] zigzag]

zig·za·gue·an·te [θiɣ.θa.ɣe.án.te / siɣ.sa.-] 形 ジグザグの, 稲妻形の, 曲がりくねった.

zig·za·gue·ar [θiɣ.θa.ɣe.ár / siɣ.sa.-] 自 ジグザグに進む【動く】.

zig·za·gue·o [θiɣ.θa.ɣé.o / siɣ.sa.-] 男 ジグザグ進行.

zi·ma·sa [θi.má.sa / si.-] 女【化】チマーゼ: 糖をアルコールと炭酸ガスに分解する酵素.

zim·ba·buen·se [θim.ba.βwén.se / sim.-] / **zim·ba·buo, bua** [θim.bá.βwo, -.βwa / sim.-] 形 ジンバブエ(人)の.
— 男 女 ジンバブエ人.

Zim·ba·bwe [θim.bá.βwe / sim.-] 固名 ジンバブエ:アフリカ南東部の共和国. 首都 Harare. [←[英] Zimbabwe (首都の南約250キロの地にある遺跡の名にちなむ)]

zinc [θíŋk / síŋk] 男 (複 zines) 【化】亜鉛 (= cinc) (記号 Zn).

zín·ga·ro, ra [θíŋ.ga.ro, -.ra / síŋ.-] 形 男 女 → cíngaro.

zin·nia [θín.nja / sín.-] 女【植】ヒャクニチソウ, ジニア.

zip [θíp / síp] [英] 男 (複 ~, ~s) 【IT】ファイル圧縮形式の一つ.

zi·pe·ar [θi.pe.ár / si.-] 他【IT】〈ファイルを〉圧縮する.

zí·per [θí.per / sí.-] 男 《ラ米》(中米)(カリブ) ファスナー, ジッパー.

zi·pi·za·pe [θi.pi.θá.pe / si.-.sá.-] 男《話》けんか; 口論.

zí·ppi [θí.pi / sí.-] 形 ジッピーの.
— 男 女 ジッピー: ヒッピー思想とハイテクを融合する文化運動の信奉者.

zir·cón [θir.kón / sir.-] 男 → circón.

zir·co·nio [θir.kó.njo / sir.-] 男 → circonio.

zir·co·ni·ta [θir.ko.ní.ta / sir.-] 女 → circonita.

¡zis, zas! [θís θás / sís sás] (擬)(ものを連打するときの) ガンガン, ガツガツ, ゴツンゴツン.

zis·zás [θis.θás / sis.sás] 男 → zigzag.

zlo·ty [es.ló.ti] 男 ズロチ (= esloti): ポーランドの通貨単位 (略 zł)

Zn 【化】zink [独] 亜鉛 (= cinc).

zo·an·ta·rios [θo.an.tá.rjos / so.-] 男 (複数形) 【動】(腔腸ここう)動物花虫綱のイソギンチャク目.

zo·an·tro·pí·a [θo.an.tro.pí.a / so.-] 女【医】獣化妄想: 自分が馬や犬などの動物であるという妄想.

zo·ca·do, da [θo.ká.ðo, -.ða / so.-] 形《ラ米》酔った.

*zó·ca·lo [θó.ka.lo / só.-] 男 **1**【建】**(1)**(建物・像・柱の)台座, 台石, 礎石. **(2)**(壁最下部の)幅木. **2**【地質】楯状地, 島棚. **3**《ラ米》(ミサ)中央広場.

zó·ca·te [θó.ka.te / só.-] 男《ラ米》(中米)ソケット.

zo·ca·to, ta [θo.ká.to, -.ta / so.-] 形 **1** 左利きの. **2**〈果物が〉熟れずにすかすかになった.
— 男 女 **1** 左利きの人. **2**《ラ米》(中米)ばか者.

zo·clo [θó.klo / só.-] 男 木靴 (= zueco).

zo·co¹ [θó.ko / só.-] 男 (モロッコの)市場 (= 古) 広場.

zo·co² [θó.ko / só.-] 男 **1** 木靴 (= zueco). **2** 台, 台座. **3**《ラ米》**(1)**(中米)(ブエブラ)(拳(げん)での)一撃. **(2)**(エルサルバドル)咳(せき); しわがれ声. **(3)**(ラブラタ)(中米)(建物の) 支柱.

zo·co, ca [θó.ko, -.ka / só.-] 形 **1** 左利きの. **2**《ラ米》《話》**(1)**(中米)(カリブ)(ラブラタ)身体に障害がある. **(2)**(中米)片腕の.
— 男 女 左利きの人.

zo·co·tro·co [θo.ko.tró.ko / so.-] 男《ラ米》(中米)(ラブラタ)(中米)(カリブ)大きい塊; 大男. un ~ de pan 大きなパン.

zo·diac [θo.ðják / so.-] 男【商標】モーター付き小型ゴムボート.

zo·dia·cal [θo.ðja.kál / so.-] 形【天文】黄道帯の, 獣帯の.

zo·dia·co [θo.ðjá.ko / so.-] / **zo·dí·a·co** [θo.ðí.a.ko / so.-] 男【天文】黄道帯, 獣帯. los signos del ~ 黄道十二宮. ▶「占星術」は horóscopo.

los signos del zodiaco (黄道十二宮)
Ⅰ Aries 白羊宮. Ⅱ Tauro 金牛宮. Ⅲ Géminis 双子宮. Ⅳ Cáncer 巨蟹(きょか)宮. Ⅴ Leo 獅子(しし)宮. Ⅵ Virgo 処女宮. Ⅶ Libra 天秤(てんびん)宮. Ⅷ Escorpión 天蠍(てんかつ)宮. Ⅸ Sagitario 人馬宮. Ⅹ Capricornio 磨羯(まかつ)宮. Ⅺ Acuario 宝瓶(ほうへい)宮. Ⅻ Piscis 双魚宮.

zoi·lo [θói.lo / sói.-] 男 酷評家. [ホメロスを批判したギリシアの哲学者ゾイロス Zoilo (前4世紀)に由来]

zo·llen·co, ca [θo.jéŋ.ko, -.ka / -.ʎéŋ.- / so.-] 形《ラ米》(中米)《話》たくましい, がっしりした, 体格のいい.

zo·lli·par [θo.ʝi.pár ‖ -.ði.- / so.-] 自 すすり泣く, 泣きじゃくる.

zo·lli·po [θo.ʝí.po ǁ -.ʎí.- / so.-] 男 すすり泣き.

zo·lo·cho, cha [θo.ló.tʃo, -.tʃa / so.-] 形 薄のろの，まぬけな． ― 男 女 薄のろ，まぬけ．

zom·bi / zom·bie [θóm.bi / sóm.-] 男 ゾンビ: vudú の呪術によって生き返った死体．
― 形《話》活気のない，ぼんやりとした，意志の低い.
― 男 女 活気のない[ぼんやりとした]人.

zom·pan·tle [θom.pán.tle / som.-] **/ zom·pan·tli** [θom.pán.tli / som.-] 男 ツォンパントリ: 生贄の頭をつないで並べて置いた azteca の建造物.

***zo·na [θó.na / só.-] 女 **1** 地帯，地区，地域；圏，ゾーン．～ azul ブルーゾーン(スペインの都市の駐車制限地域)．～ de seguridad 安全地帯，緩衝地帯．～ (no) edificable (非)市街地(域)．～ fronteriza 国境地帯．～ industrial 工場地区．～ montañosa 山岳地帯．～ protegida 保護地域．～ residencial 住宅地区．～ verde 緑地帯．～ vinícola ブドウ生産地域．～ del euro [dólar] ユーロ[ドル]圏[地域]．defensas por [de] ～s《スポ》ゾーンディフェンス．
2《地理》帯．～ climática 気候帯．～ glacial 寒帯．～ subtropical [subglacial] 亜熱帯[亜寒帯]．～ templada 温帯．～ tórrida [tropical] 熱帯．
3 領域，範囲；部分．～ de influencia 勢力範囲．～ corporal 体の部位．
4《スポ》(バスケット) フリースローレーン．
[←[ラ] *zōnam* (*zōna* の対格) ←[ギ] *zṓnē*「帯，腰ひも」; [関連]《英》*zone*]

zo·nal [θo.nál / so.-] 形 地帯の；帯の；帯状の.

zon·ce·ar [θon.θe.ár / son.se.-] 自《ラ米》(ラブ)(ラ)(ラ)《話》ばかなことをする[言う]，へまをやる.

zon·ce·ra [θon.θé.ra / son.sé.-] 女《ラ米》《話》(1) ばかげた[くだらない]こと．(2)(ラ)(ラ)少額；少量，わずか；無価値．

zon·chi·che [θoɲ.tʃí.tʃe / soɲ.-] 男《ラ米》(ラ)(ラ)《鳥》ヒメコンドル；クロコンドル．

zon·da [θón.da / són.-] 女 ソンダ: アンデス山中の Cuyo 地方からアルゼンチンの大草原に吹く熱風．

zon·zo, za [θón.θo, -.θa / són.so, -.sa] 形 **1** ばかな，まぬけな．**2**《ラ米》《話》(1)(ラ)面白みのない．(2)(ラ)(ラ)(熱さで)ぼうっとした．
― 男 女 ばか，まぬけ．

zon·zo·ne·co, ca [θon.θo.né.ko, -.ka / son.so.-] **/ zon·zo·re·co, ca** [θon.θo.ré.ko, -.ka / son.so.-] **/ zon·zo·re·no, na** [θon.θo.ré.no, -.na / son.so.-] 形《ラ米》(ラ)(ラ) → zonzo **1**.

*zo·o [θó.o / só.-] 男 [*zoológico* の省略形] 動物園 (= parque zoológico).

zoo- 「動物」の意を表す造語要素．母音の前では zor-．→ *zoantropía, zoología*．[←[ギ]]

zo·ó·fa·go, ga [θo.ó.fa.ɣo, -.ɣa / so.-] 形 肉食の，肉食性の．― 男 肉食動物．

zo·o·fi·lia [θo.o.fí.lja / so.-] 女 動物性愛；動物愛好.

zo·o·fí·li·co, ca [θo.(o).fí.li.ko, -.ka / so.-] 形 動物性愛の；動物愛好の．
― 男 女 動物性愛者；動物愛好者．

zo·ó·fi·lo, la [θo.ó.fi.lo, -.la / so.-] 形 男 女 → zoofílico.

zo·ó·fi·to [θo.ó.fi.to / so.-] 男 植虫(サンゴ・イソギンチャクなど)形態が植物に似た無脊椎(きつい)動物)；《複数で》(旧分類体系による)植虫類.

zo·o·fo·bia [θo.o.fó.bja / so.-] 女 動物恐怖症.

zo·o·fó·bi·co, ca [θo.(o).fó.bi.ko, -.ka / so.-] 形 動物嫌いの．― 男 女 動物嫌い．

zo·ó·fo·bo, ba [θo.ó.fo.bo, -.ba / so.-] 形 男 女 → zoofóbico.

zo·ó·fo·ro [θo.ó.fo.ro / so.-] 男《建》人や動物・怪獣などを浮彫りにしたフリーズ．

zoo·ge·né·ti·co, ca [θo.(o).xe.né.ti.ko, -.ka / so.-] 形 動物遺伝学の．― 女 動物遺伝学．

zoo·ge·o·gra·fí·a [θo.(o).xe.o.ɣra.fí.a / so.-] 女 動物地理学．

zo·o·gra·fí·a [θo.(o).ɣra.fí.a / so.-] 女 動物誌学．

zo·o·grá·fi·co, ca [θo.(o).ɣrá.fi.ko, -.ka / so.-] 形 動物誌学の．

zo·oi·de [θo.ói.ðe / so.-] 形 動物の，動物に似た；(化石などが)動物の形跡を持った．
― 男《生物》子虫，類生物；個虫．

zo·ó·la·tra [θo.ó.la.tra / so.-] 形 動物崇拝の．
― 男 女 動物崇拝者．

zo·o·la·trí·a [θo.(o).la.trí.a / so.-] 女 動物崇拝．

zo·o·li·to [θo.(o).lí.to / so.-] 男 動物化石．

zo·o·lo·gí·a [θo.(o).lo.xí.a / so.-] 女 動物学．
[←[近ラ] *zōologia*；[ギ] *zṓion*「動物，生き物」+ [ギ] *-logía*「学問，研究」(*lógos*「言葉；理法」より); [関連]《英》*zoological, zodíaco*．《英》*zoo*「動物園」, *zoology*]

*zo·o·ló·gi·co, ca [θo.(o).ló.xi.ko, -.ka / so.-] 形 動物学(上)の；動物の．
― 男 動物園 (= parque [jardín] ～).

zo·ó·lo·go, ga [θo.ó.lo.ɣo, -.ɣa / so.-] 男 女 動物学者．

zoom [θúm / súm]《英》男《写》《映》《TV》ズーム(レンズ)．

zo·o·mor·fis·mo [θo.(o).mor.fís.mo / so.-] 男 動物形象；動物に姿を変えること．

zo·o·mor·fo, fa [θo.(o).mór.fo, -.fa / so.-] 形 動物をかたどった，動物の形をとった．

zo·o·no·sis [θo.(o).nó.sis / so.-] 女《単複同形》動物原性感染症: 人間に伝染する動物の病気．

zo·o·planc·ton [θo.(o).plánk.ton / so.-] 男 動物プランクトン，浮遊動物．

zo·op·sia [θo.óp.sja / so.-] 女《医》動物幻視．

zo·o·sa·ni·ta·rio, ria [θo.(o).sa.ni.tá.rjo, -.rja / so.-] 形 動物衛生の．

zo·os·per·mo [θo(.o)s.pér.mo / so.-] 男《生物》精虫．

zo·os·po·ra [θo(.o)s.pó.ra / so.-] 女《生物》精胞子，遊走子．

zo·os·po·ran·gio [θo(.o)s.po.ráŋ.xjo / so.-] 男《植》遊走子嚢(?).

zo·o·tec·nia [θo.(o).ték.nja / so.-] 女 畜産学．

zo·o·téc·ni·co, ca [θo.(o).ték.ni.ko, -.ka / so.-] 形 畜産学の．― 男 動物飼育者，畜産家[技師]．

zo·o·te·ra·pia [θo.(o).te.rá.pja / so.-] 女 動物治療法．

zo·o·to·mí·a [θo.(o).to.mí.a / so.-] 女 動物解剖学．

zo·ó·tro·po [θo.ó.tro.po / so.-] 男《商標》回転のぞき絵，ゾーエトロープ: 円筒内に張った齣(?)割りの絵を回転させ，動いているように見せるおもちゃ．

zo·pas [θó.pas] 男 女《単複同形》《話》《軽蔑》s を [θ] で発音する人．

zo·pe [θó.pe / só.-] 男《鳥》→ zopilote．

zo·pen·co, ca [θo.péŋ.ko, -.ka / so.-] 形《話》薄のろの，まぬけな．― 男 女《話》薄のろ，まぬけ．

zo·pi·lo·ta·da [θo.pi.lo.tá.ða / so.-] 女《鳥》《集合的》ヒメコンドル；クロコンドル．

zo·pi·lo·te [θo.pi.ló.te / so.-] 男 **1**《鳥》ヒメコン

ドル；クロコンドル．**2**《ラ米》(1)《_俗》《話》盗人，こそ泥．(2)《_俗》《俗》警官，巡査，お巡り．

zo·pi·lo·te·ar [θo.pi.lo.te.ár / so.-] 他《ラ米》《_俗》《話》むさぼり食う，がつがつ食う；盗む．

zo·po, pa [θó.po, -.pa / só.-] 形〈手・足］が〉曲がった；手[足]の不自由な．

zo·que·ta·da [θo.ke.tá.ða / so.-] 囡《ラ米》《話》愚かさ，ばかげたこと，愚行．

zo·que·ta·zo [θo.ke.tá.θo / so.-.so] 男《ラ米》《_俗》《話》一撃，平手打ち，殴打．

zo·que·te [θo.ké.te / so.-] 男 **1** 木片，木れんが．**2** 堅くなったパン切れ．**3**《話》まぬけ，薄のろ，とんま．**4** ずんぐりした不格好な人．**5**《ラ米》《_俗》ソケット．(2)《_{ラプ}》ストッキング；（3）《_{ラプ}》《_俗》《話》げんこつ，一撃．(4)《_{ラプ}》《_俗》〈体の〉汚れ，あか．(5)《_{ラプ}》《_{中米}》泥．— 形《話》まぬけの，とんまな．

zor·ci·co [θor.θí.ko / sor.sí.-] 男 ソルツィーコ：スペイン País Vasco の特有の歌と踊り．
[←［バスク］zorzico (zortziko)]

zo·ren·co, ca [θo.réŋ.ko, -.ka / so.-] 形《ラ米》《_{中米}》ばかな，愚かな．

zo·rim·bo, ba [θo.rím.bo, -.ba / so.-] 形《話》酔っ払った．

zo·ri·to, ta [θo.rí.to, -.ta / so.-] 形 →zurito.

zo·ro·ás·tri·co, ca [θo.ro.ás.tri.ko, -.ka / so.-] 形 ゾロアスター(教)の．— 男囡 ゾロアスター教徒．

zo·ro·as·tris·mo [θo.ro.as.trís.mo / so.-] 男 ゾロアスター教，拝火教 (= mazdeísmo).

Zo·ro·as·tro [θo.ro.ás.tro / so.-] 固名 ゾロアスター (前660?-583?)：ペルシアの宗教改革者．ゾロアスター教[拝火教]の開祖．

zo·ro·llo, lla [θo.ró.jo, -.ja ‖ -.ʎo, -.ʎa / so.-] 形〈主に穀物が〉熟す前に柔らかくなる，早稲（_{わせ}）の．**trigo ~** 早刈りの小麦．

zo·ron·go [θo.róŋ.go / so.-] 男 **1**（スペイン Aragón, Navarra 地方の）鉢巻き．**2**（平たい）束髪，シニヨン．**3** ソロンゴ：スペイン Andalucía 地方の歌と踊り．

zo·rra [θó.ra / só.-] 囡 →zorro.

zo·rral [θo.rál / so.-] 形《ラ米》《話》(1)《_{アンデス}》《_{コロンビア}》《_{中米}》《軽蔑》うるさい，面倒な，てこずらせる．(2)《_{コロンビア}》しつこい，強情な．

zo·ras·trón, tro·na [θo.ras.trón, -.tró.na / so.-] 形《話》ずる賢い，抜けめのない．— 男囡 狡猾（_{こうかつ}）な人．

zo·rre·ar [θo.re.ár / so.-] 自《話》**1**《まれ》売春する；買春する，売春宿に通う．**2** 抜けめなく，ずるく立ち回る．

zo·rre·ra [θo.ré.ra / so.-] 囡 **1** キツネの穴．**2** 煙の立ちこめた部屋．**3** 狼狽（_{ろうばい}），不安，心配．**4**（異常な）眠気，無気力．

zo·rre·rí·a [θo.re.rí.a / so.-] 囡《話》ずる賢さ，抜けめなさ；卑劣なやり口．

zo·rre·ro, ra [θo.ré.ro, -.ra / so.-] 形 **1** 抜けめのない，ずる賢い；巧妙な．**2**《海》低速航行の，船脚の遅い．**3** 最後尾の，いちばん後ろの．— 男 キツネ猟をする人．
perro zorrero《動》フォックステリア．

zo·rri·lla [θo.rí.ja ‖ -.ʎa / so.-] 囡《鉄道》レール検査車．

Zo·rri·lla [θo.rí.ja ‖ -.ʎa / so.-] 固名 ソリーリャ José ~ (1817-1893)：スペインの劇作家．作品 *Don Juan Tenorio*『ドン・フアン・テノーリオ』．

zo·rri·llo [θo.rí.jo ‖ -.ʎo / so.-] **/ zo·rri·no** [θo.rí.no / so.-] 男《ラ米》《動》スカンク．

‡**zo·rro, rra** [θó.ro, -.ra / só.-] 形 ずる賢い，抜けめのない，油断のならない．
— 男 **1**《動》キツネ．**2** ずる賢い［抜けめない］人；怠け者．**3**《ラ米》《動》スカンク．
— 男 **1** キツネの毛皮．~ **plateado** シルバーフォックス．**chaqueton de** ~ キツネのコート．**2**（複数で）ほこり払い，はたき．
— 囡 **1**《話》《軽蔑》放縦［性悪］な女．**2**《話》《軽蔑》酔い，泥酔．**3**《話》酔い，**coger [pillar] una zorra** 酔っ払う．**4**（重量物用の）荷車．
hacerse el zorro《話》空とぼける．
hecho unos zorros《話》疲れきっている，へとへとで；使いものにならない．
no tener ni zorra (idea) (de...)（…のことは）まったく分からない，何も考えがある．

zo·rro·clo·co [θo.ro.kló.ko / so.-] 男《ラ米》わざとらしい［過剰な］愛情表現．

zo·rrón [θo.rón / so.-] 男《話》**1** ずるいやつ，抜けめのないやつ．**2** 酔い，泥酔．**3**《軽蔑》売春婦．
[zorro + 増大辞]

zo·rro·na [θo.ró.na / so.-] 囡《話》売春婦．

zo·rron·glón, glo·na [θo.roŋ.glón, -.gló.na / so.-] 形《話》不平屋の．— 男囡《話》不平屋．

zo·rru·no, na [θo.rú.no, -.na / so.-] 形 キツネの，キツネのような；《話》ずる賢い，狡猾な．
oler a zorruno《話》怪しい，うさん臭い．

zor·zal [θor.θál / sor.sál] 男 **1**《鳥》（総称的に）ツグミ．~ **charlo** ヤドリギツグミ．~ **real** ノハラツグミ．**2** ずるい人，抜けめのないやつ．**3**《ラ米》《_俗》単純な人，おめでたいやつ．
zornal marino《魚》クロベラ．

zor·za·le·ar [θor.θa.le.ár / sor.sa.-] 自《ラ米》《_俗》《話》たかる．

zor·za·le·ro, ra [θor.θa.lé.ro, -.ra / sor.sa.-] 形《ラ米》《_俗》《話》居候の，たかり屋の．— 男囡 ツグミ猟をする人．

zor·za·li·no, na [θor.θa.lí.no, -.na / sor.sa.-] 形《ラ米》《_俗》《話》贅沢（_{ぜいたく}）な，裕福な，何不自由ない．

zós·ter [θós.ter / sós.-] **/ zos·ter** [θos.tér / sos.-] 男《医》帯状疱疹（_{たい}）(= herpes ~).

zo·tal [θo.tál / so.-] 男《商標》《スペイン》消毒薬，殺虫剤．

zo·te [θó.te / só.-] 形 物覚えの悪い，鈍い．— 男囡 薄のろ，のろま．

zo·te·hue·la [θo.te.(g)wé.la / so.-] 囡《ラ米》《_俗》《話》裏庭．

zouk [θúk / súk] 男《音楽》ズーク：アンティル諸島起源のビートの強烈な音楽．

zo·zo·bra [θo.θó.bra / so.só.-] 囡 **1** 不安，心配，懸念．**vivir en una perpetua** ~ 心配の種が尽ない．**2**《海》難破，難船；沈没．**3** 時化（_{しけ}），荒天．**4**（さいころの）裏目．

zo·zo·brar [θo.θo.brár / so.so.-] 自 **1**《海》難破する，沈没する．**2**〈計画・事業が〉暗礁に乗り上げる，うまくゆかない；失敗する．**3** 思い悩む，決めあぐねる；心配する．
— 他 **1** 沈没させる．**2** 挫折させる．**3** 悩ませる．

Zr《化》circonio ジルコニウム．

zua·vo [θwá.βo / swá.-] 男 **1** ズアーブ兵：1830年にアルジェリア人で編成したフランスの歩兵隊の兵士．**2**（1852年に創設された）フランス歩兵連隊．

zu·ca·ri·no, na [θu.ka.rí.no, -.na / su.-] 形 糖質の，糖を含む；砂糖に似た．

zue·co [θwé.ko / swé.-] 男 **1** 木靴，サボ，木底靴．

2 《ラ米》《俗》《話》古靴.
[←[ラ] soccum (soccus の対格)
「軽い靴；スリッパ；ソックス」；
関連 zócalo.［英］socks「ソックス」]

-zuelo, la〘接尾〙縮小辞. → -cito.

zuin·dá [θwin.dá / swin.-]〘ラ米〙《ガラ》〘鳥〙(全長約40cm, 顔が白く目の周りが黒いフクロウの一種.

Zuin·glio [θwíŋ.gljo / swíŋ.-]〘固名〙→ Zwinglio.

zu·la·car [θu.la.kár / su.-]〘他〙封塗料[封泥]を塗る.

zu·la·que [θu.lá.ke / su.-]〘男〙封塗料, 封泥：ガス, 液体が漏れないように継ぎ目や多孔質の表面に塗布する.

zu·lla¹ [θú.ja ‖ -.ʎa / sú.-]〘女〙〘植〙マメ科イワオウギ属の一種.

zu·lla² [θú.ja ‖ -.ʎa / sú.-]〘女〙《話》大便.

zu·llar·se [θu.jár.se ‖ -.ʎár.- / su.-]〘再〙《婉曲》大便をする.

zu·lo [θú.lo / sú.-]〘バスク〙〘男〙隠れ場所.

Zu·lo·a·ga [θu.lo.á.ga / su.-]〘固名〙スロアガ Ignacio 〜 (1870-1945): スペインの画家.

zu·lú [θu.lú / su.-]〘形〙〘複 〜es〙 **1**（南アフリカの）ズールー（人・語）の. **2** がさつな, ぶしつけな, 野蛮な. ——〘男〙〘女〙 **1** ズールー人. ◆勇猛さで知られたバンツー系の民族. **2** 不作法な人.

Zu·lu·lan·dia [θu.lu.lán.dja / su.-]〘固名〙ズールーランド: 南アフリカ共和国東部, KwaZulu-Natal 州北東部のズールーの居住地域.

zum [θúm / súm]〘男〙〘複 zums〙〘写〙〘映〙〘TV〙ズーム（レンズ）(=zoom).

zu·ma·cal [θu.ma.kál / su.-]〘男〙ウルシ林.

zu·ma·que [θu.má.ke / su.-]〘男〙〘植〙ウルシ.

zu·ma·ya [θu.má.ja / su.-]〘女〙〘鳥〙(**1**) ゴイサギ. (**2**) スピックスコノハズク. (**3**) ヨタカ.

zum·ba [θúm.ba / su.-]〘女〙 **1**《話》冗談, からかい. **2** うなり板：ひもの先に付いたひし形の木片を振り回して音を出す玩具. **3**（先導の牛馬の首に付ける）大鈴. **4**（ラ米）《話》〘鳥〙ハチドリ. (**2**)（タリ）〘殴打, なぐりつけ. (**3**)（タリ）《話》酔い, 泥酔.

zumaque
（ウルシ）

zum·ba·do, da [θum.bá.đo, -.đa / sum.-]〘形〙 **1**《話》頭のおかしい. **2**《ラ米》《ガラ》《話》速い. ——〘男〙〘女〙頭のおかしい［いかれた］人.

zum·ba·dor, do·ra [θum.ba.đór, -.đó.ra / sum.-]〘男〙うなりをあげる, ぶんぶんいう. ——〘男〙 **1** ブザー. **2**《ラ米》《ガラ》〘鳥〙ハチドリ. (**2**)（タリ）（カリ）（カリ）（カリ）→ zumba **2**.

zum·bar [θum.bár / sum.-]〘自〙 **1**《話》（打撃などを）加える, 見舞う；…を殴りつける. ～le (a+人) una bofetada〈人〉に平手打ちを食らわせる.
2《話》からかう, あざ笑う.
3《ラ米》投げる, 放る, 捨てる.
——〘自〙 **1** うなりをあげる, ぶんぶんいう. **2** 耳鳴りがする. Me zumban los oídos. 私は耳鳴りがする. **3**《話》間近に迫っている. No tiene setenta años, pero le zumban. 彼［彼女］は70歳にはなっていないが, もうすぐだ.
——~·se〘再〙 **1**《話》殴り合う. **2**《話》《de... と》笑う, からかう. **3**《ラ米》《話》(**1**) 逃げる,

姿をくらます. (**2**)（ス米）羽目を外す.
ir[**salir**]**zumbando**《話》すっ飛んで行く.
［うなりの擬声語; 関連 zumbido.

zum·bel [θum.bél / sum.-]〘男〙独楽(ごま)を回すひも.

zum·bi·do [θum.bí.đo / sum.-]〘男〙 **1** うなり, ぶんぶんいう音. 〜 de oídos 耳鳴り. **2** 一撃, パンチ.

zum·bo [θúm.bo / súm.-]〘男〙 **1** うなり. **2** 大きな鈴. **3**《ラ米》（エク）(プ米) ヒョウタンで作った器.

zum·bón, bo·na [θum.bón, -.bó.na / sum.-]〘形〙《話》からかいの好きな, おどけた.
——〘男〙〘女〙《話》からかい好きの人, おどけ者.

***zu·mo** [θú.mo / sú.-]〘男〙 **1** 天然ジュース, 果汁, 搾り汁 (= jugo). 〜 de tomate トマトジュース. 〜 de naranja [limón] オレンジ[レモン]ジュース. 〜 de cepas [parras]《話》ワイン.
2《話》もうけ, うまい利. sacarle el 〜 (a+人)〈人〉から搾り取る.
［←[ギ] zōmós「汁；スープ；ソース」; 関連［英］juice「ジュース」.

zu·mo·so, sa [θu.mó.so, -.sa / su.-]〘形〙汁の多い, 水気の多い (= jugoso).

zun·char [θun.tʃár / sun.-]〘他〙留め金［たが］で締める.

zun·cho [θún.tʃo / sún.-]〘男〙（補強用の）留め金, たが.

zun·zún [θun.θún / sun.sún]〘男〙《ラ米》《カリ》〘鳥〙ハチドリ.

zu·pia [θú.pja / sú.-]〘女〙 **1** ワインのおり［沈殿物］；濁ったワイン；まずい飲み物. **2** 役に立たない［捨てる］部分.

Zur·ba·rán [θur.ba.rán / sur.-]〘固名〙スルバランFrancisco de 〜 (1598-1664): スペインの画家.

zur·ci·do [θur.θí.đo / sur.-]〘男〙 **1** 繕い, かがり（目）, 掛けはぎ. un 〜 en la chaqueta 上着の繕い.

zur·ci·dor, do·ra [θur.θi.đór, -.đó.ra / sur.si.-]〘男〙〘女〙繕う人, かがる人, 掛けはぎする人. *zurcidor de voluntades*《話》売春の客引き.

zur·ci·du·ra [θur.θi.đú.ra / sur.si.-]〘女〙→ zurcido.

zur·cir [θur.θír / sur.sír]〘99〙〘他〙 **1** 繕う, かがる, 掛けはぎをする. 〜 calcetines 靴下を繕う.
2 取り繕う；話をでっち上げる；うその上塗りをする. *¡Que te [le, os, les] zurzan!*《スペイン》《話》知ったことか.

zur·da·zo [θur.đá.θo / sur.-.so]〘男〙 **1**〘スポ〙左脚でのシュート. **2** 左手による殴打［パンチ］.

zur·de·ar [θur.đe.ár / sur.-]〘自〙《ラ米》左利きである. ——〘他〙《ラ米》(右手の代わりに)左手でする.

zur·de·ra [θur.đé.ra / sur.-]〘女〙→ zurdería.

***zur·do, da** [θúr.đo, -.đa / súr.-]〘形〙 **1** 左利きの (↔ diestro). **2** 左の. mano *zurda* 左手.
——〘男〙〘女〙左利きの人.
a zurdas 左手[左足]で；あべこべに.
no ser zurdo《話》利口である；器用である.

zu·re·ar [θu.re.ár / su.-]〘自〙〈ハトが〉クウクウ鳴く.

zu·re·o [θu.ré.o / su.-]〘男〙〈ハトが〉クウクウ鳴くこと；〈ハトの〉鳴き声.

zu·ri·to, ta [θu.rí.to, -.ta / su.-]〘形〙〈ハトが〉野生の. *paloma zurita* ヒメモリバト.

zu·ro, ra [θú.ro, -.ra / sú.-]〘形〙〈ハトが〉野生の. ——〘男〙 **1** トウモロコシの芯(しん). **2**《ラ米》《エク》〘鳥〙ハト.

zu·rra [θú.ra / su.-]〘女〙 **1** 皮なめし. **2**《話》殴ることと；殴り合いのけんか, 乱闘.
darse una zurra 苦労する, 骨を折る；重労働をす

る.
zu・rra・ca・po・te [θu.r̄a.ka.pó.te / su.-] 男 ワイン・砂糖・シナモン・レモンで作った飲みもの.
zu・rra・dor, do・ra [θu.r̄a.ðór, -.ðó.ra / su.-] 男 女 なめし革職人.
zu・rra・pa [θu.r̄á.pa / su.-] 女 **1** おり, かす, 沈殿物. **2**《話》《比喩的》くず, かす. **3**《話》下着についた大便の汚れ.
zu・rra・pe・lo [θu.r̄a.pé.lo / su.-] 男《話》叱責(しっせき), 大目玉. dar un ～ こっぴどくしかる, とっちめる.
zu・rra・pien・to, ta [θu.r̄a.pjén.to, -.ta / su.-] / **zu・rra・po・so, sa** [θu.r̄a.pó.so, -.sa / su.-] 形 おりがかすの多い; 濁った, 不透明な.
zu・rrar [θu.r̄ár / su.-] 他 **1**《皮を》なめす. **2**《話》殴る, 懲らしめる. **3**《話》(特に人前で)ひどくのしる, しかる. **4**《話》(議論で)やり込める.
zurrarse la badana 殴り合う.
zu・rras・pa [θu.r̄ás.pa / su.-] 女《話》→ zurrapa.
zu・rria [θú.r̄ja / sú.-] (1)《ラ米》(アンデス)(コロンビア)《話》たくさん. (2)《アンデス》《プ*》《俗》殴打, なぐりつけ.
zu・rria・ga [θu.r̄já.ga / su.-] 女 → zurriago.
zu・rria・gar [θu.r̄ja.ɣár / su.-] 他 鞭(むち)で打つ.
zu・rria・ga・zo [θu.r̄ja.ɣá.θo / su.-.so] 男 **1** 鞭(むち)などで打つこと. **2** 不慮の出来事, 災難. **3**（思いがけない）仕打ち, 不当な扱い.
zu・rria・go [θu.r̄já.go / su.-] 男 **1** 鞭(むち). **2**（独楽(こま)回しの）革ひも.
zurriago escondido [oculto] 鞭捜し: 子供の遊びで鞭を先に見つけた者が他の者たちを打つ.
zu・rri・ban・da [θu.r̄i.bán.da / su.-] 女《話》めった打ち; 殴り合いのけんか.
zu・rri・bu・rri [θu.r̄i.bú.r̄i / su.-] 男《話》**1** 人間のくず; いかがわしい連中. **2** 騒ぎ.
zu・rri・do [θu.r̄í.ðo / su.-] 男（棒などで）激しくぶつこと.

zu・rrón [θu.r̄ón / su.-] 男 **1**（食料・獲物などを入れる）革袋. **2**（穀類の）殻, 莢(さや), 穎(えい), (果実の)外皮, 甘皮. **3**【解剖】羊膜. **4**《ラ米》《エクア》(1) まぬけ. (2) つまらないやつ; 臆病者. (3) やせぎすの女性.
zu・ru・bí [θu.ru.bí / su.-] 男《ラ米》《ラプ》【魚】タイガーキャットフィッシュの一種.
zu・ru・llo [θu.rú.ʝo ‖ -.ʎo / su.-] 男 **1** 塊, 粒. **2**（ものの表面の）ひからび. **3**《卑》（ひからびた）糞(ふん).
zu・ru・ma・to, ta [θu.ru.má.to, -.ta / su.-] 形《ラ米》→ zurumbático.
zu・rum・ban・co, ca [θu.rum.báŋ.ko, -.ka / su.-] 形《中米》《プ*》(1) → zurumbático. (2)《話》ほろ酔いの.
zu・rrun・guiar [θu.r̄uŋ.gjár / su.-] 81 他《ラ米》《エクア》《話》（ギターなどを）かき鳴らす, めちゃくちゃに弾く.
zu・rum・bá・ti・co, ca [θu.rum.bá.ti.ko, -.ka / su.-] 形 ぼんやりした, 呆然(ぼうぜん)とした, まぬけな.
zu・rum・bo, ba [θu.rúm.bo, -.ba / su.-] 形《ラ米》(1) → zurumbático. (2)《話》ほろ酔いの.
zu・ru・pe・to, ta [θu.ru.pé.to, -.ta / su.-] 男 女《話》**1** 株式ブローカー. **2** 無免許の公証人.
zu・ta・no, na [θu.tá.no, -.na / su.-] 男 女《話》なにがし. fulano, mengano y ～ なんのだれそれ.
¡zu・zo! [θú.θo / sú.so] 間投（犬を追い払う声）シッ.
zu・zón [θu.θón / su.són] 男【植】ノボログキ.
zwin・glia・nis・mo [θwiŋ.glja.nís.mo / swiŋ.-] 男【宗】ツヴィングリ主義, ツヴィングリ派の教義.
zwin・glia・no, na [θwiŋ.glja.no, -.na / swiŋ.-] 形【宗】ツヴィングリ主義[派]の.
— 男 女 ツヴィングリ派の人.
Zwin・glio [θwíŋ.gljo / swíŋ.-] 固名 ツヴィングリ (1484-1531): スイスの宗教改革者.

数詞 Numerales

Cardinales 基数詞

0 cero	50 cincuenta
1 uno[na]	60 sesenta
2 dos	70 setenta
3 tres	80 ochenta
4 cuatro	90 noventa
5 cinco	100 cien/ ciento
6 seis	101 ciento uno[na]
7 siete	126 ciento veintiséis
8 ocho	200 doscientos[tas]
9 nueve	204 doscientos[tas] cuatro
10 diez	259 doscientos[tas] cincuenta y nueve
11 once	300 trescientos[tas]
12 doce	400 cuatrocientos[tas]
13 trece	500 quinientos[tas]
14 catorce	600 seiscientos[tas]
15 quince	700 setecientos[tas]
16 dieciséis	800 ochocientos[tas]
17 diecisiete	900 novecientos[tas]
18 dieciocho	1.000 mil
19 diecinueve	1.942 mil novecientos cuarenta y dos
20 veinte	2.000 dos mil
21 veintiuno[na]	3.000 tres mil
22 veintidós	10.000 diez mil 1万
23 veintitrés	13.000 trece mil 1万3千
24 veinticuatro	50.000 cincuenta mil 5万
25 veinticinco	100.000 cien mil 10万
26 veintiséis	150.000 ciento cincuenta mil 15万
27 veintisiete	200.000 doscientos[tas] mil 20万
28 veintiocho	201.000 doscientos[tas] un [una] mil 20万1千
29 veintinueve	1.000.000 un millón 100万
30 treinta	2.000.000 dos millones 200万
31 treinta y uno[na]	10.000.000 diez millones 1千万
32 treinta y dos	100.000.000 cien millones 1億
40 cuarenta	1.000.000.000 mil millones 10億

1.000.000.000.000 un billón / un millón de millones   1兆
1.000.000.000.000.000.000 un trillón / un millón de billones   100京

注1) 3桁の位取りは，スペインではピリオド (.)，中南米ではコンマ (,).
注2) 男性名詞または形容詞として用いられる．形容詞の場合は名詞に前置される (*diez* niños 10人の子供)．序数詞の代わりとして使われる場合は名詞に後置される (la planta *uno* [*cuatro*]   1 [4] 階)．ceroが形容詞として用いられる場合，名詞は複数形になる (cero *grados*   零℃).
注3) unoは男性名詞の前でun，女性名詞の前でunaとなる．21以上でunoを含む場合も同様 (*un* coche   一台の車, *una* carta   一通の手紙, veinti*ún* estudiantes   21人の学生, treinta y *una* libras   31ポンド)．ただし，milが女性名詞との間に入る場合は女性形にしないほうがよいとされる (cuarenta y *un* (*una*) *mil* millas   41,000マイル).
注4) 10の位と1の位のみをyで結ぶ (55 cincuenta *y* cinco, 283 doscientos ochenta *y* tres).
注5) 100は，単に100と言う場合，名詞の前に来る場合，milの前に来る場合にcienとなる

(*cien* entradas　100枚のチケット，*cien* mil 100,000)．後ろに数詞が続く場合はciento (108 *ciento* ocho)．

注6）200 doscientosから900 novecientosは性変化する (cuatrocien*tas* páginas　400ペー ジ)．

注7）millón, billónは数詞ではないので，複数形を持ち，名詞を直接修飾する場合はdeを伴 う (un *millón* de yenes　100万円, cinco *millones de* habitantes　住民500万人)．ただ し，数詞が続く場合にはdeはなし (123万ユーロ　un *millón* doscientos treinta mil euros)．

Ordinales　序数詞

第1	primero[ra]	第40	cuadragésimo[ma]
第2	segundo[da]	第50	quincuagésimo[ma]
第3	tercero[ra]	第60	sexagésimo[ma]
第4	cuarto[ta]	第70	septuagésimo[ma]
第5	quinto[ta]	第80	octogésimo[ma]
第6	sexto[ta]	第90	nonagésimo[ma]
第7	séptimo[ma]	第100	centésimo[ma]
第8	octavo[va]	第101	centésimo[ma] primero[ra]
第9	noveno[na] / nono[na]	第110	centésimo[ma] décimo[ma]
第10	décimo[ma]	第200	ducentésimo[ma]
第11	undécimo[ma]	第300	tricentésimo[ma]
第12	duodécimo[ma]	第400	cuadringentésimo[ma]
第13	decimotercero[ra] / decimotercio[cia]	第500	quingentésimo[ma]
第14	decimocuarto[ta]	第600	sexcentésimo[ma]
第15	decimoquinto[ta]	第700	septingentésimo[ma]
第16	decimosexto[ta]	第800	octingentésimo[ma]
第17	decimosé(p)timo[ma]	第900	noningentésimo[ma]
第18	decimo(o)ctavo[va]	第1千	milésimo[ma]
第19	decimonoveno[na] / decimonono[na]	第2千	dos milésimo[ma]
第20	vigésimo[ma]	第1万	diez milésimo[ma]
第21	vigésimo[ma] primero[ra]	第10万	cien milésimo[ma]
第26	vigésimo[ma] sexto[ta]	第100万	millonésimo[ma]
第30	trigésimo[ma]		

注1）すべて性数変化する (la *quinta* planta　5階，los *primeros* días　最初の数日)．prime- ro, terceroは後ろに男性単数名詞が来る場合，語尾-oが脱落してprimer, tercerとなる (el *primer* ministro　首相，el *tercer* tomo　第3巻)．

注2）通常は10くらいまでが用いられる．11以上は文語的で，基数詞で代用されることが多 い (el siglo *quinto*　5世紀，el siglo *dieciocho*　18世紀，Fernando I (*primero*) フェ ルナンド1世，Alfonso XII (doce)　アルフォンソ12世)．

注3）1º (primero), 1ª (primera) などと表記されることがある．

Colectivos　集合数詞

10 decena	40 cuarentena
12 docena	50 cincuentena
15 quincena	100 centena / centenar
20 veintena	1000 millar
30 treintena	

Fraccionarios　分数詞

1/2 un medio	1/5 un quinto
1/3 un tercio	4/5 cuatro quintos
2/3 dos tercios	1/10 un décimo
1/4 un cuarto	1/11 un onzavo / onceavo
3/4 tres cuartos	8/11 ocho onzavos / onceavos

1/15 un quinzavo / quinceavo	1/102 un cientodosavo
1/18 un dieciochavo / dieciochoavo	1/200 un doscientosavo
1/19 un diecinueveavo	1/1000 un milésimo　千分の一
1/20 un veintavo / veinteavo	1/10000 un diezmilésimo　一万分の一
9/20 nueve veintavos / veinteavos	1/100000 un cienmilésimo　十万分の一
1/40 un cuarentavo	1/1000000 un millonésimo　百万分の一
1/43 un cuarentaitresavo	1/1000000000000 un billonésimo　一兆分の一
1/100 un centavo / centésimo	

注1）4から10の分母は序数詞を用いる．11以上の分母は基数詞+-avo（100, 1000, 10000, 100000, 1000000, 1000000000000は例外）．
注2）分子が複数の場合は分母も複数形になる．
注3）分母を「分数詞か序数詞+parte(s)」で表す方法もある．分子が1の場合はuna（1/4 *una cuarta parte*, 3/8 tres *octavas partes*, 1/100 *una centésima parte*）．
注4）分子，分母とも大きい数字の場合は，「分子 partido por 分母」という言い方も好まれる（49/178 cuarenta y nueve *partido por* ciento setenta y ocho）．
注5）帯分数：1 1/2 uno y medio, 3 3/4 tres y tres cuartos.

Multiplicativos　倍数詞
2倍（の）doble / duplo[pla]
3倍（の）triple / triplo[pla]
4倍（の）cuádruple / cuádruplo[pla]
5倍（の）quíntuple / quíntuplo[pla]
6倍（の）séxtuplo[pla]
7倍（の）séptuplo[pla]
8倍（の）óctuple / óctuplo[pla]
9倍（の）nónuplo[pla]
10倍（の）décuplo[pla]
11倍（の）undécuplo[pla]
12倍（の）duodécuplo[pla]
100倍（の）céntuplo[pla]

注）形容詞または名詞として用いられる．

Decimales　小数
0,1 cero coma [con] uno
0,01 cero coma [con] cero uno
0,8745 cero coma [con] ocho siete cuatro cinco / cero coma [con] ochenta y siete cuarenta y cinco / cero coma [con] ocho mil setecientos cuarenta y cinco

注）小数点は通常スペインではコンマ（,），中南米ではピリオド（.）．

Cifras romanas　ローマ数字
I 1　II 2　III 3　IV 4　V 5　VI 6　VII 7　VIII 8　IX 9　X 10
XI 11　XII 12　XIII 13　XIV 14　XV 15　XVI 16　XVII 17　XVIII 18　XIX 19　XX 20
XXX 30　XXXIV 34　XL 40　L 50　LIII 53　LX 60　LXII 62　LXX 70　LXXX 80
LXXXIX 89　XC 90　C 100
CII 102　CXV 115　CD 400　D 500　DC 600　M 1000　MCMLXXIII 1973　MMVIII 2008

注）基本数字（I, V, X, L, C, D, M）をもとに，下位数を右に併記すると加算，左に併記すると減算．

その他
25% veinticinco por ciento　　80% ochenta por ciento　　100% cien por cien / ciento por ciento / cien por ciento
3+4=7 Tres y [más] cuatro son siete. 10−4=6 Diez menos cuatro son seis. 2−1=1 Dos menos uno es uno. 3×5=15 Tres por cinco son quince. 16÷8=2 Dieciséis entre ocho son dos. / Dieciséis dividido entre ocho son dos.

注）割り算の記号はスペインでは通常：を用いる（16:8=2）．

スペイン語の歴史と広がり

I. スペイン語の言語的特徴

スペイン語の直接の源はラテン語である。厳密には俗ラテン語，すなわち話し言葉としてのラテン語である。そのラテン語は，ギリシャ語やサンスクリットなどとともにインド・ヨーロッパ語族に属し，これは印欧祖語にさかのぼる。

ラテン語から派生しスペイン語と姉妹関係にある言語には，ポルトガル語，フランス語，イタリア語，ルーマニア語などがあり，これらを総称してロマンス語と呼んでいる。ロマンス諸語はその言語的特徴から，ポルトガル語，スペイン語，フランス語などが西ロマンス語，一方，イタリア語，ルーマニア語などが東ロマンス語として区分されている。

ロマンス諸語のなかでスペイン語が持つ特徴のいくつかは次のようなものである。

1. 単母音の数 a, e, i, o, u の5つで，これはロマンス語の中では最少の数である。鼻母音を含め16の単母音をもつフランス語とは著しい対照をなしている。

2. 名詞の複数形 例外を除いて，スペイン語では名詞の複数形に -s（または -es）を添加するが，これは西ロマンス語の特徴で，ラテン語の対格形が引き継がれていることを示している。一方，東ロマンス語ではラテン語の主格形が継承されている。例えば，「星」を意味するラテン語のSTĒLLA（単数主格）の単数対格はSTĒLLAM，また複数では主格がSTĒLLAE，対格がSTĒLLĀSであったが，スペイン語では単数・複数ともに対格からそれぞれestrella, estrellasとなったのに対して，イタリア語では主格からstella, stelleとなった（表1）。

表1

単数形	複数形
stēlla（ラ主格） ＞strella（イ）	stēllae（ラ主格） ＞strelle（イ）
stēllam（ラ対格） ＞estrella（ス）	stēllās（ラ対格） ＞estrellas（ス）

（ラ）テン語，（イ）タリア語，（ス）ペイン語

3. 名詞の文法性 ラテン語では，男性・女性・中性の3性あったものが，スペイン語では男性・女性の2性になった。ルーマニア語は3性にも残るが，これは例外的といえる。

4. 動詞の活用と主語の省略 原則として各時制とも3つの人称の単数・複数に活用し，6つの活用形を持つ。活用語尾から主語の人称と数がわかるためか主語が省略されることが多い。この傾向はラテン語から受け継がれたもので，多くのロマンス語に共通している。しかし，フランス語では主語の省略は行われない。

II. スペイン語の歴史

1. ラテン語圏の拡大とイベリア半島の「ローマ化」 ラテン語は，現在のローマを含むイタリア半島中央部西岸にあたるラティウム地方で少数の人々によって話されていたが，ローマ帝国の拡大とともに使用域を広げ，前3世紀中期にはイタリア半島全域，それ以降は半島外にも急速に伝わり，紀元2世紀には，東は小アジアから西はポルトガルに至る広大な地域の共通語となった。このように急成長したラテン語は，それがゆえに方言差が少ない。

ローマ進出以前のイベリア半島には，ケルト人（北部・西部），イベリア人（南部・東部），ケルトイベリア人（中央部），バスク人（ピレネー山麓）などが住み，また地中海沿岸にはギリシャ人やフェニキア人の植民都市があった。

第2次ポエニ戦争（前218-201）で，Cartago Nova（現在のカルタヘナ Cartagena）を拠点としてイベリア半島南部を支配していたカルタゴ人から勝利したローマ軍は，200年近くを要しながらイベリア半島を支配するに至り，この地にのちにスペイン語となるラテン語を普及させた。その結果，バスク語を除き，先住民の言語はすべて姿を消す。皇帝アウグストゥス Augustus（在位前27－後14）はイベリア半島を3つ（後に5つ）の属州に分けて統治し，ローマ化を進めた。

この時期以前から，イベリア半島はヒスパニアHispaniaと呼ばれ，フェニキア語起源とする説などがあるが確証はない。

西ローマ滅亡（476）に至るまでの数世紀の間にイベリア半島はローマの文化が根付き，ラテン語が半島の言語として深く根を下ろす。

ヒスパニア生まれのローマ知識人には，哲学者・詩人のセネカ Séneca，修辞学者クインティリアヌス Quintilianus，叙事詩人ルカヌス Lucanusなどがいる。

2. ラテン語からスペイン語へ 395年に東西に二分されたローマ帝国は衰退してゆくが，ゲルマン民族の移動が始まり，5世紀にはイベリア半島にも進入する。6世紀には西ゴート王国が首都をトレドToledoに移し，イベリア半島を支配するが，言語的には自らの言語を捨て，文化水準の高いラテン語を受け入れる。よってゲル

マン語からの影響は少なく，一部の借用語に限られる．

711年，イスラム教徒のイベリア半島への進入により，西ゴート王国は崩壊し，以降800年近くにわたるイスラム教徒に対するキリスト教徒の国土回復運動Reconquistaが始まることになる．この時期はスペイン語形成期に相当する．

すなわち，5世紀から8世紀は，ローマ帝国の崩壊によって共通語の使用基盤を失い，政治的に分断された各地の庶民の話し言葉としての俗ラテン語が地域差を次第に増し，もはやラテン語ではなくロマンス語と呼ばれるものに変化した時代である．

この時期，イスラム教徒の支配する地域では共通語としてアラビア語が使用されていたが，最終的にイスラム教徒の支配の終わる1492年までの間，アラビア語はスペイン語に対し，構造を変えるほどには影響を与えなかった．しかし，多数の借用語がスペイン語に残された．alcohol「アルコール」，azúcar「砂糖」，aceite「油」，naranja「オレンジ」，berenjena「ナス」，algodón「木綿」，alcalde「市長」や，地名のAlcalá「アルカラ」（「城」の意），La Mancha「ラ・マンチャ」（「高原」の意），Guadalajara「グアダラハラ」（「石の川」の意）など4000以上にものぼるといわれる．

3．**スペイン語の成立：中世スペイン語**　中世初期において，キリスト教徒が支配していた地域では，話し言葉はラテン語からロマンス語に変わっていたが，書き言葉としては（古典）ラテン語が用いられていた．当時の話し言葉であるロマンス語を記録するものには，イベリア・ロマンス語の初出文献とされる『サン・ミリャン注解』*Glosas Emilianenses*（10世紀末のものとされ，ナバラ・アラゴン方言の特徴を示している）や『シロス注解』*Glosas Silenses*がある．

さらに，文学作品として残されている最古のものは，叙事詩『わがシッドの歌』*Cantar de Mio Cid*で，12世紀ごろの作品（写本は14世紀のもの）といわれ，スペイン語史上きわめて貴重な資料である．

なお，この時期はまだ国家としてのスペインが成立しておらず，正確にはカスティーリャ語と呼ぶのが正しい．すなわち，スペイン語はカスティーリャCastillaという国の一王国の言語であったものが，近代国家スペインの共通語としての地位を得て発展したものである．

なかでも，中世のカスティーリャ語の発展に大きく貢献したのが賢王アルフォンソ10世Alfonso X el Sabioで，公文書に用いる言語をラテン語からカスティーリャ語に変え，また翻訳活動を奨励し，従来のラテン語に代わる文語としてのカスティーリャ語の基盤を確立させた．

中世末の1492年は，スペイン語にとって重要な年である．イスラム教徒のイベリア半島での支配に終止符が打たれた．また，コロンブスColónがアメリカ大陸に到達し，スペイン語の拡大がアメリカ大陸にも及ぶ契機となった．さらにこの年には，アントニオ・デ・ネブリハAntonio de Nebrijaが近代語として初めて文法書を著した．

4．**黄金世紀のスペイン語**　いわゆる黄金世紀といわれる16，17世紀は，スペイン語が国家の言語として確立する時期である．この時期のスペイン語は，中世スペイン語と18世紀以降の近・現代のスペイン語との間に位置し，今日のスペイン語の姿ができつつある時期である．セルバンテスCervantesのドン・キホーテDon Quijoteはこの時期を代表する文学作品と称せられるが，フアン・デ・バルデス Juan de Valdésによる『国語問答』*Diálogo de la lengua*は，国語としてのスペイン語への関心の高さを今日に知らせている．

5．**近代のスペイン語**　1713年には，スペイン王立アカデミアReal Academia Españolaが設立され，現在に至っている．この機関は，"Limpia, fija y da esplendor."「（言語を）美しいものにし，定着させ，そして輝きを与える」をモットーとして，辞書（1726 - 1739），規範となる文法書（1771），正書法（1741）を編纂（さん）した．まさに，近代および現代のスペイン語の体系化ができあがった時代であるといえる．また，この時代は特にフランス語からの語彙（chaqueta，hotel，sofáなど）の影響が指摘されている．

6．**現代のスペイン語**　20世紀そして21世紀のスペイン語は，他の言語同様，語彙の面で英語からの強い影響を受けている．20世紀末には正書法の修正などもあり，EUという強大な共同体のなかでの新たな時代に入ったといえよう．

Ⅲ．スペイン語の広がり

1．**多言語国家スペイン**　スペインで現在使用されている言語は，非インド・ヨーロッパ語のバスク語（起源についてはコーカサス起源説，土着言語起源説などがあり不明）を除けば，すべてラテン語から派生したロマンス語で，中央部にスペイン語（＝カスティーリャ語），西北部にガリシア語，そして東部にカタルーニャ語がある．

すでに述べたように，スペイン語はカスティーリャCastilla王国の言語が母体になっているが，同じ時期に他の王国や地域で形成された諸方言が生まれている．カスティーリャ語の主な方言としては，北西部のアストゥリアス・レオンAsturias-León方言，北東部のアラゴンAragón

方言，南部のアンダルシアAndalucía方言などがある。

2．世界のスペイン語 1492年から始まったラテンアメリカの植民地化によって，スペイン語の移植，さらに拡散が進んでいく．15世紀末にアンティーリャス諸島が征服されてから，16世紀中ごろにはメキシコ，ペルー，そして17世紀末にはアルゼンチン，チリの植民活動が軌道にのる．そして当時スペインで見られたスペイン語がそのまま新天地にもたらされたのである．

ここで，スペインからこのように海外に移植されたスペイン語の現状をまとめておこう．現在，スペイン語圏はヨーロッパ，南北アメリカ，アジア，アフリカの以下の23の国ないしは地域（アメリカ合衆国とその自由連合州であるプエルトリコおよびフィリピン以外ではスペイン語が公用語）に及んでいる．

　スペイン
　ラテンアメリカ（アルゼンチン，ボリビア，チリ，コロンビア，コスタリカ，キューバ，ドミニカ共和国，エクアドル，エルサルバドル，グアテマラ，ホンジュラス，メキシコ，ニカラグア，パナマ，パラグアイ，ペルー，プエルトリコ，ウルグアイ，ベネズエラ）
　アメリカ合衆国
　フィリピン
　アフリカの赤道ギニア

スペイン語話者の総人口は4億をこえると考えられるが，この中で，スペインの人口はおよそ4千万（2005年の統計）で，ラテンアメリカ19か国の総計は約3億数千万になる．またアメリカ合衆国内でのスペイン語人口も3900万に達しようとしている．

スペイン統治時代（1565-1898）に植民地支配の言語としてスペイン語が持ち込まれたフィリピンではわずかながら話者が残る．またスペイン領であった赤道ギニアではスペイン語が公用語である．この他にも，モロッコやバルカン半島などを中心にユダヤ系スペイン語が用いられている．

スペイン語話者数は中国語，英語，ヒンディー語に次いで世界第4位の位置を占め，英語，フランス語，ロシア語，中国語とともに国連の公用語にもなっている．

3．ラテンアメリカのスペイン語 広大なラテンアメリカのスペイン語に共通すると考えられる特徴のうち代表的なものをまとめておこう．

(1) 音声的特徴

(a) [θ]音の[s]音化（seseo）：綴り字ce, ci, zをcinco[sín.ko], zapato[sa.pá.to]で発音するラテンアメリカの全域に見られる現象．

(b) 綴り字-ll-の発音のy[j]音化（yeísmo）：スペインでも見られるが，-ll-の本来の発音[ʎ]を[j]で発音する現象で，pollo[póʎo ポリョ]（鶏）の発音が[pójo ポヨ]となり，poyo[pójo]（ベンチ）と区別されなくなる．ペルー，ボリビア，パラグアイでは全域で，またコロンビア，エクアドル，チリ，アルゼンチンの一部で見られるが，その他の地域では[ʎ]が残されるか，ラプラタ川流域では[ʒ]，[ʃ]（ポジョ，ポショ）のように発音される地域もある．

なお，この辞書ではスペインとラテンアメリカのスペイン語の発音をcinco[θíŋ.ko / sín.-]のように2つの発音方法で併記してある．

(2) 形態的特徴

一つだけあげるとすれば，縮小辞（diminutivos）の多用．chiquito（＜chico「小さい」），cafecito（＜café「コーヒー」），azucarita（＜azúcar「砂糖」）など形容詞や名詞だけではなく，ahorita（＜ahora「いま」），adiosito（＜adiós「さようなら」）など副詞や間投詞にも付くが，必ずしも本来の「小ささ」の意味を表しているわけではない．

(3) 文法的特徴

(a) 2人称複数の親称に用いられるustedes：スペインでは親称のtúの複数形にはvosotrosが用いられる（表2）が，ラテンアメリカでは一般的にvosotrosの代わりにustedesが使用される（表3）．したがって，複数の相手には親称・敬称にかかわらずつねにustedesが用いられることになる（動詞の活用も3人称複数形）．

表2　スペイン

	単数形	複数形
親称	tú	vosotros
敬称	usted	ustedes

表3　ラテンアメリカ

	単数形	複数形
親称	tú	ustedes
敬称	usted	ustedes

(b) voseo：親称のtúの代わりにvosという主語形を用いる現象が主としてアルゼンチンやパラグアイ，ウルグアイなどラプラタ川流域や中米で見られる．vosの主語に合わせて，動詞も特別の

活用をする．現在形と命令形の活用例を示しておこう（表4）．

表4

	現在形	命令形
tomar	tomás	tomá
comer	comés	comé
vivir	vivís	viví

たとえば，túを用いる地域ではTú comes.「君は食べる」と言うところがvoseoの地域ではVos comés.となる．

(c)点過去：スペインでは，単純な完了や現時点を含む過去の時間帯に起ったできごとは現在完了が優先される．

¿Ya has comido? もう食べた？
Ha llovido mucho esta semana. 今週は雨がよく降った．

このような場面でラテンアメリカでは点過去が用いられる．

¿Ya comiste?
Llovió mucho esta semana.

(d)接続法過去の-ra形：スペインでは接続法過去は-ra形（comiera＜comer）と-se形（comiese）の二つの語尾が用いられるが，ラテンアメリカでは-ra形に限られる．

(4) 語彙的特徴

(a)スペイン語が新大陸にもたらされた当時の古い語彙で残されているものがある．例 lindo「すてきな」，liviano「軽い」，luego「すぐに」，bravo「怒った」，botar「捨てる」，pararse「立ち上がる」．

(b)先住民語の影響：植民化とともに先住民語の語彙が取り入れられた．アラワク語（アンティーリャス諸島）のcanoa「カヌー」，ナワトル語（メキシコ）のchocolate「チョコレート」，ケチュア語（ペルー，ボリビア）のpapa「ジャガイモ」，グアラニー語（パラグアイ）のgaucho「ガウチョ」のように，それぞれ地域独自の語彙が生まれることになった．

(c)現代的語彙のバリエーション：ラテンアメリカ各都市で用いられる現代語彙にもさまざまなバリエーションが見られる．たとえば，乗り物の「バス」autobúsは，メキシコではcamión，アルゼンチンやパラグアイではcolectivo，キューバではguagua，チリへ行くとmicroというように異なる呼称をもつ．「スカート」faldaはスペインや多くのラテンアメリカの地域で用いられるが，ラプラタ川流域ではpollera，キューバではsaya，またニカラグア，コスタリカではenaguaとバリエーションが見られる．

［このような語彙のバリエーションについてはhttp://gamp.c.u-tokyo.ac.jp/~ueda/varilex/で検索することができる］

4．アメリカ合衆国のスペイン語　アメリカ合衆国では，いまやスペイン語系住民の人口が3900万に達するといわれる．カリフォルニア州，フロリダ州，ニューヨーク州，テキサス州などの州に最も集中が見られ，ロサンジェルス市では住民のほぼ半数がスペイン語系住民であるという報告もある．世代の差もあるがスペイン語と英語の両言語が使用される．アメリカ合衆国でスペイン語系住民（latinos）によって用いられるスペイン語は「スパングリッシュ」（Spanglish）とかTex-Mex，pochoなどと軽蔑的に呼ばれることが多いが，中立的には「米国のスペイン語」"español de EE. UU."（"US Spanish"）の呼称がふさわしいだろう．

米国のスペイン語の特徴は，当然，英語の影響を反映している点である．語彙の例をあげると，marqueta「市場」（＜market），troca「トラック」（＜truck），mopear「モップをかける」（＜to mop），carpeta「カーペット」（＜carpet）など，英語の単語をスペイン語風に借用したものが多い．最後の例などは，スペイン語本来のcarpeta「フォルダー」の意味とは異なり，英語の単語と発音が似たカーペット（スペイン語ではalfombra）の意味で用いられていることがわかる．

発音解説

I. アルファベット
スペイン語のアルファベット(el alfabeto)は次の27字である.

文字		名称	発音	文字		名称	発音
A	a	a	[á]	Ñ	ñ	eñe	[é.ɲe]
B	b	be	[bé; ɓé]	O	o	o	[ó]
C	c	ce	[θé / sé]	P	p	pe	[pé]
D	d	de	[dé; đé]	Q	q	cu	[kú]
E	e	e	[é]	R	r	ere, erre	[é.re, -.r̃e]
F	f	efe	[é.fe]	S	s	ese	[é.se]
G	g	ge	[xé]	T	t	te	[té]
H	h	hache	[á.tʃe]	U	u	u	[ú]
I	i	i	[í]	V	v	uve	[ú.ɓe]
J	j	jota	[xó.ta]	W	w	uve doble	[ú.ɓe đó.ɓle]
K	k	ka	[ká]	X	x	equis	[é.kis]
L	l	ele	[é.le]	Y	y	i griega	[í grjé.ga]
M	m	eme	[é.me]	Z	z	zeta	[θé.ta / sé.-]
N	n	ene	[é.ne]				

[注]
(1) 英語で字母としている26字のほかに ñ が加わる.
(2) 以前はこのほかに **ch** (che [tʃé]), **ll** (elle [é.je ‖ -.ʎe]), **rr** (erre doble [é.r̃e đó.ɓle]) を加えた30字がスペイン語の字母とされていた. 古い辞書などでは, これらを1字として単語が配列されている. なお, **rr** は語頭に立たないため大文字はない.
(3) **a, e, i, o, u** が母音字, 他は子音字である.
(4) **k, w** は外来語にのみ用いられる.
(5) **i** は **y** (i griega「ギリシャ語の i」) と区別するため i latina「ラテン語の i」と呼ばれることもある.
(6) **v** には ve [bé; ɓé] の名称もあるが, **b** と同じ発音になるため, これと区別するために普通 uve の名称を用いる. **b** を be alta「高い b」, **v** を ve baja「低い v」と呼んで区別することもある. 一方, **w** には ve doble [bé đó.ɓle; ɓé-], doble ve [dó.ɓle ɓé; đo.-] という名称もある.
(7) **y** には ye [jé], **z** には zeda [θé.đa / sé.-] という名称もあるが, あまり一般的ではない.

II. スペイン語音の分類と個々の発音法
以下, スペイン語で用いられる音を分類し, 個々の音の発音法について略述する.

1. 発音器官の名称
右図は口腔を中心として人の顔を左側面から見た断面図であり, 以下の発音要領の説明の中で使用される音声器官の名称と位置を示している.

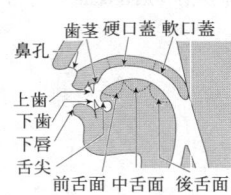

鼻孔 歯茎 硬口蓋 軟口蓋
上歯
下歯
下唇
舌尖
前舌面 中舌面 後舌面

2．母音と半子音の分類

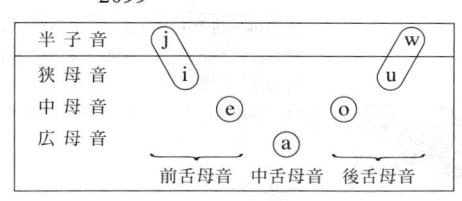

半子音	j				w
狭母音		i			u
中母音			e	o	
広母音				a	
	前舌母音		中舌母音		後舌母音

3．子音の分類

	両唇音	唇歯音	歯間音	歯裏音	歯茎音	硬口蓋音	軟口蓋音
閉鎖音	p b			t d			k g
破擦音					tʃ		
摩擦音	β f		θ ð		s	ʝ	x ɣ
側面接近音					l	ʎ	
鼻 音	m	ɱ			n	ɲ	ŋ
はじき音					ɾ		
ふるえ音					r̃		

[注]**音素について**：各々の言語には意味を区別するための最小の音の単位があり，それを音素という．たとえばスペイン語のpino [pí.no]「松」とvino [bí.no]「ワイン」で，語頭の [p] と [b] は意味の異なる2語を区別するのに用いられているので，互いに異なった音素である（なお，本辞典の発音表記ではピリオド(.)によって音節の境界を示す）．一方 vino に定冠詞をつけて el vino [el bí.no] とすると，[b] 音は [β] 音に変わるが，これで vino「ワイン」という名詞自体の意味が変わるわけではない．このように，意味の区別に影響しない2つの音は，同じ1つの音素に属する異音と解釈でき，音の違いは前後の位置関係などによって生じた付随的なものと考えられる．上表で，丸い囲みは音素的単位を表し，その囲みの中に複数の音がある場合は，それらが1音素の異音であることを示している．

4．母音の発音法

発音記号，口の形	解説
[a]	非円唇・中舌・広母音．日本語の「ア」の要領で発音すればよいが，口をさらに大きく開けるようにするとよい． ala [á.la **ア**ラ] 翼．camino [ka.mí.no カ**ミ**ノ] 道

[e]	非円唇・前舌・中母音．日本語の「エ」の要領で発音すればよい．前後の音によって多少口が開き気味になったり閉じ気味になったりするが，意識する必要はない．
	eje [é.xe エヘ] 軸．verde [bér.ðe ベルデ] 緑の

[i]	非円唇・前舌・狭母音．日本語の「イ」と同じ要領で発音するが，日本語と異なり，原則として無声化しない．
	hijo [í.xo イホ] 息子．agitar [a.xi.tár アヒタル] 振る

[o]	円唇・後舌・中母音．日本語の「オ」の要領で発音すればよい．前後の音によって多少口が開き気味になったり閉じ気味になったりするが，意識する必要はない．
	oso [ó.so オソ] 熊．plato [plá.to プラト] 皿

[u]	円唇・後舌・狭母音．日本語の「ウ」よりも唇を丸め，前に突き出すようにして発音する．また，日本語の「ウ」のような無声化も原則としてない．スペイン語の5母音のうち，最も日本語と異なる音である．
	uva [ú.ɓa ウバ] ぶどう．bambú [bam.bú バンブ] 竹

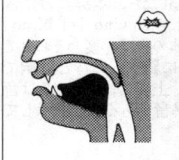

5．子音・半子音の発音法

[j]	有声・硬口蓋・接近音．日本語のヤ行の子音と同じ要領で発音する半子音．母音の [i] よりも前舌面と硬口蓋の間がさらに狭く，持続時間も短い．
	piano [pjá.no ピアノ] ピアノ．tiempo [tjém.po ティエンポ] 時間

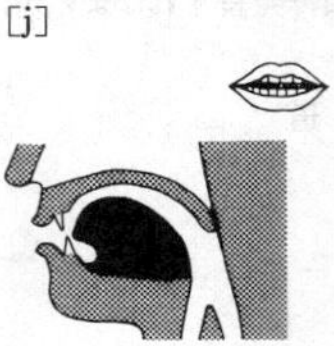

[w] 	有声・両唇軟口蓋・接近音. 日本語のワ行の子音に似ているが, 唇をもっと丸めて突き出すようにして発音する半子音. 母音の [u] よりも持続時間が短い. cuatro [kwá.tro クワトロ] 4. fuerte [fwér.te フエルテ] 強い
[p], [b] 	[p] 無声・両唇・閉鎖音, [b] 有声・両唇・閉鎖音. 日本語のパ行の子音と同じように両唇を完全に閉じると [p] になる. 通常はその後で両唇の閉鎖を解放して次の音に移る. このとき, 英語の [p] のように強く息を出しすぎないほうがよい. 両唇を閉鎖している際に同時に声帯が振動している（つまり声が出ている）と [b] になる. parte [pár.te パルテ] 一部. simple [sím.ple スィンプレ] 単純な bueno [bwé.no ブエノ] 良い. hombre [óm.bre オンブレ] 男
 [b̃]	有声・両唇・摩擦音. [b] のように両唇を完全に閉じず, 両唇の間に少しだけすき間を作り, 声を出しながらそのすき間から息を出すと, 摩擦音 [b̃] になる. 日本語でも語中のバ行音を急いで発音するときなどは, この音に近くなる. IPA（国際音声字母）ではこの音に [β] という記号を当てているが, 本辞典ではこれが [b] と同じ音素の異音であることなどを考慮して [b̃] という記号を用いる. Cuba [kú.b̃a クバ] キューバ. nuevo [nwé.b̃o ヌエボ] 新しい
[m] 	有声・両唇・鼻音. [b] と同じ構えで, 軟口蓋を下げ, 声を出しながら息を鼻に抜く. 日本語のマ行, 英語の m と同じ要領で発音する. mapa [má.pa マパ] 地図. invierno [im.bjér.no インビエルノ] 冬
[f] 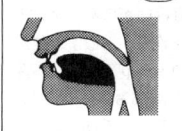	無声・唇歯・摩擦音. 英語の f と同じ要領で, 下唇の内側を上の前歯の先に軽く当て, すき間から摩擦を伴った息を出す. famoso [fa.mó.so ファモソ] 有名な. sufrir [su.frír スフリル] 苦しむ

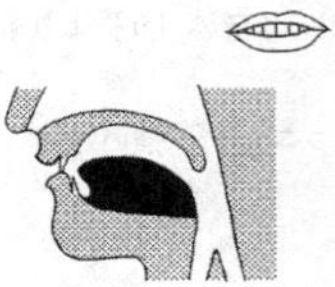 [m̟]	有声・唇歯・鼻音. [f] に似た要領で, 下唇の内側を上の前歯の先に密着させ, 軟口蓋を下げ, 声を出しながら息を鼻に抜く. enfermo [em̟.fér.mo エンフェルモ] 病気の. infinito [im̟.fi.ní.to インフィニト] 無限の
[θ] 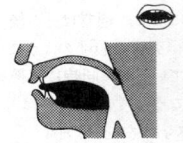	無声・歯(間)・摩擦音. 上歯と下歯を接近させてその合わせ目に舌尖を当て, すき間から摩擦を伴った息を出す. 英語の think の語頭子音 th に似ているが, それよりも舌尖がさらに前に出ており, 摩擦の音も強い. ciencia [θjén.θja スィエンスィア] 科学. plaza [plá.θa プラサ] 広場
[t], [d] 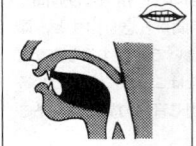	[t] 無声・歯(裏)・閉鎖音. [d] 有声・歯(裏)・閉鎖音. 日本語のタの子音と同じ要領で, 舌尖を上の前歯の内側につけると [t] になる. 通常はその後で閉鎖を解放して次の音に移る. このとき, 英語の [t] のように強く息を出しすぎないほうがよい. 閉鎖しているときに同時に声帯が振動している(つまり声が出ている)と [d] になる. 英語の [t], [d] の場合, 舌尖が付く位置はずっと後ろで, 内側の歯茎である. スペイン語とはかなり異なるので注意が必要である. tarta [tár.ta タルタ] パイ. tinta [tín.ta ティンタ] インク día [dí.a ディア] 日. dónde [dón.de ドンデ] どこ
[đ] 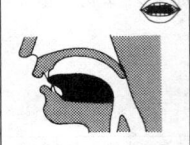	有声・歯(間)・摩擦音. 上歯と下歯を接近させてその合わせ目に舌尖を当て, 声を出しながらすき間から息を出す. スペイン語の [θ] に比べて舌尖の位置は後ろ寄りである. IPA(国際音声字母)ではこの音に [ð] という記号を当てているが, 本辞典ではこれが [d] と同じ音素の異音であることなどを考慮して [đ] という記号を用いる. todo [tó.đo トド] すべての. moderno [mo.đér.no モデルノ] 近代の
[s] 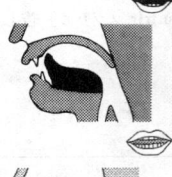 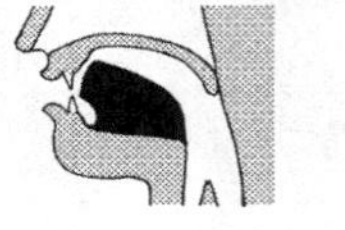	無声・歯茎・摩擦音. 2種類の発音法があるが, 本辞典では区別せず [s] で表記する. スペインの大部分の地域では, 前舌面がほんの少し凹面になり, 舌尖を上の内側の歯茎に近づけて狭めを作り, そのすき間から摩擦を伴った息を出す. この子音はときに英語の sheep の sh の子音に近い聴覚印象を与える(上図). 一方, スペイン南部およびイスパノアメリカの大部分では, 前舌面は逆に凸面になり, 舌尖は下の前歯の裏側に位置し, 舌端(舌尖よりもやや後ろの部分)と上の内側の歯茎が狭めを作る(下図). sopa [só.pa ソパ] スープ. lunes [lú.nes ルネス] 月曜日

[l]	有声・歯茎・側面接近音. 舌尖を上の歯の裏側または内側の歯茎に密着させるが，舌の左右の側にすき間を作り，声を出しながら息をそのすき間に通す．
	lago [lá.go ラゴ] 湖． hotel [o.tél オテル] ホテル

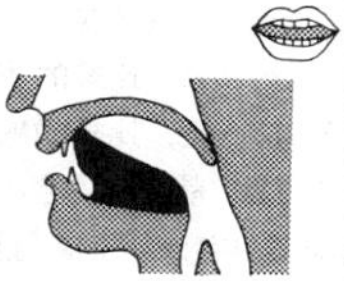

[n]	有声・歯茎・鼻音. 舌尖を上の内側の歯茎に密着させ，軟口蓋を下げ，声を出しながら息を鼻に抜く．
	natural [na.tu.rál ナトゥラル] 自然の． cena [θé.na セナ] 夕食 gente [xén.te ヘンテ] 人々

[r]	有声・歯茎・はじき音. 上の内側の歯茎を舌尖で1回はじいて発音する．IPA（国際音声字母）ではこの音に [ɾ] という記号を当てているが，この記号は一般になじみがないので，本辞典ではこの音を [r] で示す．この音は日本語のラ行に等しいと言われることがあるが，実際には日本語のラ行は個人差が大きく，同一の個人が無差別に [l] を使ったり [r] を使ったりしていることが多いので，自分のラ行を無造作に [r] として使うのは危険である．
	cara [ká.ra カラ] 顔． amor [a.mór アモル] 愛

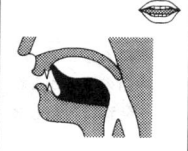

[r̃]	有声・歯茎・ふるえ音. 舌尖を上の内側の歯茎のところで急速にふるわせ，その振動によって舌尖で歯茎を2～3回叩いて発音する．IPA（国際音声字母）ではこの音に [r] の記号を当てているが，本辞典では [r̃] を用いる．
	rosa [r̃ó.sa ロサ] ばら． perro [pé.r̃o ペロ] 犬

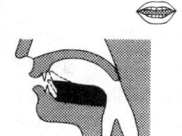

[tʃ]	無声・硬口蓋・破擦音. 日本語の「チ」およびチャ行の子音とほぼ同じ要領で発音する．ただし舌尖は上の歯や歯茎ではなく下の前歯の裏あたりにあって，発音に関与しない．
	China [tʃí.na チナ] 中国． mucho [mú.tʃo ムチョ] たくさんの

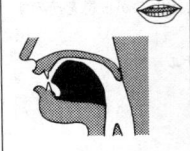 [j]	有声・歯茎・摩擦音（または接近音）. 前舌面を硬口蓋に近づけて狭めを作り，声を出しながらそのすき間に息を通して発音する（舌尖は下の前歯の裏あたりにあって，発音に関与しない）. この狭めが比較的広いと摩擦が聞こえなくなって日本人にはヤ行のように聞こえ，比較的狭いと摩擦が聞こえて日本人にはジャ行のように聞こえる. 前者の場合は厳密には摩擦音ではなく接近音であり，IPA（国際音声字母）では [j] の記号を当てるべきだが，スペイン語ではこの両者を区別しないので本辞典では単に [j] とのみ記し，[j] の記号は半子音のときにのみ用いる. ayer [a.jér アイェル / アジェル] きのう. hielo [jé.lo イェロ / ジェロ] 氷
[ʎ] 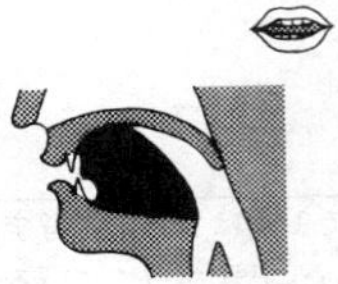	有声・硬口蓋・側面接近音. 前舌面の中央部を硬口蓋に密着させ，声を出しながら舌の両側のすき間から息を通して発音する（舌尖は下の前歯の裏あたりにあって，発音に関与しない）. llave [ʎá.ƀe リャベ] 鍵. toalla [to.á.ʎa トアリャ] タオル
[ɲ] 	有声・硬口蓋・鼻音. 前舌面を硬口蓋に密着させ，軟口蓋を下げ，声を出しながら息を鼻に抜く. 日本語の「ニ」およびニャ行の子音がこれに近い. ただし，舌尖は下の前歯の裏あたりにあって，発音に関与しない. año [á.ɲo アニョ] 年. inyección [iɲ.jek.θjón インジェ(ク)スィオン] 注射
[k], [g] 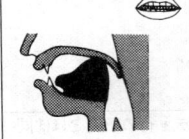	[k] 無声・軟口蓋・閉鎖音，[g] 有声・軟口蓋・閉鎖音. 後舌面を軟口蓋に密着させ，息が通れないようにすると [k] になる. 通常はその後でその閉鎖を解放して次の音に移る. このとき，英語の [k] のように強く息を出しすぎないほうがよい. 後舌面と軟口蓋が閉鎖している際に同時に声帯が振動している（つまり声が出ている）と [g] になる. それぞれ日本語のカ行，（鼻濁音でない）ガ行の子音と同じ要領である. casa [ká.sa カサ] 家. aquí [a.kí アキ] ここに gato [gá.to ガト] 猫. manga [máŋ.ga マンガ] 袖

[x], [g]	[x]無声・軟口蓋・摩擦音，[g]有声・軟口蓋・摩擦音．後舌面を軟口蓋に接近させて狭めを作り，そのすき間から息を通して発音する．その際に声が出ていなければ[x]，声が出ていれば[g]となる．狭めの位置は[k]，[g]のときよりもさらに後ろ寄りになる傾向がある．後者の音にIPA（国際音声字母）では[ɣ]という記号を当てているが，本辞典ではこれが[g]と同じ音素の異音であることなどを考慮して[g]という記号を用いる． género [xé.ne.ro ヘネロ] 種類．joven [xó.ben ホベン] 若い lago [lá.go ラゴ] 湖．tigre [tí.gre ティグレ] 虎
[ŋ]	有声・軟口蓋・鼻音．後舌面と軟口蓋を密着させ，軟口蓋を下げ，声を出しながら息を鼻に抜く． banco [báŋ.ko バンコ] 銀行．lengua [léŋ.gwa レングワ] 言語

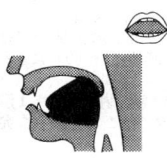

外来語など特別の場合にのみ現れる子音
- [ɟ]　「Ⅲ．スペイン語の綴り字と発音」26.1 を参照．
- [dʒ]　日本語の句頭の「ジ，ジャ，ジュ，ジョ」の子音，英語の joke, judge の下線部の子音．
- [ʃ]　日本語の「シ，シャ，シュ，ショ」の子音，英語の sheep, dish の下線部の子音．
- [ʒ]　英語の measure, version の下線部の子音．
- [h]　日本語の「ハ，ヘ，ホ」の子音，英語の hat の下線部の子音．
- [v]　英語の van, love の下線部の子音．

Ⅲ．スペイン語の綴り字と発音

以下では，スペイン語の綴り字と発音の規則を字母ごとに例と共に挙げる．なお，以下では一息に発音される語句のまとまりを「句」とし，句の最初の部分を「句頭」，途中の部分を「句中」，最後の部分を「句末」と呼ぶことにする．

1	**a**	[a]	a	[a ア]	andante [an.dán.te アンダンテ]
			ae	[ae アエ]	aeropuerto [a.e.ro.pwér.to アエロプエルト]
			ai	[ai アイ]	aire [ái.re アイレ]
			ao	[ao アオ]	aoristo [a.o.rís.to アオリスト]
			au	[au アウ]	autor [au.tór アウトル]

1.1　前後関係によって音価が変わることはなく，常に[a]．英語のように ai がエイになったり，au がオーになったりすることは，外来語などの特殊例以外はない．
1.2　aa の連続はまれである．Isaac [i.sa.ák イサア（ク）]

2	**b**	[b; ƀ]	ba	[ba; ƀa バ]	barco [bár.ko; bár.- バルコ]
			be	[be; ƀe ベ]	bestia [bés.tja; ƀés.- ベスティア]
			bi	[bi; ƀi ビ]	bicho [bí.tʃo; ƀí.- ビチョ]
			bo	[bo; ƀo ボ]	bonito [bo.ní.to; ƀo.- ボニト]
			bu	[bu; ƀu ブ]	buscar [bus.kár; ƀus.- ブスカル]
			b	[b; ƀ ブ]	broma [bró.ma; ƀró.- ブロマ]

この字は位置によって閉鎖音[b]で発音される場合と摩擦音[ƀ]で発音される場合がある．本辞典では同一の語が2種類の発音を持ち得る場合，[b]を用いる発音と[ƀ]を用いる発音をセミコロン（；）で区切って記す．どちらの音で発音されるかを決定する条件は次のとおりである．
2.1　句頭の位置では[b]：¡Bien! [bjén ビエン]
2.2　語中および句中の語頭の位置では
2.2.1　次の2.2.2の場合を除いて[ƀ]：¡Muy bien! [múi ƀjén ムイビエン], lobo [ló.ƀo ロ

ボ], el banco [el ɓáŋ.ko エルバンコ]
2.2.2 m, n の後では [b] : también [tam.bjén タンビエン], un banco [úm báŋ.ko ウンバンコ]
2.3 音節末, 語末 (語末の位置に現れるのは外来語など特殊な場合に限られる) では [ɓ] は無声音に変わったり, ほとんど聞こえないほど弱くなったりすることがある. 本辞典ではこの不安定な発音をイタリックの [ɓ] で示す：club [klúɓ クルブ], subjetivo [suɓ.xe.tí.ɓo スブヘティボ]

3	c	[k]	ca	[ka カ]	carta [kár.ta カルタ]
			co	[ko コ]	coche [kó.tʃe コチェ]
			cu	[ku ク]	curso [kúr.so クルソ]
			c	[k ク]	crimen [krí.men クリメン]
		[θ / s]	ce	[θe / se セ]	centro [θén.tro / sén.- セントロ]
			ci	[θi / si スィ]	cine [θí.ne / sí.- スィネ]

3.1 a, o, u または子音字の前 (ch という組み合わせを除く) で [k]：上の語例を参照.
3.2 e, i の前で [θ / s]：上の語例を参照. これらの語における c は, スペインの大部分では [θ] で, スペイン南部とイスパノアメリカでは [s] で発音される. 本辞典では [θ] による発音と [s] による発音を斜線 (/) で区切って記す.
3.3 音節末, 語末では発音が弱まり, 有声摩擦音 [g] に近づいたり, 軟口蓋が閉鎖したまま解放されなかったり (IPA では [k̚] と記される) することがある. 本辞典ではこの不安定な発音をイタリックの [*k*] で示す.
3.4 ch という組み合わせの場合
3.4.1 スペイン語本来の語では常に母音字の前に置かれ, [tʃ] と発音する：charla [tʃár.la チャルラ], cheque [tʃé.ke チェケ], chiste [tʃís.te チステ], chocar [tʃo.kár チョカル], chupar [tʃu.pár チュパル]
3.4.2 外来語などでは ch が子音字の前や語末にくることがあるが, この場合は [tʃ] または [k] ([*k*])で発音される. 詳しくは辞書中の該当項を参照.

4	d	[d; ð]	da	[da; ða ダ]	dama [dá.ma; ðá.- ダマ]
			de	[de; ðe デ]	dedo [dé.ðo; ðé.- デド]
			di	[di; ði ディ]	dinero [di.né.ro; ði.- ディネロ]
			do	[do; ðo ド]	dormir [dor.mír; ðor.- ドルミル]
			du	[du; ðu ドゥ]	duro [dú.ro; ðú.- ドゥロ]
			d	[d; ð ドゥ]	drama [drá.ma; ðrá.- ドゥラマ]

この字は位置によって閉鎖音 [d] で発音される場合と摩擦音 [ð] で発音される場合がある. 本辞典では同一の語が 2 種類の発音を持ち得る場合, [d] を用いる発音と [ð] を用いる発音をセミコロン (;) で区切って記す. どちらの音で発音されるかを決定する条件は次のとおりである.
4.1 句頭の位置では [d]：¡Dámelo! [dá.me.lo ダメロ]
4.2 語中および句中の語頭の位置では
4.2.1 次の 4.2.2 の場合を除いて [ð]：Me lo da. [me lo ðá メロダ], todo [tó.ðo トド], este dedo [és.te ðé.ðo エステデド]
4.2.2 l, n の後では [d]：el dedo [el dé.ðo エルデド], un dedo [ún dé.ðo ウンデド]
4.3 語末の位置では無声化して [θ] になったり, ほとんど聞こえないほど弱くなったり, 全く消えてしまったりする. 本辞典ではこの不安定な発音をイタリックの [*ð*] で示す：usted [us.teð ウステ (ドゥ)], Madrid [mað.ríð マドゥリ (ドゥ)]

5	e	[e]	e	[e エ]	entrar [en.trár エントラル]
			ea	[ea エア]	teatro [te.á.tro テアトロ]
			ee	[ee エエ]	leer [le.ér レエル]
			ei	[ei エイ]	peine [péi.ne ペイネ]
			eo	[eo エオ]	peor [pe.ór ペオル]
			eu	[eu エウ]	Europa [eu.ró.pa エウロパ]

この字は常に [e] と発音する. 英語のように ee がイーになったり eu がユーになったりすることは, 外来語などの特殊例以外にない.

6	f	[f]	fa	[fa ファ]	famoso [fa.mó.so ファモソ]
			fe	[fe フェ]	feminista [fe.mi.nís.ta フェミニスタ]

		fi	[fi フィ]	fin [fín フィン]
		fo	[fo フォ]	forma [fór.ma フォルマ]
		fu	[fu フ]	fundamento [fun.da.mén.to フンダメント]
		f	[f フ]	flamenco [fla.méŋ.ko フラメンコ]
この字は常に [f] と発音する.				
7	g	[g; ɡ]	ga	[ga; ga ガ]	gafas [gá.fas; gá.- ガファス]

		go	[go; go ゴ]	goma [gó.ma; gó.- ゴマ]
		gu	[gu; gu グ]	gusto [gús.to; gús.- グスト]
		g	[g; ɡ グ]	gloria [gló.rja; gló.- グロリア]
	[x]	ge	[xe ヘ]	general [xe.ne.rál ヘネラル]
		gi	[xi ヒ]	girasol [xi.ra.sól ヒラソル]
gu	[g; ɡ]	gue	[ge; ge ゲ]	guerra [gé.r̄a; ge.- ゲラ]
		gui	[gi; gi ギ]	guitarra [gi.tá.r̄a; gi.- ギタラ]
gü	[gw; gw]	güe	[gwe; gwe グェ]	bilingüe [bi.líŋ.gwe ビリングェ]
		güi	[gwi; gwi グィ]	pingüino [piŋ.gwí.no ピングィノ]

7.1 e, i の前では [x]: 上の語例を参照.
7.2 e, i の前以外の位置では閉鎖音 [g] で発音される場合と摩擦音 [ɡ] で発音される場合がある. なお gue, gui の組み合わせでは u は発音されず, güe, güi の組み合わせでは ü は [w] で発音される (ü の点々は crema または diéresis と呼ばれ, güe, güi の組み合わせのときのみ用いられる). 本辞典では同一の語が2種類の発音を持ち得る場合 [g] を用いる発音と [ɡ] を用いる発音をセミコロン (;) で区切って記す. どちらの音で発音されるかを決定する条件は次のとおりである.
7.2.1 句頭の位置では [g]: ¡Guerra! [gé.r̄a ゲラ]
7.2.2 語中および句中の語頭の位置では
7.2.2.1 次の 7.2.2.2 の場合を除いて [ɡ]: Mucho gusto. [mú.tʃo ɡús.to ムチョグスト], alguno [al.ɡú.no アルグノ], la goma [la ɡó.ma ラゴマ]
7.2.2.2 n の後では [g]: tango [táŋ.go タンゴ], un gato [úŋ gá.to ウンガト]
7.3 音節末・語末の位置に現れるのは外来語など例外的な場合に限られ, この場合も [ɡ] で発音されるが, 直後の子音に同化したり, 逆に強調するために無声音 [x] になったりと発音が一定しない. 本辞典ではこの不安定な発音を [ɡ̌] で示す: erg [érɡ̌ エルグ]

8	h	[無音]	ha	[a ア]	hambre [ám.bre アンブレ]
			he	[e エ]	hermano [er.má.no エルマノ]
			hi	[i イ]	himno [ím.no イムノ]
			ho	[o オ]	hora [ó.ra オラ]
			hu	[u ウ]	humor [u.mór ウモル]

8.1 一般に母音字の前に置かれるが, 発音されない: 上の語例を参照.
8.2 ch という組み合わせの場合については 3.4 を参照.
8.3 「hi+母音字」については 9.2.3, 「hu+母音字」については 22.6.1 および 22.6.2 を参照.
8.4 外来語の場合も無音になることが多いが, 場合によっては原音に類似したスペイン語の [x] で読むこともあり, [h] で発音する話者もいる: Sáhara [sá.(x)a.ra // -.ha.- サアラ/サハラ]

9	i	[i]	i	[i イ]	insistir [in.sis.tír インスィスティル]
		[j]	ia	[ja イア]	familia [fa.mí.lja ファミリア]
			ie	[je イエ]	fiesta [fjés.ta フィエスタ]
			io	[jo イオ]	cambio [kám.bjo カンビオ]
			iu	[ju イウ]	triunfar [trjuɱ.fár トゥリウンファル]

9.1 子音字の前および語末では [i]: imitar [i.mi.tár イミタル], dormí [dor.mí; dor.- ドルミ]
9.2 母音字の前では
9.2.1 次の 9.2.2, 9.2.3 の場合を除き [j]: 上の語例を参照.
9.2.2 母音字の前であっても, i にアクセント記号が付いている場合は [i]: tío [tí.o ティオ], economía [e.ko.no.mí.a エコノミア]
9.2.3 「hi+母音字」の時は hi を [j] と発音する: hielo [jé.lo イェロ/ジェロ], hierba [jér.

			ba	イェルバ/ジェルバ]	
10	j	[x]	ja	[xa ハ]	Japón [xa.pón ハポン]
			je	[xe ヘ]	jefe [xé.fe ヘフェ]
			ji	[xi ヒ]	jinete [xi.né.te ヒネテ]
			jo	[xo ホ]	José [xo.sé ホセ]
			ju	[xu フ]	junio [xú.njo フニオ]

10.1 一般に母音字の前では [x]：上の語例を参照.

10.2 語末では音が弱まることが多い．本辞典ではこれをイタリックの [x] で示す．完全に消えてしまうこともある場合には [(x)] で示す：boj [bóx; ƀóx ボ(フ)], reloj [r̄e.ló(x) レロ (フ)]

11	k	[k]	ka	[ka カ]	kaki [ká.ki カキ]
			ke	[ke ケ]	Kenia [ké.nja ケニア]
			ki	[ki キ]	kilo [kí.lo キロ]
			ko	[ko コ]	koala [ko.á.la コアラ]
			ku	[ku ク]	kumis [kú.mis クミス]
			k	[k ク]	kriptón [kri$p$.tón クリプトン]

この字は外来語にのみ用いられ，[k] 音を表す：上の語例を参照．本来のスペイン語では [k] は c, q を用いて綴られる．

12	l	[l]	la	[la ラ]	lampara [lám.pa.ra ランパラ]
			le	[le レ]	lento [lén.to レント]
			li	[li リ]	límite [lí.mi.te リミテ]
			lo	[lo ロ]	local [lo.kál ロカル]
			lu	[lu ル]	luminoso [lu.mi.nó.so ルミノソ]
			l	[l ル]	alto [ál.to アルト]
					canal [ka.nál カナル]
	ll	[j ‖ ʎ]	lla	[ja ‖ ʎa ヤ/ジャ/リャ]	llamar [ja.már ‖ ʎa.- ヤマル/ジャマル/リャマル]
			lle	[je ‖ ʎe イェ/ジェ/リェ]	lleno [jé.no ‖ ʎ.- イェノ/ジェノ/リェノ]
			lli	[ji ‖ ʎi イ/ジ/リ]	allí [a.jí ‖ -.ʎí アイ/アジ/アリ]
			llo	[jo ‖ ʎo ヨ/ジョ/リョ]	llorar [jo.rár ‖ ʎo.- ヨラル/ジョラル/リョラル]
			llu	[ju ‖ ʎu ユ/ジュ/リュ]	vellutero [be.ju.té.ro / be.- ‖ -.ʎu.- ベユテロ/ベジュテロ/ベリュテロ]

12.1 ll と綴られる場合を除き，ほとんど常に [l]：上の語例を参照．ただし ch の直前で [ʎ] になることもある：Elche [éʎ.tʃe エルチェ] (本辞典では [él.tʃe] のように [l] による発音のみを記している)

12.2 ll と綴られる場合は，地域によって2種類の発音がある．本辞典では2種類の発音を二重縦線 (‖) で区切って示す：上の語例を参照．

12.2.1 スペイン語圏のほとんどの地域では y と同じように [j] で発音する．

12.2.2 スペインの一部の保守的な発音の地域では [ʎ] で発音する．

12.3 上記のほか，アルゼンチンの一部 (ブエノスアイレスなど) では ll を [ʃ] で発音することが多い：calle [ká.ʃe カシェ] (本辞典ではこの発音を記さない)

12.4 ll が子音字の前や語末にくる外来語などの特殊な例については辞書中の該当項を参照．

13	m	[m]	ma	[ma マ]	mano [má.no マノ]
			me	[me メ]	menos [mé.nos メノス]
			mi	[mi ミ]	miseria [mi.sé.rja ミセリア]
			mo	[mo モ]	momento [mo.mén.to モメント]
			mu	[mu ム]	mundo [mún.do ムンド]
			m	[m ム]	ambos [ám.bos アンボス]

13.1 一般に [m]：上の語例を参照．

13.2 語末にくるのは外来語などに限られる．この場合 [m] で発音されたり [n] で発音されたりして一定しない (スペインでは [n] で発音される頻度が高い)．本辞典ではこの不安定な発

音をイタリックの [*m*] で示す：álbu*m* [ál.bu*m* アルブ*ム*/アルプン]

14	**n**	[n]	na	[na ナ]	natural [na.tu.rál ナトゥラル]
			ne	[ne ネ]	necesario [ne.θe.sá.rjo / -.se.- ネセサリオ]
			ni	[ni ニ]	nicotina [ni.ko.tí.na ニコティナ]
			no	[no ノ]	norma [nór.ma ノルマ]
			nu	[nu ヌ]	número [nú.me.ro ヌメロ]
			n	[n ン]	gente [xén.te ヘンテ]
					pan [pán パン]
		[m]	nm	[mm ンム]	inmenso [im.mén.so インメンソ]
			nv	[mb ンブ]	inventar [im.ben.tár インベンタル]
			-n b-	[mb ンブ]	un banco [úm báŋ.ko ウンバンコ]
			-n m-	[mm ンム]	un momento [úm mo.mén.to ウンモメント]
			-n p-	[mp ンプ]	un poco [úm pó.ko ウンポコ]
			-n v-	[mb ンブ]	en venta [em bén.ta エンベンタ]
		[ɱ]	nf	[ɱf ンフ]	infantil [iɱ.fan.tíl インファンティル]
			-n f-	[ɱf ンフ]	en fin [eɱ fín エンフィン]
		[ɲ]	nch	[ɲtʃ ンチュ]	henchir [eɲ.tʃír エンチル]
			ny	[ɲj ンジュ]	inyección [iɲ.jek.θjón / -.sjón インジェ(ク)スィオン]
			-n ch-	[ɲtʃ ンチュ]	un chico [úɲ tʃí.ko ウンチコ]
			-n ll-	[ɲj ∥ ɲʎ ンジュ/ンリュ]	en llama [eɲ já.ma ∥ -ʎá.- エンジャマ/エンリャマ]
			-n hi+母音字	[ɲj ンジュ]	con hielo [koɲ jé.lo コンジェロ]
			-n y+母音字	[ɲj ンジュ]	en yeso [eɲ jé.so エンジェソ]
		[ŋ]	nc	[ŋk ンク]	nunca [núŋ.ka ヌンカ]
			ng	[ŋg ング]	tengo [téŋ.go テンゴ]
				[ŋx ンフ]	ángel [áŋ.xel アンヘル]
			nj	[ŋx ンフ]	conjunto [koŋ.xún.to コンフント]

14.1 次の 14.2〜14.5 の場合を除き，一般に [n]：上の語例を参照．
14.2 b, m, p, v の前では [m]：上の語例を参照．
14.3 f の前では [ɱ]：上の語例を参照．
14.4 ch, y, ll,「hi+母音字」の前では [ɲ]：上の語例を参照．ただし，間に語境界を挟んだ -n ll-, -n hi+母音字, -n y+母音字の場合には [nj] という発音もある：en llama [e.njá.ma エニャマ], con hielo [e.njé.lo コニィエロ], en yeso [e.njé.so エニィェソ]
14.5 ca, co, cu,「c+子音字」, g, j の前で [ŋ]：上の語例を参照．
14.6 スペイン南部，イスパノアメリカ全域で，句末（ときに語末）の -n が [ŋ] で発音されることがある．Ven. [béŋ; béŋ ベン], en español [e.ŋes.pa.ɲól エゲスパニョル（「ゲ」はいわゆる鼻濁音)］（本辞典では一般的な [n] による発音のみを記している）

15	**ñ**	[ɲ]	ña	[ɲa ニャ]	mañana [ma.ɲá.na マニャナ]
			ñe	[ɲe ニェ]	compañero [kom.pa.ɲé.ro コンパニェロ]
			ñi	[ɲi ニ]	meñique [me.ɲí.ke メニケ]
			ño	[ɲo ニョ]	español [es.pa.ɲól エスパニョル]
			ñu	[ɲu ニュ]	ñu [ɲú ニュ]

15.1 通常，語中で母音字の前に置かれ [ɲ]：上の語例を参照．
15.2 語頭にくるのは方言や特殊な語に限られる：ñato [ɲá.to ニャト], ñeque [ɲé.ke ニェケ]

16	**o**	[o]	o	[o オ]	origen [o.rí.xen オリヘン]
			oa	[oa オア]	oasis [o.á.sis オアスィス]
			oe	[oe オエ]	poema [po.é.ma ポエマ]
			oi	[oi オイ]	boina [bói.na / b̆ói.- ボイナ]
			ou	[ou オウ]	bou [bóu / b̆óu ボウ]

前後関係によって音価が変わることはなく，常に [o]. 英語のように ou がアウになったりすることは，外来語などの特殊例以外にはない．

17	**p**	[p]	**pa**	[pa パ]	**panorama** [pa.no.rá.ma パノラマ]
			pe	[pe ペ]	**pensar** [pen.sár ペンサル]
			pi	[pi ピ]	**pino** [pí.no ピノ]
			po	[po ポ]	**popular** [po.pu.lár ポプラル]
			pu	[pu プ]	**punto** [pún.to プント]
			p	[p プ]	**primero** [pri.mé.ro プリメロ]

17.1 以下の場合を除き，一般に [p]：上の語例を参照．

17.2 語末・音節末では音が弱まり，無声摩擦音 [ɸ] や有声摩擦音 [ƀ] に近づくことが多い．また両唇を閉じたままその解放が聞こえないこともある（IPAでは [p˺] と記される）．本辞典ではこの不安定な発音をイタリック体の [*p*] で示す：ado**p**tar [a.ðo*p*.tár アド(プ)タル], la**p**so [lá*p*.so ラ(プ)ソ], autosto**p** [au.tos.tó*p* アウトスト(ップ)]

17.3 ps- で始まるギリシャ語起源の語では p- は無音：**p**sicología [si.ko.lo.xí.a スィコロヒア]

18.	**qu**	[k]	**que**	[ke ケ]	**queso** [ké.so ケソ]
			qui	[ki キ]	**quinto** [kín.to キント]

18.1 q は一般に que または qui という組み合わせでのみ用いられ，それぞれ [ke], [ki] を表す：上の語例を参照．

18.2 ラテン語からの借用語など特殊例については，辞書中の該当項を参照．

19	**r**	[ř]	**ra-**	[řa ラ]	**r**adio [řá.djo ラディオ]
			re-	[ře レ]	**r**eforma [ře.fór.ma レフォルマ]
			ri-	[ři リ]	**r**ico [ří.ko リコ]
			ro-	[řo ロ]	**R**oma [řó.ma ロマ]
			ru-	[řu ル]	**r**umor [řu.mór ルモル]
		[r]	**-ra**(-)	[ra ラ]	ca**r**amelo [ka.ra.mé.lo カラメロ]
			-re(-)	[re レ]	de**r**echo [de.ré.tʃo; ðe.- デレチョ]
			-ri(-)	[ri リ]	ame**r**icano [a.me.ri.ká.no アメリカノ]
			-ro(-)	[ro ロ]	o**r**o [ó.ro オロ]
			-ru(-)	[ru ル]	Pe**r**ú [pe.rú ペル]
			-r(-)	[r ル]	fue**r**te [fwér.te フエルテ]
					seño**r** [se.ɲór セニョル]
	rr	[ř]	**-rra**(-)	[řa ラ]	tie**rr**a [tjé.řa ティエラ]
			-rre(-)	[ře レ]	to**rr**e [tó.ře トレ]
			-rri(-)	[ři リ]	a**rr**imar [a.ři.már アリマル]
			-rro(-)	[řo ロ]	ba**rr**o [bá.řo; ƀá.- バロ]
			-rru(-)	[řu ル]	inte**rr**umpir [in.te.řum.pír インテルンピル]

19.1 語頭の r は [ř]：上の語例を参照（句中の語頭でも同じ：la **r**adio [la řa.ðjo ララディオ], una **r**eforma [ú.na ře.fór.ma ウナレフォルマ]）．

19.2 語中・語末の r は次の 19.3 の場合を除いて，一般に [r]：上の語例を参照．

19.3 l, n, s の直後の r は [ř]：al**r**ededor [al.ře.ðe.ðór アルレデドル], hon**r**a [ón.řa オンラ], Is**r**ael [is.řa.él イスラエル]

19.4 強調した発音の場合，語末・音節末の r が [ř] になることがある：fue**r**te [fwér.te フエルテ], seño**r** [se.ɲór セニョル]（本辞典では普通の発音である [r] の方を示してある）

19.5 rr の組み合わせは常に語中で用いられて [ř]：上の語例を参照．

20	**s**	[s]	**sa**	[sa サ]	**s**anto [sán.to サント]
			se	[se セ]	**s**emana [se.má.na セマナ]
			si	[si スィ]	**s**impático [sim.pá.ti.ko スィンパティコ]
			so	[so ソ]	**s**orpresa [sor.pré.sa ソルプレサ]
			su	[su ス]	**s**uperior [su.pe.rjór スペリオル]
			s	[s ス]	ba**s**tante [bas.tán.te; ƀas.- バスタンテ]
					marte**s** [már.tes マルテス]

20.1 一般に [s]：上の語例を参照．

20.2 有声子音字の前では有声化して [z] に近くなることがある：mi**s**mo [míz.mo ミズモ], de**s**de [dez.ðe; ðez.- デズデ]（本辞典では一般的な [s] の方の発音を示している）

20.3 スペイン南部の一部やイスパノアメリカの多くの地域では語末・音節末の s が [h] のよう

に発音されることがある：gustos [gúh.toh; gúh.- グフトフ]（本辞典では一般的な [s] の発音のみを示している）

21	t	[t]	ta	[ta タ]	tanto [tán.to タント]
			te	[te テ]	tema [té.ma テマ]
			ti	[ti ティ]	tinta [tín.ta ティンタ]
			to	[to ト]	total [to.tál トタル]
			tu	[tu トゥ]	turista [tu.rís.ta トゥリスタ]
			t	[t トゥ]	tren [trén トゥレン]

21.1 以下の場合を除き，一般に [t] を表す：上の語例を参照．
21.2 音節末で有声子音字の前にくる時は弱まって，有声摩擦音 [d̪] に近くなることもある．本辞典ではこの不安定な発音をイタリック体の [*t*] で示す：atlas [á*t*.las アドゥラス], ritmo [r̃í*t*.mo リドゥモ], etnología [e*t*.no.lo.xí.a エドゥノロヒア]
21.3 語末では [t] が弱まり，閉鎖の解放が全く聞こえない発音になったり，完全に消失してしまったり(IPAでは [t˺] と記される)することがある．本辞典ではこれを [(t)] で表す．carnet [kar.né(t) カルネ（ットゥ）].

22	u	[u]	u	[u ウ]	uno [ú.no ウノ]
		[w]	ua	[wa ワ]	cuatro [kwá.tro クワトロ]
			ue	[we ウェ]	puente [pwén.te プエンテ]
			ui	[wi ウイ]	ruina [r̃wí.na ルイナ]
			uo	[wo ウオ]	continuo [kon.tí.nwo コンティヌオ]

22.1 子音字の前および語末で [u]：luna [lú.na ルナ], espíritu [es.pí.ri.tu エスピリトゥ]
22.2 母音字の前では次の 22.3〜22.5 の場合を除いて [w]：上の語例を参照．
22.3 u にアクセント記号が付いているときは母音字の前でも [u]：continúa [kon.ti.nú.a コンティヌア]
22.4 gue, gui, güe, güi については 7.2 を参照．
22.5 que, qui については 18 を参照．
22.6.1 句頭またはnの直後の「hu＋母音字」の場合，[w] の前に [g] が聞こえることがある．本辞典ではこれを [(g)w] で示す：huevo [(g)wé.ƀo グエボ/ウエボ], un huevo [úŋ (g)wé.ƀo ウングエボ/ウンウエボ]
22.6.2 上記 22.6.1 以外の位置の「hu＋母音字」の場合，[w] の前に [g] が聞こえることがある．本辞典ではこれを [(g)w] で示す：ahuecar [a.(g)we.kár ア(グ)ウェカル]

23	v	[b; ƀ]	va	[ba; ƀa バ]	vaca [bá.ka; ƀá.- バカ]
			ve	[be; ƀe ベ]	ventana [ben.tá.na; ƀen.- ベンタナ]
			vi	[bi; ƀi ビ]	visita [bi.sí.ta; ƀi.- ビスィタ]
			vo	[bo; ƀo ボ]	volumen [bo.lú.men; ƀo.- ボルメン]
			vu	[bu; ƀu ブ]	vulpino [bul.pí.no; ƀul.- ブルピノ]

23.1 多くの地域でvはbと同じ発音を持つ．よって 2のb も参照．
23.1.1 句頭の位置では [b]：¡Voy! [bói ボイ]
23.1.2 語中および句中の位置ではnの後を除いて [ƀ]：avión [a.ƀjón アビオン], el viento [el ƀjén.to エルビエント]
23.1.3 語中および句中でnの後では [b]：invierno [im.bjér.no インビエルノ], un viento [úm bjén.to ウンビエント]
23.2 南米の一部の地域ではこの字はbと区別され，英語のvのような有声唇歯摩擦音 [v] で発音される（本辞典ではこの発音は載せていない）．

24.	w	[(g)w; (g)w (グウ)]			Washington [(g)wá.sin.ton; (g)wá.- (グ)ワスィントン]
		[b; ƀ ブ]		water	[bá.ter; ƀá.- バテル]

外来語にのみ用いられ，原則として以下の2種の発音を表す．
24.1 句頭およびnの後で [w] または [gw]，その他の位置で [w] または [gw]：este weekend [és.te (g)wí.ken(d) エステ(グ)ウィケン(ドゥ)], en Washington [eŋ (g)wá.sin.ton エン(グ)ワスィントン]
24.2 b, v と同じく，句頭および m, n の後で [b]，その他の位置で [ƀ]：un water [úm bá.ter ウンバテル], una obra wagneriana [ú.na ó.ƀra ƀag.ne.rjá.na ウナオブラバグネリアナ]

25	**x**	[ks]	-xa(-)	[ksa (クサ)]	examinar [ek.sa.mi.nár エ(ク)サミナル]
			-xe(-)	[kse (クセ)]	exento [ek.sén.to エ(ク)セント]
			-xi(-)	[ksi (ク)スィ]	taxi [ták.si タ(ク)スィ]
			-xo(-)	[kso (ク)ソ]	sexo [sék.so セ(ク)ソ]
			-xu(-)	[ksu (ク)ス]	exultar [ek.sul.tár エ(ク)スルタル]
			-x	[ks (ク)ス]	fénix [fé.niks フェニ(ク)ス]
		[(k)s]	-x-	[(k)s (ク)ス]	texto [té(k)s.to テ(ク)スト]

25.1 語中の母音の前および語末で [ks]. この場合 [k] は弱まって有声摩擦音 [g] や無声摩擦音 [x] に近くなることが多いので, 本辞典ではこの不安定な発音をイタリックの [*k*] で示す: 上の語例を参照.

25.2 語中の子音字の前では [k] が発音されず [s] になることが多いが [ks] という発音も聞かれることがある. 本辞典ではこれを [(k)s] と示す: extranjero [e(k)s.traŋ.xé.ro エ(ク)ストゥランヘロ], sexto [sé(k)s.to セ(ク)スト]

25.3 語頭では [s]: xantina [san.tí.na サンティナ], xilófono [si.ló.fo.no スィロフォノ] (語頭の x は外来語などの特殊例に限られる)

26	**y**	[j]	ya	[ja ヤ/ジャ]	raya [řá.ja ラヤ/ラジャ]
			ye	[je イェ/ジェ]	ayer [a.jér アイェル/アジェル]
			yo	[jo ヨ/ジョ]	mayo [má.jo マヨ/マジョ]
			yu	[ju ユ/ジュ]	desayuno [de.sa.jú.no; đe.- デサユノ/デサジュノ]
		[i]	-ay	[ai アイ]	lay [lái ライ]
			-ey	[ei エイ]	ley [léi レイ]
			-oy	[oi オイ]	hoy [ói オイ]
			-uy	[ui ウイ]	muy [múi ムイ]
			y	[i イ]	y [i イ]

26.1 一般に母音字の前で [j]: 上の語例を参照. この音は接近音 (日本人には「ヤ行」に聞こえる) のことも摩擦音 (日本人には「ジャ行」に聞こえる) のこともある. また, 語頭・句頭や語中の l, n の後で, 強く発音する場合に閉鎖音 (IPAでは [ɟ] と記される) または英語の j のような破擦音 [dʒ] になることもある: ¡Yo! [ɟó, dʒó ジョ/ギョ], el yunque [el ɟúŋ.ke, eʎ -, - dʒúɲ.- エルジュンケ], inyección [iɲ.jek.θjón, -.dʒek.- インジェ(ク)スィオン] (本辞典では [j] という発音のみを記す)

26.2 語末または単独で [i]: 上の語例を参照 (muy は [múi] のほか [mwí] という発音もある).

26.3 アルゼンチンの一部 (ブエノスアイレスなど) では母音の前の y を [ʃ] で発音することが多い: mayo [má.ʃo マショ] (本辞典ではこの発音を記さない)

27	**z**	[θ / s]	za	[θa / sa サ]	zapato [θa.pá.to / sa.- サパト]
			ze	[θe / se セ]	zeta [θé.ta / sé.- セタ]
			zi	[θi / si スィ]	zircón [θir.kón / sir.- スィルコン]
			zo	[θo / so ソ]	zona [θó.na / só.- ソナ]
			zu	[θu / su ス]	zumo [θú.mo / sú.- スモ]
			z	[θ / s ス]	feliz [fe.líθ / -.lís フェリス]

27.1 スペインのほぼ全域では [θ], イスパノアメリカ全域およびスペイン南部の一部では [s] で発音される. 本辞典ではこの二種の発音を斜線で区切って示す: 上の語例を参照.

27.2 音節末で有声子音字の前にくるときは有声化して [đ / z] に近くなることもある: juzgar [xuđ.gár / xuz.- フズガル] (本辞典では [θ / s] の発音のみを記す)

IV. 音節について

1. 二重母音・三重母音について

(a) 強母音と弱母音: 5つの母音は強母音 (a, e, o) と弱母音 (i, u) に分けられる. i は, 二重母音・三重母音の中にあって, かつ語末に位置する場合には y と書かれる.

(b) 二重母音: ①強母音+弱母音 ②弱母音+強母音 ③弱母音+弱母音 のいずれかの組み合わせの場合, 二重母音 (diptongo) となり, 同一の音節に属する.

① 強母音+弱母音

ai, ay [ai]: aislar, fraile, hay   **eu** [eu]: europeo, feudal

au	[au]:	autor, astronauta	oi, oy	[oi]:	oigo, convoy
ei, ey	[ei]:	peine, reino, ley	ou	[ou]:	bou

② 弱母音＋強母音

ia	[ja]:	diario, viaje, academia	ua	[wa]:	cuarto, continuar, agua
ie	[je]:	bien, cierto, planicie	ue	[we]:	huevo, mueble, puerto
io	[jo]:	idioma, nacional, episodio	uo	[wo]:	duodécimo, antiguo

③ 弱母音＋弱母音

| iu | [ju]: | ciudad, triunfo, viuda |
| ui | [wi]: | juicio, ruido |

[注意] 二重母音にならない場合：①強母音＋強母音　②弱母音（アクセント記号つき）＋強母音　③強母音＋弱母音（アクセント記号つき）　の組み合わせの場合は二重母音にならず、それぞれの母音が別個の音節に属する。これを母音分立 (hiato) という。

① 強母音＋強母音

ae	[a.e]:	caer, paella	eo	[e.o]:	veo, aseo
ao	[a.o]:	caos, bacalao	oa	[o.a]:	toalla, oasis
ea	[e.a]:	real, lea	oe	[o.e]:	poeta, coetáneo

② 弱母音（アクセント記号付き）＋強母音

ía	[i.a]:	tía, impía	úa	[u.a]:	rúa, continúa
íe	[i.e]:	fíe, ríe	úe	[u.e]:	sitúe, actúe
ío	[i.o]:	mío, río	úo	[u.o]:	dúo, acentúo

③ 強母音＋弱母音（アクセント記号付き）

aí	[a.i]:	país, vizcaíno	aú	[a.u]:	baúl, laúd
eí	[e.i]:	reír, seísmo	eú	[e.u]:	reúma, teúrgia
oí	[o.i]:	oíble, roído			

(c) 三重母音：弱母音＋強母音＋弱母音の組み合わせは三重母音 (triptongo) となり、これらは同一の音節に属する。

iai	[jai]:	estudiáis, cambiáis	uai, uay	[wai]:	averiguáis, Uruguay
iei	[jei]:	estudiéis, cambiéis	uei, uey	[wei]:	averigüéis, buey

2．二重子音について

次の12種の組み合わせを二重子音 (grupo consonántico) と呼ぶ。これらはひとまとまりになって音節頭に位置する。

bl	[bl; ƀl]:	blando, hablar, pueblo	br	[br; ƀr]:	broma, descubrir
cl	[kl]:	claro, declinar, choclo	cr	[kr]:	crema, recrear, mediocre
fl	[fl]:	flauta, flecha, influencia	dr	[dr; đr]:	drama, piedra
gl	[gl; ǥl]:	gloria, iglesia, siglo	fr	[fr]:	Francia, confrontar, cifra
pl	[pl]:	plano, amplio, simple	gr	[gr; ǥr]:	gramática, negro
			pr	[pr]:	prensa, temprano, compra
			tr	[tr]:	tradición, contrato, extra

なお、tl はメキシコ先住民語からの借用語など特殊な語に限る：tlaspi, Aztlán, nahuatl. その他の語では atleta, atlántico など少数だが、その場合この tl が二重子音として扱われやすい地域と、2つの単子音として扱われやすい地域とがある。スペインは後者である。

3．音節の分け方

音節の核となるのは母音で、1つの音節には必ず母音（単母音、二重母音または三重母音が1個含まれる。その前後に子音を伴う場合もそうでない場合もある。語を音節に分けるときは、以下の方法による。

(ア) 二重母音、三重母音はそれぞれ1つの母音と数え、1つの音節の中に含める：au・daz, pei・ne, tiem・po, cam・biáis

(イ) 二重母音にならない2母音が連続している場合には2音節に分ける：o・a・sis, le・ón, o・es・te, Ma・rí・a, o・ír, a・ún, grú・a

(ウ) 母音と母音の間に1個の子音（二重子音および ch, ll, rr はそれぞれ1個と数える）があるときはそれらを後続母音と同じ音節に含める：a・la, bo・ca, le・tra, pie・dra, mu・cho, ca・lle, pe・rro. 語末以外の y は子音字として扱う：a・yer, ma・yo, re・yes

(エ) 母音と母音の間に2個の子音がある場合にはそれらを前後の母音に1つずつ分ける：as・no, has・ta, in・yec・ción, puer・ta, an・cho, as・tro, im・pre・sión

(オ) 母音と母音の間に3個の子音がある場合は、2番目と3番目の子音の間に音節境界を置く：

ins・tan・te, obs・tá・cu・lo, mons・truo
- （カ）x は2個の子音 [ks] で発音される場合と1個の子音 [s] で発音される場合がある．[ks] で発音される場合，直後に母音があれば音節境界は [k] と [s] の間になる．しかし文字としては1個の子音として扱う：e・xa・men [ek.sá.men], co・ne・xión [ko.nek.sjón], con・tex・to [kon.té(k)s.to], ex・tre・mo [e(k)s.tré.mo]
- （キ）tl はメキシコ先住民語などを起源とする語の場合には1個の子音として扱う：Az・tlán, Te・noch・ti・tlánその他の場合には2個の子音として扱うのが普通である：at・lán・ti・co, at・las.

4．音節と分綴

音節は発音の区切りを示すもので，語を発音するときの最小単位になる（本辞典の発音表記では，音節の境界をピリオド（.）で示している）．これに対して分綴は語を綴るときの区切りを示すもので，音節にしたがって区切るのが原則だが，音節とは少し違った区切り方をする場合もある．

例えば desayuno, nosotros などの語を，上記の音節の区切りにしたがって de・sa・yu・no と区切る場合と，接頭辞などを非分割単位として des・a・yu・no, nos・o・tros と区切る場合がある．本辞典では発音表記の中に音節の区切りを示してあるので，2種類の分綴が可能な場合には，見出し語ではあえて音節の区切りと異なる分綴の方を示している．

外来語に関しては，本辞典の発音表記内の音節の区切り方はスペイン語圏の一般的な発音によっている．一方，見出し語の分綴は原則として原語の分綴法に従っている．例えば buggy, larghetto はそれぞれ bug・gy [bú.gi], lar・ghet・to [lar.gé.to] のように記されているが，bu・ggy, lar・ghe・ttoという分綴も可である．

本辞典の発音表記では，同一語に2種類以上の発音がある場合，発音が共通している一つまたは複数の音節をハイフン（-）で略記する．

例：nue・vo, va [nwé.ƀo, -.ƀa] … 男性形 nuevo は [nwé.ƀo], 女性形 nueva は [nwé.ƀa] と発音する．
vi・no [bí.no; ƀí.-] … 直前の音によって [bí.no], [ƀí.no] の2種類の発音がある．
ce・men・ta・ción [θe.men.ta.θjón / se.-.sjón] … 地域によって [θe.men.ta.θjón], [se.men.ta.sjón] の2種類の発音がある
a・ma・ri・llez [a.ma.ri.jéθ ‖ -.ʎéθ / -.jés] … 地域によって [a.ma.ri.jéθ], [a.ma.ri.ʎéθ], [a.ma.ri.jés] の3種類の発音がある（地域や直前の音による発音のバリエーションについては「Ⅵ．本辞典における発音のバリエーシェンの示し方」参照）．

Ⅴ．アクセント

スペイン語のアクセントは日本語のような高さアクセントではなく，強さアクセントである．ただし，これはアクセントのある音節が必ず物理的に強く発音されるという意味ではなく，強さ・高さ・長さなど何らかの点で際立って発音されるという意味である．

(1) アクセントを持つ語，持たない語

前置詞，接続詞，定冠詞，所有形容詞前置形（mi, tu, su...），関係詞（que, quien, como, cuando, donde... ただし el cual およびその性数変化形を除く），目的格人称代名詞（再帰代名詞も含め，me, te, se...）などは，アクセントを持たない語である．

それ以外の語は，原則として特定の1つの音節にアクセントを持つ．単音節語（dos, va, muy...）もアクセントを持っている．

(2) アクセントの位置およびアクセント記号

2音節以上から成りアクセントを持つ語のアクセントの位置は，次の ①，② の規則によって知ることができる．

- ① 母音，または n, s で終わる語は終わりから2番目の音節にアクセントがある．
  ar・te, la・go, ma・ña・na, Car・men, e・xa・men, le・jos, mu・cha・chos
- ② n, s 以外の子音（yを含む）で終わる語は最後の音節にアクセントがある．
  es・pa・ñol, Ma・drid, com・pren・der, U・ru・guay
- ③ 上記 ①，② の規則に合わない位置にアクセントを持つ語は，母音字にアクセント記号を付けてその音節にアクセントがあることを示す
  e・co・nó・mi・co, ca・fé, mé・di・co, a・quí, a・le・mán, ban・do・ne・ón, cor・tés, ja・po・nés
- ④ 同じ綴りで，発音上アクセントの有無のみによって区別される語がある場合，区別のためにアクセントを持つ語の該当する母音字にアクセント記号を付けるものがある．

a) 疑問詞と関係詞・接続詞など：cuándo〈いつ〉, cuando〈…するときに〉; dónde〈どこ〉, donde〈…する所で〉; qué〈何〉, que〈…ということ〉.
b) その他：mí〈私〉（前置詞格人称代名詞）, mi〈私の〉（所有形容詞前置形）; tú〈君は, が〉（主格人称代名詞）, tu〈君の〉（所有形容詞前置形）; té〈茶〉（名詞）, te〈君を, に〉（目的格人称代名詞）

⑤ 発音もアクセントの位置も全く同じ2語を区別するために一方にアクセント記号を付け, 他方には付けない場合がある.
a) 指示代名詞と指示形容詞：éste〈これ〉, este〈この〉; ése〈それ〉, ese〈その〉; aquél〈あれ〉, aquel〈あの〉. ただし現在の正書法ではこれらの指示代名詞のアクセント記号は省略してもよいことになっている.
b) その他：sólo〈…だけ〉（副詞）, solo〈唯一の〉（形容詞）

⑥ 合成語や古くは複数の語であったもの（-menteで終わる副詞はラテン語では2語だった）は複数個のアクセントを持つことがある：tótum revolútum [tó.tum r̄e.ƀo.lú.tum], económicamente [e.ko.nó.mi.ka.mén.te]

VI. 本辞典における発音のバリエーションの示し方

同じ語であっても直前に来る音, 国や地域, また個人によって異なった発音をされることがある. 本辞典ではこれを次のような方法で示す.

(1) 音環境によるもの

語頭の b, v, d, g（次に e, i がある場合を除く）は, 句頭であるか句中であるか, また句中の場合には直前にどんな音があるかによって, 閉鎖音・摩擦音の2種の発音を持つ（「Ⅲ. スペイン語の綴り字と発音」2, 4, 7, 23参照）. 本辞典では閉鎖音による発音を先に記し, セミコロン（;）の後に摩擦音による発音を記す：bo•ca [bó.ka; ƀó.-], vi•no [bí.no; ƀí.-], de•do [dé.đo; đé.-], go•ma [gó.ma; ǥó.-]

(2) 地域によるもの

① c（次に e, i がある場合）, z はスペインの大部分では [θ] で発音され s と区別されるが, スペインの一部およびイスパノアメリカ全域では s と同じ [s] の発音になる（「Ⅲ. スペイン語の綴り字と発音」3.2, 27.1参照）. 本辞典では [θ] を用いた発音を先に記し, 斜線（/）の後に [s] を用いた発音を記す：zo•na [θó.na / só-], es•ta•ción [es.ta.θjón / -.sjón].

② ll はスペイン語圏の大部分で y と同じ [j] で発音されるが, スペインの一部の保守的な発音では y と区別されて [ʎ] で発音される（「Ⅲ. スペイン語の綴り字と発音」12参照）. 本辞典では [j] を用いた発音を先に記し, 二重縦線（‖）の後に [ʎ] を用いた発音を記す：lla•ma [já.ma ‖ ʎá.-], cu•chi•llo [ku.tʃí.jo ‖ -.ʎo]

(3) 外来語

外来語がスペイン語に入ると, 多かれ少なかれ原語とは異なったスペイン語化した発音になる. しかしスペイン語化の度合いは語によって異なるし, 同じ語でも個人によって著しくスペイン語化した発音やかなり原語に近い発音など様々な仕方で発音されるものがある. 本辞典では, 外来語の複数の発音を示したほうが良いと判断した場合に, 強くスペイン語化した発音を先に記し, 二重斜線（∥）の後に比較的原語に近い発音を記す：air•bag [áir.baǥ ∥ ér.-], e•ject [e.jékt ∥ i.-], fon•due [fon.dí ∥ -.djú]

(4) その他

上記 (1)～(3) のいずれにも該当しないが, 一つの語が複数の発音を持つことがある. その場合, 本辞典ではそれらの発音をコンマ（,）で区切って示す：se•gún [se.gún, -.gun], no•ven•ta•y•o•chis•ta [no.ƀen.tai.o.tʃís.ta, -.ta.jo.-]

動詞索引

動詞	表番号	動詞	表番号	動詞	表番号
規則動詞 -ar型	Ⅰ	decir	51	oler	25
〃 -er型	Ⅱ	degollar	18	oponer	41
〃 -ir型	Ⅲ	delinquir	104	paliar	83
再帰動詞 -ar型	Ⅳ	desdar	63	parecer	34
〃 -er型	Ⅴ	desdecir	52	pedir	1
〃 -ir型	Ⅵ	desosar	21	placer	35
助動詞 haber	Ⅶ	dirigir	101	poder	26
不規則動詞		discernir	14	poner	40
abolir	80	distinguir	105	prender	77
abrir	73	dormir	28	prever	61
adecuar	85	embaucar	94	proteger	100
adquirir	30	empezar	10	proveer	70
aducir	37	erguir	7	pudrir	79
ahincar	91	errar	11	querer	13
ahumar	95	escribir	75	raer	57
aislar	88	estar	64	reír	5
andar	68	europeizar	90	reunir	96
apreciar	82	forzar	20	roer	59
apretar	8	fraguar	86	rogar	17
arcaizar	89	freír	6	romper	78
argüir	49	gozar	97	saber	55
asir	39	graduar	84	salir	46
aunar	93	haber (助動詞)	Ⅶ	satisfacer	33
avenir	45	hacer	32	seguir	3
avergonzar	19	huir	48	sentir	27
bendecir	53	imprimir	76	ser	65
buscar	102	ir	66	tañer	71
caber	54	irse	67	tender	12
caer	56	jugar	31	tener	42
cocer	24	licuar	87	teñir	4
cohibir	92	lucir	36	traer	58
confiar	81	llegar	103	trocar	16
contar	15	mecer	98	valer	47
contener	43	morir	29	venir	44
corregir	2	mover	22	ver	60
creer	69	mullir	72	volver	23
cubrir	74	negar	9	yacer	38
dar	62	oír	50	zurcir	99

規則動詞の変化
I 規則動詞 -ar 型 (pasar)

人称・数	直説法		接続法	
	現在	現在完了	現在	現在完了
1・単	paso	he pasado	pase	haya pasado
2・単	pasas	has pasado	pases	hayas pasado
3・単	pasa	ha pasado	pase	haya pasado
1・複	pasamos	hemos pasado	pasemos	hayamos pasado
2・複	pasáis	habéis pasado	paséis	hayáis pasado
3・複	pasan	han pasado	pasen	hayan pasado
	線過去	過去完了	過去 (ra)	過去完了 (ra)
1・単	pasaba	había pasado	pasara	hubiera pasado
2・単	pasabas	habías pasado	pasaras	hubieras pasado
3・単	pasaba	había pasado	pasara	hubiera pasado
1・複	pasábamos	habíamos pasado	pasáramos	hubiéramos pasado
2・複	pasabais	habíais pasado	pasarais	hubierais pasado
3・複	pasaban	habían pasado	pasaran	hubieran pasado
	点過去	直前過去完了	過去 (se)	過去完了 (se)
1・単	pasé	hube pasado	pasase	hubiese pasado
2・単	pasaste	hubiste pasado	pasases	hubieses pasado
3・単	pasó	hubo pasado	pasase	hubiese pasado
1・複	pasamos	hubimos pasado	pasásemos	hubiésemos pasado
2・複	pasasteis	hubisteis pasado	pasaseis	hubieseis pasado
3・複	pasaron	hubieron pasado	pasasen	hubiesen pasado
	未来	未来完了	未来	未来完了
1・単	pasaré	habré pasado	pasare	hubiere pasado
2・単	pasarás	habrás pasado	pasares	hubieres pasado
3・単	pasará	habrá pasado	pasare	hubiere pasado
1・複	pasaremos	habremos pasado	pasáremos	hubiéremos pasado
2・複	pasaréis	habréis pasado	pasareis	hubiereis pasado
3・複	pasarán	habrán pasado	pasaren	hubieren pasado
	過去未来	過去未来完了	命令法	不定詞(単純形)
1・単	pasaría	habría pasado	———	pasar
2・単	pasarías	habrías pasado	pasa	不定詞(複合形) haber pasado
3・単	pasaría	habría pasado	(pase)	過去分詞 pasado
1・複	pasaríamos	habríamos pasado	(pasemos)	現在分詞(単純形) pasando
2・複	pasaríais	habríais pasado	pasad	現在分詞(複合形)
3・複	pasarían	habrían pasado	(pasen)	habiendo pasado

II 規則動詞 -er 型 (beber)

人称・数	直説法		接続法	
	現在	現在完了	現在	現在完了
1・単	bebo	he bebido	beba	haya bebido
2・単	bebes	has bebido	bebas	hayas bebido
3・単	bebe	ha bebido	beba	haya bebido
1・複	bebemos	hemos bebido	bebamos	hayamos bebido
2・複	bebéis	habéis bebido	bebáis	hayáis bebido
3・複	beben	han bebido	beban	hayan bebido
	線過去	過去完了	過去 (ra)	過去完了 (ra)
1・単	bebía	había bebido	bebiera	hubiera bebido
2・単	bebías	habías bebido	bebieras	hubieras bebido
3・単	bebía	había bebido	bebiera	hubiera bebido
1・複	bebíamos	habíamos bebido	bebiéramos	hubiéramos bebido
2・複	bebíais	habíais bebido	bebierais	hubierais bebido
3・複	bebían	habían bebido	bebieran	hubieran bebido
	点過去	直前過去完了	過去 (se)	過去完了 (se)
1・単	bebí	hube bebido	bebiese	hubiese bebido
2・単	bebiste	hubiste bebido	bebieses	hubieses bebido
3・単	bebió	hubo bebido	bebiese	hubiese bebido
1・複	bebimos	hubimos bebido	bebiésemos	hubiésemos bebido
2・複	bebisteis	hubisteis bebido	bebieseis	hubieseis bebido
3・複	bebieron	hubieron bebido	bebiesen	hubiesen bebido
	未来	未来完了	未来	未来完了
1・単	beberé	habré bebido	bebiere	hubiere bebido
2・単	beberás	habrás bebido	bebieres	hubieres bebido
3・単	beberá	habrá bebido	bebiere	hubiere bebido
1・複	beberemos	habremos bebido	bebiéremos	hubiéremos bebido
2・複	beberéis	habréis bebido	bebiereis	hubiereis bebido
3・複	beberán	habrán bebido	bebieren	hubieren bebido
	過去未来	過去未来完了	命令法	不定詞(単純形) beber
1・単	bebería	habría bebido		不定詞(複合形)
2・単	beberías	habrías bebido	bebe	haber bebido
3・単	bebería	habría bebido	(beba)	過去分詞 bebido
1・複	beberíamos	habríamos bebido	(bebamos)	現在分詞(単純形) bebiendo
2・複	beberíais	habríais bebido	bebed	現在分詞(複合形)
3・複	beberían	habrían bebido	(beban)	habiendo bebido

Ⅲ 規則動詞 -ir 型 (subir)

人称・数	直説法		接続法	
	現在	現在完了	現在	現在完了
1・単	subo	he subido	suba	haya subido
2・単	subes	has subido	subas	hayas subido
3・単	sube	ha subido	suba	haya subido
1・複	subimos	hemos subido	subamos	hayamos subido
2・複	subís	habéis subido	subáis	hayáis subido
3・複	suben	han subido	suban	hayan subido
	線過去	過去完了	過去 (ra)	過去完了 (ra)
1・単	subía	había subido	subiera	hubiera subido
2・単	subías	habías subido	subieras	hubieras subido
3・単	subía	había subido	subiera	hubiera subido
1・複	subíamos	habíamos subido	subiéramos	hubiéramos subido
2・複	subíais	habíais subido	subierais	hubierais subido
3・複	subían	habían subido	subieran	hubieran subido
	点過去	直前過去完了	過去 (se)	過去完了 (se)
1・単	subí	hube subido	subiese	hubiese subido
2・単	subiste	hubiste subido	subieses	hubieses subido
3・単	subió	hubo subido	subiese	hubiese subido
1・複	subimos	hubimos subido	subiésemos	hubiésemos subido
2・複	subisteis	hubisteis subido	subieseis	hubieseis subido
3・複	subieron	hubieron subido	subiesen	hubiesen subido
	未来	未来完了	未来	未来完了
1・単	subiré	habré subido	subiere	hubiere subido
2・単	subirás	habrás subido	subieres	hubieres subido
3・単	subirá	habrá subido	subiere	hubiere subido
1・複	subiremos	habremos subido	subiéremos	hubiéremos subido
2・複	subiréis	habréis subido	subiereis	hubiereis subido
3・複	subirán	habrán subido	subieren	hubieren subido
	過去未来	過去未来完了	命令法	不定詞 (単純形)
1・単	subiría	habría subido	———	subir
2・単	subirías	habrías subido	sube	不定詞 (複合形) haber subido
3・単	subiría	habría subido	(suba)	過去分詞 subido
1・複	subiríamos	habríamos subido	(subamos)	現在分詞 (単純形) subiendo
2・複	subiríais	habríais subido	subid	現在分詞 (複合形)
3・複	subirían	habrían subido	(suban)	habiendo subido

Ⅳ 再帰動詞 規則変化 -ar 型 (lavarse)

人称・数	直説法		接続法	
	現在	現在完了	現在	現在完了
1・単	me lavo	me he lavado	me lave	me haya lavado
2・単	te lavas	te has lavado	te laves	te hayas lavado
3・単	se lava	se ha lavado	se lave	se haya lavado
1・複	nos lavamos	nos hemos lavado	nos lavemos	nos hayamos lavado
2・複	os laváis	os habéis lavado	os lavéis	os hayáis lavado
3・複	se lavan	se han lavado	se laven	se hayan lavado
	線過去	過去完了	過去 (ra)	過去完了 (ra)
1・単	me lavaba	me había lavado	me lavara	me hubiera lavado
2・単	te lavabas	te habías lavado	te lavaras	te hubieras lavado
3・単	se lavaba	se había lavado	se lavara	se hubiera lavado
1・複	nos lavábamos	nos habíamos lavado	nos laváramos	nos hubiéramos lavado
2・複	os lavabais	os habíais lavado	os lavarais	os hubierais lavado
3・複	se lavaban	se habían lavado	se lavaran	se hubieran lavado
	点過去	直前過去完了	過去 (se)	過去完了 (se)
1・単	me lavé	me hube lavado	me lavase	me hubiese lavado
2・単	te lavaste	te hubiste lavado	te lavases	te hubieses lavado
3・単	se lavó	se hubo lavado	se lavase	se hubiese lavado
1・複	nos lavamos	nos hubimos lavado	nos lavásemos	nos hubiésemos lavado
2・複	os lavasteis	os hubisteis lavado	os lavaseis	os hubieseis lavado
3・複	se lavaron	se hubieron lavado	se lavasen	se hubiesen lavado
	未来	未来完了	未来	未来完了
1・単	me lavaré	me habré lavado	me lavare	me hubiere lavado
2・単	te lavarás	te habrás lavado	te lavares	te hubieres lavado
3・単	se lavará	se habrá lavado	se lavare	se hubiere lavado
1・複	nos lavaremos	nos habremos lavado	nos laváremos	nos hubiéremos lavado
2・複	os lavaréis	os habréis lavado	os lavareis	os hubiereis lavado
3・複	se lavarán	se habrán lavado	se lavaren	se hubieren lavado
	過去未来	過去未来完了	命令法	不定詞 (単純形)
1・単	me lavaría	me habría lavado	———	lavarse
2・単	te lavarías	te habrías lavado	lávate	不定詞 (複合形) haberse lavado
3・単	se lavaría	se habría lavado	(lávese)	過去分詞 lavado
1・複	nos lavaríamos	nos habríamos lavado	(lavémonos)	現在分詞 (単純形) lavándose
2・複	os lavaríais	os habríais lavado	lavaos	現在分詞 (複合形)
3・複	se lavarían	se habrían lavado	(lávense)	habiéndose lavado

Ⅴ 再帰動詞 規則変化 -er 型 (**meterse**)

人称・数	直 説 法		接 続 法	
	現 在	現在完了	現 在	現在完了
1・単	me meto	me he metido	me meta	me haya metido
2・単	te metes	te has metido	te metas	te hayas metido
3・単	se mete	se ha metido	se meta	se haya metido
1・複	nos metemos	nos hemos metido	nos metamos	nos hayamos metido
2・複	os metéis	os habéis metido	os metáis	os hayáis metido
3・複	se meten	se han metido	se metan	se hayan metido
	線 過 去	過去完了	過去 (ra)	過去完了 (ra)
1・単	me metía	me había metido	me metiera	me hubiera metido
2・単	te metías	te habías metido	te metieras	te hubieras metido
3・単	se metía	se había metido	se metiera	se hubiera metido
1・複	nos metíamos	nos habíamos metido	nos metiéramos	nos hubiéramos metido
2・複	os metíais	os habíais metido	os metierais	os hubierais metido
3・複	se metían	se habían metido	se metieran	se hubieran metido
	点 過 去	直前過去完了	過去 (se)	過去完了 (se)
1・単	me metí	me hube metido	me metiese	me hubiese metido
2・単	te metiste	te hubiste metido	te metieses	te hubieses metido
3・単	se metió	se hubo metido	se metiese	se hubiese metido
1・複	nos metimos	nos hubimos metido	nos metiésemos	nos hubiésemos metido
2・複	os metisteis	os hubisteis metido	os metieseis	os hubieseis metido
3・複	se metieron	se hubieron metido	se metiesen	se hubiesen metido
	未 来	未来完了	未 来	未来完了
1・単	me meteré	me habré metido	me metiere	me hubiere metido
2・単	te meterás	te habrás metido	te metieres	te hubieres metido
3・単	se meterá	se habrá metido	se metiere	se hubiere metido
1・複	nos meteremos	nos habremos metido	nos metiéremos	nos hubiéremos metido
2・複	os meteréis	os habréis metido	os metiereis	os hubiereis metido
3・複	se meterán	se habrán metido	se metieren	se hubieren metido
	過去未来	過去未来完了	命 令 法	不定詞 (単純形)
1・単	me metería	me habría metido	———	meterse
2・単	te meterías	te habrías metido	métete	不定詞 (複合形) haberse metido
3・単	se metería	se habría metido	(métase)	過去分詞 metido
1・複	nos meteríamos	nos habríamos metido	(metámonos)	現在分詞 (単純形) metiéndose
2・複	os meteríais	os habríais metido	meteos	現在分詞 (複合形)
3・複	se meterían	se habrían metido	(métanse)	habiéndose metido

Ⅵ 再帰動詞 規則変化 -ir 型 (unirse)

人称・数	直 説 法		接 続 法	
	現 在	現在完了	現 在	現在完了
1・単	me uno	me he unido	me una	me haya unido
2・単	te unes	te has unido	te unas	te hayas unido
3・単	se une	se ha unido	se una	se haya unido
1・複	nos unimos	nos hemos unido	nos unamos	nos hayamos unido
2・複	os unís	os habéis unido	os unáis	os hayáis unido
3・複	se unen	se han unido	se unan	se hayan unido
	線過去	過去完了	過去 (ra)	過去完了 (ra)
1・単	me unía	me había unido	me uniera	me hubiera unido
2・単	te unías	te habías unido	te unieras	te hubieras unido
3・単	se unía	se había unido	se uniera	se hubiera unido
1・複	nos uníamos	nos habíamos unido	nos uniéramos	nos hubiéramos unido
2・複	os uníais	os habíais unido	os unierais	os hubierais unido
3・複	se unían	se habían unido	se unieran	se hubieran unido
	点過去	直前過去完了	過去 (se)	過去完了 (se)
1・単	me uní	me hube unido	me uniese	me hubiese unido
2・単	te uniste	te hubiste unido	te unieses	te hubieses unido
3・単	se unió	se hubo unido	se uniese	se hubiese unido
1・複	nos unimos	nos hubimos unido	nos uniésemos	nos hubiésemos unido
2・複	os unisteis	os hubisteis unido	os unieseis	os hubieseis unido
3・複	se unieron	se hubieron unido	se uniesen	se hubiesen unido
	未 来	未来完了	未 来	未来完了
1・単	me uniré	me habré unido	me uniere	me hubiere unido
2・単	te unirás	te habrás unido	te unieres	te hubieres unido
3・単	se unirá	se habrá unido	se uniere	se hubiere unido
1・複	nos uniremos	nos habremos unido	nos uniéremos	nos hubiéremos unido
2・複	os uniréis	os habréis unido	os uniereis	os hubiereis unido
3・複	se unirán	se habrán unido	se unieren	se hubieren unido
	過去未来	過去未来完了	命令法	不定詞 (単純形)
1・単	me uniría	me habría unido	———	unirse
2・単	te unirías	te habrías unido	únete	不定詞 (複合形) haberse unido
3・単	se uniría	se habría unido	(únase)	過去分詞 unido
1・複	nos uniríamos	nos habríamos unido	(unámonos)	現在分詞 (単純形) uniéndose
2・複	os uniríais	os habríais unido	uníos	現在分詞 (複合形)
3・複	se unirían	se habrían unido	(únanse)	habiéndose unido

Ⅶ 助動詞 haber（不規則変化）

人称・数	直説法		接続法	
	現在	現在完了	現在	現在完了
1・単	*he*	he habido	*haya*	haya habido
2・単	*has*	has habido	*hayas*	hayas habido
3・単	*ha (hay)*	ha habido	*haya*	haya habido
1・複	*hemos*	hemos habido	*hayamos*	hayamos habido
2・複	*habéis*	habéis habido	*hayáis*	hayáis habido
3・複	*han*	han habido	*hayan*	hayan habido
	線過去	過去完了	過去 (ra)	過去完了 (ra)
1・単	*había*	había habido	*hubiera*	hubiera habido
2・単	*habías*	habías habido	*hubieras*	hubieras habido
3・単	*había*	había habido	*hubiera*	hubiera habido
1・複	*habíamos*	habíamos habido	*hubiéramos*	hubiéramos habido
2・複	*habíais*	habíais habido	*hubierais*	hubierais habido
3・複	*habían*	habían habido	*hubieran*	hubieran habido
	点過去	直前過去完了	過去 (se)	過去完了 (se)
1・単	*hube*	hube habido	*hubiese*	hubiese habido
2・単	*hubiste*	hubiste habido	*hubieses*	hubieses habido
3・単	*hubo*	hubo habido	*hubiese*	hubiese habido
1・複	*hubimos*	hubimos habido	*hubiésemos*	hubiésemos habido
2・複	*hubisteis*	hubisteis habido	*hubieseis*	hubieseis habido
3・複	*hubieron*	hubieron habido	*hubiesen*	hubiesen habido
	未来	未来完了	未来	未来完了
1・単	*habré*	habré habido	*hubiere*	hubiere habido
2・単	*habrás*	habrás habido	*hubieres*	hubieres habido
3・単	*habrá*	habrá habido	*hubiere*	hubiere habido
1・複	*habremos*	habremos habido	*hubiéremos*	hubiéremos habido
2・複	*habréis*	habréis habido	*hubiereis*	hubiereis habido
3・複	*habrán*	habrán habido	*hubieren*	hubieren habido
	過去未来	過去未来完了	命令法	不定詞 (単純形) haber / 不定詞 (複合形) haber habido / 過去分詞 habido / 現在分詞 (単純形) habiendo / 現在分詞 (複合形) habiendo habido
1・単	*habría*	habría habido		
2・単	*habrías*	habrías habido	*he*	
3・単	*habría*	habría habido	*(haya)*	
1・複	*habríamos*	habríamos habido	*(hayamos)*	
2・複	*habríais*	habríais habido	*habed*	
3・複	*habrían*	habrían habido	*(hayan)*	

不規則動詞の変化
(注意すべき規則動詞を含む)

	直 説 法			
	現 在	線 過 去	点 過 去	未 来
１ **pedir** 過去分詞 pedido 現在分詞 *pidiendo*	*pido* *pides* *pide* pedimos pedís *piden*	pedía pedías pedía pedíamos pedíais pedían	pedí pediste *pidió* pedimos pedisteis *pidieron*	pediré pedirás pedirá pediremos pediréis pedirán
２ **corregir** 過去分詞 corregido 現在分詞 *corrigiendo*	*corrijo* *corriges* *corrige* corregimos corregís *corrigen*	corregía corregías corregía corregíamos corregíais corregían	corregí corregiste *corrigió* corregimos corregisteis *corrigieron*	corregiré corregirás corregirá corregiremos corregiréis corregirán
３ **seguir** 過去分詞 seguido 現在分詞 *siguiendo*	*sigo* *sigues* *sigue* seguimos seguís *siguen*	seguía seguías seguía seguíamos seguíais seguían	seguí seguiste *siguió* seguimos seguisteis *siguieron*	seguiré seguirás seguirá seguiremos seguiréis seguirán
４ **teñir** 過去分詞 teñido 現在分詞 *tiñendo*	*tiño* *tiñes* *tiñe* teñimos teñís *tiñen*	teñía teñías teñía teñíamos teñíais teñían	teñí teñiste *tiñó* teñimos teñisteis *tiñeron*	teñiré teñirás teñirá teñiremos teñiréis teñirán
５ **reír** 過去分詞 *reído* 現在分詞 *riendo*	*río* *ríes* *ríe* *reímos* reís *ríen*	reía reías reía reíamos reíais reían	reí *reíste* rió *reímos* *reísteis* rieron	reiré reirás reirá reiremos reiréis reirán

	接　続　法				命　　令
過去未来	現　　在	過去 (ra)	過去 (se)	未　　来	
pediría	*pida*	*pidiera*	*pidiese*	*pidiere*	———
pedirías	*pidas*	*pidieras*	*pidieses*	*pidieres*	*pide*
pediría	*pida*	*pidiera*	*pidiese*	*pidiere*	(*pida*)
pediríamos	*pidamos*	*pidiéramos*	*pidiésemos*	*pidiéremos*	(*pidamos*)
pediríais	*pidáis*	*pidierais*	*pidieseis*	*pidiereis*	pedid
pedirían	*pidan*	*pidieran*	*pidiesen*	*pidieren*	(*pidan*)
corregiría	*corrija*	*corrigiera*	*corrigiese*	*corrigiere*	———
corregirías	*corrijas*	*corrigieras*	*corrigieses*	*corrigieres*	*corrige*
corregiría	*corrija*	*corrigiera*	*corrigiese*	*corrigiere*	(*corrija*)
corregiríamos	*corrijamos*	*corrigiéramos*	*corrigiésemos*	*corrigiéremos*	(*corrijamos*)
corregiríais	*corrijáis*	*corrigierais*	*corrigieseis*	*corrigiereis*	corregid
corregirían	*corrijan*	*corrigieran*	*corrigiesen*	*corrigieren*	(*corrijan*)
seguiría	*siga*	*siguiera*	*siguiese*	*siguiere*	———
seguirías	*sigas*	*siguieras*	*siguieses*	*siguieres*	*sigue*
seguiría	*siga*	*siguiera*	*siguiese*	*siguiere*	(*siga*)
seguiríamos	*sigamos*	*siguiéramos*	*siguiésemos*	*siguiéremos*	(*sigamos*)
seguiríais	*sigáis*	*siguierais*	*siguieseis*	*siguiereis*	seguid
seguirían	*sigan*	*siguieran*	*siguiesen*	*siguieren*	(*sigan*)
teñiría	*tiña*	*tiñera*	*tiñese*	*tiñere*	———
teñirías	*tiñas*	*tiñeras*	*tiñeses*	*tiñeres*	*tiñe*
teñiría	*tiña*	*tiñera*	*tiñese*	*tiñere*	(*tiña*)
teñiríamos	*tiñamos*	*tiñéramos*	*tiñésemos*	*tiñéremos*	(*tiñamos*)
teñiríais	*tiñáis*	*tiñerais*	*tiñeseis*	*tiñereis*	teñid
teñirían	*tiñan*	*tiñeran*	*tiñesen*	*tiñeren*	(*tiñan*)
reiría	*ría*	*riera*	*riese*	*riere*	———
reirías	*rías*	*rieras*	*rieses*	*rieres*	*ríe*
reiría	*ría*	*riera*	*riese*	*riere*	(*ría*)
reiríamos	*riamos*	*riéramos*	*riésemos*	*riéremos*	(*riamos*)
reiríais	*riais*	*rierais*	*rieseis*	*riereis*	reíd
reirían	*rían*	*rieran*	*riesen*	*rieren*	(*rían*)

		直	説	法
	現　在	線　過　去	点　過　去	未　来
⑥ **freír** 過去分詞 *frito* (ときに *freído*) 現在分詞 *friendo*	*frío* *fríes* *fríe* *freímos* *freís* *fríen*	freía freías freía freíamos freíais freían	freí *freíste* *frió* *freímos* *freísteis* *frieron*	freiré freirás freirá freiremos freiréis freirán
⑦ **erguir** 過去分詞 erguido 現在分詞 *irguiendo*	*irgo* *irgues* *irgue* erguimos erguís *irguen* または *yergo* *yergues* *yergue* erguimos erguís *yerguen*	erguía erguías erguía erguíamos erguíais erguían	erguí erguiste *irguió* erguimos erguisteis *irguieron*	erguiré erguirás erguirá erguiremos erguiréis erguirán
⑧ **apretar** 過去分詞 apretado 現在分詞 apretando	*aprieto* *aprietas* *aprieta* apretamos apretáis *aprietan*	apretaba apretabas apretaba apretábamos apretabais apretaban	apreté apretaste apretó apretamos apretasteis apretaron	apretaré apretarás apretará apretaremos apretaréis apretarán
⑨ **negar** 過去分詞 negado 現在分詞 negando	*niego* *niegas* *niega* negamos negáis *niegan*	negaba negabas negaba negábamos negabais negaban	*negué* negaste negó negamos negasteis negaron	negaré negarás negará negaremos negaréis negarán
⑩ **empezar** 過去分詞 empezado 現在分詞 empezando	*empiezo* *empiezas* *empieza* empezamos empezáis *empiezan*	empezaba empezabas empezaba empezábamos empezabais empezaban	*empecé* empezaste empezó empezamos empezasteis empezaron	empezaré empezarás empezará empezaremos empezaréis empezarán

	接　続　法				命　令
過去未来	現　在	過去 (ra)	過去 (se)	未　来	
freiría	*fría*	*friera*	*friese*	*friere*	———
freirías	*frías*	*frieras*	*frieses*	*frieres*	*fríe*
freiría	*fría*	*friera*	*friese*	*friere*	(*fría*)
freiríamos	*friamos*	*friéramos*	*friésemos*	*friéremos*	(*friamos*)
freiríais	*friáis*	*frierais*	*frieseis*	*friereis*	freíd
freirían	*frían*	*frieran*	*friesen*	*frieren*	(*frían*)
erguiría	*irga*	*irguiera*	*irguiese*	*irguiere*	———
erguirías	*irgas*	*irguieras*	*irguieses*	*irguieres*	irgue
erguiría	*irga*	*irguiera*	*irguiese*	*irguiere*	(*irga*)
erguiríamos	*irgamos*	*irguiéramos*	*irguiésemos*	*irguiéremos*	(*irgamos*)
erguiríais	*irgáis*	*irguierais*	*irguieseis*	*irguiereis*	erguid
erguirían	*irgan*	*irguieran*	*irguiesen*	*irguieren*	(*irgan*)
	または				または
	yerga				———
	yergas				*yergue*
	yerga				(*yerga*)
	irgamos				(*irgamos*)
	irgáis				erguid
	yergan				(*yergan*)
apretaría	*apriete*	apretara	apretase	apretare	———
apretarías	*aprietes*	apretaras	apretases	apretares	*aprieta*
apretaría	*apriete*	apretara	apretase	apretare	(*apriete*)
apretaríamos	*apretemos*	apretáramos	apretásemos	apretáremos	(apretemos)
apretaríais	*apretéis*	apretarais	apretaseis	apretareis	apretad
apretarían	*aprieten*	apretaran	apretasen	apretaren	(*aprieten*)
negaría	*niegue*	negara	negase	negare	———
negarías	*niegues*	negaras	negases	negares	*niega*
negaría	*niegue*	negara	negase	negare	(*niegue*)
negaríamos	*neguemos*	negáramos	negásemos	negáremos	(*neguemos*)
negaríais	*neguéis*	negarais	negaseis	negareis	negad
negarían	*nieguen*	negaran	negasen	negaren	(*nieguen*)
empezaría	*empiece*	empezara	empezase	empezare	———
empezarías	*empieces*	empezaras	empezases	empezares	*empieza*
empezaría	*empiece*	empezara	empezase	empezare	(*empiece*)
empezaría-mos	*empecemos*	empezáramos	empezásemos	empezáremos	(*empecemos*)
empezaríais	*empecéis*	empezarais	empezaseis	empezareis	empezad
empezarían	*empiecen*	empezaran	empezasen	empezaren	(*empiecen*)

		直	説	法
	現在	線過去	点過去	未来
[11] **errar** 過去分詞 errado 現在分詞 errando	*yerro* *yerras* *yerra* erramos erráis *yerran*	erraba errabas erraba errábamos errabais erraban	erré erraste erró erramos errasteis erraron	erraré errarás errará erraremos erraréis errarán
[12] **tender** 過去分詞 tendido 現在分詞 tendiendo	*tiendo* *tiendes* *tiende* tendemos tendéis *tienden*	tendía tendías tendía tendíamos tendíais tendían	tendí tendiste tendió tendimos tendisteis tendieron	tenderé tenderás tenderá tenderemos tenderéis tenderán
[13] **querer** 過去分詞 querido 現在分詞 queriendo	*quiero* *quieres* *quiere* queremos queréis *quieren*	quería querías quería queríamos queríais querían	*quise* *quisiste* *quiso* *quisimos* *quisisteis* *quisieron*	*querré* *querrás* *querrá* *querremos* *querréis* *querrán*
[14] **discernir** 過去分詞 discernido 現在分詞 discerniendo	*discierno* *disciernes* *discierne* discernimos discernís *disciernen*	discernía discernías discernía discerníamos discerníais discernían	discerní discerniste discernió discernimos discernisteis discernieron	discerniré discernirás discernirá discerniremos discerniréis discernirán
[15] **contar** 過去分詞 contado 現在分詞 contando	*cuento* *cuentas* *cuenta* contamos contáis *cuentan*	contaba contabas contaba contábamos contabais contaban	conté contaste contó contamos contasteis contaron	contaré contarás contará contaremos contaréis contarán
[16] **trocar** 過去分詞 trocado 現在分詞 trocando	*trueco* *truecas* *trueca* trocamos trocáis *truecan*	trocaba trocabas trocaba trocábamos trocabais trocaban	*troqué* trocaste trocó trocamos trocasteis trocaron	trocaré trocarás trocará trocaremos trocaréis trocarán

	接続法				命令
過去未来	現在	過去 (ra)	過去 (se)	未来	
erraría	*yerre*	errara	errase	errare	———
errarías	*yerres*	erraras	errases	errares	*yerra*
erraría	*yerre*	errara	errase	errare	(*yerre*)
erraríamos	erremos	erráramos	errásemos	erráremos	(erremos)
erraríais	erréis	errarais	erraseis	errareis	errad
errarían	*yerren*	erraran	errasen	erraren	(*yerren*)
tendería	*tienda*	tendiera	tendiese	tendiere	———
tenderías	*tiendas*	tendieras	tendieses	tendieres	*tiende*
tendería	*tienda*	tendiera	tendiese	tendiere	(*tienda*)
tenderíamos	tendamos	tendiéramos	tendiésemos	tendiéremos	(tendamos)
tenderíais	tendáis	tendierais	tendieseis	tendiereis	tended
tenderían	*tiendan*	tendieran	tendiesen	tendieren	(*tiendan*)
querría	*quiera*	*quisiera*	*quisiese*	*quisiere*	———
querrías	*quieras*	*quisieras*	*quisieses*	*quisieres*	*quiere*
querría	*quiera*	*quisiera*	*quisiese*	*quisiere*	(*quiera*)
querríamos	queramos	*quisiéramos*	*quisiésemos*	*quisiéremos*	(queramos)
querríais	queráis	*quisierais*	*quisieseis*	*quisiereis*	quered
querrían	*quieran*	*quisieran*	*quisiesen*	*quisieren*	(*quieran*)
discerniría	*discierna*	discerniera	discerniese	discerniere	———
discernirías	*disciernas*	discernieras	discernieses	discernieres	*discierne*
discerniría	*discierna*	discerniera	discerniese	discerniere	(*discierna*)
discerniríamos	discernamos	discerniéramos	discerniésemos	discerniéremos	(discernamos)
discerniríais	discernáis	discernierais	discernieseis	discerniereis	discernid
discernirían	*disciernan*	discernieran	discerniesen	discernieren	(*disciernan*)
contaría	*cuente*	contara	contase	contare	———
contarías	*cuentes*	contaras	contases	contares	*cuenta*
contaría	*cuente*	contara	contase	contare	(*cuente*)
contaríamos	contemos	contáramos	contásemos	contáremos	(contemos)
contaríais	contéis	contarais	contaseis	contareis	contad
contarían	*cuenten*	contaran	contasen	contaren	(*cuenten*)
trocaría	*trueque*	trocara	trocase	trocare	———
trocarías	*trueques*	trocaras	trocases	trocares	*trueca*
trocaría	*trueque*	trocara	trocase	trocare	(*trueque*)
trocaríamos	*troquemos*	trocáramos	trocásemos	trocáremos	(*troquemos*)
trocaríais	*troquéis*	trocarais	trocaseis	trocareis	trocad
trocarían	*truequen*	trocaran	trocasen	trocaren	(*truequen*)

2130

	直 説 法			
	現　　在	線　過　去	点　過　去	未　　来
⑰ **rogar** 過去分詞 rogado 現在分詞 rogando	*ruego* *ruegas* *ruega* rogamos rogáis *ruegan*	rogaba rogabas rogaba rogábamos rogabais rogaban	*rogué* rogaste rogó rogamos rogasteis rogaron	rogaré rogarás rogará rogaremos rogaréis rogarán
⑱ **degollar** 過去分詞 degollado 現在分詞 degollando	*degüello* *degüellas* *degüella* degollamos degolláis *degüellan*	degollaba degollabas degollaba degollábamos degollabais degollaban	degollé degollaste degolló degollamos degollasteis degollaron	degollaré degollarás degollará degollaremos degollaréis degollarán
⑲ **avergonzar** 過去分詞 avergonzado 現在分詞 avergonzando	*avergüenzo* *avergüenzas* *avergüenza* avergonzamos avergonzáis *avergüenzan*	avergonzaba avergonzabas avergonzaba avergonzábamos avergonzabais avergonzaban	*avergoncé* avergonzaste avergonzó avergonzamos avergonzasteis avergonzaron	avergonzaré avergonzarás avergonzará avergonzaremos avergonzaréis avergonzarán
⑳ **forzar** 過去分詞 forzado 現在分詞 forzando	*fuerzo* *fuerzas* *fuerza* forzamos forzáis *fuerzan*	forzaba forzabas forzaba forzábamos forzabais forzaban	*forcé* forzaste forzó forzamos forzasteis forzaron	forzaré forzarás forzará forzaremos forzaréis forzarán
㉑ **desosar** 過去分詞 desosado 現在分詞 desosando	*deshueso* *deshuesas* *deshuesa* desosamos desosáis *deshuesan*	desosaba desosabas desosaba desosábamos desosabais desosaban	desosé desosaste desosó desosamos desosasteis desosaron	desosaré desosarás desosará desosaremos desosaréis desosarán
㉒ **mover** 過去分詞 movido 現在分詞 moviendo	*muevo* *mueves* *mueve* movemos movéis *mueven*	movía movías movía movíamos movíais movían	moví moviste movió movimos movisteis movieron	moveré moverás moverá moveremos moveréis moverán

	接続法				命　令
過去未来	現　在	過去 (ra)	過去 (se)	未　来	
rogaría	*ruegue*	rogara	rogase	rogare	———
rogarías	*ruegues*	rogaras	rogases	rogares	*ruega*
rogaría	*ruegue*	rogara	rogase	rogare	(*ruegue*)
rogaríamos	*roguemos*	rogáramos	rogásemos	rogáremos	(*roguemos*)
rogaríais	*roguéis*	rogarais	rogaseis	rogareis	rogad
rogarían	*rueguen*	rogaran	rogasen	rogaren	(*rueguen*)
degollaría	*degüelle*	degollara	degollase	degollare	———
degollarías	*degüelles*	degollaras	degollases	degollares	*degüella*
degollaría	*degüelle*	degollara	degollase	degollare	(*degüelle*)
degollaríamos	degollemos	degolláramos	degollásemos	degolláremos	(degollemos)
degollaríais	degolléis	degollarais	degollaseis	degollareis	degollad
degollarían	*degüellen*	degollaran	degollasen	degollaren	(*degüellen*)
avergonzaría	*avergüence*	avergonzara	avergonzase	avergonzare	———
avergonzarías	*avergüences*	avergonzaras	avergonzases	avergonzares	*avergüenza*
avergonzaría	*avergüence*	avergonzara	avergonzase	avergonzare	(*avergüence*)
avergonzaríamos	*avergoncemos*	avergonzáramos	avergonzásemos	avergonzáremos	(*avergoncemos*)
avergonzaríais	*avergoncéis*	avergonzarais	avergonzaseis	avergonzareis	avergonzad
avergonzarían	*avergüencen*	avergonzaran	avergonzasen	avergonzaren	(*avergüencen*)
forzaría	*fuerce*	forzara	forzase	forzare	———
forzarías	*fuerces*	forzaras	forzases	forzares	*fuerza*
forzaría	*fuerce*	forzara	forzase	forzare	(*fuerce*)
forzaríamos	*forcemos*	forzáramos	forzásemos	forzáremos	(*forcemos*)
forzaríais	*forcéis*	forzarais	forzaseis	forzareis	forzad
forzarían	*fuercen*	forzaran	forzasen	forzaren	(*fuercen*)
desosaría	*deshuese*	desosara	desosase	desosare	———
desosarías	*deshueses*	desosaras	desosases	desosares	*deshuesa*
desosaría	*deshuese*	desosara	desosase	desosare	(*deshuese*)
desosaríamos	desosemos	desosáramos	desosásemos	desosáremos	(desosemos)
desosaríais	desoséis	desosarais	desosaseis	desosareis	desosad
desosarían	*deshuesen*	desosaran	desosasen	desosaren	(*deshuesen*)
movería	*mueva*	moviera	moviese	moviere	———
moverías	*muevas*	movieras	movieses	movieres	*mueve*
movería	*mueva*	moviera	moviese	moviere	(*mueva*)
moveríamos	*movamos*	moviéramos	moviésemos	moviéremos	(movamos)
moveríais	*mováis*	movierais	movieseis	moviereis	moved
moverían	*muevan*	movieran	moviesen	movieren	(*muevan*)

		直	説	法	
		現　在	線　過　去	点　過　去	未　来
23 **volver** 過去分詞 *vuelto* 現在分詞 volviendo		*vuelvo* *vuelves* *vuelve* volvemos volvéis *vuelven*	volvía volvías volvía volvíamos volvíais volvían	volví volviste volvió volvimos volvisteis volvieron	volveré volverás volverá volveremos volveréis volverán
24 **cocer** 過去分詞 cocido 現在分詞 cociendo		*cuezo* *cueces* *cuece* cocemos cocéis *cuecen*	cocía cocías cocía cocíamos cocíais cocían	cocí cociste coció cocimos cocisteis cocieron	coceré cocerás cocerá coceremos coceréis cocerán
25 **oler** 過去分詞 olido 現在分詞 oliendo		*huelo* *hueles* *huele* olemos oléis *huelen*	olía olías olía olíamos olíais olían	olí oliste olió olimos olisteis olieron	oleré olerás olerá oleremos oleréis olerán
26 **poder** 過去分詞 podido 現在分詞 *pudiendo*		*puedo* *puedes* *puede* podemos podéis *pueden*	podía podías podía podíamos podíais podían	*pude* *pudiste* *pudo* *pudimos* *pudisteis* *pudieron*	*podré* *podrás* *podrá* *podremos* *podréis* *podrán*
27 **sentir** 過去分詞 sentido 現在分詞 *sintiendo*		*siento* *sientes* *siente* sentimos sentís *sienten*	sentía sentías sentía sentíamos sentíais sentían	sentí sentiste *sintió* sentimos sentisteis *sintieron*	sentiré sentirás sentirá sentiremos sentiréis sentirán
28 **dormir** 過去分詞 dormido 現在分詞 *durmiendo*		*duermo* *duermes* *duerme* dormimos dormís *duermen*	dormía dormías dormía dormíamos dormíais dormían	dormí dormiste *durmió* dormimos dormisteis *durmieron*	dormiré dormirás dormirá dormiremos dormiréis dormirán

	接続法				命令
過去未来	現在	過去 (ra)	過去 (se)	未来	
volvería	*vuelva*	volviera	volviese	volviere	——
volverías	*vuelvas*	volvieras	volvieses	volvieres	*vuelve*
volvería	*vuelva*	volviera	volviese	volviere	(*vuelva*)
volveríamos	volvamos	volviéramos	volviésemos	volviéremos	(volvamos)
volveríais	volváis	volvierais	volvieseis	volviereis	volved
volverían	*vuelvan*	volvieran	volviesen	volvieren	(*vuelvan*)
cocería	*cueza*	cociera	cociese	cociere	——
cocerías	*cuezas*	cocieras	cocieses	cocieres	*cuece*
cocería	*cueza*	cociera	cociese	cociere	(*cueza*)
coceríamos	*cozamos*	cociéramos	cociésemos	cociéremos	(*cozamos*)
coceríais	*cozáis*	cocierais	cocieseis	cociereis	coced
cocerían	*cuezan*	cocieran	cociesen	cocieren	(*cuezan*)
olería	*huela*	oliera	oliese	oliere	——
olerías	*huelas*	olieras	olieses	olieres	*huele*
olería	*huela*	oliera	oliese	oliere	(*huela*)
oleríamos	olamos	oliéramos	oliésemos	oliéremos	(olamos)
oleríais	oláis	olierais	olieseis	oliereis	oled
olerían	*huelan*	olieran	oliesen	olieren	(*huelan*)
podría	*pueda*	*pudiera*	*pudiese*	*pudiere*	——
podrías	*puedas*	*pudieras*	*pudieses*	*pudieres*	*puede*
podría	*pueda*	*pudiera*	*pudiese*	*pudiere*	(*pueda*)
podríamos	podamos	*pudiéramos*	*pudiésemos*	*pudiéremos*	(podamos)
podríais	podáis	*pudierais*	*pudieseis*	*pudiereis*	poded
podrían	*puedan*	*pudieran*	*pudiesen*	*pudieren*	(*puedan*)
sentiría	*sienta*	*sintiera*	*sintiese*	*sintiere*	——
sentirías	*sientas*	*sintieras*	*sintieses*	*sintieres*	*siente*
sentiría	*sienta*	*sintiera*	*sintiese*	*sintiere*	(*sienta*)
sentiríamos	*sintamos*	*sintiéramos*	*sintiésemos*	*sintiéremos*	(*sintamos*)
sentiríais	*sintáis*	*sintierais*	*sintieseis*	*sintiereis*	sentid
sentirían	*sientan*	*sintieran*	*sintiesen*	*sintieren*	(*sientan*)
dormiría	*duerma*	*durmiera*	*durmiese*	*durmiere*	——
dormirías	*duermas*	*durmieras*	*durmieses*	*durmieres*	*duerme*
dormiría	*duerma*	*durmiera*	*durmiese*	*durmiere*	(*duerma*)
dormiríamos	*durmamos*	*durmiéramos*	*durmiésemos*	*durmiéremos*	(*durmamos*)
dormiríais	*durmáis*	*durmierais*	*durmieseis*	*durmiereis*	dormid
dormirían	*duerman*	*durmieran*	*durmiesen*	*durmieren*	(*duerman*)

		直 説 法			
		現　在	線　過　去	点　過　去	未　来
㉙ **morir** 過去分詞 *muerto* 現在分詞 *muriendo*		*muero* *mueres* *muere* morimos morís *mueren*	moría morías moría moríamos moríais morían	morí moriste *murió* morimos moristeis *murieron*	moriré morirás morirá moriremos moriréis morirán
㉚ **adquirir** 過去分詞 adquirido 現在分詞 adquiriendo		*adquiero* *adquieres* *adquiere* adquirimos adquirís *adquieren*	adquiría adquirías adquiría adquiríamos adquiríais adquirían	adquirí adquiriste adquirió adquirimos adquiristeis adquirieron	adquiriré adquirirás adquirirá adquiriremos adquiriréis adquirirán
㉛ **jugar** 過去分詞 jugado 現在分詞 jugando		*juego* *juegas* *juega* jugamos jugáis *juegan*	jugaba jugabas jugaba jugábamos jugabais jugaban	*jugué* jugaste jugó jugamos jugasteis jugaron	jugaré jugarás jugará jugaremos jugaréis jugarán
㉜ **hacer** 過去分詞 *hecho* 現在分詞 haciendo		*hago* haces hace hacemos hacéis hacen	hacía hacías hacía hacíamos hacíais hacían	*hice* *hiciste* *hizo* *hicimos* *hicisteis* *hicieron*	*haré* *harás* *hará* *haremos* *haréis* *harán*
㉝ **satisfacer** 過去分詞 *satisfecho* 現在分詞 satisfaciendo		*satisfago* satisfaces satisface satisfacemos satisfacéis satisfacen	satisfacía satisfacías satisfacía satisfacíamos satisfacíais satisfacían	*satisfice* *satisficiste* *satisfizo* *satisficimos* *satisficisteis* *satisficieron*	*satisfaré* *satisfarás* *satisfará* *satisfaremos* *satisfaréis* *satisfarán*
㉞ **parecer** 過去分詞 parecido 現在分詞 pareciendo		*parezco* pareces parece parecemos parecéis parecen	parecía parecías parecía parecíamos parecíais parecían	parecí pareciste pareció parecimos parecisteis parecieron	pareceré parecerás parecerá pareceremos pareceréis parecerán

| | 接続法 | | | | 命令 |
過去未来	現在	過去 (ra)	過去 (se)	未来	
moriría	*muera*	*muriera*	*muriese*	*muriere*	———
morirías	*mueras*	*murieras*	*murieses*	*murieres*	*muere*
moriría	*muera*	*muriera*	*muriese*	*muriere*	(*muera*)
moriríamos	*muramos*	*muriéramos*	*muriésemos*	*muriéremos*	(*muramos*)
moriríais	*muráis*	*murierais*	*murieseis*	*muriereis*	morid
morirían	*mueran*	*murieran*	*muriesen*	*murieren*	(*mueran*)
adquiriría	*adquiera*	adquiriera	adquiriese	adquiriere	———
adquirirías	*adquieras*	adquirieras	adquirieses	adquirieres	*adquiere*
adquiriría	*adquiera*	adquiriera	adquiriese	adquiriere	(*adquiera*)
adquiriríamos	adquiramos	adquiriéramos	adquiriésemos	adquiriéremos	(adquiramos)
adquiriríais	adquiráis	adquirierais	adquirieseis	adquiriereis	adquirid
adquirirían	*adquieran*	adquirieran	adquiriesen	adquirieren	(*adquieran*)
jugaría	*juegue*	jugara	jugase	jugare	———
jugarías	*juegues*	jugaras	jugases	jugares	*juega*
jugaría	*juegue*	jugara	jugase	jugare	(*juegue*)
jugaríamos	*juguemos*	jugáramos	jugásemos	jugáremos	(*juguemos*)
jugaríais	*juguéis*	jugarais	jugaseis	jugareis	jugad
jugarían	*jueguen*	jugaran	jugasen	jugaren	(*jueguen*)
haría	haga	*hiciera*	*hiciese*	*hiciere*	———
harías	hagas	*hicieras*	*hicieses*	*hicieres*	*haz*
haría	haga	*hiciera*	*hiciese*	*hiciere*	(*haga*)
haríamos	hagamos	*hiciéramos*	*hiciésemos*	*hiciéremos*	(*hagamos*)
haríais	hagáis	*hicierais*	*hicieseis*	*hiciereis*	haced
harían	hagan	*hicieran*	*hiciesen*	*hicieren*	(*hagan*)
satisfaría	satisfaga	*satisficiera*	*satisficiese*	*satisficiere*	———
satisfarías	satisfagas	*satisficieras*	*satisficieses*	*satisficieres*	*satisfaz* または satisface
satisfaría	satisfaga	*satisficiera*	*satisficiese*	*satisficiere*	(*satisfaga*)
satisfaríamos	satisfagamos	*satisficiéramos*	*satisficiésemos*	*satisficiéremos*	(*satisfagamos*)
satisfaríais	satisfagáis	*satisficierais*	*satisficieseis*	*satisficiereis*	satisfaced
satisfarían	satisfagan	*satisficieran*	*satisficiesen*	*satisficieren*	(*satisfagan*)
parecería	*parezca*	pareciera	pareciese	pareciere	———
parecerías	*parezcas*	parecieras	parecieses	parecieres	parece
parecería	*parezca*	pareciera	pareciese	pareciere	(*parezca*)
pareceríamos	*parezcamos*	pareciéramos	pareciésemos	pareciéremos	(*parezcamos*)
pareceríais	*parezcáis*	parecierais	parecieseis	pareciereis	pareced
parecerían	*parezcan*	parecieran	pareciesen	parecieren	(*parezcan*)

	直 説 法			
	現　在	線 過 去	点 過 去	未　来
35 **placer** 過去分詞 placido 現在分詞 placiendo	*plazco* places place placemos placéis placen	placía placías placía placíamos placíais placían	plací placiste plació または *plugo* placimos placisteis placieron	placeré placerás placerá placeremos placeréis placerán
36 **lucir** 過去分詞 lucido 現在分詞 luciendo	*luzco* luces luce lucimos lucís lucen	lucía lucías lucía lucíamos lucíais lucían	lucí luciste lució lucimos lucisteis lucieron	luciré lucirás lucirá luciremos luciréis lucirán
37 **aducir** 過去分詞 aducido 現在分詞 aduciendo	*aduzco* aduces aduce aducimos aducís aducen	aducía aducías aducía aducíamos aducíais aducían	*aduje* *adujiste* *adujo* *adujimos* *adujisteis* *adujeron*	aduciré aducirás aducirá aduciremos aduciréis aducirán
38 **yacer** 過去分詞 yacido 現在分詞 yaciendo	*yazco* yaces yace yacemos yacéis yacen または *yazgo* yaces yace yacemos yacéis yacen または *yago* yaces yace yacemos yacéis yacen	yacía yacías yacía yacíamos yacíais yacían	yací yaciste yació yacimos yacisteis yacieron	yaceré yacerás yacerá yaceremos yaceréis yacerán

	接続法				
過去未来	現　在	過去 (ra)	過去 (se)	未　来	命　令
placería	*plazca*	placiera	placiese	placiere	———
placerías	*plazcas*	placieras	placieses	placieres	place
placería	*plazca* または *plega, plegue*	placiera または *pluguiera*	placiese または *pluguiese*	placiere または *pluguiere*	(*plazca*)
placeríamos	*plazcamos*	placiéramos	placiésemos	placiéremos	(*plazcamos*)
placeríais	*plazcáis*	placierais	placieseis	placiereis	placed
placerían	*plazcan*	placieran	placiesen	placieren	(*plazcan*)
luciría	*luzca*	luciera	luciese	luciere	———
lucirías	*luzcas*	lucieras	lucieses	lucieres	luce
luciría	*luzca*	luciera	luciese	luciere	(*luzca*)
luciríamos	*luzcamos*	luciéramos	luciésemos	luciéremos	(*luzcamos*)
luciríais	*luzcáis*	lucierais	lucieseis	luciereis	lucid
lucirían	*luzcan*	lucieran	luciesen	lucieren	(*luzcan*)
aduciría	*aduzca*	*adujera*	*adujese*	*adujere*	———
aducirías	*aduzcas*	*adujeras*	*adujeses*	*adujeres*	aduce
aduciría	*aduzca*	*adujera*	*adujese*	*adujere*	(*aduzca*)
aduciríamos	*aduzcamos*	*adujéramos*	*adujésemos*	*adujéremos*	(*aduzcamos*)
aduciríais	*aduzcáis*	*adujerais*	*adujeseis*	*adujereis*	aducid
aducirían	*aduzcan*	*adujeran*	*adujesen*	*adujeren*	(*aduzcan*)
yacería	*yazca*	yaciera	yaciese	yaciere	———
yacerías	*yazcas*	yacieras	yacieses	yacieres	yace または *yaz*
yacería	*yazca*	yaciera	yaciese	yaciere	(*yazca*)
yaceríamos	*yazcamos*	yaciéramos	yaciésemos	yaciéremos	(*yazcamos*)
yaceríais	*yazcáis*	yacierais	yacieseis	yaciereis	yaced
yacerían	*yazcan*	yacieran	yaciesen	yacieren	(*yazcan*)
	または				または
	yazga				———
	yazgas				yace
	yazga				(*yazga*)
	yazgamos				(*yazgamos*)
	yazgáis				yaced
	yazgan				(*yazgan*)
	または				または
	yaga				———
	yagas				yace
	yaga				(*yaga*)
	yagamos				(*yagamos*)
	yagáis				yaced
	yagan				(*yagan*)

	直 説 法			
	現 在	線 過 去	点 過 去	未 来
[39] **asir** 過去分詞 asido 現在分詞 asiendo	*asgo* ases ase asimos asís asen	asía asías asía asíamos asíais asían	así asiste asió asimos asisteis asieron	asiré asirás asirá asiremos asiréis asirán
[40] **poner** 過去分詞 *puesto* 現在分詞 poniendo	*pongo* pones pone ponemos ponéis ponen	ponía ponías ponía poníamos poníais ponían	*puse* *pusiste* *puso* *pusimos* *pusisteis* *pusieron*	*pondré* *pondrás* *pondrá* *pondremos* *pondréis* *pondrán*
[41] **oponer** 過去分詞 *opuesto* 現在分詞 oponiendo	*opongo* *opones* *opone* *oponemos* *oponéis* *oponen*	oponía oponías oponía oponíamos oponíais oponían	*opuse* *opusiste* *opuso* *opusimos* *opusisteis* *opusieron*	*opondré* *opondrás* *opondrá* *opondremos* *opondréis* *opondrán*
[42] **tener** 過去分詞 tenido 現在分詞 teniendo	*tengo* *tienes* *tiene* tenemos tenéis *tienen*	tenía tenías tenía teníamos teníais tenían	*tuve* *tuviste* *tuvo* *tuvimos* *tuvisteis* *tuvieron*	*tendré* *tendrás* *tendrá* *tendremos* *tendréis* *tendrán*
[43] **contener** 過去分詞 contenido 現在分詞 conteniendo	*contengo* *contienes* *contiene* contenemos contenéis *contienen*	contenía contenías contenía conteníamos conteníais contenían	*contuve* *contuviste* *contuvo* *contuvimos* *contuvisteis* *contuvieron*	*contendré* *contendrás* *contendrá* *contendremos* *contendréis* *contendrán*
[44] **venir** 過去分詞 venido 現在分詞 *viniendo*	*vengo* *vienes* *viene* venimos venís *vienen*	venía venías venía veníamos veníais venían	*vine* *viniste* *vino* *vinimos* *vinisteis* *vinieron*	*vendré* *vendrás* *vendrá* *vendremos* *vendréis* *vendrán*

	接 続 法					命 令
過去未来	現 在	過去 (ra)	過去 (se)	未 来	
asiría	asga	asiera	asiese	asiere	———
asirías	asgas	asieras	asieses	asieres	ase
asiría	asga	asiera	asiese	asiere	(asga)
asiríamos	asgamos	asiéramos	asiésemos	asiéremos	(asgamos)
asiríais	asgáis	asierais	asieseis	asiereis	asid
asirían	asgan	asieran	asiesen	asieren	(asgan)
pondría	ponga	pusiera	pusiese	pusiere	———
pondrías	pongas	pusieras	pusieses	pusieres	pon
pondría	ponga	pusiera	pusiese	pusiere	(ponga)
pondríamos	pongamos	pusiéramos	pusiésemos	pusiéremos	(pongamos)
pondríais	pongáis	pusierais	pusieseis	pusiereis	poned
pondrían	pongan	pusieran	pusiesen	pusieren	(pongan)
opondría	oponga	opusiera	opusiese	opusiere	———
opondrías	opongas	opusieras	opusieses	opusieres	opón
opondría	oponga	opusiera	opusiese	opusiere	(oponga)
opondríamos	opongamos	opusiéramos	opusiésemos	opusiéremos	(opongamos)
opondríais	opongáis	opusierais	opusieseis	opusiereis	oponed
opondrían	opongan	opusieran	opusiesen	opusieren	(opongan)
tendría	tenga	tuviera	tuviese	tuviere	———
tendrías	tengas	tuvieras	tuvieses	tuvieres	ten
tendría	tenga	tuviera	tuviese	tuviere	(tenga)
tendríamos	tengamos	tuviéramos	tuviésemos	tuviéremos	(tengamos)
tendríais	tengáis	tuvierais	tuvieseis	tuviereis	tened
tendrían	tengan	tuvieran	tuviesen	tuvieren	(tengan)
contendría	contenga	contuviera	contuviese	contuviere	———
contendrías	contengas	contuvieras	contuvieses	contuvieres	contén
contendría	contenga	contuviera	contuviese	contuviere	(contenga)
contendríamos	contengamos	contuviéramos	contuviésemos	contuviéremos	(contengamos)
contendríais	contengáis	contuvierais	contuvieseis	contuviereis	contened
contendrían	contengan	contuvieran	contuviesen	contuvieren	(contengan)
vendría	venga	viniera	viniese	viniere	———
vendrías	vengas	vinieras	vinieses	vinieres	ven
vendría	venga	viniera	viniese	viniere	(venga)
vendríamos	vengamos	viniéramos	viniésemos	viniéremos	(vengamos)
vendríais	vengáis	vinierais	vinieseis	viniereis	venid
vendrían	vengan	vinieran	viniesen	vinieren	(vengan)

	直 説 法			
	現　　在	線　過　去	点　過　去	未　　来
⑮ **avenir** 過去分詞 avenido 現在分詞 *aviniendo*	*avengo* *avienes* *aviene* avenimos avenís *avienen*	avenía avenías avenía aveníamos aveníais avenían	*avine* aviniste *avino* avinimos avinisteis *avinieron*	avendré avendrás avendrá avendremos avendréis avendrán
⑯ **salir** 過去分詞 salido 現在分詞 saliendo	*salgo* sales sale salimos salís salen	salía salías salía salíamos salíais salían	salí saliste salió salimos salisteis salieron	*saldré* *saldrás* *saldrá* *saldremos* *saldréis* *saldrán*
⑰ **valer** 過去分詞 valido 現在分詞 valiendo	*valgo* vales vale valemos valéis valen	valía valías valía valíamos valíais valían	valí valiste valió valimos valisteis valieron	*valdré* *valdrás* *valdrá* *valdremos* *valdréis* *valdrán*
⑱ **huir** 過去分詞 huido 現在分詞 *huyendo*	*huyo* *huyes* *huye* huimos huís *huyen*	huía huías huía huíamos huíais huían	huí huiste *huyó* huimos huisteis *huyeron*	huiré huirás huirá huiremos huiréis huirán
⑲ **argüir** 過去分詞 argüido 現在分詞 *arguyendo*	*arguyo* *arguyes* *arguye* argüimos argüís *arguyen*	argüía argüías argüía argüíamos argüíais argüían	argüí argüiste *arguyó* argüimos argüisteis *arguyeron*	argüiré argüirás argüirá argüiremos argüiréis argüirán
⑳ *oír* 過去分詞 *oído* 現在分詞 *oyendo*	*oigo* *oyes* *oye* *oímos* oís *oyen*	oía oías oía oíamos oíais oían	oí *oíste* *oyó* *oímos* *oísteis* *oyeron*	oiré oirás oirá oiremos oiréis oirán

	接続法					命令
過去未来	現在	過去 (ra)	過去 (se)	未来	
avendría	*avenga*	*aviniera*	*aviniese*	*aviniere*	―――
avendrías	*avengas*	*avinieras*	*avinieses*	*avinieres*	*avén*
avendría	*avenga*	*aviniera*	*aviniese*	*aviniere*	(*avenga*)
avendríamos	*avengamos*	*aviniéramos*	*aviniésemos*	*aviniéremos*	(*avengamos*)
avendríais	*avengáis*	*avinierais*	*avinieseis*	*aviniereis*	avenid
avendrían	*avengan*	*avinieran*	*aviniesen*	*avinieren*	(*avengan*)
saldría	*salga*	saliera	saliese	saliere	―――
saldrías	*salgas*	salieras	salieses	salieres	*sal*
saldría	*salga*	saliera	saliese	saliere	(*salga*)
saldríamos	*salgamos*	saliéramos	saliésemos	saliéremos	(*salgamos*)
saldríais	*salgáis*	salierais	salieseis	saliereis	salid
saldrían	*salgan*	salieran	saliesen	salieren	(*salgan*)
valdría	*valga*	valiera	valiese	valiere	―――
valdrías	*valgas*	valieras	valieses	valieres	vale
valdría	*valga*	valiera	valiese	valiere	(*valga*)
valdríamos	*valgamos*	valiéramos	valiésemos	valiéremos	(*valgamos*)
valdríais	*valgáis*	valierais	valieseis	valiereis	valed
valdrían	*valgan*	valieran	valiesen	valieren	(*valgan*)
huiría	*huya*	huyera	huyese	huyere	―――
huirías	*huyas*	huyeras	huyeses	huyeres	*huye*
huiría	*huya*	huyera	huyese	huyere	(*huya*)
huiríamos	*huyamos*	huyéramos	huyésemos	huyéremos	(*huyamos*)
huiríais	*huyáis*	huyerais	huyeseis	huyereis	huid
huirían	*huyan*	huyeran	huyesen	huyeren	(*huyan*)
argüiría	*arguya*	arguyera	arguyese	arguyere	―――
argüirías	*arguyas*	arguyeras	arguyeses	arguyeres	arguye
argüiría	*arguya*	arguyera	arguyese	arguyere	(*arguya*)
argüiríamos	*arguyamos*	arguyéramos	arguyésemos	arguyéremos	(*arguyamos*)
argüiríais	*arguyáis*	arguyerais	arguyeseis	arguyereis	argüid
argüirían	*arguyan*	arguyeran	arguyesen	arguyeren	(*arguyan*)
oiría	*oiga*	oyera	oyese	oyere	―――
oirías	*oigas*	oyeras	oyeses	oyeres	oye
oiría	*oiga*	oyera	oyese	oyere	(*oiga*)
oiríamos	*oigamos*	oyéramos	oyésemos	oyéremos	(*oigamos*)
oiríais	*oigáis*	oyerais	oyeseis	oyereis	oíd
oirían	*oigan*	oyeran	oyesen	oyeren	(*oigan*)

	直 説 法			
	現　在	線　過　去	点　過　去	未　来
51 **decir** 過去分詞 *dicho* 現在分詞 *diciendo*	*digo* *dices* *dice* decimos decís *dicen*	decía decías decía decíamos decíais decían	*dije* *dijiste* *dijo* *dijimos* *dijisteis* *dijeron*	*diré* *dirás* *dirá* *diremos* *diréis* *dirán*
52 **desdecir** 過去分詞 *desdicho* 現在分詞 *desdiciendo*	*desdigo* *desdices* *desdice* desdecimos desdecís *desdicen*	desdecía desdecías desdecía desdecíamos desdecíais desdecían	*desdije* *desdijiste* *desdijo* *desdijimos* *desdijisteis* *desdijeron*	desdeciré desdecirás desdecirá desdeciremos desdeciréis desdecirán または *desdiré* *desdirás* *desdirá* *desdiremos* *desdiréis* *desdirán*
53 **bendecir** 過去分詞 bendecido 現在分詞 *bendiciendo*	*bendigo* *bendices* *bendice* bendecimos bendecís *bendicen*	bendecía bendecías bendecía bendecíamos bendecíais bendecían	*bendije* *bendijiste* *bendijo* *bendijimos* *bendijisteis* *bendijeron*	bendeciré bendecirás bendecirá bendeciremos bendeciréis bendecirán
54 **caber** 過去分詞 cabido 現在分詞 cabiendo	quepo cabes cabe cabemos cabéis caben	cabía cabías cabía cabíamos cabíais cabían	*cupe* *cupiste* *cupo* *cupimos* *cupisteis* *cupieron*	*cabré* *cabrás* *cabrá* *cabremos* *cabréis* *cabrán*
55 **saber** 過去分詞 sabido 現在分詞 sabiendo	*sé* sabes sabe sabemos sabéis saben	sabía sabías sabía sabíamos sabíais sabían	*supe* *supiste* *supo* *supimos* *supisteis* *supieron*	*sabré* *sabrás* *sabrá* *sabremos* *sabréis* *sabrán*

	接　続　法				命　令
過去未来	現　在	過去 (ra)	過去 (se)	未　来	
diría	*diga*	*dijera*	*dijese*	*dijere*	———
dirías	*digas*	*dijeras*	*dijeses*	*dijeres*	*di*
diría	*diga*	*dijera*	*dijese*	*dijere*	(*diga*)
diríamos	*digamos*	*dijéramos*	*dijésemos*	*dijéremos*	(*digamos*)
diríais	*digáis*	*dijerais*	*dijeseis*	*dijereis*	decid
dirían	*digan*	*dijeran*	*dijesen*	*dijeren*	(*digan*)
desdeciría	*desdiga*	*desdijera*	*desdijese*	*desdijere*	———
desdecirías	*desdigas*	*desdijeras*	*desdijeses*	*desdijeres*	desdice
desdeciría	*desdiga*	*desdijera*	*desdijese*	*desdijere*	(*desdiga*)
desdeciríamos	*desdigamos*	*desdijéramos*	*desdijésemos*	*desdijéremos*	(*desdigamos*)
desdeciríais	*desdigáis*	*desdijerais*	*desdijeseis*	*desdijereis*	desdecid
desdecirían	*desdigan*	*desdijeran*	*desdijesen*	*desdijeren*	(*desdigan*)
または					
desdiría					
desdirías					
desdiría					
desdiríamos					
desdiríais					
desdirían					
bendeciría	*bendiga*	*bendijera*	*bendijese*	*bendijere*	———
bendecirías	*bendigas*	*bendijeras*	*bendijeses*	*bendijeres*	bendice
bendeciría	*bendiga*	*bendijera*	*bendijese*	*bendijere*	(*bendiga*)
bendeciría-mos	*bendigamos*	*bendijéramos*	*bendijésemos*	*bendijéremos*	(*bendigamos*)
bendeciríais	*bendigáis*	*bendijerais*	*bendijeseis*	*bendijereis*	bendecid
bendecirían	*bendigan*	*bendijeran*	*bendijesen*	*bendijeren*	(*bendigan*)
cabría	*quepa*	*cupiera*	*cupiese*	*cupiere*	———
cabrías	*quepas*	*cupieras*	*cupieses*	*cupieres*	cabe
cabría	*quepa*	*cupiera*	*cupiese*	*cupiere*	(*quepa*)
cabríamos	*quepamos*	*cupiéramos*	*cupiésemos*	*cupiéremos*	(*quepamos*)
cabríais	*quepáis*	*cupierais*	*cupieseis*	*cupiereis*	cabed
cabrían	*quepan*	*cupieran*	*cupiesen*	*cupieren*	(*quepan*)
sabría	*sepa*	*supiera*	*supiese*	*supiere*	———
sabrías	*sepas*	*supieras*	*supieses*	*supieres*	sabe
sabría	*sepa*	*supiera*	*supiese*	*supiere*	(*sepa*)
sabríamos	*sepamos*	*supiéramos*	*supiésemos*	*supiéremos*	(*sepamos*)
sabríais	*sepáis*	*supierais*	*supieseis*	*supiereis*	sabed
sabrían	*sepan*	*supieran*	*supiesen*	*supieren*	(*sepan*)

	直 説 法			
	現　在	線　過　去	点　過　去	未　来
56 **caer** 過去分詞 *caído* 現在分詞 *cayendo*	*caigo* caes cae caemos caéis caen	caía caías caía caíamos caíais caían	caí *caíste* *cayó* *caímos* *caísteis* *cayeron*	caeré caerás caerá caeremos caeréis caerán
57 **raer** 過去分詞 *raído* 現在分詞 *rayendo*	*raigo* raes rae raemos raéis raen または *rayo* raes rae raemos raéis raen	raía raías raía raíamos raíais raían	raí *raíste* *rayó* *raímos* *raísteis* *rayeron*	raeré raerás raerá raeremos raeréis raerán
58 **traer** 過去分詞 *traído* 現在分詞 *trayendo*	*traigo* traes trae traemos traéis traen	traía traías traía traíamos traíais traían	*traje* *trajiste* *trajo* *trajimos* *trajisteis* *trajeron*	traeré traerás traerá traeremos traeréis traerán
59 **roer** 過去分詞 *roído* 現在分詞 *royendo*	*roigo* roes roe roemos roéis roen または *royo* roes roe roemos roéis roen	roía roías roía roíamos roíais roían	roí *roíste* *royó* *roímos* *roísteis* *royeron*	roeré roerás roerá roeremos roeréis roerán

	接続法				
過去未来	現在	過去 (ra)	過去 (se)	未来	命令
caería	caiga	cayera	cayese	cayere	———
caerías	caigas	cayeras	cayeses	cayeres	cae
caería	caiga	cayera	cayese	cayere	(caiga)
caeríamos	caigamos	cayéramos	cayésemos	cayéremos	(caigamos)
caeríais	caigáis	cayerais	cayeseis	cayereis	caed
caerían	caigan	cayeran	cayesen	cayeren	(caigan)
raería	raiga	rayera	rayese	rayere	———
raerías	raigas	rayeras	rayeses	rayeres	rae
raería	raiga	rayera	rayese	rayere	(raiga)
raeríamos	raigamos	rayéramos	rayésemos	rayéremos	(raigamos)
raeríais	raigáis	rayerais	rayeseis	rayereis	raed
raerían	raigan	rayeran	rayesen	rayeren	(raigan)
	または				または
	raya				———
	rayas				rae
	raya				(raya)
	rayamos				(rayamos)
	rayáis				raed
	rayan				(rayan)
traería	traiga	trajera	trajese	trajere	———
traerías	traigas	trajeras	trajeses	trajeres	trae
traería	traiga	trajera	trajese	trajere	(traiga)
traeríamos	traigamos	trajéramos	trajésemos	trajéremos	(traigamos)
traeríais	traigáis	trajerais	trajeseis	trajereis	traed
traerían	traigan	trajeran	trajesen	trajeren	(traigan)
roería	roiga	royera	royese	royere	———
roerías	roigas	royeras	royeses	royeres	roe
roería	roiga	royera	royese	royere	(roiga)
roeríamos	roigamos	royéramos	royésemos	royéremos	(roigamos)
roeríais	roigáis	royerais	royeseis	royereis	roed
roerían	roigan	royeran	royesen	royeren	(roigan)
	または				または
	roya				———
	royas				roe
	roya				(roya)
	royamos				(royamos)
	royáis				roed
	royan				(royan)

		直	説	法	
	現　　在	線　過　去	点　過　去	未　　来
	または roo roes roe roemos roéis roen			
60 **ver** 過去分詞 *visto* 現在分詞 viendo	*veo* ves ve vemos *veis* ven	*veía* *veías* *veía* *veíamos* *veíais* *veían*	*vi* viste *vio* vimos visteis vieron	veré verás verá veremos veréis verán
61 **prever** 過去分詞 *previsto* 現在分詞 previendo	*preveo* *prevés* *prevé* prevemos prevéis *prevén*	*preveía* *preveías* *preveía* *preveíamos* *preveíais* *preveían*	preví previste previó previmos previsteis previeron	preveré preverás preverá preveremos preveréis preverán
62 **dar** 過去分詞 dado 現在分詞 dando	*doy* das da damos *dais* dan	daba dabas daba dábamos dabais daban	*di* diste *dio* *dimos* disteis dieron	daré darás dará daremos daréis darán
63 **desdar** 過去分詞 desdado 現在分詞 desdando	*desdoy* *desdás* *desdá* desdamos desdáis *desdán*	desdaba desdabas desdaba desdábamos desdabais desdaban	*desdí* *desdiste* *desdió* *desdimos* *desdisteis* *desdieron*	desdaré desdarás desdará desdaremos desdaréis desdarán
64 **estar** 過去分詞 estado 現在分詞 estando	*estoy* *estás* *está* estamos *estáis* *están*	estaba estabas estaba estábamos estabais estaban	*estuve* *estuviste* *estuvo* *estuvimos* *estuvisteis* *estuvieron*	estaré estarás estará estaremos estaréis estarán

過去未来	接続法				命　令
	現　在	過去 (ra)	過去 (se)	未　来	
	または roa roas roa roamos roáis roan				または ― roe (roa) (roamos) roed (roan)
vería	*vea*	viera	viese	viere	―――
verías	*veas*	vieras	vieses	vieres	ve
vería	*vea*	viera	viese	viere	(*vea*)
veríamos	*veamos*	viéramos	viésemos	viéremos	(*veamos*)
veríais	*veáis*	vierais	vieseis	viereis	ved
verían	*vean*	vieran	viesen	vieren	(*vean*)
prevería	*prevea*	previera	previese	previere	
preverías	*preveas*	previeras	previeses	previeres	*prevé*
prevería	*prevea*	previera	previese	previere	(*prevea*)
preveríamos	*preveamos*	previéramos	previésemos	previéremos	(*preveamos*)
preveríais	*preveáis*	previerais	previeseis	previereis	preved
preverían	*prevean*	previeran	previesen	previeren	(*prevean*)
daría	*dé*	*diera*	*diese*	*diere*	―――
darías	des	*dieras*	*dieses*	*dieres*	da
daría	*dé*	*diera*	*diese*	*diere*	(*dé*)
daríamos	demos	*diéramos*	*diésemos*	*diéremos*	(demos)
daríais	*deis*	*dierais*	*dieseis*	*diereis*	dad
darían	den	*dieran*	*diesen*	*dieren*	(den)
desdaría	*desdé*	desdiera	desdiese	desdiere	
desdarías	*desdés*	desdieras	desdieses	desdieres	*desdá*
desdaría	*desdé*	desdiera	desdiese	desdiere	(*desdé*)
desdaríamos	desdemos	desdiéramos	desdiésemos	desdiéremos	(desdemos)
desdaríais	desdéis	desdierais	desdieseis	desdiereis	desdad
desdarían	*desdén*	desdieran	desdiesen	desdieren	(*desdén*)
estaría	*esté*	*estuviera*	*estuviese*	*estuviere*	
estarías	*estés*	*estuvieras*	*estuvieses*	*estuvieres*	*está*
estaría	*esté*	*estuviera*	*estuviese*	*estuviere*	(*esté*)
estaríamos	estemos	*estuviéramos*	*estuviésemos*	*estuviéremos*	(estemos)
estaríais	*estéis*	*estuvierais*	*estuvieseis*	*estuviereis*	estad
estarían	*estén*	*estuvieran*	*estuviesen*	*estuvieren*	(*estén*)

	直 説 法			
	現　　在	線　過　去	点　過　去	未　　来
65 **ser** 過去分詞 sido 現在分詞 siendo	soy eres es somos sois son	era eras era éramos erais eran	fui fuiste fue fuimos fuisteis fueron	seré serás será seremos seréis serán
66 **ir** 過去分詞 ido 現在分詞 yendo	voy vas va vamos vais van	iba ibas iba íbamos ibais iban	fui fuiste fue fuimos fuisteis fueron	iré irás irá iremos iréis irán
67 **irse** 過去分詞 ido 現在分詞 yéndose	me voy te vas se va nos vamos os vais se van	me iba te ibas se iba nos íbamos os ibais se iban	me fui te fuiste se fue nos fuimos os fuisteis se fueron	me iré te irás se irá nos iremos os iréis se irán
68 **andar** 過去分詞 andado 現在分詞 andando	ando andas anda andamos andáis andan	andaba andabas andaba andábamos andabais andaban	*anduve* *anduviste* *anduvo* *anduvimos* *anduvisteis* *anduvieron*	andaré andarás andará andaremos andaréis andarán
69 **creer** 過去分詞 *creído* 現在分詞 *creyendo*	creo crees cree creemos creéis creen	creía creías creía creíamos creíais creían	creí *creíste* *creyó* *creímos* *creísteis* *creyeron*	creeré creerás creerá creeremos creeréis creerán
70 **proveer** 過去分詞 *provisto* (ときに *proveído*) 現在分詞 *proveyendo*	proveo provees provee proveemos proveéis proveen	proveía proveías proveía proveíamos proveíais proveían	proveí *proveíste* *proveyó* *proveímos* *proveísteis* *proveyeron*	proveeré proveerás proveerá proveeremos proveeréis proveerán

	接続法				命令
過去未来	現在	過去 (ra)	過去 (se)	未来	
sería	sea	fuera	fuese	fuere	———
serías	seas	fueras	fueses	fueres	sé
sería	sea	fuera	fuese	fuere	(sea)
seríamos	seamos	fuéramos	fuésemos	fuéremos	(seamos)
seríais	seáis	fuerais	fueseis	fuereis	sed
serían	sean	fueran	fuesen	fueren	(sean)
iría	vaya	fuera	fuese	fuere	———
irías	vayas	fueras	fueses	fueres	ve
iría	vaya	fuera	fuese	fuere	(vaya)
iríamos	vayamos	fuéramos	fuésemos	fuéremos	(vamos)
iríais	vayáis	fuerais	fueseis	fuereis	id
irían	vayan	fueran	fuesen	fueren	(vayan)
me iría	me vaya	me fuera	me fuese	me fuere	———
te irías	te vayas	te fueras	te fueses	te fueres	vete
se iría	se vaya	se fuera	se fuese	se fuere	(váyase)
nos iríamos	nos vayamos	nos fuéramos	nos fuésemos	nos fuéremos	(vámonos)
os iríais	os vayáis	os fuerais	os fueseis	os fuereis	idos
se irían	se vayan	se fueran	se fuesen	se fueren	(váyanse)
andaría	ande	anduviera	anduviese	anduviere	———
andarías	andes	anduvieras	anduvieses	anduvieres	anda
andaría	ande	anduviera	anduviese	anduviere	(ande)
andaríamos	andemos	anduviéramos	anduviésemos	anduviéremos	(andemos)
andaríais	andéis	anduvierais	anduvieseis	anduviereis	andad
andarían	anden	anduvieran	anduviesen	anduvieren	(anden)
creería	crea	creyera	creyese	creyere	———
creerías	creas	creyeras	creyeses	creyeres	cree
creería	crea	creyera	creyese	creyere	(crea)
creeríamos	creamos	creyéramos	creyésemos	creyéremos	(creamos)
creeríais	creáis	creyerais	creyeseis	creyereis	creed
creerían	crean	creyeran	creyesen	creyeren	(crean)
proveería	provea	proveyera	proveyese	proveyere	———
proveerías	proveas	proveyeras	proveyeses	proveyeres	provee
proveería	provea	proveyera	proveyese	proveyere	(provea)
proveeríamos	proveamos	proveyéramos	proveyésemos	proveyéremos	(proveamos)
proveeríais	proveáis	proveyerais	proveyeseis	proveyereis	proveed
proveerían	provean	proveyeran	proveyesen	proveyeren	(provean)

	直 説 法			
	現　　在	線　過　去	点　過　去	未　　来
[71] **tañer** 過去分詞 tañido 現在分詞 *tañendo*	taño tañes tañe tañemos tañéis tañen	tañía tañías tañía tañíamos tañíais tañían	tañí tañiste *tañó* tañimos tañisteis *tañeron*	tañeré tañerás tañerá tañeremos tañeréis tañerán
[72] **mullir** 過去分詞 mullido 現在分詞 *mullendo*	mullo mulles mulle mullimos mullís mullen	mullía mullías mullía mullíamos mullíais mullían	mullí mulliste *mulló* mullimos mullisteis *mulleron*	mulliré mullirás mullirá mulliremos mulliréis mullirán
[73] **abrir** 過去分詞 *abierto* 現在分詞 abriendo	abro abres abre abrimos abrís abren	abría abrías abría abríamos abríais abrían	abrí abriste abrió abrimos abristeis abrieron	abriré abrirás abrirá abriremos abriréis abrirán
[74] **cubrir** 過去分詞 *cubierto* 現在分詞 cubriendo	cubro cubres cubre cubrimos cubrís cubren	cubría cubrías cubría cubríamos cubríais cubrían	cubrí cubriste cubrió cubrimos cubristeis cubrieron	cubriré cubrirás cubrirá cubriremos cubriréis cubrirán
[75] **escribir** 過去分詞 *escrito* 現在分詞 escribiendo	escribo escribes escribe escribimos escribís escriben	escribía escribías escribía escribíamos escribíais escribían	escribí escribiste escribió escribimos escribisteis escribieron	escribiré escribirás escribirá escribiremos escribiréis escribirán
[76] **imprimir** 過去分詞 *impreso* または imprimido 現在分詞 imprimiendo	imprimo imprimes imprime imprimimos imprimís imprimen	imprimía imprimías imprimía imprimíamos imprimíais imprimían	imprimí imprimiste imprimió imprimimos imprimisteis imprimieron	imprimiré imprimirás imprimirá imprimiremos imprimiréis imprimirán

| | 接　続　法 | | | | 命　令 |
過去未来	現　在	過去 (ra)	過去 (se)	未　来	
tañería	taña	*tañera*	*tañese*	*tañere*	——
tañerías	tañas	*tañeras*	*tañeses*	*tañeres*	tañe
tañería	taña	*tañera*	*tañese*	*tañere*	(taña)
tañeríamos	tañamos	*tañéramos*	*tañésemos*	*tañéremos*	(tañamos)
tañeríais	tañáis	*tañerais*	*tañeseis*	*tañereis*	tañed
tañerían	tañan	*tañeran*	*tañesen*	*tañeren*	(tañan)
mulliría	mulla	*mullera*	*mullese*	*mullere*	——
mullirías	mullas	*mulleras*	*mulleses*	*mulleres*	mulle
mulliría	mulla	*mullera*	*mullese*	*mullere*	(mulla)
mulliríamos	mullamos	*mulléramos*	*mullésemos*	*mulléremos*	(mullamos)
mulliríais	mulláis	*mullerais*	*mulleseis*	*mullereis*	mullid
mullirían	mullan	*mulleran*	*mullesen*	*mulleren*	(mullan)
abriría	abra	abriera	abriese	abriere	——
abrirías	abras	abrieras	abrieses	abrieres	abre
abriría	abra	abriera	abriese	abriere	(abra)
abriríamos	abramos	abriéramos	abriésemos	abriéremos	(abramos)
abriríais	abráis	abrierais	abrieseis	abriereis	abrid
abrirían	abran	abrieran	abriesen	abrieren	(abran)
cubriría	cubra	cubriera	cubriese	cubriere	——
cubrirías	cubras	cubrieras	cubrieses	cubrieres	cubre
cubriría	cubra	cubriera	cubriese	cubriere	(cubra)
cubriríamos	cubramos	cubriéramos	cubriésemos	cubriéremos	(cubramos)
cubriríais	cubráis	cubrierais	cubrieseis	cubriereis	cubrid
cubrirían	cubran	cubrieran	cubriesen	cubrieren	(cubran)
escribiría	escriba	escribiera	escribiese	escribiere	——
escribirías	escribas	escribieras	escribieses	escribieres	escribe
escribiría	escriba	escribiera	escribiese	escribiere	(escriba)
escribiríamos	escribamos	escribiéramos	escribiésemos	escribiéremos	(escribamos)
escribiríais	escribáis	escribierais	escribieseis	escribiereis	escribid
escribirían	escriban	escribieran	escribiesen	escribieren	(escriban)
imprimiría	imprima	imprimiera	imprimiese	imprimiere	——
imprimirías	imprimas	imprimieras	imprimieses	imprimieres	imprime
imprimiría	imprima	imprimiera	imprimiese	imprimiere	(imprima)
imprimiría-mos	imprimamos	imprimiéra-mos	imprimiése-mos	imprimiére-mos	(imprimamos)
imprimiríais	imprimáis	imprimierais	imprimieseis	imprimiereis	imprimid
imprimirían	impriman	imprimieran	imprimiesen	imprimieren	(impriman)

	直 説 法			
	現 在	線 過 去	点 過 去	未 来
77 **prender** 過去分詞 prendido 現在分詞 prendiendo	prendo prendes prende prendemos prendéis prenden	prendía prendías prendía prendíamos prendíais prendían	prendí prendiste prendió prendimos prendisteis prendieron	prenderé prenderás prenderá prenderemos prenderéis prenderán
78 **romper** 過去分詞 *roto* 現在分詞 rompiendo	rompo rompes rompe rompemos rompéis rompen	rompía rompías rompía rompíamos rompíais rompían	rompí rompiste rompió rompimos rompisteis rompieron	romperé romperás romperá romperemos romperéis romperán
79 **pudrir** または *podrir* 過去分詞 *podrido* 現在分詞 pudriendo	pudro pudres pudre pudrimos pudrís pudren	pudría pudrías pudría pudríamos pudríais pudrían	pudrí pudriste pudrió pudrimos pudristeis pudrieron	pudriré pudrirás pudrirá pudriremos pudriréis pudrirán

欠如動詞

	現 在	線 過 去	点 過 去	未 来
80 **abolir** 過去分詞 abolido 現在分詞 aboliendo	—— —— —— abolimos abolís ——	abolía abolías abolía abolíamos abolíais abolían	abolí abolíste abolió abolimos abolisteis abolieron	aboliré abolirás abolirá aboliremos aboliréis abolirán

	接続法				命　令
過去未来	現　在	過去 (ra)	過去 (se)	未　来	
prendería	prenda	prendiera	prendiese	prendiere	———
prenderías	prendas	prendieras	prendieses	prendieres	prende
prendería	prenda	prendiera	prendiese	prendiere	(prenda)
prenderíamos	prendamos	prendiéramos	prendiésemos	prendiéremos	(prendamos)
prenderíais	prendáis	prendierais	prendieseis	prendiereis	prended
prenderían	prendan	prendieran	prendiesen	prendieren	(prendan)
rompería	rompa	rompiera	rompiese	rompiere	———
romperías	rompas	rompieras	rompieses	rompieres	rompe
rompería	rompa	rompiera	rompiese	rompiere	(rompa)
romperíamos	rompamos	rompiéramos	rompiésemos	rompiéremos	(rompamos)
romperíais	rompáis	rompierais	rompieseis	rompiereis	romped
romperían	rompan	rompieran	rompiesen	rompieren	(rompan)
pudriría	pudra	pudriera	pudriese	pudriere	———
pudrirías	pudras	pudrieras	pudrieses	pudrieres	pudre
pudriría	pudra	pudriera	pudriese	pudriere	(pudra)
pudriríamos	pudramos	pudriéramos	pudriésemos	pudriéremos	(pudramos)
pudriríais	pudráis	pudrierais	pudrieseis	pudriereis	pudrid
pudrirían	pudran	pudrieran	pudriesen	pudrieren	(pudran)

aboliría	———	aboliera	aboliese	aboliere	———
abolirías	———	abolieras	abolieses	abolieres	———
aboliría	———	aboliera	aboliese	aboliere	———
aboliríamos	———	aboliéramos	aboliésemos	aboliéremos	———
aboliríais	———	abolierais	abolieseis	aboliereis	abolid
abolirían	———	abolieran	aboliesen	abolieren	———

連母音動詞

	直 説 法			
	現 在	線 過 去	点 過 去	未 来
81 **confiar** 過去分詞 confiado 現在分詞 confiando	*confío* *confías* *confía* confiamos confiáis *confían*	confiaba confiabas confiaba confiábamos confiabais confiaban	confié confiaste confió confiamos confiasteis confiaron	confiaré confiarás confiará confiaremos confiaréis confiarán
82 **apreciar** 過去分詞 apreciado 現在分詞 apreciando	aprecio aprecias aprecia apreciamos apreciáis aprecian	apreciaba apreciabas apreciaba apreciábamos apreciabais apreciaban	aprecié apreciaste apreció apreciamos apreciasteis apreciaron	apreciaré apreciarás apreciará apreciaremos apreciaréis apreciarán
83 **paliar** 過去分詞 paliado 現在分詞 paliando	*palío* *palías* *palía* paliamos paliáis *palían* または palio palias palia paliamos paliáis palian	paliaba paliabas paliaba paliábamos paliabais paliaban	palié paliaste palió paliamos paliasteis paliaron	paliaré paliarás paliará paliaremos paliaréis paliarán
84 **graduar** 過去分詞 graduado 現在分詞 graduando	*gradúo* *gradúas* *gradúa* graduamos graduáis *gradúan*	graduaba graduabas graduaba graduábamos graduabais graduaban	gradué graduaste graduó graduamos graduasteis graduaron	graduaré graduarás graduará graduaremos graduaréis graduarán

	接　続　法				命　令
過去未来	現　在	過去 (ra)	過去 (se)	未　来	
confiaría	*confíe*	confiara	confiase	confiare	———
confiarías	*confíes*	confiaras	confiases	confiares	*confía*
confiaría	*confíe*	confiara	confiase	confiare	(*confíe*)
confiaríamos	confiemos	confiáramos	confiásemos	confiáremos	(confiemos)
confiaríais	confiéis	confiarais	confiaseis	confiareis	confiad
confiarían	*confíen*	confiaran	confiasen	confiaren	(*confíen*)
apreciaría	aprecie	apreciara	apreciase	apreciare	———
apreciarías	aprecies	apreciaras	apreciases	apreciares	aprecia
apreciaría	aprecie	apreciara	apreciase	apreciare	(aprecie)
apreciaríamos	apreciemos	apreciáramos	apreciásemos	apreciáremos	(apreciemos)
apreciaríais	apreciéis	apreciarais	apreciaseis	apreciareis	apreciad
apreciarían	aprecien	apreciaran	apreciasen	apreciaren	(aprecien)
paliaría	*palíe*	paliara	paliase	paliare	———
paliarías	*palíes*	paliaras	paliases	paliares	*palía*
paliaría	*palíe*	paliara	paliase	paliare	(*palíe*)
paliaríamos	paliemos	paliáramos	paliásemos	paliáremos	(paliemos)
paliaríais	paliéis	paliarais	paliaseis	paliareis	paliad
paliarían	*palíen*	paliaran	paliasen	paliaren	(*palíen*)
	または				または
	palie				
	palies				palia
	palie				(palie)
	paliemos				(paliemos)
	paliéis				paliad
	palien				(palien)
graduaría	*gradúe*	graduara	graduase	graduare	———
graduarías	*gradúes*	graduaras	graduases	graduares	*gradúa*
graduaría	*gradúe*	graduara	graduase	graduare	(*gradúe*)
graduaríamos	graduemos	graduáramos	graduásemos	graduáremos	(graduemos)
graduaríais	graduéis	graduarais	graduaseis	graduareis	graduad
graduarían	*gradúen*	graduaran	graduasen	graduaren	(*gradúen*)

	直	説	法	
	現　在	線　過　去	点　過　去	未　来
85 **apropin-cuar** 過去分詞 apropincuado 現在分詞 apropincuando apropincuar は再帰動詞なので再帰代名詞と共に用いる. (4)参照.	apropincuo apropincuas apropincua apropincuamos apropincuáis apropincuan	apropincuaba apropincuabas apropincuaba apropincuábamos apropincuabais apropincuaban	apropincué apropincuaste apropincuó apropincuamos apropincuasteis apropincuaron	apropincuaré apropincuarás apropincuará apropincuaremos apropincuaréis apropincuarán
86 **fraguar** 過去分詞 fraguado 現在分詞 fraguando	fraguo fraguas fragua fraguamos fraguáis fraguan	fraguaba fraguabas fraguaba fraguábamos fraguabais fraguaban	*fragüé* fraguaste fraguó fraguamos fraguasteis fraguaron	fraguaré fraguarás fraguará fraguaremos fraguaréis fraguarán
87 **licuar** 過去分詞 licuado 現在分詞 licuando	*licúo* *licúas* *licúa* licuamos licuáis *licúan* または licuo licuas licua licuamos licuáis licuan	licuaba licuabas licuaba licuábamos licuabais licuaban	licué licuaste licuó licuamos licuasteis licuaron	licuaré licuarás licuará licuaremos licuaréis licuarán
88 **aislar** 過去分詞 aislado 現在分詞 aislando	*aíslo* *aíslas* *aísla* aislamos aisláis *aíslan*	aislaba aislabas aislaba aislábamos aislabais aislaban	aislé aislaste aisló aislamos aislasteis aislaron	aislaré aislarás aislará aislaremos aislaréis aislarán

	接続法				命令
過去未来	現在	過去 (ra)	過去 (se)	未来	
apropincuaría	apropincue	apropincuara	apropincuase	apropincuare	———
apropincuarías	apropincues	apropincuaras	apropincuases	apropincuares	apropincua
apropincuaría	apropincue	apropincuara	apropincuase	apropincuare	(apropincue)
apropincuaríamos	apropincuemos	apropincuáramos	apropincuásemos	apropincuáremos	(apropincuemos)
apropincuaríais	apropincuéis	apropincuarais	apropincuaseis	apropincuareis	apropincuad
apropincuarían	apropincuen	apropincuaran	apropincuasen	apropincuaren	(apropincuen)
fraguaría	*fragüe*	fraguara	fraguase	fraguare	———
fraguarías	*fragües*	fraguaras	fraguases	fraguares	fragua
fraguaría	*fragüe*	fraguara	fraguase	fraguare	(*fragüe*)
fraguaríamos	*fragüemos*	fraguáramos	fraguásemos	fraguáremos	(*fragüemos*)
fraguaríais	*fragüéis*	fraguarais	fraguaseis	fraguareis	fraguad
fraguarían	*fragüen*	fraguaran	fraguasen	fraguaren	(*fragüen*)
licuaría	*licúe*	licuara	licuase	licuare	———
licuarías	*licúes*	licuaras	licuases	licuares	*licúa*
licuaría	*licúe*	licuara	licuase	licuare	(*licúe*)
licuaríamos	licuemos	licuáramos	licuásemos	licuáremos	(licuemos)
licuaríais	licuéis	licuarais	licuaseis	licuareis	licuad
licuarían	*licúen*	licuaran	licuasen	licuaren	(*licúen*)
	または				または
	licue				
	licues				licua
	licue				(licue)
	licuemos				(licuemos)
	licuéis				licuad
	licuen				(licuen)
aislaría	*aísle*	aislara	aislase	aislare	———
aislarías	*aísles*	aislaras	aislases	aislares	*aísla*
aislaría	*aísle*	aislara	aislase	aislare	(*aísle*)
aislaríamos	aislemos	aisláramos	aislásemos	aisláremos	(aislemos)
aislaríais	aisléis	aislarais	aislaseis	aislareis	aislad
aislarían	*aíslen*	aislaran	aislasen	aislaren	(*aíslen*)

		直	説	法
	現　　在	線　過　去	点　過　去	未　　来
89 **arcaizar** 過去分詞 arcaizado 現在分詞 arcaizando	*arcaízo* *arcaízas* *arcaíza* arcaizamos arcaizáis *arcaízan*	arcaizaba arcaizabas arcaizaba arcaizábamos arcaizabais arcaizaban	*arcaicé* arcaizaste arcaizó arcaizamos arcaizasteis arcaizaron	arcaizaré arcaizarás arcaizará arcaizaremos arcaizaréis arcaizarán
90 **europei-** 　　　**zar** 過去分詞 europeizado 現在分詞 europeizando	*europeízo* *europeízas* *europeíza* europeizamos europeizáis *europeízan* または europeizo europeizas europeiza europeizamos europeizáis europeizan	europeizaba europeizabas europeizaba europeizábamos europeizabais europeizaban	*europeicé* europeizaste europeizó europeizamos europeizasteis europeizaron	europeizaré europeizarás europeizará europeizaremos europeizaréis europeizarán
91 **ahincar** 過去分詞 ahincado 現在分詞 ahincando	*ahínco* *ahíncas* *ahínca* ahincamos ahincáis *ahíncan*	ahincaba ahincabas ahincaba ahincábamos ahincabais ahincaban	*ahinqué* ahincaste ahincó ahincamos ahincasteis ahincaron	ahincaré ahincarás ahincará ahincaremos ahincaréis ahincarán
92 **cohibir** 過去分詞 cohibido 現在分詞 cohibiendo	*cohíbo* *cohíbes* *cohíbe* cohibimos cohibís *cohíben*	cohibía cohibías cohibía cohibíamos cohibíais cohibían	cohibí cohibiste cohibió cohibimos cohibisteis cohibieron	cohibiré cohibirás cohibirá cohibiremos cohibiréis cohibirán
93 **aunar** 過去分詞 aunado 現在分詞 aunando	*aúno* *aúnas* *aúna* aunamos aunáis *aúnan*	aunaba aunabas aunaba aunábamos aunabais aunaban	auné aunaste aunó aunamos aunasteis aunaron	aunaré aunarás aunará aunaremos aunaréis aunarán

2159

	接　続　法				命　令
過去未来	現　在	過去 (ra)	過去 (se)	未　来	
arcaizaría	*arcaíce*	arcaizara	arcaizase	arcaizare	————
arcaizarías	*arcaíces*	arcaizaras	arcaizases	arcaizares	*arcaíza*
arcaizaría	*arcaíce*	arcaizara	arcaizase	arcaizare	(*arcaíce*)
arcaizaríamos	*arcaicemos*	arcaizáramos	arcaizásemos	arcaizáremos	(*arcaicemos*)
arcaizaríais	*arcaicéis*	arcaizarais	arcaizaseis	arcaizareis	arcaizad
arcaizarían	*arcaícen*	arcaizaran	arcaizasen	arcaizaren	(*arcaícen*)
europeizaría	*europeíce*	europeizara	europeizase	europeizare	————
europeizarías	*europeíces*	europeizaras	europeizases	europeizares	*europeíza*
europeizaría	*europeíce*	europeizara	europeizase	europeizare	(*europeíce*)
europeizaríamos	*europeicemos*	europeizáramos	europeizásemos	europeizáremos	(*europeicemos*)
europeizaríais	*europeicéis*	europeizarais	europeizaseis	europeizareis	europeizad
europeizarían	*europeícen*	europeizaran	europeizasen	europeizaren	(*europeícen*)
	または				または
	europeice				
	europeices				europeiza
	europeice				(*europeice*)
	europeicemos				(*europeicemos*)
	europeicéis				europeizad
	europeicen				(*europeicen*)
ahincaría	*ahínque*	ahincara	ahincase	ahincare	————
ahincarías	*ahínques*	ahincaras	ahincases	ahincares	*ahínca*
ahincaría	*ahínque*	ahincara	ahincase	ahincare	(*ahínque*)
ahincaríamos	*ahinquemos*	ahincáramos	ahincásemos	ahincáremos	(*ahinquemos*)
ahincaríais	*ahinquéis*	ahincarais	ahincaseis	ahincareis	ahincad
ahincarían	*ahínquen*	ahincaran	ahincasen	ahincaren	(*ahínquen*)
cohibiría	*cohíba*	cohibiera	cohibiese	cohibiere	————
cohibirías	*cohíbas*	cohibieras	cohibieses	cohibieres	*cohíbe*
cohibiría	*cohíba*	cohibiera	cohibiese	cohibiere	(*cohíba*)
cohibiríamos	cohibamos	cohibiéramos	cohibiésemos	cohibiéremos	(cohibamos)
cohibiríais	cohibáis	cohibierais	cohibieseis	cohibiereis	cohibid
cohibirían	*cohíban*	cohibieran	cohibiesen	cohibieren	(*cohíban*)
aunaría	*aúne*	aunara	aunase	aunare	————
aunarías	*aúnes*	aunaras	aunases	aunares	*aúna*
aunaría	*aúne*	aunara	aunase	aunare	(*aúne*)
aunaríamos	aunemos	aunáramos	aunásemos	aunáremos	(aunemos)
aunaríais	aunéis	aunarais	aunaseis	aunareis	aunad
aunarían	*aúnen*	aunaran	aunasen	aunaren	(*aúnen*)

2160

	直　説　法			
	現　　在	線　過　去	点　過　去	未　　来
[94] **embaucar** 過去分詞 embaucado 現在分詞 embaucando	*embaúco* *embaúcas* *embaúca* embaucamos embaucáis *embaúcan*	embaucaba embaucabas embaucaba embaucábamos embaucabais embaucaban	*embauqué* embaucaste embaucó embaucamos embaucasteis embaucaron	embaucaré embaucarás embaucará embaucaremos embaucaréis embaucarán
[95] **ahumar** 過去分詞 ahumado 現在分詞 ahumando	*ahúmo* *ahúmas* *ahúma* ahumamos ahumáis *ahúman*	ahumaba ahumabas ahumaba ahumábamos ahumabais ahumaban	ahumé ahumaste ahumó ahumamos ahumasteis ahumaron	ahumaré ahumarás ahumará ahumaremos ahumaréis ahumarán
[96] **reunir** 過去分詞 reunido 現在分詞 reuniendo	*reúno* *reúnes* *reúne* reunimos reunís *reúnen*	reunía reunías reunía reuníamos reuníais reunían	reuní reuniste reunió reunimos reunisteis reunieron	reuniré reunirás reunirá reuniremos reuniréis reunirán

	接続法				命令
過去未来	現在	過去 (ra)	過去 (se)	未来	
embaucaría	*embaúque*	embaucara	embaucase	embaucare	———
embaucarías	*embaúques*	embaucaras	embaucases	embaucares	*embaúca*
embaucaría	*embaúque*	embaucara	embaucase	embaucare	(*embaúque*)
embaucaríamos	*embauquemos*	embaucáramos	embaucásemos	embaucáremos	(*embauquemos*)
embaucaríais	*embauquéis*	embaucarais	embaucaseis	embaucareis	embaucad
embaucarían	*embaúquen*	embaucaran	embaucasen	embaucaren	(*embaúquen*)
ahumaría	*ahúme*	ahumara	ahumase	ahumare	———
ahumarías	*ahúmes*	ahumaras	ahumases	ahumares	*ahúma*
ahumaría	*ahúme*	ahumara	ahumase	ahumare	(*ahúme*)
ahumaríamos	ahumemos	ahumáramos	ahumásemos	ahumáremos	(ahumemos)
ahumaríais	ahuméis	ahumarais	ahumaseis	ahumareis	ahumad
ahumarían	*ahúmen*	ahumaran	ahumasen	ahumaren	(*ahúmen*)
reuniría	*reúna*	reuniera	reuniese	reuniere	———
reunirías	*reúnas*	reunieras	reunieses	reunieres	*reúne*
reuniría	*reúna*	reuniera	reuniese	reuniere	(*reúna*)
reuniríamos	reunamos	reuniéramos	reuniésemos	reuniéremos	(reunamos)
reuniríais	reunáis	reunierais	reunieseis	reuniereis	reunid
reunirían	*reúnan*	reunieran	reuniesen	reunieren	(*reúnan*)

正書法変化動詞

	直 説 法			
	現 在	線 過 去	点 過 去	未 来
97 **gozar** 過去分詞 gozado 現在分詞 gozando	*gozo* gozas goza gozamos gozáis gozan	gozaba gozabas gozaba gozábamos gozabais gozaban	*gocé* gozaste gozó gozamos gozasteis gozaron	gozaré gozarás gozará gozaremos gozaréis gozarán
98 **mecer** 過去分詞 mecido 現在分詞 meciendo	*mezo* meces mece mecemos mecéis mecen	mecía mecías mecía mecíamos mecíais mecían	mecí meciste meció mecimos mecisteis mecieron	meceré mecerás mecerá meceremos meceréis mecerán
99 **zurcir** 過去分詞 zurcido 現在分詞 zurciendo	*zurzo* zurces zurce zurcimos zurcís zurcen	zurcía zurcías zurcía zurcíamos zurcíais zurcían	zurcí zurciste zurció zurcimos zurcisteis zurcieron	zurciré zurcirás zurcirá zurciremos zurciréis zurcirán
100 **proteger** 過去分詞 protegido 現在分詞 protegiendo	*protejo* proteges protege protegemos protegéis protegen	protegía protegías protegía protegíamos protegíais protegían	protegí protegiste protegió protegimos protegisteis protegieron	protegeré protegerás protegerá protegeremos protegeréis protegerán
101 **dirigir** 過去分詞 dirigido 現在分詞 dirigiendo	*dirijo* diriges dirige dirigimos dirigís dirigen	dirigía dirigías dirigía dirigíamos dirigíais dirigían	dirigí dirigiste dirigió dirigimos dirigisteis dirigieron	dirigiré dirigirás dirigirá dirigiremos dirigiréis dirigirán

過去未来	接続法				命令
	現在	過去 (ra)	過去 (se)	未来	
gozaría	*goce*	gozara	gozase	gozare	———
gozarías	*goces*	gozaras	gozases	gozares	goza
gozaría	*goce*	gozara	gozase	gozare	(*goce*)
gozaríamos	*gocemos*	gozáramos	gozásemos	gozáremos	(*gocemos*)
gozaríais	*gocéis*	gozarais	gozaseis	gozareis	gozad
gozarían	*gocen*	gozaran	gozasen	gozaren	(*gocen*)
mecería	*meza*	meciera	meciese	meciere	———
mecerías	*mezas*	mecieras	mecieses	mecieres	mece
mecería	*meza*	meciera	meciese	meciere	(*meza*)
meceríamos	*mezamos*	meciéramos	meciésemos	meciéremos	(*mezamos*)
meceríais	*mezáis*	mecierais	mecieseis	meciereis	meced
mecerían	*mezan*	mecieran	meciesen	mecieren	(*mezan*)
zurciría	*zurza*	zurciera	zurciese	zurciere	———
zurcirías	*zurzas*	zurcieras	zurcieses	zurcieres	zurce
zurciría	*zurza*	zurciera	zurciese	zurciere	(*zurza*)
zurciríamos	*zurzamos*	zurciéramos	zurciésemos	zurciéremos	(*zurzamos*)
zurciríais	*zurzáis*	zurcierais	zurcieseis	zurciereis	zurcid
zurcirían	*zurzan*	zurcieran	zurciesen	zurcieren	(*zurzan*)
protegería	*proteja*	protegiera	protegiese	protegiere	———
protegerías	*protejas*	protegieras	protegieses	protegieres	protege
protegería	*proteja*	protegiera	protegiese	protegiere	(*proteja*)
protegeríamos	*protejamos*	protegiéramos	protegiésemos	protegiéremos	(*protejamos*)
protegeríais	*protejáis*	protegierais	protegieseis	protegiereis	proteged
protegerían	*protejan*	protegieran	protegiesen	protegieren	(*protejan*)
dirigiría	*dirija*	dirigiera	dirigiese	dirigiere	———
dirigirías	*dirijas*	dirigieras	dirigieses	dirigieres	dirige
dirigiría	*dirija*	dirigiera	dirigiese	dirigiere	(*dirija*)
dirigiríamos	*dirijamos*	dirigiéramos	dirigiésemos	dirigiéremos	(*dirijamos*)
dirigiríais	*dirijáis*	dirigierais	dirigieseis	dirigiereis	dirigid
dirigirían	*dirijan*	dirigieran	dirigiesen	dirigieren	(*dirijan*)

	直 説 法			
	現 在	線 過 去	点 過 去	未 来
[102] **buscar** 過去分詞 buscado 現在分詞 buscando	busco buscas busca buscamos buscáis buscan	buscaba buscabas buscaba buscábamos buscabais buscaban	*busqué* buscaste buscó buscamos buscasteis buscaron	buscaré buscarás buscará buscaremos buscaréis buscarán
[103] **llegar** 過去分詞 llegado 現在分詞 llegando	llego llegas llega llegamos llegáis llegan	llegaba llegabas llegaba llegábamos llegabais llegaban	*llegué* llegaste llegó llegamos llegasteis llegaron	llegaré llegarás llegará llegaremos llegaréis llegarán
[104] **delinquir** 過去分詞 delinquido 現在分詞 delinquiendo	*delinco* delinques delinque delinquimos delinquís delinquen	delinquía delinquías delinquía delinquíamos delinquíais delinquían	delinquí delinquiste delinquió delinquimos delinquisteis delinquieron	delinquiré delinquirás delinquirá delinquiremos delinquiréis delinquirán
[105] **distinguir** 過去分詞 distinguido 現在分詞 distinguiendo	*distingo* distingues distingue distinguimos distinguís distinguen	distinguía distinguías distinguía distinguíamos distinguíais distinguían	distinguí distinguiste distinguió distinguimos distinguisteis distinguieron	distinguiré distinguirás distinguirá distinguiremos distinguiréis distinguirán

	接　　続　　法				
過去未来	現　在	過去 (ra)	過去 (se)	未　来	命　令
buscaría	*busque*	buscara	buscase	buscare	———
buscarías	*busques*	buscaras	buscases	buscares	busca
buscaría	*busque*	buscara	buscase	buscare	(*busque*)
buscaríamos	*busquemos*	buscáramos	buscásemos	buscáremos	(*busquemos*)
buscaríais	*busquéis*	buscarais	buscaseis	buscareis	buscad
buscarían	*busquen*	buscaran	buscasen	buscaren	(*busquen*)
llegaría	*llegue*	llegara	llegase	llegare	———
llegarías	*llegues*	llegaras	llegases	llegares	llega
llegaría	*llegue*	llegara	llegase	llegare	(*llegue*)
llegaríamos	*lleguemos*	llegáramos	llegásemos	llegáremos	(*lleguemos*)
llegaríais	*lleguéis*	llegarais	llegaseis	llegareis	llegad
llegarían	*lleguen*	llegaran	llegasen	llegaren	(*lleguen*)
delinquiría	*delinca*	delinquiera	delinquiese	delinquiere	———
delinquirías	*delincas*	delinquieras	delinquieses	delinquieres	delinque
delinquiría	*delinca*	delinquiera	delinquiese	delinquiere	(*delinca*)
delinquiríamos	*delincamos*	delinquiéramos	delinquiésemos	delinquiéremos	(*delincamos*)
delinquiríais	*delincáis*	delinquierais	delinquieseis	delinquiereis	delinquid
delinquirían	*delincan*	delinquieran	delinquiesen	delinquieren	(*delincan*)
distinguiría	*distinga*	distinguiera	distinguiese	distinguiere	———
distinguirías	*distingas*	distinguieras	distinguieses	distinguieres	distingue
distinguiría	*distinga*	distinguiera	distinguiese	distinguiere	(*distinga*)
distinguiríamos	*distingamos*	distinguiéramos	distinguiésemos	distinguiéremos	(*distingamos*)
distinguiríais	*distingáis*	distinguierais	distinguieseis	distinguiereis	distinguid
distinguirían	*distingan*	distinguieran	distinguiesen	distinguieren	(*distingan*)

小学館　西和中辞典〔第2版〕

1990年1月1日　初版　　　　発行
2007年4月3日　第2版第1刷発行
2023年3月29日　　　　第2刷発行

監　修　高　垣　敏　博

発 行 者　飯　田　昌　宏

発 行 所　〔郵便番号 101-8001〕
　　　　　東京都千代田区一ツ橋 2-3-1

　　　　　株式会社　小　学　館

　　　　　電話　編集　03-3230-5170
　　　　　　　　販売　03-5281-3555

印 刷 所　凸版印刷株式会社
製 本 所　牧製本印刷株式会社

©Shogakukan　1990, 2007
　Printed in Japan
造本には十分注意しておりますが、印刷、製本など製造上の不備がございましたら「制作局コールセンター」（フリーダイヤル0120-336-340）にご連絡ください。（電話受付は、土・日・祝休日を除く9:30～17:30）

本書の無断での複写（コピー）、上演、放送等の二次利用、翻案等は、著作権法上の例外を除き禁じられています。

本書の電子データ化などの無断複製は著作権法上の例外を除き禁じられています。代行業者等の第三者による本書の電子的複製も認められておりません。

ISBN978-4-09-515502-9

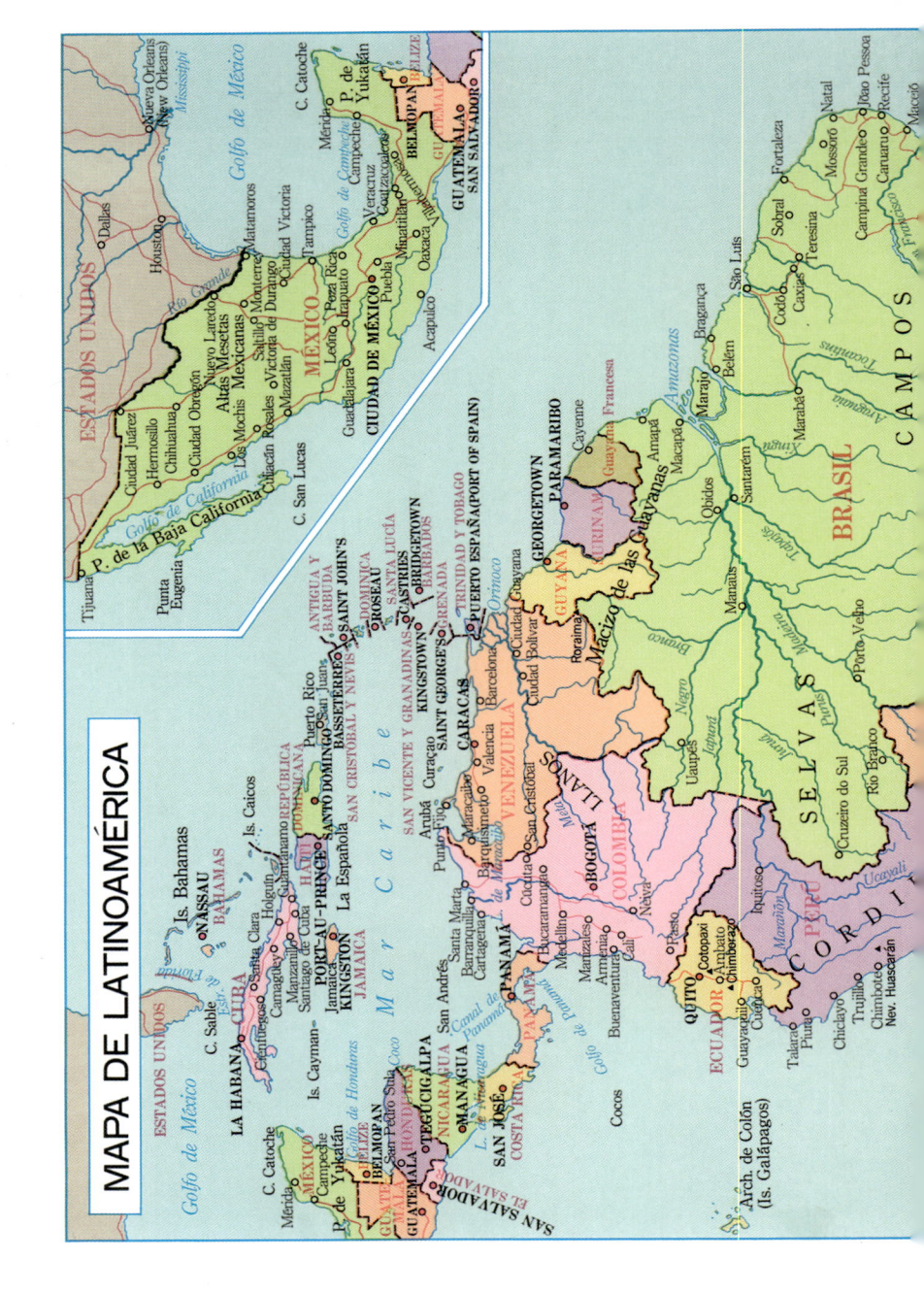

MAPA DE LATINOAMÉRICA